中華大典

工業典

上海古籍出版社

《中華大典》工作委員會

中華人民共和國國務院批准的重大文化出版工程

國家文化發展綱要的重點出版工程項目

新聞出版總署列為「十一五」國家重大工程出版規劃之首

國家出版基金重點支持項目

《中華大典》編纂委員會

《中華大典》前言

《中華大典》是運用我國歷代漢文古籍編纂的一部大型工具書。其目的是爲學術界及願意瞭解中國古代珍貴文化典籍的人士提供準確詳實、便於檢索的漢文古籍分類資料。

中國是世界文明古國之一，幾千年來纂寫和聚集的文化典籍浩如烟海。我國歷代都有編纂類書的優良傳統，具有代表性的《永樂大典》等大多已佚失，現存《古今圖書集成》編就距今也已數百年。爲了適應今天和以後研究和檢索的需要，一九八八年海内外三百多位專家學者和各古籍出版社同仁倡議，在已有類書的基礎上，用現代科學方法編纂一部新的類書《中華大典》。

國務院在關於編纂《中華大典》問題的批覆中指出，編纂《中華大典》「是我國建國以來最大的一項文化出版工程」。本書所收漢文古籍上起先秦，下迄清末，約三萬種，達七億多字，分爲二十四個典，近百個分典，内容廣博，規模宏大，前所未有。

《中華大典》的編纂工作堅持科學態度和百花齊放、百家爭鳴方針。儘量採用古精校精刻本，優先採用我國建國後文獻學和考古學的優秀成果。對傳統文化中重要的不同學派的資料，兼收并蓄。運用現代圖書分類的方法，對收集到的資料，精選、精編，力求便於檢索、準確可信。

這項工作從開始起就受到中共中央、國務院和有關部門的重視和支持。國家主席江澤民、國務院總理李鵬分别爲《中華大典》題詞。江澤民的題詞是：「同心同德群策群力認真編好中華大典爲建設有中國特色的社會主義服務」。李鵬的題詞是：「繼承和弘揚民族優秀傳統文化」。全國政協主席李瑞環、國務委員李鐵映也作了重要指示，要求抓緊辦理。一九九零年五月，國務院批准《中華大典》爲國家重點古籍整理項目。一九九二年九月，正式成立了《中華大典》工作委員會和《中華大典》編纂委員會，召開了《中華大典》工作、編纂會議。自此，《中華大典》的編纂工作由試點轉入正式啓動，逐步鋪開。

編纂《中華大典》，學術性很强，工作量很大，工程十分艱巨，全賴廣大專家學者和全國各有關高等院校、科研院所、圖書館、出版單位的鼎力支持與積極參與。大家本着弘揚中華民族優秀文化的心願，發揚奉獻精神，克服各種困難，團結協作，給這部巨大類書的出版提供了根本保證。在此謹表示誠摯的謝意。

對本書的批評與建議，我們將十分歡迎。

《中華大典》編纂委員會

一九九七年四月

二〇〇六年十一月修訂

《中華大典》編纂通則

一、性質：《中華大典》（以下簡稱《大典》）是對漢文古籍（含已翻譯成漢文的少數民族古籍）進行全面的、系統的、科學的分類整理和匯編總結的新型類書，是在繼承歷代類書優良傳統、考慮漢文古籍固有特點的基礎上，借鑒和參照近代編纂百科全書的經驗和方法編纂而成。編纂《大典》的目的，是爲學術界及願意瞭解中國古代珍貴文化典籍的人士提供各種分門別類的，準確詳細的古代漢文專題資料。

二、規模和體例：《大典》所收古籍的時限，上自先秦，下迄辛亥革命。全書共收各類漢文古籍三萬餘種，七億多字。全書體例，着重汲取清代《古今圖書集成》所採用的經目和緯目相交織這一統一框架結構的模式，同時參照現代科學的學科、目録分類方法，并根據各類學科内容的實際情況，一般將每一大類學科輯爲一典，也有將幾個相關學科共輯爲一典的。對各典名稱，均以現代學科命名，對於所收入的各種古籍資料，亦儘可能納入現代科學分類體系之中。

三、經目：大典共分二十四個典，即哲學典、宗教典、政治典、軍事典、經濟典、法律典、教育典、語言文字典、文學典、藝術典、歷史典、歷史地理典、民俗典、數學典、物理化學典、天文典、地學典、生物學典、醫藥衛生典、農業典、林業典、工業典、交通運輸典、文獻目録典。典以下以分典、總部、部、分部分級，分部之下的標目根據各學科特點由各典自行擬定。

四、緯目：共設置九項緯目，用以包容各級經目的具體内容：

①題解：對有關學科的名稱、概念、涵義、特點等作總體介紹的資料。

②論説：有關理論部份的資料。

③綜述：有關學科或事物的系統性資料，凡有關學科或事物的性狀、制度、範疇、特點及學科地位、發展情況等具體内容均編入此緯目中。

④傳記：有關人物的傳記資料。

⑤紀事：有關學科或事物的具體活動或事例的資料。

⑥ 著録：重要人物或文獻的有關著作資料，如專集介紹、序跋、藏書題記，以及有關著作的成書經過、版本源流等。

⑦ 藝文：有關屬於文學欣賞性的散文或韵文。

⑧ 雜録：凡未收入以上各緯目，而又有較高參考價值的資料，均入雜録。

⑨ 圖表：根據有關經目的内容需要，圖與表附於相關專題之下，或集中匯總於某級經目之後。

《大典》以内容分類安排各級緯目，各級緯目的正文，一般以原書爲單位，按時代順序排列。每一條資料前標明出處，包括書名或作者名、篇名或卷次，以利讀者核對原書。

五、書目：每分典後附有該分典所收書之書目，書目包括書名、作者、時(年)代、版本等内容。時代以成書時代爲準，成書時代不詳者，以作者主要活動時代爲準，并遵從歷史習慣。

六、版本：《大典》在選用版本時儘量採用古人的精校精刻本，亦採用學術界通用的近、現代整理圈點本及現代學者校點整理本。

七、校點：爲儘可能保存古籍原貌，《大典》衹對底本中明顯的脱、訛、衍、倒進行勘正。古本中的避諱字一般不作改動，衹對缺筆字補足筆畫。後人刻書時避當朝人諱而改動的字，據古本改回。《大典》採用新式標點法。

一九九六年八月

二〇〇六年十一月修訂

《中華大典·工業典》編纂委員會

主　　編：魏明孔

編　　委（以姓氏筆畫爲序）：

王興文　李紹强　范建鏋　林廣志
胡小鵬　高超群　郭遠英　陳文源
湯開建　趙利峰　趙連穩　蔡　鋒
鄧　堪　劉建麗　盧華語　魏正孔

《中華大典·工業典》序

《工業典》是《中華大典》的一個組成部分，系統地分類彙集上起先秦下迄清末有關中國工業的文獻資料。

中國傳統工業的歷史，可以說就是一部手工業的歷史。現代人類學研究中的一個主流觀點是，人類揖別猿類是從打製第一塊石質工具所體現的勞動開始的，而被打製出來的这第一塊石質工具就是人類的第一件手工業產品，手工業由此濫觴。因而，我們可以認爲，人類是與手工業同時步入歷史舞臺的，而且直到工業革命前，手工業一直是科技乃至生產力進步的主要推動者、承載者和傳播者，而科技和生產力進步對人類文明的綿延和提升的意義則是不言而喻的：農業生產的進步、商業活動半徑的擴大、交通運輸能力的提高、軍事實力的增强、文化内容的豐富、生活水平的提高、劳动强度的降低、居住环境的改善，等等，皆離不開手工業的發展。工業革命濫觴於英倫三島之前，中國之所以能成爲人類文明的主要輸出地之一，很大程度上與中國傳統手工業的領先地位密切相關。當然，當人類基本生產形態因工業革命而徹底換軌之後，雖然中國的手工業並未裹步不前，但是已經無力繼續承擔起助中華文明領先於世界文明之重任。

我國傳統社會的一個重要特點是耕織經濟發達，個體小生產農業及家庭副業手工業經濟構成了當時社會財富的基本來源，「男耕女織」或「晴耕雨織」是廣大農民的基本生產方式。另外一個特點是，官營手工業經濟一直比較活躍。上述特點，對中國傳統工業水準的提升、科學技術的進步乃至社會經濟的發展所造成的影響無疑是多方面的，但是，越到晚近，它的負面影響就越凸顯出來。這無疑決定了我國的國情，且影響深遠。

我國歷史上的手工業技術對於人類的影響是深刻的，「四大發明」對推動人類文明進步的作用是人人皆知的例子，而通過「絲綢之路」向中亞、西亞、歐洲乃至非洲輸送的由中國製造的絲綢、紙張等精美手工業品，更成爲中外文化交流的重要媒介。隨着海上絲綢之路的開通與延伸，我國輸出的手工業品的數量及品種在不斷增加，其中最重要的商品是瓷器，其對世界的影響巨大，以至於英語中「中國」（China）與「瓷器」是同一詞。當然，當時的手工業品的交流是雙向的，並非只是單一的輸出。

除此之外，我國歷史上的彩陶、採礦、冶金、鑄造、造船、漆器、紡織、印染等工藝，亦處於當時世界的領先水準，社會影響亦是具有國際性的。被譽爲古代建築「活化石」的唐代建築山西五臺山南禪寺、佛光寺、芮城廣仁王廟、平順天台庵等榫卯結構建築，經過千餘年的風雨滄桑，依然在向世人展示着中國古代工匠獨特的藝術神韻。

《工業典》就是對包括上述內容在內的資料進行搜集和整理。

我國流傳至今的古籍可謂汗牛充棟，而在傳統的農本主義經濟形態下，在國家制度設計中，手工業作爲「末」而没有得到應有的重視，受此影響，史家對工業的記載或是只言片語，或是在記載其他內容時附帶提及。早在《史記·商君列傳》中就明確提出重本輕末的思想，唐代人司馬貞在《史記索隱》中指出，這里「『末』謂工商也」。一些時期甚至將手工業技術發明視作奇技淫巧而備受限制。正因爲如此，古籍中有關工業的記載非常零散，系統記載者可謂鳳毛麟角。受此影響，手工業方面的資料在後世缺乏必要的整理，即使今天，這種情況也並没有得到多大改觀。這無疑使《工業典》資料的搜集難度非常大，遠遠超過了我們的估計。當然，各種官修典籍和文獻對手工業的輕視，並不意味着手工業不重要。事實上，手工業生產從某種程度上早已成爲中國人文化因子的一部分。例如，中國古代的製陶和冶煉工藝曾被視爲最尖端的工藝，故而人們常用「陶冶情操」來形容提升思想、道德和情趣的艱難過程。另外，刻範是我國古代手工業生產活動中出現較早的工具，而且精準度和標準化應該達到了很高的水準，故而人們用「模範」一詞來指被大家廣泛認同的樣板。凡此種種，不勝枚舉。

《工業典》在編纂過程中，除了不遺餘力地利用傳世文獻外，對於新發現和整理的資料，也儘量給予關注，特別對最近發現和整理的資料費力較多，以體現編纂的時代特點。

《工業典》共計九個分典。根據現代工業主要行業且結合我國傳統手工業自身的特點，《工業典》設置了《陶瓷與其他燒製品工業分典》《金屬礦藏與冶煉工業分典》《製造工業分典》《造紙與印刷工業分典》《建築工業分典》《紡織與服裝工業分典》《食品工業分典》以及《綜合分典》。因爲傳統手工業發展到近代，在內外條件的變化下，出現了近代工業，這具有劃時代的意義。因此，在《中華大典》編委會領導的支持和上海古籍出版社專家的贊許下，《工業典》下設了《近代工業分典》。《近代工業分典》搜集材料時主要遵循兩個方面的原則：一是具有近代工業的生產形式，二是具有近代工業的管理與組織功能。這雖然與其他分典體例不盡一致，卻不失爲一種創新。這是需要説明的。

《工業典》的編纂，對瞭解中國傳統社會的工業佈局和經濟狀況，對發揚壯大手工業技術，對傳承和弘揚傳統文化，具有重要的意義。特别在將實現工業化和推進城鎮化作爲國家戰略的今天，挖掘整理這份文化遺産，無疑具有不可替代的歷史鏡鑒價值。

參加《工業典》編纂的學者分别來自重慶、廣州、蘭州、曲阜和北京以及澳門等地，均是手工業經濟史方面的專家。《工業典》自二〇〇六年啓動以來，已逾九載。《工業典》的編纂工作，自始至終得到了《中華大典》工作委員會和編纂委員會的指導，特别是《中華大典》辦公室的領導和工作人員付出心血頗多，各編纂者所在單位給予諸多方便，上海古籍出版社領導及編輯先生費心良多，在此一併深表謝忱。

我們從事《工業典》的編纂工作，限於水準和時間，難免存在掛一漏萬的問題，特别是在選材、整理方面的錯誤，需要方家和廣大讀者的批評指正。

魏明孔

二〇一五年十月

中華大典·工業典

綜合分典

主　編：魏明孔　魏正孔
副主編：馬國英　王文巖　李曉英

《中華大典·工業典·綜合分典》編纂説明

《中華大典·工業典·綜合分典》(以下稱「本分典」),係《中華大典·工業典》的分典之一,涉及先秦至清末工業中的綜合性内容。根據《中華大典》的編纂通則、《工業典》的有關規定和本分典的具體情況,製訂了相應的編纂體例。

本分典原則上主要收録按行業不易分類的綜合性資料,資料的選取按照「前期求全,後期求精」的原則。在編纂過程中,我們既適用綜合性資料的特點,又考慮資料以類相聚的要求,故在經目的設置上避免過細。按照本分典的實際情況,分爲《生産者、管理者與管理機構總部》《區域總部》《發展演變總部》《商品流通總部》《政策、法規與思想總部》《教育與培訓總部》和《其他總部》七個總部。總部下視文獻内容設若干部,按照具體事項劃分。緯目一般設題解、綜述、傳記、紀事、藝文、雜録、圖録。在具體編纂過程中,對於緯目不强求一致,或多設,或少設,視具體資料情況而定。

本分典資料編排,主要依據作者時代先後爲序。一般遵循如下原則:(一)作者生卒年明確,或卒年明確,皆以卒年爲序。(二)卒年不詳,則以生年爲序。(三)生卒年皆不確定,則以其經歷中有記載年代爲序;或以成書年代,書中自序、跋,刊行年代等爲序。(四)生卒年不詳,但知爲某朝代,則置於該朝代之末,並以書名筆劃横、竪、撇、點、折排序。當然,在這一方面也不是絶對的,有些地方則根據材料的年代而有所調整,盡量將同一時期的材料置於一起,便於讀者和研究者利用。(五)後人輯前朝事的文獻,一般不歸入記述者生活的年代,而按所記事發生的年代歸類排序;後人編輯的前朝文獻,亦按相同原則處理。例如:清人編輯的《全唐文》,不歸入清代而歸入唐代;南宋徐天麟編纂的《東漢會要》,不歸入南宋而歸入東漢。

本分典引用文獻格式是:(一)根據原書所載,原書有四級標目,即標作者、書名、卷次、篇名。原書無四級標目,則按照原書記載,以三級即作者、書名、卷次標目,或二級即作者、書名標目。(二)凡摘録的文獻中間有與所屬分類相關性不大者,則省略,中間删去文字用「【略】」標識。(三)數字表述中,選用書目出處的卷次等標目,使用中文數字〇、一、二、三、四、五、

六、七、八、九，一般不使用十、百、千、萬等表整數的文字。（四）帝王或朝代年號、書籍出版日期或刊物期號，均採用漢字數字標注。（五）地方志標識年號，一般加「（）」。（六）正文注疏只收自注及一九一一年以前的名注，注文一律用小於正文的字號。（七）凡引用外國人著述，在其名字前加國籍，並用「（）」，如英國人以「（英）」標示。

本分典所録文獻，一般不作校勘，遇有明顯錯訛、脱字、衍文、倒置者，則以「（）」括出錯訛或衍文，並將正確的内容以「［］」補入。

本分典力所能及地選用較好版本，特別注意充分利用學術界已有的校勘本。

本分典編纂始於二〇〇六年，編纂工作逾九年。本分典爲集體通力合作的成果。

本分典參與編纂者除了主編、副主編外，還有王興文、范建鏘、尹振濤、魏晉、向彪等。其中，王興文教授完成了《區域總部》的資料搜集的主要工作，范建鏘副研究員完成了《商品流通總部》的資料搜集與整理工作，尹振濤副研究員負責《政策、法規與思想總部》的資料搜集與整理工作，向彪負責《其他總部》的資料搜集與整理工作，北京華文學院的魏晉完成了《教育與培訓總部》的資料搜集與整理工作。

本分典的編纂工作，自始至終得到了《中華大典》工委會、編委會的指導，編纂者所在單位也提供了諸多方便，還得到了上海古籍出版社領導和專家的關心和幫助，同時，我們參考並充分利用了學術界已有成果，對此我們一併深表謝忱！

魏明孔

二〇一五年十月

總目

生產者、管理者與管理機構總部

《生産者、管理者與管理機構總部》提要

我國在工業生産中，一開始就對作爲直接生産者的工匠進行有效的管理，使得管理機構自始至終比較健全，從最初「工商食官」到後來的工部作爲中央的六部管理機構之一，無不反映了中央政府對工業生産者管理的重視。《生産者、管理者與管理機構總部》是《綜合分典》的五個總部之一，包括《生産者部》《管理者部》和《管理機構部》。

本總部儘可能地收録先秦至公元一九一一年的有關手工業生産者、管理者及其管理機構方面的材料。各部一般下設題解、綜述、傳記、紀事、藝文、雜録等緯目。在具體編纂過程中，對於緯目不强求一致，有則設，無則不設。每個緯目録文均按朝代先後順序排列，具體編排主要依據被引用材料的作者的生卒時間而定。

目录

生産者部

題解

《尚書・堯典》帝曰：「疇若予工？」僉曰：「垂哉！」帝曰：「俞！」咨垂：「汝共工。」垂拜稽首，讓于殳斨暨伯與。帝曰：「俞！往哉，汝諧。」

《禮記・曲禮下》天子建天官，先六大，曰大宰、大宗、大史、大祝、大士、大卜，典司六典。天子之五官，曰司徒、司馬、司空、司士、司寇，典司五衆。天子之六府，曰司土、司木、司水、司草、司器、司貨，典司六職。天子之六工，曰土工、金工、石工、木工、獸工、草工，典制六材。

《周禮・考工記・百工》國有六職，百工與居一焉。或坐而論道，或作而行之，或審曲面勢，以飭五材，以辨民器，或通四方之珍異以資之，或飭力以長地財，或治絲麻以成之。

坐而論道，謂之王公；作而行之，謂之士大夫；審曲面勢，以飭五材，以辨民器，謂之百工；通四方之珍異以資之，謂之商旅；飭力以長地財，謂之農夫；治絲麻以成之，謂之婦功。

粤無鎛，燕無函，秦無廬，胡無弓車。粤之無鎛也，非無鎛也，夫人而能爲鎛也；燕之無函也，非無函也，夫人而能爲函也；秦之無廬也，非無廬也，夫人而能爲廬也；胡之無弓車也，非無弓車也，夫人而能爲弓車也。知者創物，巧者述之，守之世，謂之工。

百工之事，皆聖人之作也。爍金以爲刃，凝土以爲器，作車以行陸，作舟以行水，此皆聖人之所作也。

天有時，地有氣，材有美，工有巧，合此四者，然後可以爲良。材美工巧，然而不良，則不時，不得地氣也。橘逾淮而北爲枳，鸜鵒不逾濟，貉逾汶則死，此地氣然也；鄭之刀，宋之斤，魯之削，吴粤之劍，遷乎其地而弗能爲良，地氣然也。燕之角，荆之干，妢胡之笴，吴粤之金錫，此材之美者也。天有時以生，有時以殺；草木有時以生，有時以死；石有時以泐；水有時以凝，有時以澤：此天時也。

凡攻木之工七，攻金之工六，攻皮之工五，設色之工五，刮摩之工五，摶埴之工二。

攻木之工：輪、輿、弓、廬、匠、車、梓；攻金之工：築、冶、鳧、㮚、段、桃；攻皮之工：函、鮑、韗、韋、裘；設色之工：畫、繢、鍾、筐、㡛；刮摩之工：玉、楖、雕、矢、磬；摶埴之工：陶、旊。

有虞氏上陶，夏后氏上匠，殷人上梓，周人上輿。故一器而工聚焉者，車爲多。

車有六等之數：車軫四尺，謂之一等；戈柲六尺有六寸，既建而迤，崇于軫四尺，謂之二等；人長八尺，崇于戈四尺，謂之三等；殳長尋有四尺，崇于人四尺，謂之四等；車戟常，崇于殳四尺，謂之五等；酋矛常有四尺，崇于戟四尺，謂之六等。車謂之六等之數。

凡察車之道，必自載于地者始也，是故察車自輪始。凡察車之道，欲其樸屬而微至。不樸屬，無以爲完久也；不微至，無以爲戚速也。輪已崇，則人不能登也；輪已庳，則于馬終古登阤也。故兵車之輪六尺有六寸，田車之輪六尺有三寸，乘車之輪六尺有六寸。六尺有六寸之輪，軹崇三尺有三寸也，加軫與轐焉，四尺也。人長八尺，登下以爲節。

《周禮・考工記・輪人》輪人爲輪。斬三材必以其時。

三材既具，巧者和之。轂也者，以爲利轉也。輻也者，以爲直指也。牙也者，以爲固抱也。輪敝，三材不失職，謂之完。

望而視其輪，欲其幎爾而下迆也。進而視之，欲其微至也。無所取之，取諸圜也。望其輻，欲其揱爾而纖也。進而視之，欲其肉稱也。無所取之，取諸易直也。望其轂，欲其眼也，進而視之，欲其幬之廉也。無所取之，取諸急也。視其綆，欲其蚤之正也，察其菑蚤不齵，則輪雖敝不匡。

凡斬轂之道，必矩其陰陽。陽也者，稹理而堅；陰也者，疏理而柔。是故以火養其陰，而齊諸其陽，則轂雖敝不藃。

轂小而長則柞，大而短則摯。是故六分其輪崇，以其一爲之牙圍，三分其牙圍而漆其二。椁其漆内而中詘之，以爲之轂長，以其長爲之圍，以其圍之防捎其藪。

五分其轂之長，去一以爲賢，去三以爲軹。容轂必直，陳篆必正，施膠必厚，施筋必數，幬必負幹。既摩，革色青白，謂之轂之善。三分其轂長，二在外，一在內，以置其輻。

凡輻，量其鑿深以爲輻廣。輻廣而鑿淺，則是以大扤，雖有良工，莫之能固。鑿深而輻小，則是固有餘而强不足也，故竑其輻廣以爲之弱，則雖有重任，轂不折。三分其輻之長而殺其一，則雖有深泥，亦弗之溓也。三分其股圍，去一以爲骹圍。揉輻必齊，平沈必均，直以指牙。牙得，則無槷而固；不得，則有槷必足見也。六尺有六寸之輪，綆三分寸之二，謂之輪之固。

凡爲輪，行澤者欲杼，行山者欲侔。杼以行澤，則是刀以割塗也，是故塗不附。侔以行山，則是搏以行石也，是故輪雖敝，不甐于鑿。

凡揉牙，外不廉而內不挫，旁不腫，謂之用火之善。是故規之以視其圜也，矩之以視其匡也，縣之以視其輻之直也，水之以視其平沉之均也。量其藪以黍，以視其同也，權之以視其輕重之侔也。故可規、可矩、可水、可縣、可量、可權也，謂之國工。

輪人爲蓋，達常圍三寸；桯圍倍之，六寸。信其桯圍以爲部廣，部廣六寸。部長二尺，桯長倍之，四尺者二。十分寸之一謂之枚，部尊一枚，弓鑿廣四枚，鑿上二枚，鑿下四枚，鑿深二寸有半，下直二枚，鑿端一枚。

弓長六尺謂之庇軹，五尺謂之庇輪，四尺謂之庇軫，三分弓長而揉其一，三分其股圍，去一以爲蚤圍。三分弓長，以其一爲之尊，上欲尊而宇欲卑，上尊而宇卑，則吐水疾而霤遠。蓋已崇，則難爲門也；蓋已卑，是蔽目也。是故蓋崇十尺。良蓋弗冒弗紘，殷畝而馳，不墜，謂之國工。

《周禮・考工記・輈人》 輈人爲輈。輈有三度，軸有三理。國馬之輈，深四尺有七寸；田馬之輈，深四尺；駑馬之輈，深三尺有三寸。軸有三理：一者，以爲媺也；二者，以爲久也；三者，以爲利也。軓前十尺，而策半之。

凡任木：任正者，十分其輈之長，以其一爲之圍。衡任者，五分其長，以其一爲之圍。小於度，謂之無任。五分其軫間，以其一爲之軸圍。十分其輈之長，以其一爲之當兔之圍。參分其兔圍，去一以爲頸圍。五分其頸圍，去一以爲踵圍。

凡揉輈，欲其孫而無弧深。今夫大車之轅摯，其登又難。既克其登，其覆車也必易。此無故，唯轅直且無橈也。是故大車，平地既節軒摯之任，及其登阤，不伏其轅，必縊其牛。此無故，唯轅直且無橈也。故登阤者，倍任者也，猶能以登；及其下阤也，不援其邸，必緧其牛後。此無故，唯轅直且無橈也。

是故輈欲頎典，輈深則折，淺則負。輈注則利準，利準則久，和則安。輈欲弧而折，經而無絶。進則與馬謀，退則與人謀。終日馳騁，左不楗；行數千里，馬不契需；終歲御，衣衽不敝。此唯輈之和也。勸登馬力，馬力既竭，輈猶能一取焉。良輈環灂，自伏兔不至軓七寸，軓中有灂，謂之國輈。

軫之方也，以象地也；蓋之圜也，以象天也；輪輻三十，以象日月也；蓋弓二十有八，以象星也；龍旗九斿，以象大火也；鳥旟七斿，以象鶉火也；熊旗六斿，以象伐也；龜蛇四斿，以象營室也；弧旌枉矢，以象弧也。

《周禮・考工記・梓人》 梓人爲筍虡。天下之大獸五：脂者、膏者、臝者、羽者、鱗者。宗廟之事，脂者、膏者以爲牲，臝者、羽者、鱗者以爲筍虡。外骨、內骨，却行、仄行、連行、紆行，以脰鳴者、以注鳴者、以旁鳴者、以翼鳴者、以股鳴者、以胸鳴者，謂之小蟲之屬，以爲雕琢。

厚唇弇口，出目短耳，大胸燿後，大體短脰，若是者謂之臝屬。恒有力而不能走，其聲大而宏。有力而不能走，則於任重宜；大聲而宏，則於鐘宜。若是者以爲鐘虡，是故擊其所縣，而由其虡鳴。

鋭喙決吻，數目顧脰，小體騫腹，若是者謂之羽屬。恒無力而輕，其聲清陽而遠聞。無力而輕，則于任輕宜；其聲清陽而遠聞，于磬宜。若是者以爲磬虡，故擊其所縣而由其虡鳴。

小首而長，摶身而鴻，若是者謂之鱗屬，以爲筍。

凡攫閷、援簭之類，必深其爪，出其目，作其鱗之而，則于視必撥爾而怒。苟撥爾而怒，則于任重宜，且其匪色必似鳴矣。爪不深，目不出，鱗之而不作，則必頹爾如委矣。苟頹爾如委，則加任焉，則必如將廢措，其匪色必似不鳴矣。

梓人爲飲器，勺一升，爵一升，觚三升。獻以爵而酬以觚。一獻而三酬，則一豆矣；食一豆肉，飲一豆酒，中人之食也。凡試梓飲器，鄉衡而實不盡，梓師罪之。

梓人爲侯，廣與崇方。參分其廣，而鵠居一焉。上兩個，與其身三；下兩個，半之。上綱與下綱出舌尋，縜寸焉。張皮侯而棲鵠，則春以功；張五采之侯，則遠國屬；張獸侯，則王以息燕。

祭侯之禮，以酒、脯、醢。其辭曰：「惟若寧侯，毋或若女不寧侯，不屬于王所。故抗而射女，强飲强食，詒女曾孫諸侯百福。」

《周禮・考工記・匠人》 匠人建國，水地以縣，置槷以縣，視以景。爲規，識日出之景與日入之景。晝參諸日中之景，夜考之極星，以正朝夕。

匠人營國，方九里，旁三門。國中九經九緯，經涂九軌。左祖右社，面朝后市，市朝一夫。

夏后氏世室，堂修二七，廣四修一。五室，三四步，四三尺，九階。四旁兩夾窗，白盛。門堂三之二，室三之一。

殷人重屋，堂修七尋，堂崇三尺，四阿重屋。

周人明堂，度九尺之筵，東西九筵，南北七筵，堂崇一筵。五室，凡室二筵。室中度以几，堂上度以筵，宮中度以尋，野度以步，涂度以軌。廟門容大扃七個，闈門容小扃三個，路門不容乘車之五個，應門二徹參個。內有九室，九嬪居之。外有九室，九卿朝焉。九分其國，以爲九分，九卿治之。王宮門阿之制五雉，宮隅之制七雉，城隅之制九雉。經涂九軌，環涂七軌，野涂五軌。門阿之制，以爲都城之制。宮隅之制，以爲諸侯之城制。環涂以爲諸侯經涂，野涂以爲都經涂。

匠人爲溝洫。耜廣五寸，二耜爲耦。一耦之伐，廣尺、深尺，謂之甽；田首倍之，廣二尺，深二尺，謂之遂。九夫爲井，井間廣四尺，深四尺，謂之溝。方十里爲成，成間廣八尺、深八尺，謂之洫；方百里爲同，同間廣二尋，深二仞，謂之澮。專達于川，各載其名。

凡天下之地勢，兩山之間，必有川焉；大川之上，必有涂焉。凡溝逆地防，謂之不行；水屬不理孫，謂之不行。梢溝三十里，而廣倍。凡行奠水，磬折以參伍。欲爲淵，則句于矩。凡溝必因水勢，防必因地勢。善溝者，水漱之；善防者，水淫之。凡爲防，廣與崇方，其閷三分去一，大防外閷。凡溝防，必一日先深之以爲式。里爲式，然後可以傳衆力。凡任，索約大汲其版，謂之無任。

葺屋三分，瓦屋四分。囷、窌、倉、城，逆牆六分。堂涂十有二分。竇，其崇三尺。牆厚三尺，崇三之。

《周禮・考工記・弓人》 弓人爲弓。取六材必以其時。六材既聚，巧者和之。

幹也者，以爲遠也；角也者，以爲疾也；筋也者，以爲深也；膠也者，以爲和也；絲也者，以爲固也；漆也者，以爲受霜露也。凡取幹之道七：柘爲上，檍次之，檿桑次之，橘次之，木瓜次之，荊次之，竹爲下。凡相幹，欲赤黑而陽聲，赤黑則鄉心，陽聲則遠根。凡析幹，射遠者用勢，射深者用直。居幹之道，菑栗不迆，則弓不發。

凡相角，秋閷者厚，春閷者薄，稚牛之角直而澤，老牛之角紾而昔。疢疾，險中。瘠牛之角無澤。角欲青白而豐末。夫角之本，蹙于腦而休于氣，是故柔，柔故欲其勢也；白也者，勢之徵也。夫角之中，恒當弓之畏，畏也者必橈。橈，故欲其堅也；青也者，堅之徵也。夫角之末，遠于腦而不休于氣，是故脆，脆故欲其柔也；豐末也者，柔之徵也。角長二尺有五寸，三色不失理，謂之牛戴牛。

凡相膠，欲朱色而昔。昔也深，深瑕而澤，紾而摶廉。鹿膠青白，馬膠赤白，牛膠火赤，鼠膠黑，魚膠餌，犀膠黃。凡昵之類不能方。

凡相筋，欲小簡而長，大結而澤。小簡而長，大結而澤，則其爲獸必剽。以爲弓，則豈異于其獸？筋欲敝之敝。漆欲測，絲欲沈，得此六材之全，然後可以爲良。

凡爲弓，冬析幹而春液角，夏治筋，秋合三材，寒奠體，冰析灂。冬析幹則易，春液角則合，夏治筋則不煩，秋合三材則合，寒奠體則張不流，冰析灂則審環，春被弦則一年之事。析幹必倫，析角無邪，斫目必荼。斫目不荼，則及其大修也，筋代之受病。夫目也者必强，强者在內而摩其筋，夫筋之所由幨，恒由此作，故角三液而幹再液。厚其帤則木堅，薄其帤則需，是故厚其液而節其帤。約之不皆約，疏數必侔，斫摯必中，膠之必均。斫摯不中，膠之不均，則及其大修也，角代之受病，夫懷膠於內而摩其角，夫角之所由挫，恒由此作。

凡居角，長者以次需，恒角而短，是謂逆橈。引之則縱，釋之則不校。恒角而達，譬如終紲，非弓之利也。今夫茭解中有變焉，故校；于挺臂中有柎焉，故剽。恒角而達，引如終紲，非弓之利。撟幹欲孰于火而無贏，撟角欲孰于火而無燂，引筋欲盡而無傷其力，鬻膠欲孰而水火相得，然則居旱亦不動，居濕亦不動。苟有賤工，必因角幹之濕以爲之柔，善者在外，動者在內。雖善于外，必動于內，雖善亦弗可以爲良矣。

凡爲弓，方其峻而高其柎，長其畏而薄其敝，宛之無已，應。下柎之弓，末應將興。爲柎而發，必動于閷，弓而羽閷，末應將發。弓有六材焉，維幹强之。張如流水，維體防之，引之中參。維角堂之，欲宛而無負弦，引之如環，釋之無失體，如環。材美，工巧，爲之時，謂之三均。角不勝幹，幹不勝筋，謂之參均。量其力，有三均。均者三，謂之九和。九和之弓，角與幹權，筋三侔，膠三鋝，絲三邸，漆三斞。上工以有餘，下工以不足。

爲天子之弓，合九而成規；爲諸侯之弓，合七而成規；大夫之弓，合五而成規；士之弓，合三而成規。

弓長六尺有六寸，謂之上制，上士服之；弓長六尺有三寸，謂之中制，中士服之；弓長六尺，謂之下制，下士服之。

凡爲弓，各因其君之躬志慮血氣。豐肉而短，寬緩以荼。若是者爲之危弓，危弓爲之安矢；骨直以立，忿執以奔。若是者爲之安弓，安弓爲之危矢。其人安，其弓安，其矢安，則莫能以速中，且不深；其人危，其弓危，其矢危，則莫能以願中。往體多，來體寡，謂之夾臾之屬，利射侯與弋。往體寡，來體多，謂之王弓之屬，利射革與質。往體來體若一，謂之唐弓之屬，利射深。

大和無灂，其次筋角皆有灂而深，其次有灂而疏，其次角無灂。合灂若背手文。角環灂，牛筋蕡灂，麋筋斥蠖灂。和弓擊摩，覆之而角至，謂之句弓。覆之而幹至，謂之侯弓。覆之而筋至，謂之深弓。

《晏子春秋》卷五《內篇雜》上 曾子將行，晏子送之曰：「君子贈人以軒，不若以言。吾請以言乎，以軒乎？」

曾子曰：「請以言。」

晏子曰：「今夫車輪，山之直木也。良匠揉之，其圓中規，雖有槁暴不復嬴矣。故君子慎隱揉。和氏之璧，井里之困也，良工修之，則爲存國之寶。故君子慎所修。今夫蘭本，三年而成，湛之苦酒，則君子不近，庶人不佩；湛之麋醢，而賈匹馬矣。非蘭本美也，所湛然也。願子之必求所湛。嬰聞之，君子居必擇居，游必就士。擇居所以求士，求士所以辟患也。嬰聞汩常移質，習俗移性，不可不慎也。」

《墨子·法儀》 子墨子曰：天下從事者，不可以無法儀。無法儀而其事能成者，無有。雖至士之爲將相者皆有法，雖至百工從事者亦皆有法。百工爲方以矩，爲圓以規，直以繩，衡以水，正以縣。無巧工不巧工，皆以此五者爲法。巧者能中之，不巧者雖不能中，放依以從事，猶逾已。故百工從事，皆有法所度。今大者治天下，其次治大國，而無法所度，此不若百工辯也。

《孟子·盡心下》 孟子曰：「梓匠輪輿能與人規矩，不能使人巧。」

《韓非子·解老》 工人數變業則失其功，作者數搖徙則亡其功。一人之作，日亡半日，十日則亡五人之功矣；萬人之作，日亡半日，十日則亡五萬人之功矣。然則數變業者，其人彌衆，其虧彌大矣。凡法令更則利害易，利害易則民務變，務變之謂變業。故以理觀之：事大衆而數搖之，則少成功；藏大器而數徙之，則多敗傷；烹小鮮而數撓之，則賊其澤；治大國而數變法，則民苦之。是以有道之君貴靜，不重變法。故曰：「治大國者若烹小鮮。」

《韓非子·定法》 問者曰：「主用申子之術，而官行商君之法，可乎？」

對曰：「申子未盡于術，商君未盡于法也。申子言：『治不逾官，雖知弗言。』治不逾官，謂之守職也可；知而弗言，是不謂過也。人主以一國目視，故視莫明焉；以一國耳聽，故聽莫聰焉。今知而弗言，則人主尚安假借矣？商君之法曰：『斬一首者爵一級，欲爲官者爲五十石之官；斬二首者爵二級，欲爲官者爲百石之官。』官爵之遷與斬首之功相稱也。今有法曰：『斬首者令爲醫、匠。』則屋不成而病不已。夫匠者手巧也，而醫者齊藥也；而以斬首之功爲之，則不當其能。今治官者，智能也；今斬首者，勇力之所加也。以勇力之所加而治智能之官，是以斬首之功爲醫、匠也。故曰：二子之于法術，皆未盡善也。」

《逸周書》卷三《文傳解》 山以遂其材，工匠以爲其器，百物以平其利，商賈以通其貨。工不失其務，農不失其時，是謂和德。土多民少，非其土也；土少人多，非其人也。是故土多，發政以漕四方，四方流之；土少，安帑而外其務，方輸。

吕不韋等《吕氏春秋》卷二五《似順論·分職》 今召客者，酒酣，歌舞鼓瑟吹竽，明日不拜樂己者，而拜主人，主人使之也。先王之立功名有似于此，使衆能與衆賢，功名大立于世，不予佐之者，而予其主，其主使之也。譬之若爲宮室，必任巧匠，奚故？曰：匠不巧則宮室不善。夫國，重物也，其不善也豈特宮室哉？巧匠爲宮室，爲圓必以規，爲方必以矩，爲平直必以準繩。功已就，不知規矩繩墨，而賞匠巧匠之。宮室已成，不知巧匠，而皆曰：「善，此某君某王之宮室也。」此不可不察也。人主之不通主道者則不然，自爲人則不能，任賢者則惡之，與不肖者議之。此功名之所以傷，國家之所以危。

蘇鶚《蘇氏演義》卷上 坊者，方也，言人所在里爲方。方者，正也。曲者，詰曲也。古文匚、㔯，字象方物、曲物之形。又曰：方，類也。《易》曰：方以類聚，居者必求其類。夫以藥術爲方者，亦以同類之物成乎方也。今坊字從土，蓋隸文欲强别白，遂不惜於文繁耳，篆文方字尚如此作。

朱元璋《御製大誥三編·工匠頂替》 工作人匠，將及九萬。往者爲創造之初，百工技藝盡在京城，人人上不得奉養父母，下不得歡妻撫子。如此者二十六七年。

邇年以來，工多成就，人匠應合省差。朕爲事繁，一時不能打點。其所任工部官吏惟務貪饕，本無大工，假此作爲由，將近九萬人，設計勾差。一千二千方勾到京，文案明立到京月日，實不與上工，待一月後、半月後，方許上工。及至關安家鈔，并月支食錢，照依文案所立月日，一概關支鈔錠出庫。及其賞匠也，或萬或千，或數千人，止論上工之日準工。餘虛半月一月，鈔雖關出，諸色匠人不得。如此奸弊，諸匠雖關食錢、安家錢，工滿應放回還，不即與批。又行刁蹬留難，直至將安家錢、每月食錢勒要賄賂，方才放歸，諸匠所得甚少。

近年以來，愈見工減甚多，無處役使匠人。其工部官吏設計，將諸色匠人勾至便賣，得錢便放。來者方到，有錢賄賂即歸。未到者，連日發批勾取。被賣去者，到家都無半月，親戚鄰里雖欲面會，不能完全，又乃起程。

似如此者，九萬工技之人，年年在途者有之，暫到京者有之，方到家者亦有之，無錢買囑、終年被微工所役者有之。嗚呼，九萬工技之人，年年在途，在京，在家，皆無寧息。上廢朝廷之供，下殃百工技藝。惟工部官吏肥己爲奇，智人君子深察至此，豈不恨哉！九萬工技之人，至如此艱難跋涉，不得休息。

朕命進士秦逵職工部侍郎，掌行其事。本官到任未久，識此奸詭甚多，躬親來奏。其辭曰：「創造已定，工技有勞甚久。雖有些須未完，所用人匠，甚不須多。臣將應用數目，立定限期，編成班次，使輪流而相代之。其九萬之人，一班諸色匠人，不滿五千。以此輪之，四年有余方輪一交。」朕見其詞善，可其奏，不月編成。除當該赴工者在京，余有八萬五千盡皆寧家，各奉父母，保守妻子。

嗚呼！甚矣哉！秦逵爲諸色匠人造福有如此乎。此係良謀良政，公當無移。如此者，將一年餘，第四班人匠心生奸計，侮慢朝廷，自取禍殃。朝廷既除多人，徒勞泛濫工役，減省用人，其諸技藝人等必躬親赴工者乃當。人匠減少，所來者技藝不精，工有所誤，事多遲滯，責罰焉。人匠沈添二等二百七名中，有三名乃親身赴役，餘皆以老羸不堪，幼懦難用。以代正身，致使工不能就。點出奸頑，將幼丁老者，盡發廣西充軍。復于家下，務必要正身赴官。如此者自取不寧，又何恨哉！今後諸色匠人，敢有不親身赴工者，遷發雲南。

顧炎武《天下郡國利病書·山西·匠役》 凡工匠，皆隸於工部，役於京師。有住坐者，有輪班者，又有存留本府而執役於織染局者。大抵住坐者則廩食於官，每月止役一旬。輪班者則周而復始，每班止役一季，役滿放回，填給勘合執照。若造作數多，奏聞起取，若無工可造，聽令自行。先是各色工匠編班不等，洪武二十六年，照諸司役作繁簡，更定班次，或三年或二年。諸匠皆免本户差役，二丁若單丁，重役除其一役，老疾無丁者免其本身。注至備而恩至渥矣！後因住坐存留者或有逃故，輪流赴工者或有失班，仍命清軍御史行各府州縣清軍官清解造册繳部，然有納價准工事例，司清理者宜審處焉。

綜述

《墨子·魯問》 公輸子削竹木以爲鵲，成而飛之，三日不下，公輸子自以爲至巧。子墨子謂公輸子曰：「子之爲鵲也，不如翟之爲車轄。須臾劉三寸之木，而任五十石之重。故所爲巧，利于人謂之巧，不利于人謂之拙。」

公輸子謂子墨子曰：「吾未得見之時，我欲得宋，自我得見之後，予我宋而不義，我不爲。」子墨子曰：「翟之未得見之時也，子欲得宋；自翟得見子之後，予子宋而不義，子弗爲，是我予子宋也。子務爲義，翟又將予子天下。」

《墨子·節用》 子墨子言曰：古者明王聖人所以王天下、正諸侯者，彼其愛民謹忠，利民謹厚，忠信相連，又示之以利，是以終身不饜，殁世而不卷。古者明王聖人其所以王天下、正諸侯者，此也。

是故古者聖王制爲節用之法曰：「凡天下羣百工，輪、車、韗、匏、陶、冶、梓、匠，使各從事其所能。」曰：「凡足以奉給民用諸，加費不加民利則止。」

《孟子·公孫丑上》 孟子曰：「矢人豈不仁于函人哉？矢人唯恐不傷人，函人唯恐傷人。巫匠亦然。故術不可不慎也。孔子曰：『里仁爲美。擇不處仁，焉得智？』夫仁，天之尊爵也，人之安宅也。莫之御而不仁，是不智也。不仁、不智，無禮、無義，人役也。人役而恥爲役，由弓人而恥爲弓，矢人而恥爲矢也。如恥之，莫如爲仁。仁者如射，射者正己而後發，發而不中，不怨勝己者，反求諸己而已矣。」

《孟子·滕文公下》 陳代曰：「不見諸侯，宜若小然。今一見之，大則以王，小則以霸。且《志》曰：『枉尺而直尋，』宜若可爲也。」

孟子曰：「昔齊景公田，招虞人以旌，不至，將殺之。志士不忘在溝壑，勇士不忘喪其元。孔子奚取焉？取非其招不往也。如不待其招而往，何哉？且夫枉尺而直尋者，以利言也。如以利，則枉尋直尺而利，亦可爲與？昔者趙簡子使王良與嬖奚乘，終日而不獲一禽。嬖奚反命曰：『天下之賤工也。』或以告王良。良曰：『請復之。』强而後可，一朝而獲十禽。嬖奚反命曰：『天下之良工也。』簡子曰：『我使掌與女乘。』謂王良。良不可，曰：『吾爲之範我馳驅，終日不獲一；爲之詭遇，一朝而獲十。《詩》云：「不失其馳，舍矢如破。」我不貫與小人乘，請辭。』御者且羞與射者比，比而得禽獸雖若丘陵，弗爲也。如枉道而從彼，何也？且子過矣！枉己者，未有能直人者也。」

《禮記・王制》　瘖、聾、跛、躃、斷者、侏儒，百工各以其器食之。**【略】**凡執技，論力，適四方，嬴股肱，決射御。凡執技以事上者，祝、史、射、御、醫、卜及百工。凡執技以事上者，不貳事，不移官，出鄉不與士齒。仕于家者，出鄉不與士齒。

《中庸》第二〇章　天下之達道五，所以行之者三。曰君臣也，父子也，夫婦也，昆弟也，朋友之交也：五者，天下之達道也。知、仁、勇三者，天下之達德也，所以行之者一也。或生而知之，或學而知之，或困而知之，及其知之一也。或安而行之，或利而行之，或勉强而行之，及其成功一也。子曰：「好學近乎知，力行近乎仁，知耻近乎勇。知斯三者，則知所以修身；知所以修身，則知所以治人；知所以治人，則知所以治天下國家矣。」

凡爲天下國家有九經，曰：修身也，尊賢也，親親也，敬大臣也，體羣臣也，子庶民也，來百工也，柔遠人也，懷諸侯也。修身則道立，尊賢則不惑，親親則諸父昆弟不怨，敬大臣則不眩，體羣臣則士之報禮重，子庶民則百姓勸，來百工則財用足，柔遠人則四方歸之，懷諸侯則天下畏之。

《晏子春秋》卷二《内篇諫》下　晏子曰：「嬰聞與君異。今夫胡狢戎狄之蓄狗也，多者十有餘，寡者五六，然不相害。今束鷄豚妄投之，其折骨決皮，可立得也。且夫上正其治，下審其論，則貴賤不相逾越。今君舉千鐘爵禄而妄投之于左右，左右争之，甚于胡狗，而公不知也。寸之管，無當，天下不能足之以粟。今齊國丈夫耕，女子織，夜以接日，不足以奉上，而君側皆雕文刻鏤之觀，此無當之管也，而君終不知。五尺童子，操寸之烟，天下不能足以薪。今君之左右，皆操烟之徒，而君終不知。鐘鼓成肆，干戚成舞，雖禹不能禁民之觀。且夫飾民之欲，而嚴其聽，禁其心，聖人所難也；而况奪其財而饑之，勞其力而疲之，常致其苦而嚴聽其獄，痛誅其罪，非嬰所知也。」

《六韜・龍韜・農器》　武王問太公曰：「天下安定，國家無事。戰攻之具，可無修乎？守禦之備，可無設乎？」

太公曰：「戰攻守禦之具，盡在于人事：耒耜者，其行馬蒺藜也。馬牛車輿者，其營壘蔽櫓也。鋤耰之具，其矛戟也。蓑薛簦笠，其甲胄干楯也。钁鍤斧鋸杵臼，其攻城器也。牛馬，所以轉輸糧用也。鷄犬，其伺候也。婦人織紝，其旌旗也。丈夫平壤，其攻城也。春鏺草棘，其戰車騎也。夏耨田疇，其戰步兵也。秋刈禾薪，其糧食儲備也。冬實倉廪，其堅守也。田里相伍，其約束符信也。里有吏，官有長，其將帥也。里有周垣，不得相過，其隊分也。輸粟收芻，其廪庫也。春秋治城郭，修溝渠，其塹壘也。」

《逸周書》卷四《世俘解》　癸丑，薦殷俘王士百人。籥人造，王矢琰，秉黄鉞，執戈。王奏庸大享一終，王拜手稽首。

吕不韋《吕氏春秋》卷二一《開春論・愛類》　公輸般爲高雲梯，欲以攻宋。墨子聞之，自魯往，裂裳裹足，日夜不休，十日十夜而至于郢，見荆王曰：「臣，北方之鄙人也，聞大王將攻宋，信有之乎？」王曰：「然。」墨子曰：「必得宋乃攻之乎？亡其不得宋且不義猶攻之乎？」王曰：「必不得宋，且有不義，則曷爲攻之？」墨子曰：「甚善。臣以宋必不可得。」王曰：「公輸般，天下之巧工也，已爲攻宋之械矣。」墨子曰：「請令公輸般試攻之，臣請試守之。」於是公輸般設攻宋之械，墨子設守宋之備。公輸般九攻之，墨子九却之，不能入。故荆輟不攻宋。墨子能以術御荆免宋之難者，此之謂也。

劉安撰高誘注《淮南鴻烈解》卷五《時則訓》　是月也，工師効功，陳祭器案度，呈堅致爲上。案，視。度，法也。堅致，功牢也。工事苦慢，作爲淫巧，必行其罪。苦，惡也；慢，不牢也。淫巧，非常之巧也。苦，謂監會之監也。

劉安撰高誘注《淮南鴻烈解》卷九《主術訓》　是故賢主之用人也，猶巧工之制木也。制，裁也。大者以爲舟航柱樑，舟，船也。方兩小船並與共濟爲航。小者以爲楫楔，脩者以爲櫊闔榱，櫊，屋垂榱穩也。短者以爲朱儒枅櫨。朱儒，梁上戴蹲跪人也。無大小脩短，各得其所宜，規矩方圓，各有所施。

劉向《説苑》卷一一《善説》　夫登高臨危而目不眴而足不陵者，此工匠之勇悍也。入深淵刺蛟龍抱黿鼉而出者，此漁夫之勇悍也。入深山刺虎豹抱熊羆而出者，此獵夫之勇悍也。不難斷頭裂腹暴骨流血中野者，此武夫之勇悍也。

劉向《新序》卷一〇《善謀》下　楚漢久相持不決，百姓騷動，海内摇盪，農夫釋耒，工女下機，天下之心未有所定也。

《史記》卷四《周本紀》 王行暴虐侈傲，國人謗王。召公諫曰：「民不堪命矣。」王怒，得衛巫，使監謗者，以告則殺之。其謗鮮矣，諸侯不朝。三十四年，王益嚴，國人莫敢言，道路以目。厲王喜，告召公曰：「吾能弭謗矣，乃不敢言。」召公曰：「是鄣之也。防民之口，甚於防水。水壅而潰，傷人必多，民亦如之。是故爲水者決之使導，爲民者宣之使言。故天子聽政，使公卿至於列士獻詩，瞽獻曲，史獻書，師箴，瞍賦，矇誦，百工諫，庶人傳語，近臣盡規，親戚補察，瞽史教誨，耆艾修之，而后王斟酌焉，是以事行而不悖。民之有口也，猶土之有山川也，財用於是乎出；猶其有原隰衍沃也，衣食於是乎生。口之宣言也，善敗於是乎興。行善而備敗，所以産財用衣食者也。夫民慮之於心而宣之於口，成而行之。若壅其口，其與能幾何？」王不聽。於是國莫敢出言，三年，乃相與畔，襲厲王。厲王出奔於彘。

徐天麟《東漢會要》卷九《輿服上符璽附**》**

玉路

天子玉路，以玉爲飾，錫樊纓十有再就，建大常，十有二斿，九仞曳地，日月升龍，象天明也。本《志》。下同。

乘輿

殷瑞山車，金根之色。漢承秦制，御爲乘輿，所謂孔子乘殷之輅者也。

金根　　安車　　立車

乘輿、按此乘輿二字蓋言天子也。金根、安車、立車，輪皆朱班重牙，貳轂兩轄，金薄繆龍爲輿倚較，文虎伏軾，龍首銜軛，左右吉陽筩，鸞雀立衡，樻文畫輈，羽蓋華蚤，建大旂，十二斿，畫日月升龍，駕六馬，象鑣鏤錫，金鍐方釳，插翟尾，朱兼樊纓，赤罽易茸，金就十有二，左纛以氂牛尾爲之，在左騑馬軛上，大如斗，是爲德車。五時車，安、立亦皆如之。各如方色，馬亦如之。白馬者，朱其髦尾爲朱鬣云。所御駕六，餘皆駕四，後從爲副車。

耕車

耕車，其飾皆如之。有三蓋。一曰芝車，置轔耒耜之箙，上親耕所乘也。

戎車

戎車，其飾皆如之。蕃以矛麾金鼓羽析幢翳，轔胄甲弩之箙。

獵車

獵車，其飾皆如之。重輞縵輪，繆龍繞之。一曰闟豬車，親校獵乘之。

輧車

太皇太后、皇太后法駕，皆御金根，加交絡帳裳。非法駕，則乘紫罽輧車，雲樻文畫輈，黄金塗五末、蓋蚤。左右騑，駕三馬。長公主赤罽輧車。大貴人、貴人、公主、王妃、封君油畫輧車。大貴人加節畫輈。皆右騑而已。

青蓋車

皇太子、皇子皆安車，朱班輪，青蓋，金華蚤，黑樻文，畫轓文輈，金塗五末。皇子爲王，錫以乘之，故曰王青蓋車。

緑車

皇孫緑車以從。皆左右騑，駕三。

皁蓋車

公、列侯安車，朱班輪，倚鹿較，伏熊軾，皁繒蓋，黑轓，右騑。

中二千石、二千石皆皁蓋，朱兩轓。其千石、六百石，朱左轓。轓長六尺，下屈廣八寸，上業廣尺二寸，九文，十二初，後謙一寸，若月初生，示不敢自滿也。景帝中元五年，始詔六百石以上施車轓，得銅五末，軛有吉陽筩。中二千石以上右騑，三百石以上皁布蓋，千石以上皁繒覆蓋，二百石以下白布蓋，皆有四維杠衣。賈人不得乘馬車。除吏赤畫杠，其餘皆青云。案《郭賀傳》，舊典，傳車驂駕乘赤帷裳，唯賀爲荆州，勑去襜帷。《謝承書》曰：「孔恂字巨卿，新淦人。州別駕從事車前舊有屏星，如刺史車曲翳儀式。時刺史行部，發去日晏，刺史怒，欲去別駕車屏星。恂議曰：『明使君傳車自發晚，而欲徹去屏星，毁國舊儀，此不可行。別駕可去，屏星不可省。』即投傳去。刺史追辭謝請，不肯還，于是遂不去屏星。」《説文》曰：「車當謂之屏星。」

夫人安車

公、列侯、中二千石、二千石夫人，會朝若蠶，各乘其夫之安車，右騑，加交路帷裳，皆皁。非公會，不得乘朝車，得乘漆布輜輧車，銅五末。

大駕　　法駕　　小駕

乘輿大駕，公卿奉引，太僕御，大將軍參乘。屬車八十一乘，備千乘萬騎。西都行祠天郊，甘泉備之。官有其注，名曰甘泉鹵簿。東都唯大行乃大駕。大駕，太僕校駕；法駕，黄門令校駕。

乘輿法駕，公卿不在鹵簿中。河南尹、執金吾、雒陽令奉引，奉車郎御，侍中參乘。屬車三十六乘。前驅有九斿雲罕，鳳凰闟戟，皮軒鸞旂，皆大夫載。鸞旂者，編羽旄，列繫幢旁。民或謂之雞翹，非也。後有金鉦黄鉞，黄門鼓車。

古者諸侯貳車九乘。秦滅九國，兼其車服，故大駕屬車八十一乘，法駕半之。屬車皆皁蓋赤裏，朱轓，戈矛弩箙，尚書、御史所載。最後一車垂豹尾，豹尾以前比省中。

行祠天郊以法駕，祠地、明堂省什三，祠宗廟尤省，謂之小駕。每出，太僕奉駕上鹵簿，中常侍、小黄門副；尚書主者，郎令史副；侍御史，蘭臺令史副。皆執注，以督整車騎，謂之護駕。春秋上陵，尤省於小駕，直事尚書一人從，其餘令以下，皆先行後罷。

輕車

輕車，古之戰車也。洞朱輪輿，不巾不蓋，建矛戟幢麾，轓輒弩箙。藏在武庫。大駕、法駕出，射聲校尉、司馬吏士載，以次屬車，在鹵簿中。諸車有矛戟，其飾幡斿旗幟皆五采，制度從《周禮》。吳孫《兵法》云：「有巾有蓋，謂之武剛車。」武剛車者，爲先驅。又爲屬車輕車，爲後殿焉。

大使車

大使車，立乘，駕駟，赤帷。持節者，重導從：賊曹車、斧車、督車、功曹車皆兩；大車，伍伯璅弩十二人；辟車四人；從車四乘。無節，單導從，減半。

小使車

小使車，不立乘，有騑，赤屏泥油，重絳帷。導無斧車。

近小使車，蘭輿赤轂，白蓋赤帷。從騶騎四十人。此謂追捕考案，有所勑取者之所乘也。

諸使車，皆朱班輪，四輻，赤衡軛。其送葬，白堊以下，灑車而後還。公、卿，中二千石、二千石，郊廟、明堂、祠陵，法出，皆大車，立乘，駕駟。他出，乘安車。

載車

大行載車，其飾如金根車，加施組連璧交絡四角，金龍首銜璧，垂五采，析羽流蘇前後，雲氣畫帷裳，横文畫曲轓，長縣車等。太僕御，駕六布施馬。布施馬者，淳白駱馬也，以黑藥灼其身爲虎文。既下，馬斥賣，車藏城北秘宫，皆不得入城門。當用，太僕考工乃内飾治，禮吉凶不相干也。

導從車

公卿以下至縣三百石長導從，置門下五吏、賊曹、督盜賊功曹，皆帶劍，三車導；主簿、主記，兩車爲從。縣令以上，加導斧車。公乘安車，則前後並馬立乘。長安、雒陽令及王國都縣加前後兵車，亭長，設右騑，駕兩。璅弩車前伍伯，公八人，中二千石、二千石、六百石皆四人，自四百石以下至二百石皆二人。黄綬，武官伍伯，文官辟車。鈴下、侍閤、門蘭、部署、街里走卒，皆有程品，多少隨所典領。驛馬三十里一置，卒皆赤幘絳韝云。

古者軍出，師旅皆從；秦省其卒，取其師旅之名焉。公以下至二千石，騎吏四人，千石以下至三百石，縣長二人，皆帶劍，持棨戟爲前列，揵弓韣九鞬。諸侯王法駕，官屬傅相以下，皆備鹵簿，似京都官騎，張弓帶鞬，遮迾出入稱促。列侯，家丞、庶子導從。若會耕祠，主縣假給辟車鮮明卒，備其威儀。導從事畢，皆罷所假。

《晉書》卷五二《阮种傳》 又問：「將使武成七德，文濟九功，何路而臻于兹？凡厥庶事，曷後曷先？」對曰：「夫文武經德，所以成功丕業，咸熙庶績者，莫先於選建明哲，授方任能。令才當其官而功稱其職，則萬機咸理，庶僚不曠。《書》曰：『天工人其代之。』然則繼天理物，寧國安家，非賢無以成也。夫賢才之畜於國，由良工之須利器，巧匠之待繩墨也。器用利，則斲削易而材不病；繩墨設，則曲直正而衆形得矣。是以人主必勤求賢，而佚以任之也。賢臣之於主，進則忠國愛人，退則砥節潔志，營職不干私義，出心必由公塗，明度量以呈其能，審經制以效其功。此昔之聖王所以恭己南面而化於陶鈞之上者，以其所任之賢與所賢之信也。」

《魏書》卷五《高宗紀》 〔和平四年〕十有二月辛丑，詔曰：「名位不同，禮亦異數，所以殊等級，示軌儀。今喪葬嫁娶，大禮未備，貴勢豪富，越度奢靡，非所謂式昭典憲者也。有司可爲之條格，使貴賤有章，上下咸序，著之于令。」壬寅，詔曰：「夫婚姻者，人道之始。是以夫婦之義，三綱之首，禮之重者，莫過於斯。尊卑高下，宜令區別。然中代以來，貴族之門多不率法，或貪利財賄，或因緣私好，在於苟合，無所選擇，令貴賤不分，巨細同貫，塵穢清化，虧損人倫，將何以宣示典謨，垂之來裔。今制皇族、師傅、王公侯伯及士民之家，不得與百工、伎巧、卑姓爲婚，犯者加罪。」

《魏書》卷九四《閹官・仇洛齊傳》 魏初禁網疏闊，民户隱匿漏税者多。東州既平，綾羅户民樂葵因是請採漏户，供爲綸綿。自後逃户占爲細繭羅縠者非一。於是雜、營户帥遍於天下，不屬守宰，發賦輕易，民多私附，户口錯亂，不可檢括。洛齊奏議罷之，一屬郡縣。

《隋書》卷二四《食貨志》 煬帝即位，是時户口益多，府庫盈溢，乃除婦人及奴婢部曲之課。男子以二十二成丁。始建東都，以尚書令楊素爲營作大監，每月役丁二百萬人。徙洛州郭内人及天下諸州富商大賈數萬家，以實之。新置興洛及迴洛倉。又於皁澗營顯仁宮，苑囿連接，北至新安，南及飛山，西至澠池，周圍數百里。課天下諸州，各貢草木花果，奇禽異獸於其中。開渠，引穀、洛水，自苑西入，而東注于洛。又自板渚引河，達于淮海，謂之御河。河畔築御道，樹以柳。又命黄門侍郎王弘、上儀同於士澄，往江南諸州採大木，引至東都。所經州縣，遞送往返，首尾相屬，不絶者千里。而東都役使促迫，僵仆而斃者，十四五焉。每月載死丁，東至城皐，北至河陽，車相望於道。時帝將事遼、碣，增置軍府，掃地爲兵。自是租賦之入益減矣。

李林甫等《唐六典》卷七《尚書工部》 工部尚書一人，正三品；周之冬官卿也。漢五曹尚書，其三曰民曹。後漢以民曹兼主繕修、功作、鹽池、園苑之事。自晉、宋、齊、梁、陳，營宗廟則權置起部尚書，事畢省之。後周依《周官》，置大司空卿一人。隋開皇二年始置工部尚書，皇朝因之。龍朔二年改爲司平太常伯，咸亨元年復爲工部尚書。光宅元年改爲冬官尚書，神龍元年復故。侍郎一人，正四品下。蓋周之冬官小司空中大夫也。漢已來尚書侍郎，今郎中之任也。後周依《周官》。隋煬帝置工部侍郎，皇朝因之。龍朔二年改爲司平少常伯，咸亨、光宅、神龍並隨曹改復。 工部尚書、侍郎之職，掌天下百工、屯田、山澤之政令。其屬有四：一曰工部，二曰屯田，三曰虞部，四曰水部；尚書、侍郎總其職務而奉行其制命。凡中外百司之事，由於所屬，咸質正焉。

郎中一人，從五品上；蓋《周禮》大司空屬官下大夫，郎中之任也。晉、宋、齊、後魏、北齊皆有起部郎中，梁、陳改置起部侍郎，後周置冬官小司空下大夫。隋初爲工部侍郎，煬帝除「侍」字，又改工部爲起部，皇朝因之。武德三年改爲工部郎中。龍朔二年改爲司平大夫，咸亨元年復爲工部郎中。光宅、神龍並隨曹改復。員外郎一人，從六品上；後周依《周禮》，置小司空上士，蓋員外郎任也。隋開皇六年置工部員外郎，煬帝改爲起部承務郎，皇朝改爲工部員外郎。龍朔二年改爲司平員外郎，咸亨、光宅、神龍並隨曹改復。 主事三人，從九品上。 郎中、員外郎掌經營興造之衆務，凡城池之修濬，土木之繕葺，工匠之程式，咸經度之。

京城左河、華，右隴坻，前終南，後九嵕。南面三門：中曰明德，左曰啓夏，右曰安化。東面三門：中曰春明，北曰通化，南曰延興。西面三門：中曰金光，北曰開遠，南曰延平。今京城，隋文帝開皇二年六月詔左僕射高熲所置，南直終南山子午谷，北據渭水，東臨滻川，西次灃水。太子左庶子宇文愷創制規謀，將作大匠劉龍，工部尚書賀婁子幹，太府少卿高龍義並充檢校。至三年三月，移入新都焉，名曰大興城。東西十八里一百一十五步，南北十五里一百七十五步，牆高一丈八尺。皇城之南，東西十坊，南北九坊；皇城之東、西各一十二坊，兩市居四坊之地；凡一百一十坊。開元十四年，又取東面兩坊爲興慶宮。

皇城在京城之中。東西五里一百一十五步，南北三里一百四十步，今謂之子城。南面三門：中曰朱雀，左曰安上，右曰含光。朱雀門正南當明德門，正北當承天門；門外横街正東直春明門，正西直金光門。東面二門：北曰延喜，南曰景風。延喜門則承天門外横街，東直通化門。西面二門：北曰安福，南曰順義。安福門西直開遠門。其中左宗廟，在安上門内之東。右社稷，在含光門内之西。百僚廨署列乎其間，凡省六、寺九、臺一、監四、衛十有八，六省謂尚書、中書、門下、祕書、殿中、内侍省；九寺謂太常、宗正、司農、太府、鴻臚、衛尉、光禄、太僕、大理寺；一臺謂御史臺；四監謂少府、將作、國子、都水監；十八衛謂左、右衛，左、右驍衛，左、右武衛，左、右威衛，左、右領軍衛，左、右監門衛，左、右千牛衛，左、右金吾衛，左、右羽林軍衛。今按：中書門下凡有三所，並在宮城之内；國子監在皇城之南；左、右金吾衛在皇城之東、西；左、右羽林軍在玄武門之北。東宮官屬凡府一、坊三、寺三、率府十。一府謂詹事府；三坊謂左、右春坊，内坊；三寺謂家令、率更、僕寺；十率謂左、右衛率府，左、右清道率府，左、右司禦率府，左、右内率府，左、右監門率府。

宮城在皇城之北。南面三門：中曰承天，東曰長樂，西曰永安。承天門，隋開皇二年作。初曰廣陽門，仁壽元年改曰昭陽門，武德元年改曰順天門，神龍元年改曰承天門。若元正、冬至大陳設，燕會，赦過宥罪，除舊布新，受萬國之朝貢，四夷之賓客，則御承天門以聽政。蓋古之外朝也。其北曰太極門，其内曰太極殿，朔、望則坐而視朝焉。蓋古之中朝也。隋曰大興門、大興殿。煬帝改曰虔福門，貞觀八年改曰太極門。武德元年改曰太極殿。有東上、西上二閤門，東、西廊，左延明、右延明二門。次北曰朱明門，左曰虔化門，右曰肅章門，肅章之西曰暉政門，虔化之東曰武德西門。其内有武德殿，有延恩殿。又北曰兩儀門，其内曰兩儀殿，常日聽朝而視事焉。蓋古之内朝也。隋曰中華殿，貞觀五年改爲兩儀殿。承天門之東曰長樂門，北入恭禮門，又北入虔化門，則宮内也。承天門之西曰廣運門，永安門，北入安仁門，又北入肅章門，則宮内也。兩儀殿之東曰萬春殿，西曰千秋殿。兩儀之左曰獻春門，右曰宜秋門。宜秋之右曰百福門，其内曰百福殿。百福之西曰承慶門，内曰承慶殿。獻春之左曰立政門，其内曰立政殿。立政之東曰大吉門，其內曰大吉殿。兩儀之北曰甘露殿。左曰神龍門，其內曰神龍殿；右曰安仁門，其內曰安仁殿。又有興仁、宣猷、崇道、惠訓、昭德、安禮、正禮、宣光、通福、光昭、嘉猷、華光、暉儀、壽安、綏福等門，薰風、就日、翔鳳、咸池、臨照、望僊、鶴翔、乘龍等殿，凌煙、翔鳳等閣。

大明宮在禁苑之東南，西接宮城之東北隅。龍朔二年，高宗以大內卑濕，乃於此置宮。南面五門：正南曰丹鳳門，東曰望僊門，次曰延政門，西曰建福門，次曰興安門。南當皇城之啓夏門，舊京城入苑之北門，開皇三年開。餘四門並與宮同置。丹鳳門內正殿曰含元殿，殿即龍首山之東趾也。階上高於平地四十餘尺，南去丹鳳門四百餘步，東西廣五百步。今元正、冬至於此聽朝也。夾殿兩閣，左曰翔鸞閣，右曰棲鳳閣。與殿飛廊相接夾殿，東有通乾門，西有觀象門。閣下即朝堂，肺石、登聞鼓，如承天之制。其北曰宣政門；門外東廊曰齊德門，西廊曰興禮門；內曰宣政殿。殿前東廊曰日華門，門東門下省，省東南北街，南直含耀門，出昭訓門。宣政殿前西廊曰月華門，門西中書省，省西南北街，南直昭慶門，出光範門。宣政之左曰東上閤，右曰西上閤。次西曰延英門，其內之左曰延英殿，右曰含象殿。宣政北曰紫宸門，其內曰紫宸殿，即內朝正殿也。殿之南面紫宸門，左曰崇明門，右曰光順門；殿之東曰左銀臺門，西曰右銀臺門，次北曰九僊門；殿之北面曰玄武門，左曰銀漢門，右曰青霄門。其內又有麟德、凝霜、承歡、長安、僊居、拾翠、碧羽、金鸞、蓬萊、含涼、珠鏡、三清、含冰、水香、紫蘭等殿，玄武、明義、大角等觀，鬱儀、結鄰、承雲、修文等閣也。

興慶宮在皇城之東南，東距外郭城東垣。即今上龍潛舊宅也。開元初，以爲離宮。至十四年，又取永嘉、勝業坊之半以置朝堂，自大明宮東夾羅城複道，經通化門磴道潛通焉。宮之西曰興慶門，其內曰興慶殿；即正衙殿。有龍池殿。次南曰金明門，門內之北曰大同門，其內曰大同殿。宮之南曰通陽門，北入曰明光門，其內曰龍堂。通陽之西曰花蕚樓，樓西即寧王第，故取詩人棠棣之義以名樓焉。東曰明義門，其內曰長慶殿。宮之北曰躍龍門，其內左曰芳苑門，右曰麗苑門。南走龍池，曰瀛洲門，門內曰南薰殿。瀛洲之左曰僊雲門，北曰新射殿。又有同光、承雲、初陽、飛軒、玉華等門，飛僊、交泰、同光、榮光等殿。初，上居此第，其里名協聖諱，所居宅之東有舊井，忽涌爲小池，周袤纔數尺，常有雲氣，或見黃龍出其中。至景龍中，潛復出水，其沼浸廣，時即連合爲一，未半歲而里中人悉移居，遂澒洞爲龍池焉。蓋符命之先也。

禁苑在大內宮城之北，北臨渭水，東拒滻川，西盡故都城，其周一百二十里。禽獸、蔬果，莫不毓焉。若祠禴烝嘗四時之薦，蠻夷戎狄九賓之享，則蒐狩以爲儲供焉。

東都城左成皋，右函谷，前伊闕，後邙山。南面三門：中曰定鼎，左曰長夏，右曰厚載。東面三門：中曰建春，南曰永通，北曰上東。北面二門：東曰安喜，西曰徽安。都城，隋煬帝大業元年詔左僕射楊素、右庶子宇文愷移故都創造也。南直伊闕之口，北倚邙山之塞，東出瀍水之東，西出澗水之西，洛水貫都，有河、漢之象焉。東去故都十八里。煬帝既好奢靡，愷又多奇巧，遂作重樓曲閣，連闥洞房，綺繡瑰奇，窮巧極麗。大業末喪亂，爲王充所據。武德四年平充，乃詔焚乾陽殿及建國門，廢東都，以爲洛州總管府。尋以宮城、倉庫猶在，乃置陝東道大行臺。武德九年復爲洛州都督府。貞觀六年改爲洛陽宮。十一年，車駕始幸洛陽。明慶二年，復置爲東都。龍朔中，詔司農少卿田仁汪隨事修葺，後又命司農少卿韋機更加營造。光宅中，遂改爲神都，漸加營構，宮室、百司，市里、郛郭，於是備矣。東面十五里二百一十步；南面十五里七十步；西面連苑，距上陽宮七里；北面距徽安門七里。郛郭南廣北狹，凡一百三坊，三市居其中焉。開元十一年廢西市，取厚載門之西一坊地及西市入苑。西連禁苑，苑西四門：南曰迎秋，次曰遊義，次曰籠煙，北曰靈溪。

皇城在都城之西北隅，南面三門，中曰端門，左曰左掖門，右曰右掖門；東面一門，曰賓耀；西面二門，南曰麗景，北曰宣耀。東城在皇城之東，東曰宣仁門，南曰承福門。皇城在東城之內，百僚廨署，如京城之制。

皇宮在皇城之北。東西四里一百八十步，南北二里八十五步，周回十三里二百四十一步。南面三門：中曰應天，左曰興教，右曰光政。應天門，端門，若西京承天之門。其內曰乾元門。若西京之太極門，東廊有左延福門，西廊有右延福門。興教之內曰會昌，其北曰章善。光政之內曰廣運，其北曰明福。乾元之左曰萬春，右曰千秋，其內曰乾元殿。則明堂也。證聖元年營造，上圓下方，八囪四達，高三百尺。元正、冬至，有時而御焉。殿之左曰春暉門，右曰秋澄門，北曰燭龍門。明福之東曰武成門，其內曰武成殿；明福之西曰崇賢門，其內曰集賢殿。武成之北曰仁壽殿。集賢之北曰僊居殿，其東曰億歲殿，又東曰同明殿。其內又有觀禮、歸義、收成、光慶等門，延祥、延壽、觀文、六合等殿，宜春、僊居、迎祥、六合等院也。其西北出曰洛城西門，其內曰德昌殿，北曰儀鸞殿。德昌南出曰延慶門，又南曰韶暉門。西南曰洛城南門，其內曰洛城殿，又北曰飲羽殿。洛城南門之西有麗景夾城，自此潛通於上陽焉。

上陽宮在皇城之西南。苑之東垂也。南臨洛水，西拒穀水，東面即皇城右掖門之南。上元中營造，高宗晚年常居此宮以聽政焉。東面二門：南曰提象門，即正衙門。北曰星躔門。提象門內曰觀風門，南曰浴日樓，北曰七寶閣，其內曰觀風殿。殿東面。其內又有麗春臺、耀掌亭、九洲亭。其西則有西上陽宮，兩宮夾穀水，虹橋以通往來。北曰化成院，西南曰甘露殿，殿東曰雙曜亭。又西曰麟趾殿，東曰神和亭，西曰洞玄堂。觀風之西曰本枝院，又西曰麗春殿，殿東曰含蓮亭，西曰芙蓉亭，又西曰宜男亭，北曰芬芳門，其内曰芬芳殿。又有露菊亭、互春、妃嬪、僊杼、冰井等院散布其内。宫之南面曰僊洛門。又西曰通僊門，並在苑中。其内曰甘湯院。次北東上曰玉京門，門内北曰金闕門，南曰泰初門。玉京之西曰客省院、蔭殿、翰林院，又西曰上陽宫，宫西曰含露門。玉京西北出曰僊桃門，又西曰壽昌門，門北出曰玄武門，門内之東曰飛龍厩。

禁苑在皇都之西，北拒北邙，西至孝水，南帶洛水支渠，穀、洛二水會于其間。東面十七里，南面三十九里，西面五十里，北面二十里，周迴一百二十六里。中有合璧、冷泉、高山、龍鱗、翠微、宿羽、明德、望春、青城、黄女、陵波十有一宫，芳樹、金谷二亭，凝碧之池。開元二十四年，上以爲穀、洛二水或泛溢，疲費人功，遂勅河南尹李適之出内庫和雇，修三陂以禦之，一曰積翠，二曰月陂，三曰上陽。爾後，二水無力役之患。京、都之制備焉。

凡興建修築，材木、工匠，則下少府、將作，以供其事。少府監匠一萬九千八百五十人，將作監匠一萬五千人，散出諸州，皆取材力强壯、伎能工巧者，不得隱巧補拙，避重就輕。其驅役不盡及别有和雇者，徵資市輕貢，納于少府、將作監。其巧手供内者，不得納資，有闕則先補工巧業作之子弟。一入工匠後，不得别入諸色。其和雇鑄匠有名解鑄者，則補正功。凡計功程者，夏三月與秋七月爲長功，冬三月與春正月爲短功，春之二月、三月，秋之八月、九月爲中功。其役功則依《户部式》。

李林甫等《唐六典》卷二二《少府軍器監》

少府監：監一人，從三品；《漢書·百官表》云：「少府，秦官，掌山海池澤之税，以給供養；有六丞。其屬官有尚書、符節、太醫、太官、湯官、導官、樂府、若盧、考工室、左弋居室、甘泉居室、左、右司空、東織、西織、東園匠十六官令、丞，又胞人、都水、均官三長、丞，又上林中十池監，又中書謁者、黄門、鉤盾、尚方、御府、永巷、内者、宦者八官令、丞，諸僕射、署長、中黄門皆屬焉。」少府者，天子之私府，所以供奉之職皆在焉。王莽改曰共工。後漢復爲少府，其尚書、侍中、符節皆屬焉，餘職多所并省。《漢官解詁》云：「少府主供養，陂池、禁錢，服御、口實，掖庭、中宫。」魏因之。晉置功曹、主簿、五官等員；少府，銀章，青綬，五時朝服，進賢兩梁冠，絳朝服，佩水蒼玉，品第三，統材官校尉、中、左、右三尚方、中黄、左、右藏、左校、甄官、平準、奚官等令，左校坊、鄴中黄、左、右藏、油官等丞。及過江，唯置一尚方，又省御府。至哀帝時，桓温表省少府，以并于丹陽尹。孝武復置。宋少府領左、右尚方、御府、東冶、南冶、平準等令、丞。齊又加以領左、右尚鍛署。梁以少府爲夏卿，統材官將軍、左、中、右尚方、甄官、平水、南塘、邸税庫、東、西冶、中黄、細作、炭庫、紙官、柴署等令、丞，班第十一，品從第四。陳因之。後魏少府、宗正、太僕、廷尉、司農、鴻臚爲六次卿，第二品上；太和末，改少府爲太府。北齊不置少府，其左、中、右三尚方、司染、諸冶及細作、甄官等署並隸太府寺。至隋煬帝大業五年，始分太府爲少府監，置監一人，從三品；少監一人，從四品；丞二人；統左尚、右尚、内尚、司織、司染、鎧甲、弓弩、掌冶等署。其後又改監爲令，少監爲少令，併司織、司染爲織染署，廢鎧甲、弓弩二署。皇朝因爲監。龍朔二年改爲内府監，咸亨元年復爲少府監。光宅元年改爲尚方監，神龍元年復舊。開元初，分甲鎧、弓弩别置軍器監；十一年省軍器監，其作並歸少府；尋又於北都置軍器監。少監二人，從四品下。隋煬帝置少卿一人，從第四品，皇朝因置二人。龍朔、咸亨、光宅、神龍並隨監改復。

少府監之職，掌百工伎巧之政令，總中尚、左尚、右尚、織染、掌冶五署之官屬，庀其工徒，謹其缮作；少監爲之貳。凡天子之服御，百官之儀制，展采備物，率其屬以供焉。

丞四人，從六品下；漢置丞六人，比千石。後漢置一人，以明法補。魏、晉因之。宋、齊、梁、陳皆一人，梁班第四。後魏少府丞一人，從五品中。隋煬帝分太府寺置少府監，置丞二人。皇朝加至六人。龍朔、咸亨、光宅、神龍並隨監改復。開元二十三年減二人。主簿二人，從七品下；《晉令》：「少府置主簿二人。」宋、齊因之。梁主簿七班之中第三。隋煬帝置主簿一人，皇朝加置四人。龍朔、咸亨、光宅、神龍並隨監改復，開元二十三年減二人。録事二人，從九品上。

丞掌判監事。凡五署所脩之物須金石、齒革、羽毛、竹木而成者，則上尚書省，尚書省下所由司以供給焉。凡五署之所入於庫物，各以名數并其州土所生以籍之，季終則上於所由，其副留於監；有出給者，則隨注所供而印署之。凡教諸雜作，計其功之衆寡與其難易而均平之，功多而難者限四年、三年成，其次二年，最少四十日，作爲等差，而均其勞逸焉。凡教諸雜作工，業金、銀、銅、鐵鑄、鎬、鑿、鏤、錯、鏃所謂工夫者，限四年成；以外限三年成；平慢者，限二年成。諸雜作有一年半者，有一年者，有九月者，有三月者，有五十日者，有四十日者。主簿掌勾檢稽失。凡財物之出納，工人之缮造，簿帳之除附，各有程期；不如期者，舉而按之。録事掌受事發辰。

中尚署：令一人，從六品上；漢少府屬官有尚方令、丞。後漢尚方令一人，六百石，掌上手工作御刀劍、諸好器物及寶玉作器。和帝時，蔡倫爲尚方令，作秘劍，皆有龍泉、太阿之目；及諸器械，靡不牢固。其後分爲中、左、右三尚方。魏氏因之。晉過江左，唯置一尚方，哀帝以隸丹陽尹，孝武帝復舊。晉代掌造軍器。宋高祖踐阼，以相府部配臺，謂之左尚方，而本署謂之右尚方，令、丞各一人。孝武帝改右尚方曰御府，又置中署，隸右尚方。齊置左、右尚方令、丞各一人。梁置左、中、右尚方三令、丞，其令並從九品；其後廢中尚方，唯存左、右而已。陳因之。北齊太府寺管左、中、右三尚方。隋開皇中，有内、左、右三尚方署，猶屬太府寺。内尚方令二人，正八品下，掌諸織作。煬帝分屬少府。皇朝因置二人，省「方」字，但曰中尚、左尚、右尚。開元十八年省一人，升爲從六品上。丞四人，從八品下；漢、魏已來皆隨署省置。後漢丞一人，四百石。魏、晉、宋、齊皆隨署改易。梁位在七班之下，爲三品勳位。隋置丞四人，正九品下。皇朝因之。開元中升其品。監作四人，從九品下。

中尚署令掌供郊祀之圭璧，凡冬至祀昊天上帝以蒼璧，孟春祈穀、孟夏雩祀、季秋明堂祀並以四圭有邸，夏至祭皇地祇以黄琮，祀日、月以圭邸，祀東方青帝以青圭，南方赤帝以赤璋，西方白帝以騶虞，北方黑帝以玄璜，中央黄帝以黄琮，祭神州及嶽、鎮、海、瀆、大社、大稷皆以兩圭有邸。及歲時乘輿器玩，中宫服飾，彫文錯綵，珍麗之制，皆供焉；丞爲之貳。每年二月二日，進鏤牙尺及木畫紫檀尺；寒食，進毬，兼雜綵雞子；五月五日，進百索綬帶；夏至，進雷車；七月七日，進七孔金細針；十五日，進盂蘭盆；臘日，進口脂、衣香囊。每月進筆及擣衣杵。琴瑟琵琶弦、金銀紙，須則進之，不恒其數也。其所用金木、齒革、羽毛之屬，任所出州土以時而供送焉。其紫檀、櫚木、檀香、象牙、翡翠毛、黄婴毛、青蟲真珠、紫鑛、水銀出廣州及安南，赤麖皮、瑟瑟、赤珪、琥珀、白玉、碧玉、金剛鑽、盆灌、鍮石、胡桐律、大鵬砂出波斯及涼州，麝香出蘭州，銅鉢銅出代州，赤生銅出銅源監也。

左尚署：令一人，正七品下；後漢末，分尚方爲三：中、左、右。魏、晉因之。晉過江，唯尚方而已。宋、齊、梁、陳有左、右尚方。晉、宋已來並四百石，梁班第一，從九品。北齊太府寺左、中、右尚方。隋開皇中，三尚方並屬太府寺，左尚令三人，掌造車輦、繖扇、稍毦、弓箭、弩戟、器仗、刀鏃、膠漆、竹木、骨角、畫素、刻鏤、蠟燭等。皇朝置一人，開元十八年爲正七品下。丞五人，從八品下；前後漢、魏、晉、宋、齊、梁、陳皆隨署置省。《梁選簿》：「左尚丞爲三品勳位。」隋左尚方丞八人，正九品下。皇朝置五人，開元十八年爲從八品下。監作六人，從九品下。左尚署令掌供天子之五輅、五副、七輦、三轝、十有二車，大小方圓華蓋一百五十有六，諸翟尾及大小繖翰，辨其名數而頒其制度；丞爲之貳。凡皇太后、皇后、内命婦之重翟、厭翟、翟車、安車、四望、金根等車，皇太子之金輅、軺車、四望車，王公已下象輅、革輅、木輅、軺車，公主、王妃、外命婦一品猒翟車，二品、三品犢車，其制各有差。其用金帛、膠漆、材竹之屬，所出方土以時支送。漆出金州，竹出司竹監，松出嵐、勝州，文柏出隴州，梓楸出京兆府，紫檀出廣州，黄楊出荆州。

右尚署：令一人，正七品下；後漢分尚方爲三：中、左、右。魏、晉因之。晉過江，唯尚方而已。宋、齊、梁、陳有左、右尚方。北齊亦有三尚方。隋左、右尚方屬太府寺，令三人，正八品下；煬帝始改隸少府焉。皇朝因置令二人，掌造甲冑、具裝、刀、斧、鉞及皮毛雜作、膠墨、紙筆、薦席等事。開元十八年省一人，升爲正七品下。丞四人，從八品下；漢、魏已來，與左尚方同。隋右尚方丞六人，皇朝置四人，開元十八年爲從八品下。監作六人，從九品下。右尚署令掌供天子十有二閑馬之鞍轡，每歲，京兆、河南制革、理材，爍金以爲之，送之於署，令工人增飾而進焉。及五品三部之帳，備其材革，而脩其制度；丞爲之貳。凡刀劍、斧鉞、甲冑、紙筆、茵席、履舄之物，靡不畢供。其用綾絹、金鐵、毛革等，所出方土以時支送。白馬尾、白犛牛尾出隴右諸州，翟尾、孔雀尾、白鷺鮮出安南、江東，貂皮出諸軍州。

織染署：令一人，正八品上；《周官》九職，「嬪婦化理絲枲」。《考工記》：「理絲麻而成之，謂之婦功。」漢少府屬官有東織、西織，成帝河平元年省東織，更名西織曰織室。後漢有織室丞一人，此後無聞。北齊中尚方領涇州、雍州絲局丞，定州紬綾局丞。後周有司織下大夫一人，掌凡機材之工。隋煬帝置司織署令、丞，後與司染署併爲織染署。《周禮》天官有「染人，掌染絲帛。凡染，春暴練，夏纁玄」；冬官有「設色之工五，謂畫、繢、鍾、筐、㡃也」。韋昭《辨釋名》云：「平準令主染，有常平之法，故準而酌之。」兩漢並隸司農。晉平準令有監染吏六人，初隸司農，後屬少府。宋順帝名準，始改曰染署令。齊復爲平準令，梁、陳爲平水令。北齊太府寺有司染署，長秋寺有染局丞。後周有染工上士一人，又有司色下大夫一人。隋初有司染署，隸太府寺，煬帝分屬少府。大業五年，合司織、司染爲織染署，令二人。皇朝置一人。丞二人，正九品上；漢、魏已來，並具於本署。隋并司織、司染爲一署，丞四人。皇朝因之，置二人。監作六人，從九品下。織染署令掌供天子、皇太子及羣臣之冠冕，辨其制度，而供其職務；丞爲之貳。

天子之冠二，一曰通天冠，二曰翼善冠；冕六，一曰大裘冕，二曰衮冕，三曰鷩冕，四曰毳冕，五曰絺冕，六曰玄冕；弁二，一曰武弁，二曰皮弁；幘二，一曰黑介幘，二曰平巾幘；帽一，曰白紗帽。太子之冠三，一曰三梁冠，二曰遠遊冠，三曰進德冠；冕二，一曰衮冕，二曰玄冕；弁一，曰皮弁；幘一，曰平巾幘。臣下之冠五，一曰遠遊冠，二曰進賢冠，三曰獬豸冠，四曰高山冠，五曰卻非冠；冕五，一曰衮冕，二曰鷩冕，三曰毳冕，四曰絺冕，五曰玄冕；弁二，一曰爵弁，二曰武弁；幘三，一曰介幘，二曰平巾幘，三曰平巾緑幘。

凡織紝之作有十，一曰布，二曰絹，三曰絁，四曰紗，五曰綾，六曰羅，七曰錦，八曰綺，九曰繝，十曰褐。組綬之作有五，一曰組，二曰綬，三曰絛，四曰繩，五曰纓。紬線之作有四，一曰紬，二曰線，三曰絃，四曰網。練染之作有六，一曰青，二曰絳，三曰黄，四曰白，五曰皂，六曰紫。凡染大抵以草木而成，有以花、葉，有以莖、實，有以根、皮，出有方土，採以時月，皆率其屬而脩其職焉。

掌冶署：令一人，正八品上；《周禮·冬官》：「攻金之工六，謂築、冶、鳧、㮚、段、桃也。」秦及漢，諸郡國出鐵者，置鐵官長、丞。晉衛尉屬官有冶令、丞各一人，掌工徒鼓鑄；過江，省衛尉，而冶令始隸少府。宋有東冶令、丞、南冶令、丞，齊因之。梁有東冶令，西冶令，從九品下。《選簿》：「舊，東冶重，西冶輕。」然則梁朝之西冶，蓋宋、齊南冶也。陳因之。後魏無聞。北齊太府寺有司冶令、丞。後周有冶工中士一人，又有鐵工中士一人。隋太府寺統掌冶署，令二人，掌金、銀、銅、鐵器之屬，并管諸冶；煬帝改屬少府，令從八品上。皇朝因之，省一人。丞二人，正九品上；秦、漢已來具上注。隋太府寺統掌冶丞四人，煬帝改屬少府，皇朝因之，省二人。監作二人，從九品下。　掌冶署令掌鎔鑄銅鐵器物之事；丞爲之貳。凡天下諸州出銅鐵之所，聽人私採，官收其税。若白鑞，則官爲市之。其西邊、北邊諸州禁人無置鐵冶及採鉚，若器用所須，則具名數，移於所由，官供之；私者，私市之。凡諸冶所造器物，皆上於少府監，然後給之。其興農冶監所造者，唯供隴右諸牧監及諸牧使。

諸冶監：監各一人，正七品下；秦、漢内史及諸郡有鐵者，則置鐵官長、丞。《晉令》：「諸冶官庫各置督監一人。」《宋書》云：「江南諸郡縣有鐵者，或置冶令，或丞，皆吴時置也。齊、梁有梅根諸冶令。北齊諸冶皆有局丞。隋諸冶皆置監，監有上、中、下三等，皇朝因之，掌鑄兵農之器，以給軍旅、屯田、居人焉。丞一人，從八品上；監作四人，從九品下。

諸冶監掌鎔鑄銅鐵之事，以供少府監；丞爲之貳。

北都軍器監：監一人，正四品上；開元初令少府監置，十六年移向北都。少監一人，正五品上；丞二人，正七品上；主簿一人，正八品上；録事一人，正九品下。

軍器監掌繕造甲弩之屬，辨其名物，審其制度，以時納于武庫；少監爲之貳焉。丞掌判監事。凡材革出納之數，工徒衆寡之役，皆督課焉。主簿掌印及勾檢稽失。録事掌受事發辰。

甲坊署：令一人，正八品下；《周禮・考工記》曰：「函人爲甲：犀甲七屬，兕甲六屬，合甲五屬。凡爲甲，先必爲容，然後制革，權其上旅與其下旅，而重若一。」隋少府有甲鎧署，皇朝改焉。丞一人，正九品下；監作二人，從九品下。

弩坊署：令一人，正八品下；《周禮》：「司弓矢掌四弩。凡弩，夾庾利攻守，唐大利車戰、野戰。」《考工記》：「弓人取六材必以其時。幹也者，以爲遠；角也者，以爲疾；筋也者，以爲深；膠也者，以爲和；絲也者，以爲固；漆也者，以爲受霜露也。凡取幹之道有七：柘爲上，檍次之，檿桑次之，橘次之，木瓜次之，荆次之，竹爲下。」隋有弓弩署，皇朝改焉。丞一人，正九品下；監作二人，從九品下。

甲坊令、弩坊令各掌其所脩之物，督其繕造，辨其粗良；丞爲之貳。凡財物之出納，庫藏之儲備，必謹而守之。

諸鑄錢監：監各一人。《周禮》：「泉府上士四人，掌市之征布。」又：「司市以商賈阜貨而行布，以泉府同貨而斂賒。國凶荒札喪，則市無征而作布。」鄭玄云：「市不税，爲民乏困也。金、銅無凶年，因物貴，大鑄泉以饒民。」布及泉，謂錢也。《漢書・食貨志》曰：「太公爲周立九府圜法。錢圜函方，輕重以銖，故貨寶於金，利於刀，流於泉，布於布，束於帛。周景王鑄大錢，文曰『寶貨』，肉好皆有周郭。秦兼天下，銅錢文曰『半兩』，重如其文。漢興，以秦錢重難用，令人鑄榆莢錢。文帝以錢益輕，更鑄四銖錢，文爲『半兩』，除《盜鑄錢令》，使民放鑄。及武帝初，鑄三銖錢，重如其文，禁人盜鑄。有司言三銖錢輕，更請郡國鑄五銖錢，文曰『五銖』，周郭其質。又以人多奸鑄，令京師鑄官赤仄，一當五。其後赤仄錢又廢。於是，悉禁郡國毋鑄錢，專令上林三官鑄錢。自武帝元狩五年三官初鑄五銖錢，至平帝元始中，成錢二百八十億萬餘。王莽變漢制，始造大錢，徑寸二分，重十二銖，文曰『大錢五十』；後又多所改作。」及公孫述於蜀鑄錢，人不便之，故謡曰：「黄牛白腹，五銖當復。」後漢光武除王莽所造，復五銖錢。靈帝鑄四出錢。魏初專以粟、帛爲貨，明帝復立五銖錢，至西晉不改。吴孫權鑄大錢一當五百文，又鑄一當千錢。蜀劉備鑄一直百錢。東晉沈充鑄小錢，謂之「沈郎錢」。宋文帝又鑄四銖錢，體完厚。孝武帝四銖，形小薄。廢帝鑄二銖，謂之耒子錢；又有綖環錢，貫之以縷，入水不沉。南齊亦用四銖。梁武帝乃鑄二種錢：肉好周郭，文曰「五銖」，重如其文；又除肉郭，謂之女錢。百姓私用古錢，有直百五銖、女錢、太平百錢、定平一百、五銖稚錢、五銖對文等號，輕重不一。普通中，議罷銅錢，鑄鐵錢。陳初，有梁末兩柱及鵝眼錢，時雜用之；文帝改鑄五銖，宣帝又鑄大貨六銖。後魏太和十九年鑄錢，文曰「太和五銖」；永安二年改鑄，文曰「永安五銖」。東魏齊文襄以錢文「五銖」，名須稱實，一文重五銖，計百錢重一斤四兩二十銖。北齊文宣帝鑄常平五銖，重如文。周武帝鑄布泉錢，以一當五，與五銖並行；建德中，復鑄五行大布，一當十。宣帝又鑄永通萬國，以一當千。隋高祖以天下錢貨不等，更鑄新錢，背面肉好，皆有周郭，文曰「五銖」，重如其文，每一千重四斤二兩。自漢至隋，雖時或輕重，皆用五銖。皇朝武德中，悉除五銖，更鑄開通元寶錢。乾封初，又鑄乾封泉寶錢，尋廢。開元中，以錢濫惡，江、淮間尤甚，有敕禁斷，令御史往江、淮間收斂，納官鎔之。其求稍廣，州縣恐其錢數不充，隨以好錢繼之，自是，百姓財幣耗損，御史坐是左遷。舊法每一千重六斤四兩，近所鑄者多重七斤，錢文本歐陽詢所書。錢官，漢氏初屬少府，後屬水衡；後漢屬司農；魏、晉已下，或屬少府，或屬司農。皇朝少府置十鑪，諸州亦皆屬焉。及少府罷鑄錢，諸州遂別。今絳州三十鑪，揚、宣、鄂、蔚各十鑪，益、鄧、郴各五鑪，洋州三鑪，定州一鑪。　諸鑄錢監以所在州府都督、刺史判之；副監一人，上佐判之；丞一人，判司判之；監事一人，參軍及縣尉知之；録事、府、史，士人爲之。

李林甫《唐六典》等卷二三《將作都水監》　將作監：大匠一人，從三品；《左傳》云：「少昊氏五雉爲五工正。」《周官》冬官掌百工之職。《漢書・百官表》云：「將作少府，秦官，掌治宫室，有兩丞，左、右中候。景帝改曰將作大匠，秩二千石。屬官有石庫，東園主章，左、右、前、後、中校七令、丞，又主章長、丞。武帝改東園主章曰木工。成帝省中候及左、右、前、後、中校五丞。」後漢光武中元二年省，常以謁者兼之；至章帝建初元年又置。魏因之。晉將作大匠置功曹、主簿、五官等員，掌土木之役。過江後及宋、齊並不常置。梁天監七年置十二卿，改將作大匠爲大匠卿，是爲秋卿，班第十，品正第五。陳因之。後魏太和初，將作大匠從第二品下；二十二年，降爲從三品。北齊因之。後周有匠師中大夫一人，掌城郭、宮室之制及諸器物度量；又有司木中大夫一人，掌木工之政令。隋將作寺置大匠一人，從三品；開皇二十年改爲將作監，以大匠爲大監。煬帝大業五年，正四品；十三年，又改大監爲令。皇朝改置大匠、少匠、丞、主簿等員。龍朔二年改爲繕工監，咸亨元年復舊。光宅元年改爲營繕監，神龍元年復舊。少匠二人，從四品下。後周官有小匠師下大夫一人。隋初，將作無少匠；開皇二十年改寺爲監，大匠爲大監，始置副監一人。煬帝改副監爲少監；大業三年，改少監爲少匠；五年，又改少匠爲少監，正五品；十三年，又改爲少令。皇朝改置少匠二人。龍朔、咸亨、光宅、神龍隨監改復。

將作大匠之職，掌供邦國脩建土木工匠之政令，總四署、三監、百工之官屬，以供其職事；少匠貳焉。凡西京之大內、大明、興慶宮，東都之大內、上陽宮，其內外郭、臺、殿、樓、閣并仗舍等，苑內宮、亭，中書、門下、左右羽林軍、左右萬騎仗、十二閑廐屋宇等，謂之內作。凡山陵及京、都之太廟、郊社諸壇廟，京、都諸城門，尚書、殿中、秘書、內侍省、御史臺、九寺、三監、十六衛、諸街使、弩坊、温湯、東宮諸司、王府官舍屋宇，諸街、橋、道等，並謂之外作。凡有建造營葺，分功度用，皆以委焉。凡修理宮廟，太常先擇日以聞，然後興作。

丞四人，從六品下；漢將作有丞二人，秩六百石。後漢置一人，魏、晉因之。東晉、宋、齊有事則置，無事則罷。梁天監七年置大匠丞一人，班第三。陳因之。後魏從五品中；太和二十二年，第七品下。北齊丞四人，從第七品上。後周匠師上士一人。隋將作丞二人，從六品，大業十三年加至從五品。皇朝加丞至四人，從六品下。主簿二人，從七品下；晉將作置主簿員。江左有事則置，無事則省。梁天監七年復置將作主簿一員，七班中第三。北齊將作寺有功曹、主簿員；若有營作，又別立長史、司馬、主簿各一員。隋將作主簿二人，皇朝因之。録事二人，從九品上。

丞掌判監事。凡內外繕造，百司供給，大事則聽制、敕，小事則俟省符，以諮大匠，而下於署、監，以供其職。凡諸州匠人長上者，則州率其資納之，隨以酬顧。凡功有長短，役有輕重。凡計功程者，四月、五月、六月、七月爲長功，二月、三月、八月、九月爲中功，十月、十一月、十二月、正月爲短功。凡啓塞之時，火土之禁，必辨其經制，而舉其條目。凡四時之禁：每歲十月以後，盡于二月，不得起冶作；冬至以後，盡九月，不得興土工；春、夏不伐木。若臨事要行，理不可廢者，以從別式。凡營造修理，土木瓦石不出於所司者，總料其數，上于尚書省。凡營軍器，皆鐫題年月及工人姓名，辨其名物，而閱其虛實。主簿掌印，勾檢稽失。凡官吏之申請糧料、俸食，務在、假使，必由之以發其事。若諸司之應供四署、三監之財物器用違闕，隨而舉焉。録事掌受事發辰。

左校署：令二人，從八品下；《周官》有攻木之工七，謂輪、輿、弓、廬、匠、車、梓也。秦、漢有左、右、前、後、中校五令、丞。後漢唯置左、右校令、丞各一人，令六百石；又有材官校尉。魏并左校於材官。晉過江，省將作大匠，而左、右校隸少府；又改材官校尉爲將軍，罷左校令。宋、齊、梁、陳又有左校令、丞，別置材官將軍、司馬。北齊太府寺有左校署令、丞。後周有掌材上士。隋將作領左校署令二人，皇朝因之。丞四人，正九品下；漢成帝省左、右、前、後、中五校丞。後漢置左、右校丞各一人，秩三百石。魏因之。東晉隸少府。宋、齊、梁、陳、北齊皆有丞。後周有掌材中士二人。隋左校丞四人，皇朝因之。監作十人，從九品下。

左校令掌供營構梓匠之事，致其雜材，差其曲直，制其器用，程其功巧；丞爲之貳。凡宮室之制，自天子至于士庶，各有等差。天子之宮殿皆施重栱、藻井。王公、諸臣三品已上九架，五品已上七架，並廳厦兩頭；六品已下五架。其門舍三品已上五架三間，五品已上三間兩厦，六品已下及庶人一間兩厦。五品已上得制烏頭門。若官修者，左校爲之。私家自修者，制度准此。凡樂縣簨虡，兵仗器械，及喪葬儀制，諸司什物，皆供焉。簨虡謂鎛鍾、編鍾、編磬之屬。器械謂仗床、戟架、杻械之屬。喪儀謂棺槨、明器之屬。什物謂机案、櫃檻、勅函、行槽、剉碓之屬。

右校署：令二人，從八品下；後漢安帝延光三年，置左校令、右校丞，其後又置右校令。魏因之。晉少府屬官有左校，無右校，其職蓋并于左校矣。宋、齊、梁、陳皆無。北齊太府寺管左校，亦無右校。隋置右校署令、丞，掌管構工作之事。皇朝因之。丞三人，正九品下；漢右校丞一人，三百石。魏因之。宋、齊、梁、陳並置，北齊省。隋右校置丞三人，皇朝因之。監作十人，從九品下。

右校令掌供版築、塗泥、丹雘之事；丞爲之貳。凡料物支供皆有由屬，審其制度而經度之。凡修補之料，每歲京北、河南及諸州支送麥䴸三萬圍、麥麫一百車、麻擣二萬斤；其石灰、赤土之屬，須則市供，不恒其數。

中校署：令一人，從八品下；漢將作左、右、前、後、中五校皆有令、丞，自後不置，皇朝置之。丞三人，正九品下；漢成帝省，皇朝復置。監事四人，從九品下。

中校令掌供舟車、兵仗、廐牧、雜作器用之事。凡行幸陳設供三梁竿柱，閑廐繫飼則供剉碓、行槽、鞍架，禱祠祭祀則供棘葛、竹墼，內外營造應供給者，皆主守之；丞爲之貳。舊，將作寺百工署掌營棘葛、槍子、土塼、石作之事。開元十五年，改百工署爲監，其職掌各分入諸署：槍子入左校，石作入甄官，棘葛、土塼等入於此署。凡監、署役使車牛皆有年支草、豆，據其名簿，閱其虛實，受而藏之，以給於車坊。

甄官署：令一人，從八品下；《周禮》摶埴之工二，謂陶與旊也。後漢將作大匠屬官有前、後、中甄官令、丞。晉少府領甄官署，掌塼瓦之任。宋、齊有東、西陶官瓦署督、令各一人。北齊太府寺統甄官署，甄官又別領石窟丞。後周有陶工中士一人，掌爲罇、彝、簠、簋等器。隋太府寺統甄官署令、丞二人，皇朝改屬將作。丞二人，正九品下；後漢前、後、中三甄官各丞一人，晉有甄官丞，後周有陶工下士一人。隋甄官丞二人，皇朝因之。監作四人，從九品下。　甄官令掌供琢石、陶土之事；丞爲之貳。凡石作之類，有石磬、石人、石獸、石柱、碑碣、碾磑，出有方土，用有物宜。凡磚瓦之作，瓶缶之器，大小高下，各有程準。凡喪葬則供其明器之屬，别敕葬者供，餘並私備。三品以上九十事，五品以上六十事，九品已上四十事。當壙、當野、祖明、地軸、誕馬、偶人，其高各一尺；其餘音聲隊與僮僕之屬，威儀、服玩，各視生之品秩所有，以瓦、木爲之，其長率七寸。

百工、就谷、庫谷、斜谷、太陰、伊陽監：監各一人，正七品下；副監一人，從七品下；丞一人，正八品上；《周禮》：山虞、林衡並掌斬伐林木之事。歷代皆有其官，皇朝取其義而並置之。庫谷監在鄠縣，就谷監在盩厔縣，百工監在陳倉，太陰監在陸渾縣，伊陽監在伊陽縣。録事各一人；監作各四人，從九品下。太陰監、伊陽監各典事十人。　百工等監，掌採伐材木之事，辨其名物而爲之主守。凡修造所須材幹之具，皆取之有時，用之有節。

竇儀等《宋刑統》卷九《職製律・合和御藥誤》　諸御幸舟船誤不牢固者，工匠絞。工匠各以所由爲首。若不整飾及闕少者，徒二年。

【疏】諸御幸舟船誤不牢固者，工匠絞。注云：工匠各以所由爲首。【議曰】御幸舟船者，皇帝所幸舟船，謂造作莊嚴，不甚牢固，可以敗壞者，工匠合絞。注云「各以所由爲首」，明造作之人皆以當時所由人爲首。

又云，若不整飾及闕少者，徒二年。【議曰】其舟船若不整頓修飾，及在船篙、棹之屬所須者有所闕少，得徒二年。此亦以所由爲首，監當官司各減一等。

竇儀等《宋刑統》卷一六《擅興律・興造料請》　諸有所興造，應言上而不言上，應待報而不待報，各計庸坐贓論，減一等。即料請財物及人功，多少違實者，笞五十。若事已損費，各併計所違，贓庸重者坐贓論，減一等。本料不實，料者坐。請者不實，請者坐。

【疏】諸有所興造，應言上而不言上，應待報而不待報，各計庸坐贓論，減一等。【議曰】修城郭，築隄防，興起人功，有所營造，依《營繕令》，計人功多少，申尚書省聽報，始合役功。或不言上，及不待報，各計所役人庸，坐贓論，減一等，其庸倍論，罪止徒二年半。

又云，即料請財物及人功，多少違實者，笞五十。若事已損費，各併計所違，贓庸重者坐贓論，減一等。注云：本料不實，料者坐。請者不實，請者坐。【議曰】即料請財物及人功，多少違實者，謂官有營造，應須市買，料請所須財物，及料用人功，多少故不以實者，笞五十。若事已損費，或已損財物，或已費人功，各併計所費功庸，准贓重者，坐贓論，減一等。重者謂重於笞五十，即五匹一尺以上坐贓論，減一等，合杖六十者，爲贓重。本料不實，止坐元料之人，若由請人不實，即請者合坐，失者各減三等。依《名例律》，以贓致罪，頻犯者各倍論。此既因贓獲罪，功庸出衆人之上，并通官物，即合累而倍論。若直費官財，不損庸直，止據所費財料，不在倍限。雖費人功，倍併不重官物，止從官物科斷，即是累併不加重者，止從重論。

諸非法興造，及雜徭役十庸以上，坐贓論。謂爲公事役使，而非法令所聽者。

【疏議曰】非法興造，謂法令無文，雖則有文，非時興造亦是，若作池亭賓館之屬。及雜徭役，謂非時科喚丁夫，驅使十庸以上，坐贓論。既准衆人爲庸，亦須累而倍折，故注云，謂爲公事役使，而非法令所聽者。因而率斂財物者，亦併計坐贓論，仍亦倍折。以其非法賦斂，不自入己，得罪故輕。

諸工作有不如法者，笞四十，不任用及應更作者，併計所不任贓庸坐贓論，減一等，其供奉作者加二等。工匠各以所由爲罪，監當官司各減三等。

【疏議曰】工作謂在官造作，輒違樣式，有不如法者，笞四十。不任用謂造作不任時用，及應更作者，併計所不任贓庸，累倍坐贓論，減一等，十匹杖一百，十匹加一等，罪止徒二年半。其供奉作加二等者，供奉之義，已於《職制》解訖，若不如法，杖六十。不任用及應更作，坐贓論，加一等，罪止流二千里。其併倍訖，不重費官物者，並直計官物科之，其贓不倍。工匠各以所由爲罪，監當官司各減三等者，謂親監當造作，若有不如法，減工匠三等，笞十，不任用及應更作，減坐贓四等，罪止徒一年，供奉作罪止徒二年之類。

竇儀等《宋刑統》卷一六《擅興律・役功力采取不任用》　諸役功力有所采取而不任用者，計所欠庸坐贓論，減一等。若有所造作，及有所毁壞，備慮不謹，而誤殺人者，徒一年半。工匠主司各以所由爲罪。

【疏】諸役功力有所采取而不任用者，計所欠庸坐贓論，減一等。【議曰】謂官役功力，若采藥或取材之類，而不任用者。若全不任用，須計全庸，若少不任用，准其欠庸，併倍坐贓論，減一等。

又云，若有所造作，及有所毁壞，備慮不謹，而誤殺人者，徒一年半。工匠主司各以所由爲罪。【議曰】謂有所繕造營作，及有所毁壞崩撤之類，不先備慮謹慎，而誤殺人者，徒一年半。工匠主司各以所由爲罪，或由工匠指撝，或是主司處分，各以所由爲罪，明無連坐之法。律既但稱殺人，既明傷者無罪。

諸應差丁夫而差遣不平及欠賸者，一人笞四十，五人加一等，罪止徒一年。即丁夫在役日滿不放者，一日笞四十，一日加一等，罪止杖一百。各坐其所由。

【疏議曰】差遣之法，謂先富强後貧弱，先多丁後少丁。分番上役者，家有兼丁要月，家貧單身閑月之類。違此不平，及令人數欠賸者，一人笞四十，五人加一等，罪止徒一年。即丁夫在役，謂在役之人，日滿不放者，一日笞四十，一日加一等，罪止杖一百。注云：各坐其所由，謂止坐不放者所由之人，明無連坐之法。

諸被差充丁夫、雜匠而稽留不赴者，一日笞三十，三日加一等，罪止杖一百。將領主司加一等，防人稽留者各加三等。即由將領者，將領者獨坐。餘條將領稽留者准此。

【疏議曰】丁夫、雜匠被官差遣，不依程限而稽留不赴者，一日笞三十，三日加一等，罪止杖一百。將領主司加一等，主司謂雜領監當者，一日笞四十，三日加一等，罪止徒一年。其防人稽留者，各加三等，一日杖六十，三日加一等，罪止徒二年，其將領主司亦加一等。若由將領主司稽留，丁夫、雜匠、防人不合得罪，唯罪將領之人，故云將領者獨坐。注云：餘條將領，主司准此，餘條謂征人等但是差行，有主司將領，本條無將領罪名，事由將領者，皆將領者獨坐。

諸丁夫、雜匠在役，而監當官司私使，及主司於職掌之所私使兵防者，各計庸准盜論。即私使兵防出城鎮者，加一等。

【疏議曰】丁夫、雜匠見在官役，役限之内而監當官司私役使，及主司謂應判署及親監當兵防之人，於職掌之所私使，各計庸准盜論。謂從丁夫以下，各計私使之庸，准盜論。即雜使計庸不滿尺者，從盜不得財，笞五十。兵防並據城隍内使者，若私使出城鎮，加罪一等，謂計庸加准盜論罪一等。即强使者，依《職制律》，强者加二等，餘條强者准此。若强使兵防出城者，即亦於本罪加一等上累加。雖稱丁夫、雜匠及兵防，非在役限内而使者，丁夫、雜匠依上條日滿不放，笞四十，一日加一等，罪止杖一百，兵防從代到不放，一日杖九十，三日加一等，罪止徒一年半。計庸重者，若見是監臨官，依役使監臨之罪，其非本部官者，依不應得爲從輕，笞四十。庸多得罪重者，依《職制律》，去官而受舊官屬士庶饋與，若乞取、借貸之屬，各減在官時三等。非監臨官私使，亦於准盜論上減三等。

李昉等《太平御覽》卷七五二《工藝部九・巧》《釋名》曰：巧者，合異類共成一體也。

《禮》曰：無作淫巧，以蕩上心。

又曰：季康子之母死，公輸若方小，公輸若，匠師。方小，言年尚幼，未知禮也。斂，般請以機封，斂，下棺於椁。般，若之族多技巧者，見若掌斂事而年尚幼，請代之，而欲嘗其技巧。將從之。時人服般之巧。公肩假曰：不可。般，爾以人之母嘗巧，則豈不得以。以，己字。言寧有强使女者與，僭於禮作機巧，非也。「以」與「已」字本同。

又曰：目巧之室，則有奥阼。

《周禮》曰：國有六職，百工與居一焉。百工，司空事官之屬，於天地四時之職，亦處其一也。知者創物，謂始闓端造器物，若《世本》作者是也。巧者述之守之，世謂之工。父子世以相教。百工之事，皆聖人之作也。事無非聖人所爲也。爍金以爲刃，凝土以爲器，作車以行陸，作舟以行水，此皆聖人所作也。（疑聖）〔凝，堅〕也。天有時，地有氣，材有美，工有巧，合此四者，然後可以爲良。時，寒温也。氣，剛柔也。良，善也。

《續漢書》曰：張衡性精微，有巧藝，作地動儀。以精銅鑄其器，圜徑八尺，形似傾樽，其蓋穹隆，飾以篆文，外有八龍，首銜銅丸，下有蟾蜍，承之其牙，發機，皆隱在樽中，周密無際，如一體焉。地動機發，龍即吐丸，蟾蜍張口受丸，聲乃振揚，司者覺知即省。龍機其餘七首不發，則知地震所從起來也。合契若神，觀之莫不服其奇麗。自古所來，未嘗有也。

《蜀志》曰：諸葛亮性巧，損益連弩，木牛流馬，皆出意焉。《亮集》有其注也。

《晉書》曰：嵇康性絶巧而好鍛。宅中有一柳樹甚茂，乃激水環之，每夏月居其下以鍛。

《晉紀》曰：宋王圍慕容超，張綱巧絶於人，乃使綱大治攻具，於是城上火石弓弩無所用之。

《晉陽秋》曰：吴葛衡，字思直，明達天官，能爲機巧，故作渾天儀。

又曰：衡陽區紙者，甚有巧思。造作木室，作一婦人居其中，人扣其户，婦人開户而出，當户再拜，還入户内閉户。又作鼠市於中，而四方丈餘，四門門中有一木人，縱四五鼠欲出門，木人輒推木掩之，門門如此，鼠不得出。又作指南車及木奴，令舂穀作米。中宗聞其巧，詔補尚方左校。

沈約《宋書》曰：石虎使解飛、姚興令狐生造指南車，宋武帝平長安，始得此車。戎狄所制，不甚至精，雖有南，多不審正，迴曲頻聚，猶須人力正之。范陽人祖冲之甚有巧思，常謂宜更構造，順帝昇明末，齊王爲相，命冲之造焉，其制甚精，百屈千迴，未嘗移變。

《北齊書》曰：高隆之性小巧，至於公家羽儀，百戲服制，時有改易，不循舊典，時論非之。

《文士傳》曰：張衡嘗作木鳥，假以羽翮，腹中施機，能飛數里。

《後趙録》曰：邴輔樂陵人也，好學者，才藝巧思，機智妙於當時，襄國宫殿臺樹，皆輔所營也。

《馬鈞别傳》曰：鈞，字德衡，扶風人，巧思絶世，不自知其爲巧也。居貧。

舊綾機五十綜者五十躡，六十綜者六十躡，鈞乃易以十二躡，其奇文異變，因感而作，猶自然而成形，陰陽之無窮。

葛洪《神仙傳》曰：葛由者，蜀人也。刻木作羊，能行一旦，騎羊入山，遂云得仙。未知指實也。

《鄴中記》曰：石虎有指南車及司里車。又有春車木人，及作行碓於車上，動則木人蹋碓，行十里成米一斛。又有磨車，置石磨於車上，行十里輒磨一斛。凡此車皆以朱彩爲飾，唯用將軍一人，車行則衆巧并發，車止則止。中御史解飛，尚方人魏猛變所造虎，至性好佛，衆巧奢靡，不可紀也。嘗作擅車，廣丈餘，長二丈，安四輪，作金佛像坐於車上，九龍吐水灌之。又作一木道人，恒以手摩佛心腹之間。又十餘木道人，長二尺餘，皆披袈裟遶佛行，當佛前，輒揖禮佛，又以手撮香投爐中，與人無異。車行則木人行，龍吐水。車止則止。亦解飛所造也。

《玄中記》曰：奇肱氏善奇巧，能爲飛車，從風遠行。

《述異記》曰：魯班刻石爲禹九州圖，今在格城石室山東北巖中。

《西京雜記》曰：長安巧工丁緩者，爲恒滿燈，七龍五鳳，雜以芙華蓮藕之奇。又作卧褥香爐，一名被中香爐。本出房風，其法度至緩，更始爲之，環轉四固而爐體常平，可致之被褥，故取被褥爲名。又作九層山爐，鏤爲奇禽怪獸，諸靈皆自然運動。又作七輪扇，連以十輪，大皆徑尺，並相連續，一人運之，滿堂皆生風寒焉。

又曰：昭陽殿椽桷，皆刻作龍虵縈繞之狀，匠人丁護、李菊所作也，其巧爲天下第一。

《涼州記》曰：吕光時，有任(射)〔躬〕者，自匿爲王欣家奴發覺，應死。躬有奇巧，王尒、魯般之儔也，故赦之。涼風門及大殿，歲久傾敗，躬運巧致思，土木俱正。

王子年《拾遺記》曰：嬬音須。支國去泥離國八萬里，其國婦人善織，以五色絲稍内口中，兩手引之則成文錦，似列燈燭也。

又曰：始皇起遊雲臺，窮極四方之珍材，搜天下之巧工，人皆能騰虛緣木，揮斤斧於空中。

又曰：始皇二年，騫消國獻善畫之工，名裂裔，刻白玉爲兩虎，削玉爲毛，有如真矣。不點兩目睛，始皇點之即飛去。明年南郡有獻白虎二頭，始皇使視之，乃是先刻玉者，始命去目睛，二虎不復能去。

《歷代名畫記》曰：吴王趙夫人，丞相趙達之妹。善書畫，巧妙無雙。能於指間，以綵織爲龍鳳之錦，宫中號爲機絶。孫權常歎巴蜀未平，思得善畫者，圖山川地形，夫人乃進所寫江湖九州山岳之勢。夫人又於方帛之上繡作五岳列國地形，宫中號爲針絶。又以膠續絲髮作爲輕幔，宫中號爲絲絶。

又曰：宋謝莊，字希逸，性多巧思。制木方丈圖，天下山川土地各有分理，離之則州别郡殊，合之則寓内爲一。

《老子》曰：大巧若拙。

又曰：絶巧棄利，盜賊無有。

《莊子》曰：陶者云我善治埴，圓者中規，方者中矩。埴土曰陶。陶，化也。埴，黏土地。匠人曰：我善治木，曲者中鉤，直者應繩。曲，鉤也。繩，直也。謂匠人機巧，善能治木，曲直必中鉤繩也。夫埴木之性，豈欲中規矩鉤繩哉！土木之性稟之造物。不求曲直，豈摹方圓。陶者匠人，浪爲臧否。

又曰：百工有器械之巧則壯。

又曰：巧者勞而智者憂，無能者無所求。

又曰：無爲也而笑巧。巧者有爲以傷神。

又曰：覆載天地，刻雕衆形，而不爲巧。巧者爲之妙而物皆自爾，故無所稱巧也。此之謂天樂。忘樂而樂足矣。

又曰：以瓦注者巧，以鉤注者憚，以黄金注者昏。所要愈重，則其心愈勞也。

又曰：郢人堊墁，白土。墁其鼻端，若蠅翼，使匠石斲之，匠石運斤成風而斲之，盡惡而鼻不傷，郢人立而不失容。宋元君聞之，召匠石曰：嘗試爲寡人爲之。匠石曰：臣則嘗能斲之。雖然，臣質死之矣。

《列子》曰：周穆王西巡，有獻工人名偃師曰：臣唯命所試，然臣已有所造，願王先觀之。穆王曰：以若俱來，吾與若俱觀之。越日，偃師謁見王，王曰：若與偕來者何人耶？對曰：臣之所造能倡者。穆王驚視之，趨步俯仰，言皆人也。巧夫頷其頤則歌，合律。捧其手則舞，應節。千變百化，惟意所適，王以爲實人也，與盛姬内御並觀之。伎將終，倡者瞚與瞬同。其目而招王之左右侍妾。王怒，立便欲誅偃師，偃師大懾，立剖散倡者以示王，皆草木膠漆白黒丹青之所爲也。自内則肝膽心肺脾腎腸胃，外則筋骨支節皮毛齒髮皆假物也。無不畢具者，合會復如初。王試廢其心，則口不能言。廢其肝，則目不能視。廢其腎，則足不能步。穆王曰：人之巧乃與造化同功乎？詔貳車載之以歸。夫班輸之雲梯，墨翟之飛鳶，自謂能之極也。弟子東門賈、禽滑釐，聞以偃師之巧告於二子，二子終身不敢語藝而時執規矩焉。

又曰：宋人有爲其君以王爲楮葉者，三年而後成，亂之楮葉中而不可別也，此人遂以巧食宋國。列子聞之曰：使天地生物三年而成一葉，則物之有葉者寡矣。故聖人持道化，而不持智巧。韓子云：象爲楮葉。

又曰：考成子學幻於尹文先生，三年不告。考成子請其過而求退，尹文先生曰：昔老聃之祖西也，顧而告余曰：有生之氣，有形之狀，盡幻也。造化之所始，陰陽之所變者，謂之生，謂之死。窮數達變，因形移易者，謂之化，謂之幻。造物者其巧妙，其功深，故難終難窮。因形者其巧顯，其功淺，故隨起隨滅。知幻化之不異生死也，始可學夫幻矣。吾與汝亦幻也，奚須學哉。

《墨子》曰：公輸子削竹木爲鵲，成而飛之，三日不下，自以爲至巧。墨子謂曰：子之爲鵲也，不如匠爲車轄也。須臾逝三寸之木，而任五十石之重，故利於人謂之巧，不利於人謂之拙。

《孟子》曰：公輸子之巧，不以規矩不能成方圓也。

《淮南子》曰：昔者楚欲攻宋，墨子聞而悼之。墨子名翟，宋大夫。悼，傷也。自魯趨而往，十日十夜而不休息，裂衣裳裹足，至於郢，見楚王，自從趨走也。郢，楚都也，今南郡江陵北里郢是也。曰：臣聞大王舉兵將攻宋，計必得宋而後罷之乎？忘其苦衆勞民頓兵剉銳天下，以不義之名，而不得咫尺之地，猶且攻之乎？頓，罷。剉，尋。鋭，精。攻無釁之宋，故負天下，以不義之名，猶且必也。王曰：必不得宋，又且爲不義，曷爲攻之？墨子曰：臣見大王之必傷義而不得宋。王曰：公輸子天下之巧士，作爲雲梯，設以攻宋，曷爲弗取？公輸，魯般號，時在楚。雲梯，攻城具，高長上與雲齊，故曰雲梯。設，施也。墨子曰：令公輸設攻宋之械，墨子設守之備。公輸九攻，而墨子九拒之，終弗能入。入猶下也。於是乃偃兵輟不攻宋。輟，止也。

又曰：神機陰閉，剞劂無迹，人巧之妙也。而治世不以爲民業。

又曰：工人下漆而上丹，則可下丹而上漆，則不可萬事由此也。

又曰：規矩鈎繩者，乃巧之具也，而非所以爲巧。巧，存於心也。

又曰：神明之事，不可以智巧爲也，不可以筋力致也。天地所包，陰陽所嘔，雨露所濡，以生萬殊，翡翠瑇瑁碧玉珠，文采明朗澤若濡。摩而不玩，久而不渝，奚仲不能旅，魯般弗能造，此之謂大巧。

又曰：夫至巧不用劒。巧在心乎，故不用劒。

又曰：大匠不用斲。

又曰：夫物有以自然，而後人事有治也。故良匠不能斲金，巧冶不能鑠木。金之勢不可斲，而木之性不可鑠也。埏埴而爲器，刳木而爲舟，爍鐵而爲刃，鑄金而爲鍾，因其可也。

《尸子》曰：古者倕爲規矩準繩，使天下倣焉。

《慎子》曰：百工之子不學而能者，非生而巧也，言有常事。

《傅子》曰：馬先生鈞，天下之巧也。有二子，謂古無指南車，記言之虛也。先生曰：古有之。二子以白明帝，詔先生作之，而指南車成，此一異也。從是天下服其巧矣。居京都城内有地可爲園，患無水以溉之。先生乃作翻車，令童兒轉之，而灌水自覆，其巧百倍於常，此二異也。後人有上百戲者，能設而不能動，帝以問先生可動否？鈞曰：可動。帝曰：其巧可益否？對曰：可益。受詔作之，以大木雕構，使形若輪，平潛以水發焉。設爲女樂舞象，使木人擊鼓吹簫，木跳丸擲，自出自入，百官行署，變巧百端，此三異也。先生見諸葛亮連弩，曰：巧則巧矣，未盡善也。言作之可令加五倍。嘗試以車輪懸瓴甓數十，飛之數百步矣。馬先生之巧，雖古般輸、墨翟、王爾，漢世張平子不能過也。

又曰：馬先生爲機器未成，裴世子疑而難之，先生口屈不能對。傅子謂裴子善乎言而不巧，馬氏長於巧而短於言。巧者天下之微事。

《抱朴子》曰：善圍碁者，世謂之碁聖。故嚴子卿、馬綏明有碁聖之名。書聖皇象、胡昭是也。畫聖衛協、張墨是也。木聖張衡、馬鈞是也。

《孔叢子》曰：孔附謂陳王曰：梁人有楊田者，伎巧過人，骨勝肉飛。

《博物志》曰：近世有田夫至巧而不自覺也，其婦稱之，猶不自知。乃削木爲小麥，試糴之，無疑，歸磨乃覺非麥。

《論衡》曰：傳稱魯般、墨子之巧，刻木爲鳶，飛之三日而不集。下也。夫言其以木爲鳶飛之可也，言其三日不集增之也。猶世傳言魯般巧，亡其母矣。言其巧工，爲母作木車馬、木人、御者，機關備具，載母上臺去而不還，失其母焉。

楊泉《物理論》曰：夫蜘蛛之羅，蜂之作巢，其巧妙矣，而況於人乎！故工匠之方規圓矩出乎心，巧成於手，迹非睿敏精密，孰能著勳成形以周器用哉！

《晉讚》曰：陳勰以工巧見知。

陳襄《州縣提綱》卷二《籍定工匠》 役工建造，公家不能免，人情得其平，雖勞不怨。境內工匠，必預籍姓名，名籍既定，有役按籍而雇，周而復始，無有不均。若名籍不定，而泛然付之於吏，則彼得以並緣爲奸，本用一人，輒追十人，藝之精者，反以賂免，而不能者枉被攀連不得脱，非惟苦樂不均，且建造未成，而民間已騷然矣。但置籍之始，須括得實，無使里正與夫匠首者因讎誣供，則其籍始可用耳。

沈括《夢溪筆談》卷一九《器用・大駕玉輅》 大駕玉輅，唐高宗時造，至今進御。自唐至今，凡三至泰山登封，其他巡幸，莫記其數，至今完壯，乘之安若山岳，以措杯水其上而不摇。慶曆中，嘗别造玉輅，極天下良工爲之，乘之動摇不安，竟廢不用。元豐中，復造一輅，尤極工巧，未經進御，方陳于大庭，車屋適壞，遂壓而碎，只用唐輅。其穩利堅久，歷世不能窺其法。世傳有神物護之，若行諸輅之後，則隱然有聲。

宇文懋昭《大金國志》卷三四《車轍》 后妃並用殿車，其車如五花樓之狀，上以錦緣青氊爲蓋，四圍以簾，秋冬亦用氊，並用錦緣柱廊，(白)〔月〕板護泥皆飾以金玉。或四輪，或兩輪，並朱。車之四角，后用金鳳，妃用金孔雀。如一品二品車之四角，並用銀螭頭。

國主轍或紅或黃無定，以金龍爲頂蓋。后用金鳳，太子用金龍。妃紫轍用金孔雀，一品青轍用銀浮圖，二品三品用紅浮圖，四品五品(用)青浮圖。

吴自牧《夢粱録》卷五《五輅儀式》 明禋止用玉輅，郊祀用五輅，俱頓于太廟側輅屋下。玉輅。按《周禮・春官》：「巾車，掌王之玉輅，鍚繁音盤纓十有再就，建太常十有二斿以祀。」康成注曰：「玉輅，以玉飾諸末。」今玉輅頂耀葉三層，凡八十一葉，皆鏤金間真玉龍，大蓮葉攢簇，四柱欄檻，鏤玉盤花龍鳳，懸挂照山河社稷大鏡，及懸纓旗珮。御座後真錦綉圍之，後出青綉山河龍鳳旗二面。有詩咏曰：「鏤瓊雲朵貼瑶箱，珠網雕檀七寶床。首建太常鳴大珮，玉龍耀葉發祥光。」餘金、象、木、革四輅，俱鍍金耀葉簇之。俱按《周禮・巾車職篇》曰：「金輅，鈎繁纓九就。」康成注曰：「金輅，以金飾輅。」制以「五鳳升龍間火珠，黃衣黃弁駕黃車，畫輪金輅旗裳裹，鈴響螭頭震九衢」。「象輅，朱繁纓七就。」康成注曰：「象輅，以象飾輅。」制以「銅葉金涂燦有光，貼牙櫝軾坐龍床，赤號六駕繁纓七，旗綉紅羅鳥集翔」。「革輅，龍勒條纓五就。」康成注曰：「革輅，挽之以革，而漆之無他飾。」制以「赤白飛銅六駕馳，聯翩龍虎淺黃旗，「龍虎」當作「熊虎」。革挽漆制條纓五，戎弁寬裁對鳳衣」。「木輅，前繁鵠纓建大麾。」康成注曰：「木輅，不挽，以革漆之。前讀爲錙剪之剪。淺黑。」制以「鳳銜鈴珮響交加，御座華裀織百花，十六金龍齊夾轂，皂羅麾上綉龜蛇」。

吴自牧《夢粱録》卷一三《團行》 市肆謂之「團行」者，蓋因官府回買而立此名，不以物之大小，皆置爲團行，雖醫卜工役，亦有差使，則與當行同也。然雖差役，如官司和雇支給錢米，反勝于民間雇倩工錢，而工役之輩，則歡樂同往也。其中亦有不當行者，如酒行、食飯行，而借此名。有名爲「團」者，如城西花團、泥路青果團、後市街柑子團、渾水閘鮝團。又有名爲「行」者，如官巷方梳行、銷金行、冠子行、城北魚行、城東蟹行、薑行、菱行、北猪行、候潮門外南猪行、南土北土門菜行、壩子橋鮮魚行、横河頭布行、鷄鵝行。更有名爲「市」者，如炭橋藥市、官巷花市、融和市南坊珠子市、修義坊肉市、城北米市。且如橘園亭書房、鹽橋生帛、五間樓泉福糖蜜，及荔枝圓眼湯等物。其他工役之人，或名爲「作分」者，如碾玉作、鑽卷作、篦刀作、腰帶作、金銀打鈒作、裹貼作、鋪翠作、裱褙作、裝鑾作、油作、木作、磚瓦作、泥水作、石作、竹作、漆作、釘鉸作、箍桶作、裁縫作、修香澆燭作、打紙作、冥器等作分。又有異名「行」者，如買賣七寶者謂之骨董行、鑽珠子者名曰散兒行，做靴鞋者名雙綫行、開浴堂者名曰香水行。大抵杭城是行都之處，萬物所聚，諸行百市，自和寧門杈子外至觀橋下，無一家不買賣者，行分最多，且言其一二，最是官巷花作，所聚奇異飛鸞走鳳，七寶珠翠，首飾花朵，冠梳及錦綉羅帛，銷金衣裙，描畫領抹，極其工巧，前所罕有者悉皆有之。更有兒童戲耍物件，亦有上行之所，每日街市，不知貨幾何也。

《明英宗實録》卷一百九十六 〔景泰元年九月乙巳〕先是，户部奏：依減省例，軍匠不操備者，月糧給五斗。至是，有訴不足者。詔軍匠上班於内府給食者，給五斗；餘上工不給食者，仍以一石給之。

〔閏九月壬戌〕太子太保兼户部尚書金濂言節用糧儲十事：【略】一、本部先經具奏各監局廠軍匠，關光禄寺飯者，月支米五斗，不關者一石。今一年以上欲令無家小者住支，有者關三斗，不關飯者五斗。兵仗局添支六斗者，仍五斗。老疾支三斗者如幼軍例踈放。一、光禄、太常二寺厨役五千五百餘名，有家小者關米一石，無者六斗。其光禄寺厨役俱關飯，太常寺雖不關飯，安閒尤甚，宜令有家小者關六斗，無者三斗，及移文南京二寺如例行。【略】一、輪班上工民匠，原無月糧。自正統十四年以後，爲造軍器，始每月人支米三斗，有增支四斗、五斗者。今工作稍緩，宜令工部通查，除原有例支食米及今修寺匠暫支食米三斗外，餘內外廠局民匠食米及各營撥出修寺官軍添支食米三斗者俱各住支。【略】詔曰：「官軍月糧多少，查明具聞。軍匠關飯者支米四斗，不關者八斗。各營操備舍人、餘丁，俱與月糧三斗。餘悉如所擬，惟僧道勿究。」

《明英宗實録》卷二百四十〔景泰五年四月乙巳〕更定工匠班次。初，各色工匠有二年一班者，有三年一班者。至是，給事中林聰等請以二年者更爲四年，三年者更爲六年。工部覆奏：「請均以四年爲次。通計匠二十八萬九千有餘，除事故外，南京五萬八千，北京十八萬二千。今以北京之數分爲四班，歲得匠四萬五千，季得匠一萬一千，亦未乏用。」從之。

《明憲宗實録》卷六十四〔成化五年閏二月壬午〕工部奏：「南京輪班各色人匠，雖皆取以供應朝廷造作之用，中間諳曉本藝者十無二三。以此先准南京工部左侍郎范理奏，令各出備工價，雇覓在京高手造作供應。經今三十餘年，從此兩得其便。近該南京兵科給事中朱清奏更其例。本部詳議，以爲：不諳匠藝之人，若又容留在班，不惟不得實用，抑且有誤供應，合仍舊爲便。仍行各處有司知會，今後督令匠户，務要子孫世守其業，敢有似前仍解不堪供役，虛應故事者，合依先次議擬勘合事理，問發化外充軍。」從之。

《明憲宗實録》卷一百一〔成化八年二月〕辛未，織染所永樂年間額設軍民匠役七百五十八名，後漸逃、故，僅存其半，惟設大使一員管領。及移本所於內府織染局帶管，止差內臣一員監督。其後歲有添差，監督二人因改別衙門莅事，遂挾其原隨匠役三十七名以往。至是監督多至九員，役占人匠益多至二百餘名。每作在不過五七人，人少工多，勞苦不息，各匠連名奏乞如舊例，止留內臣二員監督爲便。工部覆奏，不允。

《明憲宗實録》卷二百六十五〔成化二十一年閏四月戊子〕工部言：「大名府柴夫半出工價，本部已准收送。惜薪司以充雇直，近太監廖恭等奏：『所雇之人，多出京師遊食無賴，出入禁門，不可不慮。』有旨，令會議。緣前項夫役，係朝廷日用供應誠不可缺，但有司官吏，往往緣以爲姦，多科重歛，又多抵换原銀，以致不堪雇役。今宜依擬，每夫一名，每年徵銀一十四兩四錢，永爲定例。敢有擅自增減者，叅究治罪。仍委官管押，赴部轉送惜薪司，其出本部代支足數者，亦如此例。管押運送庶門禁有所稽考，而供應不至違誤。」從之。【略】

戊戌，工部言：「浙江布政司右叅政夏寅奏：『近議班匠，令按月出銀六錢，解部甚爲便益。後因各匠違限年久，罰班數多，不能辦納，愈加遲誤，遂令仍解本身。今杭州等府人匠，欲得仍舊解銀。』其言未爲不可。但今人匠四年一班，比之先年一年一班，已減去其四之三，遇有急用，不免雇人。其工食之費，每人一日原擬解部數目止是二分，今增至六分，出辦似乎太重，依二分徵解，未免少輕，合定爲三分。一月該銀九錢，照數驗收造册解部。中間若有諳曉本勢自願應當者，亦從其便。其江西、湖廣、福建三處該隸南京工部者，亦宜照此例行。」從之。

《明孝宗實録》卷六十一〔弘治五年三月癸未〕管巾帽局事太監黄瑜等奏：「本局人匠逃亡數多，而工作甚繁，請於在京各衛及順天府所屬募取千人習學。」兵部議，謂：「在京各衛軍匠，比舊額已逃亡過半。其該管官旗或以己俸代償月錢，或以月糧覓人應役。況近日軍餘已揀選送操，若又募充匠役，增者未必可用，一旦逃去，復爲官旗增害矣。各監局亦將比例求增，何以塞其請哉？宜但以逃亡之數，付清軍御史嚴督有司清補，庶人匠可增而官無貽累。」得旨：「命即移文清軍御史，限今年十月內俱解部應役，毋容情隱匿。」

《明孝宗實録》卷七十一〔弘治六年正月辛卯〕內府承運庫以本庫民匠逃亡者多，請行順天等府責限追捕。如本户丁絶者，補以他户。工部議，謂：「今天下官、民、軍、匠俱有定籍，匠之丁絶者，難以他户更補，惟逃亡者當拘遣赴工。」得旨：「命行該府縣并五城兵馬司嚴行挨解。若果無人，查其初起是何州縣，行移原籍官司按名勾解。丁盡户絶者，別選人補之。」

《明神宗實録》卷一百七十二〔萬曆十四年三月戊午〕監視工程户科給事中穆來輔奏請：「停不急之工，以寬民力；罷淫祠之役，以闢異端。」又言：「開山石匠，宜算日工，庶不苦累。僉解細石工匠，務要加意遴選，毋徒取盈于分數，以致貽累于貧窮。」上責其輕率瀆奏，石匠工食全，所司議覆。

《諸司職掌・工部・營部・工匠》 工役囚人：

凡在京犯法囚徒，或免死工役終身，或免徒流笞杖罰役准折，如遇造作去處，度量所用多寡，若重務者，用重罪囚徒；細務者，用笞杖之數，臨期奏聞，移咨法司，差撥差人監管督工。其當該法司造勘合文册，一本發本部收掌，一本發內府收貯。如遇囚徒工完，委官查理工程無欠，行移原問衙門，再查犯由明白，於內府銷號。合踈放者，發應天府，給引寧家。合充軍者，咨呈都府，照地方編發。若在工有逃竄之數，即便差人勾提，果有病故等項，相視明白埋瘞，移咨原問衙門銷號。如是缺工未完，移文撥補。

則例：

每徒一年，蓋房一間，餘罪三百六十日，准徒一年，共蓋房一間。杖罪不拘杖數，每三名共蓋房一間。

每正工一日：

鈔買物料等項八百文爲准。

雜工三日爲准。

挑土并磚瓦：附近，三百擔，每擔重六十斤爲准。半里二百擔，一里一百擔，二里五十擔，三里三十五擔，四里二十五擔，五里二十擔，六里一十七擔，七里一十五擔，八里一十三擔，九里一十一擔，十里一十擔。

打牆：每牆高一丈、厚三尺、闊一尺，就本處取土爲准。

輪班人匠：

凡天下各色人匠，編成班次，輪流將賫原編勘合爲照上工，以一季爲滿，完日隨即查原勘合及工程明白，就便放回，週而復始。如是造作數多，輪班之數不敷，定奪奏聞。起取撮工本户差役定例，與免二丁餘丁一體當差。設若單丁重役及一年一輪者，開除一名。年老殘疾户無丁者，相視揭籍明白疏放。其在京各色人匠，例應一月上工一十日，歇二十日，若工少人多，量加歇役，如是輪班。各匠無工可造，聽令自行趂作。

計各色人匠一十二萬九千九百七十七名。

五年一班：

木匠三萬三千九百二十八名，裁縫匠四千六百五十二名。

四年一班：

鋸匠九千六百七十九名，瓦匠七千五百九十名，油漆匠五千一百三十七名，竹匠一萬二千七百八名，五墨匠二千七百五十三名，粧鑾匠五百七十三名，雕鑾匠五百二名，鐵匠四千五百四十一名，雙線匠一千八百九十九名。

三年一班：

土工匠一千三百七十六名，熟銅匠一千二百四名，穿甲匠二千五十七名，搭材匠一千一百一十二名，筆匠一百二十名，織匠一千四十三名，絡絲匠二百四十名，挽花匠二百九十一名，染匠六百名。

二年一班：

石匠六千一十七名，艌匠九千三百六十名，船木匠一萬五百六名，箬篷匠四百七十七名，櫓匠三十九名，蘆篷匠二十二名，戧金匠五十四名，絛匠一百四十九名，刊字匠一百五十名，熟皮匠九百九十二名，扇匠六十六名，魫燈匠七十五名，氊匠二百九十九名，毯匠一百五十八名，捲胎匠一百九名，鼓匠一百二名，削藤匠四十八名，木桶匠九十四名，鞍匠一十三名，銀匠九百一十四名，銷金匠五十九名，索匠二百五十五名，穿珠匠一百四名。

一年一班：

表褙匠三百一十二名，黑窑匠二千三百七十三名，鑄匠一千六十名，綉匠一百五十名，蒸籠匠二十三名，箭匠四百二十一名，銀硃匠八十四名，刀匠一十二名，琉璃匠一千七百一十四名，剉磨匠一千一百二十五名，弩匠一百一十二名，黄丹匠二十二名，籐枕匠三一四名，刷印匠五十八名，弓匠一百六十二名，旋匠四十六名，缸窑匠一百九名，洗白匠三十名，羅帛花匠六十九名。

趙瀛《嘉興府圖記》卷九《物土四》 匠户之别六十六：木匠、竹匠、鋸匠、裁縫匠、銀匠、熟銅匠、錫匠、雙線匠、鑄匠、油漆匠、五墨匠、刊字匠、熟皮匠、船木匠、瓦匠、石匠、土工匠、搭材匠、木桶匠、斛斗匠、裱褙匠、彈花匠、冠帽匠、履鞋匠、裁曆匠、紙匠、鐵匠、剉磨匠、弦匠、鞔鼓匠、洗白匠、繡匠、綵匠、氊匠、刷印匠、粧鑾匠、雕鑾匠、櫓匠、木梳匠、弓匠、箭匠、穿甲匠、琉璃坯匠、合香匠、蒸籠匠、黑窑坯匠、染匠、篦匠、捎紙匠、傘匠、索匠、筆匠、刀鞘匠、黑窑匠、鏇匠、艌匠、蘆篷匠、毯匠、琉璃捏塑匠、線匠、挽花匠、絡絲匠、鐵匠、腰機匠、籆匠、打線匠。凡六十有六役，闔郡計五千二百七十七户，各以其技共役，其役于京師，有輪班者，有存留者。[嘉興]：石匠五十八户，鐵匠一百户，銀匠一十六户，鑄匠一十五户，錫匠二十五户，熟銅匠三户，艌匠二百二十七户，氊匠七户，熟皮匠六户，捎紙匠一户，雙線匠一百三十一户，木桶匠二十六户，竹匠一十一户，木匠二百四十九户，冠帽匠五户，斛斗匠一十二户，蒸籠匠一户，刷印匠一户，彈花匠一十七户，瓦匠五十二户，剉磨匠三十六户，粧鑾匠七户，鋸匠四十户，雕鑾匠三户，船木匠一十九户，黑窑匠二十户，油漆匠七户，五墨匠一十三户，黑窑坯匠一十户，木梳匠八户，裁縫匠一百三十二户，櫓匠一十三户，箭匠六户，篦匠二十户，傘匠三十三户，弓匠一十六户，弦匠一十六户，洗白匠一十一户，琉璃坯匠二户，琉璃捏塑匠一户，合香匠六户，線匠三十九户，染匠五十九户，織匠一十六户，絡絲匠六十八户，挽花匠一十二户，腰機匠七户，籆匠二十二户，打線匠二十三户。[秀水]：石匠二十九户，銀匠一十六户，彈花匠二十二户，鐵匠三十八户，錫匠四十户，剉磨匠一十八户，五墨匠一十户，裁縫匠四十八户，熟皮匠一十九户，冠帽匠六户，船木匠七户，氈匠九户，傘匠八户，繡匠三十七户，索匠二户，櫓匠八户，絡絲匠四十四户，挽花匠五十三户，染匠三十二户，打線匠三十户，篦匠二十户，艌匠一百五十七户，鞔鼓匠二户，筆匠二户，織匠十一户，弦匠五户，木匠九十六户，木梳匠六户，油漆匠一十六户，鏇匠二户，履鞋匠四户，腰機匠一十二户，鋸匠四十二户，瓦匠二十户，蒸籠匠二十户，裱褙匠五户，雙線匠八十二户，黑窑匠一十六户，合香匠一十九户，木桶匠一十一户，竹匠五户，鑄匠一户，籰匠一十一户，黑窑坯匠二十八户，斛斗匠六户，弓匠四户，箭匠一十五户，熟銅匠二户，刀鞘匠一户，雕鑾匠一户，琉璃匠一户，粧鑾匠二户，平湖：木匠一百六十户，鋸匠四十户，鐵匠五十九户，雙線匠三十五户，銀匠三十四户，熟皮匠五户，染匠三十七户，穿甲匠一十一户，箭匠二户，篦匠二户，裁縫匠五十一户，挽花匠五户，彈綿花匠二户，艌匠一十六户，櫓匠八户，竹匠二十五户，絡絲匠一户，冠帽匠二户，蒸籠匠一户，石匠一十八户，坵匠二十六户，錫匠六户，鑄匠一户，木桶匠五户，綿匠四户，傘匠一户，油漆匠三户，黑窑匠二十户，雕鑾匠一户，粧鑾匠一户，氈匠一户，搭材匠一户，土工匠二户，弦匠七户，弓匠三户，鏇匠一户，腰機匠三户，熟銅匠四户，斛斗匠一户，蘆篷匠一户，毯匠一户，裱褙匠三户，籰匠一户。嘉善：木匠七十五户，石匠二十户，坵匠四十一户，熟銅匠三户，鐵匠三十九户，錫匠一十户，裁縫匠五十一户，雙線匠八十三户，熟皮匠五十七户，琉璃匠一十八户，黑窑坯匠一十六户，黑窑匠九十六户，五墨匠三户，戧金匠四户，捲胎匠一十九户，綿匠二户，櫓匠三户，蘆蓬匠一户，弦匠一户，艌匠一百一十二户，鋸匠一十三户，銀匠五户，剉磨匠二十二户，木桶匠一十六户，油漆匠六户，粧鑾匠二户，船木匠一十二户，筆匠一户，彈花匠一户，琉璃坯匠一户，冠帽匠二户，穿甲匠五户，弓匠五户，箭匠九户，鏇匠一户，竹匠三户，洗白匠一户，斛斗匠一户，木梳匠一户，索匠一户，腰機匠二户。海鹽：木匠八十二户，石匠一十二户，坵匠一十九户，熟銅匠四户，鐵匠三十八户，錫匠一十一户，裁縫匠四十户，雙線匠三十四户，熟皮匠四户，黑窑匠二十七户，五墨匠一户，銀匠二十五户，綿匠四户，艌匠二十六户，船木匠三户，槌紙匠三户，粧鑾匠五户，傘匠一户，弓匠一十三户，箭匠五户，腰機匠一十一户，氈匠四户，鋸匠一十七户，搭材匠一十七户，彈花匠二户，土工匠二户，木桶匠一户，蒸籠匠一户，裱褙匠一户，鑄匠一户，鍍金匠一户，櫓匠一户，洗白匠一户，竹匠一户，雕鑾匠一户。崇德：木匠四十六户，石匠三十一户，坵匠二十户，鐵匠二十七户，錫匠六户，裁縫匠二十七户，雙線匠一十八户，熟皮匠一户，綿匠七十五户，斛斗匠一十一户，土工匠四户，搭材匠六户，艌匠四十五户，鑄匠二户，鼓匠五户，鋸匠二十六户，木桶匠七户，竹匠七户，履鞋匠一户，紙匠五户，五墨匠二户，裱褙匠一户，針工匠一户，銀匠四户，剉磨匠一户，油漆匠九户，裁曆匠四户，刊字匠二户，弦匠一户，繡匠一户，冠帽匠一户，腰機匠一户。桐鄉：木匠四十八户，石匠一十八户，坵匠一十四户，熟銅匠一十九户，鐵匠三十二户，裁縫匠二十二户，雙線匠一十四户，熟皮匠三户，琉璃揑塑匠四户，墨窑坯匠一户，黑窑匠八户，五墨匠一户，綿匠三十四户，櫓匠一户，弦匠八户，艌匠二十二户，彈花匠三户，竹匠二十五户，裁曆匠一户，粧鑾匠三户，冠帽匠四户，裱褙匠一户，傘匠三户，木桶匠八户，腰機匠四户，鋸匠一十七户，銀匠二户，鑄匠八户，斛斗匠五户，油漆匠三户，弓匠九户，箭匠八户，刷印匠一户，鏇匠一户。其執役于本府織染局者曰織羅匠，曰打線匠，曰挽花匠，曰染匠，曰籰匠，曰絡經匠，曰篦匠，絡絲匠，凡八役，闔府計四百二十七户。嘉興：打線匠一十九户，染匠四十二户，籰匠八户，篦匠八户，絡絲匠二十九户，鐵匠一十八户，絡經匠一户。秀水：打線匠二十二户，染匠二十四户，籰匠八户，篦匠九户，絡絲匠一十三户，織匠三十户。崇德：織羅匠一十六户，籰匠二户，打線匠二户，染匠一十户。海鹽：織匠二户，篦匠五户，絡經匠一十一户，染匠一十二户。嘉善：打線匠二户，絡絲匠三户，染匠二十九户。桐鄉：織匠二十三户，絡經匠一十八户，篦匠二户，籰匠六户，打線匠一户，絡絲匠四户，染匠五户。平湖：染匠一十七户，絡經匠二户。

歲製各色段一千八十六疋。内串四紵絲八百八十六疋，串五紵絲二百疋。并裝盛段疋木櫃二十七箇，及連紙劄等件，銀一十九兩六錢二釐。歲縻銀三千九百七十八兩三分四釐八毫。内該徵常課紅花料銀一千二百三十四兩七分八釐八毫七絲五忽，夏税荒絲料銀二千七百四十三兩五錢五釐九毫二絲五忽，取之七縣，常課丁田出辦，荒絲秋糧帶徵，每閏年增織紵絲七十三疋，增徵常課銀二百五十兩二錢七分六毫，其木櫃二箇，增銀一兩四錢五分二釐。嘉靖間改織 上用袍服，歲派不常，二太監提督就將前銀支織，因歲用不敷，另於均徭内編派備差銀三千三百兩輳織段疋，春秋二運解京。闔郡計爲重，然諸役資以爲生，多縻費而製鮮克工，近歲夷人兀良哈嘗訟其濫惡於朝，始定爲每疋輕重之制，識以白端，備書經收官吏及堂長諸役姓名，奸弊稍戢矣。

薛應旂《憲章録》卷八 （洪武十九年）夏四月，定工匠，驗其丁力。以三年爲班，更番赴京輸作，三月如期交代，名曰「輪班匠」，議而未行。至是工部侍郎秦逵復議，舉行量地遠近，以爲班次。因置籍爲勘合付之，至期齎至工部聽撥，免其家徭役，著爲令，於是諸工匠便之。

崑岡《欽定大清會典事例》卷一二一四《内務府・工作・匠役》 匠役，原定，六庫三作匠役，木庫司物材，鐵庫司鑄造鐵器，器皿庫司藤竹木器，柴庫司柴薪，炭庫司煤炭石灰，房庫司涼棚席篷縈麻。鐵作司打造鐵器，花爆作司造煙火花爆，油漆作司繪堊。六庫各設庫掌庫守，均未入流。三作各設司匠領催，惟鐵作司匠給八品銜。康熙十年定，六庫三作各項匠役共四百五十一名，額缺於原佐領内管領下選補。各項召募民匠共二百八十四名，額缺於工部咨取。月各給銀一兩，米二斛，於各該佐領内管領下支給。召募民匠，附於三旗旗鼓佐領下支給。雍正六年奏准，成造花爆及鼇山燈，向例監修官一年更代，嗣後改爲五年更代，至第四年即委出一人隨同學習，次年接任。又奏准，工匠不敷，即於額外雇募。長工日給制錢一百八十文，短工一百四十文。十二年奏准，不拘長短工，每工概給制錢一百五十四文。乾隆五年議准，營造司桿木匠、雕鑾匠石匠搭材匠共一百五名，内召募六十三名，選取四十二名。嗣後此四項匠役缺，停止各佐領内管領下選取，均召募民匠應役。四十六年奉旨，所有花爆作匠役，嗣後遇有缺出，不必挑補民役，俱向内務府陸續挑補。嘉慶十八年覆准，營造司年例豎立乾清宫天鐙、萬壽鐙鐙座，向來應用工部官搭材匠三十名，五城民搭材匠三十名。官匠由該部派員認識，逐名搜驗帶領進内，民匠令五城副指揮選驗帶領，由内務府堂官派委司官眼同搜驗後帶進，並暫給該役腰牌。擡運鐙杆門梯等件，用内務府衙門領催二十六名，蘇拉二百六十名，官搭材匠二十名。廣儲司鐙庫瓷庫衣庫年例安設天鐙，萬壽鐙，各宫鐙隻，及擡運銅鈷、銅鉀，出進鐙聯，用旗匠蘇拉。又覆准，年例豎立寧壽宫天鐙、萬壽鐙鐙座，應用匠役，均與乾清宫豎立天鐙進匠之例相同，一律辦理。擡運鐙杆、門梯等件，傳用五城民匠。又覆准，宫内歲修活計，及淘溝應用食糧匠役，如不敷用，仍用蘇拉。又覆准，掌關防管理内管領事務處年例糊飾坤寧宫等處殿宇窗户，俱係傳營造司食錢糧裱匠，如不敷用，即傳造辦處向佔該司食錢糧裱匠應用。又覆准，宫内遇有大項工程，不得不傳用民匠者，令承辦監督等多委可靠工頭，於素日熟悉之民匠内，擇其安静本分者傳用。又覆准，總理工程處年例幫搭重華宫戲臺，改歸營造司辦理。該司食錢糧匠役進内幫搭拆運，均派員搜查點驗，按十名一起派官一員，付給腰牌帶進。又覆准，掌關防管理内管領事務處，亦有年例换供、出供、打糕、撢塵等事，俱係蘇拉倉上人，遇過門之日，其搜驗帶領，均一律派員詳慎查辦。同治五年奏准，嗣後内廷修工匠役人等，按名由營造司給予執照執帶。其隆宗門外造辦處内一帶地方，以及西面沿河處所當差蘇拉人役，亦皆應由内務府給予腰牌，以備察覈。

《雍正朝内閣六科史書・户科・總理户部事務怡親王允祥等題准直隸通省工匠銀均攤入地糧内一條編徵收并著爲定例本》 總理户部事務和碩怡親王臣允祥等謹題，爲按地輪丁以廣如天之仁事。該臣等查得直隸巡撫李維鈞，以直屬丁銀，偏累窮黎，苦樂不均，請將丁銀攤入地糧之内徵收，奉部行令作何均攤徵收之處，造册具題。臣悉心籌度，計直屬地方北府地畝率多，旂圈地少丁多，如將一縣之丁銀，攤入本處地糧之内，則糧必培增，有地者亦屬苦累。自應以通省丁銀，攤入通省地糧之内，以免偏累。除旂退地畝并房租核桃變價等襍項錢糧，照額徵收免攤丁銀外，至班匠銀兩，爲數無多，亦攤入地糧内徵收。查順天等九府屬，現在應徵丁匠銀四十二萬四千四百四十四兩零，應徵地糧銀二百五萬一百八十九兩零，每地銀一兩，應均攤丁匠銀二錢七釐二絲零，遇閏之年應徵人丁閏月銀一萬六千二百八十兩九錢零，每地銀一兩應攤入人丁閏銀七釐九毫四絲零，自雍正二年爲始，一條編徵收，仍于國課無虧，而無地之民，得免丁糧之累，即地少之家，亦無丁重之苦矣。除攤徵丁銀省府總册咨部查核外，理合具題等因具題前來。查直屬丁銀，先經該撫題請攤入地糧徵收，臣部以作何均攤之處，令造册具題去後，今該撫既稱除旂退地畝并房租核桃變價等襍項錢糧免其攤加外，將通省丁匠銀兩，均攤入通省地糧之内，而于國課無虧，民生有益等語，應如該撫所請，以雍正二年爲始，一條編征收，務使追呼弗擾閭閻，共沐新恩，賦則無繁，畿輔均沾聖澤，著爲定例，永遠遵行可也。謹題請旨。雍正元年十二月十七日題。本月十九日奉旨：依議。

《欽定總管内務府現行則例・南苑》卷上《花户匠役賞例》 康熙五十一年十一月奏准，南苑内永慕寺三處行宫苑户、匠役等，每六年一次，每次賞給粗布四丈、棉花八兩，嚮廣儲司支取。嘉慶十五年三月由軍機處抄出，奉旨：「南苑四宫苑户等，著賞給一個月錢糧。海户等，著賞銀一千兩。此後爲例。欽此。」

《欽定總管内務府現行則例・南苑》卷上《撥給花兒匠等地畝》 四處行宫花兒匠九名。每名户部給地六十畝。每月各食一兩錢糧，無米。裱匠八名，木匠四名，瓦匠四名。每名給南苑内地二十八畝。每月各食一兩錢糧米石。

黄以周《禮書通故》卷三四《職官禮通故》四 鄭玄云：「匠師，事官之屬，其于司空若鄉師之于司徒也。匠師主衆匠。」《鄉師》注。韋昭云：「匠師，掌匠大夫。」以周案：鄉師爲司徒考，匠師爲司空考。《周官》鄉師下大夫，則匠師亦下大夫也。諸侯之匠師當以士爲之。

鄭玄云：「工人士、梓人皆司空之屬，能正方圜者。」胡匡衷云：「《左傳》諸侯有工正之官，工人士疑即其屬。」

《考工記》有輪人、輈人三十一職。以周案：輪人、匠人見《雜記》，輈人見

《祭統》，作「煇」。玉人見《左傳》，陶人見《喪大記》，梓人見《禮經》。《孟子》言梓、匠、輪、輿、陶、冶、玉人、矢人、函人，與《考工記》尤同。又《左傳》有坏人，《國語》有舟虞，胡氏《釋官》亦以爲冬官之屬。右冬官之屬。

黄以周《禮書通故》卷三六《田賦通故》 鄭衆云：「百工飭化八材，珠曰切，象曰磋，玉曰琢，石曰磨，木曰刻，金曰鏤，革曰剥，羽曰析。」江永云：「先鄭本《爾雅》，遺摶埴之工。且珠之用少，不當特設一官。宜以《曲禮》土、金、石、木、獸、草之六材，而益以玉、羽。」惠士奇云：「八材，醫無閭之珣玗琪，會稽之竹箭，梁山之犀象，華山之金石，霍山之珠玉，崑山之璆琳、琅玕，幽都之筋角，斥山之文皮。」以周案：江説近是。如惠説，又嫌與上「虞衡作山澤之賦」複。王應電説尤無據，不録。

王先謙《荀子集解》卷二《榮辱篇》 可以爲堯、禹，可以爲桀、跖，可以爲工匠，可以爲農賈，在埶注錯習俗之所積耳，在所積習。○先謙案：「埶」字無義。以上文言「注錯習俗」證之，則「埶」字爲衍文。是又人之所生而有也，是無待而然者也，是禹、桀之所同也。○王念孫曰：案此二十三字，涉上文而衍。下文「爲堯、禹則常安榮，爲桀、紂則常危辱」云云，與上文「在注錯習俗之所積」句緊相承接，若加此二十三字，則隔斷上下語脈，故知爲衍文。爲堯、禹則常安榮，爲桀、跖則常危辱；爲堯、禹則常愉佚，爲工匠農賈則常煩勞。然而人力爲此而寡爲彼，○俞樾曰：「力」乃「多」字之誤，與「寡」對文成義，下同。何也？曰：陋也。言人不爲彼堯、禹而爲此桀、跖，由於性之固陋也。堯、禹者，非生而具者也，夫起於變故，成乎修修之爲，待盡而後備者也。【略】是夫羣居和一之道也。故仁人在上，則農以力盡田，賈以察盡財，百工以巧盡械器，盡，謂精於事。察，謂明其盈虛。《説文》云：「有盛爲械，無盛爲器。」

孫詒讓《周禮正義》卷八〇《冬官·考工記下·楖人》 楖人。闕。【疏】「楖人」者，《釋文》云：「楖本或作櫛。」案：《總敘》先鄭注云：「楖讀如巾櫛之櫛。」《説文·木部》云：「櫛，梳比之總名也。」楖櫛字同。《玉藻》有「樿櫛」、「象櫛」，《喪服傳》有「櫛笄」，注云「以櫛之木爲笄」是也。凡刮摩之工，蓋玉、石、骨、角、木通有之。玉人治玉，雕人治骨角，磬氏治石，此楖人疑即治木之工。《明堂位》有「刮楹」，注云：「刮，刮摩也。」木工刮摩，以梳比爲尤精緻，故工亦即以爲名矣。」

孫詒讓《周禮正義》卷八〇《冬官·考工記下·雕人》 雕人。闕。【疏】「雕人」者，《釋文》云：「雕，本亦作彫。」案：《説文·彡部》云：「彫，琢文也。」彫琢字當以彫爲正。《司几筵》「彫几」，《巾車》「彫面」，《司約》注「彫器」，字並作彫。作雕者，段借字也。詳《總敘》疏。又《爾雅·釋器》云：「玉謂之雕。」其正字則當作「琱」，詳《梓人》疏。雕琢之事，蓋亦玉石骨角木所通有，故《梓人》説祭器云「小蟲之屬，以爲雕琢」。但此刮摩五工，已有玉人、楖人、磬氏等，則此雕人當爲治骨角之工，《意林》引《尸子》云「雕人裁骨，則知牛長少」是也。《毛詩·大雅·棫樸》傳又曰「金曰彫」，則非此義。江永云：「姓有漆雕氏，《記》言丹漆雕幾之美，《司几筵》有彫几、彤几、漆几。蓋凡漆器，彫人作之。」案：江説亦足備一義。凡漆革木，有彫刻爲文。《輪人》説轂漆云：「既摩革，色青白，謂之轂之善。」是漆器亦有刮摩之事矣。

孫詒讓《周禮正義》卷八二《冬官·考工記下·匠人》 匠人建國，立王國若邦國者。【疏】「匠人建國」者，《説文·匚部》云：「匠，木工也。」《褉記》云：「匠人御柩。」《孟子·梁惠王篇》云：「工師得大木，匠人斲而小之。」又《左》成二年傳「魯賂楚以執斲百人」，杜注以爲匠人。《鄉師職》有匠師，即匠人之長也。凡建立國邑，必用土木之工，匠人蓋木工而兼識版築營造之法，故建國營國溝洫諸事，皆掌之也。注云「立王國若邦國者」者，《天官·敘官》注云：「建，立也。」賈疏云：「《周禮》單言國者，據王國；邦國連言，據諸侯。經既單言國，鄭兼言邦國者，以其下文有王及諸侯城制，明此以王國爲主，其中兼諸侯邦國可知。下文又有都城制，則此亦兼諸侯也。」水地以縣，於四角立植，而縣以水，望其高下。高下既定，乃爲位而平地。【疏】「水地以縣」者，將建國，必先以水平地，以爲測量之本。《莊子·天道篇》云：「水靜則平中準，大匠取法焉。」李筌《太白陰經·水攻具篇》有水平法，蓋古之遺制也。江永云：「此謂測景之地，須先平之。蓋地不平，則景有差，故下注云『於所平之地中央，樹八尺之臬』，非謂通國城之地皆須平也。疏謂欲置國城，先當以水平地，知地之高下，然後平高就下，誤矣。國地隨地勢皆可居民，何用平。」案：江説是也。注云「於四角立植，而縣以水，望其高下」者，賈疏云：「植即柱也。於造城之處，四角立四柱而縣，謂於柱四畔縣繩以正柱；柱正，然後去柱，遠以水平之法遥望，柱高下定，即知地之高下。」江永云：「今工人作室，有平水之法：各柱任意量定若干尺，畫墨，四面依墨用横線，線下以竹承水，縣直物於線，進退量之。如柱平，則直物至水皆均；如不均，則知柱有高下，而更定之。意古人亦用此法。」戴震云：「水地者，以器長數尺承水，引繩中水而及遠，則平者準矣。立植以表所平之方，縣繩正植，則度水面距地者準矣。」案：江、戴説是也。四角立植，即於所平之地立之。縣繩所以正植，亦以測四植距水之高下均否，此蓋兼有準繩之用矣。《淮南子·齊俗訓》云：「視高下不失尺寸，明主弗任，而求之於浣準。」許注云：「浣準，水望之平。」浣準疑即「管準」，所以測高下之表儀也。云「高下既定，乃爲位而平地」者，位即《天官·敘官》「辨方正位」之位。彼注謂定宫廟也。凡建國必先定宫廟之位，而後平地。置槷以縣，眡以景。故書槷或作弋，杜子春云：「槷當爲弋，讀爲杙。」玄謂槷，古文臬假借字。於所平之地中央，樹八尺之臬，以縣正之，眡之以其景，將以正四方也。《爾雅》曰：「在牆者謂之杙，在地者謂之臬。」【疏】「置槷以縣，眡以景」者，地既平，然後揆日眡景，以正東西南北之鄉背，即辨方之事也。賈疏云：「置槷者，槷亦謂柱也。以縣者，欲取柱之景，先須柱正；欲須柱正，當以繩縣而垂之於柱之四角四中。以八繩縣之，其繩皆附柱，則其柱正矣。然後眡柱之景，故云眡以景也。」

注云「故書槷或作弋，杜子春云：槷當爲弋，讀爲杙」者，段玉裁云：「杜正槷從弋，又云弋讀爲杙，此與正帝爲奠，奠讀爲定，正笱爲笱，笱讀爲稾同。《說文》橜弋字作『弋』，而杙爲《爾雅》劉劉杙之字。杜易弋爲杙者，蓋漢時橜弋字已作杙，故以今字易古字，如以灸易久之比。許自據《周禮》故書及字形得其說，故不同也。」云「玄謂槷古文臬假借字」者，段玉裁云：「鄭君則從槷，謂槷爲臬之假借，如笱爲稾之假借，九軌爲簋之假借。下文引《爾雅》分別杙臬字，見此經言在地者則作臬爲正，不當如杜作杙也。」案：段說是也。鄭以槷臬爲古今字，故以後注中並作臬。云「於所平之地中央，樹八尺之臬，以縣正之」者，賈疏云：「《天文志》云『夏日至，立八尺之表』，《通卦驗》亦云『立八神，樹八尺之表』，故知樹八尺之臬，臬即表也。必八尺者，按《考靈曜》曰『從上向下八萬里，故以八尺爲法也』。彼云八神，此縣一也。以於四角四中，故須八神，神即引也，向下引而縣之，故云神也。」江永云：「古人樹臬用八尺何也？蓋測景之臬不可過短，過短則分寸太密而難分，過長則取景虛淡而難審，八尺與人齊，如是爲宜。八尺雖無正文，而土中之地，夏至景尺有五寸，以知用八尺臬也。後世郭守敬測景用四丈之表，表上作橫梁，下用銅皮鑽小竅，於小竅中取橫梁之景，謂之景符。此後人之功法，然四丈表亦不易作也。疏引《考靈曜》謂『從上向下八萬里，故以八尺爲法』，此漢人之妄說，天去地豈止八萬里哉！」詒讓案：臬即《大司徒》測景之表。《周髀算經》亦謂之髀，長八尺，取天高八萬里。《周髀》已有此論，雖非實測，然古天官家習傳其說，故鄭亦從之。互詳《大司徒》疏。云「眡之以其景，將以正四方也」者，眡，《詩・鄘風・定之方中》孔疏引作「視」，是也。凡經作「眡」，注例用今字作「視」，各本並誤，詳《大宰》疏。正位必先辨方，故眡景以正之也。引《爾雅》曰「在牆者謂之杙，在地者謂之臬」者，證臬與杙異，槷當爲臬也。《釋宮》云：「樴謂之杙，在牆者謂之楎，在地者謂之臬。」郭注云：「杙，橜也。」臬即門橜也。」此引作在牆者謂之杙者，鄭以杙楎同物，隨文便改之。《爾雅》之臬，即此經之槷，與門闑字異，郭注亦誤。

爲規，識日出之景與日入之景。日出日入之景，其端則東西正也。又爲規以識之者，爲其難審也。自日出而畫其景端，以至日入，既則爲規測景兩端之內規之規之交，乃審也。度兩交之閒，中屈之以指臬，則南北正。【疏】「爲規識日出之景與日入之景」者，測東西之景也。《詩・大雅・沔水》箋云：「規，正員之器也。」林喬蔭云：「此蓋於土圭之外，別詳測景之用。謂於地平上爲圓規，而植槷其中，日出景在槷西，日入景在槷東，視景端與規齊之處識之，參以日中午正之景，則東西正。又中屈其規以指槷，而南北亦正。與土圭互相爲用。」

注云「日出日入之景，其端則東西正也」者，中國在赤道北，日景所照，恒偏指北。惟日初出時，景端正指東，日將入時，景端正指西，故正東西必眡日出入時景端。《詩・鄘風・定之方中》云「揆之以日，作於楚室」，毛傳云：「揆，度也。度日出日入以知東西。」《周髀算經》云：「以日始出立表，而識其晷，日入後識其晷，晷之兩端東西也。中折之，指表者，正南北也。」皆即此法也。又《淮南子・天文訓》亦有以表測景正朝夕之術，與此經及《周髀》並不同，蓋漢以後所更定也。云「又爲規以識之者，爲其難審也」者，但識景端，恐尚不審，故復爲規以攷其合否也。云「自日出而畫其景端，以至日入，既則爲規測景兩端之內規之規之交，乃審也」者，規之交，賈疏述注作「規交」。阮元云：「『之』字蓋涉上衍。」詒讓案：此謂從日初出始有景時，測臬西之景端，畫識之。隨景東移，接續畫之，至日入時，窮臬東之端不復有景處而止。既得其景，乃以臬爲心，而於臬兩端景線相距之內爲圓規，其大盡景線之兩端，匌帀旋轉，若規適相交，則東西正也；如有微差，則兩端距臬心必不能同度，東長則東半規邊線出西半規之外，西長則西半規邊線出東半規之外，而不能交矣。故必規之交，東西乃審也。鄭意蓋如是。江永云：「爲規者，以樹槷之處爲心，而畫墨於地爲圓形，視朝景端之當規者識之，又視夕景端之當規者識之，作一橫線，於規心亦作一橫線，與之平行，則東西之位正矣。後世郭守敬作正方案，多爲之規，樹短表於案心，多爲之墨，亦放此意而變通之，日景近二分時，朝夕有微差，當二至時，朝夕均，方位尤審。」戴震云：「先爲規而後識景，記文也。先識景，徐徐作點，後乃連爲規，鄭說也。」案：江、戴說是也。江謂先爲規後識景，與經文合，似勝鄭義。梅瑴成、林喬蔭說同。云「度兩交之閒，中屈之以指臬，則南北正」者，臬即八尺之臬，圓規兩交之閒，正與臬心南北相當，爲直線，與東西橫線交午爲十字形。橫線兩端正指東西，則取直線折半屈之，兩端正指南北矣。《周髀》正東西南北之法，即與此同，惟不爲規，不若此之審。

晝參諸日中之景，夜考之極星，以正朝夕。日中之景，最短者也。極星，謂北辰。【疏】「晝參諸日中之景」者，兼測南北之景也。日中，謂日加午時，其景與前指臬之南北線相合，則正也。凡日中景端必正指北，故《墨子經上篇》云：「日中，正南也。」云「夜考之極星，以正朝夕」者，極星恒居正北，測其與所識日中之景合否也。正朝夕者，舉東西以晐南北也。《春秋緐露・深察名號篇》云：「正朝夕者視北辰。」《晏子春秋・襍篇下》云：「古之立國者，南望南斗，北戴樞星，彼安有朝夕哉！」北辰、樞星並即極星，董、晏二子說與此經合。程瑤田云：「朝夕即《大司徒職》所謂景朝景夕也。必夜考之極星者，極星與地中正南北相直者也。日東立表，北視極星，則在表西；日西立表，北視極星，則在表東，南北不相直者也。當地中未得，其求之時，使不考之極星，安知尺有五寸者之爲地中；而日東景夕，日西景朝，使不考之極星，又安從而知其景之夕與景之朝哉！是故考極星者，測景之權衡，而正朝夕以求地中，舍是則弗得其求也。」林喬蔭云：「夜考極星，經既未言其術，鄭注亦不之及，惟賈疏謂當夜半考之。而所以考之之方，究未明也。竊案：《周髀》有云：『正極之所游，冬至日加酉之時，立八尺表，以繩繫表顛，希望北極中大星，引繩致地而識之。又到旦明日加卯之時，復引繩而希望之，首及繩致地而識其端。其兩端相去，正東西；中折之以指表，正南北。』此即所謂夜考極星者。正猶定也，謂定極星所在之處也。八尺表即八尺之槷，於地平之所立之。以繩繫表顛，亦置槷以縣之意也。其必於冬至日加卯酉之時者，以冬至前後卯酉之閒皆得見星，故於此時希望。引繩致地，識其兩端，其相去爲東西之正，猶爲規識景，以日出日入參諸日中而正東西也。中折其所識之兩端，以指表爲南北之正，猶測景之規，度兩交之閒，以指槷而正南北也。是其法與測景略同。」案：林氏據《周髀》以釋此經考極星之法是也。但《周髀》望極星定於二至，故必以卯酉二時；此經正朝夕則通四時言之，故考必以夜。以卯酉二時，惟二至乃見極星，若夜則通四時無不見也。此經與《周髀》法，蓋大同小異。又案：《毛詩·鄘風·定之方中》傳云：「南視定，北準極，以正南北。」則古法正南北兼考中星，蓋中星必在正南，與極星在正北，亦參相直也。但中星無定，隨時變易，不若日中之景及極星之不差，故此經略之耳。注云「日中之景，最短者也」者，日中晷直，故景最短也。云「極星謂北辰」者，《爾雅·釋天》云：「北極謂之北辰。」《公羊》昭十七年傳云「北辰亦爲大辰」，何注云：「北辰，北極，天之中也，常居其所。迷惑不知東西者，須視北辰，以別心伐所在。」徐疏引李巡云：「北極，天心，居北方，正四時，謂之北辰。」許宗彦云：「《匠人》『夜考諸極星以正朝夕』。今北極星甚小，不易辨。《周髀》曰：『冬至日加酉之時，立八尺之表，繩繫表顛，希望北極中大星，引繩至地而識之。』蓋《周髀》本言北極中大星，則非今所指之小星可知也。《史記·天官書》『中官天極星，其一明者，太一常居』。北極大星，或即此歟？今法測句陳大星東西所極，折中以定南北，與《周髀》北極樞璿之用正同。若《論語》所云『北辰』，即《周髀》所謂『正北極璿璣之中，正北天之中』者，蓋赤道極也。」鄒伯奇云：「《論語》、《爾雅》『北辰』，皆通指北極四星言之，猶大火謂之大辰，伐謂之大辰，皆不必定指一星也。謂之北辰者，居天之北，以正四時。然惟不正當不動處，故可因其四游以測日度，而知節候。」詒讓案：天體渾圓，二極居其中，爲左旋之樞。周王城爲今河南洛陽縣。今實測北極出地三十四度四十二分，南極入地亦如之。南極不見，故揆測者必以北極爲宗。《續漢書·天文志》劉注引張衡《靈憲》云：「天有兩儀，以儛道中。其可覩者，樞星是也，謂之北極。在南者不著，故聖人弗之明焉。」是也。北極正中，即天之中，古謂之天極，又謂之北極樞，後世謂之赤道極。然天中之極，無可識別，則就近極之星以紀之，謂之極星。沿襲既久，遂并稱星爲北極，又謂之北辰。然則北極者，以天體言也；北辰者，以近極之星言也。《呂氏春秋·有始覽》云：「極星與天俱游，而天極不移。」《周髀算經》云：「欲知北極樞璿璣周四極，常以夏至夜半時北極南游所極，冬至夜半時北游所極，冬至日加酉時西游所極，日加卯時東游所極，此北極璿璣四游，正北極樞璿璣之中，正北天之中。」《周髀》之説與《呂覽》正同。璿璣者，即極星，故《續漢志注》引《星經》云「璿璣謂北極星也」，《尚書大傳》云「琁璣謂之北極」，是也。北極樞者，即天極也。然則極星繞極四游，非不移者，其不移者，乃天極耳。《論語·爲政篇》云：「譬如北辰居其所，而衆星共之。」此亦謂天極。而曰北辰者，舉星以表極，許氏謂即指赤道極是也。至古天文家説極星，或以爲四星，《史記·天官書》云：「中官天極星，其一明者，大一，常居也。旁三星三公，或曰子屬。」《漢書·天文志》説同。或以爲五星，《史記索隱》引《春秋合誠圖》云：「北極，其星五，在紫微中。」《開元占經·石氏中官占篇》引石氏説同。則兼數天樞小星。《晉書·天文志》云：「北極，五星，在紫微宫中。北極，北辰最尊者也。其紐星，天之樞也。第二星，帝王也，亦大乙之坐，謂最赤明者也。」《隋書·天文志》、苗爲《天文大象賦》、丹元子《步天歌》，説並略同。攷《史記》所云天極四星，其一明者，即《晉志》北極第二星最赤明者，苗爲謂之帝星，丹元子謂之大帝之坐。今名與苗爲同。《史記》所云旁三星，苗爲謂之太子、庶子、後宫三星，今名亦同。《晉志》所謂紐星，苗爲亦以爲後宫屬，丹元子則以爲第五星天樞，今直謂之北極，此星距帝星較遠，故《史記》不數。《説苑·辨物篇》説《書》璿璣玉衡云：「璿璣，謂北辰句陳樞星也。」《説苑》之樞星，即所謂天樞，今所謂北極者，而劉向以與北辰並稱，則亦不數樞星矣。其考測亦有二法：有專測帝星者，《周髀》立表希望北極中大星是也；有專測樞星者，晏子云「北戴樞星」是也。《占經》引《黄帝占》云：「北極者，一名天樞，一名北辰。天樞，天一座也。」又《靈憲》云：「樞星謂之北極。」《隋書·天文志》云：「賈逵、張衡、蔡邕、王蕃、陸績，皆以北極紐星爲樞，是不動處。」此經極星，其爲帝星、樞星，無可質證。要之古説北極星或四或五，其攷測或主帝星，或主樞星，皆先秦舊術也。至二極終古如一，而極星則隨恒星東徙，今則紐星移遠極至五度四十五分，而不動之處乃在鉤陳大星與紐星之閒，故推步家改以鉤陳大星測極。然《説苑》雖以鉤陳與北辰樞星同爲璿璣，已開以鉤陳測極之端，而終不以鉤陳當北辰，知古經無是義也。又北極帝星，即鄭所謂天皇大帝名耀魄寶者。《占經》引甘氏别有天皇大帝星，在鉤陳口中，今名亦同，鄭所不從。互詳《大宗伯》疏。

孫詒讓《周禮正義》卷八三《冬官·考工記下·匠人》 匠人營國，方九里，旁三門。營謂丈尺其大小。天子十二門，通十二子。【疏】「匠人營國，方九里」者，謂營王都也。賈疏云：「按《典命》云：『上公九命，國家、宫室、車旗、衣服、禮儀以九爲節。』侯伯子男已下，皆依命數。鄭云『國家謂城方。公之城蓋方九里，侯伯七里，子男五里』。并《文王有聲》詩箋差之，天子當十二里。此云九里者，按下文有夏殷，則此九里通異代也。鄭《異義駁》或云周亦九里城，則公七里，侯伯五里，子男三里，不取《典命》等注。由鄭兩解，故義有異也。」焦循云：「方九里，以開方計之，徑九里，圍三十六里，積八十一里也。《尚書大傳》云：『古者百里之國，九里之城。』注云：『玄或疑焉。』「匠人營國，方九里」，謂天子之城。今大國九里，則與之同。然則大國七里之城，次國五里之城，小國三里之城爲近。』又其《駁異義》云：『公七里，侯伯五里，子男三里，準此，天子之城九里也。』及注《典命》，則疑公之城方九里，侯伯之城方七里，子男之城方五里。而《坊記》注、《大雅·文王有聲》箋並用此説。今按：《周書·作雒篇》云：『作大邑成周於土中，城方千六百二十丈。』計每五步得三丈，每百八十丈得一里，以九乘之，千六百二十丈，與《考工》九里正合，則謂天子之城九里者是也。」金鶚云：「以《典命》注推之，天子之城宜方十二里。鄭蓋以《典命》、《匠人》俱有正文，故兩解不定。《左氏》隱元年傳云：『都城過百雉，國之害也。先王之制，大都不過參國之一。』夫鄭，伯爵也。侯伯城方三百雉，雉長三丈，三百雉得九百丈，適足五里。推而上之，天子當九里矣。《孟子》言三里之城，此國城之小者，當是子男之城。子男城方三里，可知天子城有九里也。《射人》三公執璧，與子男同。《五經異義》古《周禮》説，都城之高皆如子男之城，指三公大都言。然則大都城方亦當如子男。《作雒》言大縣城方王城三之一，與《左傳》大都參國之一合。天子城方九里，則大都方三里，適與子男同。若城方十二里，則大都方四里，與子男五里不同；苟亦方五里，非參國之一矣。《匠人》言王城隅高九雉，諸侯七雉；古《周禮》説公七雉，侯伯五雉；《禮器》言天子堂高九尺，諸侯七尺：皆九降爲七，其例相合，又何疑於九里之説哉！《大雅》『築城伊洫』，鄭箋以洫爲成溝，成方十里，謂文王之城大於諸侯，而小於天子，説者以爲天子城方十二里之證。然此特謂城放乎洫以爲池，池深廣與洫等，非謂城有十里也。文王方爲諸侯，其城安得獨大哉！賈謂匠人九里，或是夏殷之制，以下文有夏后氏世室，殷人重屋也。然《考工》一書，皆言周制，惟世室、重屋，明標夏殷，以見其與周之明堂同中有異，非《匠人》所言皆夏殷制也。」案：焦、金二説是也。陳啓源、戴震、林喬蔭説並同。《續漢書・郡國志》劉注引《帝王世紀》説成周云：「城東西六里十一步，南北九里一百步。」又《晉太康地道記》云：「城内南北九里七十步，東西六里十步，爲地三百頃十二畝三十六步。」此敬王以後王都之制，輪亦不逾九里，而廣復朒焉，足徵此記之爲周制矣。互詳《典命》疏。王城方九里，積八十一里，地每里九夫，則積七百二十九夫也。王城郛郭里數，經注並無文。案《作雒篇》云：「郛方七十二里。」依其説，是郭大於城八倍，於理難信。《作雒》別本作「七十里」，金履祥《通鑑前編》又作「十七里」，亦皆無分率可説。攷《孟子・公孫丑篇》云「三里之城，七里之郭」，《國策・齊策》貂勃説即墨云「三里之城，五里之郭」，又田單云「五里之城，七里之郭」，是郭大於城不得過二倍，足證今本《周書》之譌。以意求之，疑《作雒》當作「郛方二十七里」。據《典命》注説九里之城，其宫方九百步，則周王宫亦必方三里。若然，宫三里，城九里，郭二十七里，皆以三乘遞加，於差分比例正合。今本《周書》「二」「七」上下互易，遂不可通耳。依此計之，則郭中積七百二十九里，除城中八十一里，餘六百四十八里，積五千八百三十二夫，通爲國中也。又案：《公羊》定十一年傳云「百雉而城」，何注云：「二萬尺，凡周十一里三十三步二尺，公侯之制也。禮，天子千雉，蓋受百雉之城十，伯七十雉，子男五十雉。」此説復與鄭異。焦循云：「雉長三丈，每里爲雉六十。天子之城徑五百四十雉，周二千一百六十雉；公之城徑四百二十雉，周一千六百八十雉；侯伯之城徑三百雉，周一千二百雉；子男之城徑一百八十雉，周七百二十雉。如何休説，則千雉爲二十萬尺，凡周一百十一里三十三步二尺，方徑得二十七里一百三十步五尺，城不應如是之大。子男五十雉，周五里一百六十六步三尺有奇，方徑一里一百十六步十五尺有奇，於地又太狹。何氏本《春秋》説，與鄭不合，存其異説可也。」案：焦説亦是也。何説雉長二百尺，與古説並不合。其所説天子城千雉，即以鄭説雉長三丈計之，亦得十六里有二百步，與經必不相應也。雉制，詳後疏。　注云「營謂丈尺其大小」者，《廣雅・釋詁》云：「營，度也。」營國以丈尺度其大小，若量人所量是也。賈疏謂丈尺據高下而言，大小據遠近而説，誤。云「天子十二門」者，四旁各三門，總十二門。《月令》云九門者，金鶚以爲上公之制，與此異也。云「通十二子」者，賈疏云：「按《孝經援神契》云：『天子即政，置三公、九卿、二十七大夫、八十一元士，慎文命，下各十二子。』如是，甲乙丙丁之屬十日爲母，子丑寅卯等十二辰爲子，故王城面各三門，以通十二子也。」國中九經九緯，經涂九軌。國中，城内也。經緯謂涂也。經緯之涂，皆容方九軌。軌謂轍廣，乘車六尺六寸，旁加七寸，凡八尺，是爲轍廣。九軌積七十二尺，則此涂十二步也。旁加七寸者，輻内二寸半，輻廣三寸半，緶三分寸之二，金轄之閒三分寸之一。【疏】「國中九經九緯，經涂九軌」者，賈疏云：「王城面有三門，門有三涂，男子由右，女子由左，車從中央。」焦循云：「疏所引《王制》文。彼注云『道中三涂』，蓋謂一道之中，分而爲三。疏以此三涂，即九經九緯之三，而男女與車各行一涂也。若然，則涂雖有九，道止有三。每涂九軌，則每道二十七軌，爲步三十有六，其度爲太廣。或三涂分爲三處，則三涂即是三道，不得爲一道三涂。且每涂皆以軌度，斷非僅以中涂行車，若左右之涂止行男女，又何用此九軌之廣哉！經文曰『九經九緯』，又曰『經涂九軌』，其制甚明。《王制》所云道路，與涂爲通稱。鄭所云一道三涂，猶云一涂中分爲三涂。一之爲三，以男女車而別，非真界畫爲三，如每門之三涂也。」案：焦説是也。《呂氏春秋・樂成篇》云：「孔子用於魯，三年，男子行乎塗右，女子行乎塗左。」是一涂分爲左右中之證。王城旁三門而涂有九，則每門有三涂，故《文選》張衡《西京賦》云「旁開三門，參塗夷庭」，薛注云「一面三門，門三道」是也。實則九涂之中，正當門者止三涂，其六皆不當門，蓋並由環涂以達之。　注云「國中，城内也」者，《鄉大夫》注云：「國中，城郭中也。」與此義同，謂王城之内也。云「經緯謂涂也」者，賈疏云：「南北之道爲經，東西之道爲緯。」云「經緯之涂皆容方九軌」者，焦循云：「容方九軌者，容廣九軌也。」詒讓案：經無緯涂軌數，鄭知亦九軌者，後文唯云「環涂七軌，野涂五軌」，明緯涂軌數同經涂，故不別出也。方九軌者，《淮南子・氾論訓》高注云：「方，並也。」謂容並列九軌。《呂氏春秋・權勳篇》云：「中山之國有厹繇者，智伯欲攻之，爲鑄大鍾，方車二軌以遺之。」《史記・蘇秦傳》亦云「車不得方軌」是也。《左傳》隱十一年，杜注云：「逵道九軌。」孔疏引李巡《爾雅注》説同。若然，經緯涂亦通稱逵與？云「軌謂轍廣」者，阮元云：「《説文》無轍，當作『徹』。」案：阮校是也。後經注皆作「徹」。《説文・車部》云：「軌，車徹也。」段玉裁云：「車徹者，謂輿之下兩輪之閒，空中可通，故曰車徹，是謂之車軌。軌之名，謂輿之下隋方空處，《老子》所謂『當其無，有車之用』也。高誘注《呂氏春秋》曰：『兩輪之閒曰軌。』毛公《匏有苦葉》傳曰：『由輈以下曰軌。』兩輪之閒，自廣陿言之，凡言度涂以軌者必以之。由輈以下，自高庳言之，《詩》言『濡軌』，《晏子》言『其深滅軌』，以之。」案：段説是也。車之兩輪閒爲軌，因以兩輪所報之迹爲軌，《中庸》云「車同軌」，《孟子・盡心篇》云「城門之軌」是也。後文云「涂度以軌」，故此言經緯涂之廣，並以軌計之。云「乘車六尺六寸，旁加七寸，凡八尺，是謂轍廣」者，乘車六尺六寸，見《總敘》。左右輪旁各加七寸，共加一尺四寸，是轍廣八尺也。云「九軌積七十二尺，則此涂十二步也」者，軌廣八尺，以九乘之，得積七十二尺；以步法收之，適得十二步也。焦循云：「每涂容方九軌者，累二百二十五，推城中爲方一里者八十一，每方一里中，積九萬步，經緯各三千六百步，減中互百四十四步，共得經緯積七千一百五十六步，餘八萬二千八百四十四步。一城之中，九經九緯，共積五十七萬九千六百三十六步，餘積六百七十一萬三百六十四步。又環涂減五萬八千九百七十步四尺，餘六百六十五萬一千三百九十三步三分步之一。凡朝市、苑囿、學校皆奪涂之地，涂之於城，蓋不足十之一也。」云「旁加七寸者，輻内二寸半，輻廣三寸半，緶三分寸之二，金鎋之閒三分寸之一」者，鄭珍云：「輻内轂長九寸半，只有二寸半者，以其七寸入輿下也。金者，大穿之釭也。其去内轄不可太切，使之利轉，故金鎋相去其閒有三分三釐强也。軌以兩輪所踐之迹相距之廣爲度，其度自以牙外邊所及爲限，牙外踐一分，則度廣一分。假令牙不偏出，以三寸半之厚與三寸半之輻股鑿正對，即所踐之迹亦與股鑿正對。是兩輪之閒，止有車廣、輻內輻廣及金鎋閒之數，而軌不及八尺矣。今輻股向外一邊不殺，直入牙鑿，鑿之外邊有六分六氂强，是多踐六分六氂强，合成軌度八尺。」案：鄭子尹説是也。輻廣三寸半，《輪人》注同。此與鑿深同，皆得捎藪餘徑之半，故三寸半也。輻內二寸半者，輻距輿之度。綆三分寸之二者，亦《輪人》文，此牙外出於輻股鑿之度也。並詳《輪人》、《輿人》疏。又案：軌廣八尺，凡兵車、乘車、田車並同。蓋度涂以軌，爲周人度法之要事，必無不斠若畫一者。此注及《總敍》注並唯云乘車者，文不具也。至《車人》大車、羊車、柏車，雖不駕馬，輻廣及輪綆數亦不與乘車同，而揆以同軌之義，亦當無異徹。彼經云「徹廣六尺」者，自是誤文，鄭於彼注未能刊正，實爲疏舛。不知凡軸上輿下，小車有兩轐，大車有兩轅，輿皆不正與轂相切，則長轂者或入輿下，短轂者或出輿外，消息之以合八尺之徹，無所不可，八尺之軌固大小車之通度矣。互詳《車人》疏。

左祖右社，面朝後市，王宮所居也。祖，宗廟。面猶鄉也。王宮當中經之涂也。【疏】「左祖右社」者，謂路門外之左右，詳《小宗伯》疏。《天官・敍官》賈疏云：「宗廟是陽故在左，社稷是陰故在右。」云「面朝後市」者，謂路寢之前，北宮之後也。《天官》賈疏云：「三朝皆是君臣治政之處，陽，故在前；三市皆是貪利行刑之處，陰，故在後也。」案：《書・召誥》孔疏引顧氏云：「市處王城之北。朝爲陽，故在南；市爲陰，故處北。」即賈疏所本。詳《朝士》、《司市》疏。　注云「王宮所居也」者，賈疏云：「謂經左右前後者，據王宮所居處中而言之，故云王宮所居也。」云「祖，宗廟」者，據《小宗伯》云「左宗廟」，與此云「左祖」同，故知祖即宗廟也。云「面猶鄉也」者，《撢人》注同。案：鄉亦前也。《士冠禮》注云：「面，前也。」云「王宮當中經之涂也」者，王宮必居國城正中之處，故於九經涂常當中經之涂。《晏子春秋・襍篇下》云：「景公新成柏寢之室，師開曰：『室夕。』公召大匠曰：『室何爲夕？』大匠曰：『立室以宮矩爲之。』於是召司空曰：『立宮何爲夕？』司空曰：『立宮以城矩爲之。』」然則宮在國城之正中，立宮與建國方位必相應也。

市朝一夫。方各百步。【疏】「市朝一夫」者，戴震云：「以朝百步言之，方九百步之宮朝，左右各四百步。外門百步之庭曰外朝，路門百步之庭曰內朝，路門內至堂百步之庭曰燕朝。王與諸侯若羣臣射於路寢，則路寢之庭容侯道九十弓，弓與步相應，其百步宜也。」焦循云：「考《聘禮》注：『擯與賓相去，公七十步，侯五十步，大夫三十步。』推此，則天子之外朝當有百步矣。《射禮》言大侯九十，參七十，干五十，設乏各去其侯西十北十。賓射在路門之外，燕射在大寢之廷，於此張九十步之侯，則自應門至路門，自路門至路寢之階，各百步可見，是三朝各方一夫之地也。伏生《書大傳》『路寢之制，南北七雉，東西九雉』。七雉得三十五步，廷深三倍，當得百五步，亦合也。」又云：「《司市職》云：『大市，日仄而市，百族爲主。朝市，朝時而市，商賈爲主。夕市，夕時而市，販夫販婦爲主。』據此，則市有三。《郊特牲》云：『朝市之於西方，失之矣。』注云：『朝市宜于市之東偏。』據此，則大市居中，朝市居東，夕市居西。前有三朝，王立之；後有三市，后立之。三朝朝方一夫，三市市方一夫也。」案：焦説是也。依鄭義，王宮三里，前有五門。三朝惟臯門內及路門內外有朝；自應門至雉門，雉門至庫門，並不爲朝，而宮室府庫所在，兩門南北相距亦當各有百步。則路門之前當有四百步，其後尚有五百步，以百步爲路寢庭之內朝，又以百步爲王后北宮之朝，餘三百步分建王路寢燕寢，后路寢燕寢，亦並不迫隘也。其後市之制，以此經及《司市》推之，蓋三市爲地南北百步，東西三百步，共一里，在王宮之北，左右中平列爲之。三市，市有一垣以爲界，故《説文・冂部》云：「市，買賣所之也。市有垣，从冂。」是其證。賈《司市》疏謂三市皆於一院內爲之，殆未得其制。又王宮前朝後市，朝在宮九百步內，而市朝則在其外。以其附近宮牆，而建國之初，內宰佐后所立，亦或繫宮言之。故《初學記・帝王部》引《尸子》云：「君天下者宮中三市，而堯鶉居。」即指此宮後之市，非臯門以內更有市也。朝制，互詳《閽人》、《朝士》疏。　注云「方各百步」者，《小司徒》注引《司馬法》云：「畮百爲夫。」田百畮，方百步，故方百步之地亦謂之一夫。三朝朝各方百步，三市市亦各方百步也。知非以百步分爲三朝三市者，百步凡六十丈，三分之，每一分止得二十丈，朝市衆人所集，地太隘則不能容，故知不然也。賈疏云：「按《司市》，市有三朝，總於一市之上爲之。若市總一夫之地，則爲大狹。蓋市曹、司次、介次所居之處，與天子三朝皆居一夫之地，各方百步也。」案：賈以市一夫爲專指市朝司次、介次吏所治者言之。《司市》疏亦謂列行肆之處，居地多，在一夫之外。不知王城止九里，本不甚大，則以三百步之地爲市，未爲太狹。凡商賈列肆及販夫販婦，蓋皆羣萃於此三市之中，不徒市吏次舍也。惟儲貨物之廛，則當於市旁相近隙地爲之，雖亦市吏所掌，而不在三夫之內。《廛人》之廛布，於次布總布之外，別爲征斂，亦其證也。

夏后氏世室，堂脩二七，廣四脩一，世室者，宗廟也。魯廟有世室，牲有白牡，此用先王之禮。脩，南北之深也。夏度以步，令堂脩十四步，其廣益以四分脩之一，則堂廣十七步半。【疏】「夏后氏世室」者，以下皆記三代明堂制度之異。世室者，即夏之明堂。《史記・五帝本紀・正義》引《尚書帝命驗》云：「五府者，夏謂之世室，殷謂之重屋，周謂之明堂，皆祀五帝之所也。」《三輔黃圖》云：「明堂，夏后曰世室。」《隋書・牛弘傳・明堂議》引漢司徒馬宮云：「夏后氏世室，室顯於堂，故命以室。」是漢儒舊説亦以世室爲即明堂。云「堂脩二七，廣四脩一」者，三代明堂之通制，皆四面爲四堂。世室四堂，此其一面脩廣之度。四堂全基正方，鄭注以廣脩之數爲全基之度，則堂爲橢方形，非也。《隋書・宇文愷傳》，愷奏《明堂議》云：「《周官・考工記》曰：『夏后氏世室，堂脩二七，博四脩一。』臣愷案：三王之世，夏最爲古，從質尚文，理應漸就寬大，何因夏室乃大殷堂？相形爲論，理恐不爾。《記》云『堂脩七，博四脩』，若夏度以步，則應脩七步。注云『令堂脩十四步』，乃是增益《記》文。殷周二室獨無加字，便是其義類例不同。山東《禮》本輒加『二七』之字，何得殷無加尋之文，周闕增筵之義？研覈其趣，或是不然。讐校古書，並無『二』字，此乃桑閒俗儒信情加減。」據愷議，則六朝舊本並作「堂脩七」，無「二」字。黄式三云：「殷度以尋，堂脩七尋，周度以筵，堂脩七筵，則夏度以步，堂脩七步。鄭君以堂脩七步爲隘，注有『令堂脩十四步』之文，假令之辭也。而後人乃依此作『二七』字，宇文愷所規固得其實也。」俞樾亦云：「『堂脩二七』，『二』字衍文。宇文愷曰『《記》云堂脩七，山東《禮》本輒加二七之字』，則隋時古本並作『堂脩七』，鄭本亦當如是。注云『令堂脩十四步』，此乃鄭君假設。若《記》文本作『堂脩二七』，則是實數，如此何言令乎？

學者從鄭義作十四步，遂增《記》文作『二七』，改經從注，貽誤千古。當據宇文愷議訂正。大室之外，四面有堂，其南明堂，其北玄堂，其東青陽，其西總章之堂。凡堂皆脩七步。廣四脩一者，廣二十八步也。堂脩一七，其廣四七，廣之四，脩之一也。是謂廣四脩一。雖然，堂不已廣乎？曰：此兼四旁兩夾而言也。中央爲五室，四面爲堂。東堂之南即南堂之東，南堂之西即西堂之南，西堂之北即北堂之西，北堂之東即東堂之北。是故東西兩面各廣四七，而南北兩面之各脩一七者，即在其中矣；南北兩面各廣四七，而東西兩面之各脩一七者，即在其中矣。《記》文不曰廣四七，而變其文曰廣四脩一，明廣之數兼有脩之數也。於是堂基定而室基亦定，堂基方二十八步，室基方十四步。」案：黄、俞兩家據宇文愷議，考定經文，最塙。此經廣脩之說，亦當以俞氏爲允。依其說，則夏世室全基正方一百六十八尺，與周明堂爲亞字形者異也。牛弘議又引馬宫說，謂夏后氏堂廣百四十四尺，以步法六尺除之，則二十四步也。其義牛氏亦謂未詳。今攷馬謂周明堂廣二百十六尺，爲二十四筵，蓋以兩堂三室東西合并計之。是同度以筵，其廣二十四筵，夏度以步，廣亦二十四步，比例相同。若然，馬意世室亦兩堂，堂各七步，中三室合十步，并之爲二十四步，分率及度法與明堂正同。三室所以得有十步者，疑謂隅室各三步，中室則四步。蓋馬釋三四步之義如是，而四三尺之度則不計，似亦謂包於三四步之內，但不審其意云何。又馬謂周堂廣二十四筵，而以十六筵爲兩序閒，則世室廣二十四步，亦當以十六步爲兩序閒。馬說大意約略如是，於此經義未必密合，然可證馬氏所見本亦作「堂脩七」，故每堂止以七步入算，與明堂每堂九筵七筵同也。又《春秋緐露·三代改制質文篇》云：「主天法商，而王郊宫明堂員；主地法夏，而王郊宫明堂方。主天法質，而王郊宫明堂内員外橢；主地法文，而王郊宫明堂内方外衡。」今攷三代明堂制雖不同，而皆爲方形。董子所說，亦與此經不合。

注云「世室者，宗廟也」者，鄭謂此世室即夏宗廟，與殷路寢、周明堂相配也。《玉海·郊祀》引《禮記外傳》云：「夏謂太廟爲世室，不毀之義。」即本鄭義。戴震云：「王者而後有明堂，其制蓋起於古遠，夏曰世室，殷曰重屋，周曰明堂，三代相因，異名同實。明堂在國之陽，祀五帝，聽朔，會同諸侯，大政在焉。世室猶大室也，夏曰世室，舉中以該四方，猶周曰明堂，舉南以該三面也。」孔廣森云：「世室者，明堂之中室，夏以室舉，周以堂稱，異名而同實。故周公作洛，立文武之廟，制如明堂，謂之文世室、武世室。《洛誥》曰『王入太室祼』，太室猶世室也。《春秋》『世室屋壞』，《左氏》經爲『太室』，古者世太字多通用。」阮元云：「世室，乃明堂五室之中，猶《尚書大傳》所言大室，夏特取此爲名概其餘耳。《匠人》言三代明堂之制，皆郊外明堂也。自室中度以几以下，乃通言城中王宫之制，非專指明堂。鄭注謂世室爲宗廟，殆以魯世室例之耳。其實夏之名世室，非專爲祀祖。」案：戴、阮二說是也。《公羊》文十三年經「世室屋壞」，《左氏》、《穀梁》「世」作「大」。《穀梁傳》云：「大室猶世室也，周曰大廟，魯公曰大室，羣公曰宫。」范注云：「世世有是室，故言世室。」此宗廟之世室，與夏明堂名同而義異。周宗廟與明堂不同制，詳後。云「魯廟有世室，牲有白牡」者，《明堂位》云：「魯君季夏六月，以禘禮祀周公於大廟，牲用白牡。」又云：「魯公之廟，文世室也；武公之廟，武世室也。」即鄭所據也。云「此用先王之禮」者，賈疏云：「世室用此經夏法，白牡用殷法，皆是用先王之禮也。」詒讓案：鄭言此者，證夏宗廟爲世室，魯廟即法夏制爲名也。云「脩，南北之深也」者，《周髀算經》趙爽注云：「從者謂之脩。」《一切經音義》引《韓詩傳》云：「南北曰從。」故此經亦以南北之深爲脩也。云「夏度以步」者，據下有五室三四步之文也。云「令堂脩十四步，其廣益以四分脩之一，則堂廣十七步半」者，賈疏云：「知堂廣十七步半者，以南北爲脩十四步，四分之，取十二步，益三步爲十五步；餘二步，益半步，爲二步半；添前十五步，是十七步半也。」孫星衍云：「六尺爲步，二七十四步，南北得八十四尺也。八十四尺而四分之，其一得二十一尺，以益八十四尺，東西爲百五尺也。」俞樾云：「鄭意五室皆在一堂之上，疑堂脩七步不足以容之，以爲是記人假設之數，使人以七步推算，非是止脩七步；故下注云『令堂脩十四步』，此乃鄭君以意說之，謂設以二七推算，則是十四步也。」案：俞說是也。鄭嫌堂脩七太狹，因疑其當爲二七十四步；而經無文，故爲假令之辭。凡注言「令」者，並是經文不具，而鄭以意補之。若《輪人》「牙圍」，注云「令牙厚一寸三分寸之二」，以經無牙厚之文也。「賢軹」注云「令大小穿金厚一寸」，以經無大小穿金厚之文也。「置輻」注云「令輻廣三寸半」，以經無輻廣之文也。《鳧氏》「爲鍾」注云「令衡居一分」，以經無衡居一分之文。《磬氏》注云「假令磬股廣四寸半」，以經無磬股廣幾寸之文也。此經云堂脩七，不言二七，故鄭補之云「令堂脩十四步」。若如今本云「堂脩二七」，則其爲十四步甚明，何藉爲假令之辭乎？然鄭此說，其誤有三：一則經云廣脩，本爲四堂每面一堂之度，鄭誤以爲四堂五室之通基，遂令一代布政之宫，尺度迫隘，形制不稱；且脩廣異度，四堂不方，尤爲非制。二則横增二七之數，不直據經文，而假設爲說，有乖經義。三則廣四脩一，經文本明，而猥云四分益一，增字成義，說尤牽强。故宇文愷議亦據馬宫言，謂此經廣脩止論堂之一面，三代堂基並方，斥鄭說與古違異。今案：殷周堂皆四出，雖不正方，然世室之制，自當如愷議。俞樾亦云：「如鄭義，則當云『益以四脩一』，其文方明，不得但云『廣四脩一』也。且其數畸零不齊，於義無取，足知其非。」並足正鄭注之誤。

五室，三四步，四三尺，堂上爲五室，象五行也。三四步，室方也。四三尺，以益廣也。木室於東北，火室於東南，金室於西南，水室於西北，其方皆三步，其廣益之以三尺。土室於中央，方四步，其廣益之以四尺。此五室居堂，南北六丈，東西七丈。

【疏】「五室」者，亦三代明堂之通制也。云「三四步，四三尺」者，鄒漢勛云：「室各方四步，中一室，隅四室，是自東而西，自南而北，皆三室之廣，故言三四步也。五室，東西凡四墉，南北亦四墉，墉厚三尺，故言四三尺也。」黄以周云：「五室，室各四步。四隅室及中室之正堂，其内有三箇四步，故曰三四步，謂三其四步也。凡隅室設窗户，其四面有墉，墉之地各有三尺，四隅室及中室之正堂，其内有四箇三尺，故曰四三尺，謂四其三尺也。」案：鄒、黄說是也。沈夢蘭、俞樾說三四步亦同。蓋五室惟土室在中，四室分居四維，室方四步而墉厚三尺，土室之四墉與四室之四墉廣脩相接，是四墉合三室而占地十四步，後文云牆厚三尺，亦其證也。牛弘《明堂議》引馬宫說，夏堂廣度不以四三尺入算。疑漢人舊說已有以此爲五室之墉者，但以爲包於室廣之内，故於三四步之度無所增益耳。

注云「堂上爲五室，象五行也」者，《三輔黄圖》說明堂同。牛弘議引《尚書帝命驗》云：「帝者承天立五府，赤曰文祖，黃曰神斗，白曰顯紀，黑曰玄矩，蒼曰靈府。」注云：「五府，與周之明堂同矣。」是五室沿五府之制也。《玉藻》孔疏引《五經異義》講學大夫淳于登説周明堂云：「周公祀文王於明堂，以配上帝。上帝，五精之帝，大微之庭中有五帝座星。」案：據《書緯》五府之説，則夏殷以前當已有五帝五神之祭。若然，夏世室五室象五行，亦兼爲合祭五帝五神之宫也。云「三四步室方也」者，謂一室之方。鄭意中太室方四步，旁四室皆方三步，經云三四步，即室方或三步，或四步也。云「四三尺以益廣也」者，謂以四尺益中太室之廣，以三尺益旁四室之廣。經云四三尺，即或益廣以四尺，或益廣以三尺也。依鄭説，則五室並橢方，故賈後疏謂世室室東西廣於南北。今攷定：世室五室亦正方，與周明堂同，鄭、賈説並失之。云「木室於東北，火室於東南，金室於西南，水室於西北」者，明四室分居四維。《玉藻》孔疏引鄭《駁異義》説明堂五室云：「水木用事交於東北，木火用事交於東南，火土用事交於中央，金土用事交於西南，金水用事交於西北。」與此義略同。焦循云：「鄭《易繫辭傳》注云：『天一生水於北，地二生火於南，天三生木於東，地四生金於西，天五生土於中。地六成水於北，與天一並；天七成火於南，與地二並；地八成木於東，與天三並；天九成金於西，與地四並；地十成土於中，與天五並。大衍之數，五十有五，五行各氣並，氣並而減五。』據鄭此義，生數既位於各方，而又有成數與之並，故世室正北有水堂，西北又有水堂；正南有火堂，東南又有火室；正東有木堂，東北又有木室；正西有金堂，西南又有金室也。以爻辰之位言之，寅木居東北，巳火居東南，申金居西南，亥水居西北，亦其義也。」黃以周云：「明堂五室法五行生成數，合八卦方位。鄭意一水生於《乾》金，而六成之於《坎》，故《乾》爲水室，《坎》爲水堂，於支爲亥子。三木生於《艮》水，而八成之於《震》，故《艮》爲木室，《震》爲木堂，於支爲寅卯。二火生於《巽》木，而七成之於《離》，故《巽》爲火室，《離》爲火堂，於支爲巳午。四金生於《坤》土，而九成之於《兑》，故《坤》爲金室，《兑》爲金堂，於支爲申酉。其象如此。」案：焦、黃説並依五行生成數以推鄭義，是也。《大戴禮記·盛德篇》引《明堂月令》説明堂九室云「二九四七五三六一八」，則依九疇數爲方位，即漢人之九宫數，宋人以爲《洛書》數者也。依其位推之，則四正之九七，金與火兩易，四維之二四，東南與西南互更，鄭所不據也。又案：凡世室重屋明堂五室，旁四室並隅列，鄭説塙不可易。蓋古人寢室本有東房西室之制，則室固不必皆居正中。況土室已在中央，則四室自宜讓而居隅，彼此乃不相蔽硋，揆之形制，理自無疑。《藝文類聚·禮部》引《三禮圖》説周明堂五室云：「東爲木室，南火，西金，北水，土在其中。」此以四室居四正，與鄭説不合。《魏書·李謐傳·明堂制度論》亦駁鄭説云：「鄭釋五室之位，謂土居中，水火金木，各居四維。然四維之室，既乖其正，施令聽朔，各失厥衷。既依五行，當從其正。用事之交，出何經典。」依《禮圖》及李説，並以四室移居正中，則四室環列中室之外，由四堂而入，必經四室而後可至中室，且中室四面蔽硋，不能納光，其不可信明矣。云「其方皆三步，其廣益之以三尺」者，謂四室方各三步，又各益以三尺，則方三步半也。焦循云：「以算推之，四隅室各廣二丈一尺，深一丈八尺。」云「土室於中央，方四步，其廣益之以四尺」者，土於五行位中央，故土室在中央。鄭意五室以土爲最尊，故方四步，廣又多四尺，較旁四室方多一步，廣多一尺也。焦循云：「中室廣二丈八尺，深二丈四尺。」云「此五室居堂，南北六丈，東西七丈」者，賈疏云：「以其大室居中，四角之室皆於大室外，接四角爲之。大室四步，四角室各三步，則南北三室十步，故六丈；東西三室六丈外加四三尺，又一丈，故七丈也。」案：鄭、賈説以尺益步，取數畸零，亦非經義。九階，南面三，三面各二。【疏】「九階」者，《説文·自部》云：「階，陛也。」此亦明堂三代之通制也。《北史·封軌傳·明堂議》云：「九階法九土。」賈疏云：「按賈、馬諸家皆以爲九等階。鄭不從者，以周殷差之，夏人卑宫室，故一尺之堂爲九等階，於義不可，故爲旁九階也。」案：疏述賈、馬説九階爲九等階，則階數與鄭不同，蓋謂南面亦二階，四面共八階矣。《藝文類聚·禮部》引徐虔《明堂議》云「四門八階」，即用賈、馬説也。依後注，則夏堂崇一尺，爲一等階，於度太卑，恐不足據。竊疑世室重屋之階，當同高三尺，而爲三等。《吕氏春秋·别類篇》云「明堂土階三等」，即據夏殷制言之。賈、馬説亦非，詳後疏。其階之廣，經無文。宇文愷《明堂議》引《周書明堂》云：「階博六尺三寸」，未知是否。牛弘《明堂議》云：「案《考工記》，夏言九階，四旁夾窗，門堂三之二，室三之一。殷周不言者，明一同夏制。」　注云「南面三，三面各二」者，賈疏云：「鄭知南面三階者，見《明堂位》云：『三公中階之前，北面東上；諸侯之位阼階之東，西面北上；諸伯之國西階之西，東面北上。』故知南面三階也。知餘三面各二者，《大射禮》云：『工人士與梓人升自北階。』又《雜記》云：『夫人至入自闈門升自側階。』《奔喪》云『婦人奔喪升自東階』。以此而言，四面有階可知。」孔廣森云：「《管子·君臣》曰：『立三階之上，南面而受要。』《明堂位》曰：『三公中階之前。』知明堂南面正中有階，與廟寢惟賓階、阼階者異也。」俞樾云：「四堂之制如一，何以南面獨多一階？蓋土室户牖南鄉，必由明堂而入，故於南面特設中階。將有事乎土室，則由中階升堂焉。秦制增爲十二階，惡知此意哉！」案：孔、俞説是也。宇文愷議引《禮圖》云：「秦明堂九室十二階。」愷謂其雖不與《禮》合，一月一階，非無理思。」失之。四旁兩夾，窻窻，助户爲明，每室四尺八窻。【疏】「四旁兩夾窻」者，亦三代明堂之通制也。孔廣森以「四旁兩夾」爲句，云：「四旁各有兩夾，當隅室户牖之外，即所謂左右个也。木室南之前曰明堂左个，東之前曰青陽右个；水室東之前曰青陽左个，北之前曰玄堂右个；金室北之前曰玄堂左个，西之前曰總章右个；火室西之前曰總章左个，南之前曰明堂右个。《盛德》記十二堂，謂此四方各一堂兩个，通之爲十二矣。凡廟寢兩序之外，必有東堂、西堂。明堂之有左右个，猶廟寢之有東西堂。由此言之，明堂之所異者，在四面如一，而自其一面視之，則皆前堂後室，隅室之墉即序也，个即箱也，與《儀禮》廟寢之制固不相遠也。」阮元亦云：「四旁者，四堂之旁也。兩夾者，左右个也。此个與五室不相涉也。个與介同，古經子中每通用。《初學記》引《月令》，『个』即作『介』。个介相同，即是一堂兩旁夾室之義也。《梓人》爲侯，侯有上兩个，下兩个，亦皆具旁夾之形，即廟寢之東西箱、東西夾也。」俞樾云：「《説文》無『个』字。个者，介之變體。《史記·十二諸侯年表》曰『楚介江淮』，《索隱》曰：『介者，夾也。』是夾與介義通。」案：孔、阮讀是也。俞樾、黃以周讀同。此明四堂有八个之義，與《月令》文正相應。孔氏謂兩夾與八个爲一制，通四正堂爲十二堂，其説甚是。鄭以爲記五室八窻之制，非也。旁，阮謂四堂之旁，亦塙。兩夾在隅室之前，即堂兩序之外，故云四旁兩夾。世室全基正方二十八步，中五室爲地方十四步，每面之堂與兩夾亦通廣十四步，夾之外墉與隅室之牆正參相直，與重屋明堂之制同。惟世室四旁兩夾之外，各餘地方七步，以爲堂坫。殷周則四堂外出爲亞字形，夾外墉之外無餘地，制小異耳。江永云：「序外之室，《儀禮》、《顧命》皆言東夾西夾，未有言夾室者。注疏或言夾室者，因《襍記下》釁廟章及《大戴禮・釁廟篇》而誤耳。《襍記》云：『門夾室皆用雞，先門而後夾室。』又云『夾室中室』。此夾室二字本不連，夾與室是二處，室謂堂後之室也。夾又名爲達，《内則》：『天子之閣，左達五，右達五。』閣者，庋食之物也。夾又名爲个，《左》昭四年傳『豎牛置饋于个而退』是也。」戴震云：「《釋名・釋宫室》：『夾室在堂兩頭，故曰夾也。』凡夾室前堂或謂之箱，或謂之个。《左傳》昭四年，杜注云：『个，東西箱。』是箱得通稱个也。古者宫室恒制，前堂後室，有夾，有个，有房，惟南嚮一面。明堂四面闥達，亦前堂後室，有夾有个而無房。房者，行禮之際别男女，婦人在房。明堂非婦人所得至，故無房宜也。」案：夾个之義，當以江氏爲正。凡廟寢之夾，在左右房外，夾堂爲之。明堂則在隅室之外，亦夾堂爲之。夾惟後三面有壁，前一面接東西堂者則無壁，其制似室而非室，故《聘禮》、《公食大夫禮》及《書・顧命》謂之東西夾，此經謂之兩夾，皆不云夾室。《諸侯釁廟禮》之「門夾室」，江氏謂夾與室爲二，而《大戴禮記》盧注則以爲門夾之室，近陳喬樅、黄以周並從其説，二義未知孰是。要東西夾之不全爲室制，則固無疑義。鄭《儀禮》、《禮記》注及《釋名》，並云夾室者，通言之耳。析言之，夾之前無壁者爲東西堂，謂之个，亦謂之箱，《覲禮記》「几俟於東箱」，注云「東箱，東夾之前，相翔待事之處」是也。統言之，則隅室之外，盡於東西堂廉，通謂之夾，亦通謂之个，謂之箱，《月令》鄭注釋左右个並爲堂偏，明是堂序外盡東西堂之通名矣。而高誘注《吕氏春秋・十二紀》及《淮南子・時則訓》之左右个，並釋爲隔，而云某堂某頭室者，此亦沿夾室之稱，故云堂頭室，即指東西堂後言之，與五堂固不相涉也。至明堂本無房，而《吕覽》高注云：「明堂通達四出，各有左右房，謂之个。」李謐《明堂制度論》云：「四面之室，各有夾房，謂之左右个，个者即寢之房也。」今案：个即寢之東西夾，與房迥别。高氏知个在堂兩頭，而誤捉房名。李氏則直以个爲夾四室，似隱據《書・顧命》僞孔傳「東西房即東西夾」之謬説，與古制殊不合。賈思伯《明堂議》又謂四維之室即是左右个，兩堂共一室，四室即是八个，其説亦誤，詳後疏。《隋書・禮儀志》又載梁武帝説，謂左右个别爲小室，在營域之内，明堂之外，説尤謬盭，不足論也。又案：夾内則謂之達，故明堂八个亦謂之八達。張衡《東京賦》云「八達九房」，《續漢書・祭祀志》注引薛綜注，以八達爲八窻，《文選》李注亦同，非也。達字又作闥。蔡邕《明堂月令論》云：「八闥以象八卦，九室以象九州。」八闥九室，猶張賦云「八達九房」矣。　注云「窻，助户爲明」者，《釋名・釋宫室》云：「窻，聰也，於内窺外爲聰明也。」《説文・穴部》云：「窻，通孔也。」《囱部》云：「囱，在牆曰牖，在屋曰囱，重文窗，或从穴。」《片部》云：「牖，穿壁以木爲交窗也。」案：此窻乃囱之叚字，即所謂在牆曰牖，《三輔黄圖》云「八窗即八牖」是也。在屋曰囱，謂於室屋甍宇之上，開窗爲明，亦謂之中霤，與牖義别。云「每室四户八窻」者，胡培翬云：「《爾雅・釋宫》：『户牖之閒謂之扆。』《書・顧命》『牖間南嚮』。古人宫室之制，内爲室，外爲堂，牖户皆在室之南壁，向堂開之，户在東，牖在西。明堂之牖曰窗，則室之四旁皆有之。夾窻又名達鄉，《明堂位》曰『大廟，天子明堂』，又曰『達鄉，天子之廟飾也』。鄭注：『鄉，牖屬，謂夾户窻也，每室八窻爲四達。』孔疏『達，通也，每室四户八窻，皆相對通達，故曰達鄉』是也。明堂每室八牖，其餘廟寢之室止有一牖。」賈疏云：「言四旁者，五室室有四户，四户之旁皆有兩夾窗，則五室二十户、四十窗也。」案：依鄭、賈説，室有四户八窻，則室旁各於正中爲户，左右兩窻夾之，此亦三代明堂之通制也。《大戴禮記・盛德篇》云：「明堂一室，而有四户八牖。」又引《明堂月令》云：「室四户，户二牖。」《續漢書・祭祀志》劉注引桓譚《新論》云：「明堂八窗，法八風；四達，法四時。」《三輔黄圖》云：「八牖者，陰數也，取象八風。四闥者，象四時四方也。」《白虎通義・辟雍篇》及《玉藻》孔疏引《五經異義》淳于登説、《孝經援神契》説明堂並有八窗四闥。達闥字亦通。此四闥即四户，與它書云八達八闥爲八个者不同。明堂堂室深邃，非多爲户牖，不足以通出入而納光明。鄭以「四旁兩夾窻」句，雖與經讀不合，然四户八窻之制，古説並同，不可易也。至《大戴禮記・盛德篇》又云：「明堂三十六户，七十二牖。」《續漢志》注引《新論》云：「明堂三十六户，法三十六雨；七十二牖，法七十二風。」《明堂月令論》云：「三十六户，七十二牖，以四户八牖乘九室之數也。」《三輔黄圖》及《明堂制度論》説並同。此以九室每室四户八牖計之，故有此數，與此經五室二十户四十牖制異。九室之説，義不可通，鄭所不從，詳後。阮元云：「《大戴》九室三十六户七十二牖之説，即《東京賦》之八達九房。此蓋因漢明堂而誤五室爲九室，與《考工》不合也。」**白盛，蜃灰也。盛之言成也，以蜃灰堊牆，所以飾成宫室。**【疏】「白盛」者，孔廣森讀「窻白盛」爲句，云：「《大戴禮・盛德・明堂月令》云：『室四户，户二牖。』赤綴户也，白綴牖也。白盛即所謂白綴。獨言此者，明其尚潔質。」案：孔據《盛德記》「白綴牖」證此經當以「窻白盛」爲句，塙不可易。阮元、俞樾、黄以周讀並同。窻白盛，亦三代明堂之通制也。白盛自指每室八窻言之。古書説明堂之制，多以五室四堂各從其方色。宇文愷《明堂議》引《黄圖》云：「堂四向五色，法四時五行。」《藝文類聚・禮部》引桓譚《新論》説明堂亦云：「爲四方堂，各從其色，以倣四方。」蔡邕《明堂月令論》亦云：「四鄉五色者，象五行。」今以青陽玄堂諸名推之，從方色之説，於理可信。世室之制，當亦如之。然則自西方堂室外，不皆白色也。此經白盛之文，自專指窻而言。明四堂五室，塗飾異色，而牖則同爲白色以取明。《大戴》白綴專言牖，其明證也。自鄭注失其句讀，而古制晦矣。　注云「蜃灰也」者，賈疏云：「《地官・掌蜃》『掌供白盛之蜃』，則此蜃灰出自掌蜃也。」云「盛之言成也」者，《掌蜃》注義同。云「以蜃灰堊牆，所以飾成宫室」者，《爾雅・釋宫》云：「牆謂之堊。」《釋名・釋宫室》云：「堊，亞也，次也，先泥之，次以白灰飾之。」鄭意世室墉壁並先以泥涂牆，而後加蜃灰，爲三代明堂之通制。然據《爾雅》及《守祧》文，則以堊飾牆，乃廟寢恒制。儻世室四堂五室通爲白牆，經不必特箸其文。此亦足證鄭讀之誤矣。**門堂，三之二，**門堂，門側之堂，取數於正堂。令堂如上制，則門堂南北九步二尺，東西十一步四尺。《爾雅》曰：「門側之堂謂之塾。」【疏】「門堂三之二」者，亦三代明堂之通制也。凡廟寢制亦略同。門堂者，四門門塾之堂。明堂有四門，每門內外左右共四塾。左塾之左廉與右塾之右廉相距之度，蓋與正堂之廣度正等。三之二者，以正堂之脩三分取二，爲一堂之脩；以正堂之廣三分取二，爲二堂之廣也。依俞氏所定世室正堂之度，取三之二以爲門堂，則每堂脩四步四尺，廣九步二尺，合左右二堂廣十八步四尺也。內塾外塾脩廣之度同。注云「門堂，門側之堂，取數於正堂」者，明此三之二，即承上正堂脩廣之度，三分之，取其二分也。云「令堂如上制」者，即上注謂堂脩十四步，廣十七步半，爲假令之數是也。云「則門堂南北九步二尺，東西十一步四尺」者，賈疏云：「以十四步取十二步，三分之，得八步。二步爲丈二尺，三分之，得八尺。以六尺爲一步，添前爲九步，餘二尺，故云南北九步二尺也。云『東西十一步四尺』者，十七步半，以十五步得十步；餘二步半爲丈五尺，三分之，得一丈。以六尺爲一步，餘四尺，添前爲十一步四尺也。」焦循云：「此以夏世室而言也。若殷重屋，則脩二丈七尺有奇，廣四丈八尺也；周明堂，則脩七步，廣九步也。」詒讓案：鄭釋正堂廣脩之根數未合，而所定門堂與正堂差減分率則是也。諦繹其意，蓋以南北九步二尺爲一塾通堂室之脩度，而東西十一步四尺，則二塾堂廣度之合數，分之，每塾堂廣五步五尺也。何以言之？凡塾堂後爲室，則室脩度自減於堂，而堂外無左右房，則室廣卻當與堂廣度等，是室脩減而廣則不減也。故下注以室三之一爲室與門各居一分，蓋猶言塾與門各居一分，合兩塾及門，與正堂之廣正相埒也。《通典·吉禮》說周明堂門堂之制，以每塾各得正堂三之二計之。依其率以釋世室，則當以十一步四尺爲一塾之堂廣。不知室廣即堂廣，今堂廣三之二，而室止居堂廣之半，則其所餘之半復爲何地乎？且合兩塾及門之廣，將增於正堂三分之二，占地太廣，鄭義必不如是矣。引《爾雅》曰「門側之堂謂之塾」者，《釋宮》文。郭注云：「夾門堂也。」《詩·周頌·絲衣》孔疏引《白虎通》云：「所以必有塾何？欲以飾門，因取其名，明臣下當見於君，必熟思其事。」李如圭云：「門之內外，其東西皆有塾，門一而塾四，其外塾南鄉。案：《士虞禮》『陳鼎門外之右，匕俎在西塾之西』，注曰：『塾有西者，是室南鄉。』又案：《士冠禮》『擯者負東塾』，注曰：『東塾，門內東堂。負之，北面。』則內塾北鄉也。」焦循云：「門堂之制，《顧命》云：『先路在左塾之前，次路在右塾之前。』鄭注云：『先路在路門內之西，北面。次路在門內之東，北面。』《士冠禮》云：『筮與席、所卦者，具饌于西塾。』注云：『西塾，門外西堂也。』又『擯者玄端負東塾』，注云：『東塾，門內東堂。』是東西內外皆有塾無疑也。其謂之塾者，《說文》作『埻』云：『射臬也，讀若準。』又云：『垛，堂塾也。』蓋塾爲築土成埒之名，路門車路所出入，不可爲階，兩塾築土高於中央，故謂之塾。《絲衣》詩云『自堂徂基』，箋云：『使士升門堂，視壺濯及籩豆之屬，降往于基，告濯具。』凡四方而高者曰堂，兩塾高謂之堂，中央平地謂之基。往塾視之，至門堂而告也。」案：焦氏攷定門堂之制甚覈。此門堂者，亦謂門塾之堂，與門基異。《周頌·絲衣》云「自堂徂基」，堂即門側之堂，基則門中平地。段令門中亦得稱堂，則《詩》言「自堂徂基」將爲「自基徂基」，於文不可通矣。偏攷書傳，門中與地平，無堂之名。且合門基與兩塾廣度，當與正堂同，於制乃適稱。儻門堂即是門基，則全基減於正堂三分之一，於制尤爲不稱。以此經及《詩》《雅》互相證覈，門堂之爲兩塾，可無疑矣。室，三之一。兩室與門各居一分。【疏】「室三之一」者，亦三代明堂之通制也。室謂門兩塾之室也。張惠言云：「門堂棟當阿，亦五架爲之，則前後各以一架爲室，一架爲堂。」案：張說是也。凡門塾亦前堂後室，與正堂同。三之一者，以正堂之脩三分取一，爲每門室之脩，即門堂之半也。其廣當與門堂同。以一室言之，亦得正堂三之一，於差率仍無悖矣。今以正堂脩七步、廣二十八步計之，門室蓋脩二步二尺，廣亦九步二尺。《通典·吉禮》說周明堂，謂門兩堂各自正堂三之二，室三之一即於門堂三之二中三分減二取一，不取數於正堂。其說必不可通，與鄭注義亦不合，不足據也。又案：門塾唯前堂後室，而無左右房，與正堂小異。又凡門皆內外東西共四塾，塾各有堂室，室後隔以牆，內外不相通也。四塾各自爲堂室，其度並同。注云「兩室與門各居一分」者，謂亦取數於正堂，居三分之一，則門室南北當四步四尺，東西當五步五尺。若在重屋，則南北一丈八尺有奇，東西二丈四尺。在明堂，則南北二丈一尺，東西二丈七尺也。其門脩廣之數亦同。合門與左右二室之度，與正堂東西之廣適等。案：鄭此注，惟所定正堂根數未是，餘則不誤。其以門室與門各居三分之一者，因門室之脩可減於門堂，而廣不可減，故謂室三之一爲與門各居一分，其說自塙。殷人重屋，堂脩七尋，堂崇三尺，四阿，重屋。重屋者，王宮正堂若大寢也。其脩七尋五丈六尺，放夏、周，則其廣九尋七丈二尺也。五室各二尋。崇，高也。四阿若今四注屋。重屋，複笮也。【疏】「殷人重屋」者，亦殷之明堂也。《大戴禮記·少閒篇》云：「商履循禮法，發厥明德，順民天心，配天制典慈民，咸合諸侯，作八政命於總章。」盧注云：「總章，重屋之西堂。」據彼則殷已有四堂之名。此舉其總名，故曰重屋。牛弘《明堂議》引馬宮云：「殷人重屋，屋顯於堂，故命以屋」是也。《藝文類聚·禮部》引《尸子》云：「殷人曰陽館，周人曰明堂。」《三輔黃圖》說同。蓋所傳之異。云「堂脩七尋」者，亦四堂一面之度也。孔廣森云：「殷人始爲重檐，故以重屋名。八尺曰尋，七尋五十六尺也。不言廣，正方可知。堂基通二十一尋，凡百六十八尺。」案：重屋四堂，廣脩各自正方，當如孔說。蓋四面堂各方七尋，中五室每室方二尋，縱橫各三室開列而爲六尋，加一尋以爲四壁，則室每面壁各厚二尺也。夏世室堂基正方，四堂之角各有餘地以爲坫。殷重屋四堂，蓋爲四出，若亞字形，與周明堂制同，則四角無餘地，與世室不同。通南北兩堂及包中五室計之，凡二十一尋，東堂至西堂亦然，而四維皆缺隅而不正方，則就四室一面度之，仍止方七尋，故經唯箸堂脩七尋而其制已見也。至夏堂基正方，則可爲一棟而一屋；殷堂四出，則宜爲四棟而重屋。然則經於殷特箸四阿之文，非徒見屋之兩重，亦兼明四出之堂制始於此。假令四出爲周堂所獨，則其形制鉅異，下經不宜絕無殊別之文。儻謂重屋堂基亦通方二十一尋，則是與世室制同，每堂兩角各多出方七尋之地，較之夏堂餘地更多，於義無取，知不然矣。云「四阿重屋」者，重屋謂屋有二重；下爲四阿者，方屋也。其上重者，則圓屋也。圓屋以覆中央之五室，而蓋以茅，方屋以覆外出之四堂而蓋以瓦，此亦殷周之通制。故《大戴禮記・盛德篇》說明堂云：「以茅蓋屋，上圓下方。」《玉藻》孔疏引淳于登說、《三輔黃圖》引《援神契》、《續漢書・祭祀志》劉注引《新論》、《白虎通義・辟雍篇》說，並云上圓下方。《月令論》又有堂方及屋圓徑之度，諸書所謂下方者，兼明堂之基及四阿之屋而言者。上圓者，指上重高屋如圓蓋形，出四阿之上者而言也。若夏世室，無上圓之屋，則屋與堂基皆方，不可以言上圓矣。注云「重屋者，王宮正堂若大寢也」者，鄭謂此重屋即殷王寢，與夏舉宗廟、周舉明堂相配也。《御覽・宮室部》引《新論》云：「商人謂路寢爲重屋，商於虞夏稍文，加以重檐四阿，故取名。」與鄭義同，然其說非也。凡王寢與明堂不同制，詳後疏。云「其脩七尋五丈六尺」者，尋，八尺，以七乘之，得五丈六尺也。云「放夏、周則其廣九尋七丈二尺也」者，謂以周制例之，脩七則廣九，此脩七尋，則廣亦當九尋也。經不言重屋廣度，故鄭據周法補推之。賈疏云：「經言堂脩七尋，則其廣九尋；若周言南北七筵，則東西九筵。是偏放周法，而言放夏者，七九偏據周，夏后氏南北狹、東西長，亦是放之，故得兼言放夏也。」案：重屋之廣無文，當如孔廣森說，亦廣七尋，與脩正等。鄭說失之。云「五室各二尋」者，亦放周制爲釋。五室當亦於四維設之。牛弘《明堂議》云：「其『殷人重屋』之下，本無五室之文。鄭注云『五室』者，亦據夏以知之。」今攷鄭以重屋之廣放周爲九尋，說雖不塙，而以五室爲方二尋，則從橫各三室，爲地六尋，外加一尋，與堂方度正相應，其說是也。經本有上下文互見之例。夏殷堂同高三尺，而經於重屋始箸『堂崇三尺』之文，即其例矣。云「崇，高也」者，《總敍》、《旊人》、《梓人》注並同。《大戴禮記・盛德篇・明堂月令》云：「堂高三尺。」《月令論》亦云：「堂高三尺，以應三統。」云「四阿若今四注屋」者，《漢書・司馬相如傳・上林賦》云：「高廊四注。」案：四注屋謂屋四面有霤下注，即所謂殿屋也。《燕禮》云「設洗篚于阼階東南，當東霤」，注云：「當東霤者，人君爲殿屋也。」又《士冠禮》云「設洗直于東榮」，注云：「榮，屋翼也。周制，自卿大夫以下，其室爲夏屋。」蓋鄭意，夏人君之屋，南北兩下，與臣民同，《檀弓》注謂「夏屋如漢之門廡」是也。殷周人君之屋皆四注，則有東西霤，故賈疏謂四阿即四霤。《周書・作雒篇》云：「乃位王宮、太廟、宗宮、考宮、路寢、明堂，咸有四阿反坫。」孔注云：「宮廟四下曰阿。」即本鄭說。焦循云：「鄭注後『門阿』云：『阿，棟也。』注《士昏禮》『當阿』云：『阿，棟也。入堂深，示親親。』又注《鄉射禮記》云：『正中曰棟，次曰楣，前曰庪。』彼記文云：『序則物當棟，堂則物當楣。』此當棟與《昏禮》當阿義同。棟處極高，斷非霤之所能奪。阿既爲棟之定名，則曰四阿者，四棟也，非四霤之謂也。四阿之屋有四霤，兩下之屋亦有四霤也。且以東霤爲四阿之制，是諸侯之屋四阿矣。《明堂位》言複廟重檐爲天子廟制，諸侯不重屋，阿何有四？《左》成二年傳云：『宋文公卒，始厚葬，槨有四阿。君子謂華元、樂舉於是乎不臣，生則縱其惑，死又益其侈，是棄君于惡也。』宋公爲諸侯，用四阿，而傳譏之，故杜注云『皆王禮』。然則四阿之制，不獨卿大夫無之，即諸侯亦無之。」案：焦說是也。蓋屋之極謂之阿，猶後文門阿之爲門極也。古廟寢屋皆五架，極下正當棟，故鄭二《禮》注亦皆以棟釋阿，以屋極咸覆以甍而承以棟，其義通也。屋霤之溝，必自棟下迤，而注於宇，故《作雒》云「四阿反坫」，坫當爲「圬」之形譌。四阿爲上棟之制，反圬即反宇，爲下宇之制，亦即所謂屋翼。四注主霤言，則是宇而非棟矣。夏世室亦爲四面堂，則亦有四霤，而不得有四阿者，蓋夏制唯於南北之中爲一棟，其東西霤則自楣庪以外衺殺之以注水。是楣庪有四而棟則一，故阿亦不得有四。若殷重屋，則中別爲屋，重屋之外，四面回環各別爲棟，四棟則有四阿。是四阿必四注，而四注之屋不必皆有四阿。鄭此注訓四阿爲四注，則是四霤之通制，不及焦說之精析。焦又謂《燕禮》之東霤乃兩下屋檐之東角，非四阿，亦非四注，尤足正鄭說之誤。《國語・晉語》云：「虢公夢神人立于西阿。」韋注云：「西阿，西榮也。」案：彼西阿，蓋自屋脊下趨檐宇之通稱，猶《士喪禮》所謂前東榮、後西榮，與此經「四阿」、「門阿」義並小異。諸侯以下，屋無四阿，而不妨有西阿，通言不別也。此經四阿者，通四堂而言，面有一堂，堂爲一阿，四面匌帀則四阿，非謂一堂而有四阿也。云「重屋，複笮也」者，賈疏述注複作「復」，明注疏本同，復複古今字。《說文・竹部》云：「笮，迫也，在瓦之下棼上。」《釋名・釋宮室》云：「笮，迮也，編竹相連迫迮也。」《爾雅・釋宮》云：「屋上薄謂之筄。」郭注云：「屋笮也。」姚鼐云：「重屋，複屋也。別設棟以列椽，其棟謂之棼，椽棟既重，軒版垂檐皆重矣。軒版即屋笮，或木或竹，異名。笮在瓦之下，椽之上。檐垂椽端，椽亦謂之橑。《記》言重屋，鄭以複笮釋之，而他書所稱曰重檐，曰重橑，曰重軒，曰重棟，曰重棼，各舉其一爲言爾。」焦循云：「笮之訓有二。《說文》、《釋名》之笮，爲屋上所覆者之名，《爾雅》所謂筄也。《廣雅》云『筄謂之笮』，此爲榑櫨之名，所謂斗栱者也。鄭以笮解屋，當如《說文》、《釋名》所云。」又云：「《明堂位》云『大廟，天子明堂』，又云『山節藻棁，復廟重檐，天子之廟飾也』，注云：『復廟，重屋也。重檐，重承壁材也。』《春秋》文公十三年：『太室屋壞。』《五行志》云：『前堂曰太廟，中央曰太室，屋，其上重者也。』孔氏《左傳疏》云：『大廟之制，其檐四阿，而下當其室中，又拔出爲重屋。此是大廟當中之室其上屋壞，非大廟全壞也。』重屋重於阿之上，不重於楣庪之上，故阿必用四。於四阿之上，更立以椵，椵上又累以阿。阿之四旁又有檐，與正屋之檐相重，故曰重檐。以蔡邕之說言之，明堂方百四十四尺，屋圜徑二百一十六尺，大廟明堂方六丈，通天屋徑九丈，足爲太室屋證矣。」俞樾云：「古有重屋，有複屋。重屋者，此《記》所說是也。複屋者，於棟之下復爲一棟以列椽，亦稱重橑。徐鍇《說文繫傳》於『橑』篆下引《東方朔傳》『後閣重橑』而釋之曰：『大屋廡下椽，自上峻下，則自其中棟假裝其一旁爲椽，使若合掌然，故曰重橑。』此說複屋之制，至詳盡矣。《說文・木部》：『樓，重屋。』《林部》：『棼，複屋棟也。』《周書・作雒篇》『重亢重郎』，孔晁注曰：『重亢，累棟也。重郎，累屋也。』所謂累棟者，即複屋矣；所謂累屋者，即重屋矣。是古制明分爲二。鄭君此注，殆誤以複屋說重屋乎？」案：姚釋複笮義甚覈，但此經重屋之義，當以焦、俞說爲是。《月令論》說明堂有通天屋，宇文愷《明堂議》引《黃圖》云「通天臺」，又引《禮圖》云「於內室之上起通天之觀」，並即明堂重屋之制。蓋當四堂中脊內五室之上拔起別爲崇高之屋，以其可以納光，故有通天之名，與複屋、複笮不同。重屋通天，得納日光；複屋、複笮止取重絫爲飾，不通天納光也。凡複屋，棟笮等皆於一層屋之上重絫合并爲之，重屋則上下兩層屋，各自爲棟笮等，不相合并，二制迴異。古明堂宗廟蓋皆有重屋，故《漢志》載《左氏》古説，以大室屋爲重屋。《左傳》孔疏謂廟上拔起爲重屋，深得其制；唯謂大廟亦有四阿，則誤沿鄭宗廟明堂同制之説耳。《明堂位》之復廟即複屋，重檐乃是重屋，故《文選》張衡《東京賦》云「複廟重屋」，即用《明堂位》文，而以重檐爲重屋。薛綜注云：「重屋，重棟也。」桓譚《新論》亦云：「商加重檐四阿。」明此經重屋當彼重檐矣。鄭《明堂位》注釋復廟爲重屋者，蓋仍指複笮言之；又釋重檐爲重承壁材，其義難通。賈疏即援彼注「重承壁材」之義，以釋此注之「複笮」，似皆以複屋爲説。《作雒》之「重亢復格」，亦似皆複屋之制，並與此重屋不相冡也。又古凡室屋之高而上出者，通謂之臺，謂之觀，故《黄圖》及《禮圖》亦以重屋爲臺爲觀。實則臺觀可以登眺，而明堂之重屋不可登眺，與臺觀制復不同。臺觀，後世又謂之樓，故《説文》訓樓爲重屋，此亦非古重屋之制。《史記・封禪書》説公玉帶所上黄帝時《明堂圖》，上有樓從西南入，名曰昆侖。此即誤以重屋爲樓，因之肊造是圖。不知殷重屋與樓別，又不知夏以前明堂并未有重屋，説尤謬妄，不爲典要也。又《詩・大雅・靈臺》孔疏引盧植、潁容説，謂明堂即靈臺，亦與通天臺異，詳後及《春官・敍官》疏。

孫詒讓《周禮正義》卷八四《冬官・考工記下・匠人》

周人明堂，度九尺之筵，東西九筵，南北七筵，堂崇一筵，五室，凡室二筵。 明堂者，明政教之堂。周度以筵，亦王者相改。周堂高九尺，殷三尺，則夏一尺矣，相參之數。禹卑宫室，謂此一尺之堂與？此三者或舉宗廟，或舉王寢，或舉明堂，互言之，以明其同制。**【疏】**「周人明堂」者，此記周明堂之制也。牛弘《明堂議》引馬宫説云：「周人明堂，堂大於夏室，故命以堂。」蔡邕《明堂月令論》云：「東曰青陽，南曰明堂，西曰總章，北曰玄堂，中央曰太室。《易》曰：『離也者，明也，南方之卦也。聖人南面而聽天下，嚮明而治。』人君之位，莫正於此，故雖有五名，而主以明堂也。」戴震云：「周人取天時方位以命之。東青陽，南明堂，西總章，北玄堂，而通曰明堂，舉南以該其三也。」云「東西九筵，南北七筵」者，明堂亦四堂，此南堂一面廣脩之度也。餘三堂同。云「五室，凡室二筵」者，五室亦土室居中，四行室居四維，與夏世室同，每室廣脩皆二筵。賈疏云：「夏之世室，其室皆東西廣於南北也。周亦五室，直言凡室二筵，不言東西廣，鄭亦不言東西益廣，或五室皆方二筵，與夏異制也。若然，殷人重屋亦直云堂脩七尋，不言室，如鄭意，以夏周皆有五室十二堂，明殷亦五室十二堂。」詒讓案：世室明堂五室並正方，夏周制本不異，十二堂即兩夾及四正堂之合數，並詳前疏。東西九筵，南北七筵，爲明堂一面之度。故《玉海・郊祀》引《禮記外傳・孝經援神契》云：「明堂之制，東西九筵，南北七筵。筵長九尺，東西八十一尺，南北六十三尺，故謂之大室。」《孝經緯》説與此經同。自鄭誤以九七之筵爲全堂橢方之度，而古制晦。李謐《明堂制度論》駁之云：「《記》云：『東西九筵，南北七筵，五室凡室二筵。』置五室於斯堂，雖使班、倕構思，王爾營度，則不能令三室不居其南北也。然則三室之間，便居六筵之地，而室壁之外裁有四尺五寸之堂焉。豈有天子布政施令之所，宗祀文王以配上帝之堂，周公負扆以朝諸侯之處，而室户之外僅餘四尺而已哉？假在儉約，爲陋過矣。抑云二筵者，乃室之東西耳，南北則狹焉。曰：若東西二筵，則室户之外爲丈三尺五寸矣。南北户外復如此，則三室之中南北裁各丈二尺耳。《記》云：『四旁兩夾窻。』若爲三尺之户，二尺之窻，窻户之間，裁盈一尺。繩樞甕牖之室，蓽門圭竇之堂，尚不然矣。假令復欲小廣之，則四面之外闊狹不齊，東西既深，南北更淺，屋宇之制，不爲通矣。驗之衆塗，略無算焉。且凡室二筵，丈八地耳，然則户牖之間不踰二尺也。《禮記・明堂》『天子負斧扆南向而立』，鄭注云『設斧於户牖之間』。而鄭氏《禮圖》説扆制曰『縱横八尺』，以八尺扆置二尺之間，此之叵通，不待智者，較然可見矣。且若二筵之室爲四尺之户，則户之兩頰裁各七尺耳，全以置之，猶自不容，矧復户牖之間哉？又云『堂崇一筵』，便基高九尺，而壁户之外裁四尺五寸，於營制之法，自不相稱。」牛弘議亦云：「依鄭注，每室及堂，止有一丈八尺，四壁之外，四尺有餘。明堂總享之時，五帝各於其室。設青帝之位，須於大室之内，少北西面。太昊從食，坐於其西，近南北面。祖宗配享者，又於青帝之南，稍退西面。丈八之室，神位有三，加以簠簋籩豆，牛羊之俎，四海九州美物咸設，復須席工升歌，出罇反坫，揖讓升降，亦以陋矣。」案：李、牛所論，足證鄭義之疏。宇文愷議亦謂三代堂基並方，㡿鄭義與古違異。惟李氏又以夏周文質之異，度堂筵几之殊，并疑經文之謬，則妄也。唐宋以後説明堂者，率沿鄭説。近代諸儒始知九七之筵爲一堂之度，而阮元所釋尤覈，其説云：「東西九筵者，八丈一尺也，約當今尺四丈八尺六寸。南北七筵者，六丈三尺也，約當今尺三丈七尺八寸。此明堂南一堂之丈尺。經不言東西北三堂者，丈尺相同，舉南可概三方也。四方之堂，寬皆九筵。此四堂之背，四角相接，是明堂之北距玄堂之南，青陽之西距總章之東，皆九筵也。以此方九筵之地爲太室及四室，每室止用二筵，丈尺恰可相容。凡言室者，皆廟屋内劃出之名，非建五小屋於露處之地可名爲室也。此五室皆當重屋圓蓋之下，若於太室四角立四大柱，或再倚四堂之背，木室之西之南，火室之西之北，金室之東之北，水室之東之南，立八大柱，則可上載圓屋并遮五室矣。」又云：「『重屋，見於《考工記》，上圓下方，見於《大戴記》，皆是古制。此中央九筵之地，假使立大柱出乎四堂背之上，而加以圓蓋之屋，則是上圓之重屋矣。圓蓋須比九筵爲大，乃不霤雨水於五室也。九筵方徑當今尺四丈八尺六寸，約須徑今尺六丈有餘之圓蓋方能蓋之。至於圓屋之下，方屋之上，必可虛之以吸日景而納光也。」陳澧云：「明堂之制，見《月令》曰太廟者四，曰个者八，曰太廟太室者一。見《考工記》曰五室。見《大戴禮・盛德》曰上圓下方。説者大都以四太廟八个五室皆在九筵七筵之内，其制度太狹，廣與袤又不稱。阮以九筵七筵爲一面之度，舉一面以該三面，於是九筵七筵之義始明。室二筵者，其地本方三筵，四壁皆厚半筵，室中方二筵也。《記》云『室中度以几』，鄭注云『室中舉謂四壁之内』，即其義也。《記》不云室中二筵者，猶九筵七筵不必云堂上也。云二筵不云若干几者，與上文九筵七筵連文也。其度則二筵，而度之則以几不以筵耳。築土爲壁，上承重屋，非半筵之厚，不勝其任。且古一尺當今六寸許，二筵僅當今一丈許。若復去四壁，其中太狹，不足行禮，二筵不計四壁明矣。并四壁則方三筵，三室則九筵，與一面之廟个同廣也。堂基爲亞字形，八隅立柱，以承圓屋。《盛德》所云上圓者，圓屋也。下方者，亞形八隅也。」案：阮、陳説是也。明堂東西九筵，廣度不及世室之半，明四堂之角無復餘地，則堂必四出爲亞字形可知。依阮説，四堂各廣九筵，脩七筵，堂内正中爲五室，爲地總方九筵，而堂外四角各缺方九筵之地爲廷。其説塙不可易。以此推之，蓋自南堂廉至北堂廉，共二十五筵，爲尺二百二十五，東西亦如之，即四堂全基之度也。惟五室每室中方二筵，加每室四壁一筵，適盡方九筵之地，則當以陳說爲定解。此經於周制止舉堂室，實則九階、四旁兩夾窻、白盛之制，當與夏世室同；四阿重屋之制，當與殷重屋同。經不具詳者，冢上文而省也。其四鄉各從方色，每室四户八牖，屋上圓下方，宫外四門之制，參證羣籍，蓋亦當與古同。故《通典・吉禮》約此經及鄭注說之云：「明堂東西長八十一尺，南北六十三尺。其堂高九尺，於一堂之上爲室，每室廣一丈八尺。每室開四門，旁各有窻，九階。外有四門，門之廣二十一尺。門兩旁各築土爲堂，南北四十二尺，東西五十四尺。其堂上各爲一室，南北丈四尺，東西丈八尺。其宫室牆壁以蜃蛤灰飾之。」今攷杜以五室於廣九筵脩七筵一堂之上爲之，及以白盛爲牆壁之通制，並沿鄭說，而所推門階牖户之數則不誤。惟明堂門堂之制，經注並無文，以世室之制推之，當亦取正堂脩七筵，廣九筵，三分減一以爲門堂之度，則每塾堂脩四筵有六尺，廣三筵，兩塾合廣六筵也。又取七筵九筵三分減二以爲門室之廣脩，則每塾室脩二筵有三尺，廣與堂同。依鄭兩室與門各居一分之說推之，則明堂門當廣亦三筵。杜謂每塾堂各得正堂三分之二，則合門與兩塾，其廣倍侈於堂；又以門室取數於門堂三之一，即於三之二中三分取一：其說並不可通。又謂明堂門廣二十一尺，蓋依下文廟門容大扃七个爲說，則合門與兩塾，不得各居一分，與鄭義亦不合。互詳前疏。漢魏以來言明堂者，駁文詭制，不可殫述。《玉藻》、《明堂位》孔疏引《五經異義》云：「明堂制，今《禮》戴說，《禮・盛德記》曰：『明堂自古有之。凡有九室，室有四户八牖，三十六户，七十二牖。以茅蓋屋，上圓下方，所以朝諸侯。其外有水名曰辟廱。』《明堂月令書》說云：『明堂高三丈，東西九仞，南北七筵，上圓下方，四堂十二室，室四户八牖，其宫方三百步，在近郊三十里。』講學大夫淳于登說：『明堂在國之陽，丙巳之地，三里之外，七里之内而祀之，就陽位。上圓下方，八窻四闥。布政之宫，故稱明堂。明堂，盛貌。周公祀文王於明堂，以配上帝。上帝，五精之帝。大微之庭中有五帝座星。』古《周禮》、《孝經》說：『明堂，文王之廟，夏后氏世室，殷人重屋。周人明堂東西九筵，筵九尺，南北七筵，堂崇一筵，五室凡室二筵，蓋之以茅。周公所以祀文王於明堂，以昭事上帝。』謹按：今《禮》古《禮》，各以其義說，無明文以知之。」鄭駁之云：「玄之聞也，《禮》戴所云雖出《盛德記》，及其下，顯與本章異。九室、三十六户、七十二牖，似秦相吕不韋作《春秋》時說者所益，非古制也。四堂十二室，字誤，本書云『九室十二堂』。淳于登之言，取義於《孝經援神契》。《援神契》說宗祀文王於明堂以配上帝曰：『明堂者，上圓下方，八窻四闥，布政之宫，在國之陽。帝者，諦也。象上可承五精之神，五精之神實在太微，於辰爲巳。』是以登云然。今漢立明堂於丙巳，由此爲也。水木用事交於東北，木火用事交於東南，火土用事交於中央，金土用事交於西南，金水用事交於西北。周人明堂五室，帝一室，合於數。」案：《異義》所述古《周禮》說，即本此《記》。惟云「明堂文王之廟」，又云「蓋之以茅」，則《記》無其文，蓋別據《孝經》說，許參合引之，未及析别耳。許所述諸家說與經異者，如此云「東西九筵，南北七筵，堂崇一筵」，而許引《明堂月令》說云「堂高三丈，東西九仞，南北七筵」。攷宋本《大戴禮記・盛德篇》引《月令》本作「堂高三尺」，則與後鄭說殷堂之高正同，非周制也。「東西九筵」之文，則《盛德》所引亦與此經正同。孔引《異義》譌「尺」爲「丈」，「筵」爲「仞」，遂成齟齬。此經既特箸度筵之文，明廣脩皆以筵計，《月令》說不當筵仞錯出，其譌審矣。此經云「五室，室有四户八窻」，則有二十户四十牖。而《盛德記》云「九室，三十六户，七十二牖」，又引《明堂月令》云「二九四七五三六一八」，即九室之數位也。《續漢書・祭祀志》劉注引《新論》云：「九室法九州，十二坐法十二月。」《白虎通義・辟雍篇》、《漢書・平帝紀》應劭注並同。《明堂月令論》云：「九室以象九州，十二宫以應辰。」說亦略同。今攷十二堂，即四堂兼兩夾之通數。桓、班云「十二坐」，蔡云「十二宫」，其實一也。已詳前疏。至九室、三十六户、七十二牖之說，則與此經乖剌，鄭㡿爲秦制。《御覽・禮部》引《三禮圖》云：「周制五室，秦爲九室。」蓋即本鄭義。《魏書・袁翻傳・明堂議》云：「明堂五室，三代同焉；配帝象行，義則明矣。及《淮南》、《吕氏》與《月令》同文，雖布政班時，有堂个之别，然推其體例，則無九室之證。明堂九室，著自《戴禮》，探緒求源，罔知所出。而漢氏因之，自欲爲一代之法。張衡《東京賦》云：『乃營三宫，布教班常，複廟重屋，八達九房。』薛綜注云：『房，室也，謂堂後有九室。』堂後九室之制，非巨異乎？裴頠又云：『漢氏作四維之个，不能令各居其辰，就使其像可圖，莫能通其居用之禮，此爲設虚器也甚。』」今案：袁氏亦申鄭義，又謂《月令》無九室之證，九室即漢制之九房，其說甚塙。封軌、牛弘《明堂議》並㡿九室爲秦漢之制，謂室以祭天，依行而祭，故不過五，九室爲無用。《魏書》賈思伯議亦謂《孝經援神契》、《五經要義》、《舊禮圖》及徐氏、劉氏之說皆同此記爲五室，㡿戴、蔡九室之制爲不可從，與鄭義皆足相申證。然賈氏又以《月令》八个傅會五室，云：「案《月令》亦無九室之文，原其制置，不乖五室。其青陽右个即明堂左个，明堂右个即總章左个，總章右个即玄堂左个，玄堂右个即青陽左个。如此，則室猶是五，而布政十二。」案：賈意蓋謂四隅室即夾室，亦謂之个，一室分屬兩堂，則四室即是八个。與裴頠以九室之隅室爲四維之个說蓋略同。不知四隅室分應四行，與堂旁之个不同，个本非室，不可以配大室爲五。且以四室爲八个，彼此通互，其說巧而難信。李謐亦主五室之說，而謂四室居四中，四面之室各有夾房，謂之左右个，个即寢之房也。則又隱據漢九房之制，與九室名異而實同。不知五室九室之制，《考工》與《大戴記》本異，此經法制詳備，塙爲周典，《盛德》襍摭舊文，不必一代之制。後儒必欲參合兩制爲一，遂至岐迕百出。至賈思伯議謂裴頠有一屋之論，《隋書・禮儀志》載梁武帝制，謂明堂本無室，㡿五室九室爲皆不可信，其謬又不足論矣。明堂宫脩廣之度，此經亦無文。《盛德》引《明堂月令》說，云「其宫方三百步」，則與《覲禮》會同之壇同，古制或當如是。明堂所在之地，鄭《駁異義》從淳于登說在丙巳之地，與《盛德》云「在近郊三十里」異。《御覽・禮部》引《孝經援神契》云：「周之明堂在國之陽，三里之外，七里之内，在辰巳者也。」又引《春秋合誠圖》云：「明堂在辰巳者，言在水火之際。辰，木也；巳，火也。木生數三，火成數七，故在三里之外，七里之内。」《白虎通義・辟雍篇》、《三輔黃圖》、《漢書・平帝紀》應劭注，並云在國之陽。《大戴禮記・盛德篇》盧注引《韓詩》說云：「明堂在南方七里之郊。」又《詩・靈臺》孔疏引馬融云：「明堂在南郊，就陽位」。《藝文類聚・禮部》引徐虔《明堂議》，亦云「在國之陽，國門外」。

說並與淳于登說同。前左祖右社章賈疏引劉向《別録》，則云「左明堂辟雍，右宗廟社稷」，《說苑·脩文篇》亦云「路寢承乎明堂之後」，是謂明堂在宮中。金鶚云：「《玉藻》云『天子聽朔於南門之外』，鄭注以爲在明堂。夫諸侯受朔於天子，天子受朔於天，明堂祭天之所也，是知聽朔於南門外者，必明堂也。淳于登謂在國南丙巳之地，本於《援神契》，其說自確。明堂既在國外，則國中不得有明堂矣。明堂以祀上帝，在國中則褻，故與泰壇同置於郊。《玉藻》言在南門之外，則去國不遠，當在國南三里，南爲陽方，三爲陽數也。」案：金說近是。黃以周謂《大戴》云「近郊三十里」，「十」字疑衍，孫星衍亦據《尸子》「殷曰陽館」，證明堂在國陽，謂夏商已在東南郊，皆足證鄭義。至先秦西漢古書述明堂制度許、鄭所未及者，復多紛互。宇文愷《明堂議》及《藝文類聚·禮部》引《周書》云：「明堂方一百一十二尺，高四尺，階廣六尺三寸，室居中方百尺，室中方六十尺，户高八尺，廣四尺，牖高三尺，門方十六尺。東應門，南庫門，西皋門，北雉門。」案：《周書》說户牖高廣之度，無可質證。堂高四尺，與《覲禮》會同壇高同，而與此經不合。堂方百十二尺，則止十二筵四尺，於一堂之度爲太多，於四堂之度則又太少。且彼室方百尺，內方六十尺，與此經五室之度亦絕不相應。況堂通方百十二尺，而室已占百尺，則堂止得一筵有三尺，兩面分之止六尺，此必不可信者也。明堂有四門，於制無疑，而《周書》取五門之皋、庫、應、雉，分列四面，則與宮寢門制不合。且五門以應門爲正門，明堂以南爲正，故特爲三階。假令取宮門爲名，亦宜以南門爲應門，今乃南庫東應，其不足據明矣。宇文愷議引《黃圖》云：「堂方百四十四尺，法坤之策也，方象地。屋圓楣徑二百一十六尺，法乾之策也，圓象天。室九宮，法九州。太室方六丈，法陰之變數。十二堂法十二月，三十六户法極陰之變數，七十二牖法五行所行日數。八達象八風，法八卦。通天臺徑九尺，法乾以九覆六。高八十一尺，法黃鍾九九之數。二十八柱，象二十八宿。堂高三尺，土階三等，法三統。堂四向五色，法四時五行。殿門去殿七十二步，法五行所行。門堂長四丈，取太室三之二。垣高無蔽目之照，牖六尺，其外倍之。殿垣方，在水內，法地陰也。水四周於外，象四海，圓法陽也。水闊二十四丈，象二十四氣。水內徑三丈，應《覲禮經》。」《明堂月令論》說略同。今攷上圓下方，爲通天臺及堂四向五色之制，於理可信，詳前。唯堂方十六筵，與此經不合。孫星衍謂百四十四尺，爲即南北七筵、東西九筵之合數。然論方積，則九七之筵廣脩相乘，共五千一百三尺；若論方面，則廣脩不可合并爲方。二書之說，必不能通於此經。至屋圓楣之說，似謂覆四堂之屋亦爲圓屋，則與重屋四阿之文不合。太室方六丈，與《周書》說同，通天臺之徑，此經無文，尤不足論。明堂上圓者，惟最高之重屋爲然。所覆者不出五室九筵之地，必無徑二百十六尺之廣。第二層方屋四面外出，與四堂正相覆，豈能爲圓楣哉！又據世室門堂取數於正堂三分之二，明堂門塾當與彼同。《黃圖》說謂大室方六丈，取三之二，門堂長四丈，率尤不合。其他室屋壇柱度數，皆無可證，今不具論。牛弘、宇文愷議又引馬宮說云：「夏后氏益其堂之廣百四十四尺，周人明堂以爲兩序閒，大夏后氏七十二尺。」案：馬說與諸書並不甚合，牛氏亦謂不詳其義。以意推之，百四十四尺加七十二尺，爲二百十六尺，則是二十四筵也。馬意蓋以東西兩堂各九筵爲十八筵，加三室每室二筵，凡六筵，合之適二十四筵。以十六筵爲兩序閒，序外左右堂隅各四筵，合之爲七十二尺，即大於夏堂之數。馬說大意蓋如此。注依其說，則明堂兩序閒廣已幾及倍，全堂之廣復過於此，實不可通，姑著之以備一義。

云「明堂者，明政教之堂」者，《明堂位》云：「明堂也者，明諸侯之尊卑也。」《盛德記》說同。《周書·大匡篇》云：「明堂所以明道。」《五經異義》淳于登說云：「明堂盛貌。」《三輔黃圖》云：「明堂所以正四時，出教化，天子布政之宮也。」《白虎通義·辟雍篇》云：「天子立明堂者，所以通神靈，感天地，正四時，出教化，宗有德，章有道，顯有能，褒有行者也。」《續漢書·禮儀志》劉注引《新論》云：「天稱明，故命曰明堂。」賈疏云：「以其於中聽朔，故以政教言之。」《孝經緯援神契》云：『得陽氣明朗謂之明堂，以明堂義大，故所含理廣也。』」案：賈引《孝經緯》，專據南堂言之。《玉燭寶典》引《月令章句》云：「明者，陽也，光也。鄉陽受光，故曰明。」義亦同。鄭通晐四堂，故說與彼異。云「周度以筵，亦王者相改」者，《說文·竹部》云：「筵，竹席也。《周禮》曰：度堂以筵，筵一丈。」案：許說本此經，而長度不合，未詳所據。《公食大夫記》云：「司宮具几與蒲筵，常，加萑席，尋。」注云：「丈六尺曰常。」聶氏《三禮圖》引《舊圖》云：「士蒲筵長七尺，廣三尺三寸。」《文王世子》注云：「席之制，廣三尺三寸三分。」蓋筵席廣度略同，而長度則有或丈六尺、或一丈、或九尺、八尺、七尺之異，故此記特著其度與？賈疏云：「對夏度以步，殷度以尋，是王者相改也。」云「周堂高九尺，殷三尺，則夏一尺矣，相參之數」者，賈疏云：「夏無文，以後代文而漸高，則夏當一尺，故云相參之數。」孫星衍云：「《禮器》稱天子之階九尺，故周制堂崇一筵，高三尺則階三等，凡三尺爲一等歟？九階，賈疏引賈、馬九等階者，蓋言九尺之筵，階凡九等，說亦通。」詒讓案：堂崇九尺，以三尺爲一等，於度似太高。攷《覲禮記》會同之壇，深四尺，鄭注謂一等一尺。以彼例此，則明堂九尺之階，亦當爲九等。前疏引賈、馬九等之階，與世室之九階雖不合，而移以釋明堂，則適相當。故《士冠禮》賈疏亦云「案《匠人》天子之堂九尺，賈、馬以爲傍九等爲階是也。」至古書說明堂者，多云高三尺。《盛德記》云：「堂高三尺。」宇文愷議引《黃圖》云：「堂高三尺，土階三等，法三統。」又引《周書·明堂》云「高四尺」，孫星衍、陳壽祺並謂「四」字蓋「三」字積畫之誤。依鄭此注說，則三尺爲殷制，而夏制一尺，爲尤卑。俞樾云：「堂崇三尺，夏殷同之。《禮器》曰：『天子之堂九尺，諸侯七尺，大夫五尺，士三尺。』是三尺之堂已爲極卑，一尺之堂古無有也。《呂氏春秋·召類篇》曰：『明堂茅茨蒿柱，土階三等。』若有一尺之堂，則當有一等之階。《呂氏》方極言古制之儉，何不言一等而必言三等乎？」案：俞說是也。《呂覽》三等之階，疑亦據夏殷制言之。云「禹卑宮室，謂此一尺之堂與」者，《論語·泰伯篇》云：「禹卑宮室而盡力乎溝洫。」鄭言此者，欲證夏堂一尺，卑於殷周，與《論語》義正合也。云「此三者，或舉宗廟，或舉王寢，或舉明堂，互言之以明其同制」者，賈疏云：「夏舉宗廟，則王寢、明堂亦與宗廟同制也。殷舉王寢，則宗廟、明堂亦與王寢同制也。周舉明堂，則宗廟、王寢亦與明堂制同也。云其同制者，謂當代三者其制同，非謂三代制同也。若然，周人殯於西階之上，王寢與明堂同，則南北七筵，惟有六十三尺；三室居六筵，南北共有一筵，一面惟有四尺半，何得容殯者。案《書傳》云：『周人路寢，南北七雉，東西九雉，室居二雉。』則三室之外，南北各有半雉。雉長三丈，則各有一丈五尺，足容殯矣。若然，云同制者，直制法同，無妨大矣。據周而言，則夏殷王寢亦制同，而大可知也。」案：依鄭、賈義，則宗廟、路寢、明堂三者同制，故《詩・小雅・斯干》箋云：「宗廟及路寢制如明堂，每室四户。」《玉藻》注義亦同。《斯干》孔疏云：「《明堂位》曰：『太廟，天子明堂。』又《月令》説明堂，而季夏云『天子居明堂大廟』。以明堂制與廟同，故以太廟同名其中室，是宗廟制如明堂也。又宗廟象生時之居室，是似路寢矣，故路寢亦制如明堂也。宣王都在鎬京，此考室當是西都宫室。《顧命》説成王崩，陳器物於路寢云：『胤之舞衣、大貝、鼖鼓，在西房；兑之戈，和之弓，垂之竹矢，在東房。』若路寢制如明堂，則五室皆在四角與中央，而得左右房者，《鄭志》：『荅趙商云：成王崩之時，在西都。文王遷豐，作靈臺、辟廱而已，其餘猶諸侯制度，故喪禮設衣物之處，寢有夾室與東西房也。周公攝政，致太平，制禮作樂，乃立明堂於王城。』如鄭此言，則西都宗廟路寢依先王制，不似明堂。此言如明堂者，《鄭志》：『荅張逸云：周公制禮土中，《洛誥》「王入太室祼」是也。《顧命》成王崩於鎬京，承先王宫室耳。宣王承亂，未必如周公之制。』以此二荅言之，則鄭意以文王未作明堂，其廟寢如諸侯制度。乃周公制禮，建國土中，以洛邑爲正都，其明堂廟寢天子制度，皆在王城爲之。其鎬京則别都耳，先王之宫室尚新，周公不復改作，故成王之崩，有二房之位，由承先王之室故耳。及厲王之亂，宫室毁壞，先王作者無復可因，宣王别更脩造，自然依天子之法，不復作諸侯之制，故知宣王雖在西都，其宗廟路寢皆制如明堂，不復如諸侯也。若然，明堂周公所制，武王時未有也。《樂記》説武王配乎明堂者，彼注云：『文王之廟爲明堂制。』知者，以武王既伐紂爲天子，文王又已稱王，武王不得以諸侯之制爲父廟，故知爲明堂制也。」江永云：「周路寢之制，略見《顧命》，有堂，有序，有夾，有房，何嘗有五室？有兩階，有二垂，有側階，何嘗有九階？蓋宗廟、路寢宜同制，而明堂則否也。明堂者，朝諸侯、聽朔、祀上帝、配文王之堂，東西南北有四門，堂上中央與四隅有五室，東西階之閒有中階，而東西北堂皆有兩階爲九階，皆與寢廟不同也。」案：江説是也。洪頤煊、金鶚説並同。賈、孔及唐人申鄭説者，率舉《月令》、《明堂位》及《周書・作雒篇》文以爲徵譣。今考《月令》十二月居四大廟八个，自是王居明堂之禮，鄭注誤以爲大寢，《大史》疏已辯之矣。《明堂位》謂魯大廟如天子明堂者，自謂天子宗廟堂皆南向，其重屋兩夾諸制與明堂南面一堂形制略同耳，非謂宗廟亦具四堂五室也。《春秋》文十三年「大室屋壞」，《漢書・五行志》述《左氏》説，以大室爲大廟中央之室，屋即重屋，蓋亦以魯大廟爲明堂制。然《左傳》實無是説，《公羊》、《穀梁》説則並以大室爲魯公廟。《漢志》所説，蓋西漢《左氏》經師臆定，以傅合《明堂位》之文，實不足據也。《荀子・宥坐篇》云：「子貢觀於魯廟之北堂，九蓋皆繼。」此可證魯廟不爲明堂制，故房後之北堂與正堂異制。否則四堂如一，安得北堂獨爲殊異乎？《作雒篇》云：「乃位五宫、大廟、宗宫、考宫、路寢、明堂，咸有四阿反坫，重亢重郎，常累復格藻棁，設移旅楹，舂常畫旅，内階玄階，隄唐山廧，應門庫臺玄閫。」《宋書・禮志》云：「《周書》清廟、明堂、路寢同制，鄭玄注《禮》，義生於斯。」蓋即指此。今審繹《作雒》之文，乃總記廟寢明堂三者殊異之制，非謂每宫各備此衆飾也。否則明堂四面九階，《記》有明文，安得復有内階邪？然則三經之説，皆不足證鄭義。夫明堂爲祭五帝之宫，故有五室之制，隨五時而用之。若宗廟時享，則一歲四舉，本無中央之祭，而虚制五室爲無用矣。路寢之制，《顧命》有明文。鎬京雖周舊都，然大寢内朝所在，必不因陋就簡，鄭荅趙商以爲猶諸侯制，殆曲爲之説，不足憑也。至賈疏引《書傳》説路寢制度，《明堂位》孔疏及《禮書》並引《書・多士》傳云：「天子之堂廣九雉，三分其廣，以二爲内，五分其内，以一爲高。東房、西房、北堂各三雉。」與賈所引又小異。所説度既似太侈，又不宜有北堂而無室，疑皆有舛誤。今攷定：廟寢制本不如明堂，則南北無三室，自無不容殯之疑，賈氏所辯，可勿論矣。兩漢諸儒説明堂者，又或以路寢、祖廟、大學、辟廱傅合爲一。《玉藻》疏引《五經異義》云：「古《周禮》、《孝經》説，明堂，文王之廟。《盛德記》云：『或以爲明堂者，文王之廟也。周時德澤洽和，蒿茂大，以爲宫柱，名爲蒿宫也。此天子之路寢也，不齊不居其室。待朝在南宫，揖朝出其南門。』」此既以明堂爲即文王廟，又以爲即路寢，蓋襍采衆説，故自成岐牾，此與蒿宫之説，同不足據。《舊唐書・禮儀志》，顔師古《明堂議》不從《盛德》文王廟之説，而謂明堂即路寢，與《盛德》後説同。《左傳》文二年孔疏云：「《左氏》舊説及賈逵、服虔等，皆以祖廟與明堂爲一。」此以明堂爲即祖廟也。《詩・靈臺》疏引《五經異義》云：「《韓詩》説，辟廱者，天子之學，立明堂於中。」《文選・東京賦》李注引《三輔黄圖》：「馬宫奏曰：明堂、辟雍，其實一也。」牛弘議亦云：「馬宫、王肅以爲明堂、辟廱、太學同處。」又《舊唐志》引漢孔牢等議，説同。此以明堂爲即辟廱也。《詩・靈臺》疏引盧植《禮記注》云：「明堂即太廟也。天子太廟，上可以望氣，故謂之靈臺；中可以序昭穆，故謂之太廟；圜之以水似璧，故謂之辟雍。古法皆同一處，近世殊異，分爲三耳。」又引穎子容《春秋釋例》云：「太廟有八名，其體一也。肅然清静，謂之清廟；行禘祫，序昭穆，謂之太廟；告朔行政，謂之明堂；行饗射，養國老，謂之辟雍；占雲物，望氛祥，謂之靈臺；其四門之學，謂之太學；其中室，謂之太室；總謂之宫。」《明堂月令論》云：「明堂者，天子太廟，所以崇禮其祖，以配上帝者也。雖有五名，而主以明堂。其正中焉，皆曰太廟。謹承天隨時之令，昭令德宗祀之禮，明前功百辟之勞，起尊老敬長之義，顯教幼誨稚之學。朝諸侯選造士於其中，以明制度。生者乘其能而至，死者論其功而祭。故爲大教之宫，而四學具焉，官司備焉。故言明堂，事之大，義之深也。取其宗祀之清貌，則曰清廟；取其正室之貌，則曰太廟；取其尊崇，則曰太室；取其堂，則曰明堂；取其四門之學，則曰太學；取其四面周水圜如璧，則曰辟雍。異名而同事，其實一也。《春秋》因魯取宋之姦賂，則顯之太廟，以明聖王建清廟明堂之義。經曰：『取郜大鼎于宋，納于太廟。』傳曰：『非禮也。君人者，將昭德塞違，故昭令德以示子孫。是以清廟茅屋，昭其儉也。』以周清廟論之，魯太廟皆明堂也。魯禘祀周公於太廟明堂，猶周宗祀文王於清廟明堂也。《禮記・檀弓》曰『王齋禘於清廟明堂』也。《孝經》曰：『宗祀文王於明堂。』《禮記・明堂位》曰：『太廟，天子曰明堂。』又曰：『成王幼弱，周公踐天子位以治天下，朝諸侯於明堂，制禮作樂，頒度量，而天下大服。成王以周公爲有勳勞於天下，命魯公世世禘祀周公於太廟，以天子禮樂，升歌《清廟》，下管《象舞》，所以異魯於天下。』取周清廟之歌，歌於魯太廟，明堂魯之太廟，猶周清廟也，皆所以昭文王、周公之德，以示子孫者也。《禮記・保傅篇》曰：『帝入東學，上親而貴仁；入西學，上賢而貴德；入南學，上齒而貴信；入北學，上貴而尊爵；入太學，承師而問道。』魏文侯《孝經傳》曰：『太學者，中學明堂之位也。』《禮記・昭穆篇》曰：『太學，明堂之東序也，皆在明堂辟雍之内。』《月令記》曰：『明堂者，所以明天氣，統萬物。明堂上通於天，象日辰，故下十二宫象日辰也。水環四周，言王者動作法天地，廣德及四海，方此水也，名曰辟雍。』《王制》曰：『天子出征，執有罪，反舍奠於學，以訊馘告。』《樂記》曰：『武王伐殷，薦俘馘於京太室。』京，鎬京也。太室，辟雍之中明堂太室也。即《王制》所謂『以訊馘告』者也。凡此皆明堂、太室、辟雍、太學事通文合之義也。」又《淮南子・本經訓》高注云：「明堂，王者布政之堂。王者月居其房，告朔朝麻，頒宣其令，謂之明堂；其中可以敍昭穆，謂之太廟；其上可以望氛祥，書雲物，謂之靈臺；其外圜以辟雍。」案：盧、穎、蔡、高之説，傅會廟寢大學，概以爲即明堂，説殊牽合。今攷《盛德記》及《韓詩説》，鄭《駁異義》已糾其非，盧辯《盛德》注亦庰明堂爲文王廟之謬。《南齊書・禮志》王儉議又引《鄭志》，趙商問云：「説者謂天子廟制如明堂，是爲明堂即文廟耶？」鄭荅曰：「明堂主祭上帝，以文王配耳，猶如郊天以后稷配也。」與《駁異義》説同。牛弘議引《五經通義》云：「靈臺以望氣，明堂以布政，辟廱以養老教學，三者不同。」《靈臺》疏引袁準《正論》云：「明堂、宗廟、太學，禮之大物也。事義不同，各有所爲。而世之論者，合以爲一體，取《詩》、《書》放逸之文，經典相似之語而致之，不復考之人情，驗之道理，失之遠矣。且夫茅茨采椽，至質之物，建日月，乘玉輅，以處其中，象箸玉杯，而食於土簋，非其類也。如《禮記》先儒之言，明堂之制，四面東西八丈，南北六丈。禮，天子七廟，左昭右穆，又有祖宗不在數中。以明堂之制言之，昭穆安在？若又區别，非一體也。夫宗廟鬼神之居，祭天而於人鬼之室，非其處也。夫明堂法天之宫，非鬼神常處，故可以祭天，而以其祖配之。配其父於天位可也，事天而就人鬼，則非義也。是故明堂者，大朝諸侯講禮之處；宗廟，享鬼神歲觀之宫；辟廱，大射養孤之處；太學，衆學之居；靈臺，望氣之觀；清廟，訓儉之室：各有所爲，非一體也。古有王居明堂之禮，月令則其事也。天子居其中，學士處其内，君臣同處，死生參並，非其義也。明堂以祭鬼神，故亦謂之廟。明堂太廟者，明堂之内太室，非宗廟之太廟也。穎氏云：『公既視朔，遂登觀臺。以其言「遂」，故謂之同處。』夫遂者，遂事之名，不必同處也。馬融云：『明堂在南郊，就陽位。』而宗廟在國外，非孝子之情也。古文稱明堂陰陽者，所以法天道，順時政，非宗廟之謂也。融云：『告朔行政，謂之明堂。』夫告朔行政，上下同也，未聞諸侯有明堂之稱也。順時行政，有國皆然，未聞諸侯有居明堂者也。齊宣王問孟子：『人皆謂我毁明堂，毁諸，已乎？』孟子曰：『夫明堂者，王者之堂也。王欲行王政，則勿毁之矣。』夫宗廟之設，非獨王者也。若明堂即宗廟，不得曰『夫明堂，王者之宗廟也』。且説諸侯而教毁宗廟，爲人君而疑於可毁與否，雖復淺丈夫，未有是也。孟子，古之賢大夫，而皆子思弟子，去聖不遠，此其一證也。《尸子》曰：『昔武王崩，成王少，周公踐東宫，祀明堂，假爲天子。』明堂在左，故謂之東宫。王者而後有明堂，故曰『祀明堂，假爲天子』。此又其證也。」賈思伯議亦駁蔡説云：「《周禮》營國左祖右社，明堂在國之陽，則非天子太廟明矣。然則《禮記・月令》四堂及太室皆謂之廟者，當以天子暫配享五帝故耳。又《王制》云『周人養國老於東膠』，鄭注云：『東膠即辟雍，在王宫之東。』又《詩・大雅》云：『邕邕在宫，肅肅在廟。』鄭注云：『宫即辟雍宫也，所以助王養老則尚和，助祭則尚敬。』又不在明堂之驗矣。」案：袁、賈二家所論，足正諸説之謬。惟《尸子》説周公踐東宫，似非明堂，袁合爲一，則非也。明堂古制，外環以水，或通稱辟雍。徐養原云：「凡水形如璧，即曰辟雍。明堂自有辟雍，何必大學？」其説是也。然則明堂之辟雍，與大學辟雍絶異。若路寢、宗廟，則皆在王宫之中，與明堂地遠不相涉，其形制固亦絶不同也。凡宗廟、路寢、大學與明堂不同之説，互詳《宫人》、《大史》、《大司樂》疏。

室中度以几，堂上度以筵，宫中度以尋，野度以步，涂度以軌。周文者，各因物宜爲之數。室中，舉謂四壁之内。

【疏】「室中度以几」者，此汎論諸度之法也。几度，詳《司几筵》疏。戴震云：「馬融以爲几長三尺，六之而合二筵歟？」

注云「周文者，各因物宜爲之數」者，賈疏云：「對殷已上質，夏度以步，殷度以尋，無異稱也。因物宜者，謂室中坐時馮几，堂上行禮用筵，宫中合院之内無几無筵，故用手之尋也；在野論里數皆以步，故用步；涂有三道，車從中央，故用車之軌：是因物所宜也。」云「室中，舉謂四壁之内」者，謂堂後室四壁之内也。賈疏云：「對宫中是合院之内。依《爾雅》，宫猶室，室猶宫者，是散文宫室通也。」詒讓案：《明堂位》孔疏引《尚書大傳》説路寢制，堂室並度以雉，則與明堂異，此經又不具也。詳《宫人》疏。

廟門容大扃七个，大扃，牛鼎之扃，長三尺。每扃爲一个，七个二丈一尺。

【疏】「廟門容大扃七个」者，以下並記廟寢諸門廣狹之制。廟門者，謂宗廟南向之大門也。都宫之門當亦同。廟在應門内之左，而門度則小於應門。依前注周明堂之門廣三筵，二丈七尺，則廟門減於明堂門六尺也。《説文・鼎部》引《周禮》扃作「鼏」，个作「箇」。段玉裁云：「《説文・鼎部》：『鼏，以木横貫鼎耳而舉之，從鼎冂聲。』此以郊冂之冂爲聲，讀如扃，古熒切。鼏，鼎蓋也，從鼎冖聲。此以一下垂之冖爲聲，讀如幎，莫狄切。鼏字下引《周禮》『廟門容大鼏七箇』。蓋作鼏作箇者，故書；作扃个者，今書也。今本《説文》有鼏無鼏，而鼏音莫狄切，正誤合二字爲一也。」案：段説分别鼏鼏二字是也。《説文・金部》鉉字注又云：「《易》謂之鉉，《禮》謂之鼏。」王引之謂《説文》「禮謂之鼏」，禮上當有「周」字，亦可與鼏字注互證。又案：此經所記門制，並止詳廣度不及高度，他書亦無見文。竊謂古者兵車得入國門，乘車又得入宫門、廟門。依《總敍》兵車建兵六等之數，凡二丈四尺；而《輪人》乘車建蓋，凡一丈四尺。若然，國門之高度當在二丈四尺以上，宫廟門高度當在一丈四尺以上與？

注云「大扃，牛鼎之扃，長三尺」者，賈疏謂約《漢禮器制度》。案：扃，鼏之段字。《士昬禮》、《公食大夫禮》陳鼎皆設扃鼏，注云：「扃，鼎扛，所以舉之者也。」牛鼎者，《聘禮》牢鼎九，實三牲魚腊等，以牛鼎爲首，形制亦最大。《淮南子・詮言訓》云：「函牛之鼎沸，而蠅蚋弗敢入。」許注云：「函牛，受一牛之鼎也。」《爾雅・釋器》云：「鼎，絶大謂之鼐。」牛鼎蓋即所謂鼐矣。《御覽・珍寶部》引阮諶《三禮圖》云：「牛鼎受一斛，天子飾以黄金，錯以白銀，諸侯飾以白金，有鼻目，以銅爲之，三足。」李氏《周易集解》引《九家易》説同。聶崇義云：「牛鼎，三足，如牛，每足上以牛首飾之。扃長三尺，漆丹，兩端各三寸。天子以玉飾兩端，諸侯以黃金飾兩端，亦各三寸，丹飾。」案：聶說扃天子以玉飾，即《易・鼎》上九所謂玉鉉也。諸侯以金飾，即《鼎》六五所謂金鉉也。云「每扃爲一个，七个二丈一尺」者，以七乘三尺，得二丈一尺也。《特牲饋食禮》注云：「个猶枚也。今俗言物數有云若干個者，此讀然。」《方言》云：「箇，枚也。」案：个者，介之省，經典通借爲箇字，詳《梓人》疏。

闈門容小扃參个，廟中之門曰闈。小扃，𦟝鼎之扃，長二尺。參个，六尺。【疏】「闈門，容小扃參个」者，闈門爲廟中之小門，故其廣又狹於廟門。宮中小寢門及諸側門制亦當同。 注云「廟中之門曰闈」者，《保氏》注云：「闈，宮中之巷門。」此冡上廟門，故知其爲廟中小門。《襍記》記奔喪云：「夫人至入自闈門。」《士冠禮》云：「降自西階，適東壁，北面見于母。」注云：「適東壁者，出闈門也。時母在闈門之外，婦人入廟由闈門。」焦循云：「兩廟之閒有巷，婦人入廟，由巷入闈門也。不然，太祖廟之闈門外即昭穆廟，立於闈門外，豈立於昭穆廟乎？」案：焦說是也。蓋闈爲小門之通稱，廟側小門旁出，外通於巷，故亦謂之巷門。廟中闈門方位所在，無文。《襍記》孔疏云：「闈門謂東邊之門。」案：孔說蓋據《冠禮》爲說。焦循據《士虞禮》注云「闈門，如今東西掖門」，謂朝廟東西壁有二闈門。金鶚則謂東西北當有三闈門，各居當方之中。今攷《士冠禮》冠者自西階適東壁而出闈門者，以母適在東壁闈門之外，無由決西壁之必無闈門也。孔說與鄭《士虞》注義不合，殆未足馮。竊疑廟外都宮之周垣，當有東西北三闈門。其內前廟後寢，由寢達廟及昭穆二廟夾垣，並當有闈門，寢門出廟北，東西門在廟兩旁，則金說是也。凡天子七廟，諸侯五廟，皆有闈。《左》閔二年傳云：「共仲使卜齮賊公于武闈。」武闈疑即魯武公廟之側門，猶襄十一年傳云「盟諸僖閎」，杜注以爲僖公廟門。闈閎通稱，皆側門也。互詳《保氏》疏。云「小扃，𦟝鼎之扃，長二尺」者，賈疏云：「亦《漢禮器制度》知之。𦟝鼎亦牛鼎，但上牛鼎扃長三尺，據正鼎而言；此言𦟝鼎，據陪鼎三𦟝臐膮而說也。」詒讓案：《聘禮》云：「陪鼎𦟝臐膮，蓋陪牛羊豕。」鄭《公食大夫禮》注云：「𦟝臐膮，今時臛也。牛曰𦟝，羊曰臐，豕曰膮。」蓋牢鼎九，以牛鼎爲首；陪鼎三，以𦟝鼎爲首。此小扃爲𦟝鼎之扃，即謂陪鼎之扃也。聶崇義云：「羊鼎之扃長二尺五寸，豕鼎之扃長二尺。」依聶說，則豕鼎扃與𦟝鼎同。云「參个六尺」者，以三乘二尺，得六尺也。經文例，凡命分字用「參」，紀數字用「三」。此「參个」爲紀數，而作參，下應門同，並與例不合；下章注作「三个」，亦與此注不同。疑經注並當作「三」，今本乃傳寫之誤。

路門不容乘車之五个，路門者，大寢之門。乘車廣六尺六寸，五个三丈三尺。言不容者，是兩門乃容之。兩門乃容之，則此門半之，丈六尺五寸。【疏】「路門不容乘車之五个」者，焦循云：「乘車廣六尺六寸，五个得三丈三尺。云不容者，視三丈三尺爲狹也。」金鶚云：「記謂不容乘車之五个，則是四个有餘、五个不足之文。若是兩門乃容，當云容乘車五个之半矣。竊意路門廣三丈，蓋四个爲二丈六尺四寸，五个爲三丈三尺，折其一个之中，又足成整數而爲三丈，故曰不容乘車之五个也。天子路寢堂廣二十四丈，若門止一丈六尺五寸，殊爲不稱，可知其必有三丈也。」案：焦、金二說略同，並較鄭爲長。 注云「路門者，大寢之門」者，路寢之大門也。《大僕》云「建路鼓于大寢之門外」，注云：「大寢，路寢也。」是大寢即路寢，故門亦即名路門。天子五門，自外而入，路門爲第五，詳《閽人》疏。云「乘車廣六尺六寸」者，據《輿人》車廣與輪崇同。云「五个，三丈三尺」者，以五乘六尺六寸，得三丈三尺也。云「言不容者，是兩門乃容之」者，鄭意前經並言一門所容之度，此獨言不容，其度未明，故定爲兩門乃容之，明一門不得容也。云「兩門乃容之，則此門半之，丈六尺五寸」者，半三丈三尺，得丈六尺五寸也。焦循云：「廟門容大扃七个，得二丈一尺；應門容二徹參个，得二丈四尺。路門爲人君視朝之地，宜廣于諸門，不應小至一丈六尺，視應門止三之二也。」

應門二徹參个。正門謂之應門，謂朝門也。二徹之內八尺，三个二丈四尺。【疏】「應門二徹參个」者，江永云：「此諸門之廣，皆并兩扉言之也。」賈《聘禮》疏云：「直舉應門，則皋、庫、雉亦同。」 注云「正門謂之應門，謂朝門也」者，據《爾雅・釋宮》文。洪頤煊云：「天子諸侯皆以路門外之治朝爲正朝，天子正朝之前有應門，故《爾雅》曰『正門謂之應門』。」云「二徹之內八尺」者，徹即軌也。軌廣八尺，故二徹之閒八尺。云「三个二丈四尺」者，以三乘八尺，得二丈四尺也。

內有九室，九嬪居之；外有九室，九卿朝焉。內，路寢之裏也。外，路門之表也。九室，如今朝堂諸曹治事處。九嬪掌婦學之法以教九御。六卿三孤爲九卿。【疏】「外有九室，九卿朝焉」者，戴震云：「外九室，蓋九卿省其政事處也。《玉藻》曰：『朝，辨色始入，君日出而視之，退適路寢聽政。』視朝在路門外庭，凡有職於朝者咸至也。聽政在路寢，君退於路寢，以待朝者各就其官府治處，有當告者乃入也。《玉藻》又曰：『使人視大夫，大夫退，然後適小寢，釋服。』大夫退於家，君乃適小寢也。」 注云「內，路寢之裏也」者，王六寢，前路寢一，後燕寢五，並在路門之內。此九室，九嬪所居，則當在后宮，蓋又在王燕寢之後。通而言之，則皆王路寢之裏也。胡培翬云：「《左傳》成十八年，諸侯夫人有內宮之朝，則后正宮之前當亦有朝。故《昏義》云『后聽內治』。九卿之九室在正朝之左右，則九嬪之九室當亦在后朝之左右也。」案：胡說是也。焦循說略同。洪頤煊云：「九嬪九室，以外朝之法準之，九室亦當左三右六，居后正寢之兩旁。」云「外，路門之表也」者，謂九卿之室在路門之外，路門外即治朝左右。《昏義》注云：「天子六寢，而六宮在後，六官在前，所以承副，施外內之政也。」九室即《詩・鄭風・緇衣》所謂館，鄭彼箋云：「卿士所之之館，在天子之宮，如今之諸廬也。」六卿於九室朝其屬吏，而治其職事，故亦通謂之朝。《國語・魯語》云：「自卿以下，合官職於外朝，合家事於內朝。」韋注云：「外朝，君之公朝；內朝，家朝也。」案：彼卿以下內朝、外朝，當如陳祥道、金鶚說，爲卿大夫私家之朝。若韋所云公朝，對卿之寺舍朝家臣之朝爲名，蓋即指此九室言之，與君之治朝異。亦謂之次，《宮正》「比宮中之官府次舍」，注以次爲諸吏直宿之處是也。蓋九卿入宮治事之次，與宮中諸吏同處。若常時退直及治小事，則各於宮外之寺舍。《詩・緇衣》孔疏引鄭《舜典》注云：「卿士之私朝在國門」，《大司馬》注亦謂「古者軍將蓋爲營治於國門」，軍將即命卿也，然則九卿之寺舍不在宮中明矣。《通典・賓禮》云：「皋門之內曰外朝，近庫門有三府九寺。應門內曰中朝，中朝東有九卿之室，則九卿理事之處。朝則入而理事，夕則歸於庫門外。」案：杜謂九室在應門之東，據《朝士》「外朝左九棘，孤卿大夫位焉」，以推此經義也。然彼爲朝位，此爲治事之室，二者不足相證。又謂夕歸於庫門外，則由誤謂九卿寺舍在宮内，不足據也。云「九室如今朝堂諸曹治事處」者，班固《西都賦》云：「左右庭中，朝堂百寮之位。」此即《宮正》注所謂部署諸廬是也。賈疏云：「謂正朝之左右爲廬舍者也。」云「九嬪掌婦學之法以教九御」者，賈疏云：「《九嬪職》文。按《内宰》，王有六宮，九嬪已下分居之。若然，不得復分居九室矣。此九嬪之九室與九卿九室相對而言之，九卿九室是治事之處，則九嬪九室亦是治事之處，故與六宮不同。是以鄭引《九嬪職》掌婦學之法，則九室是教九御之所也。」云「六卿三孤爲九卿」者，《漢書·百官公卿表》云：「大師、大傅、大保，是爲三公。又立三少爲之副，少師、少傅、少保，是爲孤卿，與六卿爲九焉。」鄭注本此，《通典·職官》説同。王引之云：「鄭以六卿三孤爲九卿者，用《漢表》説也。蓋當時説經者見《周禮》屢言三公孤卿，則謂孤爲三公之副，而以《大戴禮·保傅篇》之三少當之。不知《周禮》之孤乃六卿之首，而非三公之副，其數一人而已，未嘗有三也，豈得以孤爲三，强合六卿而爲九乎？且經云『外有九室，九卿朝焉』，鄭注曰『九室如今朝堂諸曹治事處』，則九卿乃治事之官，非論道之官矣，豈得雜以論道之三少乎？經又云『九分其國，以爲九分，九卿治之』，則九卿不可闕一。若謂中有三少佐三公論道，則《文王世子》曰『三公不必備，唯其人』，假如三公闕其一，則三少亦闕其一，將所謂『分國爲九，九卿治之』者，亦必闕其一分而無人以治之，所謂九室者亦必闕其一室，而無人以涖之而可乎？若不闕三少而獨闕三公，則三少乃三公之副，未有有副而無正者也。然則九卿之中不得有三少明矣。《説苑·臣術篇》引伊尹對湯問曰：『三公者，知通於大道，應變而不窮，辯於萬物之情，通於天道者也。其言足以調陰陽，正四時，節風雨。如是者舉以爲三公，故三公之事常在於道也。九卿者，不失四時，通於溝渠，修隄防，樹五穀，通於地理者也。能通不能通，能利不能利。如此者，舉以爲九卿，故九卿之事常在於德也。是九卿之事異於三公。此可知古人言九卿者，不以三少佐三公論道，則與三公之事同在於道，不得謂九卿之事皆在於德矣。若謂中有三少佐三公論道，則與三公之事同在於道，不得謂九卿之事皆在於德矣。自新莽誤以《周禮》之孤爲三公之副，而置三公司卿以放效之，且合羲和、作士、秩宗、典樂、共工、予虞爲九卿。孟堅作表，又沿其意而變其名，以少師、少傅、少保爲孤卿，合六卿爲九，於是九卿之名遂以三少厠其間矣。鄭君注《掌次》及此，皆誤用其説；而注《王制》、《月令》、《昏義》之九卿，則不以爲六卿三孤，高誘注《吕氏春秋·孟春紀》、《淮南·時則篇》之九卿，韋昭注《魯語》之九卿亦然，蓋有所不安於班氏之説，故疑而闕之也。九卿之與六卿，增減異同，書無明證。或九卿皆有官名，如《堯典》之九官；或無官名，如晉之六卿爲三軍之帥，八卿爲四軍之帥，皆未可知。必欲於《周禮》六官之外求官名以實之，則鑿矣。」案：王説是也。《漢表》以九卿爲三少及六卿，此古文説也。《蓺文類聚·職官部》引《尚書大傳》、《白虎通義·封公侯篇》並謂天子立司馬、司徒、司空爲三公，每一公以三卿佐之，是爲九卿。《春秋緐露·爵國篇》亦云「三公自參以九卿」，此今文説也。二説並與《周官》制不合。竊謂《王制》、《昏義》「九卿」，鄭注以爲夏制；《説苑》伊尹所云，則殷制也。唯《國語·魯語》爲周人述當代之法。而《月令》所説，則本《吕氏春秋》。此經作於戰國之際，故與《吕書》正同，疑春秋以後侯國僭侈之法，必非周初官制，則不當以六卿三孤强充其數矣。孤非三少，亦詳《掌次》疏。

九分其國以爲九分，九卿治之。

九分其國，分國之職也。三孤佐三公論道，六卿治六官之屬。【疏】注云「九分其國，分國之職也」者，其國通晐王國而言，非謂國城中。賈疏云：「鄭恐九分其國分其地域，故云分國之職也。」云「三孤佐三公論道」者，鄭以三少爲三孤，故云佐三公論道。其説亦非也。云「六卿治六官之屬」者，賈疏云：「欲見分職爲九分之意。以其三公三孤無正職，天地四時正職，六卿治之；其餘非正職者，分爲三分三公治之，三孤則佐三公者也。但三公中參六官之事，外與六鄉之教，《書傳》又云司徒公、司馬公、司空公，則三公六卿亦有職。此亦據夏而言，周則未見分爲九分也。」案：此經皆據時制，必非夏法，鄭亦無此意，賈説不足據。

王宫門阿之制五雉，宫隅之制七雉，城隅之制九雉。

阿，棟也。宫隅、城隅，謂角浮思也。雉長三丈，高一丈。度高以高，度廣以廣。【疏】「王宫門阿之制五雉」者，此記王以下宫城門牆之崇度也。五雉者，高五丈，即六仞有二尺也。賈疏云：「爲門之屋，兩下爲之，其脊高五丈。」案：賈説是也。門屋，自天子以下皆爲兩下，故《燕禮》云：「賓所執脯，以賜鍾人于門内霤。」蓋中高爲阿，而内外各兩下爲霤，是其制也。兩下即夏屋之制，故《檀弓》注云：「夏屋，今之門廡也。」《通典·吉禮》引《韓詩傳》云：「殷，商屋而夏門；周，夏屋而商門。」則以周門屋爲商四阿之制，殆非也。此門阿，依後注即臺門之阿，則是天子諸門之通制。鄭《閽人》、《朝士》注謂天子雉門設兩觀。今以《明堂位》攷之，似當在應門，兩觀當高於臺門二雉，則宜高七雉，與宫隅同。《禮書》引《尚書大傳》説，天子堂廣九雉，三分其廣，以其二爲内，五分其内，以其一爲高，則堂高一雉，長又五分雉長之一，即三丈六尺也。彼蓋據路寢檐宇距地言之。門堂之制既準正堂，而門基又與地平，則檐宇之高必不得踰於堂，然則門阿蓋高於門堂約二丈，門闕又高於門阿二丈，其降殺亦略相應也。阮元云：「雉與緻同音，雉有度量之義，雉緻皆用長繩平引度物之名。《封人》『置其緻』，司農注：『緻，著牛鼻繩，所以牽牛者。今時謂之雉，與古音同名。』」案：阮説是也。緻，《説文·糸部》作紖。《爾雅·釋詁》云：「雉，引，陳也。」雉與引義蓋亦相近，但度數不同耳。云「宫隅之制七雉」者，賈疏云：「七雉亦謂高七丈。不言宫牆，宫牆亦高五丈也。」詒讓案：七雉即八仞有六尺也。云「城隅之制九雉」者，賈疏云：「九雉亦謂高九丈。不言城身，城身宜七丈。」案：賈本《五經異義》説，詳後疏。九雉即十一仞有二尺也。注云「阿，棟也」者，《士昏禮》「賓升西階當阿」，注同。《鄉射記》注云：「是制五架之屋也。正中曰棟，次曰楣，前曰庪。」胡承珙云：「鄭以棟訓阿者，非謂棟有阿名，謂屋之中脊其當棟處名阿耳。阿之訓義爲曲。《毛詩·考槃》傳云：『曲陵曰阿。』《大雅》『有卷者阿』，傳云：『卷，曲也。』《一切經音義》引《韓詩傳》：『曲京曰阿。』《説文》：『阿，一曰曲自也。』其在宫室，則凡屋之中脊，其上穹然而起，其下必卷然而曲。其曲處即謂之阿。棟隨中脊之勢，亦必有穹然卷然之形，故《易》於棟言隆，《禮》即以棟爲阿。屋有四注、兩下，必皆於中脊分之。《考工記》於四注者曰四阿，於兩下者曰門阿，然則阿爲中脊卷曲之處明矣。中脊者棟之所承，故鄭以當阿爲當棟耳。」案：胡謂屋之中脊當棟處名阿是也。蓋阿即所謂極。凡屋之中脊最高處謂之極，上覆以瓦謂之甍，下承以木謂之棟，二者上下相當，故鄭《禮注》訓阿爲棟，當阿爲當棟。而《説文·木部》云：「棟，極也。」《瓦部》云：「甍，屋棟也。」《釋名·釋宫室》云：「屋脊曰甍。棟，中也，居屋之中也。」明其義互通。凡門屋雖兩下，而亦爲上棟下宇，故鄭即以棟言之。實則棟木承甍，究不足以盡極之高，經著門屋高度，自當據門脊之盡處計之，鄭偶未析别耳。至稱極爲阿，義蓋取於高而下也。《爾雅·釋山》云：「大陵曰阿。」又《釋丘》云：「偏高阿丘。」蓋極爲屋之最高者，猶大陵高於大陸大阜也。極自一面視之，則有偏高之形，猶阿丘之爲偏高也。又案：《莊子·外物篇》「闕阿門」，阿門亦即謂門臺之有阿者。彼《釋文》引司馬彪云：「阿，屋曲檐也。」屋曲檐即所謂反宇，與阿棟上下縣殊，非正義也。云「宫隅、城隅，謂角浮思也」者，《釋文》云：「浮思本或作罘罳。」案：《明堂位》「疏屏」注云：「屏謂之樹，今浮思也。刻之爲雲氣蟲獸，如今闕上爲之矣。」《釋名·釋宫室》云：「罘罳在門外。罘，復也。罳，思也。臣將入請事，於此復重思之也。」《廣雅·釋宫》云：「罘罳謂之屏。」《古文苑》宋玉《大言賦》云：「大笑至兮摧覆思。」《漢書·文帝紀》：「七年，未央宫東闕罘思災。」顔注云：「罘思，謂連闕曲閣也，以覆重刻垣墉之處，其形罘思然，一曰屏也。」《古今注》云：「罘思，屏之遺象也。漢西京罘思合版爲之，亦築土爲之，每門闕殿舍前皆有焉。于今郡國廳前亦樹之。」案：浮思、罘思、覆思，並聲近字通。角，與《宫伯》注「四角四中」義同。《説文·𨸏部》云：「隅，陬也。」《廣雅·釋言》云：「隅、陬，角也。」故鄭以宫隅城隅爲角罘思。焦循云：「宫隅、城隅，隅即西南隅曰奥之隅。鄭注『角浮思』，角即四隅之謂浮思者。《廣雅》、《釋名》、《古今注》皆訓爲門外之屏。角浮思者，城之四角爲屏以障城，高於城二丈。蓋城角隱僻，恐奸宄踰越，故加高耳。《詩·邶風·静女篇》云『俟我于城隅』，傳云：『城隅，以言高而不可踰。』箋云：『自防如城隅。』皆明白可證。」案：焦説是也。《漢書·五行志》説未央宫東闕罘罳云：「劉向以爲東闕所以朝諸侯之門也。罘罳在其外，諸侯之象也。」據此，則罘罳本爲門屏，屏在門外，築土爲高臺，又樹版爲户牖而覆以屋，其制若樓觀而小，故《漢書》顔注以爲連闕曲閣，賈疏及《明堂位》孔疏又並以爲小樓是也。城隅築土合版，高出雉堞之上，與門屏相類，是謂之角浮思。漢時宫城之制蓋尚有此，故鄭據爲釋也。凡古宫城四隅皆闕然而高，故《韓詩外傳》云「宫成則必缺隅」。宫隅城隅皆在四角，與城臺門闕居四中者異。《墨子·備城門篇》云：「城四面四隅，皆爲高磿櫥。」又《非攻下篇》：「天命融隆火于夏之城閒西北之隅。」是城隅必在四角之證也。又案：天子諸侯宫門有臺，又有闕，闕即觀也，城門亦然，故城臺亦謂之城闕。《詩·鄭風·子衿》云：「在城闕兮。」又《出其東門》云「出其闉闍」，毛傳云：「闍，城臺也。」《新序·襍事五》云「天子居闉闕之中」，闉闕即闉闍也。城臺之高度，此經無文。以意求之，蓋當與城隅同度。經著城隅之度而不及城臺者，互文以見義。《毛詩傳》謂「城隅以言高而不可踰」，明城以隅爲最高，則城闕之高不得過於隅明矣。云「雉長三丈，高一丈，度高以高，度廣以廣」者，據《周禮》舊説及《今文尚書》、《春秋左氏》説也。《左傳》隱元年孔疏謂賈逵、馬融、王肅説並同。賈疏云：「凡版廣二尺。《公羊》云：『五版爲堵，高一丈，五堵爲雉。』《書·傳》云：『雉長三丈，度高以高，度長以長，廣則長也。言高一雉則一丈，言長一雉則三丈。』引之者，證經五雉、七雉、九雉，雉皆爲丈之義。」詒讓案：《左》隱元年傳：「鄭祭仲曰：都城過百雉，國之害也。」杜注云：「方丈曰堵，三堵曰雉。一雉之牆，長三丈，高一丈。侯伯之城，方五里，徑三百雉，故其大都不得過百雉。」杜説用鄭義。蓋堵雉之根數生於版，鄭説版廣二尺，長一丈，積五版之廣以爲堵之高，則方一丈；積三堵之廣以爲雉之廣，則三丈。雉之廣三堵，即三版之廣，雉之高一堵，亦即五版之積也。而《公羊》定十二年傳云：「雉者何？五版而堵，五堵而雉。」何注云：「八尺曰版，堵凡四十尺，雉二百尺。」《詩·小雅·鴻雁》毛傳云：「一丈爲版，五版爲堵。」鄭箋引《公羊傳》而釋之云：「雉長三丈，則版六尺。」《檀弓》注亦云：「版蓋廣二尺，長六尺。」《大戴禮記·王言篇》又云：「百步而堵。」此説版堵度並異。《左傳》孔疏引《五經異義》云：「《戴禮》及《韓詩》説，八尺爲版，五版爲堵，五堵爲雉，版廣二尺，積高五版爲一丈，五堵爲雉，雉長四丈。古《周禮》及《左氏》説，一丈爲版，版廣二尺，五版爲堵，一堵之牆長丈，高丈，三堵爲雉，一雉之牆長三丈，高一丈，以度其長者用其長，以度其高者用其高也。」又《詩·鴻雁》孔疏引鄭《駁異義》云：「《左氏傳》説，鄭莊公弟段居京城，祭仲曰：『都城過百雉，國之害也。先王之制，大都不過三國之一，中五之一，小九之一，今京不度，非制也。』古之雉制，書傳各不得其詳。今以《左氏》説，鄭伯之城方五里，積千五百步也。大都三國之一，則五百步也。五百步爲百雉，則知雉五步。五步於度長三丈，則雉長三丈也，雉之廣量於是定可知矣。」又引王愆期注《公羊》云：「諸儒皆以爲雉長三丈，堵長一丈。疑『五』誤，當爲『三』。」焦循云：「《詩傳》云：『一丈爲版，五版爲堵。』《正義》云：『五版爲堵，累五版也，版廣二尺。』然則毛公説版以長言，説堵以高言，與《周禮》、《左氏》説同。箋引《公羊傳》云『五堵爲雉』，與三堵爲雉之説不同。鄭云則版六尺者，蓋雉爲高一丈、廣三丈之定名，今曰五堵，則由一雉而五之，每堵得高一丈，廣六尺；又由一堵而五之，每版得高二尺，廣六尺。毛以一丈爲版，則三堵爲雉。鄭以六尺爲版，則五堵爲雉。説版有不同，而雉之數則一也。《左傳疏》引《戴禮》及《韓詩》説云：『八尺爲版，五版爲堵，版廣二尺，積高五版爲一丈。』此但版長八尺爲異，五版爲堵，仍累二尺而五，與毛鄭同也。何休則以累八尺者五之，故以堵爲四丈，又累四丈者五之而爲雉，故雉長二十丈，百雉長二千丈，得十一里三分里之二，制且大於王城，非《公羊傳》義。」案：焦説是也。

經涂九軌，環涂七軌，野涂五軌。廣狹之差也。故書環或作轘，杜子春云：「當爲環。環涂，謂環城之道。」

【疏】「經涂九軌，環涂七軌」者，「經涂」已見前，此復出之者，以環涂野涂皆依此迭減，明根數也。七軌者，積五十六尺，則環涂九步二尺也。賈疏云：「不言緯者，以與經同也。」云「野涂五軌」者，賈疏云：「國外謂之野，通至二百里内。以其下有都之涂三軌，言都，則三百里大夫家涂亦三軌也，故知此野通二百里内也。」案：依賈説，則此野涂專屬郊甸以内田野閒通行之道，與《遂人》田閒五涂異。其稍以外公邑、家邑之野涂，並當與都野涂同度也。此野涂五軌，積四十尺，則六步四尺也。注云「廣狹之差也」者，環涂環九經九緯之外，故狹於經涂、緯涂。野涂在國門之外，故又狹於環涂，皆以二軌迭減也。云「故書環或作轘，杜子春云當爲環」者，徐養原云：「環轘同聲相借，軌爲轍跡。以轘爲環，所謂字從類也。阪名轘轅，蓋亦此意。」段玉裁云：「以其義正其字也。」云「環涂謂環城之道」者，《國語·齊語》韋注云：「環，繞也。」謂繞城下之道，與經緯二涂相湊者。《墨子·備城門篇》云：「城下州道內，百步一積藉。」州與周通，州道即此環涂也。賈疏云：「謂遶城道如環然，故謂之環也。」門阿之制以爲都城之制。都，四百里外距五百里，王子弟所封。其城隅高五丈，宮隅門阿皆三丈。【疏】「門阿之制以爲都城之制」者，記內諸侯之城制也。城即城隅，不言隅者，冢上文省。隱元年《左傳》，鄭祭仲曰：「先王之制，大都不過參國之一，中五之一，小九之一。」孔疏云：「以王城方九里，依此數計之，則王城長五百四十雉；其大都方三里，長一百八十雉；中都方一里又二百四十步，長一百六十八雉也；小都方一里，長六十雉也。公城方七里，長四百二十雉；其大都方二里又一百步，長一百四十雉也；中都方一里又一百二十步，長八十四雉也；小都方二百三十三步二尺，長四十六雉又二丈也。侯伯城方五里，長三百雉；其大都方一里又二百步，長百雉也；中都比王之小都；其小都方一百六十六步四尺，長三十三雉又一丈也。子男城比王之大都；其大都比侯伯之中都，其中都方一百八十步，長三十六雉也；小都方百步，長二十雉也。」詒讓案：依《左傳》說，都有大中小，方長里步各異，其城高度則一，故此經直云都城，不分大中小也。注云「都，四百里外距五百里」者，《縣士》注云「四百里以外至五百里曰都」是也。云「王子弟所封」者，即《載師》云「以大都之田任畺地」是也。大都爲王子弟所封，詳《大宰》、《載師》疏。賈疏云：「鄭云『都，四百里外距五百里，王子弟所封』者，則惟據大都而言，不通小都卿之采地。以《司裘》『諸侯共熊侯、豹侯，卿大夫共麋侯』，則卿不入諸侯中。此云都按諸侯而言，故不及小都也。大都，諸侯兼三公，直云『王子弟』，其言略，兼有三公可知。」案：此都當亦兼卿采邑之小都言之，蓋小都惟里數減於大都，其城之高度則同也。鄭、賈說未晐。云「其城隅高五丈」者，賈疏云：「以上文王門阿五雉，今云『門阿之制爲都城制』，城制五雉，若據城身，則與下諸侯同，故知此城制據城隅也。」案：賈說此城身高三丈，據《五經異義》說，侯伯城制約與彼同也，詳後疏。云「宮隅門阿皆三丈」者，明宮隅門阿降於城二丈也。王宮門阿降於宮隅二丈，此與宮隅同者，以三丈不可再減，亦禮窮則同也。賈疏云：「以下文畿外諸侯尊得申，爲臺門高五丈；此畿內屈，故宮隅門阿皆三丈也。」宮隅之制以爲諸侯之城制。諸侯，畿以外也。其城隅制高七丈，宮隅門阿皆五丈。《禮器》曰：「天子諸侯臺門。」【疏】「宮隅之制以爲諸侯之城制」者，記外諸侯之城制，亦謂城隅也。注云「諸侯，畿以外也」者，別於上王子弟所封都爲畿內侯國也。云「其城隅制高七丈」者，據王宮隅之制七雉，諸侯城制與之同，則七丈也。云「宮隅門阿皆五丈」者，亦降於城二丈也。賈疏云：「按《異義》古《周禮》說云：『天子城高七雉，隅高九雉；公之城高五雉，隅高七雉；侯伯之城高三雉，隅高五雉。都城之高皆如子男之城高。』隱元年服注云：『與古《周禮》說同。』其天子及公城與此《匠人》同，其侯伯以下與此《匠人》說異者，此《匠人》云『門阿之制以爲都城之制』，高五雉亦謂城隅也。其城高三雉，與侯伯等，如是子男豈不如都乎？明子男城亦與伯等，是以《周禮》說不云子男及都城之高，直云『都城之高皆如子男之城高』。有此《匠人》相參，以知子男皆爲本耳，亦互相曉明子男之城不止高一丈隅二丈而已。如是王宮隅之制以爲諸侯城制者，惟謂上公耳。以此計之，王城隅高九雉，城高七雉；上公之城隅高七雉，城高五雉；侯伯以下城隅高五雉，城高三雉。天子門阿五雉，則宮亦五雉，其隅七雉。上公之制，鄭云『宮隅門阿皆五雉』，則其宮高亦五雉。都之制，鄭云『宮隅門阿皆三雉』，則其宮高亦三雉。何者？天子門阿與宮等，明知其餘皆等。惟伯子男宮與都等，其門阿蓋高於宮，當如天子五雉。何者？《禮器》云：『天子諸侯臺門，大夫不臺門。』以此觀之，天子及五等諸侯其門阿皆五雉可知。都城據大都而言，其小都及家之城，都當約中五之一，家當小九之一，爲差降之數未聞也。」詒讓案：諦繹鄭意，似以諸侯城制五等皆同。《異義》引古《周禮》說，分諸侯之城爲二等，非鄭義也。又案：天子諸侯門阿亦宜有降殺，而鄭謂諸侯宮隅門阿同五雉者，審校注義，蓋專説諸侯中門之制，猶上經門阿亦專說天子應門之制也。天子中門設兩觀，故門阿必低於觀，諸侯中門跨門爲一觀，則門阿即觀之阿，故高得與宮隅等，此正足證鄭意，亦謂觀高與隅同度也。若中門以外，餘門皆不設觀，則其門阿固當低於宮隅，此其形制甚易明，鄭必不掍同之矣。互詳前疏。又諸侯小都以下城高，賈云未聞。《左傳》隱元年孔疏謂「三丈以下不復成城，諸侯都城蓋亦高三丈」，則似無差降，理或然也。引《禮器》曰「天子諸侯臺門」者，賈疏云：「欲見諸侯門阿得與天子同之意也。」環涂以爲諸侯經涂，野涂以爲都經涂。經，亦謂城中道。諸侯環涂五軌，其野涂及都環涂野涂皆三軌。【疏】「環涂以爲諸侯經涂」者，此記畿內外侯國道涂之制也。諸侯經涂七軌，賈疏云：「諸侯直云經涂，不言緯涂，緯涂亦與天子環涂同可知。」云「野涂以爲都經涂」者，王國家邑大小都經涂五軌也。注云「經亦謂城中道」者，據上文云「國中九經九緯」。云「諸侯環涂五軌，其野涂及都環涂野涂皆三軌」者，賈疏云：「以經涂七軌以下差降爲之，故知義然也。又知都環涂野涂皆三軌者，此涂皆男子由右，女由左，車從中央，三者各一軌，則都之野涂不得降爲一軌，是以《遂人》注云『路容三軌』。都之野涂與環涂同，以其野涂不得下於田閒川上之路故也。」案：依賈說，凡涂制以三軌爲極限，不得復減。若然，諸侯國之都經涂環涂野涂當同三軌，更無降殺，亦禮窮則同也。

孫詒讓《周禮正義》卷八五《冬官·考工記下·匠人》 匠人爲溝洫，主通利田閒之水道。【疏】「匠人爲溝洫」者，記都鄙采地治井閒溝洫之制也。與《遂人》鄉遂之溝洫制異。對文五溝各有其名，散文則通謂之溝洫。注云「主通利田閒之水道」者，《小司徒》注云「溝洫爲除水害」，《遂人》注云「遂溝洫澮皆所以通水於川也」是也。通利，謂去其雝閼，使不湛溢。賈疏云：「古者人耕皆畎上種穀，畎遂溝洫之閒通水，故知通利田閒水道。」耜廣五寸，二耜爲耦；一耦之伐，廣尺，深尺，謂之甽；田首倍之，廣二尺，深二尺，謂之遂。古者耜一金，兩人併發之。其壟中曰甽，甽上曰伐。伐之言發也。甽，畎也。今之耜，岐頭兩金，象古之耦也。田，一夫之所佃百畮，方百步地。遂者，夫閒小溝，遂上亦有徑。【疏】「耜廣五寸」者，治溝洫必用耜，因段以起度也。詳《車人》疏。云「二耜爲耦，一耦之伐，廣尺深尺，謂之甽」者，以下並記井田五溝形體之法。井田溝洫之度，起數於壟中之甽。甽字當爲甽，《說文・く部》云：「く，水小流也。《周禮》：『匠人爲溝洫，耜廣五寸，二耜爲耦，一耦之伐，廣尺深尺，謂之く，倍く謂之遂，倍遂曰溝，倍溝曰洫，倍洫曰巜。』重文甽，古文く从田从川。畎，篆文く，从田犬聲。六畎爲一畮。」並據此經爲義。程瑶田云：「溝洫廣深之度起於甽。匠人之甽，此人力所爲，在田閒者。然田閒之甽，又分爲兩事。一爲百畝行列之甽，因以爲田閒水道之始。一夫百畝，中容萬步。《司馬法》『六尺爲步，步百爲畝』。然則畝廣六尺，長六百尺，《詩》所謂『禾易長畝』是也。百畝則百甽矣。《信南山》之詩『我疆我理，南東其畝』，畫其經界之謂疆，分其地理之謂理，是故疆之以成井，所以别夫也；理之以成畝，所以爲甽也。畝有東南，故甽有縱横，順其地理以分之而已矣。一爲播種行列之甽，《漢書・食貨志》：『趙過能爲代田，一畝三甽，歲代處，故曰代田，古法也。后稷始爲甽田，以二耜爲耦，廣尺深尺爲甽，長終畝。一夫三百甽，而播種於甽中。苗生葉以上，稍耨壠草，因隤其土以附根苗。苗稍壯，每耨輒附根，比盛暑，壠盡而根深，能風與旱。』夫畝廣六尺，甽廣尺，畝三甽三尺也。餘三尺與甽相閒，分高下，所謂壠也。以長畝平百行，是爲一夫百畝，廣六百尺，其始也畝一壠，蓋百畝百壠。今更爲甽以播種，一夫三百甽，亦三百壠，耨壠草，隤其土於甽以附根，則甽浸高，壠浸下，屢隤屢附，壠與甽平，故曰壠盡而根深也。代田者，更易播種之名。甽播則壠休，歲歲易之，以甽處壠，以壠處甽，故曰歲代處也。與《周禮》一易之田意蓋略同。是故代田之爲甽也，畝三之；以甽度畝，則畝六甽。《說文》云『六畎爲一畝』，猶云六尺爲一畝也。」案：程說是也。凡甽包在畝廣六尺之中，每畝三甽三壟，壟以種禾，賈所謂「甽上種穀」是也。甽以通水，其在畔者，因以爲畝之分畍，程所謂「百畝則百甽」是也。《漢志》代田之法，亦一畝三甽，而於甽中播種，隤土附根，則甽壟相平，不可辨識。此自是趙過之别法，與古田制不甚合。許亦就甽壟相平言之，故畝有六甽，蓋即兼三壟數之也。又《呂氏春秋・任地篇》云：「六尺之耜，所以成畝也；其博八寸，所以成甽也。」高注云：「耜六尺，其刃廣八寸。古者以耜耕，廣六尺爲畝，三尺爲甽。」彼云耜六尺者，指耒木言之，與《車人》文正同；而謂耜廣八寸，以言一金之耜，則侈於此三寸，而以八寸成甽，則又朒於此二寸，蓋秦法貴小甽也。但此經甽廣一尺，合兩耜乃能成之，而彼謂一耜成甽，於文例終不能合，不必强爲牽傅。高誘謂甽三尺，則似據一畮三甽除壟言之，與《呂覽》本文亦不相應也。云「田首倍之，廣二尺，深二尺，謂之遂」者，倍甽之廣深以爲遂也。遂，《釋文》作「隧」，云「本又作遂」。阮元云：「隧俗字，遂正字。」程瑶田云：「甽在一夫百畝中，物其土宜而爲之，南畝甽横，順其畝之首尾，以行水入於遂，故遂在田首。井田，夫三爲屋，三夫田首同枕一遂，遂在屋閒，非夫閒也。謂之屋者，三夫相連綿如屋然，但疆之以别夫而已，不若《遂人》夫爲一遂以受甽水，此所以别夫閒而言田者也。」注云「古者耜一金」者，賈疏云：「對後代耜岐頭二金者。」詒讓案：金即耒耑鐵刃，著於庛者也。《莊子・天下篇・釋文》引《三蒼》云：「耜，耒頭鐵也。」《月令》注云：「耜者，耒之金也，廣五寸。」然則廣五寸者，謂刃也。其庛木無五寸。云「兩人併發之」者，《里宰》所謂「合耦」也。賈疏云：「二人各執一耜，若長沮、桀溺耦而耕，此二人雖共發一尺之地，未必並發。」案：賈說是也。耦耕，但二人同耕，不必同發徑尺之地。此經一耦之伐，則依同發計之，欲見甽廣深一尺，爲五溝起數耳。云「其壟中曰甽」者，《莊子・讓王・釋文》引司馬彪云：「壟上曰畝，壟中曰畎。」程瑶田云：「壟，陂阪之名，平地中之高者也。有甽然後有壠，有壠斯有畝，故曰『壠上曰畝』；兩壠之中則甽，故曰『壠中曰甽』也。《呂氏春秋・任地》曰：『上地棄畝，下地棄甽。』又《辯土》曰：『大甽小畝，地竊之也。』又曰：『畝欲廣以平，甽欲小以深。』皆言壠中之甽。」云「甽上曰伐」者，段玉裁校改「上」爲「土」是也。《說文・土部》云：「坺，治也，一臿土謂之坺。」《耒部》云：「耕廣五寸爲伐，二伐爲耦。」段氏云：「此與『一耦之伐廣尺深尺謂之畎』稍不同。鄭云『畎土曰伐』，伐即坺，依《考工記》，二耜之土爲伐。許云一耜之土爲伐，即一臿土謂之坺也。」案：段說是也。此本作「甽土曰伐」，校者不達，妄意其對上「壟中」爲文，因誤改土爲「上」，不知壟中曰甽者，壟高而甽下，甽壟異地，故云壟中；此伐與甽同地，伐即發土以爲甽，則不得云「甽上」明矣。賈疏釋伐爲「畎上高土」，蓋所見本已誤。伐即坺之借字，其字又通作「發」，俗作「墢」。《國語・周語》云「王耕一墢」，韋注云：「一墢，一耜之墢也，王無耦，以一耜耕。」宋庠《舊音》引賈逵本作「一發」，注云：「一發，一耜之發也。」耜廣五寸，二耜爲耦，一發深尺。蓋王無耦，以一耜爲發，諸侯以下有耦，則以二耜爲發，故賈、許、韋三君並以一耜所發之土謂之發。坺與此經以二耜所發謂之伐，文異而義同。甽之度，起於二耜，伐之名不定於二耜也。云「伐之言發也」者，《續漢書・禮儀志》劉注引盧植《禮記注》亦云：「伐，發也。」蓋伐土即發土。《說文・艸部》云：「茇，草根也。春艸根枯，引之而發土爲撥，故謂之茇。」伐發撥聲義並同。云「甽，畎也」者，甽亦當爲甽，《釋文》云：「畎與甽同，古今字也。」案：依《說文》，則甽爲古文，畎爲小篆，實一字也。隸譌作甽。漢時通用畎字，故鄭以畎釋甽，亦以今字釋古字也。云「今之耜，岐頭兩金，象古之耦也」者，賈疏云：「至後漢，用牛耕種，故有岐頭兩腳耜，今猶然也。」詒讓案：《說文・木部》云：「㭒，臿也。茉，兩刃臿也。」㭒即耜正字。臿與耜形制略同，但臿柄直，耜轅曲，故許通訓㭒爲臿也。漢時耜兩金，蓋與茉同。《爾雅・釋樂》郭注謂「大磬形如犂錧」，蓋據晉時横縣之磬言之，故有兩岐。《爾雅・釋文》云：「江南人呼犂刃爲錧。」犂錧即指兩金耜也。古耜爲一金，故有耦耕；漢無耦耕，而耜爲兩金，故鄭謂古耦耕之遺象。云「田，一夫之所佃，百畝方百步地」者，《小司徒》注引《司馬法》云「步百爲畮，畮百爲夫」是也。《韓詩外傳》云：「廣百步，長百步，爲百畝。」案：廣長相等，所謂方也。遂在一屋三夫之閒，即爲一夫百畝田之首，故知此田首即一夫所佃之田也。云「遂者夫閒小溝」者，據《遂人》云「夫閒有遂」。但《遂人》之遂在一夫之閒，其長竟夫，則六十丈；此遂在三夫之閒，其長竟屋，則百八十丈。長短不同，而一夫三夫通得謂之夫閒。五溝，遂爲最小，故云小溝也。程瑶田云：「《遂人》『夫閒有遂』，以南畝圖之，東西之閒也。而《匠人》之遂在屋閒，屋閒亦東西之閒。蓋南畝甽横，遂之短長雖不同，其受東流之甽水則同也。屋閒爲東西，則其南北之閒，但疆之以别夫，賈所謂『夫閒無遂』是也。鄭注《匠人》『田首之遂』爲夫閒小溝，承用《遂人》之文，非有誤也。以井閒可通十井命之，則夫閒亦可通三夫命之，然是記脩辭之法，恐人誤以兩遂之形體爲同其實，故别之曰田首，而不名夫閒。又井田有『夫三爲屋』之名，其遂實在屋閒，則夫閒之名移之三夫南北疆别之處，適符其實。此賈命井中無遂者爲『夫閒』，亦因事立名也。」云「遂上亦有徑」者，明記止詳五溝而不及五涂，文不具也。賈疏云：「按《遂人》云：『夫閒有遂，遂上有徑。』彼溝洫法，此井田法，雖不同，遂在夫閒，遂上有徑則同。」

九夫爲井，井閒廣四尺，深四尺，謂之溝；方十里爲成，成閒廣八尺，深八尺，謂之洫；方百里爲同，同閒廣二尋，深二仞，謂之澮。

此畿内采地之制。九夫爲井，井者，方一里，九夫所治之田也。采地制井田，異於鄉遂及公邑。三夫爲屋，屋，具也。一井之中，三屋九夫，三三相具，以出賦税，共治溝也。方十里爲成，成中容一甸，甸方八里出田税，緣邊一里治洫。方百里爲同，同中容四都、六十四成，方八十里出田税，緣邊十里治澮。采地者，在三百里、四百里、五百里之中。《載師職》曰：「園廛二十而一，近郊什一，遠郊二十而三，甸稍縣都皆無過十二。」謂田税也，皆就夫税之輕近重遠耳。滕文公問爲國於孟子，孟子曰：「夏后氏五十而貢，殷人七十而莇，周人百畝而徹，其實皆什一。徹者，徹也；莇(也)〔者〕，藉也。龍子曰：『治地莫善於莇，莫不善於貢。』貢者，校數歲之中以爲常。」文公又問井田，孟子曰：「請野九一而莇，國中什一使自賦。卿以下必有圭田，圭田五十畝；餘夫二十五畝。死徙無出鄉，鄉田同井，出入相友，守望相莇，疾病相扶持，則百姓親睦。方里而井，井九百畝，其中爲公田。八家皆私百畝，同養公田；公事畢，然後治私事，所以别野人也。」又曰：「《詩》云：『雨我公田，遂及我私。』惟莇爲有公田。由此觀之，雖周亦莇也。」魯哀公問於有若曰：「年饑，用不足，如之何？」有若對曰：「盍徹與。」曰：「二吾猶不足，如之何其徹也。」《春秋》宣十五年秋，初税畝。傳曰：「非禮也。穀出不過藉，以豐財也。」此數者，世人謂之錯而疑焉。以《載師職》及《司馬法》論之，周制，畿内用夏之貢法，税夫無公田。以《詩》、《春秋》、《論語》、《孟子》論之，周制，邦國用殷之莇法，制公田，不税夫。貢者，自治其所受田，貢其税穀。莇者，借民之力以治公田，又使收斂焉。畿内用貢法者，鄉遂及公邑之吏，旦夕從民事，爲其促之以公，使不得恤其私。邦國用莇法者，諸侯專一國之政，爲其貪暴，税民無藝。周之畿内，税有輕重。諸侯謂之徹者，通其率以什一爲正。孟子云：「野九夫而税一，國中什一。」是邦國亦異外内之法耳。圭之言珪絜也。周謂之士田。鄭司農説以《春秋傳》曰「有田一成」，又曰「列國一同」。

【疏】「九夫爲井，井閒廣四尺，深四尺，謂之溝」者，程瑶田云：「遂流井外，溝横承之。井中無溝，溝當兩井之閒，故以井閒命之。其長連十井，不嫌井閒之稱溷十井之縱者，其縱亦遂之在屋閒而受甽水者也。」案：程謂遂長連十井，此約計大數也。以井田實地計之，遂長實止連八井，詳後。云「方十里爲成，成閒廣八尺，深八尺，謂之洫」者，程瑶田云：「溝十之，含百井，爲一成。十溝之水，咸入於洫，洫縱當兩成之閒，故曰『成閒有洫』也。洫之長連十成，亦不嫌成閒之稱溷十成之横者，其横亦溝之在井閒而受遂水者也。」案：程亦約計之也。以井田實地計之，成中含六十四井，溝長亦止連八成，詳後。云「方百里爲同，同閒廣二尋，深二仞，謂之澮」者，澮，《説文·巜部》作「巜」，澮即巜之段字，詳《遂人》疏。《方言》云：「度廣曰尋。」《左傳》杜注云：「度深曰仞。」此經五溝廣深皆以相倍爲數，澮廣二尋，深二仞，廣深各丈六尺，尋與仞，度廣與測深異名也。《漢書·鼂錯傳》引《兵法》云「丈五之溝」，與此澮相近，溝澮散文通也。仞之尺度，注未釋。《鄉射記》注云：「七尺曰仞。」其説此經當與彼同，故《遂人》注云：「遂廣深各二尺，溝倍之，洫倍溝，澮廣二尋，深二仞。」不云澮倍洫，蓋亦以二仞爲丈有四尺也。《書·旅獒》僞孔傳云：「八尺曰仞。」孔疏云：「《匠人》有畎遂溝洫，皆廣深等，而澮云『廣二尋深二仞』，則澮亦廣深等，仞與尋同。王肅《聖證論》及注《家語》皆云『八尺曰仞』。鄭玄曰『七尺曰仞』，與孔意異。」今案：孔引鄭義，即據《鄉射》注。以孔説推之，則《聖證論》有破鄭之語，其釋此記澮廣深等，或即本王論。而《鄉射》賈疏則謂王肅依《小爾雅》「四尺曰仞」，是王又有二説矣。今攷仞之度數，古説不同。鄭云七尺，《論語》包注，《吕氏春秋》、《淮南子》高注，《楚辭》王注，郭璞司馬相如賦注引司馬彪説，《論語》皇疏，《莊子》陸《釋文》並同。《説文·人部》則云：「仞，伸臂一尋八尺。」《淮南子·原道訓》許注云：「八尺曰仞。」《孟子》趙注、王肅《聖證論》、《孫子》曹操李筌注、《山海經》郭注、《漢書》顔注、《管子》尹注並同。而《小爾雅·廣度》云「四尺曰仞」，《漢書·食貨志》顔注引應劭云「五尺六寸曰仞」，則尤爲差異。金鶚云：「仞字从人，明是以人身爲度。《考工記》云『人長八尺』，則仞爲八尺可知。《説文》云『仞，伸臂一尋八尺』，蓋釋从人之義，許説自確。但仞與尋亦稍有不同：尋用以度廣，故取於兩臂之伸；仞用以度深，故取於一身之長。記云：『同閒廣二尋，深二仞，謂之澮。』廣深相等，同爲八尺，其廣言尋，深言仞，則尋以度廣，仞以度深可知矣。鄭君以仞爲七尺，於經無據。《鄉射禮》賈疏以爲《書傳》云『雉高一丈』，則牆高一丈，《祭義》『築宫仞有三尺』，除三尺之外，只有七尺，故知七尺曰仞也。不知經傳凡言有幾者，皆奇零之數，若適足一丈，則當言築宫一雉，何必言仞有三尺乎？惟仞爲八尺，其宫牆過於一丈，故言仞有三尺也。」案：金説致塙，足正鄭説之誤。程瑶田云：「洫十之，含萬井，爲一同。十洫之水，咸入於澮，澮横當兩同之閒，故曰『同閒有澮』也。賈云『井田之法，甽縱遂横，溝縱洫横，澮縱川横』。余謂縱横無定法，視其畝之東南而爲之。如賈説，是東畝法耳。《左傳》晉使齊東其畝，以晉伐齊必向東，東畝則川横，而川上路乃可東西行，故曰『唯吾子戎車之利』也。此甽縱爲東畝，甽横爲南畝之確證，《遂人》、《匠人》二法所同者。賈氏不明《匠人》於遂不命『夫閒』之故，而以爲夫閒縱者但分其界而無遂；又不明《遂人》夫閒之遂亦於田首爲之，而以爲田首必在百畝之南，故必易其縱横以通其説。若然，是井田之制必無南畝矣，豈其然乎？」陳喬樅云：「《司馬法》『井十爲通，通十爲成，成十爲終，終十爲同』，統言土地之數耳。其實井邑丘甸縣都之法，皆積四成八。成容一甸，甸六十四井，方八里，縱横數之皆八井，八八爲六十四井也。同容四都，六十四成，爲四千九十六井，積六十四甸之數，縱横數之皆八甸，亦八八爲六十四成也。則其溝洫之制，自當從井法，而八井共一溝，成爲八溝，八溝之水皆注之洫；八成共一洫，洫長終同，同爲八洫，八洫之水咸注之澮，方爲合制。故《匠人》文但言井間、成間、同間，與《遂人》制異也。知《匠》、《遂》溝洫之異，則不當仍倣《遂人》之意以十爲數。」案：陳説是也。此職與《遂人》溝洫形體之異，程説得之；而此職溝洫以八積數，則當以陳説爲正。程約計之，尚未密合也。凡五溝積數，每井有一溝三遂，每成有一洫、八溝、百九十二遂，每同有一澮、八洫、四千九十六溝、九萬八千三百四遂。其五涂則徑與遂同，畛與溝同，涂與洫同，道與澮同也。 注云「此畿内采地之制」者，對遂人治野爲畿内鄉遂之制也。賈疏云：「對畿外諸侯亦制井田，與此同。」云「九夫爲井，井者方一里，九夫所治之田也」者，《小司徒》注同。云「采地制井田，異於鄉遂及公邑」者，《小司徒》注謂采地制井田，異於鄉遂，此又謂公邑亦不制井田者，《載師》注云：「一公邑，謂六遂餘地，天子使大夫治之。」故鄭謂亦同鄉遂，不制井田。金鶚云：「鄉遂之民皆五家相比，故不得爲八家同井之制；公邑在野，其民非五家相比，何不可制井田乎？凡言邑者，皆四井爲邑也。若不制井田，何以名公邑乎？《小司徒》云『攷夫屋』，夫夫屋者，井田之制也。鄉遂有夫屋，蓋其餘地皆有公邑，公邑制井田，故攷其夫屋也。若無井田，何有夫屋乎？」案：金説是也。公邑，不徒六遂之餘地，稍縣都皆有之。凡王子弟食邑，公卿大夫采地，皆取之公邑以與之。其絶除者，王收其地，則復歸之公邑。是公邑與采地隨時更易，不可豫定也。田制則井與不井，一成而不可易。若如鄭説，則公邑與采地田制迥異，假令本爲公邑，而取爲采地，則將盡易其不井之田而爲井；本爲采地，而反之公邑，又將盡易其已井之田而不爲井：紛紛更改，有是理乎？云「三夫爲屋」者，《小司徒》注引《司馬法》説同。云「屋，具也」者，《詩・秦風・權輿》箋同。《爾雅・釋言》云：「握，具也。」屋握字亦通。云「一井之中，三屋九夫，三三相具，以出賦稅，共治溝也」者，《小司徒》注引《司馬法》云：「屋三爲井。」是井有三屋九夫之地，三三相具，共出賦稅并共治其井間之溝也。《論語・學而》皇疏云：「夫一家有夫婦子三者具，則屋道乃成，故合三夫目爲屋也。」皇氏亦訓屋爲具，而義與鄭異。依鄭義，洫與溝爲方，長雖竟成，方十里，而中包一甸，實田止六十四井。其方亦八井也，凡一千四百四十丈，加八溝八畛，共八丈，通一千四百四十八丈也。云「方十里爲成，成中容一甸，甸方八里，出田稅，緣邊一里治洫」者，明此經之成，與《小司徒》「四丘爲甸」内外相包，即彼注所云「小司徒經之，匠人爲之，溝洫相包乃成耳」是也。依鄭義，一成八溝，則溝在井間，而其長竟八井，凡一千四百四十丈，加遂徑各二十四，共十四丈四尺，通一千四百五十四丈四尺也。賈疏云：「《司馬法》有二法：有甸方八里，出長轂一乘；又有成方十里，出長轂一乘。言甸者，據實出稅者而言。云成者，據通治溝洫而説。爲有二種，故鄭細分計之。八里爲甸，出田稅。緣邊一里，并之則二里，治洫，以成間有洫，故使共治洫也。」詒讓案：緣邊者，猶《小司徒》注云「旁加也」。成積百井，統溝洫所占三十六井之虚地計之，則方十里而爲成，除溝洫所占之虚地計之，則止有八里六十四井而爲甸。洫在成之緣邊，甸包在中，故云中容一甸。其洫在成間，亦一甸出田稅之人共治之。緣邊一里指治洫之地，非治洫之人所居也。但此所加之地，實并井間之溝言之。洫在緣邊，溝不在緣邊，鄭止言緣邊治洫者，欲取整數計之耳。詳《小司徒》疏。云「方百里爲同，同中容四都，六十四成，方八十里，出田稅，緣邊十里治澮」者，亦明此經之同，與《小司徒》「四縣爲都」内外相包。彼除治澮之虚地言之，故爲四縣。依鄭義，澮長雖竟同方百里，而中包四都，實田止四千九十六井。其方六十四井也，凡一萬一千五百二十丈，加八洫八涂，共十二丈八尺；又加遂徑各一百九十二，共一百十五丈二尺；通一萬一千六百四十八丈也。賈疏云：「此據《小司徒》而言。彼經『四縣爲都』，注云：『方四十里，四都方八十里，旁加十里，乃得方百里，爲一同。』今言六十四成者，據出田稅者言之，故云方八十里出田稅，緣邊十里治澮也。」云「采地者，在三百里、四百里、五百里之中」者，賈疏云：「據《載師職》而言。按彼云『家邑任稍地，小都任縣地，大都任畺地』，是三百里外至畿五百里内。言此者，欲見三者采地之中，有此井田助法。」引《載師職》曰「園廛二十而一，近郊什一，遠郊二十而三，甸稍縣都皆無過十二」，謂田稅也者，賈疏云：「欲見鄉遂及公邑之等爲溝洫貢子法，與采地井田異。」云「皆就夫稅之輕近重遠耳」者，夫即九夫之夫。謂田稅皆於夫征之，特以遠近制其輕重，故有什一、什二等之異也。引「滕文公問爲國於孟子」以下至「莇者藉也」者，並《孟子・滕文公篇》文。引之者，明三代授田定賦之法不同。莇，《孟子》作「助」。《説文・耒部》作「耡」，莇即耡之俗。趙注云：「民耕五十畝，貢上五畝；耕七十畝者，以七畝助公家；耕百畝者，徹取十畝以爲賦。雖異名而多少同，故曰皆什一也。徹猶徹取物也。藉者借也，猶人相借力助之也。」案：助法，公田在私田外，則不得於七十畝内取七畝以助公家，趙説非是。劉熙説同。趙訓徹爲取，亦與鄭異，詳後。其三代田制異同之故，趙氏無説。《王制》孔疏引劉熙、皇侃，皆云：「夏時民多，家得五十畝而貢五畝；殷時民稍稀，家得七十畝而助七畝；周時其民至稀，家得百畝而徹十畝，故云其實皆什一。」《論語》皇疏義同。《王制》疏又引熊安生云：「夏政寬簡，一夫之地惟稅五十畝；殷政稍急，一夫之地稅七十畝；周政極煩，一夫之地，稅皆通稅。所稅之中，皆什而稅一，故云其實皆什一。」《左傳》成十五年孔疏從劉、皇義。賈疏又載或解云：「三代受地多少應同，今云夏后氏五十、殷人七十、周人百畝者，據地有不易、一易、再易。六遂上地不易，加五十畝。有四等，據授地之法。夏言五十而貢者，據一易之地，家得二百畝，常佃百畝，荒百畝，其佃百畝常稅之，據二百畝爲稅百畝，爲五十而貢。殷人七十而助者，據六遂上地百畝，有萊五十畝而言，百五十畝稅一百畝，猶百畝稅七十五畝，舉全數言之，故云七十畝而助也。周人百畝而徹者，據上地不易者而言，百畝全稅之，故云百畝而徹也。」案：依劉、皇説，則殷民稀於夏，周民又稀於殷，既非事情；依熊説，則夏乃二十而稅一，殷乃十四而税一，與什一之率尤不合。如賈引或説，則四等之地，三代所同，不宜一代各據一端爲論。以上三説，並不可通。顧炎武、萬斯大、錢塘、金鶚並據《獨斷》，謂夏以十寸爲尺，殷以七寸爲尺，周以八寸爲尺；三代田制不同者，夏之百分，殷以爲百一十二分，周以爲百二十分，通其率則五十之爲五十六與六十也。一里廣長皆三百步，其積皆九萬步也。自遂以上，殷周皆不必更，而獨更其畎，是之謂名異而實同。案：諸家謂三代田制名異實不異，殷畝小於夏，周畝小於殷，皆至當不易之論。據先鄭後注，舉少康有田一成，證十里爲成；後鄭《小司徒》注亦引彼以證井牧之制，則二鄭亦謂三代田制名異而實不異。顧、萬、錢、金諸説，實冥符古義。但蔡説三代尺度不同，西漢以前無文可證。《論衡·正説篇》云「周以八寸爲尺」，而夏殷無文。《通典·吉禮》引《白虎通》又謂「夏以十寸爲尺，殷以十二寸爲尺，周以八寸爲尺」，則殷尺特長，又與蔡説不同。鄭《王制》注謂周尺八寸，爲六國時變亂法度之言，則三代異尺之不足信可知。徐養原亦謂古者以律起度，黄鐘之管無短長，則尺度亦無大小。此駁甚塙。然則尺度長短之説，究未盡安。竊謂殷之畝小於夏，周之畝又小於殷者，止由畝法有異，猶周以百步爲畝，秦漢以二百四十步爲畝也。其尺寸步里，則三代未必不同，惜古籍淪佚，無由一一校算耳。引龍子曰「治地莫善於莇」以下者，亦《孟子》文。趙注云：「龍子，古賢人也。言治土地之賦，無善於助者也。貢者校數歲以爲常，類而上之，民供奉之有易有不易，故謂之莫不善也。」賈疏云：「《孟子》本爲『莫不善於貢』，今注有無『不』字者，蓋轉寫脱耳。」云「文公又問井田，孟子曰，請野九一而莇，國中什一，使自賦」者，以下並滕文公使畢戰問井地，孟子荅語。鄭云：「文公問井田者，從文便也。」趙注云：「九一者，井田以九頃爲數，而供什一，郊野之賦也。助者，殷家税名也，周亦用之，龍子所謂莫善於助也。時諸侯不行助法。國中什一者，《周禮》『園廛二十而税一』，時行重賦，責之什一也。而，如也。自，從也。孟子欲請使野人如助法，什一而税之，國中從其本賦，二十而税一，以寬之也。」案：國中什一者，即鄉遂貢子法也，別於助言之，故云使自賦，趙説未憭。又趙據《載師職》「園廛」釋國中，則以野爲通鄉遂都鄙言之，郭門以外悉用九一之制。以孟子下云「鄉田同井」證之，自謂鄉用九一助法。蓋孟子意在重助，故爲此論，與周制不必合，趙説深得其恉。若鄭意則以鄉遂用貢，當孟子國中什一，以都鄙用助，當孟子野九一，義自不同。至趙以國中爲當二十而税一，乃依《載師》園廛法，不可以爲田税之通率，且與孟子什一之語相戾，不足據也。云「卿以下必有圭田，圭田五十畝，餘夫二十五畝」者，廣説授田之法。圭田，詳《載師》及後疏。餘夫受田，詳《遂人》疏。云「死徙無出鄉，鄉田同井，出入相友，守望相莇，疾病相扶持，則百姓親睦」者，趙注云：「死，謂葬死也。徙，謂爰土易居，平肥磽也。不出其鄉，易爲功也。同鄉之田，共井之家，各相營勞也。出入相友，相友耦也。《周禮·太宰》曰：『八曰友，以任得民。』守望相助，助察姦也。疾病相扶持，扶持其羸弱，救其困急，皆所以教民相親睦之道。睦，和也。」案：周田制有不易、一易、再易，然無爰土易居之法，趙説亦與經不合，詳《大司徒》疏。云「方里而井，井九百畝，其中爲公田，八家皆私百畝，同養公田，公事畢然後治私事，所以別野人也」者，舊本井字不重，宋董氏本、注疏本並有，與《孟子》合，今據增。趙注云：「方一里者，九百畝之地也，爲一井。八家各私得百畝，同共養其公田之苗稼。公田八十畝，其餘二十畝以爲廬井宅園圃，家二畝半也。先公後私，遂及我私之義也。則是野人之事，所以別於士伍者也。」案：趙謂公田八十畝，以二十畝爲廬舍，鄭所不從，詳後。云「又曰，《詩》云雨我公田，遂及我私，惟莇爲有公田，由此觀之，雖周亦莇也」者，孟子引《詩》以明周之用徹兼用莇也。趙注云：「《詩·小雅·大田》之篇。言太平時，民悦其上，願欲天之先雨公田，遂以次及我私田也。獨殷人助者爲有公田耳。此周詩也，而云雨公田，知雖周家時亦助也。」云「魯哀公問於有若曰，年饑用不足，如之何，有若對曰盍徹與，曰二吾猶不足，如之何其徹也」者，《論語·顔淵篇》文。何氏《集解》引鄭注云：「盍，何不也。周法什一而税，謂之徹。徹，通也，爲天下之通法。」又引孔安國云：「二，謂什二而税。」引「《春秋》宣十五年秋，初税畝，傳曰非禮也，穀出不過藉，以豐財也」者，《左傳》文。杜注云：「公田之法，十取其一；今又履其餘畝，復十收其一，故哀公曰『二吾猶不足』，遂以爲常，故曰初。周法，民耕百畝，公田十畝，借民力而治之，税不過此。」云「此數者世人謂之錯而疑之」者，明以上所引經傳，言周一代之制，或貢，或助，或徹，似相錯迕，世人不寤，或以爲疑，故下又分別説之也。《載師》是用貢法，《孟子》、《論語》是用徹法，《詩》與《春秋》是用助法。云「以《載師職》及《司馬法》論之，周制畿内用夏之貢法，税夫無公田」者，以税夫無公田，故《載師》任地惟近郊什一，遠郊以外皆過於什一也。程瑶田云：「鄭《小司徒》注引《司馬法》『晦百爲夫，夫三爲屋，屋三爲井』之云，即此注所謂以《司馬法》論之，畿内用貢法，税夫無公田之事。孔氏《王制》疏引鄭注而説之，以爲『一井九家爲定，無公田，即爲井田税夫，不與畿外同』，最得鄭指。」云「以《詩》、《春秋》、《論語》、《孟子》論之，周制邦國用殷之莇法，制公田，不税夫」者，賈疏云：「《詩》云『雨我公田』，公田是助法。《春秋》『初税畝』，亦是助法。《論語》云『盍徹乎』？徹是天下之通法，亦助法也。孟子荅畢戰井田，引《詩》爲證，亦周之助法。故揔云助法不税夫也。」詒讓案：《春秋》、《論語》所説是魯制，《孟子》所説是爲滕言，並是邦國之法，故鄭定爲邦國制公田，不税夫也。云「貢者，自治其所受田，貢其税穀」者，與趙岐説同。云「莇者，借民之力以治公田，又使收斂焉」者，據《孟子》爲説也。《説文·耒部》耡字注云：「商人七十而耡。耡，耤税也。」《王制》「古者公田，藉而不税」，鄭注云：「藉之言借也。借民力，治公田，美惡取於此，不税民之所自治也。」云「畿内用貢法者，鄉遂及公邑之吏，旦夕從民事，爲其促之以公，使不得恤其私」者，賈疏云：「鄉遂公邑之内，皆鄰里比閭等治民之官，旦夕從民事，因此促之使先治公田，故不得恤其私。故爲貢法不得有公田也。」案：公邑不得爲鄰里比閭之制，賈説非是，詳《載師》疏。云「邦國用莇法者，諸侯專一國之政，爲其貪暴，税民無藝」者，《釋文》作「蓺也」，云：「音藝，今本蓺作藝，又無也字。」案：經注例樹蓺字作蓺，道藝字作藝。此注疑當與道藝字同，詳《大司徒》疏。《左》昭十三年傳云：「貢之無藝」，杜注云：「藝，法制。」孔疏引服虔云：「藝，極也，一曰常也。」鄭意貢法無公田，有税夫；助則助治公田而不税。畿外諸侯，自專其國政，易於貪暴，故爲制公田，使從助法，以防其税民無準極，若魯税畮之爲也。云「周之畿内，税有輕重」者，亦據《載師職》論之。云「諸侯謂之徹者，通其率以什一爲正」者，鄭《論語注》義同。《後漢書・陸康傳》云：「徹者，通也，言其法度可通萬世而行也。」陸説與鄭異，而以通詁徹亦同。然鄭雖以通徹轉相訓釋，而未宣究其説。以此注求其恉趣，蓋據貢十一，助九一，通二法以爲率，故云「通其率以什一爲正」。《詩・大雅・篤公劉》「徹田爲糧」，鄭箋亦云：「什一而税謂之徹。」《王制》孔疏云：「凡賦法無過十一，故孟子云：『輕於十一，大貉小貉；重於十一，大桀小桀；十一而税，堯舜之道。』但周之畿内，有參差，皆不同，而言之十一。若畿外，先儒約《孟子》、《樂緯》，皆九夫爲井，八家共治公田八十畝，已外二十畝，以爲八家井竈廬舍。是百畝之外別助，是十外税一。郊外既十外税一，郊内亦十外税一。假令治一夫之田，得百一十碩粟，而貢十碩，是亦十外税一也。劉氏以爲《匠人》注引《孟子》野九夫而税一，國中十一，諸侯謂之徹者，通其率以十一爲正，則謂野九夫之田而税一，國中十一夫之田而税一，是二十夫之田中而税二。計地言之，是十中税一，若計夫實税，猶十外税一，與先儒同也。但不知諸侯郊内十夫受十一夫之地，若爲周制耳，或畿外地寬也。一夫受百一十畝之地，與畿内異也。」《詩・小雅・甫田》孔疏説亦與劉同。徐養原云：「鄭言周別無徹法，但貢助兼行即謂之徹。又九一爲九中取一，什一爲十外取一，合之則爲二十而取二，故曰通其率以什一爲正。此説與『其實皆什一』之文不合，未可從。」金鶚云：「孟子九一是九中税一，則什一當是什中税一，非什一而税一也。孟子言貢、助、徹，其實皆什一者，以九一與什一所差甚少，亦可謂之什一也。若必貢助通率而爲什一，則殷人不兼貢法，何以爲什一乎？」又云：「《夏小正》云『初服于公田』，是夏亦用助法。《大雅・公劉》云：『徹田爲糧。』公劉當夏時而行徹法，又夏用助之一證。夏殷并兼貢助，是周徹法之義，非取通乎夏殷也。」案：金駁劉、孔説是也。《漢書・食貨志》載李悝説，百晦歲收粟百五十石，十一之税十五石。此即周貢法什中税一之證。鄭所謂以什一通其率者，本謂周人兼用貢助二法，通而計之，其大較不離什一；非必以什一自賦爲什一而貢其一，合之九一爲二十而取二，乃爲通什一之率。劉、孔申鄭似皆未得其恉。然徹之名制，舊説多異。《孟子》趙注謂耕百畝者，徹取十畝以爲賦。《王制》孔疏及《孝經》邢疏引《孟子》劉熙注説同。是謂徹本無公田，但家受田百畝，而官取其十畝之税也。姚文田云：「《司稼》云：『巡野觀稼，以年之上下出斂法。』足知徹無常額，惟視年之凶豐，此其與貢異處。助法正是八家合作，而上收其公田之入，無須更出斂法。然其弊必有如何休所云『不盡力於公田』者。故周直以公田分授八夫，至斂時，則巡野觀稼，通計之而取其什一。其法亦不異於助，故《左傳》云『穀出不過藉』，然民自無公私緩急之異，此其與助異處。」徐養原云：「徹無公田，於私田之中十取其一，是私田即公田也。龍子之言曰：『治地莫善於助，莫不善於貢。』莫之云者，至極之辭也。然則二者之閒，固有稍絀於助而較優於貢者，其徹之謂乎？《司稼》『以年之上下出斂法』，注云：『豐年從正，凶荒則損。』是貢者校數歲之中以爲常，而徹者以年之上下出斂法，此其法之小異者也。」案：姚、徐皆據《司稼》之文，以周經證周法，塙不可易。但以此經賦法攷之，《司稼》所云者，是以年之上下爲賦法輕重之差也；而載師任地，則四郊甸稍縣都有十一至十二三等之法，是又以地之遠近爲輕重之差矣。周之徹法，蓋當兼此二者。徹之云者，通乎地之遠近，年之上下，以爲斂取之法，鄭詁爲通，趙詁爲取，兩義當兼存。但鄭以爲通貢助，則未得其義。凡載師司稼之法，皆通行於畿内邦國。蓋徹爲周之正法，斷無畿内不用而唯行之邦國者。鄭以徹專爲諸侯法，亦不察之論也。徹之異於貢助者，蓋無論鄉遂溝洫都鄙井田，皆家受百畝，税夫無公田，則與助法異而與貢法略相類。但貢法所税之數有定，如李悝所説一畝收百五十石，什一税十五石者，歲無論豐歉，壹以此爲常額，自非大荒弛征，所斂必盈此數，龍子所謂「貢者，率數歲之中以爲常」者是也。若徹法，則税夫，歲無常額，以地與年參相校爲之差。龍子以有常率爲貢法之不善，明徹爲無常率之善法矣。但年上下難以率定，輕重之數全以司稼之巡視爲準，所任或不得其人，則豐年容有隱匿之弊，而歉歲又有掊克之憂，固不如助法公私殊區、畛域明白之善耳。又案：鄭以《論語》證諸侯之行徹，又以《孟子》證邦國有公田，説皆未塙。周之邦國亦有鄉遂溝洫、縣鄙井田之異，皆税夫不制公田，與畿内同，此徹之本法通於天下者也。公田雖爲助之正法，而據《夏小正》，則夏時或已有此制，蓋其由來甚久，但以九服之中，疆索不同，容有沿襲舊制而未能盡改者。先王以俗教安，不欲强更其區畛，故周詩有公田之文。此亦如《左》定四年傳所説康叔封衛，啓以商政之類，非周邦國必制公田也。孟子則以助法爲至善，欲更制以救戰國横征之弊，亦非謂公田爲徹之本法，故孟子援《大田》詩而云「惟助爲有公田」，明徹無公田與貢同也。若徹兼助法有公田，則公田爲周本法所有，何必援《大田》詩爲證邪！互詳《司稼》、《小司徒》疏。云「孟子云，野九夫而税一，國中什一，是邦國亦異外内之法耳」者，鄭意邦國雖用徹法，以什一爲通率，而據《孟子》則亦郊外用助，郊内用貢，外内異法，與王畿同也。賈疏云：「此云野九夫而税一，即彼云請野九一而助；此云國中什一，即彼云國中什一使自賦。云九一而助者，一井九夫之地，四面八家各自治一夫，中央一夫，八家各治十畝，八家治八十畝入公，餘二十畝，八家各得二畝半，以爲廬宅、井竈、葱韭，是十外税一也。國内，據民住在城中，其地即在郊内。郊外鄉遂之民，爲溝洫，爲貢法，言十一，亦十外税一者也。《漢書・食貨志》既有井田饒民二畝半之事，是以宋均注《樂緯》、何休注《公羊》、趙岐注《孟子》皆饒民。《詩》云『倬彼甫田，歲收十千』，鄭云：『井税一夫，其田百畝；通税十夫，其田千畝；成税百夫，其田萬畝。』不言饒民者，以經云『歲收十千』，校一成之内，舉全數而言，鄭亦順經從整數而説，其實與諸家不殊也。」《詩・甫田》孔疏云：「史傳説助貢之法，唯《孟子》爲明。鄭據其言，以什一而徹，爲通外内之率，理則然矣，而《食貨志》云：『井方一里，是九夫。八家共之，各受私田百畝，公田十畝，是爲八百八十畝，餘二十畝爲廬舍。』其言取《孟子》爲説，而失其本旨。班固既有此言，由是羣儒遂謬。何休之注《公羊》，范寧之解《穀梁》，趙岐之注《孟子》，宋均之説《樂緯》，咸以爲然，皆義異於鄭，理不可通。何則？言井九百畝，其中爲公田，則中央百畝，共爲公田，不得家取十畝也。又言八家皆私百畝，則百畝皆屬公矣，何得復以二十畝爲廬舍也。言同養公田，是八家共理公事，何得家分十畝自治之也。若家取十畝，各自治之，安得謂之同養也。若二十畝爲廬舍，則家別二畝半，亦入私矣，則家別私有百二畝半，何得爲八家皆私百畝也。此皆諸儒之謬。鄭於《匠人》注云『野九夫而稅一』，此箋云『井稅一夫，其田百畝』。是鄭意無家別公田十畝及二畝半爲廬舍之事，俗以鄭説同於諸儒，是又失鄭旨矣。」案：孔説是也。《穀梁》宣十五年傳云：「古者公田爲居，井竈蔥韭盡取焉。」又《韓詩外傳》云：「古者八家而井，家得百畝，家爲公田十畝，餘二十畝共爲廬舍，各得二畝半。」即《班志》所本。《説文・广部》云：「廛，二畝半也，一夫之居。」蓋亦同班義。惟鄭《詩》、《禮》箋注並無是説，故孔謂鄭與彼異。而賈氏此疏反引彼以述鄭義，疏矣。金鶚亦云：「九一爲助法，以九百畝而得一百畝也。若公田僅八十畝，是輕於九一矣，亦與《孟子》不合。五畝之宅皆在邑中，猶今之村落然。《詩》所謂『中田有廬』者，乃於田畔爲之，以避雨與暑，大不容一畝，必無二畝半之廣在公田之中也。」案：金説是也。賈謂什一爲十外稅一，亦沿劉説之誤。云「圭之言珪潔也」者，珪，汪本作「圭」，亦通。此釋《孟子》圭田之義，《孟子》趙注説同。《説文・土部》云：「珪，古文圭，从玉。」《蜡氏》注云：「圭，絜也。」《九章・方田篇》別有「圭田」，乃三角田形之一，與《孟子》、《王制》圭田不相涉也。云「周謂之士田」者，《載師》云「以士田任近郊之地」，注云「士讀爲仕，仕者亦受田，所謂圭田也」是也。互詳彼疏。云「鄭司農説以《春秋傳》曰，有田一成」者，《左》哀元年傳文，引證方十里爲成也。詳《小司徒》疏。云「又曰列國一同」者，襄二十五年傳文，引證方百里爲同也。詳《大司馬》疏。專達於川，各載其名。達猶至也。謂澮直至於川，復無所注入。載其名者，識水所從出。【疏】「專達於川」者，此川謂大川，《管子・度地篇》云「水之出於地溝，流於大水及海者，命曰川水」是也。《爾雅・釋水》云：「水注川曰谿，注谿曰谷，注谷曰溝，注溝曰澮，注澮曰瀆。」彼指山谷水道，川小於溝澮，與此異。注云「達猶至也」者，《樂記》注云：「至猶達也，行也。」是至達可互訓。云「謂澮直至於川，復無所注入」者，謂澮不復更注它溝，徑入大川，故經云「專達於川」也。云「載其名者，識水所從出」者，《國語・晉語》韋注云：「載，記也。」謂記識水所出之原，此統川澮等言之。《書・呂刑》云：「禹平水土，主名山川。」載川名，若《水經》所釋是也。賈疏謂惟識澮水所出處，説未晐。凡天下之地埶，兩山之間必有川焉，大川之上必有涂焉。通其壅塞。【疏】「兩山之間必有川焉」者，程瑶田云：「澮達於川，川在山間，命之曰兩山之間，以例澮在同間，洫在成間，溝在井間，其事相同。」賈疏云：「此言同間有澮，澮水入川，其川是自然而有，又非平地而出，必因山間有之。」云「大川之上必有涂焉」者，《遂人》云「川上有路」，注云：「路容三軌。」此涂即路也，散文通稱。賈疏云：「大川不可輒越，巡川必當有涂，地勢然也。」注云「通其壅塞」者，《釋文》無「其」字，又壅作「雍」。案：壅即雍之俗，《秋官・雍氏》亦作「雍」，《釋文》本是也。賈疏云：「川與涂皆是通其壅塞也。」凡溝逆地防，謂之不行；水屬不理孫，謂之不行。溝謂造溝。防謂脉理。屬讀爲注。孫，順也。不行謂決溢也。禹鑿龍門，播九河，爲此逆防與不理孫也。【疏】「凡溝逆地防，謂之不行」者，以下通論治溝之事，與上井田溝洫之制異。注云「溝謂造溝」者，賈疏云：「此溝非謂廣深四尺在田間者，下云『梢溝三十里而廣倍』，當是人所造溝瀆引水者。」云「防謂脉理」者，《説文・𨸏部》云：「防，地理也。」此地防亦即謂地之脉理也。《大戴禮記・勸學篇》云：「孔子曰：『夫水，其流行庳下，倨句皆循其理，似義。』」云「屬讀爲注」者，《函人》注云：「屬讀如灌注之注。」此讀爲注者，易其字也。云「孫，順也」者，《學記》注同。《説文・心部》云：「愻，順也。」孫即愻之借字。案：鄭意理孫猶云「順理」，即《大戴》云「循理」是也。逆防理孫，文有傎到耳。王引之云：「理孫皆順也。《廣雅》曰：『理，順也。』《説文》曰：『順，理也。』」亦通。云「不行謂決溢也」者，《説文・沝部》云：「𣶒，水行也。」不行即謂不流，決溢旁出。爲溝若逆地理，則溝土不固而善崩；水不順理，則其流注不暢，必横逆決溢不能行矣。云「禹鑿龍門，播九河，爲此逆防與不理孫也」者，《書・禹貢》「導河積石，至於龍門」，又云「又北播於九河」。《詩・周頌・般》孔疏引鄭彼注云：「播，散也。」引以證禹爲洪水逆地理，又不順理，故鑿之播之，使無衍溢。《孟子・滕文公篇》云：「當堯之時，水逆行，氾濫於中國，使禹治之，禹掘地而注之海，水由地中行。」逆防不理孫，即所謂水逆行也。梢溝三十里而廣倍。謂不墾地之溝也。鄭司農云：「梢讀爲桑螵蛸之蛸。」梢謂水漱齧之溝。故三十里而廣倍。【疏】「梢溝三十里而廣倍」者，梢當作捎，注同。賈疏引《輪人》「捎其藪」爲釋，明賈所見本此經字與彼同，今本疏捎溝字亦從木，蓋後人依已誤之經以改疏也。互詳《輪人》疏。注云「謂不墾地之溝也」者，對上田間諸溝爲墾地設也。鄭司農云「梢讀爲桑螵蛸之蛸」者，《輪人》「捎其藪」，先鄭讀同。段玉裁改「讀爲」爲「讀如」，云：「擬其音耳。」案：段校是也。云「梢謂水漱齧之溝，故三十里而廣倍」者，梢，舊本亦作「蛸」，蓋涉上而誤。明監本、毛本作「梢」，段玉裁從之，又於梢下增「溝」字，云：「《輪人》注云『梢，除也』，此云『梢水漱齧』，義略同。」案：梢字實當作「捎」，溝字當從段增。先鄭意，此溝是水自漱齧而成，非人力所爲。後鄭則謂亦人力所爲，但非爲墾地耳。二君義異。江永云：「梢，謂掘地爲溝也。下流納水多，故三十里宜倍於上流之廣，其廣當以漸而增也。」凡行奠水，磬折以參伍。《坎》爲弓輪，水行欲紆曲也。鄭司農云：「奠讀爲停，謂行停水，溝形當如磬，直行三，折行五，以引水者疾焉。」【疏】「凡行奠水，磬折以參伍」者，此即《大戴禮記》所説水流倨句之義。賈疏云：「言凡行停水者，水去遲，似停住止，由川直故也。是以曲爲，因其曲勢，則水去疾，是以爲磬折以參伍也。」程瑶田云：「奠水止而不行，今欲溝而行之，爲直溝，無益也；若爲已句之溝，欲其行而反鬱之，亦無益；惟用曲矩度其倨句，使中乎磬折，又非一磬折而已也，參之伍之，令多爲磬折之形，以奠水之流行無滯而後已。」注云「《坎》爲弓輪，水行欲紆曲也」者，《易・説卦》云：「《坎》爲水，爲溝瀆，爲弓輪。」引之明行水之法，與弓輪同，取紆曲也。鄭司農云「奠讀爲停」者，阮元云：「余本停作『亭』是也。《説文》有亭無停。」段玉裁云：「亭、停，正俗字。古本作亭，易奠爲亭，猶易奠爲定也。」云「謂行停水，溝形當如磬，直行三，折行五，以引水者疾焉」者，磬氏爲磬，股爲二，鼓爲三。先鄭意，行奠水不可全直，亦不可太曲，必行之停之，使直行少，曲行多，其率若三之與五，與磬之股鼓相應，而後水自能行疾也。然經參伍義本不如此。程瑶田云：「記言行奠水之曲折，當如磬折之倨句，以形體言。三五者，言不一，其磬折無定數也。司農乃謂直行三，折行五，紀其直體之數，而昧於曲體之形。且以三當股二，宜以四五當鼓三，今但約之以三五，何不直云磬折以二三之爲道其實也。」案：程説是也。欲爲淵，則句於矩。大曲則流轉，流轉則其下成淵。【疏】「欲爲淵則句於矩」者，《説文・水部》云：「淵，回水也。」《管子・度地篇》云：「水出地而不流者，命曰淵水。」上行奠水，謂道停水使之行；此爲淵，謂豬行水使之停，二義相備也。賈疏云：「凡川溝欲得使教淵之深，當句曲於矩，使水勢到向上句曲尺，則爲迴逶，自然深爲淵，驗今皆然也。」程瑶田云：「欲爲淵，而但爲磬折之倨句，不能也。即句之而爲中矩之倨句，亦猶不能搏激其水勢，而使之過顙在山，其淵終不能成。惟準曲矩之正方而句之，或如倨句之欘形，且又句之如倨句之宣形，相其來水之緩急，與其地脈之所宜而權衡之，自能成莫測之深淵矣。」　注云「大曲則流轉，流轉則其下成淵」者，流轉謂回旋也。《爾雅・釋水》云「過辨回川」，郭注云「旋流」。《列子・黄帝篇》云「流水之潘爲淵」，殷氏《釋文》云：「潘本作蟠。蟠，洄流也。」《管子・度地篇》云：「水之性，行至曲必留退，滿則復推前。杜曲則擣毁，杜曲激則躍，躍則倚，倚則環，環則中，中則涵。」即大曲則流轉成淵之義。程瑶田謂流轉又宜激而匯之，使回旋漱掘，乃能成淵。案：程説亦注義所晐也。凡溝必因水埶，防必因地埶。善溝者水漱之，善防者水淫之。漱，猶齧也。鄭司農云：「淫讀爲厥，謂水淤泥土，留著助之爲厚。」玄謂淫讀爲淫液之淫。【疏】「凡溝必因水埶，防必因地埶」者，以下兼明築防之法。《稻人》云：「以防止水。」　注云「漱猶齧也」者，《説文・水部》云：「漱，水盪口也。」《齒部》云：「齧，噬也。」案：漱本爲盪口，引申爲凡水盪物之稱。齧謂水衝隄土，猶齒之噬物也。《吕氏春秋・開春論》云：「昔王季歷葬於渦山之尾，欒水齧其墓，見棺之前和。」是水之漱土謂之齧也。鄭司農云「淫讀爲厥」者，《司服》注同。云「謂水淤泥土，留著助之爲厚」者，《説文・水部》云：「淤，澱滓濁泥也。」《司服》先鄭注云：「厥，陳也。」此水淤泥土，留著防閒，助之爲厚，亦與陳義相近。云「玄謂淫讀爲淫液之淫」者，淫液，見《樂記》。謂與《㡛氏》「淫之以蜃」義同。賈疏云：「謂以淤泥淫液使厚也。」段玉裁云：「鄭君不改字而與大鄭意同。」凡爲防，廣與崇方，其閷參分去一。崇，高也。方猶等也。閷者，薄其上。【疏】「凡爲防，廣與崇方」者，以下記治防之度也。賈疏云：「假令隄高丈二尺，下基亦廣丈二尺。」云「其閷參分去一」者，防形上殺而下侈，以備潰決也。賈疏云：「三四十二，上宜廣八尺者也。」　注云「崇，高也」者，《總敘》注同。云「方猶等也」者，《梓人》注同。云「閷者薄其上」者，閷，注例用今字當作殺，詳《玉人》疏。防以捍水，凡水愈深，則其下壓之力愈大，防下當水之衝，宜厚培其土，以抵水之壓力；而自上而下，陂陀衺側，亦可以減其漱齧之勢，故知閷是薄其上。《檀弓》注云「坊形旁殺，平上而長」是也。《管子・度地篇》云：「春三月，令甲士作隄大水之旁，大其下，小其上，隨水而行。」管子説隄小其上，即此所謂閷也。但以下文「大防外閷」之文推之，則尋常不甚大之防，當内外殺率正同，蓋内殺六分之一，外殺亦然，合内外爲三分去一也。《九章算術・商功篇》云：「今有隄，下廣二丈，上廣八尺，高四尺。」彼高不與廣方，所殺分率亦較朒，而大下小上形法則與此同。大防外閷。又薄其上，厚其下。【疏】「大防外閷」者，《管子・度地篇》云：「大者爲之隄，小者爲之防。」此大防即所謂隄也。隄防對文則異，散文得通。　注云「又薄其上，厚其下」者，賈疏云：「此文承上參分去一而云外閷，故云又薄其上，厚其下。雖不知尺數，但知三分去一之外更去也。」江永云：「大防宜殺其外，不殺其内也。外必殺者，使下厚而上不傾；内不殺者，所以當水之衝也。然則兩邊皆殺者，非大防也。」案：江説與鄭異。諦審鄭意，蓋謂防大則其廣崇皆增，而水之深度與壓力亦大增，非益厚其下，不足以爲固。經云外殺者，明内殺亦與小防恒度同，唯其外則於恒度外更增其殺之分率。實因防外之下基培之益厚，則上彌見其薄，而其殺於下者自不止三分之一矣。鄭説尋文似疏，審理實密。江氏則謂大防亦止三分殺一，惟所殺者全在外，其内當水者則直上不殺，欲以傅合經外殺之文，而於理似未切。姑存之，以備一義。凡溝防，必一日先深之以爲式。程人功也。溝防，爲溝爲防也。【疏】「必一日先深之以爲式」者，賈疏云：「言深者，謂深淺尺數。」戴震云：「古九數有商功，爲此也。預爲布算，以定其規模，而後從事。一日之式大致可知，又以一里之式平之。」　注云「程人功也」者，賈疏云：「將欲造溝防，先以人數一日之中先作尺數，是程人功法式，後則以此功程，賦其丈尺步數。」詒讓案：《九章算術・商功篇》，爲隄溝有冬春程人功若干尺，求用徒幾何之術。李藉《音義》云：「程，課程也。」《唐六典》云：「凡役有輕重，功有短長。以四、五、六、七月爲長功，二、三月，八、九月爲中功，以十、十一、十二、正月爲短功。中功以十分爲率，長功加一分，短功減一分。」此即以日長短程人功之法。云「溝防，爲溝爲防也」者，明溝防爲兩事，並宜先爲式也。里爲式，然後可以傅衆力。里讀爲「已」，聲之誤也。【疏】「里爲式，然後可以傅衆力」者，江永云：「舊讀里爲已，非也。以一日之功，又以一里之地計，幾何日，幾何人力，則可依附此而計用幾何衆力也。」案：江説是也。戴震、沈夢蘭説同。但「傅」疑當爲「敷」之借字。《書・禹貢》「禹敷土」，《大司樂》注引「敷」作「傅」，是其證。《説文・攴部》云：「敷，施也。」此傅衆力，亦言爲役要以施衆人之功力也。　注云「里讀爲已，聲之誤也」者，鄭未達里爲式之義，故依聲類破爲已字，言爲式既畢，然後可以令衆而傅其力，然非經義也。凡任，索約大汲其版，謂之無任。故書汲作「没」，杜子春云：「當爲汲。」玄謂約，縮也。汲，引也。築防若牆者，以繩縮其版。大引之，言版橈也。版橈，築之則鼓，土不堅矣。《詩》云：「其繩則直，縮版以載。」又曰：「約之格格，椓之橐橐。」【疏】「凡任，索約大汲其版，謂之無任」者，以下廣論城道、宫室版築之事。任猶《輈人》「任正」之任。《小爾雅・廣器》云：「大者謂之索，小者謂之繩。」築土縮版，必用繩索，故云任。索約大汲其版則版傷，而束土無力，與不縮同，故謂之無任也。　注云「故書汲作没，杜子春云當爲汲」者，汲没形相近。《説文・水部》云：「没，沈也。」故書作没，蓋謂引繩太過，陷没其版，則橈而無力。義雖可通，而不及作「汲」之長，故杜破之也。云「玄謂約，縮也」者，《爾雅・釋器》云：「繩之謂之縮之。」郭注云：「縮者，約束之。」《詩・大雅・緜》孔疏引孫炎云：「繩束築版謂之縮。」云「汲，引也」者，《説文・水部》云：「汲，引水於井也。」引申爲凡引物之稱。《穀梁》襄十年傳「汲鄭伯」，范注云：「汲猶引也。」縮版時，恐版不附植，不可築土，故必引之。云「築防若牆者，以繩縮其版」者，《檀弓》「一日而三斬版」，孔疏謂「築墳之法，所安版側，於兩邊而用繩約版令立，後復内土於版之上中央，築之，令土與版平，則斬所約版繩，斷，而更置於見築土上，又載土其中，三徧如此，其墳乃成」。此築防牆之法，當與彼同。必以繩束版，兩版相去如防與牆之厚，實土其中，而後可用杵椓築之也。云「大引之，言版橈也，版橈，築之則鼓，土不堅矣」者，繩束版，引之太過，則版不能勝而橈曲，及下土而築之，則外出而鼓起，其土雖築，不能堅也。引《詩》云「其繩則直，縮版以載」者，《大雅・緜》文。箋云：「繩者，營其廣輪方制之正也。以索縮其築版，上下相承。」又云「約之格格，築之橐橐」者，《小雅・斯干》文。《毛詩》「格格」作「閣閣」，傳云：「約，束也。閣閣猶歷歷也。橐橐，用力也。」箋云：「約謂縮版也。」與此注同。引此二詩者，並證約爲縮之義也。

葺屋參分，瓦屋四分。各分其脩，以其一爲峻。【疏】「葺屋參分」者，《説文・艸部》云：「葺，茨也。茨，以茅葦蓋屋。」賈疏云：「葺屋謂草屋，草屋宜峻於瓦屋。」注云「各分其脩以其一爲峻」者，賈疏云：「按上堂脩二七言之，則此注脩亦謂東西爲屋。則三分南北之閒尺數，取一以爲峻。假令南北丈二尺，草屋三分取四尺爲峻，瓦屋四分取三尺爲峻也。」焦循云：「以屋爲三角形，下平度脩丈二尺，中分之爲兩句股，則每句六尺，股四尺，弦七尺二寸，爲葺屋；句六尺，股三尺，弦六尺七寸，爲瓦屋也。」

囷、窌、倉、城，逆牆六分。逆猶卻也。築此四者，六分其高，卻一分以爲綱。囷，圜倉。穿地曰窌。【疏】「囷窌倉城逆牆六分」者，記四等逆牆之率也。《爾雅・釋宫》云：「牆謂之墉。」《説文・嗇部》云：「牆，垣蔽也。」《土部》云：「墉，城垣也。」案：散文牆墉亦通稱。此城有逆牆者，即所謂女牆也。《説文・𨸏部》云：「陴，城上女牆，俾倪也。」又《土部》云：「堞，城上女垣也。」《釋名・釋宫室》云：「牆，障也，所以自障蔽也。城上垣曰睥睨，言於孔中睥睨非常也。亦曰陴，陴，裨也，言裨助城之高也。亦曰女牆，言其卑小，比之於城，若女子之於丈夫也。」逆牆六分城高，以一分爲之。假令城高九雉，則以上一丈五尺卻爲逆牆。囷窌倉逆牆放此。《禮書》引《尚書大傳》云：「天子賁庸，諸侯疏杼。」鄭注云：「賁，大也。牆謂之庸。大牆，正直之牆。疏猶衰也。杼亦牆也。言衰殺其上下，不得正直。」案：《伏傳》杼，即序之段字。依鄭彼注説，則諸侯以下廟寢之牆，亦皆有殺，不得正直，但與囷窖倉城卻牆不同耳。注云「逆猶卻也」者，《廣雅・釋言》云：「卻，退也。」卻牆，謂牆上退卻，殺減其廣也。云「築此四者，六分其高，卻一分以爲綱」者，綱，注例亦當作「殺」。此明經「逆牆」冡「囷窌倉城」爲文也。賈疏云：「假令高丈二尺，下厚四尺，則於上去二尺爲綱，上惟二尺。其囷倉城地上爲之，須爲此綱。其窌入地亦爲此綱者，雖入地，口宜寬，則牢固也。」焦循云：「疏知丈二尺則厚四尺者，以記文『牆厚三尺，崇三之』準之也。高得六分九尺之一，則厚得三尺之半，爲逆牆之度。」云「囷，圜倉」者，《説文・口部》云：「囷，廩之圜者。圜謂之囷，方謂之京。」《九章算術・商功篇》有「圓囷」，劉注云：「圜囷，廩也，亦云圓囤也。」《釋名・釋宫室》云：「囷，綣也，藏物繾綣束縛之也。」焦循云：「《月令》：『中秋，穿竇窌，修囷倉。』高誘云：『圜曰囷，方曰倉。』蓋於屋之中建牆，或方或圜，以貯穀，其上不接屋爲逆牆也。廩爲屋室之名，倉、囷、窌則廩中貯粟者之名。」云「穿地曰窌」者，《釋文》云：「窌，劉古孝反。依字當爲窖，作窌，假借也。」案：《説文・穴部》云：「窌，窖也。窖，地藏也。」《廣雅・釋詁》云：「窖、窌，藏也。」《月令》「仲秋穿竇窖」，《呂氏春秋》作「窌」，窌窖聲近義同，古多通用，故劉昌宗讀爲窖也。《呂氏春秋・季春紀》「發倉窌」，高注亦云：「穿地曰窖。」又《仲秋紀》注云：「穿窌所以盛穀也。」義並與鄭同。焦循云：「《月令》注云：『方曰窖。』蓋掘地作方形，内四面亦爲牆。設深六尺，則口上一分縮卻一尺，故寬於下。計之，若方一丈，其口上高一尺之處，則方一丈二尺也。」

堂涂十有二分。謂階前，若今令辟祴也。分其督旁之脩，以一分爲峻也。《爾雅》曰：「堂涂謂之陳。」【疏】注云「謂階前」者，謂堂下東西階前之路，以甓甃之，高於平地也。李如圭云：「堂塗其北屬階，其南接門内霤。案：凡入門之後，皆三揖至階。《昏禮》注曰：『三揖者，至内霤，將曲揖；既曲，北面揖；當碑揖。』賈氏曰：『至内霤將曲者，至門内霤，主人將東，賓將西，賓主相背時也。既曲北面者，賓主各至堂塗，北行向堂時也。』至内霤而東西行，趨堂塗，則堂塗接於霤矣。既至堂塗，北面至階而不復有曲，則堂塗直階矣。又案：《聘禮》『饔鼎設于西階前，陪鼎當内廉。』注曰：『辟堂塗也。』則堂涂在階廉之内矣。」云「若今令辟祴也」者，《釋文》「辟」作「甓」，「祴」誤「裓」。宋余本、附釋音本、巾箱本、及注疏本並作「甓」。今從嘉靖本，與《集韻・十四皆》引鄭注合。賈疏亦作「辟」，云：「漢時名堂涂爲令辟祴。令辟則今之塼也，祴則塼道者也。」阮元云：「古甓字多作辟，今金石猶有存者。」莊述祖云：「《音義》祴音陔。《説文・示部》：『祴，宗廟奏祴樂，从示戒聲。』《衣部》無裓字。《廣韻》：『裓，釋典有衣裓，古得切。』《一切經音義》：『相傳云謂衣襟也，未詳所出。』明裓字惟釋典有之。令甓祴之祴，即《鍾師》『奏祴夏』之祴。祴陔互相借。《音義》从衣音階，皆非是。祴當从示，古哀反，借作陔。《説文》：『陔，階次也。』堂涂絫塼爲階次，故曰『令甓祴』，無取乎衣裓之義也。」丁晏云：「《釋宫》『瓴甋謂之甓』，注：『甗甎，今江東呼爲瓴甓。』《説文・瓦部》：『甓，瓴甓也。』《土部》：『墼，瓴適也。』《毛詩》『中唐有甓』，傳：『甓，瓴甋也。』《禮運》注『瓦瓴甓』。祴字一作『垓』，《史記・封禪書》『壇三垓』，徐廣曰『階次也』。《漢郊祀志》作『陔』，師古曰：『陔，重也。三陔，三重壇也。音該。』祴讀爲陔鼓之陔，古字通用。」案：莊、丁説是也。云「分其督旁之脩，以一分爲峻也」者，賈疏云：「名中央爲督。督者，所以督率兩旁。脩謂兩旁上下之尺數。假令兩旁上下尺二寸，則取一寸於中央爲峻。峻者，取水兩向流出故也。」丁晏云：「《國語》『衣之偏裻』，韋昭注：『裻在中，左右異，故曰偏。』《莊子》『緣督以爲經』，《釋文》：『李云：督，中也。』引伸之，凡物之中央曰督。」焦循云：「疏云上下者，自中至邊之謂。兩旁邪綱，故中央峻也。」引《爾雅》曰「堂涂謂之陳」者，《釋宫》文。彼文涂作「途」。《詩・小雅》「彼何人斯，胡逝我陳」，毛傳云：「陳，堂塗也。」又《陳風・防有鵲巢》云「中唐有甓」，傳云：「唐，堂涂也。」孔疏引孫炎云：「堂途，堂下至門之徑也。」《釋宫》又云：「廟中路謂之唐。」蓋堂下之涂謂之堂涂，廟寢並有堂，則堂下路同有堂涂之稱。《爾雅》唐陳訓別者，散文則異也。此經堂涂，亦兼廟中、寢中言之。《周書・作雒篇》載五宮之制，有「隄唐」，孔注云：「唐，中庭道。隄，謂高爲之也。」此堂涂常法，十二分止取一分爲峻，更峻之即所謂隄唐與？竇其崇三尺。宫中水道。【疏】注云「宫中水道」者，《説文・穴部》云：「竇，空也。」又《𨸏部》云：「隫，通溝以防水者也。」隫竇聲義略同。《月令》「穿竇窖」，鄭注云：「入地，隋曰竇，方曰窖。」案：竇若今陰溝，穿地爲之，以通水潦者，其形隋方廣狹由便，崇則三尺也。《墨子・備城門篇》云：「百步爲幽隫，廣三尺，高四尺。」與此經度數亦相近。《左》襄十年傳「篳門閨竇之人」，杜注云：「竇，小户，穿壁爲門，上鋭下方，狀如圭也。」《儒行》及《説文・竹部》並作「圭窬」，與此竇異，賈疏以爲一，非也。牆厚三尺，崇三之。高厚以是爲率，足以相勝。【疏】注云「高厚以是爲率，足以相勝」者，明以此爲約率也。賈疏云：「高恒兩倍於厚，不要厚三尺高九尺。假令厚六尺，高丈八尺，皆依此法，故云『以是爲率，足以相勝』也。」

傳記

呂不韋《呂氏春秋》卷一一《仲冬紀・長見》 晉平公鑄爲大鐘，使工聽之，皆以爲調矣。師曠曰：「不調，請更鑄之。」平公曰：「工皆以爲調矣。」師曠曰：「後世有知音者，將知鐘之不調也，臣竊爲君耻之。」至于師涓而果知鐘之不調也。是師曠欲善調鐘，以爲後世之知音者也。

《後漢書》卷五九《張衡傳》 張衡字平子，南陽西鄂人也。世爲著姓。祖父堪，蜀郡太守。衡少善屬文，游於三輔，因入京師，觀太學，遂通《五經》，貫六蓺。雖才高於世，而無驕尚之情。常從容淡静，不好交接俗人。永元中，舉孝廉不行，連辟公府不就。時天下承平日久，自王侯以下，莫不踰侈。衡乃擬班固《兩都》，作《二京賦》，因以諷諫。精思傅會，十年乃成。文多，故不載。大將軍鄧騭奇其才，累召不應。

衡善機巧，尤致思於天文、陰陽、歷筭。常耽好《玄經》，謂崔瑗曰：「吾觀《太玄》，方知子雲妙極道數，乃與《五經》相擬，非徒傳記之屬，使人難論陰陽之事，漢家得天下二百歲之書也。復二百歲，始將終乎？所以作者之數，必顯一世，常然之符也。漢四百歲，《玄》其興矣。」安帝雅聞衡善術學，公車特徵拜郎中，再遷爲太史令。遂乃研覈陰陽，妙盡琁機之正，作渾天儀，著《靈憲》、《筭罔論》，言甚詳明。

順帝初，再轉，復爲太史令。衡不慕當世，所居之官，輒積年不徙。自去史職，五載復還，乃設客問，作《應閒》以見其志云：

有閒余者曰：蓋聞前哲首務，務於下學上達，佐國理民，有云爲也。朝有所聞，則夕行之。立功立事，式昭德音。是故伊尹思使君爲堯舜，而民處唐虞，彼豈虚言而已哉，必旌厥素爾。咎單、巫咸，寔守王家，申伯、樊仲，實幹周邦，服衮而朝，介圭作瑞。厥跡不朽，垂烈後昆，不亦丕歟！且學非以要利，而富貴萃之。貴以行令，富以施惠，惠施令行，故《易》稱以「大業」。質以文美，實由華興，器賴彫飾爲好，人以輿服爲榮。吾子性德體道，篤信安仁，約己博蓺，無堅不鑽，以思世路，斯何遠矣！曩滯日官，今又原之。雖老氏曲全，進道若退，然行亦以需。必也學非所用，術有所仰，故臨川將濟，而舟檝不存焉。徒經思天衢，内昭獨智，固合理民之式也？故嘗見謗于鄙儒。深厲淺揭，隨時爲義，曾何貪於支離，而習其孤技邪？參輪可使自轉，木雕猶能獨飛，已垂翅而還故棲，盍亦調其機而銛諸？昔有文王，自求多福。人生在勤，不索何獲。曷若卑體屈己，美言以相剋？鳴于喬木，乃金聲而玉振之。用後勳，雪前吝，婞佷不柔，以意誰靳也。【略】

陽嘉元年，復造候風地動儀。以精銅鑄成，員徑八尺，合蓋隆起，形似酒尊，飾以篆文山龜鳥獸之形。中有都柱，傍行八道，施關發機。外有八龍，首銜銅丸，下有蟾蜍，張口承之。其牙機巧制，皆隱在尊中，覆蓋周密無際。如有地動，尊則振龍機發吐丸，而蟾蜍銜之。振聲激揚，伺者因此覺知。雖一龍發機，而七首不動，尋其方面，乃知震之所在。驗之以事，合契若神。自書典所記，未之有也。嘗一龍機發而地不覺動，京師學者咸怪其無徵，後數日驛至，果地震隴西，於是皆服其妙。自此以後，乃令史官記地動所從方起。

《三國志》卷二九《魏書・杜夔傳》注 時有扶風馬鈞，巧思絶世。傅玄序之曰：「馬先生，天下之名巧也，少而游豫，不自知其爲巧也。當此之時，言不及巧，焉可以言知乎？爲博士居貧，乃思綾機之變，不言而世人知其巧矣。舊綾機五十綜者五十躡，六十綜者六十躡，先生患其喪功費日，乃皆易以十二躡。其奇文異變，因感而作者，猶自然之成形，陰陽之無窮，此輪扁之對不可以言言者，又焉可以言校也。先生爲給事中，與常侍高堂隆、驍騎將軍秦朗爭論於朝，言及指南車，二子謂古無指南車，記言之虚也。先生曰：『古有之，未之思耳，夫何遠之有！』二子哂之曰：『先生名鈞字德衡，鈞者器之模，而衡者所以定物之輕重；輕重無準而莫不模哉！』先生曰：『虚爭空言，不如試之易效也。』於是二子遂以白明帝，詔先生作之，而指南車成。此一異也，又不可以言者也，從是天下服其巧矣。居京都，城内有地，可以爲園，患無水以灌之，乃作翻車，令童兒轉之，而灌水自覆，更入更出，其巧百倍於常。此二異也。其後人有上百戲者，能設而不能動也。帝以問先生：『可動否？』對曰：『可動。』帝曰：『其巧可益否？』對曰：『可益。』受詔作之。以大木雕構，使其形若輪，平地施之，潛以水發焉。設爲女樂舞象，至令木人擊鼓吹簫；作山嶽，使木人跳丸擲劍，緣絙倒立，出入自在；百官行署，春磨鬬雞，變巧百端。此三異也。先生見諸葛亮連弩，曰：『巧則巧矣，未盡善也。』言作之可令加五倍。又患發石車，敵人之於樓邊縣濕牛皮，中之則墮，石不能連屬而至。欲作一輪，縣大石數十，以機鼓輪爲常，則以斷縣石飛擊敵城，使首尾電至。嘗試以車輪縣瓴甓數十，飛之數百步矣。有裴子者，上國之士也，精通見理，聞而哂之。乃難先生，先生口屈不對。裴子自以爲難得其要，言之不已。傅子謂裴子曰：『子所長者言也，所短者巧也。馬氏所長者巧也，所短者言也。以子所長，擊彼所短，則不得不屈。以子所短，難彼所長，則必有所不解者矣。夫巧，天下之微事也，有所不解而難之不已，其相擊刺，必已遠矣。心乖於内，口屈於外，此馬氏所以不對也。』傅子見安鄉侯，言及裴子之論，安鄉侯又與裴子同。傅子曰：『聖人具體備物，取人不以一揆也：有以神取之者，有以言取之者，有以事取之者。有以神取之者，不言而誠心先達，德行顔淵之倫是也。以言取之者，以變辯是非，言語宰我、子貢是也。以事取之者，若政事冉有、季路，文學子游、子夏。雖聖人之明盡物，如有所用，必有所試，然則試冉、季以政，試游、夏以學矣。游、夏猶然，況自此而降者乎！何者？懸言物理，不可以言盡也，施之於事，言之難盡而試之易知也。今若馬氏所欲作者，國之精器，軍之要用也。費十尋之木，勞二人之力，不經時而是非定。難試易驗之事而輕以言抑人異能，此猶以己智任天下之事，不易其道以御難盡之物，此所以多廢也。馬氏所作，因變而得是，則初所言者不皆是矣。其不皆是，因不用之，是不世之巧無由出也。夫同情者相妒，同事者相害，中人所不能免也。故君子不以人害人，必以考試爲衡石；廢衡石而不用，此美玉所以見誣爲石，荆和所以抱璞而哭之也。』於是安鄉侯悟，遂言之武安侯，武安侯忽之，不果試也。此既易試之事，又馬氏巧名已定，猶忽而不察，況幽深之才，無名之璞乎？後之君子其鑒之哉！馬先生之巧，雖古公輸般、墨翟、王爾，近漢世張平子，不能過也。公輸般、墨翟皆見用於時，乃有益於世。平子雖爲侍中，馬先生雖給事省中，俱不典工官，巧無益於世。用人不當其才，聞賢不試以事，良可恨也。』裴子者，裴秀。安鄉侯者，曹羲。武安侯者，曹爽也。

《晉書》卷四九《嵇康傳》 性絶巧而好鍛。宅中有一柳樹甚茂，乃激水圜之，每夏月，居其下以鍛。東平吕安服康高致，每一相思，輒千里命駕，康友而善之。後安爲兄所枉訴，以事繫獄，辭相證引，遂復收康。康性慎言行，一旦縲紲，乃作《幽憤詩》。【略】

初，康居貧，嘗與向秀共鍛於大樹之下，以自贍給。潁川鍾會，貴公子也，精練有才辯，故往造焉。康不爲之禮，而鍛不輟。良久會去，康謂曰：「何所聞而來？何所見而去？」會曰：「聞所聞而來，見所見而去。」會以此憾之。及是，言於文帝曰：「嵇康，卧龍也，不可起。公無憂天下，顧以康爲慮耳。」因譖「康欲助毋丘儉，賴山濤不聽。昔齊戮華士，魯誅少正卯，誠以害時亂教，故聖賢去之。康、安等言論放蕩，非毁典謨，帝王者所不宜容。宜因釁除之，以淳風俗」。帝既昵聽信會，遂并害之。

《晉書》卷九五《藝術·佛圖澄傳》 又令一童子潔齋七日，取麻油合胭脂，躬自研於掌中，舉手示童子，粲然有輝。

《晉書》卷一〇二《劉聰載紀附劉粲載紀》 粲字士光。少而儁傑，才兼文武。自爲宰相，威福任情，疏遠忠賢，昵近姦佞，任性嚴刻無恩惠，距諫飾非。好興造宫室，相國之府仿像紫宫，在位無幾，作兼晝夜，飢困窮叛，死亡相繼，粲弗之恤也。

王嘉《拾遺記》卷九《晉時事》 張華爲九醖酒，以三薇漬麴櫱，櫱出西羌，麴出北胡。胡中有指星麥，四月火星出，麥熟而穫之。櫱用水漬麥，三夕而生萌芽，以平旦雞鳴時而用之，俗人呼爲雞鳴麥。以之釀酒，清美醇鬯，久含令人齒動。若大醉，不叫笑揺蕩，令人肝腸消爛，俗人謂爲消腸酒，或云醇酒，可爲長宵之樂。兩説聲同而事異也。閭里歌曰：寧得醇酒消腸，不與日月齊光。言耽此美酒，以悦一時，何用保守靈而取長久。至懷帝末，民間園圃皆生蒿棘，狐兔遊聚。至元熙元年，太史令高堂忠奏，熒惑犯紫微，若不早避，當無洛陽。乃詔内外四方及京邑諸宫觀、林衛之内，及民間園圃，皆植紫薇，以爲厭勝。至劉、石、姚、苻之末，此蒿棘不除自絶也。

《隋書》卷一九《天文志上》 後漢張衡爲太史令，鑄渾天儀，總序經星，謂之《靈憲》。其大略曰：「星也者，體生於地，精發於天。紫宫爲帝皇之居，太微爲五帝之坐，在野象物，在朝象官。居其中央，謂之北斗，動係於占，實司王命。四布於方，爲二十八星，日月運行，歷示休咎。五緯經次，用彰禍福，則上天之心，於是見矣。中外之官，常明者百有二十，可名者三百二十，爲星二千五百；微星之數萬一千五百二十，庶物蠢動，咸得繫命。」而衡所鑄之圖，遇亂堙滅，星官名數，今亦不存。三國時，吴太史令陳卓，始列甘氏、石氏、巫咸三家星官，著於圖録。并注占贊，總有二百五十四官，一千二百八十三星，并二十八宿及輔官附坐一百八十二星，總二百八十三官，一千五百六十五星。宋元嘉中，太史令錢樂之所鑄渾天銅儀，以朱黑白三色，用殊三家，而合陳卓之數。

高祖平陳，得善天官者周墳，并得宋氏渾儀之器。乃命庾季才等，參校周、齊、梁、陳及祖暅、孫僧化官私舊圖，刊其大小，正彼疎密，依準三家星位，以爲蓋圖。旁擿始分，甄表常度，并具赤黄二道，内外兩規。懸象著明，纏離攸次，星之隱顯，天漢昭回，宛若穹蒼，將爲正範。以墳爲太史令。墳博考經書，勤於教習，自此太史觀生，始能識天官。煬帝又遣宫人四十人，就太史局，别詔袁充，教以星氣，業成者進内，以參占驗云。

史臣於觀臺訪渾儀，見元魏太史令晁崇所造者，以鐵爲之，其規有六。其外四規常定，一象地形，二象赤道，其餘象二極。其内二規，可以運轉，用合八尺之管，以窺星度。周武帝平齊所得。隋開皇三年，新都初成，以置諸觀臺之上。大唐因而用焉。

《南史》卷七二《文學·祖沖之傳》 歷位爲婁縣令，謁者僕射。初，宋武平關中，得姚興指南車，有外形而無機杼，每行，使人於内轉之。昇明中，齊高帝輔政，使沖之追修古法。沖之改造銅機，圓轉不窮，而司方如一，馬鈞以來未之有也。時有北人索馭驎者亦云能造指南車，高帝使與沖之各造，使於樂游苑對共校試，而頗有差僻，乃毁而焚之。晉時杜預有巧思，造欹器，三改不成。永明中，竟陵王子良好古，沖之造欹器獻之，與周廟不異。文惠太子在東宫，見沖之歷法，啓武帝施行。文惠尋薨又寢。

轉長水校尉，領本職。沖之造《安邊論》，欲開屯田，廣農殖。建武中，明帝欲使沖之巡行四方，興造大業，可以利百姓者，會連有軍事，事竟不行。

沖之解鍾律博塞，當時獨絶，莫能對者。以諸葛亮有木牛流馬，乃造一器，不因風水，施機自運，不勞人力。又造千里船，於新亭江試之，日行百餘里。於樂游苑造水碓磨，武帝親自臨視。又特善算。永元二年卒，年七十二。著《易》《老》《莊義》，釋《論語》、《孝經》，注《九章》，造《綴述》數十篇。

《北史》卷二二《長孫紹遠傳》 初，紹遠爲太常，廣召工人，創造樂器，唯黄鍾不調，每恒恨之。嘗經韓使君佛寺，聞浮圖三層上鐸鳴，其音雅合宫調，因取而配奏，方始克諧。乃啓明帝曰：「魏氏來宅秦、雍，雖祖述樂章，然黄鍾爲君，天子之正位，往經創造，歷稔無成。方知水行將季，木運伊始，天命有歸，靈樂自降。此蓋乾坤祐助，宗廟致感，方當降物和神，祚隆萬世。」詔曰：「朕以菲薄，何德可以當之。此蓋天地祖宗之祐，亦由公達鑒所致也。」俄改授禮部中大夫。時猶因魏氏舊樂，未遑更造，但去小吕，加大吕而已。紹遠上疏陳雅樂，詔並行之。

《北史》卷六一《閻毗傳》 毗，七歲襲爵石保縣公。及長，儀貌矜嚴，頗好經史，受《漢書》於蕭該，略通大旨。能篆書，草隸尤善，爲當時之妙。周武帝見而悦之，命尚清都公主。宣帝即位，拜儀同三司。

隋文帝受禪，以技藝侍東宫。數以琱麗之物取悦於皇太子，由是甚見親待，每稱之於上。尋拜車騎，宿衛東宫。上嘗遣高熲大閲於龍臺澤，諸軍部伍多不齊整，唯毗一軍，法制肅然。熲言之於上，特蒙賜帛。俄兼太子宗衛率長史，尋加上儀同。太子服翫之物多毗所爲。及太子廢，毗坐杖一百，與妻子俱配爲官奴婢。二歲放免。

煬帝嗣位，盛修軍器，以毗性巧，練習舊事，詔典其職。尋授朝請郎。毗立議，輦輅車輿，多所增損。擢拜起部郎。

帝嘗大備法駕，嫌屬車太多，顧謂毗曰：「開皇之日，屬車十二乘，於事亦得。今八十一乘，以牛駕車，不足以益文物，朕欲減之，從何爲可？」毗曰：「臣初定數，共宇文愷參詳故實，據漢胡伯始、蔡邕等議，屬車八十一乘，此起於秦，遂爲後式。故張衡《賦》云『屬車九九』是也。次及法駕，三分減一，爲三十六乘，此漢制也。又據宋孝建時，有司奏議，晉遷江左，唯設五乘，尚書令建平王宏曰：『八十一乘，義兼六國，三十六乘，無所準憑，江左五乘，儉不中禮。但帝王文物旂旒之數，爰及冕玉，皆用十二，今宜準此，設十二乘。』開皇平陳，因以爲法。今憲章往古，大駕依秦，法駕依漢，小駕依宋，以爲差等。」帝曰：「何用秦法！大駕宜三十六，法駕宜十二，小駕除之。」毗研精故事，皆此類也。

長城之役，毗總其事。及帝有事恒岳，詔毗營立壇場。尋轉殿内丞，從幸張掖郡。高昌王朝于行所，詔毗持節迎勞，遂將護入東都。尋以母憂去職，未期，起令視事。將興遼東之役，自洛口開渠達涿郡以通漕，毗督其役。明年，兼領右翊衛長史，營建臨朔宫。及征遼東，以本官領武賁郎將，典宿衛。時軍圍遼東城，帝令毗詣城下宣諭，賊弓弩亂發，流矢中所乘馬，毗顏色不變，辭氣抑揚，卒事而去。遷殿内少監，又領將作少監。後復從帝征遼東。會楊玄感作逆，帝班師，從至高陽郡，卒。帝甚悼惜之，贈殿内監。

《北史》卷八九《藝術上・晁崇傳》　晁崇字子業，遼東襄平人也。善天文術數，爲慕容垂太史郎。從慕容寶敗於參合，爲道武所獲。從平中原，拜太史令。詔崇造渾儀，遷中書侍郎，令如故。

《北史》卷九〇《藝術下・萬寶常傳》　萬寶常，不知何許人也。父大通，從梁將王琳歸齊，從謀還江南，事泄伏誅。由是寶常被配爲樂户，因妙達鐘律，遍工八音。與人方食，論及聲調，時無樂器，寶常因取前食器及雜物，以箸扣之，品其高下，宫商畢備，諧於絲竹，大爲時人所賞。然歷周、隋，俱不得調。

開皇初，沛國公鄭譯等定樂，初爲黄鐘調，寶常雖爲伶人，譯等每召與議，然言多不用。後譯樂成，奏之，上召寶常，問其可不。寶常曰：「此亡國之音，豈陛下所宜聞！」上不悦。寶常因極言樂聲哀怨淫放，非雅正之音，請以水尺爲律，以調樂器，其聲率下鄭譯調二律。并撰《樂譜》六十四卷。且論八音旋相爲宫法，改絃移柱之變，爲八十四調，一百四十四律，變化終於一千八百聲。時以《周禮》有旋宫之義，自漢已來，知音不能通，見寶常特創其事，皆哂之。至是，試令爲之，應手成曲，無所疑滯，見者莫不嗟異。

於是損益樂器，不可勝紀。其聲雅淡，不爲時人所好。太常善聲者，多排毁之。又太子洗馬蘇夔以鐘律自命，尤忌寶常。夔父威方用事，凡言樂者附之而短寶常，數詣公卿怨望，蘇威因詰寶常所爲，何所傳受。有一沙門謂寶常曰：「上雅好符瑞，有言徵祥者，上皆悦之。先生當言從胡僧受學，云是佛家菩薩所傳音律，則上必悦。先生當言，所爲可以行矣。」寶常遂如其言以答威。威怒曰：「胡僧所傳，乃四夷之樂，非中國宜行。」其事竟寢。寶常聽太常所奏樂，泫然泣曰：「樂聲淫厲而哀，天下不久將盡。」時四海全盛，聞言者皆謂不然。大業之末，其言卒驗。

《北史》卷九〇《藝術下・蔣少游傳》　蔣少游，樂安博昌人也。魏慕容白曜之平東陽，見俘，入於平城，充平齊户。後配雲中爲兵。性機巧，頗能畫刻，有文思，吟咏之際，時有短篇。遂留寄平城，以傭寫書爲業，而名猶在鎮。後被召爲中書寫書生，與高聰俱依高允。允並薦之，與聰俱補中書博士。自在中書，恒庇於李沖兄弟子姪之門。始北方不悉青州蔣族，或謂少游本非人士，又少游微，因工藝自達，是以公私人望，不至相重，唯高允、李沖，曲爲體練。孝文、文明太后嘗因密宴謂百官曰：「本謂少游作師耳，高允老公乃言其人士。」然猶驟被引命，以規矩刻績爲務，因此大蒙恩賜，而位亦不遷陟也。

乃詔尚書李沖與馮誕、游明根、高閭等議定衣冠於禁中，少游巧思，令主其事。亦訪於劉昶。二意相乖，時致諍競，積六載乃成，始班賜百官。冠服之成，少游有効焉。後於平城將營太廟太極殿，遣少游乘傳詣洛，量準魏、晉基趾。後爲散騎侍郎，副李彪使江南。孝文修船乘，以其多有思力，除都水使者。遷兼將作大匠，仍領都水池湖泛戲舟楫之具。及華林殿沼修舊增新，改作金墉門樓，皆所措意，號爲研美。雖有文藻，而不得申其才用。恒以剞劂繩尺，碎據怱怱，徙倚園、湖、城、殿之側，識者爲之歎慨。而乃坦爾爲己任，不告疲恥。又兼太常少卿，都水如故。卒，贈龍驤將軍、青州刺史，謚曰質。有文集十卷餘。少游又爲太極立模範，與董爾、王遇等參建之，皆未成而卒。

初，文成時，郭善明甚機巧，北京宫殿，多其製作。孝文時，青州刺史侯文和亦以巧聞，爲要舟，水中立射。滑稽多智，辭説無端，尤善淺俗委巷之語，至可翫笑。位樂陵、濟南二郡太守。宣武、明帝時，豫州人柳儉、殿中將軍關文備、郭安興並機巧。洛中製永寧寺九層佛圖，安興爲匠也。

《北史》卷九〇《藝術下・何稠傳》　何稠字桂林，國子祭酒妥之兄子也。父通，善琢玉。稠年十餘，遇江陵平，隨妥入長安。仕周，御飾下士。及隋文帝爲丞相，召補參軍，兼掌細作署。開皇中，累遷太府丞。稠博覽古圖，多識舊物。波斯嘗獻金線錦袍，組織殊麗。上命稠爲之，稠錦成，踰所獻者。上甚悦。時中國久絶琉璃作，匠人無敢措意，稠以緑瓷爲之，與真不異。尋加員外散騎侍郎。

開皇末，桂州俚李光仕爲亂，詔稠募討之，師次衡嶺，遣使招其渠帥，洞主莫崇解兵降款。桂州長史王文同鎖崇詣稠所。稠詐宣言曰：「州縣不能綏養，非崇之罪。」命釋之，引共坐，與從者四人，爲設酒食遣之。大悦，歸洞不設備。稠至五更，掩及其洞，悉發俚兵以臨餘賊，象州逆帥杜條遼、羅州逆帥龐靖等相繼降款。分遣建州開府梁昵討叛夷羅壽，羅州刺史馮暄討賊帥李大檀，並平之。承制署首領爲州縣官而還，衆皆悦服。有欽州刺史寧猛力帥衆迎軍。初，猛力欲圖爲逆，至是惶懼，請身入朝。稠以其疾篤，示無猜貳，放還州，與約八九月詣京師相見。稠還奏狀，上意不懌。其年十月，猛力卒，上謂稠曰：「汝前不將猛力來，今竟死矣。」稠曰：「猛力共臣約，假令身死，當遣子入侍。越人性直，其子必來。」初，猛力臨終，誡其子長真曰：「我與大使期，不可失信於國士，汝葬我訖，即宜上路。」長真如言入朝。上大悅曰：「何稠著信蠻夷，乃至於此！」以勳授開府。

仁壽初，文獻皇后崩，稠與宇文愷參典山陵制度。稠性少言，善候上旨，由是漸見親昵。上疾篤，謂稠曰：「汝既曾葬皇后，今我方死，亦宜好安置。囑此何益？但不能忘懷耳。魂而有知，當相見於地下。」上因攬太子頸曰：「何稠用心，我後事動靜當共平章。」

大業初，煬帝將幸揚州，敕稠討閱圖籍，造輿服羽儀，送至江都。其日，拜太府少卿。稠於是營黃麾三萬六千人仗，及車輿輦輅、皇后鹵簿、百官儀服，依期而就，送于江都。所役工十萬餘人，用金銀錢物巨億計。帝使兵部侍郎明雅、選部郎薛邁等勾覆，數年方竟，毫氂無舛。

稠參會今古，多所改創。魏、晉已來，皮弁有纓而無笄導。稠曰：「此古田獵服也，今服以入朝，宜變其制。」故弁施象牙簪導，自稠始也。又從省之服，初無佩綬。稠曰：「此乃晦朔小朝之服，安有人臣謁帝，而除去印綬，兼無佩玉之節乎？」乃加獸頭小綬及佩一隻。舊制，五輅於轅上起箱，天子與參乘同在箱內。稠曰：「君臣同所，過爲相逼。」乃廣爲盤輿，別構欄楯，侍臣立於其中；於內復起須彌平坐，天子獨居其上。自餘麾幢文物，增損極多。帝復令稠造戎車萬乘，鈎陳八百連。帝善之，以稠守太府卿，後兼領少府監。

遼東之役，攝右屯衛將軍，領御營弩手三萬人。時工部尚書宇文愷造遼水橋不成，師未得濟，右屯衛大將軍麥鐵杖因而遇害。帝遣稠造橋，二日而就。初，稠制行殿及六合城，至是，帝於遼左與賊相對，夜中施之。其城，周迴八里，城及女垣合高十仞，上布甲士，立仗建旗，四隅置闕，面列一觀，觀下三門，比明而畢。高麗望見，謂若神功。稍加至右光禄大夫。

從幸江都，遇宇文化及亂，以爲工部尚書。及敗，陷于竇建德，復爲工部尚書、舒國公。建德敗，歸于大唐，授少府監，卒。

又齊時有河間劉龍者，性強明，有巧思。齊後主令修三雀臺稱旨，因而歷職通顯。及隋文帝踐阼，大見親委，位右衛將軍，兼將作大匠。還都之始，與高熲參掌制度，世號爲能。

大業中，有南郡公黃亘及弟衮，俱巧思絶人，煬帝每令其兄弟直少府將作。于時改創多務，亘、衮每參典其事。凡有所爲，何稠先令亘、衮立樣，當時工人莫有所損益。亘，位朝散大夫；衮，散騎侍郎。

《舊唐書》卷七七《閻立德傳》 閻立德，雍州萬年人，隋殿內少監毘之子也。其先自馬邑徙關中。毘初以工藝知名，立德與弟立本早傳家業。武德中，累除尚衣奉御，立德所造衮冕大裘等六服并腰輿傘扇，咸依典式，時人稱之。貞觀初，歷遷將作少匠，封大安縣男。高祖崩，立德以營山陵功，擢爲將作大匠。貞觀十年，文德皇后崩，又令攝司空，營昭陵。坐怠慢解職，俄起爲博州刺史。十三年，復爲將作大匠。十八年，從征高麗，及師旅至遼澤，東西二百餘里泥淖，人馬不通，立德填道造橋，兵無留礙，太宗甚悅。尋受詔造翠微宮及玉華宮，咸稱旨，賞賜甚厚。俄遷工部尚書。二十三年，攝司空，營護太宗山陵，事畢，進封爲公。顯慶元年卒，贈吏部尚書、并州都督。

《新唐書》卷七六《后妃上・楊貴妃傳》 妃每從游幸，乘馬則力士授轡策。凡充錦繡官及冶瑑金玉者，大抵千人，奉須索，奇服祕玩，變化若神。

張鷟《朝野僉載・補輯》 魯般者，肅州燉煌人，莫詳年代，巧侔造化。於涼州造浮圖，作木鳶，每擊楔三下，乘之以歸。無何，其妻有娠，父母詰之，妻具説其故。父後伺得鳶，擊楔十餘下，遂至吳會。吳人以爲妖，遂殺之。般又爲木鳶乘之，遂獲父屍。怨吳人殺其父，於肅州城南作一木仙人，舉手指東南，吳地大旱三年。卜曰般所爲也，齎物具千數謝之，般爲斷一手，其日吳中大雨。國初，土人尚祈禱其木仙。六國時，公輸般亦爲木鳶以窺宋城。《酉陽雜俎》續集卷四。

柳宗元《柳河東集》卷一七《種樹郭橐駝傳》 郭橐駝，不知始何名。病僂，隆然伏行，有類橐駝者，故鄉人號之「駝」。駝聞之曰：「甚善，名我固當。」因捨其名，亦自謂「橐駝」云。

其鄉曰豐樂鄉，在長安西。駝業種樹，凡長安豪富人爲觀游及賣果者，皆爭迎取養。視駝所種樹，或移徙，無不活；且碩茂早實以蕃。他植者雖窺伺傚慕，莫能如也。

有問之，對曰：「橐駝非能使木壽且孳也，能順木之天，以致其性焉爾。凡植木之性：其本欲舒，其培欲平，其土欲故，其築欲密。既然已，勿動、勿慮，去不復顧。其蒔也若子，其置也若棄；則其天者全而其性得矣。故吾不害其長而已，非有能碩茂之也；不抑耗其實而已，非有能早而蕃之也。他植者則不然。根拳而土易。其培之也，若不過焉則不及。苟有能反是者，則又愛之太恩，憂之太勤，旦視而暮撫，已去而復顧。甚者，爪其膚以驗其生枯，摇其本以觀其疏密，而木之性日以離矣。雖曰愛之，其實害之；雖曰憂之，其實仇之：故不我若也。吾又何能爲哉？」

問者曰：「以子之道，移之官理，可乎？」駝曰：「我知種樹而已，理非吾業也。然吾居鄉，見長人者好煩其令，若甚憐焉，而卒以禍。旦暮吏來而呼曰：『官命促爾耕，勗爾植，督爾穫，蚤繰而緒，蚤織而縷，字而幼孩，遂而鷄豚。』鳴鼓而聚之，擊木而召之，吾小人輟飧饔以勞吏者且不得暇，又何以蕃吾生而安吾性耶？故病且怠。若是，則與吾業者，其亦有類乎？」

問者嘻曰：「不亦善夫！吾問養樹，得養人術。」傳其事，以爲官戒也。

柳宗元《柳河東集》卷一七《梓人傳》 裴封叔之第在光德里。有梓人款其門，願傭隙宇而處焉。所職尋引、規矩、繩墨，家不居礱斲之器。問其能，曰：「吾善度材，視棟宇之制，高深、圓方、短長之宜，吾指使而羣工役焉。舍我，衆莫能就一宇。故食于官府，吾受禄三倍；作于私家，吾收其直大半焉。」他日，入其室，其床闕足而不能理，曰：「將求他工。」余甚笑之，謂其無能而貪禄嗜貨者。

其後京兆尹將飾官署，余往過焉。委羣材，會衆工。或執斧斤，或執刀鋸，皆環立向之。梓人左持引，右執杖而中處焉。量棟宇之任，視木之能舉，揮其杖曰：「斧！」彼執斧者奔而右；顧而指曰：「鋸！」彼執鋸者趨而左。俄而斤者斲，刀者削，皆視其色，俟其言，莫敢自斷者。其不勝任者，怒而退之，亦莫敢愠焉。畫宫于堵，盈尺而曲盡其制，計其毫釐而構大厦，無進退焉。既成，書于上棟，曰「某年某月某日某建」，則其姓字也。凡執用之工不在列。余圜視大駭，然後知其術之工大矣。

繼而嘆曰：彼將捨其手藝，專其心智，而能知體要者歟？吾聞勞心者役人，勞力者役于人，彼其勞心者歟？能者用而智者謀，彼其智者歟？是足爲佐天子、相天下法矣！物莫近乎此也。

彼爲天下者，本于人。其執役者，爲徒隸，爲鄉師、里胥；其上爲下士；又其上爲中士，爲上士；又其上爲大夫，爲卿，爲公。離而爲六職，判而爲百役。外薄四海，有方伯、連率。郡有守，邑有宰，皆有佐政。其下有胥吏，又其下皆有嗇夫、版尹，以就役焉，猶衆工之各有執技以食力也。彼佐天子、相天下者，舉而加焉，指而使焉，條其綱紀而盈縮焉，齊其法制而整頓焉，猶梓人之有規矩、繩墨以定制也。擇天下之士，使稱其職；居天下之人，使安其業。視都知野，視野知國，視國知天下，其遠邇細大，可手據其圖而究焉，猶梓人畫宫于堵而績于成也。能者進而由之，使無所德；不能者退而休之，亦莫敢愠。不衒能，不矜名，不親小勞，不侵衆官，日與天下之英才討論其大經，猶梓人之善運衆工而不伐藝也。夫然後相道得而萬國理矣。相道既得，萬國既理，天下舉首而望曰：「吾相之功也。」後之人循迹而慕曰：「彼相之才也。」士或談殷周之理者，曰伊、傅、周、召，其百執事之勞勤而不得紀焉，猶梓人自名其功而執用者不列也。大哉相乎！通是道者，所謂相而已矣。

其不知體要者反此：以恪勤爲功，以簿書爲尊，衒能矜名，親小勞，侵衆官，竊取六職百役之事，听听于府庭，而遺其大者遠者焉，所謂不通是道者也。猶梓人而不知繩墨之曲直、規矩之方圓、尋引之短長，姑奪衆工之斧斤刀鋸以佐其藝，又不能備其工，以至敗績用而無所成也。不亦謬歟？

或曰：「彼主爲室者，儻或發其私智，牽制梓人之慮，奪其世守而道謀是用，雖不能成功，豈其罪耶？亦在任之而已。」余曰：不然。夫繩墨誠陳，規矩誠設，高者不可抑而下也，狹者不可張而廣也。由我則固，不由我則圮。彼將樂去固而就圮也，則卷其術，默其智，悠爾而去，不屈吾道，是誠良梓人耳。其或嗜其貨利，忍而不能捨也，喪其制量，屈而不能守也，棟橈屋壞，則曰「非我罪也」。可乎哉？可乎哉！

余謂梓人之道類于相，故書而藏之。梓人，蓋古之審曲面勢者，今謂之都料匠云。余所遇者，楊氏，潛其名。

韓愈《韓愈全集・圬者王承福傳》 圬之爲技，賤且勞者也，有業之，其色若自得者。聽其言，約而盡。問之：王其姓，承福其名，世爲京兆長安農夫。天寶之亂，發人爲兵，持弓矢十三年，有官勳，棄之來歸，喪其土田，手鏝衣食，餘三十年，舍于市之主人，而歸其屋食之當焉，視時屋食之貴賤，而上下其圬之傭以償之，有餘，則以與道路之廢疾餓者焉。

又曰：粟，稼而生者也，若布與帛，必蠶績而後成者也，其他所以養生之具，皆待人力而後完也，吾皆賴之。然人不可遍爲，宜乎各致其能以相生也。故君者，理我所以生者也，而百官者，承君之化者也。任有小大，惟其所能，若器皿焉。食焉而怠其事，必有天殃，故吾不敢一日舍鏝以嬉。夫鏝易能可力焉，又誠有功，取其直，雖勞無愧，吾心安焉。夫力易强而有功也，心難强而有智也，用力者使于人，用心者使人，亦其宜也，吾特擇其易爲而無愧者取焉。

嘻！吾操鏝以入貴富之家有年矣，有一至者焉，又往過之，則爲墟矣；有再至三至者焉，而往過之，則爲墟矣。問之其鄰，或曰：噫！刑戮也。或曰：身既死，而其子孫不能有也。或曰：死而歸之官也。吾以是視之，非所謂食焉怠其事，而得天殃者邪！非强心以智而不足，不擇其才之稱否，而冒之者邪！非多行可愧，知其不可，而强爲之者邪！將貴富難守，薄功而厚饗之者邪！抑豐悴有時，一去一來，而不可常者邪！吾之心憫焉，是故擇其力之可能者行焉，樂富貴而悲貧賤，我豈異于人哉！

又曰：功大者其所以自奉也博，妻與子皆養于我者也，吾能薄而功小，不有之可也。又吾所謂勞力者，若立吾家而力不足，則心又勞也，一身而二任焉，雖聖者不可能也。

愈始聞而惑之，又從而思之，蓋賢者也，蓋所謂「獨善其身者」也。然吾有譏焉，謂其自爲也過多，其爲人也過少，其學楊朱之道者邪？楊之道，不肯拔我一毛而利天下，而夫人以有家爲勞心，不肯一動其心以蓄其妻子，其肯勞其心以爲人乎哉！雖然，其賢于世之患不得之而患失之者，以濟其生之欲貪邪而亡道以喪其身者，其亦遠矣！又其言有可以警余者，故余爲之傳，而自鑒焉。

歐陽修《歸田録》卷一　開寶寺塔在京師諸塔中最高，而制度甚精，都料匠預浩所造也。塔初成，望之不正而勢傾西北。人怪而問之，浩曰：「京師地平無山，而多西北風，吹之不百年，當正也。」其用心之精蓋如此。國朝以來木工，一人而已。至今木工皆以預都料爲法。有《木經》三卷行於世。世傳浩惟一女，年十餘歲，每卧則交手於胸爲結構狀，如此踰年，撰成《木經》三卷，今行於世者是也。

吴處厚《青箱雜記》卷九　龍圖燕公肅雅多巧思，任梓潼日嘗作蓮花漏獻于闕下。後作藩青社，出守東潁，悉按其法而爲之。其制爲四分之壺，參差置水器于上，刻木爲四方之箭，箭四觚，面二十五刻，刻六十四面，百刻總六千分，以效日。凡四十八箭，一氣一易，鑄金蓮、承箭，銅烏引水，下注金蓮，浮箭而上。有司唯謹視而易之。其行漏之始，又依《周官》水地置臬法，考二交之景，得午時四刻一十分，午爲正南，北景中以起漏焉。以梓潼在南，其法晝增一刻，夜損一刻，青社稍北，晝增三刻，潁處梓、青之間，晝增二刻，夜損亦如之，仍作宣秘漏，其窺天愈密焉。兹亦張平子之流也。

沈括《夢溪筆談》卷一八《技藝·衛樸精于曆術》　淮南人衛樸精于曆術，一行之流也。《春秋》日蝕三十六，諸曆通驗，密者不過得二十六七，唯一行得二十九，樸乃得三十五，唯莊公十八年一蝕，今古算皆不入蝕法，疑前史誤耳。自夏仲康五年癸巳歲，至熙寧六年癸丑，凡三千二百一年，書傳所載日食，凡四百七十五，衆曆考驗，雖各有得失，而樸所得爲多。樸能不用算推古今日月蝕，但口誦乘除，不差一算。凡大曆悉是算數，令人就耳一讀，即能暗誦；傍通曆則縱横誦之。嘗令人寫曆書，寫訖，令附耳讀之，有差一算者，讀至其處，則曰：「如誤某字。」其精如此。大乘除皆不下，照位運籌如飛，人眼不能逐。人有故移其一算者，樸自上至下，手循一遍，至移算處，則撥正而去。熙寧中撰《奉元曆》，以無候簿，未能盡其術，自言得六七而已，然已密于他曆。

何薳《春渚紀聞》卷八《雜書琴事·漆烟對膠》　沈珪，嘉禾人。初因販繒往來黄山，有教之爲墨者。以意用膠，一出便有聲稱。後又出意取古松煤，雜用脂漆滓燒之，得烟極精黑，名爲「漆烟」。每云：韋仲將法止用五兩之膠，至李氏渡江，始用對膠，而秘不傳爲可恨。一日，與張處厚于居彦實家造墨，而出灰池失早，墨皆斷裂。彦實以所用墨料精佳，惜不忍棄，遂蒸浸以出故膠，再以新膠和之。墨成，其堅如玉石。因悟對膠法。每視烟料而煎膠，膠成和煤，無一滴多寡也。故其墨銘云「沈珪對膠，十年如石，一點如漆」者，此最佳者也。余識之蓋二十年矣。其爲人有信義，前後爲余製墨計數百笏。庚子寇亂，余避地嘉禾，復與珪連牆而居。日爲余言膠法，并觀其手製。雖得其大概，至微妙處，雖其子宴亦不能傳也。珪年七十餘終，宴先珪卒，其法遂絶。有持張孜墨較珪漆烟而勝者，珪曰此非敵也。乃取中光減膠一丸，與孜墨并，而孜墨反出其下遠甚。余叩之，曰：廷珪對膠，于百年外方見勝妙。蓋雖精烟，膠多則色爲膠所蔽。逮年遠，膠力漸退，而墨色始見耳。若孜墨，急于目前之售，故用膠不多而烟墨不昧；若歲久膠盡，則脱然無光，如土炭耳。孜墨用宜西北，若入二浙，一遇梅潤則敗矣。滕令嘏監嘉禾酒時，延致珪甚厚，令盡其藝。既成，即小丸磨試，而忽失所在。後二年浚池得之，其堅致如故。令嘏，莊敏公之子，所蓄古墨至多，而有鑒裁。因謂珪曰：「幸多自愛，雖二李復生，亦不能遠過也。」

江少虞《宋朝事實類苑》卷五八《廣知博識·銅渾儀》　司天監銅渾儀，景德中曆官韓顯符所造，依倣劉曜時孔挺、晁崇、斛蘭之法，始於簡略。天文院渾儀，皇祐中，冬官正舒易簡所造，乃用唐梁令瓚、僧一行之法，頗爲詳備，而失於難用。熙寧中，予更造渾儀，并創爲玉壺浮漏銅表，皆置天文院，別設官領之。天文院舊銅儀，送朝服法物庫收藏，以備講求。

曾敏行《獨醒雜誌》卷二《曾民瞻造豫晷漏》　豫章晷漏乃曾南仲所造。南仲自少年通天文之學，宣和初，登進士第，授南昌縣尉。時龍圖孫公爲帥，深加愛重。南仲因請更定晷漏，帥大喜，命南仲召匠制之。遂範金爲壺，刻木爲箭，壺後置四盆一斛。壺之水資于盆，盆之水資于斛。其注水則爲銅虬張口而吐之。箭之旁爲二木偶，左者晝司刻，夜司點。其前設鐵板，每一刻一點則擊板以告。右者晝司辰，夜司更。其前設銅鉦，每一辰一更則鳴鉦以告。又爲二木圖，其一用木蔫之，以測日景；其一用水轉之，以法天運。制器甚精，爲法甚密，皆前所未有。南仲夜觀乾象，每預言其遷移躔次。嘗言有某星某夜當過某分，時窮冬盛寒，仰卧床上，徹其屋瓦以觀之，偶睡著，霜下，遂爲寒氣所侵而死。其學惜無傳焉。獨晷漏之刻，其子嘗聞其大概，今江鄉諸縣亦有令造之者。南仲名民瞻，廬陵睦陂人也。

又《曾民瞻晷景圖》　南仲嘗謂古人揆景之法載之經傳雜説者不一，然止皆較景之短長，實與刻漏未嘗相應也。其在豫章爲晷景圖，以木爲規，四分其廣，而殺其一，狀如缺月。書辰刻于其旁，爲基以蔫之，缺上而圓下，南高而北低。當規之中，植針以爲表，表之兩端一指北極，一指南極。春分已後，視北極之表，秋分已後，視南極之表，所得晷景與刻漏相應。自負此圖，以爲得古人所未至。予嘗以其制爲之，其最異者，二分之日，南北之表皆無景，獨其側有景，以其側應赤道。春分已後，日入赤道内，秋分已後，日出赤道外，二分日行赤道，故南北皆無景也。其制作窮賾如此。

費袞《梁谿漫志》卷一〇《陸鴻漸爲茶所累》　人不可偏有所好，往往爲所嗜好掩其他長。如陸鴻漸，本唐之文人遠士，特以好茶，人止稱其能品泉別茶爾。所著書甚多，曰《君臣契》三卷、《姓源解》三十卷、《江表四姓譜》十卷、《南北人物志》十卷、《吴興歷官記》三卷、《潮州刺史記》一卷、《茶經》三卷、《占夢》三卷，然世所傳者特《茶經》，他書皆不傳，蓋爲《茶經》所掩也。鞏縣有瓷偶人號陸鴻漸，買十茶器得一鴻漸，市人沽茗不利，輒灌注之。鴻漸嗜茶，而終遭困辱。嗜好之弊至此，獨不可笑乎？

祝穆《古今事文類聚》續集卷一二《香茶部・嗜顧渚茶》　甫里先生陸龜蒙嗜茶荈，置小園於顧渚山下，歲入茶租薄，爲甌蟻之費。自爲品第一篇，繼《茶經》、《茶訣》之後。

周密《齊東野語》卷一五《渾天儀地動儀》　舊京渾天儀凡四座，每座約用銅二萬斤。至道儀在測驗渾儀所，皇祐儀在翰林天文局，熙寧儀在太史局天文院，天祐儀在合臺。南渡後，工部員外郎袁正功嘗獻木樣，詔工部折半製造，計用銅八千四百餘斤，後不克成。至紹興七年，嘗自製小樣。十四年，令内侍邵諤領其事，其一留太史局司天臺，其一留祕書省測驗所，皆精銅爲之，工緻特甚，然比之舊京者，不能及其半也。

按渾天儀始於洛下閎，或以爲璿璣玉衡之遺法，非也。其後賈逵、張衡、斛蘭、李淳風、梁令瓚、僧一行以下皆能之，獨有候風地震之器曰地動儀者無傳焉。按《漢・張衡傳》，此儀以精銅爲之，其器圓徑八尺，形似酒樽，中有都柱，旁行八道，施關發機。外有八龍，首銜銅丸，每龍作一蟾蜍，仰首張口而承之。機關巧製，皆在樽中。龍必致九州地分，如遇某州分地動，則龍銜之丸，即墜蟾蜍口中，乃鏗然有聲。司候者占之，則知某地分震動矣。

《北史》，信都芳明算術，有巧思，聚渾天欹器、地動銅烏、刻漏候風諸巧事，令算之，皆無遺策。隋臨孝恭，嘗著《地動遺經》一卷，今皆傳焉。

然以理揆之，天文有常度可尋，時刻所至，不差分毫，以渾天測之可也。若地震則出於不測，蓋陰陽相薄使然，亦猶人之一身，血氣或有順逆，因而肉瞤目動耳。氣之所至則動，氣所不至則不動。而此儀置之京都，與地震之所了不相關，氣數何由相薄，能使銅龍驤首吐丸也？細尋其理，了不可得，更當訪之識者可也。

《元史》卷二〇五《姦臣傳》　阿合馬，回(紇)〔回〕人也。不知其所由進，世祖中統三年，始命領中書左右部，兼諸路都轉運使，專以財賦之任委之。阿合馬奏降條畫，宣諭各路運司。明年，以河南鈞、徐等州俱有鐵冶，請給授宣牌，以興鼓鑄之利。世祖陞開平府爲上都，又以阿合馬同知開平府事，領左右部如故。阿合馬奏以禮部尚書馬月合乃兼領已括户三千，興煽鐵冶，歲輸鐵一百三萬七千斤，就鑄農器二十萬事，易粟輸官者凡四萬石。

至元元年正月，阿合馬言：「太原民煑小鹽，越境販賣，民貪其價廉，競買食之，解鹽以故不售，歲入課銀止七千五百兩。請自今歲增五千兩，無(間)〔問〕僧道軍匠等户，鈞出其賦，其民間通用小鹽從便。」是年秋八月，罷領中書左右部，併入中書，超拜阿合馬爲中書平章政事，進階榮禄大夫。

陸友《墨史》卷上　張遇，易水人。遇墨有題光啓年者，妙不減廷珪。宮中取其墨，燒去烟用以畫眉，謂之畫眉墨。蔡君謨謂世以歙州李廷珪爲第一，易水張遇爲第二。遇亦有二品，易水貢墨爲上，供堂墨次之。蘇子瞻云射香張遇墨兩枚，或自内庭得之，以見遺藏之久矣。製作精至非常墨所能髣髴。陳無己見秦少游有張遇墨一團，面爲盤龍，鱗鬣具悉，其妙如畫，其背有張遇射香四字。語曰：良玉不琢，謂其不借美於外也，張其後乎！墨經云：凡印，方直最難，往往多裂。易水張遇印多方直者。【略】

陶宗儀《南村輟耕録》卷五《雕刻精絶》　詹成者，宋高宗朝匠人，雕刻精妙無比。嘗見所造鳥籠，四面花版，皆于竹片上刻成宫室、人物、山水、花木、禽鳥，纖悉具備，其細若縷，而且玲瓏活動。求之二百餘年來，無復此一人矣。

沈繼孫《墨法集要》原序　余録墨法既成，客有見者曰：舊傳墨譜、墨苑、墨經之類者多矣，又何用録耶？余曰：墨譜諸家，皆雜取墨工之言，非身歷手試，文具而已，不足憑也。聊舉其一以明之：李廷珪之墨，至宣和間，黄金可得，而李墨不可得矣，爲世所貴如此。其方秘密，世無知者。譜乃妄撰之，用數藥煮汁鎔魚膠和松煤爲之，大可笑也。果可信而可從乎？余初製墨時，諸方並試之，用藥愈多，而墨愈下。其後受教于三衢之墨師，乃並去藥，惟膠煙細和熟杵之，墨成，色黑而光，真所謂如小兒目睛也。具禮報之，師拒不肯受，惟戒不揚其姓名，恐鄉里同業者知之或怨。時洪武之初也，至今不得再見之。余家自此從其法以爲墨，識者謂墨有古意。余思念師之德，追憶師之言，繼又得一僧墨訣，遂并録之。余非敢求多于墨譜諸家也，身所歷，手所試，知其實之不戾于古墨工也。客聞而善之曰：可謂墨之實録矣，請以「實録」名之，使人知墨之法實在此，不在彼，其言實可信、可從，而于墨譜諸家實有補其所未究也。洪武戊寅歲立春日吴門沈繼孫序。

目録

浸油　水盆　油戧　煙椀
燈草　燒煙　篩煙　鎔膠
用藥　搜煙　蒸劑　杵擣
秤劑　鎚鍊　九擀　樣製
入灰　出灰　水池　研試
印脱

按：《墨法集要》一卷，明蘇州沈繼孫撰。繼孫，洪武時人，自言初受教于三衢墨師，後又從一僧得墨訣，遂併録成書，凡爲圖二十，附載圖一。每圖各爲之説，實近代造墨之所祖也。古墨皆松煙，南唐李廷珪始兼用桐油。後楊振、陳道真諸家，皆述其法。元明以來，松煙之製漸亡，惟是法獨傳。繼孫所製，今不存，其工拙雖莫可攷，而此書由浸油以至試墨，敘次詳核，各有條理，班班然古法具存，亦可謂深于兹事矣。世傳晁氏墨經其説大略，而明以來方氏、程氏諸譜又斤斤惟花紋模式之是矜，不若是書之縷析造法，切于實用。録而傳之，是亦利用之一端，非他雜家技術徒爲戲玩者比也。原本諸圖，皆以施功先後爲序，惟樣製圖後附以印脱之式，未免參錯不倫，其形製亦頗未合。今以二十圖列于前，而以印脱之式重加訂正退置卷末，庶端緒秩然而體例尤爲盡善云。

《四庫總目》

羅欣《物原》卷一七《器原》　神農作牀席薦蓐枕被，少昊作簀，堯作毯，伊尹制承塵，周公作簟。

軒轅作帷帳，禹作屏，伊尹作亮隔，周公作簾。

伏犧作木梳，神農作笓笸，軒轅作鏡鑷剃刀，少康作掠子，伊作油刷，吕望作梳匣，秦始皇作鏡臺。

軒轅作帨巾，帝嚳作布袱，湯作手巾脚巾，祖甲作帉，周公作紗罩，軒轅作几，夏禹作案，周公制筵坫，吕望作榻，召公作椅，漢武帝始效北蕃作交椅，曹操作懶架。

軒轅作箱匱，后稷作囊橐，少康作籮籟篣篰。

神農作耞，柱作筳箕，少康作箕帚，周公作筲箢。

伏犧作庖，神農作廚，軒轅作竈。

神農作瓶甕，軒轅作釜甑，鼎樽、盤盂、椀楪、匙筯，祝融作鐺鏊，舜作俎豆、敦勺，禹作籩、豆、盞，湯作盃，周公作臺盞，田恒作唾壺，秦始皇制湯礶，唐李絳制汪子，仇士良造偏提，崔寧女造椀托。

蔦敖作酒笮，老聃作酒篘。

軒轅始以律管候氣，顓頊始以土炭候氣。

軒轅始造記里鼓、指南車，周公作欹器，諸葛亮作木牛流馬，晉石虎始置木鳳啣赦。

軒轅始造刻漏，周公始分更點。

軒轅始作浴盆溺器，高辛氏造爲偪厠。

黄瑜《雙槐歲鈔》卷八《木工食一品俸》　蒯祥者，蘇州人。永樂中，父福能主大營繕，爲木工首，以老告退，祥代之。丁酉，扈從至北京。至宫殿廟社，皆所從事。正統中，重作三殿及文武諸司，效勞尤多。天順末，奉璽書作裕陵。成化間，委任尤專，自工部營繕所丞進所副，遂陟工部營繕司主事員外郎，歷擢太僕少卿，遂爲工部右侍郎，轉左侍郎，其禄累加至從一品。成化辛丑三月，卒，年八十四。嘗贈及祖父母、父母，其子爲錦衣千户，又蔭爲國子生。其禄壽，蓋爲木工者所罕見也。

劉邦謨等輯《寶坻政書》卷一〇《邊防書・咨王道尊軍民利病議》【略】一設工匠以慎修邊。夫薊鎮修邊始於嘉靖二十九年，然猶未備也。垣牆之壯實，自戚繼光始，當時約以八年完工，後改十三年，今則永無完期矣。夫一勞而永逸，則勞之可也。今永勞無逸而猶冒焉爲之，是使軍之壯者因脩工而疲，勇者因修工而怯，有忠義報國之心者因修工而憂愁怨恨，悖悖乎其思亂也。豈惟如此，路路版築無一路安寧，年年修造無一年休息，勞役頻仍，上干和氣，或召水旱饑荒之災，甚不可也。豈惟如此，寄椿不敷，露宿無蓋，忍饑力役，渴飲泥漿，有力未庸而先病，工未完而先死者矣。豈惟如此，在邊修城，不給物料，皆令軍士自備，使之登山採木，使之搏泥作坯，使之開窑燒磚，使之採石燒灰，使之砌磚，使之釘樁，以一軍之身而百工之所爲備，宜其晝夜勤勤而矻矻勞憊也。豈惟如此，募工作坯，一日可作二百餘塊，軍不善植而强使之，日只作六七十塊耳，又作二百塊者身不甚勞，而坯常中度，作六七十塊者勞苦倍蓰而噐又不精。所修之城，隨築隨圮，此拙者之效也。今請悉放軍士歸伍，而另募工匠修城，要使費不加多而工不加少。

沈德符《萬曆野獲編》卷二《列朝二・工匠見知》 世宗既以創改大禮得愉快于志，故委毗春曹特重，如言、如嵩、如階爲宗伯時，其寄託已埒輔相；又以掀翻大獄，疑刑官皆比周撓法，立意摧抑之，即賢者多不以善去。至末年，土木繁興，冬卿尤難稱職，一切優游養高及遲鈍不趨事者，最所切齒，誅譴不逾時刻。最後趙文華爲分宜義子，歐陽必進爲分宜妻弟，特以貪戾與闒茸相繼見逐，權臣毫不能庇，而雷豐城禮以勤敏獨爲上所眷倚，即帝堯則哲之明，何以過之。終上之世，雷長冬曹，無事不倚辦，即永壽宫再建，雷總其成，而木匠徐杲以一人拮据經營，操斤指示。聞其相度時，第四顧籌算，俄頃即出而斫材，長短大小，不爽錙銖。上暫居玉熙，并不聞有斧鑿聲，不三月而新宫告成，上大喜，以故尚書之峻加，金吾之世蔭，上猶以爲慊也。杲亦謙退，不敢以士大夫自居，然其才自加人數等，以視文華、必進，直樸樕下材耳。

按奉天等三殿并奉天門災，在嘉靖三十六年四月，時上迫欲先成門工，以便朝謁，而文華不能鳩僝，屢疏遷延，上大怒，命罷其官，而用必進。甫匝歲門成，必進得一品，則督工侍郎雷禮有勞，而躬自操作，則徐杲一人力也。又三年而殿工無完期，必進以司空爲苦海，營改左都，而上怒矣；甫一月，分宜又勒上必改吏部，而聖怒遂不可解，先革孤卿并兼官，未幾并尚書奪之，其去工部半歲耳。明年而三殿告成矣，然先一年，永壽宫已災，旋奏工完，不特禮得一品，杲得正卿，而華亭亦因以進少師，乃子尚寶丞璠躐拜太常少卿，識者不無代爲恧焉。時分宜以子世蕃官工部侍郎，反不得監工，求與璠同事，而上峻却不許，退而父子相泣，不兩月禍起矣。比三殿落成時，徐杲已稱尚書，上欲以太子太保寵之，而徐華亭力沮，謂無故事，得中止，僅支正一品俸，雷亦僅以宫保轉宫傅，其他在事諸臣升賞亦止不行，僅拜銀幣之賜，以較永壽宫加恩，百不及一矣。時上愛念杲不已，倘再有營建，杲必峻加，即華亭亦不能尼也。

沈德符《萬曆野獲編》卷一九《工部・工匠卿貳》 嘉靖間，徐杲以木匠至工部尚書，當時在事諸公亦有知其非者，以世宗眷之不敢諫。然先固已有之，宣德初有石匠陸祥者，直隸無錫人，以鄭王之國選工副以出，後陞營繕所丞，擢工部主事以至工部左侍郎。祥有母老病，至命光禄寺日給酒饌，且賜紗爲養，尤爲異數。正統間，有木匠蒯祥者，直隸吴縣人，亦起營繕所丞，歷工部左侍郎，食正二品俸，年八十四卒于位，賜祭葬有加。二人皆吴人爲尤異。至若吏員徐晞之爲兵部尚書，余亨之爲禮部侍郎且充廷試讀卷官，廚役蔚能之爲光禄卿，俱在英、憲二廟年間，又不足言矣。

宋犖《筠廊偶筆》卷上 碭山劉貞甫造銅器精巧絶倫，嘗爲彭城萬年少壽祺造準提像，高二寸許，三年而成，臂十八，手中各有所持。一手擎七級浮圖，每級四面，各佛一尊，法象莊嚴，無毫髪遺憾，所謂神工鬼斧也。昔王夢澤稱施生雨能于方寸之楮作小楷數千，點畫不淆。于粒麻之上宛轉書之，成五言詩一絶，即有炯眸，非極視專瞪，數拭屢翕，蓄而後張，不可得其仿佛。誠文苑之絶技，生平所未睹也。以較貞甫，恐又有難易之别。貞甫曾爲余造圖章二，一龜鈕，一天鷄鈕，俱精妙可玩，後爲人盜去。

張潮輯《虞初新志》卷六《黄履莊小傳》 黄子履莊，予姑表行也。少聰穎，讀書不數過，即能背誦。尤喜出新意，作諸技巧。七八歲時，嘗背塾師，暗竊匠氏刀錐，鑿木人長寸許，置案上能自行走，手足皆自動，觀者異以爲神。十歲外，先姑父棄世，來廣陵，與予同居。因聞泰西幾何比例輪捩機軸之學，而其巧因以益進。嘗作小物自怡，見者多競出重價求購。體素病，不耐人事，惡劇嬲，因竟不作。于是所製始不可多得，所製亦多，予不能悉記。猶記其作雙輪小車一輛，長三尺許，約可坐一人，不煩推挽能自行，行住，以手挽軸旁曲拐，則復行如初，隨住隨挽，日足行八十里。作木狗，置門側，卷臥如常，惟人入户，觸機則立吠不止，吠之聲與真無二，雖黠者不能辨其爲真與僞也。作木鳥，置竹籠中，能自跳舞飛鳴，鳴如畫眉，淒越可聽。作水器，以水置器中，水從下上射如線，高五六尺，移時不斷。所作之奇俱如此，不能悉載。

有怪其奇者，疑必有異書，或有異傳，而予與處者最久且狎，絶不見其書。叩其從來，亦竟無師傳。但曰：「予何足奇？天地人物，皆奇器也。動者如天，静者如地，靈明者如人，賾者如萬物，何莫非奇？然皆不能自奇，必有一至奇而不自奇者以爲源，而且爲之主宰，如畫之有師，土木之有匠氏也。夫是之爲至奇。」予驚其言之大，而因是亦具知黄子之奇，固自有其獨悟，非一物一事求而學之者所可及也。昔人云：天非自動，必有所以動者；地非自静，必有所以静者。黄子之奇，其得其奇之所以然乎？

黄子性簡默，喜思，與予處，予嘗紛然談説，而黄子則獨坐静思。觀其初思求入，亦戛戛似難；既而思得，則笑舞從之。如一思礙而不得，必擁衾達旦，務得而後已焉。黄子之奇，固亦由思而得之者也，而其喜思則性出也。黄子生丙申，于今二十八歲，其年月日時，與予生期毫髮無異，亦奇也。因附書之。

附奇器目略

一、驗器。　冷熱燥濕，皆以膚驗，而不可以目驗者，今則以目驗之。

驗冷熱器。　此器能診試虚實，分别氣候，證諸藥之性情，其用甚廣，另有專書。

驗燥濕器。　内有一針，能左右旋。燥則左旋，濕則右旋，毫髮不爽，并可預證陰晴。

一、諸鏡。　德之崇卑，惟友見之；面之媸妍，惟鏡見之。鏡之用，止于而已，而亦可以見物，故作諸鏡以廣之。

千里鏡。　大小不等。

取火鏡。　向太陽取火。

臨畫鏡。

取水鏡。　向太陰取水。

顯微鏡。

多物鏡。

瑞光鏡。　製法大小不等，大者徑五六尺，夜以燈照之，光射數里，其用甚巨。冬月人坐光中，遍體生温，如在太陽之下。

一、諸畫。　畫以飾觀，或平面而見爲深遠，或一面而見爲多畫，皆畫之變也。

遠視畫。

旁視畫。

鏡中畫。

管窺鏡畫。　全不似畫，以管窺之，則生動如真。

上下畫。　一畫上下觀之，則成二畫。

三面畫。　一畫三面觀之，則成三畫。

一、玩器　器雖玩而理則誠，夫玩以理出，君子亦無廢乎玩矣。

自動戲。　内音樂俱備，不煩人力，而節奏自然。

真畫。　人物鳥獸，皆能自動，與真無二。

燈衢。　作小屋一間，内懸燈數盞，人入其中，如至通衢大市，人烟稠雜，燈火連綿，一望數里。

自行驅暑扇。　不煩人力，而一室皆風。

木人掌扇。

一、水法。　農必借水而成，水之用大矣，而亦可爲諸玩，作水器。

龍尾車。　一人能轉多車，灌田最便。

一綫泉。　製法不等。

柳枝泉。　水上射復下，如柳枝然。

山鳥鳴。　聲如山鳥。

鸞鳳吟。　聲如鸞鳳。

報時水。

瀑布水。

一、諸器之器。　工欲善其事，必先利其器。況目中所列諸器，有非尋常斤釜所能造者，作造器之器。

方圓規矩。

就小畫大規矩。

就大畫小規矩。

畫八角六角規矩。

造諸鏡規矩。

造法條器。

張山來曰：泰西人巧思，百倍中華，豈天地靈秀之氣，獨鍾厚彼方耶？予友梅子定九、吴子師邵，皆能通乎其術。今又有黄子履莊，可見華人之巧，未嘗或讓于彼。只因不欲以技藝成名，且復竭其心思于富貴利達，不能旁及諸技，是以巧思遜泰西一籌耳。

原本奇器目略頗詳，兹偶録數條，以見一斑云。

阮葵生《茶餘客話》卷一九《造墨之妙》 造墨之妙，以金章宗蘇合油烟墨爲第一，其次則奚廷珪。按廷珪初名廷邽，在南唐賜國姓，遂稱李廷珪。其墨每松烟一斤，用真珠三兩，玉屑一兩，龍腦一兩，和以生漆，搗十萬杵，故堅如玉石，能置水中三年不壞。其珪字作下邽之邽者爲上，圭潔之圭次之，珪璧之珪又次之。作「奚廷珪」者最下。或作「庭珪」字，僞也。《春渚紀聞》稱蘇子瞻、晁季一、賀方回、康爲章皆能製墨。明人墨以羅小華爲第一，程君房、方正邵次之，方于魯又次之。龍忠迪、查文通、蘇眉陽、汪中小、邵青丘、汪仲嘉、丁南羽、潘嘉客、吴名望，皆名重一時。予舊藏君房、于魯墨甚夥，今皆不知所往。于魯不及小華，而所刻《墨譜》精妙絶倫，足供燕閑清玩，所著有《佳日樓詩集》。小華墨以鹿角膠爲上上品，龍柱次之，華山松又次之。邱谷香家舊藏墨頗富，近亦散落殆盡。潘衡墨有金填篆書「墨成不敢用，進上蓬萊宫」十字。潘，宋人。宋熙豐間，張遇供御墨，始用油烟入腦麝金箔，謂之龍香劑。今墨皆油烟，松烟失傳。

阮葵生《茶餘客話》卷一九《製墨名家》 古來製墨名家，常山張順、九華朱覲，嘉禾沈珪，金華潘衡，桐柏張灝，河東解子誠，獨李氏父子擅名，以能世其業也。

阮葵生《茶餘客話》卷二〇《茗具》 龔春壺式，茗具中逸品，其後復有四家，董翰、趙良、袁錫，其一則時鵬。鵬，大彬父也，大鵬益擅長，名重遐域。其後有彭君實、龔春、陳用卿。又徐氏壺，皆不及大彬。彬弟子李仲芳小圓壺，制精絶，又在大彬之右，今不可得。近時宜興砂壺，復加饒州之鎏，光采射人，却失本來面目。陳其年詩云：「宜壺作者推龔春，同時高手時大彬。碧山銀槎濮謙竹，世間一藝皆通神。」高江村詩云：「規制古樸復細膩，輕便堪入筠籠攜。山家雅供稱第一，清泉好瀹三春荑。」昔杜茶村稱澄江周伯高著《茶茗二系》，表淵源支派甚悉。

阮葵生《茶餘客話》卷二〇《技藝名家》 昔人治一業，攻一器，足以傳世行遠而不朽，較之抱兔園一册，飽食終日，老死牖下，淹没而無聞者，不可同年語矣。如陸子剛一作岡。治玉，鮑天成治犀，朱碧山治銀，濮謙治竹，又嘉興王二漆竹，蘇州姜華雨莓緑竹，趙良璧、黄元占、歸懋德治錫，李昭一作荷葉李。馬勛治扇，周柱治鑲嵌，吕愛山治金，王小溪治瑪瑙，蔣抱雲、王吉治銅，雷文、張越治琴，范昌白治三弦子，楊茂、張成治漆器，江千里治嵌漆，胡四治銅爐，談氏箋，顧氏綉，張氏爐，洪氏漆，孫春陽燭。又文衡山非方扇不書，及近時薛晉臣治鏡，曹素功治墨，穆大展刻字，顧青娘、王幼君治硯，張玉賢火筆竹器，皆名聞朝野，信今傳後無疑也。濮謙壬午生，與老蒙同庚。按老蒙即錢謙益。十二卷本所選各條于有蒙叟字樣處均删去，獨此條僅删二「老」字，與蒙同庚，遂不可通。嘗贈以詩云：「滄海茫茫感劫塵，靈光無恙見遺民。少將楮葉供游戲，晚向蓮花結浄因。杖底青山爲老友，窗前翠竹似閑身。堯年甲子欣相并，何處名山許卜鄰。」

阮葵生《茶餘客話》卷二〇《姜娘子》 宋姜娘子治銅，紹興二年，大寧廠監督。

戴震《考工記圖》紀昀《序》 戴君東原，始爲《考工記》作圖也，圖後附以己説，而無注。乾隆乙亥夏，余初識戴君，奇其書，欲付之梓。遲之半載，戴君乃爲余删取先後鄭注，而自定其説以爲補注。又越半載，書成，仍名曰《考工記圖》，從其始也。戴君語余曰：「昔丁卯戊辰間，先師程中允出是書，以示齊學士次風先生，學士一見而歎曰：『誠奇書也。』今再遇子奇之，是書可不憾矣。」戴君深明古人小學，故其考證制度字義，爲漢已降儒者所不能及。以是求之聖人遺經，發明獨多。《詩》三百，《尚書》二十八篇，《爾雅》等，皆有撰著。自以爲恐成書太早，而獨於《考工記》則曰是亟於經也者，考證雖難，要得其詳則止矣。余以戴君之説，與昔儒舊訓參互校覈，轂末之軹，明其當作軒，不得與《輿人》之軹轛二名溷淆，今字書併軒字無之。車人徹廣六尺，以鬲長車廣當相等，兩轅之間六尺，旁加輻内六寸，輻廣三寸，綆寸，合左右凡二尺，則大車之徹亦八尺，字譌八爲六。《弓人》膠三鋝一，弓之膠不得過兩有十銖二十五分銖之十四，正其當爲三鍰，此皆記文之誤，漢儒已莫之是正者。後鄭謂軫與後横木，戴君乃曰：《輈人》言軫間，左右名軫之證也。加軫與轐，弓長庇軫，軫方象地，前後左右通名軫之證也。《輈人》任正衡任，鄭以當軓與衡，而謂軓爲輿下三面材輢式之所尌。戴君乃曰：此爲下當兔圍軸圍，發其意也。其輢式之所尌，宜記於輿人，今輈人爲之，殆非也。鄭以戈胡句倨外博爲胡上下，戴君曰：此不宜與已倨、已句字義有異。鄭引許叔重《説文解字》及東萊稱證鍰鋝數同，戴君乃曰：鍰之假借字作垸，鋝之假借字，《史記》作率，《漢書》作選，伏生《尚書》大傳作饌，數小大相縣，合爲一未然也。戟刺長短無文，鄭氏既未及，賈公彦云：蓋與胡同六寸。戴君則曰：戈一援戟二援也，中直援名刺與枝出之援同，長七寸有半寸，刺連内爲一直刃通長尺有二寸，猶夫戈之直刃通長尺有二寸也。桃氏爲劍，中其莖設其後，鄭訓設爲大，謂從中已後稍大之。戴君曰，不當與設其旋、設其羽之屬異義，後謂劍環在人所握之下，故名後，與劍首對稱矣。鐘之鉦間無文，鄭以爲與鼓間六等，而合舞廣四爲鐘長十六。戴君乃曰，鐘自銑至鉦，自鉦至舞，劍綱以二，準諸句股法，銑間八，鉦間亦八，是爲鐘長十六舞者，其上覆脩六廣四，蓋鐘羨之度不當在鐘長之數。玉案以承棗栗，莫詳其制，戴君引棜禁及漢小方案，定其有四周，而局足。廬人句兵欲無彈，刺兵欲無蜎，鄭皆訓之爲掉。戴君讀彈如死蟺之蟺，轉掉也，蜎搖掉也。其所以補正鄭氏注者，精審類如此。他若因嘉量論黄鍾少宫，因玉人土圭，匠人爲規識景，論地與天體相應，寒暑進退，晝夜永短之理，辯天子諸侯之宫，三朝三門，宗廟社稷所在，詳明堂个與夾室之制，申井田溝洫之法，觸事廣義，俾古人制度之大，暨其禮樂之器，昭然復見於今兹。是書之爲治經所取益固鉅，然戴君不喜馳騁其辭，但存所是文略。又於輈人龍旂鳥旟之屬，梓人簨虡，車人大車羊車之等圖，不具其言。曰思而可得者，微見其端，要留以待成學治古文者之致思可也，斯誠得論著之體矣。余獨慮守章句之儒，不知引伸，膠執舊聞，沾沾然動其喙也。是以論其大指，以爲之序首。河間紀昀撰。

《〔乾隆〕皐蘭縣志》卷五《水利》 郡人段續創爲翻車，倒挽河流以灌田畝，致有巧思。然有力自辦，無力官貸，修補之工，無歲無之，遇旱則水落而車空懸，遇澇則水漲而車漂没，必水勢得平，車機乃能無滯，所灌半田半園。通計東西夾河灘及南北兩岸之上，僅二百餘頃，而水之及時與否，不可予定，是所濟不普而利非自然也。

《〔乾隆〕盛京通志》卷三四《人物》 楊允和，號育庵，遼東人，康熙間知安遠縣。歲饑，設法賑濟，全活者以萬計。【略】創建龍骨小車，戽水以溉山田，至今民沿其法。

《〔道光〕直隸霍州志》卷九《水利·灌田》 嘗聞上海喬敬亭先生〔乾隆〕官同州時，製戽水輪車，試行于高原之地。【略】雖遠水之地未能概施于此，濱河之地用之，亦少補農功之缺，故附記于此。

《〔道光〕印江縣志》卷二《官師志》 黄世發，字王書。【略】康熙五十年莅任肅寧，即以勸農爲亟，教民樹畜積糞皆有法；農器水車之屬嘗親製爲之式；栽秧有不如意者，竟赤足田中指示之，興修水利，躬親操作，以鼓舞役夫。

奕賡《煨柮閑談》 乾隆八年五月内廷發出《陶冶圖》二十張，交内務府員外郎管理九江關防唐英次第編明，作爲圖説，進呈刊行。

丁日昌《牧令書輯要》卷三喬光烈《下屬縣試行水車檄》 近聞郿縣生員淡明遠能造水車，已延致其人，捐製戽水輪車一部，試行之于縣之城南村。河岸高二丈有餘，一人運動，水緣而上，直達田疇。其車環列二十八桶〔筒〕，每桶〔筒〕可容水二升，一車所費不過六七金，而一日之功可灌田一十五畝，若河流湍急，水觸其樞，自能運動，更可不煩人力。雖通邑之田未能概沾水利，于此濱河地土用之，可補農功。今飭屬縣官吏，即將所捐製輪束舁城南鄉保收領，聽濱河有地小民由近及遠，以次周流戽水灌地。其有樂于從事願照造施用者聽。

《〔同治〕鄖縣志》卷二八《宦蹟》 彭以懋，【略】既至，爲民興利除弊，不遺餘地。邑土平曠，民不知種蒔，恒致荒廢。以懋相度地勢，謂戽水溉田可種稻，命延川中能作水車者以往，得水田四萬餘畝。又婦女不知織，布價昂貴，復雇川中老嫗能織者往教，且諭以種綿〔棉〕，民遂知織。【略】懋未去任，民已立生祠祀之。

《〔光緒〕無極縣續志》卷一《風俗》 工無奇巧，前志所稱鑿井之妙，今多束鹿人爲之，邑人不及也。南侯坊村楊姓鐵工，世傳製造鐵水車，技勇大刀最爲得法，他邑鐵工皆自謂遠遜云。

梁啓超《李鴻章傳》第一二章《結論》 李鴻章之在歐洲也，屢問人之年及其家産幾何。隨員或請曰：「此西人所最忌也，宜勿爾。」鴻章不恤。蓋其眼中直無歐人，一切玩之于股掌之上而已。最可笑者，嘗遊英國某大工廠，觀畢後，忽發一奇問，問於其工頭曰：「君統領如許大之工場，一年所入幾何？」工頭曰：

「薪水之外無他入。」李徐指其鑽石指環曰：「然則此鑽石從何來？」歐人傳爲奇談。

世人競傳李鴻章富甲天下，此其事殆不足信，大約數百萬金之産業，意中事也。招商局、電報局、開平煤礦、中國通商銀行，其股份皆不少。或言南京、上海各地之當鋪銀號，多屬其管業云。【略】

吾讀日本報章，有德富蘇峰著論一篇，其品評李鴻章有獨到之點，兹譯録如下：

支那之名人物李鴻章逝，東洋之政局，自此不免有寂寞，不獨爲清廷起喬凋柱折之感而已。

概而言之，謂李鴻章人物之偉大，事功之崇隆，不如謂其福命之過人也。彼早歲得科第，入詞館，占清貴名譽之地位；際長髮之亂，爲曾國藩幕僚，任淮軍統帥，賴戈登之力以平定江蘇；及其平捻也，亦禀承曾國藩之遺策，成大功；及爲直隸總督，辦天津教案，正當要挾狼狽之際，忽遇普法戰起，法、英、俄、美皆奔走喘息於西歐大事，而此教案遂銷沉于無聲無影之間。邇來二十有五年，彼總制北洋，開府天津，綜支那之大政，立世界之舞臺，此實彼之全盛時代也。

雖然，彼之地位，彼之勢力，非悉以僥幸而得之者。彼在支那文武百僚中，確有超卓之眼孔，敏捷之手腕，而非他人之所能及也。彼知西來之大勢，識外國之文明，思利用之以自强，此種眼光，雖先輩曾國藩，恐亦讓彼一步，而左宗棠、曾國荃更無論也。

彼屯練淮軍于天津，教以洋操；興北洋水師，設防于旅順、威海、大沽；開招商局，以便沿海河川之交通；置機器局，製造兵器；辦開平煤礦；倡議設鐵路。自軍事、商務、工業，無一不留意，雖其議之發自彼與否暫勿論，其權全在彼與否暫勿論，其辦理之有成效與否暫勿論，然要之導清國使前進以至今日之地位者誰乎？固不得不首屈一指曰：李鴻章也。

紀事

《晏子春秋》卷二《内篇諫》下　景公登路寢之臺，不能終，而息乎陛，忿然作色，不説，曰：「孰爲高臺？病人之甚也！」晏子曰：「君欲節于身而勿高，使人高之而勿罪也。今高，從之以罪；卑，亦從以罪。敢問使人如此，可乎？古者之爲宫室也，足以便生，非以爲奢侈也。故節于身，謂于民。及夏之衰也，其王桀背棄德行，爲璇室玉門。殷之衰也，其王紂作爲傾宫靈臺，卑狹者有罪，高大者有賞，是以身及焉。今君高亦有罪，卑亦有罪，甚于夏、殷之王。民力殫乏矣，而不免于罪。嬰恐國之流失，而公不得享也。」

公曰：「善。寡人自知誠費財勞民，以爲無功，又從而怨之，是寡人之罪也。非夫子之教，豈得守社稷哉？」遂下，再拜，不果登臺。

《墨子・天志上》　子墨子言曰：我有天志，譬若輪人之有規，匠人之有矩。輪匠執其規矩，以度天下之方圜，曰：中者是也，不中者非也。今天下之士君子之書，不可勝載，言語不可盡計，上説諸侯，下説列士，其于仁義則大相遠也。何以知之？曰：我得天下之明法以度之。

呂不韋《呂氏春秋》卷九《季秋紀・季秋》　是月也，霜始降，則百工休。乃命有司曰：「寒氣總至，民力不堪，其皆入室。」上丁，入學習吹。

呂不韋《呂氏春秋》卷二一《開春論・開春》　韓氏城新城，期十五日而成。段喬爲司空，有一縣後二日，段喬執其吏而囚之。囚者之子走告封人子高曰：「唯先生能活臣父之死，願委之先生。」封人子高曰：「諾。」乃見段喬，自扶而上城。封人子高左右望曰：「美哉城乎！一大功矣，子必有厚賞矣。自古及今，功若此其大也，而能無有罪戮者，未嘗有也。」封人子高出，段喬使人夜解其吏之束縛也而出之。故曰封人子高爲之言也，而匿己之爲而爲也；段喬聽而行之也，匿己之行而行也。説之行若此其精也，封人子高可謂善説矣。

《漢書》卷九一《貨殖傳》　蜀卓氏之先，趙人也，用鐵冶富。秦破趙，遷卓氏之蜀，夫妻推輦行。諸遷虜少有餘財，爭與吏，求近處，處葭萌。唯卓氏曰：「此地陿薄。吾聞峮山之下沃壄，下有蹲鴟，至死不飢。民工作(市)〔布〕，易賈。」乃求遠遷。致之臨卭，大憙，即鐵山鼓鑄，運籌算，賈滇、蜀民，富至童八百人，田池射獵之樂擬於人君。

程鄭，山東遷虜也，亦冶鑄，賈魋結民，富埒卓氏。

程、卓既衰，至成、哀間，成都羅裒訾至鉅萬。初，裒賈京師，隨身數十百萬，爲平陵石氏持錢。其人彊力。石氏訾次如、苴，親信，厚資遺之，令往來巴蜀，數年間致千餘萬。裒舉其半賂遺曲陽、定陵侯，依其權力，賒貸郡國，人莫敢負。

擅鹽井之利，期年所得自倍，遂殖其貨。

宛孔氏之先，梁人也，用鐵冶爲業。秦滅魏，遷孔氏南陽，大鼓鑄，規陂田，連騎游諸侯，因通商賈之利，有游閒公子之名。然其贏得過當，瘉於孅嗇，家致數千金，故南陽行賈盡法孔氏之雍容。

魯人俗儉嗇，而丙氏尤甚，以鐵冶起，富至鉅萬。然家自父兄子弟約，頫有拾，仰有取，貰貸行賈徧郡國。鄒、魯以其故，多去文學而趨利。

劉向《新序》卷六《刺奢》 士尹池爲荆使於宋，司城子罕止而觴之。南家之牆擁於前而不直，西家之潦經其宫而不止。士尹池問其故。司城子罕曰：南家工人也，爲鞔者也。吾將徙之。其父曰：吾恃爲鞔已食三世矣，今徙，是宋邦之求鞔者，不知吾處也。吾將不食，願相國之憂，吾不食也。爲是故，吾不徙。西家高，吾宫卑，潦之經吾宫也利，爲是，故不禁也。士尹池歸荆，適興兵欲攻宋，士尹池諫於王曰：宋不可攻也，其主賢，其相仁，賢者得民，仁者能用人，攻之無功，爲天下笑。楚釋宋而攻鄭。孔子聞之曰：夫修之於廟堂之上，而折衝於千里之外者，司城子罕之謂也。

劉珍《東觀漢記》卷八《鄧豹傳》 鄧豹，案豹陟從弟。字伯庠。遷大匠，工無虛張之繕，徒無饑寒之色。

劉珍《東觀漢記》卷一六《崔寔列傳》 崔寔，案寔，瑗子，《范書》本傳：寔字子真。爲五原太守。五原土宜麻枲，而民不知紡績，而冬月無衣，積細草而卧其中，見吏則衣草而出。寔至官，勸種麻，命工伐木作機紡車，教民紡績。

《三國志》卷一二《魏書・司馬芝傳》 遷大理正。有盜官練置都厠上者，吏疑女工，收以付獄。芝曰：「夫刑罪之失，失在苛暴。今贓物先得而後訊其辭，若不勝掠，或至誣服。誣服之情，不可以折獄。且簡而易從，大人之化也。不失有罪，庸世之治耳。今宥所疑，以隆易從之義，不亦可乎！」太祖從其議。歷甘陵、沛、陽平太守，所在有績。

《三國志》卷二九《魏書・杜夔傳》 杜夔字公良，河南人也。以知音爲雅樂郎，中平五年，疾去官。州郡司徒禮辟，以世亂奔荆州。荆州牧劉表令與孟曜爲漢主合雅樂，樂備，表欲庭觀之，夔諫曰：「今將軍號(不)爲天子合樂，而庭作之，無乃不可乎！」表納其言而止。後表子琮降太祖，太祖以夔爲軍謀祭酒，參太樂事，因令創制雅樂。

夔善鐘律，聰思過人，絲竹八音，靡所不能，惟歌舞非所長。時散郎鄧靜、尹齊善詠雅樂，歌師尹胡能歌宗廟郊祀之曲，舞師馮肅、服養曉知先代諸舞，夔總統研精，遠考諸經，近采故事，教習講肄，備作樂器，紹復先代古樂，皆自夔始也。

黄初中，爲太樂令、協律都尉。漢鑄鐘工柴玉巧有意思，形器之中，多所造作，亦爲時貴人見知。夔令玉鑄銅鐘，其聲均清濁多不如法，數毁改作。玉甚厭之，謂夔清濁任意，頗拒捍夔。夔、玉更相白於太祖，太祖取所鑄鐘，雜錯更試，然(後)知夔爲精而玉之妄也，於是罪玉及諸子，皆爲養馬士。文帝愛待玉，又嘗令夔與(左願)[左騏]等於賓客之中吹笙鼓琴，夔有難色，由是帝意不悦。後因他事繫夔，使(願)[騏]等就學，夔自謂所習者雅，仕宦有本，意猶不滿，遂黜免以卒。

弟子河南邵登、張泰、桑馥，各至太樂丞，下邳陳頏司律中郎將。自左延年等雖妙於音，咸善鄭聲，其好古存正莫及夔。

《三國志》卷六一《吴書・陸凱傳》 凱上書曰：「【略】臣聞五音令人耳不聰，五色令人目不明，此無益於政，有損於事者也。自昔先帝時，後宫列女，及諸織絡，數不滿百，米有畜積，貨財有餘。先帝崩後，幼、景在位，更改奢侈，不蹈先迹。伏聞織絡及諸徒坐，乃有千數，計其所長，不足爲國財，然坐食官廩，歲歲相承，此爲無益，願陛下料出賦嫁，給與無妻者。如此，上應天心，下合地意，天下幸甚。

《晉書》卷二七《五行志上》 武帝太康五年五月，宣帝廟地陷，梁折。八年正月，太廟殿又陷，改作廟，築基及泉。其年九月，遂更營新廟，遠致名材，雜以銅柱，陳勰爲匠，作者六萬人。至十年四月乃成，十一月庚寅梁又折。天戒若曰，地陷者分離之象，梁折者木不曲直也。明年帝崩，而王室遂亂。

《晉書》卷一〇五《石勒載記下》 勒下令曰：「去年水出巨材，所在山積，將皇天欲孤繕修宫宇也！其擬洛陽之太極起建德殿。」遣從事中郎任汪帥使工匠五千採木以供之。

《晉書》卷一〇六《石季龍載記上》 先是，季龍起河橋於靈昌津，采石爲中濟，石無大小，下輒隨流，用功五百餘萬而不成。季龍遣使致祭，沈璧于河。俄而所沈璧流于渚上，地震，水波騰上，津所殿觀莫不傾壞，壓死者百餘人。季龍恚甚，斬工匠而止作焉。

《晉書》卷一〇七《石季龍載記下》 石韜起堂于太尉府，號曰宣光殿，梁長九丈。宣視而大怒，斬匠，截梁而去。韜怒，增之十丈。

《晉書》卷一二二《李壽載記》 壽承雄寬儉，新行篡奪，因循雄政，未逞其志欲。會李閎、王嘏從鄴還，盛稱季龍威强，宫觀美麗，鄴中殷實。壽又聞季龍虐用刑法，王遜亦以殺罰御下，並能控制邦域，壽心欣慕，人有小過，輒殺以立威。又以郊甸未實，都邑空虛，工匠器械，事未充盈，乃徙旁郡户三丁已上以實成都，興尚方御府，發州郡工巧以充之，廣修宫室，引水入城，務於奢侈。又廣太學，起讌殿。百姓疲於使役，呼嗟滿道，思亂者十室而九矣。其左僕射蔡興切諫，壽以爲誹謗，誅之。右僕射李嶷數以直言忤旨，壽積忿非一，託以他罪，下獄殺之。

《宋書》卷一《武帝紀上》〔元興五年十月〕張綱治攻具成，設諸奇巧，飛樓木幔之屬，莫不畢備。城上火石弓矢，無所用之。六年二月丁亥，屠廣固。慕容超踰城走，征虜賊曹喬胥獲之，殺其王公以下，納口萬餘，馬二千疋，送超京師，斬于建康市。

《宋書》卷三〇《五行志一》晉武帝太康五年五月，宣帝廟地陷梁折。八年正月，太廟殿又陷，改作廟，築基及泉。其年九月，遂更營新廟，遠致名材，雜以銅柱。陳勰爲匠，作者六萬人。十年四月，乃成。

《梁書》卷三《武帝紀下》〔普通三年〕秋八月辛酉，作二郊及籍田並畢，班賜工匠各有差。

《陳書》卷五《宣帝紀》軍士年登六十，悉許放還。巧手於役死亡及與老疾，不勞訂補。其籍有巧隱，并王公百司輒受民爲程蔭，解還本屬，開恩聽首。在職治事之身，須遞相檢示，有失不推，當局任罪。令長代换，具條解舍户數，付度後人。户有增進，即加擢賞；若致减散，依事准結。有能墾起荒田，不問頃畝少多，依舊蠲税。

《魏書》卷二《太祖紀》〔天興元年正月辛酉〕徙山東六州民吏及徒何、高麗雜夷三十六萬，百工伎巧十萬餘口，以充京師。

《魏書》卷四下《世祖紀下》〔太平真君七年三月〕徙長安城工巧二千家於京師。

《魏書》卷七下《高祖紀下》〔太和十一年〕十有一月丁未，詔罷尚方錦繡綾羅之工，四民欲造，任之無禁。其御府衣服、金銀、珠玉、綾羅、錦繡，太官雜器，太僕乘具，内庫弓矢，出其太半，班賚百官及京師士庶，下至工商皁隸，逮於六鎮戍士，各有差。

《魏書》卷九四《閹官・王遇傳》遇性巧，强於部分。北都方山靈泉道俗居宇及文明太后陵廟，洛京東郊馬射壇殿，修廣文昭太后墓園，太極殿及東西兩堂，内外諸門制度，皆遇監作。雖年在耆老，朝夕不倦，跨鞍驅馳，與少壯者均其勞逸。

《魏書》卷一一〇《食貨志》〔太祖〕初，登國六年破衛辰，收其珍寶、畜産，名馬三十餘萬、牛羊四百餘萬，漸增國用。既定中山，分徙吏民及徒何種人、工伎巧十萬餘家以充京都，各給耕牛，計口援田。天興初，制定京邑，東至代郡，西及善無，南極陰館，北盡參合，爲畿内之田；其外四方四維置八部帥以監之，勸課農耕，量校收入，以爲殿最。又躬耕籍田，率先百姓。自後比歲大熟，匹中八十餘斛。是時戎車不息，雖頻有年，猶未足以久贍矣。

太宗永興中，頻有水旱，詔簡宫人非所當御及非執作伎巧，自餘出賜鰥民。神瑞二年，又不熟，京畿之内，路有行饉。帝以飢將遷都於鄴，用博士崔浩計乃止。於是分簡尤貧者就食山東。敕有司勸課留農者曰：「前志有之，人生在勤，勤則不匱。凡庶民之不畜者祭無牲，不耕者祭無盛，不樹者死無槨，不蠶者衣無帛，不績者喪無衰。教行三農，生殖九穀；教行園囿，毓長草木；教行虞衡，山澤作材；教行藪牧，養蕃鳥獸；教行百工，飭成器用；教行商賈，阜通貨賄；教行嬪婦，化治絲枲；教行臣妾，事勤力役。」自是民皆力勤，故歲數豐穰，畜牧滋息。

《周書》卷五《武帝紀上》〔保定五年六月〕辛未，詔曰：「江陵人年六十五以上爲官奴婢者，已令放免。其公私奴婢有年至七十以外者，所在官司，宜贖爲庶人。」

《隋書》卷一《高祖紀上》〔開皇六年二月〕丁亥，發丁男十一萬修築長城，二旬而罷。

《隋書》卷三《煬帝紀上》〔大業四年〕秋七月辛巳，發丁男二十餘萬築長城，自榆谷而東。【略】〔九月〕辛巳，詔免長城役者一年租賦。

《隋書》卷二三《五行志下》〔開皇二年〕其時營都邑。後起仁壽宫，頹山堙谷，丁匠死者太半。

《隋書》卷四八《楊素傳》尋令素監營仁壽宫，素遂夷山堙谷，督役嚴急，作者多死，宫側時聞鬼哭之聲。及宫成，上令高熲前視，奏稱頗傷綺麗，大損人丁，高祖不悅。素憂懼，計無所出，即於北門啓獨孤皇后曰：「帝王法有離宫别館，今天下太平，造此一宫，何足損費！」后以此理諭上，上意乃解。於是賜錢百萬，錦絹三千段。

《南史》卷五《齊紀下》〔建武元年十一月〕丁亥，詔細作、中署、材官、車府，凡諸工可悉開番假，遞令休息。

《南史》卷七《梁紀中》〔大同七年〕冬十一月丙子，詔停所在使役女丁。

《南史》卷五七《范雲傳》又爲始興内史，舊郡界得亡奴婢，悉付作；部曲即貨去，買銀輸官。雲乃先聽百姓誌之，若百日無主，依判送臺。又郡相承後堂有雜工作，雲悉省還役，並爲帝所賞。

《北史》卷一《魏紀一》〔天興元年正月〕徙山東六州人吏及徒河、高麗雜夷、三十六署百工伎巧十餘萬口以充京師。

《北史》卷七《齊紀中》〔天保九年七月〕先是，發丁匠三十餘萬人營三臺於鄴，因其舊基而高博之，大起宫室及遊豫園。至是，三臺成。改銅爵曰金鳳，金武曰聖應，冰井曰崇光。

《北史》卷八《齊紀下》〔天統四年十二月〕甲申，詔細作之務及所在百工悉罷之。又詔掖廷、晉陽、中山宫人等，及鄴下、并州太官官口二處，其年六十已上，及有癃患者，仰所司簡放。庚寅，詔天保七年已來，諸家緣坐配流者，所在令還。

《北史》卷二九《司馬悦傳》悦字慶宗，歷位豫州刺史。時有汝南上蔡董毛奴者，齎錢五千，死於道路。郡縣人疑張堤爲劫，又於堤家得錢五千，堤懼掠，自誣言殺。至州，悦觀色，疑其不實。引見毛奴兄靈之，謂曰：「殺人取錢，當時狼狽，應有所遺，得何物？」靈之曰：「唯得一刀削。」悦取視之，曰：「此非里巷所爲也。」乃召州内刀匠示之。有郭門前曰：「此刀削，門手所作，去歲賣與郭人董及祖。」悦收及祖詰之，及祖款引。靈之又於及祖身上得毛奴所衣皂襦，及祖伏法。

《北史》卷三九《畢衆敬傳》又坐私藏工匠，家有十餘機織錦，并造金銀器物，乃被禁止。尋見釋，以爲司徒左長史。

《舊唐書》卷四《高宗紀上》〔永徽〕五年春三月戊午，幸萬年宫。辛未，曲赦所經州縣繫囚。以工部尚書閻立德領丁夫四萬築長安羅郭。【略】

冬十一月癸酉，築京師羅郭，和雇京兆百姓四萬一千人，板築三十日而罷，九門各施觀。

《舊唐書》卷七八《高季輔傳》竊見聖躬，每存節儉，而凡諸營繕，工徒未息。正丁正匠，不供驅使；和雇和市，非無勞費。人主所欲，何事不成，猶願愛其財而勿殫，惜其力而勿竭。今畿内數州，實惟邦本，地狹人稠，耕植不博，菽粟雖賤，儲蓄未多，特宜優矜，令得休息。强本弱枝，自古常事。關、河之外，徭役全少；帝京、三輔，差科非一；江南、河北，彌復優閒。須爲差等，均其勞逸。

《舊唐書》卷一二五《柳渾傳》貞元二年，拜兵部侍郎，封宜城縣伯。三年正月，加同平章事，仍判門下省。時上命玉工爲帶，墜壞一銙，乃私市以補；及獻，上指曰：「此何不相類？」工人伏罪，上命決死。詔至中書，渾執曰：「陛下若便殺則已，若下有司，即須議讞。且方春行刑，容臣條奏定罪。」以誤傷乘輿器服，杖六十，餘工釋放，詔從之。

許嵩《建康實録》卷一二《宋中・太祖文皇帝》〔元嘉十五年七月〕新作東宫，賜將作大匠布帛有差。

許嵩《建康實録》卷一七《陳上・高祖武皇帝》〔永定二年〕七月，新作太極殿欠一柱，忽有樟木大十八圍，長四丈五尺，自流泊陶家後渚，監軍鄒子度以聞。詔起部尚書蔡儔兼將作大匠，取木以構之。案：《梁書》：侯景作亂，王僧辯下平之，縱軍士入宫探取，火燒宫及太極殿兼西堂省寺。陳有天下，至此復之耳。

《宋史》卷三一《高宗紀八》〔紹興二十六年三月〕丁卯，蠲閩、浙諸州歲供軍器所物料三之一，減諸州工匠千人。己巳，募四川民佃淮南、京西閒田，並邊復租税十年，次邊五年。

蘇鶚《蘇氏演義》卷下　順宗時，南海貢奇女盧眉娘，年十四，能于一尺綃上綉《法華經》七卷，字如粟米，點畫分明，細于毛髮。又作飛仙，蓋以絲一縷分爲三縷，染成五采，於掌中結爲傘蓋五重，中有十洲三島，天人玉女，臺殿麟鳳之象，而外列執幢奉節之童，亦不啻千數。其蓋濶一丈，秤之無三數兩，自煎靈香膏敷之，則糾硬不斷。上歎其工，謂之神助，因令止于宫中，每日食胡麻飯二三合。至元和中，憲宗嘉其聰慧，賜金鳳鐶以束其腕。眉娘不願住宫中，度以黄冠，賜號「逍遥」，及後神遷，香氣滿室，弟子將葬，舉棺覺輕，即撤其蓋，惟有偶屨而已。後入海人往往見乘紫雲遊于海上。羅浮處士李象先作《盧逍遥傳》。按：此條本見《杜陽雜編》，此書更不互載别條，恐《永樂大典》誤編入《演義》也，今姑存之。

《宋史》卷九《仁宗紀一》〔天聖元年九月〕閏月甲午，詔裁造院女工及營婦配南北作坊者，並釋之。戊戌，寇準卒於雷州。己亥，馮拯卒。丁未，禁彭州九隴縣采金。

〔天聖二年〕夏四月辛酉，詔三司歲市紬、絹非土産者罷之。

晏殊《晏元獻公類要》卷二八《酒》 陳孝山之釀法，白公云：潁川陳孝山釀法，味甚佳。

范祖禹《唐鑑》卷二《太宗上》 貞觀元年，帝謂太子少師蕭瑀曰：「朕少好弓矢，得良弓十數，自謂無以加。近以示弓工，乃曰：『皆非良材。』朕問其故，工曰：『木心不正則脉理皆邪，弓雖勁，而發矢不直。』朕始寤，鄉者辨之未精也。朕以弓矢定四方，識之猶未能盡，況天下之務其能徧知乎。」乃命京官五品以上，更宿中書内省，數延見問以民間疾苦及政事得失。

沈括《夢溪筆談》卷一八《技藝・梵天寺木塔》 錢氏據兩浙時，於杭州梵天寺建一木塔，方兩三級，錢帥登之，患其塔動。匠師云：「未布瓦，上輕，故如此。」乃以瓦布之，而動如初。無可奈何，密使其妻見喻皓之妻，賂以金釵，問塔動之因。皓笑曰：「此易耳。但逐層布板訖，便實釘之，則不動矣。」匠師如其言，塔遂定。蓋釘板上下彌束，六幕相聯如胠篋。人履其板，六幕相持，自不能動。人皆伏其精練。

王闢之《澠水燕談録》卷八《事誌》 南唐後主留心筆札，所用澄心堂紙、李廷珪墨、龍尾石硯三物爲天下之冠。自李氏之亡，龍尾石不復出。嘉祐中，校理錢仙芝知歙州，訪得其所，乃大溪也。李氏常患溪深不可入，斷其流，使由他道。李氏亡，居民苦其溪之回遠，導之如昔，石乃絶。仙芝移溪還故道，石乃復出，遂與端溪並行。

莆陽蔡君謨嘗評李廷珪墨能削木，墜溝中，經月不壞。李超，易水人，唐末與其子廷珪亡至歙州，以其地多美松，因留居，以墨名家。本姓奚，江南賜姓李氏。珪或爲邽，珪弟廷寬，男承宴、承安，男乂用，皆有聞易水。江南又有朱君德、柴詢、柴成務、李文遠、張遇、陳贇，著名當時。其制有劍脊圓餅、拙墨、進貢墨、供堂墨，其面多作龍紋，其幕有「宣府」字，或止云「宣」，或著姓氏，或別州府，今人間已少傳者。仁宗嘉祐中，宴近臣于羣玉殿，嘗以墨賜之，其文曰「新安香墨」。其後翰林諸君承賜者，皆雙脊龍樣，尤爲佳品。

江少虞《宋朝事實類苑》卷五二《書畫伎藝・孔仁謙》 杭州有雕木匠孔仁謙，一時之絶手。嘗於杭州菩提寺造千手千眼大悲觀音像，既畢，度置千手不能盡。凡數日，沉思如醉，一夕夢沙門語之曰：「何不分形於寶餤之上？」仁謙豁然大悟，如其置列焉，特爲奇妙。後又於明州開元寺造一軀，如其法，千手之制，取於襄州畫像，凡五百手各持物器，五百手結印，本神迹也。

江少虞《宋朝事實類苑》卷五二《書畫伎藝・造舍之法》 造舍之法，謂之木經，或云喻皓所撰。凡屋有三分：去聲。自梁以上爲上分，地以上爲中分，階爲下分。凡梁長幾何，則配極幾何，以爲榱等，如梁長八尺，配極三尺五寸，則廳法堂也，此謂之上分。楹若干尺，則配堂基若干尺，以爲榱等。若楹一丈一尺，則階基四尺五寸之類。以至承拱榱桷，皆有定法，謂之中分。階級有峻平慢三等，宫中則以御輦爲法，凡自下而登，前竿垂盡臂、後竿展盡臂，爲峻道。荷輦十二人，前二人曰前竿，次二人曰前絛，又次曰前脅，後一人曰後脅，又後曰後絛，末後曰後竿。輦併隊長一人，曰傳唱。後一人曰報賽。前竿平肘，後竿平肩，爲慢道。前竿垂手，後竿平肩，爲平道。此之謂下分。其書三卷。近歲土木之工，益爲嚴善，舊木經多不用，未有人重爲之，亦良工之一業也。

蔡絛《鐵圍山叢談》卷六 太宗時得巧匠，因親督視於紫雲樓下，造金帶，得三十條，匠者爲之神耗而死。於是獨以一賜曹武穆彬，其一太宗自御，其後隨入熙陵，吳本「其」作「之」屬上句。而曹氏所賜帶，則莫知何往也。別本「知」並作「測」。餘二十八條，命貯之庫，吳本「命」上有「特」字。號鎮庫帶焉。後人第徒傳其名，而宗戚羣璫吳本「羣」作「貴」。間一有服金帶異花精緻者，人往往輒指曰：別本並作「目」。「此紫雲樓帶。」其實非也，故吾迄不得一識之。自貯鎮庫帶後厘歷百十年所，及敵騎犯闕，太上皇狩丹陽，因盡挈鎮庫帶以往。而一時從行者，有若童貫、伯氏諸臣，別本「臣」並作「貴」。皆得賜紫雲樓金帶矣。事後甫平，吳本「事」上有「及」字。太上皇言歸宫闕，於是靖康皇帝復命追還之庫。吾在萬里外，獨嘗聞諸，然又不得一識也。中興之十三祀，有來自海外，忽出紫雲樓帶，止以四銙視吾。敵騎再入，適紛紜，所追還弗及者。其金紫磨也，光豔溢目，異常金。又其文作醉拂林狀。拂林人皆笑起，雁里及張本「林」並作「牀」，今從吳本。長不及寸，眉目宛若生動，雖吳道子畫所弗及。若其華紋，則有六七級，層層爲之，鏤篆之精，其微細之象，殆入於鬼神而不可名。且往時諸帶方銙不大，此帶乃獨大至十二稻。是在往時爲窮極巨寶，吳本「極」作「珍」。不覺爲之再拜太息，我祖宗規模，雖一帶猶貽厥後世，必無以加也。於是亟歸之客，別本「之」並作「諸」。而意始適平。因書此以詔後之人。【略】

唐雷氏繇德宗來，世善斲琴著名，別本「善」並作「擅」。遇其得意玉識之，故國初尚方所藏玉鶴琴，獨爲世甲。別本並衍「胄」字。在仁宗時，錢塘有名人水丘者又得玉雁琴。而君謨伯父帖曰：「聞賢郎在錢塘得玉雁琴，雁與玉鶴爲輩流。

玉鶴藏禁中，而雁落人閒，此豈常物也哉。」其後，玉雁琴吾得一見，頗不稱其譽。又唐李汧公者號善琴，別本「善」並作「喜」。乃自聚靈材爲之，曰「百衲琴」。百衲琴流傳當祐陵朝，亦入九禁。是天下號殊絶，獨玉鶴、百衲乃第一。上吴本作「太上」。時方稽古博雅，若書畫奇工得以待詔日親近，往往獲褒賜，而琴工獨閒冷，日月光赫，吴本無「日月光赫」四字，張本云「而琴工獨閒冷，日華光赫」。因日月以冀恩澤，即共奏取御府所寶琴，盡丐理治之。上亦可焉。於是首取百衲琴破之，乃止八段，然膠漆遽解散，羣待詔反大懼，吴本「反」作「乃」。輒鹵莽壓得合併，玉鶴輩八九咸被壞。遂得時時奏功第賞，但求金石之奏，思得山水之清音，無矣。此良足惜。別本並云「良足惜者」。

李燾《續資治通鑑長編》卷八一《太祖乾德五年》〔四月〕戊子，陵州刺史王奇責授左衛率府率，坐掊克所部故也。陵州有陵井，僞蜀置監，歲煉鹽八十萬斤。廣政二十三年，井口摧圮，毒氣上如煙霧，煉匠縋入者皆死。後井益塞，民艱食鹽。通判、右贊善大夫真定賈璉始建議開浚，刺史王奇謂浚之犯井龍，役夫不肯進，璉親執鍤興役，逾年而至泉脈。是井本深五十四丈，皆鑿石而入，其半曰小罌口，小罌上皆以柟柏旁疊。初煉鹽日三百斤，稍增日三千六百斤。璉上其事，即詔璉知州事。璉後卒官，州人畫像祠之。據《耆舊傳》，賈璉通判陵州，實與刺史王奇同在三年二月。而五年四月奇乃責官，璉知陵州，當是繼奇。今取修井事，附見奇責官後。

李燾《續資治通鑑長編》卷九一《真宗天禧二年》〔三月〕庚戌，詔諸班直、諸軍妻坐姦者，決訖即放，不須隸作坊針工，其見役者百五十七人皆釋之。

李燾《續資治通鑑長編》卷一〇一《仁宗天聖元年》〔閏九月〕甲午，詔：「裁造院所招女工及軍士妻配隸南北作坊者，并放從便。自今當配婦人，以妻窑務或軍營致遠務卒之無家者。」

李燾《續資治通鑑長編》卷一〇五《仁宗天聖五年》〔十一月〕壬寅，工部郎中、直昭文館燕肅請造指南車，內侍盧道隆又上所創記里鼓車，詔皆以其法下有司製之。

李燾《續資治通鑑長編》卷一一一《仁宗明道元年》〔八月〕甲子，放朝，近臣詣宫門問起居。以宰相呂夷簡爲修葺大內使，樞密副使楊崇勳副之，殿前副都指揮使夏守贇都大管勾修葺，入內押班江德明、右班副都知閻文應管勾，令京東西、淮南、江東、河北諸路並發工匠赴京師。

李燾《續資治通鑑長編》卷一一四《仁宗景祐元年》〔閏六月〕庚午，詔：凡有營繕，使臣、人員、工匠並量與支賜，毋得輒求遷補。

李燾《續資治通鑑長編》卷一五一《仁宗慶曆四年》〔八月〕丙申，詔在京犯罪配隸外州軍者，不得因差役上京，在京諸司亦不得指名抽差。時內東門吏犯贓配黄州，其親戚多內臣，求駕綱上京，而作坊射爲甲匠。權度支判官李參奏恐無以懲姦，故禁之。

李燾《續資治通鑑長編》卷一七九《仁宗至和二年》〔三月癸未〕詔三司，韶州岑水場銅大發，其令轉運司益募工鑄錢。

李燾《續資治通鑑長編》卷一九〇《仁宗嘉祐五年》〔正月〕己亥，度支員外郎、集賢校理、知登州胡俛特勒停，兵部郎中、秘閣校理、知濰州解賓王落職知建昌軍。始，賓王以營葬求知登州。及俛代賓王，乃言營葬者不得請鄉郡，又因事杖其妻黨。賓王銜之，遂訟俛嘗擅役軍匠，伐州廨桐木作私器。俛既坐自盗，而知諫院范師道言：「賓王與俛並在館閣，事緣鄉里，囂然作訟，頗虧士風。」故并黜之。俛，共城人也。二人鄉里不同，與師道所言異，當考。賓王知濰州，據江氏《雜志》。賓王，蓬萊人，已見至和元年。

李燾《續資治通鑑長編》卷二二九《神宗熙寧五年》〔正月己酉〕上又論：「流品限人，非是。聞舊爲吏人，雖作諸司使副，見舊所服事官，不與同坐，此何理？」馮京曰：「此條貫。」安石曰：「此但是弊法，非有義理。王命之則成矣，豈復當計其初賤？」京曰：「此輩或經笞撻。」安石曰：「今或名位顯，所爲合服重刑者豈少？如此，人自爲可賤。若以地勢卑賤，小過爲人笞辱，但爲不幸，非義當不齒之人。」上意亦以爲然。安石曰：「古人立賢無方。如陛下自醫工技温杲爲職官，職官雖多，然如温杲者自少。自木工技楊琰爲殿直，殿直雖多，然如琰者自少。」上曰：「風俗既成，人各不自知理分，如琰自不敢與內臣同坐飲食，自以爲本賤故也。」

李燾《續資治通鑑長編》卷二三三《神宗熙寧五年》〔五月庚辰〕命供備庫副使陳珪管勾作坊，造斬馬刀。初，上匣刀樣以示蔡挺，刀刃長三尺餘，鐔長尺餘，首爲大環，挺言：「製作精巧，便於操擊，實戰陣之利器也。」遂命內臣領工置局，造數萬，分賜邊臣。斬馬刀局蓋始此。八年四月二十八日并五月十七日可考。

李燾《續資治通鑑長編》卷二四六《神宗熙寧六年》〔八月丙子〕詳定編修令敕所言：「裁省綾錦院織匠，以四百人爲額。」從之。【略】

〔八月乙未〕詔：「將作監歲用兵匠，並於秋季下諸路剗刷，明年春首起發，約夏季皆集，千里內七月終，千里外六月終。雖有替換補填，更不起發。」先是，將作取外州兵匠，並於二月下諸路，官司因循，有至放凍後乃至，故有是詔。

李燾《續資治通鑑長編》卷二四七《神宗熙寧六年》〔十月〕甲戌，相度兩浙路水利事沈括言，常、潤二州歲旱民饑，欲令本路計合修水利錢糧，募闕食人興工，從之。

李燾《續資治通鑑長編》卷二五三《神宗熙寧七年》〔五月庚戌〕詔入內供奉官衛端之追兩官，免勒停，弓弩院工匠俞宗等十人黥面，配京東西本城。端之被差看驗弓弩不堪修者拆剥，乃以病色弓三十五萬餘張赴拆剥所，內角面十二萬，司修計費錢七千餘緡。犯在疏決前，上曰：「是可以弗懲乎？」特黜之。端之先以造弓弩弦省工，減磨勘四年。至是，坐枉費得罪。《呂惠卿家傳》：惠卿判軍器監時，禁中亦置造作所。中官衛端之編排弓槍庫，雜色弓七十餘萬張，其當毀者四十九萬張，已毀十七矣。惠卿遣屬官李稷等詣庫覆視之，得其以良爲惡，而未毀者十餘萬，請復存之。案端之得罪時，惠卿已執政矣。或是惠卿先發端之罪，及執政乃行罰也。《家傳》又以端之得罪，係遣郝質詣軍器監前。郝質詣監，已附正月十二日，更須詳考之。

李燾《續資治通鑑長編》卷二五七《神宗熙寧七年》〔十月〕壬申，詔將作監具已科定修三司所用監官、兵匠之數及合役月日以聞。

李燾《續資治通鑑長編》卷二六八《神宗熙寧八年》〔九月壬申〕又詔江南西路轉運司訪作陂匠人，優給路費，仍與大將驛料赴司農寺。

李燾《續資治通鑑長編》卷二九四《神宗元豐元年》〔十一月己亥〕詔軍器監戒勵弓作監官，令三司遣官驅磨作匠有無稽違工限、減刻物料。先是，軍器監進弓，上疑不如法式，因命取日習馬軍所弓十張，較其輕重長短，與元付樣頗重，而斗力稍閃，又皆不同故也。

李燾《續資治通鑑長編》卷二九五《神宗元豐元年》〔十二月戊申〕樞密院言：「軍器監言河東路編排九軍會軍器，當造竹長團排一千六百餘面，緣工匠並造河北三州并鄜延路排，別無作匠，乞抽刷匠二百人應副，仍候造三州并鄜延排了日併手製造。」詔軍器監：「馬軍團排止依見造竹排樣，步兵長排依今年正月所降樣，許刷廂軍百人，餘依所申。」

李燾《續資治通鑑長編》卷二九六《神宗元豐二年》二月庚子朔，詔：「保州作院募民爲工匠，其給銀、鞋錢及南郊賞賜視廂軍。」以諸州軍作院所給，舊並係廂軍投換故也。

李燾《續資治通鑑長編》卷三三四《神宗元豐六年》〔三月己卯〕知安肅軍潘孝緯言：「朝廷昨用開封府判官杜常議，諸路妄通卒即所在州軍刺填廂軍。竊謂禁軍逃亡，首獲妄通，可以幸免流配；廂軍負罪逃亡，妄通，終不發覺，避重役則走赴輕處，避遠惡則自通近地，借支錢糧因此失陷，壯城作匠漸致闕人。乞下有司以杜常言與臣議詳定立法。」詔下工部。

李燾《續資治通鑑長編》卷三三六《神宗元豐六年》〔閏六月癸巳〕御史中丞黄履言：「聞將作監丞宋彭年五月中申監，準蒲左丞吏押白頭子五道，追專副人吏、作匠，有妨本場工作。將作監至六月方牒大理寺，大理寺並不追究，唯坐吏許經臣罪。臣聞法行自貴者始。蒲宗孟叨位政府，不能悉心竭力，以務報稱，而自蒙大任以來，退食家庭，荒耽酒色，翌日朝退，昏倦熟寐，起簽書文字，不復詳究。聞執政聚廳，宗孟常未至。今又恃勢違法，役使兵吏，曠弛驕恣，至於如此。將作監既聞日役百餘人，當即施行，乃至七日而後下；大理寺既知宗孟違法，當盡公根究，乃書吏更以輕罪，且以緣故出之，皆畏避權勢，慢上曲法者也。」詔御史臺鞫實以聞。履又言：「宗孟事乃臣所彈奏，乞特命官司推治。」詔大理少卿韓晉卿、御史楊畏就臺劾罪以聞。

李燾《續資治通鑑長編》卷三三八《神宗元豐六年》〔八月〕己亥，知成都府呂大防言：「歲額上供錦，豫支絲紅花工直與機户雇織，多苦惡欠負。昨創令軍匠八十人織，比舊費省而工善。今先織細法錦及透背鹿胎樣進呈，乞換充本府機院工匠。」詔：「成都府創用軍工織錦，比較以前機法精好，兼省工直，並依所奏。」

李燾《續資治通鑑長編》卷三五三《神宗元豐八年》〔三月辛丑〕詔開修京城壕人夫及製造軍器兵匠滿三千者各遣歸所屬州，仍賜錢有差。

李燾《續資治通鑑長編》卷三五五《神宗元豐八年》〔四月庚寅〕監察御史安惇奏：「訪聞荆湖南、北兩路采買修京城木植，內侍高品、甘承立於逐路製造上供生活，以和雇爲名，强役工匠，非法殘害，死者甚衆。加以藉勢營私，爲害不一。方朝廷以忠厚之政，子養萬民，而承立小臣，敢肆貪暴，公議不容。伏望聖慈委官審察，如有實，乞賜施行。」詔令荆湖北路轉運司體量詣實聞奏。

李燾《續資治通鑑長編》卷三七三《哲宗元祐元年》〔三月壬午〕詔內臣甘

承立更不結案，特除名勒停，免真決，不刺面，配韶州牢城，以言者謂承立市木荆湖，凌虐工匠致死故也。《舊録》云：承立被先帝旨，市木于荆湖。言者謂承立不立案，淩虐工匠致死，坐配流。《新録》辯曰：甘承立以淩虐工匠致死，坐配，此有司常法，不當引先帝爲言。自「承立」至「坐配流」二十八字並删去。去年六月二十四日送湖北取勘。

李燾《續資治通鑑長編》卷三九四《哲宗元祐二年》 春，正月甲寅朔。乙卯，詔以雪寒權停在京工役三日。

李燾《續資治通鑑長編》卷四〇二《哲宗元祐二年》〔六月〕甲午，詔以大熱，權停在京工役三日。

李燾《續資治通鑑長編》卷四〇七《哲宗元祐二年》〔十一月〕庚午，詔以雪寒，停在京工役三日，遣官疏決在京及府界繫囚。

李燾《續資治通鑑長編》卷四〇八《哲宗元祐三年》〔二月乙酉〕三省言配軍及逃亡軍人應部送者，遇寒月，隨所斷及所過州權留工役，給請受，至二月乃遣。詔在京及諸路特展至三月。

李燾《續資治通鑑長編》卷四一二《哲宗元祐三年》〔六月己亥〕以夏熱，權停在京工役三日。

李燾《續資治通鑑長編》卷四一八《哲宗元祐三年》〔十二月〕丙戌，以雪寒泥濘，免朝參五日，給役工假三日。

李燾《續資治通鑑長編》卷四二三《哲宗元祐四年》〔三月〕辛巳，詔上清儲祥宫依圖修蓋，和雇工匠。此據《政目》三月十一日所書增入。

李燾《續資治通鑑長編》卷四二九《哲宗元祐四年》〔六月〕以大熱，給在京工役假三日。

李燾《續資治通鑑長編》卷四三六《哲宗元祐四年》〔十二月甲寅〕三省、樞密院言：「昨令都提舉修河司從長擇一順快處回河，差夫八萬，和雇二萬充引水正河工役外，北外都水丞司檢計到大河北流人夫二十萬四千三百一十八人，故道人夫七萬四千四百五十六人，兩項共計二十七萬八千七百七十四人。今都水監丞李君貺等檢計裁減到共十九萬四千九十八人。」詔令修河司且開減水河，其差夫八萬人，於數內減作四萬人，充修河工役；于李君貺等裁定差夫內，共減作一十萬人，令修河司通那分擘役使，餘依前降指揮。

李燾《續資治通鑑長編》卷四五四《哲宗元祐六年》〔正月〕癸未，詔以雪寒，給在京工役假三日。

李燾《續資治通鑑長編》卷四六〇《哲宗元祐六年》〔六月〕壬子，詔以暑熱權停在京工役三日。

李燾《續資治通鑑長編》卷四六四《哲宗元祐六年》〔八月癸巳〕御史臺言：「東西作場乞今後應造軍器作匠，每半年一次比較進退，並限次季仲月試驗，審實結絶，仍須所屬郡官或委轄下别司官審察，免致關通遷延生弊。其諸路似此比較處，亦乞依此。」從之。

李燾《續資治通鑑長編》卷四六五《哲宗元祐六年》〔閏八月癸酉〕大理寺言：「配軍並不許特行投換。在京已投換者，但犯杖以上罪，並依元罪重數配出。若自首并已投換，充作坊工匠，而犯杖以上罪，非犯盗及餘犯情重者，聽免。」從之。

李燾《續資治通鑑長編》卷四八〇《哲宗元祐八年》〔正月己亥〕尚書省言：去年九月六日役法，應今後役人，須有税産，不得募蔭、贖并曾犯徒及工藝人，並召保，仍不得過舊雇錢數。從之。【略】

〔正月〕乙巳，詔：寒雪，在京工役給假三日。

李燾《續資治通鑑長編》卷四八九《哲宗紹聖四年》〔六月〕甲辰，上批：「爲暑熱，應在京工役去處，並放假三日。」

李燾《續資治通鑑長編》卷四九四《哲宗元符元年》〔二月癸未〕兵部言，儀鸞司乞置次供御人匠等。詔添供御工匠各十人。【略】

甲申，權工部侍郎郭知章、員外郎梁鑄進對，言和雇工匠雇直多不時給，乞立限支給。上曰：「細民仰以爲生，不可緩也。」

李燾《續資治通鑑長編》卷四九五《哲宗元符元年》〔三月〕辛酉，工部言：「乞文思院等處工作合雇人入役者，具人數單于監門官，點名放入。委監官檢察功程及造到名件，仍各置曆，即日鈔上結押，每旬申少府監點檢。違者各杖一百。」從之。

李燾《續資治通鑑長編》卷四九七《哲宗元符元年》〔四月庚寅〕樞密院言，河東路兵馬出界討蕩回，又就便修築第九寨工役，暴露日久。詔入役軍兵各賜錢有差。三月九日修築府州第九寨。

李燾《續資治通鑑長編》卷五〇〇《哲宗元符元年》〔七月己酉〕詔：時氣暑熱，應在京工役，並給假三日。

李燾《續資治通鑑長編》卷五〇四《哲宗元符元年》〔十二月〕辛卯，三省言：「淮南、兩浙路察訪司，體訪得發運使吕温卿在蘄州蘄水縣妄認富民陳鎡爲親，託買山作簰栰，約直三千緡。令家僮作馬比部名目，於税務發引前來，所經場務，虧少税錢。又令睦州青溪縣丞朱興宗於越州買麥穗紗千餘匹，並不曾納税。又於舒、黄州差禁軍充合破厢軍，雇部内人充女使，以二十歲者作繡工，以十六七歲室女作乳媪。」詔楊州制勘院依公盡理根究，不得觀望滅裂。

李燾《續資治通鑑長編》卷五一〇《哲宗元符二年》　〔五月〕丙辰，胡宗回言，進築白豹、瓦當嶺城寨畢工。詔入役禁軍、厢軍、弓箭手、蕃兵等各賜錢有差。二十八日白豹賜名。【略】

〔戊辰〕都知梁從政以歲滿，乞罷提舉大内修造，曾布言：「從政前後經二府，陳狀不一，不敢進呈。今云歲滿，須取旨。」上曰：「須是都知無可差者。」遂令再任。從政以修内司役兵工匠，多爲御藥郝隨所抽差拘留於後苑，作下無人可以辦事，故累狀乞免。上但云：「作下緩急修造，須至差那，卻可於諸處差人。」布云：「禁中修造，恐無例差外處役兵。兼從政嘗乞差御藥管勾，詔差郝隨，雖受宣已數年，而今不曾赴修内司管勾。」上亦知之。《布録》戊辰。從政遂託疾在告。《布録》六月甲戌，今并此。

李燾《續資治通鑑長編》卷五一一《哲宗元符二年》　〔五月戊辰〕環慶路言進築駱駝巷城寨畢工，詔賜入役民兵等錢有差。四月二十二日。《布録》云：己巳，環慶築白豹畢後，移兵築駱駝巷，將士特支；庚午，環慶又奏，已築駱駝等寨，章惇云：「福至心靈，胡宗回一併築了城寨，亦可嘉。」進築先後，與《實録》不同，今附此。

李燾《續資治通鑑長編》卷五一二《哲宗元符二年》　〔七月〕丁未，上批：「暑熱，應在京工役，自今月十七日放假。」

洪邁《容齋三筆》卷一一《宫室土木》　秦始皇作阿房宫，寫蜀、荆地材至關中，役徒七十萬人。隋煬帝營宫室，近山無大木，皆致之遠方，二千人曳一柱，以木爲輪，則戛摩火出，乃鑄鐵爲轂，行一二里，轂輒破，别使數百人齎轂，隨而易之，盡日不過行二三十里，計一柱之費，已用數十萬功。大中祥符間，姦佞之臣罔真宗以符瑞，大興土木之役，以爲道宫。玉清昭應之建，丁謂爲修宫使，凡役工日至三四萬，所用有秦、隴、岐、同之松，嵐、石、汾、陰之柏，潭、衡、道、永、鼎、吉之梌、柟、櫧，温、台、衢、吉之檮，永、澧、處之槻、樟，潭、柳、明、越之杉，鄭、淄之青石，衡州之碧石，萊州之白石，絳州之斑石，吴越之奇石，洛水之石卵，宜聖庫之銀朱，桂州之丹砂，河南之赭土，衢州之朱土，梓、信之石青、石緑，磁、相之黛，秦、階之雌黄，廣州之藤黄，孟、澤之槐華，虢州之鈆丹，信州之土黄，河南之胡粉，衡州之白堊，鄆州之蚌粉，兖、澤之墨，歸、歙之漆，萊蕪、興國之鐵。其木石皆遣所在官部兵民入山谷伐取。又於京師置局，化銅爲鍮，冶金薄、鍛鐵以給用。凡東西三百一十步，南北百四十三步。地多黑土疏惡，於京東北取良土易之，自三尺至一丈有六等。起二年四月，至七年十一月宫成，總二千六百一十區。不及二十年，天火一夕焚爇，但存一殿。是時，役徧天下，而至尊無窮兵黷武、聲色苑囿、嚴刑峻法之舉，故民間樂從，無一違命，視秦、隋二代，萬萬不侔矣。然一時賢識之士，猶爲盛世惜之。國史志載其事，欲以爲夸，然不若掩之之爲愈也。沈括《筆談》云：「温州鴈蕩山，前世人所不見。故謝靈運爲太守，未嘗游歷。因昭應宫采木，深入窮山，此境始露於外。」他可知矣。

趙彦衛《雲麓漫鈔》卷三　今之太常所用祭器雅樂，悉是紹興十六年禮器局新造，祭器用《博古圖》，雅樂用大晟府制度。大晟樂用徽宗君指三節爲三寸，如崇寧四年所鑄景鍾是也。紹興之制，則用前皇祐二年製造大樂中黍尺，景鍾高九尺，垂則爲鍾，仰則爲鼎。鼎之大，中容九斛，中聲所極，退藏則八斛有一焉。時鑄匠鄭真以謂高九尺，約度金分厚薄，取應聲律，退藏可容二十斛，數即不應八斛有一。緣九尺之高，則金分太薄，難以取應聲律。故止令高九尺，厚薄樣則隨宜寫造。

李埴《皇宋十朝綱要》卷一〇下《神宗》　〔元豐八年三月〕辛丑，罷皇城邏卒，放開壕役夫及造軍器兵匠。

李埴《皇宋十朝綱要》卷三《哲宗》　元祐二年三月壬戌，太皇太后手詔，受册止就崇政殿，以雨雪不時，止天下營繕三年，散遣兵匠。庚辰，詔内侍省供奉官至黄門以一百人爲額。

楊仲良《皇宋通鑒長編紀事本末》卷一八《真宗皇帝·建玉清昭應宫》　〔大中祥符六年五月乙酉〕詔淮南諸州，爲緣玉清昭應宫所差民匠，月給其家米人一石。

楊仲良《皇宋通鑒長編紀事本末》卷二〇《真宗皇帝·崇奉五嶽》　〔大中祥符七年〕九月辛丑，幸五嶽觀，宴從官，賜兵匠緡帛有差。翌日上梁，又命宗室輔臣往觀，復賜許百司休務，士庶行樂，賜觀名曰會靈。

楊仲良《皇宋通鑒長編紀事本末》卷二五《真宗皇帝·王均之變》　咸平二年，西川自李順平後，人心未寧，益州鈐轄鳳州團練使符昭壽，彦卿之子也，驕恣不親戎務，有所裁決，但令僕使傳道，多集錦工織作纖麗，所須物輒抑市人買配，踰半年不給其直。

《金史》卷五八《百官志四・百官俸給》 太廟神廚祠祭度勾當人、少府監隨色工匠、部役官受給官司吏，錢粟二貫石，春秋衣絹各一匹。

諸局作匠人請俸，綉女都管錢粟五貫石，都繡頭錢粟四貫石，副繡頭三貫五百石，中等細繡人三貫石，次等細繡人二貫五百石，習學本把正辦人錢支次等之半，描繡五人錢粟三貫石，司吏二人三貫石。修内司，作頭五貫石，工匠四貫石，春秋衣絹各二匹。軍夫除錢糧外，日支錢五十、米一升半。百姓夫每日支錢一百、米一升半。國子監雕字匠人，作頭六貫石，副作頭四貫石，春秋衣絹各二匹。長行三貫石，射糧軍匠錢粟三貫石，春秋衣絹各二匹，習學給半。 初習學匠錢六百，米六斗，春秋絹各一匹，布各一匹。 民匠日支錢一百八十文。

《金史》卷七九《張中彦傳》 正隆營汴京新宫，中彦採運關中材木。青峰山巨木最多，而高深阻絶，唐、宋以來不能致。中彦使構崖駕壑，起長橋十數里，以車運木，若行平地，開六盤山水洛之路，遂通汴梁。明年，作河上浮梁，復領其役。舟之始製，匠者未得其法，中彦手製小舟纔數寸許，不假膠漆而首尾自相鉤帶，謂之「鼓子卯」，諸匠無不駭服，其智巧如此。浮梁巨艦畢功，將發旁郡民曳之就水。中彦召役夫數十人，治地勢順下傾瀉于河，取新秫稭密布於地，復以大木限其旁，凌晨督衆乘霜滑曳之，殊不勞力而致諸水。

《元史》卷六《世祖紀三》 〔至元六年二月丁酉〕賑欠州人匠貧乏者米五千九百九十九石。敕：「鞍、靴、箭鏃等物，自今不得以黄金爲飾。」開元等路饑，減户賦布二匹，秋税減其半，水達達户減青鼠二，其租税被災者免徵。

《元史》卷一三《世祖紀十》 〔至元二十一年五月乙丑〕阿魯忽奴言：「曩於江南民户中撥匠户三十萬，其無藝業者多，今已選定諸色工匠，餘十九萬九百餘户宜縱令爲民。」從之。

《元史》卷一七《世祖紀十四》 〔至元三十年十一月戊辰〕免江南都作院軍匠出征。

《元史》卷六四《河渠志一・通惠河》 通惠河，其源出於白浮、甕山諸泉水也。

世祖至元二十八年，都水監郭守敬奉詔興舉水利，因建言：「疏鑿通州至〔大〕都河，改引渾水溉田，於舊牐河蹤跡導清水，上自昌平縣白浮村引神山泉，西折南轉，過雙塔、榆河、一畝、玉泉諸水，至西〔水〕門入都城，南匯爲積水潭，東南出文明門，東至通州高麗莊入白河。總長一百六十四里一百四步。塞清水口一十二處，共長三百一十步。壩牐一十處，共二十座，節水以通漕運，誠爲便益。」從之。首事於至元二十九年之春，告成於三十年之秋，賜名曰通惠。凡役軍一萬九千一百二十九，工匠五百四十二，水手三百一十九，没官囚隸百七十二，計二百八十五萬工，用楮幣百五十二萬錠，糧三萬八千七百石，木石等物稱是。役興之日，命丞相以下皆親操畚鍤爲之倡。置牐之處，往往於地中得舊時磚木，時人爲之感服。船既通行，公私兩便。先時通州至大都五十里，陸輓官糧，歲若干萬，民不勝其悴，至是皆罷之。

《元史》卷六四《河渠志一・會通河》 會通河，起東昌路須城縣安山之西南，由壽張西北至東昌，又西北至于臨清，以逾于御河。

至元二十六年，壽張縣尹韓仲暉、太史院令史邊源相繼建言，開河置牐，引汶水達舟于御河，以便公私漕販。省遣漕副馬之貞與源等按視地勢，商度工用，於是圖上可開之狀。詔出楮幣一百五十萬緡、米四〔百〕〔萬〕石、鹽五萬斤，以爲傭直，備器用，徵旁郡丁夫三萬，驛遣斷事官忙速兒、禮部尚書張孔孫、兵部尚書李處巽等董其役。首事於是年正月己亥，起於須城安山之西南，止於臨清之御河，其長二百五十餘里，中建牐三十有一，度高低，分遠邇，以節蓄洩。六月辛亥成，凡役工二百五十一萬七百四十有八，賜名曰會通河。

二十七年，省以馬之貞言霖雨岸崩，河道淤淺，宜加修濬，奏撥放罷輸運站户三千，專供其役，仍俾採伐木石等以充用。是後，歲委都水監官一員，佩分監印，率令史、奏差、濠寨官往職巡視，且督工，易牐以石，而視所損緩急爲後先。至泰定二年，始克畢事。

會通鎮牐三，土壩二，在臨清縣北。頭牐長一百尺，闊八十尺，兩直身各長四十尺，兩鴈翅各斜長三十尺，高二丈，牐空闊二丈，自至元三十年正月一日興工，凡役夫匠六百六十名，至十月二十九日工畢。中牐南至隘船牐三里，元貞二年七月二十三日興工，至大德二年三月十三日工畢，夫匠四百四十三，長廣與上牐同。隘船〔牐〕南至李海務牐一百五十二里，延祐元年八月十五日興工，九月二十五日工畢，夫匠五百，牐空闊九尺，長廣同上。土壩二。

李海務牐南至周家店牐一十二里，元貞二年二月二日興工，五月二十日工畢，夫匠五百二十七名，長廣與會通鎮牐同。

周家店牐南至七級牐一十二里，大德四年正月二十一日興工，八月二十日工畢，夫匠四百四十二，長廣與上同。

七級牐二：北牐南至南牐三里，大德元年五月一日興工，十月六日工畢，夫匠四百四十三名，長廣如周家店牐；南牐南至阿城牐一十二里，元貞二年正月二十日興工，十月五日工畢，夫匠四百五十名，長廣同北牐。

阿城牐二：北牐南至南牐三里，大德三年三月五日興工，七月二十八日工畢，夫匠四百四十一名，長廣上同；南牐南至荆門北牐一十里，大德二年正月二十五日興工，十月一日工畢，夫匠四百四十六名，長廣上同。

荆門牐二：北牐南至荆門南牐二里半，大德三年六月初一日興工，至十月二十五日工畢，役夫三百一十名，長廣同；南牐南至壽張牐六十五里，大德六年正月二十三日興工，六月二十九日工畢，長廣同北牐。

壽張牐南至安山牐八里，至元三十一年正月一日興工，五月二十日工畢。

安山牐南至開河牐八十五里，至元二十六年建。

開河牐南至濟州牐一百二十四里。

濟州牐三：上牐南至中牐三里，大德五年三月十二日興工，七月二十八日工畢；中牐南至下牐二里，至治元年三月一日興工，六月六日工畢；下牐南至趙村牐六里，大德七年二月十三日興工，五月二十一日工畢。

趙村牐南至石佛牐七里，泰定四年二月十八日興工，五月二十日工畢。

石佛牐南至辛店牐一十三里，延祐六年二月十日興工，四月二十九日工畢。

辛店牐南至師家店牐二十四里，大德元年正月二十七日興工，四月一日工畢。

師家店牐南至棗林牐一十五里，大德二年二月三日興工，五月二十三日工畢。

棗林牐南至孟陽泊牐九十五里，延祐五年二月四日興工，五月二十二日工畢。

孟陽泊牐南至金溝牐九十里，大德八年正月四日興工，五月十七日工畢。

金溝牐南至隘船牐一十二里，大德十年閏正月二十五日興工，四月二十三日工畢。

沽頭牐二：北隘船牐南至下牐二里，延祐二年二月六日興工，五月十五日工畢；南牐南至徐州一百二十里，大德十一年二月興工，五月十四日工畢。

三汊口牐入鹽河，南至土山牐一十八里，泰定二年正月十九日興工，四月十三日工畢。

土山牐南至三汊口牐二十五里，入鹽河。

兖州牐。

堽城牐。

《明史》卷七八《食貨志二・賦役》 凡軍、匠、竈户，役皆永充。軍户死若逃者，於原籍勾補。匠户二等：曰住坐，曰輪班。住坐之匠，月上工十日。不赴班者，輸罰班銀月六錢，故謂之輸班。監局中官，多占匠役，又括充幼匠，動以千計，死若逃者，勾補如軍。竈户有上、中、下三等。每一正丁，貼以餘丁。上、中户丁力多，或貼二三丁，下户概予優免。他如陵户、園户、海户、廟户、旛夫、庫役，瑣末不可勝計。

明初，工役之繁，自營建兩京宗廟、宫殿、闕門、王邸。采木、陶甓，工匠造作，以萬萬計。所在築城、濬陂，百役具舉。迄於洪、宣，郊壇、倉庾猶未迄工。正統、天順之際，三殿、兩宫、南内、離宫，次第興建。弘治時，大學士劉吉言：「近年工役，俱摘發京營軍士，内外軍官禁不得估工用大小多寡。本用五千人，奏請至一二萬，無所稽覈。」禮部尚書倪岳言：「諸役費動以數十萬計，水旱相仍，乞少停止。」南京禮部尚書童軒復陳工役之苦。吏部尚書林瀚亦言：「兩畿頻年凶災，困於百役，窮愁怨嘆。山、陝供億軍興，雲南、廣東西徵發剿叛。山東、河南、湖廣、四川、江西興造王邸，財力不贍。浙江、福建辦物料，視舊日增多。庫藏空匱，不可不慮。」帝皆納其言，然不能盡從也。武宗時，乾清宫役尤大。以太素殿初制樸儉，改作雕峻，用銀至二千萬餘兩，役工匠三千餘人，歲支工食米萬三千餘石。又修凝翠、昭和、崇智、光霽諸殿，御馬監、鐘鼓司、南城豹房新房、火藥庫皆鼎新之。權倖閹宦莊園祠墓香火寺觀，工部復竊官銀以媚焉。給事中張原言：「工匠養父母妻子，尺籍之兵禦外侮，京營之軍衛王室，今奈何令民無所賴，兵不麗伍，私歸私門，怨叢公室乎？」疏入，謫貴州新添驛丞。世宗營建最繁，十五年以前，名爲汰省，而經費已六七百萬。其後增十數倍，齋宫、秘殿並時而興。工場二三十處，役匠數萬人，軍稱之，歲費二三百萬。其時宗廟、萬壽宫災，帝不之省，營繕益急。經費不敷，乃令臣民獻助；獻助不已，復行開納。勞民耗財，視武宗過之。萬曆以後，營建織造，溢經制數倍，加以徵調、開採，民不得少休。迨閹人亂政，建第營墳，僭越亡等，功德私祠遍天下。蓋二百餘年，民力殫殘久矣。其以職役優免者，少者一二丁，多者至十六丁。萬曆時，免田有至二三千者。

《明太祖實録》卷九十八 〔洪武八年三月壬戌〕詔計均工夫役。初，中書省議：民田每頃出一丁爲夫，名曰均工夫役，民咸便之。至是，上復命户部計田多寡之數，工部定其役。每歲冬農隙至京應役，一月遣歸。於是檢覈直隸應天等一十七府，江西所屬一十三府，爲田五十四萬五百二十三頃，出夫五十四萬五百二十三人。

《明太祖實録》卷一百十八 〔洪武十一年五月〕壬午，命工部凡在京工匠赴工者，月給薪米鹽蔬。休工者停給，聽其營生，勿拘。時在京工匠凡五千餘人，皆便之。

《明太祖實録》卷一百二十八 〔洪武十二年十二月戊寅〕以工匠之役于京者，多艱於衣食，命工部月給米贍之。有妻子者一石，無者六斗。其魘魅獲罪，免死罰輸作者，不在是例。凡給糧工匠四千七百十三人，不給者一百四十九人。

《明太祖實録》卷一百三十五 〔洪武十四年正月〕是月，命天下郡縣，編賦役黄册。其法：以一百一十户爲里。一里之中，推丁糧多者十人爲之長，餘百户爲十甲，甲凡十人。歲役里長一人，甲首十人，管攝一里之事。城中曰坊，近城曰厢，鄉都曰里。凡十年一周，先後則各以丁糧多寡爲次。每里編爲一册，册之首總爲一圖。其里中鰥寡孤獨不任役者，則帶管于百一十户之外，而列于圖後，名曰畸零。册成爲四本，一以進户部，其三則布政司、府、縣，各留其一焉。

《明太祖實録》卷一百五十九 〔洪武十七年正月〕甲寅，工部尚書麥至德言：「天下工匠，多有隱爲民籍而避役作者，宜起至京役之。」上以匠籍既定，不可復擾於民，不聽。

《明太祖實録》卷一百七十七 〔洪武十九年〕夏四月丙戌朔，定工匠輪班。初，工部籍諸工匠，驗其丁力，定以三年爲班，更番赴京輸作三月，如期交代，名曰輪班匠。議而未行。至是，工部侍郎秦逵復議舉行。量地遠近以爲班次，且置籍爲勘合付之，至期齎至工部聽撥。免其家他役，著爲令。於是諸工匠便之。

《明太祖實録》卷二百三 〔洪武二十三年八月丙寅〕户部奏重造黄册，以册式一本并合行事宜條例，頒行所司。不許聚集團局科擾，止將定式頒與各户，將丁産依式開寫，付該管甲首造成文册，凡十一户，以付坊、厢、里長。坊、厢、里長以十甲所造册，凡一百一十户，攢成一本。有餘，則附其後，曰畸零户，送付本縣。本縣通計其數，比照十四年原造黄册，如丁口有增減者，即爲收除；田地有買賣者，即令過割，務在不虧原額。其排年里甲，仍依原定次第應役。如有貧乏，則於百户内選丁糧多者補充；事故絶者，於畸零户内選湊。其上中下三等人户，亦依原定編類，不許更改，因而分丁析户，以避差徭。其各里册首，類爲圖，以總其税糧、户口之數。縣、州、府、布政司，以次總之，而以上于京師，藏之户部，庶幾無移易倚託之患。上命頒行之。

《明太祖實録》卷二百十四 〔洪武二十四年十二月戊寅〕詔令工匠之役于内者，日給鈔以爲廩食，視其勞力爲差。自是凡役于内府者皆給鈔。

《明太祖實録》卷二百三十 〔洪武二十六年十月己亥〕更給天下府州縣工匠輪班勘合。先是，諸色工匠歲率輪班至京受役，至有無工可役者，亦不敢失期不至。至是，工部以爲言。上令先分各色匠所業，而驗在京諸司役作之繁簡，更定其班次。率三年或二年一輪，使赴工者各就其役而無費日，罷工者得安家居而無費業。于是給與勘合，凡二十三萬二千八十九人。人咸便之。

《明太宗實録》卷五十七 〔永樂四年閏七月〕壬戌，文武羣臣淇國公丘福等請建北京宫殿，以備巡幸。遂遣工部尚書宋禮詣四川，吏部右侍郎師逵詣湖廣，户部左侍郎古朴詣江西，右副都御史劉觀詣浙江，右僉都御史仲成詣山西督軍民採木，人月給米五斗、鈔三錠。命泰寧侯陳珪、北京刑部侍郎張思恭督軍、民匠造磚瓦，人月給米五斗。命工部徵天下諸色匠作；在京諸衛及河南、山東、陝西、山西都司，中都留守司，直隸各衛選軍士；河南、山東、陝西、山西等布政司，直隸鳳陽、淮安、揚州、廬州、安慶、徐州、和州選民丁；期明年五月俱赴北京聽役。率半年更代，人月給米五斗。其徵發軍民之處，一應差役及閘辦銀課等項悉令停止。

《明太宗實録》卷一百十二 〔永樂九年正月己丑〕刑科右給事中耿通等言：「舊制，輪班工匠，役滿即遣歸。今有滿役一歲，工部仍留不遣，使之栖栖飢寒道路。此皆尚書宋禮等不體朝廷恤下之意所致，請罪之。」上曰：「居官享禄，温飽有餘，不恤下人，此何可宥！」命錦衣衛自郎中以下，悉執而鞫之。宋禮令戴罪理事。

《明太宗實録》卷一百十七 〔永樂九年七月辛酉〕，上諭工部臣曰：「見役天壽山工匠，劬勞日久，令有司月給米壹石，贍其家。」

《明宣宗實録》卷二 〔洪熙元年六月乙卯〕上以京師見役軍伍匠勞勤日久，人賜綿布二匹，鈔五錠，鞋二雙。【略】

〔閏七月壬寅〕上御西角門，諭尚書吴中等曰：「比聞工部差人催柴炭、顔料、工匠等事，多有暴酷傷人者，事有不可已者，亦當從容使人措辦；若暴酷逼迫，爲朝廷斂怨，失人心矣。宜詢察一二人痛治之，以儆其餘。」

《明宣宗實録》卷十七 〔宣德元年五月丁酉〕鎮守薊州、山海都督僉事陳景先奏：「比有令遵化仍開冶炒鐵，所役軍民，如舊取用。臣按舊役遵化、東勝右、忠義中、興州前屯四衛軍士千人，久已遣還，發補神機營及諸衛守備。又永平府灤州及遷安等六縣民千人，亦驗丁養馬及有他役。今正當耘耨之時，役之恐妨農事。乞先以遵化、東勝右、忠義中、永平、盧龍、東勝左、薊州、鎮朔、營州右屯、開平中屯、興州右屯、興州前屯、興州左屯十三衛，及寬河守禦千户所神機營，遣還操備官軍內，量其多寡，暫借應役，兩番更代，俟秋收畢，仍發永平州縣民及旁近衛所軍士如舊赴工。」從之。【略】

〔九月戊申〕命行在工部：凡工匠户有二丁、三丁者留一丁，四丁、五丁者留二丁，六丁以上者留三丁。餘皆放回，俾後更代。單丁則視年久近，次弟放免。殘疾老幼及無本等工程者，皆放免。【略】

〔十二月戊辰〕河東陝西都轉運鹽使司奏：「所轄鹽池周圍隄堰，往歲爲雨潦所壞。嘗奏准以蒲、解、安邑諸州縣民修治，緣人少役重難完。今歲雨多，又壞新築二堰，溪水入池，虧損鹽利。乞勅山西布政司平陽府各遣官乘今農隙，起丁夫修築。」從之。

《明宣宗實録》卷三十 〔宣德二年八月乙亥〕，行在户部奏：「兩淮、兩浙煎辦鹽課，每歲給工本，今應如例遣監生運新鈔給之。就令盤驗去年所辦之數。」上曰：「國家不欲損民，故鹽課給工本。但近聞差去監生，皆有需求，卿等宜戒飭之。」

《明宣宗實録》卷四十 〔宣德三年三月丁未〕放免老幼殘疾軍民匠九百九十二人。先是，有言工匠多老幼殘疾不堪役者。上謂行在工部尚書吴中等曰：「老幼殘疾不堪役者，屢命爾放免，而仍一槩拘役，有仁心者不如此，其速閲驗放遣之。」至是始以名聞，遂悉免之。【略】

〔閏四月〕甲午，少保行在工部尚書吴中奏：「諸色工匠，多有逃逸，當追捕問罪。」上曰：「工匠赴役，皆與糧賞，朝廷非是不恤。但管工之人，貪虐害之，致其逃逸。凡事當究其本。即出榜禁約管工匠官及作頭，有虐害工匠者，治以重罪。逃者，許兩月內自首，免罪赴工，仍與糧賞。」

《明宣宗實録》卷三十三 〔宣德五年二月丙戌〕上退朝，御左順門，謂行在工部尚書吴中等曰：「比聞在京工匠之中，有老幼殘疾并不諳匠藝及有一户數丁皆赴工者，宜從實取勘。老幼殘疾及不諳者皆罷之，丁多者量留，餘悉遣歸。凡久役者亦勘實以聞。」【略】

〔壬辰〕行在工部尚書吴中奏：「昨山東禹城縣木匠告有弟光匠逃回，今全家起發京衛充軍當匠。緣家口衆，不能贍給。乞令以弟充軍供役而釋免其餘，以待後繼。緣此類尚多，未敢分豁。」上曰：「逃匠充軍，用示警戒。全家起發，則使之失業。即從所言，與之分豁。事同者，皆如之。」

癸巳，勑諭行在六部都察院曰：「朕恭膺天命，嗣承祖宗洪業，夙夜孜孜，保民圖治。每食則思下人之饑，衣則思下人之寒，心存民瘼，未嘗忘之。今春氣已和，特頒寬恤之令條示于後，爾六卿大臣，與國同體，爲德爲民，務盡乃心。如政令有所未當，朕慮有所未周者，尚審思列奏。都御史任耳目之寄，亦宜博訪以聞，庶用副朕恤民之意，欽哉無忽。一，宣德四年，各處有經水旱蝗蝻去處，速行巡按、御史、按察司，委官從實體勘災傷田土，明白具奏，開豁税糧，坐視不理者罪之。一，宣德三年以前，官員軍民有倒死官馬、騾、驢，及軍民有虧欠孳生馬匹者，悉免追陪。一，宣德三年以前，軍民有欠柴、炭、草者，盡行蠲免。一，各處百姓近因饑窘，逃徙他處者，速行各布政司、按察司及府、州、縣招諭復業，仍善加撫綏，免其户下税糧及雜泛差役一年。一，除造軍器及軍需買辦外，其餘爲營造等事，各處採買顔料、生漆諸物，工部速行各處有司，已採買在官者，差人運赴京庫，未採買者，盡行停止。其差去督採買官員人等，即令回京，不許留滯擾民。一，朝廷所用之物，各有土産之處，今復凡遇收買，只派於土産之處，如收買數多，量免其他差役，以優恤之。不許一槩於不産之地收買，科擾害民，違者罪之。一，各處舊額官田起科不一，租糧既重，農民弗勝。自今年爲始，每田一畝，舊額納糧自一斗至四斗者，各減十分之二；自四斗一升至一石以上者，減十分之三，永爲定例。一，近年在京工作匠人多有逃者，蓋因管工官及作頭等不能撫卹，又私縱其强壯者不令赴工，俾辦納月錢入己，併冒關其糧賞，止令貧難者做工，又逼索其財物，受害不已，是故在逃；及差人勾取，差去之人又逼取財物，工匠受害，弊非一端。自今工匠一户有二丁者，令一丁赴工，一丁放免；四丁者二丁赴工，二丁放免；六丁以上，俱準此例。單丁者與別户朋合，聽其一年或二年相輪代替，違者依失班例論。如遇大營造，暫借撮工者，計其用工日月，准後班次。用工之處，常差監察御史、給事中點閘，考其工程，仍前作弊者就執奏究治。庶革宿弊，下得均其勞逸，上不虚費糧賞。一，工匠有年老殘疾、户内無丁力者，保勘明白，即開其匠籍。一，近年逃匠，往往有懷挾私讎，妄指平民爲匠者，所司不與分豁，民多受害。工部及法司即與分豁，仍嚴行禁止，再犯者罪之不恕。」

【略】

〔十月庚午〕巡撫河南工部侍郎許廓奏：「各處逃民，久不復業。近蒙寬恩，令於所在入籍。然有已居十餘年者，耕種甚廣，賦役不供。宜令有司取勘，凡居五年之上，而户有三丁者，取一丁；不及三丁，令朋合一丁，編定班次，輪流赴京充雜役，每半年一更。再逃，則編發充軍，庶使民知所懼。」上諭行在户部臣曰：「民逃爲避役耳。方令入籍，豈可遽役？廓之言勿聽。」

《明宣宗實録》卷七十七〔宣德六年三月庚寅〕行在工部奏：「浙江并直隸、蘇、松等府州輪班工匠，近以營繕起取，多託故失班，請遣官分行查審。惟造兵器及織幣者存留；若單丁常以營造放回者，令當後班；其丁多失班一次者，赴部補班；二次、三次以上并從前不當班者，逮問罰班。其湖廣、江西二布政司，令南京工部遣官查審如例。」從之。【略】

〔十二月丙辰〕工部辦事吏朱士美言：「徽州府織染局歲造綵段，以所屬六縣工匠爲之。每匠有三五丁、七八丁、多至十餘丁者，止一丁赴局，其餘亦不輪班。而每歲僉點縣民十一人爲堂長，典絲出納。又僉歙、休寧二縣民四百餘人絡絲，工匠餘丁苟免徭役。堂長出納之際，爲弊尤甚。有司官吏緣是爲姦，民受其害，無所告訴。乞行巡按監察御史從公覆勘，如應天府例：以匠户丁多者爲堂長，餘丁絡絲，庶便於民。」上從之。命行在工部即爲勘實處置，有司官吏作弊者，皆治以罪。

《明宣宗實録》卷一百七〔宣德八年十一月丙午〕孝陵衛軍匠陳完壹等奏：「永樂十六年起赴北京營造，恭荷太宗皇帝、仁宗皇帝恩旨：凡皇陵、孝陵二衛軍匠，悉遣守陵，無令別差。已著爲令。近行在工部以逃匠坐取至京，乞與分理。」上顧尚書吴中曰：「今無大營造，而天下工匠至者動以萬計。孝陵軍匠幾何？況先朝已有優免之例。爾復役之，是不知有祖宗陵寢，其悉遣還。」

《明英宗實録》卷十七〔正統元年五月己丑〕存留工匠一百四十一名。初，工匠休番，以往來跋涉，因潛住京師。事覺，令兵馬司逮捕，皆畏罪自陳，願〔赴〕工所。上允之。令後有此等自陳赴工者，一體存留。【略】

〔六月壬辰〕兵仗局工匠二人，老且盲，訴乞免役。上問行在工部尚書吴中等曰：「匠以萬計，何必此兩人。古之仁者不以羸馬駕車，爾等亦可爲忍人矣！其即免之。今後一應匠作老疾者，準此例。」

《明英宗實録》卷二十九〔正統二年四月戊寅〕巡按河南監察御史苑恪奏：「歸德、陳州、項城、鹿邑，逃民五百四十餘户，先已寄籍。近聞官司取勘，仍各逃移。及訪得逃移之人，情狀不一，有因原籍賦税浩繁、家道貧窘者，有因犯强竊盜、刼殺人命，越獄在逃，赦所不原者，有因爲事發充軍脱逃者。至今三四十年，親故不能察識，官司無所挨究，山藏谷聚，所在成羣，若不招撫，恐生事端。乞勅該部，從長計議，務使人人有自安之心，國家無意外之慮。」事下行在户部議：「有罪犯者法司銷豁，軍匠逃者該部優免，願回原籍或願流移所在占籍者，皆聽從其便。」從之。

《明英宗實録》卷四十三〔正統三年六月丁巳〕行在工部尚書吴中言：「應天府上元、江寧二縣民匠例應二年一番赴工。有自宣德七年休番，至今猶未赴工者一千六百餘人，請勅有司逮繫至京治罪。」從之。【略】

〔十月己巳〕行在工部奏：「工匠逃者一千六百九十餘人，不懲治無以警姦惰者。請令有司械赴京師。」從之。【略】

〔十二月乙卯〕造備邊手把銅鏡五千。行在工部奏：「内庫歲貯胖襖袴鞋等件，備邊軍及工匠之賞。今給賜已多，見存者少，請于山東布政司及直隸蘇州等府造辦輸京。」從之。【略】

〔乙亥〕命各處有司逮逃匠四千二百五十五人。

《明英宗實録》卷一百十二〔正統九年正月乙丑〕工部奏：「今歲大名、廣平二府採柴炭夫，過期未至。河間、永平、順德三府役滿者已逃二千二百人，尚在役者惟八百人。請罪大名、廣平二府官吏，檄河間三府追督逃夫。且倩大興、宛平夫千人供役，以俟代者，明年抵月日免之。」上曰：「官吏姑記罪，令促發夫役。滿逃者勿問，在者放遣之。餘如奏。」

《明英宗實録》卷一百三十一〔正統十年七月戊寅〕工部奏：取工匠在逃者萬人，恐有司怠緩，欲責以鮮行期限。上曰：「限豈可責也，但延緩過甚者必以法治之。」【略】

〔十月乙丑〕工部奏：「近右侍郎王佑奏准各處逃匠令所司親解赴京。然姦惰之徒，到工未久，隨即逃去。請今後解匠官吏，俱留京管工，待工滿一體放回，庶匠不敢逃，工程易完。」上不允，但令今後匠有三次逃者，廢充武功中衛軍，仍令當匠。敢蹈前非，殺之不宥。

《明英宗實録》卷一百五十二　〔正統十二年四月己酉〕浙江湖州府饑，免其輪班人匠赴工。【略】

〔閏四月丙戌〕福建福州府閩縣知縣陳敏政言四事：「【略】一、輪班諸匠，正班雖止三月，然路程窎遠者，往還動經三四餘月，則是每應一班，須六七月方得寧家。其三年一班者，常得二年休息。二年一班者，亦得一年休息。惟一年一班者，奔走道路，盤費罄竭，乞令改作二年或三年一班。如有修造，將二年一班者，上工四箇半月，一年一班者上工六箇月，庶各匠皆得休息。【略】」事下禮部會議。以爲【略】「輪班人匠，舊例難改，餘悉宜允所言。」從之。

《明英宗實録》卷二百七十八　〔天順元年五月甲戌〕順天府府尹王福言便民三事：「一、本府遞年進春，例該大興、宛平二縣造辦。除共神、土牛外，每春牛一座，用花一朵，(該)〔珍〕(珎)〔珠〕七十二顆；金脚一根，重一兩三錢；金牌一箇，重二錢，鍍金；銀絲五兩；翠葉一十二箇；共該銀四十餘兩。正統十四年十二月內，禮部奏准，進春用時宜花朵，每朵內除翠葉照舊外，其珎珠止用貼金黄蠟珠，金脚用抹金銀脚，金牌用貼金紙牌鍍金，銀絲用撚金銅絲，令本府預造。天順二年春座在邇，照得兩縣地方連年災傷，民窘尤甚。前須花朵，合無照禮部勘合內事理造辦便宜。一、本府所屬二十七州縣，除爲事爲民屯所外，土民止有五百六十里。每年應當神木廠夫六百名，砍柴夫一千七百三十五名，惜薪司臺柴夫三千二百名，匠、竈、海園、墳佃等户，都税等司巡欄，場房厢長，馬驢車船防夫，壩上等倉脚夫，甲字等庫夫，祗禁、弓兵、鋪司鋪兵，共一萬六千六百餘名。此外，餵養官馬牛驢，辦納税糧草束，承應各衙門採辦軍需等須物料，拽送廼北使臣車輛夫，比之外府，實爲倍蓰。又兼連年災傷疾瘟，人力不敷。所屬民思欲避重就輕，往往三五相率，數十成羣，告投力士、校尉軍役，一縣或一二百名，或七八十名。切惟民者國之本，有民而後有賦役。今投充軍役者日多，則應當民差者日少。況投軍一名，又要户下一二丁貼備，俱係不當民差之數。臣訪得所投之人，多係正貼軍户、匠、竈、驛站夫役占者，兵部不行體勘，就准收伍，甚至改換鄉貫名籍。此等初無竭力效勞之誠，不過脱免差徭，叨竊糧賞而已。既投之後，却又逃躲。乞勑兵部查勘，自天順元年正月以後，但係本府所屬民投充力士、校尉軍役者，照依上林苑監奏准事例，不分已未收伍，俱發原籍爲民，當差納糧，實爲便宜。【略】」上皆從之。

《明英宗實録》卷三百十七　〔天順四年七月庚辰〕徵天下逋逃工匠三萬八千四百餘名。初，工匠赴役，驅迫勞勩，多逃去。董役者又往往利其賂，私縱之。至是，以成造乏工，累令工部捕，未至。上咎工部怠事，責限令完。工部請令吏部銓官二十員，往天下嚴督有司，悉捕赴京。從之。

《明英宗實録》卷三百三十五　〔天順五年十二月丁卯〕刑部、都察院大理寺議定贖罪則例：守衛操備官旗將軍校尉邊軍邊民犯笞杖，婦人犯笞杖、徒，文官監生犯笞，俱令納鈔。若官員與有力之人仍如前例。運磚炭等物，笞一十，運灰一千二百斤，磚七十箇，碎磚二千八百斤，水和炭二百斤，石一千二百斤，納鈔二百貫。餘四笞五杖灰各遞加六百斤，磚各遞加三十五箇，碎磚各遞加一千四百斤，水和炭各遞加一百斤，石各遞加六百斤，鈔各遞加一百貫。至杖六十鈔增爲一千四百五十貫，餘四杖各遞加二百貫。徒一年運灰一萬二千斤，磚六百箇，碎磚二萬四千斤，水和炭一千七百斤，石一萬二千斤。餘四徒三流灰各遞加六千斤，磚各遞加三百箇，碎磚各遞加一萬二千斤，水和炭各遞加九百斤，石各遞加六千斤，惟三流水和炭同減爲加六百斤。雜犯二死各運灰六萬四千二百斤，磚三千二百箇，碎磚一十二萬八千斤，水和炭九千斤，石六萬四千二百斤。疏入，上曰：「可，其著爲令。」初，右都御史李實言法司贖罪，輕重不一，刑官得以爲私，宜定則例，以革其弊。故有是議。

《明憲宗實録》卷十六　〔成化元年四月戊子〕召捕在逃軍民人匠凡一萬八千五百九十二人。

《明憲宗實録》卷二十五　〔成化二年正月丙申〕司設監奏：「本監住落各色軍民工匠久逃者計四千五百三十二名，乞行工部拘解應役。」從之。

《明憲宗實録》卷八十九　〔成化七年三月戊寅〕增置工部屬官三員，往直隸太平府蕪湖縣、湖廣荆州府沙市、浙江杭州府城南税課司三處專理抽分。前此三處客商停聚竹木市賣，有司惟收其課鈔。至是工部尚書王復以在京蓋造公署，造成供應器物及在外料造運船費用缺乏，建請添官分往抽分竹木變賣銀兩解部，以爲營繕之費。是年所得僅餘千兩，其後續差者務多得爲能，歲歲加益，至以萬數，遂事朘削。商人不便，頗有怨聲，屢愬于朝，皆不之省。

《明憲宗實録》卷一百二十　〔成化九年正月己亥〕清勾兵仗局逃匠四千五百三十七名。

《明憲宗實録》卷一百三十六　〔成化十年十二月己丑〕罷湖廣寶慶等府縣淘金。時内費日侈，笿金漸乏，乃命湖廣寶慶等府武陵等縣開原額金場淘煎以進。廵撫等官命所屬十二縣開二十一塲，歲役民夫五十五萬有奇。而武陵之民傷於蛇虎，死于大水者無筭，僅得金三十五兩而已。廵撫等官乃奏工多金少，徒害生民，請仍閉金塲，第令有司取贓罰及設法以銀易金一千兩應用。從之。

《明憲宗實録》卷二百六十三　〔成化二十一年三月甲午〕南京中軍都督府掌府事成國公朱儀等應詔言事：「**【略】**一、工匠以充造作軍士仍備操練，此蓋一定之制。邇來南京内官監于各衛操軍内奏取琉璃匠二百名，篩簸匠一百九十八名，乞退還操練。」事下兵部覆議。詔可。琉璃、篩簸匠仍各留一百名。

《明孝宗實録》卷四十八　〔弘治四年二月庚午〕内府寶鈔司言：「本司歲造供用草紙七十二萬張，該部每季止撥輪班匠十二名，不足供役，請量增其數。」工部覆奏：「各處匠役，其初爲一年或二年一班，後乃定爲四年一班。其中又有南部上工及造船、炒鐵、運筏、輿夫，修建王府之役，間亦有徵價免役者，以是當班之數，日減於前。而内外監局并諸司應用之數，皆前此酌量奏擬，已爲定例，不宜紛更。」從之。**【略】**

〔三月〕甲辰南京錦衣衛奏：「洪武間教習幼匠，本衛歲造馬鞍、鞦、轡、弓、箭等器萬一千六百。至永樂時，工匠僅存三百餘，乃減至二千九百件。今工匠僅三十餘人，而額數尚如永樂時。況筋角之類又多缺乏，皆各匠自補，以是逋負數多，請爲裁處。」事下南京工部查奏，謂：「所造軍器，自洪武來，貯之庫局者，凡九百萬有奇，浥爛損壞者無筭。況初意第欲幼軍肄習，今在局人數視永樂間不能十一，則所造亦宜十減八九；候缺用，別議添造。」從之。

《明孝宗實録》卷六十一　〔弘治五年三月甲戌〕南京工部奏：「近年各府州縣所觧輪班工匠類多老幼，不堪供役，旋復逃去。而京師無賴之徒，私爲雇役。用是諸司赴工者往往缺少。請申明舊禁，移文各布政司，自今須閱實丁壯，具其年貎，送部以憑稽驗。代役者，兵馬司捕執枷項一月，仍謫戍化外。」從之。

《明孝宗實録》卷七十六　〔弘治六年閏五月丁未〕工部覆奏：「禮科左給事中夏昂所陳省工役事，宜如所情。今後有奏興土木及投充匠役者，許科道官糾劾，同坐以罪。」從之。**【略】**

〔辛亥〕通政司右參議韓鼎奏：「在京軍匠人等，往往以虚籍冒官廩，甚至逃亡、揭債，累及平人。乞令所司并科道，各差官一員，清理見在若干，逃故若干，顧役若干，逐一取勘明白。其見在者即與解補，絶亡者即行原籍清勾，冒支顧役者重治其罪。」工部覆奏。從之。

《明孝宗實録》卷八十七　〔弘治七年四月丙寅〕禮部尚書倪岳等以災異陳言時政：「**【略】**一謂内府軍匠，多爲内官辦納月錢，逃亡者不聽註銷清補，惟令本衛官納。雖屢有嚴禁，而其弊如故。乞令該衛有逃故者，即移文各監局註銷爲宜。」兵部覆奏以爲可行。皆不允。

《明孝宗實録》卷一百七十一　〔弘治十四年二月壬辰〕南京寶鈔提舉司鈔紙匠舊月支米五斗，後以裁省例住支，而應役如故。至是，始復之。**【略】**

内府針工局請比例招收幼匠一千名。工部議，謂：「往年尚衣監招匠一千名，而兵仗局效之，遂招二千名。軍器局、司設監又效之，各招一千名。今針工局復傚尤以請，安知將來無再效之者？弊源一開，其流無已。冗食日衆而糜費益廣，不知所以善其後者。乞斷自宸衷，特賜停止。」命收五百名應役。

《明孝宗實録》卷二百　〔弘治十六年六月戊午〕户部會議廵按浙江監察御史夏景和所奏：「**【略】**徵觧班匠銀兩無法，徒濟姦人之私。舊例，班匠價每月徵銀六錢，其後益爲九錢，積多觧部。然此例止行於浙江、江西、湖廣、福建、南直隸，而河南、山東、南北直隸等處尚責觧正身，非便。今宜令浙江等處納銀者仍舊九錢，其河南、山東、山西、陝西、順天、北直隸俱自明年春季始，每匠月出銀六錢，如前積觧。**【略】**」從之。

《明孝宗實録》卷二百十三　〔弘治十七年六月辛酉〕工部覆奏禮科都給事中李禄、監察御史饒槽等所言工役弊政事，謂：「各處解到匠役，大率公用其一，私取其二。凡遇興作，内官監即奏乞官軍應役，軍士不通匠藝，致累衛所雇人應役。今後請行天下諸司所屬班匠，有力者炤例每人月徵銀六錢，解部以備雇役之用；其無力者，責令依班上工。遇有重大工程，奏撥官軍，止出力役，不許出錢雇上。」上從之。命做工官軍，所司加意撫恤，敢有生事科擾者，重罪不宥。

《明孝宗實録》卷二百二十一　〔弘治十八年二月丙子〕先是，廵撫真定等府都御史王沂奏准，令真、保定二府，協助順天府臺柴夫二千名，每名月徵糧一兩四錢，差官觧順天府雇工應役，免其觧夫，民以爲便。至是，惜薪司奏請勅工部移文三府，仍舊起夫送司上工，下工部會議，謂成命已定，不宜紛更，請仍行順天府，即將二府解到銀，照數雇夫應用。從之。仍命惜薪司該管人員，不許淩虐夫役，致令逃竄。

《明武宗實録》卷八十七 〔正德七年五月癸亥〕先是，鎮守雲南總兵官林崑、巡按御史張羽各奏：「新興等銀場因鎮守內臣自令其下率人採取，僞稱礦脉微細，歲課不足，遂將軍夫口糧逼令折銀，掊剋擾害。乞如福建等處例，一切封閉而釋軍夫。」已得俞旨。至是，鎮守太監張倫又奏：「雲南絶徼，再兼別税，比浙江、福建內地事體不同，且各場夫役又皆四方流移，仰給于此，一旦封閉，恐生他變，乞容臣自備工役採取如舊。」户部以爲不可，乃仍從崑、羽議。

《明武宗實録》卷一百十四 〔正德九年七月乙丑〕工部覆應天府府尹白圻奏：「上元、江寧人匠逃故者二千一百八十餘名，承納坊民陪納月錢。宜令原籍解補。年遠户絶，則以承佃本户田産之家者抵充；無田産則以各衙門近年招入匠役扣補。且言所司冒支原額食糧，月數千石，宜逮問。」從之。

《明世宗實録》卷二十二 〔嘉靖二年正月辛未〕南京守備魏國公徐鵬舉等奉旨會議應天府匠役、人夫事，條例以上：「一、南京司禮監神帛堂匠役，洪武時定額四百户。後太監安寧奏增四十户，俱免雜差。奸民利之，賓緣竄籍其中，至一千一百十四户。頃奉明詔，以正德時投充者革去百八十九名，而該監仍復護留。請查舊例，復四百四十户之數，餘盡革之。一、南京內府九庫，洪武時額編庫夫五十七名。宣德、成化間有修理之役，暫借人夫百五十一名，工竣僅以二十三名發回兩縣，而占留百二十八名。南京裏外花園，原額匠九十名，而後復借占八十名。南京內官監，原額軍民匠三千九百餘名，天順間復借占百五十五名。俱非制，宜盡查革。一、各監局人匠有逃故者，宜行原籍勾捕，户絶者宜除。今使上元、江寧兩縣賠償，不便。一、南京鰣魚廠，歲取里長二十名，名索銀二十兩。正德時復倍取其數。起運內臣，索茶果銀百二十兩，水夫銀二百兩；及鮮魟將發，又取夫四千三百有奇，民不堪命，宜有以禁之。」兵部覆議，得旨：「俱遵舊例行。」

【略】

〔七月乙卯〕管理軍器局太監呂通言：「兵部題准存留軍匠二千九百四十七人，今惟一百九十一人應役。恐工作難就，軍器缺乏，乞命在京各衛亟補。但無籍之徒易於散逸，今宜量裁虚數，計名責實。」從之。

《明世宗實録》卷九十八 〔嘉靖八年二月庚午〕工部尚書劉麟等請裁革易州柴炭廠委官，專選部屬官一員主之。原設總理侍郎改爲提督處之京師使，兼領一應廠局修造。報可。

《明世宗實録》卷一百二十 〔嘉靖九年十二月辛未〕奪江西巡按御史傅鳳翱俸五月，左參議汪溱、僉事陳端甫各半年，以督造郊壇磁磚違限故也。先是，命工科右給事中戴儒，清查各監局匠役。奏：「應留者尚萬有三千。」工部言：「監局匠役，皆以供膳服備器用，必人通其藝，事稱其食，非爲私門冗食之計。今名數尚多，豈無冒濫，請再差御史一員，仍同戴儒及司禮監官、本部委官共審，其不稱者徑自開除；留者再驗其所精藝業，務得實用。若有沮撓規避者，參究勿貸。」上命工部堂官會同科道、司禮監官從公查理，勿縱勿刻。

《明世宗實録》卷三百三 〔嘉靖二十四年七月壬申〕內官監太監唐夔奏補鞍轡軍器二局逃亡軍匠。工部尚書甘爲霖言：「二局軍匠原額五千名，專爲內外武備而設。後因內臣役占數多，加之逃亡，本部特以一時權宜，募民代役，實非舊規。今宜不論軍民，招選二千人以內，任送該局收糧，而罷雇工之例。其提督內臣止許以百名分用，不得多占。」得旨：「軍臣准收補，餘仍舊。」

《明穆宗實録》卷二十一 〔隆慶二年六月戊子〕太監趙玢請議處織造工料銀兩，工部言供應錢糧部臣自當措處，不必倉皇請給，宜令會同南京户、工二部及科道估計。且南京去蘇、杭不遠，物價工力宜與太監李佑一體痛革宿弊。得旨：「會估并革弊，俱遵勅行事。應用錢糧，工部即行南京該部處給，不得遲誤。」

《明神宗實録》卷二十三 〔萬曆二年三月丙子朔〕户部覆：「河南撫按題，該省商税、税契、路引三項，共一萬五千三百一十餘兩，准留補給宗室禄糧。其曆日紙工、水夫工食，魚課缺官俸給。吏承納班扣減防夫、民快、工兵工食，事例贓罰，仍解部濟遣，毋得影射延緩。」詔可。

《明神宗實録》卷一百九十六 〔萬曆十六年三月辛卯〕管理太倉主事張悌奏稱：「視事凡三閲月，經收各省解納銀五十五萬五千一百九十兩有奇，其見貯交代於劉主事者九十萬二千九百三十八兩有奇，共一百四十五萬八千有奇。而月俸、禄米、軍匠賞勞、科價及邊鎮年例之出，至一百四十二萬二千尚不給用，別請發窖房六十萬足之，是一月之入不足抵一月之出明矣。因議太倉米足支七年，而米價騰貴，官軍月糧以本色與之，人既樂從，省太倉銀可十萬餘，亦斟酌盈虚之一道也。」部覆，從之。

《明神宗實録》卷三百九 〔萬曆二十五年四月辛酉〕刑部左侍郎呂坤疏言

收拾人心數事：「洮、蘭之間，小民織造貨販以糊口。自傳造以來，百姓苦于催逼，棄桑農而捻線者數百萬人，提花染色，日夜無休。至于山西之紬，蘇、松之紗、羅、段、絹，歲額已自日盈，與其積于無用，孰若定以有常。如四季袍服，歲用千疋，則造一年，預造一年。是宫中省收藏之累，天下無多取之憂，而江南、陝西之人心收。以採木言之，丈八之圍，非百年之物。或孤生仞崖，或叢長千里，毒霧常濃，人烟絶少，寒暑飢渴，瘟疫瘴癘而死者無論矣。乃一木初卧，千夫難移，每行不過數步，遭險跌傷死者常至百人。至于磕撞之處，豈無傷痕？官責謂不合式，依然重伐。每木一根，官價雖云千兩，比來都下，費不止萬金。倘少其數目，減其尺寸，而川貴、湖廣之人心收。嘉靖年間，河南礦洞，勅該省撫按，誰敢侵剥殃民！自一切在官，供應礦夫工食，官兵口糧，皆倚辦于殷實户，而民多累死。自都御史李盛春嚴旨切責，而撫按避嫌。勛撫馬鳴鸞與臣書謂文家洞近二千人，開之三月，止見砂十六眼。銀之有無，費之多寡，可槩知矣。今礦税無利，散民間納銀；民不能支，括庫銀代解。朝廷得一金，郡縣費千金，豈開礦之初意哉！乞勅各省使臣，嚴禁散砂，不許借解，而各省之人心收。自趙承勛造四千之説而皇店開，自朝廷有内官之遣而事權重。且馮保八店，爲屋幾何，而歲有四千金之課？解進數有四千，徵收豈止數倍，不奪市民，將安取足乎？縱使内臣廉静，長隨、掛搭吞噬羣侵，内臣無由知，寃民何由訴？望將各店内臣，仍取回京。原坐租銀，責令所在有司照數進解，而畿甸之人心收。【略】」疏入，不報。

《明神宗實録》卷三百六十一 〔萬曆二十九年七月丙申〕先是陝西撫按言：「每歲御用袍服以四千疋爲額，自二十八年九月進貢後起織，至九年四月已織完者共三千二百疋。乃于本月内始奉新命改織盤梭，又奉欽降柘黄、暗花二式，每絨一疋各長五丈八尺，每機日可織一尺七分，二機合織，計半年方完一疋。今改織盤梭、改粧及剜様暗花等絨，每機日織一寸二分，二機合織，八月餘方成一袍，自五月至九月僅一百二十餘日，豈能改織盤梭如其額數乎？今議將已完三千二百疋并改機八百疋合解，以足四千之數，今年九月後，悉遵新旨，盡數改織。」疏上，工科諸臣亦爲代請，俱不報。

《明神宗實録》卷三百八十 〔萬曆三十一年正月乙亥〕承運庫太監孫順妄據機户王一卿等言：「請將常州、徽州、寧國、揚州、廣德五處，選殷實機户，先納後領，每疋扣羨餘四錢，隨段解進，爲官民兩便。」因薦附近内監魯保兼管浙直等處。有言：「從之。」工科都給事中白瑜奏：「神奸借每疋四錢之小術，開半壁天下之大綱。若有心爲公家之織納，實作意爲魯保之私謀。臣請悉數其官民兩不便之狀四：不但不便官民，富室一空，織造日少，且損龍袍正額；不但損正額，家家閉户割機，貧匠倚織爲命，釀亂焚廬，蘇州葛賢可鑒；不但蘇州，釁端一開，陝西之羊羢，山西之潞紬，聞風皆欲歸併，内監在在皆爲亂階矣。」不報。【略】

〔十一月壬戌〕工部以福王出府物件折價未便，且又增開雇匠三萬二百餘工，與潞王事例不合。及查所造不過棹凳、厨櫃等項，襍用器皿之數，請行營繕司，於灣基等廠取用；絲綿、銅鐵、硃漆等項，於甲丙等庫實在項下取用。其應置辦者，令殷實鋪商勒限辦用。詔：「仍令折價，不允所請。」

朱元璋《御制文集》卷二《詔·赦工役囚人》 奉天承運皇帝制諭：爾故違憲章官吏人民。曩者，命禮曹布令于天下，朕仿古制以禮導人。後以律至諸司，是繩不循軌度者，斯乃行刑也。且刑，聖人不得已而用者，爲良善弗寧故也。今朕一寰宇而兆民衆，如爾等官貪吏弊，民縱奸頑，詐良侮愚。若不律以條章，將必仿傚者多，則世將何治？爾諸人所犯，若論以如律，人各盡本犯而後已。奈何工已久矣，構成樓閣，以居大覺金仙；塔就而志公之神妥其下，因是，將爾等罪無輕重，一概宥之。於戲！君子非善，何以永世；志人非功，何以名書！釋迦志公，已逝數千百年，猶能生爾等衆，其善正之道，志者可無覺乎？故茲詔諭。

朱元璋《御制文集》卷六《敕·諭羣卿督工》 爾羣卿等督工已有日矣。工將成就之期，更當善撫梓人，早爲完備。明旦，實朕父母劬勞之時，前人皆稱萬壽節日。往年爲有司因此而擾民，已下令止之。爾諸人來日，勿以此而怠務，是謂不可。明日皆不許離工作所，猶當謹之。毋怠。

《船政·賞格》 南京兵部爲奬勵賢勞官員事。車駕清吏司案呈，據造、撥二廠呈報造修完金吾前等衛小甲馮聰、王立等快平船隻緣由到司。照得嘉靖二十四年分，各衛船隻遵奉禁約，依例官修官造，不許科擾幫甲，備經劄委把總指揮張壽松等召商和買木料，指揮高旻、張文爵勘驗臨差船隻，并行造、撥二廠督率委官匠作人等造修去後，今照各官盡心協力，明作赴功，果致節省財用，休恤幫甲，相應奬勵；及照各該小甲匠作亦合賞犒等因，案呈到部。合就連送本司，仰將庫貯造船餘剩年例銀内動支壹百貳拾壹兩玖錢壹分，買辦後開禮物，用鼓樂導送，以示奬勵施行。

計開：

奬勸各官職名禮物銀兩數目：

造船廠把總指揮張壽松，紅紗壹疋，絨花貳枝，禮銀陸兩。

撥船廠把總指揮高旻二次。王歆二次，各紅紗壹疋，絨花貳枝，禮銀陸兩。

管勘驗船隻指揮張文爵，紅紗壹疋，絨花貳枝，禮銀貳兩伍錢。

管買木兵馬宗部，紅紗壹疋，絨花貳枝，禮銀貳兩伍錢。

千户二員：官瀚、鄧鉞二次，管買木各紅綾壹疋，絨花貳枝，禮銀叁兩。

造船委官千户六員：卞實、韓輔二次、張憲二次、金瀚二次、孫鑾、孫棠，各紅綾壹疋，絨花貳枝，禮銀貳兩伍錢。

管大修兼中修委官千户八員：陸勳二次、翟承宗二次、劉瀚、魯鈺二次、時珊二次、馬永昌二次、宋璧二次、陸章；管勘驗船隻千户二員：李椿二次、許藻，各紅綾壹疋，絨花貳枝，禮銀貳兩伍錢。

管鋸木委官千户二員：張純二次、常禄二次；管中修船隻委官千户十員：賈岐、李璧、王英、王麟、蔡永、徐山、王鸞二次、胡益二次、薛合二次、何欽二次，各紅綾壹疋，絨花貳枝，禮銀貳兩。

勞堪《憲章類編》卷二九《邊軍役辦》 宣德元年二月，免邊衛軍士歲辦柴炭。初，都督府歲供柴炭役及邊軍，至是陽武侯薛禄言：宣府懷安、永寧諸衛，俱臨邊境，將士當嚴守備，又令採辦柴炭，致多逋逃，乞罷其役。上諭行在工部。尚書吴中曰：邊衛軍士，專務守備，何得勞以他役。柴雖山谷所有，運送甚艱？宜其有逃避者，其即免之。自今凡有差用軍民，必須計議停當而行，不可輕率。

宣德二年六月，雲南都司奏：新興等場煎辦銀課，其礦夫初以大理等衛軍士充之，後取征交趾，又於各衛撥補，緣極邊之地，屯守爲急，命罷之。

宣德四年正月，免宣府各衛軍士給京薪炭。初，宣府十七衛所歲辦薪炭給京師，上聞之，言邊軍豈應重困，命行在工部，免其薪炭。

申時行《明會典》卷四二《户部二九・南京户部・官軍匠役俸糧》 凡各衛所官吏旗軍月支俸糧，本部每歲選委員外郎或主事一員，南京吏部選撥能書算辦事吏十名，每月先取各營操守運糧修倉送船及監局當匠等項名數，仍行各衙門將見在倉糧并事故扣除月日數目，開造小册一本，送委官處，與衛所造到文册，查對磨算。如有侵冒等項情弊，具呈總督衙門，先將識字軍吏提問，委官掌印官參問究治。

凡留守五衛入伍恩軍及種苜蓿、豌豆并看船恩軍，有家小者，月支糧一石，隻身四斗。牧馬千户所養馬恩軍，有家小者，月支米一石，隻身四斗。留守左衛看守朝陽門桐樹椶樹恩軍，有家小者，月支糧一石，隻身五斗。留守左等五衛入伍恩軍，照旗軍例支月糧。操練守城旗軍力士校尉，有家小者，月支糧一石，隻身六斗。錦衣等衛屯軍，不分新舊，選操備者，每年十月至三月赴操支與食米五斗，四月至九月下屯住支。選去運糧者，二月至七月各支行糧，其月糧住支。錦衣衛舍人餘丁選操備者，月支米三斗。看倉餘丁月支口糧三斗。操備舍餘，月糧四斗。巡江官軍口糧沿途支給。馬快船軍行糧六個月，共三石六斗，餘丁行糧共一石八斗，俱于南京倉支給。各衛所運糧軍餘全支本色米一石。寶鈔提舉司鈔紙匠，月支米五斗。

正德十六年，詔内府各監局軍匠，有丁盡户絶名伍不除。冒支月糧者，户、兵、工三部盡行查革。

嘉靖六年議准：快船小甲，該造船隻之年，興工之日，即與食糧，以助工食之費。其小甲餘丁，若有逃故及改差者，該衛即與僉補。兵部移文户部，關支月糧。

七年議准：神帛堂額外食糧人匠二百一十九名，餘盡行革免。

八年議准：行月糧數目，操備總小旗大教場軍士校尉、管黄船軍、守衛軍、運糧軍餘、中府直廳軍、造黄船旗軍、管快船軍、正伍窯軍、内官撮造軍、漢府軍、御馬監軍、守備廳軍、兵仗局軍、守各門軍、修倉軍、司牲司軍、火藥局軍、靛園廠軍、孝陵直宿進山栽種等項軍、原額養牛差選寄大教場操軍、撥船廠識字軍、鐘鼓樓夜巡軍、御馬監養馬軍、管抽分果品總旗在羣養馬軍、龍亭校尉、免差女户軍、長巡軍、瑠璃窯軍、看韓王墳總旗校尉、司苑局軍，各每月食糧，有妻母一石，隻身六斗。司苑局、戊字庫、兵仗局、織造局、御用監巾帽局、鍼工局、内官監并養乳牛各軍匠每月食米，有妻母八斗，隻身四斗八升。操備舍餘，上操支米四斗，止操住支。送船餘丁，月支米五斗。各倉軍斗，月支米三斗。疾軍、幼軍，月支米三斗。修倉餘丁，月支米一斗。光禄寺廚役，有妻六斗，無妻三斗。鹽引匠，月支米三斗。鈔匠，月支米二斗五升。教坊司俳色長，月支米六斗。樂户，月支米五斗。上元、江寧二縣老幼軍人，月支米六斗。内織染局、兵仗局、司禮監、内官監、民匠及神帛堂人匠，月支米三斗。黄船、快船，短差二箇月，每名支行糧六斗。長差半年，預支月糧六箇月，行糧不支。鎮江、滁州、新安、建陽、安慶、宣州等六衛，上班操備官軍口糧，每員名月支米四斗，俱南京倉支。巡江官軍口糧，沿途支給。

十年題准：鳳陽等倉場監督糧斛主事，今後遇該放糧行各衛所造實支文册，唱名驗放。其有開稱京操，而在京潛住并原籍取討軍裝者，不許管隊官識領銀。候在京營逃單到日，查果依時赴操，將應得月糧另造文册，待各回衛補給。如有在逃除已解京罰班者不究外，其餘即係詭名，不准支給，仍于指揮名下定坐贓追問。

十一年議准：廣惠、天財二庫并寶鈔司鈔匠，分爲二班，上班食糧，下班住支，週而復始。如事故有缺，許于各户餘丁内選補。其内官監煎鹽鋪户，量留一十七名，備春冬二季煎造供用，餘俱革回當差。

十八年題准：快船甲夫月糧，未差之時折銀貯庫。候有差，定數給與，不得槩給。

二十三年議准：留守等衛選補操江官舍軍餘七百員名，除官一十五員有原支俸糧外，其軍人六百八十五名照成化二年投充軍役事例，每月支糧一石，并夏冬布鈔，一體支給，以便防守。

三十七年題准：南京户部將二月、十月官軍俸糧折色，每石暫准放銀四錢。又查庫貯折麥豆草鹽引等銀，每年再展兩月折色，酌量時價，每石或作二錢五分或作三錢放給。候倉庫頗充，仍照舊例。

三十九年題准：南京户部將節年題准見行事例，逐一查復舊規施行。各衛武職官員，收俸襲替者，以到任爲始，爲事者，以復職日爲始，優養優給，并旗軍以兵部明文准行之日爲始收幫。各衛官軍，每年二月、十月分應支折色俸糧，每石五錢，其餘月分俱照本色，每月不過初五日支放。爲事軍餘水夫，以著役日爲始，參問者亦以著役日爲始，免問者以文書到日爲始收幫。運糧餘丁告收月糧，自正月至六月告狀日，以文書到日爲始收幫。若七月至十二月不許支糧。其十一月、十二月餘丁收糧，以次年正月初一日上運日爲始收幫。操備舍餘收幫，上操時，以本部明文到衛日爲始，各衛軍餘告收妻糧母糧已經移咨兵部，侯咨册過部，即與准給。如咨册在此月内送到本部，即以次月初一日爲始，准其收幫。若咨册審造欠明，本部該司，仍行查取該衛印信結由，如已明者免查。供應機房人匠口糧，雖遇小盡仍舊免扣，通候五年照例總扣一月。江淮、濟川二衛水夫妻糧，比照各衛妻糧事規，聽兵部查的，咨册過部，一體准給。

四十年題准：南京户部，將武職每年折絹軍士夏賞折布，自四十一年爲始，仍照舊例，每絹一疋，折銀七錢，苧布一疋，折銀二錢。

四十二年議准：鳳陽中等八衛官軍，如應住俸聽參者，漕運巡撫及巡按各御史并兵備道，仍行分司主事知會。凡遇各官住俸開俸，務以明文到日補支。其官軍師生庶埇等糧，按月放給，不許預支。

四十三年，令南京各衛官軍應支俸糧，自嘉靖四十三年八月起至四十四年八月終止。酌量彼中米價稍平之時，將庫貯糧銀每石折銀五錢，相兼支放。存積在倉糧米，以備支用。其四十四年以後年分，仍復本色，運解南京户部照舊支放。

四十五年題准：南京比例撥馬步軍，每夜責令跟隨各該巡捕委官巡輯。每步軍一名，月加口糧三斗，照例折銀一錢五分。每馬軍一名，月加糧料銀二錢。巡捕餘丁，每名每月量給口糧二斗。

隆慶四年議准：南京錦衣等衛所官軍，應支本年二月分俸糧，放本色一個月，待夏秋之後米價稍平，聽該部補放。折色一個月，以後年分應給本折月分，查舊例支放。

何士晉《工部廠庫須知》卷三《營繕司》 掌工作之事，一切營造皆由掌印郎中酌議呈堂或用題請而分屬於各差。今除各項制度規則載在會典，掌自内府不必臚列，列經費之大端，及有當權宜置議者于左。分司爲三山大石窩，爲都重城，爲灣廠通惠河道兼管，爲琉璃黑窑廠，爲修理京倉廠，爲清匠司，爲繕工司兼管小修，爲神木廠兼磚廠，爲山西廠，爲臺基廠，爲見工灰石作。所屬爲營繕所，所正一員，所副二員，所丞二員，武功三衛經歷等宫，年例錢糧，一年一次。

周應賓《識小編・内編》卷九《工匠封侯》 高時有陽城延者，以軍匠起，作長樂未央宫，築長安城，官少府，封梧侯。嘉靖中，徐杲以木工官工部尚書，不足道也。先是成化中，蒯祥已以木工官工部侍郎，食一品俸，得贈廕。其與杲同事者，蒯義、蒯剛、蔡信、郭文英以木工；陸祥以石工；俱官工部侍郎。

徐學聚《國朝典彙》卷一九三《工部八・工匠》 洪武三年七月，命編直隸應天等十八府州及江西九江、饒州、南康三府，均工夫圖册，每歲農隙，其夫赴京供役，歲率三十日遣歸。

五年，上嘗於冬月幸三山門，觀修浚城濠者，見有役夫裸行水中，若探物狀，令人問之，則督工吏擲其鋤於水中，求之未得耳，令别取鋤償之。曰：農夫供役，手足皴裂，亦甚勞矣，尚忍加害乎！捕吏杖之。顧謂丞相曰：今日衣重裘，體猶覺寒，況役夫貧困無衣，其苦何可勝道。即命罷其役，仍命行工部，遣各夫

匠還家。【略】

六年九月，賜臨濠造作軍士七千五百人衣米。上諭中書省臣曰：憂人者常體其心，愛人者每惜其力。朕嘗親軍旅，備知其疾苦。凡有興造，未免資軍民之力，土木之工，亦甚難集。朕每進一膳，即思天下軍民之饑，服一衣，即思天下軍民之安。今臨濠營造軍士，宜各給米五石，衣一襲，庶不至饑寒也。

十一年九月勅諭：董大祀殿工韓國公李善長，善撫工匠，令蚤完之。

十九年定工匠輪班之令。驗其丁力，定以三年爲班，更番赴京輪作，三月如期交代，名曰輪班匠。議而未行。工部侍郎秦逵復議舉行，量地遠近，以爲班次，且置籍爲勘合付之，至期齎部聽撥，免其家徭役，諸匠便之。

上諭工部曰：今所作宫殿，但欲朴素堅固，不事華飾，不築苑囿，不建臺榭，如此經營，費已巨萬。乘危負重，工匠甚勞，有不幸而死者，憂懸朕心。爾工部可各給棺櫝，令國子生送致其家，賜鈔以瘞，蠲其家徭役三年。復爲文遣官即龍光山祭之曰：昔君天下者務在安民，然有不得已而勞民者，營造之類是也。比者營建宫殿工匠，有因疾而死者，有被傷而死者，有冒危險而死者，已勅官爲棺櫝送之於家。今復設壇遣官以牲醴賜祭，爾等有知，咸諭朕意。仍賜見役工匠鈔凡六萬三百六十餘錠。

二十六年詔定，凡天下各色人匠，編成班次輪流，將齎原編勘合爲照，上工以一季爲滿。完日隨即查原勘合，及工程明白就便放回，周而復始。如是造作數多，輪班之數不敷，定奪奏聞，起取撮工，本户差役定例與免二丁餘丁一體當差。設若單丁重役及一年，一論開除一名，年老殘疾户無丁者，相視揭籍，明白疎放。其在京各色人匠，例應一月上工十日，歇二十日，若工少人多，量加歇役，如是輪班各匠無工可造，聽令自行趁作。

永樂二年十一月，上御奉天門，召成國公朱能諭曰：今天氣愈寒，民築孝陵垣牆者，可悉罷歸。未畢之工，令軍士畢之，軍士就役者，日給之鈔。復曰：朕今日夙興覺寒氣襲體，因思百姓之勞，故命爾不可因循稽緩。軍士就役亦難，但旦出暮歸，比百姓服役數百里之外差異，亦宜恤之，毋盡其力。蓋隆冬盛寒，非先帝陵寢，朕亦不勞之也。

十二月，中官有於應天府私取工匠役之者，上召府尹向寶責之曰：數年軍旅供給，加以權豪横肆，百姓艱難，京師爲甚。既命爾牧民，當體國家愛民之意，正直不阿，矜恤保庇，庶幾民可休息。官者宫禁使令之人，非有重權，汝何用畏之，而輒聽其役民略不之拒？爲京尹，朝夕在朕左右，尚畏如此，若在遠外任小官職，當如何畏之？譬爲人典守寶貨，擅啓藏縱人私取，必不免責罰矣。汝擅以朕百姓作人情，可逃罪乎？今姑宥爾，若再蹈前非必誅。遂逮其中官，責之曰：朕爲天子，不敢輕役一民，汝何人敢擅役之，百姓家僮奴亦敢不告其主，肆意自爲乎！令錦衣衛執治之。

六年五月，勅泰寧侯陳珪及北京刑部：方今盛暑，軍民赴工者宜加撫恤，飲食作息，必以時無過。於勞有疾，悉與醫藥。爾等其體朕仁民之意。

九年，給事中耿通等劾，輪班匠役滿，工部仍留不遣，請罪之。命錦衣衛執郎中以下鞫問，尚書宋禮令戴罪理事。

十年三月，勅武義伯王通等：天壽山營建將完工，匠役久户無次丁者悉遣歸，仍命所過官司給行糧。

九月，遣官祭天壽山亡没夫匠，命有司函骨歸葬，仍復其家二年。

十七年正月，御史李偉奏：新淦縣逃匠雷劍南等聚衆拒捕。上命都督馬聚、都指揮劉忠領兵捕之未至，而布按二司奏劍南等自詣歸罪。上謂侍臣曰：民非甚不得已，孰肯以父母妻子罹死亡之禍，此有司失於撫綏。命皆宥之，遣使馳召聚等還。

宣德元年四月，兵仗局工匠二人老且盲，訴乞免役。上問工部尚書吴中等曰：匠以萬計，何必此兩人？古之仁者，不以羸馬駕車，爾等亦可謂忍人矣！其即免之，今後一應匠作老疾者准此例。

七月，上謂吴中曰：前日卿奏内官監欲取民間納丁學匠藝，行移應天府選取五千人，彼幼未諳事，令習技藝不能，則必加督責，其父母之心如何？且人家誰無幼子，爾其體此心，速止之。

工部言：工匠逃亡者，赦後赴工過期，請差官追捕。上曰：工匠久處京師，有司不能存恤，饑寒切身，不免逃亡。赦後雖欲赴京，道途之費，豈能自備？況有遠在數千里外者。宜量地遠近，寛立期限，命本處有司起送赴京，不用差官煩擾。且今京師無他營造，工匠亦可省用，徒多聚無益也。

三年三月，放免老幼殘疾軍民匠九百九十二人。

四年三月，有紙匠訴執役天財庫，去家遠，日給爲難。上諭尚書郭敦曰：官府但知役之而不知養之，豈政理哉！凡工匠役内府者，悉月給食米三斗。

天順元年，勅外府輪班人匠，照永樂間定制差撥，不許内官兼管。

弘治二年五月，修蘆溝橋成。内官監太監李湯，乞陞文思院副使潘俊等官，吏部尚書王恕言：官匠營造，乃其職分。成化初年以前修河築隄，並無陞官事例，至十九年以後，修築蘆溝橋決口、恭順夫人大慈恩寺殿宇，始濫陞匠官，并欽天監、太醫院等衙門官。比年營先帝山陵所役軍匠至四萬人，亦未有陞職者。此役較之山陵不及三分之一，顧欲妄濫陞官，甚失輕重之序。況修城等役，今方並興，若俱照例，其爲冗濫，又復如前日矣！豈不爲新政之累。上從其言，命給賞有差。

十四年正月，司設監奏：本監造作工數多，而軍民匠逃絶者衆，乞照兵仗局收充幼匠例，選軍民之家諳曉匠藝壯丁二千名應役。工部議：兵仗局所造者軍器，可權宜招收幼匠以濟急務，司設監所造者止床帳、轎乘等當事，不宜引以爲例，請行停止。有旨令收充一千名應役。

十七年九月，時修清寧宫，有旨下兵部撥用軍夫萬餘人。尚書劉大夏謂工少人多，蓋監督内官有所利而爲此也，奏請減去十分之五。監督者訴於上，上令司禮監語内閣曰：劉大夏不以朝廷大工爲重，率意減去人夫，即擬旨來詰責之。大學士劉健曰：愛惜軍力，兵部職也。近劉尚書每以老辭，朝廷下温旨勉留，尚請未已，若詰責旨下，彼將以不職固辭，更於何處討這等人來替他。司禮以其言入告，上欣然如大夏議。

嘉靖二年【略】閏四月，先是内官監太監崔文督修九門城壕，日役工匠三萬人，經歲不竣。給事中胡汭言：此監工等官故延引歲月，乾没錢糧，宜定限今月内竣工。報可。

八月，時上命修乾清宫北一府，内官監太監陳林言：見役軍匠二千三百有奇，乞月給米鹽。户部覆議：府第損壞不多，增造穿堂儀門，何至役人二千三百，若謂事不容已，亦須立限完報。上命立限完報，不許妄費財力。

南京印綬監初奉詔革去匠役一百二名。至是監丞宗璽託以裝表符軸，乞留之。户部言：璽違詔，宜重懲。得旨：匠役遵照裁革，璽貸勿問。

四年，初正德末内監各軍匠率多冗濫，已而奉詔汰減，弊源頗清。至是，御用太監黄錦言：工煩匠不足用，請選經汰人役及見役户丁二千名供事。兵部議覆：匠不足用，以私役賄免虚冒者衆也，不此之稽，而欲更選以充，開倖進之路，仍冗食之轍，不便。上命選五百名應用，而嚴私役虚冒之禁。

周高起《陽羨茗壺系・正始》 供春，學憲吴頤山公青衣也。頤山讀書金沙寺中，供春于給役之暇，竊仿老僧心匠，亦淘細土摶胚，茶匙穴中，指掠内外，指螺文隱起可按。胎必累按，故腹半尚現節腠，視以辯真。今傳世者，栗色闇闇，如古金鐵，敦龐周正，允稱神明垂則矣！世以其孫龔姓，亦書爲「龔春」。人皆證爲龔，予于吴冏卿家見時大彬所仿，則刻「供春」二字，足折聚訟云。

董翰，號後谿，始造菱花式，已殫工巧。趙梁，多提梁式。亦有傳爲名良者。玄錫。時朋，即大彬父，是爲四名家，萬曆間人，皆供春之後勁也。董文巧，而三家多古拙。李茂林，行四，名養心。制小圓式，妍在樸緻中，允屬名玩。自此以往，壺乃另作瓦缶，囊閉入陶穴，故前此名壺，不免沾缸壜油泪。

周高起《陽羨茗壺系・大家》 時大彬，號少山，或淘土，或雜硇砂土，諸款具足，諸土色亦具足。不務妍媚而樸雅堅栗，妙不可思。初自仿供春得手，喜作大壺，後遊婁東，聞陳眉公與琅琊、太原諸公品茶施茶之論，乃作小壺。几案有一具，生人閑遠之思。前後諸名家并不能及，遂于陶人標大雅之遺，擅空羣之目矣。

周高起《陽羨茗壺系・名家》 李仲芳，行大，茂林子，及時大彬門，爲高足第一。制度漸趨文巧，其父督以敦古。仲芳嘗手一壺，視其父曰：「老兄這個何如？」俗因呼其所作爲「老兄壺」。後人金壇，卒以文巧相競。今世所傳大彬壺，亦有仲芳作之，大彬見賞而自署款識者。時人語曰：「李大瓶，時大名。」

徐友泉，名士衡，故非陶人也。其父好時大彬壺，延致家塾。一日，强大彬作泥牛爲戲，不即從。友泉奪其壺土出門去，適見樹下眠牛將起，尚屈一足，注視捏塑，曲盡厥狀，携以視大彬，一見驚嘆，曰：「如子智能，異日必出吾上。」因學爲壺，變化式、土，仿古尊罍諸器，配合土色所宜，畢智窮工，移人心目。

予嘗博考厥制，有漢方、扁觶、小雲雷、提梁卣、蕉葉、蓮方、菱花、鵝蛋、分襠索耳、美人垂蓮、大頂蓮、一回角、六子諸款。泥色有海棠紅、朱砂紫、定窑白、冷金黄、淡墨、沉香、水碧、榴皮、葵黄、閃色梨皮諸名，種種變異，妙出心裁。然晚年恒自嘆曰：「吾之精，終不及時之粗。」

張岱《陶庵夢憶》卷五《諸工》 竹與漆與銅與窑，賤工也。嘉興之臘竹、王二之漆竹、蘇州姜華雨之籙竹、嘉興洪漆之漆、張銅之銅、徽州吴明官之窑，皆以竹與漆與銅與窑名家起家，而其人且與縉紳先生列坐抗禮焉。則天下何物不足以貴人，特人自賤之耳。

《清太宗實録》卷五十五 〔崇德六年四月〕甲子，上召衆於篤恭殿，諭曰：「八家所屬每牛彔，舊取辦事人四名，銀匠五名。今宜各退辦事人二名，銀匠四名。每牛彔止許留銀匠一名，鐵匠一名，辦事人二名。王貝勒等，各令家下漢人學習匠役，待三年後，再將各牛彔匠役停止。每牛彔原鐵匠六名，王貝勒取一名，退去一名，止許留四名。每牛彔滿洲三人中，許一人披甲。以六十名爲常數，其中或多或少，務於三人中選一人。他牛彔甲雖有餘，亦不許補不足者。今後漢人匠役，不許造弓箭貨賣，違禁造賣者治罪。各牛彔人有造弓者，該管牛彔章京親驗，給角筋製造。令鞍匠造鞍，有造弓鞍不如式，及擅索工價，推諉不造者，送法司治罪。有舊披甲人詐稱年老，令家奴代披，及牛彔、章京之子徇私不令披甲者，各固山額真、牛彔、章京稽察。其有稽察不公，後被牛彔人首出者，罪之。」

《清聖祖實録》卷一百六十六 〔康熙三十四年四月〕庚子，户部題：「天津開河工程，行文附近州縣，派夫定限挑濬。」得旨：「若行文各州縣，定限派夫，必致苦累民間。著停止行文，即發與雇價，令天津等處，雇民挑濬。如此則公事告成，而窮民亦可資以度日矣。」

《清高宗實録》卷九百八十七 〔乾隆四十年四月乙丑〕又諭：「據英廉奏：『重修布達拉廟工程，應令原辦之匠頭等，按照成數分賠。即於應領工價内，次第扣除』等語。該匠頭等辦工草率，致有坍壞閃裂等事，按例分賠，實屬咎無可辭。第念伊等執役營生，小人牟利，乃其常態。監督等每日在工董察，匠役等做工如何，皆可真知灼見，如查有偷工減料之處，即可隨時責懲，駁斥另做，伊等自皆盡心供役，不敢任意侵肥，草率貽誤。是布達拉工程，從前辦理不能堅固，罪在監督人員，而不在匠頭人等。所有英廉奏請將原辦匠頭等派令重修，於應領工價内扣除賠繳之處，著加恩寬免。該匠頭等自應感發天良，實心承辦，以期工程經久完善。倘敢復蹈前轍，致所做工程，仍不堅久，則是伊等不復具有人心，必令照數分賠，按名追繳，並當查明重治其罪，以示懲儆。著福隆安將朕此旨，出示曉諭工匠人等知之。」

《清高宗實録》卷一千一百二十五 〔乾隆四十六年二月癸酉〕雲南布政使江蘭奏：「滇省銅廠，近因額短運遲，遴員躧勘山場，督率開採。惟滇民貲本微薄，司事者恐日後賠累，吝於發本，匠夫朝集暮散，致少成效。現飭委員查覈，如錘、鑿器具及日用薪米有力難自辦者，即令隨時禀報，酌給工本接濟。」得旨：「好，知道了。」

《清文宗實録》卷五十七 〔咸豐二年三月辛未〕又諭：「工部錢法堂奏：『鑪匠不遵調度，請將派頭人等，交部審辦』等語。工部寶源局老鑪匠役，於奏定減卯章程，抗不遵依，並聲稱欲撤勤鑪，情殊藐法。上年查出該局鑄有小錢，經該堂官奏明，僅止飭令回鑪重鑄，未加深究。本年又請將該匠等，借支款項，停扣五年，朕皆俯如所請，屢加體恤。乃該匠役等不知感激，膽敢恃衆把持，玩視功令，實出情理之外，非徹底查辦，不足以儆愚頑。所有派頭韓德俊、闞永年，鑪頭王浚、侯儼，均著交刑部嚴行審訊，將首先不遵調度之老鑪匠役究出奏明，即著步軍統領衙門，按名查拏，送部懲辦。」

《清德宗實録》卷七 〔光緒二年四月戊寅〕諭軍機大臣等：「丁寶楨奏：『籌辦東省海防，擬派總兵陳擇輔，由輪船馳赴廣東，雇覓製造軍火之精巧工匠，並由粵出洋購買機器，由外洋選覓洋匠』等語。該總兵於外洋情形，恐尚未能熟悉，儻爲洋人所賺，轉致虚糜餉項，貽誤事機。著李鴻章、丁寶楨悉心會商，並由直隸選派熟悉洋務之員，會同陳擇輔前往，將一切事宜，妥爲辦理。將此各諭令知之。」

《清德宗實録》卷二百六十六 〔光緒十五年二月辛卯〕諭軍機大臣等：「上年四月間，據唐炯奏：『督同東洋礦師，開辦昭通等處銅鉛各廠，迄今將及一年，未據續行陳奏。』該前撫督辦礦務，專司其事，自應竭力籌畫，並將辦理情形隨時奏聞，何以久無奏報，殊不可解。永善等屬銅廠，威寧屬鉛廠，據稱苗脈豐盛，究竟開採情形若何，東洋礦師能否得力。所稱必須深入四五百丈，始得連堂大礦，非八九箇月不能見功。現距設廠之期，計已逾時，究竟有無成效，即著一一詳晰覆奏。京師改鑄制錢，需用銅鉛甚鉅，前經該部奏催辦解，必須逐漸增運，規復舊額。該前撫務當督飭公司，實力採辦，次第推廣，以期礦務日有起色。毋得日久宕延，糜費曠時，致負委任。將此由四百里諭令知之。」

《清德宗實録》卷五百二十九 〔光緒三十年四月己巳〕出使比國大臣楊兆鋆奏：「比國最精製造船礮之學，請飭下練兵大臣及海疆督撫，遇有需用洋將工師之處，留意延聘。」又奏：「中比交涉漸多，盧漢鐵路，以工程而兼借款，尤爲繁重。請飭督辦鐵路大臣，遇事先行知會使臣，以便相機因應。」均下所司知之。

【略】

以辦理山東膠濟鐵路工竣，予補用道洪用舟等五員奬敍，賞綜理工程洋員錫貝德寶星。

《大清律集解附例》卷二六《刑律·雜犯·夫匠軍士病給醫藥》 凡軍士在鎮守之處，丁夫、雜匠在工役之所而有疾病，當該鎮守、監督官司，不爲行移所司請給醫藥救療者，笞四十。因而致死者，杖八十。若已行移所司，而不差撥良醫及不給對症藥餌醫治者，罪同。

社會調查所《清代題本·採辦織造及各項工程·順治十二年五月十六日》

順治十二年五月十六日，欽命督理蘇州等處織造工部右侍郎臣陳有明謹題，爲遵旨招匠織造，料價口糧交匱，仰祈聖鑒勅部速議，以無悞機杼事。臣於本年五月十一日，接邸報該户部議覆刑科都給事中袁懋功題請免用機户一疏，今經部覆，惟照額定錢糧買絲招匠，按式織造等因，覆奉聖旨：「是。」欽此。欽遵抄傳到臣。微臣遵即出示曉諭外，其蘇州、鎮江三局，見在機户俱已停工解散。臣即一面另招匠役。但工料匠糧必須齊備應手，則織挽方無曠工而各匠始無枵腹，兩者無一可容刻緩，今則兩相缺乏已及半載，臣之檄催不啻舌敝頴秃，而府縣膜不相關，不得已而咨會撫臣提催，其如有司抗玩如故，雖稍有零星起解，終無濟於事也。第江寧、杭州織造皆駐省城，其錢糧即於布政司支取，移緩就急，似可通融，臣議將各府歲造絹折四，司工料錢糧，照例歸併布政司徵催，臣惟照額於該司取用，每歲於三月間湊解一半，以供收絲之用。其餘務於陸月解完以足歲額，總使各府不能完解，該司亦必於別項那措應此急需，臣庶幾得以展布造辦而無掣肘匱乏之虞也。至於口糧乃各匠養命之需，況一日不再食則饑，則有缺糧半載而欲責其枵腹供役，人豈能堪。今吴地偶值歲凶，石米價至三兩有餘，各匠羣聚告苦，臣亦無可奈何，雖設法措貸，不過少濟半月十日之需，究竟終非長法。但屯糧一項，在舊時原屬有名無實，抑且軍弁侵冒以爲固然，雖日事提比，終屬無益，若不酌議變通，則各匠即使召集，勢必逃散。臣曾具咨户部，議以軍儲一項改給，且杭州各匠所食，原屬軍儲比例動支，未爲不可也。臣猶有議者，連年絲料騰貴，價值倍增，亦經咨部請議，不謂今歲絲竟無收而價值又增於往歲。然以絲造段，未有絲貴而段價可循常例者，惟當隨時估值，庶造辦不致於艱苦，而上供亦得以如期完辦矣。停機待織，事不容緩，謹冒昧題請，伏祈聖明裁鑒，勅下該部，速爲議覆施行。緣係遵旨招匠織造，料價口糧交匱，仰祈聖鑒，勅部速議，以無悞機杼事理，未敢擅便，爲此具本專差官顧純明齎捧，謹題請旨。

《李煦奏摺·與曹寅會陳織造事宜六款摺》（康熙四十七年六月　日）

竊臣寅於康熙四十六年冬，鹽差任滿復命，十二月十八日陛見，蒙皇上垂問，隨具摺條陳織造事宜六款。於四十七年二月初三日，面奉聖諭：「除修理機房、船隻，停支買辦銀兩三件准行外，惟制帛、線羅、誥命，每年應用若干，工部現存若干，須核實再一併啓奏。」

臣遵奉旨意，於回江寧之日，即移工部咨查。今准工部啓稱：「查明庫存大紅線羅二百六十二疋半，尚足十餘年之用。明黄線羅十疋，尚足二年之用。二項暫且停織，庫内用完之日，另行派織。制帛雖尚存庫五百八十二段，止敷一歲之用，難以停織。」等語。

臣案查年例，制帛、線羅項下歲支銀一千九百二十兩。今部覆既稱線羅暫行停織，應遵部文，俟庫中用完，再當聽文派織。其制帛一項，部覆雖存五百八十二段，止敷一歲之用，難以停織，是年例制帛仍應照歲定之數織解。惟壇廟郊告等帛，應俟需用之時，隨時派織，是行派多寡，亦難預定。應如臣等原議，照局設制帛、線羅機三十三張，約計應用料工，每歲需銀三千兩，加以年例制帛，即可供一年織造。至誥命一項，今部覆：「凡遇覃恩，皆由吏兵二部查明各官應領軸數，行文本部，方行派織，此係現用現派之項。現今誥軸俱不足應用，仍令該織造照所派數目，陸續織送。」等語。其每年應用若干之處，似難懸定。此誥命錢糧既係現用現派之項，難以預定，亦應如臣等原議，照局設誥命機三十五張，約計應用料工，每歲需銀五千兩，即可供一年織造。此制帛、線羅、誥命歲需錢糧，係照機張、人匠籌計，將來行派，則照部文織解，無派則存貯銀兩，以俟行派之用。

更有請者，神帛、官誥兩機房，自順治二年間案經内院臣洪承疇經定，除絲、顔等料照時採買外，其一應匠作工價，比因開織之初，惟期撙節，所定工價甚寡，較之段疋、倭段僅十之二三。此各匠雖有工價名目，實皆民間各户傭覓應工，迄今六十餘年，歷任織臣，無可動錢糧，惟一循舊例。若竟行革除，則窮匠星散謀食，不能束腹以待欽工。若聽其貼養，則窮簷蔀屋，雖升斗分文，尚屬艱難，而責之幫工，曷能免胥吏誅求之累。伏思皇上宵旰殷憂，無時不以民瘼爲重。臣等雖至愚，敢不仰體睿懷，黽勉從事。但誥帛工價，歲有成案，臣督織以來，即晝夜圖維，未有善全之策。今幸值江、蘇兩局織造錢糧，既歲於巡鹽多得銀内動支，此不足工價，亦請於餘銀支給。臣等原議誥帛二項人匠，約計三百七十名，歲需銀二千七百兩，即可贍活羣工。將來有無派織，皆需此養匠，其民間幫貼，概可革除。如此則窮匠小民，咸沾聖澤，而欽工大典，亦無曠悞。敢請睿裁，仍歸原議，誠垂久之至計也。

以上條陳事宜六款內，除江、蘇二處買辦銀共二千兩，既巡鹽銀內歲有餘剩，此項應請停支外，其餘五款，計誥帛、線羅、養匠共需銀一萬二千六百二十兩，又江、蘇二處修理機房，每處歲需銀五百兩，船隻每處歲需銀一千兩，通共銀一萬五千六百二十兩。臣等仰荷殊恩，報効無地，而巡鹽銀內，尚有餘剩，請自戊子綱爲始，前項銀兩於多得餘銀內支用，年終造册報銷，永遠定例。此臣寅、煦公同籌計，倘荷聖裁，併賜准行，則藩司、驛道既免支解之煩，而織造不至悮工，地方永戴皇仁矣。伏乞睿鑒，勅部議覆施行。

《李煦奏摺・代理鹽差所得餘銀盡歸曹頫補帑摺》（康熙五十二年十一月十二日）竊我萬歲如天如地之仁，軫念曹寅身後錢糧，特命臣代理鹽差一年，將所得餘銀盡歸曹寅之子曹頫，清完所欠錢糧。如此弘慈，真亘古之所未有也。今臣於十月十二日已完代理一差之事，謹遵旨意，不敢自圖己私，凡一應餘銀，臣眼同兩淮商人親交曹頫。而計所得之銀，共五十八萬六千兩零。內解江、蘇二織造錢糧二十一萬兩，解江、蘇二織造買辦、修理機房、自備船隻、水脚錢糧共五千兩，解江寧織造衙門備辦誥命、神帛、養匠錢糧一萬二千兩零，代商人完欠歸收運庫二十三萬兩，又解補江寧織造衙門虧欠九萬二千兩零，共五十四萬九千兩零。臣俱眼同曹頫解補清完訖。尚餘銀三萬六千餘兩，俱曹頫收受。

竊念曹寅、曹頫父子，仰荷聖主格外洪恩，上以彌補錢糧，下以保全妻子。不特曹寅感泣地下，曹頫母子頂戴生全，臣與曹寅親戚共事，見其仰荷隆恩，善全身後，臣寤寐之間，時爲感激涕零也。

臣代理已畢，曹頫補帑已完，理合具摺奏聞，伏乞睿鑒。臣煦臨奏不勝悚惶感戴之至。

硃批：知道了。

《雍正朝內閣六科史書・戶科・雲南巡撫楊名時題報每年應鑄實得錢文及動用工本工料錢數目及請加給工匠口米本》雲南巡撫臣楊名時謹題，爲遵旨敬陳鼓鑄等事。該臣看得，滇省鼓鑄，接准部文，令將銅鉛折耗鑄錢數目，併爐座器具等項各若干，查明定議等因。茲行據布政使毛文銓詳，據總理錢局順寧府知府范溥詳稱，鼓鑄前請銅七鉛三，應揞爐四十座，奉文照以四六搭配，應再添七座，共設爐四十七座。滇匠不知火色，折耗甚多，今奉部文，折耗九斤，現在調劑，寔難再省。其工料昔年銀米兼給，今奉文止給工料錢一千八百二十文，爲數益減，屢據各匠申訴，請每各日加米八合三勺，詳候部議。又查每爐日鑄銅鉛百斤，除折耗九斤，每錢一文重一錢四分，應鑄錢十千四百文，每年共鑄錢一十七萬五千九百六十八串文。內除工料銅鉛定價外，共應得錢二萬一千三百一十九串二百文。又除爐座器具外，寔得錢一萬九千三百八十三串二百七十文。又每爐一座食米六十二石零，共二千九百四十九石零。四局蓋造爐房共動銀九千餘兩，應于一萬九千三百餘串錢文內銷算，年終報銷。再鼓鑄工本需銀十四萬兩，題奉部行於廠課銀九萬兩內動支，除遵支用外，緣創始需用甚緊，又續動司庫銀五萬兩，俟鑄出錢文易銀還項，併聲明每年應多鑄銅一萬五千二百斤等情轉請具題前來。臣覆查無異，相應會題，謹題請旨。雍正二年二月初六日題。三月二十三日奉旨：「該部議奏。」

《雍正朝內閣六科史書・戶科・總理戶部事務怡親王允祥等題令江蘇巡撫於南屯米內照數撥給蘇州織造匠役口糧本》總理戶部事務和碩怡親王臣允祥等謹題，爲錢糧款項宜清賜查明撥補事。該臣等查得署理江寧巡撫事務鎮海將軍何天培以蘇、松二屬額編蘇州織造匠役口糧，係關計授急需，如遇災荒蠲缺，詳請撥補有例。茲據江蘇布政使鄂爾泰詳稱，元年蘇屬太倉、長洲、吳縣、吳江、常熟、崑山等州縣，因被旱災，該年局糧計應蠲米一千二百七十五石零，循照五十四年水災蠲缺撥補之例，每石折給銀五分，共該銀九百五十六兩六錢零，在于二年地丁銀內照數撥給，以足匠食等因，具題前來。查雍正元年蘇屬額征局糧解送蘇州織造放給二年各匠口糧，今該撫疏稱元年太倉、長洲等六州縣因被旱災，計蠲米一千二百七十五石零，應請循例撥補折給，以足匠食。但前項匠役係供應織造上用段紗等項之後，局糧乃按日計口授食之需，不便折給價銀，令其自行採買，相應行令該撫，在於現存南屯米內照數撥給米一千二百七十五石零，以足匠役口糧。將動用款項造册送部，仍造入該年奏銷册內，具題查覈可也。謹題請旨。雍正二年十月十一日題。本月十三日奉旨：「依議。」

《雍正朝內閣六科史書・六科・管理蘇州織造內務府郎中胡鳳翬題報收放存剩匠役口糧實數造册進呈御覽及送部察核本》管理蘇州織造內務府郎中臣胡鳳翬謹題，爲恭報匠糧收放存剩寔數等事。該臣看得，織造匠役應給雍正三年分口糧，今收太倉等州縣解到雍正二年分局米一萬一千一百二十一石九斗零，内給雍正三年正月起至九月止各匠口糧八千三百九十六石九斗零，又補放雍正二年閏四月分米九百十八石九斗零，共放米九千三百十五石八斗零，存米一千八百六石零，業于本年八月内造册達部在案。再雍正二年冬季應給匠糧，祗因雍正元年長洲縣欠觧米一千六百四十石二斗零，其各州縣旱災蠲缺無觧，經臣咨請前署江寧撫臣何天培具題撥補米一千二百七十五石五斗零，緣太長等州縣未觧，止收吴江常熟崑山等縣米六百石，又續收長洲縣完觧米四百二十四石三斗零，併先經題報存剩米八十七石四斗零，通共一千一百十一石八斗零。不敷散給雍正二年冬季三個月口糧，是以止放十月分各匠役口糧九百五十石六斗，亦經造册咨部訖。臣今見催各州縣欠觧米石，一俟放足雍正二年十一、十二兩月匠糧，再行造册題報核銷。所有收放米石，俱係照例按額給發寔數。理合細繕黄册，恭呈御覽，併造清册送部察核外，相應具疏題報，謹題請旨。雍正三年十二月二十日題。雍正四年二月初三日奉旨：「該部察核具奏。」

《雍正朝内閣六科史書・户科・巡視長蘆鹽課監察御史顧琮題參庫書章士傑與銀匠移銀兩請敕下嚴審究追本》 巡視長蘆鹽課監察御史臣顧宗謹題，爲詳報事。該臣看得，陞司陳時夏詳，據銀匠黄誠信報稱，銀匠夏文熊拐銀逃走，隨查點觧部餉内少銀一萬七百五十九兩零。又查李天馥引價銀亦無著落等情。臣已同陳時夏差役密緝嚴拿庫書章士傑與銀匠等那移影射侵欺情弊，臣已行運司監禁嚴究。庫大使樊廣德職司監守，通同狥隱，以致疎失。至前司張璨不將餉銀全兑入鞘，朦混報觧；分司李俊有同樊廣德查驗未寔，即稱並無短少，見在封貯；而場大使張士逵叅後乃稱餉銀未全交職，與前報泥濘難行情詞矛盾，其中顯有情弊：均難辭咎。臣謹會同兵部右侍郎監理長蘆鹽政臣莽鵠立，合詞列名題叅，伏祈皇上睿鑒，勅下直隸督臣李紱嚴審究追施行，謹題請旨。雍正四年九月二十四日題。十月初八日奉旨：「這所叅情由，該督一併嚴審追擬具奏，該部知道。」

「國立」故宫博物院《宫中檔雍正朝奏摺》第八輯長蘆鹽政監察御史鄭禪寶《奏報修理天津城工摺》 巡視長蘆等處鹽課監察御史仍兼内務府郎中臣鄭禪寶謹奏，爲奏明事。竊臣包衣下賤，荷蒙恩命，巡視長蘆鹽務，惟有日夜氷兢，裕課恤商，以仰副我皇上委任之至意。所有天津城工，經署鹽政侍郎臣莽鵠立奏明交臣監督修理，據原委員驍騎校雙珥齎送工程册簿到臣，隨于本月二十二日，會同侍郎臣莽鵠立並侍衛監修各員以及修城人等到工逐段踏勘。查北面城垣城樓不日修築完竣，其東面城樓將竣，城垣見在併力修築，臣令務期完報。至于西南二面，前經鎮臣趙國瑛傳旨：著修完兩門再修西、南兩門，欽此。欽遵在案。今臣先令該委員雙珥等速催多辦石灰，燒造城磚，以便來春挨次修築加緊督催外，理合繕摺奏明。伏祈皇上睿鑒，謹奏。雍正五年七月二十四日。

《雍正朝内閣六科史書・户科・安慶巡撫魏廷珍題爲奏銷江寧織造衙門官員並跟役家口上年支過俸廪銀米本》 安慶巡撫臣魏廷珍謹題，爲奏銷織造等事。該臣看得，江寧織造衙門官員并跟役家口馬已支過俸廪糧料，例應按年造册報銷。今查雍正四年分，共支過俸廪銀二百三十八兩零，共支過白米二十七石七斗零，内支本色白米二十三石五斗零，折色白米四石二斗零，該折銀三兩六錢零。共支過倉米一百三十石三斗零，内支本色倉米四十四石，折色倉米八十六石一斗零，該折銀六十四兩零。共支過豆一百四十八石零，内支本色豆一十七(萬)(石)一斗零，折色豆一百三十一石零，該折銀九十一兩零。共支過折色草一萬一千百七六十束，該折銀八十二兩零。以上除支本色米、豆外，其支米、豆、草折銀二百四十二兩零。既據升任江寧布政使覺羅石麟分晰開前來，臣覆核無異。除遵例恭繕黄册，進呈御覽并炤造清册外，移送部科查核外，謹題請旨。雍正五年八月二十六日題。九月十八日奉旨：「該部察核具奏册併發。」

《雍正朝内閣六科史書・户科・管理蘇州織造郎中高斌題爲恭報匠糧收放交存實數並造册送部察核本》 管理蘇州織造郎中臣高斌謹題，爲恭報匠糧收放交存實數等事。該臣看得織造匠役應給雍正五年分口糧，今收蘇、松、太三府州屬長吴等州縣觧到雍正四年分局米一萬九百六十三石九斗六升。内給發雍正五年正月起至九月止各匠役口糧八千三百九十六石九斗六升，存米二千五百六十七石，業於本年八月内備造細册咨明户部在案。再雍正四年冬季分應給匠糧，今據吴江縣觧到雍正三年分局米九百一十二石六斗一升，併先經題報，存剩米一千五百五十四石九斗六升，通共二千四百六十七石五斗七升。内散給雍正四年冬季十月、十一月兩個月各匠口糧一千八百六十九石五斗一升，存米五百九十八石六升，亦經造册咨部訖，一俟各州具觧足放給雍正四年十二月分匠糧，再行造册題報。所有收放米石俱係按額給發實數。理合分晰繕造黄册，恭呈御覽，並造請册送部察核外，相應具疏題報，謹題請旨。雍正五年十二月初一日題。六年正月二十五日奉旨：「該部察核具奏册併發。」

「國立」故宫博物院《宫中檔雍正朝奏摺》第九輯山東巡撫塞楞額《奏報闕里文廟工程摺》 山東巡撫臣塞楞額謹奏，爲欽奉上諭事。本年二月十一日，准内閣寄字，内開，雍正六年二月初六日大學士馬齊、朱軾、張廷玉、孫柱奉上諭：闕里興修工程已經三年，何以至今尚未告竣，爾等可寄信與巡撫塞楞額，令董事諸臣實心料理，務使堅固，昭垂永久，毋得惜費省工，擔延時日。報竣之後，朕或親詣展禮，或遣親王大臣前往，俟再降諭旨。欽此。伏查文廟工程，事關重大，臣到任後，即查得磚瓦灰石等料已有十之七八，滿擬木料一到，便可刻日興修，催儹告竣，以期仰副我皇上隆師重道之至意。無如辦買木植之被叅都司鈕國璽于雍正四年歲底，將所買之木運至濟寧，經承修各官照依原估丈尺查點，多不如式，兼有彎曲，難堪廟工之用，且價值更多浮冒，經臣題叅革職，嚴審究擬，鈕國璽亦自知木料不堪，呈請因材改使，情願認賠。臣隨委濟東道年綜元、兖州府知府金以成，協同承修各官，將木植之尺寸圍圓逐一丈量確估，其所買大成殿大樑，皆係以四根刹一根應用之料，所買大柱，皆係通身刹攢應用之料，其餘枋桁等大木，亦俱不足原估尺寸，且朽爛彎曲，遺漏短少者甚多。臣竊思大成殿寢殿工程，首重樑柱，雖大料不免稍用刹攢，然斷不敢以四根刹用之樑，通身刹攢之柱，苟且應用，以致有悮欽工。因令承修各員，將買到之木，照依部例，量材查收，共計值銀三萬一千七百餘兩，實虧欠浮冒銀二萬七千三百八十餘兩，臣已審擬具題，着落追賠在案。其缺少之樑柱枋桁等大木，以及漏估未買各料，已動支庫銀二萬九千餘兩，先後委員星夜赴江廣購買應用。其已收之木料，現在酌量于啓聖殿金絲堂兩廡工程應用興修，以待樑柱等大料購買到工之日方可定限完工。今奉内閣寄到諭旨詢問，除另文咨呈内閣外，合將文廟工程至今尚未告竣緣由據實奏聞，仰祈聖鑒，爲此謹奏。雍正六年二月二十六日。

「國立」故宫博物院《宫中檔雍正朝奏摺》第一〇輯兩廣總督孔毓珣《奏報驅捕不法礦徒摺》 兩廣總督臣孔毓珣謹奏爲奏，聞驅捕礦徒事。竊廣東惠州府歸善縣之白馬山、石門仔山，又永安縣之鐵嶂山，報有礦徒聚集偷挖礦砂，文職官役不能驅捕，臣咨會撫提二臣，檄行司府，飭令歸善知縣張世錫親帶捕巡官役曉諭，一面行委惠州協副將鄂鼐、提標前營遊擊趙一廷，各帶備弁兵丁，于各處山場查拏。雖現在未聞滋事，而聚黨人多，不得不及早擒捕，俟捕獲之日，臣等會商懲治外，所有臣撥兵驅捕礦徒緣由，合行奏聞。謹奏。雍正陸年伍月貳拾肆日。

「國立」故宫博物院《宫中檔雍正朝奏摺》第一〇輯馬爾泰《奏報西安修城摺》 臣馬爾泰、臣汪漋、臣潘之善謹奏，爲奏聞事。臣等奉命辦理安西城工事務，自雍正五年五月初一日興工築土建造，於八月内已築成城垣，其包磚一項，因九月以後天氣漸寒，土凍不敢興作，謹於雍正六年三月初動工。數月以來，日督匠夫勤力包磚，兹六月内已包固全完。所造城磚重厚，石灰細膩，週圍俱係三層包護，堅固整齊，遠望甚覺巍峩壯麗，誠足鞏垂久遠。再黄墩、踏實、雙塔、百齊、惠回五處堡城，先後俱於六月内築完。臣等伏思皇上軫念邊陲，重發帑金，新建城堡大工，今當鎮城包磚全完，各堡城築造齊備，理合繕摺奏聞。至於各項營造，如城樓、廟宇、衙署、兵房、倉廒、墩臺一切工務合鎮城與沙州五堡，總計其工程已有十分之七，約九月内大工可以告竣。臣等謹聞，仰祈皇上睿鑒。謹奏。雍正陸年陸月貳拾玖日。

「國立」故宫博物院《宫中檔雍正朝奏摺》第一〇輯天津總兵岳超龍《奏報鹽商修城摺》 天津鎮總兵官臣岳超龍跪奏，爲城工暫交鎮臣督催事。雍正陸年陸月拾捌日，准長蘆鹽臣鄭禪寶手本内開：摺奏前事，據商人安岐討修天津城垣，其東、北二面城工俱已完竣，前經奏明。見今修築西、南二面，臣奉命前往山東清查鹽務，相應奏請暫交天津鎮臣岳超龍，督令商人安岐及時修築，務期堅固，庶監修各官以及工匠人等亦不敢少懈等因，於本年陸月初玖日摺奏。本日面奉諭旨：知道了，欽此。欽遵移交到臣，臣即欽遵，督催修築，務期堅固。所有臣暫接督催城工日期，理合具摺奏聞。謹奏。雍正陸年陸月　日。

「國立」故宫博物院《宫中檔雍正朝奏摺》第一一輯馬爾泰《奏報安西城工告成摺》 臣馬爾泰、臣汪漋、臣潘之善謹奏，爲城工告成事。臣等奉命辦理安西各處城堡工務，前因鎮城包磚全固，各堡城垣築成，業經繕摺具奏。今鎮城及沙州五堡各處城樓、廟宇、衙署、兵房、倉廒并原題新設沿邊一十三處墩臺、院牆、兵房，大小共一萬二千四百餘間，一切工程於九月内俱已全成。伏惟皇上睿謨弘遠，加意邊陲，重發帑金，建築安西等處城堡，以昭永久。兹當大工告成，理合恭摺奏聞。臣等自興工以來，夙夜兢惕，勉竭心力，於各處工程周迴查看，加謹興作，稍有未到之處，即另行修造，城垣、房屋頗覺堅固，可垂久遠，仰副我皇上訓諭勉勵之至意。至臣等原先會同估計共約需銀二十八萬餘兩，自興工後於燒造石灰、磚瓦，採取木植、石條等物，隨時籌算，不使曠工靡費，較原估工數少用四十餘萬人工，即少用銀四萬餘兩。其輓運各項物料應用脚價，又詳加酌量，凡需用騾駝車輛之處，原估四五日一回者，於二三日内即可遵運到工，沿河一帶木植，夏秋由水趕運，冬春氷上拉運，又可省用車輛，是以各項脚價内亦少用銀數萬餘兩。計所用木、石、磚、灰等物，比原估尚有增添，而實在用過錢糧爲數較少，通計鎮城、沙州五堡墩臺一切工程共用銀止在二十萬兩以内。現今安西及凉、甘二府存貯餘銀并用剩物料變價銀兩合計共有九萬兩零，再預備支給匠夫所買口糧米麪剩有五千餘石，亦實直銀一萬餘兩。臣馬爾泰、臣汪漋現在清查各工用過銀兩，細數繪畫城堡圖樣，繕造進呈用過錢糧物料清册，并將所剩銀兩移交臣潘之善，同經管收發城工錢糧，肅州道齊式暨凉甘二府知府等觧交蘭州司庫。所剩米麪已交明安西沙州地方廳衛等官，存貯倉内，陸續變價還項。臣馬爾泰、臣汪漋俟各項料理清楚，即起程赴京。爲此謹具奏聞，仰祈皇上睿鑒。謹奏。雍正陸年玖月貳拾伍日。

「國立」故宫博物院《宫中檔雍正朝奏摺》第十一輯王士俊《奏報粤省匠役之苦困摺》 臣王士俊謹奏，爲密陳管見事。竊百工匠作，俱藉手藝以謀生，其用力甚勞，其獲利甚少。廣東通省額編匠役九千零一十二名，遞年每名應徵匠價銀四錢五分三釐六毫，共徵銀四千零八十七兩八錢八分一釐，解交司庫，撥充兵餉。但額制匠役，每州縣多則數百名，少則數十名，而現在之各項匠役實繁有徒，州縣徵收匠價時書吏原差勾通匠頭，藉催納匠價名色，凡遇匠役之家，無不逐户苛求，百般勒詐，稍不滿欲，即以抗欠匠價爲詞，禀官究處，或差押不放，或覊禁班房，比責數板，索取杖錢，鎖禁連朝，派筭飯食。嗟此匠役多係徹骨貧民，逐日傭工，尚難餬口，加以勒完匠價，更覺措辦維艱。廣東舊例一名匠價，十人夥充，每名額徵銀四錢五分三釐六毫，是每人止應納銀四分六釐已足原數，今匠役數倍原額，乃書吏原差，按人索取，代收包納，以十之一繳官，以十之九肥己。有司徵收正供，猶慮催納不完，匠價無多，往往置諸不問，況匠價一項，逢卯止比，原差匠役並不到案，有司不知匠役之多寡，匠役不見有司之面目，是以衙蠹得肆其張狂，而匠役盡被其魚肉，雖有精明之州縣，不能遽絶其弊端。臣仰體皇上軫惜百工之至意，請照江西、浙江等省之例，將匠價銀兩，匀入地丁項下，則積弊可除。查己酉年廣東通省應徵地丁錢糧一百二十八萬八千九百三十七兩零，若將匠價四千八十七兩八錢八分一釐匀入地丁，則每兩正項增銀不及四釐，爲數止在釐毫之際，原非强人以所難。花户順便輸將，衆擎易舉；匠役永免重累，受益無窮。臣目擊廣東匠役之苦，因敢密陳管窺之見，是否可採，伏乞皇上睿鑒施行。雍正陸年拾壹月拾伍日。

《雍正朝内閣六科史書・户科・總理户部事務怡親王允祥等題銷蘇州織造解過上年御用緞紗等項工料價值並匠役口糧本》 總理户部事務和碩怡親王臣允祥等謹題，爲恭報用存實數以清錢糧事。按察使銜管理蘇州織造李秉忠題，前事雍正六年十二月初二日題，本月十二日奉旨：「該部查核具奏册併發。」該臣等查得按察使銜管理蘇州織造李秉忠將解過雍正六年分上用、官用緞紗等項用過工料價值併放給過匠役口糧造册具題前來。據册開：

一織解内務府上用緞紗五百四十三疋，共用過料工、箱損等銀九千五百二十兩九錢二分一釐，又江寧、蘇州、杭州三處公解葛布二百一十疋，内蘇州織造用過銀二百九十三兩六錢六分陸釐六毫，又官用緞紗二千七百五十四疋，各色絲線、披絃等線共四百三十八斤，各色尤墩青藍等布四萬五千疋，共用過料工、箱損等銀三萬三千五百一十八兩七錢四分二釐四毫，以上通共銀四萬三千三百三十三兩三錢三分等語。查前項上用、官用緞紗等項用過料工銀兩，與内務府知會文開收過緞紗用過銀兩等項數目相符，應准開銷。又廣儲司行辦綿子三千斤，每斤價銀九錢二分，共銀二千七百六十兩，又裝盛包裹、騾脚等銀二百九十兩肆錢，通共銀三千五十一兩四錢等因，臣部因内務府知會文内並無此項，隨移查内務府去後，今准内務府回稱，於雍正六年咨行蘇州織造處，令其辦買綿子三千斤已照數送到，但所用何項錢糧數目，因何不入報銷册内之處，移咨蘇州織造，俟查明到日，咨覆户部等語。應令該織造李秉忠作速造報，内務府核准之日報部查核。

一織解部派緞紗一千九百四十三疋，用過料工、箱損等銀一萬四千三百五十兩等語。查臣部派織緞紗，已據該織造李秉忠解到查收在案，用過料工等銀與歷年題銷數目相符，應准開銷。又修理袍船併水脚銀一千兩等語。查係應給之項，應准開銷。再該織造李秉忠疏稱，遵例於蘇州藩庫支領銀六萬五千兩，今通共用過料工等銀六萬一千七百三十三兩七錢三分，餘存銀三千二百六十六兩二錢七分現貯在庫，應俟雍正七年辦織另報；至脩理機房銀五百兩，已捐貲稍葺，此項節省，毋庸報銷等語。應令該織造李秉忠將餘存銀三千二百六十六兩二錢七分存貯在庫，爲雍正七年織辦緞紗之用；仍令該撫尹繼善於該織造應領該年料工銀内，扣除銀三千二百六十六兩二錢七分，存貯藩庫，匯行解部。至修理機房銀五百兩，該織造李秉忠既稱捐貲稍葺等語，應毋庸議。

一收蘇、松、泰三府州屬雍正五年分米一萬二千一百一十三石九升零，内給發雍正六年正月起至九月止各匠役口糧八千四百二十八石六斗五升零，又補放雍正五年閏三月分米九百五十石六斗，共放米九千三百七十九石二斗五升零，存米二千七百三十三石八斗四升零等語。查放給過匠役口糧，係應給之項，應准開銷。餘米存石，應令該織造李秉忠造入下年匠糧册内報銷。又雍正二年十一、十二月分匠糧，今據太倉等州縣解到雍正二年撥補米六百七十五石五斗九升九合零，又續收長元等州縣完解雍正元年分米一百七石一斗五升五合零併先經題報存剩米一百六十一石一斗四升九合零，通共米九百四十三石玖斗零，因不敷散給，是以止放雍正二年十一月分各匠役口糧九百一十八石九斗一升零；又雍正三年十二月分匠糧，今據靖江縣解到雍正三年分撥補米五百一石七斗零，併先經題報存剩米六百九十七石八升零，通共米一千一百九十八石七斗八升零，散給雍正三年十二月分各匠役口糧九百五十石六斗。又雍正四年冬季應給十二月分匠糧，今續收吴江縣雍正三年分米三百九十二石二斗一升八合，併先經題報存剩米五百九十八石六升四合零，通共米九百九十石二斗八升零，内散給雍正四年十二月分各匠役口糧九百五十石四斗。又雍正五年冬季三個月應給匠糧，今續收吴江等處州縣雍正四年分米六十九石二斗六升零，併先經題報存剩米二千五百六十七石零，通共米二千六百三十六石二斗陸升零，内散給雍正五年分冬季十月、十一月各匠役口糧一千八百六十九石五斗一升零。所有收放米石，俱係按額給發等語。查補放過雍正二、三、四、五等年冬季分各匠役口糧，俱係應給之項，應准開銷。其各年存剩米石，仍令該織造李秉忠俟放足之日，分晰造册具題查核可也。臣等未敢擅便，謹題請旨。雍正七年三月三十日題。四月初三日奉旨：「依議。」

「國立」故宮博物院《宮中檔雍正朝奏摺》第一四輯碣石總兵蘇明良《奏報拏獲不法之礦徒摺》　爲奏聞事。竊照本年五月内，臣訪聞得隣汛惠州府歸善縣屬之白馬山，有礦徒潛聚該處山塲偷挖，臣即檄令臣標左營遊擊許元帶領弁兵前往堵截，隨又准署撫臣傅泰、提臣王紹緒，咨會歸善縣屬之白馬山毛公坑、石門仔山，永安縣屬之公孫丈密坑等處山塲，俱有礦徒聚集偷乞，撥遣官兵拏解等因到臣，臣即嚴飭弁兵遵照拏解去後。旋據許元等陸續禀報，各處礦徒聞風先已逃散，壠口俱經填塞，復准提臣王紹緒咨會撤師回營。臣因督臣孔毓珣欽奉諭旨赴京陛見，臣於七月初二日起程前往肇慶恭請聖安，不意旋署途次省城，據報臣屬右營海隴墟地方，於七月十九日夜忽有賊徒一百餘人，乘夜搶刼徐秉閑等舖房一十一間，傷死鄉民潘朝柱、洪元文二名等情。臣聞報即飛檄臣標官兵嚴加追擒，臣并即兼程星夜回碣添撥官兵前往協力擒拿，而提臣王紹緒聞報，亦經調遣官兵追擒至烏不山塲會合。臣標官兵并附近營縣官兵民壯分路尾追，賊夥無奈，遁入山羊寨，因見官兵四面圍困，賊首謝恩榮就於閏七月十六日，帶領賊徒全夥一百二十三名出寨呈稱，原係礦徒被逐，誤往梅隴奪食傷人，今情願投撫等情，即于是日臣標把總邱大申，同提標守備哈雲棟，帶領目兵押解前赴提臣王紹緒轉解矣。至于作何審究定罪，應聽督撫二臣具題外，但礦徒刼奪不能防範，臣踈失之咎，實有難逭，理合據實奏聞，俟督臣題叅到日，伏乞皇上將臣嚴加議處，以儆踈懈之戒，臣不勝惶悚待罪之至。理合繕摺具奏，伏乞皇上睿鑒施行。謹奏。

御批：「緝捕此案礦徒聞兵弁甚爲怯懦，皆緣汝等平日訓練不及之所致，向後若不加意整飭，如何其可。」雍正柒年捌月初陸日。

「國立」故宮博物院《宮中檔雍正朝奏摺》第一四輯天津總兵管承澤《奏報暫停天津築城工程摺》　鑲紅旗漢軍副都統署理直隸天津等處地方總兵官印務奴才管承澤跪奏，爲奏明暫停城工事。竊奴才准長蘆巡鹽御史鄭禪寶咨稱，九月十一日前往山東秤掣騐放鹽引，所有天津城工奏明，暫交奴才督令商人安岐及時脩築等情，遵即前赴城工處所逐加查勘，并飭管工員弁加緊儹脩，務期堅固。惟是奴才摺奏查看營汛，奉旨准行，不敢遲滯，即於二十日束裝起程，隨檄調附近之大沽營遊擊李椅赴津，會同管工驍騎校雙珥督脩。兹奴才查看營汛便道回津，赴工查閱，自十一日後做過工程，西、南二面門樓甕城，及西南角樓，南門以東城垣垛牆海墁砲臺馬道礓礤等項，俱於九月二十七日完竣。南門以西城垣二百四十四丈，已築有五六分工程。復據驍騎校雙珥呈稱，本月初二日夜下雪二寸，初三日早起氷凍，若興工作，恐不堅固，請照往年停工，俟春和再爲脩築等情。奴才查城垣關繫緊要，往年遇氷凍時俱係停工，今已下雪結凍，是以照例令其停止。所有停工緣由，理合繕摺奏聞，爲此謹奏。雍正七年十月十一日。

「國立」故宮博物院《宮中檔雍正朝奏摺》第一五輯山東巡撫岳濬《奏報支給監修廟工官員薪水摺》 署理山東巡撫印務都察院僉都御史臣岳濬謹奏爲，奏明請旨事。竊查東省泰山神廟，欽奉上諭，差郎中丁皂保、赫達色來東修建，並帶有辦事之員外郎丁松併筆帖式三員。該員等在工督辦，每月需用薪水之資，查東省查河案內，前撫臣塞楞額奏請欽差御史等官，應於司庫耗羨内每員月支供給銀叁拾兩。又文廟工程案内，前署撫臣費金吾奏請，在工辦事試用知縣邊汝充等，應於司庫耗羨内每員月支供給銀貳拾兩，即蒙恩允，欽遵在案。今泰山工程事同一體，郎中丁皂保、赫達色、員外郎丁松等三員，應照查河御史之例，每員月支供給銀叁拾兩，筆帖式三員，應照文廟辦工試用人員之例，每員月支供給銀貳拾兩，均於司庫耗羨内按月支給，庶於薪水有資。理合繕摺具奏請旨，伏祈皇上聖鑒批示施行。臣謹奏。雍正柒年拾貳月初叁日具。

「國立」故宮博物院《宮中檔雍正朝奏摺》第一五輯丁皂保《奏報修補泰山廟宇工程摺》 奴才丁皂保、赫達塞謹奏，爲遵旨修理山東泰安州神廟事。雍正七年九月初二日，欽奉上諭：山東泰安州奉祀東嶽泰山之神歷代相傳，靈顯昭著，佑庇萬民，俾國家享昇平之福者，明神之功德，其來久矣。遠近人民感荷默佑之恩，焚香頂禮，罔不虔肅。其廟宇重修於康熙十二年，距今五十餘年矣。玆據署巡撫費金吾奏稱，廟宇盤道有傾圮頽壞之處應加繕葺，山路亦當修整，着發内帑銀兩，命内務府郎中丁皂保、赫達塞前往督工敬謹修理，務使廟貌輝煌，工程堅固，速行告竣，以副朕爲民報享之至意，特諭。欽此。欽遵奴才等於九月二十一日到泰安州，即上山，看得山頂碧霞元君神廟並玉皇廟宇等八處椽檩坍塌，樑柱糟爛，因係楊柳木植，所以易於頽壞，今奴才等採辦松木，俱換新料，重新修理。起工之日暫將碧霞元君神像移請後殿，仍令人民焚香頂禮。又看得泰山諸廟，自岱廟起至南天門三十二處傾圮頽壞者，俱應粘補，照前修理。廟中神像應重塑者十尊，補塑者三百三尊，莊嚴者一百五尊。山路盤道自山底岱嶽門起，量至玉皇頂山門共長三千二百五十五丈一尺，頽壞之處甚多，現今粘補修理。奴才等料估得以上廟宇神像、山路盤道一應物料、工價銀九萬八千八百四十六兩。今備辦物料，燒造石灰、磚瓦陸續運到，明歲新正吉日起工，敬謹堅固修理，於雍正辛亥年六月内完工之日，將實在用過錢糧細數另造清册具奏。謹將山形廟宇繪圖并料估奏摺進呈御覽，爲此謹具奏聞。雍正七年十二月二十日。

「國立」故宮博物院《宮中檔雍正朝奏摺》第一五輯河東總督田文鏡《奏報修建青州滿旗城垣營房事摺》 河東總督臣田文鏡謹奏，爲遵旨行文事。雍正捌年貳月初柒日准内閣移會内開，本年正月拾捌日奉上諭：山東青州府設立滿洲駐防官兵，所有建造城垣營房工程，著御史偏武、候補道員陳豫朋前往，會同地方官監督修造。其一應如何修造之處，著都統拉錫亦往青州，會同相度經畫定議，交與偏武等辦理，拉錫仍回天津地方。拉錫有素知可以辦工之人，准其帶往青州留於工所，交與偏武等派委辦事。偏武所管倉工，著交與御史趙莗監修。再著内務府總管常明監管稽查。欽此。欽遵移會到臣，仰見我皇上綏安海隅，睿慮弘遠，即經營建置之微，亦必垂念分遣，無不出於聖明指授之中也。臣查青州滿營一案，于雍正柒年柒月内接准部咨，當經飭行山東布政司遴委賢能之員，將青州府城外舊城基址查勘明白，將應建城垣衙署營房確估工料造册詳報以憑核題。臣因工程浩大，一切估勘、核算、繪圖、造册、查議、採辦、督理各項頭緒紛繁，均應先爲酌定，當即專委登萊青道孫蘭芬總理其事，青州府知府黃壽經管察核，其餘佐貳雜職等員揀選預備，分頭委用。時值欽差查勘道路，孫蘭芬先已委令跟隨前往，隨檄飭勘路事竣即速回青料理。惟是青州建設滿營事屬創始，其衙署營房規式並無舊例可循，豫省雖曾建設滿城，又無將軍副都統等衙署式樣，隨又移咨直隸督臣衙門，查取天津建造滿城規式，斟酌確估。至舊城基址，先據勘報，共計大地壹拾貳頃伍拾壹畝零。今滿城擇建於西南角平坦之處，丈出大地陸頃肆拾陸畝。查大地壹畝，計税畝叁畝貳分肆釐，合計税畝共貳拾頃玖拾叁畝零。建造衙署營房並留大街馬道止須大地伍頃玖畝零，尚餘大地壹頃叁拾餘畝，將來滋生人丁添蓋房屋均可足用等情。臣因建造滿營關係永遠駐防基地，最宜詳慎，其城内規模似再須寬大，其操演兵丁教場，春夏放青牧地，亦應預爲相度。至舊有城基與新建城基分界，形勢尚未圖繪明白，經臣指令分晰查明確議。其需用磚瓦土坯石料石灰等項，有無官地開設窑座，亦令查議明確，招募工匠，承攬置辦。惟有木植一項，初議赴南採買，節據孫蘭芬禀稱，需用木植約計拾伍陸萬之多，若盡赴南採辦，必由江南太倉州劉河口出海運至山東膠州，風波險遠，又自膠州陸運至青計程叁百陸拾里，路經高密草塲湖地，一遇雨水，泥濘難行，車輛不能輓運，脚價倍費。今查東省民間榆、楸、槐、楊等木俱皆堅實，有已經砍伐而未得售主者，有欲出賣而尚未砍伐者，悉可取材，以資工用。請於附近青郡之各縣，就便選購榆、楸等樹，先令匠人看定，量材取用，照時平買，其不敷木植再行赴南採購，既可省運脚之糜費，又可令匠役先興工作等語。臣查就近選買木料洵多省便，第恐承辦各官約束不嚴，而吏役人等藉公派擾致累小民，當即出示明白曉諭，使百姓咸知公平購買，毫無虧短，樂於交易，其道路墳塋古木蔭樹一概不許强壓買伐。并飭該管各官，嚴禁胥役鄉地，勿得指名苛索以及侵扣短價等弊。其不敷木植，速即核定委員赴南採購。業經備檄遵照去後，續據山東布政司今陞湖北撫臣費金吾詳稱，東省榆、楊、楸、槐等木，不堪經久，易於朽蛀，兼之隨伐隨做，滋漿尚存，木性不堅，况青、萊等郡大樹，非係蔭木，即係老民老婦留以需用者，今聞各縣採號，甚拂民情，毋寧少遲時日，赴南採買，其標椽鋸板小木，應即於青屬附近地方照依平價採買等情。臣查北省修建衙署及民間富室蓋造房屋，俱用榆、槐、楊、楸等木，並無越省遠購之事，亦未有致被蟲蛀不堪經久者，况南木委員採辦往返期遠，今附近所買樹木，其百姓先自砍伐者已將乾燥，其現議買伐者去皮斵削，待至南木到日，亦已堅燥可用，豈復尚存滋漿。至於道路墳塋一切古木蔭樹，臣已明白飭禁，不許買伐，所云蔭木之外盡係老民老婦留以需用者，更爲不經。夫以登、萊兩郡之大，樹木之多，豈有蔭樹之外，均係民婦留用之木，若然則青、萊等處之人，但有需用大木者，非走數千里外即不能得也，臣竊謂必無此理。東省百姓向苦官役詐派，一聞選買樹木，唯恐充作官用，仍以從前不給價值，即或給價，拾不償壹，反多運交守候之苦，或不免於疑慮相叅。迨臣愷切曉示破其疑團，飭令先買後伐，預給時價，一切雇車運送之事，毫不累及小民，賣樹獲利，何至甚拂其情。况地方興建大工，但能官無侵削，役無騷擾，照市平買，期於公私有濟而已，若必人人而悦之，遷延瞻顧，則必至於貽悞工程，事何能集。且木料需用甚多，一尋一丈必欲出自南産，需時滋費，豈爲良策。臣知費金吾見聞未確，誤聽人言，當即一一指駁，並令確議造送估册，尚未據報到。兹蒙我皇上垂念工程緊要，特遣御史偏武等會同地方官監督修造，並命都統臣拉錫來青相度，聖慈遠注，鉅細無遺，俾大工仰藉有人，實深慶幸。臣正繕摺恭奏間，適欽差御史臣偏武于貳月拾捌日抵河南省城，臣將一切原委面與備敘情形，其應如何修造之處，統俟都統拉錫到東經畫定議。臣仍札諭登萊青道孫蘭芬，協心贊理，並令轉飭青州府知府廣壽暨預備委用之佐貳雜職等員，均候指揮辦理。所有料理滿營事宜，並御史臣偏武到豫日期，合併恭摺奏聞。伏乞睿鑒，爲此謹奏。雍正捌年貳月貳拾伍日河東總督臣田文鏡。

「國立」故宫博物院《宫中檔雍正朝奏摺》第一五輯查郎阿《奏報四川松潘等處城垣工程事摺》 臣查郎阿、憲德謹奏爲請旨事。竊照四川松潘漳臘平番等處城垣，先經督臣岳鍾琪委保寧府知府吴應濟、直隸資州知州黄鐸，會同營員確勘，估計工料銀二萬三千三百八十餘兩，造具確册，復經督臣岳鍾琪會同臣憲德核實，題請動帑修築。嗣准部咨，奉旨依議，欽此。欽遵隨檄行四川署布政司吕耀曾令動庫銀，一面詳請咨部，一面委員僱覓匠役前往督工監修，併陸續倒塌之處查估確覆，以憑咨部併修等因，檄飭去後。復據代理松茂道事成都府知府項誠詳，據委員新都縣知縣張文黼等詳稱，原估磚灰運費數目不敷，工本實不足用，未便循行。若不預爲詳明，因循從事，將來物料價值不敷，城垣工程不固，後必爲累，咎實難辭，相應詳請另委賢員，確實估計，以便興修等情。臣憲德即據詳，移咨署督，臣查郎阿將續報倒塌城垣損裂處所，以及從前估計工費不敷應用之處，批飭該道遵照辦理等因。臣查郎阿查修補松潘等處城堡估計銀兩，係督臣岳鍾琪會同撫臣憲德核實會御題報之案，今續報倒塌城工一併修理，事關動用錢糧，務須據實確估，毋浮毋刻，方得持平辦理，以便報銷。今委員張文黼等會勘，估計之數與原估之數不符，則從前如何估計，詳情題報，果否從前估計不實，抑或目今估計浮開，尚須悉心查議，因備移川撫臣憲德就近轉飭確查，分晰造册，核實移覆，以憑會題。臣憲德准咨，即轉飭再加確估造册去後，但查從前督臣岳鍾琪委知府吴應濟、知州黄鐸親至其地逐一勘估造報，據册具題，豈得復言所估不足，或係今委之員預存侵冒地步亦未可定，然此時尚未興工修築，或浮或短，事無可據，今吴應濟、黄鐸二員久已叅革，似應奏請留川會同今委員等承督監修，庶彼此俱難推諉，而錢糧不致靡費。隨致札與署督臣查郎阿商酌，臣等伏查吴應濟、黄鐸俱係當日原估之員，自當據實確估，何得故爲減少，自取過愆，而委員張文黼等乃現今承辦修築之員，據稱工費不敷，亦難偏信，或係吴應濟等估計不實，或係張文黼等希圖浮冒，必得原估之員與監修之員協同辦理，如果監修之員有浮冒侵蝕之弊，許原估之員據實詳揭，以憑核叅，則彼此各有牽制，可以刻日興工，於邊營城堡早得修築完固，而於錢糧亦無糜費，似於公務有益。但查知府吴應濟於特叅敗行不職等事案内叅革，已經臣憲德審結，任内亦並無未完事件。至知州黄鐸於詳揭玩忽等事案内叅革，該州耤田照例着令辦理十年，又於續揭越例多徵等事案内，經臣憲德繕疏題叅，奉旨一併嚴審追擬，現在飭審尚未定案，可否將吴應濟、黄鐸二叅員，仍令協辦松潘等處城工，併請將吴應濟先赴工所，其黄鐸俟審案完結之日再令赴工協同料理之處，出自聖明鑒定，非臣等所敢擅請者也。臣等謹會摺恭奏，伏祈皇上睿鑒，爲此謹奏請旨。雍正八年三月初七日具。

「國立」故宫博物院《宫中檔雍正朝奏摺》第一五輯山東巡撫岳濬《奏報赴青州督修城防工程摺》 山東巡撫臣岳濬謹奏，爲奏明事。竊東省爲山海要衝，仰蒙睿慮周詳，於青州地方設立駐防，以成内外相維之勢。又蒙皇上俯念工程重大，特命都統臣拉錫、御史臣偏武、候補道陳豫朋等前往相度經畫，併令趙之垣來工協力督修以速工程。今都統臣拉錫、御史臣偏武俱經到青，現在逐一確勘估計，督臣田文鏡復委登萊青道孫蘭芬隨同辦理，已有就緒。惟是築城建房採辦物料僱覓工匠，必須酌派人員，各司其事，始有專責。若以文移往來，則調委分任，恐致遲悮。臣隨於叁月拾柒日前赴青州，公同面商，量能而使，庶爲妥協。至曲阜廟工，臣於上年玖月自陝回東，雖經到工料理，但迄今又已數月，各工將次告成，臣與都統臣拉錫等面商之後，即由青州一路馳赴曲阜，與欽差通政使臣留保督催查察，務期廟宇閎麗，工程迅速，以副聖主尊師重道之至意。所有微臣起程日期，理合奏明，伏乞皇上睿鑒，臣謹奏。雍正捌年叁月拾柒日具。

「國立」故宫博物院《宫中檔雍正朝奏摺》第一九輯廣西提督張應宗《奏報嚴本省礦徒潛往交阯等地摺》 提督廣西總兵官臣張應宗謹奏，爲奏聞事。竊照廣西一省，路通交阯，太平、鎮安兩府地方緊相接壤，内地愚民利有礦可採，往往潛出口外，雖久經嚴禁，而無知之民仍未能絶跡。近奉上諭：著令巡撫提鎮，悉心商酌，撥兵添汛，加謹巡查。臣奉到部文，即移行文武各衙門，將各處關隘及僻路可通之處作何添設官兵巡查，俟移報到日，臣當與撫鎮諸臣悉心商酌，安設官兵，嚴察稽查，另疏具題外，臣思礦徒本省附近之民固有，而外省民人亦往往結伴而來，必須確查來自何方，何處民人最多，若於原來地方先行禁止，再於路道經由處所盤查阻遏，使不得近交阯邊界，久之自然屏絶。臣隨密差細訪，查得礦徒之多，未有過於湖廣衡州、永州貳府，民人每年捌玖月間，收穫已畢，即相約由廣西所屬之全州、桂林、柳州、賓州、南寧等處，零星陸續潛往將近交阯地方，凡安設營汛處所，不敢經過，於偏僻小路無人烟處，結隊成羣，或叁伍拾人、捌玖拾人前往出口，次年叁肆月間，仍結隊而歸，亦有流落外國不歸之人，此臣密差訪查情形如此。適有調考員弁來柳，臣面問其事，與臣訪查之言無異。臣思此等民人，藉開礦爲貿易，視交阯如内地，每年來往，習爲故常，若不嚴加盤阻，則流落外國者，保無生事爲非，漸爲邊害。臣即日移行廣西營汛，凡礦徒經由各地方，務必實力巡查，嚴加盤阻，儻該民不聽阻攔，即移地方官差押回籍，併移咨湖廣督撫二臣，轉飭該地方官嚴查出示，曉諭禁往。但恐該地方官不能實力奉行，臣愚昧之見，仰請皇上天恩，飭下湖廣督撫諸臣，諭令衡、永貳府地方官，於秋收之後，實力稽查嚴禁，則邊界清而内地民人亦永無流落異鄉之患矣。臣謹繕摺，專差馳奏，謹奏。雍正玖年拾壹月初壹日。

《雍正朝内閣六科史書・户科・管理蘇州織造郎中海保題報雍正九年運解緞紗等項工料用過錢糧銀數清册送部核銷本》 管理蘇州織造郎中世襲拜他喇布勒哈番加一級臣海保謹題，爲恭報匠糧存剩收放寔數等事。該臣看得織造匠役應給雍正元年分口糧，因前任織造李煦册收各州縣完解康熙六十一年分局米一萬一千五石三斗零，係給雍正元年分各匠役口糧。前任織造胡鳳翬莅任時止存剩米五百三十三石七斗三升六合零，尚該米一萬四百七十一石六斗，並無存貯，咨請户部撥補放給。嗣准部文，行令江撫於康熙六十、六十一兩年見存米内撥給在案。伏查雍正元年分匠役口糧，自正月分起至十二月應給米一萬一千二百四十八石七斗六升六合零，内前任織造李煦存剩米五百三十三石七斗三升六合零，未奉部撥之前，據長洲縣解到康熙五十四年分米二十八石六斗七升三合零，吴江縣解到康熙五十六年分米五合，上海縣解到康熙六十一年分米三百石。復准蘇州巡撫遵照部文，行令布政司飭知各屬起解康熙六十、六十一年分見存米石，據蘇、松、太、江、常、鎮各府州屬長洲、元和等州縣解到康熙六十年分米五千二百五十四石四斗二升三合零，康熙六十一年分米三千八百五十七石七斗六升七合零。又准蘇州布政司咨會應收各州縣解到各年原款，均征局米，據蘇、松、太三府屬吴江、震澤等州縣解到康熙四十九年分米五十二石七斗一合，康熙五十一年分米二十九石四合零，康熙五十二年分米三百九十九石六斗九升六合零，康熙五十三年分米一百八十三石五斗八升一合零，康熙五十四年分米四十三石三斗一升七合，康熙五十五年分米二十九石一斗六合零，康熙五十七年分米四百一十九石六斗三升六合零，康熙五十八年分米一百一十二石九斗三升九合零，康熙五十九年分米四石一斗七升四合零，通共所收併存剩米石，已敷放給雍正元年分十二箇月各匠役口糧，業經造册，咨明户部。所有收放米石數目，臣逐一查核，俱係按額給發寔數。理合繕造黄册，恭呈御覽，並造清册送部察核外，相應具疏題報，臣未敢擅便，謹題請旨。雍正九年十二月初六日題。十年二月初一日奉旨：「該部察核具奏册併發。」

《雍正朝内閣六科史書・户科・管理蘇州織造郎中海保題爲雍正九年織造匠役口糧收放存剩數目造清册送部核查本》 管理蘇州織造郎中世襲拜他喇布勒哈番加一級臣海保謹題，爲恭報匠糧收放存剩實數等事。該臣看得織造匠役應給雍正九年分口糧，今收蘇、松、太三府州屬長、吴等州縣解到雍正八年分局米一萬一千四百三十二石九斗五升零，内給發雍正九年正月分起至九月各匠役口糧八千四百二十八石六斗五升零，存米三升四石三斗零。再雍正八年冬季分三個月併雍正二年十二月分、雍正五年十二月分應給各匠役口糧，奉准部文内開各年存剩米石，仍令該織造放足之日，分晰造册，具題查核等因。遵查雍正元年分存剩糧二十四石九斗九升二合零，又續收長洲、元和等縣雍正元年分米二百九十五石六斗六升一合零，雍正二年分存剩雍正三年撥補糧二百四十八石一斗八升七合零，雍正三年分存剩糧三十九石六斗八升二合零，又續收吴江、震澤等縣雍正三年分米七十三石一斗五升五合，雍正四年分存剩糧七百六十六石七斗五升六合零，雍正五年分存剩糧三石一斗七升九合零，又續收長洲、元和、福泉等縣雍正五年分米一百八十八石八斗九升三合零，雍正六年分存剩糧二百一十四石九斗七合零，雍正七年分存剩糧二千八百一十七石六升三合零，又續收婁縣雍正七年分米一百七十四石一斗一升五合零，以上存剩併續收匠糧共四千八百四十六石五斗九升零。放給雍正八年冬季分三個月匠役口糧二千八百二十石一斗一升零，又補放雍正二年十二月分匠役口糧九百五十石六斗，雍正五年十二月分匠役口糧九百五十石六斗，共放糧四千七百二十一石三斗一升零，仍存米一百二十五石二斗八升零，併雍正八年分存剩，共米三千一百二十九石五斗八升零。逐一造册咨部訖。所有收放米石，俱係按額給發寔數，理合分晰繕造黄册，恭呈御覽，並造清册送部察核外，相應具疏題報，臣未敢擅便，謹題請旨。雍正九年十二月初六日題。十年二月初一日奉旨：「該部察核具奏册併發。」

《雍正朝内閣六科史書・户科・管理江寧織造事許夢閎題報江寧織造應解上用官用緞紗支過工料等項銀數恭呈御覽本》 管理江寧織造兼管龍江關税務内務府郎中加一級革職留任臣許夢閎謹題，爲報銷織造錢糧并匠工食米事。該臣看得江寧織造雍正十年恭解上用官用緞紗等項用料工等銀四萬三千三百三十三兩三錢三分，又户部派織緞紗用料工等銀一萬七千七百十二兩一錢四分四厘三毫五絲，又工部派織奉先制帛、線羅用料工等銀一千五百六十五兩六錢一分一厘六毫，又行取制帛料工等銀五千九百二十兩一錢八分一厘，又給過養匠銀二千七百兩，修理袍船并水手工食銀五百兩，以上奉准部文在於江寧藩庫見存銀内動用。又户部派織亮花緞疋，除加三節省，寔用料工銀一萬六千八百兩，於蘇州藩庫動支。再雍正四年奉准工部派織各品誥勅，原銷價值銀四萬七千八百十四兩四錢，經原任織造隋赫德會同督臣范時繹題請核減銀一千四百九十兩八錢五分，於江寧藩庫支取織辦，臣接任後職完起解。又節省銀八百二兩八錢，寔用銀四萬五千五百二十兩七錢五分。又各項匠工口糧米九千七百三石九斗，俱照例於江寧藩司支取散給，以上錢糧米石，均係按款動用。理合繕造黄册，恭呈御覽，伏乞皇上睿鑒，勅部核覆施行，謹題請旨。雍正十年十一月二十八日題。十二月二十日奉旨：「該部察核具奏册併發。」

《雍正朝内閣六科史書・户科・總理户部事務果親王允禮等題爲核銷江寧織造雍正十一年用過錢糧並匠工食米等項本》 總理户部事務和碩果親王臣允禮等謹題，爲報銷織造錢糧併匠工食米事。原管理兩淮鹽政兼署江寧織造高斌題，前事雍正十一年十一月二十八日題，十二月二十一日奉旨：「該部察核具奏册併發。」該臣等查得原管理兩淮鹽政兼署江寧織造高斌，將雍正十一年解過上用、官用緞紗併户部、工部派織緞紗、線羅等項用過工料價值銀兩數目及給過匠役口糧造册具題前來。據册開：

一，解内務府上用緞紗、倭緞、寧紬二千四十三疋件，用過料工等項共銀二萬六千三百七十九兩七分二厘三毫零；又官用緞紗一千三百十疋，用過料工、箱損等銀七千六百八兩伍錢五分九厘；又帶解通草片五十斤、各色絨纓絲線六百九十五斤併節次解過粧蟒緞紗四百三十一疋件，坐褥面十個，護法衣、雲肩等項共四百四十五件，扇肩、袖口二十副，共用過料工、箱損等銀九千三百四十五兩六錢九分八厘六毫零；以上通共用過料工、箱損等銀四萬三千三百三十三兩三錢三分等語。查與內務府知會文開收過緞紗，用過銀兩等項數目相符，應准開銷。

一，部派緞紗、宮紬等項一千八十七疋，用過料工、箱損等銀一萬二百八十九兩二錢一分三厘一毫零；又亮花漢府緞一千疋，應用料工等銀八千兩，遵照部文加三節省銀二千四百兩，實用過料工銀五千六百兩；又於部派之外添辦紅雲羅緞二十疋，用過料工銀一百五十三兩三分；以上共用過箱損、紙張等銀二百九十兩一錢七分八厘一毫等語。查前項部派緞紗、宮紬等項，用過料工銀一萬二百八十九兩二錢一分三厘一毫零，與歷年題銷過價值數目相符。又亮花漢府緞用過料工銀五千六百兩，與臣部原奏行派價值數目相符，均應准其開銷。其亮花漢府緞需用包封紙張等項銀兩，查雍正十年該織造報銷册開自行捐辦，今將包封紙張等項銀兩，籠統開入各項緞紗箱損、紙張等銀二百九十兩一錢七分八厘一毫之內，臣部難以准銷，應令該織造李英查明分晰到日再議。又查解到部派緞疋內有澆薄不堪應用、併尺寸短少等緞共伍疋，行令該織造高斌於次年解交緞疋之日，更換補解在案，應仍令該織造李英，照顏色數目匯行解部。其前項添辦紅雲羅緞二十疋，前因工部咨取臣部緞疋庫以年派紅雲羅緞尚未解到不敷給發咨覆在案，隨准工部移咨臣部行催江寧、蘇州二處織造，將年派作速解交去後，嗣據該織造高斌於年派之外，另行添辦紅雲羅緞二十疋，臣部緞疋庫以年派解到，現已足用，此項羅緞不便查收，隨照會該織造在案。所用料工等銀，前據陞任安撫徐本咨報，動給該織造工料銀一百五十三兩三分，箱損紙張銀二兩一錢八分，共銀一百五十五兩二錢一分等因，臣部已行令安撫王紘於該織造應領雍正十二年緞紗工料內扣除，造入季報册內，咨部酌撥在案。應令該織造李英將前項工料銀一百五十五兩二錢一分扣除貯庫，爲雍正十二年織辦緞紗之用，造册題銷。又修理袍船水手工食銀五百兩，又養匠銀二千七百兩等語。查前項修船等銀，係應給之項，應准開銷。

一，工部派織奉先制帛四百段，線羅八疋，用過料工、箱損等銀一千三百七十四兩一分四厘二毫，又派織紅緞百花袍四十件，用過料工箱損等銀一百五十六兩二錢九分，又派織駕衣二千二百五十件，用過料工等銀八千三十一兩五錢，實共用過銀九千五百六十一兩八錢四厘二毫等因。臣部移查工部去後，今於本年二月十五日准工部回稱，奉先制帛等項，已據該織造照數解部查收，其用過料工等銀與該織造報部册內數目相符等語。查工部既稱前項奉先制帛等項已據照數解到查收，其用過料工等銀共九千五百六十一兩八錢四厘二毫數目相符，應毋庸議。再該織造高斌疏稱以上通共用過銀七萬二千四百二十七兩五錢五分五厘零，在於江寧藩庫現存銀內動給等語。查與陞任安撫徐本咨報動款數目相符，應毋庸議。又疏稱雍正十年制帛料工等銀一千五百六十五兩六錢一分一厘六毫，准工部以所開修理機張等項價值浮多，行令核減，遵即據實確核共減銀一百八十兩一錢七分八毫，照數完補解交江寧藩庫歸款，實銷銀一千三百八十五兩四錢四分八毫等語。查雍正十年分制帛料工銀兩，先經工部准銷過銀一千三百八十五兩四錢四分八毫，核減銀一百八十兩一錢七分八厘，知會臣部在案，續准陞任安撫徐本咨報核減銀兩，已據該織造解交藩庫等因，臣部行令該撫按數解部亦在案，今該織造高斌既經題明其前項准銷銀兩與工部知會數目相符，應毋庸議。仍令該撫王紘將前項核減銀一百八十兩一錢七分八毫造入季報册內，咨部酌撥。

一，支給過雍正十年四月至雍正十一年三月各匠役口糧九千八百八十石七斗八升等語。查前項放給過匠役口糧米石，係應給之項，應准開銷可也。臣等未敢擅便，謹題請旨。雍正十二年三月二十八日題。四月初一日奉旨：「依議。」

《雍正朝內閣六科史書·户科·杭州漢軍右翼副都統兼管織造隆昇題報製造綿甲所用綢匹絲綿及匠工路費等價銀數目本》杭州漢軍右翼副都統仍兼管織造臣隆昇謹題，爲遵旨查議事。該臣查得案于雍正十年二月十七日准户部行文造辦綿甲內開，所用工價照依從前成造之例造册報銷，隨即按照雍正六年用過工料原估每副綿甲銀七兩二錢一分九厘內每副節省銀二兩二錢四分之數核算，移文兩淮巡鹽支銀製辦綿甲三千三百三十三件，每件料工銀四兩九錢七分九厘，共銀一萬六千五百九十五兩七厘。繡補子三千三百三十三副，每副料工銀一錢五分，共銀四百九十九兩九錢五分。裝盛竹簍并水陸脚費等項共銀八百五十一兩六錢九分三厘。通共用過兩淮巡鹽餘銀一萬七千九百四十六兩六錢五分，業經具題并咨呈户部在案。今遵照部行將製造前項綿甲每件所用綢疋、絲綿及各項價值、匠工路費等項，逐一分晰造册，送部查核外，恭繕黄册進呈御覽。伏乞皇上睿鑒，勅部核覆施行。謹題請旨。雍正十二年三月十一日題。四月初七日奉旨：「該部察核具奏册併發。」

社會調查所《清代題本・採辦織造及各項工程》 乾隆三年六月十六日内閣下户工二部

乾隆三年四月二十九日，管理江寧織造兼管龍江關税臣務内務府員外郎加四級李英謹題，爲報銷織造錢糧并匠工食米事。該臣看得江寧織造乾隆二年恭解上用緞紗、倭緞、寧紬、粧袍一千四百六十八疋件，官用緞紗一千二百疋，并絨纓及節次解過粧蟒、緞紗、倭緞、絨纓等項，共用料工等銀四萬三千三百三十三兩三錢三分。又户部派織正運緞紗二千三百十一疋，共用料工等銀一萬八千二百八十三兩二錢三分九厘七毫。又户部撥給估换挑倒花本色線五千六百七十七斤八兩，價銀六千八百十三兩。又户部一次添派緞一千四百九十疋，共用料工等銀一萬六百二十兩三錢八分七厘。又户部二次添派蟒倭等緞一千四百七十疋，共用料工等銀一萬四千四百四十五兩六分三毫。又工部派織年例奉先制帛四百段，線羅十九疋，共用料工等銀一千四百四十四兩九錢二分八厘六毫。又遵照原題給過誥帛線羅各匠三百七十名養匠銀二千七百兩。又工部添派誥勅一萬道，共用料工等銀一萬七千一百七十五兩七錢七分七毫。又工部添派白色奉先制帛一千段，黄色告祀帛六十段，共用料工等銀二千五百十三兩三錢二分八毫五絲。又工部派織大紅緞面織龍大皷衣六扇，大紅緞地百花袍六十件，共用料工等銀五百七十四兩四錢五分二厘五絲。又修理袍船并水手工食銀五百兩。以上通共用過銀十一萬八千四百三兩四錢八分九厘二毫，俱奉准部文在於江寧藩庫見存銀内動用。又織造各項匠工，自乾隆元年四月至乾隆二年三月計十二箇月，應給口糧共米九千七百七十七石一斗九升，俱照例按月於江寧藩司支取散給。以上錢糧米石，均係按款動用實數，理合循例繕造黄册，恭呈御覽，臣謹具題，伏乞皇上睿鑒，勅部核覆施行。爲此具本謹題請旨。硃批：「該部察核具奏册併發。」

社會調查所《清代題本・採辦織造及各項工程・乾隆四十九年五月二十九日内閣下户工二部》 乾隆四十九年四月二十六日，管理江寧織造兼龍江西新關税務奏事員外郎兼佐領臣成善謹題，爲報銷織造錢糧并匠役食米事。該臣看得江寧織造乾隆四十八年分大運并節次先解共織辦過上用緞紬紗六百四十三疋，官用緞紬紗一千三十疋，緞紗領袖扇肩一百四十分，紝經一百六十斤，通草片五十斤，綿子五十斤，布二萬疋，共用料工等項銀二萬五千八百三十七兩九分八釐；又户部派織解過緞紗一千一百七十疋，共用料工等項銀九千三百四十四兩八錢七分八釐；又工部派織解過年例奉先制帛四百端，共用料工等項銀一千二百八十一兩七錢一分九釐；又工部派織解過時憲書包袱用各色線羅十二疋，共用料工等項銀一百四十二兩四錢一分九釐；又給過誥命神帛線羅各匠三百七十名養匠銀二千七百兩；又工部添派織解過制帛一千八百端，共用料工等項銀四千二百六十一兩八錢三分二釐；又工部派織解過紗地駕衣二百二十八件，紡絲紬二十三疋，共用料工等項銀六百五十兩一錢七分九釐；又軍機處公派江寧、蘇州、杭州三處織造辦解甘肅備用緞紬六千一百六十疋，内江寧分辦解過緞紬二千五十四疋，共用料工等項銀四千四百四十兩九錢五分；又循例動支解運脚費銀五百兩；以上通共用過銀四萬九千一百五十九兩七分五釐，俱奉部文於江寧藩庫動用。其織辦過上用、官用、部用緞紗等項民所用絲斤，係於乾隆四十七年循例採買，遵照畫一案内定例開銷。又各項匠役自乾隆四十七年四月至乾隆四十八年三月計十二個月應給口糧，循例於江寧藩司按月支過本色倉米一萬一百二石一斗二升二合五勺，折色米一千九百二十石八斗九升八合五勺，每石折銀七錢五分，共折銀一千四百四十兩六錢七分四釐。以上錢糧米石俱係前任織造臣穆騰額任内按款動用，今届報銷期限，理合循例代題，繕造黄册，恭呈御覽。再查歲解上用、官用、緞紗等項，年例額支銀四萬三千三百三十三兩三錢三分，今該年派織緞紗等項，衹銷銀二萬五千八百三十七兩九分八釐，計尚存未銷銀一萬七千四百九十六兩二錢三分二釐，經前任織造穆騰額交存在庫，見於乾隆四十九年四月十八日解繳江寧藩庫，合併聲明。臣謹具題，伏乞皇上睿鑒，勅部核覆施行，爲此具本謹題請旨。硃批：「該部察核具奏册併發。」

社會調查所《清代題本・採辦織造及各項工程・道光二十三年正月十九日》 兩廣總督革職留任祁墳、廣東巡撫革職留任梁寶常奏：謹將道光二十二年分，各省咨追各案應完工程，核減分賠代賠等款銀兩，分别已完未完數目，開列清單恭呈御覽。

計開：

一、直隸省咨追故員甘家春，前在武清縣任內分賠西河歲修並房租銀二十一兩三錢五分四厘，行令在家屬名下著追，尚未完繳。

一、户部咨追故員盧焌，前在江南太倉州任內應賠承辦船隻删減銀一兩七錢八分九厘五毫，又江蘇省另案咨追故員盧焌，前在吴縣任內應賠承辦裡河廳拆造清江四閘石工核減脚價庫平銀一萬五千三百三十五兩八錢一分，又應賠溢領銀一百四十五兩七錢七分八厘，均未完繳。

一、山東省咨追王六鰲，前在觀城縣任内分賠已攤未解歷城縣墊修司監牢房等處工料銀五兩，未據完繳。

一、工部咨追洪暻，前署江寧江巡道任内承修狼山鎮標唬哨船隻核減銀二百二十八兩，尚未完繳。

一、江蘇省咨追侯宗秩，代賠伊父侯起元前在溧陽縣任内應賠墊修船工銀六十兩三錢二分八厘，未據完繳。

一、山東省咨追前任肥城縣劉宇昌，欠解攤扣挑河幫價三成銀五百四十兩，該員丁憂起服後分發貴州，應由貴州省著追。

一、户部咨追方仲梓，前在甘肅文縣任内應賠虧缺典史借修衙署銀六十八兩八錢二分五厘，尚未完繳。

一、工部咨追張思愷，前在江南清河縣任内應賠高堰廳堵閉十三堡壩工正料共銀二千四百二十一兩二分八厘，尚未完繳。

一、浙江省咨追周廷栻代賠伊父周興嶧，前在建德縣任内應賠修理垣核減銀二百八十五兩一錢七分三厘，尚未完繳。

一、河南省咨追故員李道謙，前在林縣任内應賠豫省黄河兩岸歲修幫價銀八十一兩五錢八分四厘，該故員家產盡絶，業經咨部豁免。

一、直隸省咨追前任天津道蔡齊明，應繳借撥河間縣顧翼堵築李家灣漫口工料銀一千兩，尚未完繳。

一、貴州省咨追叅員于厚培，前在天柱縣任内借廉修署欠解不敷銀二十八兩六錢五分五厘，尚未完繳。

一、工部咨追故員劉星蕖，前在嘉防同知任内應繳乍浦廠修造船隻舊料變價銀一百八兩二錢二分五厘，尚未完繳。

一、湖南省咨追敬惇典，前在湖北黄陂縣任内應完修理倉厫核減銀二百九十四兩二錢七分九厘，自行删減銀一百一兩八錢三分九厘，又修理監獄核減銀二百三十一兩九錢三分四厘，均未完繳。

一、直隸省咨追程正楷，前在直隸清苑縣任内以工代賑挑河疊道築堤等工核減銀一十兩三錢八分四厘四毫，米十石三斗八升四合四勺，未據完繳。

一、工部咨追前任江蘇華亭縣知縣周偉，修理戚家墩等汛營房核減銀一百八十九兩三錢六分八厘，又修理張澤等營房核減删減共銀一百一十一兩七分一厘，行據西充縣查無該員在境取結，咨准部覆，行令再行查追，尚無下落。

一、户部咨追故員金綬，前任貴州松同知應完承修汛署兵房核減銀五百一十二兩三錢七分七厘，又承修塘房核減銀三百四十一兩六分三厘，取結咨准部覆，在于該故員之子，現任大足縣訓導金健應領俸銀内坐扣，尚未扣繳。

一、户部咨追陳達經，前在山東鄒平縣任内墊修司監保房等處工料銀三兩九錢八分四厘，尚未完繳。

一、户部咨追四川大寧縣鹽大使恩特克，應完伊父王桂署福建福州府理事同知任内承辦礮械等項共銀二千九百三十七兩六錢七分三厘，尚未完繳。

一、工部咨追前任江蘇丹陽縣知縣鐘逢泰，應完修理張官渡等汛營房核減銀二十四兩八錢八厘，行查並無該員家屬在境取結，咨准部覆，行令再查，尚無下落。

一、陝西省咨追張廷槐，前在寧羌州任内應完修理棧道核減銀一百八兩七錢四厘五毫五絲，尚未完繳。

一、工部咨追山東曹州鎮降補都司周添章，應完修製軍械多支銀五百四十四兩四錢四分五厘四毫，行查該員並未回籍，咨准部覆，轉咨湖南省查追。

一、河南省咨追候補通判姚德基，代賠伊父姚祖同前在河南廵撫任内分賠儀封大工銀四萬二千七百七十九兩六錢九分五厘，又分賠誤列夫工銀一萬二千七百八十四兩六錢五毫，除扣過通政司副使任内俸銀三百一十五兩，又在姚德基應食署任養廉内扣收過銀七十兩七錢六分四厘外，尚未完銀五萬五千一百七十八兩五錢三分一厘五毫，奉文：俟姚德基補缺，在養廉項下坐扣。

一、户部咨追巴縣知縣李世彬，前在浙江富陽縣任内承修廟山等汛工程核減銀一百三十四兩三錢七分五厘，已于俸廉内如數扣收。

一、陝西省咨追前任鎮安縣叅劾知縣曾察遠，應完承修監獄核減銀一十二兩五錢七分二厘，尚未完繳。

一、工部咨追世襲雲騎尉楊世吉，前在署巫山營都司任內承修演武廳倉厫藥局碓房四城門卡房三案工程共核減銀三十一兩七錢六分六厘，已在該員應食俸廉內如數扣收。

一、工部咨追新陞卬州直隸州知州邵鎮、理番廳同知馬百齡，前在成都、華陽兩縣任內承修已亥科武闈鄉試演武廳核減銀十二兩二錢九分六厘，已在該員等俸廉銀內如數坐扣。

一、工部咨追世襲雲騎尉萬承恩，前在署黔彭營都司任內承修踏藥碓房箭廳教場、演武廳三案工程共核減並柴薪變價銀二十八兩八錢八分，已在該員俸廉內如數坐扣。

一、户部咨追試用知縣張錫慶，代賠伊叔故員張堉春前在廣西賀縣任內承修倉厫核減銀一百八十八兩四分八厘，又監獄核減銀一百一十九兩四錢七分一厘，奉文：俟該員張錫慶得缺後扣廉完繳。

一、工部咨追忠州直隸州知州奎光，應賠前在盛京工部主事任內道光十六年歲修實勝寺西禪堂核減銀八兩九錢六分七厘三毫，又十六、十七兩年歲修各工核減共銀五十九兩二錢三分三厘，尚未完繳。

一、工部咨追忠州直隸州知州奎光，應賠道光十五、十六等年承修盛京禮部穿堂房等工共删減銀二百九十兩五錢四厘，已在該員廉俸內全數坐扣，尚有應支顏料等項銀兩，因部文未經開明例價，業已咨請部示，俟部覆至日再行飭繳。

以上各省咨追各員修建工程，應完核減删減，分賠代賠共銀八萬二千一百九十三兩八錢八分七厘六毫五絲，米十石三斗八升四合四勺，内除陸續在各員俸廉内扣收銀八百八十三兩五錢八分五厘，又請豁銀八十一兩五錢八分四厘，又咨明他省並任所著追銀一千八十四兩四錢四分五厘四毫，又查無下落共銀三百二十五兩二錢四分七厘外，尚未完銀七萬九千八百一十九兩二分六厘二毫五絲，米十石三斗八升四合四勺，現在飭催完解。

永禄等《上諭旗務議覆》卷一一 上諭：八旗各佐領下俱有鐵匠、鞍匠、弓箭等匠，每月給伊等錢糧，俾充各項匠役者，特欲其平時學習手藝，以便行軍之際，攜彼行走，修理一應器械耳。前因各項匠役雖存，其實能製造者甚少，而該旗大臣官員亦不甚稽查管教，是以特交與武備院令其教習。今聞伊等尚未學習，遇有製造官物，俱僱人代做，僱覓一匠，至費數人錢糧，且將每日應得飯錢，一併給與所僱之人。伊等身充匠役，食國家廪餼，乃不勤習技藝，將所得錢糧不養贍家口，而僱人代做，俾身爲廢物，是何道理？今伊等在家猶可僱人，倘至軍前，寧能僱人乎！遇有官物製造，立見其悮矣。此甚爲惡習，公私俱屬無益，皆由該管大臣官員等，不以事務經心，平時不行查管之所致也。將此交與武備院及該管大臣等，嗣後務行不時嚴察管教，俾加緊學習。其八旗作何特派官員，會同監察監造官，督令學習，俾製造不致有悮，而僱人代作等弊可以永除之處，著武備院會同都統等詳悉查議具奏。至於各省駐防兵丁内亦有匠役，京城匠役尚且如此，諒各省匠役豈能親身製造？著該將軍大臣等，務行嚴加管教，勒限一年，令其加緊學習。且試驗匠役手藝亦屬甚易，朕差人試驗時，倘仍有不能製造者，必將該將軍大臣等一併治罪。特諭。

武備院會同八旗都統等議覆：查雍正八年二月，經八旗都統等奏稱：上三旗弓匠、鋄匠、鞍匠係武備院管轄，俱能親身製造。其下五旗弓匠能製造者少，應勒限一年，令其學習。其銅匠應交與武備院學習，其餘鋄匠、鞍匠無所需用，槩行裁革。其八旗鐵匠内粗能製造者，應分兩翼設立鐵廠，令其製造鐵庫等處應造器械。其不能製造者給限一年令其學習等因，具奏准行在案。今除八旗弓匠等各項匠役無庸議外，查八旗鐵匠，雖分兩翼，設廠教習，俱未能製造，且兩廠所有房屋，俱不過二十餘間，難將衆鐵匠齊集教習。應分左右翼，各擇兩旗適中之地，所有官房，兩旗合立一廠，將鐵匠内有年老不能學習者，即驗看革退，另行挑補，令其學習。伊等應用器械，照從前兩廠例置辦，應需銀兩，各於本旗房租内動用。應需煤炭，由工部取用。教習匠役，不可無師，應僱民間巧匠，令其教習。其應給工價，各於本旗房租内撥給。匠役學習手藝，應勒限一年，俟限滿粗能製造之時，再勒限一年，令其學製各工程粗物，及工部所用帳房、椿橛等項，如官物無多，令私取舖内物件演習手藝。至於查看匠役，祇派官員，仍恐懈弛，應兩翼各派副都統一員，令其總轄。除兩翼現有之叅領二員外，各旗派官一員，驍騎校二員，令其專管。此所派之大臣官員，應限以二年，務令匠役俱至手藝學成，然後一年一換。每年四季，武備院派官稽查，至歲底，武備院會同都統等詳加稽查，如教至二年仍有不能製造之匠役，將該管官員即行叅奏，如管教優者，官員給與紀録，於應陞之處送名録用。如此則二年内，匠役手藝俱可學成，而僱人代做等弊亦可永除矣。

奏入於雍正十一年九月初五日。奉旨：此議甚屬詳盡，依議。

周夢熊《合例判慶雲集・冒破物料工》 四海一家，高祖嫌侈于長樂；百金十産，文帝惜費于露臺。故王濬不棄金銖，截江著績；陶侃毋遺竹木，造艦成功。今某惟務侵漁，罔知撙節。犧尊所用幾許，半已斷之溝中；巨室求木多時，可堪任其斲小。不思稱及銖兩，侔魏帝凌雲之工；曷若用比泥沙，等秦王阿房之築。爾多浪費，我用杖徒。

新例：凡造作局院，頭目工匠，多破物料入己者，計贓，以監守自盜論。局官併覆寔官吏，知情扶同者，與同罪。失覺察者，減三等。罪止杖一百。

周夢熊《合例判慶雲集・造作過限工》 冬官列職，功嚴刻日之程；夏正司刑，法重愆期之戒。故成風運技，信度而效人官；揆日呈能，餙材以辨民器。今某課功有地，居肆無時。候雁横秋，未覩戈矛之利；寒蛩泣露，徒聞杼軸之聲。倘入駕樓船，王濬萬軸之舟莫應；設出需軍器，子儀千人之甲誰供？率以十分，笞之五十。

新例：凡各處額造常課段疋、軍器，過限不納齊足者，以所造之數十分爲率，一分，工匠笞二十，每一分，加一等，罪止笞五十。局官減工匠一等，提調官吏又減局官一等。若不依期計撥物料者，局官笞四十，提調官吏減一等。

周夢熊《合例判慶雲集・造作不如法工》 日省月試，司空之鳩僝最嚴；審曲面方，大匠之制形有定。蓋鑿枘宜堅，無取炫奇于雕鏤；而尺寸必準，誰敢妄易夫規繩。今某虚縻廪餼，勾逞纖靡。刓方破圓，既章程之罔恤；呈淫作巧，亦供奉之非宜。銖兩俱紊恒規，造作不遵成法。罰當改造，刑必加笞。

新例：凡造作不如法者，笞四十。若成造軍器不如法，及織造段疋粗糙紕薄者，各笞五十。若不堪用及應改造者，各并計所損財物，及所費雇工錢，重者坐贓論。其應供奉御用之物，加二等。工匠各以所由爲罪，局官減工匠一等，提調官吏又減局官一等，均償物價工錢還官。

潘榮陛《帝京歲時紀勝・三月・清明》 清明掃墓，傾城男女，紛出四郊，擔酌挈盒，輪轂相望。各携紙鳶線軸，祭掃畢，即於墳前施放較勝。京製紙鳶極盡工巧，有價值數金者，琉璃廠爲市易之。清明日摘新柳佩帶，諺云：「清明不帶柳，來生變黄狗。」又以柳條穿祭餘蒸點，至立夏日油煎與小兒食之，謂不齷夏。

允祹《大清會典》卷七六《工部・屯田清吏司・匠役》 凡内廷工程需用匠役，監工官選樸實有身家者爲夫頭，召募匠夫，責令具結備案，人給腰牌，稽察出入。不奉法者懲逐，有竊匪隱藏工所，夫頭不舉者論如法。

凡匠役之留部待用者，遇有營造，量予工直，閒日按月給米。夫役廪食於各司及庫廠者，月給銀米，皆按季關支各有差。若臨時召募工匠及暫雇夫役，計日給直，均有定價。

凡食糧匠役，設有定數，營繕司九十七名，虞衡司五十九名，都水司百有八名，屯田司十有六名，各司庫局隸役七十九名，其支領銀米均會覈應給之數造册移户部關支，虞衡司庫、硝黄庫、濯靈廠庫丁二十四名，每三歲各給羊裘，由製造庫辦給。

阿桂等《欽定户部軍需則例》卷六《整裝安家工食口糧》 各項匠役安家工食路費：

調赴軍營各項匠役起程時，外省者每名賞給行裝銀六兩。本省自原籍起程距邊口在數十里至百餘里者，每名賞給行裝銀四兩。如距邊口在二、三百里至四、五百里者，每名賞給行裝銀五兩。在六、七百里至千里以外者，照外省調來匠役例，給銀六兩。仍各給安家銀三兩。西陲案内並無行裝安家。雲南案内本省每名給行裝銀三兩，外省者每名給行裝銀八兩。金川案内砲匠每名給安家銀五兩，棉衣銀一兩。木鐵等匠，每名給安家銀三兩。今按各省辦過例案，裒多益寡，分別遠近，酌中定議，以昭平允而歸畫一。自原籍起至未出邊口以前、事竣回籍進邊口以後，日給口食銀六分，其出邊口至工作及事竣撤回口外行走，加給口糧米一升。西陲案内口内日給銀一錢，不支口糧；口外給銀二錢，口糧八合三勺。雲南案内口内日給銀六分，口外給銀一錢二分。金川案内砲匠、木鐵等匠，口内日支口糧米一升，口外砲匠月支工食銀三兩，木鐵等匠月支工食二兩，口糧米一升。今酌擬，毋論口内口外，沿途行走，均給銀六分，口外再加給口糧米一升。抵工執役之日，砲匠月支工食銀三兩，其餘船匠、鐵匠、石匠、木匠、裁縫、裱背等匠，月支工食銀二兩，各日支口糧米一升。西陲案内在工日給銀二錢，口糧米八合三勺。雲南案内每名日給銀五分，口糧米八合三勺，似未平允。今酌擬，照金川之例，砲匠月支工食銀三兩，其餘各匠月支工食銀二兩，仍各日支口糧米一升。至該匠等有家口在籍者，該省督撫詳細確查，每户月給米三斗，無家口者不必給與。西陲案内匠役本身工價，留給一半，按月在籍支給。金川案内並未支給，似未平允。今酌議，照雲南之例，如實有家口者，每户給米三斗。該督撫等，詳細確查，事竣，取具確據，核實報銷。

趙翼《廿二史劄記》卷三四《吏役至大官》 《梁璟傳》：天順八年，修隆善寺，工竣，授工匠三十人官。尚寶卿任道遜等以書碑，亦進秩。王詔上疏切諫，工匠授官，已濫觴於此。正德初，劉健等疏中有畫史、工匠，濫授官職，多至數百人，豈可不罷。《健傳》。劉瑾擅權，《通鑑纂要》成，誣諸翰林纂修官謄寫不謹，皆被譴，而命文華殿書辦張駿等改謄，駿擢至禮部尚書，他授京卿者又數人，裝潢匠役亦授官秩。見《瑾傳》。世宗時，匠役徐杲，以營造擢官工部尚書，其屬冒太僕少卿、苑馬卿以下職銜者，以百數。《李芳傳》。又工匠趙奎等五十四人，亦以中官請悉授職。《胡世寧傳》。

曹振鏞《欽定工部則例》卷二二《匠役·俄羅斯館水夫》 俄羅斯館喇嘛學生需用水夫一名，每季支領飯食錢四串五百文，由節慎庫照數給發。如喇嘛換班時准其暫行添雇二名，其飯食錢亦照例核給。

曹振鏞《欽定工部則例》卷二二《匠役·支搭黄布城匠役》 隨城作管裁縫錠鉸匠，照軍機處奏定之例，恭逢皇上前往盛京恭謁祖陵，隨帶六名，恭謁東陵、西陵，巡幸盤山等處隨帶三名，木蘭、天津、山東、五臺、河南各隨帶四名，南巡隨帶五名，每六名坐車一輛，每輛照行七停五給發車價，其匠役六名以下車價按次遞減，每匠役一名日給工價銀一錢五分四釐，並備辦物料所需銀兩，均由節慎庫給發，差竣呈報核銷。

昭槤《嘯亭雜録》卷八《内務府定制》 營造司，凡匠役均有定額，内府所屬人在官執藝者，於佐領管領下選取，招募民匠，於工部咨取。又設司匠領催以督率之，缺則取補，惰則革除。凡修造紫禁城内工程，小修大修建造皆會工部，大内繕完，由内監匠人，皇城牆垣有應修理者，奏交工部，均由欽天監諏吉興工。

錢泳《履園叢話》卷一二《藝能·堆假山》 堆假山者，國初以張南垣爲最。康熙中則有石濤和尚，其後則仇好石、董道士、王天于、張國泰皆爲妙手。近時有戈裕良者，常州人，其堆法尤勝于諸家。如儀徵之樸園、如臯之文園、江寧之五松園、虎丘之一榭園，又孫古雲家書廳前山子一座，皆其手筆。嘗論獅子林石洞皆界以條石，不算名手，余詰之曰：「不用條石，易于傾頹，奈何？」戈曰：「只將大小石鉤帶聯絡，如造環橋法，可以千年不壞。要如真山洞壑一般，然後方稱能事。」余始服其言。至造亭臺池館，一切位置裝修，亦其所長。

王慶雲《石渠餘紀》卷三《紀丁隨地起》 康熙十一年以浙江鹽鈔銀均入地丁。三十六年以浙江匠班銀七千餘兩派入地丁。後湖北於三十九年，山東於四十一年，均照浙江例，匠班歸入地丁。

案：匠丁沿自故明，歷久籍存丁絶。至是始派入地丁。地丁之名，已見於此，後乃定制通行耳。

五十五年户部議編審人丁，除向例照地派丁外，其按人派丁者，一户之内開除與新添互抵，不足以親族丁多者抵補，又不足以同甲糧多者頂補。有餘歸入滋生册内造報。

案：照地派丁，即丁隨地起之法。其法但以黄册與魚鱗册相爲乘除，即得其實。顧以一丁言之，不能以數十年而無故；合一縣數千丁言之，即不能以一日而無事。立法抵補，誠爲至公。乃晉省有丁倒累户，户倒累甲之謡，意者親族不必丁多，同甲亦不必糧多。在官謂之補，在民則謂之累，其故可深思哉。

是年定賣買地畝，其丁銀有從地起者，隨地徵丁；倘有地賣丁留，與受同辠。

案：明天啓元年給事中甄淑請均户丁等銀言：「小民所最苦者，無田之糧，無米之丁。田賣富室，産去糧存，而猶輸丁賦。宜取額丁、額米，兩衡而定其數。米若干即帶丁若干。買田者，收米便收丁，則縣册不失丁額，貧丁不至賠累。」史稱當時行之。案此即丁隨地起之法，特其時政荒賦重，故不久輒罷。

是年准廣東所屬丁銀就各州縣地畝攤徵，每地銀一兩，攤丁銀一錢六釐四毫不等。

案：丁隨地起見於明文者，自廣東始。

雍正元年直隸巡撫李維鈞請丁銀隨地起徵，部議允之。每地賦一兩，攤入丁銀二錢七釐。六年以長蘆竈丁攤入竈地，每畝六釐至一分不等。

《（光緒）彭縣志》卷七《褒旌門上·藝術》 唐希鼎，國朝道光中永定里人。少嗜奇，喜浪游，晚得木牛流馬遺法，歸老山中，作木偶轉磨。遠近來觀，因毁之。

崑岡《欽定大清會典事例》卷一一九九《内務府·書籍碑刻·御書處匠役》 御書處匠役，原定：刻字作，刻字人十三名，學手刻字人十四名。墨作，造墨人四名，學手造墨人六名。裱作，裱匠二十一名，染紙匠三名。墨刻作，墨刻匠四十名。如不敷用，准其外雇。康熙二十九年奏准，本處成造活計，俱照例行取匠役，飯食每分羊肉二兩，向飯房領取，老米九合，醬一兩，清醬五錢，豆腐四兩，豆芽菜二兩，向内管領處領取。木柴一斤，炭一兩，向營造司領取。乾隆十八年奏，食錢糧刻字人在御書處刻字，係行給官飯，凡有出京刻字處所，俱照出外盤費例，每日給銀一錢三分。惟是圓明園等處，非熱河盤山可比，酌量每人每日裁銀八分，仍給飯銀五分。奉旨，給五分飯銀者，著再添給一分，遠路照舊給飯銀一錢三分。三十三年奏准，豆腐、豆芽菜，每分折銀三釐二毫九絲二忽四微，向廣儲司支領，餘物照舊行取。又定，外雇刻字人，凡一分至一寸字，刻十字爲一工，鉤墨頂硃各六十字爲一工。一寸一分至二寸，刻八字爲一工，鉤墨頂硃各四十八字爲一工。二寸一分至三寸，刻四字爲一工，鉤墨頂硃各二十四字爲一工。每寶一顆，計二工。每工給銀二錢四分。如鐫刻花紋及大字細字者，另定工價。墨刻匠搨墨刻，每三張爲一工，每工給銀二錢。摺經匠，每摺二十連爲一工，每工給銀一錢六分。彩漆匠、描金匠，每工給銀一錢八分。寫宋字人，每百字給銀三分。俱由廣儲司官房租庫支領。乾隆九年定，搨做墨刻劚夔龍花邊，外雇劚花匠，每劚一尺，給制錢四十文，畫匠每畫一尺，給制錢五十文。十年定，外雇刻字人，每工給銀二錢二分。十四年定，凡遇内庭交出鉤刻法帖等項，如有寶及圖書，每方一分至一寸者，鉤十方爲一工，刻二方爲一工。每方一寸一分至二寸者，鉤八方爲一工，刻一方爲二工。每方二寸一分至三寸者，鉤六方爲一工，刻一方爲三工。每方三寸一分至四寸者，鉤三方爲一工，刻一方爲三工。每方四寸一分至五寸者，鉤二方爲一工，刻一方爲四工。如鐫刻山石門扁，内有寶及圖書者，另行定擬。至交刻古研勒石鉤硃，俱照依一寸字鉤紅例，每鉤六十字爲一工，每工給銀一錢五分四釐。十六年定，外雇裱匠，每託裱墨刻十三張爲一工，每工給銀一錢八分。墨刻匠，每工覈減二分，定爲每工一錢八分。又定，每年成造中星更録，外雇寫宋字人，每工覈減一分，每百字定爲工銀二分。六十年定，辦理中星更録，寫宋字人，每工增銀一分，每百字仍定爲工銀三分。

《澳門憲報中文資料輯録（一八五〇—一九一一）・一八八一年十月初五日（第四十五號）》 大西洋澳門輔政使司噶地利啞爲通行佈告事。

照得本澳不日有大西洋帆船一艘前來，名地唔嚁地。此船係由亞非利加西洋屬地摩生美嘅（Moçambique）啓行，先經地扪，然後到澳，隨後載搭客回摩生美嘅。如有本澳西洋人及華人自願前赴彼處謀生，儘可搭該船前往。如本澳西洋人前去，或辦公當差，或貿易傭工，或當耕農事業，；如華人有守本分之實據者，摩生美嘅督憲亦請他前往，或作工程工夫，或作稅關傭工，或巡街巡田事業。倘果係自願立合同前赴者，可先來掛號。所有章程款式開列於後：

關涉西洋人款式：所請西洋人前往，乃係在稅關當緝私差事，或爲督理傭工人頭目，或在城内巡查街道，或在野間巡查田土作爲二畫四畫兵弁之職，其工價每年至少則有十萬里士，或多亦未定，但視其人才能優劣而已。如果有才，則充當衙門書吏亦可。至於盤費，不用本人出資。倘有欲攜家眷同往，屆時看其船上地方闊窄，便宜多寡，按照位置，准其攜帶家眷。

關涉華人款式：

一、所請華人前往，要通工藝者，如幼細木匠、粗工木匠、檯椅木匠、修整洋槍匠、打鐵匠、打銅器匠、泥水匠、打石匠、上灰匠、油漆匠，該工匠等視其何項手藝、工夫優劣，照合同給予工價，其工價至少每日一元，禮拜不計。至工夫優劣，則須由摩生美嘅工程官評定分別。倘係一天最優，則給雙倍工價亦得。但各工匠於摩生美嘅一省之内，不論何處，囑其前往，是必要去。

二、如華人有氣力可當挑工者，亦招前往，當爲稅關挑工公司所用。若有熟識在船上落貨物及打包及在倉口貨，此等工人最爲合用。或有當別項工夫亦招去，惟不拘禮拜，或有急事亦須當工，此項工人須用三十名，其工價每月十元至十二元，仍要視其作工之勤惰，分别給予。

三、有華人曾在本澳巡捕營當老更，其履歷果係清白者，若自願往摩生美嘅，仍當老更之職，亦立合同招往，擬用四十名，其工價每月十二元。但前往摩生美嘅傭工立合同，以五年爲期，或五年以上，方應承給發盤費回來，其餘不應承給發盤費回來。

如西洋人無手藝亦無實在工夫，不過前往尋工者，亦給發盤費前去，但不給上期銀。如係立合同前往者，有殷實人擔保，則給兩個月上期銀，其工銀照已上所列各藝至少之工銀給發。

如華人欲立合同前往者，則要到華政衙門立合同，複經督憲允准方可。如係西洋人則到西洋政務廳立合同，仍俟督憲允准。

另有詳細款式在華政衙門及西洋政務廳，如欲知其詳者，可到該衙門觀看。此告白用西洋文、華文刊印派各處地方，俾衆知悉。如有欲到西洋屬地圖其便益，正宜趁此機會前往可也。爲此通知。辛巳年九月十三日示。

《澳門憲報中文資料輯録（一八五〇—一九一一）・一八九一年二月十九日（第八號）》 大西洋澳門工程公所官賈巴刺爲招工匠往地扪事。

照得本官現招泥水、油漆、木匠、打鐵等匠，前往地押傭工。又招一人熟識修整電綫及得律風者，前往地押傭工，兼在地押工程公所管工。所招各人，定於本西紀二月尾開身前往。如有願去者，可到本公所面議。特此通知。辛卯年正月初八日。

李鴻章《李文忠公奏稿》卷七《京營官弁習製西洋火器漸有成效摺》同治三年十二月二十七日

奏爲京營官弁習製西洋火器漸有成效仰懇天恩先行獎勵恭摺奏祈聖鑒事。竊臣前奉寄諭：總理各國事務衙門，奏請派京營弁兵學製火器等語，業經諭令火器營照所請派撥矣。此起弁兵，俟抵江蘇後即交李鴻章差委，專令學習炸礮、炸彈及各種軍火機器，如能留心學習，著有成效者，准該撫從優奏請獎勵等因。欽此。仰見聖謨廣運，默寓機宜，莫名欽服。旋據儘先參領薩勒哈春等官兵四十八員名來蘇稟到，當經分派製造洋礮各局，督同該管各員盡心教習，將炸礮、炸彈、各種機巧火器製造運用諸法，逐細指授，嚴立課程。臣復隨時稽核勤惰，半載以來，該官弁等勤苦講求，協同中外工匠，依式仿造，頗得門徑，雖開爐鑄礮試演，凖頭尚未遽臻精熟，而由此用心不懈，一半年後，當能自出機杼，爲他處設局製器之先導。臣查西洋諸國以火器爲長技，欲求制馭之方，必須盡其所長，方足奪其所恃。臣設局仿製，原爲軍需緊急起見，亦欲中國官弁匠役互相傳習，久而愈精；但苦機器未能購全，巧匠不可多得，造成礮彈雖與外洋規模相等，其一切變化新奇之法竊愧未遑。該參領等逐日究心於炸彈一項，已得要領，尚屬奮勉可嘉，理合繕具清單，仰懇天恩，先行獎敘，俾已能者交相鼓舞，未能者益加策勵，俟習學有成，再遵旨破格請獎。臣仍督飭局員勤加訓練，多方研究，以期精益求精，仰副我國家蒐討軍實之至意。所有派習火器官弁漸有成效、懇恩獎勵緣由，專摺具陳。伏乞皇太后、皇上聖鑒訓示。謹奏。

《礦務檔・一般礦政・請補送路礦檔案》〔光緒二十七年〕四月初二日，行各省將軍文稱：京城自上年猝遭兵燹，所有鐵路礦務局檔案，全行遺失，遇有應辦事件，無從稽核。相應咨行貴將軍，將有關鐵路礦務來往奏咨文件，以及表譜合同，一律補送，以憑核辦。務於文到兩個月內，迅速咨送本衙門可也。同日行各省總督、各省巡撫、各省都統、督辦鐵路礦務各大臣。

《政治官報・摺奏類・光緒三十三年十二月初五日第七十五號・閩浙總督松壽奏閩廠洋員限滿資遣情形摺》 奏爲閩廠洋員限滿謹將資遣情形恭摺仰祈聖鑒事。竊查船廠於光緒二十九年八月續訂合同，僱用洋總監工柏奥鏜，副監工達常德，醫生威測海，書記德爾美，監工薩巴驥，廠首薛法犂、泰貝，匠首常海等八員名，扣至本年九月，均屆期滿，其應給貼薪、路費、犒賞以及柏奥鏜經手採辦外洋料價，共約需銀五萬餘兩。經奴才奏蒙俞允，飭下度支部撥款五萬兩，由部轉飭江海關於該關洋税内劃撥，遵就閩關解滬賠款内如數截留，歸船政衙門應用，復經奏明在案。嗣據該總監工屆期稟請銷差前來，當經督飭船政提調知府楊廉臣將各該員應給前項貼薪、路費、犒賞暨柏奥鏜經手採辦外洋料價等項，查照原議分別核給。隨據柏奥鏜具稟聲明船政各款均已清還，並無經手未了賬目及未完事件等情。當即批准銷差，各該洋員遵已陸續離工，一面照會福州法領事知照。此次奉部撥款資遣洋員動用細數，除俟照章造册咨部核銷外，所有資遣洋員離工緣由，理合恭摺具陳，伏乞皇太后、皇上聖鑒，謹奏。光緒三十三年十二月初四日奉硃批：該部知道，欽此。

又奏換配機器工料等經費銀兩請飭立案片。再前奉户部奏定報銷章程，各省機器局並閩省船政局，如有添購機器，經費若干，事前奏明，咨部立案，事後方准核銷等因。兹據廠員稟稱，羅星塔石船隖依山臨江，地勢軒敞，係供鋼鐵戰艦修理之用，該隖遞年均有修理，此次自二十九年起至三十二年底止，照案彙核，陸續修理添配，共動用工料銀二萬零數百兩。又鐵水枰爲起卸料件要區，歷年既久，木架板柱中多朽壞，難以任重，前經洋監工柏奥鏜稟請修理，並將二十三年間購辦石船隖備用之新式起重機連吊架一副換配，是處並添建機器房一間，較之原配起重機，尤爲任重靈捷，共動用工料銀八千六百餘兩。以上各款應歸三十二年分銷案造報呈請奏咨立案等情前來。奴才覆查無異，除分別咨部查照並飭彙案造銷外，理合附片陳明，伏乞聖鑒，謹奏。光緒三十三年十二月初四日奉硃批：該部知道，欽此。

《蘇州商會檔案叢編》第一輯《天津縣爲河北大街打磨工人郭慶餘等請立打磨公會事照會津商會》 宣統元年四月二十一日具稟打磨工人聯名孫鳳祖、郭慶餘、李寶善、楊恩桂、高榮昌、張錫武、尹桂元、孫國章、孫成林、劉起鳳、呂德勝、郭恒山等，爲聲明研究工藝事。

竊身等打磨手藝給米麵鋪作工已久，津郡共計二十餘家，均係祖傳。于二十六年在河北大街石橋玉皇廟曾立公地，已經學堂佔用，暫時公地借用廟後之房。前年身等因錢色增加，每盤磨工價銅元十二枚，因增興厚不遵，當經米麵鋪三津公地崔董長等會議，定準價目，每盤磨合銅元十枚，從此并不增減，永照舊章。身等于本月十四日，曾在縣署稟請賞示，身等報效每年津錢二百八十吊正，分爲四季納交，皆係身等己身出資，實係爲研究工藝起見，并非欺行霸市。特此聲明，叩乞商務會總辦大人恩准，詳請縣尊大人賞給示諭，俾周知咸遵，爲公便矣。計開會議章程九條，附呈。

津商會批語：

打磨工匠，向由鋪主擇善雇用，今擬設公地，迹近把持，應不准行。仍候移請縣尊查照。

呈閲公議九條章規：

公地規條：

一、津郡祖傳打磨手藝，共計二十餘家，在各米麵鋪作工。

二、匠人在鋪户作工，須以自己相識主顧，不准私投，以招公憤，如查出重罰。

三、匠人倘被鋪户辭退，須其另覓外鄉匠人作工，不准本會師徒等違章投攬。

四、匠人按米麵鋪約期做活，不准延期誤事，草率塞責。做活時宜刻刻留心，以免傷損。如有誤事等情，被鋪户來會聲明，即時議罰。

五、作工價目，現由本會同人與米麵行三津公地董事長會商議定，每盤磨工價合銅元十枚，俟後兩造不准增減。

六、米麵行鋪家各以省價，不用在會工匠，另覓工匠打磨，本會人等概不干預。倘鋪家之磨，被會外工匠傷損，再投本會人改修之磨，須聽匠人另議工價。

七、本會人等勾串青石作于各鋪家投攬作工，淆混規章，暗議工價，如查出，稟明憲臺懲治，以儆傚尤，逐出會外。

八、米麵行如貪惜小利，串通本會匠人暗作小價，如被本會匠人查出，稟明米麵行三津公地董事長，按兩造議罰。如不遵者，再爲稟明。

九、本會人等，日後設心狡展，背章退會，稟明議罰。如匠人病故者，皆須未有亦無之養，所有伊之主顧，在會人同心代作之活，工價按兩家平分，如有蒙混，被人查出重罰。

《天津商會檔案彙編》上《北洋火柴公司爲由日本購進洋硝被扣生産停工千餘工人失業請鈔關放行事稟商會文》 宣統元年十二月十六日具稟北洋火柴公司伊廷璽，稟爲詳陳原料件數、重量，懇恩再行轉請農工商部，轉咨陸軍部，咨税務處飭關放行事：

竊商敝公司製造火柴，黄燐、洋硝爲必需之品，向由外洋購買進口，税務司即查驗放行。今于十月十四日由日本運來黄燐、洋硝二種，黄燐照章納税放行無阻，惟洋硝近因陸軍部飭税務司，無照不准放行，是以被關截留。曾蒙貴會稟請大部，嗣因無料停工，又蒙貴會電請大部各在案。伏思敝公司本爲提倡工藝，以興實業，挽回私權，利不外溢。兹因缺料停工，未免爲外人竊笑。而且敝公司在場工人與外雇工人，不下千數百人，皆賴工資得活。時值嚴冬，倘停工日久，老弱者無路圖生，少壯者不免爲非之慮。又且工人星散，再聚實難。停工日久已屬賠累，再爲招募工人，整理復元股本實不堪設想矣。今由大部覆文，由貴會飭將洋硝件數、重量若干，詳細開單，送呈大部，以憑轉咨等因。感激莫名。兹將已截留洋硝一百件，計重八千四百斤，早經在案。此外尚有續買洋硝一百件，計重八千四百斤，已由日本隨山東丸船裝運，約十二月二十四日抵秦皇島，改裝火車運津，理合一并詳細開單，另單二紙呈閲。敝公司因無洋硝一種，不能配合成貨，其他原料，壓本甚巨，時屆年終，勢難周轉。爲此叩乞商會總會憲臺大人，速詳農工商部，轉咨陸軍部，咨税務處飭關放行，實爲德便。

清單證據二件。

《蘇州商會檔案叢編》第一輯《天津磨房商董再控郭慶餘等立會後排斥會外工匠私抬打磨工價有礙民食請取消該會文》 宣統二年七月二十八日具稟天津磨房商董事崔輔廷、趙星曹、高輔臣、楊志清、孫文彦、元華甫，爲假公濟私，把持市面，阻礙民食，再懇貴會移請學憲查明取消，以保商業事：

竊津埠磨房鋪商三百餘家，向來用石工打磨，均由各鋪隨便擇雇，由來已久。忽于去年有石工郭慶餘等創立私行，自定規章，由津商打磨，必須雇用伊等行内之人，不准外雇。其把持市面，實屬創舉，駭人聽聞。殊不思磨商爲民食所係，即爲地面大局所關，當經商等稟蒙貴會移請縣主駁斥有案。

乃郭慶餘等把持未遂，氣忽不舒，後有石工尹姓不在伊行，因與磨房打磨，被郭慶餘等攢毆重傷。商等本要控究，伊等再三央求，應許不再把持，不敢滋事，商等權允未究，其尹姓亦畏惡，未敢呈控。但自尹姓被毆之後，商等外雇石工，諸多阻滯。延至刻下，郭慶餘又勾同楊恩桂、高榮昌等十二家硬自將私行成立。其定立之私章，不但不准雇用外工，即伊等行内石工，磨房雇用何人，即爲永遠專用之人，不准更換。其把持市面，擾害磨商，實爲民食之障礙。商等找其理論，郭慶餘等横惡異常，嚇稱伊等此次成立打磨行，係禀明縣尊准予立案，并非私立，任憑何法去使，伊等不懼。又稱磨房如敢不遵，伊等停工不做，石工誰敢做活，定行毒毆。磨商若再隱忍，惟有停工歇業。但係民食所關，又恐激生不測。

商等無奈，已另禀懇乞移請縣尊究辦。兹再聲明，郭慶餘等假以公義爲名，在勸學所承認由石工價内抽資，按年捐助學費洋銀一百五十元，假名公義，實行把持，其不准磨商另雇外工及原用何人，永遠不准更换一節，伊等均未聲明。勸學所一時未及詳察，以致被其蒙混。現在各號磨商，受其挾制，民食更必受其影響。爲此再行叩乞商務總會大人恩准，移請學憲查明取消，俾伊等不得假公濟私，于商業民食以及勸學所之名譽，裨益均非淺鮮。謹此伏候移請照準施行。

《蘇州商會檔案叢編》第一輯《打磨石工再陳銅元貶值工價低微主顧無定石工争毆情形仍請立會文》 宣統二年八月十四日、二十一日具訴禀打磨石工等，爲仇視工人，破毁公益，懇恩秉公評議，俯准立案，俾得安業，而免争毆事：

竊米麵鋪商在會憲大人案下無故捏禀，身等實屬含冤，不得不據情詳訴，以伸冤抑。緣因庚子亂後，錢色不一，工價不齊，因價争競，工商互相不安。自由發用銅子，經該商董用公帖將身等約至該商公地，定價每盤作銅子十枚，工商均照劃一，嗣後各侍主顧，均不准無故漲落工價。彼時銅子合銀洋八十餘枚，現時銀洋合銅子一百二十餘枚，至有一百三十枚之時。身等仍遵定章，照十枚領價，并未敢加增分文。身等爲求食糊口，無不從權，孰料該商等竟有虐待身等之心。身等手藝祖傳者多，各守主顧，歷有年來，毫無舛錯。如此家之主顧，此家至期，必到鋪家做活。不意該商同日又被彼家招來做活，彼此相碰，立生是非，雖情知鋪家居意不良，能如伊何。惟工人互相争毆，遇通情達理之人，經身等理處，即可完結。設遇刁狡之人，不服理論，惟有争毆，具有隨手做活傢伙，輕者骨殘，重者喪命。即釀成訟案，傷輕者判罪，傷及喪命抵命，兩家均被所害，實不解該商等其意何居。

竊身立簡易識字學塾，乃盡國民義務，捐資爲善，免却争毆是非。況置此過渡現象，是有知識人民無不願我國立强，致種種義舉，官紳捐資巨款，身等羡慕之亟，無奈力與心違，簡易學塾亦係當務之急，經費無多，身等每盤捐資，不過制錢二三枚，與身等毫無所害，貧苦失學者獲益良非淺鮮。況身等立學塾照該商董所定工價，禀請立案，復訂罰章，加意慎重，鋪商前已呈請會憲大人查閲。殊不知該商等是何居心，將身等捏禀，願使身等時常争毆，雖與該商等無害，倘或傷及人命與治安大無裨益，似此不仁，顯見恃强欺弱。身等捐資爲善，與該商等何涉？而竟仇視捏禀，破毁之心，已可概見。

惟有叩乞會憲大人施恩傳諭該商等，幸勿仇視身等，俾得各安肄業，而競争端，并乞立案。如身等違章，准該商等禀罰，身等爲求永遠安業，該商等如不節外生枝，身等即感德莫大矣。

津商會批語：

查上年四月間該工人等具禀，擬設公地增價起行，本會因迹近把持，照章議駁，并移請縣尊立案。現據所訴各節仍與前事相同，仍難照准，仰即照常安業，任主雇用，萬勿另生希望，致蹈愆由。切切。八月二十一日。

附　件：

打磨石工聲明

緣打磨石工等亦國民一分子，稍盡義務，捐資創辦簡易識字學塾，并非齊行把持，深恐米麵鋪商誤會破毁，以致無知石工藉端進步，從中攬擾。故特聲明：學費係由石工同人等磨價自捐抽籌，并不騷擾鋪商。況打磨工價每盤銅子十枚，乃由鋪商行董諸公議定，不准漲落，石工等素無騷擾，謹遵章程禀明立案，嗣後尤不准藉詞漲落，無故從中騷擾，倘有藉詞騷擾者，准米麵鋪商禀究罰辦，或經同人等查出禀究罰辦，以後□等門徒隨師作工，一律遵守罰章，務祈鋪商諸公贊成義舉，幸勿誤會爲禱。謹將議罰章程列後：嗣後如有藉詞騷擾無故漲落，議罰五十元；如到期修磨誤工，議罰洋五十元；如損壞鋪商之磨，賠補外，議罰洋五十元；如同人等以及工徒自行破毁，議罰洋五十元。

高榮昌　劉起鳳　孟照領　楊恩貴　郭慶餘　李德起　郭恒山　劉全德
張錫武　孫鳳祖　尹桂元　常月銀　孫國章　孫照鳳　李寶善　孫成林
李寶元　杜長齡　吕德勝　周連榮　張吉亭　郭長清同啓。

登載《民興報》，第五百十六號，宣統二年七月初十日。

藝文

酈道元《水經注》卷四《河水》 民有姓劉名墮者，宿擅工釀，采挹河流，醖成芳酎，懸食同枯枝之年，排于桑落之辰，故酒得其名矣。然香醑之色，清白若滫漿焉，別調氛氳，不與佗同，蘭薰麝越，自成馨逸。方士之貢，選最佳酌矣。自王公庶友，牽拂相招者，每云：索郎有顧，思同旅語。「索郎」反語爲「桑落」也，更爲籍徵之雋句、中書之英談。

《北史》卷四三《邢巒傳》 俗語云：耕則問田奴，絹則問織婢。

《李白集校注》卷一〇《古近體詩・贈裴司馬》 翡翠黄金縷，繡成歌舞衣。若無雲間月，誰可比光輝？秀色一如此，多爲衆女譏。君恩移昔愛，失寵秋風歸。愁苦不窺鄰，泣上流黄機。天寒素手冷，夜長燭復微。十日不滿匹，鬢蓬亂若絲。猶是可憐人，容華世中稀。向君發皓齒，顧我莫相違。

《柳宗元集》卷一七《梓人傳》廖瑩中輯注蔣之翹輯注 裴封叔之第，〔孫曰〕名瑾，公之姊夫。在光德里。有梓人款其門，願傭隟宇而處焉。〔童曰〕《説文》：隟，壁際孔也。當作「隙」，寫轉作「隟」。云逆切。詳注第九卷。所職尋引、規矩、繩墨，〔孫曰〕尋，八尺。引，十丈。尋引，所以度長短也。家不居礱斲之器。礱，音聾。斲，音卓。問其能，曰：「吾善度材，視棟宇之制，高深、圓方、短長之宜，吾指使而群工役焉。捨我，衆莫能就一宇。故食於官府，吾受禄三倍；作於私家，吾收其直太半焉。」他日，入其室，其牀足而不能理，曰：「將求他工。」余甚笑之，謂其無能而貪禄嗜貨者。

其後京兆尹將飾官署，余往過焉。委羣材，會衆工。或執斧斤，或執刀鋸，皆環立嚮之。梓人左持引右執杖而中處焉。量棟宇之任，視木之能，舉揮其杖曰：「斧！」彼執斧者奔而右；顧而指曰：「鋸！」彼執鋸者趨而左。俄而斤者斲、刀者削，皆視其色，俟其言，莫敢自斷者。其不勝任者，怒而退之，亦莫敢愠焉。畫宫於堵，盈尺而曲盡其制，計其毫釐而構大厦，無進退焉。既成，書于上棟，〔孫曰〕《易》：上棟下宇，以避風雨。曰「某年某月某日某建」，則其姓字也。凡執用之工不在列。余圜視大駭，〔孫曰〕《賈誼傳》：天下圜視而起。注云：驚愕也。然後知其術之工大矣。

繼而嘆曰：彼將捨其手藝，專其心智，而能知體要者歟？吾聞勞心者役人，勞力者役於人，彼其勞心者歟？能者用而智者謀，彼其智者歟？是足爲佐天子、相天下法矣！物莫近乎此也。彼爲天下者本於人。其執役者，爲徒隸，爲鄉師、里胥；〔孫曰〕徒隸，給徭役者。鄉師，一鄉之長。里胥，一里之長。胥，謂其有才智爲什長者。其上爲下士；又其上爲中士、爲上士；又其上爲大夫、爲卿、爲公。離而爲六職，判而爲百役。外薄四海，〔童曰〕《尚書》之文。有方伯、連率。〔張曰〕王制：千里之外設方伯。又曰：十國以爲連，連有帥。「率」，與「帥」同。郡有守，邑有宰，皆有佐政。其下有胥吏，又其下皆有嗇夫、版尹，〔孫曰〕漢制：鄉小者置嗇夫一人。版尹，掌户版者。以就役焉，猶衆工之各有執伎以食力也。彼佐天子相天下者，舉而加焉，指而使焉，條其綱紀而盈縮焉，齊其法制而整頓焉，猶梓人之有規矩、繩墨以定制也。擇天下之士，使稱其職；居天下之人，使安其業。視都知野，視野知國，視國知天下，其遠邇細大，可手據其圖而究焉，猶梓人畫宫於堵而績于成也。能者進而由之，使無所德；不能者退而休之，亦莫敢愠。不衒能，〔童曰〕衒，行且賣也。音縣。不矜名，不親小勞，不侵衆官，日與天下之英才討論其大經，猶梓人之善運衆工而不伐藝也。夫然後相道得而萬國理矣。相道既得，萬國既理，天下舉首而望曰：「吾相之功也。」後之人循跡而慕曰：「彼相之才也。」士或談殷、周之理者，曰伊、傅、周、召，其百執事之勤勞而不得紀焉，猶梓人自名其功而執用者不列也。大哉相乎！通是道者，所謂相而已矣。其不知體要者反此；以恪勤爲公，以簿書爲尊，衒能矜名，親小勞，侵衆官，竊取六職百役之事，听听於府廷，〔韓曰〕听听然，笑也。魚隱切。而遺其大者遠者焉，所謂不通是道者也。猶梓人而不知繩墨之曲直、規矩之方圓、尋引之短長，姑奪衆工之斧斤刀鋸以佐其藝，又不能備其工，以至敗績用而無所成也。不亦謬歟？

或曰：「彼主爲室者，儻或發其私智，牽制梓人之慮，奪其世守而道謀是用，雖不能成功，豈其罪耶？亦在任之而已。」余曰：不然。夫繩墨誠陳，規矩誠設，高者不可抑而下也，狹者不可張而廣也。由我則固，不由我則圮。圮，毁也。部鄙切。彼將樂去固而就圮也，則卷其術，默其智，悠爾而去，不屈吾道，是誠良梓人耳。其或嗜其貨利，忍而不能捨也，喪其制量，屈而不能守也，棟撓屋壞，則曰「非我罪也」，可乎哉，可乎哉？

余謂梓人之道類於相，故書而藏之。梓人，蓋古之審曲面勢者，〔童曰〕《周禮・考工記》之文。今謂之都料匠云。余所遇者，楊氏，潛其名。

《白居易集箋校》卷三八《詩賦・大巧若拙賦》 巧之小者有爲，可得而闚；巧之大者無迹，不可得而知。蓋取之於《巽》，授之以《隨》。動而有度，舉必合規。故曰「大巧若拙」，其義在斯。爾乃掄材於山木，審器於軌物。將務乎心匠之忖度，不在乎手澤之翦拂。故爲棟者，資其自天之端；爲輪者，取其因地之屈。其公也，於物無情；其正也，依法有程。既游藝而功立，亦居肆而事成。大小存乎目擊，材無所棄；取捨資乎指顧，物莫能爭。然後任道弘用，隨形制器。

信無爲而爲，因所利而利。不凝滯於物，必簡易於事。亦猶善從政者，物得其宜；能官人者，才適其位。嘉其尺度有則，繩墨無撓。工非剞劂，自得不矜之能；器靡雕鎪，誰識無心之巧？衆謂之拙，以其因物不改；我爲之巧，以其成功不宰。不改故物全，不宰故功倍。遇以神也，郢人之術攸同；合乎道焉，老氏之言斯在。噫！舟車器異，杞梓材殊。罔枉枘以鑿，罔破圓爲觚。必將考廣狹以分寸，審刓方以規模，則物不能以長短隱，材不能以曲直誣。是謂心之術也，豈慮手之傷乎！且夫大盈若沖，大明若蒙，是以大巧棄其末工。則知巧在乎不違天真，非勞形於木人之內。巧在乎無枉物情，非役神於棘刺之中。豈徒與班倕之輩，騁技而校功哉？

《曾鞏集》卷二四《製誥擬詞·工部尚書制》 昔舜咨於衆：疇若予工？羣臣薦垂，往祗厥叙。蓋繕修興造，程衆藝，飭五材，國家之務，不可以不屬之其人。今中臺起曹，實踐其任，矧屯田、虞衡、平水之職，莫不隸焉。正名之初，其選尤重。某材力强敏，周於計畫。更閱內外，時稱汝能。俾服冬官，蔽自朕志。夫詳明品式，以訓匠建事，使費省於國，力寬於人，至於墾地、山林、溝洫之政，莫不畢舉，皆汝守也。其尚懋哉，以率厥屬。

《曾鞏集》卷二四《製誥擬詞·工部侍郎制》 夫飭五材，程匠事，國家之務所不可已也。故共工之貳，任屬非輕。朕方若稽舊章，財正官號，思得智能之士，以副采擇之詳。某開達敏强，明習典故。冬官寵列，俾介厥司。考究制度之文，紀綱修繕之政。在爾能舉其職，以稱吾經理萬事之心。其尚懋哉，往祗厥服。

《曾鞏集》卷二四《製誥擬詞·庫部制》 甲盾弓矢之器，乘輿鹵簿之式，武藏之任，郎選甚高。得士於朝，屬任惟允。夫稽功實以勸賞，朕方必行；悉忠力於事爲，爾尚無懈。

吴曾《能改齋漫録》卷八《沿襲·蒨桃贈歌者詩》 《翰府名談》載：「寇萊公妾蒨桃贈歌者詩云：『一曲清歌一束綾，美人猶似意嫌輕。不知織女寒窗下，幾度抛梭織得成。』」予嘗記南唐李詢贈織錦詩云：「扎扎機聲曉復晡，眼穿力盡意何如。美人一曲成千賜，心裏猶嫌花樣疏。」蒨桃詩意，本此而不及也。

薛景石《梓人遺制圖説·序言》 工師之用遠矣。唐虞以上，共工氏其職也。三代而後，屬之冬官，分命能者以掌其事，而世守之，以給有司之求。及是官廢，人各能其能，而以售于人，因之不變也。古攻木之工七：輪、輿、弓、廬、匠、車、梓，今合而爲二，而弓不與焉。匠爲大，梓爲小，輪輿車廬。王氏云：爲之大者以審曲面勢爲良，小者以雕文刻鏤爲工。去古益遠，古之制所存無幾。《考工》一篇，漢儒攟摭殘缺，僅記其梗概，而其文佶屈，又非工人所能喻也。後雖繼有作者，以示其法，或詳其大而略其小，屬大變故，又復罕遺。而業是工者，唯道謀是用，而莫知適從。日者姜氏得《梓人攻造法》而刻之矣，亦復粗略未備。有景石者夙習是業，而有智思，其所製作不失古法，而間出新意。礱斲餘暇，求器圖之所自起，參以時制而爲之圖，取數凡一百一十條，疑者闕焉。每一器必離析其體而縷數之，分則各有其名，合則共成一器。規矩必度，各疏其下。使攻木者攬焉，所得可十九矣。既成，來謁文以序其事。夫工人之爲器，以利言也。技苟有以過人，唯恐人之我若而分其利，常人之情也。觀景石之法，分布曉析，不啻面命提耳而誨之者，其用心焉何如，故予嘉其勞而樂爲道之。景石薛姓，字叔矩，河中萬泉人。中統癸亥十二月既望稷亭段成己題其端云。

楊維楨《鐵崖樂府》卷三《脩月匠歌》 按《酉陽雜俎》，太和初，有王秀才遊嵩山，迷道，見一人枕幞而坐。曰：「君知月乃七寶合成乎？月勢如丸，其影則日爍其凹處也。常有八萬三千户脩之。予即一數。」因作《脩月匠歌》。

天公弄丸七寶鈿，脆如琉璃拆如線。月中斤人八萬户，敕賜仙厨瓊屑飯。什什伍伍入杳冥，妙手持天輕欲旋。千斤寶斧運化鈞，混沌皮開精魄見。羿家奔娥太輕脱，須臾蹋破蓮花瓣。十二山河影碎中，輪郭重完冰一片。縹緲長懸玉臼飛，堅牢永結妖蟇患。封辭何用蠛虱臣，功成萬古蒙天眷。一歸蘭路不知年，兔子花開三萬遍。

楊維楨《鐵崖樂府》卷四《伐木篇》 伐木入空谷，有木大蔽牛。大厦孰傾棟，一日蒙見收。乃知匠石棄，故非文木儔。土腐不中榔，水沉不中舟。拳不受檃括，樠不受丹髹。今兹忽邂逅，陶我山之湫。斧斤放薪木，輿輓充吾櫎。我聞漆園旨，壽或逃商丘。幸有大不幸，焉知桑柏楸。

楊維楨《鐵崖樂府》卷五《匠人篇》 匠人久失職，秦人已開阡。誰望雲陽氣，木土鑿由拳。後來興利者，開渠引淮船。吴牛拖輂石，喘月不能前。老翁乏丁壯，捕女在河邊。投水作河婦，天子罷庸田。

楊維楨《鐵崖詠史》卷八《銀瓶女》 岳家父，國之城。秦家奴，國之傾。皇天不靈，殺我父與兄。嗟我銀瓶，爲我父緹縈。生不贖父死，不如無生。千尺井，一尺瓶，瓶中之水精衛鳴。

楊維楨《鐵崖逸編》卷二《李鐵槍歌》 古鐵槍，五代烈。今鐵槍，萬人傑。紅鸞昨夜斬關來，防關老將泣如孩。鐵槍手持丈二材，鐵馬突出擒紅魁。磔紅頭，鑿紅骨。誓紅不同生，滅紅倒紅窟。君不見錢塘城中十萬家，十萬甲兵赭如血，一夜南風吹作雪。

楊維楨《鐵崖逸編》卷二《李鐵槍歌》 鐵槍封萬户，至正壬辰七月二十日破賊於杭，余嘗歌以美之。是年九月，不幸傷於昱關。復爲歌些之。

李鐵槍，人之傑，將之强，手持鐵槍丈二長。鐵槍入手烏龍驤，龍精射之落欃槍。皇帝十有二載秋七月，紅兇西來寇西浙。防關健兒走惶惶，鐵槍一怒目眦裂。十萬赭衣暗城闕，鐵槍烏龍去明滅。須臾化作風雨來，浄洗銅城滿城血。嗚呼，殪猰貐，屠封狼，鐵槍之鋒無與當。胡爲將星昨夜墜昱關，鐵槍一折天無光？天無光，人倀倀，雲臺奇天雲潛傷。天子贈忠良，祠以血食冬青鄉。嗚呼，歸來乎鐵槍！

楊維楨《鐵崖逸編》卷五《自題鐵笛道人像》 道人煉鐵如煉雪，丹鐵火花飛列缺。神焦鬼爛愁鏌鋣，精魂夜語吴鈎血。居然躍冶作龍吟，三尺笛成如竹截。道人天聲闋天竅，媧皇上天補天裂。淮南張涯人中傑，愛畫道人吹怒鐵。道人與笛同死生，直上方壺覿日月。

楊維楨《鐵崖樂府補編・天車詩》 丁未臘交戊申春三月，霪雨不休，農以潦告。官修圍岸，迫農車泄潦，農力竭而潦不退。有黄髪老髯來，謂農曰：「汝車力倍而功寡。吾教汝車，力不勞而功倍之。」索巨竹二竿，刳節交兩首尾，飲如口注。農家水龍皆閣不用，農驚問其神。髯曰：「此陰陽升降法也。」余讀《張讓傳》，傳注渴烏，云爲曲筒，以氣引水上下，天車引水，即渴烏之引也。郡守某過余，言其事，謂之天車，請鐵厓紀以詩。詩曰：

百日漏天瓠河決，高丘十丈蛟龍穴。髯星降世教天車，刳爾雌雄兩龍節。膠泥瑣口如折筒，天竅地竅中相通。疲氓拜舞賽神教，喜氣上天成白虹。戽乾水恠支祁走，海底珊瑚拾星斗。坐令塾土成寸金，丈尺官來履丘畝。我聞阿香闔雷車，農車巧運脱殼蛇。如何天車閲天巧，馬鈞不洩三農家。九重帝車運北斗，五風十雨調大有。我願天倉紅粟朽，農食冬春飲春酒。和我歌，擊壤叟。

葉盛《水東日記》卷二四《熊天慵修大成殿記》 豫章熊天慵先生，二百年前江右大儒也。其遺文世不多見，偶見其《重修廣州路學大成殿記》一篇，其辭曰：

「皇元混一海宇，南訖海外，咸暨聲教。廣爲南海一都會，肅政廉訪司、宣慰元帥府所親涖，皆以敬教勸學爲第一義，於是禮殿壯麗甲於南方。元貞初嘗一修之，速成苟簡，遄底蠹圮，勢不得不改作。乃相與謀，鑒前欲速，圖後可久，因没官巨材，復買其半以足用，凡買磚甓礎石諸物，悉從市賈，工匠夫役皆顧募。廉訪使朶兒只卜公天璋創其始，副使迭列思八公成其終，副使李公德厚，僉事張公世榮、范公致毅、撒里蠻公，經歷董邦用，知事王淑，照磨戴從龍衆史，協心同力，帥府以副帥王公從政董其事，帥幕穆齊英、佐史周南、梁晟從副帥日至督視。材必堅良，工必精緻。廟殿經始於丁巳之春，塐像肇作於丁巳之冬，而畢成於戊午之秋。儀門廊廡，新與廟稱。凡用匠以工計者二萬，役夫倍之；鈔中統以貫計者六萬，米以石計者四百。其半取於贍士之餘，其半有司徵布以給之。物無疆賈，民無横役，財無濫用；對聖賢而無愧，載金石而可書。教授陳學禮殫其心力，迄用有成，述其始末，書來請記於熊朋來，且曰：『昔廉訪李公致道構尊經閣，余公璉新明倫堂，今使者歸侵疆，覈隱租，購羣書，明載籍。於是教養悉備，廣學固有，春秋祭樂，今創二亭，前曰思敬，後曰正德，以爲肄樂之所，幸併書之。』余之爲瑟譜也，蓋閲諸學之譜而正其訛，酌獻之曲，必按月律，江廣諸郡多用之。因其來請，授以藏諸書閣，肄樂則按譜取聲，奏諸新殿，尚其足以招和氣之祥，而蒙斯文之福。且夫聖人道高德厚，教化無窮，與天地參而四時同，宗廟之美，百官之富，遊聖門者猶曰不可見，豈比異端以殿宇之雄爲誇美哉！特爲禮樂之官，任民社之寄者，舍是無以見奉詔之勤。吾誦其詩，讀其書，洋洋在上，如親見之矣。皇明方耀，科舉肇興，雖嶺海如在殿陛前，人物粤産不多見，見必奇傑，必有應文運而起於南海之濱者。延祐六年正月日，豫章前進士熊朋來撰。」

張岱《陶庵夢憶》卷一《吴中絶技》 吴中絶技：陸子岡之治玉，鮑天成之治犀，周柱之治嵌鑲，趙良壁之治梳，朱碧山之治金銀，馬勛、荷葉李之治扇，張寄修之治琴，范昆白之治三弦子，俱可上下百年，保無敵手。

但其良工苦心，亦技藝之能事。至其厚薄深淺，濃淡疏密，適與後世賞鑒家之心力，目力針芥相對，是豈工匠之所能辨乎？蓋技也而進乎道矣。

張岱《陶庵夢憶》卷一《濮仲謙雕刻》 南京濮仲謙，古貌古心，粥粥若無能者，然其技藝之巧，奪天工焉。其竹器，一帚一刷，竹寸耳，勾勒數刀，價以兩計。然其所以自喜者，又必用竹之盤根錯節，以不事刀斧爲奇，則是經其手略刮磨之，而遂得重價，真不可解也。仲謙名噪甚，得其款，物輒騰貴。三山街潤澤于仲謙之手者數十人焉，而仲謙赤貧自如也。于友人座間見有佳竹、佳犀，輒自爲之。意偶不屬，雖勢劫之、利啖之，終不可得。

張潮輯《虞初新志》卷一〇魏學洢《核舟記》 明有奇巧人曰王叔遠，能以徑寸之木，爲宮室器皿人物，以至鳥獸木石，罔不因勢象形，各具情態。嘗貽餘核舟一，蓋大蘇泛赤壁云。舟首尾長約八分有奇，高可二黍許。中軒敞者爲艙，箬篷覆之，旁開小窗，左右各四，共八扇。啓窗而觀，雕欄相望焉。閉之則右刻「山高月小，水落石出」，左刻「清風徐來，水波不興」，石青糝之。船頭坐三人，中峨冠而多髯者爲東坡，佛印居右，魯直居左，蘇、黄共閲一手卷。東坡右手執卷端，左手撫魯直背，魯直左手執卷末，右手指卷，如有所語。東坡現右足，魯直現左足，各微側，其兩膝相比者，各隱卷底衣褶中。佛印絶類彌勒，袒胸露乳，矯首昂視，神情與蘇、黄不屬。卧右膝，詘右臂支船，而豎其左膝，左臂挂念珠倚之，珠可歷歷數也。舟尾橫卧一楫，楫左右舟子各一人。居右者椎髻仰面，左手倚一衡木，右手攀右趾，若嘯呼狀；居左者右手執蒲葵扇，左手撫爐，爐上有壺，其人視端容寂，若聽茶聲然。其船背稍夷，則題名其上。文曰：「天啓壬戌秋日，虞山王毅叔遠甫刻。」細若蚊足，鈎畫了了，其色墨。又用篆章一，文曰「初平山人」，其色丹。通計一舟，爲人五，爲窗八，爲箬篷，爲楫，爲爐，爲壺，爲手卷，爲念珠各一。對聯題名并篆文，爲字共三十有四，而計其長，曾不盈寸。蓋簡桃核修狹者爲之。

魏子詳矚既畢，詫曰：「嘻！技亦靈怪矣哉！《莊》、《列》所載，稱驚猶鬼神者良多。然誰有游削于不寸之質，而須麋了然者？假有人焉，舉我言以復于我，亦必疑其誑，乃今親睹之。繇斯以觀，棘刺之端，未必不可爲母猴也。嘻！技亦靈怪矣哉！」

張山來曰：眼鏡中有所謂顯微鏡者，一虱之細，視之大如棗栗。由此推之，則一核未嘗不可視爲東瓜矣。

張潮《虞初新志》卷一六宋起鳳《核工記》 季弟獲桃墜一枚，五分許，橫廣四分。全核向背皆山，山坳插一城，雉歷歷可數。城巔具層樓，樓門洞敞，中有人，類司更卒，執桴鼓，若寒凍不勝者。枕山麓一寺，老松隱蔽三章，松下鑿雙户，可開合；户内一僧，側首傾聽。户虚掩如應門，洞開如延納狀，左右度之，無不宜。松外東來一衲，負卷帙踉蹌行，若爲佛事夜歸者。對林一小陀，似聞足音僕僕前。核側出浮屠七級，距灘半黍。近灘維一舟，篷窗短舷間，有客憑几假寐，形若漸寤然。舟尾一小童，擁爐噓火，蓋供客茗飲也。艤舟處，當寺陰，高阜鐘閣踞焉。叩鐘者貌爽爽自得，睡足徐興乃爾。山頂月晦半規，雜疏星數點，下則波紋漲起，作潮來候，取詩「姑蘇城外寒山寺，夜半鐘聲到客船」之句。

計人凡七：僧四，客一，童一，卒一。宮室器具凡九：城一，樓一，招提一，浮屠一，閣一，爐竈一，鐘鼓各一。景凡七：山、水、林木、灘石四，星、月、燈火三。而人事如傳更、報曉、候門、夜歸、隱几、煎茶，統爲六。各殊致殊意，且并其愁苦、寒懼、疑思諸態，俱一一肖之。語云：「納須彌于芥子。」殆謂是與？然聞之：「尺綃綉經而唐微，水戲薦酒而隋替。」器之淫也，吾滋懼矣！先王著《考工》，蓋早辨之焉。

吴楚材、吴調侯選編《古文觀止》卷八韓愈《圬者王承福傳》 圬之爲技，賤且勞者也。有業之，其色若自得者。聽其言，約而盡。問之，王其姓，承福其名，世爲京兆長安農夫。天寶之亂，發人爲兵，持弓矢十三年，有官勛，棄之來歸，喪其土田，手鏝衣食。餘三十年，舍于市之主人，而歸其屋食之當焉。視時屋食之貴賤，而上下其圬之傭以償之。有餘，則以與道路之廢疾餓者焉。

又曰：粟，稼而生者也，若布與帛，必蠶績而後成者也，其他所以養生之具，皆待人力而後完也，吾皆賴之。然人不可徧爲，宜乎各致其能以相生也。故君者，理我所以生者也，而百官者，承君之化者也。任有小大，惟其所能，若器皿焉。食焉而怠其事，必有天殃，故吾不敢一日舍鏝以嬉。夫鏝易能，可力焉，又誠有功，取其直，雖勞無愧，吾心安焉。夫力易强而有功也，心難强而有智也。用力者使于人，用心者使人，亦其宜也。吾特擇其易爲而無愧者取焉。

嘻！吾操鏝以入富貴之家有年矣。有一至者焉，又往過之，則爲墟矣。有再至、三至者焉，而往過之，則爲墟矣。問之其鄰，或曰：噫！刑戮也。或曰：身既死而其子孫不能有也。或曰：死而歸之官也。吾以是觀之，非所謂食焉怠其事而得天殃者邪？非强心以智而不足，不擇其才之稱否而冒之者邪？非多行可愧，知其不可而强爲之者邪？將富貴難守，薄功而厚饗之者邪？抑豐悴有時，一去一來而不可常者邪？吾之心憫焉，是故擇其力之可能者行焉。樂富貴而悲貧賤，我豈異於人哉？又曰：功大者，其所以自奉也博。妻與子，皆養于我者也，吾能薄而功小，不有之可也。又吾所謂勞力者，若立吾家而力不足，則心又勞也。一身而二任焉，雖聖者不可爲也。

愈始聞而惑之，又從而思之，蓋賢者也，蓋所謂獨善其身者也。然吾有譏焉，謂其自爲也過多，其爲人也過少，其學楊朱之道者邪？楊之道，不肯拔我一毛而利天下。而夫人以有家爲勞心，不肯一動其心以畜其妻子，其肯勞其心以爲人乎哉！雖然，其賢於世之患不得之而患失之者，以濟其生之欲、貪邪而亡道，以喪其身者。其亦遠矣！又其言有可以警餘者，故余爲之傳，而自鑒焉。

吴楚材、吴調侯選編《古文觀止》卷九柳宗元《種樹郭橐駝傳》 郭橐駝，不知始何名，病僂，隆然伏行，有類橐駝者，故鄉人號之「駝」。駝聞之曰：「甚善，名我固當。」因舍其名，亦自謂「橐駝」雲。其鄉曰豐樂鄉，在長安西。駝業種樹，凡長安豪家富人爲觀游及賣果者，皆争迎取養。視駝所種樹，或遷徙，無不活，且碩茂，蚤實以蕃。他植者雖窺伺傚慕，莫能如也。

有問之，對曰：「橐駝非能使木壽且孳也，能順木之天，以致其性焉爾。凡植木之性，其本欲舒，其培欲平，其土欲故，其築欲密。既然已，勿動勿慮，去不復顧。其蒔也若子，其置也若棄，則其天者全而其性得矣。故吾不害其長而已，非有能碩茂之也，不抑耗其實而已，非有能蚤而蕃之也。他植者則不然，根拳而土易，其培之也，若不過焉則不及。苟有能反是者，則又愛之太殷，憂之太勤，旦視而暮撫，已去而復顧，甚者爪其膚以驗其生枯，摇其本以觀其疏密，而木之性日以離矣。雖曰愛之，其實害之；雖曰憂之，其實仇之。故不我若也。吾又何能爲哉！」

問者曰：「以子之道，移之官理可乎？」駝曰：「我知種樹而已，官理非吾業也。然吾居鄉，見長人者好煩其令，若甚憐焉，而卒以禍。旦暮吏來而呼曰：『官命促爾耕，勖爾植，督爾穫，蚤繅而緒，蚤織而縷，字而幼孩，遂而鷄豚。』鳴鼓而聚之，擊木而召之。吾小人輟飧饔以勞吏者，且不得暇，又何以蕃吾生而安吾性邪？故病且怠。若是，則與吾業者其亦有類乎？」

問者嘻曰：「不亦善夫！吾問養樹，得養人術。」傳其事以爲官戒也。

蒲松齡編《日用俗字》木匠章第十一

木匠祖師是魯班，傢伙學成載一船。
斧鑿鏟鑽尋常用，曲尺墨斗有師傳。
斧柄錛棖自家做，刨刀鋄鋸都值錢。
須把墨繩扯周正，全憑扯子畫方圓。
哄山轉角仍雕料，剢檩砍梁又解椽。
重梁窐柱皆妥當，窗欞門㞙要周全。
矩子合嚴門閫板，安了門閫插門簪。
榑榊俱已合門榫，搡上門欜上腰㢵。
鈎窗扯搾端詳做，牌匾花椏仔細刓。
照壁刨平雙柱夾，垂珠雕就大門安。
替木過木有兩樣，上承下承總一般。
天秤架成安叉手，屏風板就㓞橑檐。
高閣大廳朱桶扇，花亭水榭玉欄干。
又向水田換閘板，且憑巧匠打妝奩（廉）。
方桌琴牀棖堅固，抽屉橱櫃木焦乾。
書櫃衣盆高架擱，倚牀榻杌細藤穿。
器皿解晃或破壞，加上簇楔始牢堅。
木銼鯊皮磨鏡架，鋪筋粘鰾作茶盤。
沉檀香木雕神像，桐梓良材作佛龕。
柲杊要壯不求美，檜柲要直不求彎。
又有一班編竹匠，橋牀俱用竹籣纏。
艄子停篙修舵櫓，桅蓬槳棹（罩）有師傳。
灰材又代油漆匠，偷剥槐皮不用㢵。

蒲松齡編《日用俗字》泥瓦章第十二

百尺舡棚紮四圍，脚跐趺動走如飛。
地脚出完桻杵下，牆基打罷鈎繩垂。
先着体工摟下土，泥成瓾烀瓻（巻）成堆。
硒瓻石填心搡，發陏還用一摞坯。
雙摜長繩拴茉子，布兜拔泥又拔灰。
巴磚鋪就傲傲做，打踅材料用心機。
瓦有倒正先挑認，瓮屋全憑縫對齊。
犁不着處加梯木，跺着還把屋脊騎。
磚石螭（池）頭安排就，滴水猫頭更不離。
哈叭若安銷南北，獸頭只在屋東西。
甋瓦密合猶有壘，牕瓦不漏始稀奇。
四周群牆一趄片，鎝鎝釘密裹雙扉。

房舍甌山分軟硬，博士造手有高低。
倉廒厚苫不怕雨，通家過攥好手菝。
一間只有箔三葉，或紮稃子更拖泥。
雀腌還須板瓦做，勒杆又使葛條錐。
吧道瓻石爲甬路，磣場只用抓打捶。
墁牆泥版擯三遍，擊炕窊刀壓幾回。
匠人若有良心在，百年堅固不差池。
包工脱庍又露円，不是虡了便甐之。
行行用心方大好，在旁指點要提撕。
興作全憑經眼看，任他□札便喫虧。

蒲松齡編《日用俗字》鐵匠章第十三

鐵匠終朝對火熾，手揩錘鉗無夏冬。
嚴冷何曾交挑指，熱天永不怕傷風。
風柙更比韛扇快，無論鋼鐵俱燒紅。
生鐵砧子如升大，夾來紅鐵大錘拧。
狗皮遮䙞紮腰下，鐵梁打與綉針同。
鍣去鍣來粗成細，生鍊不知退幾重。
鉸刀鉸成鋼銼銼，鐵銹紛紛落滿棚。
燗鑁桑鋤真有益，𢶍刀安欛又加功。
試試砵剩旦或鍩刃，手段平常要假充。
飽刀斨（戕）明無大鋟（嫂），再加磨蕩始精工。
鍍金又用銀餟餟，鋥磨光潤照顔容。
莫笑火㸌如灰鬼，十個鐵匠九不窮。
鐵匠扇爐打鐵，鐵錘鐵錚鐵鉗。
先備炭鐵爲本，後造鋸斧刀鐮。
打鏨楦釘錠鉸，造成器械多般。
無分炎天暑熱，早晚不離爐邊。
只爲賺錢獲利，業在其間當然。

蒲松齡編《日用俗字》裁縫章第十五

世上裁縫針黹高，朝廷曾做衮龍袍。
鑽針扢指爲生計，縫連補綻有功勞。
羅襴圓衿隨人做，紗緞綾羅信手挑。
絚綫縫來脚似蟣，褖衣鞓帶好隨朝。
褡䙞無襟有領袖，襤衫擺折係絲縧。
移欏前後皆留擠，掟䙝還怕綫紕緢。
肥了腋脹不好看，瘦些又恐癢難撓。
馬蹄袖口興弓軗，又見驢蹄變一遭。
被褥未引扨一扐，搕絡先扐綫幾條。
又上衽肩接袂袖，更將褌褲上新腰。
祅裙裏科皆興筰，兜肚襻帶要褷牢。
背褡做成嫌𧝓綹，掠身須把熨斗燒。
帔版鈕合時常□，漏肩長襖趁風標。
打了福子縫挼布，戴上頂指做夾袍。
馬夫汗翱真鄙俚，家丁坎肩稱粗豪。
補丁䘯來休成綍，䘯褄撲好不支翹。
鞋底方使挌綫衲，帶兒只用細針挑。
鞁上縔幫方使楦，鞝鞋暖脚勝氈毛。
滿襪三鑲真乍眼，馬襖相襯滿街摇。
續縭一絅作鋪襯，零剪幾塊褡荷包。
褯子擷開大事畢，不用裁縫動剪刀。
布績紡成綫一綹，瓷瓷匀停又不喬。
剩下兩根還要使，兒女偷去又翻繐。

蒲松齡編《日用俗字》皮匠章第十六

托毛一匠苦臊膻，�起生皮鏟净干。
又加朝腦重重洗，臭氣全除毛色鮮。
熟皮摻粉加條打，宿毛鋪下用弓彈。
羊襖尋常行處有，狐裘貴重富豪穿。
皮老大針剩不透，便非莜刷不能饌。
裁得正斜隨大小，鞔來曲折就方圓。
遂將狐嗉爲稻領，又把獺皮上帽檐。

本朝諸革皆爲帽，黝黑須加百藥煎。
剪絨倭緞時興起，凉萶只有細藤編。
官府前朝有帽套，公侯一品賜貂蟬。
狐膁天馬真温厚，鷹爪跑羔可禦寒。
貂裘輕暖方爲貴，踝子時興止壯觀。
猞猁猻非中國有，西塞狼皮進武官。
帓帍卧兔遮冷氣，圍脖風領貴冬天。
好天晾晾休袍了，被蟲打破不值錢。
靴匠又爲茇皮勒，股子做頭趯皮緣。
鞓脚偏韁割側眼，鞔頭結罷又擰鞭。
剩下碎反還打鞝，錣鞋也要細刓鑽。
紉上針時捲一捲，綫粗針密始牢堅。
更有武士能殘忍，又把人皮鞔馬鞍。

蒲松齡編《日用俗字》銀匠章第十七

惟有銀工手不貧，手持鉛鐵打金銀。
枝葉拔絲入鋼版，掠鉤傾片上錘砧。
耳墜響鈴襯顆額，丁香排環墜耳輪。
花纏明珠光照耀，金鑲蝴蝶鬧紛紜。
簪頂牢箝石榴子，金箍摇動水波雲。
巧爲官員鏨銀爵，喜逢美女打金盆。
十鍰(援)金釵媚少婦，千兩銀壺送大人。
壽星更騎梅花鹿，天仙又送玉麒麟。
全憑加銲移輕重，又復攙銅亂假真。

蒲松齡編《日用俗字》氈匠章第十八

弄假挑虚是趕氈，羊毛剪去用弓彈。
卷來纏緊蹬成片，馱絨牙色染諸般。
耳掩一頂如升大，半兩羊毛已下簾。
多加膠糨挺梆硬，拿來刷净又盔圓。
絨襪毛韈暖下體，氈衣宣帽待科仙。
上世曾興風擺柳，下雨才尋毹毿氈。
護膝從來合貫做，又把轎衣染翠藍。
毴氈只用粗毛趕，更將插和夾中間。
氆氌絨堪爲鞍座，多羅呢可冒風寒。
毯毼別有匠人織，原來一匠不能兼。

彭定求等《全唐詩》卷二九八王建《織錦曲》 大一作一女身爲織錦户，名在縣家供進簿。長頭起樣呈作官，聞道官家中苦難。回花側葉與人別，唯恐一作愁秋天絲線乾。紅縷葳蕤紫茸軟，蝶飛參差花宛轉。一梭聲盡重一梭，玉腕不停羅袖卷。窗中夜久睡髻偏，横釵欲墮垂著肩。合衣卧時參没後，停燈起在雞鳴前。一匹千金亦不賣，限日未成宫一作官裏怪。錦江水涸貢轉多，宫中盡著單絲羅。莫言山積無盡日，百尺高樓一曲歌。

彭定求等《全唐詩》卷三八二張籍《築城曲》 築城去，千人萬人齊抱杵。重重土堅試行錐，軍吏執鞭催作遲。來時一年深磧裏，著盡短衣渴無水。力盡不得抛杵聲，杵聲未定人皆死。家家養男當門户，今日作君城下土。

彭定求等《全唐詩》卷四七五李德裕《鴛鴦篇》 洛陽女兒在青閣，二月羅衣輕更薄。金泥文彩未足珍，畫作鴛鴦始堪著。亦有少婦破瓜年，春閨無伴獨嬋娟。夜夜學織連枝錦，織作鴛鴦人共憐。

雜録

《荀子》卷四《效儒篇》 故聖人也者，人之所積也。人積耨耕而爲農夫，積斲削而爲工匠，積反貨而爲商賈，積禮義而爲君子。工匠之子莫不繼事，而都國之民安習其服。

《韓非子》卷六《解老》 工人數變業則失其功，作者數摇徙則亡其功。一人之作，日亡半日，十日則亡五人之功矣；萬人之作，日亡半日，十日則亡五萬人之功矣。然則數變業者，其人彌衆，其虧彌大矣。凡法令更則利害易，利害易則民務變，務變之謂變業。故以理觀之：事大衆而數摇之，則少成功；藏大器而數徙之，則多敗傷；烹小鮮而數撓之，則賊其澤；治大國而數變法，則民苦之。

是以有道之君貴靜，不重變法。故曰：「治大國者若烹小鮮。」

《史記》卷一二九《貨殖列傳》 請略道當世千里之中，賢人所以富者，令後世得以觀擇焉。

蜀卓氏之先，趙人也，用鐵冶富。秦破趙，遷卓氏。卓氏見虜略，獨夫妻推輦，行詣遷處。諸遷虜少有餘財，爭與吏，求近處，處葭萌。唯卓氏曰：「此地狹薄。吾聞汶山之下，沃野，下有蹲鴟，至死不飢。民工於市，易賈。」乃求遠遷。致之臨邛，大喜，即鐵山鼓鑄，運籌策，傾滇蜀之民，富至僮千人。田池射獵之樂，擬於人君。

程鄭，山東遷虜也，亦冶鑄，賈椎髻之民，富埒卓氏，俱居臨邛。

宛孔氏之先，梁人也，用鐵冶爲業。秦伐魏，遷孔氏南陽。大鼓鑄，規陂池，連車騎，游諸侯，因通商賈之利，有游閑公子之賜與名。然其贏得過當，愈於纖嗇，家致富數千金，故南陽行賈盡法孔氏之雍容。

魯人俗儉嗇，而曹邴氏尤甚，以鐵冶起，富至巨萬。然家自父兄子孫約，俛有拾，仰有取，貰貸行賈徧郡國。鄒、魯以其故多去文學而趨利者，以曹邴氏也。

《後漢書》卷八五《東夷傳·句驪》 句驪一名貊（耳），有別種，依小水爲居，因名曰小水貊。出好弓，所謂「貊弓」是也。

劉歆《西京雜記》卷一 漢高帝七年，蕭相國營未央宮。因龍首山制前殿，建北闕。未央宮周回二十二里九十五步五尺，街道周回七十里。臺殿四十三，其三十二在外，其十一在後。宮池十三，山六，池一、山一亦在後。宮門闥凡九十五。【略】

天子筆管，以錯寶爲跗，毛皆以秋兔之毫，官師路扈爲之。以雜寶爲匣，厠以玉璧翠羽，皆直百金。

漢制：天子玉几，冬則加綈錦其上，謂之綈几。以象牙爲火籠，籠上皆散華文，後宮則五色綾文。以酒爲書滴，取其不冰；以玉爲硯，亦取其不冰。夏設羽扇，冬設繒扇。公侯皆以竹木爲几，冬則以細罽爲橐以憑之，不得加綈錦。

武帝時，西域獻吉光裘，入水不濡。上時服此裘以聽朝。

戚姬以百煉金爲彄環，照見指骨。上惡之，以賜侍兒鳴玉、耀光等，各四枚。

【略】

漢帝相傳以秦王子嬰所奉白玉璽、高祖斬白蛇劍。劍上有七采珠、九華玉以爲飾，雜厠五色琉璃爲劍匣。劍在室中，光景猶照于外，與挺劍不殊。十二年一加磨瑩，刃上常若霜雪。開匣拔鞘，輒有風氣，光彩射人。【略】

宣帝被收繫郡邸獄，臂上猶帶史良娣合采婉轉絲繩，繫身毒國寶鏡一枚，大如八銖錢。舊傳此鏡見妖魅，得佩之者爲天神所福，故宣帝從危獲濟。及即大位，每持此鏡，感咽移辰。常以琥珀笥盛之，緘以戚里織成錦，一曰斜文錦。帝崩，不知所在。

霍光妻遺淳于衍蒲桃錦二十四匹、散花綾二十五匹。綾出鉅鹿陳寶光家，寶光妻傳其法。霍顯召入其第，使作之。機用一百二十鑷，六十日成一匹，匹直萬錢。又與走珠一琲，緑綾百端，錢百萬，黄金百兩，爲起第宅，奴婢不可勝數。衍猶怨曰：「吾爲爾成何功，而報我若是哉！」【略】

漢帝送死皆珠襦玉匣。匣形如鎧甲，連以金縷。武帝匣上皆鏤爲蛟龍鸞鳳龜麟之象，世謂爲蛟龍玉匣。【略】

趙飛燕女弟居昭陽殿，中庭彤朱，而殿上丹漆，砌皆銅沓，黄金塗，白玉階，壁帶往往爲黄金釭，含藍田璧，明珠翠羽飾之。上設九金龍，皆銜九子金鈴，五色流蘇。帶以緑文紫綬，金銀花鑷。每好風日，幡旄光影，照耀一殿，鈴鑷之聲，驚動左右。中設木畫屏風，文如蜘蛛絲縷，玉几玉牀，白象牙簟，緑熊席。席毛長二尺餘，人眠而擁毛自蔽，望之不能見，坐則没膝，其中雜熏諸香，一坐此席，餘香百日不歇。有四玉鎮，皆達照，無瑕缺。窻扉多是緑琉璃，亦皆達照，毛髮不得藏焉。椽桷皆刻作龍蛇，縈繞其間，鱗甲分明，見者莫不兢慄。匠人丁緩、李菊，巧爲天下第一。締構既成，向其姊子樊延年説之，而外人稀知，莫能傳者。【略】

長安巧工丁緩者，爲常滿燈，七龍五鳳，雜以芙蕖蓮藕之奇。又作卧褥香鑪，一名被中香鑪。本出房風，其法後絶，至緩始更爲之。爲機環轉運四周，而鑪體常平，可置之被褥，故以爲名。又作九層博山香鑪，鏤爲奇禽恠獸，窮諸靈異，皆自然運動。又作七輪扇，連七輪，大皆徑丈，相連續，一人運之，滿堂寒顫。【略】

《魏書》卷四下《世祖紀下》 〔太平真君五年正月〕戊申，詔曰：「愚民無識，信惑妖邪，私養師巫，挾藏讖記、陰陽、圖緯、方伎之書；又沙門之徒，假西戎虚誕，生致妖孽。非所以壹齊政化，布淳德於天下也。自王公已下至於庶人，有私養沙門、師巫及金銀工巧之人在其家者，皆遣詣官曹，不得容匿。限今年二月十五日，過期不出，師巫、沙門身死，主人門誅。明相宣告，咸使聞知。」

《魏書》卷三〇《安同傳》 清河王紹之亂，太宗在外，使夜告同，令收合百工伎巧，衆皆響應奉迎。

《魏書》卷六〇《韓麒麟傳》 太和十一年京都大饑，麒麟表陳時務曰：【略】伏惟陛下天縱欽明，道高三、五，昧旦憂勤，思恤民弊，雖帝虞一日萬幾，周文昃不暇食，蔑以爲喻。上垂覆載之澤，下有凍餒之人，皆由有司不爲明制，長吏不恤其本。自承平日久，豐穰積年，競相矜夸，遂成侈俗。車服第宅，奢僭無限；喪葬婚娶，爲費實多；貴富之家，童妾袨服；工商之族，玉食錦衣。農夫餔糟糠，蠶婦乏短褐。故令耕者日少，田有荒蕪。穀帛罄於府庫，寶貨盈於市里；衣食匱於室，麗服溢於路。飢寒之本，實在於斯。愚謂凡珍玩之物，皆宜禁斷，吉凶之禮，備爲格式，令貴賤有別，民歸朴素。制天下男女，計口受田。宰司四時巡行，臺使歲一按檢。勤相勸課，嚴加賞賜。數年之中，必有盈贍，雖遇災凶，免於流亡矣。」

《魏書》卷九五《羯胡石勒傳》 虎於鄴起臺觀四十餘所，營長安、洛陽二宫，作者四十餘萬人。又欲自鄴起閣道，至于襄國。敕河南四州具南師之備，并、朔、秦、雍嚴西討之資，青、冀、幽州三五發卒。諸州造甲者五十萬人。擾役黎元，民庶失業，得農桑者十室而三。船夫十七萬人，爲水所没，爲虎所害，三分而一。課責征士，五人車一乘、牛二頭、米各十五斛、絹十匹。諸役調有不辦者，皆以斬論。窮民率多鬻子以充軍制，而猶不足者，乃自經于道路。死者相望，猶求發無已。太武殿成，圖畫忠臣、孝子、烈士、貞女，皆變爲胡狀，頭縮入肩。虎大惡之。

遣司虞中郎將賈霸率工匠四千，於東平岡山造獵車千乘，轅長三丈，高一丈八尺，置高一丈七尺；格虎車四十乘，立行樓二層於其上。南至滎陽，東極陽都，使御史監司。其中禽獸，民有犯者罪至大辟。御史因之，擅作威福，民有美女、好牛馬，求之不得，便誣以犯獸論，民死者相繼，海岱、河濟之間，民無寧志矣。

酈道元《水經注》卷二六《淄水》 《列仙傳》曰：鹿皮公者，淄川人也，少爲府小史。才巧，舉手成器。山岑上有神泉，人不能到。小史白府君，請木工斤斧三十人，作轉輪，造縣閣，意思横生，數十日梯道成。上其巔作祠屋，留止其旁，其二間以自固，食芝草，飲神泉，七十餘年。淄水來山下，呼宗族得六十餘人，命上山半，水出盡漂一郡，没者萬計。小史辭遺家室，令下山，著鹿皮衣，升閣而去。後百餘年下，賣藥齊市也。其水西北流注淄水，淄水又北出山，謂之萊蕪口，東北流者也。

《晉書》卷一六《律曆志上》 （荀勖）又問（列）和：「笛有六孔，及其體中之空爲七，和爲能盡名其宫商角徵不？孔調與不調，以何檢知？」和辭：「先師相傳，吹笛但以作曲，相語爲某曲當舉某指，初不知七孔盡應何聲也。若當作笛，其仰尚方笛工依案舊像訖，但吹取鳴者，初不復校其諸孔調與不調也。」案《周禮》調樂金石，有一定之聲，是故造鍾磬者先依律調之，然後施於厢懸。作樂之時，諸音皆受鍾磬之均，即爲悉應律也。至於饗宴殿堂之上，無厢懸鍾磬，以笛有一定調，故諸絃歌皆從笛爲正，是爲笛猶鍾磬，宜必合於律吕。如和所對，直以意造，率短一寸，七孔聲均，不知其皆應何律，調與不調，無以檢正，唯取竹之鳴者，爲無法制。輒部郎劉秀、鄧昊、王艷、魏邵等與笛工參共作笛，工人造其形，律者定其聲，然後器象有制，音均和協。

崔豹《古今注》卷下《雜注》 魏文帝宫人絶所愛者，有莫瓊樹、薛夜來、田尚衣、段巧笑四人。日夕在側，瓊樹乃制蟬鬢，縹眇如蟬，故曰蟬鬢。巧笑始以錦緣絲履，作紫粉拂面。尚衣能歌舞，夜來善爲衣裳，一時冠絶。

《宋書》卷四七《劉敬宣傳》 宣城多山縣，郡舊立屯以供府郡費用，前人多發調工巧，造作器物，敬宣到郡，悉罷私屯，唯伐竹木，治府舍而已。亡叛多首出，遂得三千餘户。

《宋書》卷五三《張永傳》 永涉獵書史，能爲文章，善隸書，曉音律，騎射雜藝，觸類兼善，又有巧思，益爲太祖所知。紙及墨皆自營造，上每得永表啓，輒執玩咨嗟，自歎供御者了不及也。〔元嘉〕二十三年，造華林園、玄武湖，並使永監統。凡諸制置，皆受則於永。

《宋書》卷九一《孝義・郭原平傳》 子原平字長泰，又禀至行，養親必己力。性閑木功，傭賃以給供養。性謙虚，每爲人作匠，取散夫價。主人設食，原平自以家貧，父母不辦有肴味，唯飡鹽飯而已。若家或無食，則虚中竟日，義不獨飽，要須日暮作畢，受直歸家，於里中買糴，然後舉爨。父抱篤疾彌年，原平衣不解帶，口不嘗鹽菜者，跨積寒暑。又未嘗睡臥。父亡，哭踴慟絶，數日方蘇。以爲奉終之義，情禮所畢，營壙凶功，不欲假人。本雖智巧，而不解作墓，乃訪邑中有營墓者，助人運力，經時展勤，久已閑練。又自賣十夫，以供衆費。窀穸之事，儉而當禮，性無術學，因心自然。葬畢，詣所買主，執役無懈，與諸奴分務，每讓逸取勞，主人不忍使，每遣之，原平服勤，未曾暫替。所餘私夫，傭賃養母，有餘聚以自贖。本性智巧，既學構冢，尤善其事，每至吉歲，求者盈門。原平所赴，必自貧始，既取賤價，又以夫日助之。父喪既終，自起兩間小屋，以爲祠堂。每至節歲烝嘗，於此數日中，哀思，絶飲粥。父服除後，不復食魚肉，於母前，示有所噉，在私室，未曾妄嘗，自此迄終，三十餘載。高陽許瑶之居在永興，罷建安郡丞還家，以緜一斤遺原平，原平不受，送而復反者前後數十，瑶之乃自往曰：「今歲過寒，而建安緜好，以此奉尊上下耳。」原平乃拜而受之。乃母終，毁瘠彌甚，僅乃免喪。墓前有數十畝田，不屬原平，每至農月，耕者恒裸袒，原平不欲使人慢其墳墓，乃貶貨家貲，貴買此田。三農之月，輒束帶垂泣，躬自耕墾。

《宋書》卷九二《良吏・徐豁傳》　元嘉初，爲始興太守。三年，遣大使巡行四方，并使郡縣各言損益，豁因此表陳三事，其一曰：「郡大田，武吏年滿十六，便課米六十斛，十五以下至十三，皆課米三十斛，一户内隨丁多少，悉皆輸米。且十三歲兒，未堪田作，或是單迥，無相兼通，年及應輸，便自逃逸，既遏接蠻、俚，去就益易。或乃斷截支體，産子不養，户口歲減，實此之由。謂宜更量課限，使得存立。今若減其米課，雖有交損，考之將來，理有深益。」其二曰：「郡領銀民三百餘户，鑿坑採砂，皆二三丈，功役既苦，不顧崩壓，一歲之中，每有死者。官司檢切，猶致逋違，老少相隨，永絶農業，千有餘口，皆資他食，豈唯一夫不耕，或受其饑而已。所以歲有不稔，便致甚困。尋臺邸用米，不異於銀，謂宜准銀課米，即事爲便。」其三曰：「中宿縣俚民課銀，一子丁輸南稱半兩。尋此縣自不出銀，又俚民皆巢居鳥語，不閑貨易之宜，每至買銀，爲損已甚。又稱兩受入，易生姦巧，山俚愚怯，不辨自申，官所課甚輕，民以所輸爲劇。今若聽計丁課米，公私兼利。」

《南齊書》卷五二《文學・祖冲之傳》　冲之解鍾律，博塞當時獨絶，莫能對者。以諸葛亮有木牛流馬，乃造一器，不因風水，施機自運，不勞人力。又造千里船，於新亭江試之，日行百餘里。於樂遊苑造水碓磨，世祖親自臨視。又特善筭。永元二年，冲之卒。年七十二。著《易》《老》《莊》義，《釋論語孝經》，注《九章》，造《綴述》數十篇。

《隋書》卷二四《食貨志》〔大業〕六年，將征高麗，有司奏兵馬已多損耗。詔又課天下富人，量其貲産，出錢市武馬，填元數。限令取足。復點兵具器仗，皆令精新，濫惡則使人便斬。

《隋書》卷二九《地理志上》　蜀郡、臨邛、眉山、隆山、資陽、瀘川、巴東、遂寧、巴西、新城、金山、普安、犍爲、越嶲、牂柯、黔安，得蜀之舊域。其地四塞，山川重阻，水陸所湊，貨殖所萃，蓋一都之會也。【略】其風俗大抵與漢中不别。其人敏慧輕急，貌多蕞陋，頗慕文學，時有斐然，多溺於逸樂，少從宦之士，或至耆年白首，不離鄉邑。人多工巧，綾錦雕鏤之妙，殆侔於上國。

《隋書》卷三〇《地理志中》　魏郡，鄴都所在，浮巧成俗，彫刻之工，特云精妙，士女被服，咸以奢麗相高，其性所尚習，得京、洛之風矣。

《隋書》卷四五《秦孝王俊傳》　俊猶不悛，於是盛治宫室，窮極侈麗。俊有巧思，每親運斤斧，工巧之器，飾以珠玉。爲妃作七寶冪羅，又爲水殿，香塗粉壁，玉砌金堦，梁柱楣棟之間，周以明鏡，間以寶珠，極榮飾之美。

《隋書》卷五六《盧愷傳》　染工上士王神歡者，嘗以賂自進，冢宰宇文護擢爲計部下大夫。愷諫曰：「古者登高能賦，可爲大夫，求賢審官，理須詳慎。今神歡出自染工，更無殊異，徒以家富自通，遂與搢紳並列，實恐惟鵜之刺聞之外境。」護竟寢其事。

《舊唐書》卷八《玄宗紀上》〔開元二年十二月〕時右威衛中郎將周慶立爲安南市舶使，與波斯僧廣造奇巧，將以進内。監選使、殿中侍御史柳澤上書諫，上嘉納之。

《北史》卷三〇《盧愷傳》　愷字長仁。性孝友，神情頴悟，涉獵經史，有當世幹能，頗解屬文。周齊王憲引爲記室。從憲伐齊，説齊柏社鎮下之。遷小吏部大夫。時染工王神歡者，以賂自達，冢宰宇文護擢爲計部下大夫。愷諫曰：「古者，登高能賦，可爲大夫。求賢審官，理須詳慎。今神歡出自染工，更無殊異，徒以家富自通，遂與搢紳並列。實恐鵜翼之刺，聞之外境。」護竟寢其事。轉内史下大夫。

《北史》卷三五《王劭傳》　劭以上古有鑽燧改火之義，近代廢絶，於是上表請變火曰：「臣謹案《周官》：『四時變火，以救時疾。』明火不數變，時疾必興。聖人作法，豈徒然也？在晉時，有人以洛陽火度江者，世世事之，相續不滅，火色變青。昔師曠食飯，云是勞薪所爨，晉平公使視之，果然車輞。今温酒及炙肉，用石炭、木炭火、竹火、草火、麻荄火，氣味各不同。以此推之，新火舊火，理應有異。伏願遠遵先聖，於五時取五木以變火。用功甚少，救益方大。縱使百姓習久，未能頓同，尚食内廚及東宮諸王食廚，不可不依古法。」上從之。

《北史》卷九二《恩幸・仇洛齊》　魏初，禁網疏闊，人户隱匿，漏脱者多。東州既平，綾羅户人樂葵，因是請採漏户，供爲綸緜，自後逃户占爲紬綾羅縠者非一。於是雜營户帥遍於天下，不屬守宰，發賦輕易，人多私附，户口錯亂，不可撿括。洛齊奏議罷之，一屬郡縣。

《吐魯番出土文書》第三册《阿斯塔那一五四號墓文書・高昌西南坊作人名籍一》　西南坊張相斌作人[相]□、□護、養兒，范像護作人[阿]□，嚴歡岳作人寅豐，鎮軍作人桑奴、相洛、賢遮樊慶延［　　］作人青麥，形保願作人［　　］作人從元得、貳得，吴善［　　］富、勒迦，張善財作春得左延伯［　　］□迦、孟培，夏得相作□（中缺）□□□[作]人浮勒春得苟子，□□□作人麥子，田□宣作□糞培、法德，張秃子作人來富、寅□，□□伯作人春生，馮慶虎作人相相，曹子犖作人相子，馮保願作人牛諾兒，麴顯峻作人守相，闞阿善作人相富、寅得，威遠□□作人□□春□、富得，□□作人□□憙兒、豐兒，[侯]慶仲作人春受，□歡□作［　　］作人子兒、成阿婆奴、富得，麴元□作人［　　］作人善憙，司空緊郁作人相祐、道得、［　　］富，陰仕信作人渠𡿨、赤𡿨。合六十［　　］

《吐魯番出土文書》第七册《阿斯塔那三五號墓文書・武周陰倉子等城作名籍》　陰倉子　陰是蕁　張才達　奴雙德　奴德富　奴虵奴　和懷感　張君才

馮海行　王不用　趙峻達　王歡峻　周君利　潘阿通　陰才感　陰智五

符尚德　趙長回　頭張赤奴　下衛智達　卜春富　頭魏信住　奴豐德　嚴黄

頭　陰阿康　陰文行　肆月貳拾捌日

檑木伍拾壹根　胡蘺貳拾面

右件官木等運到城上，並勒守掌

付作頭魏

付作頭張

付作頭

《敦煌社會經濟文獻真蹟釋録》第二輯《便物曆・丁丑年金銀匠翟信子等狀並判詞》　金銀匠翟信子、曹灰子、吴神奴等三人狀。

右信子等三人，去甲戌年，緣無年糧種子，遂於都頭高康子面上寄取麥叁碩，到舊年秋翻作陸碩。共陸碩内填還納壹碩貳斗，亥年翻作玖碩陸斗。於丙子年秋填還内柒碩陸斗，更餘殘兩碩。今年阿・〔郎〕起大慈悲，放其大赦，矜割舊年宿債。其他家乘兩碩，不肯矜放。今信子依理有屈，伏望　阿郎仁恩，特賜公憑裁下處分。

（判詞）

其翟信子等三人，若是宿債，其兩碩矜放者。

《敦煌社會經濟文獻真蹟釋録》第二輯《關於營田等牒狀及簿曆・〔戊年？〕沙州諸寺寺户妻女放毛簿》（前缺）

……………………………………………………（紙縫）

尚仙　妹妹

平娘　德娘

稱心　不用

仵仵　什德

嬌心　善心

梅柳　寵寵

判娘　漢女

周娘　嬌娘

品娘　來女

阿劉　順娘

心心　不用

建娘　乞養

孫太妻嚴　春娘

任少娘　曹仙妻安與教授放毛半斤

安女女　毛玭妻宋半斤

竹喜喜　勝娘

善娘　王天養
大雲飇颭　善光
加喜　媚娘
休休　仵仵
勝仙　孝心
正嚴　意娘
嬌娘　醜醜
白娘　媚子
加勝　善心
加進妻　嚴浄
光光　勝勝
寅奴妻　俗德妻
安嬌多　趙郎郎放毛半斤
高廿娘　春鶯
趙什七　婢菊花
……（紙縫）
婢見相　曹弗昏支
報恩劉奇妻善娘　灰子
陳榮國妻　梁什七放毛半斤
李什一放毛半斤　康什四
趙什七　小花
善因　小花
靈修嬌娘　妃娘
光朝妻　母安什二放毛半斤
光俊妻　自寛妻放毛半斤
男妻花國　安什四
女盈見　盈娘
白志清妻　天養妻醜娘
麴榮妻　何伏典妻
花心

蓮臺楊滔妻　保光
善奴妻辛　寶香
朱戀戀　寵娘放毛半斤
醜娘　善娘
温娘　春鶯
郭什八　進朝妻
進興妻　石温妻
欲娘
圖佰合妻　妹妹
滿奴妻　閏閏
海子妻　畔子妻
趙八娘　梁什一放毛半斤
楊相女　定智妻
曹八妻　侯喜妻
緊胡妻　何大雲妻放毛半斤
金光明高什德妻　母張光妻放毛半斤
梁覺妻　康四娘
羅什三　相里漢妻
……（紙縫）
朝朝妻安　翟要娘放毛半斤
趙什一　春草
張恒滿　了義
普光楊葵子妻　母法勝
金娘　住住
突厥　龍論妻
卿朝妻　小卿妻
安大娘　九相妻
嚴君妻　寇明俊妻
金剛妻　安三娘
目女子　朝春妻

卿朝姑王什六放毛半斤
開元飃颰　女休
國小娘　安國玉女
善光死　安國婢婢
國勝巒　國　慈心

（紙縫）

王庶子妻　王輕心
無霜妻　王什娘
賀延妻　陰珪妻
任保妻　國張朝妻
國馬什一放毛半斤　國小波妻
賈叐娘　王七七
國　王華妻　國范什八
國　妹娘　小九妻
和國妻　沙奴妻
國　何子妻　國擔奴妻
乾元龍真英妻　光竘妻
張什二放毛半斤　何東妻
安什二　仙光妻
榮子妻　淨未妻
安大娘放毛半斤　胡子妻
康（康）·妻　不要妻

（紙縫）

永安張君妻　進進
宜來妻　胡孫
曹曹　張嵩妻
張什二　張皎妻
溫娘　僧婢
范順妻放毛半斤　宗朝妻
花娘　令狐什六放毛半斤

興善女子　石王子妻
石什一妻　石奴妻
大乘何名立妻　韓霜妻
安均？妻　小婦什二
張金妻　馬什一
庭保妻　王子英妻放毛半斤
王君妻　小金
宜娘　趙什二
安什四放毛半斤　宜春
玉奴妻　薛保妻

（紙縫）

（後缺）

《敦煌社會經濟文獻真蹟釋録》第二輯《關於營田等牒狀及籍曆·亥年修城夫丁使役簿》

六月十一日修城所　絲綿
右一　十二日宋日晟　王不朽　楊謙謹　郭意奴　索再榮
右二　十一日　雷善兒　馬再榮　唐固晟　王禾國　令狐猪子
右三　十一日　安佛奴　王金奴　康通信　郝朝興　龐保
右四　十一日　張延子　張晟子　郭養養　張履六　康友子
右五　九日社齋　十一日田廣□　□福子　氾清清　張國朝
右六　十一日　曹保德　索老老　康再興　索石住　侯達子
右七　十一日　張加珍　劉蒲子　劉君君　杜進　白清清
右八　十二日　張荅哈　張進進　安善奴　張執藥　張國奴
右九　十一日　翟勝子　張良勝　李達子　董石奴　趙像奴
右十　十一日李順通　米屯屯　鄭興光　似興晟　梁有達
　右以上夫丁並於西面修城，具件如前，並各五日。
□部落十一日李清清　石秀秀　郭滿子　石專專　朱朝子　李再清
王流德
　王國子八人。　亥年六月十五日畢城。
左七　趙安子　張庭俊（？）　翟買奴　陰洺洺　張顔子　李六六　各

五日　欠一人。

左八　傅太平　閻加興　張黑奴　劉再興　韓朝再　郭和和　欠一人

左九　陰騷騷　鄧王子　姚弁　索國清　親？不菜　郭再清　任□郎

各五日

左十　米和和　索小郎　劉清清　米奴子　安保真　毛養養　氾和和

已上各五日。

（後缺）

《敦煌社會經濟文獻真蹟釋録》第二輯《法律文書・唐開元二十五年（公元七三七年）水部式殘卷》（前缺）

涇渭白渠及諸大渠用水溉灌之處，皆安斗門，並須累石及安木傍壁，仰使牢固，不得當渠造堰。

諸溉灌大渠，有水下地高者，不得當渠[造]堰，聽於上流勢高之處爲斗門引取。其斗門，皆須州縣官司檢行安置，不得私造。其傍支渠，有地高水下，須臨時蹔堰溉灌者，聽之。凡澆田，皆仰預知頃畝，依次取用，水遍即令閉塞。務使均普，不得偏併。

諸渠長及斗門長，至澆田之時，專知節水多少。其州縣，每年各差一官檢校，長官及都水官司時加巡察。若用水得所，田疇豐殖，及用水不平，並虚棄水利者，年終録爲功過附考。

京兆府高陵縣界清白二渠交口，著斗門偃。清水，恒准水爲五分，三分入中白渠，二分入清渠。若水兩（量）過多，即與上下用水處，相知開放，還入清水。二月一日以前，八月卅日以後，亦任開放。涇渭二水大白渠，每年京兆少尹一人檢校。其二水口大斗門，至澆田之時，須有開下，放水多少，委當界縣官共專當官司相溉灌周遍，令依舊流，不得因茲棄水。

○河西諸州用水溉田，其州縣府鎮官人公廨田及職田，計營頃畝，共百姓均出人功，同修渠堰。若田多水少，亦准百姓量減少營。

○揚州揚子津斗門二所，宜於所管三府兵及輕疾内量差，分番守當，隨須開閉。若有毁壞，便令兩處併功修理。從中橋以下洛水内及城外在側，不得造浮磑及捺堰。

○洛水中橋、天津橋等，每令橋南北捉街衛士灑掃，所有穿穴，隨即陪填。仍令巡街郎將等檢校，勿使非理破損。若水漲，令縣家檢校。

○諸水碾磑，若擁水質泥塞渠，不自疏導，致令水溢渠壞，於公私有妨者，碾磑即令毁破。

同州河西縣灌水，正月一日以後，七月卅日以前，聽百姓用水，仍令分水入通靈陂。

○諸州運船向北太倉，從子苑内過者，若經宿，船别留一兩人看守，餘並闢出。

○沙州用水澆田，令縣官檢校，仍置前官四人。三月以後，九月以前，行水時，前官各借官馬一疋。

○會寧關有船伍拾隻，宜令所管差强了官檢校，著兵防守，勿令北岸停泊。自餘緣河堪渡處，亦委所在州軍，嚴加捉搦。

○滄、瀛、貝、莫、登、萊、海、泗、魏、德等十州，共差水手五千四百人：三千四百人海運，二千人平河，宣二年與替，不煩更給勳賜，仍折免將役年及正役年課役，兼准屯丁例，每夫一年各帖一丁。其丁取免雜徭人，家道稍殷有者，人出二千五百文資助。

○勝州轉運水手一百廿人，均出晉、絳兩州，取勳官充，不足兼取白丁，並二年與替。其勳官每年賜勳一轉，賜絹三疋，布三端，以當州應入京錢物充。其白

（紙縫）

丁充者，應免課役及資助，並准海運水手例。不願代者，聽之。

○河陽橋置水手二百五十人，陝州大陽橋置水手二百人。仍各置竹木匠十人，在水手數内。其河陽橋水手於河陽縣取一百人，餘出河清、濟源、偃師、汜水、鞏、温等縣。其大陽橋水手出當州。並於八等以下户，取白丁灼然解水者，分爲四番，並免課役，不在征防雜抽使役使簡點之限。一補以後，非身死遭憂，不得輙替。如不存檢校，致有損壞，所由官與下考，水手決卅。○安東都里鎮防人糧，令萊州召取當州經渡海得勳人諳知風水者，置海師二人，柁師肆人，隸蓬萊鎮。令候風調海晏，併運鎮糧。同京上勳官例，年滿聽選。○桂廣二府鑄錢，及嶺南諸州庸調，並和市折租等物，遞至揚州訖，令揚州差綱部領送都，應須運脚，於所送物内取充，

○諸溉灌小渠上，先有碾磑，其水以下即棄者，每年八月卅日以後，正月一日以前，動聽用。自餘之月，仰所管官司於用磑斗門下，著鏁封印，仍去却磑石，先盡百姓溉灌。若天雨水足，不須澆田，任聽動用。其傍渠，疑有偷水之磑，亦準此斷塞。

○都水監三津，各配守橋丁卅人，於白丁，中男内取灼然便水者充。分爲四番上下，仍不在簡點及雜傜之限。五月一日以後，九月半以前，不得去家十里。每水大漲，即追赴橋。如能接得公私材木栰等，依令分賞。三津仍各配木匠八人，四番上下。若破壞多，當橋丁匠不足，三橋通役。如又不足，仰本縣長官量差役，事了日停。○都水監漁師二百五十人。其中，長上十人，隨駕京都；短番一百廿人出虢州，明資一百廿人出房州，各分爲四番上下，每番送卅人，並取白丁及雜色人五等已下户充，並簡善採捕者爲之，免其課役及雜傜。本司雜户、官户，並令教習，年滿廿補替漁師。其應上人，限每月卅日文牒並身到所由。其尚食典膳、祠祭、中書、門下所須魚，並都水採供。諸陵，各所管縣供。餘應給魚處及冬藏，度支每年支錢二百貫，送都水監，量依時價給直。仍隨季具破除、見在，申比部勾覆；年終具録，申所司計會。如有迴殘，入來年支數。

雖非丁木限内，亦聽兼運。即雖在運木限内、木運已了，及水大有餘，溉灌須水，亦聽兼用。

○京兆府灞橋、河南府永濟橋，差應上勳官并兵部散官，季别一人，折番檢校。仍取當縣殘疾及中男分番守當。灞橋番别五人，永濟橋番别二人。

○諸州貯官船之處，須魚膏供用者，量須多〔少〕，役當處防人採取；無防人之處，通役雜職。

○皇城内溝渠擁塞，停水之處，及道損壞，皆令當處諸司修理。其橋將作修造，十字街側，令當鋪衛士修理。其京城内及羅郭牆，各依地分，當坊修理。○河陽橋每年所須竹索，令宣、常、洪三州〔役〕〔丁〕匠預造。宣、洪州各大索廿條，常州小索一千二百條。脚，以官物充。仍差綱部送，量程發遣，使及期限。大陽、蒲津橋竹索，每三年一度，令司竹監給竹，役津家水手造充。其舊索，每委所由檢覆，如斟量牢好，即且用，不得浪有毁换。其供橋雜匠，料須多少，預申所司量配，先取近橋人充。若無巧手，聽以次差配，依番追上。若須併使，亦任津司與管匠州相知，量事折番，隨須追役。如當

年無役，准式徵課。

○諸浮橋脚船，皆預備半副，自餘調度，預備一副，隨缺代換。河陽橋船，於潭洪二州役丁匠造送。大陽、蒲津橋船，於嵐、石、隰、勝、慈等州，折丁採木浮送橋所，役匠造供。若橋所見匠不充，亦申所司量配。自餘供橋調度並雜物，一事以[上]，仰以當橋所换不任用物，迴易便充。若用不足，即預申省，與橋側州縣相知，量以官物充。每年出入破用，録申所司勾當。其有側近可採造者，役水手、鎮兵、雜匠等造貯。隨須給用，必使預爲支擬，不得臨時闕事。

○諸置浮橋處，每年十月以後，凌牡開解合□□抽正解合，所須人夫，採運榆條，造石籠及絙索等雜使者，皆先役當津水手及所配兵。若不足[兼]以鎮兵及橋側州縣人夫充。即橋在兩州兩[縣][界]者，亦於兩州兩縣准户均差，仍與津司相知須多少，使得濟事，役各不得過十日。

○蒲津橋水匠一十五人，虔州大江、水贛（贛水），石險難口處，給水匠十五人，並於本州取白丁便水及解木[作][者]充。分爲四番上下，免其課役。

○孝義橋所須竹簾，配宣、饒等州造送。應塞繫簾，船別給水手一人，分爲四番。其[洛][水][中][橋][竹]簾，取河陽橋故退者充。

（後缺）

《敦煌社會經濟文獻真蹟釋録》第三輯《諸色破用曆・癸酉年（公元九一三或九七三年）六月一日磑户董流達園磑所用抄録》 癸酉年六月一日磑户董流達園磑所用抄録如後。

請食（石）匠除磑，五人逐日三時用麵三㪷。十日中間條飯羊一口。逐日料酒壹㪷。椓（？）下手日賽神酒壹㪷。至十日工作了。羊一口付石匠用。光壹兩半廣厨用。麵肆㪷，酒壹角，中（衆）僧修橋來食用。檉十五束，枝廿□掘十七笙，上頭修大渣（閘）用。七月十日，麵五㪷，酒四杓，衆僧磑後打略喫用。又胡併三十、酒壹角，衆僧蓋橋來喫用。胡餅伍拾、酒半瓮，衆僧修寫口來喫用。廿日，枝十五束、掘拾笙上頭修渣（閘）用，下手打磑輪酒壹㪷。又入磑輪日酒半瓮，賽神及衆僧喫用。八月三日，檉壹車，又枝壹車，掘三十笙、大木少（小）十二條，官家處分於閻家磑後修大渣（閘）用。麥七㪷、渣（閘）頭賽神羊買用。羊一口、酒兩瓮，細供四十分，去磑輪局席看木匠及衆僧喫用。枝三十束，掘廿笙，磑後石川買物三石皮梨五扇土由磑麵三日中間破麵六㪷酒壹角春了頭局席胡併三十，又酒壹㪷秋磑麵，四日破麵八㪷酒六杓□頭章□錢磑皮索買麥三碩。

《敦煌社會經濟文獻真蹟釋録》第三輯《諸色破用曆・辛巳年（公元九二一或九八一年）某寺諸色斛斗破曆》（前缺）

油破：油貳勝，先寅年願真造押帳局席衆僧帖（？）用。油半勝大歲日解齋用。油貳勝半正月十五日僧官往東窟兼燃燈用。油壹勝堆園子用。油壹抄二月八日前修佛博士用。油壹抄僧家造户籍用。油貳勝氾法律起衣人事用。油壹勝二月八日造粥用。油貳勝八日齋時造餺飥用。油半勝二月八日燃燈用。油貳勝寒食拜及堆園用。油叁勝壹抄三月造局席屈塑匠木匠等用。油半勝拔毛用。已後至六月十七日善勝自有私記。油貳勝壹抄

官住東窟造食及燃燈用。油叁勝兩抄西窟修堰造食
燃燈用。
油貳勝半五月廿三日造佛食用。油貳勝半造食飯看氾
僧政及衆僧破除等用。油伍勝兩抄北院修造中間
肆日衆僧及功匠齋時解齋夜飯炒臛餢飳等用。
油叁勝半半抄北院修造了日屈工匠及衆僧兼第二
日㪕打博功解齋等用。油貳勝半四月修金剛中
間四日博士解齋時夜飯等用。油伍勝半造沙子中間
看博士及拽鋸人夫一件局席衆僧等用。油叁勝
半贈滿阿婆及招魂祭盤粥瓮等用。油貳勝後
件修金剛中間四日工匠及人夫等抄臛餢飳等用。
油叁勝半後件修金剛及下彭局席屈工匠及衆
僧等用。油半勝壹抄布薩炒藥食用。油半勝
壹抄春磑麵看博士及磑上燃燈用。油半抄馳淤日
造餺飥炒臛衆僧齋時用。油貳勝與誦戒唱道善？
惠羅家沙彌等用。油壹勝春官齋看羅鄉官用。
油柒勝雷闍梨窟社入麥沽將用。油壹勝張通妻貳
年中間准本利入黄麻用。油壹勝先年善勝手下貸將收
不得用。油貳㪷唱錦襖子之時諸處還轉經僧儭用。
（中空）
蓮食及燃燈等用。油壹勝西窟迴日造頓解火用。
油貳㪷叁勝七月十五日造佛盆破等用。油壹斗貳
勝半正月諸家沽麥用。油壹勝點鐺釜日造餢飳
用。油貳勝半造佛食用。油壹勝兩抄中間四日修
造僧食用。油叁勝修造了日局席用。油壹勝虀菜
日僧食用。油壹勝冬營齋看鄉官用。油肆勝西窟
上水及乞麻日齋時解火等用。油叁勝半贈神會用。
油肆勝城上轉經僧食與神佛料用。油壹勝屈偏袒禪師用。
油貳勝半十二月下旬造佛食用。油壹勝與石安子用。

油貳勝寒食付塑匠張建宗用。油貳升於寒食
……………………………………………………（紙縫）
付康博・〔士〕郭博士用。油半勝五月五日與郭博士用。
油壹勝造砂子木賈與陰將頭用。油伍勝報恩寺
大師開講貸將見折春磑課用。油捌勝與樂法律
翟指撝轉經儭用。油壹㪷壹勝於樂法律面負
鐵鍋鏴釜用。油伍勝王六子鍋鏴釜鑊手功及炭
鐵賈用。油伍（？）勝與塑匠令孤博士塑壁手功用。
油貳勝與王孝順造金剛腦釘手功用。油叁升
付願真燃長明燈及正月十五日影燈等用。油貳
㪷伍勝染户入㮨兩車用。油壹㪷粱户入黄麻
柒㪷用。油半勝冬至解齋用。油捌勝十二月中間十
六日解齋每日半勝用。油壹勝半雷闍梨解齋用。
油伍勝與龍法律翟指撝轉經儭用。油叁勝粱户局席
償音聲用。油貳㪷粱户入布壹疋用。油貳㪷叁勝付
衆僧用。油貳㪷衆僧矜放粱户石集子用。
蘇壹勝下彭局席煑餢飳用，計三石三斗
六升□抄半。油肆升兩件李法律貸收不還用。
油壹㪷，善勝破歷不明違漏用。
（中空）
蘇壹勝修金剛下彭局席用。
（中空）
……………………………………………………（紙縫）
辛巳年正月一日已後破歷。
麵貳㪷太歲日解齋用。麵叁㪷正月十五日大衆上窟用。
麵壹㪷伍勝堆園日齋時用。麵貳㪷柒勝二月八日前修行
像塑匠木匠等用。麵肆㪷氾法律起衣人事用。麵柒
勝僧家造户藉納官用。麵叁㪷二月八日造粥用。麵肆
㪷八日齋時用。麵壹㪷收佛衣日用。麵叁斗伍勝

寒食祭拜堆園等用。麵壹斗累園牆僧食用。
麵壹碩三月造局席屈塑匠木匠及衆僧等用。
麵伍勝城西郭家莊載金剛骨木人食用。麵壹斗
捌勝拔毛用。麵壹斗春請佛食看判官用。已後至
六月十七日善勝自有私手記。麵肆斗官東窟造食用。

……(紙縫)

麵壹碩肆斗五月廿三日造 佛食用。麵壹斗造胡餅
剪粘羊毛用。麵肆斗捌勝造食看氾僧政用。麵壹碩柒
斗伍勝北院修造中間四日功匠及衆僧解齋夜飯等用。
麵捌斗修造北院了日屈功匠及衆僧兼弟二日解齋功
匠手工用。麵壹碩陸斗伍勝四月修金剛中間四日博士
解齋齋時夜飯等用。麵兩碩壹斗捌勝造沙子中間
看博士及曳鋸人夫一件局席衆僧食用。麵陸斗滿
阿婆亡時造祭盤粥用。麵玖㪷後件修金剛中間
四日看工匠及人夫等食用。麵壹碩貳斗柒勝後件修
金剛了日造下彭局席屈工匠衆僧等[用]。麵伍勝看
炒藥闍梨用。麵壹㪷伍勝造食看博士食用。麵壹斗
園間累胡盧架牆衆僧食。麵叁斗䭾沙日衆僧齋時用。
麵貳斗壹勝春官齋看鄉官用。

(中空)

……(紙縫)

麵陸斗叁勝西窟修堰僧食用。麵叁斗西窟修堰
迴日迎頓解火用。麵兩碩叁斗七月十五日造佛盆用。
麵壹碩伍斗捌勝破盆諸色破用。麵㪷半七月十五日羮
佛盆人及修寺院人夫食用。麵壹碩伍斗九月造佛食
用。麵伍斗伍勝中間四日修造衆僧及功匠等用。
麵叁斗虀菜價日僧食用。麵伍㪷伍勝修造
了日造局席用。麵伍勝淵渠粟來日造䴺飥用。
麵肆斗伍勝西窟上水及乞麻解火等用。
麵陸斗神會祭盤粥瓮用。麵捌斗捌勝十二月城上結

……(紙縫)

壇神佛料及僧食等用。麵叁斗造食屈偏袒禪師用。
麵壹碩柒㪷十二月下造佛食用。麵貳㪷冬至解齋用。麵
叁碩貳㪷十二月中間十六日每日貳㪷衆僧解齋用。麵肆㪷伍
勝十二月九日雷闍[梨]解齋用。計三十二石。

(後缺)

《敦煌社會經濟文獻真蹟釋録》第三輯《諸色破用曆庚辰年——壬午年間(公元九八〇—九八二年)歸義軍衙内麵油破曆》

(前缺)

太子料油五升。鼓角樓佛料麵三斗,油一升。燈油二升。
三級燈油三升。城東樓燈油六升。僧料麵九斗,油二升。
于闐僧麵七斗、油二升。僧執鉢悉歹麵九斗,油二升。城東
祆燈油二升。董俄都督麵七斗。甘州僧四人、各人月麵准
七斗,各油二升,共麵兩石八斗,共油八升。肅州僧三人,各
麵七斗,各油一升,共麵兩石一斗,共油三升。瓜州僧瓜朱麵五
斗,油一升。去三月廿四日 使出城南園及城東園住,沿佐
衙前子弟等逐日早夜麵二斗,胡併三十六枚,至閏三
月五日早上喫料斷,除月小盡,中間十一日,内二日午食不供,計給麵
三石五斗四升。今月四日支榆林乾灰人麵三斗,支胡
麥錫隨拙麵五斗。五日使出東窟上住,供沿
佐祇門牽儱官等三十八人,逐日早夜共麵二斗,午
時共胡併五十七枚,至九日早上吃料斷,中間五
日計給麵兩石四升。窟上支大師麵五
斗,油一升。支畫匠麵三斗,肅州使麵二斗,于闐
使麵一斗。看侍肅州家胡併十五枚,用麵
七升五合。窟上看于闐僧使細供十分,小食子十
枚,用麵二斗一升,油一升。六日供城東園造

作畫匠五人，塑匠三人，逐日早上各麵一升，午時各胡併兩枚，至八日午時喫料斷，中間三日，内一日塑匠三人全斷，計給麵四斗二升。畫匠調白麵一斗，油半升。塑匠調灰麵一斗五升，油五升。供衙内造作箭匠十人，早上各麵一升，午時各胡併兩枚，供四日，食斷，計用麵八斗。八日支索都衙家住達坦身故助葬，細供十分，胡併三十枚，用麵三斗四升，油八合。准舊，人户李佛奴男身故助葬，麵五斗，油一升。准舊，結蒲逐日早上各麵一升，午時各胡併兩枚，三斗四升五合至閏三月十三日午時喫料斷除月小盡，中間二十四日計給麵一石四斗四升。十二日支畫匠油油丹油二升。同日使出禄加泉賽神用細供四十分，胡併一百一十五枚，用麵一石三斗三升五合，油三升兩合。准舊馳兒入草[澤]賽神，細供七分，胡併二十枚，用麵二斗三升三合，油五合六勺。准舊，寫匠乾甘燈油五升。太子宅于闐使一人，月麵七斗。十五日，支□阿朵妻身故助葬，麵三石，油一斗。准舊，石匠工場賽神燒併麵三斗，油一升，燈油二升。斫椽木匠麵四斗。又偏次麵四斗。賽神燒併麵三斗，油兩合。准舊，都頭張清子壘舍頓細供三十分，中次料二十分，胡併一百枚，用麵

（後缺）

《敦煌社會經濟文獻真蹟釋録》第三輯《年代不明〔諸色破用曆・公元九八

○——二年〕歸義軍衙内麵油破用曆》（前缺）

[ ]斷中間□日計給麵七斗一升，油一升兩合。十四日，支公主阿磨偏次麵五斗，支釀羊皮麵五斗。十五日，支打窟人上番胡併二十枚用麵一斗料油二升，支薩遇納馬珠子麵五斗。八日，供造鼓床木匠九人，逐日早上各麵一升，午時各胡併兩枚，至十五日午時喫料斷，中間八日，用麵一石四斗四升。九日，供造牙床木匠八人勾當人逐日早夜麵各麵二升，午時各胡餅兩枚，至十六日夜斷，中間八日用麵一斗六升。又償胡餅十枚用麵五升。十六日，衙内縫鞋十人，逐日早上各麵一升，午時各胡餅兩枚，供兩日食斷，用麵四斗。十七日，准舊城東祆賽神用神・〔食〕五十七分，燈油一升，麨麵二斗，灌腸・〔麵〕九升。南城上偏次賽神用神食十九分，灌腸麵三升，燈油一升。南城角神食五分，百尺上神食七分，灌腸麵三升，用麵兩碩九斗九升，油一斗九升六合，支灌馬油一升，支釀鞋皮麵四升，支打窟人下番來胡併廿枚，用麵一斗。窟上迎甘州使細供十五分，又迎狄寅及使命細供十分，用麵四斗七升五合，油二升，准舊祭雨師神食五分，果食兩盤子，胡併二十枚，灌腸麵三升，用麵二斗八升四合，油一升四勺。新來伊州使下檐細供兩分，麵五升，用麵八升五合，油一合六勺。九日，衙内動土祭拜細供三分，西樓？子祭拜細供一分，用麵七升六合，油三合兩勺。支常樂遮羊人胡併十枚，用麵五升，支油鼓床油五升。准舊，南沙園給莆桃賽神細供伍分，胡併五十枚，用麵三斗四升五合，油四合。衙内造作泥匠及夫胡併六十枚，用麵三斗。西州使及伊州使上窟迎頓細供二十五分，中次料十五分，用麵六斗五升五合，油二升六合。准舊賽青苗神食十二分，用麵三斗六升，油二升四合。使出東園住，沿佐衙前子弟等早料麵一斗，午料胡併五十枚，用麵三斗五升。准舊馬群入草澤賽神細供七分，胡併二十枚，用麵二斗三升三合，油五合六勺。准舊馬騎賽神細供七分，胡併六十枚，用麵四斗三升三合，油五合六勺。又償細供十分，胡併六十枚，用麵四斗九升，油八合。十五日，供畫鼓畫匠五人，逐日午時各胡併兩枚，至十九日午時喫料斷，中間五日，用麵二斗五升。供縫皮匠八人，逐日早上各麵一升，午時各胡併兩枚，供兩日食，用麵三斗六升。支蘡子麵二斗。賽青苗[神]麨麵二斗。支劄（？）皮麵二斗。二十一日，准舊十鄉里正納毬場胡併

四十二枚，用麵二斗一升。准舊金安山賽神麵二斗。縛羙（？）
布？席䅿子僧麵三斗，油半升。于闐羅闍梨身故助葬
細供十分，胡·〔餅〕五十枚，用麵四斗四升，油八合。支張順大德
麵一石油一升。准舊相撲漢兒麵五斗。准舊煎膠麵
兩石，料麵兩石，共麵四石。廿二日支胡骨子兒及妻
月麵一石四斗。支釀皮條麵三升。支縫帽子油
兩合。賽金山王神食七分，灌腸麵三升，用麵二斗四升，油一升
四合。支斷雨祭拜細供三分，用麵五升七合，油兩合四勺。
准舊畫扇畫匠三日食胡併一百六十枚，用麵八斗。又麵粘
麵三斗。又造扇木匠麵一石二斗。支孔法律納毬仗麵一斗油
一升。衙内畫鼓畫匠兩日食麵一斗，胡併二十枚，用麵二斗。
支帽子匠六人，早上各麵一升，午時各胡併兩枚，供一日食，用
麵一斗二升。支玉匠二人一日食，麵二升，胡併四枚，用麵四升。十一日
衙内造腰帶金銀·〔匠〕七人，逐日，早上各麵一升，午時各胡併
兩枚，至二十五日午時喫料斷，中間十五日，計給麵兩碩一斗。
供縫皮匠六人，早上各麵一升、午時各胡併兩枚，供一日食，
用麵一斗二升。支遠田圈犁牛家及人户胡併七十枚，用麵
三斗五升。支打窟人上番料油二升，胡併廿枚，用麵一斗。償
金銀匠胡併一百枚，用麵五斗。准舊駞官鄧富通等三群
駞兒入草·〔澤〕賽神用神食七分，胡併二十枚，用麵三斗一升，油一升四
合。支江
全保麵五斗，支行滎鉢令將病麵六斗、油一升。甘州
來波斯僧月麵七斗、油一升。牒塞（密）骨示月麵七斗。廿
六日支納藥波斯僧麵一石，油三升。准舊皺文匠納鞋
胡併二十枚，用麵一斗。廿七日寒食坐（座）設用：細供一阡伍百八分
胡併二阡九百一十四枚，胡餢飳八百八十六枚，鐵（饌）并二百
五十枚，小食子麵七斗，油五升，貼蒸併麵四石，餪併麵四
斗，僧家餺飥麵五斗，油一升，灌腸麵八斗，償散酒户胡并二百
四十枚，細供一分，償設司女人漢七人各中次一分，十鄉老麵二斗、
油一升，計用麵五十三石三斗九升七合，油一石七斗三升
四合四勺。

去四月廿九日，供衙内造作金銀·〔匠〕五人，逐日早上各麵一升，午
時各胡併兩枚，至五月二日午時喫料斷，中間三日，用麵三斗。
支于闐使偏麵一石，油三升，支换酥油一斗。迎甘州使惠願？
細供二十分，中次料十分，下次料十分，近頓細供十分，中
次料十分，下次料五分。又下檐甘州使細供三分，中次料□
分，下次料十七分，早夜麵四斗五升，用麵一石．七斗五升，用
油三升八合四勺。張彦容細供一分，麵一升半，肅州使細供
一分，中次料一分，下次料一分，早夜共五升，用麵一斗二升五合、
油兩合。漢僧三人，于闐僧一人，波（婆）羅門僧一人，凉州僧一人，共麵
二斗、
油一升。大佛堂及牛語佛堂安檀供僧併佛聖用計胡餅三十枚浮餾六十枚
饊飰十三枚，蒸併三十枚，浮餾麵一斗，油一升，羹飥并勾當造食共麵五斗
四升，點鐺一升饌
并及餪併麵二斗五升，燈油二升，計用麵一石四斗四升八合，
油五升四合。東城上偏次結中間三日供僧七人并每日
沿檀佛聖計用胡併四十六枚，蒸併四十六枚，饊飰三十九
枚，餢飳九十二枚，羹飥及併麵七斗七升，點鐺油一升，
燈油三升，餢飳麵一斗，油一升，計用麵一石八斗八合，
油一斗一升八合，胡牒密骨示月麵七斗。
（後缺）

《敦煌社會經濟文獻真蹟釋録》第三輯《諸色破用曆唐〔開元九年？〕于闐某寺支出簿》（前缺）

廿六日，出錢肆伯文爲求福患行軍設齋，雇李□
伍㪷半麵胡餅脚八十文，買菓子二百卅五文，沽酒□
奏傔等用。出錢壹伯伍拾文，付匠閻門捺充縫皮裘手功價。出錢叁伯
文，買膠
貳片斤別一百五十文，供雜用。直歲僧「法空」都維那僧「名圓」寺主僧

「日清」上座僧「法海」
廿九日，出錢壹伯貳拾，沽酒叁㪷，爲厨庫舛子□□□得滿等淘井寒凍辛苦
喫。出錢
壹阡壹伯貳拾文，付子傔楊景昇，准作車□捌拾笟，笟别一十四文，就叢。出
錢壹伯貳拾文，
沽酒叁㪷，與撫衆堂工匠氾璡等辛苦喫。直歲僧「法空」都維那僧「名圓」
寺主僧「日清」上座僧「法海」
同日，出錢貳阡伍伯文糴僧惠澄乾葡萄兩碩，斗别五十文，小麥伍碩斗别卌
文，其麥納外庫，
付典座僧惠光。直歲僧「法空」都維那僧「名圓」寺主僧「日清」上座僧「法
海」
同日，出錢柒伯陸拾文付求福，充還先雇匠貫財助造官氈手功價。出錢壹
阡柒
伯叁拾文，付市城政聲坊叱半勃曜諾，充還家人悉末止税並草兩絡子價。
出錢貳伯
文，付同坊叱半可你娑，充還家人盆仁挽税「並草兩」絡子價。直歲僧「法
空」都維那僧「名圓」
寺主僧「日清」上座僧「法海」
（中有二行空白）
……………海……………（紙縫）
十一月一日，出錢貳阡壹伯陸拾文，糴油麻兩碩肆㪷㪷别九十文。出錢伍伯
貳拾文，糴粟壹碩貳㪷，㪷
别卌文，並供衆用。出錢壹伯文，新莊先陳狀，又請掏山水渠，鄉原沽酒，供
百姓用，付直歲僧「幽潤」
出錢壹伯捌拾文，西舊園狀請兩處掏渠，鄉原沽酒，供百姓用，付直歲僧
「智寅」。
直歲僧「法空」都維那僧「名圓」寺主僧「日清」上座僧「法海」
十三日，出錢叁仟玖伯壹拾文，價綵帛貳拾叁疋，疋别一百七十文，官科送王
驃騎料，結衣畢一，並

結孝車絞牀等用。出錢陸拾文，買紙壹帖，供文曆用。出錢壹阡文，付孔
家充還先
沽甜漿一甕價。出錢叁伯柒拾文，付瓦匠莽宜，充造鞏器手功價。直歲僧
「法空」
都維那僧「名圓」寺主僧「日清」上座僧「法海」
（中缺）
都維那僧「名圓」寺主僧「日清」上座僧「法海」
廿七日，出錢伍伯伍拾文，買氈箔一，付匠萬金等，造氈使用。出錢伍伯貳
拾文，買士㲲布一，長一
丈，給付厨子家欽壯請充袴用。出錢陸伯柒拾伍文，買銅鐺一具三百文。酒
一石，價三百七十五文，
西莊狀請營農及供來往徵催公客要用。付直歲僧「善法」。直歲僧「法空」
都維那僧「名圓」寺主僧「日清」上座僧「法海」
廿九日，出錢玖伯玖拾文，付匠劉阿師奴，充還雇造官氈手功價。出錢壹阡
捌伯文，糴河
……………海……………（紙縫）
粟壹拾貳碩，斗别一十五文，其粟納外庫，付典座僧「惠光」。直歲僧「法空」
都維那僧「名圓」寺主僧「日清」上座僧「法海」
同日，出錢壹伯伍拾文，付匠閻門捺充還縫皮裘手功價。出錢貳伯文，付市
城安仁坊叱半
慶蜜，充還家人匆悉滿税草兩絡子價。直歲僧「法空」都維那僧「名圓」
寺主僧「日清」上座僧「法海」
（中有二行空白）
十二月一日，出錢伍伯伍拾文，付市城安仁坊叱半虵蜜，充還家人忽悉滿又
科差着税。出錢玖拾文，買
新鞏三口，口别卅文，供衆堂内官道場結壇用。出錢貳伯壹拾文，付獸醫合
藥灌療王
驃騎家施來患草馬用。出錢壹伯貳拾文，買紙兩帖，帖别卌五文，筆兩管，管
别一十五文，抄文曆用。

直歲僧「法空」都維那僧「名圓」寺主僧「日清」上座僧「法海」

八日，出錢壹伯叁拾伍文，糴澡豆貳勝，勝別十文，杏仁貳勝，勝別廿文，榅桲叁拾顆，廿五文，酢壹㪷，五十文，供齋及温室蘇合等用。出錢捌拾文，付匠野那充還雇畫行城幢傘龍鳳等手功。出錢叁拾文，買澇籬兩箇供厨用。出錢壹伯壹拾文，糴豉貳勝，勝別十文，柘留兩顆，顆別一十五文，胡餅肆㪷麵脚，斗別十五文，供添朱副使九日設齋用。直歲僧「法空」都維那僧「名圓」

寺主僧「日清」上座僧「法海」

十五日，出錢玖拾文，買柘留兩顆，卅文，胡餅肆㪷麵脚，六十文，添行軍齋供用。出錢壹伯柒拾

（中缺）

《敦煌社會經濟文獻真蹟釋録》第四輯《表、書狀·後晉開運四年（公元九四七年）曹元忠雕印觀世音菩薩像題記》 弟子歸義軍節度瓜沙等州觀察處置管内營田押蕃等使特進檢校太傅譙郡開國侯曹元忠，雕此印版。奉爲城隍安泰，闔郡康寧。東西之道路開通，南北之凶渠順化。勵疾消散，刁斗藏音。隨書見聞，俱霑福佑。于時大晉開運四年丁未歲七月十五日記。匠人雷延美

《敦煌社會經濟文獻真蹟釋録》第五輯《墓碑、邈真讃、別傳、功德記等·陰處士碑稿》 目覩不遠。遂貿良工，招鍜匠，弟二層中，方營窟洞，綵畫等然，則金烏東谷，隨佛日以施人；玉兔西山，引慈雲而布潤。龍飛天界，繪合四王；象海寰真，工移十地。化身菩薩，馨馨石鉢之飡；滿願藥師，湛湛琉璃之水。八十種好，感空落之花圓；方遍應身，散珠星而焕綵。輕紗淺緑，對細務而未開；重錦深紅，本無風而似動。因親帝釋，尚貴在于報恩；厚德文殊，補處詢于詣疾。深山藴玉，空中聞梵響〔之〕螺；眴獻階前，户外踴降魔之杵。基盤白石，剎負青雲者哉，美矣。公復以敬命天資，好還人與。和光熠熠，富日無嬌；君子謙謙，琢磨禮節。故能鶺鴒羽翼，禦侮同來；四鳥安巢，齊聲來去。瓜田廣畒，虚心整履之人；李樹長條，但竪移冠之客。更有山莊四所，桑杏万株。

張鷟《朝野僉載》卷六 巧人張崇者，能作灰畫腰帶鉸具，每一胯大如錢，灰畫燒之，見火即隱起，作龍魚鳥獸之形，莫不悉備。

則天如意中，海州進一匠，造十二辰車。迴轅正南則午門開，馬頭人出。四方迴轉，不爽毫釐。又作木火通，鐵盞盛火，輾轉不翻。

韓王元嘉有一銅樽，背上貯酒而一足倚，滿則正立，不滿則傾。又爲銅鳩，氊上摩之熱則鳴，如真鳩之聲。

洛州殷文亮曾爲縣令，性巧好酒，刻木爲人，衣以繒綵，酌酒行觴，皆有次第。又作妓女，唱歌吹笙，皆能應節。飲不盡，即木小兒不肯把；飲未竟，則木妓女歌管連理催。此亦莫測其神妙也。

將作大匠楊務廉甚有巧思，常於沁州市内刻木作僧，手執一椀，自能行乞。椀中錢滿，關鍵忽發，自然作聲云「布施」。市人競觀，欲其作聲，施者日盈數千矣。

郴州刺史王琚刻木爲獺，沉於水中，取魚引首而出。蓋獺口中安餌，爲轉關，以石縋之則沉。魚取其餌，關即發，口合則銜魚，石發則浮出矣。

（日）真人開元《唐大和上東征傳》 僧祥彦、道興、德清、榮叡、普照、思託等一十七人，玉作人、畫師、彫佛、刻鏤、鑄寫、繡師、修文、鐫碑等工手都有八十五人，同駕一隻舟。天寶二載十二月，舉帆東下，到〔狼〕溝浦，被惡風飄浪擊，舟破，人總上岸。潮來，水至人腰；和上在烏蓲草上，餘人並在水中。冬寒，風急，甚太辛苦。更修理舟，下至大〔板〕山泊，舟〔去〕不得，即至下嶼山。

李肇《唐國史補》卷中 越僧靈澈，得蓮花漏于廬山，傳江西觀察使韋丹。

初，惠遠以山中不知更漏，乃取銅葉製器，狀如蓮花，置盆水之上，底孔漏水，半之則沈，每晝夜十二沈，爲行道之節，雖冬夏短長，雲陰月黑，亦無差也。【略】

陳諫者，市人，强記。忽遇染人歳籍所染綾帛尋丈尺寸，爲簿合圍，諫泛覽悉記之。州縣籍帳，凡所一閲，終身不忘。

李肇《唐國史補》卷下　李汧公雅好琴，常斵桐，又取漆桶爲之，多至數百張，求者與之。有絶代者，一名響泉，一名韻磬，自寳于家。

（日）圓仁《入唐求法巡禮行記》卷一　〔開成四年閏正月〕四日，依金正南請，爲令修理所買船，令都匠、番匠、船工、鍛工等卅六人向楚州去。又于當寺請僧令乞雨，以七人爲一番，以讀經。

（日）圓仁《入唐求法巡禮行記》卷一　〔開成三年十月〕九日，始令作惟曉等三衣。五條，絹二丈八尺五寸；七條，絹四丈七尺五寸；大衣，絹四丈廿五條，惣計十一丈六尺。縫手功：作大衣廿五條，用一貫錢；作七條，四百文；作五條，三百文，惣計一貫七百文。令開元寺僧貞順勾當此事。

十三日午時，請益傔從惟曉，留學傔從仁好同時剃髮。

十四日，砂金大二兩於市頭，令交易。市頭秤定一大兩七錢，七錢准當大二分半，價九貫四百文。更買白絹二疋，價二貫，令作七條，五條二袈裟。亦令僧貞順勾當此事。齋後，禪門宗僧等十三人來相看。長安千福寺天台宗惠雲，禪門宗學人僧弘靈、法端、誓實、行全、常密、法寂、法真、惠深、全古、從實、仲詮、曇幽。筆書云：「並閑閑無繫，雲遊山水，從此五峯，下游楚、泗。今到此郡，殊喜頂禮，大奇大奇，歡之甚也。今欲往天台，告辭便別，珍重珍重。」爰筆書報云：「日本僧等昔有大因，今遇和尚等，定知必遊，法性寂空，大幸大幸。若有到天台，必將相見，珍重珍重。」【略】

廿四日，雇人令作惟正等坐具兩箇，當寺僧順貞亦勾當此事。坐具一條料絁二丈一尺，素八尺四寸，裏八尺四寸，緣料四尺二寸。兩箇坐具之料都計四丈二尺。作手功，作一個用二百五十文，惣五百文。

十一月二日，買《維摩關中疏》四卷，價四百五十文。有勅斷銅，不許天下賣買。說六年一度例而有之，恐天下百姓一向作銅器，無銅鑄錢，所以禁斷矣。

十一月七日，開元寺僧貞順私以破釜賣與商人，現有十斤，其商人得鐵出去，於寺門裏逢巡檢人，被勘捉歸來。巡檢五人來云：「近者相公斷鐵，不令賣買，何輒賣與？」貞順答云：「未知有斷，賣與。」即勾當并貞順具狀，請處分，官中免却。自知揚州管内不許賣買鐵矣。齋後，相公衙前之虞候三人特來相見，筆言通情。相公始自月三日，於當寺瑞像閣上，刻造三尺白檀釋迦佛像。其瑞像飛閣者，於隋煬帝代，栴檀釋迦像四軀，從西天飛來閣上，仍煬帝自書「瑞像飛閣」四字，以懸樓前。

段成式《酉陽雜俎》卷六《藝絶》　南朝有姥善作筆，蕭子雲常書用，筆心用胎髮。開元中，筆匠名鐵頭，能瑩管如玉，莫傳其法。

成都寳相寺偏院小殿中有菩提像，其塵不集如新塑者。相傳此像初造時，匠人依明堂先具五臟，次四肢百節。將百餘年，纖塵不凝焉。

段成式《酉陽雜俎續集》卷五《寺塔記上》　光明寺中，鬼子母及文惠太子塑像，舉止態度如生。工名李岫。

段成式《酉陽雜俎續集》卷六《寺塔記下》　崇義坊招福寺。本曰正覺，國初毁之，以其地立第賜諸王，睿宗在藩居之。乾封二年，移長寧公主佛堂於此，重建此寺。寺内舊有池，下永樂東街數方土填之，今地底下樹根多露。長安二年，内出等身金銅像一鋪，并九部樂。南北兩門額，上與岐、薛二王親送至寺，綵乘象輿，羽衛四合，街中餘香，數日不歇。景龍二年，又賜真容坐像，詔寺中別建聖容院，是玄宗在春宫真容也。先天二年，敕出内庫錢二千萬，巧匠一千人，重修之。

李冗《獨異志》卷上　蜀人楊行廉精巧，嘗刻木爲僧，於益州市引手乞錢。錢滿五十於手，則自傾寫下瓶，口言「布施」字。

李匡乂《資暇集》卷下《阮咸》　樂器有似琵琶而圓者，曰「阮咸」。大曆中，愚之再從叔翁司徒汧公之鎮滑也，因與賓客會琴，話及斯樂，曰：「往中宗朝，元賓客行中爲太常少卿，時有人於古冢獲其銅鑄成者，獻之，元曰：『此阮仲容所造。』乃命工人木爲之，音韻清朗，頗難爲名，權以仲容姓名呼焉。於今未蒙佳號。況阮云：『昔賢豈可以名氏而號樂器乎？』其形象月，其聲合琴，目爲『月琴』宜矣。」自是知之者不以舊名呼。今人以爲李崖州在相日所號，非也。《晉書》稱阮咸善琵琶，此即是也。案《後周書》云：武帝彈琵琶，後梁宣帝起舞，謂武帝曰：「陛下既彈五絃，臣何敢不同百獸？」則周武所彈，乃是今之五絃，明知前代凡此之類，總號琵琶爾。又案：《風俗通》云：「以手批把，謂之琵琶。」自撥彈已後，唯今四絃始專琵琶之名，因依而言，則劉餗所云：貞觀中裴洛兒始棄撥，用彈以指琵琶者，是不知故事之言也。又因此而徵今之五絃之號，即出於後梁宣帝之語也。而今阮氏琵琶，正以手指，反不得古琵琶之名，都失本義也。

鄭綮《開天傳信記》 天寶中，上以三河道險束，漕運艱難，乃旁北山鑿石爲月河，以避湍急，名曰天寶河。歲省運夫五十萬，久無覆溺淹滯之患，天下稱之。其河東西徑直長五里餘，闊四五丈，深三四丈，皆鑿堅石。匠人於石得古鐵鏵，長三尺餘，上有「平陸」二字，皆篆文也。上異之，藏於內庫。遂命改河北縣爲平陸縣，旌其事也。

王定保《唐摭言》卷九《四凶》 論曰：才者璞也，識者工也。良璞授于賤工，器之陋也；偉才任于鄙識，行之缺也。由是立身揚名，進德修業，苟昧乎識，未有一其藏者也。矧乃時之不來，命或多蹇。善惡蔽于反己，得失幸于尤人。豈不驟達終危，雖榮是辱！非夫克明躁静之本，洞究存亡之域，臨財無苟得，臨難無苟免，而能索身于坦夷者，未之有也。揚子雲曰：治亦鳳也。美才高識，其唯君子歟！

杜光庭《録異記》卷二《異人》 燉煌公李太尉德裕，一旦有老叟詣門，引五六輩，舁巨木請謁焉，閽者不能拒之，公異而見之。叟曰：某家藏此桑寳三世矣，某已耄矣，感公之好奇搜異，是以獻爾。木中有奇寶，若能者斸之，必有所得。洛邑有匠，計其年齒且老，或身已殁，子孫亦當得其旨訣，非洛匠無能斸之者也。公如其言，訪於洛下，匠已殂矣。其子應召而來，睨而視之曰：此可徐而斸之矣。因解爲二琵琶槽，自然有白鴿，羽翼爪足，巨細畢備。匠料之微失，厚薄不中，一鴿少其翼，公以形羽全者進之，自留其一，今猶在民間。水部員外盧延讓見太尉之孫道其事。

楊億《楊文公談苑・縉雲釀匠》 縉雲榷署一匠，善醖，經手者罔不醇美。嘗令寫其方，俾建安姻家造之，味不絶佳。因召匠詰傳方之謬，匠曰：「方盡于是矣。然其酘漿，隨天氣温炎寒涼，量多少之數，均冷暖之節，攪勻洽，嘗味體測，此不可口授，但心能曉耳。家有二子，亦不能傳其要。」此亦《莊子》斫輪之義也。

高承《事物紀原》卷八《什物器用部・偏提》 《事始》又曰：太和中，仇士良惡注子之名同鄭注，乃立柄安系，若茶瓶而小異，名曰偏提。

高承《事物紀原》卷八《什物器用部・托子》 《事始》又曰：建中初，崔寧女以金盞無儲，病其熨指，取楪子承盛之，既啜而傾，乃以蠟環楪子中坐之，杯遂定，即遣匠以漆環易蠟，寧奇子製名托子，遂行於代，後傳者更環其底。

高承《事物紀原》卷八《什物器用部・唾壺》 《西京雜記》曰：廣川王發魏襄王冢，得玉唾壺，蓋此物戰國時已有其制也。

高承《事物紀原》卷八《什物器用部・鏡》 《玄中記》曰：尹壽作鏡，堯臣也。《黄帝内傳》曰：帝既與王母會於王屋，乃鑄大鏡十二面，隨月用之，則鏡蓋肇於軒轅，非尹氏始作也。

高承《事物紀原》卷八《什物器用部・鏡臺》 《魏武雜物疏》曰：鏡臺出魏宫中，有參帶鏡臺，王子貴人公主鏡臺也。

高承《事物紀原》卷八《什物器用部・扇》 崔豹《古今注》曰：舜廣開視聽，求賢人以自輔，作五明扇。而《黄帝内傳》亦有五明扇之起，以五明而制也。陸機扇賦曰：昔武王玄覽造扇於前，然則今以招涼者，周武王所作云。故傳有武王扇暍之事，一曰夏禹也。

高承《事物紀原》卷八《什物器用部・羽扇》 傅玄《羽扇賦》曰：吴人取鳶鳥翼搖之，滅吴之後，翕然貴重，似爲羽扇之起，而裴啓語林，言諸葛亮持白羽扇，指麾三軍。又在晉武滅吴之前矣。按王嘉《拾遺記》曰：周昭王時，修塗國獻丹鵲，一雌一雄，孟夏取鵲翅以爲扇，一名條蝠，一名仄影，此疑羽扇之始也。

高承《事物紀原》卷八《什物器用部・輪扇》 《西京雜記》曰：長安巧工丁緩作七輪扇，以七輪相連，一人運之，滿堂寒顫。今禁中洎宗戚貴室，亦多爲此物者，蓋起自漢丁緩云。

高承《事物紀原》卷八《什物器用部・如意》 吴時，秣陵有掘得銅匣，開之得白玉如意，所執處皆刻螭彪蠅蟬等形。胡綜謂秦始皇東遊，埋寶以當王氣，則此也。蓋如意之始，非周之舊，當戰國事爾。

高承《事物紀原》卷八《什物器用部・竈》 《淮南子》曰：炎帝王於火，死而爲竈。後漢李尤竈銘曰：燧人造火竈，續事始則曰：竈，黄帝所置。

高承《事物紀原》卷八《什物器用部・釜甑》 《古史考》曰：黄帝始造釜甑，火食之道成矣。詩疏引禮運注云：中古未有釜甑，而中古謂神農時也。

沈括《夢溪筆談》卷一三《權智》 陵州鹽井，深五百餘尺，皆石也。上下甚寛廣，獨中間稍狹，謂之杖鼓腰。舊自井底用柏木爲榦，上出井口，自木榦垂綆而下，方能至水，井側設大車絞之。歲久，井榦摧敗，屢欲新之，而井中陰氣襲人，入者輒死。無緣措手，惟候有雨，入井則陰氣隨雨而下，稍可施工，雨晴復止。後有人以一木盤，滿中貯水，盤底爲小竅，釃水一如雨點，設於井上，謂之雨盤，令水下，終日不絶，如此數月，井幹爲之一新，而陵井之利復舊。

王闢之《澠水燕談録》卷八《事誌》 南唐後主留心筆札，所用澄心堂紙、李廷珪墨、龍尾石硯三物爲天下之冠。自李氏之亡，龍尾石不復出。嘉祐中，校理錢仙芝知歙州，訪得其所，乃大溪也。李氏常患溪深不可入，斷其流，使由他道。李氏亡，居民苦其溪之回遠，導之如昔，石乃絶。仙芝移溪還故道，石乃復出，遂與端溪並行。

莆陽蔡君謨嘗評李廷珪墨能削木，墜溝中，經月不壞。李超，易水人，唐末與其子廷珪亡至歙州，以其地多美松，因留居，以墨名家。本姓奚，江南賜姓李氏。珪或爲邽，珪弟廷寬，男承宴、承安，男乂用，皆有聞易水。江南又有朱君德、柴詢、柴成務、李文遠、張遇、陳贇，著名當時。其制有劍脊圓餅、拙墨、進貢墨、供堂墨，其面多作龍紋，其幕有「宣府」字，或止云「宣」，或著姓氏，或刋州府，今人間已少傳者。仁宗嘉祐中，宴近臣于羣玉殿，嘗以墨賜之，其文曰「新安香墨」。其後翰林諸君承賜者，皆雙脊龍樣，尤爲佳品。

蘇東坡著、王如錫輯《東坡養生集》卷一二《志異・筆仙》 石晉之末，汝州有一士，不知姓名，每夜作筆十管付其家。至曉，闔户而出。面街鑿壁，貫以竹筒，如引水者。有人置三十錢，則一筆躍出。以勢力取之，莫得也。筆盡，則取錢携一壺買酒吟嘯自若。率嘗如此，凡三十載，忽去，不知所在。又數十年，復有見之者，顔貌如故，人謂之筆仙。

朱彧《萍州可談》卷二《宋用臣巧釘鼓鐶》 中官宋用臣，熙寧間備任使，以敏練稱上意，性極精巧。元祐時，責官舒州，州將作樂鼓甚巨，飾以金彩。既成，其旁一環脚斷，欲剖之，惜工費。宋乃獻計爲環，其下作鎖須狀，以鐵固鼓腹之竅，使甚隘，即釘環入竅中，既入，鎖須張，遂不復脱。事多似此。

張邦基《墨莊漫録》卷六 近世墨工多名手，自潘谷、陳贍、張谷名振一時之後，又有常山張順、九華朱覲、嘉禾沈珪、金華潘衡之徒，皆不愧舊人。宣政間，如關珪、關瑱、梅鼎、張滋、田守元、曾知唯，亦有佳者。唐州桐柏山張浩，製作精緻，妙法甚奇。舅氏吴順圖，每歲造至百斤，遂壓京都之作矣。

施德操《北窗炙輠録》卷上 禹錫高祖，謂之陶四翁，開染肆。嘗有紫草來，四翁乃出四百萬錢市之。數日，有駔者至，視之曰：「此僞草也。」四翁曰：「何如？」駔者曰：「此蒸壞草也，澤皆盡矣。今色外鬬。實僞物也，不可用。」四翁試之，信然。駔者曰：「毋憂，某當爲翁遍諸小染家分之。」四翁曰：「諾。」明日，駔者至，翁盡取四百萬錢草，對其人一爇而盡，曰：「寧我誤，豈可誤他人耶！」時陶氏資尚薄，其後富盛，累世子孫登第者亦數人，而禹錫其一也。禹錫名與諧，錢塘人。

朱弁《曲洧舊聞》卷九 神臂弓，蓋熙寧初百姓李宏造，中貴張若水以獻。其實弩也，以檿爲身，檀爲弰，鐵爲槍鐙，銅爲機，麻索繫札絲爲弦。上命于玉津園試之，射二百四十步有畸，入榆半簳。有司鋸榆張呈，上曰：「此利器也。」詔依樣製造，至今用之。

何薳《春渚紀聞》卷八《雜書琴事・烟香自有龍麝氣》 西洛王迪，隱君子也。其墨法止用遠烟、鹿膠二物，銑澤出陳贍之右。文潞公嘗從迪求墨，久之，持烟一奩見公，且請以指按烟，指起烟亦隨起，曰：「此烟之最輕遠者。」及抄烟以湯瀹起，揖公對嗅云：「當自有龍麝氣，真烟香也。凡墨入龍麝，皆奪烟香。而引蒸濕，反爲墨病。俗子不知也。」

何薳《春渚紀聞》卷八《雜書琴事・買烟印號》 黄山張處厚、高景修皆起竈作煤，製墨爲世業。其用遠烟魚膠所製，佳者不減沈珪、常和。沈珪、江通輩或不自入山，亦多即就二人買烟，令渠用膠，止各用印號耳。

何薳《春渚紀聞》卷八《雜書琴事・軟劑出光墨》 九華朱覲亦善用膠，作軟劑出光墨。莊敏滕公作郡日，令其子製，銘曰「愛山堂造」者最佳。子聰不逮其父。

何薳《春渚紀聞》卷八《雜書琴事・紫霄峰墨》 大室常和，其墨精緻，與其人已見東坡先生所書。極善用膠。余嘗就和得數餅，銘曰「紫霄峰造」者，歲久，磨處真可截紙。子遇不爲五百年後名，而減膠售俗，如江南徐熙作落墨花，而子崇嗣取悦俗眼，而作没骨花，敗其家法也。

何薳《春渚紀聞》卷八《雜書琴事・墨工製名多蹈襲》 墨工製名，多相蹈襲，其偶然耶？亦好事者冀其精藝追配前人，故以重名之也。南唐李廷珪，子承宴；今有沈珪，珪子宴；又有關珪。國初張遇，後有常遇，和之子；又有潘遇，谷之子。黟川布衣張谷所製得李氏法，而世不多有；同時有潘谷；又永嘉葉谷作油烟與潭州胡景純相上下，而膠法不及。陳贍之後，又有梅贍云。耿德真，江南人，所製精者不減沈珪。惜其早死，藏墨之家不多見也。

何薳《春渚紀聞》卷九《記研・歙山斗星研》 歙之大姓汪氏，一夕山居，漲水暴至，遷寓莊户之廬。莊户，硯工也。夜有光起于支床之石，異而取之，使琢爲硯石。色正天碧，細羅文，中涵金星七，布列如斗宿狀，輔星在焉。因目之爲「斗星研」。汪自是家道饒，益懼爲要人所奪，秘不語人。每爲周旋人一出，必焚香再拜而視之。方臘之亂，亡之矣。僧謙云。

何薳《春渚紀聞》卷九《記研·呂老鍛研》 高平呂老造墨常山，遇異人傳燒金訣，鍛出視之，瓦礫也。有教之爲研者，研成，堅潤宜墨，光溢如漆，每研首必有一白書「呂」字爲志。呂老既死，法不授子，而湯陰人盜其名而爲之甚衆。持至京師，每研不滿百錢之直。至呂老所遺，好奇之士有以十萬錢購一研不可得者。研出于陶，而以金鐵物劃之不入爲真。余兄子碩所獲而作玉壺樣者，尤爲奇物。余嘗爲之銘曰：「真仙戲幻，鍛瓦成金；老呂受之，鑄金作瓦。置之籬壁，以睨其璞。顧彼瓴甓，爲有慚德。範而爲研，以極其妙，則金瓦幾于同價。」

何薳《春渚紀聞》卷九《記研·澄泥研》 悟靖處士王衷天誘所藏澄泥研，正紫色而堅澤，如端溪石。扣之，鏗然有聲；以金鐵劃之，了無痕釁。或疑是澤州呂老所作，而研首無「呂」字。其製巧妙，非俗士所能爲。天誘云：米元章見之，名孫真人研。是非故無所稽考，自是一種佳物也。

何薳《春渚紀聞》卷九《記研·端石蓮葉研》 余過嘉禾王悟静處士，坐間有客懷出蓮葉研，端石也。青紫色，有二碧眼，活潤可愛。形製復甚精妙，正如芳蓮脱葉狀。其薄如五六重紙，大如掌。磨之索索有聲，而墨光可鑒也。其人甚惜，不可得，特記其精製。喻研工，終不能爲也。

何薳《春渚紀聞》卷九《記研·趙安定提研製》 《硯譜》稱唐人最重端溪石，每得一佳石，必梳而爲數板，用精鐵爲周郭。青州人作此，至有名家者，歷代寶□。余于崇寧間見安定郡王趙德麟丈所用一枚，作提研製。紹興四年，復拜公于錢塘涌金門賜第，出研案間，云：生平玩好，盡喪盜手。而此研常所受用，復外樣拙，貪者不取，得周旋至今。余亦撫之悵然也。近章伯深偶于錢塘鐵肆中得一枚，絶與趙類而非是也，求易餘東坡所畫鵲竹而得之。工製堅密，今人不能爲也。

何薳《春渚紀聞》卷九《記研·龍尾溪研不畏塵垢》 涵星研，龍尾溪石，「風」字樣。下有二足，琢之甚薄。先博士君得之于外侄黄材成伯。黄以嗜研，求爲婺源簿。既至，顧視一老硯工甚至。秩滿，而研工餞之百里，探懷出此研爲贐，且言：「明府三年之久，所收無此研也。」黄始責其不誠。工云：「凡臨縣者，孰不欲得佳研？每研必得珍石，則龍尾溪當泓爲鯨海不給也。此石歲采不過十數，幸善護之！」然研如常研，無甚佳者。但用之至灰埃垢積，經月不滌，而磨墨如新，此爲勝絶耳。先子性率，不耐勤滌，得此用之終身云。莫養正爲之銘曰：「膚寸之珍，雲蒸霧出。小而有容，如摩詰室。老何肺腸，與之爲一。季子受之，周旋勿失。」

何薳《春渚紀聞》卷九《記研·銅蟾自滴》 古銅蟾蜍，章申公研滴也。每注水滿中，置蜍研仄，不假人力而蜍口而泡，泡殞則滴水入研。已而復吐，腹空而止。米元章見而甚異之，求以古書博易，申公不許。後失之，或見之寶晉齋。申公之孫伯深云。

江少虞《宋朝事實類苑》卷五二《書畫伎藝·造弓》 予伯兄善射，自能爲弓。其弓有六善：一者性體少而勁，二者和而有力，三者久射力不屈，四者寒暑力一，五者絃聲清實，六者一張便正。凡弓性體少則易張而壽，但患其不勁，欲其勁者，妙在治筋。凡筋生長一尺，乾則減半，以膠湯濡而梳之，復長一尺，然後用，則筋力已盡，無復伸弛。又揉其材令仰，然後傅角與筋，此兩法所以爲筋也。凡弓節短則和而虚，虚謂挽過吻則無力。節長則健而柱，柱謂挽過吻，則木强而不來。節謂把梢，裨木長則柱，短則虚。節若得中，則和而有力，仍絃聲清實。凡弓初射，當天寒，則勁强而難挽。射久，天暑，則弱而不勝矢，此膠之爲病也。凡膠欲薄而筋力盡，强弱任筋而不任膠，此所以射久乃不屈，寒暑力一也。弓所以爲正者，材也。相材之法，視其理，其理不因矯揉而直中繩，則張而不跛，此弓人之所當知也。

江少虞《宋朝事實類苑》卷五九《廣知博識·雨盤治鹽井》 陵州鹽井，深五百餘尺，皆石也。上下甚寬廣，獨中間稍狹，謂之杖鼓腰。舊自井底用柏木爲幹，上出井口，自木幹垂綆而下，方能至水。井側設大車絞之，歲久，井幹摧敗，屢欲新之，而井中陰氣襲人，入者輒死，無緣措手，惟候有雨入井，則陰氣隨雨而下，稍可施功，雨晴復止。後有人以一木盤滿中貯水，盤底爲小竅，釃水一如雨點，設於井上，謂之雨盤。令水下終日不絶，如此數月，井幹爲之一新，而陵井之利復舊。

江少虞《宋朝事實類苑》卷六〇《風俗雜誌·墨》 莆陽蔡君謨嘗評《澠録》有「李廷珪墨能削木墜溝中經月不壞」十四字。夏校云：「庫本黄校無。」李超，易水人，唐末與子庭珪度江，「度江」二字《澠録》作「亡」。至歙州，以其地多美松，因留居，以墨名家。本姓奚，江南賜姓李，珪或爲邽，弟庭寬、庭實，男承晏，《澠録》有「承安」二字。

無上「庭實」二字。男文《澠録》作「又」。用，皆有聞易水。江南又有朱君德、柴珣、柴成務、李文遠，皆《澠録》作「張」。遇陳贇，著名當時。其製有劒脊圓餅握澠録作「拙」。墨、進貢墨、供堂墨，面多爲龍紋，其幖音漫。有宣府字，或止云宣城，著姓氏，或别州府。今人間亦有上二字《澠録》作「已少」。傳者。仁宗嘉祐中，宴近臣于羣玉《澠録》無「羣玉」二字。殿，嘗以其墨賜之，《澠録》有「其文」二字。曰新安香墨。其後翰林諸君承賜者，皆庭珪《澠録》無「庭珪」二字。雙脊龍様，尤爲佳品。

洪邁《夷堅志》丙志卷一二《舒州刻工》 紹興十六年，淮南轉運司刊太平聖惠方板，分其半於舒州。州募匠數十輩，置局於學，日飲喧譁，士人以爲苦。教授林君以告郡守汪希旦，徙諸城南癸門樓上，命懷寧令甄倚監督之。七月十七日，門傍小佛塔，高丈五尺，無故傾摧。明旦天色廓清，至午黑雲倏起西邊，罩覆樓上，迅風暴雨隨之。時羣匠及市民賣物者百餘人，震雷一擊，其八十人隨聲而仆，餘亦驚慴失魄。良久樓下飛灰四起，地上火珠迸流，皆有硫黄氣，經一時，頃仆者復甦。作頭胡天祐白于甄，令入按眡，内五匠曰蘄州周亮、建州葉睿、楊通、福州鄭英、廬州李勝，同聲大叫，踣而死，遍體傷破。尋詢其罪，蓋此五人，無嗜酒懶惰，急於板成，將字書點畫多及藥味分兩，隨意更改以誤人，故受此譴。

洪邁《夷堅志》丁志卷一七《瑠璃缾》 徽宗嘗以北流離膽缾十付小璫，使命匠範金托其裏，璫持示苑匠，皆束手曰：「寘金於中，當用鐵熨烙之乃妥貼，而是器頸窄不能容，又脆薄不堪手觸，必治之且破碎，寧獲罪不敢爲也。」璫知不可强，漫貯篋中。他日行廛間，見錫工釦陶器精甚，試以一授之曰：「爲我托裏。」工不復擬議，但約明旦來取，至則已畢。璫曰：「吾觀汝伎能絶出禁苑諸人右，顧屈居此，得非以貧累乎？」因以實諗之。荅曰：「易事耳。」璫即與俱入，而奏其事。上亦欲親閲視，爲之幸後苑，悉呼衆金工列庭下，一一詢之，皆如昨説。錫工者獨前取金，鍜治薄如紙，舉而裹缾外。衆咄曰：「若然，誰不能？固知汝俗工，何足辦此。」其人笑不應，俄剥所裹者捲于銀箸上，插缾中，稍稍實以汞，揜缾口，左右澒挏之良久，金附著滿中，了無罅隙，徐以爪甲匀其上而已，衆始愕相視。其人奏言：「瑠璃爲器，豈復容堅物振觸，獨水銀柔而重，徐入而不傷，雖其性必蝕金，然非目所睹處無害也。」上大喜，厚賚賜遣之。予又記元祐間，中官宋用臣謫舒州郡，新作大樂鼓甚華，飾以金采，既登架，旁鐶忽斷，欲剖之重惜工費。宋命别爲大環，歧其股爲鎖鬚狀，以鐵固鼓腹之竅，使極窄，即敲環入竅中，纔入而鬚張，遂不復脱。是皆巧思得之於心，出人意表者。前事劉子思説。

龔明之《中吴紀聞》卷一《楊惠之塑天王像》 慧聚寺有毗沙門天王像，形模如生，乃唐楊惠之所作。惠之初學畫，見吴道子藝甚高，遂更爲塑工，亦能名天下。徐稚山侍郎以此像得塑中三昧，嘗記其事，謂其傍二侍女尤佳，且戒後人不可妄加塗飾。近爲一俗工修治，遂失初意。

洪邁《容齋續筆》卷七《女子夜績》 《漢・食貨志》云：「冬，民既入，婦人相從夜績，女工一月得四十五日。」謂一月之中，又得夜半，爲四十五日也。必相從者，所以省費燎火，同巧拙而合習俗也。《戰國策》甘茂亡秦出關，遇蘇代，曰：「江上之貧女，與富人女會績而無燭，處女相與語，欲去之。女曰：妾以無燭故，常先至掃室布席，何愛餘明之照四壁者，幸以賜妾。」以是知三代之時，民風和厚勤樸如此。非獨女子也，男子亦然。《豳風》：「晝爾于茅，宵爾索綯。」言晝日往取茅歸，夜作綯索，以待時月乜。夜者日之餘，其爲益多矣。

李燾《續資治通鑑長編》卷一〇九《仁宗天聖八年》 〔五月〕己未，選諸州鼓角匠置武嚴指揮，隸太常。

李燾《續資治通鑑長編》卷一三七《仁宗慶曆二年》 〔七月〕甲寅，賜南北作坊、弓弩院造軍器工匠緡錢。

李燾《續資治通鑑長編》卷一五六《仁宗慶曆五年》 〔閏五月〕庚戌，太子太保致仕楊崇勳卒。贈太尉，謚恭密。將葬，易其謚曰恭毅。崇勳久任軍職，當真宗朝，每對見，輒肆言中外事，喜中傷人，人以是畏之。性貪鄙，任藩鎮日，嘗役兵工作木偶戲人，塗以丹白，舟載鬻於京師。

李燾《續資治通鑑長編》卷二八九《神宗元豐元年》 〔四月〕戊申，詔修完京城所差役兵五百、石匠五十，赴曾公亮墳供役。以公亮葬期已逼，而役事未集故也。

李燾《續資治通鑑長編》卷二九〇 元豐元年秋七月癸酉，【略】又言：「古之祭祀必具五齊、三酒，今尊罍一以法酒實之，是名物徒存而亡其實也。謹案鄭氏釋五齊、三酒各有名色，尋呼酒工諭以大略，工人稱可以約古醖造，乞送所屬施行。」詔止令法酒庫、内酒坊以見造諸酒實之。二年八月戊午改酒齊法。

李燾《續資治通鑑長編》卷二九三《神宗元豐元年》 〔十月壬戌〕軍器監言：「昨贊善大夫吕温卿言：『五路州軍近年增置壯城兵，雖有教閲指揮，而所習武藝全無實用。如大名府城圍四十餘里，礟手止有四人，其他掛搭、施放火藥、全火等人亦皆闕。蓋舊無教閲格，又無專點檢之官。今欲令諸州壯城兵，除修葺城櫓外，並輪上下兩番，教習守禦，以十分爲率，內留礮手三分，餘並習掛搭，施用拒守器械。仍籍所習匠名，每季委本州比試升降。』嘗下五路安撫司，而五路相度異同。本監今參酌，欲乞五路州軍壯城兵，遇無修城池樓櫓功料，即令安撫司以十分爲率，三分令習礮，餘並習掛搭、拒守器械。其廣備十一作工匠，並均付五路準備差使及指教施用，每三年一替。自來所習禁書作藝，更不許傳習。熙河路州軍亦依此。」從之。

李燾《續資治通鑑長編》卷三三七《神宗元豐六年》（七月己酉）將作監丞宋彭年言：「臣昨點檢西府蒲宗孟爲修屋多役兵匠，初無朝旨，後御史臺取問，事連少監鍾浚等，臣安可尚爲僚屬？乞易一差遣。」詔：「所謂不允，其鍾浚邪佞不法，可先衝替。」

李燾《續資治通鑑長編》卷三四七《神宗元豐七年》（七月辛亥）大名府路安撫使王拱辰言：「河水暴至，北京數十萬衆號叫求救。凡百施爲，皆是出違條貫。臣須至奏請，乞賜一不拘常例指揮。」又言：「凡干錢穀稟轉運司，常平即提舉司，軍器、工匠即提刑司，埽岸物料、兵士即都水監。未嘗有一敢專者。今應猝濟民，逐官在遠，須至一面先行，致違逐司條令，所以乞賜一不拘常制指揮。」上批：「其事干機速，委是奏覆牒稟所屬不及者，仰依所乞施行。」

李燾《續資治通鑑長編》卷三九一《哲宗元祐元年》（十一月）己巳，吏部言：「諸色人援引舊例僥求入官者甚衆，小不如意，則經御史臺、登聞鼓院訴理。若不約束，竊恐入流太冗。請今後諸色工匠、舟人、伎藝之類，初無法合入官者，雖有勞績，並止比類隨功力小大支賜，其已前未經酬獎者亦如之，則僥幸之路塞而賞不至濫。」從之。

李燾《續資治通鑑長編》卷四〇九《哲宗元祐三年》（四月庚寅）又論言事之臣，或稍遷其任，實奪言責；或略行其言，而退予善地；或兩全並立，而苟從和解；或置不問，而外示并容，使忠鯁之士包羞而艱退，此朝廷所宜深察也。又論宗女不宜與工商之有官者爲婚，三班使臣不當以贏習經律而試換文資，取士當先經義而後詩賦，郎官、監司宜使迭爲出入，使無內重外輕之弊。「屼又論」以下據《徽宗實録》，屼原傳蓋因許將墓誌也。宗女婚，見于三月十七日，並此月二十七日。又論近歲常賦之外，悉罷利入之路，國用向去必至不足，乞裁減宗室賜予及人吏俸禄。此據《編類章疏》三年四月十八日所奏，今附見於罷時。

李燾《續資治通鑑長編》卷四三一《哲宗元祐四年》（八月庚戌）中書省言：「參立太皇太后坤成節、皇太后生辰輦官、車子官健等，與轉一資。職名已高而無資可轉者，賜錢三十貫，副指揮以上五十貫。若特與管勾文字、掌表奏等人，白身充三班借職，或有官人轉一官，並一名當二人。皇后生辰、皇太妃生辰，翰林司工匠、輦官等與轉一資，無資可轉準上法。若特與掌牋奏、書表司或本宅勾當人，白身充大將，已係大將，與三班借職，並一名當二人。」從之。先是，上批：「太皇太后、皇太后殿有特恩與管勾文字、掌牋表人者，以諸色人二人充當一名，使輕重適當。」至是，中書立法。

李燾《續資治通鑑長編》卷四四二《哲宗元祐五年》（五月）戊寅，樞密院言：「令舉人及曾教學人，并陰陽卜筮、州縣停閒人、會造兵器工匠，並不得入溪峒與歸明蠻人相見，違者以違制論，許人告，每名賞錢二十貫，仍委本地分巡檢、縣尉覺察。」從之。

李燾《續資治通鑑長編》卷四九六《哲宗元符元年》（三月）癸酉，三省言：「提舉荊湖南路常平等事董必奏：『體量到知雷州、朝請郎張逢，同本州官吏至門首接見蘇軾、蘇轍。次日爲會，召軾、轍在監司行衙安泊，又令僦進納太廟齋郎吳國鑑宅。逢每月率一兩次移廚傳管待，差白直七人借事。本州海康縣令陳諤差雜直追呼工匠等應副吳國鑑修宅，又勒居民拆退籬脚，闢開小巷，通行人馬，以避轍門巷，及藉手力等事。』詔蘇轍移循州安置，張逢特勒停，陳諤特衝替。本路提點刑獄梁子美既與蘇轍係婚姻之家，不申明迴避，并其餘監司失覺察，各罰金三十斤。去年十一月二十九日，必受命體量。陳天倪作《蘇門下語録》云：「公謫官雷州，市中無屋可僦，獨有一富家餘破屋數間可賃，仍與作交易，文契分曉。舍主欲稍完葺，方交舍時，章子厚訪問下州時，發此事，云蘇侍郎强奪雷氏田宅。舍主鞫問，賃契分明，遂已。數年，子厚謫雷州，亦召前人與議，其人曰：『不可。蘇侍郎來，幾驚煞我，今更不敢賃章相公也。』作法自弊如此。」按當時差董必體量，天倪所聞未詳也。

李燾《續資治通鑑長編》卷五〇二《哲宗元符元年》（九月己未）雄州奏，乞雇禁軍及百姓修城。詔河北沿邊並準此。

李燾《續資治通鑑長編》卷五〇七《哲宗元符二年》（三月己未）涇原路經略司言，進築通峽、盪羌、九羊寨、石門堡畢工。詔進築將吏各減一年磨勘循資，及賜銀帛有差。《布録》云，賞功比安西稍優，而殺於平夏一等。

李燾《續資治通鑑長編》卷五一一《哲宗元符二年》（六月己丑）詔應監官典押公文人員作匠之類，若在京應管轄兩務去處人吏，並不得承賃官宅舍屋地段，違者各杖一百，以上親戚許除賃住外，亦不得轉賃，違者杖八十。從户部侍郎吴居厚請也。《新》削。

周煇《清波雜志》卷四 長沙匠者造茶器極精緻，工直之厚，等所用白金之數。士夫家多有之，置几案間，但知以侈靡相夸，初不常用也。司馬温公偕范蜀公游嵩山，各携茶往。温公以紙爲貼，蜀公盛以小黑合。温公見之，驚曰：「景仁乃有茶器！」蜀公聞其言，遂留合與寺僧。茶宜錫，竊意若以錫爲合，適用而不侈；貼以紙，則茶味易損。豈亦出雜以消風散意，欲矯時弊耶？《邵氏聞見録》云：温公嘗同范景仁登嵩頂，由轘轅道至龍門，涉伊水，至香山，憩石樓，臨八節灘，凡所經從，多有詩什，自作序，曰《游山録》。携茶游山，當是此時。

陸游《老學庵筆記》卷五 承平時，鄜州田氏作泥孩兒，名天下，態度無窮，雖京師工效之，莫能及。一對至直十縑，一床至三十千，一床者或五或七也。小者二、三寸，大者尺餘，無絶大者。予家舊藏一對卧者，有小字云：「鄜畤田玘製。」紹興初，避地東陽山中，歸則亡之矣。

葉廷珪《海録碎事》卷二〇《武部・弓矢門・九年成》 闕子曰：宋景公使弓工作弓，九年成。公曰：矢遲。對曰：目之精力竭矣。獻弓三日，乃死。公登箕山而射，矢踰西霜之山，集彭城之東，餘力逸徑飲羽於石梁也。原邕傳注。

倪思《經鉏堂雜誌》卷一《孝廟聖德・九事》 近璫奏：當脩重華宫，舊例須關朝廷出錢，下臨安轉運司應副。壽皇云：「我在南内，豈不知朝廷無錢，臨安轉運司亦窘？向來高宗緣德壽宫闕錢，所以朝廷極力應副。今我與嗣君是一家事，此間並無用錢處，所積甚多。只用宫中錢脩，不必關聞南内。」遂以重華庫錢計料翻蓋，更不官差一匠及一夫。

倪思《經鉏堂雜誌》卷六《不減價以求售》 臨安有世賣剪子者，曰青州劉家。他剪子舖隨時逐利，每柄不過一二百錢可得，唯青州劉執價必五百不減。然其打製精利，用之可過常剪數柄，彼其價高，非妄增也。蓋其鐵既精好，工價數倍，若稍減價，則不復能如此。人用其剪者信之，買以五百，未嘗少吝。執價守業，可嘉一也；久而使人信之，可嘉二也；好物價高，賤者不堪久用，其理可驗，三也。事有可以類推者，故誌之。

王象之《輿地紀勝》卷一《行在所・寺監》 將作監，舊在修文坊，今在御厨營前。

軍器監，舊在修文坊，今在御厨營前。《朝野雜記》云：元豐官制，置軍器監，有御前軍器所，軍匠三千七百人。東西作坊工匠五千人。紹興初，役兵才千人而已，久之增至千六百餘人。又於諸道增差二千九百餘人，於是内庫造作累年，兵械山積。二十六年春，工匠以二千人，雜役兵以五百人爲額。舊軍器所得專達。建炎中，以大閹董懃提舉，未踰年即罷之。紹興五年春，始隸工部。三月戊午後，復以中人典領，工部軍器監，有不得預聞者。三十年秋，董通老爲侍郎，請得隸屬稽考之，詔依條檢察，孝宗受禪有行在所旨，增置提點官一員，内省都知李綽爲之，稱提舉所有隸工部等指揮，勿行。張真父時爲御史，力論其不然，上乃命仍隸工部，詳見軍器所。

楊仲良《皇宋通鑒長編紀事本末》卷七五《神宗皇帝・軍器監》 熙寧六年六月己亥，置軍器監，總内外軍器之政，具所總攝，並依將作。仍以吕惠卿、曾孝寬爲判監，所置官屬，令逐宫奏舉。軍器舊領於三司胄案，三司事叢，判案者又數易，至是始案唐令置監，而廢胄案焉。先是，上語輔臣：河北兵械，皆不可用。王安石曰：兵械非可以一朝一夕具，須預具之。上乃議置監設官提舉，翌日遂有是命。

岳珂《桯史》卷五《鳳凰弓》 鄭華原居中在宥府，和子美詵知雄州，嘗以事詣京師，召與語而悦之，遂薦於徽祖。敷奏明𢃄，大契宸旨，進横階一等，俾還任。詵因上制勝彊遠弓式，詔施行之。弓製實弩，極輕利，能破堅於三百步外，即邊人所謂「鳳凰弓」者。紹興中，韓蘄王世忠因之稍加損益，而爲之新名曰「剋敵」，亦詔起部通製，至今便焉。洪文敏《容齋三筆》謂祖熙寧神臂之規，實不然也。詵知兵，嘗沮伐燕之議，以及於責；北事之作，未及用以死，蓋兩河名將云。

張世南《游宦紀聞》卷二 成都雙流縣，有一匠者，能以牛角造通犀。但刻畫太逼真，易爲人所識别。然色澤粟紋，自有不可揜者。

周密《齊東野語》卷一五《腹笥》 霅川南景德寺，爲南渡宗子聚居之地。大殿皆欏木爲之，經數百年，略不欹傾，俗傳以爲神匠所爲，佛像尤古。咸淳辛未三月，火忽起自佛腹，其中藏經數百卷，多五代及國初時人手寫，皆硾碧紙，金銀書。間有舍利、珠玉、金銀錢之類，多爲宗子所得。嘗見一僕得金銀書《心經》一囊，凡十卷，長僅二寸，卷首各繪佛像，亦頗極精妙。後經笥一旦遂空，亦竟莫知火起之由，豈釋氏所謂劫火者乎？

《金史》卷八《世宗紀下》 〔大定二十八年十一月戊申〕有司奏重修上京御容殿，上謂宰臣曰：「宫殿制度，苟務華飾，必不堅固。今仁政殿遼時所建，全無華飾，但見它處歲歲修完，惟此殿如舊，以此見虛華無實者，不能經久也。今土木之工，滅裂尤甚，下則吏與工匠相結爲姦，侵剋工物，上則户工部官支錢度材，惟務苟辦，至有工役纔畢，隨即奇漏者，姦弊苟且，勞民費財，莫甚於此。自今體究，重抵以罪。」

《元史》卷一〇三《刑法志二・户婚》　諸匠户子女，使男習工事，女習黹繡，其輒敢拘刷者，禁之。諸係官當差人户。非奉朝省文字，輒投充諸王及各投下給使者，論罪。

楊瑀《山居新語》　李朵兒只左丞，至元間爲處州路總管。本處所産荻蔗，每歲供給杭州砂糖局煎熬之用。糖官皆主鶻回回，富商也，需索不一，爲害滋甚。李公一日遣人來杭果木鋪買砂糖十斤，取其鋪單，因計其價，比之官費有數十倍之遠，遂呈省革罷之。又箭竹亦産處州，歲辦常課軍器，必資其竹，每年定數，立限送納杭州軍器提舉司。及其到司，跋涉勞苦，何可勝言，而司官頭目箭匠方且刁蹬，否則發回再換。李公到任，知有此弊，乃申省云：「竹箭固是土産，爲無匠人可知，故不登式，乞發遣高手頭目匠人來此選擇起解，庶免往返之勞。」從之。迄今無擾。此皆仁政之及民者如此。左丞唐兀人，漢名希謝，號賀蘭，官至江西左丞。余按，周世宗時王祚爲隨州刺史，漢法禁牛革，輦送京師，遇暑雨多腐壞。祚請班鎧甲之式于諸州，令裁之以輸，民甚便之。適與二事相同，漫書于此，觀者或可觸類而長，則利民之事足有爲也。

北庭王夫人，舉月思的斤。乃阿憐帖木兒大司徒北庭文貞王之妻也。一日，有以馬鞭獻王，製作精最。王見而喜之，鞭主進云：「此鞭之內，更有物藏其中。」乃拔靶取之，則一鐵簡在焉。王益喜，持歸以示夫人，取鈔酬之。夫人大怒曰：「令亟持去！汝平日曾以事害人，慮人之必我害也，當防護之。若無此心，則不必用此。」聞者莫不韙之。【略】

應中甫本，錢唐人，壯年篤志學道，得請仙降筆法甚驗，每在杭州萬松嶺上同志家爲之。過數日，欲設祭，將之供，適無錢，降仙告歸不許，漫以借錢叩之，乃允，降筆云：「適有壑翁平章即賈似道。在此，可立約借汝。」遂寫契，以金紙甲馬同焚爐中。復書曰：「汝二人可往葛嶺相府故居大銀杏樹下稍西有草一莖長而秀者，就此處掘之，可得。」二人遂買舟過湖，至其所，不見是草，因以瓦半片祝之曰：「大仙果有此錢，則當引而去之。」祝畢，其瓦即有動意。中甫乃以手扶瓦，隨其所往，行至樹西，靜視之，果有長草在焉。遂掘深二尺許，唯見粗石屑數塊，餘無他物。因再祝曰：「恐此即是。」瓦卓地應之，遂持以回。復叩仙曰：「此石當何爲之？」仙書曰：「當用爐作汁。」二人因借爐投石煉之，少頃聞爐中如淬水聲，視之，則溜汁下爐，取出皆白銀也。往三橋銀鋪貨得鈔三十兩，以爲祭物用。數月後，因别事，忽仙書云：「應生所借之錢免汝還，有元約可向爐中取之。」如言而往爐中撥其灰，則元約止燒去上下空紙，有字者俱在。豈謂無仙耶？中甫，儒者也，外貌矍鑠，爲人敦篤，有膂力，能手搏，無與敵者。所傳乃劉千和尚之派，每欲以此事教人，非忠孝者不傳，不得其人，遂無傳焉。卒于至正己丑，時年七十有八。

熊夢祥《析津志輯佚・風俗》　都中經紀生活匠人等，每至晌午以蒸餅、燒餅、䭔餅、軟粇子餅之類爲點心。早晚多便水飯。人家多用木匙，少使筯，仍以大烏盆木杓就地分坐而共食之。菜則生葱、韭蒜、醬、乾鹽之屬。

《湖海新聞夷堅續志》前集卷四《人事門・戲謔・傚人做屋》　宋丞相崔與之，號菊坡，理宗朝入相。歸蜀，建造府第，極其壯麗。里有豪商姓李，亦從而傚之，就倩崔府造屋匠人，一依崔府繩墨，尺寸不差，造屋一所。落成之日，崔相親登其門借觀，李商大喜。暨歸，崔相喚匠人來問曰：「汝與某人竪此居，好則好矣，但少兩枝梁。」匠人云：「此一依相府規模，不知少兩枝梁在何處？」崔相曰：「一枝是沒思量，一枝是不酌量。」當時士大夫以資談笑，蓋崔出將入相，名震華夷，而李商何人，乃僭移若此，宜乎取少兩梁之譏。

《明宣宗實録》卷二十二　〔宣德元年十月戊辰〕監琉璃廠内使，以鈔令督工指揮買馬，指揮因歛工匠鈔萬貫入己。事覺，悉下法司鞫之。内使論不應杖罪，指揮科歛受財，枉法重罪。上曰：「内使買馬必虧價，故指揮假託科歛。然工匠何從得鈔？近時多逃者，皆科歛逼之也。罪之源，實内使，杖一百，罰種蔬終身。指揮等治如律，鈔悉給還工匠。」

《明英宗實録》卷六　〔宣德十六年六月甲辰〕南京守備襄城伯李隆奏：「皇城四門及正陽等十三門守衛官軍盔、甲、旗、鎗、弓、刀等器，年久損敝，請令工部遣官匠與各衛官軍協力修治。」從之。

《明英宗實録》卷四十五　〔正統三年八月乙卯〕山西代州繁峙縣言：「縣地在五臺山之陰，霜雪先降，歲時少豐。編民二千一百六十六户，逃亡者居半。其見在者，又用六十人供柴炭，百人監廠，二十五人修壇場，百人採秋青草，三百人充荊越等巡檢司弓兵。又時有軍需供給，傳遞往來，以是民甚艱苦，不能聊生。而五臺縣居山陽僻静無庶役之勞，請均之用，甦民力。」上詔山西布政司勘實均分。

《明英宗實録》卷九十三 〔正統七年六月癸卯〕，户部議順天府大興縣主簿洪振所言四事：「一在京富户逃故，宜行原籍取勘，果消乏者，許别僉解補；死絶并全户充軍，年老無依放回者，准令除豁。一各處起發并爲事爲氏逃故者，宜將見在户併作四屯，死絶并全户充軍者除豁，原撥地畆，許人承種納税；逃者不獲，解户丁補役。一住坐匠先雖撥地與之，然多窵遠、沙淤、窪鹻不堪耕種，虚包糧草，負欠艱難，宜爲分豁及減半徵收。一各處官吏軍民，有因事故改調，遺下子弟家人在京潛住，爲非致罪。宜令兵馬司挨究，許于大興、宛平縣附籍當差；如係軍匠，令聽繼役；有欺隱者治罪。軍衛亦不許多占餘丁，宜退出本縣，入册當差。」上曰：「所議皆是。京城户口當清，匠户亦當傍卹，其有新撥田土者，免其糧草一年。餘令所司速行之。」

《明英宗實録》卷二百二 〔景泰二年三月乙巳〕户部奏：「景泰三年，天下郡縣例應重造賦役黄册。本部欲將正統七年原足册式并今議合行事宜備榜，遣人來傳齎赴直隷及各布政司府州縣，令依式造完進呈。」從之。其議事宜云：「一各處人民并軍衛官旗人等，不許於附近别縣置買田地作寄莊户，及詭立姓名，致陷里甲陪納糧草。違者發戍極邊。一各處寄籍人户，令各將户内人丁、事産，盡實報官，編入圖甲，納糧當差。於户下註寫原籍貫址、軍民匠竈等户，及今收借緣由，不許仍作寄籍。違者本身發戍口外，田産盡數没官。一攢造黄册，姦弊不可枚舉。從前作弊者，許令自首改正免罪。今次各司、府、州、縣官，務令書算之人，從實攢造進呈。將司、府、州、縣提調委官并書算之人姓名、貫址、通類造册繳部。若有姦弊，查勘得出及因事露，照名查提問罪，發戍邊遠。」

《明神宗實録》卷二百八十八 〔萬曆二年八月庚申〕巡撫陝西兵部右侍郎吕鳴珂奏：「陝西歲用新樣絨袍至四千疋。據停織造二十四年，局作機張，向已傾廢，今始葺修。挑花等匠，見存無幾。蠶絲取之異省，絨線産于臨、蘭，豈能立辦？計開機之時，距解運之日，纔四閲月。爲日幾何，能完四千疋？伏望特賜寬假。乞將今年頭運，止以見完者解進。以後不拘年限，不論多寡，惟以織成者陸續恭進，數完而止。」疏入上報可。

《明神宗實録》卷二百七 〔萬曆十七年正月辛亥〕工部言：「畿民鋪商之役，困累至極。查本部各役，萬曆十三年，原僉四十餘名，曾未三年，有削髮爲僧，棄家遠遁者。祇因先年裁減舊價，矯枉過直，相應更正。如壽宫監工，廠庫巡視，各科道衙門，公用量增價值，仍行買辦，若係本部及四司者悉自買。如修倉本植，係各役買辦，今議准收全木，餘材貯作公用，不退與商。如供用庫油椿、大槐，原屬宛、大二縣買辦，近歸本部，木大難致，舊價不敷，今議量增其價，分派夥辦。其該監收木，不問長圍，尤無憑據，合酌議定數。而絲麻等料加耗并議量減。其他款類尚多，惟將會估重加訂正，則物價自平，衆情自安矣。乃若積苦極患，無如惜薪司。柴炭諸費，據稱内廠收柴不甚虧累，獨外廠日難一日。查得嘉靖間題准，每木柴百斤，明加十五斤。炭五簍半，每簍二十斤，作一百斤，此於人情物理，最爲得中。其鋪墊以供該廠公費，雖非正法，查萬曆十三年該監題准，總計一歲之額該銀二萬四千餘兩，奉有欽依，乃各役苦稱增益數多，不可不處。其内官内使額炭折色，查《會典》開載，每名每月該柴一百五十斤，折價銀一錢五分。嘉靖間題准，每年折色六箇月，該銀一萬二千七百四十八兩五錢。至今稱便。如將内官内使應給木炭，每年照例准折六箇月，在各監領價買辦不缺于用，而該廠加耗鋪墊之費可以少省。乞勑下司禮監，著以爲例。其舊商消乏者除退，殷實者留用。仍令從公開報在京殷實人户中，量選八名，兼搭應役，本部舊會估簿，悉心講求，重加更正，不得仍舊減削，以重賠告，事完之日，另行題請。」得旨：「宫中合用柴炭數多，照舊辦送。炭不必折，各廠務平準秤收，不許多索公費銀兩，亦不許勸添，苦累各商。餘如所請。」

《明神宗實録》卷三百六十一 〔萬曆二十九年七月丁未〕蘇杭等處提督織造兼理税務司禮監太監孫隆及巡撫應天右僉御史曹時聘俱以蘇州民變事上聞。隆疏言：「亂民葛賢等造言聚衆，焚掠刦殺，圍逼織造衙門，要挾罷税，其詞頗激。」時聘疏言：「吴民生齒最煩，恒産絶少，家杼軸而户纂組，機户出資，織工出力，相依爲命久矣。往者税務初興，民咸罷市。孫隆在吴日久，習知民情，分別九則，設立五關，止榷行商，不徵坐賈，一時民心始定。然榷網之設，密如秋荼；原奏參隨，本地光棍，以榷徵爲奇貨。吴中之轉販日稀，織户之機張日減。加以大水無麥，窮民之以織爲生者岌岌乎無人路矣。五月初旬，隆入蘇會議五關之稅，額數不敷，暫借庫銀那觧，叅隨黄建節交通本地棍徒湯莘、徐成等十二家，乘委查稅，擅自加增，又妄議每機一張稅銀三錢，人情洶洶，訛言四起，于是機户皆杜門罷織，而織工皆自分餓死，一呼響應，毙黄建節于亂石之下，付湯莘等家于烈焰之中，而鄉宦丁元復家亦與焉。不挾寸刃，不掠一物，預告鄰同里，防其沿燒，毆殺竊取之人，抛棄買免之財。有司往諭，則伏地請罪曰：『若輩害民已甚，願等而甘心焉，不敢有他也。』及湯莘等被責枷示，一揮而散。葛賢挺身詣府自首，願即常例，不以累衆，其憤激之情亦可原矣。吳民輕心易動，好信訛言，浮食奇民，朝不謀夕，得業則生，失業則死。臣所覩記，染坊罷而染工散者數千人，機户罷而織工散者又數千人，此皆自食其力之良民也。一旦驅之，死亡者也，臣竊悼之！四郡額賦歲不下數百萬，何有於六萬之稅不亟罷之以安財賦之重地哉。」奉旨：「蘇州府機房織手聚衆誓神，殺人燬屋，大干法紀。本當盡法究治，但赤身空手，不懷一絲，止破起釁之家，不及無辜一人，府縣官并稅監出示曉諭，旋即解散。原因公憤，情有可矜。召禍姦民湯莘及爲首鼓譟葛賢等八名，着撫按官嚴究正法具奏。其餘脅從，俱免追究，以靖地方。」

《明神宗實録》卷四百三十六 〔萬曆三十五年七月戊戌〕鄖陽撫黄紀賢言：「採木、征榷，萬難並行。乞賜罷議，以完大工。」不報。先是，傳奉議行川、貴、湖廣採取杉楠大木及枋板萬計。紀賢言：「採木自昔稱難，在今尤甚。無論出産之遠，運曳之勞，及楊酋兵戈之後，災傷頻年，不堪重役。但採木則必招商，招商則必罷稅。採木而不招商，即府庫之金錢填壑，百姓之肝腦塗地，木不可得而採，何也？所責非所能也。招商而不議罷稅，即官司逼以嚴刑，小民償以厚利，商不可招而來，何也？所得不償所費也。且議招商，則不獨一採木之商；議罷稅，則不獨一川、湖之稅。今天下所在有商，所在有稅，一命下而東西鳥散，不可復集。從今慨然罷稅，以示懷來，尚恐劫於積威，裹足不進。儻使招商抽稅，相悖並行，彼東西南北之人，窮山深谷之物，誰爲利者而强必致之乎？臣敢謂稅不罷，則商必不至；商不至，則木必不可採；木不可採，則大工之期愈急愈緩。迨事窮勢極，雖欲不罷，有所不能矣。」疏上，不報。

葉盛《水東日記》卷一〇《塑工傳名》 宋楊惠之以塑工妙天下，元劉正奉亦名世焉。今北京東嶽廟云尚有其蹟，兩人見黄溍翁、虞伯生之文，皆不泯矣。

《〔正德〕瓊臺志》卷一〇《户口》 正德七年

府總數：

户：

户五萬四千七百九十八，民户四萬三千一百七十四。軍户三千三百三十六，雜役户七千七百四十七，官户一十，校尉力士户四十八，醫户三十，僧道户七，水馬站所户八百一十六，弓鋪祗禁户一千六百二十二，竈户一千九百五十二，蛋户一千九百一十三，窑冶户一百六十，各色匠户一千一百八十九，寄莊户五百四十一。

口：

口：二十五萬一百四十三，男子一十七萬九千五百二十四，成丁一十二萬一千一百四十七，不成丁五萬八千三百七十七，婦女七萬六百一十九口。

瓊山縣：

户：

户一萬六千九百零七，民户一萬四千六百一十七，軍户六百六十七，雜役户一千五百零五，官户九，校尉力士户一十，醫户一十八，僧道户六，水馬站所户二百七十六，弓鋪兵祗禁户九十六，竈户二百九十一，蛋户一百八十三，窑冶户一十五，各色匠户六百零一，寄莊户一百一十八。

口：

口七萬八千八百三十八，男子五萬七千二百六十六，成丁三萬六千五十六，不成丁二萬一千二百一十，婦女二萬一千五百七十二口。

澄邁縣：

户：

户七千二百六十四，民户五千八百八十五，軍户五百，雜役户六百四十一，力士户七，馬站户五十九，竈户四十四，蛋户一百五十二，窑冶户八十一，各色匠户一百五十八，弓鋪兵祗禁户一百四十，寄莊户二百三十八。

口：

口二萬七千一百三十二，男子二萬八百九十二，成丁一萬五千六百零七，不成丁五千二百八十五，婦女六千二百四十口。

臨高縣：

户：

户六千二百三十一，民户四千七百九十五，軍户三百九十七，雜役户一千一十三，官户一，校尉力士户四，醫户十二，道户一，馬站户四十四，竈户三百三十二，窑冶户二十，蛋户二百二十一，各色匠户六十七，弓舖兵祗禁户三百一十一，寄莊户二十六。

口：

口三萬三千二百八十二，男子二萬八千九百七十七，成丁一萬七千五百七十七，不成丁一萬一千四百，婦女四千三百零五口。

定安縣：

户：

户三千六百九十八，民户三千五百七十五，軍户五十四，雜役户六十六，力士户一十一，各色匠户二，弓舖兵祗禁户五十三，寄莊户三。

口：

口一萬三千四百零九，男子八千七百五十七，成丁七千五十，不成丁一千七百零七，婦女四千六百五十二口。

文昌縣：

户：

户五千二百零五，民户三千九百一十，軍户二百八十九，雜役户九百二十八，力士户七，馬站户一十二，蛋户二百三十，竈户二百八十四，窑冶户一十六，各色匠户九十四，弓舖兵祗禁户二百八十五，寄莊户七十八。

口：

口一萬九千二百九十七，男子一萬二千七百零八，成丁八千三百八十一，不成丁四千三百二十七，婦女六千五百八十九口。

會同縣：

户：

户一千六十二，民户七百零六，軍户五十七，雜役户二百九十四，馬站户二十八，竈户九十八，窑冶户四，蛋户八十八，弓舖兵祗禁户七十六，寄莊户五。

口：

口三千九百一十，男子二千六百五十，成丁一千九百六十七，不成丁六百八十三，婦女一千二百六十口。

樂會縣：

户：

户一千七百六十八，民户一千四百六十四，軍户七十九，雜役户二百二十五，弓舖兵祗禁户五十五，馬站户三十六，蛋户一百一十二，各色匠户二十二。

口：

口一萬三千四百四十七，男子八千二十二，成丁四千九百七十六，不成丁三千四十六，婦女五千四百二十五口。

儋州：

户：

户三千九百六十七，民户二千四百一十八，軍户六百一十八，雜役户九百三十一，校尉力士户五，馬站户八十，竈户三百四十，蛋户三百三十三，窑冶户二十四，各色匠户三十八，弓舖兵祗禁户一百一十一。

口：

口二萬一百二十一，男子一萬五千七十八口，成丁一萬二千五百一十一，不成丁二千五百六十七，婦女五千四十三口。

昌化縣：

户：

户六百七十二，民户四百五十，軍户一百三十六，雜役户八十六，力士户一，馬站户二十二，弓舖兵户五，竈户三十二，蛋户一十二，各色匠户一十四。

口：

口二千六百，男子一千七百二十一，成丁一千五百五十二，不成丁一百六十九，婦女八百七十九口。

萬州：

户：

户三千八百零九，民户二千九百四十一，軍户一百八十三，雜役户六百七十八，馬站户五十六，竈户三百二十六，蛋户七十七，弓舖兵祗禁户五十六，各色匠户一百六十三，寄莊户七。

口：

口一萬四千四百八十五，男子九千一十一，成丁六千五百二十一，不成丁二千四百九十，婦女五千四百七十四口。

陵水縣：

户：

户一千七十一，民户六百八十九，軍户三十九，雜役户二百七十七，馬站户五十一，竈户六十一，蛋户二百，各色匠户八，弓舖兵祗禁户五十六，寄莊户六十六。

口：

口三千六百八十七，男子二千五百二十四，成丁二千四百七十一，不成丁五十三，婦女一千一百六十三口。

崖州：

户：

户二千四百三十五，民户一千二百九十七，軍户二百三十九，雜役户八百九十九，校尉户二，馬站户一百一十六，竈户一百零五，蛋户三百四十九，各色匠户一十七，弓舖兵祗禁户三百一十。

口：

口一萬七千九百三十六，男子一萬五百八十六，成丁五千三百一十六，不成丁五千二百七十，婦女七千三百五十口。

感恩縣：

户：

户七百零九，民户四百二十七，軍户七十八，雜役户二百零四，校尉户一，馬站户三十五，竈户三十九，蛋户五十六，各色匠户五，弓舖兵祗禁户六十八。

口：

口一千九百九十九，男子一千三百三十二，成丁一千一百六十二，不成丁一百七十，婦女六百六十七口。

《船政・造修事宜・議造樣舡》 南京兵部車駕清吏司爲造修樣船以立定規事。照得造、撥兩廠造修南京錦衣等四十衛快平船隻，先年係各船幫甲領銀到廠，朋認造修費用不敷，責令賠補。

本部遵照嘉靖二十一年題准事例，官修官造不許拘擾幫甲，已經本司重覆勘定，金吾前等衛小甲馮聰、王立等拆造大中修樣船發廠，責令委官韓輔等督率小甲馮聰、王立等，匠作許鸞等造修去後，今據該廠完報到司，又該本司會同司官，督同該廠把總及委官小甲人等親詣船所看視，上下船工，牢固密厚。及查各船官簿開載實用過各項工料銀兩數目，比照題定官價及各領支年例銀兩俱有羡餘，顯是先年造修花消浪費者十居五六，幫甲賠累，困苦何堪，今係官造官修各甲稍得蘇息。竊恐年歲遷移，簿籍湮滅，奸貪之徒復得巧言亂法。爲此具呈，乞行造撥兩廠，將嘉靖貳拾伍年分拆造大中修樣船，各官簿開載各項工料實用過銀兩數目，出給告示，刻板張掛，諭衆通知，永遠遵守施行。須至揭帖者。

計開：

拆造小甲馮聰、王立快船壹隻。

一領楠木玖根，各圍圓不等，共該價銀玖拾兩玖錢肆厘貳毫伍忽柒微玖纖叁塵。

一領杉木叁根，價銀壹兩伍錢叁分肆厘伍毫。

一領釘伍百貳拾伍斤，每百斤價銀壹兩陸錢，共銀捌兩肆錢。

一領鍋柒拾捌斤，每拾斤價銀貳錢貳分，共銀壹兩柒錢壹分陸厘。

一領桐油叁百壹拾柒斤捌兩，每百斤價銀壹兩陸錢，共銀伍兩捌分。

一領黄麻叁百肆拾柒斤，每百斤價銀捌錢，共銀貳兩柒錢柒分陸厘。

一領蘇蔴壹百柒拾斤，每百斤價銀捌錢，共銀壹兩叁錢陸分。

一領官銀收買各項料物，共銀壹拾陸兩貳錢柒分伍厘。

一給散各匠作工食銀叁拾肆兩捌錢貳分伍厘。

一小工做過肆百壹拾肆工，每工工食銀叁分，共銀壹拾貳兩肆錢貳分。

一本蓬本廠鋸木識字，共領工食銀壹兩伍錢貳分。

一給小甲每日盤費銀壹分伍厘，共銀玖錢。

已上除舊底船外，共用過銀壹百柒拾柒兩柒錢壹分柒毫伍忽柒微玖纖叁塵。餘剩銀貳兩貳錢捌分玖厘貳毫玖絲肆忽貳微柒塵，解司貯庫。

一關支隨船月糧貳拾捌石，先年原係本船餘丁壹拾肆名，親身赴船值匠幫工食用，今□□各餘，每名止令出銀貳錢□□慣熟人役值匠，及添用小甲家屬在蓬看守錢糧等用前米，仍給各役食用。

折造小甲賈鑾平船壹隻。本船原係出差遭風拆回釘板，比照官價多用銀柒兩玖錢叁分陸厘陸絲柒忽貳微叁纖捌塵。

一領楠木玖根，各圍圓不等，共該價銀玖拾捌兩肆厘柒忽貳微叁纖捌塵。
一領楠木桅根壹根，價銀肆兩陸錢叁分伍毫陸絲。
一領杉木貳根，共該價銀壹兩柒分玖厘。
一領釘陸百壹拾斤，每百斤價銀壹兩陸錢，共銀玖兩柒錢陸分。
一領鍋壹百斤，每拾斤價銀貳錢貳分，共銀貳兩貳錢。
一領桐油叁百伍拾叁斤捌兩，每百斤價銀壹兩陸錢，共銀伍兩陸錢伍分陸厘。
一領黄蔴肆百肆拾玖斤，每百斤價銀捌錢，共銀叁兩伍錢玖分貳厘。
一領綵蔴壹百柒拾斤，每百斤價銀捌錢，共銀壹兩叁錢陸分。
一領官銀收買各項料物，共銀壹拾玖兩貳錢叁分伍毫。
一給散各匠作工食銀貳拾玖兩柒錢壹厘。
一小工共做叁百肆拾貳工，每工工食銀叁分，共銀壹拾兩貳錢陸分。
一本蓬本廠鋸木識字，共領工食銀壹兩伍錢陸分叁厘。
一給小甲每日盤費銀壹分伍厘，共銀玖錢。
已上除舊底船外，共用過銀壹百捌拾柒兩玖錢叁分陸厘陸絲柒忽貳微叁纖捌塵。
一關支隨月糧同前。

拆造小甲滕儀平船壹隻。
一領楠木玖根，各圍圓不等，共該價銀玖拾兩捌錢捌分陸厘陸毫貳絲柒忽柒纖肆塵。
一領楠木桅根壹根，價銀肆兩肆錢貳分捌厘貳毫。
一領杉木叁根，共該價銀貳兩貳錢陸分陸厘。
一領釘伍百貳拾斤，每百斤價銀壹兩陸錢，共銀捌兩叁錢貳分。
一領鍋陸拾捌斤，每拾斤價銀貳錢貳分，共銀壹兩肆錢玖分陸厘。
一領桐油叁百肆拾叁斤，每百斤價銀壹兩陸錢，共銀伍兩肆錢捌分捌厘。
一領黄蔴肆百叁拾斤，每百斤價銀捌錢，共銀叁兩肆錢肆分。
一領綵蔴壹百柒拾斤，每百斤價銀捌錢，共銀壹兩叁錢陸分。
一領官銀收買各項料物，共銀壹拾柒兩伍錢貳分壹厘伍毫。
一給散各匠作工食銀叁拾壹兩壹錢壹分玖厘。
一小工做過叁百伍拾工，每工工食銀叁分，共銀壹拾兩伍錢。
一本蓬本廠鋸木識字，共領工食銀壹兩伍錢叁分柒厘伍毫。
一給小甲每日盤費銀壹分伍厘，共銀玖錢。
已上除舊底船外，共用過銀壹百柒拾玖兩貳錢陸分貳厘捌毫貳絲柒忽柒纖肆塵餘剩銀柒錢叁分柒厘壹毫柒絲貳忽玖微貳纖陸塵，解司貯庫。
一關支隨船月糧同前。

大修小甲任福快船壹隻。
一領楠木肆根，各圍圓不等，共該銀肆拾貳兩叁錢壹分壹毫壹絲伍忽壹微捌纖伍塵。
一領杉木壹根，價銀叁錢肆分貳厘。
一領釘貳百斤，每百斤價銀壹兩陸錢，共銀叁兩貳錢。
一領鍋貳拾斤，每拾斤價銀貳錢貳分，共銀肆錢肆分。
一領桐油叁百柒拾叁斤捌兩，每百斤價銀壹兩陸錢共銀伍兩玖錢柒分陸厘。
一領黄蔴叁百零肆斤，每百斤價銀捌錢，共銀貳兩肆錢叁分貳厘。
一領綵蔴壹百柒拾斤，每百斤價銀捌錢，共銀壹兩叁錢陸分。
一領官銀收買各項料物，共銀捌兩伍錢柒分貳厘叁毫。
一給散各匠作工食銀貳拾叁兩貳錢玖分伍厘伍毫。
一小工共做過貳百柒拾叁工，每工工食銀叁分，共銀捌兩壹錢玖分。
一本蓬本廠鋸木識字，共領工食銀陸錢肆分貳厘。
一給小甲每日盤費銀壹分伍厘，共銀陸錢。
已上共用過銀玖拾柒兩叁錢伍分玖厘玖毫壹絲伍忽壹微捌纖伍塵。

大修小甲張旺平船壹隻。
一領楠木肆根，各圍圓不等，共該價銀貳拾陸兩捌錢壹分柒厘肆毫陸絲柒忽伍微。
一領楠木板玖塊，各價不等，共該銀叁兩玖錢伍厘柒毫。
一領杉木壹根，價銀柒錢陸分。
一領釘壹百柒拾斤，每百斤價銀壹兩陸錢，共銀貳兩柒錢貳分。
一領鍋伍拾伍斤捌兩，每拾斤價銀貳錢貳分，共銀壹兩貳錢貳分壹厘。

一領桐油叁百玖拾伍斤捌兩，每百斤價銀壹兩陸錢，共銀陸兩叁錢貳分捌厘。
一領黄蔴叁百叁拾貳斤，每拾斤價銀捌錢共銀貳兩陸錢伍分陸厘。
一領𦇧蔴壹拾伍斤，每拾斤價銀捌分，共銀壹錢貳分。
一領官銀收買各項料物，共銀壹拾肆兩伍錢伍分柒厘。
一給散各匠作工食銀貳拾貳兩叁錢貳分陸厘。
一小工共做過貳百柒拾捌工，每工工食銀叁分，共銀捌兩叁錢肆分。
一本蓬本廠鋸木識字，共領工食銀陸錢肆分貳厘。
一給小甲每日盤費銀壹分伍厘，共銀陸錢。
已上通共用銀玖拾兩玖錢玖分叁厘壹毫陸絲柒忽伍微。
中修小甲王榮快船壹隻。
一領楠木貳根，各圍圓不等，各該價銀壹拾陸兩壹錢捌分叁厘壹毫捌絲壹忽貳微伍纖。
一領楠木板陸塊，各價不等，共銀壹兩捌錢伍分貳厘柒毫。
一領杉木壹根，價銀肆錢伍分伍厘。
一領釘壹百斤，每拾斤價銀壹錢陸分，共銀壹兩陸錢。
一領鍋叁斤玖兩，每斤價銀貳分貳厘，共銀柒分捌厘叁毫柒絲伍忽。
一領桐油叁百零玖斤，每百斤價銀壹兩陸錢，共銀肆兩玖錢肆分肆厘。
一領黄蔴叁百捌拾伍斤，每百斤價銀捌錢，共銀叁兩捌分。
一領𦇧蔴壹百柒拾斤，每百斤價銀捌錢，共銀壹兩叁錢陸分。
一領官銀收買各項物料，共銀壹拾伍兩貳錢柒分。
一領散各匠作工食銀壹拾肆兩伍錢玖分貳厘伍毫。
一小工做過貳百零貳工，每工工食銀叁分，共銀陸兩陸分。
一本蓬本廠鋸木識字，共領工食銀肆錢捌分壹厘。
一給小甲每日盤費銀壹分伍厘，共銀陸錢。
已上共用銀陸拾陸兩伍錢伍分陸厘柒毫伍絲陸忽貳微伍纖。
中修小甲陳剛平船壹隻。
一領楠木貳根，各圍圓不等，共該價銀壹拾捌兩捌錢陸份壹厘壹毫玖絲伍忽。
一領楠木板貳塊，各價不等，共銀壹兩壹錢貳分捌厘肆毫。
一領杉木壹根，價銀叁錢柒分伍毫。
一領釘臺百斤，每拾斤價銀壹錢陸分，共銀壹兩陸錢。
一領鍋捌斤拾兩，每斤價銀貳分貳厘，共銀壹錢捌分玖厘柒毫伍絲。
一領桐油叁百伍拾捌斤，每百斤價銀壹兩陸錢，共銀伍兩柒錢貳分捌厘。
一領黄蔴叁百捌拾斤，每百斤價銀捌錢，共銀叁兩肆分。
一領𦇧蔴壹百柒拾斤，每百斤價銀捌錢，共銀壹兩叁錢陸分。
一領官銀收買各項料物，共銀壹拾壹兩玖錢陸分伍厘伍毫。
一給散各匠作工食銀壹拾伍兩陸錢伍分玖厘。
一小工做過壹百柒拾工，每工工食銀叁分，共銀伍兩壹錢。
一本蓬本廠鋸木識字，共領工食銀陸錢肆分貳厘。
一給小甲每日盤費銀壹分伍厘，共銀陸錢。
已上共用銀陸拾陸兩貳錢肆分肆厘叁毫肆絲伍忽。
嘉靖貳拾伍年肆月十九日，郎中王問，員外郎李遷，主事龍翔霄。

李昭祥《龍江船廠志》卷三《官司志・雜役附》 廂長四十名。洪武永樂時，起取浙江、江西、湖廣、福建、南直隸濱江府縣居民四百餘户來京造船，隸籍提舉司，編爲四廂。一廂出船木梭櫓索匠，二廂出船木鐵纜匠，三廂出艌匠，四廂出棕蓬匠。廂分十甲，甲有長，擇其丁力之優者充之。長統十户。每廂輪長一人在廠給役，季一更之。歷年既遠，匠户皆失其故業，且消長不齊。嘉靖二十年，存者二百四十五户。又户丁多寡懸絶，視户責役，貧者不堪，流亡日甚。至三十年而户不及二百矣。乃通行清審勾稽，廂均其甲，甲爲其户與丁。于是舊規稍復，勞逸漸平。但遞年船政督察近苛，雖宿弊漸除，而匠作不樂其業，率趨他役以求脱賴。版籍素定，罔敢輒改，雖有力者，亦莫行其志云。

作頭四十五名。匠户中擇其丁力有餘，行止端慤者充之，所以統率各匠，督其役而考其成也。舊制船木作、艌作、各四名，蓬作、索作各二名，鐵作、纜作、細木作各一名，共二十五名，歲歲不易。後因工役苦病，乃分定三班役一休二週，乃復始三年而一審之，覈其貧弱者而更之。

内官監匠三十八名。先年，該監因造上供器皿，移文本部，取撥造船匠充役，工完發回。後因工作增多，陪數添取遂爲定例，及遇工完，止將添取者發回，而原數三十八名，取轄內府，每月輪錢，不可復蠲。今四廂之丁，日就衰耗，雖本廠之役，亦不克支，苟不稍爲矜恤，吾不知其所終也。

御馬監匠四名。洪武中，移文取撥船匠，油艌馬槽料桶。

丁字庫匠三名。永樂中，移文取撥船匠，油艌板櫃，裝盛各處市舶司所進魚油。

寶船廠匠二名。洪武永樂中，造船入海取寶，該廠有寶庫，故取撥匠丁赴廠看守。今廠庫鞠爲茂草，而匠丁之輪錢者如故。

酒醋麪局匠三名。洪熙元年，該局奏准行取艌匠作酒榨飯槽等器。

後湖水夫三十七名。永樂中，該湖奏准，取撥匠丁三十七名駕船過湖，每名幇丁一人，共七十四人，分爲二班，統以小甲五日一往，如遇事故更易，提舉司審僉二名，送湖聽點。是役視諸役最輕，人率趨之，以避重差。

看料匠丁二十名。本廠物料叢聚，無牆垣之限。舊規本部撥班匠二名并四廂空丁輪流看守，遇晚附近地方撥人巡儆。弘治年間，廂民不便告部，准令朋辦料錢，雇人充役。正德二年，本部班匠不復撥到，在廠者唯雇倩之人而已。

李時漸《三臺文獻録》卷四林公輔《野航記》 范子俊，雲間人也。厭其居之陋近，遂擇材於山，求匠於野，作小舟廣幾丈，而長加倍之。中置古今聖賢圖書，與夫秦漢以下鍾鼎彝器。日泛漾沙洲淺渚際，逢山翁野子，必呼飲於其間，扣絃而歌，若不可以事羈者，人皆曰其遊方之外乎。余自經揚子至松澤，適與之遇，見其神氣內藴，而微充於眉目，於是並舟而進，揖其人曰：「子何居而至是乎？」子俊曰：「吾居於是，以是爲室，以水爲基，以岸曲爲藩牆，以魚鱉爲鄰戚也。采芹藻而烹之，挹波瀾而飲之。」予曰：「異哉，子之爲人也。且古聖人樹宫室以居其安，造舟楫以濟其危，安可常處，危不可頻涉也。天下之廣，深山大野，豈無措足之地可以藏子，而棄安以就危乎？亦可謂不善擇矣。」子俊曰：「子知室安也，吾請爲子危之。且所樹之室，不在千家之市，必在百家之村，其相與隣者，抑皆夷惠之徒歟，抑亦非夷惠之徒歟。乘之以貨，通之以賄，標之以是非之牆，設之以有機之桅，張之以冒利之帆，而鼓之以勢力之槳，泛於溟溟之海，驚風怒濤，駭觸前後，百怪雜遝而進，則吾之身不爲所溺者幾希矣。不然，室雖安，居乎室者何在也。後之人指吾室而過焉，徒見牆傾柱側，鼯鼠亂走而已。且吾今當風波不興，鮫鱷遠遁，漫流千里，水花發而獻秀，清飈至而效凉，月色一頃，霜雪浩然，目變神融，尚知所謂危乎。以是而觀，則子所謂安有，未必皆安，所謂危者，未必皆危也。吾去子矣。」遂刺舟而去。余嘆曰：「此學道之士也哉。吾聞得道之人，常不與人近，渤海之東，瀛洲之上，是其居也。賢者遇之，可飛化霄漢，下者遇之，亦可得久視之術，若子俊其有所遇乎？不然，何其言之類夫道也。」

王圻《續文獻通考》卷二三《征榷考·坑冶》 銅在益都者，至元十六年，撥户一千，於臨朐縣七寶山等處採之。

在遼陽者，至元十五年，撥採木夫一千户，於錦瑞州雞鳴山巴山等處採之。

在澂江者，至元二十二年，撥漏籍户於薩矣山煽鍊，凡一十有一所。

何士晉《工部廠庫須知》卷四《都重城》 用夫匠規則：

重城砌磚之高有四十五層至五十三層者，每一丈用瓦匠三名，自下而上三分之，下一段可砌九層，中一段可砌八層，上一段可砌七層，以漸上漸難於用力。用匠三名，約五日計十五工可砌完一丈，加匠三十名，可砌完十丈，用夫每匠二三名不等。

都城進身既深，背裏亦厚，工亦量增三分之一。

凡用白城磚，取之大通橋磚廠，石灰取之馬鞍山，其價并夫匠做工，俱照成估算給。

何士晉《工部廠庫須知》卷五《琉璃黑窑廠》 瑠璃廠燒造瑠璃瓦料合用物料工匠規則：

每瓦料一萬箇片，用兩火燒出，每一火用柴十五萬斤，共用柴三十萬斤。可□萬斤。坩子土二十五萬斤，做坯片匠照會估瓦料大小筭工。在後。淘澄匠一百七十名，碾土供作夫每匠一工用夫五名，修窑瓦匠五十名，裝燒窑匠五十名，苔應匠二十五名，安砌匠十名。黄土二百車，開清塘口局夫三百五十名，煤炸五千斤，運瓦夫照會估斤秤定工。在後

黄色一料：

黄丹三百六斤，馬牙石一百二斤，黛赭石八斤。

青色一料：

焇十斤，馬牙石十斤，鉛末七斤，蘇嘛呢青八兩，紫英石六兩。

緑色一料：

鉛末三百六斤，馬牙石一百二斤，銅末十五斤八兩。

藍色一料：

紫英石六兩，銅末十兩，焇十斤，馬牙石十斤，鉛末一斤四兩。

黑色一料：

鉛末三百六斤，馬牙石一□□斤，銅末二十二斤，無□□□斤。

白色一料：

黄丹五十斤，馬牙石十五斤，□□□料約澆瓦□一千□片若□□□□□□□□大料不拘此數。

□□□□做造。

頭樣勾子、滴木各二箇一工，同瓦、板瓦各四箇一工。

二樣勾子、滴水各四箇一工，同瓦、板瓦各八箇一工。

三樣勾子、滴水各六箇一工，同瓦、板瓦各十四箇一工，滋滑八箇一工。

四樣勾子、滴水各八箇一工，同瓦、板瓦各十七箇一工，滋滑十一箇一工。

五樣勾子、滴水各十箇一工，同瓦、板瓦各十九箇一工，滋滑十五箇一工。

六樣勾子、滴水各十二箇一工，同瓦、板瓦各二十三箇一工，滋滑十六箇一工，盆簷瓦古老錢各十二箇一工。

七樣勾子、滴水各十三箇一工，同瓦、板瓦各二十七箇一工。

八樣勾子、滴水各十五箇一工，同瓦、板瓦各三十箇一工。

九樣勾子、滴水各十七箇一工，同瓦、板瓦各一百箇三工。

十樣勾子、滴水各二十箇一工，同瓦、板瓦各三十五箇一工。

如遇大享殿皇穹宇乾光殿各處一把傘行子同板瓦照依各樣下筭。

二作并瓦作做造：

頭樣通脊，高一尺九寸五分，長二尺四寸，每塊七工。

垂脊，高一尺一寸五分，長二尺，每塊二工。

相連裙色，高五寸五分，長二尺四寸，每三塊十工。

黄道，高五寸五分，長二尺四寸，每三塊十工。

花攛頭，三塊十工。

花揣扒頭，一塊二工。

束腰花蓮座，一塊七工。

二樣通脊，高一尺七寸五分，長二尺四寸，每塊五工。

垂脊，高九寸五分，長一尺九寸五分，每塊二工。

相連裙色，高四寸，長二尺四寸，每塊二工。

黄道，高四寸五分，長二尺四寸，每塊二工。

束角花連座，三塊十工。

花攛頭、花揣扒各一塊，一工。

博風吻匣當勾各一塊，一工。

吻座二塊一工。

承奉連磚三塊一工。

托泥當勾三塊一工。

花插角一塊五工。

博脊瓦，六塊一工。

三樣通脊，高一尺五寸五分，長二尺四寸，每塊三工。

垂脊，高七寸五分，長一尺八寸，每三塊二工。

相連裙色，高三寸，長二尺四寸，每塊一工。

黄道，高三寸五分，長二尺四寸，每塊一工。

連磚，四塊一工。

花插角，一塊三工。

四樣通脊，高一尺三寸五分，長二尺四寸，每塊二工。

垂脊，高五寸五分，長一尺五寸，每二塊一工。

五樣通脊，高一尺一寸五分，長二尺二寸，每二塊三工。

六樣通脊，高一尺五分，長二尺二寸，每塊一工。

七樣通脊，高九寸五分，長二尺二寸，每三塊二工。

八樣通脊，高八寸五分，長二尺二寸，每三塊二工。

九樣通脊，高七寸五分，長二尺二寸，每三塊二工。

十樣通脊，高六寸五分，長二尺二寸，每二塊一工。

不隨樣小通脊，高五寸五分，長一尺五寸，每三塊一工。

小垂脊，高四寸五分，長一尺四寸，每三塊一工。

小通脊，高四寸五分，長一尺四寸，每四塊一工。

小通脊，高三寸五分，長一尺三寸，每四塊一工。

不隨樣花龜角，十塊三工。

花線磚轉頭，三塊十工。

花線磚、花結帶、花裙板、花鵲替、平頭連座、方眼格扇、小花插角、靠古、柱子、疋龍束腰各一塊二工。

花蓮伴、花蓮伴頭、花方、花平板方、花平板方頭、花柱頭、花桁條、花梁、花頭、海禽呑口、海石榴座、斗科、斜椽、角梁、小通脊、小垂脊、平頭獸座、束角獸座、□朽、大額方白、大耳頭、草兒插角、瑪瑙格柱、斗底、博脊、通脊、龜文磚、屋扇瓦、地栿、垂帶、壇面磚、江牙海水線磚、江牙海水蓮伴各每一塊一工。

花擶頭、花揣扒頭、板椽、望板、椽管、起竅、小獸座、蓋梁瓦、水溝、博風、噴水、柁頭、吻匣當勾、春底各每二塊一工。

花裙色頭、花桁條頭、江牙海水柱頭、古文錦龜文磚各每一塊三工。

花連兒柱頭、花裙色、花臺上用花梁斗底、角斗、大額花方、門當花磚、面堦各每二塊三工。

花蓮伴格柱、海石榴各每三塊二工。

花直工板、磉科、圓柱子、方柱子、方椽、圓椽、滿山紅、荷葉、小壇、江牙海直工板，各每三塊一工。

三層倒砌蓮磚、博脊運磚、列角托盤、托泥當勾、三抹頭，各每四塊一工。

花氣眼、方子白、吻座、小倒砌連磚、寶珠座、□連色道、落絲頭□□□□、三色磚、滿面、□□、門坎、門色方磚，各每六塊一工。

壇角磚、門坎、牙子磚，各每七塊一工。

大裙色、行條白、博脊瓦、杌子磚、牙子磚、荅垛磚每八塊一工。

小裙色、押屑各每九塊一工。

線磚、半混、氷盤色、□色、蘆科、機方、耳子、元混、毒板白、印葉，各每十塊一工。

尖色、坎磚、替莊，各每十一塊一工。

圭角白、隨山半混、墊板、土襯，各每十二塊一工。

□門、江牙海水龍方子走龍通脊各每一塊四工，雲□插角每一塊五工。

玲花槅扇、華蟲插角，各每一塊六工。

欄板，每一塊七工。

江牙海水柱子、雲鶴扇面，各每一塊八工。

江牙海水龍插角、華蟲扇面，各每一塊十工。

花扇面、江牙海水龍扇面，各每一塊十一工。

江牙靠古，每一塊十七工。

江牙海水欄板，每一塊二十一工。

盆花一板，每三塊六工。

四尺五寸江牙海水雲龍缸，每一口四十工。

各陵地官大明門并東西長安門三座，計六件，每一座十八工，計五十四工。

承天門、端門、午門并皇極門三大殿七座計二十一件，每座二十八工，計一百九十六工。

文武樓二座，計八件，每一座三十六工，計七十二工。

穿堂二座，計四件，每一座十二工，計二十四工。

五作造：

頭樣正當勾、押帶，各每四箇一工。斜當勾每二箇、走獸四箇十工，真人一箇三工。

二樣正當勾、押帶，各每七箇一工。斜當勾每四箇一工，走獸真人各一箇二工。

三樣正當勾、押帶，各每十四箇一工。斜當勾每六箇一工，走獸一箇一工，真人二箇三工。

四樣正當勾、押帶，各每十七箇一工。斜當勾每八箇一工，走獸三箇二工，真人一箇一工。

五樣正當勾、押帶，各每十九箇一工。斜當勾每十箇一工，走獸三箇一工，真人三箇二工。

六樣正當勾、押帶，各每二十三箇一工。斜當勾，每十四箇一工。走獸四箇一工，真人三箇一工。

七樣正當勾、押帶，各每二十七箇一工。斜當勾，每十七箇一工。走獸五箇一工，真人四箇一工。

八樣正當勾、押帶，各每三十箇一工。斜當勾，每十九箇一工。走獸、真人，各每六箇一工。

九樣正當勾，押帶，各每一百箇三工。大瓦條二十箇一工。
不隨樣混磚、小瓦條，各每四十五箇一工。香草磚，每二十二箇一工。
吻一隻十三塊，一百五十工。
吻一隻十塊，九十工。
吻一隻十一塊，八十工。
吻一隻七塊，四十八工。
吻一隻五塊，二十五工。
吻一隻六塊，三十六工。
吻一隻四塊，二十二工。
吻一隻三塊，十八工。
吻一隻高二尺五寸，六工。
吻一隻高二尺，四工。
吻一隻高一尺五寸，三工。
吻一隻高一尺二寸，二工。
大獸頭五塊，二十五工。
大獸頭三塊，十二工。
三尺三寸獸頭一箇，二塊八工。
二尺五寸五分獸頭，一箇六工。
二尺二寸五分獸頭，二箇三工。
一尺八寸獸頭，一箇一工。
一尺五寸獸頭，四箇三工。
一尺二寸獸頭，三箇二工。
一尺獸頭，五箇二工。
小獸頭，五箇一工。
套獸，高一尺三寸，脚長八寸伍分，一箇六工。
套獸，高一尺一寸，脚長七寸五分，一箇四工。
套獸，高九寸五分，脚長六寸五分，一箇三工。
套獸，高八寸五分，脚長五寸五分，一箇二工。
套獸，高六寸，脚長四寸，一箇一工。
背獸，高一尺五分，脚長五寸五分，一箇二工。
背獸，高一尺一寸五分，脚長六寸，一箇三工。
背獸，高一尺二寸，脚長六寸五分，一箇四工。
背獸，高八寸，脚長四寸五分，一箇二工。
背獸，高七寸，脚長三寸五分，二箇一工。
吻朝，每一箇二塊十二工。
吻朝，高一尺七寸，一箇六工。
吻朝，高一尺五寸，一箇四工。
吻朝，高一尺四寸五分，一箇三工。
吻朝，高一尺二寸，一箇二工。
吻朝，高一尺五分，一箇一工。
不隨樣套獸、背獸、吻朝各每五箇一工。
雲礶一箇十工，蓮臺獅子一箇三工。
各陵地宫上伏簷、下伏簷共九座，每一座吻五對，獸頭八箇，共吻四十五對，獸頭七十二箇，每座六工計五十四工。
單簷三座吻三對，獸頭二十四箇，每座三工計九工。
供器香爐四箇，每一箇三工，計十二工。
花瓶八隻，每一隻一工，計八工。
造通脊龍，每一條一工。
造通脊垂脊寶兒，每三攢計一工。
架瓦作鑿過出青黄黑緑色。
頭樣、二樣、三樣同瓦，各每三十六箇一工。
四樣同瓦，每六十箇一工。
五樣同瓦，每七十五箇一工。
六樣同瓦，每九十二箇一工。
七樣同瓦，每一百十箇一工。
八樣同瓦，每一百三十箇一工。
九樣同瓦，每一百五十箇一工。
十樣同瓦，每二百箇一工。

如遇行子同瓦，隨各樣下筭。
頭樣、二樣、三樣正當勾、押帶各每一百箇一工。
四樣正當勾、押帶，各每一百十箇一工。
五樣正當勾、押帶，各每一百二十五箇一工。
六樣正當勾、押帶，各每一百五十箇一工。
七樣正當勾、押帶，各每一百七十箇一工。
八樣正當勾、押帶，各每二百箇一工。
大瓦條，一百二十五箇一工。
香草磚，六十五箇一工。
混磚，二百箇一工。
瓦條，一百五十箇一工。
頭樣通脊、垂脊、相連裙色黄道，各每七塊一工，承奉連磚二十塊一工。
二樣通脊、垂脊、相連裙色黄道，各每十塊一工。
三樣通脊、垂脊、相連裙色黄道，各每十一塊一工。
四樣通脊、垂脊，各每十四塊一工。
五樣通脊，十六塊一工。
六樣通脊，各每十八塊一工。
七樣、八樣通脊，各每二十塊一工。
九樣、十樣通脊，各每二十二塊一工。
不隨樣小通脊、小垂脊各每二十四塊一工。
滿面黄、博脊、連磚，各每三十塊一工。狎屑、替莊、坎磚、圓方柱子、花方、行條、機方、圭角、線磚、花平板方、素板白、方子白、半混、罍色、蘆科、博脊瓦、圓混、氷盤色、杌子磚、花蓮伴、□□座、相連色道各二十五塊一工。
小通脊、面方各每二十塊一工，小裙色五十塊一工。
博脊、通脊、柱子、面堦，各每十四塊一工。
大裙色十塊一工，壇面磚八塊一工，壇角磚二十七塊一工。
地袱十五塊一工，攔板七塊一工，敲板瓦一千片一工。
皇極殿：吻一隻，十三塊，高一丈三尺五寸，計一百七十工。
吻朝一箇，二塊，高四尺五寸，計十二工。
背獸一箇，三工。
合角吻四隻，二十塊，高五尺五寸，每隻五塊二十八工，共計一百十二工。
吻朝四箇，每箇二工，計八工。
背獸四箇，四工。
建極殿。
中極殿同前。
乾清宫：吻二隻，二十二塊，高一丈五寸。每隻十一塊，九十八工，共計一百九十六工。
吻朝二箇，四塊。每一箇二塊計八工，共十六工。
背獸二箇，每一箇二工，計四工。
合角吻八隻，四十塊。每一隻五塊二十八工，計二百二十四工。
吻朝八箇，每一箇二工，共計十六工。
背獸八箇，計八工。
文武樓同前。
皇極門：吻一隻，十一塊，九十八工。
吻朝二箇，計八工。背獸一箇，計二工。
合角吻四隻，二十塊，每隻五塊，二十八工，計一百十二工。
吻朝四箇計八工，背獸四箇計四工。
午門、端門、承天門同前。
黄土車每日每車四運，銀六分。
晝夜煉青匠，長工七分，短工六分。以上二項，營繕司十一年新增。
運瓦料脚價：
瑠璃廠舊估瓦片每五十片計三百七十五斤作一車今議每車四百斤每車每里運價四厘。如城内外工所離廠十里以外者，用車裝運，十里以内者，用夫擡運。照舊估准夫二名，每日擡四次，每扛重一百二十斤，内城工所每扛各減十斤，俱准長工筭給。
黑窑廠燒造各樣磚料，合用柴土工匠規則：
二尺方磚每箇柴一百二十斤，應減十斤。
尺七方磚每箇柴九十斤，應減十斤。

尺五方磚每箇柴七十斤。

大平身磚每箇柴七十斤，二項應減六斤。

尺二方磚、城磚、平身磚，每箇各用柴五十斤。三項應減四斤。

板磚、斧刃、□□磚每箇各用柴四十斤，三項應減□斤。

垂板磚每箇七十斤。

同板瓦等料，每萬箇柴二萬四千斤有奇。

做坯片匠照會估磚瓦大小筭工開後：

二尺方磚每四箇一工，尺七方磚每六箇一工，尺五方磚每十箇一工，尺二方磚每十三箇一工。

平身磚每十三箇一工。

斧刃磚每二十六箇一工。

□□磚每二十四箇一工。

混磚沙板磚各每一百箇一工。

□板磚每六十箇一工。

同瓦磚每五十箇一工。

板瓦每一百片一工。

勾頭滴水花邊瓦，各每四十四箇一工。

瓦條一百五十根一工。

二尺七寸吻，一隻二工，屯田司十三年增。

尺七獸，三隻二工，尺五獸二隻一工。

尺二獸五隻二工，一尺獸三隻一工，八寸獸四隻一工，閣獸雙尾一隻二工。

獅子海馬七箇一工，當溝七十箇一工。

城樓工所削邊瓦料：

五樣削邊同瓦，每三十箇一工。

板瓦每六十片一工。

六樣削邊同瓦，每三十五箇一工。

板瓦每七十片一工。

大平身磚，長二尺六寸，濶一尺，每九箇一工。

城磚，原無會估，今議長一尺五寸八分，濶七寸五分，厚四寸，每十箇一工。

新板磚，長一尺四寸五分，濶七寸，厚三寸，每二十箇一工。

裝燒窑匠做模子，木匠隨工量用。內長工七分筭。

以上各項匠工給銀六分，每匠六工，用供作夫十九名，開運鶯房黑土、運黄土夫共二十三名。

運磚料脚價：

舊估斧刃磚每十五箇計三百五十斤作一車，今議磚瓦每車四百斤，每車每里運價三厘五毫。如城內外工所離廠十里以外者用車裝運，十里以內者用夫擡運，照舊估准夫二名，每日擡四次，每扛重一百四十斤，內城工所每扛各減十斤，俱准長工筭給。

何士晉《工部廠庫須知》卷七《街道廳》　工料規則：

修溝渠橋樑等各項合用石料，取之三山給開運價；白城磚取之大通橋磚廠，止給運價。黑城磚、斧刃磚、尺二方磚則窑户辦納給買。價俱臨期照丈尺酌估，多寡不定，其開運召買等價俱有成估，與各差則例同。夫匠工價，惟山陵工所因有內監，比各工所量增。

山陵工所：

紅門內各匠長工八分、短工七分，夫長工五分、短工四分五厘，夯夫長工七分、短工六分。

紅門外各匠長工七分、短工六分，夫長工五分、短工四分，夯夫長工六分、短工五分。

外工所各匠長工六分、短工五分五厘，夫長工四分、短工三分五厘，夯夫長工五分、短工四分。

本差公費：

紙劄筆墨銀，每季銀三兩。

李詡《戒庵老人漫筆》卷一《陸墓促織盆》　宣德時蘇州造促織盆，出陸墓、俗呼母音。鄒莫二家。曾見雕鏤人物，妝采極工巧。又有大秀、小秀所造者尤妙，鄒家二女名也，久藏蘇州庫中。正德時發出變易，家君親見。

顧起元《客座贅語》卷四《筆墨研冠天下》　《澠水燕談》記李後主留意筆札，所用澄心堂紙、李廷珪墨、龍尾研，三物爲天下之冠。又言墨不直廷珪。廷珪父超，易水人，與廷珪度江，至歙州，以其地多美松，因留居，以墨名。本姓奚，江南賜姓李氏，珪或爲邽。珪弟廷寬，于承宴，孫乂用，皆有聞。江南善墨者，又有朱君德、柴詢、柴承務、李文遠、張遇、陳贇，著名當時。其制有劍脊、圓餅、抽墨、進貢墨、供堂墨，其面多作蛟龍，其幕有「宣府」字，或云「宣」，或著姓氏，或別州府。宋仁廟嘗于宴賜近臣墨，其文曰「新安香墨」。其後翰林承賜者皆廷珪雙脊龍樣，尤爲佳品。又《墨莊漫録》載宣政間佳墨，如闞珪、闞瑱、梅鼎、張滋、田守元、曾知唯，不知何許人。又唐州桐柏山張浩製作精妙，遂壓京都。又河東解子誠，又韓偉升，所製久藏膠力皆不乏，精采與新製敵，可與李氏父子甲乙者。又李格非《破墨癖説》言：用薛安、潘谷墨三十餘年，皆如吾意，不覺少有不足。《避暑録話》言：潘衡墨佳，以墨得名，尤用功，可與九華朱僅上下也。又言墨工高慶和，大觀中令取煤製墨，不計其直。又言潘谷親造者黑，它如張谷、陳瞻與潘使其徒造者，皆不黑。

顧起元《客座贅語》卷四《鑄鼎劍于蔣山》 吴皓鑄一鼎于蔣山，紀吴之曆數，八分書。晉懷帝永嘉六年，鑄一鼎，沉于瓜步江中，無文字，鼎似龜形。宋文帝得鰕魚，遂作一鼎，其文曰「鰕魚」，四足。齊高祖諱道成，于齋中池内見龍鬥簫磬，遂埋一鼎，其文曰「龍鼎」，真書，四足。梁武帝大通元年，于蔣山埋一鼎，文曰「大通」，真書；又鑄一鼎，書《老子》五千言，沉之九江中：并蕭子雲書。陳寶帝于太極殿中鑄一鼎，文曰「忠烈」，常侍丁初正書，見梁虞荔《鼎録》。宋後廢帝昱以元徽二年于蔣山頂造一劍，銘曰「永昌」，篆書，見陶弘景《刀劍録》。

朱國禎《涌幢小品》卷一五《供御棬》 唐曹王臯有巧思，精于器用。爲荆南節度使，有羈旅士人懷二棬求通謁，先啓于賓府。觀者訝之，曰：「豈足尚耶？」士曰：「但啓之，尚書當解矣。」及見，臯捧而嘆曰：「不意今日復逢至寶。」指其剛勻之狀，賓佐唯唯。或腹非之，臯曰：「諸公未必信。」命取食柈，自選其極平者，遂重二棬于柈心，以油注棬，滿而不浸溢，蓋相契而無際也。臯曰：「此必開元、天寶供御棬。不然，何以至此？」問其所自，客曰：「在黔得于高力士之家。」

曹學佺《蜀中廣記》卷六六《方物記・井法》 《志林》云：慶曆、皇祐以來，蜀始開筒井，用圜刃鑿如盌大，深者數十丈，以巨竹去節，牝牡相銜爲井，以隔橫入淡水，則鹹泉自上。又以竹之差小者，出入井中爲桶，無底而竅其上，懸熟皮數寸，出入水中，氣自呼吸而啓閉之，一筒可致水數斗。凡筒井皆用機械，利之所在，人無不知。《後漢書》有水鞴，此法唯蜀中鐵冶用之。大畧似鹽井取水筒，太子賢不識，妄以意解，非也。近時射洪士人馬驥譔《鹽井圖説》，云鹽井其來舊矣，先世嘗爲皮袋，井圍徑三五尺許，底有大塘，利饒課重，工力浩鉅，非一載弗克竣，今皆湮没殆盡不可考。民循故業，以納課率多，從竹井制其施爲，次第在井匠董之。凡匠氏相井地，多於兩河夾岸，山形險急，得沙勢處，鳩工立石圈，盡去面上浮土，不計丈尺，以見堅石爲度，而鑿大小竅焉。大竅大鐵釬主之，小竅小鐵釬主之。釬一也，大釬則有釬頭扁竟七寸，有輪鋒利。穿鑿興井日，北口傍樹兩木，横一木於上，有小木滚子，以火掌繩釬，末附於横木滚子上，離井六七步爲一木樁，糾火掌篾而耦舂之，滚竹運釬，自上下相乘矣。匠氏掌釬篾坐井口傍，週遭圜轉，令其竅圓直。初則灌水，鑿之及二三丈許，泉蒙四出，不用客水。無論上石釬觸處俱爲泥水，每鑿一二尺，匠氏命起釬，用筒竹一根約丈餘通節，以繩繫其梢，筒末爲皮錢掩其底，至泥水所在，匠氏揉繩伸縮，皮欱水入，挹滿攪出，泥水漸盡，復下釬鑿焉。次第疏鑿，不計功程力大，較至二三十丈許，見紅石岩口，大竅告成矣。隨議下竹，竹有木竹樺竹二種，木竹取堅也，剖木二片，以麻合其縫，以油灰釁其隙。樺竹出馬湖山中，亦以麻裹之。木竹末爲大麻頭，纍纍節合，下盡全竹，四潰淡水障阻，不能浸淫，迺截去大釬頭，用釬梢鑿小竅，法如大竅，然鑿至二十丈中，見白沙數丈，有鹹水數担，名曰腰脉水，去鹹水不遠。尋鑿之，而鹹水淵涓自見也。水有廣水，晝夜力汲不竭，然味近淡。有鹹水晝夜計有數，然味亦不齊，有一担而煑鹽五六斤者，有八九斤至十二三斤者，顧遇何如耳。厥工既就，始樹樓架高，可似敵樓，上爲天滚，有轆轤聲，制筒索吸水如前吸泥水法。而樞軸則管於車床也，床横木爲槃，槃有兩耳作曲池狀，左右低昂逆施，左揖地右伸，右揖地左伸，循環用力，索盡筒出，鹹水就灰笆潑水，而煎燒有緒矣。轉轆轤者蓋三人爲之，力厚者則制牛車，車狀大力逸而功倍也，此自成井而論耳。若掘鑿之際，釬偶中折而墜其中者，或遭淤泥作阻者，其出法亦巧，而爲器亦異。釬帶火掌篾，而墮者以攬鎌鈎出，爲力易易。惟釬半墮，或止墮釬頭者，取之之法，制爲鐵五爪，如覆手狀，爪背入木數寸，以竹三尺許，劈碎一尺，纏扼爪木令堅緻，上一尺亦劈碎，則活繫撞子釬，不令拘泥偏向，中一尺通其節，以待撞子釬假道撻伐，垂爪入井，爪定所墮釬頭，匠氏從上督索撞子釬，由筒中擊木，木擊五爪，數擊則爪攫鍘釬頭者，牢不可以游滑自匿，雖欲不出不可得矣。若被淤泥填溢大小竅，猶闞格症，然甚者製爲搜子，以和解其膠密。搜子者，鐵條之有嚙齒者也。未甚者，製爲漕釬，以衡擊其脂凝。漕釬者，撞子釬之有嚙齒者也。支解既析，則爲刮筒，以取其泥。刮筒之制，與鹽筒殊科不通其節，而每節之始鑿爲方口，投井中吸泥，亦如汲水式。蓋水可以疏通翕受，泥則踰節不可，是則匠氏作法意也。嗟乎，一井之成，其次第節目如此，亦云勞矣。乃勞歸灶丁，利歸商販，富灶任逸，傭灶任力，終歲窮日，疲竭若何，而微輸又告急矣。至有坍塌而乾賠國課者，有逋負而逃徙流離者，是在上之人寬一分，則民受一分之賜云。

計成《園冶》卷一《興造論》 世之興造，專主鳩匠。獨不聞三分匠七分主人之諺乎，非主人也，能主之人也。古公輸巧，陸雲精藝，其人豈執斧斤者哉。若匠惟雕鏤是巧，排架是精，一梁一柱，定不可移，俗以無竅之人呼之甚確也。故凡造作，必先相地立基，然後定其間進，量其廣狹，隨曲合方。是在主者，能妙於得體合宜，未可拘牽。假如基地偏缺，鄰嵌何必欲求其齊，其屋架何必拘三五間。爲進多少，半間一广，自然雅稱，斯所謂主人之七分也。第園築之主，猶須什九，而用匠什一何也。園林巧于因借，精在體宜，愈非匠作可爲，亦非主人所能自主者。須求得人，當要節用。因者隨基勢高下，體形之端正，礙木刪椏，泉流石注，互相藉資。宜亭斯亭，宜榭斯榭，不妨偏逕，頓置婉轉，斯謂精而合宜者也。借者園雖別內外，得景則無拘遠近，晴巒聳秀，紺宇凌空，極目所至，俗則屏之，嘉則收之，不可町畽，盡爲煙景，斯所謂巧而得體者也。體宜因借，匪得其人，兼之惜費，則前工并棄，即有後起之輸雲，何傳于世。予亦恐浸失其源，聊繪式于後，爲好事者公焉。

計成《園冶》卷一《園説·屋宇·地圖》 凡瓦作，止能式屋列圖，式地圖者鮮矣。夫地圖者，主匠之合見也，假如一宅基，欲造幾進，先以地圖式之，其進幾間，用幾柱著地，然後式之列圖如屋。欲造巧妙，先以斯法以便爲也。

周高起《陽羨茗壺系》 壺于茶具，用處一耳。而瑞草名泉，性情攸寄，實仙子之洞天福地，梵王之香海蓮邦。審厥尚焉，非曰好事已也。故茶至明代，不復碾屑和香藥制團餅，此已遠過古人。近百年中，壺黜銀錫及閩豫瓷，而尚宜興陶，又近人遠過前人處也。陶曷取諸，取諸其制，以本山土砂能發真茶之色香味，不但杜工部云「傾金注玉驚人眼」，高流務以免俗也。至名手所作，一壺重不數兩，價重每一二十金，能使土與黃金争價。世日趨華，抑足感矣。因考陶工陶土而爲之係。

創始

金沙寺僧，久而逸其名矣。聞之陶家云，僧閒靜有致，習與陶缸甕者處。摶其細土，加以澄練，捏築爲胎，規而圓之，刳使中空，踵傅口、柄、蓋、的，附陶穴燒成，人遂傳用。

正始

供春，學憲吴頤山公青衣也。頤山讀書金沙寺中，供春于給役之暇，竊仿老僧心匠，亦淘細土摶胚。茶匙穴中，指掠内外，指螺文隱起可按，胎必累按，故腹半尚現節腠。視以辨真今傳世者，栗色暗鍎，如古金鐵，敦龐冏正，允稱神明垂則矣。世以其孫龔姓，亦書爲龔春。人皆證爲龔。予于吴周卿家見時大彬所仿，則刻供春二字，足折聚訟云。

董翰，號後溪，始造菱花式，已殫工巧。

趙梁，多提梁式，亦有傳爲名良者。

玄錫。

時朋，即大彬父，是爲四名家。萬曆間人，皆供春之後勁也。董文巧而三家多古拙。

李茂林，行四，名養心。制小圓式，妍在樸致中，允屬名玩。

自此以往，壺乃另作瓦缶，囊閉入陶穴，故前此名壺，不免沾缸壇油淚。

大家

時大彬，號少山，或淘土，或雜硇砂土，諸款具足，諸土色亦具足，不務妍媚，而樸雅堅栗，妙不可思。初自仿供春得手，喜作大壺。後游婁東聞陳眉公與琅琊太原諸公品茶施茶之論，乃作小壺，几案有一具，生人閑遠之思，前後諸名家，并不能及。遂于陶人標大雅之遺，擅空群之目矣。

名家

李仲芳，行大，茂林子，及時大彬門，爲高足第一，制度漸趨文巧，其父督以敦古。仲芳嘗手一壺，視其父曰：老兄，這個何如。俗因呼其所作爲老兄壺。後入金壇，卒以文巧相競。今世所傳大彬壺，亦有仲芳作之，大彬見賞而自署款識者。時人語曰：李大瓶，時大名。

徐友泉，名士衡，故非陶人也。其父好時大彬壺，延致家塾。一日，强大彬作泥牛爲戲，不即從，友泉奪其壺土出門去，適見樹下眠牛將起，尚屈一足。注視捏塑，曲盡厥狀。攜以視大彬，一見驚嘆曰：如子智能，異日必出吾上。因學爲壺。變化式土，仿古尊罍諸器，配合土色所宜，畢智窮工，移人心目。予嘗博考厥制，有漢方扁觶、小雲雷、提梁卣、蕉葉、蓮方、菱花、鵝蛋、分襠索耳、美人、垂蓮、大頂蓮、一回角、六子諸款。泥色有海棠紅、朱砂紫、定窑白、冷金黄、淡墨、沉香、水碧、榴皮、葵黄、閃色、梨皮諸名。種種變異，妙出心裁。然晚年恒自嘆曰：吾之精，終不及時之粗。

雅流

歐正春，多規花卉果物，式度精妍。

邵文金，仿時大漢方獨絶，今尚壽。

邵文銀。

蔣伯荂，名時英，四人并大彬弟子。蔣後客于吴，陳眉公爲改其字之敷爲荂。因附高流，諱言本業，然其所作堅致不俗也。

陳用卿，與時同工，而年伎俱後。負力尚氣，嘗挂吏議，在縲紲中。俗名陳三呆子，式尚工，致如蓮子、湯婆、鉢盂、圓珠諸制，不規而圓，已極妍飭。款仿鐘太傅帖意，落墨拙，落刀工。

陳信卿，仿時、李諸傳器具，有優孟叔敖處，故非用卿族。品其所作，雖豐美遜之，而堅瘦工整，雅自不群，貌寢意率，自夸洪飲逐貴游間。不務壹志盡技，間多伺弟子造成，修削署款而已。所謂心計轉粗，不復唱渭城時也。

閔魯生，名賢，制仿諸家，漸入佳境，人頗醇謹。見傳器則虚心企擬，不憚改爲，伎也進乎道矣。

陳光甫，仿供春、時大爲入室。天奪其能。蚤眚一目，相視口的，不極端致，然經其手摹，亦具體而微矣。

神品

陳仲美，婺源人，初造瓷于景德鎮。以業之者，多不足。成其名，棄之而來。好配壺土，意造諸玩，如香盒、花杯、狻猊爐、辟邪、鎮紙，重餽叠刻，細極鬼工，壺像花果，綴以草蟲，或龍戲海濤，伸爪出目，至塑大士像，莊嚴慈憫，神采欲生，瓔珞花蔓，不可思議，智兼龍眠、道子。心思殫竭，以夭天年。

沈君用，名士良，踵仲美之智，而妍巧悉敵。壺式上接歐正春一派，至尚像諸物，制爲器用。不尚正方圓，而笋縫不苟絲發。配土之妙，色象天錯，金石同堅，自幼知名。人呼之曰沈多梳。宜興垂髫之稱。巧殫厥心，亦以甲申四月夭。

別派

諸人見汪大心葉語附記中。休寧人，字體兹，號古靈。

邵蓋、周後溪、邵二孫，并萬曆間人。

陳俊卿，亦時大彬弟子。

周季山、陳和之、陳挺生、承雲從、沈君盛，善仿友泉、君用。并天啓、崇禎間人。

沈子澈，崇禎時人，所制壺古雅，渾樸。嘗爲人制菱花壺，銘之曰：石根泉，蒙頂葉，漱齒鮮，滌塵熱。

陳辰，字共之，工鐫壺款，近人多假手焉，亦陶家之中書君也。

鐫壺款識，即時大彬初倩能書者落墨，用竹刀畫之，或以印記，後竟運刀成字，書法閒雅，在《黄庭》、《樂毅》帖間，人不能仿。賞鑒家用以爲别。次則李仲芳，亦合書法。若李茂林，朱書號記而已。仲芳亦時代大彬刻款，手法自遜。規仿名壺曰臨，比于書畫家入門時。

陶肆謡曰：壺家妙手稱三大。謂時大彬、李大仲芳、徐大友泉也。予爲轉一語曰：明代良陶讓一時，獨尊大彬，固自匪佞。

相傳壺土初出用時，先有異僧經行村落，日呼曰：賣富貴。土人群嗤之。僧曰貴不要買，買富何如。因引村叟，指山中産土之穴去。及發之，果備五色，爛若披錦。

嫩泥，出趙莊山，以和一切色，上乃粘脂可築，蓋陶壺之丞弼也。

石黄泥，出趙莊山，即未觸風日之石骨也。陶之乃變朱砂色。

天青泥，出蠡墅，陶之變黯肝色。又其夾支，有梨皮泥，陶現梨凍色；淡紅泥，陶現松花色；淺黄泥，陶現豆碧色；蜜泥，陶現輕赭色；梨皮和白砂，陶現淡墨色，山靈腠絡，陶冶變化，尚露種種光怪云。

老泥，出團山，陶則白砂星星，按若珠琲，以天青、石黄和之，成淺深古色。

白泥，出大潮山，陶瓶盎缸缶用之，此山未經發用，載自吾鄉白石山。江陰秦望山之東北支峰。

出土諸山，其穴往往善徙。有素産于此，忽又他穴得之者，實山靈有以司之，然皆深入數十丈乃得。弇窖其中，名曰養土。取用配合，各有心法，秘不相授，壺成幽之，以候極燥，乃以陶瓮庋五六器，封閉不隙，始鮮欠裂射油之患。過火則老，老不美觀，欠火則稚，稚沙土氣。若窖有變相，匪夷所思。傾湯貯茶，雲霞綺閃，直是神之所爲，億千或一見耳。

陶穴環蜀山，山原名獨，東坡先生乞居陽羡時，以似蜀中風景，改名此山也，祠祀先生于山椒，陶烟飛染，祠宇盡墨，按《爾雅·釋山》云，獨者蜀。則先生之銳改厥名，不徒桑梓殷懷，抑亦考古自喜云爾。

壺供真茶，正在新泉活火，旋瀹旋啜，以盡色聲香味之蘊，故壺宜小不宜大，宜淺不宜深，壺蓋宜盎不宜砥，湯力茗香，俾得團結氤氳。宜傾渴即滌，去厥渟滓，乃俗夫强作解事，謂時壺質地堅潔，注茶越宿暑月不餿，不知越數刻而茶敗矣，安俟越宿哉。況真茶如蓴脂，採即宜羹，如笋味觸風隨劣，悠悠之論，俗不可醫。

壺入用久，滌拭日加，自發闇然之光，入手可鑒，此爲書房雅供。若膩滓爛斑，油光爍爍，是曰和尚光，最爲賤相。每見好事家藏列，頗多名制，而愛護垢染，舒袖摩挲，惟恐拭去，曰：吾以寶其舊色爾。不知西子蒙不潔，堪充下陳否耶，以注真茶，是藐姑射山之神人，安置烟瘴地面矣，豈不舛哉。

壺之土色，自供春而下，及時大初年，皆細土淡墨色，上有銀沙閃點，迨碙砂和制，縠縐周身，珠粒隱隱，更自奪目。

或問予以聲論茶，是有説乎。予曰：竹廬幽討，松火怒飛，蟹眼徐窺，鯨波乍起，耳根圓通，爲不遠矣。然爐頭風雨聲，銅瓶易作，不免湯腥，砂銚亦嫌土氣。惟純錫爲五金之母，以制茶銚，能益水德，沸亦聲清，白金尤妙，弗非山林所辦爾。

壺宿雜氣，滿貯沸湯，傾即没冷水中，亦急出水寫之，元氣復矣。

品茶用甌，白瓷爲良，所謂素瓷傳静夜，芳氣滿閑軒也。制宜弇口邃腸，色浮浮而香味不散。

茶洗，式如扁壺，中加一盎鬲，而細竅其底。便過水漉沙。茶藏，以閉洗過茶者，仲美、君用，各有奇制，皆壺史之從事也。水勺湯銚，亦有制之盡美者，要以椰匏錫器，爲用之恒。

附

《過吴迪美、朱萼堂看壺歌兼呈貳公》

新夏新晴新緑煥，茶式初開花信亂。羈愁共語賴吴郎，曲巷通人每相唤。伊予真氣合奇懷，閑中今古資評斷。荆南土俗雅尚陶，茗壺奔走天下半。吴郎鑒器有淵心，會聽壺工能事判。源流裁别字字矜，收貯將同彝鼎玩。再三請出豁雙眸，今朝乃許花前看。高盤捧列朱萼堂，匣未開時先置贊。卷袖摩挲笑向人，次第標題陳几案。每壺署以古茶星，科使前賢參静觀。指摇蓋作金石聲，款識稱堪法書按。某爲壺祖某云孫，形制敦龐古光燦。長橋陶肆紛新奇，心眼欹歔多暗换。寂寞無言意共深，人知俗手真風散。始信黄金瓦價高，作者展也天工竄。技道曾何彼此分，空堂日晚滋三嘆。

供春、大彬諸名壺，價高不易辨。予但别其真而旁搜殘缺于好事家，用自怡悦，詩以解嘲：

陽羡名壺集，周郎不棄瑕。尚陶延古意，排悶仰真茶。燕市曾酬駿，齊師亦載車。也知無用用，携對欲殘花。吴迪美曰：用涓人買駿骨，孫臏刖足事，以喻殘壺之好。伯高乃真賞鑒家，風雅又不必言矣。

林茂之《陶寶肖像歌爲馮本卿金吾作》

昔賢制器巧含樸，規放尊壺從古博。我明龔春時大彬，量齊水火摶埴作。作者已往嗟濫觴，不循月令仲冬良。荆溪陶正司陶復，泥沙貴重如珩璜。世間茶具稱爲首，玩賞揩摩在人手。粉錫型模莫與争，素磁斟酌長相偶。義取炎涼無變更，能使茶湯氣永清。動則禁持慎捧執，久且色澤生光明。近聞復有友泉子，雅式精工仍繼美。嘗教春茗注山泉，不比瓶罌罄時耻。以兹珍賞向東吴，勝却方平衆玉壺。癖好收藏阮光禄，割愛舉贈馮金吾。金吾得之喜絶倒，寫圖錫名曰陶寶。一時咏贊如勒銘，直似千年鼎彝好。

俞仲茅《贈馮本卿都護陶寶肖像歌》

何人霾向陶家側，千年化作土赭色。捄來搗治水火齊，去聲。義興好手夸埏埴。春濤沸後春旗濡，彭亨豕腹正所須。吴兒寶若金服匿，貪緣先入步兵厨。于今東海小馮君，清賞風流天下聞。主人會意却投贈，媵以長句縹緗文。陳君雅欲酣茗戰，得此摩挲日千遍。尺幅鵝溪綴剡藤，更教摩詰開生面。圖爲王宏卿一時所寫。一時佳話傾璠璵，堪備他年斑管書。月笋馮園名。即今書畫舫，硯山同仵玉蟾蜍。

周嘉胄《裝潢志・古跡重裝如病延醫》 前代書畫，傳歷至今，未有不殘脱者。苟欲改裝，如病篤延醫，醫善則隨手而起，醫不善則隨劑而斃，所謂不藥，當中醫不遇良工，寧存故物。嗟夫！上品名迹，視之匪輕，邦家用以華國，藝士尊之爲師。師猶父也，爲人子者，不可不知醫，寶書畫者，不可不究裝潢。

又《妙技》

裝潢能事，普天之下，獨遜吴中。吴中千百之家，求其盡善者，亦不數人。往如湯、强二氏，無忝國手之稱。後雖時不乏人，亦必主人精審，于中參究，料用盡善，一一從心，乃得相成合美。俾妙迹投胎得所，芳名再世，功豈淺鮮哉！

又《優禮良工》

良工須具補天之手，貫蝨之精，靈惠虚和，心細如髪，充此任者，乃不負託。又須年力甫壯，過此則神用不給矣。好事者，必優禮厚聘，其書畫高值者，裝善則可倍值，裝不善則爲棄物。詎可不慎於先，越格趨承此輩，以保書畫性命？書畫之命，我之命也，趨承此輩，趨承書畫也。

又《賓主相參》

好事賢主，欲得良工，爲終世書畫之託，固自不易。而良工之得賢主以騁技，更難其人。苟相遇合，則異跡當冥冥降靈，歸託重生也。凡重裝盡善，如超劫還丹，機緣湊合，豈不有神助耶！而賓主定當預爲酌定裝式，彼此意愜，然後從事，則兩獲令終之美。【略】

《大清律集解附例》卷一三《兵律・宫衛・内府工作人匠替役》 凡諸色當班工匠辦驗貨物，各行人役差撥赴内府，及承運庫工作，若不親身關牌，入内應役，僱人冒己名並關牌私自代替及替之人，各杖一百，僱工錢入官。

《大清律集解附例》卷一三《兵律・宫衛・宫殿造作罷不出》 凡宫殿内造作，所管官司具工匠姓名，報所入之處門官及守衛官，就於所入門首，逐一點姓名視形貌，放入工作。至申時分，仍須相視形貌，照數點出。其不出者，絞監候。監工及提調内使監官、門官、守衛官軍點視，如原入名數短少，就便搜捉，隨即奏聞。知而不舉者，與犯人同罪；至死減一等。失覺察者，減三等，罪止杖一百。

《大清律集解附例》卷一《名例・工樂户及婦人犯罪》 凡工匠、樂户犯徒罪者，五徒並依杖數決，訖留住衙門，照徒年限拘役住支月糧其呂傷人，常人盜竊盜掏摸搶奪，發配刺字與常人一體科斷，不在留住拘役之限。住支月糧。其婦人犯罪應決杖者，姦罪去衣留褌受刑，餘罪單衣決罰，皆免刺字。若犯徒、流者，決杖一百，餘罪收贖。【略】

條例

和聲署官俳精選樂工演習聽用，若樂工投託勢要挾制官俳，及抗拒不服拘喚者，聽申禮部送問。就干本司門首枷號一箇用發落。若官俳狥私聽囑，放富差貧，縱客四外逃躲者，叅究治罪，革去職役。

一、婦人有犯姦、盜，不孝並審無力，與樂婦各依律決罰。其餘有犯笞、杖並徒、流、雜犯死罪該決杖一百者，審有力與命婦、軍職正妻，俱令納贖。

褚人穫《堅瓠戊集》卷一《哈打打》 吴中無賴爲人代比較者，計笞數索錢，曰打錢。一人之妻稍積一二金，使銀匠打造二簪，其工值亦曰打錢。無賴夸于妻曰：「我不打，爾那能打。」他日縱妻私于僧，俗謂之打和尚。事露，聞于官，并杖其夫。妻亦慰之曰：「我不打，爾那得打。」聞者大笑。無賴姓哈，人遂稱爲哈打打。

褚人穫《堅瓠己集》卷一《錦城》 孟蜀後主昶于羅城多種芙蓉花，開時四十里如鋪錦綉，高下相照。張立作詩諷之曰：「四十里城花發時，錦囊高下照坤維。雖妝蜀國三秋景，難入豳風七月詩。」及後朝政亂，立又爲詩曰：「去年今日到成都，城上芙蓉錦綉舒。今日重來舊游處，此花憔悴不如初。」能以詩諷諫者矣。《群談采餘》作三國蜀后主，誤。

《天中記》：後主昶于成都城上種芙蓉，花開如錦，因名錦官城。一曰江山明媚如錦也。或曰錦官如銅官、鹽官之類。范至能鎮成都，有《錦官集》，少陵詩「花重錦宫城」，集中凡四見，蜀本作「錦官城」。

褚人穫《堅瓠己集》卷三《儒匠》 有木匠頗知通文，自稱儒匠。常督工于道院，一道士戲曰：「匠稱儒匠，君子儒，小人儒？」匠遽應曰：「人號道人，餓鬼道，畜生道？」

褚人穫《堅瓠己集》卷四《鋸匠詩》 趙東山里中有二執友，其一因投荒過家，其一因磨勘需調，皆栖栖桑榆，猶戀鷄肋。一日，同訪東山，見庭下有鋸匠解木，因以命題。東山口占絶句曰：「一條黑路兩人忙，旁晚相看鬢已霜。你去我來何日了，虧他扯拽過時光。」二人知諷己，相與感嘆罷去。

褚人穫《堅瓠庚集》卷一《范增石像》　天福中，有巧工來自霅川，見石浮于水，嘆曰：「石豈能浮哉？必神使之然也。」夜夢一老人揖而告曰：「吾楚歷陽侯范增也。大功不成，抑鬱而死，未有主我祠者，附石以告君，能留意，必有以報。」工取石以爲像，奉香火惟虔。烟隨風飛，直至蘭谿縣，止于苧峰之巔。邦人歸向，聚木石而成廟，題曰福祐。括蒼王淮詩云：「關中失鹿人爭逐，一去鴻門不可尋。千古英雄死遺恨，封侯廟食更何心。」

錢舜舉咏范增云：「暴羽天資本不仁，豈堪亞父作謀臣。鴻門若遂尊前計，又一商君又一秦。」

陳剛中孚題其墓云：「七十衰翁兩鬢霜，西來一火笑咸陽。生平奇計無他事，只勸鴻門殺漢王。」二絶可謂詩史。

褚人穫《堅瓠庚集》卷一《浣紗女》　伍子胥父兄被殺，逃奔他國，遇女子浣紗問路，恐後人追之，告女子曰：「後有追者，慎勿言。」女即抱石自殞，令員勿疑。後人爲之立廟。瞿宗吉詩云：「偶爾相逢試問途，此情彼意兩俱無。何須草草捐身命，不念雙親體髮膚。」

子胥至吳中，道乞食，遇女子于溧一作瀨。水之上，長跪而進食。胥行反顧，女子已自投于水矣。李白云：「女子溧陽黄山里史氏女也。」

褚人穫《堅瓠續集》卷二《木工禄壽》　《皇明通紀》載：成化十七年三月，工部左侍郎食一品俸蒯祥卒。祥，吳縣人，木工也。父福能，大營繕，永樂中爲木工首，以老告退，祥代之，營建北京宫殿。正統中，重建三殿。天順末，作裕陵。成化間委任尤專，自工部營繕所丞累升至前官，復加禄至從一品，贈祖父母，蔭二子，一爲錦衣千户，一爲國子監生。卒年八十有四。王元美《異典述》載文臣異途有工部左侍郎蒯義、右侍郎蒯鋼、蔡信、郭文英，俱以木工，工部左侍郎陸祥以石工，而無蒯祥名，豈偶遺之耶？

褚人穫《堅瓠廣集》卷一《鐵冶廠》　遵化鐵冶廠爐神，元之爐長康侯也。元遵化縣民康小二爲官鑄鐵，當爐四十日，鐵不熔，費薪炭無數。主者將治之，欲自盡。康有二女勸止之，又恐父獲罪，俱祝天投入冶，鐵應時熔。衆見二女上升飛騰，光焰中若有龍隨之而起。事聞，封其父爲崇寧侯，二女敕爲金、火二仙姑，至今鐵冶祀之。蓋其地有龍潛于爐下，故鐵不傾，二女投下，龍驚而起焚其尾，時有秃龍見焉。

褚人穫《堅瓠廣集》卷三《煉石補天》　《碣石剩談》：女媧煉五色石以補天漏，人多置疑。予見道家祈雨有斬虹之事，念咒作法，麾劍于下而虹即斷于天，即此則知女媧非親升天隙以石補之也。觀煉字之義，想以火煉石于下，而天遂合隙于上，即如斬虹。又或如救護日食月食之説歟？即此而觀，則古之奇迹亦皆常理，又何異焉？

褚人穫《堅瓠秘集》卷三《長短工》　吳中田家，凡久傭于人者謂之長工，暫傭于人者謂之短工，插蒔時而暫喚者曰忙工。《三餘贅筆》云：按《六典》「凡役之輕重，功有長短」，注以四、五、六、七月爲長功，以二、三、八、九月爲中功，以正、十、十一、十二月爲短功。蓋夏至日長至六十刻，冬至日短至四十刻。若一等定功，則枉棄日刻。大約中功以十分爲率，長功加一分，短功減一分，至忙工價幾倍之。

褚人穫《堅瓠餘集》卷四《藍道婆》　《碣石剩談》：嘉靖中，瑞州府有藍道婆者，身具陰陽二體，無髭須，因束足爲女形，專習女紅，極其工巧，大族多延爲女師，教習刺綉織紝之類，即與女子昕夕同寢處。初不甚覺，至午夜陽道乃見，因與淫亂。後至一家女徒伴宿，藍婆求奸，女子不從，尋與父母語其故。因令老嫗試之，果然，首于官，捕至訊實，以巨枷徧游市里。女子曾失身者縊死甚衆。道婆仍杖死。所以人家三姑六婆不許入門，以此。

張潮輯《虞初新志》卷一六高士奇《記桃核念珠》　得念珠一百八枚，以山桃核爲之，圓如小櫻桃。一枚之中，刻羅漢三四尊，或五六尊。立者，坐者，課經者，荷杖者，入定于龕中者，蔭樹趺坐而説法者，環坐指畫論議者，袒跣曲拳，和南而前趨，而後侍者，合計之爲數五百。蒲團、竹笠、茶奩、荷策、瓶鉢、經卷畢具，又有雲龍風虎、獅象鳥獸、狻猊猿猱錯雜其間。初視之，不甚了了；明窗淨几，息心諦觀，所刻羅漢，僅如一粟，梵相奇古。或衣文織綺綉，或衣袈裟水田絺褐，而神情風致，各蕭散于松柏岩石，可謂藝之至矣。

向見崔銑郎中有《王氏筆管記》云：唐德州刺史王倚家，有筆一管，稍粗于常用。中刻《從軍行》一鋪，人馬毛髮，亭臺遠水，無不精絶。每事復刻《從軍行》詩二句，如「庭前琪樹已堪攀，塞外征人殊未還」之語。又《輟耕録》載宋高宗朝，巧匠詹成，雕刻精妙，所造鳥籠四面花版，皆于竹片上刻成宫室人物，山水花木禽鳥，其細若縷，而且玲瓏活動，求之二百餘年，無復此二人。今余所見念珠，雕鏤之巧，若更勝于二物也。惜其姓名不可得而知。長洲周汝瑚言，吴中人業此者，研思殫精，積八九年，及其成，僅能易半歲之粟，八口之家，不可以飽，故習茲藝者亦漸少矣。噫！世之拙者，如荷擔負鋤、輿人御夫之流，惷然無知，惟以其力日役于人，既足養其父母妻子，復有餘錢，夜聚徒侶，飲酒呼盧以爲笑樂。今子所云巧者，盡其心神目力，歷寒暑歲月，猶未免於饑餒。是其巧爲甚拙，而拙者似反勝于巧也。因以珊瑚木難飾而囊諸古錦，更書荅汝瑚之語，以戒後之恃其巧者。

張山來曰：末段議論，足醒巧人之夢。特恐此論一出，巧物不復可得見矣，奈何！

中國第一歷史檔案館編《清代檔案史料叢編》第一一輯《宫中朱批奏摺·三和奏拿獲帶頭拒領工價之翻沙匠童光榮摺乾隆六年八月初七日》 臣三和謹奏，爲奏聞事。

據寶泉局監督丁廷讓禀稱：寶泉局鼓鑄錢文四廠匠役工價，向例按季給發，今值七月給發工價之際，照本部核減之數，每卯給發工價銀二十三兩六錢一分，較從前每卯少銀四兩有奇，各匠因工價不敷應用，竟于七月二十七日四廠俱各停爐，不行鼓鑄。等因。禀報前來。

臣隨即飭令該監督並各廠大使安置諸匠，嚴飭爐頭照常辦理，毋滋事端。其工價果否實係不敷之處，俟本部另行詳查妥議，酌量辦理，諄諄曉諭。其西南北三廠諸匠，俱遵照曉諭，按數支領工價，開爐鼓鑄。惟東廠内有翻沙匠童光榮，唆使諸匠不行支領工價，遇有磨錢匠張文倉不聽唆使，以致彼此角口，童光榮復行凶戮傷張文倉。現經醫治，不至殞命。但童光榮不遵約束，唆使工匠擅自行凶，甚屬可惡。臣隨令該監督拿獲，交送大興縣嚴加審訊究擬外，其餘工匠照常支領工價，開爐鼓鑄。

兹恭逢皇上行圍，委臣暫署寶泉局事務，遂有不法匠役于官廠之内擅自行凶，臣不勝悚惶之至。事雖細微，不足瑣瀆宸聰，第臣職專司其事，理合繕折奏聞。

朱批：知道了。

中國第一歷史檔案館編《清代檔案史料叢編》第一一輯《宫中朱批奏摺·允祹等奏錢廠工人停工索要被扣錢文摺乾隆六年八月二十二日》 和碩履親王臣允祹等謹奏，爲奏聞事。

據署理錢法堂户部侍郎三和告稱：本月初七等日，北廠匠役爲首之劉三等，借稱與爐頭算帳，每爐每卯俱要給錢二十八串，仍復停爐，以致東、南、西三廠傚尤。等語。臣等即知會步軍統領舒赫德委員彈壓，會同該監督等設法安置，令照常鼓鑄，嚴飭各爐頭算帳去後。兹復據三和告稱：十八日酉刻，有西廠各匠口稱要照北廠重算舊帳，上房吶喊，拋磚擲瓦，步軍統領復往彈壓曉諭，各匠始歸號房。等情。

臣等查前因東廠工役停爐滋事，現奉諭旨交部嚴審治罪，伊等自當静候禀遵，照常鼓鑄，即與爐頭有舊欠交涉，亦應按帳從容清算，何得聚衆喧鬧？況步軍統領會同該侍郎、該監督等，又經多方曉諭，乃仍敢抗違不遵，目無法紀，凶頑殊甚。但匠役人數衆多，遽難據理究治，置之于法。而爐頭屢年侵扣亦是實情，今情願還銀與匠役等。現據户部及署理錢法堂侍郎、步軍統領等目擊情形，商酌通融辦理，俟開爐之後，訪查爲首起意之人，再伸國法，與臣等意見相同。理合奏聞。謹奏。

朱批：此等刁風甚屬可惡。京師之地日如此，何以示四方？著舒赫德等嚴訪爲首之人，務必重處，以警其餘。

中國第一歷史檔案館編《清代檔案史料叢編》第一一輯《宫中朱批奏摺·陳德華等奏責令爐頭算帳補給工錢以平停鑄摺乾隆六年八月二十二日》 臣陳德華、臣三和、臣舒赫德謹奏，爲請旨事。

查得户部寶泉局四廠匠役，前因工價不敷，停爐鼓鑄。業經臣三和諭令監督設法安置，俱已照舊開爐，奏聞在案。

今北廠匠役忽于本月初七日仍復停爐，要算本年秋季新帳，並要找算兩年舊帳，每爐每卯俱要工錢二十八串。該監督再三曉諭，堅執不聽。臣三和率同監督携帶原奏稿案，親赴該廠反復指示開導，該匠役執迷不悟，且復恃衆喧鬧。步軍統領派員彈壓，稍得安静，定要算帳，然後開爐。及令爐頭算帳，仍恃衆嚇逼。新舊各帳每卯俱照各匠所要工錢核給，每爐需銀五六百兩不等，又要現銀開發，始行鼓鑄。十八日酉刻，西廠各匠役忽上房吶喊，拋磚擲瓦，要照北廠重與爐頭找算舊帳。步軍統領撥兵看守，該監督再三勸諭，始歸號房。南廠東廠俱經停爐觀望，要算舊帳，找給工價。

查該匠役等皆屬無籍頑民，從前康熙、雍正年間俱有抛磚擲瓦，圖争工價之事，惡習相沿，已非一次。現在争鬧，究係爐頭屢年侵扣所致。隨飭令爐頭算帳，暫時安頓。若不給以銀兩，勢必復行喧鬧，難于安置。户部四廠匠役共有二千餘人，若欲查拿爲首，則群聚廠内，實有驟難拿獲之勢。況工部兩廠亦有千餘人，或復傚尤而起，則以三千無籍之徒，此倡彼和。各廠分頭派兵擒拿，京畿重地，殊失觀瞻。

臣等再四思維，仰體皇上息事寧人之至意，仍嚴飭爐頭自行料理，而爐頭等一時無措，力不能償。暫將現存局庫冬季工料銀兩借給爐頭，令爐頭按數分給各匠，俾各匠帖然心服，照舊開爐鼓鑄，仍于爐頭名下分年按季扣還，以清帑項。俟開爐之後，密訪爲首起意之人，查拿交與刑部嚴加審擬，從重治罪。至各匠工價作何酌定永遠遵行之處，臣部會同工部妥議奏請。臣三和親往該廠目擊情形，臣舒赫德親赴彈壓，見各匠冥頑無知，稔思熟計，會商辦理。

是否可行，伏乞皇上訓示遵行。爲此謹奏請旨。

朱批：已有旨了。

中國第一歷史檔案館編《清代檔案史料叢編》第一一輯《宫中朱批奏摺·舒赫德奏派兵彈壓停鑄索要工錢工匠情形摺乾隆六年八月二十二日》 兵部左侍郎·辦理步軍統領事務臣舒赫德謹奏，爲奏聞事。

户部錢局工匠今年秋季算帳，因工費不敷，四廠俱停鼓鑄。後爐頭等準照從前每卯算銀二十八兩，並許以向後俱照此算給，三廠工匠已開爐鼓鑄。唯北廠工匠尚不開鑄，執意索錢二十八串，且欲將從前爐頭扣克伊等之戥頭成色，俱算明給清，方肯開鑄。勒措數日，總理事務之王大臣等，恐此輩愚頑無知，或生事端，令臣遣人彈壓。臣即派步軍副尉四員到廠詢問，並令確看有無生事情形。據伊等回稱：工匠等以爐頭扣克，養贍無資，今將帳目算清，將來方可工作。察其情形，只在廠内講論，並無上牆登屋生事之處。等語。

臣猶恐工匠等俱係頑劣之人，且爲數衆多，或別生事端，亦未可定。仍密令該處弁兵四面巡防。嗣于八月十七日，該步軍副尉禀稱：連日北廠算帳，爐頭俱照伊等所言準算，而工匠等尚欲現在如數清楚，爐頭等又不能一時給完，兩相支撑，尚在未定。等語。十八日起更時分，該步軍副尉禀稱：西廠工匠聞得北廠如此算帳，亦欲一律算清，現在俱登廠内土堆，抛磚擲瓦喊叫。等語。臣一面傳集弁兵，繞廠看守，隨親身前往，諭令下堆，委明白人見臣講話。工匠等初猶伏身土堆，作下來之狀，後竟齊聲喊叫，抛擲磚瓦。臣思此輩動輒上堆喊鬧，雖屬向有之惡習，將來該管大臣查明爲首者，自必重加懲治。但喊鬧之際，不可不使其知所畏懼，因曉諭若再如此刁劣，即施放鳥槍，而工匠等仍不下堆。臣隨令施放空槍數聲，工匠等恃其人數衆多，雖仍喊叫，然不敢抛擲磚瓦，稍知畏懼。臣令署步軍總尉伸布，率領本處弁兵，圍廠彈壓。十九、二十、二十一等日，因爐頭等允其算帳，俱無登高喊鬧之事。其餘三廠，臣亦遣派弁兵四面巡防。所有西廠喊嚷情形，理合奏聞。

至于作何安置料理，臣因目擊情形，且京師地方係臣之責，是以不敢歧視。謹會同該管大臣悉心妥計，另摺具奏。合併聲明。臣謹奏。

朱批：辦理殊怯矣！此等刁民，即槍傷一二何妨？彼見空槍，所以益無忌憚也！

中國第一歷史檔案館編《清代檔案史料叢編》第一一輯《宫中朱批奏摺·蔣炳奏户部錢局匠役停爐索要克扣工資摺乾隆六年八月二十四日》 順天府府尹·紀録六次臣蔣炳謹奏，爲奏聞事。

竊户部錢局有匠役停爐逞凶一案，前欽奉諭旨，將東廠行凶之童光榮拿交刑部，嚴審治罪。欽遵在案。

今聞該局四廠俱復停爐，匠役等借稱與爐頭算帳，勒索兩年以來扣克工價爲由，于十八日聚集數百人，在廠中肆行擾嚷。步軍統領親往彈壓，監督等再三曉諭，押令爐頭與之算帳，方歸號房。數日來，尚未寧貼。其應如何措置之處，户部堂官等自妥議辦理。臣伏思輦轂之下，乃有此等頑梗不法之凶徒，敢于停爐聚衆，情罪甚屬可惡。其中爲首之人，自應置之于法。但現在聚集多人，俱屬亡命之徒，則查拿尤須慎密，非可造次，更致滋擾。而爐頭等平時扣克實有，以致其憤争。且匠役本係爐頭雇募之人，則該爐頭亦應一並懲究。

再，工部錢局之爐頭匠役，現各安分工作，恐其中有狡黠之徒，妄生觀望傚尤之念。似應仰請敕下工部堂司官，加意撫綏，善爲經理，俾得安心力役，庶不致又生事端。

臣謹據所聞，謬抒愚見。是否可採，伏候聖裁。謹奏。

朱批：知道了。

中國第一歷史檔案館編《清代檔案史料叢編》第一一輯《宮中檔案》一八二卷《喀寧阿等奏議改「雇工人」條例摺乾隆五十一年四月十六日》 刑部尚書・降四品頂帶・仍帶革職留任臣喀寧阿等謹奏，爲申明例義，酌加增易，以便援引，以昭愼重事。

竊查例載：雇倩工作之人，若立有文契年限及雖無文契而議有年限，或計工受值已在五年以上者，于家長有犯，均依雇工定擬。其隨時短雇，受值無多者，仍同凡論。又雇工雖無文契而議有年限，或不立年限而有主僕名分者，如受雇在一年以内，有犯尋常干犯，照良賤加等律，再加一等治罪；若受雇在一年以上者，即依雇工人定擬。其犯姦、殺、誣告等項重情，即一年以内，亦照雇工人治罪。若只是農民雇倩親族耕作、店鋪小郎以及隨時短雇，並非服役之人，應同凡論。各等語。是辦理雇工之案，臣以文契年限爲憑，尤當詢其有無主僕名分及是否服役之人。如有主僕名分，雖無文契年限，而一經受雇，即爲服役之人，故在一年以内有犯尋常干犯，照良賤加等律，再加一等；若犯姦、殺等項重情，即以雇工人治罪。嚴雇工者，所以重名分也。若無主僕名分，則是雇倩工作之平民，雖議有年限工價，並非服役，彼此無良賤之分，故例同凡論。寬平人者，所以愼庶獄也。例文互載分明，引斷不容牽混。

茲據山東巡撫明興題王成子强姦雇主王克仁之妻邢氏不從，將邢氏砍死一案。緣王成子與王克仁同姓不宗，乾隆五十年二月初二日，王成子雇與王克仁家傭工，言明十月爲滿，工價制錢七千文，未立文契。九月初一日，王成子同王克仁自地回家，王克仁外出，王成子見邢氏坐地颺簸芝蔴，頓萌淫念，拉氏求姦，邢氏不從喊罵。該犯恐人聞喊往捕，頓起殺機，即取菜刀砍傷邢氏頂心殞命。將王成子依雇工殺家長期親律，凌遲處死。又題齊剛謀殺雇主呂季常一案。緣齊剛于乾隆五十年正月雇與呂季常家工作，言定工價小錢六千五百文，未立文契。胡氏因其懶惰，時加村斥。十月間，胡氏將一年工價付清，令其他往，齊剛延挨未去。十月十三日，胡氏更加辱詈，不與飯食。齊剛懷恨，蓄意謀害。即于是夜三更，携帶槍頭，越牆進院。胡氏聞聲出視，齊剛即用槍頭向戳未中，胡氏喊救躲避。呂季常持棍趕出，擊落齊剛所執槍頭。齊剛閃進草屋，携出鍘刀，砍傷呂季常胳膊倒地，趕入屋内，用刀砍傷胡氏頂心殞命。將齊剛依雇工謀殺家長律，凌遲處死。各等因。先後具題到部。

臣等詳核二案，王成子同王克仁在地工作，齊剛在呂季常家工作，均不過尋常庶民之家一同力作，無分良賤，即屬農民雇倩耕作之人。且王成子自二月至九月，齊剛自正月至十月，受雇均在一年以内，並非日久，工價均止數千文，受值亦屬無多。既無主僕名分，即與服役不同。按之律例，王成子强姦殺死本婦，例應斬決；齊剛謀殺人命，律應斬候。今該撫因其有十月爲滿及每年工價若干之語，謂之議有年限，而不論其有無主僕名分，治以因姦故殺家長期親及謀殺家長之罪，擬以凌遲處死。查凌遲處死係屬極刑，惟謀反、逆倫等案，罪大惡極，始定此無可復加之罪。今以農民雇倩耕作之人，並無主僕名分，因其謀故情重，即與謀反、逆倫等案同一科斷，殊覺輕重不倫。且如該撫所題，不問其有無主僕名分，即以雇工定擬，是凡農民雇用長工，但有言明一二年爲滿者，皆得同于服役之人。設被雇主毆殺，即依毆殺雇工律，止擬杖徒，不同凡人問擬絞抵，不惟幸寬雇主之罪，且長凌虐工人之風，更恐食力良民不甘爲服役之人，致絶其謀生之路。揆之情理，均未允協。

惟是例文内載雇工雖無文契而議有年限，或不立年限而有主僕名分者，本係一氣相承，原無岐誤。但外省問刑衙門未能貫通例義，往往僅執議有年限一語爲斷，而不問有無主僕名分，俱以雇工論，以致辦理雇倩平民之案，擬入重刑，已屬失當。設遇雇主毆死此等無主僕名分之雇工，轉得從輕擬徒，尤非所以懲凶徒而重人命。雖近年來，臣部隨案駁正，尚無錯誤，但與其逐案改駁，不如申明例文，共知遵守。臣等公同酌議，應請嗣後官民之家，除典當家人，隸身長隨，以及立有文契之雇工仍照例定擬外，其餘雇工之人，如無文契，不論議有年限與否，總以有無主僕名分，是否服役之人爲斷。如有主僕名分，爲之服役者，即照例以雇工論；若非服役之人，只是農民雇倩耕作、店鋪小郎，既無主僕名分，不論是否親族，俱依凡人科斷。如此明立界限，庶援引既無牽混，平民不致輕入極刑，雇主亦不得幸邀寬縱，于刑名益昭愼重矣。如蒙俞允，臣部將例意修纂明晰，並通行直省問刑衙門一體遵辦。

所有山東省王成子、齊剛二案，即照本犯謀故殺例，改擬具題。是否有當，伏候聖明訓示遵行。爲此謹奏請旨。

中國第一歷史檔案館編《清代檔案史料叢編》第一一輯《宮中檔案》一八二卷《諭和珅等會同刑部詳議「雇工人」條例乾隆五十一年四月十六日》 乾隆五十一

年四月十六日奉旨：刑部奏酌改雇工致死家長條例一折，立意雖覺近是，但向來雇工謀、故殺家長者，例應問擬凌遲，原所以重主僕名分。若僅雇倩佃户及店鋪雇覓傭作之類，並無主僕名分，亦未服役者，俱照雇工例概擬極刑，則雇主毆死雇倩平民，皆得援例問擬杖徒輕罪，殊未允協，自應分别科斷。但雇工與雇倩平民如何區别主僕名分及是否服役之處，必須明立界限，庶問擬兩不相混。刑部所奏尚未詳盡，著交軍機大臣會同該部詳晰酌議具奏。欽此。

中國第一歷史檔案館編《清代檔案史料叢編》第一一輯《宮中檔案》一八二卷《和珅等奏遵旨議改「雇工人」條例折乾隆五十一年四月十九日》　臣和珅等謹奏，爲遵旨詳議具奏事。

本月十六日，刑部具奏雇工致死家長，請申明例義，酌加增易一折，本日奉旨：刑部奏酌改雇工致死家長條例一折，立意雖覺近是，但向來雇工謀、故殺家長者，例應問擬凌遲，原所以重主僕名分。若僅雇倩佃户及店鋪雇覓傭作之類，並無主僕名分，亦未服役者，俱照雇工例概擬極刑，則雇主毆死雇倩平民，皆得援例問擬杖徒輕罪，殊未允協，自應分别科斷。但雇工與雇倩平民如何區别主僕名分及是否服役之處，必須明立界限，庶問擬兩不相混。刑部所奏尚未詳盡，著交軍機大臣會同該部詳晰酌議具奏。欽此。仰見我皇上正名定分、詳慎庶獄之至意。

查服役雇工與雇倩平民，名分本自判然，但不明立界限，細爲區别，援引終多牽混。刑部議奏僅以有無主僕名分、是否服役之人爲斷，尚屬籠統定議，未能條分縷晰，誠如聖諭所奏尚未詳盡。臣等公同酌議，應請嗣後除典當家人、隸身長隨以及立有文契服役之雇工仍照舊例定議外，凡官民之家，如車夫、廚役、水火夫、轎夫及一切打雜受雇服役者，平日起居不敢與共，飲食不敢與同，並不敢爾我相稱，係聽其使唤之人，是有主僕名分。無論其有無文契年限，均照例以雇工論。若農民佃户雇倩耕種工作之人，並店鋪小郎之類，平日共坐同食，彼此平等相稱，不爲使唤服役者，此等人並無主僕名分，亦無論其有無文契年限，及是否親族，俱依凡人科斷。

如此詳細分晰，庶服役雇工與雇倩平民各有明條，而主僕名分及是否服役之處亦有界限。内外問刑衙門遇有雇工干犯家長及殺傷之案，並家長殺傷雇工與雇倩平民互有殺傷等案，援引得有依據，擬罪亦昭允協矣。如蒙俞允，刑部即將此例纂入例册，並將舊例删除，通行直省問刑衙門一體遵辦。所有山東省王成子、齊剛二案，該撫因其姦殺情凶，擬以凌遲，于原例内若犯姦殺、誣告等項重情，即一年以内亦照雇工人治罪一條符合。今既分别界限，立定科條，應請將此二案即照新例改擬具題。

謹將遵旨會同詳議緣由，繕摺復奏請旨。

乾隆五十一年四月十九日奉旨：依議。欽此。

傅恒等《皇輿西域圖志》卷三一《兵防一・烏什》　採銅兵二百五十名，乾隆三十一年設五十名，三十二年增一百名，三十五年增一百名如今額。

王應奎《柳南續筆》卷二《竹器》　嘉定竹器爲他處所無，他處雖有巧工，莫能盡其傳也。而始其事者，爲前明朱鶴。鶴號松隣，子纓，號小松，孫稚征，號三松。三人皆讀書識字，操履完潔，而以雕刻爲游戲者也。今婦人之簪，有所謂「朱松隣」者，即以創始之人名之耳。

阮葵生《茶餘客話》卷九《學術・張漣父子壘山》　華亭張漣，字南垣，少寫人物，兼通山水。能以意壘石爲假山，悉仿營邱、北苑、大癡畫法爲之。巒嶼澗瀨，曲洞遠峰，巧奪化工。其爲園則李工部之橫雲，盧觀察之預園，王奉常之樂郊，錢蒙叟之拂水，吴吏部之竹亭，爲最有名。漣既死，子然繼之，在國初時游京師，如瀛臺、玉泉、暢春苑皆其所布置。先是米太僕友石，有勺園在西海淀，與武清侯清華園相望，亦曰風烟里。今暢春苑即兩園舊址，王宛平相國怡園，亦然所作。吴梅村爲南垣作傳，而世遂謂假山創自南垣，非也。唐人詩中咏假山者甚多。晉會稽王道子，開東第，築山于府城内，武帝嫌其修飾太過，道子甚懼。晉武陵王貧，有怨心，名其後堂曰首陽山。其由來久矣，不獨宋之花石綱也。梅村傳中述漣語云：「吾以此術游江南，數十年中，名園别墅，屢易其主。名花奇石，經吾架構，未幾而他人輦去，吾復爲位置者亦多矣。」昔人詩云：「終年累石如愚叟，倏忽移山是化人。」又云：「荷杖有兒扶薄醉。」謂南垣父子也。

《[乾隆]石屏州志》卷八《兵防志・雜紀》　桔槔，俗名龍骨車，明知州曾所能教民用之。

李斗《揚州畫舫録》卷四《新城北録》中　八大刹佛作，媲美蘇州。而重寧寺佛作，則照内工做法。佛像鐫胎用鋸匠，砍造坯木匠，合縫、較驗、下膠木匠、雕鑾匠。不拘文武，雕做胎形，眉眼衣紋、天衣風帶、頭盔甲胄，護法勇士站像，攢裝胎骨法身，皆以高之尺寸，照行七坐五涅盤三歸之，歸後以自乘。自乘後，行用十九歸除，坐用十三歸除，涅用七，因以見方尺。魚膠銼草，折料分等，增胎立骨，糙泥一次，襯泥一次。長面像衣紋一次。挑眉眼衣摺，光壓細泥又二次，細泥粘做又一次；臟膛硃紅油二次。黄土、西紙、砂子、麥糠、麻莖，屬之塑工。橔木、柏木、銀硃、光油、雨點釘、黄米條、鐵絲，屬之木工。文武站像，半文半武，甲胄武扮，折料增損有差。脱紗堆塑泥子坐像，法身折料，增以秋秸、油灰。脱紗使布十五次。長面像衣紋，熟漆灰一次，墊光漆二次，水磨二次，漆灰粘做一次，臟膛硃紅漆二次。桐油、夏布、魚子、磚灰、嚴生漆、籠罩漆、退光漆、漆硃、土子面，屬之脱紗匠。又鐫胎汁漿一次，長面像衣紋，包紗溜縫布二次，壓布灰、中灰、細灰各一次，墊光漆水磨各二次，漆灰粘做一次，臟膛硃砂漆二次，折料如脱紗，屬之包紗匠。糙漆颾金，增以瀩腦紅金、黄金，屬之彩漆匠，篩掃有差。又五彩裝顔，全身渾放水金、瀝粉、貼金。天衣風帶描泥金做法，廣膠、白礬、青粉、土粉、白麵、西紙、砂紙、定粉、赭石、廣花、硃砂、雄黄、川二硃、石黄、籐黄、胭脂、天大青、天二青、南梅花青、石大緑、石二緑、石三緑、紅金、黄金、貼金、鷄蛋，屬之裝顔匠。文扮武扮，半文半武，番佛、跟伴、娃娃、鬼判、難人、赤身妝各樣肉色，短衣、腰裙、護肩、頭箍、花冠、耳環、鐲釧、纓絡、人頭數珠，開眉眼，點朱唇，鏇螺髮，哨黑髮，硃髮有差；如華蓋、琵琶、降魔杵、九環錫杖、流雲托、多寶瓶、寶塔鈴、救度佛母脚蓮葉瓣、豹尾槍、鉞斧、牛耳刀、弓箭、翎篁弦扣、藤牌、獸面、鬃纓、鏻巴瓶、龍女寶珠盤、寶幡、方旗、風火輪、劍輪尖鋒、雲頭、三楞火焰杵、紅白蘿蔔、巴里果、連環圈、番草、寶珠、哈搭棒、仙枕、經板、哈巴里鼓、噶巴里碗、雕江洋血水、骷髏棒、羽扇，皆爲雕鑾之職。鉢盂、數珠，屬之鏇匠。若寶座、寶床、佛座、佛龕、築地、平等座、托泥、圭角、棚牙，起綫雕做分心花、番草葉、方色條、巴達馬面板、底板、托棖、穿帶竪棖、替木、棱花、岔角、金剛柱、八寶净瓶、仰覆蓮，大鵬、孔雀、羚羊、獅、象、海馬、異獸，開眉眼唇齒牙爪，細撕鬃髮，羽翼翎毛，背光八字托皮條綫，紫草邊雕做番草，底板攢做穿帶，開挖鏡光口槽，三寶珠、龍女雕做面像衣紋天衣風帶，草獸頭雕做唇齒麟甲角須，流雲鏡托，渠花蓮瓣，韋馱流雲、背光、脚托、穿帶、布袋床屏風、特腮、玲瓏搭腦、墜脚、耳子、羅漢床、卷珠、雲連、三寶塔、佛龕、夾堂、跕板、歡門、襯平、魚門、香草邊同腰箍帶、巴達馬、寶塔三叠落、八角座子、十三天、四出軒、須彌座帶、仰覆蓮座之類，皆以松橔椴木爲最，合縫捽口，雕鑾有差。至于執事寶座，金漆油畫則例同科。佛座、獅犼、象、神馬、神騾、神牛、鞍韂、鞦轡、纓絡、虎、豹、熊、犬、羊、狼、鶴、鶯、鸚鵡諸類，金漆油畫亦同科。其彩畫廊牆，一爲進貢、奏樂、仙人、山水、樹木、橋梁、彩雲、地景；一爲十王、司主、諸星、童子、插屏、帳幔、牆垣、地景；一爲關帝、二十四功曹、二十四注解、北極、五祖、天師出迹；一爲淡五色救八難、菩薩、神將、仙人、進貢童子；一爲青龍、白虎、朱雀、玄武、出入巡、萬聖朝禮、祖師從神等；一爲番像、羅漢、菩薩、喇嘛、從神、仙人；一爲四值功曹；一爲印子佛、背光、蓮座；一爲龜蛇、水獸、裝草、緑色龜背錦。其花冠、耳環、袍服、執事、頭箍、補服、盔甲、靠背、屏風，均同科。惟佛像銅胎十六臂至三十六臂滲金，霉洗見新，司之于霉洗匠。所用折料，爲鹹、烏梅、木柴、粗白布。

佛龕例闊五尺九寸三分，進深一尺七寸五分，高四尺七寸。用柱四，垂柱四，雕西番蓮箍頭枋四，簾籠枋四，頂盤一，兩山板二，後身板一。其須彌座、托泥、面枋、束腰、串帶、心子板三方、上下仰覆蓮、絛環牙子。迎面采臺雕凹面漢文、夔龍、荷葉、净瓶、欄杆，挖魚門洞，中雕如意香草牙子二，起螳螂肚，雕菊花心，欄杆柱子雕回文錦、歡門、虎爪牙子。毗盧帽三，起香草如意綫，雕西洋蓮瓣、藏字、金鈴、寶杵，諸式備具。供桌亦曰龍供案，例闊六尺，進深二尺，高三尺，番草、卷珠、灣腿、香草、夔龍、絛環、螳螂肚、菊花心、牙板、羅頭鼓牙，通起兩柱香綫，如意雲頭成做。香圓几，周圍絛環、摺柱、持腮、鼓牙、蜻蜓腿、番草、卷珠、素綫、雲頭成做。供櫃長二尺七八寸至八尺不等，寬二尺，高二尺七寸，四面幫板，荷包牙子，或灣腿彭牙。經桌長四尺，寬一尺一寸五分，高一尺七寸，束腰、折柱、托腮、琴眼、抽屜具備。坐床長四尺，寬二尺，高七寸，琴眼、束腰做法。藥師壇城，外面方亭柱磉、翼飛檐，寶頂鑲嵌城門、城垛子、城樓，每夜燃燈，謂之藥師燈。供獻備五號供托，椴木雕各色果子及荷包、靈芝、珊瑚樹。

三世佛殿上，仿永明寺塔式，鑄銅塔二座，設于兩楹。用紫檀木做托泥、圭角、方色、巴達馬、束腰、穿帶、托棖。月牙座，用銅做葫蘆寶頂、火焰狻、花岔角、羚羊、獅、象、西洋欄杆、净瓶。塔門大銅框，連做梓口月牙，塔身龍面，挖做瓦壟，周圍護如意雲，吉祥寶珠、珠雲方勝、鮎魚墜角、墜纓、太極圖、寶帶、番草邊、卷珠、玲瓏、羚羊、獅、象、龍女，無不備具。《景福殿賦》云「寠數矩設」，古之陳設大半以雙不以單。昔廣州光孝寺建塔二，凡七層，合相蓮花座，崇二丈有二尺，並立一屋中，修短不齊，一記一題名，後之屋中立雙塔者本此。至以一塔陳設者，則天寧寺行宫鐵塔，已入大内。今揚州肆中有玉寶塔一，仿報恩寺塔式，按九宫、八卦、三元，高九尺九寸，計九層，合塔材、大木、雕鑾、鏇、鋸、瓦匠、土工、發券、地丁、錠鉸、裝修，及斗科、各斗口、平身、柱頭角科諸作之事，皆以玉爲之。柱桁之屬，則如砍刨出細；榫眼則開透極管脚雌雄之制。其他起槽、起綫、平囊、刎縫、刎囊、穿揹、穿帶、落堂、下槽，極盡詭異，拆下俱成片段。第一層白玉佛四，八方殿宇牆垣，皆刻玉佛八十有八。其餘八層，内貯金佛四尊，門外以青金石爲扁額。惟無陳石亭文、盛雲浦賦、焦澹園《乞化緣疏》爲憾事。此又備一塔爲陳設者也。

方丈在大殿西廊。門内四圍皆竹，中有方塘，水木明瑟，繚白縈青，松幢葆蓋，清香透毛骨。山門右廊，沿塘入方丈門内，前堂後閣，右爲禪堂、僧厨，沿塘至對面爲飯堂。開山僧了凡，陽羨人，幼以梵學著名，與萬應馨友善，學者依之。甲辰主寺講席，每一出，擁輿者百餘人，巷陌聚觀，喧闐鷄犬，酬唱妙語，不減蓮社。了凡後，蓮性寺僧傳宗主之。了凡以善相稱，傳宗以善數稱，皆絶技。揚州相術，胡文炳爲最，田子豊次之。數學則有希賢子、滴露齋、摟寧居士三家。喬樗友、吴曰達、李如松次之。

東園，在重寧寺東。先是郡中東園有二：天寧寺之東園，即蘭若，係天寧寺下院分房；蓮性寺之東園，即賀園，皆非今江氏所構之東園也。江氏因修梅花書院，遂于重寧寺旁復梅花嶺，高十餘丈，名曰東園。建枋楔，曰麟游鳳舞園。門面南，高柳夾道，中建石橋，橋下有池，池中異魚千尾。過橋建廳事五楹，賜名「熙春堂」及「春色芳菲入圖畫，化機活潑悟鳶魚」一聯。御製詩云：「重寧寺側堂，詄蕩靄韶光。老柏蔚今色，時梅發古香。玲瓏湖石徑，淡沱綉漪塘。適以熙春額，同民樂未央。」堂後廣厦五楹，左有小室，四圍鑿曲尺池，池中置磁山，别青、碧、黄、緑四色。中構圓室，頂上懸鏡，四面窗户洞開，水天一色，賜名「俯鑒室」及「水木自清華，方壺納景；烟雲共澄霽，圓鏡涵虚」一聯。御製詩云：「流水泌園階，文魚游可數。匡床近潛置，鑒影座中俯。開奩照鬚眉，靚面忘賓主。設雲堪喻民，其情大可睹。」是室屋脊作卍字吉祥相。室外石笋迸起，溪泉横流，築室四五折，逾折逾上，及出户外，乃知前歷之石橋，熙春堂諸勝，尚在下一層。至此平臺，規矩更整，登高眺遠，舉江外諸山及南城外帆檣來往，皆環繞其下。堂右廳事五楹，中開竹徑，賜名「琅玕叢」。其後廣厦十數間，爲三卷廳，廳前有門，門外即文昌閣。

李斗《揚州畫舫録》卷八《城西録》 姚澍，字雨田，江都明經，工制藝。居雙橋，從之學者如雲，弟子入泮，試卷皆書「雙橋書屋課藝」。今館于揚州周氏。周氏以酒爲業，揚州市酒以戴氏爲最，謂之戴蠻；次則周氏，謂之周六槽坊，皆鬻木瓜酒。若鎮江府百花酒，揚州盛行之，則有郭咸泰。郭氏丹徒人，郭晉字霽堂，官中書。弟堃，字厚庵，諸生，皆工詩文。同時甘泉李周南，字冠三，亦多門弟子，稱盛事。

李斗《揚州畫舫録》卷九《小秦淮靈》 夏漆工娶梨園姚二官之妹爲婦，家於頭巷，結河房三間。漆工善古漆器，有剔紅、填漆兩種，以金銀鐵木爲胎，朱漆三十六次，鏤以細錦，合有蔗段、蒸餅、河西、三撞、兩撞諸式。盤有方、圓、八角、綠環、四角牡丹花瓣諸式，匣有長方兩三撞諸式，呼爲雕漆器。以此至富，故河房中器皿半剔紅，并飾之楯檻，爲小秦淮第一朱欄。【略】

吴縣葉御夫裝潢店在董子祠旁。御夫得唐熟紙法，舊畫絹地雖極損至千百片，一入葉手，遂爲完物。然性孤直，慎結納，不以技輕許人。

李斗《揚州畫舫録》卷一二《橋東録》 江晟，字聿亭，號平西，少喜乘馬，足跡遍天下。晚年與安拜齋製車輪輞，皆倣古制，尺寸不失，用兩人前後駕引，上張帷幕枕衾，稱巧構。遂因拜齋之字，西平之號，名平安車。汪昌言寫貌，方士庶繪圖，刻石，傳爲盛蹟。江振鵾，字岷高，工詩畫。【略】

江恂，字禹九，號蔗畦，官蕪湖道。工詩畫，收藏金石書畫，甲于江南。子德量，字秋史，乾隆庚子榜眼，官御史。好金石，盡閲兩漢以上石刻，故其隸書卓然成家，所書《武安王廟碑》，筆力遒勁。善畫人物，得古法。死之前一年，忽以端石數寸許作漢碑式，囑其弟墨君鐫其姓氏爵里，筆畫精妙，時以爲讖。德地字墨君，布衣。【略】

江增，字兆年，號曜生。性好山水，于黄山下構卧雲庵自居。制茶擔以濟勝，行列甚都，名曰「游山具」。剞柳木令扁，以繩繫兩頭擔之，謂之「扁擔」。蒙以填漆，上書庵名，擔分兩頭，每一頭分上中下三層，前一頭上層貯銅茶酒器各一。茶器園以銅，中置筒，實炭；下開風門，小頸環口修腹，俗名茶鑵。酒器如其製，而上覆以銅，四旁開竇，實以酒插，名曰「酒鑵」，俗呼爲四眼井。旁置火箸二，小夾板二，中夾卧雲庵五色箋，小落手袖珍《詩韻》一，硯一，墨一，筆二。中層貯錫胎填漆黑光面盆，上刺庵名。濃金填掩雕漆茶盤一，手巾二，五色聚頭扇七。下層爲櫝，貯銅酒插四，瓷酒壺一，銅火函一，銅洋罐一，宜興砂壺一，烟合一，布袋一，捆炭作槖，置之袋中，此前一頭也。後一頭上層貯秘色瓷盤八，中層磁飲食臺盤三十，斑竹箸一十有六，銅手爐一，填漆黑光茶匙八，果叉八，錫茶器一。取火刀石各一，截竹爲筒，以閉火。下層貯銅煖鍋煮骨董羹，傍列小盤四，此後一頭也。外具乾瓠盛酒爲飄賁，截紫竹爲簫，以布捆老斑竹烟袋，并挂蒲團大小無數于扁擔上。江鄭堂爲之作《游山具記》。每一出游，湖上人皆知爲臞生居士來也。

江士珏，字荔田，居徽州。善鼓琴，能擘窠書，精于刻石。住黄山數十年，號天都山人。常于山中懸崖令采炭人縋己，下臨萬丈，于崖壁上刻方丈大字，或曰「荔田讀書處」，或曰「荔田彈琴處」，不一而足。始信峰有山人琴臺。乾隆乙卯來揚，寓桃花庵半年。【略】

吴獻可，太倉州人。梅村之孫，西齋之子。通經史，究名法之學，方伯延于家二十年。子完夫，工鎸印、琢硯，極奇巧之技。

谷麗成，蘇州人。精宫室之制，凡内府裝修由兩淮製造者，圖樣尺寸，皆出其手。

潘承烈，字蔚谷，亦精宫室裝修之制，而畫得董、巨天趣。【略】

顧廉，字又簡，蘇州人。精鑒識古器。慕蔣某之學，延于家爲幼子課讀。有古玉值萬金，蔣失手碎之，又簡不顧而去，亦終不問。蔣多逋負，出數千金代償之。由貧困起家，而能慷慨若是，有識者服焉。

李斗《揚州畫舫録》卷一三《橋西録》 （蓮性）寺中多柏樹，門殿廊舍，皆在樹隙，故樹多穿廊拂檐。所塑神像，出蘇州名匠手，皆極盛制。而文殊普賢變相，三首六臂：每首三目，二臂合掌；餘四臂擎蓮花、火輪、劍杵、鐧槊并日月輪、火焰之屬。裩身着虎皮裙，蛇繞胸項間，努目直視，金涂錯雜，光彩陸離，制更奇麗。殿後柏樹上巢鶴鳥無數，其下松花苔蘚，作紺碧色，加之鳥糞盈尺，游人罕經。中建臺五十三級，臺上造白塔，塔身中空，供白衣大士像。其外層級而上，加青銅纓絡，鎏金塔鈴，最上簇鎏金頂。寺僧牧山、開山，年例于十二月二十五日燃燈祈福。徒傳宗，精術數。乾隆甲辰，重修白塔甫成，傳宗謂向來塔尖向午由左窗第二隙中倒入，今自右窗第二隙中側入，恐不直，遂改修。按歐陽《歸田録》，記開寶寺塔，爲都料匠預浩所造。初成，望之不正而勢傾，浩曰：「京師地平無山，多西北風，吹之不百年當正。」此則因地制宜，又非拙工可同日語也。

楊萬樹《六必酒經》卷三戚學標《附倡和詩·題辭》 萬樹楊君，儒而隱者也，既而又隱於酒。始其尊人晴軒先生，爲寧海高才，生試有名。嘗遊杭州萬松岡，師天台息園齊夫子，與余同門，有縞紵之歡，顧未獲識君。豐可毛君爲余述君爲人，博聞力學，初時進取，意甚鋭，數試不利，不欲決榮辱於一夫之目，遂絶意舉業，惟以書史自娱。性慷慨，率族人修宗祠，設家塾，多爲義舉。捐田二十畝，以助族之貧而不能葬者。城内神祠，上元節例張燈，費出大户公捐，不以派貧家，亦由君首捐西山廟田一十畝爲倡也。中年更一歛豪夾之氣，歸於純静，居市井間，把酒吟詩，不知爲門外囂且塵上者。留心載籍，亦欲有所著述自見。而前人論著已備，無所寄其意。家故善釀。一日，家人報酒酸，蹙然曰：「吾門無惡犬，此必造之不如法。」因叅閲羣書，博求中山製釀之法，以爲大旨不出《禮記·月令》「命大酋」所云，六物得乎其意。神而明之，撰《六必酒經》，見古人即一杯酌之物，而其製之也，必上協乎天時温冷，下品乎水泉清濁，法良而材具，不爲其沽，而爲其工，用以盡物性前民用。所云雖小道，必有可觀。蓋君儒者，故爲書言之有本如是。東坡贈人詩云：「酒肆藏名四十春。」君隱於酒，即以此著書，豈高陽酒徒與臨卭賣酒傭之比哉。東坡亦嘗有《酒經》，而杭之西湖十景，有麯院荷風。本麴院爲宋人造酒之所，水多種荷，東坡常醉吟其間。君自號蘇堤，知其心慕東坡之爲人云。異日至緱城，當約毛君，訪逸人爲碧筒飲焉。同學愚弟戚學標拜贈。

錢泳《履園叢話》卷一二《藝能·銅匠》 鑄銅之法，三代已備，鼎鐘彝器，制度各殊，漢、魏而下，鐵木並用。至唐、宋始有磁器，磁器行而銅器廢矣。鮑照詩云：「洛陽名工鑄爲金博山，千斲復萬鏤，上刻秦女攜手仙。」則知古人之精于此技者，代不乏人，如梁之開皇、唐之開元鑄有造像，宋之宣和、明之宣德鑄有爐瓶，則去古法漸遠矣。近吴門有甘、王兩姓，能仿造三代彝器，可以亂真。又嘉定有錢大田者，能仿造壺爵，與古無異；子秉田亦傳其法，嘗爲吴盤齋大令鑄祭器十種，爲餘鑄金塗塔鐵券。又有江寧人馮錫與者，爲餘鑄如意百柄，蟾鐙一具，及帶鉤銅璧、靈鐘清磬、銕簫、銕笛、書鎮之屬，亦能仿商、周之嵌金銀，此又甘、王、錢三家所不及也。

自鳴鐘錶皆出于西洋，本朝康熙間始進中國，今士大夫家皆用之。案張鷟《朝野僉載》言武后如意中海州進一匠，能造十二辰車，回轅正南則午門開，有一人騎馬出，手持一牌，上書「午時」二字，如旋機玉衡十二時，循環不爽，則唐時已有之矣。近廣州、江寧、蘇州工匠亦能造，然較西法究隔一層。

測十二時者，古來惟有漏壺，而後世又作日晷、月晷，日晷用于日中，月晷用于夜中，然是日有風雨，則不可用矣。嘗見京師天主堂又有寒暑表、陰晴表，其法不傳于中國，惟自鳴鐘錶不論日夜風雨，皆可用。推此法而行之，故測天象又作渾天儀，以南北定極，衆星旋轉，玩二十八宿于股掌之間，法妙矣。而近時婺源齊梅麓員外又倩工作中星儀，外盤分天度爲二十四氣，每一氣分十五日，內盤分十二時爲三百六十刻，無論日夜，能知某時某刻某星在某度，毫髮不爽，令天星旋轉，時刻運行，一望而知，是開千古以來未有之能事，誠精微之極至矣。其法日間開鐘對定時刻，然後移星盤之節氣，線與時針切，如立春第一日，則將時針切立春第一線。則得真正中星；如夜間開鐘對定中星，然後移時針與星盤之節氣線切，則得真正時刻。

錢泳《履園叢話》卷一二《藝能・周製》 周製之法，惟揚州有之，明末有周姓者始創此法，故名周製。其法以金銀、寶石、真珠、珊瑚、碧玉、翡翠、水晶、瑪瑙、玳瑁、琿渠、青金、緑松、螺甸、象牙、密蠟、沉香爲之，雕成山水、人物、樹木、樓臺、花卉、翎毛，嵌于檀梨漆器之上。大而屏風、桌倚、窗槅、書架，小則筆牀、茶具、硯匣、書箱，五色陸離，難以形容，真古來未有之奇玩也。乾隆中有王國琛、盧映之輩，精于此技。今映之孫葵生亦能之。

嘉慶十九年，圓明園新搆竹園一所，上夏日納涼處。其年八月，有旨命兩淮鹽政承辦紫檀裝修大小二百餘件，其花樣曰榴開百子，曰萬代長春，曰芝仙祝壽。二十二年十二月，圓明園接秀山房落成，又有旨命兩淮鹽政承辦紫檀窗槅二百餘扇，鳩工一千餘人，其窗皆高九尺二寸，又多寶架三座，高一丈二尺，地罩三座，高一丈二尺，俱用周製，其花樣又有曰萬壽長春，曰九秋同慶，曰福增貴子，曰壽獻蘭孫，諸名色皆上所親頒。

錢泳《履園叢話》卷一二《藝能・裝潢》 裝潢以本朝爲第一，各省之中以蘇工爲第一。然而雖有好手，亦要取料淨，運帚匀，用漿宿，工夫深，方稱善也。乾隆中，高宗深于賞鑒，凡海內得宋、元、明人書畫者，必使蘇工裝潢。其時海內收藏家有畢秋帆尚書、陳望之中丞、吳杜村觀察爲之提獎，故秦長年、徐名揚、張子元、戴彙昌諸工，皆名噪一時。今書畫久不行，不過好事士大夫家略有所藏，亦不精究裝法，故工于此者日漸日少矣。

錢泳《履園叢話》卷一二《藝能・雕工》 雕工隨處有之，寧國、徽州、蘇州最盛，亦最巧。乾隆中，高宗皇帝六次南巡，江、浙各處名勝俱造行宮，俱列陳設，所雕象牙紫檀花梨屏座，並銅磁玉器架墊，有龍鳳水雲漢紋雷紋洋花洋蓮之奇，至每件有費千百工者，自此雕工日益盛云。

乾隆初年，吳郡有杜士元號爲鬼工，能將橄欖核或桃核雕刻成舟，作東坡遊赤壁，一方篷快船，兩面窗槅，桅杆兩，櫓頭稍篷及柁篙帆檣畢具，俱能移動。舟中坐三人，其巾袍而髯者爲東坡先生，著禪衣冠坐而若對談者爲佛印，旁有手持洞簫啓窗外望者則相從之客也。船頭上有童子持扇烹茶，旁置一小盤，盤中安茶杯三盞。舟師三人，兩坐一卧，細逾毛髮。每成一舟，好事者争相購得，值白金五十兩。然士元好酒，終年遊宕，不肯輕易出手，惟貧困極時始能鏤刻，如暖衣飽食，雖以千金，不能致也。高宗聞其名，召至啓祥宫，賞賜金帛甚厚，輒以换酒。士元在禁垣中，終日悶悶，欲出不可。忽詐癡逸入圓明園，將園中紫竹伐一枝，去頭尾而爲洞簫，吹于一大松頂上。守衛者大驚，具以狀奏。高宗曰：「想此人瘋矣。」命出之。自此回吳，好飲如故。余幼時識一段翁者，猶及見之，爲余詳述如此。余嘗見士元製一象牙臂擱，刻《十八羅漢渡海圖》，數寸間有山海、樹木、島嶼、波濤掀動翻天之勢，真鬼工也。

錢泳《履園叢話》卷一二《藝能・竹刻》 竹刻，嘉定人最精，其法始於朱鶴祖孫父子，與古銅玉、宋磁諸器並重，亦以入貢內府。近時工此技者雖多，較前人所製，有霄壤之分矣。

錢泳《履園叢話》卷一二《藝能・營造》 凡造屋必先看方向之利不利，擇吉既定，然後運土平基。基既平，當酌量該造屋幾間，堂幾進，衖幾條，廊廡幾處，然後定石脚，以夯石深，石脚平爲主。基址既平，方知丈尺方圓，而始畫屋樣，要使尺幅中繪出闊狹淺深，高低尺寸，貼籤註明，謂之圖說。然圖說者僅居一面，難于領略，而又必以紙骨按畫，仿製屋幾間，堂幾進，衖幾條，廊廡幾處，謂之燙樣。蘇、杭、揚人皆能爲之，或燙樣不合意，再爲商改，然後令工依樣放線，該用若干丈尺，若干高低，一目了然，始能斷木料，動工作，則省許多經營，許多心力，許多錢財。余每見鄉村富户，胸無成竹，不知造屋次序，但擇日起工，一憑工匠隨意建造，非高即低，非闊即狹。或主人之意不適，而又重拆，或工匠之見不定，而又添改，爲主人者竟無一定主見。種種周章，比比皆是。至屋未成而囊錢已罄，或屋既造而木料尚多，此皆不畫圖不燙樣之過也。

屋既成矣，必用裝修，而門窗槅扇最忌雕花。古者在牆爲牖，在屋爲窗，不過渾邊净素而已，如此做法，最爲堅固。試看宋、元人圖畫宫室，並無有人物、龍鳳、花卉、翎毛諸花樣者。又吾鄉造屋，大廳前必有門樓，磚上雕刻人馬戲文，玲瓏剔透，尤爲可笑，此皆主人無成見，聽憑工匠所爲，而受其愚耳。

造屋之工，當以揚州爲第一，如作文之有變换，無雷同，雖數間小築，必使門窗軒豁，曲折得宜，此蘇、杭工匠斷斷不能也。蓋廳堂要整齊如臺閣氣象，書房密室要參錯如園亭布置，兼而有之，方稱妙手。今蘇、杭庸工皆不知此義，惟將磚瓦木料搭成空架子，千篇一律，既不明相題立局，亦不知隨方逐圓，但以塗汏作生涯，雕花爲能事，雖經主人指示，日日叫呼，而工匠自有一種老筆主意，總不能得心應手者也。

裝修非難，位置爲難，各有才情，各有天分，其中款奥雖無定法，總要看主人之心思，工匠之巧妙，不必拘于一格也。修改舊屋，如改學生課藝，要將自己之心思而貫入彼之詞句，俾得完善成篇，略無痕蹟，較造新屋者似易而實難。然亦要看學生之筆下何如，有改得出，有改不出。如僅茅屋三間，梁朽棟折，雖有善手，吾末如之何也已矣。汪春田觀察有《重葺文園》詩云：「换却花籬補石闌，改園更比改詩難。果能字字吟來穩，小有亭臺亦耐看。」

錢泳《履園叢話》卷一二《藝能·製砂壺》 宜興砂壺，以時大彬製者爲佳，其餘如陳仲美、李仲芳、徐友泉、沈君用、陳用卿、蔣志雯諸人，亦藉藉人口者。近則以陳曼生司馬所製爲重矣，咸呼之曰「曼壺」。

《（道光）濟南府志》卷一三《物產》 （章邱）邑中鐵業甲山東，工良器堅，散行奉天、直隸、山西、河南、江南數省，常數千人，歲入工值，邑之富饒，并有賴焉。

梁章鉅《歸田瑣記》卷七《厨子》 徐興公《榕陰新檢》中載吾鄉曹能始先生學佺與二友同上公車，惟先生攜一僕，凡途中飲饌之事，皆先生主之。僕善烹飪，二友食而甘之，而微嫌其費，頗有煩言。一日，僕請先生與二友分爨，曰：「我實不能以僕故而開罪於友人。」聽之。臨行，請曰：「我實不能伺候三人，先生不肯，僕即請去。」先生曰：「我實不能以僕故而開罪於友人。」聽之。臨行，請曰：「我即當回閩，但乞一信帶呈家中人，俾知並非負咎被逐耳。」與之信。時方行到蘇州，比先生至京，而此僕早已抵閩，蓋即蘇州發信之次日也。家中人詰其故，曰：「我實天上之天厨星也，吾家主人，乃天上仙官，我應給其任使。彼二客者，何福以當之。」語畢，遂不知所之。聞此二客後亦各享大年，蓋月餘日飽飫天厨之效云。按袁簡齋《續齊諧》中亦載曹能始先生飲饌極精，厨人董桃媚者，尤善烹調，先生宴客，非董侍則不懽。先生同年某，督學蜀中，乏作饌者，乞董偕行，先生許之。遣董，董不往，怒逐之。董跪而言曰：「桃媚，天厨星也。因公本仙官，故來奉侍，督學凡人，豈能享天厨之福乎！」言畢，升堂向西去，良久不見。二書所載各異，而皆屬之能始先生。且徐興公與先生同時人，見聞尤近，必非無因矣。余家有陳東標者，頗能烹調，輒以此誇于衆，衆因戲呼之爲天厨星，實則庸手而已。余於能始先生，無能爲役，則陳東標之於董桃媚，又豈止仙凡之判哉！

梁章鉅《歸田瑣記》卷七《縫人》 縫人通稱裁縫，以能裁，又能縫也。而吾鄉之學操官音者，因縫與房音近，訛而爲裁房，衆口同音。余家婦女多隨宦者，自負爲善説官話，亦復呼裁房不絶聲，牢不可破。余嘗笑之，則羣辨曰：「司茶者爲茶房，司厨者爲厨房，則裁房亦同此例耳。」然則剃頭者，亦當稱剃房，裱褙者，亦當稱裱房，木匠亦當稱木房，泥水匠亦當稱泥房乎？縫人之拙者，莫過於浦城；其倨傲無禮，亦莫過於浦城。浦人風尚節儉，士大夫率不屑豐食美衣，即素封家亦然，惟長年製衣不倦。余常往來一二知好家，廳事無不有裁衣棚架者。縫人見客過，皆堅坐不起。余偶以語門徒詹捧之，捧之曰：「某嘗呼此間縫匠爲大王。」蓋亦嫉其倨傲，且言家中婦女輩，每奉之如上賓，惟所指揮，此風殆不可化也。余歸爲兒女輩述之，無不匿笑，因合家亦呼縫人爲大王，而裁房之稱，終不肯改。其偷竊衣料及皮絮之屬，又極巧而實拙，迥不在意計之中。余宅中偶製新衣，使僕輩督之，輒至喧呶不止。適余换製一皮馬掛，用月色綢爲裏，甫製成，即擲出，令换鈕扣，且斥之曰：「一鈕扣尚且釘錯，似此本領，何喧呶爲！」渠狠目熟視再四，大作京腔曰：「並無釘錯，何以冤我。」余指身上一翻穿馬褂斥之曰：「若爾所扣不錯，則我之舊衣俱錯矣！此係以月色綢爲裏，非以爲面也，自應照常左扣右絆，何得右扣左絆！」因使僕輩盡出翻穿之長褂及馬褂示之，並厲聲色痛斥一番，渠乃嗒然不敢辯。自是之後，凡縫人之氣少衰，至余家者，始稍謹默。夫一技雖細，而既專司其事，即未可掉以粗心。憶蔣伊臣《鑒録》中有一條云：「嘉靖中，京師縫人某姓者，擅名一時，所製長短寬窄，無不合度。常有御史令裁公服，跪請入臺年資。御史曰：『你裁衣何用知此？』曰：『公輩初任雄職，意高氣盛，其體微仰，衣當後短前長。任事將半，意氣微平，衣當前後如一。及任久欲遷，内存沖挹，其容微俯，衣當前短後長。不知年資，不能相稱也。』此雖諷言，卻有至理。」又豈此間大王所與知乎！

梁章鉅《浪跡叢談》卷六《巧拙》　張太岳曰：「今吴中製器者，競爲古拙，其耗費財力，類三年而成一楮葉者，是以拙爲巧也。今之仕者，以上之惡虚文，責實效，又騖爲拙直任事之狀，以爲善宦之資，是以忠爲詐也。嗚呼！以巧爲巧，其敝猶可救也，以拙爲巧，其敝不可救也；以詐爲詐，其術猶可闕也，以忠爲詐，其術不可闕也，用人者於此又當進一解矣。」按汪稼門尚書督吾閩時，凡遇牧令之披敝衣、着舊靴者，必加青眼，而不知皆被猾吏所欺也。

毛祥麟《墨餘録》卷九《巧匠》　元至正間，平江漆工王某，有巧思，能造奇器。嘗以牛革製一舟，形狹而首尾皆鋭，可容二十餘人，内外飾以彩漆，藏則折疊，可置一箱，名曰皮艖。又造飛車一，兩旁有翼，内設機輪，轉動則升降自如；上置袋，隨風所向，啓口吸之，使風力自後而前，鼓翼如掛帆，度山越嶺，輕若飛燕，一時可行四百里，愈高愈捷，真奇製也。嘗聞越王有銅船，衛丘有竹船，白鵠山石成舴艋，然皆不若革之質軟而用利，觸山石無損，入澗谷無礙也。至飛車之造，出自奇肱氏，一云周饒國。近聞泰西亦有此作，乃用蒸氣之法，不藉風力，特未識與中土之製，孰爲便捷耳。

雨蒼氏曰：近世巧工奇器，獨稱泰西，孰知見諸雜識者，中朝早已有是。其不挂於士夫之口者，殆以形而上者爲道，形而下者爲器，德成與藝成自別，既明道德之歸，技藝即無足重輕乎？

《〔光緒〕彭縣志》卷三《民事門・田功志》　城西北多井泉、水車。泉之淺者丈許，深者二丈。水車之制與南方踏車同，少深則用牛轉之。道光中，巧匠某，始作冒龍車。彭人謂水涌出爲「冒」。刳木爲筒，植井中，下置轆轤，縵中無齒，筒口以盤承水。其上平輪、齒輪、龍腸皆與牛車同。腸間削木爲圜，覆以革五尺，則一車轉，則水被吸若抽，較輕于牛車十之四，而水大然利速不利遲，故常用羸馬轉之。若欲用牛，則齒輪須外端大、内端小，亦能速也。

崑岡《欽定大清會典事例》卷一一九九《内務府・書籍碑刻・匠役》　匠役，原定：書作，食錢糧書匠十四名，齊闌匠四名，託裱匠四名，平書匠七名，補書匠四名，合背匠五名，界劃匠六名，傳用營造司鏇書木匠五名。刷印作，食錢糧刷印匠四十名。如不敷用，仍准外雇。各匠役俱行官飯，按其人數，添減不等。康熙四十四年奏准，匠役等嗣後停止官飯，酌量給予錢糧。書匠作書一套，給飯食銀一錢。界劃匠界書一百六十篇，給飯食銀一錢，做小套一箇，給飯食銀五分。刷印匠刷書一千篇，給飯食銀一錢，俱入歲底奏銷。又定：外雇匠役，鉤摹御筆發刻，每一字工價銀一分。如刊刻圍屏板牆寶座等項，按其字之大小，酌給工價。刻宋字，每百字工價銀八分，刻輭字，每百字工價銀一錢四分至一錢六分不等。刻書内圖像，量其大小多寡，酌給工價，若棗板俱加倍。寫宋字板樣，每百字工價銀二分至四分不等，寫輭字每百字工價銀四分。摺配齊訂書籍，每一千篇工價銀一錢三分。刷印連四紙書一千篇，工價銀一錢六分。竹紙書一千篇，工價銀一錢二分。裁書一千篇，工價銀二分。

《〔光緒〕南匯縣志》卷二〇《風俗志・風俗》　婦女紡織佐衣食，不第鄉落，雖城市亦然。紡紗，他邑止用兩指捻一紗者，名手車；邑多一手三紗，以足運輪，名脚車。織布率日成一疋，甚有一日兩疋，通宵不寐者。故男子耕獲所入，輸官償息外，未卒歲，室已罄，俗有六十日財主之稱。其衣食全賴女紅。

鄭觀應《南游日記》（光緒九年閏五月）二十三日。

辰刻抵叭喇，登岸寓嗣文宅。（邀）午後邀往（游）錫礦一游。廠約五千人，悉以機器汲水，工人掘土一二丈始見沙石，錫質即雜其中，取沙傾入水溝，用鋤陶汰，沙隨流水漾去，錫質盡沉于底，將錫質入火爐熔煉成條，于是有錫可售矣。鄭云：「叭喇本巫來由屬地，因華人到此開礦，爲水界互相爭斗，土酋無力壓伏。駐石叻之英督説曰，我子民在叭喇不相安，理應設官治理。遂設官于此。自是叭喇歸英屬，不歸巫來由矣。」

錫礦工人每早六點鐘起做工至九點鐘，名爲一大限。一點鐘至三點鐘亦名爲一大限。兩大限合一工。每工價銀二毫二三分，其飯食出自礦主。例定，一月做足二十四工，如不足按日折扣還工銀一毫。有勤力者從九點鐘做至一點鐘，多做六枝骨香之久，名爲兩小限，給還工銀一毫三四分，所謂公司工者是也。

礦主出伙食，各工人做出之錫售得銀一千兩，除還礦主火車機器銀二百兩及伙食銀外，其銀悉歸該工人攤分，所謂十抽二是也。

《農學報》光緒二四年第二七期《泄水新器》 去歲揚州農人，以濱江之地時苦積潦，人力宣泄不及，因募能創法置器速于人力者，酬金五百。現有機匠製一器，一人可以運之，計每日所出之水，可抵人工十。現已如法製造。若此器廣行，有益農田不淺矣。

《澳門憲報中文資料輯録(一八五〇——一九一一)·一八八四年六月十四日(第二十四號)》 管理工程公所官美利度爲通知事。

今欲招人前往地捫作泥水及木匠工夫，所有章程開列於後：

一、作工限六個月爲期，自由澳開身日起計。附款一：如公事需用，本處官應著令該工人寬限合同之期三次六個月。

二、每日作工時候，以十點鐘爲額，所有作工器具，本人備辦。

三、每月每人工銀十六元，在澳收一個月上期工銀亦可。

四、如該工人有病往國家醫院醫治，有病之日，每日工銀折半計算。

五、工人往來水腳係歸本官所出。如滿期之後，該工人願在該處作工，其回頭水腳不得問官交出。 甲申年五月十七日。

《澳門憲報中文資料輯録(一八五〇——一九一一)·一八八九年正月十七日(第三號)》 大西洋澳門輔政使司申爲招工匠事。

照得地捫步兵營現需招人前往該處修整鳥槍工人一名、造鳥槍木殼工人一名。所有章程列下。

一、該匠應在營作工四年。如工作妥當，行爲勤謹者，情願再在營當工亦得。

二、該匠工銀乃係按照該營三晝之糧銀一體發給，即是每日三百厘士，伸銀卅五個仙士，麵包在内。及所造之工，按照澳門、地捫現行之價單發給工銀。

三、該匠在營當工，可照兵營食長糧之例一體霑益。

四、如能遵依合同，滿期之後，該匠不願在此當工，或經醫生看驗，不能長久在該埠居住者，即行給發水腳銀回澳。

五、如有欲前往當工者，除安息日外，准於每日十一點鐘到總督署寫字房内掛號，限掛至本月尾止截，仍須經軍器局内匠頭考驗過，果能造工，方准立合同。

爲此佈告。 戊子年十二月十五日示。

《澳門憲報中文資料輯録(一八五〇——一九一一)·一八九〇年正月三日(第五號)》 大西洋澳門督理工程公所官賈爲通知事。

照得現招粗幼木匠、泥水匠、鎗匠、鑄熔銅鐵匠、車匠、鋸木匠等工人前往地捫當工。所有章程列左。

一、議立合同兩年，自由澳門動身之日起計。

二、每日作工以十點鐘爲率，所有作工器具，皆係自辦。

三、每月工銀二十元，如欲在澳，先收一月上期工銀亦可。

四、如該工人有病，必送往國家醫院調治，視其病之日若干，即照工銀，按日折半扣除。

五、其往來水腳銀，係由國家支給，如該工人滿合同期之後，願留在地捫自行作工者，則不給回頭水腳。爲此特示。 庚寅年正月初七日。

《澳門憲報中文資料輯録(一八五〇——一九一一)·一八九一年五月初七日(第十九號)》 大西洋澳門輔政使司申爲通知事。

照得本國有屬地在亞非利加洲名摩散比革一大省。該省總督移文來澳，僱請華工人前往該省傭工，該工人即木匠、修整鳥鎗匠、泥水匠、油漆匠、鑄匠、燒火佬、修整機器火爐匠等。茲奉本澳督憲曉諭，如有華人願前往該處傭工者，可到本衙門先報名，後立合同。所有合同章程列左。

第一款：甲、該工人應承在摩散比革省，除禮拜日之外，每日均要作工，其工夫即係本人所識之手藝，但作工時候多寡，須按照該省工程官所定工程之時候而行。乙、該工人應承在摩散比革省傭工，至少以五年爲期，係自該工人登岸之日起計。丙、該工人應承聽候本衙門囑咐何時下船，即要下船。

第二款：國家應允之條列後：甲、每禮拜給發工銀一次，至其工銀多寡，係視該工人在該省作何手藝，及工夫優劣而定。除禮拜日不計，至少每日工銀八百五十個厘士。至於工夫之優劣，係由摩散比革督理工程官評定，但工銀至多每日一千七百個厘士。乙、前往摩散比革水腳及滿合同期回澳水腳，俱由國家支給，但滿合同之後，如該工人或國家願將合同寬限亦可。丙、來往船上所有食用，俱由國家支發。丁、如該工人或遇有病，倘該處有國家醫院，則送往該醫院調治，不取分文；如其病係由本人因作手藝而得病者，則給工銀四份之一；倘若因作工而得患難者，則工銀給發一半。

第三款：該工人應承遵守之條列後：甲、如該工人是日不作工，則無工銀給發，另罰銀五百厘士至二千厘士不等。如果有實據係因病而不作工者可免，或因該管官准其不作工者亦可免。乙、如該工人合同未滿，並無公道之緣故，一連八日不作工，可將該合同銷廢。另可以按照詭騙國家之例辦理。

第四款：如合同未滿，摩散比革省大憲與該工人彼此商量，銷廢合同亦可。

辛卯年三月廿六日。

《澳門憲報中文資料輯録（一八五〇——一九一一）・一八九一年九月初三日（第三十六號）》 大西洋澳門督理工程公所官賈巴剌爲通知事。

照得現下招人前往地捫傭工，須要木匠、漆匠、泥水匠、鐵匠、老練修築馬路泥匠、老練造磚瓦模及燒磚瓦之匠。特此通知。 辛卯年七月廿三日。

《澳門憲報中文資料輯録（一八五〇——一九一一）・一八九三年六月初三日（第二十二號）》 大西洋澳門署理工程公所梳爲招傭工事。

照得現欲請華人正木匠工師一名，正泥水工師一名，二等泥水工師兩名，訂立合同，前往地捫，爲工程公所作工。特此通知。 癸巳年四月十五日。

《澳門憲報中文資料輯録（一八五〇——一九一一）・一八九四年十二月十七日（第五號附報）》 大西洋欽命澳門暨屬地總督高爲札諭事。

茲查光緒九年七月初一日所定華客由澳搭船前往外國章程第卅二款所載等情，准本官或轉准人可以覓傭華民訂立合同，前往本國屬地傭工，自應設立章程，妥爲辦理，免滋弊竇。並使其得以全行自由，緣能利其遄往，則便宜良多。華民到彼承工農務，自必隆興，商賈定然雲集。至於所立保衛該華工章程，不惟於澳門未起程之先，即在船中與及抵該屬地均如中國同治五年正月十九日所設之保衛華民前往外國招工章程一式。是以本部堂允准飭行，預爲照辦，並經輔政使司畫押，將該章程附録本札諭後，仍應聽候朝廷批准可也。相應札飭各官員軍民人等一體知悉。須至札諭者。 光緒廿年十一月廿一日。第二百廿九號札諭。

華工由澳搭船前往大西洋各屬地章程：

第一款：凡有商民或公司，欲設立公所，覓傭華人前往本國各屬地承工，必須按照光緒九年七月初一日第九十二號札諭所准設華客搭船前往外國章程第卅二款，繕稟呈請澳門、地捫總督發給准照，方可開辦。其稟内應詳列之件如左：一、呈稟者或用其公司名，或用代理人名方合。二、須指明僱工前往本國何處屬地。三、共僱華工若干名。四、所有華工附搭船名，並載得若干噸數，係何國船隻，該船沿途經過何埠停泊，約於何時起程等事，均須聲明。

第二款：其上款所言之稟呈遞時，仍應將下列各紙附粘呈閱。一、該呈稟之人或其代理人等，欲僱華工前往本國屬地承工，必須有廷諭公文或批詞，抑或本澳總督札諭，與夫公批等文，方可僱工前往。二、所有與該華工何以訂立合同各等節之底稿，須要録明。三、該呈稟者係居何處，辦事於何所，亦須聲明。

第三款：本澳總督須查閱所呈各紙並該章程第十九款之附款所指明應列之單據，但准與不准，均任卓裁。如不准行，即將所以不應准之情形，奏報本國朝廷施行。

第四款：其僱工合同應行繕録各節如左：一、前往何埠。二、訂立合同期限，不得閱五年。三、每月工金若干，每日食飯幾餐，衣服幾件，至該工人前往所享之利益，均須繕明。四、每禮拜與及中國新年元旦並元旦後二日，俱要停工休息，但養牲畜以及每日服役等，仍應操作。五、一日之内作工，不得過四時六刻，即外國九點鐘零二刻也。六、該華工遇有疾病，所有醫治以及藥料等項，不減該工人工值。但因有病不能工作者，不得領是日工銀。七、該華工如願將每月工值扣出若干，以至滿合同期限爲止，俾將來充作路費，以返中華。但該銀或存於國庫，抑貯銀行，均由該工人所居屬地之地方官主意。如該工人作滿合同，不欲返回中華，亦必將該銀照數備全給回。八、如滿合同期限之後，任由該工人自主，或仍願居該埠，或回中華，或前往他國，或自作散工，抑再行續訂合同，均聽其便。九、華工出洋到彼，夫婦不能分派兩處作工，幼兒不及十五歲者，亦不准令離父母。十、倘華工因工傷損而不能工作者，可稟請本國該處地方官，飭令其東主將所定回華之川資發給，俾其得以回國。

第五款：該華工於未上船之先，可在本澳省内隨處寓居，毫無拘制。

第六款：其華工寓所，應任從各客隨便出入，毋得攔阻。附款一：該華工寓所，華政務廳及巡捕須時常前往巡查。附款二：如有違本款者，定即解到華政務廳究辦，治以抗逆官命之罪。

第七款：各客棧主如有欲作華工寓所者，須報明華政務廳方可。如違，即將其客棧牌照收回，另治以抗官之罪。

第八款：該華工須親到華政務廳稟明姓名、籍貫、年歲、有無妻室、操何藝業等事，尤應將實係自願自主、甘心前往一節，亦聲訴明晰。該華政務廳須詳細詢明，查究該華工所稱是否屬實，後將該合同讀解，使其聽悉，尚宜問明究竟，願遵該章程與否，如肯應允，即當華政務廳案前簽名畫押，以備存據。附款：該華政務廳須設立一册，俾録合同章程至華工姓名、年歲、籍貫、有無妻室、作何項藝業以及所有指明等事，均須載於該册後幅。惟其姓名，務必書以華字，俾易稽查。

第九款：訂立合同畫押之後，該華工至遲以四天爲限，即要上船。

第十款：如有華工不及廿歲者，或欲承工出洋，必須取具本身父母或代管人准往憑單，方准承僱。

第十一款：該華工於未上船之先，須赴該管衙門領取現時所定則例應給之護照。

第十二款：該華工既領有護照，即應先赴船政務廳，領一登船憑單，方可上船。附款一：該船政廳給發登船憑單之時，務須復行逐一詢明果否自願前往，並詢其明悉該合同章程與否，該華工等有不願前往者聽。附款二：倘華工無上船憑單，該船主不得任其登船，如違，則每次罰銀五百元。附款三：華政務廳須將所有於合同簽名人等共録一單，轉咨船政廳查照，該廳應按照本章程第八款之附款，復將該華工等姓名、年歲、籍貫統録於登船憑單之内，每華工一人，發給此單一張。

第十三款：該華工一經領取該登船憑單，即應上前往該埠之火輪船。

第十四款：該華工訂立合同畫押，領有護照及登船憑照並上期工金之後，如有逃走者，定即拘拿，治以詐騙之罪。

第十五款：凡船裝載華客過於二十名之上，並過七日水路之外者，即作爲裝載華客船隻，自應遵照本章程而行。

第十六款：無論何人有船，欲載華工由本澳出外，須稟報船政廳方可。所有前往何港口，沿途停泊何埠，以及該船噸數多少，載客若干名，約於何日起程，在澳有何人代理，均須一律聲明。

第十七款：船政廳一經接到所報之上款事理，即須前往詳查該船，便知該船能否可載該數之客，並船内地方是否通暢，及其架撑什物與行船水手果否足用。一俟該船修理完善，可任開行，無虞危險。附款一：該船載客之艙，其高應有至小兩個未度路方合。附款二：其載客之處，如有每成丁一人，或未及十二歲之小童二名，須在通風之處，有三個立方未度路乃合。附款三：惟女客房位，須另有一所隔開地方。附款四：另須看有最爲通風光朗之處爲養病房，該房須與各客所住之地方隔開，但該病房可容該船所載之客十份一之數。附款五：如該船係火輪船，則船政廳須同營造機器之人齊往查驗火輪船並機器，可否需用。附款六：須查該船上三板及水泡足用否。

第十八款：船政廳須偕同官醫依照上款事理，赴該船查驗船内各處情形，必使其治理潔淨，方足怡養精神，並查養病房，是否遵照第十七款附款四而設。

第十九款：該船政廳暨官醫既經查驗，即繕録一紙，言明其意見若何。並聲明第十七、十八等款所載各項情形。附款：此紙須抄録二張，一送呈輔政使司署，一給予關涉之原人。

第廿款：該船主既領有第三款所聲明之執照，須赴輔政使司衙門具立甘結。其結内所應嚴守之各款列下：一、船政廳及官醫囑咐如何款待各華工之處，皆須聽命遵行。至於本章程凡有關涉該船主者，該船主亦應遵守。二、該船主稟内所言前往何港，其聲明沿途所經之處，亦應均到。

第廿一款：該船主具甘結之時，必須交出保據，擔保遵守所應承各事。或交出銀四千元，或交出屋業作按亦可。附款：如有違背該甘結，定必議罰，或將四千元全作罰款，或罰少許，總由按察使司按其情形，分別辦理。

第廿二款：此保結須要該船主有實憑呈出，指明該船已經到埠，並經遵守章程，方許將保結銷廢。惟如有意外不測之事，則不在此例。附款：如該船自開行之日，過十五個月而無實憑呈出，或無憑據指明有意外不測之事者，即將該保結之銀四千元充公。

第廿三款：載客之船嚴禁設鐵柵鎖鏈，或別有器具，爲鎖閉攔阻華工所用者。

第廿四款：該載客船灣在本澳，如有華工在船上犯罪，該船主不能責罰，只可扣留，須即稟報船政廳，將該犯拘拿上岸。

第廿五款：如該客船載有五十人以上，即須請有憑照之官醫一員料理病人。附款：如該船並無有憑照之西醫，可用華醫一名。如該船載有二百餘人之多，其醫生係屬華人者，則須延請二名。

第廿六款：該載客之船應設有各華工土談傳話，以便通傳各工言語。附款：該傳話人等須由漢文譯務署驗用。

第廿七款：華工所食物件，須經官醫查驗給據，方准將該食物搬運上船。其往查驗食物之日，及何處所，係由輔政司及船主或該船代理人，互相酌定。

第廿八款：該華搭客船於起程之先，必順翻譯官隨同船政廳、華政務廳到船，將下列各件詳爲查驗：一、查該船食物與水果否佳美足用，如有藥材及行醫之器具，亦須查其足用否。二、查該船所載貨物，有因其貨過多，或因其貨色，有傷礙人，以致華工生病者。三、查該船主所呈報之水手並其工藝人名單合否。四、查點各華工由船政廳登船名數而船主所呈名單是否相符，且須查其有無私載工人。附款一：如查出船主、水手及同黨之人或有欺騙强押華工情弊，即令該華工登岸，並將該船扣留，立案控追，照例辦理。附款二：如查出其有欺騙押等事，果無關於船主、水手人等者，則令該被拐者上岸，以便追究拐騙及其同黨之人，立案照例辦理。

第廿九款：如查出該船主或全不遵守本章程，或有數款不依從者，即將該船扣留，不准放行，俟其遵守方准開身。另應照例罰銀辦理。

第三十款：查驗船隻並詢明各華工之後，該官員即立憑據單發給該船主，另抄録二紙，分送輔政司衙門，及該屬地之船政廳查閲。附款一：一經查驗之後，該船不得再行多收華工。附款二：查驗之後，須要立即開身，如遇有意外不測之事，方准停留。附款三：查驗之後，所立憑據單，須繕明華工若干名，前往何處，沿途停泊何埠。

第卅一款：至於保衛生命規矩，及食物與水，並藥材多少，路程，約行日期等事，另有單開章程定明。

第卅二款：如有違犯本章程，除照例究辦外，另要照章罰銀。附款一：如該船主准華工無第十二款所定之票登船，或到尾次查船之時，並未將所搭船之華工名單呈出，必依一千八百六十三年四月初七日之上諭第廿七款行罰。附款二：如經船政廳尾次查船之後，該船主有收多華工，或所載之人數逾額，或醫生所囑保衛人命之事，不肯遵行，或待華工苛刻等項情弊，必依一千八百六十三年四月初七日之上諭第廿八款，罰之以刑。

第卅三款：本澳總督須飭將第二款第二號所聲明定立之合同，並第八款之附款所定之單據，均各照録一紙，由首次船寄去，轉呈西洋該屬地總督查照，或由該載華工之船主寄呈均可。

第卅四款：該載華工船至該屬地之後，該處總督須飭其船政廳，按照第三十、卅三等款所定之各據，查核華工名數是否相符。除將所少人數緣由確有實據呈出外，方准該華工等登岸。隨即將第廿二款所聲明之件，亦繕録詳明，送覆澳門總督查覈。

第卅五款：該屬地總督須照所抄送之合同底稿，查伊等曾否遵守，亦可飭其嚴行遵守。

第卅六款：所有查察本章程各件之費，每華工一名，於未取登船票之時，須先在華政務廳交納費用銀一元五毫。附款：該費須先交到庫務司收訖，其銀扣出三份二歸國課衙門，餘任官分派各關涉查辦本章之人。其第三十一款所載事理，除光緒九年七月初一日所定華客搭船前往外國章程後列各册，仍行照辦外，其第一號前往本國各屬地之行程日期册，應另行酌訂。光緒二十年十一月廿一日。澳門輔政司羅畫押。

《澳門憲報中文資料輯録（一八五〇——一九一一）・一八九六年四月二十五日（第十七號）》 大西洋澳門督理工程公所事務工務司農爲招人承工事。

照得現本公所欲招傭工匠、泥水等工人，前往阿非利加洲之羅連瑣・馬基斯埠做工，准以三年爲期。如有願往者，可赴本公所閲看章程。特此通知。丙申年三月初十日。

《澳門憲報中文資料輯録（一八五〇——一九一一）・一九〇二年九月十三日（第三十七號）》 澳門傭工章程。

第一款：凡華人在澳門人家傭工，須赴澳門華政衙門掛號。若係氹仔、過路灣，則赴氹仔、過路灣華政衙門掛號。除民律部第一千三百七十款至一千三百九十款所載應享權利之外，均要遵守本章程各款。

第二款：掛號之舉，一則爲工人起見，保護其免被東家淩虐；一則爲東家起見，可使工人服役循謹，不敢抗逆横行。

第三款：凡傭工人未赴衙門掛號者，倘有控告東家之事，或東家控告工人，一概不予理處。

第四款：所謂傭工，即指侍仔、廚子、女傭、打雜、車夫、轎夫及民律例款内所載之服役而言。

第五款：所有僱工除應遵守民律例款内所載事理外，仍要遵守下列各條：一、要恭敬東家並盡心力做工夫。二、若要辭工，必先十五日報知東家，仍須等候東家僱到接手之人，方准告退，但有未及報知及不能等候之的確緣故，訴明華政衙門者不在例内。三、衙門所發給之受傭册，必須收存妥當，毋得污穢，以便官員查驗，隨時呈出。四、若辭工後，另往别家僱工，限辭工之八日内，即須赴華政衙門報知，以便登注掛號部。五、若其人已在該家僱工，無論何故，不得引誘其辭工出來，另投僱主。

第六款：所有東家，除應守民律例款内所載事理外，亦要遵守下列各條：一、每月到已滿之日，該東家即須給發工銀。二、凡東家役使工人，必須量力而用，不得逾於該傭本力所能之外。三、凡東家僱用工人，須於上工之始，即帶同該工人前赴衙門掛號，並出錢買受傭册一本，交該工人收存。厥後，如再需用，由該工人自買。

第七款：凡工人控告東家，或東家控告工人，須赴華政衙門面訴或具稟陳訴，以便官憲從中調處。其有應按例罰銀者，若不情願遵罰，將兩造用文解送按察衙門，由按察司當堂審斷，無庸設立案卷。如該工人或在該家有作弊爲非情事，其咎之輕重，即照第二款所定，各歸各該處之官員審斷，或勸戒；或照第二十款行罰。至於工人控告東家，亦照此辦理。

第八款：凡官憲責罰工人，即將該工人所犯事由登注在掛號部及自存之受傭册内。

第九款：政務廳有方便時候，可以出示定期傳齊各工人，携帶受傭册至衙門查看畫押。倘有不到，即治以抗逆官命之罪。

第十款：傭工之辛金及所做何等工夫，由東家與該傭工按照澳門事例，互相酌定。至其家内之規矩、體裁如何及工夫之輕重粗細如何，若彼此情願，均可赴第一款所定各該管衙門，當官面前註明受傭册内。

第十一款：凡傭役上工已在二十日之外，若係東家不用，必須給足一個月工銀。若不依照本章程而自己告辭，則無庸給予是月之工銀。如係月初之三日後上工或爲自便計，停工數日，則到月尾開發工銀時，照日計算。

第十二款：所有後生小子及不受工價之工人，該東家必須給與衣食，並耐心教導。此等工人，可以隨時任其辭工，不必到衙門報明緣故。此等工人可以控告東家，不准東家控告此等工人，祇可交還其父母及其親人管束。此等工人若不到衙門掛號，亦免責罰。

第十三款：如有用甜言善法引誘辭工，另投主僱者，一經告發，必將引誘之人行罰，並不准其僱用被誘之工人。

第十四款：凡東家僱用打過工之工人，必須該工有受傭册呈出，方可僱用，即於册内登記「上工時，已查閲此册」字樣。如未曾在人家打過工者，即於上工八日内，該東家帶赴衙門掛號。

第十五款：澳門政務廳、氹仔、過路灣政務廳衙門内，必須設立掛號部一本，以便各傭工到來掛號。該掛號部内，須每工一頁，登記姓名、年貌、妻室父母名氏，是何處籍貫，應做何等工夫，曾在何處打工，有無打工勤惰字據及關涉别事各情，以便認識該工之行爲、底藴，並須照登在該工自存之受傭册内。附款：以上所指各官員，可以傳未掛號、未認識之工人到衙門，勒令當官將其自己行止及籍貫，據實稟明。如違，即作爲面生可疑之人，飭巡捕隨時查緝。

第十六款：凡傭工之掛號部，必須編列目録，以便隨時易於檢查。

第十七款：每傭工人，必須有受傭册一本攜帶爲憑。該册用西、華文字寫明下列各款：一、民律第一千三百七十款至一千三百九十款所載各事例，並刑律第二百三十三款、第二百七十七款及四百二十五款之第一至第三號及附款一、二所定責罰之各事例。二、本章程。三、掛號單稿。四、册内另留空白，以便傭工各東主可將該僱工之人勤惰好歹如何，詳寫於内。五、册内另留空白，以便傭工人，或有自願出資映相者，即可將其相粘於册内。惟粘相之後，即須携赴各該處之華政務廳蓋印。

第十八款：僱用工人之東主，若欲將該工人之好處注寫於册内，先須稟由政務廳批准，即當政務廳面前注寫而政務廳亦簽名於其上，隨即抄入掛號部。倘東主不依此款而行，不獨將所注寫視爲廢詞，並將該東主按照本章程第二十款責罰。

第十九款：凡有因事暫時僱用之工人，不過十五日之外及係計日給價僱用者，均准按照民律部第一千三百九十一至一千三百九十五款，無庸掛號。

第二十款：倘有違犯本章程及再行違犯，或屢次違犯者，係東主則由臯憲衙門核其情事輕重，以定責罰，或監禁至一個月，或罰銀兩元至二十元不等；係工人，則罰銀一元至十元不等。如無銀繳罰，即照其應罰銀數，以厘士申算，每五百厘士監禁一日。附款一：所有行罰，設立交納罰款三連單一册。其第一連單底，先由華政務廳簽名，行罰之時將第一單由定罰之衙門自存，將第二、第三單，並所罰之銀，在澳門則送交澳門華政務廳收；在氹仔、過路灣，則送交氹仔、過路灣華政務廳收，而將該廳之發回收單存據。附款二：如澳門、氹仔兩華政務廳定其罰銀，而其人情甘遵罰，即在該處繳納，或有不甘遵罰者，則將其人解交按察司衙門，照章程責罰，或定以監禁亦可。附款三：凡有傭工之人，有罰過多次而不能改者，即將其册收回繳銷，不准其復行傭工。若非在澳門生長者，並可令其回歸原籍。

第二十一款：傭工掛號，每名收費銀二毫，歸掛號員收。每受傭册一部，收銀二毫半。

第二十二款：所有按照本章程繳納之罰款，在澳門歸華政廳收存，在氹仔、路灣者，歸氹仔華政廳收存。該兩政務廳收此罰款，須設立數部登記。其數部並要由輔政司逐頁畫押。至於所存罰款，不作別用，專預備該各傭人或遇疾病，或遇喪事，以爲施濟之用。但必其册内曾經東主注寫其爲好人者，方得佔受此項施濟之利益。

第二十三款：准人在澳門、氹仔、路灣設立公司，凡傭工人覓工及東家僱用工人，均由其訂薦擔保。惟必須設立章程，稟由澳門總督批准。該章程必須遵依下列各款：一、凡代工人覓工抽費不得過五毫，其代東主僱用工人，抽費不能過一元。二、凡代工人覓工而該東主有弊及代東主僱用工人而該工人有弊，不論何等弊端，均歸該公司是問。若非先行訂明者，不在此例。三、其所代覓工之工人，須於其受傭册内及掛號部註明某公司薦用字樣，並於其受傭册内蓋印公司圖章爲據。凡受傭册内有該公司圖章者，若有情弊，即照本章程所定，爲該公司是問。四、其有不願由該公司代覓工者，該公司須聽其便，不得强迫或設法引誘其定由公司覓工。五、每設公司一所，先赴輔政司衙門，領取牌照一張，每年納國課規費二十元。六、該公司之東主及司事，必須遵守本章程及牌照内所定各款事例，否則作爲抗違官命，照例責罰。

第二十四款：本章程第一款所論之各官員，倘有實故思疑某工人不足信，即可通知其東主立行辭去。

第二十五款：其受傭册係某人者，祇准某人自己携帶，不得轉賣、轉送別人及與別人互换。倘有此弊，查出按例責罰。

第二十六款：凡僱工人，經有東主僱用，則其所帶之受傭册即作爲有工之實據，不得視爲無工之遊手閒人。

第二十七款：自本章程施行之日起計個半月内，凡各東主所用之工人，倘非係已經掛號，即照本章程第二十款行罰。該工人無此受傭册者，亦照辦理。

第二十八款：倘有遺失受傭册者，即須報明换買新册。若不肯報明换册者，其東主可以代報换買，該册值於工金内扣除。而不肯報明换册之工人，仍按本章程第二十款行罰。

第二十九款：凡僱用工人，該東主可令其將册繳出，代爲收存。但該工作辭退之時，必須交還其人。

第三十款：凡有欲在册内注寫各事，均不收分毫費用。

第三十一款：本章程由西紀本年十一月初一日施行。

第三十二款：在西紀本年十月十八日以前到掛號者，免收費用。

第三十三款：掛號自西紀本年九月二十日起。　壬寅年八月初十日。

《蘇州商會檔案叢編》第一輯《北洋鐵工廠全體匠徒稟陳停業後二百餘工匠衣食無着請速開工文宣統三年十二月十六日到》　具公稟北洋鐵工廠全體匠徒等，爲坐困已久，衣食無着，懇恩維持以救蟻命事。

竊匠徒等二百餘名，素操此藝，各家老幼，賴以生活。何意敝廠于十月初一日，奉總辦諭，驟然停工。匠徒等本指身爲業，當此荒年，逢斯隆冬，謀生無路，室積當盡，家貧如洗，屋若懸磬，借貸無門，父母子女呼饑號寒，醒目愁然，何期是了。雖敝廠聲言暫停三月，期限將滿，細訪開工杳然無音。敝廠對于匠徒等又無善後之舉，似此情形，位此年景，實難支持。况坐耗既久，新年在即，各家嗷嗷數口，無衣乏食，尤難度歲。俯查敝廠開辦伊始，原爲開通風氣，提倡實業起見。矧聞現在尚有存款及盈餘八九萬之譜，足可支持數載。興工即固國家之利益，亦可全匠徒等二百餘名之生計。不料位此米珠薪桂之際，無故遽行停工，雖不爲二百餘家生活計，能無爲實業前途惜乎！敝廠歷年由盈餘之中有至年終發酬勞一次之例，今既停工，而于酬勞一節，又無信息，是匠徒等生計毫無指望。頃閱各報，見載貴會發慈善惻隱之舉，維持實業，以拯我津邑小民之苦。誠不啻甘霖及時，造福津邑，良非淺鮮。

匠徒等坐困已久，無門可告，又兼于實業大局利害，有口難訴。故不得不叩乞總憲大人恩准作主，體恤民艱，轉請督憲飭發年終酬勞，使匠徒等借資度歲，不致流離失所。兼請急開工，以固北方之實業，以濟匠徒等二百餘家之生計，則匠徒等均感鴻慈于無極矣。上稟。

管理者部

題解

《周禮・天官冢宰第一・酒正》 酒正掌酒之政令，以式法授酒材。凡爲公酒者，亦如之。

辨五齊之名：一曰泛齊，二曰醴齊，三曰盎齊，四曰緹齊，五曰沉齊。辨三酒之物：一曰事酒，二曰昔酒，三曰清酒。辨四飲之物：一曰清，二曰醫，三曰漿，四曰酏。掌其厚薄之齊，以共王之四飲、三酒之饌，及后、世子之飲與其酒。

凡祭祀，以法共五齊、三酒，以實八尊。【略】

《周禮・天官冢宰第一・醢人》 醢人掌四豆之實。朝事之豆，其實韭菹、醓醢、昌本、麋臡、菁菹、鹿臡、茆菹、麇臡。饋食之豆，其實葵菹、蠃醢、脾析、蠯醢、蜃、蚳醢、豚拍、魚醢。加豆之實，芹菹、兔醢、深蒲醓醢、箈菹、雁醢、筍菹、魚醢。羞豆之實，酏食、糝食。

凡祭祀，共薦羞之豆實。賓客、喪紀，亦如之。

爲王及后、世子，共其內羞。王舉，則共醢六十甕，以五齊、七醢、七菹、三臡實之。

賓客之禮，共醢五十甕。

凡事，共醢。

《周禮・天官冢宰第一・醯人》 醯人掌共五齊、七菹，凡醯物，以共祭祀之齊菹。凡醯醬之物。賓客，亦如之。

王舉，則共齊菹醯物六十甕，共後及世子之醬齊菹。

賓客之禮，共醯五十甕。凡事，共醯。

《周禮・天官冢宰第一・掌舍》 掌舍掌王之會、同之舍。設梐枑再重。設車宮、轅門。爲壇壝宮，棘門。爲帷宮，設旌門。無宮則共人門。凡舍事，則掌之。

《周禮・天官冢宰第一・幕人》 幕人掌帷、幕、幄、帟、綬之事。

凡朝覲、會同、軍旅、田役、祭祀，共其帷、幕、幄、帟、綬。大喪，共帷、幕、帟、綬。三公及卿、大夫之喪，共其帟。

《周禮・天官冢宰第一・玉府》 玉府掌王之金玉、玩好、兵器，凡良貨賄之藏。

共王之服玉、佩玉、珠玉。王齊，則共食玉。大喪，共含玉、複衣裳、角枕、角柶。

掌王之燕衣服、衽席、床笫，凡褻器。

若合諸侯，則共珠槃、玉敦。

凡王之獻，金玉、兵器、文織、良貨賄之物，受而藏之。

凡王之好賜，共其貨賄。

《周禮・天官冢宰第一・內府》 內府掌受九貢、九賦、九功之貨賄、良兵、良器，以待邦之大用。凡四方之幣獻之金、玉、齒、革、兵器，凡良貨賄，入焉。

凡適四方，使者共其所受之物而奉之。

凡王及冢宰之好賜予，則共之。

《周禮・天官冢宰第一・典婦功》 典婦功掌婦式之法，以授嬪婦及內人女功之事賫。

凡授嬪婦功，及秋獻功，辨其苦良，比其小大而賈之，物書而楬之。以共王及后之用，頒之于內府。

《周禮・天官冢宰第一・典絲》 典絲掌絲入而辨其物，以其賈楬之。掌其藏與其出，以待興功之時。頒絲于外、內工，皆以物授之。凡上之賜予，亦如之。及獻功，則受良功而藏之，辨其物而書其數，以待有司之政令，上之賜予。

凡祭祀，共黼畫組就之物。喪紀，共其絲、纊、組、文之物。凡飾邦器者，受文、織、絲、組焉。

歲終，則各以其物會之。

《周禮・天官冢宰第一・典枲》 典枲掌布緦、縷、紵之麻草之物，以待時頒功而授賫。

及獻功，受苦功，以其賈楬而藏之，以待時頒。頒衣服，授之。賜予，亦如之。

歲終，則各以其物會之。

《周禮・天官冢宰第一・內司服》 內司服掌王后之六服：褘衣、揄狄、闕狄、鞠衣、展衣、緣衣，素沙。辨外、内命婦之服，鞠衣、展衣、緣衣，素沙。

凡祭祀、賓客，共后之衣服，及九嬪、世婦。凡命婦，共其衣服。共喪衰，亦如之。

后之喪，共其衣服，凡内具之物。

《周禮・天官冢宰第一・縫人》 縫人掌王宫之縫綫之事。以役女御，以縫王及后之衣服。

喪，縫棺飾焉，衣翣柳之材。

掌凡内之縫事。

《周禮・天官冢宰第一・染人》 染人掌染絲帛。凡染，春暴練，夏纁玄，秋染夏，冬獻功。

掌凡染事。

《周禮・天官冢宰第一・追師》 追師掌王后之首服，爲副、編、次、追衡、笄。爲九嬪及外内命婦之首服，以待祭祀、賓客。

喪紀，共笄絰，亦如之。

《周禮・天官冢宰第一・屨人》 屨人掌王及后之服屨。爲赤舄、黑舄，赤繶、黄繶，青句，素屨，葛屨。

辨外内命夫、命婦之命屨、功屨、散屨。凡四時之祭祀，以宜服之。

《周禮・天官冢宰第一・夏采》 夏采掌大喪，以冕服復于大祖，以乘車建綏，復于四郊。

《周禮・地官司徒第二・丱人》 丱人掌金玉錫石之地，而爲之厲禁以守之。若以時取之，則物其地圖而授之，巡其禁令。

《周禮・地官司徒第二・角人》 角人掌以時徵齒角凡骨物于山澤之農，以當邦賦之政令，以度量受之，以共財用。

《周禮・地官司徒第二・羽人》 羽人掌以時征羽翮之政于山澤之農，以當邦賦之政令。凡受羽，十羽爲審，百羽爲摶，十摶爲縛。

《墨子・尚賢上》 故古者聖王之爲政，列德而尚賢。雖在農與工肆之人，有能則舉之。高予之爵，重予之禄，任之以事，斷予之令。曰：爵位不高，則民弗敬；蓄禄不厚，則民不信；政令不斷，則民不畏。舉三者授之賢者，非爲賢賜也，欲其事之成。故當是時，以德就列，以官服事，以勞殿賞，量功而分禄。故官無常貴而民無終賤。有能則舉之，無能則下之。舉公義，辟私怨，此若言之謂也。

故古者堯舉舜于服澤之陽，授之政，天下平。禹舉益于陰方之中，授之政，九州成。湯舉伊尹于庖厨之中，授之政，其謀得。文王舉閎夭、泰顛于罝罔之中，授之政，西土服。故當是時，雖在于厚禄尊位之臣，莫不敬懼而施；雖在農與工肆之人，莫不競勸而尚意。故士者，所以爲輔相承嗣也。故得士則謀不困，體不勞，名立而功成，美章而惡不生，則由得士也。是故子墨子言曰：「得意，賢士不可不舉；不得意，賢士不可不舉。尚欲祖述堯、舜、禹、湯之道，將不可以不尚賢。夫尚賢者，政之本也。」

《新語校注》卷下《資質》 質美者以通爲貴，才良者以顯爲能。何以言之？夫楩柟豫章，天下之名木也，生於深山之中，産於溪谷之傍，立則爲大山衆木之宗，仆則爲萬世之用，浮於山水之流，出於冥冥之野，因江、河之道，而達於京師之下，因斧斤之功，得舒其文色，精捍直理，密緻博通，蟲蝎不能穿，水溼不能傷，在高柔軟，入地堅彊，無膏澤而光潤生，不刻畫而文章成，上爲帝王之御物，下則賜公卿，庶賤而得以備器械；閉絶以關梁，及隘於山阪之阻，隔於九岮之隄，仆於嵬崔之山，頓於窅冥之溪，樹蒙蘢蔓延而無間，石崔嵬嶄岩而不開，廣者無舟車之通，狹者無步擔之蹊，商賈所不至，工匠所不窺，知者所不見，見者所不知，功棄而德亡，腐朽而枯傷，轉於百仞之壑，惕然而獨僵，當斯之時，不如道傍之枯楊。纍纍結屈，委曲不同，然生於大都之廣地，近於大匠之名工，材器制斷，規矩度量，堅者補朽，短者續長，大者治罇，小者治觴，飾以丹漆，斁以明光，上備大牢，春秋禮庠，褒以文采，立禮矜莊，冠帶正容，對酒行觴，卿士列位，布陳宫堂，望之者目眩，近之者鼻芳。故事閉之則絶，次之則通，抑之則沈，興之則揚，處地楩梓，賤於枯楊，德美非不相絶也，才力非不相懸也，彼則槁枯而遠棄，此則爲宗廟之瑚璉者，通與不通也。

人亦猶此。【略】

綜述

呂不韋《呂氏春秋》卷一九《離俗覽・離俗》 曰：

世之所不足者，理義也；所有餘者，妄苟也。民之情，貴所不足，賤所有餘。故布衣人臣之行，潔白清廉中繩，愈窮愈榮；雖死，天下愈高之，所不足也。然而以理義斫削，神農、黄帝猶有可非，微獨舜、湯。飛兔、要褭，古之駿馬也，材猶有短。故以繩墨取木，則宫室不成矣。

《史記》卷一〇〇《五帝本紀》 讙兜進言共工，堯曰不可而試之工師，共工果淫辟。四嶽舉鯀治鴻水，堯以爲不可，嶽彊請試之，試之而無功，故百姓不便。三苗在江淮、荆州數爲亂。於是舜歸而言於帝，請流共工於幽陵，以變北狄；放驩兜於崇山，以變南蠻；遷三苗於三危，以變西戎；殛鯀於羽山，以變東夷：四辠而天下咸服。

陸賈《新語》卷上《道基》 禮義不行，綱紀不立，後世衰廢；於是後聖乃定《五經》，明《六藝》，承天統地，窮事察微，原情立本，以緒人倫，宗諸天地，纂脩篇章，垂諸來世，被諸鳥獸，以匡衰亂，天人合策，原道悉備，智者達其心，百工窮其巧，乃調之以管弦絲竹之音，設鐘鼓歌舞之樂，以節奢侈，正風俗，通文雅。

後世淫邪，增之以鄭、衛之音，民棄本趨末，技巧横出，用意各殊，則加雕文刻鏤，傳致膠漆丹青、玄黄琦瑋之色，以窮耳目之好，極工匠之巧。

夫驢騾駱馳，犀象瑇瑁，琥珀珊瑚，翠羽珠玉，山生水藏，擇地而居，潔清明朗，潤澤而濡，磨而不磷，涅而不淄，天氣所生，神靈所治，幽閑清净，與神浮沈，莫不效力爲用，盡情爲器。故曰，聖人成之。所以能統物通變，治情性，顯仁義也。

夫人者，寬博浩大，恢廓密微，附遠寧近，懷來萬邦。故聖人懷仁仗義，分明纖微，忖度天地，危而不傾，佚而不亂者，仁義之所治也。行之於親近而疎遠悦，脩之於閨門之内而名譽馳於外。故仁無隱而不著，無幽而不彰者。虞舜蒸蒸於父母，光耀於天地；伯夷、叔齊餓於首陽，功美垂於萬代；太公自布衣昇三公之位，累世享千乘之爵；知伯仗威任力，兼三晉而亡。

《後漢書》卷一一四《百官志一》 司空，公一人。本注曰：掌水土事。凡營城起邑、浚溝洫、修墳防之事，則議其利，建其功。凡四方水土功課，歲盡則奏其殿最而行賞罰。凡郊祀之事，掌掃除樂器，大喪則掌將校復土。凡國有大造大疑，諫争，與太尉同。世祖即位，爲大司空，建武二十七年，去「大」。

《後漢書》卷一一五《百官志二》 考工令一人，六百石。本注曰：主作兵器弓弩刀鎧之屬，成則傳執金吾入武庫，及主織綬諸雜工。左右丞各一人。

《後漢書》卷一一七《百官志四》 將作大匠一人，二千石。本注曰：承秦，曰將作少府，景帝改爲將作大匠。掌修作宗廟、路寢、宫室、陵園木土之功，并樹桐梓之類列于道側。丞一人，六百石。

左校令一人，六百石。本注曰：掌左工徒。丞一人。

右校令一人，六百石。本注曰：掌右工徒。丞一人。

右屬將作大匠。

錢儀吉《三國會要》卷二五《職官四・公卿庶職》 將作大匠一人，第三品。掌土木之工。丞一人。第七品。 吴同。薛珝，見《孫和傳》。 蜀無考。

《魏書》卷五七《崔挺傳》 先是，州内少鐵，器用皆求之他境，挺表復鐵官，公私有賴。

酈道元《水經注》卷三《河水》 赫連龍昇七年，于是水之北，黑水之南，遣將作大匠梁公叱干阿利改築大城，名曰統萬城。蒸土加功。雉堞雖久，崇墉若新。

《隋書》卷二六《百官志上》 少府卿，位視尚書左丞，置材官將軍、左中右尚方、甄官、平水署、南塘邸税庫、東西冶、中黄、細作、炭庫、紙官、柒署等令丞。

【略】

大匠卿，位視太僕，掌土木之工。統左、右校諸署。

《隋書》卷二七《百官志中》 太府寺，掌金帛府庫，營造器物。統左、中、右三尚方，左藏，司染，諸冶東西道署，黄藏、右藏、細作、左校，甄官等署令、丞。左尚方，又别領别局、樂器、器作三局丞。中尚方，又别領别局、涇州絲局、雍州絲局、定州紬綾局四局丞。右尚方，又别領别局丞。司染署，又别領京坊、河東、信都三局丞。諸冶東道，又别領滏口、武安、白間三局丞。諸冶西道，又别領晉陽冶、泉部、大邪、原仇四局丞。甄官署，又别領石窟丞。

《隋書》卷二八《百官志下》 太府寺統左藏、左尚方、内尚方、右尚方、司染、右藏、黄藏、掌冶、甄官等署。各置令、二人。左、右尚方則加至三人，黄藏則惟置一人。丞四人。左尚則八人，右尚則六人，黄藏則一人。等員。**【略】**

將作寺大匠、一人。丞、主簿、録事。各二人。統左右校署令、各二人。丞，左校四人，右校三人。各有監作左校十二人，右校八人。等員。**【略】**

行臺省，則有尚書令，僕射，左、右任置。兵部、兼吏部、禮部。度支兼都官、工部。

尚書及丞左、右任置。各一人，都事四人。有考功、兼吏部、爵部、司勳。禮部、兼祠部、主客。膳部、兵部、兼職方。駕部、庫部、刑部、兼都官、司門。度支、兼倉部。户部、兼比部。金部、工部、屯田兼水部、虞部。侍郎，各一人。每行臺置食貨，農圃，武器，百工監，副監，各一人。各置丞，食貨四人，農圃六人，武器二人，百工四人。録事食貨、農圃、百工各二人，武器一人。等員。【略】

將作監改大監、少監爲大匠、少匠，丞加爲從六品。統左右校及甄官署。五年，又改大匠爲大監，正四品，少匠爲少監，正五品。十三年，又改監、少監爲令、少令。丞加品至從五品。

少府監置監，從三品，少監，從四品，各一人。丞從五品，二人。統左尚、右尚、内尚、司織、司染、鎧甲、弓弩、掌冶等署。復改監、少監爲令、少令。併司織、司染爲織染署，廢鎧甲、弓弩二署。

許翰《襄陵文集》卷二《閣政制》 凡樂道在朝廷，而器使在有司，董夫製作，必有所屬。爾久以敏强，總提庶工。樂事告成，宜有褒厲。兵團使指，是惟異恩。往祇厥官，懋承寵渥。

吴自牧《夢粱録》卷九《諸監》 國子監，在紀家橋太學之側，設祭酒、司業、丞、簿等官，專掌天子之學校，訓導生員之職。總掌國子太學事務，生員出入規矩，考課試遵訓導，天子視學，皇太子齒胄，則講義釋奠等禮也。監廳繪《魯國圖》。東西爲丞簿位，後有書庫官位。中爲堂，繪《三禮圖》于壁。用至道故事，有圃亭，扁曰芳潤，丞錢聞詩扁以隸古。書板庫在中門内。將作監，在保民坊，設監、少丞、簿，掌計料監造，官司營房舍屋皆隸焉。蓋漢制將作大匠，沿襲秦官，亦少皞氏以五雉爲五工正，以利器用，唐虞共工，《周官考工》之職也。軍器監，在保民坊，監有長貳、丞簿之官。率屬治與《唐六典》建官不殊，掌製造御前軍器。别置提舉、提轄等官莅其役。近年專委殿岩，而監製本監益以省也。

吴自牧《夢粱録》卷九《六院四轄》 登聞檢院、鼓院，始建于和寧，繼移于麗正左右闕庭「庭」作「亭」之南，左檢院，右鼓院。按唐舊制，設四匭以通下情，名曰崇仁。司諫申明，招賢遵體，以使四方賢才，便其上達。都進奏院，在朝天門外，掌邦國傳送之事，以鈐轄諸道傳遞官兵，則《周官》行夫其職也。官告院，在部門之北。士大夫自一命以上，至于公卿王爵；軍卒一資以上，至于節鉞，告命皆隸院給之。如文則吏部，武則兵部。宗戚及命婦，司封屬之；考校勛績，司勛掌之。凡四司，皆集本部出誥耳。元豐改制，俱悉吏部行文武告命鈔，而蓄官隸兵部。自後皆歸吏部右選。文思院，在北橋東。京都舊制，監官分兩界：曰上界，造金銀珠玉；曰下界，造銅鐵竹木雜料。然兩界監官廨舍，毋得近本院鄰牆并壁居，所以防弊欺也。但金銀犀玉工巧之制，綵繪裝鈿之飾，若輿輦法物器具等皆隸焉。諸司諸軍糧料院，在洋沙坑七官宅廢屋。諸司諸軍察計院，在保民坊内舊馬軍教場基置院。且如糧料院者，乃諸司諸軍仰上之禄均也，尤不可不嚴，設官置吏，欲其專心致意，支撥無差失。審計院者，自宫禁朝廷百僚以下，至于内侍御士，及于諸軍兵卒，凡賦禄者，以式法審其名數。而其辟召者，惟郊祀賜緡已。乃審禄有疑予，則詔以法。凡四方之計籍，上于大農，則逆其會。凡有司議調度會賦，出則諏焉。榷貨務、都茶場，通在橋東。蓋國初循唐制，舊以九路之漕，自達于淮，去則貨茶，回則轉鹽。諸路留而庾之。官納鈔引，以便商賈。但鈔引之法通行，則設官專職主之。課衍事繁，官曹之選，于斯重矣。雜買務、雜賣場，在榷貨務内。唐制謂之「宫市」，宋初爲「市買司」。太平興國年，方更名雜買務。奉禁中買賣，而平其直。南渡後，合局于此。凡宫禁月料，朝省紙劄，文思製造，和劑修合，封樁所積，編估以時其直，打套以籍其數，而就售焉。又置提轄，以總其務耳。左藏庫，有東西二庫，在清湖橋。又韓蘄王所獻賜第基建庫。東庫則掌幣帛絁紬之屬，西庫則掌金銀泉券彩纈之屬。蓋朝廷用度，多靡于贍兵。蜀、湖之餉，江、淮之賦，則歸于四總。領餉諸屯軍，則東西兩庫，歲入緡計者率百四十萬，以緡計之率一千萬，給遣大軍，居什之七；宫禁百司禄賜裁三。有非泛浩繁之費，則請于朝，往往出内帑樁，以補其闕耳。

封樁上庫，在三省大門内。封樁下庫，在左藏庫中門。安邊太平庫，在下庫南。蓋封樁上庫，肇于孝廟之時，以備緩急支撥。又徙户部錢物隸本所，則有上下庫之别。上庫窠名者曰折帛，總制增鹽三分，鹽袋增額，不排辦人使。下庫窠名者曰煮酒酒息、營田鹽場、蘆柴坍江、江沙田額、五厘關子，爲數五伙。中因文移，緩弊罅多，諸郡綱額，虧數甚矣哉。

吴自牧《夢粱録》卷九《監當諸局》 車輅院，在嘉會門外，置庫安玉輅及平等車。製造御前軍器所，在禮部貢院之西，改隸殿司所，管工役每季所製器納内庫。萬全三指揮。東西作兩營，在所之東北。編估打套局，在左藏庫門內。 惠民利劑局，在太府寺內之右，製藥以給。惠民局，合暑臘藥以備宣賜。太平惠民局，置五局，以藏熟藥，價貨以惠民也。南局在三省前，西局衆安橋北，北局市西坊南，南外局浙江亭，北外二局以北郭稅務兼領惠民藥局收贖。草料場，在天水院橋西，有廒十眼，受畿內所輸稻麥豆，以給騏驥、御馬二院，及宰執三衙之馬。 合同場，在過軍橋之下，掌茶鹽鈔引合同。 會子庫，在権貨務置，隸都茶場，悉視川錢法行之。以務門兼職，以都司官提領。日以工匠二百有四人，以取于左帑，而印會歸庫矣。 造會紙局，在赤山湖濱。先造于徽城，次成都，以「蜀紙」起解。後因路遠而弗給，詔杭州置局于九曲池，遂徙。于今安溪亦有局，仍委都司官屬提領。但工役經定額，見役者日以一千二百人耳。交引庫，在太府寺門內。專印造茶鹽鈔引，遂請丞簿僉押。 法物庫，在梅家橋北，掌祭祀法服、朝服、冠珮、帶舄，及大禮明禋旗幡衫袍等。內侍領其職。 度牒庫，在油車巷。掌僧道二流承恩敕牒。 市舶務，在保安門外瓶場河下。凡海商自外至杭，受其券而考驗之。又有新務，在梅家橋北。 司農排岸司，在前洋街。掌拘卸諸州郡宣限綱運，檢察搜空，而繫其不登數者。 三省樞密院激賞錢庫，在俞家園。激賞酒庫，在錢塘縣南。 左右騏驥二院，在漾沙坑。兩院以馬二十四匹爲額。每月朝參，各院以御馬三匹，至和寧門立于南向，朝罷回院。 象院，在嘉會門外。御馬院養餵安南王貢至象三豢。 左右騎御直，在七官宅山上。 左右教騎營，在麗正門左右。御馬院使臣營，在嘉會門外。 牛羊司，在権貨務後，掌御膳及祭之牲。 有滌宮，在六和塔之南。

《明史》卷一三八《薛祥傳》 〔秦〕逵，字文用，宣城人。洪武十八年進士。歷事都察院。奉檄清理囚徒，寬嚴得宜。帝嘉其能，擢工部侍郎。時營繕事繁，部中缺尚書，凡興作事皆逵領之。初，議籍四方工匠，驗其丁力，定三年爲班，更番赴京，三月交代，名曰「輪班匠」，未及行。至是逵議量地遠近爲班次，置籍，爲勘合付之，至期齎至部，免其家徭役，著爲令。帝念逵勤勩，詔有司復其家。二十二年進尚書。明年改兵部。未幾，復改工部。帝以學校爲國儲材，而士子巾服無異胥吏，宜更易之，命逵製式以進。凡三易，其製始定。賜監生藍衫絛各一，以爲天下先。明代士子衣冠，蓋創自逵云。

《明太祖實録》卷十九 〔至正二六年二月己巳〕置兩淮都轉鹽使司。設運使、同知、判官、經歷、知事、照磨。并置所屬富安、何垛、丁溪、草堰、小海、角斜、拼茶、安豐、梁垛、東臺、白駒、劉莊、伍祐、新興、廟灣、西亭、右港、餘西、餘中、金沙、豐利、馬塘、板浦、掘港、呂四、臨洪、徐瀆、餘東、莞瀆二十九場鹽課司。歲辦鹽三十五萬二千五百九十引，每引重四百斤，官給工本米一石。其法：竈户自置竈房，官給鐵角。或一二角，或三四角。措甃成盤，以青灰、石灰泥飾，貯鹵煎燒。納官有餘，聽其貨賣。

《明英宗實録》卷三百十七 〔天順四年七月壬午〕復除主事黄鑑、吳智、莊鑑、陳善於工部，擢進士張翥、周謨、蔡誌、李述、梁明、謝敬、宋德、林迪、鍾震、丁璐、左明善俱爲工部主事。時工部以逃匠數多，請添註主事分行督解，故有是命。

《欽定總管內務府現行則例・南苑》卷上《挑補官弁匠役》 南苑苑户、匠役缺出，嚮旗鼓佐領下閒散人內挑補。花兒匠缺出，呈明移咨户部，招募五城民人頂補。移咨會計司，照例每月給一兩錢糧，入於旗鼓佐領下支領。不隨米石。 本處筆帖式由內務府考取入筒人員內掣補。

乾隆十八年二月呈准，委署催長缺出，於領催內揀選。領催缺出，由聽差披甲人內挑選，俱呈明本處大臣補放。乾隆三十四年六月奏准，奉宸苑、武備院、上駟院此三處衙門官員員缺，揀選人員嗣後停其由內務府兼辦。聽本衙門自行辦理。遇缺作何分別録用之處，各本衙門徑行定議覆奏。是月奉宸苑奏准，本苑暨南苑員外郎六員內缺出，即於本衙門南苑主事二員、六品庫掌內揀選。主事缺出，即於本衙門南苑委署主事二員內揀選。六品庫掌缺出，於筆帖式二十三員、苑丞十五員、催長三員內揀選。苑丞缺出，於筆帖式二十三員、八品虛銜苑副二十四員內揀選。催長缺出，於筆帖式二十三員、委署催長六員內揀選。其選得人員由奉宸苑帶領引見補放。如揀選甚不得人，再行文總管內務府，將應陞人員咨送奉宸苑帶領引見。

社會調查所《清代題本・採辦織造及各項工程》 道光七年四月初九日稽查緞疋庫御史臣瑞福、給事中臣宋其沅奏，

爲酌核緞疋庫事宜以防滋弊事。臣等於上年十一月奉命稽查緞疋庫，伍事以來，隨時查核往來文移，飭令隨到隨收，隨到隨放，不得延壓，致滋弊端。現查所辦收放事宜內有應行酌議者，謹分別五條敬呈御覽。

一、驗收期限宜歸畫一也。查各省解到緞疋等項，書吏勾通捺擱，勒索使

費，久成積弊。嘉慶十年，欽奉上諭：向來各省例解緞疋等項到京於崇文門查驗後，其赴庫投文驗收及給領批迴，均未定有限期，以致不肖書吏從中嚇詐勒索，各該解員日久守候，賠累滋多，殊非杜弊之道，嗣後崇文門監督，於各省年例解京物件，無論何項，驗明後即速移會户部及管理三庫衙門，各該堂官接准移會，即傳令解員投文驗收，限五日内交收全竣，即行回給批回，飭令毋許稍有延擱，倘仍任聽胥吏私向解員索詐使費，故違定限，即將該管之員分别懲辦，欽此。聖諭煌煌，自應敬謹遵照，惟查户部則例内載，各省解到物料，限二十日核收給批，期限未能畫一，應請欽遵諭旨，更正遵行，俾延壓者無可藉口，并請由户部通行各省督撫，務行飭知解員，限到京後於崇文門查驗，次日即投文批，不得遲誤。

一、各處行庫文付，應遵例填寫日期也。查各省解物到京，例由崇文門查驗後，即將所解物件於某日進程，先行知照本庫，户部亦於解員投文後由承辦司付庫驗收。乃近來崇文門知照文内並不填寫日期，往往距解物進城十數日後到庫，是否發行遲延，抑係庫吏捺擱，無憑查考。至户部印付二件，向係一件存庫，一件填寫查數收訖字樣發回，往往存庫之付有日期，發回之付無日期，一事兩歧，顯有書吏勾通蒙混情弊。今驗收既遵五日之限，則兩處文付不宜遲延，應請勅下崇文門，於解物進城後，户部於解員投文後，均即日知照到庫，文付内務各填明日期，以憑稽核，庫中隨即驗收，將批迴送交三庫檔房，司付發回户部，均填某年月日照數收訖字樣，庶檔房印發批迴，户部照給寔收，均得依限辦理。

一、庫存緞疋等項，應編號收貯，以清款目也。會典内載，康熙五十八年定緞疋庫動支舊存物料，新收者别行收貯。查緞疋庫正面庫房九間，安設木架，上下分爲四層，左右界作方格，每格均有布簾，向來惟於簾外粘貼片紙，開記所貯何項，日久既多漫滅，抑且更易無定，或同係一項而左右雜置，或本係兩項而一處同收，殊難查核。應請嗣後按架編列字號，造具清册，將分貯某年解到某項某色，詳載册内，照例先儘舊存動支按册指放，其布疋等項，向係分貯東西南三面庫樓，亦應按解到年分，分别收貯，詳造清册，出陳留新，以符定例。又查本年係應請欽派大臣盤庫之期，由庫預先編號造册，俟盤驗後即可按號收貯，於事不設分煩而款目可清矣。

一、外藩王公俸緞款項及罰俸應扣款項，宜核明載入則例也。查外藩汗親王俸緞四十疋，和碩親王俸緞二十五疋，以至臺吉額駙俸緞六疋四疋不等，均由户部行庫給發，理藩院派員承領。惟查户部文内向來止開應給應扣疋數，并不分晰緞紗紬綾等項細目，庫中惟以遠年抄寫舊簿爲憑，臨時檢查照給，殊不足以昭信守，應請將庫存舊簿，送交户部詳加酌核，載入則例，永遠遵行。

一、各處領取緞疋等物宜酌定限期也。查應領緞疋物件，既經各該衙門行文到庫，既應隨時來領。乃向來往往文移早到，而支領官持領赴庫則遲至數月不等，甚至上年十二月，有持道光五年印領赴庫領物者，經臣等駁斥未准。查各倉放米，均有例限，逾限不領，即應註銷，似可仿照辦理。應請嗣後各處支領緞疋等物，自該衙門文移到庫之日起，以三個月爲限，逾限不領即行註銷，倘係本庫書吏人等有蒙擱勒捎等弊，許支領官呈明嚴行懲辦。以上五條是否有當，伏乞皇上聖鑒，訓示遵行。謹奏。

傳記

《三國志》卷一六《魏書·倉慈傳》注引　《魏略》曰：顔斐字文林。有才學。丞相召爲太子洗馬，黄初初轉爲黄門侍郎，後爲京兆太守。始，京兆從馬超破後，民人多不專於農殖，又歷數四二千石，取解目前，亦不爲民作久遠計。斐到官，乃令屬縣整阡陌，樹桑果。是時民多無車牛。斐又課民以閒月取車材，使轉相教匠作車。又課民無牛者，令畜猪狗，賣以買牛。始者民以爲煩，一二年間，家家有丁車、大牛。又起文學，聽吏民欲讀書者，復其小徭。又於府下起菜園，使吏役閒鉏治。又課民當輸租時，車牛各因便致薪兩束，爲冬寒冰炙筆硯。於是風化大行，吏不煩民，民不求吏。

《三國志》卷二四《魏書·韓暨傳》　太祖平荆州，辟爲丞相士曹屬。後選樂陵太守，徙監冶謁者。舊時冶作馬排，蒲拜反。爲排以吹炭。每一熟石用馬百匹；更作人排，又費功力；暨乃因長流爲水排，計其利益，三倍於前。在職七年，器用充實。制書褒歎，就加司金都尉，班亞九卿。文帝踐阼，封宜城亭侯。黄初七年，遷太常，進封南鄉亭侯，邑二百户。

《三國志》卷三五《蜀書・諸葛亮傳》初，亮自表後主曰：「成都有桑八百株，薄田十五頃，子弟衣食，自有餘饒。至於臣在外任，無別調度，隨身衣食，悉仰於官，不別治生，以長尺寸。若臣死之日，不使內有餘帛，外有贏財，以負陛下。」及卒，如其所言。

亮性長於巧思，損益連弩，木牛流馬，皆出其意；推演兵法，作八陳圖，咸得其要云。《魏氏春秋》曰：亮作八務、七戒、六恐、五懼，皆有條章，以訓厲臣子。又損益連弩，謂之元戎，以鐵爲矢，矢長八寸，一弩十矢俱發。《亮集》載作木牛流馬法曰：「木牛者，方腹曲頭，一腳四足，頭入領中，舌著於腹。載多而行少，宜可大用，不可小使；特行者數十里，羣行者二十里也。曲者爲牛頭，雙者爲牛腳，橫者爲牛領，轉者爲牛足，覆者爲牛背，方者爲牛腹，垂者爲牛舌，曲者爲牛肋，刻者爲牛齒，立者爲牛角，細者爲牛鞅，攝者爲牛鞦軸。牛仰雙轅，人行六尺，牛行四步。載一歲糧，日行二十里，而人不大勞。流馬尺寸之數，肋長三尺五寸，廣三寸，厚二寸二分，左右同。前軸孔分墨去頭四寸，徑中二寸。前腳孔分墨二寸，去前軸孔四寸五分，廣一寸。前杠孔去前腳孔分墨二寸七分，孔長二寸，廣一寸。後軸孔去前杠分墨一尺五分，大小與前同。後腳孔分墨去後軸孔三寸五分，大小與前同。後杠孔去後腳孔分墨二寸七分，後載剋去後杠孔分墨四寸五分。前杠長一尺八寸，廣二寸，厚一寸五分。後杠與等版方囊二枚，厚八分，長二尺七寸，高一尺六寸五分，廣一尺六寸，每枚受米二斛三斗。從上杠孔去肋下七寸，前後同。上杠孔去下杠孔分墨一尺三寸，孔長一寸五分，廣七分，八孔同。前後四腳，廣二寸，厚一寸五分。形制如象，靬長四寸，徑面四寸三分。孔徑中三腳杠，長二尺一寸，廣一寸五分，厚一寸四分，同杠耳。」

亮言教書奏多可觀，別爲一集。

《魏書》卷三八《刁雍傳》〔真君〕七年，雍表曰：「奉詔高平、安定、統萬及臣所守四鎮，出車五千乘，運屯穀五十萬斛付沃野鎮，以供軍糧。臣鎮去沃野八百里，道多深沙，輕車來往，猶以爲難，設令載穀，不過二十石，每涉深沙，必致滯陷。又穀在河西，轉至沃野，越度大河，計車五千乘，運十萬斛，百餘日乃得一返，大廢生民耕墾之業。車牛艱阻，難可全至，一歲不過二運，五十萬斛乃經三年。臣前被詔，有可以便國利民者動靜以聞。臣聞鄭、白之渠，遠引淮海之粟，泝流數千，周年乃得一至，猶稱國有儲糧，民用安樂。今求於牽屯山河水之次，造船二百艘，二船爲一舫，一船勝穀二千斛，一舫十人，計須千人。臣鎮內之兵，率皆習水。一運二十萬斛。方舟順流，五日而至，自沃野牽上，十日還到，合六十日得一返。從三月至九月三返，運送六十萬斛，計用人功，輕於車運十倍有餘，不費牛力，又不廢田。」詔曰：「知欲造船運穀，一冬即成，大省民力，既不費牛，又不廢田，甚善。非但一運，自可永以爲式。今別下統萬鎮出兵以供運穀，卿鎮可出百兵爲船工，豈可專廢千人？雖遣船匠，猶須卿指授，未可專任也。諸有益國利民如此者，續復以聞。」

《魏書》卷四八《高允傳》給事中郭善明，性多機巧，欲逞其能，勸高宗大起宮室。允諫曰：「臣聞太祖道武皇帝既定天下，始建都邑。其所營立，非因農隙，不有所興。今建國已久，宮室已備，永安前殿足以朝會萬國，西堂溫室足以安御聖躬，紫樓臨望可以觀望遠近。若廣修壯麗爲異觀者，宜漸致之，不可倉卒。計斫材運土及諸雜役須二萬人，丁夫充作，老小供餉，合四萬人，半年可訖。古人有言：一夫不耕，或受其飢；一婦不織，或受其寒。況數萬之衆，其所損廢，亦以多矣。推之於古，驗之於今，必然之效也。誠聖主所宜思量。」高宗納之。

《魏書》卷六七《崔光傳》光從祖弟長文，字景翰。少亦徙於代都，聰敏有學識。太和中，除奉朝請。遷洛，拜司空參軍事，營構華林園。後兼員外散騎常侍，爲宕昌使主。還，授給事中、本國中正、尚書庫部郎。正始中，大修器械，爲諸州造仗都使。

《魏書》卷九一《術藝・蔣少游傳》蔣少游，樂安博昌人也。慕容白曜之平東陽，見俘入於平城，充平齊户，後配雲中爲兵。性機巧，頗能畫刻。有文思，吟咏之際，時有短篇。遂留寄平城，以傭寫書爲業，而名猶在鎮。

後被召爲中書寫書生，與高聰俱依高允。允愛其文用，遂並薦之，與聰俱補中書博士。自在中書，恒庇李沖兄弟子姪之門。始北方不悉青州蔣族，或謂少游本非人士，又少游微因工藝自達，是以公私人望不至相重。唯高允、李沖曲爲體練，由少游舅氏崔光與李沖從叔衍對門婚姻也。高祖、文明太后常因密宴，謂百官曰：「本謂少游作師耳，高允老公乃言其人士。」眷識如此。然猶驟被引命，屑屑禁闥，以規矩刻績爲務，因此大蒙恩錫，超等備位，而亦不遷陟也。

及詔尚書李沖與馮誕、游明根、高閭等議定衣冠於禁中，少游巧思，令主其事，亦訪於劉昶。二意相乖，時致諍競，積六載乃成，始班賜百官。冠服之成，少游有效焉。後於平城將營太廟、太極殿，遣少游乘傳詣洛，量準魏晉基趾。後爲散騎侍郎，副李彪使江南。高祖修船乘，以其多有思力，除都水使者，遷前將軍、兼將作大匠，仍領水池湖泛戲舟楫之具。及華林殿、沼修舊增新，改作金墉門樓，皆所措意，號爲妍美。

雖有文藻，而不得伸其才用，恒以剞劂繩尺，碎劇忽忽，徙倚園湖城殿之側，識者爲之歎慨。而乃坦爾爲已任，不告疲耻。又兼太常少卿，都水如故。景明二年卒，贈龍驤將軍、青州刺史，謚曰質。有《文集》十卷餘。少游又爲太極立模範，與董尒、王遇等參建之，皆未成而卒。

初，高宗時，郭善明甚機巧，北京宮殿，多其製作。高祖時，青州刺史侯文和亦以巧聞，爲要舟，水中立射。滑稽多智，辭説無端，尤善淺俗委巷之語，至可玩笑。位樂陵、濟南二郡太守。

世宗、肅宗時，豫州人柳儉、殿中將軍關文備、郭安興並機巧。洛中製永寧寺九層佛圖，安興爲匠也。

《北史》卷四七《賈思伯傳》 時議建明堂，多有同異。思伯上議曰：**【略】**竊尋《考工記》雖是補闕之書，相承已久，諸儒注述，無言非者，方之後作，不亦優乎。其《孝經援神契》、《五經要義》、舊《禮圖》皆作五室，及徐、劉之論，謂同《考工》者多矣。朝廷若獨絶今古，自爲一代製作者，則所願也。若猶祖述舊章，規摹前事，不應捨殷、周成法，襲近代妄作。且損益之極，極於三王，後來疑議，難可准信。鄭玄云：「周人明堂五室，是帝各有一室也，合於五行之數，《周禮》依數以爲之室。施行于今，雖有不同，時説然矣。」尋鄭此論，非爲無當。案《月令》亦無九室之文，原其制置，不乖五室。其青陽右个即明堂左个，明堂右个即總章左个，總章右个即玄堂左个，玄堂右个即青陽左个。如此，則室猶是五，而布政十二。五室之理，謂爲可按。其方圓高廣自依時量。戴氏九室之言，蔡子廟學之義，子幹靈臺之説，裴逸一屋之論，及諸家紛紜，並無取焉。

學者善其議。

《北史》卷五四《高隆之傳》 又領營構大將，以十萬夫徹洛陽宮殿，運於鄴，構營之制，皆委隆之。增築南城，周二十五里。

《隋書》卷六八《宇文愷傳》 宇文愷字安樂，杞國公忻之弟也。在周，以功臣子，年三歲，賜爵雙泉伯，七歲，進封安平郡公，邑二千户。愷少有器局。家世武將，諸兄並以弓馬自達，愷獨好學，博覽書記，解屬文，多伎藝，號爲名父公子。初爲千牛，累遷御正中大夫、儀同三司。

高祖爲丞相，加上開府中大夫。及踐阼，誅宇文氏，愷初亦在殺中，以其與周本别，兄忻有功於國，使人馳赦之，僅而得免。後拜營宗廟副監、太子左庶子。廟成，别封甑山縣公，邑千户。及遷都，上以愷有巧思，詔領營新都副監。高熲雖總大綱，凡所規畫，皆出於愷。後決渭水達河，以通運漕，詔愷總督其事。後拜萊州刺史，甚有能名。兄忻被誅，除名於家，久不得調。會朝廷以魯班故道久絶不行，令愷修復之。既而上建仁壽宮，訪可任者，右僕射楊素言愷有巧思，上然之，於是檢校將作大匠。歲餘，拜仁壽宮監，授儀同三司，尋爲將作少監。文獻皇后崩，愷與楊素營山陵事，上善之，復爵安平郡公，邑千户。

煬帝即位，遷都洛陽，以愷爲營東都副監，尋遷將作大匠。愷揣帝心在宏侈，於是東京制度窮極壯麗。帝大悦之，進位開府，拜工部尚書。及長城之役，詔愷規度之。時帝北巡，欲誇戎狄，令愷爲大帳，其下坐數千人。帝大悦，賜物千段。又造觀風行殿，上容侍衛者數百人，離合爲之，下施輪軸，推移倏忽，有若神功。戎狄見之，莫不驚駭。帝彌悦焉，前後賞賚不可勝紀。

《隋書》卷六八《何稠傳》 何稠字桂林，國子祭酒妥之兄子也。父通，善斲玉。稠性絶巧，有智思，用意精微。年十餘歲，遇江陵陷，隨妥入長安。仕周御飾下士。及高祖爲丞相，召補參軍，兼掌細作署。

開皇初，授都督，累遷御府監，歷太府丞。稠博覽古圖，多識舊物。波斯嘗獻金綿錦袍，組織殊麗，上命稠爲之。稠錦既成，踰所獻者，上甚悦。時中國久絶瑠璃之作，匠人無敢厝意，稠以緑瓷爲之，與真不異。尋加員外散騎侍郎。**【略】**

仁壽初，文獻皇后崩，與宇文愷參典山陵制度。稠性少言，善候上旨，由是漸見親昵。及上疾篤，謂稠曰：「汝既曾葬皇后，今我方死，宜好安置。屬此何益，但不能忘懷耳。魂其有知，當相見於地下。」上因攬太子頸謂曰：「何稠用心，我付以後事，動静當共平章。」

大業初，煬帝將幸揚州，謂稠曰：「今天下大定，朕承洪業，服章文物，闕略猶多。卿可討閲圖籍，營造輿服羽儀，送至江都也。」其日，拜太府少卿。稠於是營黄麾三萬六千人仗，及車輿輦輅、皇后鹵簿、百官儀服，依期而就，送于江都。所役工十萬餘人，用金銀錢物鉅億計。帝使兵部侍郎明雅、選部郎薛邁等勾覈之，數年方竟，毫釐無舛。稠參會今古，多所改創。魏、晉以來，皮弁有纓而無笄導。稠曰：「此古田獵之服也。今服以入朝，宜變其制。」故弁施象牙簪導，自稠始也。又從省之服，初無佩綬。稠曰：「此乃晦朔小朝之服。安有人臣謁帝而去印綬，兼無佩玉之節乎？」乃加獸頭小綬及佩一隻。舊制，五輅於轅上起箱，天子與參乘同在箱内。稠曰：「君臣同所，過爲相逼。」乃廣爲盤輿，别構欄楯，侍臣立於其中。於内復起須彌平坐，天子獨居其上。自餘麾幢文物，增損極多，事見《威儀志》。帝復令稠造戎車萬乘，鉤陳八百連，帝善之，以稠守太府卿。後三歲，兼領少府監。遼東之役，攝右屯衛將軍，領御營弩手三萬人。時工部尚書宇文愷造遼水橋不成，師不得濟，右屯衛大將軍麥鐵杖因而遇害。帝遣稠造橋，二日而就。初，稠制行殿及六合城，至是，帝於遼左與賊相對，夜中施之。其城周迴八里，城及女垣合高十仞，上布甲士，立仗建旗，四隅置闕，面别一觀，觀下三門，遲明而畢。高麗望見，謂若神功。是歲，加金紫光禄大夫。明年，攝左屯衛將軍，從至遼左。

十二年，加右光禄大夫，從幸江都。遇宇文化及作亂，以爲工部尚書。化及敗，陷于竇建德，建德復以爲工部尚書、舒國公。建德敗，歸于大唐，授將作少匠，卒。

《隋書》卷六八《劉龍傳》 開皇時，有劉龍者，河間人也。性强明，有巧思。齊後主知之，令修三爵臺，其稱旨，因而歷職通顯。及高祖踐阼，大見親委，拜右衛將軍，兼將作大匠。遷都之始，與高熲參掌制度，代號爲能。

《隋書》卷六八《黄亘傳》 大業時，有黄亘者，不知何許人也，及其弟袞，俱巧思絶人。煬帝每令其兄弟直少府將作。于時改創多務，亘、袞每參典其事。凡有所爲，何稠先令亘、袞立樣，當時工人皆稱其善，莫能有所損益。亘官至朝散大夫，袞官至散騎侍郎。

《新唐書》卷一〇〇《閻立德傳》 閻讓字立德，以字行，京兆萬年人。父毗，爲隋殿内少監，本以工藝進，故立德與弟立本皆機巧有思。武德初，爲秦王府士曹參軍，從平東都。遷尚衣奉御，制衮冕六服、腰輿、傘扇咸有典法。貞觀初，歷將作少匠、大安縣男。護治獻陵，拜大臣。文德皇后崩，攝司空，營昭陵，坐弛職免。起爲博州刺史。太宗幸洛陽，詔立德按爽塏建離宫清暑，乃度地汝州西山，控汝水，睨廣成澤，號襄城宫，役凡百餘萬。宫成，煩燠不可居，帝廢之，以賜百姓，坐免官。

未幾，復爲大匠，即洪州造浮海大航五百艘，遂從征遼，攝殿中監，規築土山，破安市城。師還，至遼澤，亘二百里，淖不可通，立德築道爲橋梁，無留行。帝悦，賜予良厚。又營翠微、玉華二宫，擢工部尚書。帝崩，復攝司空，典陵事，以勞進爵大安縣公。永徽五年，高宗幸萬年宫，留守京師，領徒四萬治京城。卒，贈吏部尚書、并州都督，陪葬昭陵，謚曰康。

《〔道光〕南昌縣志》卷一六《人物志・名賢》 萬恭，字肅卿，游溪里人，嘉靖二十三年進士。【略】巡撫山西，【略】教人以耕及用水車法，民大利之。

《〔道光〕歙縣志》卷八《人物志・宦蹟》 曹祥，字應麟，由進士除南户部郎中，出守寶慶，作興士類，身爲履畝，教民作水車，利用勸農墾闢，得税甚多。

張維屏《國朝詩人徵略》卷三一《王太嶽》 王太岳，字基平，號芥子，直隸定興人。乾隆七年進士，官雲南布政使，有《青虚山房集》。

公以弱冠入詞林，海内交推其文學，而公獨志於經世之務。在西安元留心水利，著《涇渠志》。在雲南，憫銅政之弊，於是旁搜博訊，指利害所由來，以求補救之術。大略謂舊時滇銅聽人取攜，自康熙四十四年始，請官爲經理，歲有常課。至雍正初，始開鼓鑄，運京局以疏銷積銅。兹硐路已深，近山林木已盡，夫工炭價皆數倍於前，而又益以課長之掊尅，地保之科派，官役之往來，供億廠民受價六兩四錢之外，尚須貼費一兩八九錢而後足。採辦之難，此其一也。滇銅自乾隆四五年以來，歲産六七百萬觔，乾隆三十八年、三十九年，以一千二百數十萬告，此滇銅極盛之時。至今日而京師之運額既不可缺，而江南江西以外尚有浙、閩、黔、粤、秦、楚諸路開鑄，求之益衆，責之益急，雲南之銅何時足乎？採辦之難，此其二也。硐民皆無業之人，領本到手，往往私費，亦有開硐無成，虚費工本，懸項纍纍，名曰廠欠。自頃定議，每歲終責取無欠結狀，然工本不足，廠民不能徒手枵腹而致採，則爲之量借油米爐炭，以資工作，而其欠借不歸之油米爐炭亦不下巨萬之值，大廠之逋累積重莫蘇。採辦之難，此其三也。小廠收買涣散莫紀，合計數十小廠之銅比二三大廠不能半，則大廠安得不困？採辦之難，此其四也。 夫轉運之難，牛可載八十觔，馬力倍之，一千餘萬之銅，非十萬匹頭不辦，今司運之官既皆增價僱募，然不免以人易畜，里民每贏數日之糧，以應一日之役，喜事之吏驅率老幼，横施鞭打，瘁民生而虧政體，非小故也。嘗竊求前人之論議，其有已效於昔，而可試行於今者，曰多籌息錢以益銅價也，通計有無以限買銅也，稍寬考成以紓廠困也，實給工本以廣開採也，預借僱值以集牛馬也。銅政之要必寬給價，給價足而後廠衆集，廠衆集而後開採廣，廣採則銅多，銅多則用裕。有銅本斯有銅息，有鑄錢斯有鑄息，以廠民之銅鑄錢，即以鑄錢之息與廠，費不他籌，澤不泛及，而此數十廠百千萬衆皆有以蘇困窮，而謀飽暖，積其懽呼翔踴之氣，銅即不增，亦斷無減。雲南山高脈厚，到處出產礦砂，但能經理得宜，非惟裨益銅務，而數千萬謀食窮民亦得藉以資生。由此觀之，小廠非無利也，誠使加以人力，穿峽成堂，則初闢之礦入不必深，而工不必費。又地僻人少，林木蔚萃，炭亦易得，較大廠攻採之費有事半而功倍者。誠於廠之近邑招徠土著之民，聊以什伍之籍，又擇其愿樸持重者爲之長，於是假之以底本，益之以油米薪炭，則涣散之衆皆有所繫屬，然後示以約束，董以課程，作其方振之氣，厚其已集之力，使皆穿石破峽，以求進山之礦，雖有不成者寡矣。銅運之在滇境者，後先踵接，依次抵瀘，而瀘州旋收旋兑，略不停息，則終無儲備之日，惟寬以半歲之期會，然後瀘州有三四百萬之儲，儲之既多，則兑者方去，而運者既來，是常有餘貯也。如是，而凡運官之至者，皆可以時兑發，次第啓行，在瀘既無坐守之勞，在途亦有催督之令，運何爲而遲哉？《春融堂集》。

《（同治）富順縣志》卷八《職官志》　周熊，字應文，陝西長安人，弘治中由進士任。渾厚寬平，視民如子，于高年孤寡，尤極保愛。嘗集諸生講論經義，多所闡發。又教農夫造作水車、木牛，以便耕斂。

李鴻章《李文忠公奏稿》卷四《催調丁日昌來滬專辦製造片同治二年八月二十日》　再臣欽奉同治元年九月二十六日寄諭：飭令中國員弁，學習洋人製造各項火器之法，務須得其密傳，能利攻勦，以爲自强之計等因，欽此。遵即在上海雇募英、法弁兵通習軍器者，仿照製辦。並令參將韓殿甲督率中國工匠，盡心學習現製開花礮彈自來火等件，粗具規模，惟須精益求精，必添派好學深思之文員，會同講求，以期得其密傳，推廣盡利。查有同知銜江西候補知縣丁日昌，學識深醇，留心西人祕巧，前經督臣曾國藩奏派赴粤辦理釐務，臣於本年正月間即咨調該員來滬專辦製造事宜，疊准晏端書咨會，以高州軍情喫緊，奏請將丁日昌暫留提督崑壽軍營，籌度攻勦，督辦火器，臣又節次咨札交催去後。茲據丁日昌來稟，在粤先後鑄造大小硼礮三十六尊，大小硼礮子二千餘顆，均已將螺絲引藥配好，足敷應用。各弁兵逐日練習，施放得法，可期制勝等語，是該員委辦粤省火器業經竣事，而江蘇正在進攻省城，所需軍火，刻不容緩。雖現已雇匠開鑄，恐製造未甚如法，宜集衆思以收兼長。晏端書原咨本有暫留二、三月再令赴滬之語，相應請旨，敕下廣東督撫臣速令丁日昌起程來滬，督匠起造，實於軍需有稗。伏乞聖鑒訓示施行。謹附片具奏。

梁啓超《李鴻章傳》第六章《洋務時代之李鴻章》　「洋務」二字，不成其爲名詞也。雖然，名從主人，爲李鴻章傳，則不得不以「洋務」二字總括其中世二十餘年之事業。李鴻章所以爲一世俗儒所唾罵者以洋務，其所以爲一世鄙夫所趨重者亦以洋務，吾之所以重李責李而爲李惜者亦以洋務。謂李鴻章不知洋務乎？中國洋務人士，吾未見有其比也。謂李鴻章真知洋務乎？何以他國以洋務興，而吾國以洋務衰也？吾一言以斷之，則李鴻章坐知有洋務，而不知有國務，以爲洋人之所務者，僅于如彼云云也。今試取其平定髮捻以後，日本戰事以前，所辦洋務各事，列表如下：

設外國語言文字學館于上海	同治二年正月
設江南機器製造局于上海	同　四年八月
設機器局于天津	同　九年十月
籌通商日本并派員往駐	同　九年閏十二月
擬在大沽設洋式砲臺	同　十年四月
挑選學生赴美國肄業	同　十一年正月
請開煤鐵礦	同　十一年五月
設輪船招商局	同　十一年十一月
籌辦鐵甲兵船	光緒元年十一月
請遣使日本	同
請設洋學局于各省，分格致、測算、輿圖、火輪機器、兵法、炮法、化學、電學諸門，擇通曉時務大員主之，并于考試功令稍加變通，另開洋務進取一格	同　十二月
派武弁往德國學水陸軍械技藝	同　二年三月
派福建船政生出洋學習	同　年十一月
始購鐵甲船	同　六年二月
設水師學堂于天津	同　年七月

（續表）

設南北洋電報	同　年八月
請開鐵路	同　年十二月
設開平礦務商局	同　七年四月
創設公司船赴英貿易	同　年六月
招商接辦各省電報	同　年十一月
築旅順船塢	同　八年二月
設商辦織布局于上海	同　年四月
設武備學堂于天津	同　十一年五月
開辦漠河金礦	同　十三年十二月
北洋海軍成軍	同　十四年
設醫學堂於天津	同　二十年五月

以上所列李鴻章所辦洋務，略具于是矣。綜其大綱，不出二端：一曰軍事，如購船、購械、造船、造械、築炮臺、繕船塢等是也；二曰商務，如鐵路、招商局、織布局、電報局、開平煤礦、漠河金礦等是也。其間有興學堂、派學生游學外國之事，大率皆爲兵事起見，否則以供交涉翻譯之用者也。李鴻章所見西人之長技，如是而已。

海陸軍事，是其生平全力所注也。蓋彼以善戰立功名，而其所以成功，實由與西軍雜處，親睹其器械之利，取而用之，故事定之後，深有見夫中國兵力，平内亂有餘，禦外侮不足，故兢兢焉以此爲重。其眼光不可謂不加尋常人一等，而其心力之瘁于此者亦至矣。計中日戰事以前，李鴻章手下之兵力，大略如下：

北洋海軍兵力表

分職隊別	船名	船式	噸數	馬力	速力	炮數	船員	進水年分
主戰艦隊	定遠	鐵甲	七三三五	六〇〇〇	一四.五	二二	三三〇	光緒八年（一八八二）
	鎮遠	同	七三五五	六〇〇〇	一四.五	二二	三三〇	同

（續表）

分職隊別	船名	船式	噸數	馬力	速力	炮數	船員	進水年分
主戰艦隊	經遠	同	二九〇〇	三〇〇〇	一五.五	一四	二〇二	同　十三年（一八八七）
	來遠	同	二九〇〇	五〇〇〇	一五.五	一四	二〇二	同
防守艦隊	致遠	巡洋	二三〇〇	五五〇〇	一八.〇	二三	二〇二	同　十二年（一八八六）
	靖遠	同	二三〇〇	五五〇〇	一八.〇	二三	二〇二	同
	濟遠	同	二三〇〇	五五〇〇	一八.〇	二三	二〇三	同　九年（一八八三）
	平遠	同	二二〇〇	一五〇〇	一四.五	一一		
	超勇	同	一三五〇	二四〇〇	一五.〇	一八	一三〇	同　七年（一八八一）
	揚威	同	一三五〇	二四〇〇	一五.五	一八	一三〇	同
	鎮東	炮船	四四〇	三五〇	八.〇	五	五五	同　五年（一八七九）
	鎮西	同	四四〇	三五〇	八.〇	五	五五	同
	鎮南	同	四四〇	四四〇	八.〇	五	五五	同
	鎮北	同	四四〇	四四〇	八.〇	五	五五	同
	鎮中	同	四四〇	七五〇	八.〇	五	五五	同　七年（一八八一）
	鎮邊	同	四四〇	八四〇	八.〇	五	五五	同
練習艦	康濟	同	一三〇〇	七五〇	九.五	一一	一二四	同　七年（一八八一）
	威遠	同	一三〇〇	八四〇	一二.〇	一一	一二四	同　三年（一八七七）
補助艦	泰安	同	一二五八	六〇〇	一〇.〇	五	一八〇	同　二年（一八七六）

（續表）

分職/隊別	船名	船式	噸數	馬力	速力	炮數	船員	進水年分
補助艦	鎮海	同	九五〇	四八〇	九.〇	五	一〇〇	同治十年（一八七一）
	操江	同	九五〇	四〇〇	九.〇	五	九一	同五年（一八六五）
	湄雲	同	五七八	四〇〇	九.〇	四	七〇	同八年（一八六九）

附：水雷船

船名	船式	噸數	速力
左隊一號	一等水雷	一〇八	二四
同　二號	同	同	一九
同　三號	同	同	一九
右隊一號	同	同	一八
同　二號	同	同	一八
同　三號	同	同	一八

直隸淮軍練勇表

當中日戰事時代，直隸淮軍練勇二萬餘人，其略如下：

軍隊	營數	人數	將領	駐地
盛軍	十八	九千	衛汝貴	小站
銘軍	十二	四千	劉盛休	大連灣
毅軍	十	四千	宋慶	旅順口
蘆防淮勇	四	二千	葉志超、聶士成	蘆臺北塘、山海關
仁字虎勇	五	二千五百	聶士成	營口

合計四十九營二萬五千人之間。

李鴻章注全副精神以經營此海陸二軍，自謂確有把握。光緒八年，法越肇釁之時，朝議飭籌畿防，鴻章覆奏，有「臣練軍簡器，十餘年于茲，徒以經費太絀，不能盡行其志，然臨敵因應，尚不至以孤注貽君父憂」等語。其所以自信者，亦可概見矣。何圖一旦中日戰開，艨艟樓艦，或創或夷，或以資敵，淮軍練勇，屢戰屢敗，聲名一旦掃地以盡，所餘敗鱗殘甲，再經聯軍津沽一役，隨羅榮光、聶士成同成灰燼。于是直隸總督北洋大臣三十年所蓄所養所布畫，烟消雲散，殆如昨夢。及于李之死，而其所摩撫卵翼之天津，尚未收復。嗚呼！合肥合肥，吾知公之不瞑于九原也。

至其所以失敗之故，由於群議之掣肘者半，由於鴻章之自取者亦半。其自取也，由于用人失當者半，由于見識不明者亦半。彼其當大功既立，功名鼎盛之時，自視甚高，覺天下事易易耳，又其裨將故吏，昔共患難，今共功名，徇其私情，轉相汲引，布滿要津，委以重任，不暇問其才之可用與否，以故臨機僨事，貽誤大局，此其一因也。又惟知練兵，而不知有兵之本原，惟知籌餉，而不知有餉之本原，故支支節節，終無所成，此又其一因也。

李鴻章所辦商務，亦無一成效可睹者，無他，官督商辦一語，累之而已。中國人最長於商，若天授焉，但使國家爲之制定商法，廣通道路，但護利權，自能使地無棄財，人無棄力，國之富可立而待也。今每舉一商務，輒爲之奏請焉，爲之派大臣督辦焉，即使所用得人，而代大匠斲者，固未有不傷其手矣。況乃奸吏舞文，視爲利藪，憑挾狐威，把持局務，其已入股者安得不寒心，其未來者安得不裹足耶？故中國商務之不興，雖謂李鴻章官督商辦主義爲之厲階可也。

吾敢以一言武斷之曰：李鴻章實不知國務之人也，不知國家之爲何物，不知國家與政府有若何之關係，不知政府與人民有若何之權限，不知大臣當盡之責任。其于西國所以富强之原，茫乎未有聞焉，以爲吾中國之政教文物風俗，無一不優于他國，所不及者，惟槍耳、炮耳、船耳、鐵路耳、機器耳，吾但學此，而洋務之能事畢矣。此近日舉國談時務者所異口同聲，而李鴻章實此一派中三十年前之先輩也。是所謂無鹽效西子之顰，邯鄲學壽陵之步，其適形其醜，終無所得也，固宜。

雖然，李鴻章之識，固有遠過于尋常人者矣。嘗觀其同治十一年五月覆議製造輪船未可裁撤摺云：

臣竊惟歐洲諸國，百十年來，由印度而南洋，由南洋而中國，闖入邊界腹地，凡前史所未載，亘古所未通，無不款關而求互市。我皇上如天之度，概與立約通商，以牢籠之，合地球東西南朔九萬里之遥，胥聚于中國，此三千餘年一大變局也。西人專恃其槍炮輪船之精利，故能横行于中土。中國向用之器械，不敵彼等，是以受制于西人。居今日而曰攘夷，曰驅逐出境，固虚妄之論。即欲保和局守疆土，亦非無具而能保守之也。（中略）士大夫囿于章句之學，而昧于數千年來一大變局，狃于目前苟安，而遂忘前二三十年之何以創鉅而痛深，後千百年之何以安内而制外，此停止輪船之議所由起也。臣愚以爲，國家諸費皆可省，惟養兵設防、練習槍炮、製造兵輪之費萬不可省，求省費則必屏除一切，國無與立，終不得强矣。

光緒元年，因臺灣事變籌畫海防摺云：

兹總理衙門陳請六條，目前當務之急，與日後久遠之圖，業經綜括無遺，洵爲救時要策。所未易猝辦者，人才之難得，經費之難籌，畛域之難化，故習之難除。循是不改，雖日事設防，猶畫餅也。然則今日所急，惟在力破成見，以求實際而已。何以言之？歷代備邊，多在西北，其强弱之勢，主客之形，皆適相埒，且猶有中外界限。今則東南海疆萬餘里，各國通商傳教，往來自如，麇集京師及各省腹地，陽托和好之名，陰懷吞噬之計，一國生事，諸國構煽，實惟數千年來未有之變局。輪船電報之速，瞬息千里；軍器機事之精，工力百倍，又爲數千年來未有之强敵。外患之乘，變幻如此，而我猶欲以成法制之，譬如醫者療疾，不問何症，概投之以古方，誠未見其效也。庚申以後，夷勢駸駸内向，薄海冠帶之倫，莫不發憤慷慨，争言驅逐。局外之訾議，既不悉局中之艱難，及詢以自强何術，禦侮何能，則茫然靡所依據。臣于洋務，涉歷頗久，聞見較廣，于彼己長短相形之處，知之較深，而環顧當世餉力人才實有未逮，又多拘于成法，牽于衆議，雖欲振奮而末由。《易》曰：「窮則變，變則通。」蓋不變通則戰守皆不足恃，而和亦不可久也。

又云：

近時拘謹之儒，多以交涉洋務爲浼人之具；取巧之士，又以引避洋務爲自便之圖。若非朝廷力開風氣，破拘攣之故習，求制勝之實際，天下危局，終不可支，日後乏才，且有甚于今日者。以中國之大，而無自强自立之時，非惟可憂，抑亦可恥。

由此觀之，則李鴻章固知今日爲三千年來一大變局，固知狃于目前之不可以苟安，固嘗有意于求後千百年安内制外之方，固知古方不可醫新症，固知非變法惟新，則戰守皆不足恃，固知畛域不化，故習不除，則事無一可成，甚乃知日後乏才，且有甚于今日，以中國之大，而永無自强自立之時。其言沉痛，吾至今讀之，則泪涔涔其承睫焉。夫以李鴻章之忠純也若彼，若明察也若此，而又久居要津，柄持大權，而其成就乃有今日者，何也？則以知有兵事而不知有民政，知有外交而不知有内治，知有朝廷而不知有國民。日責人昧于大局，而己于大局，先自不明；日責人畛域難化，故習難除，而己之畛域故習，以視彼等，猶不過五十步與百步也。殊不知今日世界之競争，不在國家而在國民；殊不知泰西諸國所以能化畛域、除故習、布新憲、致富强者，其機恒發自下而非發自上，而求其比璣之何以能發，則必有一二先覺有大力者，從而導其轅而鼓其鋒，風氣既成，然後因而用之，未有不能濟者也。李鴻章而不知此不憂此則亦已耳，亦既知之，亦既憂之，以彼之地位，彼之聲望，上之可以格君心以臂使百僚，下之可以造輿論以呼起全國，而惜乎李之不能也。吾故曰：李之受病，在不學無術。故曰：爲時勢所造之英雄，非造時勢之英雄也。

雖然，事易地而殊，人易時而異。吾輩生于今日，而以此大業責李，吾知李必不任受。彼其所謂局外之訾議，不知局中之艱難，言下蓋有餘病焉。援《春秋》責備賢者之義，李固咎無可辭。然試問今日四萬萬人中，有可以Cast the first stone之資格者，幾何人哉？吾雖責李，而必不能爲所謂拘謹之儒、取巧之士、囿于章句狃于目前者，稍寬其罪，而又決不許彼輩之隨我而容喙也。要而論之，李鴻章不失爲一有名之英雄，所最不幸者，以舉國之大，而無所謂無名之英雄，以立乎其後，故一躍而不能起也。吾于李侯之遇，有餘悲焉耳。

自此章以後，李鴻章得意之歷史終，而失意之歷史方始矣。

紀事

《漢書》卷九三《佞幸傳·董賢》 又以賢妻父爲將作大匠，弟爲執金吾。詔將作大匠爲賢起大第北闕下，重殿洞門，木土之功窮極技巧，柱檻衣以綈錦。下至賢家僮僕皆受上賜，及武庫禁兵，上方珍寶。其選物上弟盡在董氏，而乘輿所服乃其副也。及至東園祕器，珠襦玉柙，豫以賜賢，無不備具。又令將作爲賢起冢塋義陵旁，内爲便房，剛柏題湊，外爲徼道，周垣數里，門闕罘罳甚盛。

《後漢書》卷七六《循吏傳・王景》 王景字仲通，樂浪詽邯人也。八世祖仲，本琅邪不其人。好道術，明天文。諸吕作亂，齊哀王襄謀發兵，而數問於仲。及濟北王興居反，欲委兵師仲，仲懼禍及，乃浮海東奔樂浪山中，因而家焉。父閎，爲郡三老。更始敗，土人王調殺郡守劉憲，自稱大將軍、樂浪太守。建武六年，光武遣太守王遵將兵擊之。至遼東，閎與郡決曹史楊邑等共殺調迎遵，皆封爲列侯，閎獨讓爵。帝奇而徵之，道病卒。

景少學《易》，遂廣闚衆書，又好天文術數之事，沈深多伎藝。辟司空伏恭府。時有薦景能理水者，顯宗詔與將作謁者王吳共修作浚儀渠。吳用景堰流法，水乃不復爲害。

初，平帝時，河、汴決壞，未及得修。建武十年，陽武令張汜上言：「河決積久，日月侵毁，濟渠所漂數十許縣。修理之費，其功不難。宜改修堤防，以安百姓。」書奏，光武即爲發卒。方營河功，而浚儀令樂俊復上言：「昔元光之閒，人庶熾盛，緣隄墾殖，而瓠子河決，尚二十餘年，不即擁塞。今居家稀少，田地饒廣，雖未修理，其患猶可。且新被兵革，方興役力，勞怨既多，民不堪命。宜須平静，更議其事。」光武得此遂止。後汴渠東侵，日月彌廣，而水門故處，皆在河中，兗、豫百姓怨歎，以爲縣官恒興佗役，不先民急。永平十二年，議修汴渠，乃引見景，問以理水形便。景陳其利害，應對敏給，帝善之。又以嘗修浚儀，功業有成，乃賜景《山海經》、《河渠書》、《禹貢圖》，及錢帛衣物。夏，遂發卒數十萬，遣景與王吳修渠築隄，自滎陽東至千乘海口千餘里。景乃商度地埶，鑿山阜，破砥績，直截溝澗，防遏衝要，疏決壅積，十里立一水門，令更相洄注，無復潰漏之患。景雖簡省役費，然猶以百億計。明年夏，渠成。帝親自巡行，詔濱河郡國置河堤員吏，如西京舊制。景由是知名。王吳及諸從事掾史皆增秩一等。景三遷爲侍御史。十五年，從駕東巡狩，至無鹽，帝美其功績，拜河堤謁者，賜車馬縑錢。

《後漢書》卷一一八《百官五》 邊縣有障塞尉。本注曰：掌禁備羌夷犯塞。其郡有鹽官、鐵官、工官、都水官者，隨事廣狹置令、長及丞，秩次皆如縣、道，無分士，給均本吏。本注曰：凡郡縣出鹽多者置鹽官，主鹽税。出鐵多者置鐵官，主鼓鑄。有工多者置工官，主工税物。有水池及魚利多者置水官，主平水收漁税。在所諸縣均差吏更給之，置吏隨事，不具縣員。

《三國志》卷三九《蜀書・吕乂傳》 吕乂字季陽，南陽人也。父常，送故將(軍)劉焉入蜀，值王路隔塞，遂不得還。乂少孤，好讀書鼓琴。初，先主定益州，置鹽府校尉，較鹽鐵之利，後校尉王連請乂及南陽杜祺、南鄉劉幹等並爲典曹都尉。乂遷新都、緜竹令，乃心隱卹，百姓稱之，爲一州諸城之首。遷巴西太守。

《三國志》卷四一《蜀書・王連傳》 王連字文儀，南陽人也。劉璋時入蜀，爲梓潼令。先主起事葭萌，進軍來南，連閉城不降，先主義之，不强偪也。及成都既平，以連爲什邡令，轉在廣都，所居有績。遷司鹽校尉，較鹽鐵之利，利入甚多，有裨國用，於是簡取良才以爲官屬，若吕乂、杜祺、劉幹等，終皆至大官，自連所拔也。遷蜀郡太守、興業將軍，領鹽府如故。建興元年，拜屯騎校尉，領丞相長史，封平陽亭侯。

《晉書》卷三三《何曾傳》 遵字思祖，劭庶兄也。少有幹能。起家散騎黄門郎、散騎常侍、侍中，累轉大鴻臚。性亦奢忲，役使御府工匠作禁物，又鬻行器，爲司隸劉毅所奏，免官。

《晉書》卷七六《王彬傳》 蘇峻平後，改築新宫，彬爲大匠。以營創勳勞，賜爵關内侯，遷尚書右僕射。

《晉書》卷一三〇《赫連勃勃載記》 改元爲鳳翔。以叱干阿利領將作大匠，發嶺北夷夏十萬人，于朔方水北、黑水之南營起都城。勃勃自言：「朕方統一天下，君臨萬邦，可以統萬爲名。」阿利性尤工巧，然殘忍刻暴，乃蒸土築城，錐入一寸，即殺作者而并築之。勃勃以爲忠，故委以營繕之任。又造五兵之器，精鋭尤甚。既成呈之，工匠必有死者：射甲不入即斬弓人，如其入也，便斬鎧匠。又造百鍊剛刀，爲龍雀大環，號曰「大夏龍雀」，銘其背曰：「古之利器，吴楚湛盧。大夏龍雀，名冠神都。可以懷遠，可以柔逋。如風靡草，威服九區。」世甚珍之。復鑄銅爲大鼓，飛廉、翁仲、銅駝、龍獸之屬，皆以黄金飾之，列于宫殿之前。凡殺工匠數千，以是器物莫不精麗。

《陳書》卷五《宣帝紀》 （太建四年十二月）丁卯，詔曰：「梁氏之季，兵火荐臻，承華焚蕩，頓無遺構。寳命惟新，迄將二紀，頻事戎旅，未遑修繕。今工役差閑，椽楹有擬，來歲開肇，創築東宫，可權置起部尚書、將作大匠，用主監作。」

《陳書》卷二一《蕭引傳》 引性抗直，不事權貴，左右近臣，無所造請，高宗每欲遷用，輒爲用事者所裁。及吕梁覆師，戎儲空匱，乃轉引爲庫部侍郎，掌知營造弓弩矟箭等事。引在職一年，而器械充牣。頻加中書侍郎、貞威將軍、黄門郎。

《魏書》卷九五《匈奴劉聰傳》 其都水使者襄陵王攄以魚蟹不供，將作大匠望都公靳陵以營作遲晚，並斬於東市。

《周書》卷四五《儒林・盧光傳》 （大統）十年，改封安息縣伯，邑五百户。遷行臺右丞，出爲華州長史，尋徵拜將作大匠。魏廢帝元年，加車騎大將軍、儀同三司，除京兆郡守，遷侍中。六官建，授小匠師下大夫。大司馬賀蘭祥討吐谷渾，以光爲長史，進爵燕郡公。武成二年，詔光監營宗廟，既成，增邑四百户。出爲虞州刺史，尋治陝州總管府長史。

《北史》卷三七《奚康生傳》 時梁聞康生能引强弓，故特作大弓兩張，長八尺，把中圍尺有二寸，箭粗殆如今之長笛，送與康生。康生便集文武，月之平射，猶有餘力。觀者以爲絶倫。弓即表送，置之武庫。後梁遣都督臨川王蕭宏勒甲十萬規寇徐州，詔授康生武衛將軍，一戰敗之。

《北史》卷六〇《宇文愷傳》 會朝廷以魯班故道，久絶不行，令愷修之。既而上建仁壽宫，右僕射楊素言愷有巧思，於是檢校將作大匠。歲餘，拜仁壽宫監，授儀同三司，尋爲將作少監。文獻皇后崩，愷與楊素營山陵。上善之，復爵安平郡公。煬帝即位，遷都洛陽，以愷爲營東都副監，尋遷將作大匠。愷揣帝心在宏侈，於是東都制度，窮極壯麗。帝大悦，進位開府，拜工部尚書。及長城之役，詔愷規度之。時帝北巡，欲誇戎狄，令愷爲大帳，其下坐數千人。帝大悦，賜物千段。又造觀風行殿，上容衛者數百人，離合爲之，下施輪軸，推移倏忽，有若神功。戎狄見之，莫不驚駭。帝彌悦，前後賞賜不可勝紀。

《北史》卷七五《蘇孝慈傳》 蘇孝慈，扶風人也。父武，周兗州刺史。

孝慈少沉謹，有器幹，美容儀。仕周，位至工部中大夫，封臨水縣公。隋文帝受禪，進爵安平郡公，拜太府卿。于時王業初基，徵天下匠，纖微之巧，無不畢集。孝慈總其事，世以爲能。歷位兵部尚書，待遇愈密。時皇太子勇頗知時政，上欲重宫官之望，多令大臣領其職，拜孝慈太子右衛率，尚書如故。及於陝州置常平倉，轉輸京下，以渭水多沙，乍深乍淺，乃決渭水爲渠以屬河，令孝慈督其役。渠成，上善之，又領太子左衛率，仍判工部、户部二尚書，稱爲幹理。進位大將軍，轉工部尚書，率如故。

先是，以百僚供費不足，臺省府寺咸置廨錢，收息取給。孝慈以爲官與百姓争利，非興化之道，表請公卿已下給職田各有差，上並納焉。及將廢太子，憚其在東宫，出爲淅州刺史。太子以孝慈去，形於言色。遷洪州總管，俱有惠政。後桂林山越相聚爲亂，詔孝慈爲行軍總管，擊平之。卒官。子會昌。

《北史》卷八七《元弘嗣傳》 大業初，煬帝潛有遼東意，遣弘嗣於東萊海口監造船。諸州役丁苦其捶楚，官人當作，晝夜立水中，略不敢息，自腰已下無不蛆生，死者十三四。尋遷黄門侍郎，轉殿中少監。

《北史》卷九二《恩幸・王遇傳》 王遇字慶時，本名他惡，馮翊李潤鎮羌也。與雷、党、不蒙俱爲羌中强族。自云其先姓王，後改爲鉗耳氏。宣武時，改爲王焉。自晉已來，恒爲渠長。

遇坐事腐刑，累遷吏部尚書，爵宕昌公。出爲華州刺史，加散騎常侍。幽后之前廢也，遇頗言其過。及後進幸，孝文對李沖等申后無咎，而稱遇謗議之罪，遂免遇官，奪其爵。宣武初，爲光禄大夫，復舊爵。馮氏爲尼也，公私罕相供恤，遇自以嘗更奉接，往來祇謁，不替舊敬。

遇性工巧，强於部分。北都方山、靈泉道俗居宇，及文明太后陵廟，洛京東郊馬射壇殿，修廣文昭太后墓園，及東西兩堂，内外諸門制度，皆遇監作。雖年在耆老，朝夕不倦。又長於人事，留意酒食之間。每逢僚舊，觴膳精豐。然競於榮利，趨求勢門。趙脩之寵也，遇深附會，受敕爲之造宅，增於本旨，笞擊作人，莫不嗟怨。卒於官。初遇之疾，太傅北海王與太妃俱往臨問，視其危惙，爲之泣下。其善奉諸貴，致相悲悼如此。贈雍州刺史。

《北史》卷九三《潛僞附庸・屈丐傳》 性驕虐，視人如草，蒸土以築城，鐵錐刺入一寸，即殺作人而并築之。所造兵器，匠呈必死，射甲不入，即斬弓人，如其入，便斬鎧匠，殺工匠數千人。常居城上，置弓劍於側，有所嫌忿，手自殺之。羣臣忤視者，鑿其目，笑者決其脣，諫者謂之誹謗，先截其舌，而後斬之。議廢其子璝，璝自長安起兵攻屈丐，丐遣子太原公昌破璝殺之。屈丐以昌爲太子。始光二年，屈丐死，昌僭立。

《宋史》卷三八七《汪應辰傳》 服闋，除祕書少監，遷權吏部尚書。李顯忠冒具安豐軍功賞五千餘人，應辰奏駁之。權户部侍郎兼侍講。應辰獨員當劇務，節冗費，常奏：「班直轉官三日，而堂吏增給食錢萬餘緡；工匠洗澤器皿僅給百餘千，而堂吏食錢六百千；塑顯仁神御，半年功未及半，而堂吏食錢已支三萬，銀絹六百匹兩。他皆類此。」上驚其費冗，命吏部裁之。

李燾《續資治通鑑長編》卷二四二《神宗熙寧六年》（正月）己酉，管勾監修昭孝禪寺、入内供奉官宋用臣遷一官，鄧守恩減磨勘五年。故事，督工作止加職，上以修奉祖宗陵寺，故特遷官。

李燾《續資治通鑑長編》卷二六六《神宗熙寧八年》（七月壬戌）詔綾錦院監官李果衝替，仍劾罪以聞。果被旨與工匠轉資，稽留五十餘日，上批「果情涉不恭」，故罷。又批：「三司視有司稽違聖旨，初不行遣，亦令分析。」後三司言綾錦院直受傳宣，而三司不預知，乃釋之。

李燾《續資治通鑑長編》卷三九四《哲宗元祐二年》（正月庚午）朝奉大夫章楶爲吏部郎中。御史孫升言：「楶自成都府路轉運副使有此除授。按：楶昨任荆湖北路提點刑獄司，内臣甘承立在本路肆爲貪暴不法，殘虐人命幾千人。臣近聞公安縣僧清願者，經荆南陳狀，於打造上供生活所收拾承立虐死無主工匠骸骨數百副，作大冢以葬之。道路聞者莫不痛憤。豈有仁聖在上，而承立小臣乃敢殘虐人命至於如此！良有章楶在本路迎逢承立，以希進用，隨意上下，無所不至。所部官稍違承立意，楶則隨以他事劾之，故承立肆意虐人，無所忌憚，皆楶所致。臣竊以章楶職按一路刑獄冤濫，身寄朝廷外臺耳目，坐視承立殘虐平人性命，以爲容縱，成就其惡，格不上聞，按楶之罪，重於承立。今承立雖流嶺表，未足以償冤命萬分之一，而章楶置而不問，復被遷擢進用，何以懲小人之惡，爲後來之戒？伏望聖慈詳察，特降指揮罷黜，以慰存没之冤。」楶尋知越州。四月二十二日知越州，蓋除吏中未知改命。

李燾《續資治通鑑長編》卷五〇三《元符元年》（十月）辛巳，三省言吏、工部狀：將作監主簿二員，乞將先到任一員就改充勾當公事官，候成資替罷。從之，仍今後令本監舉京朝官一員充。

《明太祖實録》卷八十八（洪武七年四月癸卯）命置鐵冶所官。凡一十三所，每所置大使一員，秩正八品；副使一員，秩正九品。是時各所歲煉鐵額：江西南昌府進賢鐵冶歲一百六十三萬斤，臨江府新喻冶、袁州府分宜冶歲各八十一萬五千斤，湖廣興國冶歲一百十四萬八千七百八十五斤，蘄州府黄梅冶歲一百二十八萬三千九百九十二斤，山東濟南府萊蕪冶歲七十二萬斤，廣東廣州府陽山冶歲七十萬斤，陝西鞏昌冶歲一十七萬八千二百一十斤，山西平陽府富國、豐國二冶歲各二十二萬一千斤，太原府太通冶歲一十二萬斤，潞州潤國冶、澤州益國冶歲各十萬斤。

《明英宗實録》卷三百十七（天順四年七月癸卯）降工部右侍郎翁世資爲湖廣衡州府知府。初，上欲命中官往蘇、松、杭、嘉、湖五府於常額外增造綵段七千匹，工部奏其處巧匠多取赴内局，且絲料有限，請減增造之數，以蘇民困。上怒，訊其主意者，尚書趙榮、左侍郎霍瑄俱稱出於世資。上曰：「世資欺公要譽，錦衣衛其收鞫問。榮等姑宥之。」既而世資具伏請罪，送刑部論贖徒。贖既，故有是命。

《明憲宗實録》卷二百二十六（成化十八年四月）乙丑南京户部奏：「兩京工部所屬營繕所、文思院官員，南京俸糧類無一定之數。成化十四年，官一千八百五十四員，支俸一萬五千九百七十石。十五年，一千九百九十九員，支俸一萬七千四百六石。十六年，二千二百五十七員，支俸一萬九千三十七石。以十七年度之，大約合用二萬四千餘石。而户部豫會米數，止依一萬八千之額。又各官該支俸帖，率多賣與富商，積至數年，米貴方來關給，以是糧每不足。欲將各官俸糧，照在京各衛經歷等官事例，改撥南京衛倉照數支給。其俸册到部一年之上，收買俸帖之人，不來告支者，不准作數。」事下户部，以爲：「官無定員，俸難豫擬。宜行兩京工部自成化十八年八月初一日爲始，凡兩京帶俸匠官該支俸糧，四季類造文册，繳送南京户部，定撥南京衛倉支給。其俸册到部，閲十五月無人告支者，將米扣除，不許待價占廒。」從之。

朱元璋《御制大誥・僞鈔》寶鈔通行天下，便民交易。其兩浙、江東西，民有僞造者甚，惟句容縣。楊饅頭本人起意，縣民合謀者數多，銀匠密修錫板，文理分明，印紙馬之户，同謀刷印。捕獲到官，自京至于句容，其途九十里，所梟之尸相望，其刑甚矣哉。朕想決無復犯者，豈期不逾年，本縣村民亦僞造寶鈔甚焉鄰里互知而密行，死而後已。嗚呼！若此頑愚，將何治耶！

朱元璋《御制大誥續編・韓鐸等造罪》工部侍郎韓鐸，洪武十五年以儒士起發赴京，任吏科給事中。至洪武十七年，與同科給事中彭允達，吏部尚書陳敬等，將取到十二布政司儒士與諫院等各官，私下定擬職名，作見行事例，朦朧奏啓。事覺，法司以交結近侍律處斬，妻子流二千里。朕閔初任，釋放寧家。因眷戀幹才，復取赴京。頓挫奸頑，發往雲南烟瘴盤江安置，使改非心。抵所在，不數月取回，命爲工部司務。到任之際，察知堂上並四子部人各贓貪，其鐸得此緣由，職雖在微，一時作威作福。闔部群官，因鐸知已之非，被鐸捶楚辱詈，雖堂上之官，亦俯首以受，莫敢誰何。不兩月餘，諸人奸貪，盡在鐸之腹中矣。其鐸後陞本部侍郎，斂威結黨，遂同諸官贓貪亂政。一次，洪武十八年，月日不等，賣放木瓦匠顧受四等一千五百名，土工孫貴等三百名，木匠狄阿演等五百名，木艌匠王富二等一百五十名，又與工科給事中楊霖，賣放人匠一百名，得鈔一萬三千三百五十貫：給事中哈安七百貫，侍郎李禎二千一百五十貫，員外郎陳侃、主事郭升各分一千八百貫，郎中陳恭分一千三百五十貫，員外郎郝彬、主事邵炳、魯瞻，各分三百貫，郎中侯恒禮分二百貫，楊霖又分一百五十貫，鐸本名分四千三百貫入己。一次，十八年八月、九月，關支人匠金斗等食錢，同侍郎李禎尅落鈔三千貫：郎中侯恒禮、主事郭升各分五百貫，員外郎郝彬、主事邵炳各分一百貫，鐸與侍郎李禎、員外郎陳侃各分六百貫入己。一次，十八年九月二十日，同侍郎李禎、員外郎王大用盜賣蘆柴二萬八千束，得鈔一萬四千貫：侍郎李禎、員外郎王大用各分三千貫，主事張鳳、司務宋原各分二千貫，鐸分四千貫入己。一次，洪武十八年七月二十七日，與本部尚書徐本、侍郎李禎于奉天門奏，大勝關抽分場見在抽分木炭九十萬斤，奏旨搬運。爲無人夫未準搬運，後兩月餘，發放搬運原奏炭數。不期鐸窺俟萬幾之冗，以爲朕必失記，故將前項炭數止存九萬，餘者盡皆分賣。著令搬運原數，其鐸面欺，應對原奏炭止九萬斤。知鐸大肆奸頑，送法司窮問。鐸以前情供招在官，已將前項炭數盜賣不存。嗚呼！鐸之在任，節次賞鈔七百餘貫，先犯死罪，釋免安置烟瘴，使改非心，想必從化，及其取至，都無半年，諸奸並作，遂致殺身。

總計韓鐸等節次取受贓鈔，除隱匿入已外，實供招到官，共該三萬三百五十貫，木炭八十一萬斤。

侍郎韓鐸八千九百貫；

侍郎李禎五千七百五十貫；

郎中侯恒禮七百貫；

郎中陳恭一千三百五十貫；

員外郎陳侃二千四百貫；

員外郎赦彬四百貫；

員外郎王大用三千貫；

主事郭升二千三百貫；

主事張鳳二千貫；

主事魯瞻三百貫；

主事邵炳四百貫；

司務宋原二千貫；

給事中哈安七百貫；

給事中楊霖一百五十貫。

朱元璋《御制大誥三編・工匠頂替》 工作人匠，將及九萬。往者爲創造之初，百工技藝盡在京城，人人上不得奉養父母，下不得歡妻撫子，如此者二十六七年。邇年以來，工多成就，人匠應合省差。朕爲事繁，一時不能打點。其所任工部官吏，惟務貪饕，本無大工，假此作爲由，將近九萬人設計勾差。一千、二千方勾到京，文案明立到京月日，實不與上工，待一月後、半月後方許上工。及至關安家鈔併月支食錢，照依文案斨立月日，一概關支鈔錠出庫。及其賞匠也，或萬或千，或數千人，止論上工之日準工。餘虛半月一月，鈔雖關出，諸色匠人不得，如此奸弊。諸匠雖關食錢、安家錢，工滿應放回還，不即與批，又行刁蹬留難，直至將安家錢，每月食錢勒要賄賂，方才放歸，諸匠所得甚少。近年以來，愈見工減甚多，無處役使匠人。其工部官吏設計，將諸色目人勾至便賣，得錢便放。來者方到，有錢賄賂即歸。未到者，連日發批勾取。被賣去者，到家都無半月，親戚鄰里雖欲面會，不能完全，又乃起程。似如此者，九萬工技之人，年年在途者有之，暫到京者有之，方到家者亦有之，無錢買囑終年被微工所役者有之。嗚呼！九萬工技之人，年年在途，在京，在家，皆無寧息，上廢朝廷之供，下殃百工技藝，惟工部官吏肥己爲奇，智人君子深察至此，豈不恨哉！九萬工技之人，至如此艱難跋涉，不得休息。朕命進士秦逵職工部侍郎，掌行其事。本官到任未久，識此奸詭甚多，躬親來奏。其辭曰：「創造已定，工技有勞甚久。雖有些須未完，所用人匠甚不須多。匠將應用數目，立定限期，編成班次，使輪流而相代之。其九萬之人，一班諸色匠人不滿五千，以此輪之，四年有餘，方輪一交。」朕見其詞善，可其奏，不月編成。除當該赴工者在京，餘有八萬五千盡皆寧家，各奉父母，保守妻子。嗚呼甚矣哉！秦逵爲諸色匠人造福有如此乎！此係良謀良政，公當無移。如此者將一年餘，第四班人匠心生奸計，侮慢朝廷，自取禍殃。朝廷既除多人徒勞泛濫工役，減省用人，其諸技藝人等必躬親赴工者乃當。人匠減少，所來者技藝不精，工有所誤，事多遲滯，責罰焉。人匠沈添二等二百七名，中有三名乃親身赴役，餘皆以老羸不堪、幼懦難用以代正身，致使工不能就。點出奸頑，將幼丁者老者盡發廣西充軍，復于家下，務心要正身赴官。如此者自取不寧，又何恨哉！今後諸色匠人敢有不親身赴工者，遷發雲南。

彭大翼《山堂肆考》卷一九四《飲食・油》 黄帝製已下油

黄帝得河圖書，晝夜觀之，乃令力牧採木實製造爲油，以綿爲心，夜則燃之讀書，油自此始。

許游添

許游爲郡守，廳前有一古墓，命徒移他處。開塚，見一大缸中有燈火，其油將盡，缸上有字曰：許游許游，與汝何仇。五百年後，爲我添油。許即買油注滿，仍以土覆之。

武庫積油

見《火》。

占城貢油

五代周，占城國貢猛火油。

執畫污油

見《餅》。東坡《詠二王書後》曰：怪君何處得此本，上有桓玄寒具油。

覆錢酌油

見《射》

余繼登《典故紀聞》卷九 宣德時，内官張善往饒州監造器，貪黷酷虐，下人不堪。所造御用器，多以分饋其同列。事聞，宣宗命斬於都市，梟首以徇。

《清聖祖實録》卷一百六十五 〔康熙三十三年十月己亥〕復設江南淮安清江廠船政同知。改江寧廠船政歸江寧管糧同知兼理。

《清宣宗實録》卷四百六十九 〔道光二十九年七月〕癸巳，諭内閣：「林則徐、程矞采奏『請將辦理銅斤短絀最多之運員革職勒賠』一摺。雲南昆陽州知州桂文奎，領運丙午年正運三起户局額銅七十二萬斤，短至十七萬四千餘斤之多。現當整頓銅務之際，自應從嚴懲處，以儆其餘。桂文奎著即革任，仍留滇省勒限照數賠繳，儻限滿完不足數，即著嚴行追繳，從重懲辦。」

孫承澤《天府廣記》卷二二《寶源局・户部尚書侯恂條陳鼓鑄事宜》 一、議興鑄利。古者寶龜而貨貝，後世易之以金幣。然自太昊高陽以來，則已有錢矣。虞夏之際，幣爲三品：曰黄，曰白，曰赤。兼行龜貝，不純用錢。管子亦云：先王以珠玉爲上幣，黄金爲中幣，刀布爲下幣。所以守財物御人事而平天下也，故命之曰衡。謂之衡者，將以行輕重之術，使一高一下乃可權制利門悉歸於上也。秦兼天下，幣二等，黄金爲上幣，銅錢爲下幣，而珠玉龜貝銀錫之屬爲器飾寶藏，不爲幣。漢自建元後，即山鑄錢，而又用白鹿皮爲幣，造銀錫爲白金有三品。未幾皆廢。唐於銅錢外有飛錢。宋以鐵錢與銅錢兼行，又倣飛錢爲交子，爲關子，始以楮爲錢。南宋造會子，有大鈔小鈔之别，凡十等，又謂之錢引，亦謂之關會，實一而已。元造交鈔，以鈔一貫權銅錢千文。無何，物價騰踴逾十倍，積鈔不售，國用大詘。明興，右鈔抑錢，旋令錢鈔兼行，禁民間不得以金銀貨物交易，違者治罪，告發者即以其物給賞。若有以金銀易鈔者聽，一百文以下止用銅錢。永樂中，以鈔法圮而峻金銀錢物貿易之誅。然究之鈔易昏爛，收換艱難，制雖設而法不行。今天下自京師達四方，無慮皆用白銀，乃國家經賦，專以收花文銀爲主，而銀遂踞其極重之勢，一切中外公私咸取給焉。民用不贍，而國安得不貧？幸賴稍稍用錢耳。安得不亟行鼓鑄以救其乏乎？夫錢出於銅，銅不鑄錢，則銅而已。鑄之爲錢而可以爲民用，則是盡天下之銅皆已變而爲銀也。利孰大焉？以錢濟銀之窮而已用錢殺銀之勢，使錢廣布民間，則可陰斂銀以歸之上。於是用銀爲母，錢爲子，而因以行其高下之術。昔先臣丘濬欲倣古三幣之法，寶鈔銅錢通行上下，而一權之以銀。夫鈔恐難行矣，舍鈔言錢可也。

一、議遏銅流。自三品之貢興，而黄白赤金世爲天下幣。漢而後，佛老象教盛行於域中，寺若觀糜黄金者億億計，而天下刻鏤織作錘冶爲冠服衣履什物者又不可勝原。故黄金日銷而赤金乃大行，已亦漸貴，固其理也。夫有利之源，有利之權。利源之消長在天地，利權之操縱在人主。昔之善議鑄者無若漢二賈。山之言曰：民不應與主共柄。誼之言曰：銅畢歸於上則博禍可除，而七福可致。今天下奸民私鑄，陰持主柄以厲公錢。果如誼言，上收銅勿令布下，民安所得銅而私鑄之？故收銅之説，持柄息奸之要術也。劉秩曰：鑄錢之用不贍者，在乎銅貴。銅貴之由在於採用者衆耳。夫銅以爲兵則不如鐵，以爲器則不如漆，禁之無害。使銅無所用，則銅益賤，銅賤則錢之用給矣。又銅不布下，則盗鑄者無因而鑄，無因而鑄則公錢不破，公錢不破，則人不犯死刑，錢又日增，末復利矣。斯言可謂曲盡。自漢先主取帳鉤銅鑄錢以充國用。唐大曆中，嚴天下用銅器之禁。貞元九年，張滂奏稱國家錢少，損失多門，興販之徒，潛將銅錢一千爲銅六斤，造寫器物，則斤直六百餘，有利既厚，銷鑄遂多，江淮之間，錢實滋耗。伏請除鑄鏡外，一切禁斷，如有銷錢爲銅者，以盗鑄錢罪論。宋朝鑄錢比前代最多，銅禁最嚴，大抵國計仰給於此。自熙寧間王安石一變其法，而國用日耗。聖祖始定天下，令軍民惟鑄鑑及軍器又禪門鐘磬鐃鈸得用銅，此外并收之官，有私藏者禁。嘉靖六年，題准但有銷鎔舊錢及今制錢造作銅像銅器等項者，比盜鑄律科斷。隆慶元年，部議：軍民之家，但有廢銅願賣者，聽赴所在有司易錢易銀，照舊給價。宜申明前例，嚴藏銅之禁，行收銅之法。民間私藏銅器及造作銅像銅器被告發者，比盜鑄律罪無赦。市有鬻銅器者，罪亦如之，官收民銅，給錢若銀，視銅之直。如有爐座處所，於存留錢糧内動支，其銅即以充鑄，如無爐座處所，於起解錢糧内動支，准將銅估抵解京。夫民以無用之銅易有用之鏹，其何苦而不輸之官？官可藉爲續鑄之資，而無費於公帑之金，又何憚而不收之民？況藏銅於民，銅衹銅耳，而私藏有罪，銅一入官，銅盡錢也，而國家日富。聖王所以獨持大柄而利天下者，無出於此。

一、議省鑄局。錢以銅鉛參雜而成，而銅鉛各有産處，搬運重難。是以歷代多即坑冶附近之所置監鑄錢。唐有八監，宋有三十六監，惟永平者爲最久，永通者爲最多。然至熙寧，歲輸六百萬貫，則幾不可繼矣。夫天子藏富於山川，冶鑄太煩，則民力耗竭。漢武帝時專令上林三官鼓鑄，而天下非三官錢不得行，諸郡國前所鑄錢皆廢銷之，輸其銅三官。誠見利源所在，不得不謹節其流耳。國初置寶源局於應天府，已令天下藩司各置貨泉局，又更名爲寶泉局，其後罷置不一。嘉靖以來，止令兩京鑄造。萬曆四年，通行天下一體開鑄。至十年，奉詔停止。天啓元年，以遼餉匱乏，增置户部寶泉局。無何又令各省直藩司開爐鼓鑄，每年坐定鑄息共八十二萬兩。徒存虚額，無一踐者。諸局爐亦相繼報罷，所存止湖廣、陝西、四川、雲南、密雲、宣大、遼東數處而已。崇禎二年，奉旨：利權本自上操，舊制只兩京鑄錢，嗣因軍興煩費，遼東宣大奏請權宜，近乃紛紛開鑄，致私錢殽雜，反自外來，紊制病國，大非法紀。着查出通行禁止。維時户部以秦、楚、蜀、滇四省以係銅斤出産地方，就便鼓鑄稱便，未議概停。後江西復以開局請，至如南京兵部操江及應天府亦各紛紛鑄錢，然皆自鑄自用，又大小輕重不一其制。於是滯鏹愈多，銅鉛愈窘，不獨户部不得其尺寸之用，而寶泉一局亦已成眢井矣。每見議錢法者，皆以廣鑄局爲言。而乃惓惓欲議省者，誠見爐座繁興，銅産有限，唯局省則銅源裕，錢制一則弊絶。較諸廣局之利，虚實得失孰多也？不然，昔之鑄局不爲不廣矣，而不效，何哉？

一、議禁私販。昔唐陸贄之論錢法也，以爲宜廣即山殖貨之功，峻用銅爲器之禁。二策並行，不可偏廢者也。今或離銅場頗遠，則其勢不得不出於買，乃私販之禁，有不可不與銅器俱嚴者。夫一處之銅而止供一處之用，則銅價平矣。召買嗇一處之銅而供數十處之用，則銅價踴矣。以今銅之流行，徧天下皆是。而況以官於公家，斂藏溢於私室，人人吳鄧，處處爐錘。銅産幾何，能不騰踴？而況以官買與私買争，其數不敵。何者？官價估有定例，其價必平。私買乘隙暗投，其價多侈。官買或有别費，而給發不無稍緩。私買並無破冒，而交兑略不踰時。市井嗜利，誰肯舍此就彼？其流弊必至銅盡歸於私鑄而官買束手矣。考嘉靖三十四年，嚴禁商賈人等不許私販銅錫，以致價值騰踴，謂宜著爲厲禁。凡往産銅産鉛處所，收買銅鉛必告投本處官司給有批文，方許運發，經過關津，驗批免税。除兩京及滇、蜀、秦、楚四省聽商人從便往賣報官收買，如驗無批文及闌出他省，致被覺獲，即比依盜掘銅錫律人論罪，貨沒官。至若私鑄關頭，尤在於點造。蓋鑄錢之銅，必將紅銅配鉛點造成黄而後可鑄。請勅天下，凡有私設點爐者，罪即比於私鑄。知而不舉，即與連坐。庶幾私鑄可絶，而官買乃可繼也。

一、議垂定制。周太公立九府圜法，錢圜函方，至今仍之，而輕重無常，代有變革。秦錢如周，重十二銖，漢興變爲莢錢，重三銖，已變爲八銖，又變爲四銖，其重爲赤仄以一當五，而得中者惟元狩之五銖。降而蜀之直五，吳之當千，則愈變而愈重，晉之四文沈錢，宋之夾子、荇葉，甚而爲鵝眼、綖環，則愈變而愈輕，而得中者惟武德之開元通寶。從來美錢制者皆以二錢之式並言，而其重實未始相類也。謹按古權法，十黍爲絫，十絫爲銖，八銖爲錙，二十四銖爲兩。今開元通寶，其錢徑八分，重止二銖四絫，則比五銖錢爲輕二銖六絫矣。故五銖錢二文而重一兩，開元必積十文而重一兩。洪武初，勅户部及各行省鑄錢，大小凡五等，當十錢重一兩，當五、當三、當二，重皆如其當之數。小錢重一錢，蓋即開元舊法。至嘉靖六年，始令兩京工部鑄造制錢，每文重一錢三分。崇禎元年，從錢法侍郎孫居相議，改爲一錢二分五釐，雖視開元錢稍重，而較之漢五銖尚輕。然體質堅厚，又磨鎔莫施，輕重得宜，人情便之。至其鑄法，每錢一文必令用黄銅二錢，銼磨之餘，只存一錢二分五釐，如此然後可以革減銅多鑄之弊。蓋局中每有減銅多鑄而創爲補秤之説以塗耳目者，實明許商匠之私鑄而陰收其利。今若著爲定數，按月按期必令報完，俾貪吏無所容其通，而奸商奸匠無所容其屏，亦執簡御煩之術也。其收錢每五千文爲一鍉，上用竹牌寫爐頭匠頭及綑錢人姓名，各堆一處，聽督鑄官照爐抽驗。遇有漏風、缺邊、縮字等樣，綑錢人重責，錢輕色淡者責匠頭，沙眼多者責翻沙匠，邊粗糙者責滚銼匠，磨不亮者責磨洗匠，灰不浄者責刷灰匠，選退錢搥碎回火。如犯前弊多者，責爐頭，仍發看錢人挑選，通同容隱，看錢人重責。如是則錢制既精，殽雜自難，若夫當十、當五等錢，鎔造似易，工本較省。然私鑄者競爲捷趨，識微者謂非久道，不鑄可也。

一、議重制錢。錢法之弊，由於盜鑄者多。盜鑄非薄劣則無所得贏，往往摩官錢取鉻，而殽之以鉛錫。於是減輕其價，以與制錢雁行於市。愚民簧惑，莫知適從，奸商當舖因而爲奸。每於通衢闤隘倡言某錢盛行，某錢不行，轉相煽弄。既貴賣其所積以圖目前之利，又賤收其所棄以圖他日之利。時而私錢得與官錢並價，此其所積者多而欲出也；時而私錢二三文折官錢一文，此其所收者少而欲入也。若輩操其利權，錢法受其壅滯。豈可無整齊之術，聽奸錢日生而莫之禁乎？今有捷法於此。大凡盜鑄者，每鑄新錢而不鑄舊錢，蓋舊則真僞難欺，而新則耳目易眩。請勅天下，除雜年號錢難以畫一，惟崇禎通寶體製色澤務取相同，每錢一文重一錢二分五釐。如有輕重不合式者，即係盜鑄。推究所由，真犯匠人，依天啓三年令擬斬無赦，其知情買使及販賣行使者，查照律例從重問擬。令下限三月内許民間將前所收買私鑄錢自行首出倒換，依嘉靖六年例，照銅價給與價銀，免其私販之罪。敢隱藏不出首者，事發比照私鑄銅錢爲從者律問罪。收過新錢，即與銷化爲銅，以俟改鑄。如是則於官法獲全，而於民情不厲。其下令於流水無疑也。若夫前代古錢及歷朝舊錢，流通已久，方俗所便，不必禁斷。官民出納，惟崇禎通寶不許留難，而其他雜錢，第聽民間自爲轉輸，官不許收一文。天下曉然，見雜錢與制錢貴賤不敵，積漸以往，勢必棄雜錢不用。如願赴官倒換，亦准爲照銅價收買，而後一王無偶之利柄於是可全收也。

一、議計本息。泉局之錢，發太倉作官俸者十之三，發邊鎮充月餉者十之七。原奉聖諭定六十五文估銀一錢，今已習而安之矣。請依此數以權鼓鑄之本息可乎？謹按銅礦産於石中，用鋼鑽打入，每得礦百斤，用木炭百斤，將礦燒鍊，一火成銅鉛，二火成黑銅，三火成紅銅。每礦百斤，上者燒銅十五斤，次者十二十一不等。其用錘手並燒爐匠共二十名，每日給工食共銀八錢，用造飯運水夫二名，每日給工食六分，用幫扯提礦小夫四名，每日給工食銀一錢二分，用鋼鑽三十根，每根鋼二斤，日費一斤，約銀一錢，以上共費銀一兩二錢，約得銅礦二百斤。而又用木炭一百六七十斤，約價四錢，三火成紅銅三十斤，則共前項費銀一兩五錢。是每斤費本只五六分耳。復用窩鉛點化之，則爲四火黄銅。計窩鉛每斤價銀不過三四分，據今見行配鑄則例，每紅銅五十七斤入窩鉛四十三斤，作黄銅一百斤。益以搬載之費，每斤量估一分，大約黄銅一斤，所費至七八分而止。若夫市銅鑄錢，原無甚利。據京局舊例，紅銅價不出一錢四分，黄銅不出一錢，窩鉛不出七分，後漸騰踴。部議以紅銅點化成黄，既失本質，易於攙和，遂革黄銅不用。但買紅銅與窩鉛，如今法配搭，定價紅銅每斤一錢四分三釐，窩鉛每斤七分七釐，計配成黄銅一百斤，該價銀十二兩。給爐頭鼓鑄，應交錢一萬一千一百一十文。其行使以錢六百五十文估銀一兩，計共估銀十七兩九分四釐。除該給各項匠役煤罐米菜工價錢二千二百九十五文，估銀三兩五錢三分二釐零，并除銅本外，實存息銀一兩五錢六分一釐零，計僅浮本銀十分之一耳。近據陝西撫臣練國事疏報：自天啓二年開鑄起，至崇禎四年止，計十年間只動過本銀一萬二千四百餘兩，陸續獲息銀十一萬七千八十兩零，則所得幾於本銀相準。又查南部錢廠所得加五有奇，蓋銅鉛出産輳集地方，獲息原自不貲。今秦、楚、蜀、滇四局見在議開，姑未預畫成數，但令其自行認報，即最少亦當以加五爲率。滇、蜀、楚三省則取其息以解京充作新餉，按季交納。秦中之息專留該省充餉以抵京運可也。乃議者多謂萬曆中曾以錢五十五文作銀一錢，亦自通行無滯。以爲母既處貴，子不應處賤。欲於六十五文之内稍縮其數行之，而獨慮取利頗奢則盜鑄者將如雲而起。自古論錢法多矣，惟孔顗不惜銅不愛工二語爲不可易。政以本多費巨，縱復私營，初無厚潤，應自息心，無俟嚴刑廣設耳。先臣譚綸有言：鑄錢之費與銀相當，似於朝廷無利。然歲鑄錢一萬金，則國家增一萬金之錢，流布海内，鑄錢愈多，則增銀亦愈多。是藏富之術也。

一、議權出納。幣有出有入，流而不息，故曰泉府。若上自爲壅而求下之疏，即日肆人於市無爲也。漢律，人出一算，算百二十錢，則民賦以之矣。館陶主爲其子求郎不許，賞錢千萬，則恩賚以之矣。隆慮主以錢千萬爲其子贖死，則罰鍰以之矣。又募豪民入粟縣官，而内錢於都内，則開納以之矣。諸胡降者，贍以少府禁錢，及時出内庫錢賜軍士，則餉賞皆以之矣。今有承行錢之令出，則無慮不普發於民，而納則不肯收一文，是自賤之也。自賤之而欲人貴之，其勢焉得？民愚相扇，閉匿觀望，每至聚市而譁，而錢遂不可行矣。夫解京之入，濟邊之出，其有待於銀也似也。以其爲物輕微易藏，可以多致也。錢固重質，而若各項存留爲地方用者即以錢出入焉，誰曰不可？誠令郡縣於存留銀内只徵其半，而以其半入錢，則贖金亦兼輸之。自大吏監司而下，倣在京文武官嘗禄例，以錢充俸薪。其師生廩餼驛站兵糧各役工食及公費供億之類，但不關起解者，悉取給於錢。而遺下不發之銀，即可盡行解京，則所得錢息即在乎其中。行之十年而天下之銀盡輦而歸之於京師矣。況乎錢下而不上，則其權在市井；上而不下，則其權在朝廷。誠實得其貴賤用斂散之法，以在官者爲母，在民者爲子，當其賤則存留錢糧盡行收錢，而賤者可貴，當貴則各項關給盡行散錢，而貴者可賤。蓋錢太賤則病官，太貴則病民，故用此法以均之。管子所謂使之一高一下不得有調，賈誼所謂輕則以術斂之，重則以術散之，以調盈虛，以收奇羨，皆此意也。然有司之不肯爲此者，有二端焉。或以貪，或以朦，凡銀之出納，有耗有羨，而錢則一文不過一文已耳。利無所漁，必故爲齟齬以破壞之。其自飽者貪也，其中於胥役之口者朦也。

又附：《鈔法》 洪武八年三月朔，詔造大明寶鈔。時中書省及在外各行省皆置局以鼓鑄銅錢。有司責民出銅，民間皆毁器物以輸官，鼓鑄甚勞而奸民復多盜鑄者。又商賈轉易，錢重道遠，不能多致，頗不便。上以宋有交會法，而元時亦嘗造交鈔，及中統至元寶鈔，其法省便，易於流轉，可以去鼓鑄之害，遂詔中書省造之。取桑穰爲鈔料。其制方高一尺，闊六寸許，以青色爲質，外爲龍文花欄而横題其額曰大明通行寶鈔。內上兩旁復爲篆文八字曰大明寶鈔天下通行。中圖錢貫狀，十串則爲一貫，其下云：中書省奏准印造大明寶鈔，與銅錢通行使用，僞造者斬，告捕者賞銀二百五十兩，仍給犯人財産。若五百文則畫錢爲五串，餘如其制而遞減之。每鈔一貫，准銅錢一千，銀一兩，其餘皆以是爲差。其等凡有六：曰一貫，曰五百文，四百文，三百文，二百文，一百文。禁民間不得以金銀物貨交易，違者治其罪，有告發者即以其物給之。若有以金銀易鈔者聽。凡商税課税錢鈔兼收，錢什三，鈔什七，一百文以下則止用銅錢。

《李煦奏摺·與曹寅等議得杭州織造烏林達莫爾森可去東洋摺》〔康熙四十年三月　日〕切臣煦去年十一月内奉旨：「三處織造會議一人往東洋去。」欽此欽遵。臣煦抵蘇之日，已值歲暮，今年正月傳集江寧織造臣曹寅、杭州織造臣敖福合，公同會議得杭州織造烏林達莫爾森可以去得，令他前往。但出洋例候風信，于五月内方可開船，現在料理船隻，以便至期起行。

又奉旨賜與孫岳頒房屋，今將織造衙門無用舊局空地一塊，現在備料興工，蓋造門房廳堂廂房後樓，共五進計三十七間，大約于五月盡可以完備，合先一併奏聞。俟莫爾森出洋之後，孫岳頒房屋完工之日，再行啓奏，伏乞睿鑒施行。

硃批：知道了。千萬不可露出行蹟方好。

《李煦奏摺·接任兩淮鹽差日期并進冬笋摺附條奏一》〔康熙四十四年十月　日〕恭請皇上萬安。

切臣煦包衣微賤，素蒙豢養，管理蘇州織造，愧無報稱，今秋奉旨兼授兩淮鹽差，愈深感激。于九月二十八日叩領勅印，十月初九日自蘇州起身，至十三日到任受事，另繕疏奏聞外，但恐臣煦菲才，不堪重任，惟有矢公矢慎，黽勉供職，圖効犬馬，仰報高厚于萬一耳。合先具摺，恭謝天恩。并有冬笋、糟茭白進呈，伏乞睿鑒施行。

硃批：知道了。凡蘇州來的各行人等，倘有多事者，爾察明即當奏知，不可少懈，不時訪訪纔好。

附　條奏

一、省浮費。淮商之浮費甚多，其大者有三項：一送程儀。凡現任候補過往進京等官，不論有無交往，每過淮揚，無不皆需程贐。蓋視商家爲可啖之物，强索硬要，不饜不休。且有趨炎附勢之流，索持當事書函，亦需程贐者。一索規禮。本地文武大小衙門，無論與鹽務有無關轄，皆向商家索取規禮。蓋因商家原屬懦弱，平居安保無事，設遇家庭交際之間，偶有小嫌，一涉衙門，必致借端勒詐，不得不預爲之計，以勉應其求也。一送別敬。每年於御史任滿時，本地鄉紳例送別敬，此在任一年，交際之誼，似或宜然。近則無論地之遠近，相與之有無，凡屬縉紳顯要，無不皆要兩淮之別敬于將任滿之際。若非現任淮揚，則必差人坐索，甚至有倚附聲勢之生監人等，展轉抽豐，難以枚舉。此三者合一歲而計之，亦不下盈千纍萬。總因視淮揚爲利藪，是以借名求索者，不一而足。于是商家之力，又虛費于分外之誅求，而資膏益耗矣。然此不特相沿已久，難以頓除，亦且勢要居多，革則招怨。臣煦思程儀、規禮、別敬三項，若得先蒙皇上特頒諭旨，嚴行禁革，俾臣煦履任之後，遵照奉行，力圖禁絶，以紓商力，則衆商之感激皇仁，自當頂戴歡呼于不朽。況衆商又蒙皇上借給帑本，久欲仰報無由，若即以所省無益之虛費，轉而爲朝廷額外之節省，是亦衆商心悦而樂從者也。

一、革發收。兩淮鹽差衙門，有額設承差二十名，每年于其中點用一名，原止令在轅門伺候傳稟，供使令而已。近乃巧立名色，曰發收。不惟本官一任諸事，皆聽其簧鼓，而且商家之一舉一動，無不受其箝制。于是一年之中，事無巨細，無不任其指揮，官既被其朦蔽，商更遭其魚肉。事權既重，利亦獨歸，若輩人人涎羨，故每于本任未滿之前，十九人中即有豫謀後任之發收者，先期入京，賄托要路，坐名轉薦，倚恃勢力，務在必得。而究其所以行賄之物，又莫不出于商資，則是發收者爲鹽差朦蔽之匪人，而爲商家耗蝕之大蠹也明矣。此臣煦所耳聞目覩，最爲真確。且兩淮商家無不畏怨，而莫可如何者。是以臣煦擬禁革不用，以省商家無益之貲費，去鹽差婸（場）竈之大蠹。然此輩鬼蜮慣技，若遽失利窟，必致仍復鑽營，力求貴要，以圖復設。臣煦自揣人微位卑，安能抗忤。計惟仰祈皇上諭旨嚴禁，俾得遵行，方能永革，則去蠹蘇商，爲益不淺矣。

一、禁鹽價。凡物之價，皆自能隨時貴賤，況兩淮行鹽之地，各有遠近，且有水陸盤駁等費之不同。其納課必須紋銀，并照部頒法馬，實與别項交易之銀色平戥又各别，故其賣價亦當聽其隨地隨時自爲貴賤。乃今行鹽各省之督、撫，以爲價高則病民，往往出示禁擡鹽價。豈知有下官之奉行不善者，即借此以爲挾詐之端，故商人一逢示禁，即受虧本之大累矣。但即以江廣之鹽而論，江西每包七觔四兩，湖廣每包八觔四兩。湖廣之鹽一包，即價貴時，賣至銀一錢三分，或制錢一百三十文者。民間計口授食，每人每日食鹽三錢，終歲計之，一人纔食鹽一包。以錢計之，三日纔食錢一文之鹽，何得謂之病民？凡民間蔬薪酒米之類甚多，其價皆隨時長落，未聞限價。今民間所吃之煙，每人每日有吃至一二三文不等者。煙之于人，可有可無，猶未若鹽之必不可少也，曾未聞以爲無益之費，而禁之限之，何獨于鹽特爲限價，豈真爲病民起見者耶？凡此諒皆在聖明洞鑒之中，然此事惟督、撫大吏行之，似難轉移，若非蒙皇恩垂拯商貲，特頒上諭，則諸臣縱能形之章奏，亦難冀其止息也。

《李煦奏摺・鹽法緊要事宜三款摺》〔康熙四十七年三月　日〕恭請萬歲萬安。

竊臣煦荷蒙聖恩，再視淮鹺，凡關鹽政，俱與前鹽臣曹寅悉心商確。伏查鹽法緊要事有三款：一款，文武各衙門，不能同心協緝，而臣衙門又差快無多，若遇大夥鹽梟，必須撥兵擒拿。但各營弁兵，非臣所管轄，臨期不能調遣，如得兼攝各營，私梟方能靖絶。又一款，商鹽運赴湖廣、江西口岸，地方官每借名盤查，勒索陋例。必鹽船運到，驛道即給發水程，聽商人速售，禁其盤查勒索，則課源永裕。又一款，河南俱食蘆鹽，惟汝寧一府則食淮鹽，而汝寧實淮鹽門户。今蘆商謀佔汝寧，勢必長蘆私鹽直侵淮鹽各口岸，必仍遵定制，以永固藩籬。

以上三款，前鹽臣曹寅陛見口奏，蒙萬歲訓示，許臣等將三款繕疏奏聞。今特另具一疏，伏乞勅部施行。

三月初三日，監督平糶官六員，俱到揚州，即渡江南下，往會督、撫、總漕，留漕平糶。荷蒙萬歲聖恩，於蠲免賑濟之後，今又特旨留漕，遣官平糶，皇仁浩蕩，施恩無已，而萬民歡悦，無不感激天恩。

目下江南蘇、揚等府，雨水調匀，春花有望，而地方亦不復有盜警。理合一併奏聞，伏乞睿鑒。

硃批：知道了。

《李煦奏摺・保題運使李陳常署理鹽院摺》〔康熙五十三年三月初一日〕

竊臣包衣下賤，蒙恩以織造輪視淮鹺，經今十年，雖捐糜頂踵，未能報高厚於萬一。而兩淮商人，屢沐皇上格外矜恤，蠲帑帶徵，疊膺聖澤。又特簡運使李陳常，操守清廉，撫字得法，催科不擾，協衷調劑，俾國課日裕，商困日甦，衆商歡呼，莫不感激皇上簡用運使得人之洪恩也。

臣等十載之差，今冬已滿，除歷年正徵帶徵，俱已完足。所有癸巳綱正課錢糧，現在督徵，其帶徵各項，俱可全完，斷無欠缺。惟淮鹽一百六十餘萬引，本年不能全運，必至下年四五月，方能掣完，歷來如此，謂之套搭。數年以來，雖藉運使督運有方，漸免積滯，而套搭日久，未盡疏通。必得熟諳之人，接任經理，不寬不迫，加意撫恤，庶鹽無停壓，積弊可除。是以衆商赴臣衙門，求臣保題運使李陳常，量加職銜，署理兩淮鹽院三年。以一人兼攝院道，則事權不分，三年之内，次第整頓，引鹽可以年運年銷，永無套搭之患，兩淮之元氣培養益深。至每年節省織造銀二十一萬兩，衆商情願照數公捐入庫，仰報皇恩等情。

臣思李陳常居官清正，久在聖明洞鑒之中，且看守錢糧，現有成效。若使之署理鹽院三年，事出一手，裕課培商，實可勝任，而鹽法肅清，不致壅積。但不次用人之大典，出自宸斷，臣何敢冒昧具題。因兩淮錢糧重大，鹽法攸關，衆商呼籲情切，臣不敢壅於上聞。謹將呈詞抄録呈覽，伏乞聖裁批示遵行。

硃批：此事非爾可言。

《李煦奏摺・採辦布疋虧欠緣由并請仍派採辦摺》〔康熙五十四年六月十五日〕竊奴才與曹寅虧欠錢糧，叩求萬歲殊恩，再勅接任鹽臣，按數代補，已經另摺奏聞外，奴才再將青藍布所以虧欠根由，敬爲我萬歲陳之。

奴才從前每年領布政司錢糧十六萬兩有零，辦解青藍布疋，其歷年原有因公那用，萬歲聖明，奴才不敢欺天。但内中機户，亦實有拖欠，何也？蓋奴才辦布，先將錢糧給散機户，或遇年歲荒歉，棉花失收，則花價騰貴，機户不能賠墊，每每借次年之錢糧，辦本年之布疋，所以歷歲起解無誤。及至康熙四十四年，因內庫布多，户部題請停辦，於是次年錢糧不復再發，而各機户不得那新掩舊，遂至手足無措，且逃亡事故相繼而起，此虧欠之由來也。

伏思自四十四年起停辦已經十載，則萬歲屢屢賞用，目下存庫諒必無多，叩求萬歲仍賞奴才採辦，則聖主深恩，奴才從此又可展施，而以錢糧散給機户，不特新布徵收，即舊欠布疋，亦得漸次帶追，公私似兩有裨益。伏乞聖裁批示遵行。

硃批：這事難行。還有一摺，留下再察。

《李煦奏摺・織造衙門烏林達那爾泰等請賞兼管滸關筆帖式摺附呈》〔康熙五十五年閏三月十二日〕竊臣煦織造衙門内烏林達那爾泰，烏林人八十五、常保，筆帖式常德、伊拉器等，具呈到臣。口稱：「那爾泰等，感激天恩，無可報效，因思滸墅關收税，例有筆帖式一人幫助正印，但滸關與織造衙門甚近，其筆帖式收税一差，那爾泰等似可兼理。叩求萬歲，以滸關筆帖式賞那爾泰等五人，輪管十年，每年所得餘銀，總不敢入己。查織造衙門機匠，歲食糧米九千餘石，皆從州、縣解來散給。如那爾泰等蒙主子恩賞兼管滸關筆帖式，則匠糧一項，請以分内餘銀，每米一石照時價折給銀一兩。在機匠按月給領，甚屬妥便，而每一年又可爲朝廷節省糧米九千餘石。再折給匠糧之外，悉將一年所得餘銀數目，奏明萬歲，盡解内庫，以充公用。」等語。

臣據其所言，是節省糧米九千餘石，更以餘銀盡解内庫。事關節省急公，臣煦未敢壅於上聞，理合具摺請旨，伏候批示遵行。那爾泰等原呈一紙，恭進御覽。臣煦臨奏不勝悚惶兢惕之至。

硃批：各關筆帖、式都裁了，此議無用。

附　烏林達那爾泰等呈：〔康熙五十五年閏三月〕具呈烏林達那爾泰，烏林人八十五、常保，筆帖式常德、伊拉器等，爲犬馬報効有心，懇請代題，以瀆天聽事：

竊那爾泰等，蒙萬歲豢養殊恩，雖於織造衙門協理，究竟未報高深於萬一。寤寐懷慙，寢食俱廢，輾轉圖維，求以稍盡蟻忱。因思蘇州滸墅關收税，例有筆帖式一人幫助正印，而滸關與織造衙門甚近，其筆帖式收税一差，那爾泰等實可兼理。叩求聖主格外天恩，以滸關筆帖式賞那爾泰等，輪管十年。除正項錢糧外，每年所得餘銀，總不敢私自入己。伏查織造衙門機匠，一歲食糧米九千餘石，皆從州、縣解來散給。如蒙恩賞兼管滸關筆帖式，請以分内餘銀，每匠糧一石折銀一兩，共給銀九千餘兩，不復向州、縣支米，甚屬妥便，且爲朝廷每歲節省糧米九千餘石。再折給匠糧外，悉將一年所得餘銀數目，奏知萬歲，盡交内庫，悉充公用，則節省急公，庶幾啣恩犬馬，稍得自効分毫。蓋情殷報主，既感帝澤之非常，而地可酬恩，又出聖朝之異數。伏乞據情代奏萬歲睿裁施行。

《雍正朝内閣六科史書・户科・署浙江巡撫事務蔡仕舢題報杭州織造許夢閎接管浙省南北兩關税務本》　署理浙江巡撫事務浙江等處觀風整俗使都察院僉都御史紀録一次臣蔡仕舢謹題，爲題明接管南北兩關税務事。該臣看得浙省南北兩關税務，經督臣李衛題請，交與杭州織造許夢閎管理一本，奉旨：「俞允，欽此。」今據原管兩關税務鹽驛道副使王鈞呈報，遵將欽奉上諭一道，南北兩關關防二顆，齎捧交送織造許夢閎收領，于雍正七年五月十四日卸事。又准織造許夢閎咨報，于本年五月十五日接奉上諭一道，兩關關防二顆，管理徵收各等因前來。理合題報，伏乞皇上睿鑒，勅部查照施行，謹具奏聞。雍正七年五月二十日題。六月十五日奉旨：「該部知道。」

「國立」故宫博物院《宫中檔雍正朝奏摺》第一五輯山東巡撫岳濬《奏報支給督修青州城防工程官員銀數摺》　山東巡撫臣岳濬謹奏，爲奏明請旨事。竊查青州營房工程，蒙皇上差都統臣拉錫、御史臣偏武、候補道陳豫朋等前往相度督修，除都統臣拉錫估計完日即回本任外，其御史臣偏武、候補道陳豫朋及都統臣拉錫所帶佐領西柱一員，御史臣偏武所帶筆帖式昌齡、宏德二員，在工料理尚需薪水之資，臣查修理泰山神廟郎中丁皂保等，每員每月給與供給銀叁拾兩，筆帖式每員每月給與供給銀貳拾兩，業蒙皇上允准在案。今青州工程事同一體，御史臣偏武、候補道陳豫朋，應照例每員月支供給銀叁拾兩，佐領西柱一員，筆帖式昌齡、宏德二員，應照例每員月支供給銀貳拾兩，均於司庫耗羡銀内按月支給，使之日用充裕。至陳豫朋尚未到工，應俟到工日按數扣支。理合具奏請旨，爲此繕摺，謹遣家人李守成恭齎呈奏。伏祈皇上睿鑒批示施行，臣謹奏。雍正捌年叁月拾柒日具。

「國立」故宫博物院《宫中檔雍正朝奏摺》第一五輯直隸總督唐執玉《奏報修理密雲縣城垣摺》　署理直隸總督都察院左都御史臣唐執玉謹奏，爲請旨事。臣查密雲城工，康熙五十五年間經前任督臣趙弘爕估需銀一十三萬七千一百餘兩題請修理，奉旨派原任學臣潘宗洛等一十二人効力修興，題報完工在案，迄今十有五年，城垣漸次坍塌。歷據該縣正署各員詳請修築，前任督臣駁查核減，未經奏聞。臣署事後，復據布政使臣王謩申報請修，臣隨飭行查勘。又查大名府知府章培基前經監修正定城垣，工程完固，錢糧節省甚多，頗稱諳練，隨委覇昌道李如梓率同章培基前往確估去後，玆據造册詳報前來，臣親加核減，通計坍塌城牆陂岸海漫土牛夾道等項共一千四百二十六丈零，共需人工物料銀九千九百六十六兩一分零，據稱實係必需，委無浮冒，應請於雍正三年耗羨項内照數動撥發給修理。臣再令加意節省，如有餘剩，解還歸款。除工料細數統俟奏報完工另行核實造册送部外，所有動帑修理城工緣由，理合具奏請旨。再查雍正七年八月二十四日奉旨：嗣後修理城工，俱交與該督撫布按，每人各管一處，若止一二處者，則令挨管，欽此。欽遵在案。今密雲城工，應臣保固，合并奏聞，謹奏。

「國立」故宫博物院《宫中檔雍正朝奏摺》第一五輯監察御史偏武《奏報會辦修建青州滿兵城垣官署兵房摺》 監察御史臣偏武謹奏，爲欽奉上諭事。竊臣内府微員，毫無知識，於雍正八年正月十八日，荷蒙皇上特恩，命臣督修山東青州府添設駐防滿洲城垣官署兵房，臣隨於正月二十七日，將起程日期繕摺具奏請旨，本日面奉諭旨：爾且不用到青州，先往河南，將派出爾督修山東青州府城垣官署兵房之處，傳與總督田文鏡，隨往濟南府亦傳與巡撫岳濬，再往青州等候都統拉錫，公同將工程事務，相度經畫酌定，其工程所用錢糧，即動用地方錢糧，爾於二月初二三日來請訓旨，朕再降訓旨，欽此。臣於二月初二日謹請訓旨，蒙皇上恩旨訓諭。初三日又特恩賞給關防一顆，准其帶往筆帖式二名，臣隨於初四日起程，十八日到河南開封府，謹遵諭旨，傳與總督田文鏡。於二十七日到山東濟南府，亦遵諭旨，傳與巡撫岳濬訖。至三月初一日到青州府，適都統拉錫先已到青，臣隨即會同都統拉錫、地方官員相度地勢，將一切城垣官署兵房應行興修之處，悉心經畫，公同定議列名奏外，臣以工程浩大，須及時建造，即會同地方官商酌一面移咨撫臣岳濬，酌派殷實勤慎之員分任辦理，一面咨請藩庫錢糧二萬兩，預行採買木植併工程一切應用各項物料燒造磚瓦灰觔，俟陳豫朋、趙之垣至青之日，將如何修造，可否增減之處，再行妥協經畫，公同詳細估計，繕摺繪圖，恭呈御覽，務期敬謹辦理，如式堅固，以無負我聖主恤兵衛民慎重工程之至意。爲此謹具奏聞。雍正八年三月二十日。

江蘇省博物館編《江蘇省明清以來碑刻資料選集·永禁工衆倡議滋事碑》

特調江南蘇州府吳縣正堂加十級紀録十次卓異候陞賀，爲據禀給示勒碑永禁事。據值年頭鋪陳景孚、吳源隆、吳景隆、葉億昌，暨吳益元、林景豐、黄同泰、蔡信和、江萬順、朱裕泰、吳信盛、朱裕通、顧慶成、林景泰、吳景成、徐振裕、戴宏吉、吳文益、蔡西信和、吳正裕、馬茂森、李義成、龔正通、許寶泰、吳景春、薄公成等禀稱：每年承辦上用紅黄飛金、領銀之後，赴産購備赤金，給各作坊，遵照定式，捶造金箔。各作慎選工匠，給價打造，向有定章，從無偏向。工衆概守成規，自愛身分，似與别項公匠較高，奉公安業。至胚料悉屬帑項，素察無身家者，或衰邁之輩，不令打造，此乃慎重欽工起見。詎有不安本分之徒，借不給胚料之嫌，妄生覬覦，輒以加價爲詞，并倡議停收教徒三年，意在工多人少，煽惑散匠，因此羈衆停工。聞知駭異，恐悞要工，即經陳求示禁，并差提爲首之人訊究。今陳紹堂、吳錦，即吳錦德、蕭慶廷、毛旭初、張勝、陳阿玉、周崑玉、潘玉藍、朱玉田、陳蕙士、周和尚、滕瑞坤、吳耀山等，咸知不合，現在一律開工。應給價值，亦願照舊收受，不敢妄想加價。收徒亦聽各作户自主，情願具結，經朱經芳等叩求批銷免訊，其詞在案。今工雖開齊，而良莠不一，恐日久故智復萌，仍有倡衆停工，議止收徒，勒加工價等事。各鋪公同酌議，莫若預求給示勒碑竪立麗澤公局門首，庶各工觸目驚心，恪遵舊章，咸知畏法，不敢妄滋事端，斯亦防微杜患之意，環叩給示勒碑永禁等情，到縣。查前有造箔工匠倡衆停工，私議停止收徒情事，當據鋪户陳景孚等禀請示禁，業經出示諭禁，并差提陳阿玉、陳紹堂等究辦在案。嗣據陳紹堂等畏究具結，經朱錦芳、王尚珍等吁請銷息，因念伊等自知悔悟，仍照舊章捶造。收徒一層，亦各聽其便，從寬免予究懲。飭銷去後，據禀前情，除飭差吊銷私刊行單板片銷燬外，合准給示勒碑永禁，爲此示仰各作坊工匠人等知悉。自示之後，爾等各安本分，捶造營趁。應給價值，聽各作坊循舊給價，不許格外勒加工價。收徒習業，亦聽各作自主，毋許倡言停收，把持滋事。如敢仍蹈前轍，有悞工作，一經鋪户等禀告，定即嚴提究辦，決不寬貸。各宜凛遵毋違，特示遵。道光十七年七月十二日示。

江蘇省博物館編《江蘇省明清以來碑刻資料選集·蘇州府永禁捕役借竊盗賊供扳誤買金珠首飾借端向金業鋪擾害碑》 奉憲勒石

欽加鹽運使銜盡先題補道江南蘇州府正堂加十級紀録十次李，爲出示永禁事。案據蘇城金業鋪户徐祥裕、王復泰祥、端木福昌、吳祥源、龐長順、源昌、黄麗和、王恂昌等禀稱：竊查康熙四十八年，金珠鋪户朱静吉等公呈請禁捕役不許借竊盗賊供扳，悞買金珠首飾，借端擾害緣由，奉憲通飭勒石示禁。兵燹之後，舊碑剥蝕模糊，呈請核示嚴禁，通詳立案等情。據經本府查明例案核議通詳，玆奉總督部堂馬批開：仰江蘇按察司會同蘇藩司核明通飭各屬一體示禁，仍候撫部院批示，繳，折存。又奉巡撫部院丁批：如詳辦理，仰按察司飭，即出示勒石永禁。一面由司通飭各屬一體遵照，仍將示式搨摹申送備查，并候督部堂批示，繳，折存，各等因，由司轉行到府。奉此，除通飭各屬一體遵照勒石永禁外，合行出示永禁。爲此示仰金業鋪户及捕保諸色人等知悉，嗣後凡有悮買盜贓竊贓，如原贓現存，聽候地方官飭役協同事主，前往認明，吊起繳縣，審明給領。仍于犯人名下追徵原價，給還收買之人。若贓已銷售，無從查起，即由收買之人將原贓數目名色輕重價值，據實開呈，候于犯人名下，追價賠給事主，以昭平允，而示體恤。至捕役只准起贓，不准提人，如敢肆行拘提，借端索詐，許即指名禀控，以憑從重究辦。該鋪户于收買之時，亦應詳加詢明，不得知情故買，致干查辦。其各凛遵毋違，特示遵右諭通知。

同治七年十二月二十日示：告示。

《礦務檔·一般礦政·開辦礦務應由商任其事官教其成》〔光緒十年〕七月初二日，軍機處交出錫珍等抄片稱：再開礦一事，西洋用以致富，藏富於商，隨時取派，而不以爲苛，中國歷代皆置官冶，自明季批政，專採金銀，無裨民用。又任用非人，擾害滋多，此法之不善也。我朝五金金礦，聽民開採，官徵其税，載在《會典》近年行駛輪船，設製造局廠，煤鐵之需益夥。顧歷年試辦開礦，率少成效何也？蓋由官辦而不由商辦也。事經官辦，積習難除，繁費既多，虧挪不免。或兼攝他務，不能專壹。派員經理，漫不經心，何能持久，至以公款難籌。招商入股，流弊滋多，甚且買空賣空，專視票價漲落，以罔市利。積久無成，竟同廢紙，一轉移間，乾没商本大半，商人一再受虧。設遇有事，即欲廣爲招徠，而無應之者矣。查從前商人領帖，其費不貲，故請者絶少。似宜變通其法，擇礦苗旺處，招商承領。一人能具數萬貲本者，爲之總。官給印單，不先徵課。以本地殷商爲之佐，或凑集附本，俾分餘息。以本地公正熟練者，爲之夥，分勤其事，酬以勞膳。除延礦師礦匠外，概傭土人爲工，地方官隨時彈壓，或委首佐雜一員，督察照料，而不掣其肘。遇有土棍及宵小滋事，爲之報緝，由商總月致薪水。倘有籍官挾制者，立予參處。開得煤鐵，以十分之一充税。就煤錬鐵者，税亦如之。税入煤鐵，彙報司局指撥應用。商人聽其轉運，不限所之。然銷售總以中國爲斷，試辦得效，方准逐漸廓充。招商集股，發票收銀，官不過問。但將清册具報，如何付利，如何歸本，較若畫一，不得參差。有舞弊者，官爲懲治。盈之與虧，商自任之。必能辛苦經營，衆擎易舉。如是庶可以工榷算，致精良，節浮費，審寔效，亦公私兩便之道也。蓋向來統歸商辦，而官不助其經理，則勢弱而利微。近時名爲商辦，而官獨專其事權，則弊多而利少。故不如令商任其事，而官考其成，以期有利無弊，風氣亦可漸開矣。至税課滿萬兩以上，其商總委員，似宜量予獎叙，以資鼓舞。一切章程，應否飭下部臣，詳細核定，俾可通行各省，以興民利之處，恭候宸裁。臣等管見所及，附片具陳，是否有當，伏乞聖鑒。謹奏。光緒十七年七月初一日。軍機大臣奉旨：該衙門議奏。欽此。

藝文

許翰《襄陵文集》卷一《朱芾轉官制》 維伊雒之山川，閟祖宗之弓劍。宜伻福禄，益佑神靈。是考祠宫，用嚴像教。規摹大壯之制，謳歌長發之祥。不日告成，有嘉時敏。肆敷斯寵，懋著厥勤。爾以一時之英，嘗總百工之事。其增榮秩，益厲修能。

許翰《襄陵文集》卷二《修龍德太乙宫及紫宸垂拱文德等殿官吏有勞觀察使康弼等制》 勑：朕外建殊庭，以承天寵；内嚴祕殿，以重國威。輪奐攸資，工技並飭。董凡役事，屬我邇臣。體環極之光明，用宏兹賁；考斯干之嘉喜，無疆惟休。屢奏成功，可忘褒序。某官器能宏達，思術精深。進承清穆於燕閒，退總繕修於崇構。蟠根錯節，咸蒙斧藻之容；璇題玉英，坐改神奇之觀。粲然百度，興于歷年。宜懋進於榮資，用寵光其庶績。往惟祇慎，永保恩華。可。

勑：上棟下宇，重門擊柝。皆神明通於《易》象，而法度著於禮經。朕之作室，考宫本原，無乃在此。不蕩于巧，不侈于費。其維體國，是以靖民。某官久以敏材，膺兹煩使。董振庶役，祇若予工。肆用旌爾之勞，而訓爾以度。往思褒厲，自壽寵榮。可。

朕外建殊庭，内嚴秘殿。屬凡役事，越有能臣。屢奏成功，可忘褒序？以爾服在禁密，具見才良。進承清穆於燕閒，退董繕修於崇構。粲然百度，興于歷年。宜懋進於榮資，用寵光其庶績。往維祇慎，永保恩榮。可。

許翰《襄陵文集》卷五《慎用人材疏》 臣聞《否》、《泰》以類相反，《否》則小人以類來，《泰》則小人以類往。先王之智，不能遍知四方萬里之遠，使君子小人不亂於前者，要在求其類之所自，推而廣之，如裘挈領，則順者不可勝數也。方今天下姦惡如織，蕪穢郡縣，戕賊黎元。凡才無爛羊之能，冒寵有續貂之嘆。吏部充塞，無闕以擬注；版曹空匱，不給於禄廩。若不一大鏟革，恐終不可有爲。今以軍興多故，郡縣賞遺。鞭笞良民，無直而糴，上下皆敝，公私甚勞。而姦宄無用之人坐糜倉廩之蓄，此所謂繁其華者傷其實，披其枝者傷其根者也。願詔吏部稽考庶官，凡由楊戩、李彦之公田，王黼、朱勔諸道之應奉，童貫、譚稹等西北之師，孟昌齡父子河防之役，與夫夔蜀、湖南之開疆，關陝、河東之改幣，吴越、山東茶鹽、陂田之利，宫觀、池苑營繕之功，後苑、書藝局、文字庫所與之賞，滛朋比德，各從其類。又若近習所引、獻頌所採、効用有力、應奉有勞、特赴殿試之流，此皆殃民蠹國、敗俗妨賢、姦宄取位、賕賄買官，所叨恩數，不限高卑，一切褫奪，還其本秩。若非此族而横竊名器，如横行、節度之貴仕，祕閣、延殿之華資，或以童稚、奴僕而濫膺，或以商賈、胥役而貨取，人人論列，簡牘徒繁。願令吏部各具閥閱，諸臺諫分使看詳，上之朝廷，次第裁抑。其坐公田得罪如鮮于可，非理譴逐，宜自元斷月日，復其資秩、恩數而升擢之，以勸忠諒。然後位著可清，賢能可進，生民可安，國用可節。昔唐斜封墨勅官，一日停數千員不以爲疑，今亦何難哉！

夫糞土爲墻，匠石不能施塗墍；鄭衛調瑟，后夔難以致簫韶。《詩》曰：「周雖舊邦，其命維新。」願下順天休命而一新之也。

朱元璋《御制文集》卷一〇《敕命·王府工正敕》（副同）工正之設，古人以之而掌營繕，必得憐民之疾苦者，庶不致曠費料材而濫役也。今王國合設工正所官，以爾某爲某府工正副。爾當惜林撫匠，以稱斯任。往，慎哉！

朱元璋《御制文集》卷一〇《敕命·王府典膳敕》世人之命，飲食也。備品以用之，别貴賤也。所以君用，必職以司之，使烹調合宜，不致食非食而飲非飲。其諸侯王亦有宰膳之官，以其重頤養也，必得精潔勤慎之士可。今命爾某爲某府典膳。爾其敬哉！

朱元璋《御制文集》卷一〇《敕命·王府司醖敕》酒以奉神，明于上下，悦人情于古今。所以重酒以設官，爲斯。若膺是任者，必清潔其醖所，滌利其用具。當成之際，使馨香室野，足以格上下，方稱是職。今以爾某爲某府司醖。慎哉！

雜録

《韓非子》卷一七《定法》問者曰：「主用申子之術，而官行商君之法，可乎？」

對曰：「申子未盡于術，商君未盡于法也。申子言：『治不逾官，雖知弗言。』治不逾官，謂之守職也可；知而弗言，是不謂過也。人主以一國目視，故視莫明焉；以一國耳聽，故聽莫聰焉。今知而弗言，則人主尚安假借矣？商君之法曰：『斬一首者爵一級，欲爲官者爲五十石之官；斬二首者爵二級，欲爲官者爲百石之官。』官爵之遷與斬首之功相稱也。今有法曰：『斬首者令爲醫、匠。』則屋不成而病不已。夫匠者手巧也，而醫者齊藥也，而以斬首之功爲之，則不當其能。今治官者，智能也；今斬首者，勇力之所加也。以勇力之所加而治智能之官，是以斬首之功爲醫、匠也。故曰：二子之于法術，皆未盡善也。」

《魏書》卷四八《高允傳》給事中郭善明，性多機巧，欲逞其能，勸高宗大起宫室。

《魏書》卷九五《鐵弗劉虎傳》性驕虐，視民如草芥。蒸土以築都城，鐵錐刺入一寸，即殺作人而并築之。所造兵器，匠呈必死，射甲不入即斬弓人，如其入也便斬鎧匠，凡殺工匠數千人。常居城上，置弓劍於側，有所嫌忿，手自殺之。羣臣忤視者，鑿其目；笑者，決其脣；諫者，謂之誹謗，先截其舌，而後斬之。

王溥《唐會要》卷六七《伎術官》故事，伎術官皆本司定，送吏部附申，謂祕書、殿中、太常、左春坊、太僕等伎術之官，唯得本司選轉，不得外敍。若本司無缺，聽授散官，有缺先授。若再經考滿者，聽外敍。

神功元年十月三日勅：「自今以後，本色出身，解天文者，進官不得過太史令；音樂者，不得過太樂鼓吹署令；醫術者，不得過尚藥奉御；陰陽卜筮者，不得過太卜令；解造食者，不得過司膳署令。有從勳官品子，流外國官，參佐親品等出身者，自今以後，不得任京、清要、著望等官。若累階應至三品者，不須階進，每一階酬勳兩轉。」

垂拱三年十二月二十五日勅：「三輔及四大都督并衝要當路，及四萬户以上州市令，并長安等六縣録事，並宜省補充。」

開元七年八月十五日勅：「出身非伎術，而以能任伎術官者，聽量與員外官。其選敍考勞，不須拘伎術例。」

天寶十三載五月，吏部奏：「准格伎術官各於當色本局署員外置，不得同正員之數。」從之。

大和五年七月勅：「諸色藝能授官，今後如有罪犯停職者，委本日牒報吏部，不在敍用限。」

許翰《襄陵文集》卷一《河東採斫木植李宗等轉一官制》 勅：朕作新象魏，臨莅寰區。曾是棟楹榱桷之材，伐取巖巒谿壑之秀。嘉車航之沓至，紛斧藻之並興。逮此考成，可忘褒序？爾等各揚厥職，以濟斯功。有勞可矜，有績可録。咸增榮秩，往服明恩。可。

《明神宗實録》卷三百二十 〔萬曆二十四年九月庚戌〕太監王虎叅奏保定巡撫李盛春阻撓開採。上嚴旨切責：「朝廷差官開礦以濟國用，李盛春如何玩視不遵，又捏旨惑衆，擅驅商賈，驚擾居民，好生違慢。本當重處，姑從寬。其所拘執之人，速釋應役。」

葉盛《水東日記》卷一一《阮太監修營勞績》 太監阮安，一名阿留，交阯人。爲人清苦介潔，善謀畫，尤長於工作之事。其修營北京城池，九門、兩宫、三殿、五府、六部諸司公宇，及治塞楊村驛諸河，皆大著勞績。工曹諸屬，一受成説而已。詳見《東里文集》。晚歲張秋河決，久不治，復承命，行道卒。平生賜予，悉出私帑上之官，不遺一毫，蓋中官中之甚不易得者。嘗刻《營建紀成》詩，一時名人顯官，無不有作。將傳布間，以王振一言而止。振於他役皆有碑，獨靳此者，要不可以不矜一善歸之，則亦媢嫉之云耳。

明亮等《欽定中樞政考》卷三二《八旗·造》 修製軍械逾限：

一、直省各旗營，修製行軍攜帶軍械，應聽各該省將軍、都統、副都統酌量緩急，臨時定限辦理。如不依限速完，以致遲誤，將承修承製、督修督製之員，嚴叅議處。修製尋常操演、及換防需用各軍械，俟報明兵部覈准後，即令領項興工。如物料工價，二百兩以内者，限一箇月；五百兩以内者，限兩箇月；一千兩至二千兩以内者，限三箇月；三千兩至五千兩以内者，限四箇月。承修官員，依限修製，如式完竣，即行詳請將軍、都統、副都統，派委妥員，遂細查驗，造具册結，將何日奉到部准日期，及興工、完工各日期，於覈銷工料文内，詳細聲明，以憑稽覈。如不依限完竣者，將承修承製、督修督製之員，附叅議處。

一、凡官員製造緊急軍器，不依限速完遲誤者，承製官、督製官及將軍、都統、副都統，分別議處。若修製尋常操演，及換防需用各軍械，如有貽誤，承修、承製官，逾違不及一月者，免其議處；自一月以上至五月以上者，按違限月分，分別議處。督修、督製之員，違限自一月以上至五月以上者，亦按違限月分，分別議處。將軍、都統、副都統，違限一月以上者免議，自兩月以上至五月以上者，亦按違限月分，分別議處。如承修承製之員玩視軍儲，將應領之帑，延挨請領者，按其違限月日，照修製逾限例，分別議處。倘該上司故意勒捎，以致遲誤者，將該上司照例議處，承修承製官免議。例載《處分則例·營造》門。

管理機構部

綜述

鄭玄《周禮注疏》卷一《天官冢宰第一》 酒正，中士四人，下士八人，府二人，史八人，胥八人，徒八十人。注：酒正，酒官之長。疏：釋曰：案其職云，掌酒之政令，以式法授酒材，與膳食相將故在此。注釋曰：此酒正與下酒人、漿人爲長。注雖不言漿，文略也。

酒人，奄十人，女酒三十人，奚三百人。注：奄，精氣閉藏者，今謂之宦人。《月令》：仲冬，其器閎以奄。女酒，女奴曉酒者。古者從坐男女没入縣官爲奴，其少才知以爲奚，今侍史官婢，或曰奚宦女。音義：奄，於檢反。劉，於驗反。徐劍反。奚如字，又胡禮反。才卧反。疏：釋曰：奄十人，以其與女酒及奚同職，故用奄奄不稱士，則此奄亦府史之類，以奄爲異也。女酒三十人，則女酒與奚爲什長，若胥徒也。奚三百以其造酒，故須人多也。注釋曰：案《月令》，冬三月，皆云氣閉，以奄獨引仲冬者，以其十一月一陽初生，以其人，雖精氣閉藏，猶少有精氣故也。又云：女酒，女奴曉者云云。鄭依秋官司，厲從坐，男女没入縣官爲奴。則者男女同名，以其曉解作酒，有才智則曰女酒，其少才智給使者，則曰奚。已下云曉者，謂曉解當職之物復重釋之也。侍史官婢，舉漢法言之。又云或曰宦女漢時有此別號。按左氏晉惠公之女名妾，稱爲宦女，謂宦事。秦公子亦云宦女也。

鄭玄《周禮注疏》卷五《天官冢宰下》 酒正，掌酒之政令，以式灋授酒材。注：式法，作酒之法式。作酒既有米麴之數，又有功沽之巧。《月令》曰：乃命大酋，秫稻必齊，麴糵必時，湛饎必潔，水泉必香，陶器必良，火齊必得。鄭司農云：授酒人以其材。音義：沽音古，酋將由反。下同。秫音述。齊，戚，才細反。下皆同一讀此如字。糵，魚列反。湛，接廉反。饎，昌志反。疏：釋曰：酒正辨四飲，則漿之政令亦掌之。今直言掌酒之政令，不言漿之政令者，但據酒之尊者而言，其實漿亦掌之。云以式法授酒材者，式法謂造酒法式，謂米麴多少及善惡也。酒材即米麴糵，授與酒人，使酒人造酒。既言兼掌漿人，則漿之法式及漿材，亦授之不言者，亦舉尊言也。注釋曰：云作酒既有米麴之數者，謂此爲法式也。云又有功沽之巧者。功沽謂善惡，善惡亦是法式也。引《月令》者，十一月之令言，乃命大酋監之者。彼注酒熟曰酋，於周禮則爲酒人。案：下注昔酒，今之酋久白酒，則酋者久遠之稱，則是久熟者善，故名酒官爲大酋若然。彼注爲酒人，此酒正引之者，此酒正以法式及酒材授與酒人，使造酒，故引酒人云秫稻必齊者，必使齊熟、麴糵必時者，造之必得時。湛饎必潔者，湛，漬。饎，炊也。謂漬米炊釀之時，必須潔浄。水泉必香者，謂漬麴漬米之水，必須香美。陶器必良者，酒甕陶中所燒器者。必須成熟不津。云火齊必得者，謂釀之時，生熟必宜得所也。凡爲公酒者，亦如之。注：謂鄉射飲酒，以公事作酒者，亦以式法及酒材授之，使自釀之。音義：釀，女亮反。疏：釋曰：言凡爲公酒者，謂爲公事而作酒。言凡非一，謂若鄉飲酒，鄉射之等言，亦如之者，亦以式法授酒材。

【略】辯五齊之名，一曰泛齊，二曰醴齊，三曰盎齊，四曰緹齊，五曰沈齊。注：泛者成而滓浮泛泛然，如今宜成，醪矣。醴猶體也，成而汁滓相將，如今恬酒矣。盎猶翁也，成而翁翁然葱白色，如今酇白矣。緹者成而紅赤，如今下酒矣。沈者成而滓沈，如今造清矣。自醴以上，尤濁縮酌者盎，以下差清、其象類則，然古之法式未可盡聞。杜子春讀齊皆爲粢，又禮器曰緹酒之用，玄酒之尚。玄謂齊者每有祭祀，以度量節作之。音義：泛，芳劍反。盎，烏浪反。緹音體，醪，魯刀反。翁，烏動反。下同一音，於勇反。酇白：即今之白醝酒也。宜作醝作酇，假借也，在何反。差，初賣反。疏：釋曰：言辨五齊之名者，酒正不自造酒，使酒人爲之。酒正直辨五齊之名知其清濁而已。云一曰泛齊者，泛讀如泛泛楊舟之泛，言泛者謂此齊熟時，滓浮在上泛泛然。二曰醴齊者，醴，體也，此齊熟時，上下一體，汁滓相將，故名醴齊。又此醴齊作時，恬於餘齊，與酒味稍殊，故亦入於六飲。三曰盎齊，已下其類可知。注釋曰：言泛者成而滓浮者。此五齊皆言成者，謂酒熟曰成。云如今宜成醪矣者。宜成説以爲地名，故曹植《酒賦》曰：宜成醴醪，蒼梧縹清。若馬融所云。今之宜成會稽稻米，清似宜成，以爲酒名。故劉杳《要雅》亦以宜成爲酒名，二者未知孰是。今鄭云宜成醪矣，亦未知鄭意酒名地名。類下酇白則爲地名。云如今恬酒矣者，但於五齊中爲恬，故以恬酒況之。云如今酇白矣者，漢時蕭何所封南陽地名，酇云如今下酒矣者。下酒謂糟牀下酒，其色紅赤，故以緹名之。案：鄭下注五伯緹衣，亦赤黑色也。云如今造清也者，漢時造清，熟則滓沈，故以況沈齊也。云自醴已上尤濁縮酌者，言自醴以上唯有泛齊，泛齊滓浮，則濁于醴齊汁滓相將者。此二者皆以茅泲之，故司尊彝云：醴齊縮酌。《郊特牲》云：縮酌用茅，明酌也。謂以事酒之上清明者和醴齊，以茅泲之使可酌。鄭彼注云：泛從醴，是二者皆縮酌，故云自醴已上，尤濁縮酌也。云盎以下差清者。案：司尊彝云：盎齊涗酌。鄭注：涗，清也，謂以清酒泲之，則不用茅，以其盎已清故也。鄭彼注又云：泛從醴緹，沈從盎，則亦用清酒泲之。云其象類則然者，謂五者皆舉漢法，況之是其象類則然者也。云古之法式未可盡聞者，雖舉漢法，漢承周後，多得古之法，只可略聞，故云未可盡聞也。杜子春讀齊皆爲粢，云禮器曰：緹酒之用，玄酒之尚者，子春意見。《禮運》云：粢醍在堂。又見《禮器》云：醴酒之用，又粢穀爲醍酒，則其餘四齊皆以粢穀爲之，故讀齊皆爲粢。玄謂齊者，每有祭祀，以度量節作之，謂祭有大小，齊有多少，謂若祫祭備五齊，禘祭備四齊。時祭備二齊，是以度量節作之，不從子春爲粢者。禮運唯有醍齊稱粢，於此五者皆稱齊。子春破五齊從一粢，於義不可，故鄭於《禮運》注粢當爲齊，破一粢，從五齊，於義可也。此五齊與下三酒，及春官鬯人所造鬯酒，所以異者。五齊三酒俱用秫稻麴蘖。又三酒味厚，人所飲者也。五齊味薄，所以祭者也，是以下經。鄭注云：祭祀必用五齊者，至敬不尚味而貴多品，五齊對三酒，酒與齊異，通而言之，五齊亦曰酒。故禮坊記云：醴酒在室，醍酒在堂是也。其鬯酒者，自用黑黍爲之，與此別也。辨三酒之物，一曰事酒，二曰昔酒，三曰清酒。注：鄭司農云：事酒有事而飲也，昔酒無事而飲也，清酒祭祀之酒。玄謂事酒，酌有事者之酒，其酒則今之醳酒也。昔酒，今之酋久白酒，所謂舊醳者也。清酒，今中山冬釀，接夏而成。音義：醳音亦。徐音昔。疏：釋曰：辨者豫先之名物者財也，以三酒所成有時，故豫給財令作之也。言一曰事酒者，此三酒並人所飲，故下云共王四飲三酒也。但事酒酌有事人飲之，故以事上名酒也。二曰昔酒者，久釀乃熟，故以昔酒爲名，酌無事之人飲之。三曰清酒者，此酒更久於昔，故以清爲號，祭祀用之。此昔酒、清酒，皆以酒上爲名也。注釋曰：先鄭云有事而飲者，謂於祭祀之時，乃至卑賤執事之人，祭末並得飲之。昔酒，無事而飲者，亦於祭末，羣臣陪位不得行事者，並得飲之。清酒，祭祀之酒者，亦於祭祀之時，賓長獻尸，尸酢，賓長不敢與王之臣，共器尊同酌齊，故酌清以自酢，故云祭祀之酒。故司尊彝云：皆有罍，諸臣之所酢。此三酒皆盛於罍，尊在堂下，但此清酒受尸酢，故以祭祀言之。玄謂事酒，酌有事者之酒者，先鄭云有事而飲，據有事時飲之。後鄭云：酌有事者之酒，謂有事之人，但是有事之人，雖不當祭時，亦酌酒與之，是就足先鄭義也。云其酒則今之醳酒者，事酒冬釀春成，以漢之醳酒況之。云昔酒，今之酋久白酒者，言昔爲久，酋亦遠久之義，故以漢之酋久白酒況之。但昔酒對事酒爲清，若對清酒則爲白，故云酋久白酒也。故晉語云：味厚寔昔毒，酒久則毒也。云所謂舊醳者，案：《禮記·郊特牲》云，猶明清與醆酒，于舊醳之酒也。彼上注云：明酌者，事酒之上也。醆酒盎齊泲于舊醳之酒。三酒除事酒、清酒，則云舊醳，是昔酒可知也。對事酒爲新醳，昔酒爲舊醳，清酒不得醳名。云清酒，今中山冬釀接夏而成者，以昔酒爲久，冬釀接春，明此清酒久於昔酒，自然接夏也。中山，郡名。故《魏都賦》云：醇酎中山，沈湎千日。辨四飲之物，一曰清，二曰醫，三曰漿，四曰酏。注：清，謂醴之泲者。醫，《内則》所謂。或以酏爲醴，凡醴濁釀酏爲之，則少清矣。醫之字，從殹從酉省也。漿，今之截漿也。酏，今之粥，《内則》有黍酏、酏飲，粥稀者之清也。鄭司農説以《内則》曰飲，重醴、稻醴、清湆、黍醴、清湆、粱醴、清湆，或以酏爲醴，漿水臆后致飲。于賓客之禮，有醫酏糟。糟音聲，與湆相似。醫與臆，亦相似。文字不同，記之者各異耳，此皆一物。音義：醫，於已反。徐於計反。注：同酏，以支反。泲，子禮反。下同殹，烏兮反。徐烏例反。本或作毉，省所景反。截，胙再反。粥，之六反。劉音育，稀音希，湆音糟，下同。沈，子由反。臆本又作醷，於紀反。徐於力反。疏：釋曰：案漿人有六飲，此言四者以漿人。注：酒正不辨水涼者，無厚薄之齊，故此唯辨四飲之物也。云一曰清，則漿人云醴清也。二曰醫者，謂釀粥爲醴，則爲醫。三曰漿者，今之截漿。四曰酏者，即今薄粥也。注釋曰：言清謂醴之泲者，此鄭據漿人解之，漿人云醴，此云清，故云清。謂醴之泲者，云醫，《内則》所謂或以酏爲醴者。按：《内則》上言飲，下云重醴清糟。又云或以酏爲醴，彼酏爲醴，在飲中，而在清糟下，此醫又在清下，故知酏爲醴當此。醫云凡醴濁釀酏，爲之則少清矣者，謂經中醫釀粥爲之，與醴少異也。又云醫之字，從殹從酉省也者，從殹省者去羽，從酉省者去水，故云從殹從酉省也。云漿，今之截漿也者，此漿亦是酒類，故其字亦從截從酉省。截之言載，米汁相載，漢時名爲截漿，故云今之截漿也。云酏今之粥，《内則》有黍酏酏飲，粥稀者之清也者。案：《内則》黍酏在飲中，故知此酏當《内則》黍酏，以其爲飲，故知粥稀者之清也。鄭司農説以《内則》曰：飲重醴稻醴清至，或以酏爲醴，總當此經一曰清，云漿當此經中漿水，於此經無所，當連引之耳。臆當此經中醫，云後致飲于賓客之禮，有醫酏糟。此引下文欲取糟，與《内則》湆一物，故云糟音聲，與湆相似。云醫與臆亦相似者，與此經醫爲一物。云文字不同，記之者各異耳。此皆一物者。《内則》云：湆此云糟。《内則》云：臆此云醫。是其文字不同，皆一物也。《内則》云：重醴者，清糟並設，則稻醴清糟，黍醴清糟，粱醴清糟，是其重醴也。向者後鄭解，或以酏爲醴爲醫。今先鄭以爲醴，共重醴爲一物。又後鄭於《内則》注醷爲梅漿。亦與先鄭不同，以無正文，故引之在下，亦得爲一義故也。掌其厚薄之齊，以共王之四飲三酒之饌，及後世子之飲與其酒。注：后世子不言饌，其饋食不必具設之五齊，止用醴爲飲者，取醴恬與酒味異也，其餘四齊，味皆似酒。疏：釋曰：言掌其厚薄之齊者，從五齊已下，非酒正所造，並是酒人、漿人所作，故云直辨其厚薄之齊。云以供王之四飲三酒之饌者，謂饌陳具設之也。云及后世子之飲與其酒者，不言四飲三酒，直言飲與酒，復不言饌。鄭云不必具設之，是以不言饌與數也。注釋曰：云五齊止用醴爲飲者，取醴恬與酒味異也者，鄭意五齊之中不用，餘四齊以其醴恬，故取入六飲，其餘四齊味皆似酒者。三酒味厚，五齊味薄，故言似酒醴恬，全與酒味別也。

鄭玄《周禮注疏》卷一四《士虞禮》 明齊溲酒。注：明齊，新水也。言以新水溲釀此酒也。《郊特牲》曰：明水涗齊，貴新也。或曰當爲明視，謂兔腊也。今文曰明粢。粢，稷也，皆非其次。今文溲爲醙。音義：齊，才計反。注同。溲，所求反。醙同。疏：注釋曰：云言以新水溲釀此酒也者。鄭以溲水邊爲之，與縮字義異。謂以新水漬麴，乃溲釀此酒。又引《郊特牲》明水涗齊，貴新也者。彼注云：涗猶清也。五齊濁，泲之使清謂之涗齊及取明水，皆貴新也。據彼注：明水，則《周禮》司烜氏所取月中之水，與此明齊新水別。鄭引之者，彼此雖異引之直取新義同，故引爲證，非謂爲一物也。云或曰當爲明視，謂兔腊也者，士祭有兔腊是故，或有人作如此説。云今文曰明粢，粢也，皆非其次者，若以明齊當爲明視，作兔腊解者，應上，與牲爲次，何因退在下。今文又爲稷解者，上已云淖兼黍稷，何用又見稷也。故知二者皆非其次也。若《特牲》少牢無腊，號以小物略之。

《後漢書》卷一一六《百官志三》 平準令一人，六百石。本注曰：掌知物賈，主練染，作采色。丞一人。【略】

尚方令一人，六百石。本注曰：掌上手工作御刀劍諸好器物。丞一人。

《後漢書》卷一一八《百官志五》 邊縣有障塞尉。本注曰：掌禁備羌夷犯塞。其郡有鹽官、鐵官、工官、都水官者，隨事廣狹置令、長及丞，秩次皆如縣、道，無分士，給均本吏。本注曰：凡郡縣出鹽多者置鹽官，主鹽稅。出鐵多者置鐵官，主鼓鑄。有工多者置工官，主工稅物。有水池及魚利多者置水官，主平水收漁稅。在所諸縣均差吏更給之，置吏隨事，不具縣員。

《晉書》卷一〇四《石勒載記上》 勒增置宣文、宣教、崇儒、崇訓十餘小學于襄國四門，簡將佐豪右子弟百餘人以教之，且備擊柝之衛。置挈壺署，鑄豐貨錢。

《宋書》卷三九《百官志上》 少府，一人。丞一人。掌中服御之物。秦官也，漢因之。掌禁錢以給私養，故曰少府。晉哀帝末，省并丹陽尹。孝武世復置。

左尚方令、丞各一人。右尚方令、丞各一人。並掌造軍器。秦官也，漢因之。於周則爲玉府。晉江右有中尚方、左尚方、右尚方，江左以來，唯一尚方。宋高祖踐阼，以相府作部配臺，謂之左尚方，而本署謂之右尚方焉。又以相府細作配臺，即其名置令一人，丞二人，隸門下。世祖大明中，改曰御府，置令一人，丞一人。御府，二漢世典官婢作褻衣服補浣之事，魏、晉猶置其職，江左乃省焉。後廢帝初，省御府，置中署，隸右尚方。漢東京太僕屬官有考工令，主兵器弓弩刀鎧之屬，成則傳執金吾入武庫，及主織綬諸雜工。尚方令唯主作御刀綬劍諸玩好器物而已。然則考工令如今尚方，尚方令如今中署矣。

東冶令，一人。丞一人。南冶令，一人。丞一人。漢有鐵官，晉置令，掌工徒鼓鑄，隸衛尉。江左以來，省衛尉，度隸少府。宋世雖置衛尉，冶隸少府如故。江南諸郡縣有鐵者或置冶令，或置丞，多是吴所置。

平准令，一人。丞一人。掌染。秦官也，漢因之。漢隸司農，不知何世隸少府。宋順帝即位，避帝諱，改曰染署。

將作大匠，一人。丞一人。掌土木之役。秦世置將作少府，漢因之。景帝中六年，更名將作大匠。光武建武中元二年省，以謁者領之。章帝建初元年復置。晉氏以來，有事則置，無事則省。【略】

武庫令，一人。掌軍器。秦官。至二漢，屬執金吾。晉初罷執金吾，至今隸尚書庫部。【略】

材官將軍，一人。司馬一人。主工匠土木之事。漢左右校令，其任也。魏右校又置材官校尉，主天下材木事。晉江左改材官校尉曰材官將軍，又罷左校令。今材官隸尚書起部及領軍。

《南齊書》卷一六《百官志・少府》 府置丞一人。領官如左：

左右尚方令各一人，丞一人。

鍛署丞一人。永明三年省，四年復置。

御府令一人，丞一人。

東冶令一人，丞一人。

南冶令一人，丞一人。

平准令一人，丞一人。

上林令一人，丞一人。亦屬尚書殿中曹。

將作大匠。

《隋書》卷三六《后妃傳》 開皇二年，著内官之式，略依《周禮》，省減其數。嬪三員，掌教四德，視正三品。世婦九員，掌賓客祭祀，視正五品。女御三十八員，掌女工絲枲，視正七品。又採漢、晉舊儀，置六尚、六司、六典，遞相統攝，以掌宮掖之政。一曰尚宮，掌導引皇后及閨閤廩賜。管司令三人，掌圖籍法式，糾察宣奏；典琮三人，掌琮璽器玩。二曰尚儀，掌禮儀教學。管司樂三人，掌音律之事；典贊三人，掌導引内外命婦朝見。三曰尚服，掌服章寶藏。管司飾三人，掌簪珥花嚴；典櫛三人，掌巾櫛膏沐。四曰尚食，掌進膳先嘗。管司醫三人，掌方藥卜筮；典器三人，掌樽彝器皿。五曰尚寢，掌幃帳牀褥。管司筵三人，掌鋪設灑掃；典執三人，掌扇傘燈燭。六曰尚工，掌營造百役。管司製三人，掌衣服裁縫；典會三人，掌財帛出入。六尚各三員，視從九品，六司視勳品，六典視流外二品。【略】

時又增置女官，準尚書省，以六局管二十四司。一曰尚宮局，管司言，掌宣傳奏啓；司簿，掌名録計度；司正，掌格式推罰；司闈，掌門閤管鑰。二曰尚儀局，管司籍，掌經史教學，紙筆几案；司樂，掌音律；司賓，掌賓客；司贊，掌禮儀贊相導引。三曰尚服局，管司璽，掌琮璽符節；司衣，掌衣服；司飾，掌湯沐巾櫛玩弄；司仗，掌仗衛戎器。四曰尚食局，管司膳，掌膳羞；司醖，掌酒醴醯醢；司藥，掌醫巫藥劑；司饎，掌廩餼柴炭。五曰尚寢局，管司設，掌牀席帷帳，鋪設灑掃；司輿，掌輿輦傘扇，執持羽儀；司苑，掌園籞種植，蔬菜瓜果；司燈，掌火燭。六曰尚工局，管司製，掌營造裁縫；司寶，掌金玉珠璣錢貨；司綵，掌繒帛；司織，掌織染。

《舊唐書》卷四三《職官志二》 工部尚書一員，正三品。南朝謂之起部。有所營造，則置起部尚書，畢則省之。隋初改置工部尚書。龍朔爲司平太常伯，光宅改爲冬官尚書，神龍復舊也。侍郎一員。正四品下。龍朔爲司平少常伯。 尚書、侍郎之職，掌天下百工、屯田、山澤之政令。其屬有四：一曰工部，二曰屯田，三曰虞部，四曰水部。總其職務，而行其制命。凡中外百司之事，由於所屬，咸質正焉。

郎中一員，從五品上。龍朔爲司平大夫也。員外郎一員，從六品上。主事二人，從九品上。令史十二人，書令史二十一人，亭長六人，掌固八人。 郎中、員外郎之職，掌經營興造之衆務。凡城池之修濬，土木之繕葺，工匠之程式，咸經度之。凡京師、東都有營繕，則下少府、將作，以供其事。

《舊唐書》卷四四《職官志三》 〔宫官〕尚功二人，正五品。司製二人，正六品。典製二人，正七品。掌製二人，正八品。女史二人。司珍二人，正六品。典珍二人，正七品。掌珍二人，正八品。女史六人。司綵二人，正六品。典綵二人，正七品。掌綵二人，正八品。女史二人。司計二人，正六品。典計二人，正七品。掌計二人，正八品。女史二人。 尚功之職，掌女功之程課，總司製、司珍、司綵、司計四司之官屬。司製掌衣服裁縫。司珍掌寶貨。司綵掌繒錦絲枲之事。司計掌支度衣服、飲食、薪炭。【略】

〔光禄寺〕太官署：令二人，從七品下。丞四人，從八品下。府四人，史八人，監膳十人，從九品下。主膳十五人，供膳二千四百人，掌固四人。 太官令掌供膳食之事。丞爲之貳。凡祭之日，與卿詣廚省牲鑊，取明水於陰鑑，取明火於陽燧，帥宰人以鑾刀割牲，取其毛血，實之於豆，遂烹牲焉。又帥進饌者實簠簋，設於饌幕之內。凡朝會宴享，九品已上並供其膳食。凡供奉祭祀致齋之官，則視其品秩爲之差降。國子監釋奠，百官觀禮，亦如之。凡宿衛當上，及命婦朝參宴會者，亦如之。

珍羞署：令一人，正八品下。丞二人，正九品下。府三人，史六人，典書八人，餳匠五人，掌固四人。 令掌庶羞之事，丞爲之貳，以實籩豆。陸産之品，曰榛栗脯修，水物之類，曰魚鹽菱芡，辨其名數，會其出入，以供祭祀朝會賓客之禮也。

良醖署：令二人，正八品下。丞二人，正九品下。府三人，史六人。監事二人，從九品下。掌醖三十人，酒匠十三人，奉觶一百二十人，掌固四人。令掌供奉邦國祭祀五齊三酒之事。丞爲之貳。五齊三酒，義見《周官》。郊祀之日，帥其屬以實罇罍。若享太廟，供其鬱鬯之酒，以實六彝。若應進者，則供春暴、秋清、酴醾、桑落等酒。

掌醢署：令一人，正八品下。丞二人，正九品下。府二人，史四人，主醢十人。令掌供醯醢之屬，而辨其名物。丞爲之貳。凡鹿、兔、羊、魚等四醢。凡祭神祇，享宗廟，用菹醢以實豆；宴賓客，會百官，醯醬以和羹。【略】

少府監秦置少府，掌山澤之稅。漢掌內府珍貨。梁始爲卿。歷代或置或省。隋大業五年，始分太府置少府監。龍朔改爲內府，光宅改爲尚方，神龍復爲少府監。監一員，從三品。秦、漢有少府，梁始爲卿，隋改爲監，從三品。少監，從四品。煬帝改爲令，武德復爲監，龍朔、光宅，隨曹改易之。少監二員。從四品下。 監之職，掌供百工伎巧之事，總中尚、左尚、右尚、織染、掌冶五署之官屬，庀其工徒，謹其繕作。少監爲之貳。凡天子之服御，百官之儀制，展采備物，皆率其屬以供之。

丞四人，從六品下。主簿二人，從七品下。録事二人，從九品上。府二十七人，史十七人，計史三人，亭長八人，掌固四人。 丞掌判監事。凡五署所修之物，則申尚書省，下所司，以供給焉。

中尚署：令一人，從六品下。丞四人，從八品下。府九人，史十八人，監作四人，典事四人，掌固四人。 中尚令，掌供郊祀之圭璧，器玩之物。中宫服飾，雕文錯綵之制，皆供之。丞爲之貳。其所用金玉齒革毛羽之屬，任土以時而供送之。

左尚署：令一人，正七品下。丞五人，從七品下。監作六人，從九品下。典事十八人，掌固四人。 左尚令掌供天子之五輅、五副、七輦、三輿、十有二車、大小方圓華蓋一百五十有六，諸翟尾扇及小繖翰，辨其名數，而頒其制度。丞爲之貳。

右尚署：令一人，正七品下。丞四人，從八品下。監作六人，從九品下。典事十三人，掌固十人。 右尚署令供天子十有二閑馬之鞍轡及五品三部之帳，備其材革，而修其制度。丞爲之貳。凡刀劍、斧鉞、甲胄、紙筆、茵席、履舄之物，靡不畢供。具用綾絹、金玉、毛革等，所出方土，以時支送。

織染署：令一人，正八品上。丞二人，正九品上。監作六人，從九品下。典事十一人，掌固五人。織染令掌供天子太子羣臣之冠冕，辨其制度，而供其職。丞爲之貳。

掌冶署：令一人，正八品上。丞一人，從九品上。監作四人。從九品下。掌冶令掌鎔鑄銅鐵器物。丞爲之貳。凡天下出銅鐵州府，聽人私採，官收其税。若白鑞，則官市之。其西北諸州，禁人無置鐵冶及採鐵。若器用所須，具名移於所由官供之。

諸冶：監一人，正七品下。丞二人，從八品下。録事一人，府一人，史二人，監作四人，從九品下。典事二人，掌固四人。諸冶監掌鑄銅鐵之事。

北都軍器監一人，正四品上。少監一人，正五品上。丞二人，正七品上。主簿一人，正八品上。録事一人，從九品上。府十人，史十八人，典事四人，亭長二人，掌固四人。軍器監掌繕造甲弩，以時納于武庫。

甲坊署：令一人，正八品下。丞一人，正九品下。府二人，史五人，監作二人，從九品下。典事二人。

弩坊署：令一人，正八品下。丞一人，正九品下。府二人，史五人，監作二人，從九品下。典事二人。

諸鑄錢監：絳州三十鑪，揚、宣、鄂、蔚四州各十鑪，益、鄧、郴三州各五鑪，洋州三鑪，定州一鑪也。諸鑄錢監以所在州府都督刺史判之。副監一人，上佐判之。丞一人，判司判之。監事一人，或參軍或縣尉知之。録事、府、史，士人爲之。

諸互市：監各一人，從六品下。丞一人。正八品下。諸互市監掌諸蕃交易馬駞驢牛之事。

將作監秦置將作，掌營繕宫室，歷代不改。隋爲將作寺，龍朔改爲繕工監，光宅改爲營繕監，神龍復爲將作監也。

大匠一員，從三品。大匠之名，漢景帝置。梁置十二卿，將作爲一卿。後周曰匠師中大夫。隋初爲將作寺，置大匠一人，又改爲監，以大匠爲監。煬帝改爲令，武德改爲大匠。龍朔、光宅，隨曹改易也。少匠二員。從四品下。大匠掌供邦國修建土木工匠之政令，總四署三監百工之官屬，以供其職事。凡兩京宫殿宗廟城郭諸臺省監寺廨宇樓臺橋道，謂之内外作，皆委焉。

丞四人，從六品下。主簿二人，從七品下。録事二人，從九品下。府十四人，史二十八人，計史三人，亭長四人，掌固六人。

左校署：令二人，從八品下。丞四人，正九品下。府六人，史十二人，監作十人。從九品下。左校令掌供營構梓匠。凡宫室樂懸簨簴，兵仗器械，喪葬所須，皆供之。

右校署：令二人，從八品下。丞三人，正九品下。府五人，史十人，監作十人，從九品下。典事十四人。右校令掌供版築、塗泥、丹雘之事。

中校署：令一人，從八品下。丞三人，正九品下。府三人，史六人，監事四人，從九品下。典事八人，掌固二人。中校令掌供舟車兵仗、廄牧雜作器用之事。凡行幸陳設供三梁竿柱，閑廄供鉎碓行槽，祭祀供葛竹壍等。

甄官署：令一人，從八品下。丞二人，正九品下。府五人，史十人，監作四人，從九品下。典事十八人。甄官令掌供琢石陶土之事。凡石磬碑碣、石人獸馬、碾磑塼瓦、瓶缶之器、喪葬明器，皆供之。

百工、就谷、庫谷、斜谷、太陰、伊陽等監：百工監在陳倉，就谷監在王屋，庫谷監在鄠縣，太陰監在陸渾，伊陽監在伊陽，皆在出材之所。監各一人，從七品下。丞一人，正八品下。府各一人，史三人，典事各二十一人，録事各一人，監事四人。從九品下。

【略】

〔東宫官屬〕〔太子内官〕司禮二人，從六品。掌禮儀參見，以總掌嚴、掌縫、掌藏，而領其事。掌嚴三人，從八品。掌首飾、衣服、巾櫛、膏沐、仗衛。掌縫三人，從八品。掌裁縫、織績。掌藏三人，從八品。掌貨貝、珠玉、錦綵。

司饌二人，從六品。掌膳羞。進食先嘗，總掌食、掌醫、掌園三司，而領其事。掌食三人，從八品。掌膳羞、酒醴、燈燭。掌醫三人，從八品。掌醫主醫藥。掌園三人，從八品。掌園苑樹藝、蔬果。

李林甫《唐六典》卷一一《殿中省》 尚衣局：奉御二人，從五品上；《周禮》有司服中士二人，「掌王吉凶衣服，辨其名物與其用事」。戰國有尚衣、尚冠之職。秦、漢少府屬官有御府令、丞，掌供御服。後漢又掌宦者，典官婢作中衣服及補浣之事。魏因之。晉屬光禄勳，東晉省。宋大明中，改尚方曰左、右御府，各置令、丞二人。後廢帝初，省御府，置中署，隸右尚方；其後又置。至齊高祖省，文帝又置。初，宋氏用三品勳位，明帝改用二品，准南臺御史，掌金銀、綵帛，凡諸造作，以供奉，及妃、主、六宫。梁、陳無御府，其職隸在尚方。後魏有掌服郎，從六品上。北齊門下省統主衣局都統、子統各二人。後周有司服上士二人、中士二人。隋門下省有御府局監二人，大業三年分屬殿内省，其後又改爲尚衣局。皇朝因之。龍朔二年改爲奉冕大夫，咸亨元年復舊。直長四人，正七品下；隋改御府爲尚衣局，始置直長，領主衣。皇朝因之。主衣十六人。隋置，皇朝因之。尚衣奉御掌供天子衣服，詳其制度，辨其名數，而供其進御；直長爲之貳。

凡天子之冕服十有三：一曰大裘冕，二曰衮冕，三曰鷩冕，四曰毳冕，五曰絺冕，六曰玄冕，七曰通天冠，八曰武弁，九曰弁服，十曰黑介幘，十一曰白紗帽，十二曰平巾幘，十三曰翼善冠。

大裘冕，無旒，冕廣八寸，長一尺六寸，玄表纁裏。以下廣狹准此。金飾，玉簪導，以組爲纓，色如其綬；裘以黑羔皮爲之，玄領、褾、襟緣；朱裳，白紗中單，皁領，青褾、襈、裾；革帶，玉鉤鰈，大帶，素帶朱裏，紕其外，上以朱，下以緑，紐約用組。韍；韍，蔽膝也。凡韍皆隨裳色。鹿盧玉具劍，火珠鏢首；白玉雙佩；玄組雙大綬，六綵：玄、黃、赤、白、縹、緑，純玄質，長二丈四尺，五百首，廣一尺；小雙綬，長二尺六寸，色同大綬，而首半之，間施三玉環。朱韈，赤舄。祀天神地祇則服之。

衮冕，垂白珠十有二旒，以組爲纓，色如其綬，黈纊充耳，玉簪導；玄衣，纁裳，十二章，八章在衣，日、月、星辰、龍、山、華蟲、火、宗彝；其四章在裳，藻、粉米、黼、黻；衣褾、領爲升龍，皆織成爲之。龍、山以下，每章一行，重以爲等，每行十二；白紗中單，黼領，青褾、襈、裾；韍；革帶、大帶、劍、玉珮、綬、韈與上同，舄加金飾。享廟、謁廟及廟遣上將、征還、飲至、踐阼、加元服、納后、若元日受朝及臨軒册拜王公則服之。

鷩冕，服七章，三章在衣：華蟲、火、宗彝；四章在裳：藻、粉米、黼、黻。餘同衮冕。有事遠主則服之。

毳冕，服五章，三章在衣：宗彝、藻、粉米；二章在裳：黼、黻。餘同鷩冕。祭海、嶽則服之。

絺冕，服三章，一章在衣：粉米；二章在裳：黼、黻。餘同毳冕。祭社稷、帝社則服之。

玄冕服，衣無章，裳刺黻一章。餘同絺冕。蜡祭百神、朝日、夕月則服之。

通天冠，加金博山，附蟬十二首，施珠翠，黑介幘，髮纓翠緌，玉若犀簪導；絳紗袍，白紗中單，朱領、襈，白裙襦，亦裙衫。絳紗蔽膝；白假帶；方心曲領；其革帶、劍、珮、綬與上同；白襪，黑舄。若未加元服，則雙童髻，空頂黑介幘，雙玉導，加寶飾。諸祭還及冬至受朝、元會、冬會則服之。

武弁，金附蟬，平巾幘。餘同前服。講武、出征、四時蒐狩、大射、禡、類、宜社、賞祖、罰社、纂嚴則服之。

弁服，弁以鹿皮爲之。十有二琪，琪以白玉珠爲之。玉簪導，絳紗衣，素裳，革帶，白玉雙珮，鞶囊，小綬，白韈，烏皮履。朔日受朝則服之。

黑介幘，白紗單衣，白裙襦，革帶，素韈，烏皮履。拜陵則服之。

白紗帽，亦烏紗。白裙襦，白韈，烏皮履。視朝聽訟及燕見賓客則服之。

平巾幘，金寶飾。導簪、冠支皆以玉，紫褶，亦白褶。白袴，玉具裝，真珠寶鈿帶，著鞾。乘馬則服之。

翼善冠，其常服及白練裙襦通著之；若服袴褶，則與平巾幘通著。已上並古服，有事及見賓客則服之。自隋文帝制柘黃袍及巾、帶以聽朝，至今遂以爲常。

凡天子之大圭曰珽，長三尺；鎮圭長尺有二寸。有事于郊廟、社稷，則出之于內；將享，至于中壝門，則奉鎮圭于監而進。既事，復受而藏之。凡大朝會則設御案，朝畢而徹焉。

尚舍局：奉御二人，從五品上；《周禮》有掌舍，掌行所解止之處帷、幕、幄、帟之事。漢少府屬官有守宮令、丞，掌宮殿陳設。魏殿中監掌帳設監護之事。晉、宋已下，其職並在殿中監。隋煬帝置殿內省，改殿內局爲尚舍局，置奉御二人，正五品。皇朝因之。龍朔二年改爲奉扆大夫，咸亨元年復舊。直長六人，正七品下；隋煬帝置八人，皇朝減二人。幕士八千人。皇朝置，掌供御及殿中雜張設之事。

尚舍奉御掌殿庭張設，供其湯沐，而潔其灑掃；直長爲之貳。凡大駕行幸，預設三部帳幕，有古帳、大帳、次帳、小次帳、小帳，凡五等。古帳八十連，高二丈，縱廣二丈五尺，前有五梁，後有七梁。大帳六十連，高一丈五尺，縱廣二丈，前有四梁。次帳四十連，高一丈三尺，縱廣一丈五尺，前有三梁。三帳皆朱蠟骨，緋紬綾，浮游覆之。小次帳三十連，高一丈一尺，縱廣一丈二尺。小帳二十連。高八尺，縱廣九尺。凡五等之帳各三，是爲三部。帳皆烏氈爲表，朱綾爲覆，下有紫幃方座，金銅行牀，垂以簾。其諸帳內外又設六柱、四柱、三柱，爲垣牆之制，皆青絁爲表，朱帛爲裏。其外置排城以爲蔽捍焉。排城連版爲之，每版皆畫辟邪猛獸，表裏漆之。

凡供湯沐，先視其潔清芳香，適其寒溫而進焉。凡大祭祀，有事於郊壇，則先設行宮於壇之東南向，隨地之宜。將祀三日，則設大次於外壝東門之外道北，南向而設御座。若有事於明堂及太廟，則設大次於東門，如郊壇之制。凡致齋，則設幄於正殿西序及室內，俱東向，張於楹下。凡元正、冬至大朝會，則設斧扆於正殿。施榻席及薰鑪。若朔望受朝，則施幄帳於正殿，帳裙頂帶方闊一丈四尺。

李林甫《唐六典》卷一二《宮官》 尚服局：尚服二人，正五品。《周禮》：「內司服掌王后六服：褘衣、褕翟、闕翟、鞠衣、展衣、褖衣、素紗。」司馬彪《續漢志》：「皇后謁廟，服紺上、皁下；蠶，青上、縹下；皆深衣制，隱領、袖緣以條。假結，首飾步摇、簪珥。步摇以黄金爲山題，貫白珠爲桂枝相摎。八爵、九華，熊、虎、赤羆、天鹿、辟邪、南山豐大特六獸。諸爵、獸皆以翡翠爲毛羽。金題，白珠璫繞，以翡翠爲華。綬、佩同乘輿。」魏、晉、宋、齊、梁、陳略同。後魏、北齊皇后璽、綬、佩同乘輿，假髻，步摇，十二鏌，八爵、九華。助祭、朝會以褘衣，郊、禖以褕翟，小宴以闕翟，親蠶以鞠衣，見皇帝以展衣，宴居以褖衣，俱有蔽膝、織成緄帶。後周皇后衣十二等。翟衣六：從祀、郊、禖，享先皇，服翬衣；祭陰社，朝命婦，服褕衣；獻繭，服鷩衣；採桑，服鳪衣；聽女教，服鵫衣；歸寧，服翔衣；以翬雉爲領、褾。臨婦學，燕命婦，蒼衣；春齋、祭還，青衣；夏齋、祭還，朱衣；采桑齋、采桑還，黄衣；秋齋、祭還，素衣；冬齋、祭還，玄衣；其褾、領以相生色，華皆十二樹。隋初，皇后首飾花十二樹。褘衣，青紗内單，黼領，羅縠褾、襈，蔽膝，大帶，以青衣，革帶，青韈，舄，金飾，白玉佩，玄組綬，祭及朝會則服。鞠衣，黄羅爲之，蔽膝、大帶、舄、革帶隨衣色，餘同褘衣，親蠶則服。青衣，青羅爲之，制同鞠衣，去華、大帶、佩、綬，見帝則服。朱衣，緋羅爲之，制如青衣，宴賓則服。煬帝令牛弘等制皇后服四等：褘衣，以翬翟，五綵重行，十二等；首飾花十二鈿，小花毦十二樹，兩博鬢；素紗内單，黼領；羅縠褾、襈，皆以朱；蔽膝隨裳色，以緅爲緣，用翟三章；大帶隨衣色，飾以朱、緑之錦，青緣；革帶，青韈，舄，以金飾；白玉佩，玄組綬，章采、尺寸同乘輿，祭及朝會則服。鞠衣，小花十二樹。青衣、朱服，皆參准宋太始及梁、陳故事增損用之。皇朝因之。司寶二人，正六品；凡太皇太后、皇太后、皇后之寶皆以金爲之，並不行用。其應封令書，太皇太后、皇太后用宫官印，皇后用内侍省印焉。典寶二人，正七品；掌寶二人，正八品。司衣二人，正六品；典衣二人，正七品；掌衣二人，正八品。司飾二人，正六品；典飾二人，正七品；掌飾二人，正八品。司仗二人，正六品；典仗二人，正七品；掌仗二人，正八品。

尚服掌供内服用采章之數。凡皇后之衣服，一曰褘衣，二曰鞠衣，三曰禮衣；首飾花十二樹，小花如大花之數，並兩博鬢。褘衣，深青織成爲之，文爲翬雉之形，素質，五色，十二等；素紗中單，黼領；羅縠褾、襈，皆用朱色；蔽膝隨裳色，以緅爲領緣，用翟爲章，三等；大帶隨衣色，朱裏，紕其外，上以朱錦，下以緑錦，紐約用青組；以青衣，革帶，青韈，舄，舄加青飾；白玉雙佩，玄組雙大綬，章采、尺寸與乘輿同。受册、助祭、朝會則服之。鞠衣，黄羅爲之，其蔽膝、大帶及衣革帶、韈、舄隨衣色；餘與褘衣同，唯無翟。親蠶則服之。鈿釵禮衣，十二鈿，服通用雜色，制與上同；雙佩，小綬；去舄，加履。宴見賓客則服之。内命之服：花釵，施兩博鬢，寶鈿飾。翟衣，青質，羅爲之，繡爲翟，編次於衣及裳，重爲九等而下。第一品花釵九樹；寶鈿准花數，下准次；翟九等。第二品花釵八樹，翟八等。第三品花釵七樹，翟七等。第四品花釵六樹，翟六等。第五品花釵五樹，翟五等。並素紗中單，黼領；朱褾、襈，亦通用羅縠；蔽膝隨裳色，以緅爲領緣，加以文繡，重翟爲章二等，一品已下皆同；大帶，紕其外，上以朱錦，下以緑錦，紐約用青組；以青衣，革帶，青韈，舄，佩、綬。内命服受册、從蠶、朝會則服之。鈿釵禮衣，通用雜色，制與上同，加雙佩、小綬，絇履；第一品九鈿，第二品八鈿，第三品七鈿，第四品六鈿，第五品五鈿。内命婦常參見則服之。凡六尚、寶林、御女、采女及女官之服，禮衣通用雜色，制與上同，唯無首飾、佩、綬。七品已上有大事則服之。尋常供奉則公服，去中單、蔽膝、大帶。九品已上，大事及尋常供奉並公服。東宫准此。女史則半袖裙襦。

惣司寶、司衣、司飾、司仗四司之官屬。

司寶掌琮寶、符契、圖籍。凡神寶、受命寶、銅魚符及契、四方傳符，皆識其行用之别安置，具立文簿。外司請用，執狀奏聞，同檢出付，仍録案記；符還，朱書記之。

司衣掌衣服、首飾。

司飾掌膏沐、巾櫛、玩弄器物之事。

司仗掌羽儀仗衛之事。

李林甫《唐六典》卷一五《光禄寺》 珍羞署：令一人，正八品下；《周禮》有籩人奄一人、女籩十人、奚二十人，掌四籩之實，則朝事之籩、饋食之籩、加籩、羞籩之實也。後漢少府屬官有甘丞，主膳具；果丞，主果。晉太官令有餳官史二人，又有果官二人。北齊光禄寺有肴藏令。後周有肴藏中士一人、下士一人。隋光禄有肴藏令，皇朝因之。長安中改爲珍羞署，神龍初復爲肴藏署，開元初又改焉。領餳匠五人。丞二人，正九品下；後周有肴藏下士一人，北齊有肴藏署丞，隋肴藏署丞二人。武德中置一人，貞觀中加至二人。長安、神龍、開元並隨署改復。典事八人；隋肴藏署有掌事十人。武德中有典事十四人，貞觀中減之。餳匠五人。皇朝置。珍羞令掌供庶羞之事，丞爲之貳，以實籩、豆。陸産之品曰榛、栗、脯、修，水物之類曰魚、鹽、菱、芡，辨其名數，會其出入，以供祭祀、朝會、賓客之禮。

良醖署：令二人，正八品下；《周禮》有酒正中士、下士，掌酒之政令，以式法授酒材，辨五齊、三酒之物；又有酒人奄十人、女酒三十人、奚百人，掌爲五齊、三酒，以供祭祀、賓客。後漢少府有湯官丞，主酒。晉太官有監釀吏四人；酒丞一人，四百石。《齊職儀》：「食官局有酒吏一人。」梁有酒庫丞。北齊光禄寺有清漳令、丞，主造酒，冬、春萬石，夏、秋半之。後周有酒正中士二人、下士四人。隋有良醖署令二人。皇朝武德中置一人，貞觀中加至二人，領掌醖、酒匠、奉觶等。丞二人，正九品下；隋有良醖丞四人，皇朝二人。監事二人，從九品下；皇朝置。掌醖二十人；隋有五十人。酒匠十三人；皇朝置。奉觶一百二十人。隋置一百人。良醖令之職，掌供邦國祭祀五齊、三酒之事；丞爲之貳。五齊：一曰汎齊，二曰醴齊，三曰盎齊，四曰醍齊，五曰沈齊。三酒：一曰事酒，二曰昔酒，三曰清酒。凡郊祀之日，帥其屬以實尊、罍。太尊爲上，實以汎齊；著尊次之，實以醴齊；犧尊次之，實以盎齊；象尊次之，實以醍齊；壺尊次之，實以沈齊；山罍爲下，實以三酒。配帝，箸尊爲上，實以沈齊；犧尊次之，實以醍齊；象尊次之，實以盎齊；山罍爲下，實以清酒。五帝、日、月，俱以太尊，實以沈齊。其內官之象尊，實以醴齊；中官之壺尊，實以沈齊；外官之概尊，實以清酒；衆星之散尊，實以昔酒。齊加明水，酒加玄酒，各實於上尊。若享太廟，供其鬱鬯之酒，以實六彝。若應進者，則供春暴、秋清、酴醾、桑落等酒。今內有郢州春酒，本因其州出美酒。初，張去奢爲刺史，進其法。今則取郢州人爲酒匠，以供御及特燕賜。

掌醢署：令一人，正八品下；《周禮》有醢人奄二人、女醢二十人、奚四十人，掌四豆之實，則朝事之豆、饋食之豆、加豆、羞豆之實也；又有醯人奄二人、女醯二十人、奚四十人，掌五齏、七菹，以供祭祀、賓客之事。《齊職儀》：「諸公府有釀倉典軍二人。」後周有掌醢中士一人、下士十二人。隋掌醢署令一人，皇朝因之，領主醢、醬匠、酢匠、豉匠、菹醢等匠。丞二人，正九品下；隋置，皇朝因之。主醢十人。隋有掌醢十人。武德中爲主醢，加至十四人，貞觀中減焉。掌醢令掌供醯醢之屬，而辨其名物；丞爲之貳。一曰鹿醢，二曰兔醢，三曰羊醢，四曰魚醢，和其麴糵，視其多少，而爲之品齊。凡祭神祇，享宗廟，用菹醢以實豆；燕賓客，會百官，用醯醬以和羹。

李林甫《唐六典》卷一六《衛尉寺·兩京武庫》 武庫令：兩京各一人，從六品下；《周禮》有司甲下大夫、司弓矢下大夫、司兵中士、司戈盾下士，並武庫之任也。漢屬執金吾。後漢太僕屬官有考工令、丞，主作兵器，弓、弩、刀、鎧之屬，成則付執金吾入武庫。又云：「武庫令，六百石。」魏、晉因之。宋尚書庫部屬官有武庫令，掌軍器；齊因之。梁衛尉卿統武庫令。北齊衛尉寺統武庫署令、丞，掌甲兵及吉凶儀仗。後周依《周官》。隋衛尉寺統武庫署令二人，皇朝因之，後減一人。丞一人，從八品下；漢、魏、晉時並有武庫丞，北齊亦同。隋有武庫丞二人，皇朝因之，後減一人。監事一人，正九品上。武庫令掌藏天下之兵仗器械，辨其名數，以備國用；丞爲之貳。凡軍鼓之制有三：一曰銅鼓，二曰戰鼓，三曰鐃鼓。《世本》曰：「巫咸作鼓。」《周官》云：「鼓人掌教六鼓、四金之音聲，以節聲樂，以和軍旅，以正田役。以鼖鼓鼓軍事。」然鼓名實繁，享祀所用，並具太樂、鼓吹署令。銅鼓蓋南中所置。軍旅之間，即有戰鼓，復有鐃鼓焉。金之制有四：一曰錞，二曰鐲，三曰鐃，四曰鐸。《周禮》云：「以金錞和鼓，以金鐲節鼓，以金鐃止鼓，以金鐸通鼓。」鄭玄云：「鐲，鉦也，軍行鳴之以節鼓。鐃，如鈴無舌，鳴之以止鼓。鐸，大鈴，振以通鼓。」《司馬職》曰：「卒長執鐃，兩司馬執鐸，公司馬執鐲，司馬振鐸。行軍，鳴鐲鼓；退，鳴鐃且却。兵戰，擊鼓以進之，擊金以止之。」弓之制有四：一曰長弓，二曰角弓，三曰稍弓，四曰格弓。《釋名》曰：「弓，穹也，張之穹然。其末曰『肅』，言肅邪也；以骨爲之曰『弭』。中央曰『柎』，所撫持也。」今長弓以桑柘，步兵用之；角弓以筋角，騎兵用之；稍弓，短弓也，利於近射；格弓，綵飾之弓，羽儀所執。弩之制有七：一曰擘張弩，二曰角弓弩，三曰木單弩，四曰大木單弩，五曰竹竿弩，六曰大竹竿弩，七曰伏遠弩。《釋名》曰：「弩，怒也，有怒勢也。其柄曰『臂』，似人臂也。鉤弦者曰『牙』，似牙齒也。牙外曰『郭』，爲牙之規郭也。合名之曰『機』，言如機之巧也；亦言如門户樞機，開闔有節也。」蔡邕曰：「冀州强弩，幽州突騎，天下之精也。」《漢書》有《遠望連弩射法》十五篇。華嶠《後漢書》云：「陳敬王寵善弩射，其秘法以天覆地載參連爲奇；又有三微、三小，三微爲經，三小爲緯，萬勝之方。然要在機牙，其射至十發十中，皆全孔。」《魏氏春秋》曰：「諸葛亮損益連弩，謂之『元戎』。以鐵爲矢，矢長八寸，一弩十矢俱發。」《周禮》：「司弓掌六弓、四弩。」今擘張弩、小弩，步兵所用；角弓弩，騎兵所用；木單、竹竿、伏遠等弩，其力益大，所及漸遠。箭之制有四：一曰竹箭，二曰木箭，三曰兵箭，四曰弩箭。《周禮》：「司弓矢掌八矢之法：枉矢、絜矢利火射，用諸守城、車戰；殺矢、鍭矢用諸近射、田獵；矰矢、茀矢用諸弋射；恒矢、痺矢用諸散射。」《方言》曰：「自關而東謂之矢，江、淮之間謂之鍭，關西謂之箭。」其本曰「鏑」，體曰「幹」，其旁曰「羽」，其矢末曰「栝」，其栝旁曰「義」。又《通俗文》曰骨鏃，曰骲鐵鏃，曰鏑鳴箭，曰骹霍葉，曰鈚，皆古之制也。竹箭以竹爲笴，諸箭亦通用；木箭以木爲笴，唯利射獵；兵箭剛鏃而長，用之射甲；弩箭皮羽而短，用之陷堅也。刀之制有四：一曰儀刀，二曰鄣刀，三曰横刀，四曰陌刀。《釋名》曰：「刀末曰『鋒』，其本曰『環』。」今儀刀蓋古班劍之類，晉、宋已來謂之御刀，後魏曰長刀，皆施龍鳳環；至隋，謂之儀刀，裝以金銀，羽儀所執。鄣刀蓋用鄣身以禦敵。横刀，佩刀也，兵士所佩，名亦起於隋。陌刀，長刀也，步兵所持，蓋古之斷馬劍。槍之制有四：一曰漆槍，二曰木槍，三曰白幹槍，四曰樸頭槍。《釋名》曰：「矛，冒也，刃下冒矜也。長八尺曰『矟』，馬上所執。」蓋今之漆槍短，騎兵用之；木槍長，步兵用之；白幹槍，羽林所執；樸頭槍，金吾所執也。甲之制十有三：一曰明光甲，二曰光要甲，三曰細鱗甲，四曰山文甲，五曰烏鎚甲，六曰白布甲，七曰皁絹甲，八曰布背甲，九曰步兵甲，十曰皮甲，十有一曰木甲，十有二曰鎖子甲，十有三曰馬甲。甲，似物之浮甲以自衛也。《史記》曰：「楚人鮫革以爲甲。」《漢書》曰：「魏氏武卒衣三屬之甲。」謂上身一，髀褌一，兜鍪一，凡三屬也。今明光、光要、細鱗、山文、烏鎚、鎖子皆鐵甲也，皮甲以犀兕爲之，其餘皆因所用物名焉。彭排之制有六：一曰膝排，二曰團排，三曰漆排，四曰木排，五曰聯木排，六曰皮排。《釋名》曰：「彭，旁也，在旁排敵禦寇也。」《纂文》曰：「鹵，大楯也，今謂之彭排。」故諸葛亮曰：「『帳下持彭排百枚。』」其膝、團、漆、木、皮，皆古制也，蓋亦因其所用物爲名焉。旗之制三十有二：一曰青龍旗，二曰白獸旗，三曰朱雀旗，四曰玄武旗，五曰黃龍負圖旗，六曰應龍旗，七曰龍馬旗，八曰玉馬旗，九曰鳳凰旗，十曰鸞旗，十一曰鵕鸃旗，十二曰太平旗，十三曰麒麟旗，十四曰飛麟旗，十五曰飛黄旗，十六曰駃騠旗，十七曰白澤旗，十八曰五牛旗，十九曰犀牛旗，二十曰金牛旗，二十一曰兕旗，二十二曰三角獸旗，二十三曰角端旗，二十四曰吉利旗，二十五曰騼騔旗，二十六曰騶牙旗，二十七曰黄鹿旗，二十八曰白狼旗，二十九曰赤熊旗，三十曰辟邪旗，三十一曰苣文旗，三十二曰刃旗。《周禮》：「司常掌九旗之名物：日月爲常，交龍爲旂，通帛爲旜，雜帛爲物，熊虎爲旗，鳥隼爲旟，龜蛇爲旐，全羽爲旞，析羽爲旌。」《列子》曰：「黄帝與炎帝戰于阪泉之野，以雕、鶡、鷹、鳶爲旗。」今白澤旗、朱雀、辟邪、玄武等旗，金吾隊所執；青龍、白獸、麒麟、角端、赤熊等旗，左、右衛隊所執；鳳凰、飛黄、吉利、兕旗、太平等旗，驍衛隊所執；五牛、飛麟、駃騠、鸞旗、犀牛、鵕鸃、騼騔等旗，武衛隊所執；應龍、三角獸、玉馬、白狼、龍馬、金牛等旗，領軍隊所執；黄龍負圖、黄鹿、騶牙、蒼烏等旗，威衛隊所執。苣文旗，脚爲苣文：刃旗，火爛燔也。袍之制有五：一曰青袍，二曰緋袍，三曰黄袍，四曰白袍，五曰皁袍。《説文》曰：「袍，襺也。以絮曰襺，以緼曰袍。」今之袍皆繡畫以武豹、鷹鸇之類，以助兵威也。器用之制有八：一曰大角，《樂録》曰：「角者，説云：『蚩尤氏率魍魎與黄帝戰于涿鹿，帝乃始命吹角爲龍鳴以禦之。』」至魏武北征烏丸，度沙漠，而軍士思歸，於是減爲中鳴，而尤更悲矣。胡角者，本以應胡笳之聲，後漸用之。故有長鳴、中鳴、胡角，凡三部。今唯有大角，金吾主之也。二曰纛，後漢有纛頭，每天子行幸及大軍征伐，則建于旗上。隋煬帝親征遼左，每百人置一纛，皇朝因而用之。三曰鉞斧，石氏星經曰：「天鉞一星，在井旁。」《輿服志》曰：「鉞，黄帝所造，塗以黄金，行則載以車，可以斬戮。」《傳》云：「湯伐昆吾，躬把大鉞。武王入商國，周公把大鉞，畢公把小鉞，以夾王。」以鐵爲之。《六韜》云：「武王軍中有大柯斧，刃廣八寸，重八斤，名爲天鉞。」即今之大鉞也。魏、晉已來，上公親征，猶假其器。四曰鐵蒺莉，《漢書》：晁錯上疏云「磊石、渠荅」，《注》云「渠荅，鐵蒺莉也」。至隋煬帝征遼，布鐵菱於地，亦其類也。五曰棒，太公《六韜》曰：「方扇及鐵棓，重十二斤，柄長五尺，千二百枚。一名天棓。」《星占》云：「天棓五星，天之杖也。」六曰鉤，《越絶書》云：「船軍之備，必備長斧、長鉤。」長鉤者，所以鉤引敵船也。七曰鐵盂，古謂之盂，蓋今之鐵鍋也，爲軍中食器也。八曰水斗。《漢書》云：「斗，所以量多少。」今軍中用斗以汲水。

李林甫《唐六典》卷一七《太僕寺》 乘黄署：令一人，從七品下；乘黄，古神馬名，亦曰飛黄，背有角，日行萬里。《六韜》云：「乘黄震死。」《淮南子》云：「天下有道，飛黄伏皁。」然車馬職仝。後漢有未央廄令、長樂廄丞。至魏，遂改爲乘黄廄，晉因之。宋太常屬官有乘黄令一人，掌乘輿金根車及安車、追鋒諸馬車。《齊職儀》云：「乘黄，獸名也，龍翼馬身，黄帝乘之而僊，因以名廄。乘黄令品第七，秩四百石，銅印、墨綬，進賢一梁冠，絳朝服。」梁太常屬官有乘黄令、丞，三品勳位。陳因之。後魏有乘黄令、丞。北齊掌諸輦輅。隋太僕寺統乘黄署令、丞，皇朝因之，領駕士、羊車小史等。丞一人，從八品下。魏有乘黄丞，晉因之。宋、齊並有乘黄令，無丞。梁、陳、後魏、北齊、隋並有乘黄丞，皇朝因之。乘黄令掌天子車輅，辨其名數與馴馭之法；丞爲之貳。凡乘輿五輅：《周禮》：「巾車氏掌王五輅。」有玉、金、象、革、木之制。至秦，唯乘金根車。漢承秦制，以爲乘輿。晉武帝始備五輅，爲天子法車。宋、齊、梁、陳相因不絶。後魏五輅各依方色，並駕五馬。後周設六官，置司輅之職。皇帝之輅十有二等：一曰蒼輅，二曰青輅，三曰朱輅，四曰黄輅，五曰白輅，六曰玄輅，七曰玉輅，八曰碧輅，九曰金輅，十曰象輅，十一曰革輅，十二曰木輅。後閲視武庫，得魏舊物，有乾象輦，駕二十四馬；又有大樓輦車，駕二十牛；又有象輦，初駕二象，後以六駞代之，皆魏天興中之所制也。宣帝以來，皆服御之，兼以賜皇后。隋開皇元年，以魏、周輿輦非古之制，皆廢毁，改造五輅也。一曰玉輅，祭祀、納后則乘之；二曰金輅，饗射、郊征還、飲至則乘之；三曰象輅，行道則乘之；四曰革輅，巡狩、臨兵事則乘之；五曰木輅，田獵則乘之。凡玉輅青質，以玉飾諸末，駕六蒼龍；金輅赤質，以金飾諸末，駕六赤駵；象輅黄質，以黄飾諸末，駕六黄騮；革輅白質，輓之以革，駕六白駱；木輅黑質，漆之，駕六黑騮也。五輅皆重輿，左青龍，右白獸，金鳳翅，畫苣文鳥獸；黄屋，左纛，金鳳一，在軾前；十二鑾，在衡；二鈴，在軾；龍輈前設鄣塵；青蓋三層，裏黄，繡飾，上設博山方鏡，下圓鏡。樹羽輪，金根、朱班、重牙；左建旂十有二旒，皆畫升龍，其長曳地，青繡綢杠；右載闟戟，長四尺，廣三尺，黻文，旂首金龍，頭銜錦結綏及緌帶，垂鈴；金鍐、方釳，插翟尾五焦；鏤鍚，鞶纓十二就。旌旗、蓋、鞶、纓皆從輅質。耕根車青質，三重蓋，餘如玉輅。安車金飾；重輿曲壁；八鑾在衡；紫油通幰，紫油纁朱裏，朱絲絡網，朱鞶纓，朱覆髪具絡。四望車制同安車，金飾；八鑾在衡；青油通幰，青油纁朱裏，朱絲絡網。大駕，則太僕卿馭；五輅駕士各三十二人，並平巾幘、青衫、大口袴；千牛將軍一人陪乘。

五輅皆有副車。按：蔡邕《獨斷》云：「五輅之外，復設五色安車、立車各一乘，皆駕四馬，是爲五時副車。」故張良擊始皇，中副車。《魏志》云：「天子命太祖駕金根，六馬，設五時副車。」江左乃闕，至梁始備。隋開皇十四年始造五輅及副，皇朝因之。又有指南車、崔豹《古今注》云：「指南車，舊説云周公所作也。周公理致太平，越裳氏重譯來獻，使者迷其歸路，周公錫以輧車五乘，皆爲司南之制，使越裳氏載之，周年而至其國。故常爲先導，示服遠人，而正四方也。」秦、漢其制無聞。後漢張衡始復創造，漢末喪亂，其法不存。沈約《宋書》云：「魏明帝始令博士馬鈞造之，晉亂又亡。石虎使解飛、姚興使令狐生又造，宋武平關中，得之。其制如鼓車，設木人於車上，舉手指南。車驟回轉，所指微差。」至齊，祖沖之又造之。

歷梁、陳、隋，無所變改，皇朝因之。駕四馬，正道，先啓而行。匠一人，駕士十四人。記里鼓車、崔豹《古今注》云：「車上爲二層，皆有木人執槌。行一里，下一層擊鼓；行十里，上一層擊鐲。亦名大章車，所以識道里也。」白鷺車、《隋志》名鼓吹車。上施層樓，樓上有翔鷺棲焉。鸞旗車、《晉志》云：「鸞旗車，先輅所載也。鸞旗者，謂析羽旄而編之，十二旒，列繫幢傍也。」辟惡車、崔豹《古今注》云：「秦制也，桃弓、葦矢，所以禳祓不祥。」太卜令一人在車，執弓箭，平巾幘，緋裲襠，大口袴。皮軒車、《晉志》：「以獸皮爲軒。」左金吾衛隊正一人在車，執弩，服同太卜令。自指南車皆駕四馬，正道，匠一人，駕士一十四人。耕根車、《晉志》云：「建赤旗十有二旒，天子親耕所乘也。一名芝車，一名三蓋車。置耒耜於軾上。」駕六馬，駕士三十二人。安車、《晉輿服志》云：「座乘謂之安車，倚乘謂之立車，各一乘，名五時車，俗謂之五帝車。」駕四馬，駕士二十四人。四望車、《晉志》云：「陽遂四望、總窓、皁輪、小形車，駕牛。」《晉中朝大駕鹵簿》曰：「御四望車，駕牛，中道。」皇朝駕四馬也。羊車、周遷《輿服雜事》曰：「羊車，一名輦車，其上如軺，伏兔箱，漆畫輪軛。小兒衣青布袴褶，紫碧襻青耳屩，五辨髻，數人引之，今代名爲羊車小史。而漢代或以人牽，或以駕果下馬。」《晉志》曰：「武帝乘羊車於後宮，恣意所之，宮女掛竹葉、楊條，候帝之來。」黄鉞車、崔豹《古今注》云：「黄鉞，三代通用以斷斬，今以黄鉞爲乘輿之飾。武王以黄鉞斬紂，故王者以爲戒。」駕二馬，左武衛隊正一人在車執之，武弁、朱衣、革帶。駕士一十二人。豹尾車，崔豹《古今注》云：「豹尾車，周制也，所以象君子豹變。尾，言謙也。古軍正建之，今唯乘輿得建焉。」《漢書》曰：「成帝以幸姬趙飛燕置屬車間豹尾中。」駕二馬，右武衛隊正一人在車執之，武弁，朱衣、革帶。駕士十二人也。屬車一十有二，屬車一曰副車，一曰貳車，一曰佐車。漢因秦制：大駕屬車八十一乘，行則中央、左、右分之；法駕屬車三十六乘，最後車懸豹尾，皆皁蓋、朱裏。蔡邕《獨斷》曰：「古者，諸侯貳車九乘。秦滅九國，兼其車服，故爲八十一乘。漢武祠太乙、甘泉皆盡用之，明帝上原陵又用之。法駕三十六乘，小駕一十二乘。」大業初，備八十一乘；三年，帝嫌其多，問閻毗，毗曰：「此起於秦，遂爲後式。宋孝建時，議準旂旒之數，設十二乘。今憲章往古，大駕依秦，法駕依漢，小駕依宋。」帝曰：「大駕宜三十六，法駕宜用十二，小駕除之可也。」皇朝因之，置十二乘，駕牛，駕士各八人。自指南車駕士皆平巾幘、緋衫、大口袴，唯耕根車青衫，羊車服則殊也。大駕則用之。若法駕，則減五副車、白鷺、辟惡、安車、四望車，四分屬車之一，餘同大駕。若小駕，又減象輅、革輅、木輅、指南車、記里鼓車、鸞旗、皮軒、耕根、羊車、屬車、黄鉞、豹尾等車，餘同法駕。若有大禮，則以所御之輅進内；既事，則受而藏之。

凡將有事，先期四十日，尚乘供馬，馬如輅色，率駕士預調習。指南等車亦如之。

王溥《唐會要》卷五九《尚書省諸司下》 隋爲起部尚書，武德元年，因而不改，三月，改爲工部尚書。龍朔二年，改爲司平太常伯。咸亨元年，復爲工部尚書。光宅元年，改爲冬官尚書。神龍元年，復爲工部尚書。大曆六年十二月十一日勑，京城内諸坊市宅舍，輒不得毀拆，有犯聞奏。

十四年六月一日勑，諸坊市邸店樓屋，皆不得起樓閣，臨市人家，勒百日内毀拆。至九月二十日京兆尹嚴郢奏，坊市邸店舊樓請不毀。

工部侍郎。改復與，尚書同。

工部郎中。隋爲起部郎，武德三年，改工部郎中。龍朔二年，改司平大夫。咸亨元年，復爲工部郎中。

工部員外郎。改復與，郎中同。

王溥《唐會要》卷六六《木炭使》 天寶五載九月，侍御史楊釗充木炭使。永泰元年閏十月，京兆尹黎幹充木炭使，自後京兆尹常帶使。至大曆五年停。貞元十一年八月，户部侍郎裴延齡充京西木炭採造使，十二年九月停。

王溥《唐會要》卷八八《鹽鐵使》 乾元元年，度支郎中第五琦充諸道鹽鐵使。上元元年五月，户部侍郎劉晏充鹽鐵使。元年建子月，户部侍郎元載充鹽鐵使。廣德二年，户部侍郎第五琦充諸道鹽鐵使。永泰元年正月，劉晏充東都、淮南、浙江東西、湖南、山南東道鹽鐵使；第五琦充京畿、關内、河東、劍南、山南西道鹽鐵使。大曆四年三月，劉晏除吏部尚書，充東都、河南、江淮、山南東道鹽鐵使，五年三月二十六日停。建中三年十二月二十日，包佶充汴東鹽鐵使；崔縱充汴西鹽鐵使。貞元元年十二月，尚書左僕射韓滉加諸道鹽鐵使。五年二月，中書侍郎竇參充諸道鹽鐵使。八年三月，户部侍郎張滂充諸道鹽鐵使。十年十月，潤州刺史王緯充諸道鹽鐵使。十五年，以浙西觀察使李錡充諸道鹽鐵使。永貞元年，以司空、平章事杜佑兼諸道鹽鐵使。元和元年四月，兵部侍郎李巽充諸道鹽鐵使。三年六月，刑部尚書李鄘充諸道鹽鐵使。五年十二月，盧坦除刑部侍郎，充諸道鹽鐵使。六年四月，刑部侍郎王播充諸道鹽鐵使。十四年五月，刑部侍郎柳公綽充諸道鹽鐵使。長慶元年二月，王播復爲刑部尚書、諸道鹽鐵使。四年四月，王涯除户部侍郎，充諸道鹽鐵使。寶曆元年正月，王播爲淮南節度，又充諸道鹽鐵使。大和九年十一月，右僕射令狐楚充諸道鹽鐵使。開成元年，户部尚書李石充諸道鹽鐵使。三年十月，楊嗣復爲户部尚書，充諸道鹽鐵使。五年二月，户部尚書崔珙充諸道鹽鐵使。會昌元年七月，左僕射、平章事杜悰充諸道鹽鐵使。六年四月，以大理卿馬植爲刑部侍郎、諸道鹽鐵使。大中五年，刑部侍郎裴休充諸道鹽鐵使。十二年，兵部侍郎柳仲郢充諸道鹽鐵使。十二年二月，户部侍郎夏侯孜充諸道鹽鐵使。十四年，右僕射杜悰復充諸道鹽鐵使。咸通五年十一月，户部侍郎劉鄴充諸道鹽鐵使。六年十月，兵部侍郎于琮充諸道鹽鐵使。乾符元年二月，崔彦昭爲兵部侍郎，充諸道鹽鐵使。其年，又以兵部侍郎王凝充諸道鹽鐵使。二年二月，兵部侍郎裴坦充諸道鹽鐵使。四年六月，以宣歙觀察使高駢爲潤州刺史、諸道鹽鐵使；六年，移節淮南，領使如故。中和元年，兵部侍郎蕭遘充諸道鹽鐵使。其年，中書侍郎、平章事韋昭度充諸道鹽鐵使。光啓二年三月，刑部尚書孔緯充諸道鹽鐵使。大順二年，門下侍郎杜讓能充諸道鹽鐵使。景福二年十一月，吏部尚書、平章事崔昭緯充諸道鹽鐵使。乾寧二年，京兆尹、嗣薛王知柔爲户部尚書，充諸道鹽鐵使。其年九月，門下侍郎、平章事徐彦若充諸道鹽鐵使。光化三年八月，左僕射、平章事崔胤充諸道鹽鐵使。天祐元年，左僕射裴樞充諸道鹽鐵使。其年，門下侍郎、平章事柳璨充諸道鹽鐵使。

安邑、解縣兩池。置榷鹽使一員，推官一員，巡官六員，安邑院官一員，解縣院官一員，胥吏若干人，防池官健及池户若干人。先是，兩池鹽務隸度支，其職視諸道巡院。貞元十六年，史牟以金部郎中主池務，恥同諸院，遂奏置使額。至二十一年，鹽鐵、度支合爲一使，以杜佑兼領。佑以度支既稱使，其所管不宜更有使名，遂與東渭橋使同奏罷之。至元和三年七月，判度支裴均以兩池職轉繁劇，復以留後爲鹽鐵使。

女鹽池。在解縣，朝邑小池在同州，鹵池在京兆府奉先縣，並禁斷不榷。

烏池。在鹽州。置榷稅使一員，推官一員，巡官兩員，胥吏一百三十人，防池官健及池户四百四十人。

温池。置榷稅使一員，推官兩員，巡官兩員，胥吏三十九人，防池官健及池户百六十五户。大中四年三月，因收復河隴，勑令度支收管其鹽，仍差靈州分巡院官專勾當。至六年，勑隸威州，以新制置，未立課額。

胡落池。近在豐州界，隸河東供軍使。每年採鹽一萬四千餘石，給振武、天德兩軍及營田、水運官健。自大中四年，党項叛擾，饋運不通，供軍使請權市河東白池鹽供食。其白池屬河東節度使，不繫度支。

長慶元年三月勑：「烏池每年糶鹽收榷博米，以一十五萬石爲定額。」

大和二年三月，度支奏：「京兆府奉先縣界鹵池側近百姓，取水柏柴燒灰煎鹽，每石灰得一十二斤鹽，亂法甚於咸土，請行禁絶。今後犯者，據灰計鹽，一如兩池鹽法條例科斷。」從之。

三年四月勑：「安邑、解縣兩池榷課，以實錢一百萬貫爲定額。」至大中元年正月，勑：「但取疋段精好，不必計舊額錢數。」及大中六年，度支收榷利一百二十一萬五千餘貫。

李燾《續資治通鑑長編》卷三九五《哲宗元祐二年》（二月辛卯）太師文彦博言，廂軍舊隸樞密院，新制改隸兵部，且本兵之府，豈可無籍？樞密院言，官制行，廂軍分隸户、兵、工三部，於兵部、工部置籍揭貼。詔：「逐部自今進册，以其副上樞密院，仍更互揭貼。」

徐天麟《西漢會要》卷三一《職官一・少府》 少府，秦官，掌山海池澤之稅，以給共養，應劭曰：「名曰禁錢，以給私養，自別爲藏。」師古曰：「大司農供軍國之用，少府以養天子也。」有六丞。屬官有尚書、符節、太醫、太官、湯官、導官、師古曰：「太官主膳食，湯官主餅餌，導官主擇米。」樂府、若盧、如淳曰：「若盧主藏兵器。」考工室、臣瓚曰：「主作器械。」左弋、地名。居室、甘泉居室、左右司空、東織西織、東園匠師古曰：「東園匠主作陵内器物。」十六官令丞，又胞人、師古曰：「胞人主掌宰割者也。胞與庖同。」都水、均官三長丞，又上林中十池監，又中書謁者、黄門、鉤盾、尚方、御府、師古曰：「鉤盾主近苑囿，尚方主作禁器物，御府主天子衣服也。」永巷、内者、宦者八官令丞。諸僕射、署長、中黄門皆屬焉。武帝太初元年，更名考工室爲考工，左弋爲佽飛，居室爲保宫，甘泉居室爲昆臺，永巷爲掖庭。佽飛掌弋射，有九丞兩尉，太官七丞，昆臺五丞，樂府三丞，掖庭八丞，宦者七丞，鉤盾五丞兩尉。成帝建始四年更名中書謁者令爲中謁者令，初置尚書，員五人，有四丞。河平元年，省東織，更名西織爲織室。綏和二年，哀帝省樂府。王莽改少府曰共工。《百官表》。

蕭望之領尚書事，建白以爲尚書百官之本，國家樞機，宜以通明公正處之。武帝游宴後庭，故用宦者，非古制也，宜罷中書宦官，應古不近刑人。元帝不聽。本《傳》。

成帝建始四年春，罷中書宦官。臣瓚曰：「漢初中人有中謁者令。孝武加中謁者令爲中書謁者令，置僕射。宣帝時任中書官宏恭爲令，石顯爲僕射。元帝即位數年，恭死，顯代爲中書令，專權用事。至成帝乃罷其官。」初置尚書，員五人。師古曰：「《漢舊儀》云，尚書四人爲四曹常侍尚書，主丞相御史事；二千石尚書主刺史二千石事，户曹尚書主庶人上書事，主客尚書主外國事。成帝置五人，有三公曹，主斷獄事。」並見本《紀》。

尚書郎。《史記侯者年表》，王遷。宋《百官志》云，西漢舊置四人。

尚書御史。《藝文志》。

給事尚書。張安世爲郎，用善書給事尚書。

尚符璽郎。《霍光傳》。

太醫監。《外戚傳》。

侍醫。《藝文志》，侍醫李柱國校方書。師古曰：「侍天子之醫。」

太官獻食丞。陳湯。

太官獻丞。《張湯傳》，張勃舉太官獻丞陳湯。蘇林曰：「主貢獻物也。」

食監。《霍光傳》，昌邑王詔太官趣具，亡闕食監。

尚食。《惠紀》。

尚席。《周亞夫傳》。《漢儀注》，省中有五尚，曰尚食、尚冠、尚衣、尚席、尚帳。後遂省，并尚食於太官湯官。

樂府音監。樂府音監景武。孟康曰：「音監，主樂人也。」

樂府游徼。師古曰：「樂府之游徼名莽。」

令史。以上並《張湯傳》。

東織室令史。《宣帝紀》，張赦。

中書僕射。石顯。

黄門倡。《藝文志》，車忠。

倡監。《東方朔傳》。

馬監。金日磾。

黄門駙馬。《蘇武傳》，宦騎與黄門駙馬爭船。師古曰：「天子駙馬之在黄門者也。」

狗監。蜀人楊得意爲狗監。師古曰：「主天子田獵犬。」

給事狗監。並《李延年傳》。

鉤盾冗從。《藝文志》，李步昌。

尚方待詔。《郊祀志》下。

掖庭獄丞。《趙后傳》，籍武。

掖庭牛官令。《趙后傳》。

掖庭户衛。《許后傳》。

少内嗇夫。《丙吉傳注》云：「掖庭主府藏之官。」

暴室丞。一作薄室。師古曰：「掖庭主織作染練之署。」《三輔黄圖》謂之暴室，取暴曬爲名耳，有嗇夫官屬。見《宣紀》。

暴室嗇夫。《宣紀》，許廣漢女。

農官。《食貨志》，武帝水衡、少府皆置農官。

中謁者。《高紀》，封中謁者張釋卿爲列侯。如淳曰：「灌嬰爲中謁者。後常以閹人爲之。諸官加中者多閹人也。」

中涓。《曹參傳》，令以中涓從。如淳曰：「中涓如中謁者也。」師古曰：「涓，潔也。言其在内主知潔清灑掃之事。蓋親近左右也。」

協律都尉。李延年。

海丞。《平紀》，元始元年置。師古曰：「主海税。」

果丞。《平紀》，元始元年置。師古曰：「掌諸果實。」

採珠玉金銀之官。《貢禹傳》。

徐天麟《西漢會要》卷三一《職官·將作大匠》 將作少府，秦官，掌治宫室，有兩丞、左右中候。景帝中六年更名將作大匠。屬官有石庫、東園主章、左右前後中校七令丞，又主章長丞。武帝太初元年更名東園主章爲木工。成帝陽朔三年，省中候及左右前後中校五丞。《百官表》。

徐天麟《西漢會要》卷三一《職官·水衡都尉》 水衡都尉，武帝元鼎二年初置，掌上林苑，有五丞。屬官有上林、均輸、御羞、禁圃、輯濯、鍾官、技巧、六廄、辨銅九官令丞。如淳曰：「御羞，地名也，在藍田，其土肥沃，多出御物可進者。《揚雄傳》謂之御宿。《三輔黄圖》，御羞、宜春，皆苑名也。輯濯，船官也。鍾官，主鑄錢官也。辨銅，主分别銅之種類也。」師古曰：「御宿即今長安城南御宿川也，不在藍田。羞、宿聲相近，故或云御羞，或云御宿耳。羞者，珍羞所出；宿者，止宿之義。輯，讀與楫同，音集。濯，音直孝反。皆所以行船也。《漢舊儀》云，天子六廄：未央、承華、騊駼、騎馬、輅軨、大廄也，馬皆萬匹。據此《表》，太僕屬官以有大廄、未央、輅軨、騎馬、騊駼、承華，而水衡又云六廄技巧官，是則技巧之徒供六廄者，其官别屬水衡也。」又衡官、水司空、都水、農倉，又甘泉上林、都水七官長丞皆屬焉。上林有八丞十二尉，均輸四丞，御羞兩丞，都水三丞，禁圃兩尉，甘泉上林四丞。成帝建始二年，省技巧、六廄官。王莽改水衡都尉曰予虞。初御羞、上林、衡官及鑄錢皆屬少府。《百官表》。

虎圈嗇夫。《張釋之傳》。

輯濯士。《劉屈氂傳》。師古曰：「主用輯及濯行船者也。」

農官。《食貨志》，武帝水衡、少府皆置農官。

領護三輔都水。息夫躬、劉向。又馮參領護左馮翊都水。

徐天麟《東漢會要》卷一九《職官一·太僕》 考工令一人，六百石。本注曰：主作兵器弓弩刀鎧之屬，成則傳執金吾入武庫，及主織綬諸雜工。左右丞各一人。

徐天麟《東漢會要》卷一九《職官一·少府》 尚方令一人，六百石。本注曰：掌上手工作御刀劍諸好器物。丞一人。

徐天麟《東漢會要》卷二〇《職官二·將作大匠》 將作大匠一人，二千石。本注曰：承秦，曰將作少府，景帝改爲將作大匠。掌修作宗廟、路寢、宫室、陵園木土之功，并植桐梓之類列於道側。丞一人，六百石。

左校令一人，六百石。本注曰：掌左工徒。丞一人。

右校令一人，六百石。本注曰：掌右工徒。丞一人。

右屬將作大匠。

《金史》卷五五《百官志一》 工部

尚書一員，正三品。

侍郎一員，正四品。

郎中一員，從五品。

掌修造營建法式、諸作工匠、屯田、山林川澤之禁、江河隄岸、道路橋梁之事。

員外郎一員，從六品。貞祐五年，兼覆實司官。天德三年，增二員。

主事二員，從七品。令史十八人，内女直四人。譯史二人，通事一人。

覆實司

管勾一員，從七品，隸户、工部，掌覆實營造材物、工匠價直等事。大安元年，隸三司、工部，罷同管勾。貞祐五年併罷之，以二部主事兼。興定四年復設，從省擬，不令户、工部舉。

《金史》卷五六《百官志二》 少府監。尚方、織染、文思、裁造、文繡等署隸焉。泰和四年，選能幹官兼儀鸞局近上官。

監，正四品。

少監，從五品。

丞二員，從六品。大定十一年省，二十一年復置。

掌邦國百工營造之事。

尚方署

令，從六品。丞，從七品。掌造金銀器物、亭帳、車輿、牀榻、簾席、鞍轡、傘扇及裝釘之事。大定二十年，令不專除人，令人兼。

直長，正八品。

圖畫署明昌七年，省入祗應司。

令，從六品。丞，從七品。掌圖畫縷金匠。

直長，正八品。明昌三年罷。

裁造署

令，從六品。丞，從七品。掌造龍鳳車具、亭帳、鋪陳諸物，宫中隨位牀榻、屏風、簾額、絛結等，及陵廟諸物并省臺部内所用物。《泰和令》有畫繪之事。

直長，從八品。明昌三年省。裁造匠六人，針工婦人三十七人。

文繡署

令，從六品。丞，從七品。掌繡造御用并妃嬪等服飾，及燭籠照道花卉。貞祐二年，止設官一員。

直長，正八品。繡工一人，都繡頭一人，副繡頭四人，女四百九十六人，内上等七十人，次等凡四百二十六人。

織染署

令，從六品。丞，從七品。直長，正八品。掌織紝、色染諸供御及宫中錦綺幣帛紗縠。文思署明昌七年，省入祗應司。

令，從六品。丞，從七品。掌造内外局分印合、傘浮圖金銀等尚輦儀鸞局車具亭帳之物并三國生日等禮物，織染文繡兩署金線。

直長，正八品。明昌三年省去。

右屬少府監。

軍器監。承安二年設，泰和四年罷，復併甲坊、利器兩署爲軍器署，置令、丞、直長，直隸兵部。至寧元年復爲軍器監，軍器庫、利器署隸焉。舊轄甲坊、利器兩署。

監，從五品。少監，從六品。丞，從七品。掌修治邦國戎器之事。

直長，正八品。《泰和令》無，《總格》有。

軍器庫，至寧元年隸大興府，貞祐三年來屬。

使，正八品。副使，正九品。省擬，不奏。掌收支河南一路并在京所造常課橫添和買軍器。大定五年設。

甲坊署，泰和四年廢，舊置令、丞、直長。

利器署，本都作院，興定二年更今名，同隨朝來屬。

令，從六品。丞，從七品。掌修弓弩刀槊之屬。

直長，正八品。

右屬軍器監。【略】

修内司大定七年設。

使，從五品。副使，從六品。掌宫中營造事。兵匠一千六十五人，兵夫二千人，仍命少府監長官提控。

直長二員，正八品。部役官四員，正八品。掌監督工役。

受給官二員，正八品，掌支納諸物。

《金史》卷五七《百官志三》 中都都麴使司酒使司、院務、稅醋使司，榷場兼酒使司附。

使，從六品。副使，正七品。掌監知人户醞造麴蘖，辦課以佐國用。餘酒使監醞辦課同此。

都監二員，正八品，掌簽署文簿、檢視醞造。司吏四人，公使十人。

凡京都及真定皆爲都麴酒使司，設官吏同此。它處置酒使司，課及十萬貫以上者設使、副、小都監各一員，五萬貫以上者設使、副各一員，以上皆設司吏三人。二萬貫以上者設使及都監各一員，司吏二人。不及二萬貫者爲院務，設都監、同監各一員，不及千貫之院務止設都監一員。其它稅醋使司、及榷場與酒稅相兼者，視課多寡設官吏，皆同此。諸酒稅使三萬貫以上者正八品，諸酒榷場使從七品，五萬貫以上副使正八品。

《元史》卷八五《百官志一》 工部，尚書三員，正三品；侍郎二員，正四品；郎中二員，從五品；員外郎二員，從六品。掌天下營造百工之政令。凡城池之修濬，土木之繕葺，材物之給受，工匠之程式，銓注局院司匠之官，悉以任之。世祖中統元年，右三部置尚書二員，侍郎二員，郎中五員，員外郎五員，内二員專署工部事。至元元年，始分立工部。尚書四員，侍郎三員，郎中四員，員外郎五員。三年，復合爲右三部。七年，仍自爲工部。尚書二員，侍郎仍二員，郎中三員，員外郎如舊。二十三年，定尚書、侍郎、郎中、員外郎各以二員爲額。明年，以曹務繁冗，增尚書二員。二十八年，省尚書一員。首領官：主事五員。蒙古必闍赤六人，令史四十二人，回回令史四人，怯里馬赤一人，知印一人，奏差三十人，蒙古書寫一人，典吏七人。又司程官四員，右三部照磨一員，典吏七人。其屬附見：

左右部架閣庫，秩正八品。管勾二員，典吏十二人。掌六部文卷簿籍架閣之事。中統元年，左右部各置。二十三年，併爲左右部架閣庫。

諸色人匠總管府，秩正三品。掌百工之技藝。至元十二年始置，總管、同知、副總管各一員。十六年，置達魯花赤一員，增同知、副總管各一員。二十八年，省同知一員。三十年，省副總管一員。後定置達魯花赤一員，總管一員，同知二員，副總管二員，經歷一員，知事一員，提控案牘一員，令史五人，譯史一人，奏差四人。其屬十有一：

梵像提舉司，秩從五品。提舉一員，同提舉一員，副提舉一員，吏目一員。董繪畫佛像及土木刻削之工。至元十二年，始置梵像局。延祐三年，陞提舉司，設今官。

出蠟局提舉司，秩從五品。提舉一員，同提舉一員，副提舉一員，吏目一員。掌出蠟鑄造之工。至元十二年，始置局。延祐三年，陞提舉司，設今官。

鑄瀉等銅局，秩從七品。大使一員，副使一員。掌鑄瀉之工。至元十年，始置官三員。

二十八年，省管勾一員，後定置二員。

銀局，秩從七品。大使一員，直長一員。掌金銀之工。至元十二年始置。

鑌鐵局，秩從八品。大使一員。掌鏤鐵之工。至元十二年始置。

瑪瑙玉局，秩從八品。直長一員。掌琢磨之工。至元十二年始置。

石局，秩從七品。大使一員，管勾一員。董攻石之工。至元十二年始置。

木局，秩從七品。大使一員，直長一員。董攻木之工。至元十二年始置。

油漆局，副使一員，用從七品印。董髹漆之工。至元十二年始置。

諸物庫，秩正九品。提領一員，副使一員。掌出納諸物之事。至元十二年始置。

管領隨路人匠都提領所，提領一員，大使一員，俱受省檄。掌工匠詞訟之事。至元十二年始置。

諸司局人匠總管府，秩正三品。達魯花赤一員，總管一員，副達魯花赤一員，同知一員，副總管一員，經歷一員，知事一員，提控案牘一員，令史四人。領兩都金銀器盒及符牌等一十四局事。至元十四年置。二十四年，以八局改隸工部及金玉府，止領五局一庫，掌氈毯等事。其屬有六：

收支庫，秩正九品。大使一員。掌出納之物。

大都氈局，秩從七品。大使、副使各一員。管人匠一百二十有五户。

大都染局，秩從九品。大使一員。管人匠六千有三户。

上都氈局，秩從五品。大使一員，副使一員。管人匠九十有七户。

隆興氈局，大使一員，副使一員。管人匠一百户。

剪毛花毯蠟布局，大使一員，副使一員。管人匠一百一十有八户。

提舉右八作司，秩正六品。提舉二員，同提舉一員，副提舉二員，吏目一人，司吏九人，司庫十三人，譯史一人，秤子一人。掌出納内府漆器、紅甕、捎隻等，并在都局院造作鑌鐵、銅、鋼、鍮石，東南簡鐵，兩都支持皮毛、雜色羊毛、生熟斜皮、馬牛等皮、鬃尾、雜行沙里陀等物。中統三年，始置提領八作司，秩正九品。至元二十五年，改陞提舉八作司，秩正六品。二十九年，以出納委積，分爲左右兩司。

提舉左八作司，秩正六品。掌出納内府氈貨、柳器等物。其設置官員同上。

諸路雜造總管府，秩正三品。至元元年，改提領所爲提舉司。十四年，又改工部尚書行諸路雜造局總管府。定置達魯花赤一員，總管一員，同知一員，副總管一員，知事一員，提控案牘一員，令史六人，譯史一人。其屬二：

收支庫，大使一員，副使一員。至元三十年始置。

簾網局，大使一員，副使一員，並受省劄。至元元年始置。

茶迭兒局總管府，秩正三品。管領諸色人匠造作等事。憲宗朝置。至元十六年，始設總管一員。二十七年，置同知一員。後定置府官，達魯花赤一員，總管一員，同知一員，知事一員，提控案牘一員，司吏四人。其屬二：

諸司局，用從七品印。提領一員，相副官二員。中統三年始置。

收支庫，提領一員，大使、副使各一員。掌造作出納之物。

大都人匠總管府，秩從三品。至元六年始置。達魯花赤一員，總管一員，同知一員，經歷一員，提控案牘一員，令史十人，通事一人。其屬四：

繡局，用從七品印。大使一員，副使一員。掌繡造諸王百官段匹。

紋錦總院，提領一員，大使一員，副使一員。掌織諸王百官段匹。

涿州羅局，提領一員，大使一員。掌織造紗羅段匹。

尚方庫，提領一員，大使、副使各一員。掌出納絲金顏料等物。

隨路諸色民匠都總管府，秩正三品。掌仁宗潛邸諸色人匠。延祐六年，撥隸崇祥院，後又屬將作院。至治三年，歸隸工部。後定置達魯花赤一員，總管一員，同知一員，副總管一員，經歷一員，知事一員，提控案牘一員，照磨一員，令史八人，譯史二人，知印、通事各一人，奏差四人。其屬五：

織染人匠提舉司，秩從七品。至大二年設。達魯花赤一員，提舉一員，同提舉一員，副提舉一員，吏目一員。

雜造人匠提舉司，秩從七品。設置官屬同上。

大都諸色人匠提舉司，秩從五品。達魯花赤一員，提舉一員，同提舉一員，副提舉一員，吏目一員。

大都等處織染提舉司，秩從五品。管阿難答王位下人匠一千三百九十八户。達魯花赤一員，提舉一員，同提舉一員，副提舉一員，吏目一員。

收支諸物庫，秩從七品。提領一員，大使一員，副使一員，庫子二人。

提舉都城所，秩從五品。提舉二員，同提舉二員，副提舉二員，吏目一員，照磨一員。掌修繕都城内外倉庫等事。至元三年置。其屬一：

左右廂，官四員，用從九品印。至元十三年置。

受給庫，秩正八品。提領一員，大使一員，副使一員。掌京城内外營造木石等事。至元十三年置。

符牌局，秩正八品。大使一員，副使一員，直長一員。掌造虎符事。至元十七年置。

旋匠提舉司，秩從五品。提舉一員，副提舉一員。至元九年置。

撒答剌欺提舉司，秩正五品。提舉一員，副提舉一員，提控案牘一員。至元二十四年，以札馬剌丁率人匠成造撒答剌欺，與絲紬同局造作，遂改組練人匠提舉司爲撒答剌欺提舉司。

別失八里局，秩從七品。大使一員，副使一員。掌織造御用領袖納失失等段。至元十三年始置。

忽丹八里局，大使一員，給從七品印。至元三年置。

平則門窑場，提領一員，大使一員，副使一員，給從六品印。至元十三年置。

光熙門窑場，提領一員，大使一員，副使一員，給從八品印。至元二十五年置。

大都皮貨所，提領一員，大使一員，副使一員，用從九品印。至元二十九年置。

通州皮貨所，提領一員，大使一員，副使一員，用從九品印。延祐六年置。

晉寧路織染提舉司，提舉一員，照略案牘一員。其屬：

提領所一，係官織染人匠局一，雲内人匠東、西局二，本路人匠局一，河中府、襄陵、翼城、潞州、隰州、澤州、雲州等局七。每局各設提領二員，副提領一員，惟澤州、雲州則止設提領一員。

冀寧路織染提舉司、真定路織染提舉司，各置提舉一員，同提舉一員，副提舉一員，照略案牘一員。其屬二：

開除局，大使一員，副使一員，照略案牘一員。

真定路紗羅兼雜造局，大使一員，副使一員。

南宫、中山織染提舉司，各設提舉一員，同提舉、副提舉一員，照略案牘一員。

中山劉元帥局，大使一員，副使一員。

中山察魯局，大使一員，副使一員。

深州織染局，大使一員，副使一員，照略案牘一員。

深州趙良局，大使一員，副使一員。

弘州人匠提舉司，提舉一員，同提舉一員，副提舉一員，照略案牘一員。

納失失毛段二局，院長一員。

雲内州織染局，大使一員，副使一員，照略案牘一員。

大同織染局，大使一員，副使一員，照略案牘一員。

朔州毛子局，大使一員。

恩州織染局，大使一員，副使一員，照略案牘一員。

恩州東昌局，提領一員。

保定織染提舉司，提舉一員，同提舉一員，副提舉一員，照略案牘一員。

大名人匠提舉司，提舉一員，同提舉一員，副提舉一員，照略案牘一員。

永平路紋錦等局提舉司，提舉一員，同提舉一員，副提舉一員，照略案牘一員。

大寧路織染局，大使一員，副使一員，照略案牘一員。

雲州織染提舉司，提舉一員，同提舉一員，副提舉一員，照略案牘一員。

順德路織染局，大使一員，副使一員，照略案牘一員。

彰德路織染人匠局，大使一員，副使一員，照略案牘一員。

懷慶路織染局，大使一員，副使一員，照略案牘一員。

別失八里局，官一員。

宣德府織染提舉司，提舉一員，同提舉一員，副提舉一員，照略案牘一員。

東聖州織染局，院長一員，局副一員。

宣德八魯局，提領一員，副使一員。

東平路曈局，直長一員。

興和路蕁麻林人匠提舉司，提舉一員，同提舉一員，副提舉一員，照磨案牘一員。

陽門天城織染局，提領一員，副使一員，照磨案牘一員。

巡河提領所，提領二員，副提領一員。

《元史》卷八八《百官志四》 廣成局，秩七品。掌傳刻經籍，及印造之事。天曆二年始置。大使一員，從七品；副使一員，正八品；直長二人，正九品；司吏二人。**【略】**

將作院，秩正三品。掌成造金玉珠翠犀象寶貝冠佩器皿，織造刺繡段匹紗羅，異樣百色造作。至元三十年始置。院使一員，經歷、都事各一員。三十一年，增院使二員。元貞元年，又增二員。延祐七年，省院使二員。後定置院使七員，正二品；同知二員，正三品；同僉二員，正四品；院判二員，正五品；經歷一員，從五品；都事一員，從七品；照磨管勾一員，正八品；令史六人，譯史、知印各二人，宣使四人。

諸路金玉人匠總管府，秩正三品。掌造寶貝金玉冠帽、繫腰束帶、金銀器皿，并總諸司局事。中統二年，初立金玉局，秩正五品。至元三年，改總管府，置總管一員，經歷、提控案牘各一員。十二年，又置同知、副總管各一員。二十五年，置達魯花赤一員。大德四年，又置副達魯花赤、副總管各一員。後定置達魯花赤二員，正三品；總管二員，正三品；副達魯花赤二員，正四品；同知二員，從四品；副總管二員，正五品；經歷一員，從七品，知事一員，從八品；照磨、管勾各一員，令史五人，譯史一人，奏差二人。

玉局提舉司，秩從五品。提舉一員，正七品；同提舉一員，從七品；副提舉一員，正八品。中統二年，以和林人匠置局造作，始設直長。至元三年，立玉匠局，用正七品印。十五年，改提舉司。

金銀器盒提舉司，秩從五品。提舉一員，同提舉一員，副提舉一員，品秩同上；吏目一員。至元十五年，始置金銀局，秩從七品。二十四年，改爲提舉司，秩正六品。大德間，陞從五品。

瑪瑙提舉司，秩從五品。提舉一員，同提舉一員，吏目一員。至元九年，置大都等處瑪瑙局，秩從七品，管領瑪瑙匠户五百有奇，置提舉三員，受金玉府劄。十五年，改立提舉司，領大都、弘州兩處造作，陞從五品。三十年，減副提舉一員，定置如上。

陽山瑪瑙提舉司，秩從五品。至元十五年置。提舉一員，同提舉一員，副提舉一員，品秩同前。

金絲子局，秩從五品。大使一員，從五品；副使一員，正七品；直長一員。

鞓帶斜皮局，秩從八品。至元十五年置。大使、副使各一員。中統二年，設二局。二十四年，併爲一。

瓘玉局，秩從八品。至元十五年置。大使一員。

浮梁磁局，秩正九品。至元十五年立。掌燒造磁器，并漆造馬尾棕藤笠帽等事。大使、副使各一員。

畫局，秩從八品。掌描造諸色樣製。至元十五年置。大使一員。

管領珠子民匠官，正七品。掌採撈蛤珠於楊村、直沽等處。中統二年立。管領官子孫世襲。

粧釘局，從八品。至元十五年置。大使一員。

大小雕木局，秩從八品。至元十五年置。大使一員。

宣德隆興等處瑪瑙人匠提舉司，秩正六品。至元十五年置。提舉一員，從七品；副提舉一員，從八品。

温犀玳瑁局，秩從八品。至元十五年置。大使一員。

上都金銀器盒局，秩從六品。至元十六年置。大使一員，副使一員，直長一員。

漆紗冠冕局，至元十五年置。大使、副使各一員。

大同路採砂所，至元十六年置。管領大同路撥到民一百六户，歲採磨玉夏水砂二百石，起運大都，以給玉工磨礲之用。大使一員。

管匠都提領所，秩從七品。至元十三年置。掌金玉府諸人匠詞訟。都提領一員。

監造諸般寶貝官，秩正五品。至元二十一年置。達魯花赤二員。

收支諸物庫，秩從八品。至元十五年置。大使、副使各一員。

行諸路金玉人匠總管府，秩從三品。至大間，始置于杭州路。達魯花赤、總管各一員，並從三品；同知一員，正五品；副總管一員，從五品；經歷一員，從七品；知事一員，從八品；提控案牘一員。

異樣局總管府，秩正三品。中統二年，立提點所。至元六年，改爲總管府，總管一員。十四年，置同知、副總管各一員。二十一年，增總管一員。二十九年，置達魯花赤一員。三十年，減同知、副總管各一員。後定置達魯花赤一員，總管一員，並正三品；同知一員，從四品；副總管一員，從五品；經歷一員，從七品；知事一員，從八品。

異樣紋綉提舉司，秩從五品。中統二年立局。至元十四年，改提舉司。提舉一員，從五品；同提舉一員，正七品；副提舉一員，正八品。

綾錦織染提舉司，秩從五品。至元二十四年，改局置提舉司。提舉一員，同提舉一員，副提舉一員，品秩同上。

紗羅提舉司，秩從五品。至元十二年，改局置提舉司。提舉、同提舉、副提舉各一員，品秩同上。

紗金顔料總庫，秩從九品。中統二年置。大使、副使各一員，從九品。

大都等路民匠總管府，秩正三品。府官：總管一員，從三品；同知一員，正五品；副總管一員，從五品；經歷一員，從七品；知事一員，從八品；提控案牘一員。至元七年，初立府，秩從三品。十四年，改陞正三品。

備章總院，秩正六品。大使、副使各一員。至元十三年，省併楊蘭等八局爲總局。

尚衣局，秩從五品。至元二年置。達魯花赤一員，從五品；提舉一員，從五品；同提舉一員，正七品；副提舉一員，正八品；都目一人。

御衣局，秩從五品。至元二年置。達魯花赤、提舉各一員，從五品；同提舉一員，正七品；副提舉一員，正八品；都目一人。

御衣史道安局，秩從六品。至元二年置。以史道安掌其職，因以名之。大使、副使各一員。

高麗提舉司，秩從五品。至元二十二年置。提舉一員。

織佛像提舉司，秩從五品。延祐四年，改提領所爲提舉司。提舉、副提舉各二員。【略】

中政院，秩正二品。院使七員，正二品；同知二員，正三品；僉院二員，從三品；同僉二員，正四品；院判二員，正五品。掌中宮財賦營造供給，並番衛之士，湯沐之邑。元貞二年，始置中御府，秩正三品。大德四年，陞中(正)〔政〕院，秩正二品。至大三年，陞從一品，院使七員，同知、僉院、同僉、院判各二員。四年，省併入典內院。皇慶二年，復爲中政院，設官如舊。其幕職則司議二員，從五品；長史二員，正六品；照磨兼管勾承發架閣一員，正八品。吏屬：蒙古必闍赤四人，掾史十二人，回回掾史二人，怯里馬赤二人，知印二人，宣使十人。

中瑞司，秩正三品。掌奉寶冊。卿五員，正三品；丞二員，正四品；典簿二員，從七品；寫懿旨必闍赤四人，譯史一人，令史四人，知印一人，通事一人，奏差二人，典吏二人。

內正司，秩正三品。掌百工營繕之役，地產孳畜之儲，以供膳服，備賜予。卿四員，正三品；少卿二員，正四品；丞二員，從五品；典簿二員，從七品；照磨兼管勾一員，正九品。吏屬各有差。領署二、提舉司一，及其司屬凡十有六。歲賦之額，工作之程，終歲則會其數以達焉。

尚工署，秩從五品。令一員，從五品；丞二員，從六品；書史一人，書吏四人。掌營繕雜作之役，凡百工名數，興造程式，與其材物，皆經度之，而責其成功。皇慶元年始置，隸內正司。

《元史》卷八九《百官志五》 管領怯憐口諸色民匠都總管府，秩正三品。達魯花赤一員，總管一員，並正三品；同知一員，正四品；副總管二員，正五品；經歷一員，從七品；知事一員，從八品；提控案牘、照磨、管勾各一員，令史十人，知印二人，通事一人，譯史二人，奏差六人，典吏四人。領怯憐口人匠造作等事。至大三年，立總管府。至治三年罷。天曆二年復立，隸儲政院。其屬附見：

管領大都怯憐口諸色人匠提舉司，秩正五品。達魯花赤一員，提舉一員，同提舉、副提舉各一員，首領官一員，司吏四人，部役二人。

管領上都怯憐口諸色人匠提舉司，秩正五品。達魯花赤一員，提舉一員，同提舉、副提舉各一員，首領官一員，司吏四人，部役二人。

典製局，秩從七品。大使、副使各一員，直長二員。

典設署，秩從五品。令丞各四員，書史一員，書吏四人。掌內府術剌赤二百二十户。至元二十年置。三十一年，改掌儀署，隸內宰司。泰定元年，復爲典設。天曆二年，隸本府。

雜造人匠提舉司，秩從四品。達魯花赤一員，提舉一員，同提舉、副提舉各一員，都目一員，司吏二人，部役二人。至元八年置。初隸繕珍司，至大三年改隸章慶司。章慶罷，凡造作之事悉歸之。天曆二年，隸本府。

雜造局，秩正九品。院長一員，直長一員，管勾一員。

隨路諸色人匠都總管府，秩正三品。中統五年，命招集析居放良還俗僧道等户，習諸色匠藝，立管領怯憐口總管府，以司其造作，秩正四品。至元九年，陞正三品。大德十一年，改繕珍司。延祐六年，陞徽儀使司，秩正二品。七年，仍爲繕珍司，官屬如舊。至治三年，復改都總管府。達魯花赤一員，總管二員，並正三品；同知一員，正五品；副總管二員，從五品；經歷、知事、照磨、提控案牘各一員，令史四人，譯史一人，奏差二人，典吏一人。其屬附見：

上都諸色民匠提舉司，秩從五品。提舉一員，同提舉、副提舉、吏目各一員。至元十九年立。至大元年，增達魯花赤一員。至治三年，省增置之員，設官如舊。

金銀器盒局，秩從八品。大使一員，副使一員。至元七年置。

染局，秩正八品。大使一員，副使一員。至元七年置。

雜造局，正八品。大使、副使各一員。至元七年置。

泥瓦局，大使、副使各一員。至元七年置。

鐵局，大使一員，副使一員。至元七年置。

上都葫蘆局，大使一員，副使一員。至元七年置。

器物局，副使一員。中統五年置。

研金局，大使一員。至元二十年置。

鞍子局，大使一員。至元七年置。

雲州管納色提領所，提領一員。掌納色人户。至元七年置。

大都等路諸色人匠提舉司，秩從五品。提舉、同提舉、副提舉各一員。至元十六年置。

其屬附見：

雙線局，提領一員，副使一員。至元十八年置，受詹事院劄。

大小木局，大使一員，副使一員，直長一員。至元十八年置，受詹事院劄。元貞元年，併領皇后位下木局。

盒鉢局，大使一員，副使一員，直長一員。至元七年立，受府劄。

管納色提領一員，受府劄。管銅局、筋局、鎖兒局、粧釘局、雕木局。至元三十年置。

成製提舉司，秩從五品。達魯花赤一員，提舉一員，同提舉、副提舉各一員，吏目一員，司吏四人，部役二人。掌縫製之事。至元二十九年置，設官四員，受院劄。大德三年，陞提舉司。至治三年罷，泰定四年復置。

上都、大都貂鼠軟皮等局提領所，提領二員。至元九年置，受府劄。二十七年，給從七品印，改受省劄。大德十一年，給從六品印，改受敕牒。至治三年，仍改受省劄。其屬附見：

大都軟皮局，使一員，副使一員。至元十三年置。

斜皮局，局使一員，副使一員。至元十三年置。

上都軟皮局，局使一員，副使一員。至元十三年置。

牛皮局，大使一員。至元十三年置。

金絲子局，大使一員，副使一員，直長一員。至元十二年置。掌金絲子匠造作之事。

畫油局，大使一員，副使一員，直長一員。至元二十年置，受詹事院劄。

氈局，提領一員，大使一員，副使一員，直長一員。至元十三年，收集人户爲氈匠。二十六年，始立局。

材木庫，大使、副使各二員。至元十六年置。掌造作材木。

瑪瑙玉局，大使、副使各一員，直長二員。至元十四年置。

大都奥魯提領所，提領一員。掌理人匠詞訟。至元十八年置，受詹事院劄。

上都奥魯提領所，提領一員，同提領一員。掌理人匠詞訟。至元十八年置，受詹事院劄。

上都異樣毛子局，大使一員，副使一員。至元二十年置，受詹事院劄。

上都氈局，大使一員，副使一員，直長二員。至元二十年置，受詹事院劄。

上都斜皮等局，大使一員，副使一員。至元二十年置，受詹事院劄。

蔚州定安等處山場採木提領所，秩正八品。提領一員，大使一員，副使二員。至元十二年置。

上都隆興等路雜造鞍子局，提領一員，大使一員，直長二員。至元二十三年置，受詹事院劄。

真定路冀州雜造局，大使一員，副使一員。掌造作之事。至元十九年置。

珠翠局，大使、副使各一員，直長一員。至元三十年置。

管領大都等路打捕鷹房臙粉人户總管府，秩正四品。至元十四年，打捕鷹房達魯花赤，招集平灤散逸人户。二十九年，立總管府。大德十一年，撥隸皇太后位下。延祐六年，陞正四品。置達魯花赤一員、總管一員、首領官一員、令史四人、譯史一人、奏差二人。

管領本投下大都等路怯憐口民匠總管府，國初招集怯憐口哈赤民匠一千一百餘户，中統元年，立總管府。二年，給六品印，掌户口錢帛差發等事。至元九年，撥隸安西王位下。皇慶元年，又屬公主皇后位下。延祐元年，改隸章慶司。天曆二年，又改隸儲政院。達魯花赤一員，總管一員，俱受御寶聖旨；同知一員，副總管一員，俱受安西王令旨；知事一員，令史二人。其屬附見：

織染提舉司，秩正七品。掌織造段匹。提舉一員，受安西王令旨；同提舉一員，本府擬人；副提舉一員，都目一員，俱受安西王傅劄；司吏一人。

管民提領所，凡三。大都路兼奉聖州提領六員，曹州提領二員，河間路提領三員，受本府劄。

管地提領所，凡二。奉聖州提領三員，東安州提領三員，受本府劄。

管領諸路怯憐口民匠都總管府，秩正三品。至元七年，招集析居從良還俗僧道，編籍人户爲怯憐口，立總管府以領之。十四年，以所隸户口善造作，屬中宫。十六年，立織染、雜造二局以司造作，立提領所以司徭役。二十五年，改陞正三品。延祐六年，改繕用司，仍三品。七年，復改府。達魯花赤一員，總管一員，並正三品；同知二員，正五品；副總管二員，從五品；經歷、知事、提控案牘兼照磨各一員，令史五人，譯史一人。其屬附見：

各處管民提領所，秩正七品。

河間，益都，保定，冀寧，晉寧，大名，濟寧，衛輝，宣德。

以上九所，提領、副提領各一員，相副官二員，典史一人，司吏二人。

汴梁，曹州，大同，開元，大寧，上都，濟南，真定。

以上八所，提領、副提領、相副官各一員，典史一人，司吏一人。

大都，歸德，鄂漢。

以上三所，提領、同提領、副提領各一員，相副官一員，大都增一員，典史、司吏各一人。

織染局，秩正七品。大使、副使、相副官各一員，典史、司吏各一人。

雜造局，秩正七品。大使、副使、相副官各一員，典史、司吏各一人。

弘州衣錦院，秩正七品。大使、副使、直長各一員，典史、司吏各一人。

豐州毛子局，秩正七品。大使、副使各一員，典史、司吏各一人。

縉山毛子旋匠局，秩正七品。大使一員，典史、司吏各一人。

徐邳提舉司，秩正五品。提舉、同提舉、副提舉各一員，吏目、司吏各一人。

廣備庫，大使、副使一員，俱受院劄。【略】

江淮等處財賦都總管府，秩正三品。達魯花赤、總管各一員，並正三品；同知一員，正五品；副總管二員，從五品；經歷、知事、照磨兼提控案牘各一員，令史十五人，奏差十五人，譯史一人，典吏三人。至元十六年，以宋謝太后、福王所獻事産，及賈似道地土、劉墅等田，立總管府以治之。大德四年罷，命有司掌其賦。天曆二年復立，其賦復歸焉。

儲用庫，提領、大使、副使各一員。

杭州織染局，大使、副使、相副官各一員。

揚州等處財賦提舉司，達魯花赤、提舉、同提舉、副提舉各一員，提控案牘、都目各一員。

其屬附見：

安慶等處河泊所，提領、大使、副使各一員。

建康等處財賦提舉司，達魯花赤、提舉、同提舉、副提舉各一員，提控案牘、都目各一員。

建康織染局，大使、副使、相副官各一員。

黄池織染局，大使、副使、相副官各一員。

建康等處三湖河泊所，提領、大使、副使、相副官各一員。

池州等處河泊所，提領、大使、副使各一員。

平江等處財賦提舉司，達魯花赤、提舉、同提舉、副提舉各一員，提控案牘、都目各一員。

杭州等處財賦提舉司，設官同上。

陝西等處管領毛子匠提舉司，達魯花赤、提舉各一員。國初，收集織造毛子人匠。至元三年，置官二員，皆世襲。

昭功萬户都總使司，秩正三品。都總使二員，正三品；同知一員，從三品；副使二員，正四品；經歷、知事、照磨各一員，令史六人，譯史六人，知印二人，怯里馬赤二人，奏差六人，典吏四人。至順二年立，凡文宗潛邸扈從之臣，皆領於是府。其屬則宫相、膳工等司。

宫相都總管府，秩正三品。達魯花赤二員，都總管一員，副達魯花赤二員，同知二員，副總管二員，經歷、知事、提控案牘承發架閣各一員。至順二年，罷宫相府并鶴馭司，改怯憐口錢糧總管府爲本府。

織染雜造人匠都總管府，秩正三品。達魯花赤一員，總管一員，同知一員，副總管二員，經歷、知事、提控案牘、照磨各一員。至元二十年，爲管領織染段匹匠人設總管府。元貞二年，以營繕浩繁，事務冗滯，陞爲都總管府，隸徽政院。天曆元年，改隸儲慶使司。三年，改屬宫相。

織染局，秩從七品。大使一員，副使一員。至元二十三年，改織染提舉司爲局。

綾錦局，秩從七品。大使一員，副使一員。至元八年置。九年，以招收析居放良還俗僧道爲工匠，三百八十有二户，教習織造之事，遂定置以上官。

紋錦局，秩從七品。大使一員，副使一員。國初，以招收漏籍人户，各管教習立局，領送納絲銀物料織造段匹。至元八年，設長官。十二年，以諸人匠賜東宫。十三年，罷長官，設以上官掌之。

中山局，秩從七品。大使一員，副使一員。國初，以招收隨路漏籍不當差人户，立局管領，教習織造。至元十二年，以賜東宫，遂定置局官如上。

真定局，秩從七品。大使一員。國初，招收户計。中統元年置。掌織染造作。至正十六年，以賜東宫，設官悉如舊。

弘州、蕁麻林納失失局，秩從七品。二局各設大使一員、副使一員。至元十五年，招收析居放良等户，教習人匠織造納失失，於弘州、蕁麻林二處置局。十六年，併爲一局。三十一年，徽政院以兩局相去一百餘里，管辦非便，後爲二局。

大名織染雜造兩提舉司，秩正六品。至元二十一年置。掌大名路民户内織造人匠一千五百四十有奇。各置提舉、同提舉、副提舉一員。三十年，增置雜造達魯花赤一員。

供用庫，秩從九品。大使、副使各一員，受徽政院劄。國初，爲綾錦總庫。至元二十一年，改爲供用庫。

管領諸路打捕鷹房納綿等户總管府，秩正三品。達魯花赤、都總管、同知、治中，府判各一員，經歷、知事、提控案牘各一員。掌人匠一萬三千有奇，歲辦稅糧皮貨，採捕野物鷹鷂，以供内府。至元十二年，賜東宫位下，遂以真定所立總管府移置大都，隸詹事。十六年，合併所管之户，置都總管以總治之。三十一年，詹事院罷，隸徽政。至大四年，隸崇祥院。延祐六年，又隸詹事。天曆元年，隸儲慶使司。至順元年，改屬宫相府。

管領上都等處打捕鷹房納綿等户大使司，大使、副使各一員。

管領順德等處打捕鷹房納綿等户提領所，達魯花赤、提領、副提領各一員。

管領冀寧等處打捕鷹房納綿等户提領所，提領、副提領各一員。

管領大都左右巡院等處打捕鷹房納綿等户提領所，提領、副提領各一員。

管領固安等處打捕鷹房納綿等户提領所，提領、副提領各一員。

管領中山等處打捕鷹房納綿等户提領所，提領、副提領各一員。

管領濟南等處打捕鷹房納綿等户提領所，提領、副提領各一員。

管領德州等處打捕鷹房納綿等户提領所，提領、副提領各一員。

管領益都等處打捕鷹房納綿等户提領所，提領、副提領各一員。

管領大同等處打捕鷹房納綿等户提領所，提領、副提領各一員。

管領濟寧等處打捕鷹房納綿等户提領所，提領、副提領各一員。

管領興和等處打捕鷹房納綿等户提領所，提領、副提領各一員。

管領晉寧等處打捕鷹房納綿等户提領所，提領、副提領各一員。

管領順州稻田提領所，提領、副提領各一員。

管領懷慶稻田提領所，提領一員。

管領檀州等處打捕鷹房納綿等户提領所，提領、副提領各一員。

管領大寧等處打捕鷹房納綿等户提領所，提領、副提領各一員。

管領薊州等處打捕鷹房納綿等户提領所，提領、副提領各一員。

管領真定等處打捕鷹房納綿等户提領所，設官同上。

管領趙州等處打捕鷹房納綿等户提領所，設官同上。

管領保定等處打捕鷹房納綿等户提領所，設官同上。

管領冀州等處打捕鷹房納綿等户提領所，設官同上。

管領汴梁等處打捕鷹房納綿等户提領所，設官同上。

廣衍庫，大使一員。

管領滑山炭場所。

繕工司，秩正三品。卿二員，少卿二員，丞二員，經歷、知事、照磨兼提控案牘、管勾承發架閣各一員，令史四人，譯史二人，知印二人，怯里馬赤一人，典吏三人。掌人匠營造之事。天曆二年置。其屬附見：

金玉珠翠提舉司，達魯花赤、提舉、同提舉、副提舉各一員，吏目一員，司吏四人。

大都織染提舉司，提舉二員，同提舉、副提舉各一員，吏目一員，司吏四人。

大都雜造提舉司，達魯花赤、提舉、同提舉、副提舉各一員，吏目一員，司吏四人。

富昌庫，大使一員，副使一員，庫子二人，攢典一人。

内史府，秩正二品。内史九員，正二品；中尉六員，正三品；司馬四員，正四品；諮議二員，從五品；記室二員，從六品；照磨兼管勾承發架閣庫，從八品；掾史八人，譯史四人，知印、通事各二人，宣使五人，典吏二人。至元二十九年，封晉王于太祖四斡耳朵之地，改王傅爲内史，秩從二，置官十四員。延祐五年，陞正二品，給印，分司京師，并分置官屬。

延慶司，秩正三品。掌王府祈禳之事。使三員，正三品；同知二員，正四品；典簿一員，從七品；令史二人，譯史、知印、通事各一人，奏差二人。至元二十七年置。

斷事官，秩正三品。理王府詞訟之事。斷事官一十六員，正三品；經歷、知事各一員，令史三人。

典軍司，秩從七品。掌控鶴百二十有六人。典軍二員，副使二員。大德四年置。

隨路諸色民匠打捕鷹房都總管府，秩正三品。總四斡耳朵位下户計民匠造作之事。達魯花赤二員，都總管一員，同知一員，副總管二員，經歷、知事、提控案牘各一員，令史四人，奏差二人。至元二十四年置。官吏不入常調，凡斡耳朵之事，復置四總管以分掌之。

管領保定等路阿哈探馬兒諸色人匠總管府，秩從三品。掌太祖大斡耳朵一切事務。達魯花赤、總管、同知、副總管各一員，知事一員，吏二人。至元十七年置。

管領曹州東平等路民匠提舉司，秩從五品。達魯花赤、提舉、同提舉、副提舉各一員。至元十七年置。

管領大都納綿提舉司，秩從六品。達魯花赤、提舉、副提舉各一員。至元十七年置。

管領上都大都奉聖州長官司，秩從六品。管領出征軍五十有一户。達魯花赤、長官各一員。至元十七年置。

管領保定織染局，秩從六品。管匠一百有一户。達魯花赤、提舉、同提舉、副提舉各一員。至元十七年置。

管領豐州捏只局，頭目一員。掌織造花毯。至元十七年置。

管領打捕鷹房民匠達魯花赤總管府，秩正四品。掌二皇后斡耳朵位下歲賜財物造作等事。達魯花赤、總管、同知、副總管、知事各一員，吏二人。至元二十一年置。

管領口子迤北長官司，秩從五品。掌領户計二百有六。達魯花赤、長官、副長官各一員。至元二十一年置。

管領隨路諸色民匠達魯花赤等官，秩正五品。統民匠一千五百二十有五户。達魯花赤、總管、同知、副總管各一員。至元二十一年置。

管領隨路打捕納綿民匠長官司，秩從五品。掌民匠一百七十有九户。達魯花赤、長官各一員。至元二十一年置。

管領大都民匠提舉司，秩正七品。掌民匠二百有二户。提舉、同提舉、副提舉各一員。至元二十一年置。

管領涿州成錦局人匠提舉司，秩從五品。領匠一百有二户。達魯花赤、提舉、同提舉、副提舉各一員。至元二十一年置。

管領河間民匠提舉司，秩從四品。掌民匠二百一十户。達魯花赤、提舉、同提舉、副提舉各一員。至元二十一年置。

管領河間滄州等處長官司，秩正五品。領户計五百四十有八。達魯花赤、長官、副長官各一員。至元二十一年置。

管領河間臨邑等處軍民長官司，秩正七品。掌軍民二百有二户。達魯花赤、長官、副長官各一員。至元二十一年置。

管領隨路諸色民匠打捕鷹房等户總管府，秩從四品。掌太祖斡耳朵四季行營一切事務。達魯花赤、總管、同知、副總管、知事各一員，司吏二人。大德二年置。

管領涿州等處民匠異錦局，秩正五品。掌民匠一百五十户。達魯花赤、提舉、同提舉、副提舉各一員。大德二年置。

管領上用織染局，秩從七品。掌工匠七十有八户。提舉、同提舉、副提舉各一員。大德二年置。

管領上都大都麴米等長官司，秩從七品。領民匠七十有九户。達魯花赤、長官、副長官各一員。大德二年置。

管領彰德等處長官司，秩從七品。掌民一百一十有七户。達魯花赤、長官、副長官各一員。大德二年置。

管領上都大都等處長官司，秩從五品。掌民二百六十有一户。達魯花赤、長官、副長官各一員。大德二年置。

管領泰安等處長官司，秩正七品。掌民一百有一户。達魯花赤、長官、副長官各一員。大德二年置。

管領曹州等處長官司，秩從五品。管民一百有五户。達魯花赤、長官、副長官各一員。大德二年置。

管領隨路打捕鷹房諸色民匠怯憐口總管府，秩從三品。掌太祖四皇后位下四季行營并歲賜造作之事。達魯花赤、總管、同知、副總管各一員，經歷、知事、提控案牘兼照磨各一員，司吏二人。延祐五年置。

管領大都上都打捕鷹房納米麪提舉司，秩從五品。統領一百九十有五户。達魯花赤、提舉各一員。延祐五年置。

管領大都涿州織染提舉司，秩從七品。掌領九十有六户。達魯花赤、提舉各一員。延祐五年置。

管領河間路清州人匠提舉司，秩從五品。掌户計二百三十有四户。達魯花赤、提舉各一員。延祐五年置。

隨路打捕鷹房諸色民匠總管府，秩正四品。掌北安王位下歲賜錢糧之事。達魯花赤、總管、同知、副總管、知事各一員。至元二十二年置。

管領大都等處納綿提舉司，秩正七品。掌納綿户計七百有三户。達魯花赤、提舉、副提舉各一員。至元二十二年置。

管領大都等處金玉民匠稻田提舉司，秩從五品。掌納綿人匠五百二十有一户。達魯花赤、提舉、副提舉各一員。至元二十二年置。

管領大都薊州等處打捕提舉司，秩從五品。掌打捕户及民匠六百餘户。達魯花赤、提舉、副提舉各一員。至元二十二年置。

雜造局，秩正六品。達魯花赤一員，提舉、同提舉、副提舉各一員。至元十六年置。

《元史》卷九〇《百官志六》　大都留守司，秩正二品。掌守衛宮闕都城，調度本路供億諸務，兼理營繕內府諸邸、都宮原廟、尚方車服、殿廡供帳、內苑花木，及行幸湯沐宴游之所，門禁關鑰啓閉之事。留守五員，正二品；同知二員，正三品；副留守二員，正四品；判官二員，正五品；經歷一員，從六品；都事二員，從七品；管勾承發架閣庫一員，正八品；照磨兼覆料官一員，部役官兼壕寨一員，令史十八人，宣使十七人，典吏五人，知印二人，蒙古必闍赤三人，回回令史一人，通事一人。至元十九年，罷宮殿府行工部，置大都留守司，兼本路都總管，知少府監事。二十一年，別置大都路都總管府治民事，并少府監歸留守司。皇慶元年，別置少府監。延祐七年，罷少府監，復以留守兼監事。其屬附見：

修內司，秩從五品。領十四局人匠四百五十户，掌修建宮殿及大都造作等事。提點一員，大使一員，副使一員，直長五員，吏目一員，照磨一員，部役七員，司吏六人。中統二年置。至元中，增工匠，計一千二百七十有二户。其屬附見：

大木局，提領七員，管勾三員。掌殿閣營繕之事。中統二年置。

小木局，提領二員，同提領一員，副提領三員，管勾二員，提控四員。中統四年置。

泥廈局，提領八員，管勾二員。中統四年置。

車局，提領二員，管勾一員。中統五年置。

粧釘局，提領二員，同提領二員。中統四年置。

銅局，提領一員，同提領一員，管勾一員。中統四年置。以上六局，秩從八品。

竹作局，提領二員，提控一員。中統四年始置。

繩局，提領二員。中統五年始置。

祗應司，秩從五品。掌內府諸王邸第異巧工作，修禳應辦寺觀營繕，領工匠七百户。大使一員，從五品；副使一員，正七品；直長三員，正八品；吏目一員，司吏二人。國初，建兩京殿宇，始置司以備工役。其屬附見：

油漆局，提領五員，同提領、副提領各一員。掌兩都宮殿髹漆之工。中統元年置。

畫局，提領五員，管勾一員。掌諸殿宇藻繪之工。中統元年置。

銷金局，提領一員，管勾二員。掌諸殿宇裝鋈之工。中統四年置。

裱褙局，提領一員。掌諸殿宇裝潢之工。中統二年置。

燒紅局，提領二員。掌諸宮殿所用心紅顔料。至元元年置。

器物局，秩從五品。掌內府宮殿、京城門户、寺觀公廨營繕，及御用各位下鞍轡、忽哥轎子、帳房車輛、金寶器物，凡精巧之藝，雜作匠户，無不隸焉。大使一員，從五品；副使一員，正七品；直長二員，正八品；吏目一員，司吏二人。中統四年，始立御用器物局，受省劄。至元七年，改爲器物局，秩如上。其屬附見：

鐵局，提領三員，管勾三員，提控一人。掌諸殿宇輕細鐵工。中統四年置。

減鐵局，管勾一員，提控二人。掌造御用及諸宮邸繫腰。中統四年置。

盒鉢局，提領二員。掌製御用繫腰。中統四年置。

成鞍局，提領三員。掌造御用鞍轡、象轎。中統四年置。

羊山鞍局，提領一員，提控一員。掌造常課鞍轡諸物。至元十八年置。

網局，提領二員，管勾一員。掌成造宮殿網扇之工。中統四年置。

刀子局，提控二員。掌造御用及諸宮邸寶貝佩刀之工。中統四年置。

旋局，提領二員。掌造御用異樣木植器物之工。中統四年置。

銀局，提領一員。掌造御用金銀器盒繫腰諸物。中統四年置。

轎子局，提領一員。掌造御用異樣木植鞍子諸物。中統四年置。

採石局，秩從七品。大使、副使各一員。掌夫匠營造內府殿宇寺觀橋牐石材之役。至元四年，置石局總管。十一年，撥採石之夫二千餘户，常任工役，置大都等處採石提舉司。二十六年罷，立採石局。

山場，提領一員，管勾五員。至元四年置。

大都城門尉，秩正六品。尉二員，副尉一員。掌門禁啓閉管鑰之事。至元二十年置，以四怯薛八剌赤爲之。二十四年，復以六衛親軍參掌。凡十有一門：曰麗正，曰文明，曰順承，曰平則，曰和義，曰肅清，曰安貞，曰健德，曰光熙，曰崇仁，曰齊化。每門設官如上。

犀象牙局，秩從六品。大使、副使、直長各一員，司吏一人。掌兩都宮殿營繕犀象龍床卓器繫腰等事。中統四年置，設官一員。至元五年，增副使〔一員〕。管匠户一百有五十。其屬附見：

雕木局，提領一員。掌宮殿香閣營繕之事。至元十一年置。

牙局，提領一員，管勾一員。掌宮殿象牙龍床之工。至元十一年置。

大都四窰場，秩從六品。提領、大使、副使各一員。領匠夫三百餘户，營造素白琉璃磚瓦，隸少府監。至元十三年置。其屬三：

南窰場，大使、副使各一員。中統四年置。

西窰場，大使、副使各一員。至元四年置。

琉璃局，大使、副使各一員。中統四年置。

凡山採木提舉司，秩從五品。掌採伐車輛等雜作木植，及造只孫繫腰刀把諸物。達魯花赤、提舉各一員，並從五品；同提舉一員，正七品；副提舉一員，正八品；吏目一員，司吏六人。至元十四年置。

上都採山提領所，秩從八品。提領、副提領、提控各一員。至元九年，以採伐材木，鍊石爲灰，徵發夫匠二百六十三户，遂置官以統之。

凡山宛平等處管夫匠所，提領二員，同提領二員，管領僱車材户提領一員。至元十五年置。

器備庫，秩從五品。提點一員，從五品；大使一員，從六品；副使二員，正七品；直長四員，正八品。掌殿閣金銀寶器二千餘事。至元二十七年置。

甸皮局，秩正七品。大使一員。管匠三十餘户。至元七年置。十四年，始定品秩。二十一年，改隸留守司。歲辦熟造紅甸羊皮二千有奇。

上林署，秩從七品。署令、署丞各一員，直長一員。掌宮苑栽植花卉，供進蔬菓，種苜蓿以飼駝馬，備煤炭以給營繕。至元二十四年置。

養種園，提領二員。掌西山淘煤，羊山燒造黑白木炭，以供修建之用。中統三年置。

花園，管勾二員。掌花卉果木。至元二十四年置。

苜蓿園，提領三員。掌種苜蓿，以飼馬駝膳羊。

儀鸞局，秩正五品。掌殿庭燈燭張設之事，及殿閣浴室門户鎖鑰，苑中龍舟，圈檻珍異禽獸，給用內府諸宮太廟等處祭祀庭燎，縫製簾帷，灑掃掖庭，領燭剌赤、水手、樂人、禁蛇人等二百三十餘户。輪直怯薛大使四員，正五品；副使二員，從六品；直長二員，正八品；都目一員，書吏二人，庫子一人。至元十一年置局，秩正七品。二十三年，陞正五品。至大四年，仁宗御西宮，又別立儀鸞局，設置亦同。延祐七年，增大使二員，以宦者爲之。

領四提領所：

燭剌赤，提領八員，提控四員。

水手，提領二員。

針工，提領一員。

蠟燭局，提領一員。

木場，提領一員，大使一員，副使一員。掌受給營造宮殿材木。至元四年，置南東二木場。十七年，併爲一場。

大都路管領諸色人匠提舉司，秩從五品。掌大都諸色匠户理斷昏田詞訟等事。提舉一員，從五品；同提舉一員，正七品；副提舉一員，正八品；吏目一人，司吏二人。中統四年，置人匠奥魯總管府，秩從四品。至元十二年，改提舉司。十五年，兼管採石人户，秩如舊。真定路、東平路管匠官，秩從七品。每路大使一員，副使一員，中統四年置。

保定路、宣德府管匠官，秩從七品。保定大使一員，副使一員，管匠官一員；宣德二員。中統四年置。

大名路管匠官，秩從七品。大使一員，管匠官三員。中統四年置。

晉寧、冀寧、大同、河間四路管匠官，秩從七品。每路大使、副使各一員。中統四年置。

收支庫，秩正九品。掌受給營繕。提點一員，大使一員，副使二員，直長二員，庫子二人。至元四年置。

諸色庫，秩從八品。掌修內材木，及江南徵索異樣木植，并應辦官寺齋事。大使一員，副使一員，司庫二人。至大四年置。

太廟收支諸物庫，秩從八品。大使、副使各一員，司庫四人。至治二年，以營治太廟始置。

南寺、北寺收支諸物二庫，秩從七品。提領、大使各一員，副使二員，司庫之屬凡十人。至治元年，以建壽安山寺始置。

廣誼司，秩正三品。司令二員，正三品；同知二員，正四品；副使二員，正五品；判官二員，正六品；經歷、知事各二員，照磨一員。總和顧和買、營繕織造工役，供億物色之務。至元十四年，改覆實司辨驗官，兼提舉市令司。大德五年，又分大都路總管府官屬，置供需府。至順二年罷之，立廣誼司。

武備寺，秩正三品。掌繕治戎器，兼典受給。卿四員，正三品；同判六員，從三品；少卿四員，從四品；丞四員，從五品；經歷、知事各一員，照磨兼提控案牘一員，承發架閣庫管勾一員，辨驗弓官二員，辨驗筋角翎毛等官二員，令史十有三人。至元五年，始立軍器監，秩四品。十九年，陞正三品。二十年，立衛尉院。改軍器監爲武備監，秩正四品，隸衛尉院。二十一年，改監爲寺，與衛尉並立。大德十一年，陞爲院。至大四年，復爲寺，設官如舊。其所轄屬官，則自爲選擇其匠户之能者任之。

壽武庫，秩從五品。提點二員，從五品；大使二員，正六品；副使四員，正七品；庫子一十人。至元十年，以衣甲庫改置。

利器庫，秩從五品。提點三員，大使二員，副使三員，秩品同壽武庫，庫子一十人。至元五年，始立軍器庫。十年，通掌隨路軍器，改利器庫。

廣勝庫，秩從五品。掌平陽、太原等處歲造兵器，以給北邊征戍軍需。達魯花赤一員，大使、副使各一員，庫子一人。

大同路軍器人匠提舉司，秩從五品。達魯花赤一員，提舉一員，並從五品；同提舉一員，正七品；副提舉一員，正八品。其屬：豐州甲局，院長一員；應州甲局，院長一員；平地縣甲局，院長一員；山陰縣甲局，院長一員；白登縣甲局，頭目一人；豐州弓局，使一員；賽甫丁弓局，頭目一人。

平陽路軍器人匠提舉司，秩正六品。達魯花赤一員，提舉、同提舉、副提舉各一員。其屬：本路投下雜造局，大使一員，副使一員；絳州甲局，大使一員。

太原路軍器人匠局，秩正七品。達魯花赤一員，局使一員，副使一員，吏目一員。

保定軍器人匠提舉司，秩從六品。達魯花赤、提舉、同提舉、副提舉各一員。其屬：河間甲局，院長一員；祈州安平縣甲局，院長一員；陵州箭局，頭目一人。

真定路軍器人匠提舉司，秩從六品。達魯花赤、提舉、同提舉、副提舉各一員。其屬：冀州甲局，院長一人。

懷孟河南等路軍器人匠局，秩正七品。局使、局副各一員。其屬：懷孟路弓局，院長一員。

汴梁路軍器局，秩正七品。局使、局副各一員。其屬：常課弓局，院長一員；常課甲局，院長一員。

益都濟南箭局，秩正七品。局使一員。

彰德路軍器人匠局，秩正七品。大使一員，副使一員。

大名軍器局，秩正七品。大使、副使各一員。

上都甲匠提舉司，秩從五品。提舉、同提舉、副提舉各一員。其屬：興州白局子甲局，院長一員；興州千户寨甲局，院長一員；松州五指崖甲局，院長一員；松州勝安甲局，院長一員。

遼河等處諸色人匠提舉司，秩從五品。達魯花赤、提舉、同提舉各一員。其屬：遼蓋弓局，大使、副使各一員；蓋州甲局，局使一員。

上都雜造局，秩正七品。大使、副使各一員。

奉聖州軍器局，秩從七品。大使、副使各一員。

蔚州軍器人匠提舉司，秩正六品。達魯花赤、提舉、同提舉、副提舉各一員。

宣德府軍器人匠提舉司，秩正六品。達魯花赤、提舉、同提舉、副提舉各一員。

廣平路甲局，院長一員。

東平等路軍器人匠提舉司，秩從五品。達魯花赤、提舉、同提舉、副提舉各一員。

通州甲匠提舉司，秩正六品。達魯花赤、提舉、同提舉、副提舉各一員。

蘇州甲匠提舉司，秩正五品。達魯花赤、提舉、同提舉、副提舉各一員。

欠州武器局，秩從五品。大使、副使各一員。

大都甲匠提舉司，秩正六品。達魯花赤、提舉、同提舉、副提舉各一員。

大都箭局，秩從七品。大使、副使各一員。

大寧路軍器人匠提舉司，秩從六品。達魯花赤、提舉、同提舉、副提舉各一員。

豐州雜造局，秩正六品。達魯花赤、大使、副使各一員。

歸德府軍器局，院長一員。

汝寧府軍器局，院長一員。

陳州軍器局，院長一員。

許州軍器局，秩從七品。大使、副使各一員。

咸平府軍器人匠局，秩從七品。達魯花赤、大使、副使各一員。

大都弓匠提舉司，秩正五品。達魯花赤、提舉、同提舉、副提舉各一員。其屬：雙搭弓局，大使、副使各一員；成吉里弓局，大使、副使各一員；通州弓局，院長一員。

大都弦局，大使、副使各一員。至元三十年，改提舉司置局。

隆興路軍器人匠局，達魯花赤、大使、副使各一員。至元三十年置。

平灤路軍器人匠局，大使、副使各一員。至元三十年置。

大都雜造局，提領二員。元貞二年置。

太僕寺，秩從二品。掌阿塔思馬匹，受給造作鞍轡之事。中統四年，設羣牧所。至元十六年，改尚牧監。十九年，又改太僕院。二十年，改衛尉院。二十四年，罷院，立太僕寺。又別置尚乘寺以管鞍轡，而本寺止管阿塔思馬匹。二十五年，隸中書，置提調官二員。大德十一年，復改太僕院。至大四年，仍爲寺。卿二員，從二品；少卿二員，從四品；丞二員，從五品；經歷、知事、照磨、管勾各一員，令史七人，譯史、知印、通事各二人，奏差四人，回回令史一人，典吏二人。

尚乘寺，秩(從)〔正〕三品。掌上御鞍轡輿輦，阿塔思羣牧騸馬驢騾，及領隨路局院鞍轡等造作，收支行省歲造鞍轡，理四怯薛阿塔赤詞訟，起取南北遠方馬匹等事。卿四員，正三品；少卿二員，從四品；丞二員，從五品；經歷、知事、照磨、管勾各一員，令史六人，譯史二人，知印二人，通事二人，奏差五人，典吏二人。至元二十四年，罷衛尉院，始設尚乘寺，領資乘庫。大德十一年，陞爲院，秩從二品。至大四年，復爲寺。延祐七年，降從三品。

資乘庫，秩從五品。提點四員，從五品；大使三員，正六品；副使四員，正七品；庫子四人。掌收支鞍轡等物。至元十三年置。二十年，隸衛尉。二十四年，隸尚乘寺。

長信寺，秩正三品。領大斡耳朵怯憐口諸事。卿四員，正三品；少卿二員，從四品；寺丞二員，從五品；經歷、知事各一員，令史六人，譯史、知印各二人，通事一人，奏差四人。大德五年置。至大元年，改陞爲院。四年，仍爲寺，卿五員，增少卿一員，以宦者爲之。延祐七年，省寺卿、少卿各一員，定置如上。

怯憐口諸色人匠提舉司，秩從五品。領大都、上都二鐵局并怯憐〔口〕人匠，以材木鐵炭皮貨諸色，備斡耳朵各枝房帳之需。達魯花赤一員，提舉、同提舉、副提舉各一員，吏目一人，司吏四人。至元二十五年置。

大都鐵局，秩從五品。掌斡耳朵上下往來造作粧釘房車。大使一員，副使一員，直長一員。至元十二年置。

上都鐵局，大使一員，副使一員。至元十六年置。掌職如前。

長秋寺，秩正三品。掌武宗五斡耳朵户口錢糧營繕諸事。寺卿五員，正三品；少卿二員，從四品；寺丞二員，從五品；經歷、知事各一員，令史六人，譯史、知印各二人，通事一人，奏差四人。皇慶二年置。其屬二：

怯憐口諸色人匠提舉司，秩從五品。掌正宮造作之役。達魯花赤一員，同提舉、副提舉各一員，吏目一人，司吏四人。至大元年，斡耳朵三位下撥到人匠五百九十三户，始置提舉司，隸中政院，後屬長信寺。

怯憐口諸色人匠提舉司，秩從五品。掌領武宗軍上北來人匠。達魯花赤一員，提舉一員，同提舉、副提舉各一員，吏目一人，司吏二人。至大元年置。

承徽寺，秩正三品。掌答兒麻失里皇后位下錢糧營繕等事。寺卿五員，正三品；少卿二員，從四品；寺丞二員，從五品；經歷、知事各一員，令史六人，譯史、知印各二人，通事一人，奏差四人。至治元年置。其屬二：

怯憐口諸色人匠提舉司二，秩正五品。各設達魯花赤一員，提舉、同提舉、副提舉各一員，吏目一人，司吏三人。至治三年置。

長寧寺，秩正三品。掌英宗速哥八剌皇后位下户口錢糧營繕等事。寺卿六員，正三品；少卿二員，從四品；寺丞二員，從五品；經歷、知事各一員，吏屬令史六人，譯史、知印各二人，怯里馬赤一人，奏差四人。至治三年置。

長慶寺，秩正三品。掌成宗斡耳朵及常歲管辦禾失房子、行幸怯薛臺人等衣糧之事。寺卿六員，少卿二員，寺丞二員，品秩同長寧寺；經歷、知事各一員，令史六人，譯史、知印各二人，怯里馬赤一人，奏差四人。泰定元年置。

寧徽寺，秩正三品。隸八不沙皇后位下。寺卿六員，少卿四員，丞二員，品秩同長慶寺；經歷、知事各一員。天曆二年置。

太府監，秩正三品。領左、右藏等庫，掌錢帛出納之數。太卿六員，正三品；太監六員，從三品；少監五員，從四品；丞五員，正五品；經歷、知事、照磨各一員，令史八人，譯史三人，通事、知印各一人，奏差四人。中統四年置。至元四年，爲宣徽太府監，凡內府藏庫悉隸焉。八年，陞正(二)〔三〕品。大德九年，改爲院，秩從二品，院判參用宦者。至大四年，復爲監，定置如上。

內藏庫，秩從五品。掌出納御用諸王段匹納失失紗羅絨錦南綿香貨諸物。提點四員，從五品；大使二員，正六品；副使二員，正七品。至元二年，置署上都。十九年，始署大都，以宦者領之。復有行內藏，二十八年省之，止存內藏及左右二庫。

右藏，提點四員，大使二員，副使二員，品秩同上。掌收支金銀寶鈔、只孫段匹、水晶瑪瑙玉璞諸物。至元十九年置。

左藏，提點四員，大使二員，副使二員，品秩同上。掌收支常課和買紗羅布絹絲綿絨錦木綿鋪陳衣服諸物。至元十九年置。

度支監，秩正三品。掌給馬駝芻粟。卿三員，正三品；太監二員，從三品；少監三員，從四品；監丞二員，從五品；經歷一員，知事一員，提控案牘一員，照磨兼管勾一員，令史十四人，譯史四人，通事、知印三人，奏差四人，典吏五人。國初，置孛可孫。至元八年，以重臣領之。十三年，省孛可孫，以宣徽兼其任。至大二年，改立度支院。四年，改爲監。

利用監，秩正三品。掌出納皮貨衣物之事。監卿八員，正三品；太監五員，從三品；少監五員，從四品；監丞四員，正五品；經歷、知事、照磨、管勾各一員，令史八人，譯史二人，通事、知印各一人，奏差六人，典吏三人。至元十年置。二十年罷，二十六年復置。大德十一年，改爲院。至大四年，復爲監。

資用庫，秩從五品。提點二員，從五品；大使三員，正六品；副使五員，正七品；庫子五人。至元二年置，隸太府。十年，隸利用。

怯憐口皮局人匠提舉司，秩正五品。提舉二員，同提舉一員，提控案牘一員。中統元年置局。至元六年，改提舉司。

雜造雙線局，秩從八品。造內府皮貨鷹帽等物。大使、副使、直長、典史各一員。

熟皮局，掌每歲熟造野獸皮貨等物。大使、副使、直長各一員。至元二十年置。

軟皮局，掌內府細色銀鼠野獸諸色皮貨。大使、副使、直長各一員。至元二十五年置。

斜皮局，掌每歲熟造內府各色野馬皮胯。副使二員。至元二十年置。

貂鼠局提舉司，秩從五品。提舉一員，同提舉、副提舉各一員。至元二十年置。

貂鼠局，副使二員，直長一員。至元十九年立。

染局，副使一員，直長一員，管勾一員。掌每歲變染皮貨。至元二十年始置。

熟皮局，秩從七品。大使一員，副使一員，典史一人，司吏一人。至元六年置。

中尚監，秩正三品。掌太斡耳朵位下怯憐口諸務，及領資成庫氊作，供內府陳設帳房帘幕車輿雨衣之用。監卿八員，正三品；太監二員，從三品；少監二員，從四品；監丞二員，正五品；經歷、知事、照磨各一員，令史七人，譯史三人，通事二人，知印二人，奏差五人。至元十五年，置尚用監。二十年罷。二十四年，改置中尚監。三十年，分置兩都灤河三庫怯憐口雜造等九司局而總領之。至大元年，陞爲院。四年，復爲監，參用宦者三人。

資成庫，秩從五品。掌造氊貨。提點三員，從五品；大使三員，正六品；副使三員，正七品。至元二年置，隸太府。二十三年，始歸于監。

章佩監，秩正三品。掌宦者速古兒赤所收御服寶帶。監卿五員，正三品；太監四員，從三品；少監二員，從四品；監丞二員，正五品；經歷、知事、照磨各一員，令史七人，譯史二人，通事二人，奏差四人。至元二十二年置。至大元年，陞爲院，秩從二品。四年，復爲監，定置如上。

御帶庫，秩從五品。掌繫腰偏束等帶併絛環諸物，供奉御用，以備賜予。提點三員，大使三員，副使二員，品秩同資成。至元二十八年置，俱以中官爲之。元貞二年，增二員，兼署上都之事。

異珍庫，秩從五品。掌御用珍寶、后妃公主首飾寶貝。提點三員，大使三員，副使二員，品秩同上。至元二十八年置。【略】

都水監，秩從三品。掌治河渠并隄防水利橋梁牐堰之事。都水監二員，從三品；少監一員，正五品；監丞二員，正六品；經歷、知事各一員，令史十人，蒙古必闍赤一人，回回令史員，正五品；經歷二員，都事四員，照磨兼管勾一員，令史四十四人，譯史六人，回回令史三人，通事、知印各二人，宣使一十二人。國初，置開平府。中統四年，改上都路總管府。至元三年，又給留守司印。十九年，併爲上都留守司兼本路都總管府。其屬附見：

修內司，秩從五品。掌營修內府之事。大使一員，從五品；副使三員，正七品；直長三員，正八品。至元八年置。

祗應司，秩從五品。掌粧鑾油染裱褙之事。大使一員，從五品；副使二員，正七品；直長二員，正八品。

器物局，秩從五品。掌造鐵器，內府營造釘線之事。大使一員，副使一員，直長二員。

儀鸞局，秩正五品。大使二員，副使三員，直長二員。至大四年，罷典設署，改置爲局。

兵馬司，秩正四品。指揮使三員，副指揮使二員，知事一員，提控案牘一員，司吏八人。至元二十九年置。

警巡院，秩正六品。達魯花赤一員，警巡使一員，副使二員，判官二員，司吏八人。

開平縣，秩正六品。達魯花赤一員，尹一員，丞一員，主簿一員，尉一員，典史一員，司吏八人。

平盈庫，大使一員，副使一員。至元三十年置。

萬盈庫，達魯花赤、監支納、大使、副使各一員。中統初置。

廣積倉，達魯花赤、監支納、大使、副使各一員。中統初，置永盈倉。大德間，改爲廣積倉。

萬億庫，秩正五品。達魯花赤一員，提舉一員，同提舉、副提舉各一員，提控案牘一員，司吏六人，譯史二人。至元二十三年置。

行用庫，提點一員，大使一員，副使一員。

稅課提舉司，秩正五品。提舉二員，同提舉、副提舉、提控案牘各一員。元貞元年置。

八作司，品秩職掌，悉與大都左右八作司同。達魯花赤一員，提領、大使、副使各一員。至元十七年置。

餼廩司，掌諸王駙馬使客飲食。大使一員，副使一員。至元二年，置上都應辦所。延祐五年，改爲餼廩司。

《明史》卷七二《職官志一》工部。尚書一人，正二品，左、右侍郎各一人，正三品。其屬，司務廳，司務二人，從九品。營繕、虞衡、都水、屯田四清吏司，各郎中一人，正五品，後增設都水司郎中四人。員外郎一人，從五品，後增設營膳司員外郎二人，虞衡司員外郎一人。主事二人，正六品，後增設都水司主事五人，營膳司主事三人，虞衡司主事二人，屯田司主事一人。所轄，營繕所，所正一人，正七品，所副二人，正八品，所丞二人，正九品。文思院，大使一人，正九品，副使二人，從九品。皮作局，大使一人，正九品，副使二人，從九品，後革。鞍轡局，大使一人，正九品，副使一人，從九品。隆慶元年，大使、副使俱革。寶源局，大使一人，正九品，副使一人，從九品，嘉靖間革。顏料局，大使一人，正九品，後革。軍器局，大使一人，正九品，副使二人，後革一人。節慎庫，大使一人，從九品。嘉靖八年設。織染所、雜造局，大使一人，正九品，副使一人，從九品。廣積、通積、盧溝橋、通州、白河各抽分竹木局，大使各一人，副使各一人。大通關提舉司，提舉一人，正八品，萬曆二年革。副提舉二人，正九品，典史一人。後副提舉、典史俱革。柴炭司，大使一人，從九品，副使一人。

尚書掌天下百官、山澤之政令。侍郎佐之。

營繕典經營興作之事。凡宮殿、陵寢、城郭、壇場、祠廟、倉庫、廨宇、營房、王府邸第之役，鳩工會材，以時程督之。凡鹵簿、儀仗、樂器，移內府及所司，各以其職治之，而以時省其堅潔，而董其窳濫。凡置獄具，必如律。凡工匠二等：曰輪班，三歲一役，役不過三月，皆復其家；曰住坐，月役一旬，有稍食。工役二等，以處罪人輸作者，曰正工，曰雜工。雜工三日當正工一日，皆視役大小而撥節之。凡物料儲偫，曰神木廠，曰大木廠，以蓄材木，曰黑窯廠，曰琉璃廠，以陶瓦器，曰臺基廠，以貯薪葦，皆籍其數以供修作之用。

虞衡典山澤採捕、陶冶之事。凡鳥獸之肉、皮革、骨角、羽毛，可以供祭祀、賓客、膳羞之需，禮器、軍實之用，歲下諸司採捕。水課禽十八、獸十二，陸課獸十八、禽十二，皆以其時。冬春之交，罝罛不施川澤；春夏之交，毒藥不施原野。苗盛禁蹂躪，穀登禁焚燎。若害獸，聽爲陷穽獲之，賞有差。凡諸陵山麓，不得入斧斤、開窯冶、置墓墳。凡帝王、聖賢、忠義、名山、岳鎮、陵墓、祠廟有功德於民者，禁樵牧。凡山場、園林之利，聽民取而薄征之。凡軍裝、兵械，下所司造，同兵部省之，必程其堅緻。凡陶甄之事，有歲供，有暫供，有停減，籍其數，會其入，毋輕毀以費民。凡諸冶，飭其材，審其模範，付有司。錢必準銖兩，進於內府而頒之。牌符、火器，鑄於內府，禁其以法式洩於外。凡顏料，非其土產不以征。

都水典川澤、陂池、橋道、舟車、織造、券契、量衡之事。水利曰轉漕，曰灌田。歲儲其金石、竹木、卷埽，以時修其閘壩、洪淺、堰圩、隄防，謹蓄洩以備旱潦，無使壞田廬、墳隧、禾稼。舟楫、磑碾者不得與灌田爭利，灌田者不得與轉漕爭利。凡諸水要會，遣京朝官專理，以督有司。役民必以農隙，不能至農隙，則僝功成之。凡道路、津梁，時其葺治。有巡幸及大喪、大禮，則修除而較比之。凡舟車之制，曰黃船，以供御用，曰遮洋船，以轉漕於海，曰淺船，以轉漕於河，曰馬船，曰風快船，以供送官物，曰備倭船，曰戰船，以禦寇賊，曰大車，曰獨轅車，曰戰車，皆會其財用，酌其多寡、久近、勞逸而均劑之。凡織造冕服、誥敕、制帛、祭服、浄衣諸幣布，移內府、南京、浙江諸處，周知其數而慎節之。凡公、侯、伯鐵券，差其高廣。制式詳《禮志》。凡祭器、册寶、乘輿、符牌、雜器皆會則於內府。凡度量、權衡，謹其校勘而頒之，懸式於市，而罪其不中度者。

屯田典屯種、抽分、薪炭、夫役、墳塋之事。凡軍馬守鎮之處，其有轉運不給，則設屯以益軍儲。其規辦營造、木植、城磚、軍營、官屋及戰衣、器械、耕牛、農具之屬。凡抽分征諸商，視其財物各有差。凡薪炭，南取洲汀，北取山麓，或徵諸民，有本、折色，酌其多寡而撙節之。夫役伐薪、轉薪，皆僱役。凡墳塋及堂碑、碣獸之制，第宗室、勳戚、文武官之等而定其差。墳塋制度，詳《禮志》。

洪武初，置工部及官屬，以將作司隸焉。吴元年置將作司，卿，正三品，少卿，正四品，丞，正五品。左、右提舉司提舉，正六品，同提舉，從六品，司程、典簿、副提舉，正七品。軍需庫大使，從八品，副使，正九品。洪武元年以將作司隸工部。六年增尚書、侍郎各一人，設總部、虞部、水部并屯田爲四屬部。總部設郎中、員外郎各二人，餘各一人。總部主事八人，餘各四人。又置營造提舉司。洪武六年改將作司爲正六品，所屬提舉司，改正七品。尋更置營造提舉司及營造提舉分司，每司設正提舉一人，副提舉二人，隸將作司。八年增立四科，科設尚書、侍郎、郎中各一人，員外郎二人，主事五人，照磨二人。十年罷將作司。十三年定官制，設尚書一人，侍郎一人，四屬部以屯田部爲屯部，各郎中、員外郎一人，主事二人。十五年增侍郎一人。二十二年改總部爲營部。二十五年置營繕所。改將作司爲營繕所，秩正七品，設所正、所副、所丞各二人，以諸匠之精藝者爲之。二十九年又改四屬部爲營繕、虞衡、都水、屯田四清吏司。嘉靖後添設尚書一人，專督大工。

提督易州山廠一人，掌督御用柴炭之事。明初，於沿江蘆洲并龍江、瓦屑二場，取用柴炭。永樂間，遷都於北，則於白羊口、黃花鎮、紅螺山等處採辦。宣德四年始設易州山廠，專官總理。景泰間，移於平山，又移於滿城，相繼以本部尚書或侍郎督廠事。天順元年仍移於易州。嘉靖八年罷革，改設主事管理。

《明史》卷七四《職官志三》 宦官。十二監。每監各太監一員，正四品，左、右少監各一員，從四品，左、右監丞各一員，正五品，典簿一員，正六品，長隨、奉御無定員，從六品。此洪武舊制也。後漸更革，詳見各條下。司禮監，提督太監一員，掌印太監一員，秉筆太監、隨堂太監、書籍名畫等庫掌司、內書堂掌司、六科廊掌司、典簿無定員。提督掌督理皇城內一應儀禮刑名，及鈐束長隨、當差、聽事各役，關防門禁，催督光禄供應等事。掌印掌理內外章奏及御前勘合。秉筆、隨堂掌章奏文書，照閣票批硃。掌司各掌所司。典簿典記奏章及諸出納號簿。內官監，掌印太監一員，總理、管理、僉書、典簿、掌司、寫字、監工無定員，掌木、石、瓦、土、塔材、東行、西行、油漆、婚禮、火藥十作，及米鹽庫、營造庫、皇壇庫，凡國家營造宮室、陵墓，并銅錫粧奩、器用暨冰窨諸事。御用監，掌印太監一員，裏外監把總二員，典簿、掌司、寫字、監工無定員。凡御前所用圍屏、牀榻諸木器，及紫檀、象牙、烏木、螺甸諸玩器，皆造辦之。又有仁智殿監工一員，掌武英殿中書承旨所寫書籍畫册等，奏進御前。司設監，員同內官監，掌鹵簿、儀仗、帷幙諸事。御馬監，掌印、監督、提督太監各一員。騰驤四衛營各設監官、掌司、典簿、寫字、拏馬等員。象房有掌司等員。神宫監，掌印太監一員，僉書、掌司、管理無定員，掌太廟各廟灑掃、香燈等事。尚膳監，掌印太監一員，提督光禄太監一員，總理一員，管理、僉書、掌司、寫字、監工及各牛羊等房廠監工無定員，掌御膳及宫內食用并筵宴諸事。尚寶監，掌印一員，僉書、掌司無定員，掌寶璽、敕符、將軍印信。凡用寶，外尚寶司以揭帖赴監請旨，至女官尚寶司領取，監視外司用訖，存號簿，繳進。印綬監，員同尚寶，掌古今通集庫，并鐵券、誥敕、貼黃、印信、勘合、符驗、信符諸事。直殿監，員同上，掌各殿及廊廡掃除事。尚衣監，掌印太監一員，管理、僉書、掌司、監工無定員，掌御用冠冕、袍服及履舄、靴韈之事。都知監，掌印太監一員，僉書、掌司、長隨、奉御無定員，舊掌各監行移、關知、勘合之事，後惟隨駕前導警蹕。

四司。舊制每司各司正一人，正五品；左、右司副各一人，從五品。後漸更易，詳下。惜薪司，掌印太監一員，總理、僉書、掌道、掌司、寫字、監工及外廠、北廠、南廠、新南廠、新西廠各設僉書、監工俱無定員，掌所用薪炭之事。鐘鼓司，掌印太監一員，僉書、司房、學藝官無定員，掌管出朝鐘鼓，及內樂、傳奇、過錦、打稻諸雜戲。寶鈔司，掌印太監一員，僉書、管理、監工無定員，掌造粗細草紙。混堂司，掌印太監一員，僉書、監工無定員，掌沐浴之事。

八局。舊制每局大使一人，正五品；左、右副使各一人，從五品。兵仗局，掌印太監一員，提督軍器庫太監一員，管理、僉書、掌司、寫字、監工無定員，掌製造軍器。火藥司屬之。銀作局，掌印太監一員，管理、僉書、寫字、監工無定員，掌打造金銀器飾。浣衣局，掌印太監一員，僉書、監工無定員。凡宫人年老及罷退廢者，發此局居住。惟此局不在皇城內。巾帽局，掌印太監一員，管理、僉書、掌司、監工無定員，掌宫內使帽靴，駙馬冠靴及藩王之國諸旗尉帽靴。鍼工局，員同巾帽局，掌造宫中衣服。內織染局，員同上，掌染造御用及宫內應用緞匹。城西藍靛廠爲此局外署。酒醋麵局，員同上，掌宫內食用酒醋、糖醬、麵豆諸物。與御酒房不相統轄。司苑局，員同上，掌蔬菜、瓜果。

十二監、四司、八局，所謂二十四衙門也。

《明史》卷七五《職官志三》 織染雜造局。大使一人，從九品，州織染局未入流。副使一人。

河泊所官，掌收魚税；閘官、壩官，掌啓閉蓄洩。洪武十五年定天下河泊所凡二百五十二。歲課糧五千石以上至萬石者，設官三人；千石以上設二人；三百石以上設一人。

批驗所。大使一人，副使一人，掌驗茶鹽引。

鐵冶所。大使一人，副使一人。洪武七年初置。凡十三所，每所置大使、副使各一人。初，大使，正八品，副使，正九品，後俱爲未入流。

《明太祖實録》卷二十二〔至正二十七年二月癸丑〕置兩浙都轉運鹽使司於杭州。設蘆瀝、鳴鶴、鮑郎、清浦、黄巖、昌國正監，清泉、大嵩、穿山、錢清、三江、龍頭、曹娥、玉泉、天富北監，岱山、袁浦、下砂、蘆花、杜瀆、長林、長山、西路、横浦、天賜、雙穗、天富南監，青村、石堰、仁和、海砂、長亭、永嘉、浦東、許村、西興等三十六場。歲辦鹽二十二萬二千三百八十四引有畸，每引重四百斤。其法：浙東以竹篾織盤，用石灰、柴灰塗抹，注鹵煎燒。每田八畝，辦鹽一引。田入鹽籍，謂之贍鹽田土。浙西竈户自備荒鐵鑄盤，每盤一面，重千數百斤，下用鐵柱週匝，磚石裝揸。其下砂、青村等場曬灰，餘場俱取泥土曬之。用海潮澆灑，朝灑暮收。五七日間，其土起花，乃入溜淋鹵。以蓮子試之，鹹者須浮三蓮，然後下盤煎燒。竈户之外，復有柴丁、車丁、火工、驗丁煎辦有差。

《明太祖實録》卷一百三十〔洪武十三年三月戊申〕定六部官制：凡設官吏五百四十八人，官一百五人，尚書六人，侍郎七人，郎中二十四人，員外郎二十四人，主事四十四人，比唐制減三十一人，比舊制減七十一人。吏四百四十三人，都吏二十四人，令史百三十四人，典吏二百八十五人，比唐制減四百二十六人，比舊制減三百四十五人。【略】户部尚書一人，侍郎二人，總掌天下户口、土田之政令。凡徭賦職貢之方，經費賙給之筭，藏貨贏縮之凖，悉以咨之。其屬有四部焉。曰總部，掌天下貢賦，户婚、田土、農桑、經理賦役、水旱、災傷、賑濟、蠲免、過割、存恤、會計、漕運、時估之屬。郎中、員外郎各一人，主事四人，都吏一人，令史十二人，典吏二十五人。曰度支，掌度支國用租賦多寡之數，物産豐約之宜，及禄秩賞賜支撥錢鈔糧鹽料草改革考較雜支之屬。郎中、員外郎各一人，主事三人，都吏一人，令史十三人，典吏二十四人。曰金部，掌天下庫藏出納，金帛財貨及歲貢營運市舶課程錢鈔茶鹽之法，契本贜罰租賃之屬。郎中、員外郎各一人，主事三人，都吏一人，令史十三人，典吏二十七人。曰倉部，掌天下倉廪，徵收税糧馬草斛斗稱尺之屬。郎中員外郎各一人，主事二人，都吏一人，令史十二人，典吏二十七人，承發典吏一人，架閣勾銷典例各一人。【略】曰駕部，掌車輦及鹵簿儀仗、馬政驛傳之屬。郎中、員外郎、主事各一人，都吏一人，令史二人，典吏四人。曰庫部，掌軍戎、器械、甲冑、矛盾及紙劄藥餌之屬。郎中、員外郎、主事各一人，都吏一人，令史二人，典吏四人，承發典吏一人，架閣兼勾銷典吏一人。【略】工部尚書、侍郎各一人，總掌天下百工、屯田、虞衡、川澤之政令，其屬有四部焉：曰總部，掌天下經營興造之衆務。凡城池之修濬，土木之繕葺，工匠之多寡，程式之經度，及工匠口給賞勞之屬。郎中、員外郎各一人，主事二人，都吏一人，令史五人，典吏十人。【略】曰虞部，掌天下虞衡山澤之事，凡採捕、畋獵及辦造軍器、顔料、黑窑、琉璃、磚瓦、紙劄、皷鑄、爐冶之屬。郎中、員外郎各一人，主事二人，都吏一人，令史五人，典吏十人。曰水部，掌天下川瀆、陂池之事。凡河渠、橋梁、道路、牐壩、舟楫、水利及織造雜支、雜造之屬。郎中、員外郎，各一人，主事二人，都吏一人，令史六人，典吏十二人，承發典吏一人，架閣兼勾銷典吏一人。

《明神宗實録》卷二十〔萬曆元年十二月丙辰〕巡視廠庫工科給事中梁式等奏：「查盤營建昭陵錢糧數，工部四司共用銀五十萬一千五十兩有奇。營繕二十萬四千四百二十二兩有奇；虞衡一萬三千一百四十五兩有奇；都水一十一萬八千八百五十四兩有奇；屯田一十六萬四千六百二十八兩有奇。除户兵二部銀一十一萬一百一十九兩，工部實用銀三十九萬九百三十二兩有奇。

朱元璋《祖訓録・内官》 凡内府飲食常用之物，官府上下行移，不免取辦于民，多致文繁生弊，故設尚酒、尚醋、尚面、尚染等局于内。既設之後，忽觀《周禮》酒人、漿人、醯人、染人之職，亦用奄人，乃知自古設此等官，其來已久，取其不勞民而便于用也。其他如各監、司、局，及各庫，皆設内官職掌，其事甚易辦集。上項職名，設置既定，要在遵守，不可輕改。

凡各衙門内官，正官皆正七品，佐貳官從七品。奉御、浄人正八品，典簿正九品。

天地壇祠祭署：署令，署丞，司香奉御。

神壇署：署令，署丞。

皇陵署：署令，署丞。

神宫内使監：監令，監丞，典簿，司香奉御。

尚寶監：監令，監丞，典簿，直殿奉御。監令丞掌御寶，晝夜常川于内宫門聽候，所掌匙鑰不許離身，凡有動止，謹護御寶。典簿掌簿籍。

內使監：監令，監丞，典簿。監令掌應辦內府一應事務，丞爲之佐。典簿掌文案簿籍。

尚冠監：監令，監丞，尚冠奉御。監令掌冕弁冠帽，丞爲之佐。凡造冠帽，結棕冠網巾，鋪翠穿珠，梳剃諸匠咸屬焉。

尚衣監：監令，監丞，尚衣奉御。監令掌衮袍常服，丞爲之佐。凡裁縫匠屬焉。

尚佩監：監令，監丞，尚佩奉御。監令掌佩帶，丞爲之佐。

尚履監：監令，監丞，尚履奉御，涓潔奉御。監令掌靴履，丞爲之佐。凡結棕靴，捍氈，熟皮皮匠咸屬焉。

御馬司：司正，司副，御馬奉御。司正、副掌帶鞍轡、御馬，晝夜輪流伺候。

兵杖司：司正，司副，鋒利奉御，被堅奉御，執鋭奉御，彎弧奉御。司正、副掌甲青、戈矛、弓箭、刀劍。而造弓箭槺匠、打弓弦匠咸屬焉。

典禮紀察司：司正，司副，紀事奉御。司正、副掌管內府一應禮儀，欽記御前一應文字。凡聖旨裁決機務，已未發放，須要紀録親切御前題奏，及糾劾內官、內使非違不公等事。而造筆墨、表背匠亦屬焉。

繩頑司：司正，司副。司正、副掌治內官、內使之犯罪者。

御藥局：局正，局副，典簿，尚藥奉御。局正掌監同御醫修合藥餌，如法煎調進御，副之爲佐。典簿掌文案簿籍并收支藥料數目。凡外科接骨等醫咸屬焉。

尚酒局：局正，局副。局正、副掌選酒供用。凡造紅麯、□〔菜〕豆粉、豆腐者咸屬焉。

尚麪局：局正，局副。局正、副掌磨麪供用。造麪箸者屬焉。

尚醋局：局正，局副。局正、副掌醋供用。

尚染局：局正，局副，織染奉御。局正、副掌染色供用。

巾帽局：局正，局副。

針工局：局正，局副。

皮作局：局正，局副。

顔料局：局正，局副。

司牧局：局正，局副。局正、副掌牧養羊、鵝、鷄、鴨。

司菜局：局正，局副。局正、副掌種菜供用。

內府寶鈔庫。大使，副使。大使、副使掌出納寶鈔等，掌事掌文案簿籍、收支數目。

承運庫：大使，副使。大使掌出納寶貨金銀、珠玉、緞匹、紗羅、布帛等項，副使爲之佐。掌事掌文案簿籍、收支數目。

內府庫：大使，副使。

廣積庫：大使，副使。

甲字庫：大使，副使。

乙字庫：大使，副使。

丙字庫：大使，副使。

丁字庫：大使，副使。

戊字庫：大使，副使。

執膳奉御，掌監造御膳供進。

各門：門正，正七品；門副，從七品。門正、門副掌各本門所鎖鑰，晨昏啓閉，關防出入。

奉先殿門，奉天門，左順門，右順門，左紅門，前左紅門，右紅門，中左門，中右門，后左門，后右門，前左門，前右門，宮門，宮左門，宮右門，坤寧門，外坤寧門，午門，闕左門，闕右門，端門，承天門，東華門，東上門，東上南門，東上北門，東中門，東安門，西華門，西上門，西上南門，西上北門，西中門，西安門，玄武門，北上門，北上東門，北上西門，北中門，北安門，織錦門，長廊中門，春和門，調馬門，馴馬門，興仁門，興善門，東宮門，左宮門，右宮門，東宮北門。

東宮官：正官、佐貳官品級同前。

典璽局：局郎，局丞，紀事奉御。掌璽寶翰墨之事，丞爲之佐。

典藥局：局郎，局丞。典藥郎掌監同御醫修合藥餌，如法煎調供進，丞爲之佐。

典膳局：局郎，局丞。典膳郎掌監造膳食供進，丞爲之佐。

典服局：局郎，局丞。典服郎掌冕弁、冠帽、衮袍、常服、佩帶、靴履等，丞爲之佐。

典兵局：局郎，局丞。典兵郎掌甲胄、戈矛、弓箭、刀劍等，丞爲之佐。

典乘局：局郎，局丞，浄人。典乘掌車馬，丞爲之佐。

王府官，正官，從七品；佐貳官，正八品。

承奉司：承奉正，承奉副。掌管王府一應雜事。有事，呈長史司并護衛指揮司發落，與内官衙門無相統攝。

典寶所：典寶正，典寶副。

典膳所：典膳正，典膳副。

典服所：典服正，典服副。内使六名：司冠一名，司衣三名，司佩一名，司履一名。掌服有。

各門：門正，門副。

内使：司藥二名，司弓矢二名。

公主府。

家令司：家令從七品，司丞正八品，録事從九品。

朱元璋《祖訓録·職制》 凡封爵，皇太子授以金册金寶。妃同。親王授以金册金寶。妃授以金册。公主授以金册，婿皆稱騎馬都尉，賜誥命，禄秩比從一品。**【略】**凡王府官：**【略】**

典寶所：正八品典寶正一員，從八品典寶副一員。

典膳所：正八品典膳正一員，從八品典膳副一員。司吏一名，典吏二名。

【略】

工正所：正八品工正一員，從八品工副一員。司吏一名，典吏二名。

紀善所：正八品紀善二員。

典儀所：正八品典儀正一員，從八品典儀副二員。雜職：引禮舍人二名。

【略】

倉官，雜職：大使一員，副使一員。攢典一名。

庫官，雜職：大使一員，副使一員。攢典一名。

張鹵輯《皇明制書》卷三《諸司執掌·吏部職掌》 工部

正官：尚書一員，左右侍郎各一員。

屬官營虞水屯四部：郎中各一員，員外郎各一員。

首領官營部等四部：主事各二員，司務四員。

所屬衙門：

文思院：大使一員，副使二員。

巾帽局：大使一員，副使一員。

針工局：大使一員，副使一員。

營膳所：所正二員，所副二員，所丞二員。

皮作局：大使一員，副使二員。

顔料局：大使一員。

寶源局：大使一員，副使一員。

鞍轡局：大使一員，副使一員。

軍器局：大使一員，副使二員。

龍江提舉司：提舉一員，副提舉二員，典史一員。

龍江抽分竹木局：大使一員，副使四員。

大勝港抽分竹木局：大使一員，副使二員。

劉若愚《酌中志》卷一六《内府衙門職掌》 《皇明祖訓》所載，設立内府衙門，職掌品級，立法垂後，亦盡善盡美。惟是間有祖訓所未及載，或載而未詳者，謹譜次梗概於左。按内府十二監：曰司禮，曰御用，曰内官，曰御馬，曰司設，曰尚寶，曰神宫，曰尚膳，曰尚衣，曰印綬，曰直殿，曰都知。又四司：曰惜薪，曰寶鈔，曰鐘鼓，曰混堂。又八局：曰兵仗，曰巾帽，曰針工，曰内織染，曰酒醋麪，曰司苑，曰浣衣，曰銀作。以上總謂之曰二十四衙門也。此外，有内府供用庫、司鑰庫、内承運庫等處，亦臚列於後，以備考焉。

司禮監：掌印太監一員，秉筆、隨堂太監八、九員或四、五員。設有象牙小牌一面，長寸餘，每日申時交接，輪流該正。凡每日奏文書，自御筆親批數本外，皆衆太監分批。遵照閣中票來字樣，用硃筆楷書批之。間有偏旁偶訛者，亦不妨略爲改正。最有寵者一人，以秉筆掌東廠。掌印秩尊，視元輔，掌東廠權重，視總憲兼次輔。其次秉筆、隨堂，如衆輔焉。皆穿貼裏，先斗牛，次陞坐蟒，先内府騎馬，次陞椶杌。禄米，每陞一級，則歲加禄米十二石。各家私臣曰掌家，職掌一家之事；曰管事，辦理食物、出納、銀兩；曰上房，職掌箱櫃、鎖鑰；曰掌班、領班，鈐束西班答應官人；曰司房，打發批文書、謄寫應奏文書。其下則管帽、管衣靴、茶房、厨房、打聽官、看莊宅各瑣屑事務也。其餘大小衙門，遇有應題奏事情，皆先關白司禮監掌印、秉筆、隨堂而始行。凡御前親近大臣，如乾清宫管事、打卯牌子，其秩亦榮顯，猶外廷之勳爵戚臣。然皆得掌各衙門之印，視其寵眷厚薄而欽傳畀之，不拘資次。司禮監提督一員，秩在監官之上，于本衙門居住，職掌古今書籍、名畫、册葉、手卷、筆、墨、硯、綾紗、絹布、紙劄，各有庫貯之，選監工之老成勤敏者掌其鎖鑰。所屬掌官四員或六員佐理之，并內書堂亦屬之。又，經廠掌司四員或六員，在經廠居住，只管一應經書印板及印成書籍，佛藏、道藏、番藏，皆佐理之。自提督以下，則監官、典簿十餘員。第一員監官提督皇史宬，并新房。候轉提督俱輪流該正，在廊下家宿，專理皇城內一應禮儀刑名，鈐束長隨、當差、聽事各役，關防門禁。至逆賢擅政時，令與文書房輪挨，遇雙月十六日，前往教場比試武職應襲。其次，六科廊掌司六員或八員，分東西兩房，管精微科內外章疏及內官脚色、履歷、職名，月報逃亡事故、數目。其次，又數十員或八員，管二十四衙門、山陵等處內官職級、姓名，撰寫每日傳行聖旨，稽查門禁，鈐束當差、聽事，題奏應行禮儀、應頒賞賜。其次，六科廊謄黃寫字一員。其次，管掌寫字，則按飭令挨次題稟禮儀文書及賞例，或百員，或數十員，分兩班四撥，各若干人。其班按十二支輪之：曰頭頂，整一日過夜；曰守早，從卯至申；曰守晚，從中至次日天明；曰末頂，整一日過夜，方得下班歇息四日也。凡遇聖駕朝構、遊幸，穿麟補，紅裡敞，執藤條攔擋者，皆掌司人數寫字也。或轉經廠司禮監掌司者，則每撥內另有一種衙門寫字，共十餘員挨補而已。【略】

御用監：掌印太監一員，裏外監把總二員，猶總理也。有典簿，掌司，寫字、監工。凡御前所用圍屏、擺設、器具，皆取辦焉。有佛作等作，凡御前安設硬木牀、桌、櫃、閣及象牙、花梨、白檀、紫檀、烏木、鸂鶒木、雙陸、棋子、骨牌、梳櫳、螺甸、填漆、雕漆、盤匣、扇柄等件，皆造辦之。仁智殿有掌殿監工一員，掌管武英殿中書承旨所寫書籍、畫扇，奏進御前，亦猶中書房之于文華殿中書也。

司設監：掌印太監一員，有總理、僉書等官，如內官監。而所職掌者，鹵簿、儀仗、圍幙、褥墊，各宮冬夏簾、涼蓆、帳幔、雨袱子、雨頂子、大傘之類。事最煩苦，遠不逮御用監、內官監有盈餘肥潤也。如遇御前打點庫藏擡箱，則此三衙門之人皆任重擡運，不敢憚勞。

御馬監：掌印太監一員，有監督、提督、四衛營勇士、小厮。有監官、典簿、掌司、寫字、拏馬、象房掌房等官。牙母象九隻，各居一房，缺則外象房補之。金鞍作、長隨房等處，各有監工。本監象房之東，有裏草欄，草場，皇城之外有天師菴草場、舊都府草場。天啓六年夏，舊草場失火，逆賢率內外官員、軍士人等救撲三日始息。都城東北有大壩等二十四馬房，大壩城垣，逆賢重創一新。李魯生巡青之疏所諛者是也。凡逆賢出外到此，則于城樓上陞座飲酒，至夜則花礮、巧線、盒子、烟火之類，皆在城下放看，如元宵焉。

神宮監：掌印太監一員，司禮監監官或文書房無力者陞之。有僉事、掌司十餘員。在端門之左，九廟在焉。四孟之朔，聖駕親享之。正旦及別朔，或遇日食，則改卜于初五前後行。其餘節令，祀事惟謹，即外太廟也。其地無敢畜犬者。萬曆年間，掌印杜用養一獅扒小狗，最爲珍愛。東廠李太監後訪知之，指爲違禁不敬，聲欲參奏，費千餘金方得免。【略】

尚寶監：掌印太監一員，僉書等官數十員。職掌御用寶璽、敕符、將軍印信。其所可知者，尚寶司凡所領者，曰皇帝奉天之寶，郊天齋醮用之。曰尊親之寶，上尊號用之。曰親親之寶，有大小二顆，與藩府用之。誥命之寶、敕命之寶、廣運之寶，則用之最多也。御前之寶，則宮中庫藏箱鎖用之。曰御藥謹封，則牙刻者也，御藥房用之。凡敕命遠出者，仍用一黃紙封套，上下悉用牙刻方寶封識之，其文曰：册符出驗四方之寶，其餘咸玉刻也。凡寶皆內尚寶女官掌之。遇用寶，則尚寶司以揭帖赴尚寶監，監請旨，然後赴內司領取。歲用寶三萬餘顆，歲用寶色銀六十餘兩，工部虞衡司辦進，別項供億不盡載也。其餘寶璽尚多，不恒用。天啓甲子冬，河南巡撫程紹遺副使張夢鯨進到玉璽，玉質瑩潔，款制渾朴，其白文曰：受命于天，既壽永昌，似小篆，不甚古，角無刓缺，的非秦璽，想是宋元時僞造者。惟閣臣魏廣微誇大其詞，從臾逆賢播告中外，以爲此璽之進，正在萬方慶祝之前，又值朝政維新之會，顯是瑞應，實所以熒惑先帝受賀稱慶，藉肆報復云。

印綬監：掌印太監一員，僉書、掌司數十員。職掌古今通集庫，并鐵券、誥敕、貼黃、印信、圖書、勘合、符驗、信符諸事及南京解文武誥軸。凡追奪誥命，交納本監，會同該科給事中、中書舍人，於勘合底簿內附寫爲事緣由，于本監後小門之西傍河牆焚化。

直殿監：掌印太監一員，僉書等官數十員。職掌皇極、建極、中極、武英、文華殿庭、樓閣、廊廡灑掃之役，最勞苦冷局，無大廳公署也。

尚衣監：掌印太監一員，管理僉書、掌司等數十員。掌造御用冠冕、袍服、履舄、靴襪之事。兵仗局之南，舊監庫之北，即本監裁縫匠役成造御用之袍房也，又名曰西直房。萬曆時，凡造上用袍服之裏，合用杭紬等絹，例具尺寸數目，于東廠太監處取辦之。不知今尚如此否也。萬曆三十三年冬，御前偶失珍珠袍一件，神廟震怒，命先監矩親至袍房拷問數次。時掌管內官王乾、王進、王保三人素不睦，而互訐陷之。先監怒其愚狡，察其實冤，竟不爲嚴旨所拘，再四搒鞫，了無盜袍證據。時王進孱弱，被掠病亡，王乾等奉旨降浄軍結局。其後數年，宮中有人云：此袍是一貴顯宮女偷出，付其答應內官拆碎變賣，人始追感先監之明允淑問也。倘希旨煅煉，則支連蔓引含冤而死者，寧能再生乎？益知執法者凡事宜虛公詳慎可也。

都知監：掌印太監一員，甚不顯貴。餘皆本監寫字、長隨，各有青紅執事衣服。凡聖駕出朝、謁廟等項，在前警蹕清道者，即此監之官也。執骨朵，身穿鸚哥等補子，戴平巾或官帽，亦有穿圓領裡襯者。其人極寒苦，難以陞轉，下下衙門也。

惜薪司：掌印太監一員，總理數十員，僉書、掌道、寫字、監工數十員，各外廠又數十員。專管宮中所用柴炭及二十四衙門、山陵等處內臣柴炭。每月初四、十四、廿四日，開玄武門放夫匠及打掃浄軍，擡運堆積糞壤。每年春暖，開長庚、蒼震等門，率夫役淘浚宮中溝渠。正旦節安彩粧。凡遇冬寒，宮中各銅缸、木桶，該內官添水湊安鐵篘其中，每日添炭，以防冰凍，備火災。候春融則止。皆惜薪司事也。凡宮中所用紅籮炭者，皆易州一帶山中硬木燒成，運至紅籮廠，按尺寸鋸截，編小圓荊筐，用紅土刷筐而盛之，故名曰紅籮炭也。每根長尺許，圓徑二三寸不等，氣煖而耐久，灰白而不爆。如經伏雨久淋，性未過盡，而火氣太熾，多能損人，倏令眩暈，昏迷發嘔，大人尚可，皇子女嬰幼何堪？又宮中咸木做地平牆壁，多缺土氣，凡乳母畏寒，皇子女或中此毒，屢致薨天，良可痛也。

【略】

混堂司：掌印太監一員，僉書、監工數員。職司沐浴堂子。惜薪司月給柴草，內官監撥有役夫，今事皆廢弛。凡內官皆于皇城外有堂子之佛寺沐浴，有選不中浄身男子，俗稱無名白，即古之私白者，爲之擦澡討賞。該寺僧擅其利，而無名白分其餘潤，故內官全不來司沐浴也。

銀作局：掌印太監一員，管理、僉書數員，寫字、監工數十員。專管造金銀鐸針、枝箇、桃杖、金銀錢、金銀豆葉。豆者，圓珠，重一錢或三五分不等，豆葉則方片，其重亦如豆，不拘其數，以備欽賞之用。又造花銀，每錠十兩不等，止可八成。又，祖宗舊制有票兒銀者，重十兩、五兩、三兩、一兩至一錢之方塊也。其色止有六七成，有分兩印子。逆賢擅政，久廢不造，止以細絲銀分賞，遂失祖宗節省之意，可惜甚焉。

浣衣局：掌印太監一員，僉書等數十員。惟此署不在皇城內，在德勝門迤西，俗稱漿家房者是也。凡宮人年老及有罪退廢者，發此局居住。內官監例有供給米鹽，待其自斃，以防洩漏大內之事，法至善也。天啓七年十一月，客氏笞死于此。

兵仗局：掌印太監一員，管理、僉書十餘員，軍器庫提督一員，掌關防司一員，掌司、寫字、監工數十員。即掌造刀鎗、劍戟、鞭斧、盔甲、弓矢各樣神器。又，火藥局一處屬之宮中。元宵上鼇山頂上之炬，例點放神器三位，則監工事也。凡每年七夕宮中乞巧小針，并御前鐵鎖、鎚鉗、針翦之類，及日月蝕救護鑼鼓響器，宮中做法事鐘鼓、鐃鈸法器，皆隸之。是以亦稱爲小御用監也。逆賢時，凡解寧遠、皮島等處佛郎機等件，本局庫中物爲多。

巾帽局：掌印太監一員，管理、僉書等數十員。職掌內官、內使小火者平巾官帽。每年入夏，據見在員數，具題移文工部，至冬初，即于節慎庫領銀十餘萬，分散內官、內使人等靴料。凡有羨餘，繳進御前。凡新陞秉筆，即送朝衣、冠、笏、帶、鞋一分。凡選中駙馬冠靴，中使之家正帽，閹者之猪嘴帽，插柳跑馬勇士之圓帽，藩王之國其尉帽靴帶若干分，皆本局造送，奏于工部支領工價。其署後臨河，有梓潼帝君廟，傳云神像是順流漂入，至此不動，遂祠祀之，籤最靈。

針工局：掌印太監一員，餘與巾帽局同。職掌內官人等冬衣夏衣，每年遞散一次。遇辰年、戌年，冬散鋪蓋銀一次。凡宮中做法事，揚幡、棹圍等件皆隸焉。凡內官曾賜蟒衣，退出官及病故者，各具本交還本局收也。

內織染局：掌印太監一員，總理、僉書等數十員。掌染造御用及官內應用緞匹絹帛之類。有外廠在朝陽門外，瀞濯袍服之所。又有藍靛廠，在都城西，亦本局之外署也。萬曆三十六年，始建西項娘娘廟于此。其地素窪下，時都中有狂人倡爲進土之説，凡男女不論貴賤，筐擔車運，或囊盛馬馱，絡繹如織。甚而室女豔婦，藉此機會以恣遊觀，坐二人小轎，而懷中抱土一袋，隨進香紙以徼福焉，可笑也。此先監没後光景也。又數年，神廟宮中偶興掉城之戲，于御前十餘步外，畫界一方城，于城内斜正十字分作八城，挨寫十兩至三兩止。令司禮監掌印、東廠秉筆及管事牌子，遞以銀豆葉八寶投之，落于某城，即照數賞之。若落迸城外及壓線者，即收其所擲焉。至戊午年，遂有建□□□□之變，失撫順、開原等處，此戲始不作也。

酒醋麪局：掌印太監一員，管理等官與別局相若。職掌內官宮人食用酒、醋、麪、糖諸物。浙江等處歲供糯米、小麥、黄荳及穀草、稻皮、白麪有差，以備御前宮眷及各衙門內官之用，與御酒房不相統轄。

內府供用庫：掌印太監一員，總理、僉書、寫字、監工共百餘員。專司皇城內二十四衙門、山陵等處內官食米。每員每月四斗。神廟時，張明掌此印，插稻子或爛米，甚而至有三斗半者。孫成掌此印，將天廚之米亦罄盡。有油、蠟等庫。廳前懸一木魚，長可三尺許，以示有餘糧之意。後庫上有瓦鴿子一，相傳已久，不知何所取意也。凡御前白蠟、黃蠟等，沉香等香，皆取辦于此庫。其印非九重倚毗最有寵眷者不得掌也。司禮掌印、東廠秉筆、管事牌子等，歲賜祿米，各于季冬奏過給散之。宮中各長街設有路燈，以石爲座，銅爲樓，銅絲爲門壁，每日晚，內府庫監工添油點燈，以便巡看關防。逆賢擅政，盡廢之，以便冥行，莫敢言者矣。

司鑰庫：掌印太監一員，管理、僉書等官數十員。凡寶源局等處鑄出制錢，該部交進本庫，備御前討取賞賜之用。庫中積有歷代古錢，洪武以來大錢，逆賢引導先帝濫賜左右，幾無孑遺。一日，御前舊錢內偶得天啓錢大小數枚，色甚古，徧問人，無知者。李永貞到直房，向纍臣説之。纍臣隨告假到外直房，于史內及袁氏叢書《玉篇》等書內查出，梁蕭莊、魏元法僧及南詔俱有此年號，及萬歲爺共四矣。此進擬年號之宰相不多讀書之明驗也。惜纍臣身爲人役，不能親到御前奏對，而反爲招妬之媒，豈非命耶？凡乾清宮等門及東華、午門鎖鑰，皆本庫監工于五更三點時自宮中發出，分啓各門，其鑰即繳回，其印文曰「司鑰庫印」，俗曰天財庫。

內承運庫：掌印太監一員，近侍、僉書十餘員，掌司等官數十員。職掌庫藏。在宮內者曰內東裕庫、寶藏庫，皆謂之裏庫。其會極門、寶善門迤東，及南城磁器等庫，皆謂之外庫也。凡金銀、紗羅、紵絲、織金、閃色綿羢、玉帶、象牙、瑪瑙、珠寶、珊瑚之類，總隸之。又浙江等處，每歲夏秋麥米共折銀一百萬有奇，即國初所謂折糧銀，今所謂金花銀是也。候解到京，于每季仲月，由長安右門入，徑進本庫交收。此印及直殿監印，鐘鼓司、混堂、靈臺等印，皆本衙第一員僉書挨掌，不係貴近內臣掌。至崇禎三年冬，董實事發之後，此印便改內臣掌也。凡內臣陞玉帶，于本庫領取，及褫降、病故，其名下仍具本交還。近年奉旨陞玉帶者，亦如外臣自備，殊公私兩便也。南京供應機房太監一員，則本庫外差，有敕諭關防，所謂漢府織造是也。其署漢庶人高煦遺址。

呂毖《明宮史》本集《內府職掌》

《皇明祖訓》所載，設立內府衙門，職掌品級，立法垂後，亦盡善盡美。惟是間有祖訓所未及載，或載而未詳者，謹譜次梗概於左。按內府十二監：曰司禮，曰御用，曰內官，曰御馬，曰司設，曰尚寶，曰神宮，曰尚膳，曰尚衣，曰印綬，曰直殿，曰都知。又四司：曰惜薪，曰寶鈔，曰鐘鼓，曰混堂。又八局：曰兵仗，曰巾帽，曰針工，曰內織染，曰酒醋麪，曰司苑，曰浣衣，曰銀作。已上總謂之曰「二十四衙門」也。此外，有內府供用庫、司鑰庫、內承運庫等處，亦臚列於後，以備考焉。【略】

內官監：掌印太監一員，其所屬有總理、管理、僉書、典簿、掌司、寫字、監工。自典簿以下，分三班宮中過夜。每班掌司第一人曰掌案。所管十作，曰木作、石作、瓦作、搭材作、土作、東行、音杭。西行、油漆作、婚禮作、火藥作，並米鹽庫、營造庫、皇壇庫、裏冰窨、金海等處。凡國家營建之事，董其役；御前所用銅、錫、木、鐵之器，日取給焉。外廠甚多，各有提督、掌廠等官。真定府設有抽印木植管理太監一員，則內官監之外差也。四年一撥，只有本監公文，無勅書關防。又，寶坻縣收籽粒，西湖河差，大石窩、白虎澗等處，各行提督，俱外差也。凡外方修建，分封藩王府第，亦是管理外差也，須數萬金營求，方能到手，領勅書關防前去，工竣即回。天啓元年，湖廣衡州府修桂藩府第，管理翟應魁遞銀四萬未能得，黃用費五萬即得之，餘差可以例其多寡矣。無惑乎桂藩地基不堅，殿宇傾塌也。凡大行帝后陵寢，妃嬪皇子女薨逝修造墳塋，及完姻修理府第，皆其職掌。天啓元年春，慶陵工興，御前所發帑銀五十萬，即有分侵八萬者矣，欲堅美完善，得乎？至七年春，今上大婚禮成，藩邸殿宇及陳設器具，俱塗飾草率，皆李永貞聽丁紹呂之言，貪其侵冒，包工了事，漫不加意之所致也。永貞伏法而紹呂漏網，誰非孔方之力，誰其信耶？

御用監：掌印太監一員，裏外監把總二員，猶總理焉。有典簿、掌司、寫字、監工。凡御前所用圍屏，擺沒、器具，皆取辦焉。有佛作等作，凡御前安設硬木牀、桌、櫃、閣及象牙、花梨、白檀、紫檀、烏木、鸂鶒木、雙陸、棋子、骨牌、梳櫳、螺甸、填漆、雕漆、盤匣、扇柄等件，皆造辦之。仁智殿有掌殿監工一員，掌管武英殿中書承旨所寫書籍、畫扇，奏進御前，亦猶中書房之於文華殿中書也。

司設監：掌印太監一員，有總理、僉書等官，如內官監。而所職掌者，鹵簿、儀仗、圍幙、褥墊，各宮冬夏簾、涼蓆、帳幔、雨袱子、雨頂子、大傘之類。事最煩苦，遠不逮御用監、內官監有盈餘肥潤也。如遇御前打點庫藏抬箱，則此三衙門之人皆任重抬運，不敢憚勞。【略】

尚寶監：掌印太監一員，僉書等官數十員。職掌御用寶璽、勅符、將軍印信。其所可知者，尚寶司凡所領寶璽：曰「皇帝奉天之寶」，郊天齋醮用之；曰「尊親之寶」，上尊號用之；曰「親親之寶」，有大小二顆，與藩府用之；曰「誥命之寶」、「勅命之寶」、「廣運之寶」，則用之最多也；曰「御前之寶」，則宫中庫藏箱鎖用之；曰「御藥謹封」，則牙刻者也，御藥房用之；凡勅命遠出者，仍用一黄紙封套，上下悉用一牙刻方寶封識之，其文曰「册符出驗四方之寶」。其餘咸玉刻也。凡寶皆内尚寶女官掌之。遇用寶，則尚寶司以揭帖赴尚寶監，尚寶監請旨，然後赴内司領取。歲用寶三萬餘顆，歲用寶色銀六十餘兩，工部虞衡司辦進，别項供億，不盡載也。其餘寶璽尚多，不恒用。天啓甲子冬，河南巡撫程紹，遣副使張夢鯨進到寶璽，玉質瑩潔，款制渾朴，其白文曰「受命于天既壽永昌」，似小篆，不甚古，角無刓缺，的非秦璽，想是宋元時僞造者。惟閣臣魏廣微誇大其詞，慫慂逆賢播告中外，以爲此璽之進，正在萬方慶祝之前，又值朝政維新之會，顯是瑞應，實所以熒惑先帝受賀稱慶，藉肆報復云。【略】

尚衣監：掌印太監一員，管理僉書、掌司、監工數十員。掌造御用冠冕、袍服、履舄、靴襪之事。兵仗局之南、舊監庫之北，即本監裁縫匠役成造御服之袍房也，又名曰西直房。萬曆時，凡造上用袍服之裏，合用杭紬等絹，例具尺寸數目，於掌東廠太監處取辦之。不知今尚如此否也。萬曆三十三年冬，御前偶失珍珠袍一件，神廟震怒，命先監矩親至袍房拷問數次。時掌管内官王乾、王進、王保三人素不睦，而互訐陷之。先監怒其愚狡，察其實冤，竟不爲嚴旨所拘，再四拶鞫，了無盗袍證據。時王進孱弱，被掠病亡；王乾等奉旨降浄軍結局。其後數年，宫中有人云：此袍是一貴顯宫女偷出，付其答應内官拆碎變賣。【略】

惜薪司：掌印太監一員，總理數十員，僉書、掌道、寫字、監工數十員，各外廠又數十員。專管宫中所用炭柴，及二十四衙門、山陵等處内臣柴炭。每月初四、十四、二十四日，開玄武門，放夫匠及打掃浄軍，抬運堆積糞壤。每歲春暖，開長庚、蒼震等門，放夫役淘浚宫中溝渠。正旦節安彩粧。凡遇冬寒，宫中各銅缸木桶，該内官監添水凑安鐵篘其中，每日添炭，以防冰凍，備火災。候春融則止。皆惜薪司事也。凡宫中所用紅籮炭者，皆易州一帶山中硬木燒成，運至紅籮廠，按尺寸鋸截，編小圓荆筐，用紅土刷筐而盛之，故名曰「紅籮炭」也。每根長尺許，圓徑二三寸不等，氣暖而耐久，灰白而不爆。如曾經伏雨久淋，性未過盡，而火氣太熾，多能損人，條令眩暈，昏迷發嘔，大人尚可，皇子女嬰幼何堪。又宫中咸木做地平牆壁，多缺土氣，凡乳母畏寒，皇子女或中此毒，屢致薨夭，良可痛也。順天府歲供糯米一十五石五斗，永平府歲供紅棗一萬五千五百七十斤，於紅籮廠交納之。廠中舊有香匠塑造香餅獸炭，又塑造將軍或福判、仙童、鍾馗各成對偶，高二尺許，用金彩裝畫如門神，黑面黑手，以存炭制，名曰「彩粧」。於十二月二十四日，奉安於宫殿各門兩傍，此亦歲暮植將軍炭於門傍之遺意也。至次年二月初二日，仍抬歸本廠，修補裝新，臨年節再安。逆賢擅政，則各增而大之，所費百倍於前。傀儡體做法，高八九尺、丈餘不等，穿以真正綾絹紵紬，佩以真正弓矢器，鬚眉直竪，猛惡如生。又恐無知之人，戲弄損壞，凡該地方近侍，必明燈看守，雖冰雪寒夜，不敢遠離，必交接明白，人人敢怒而不敢言也。凡隆德等殿修建齋醮焚化之際，用楊木長柴；宫中膳房，用馬口柴；内官關領，則片柴也。外有北廠、南廠、西廠、東廠、新西廠、新南廠等處，各有掌廠、僉書、監工，貯收柴炭，以聽關文。

鐘鼓司：掌印太監一員，僉書數十員，司房、學藝官二百餘員。掌管出朝鐘鼓。凡聖駕朝聖母回，及萬壽聖節、冬至、年節陞殿回宫，皆穿有補紅貼裏，頭戴青攢，頂綴五色絨，在聖駕前作樂，迎導宫中陞座承應。凡遇九月登高，聖駕幸萬壽山，端午鬪龍舟，插柳；歲暮宫中驅儺；及日食，月蝕救護打鼓：皆本司職掌。西内秋收之時，有打稻之戲，聖駕幸旋磨臺、無逸殿等處，鐘鼓司扮農夫饁婦及田畯官吏，徵租交納詞訟等事，内官監等衙門伺候合用器具，亦祖宗使知稼穡艱難之美意也。又，過錦之戲，約有百回，每回十餘人不拘，濃淡相間，雅俗並陳，全在結局有趣，如説笑話之類。又如，雜劇故事之類，各有引旗一對，鑼鼓送上，所扮者備極世間騙局醜態，并閨閫拙婦騃男，及市井商匠刁賴詞訟，雜耍把戲等項，皆可承應。又，御用監武英殿畫士所畫錦盆堆，則名花雜果；或貨郎擔，則百物畢陳；或將三月韶光、富春山子陵居等詞曲，選整套者分編題目，畫成圍屏，按節令安設。又，上元之前，或於乾清宫丹陛上安七層牌坊燈，或於壽皇殿安方圓鰲山燈，有高至十三層者。派近侍上燈，鐘鼓司作樂讚燈，内府供用庫備蠟燭，内官監備奇花、火炮、巧線、盒子、烟火、火人、火馬之類。又，水傀儡戲，其制用輕木雕成海外四夷蠻王及仙聖、將軍、士卒之像，男女不一，約高二尺餘，止有臀以上，無腿足，五色油漆，彩畫如生。每人之下，平底安一榫卯，用長三寸許竹板承之，用長丈餘、闊數尺、進深二尺餘方木池一個，錫鑲不漏，添水七分滿，下用棖支起，又用紗圍屏隔之，經手動機之人，皆在圍屏之内，自屏下游移動轉。水内用活魚、蝦、蟹、螺、蛙、鰍、鱔、萍、藻之類浮水上。聖駕陞殿，座向南。則鐘鼓司官在圍屏之内，將節次人物，各以竹片托浮水上，游鬪玩耍，鼓樂喧哄。另有一人，執鑼在旁宣白題目，替傀儡登答，讚導喝采。或英國公三敗黎王故事，或孔明七擒七縱，或三寶太監下西洋、八仙過海、孫行者大鬧龍宫之類。惟暑天白晝作之，猶耍把戲耳。其人物器具，御用監也；水池魚蝦，内官監也；圍屏帳幔，司設監也；大鑼大鼓，兵仗局也。先帝最好武戲，於懋勤殿陞座，多點岳武穆戲文，至瘋和尚罵秦檜處，逆賢常避而不視，左右多笑之。自天啓六年之後，凡御前插科打諢，本有鐘鼓司僉書王進朝，綽號王瘸子者，抹臉詼諧，公然稱讚惜薪司怎樣軫恤商人，内府庫怎樣米積天堆，東廠怎樣釐奸剔弊，寶和店怎樣裕國通商，内修朝政，外鎮邊疆；或稱好個魏公公，或誇好個魏太監。逆賢居之不疑，自以爲美；先帝聖顔，亦每爲喜悦。回想憲廟時，汪直擅權，尚有懷恩之流，居帝左右，所以阿丑敢譎諫也。今王體乾既熟軟巧媚，在王瘸子不過俳優賤役，自然因而化之，可嘆也。五年之九月九日，駕幸萬壽山，鐘鼓司太監邱印，執板清唱雒陽橋記内之「攢眉黛鎖不開」一套。至六年之九月登高，邱印仍唱此曲，識者哂其不合景，失大體。撫今思昔，或亦莫之爲而爲，良非佳兆云。神廟孝養聖母，設有四齋近侍二百餘員，以習宫戲外戲。凡慈聖老娘娘陞座，則不時承應外邊新編戲文，如華岳賜環記，亦曾演唱。是日神廟侍側，見權臣驕横，寧宗不振，至云：「政由寧氏，祭則寡人。」神廟亦矚目不言者久之。先是，仁聖陳老娘娘在時，凡遇節令間，必恭請兩宫聖母於乾清宫大殿陞座。神廟先在雲臺門之下，朝北立候。仁聖老娘娘轎至景迎門、慈聖老娘娘轎至隆宗門，神廟即居中朝北跪接，候兩轎俱至乾清門方起。中宫王娘娘扶請仁聖老娘娘，皇貴妃鄭娘娘扶請慈聖老娘娘，入宫陞座。神廟遞酒擺膳，下氣怡聲，膝行叩拜，周旋中禮。傾心孺慕，從來帝王聖孝所希覯也。神廟又自設玉熙宫近侍三百餘員，習宫戲外戲，凡聖駕陞座，則承應之。劉榮即其一也。又，蔡學等四十餘人，多怙寵不法，自萬曆己亥秋，俱下北鎮撫司獄，至庚申秋，光廟始釋，然瘐死者已十之三四也。此二處不隸鐘鼓司，而時道有寵，與暖殿相亞焉。

寶鈔司：掌印太監一員，管理、僉書十餘員，掌司、監工數十員。每年工部商人辦納稻草、石灰、木柴若干萬斤；又香油四十五斤，以爲膏車之用。抄造草紙，竪不足二尺，闊不足三尺，各用簾抄成一張，即以獨輪小車運至平地曬乾，類總入庫，每歲進宫中備宫人使用。至聖上所用草紙，則係内官監紙房抄造，淡黄色，綿軟細厚，裁方可三寸餘，進交管浄近侍收，非此司造也。神廟至先帝，惟市買杭州好草紙用之。祖宗時抄造印板及紅印，聞俱在庫中貯之。其衙門，左臨河，後倚河。有泡稻草池。每年池中濾出石灰草渣，二百餘年，陸續堆積，竟成一卧象之形，名曰「象山」。有作平聲。房七十二間，各具一竈，突朝天，名曰「七十二凶神」。凡空闊土地，最宜種菜，今畦圃綿亘，枯槔相聞，如田家清野之象云。【略】

銀作局：掌印太監一員，管理、僉書數員，寫字、監工數十員。專管造金銀鐸針、枝箇、挑杖、金銀錢、金銀豆葉等。豆者，圓珠重一錢或三五分不等；豆葉則方片，其重亦如豆。不拘其數，以備欽賞之用。又造花銀，每錠十兩不等，止可八成許。又，祖宗舊制，有票兒銀者，重十兩、五兩、三兩、二兩、一兩至一錢之方塊也。其色止有六七成。上有分兩印子。逆賢擅政，久廢不造，止以細絲銀鑿賞，遂失祖宗節省之意，可惜孰甚焉。

浣衣局：掌印太監一員，僉書等數十員。惟此署不在皇城内，在德勝門裏迤西，俗所稱「漿家房」者是也。凡宫人年老及有罪退廢者，發此局居住，内官監例有供給米鹽，待其自斃，以防洩漏大内之事，法至善也。天啓七年十一月，客氏笞死於此。

兵仗局：掌印太監一員，管理、僉書十餘員，軍器庫提督一員，掌關防掌司一員，掌司、寫字、監工數十員。職掌成造刀鎗、劍戟、鞭斧、盔甲、弓矢各樣大小神器。又，火藥局一處，屬之宫中。元宵上鰲山頂上之燈，例點放神器三位，則監工事也。每年七夕，宫中乞巧小針，并御前鐵鎖、鎚鉗、針剪之類，及日月蝕救護鑼鼓響器，宫中做法事鐘鼓、鐃鈸法器，皆隸之。是以亦稱爲「小御用監」也。逆賢擅政時，凡解寧遠、皮島等處佛郎機等件，本局庫中物爲多。

巾帽局：掌印太監一員，管理、僉書、掌司、監工數十員。職掌内官長隨、内使小火者平巾官帽。每年入夏，據現在員數，具題移文工部，至冬初，即於節慎庫領銀十餘萬兩，給散内官、内使人等靴料。凡有羡餘，繳進御前。凡新陞秉筆，即送朝衣、冠、笏、帶、鞋一分。凡選中駙馬冠靴，中使之家正帽，閹者之猪嘴帽，插柳跑馬勇士之圓帽，藩王之國其尉帽靴帶若干分，皆本局造送之，奏上於工部支領工價。其署後臨河有梓潼帝君廟，傳云神像，是順流漂入，至此不動，遂建祠祀之，籤最靈。

針工局：掌印太監一員，餘與巾帽局同。職掌内官長隨、内使小火者冬衣夏衣，每年遞散一次。遇辰年、戌年，冬散鋪蓋銀一次。凡宮中做法事，揚幡桌圍等件，皆隸焉。凡内官曾賜蟒衣退出宮及病故者，各具本交還本局收焉。

内織染局：掌印太監一員，總理、僉書、掌司、寫字、監工數十員。掌染造御用及宮内應用緞匹絹帛之類。有外廠在朝陽門外，浣濯袍服之所。又有藍靛廠，在都城之西，亦本局之外署也。萬曆三十六年，始建西頂娘娘廟於此。其地素窪下，時都中有狂人，倡爲進香之説。凡男女不論貴賤，筐擔車運，或囊盛馬馱，絡繹如織，以徼福焉。甚而室女艷婦，藉此機會，以恣遊觀，咸坐二人小轎，而懷中抱土一袋，隨進香紙，以往進之，可笑也。又數年，神廟宮中偶興「掉讀作料。城」之戲，於御前十餘步外，畫界一方城，於城内斜正十字，分作八城，挨寫十兩至三兩止。令司禮監掌印、掌東廠秉筆，及管事牌子，遞以銀豆葉八寶投之，落於某城，即照數賞之；若落迸城外及壓線者，便收其所擲焉。至戊午年，遂有撫順、開原之失，此戲始不作也。

酒醋麪局：掌印太監一員，管理等官與別局相若。職掌内官宮人食用酒、醋、麪、糖諸物。浙江等處歲供糯米、小麥、黄荳及穀草、稻皮、白麪有差，以備御前宮眷及各衙門内官之用，與御酒房不相統轄。【略】

内府供用庫：掌印太監一員，總理、管理、僉書、掌司、寫字、監工共百餘員。專司皇城内二十四衙門、山陵等處内官食米。每員每月四斗。神廟時，張明掌此印，插稻子或爛米，甚而至有三斗半者；孫成掌此印，將天厨之米亦罄盡。有油庫、蠟庫等處。廳前懸木魚一尾，長可三尺許，以示有餘糧之意。廳後庫上有瓦鴿子一，相傳已久，不知何所取意也。凡御用白蠟、黄蠟、沉香等香，皆取辦於此庫。其印非九重倚畀最有寵眷者不得掌也。司禮監掌印、掌東廠秉筆、管事牌子等，歲賜禄米，各於季冬奏過給散之。宮中各長街設有路燈，以石爲座，銅爲樓，銅絲爲門壁。每日晚，内府庫監工添油點燈，以便巡看關防。逆賢擅政，盡行廢弛，以便冥行，無敢言者。

司鑰庫：掌印太監一員，管理、僉書、寫字、監工可數十員。凡寶源局等處鑄出制錢，該部進交本庫，備御前取討賞賜之用。庫中積有歷代古錢，洪武以來大錢。逆賢引導先帝，濫賜左右，幾無孑遺。一日，御前舊錢内，偶得天啓錢，大小數枚，色甚古。徧問人，無知者。李永貞到直房，向纍臣説之。纍臣隨告假到外直房，於史内及袁氏叢書、玉篇等書内查出：梁蕭莊、魏元法僧并南詔，俱曾有此年號，及萬歲爺共四矣。此進擬年號之宰相不多讀書之明驗也。凡乾清宮等門及午門、東華等門鑰匙，皆本庫監工，於五更三點時自宮中發出，分啓各門，其鑰即便繳回。其印文曰「司端庫印」。俗名曰「天財庫」。

内承運庫：掌印太監一員，近侍、僉書、太監十餘員，掌司、寫字、監工數十員。其署在東下馬門。職掌庫藏。在宮内者曰内東裕庫，曰寶藏庫，皆謂之裏庫。其在會極門、寶善門迤東，及南城磁器等庫，皆謂之外庫也。凡金銀、紗羅、紵絲、閃色織金錦、羊絨、玉帶、玉塊、象牙、瑪瑙、寶石、珍珠、珊瑚之類，總隸之。又浙江等處，每歲夏秋麥米，共折銀一百萬有奇，即國初所謂「折糧銀」，今所謂「金花銀」是也。候解到京，於每季仲月，由長安右門入，徑進本庫交收。此印及直殿監印、鐘鼓司、混堂司、靈臺等印，皆本衙門第一員僉書執掌，不係貴近内臣掌。至崇禎三年冬，董實事發之後，此印便改内臣掌也。凡内臣陞玉帶，即於本庫領取。及褫降、病故，其名下仍具本交還。近年奉旨陞玉帶者，亦如外臣自備，殊公私兩便也。南京供應機房太監一員，則本庫外差，有勅諭關防，所謂漢府織造是也。其署漢庶人高煦遺址。【略】

御酒房：提督太監一員，僉書數員。專造竹葉青等各樣酒，并糟瓜茄，惟乾豆豉最佳，外廷不易得也。【略】

盔甲廠：即鞍轡局。建署於都城内之東南隅。掌廠太監一員，貼廠、僉書數十員。轄匠頭九十名，小匠若干名。專管營造鐵盔甲、銃砲、弓矢、火藥之類。萬曆年間，火藥忽燃者再。其三十三年九月丙申申時，忽響一聲，起烟如靈芝，燒死京營領藥把總等官九員，軍人六十三名，重傷者二十一名，燬房屋若干間。禮科蕭近高所題燒死不下數百人。凡於工部領銀一萬兩，則此廠六千，王恭廠四千，分造之。工部主事一員監督之。近因東西南北不便，復增主事一員，各監督之。

安民廠：即王恭廠。建署於都城之西南隅。掌廠太監一員，貼廠、僉書十餘員。轄匠頭六十名，小匠若干名。管營造錢糧，與盔甲廠同。天啓六年五月初六日辰時，忽大震一聲，烈踰急霆，將大樹二十餘株，盡拔出土，根或向上而杪或向下；又有坑深數丈，烟雲直上，亦如靈芝，滚向東北。自西安門一帶，皆霏落鐵渣，如麩如米者，移時方止。自宣武門街迤西、刑部街迤南，將近廠房屋，猝然傾倒，土木在上，而瓦在下。殺有姓名者幾千人，而闔户死及不知姓名者，又不知幾千人也。凡坍平房屋，爐中之火皆滅。惟賣酒張四家兩三間之木箔焚然；其餘了無燒燬。凡死者肢體多不全，不論男婦，盡皆裸體；未死者亦多震褫其衣帽焉。真從來未有之變也。本年秋，遂改卜於西直門街北建廠，先帝賜名曰安民。並盔甲廠，皆銅鑄關防以給之，重軍需也。其舊址改爲戎政署。凡在西會議兵事，即共集面計，甚便。而崇禎辛未，戎政尚書閔夢德設處錢糧修理捐俸完局云。近因火藥局偪窄，遂於宣武門街儘北街西，分創新火藥局一處。又，安定門内東絲兒衚衕，舊設鎗局一處，係京營官軍自兩廠領出火藥並軍器堆積，以便教場取用。崇禎戊寅四月初五日卯時，新火藥局忽震一聲，損壞房屋人民許多。至六月初二日午時，安民廠大震，略減於天啓六年時也。八月初七日卯時，局復大震，且延燒草若干垜。其湧起之烟，各如靈芝，如雲如浪，移時方散。聖明極矜憐之，發銀分賑。司禮曹太監化淳，親詣傷處驗看，復施棺或席殮埋。是歲頗旱。至庚辰四月初二午時，新局造火藥處，復響一聲，損人命房屋甚多。

孫承澤《天府廣記》卷二一《工部》 工部在皇城之東，户部之後，西向。設尚書、侍郎，掌天下工役、農田、山川、藪澤、河渠之政令。其屬初曰營部，曰虞部，曰水部，曰屯部，後易爲營繕、虞衡、都水、屯田四司，俱稱清吏司。

營繕掌經營興造之事。凡大内宫殿、陵寢、城濠、壇場、祠廟、廨署、倉庫、營房之役，鳩力會材而以時督程之，王邸亦如之。凡鹵簿儀仗樂器移内府及所司各以其職治之，而以時省其堅潔，董其窳濫。凡置獄具必如律。凡工匠二等，曰輪班，曰住作。凡工因二等，曰正工，曰雜工。雜工三日當正工一日。凡省工，視役煩簡而節其財力，凡會有無，移内府。其分司爲三山大石窩，爲都重城，爲灣廠通惠河道，兼管爲琉璃黑窑廠，爲修理京倉廠，爲清匠司，爲繕工司，兼管小修爲神木廠兼磚廠，爲山西廠，爲臺基廠，爲見工灰石作。所屬爲營繕所，所正一員，所副二員，所丞二員，武功三衛經歷等官。

虞衡掌山澤採捕、厲禁陶冶，凡採捕禽獸及革骨羽毛，以供祭祀賓客之膳差。凡軍器軍裝移内府及所司，歲造或三歲二造，必程其堅緻以給邊。凡畋獵以時，冬春之交，罝罛不施川澤，春夏之交，毒藥不施原野，苗盛禁蹂躪，穀登禁焚燎，若害苗稼獸，聽爲陷穽獲之，賞有差。凡諸陵山麓不得入斧斤、開窑冶、置墓墳。凡帝王、聖賢、忠義、名山、嶽鎮、陵墓、祠廟有功德於民者禁樵牧。凡山場園林之利聽民取而薄征。凡陶冶瓷甓籍其常造年造之數，計其入慎藏之，無輒毀以費民。凡鑄造審其模範，計銅鐵而鎔之，金牌信符鑄之内府。凡顔料徵土産，不强其所無，否則徵其直。其分司爲寶源局大使，皮作局大使、副使，軍器局大使、副使。

都水掌山澤、陂池、泉濼、洪淺、道路、橋梁、舟車、織造、券契、衡量之事。凡水利曰轉漕，曰灌溉，歲儲其金石木竹卷埽，以時修其閘壩洪淺堰圩隄防，謹蓄洩以備旱潦。舟楫磑碾不得與灌田争利，灌田者不得與轉漕争利。役以農隙。凡鱗介萑蒲之利，聽民取而薄征。凡道路塞其坑坎，上巡幸若大喪大禮，治而新之。凡橋梁，曰舟梁，曰石梁，計工力而創修。其大津不能梁，官給舟人，量其小大難易而食之。凡舟車曰大車，曰小車，曰戰車，凡三等。曰糧船，曰黄船，曰馬快船，曰海運船，曰鮮船，曰備倭船，曰戰船，凡七等。皆會其材下諸司酌多寡久近勞逸而均劑之。凡織造冕服、誥勑、制帛、祭服、浄衣諸幣布，移内府南京諸省，周知其數而慎節之。凡公侯伯鐵券，差其廣高。凡祭器、册寶、乘輿、牌符、雜器會則於内府。凡衡量謹校勘而頒之，懸式於市。其奉勑分理於外者爲北河差郎口，南河差郎中，中河差郎中，夏鎮閘差郎中，南旺泉閘差主事，荆州抽分差主事，杭州抽分差主事，清江廠差主事，通惠河、器皿廠、六科廊皆本司總理者。所屬爲文思院大使、副使，織染所大使、副使。

屯田掌屯農、墳墓、抽分、薪炭、夫役之事。凡屯田，腹邊公田、閑田、没官田，給衛所耕，劑其地力人力而徵其子粒。凡在邊，牛犁鐵器官給之。凡墳塋、堂、碑碣、獸，第宗室、勛戚文武官之等而辨叙其差。凡抽分，征諸商，各有差。凡薪炭，南取洲汀，北取山麓，徵諸民有本折色，酌其多寡而樽節之。凡夫役，伐柴轉柴皆雇役，周知其數而時蠲之。

按司曰屯田，重農事也，制誠善矣。及其後也，徒存其名耳，而其司僅掌上供并監局柴炭與山陵之事。分司爲臺基柴炭廠，爲外差易州山廠，有陵工臨時委差。所屬爲柴炭司正使一員，副使二員。

《周禮・冬官》亡，漢時補以《考工記》。夫冬官之職既不可考，亦豈待《考工記》補之而後爲冬官之全乎？太宰事典以富邦國，以任百官，以生萬民；小宰事職以富邦國，以養萬民，以生萬物，則事官之意在《周禮》可覩也。《周官》亦曰：司空掌邦土，居四民，時地利。則司空之意在周官可推也。況冬之爲言終也，萬物成終，必歸其根，亶空土而已。命之曰司空，豈無意義而云然哉？惟藏而固之，富而生之，此所以爲冬之象也。若夫《考工記》之事，《虞書》所謂共工也。夫共工誠冬官之事，但其一屬耳。故取以入冬官則可，用之以補冬官則不可。

顧炎武《歷代宅京記》卷一九《幽州》 户部

都提舉萬億綺源庫　都提舉萬億賦源庫

都提舉萬億寶源庫　都提舉萬億廣源庫

提舉富寧庫　諸路寶鈔提舉司

順承行用庫　文明行用庫　光熙行用庫
健德行用庫　和義行用庫　崇仁行用庫
順承行準庫　大都平準庫　寶鈔總庫
印造寶鈔庫　燒鈔西庫　燒鈔東庫
印造茶鹽引局　抄紙坊

禮部
會同館　教坊司　鑄印局　白紙坊　油磨坊

兵部

刑部

工部
覆實司　提舉都城所
提舉右八作司　提舉左八作司
備章總院　大都人匠總管府
大都等路諸色民匠總管府　紋繡總院
繡局　諸路雜造總管府
茶迭兒局諸色人匠總管府　提舉諸司局
諸司局人匠總管府　大都金銀器盒局
大都氈局　織染局
花毯蠟布等局　簾局
撒荅剌欺等局人匠提舉司　造船提舉司
諸物庫　符牌庫　受給庫　左右厢

樞密院
右衛親軍都指揮使司　左衛親軍都指揮使司
中衛親軍都指揮使司　前衛親軍都指揮使司
後衛親軍都指揮使司　武衛親軍都指揮使司
蒙古侍衛親軍都指揮使司　虎賁侍衛親軍都指揮使司
唐兀侍衛親軍都指揮使司　欽察侍衛親軍都指揮使司
貴赤侍衛親軍都指揮使司　西域侍衛親軍都指揮使司

御史臺
殿中司　察院

也可札魯忽赤
司獄司

徽政院
宫正司　掌謁司　掌醫署　掌膳署
内宰司　備用司　藏珍庫　掌儀署
文成庫　供須庫　儀從庫　衛候司
右都威衛使司　左都威衛使司
延慶司　隨路諸色人匠都總管府
大都等路諸色民匠提舉司　瑪瑙玉局
織染雜造人匠總管府　綾錦局　織染局
文綺局　諸路怯憐　民匠都總管府
大護國仁王寺財用規運都總管府

宣徽院
尚舍監　諸物庫　尚食局　生料庫
光禄寺　尚醖局　尚飲局　醴源倉
闌遺監　提舉太倉　沙糖局　柴炭提舉司

中政院
奉宸庫
官領隨路民匠打鋪鷹房納綿總管府

集賢院
國子監　國子學　興文署

翰林院
國子監　國子學

翰林國史院

宣政院
資善庫

昭文館

太常寺
太廟署　大樂署　社稷署　禮直署

大司農司

廣濟署　籍田署　豐贍署　供膳署
昌國署　濟民署
大都護府
通政院
稟給司
秘書監
著作局　秘書庫
大府監
内藏庫　右藏庫　左藏庫　器備庫
中尚監
資戎庫　雜造局諸色人匠提舉司
鐵局　木局
怯憐口諸色人匠提舉司　大都等路種田人匠織染局
利用監
資用庫　怯憐口皮局人匠提舉司
大都雜造雙線局　熟皮局　店皮局
貂鼠局　大都軟皮局
章佩監
御帶庫　異珍庫
典瑞監
大都留守司兼少府監
修内司　大木局　小木局　泥瓦局
粧釘局　銅局　車局　繩局
祗應局　畫局　油漆局　器備局
器物局　鐵局　儀鸞局
大都諸色人匠提舉司　犀象牙局
雕牙局　雕木局　採石局　木場局
上林局　大都門尉
將作院
諸路金玉人匠總管府　玉局提舉司
瑪瑙局提舉司　石局　金絲子局
大小雕木等局　鞓帶斜皮局
瓘玉局　畫局　温犀玳瑁局
漆紗冠冕局　珠子局
異樣等局總管府　異樣紋繡兩局
綾錦織染兩局　金絲顔料總局
尚衣局　御衣局
泉府司
富藏庫
侍儀司
法物庫
武備寺
壽武庫　利器庫　甲匠提舉司　箭局　弦局
都水監
大都河道提舉司
尚乘寺
諸路雜造總管府　諸路旋匠提舉司
網簾局　資乘庫
太史院
司天臺
回回司天臺
太醫院
御藥局　御藥院　回回藥物院
回回藥物局　大都惠民司
廣惠司
崇福司
拱衛直都指揮使司
儀從司
大司徒領異樣金玉人匠總管府
塑局　出鑞局　銀局　銅局

鑄瀉等銅局　唐像畫局　梵像局
雜造提舉司　鑌鐵局　玉局
諸物庫
孛可孫
儀鳳司
安和署
京畿都漕運使司
萬斯南倉　萬斯北倉　千斯倉　相因倉
豐閏倉　通濟倉　廣貯倉　永平倉
永濟倉　惟億倉　盈衍倉　大積倉
豐實倉　廣衍倉　順濟倉

佚名《銅政便覽・雜款》 書役工食：

凡辦理銅務衙門設立書役，例得官給工食銀兩者九處：

總督衙門辦理銅務經書，年支工食銀八十兩。

巡撫衙門辦理銅務經書，年支工食銀一百六十兩。

布政司衙門辦理銅務經書，年支工食銀八百五十九兩二錢。巡役年支工食銀一百八十二兩四錢。

迤東道衙門辦理銅務經書，年支工食銀一百六十兩。巡役年支工食銀九十一兩二錢。

迤西道衙門辦理銅務經書，年支工食銀二十兩。

雲南府衙門辦理銅務經書，年支工食銀十九兩二錢。

臨安府衙門辦理銅務經書，年支工食銀二十兩。

澂江府衙門辦理銅務經書，年支工食銀二十兩。以上書役工食銀，遇閏加增，小建不除。惟布政司衙門差遣巡役赴廠店及沿途催銅盤費，並年節犒賞，年支銀四百四十六兩，遇閏不加，小建不除，均於廠務項下動支。

梁章鉅《稱謂録》卷一七《營繕司》 營繕司：《皇朝通考》：營繕清吏司，掌繕治壇廟、宮府、城郭、倉庫、廨宇、營房之役。凡物料各貯一廠，籍其數以供修作之用。

營部：《明史・職官志》：洪武六年，工部設總部、虞部、水部并屯田四屬部。二十二年改總部爲營部。二十九年又改四屬部爲營繕、虞衡、都水、屯田四清吏司。案：據此則今之營繕司，明初尚稱營部，而營繕司之稱，實始於洪武二十九年。

將作司、營造提舉司、營繕所：《明史・職官志》：洪武初置工部及官屬，以將作司隸焉。六年又置營造提舉司、營繕司，二十五年改將作司爲營膳所。

大匠卿、匠卿：《隋書・百官志》：大匠卿掌木土之工，又曰匠卿。案即今營繕司。

梁章鉅《稱謂録》卷一七《虞衡司》 虞衡司：《皇朝通考》：虞衡清吏司，掌山澤、采辦、陶冶、器用、修造、權衡、武備。

虞曹：《通典》：魏尚書有虞曹郎中，晉因之。北齊虞曹掌地圖、山川遠近、園囿田獵、雜木等，並屬虞部尚書。

司虞大夫：《通典》：隋初虞部侍郎，煬帝除侍字，武德加中字，龍朔二年改爲司虞大夫。咸亨元年復舊。天寶十一年又改虞部爲司虞。

虞人：《孟子》：招虞人以旌。案：杜君卿云：虞部蓋古虞人之遺職。

考工令：《續漢・百官志》：考工令一人，六百石。本注曰：主兵器、弓弩、刀槍之屬，成則傳執金吾入武庫。案：今虞衡清吏司掌製器用及軍裝、軍火，與此職相近。

文思院：《文獻通考》：宋紹興三年，並少府監歸工部，以文思院屬焉。文思院上下界監官，並從本部辟差。

案：文思院，國初尚有此官，後裁之，以其事分隸各司，則此亦古有今無之職。然取栗氏量銘「時文思索」之義，則與虞衡司相近。

王慶雲《石渠餘紀》卷三《紀立内務府》 明宦官十二監、四司、八局，爲二十四衙門。外有諸庫、諸房、諸廠、諸宮門監，餘瑣瑣者，蓋不勝計矣。其擅威福於内者，提督東、西廠，京營及文書、禮儀、中書各房也。肆荼毒於外者，各省鎮守、守備，諸陵神宮監及織造、市舶、倉場也。若監軍採辦糧、稅、礦、關等使，猶其不常設者。懷宗以坐營督餉，概命中官。明社既墟，蟲沙亦灰滅焉。我朝受命埽除而更張之。未幾吴良輔煽立十三衙門，其名率沿明舊。賴世祖遺詔發姦，聖祖廓除兇孽。伏讀諭旨，亦略見當時之勢燄矣。至十三衙門盡革，以三旗包衣仍立内務府，置總管大臣，兼以公卿，而無專員。又仿周官内宰、宮正、宮伯、膳夫之職，次第立堂郎中及七司郎中，各率其屬，以庀其事。收奄宦之權，歸之旗下。且待以士大夫之禮，課最者，得內躋卿貳，外典封疆，使人人樂於自效，而不鄙薄於其職，向非神謨創制，張弛盡善，雖磔良輔，黜正宗，死灰有不復然者乎！明史稾謂世宗四十餘年間，宦官不敢爲惡。然未幾而司禮諸奄滕祥、孟沖輩復熾。顧其官不屬吏、兵二部，又職掌宮禁，外廷罕得與聞。臣讀會典，謹掇取大略，而以明事附證焉。

案：七司，一曰廣儲司，掌銀、皮、瓷、緞、衣、茶六庫之藏物，相類者兼貯焉，稽其出納，掌銀、銅、染、衣、皮、繡、花七作之匠，以供御用，及宮中冠服、器幣、三織造，及內織染局屬焉。案：明司鑰庫掌收制錢，給賞賜。內承運庫掌庫藏金銀諸寶貨。甲乙十字庫貯物料。又有尚衣監，銀作，巾帽、鍼工、織染等局。其織造太監，順治三年裁簡，內府司官充之。織染局今有管理大臣。二曰都虞司，掌府屬武職之銓選，官兵之俸餉。凡佃漁採捕之政，咸屬焉。明京營有提督、坐營、監槍諸內監，國初已革。今都虞司，實內廷之兵部，其府屬文職，掌於堂郎中，則內廷之吏部。又明有牲口房，掌畜珍禽異獸。三曰掌儀司，掌大內之祭祀，紫禁城內之廟祀。凡宮中朝賀筵燕，嘉禮大事，咸掌之。設陵寢及贊禮官屬，辨內監之敍。設太監六十四人，以與敬事房接，兼管景山舊管南府，今裁。及果園。明司禮監掌一應禮儀，權勢最重。禮儀房掌皇子成婚，公主下嫁等禮。司苑局掌瓜果。今掌儀司實內廷之禮部。四曰會計司，掌京外皇莊之入，以供內祭祀之粢盛，內府之糧餼。掌管三倉之物。凡選宮女、太監，選乳母、保、姥，皆掌之。明內供用庫掌食米等物，選乳媼由禮儀司。五曰營造司，掌宮禁之繕修。其屬有木、鐵、房、器、薪、炭之六庫，鐵、漆、炮之三作。凡匠役辨其在官在民者，入宮匠作，則令司設太監領之。門吏長夫運送諸物。給其餼。明內官監掌營造工程，凡木、石、瓦、土諸作。御用監掌造木器。惜薪司掌薪炭。又今之炮作，造花炮而已。與明王恭廠火藥局迥異。六曰慶豐司，掌牛羊之羣牧供其用。明尚膳監有牛羊等房。七曰慎刑司，掌內府所屬之處分及審獄。收獄之政，緝捕番役屬焉。明司禮監掌一應刑名提督，東廠刺緝刑獄，國初已革。今慎刑司凡議罪徒以上，皆送刑部定之。右七司之大略也。詳見會典。又三旗銀兩莊頭處，初隸會計司。官房租庫初隸營造司。後乃分設。

乃立三營，曰驍騎營，長以參領率官兵以宿衛禁城；曰護軍營，長以統領選三旗兵之精者爲護軍，率以守宮門，行則扈從，皆以時訓練，而稽其軍實；曰前鋒營，舊曰解馬營。長以委署參領掌習解馬。明司禮監關防門禁。又各門設門正、門副。安民廠提督京營皆主兵。都知監掌管前導。

乃設內管領、副內管領各三十人，以承應中宮差務。所屬蘇拉四千九百餘名。統以掌關防處郎中，以時葺治宮室，餑餑房、酒醋房、菜庫、器皿庫、車庫屬焉。掌官三倉之物用，設恩豐倉以給內監之餼米。明酒醋麪局、甜食房。又司苑局掌蔬菜。

乃設三大殿及各宮、殿司員，掌陳設汜埽之事，以稽直殿監之勤惰。其兼轄於內府而別設管理大臣者，曰上駟院。掌御馬、內馬，凡牧場之政，輿馬之用。明御馬監。順治十八年設上駟院。曰武備院，掌進御武備，弓矢鞍轡之屬，凡官用皆給焉。明兵仗局。順治十八年設武備院。曰奉宸院，掌苑囿之禁，令時其修繕，供花木、禽魚。稻田廠及景山、西苑、南苑等處屬焉。明司苑局。國初景山等處以太監管理。康熙二十三年設奉宸苑。三者皆長以三品卿，是爲內三院。三院卿各二人，一侍衛缺，一內府缺。

外則盛京及諸陵總管，以將軍總兵兼之。明設南京及天壽山守備太監。圓明園，暢春園，清漪、静明、静宜三園，暨御船處皆別其署。

曰御茶膳房，尚膳、尚茶，侍衛屬焉。設肉房、乾肉庫、銀器庫，分貯以待其用。明尚膳監有掌印、提督、光禄、總理等員，掌宮內食用。又有御酒房、御茶房提督、籤書等員。曰御藥房，掌合丸散。明御藥房太監有醫官。國初屬首領太監。康熙三十年裁改。曰養心殿造辦處，掌供器物翫好。明御用監掌造翫器。曰文淵閣提舉。明文華殿書籍，掌以中書房太監。乾隆三十九年建文淵閣。曰武英殿修書處。明武英殿書籍，掌以仁智殿監工太監。曰御書處。國初名文書籍。曰御鳥槍處。明火藥局、兵仗局，又有彈子房，專備泥彈。曰總理工程處。明內官監掌木石等十作，掌營造宮室陵墓。國初改宣徽院。乾隆二十六年乃分設。

自上駟院以下皆典以府屬司員，而命大臣管理，與管理內務府大臣同爲內廷之右職。

史臣曰：美哉聖祖之創制。與歷代之損益，可謂詳且備矣！自內府既立，其奄寺之典守僅存者，諸陵廟直殿監及御前奔走執事而已。伊古以來，宮闈肅清，奄豎消阻，亦有如我朝之善守家法，二百餘年而勿替者乎？方明太祖立鐵碑，禁內官與政，乃旋命聶慶童使河州；成祖雖有私役工匠之禁，而感其迎戴，李興、鄭和紛紛四出。彼二君近代之英主也。夫豈忘其言而自蹈之哉！要結有其術，委任有其漸，誠習而不覺耳。臣以爲我朝立法之善，在立內務府，以其職歸之士大夫，使宮府一體矣。而累朝二百餘年來，肅內治，遏亂源，實惟勤政故。勤政則無欲，無欲孰得而試之？勤政則無閒，無閒孰得而竊之？人主日與士大夫處，清明在躬。其視腐椓之輩，自不能以相暱，豈徒藉法禁哉！今陽剛在上，邪慝不作，幾不知古來有漢十常侍、唐北司之禍矣。百世而下，尚無忘小過之九三哉！

崑岡《欽定大清會典事例》卷一二一四《內務府·工作·營造司修造》 營造司修造，順治十八年定。凡乾清門以外，紫禁城以內，有修理工程，物價在二百兩以上，工價在五十緡以上者，奏交工部；不及此數者，呈堂轉咨工部辦理，仍會同本司官監修。其葺補小修，仍由內工部即今之營造司。辦理。又定，大內有葺補之處，令太監匠人修理。又定，凡雜項修理，按佐領內管領下地畝勻分，壯丁佐領下一分，內管領下二分。又定，內管領所分廐館房舍應隨時修理者，令其所屬服役人丁承應。其雜修各項匠役，不給飯錢。若遇大工聚集夫役委官監修者，匠役及雇工領催馬甲等，均給飯錢。

康熙二年定皇城牆垣及御河橋梁有應修理者，奏交工部修理。又奏准，凡一應工程，均咨欽天監擇吉，奏聞興工。十六年定，凡三殿所懸門簾雨搭並鋪設氈毯等物，有應修補者，由營造司呈堂移咨工部辦理。紫禁城上每年除草，咨掌儀司交欽天監於三伏內選擇日期，並移會工部鑾儀衛屆期奏聞，率領該管人員及本司搭材匠十五名，工部搭材匠二十名，鑾儀衛校尉會同上城芟除草棘。紫禁城內溝渠，每年於二月移咨工部，工部司官率領人役會同內管領等監視疏濬。十九年奏准，每年冬令，三殿前遇有積雪，傳集內務府三旗佐領下馬甲人等，營造司官率領掃除。又奏准，每年三月奏交工部，於內左門、內右門等處搭蓋涼棚，至九月拆卸。

宮門各處涼棚，由營造司移咨工部，將應用物料運送，到時知會總管太監定期，營造司官率領人役搭蓋。拆卸時仍知會工部，收回原料。又議准，內務府各司院等處房屋器皿，有應修造者，據各該處咨文，交該庫作修理成造，將用過工料數目呈堂查覈。雍正八年奉旨，嗣後凡紫禁城內蓋造小房均用筒瓦。乾隆十一年奏准，凡夏月宮內搭蓋涼棚並養心殿造辦處需用舁送什物托板架木等項，停其移咨工部，即交營造司辦理。除所需蓆箔竹竿麻繩照定價辦買應用外，其杉槁架木量其足用，咨取工部儲庫備用。營造司食糧搭材匠役，遇有搭造涼棚，定爲每名給制錢三十文。如食糧搭材匠不敷，准其雇覓民匠，照例每名日給工價銀一錢四分。其所需銀錢，於官房租內動支。營造司將涼棚長闊丈尺豫行開報，呈堂查覈，所需物料與例相符，方准支領。再搭造涼棚，除不及一月即行拆卸者毋庸置議外，其一月以外至三四月者，拆卸時營造司官查驗，揀選底席尚堪應用者，仍留於次年作面席用。其面席雖經風雨色變損壞，亦未可即行開除，仍令收存，遇有外項搭蓋遮陽之處應用。至杉槁架木竹竿，長短不齊，用時必須鋸截。席片麻繩，久經風雨，不免傷耗，應按用過次數日期，並如何鋸截，傷耗若干之處，亦令該司分析呈堂，照例覈銷。十六年奏准，向例每年三伏內紫禁城上芟草一次，但自夏至秋，仍復叢生，嗣後至十月內再芟一次，作爲二次，永爲定例。每年遵照辦理，毋庸具奏。二十三年奏，修理門神，奉旨，嗣後著派工部侍郎一員，內務府總管一員監修。

三十一年奏，黏修紫禁城城上海墁，奉旨：現在總管內務府大臣如許之多，何必派員查覈，嗣後凡有工程，俱著總管內務府大臣查覈，欽此。遵旨議定，每年內務府常例工程，工員報竣後，由專管工程大臣前往親加查覈。專管工程大臣所辦工程，由不管工程之總管內務府大臣內前往查覈。係何人查過之處，俱於摺內聲明。三十五年奏，圓明園新砌虎皮石圍牆坍損，請將承辦各員交內務府議處並著落賠修奉旨：此項圍牆甫及一年，何遽坍損，所有承辦各員除賠修外，仍交內務府大臣議處。嗣後各項工程，遇有坍損在三年以內者，均照此例辦理，其三年以外五年以內者，止令賠修，毋庸議處。四十三年議准，東路西路各處行宮陳設歲修，照北路行宮之例，每年由內務府專派司員一員，持帶印冊前往逐處查覈一次，至五年，仍由內務府奏派大臣一員按冊查覈點驗。五十年議准，每年淘修紫禁城溝渠，改歸內務府派員經管辦理，責令直年大臣專司其事。所用夫料物價，交總管內務府大臣詳晰酌覈，照例辦理。

又議准，禁城圍牆等處拔草抅抿添補瓦片處所，由各該處先期查明，分析造報，派員查估，責令承修司員加意妥辦。儻插補抅抿後仍有破壞，著落承修之員賠修。五十二年奏准，營造司辦理歲修等項，奏派總管內務府大臣一員直年，專司其事，一年期滿奏請更換。

崑岡《欽定大清會典事例》卷一二一四《內務府·工作·造辦處職掌》 造辦處職掌，原定，造辦處豫備工作，以成造內廷交辦什件。其各作有鑄罏處，如意館，玻璃廠，做鐘處，輿圖房，法瑯作，盔頭作，及金玉作所屬之纍絲作、鍍金作、鏨花作、硯作、鑲嵌作、擺錫作、牙作，油木作所屬之雕作、漆作、刻字作、鏇作，匣裱作所屬之畫作、鏇作、廣木作，鐙裁作所屬之繡作、絛兒作、花作、皮作、穿珠作，銅鋄作所屬之鏨活作，刀兒作、風槍作、眼鏡作，礮槍處所屬之弓作。成造什件所需物料，由户工二部內務府六庫行取。工匠銀兩，動用造辦處庫銀，按月奏銷。各項匠役，由內務府三旗左右兩翼挑選。所食錢糧，由各該旗自行關領。其南匠由蘇州織造粵海關監督衙門行取，所食錢糧，亦動用造辦處庫銀給發。

朱銘盤《南朝宋會要・職官・少府》 少府，一人。丞一人。掌中服御之物。晉哀帝末，省并丹陽尹。孝武世復置。大明五年十一月增置少府丞一人。本《紀》、《百官志》上。

左尚方令、丞各一人。《百官志》上。

右尚方令、丞各一人。並掌造軍器。高祖踐阼，以相府作部配臺，即其名置令一人，丞二人，隸門下。孝武大明四年十一月，改細作署令爲左右御府令。置令一人，丞一人。後廢帝初，省御府，置中署，隸右尚方。順帝昇明元年七月，詔罷御府二署。本《紀》、《百官志》上。

東冶令，一人。丞一人。《百官志》上。

南冶令，一人。丞一人。宋世雖置衛尉，冶隸少府如故。江南諸郡縣有鐵者或置冶令，或置丞。《百官志》上。

尚方户伯。黄回。

平準令，一人。丞一人。掌染。順帝昇明元年七月，避帝諱，改平準署曰染署。《百官志》上。

朱銘盤《南朝宋會要・職官・將作大匠》 將作大匠，一人。丞一人。掌土木之役。有事則置，無事則省。《百官志》上。

大明四年，立明堂，廷尉張永兼將作大匠。七年，立宣貴妃廟，復以太子右衛率兼將作大匠。本《傳》。

少帝景平中，太皇太后崩，顧琛除大匠丞。本《傳》。

孝武崩，營景寧陵，徐爰以遊擊將軍兼將作大匠。本《傳》。

紀事

《史記》卷一一《孝景本紀》 中〔元〕六年二月己卯，行幸雍，郊見五帝。三月，雨雹。四月，梁孝王、城陽共王、汝南王皆薨。立梁孝王子明爲濟川王，子彭離爲濟東王，子定爲山陽王，子不識爲濟陰王。梁分爲五。封四侯。更命廷尉爲大理，將作少府爲將作大匠，主爵中尉爲都尉，長信詹事爲長信少府，將行爲大長秋，大行爲行人，奉常爲太常，典客爲大行，治粟內史爲大農。以大內爲二千石，置左右內官，屬大內。

《周書》卷三七《寇儁傳》 孝昌中，朝議以國用不足，乃置鹽池都將，秩比上郡。前後居職者，多有侵隱。乃以儁爲之。加龍驤將軍，仍主簿。

《舊唐書》卷四《高宗紀上》 〔龍朔三年〕二月丙戌，隴、雍、同、岐等一十五州户口，徵修蓬萊宫。癸巳，置太子左右諭德及桂坊大夫等官員，改司經局爲桂坊館，崇賢館罷隸左春坊。丁酉，減京官一月俸，助修蓬萊宫。

《宋史》卷三《太祖紀三》 〔開寶〕五年春正月壬辰朔，雨雪，不御殿。禁鐵鑄浮屠及佛像。庚子，前盧氏縣尉鄢陵許永年七十有五，自言父瓊年九十九，兩兄皆八十餘，乞一官以便養。因召瓊厚賜之，授永鄢陵令。壬寅，省州縣小吏及直力人。乙巳，罷襄州歲貢魚。

二月丙子，詔沿河十七州各置河隄判官一員。庚辰，以鳳州七房銀冶爲開寶監。庚寅，以兵部侍郎劉熙古參知政事。

《宋史》卷一〇《仁宗紀二》 〔景祐二年〕八月壬子朔，詔輕强盜法。甲寅，宴紫宸殿，初用樂。甲戌，幸安肅門砲場閱習戰。己卯，置提點銀銅坑冶鑄錢官。

《宋史》卷三四《孝宗紀二》 〔乾道〕六年春正月癸丑，雅州沙平蠻寇邊，焚碉門砦。四川制置使晁公武調兵討之，失利。乙卯，修楚州城。丁巳，復强盜舊法，其四年十一月指揮勿行。癸亥，初降金字牌下四川宣撫司，備邊奏。乙丑，增築豐儲倉。

二月乙酉，詔户部侍郎二人分領諸路財賦。丁亥，復置舒州同安監，鑄鐵錢。辛卯，王炎遣人約沙平蠻歸部，稍捐邊税與之。丙申，廣西路復行鈔鹽法，仍增收通貨錢四十萬緡，以備漕計。壬寅，詔諭大臣：均役法，嚴限田，抑游手，務農桑。己酉，置應城縣孳生監。庚戌，以曾覿爲福州觀察使。遣司農寺丞許子中詣淮西，措置鐵錢。【略】

夏四月辛巳朔，罷鑄錢司歸發運司。併淮東總領所歸淮西總領所。【略】

六月壬子，申嚴卿監、郎官更迭補外之制。壬申，增武學生爲百人。癸酉，置蘄州蘄春監、黄州齊安監，鑄鐵錢。是月，榮國公挻自東宫出居外第。

《宋史》卷九八《禮志一》 初，議禮局之置也，詔求天下古器，更制尊、爵、鼎、彝之屬。其後，又置禮制局於編類御筆所。於是郊廟禋祀之器，多更其舊。既有詔討論冠服，遂廢韠用履，其他無所改議，而禮制局亦罷。

王溥《唐會要》卷五九《尚書省諸司下》 工部尚書，隋爲起部尚書。武德元年，因而不改。三月，改爲工部尚書。龍朔二年，改爲司平太常伯。咸亨元年，復爲工部尚書。光宅元年，改爲冬官尚書。神龍元年，復爲工部尚書。大曆六年十二月十一日勑：「京城内諸坊市宅舍，輒不得毀拆，有犯聞奏。」十四年六月一日勑：「諸坊市邸店樓屋，皆不得起樓閣臨市人家，勒百日内毀拆。」至九月二十日，京兆尹嚴郢奏：「坊市邸店舊樓，請不毀。」

工部侍郎改復興，尚書同。

工部郎中，隋爲起部郎。武德三年，改工部郎中。龍朔二年，改司平大夫。咸亨元年，復爲工部郎中。

工部員外郎改復興，郎中同。

王溥《五代會要》卷一六《少府監》 後唐同光三年正月敕：「少府監鑄造印文，元屬禮部，兩司互有推注，及諸道使臣，廣徵銅炭價錢。自今後凡鑄印，宜令本司限敕到五日内進呈，不計諸道、在京，並不得徵納銅炭價直。所破物料，於租庸院請領。」

晉開運三年二月，詔少府監：「今後凡修制親王婚禮法物并册文，出降公主九樹華釵、箱奩等，宜令不得用龍鳳紅絛帊。」

文彦博《潞公文集》卷一七《奏永興軍衙前理欠陪備至和二年》 清酒務年計出賣煮酒，而官不給煮酒柴，或量給而用不足者，般請麴未合使脚力及諸雜瑣細用具，盡令衙前專副陪備。

李燾《續資治通鑑長編》卷二六二《神宗熙寧八年》 （四月乙丑），詔減將作監冗官十六員。後復增置主簿一員，八作司監修使臣二員。

李燾《續資治通鑑長編》卷二六四《神宗熙寧八年》 （五月丁丑）御史蔡承禧言：「臣訪聞自昔軍器惟蒞三司胄案一局，近歲遂立軍器監以專之。自昔修造之局惟蒞三司案，而近歲以將作監專之。故三司之財用，固已多爲二局之所縻。然以已成官局，粗有條理，日月寖深，不可移改。而又聞有鞍子所、斬馬刀所、御前生活所之類，凡百司之所取索，至物用之所經營，所蒞不領於外廷，而所縻實難於會計。訪聞其間，不過製造軍器而已。夫所謂御前者，講道德於上，決邪正於下，釐天工，熙庶績，乃其地也。以今生活工巧而悉出於上，則御前之所爲何小！兼小臣動以御前爲名，百司莫敢違拒，工料過有罷勞，斬馬刀之局殺監官者數矣。蓋由小臣獻議，因令蒞之日趣工程不計勞弊。臣伏乞授以法式，悉付所司，庶使課定之科，皆有常限，財不耗縻，人寡勞怨。」

李燾《續資治通鑑長編》卷二六八《神宗熙寧八年》 （九月庚午）詔罷河北東路增募崇武兵。岷州置鑄錢監，令知熙州高遵裕、轉運副使張穆之提舉。以遵裕言：「威遠監所鑄折二錢用工少而得利多。今岷州鐵冶暴發，若增置一監，歲可得緡錢四十萬。」故命置監焉。仍遣左班殿直孟璋選秦鳳、永興兩路配軍充工役，以五百人爲額。不足，即選鄰路。既而遵裕言，本路無坑冶工匠，乞下商虢州應副。從之。後賜監名曰滔山。坑冶工匠，乃十一月十八日事；監名，又九年五月事，今并書。

李燾《續資治通鑑長編》卷二七八《神宗熙寧九年》 （十月戊子）詔饒州鑄錢監添招匠人，歲增鑄錢二十萬緡，充信州買銀。

李燾《續資治通鑑長編》卷三〇一《神宗元豐二年》 （十一月庚辰）詔禁軍教閲廂軍毋得以爲作院工匠。

李燾《續資治通鑑長編》卷三二七《神宗元豐五年》 （六月丁丑）詳定官制所言：「御輦院乞依舊隸太僕寺，其輿輦及應供奉事隸殿中省；牛羊司隸光禄寺，其養牛、乳牛兵匠入牛羊司。」從之，惟御輦院不隸省寺。

李燾《續資治通鑑長編》卷三七六《哲宗元祐元年》 （四月辛亥）江西、湖南按察司言：「湖南路昨準朝旨，差内臣甘承立就潭州置局，製造上供服用。結局後，驅磨到匠工少欠物料，見令遂州監催，望特除放。」從之。

李燾《續資治通鑑長編》卷四一五《哲宗元祐三年》 （十月戊戌）御史翟思等言：「臣等聞清心莫如省事，省事莫如省官。蓋事省則可以省吏，吏省則可以省禄，禄省則可以省費。以今天下之事，其煩簡多寡，蓋無以異於官制以前，然昔以一官治之者，今析而爲四五，昔以一吏主之者，今增而爲六七。故官愈多而吏愈衆，禄愈廣而事愈煩。尚書省既以六曹分治政事，其下又各置寺、監，凡文移之行於下者，朝廷既付尚書省，尚書省又付本部，本部又下寺、監，寺、監復下所領庫、務。在下而達於上者亦然。蓋省部以下有寺、監，而不肯決其事，寺、監以上有省部，而不敢專其事，以故稽留迂枉，不能亟決。今若專責省部，則官省而吏少，事簡而功速。前者朝廷雖嘗兼併閑曹及減寺、監之員，然而冗局尚多，不若度其事之煩重者存之，餘使他官兼之可也。臣等略舉禮部一曹言之：昔者兩制一人兼判太常禮儀事，其太常禮院則館職之官兼行主判。今禮部有侍郎、郎中、員外，祠部亦置郎官，而太常有少卿、博士、丞、簿，其實皆禮官也。而祕書省官有監、少、祕書丞、著作郎、佐郎、校書郎、正字，坐局無事，奚不使之兼領也？今内外饔餼，膳部既以掌之矣，光禄又置卿、少、丞、簿官屬，每遇祠事，則視饌告腯而已，奉幣、讀祝、守酒尊，皆專置奉禮、太祝、太官令主之。昔以吏部待次之官行禮攝事，亦未聞有廢職不舉者，今各置一官，則禄不足以稱事，事不足以稱官，獨爲進取之人養資第耳。其餘類多如此，若户部之有司農，主客之有鴻臚，駕部之有太僕，庫部之有衛尉，工部之有將作、軍器，水部之有都水監，皆重疊置官，例可減省兼領。而司門、屯田、虞部等曹，舊無所掌者，今雖不置郎官，而吏員尚多也。昔唐之杜佑嘗建救弊、省用、省官之議，以光武建武中省吏率十置其一，晉太元時省官七百，貞觀中省内外官六百餘員。又言古者計人置吏，不肯虚設。佑之此言，誠爲篤論。臣等願朝廷參考古制，以救今弊，政事一皆專付六曹，所可兼者，其上委從官及館職領之，其細故臨事差攝。其當省之官，今已在職者，俟任滿日更不差人。其人吏分掌案分，亦可兼併，且令任事，若有闕者，不復添補。如此則冗濫之員漸可減省，亦不遽然驚駭人聽，誠於國計不爲小補，伏願陛下留意幸察。」此據《骨鯁集》及《章奏雜録》乃三年十月二十六日奏，元年八月二十六日上官均云云，當考。

謝深甫《慶元條法事類》卷一四《選舉門一・改官關陞》 一、六部寺監長貳及户部右曹郎官、點檢贍軍激賞酒庫、提領户部犒賞酒庫，歲舉改官，並權以三分爲率，與減壹分。

一、前宰相、執政官歲舉改官，今後各減貳員。

一、禮部、國子監長貳，歲舉改官員數，除依六部、寺監長貳三分減壹外，更與減半。

一、諸路轉運、提刑、提舉常平司，總領所，茶馬、榷茶、川馬、秦馬、鑄錢司，歲舉改官員數，並權以四分爲率，與減一分。如不及四分去處，與將兩年員數通理，與減一分。謂如歲舉三員，兩年通係六員，與減一員，内第一年許舉二員，次年許舉三員。謂如歲舉二員，兩年通係四員，與減一員，内第一年許舉一員，次年許分上下半年奏舉二員之類。其諸司内，見使職狀換作改官，聽從便者，並止許依舊作職狀收使。

《元史》卷一二《世祖紀九》 〔至元十九年二月乙酉〕立鐵冶總管府，罷提舉司。

《元史》卷一七《世祖紀十四》 〔至元二十九年六月壬寅〕通州造船畢，罷提舉司。

《元史》卷二〇三《工藝》 孫威，渾源人。幼沉鷙，有巧思。金貞祐間，應募爲兵，以驍勇稱。及雲中來附，守帥表授義軍千户，從軍攻潞州，破鳳翔，皆有功。善爲甲，嘗以意製蹄筋翎根鎧以獻，太祖親射之，不能徹，大悦。賜名也可兀蘭，佩以金符，授順天安平懷州河南平陽諸路工匠都總管。從攻邠、乾，突戰不避矢石，帝勞之曰：「汝縱不自愛，獨不爲吾甲冑計乎。」因命諸將衣其甲者問曰：「汝等知所愛重否？」諸將對，皆失旨意。太（祚）〔宗〕曰：「能捍蔽爾輩以與我國家立功者，非威之甲耶！而爾輩言不及此，何也？」復以錦衣賜威。每從戰伐，恐民有横被屠戮者，輒以蒐簡工匠爲言，而全活之。歲庚子，卒，年五十八。至大二年，贈中奉大夫、武備院使、神川郡公，謚忠惠。

子拱，爲監察御史，後襲順天安平懷州河南等路甲匠都總管。巧思如其父，嘗製甲二百八十襲以獻。至元十一年，別製疊盾，其製，張則爲盾，斂則合而易持。世祖以爲古所未有，賜以幣帛。丞相伯顔南征，以甲冑不足，詔諸路集匠民分製。拱董順天、河間甲匠，先期畢工，且象虎豹異獸之形，各殊其制，皆稱旨。

十五年，授保定路治中。適歲饑，議開倉賑民，或曰：「宜請于朝。」拱曰：「救荒事不可緩也，若得請而後發粟以賑之，則民餒死矣。苟見罪，吾自任之。」遂發粟四千五百石以賑饑民。高陽土豪據沙河橋取行者錢，人以爲病，拱執而罪之。二十二年，除武備少卿，遷大都路軍器人匠總管，陞工部侍郎。

成宗即位，典朝會供給，賜銀百兩、織紋段五十匹、帛二十五匹、紗萬貫。元貞二年，授大同路總管，兼府尹。大德五年，遷兩浙都轉運使。鹽課舊二十五萬引，歲不能足，拱至增五萬引，遂爲定額。九年，改益都路總管，兼府尹，仍出内府弓矢寶刀賜之。卒於官。贈大司農、神川郡公，謚文莊。

（阿老瓦丁）

阿老瓦丁，回回氏，西域木發里人也。至元八年，世祖遣使徵砲匠于宗王阿不哥，王以阿老瓦丁、亦思馬因應詔，二人舉家馳驛至京師，給以官舍，首造大砲竪于五門前，帝命試之，各賜衣段。十一年，國兵渡江，平章阿里海牙遣使求砲手匠，命阿老瓦丁往，破潭州、静江等郡，悉賴其力。十五年，授宣武將軍、管軍總管。十七年，陛見，賜鈔五千貫。十八年，命屯田於南京。二十二年，樞密院奉旨，改元帥府爲回回砲手軍匠上萬户府，以阿老瓦丁爲副萬户。大德四年告老。子富謀只，襲副萬户。皇慶元年卒，子馬哈馬沙襲。

亦思馬因，回回氏，西域旭烈人也。善造砲，至元八年與阿老瓦丁至京師。十年，從國兵攻襄陽未下，亦思馬因相地勢，置砲于城東南隅，重一百五十斤，機發，聲震天地，所擊無不摧陷，入地七尺。宋安撫吕文焕懼，以城降。既而以功賜銀二百五十兩，命爲回回砲手總管，佩虎符。十一年，以疾卒。子布伯襲職。

時國兵渡江，宋兵陣于南岸，擁舟師迎戰，布伯於北岸豎砲以擊之，舟悉沉没。後每戰用之，皆有功。十八年，佩三珠虎符，加鎮國上將軍、回回砲手都元帥。明年，改軍匠萬户府萬户。遷刑部尚書，以弟亦不剌金爲萬户，佩元降虎符，官廣威將軍。布伯俄進通奉大夫、浙東道宣慰使，賜鈔二萬五千貫，俾養老焉。

子哈散，廕授昭信校尉、高郵府同知。致和元年八月，樞密院檄亦不剌金所部軍匠至京師，賜鈔二千五百貫，金綺四端，與馬哈馬沙造砲。天曆二年，以疾卒。子亞古襲。

阿尼哥，尼波羅國人也，其國人稱之曰八魯布。幼敏悟異凡兒，稍長，誦習佛書，期年能曉其義。同學有爲繪畫粧塑業者，讀《尺寸經》，阿尼哥一聞，即能記。長善畫塑，及鑄金爲像。

中統元年，命帝師八合斯巴建黄金塔于吐蕃，尼波羅國選匠百人往成之，得八十人，求部送之人未得。阿尼哥年十七，請行，衆以其幼，難之。對曰：「年幼心不幼也。」乃遣之。帝師一見奇之，命監其役。明年，塔成，請歸，帝師勉以入朝，乃祝髮受具爲弟子，從帝師入見。帝視之久，問曰：「汝來大國，得無懼乎？」對曰：「聖人子育萬方，子至父前，何懼之有。」又問：「汝來何爲？」對曰：「臣家西域，奉命造塔吐蕃，二載而成。見彼土兵難，民不堪命，願陛下安輯之，不遠萬里，爲生靈而來耳。」又問：「汝何所能？」對曰：「臣以心爲師，頗知畫塑鑄金之藝。」帝命取明堂針灸銅像示之曰：「此（安）〔宣〕撫王（檝）〔檝〕使宋時所進，歲久闕壞，無能修完之者，汝能新之乎？」對曰：「臣雖未嘗爲此，請試之。」至元二年，新像成，關鬲脈絡皆備，金工歎其天巧，莫不愧服。凡兩京寺觀之像，多出其手。爲七寶鑌鐵法輪，車駕行幸，用以前導。原廟列聖御容，織錦爲之，圖畫弗及也。

至元十年，始授人匠總管，銀章虎符。十五年，有詔返初服，授光禄大夫、大司徒，領將作院事，寵遇賞賜，無與爲比。卒。贈太師、開府儀同三司、涼國公、上柱國，謚敏慧。

子六人，曰阿僧哥，大司徒；阿述臘，諸色人匠總管府達魯花赤。

有劉元者，嘗從阿尼哥學西天梵相，亦稱絶藝。元字秉元，薊之寶坻人。始爲黄冠，師事青州把道録，傳其藝非一。至元中，凡兩都名刹，塑土、範金、摶换爲佛像，出元手者，神思妙合，天下稱之。其上都三皇尤古粹，識者以爲造意得三聖人之微者。由是兩賜宫女爲妻，命以官長其屬，行幸必從。

仁宗嘗敕元非有旨不許爲人造他神像。後大都南城作東嶽廟，元爲造仁聖帝像，巍巍然有帝王之度，其侍臣像，乃若憂深思遠者。始元欲作侍臣像，久之未措手，適閲祕書圖畫，見唐魏徵像，矍然曰：「得之矣，非若此，莫稱爲相臣者。」遽走廟中爲之，即日成，士大夫觀者，咸歎異焉。其所爲西番佛像多祕，人罕得見者。

元官爲昭文館大學士、正奉大夫、祕書卿，以壽終。摶换者，漫帛土偶上而髹之，已而去其土，髹帛儼然成像云。

《明史》卷一八五《曾鑑傳》　〔正德元年〕内織染局請開蘇、杭諸府織造，上供錦綺爲數二萬四千有奇。鑑力請停罷，得減三分之半。

《明宣宗實録》卷二十九　〔宣德二年七月戊子〕行在户部奏：「河東陝西都轉運鹽使司，歲辦鹽課三十萬四千引。自永樂二十二年至宣德元年，淫雨壞堤，淡水入池而鹽不結，致虧歲額。已奏准役民修築，鹽候今歲補償。今正當鹽結之時，請遣官監辦，及令補償虧欠之數。」上曰：「遣官監臨，不免擾人。但移文所司，令補償之。」

蔡士順《傃菴野鈔》卷四《工部周士樸論織監李實疏》　工科周士樸疏：日接應天巡撫周起元一揭，爲仰懇天恩，宥負累之屬吏，以恢聖度，罷不職之微臣，以定官評等事。又接蘇杭織監李實一揭，爲袍段派有額數，料銀給匠非濫等事。政在躊躕，講求畫一之理，以入告，而撫臣周起元疏，旋奉聖旨下吏部，轉送到科，職等一再捧讀，不勝駭異，有是哉。臣之不敬，致觸聖怒如此。究其歸重，則袍服之故，袍服計用一身，聖主豈以一身累天下？今不必稱引古誼，但就事論之，原派不有定數乎，撫臣曰少，監臣曰多，多寡之口，兩持不下，致生葛藤，要之難以欺工部也。但查屢奉明旨，或增或減，自較若列眉矣。故職等曾有一絫過部，責其查明具奏，而該部尚未有所復，乃楊姜徑以爲民處矣。嗟嗟褫一小臣，何足深惜，獨是巡撫者，皇上寄以節鉞之權，將地方之利害，惟其所興除，官評之得失，惟其所裁斷，倘另有人焉，旁撓之中叅之，俾巡撫不得司其權，則皇上委托之意亦虛矣。而撫臣之顔色將何施耶？

故今日之處分，皇上不念撫臣之力請則已，如爲其力請，當必有一番改圖，不得以姑黜爲民，爲念撫臣之道也。撫臣方且以楊姜爲執法，而今則坐之爲專擅，撫臣方且以楊姜爲無罪，今則坐之以重典，如是一疑撫臣之端也。撫臣疑更無可信者，若轉而信織監，恐皇上不宜受此信內之名，而織監亦不敢安然自處於信，如是又輕撫臣之術也。撫臣輕，更無可重者，若轉而重織監，恐皇上亦不宜受此重內之名，而織監亦不當安然自居于重，皇上何不以可信可重者還之撫臣，以鼓舞其振刷綱紀之思，以不必信不必重者還之織監，以潛消其魚肉無辜之意，俾官府各得其分之爲愈哉。二月十五日。

《清世祖實録》卷一百十九 〔順治十五年七月〕乙丑，裁禮部理事官、副理事官四員，鑄印局副理事官一員，筆帖式哈番一員，會同館通官四員，兵部理事官、副理事官八員，種馬場章京六員，筆帖式四員，大庫馬場理事官一員，刑部理事官、理副事官四員，漢員外郎、主事各四員，工部理事官、副理事官八員，營繕、虞衡、都水，每司漢員外郎一員，都水司主事一員，管理三山郎中一員，節慎庫大使一員，寶源局大使一員，竹木局大使一員，通州磚廠所，所副一員，臨清磚廠所，所丞一員，營繕所所正一員。

《清德宗實録》卷五百八十七 〔光緒三十四年二月丙寅〕兩江總督端方奏：「裁撤兩江礦政調查局，改設江南礦政總局。應設法另行籌款，以濟要需。」又奏：「寶華公司領地，併入阜寧煤礦，開採礦地，均係官荒，擬暫用土法人力開採，並擬章程圖說，懇恩立案。」均下部知之。

《清德宗實録》卷五百九十一 〔光緒三十四年五月己丑〕又奏：「遵部頒新章，於張家口設立察哈爾礦務總局。凡邊牆外廳屬，但爲察轄旗地，無論已開未開各礦，統歸該局辦理。從押荒項下支給經費。」下部知之。

《雍正朝內閣六科史書・户科・總理户部事務怡親王允祥等題爲核銷浙江省辦解內務府屬織染局應用泛湛等項用過銀兩本》 總理户部事務和碩怡親王臣允祥等謹題，爲咨取泛湛等事。該臣等查得先經內務府於康熙六十年十二月內，將織染局應用泛湛等項，行文咨取，臣部行文浙撫照數辦解去後，今據浙江巡撫李馥將辦解泛湛等項價值銀兩造册具題前來。據册開：織八絲段竹筬五分，用過銀一十一兩；泛湛五分，用過銀一百四兩零；隨茜絲五分，用過銀一十七兩二錢；零筬箋五分，用過銀三十三兩七錢零；幅仗五分，用過銀一兩三錢零；織五絲段竹筬十分，用過銀二十四兩四錢零；泛湛十分，用過銀一百五十四兩五錢；隨茜絲十分，用過銀二十八兩七錢零；筬箋十分，用過銀七十六兩五錢零；幅仗十分，用過銀二兩七錢；織廣紗竹筬二分，用過銀五兩六錢零；手泛二分，用過銀一十二兩五錢零；湛二分，用過銀一十一兩一錢零；隨茜絲二分，用過銀七兩三錢零；筬箋二分，用過銀十七兩五錢零；幅仗二分，用過銀五錢四分；織線紗竹筬十二分，用過銀三十一兩三錢零；手泛十二分，用過銀三十二兩五錢零；隨茜絲十二分，用遲銀三十一兩四錢零；八絲筬箋十二分，用過銀一百一十兩四錢；幅仗十二分，用過銀四兩三錢零；織寬線紗竹筬二分，用過銀六兩三分零；手泛二分，用過銀一十七兩四分；隨茜絲二分，用過銀一十三兩七錢零；筬箋二分，用過銀四十兩；幅仗二分，用過銀一兩六錢；織羅刀段手泛一塊，用過銀二兩一錢零；泛子四塊，用過六兩二錢零，湛二塊，用過銀二兩八錢零；大湛一塊，用過銀四兩五錢零；隨茜絲一機，用過銀四兩四錢零；幅仗六根，用過銀六錢；花梨木羅刀一把，用過銀二兩九錢零；梭子二十把，用過銀一十一兩六錢；剪子五十把，用過銀一兩五錢；鑷子五十把，用過銀一兩五錢；箱簞包索等項，共用銀四十七兩九錢零；路費銀八十三兩六錢零：以上共銀九百六十七兩七錢零。遵照部行動支康熙六十一年地丁銀內給發辦解等語。查前項泛湛等項，已經內務府查收，知會臣部在案，價值等銀係應給之項，應令該撫將前項動用過銀兩，造入該年地丁奏銷册內，報部查覈可也。謹題請旨。雍正元年四月十五日題。本月十七日奉旨：「依議。」

《雍正朝內閣六科史書・户科・户部左侍郎李周望等奏爲江寧織造曹頫虧空織造銀兩衆淮商懇請代爲完納請旨定議本》 户部左侍郎臣李周望等謹奏，爲遵旨清理事。該臣等會查得江寧織造曹頫，多支過織造銀十九萬一百二十兩，部議准其與該御史抵筭解部一案。據曹頫原咨內開兩淮欠解壬辰綱織造銀四萬六千兩，丁酉綱織造銀二千四百兩，並無批文解到。又歷年欠短平銀三千八百三十七兩二錢，又商欠壬辰綱掣費十二萬兩、程儀二萬兩，請將所欠銀兩抵筭多支銀十九萬一百二十兩解部等語。查康熙五十五年户部查覆曹頫奏稱伊父曹寅虧空銀共三十七萬三千餘兩，除壬辰綱應得費銀十一萬兩，令李陳常炤數解交曹頫抵補虧空外，其餘虧空銀二十六萬三千餘兩令李陳常代補清完。奉旨依議，欽遵在案。是李陳常任内，已將前後欠賬俱已扣筭清楚，始成三十七萬三千餘兩虧空之數，又將壬辰商費十一萬兩抵補，始剩二十六萬三千餘兩虧空之數，曾于李陳常任内俱已代爲補完。若兩淮果有壬辰綱欠解織造銀兩併商欠掣費程儀銀兩，李陳常豈有不奏明抵筭，而又代爲完補之理。況壬辰去今已十有餘年，如果有欠項，何至奉文將多支銀兩追還解部之日，始稱壬辰綱尚有欠解可抵之項，則所稱壬辰綱欠解織造銀兩併掣費程儀，均屬子虛，無可抵筭。至所稱欠解丁酉綱織造銀二千四百兩，歷年短平銀三千八百三十七兩二錢，查批迴内俱註有欠交字樣，相應交與該鹽政運司炤數催追解部，其曹頫名下尚欠多支織造銀十八萬三千八百八十三兩，自應著落曹頫名下追完還項。但兩淮商人黄光德等呈稱，商人等竊思曹、李均屬織造，均任鹽差，均有虧空，李憲之虧空商等既經認賠于前，則曹憲之虧空商等亦難推諉于後，所有現任織造曹頫名下尚欠織造銀十八萬三千八百八十三兩，商等亦情願炤數代爲完納，請合併李憲虧空共銀五十六萬二千餘兩，自乙巳綱起，分爲八年完納等語。查曹頫係現任織造，非李煦可比，其虧空銀兩理應作速補還解部。今兩淮衆商既合詞公呈請爲代完，臣等亦不敢壅于上聞，應否准炤衆商所請代爲完納之處，伏祈皇上勅部定議施行。謹奏請旨。雍正二年十一月初二日奏。雍正三年正月十九日奉旨：「據奏曹頫虧空織造項下銀兩，衆商呈請與李煦虧空一同分年代完，著將兩項銀兩均分作六年帶征，以蘇商力。該部知道。」

《雍正朝内閣六科史書・户科・總理户部事務怡親王允祥等題令雲南巡撫查明臨安府未變錫斤及所獲銅息銀兩數目本》 總理户部事務和碩怡親王臣允祥等謹題，爲題明事。吏部尚書仍管雲南巡撫事務楊名時題，前事雍正四年六月初九日題，七月二十四日奉旨：「該部察核具奏，欽此。」該臣等查得吏部尚書仍管雲南巡撫事務楊名時疏稱，滇省金、銀、銅、錫各廠，雍正三年分額課併新報中甸、古學銀廠雍正二年抽獲課銀共該銀八萬三百四兩三分八厘零，内尚有錫斤未變價銀八百一十四兩一錢六分二厘零，俟變解至日另於下年收支册内造報外，寔收穫課銀七萬九千四百八十九兩八錢七分五厘零。内除奉部撥充雍正四年分兵餉銀七萬兩外，應存銀九千四百八十九兩八錢七分五厘零，課金五十九兩伍錢六分，收貯司庫，候文撥餉，相應分晰造册具題。其遵旨查奏銅斤利弊事案内，雍正三年分給過各商錫票共收穫銀三千一十五兩。又一年共辦獲銅一百萬零三十一斤撥供鼓鑄變獲銀兩，除完銅本、脚價、廠費併額課及供鑄等項外，約獲息銀一萬四千四百八十五兩二錢九分二厘。又抽獲各廠課白銅併顔色青碌變價銀三千四百七十五兩四錢五分九厘。二項共獲息銀一萬七千九百六十兩七錢五分零。統俟變價完日儘數報明歸公充餉。另於下年開造，再照上届造報銅斤餘息册内雍正元年已變獲銀三萬九百四十兩收貯司庫，候文撥餉。尚有雍正二年分辦獲銀二萬二千八十一兩七錢一分，發各廠採買銅斤，請於下年奏報時起解司庫等因，會同雲南巡撫管雲貴總督事鄂爾泰合疏具題等因前來。查滇省銀、銅各廠，年納課銀及各年銅、錫變價銀兩併每年辦獲銅斤銅息數目，例應造具收支總册報部查覈，今滇省雍正三年分各廠抽收課銀，雖據該撫造册題報，但查雍正元、二兩年廠課奏銷案内，臨安府尚有未變錫斤價銀八千兩曾否變價，該撫疏内並未聲明，又未造入收支册内，且查遵旨查奏銅斤利弊等事案内奏明，每年約獲銅一百餘萬斤，可獲息銀二萬餘兩，今該撫疏稱雍正三年分辦獲銅一百萬零三十一斤，止獲息銀一萬四千四百八十餘兩，其中恐有隱漏情弊。應令該撫楊名時速將臨安府未變錫斤及所獲銅息銀兩查明，另造細册，送部查覈。其雍正二年辦獲銀兩，分發各廠採辦銅斤，應令該撫楊名時於詳籌錢法等事案内，一併查議具題可也。謹題請旨。雍正四年十月十九日題。本月二十一日奉旨：「依議。」

《雍正朝内閣六科史書・户科・巡視兩淮鹽課監察御史噶泰題爲解送江寧織造曹頫虧空欠解歷年短平銀本》 巡視兩淮鹽課監察御史臣噶泰謹題，爲遵旨事。奉户部劄開江寧蘇州織造虧空銀兩，係奉旨分年帶征之項，應令該御史將雍正三年并雍正四年帶征織造銀兩委員解部等因，又奉户部劄開江寧織造曹頫多支織造銀兩按年完納案内，欠解丁酉織造歷年短平共銀六千二百三十七兩二錢，應令該御史委員解部等因俱行。據兩淮御運使張坦麟詳稱，查雍正三年分乙巳綱曹、李二案，共應帶完銀九萬三千七百八十七兩，已完貯庫。其丙午綱應完銀兩於雍正五年開征鹽課之時方始征收，無憑起解，應詳咨覆合將庫貯乙巳綱帶完織造虧空銀九萬三千七百八十七兩，差大使李正鋭領解，於雍正四年十月二十日起程赴部交納。再查曹案内欠解丁酉織造及歷年短平銀共六千二百三十七兩，奉部催解，合將前項銀兩一統附解等情前來。據此除已將款項册呈送部院并將部催丙午綱帶征銀兩無憑起解銀兩緣由呈覆户部及照例檄行經過地方撥兵護送外，所有解過銀數并起程日期理合題報。伏乞睿鑒，勅部查覈施行，謹題請旨。雍正四年十二月十八日題。五年二月十五日奉旨：「該部知道。」

《雍正朝内閣六科史書・户科・巡視兩淮鹽課内閣學士噶爾泰題報委員赴部交納織造銀兩數目及起程日期本》 巡視兩淮鹽課臣噶爾泰謹題，爲嚴行催解事。奉户部劄開丙午綱織造銀兩，作速委員解部等因到臣當行兩淮運司遵照去後，續據運使張璨詳稱，丙午綱上半織造銀兩，先經差大使李正鋭領解銀十一萬三千八百十兩，于雍正五年九月二十四日解部在案，今將部撥前項下半織造艮十一萬三千八百十兩，差巡檢高臨領解，于雍正六年四月初八日起程赴户部交納，以上共艮二十二萬七千六百二十兩，共合一綱全完之數。又附解乙巳綱全裁新紅紙張公費艮一百十六兩等情前來，臣照例檄行經過地方撥兵護送，除已將款項册呈送院部外，所有先後解過銀數并各起程日期理合題報。伏乞皇上睿鑒，勅部查覈施行。請題請旨。雍正六年五月初四日題。六月初二日奉旨：「該部知道。」

《雍正朝内閣六科史書・户科・雲南總督鄂爾泰題報雲南鎮沅府修建衙署倉房營房等項估需用銀數目本》 雲南總督臣鄂爾泰謹題，爲請籌安設官兵等事。該臣看得雲南鎮沅一府，新經改土設流，所有文武衙署、兵丁營房急宜修建，以資駐劄。兹據布政使張允隨詳稱，修建知府衙署、倉房、經歷守備衙署、營房，共佑需艮三千二百八十五兩，細核委無浮冒，請將此項艮兩在司庫鹽餘艮内炤數發給。俟工竣造册題銷，詳請先行題明等情前來。臣覆核無異，謹題請旨。雍正六年七月二十六日題。九月初八日奉旨：「該部議奏。」

《雍正朝内閣六科史書・户科・雲南總督鄂爾泰題報動用司庫封貯銀兩分發各廠收買銅斤接濟廠務本》 雲南總督臣鄂爾泰謹題，爲詳情借發工本等事。該臣看得滇省銅廠辦獲銅斤，必須發本收買。先據糧儲道元展成以上年辦獲銅斤發運吴、楚銷售，銅價不能即到，今各銅廠需艮接濟。計本年秋冬兩季尚需艮十萬兩分發接濟，詳情於司庫借領，臣批布政司查議去後。今據布政司張允隨詳稱，司庫鹽餘艮兩所存無幾，又無别項可動，惟本年五月内接准部文雲南册報艮内除撥用外餘各年各項艮一十萬一千四百四十二兩外，存按板、抱母等井并抽獲茶税共艮四千六百四十二兩俱行酌留，已蒙行司公同封貯藩庫，如有動有之處，詳請題明。今銅廠所需工本難以緩待，若俟部覆至日放給，有悞廠務。詳請一面題明，一面在於封貯各年各項艮十一萬一千四百四十二兩内，動艮十萬兩陸續發給，糧儲道元展成承領，分發各廠收買銅斤接濟廠務。仍催該道速將銅斤易艮回滇，連雍正五年分所借銅本運脚，一并炤數解繳司庫，各還原款等情前來，臣覆查無異，相應題明，謹具奏聞。雍正六年八月二十四日題。十月初七日奉旨：「該部知道。」

《雍正朝内閣六科史書・户科・總理户部事務怡親王允祥等題令雲貴總督查明滇省各礦廠雍正五年辦獲銅斤收支銀兩本》 總理户部事務和碩怡親王臣允祥等謹題，爲題明事。雲南總督兼理雲巡撫印務鄂爾泰題，前事雍正六年六月十二日題，七月十八日奉旨：『該部察核具奏，欽此。』該臣等查得雲南總督兼理雲南巡撫印務鄂爾泰疏稱，滇省金、艮、銅、錫各廠，雍正五年分額課共該艮八萬二千六百九兩，内有糧道元展成借支艮廠課艮三萬一千六百六十七兩，于銅礦大旺等事案内題明借發吴楚銅斤工本脚價，俟變價回滇完補還項。又該道應完青龍、丹普等廠課息艮一萬八百二十五兩，又錫斤未變價艮三千六百七十七兩，均俟變價完解另于下年收支册内造報外，實收獲艮三萬六千四百三十八兩，又課金六十一兩七錢，内除開化府被劾知府佟世祐虧空金五兩九錢業于彼案審追，實只收金五十五兩。其遵旨查奏銅斤利獘事案内，雍正五年分給過各商錫票共收獲艮三千一百八十六兩。又一年辦獲銅四百零一萬三千二百一十斤，除去折耗銅一十二萬二千一百四十七斤，實獲銅三百八十九萬一千六十三斤，炤例以每百斤變價艮九兩二錢，共該變獲艮三十五萬七千九百七十七兩。内除去原本、運脚、廠費、廠欠等項，一年約可獲餘息艮一十五萬八千一百四十六兩。除全年額艮一萬八百二十五兩併炒煉人工炭火等項艮二千一百五十四兩，實約獲餘息艮一十四萬五千一百六十五兩，又抽獲各廠課白銅併顏色青碌變價絢共獲艮二千一百八十六兩，連前二項共獲艮一十四萬七千三百五十二兩，統俟變價回滇，查明一切需費，另于下年册内開造。至前道任内未完三年分餘息艮五千兩，已收貯司庫。四年分應獲餘息艮四萬五千八百二十六兩内，已收貯司庫艮一萬九千四百八十五兩；尚有餘息艮二萬六千三百四十一兩，糧道元展成借作發運吴楚運銅脚價在案。再運銅每百斤運楚賣艮十三兩，運吴賣艮十三兩二錢，除去報銷正價運脚，約尚餘艮八錢，以二百數十萬斤，又約獲餘艮二萬有零，是五年分所辦之銅課顏餘息共可獲艮十八萬兩。另于銅礦大旺案内奏銷等因前來。應令該督鄂爾泰將已完課艮同課金變價造入季報册内咨部撥嚮，未變錫斤價艮併應完青龍等廠課息艮兩速催變價完解。如遲，查叅。其開化府被劾知府佟世祐虧空課金，應于原条案内追完報部。至遵旨查奏銅斤利弊事案内，該督疏稱雍正五年分辦獲銅斤内除原本運脚、廠費、廠欠等項，一年約可獲餘息艮一十五萬八千一百四十六兩等語。但查册内並不將原本若干，運脚若干，廠費、廠欠數目開造，難以查覈。且既除原本，何得又有炒煉炭火、人工等項艮二千一百五十四兩，應令該督查明造册報部。再抽獲各廠白銅、顔色青碌等項，雍正四年分册報收穫艮二千五百四十八兩，今雍正五年連閏止抽獲艮二千一百八十六兩。又艮、錫各廠抽收課艮，有閏之年自應較無閏年分加增，今册報抽收之數，何仍與上年相同，其中或有收多報少，亦未可定，應令查明造册送部查覈。至元展成借支運銅工本脚價艮三萬一千六百六十七兩，查與銅礦大旺等事案内題明之數相符，應令速催歸本還項；其借支四年分餘息艮二萬六千三百四十一兩，該督于何案題明之處查明報部查覈。再查發運吴、楚銅斤，每百斤運楚賣艮十三兩，運吴賣艮十三兩二錢，據原任蘇州巡撫陳時夏、湖北巡撫馬會伯、湖南巡撫王國棟咨報，滇省所出銅斤騐色不足，臣部業經行令各該撫騐明成色行文滇省在案，今前任發運吴、楚銅斤價值，應令該督鄂爾泰查明于銅礦大旺等事案内造册題銷可也。臣等未敢擅便，謹題請旨。雍正六年九月十五日題。本月十七日奉旨：「依議。」

《雍正朝内閣六科史書・户科・總理户部事務怡親王允祥等題爲核銷滇省上年鼓錢文所需工料用過銀兩所獲息錢本》 總理户部事務和碩怡親王臣允祥等謹題，爲遵旨敬陳鼓鑄事宜等事。雲南總督兼理雲南巡撫印務鄂爾泰題，前事雍正六年六月十二日題，七月十八日奉旨：「該部案核具奏，欽此。」該臣等查得雲南總督兼理雲南巡撫印務咢爾泰將滇省雍正五年分鼓鑄錢文，所需工料銅、鉛，用過艮兩，所獲息錢數目造册具題前來。據册開：

一、舊管存局本息錢九萬九千八百八十八串三百八十三文，工本等艮一十四萬四千五百四十四兩六錢等語。查前項所存艮錢與上年存剩數目相符，應毋庸議。

一、新收工本艮三萬六千七百六兩一錢，舊管新收共艮一十八萬一千二百五十二兩八錢。買銅八十六萬二千二百斤，每百斤價艮九兩二錢，共該艮七萬九千三百二十二兩四錢；買鉛五十七萬四千八百斤，每百斤價艮四兩五錢，共該艮二萬五千八百六十六兩；二共艮一十萬五千一百八十八兩四錢。省城、霑益、臨安、大理四局共四十七爐，自雍正五年正月初一日起，至三十日止每爐鑄錢三卯，又省城、臨安二局共三十六爐，自二月初一日起連閏至十月三十日止，每爐鑄錢三十六卯，每卯用銅六百斤，用鉛四百斤，共鉛五十七萬四千八百斤，共銅、鉛一百四十三萬七千斤。每百斤折耗九斤，共折耗一十二萬九千三百三十斤，净銅、鉛一百三十萬七千六百七十斤。鑄錢一文重一錢四分，共鑄錢一十四萬九千四百四十八串，内除工本錢一十萬五千一百八十八串四百文外，息錢四萬四千二百五十九串六百文。再採買鉛五十七萬四千八百斤，每百斤節省艮一兩，共節省艮五千七百四十八兩，以作發運外省制錢四萬串脚價之費等語。查前項鑄過錢文，用過銅鉛併折耗數目與上年准銷之數相符。其新收項下復支領艮三萬六千七百六兩一錢九分，係動何年何項艮兩，疏内並未聲明，應令該督鄂爾泰查明報部。至運發錢文所需脚價動用節省艮兩之處，仍令俟易艮回日，將實在所需脚價若干，另造清册報銷。

一、開除放給雍正五年分兵餉、駅站官夫稟食、馬匹草料等錢九萬一千一百十七串五百一十文，又支給各局工料錢二萬六千一百五十三串四百文，此項工料錢文於雍正四年存局息錢項下動用等語。查前項支給工料錢文係應給之項，應准開銷。至支給駅站官夫廩食、馬匹草料等錢，臣部移查兵部回稱，前項發給錢文現在查覈尚未題銷等語，應令俟兵部題覆准銷之日報部查覈。

一、實存本息錢一十三萬二千四十五串四百七十三文，内工本錢五萬八千八百八十六串六百五十三文，息錢七萬三千一百五十八串八百二十文等語。應令該督鄂爾泰將前項所存本息錢文，造入雍正六年分鼓鑄奏銷册内，報部查覈。

一、詳籌錢法等事案内帶鑄錢文，自雍正五年二月初一日起連閏至十二月止，共帶鑄銅七萬七千七百六十斤，鉛五萬一千八百四十斤，共用工本艮八千九百六十八兩三錢。鑄出本息錢一萬三千四百七十八串四百文，内除息錢三千七百六串五百六十文奉部准作運錢脚價另册報銷外，實鑄工本錢九千七百七十一串八百四十文，内動給物料錢八百三串五百二十文，實存工本錢八千九百六十八串三百二十文，以上共存額帶鑄本息錢一十四萬一千一十三串七百九十三文，共存各局工本艮六萬七千九十六兩。又搭放兵餉易出艮九萬一千一百三十七兩五錢等語。查前項帶鑄錢文，需用銅鉛物料等項，核筭數目相符，至存局艮共一十五萬八千二百三十三兩五錢，存局錢共一十四萬一千一十三串七百九十三文，二共艮錢二十九萬九千二百四十七兩三錢，應令該督造入雍正六年奏銷册内報部查覈。其帶鑄錢内所獲息錢三千七百六串五百六十文，既稱留作運錢脚價另册報銷等語。應令該督鄂爾泰俟發運錢文之日，即將此項息錢動給，另造清册報部查覈，如有浮冒侵蝕情弊，據實題參可也。謹題請旨。雍正六年十月初十日題。本月十二日奉旨：「依議。」

《雍正朝內閣六科史書・户科・總理户部事務怡親王允祥等題准開銷雍正五年杭州織造上用內用緞紗細綾等用過銀兩本》 總理户部事務和碩怡親王臣允祥等謹題，爲恭鮮造完上用內用部派緞疋紬綾等項銷筭錢糧事。管理杭州織造郎中許夢閎題，前事雍正六年八月二十七日題，九月二十四日奉旨：「該部察核具奏，欽此。」該臣等查得管理杭州織造郎中許夢閎將雍正五年分織解過上用、內用緞疋等項，併部派緞疋等項及用過錢糧數目，造册題銷前來。查册開：上用、內用緞紗、紡絲、紬綾、杭紬等項共二千一百九十二疋，大小手帕六千個，各色線一千一十六斤，絨一百四十五斤，圜金線七百四十把，琴絃二百分及裝盛箱揁等項共用艮一萬三千七十兩九錢。又杭州、江寧、蘇州織造公解葛布用艮一百二十八兩。又陸續辦解上用新樣各色緞疋及內用紡絲、紬綾、杭紬、銀條紗等項共一千四百五十八疋，大小手帕六千個，併燈籠橘子等項，共用艮六千九百五十二兩三錢。又部派各色錦蟒、粧閃宮紬紗等項共五千八百八十一疋，紡絲綾子九千二百五十疋及裝盛箱揁等項共用艮一十三萬三百八十二兩五錢。又攢本絨張艮二十九兩八錢。又挑倒花匠工食艮五百一十一兩九錢等語。查辦解上用、內用緞疋紬綾以及公解葛布等項，俱經內務府查收知炤臣部在案。至辦解蟒閃、紬綾等項，與臣部派織數目相符，亦俱解到臣部，炤數查收在案。其用過絲斤工料等項，與歷年准銷價值相符，應准其開銷可也。謹題請旨。雍正六年十二月初一日題。本月初三日奉旨：「依議。」

《雍正朝內閣六科史書・户科・湖南巡撫王國棟題請准照舊開採桂陽州大湊山白鉛礦場本》 駐劄長沙府城巡撫湖南等處地方提督軍務兼理糧餉都察院右副都御史加三級臣王國棟謹題，爲郴礦白砂微細等事。該臣看得桂陽州大湊山白鉛礦山，先據前陞司朱綱詳報，礦廠刨窔年久，壠深砂遠，難以刨取，查勘封禁。經調任撫臣布蘭泰題，准部覆在案。茲于本年七月內，據京商范毓馪等呈稱，郴礦白鉛砂石無幾，鼓鑄不敷。大湊山舊壠左右，逢雨衝出白砂線路，呈請仍令刨窔等情，批據駐劄長沙府城湖南布政使在任守制趙城詳，據衡州府知府陳沆轉據桂陽州知州張明叙詳稱，親詣大湊山逐加查勘，舊壠左右果有白砂線路，堪以採取。請准照舊開採，仍照二八抽分之例，聽商雇人刨窔，以資鼓鑄。倘有別樣砂石，令呈報一體照例抽税等因前來。臣查白鉛乃鼓鑄急需，既據該司趙城查明大湊山舊壠左右復衝出白砂線路，堪以採取，相應具題。謹會題請旨。雍正六年十二月十九日題。七年二月初十日奉旨：「該部議奏。」

《雍正朝內閣六科史書・户科・浙江總督李衛題請將南北兩關税務交與杭州織造許夢閎管理本》 兵部右侍郎兼都察院右副都御史總督浙江等處地方軍務兼理糧餉管理巡撫事加六級紀録二次又軍功紀録一次駐劄杭州臣李衛謹題，爲題明接管南北兩關税務事。該臣看得浙省南北兩關税務，經臣題明，並委鹽驛道副使王鈞接管，准部行令俟一年任滿，遴員具題等因，遵照在案。今王鈞接管北關税務，已于雍正六年十二月二十五日一年任滿，又接管南關税務，亦于雍正己酉年正月初七日一年任滿，例應遴員委管。臣查兩關税務，均爲國課錢糧、商民利害所係，經管務在得人。鹽驛道王鈞歷年管理，俱能清楚錢糧，盡心辦事，課額有盈無虧，商民原皆稱便，但已經連管四載，雖該道潔已清，釐始終不懈，而委辦之丁役歷年既久，即不時彼此調換，保無人面熟識或致瞻狥生獘，固結難除。況臣本身兼攝甚繁，設有漏隙，關係匪淺，自應另行遴委，以重課項。臣就近詳加揀選，各官內或本職事多，或更有差委，十餘萬之重大錢糧，誠難輕于委任。惟有杭州織造許夢閎年力富强，辦事勤慎，人亦明白，頗有幹才。織造事務既簡駐劄省城，于兩關監督收放，最爲便當，且江寧、蘇州織造皆見在管關，杭州事同一例，請將南北兩關税務，可否交與許夢閎管理一年，其從前舊日關差，督撫原有監察之責，臣亦不敢從此稍有推卸，自當照舊不時留心稽核，務期裕課便商，以仰副皇上委任至意。是否可行，臣謹具題，候旨欽遵。伏乞皇上睿鑒，勅部議覆施行。謹題請旨。雍正七年正月二十一日題。二月二十日奉旨：「該部議奏。」

《雍正朝內閣六科史書・户科・四川巡撫憲德題請設民壯三千餘名照例支給工食所需弓箭等該管各官自行捐備本》 巡撫四川等處地方提督軍務都察院右僉都御史加一級留任臣憲德謹題，爲欽奉上諭事。該臣看得民壯之設，原以資捍禦防護之用。而川省各府州縣向未設立，前署撫臣塞爾圖准部咨議覆刑部尚書勵廷儀條奏設立民壯，隨以川省經制原無民壯之役，亦無此項工食存留，題請暫緩設立，續准部覆，令仍照川省舊日經制遵行等因遵照在案。今因山東濟寧州盜鬨公所一事，欽奉諭旨，恩及文員給與防護之人。部議，直隸各省自司道以至州縣佐貳等官，應將所設壯丁作爲長隨防護，所需工食每年給銀六兩，行令一體遵行等因移咨到臣，行據布政使趙弘恩、按察使吕耀曾詳稱，查川省各府州縣從前私派未除，一切額外工食皆取于民間，是衙役雖無民壯之名，而護從之役寔多。邇來私派已革，别役俱除，若需捍禦，自必乏人。且遠在邊徼，州城縣治，僻處山陬，防護保衛，尤宜慎密，壯丁一項，自應題請設立，以資捍禦。惟是川省向無民壯，無憑于州縣數内揀送派給，議請召募。遵照各設以司、道、府、同知、通判、直隸、知州並各州縣以及州同吏目、典史等官共計二百五十二員，通共請設民壯三千六百五十六名，所需工食請照川省現今役食之例，每名每年給銀六兩，每歲通共需銀二萬一千九百三十六兩，即于藩庫每年收存條糧銀内按年支給，同原設役食銀兩彙題請銷。其雍正七年工食，俟部覆允准，轉行各屬以召募應役之日爲始，按數支給。至所需弓箭、長鎗等物，該管各官自行捐備等情，議詳前來。臣覆核無異，謹合詞具題。伏祈皇上勅部議覆施行。臣等未敢擅便，謹題請旨。雍正七年三月二十四日題。四月二十一日奉旨：「該部議奏。」

《雍正朝内閣六科史書・户科・總理户部事務怡親王允祥等題議准四川巡撫所請該省開爐鼓鑄俟軍務竣後再行本》 總理户部事務和碩怡親王臣允祥等謹題，爲欽奉上諭事。四川巡撫憲德題，前事雍正六年十二月十三日題，七年二月初十日奉旨：「該部議奏。」該臣等查得四川巡撫憲德疏稱，川省奉文鼓鑄一案，節准部查採買銅鉛數目並現今收貯銅斤若干，可否開鑄等因。行據署布政使事建昌道參議劉應鼎詳稱，復查鼓鑄一案内，先於軍需項下動銀二萬三千三十三兩四錢零，給發叙永同知杜士秀、東川府知府周彬、監理通判崔鴻圖等，共採買銅一十四萬九千一百一十斤，鉛三十四萬三百四斤。又成都府知府李弘澤查出年羹堯發收銅一萬九千六百三十二斤，又收買銅器，至雍正六年秋季共買銅五千二百五十斤，總共現存銅一十七萬三千九百九十二斤，鉛三十四萬三百四斤。查鼓鑄錢法，一經開鑄，勢必銅鉛源源接濟，方與錢法有益。今州省官兵俸餉等項，以二成錢合筭，歲需錢八萬餘串，計需銅鉛八十餘萬，是前項銅、鉛尚不足一成之數，不便遽議開鑄，況值西藏、烏蒙、建昌諸處軍務一切糧餉急宜辦理，而所産銅廠除東川府已歸雲南外，止存建昌一廠，現准部咨據建昌鎮趙儒條奏，俟該地方安設營汛之後開採鼓鑄，已奉行知存案，仍請俟軍務事竣並建昌安設營汛之後，將採買之銅及陸續收買之項一併議請鼓鑄等因前來。查先經該撫憲德咨稱所收銅器不敷開鑄，又以辦理進藏官兵糧餉且有建昌烏蒙軍務更難兼辦，請俟軍務事竣再爲酌行等因，臣部以收銅鼓鑄，屢厪宸衷，不便延緩，駁令作速題報去後，雍正七年正月十八日欽奉諭旨：『不必拘定足放一成二成餉錢方行開鑄。』臣部又復遵奉通行在案。今該撫既稱西藏、烏蒙、建昌處軍務一切糧餉急宜辦理，仍請俟軍務事竣並建昌設立營汛之後議請開鑄，是軍務鼓鑄勢難兼顧。應如所請，俟該省軍務事竣，於建昌安設營汛之後，該撫憲德查明先後所收銅鉛併續收銅器數目，即行具題開鑄可也。臣等未敢擅便，謹題請旨。雍正七年三月二十五日題。本月二十七日奉旨：「依議。」

《雍正朝内閣六科史書・户科・總理户部事務怡親王允祥等題爲豫省所收銅器准設局開鑄並支給應用工匠物料等項銀本》 總理户部事務和碩怡親王臣允祥等謹題，爲欽奉上諭事。河東總督田文鏡題，前事雍正七年三月初六日題，本月二十五日奉旨：「該部議奏。」該臣等查得河東總督田文鏡疏稱，豫省收買銅器鼓鑄錢文一案。據署布政使謝旻詳稱，自雍正五年十二月起，至六年十二月止，共收生、熟銅一十四萬二百八十斤零。但鼓鑄錢文必須一面請頒樣錢，一面設立爐局，所有康熙元年爐局，因年久傾圮，修造需費。今有土街劉焜空房一處四十一間，情願暫爲錢局，事竣給還，所需工匠現在召募，一應器具悉遵成例，有可減省，自當樽節，應用銀兩，請動雍正七年地丁正項，用過細數彙同設立爐座鑄出錢文按季造報，候撥兵餉。再滇省鼓鑄錢文均以「寶」字爲首，次用「雲」字，今豫省似應照例以「寶」字爲首，次用「河」字。至管理鼓鑄，必須諳練之員，今驛監道陳世倕曾任户部寶泉局監督，熟悉錢法，應令督理，開封府知府董自超、祥符縣知縣劉湘均令協辦。惟局内一切事宜，必得專委，方有責成，即以開封府同知吴振經、通判于林二員專管，布政使不時稽查，共襄厥事。又雍正五年收買私錢，原係四百三十千二百六十四文，内除葉縣私錢六百五十文已據該縣彙同所收廢銅解交公所，實在收貯廢錢四百二十九千六百一十四文，計重二千一百五十六斤，應一併傾銷鼓鑄，嗣後續收銅斤，隨收隨鑄。所有樣錢、置備器具應動本年地丁錢糧，俟部頒樣錢，撥定款項，以便開鑄等情，相應具題等因前來。查各省收買銅器，欽奉諭旨：「不必拘定足放一成二成餉錢方行鼓鑄。」今豫省所收銅器，該督田文鏡疏稱共有一十四萬二百八十斤零，廢錢銅二千一百五十六斤，請頒發樣錢，設局開鑄。其建造爐局用土街空房，所需工匠現在召募，一應器具悉遵成例，有可減省自當樽節，應用銀兩請動雍正七年地丁正項，以驛鹽道陳世倕委令督理，開封府知府董自超、祥符縣知縣劉湘均令協辦，局内一切事宜以開封府同知吴振經、通判于林二員專管，布政使不時稽查，共襄厥事等語。應如所請，設爐鼓鑄所需工匠、物料等項應用銀兩，動支雍正七年地丁錢糧，仍令該督將所需各項細數，據實確估，逐一造册報部。所有様錢，臣部行文錢法衙門，一面鑄「雍正通寶漢」字，一面鑄「寶河」清字，每錢一文照例重一錢四分，頒發該督照式鼓鑄，併將鑄出錢文，送部查驗，仍按季造報，歲底具題。如有侵冒浮開情弊，即將經管各官指名題參。鑄出錢文，觧貯司庫，搭放兵餉。併嚴飭各屬，作速收買廢銅，隨收隨觧，源源接鑄可也。臣等未敢擅便，謹題請旨。

雍正七年四月二十七日題。五月初一日奉旨：「依議。」

《雍正朝内閣六科史書・户科・大學士管户部尚書事張廷玉等題令貴州將丁頭山等處礦廠六年所抽課鉛扣抵清楚再議本》 經筵講官少保兼太子太保保和殿大學士仍管吏部户部尚書事臣張廷玉等謹題，爲詳請開採等事。貴州巡撫張廣泗題，前事雍正八年五月二十七日題，六月二十一日奉旨：「該部察核具奏。」該臣等查得貴州巡撫張廣泗疏稱，黔省丁頭山、齊家灣、馬鬃嶺等廠，自雍正四年九月初一日起，至五年八月底止，共收課鉛八萬二十斤零，該變價銀一千一百五十六兩九錢一分零，先經造册題銷，嗣准部咨，令委幹員確查，據寔保題。今據布政使鄂彌達詳，據大定府知府陳悳榮、南籠府知府黄世文詳稱，遵即親詣，查得丁頭山等廠，因各硐礦砂微薄，所抽課鉛是以減少，寔係儘收儘報，併調原收課册，逐一查對相符，並無以多報少侵隱情弊。又疏稱，丁頭山等廠，雍正五年九月初一日起，至六年八月底止，共收課鉛七萬四千三百九斤零，變價銀一千一百三兩一錢八分零，俱已開銷各廠工食，尚不敷銀三十九兩二錢一分零。亦據該委員將抽收鉛斤底簿逐一清查，因各廠礦砂微，薄抽課無幾，以致變價開銷工食等項，尚有不敷，並無抽多報少侵蝕情弊。其不敷工食銀三十九兩二錢一分零，已於雍正六年九月以後，丁頭山所抽課鉛内扣抵清楚，取具管廠各官併委查知府各結，詳請保題等情。臣覆查無異，會同雲貴廣西總督鄂爾泰合詞保題等因前來。查黔省丁頭山等處鉛礦，雍正四年九月初一日起，至六年八月底止，所抽課鉛變價銀兩，先經該撫張廣泗造册題報，臣部以雍正四年九月起至五年八月止所抽課鉛八萬二十斤零，變價銀一千一百五十六兩九錢一分零，較之上年所報之數，僅有五分之一；而雍正五年九月起至六年八月止所抽課鉛七萬四千三百九斤零，變價銀一千一百三兩一錢八分零，不獨較之歷年所抽數目俱屬短少，且變價銀兩支給工食尚有不敷；管廠人員不無以多報少，侵隱情弊。是以行令遴委幹員查驗，抽收底簿，據寔保題去後。今該撫疏稱將雍正五、六兩年抽收鉛斤底簿逐一清查，因各廠礦砂微薄，抽課無幾，寔係儘收儘報，並無抽多報少。其不敷工食銀三十九兩二錢一分零，已於雍正六年九月以後課鉛内扣抵清楚，取具管廠各官印結，會同總督鄂爾泰合詞保題等語。應毋庸議，仍令該撫張廣泗將雍正五年八月以前所抽課鉛變價銀一千一百五十六兩九錢一分零照數收貯司庫，候文撥餉。其雍正六年八月以前所抽課鉛變價銀兩，除支給工食外，尚不敷銀三十九兩二錢一分零，既於該年九月以後丁頭山所抽課鉛内扣抵清楚，應俟該年抽過課鉛併變價銀兩數目造册，題銷到日再行核筭可也。臣等未敢擅便，謹題請旨。雍正八年八月初四日題。本月初六日奉旨：「依議。」

《雍正朝内閣六科史書・户科・署貴州巡撫元展成題爲查明馬鬃嶺等鉛廠開銷人役工食等銀並無浮冒多開情弊本》 署理貴州巡撫印務廣西布政使司布政使加三級紀録五次駐劄貴陽府臣元展成謹題，爲詳請開採等事。該臣看得馬鬃嶺、丁頭山等鉛廠，雍正八年分抽收課鉛數目，業經前撫臣張廣泗據報題銷，准部咨，查開銷廠内人役工食等項，較之上年所開之數多用銀四百六十五兩六錢零，行令委員確查，據實詳報去後。兹據布政使常安詳稱，行據大定府知府陳悳榮、護南籠府事永豊州知州李俠各覆稱，查馬鬃嶺廠七年正月以前，滇省管理抽課，廠中書巡人役工食等項月支銀四十二兩三錢；迨七年正月初一日歸黔管理，彼時滇、黔交替，爐民未聚，廠不大旺，抽課稀少，減去課長數目，月省工食銀一十九兩四錢，至八月底連閏計九個月共支銷銀二百六兩一錢；嗣因該廠復旺，辦事人役仍照舊增添，月支工食銀四十二兩三錢，自七年九月起，至八年八月底，共支銷銀五百七兩六錢，原屬全年工食，是以較之七年正月起至八月止九個月所減之數實多銀三百一兩五錢，係因廠旺，仍照滇例開銷，並無浮冒情弊。又丁頭山廠，查自開採起，至六年十二月止，亦係滇省委員管理，廠中書巡人役工食月支銀五十兩二錢；自七年正月歸黔起至本年八月底連閏計九個月共支銷銀四百五十一兩八錢，已經報銷訖；七年九月起，至八年八月底，計十二個月，所需工食較之上年又多三個月，故多銀一百五十兩六錢，是以按月照舊例支銷人役工食銀六百零二兩四錢。並無多開分厘等情由，司覆查確實，委無浮冒多開情弊。詳請具題前來，臣覆加察核無異，相應會題。伏乞皇上睿鑒，勅部核覆施行。謹題請旨。雍正十年七月十二日題。八月十七日奉旨：「該部察核具奏。」

《雍正朝内閣六科史書・户科・四川巡撫憲德題爲查議辦理會川寧番等處

銅鉛礦廠封閉事宜本》巡撫四川等處地方提督軍務都察院右僉都御史降三級留任臣憲德謹題，爲遵旨議奏事。該臣看得川省開採會川、寧番等處銅、鉛礦廠，前准部咨，奉旨：「著行封閉。其開採商民，該地方官妥協辦理，令其各回本籍。欽此。」隨行據布政使劉應鼎、松茂道叅議鄭其儲詳稱，查會川、寧番等處礦廠於雍正九年九月内先後具報開採，所獲銅除照例抽課外，餘俱收買以供鼓鑄。今遵照將現開各廠俱經陸續封閉。但查各商民尚有積存在廠礦砂及未煉氷銅、茅銅等項，應令星速煎煉，照例抽買，然後各令回籍，俟各廠官逐一料理完畢，另文具報。再川省錢局自雍正十年正月二十八日開爐以來，將雍正元二等年採辦存貯銅、鉛並前收買廢銅及各廠陸續運到銅斤先後供給鼓鑄，今廠奉封閉，後此無銅接濟，應將現存銅、鉛查歸一處，悉行配鑄完畢以清局務。又川省鼓鑄、開採二事動用庫銀，應俟各廠核算抽收支存確數併錢局將現存銅斤配鑄完日，核明支存錢文若干，分晰造報酌議完項。再查採辦銅、鉛，必價值運費，不溢於錢料工本，始於鼓鑄有益。今各省銅、鉛多由雲貴採買，但自兩省運至成都，俱各馱載不易，應俟查實兩省銅、鉛價值及水陸運費，核算錢料工本不致虧缺，即委員採買鼓鑄；如辦運費用過多，所鑄不敷工本，自應另議請停等情前來。臣查川省開廠、開局，均屬創始，原議修造錢局器具及各廠官房收買銅斤等項，俱先於藩庫動銀給發，俟鑄出錢文抽收課銀扣補還項等因，先後咨題在案。今廠既封閉，無銅接濟，則動過庫帑不便虛懸，應俟各廠查算抽收確數併俟錢局核實支存錢文除扣還庫項外，如有贏餘應請充公，倘或不敷，容臣另議著補。再查銅、鉛乃鼓鑄所必需，其價值、運費必先確查核算始可定議舉行，除已咨詢滇、黔兩省撫臣，將銅、鉛價值及運至川境脚價查明移覆至日確核外，臣謹合詞具題。伏祈皇上勅部議覆施行。臣等未敢擅便，謹題請旨。雍正十年七月二十七日題。八月二十五日奉旨：「該部議奏。」

《雍正朝内閣六科史書・户科・大學士管户部尚書事張廷玉等題准開銷雍正七年蘇州織造衙門官役支過俸廩銀兩本》經筵講官少保兼太子太保保和殿大學士仍管吏部户部尚書事臣張廷玉等謹題，爲報銷織造支過俸廩糧料事。蘇州巡撫尹繼善題，前事雍正八年六月十九日題，七月十五日奉旨：「該部察核具奏。」該臣等查得蘇州巡撫尹繼善將雍正七年分支過蘇州織造衙門官役俸廩銀三百二十二兩八錢八分八厘八毫零，白米三十二石五斗，每石折銀八錢五分，共折銀二十七兩六錢二分五厘，粟米二百二十四石二斗五升，每石折銀七錢五分，共折銀一百六十八兩一錢八分七厘五毫，料豆二百九十七石六斗，每石折銀七錢，共折銀二百八兩三錢二分，草二萬四千一百八十束，每束折銀七厘，共折銀一百六十九兩二錢六分，等因造册奏銷前來。查前項支給過俸廩銀三百二十二兩八錢八分八厘八毫零，米、豆、草束折給價值共銀五百七十三兩三錢九分二厘五毫零，與歷年支過款項併折給價值均屬相符，相應准其開銷可也。臣等未敢擅便，謹題請旨。雍正八年八月初二日題。本月初四日奉旨：「依議。」

《雍正朝内閣六科史書・户科・廣西巡撫金鉷題報澇江等處礦廠辦理銅斤抽收課銀數目本》巡撫廣西等處地方提督軍務兼都察院右副都御史駐劄桂林府臣金鉷謹題，爲敬陳開採等事。該臣看得粤西開採銅廠，先經臣具疏題請，於司庫封貯銀兩内暫借銀一萬兩，俟開爐領本之日照數完項。如再有支用，俱在封貯銀内支給。接准部覆，奉旨：「依議。」欽遵行文在案。嗣據管廠官張允臨詳報，有子廠烟竹岐辦有銅斤，請領工本銀兩收買餘銅，仍於司庫封貯項内動支銀一萬兩，轉發應用，俟開局鼓鑄之日完項等事。又經臣咨明内部覆准動給，俟開鑄領本之日即將先後所動銀兩照數歸還原項。仍令轉飭經理之員，將各廠先後原獲數目、抽課若干，以及開採月日交將收買銅斤，價值若干之處確查分晰造報等因，當即轉行遵照去後，兹據布政使元展成詳稱，粤西開採銅廠，先奉檄委本司管理銅礦并鼓鑄委員抽收事宜，查明滇例妥議詳報等因，遵即通行各府州縣遵照，召募本地殷實商人承認開採去後。兹據委官張允臨詳報：『澇江等處礦廠辦有銅斤，隨經遵照滇省定例，具文詳明兩次借動廣盈庫封貯項内銀二萬兩，以爲接濟招商開採，每銅百斤内抽課二十斤，其餘銅八十斤，以每斤給銀六分收買。因澇江廠所出銅斤係該商自行僱脚押運，每斤議給脚價銀二厘，不敷，又經詳明於八年起，每斤加增六厘等情在案。於雍正七年七月自按察司任内辦理起，至雍正八年十二月底止，照例每百斤抽課銅二十斤，共抽澇江等廠課銅一萬八千八百六十五斤，共收餘銅七萬五千四百六十一斤半；又官辦銅一萬九千一百二十二斤；以上餘課共獲毛銅十一萬三千四百四十八斤半，照現在價值，每百斤以十三兩變價，共變獲價銀一萬四千七百四十八兩三錢零。内除銅價、脚價、廠費、廠欠外，約可辦獲餘息銀五千四百七十兩二錢五分零。分晰造册，詳請題報。』等情，同册詳繳前來。臣覆查無異，除册送部科外，臣謹會題，伏乞皇上睿鑒，勅部核覆施行，謹題請旨。雍正九年五月二十九日題。七月初五日奉旨：「該部察核具奏。」

《雍正朝内閣六科史書・户科・大學士管户部尚書事張廷玉等題議廣西雍正九年收買銅斤餘息銀收貯司庫候文撥餉本》 經筵講官少保兼太子太保保和殿大學士仍管吏部户部尚書事臣張廷玉等謹題，爲敬陳開採末議等事。廣西廵撫金鉷題，前事雍正十年閏五月二十九日題，七月初五日奉旨：「該部察核具奏。」該臣等查得廣西廵撫金鉷疏稱，粤西開採滂江等處銅礦一案。據驛鹽道耿鱗奇詳稱，自雍正九年正月起，至十二月底，商辦銅斤照例每百斤抽課銅二十斤，餘銅八十斤每斤給價銀六分、脚價銀八厘收買，計共抽課銅一萬五千九百九十二斤零，共收買餘銅六萬三千九百六十九斤零。又官辦銅八萬三千九百三十四斤，以上共銅一十六萬三千八百九十六斤零。照現在價值每百斤以十三兩變價，共變獲銀二萬一千三百六兩五錢二分八厘零，内除銅價脚廠費廠欠外，約獲餘息銀八千六十五兩九錢三分零等情，臣覆核無異，會同署雲貴廣西總督高其倬合詞具題。再雍正八年辦獲餘息銀五千四百七十兩二錢五分五厘，應照部行解司候撥，第礦廠需本接濟銅斤又未變完，統俟變完之日，分年起解歸款，合併聲明等因前來。應令該撫金鉷將雍正九年收買銅斤餘息銀八千六十五兩九錢三分零，照數收貯司庫，候文撥餉。其雍正八年辦獲餘息銀五千四百七十兩二錢五分五厘，該撫既稱礦廠需本接濟銅斤又未變完，統俟變完之日分年起解歸款等語，應將雍正八年辦獲餘息銀兩俟銅斤變完之日，准其照數起解歸款，如有侵那虧缺，該撫金鉷即行查明題叅可也。臣等未敢擅便，謹題請旨。雍正十年八月十三日題。本月十六日奉旨：「依議。」

《雍正朝内閣六科史書・户科・大學士管户部尚書事張廷玉等題爲查覈滇省金銀銅錫各廠雍正九年分課銀本》 經筵講官少保兼太子太保保和殿大學士仍管吏部户部尚書事臣張廷玉等謹題，爲題明事。雲南廵撫張允隨題，前事雍正十年五月二十九日題，六月十四日奉旨：「該部察核具奏。」該臣等查得雲南廵撫張允隨疏稱，滇省金、銀、銅、錫各廠，雍正九年分共該課銀九萬一百五十五兩二錢三分七厘七毫零。内有青龍、丹普等廠九年分課息銀一萬八百二十五兩七錢九厘三毫零，又龍樹等廠九年分底毋餘息銀三千一百九十七兩五錢八分八厘二毫零，又募廼廠九年分課銀三百兩，俱已收貯司庫。又九年分抽獲錫斤未變價銀四千兩，又錫斤贏餘未變價銀四千七百二十二兩九錢五分，現有錫斤存廠抵項，尚未變價。今收銀、銅各廠併錫廠票税銀餘及底毋餘息共銀七萬六千八十四兩五分五厘二毫零，内除底毋餘息銀三千一百九十七兩五錢八分八厘二毫零，存貯司庫以充公用外，廠課項下實收銀七萬二千八百八十六兩四錢六分七厘零，但雍正九年廠課奉撥兵餉銀七萬九千五百兩，今除前項實收銀兩外，尚不敷銀六千六百一十三兩五錢三分二厘零，於司庫收存節年鹽餘銀内照數借動撥抵，其撥抵銀兩現有錫斤存貯在廠，俟變價解司收庫之日補還原款。以上連前共實收銀八萬二千六百九十七兩五錢八分八厘二毫，課金五十九兩五錢六分。至未變錫斤價銀四千兩，又未變錫斤贏餘銀四千七百二十二兩九錢五分，俟變價解司收庫之日，以六千六百一十三兩五錢三分二厘九毫零補還原司庫收存節年鹽餘項下，其餘銀二千一百九兩四錢一分七厘零收歸錫斤項下，俱另於下年收支册内開造。又未變鉛價銀五千三百七十八兩二錢三分二厘五毫零，應俟發運漢口銷售變價回滇解司收庫之日，亦另於下收支册内開造。又雍正九年給過各商錫票共收穫課銀三千一百八十六兩。其遵旨查奏銅斤利弊事案内，一年辦獲銅二百四十二萬七千六百六十九斤四兩内，除折耗銅一十四萬三百七十斤外，實獲浄銅二百二十八萬七千二百九十九斤四兩，照例以每百斤變價九兩二錢，共該變價銀二十一萬四百三十一兩五錢三分一厘，内除銅本脚價等項外，約可獲息銀七萬一千九十八兩九錢五分五厘零。内除全年額課一萬八百二十五兩七錢九厘零，又除炒煉人工炭火等費銀二千六百四十八兩四錢三分七厘五毫零，實獲餘息銀五萬七千六百二十四兩八錢九厘零。又永、威二店共發賣過銅一百八十三萬二千五百二十七斤，共變獲銀二十三萬二千一百四十四兩七錢三分四厘，内除九兩二錢原本及運脚支銷店費等項外，獲息銀二萬六千三百六十四兩七錢二分。又抽獲各廠課白銅併顏色青碌變價約(或)〔獲〕息銀三千三百三十八兩八錢一分一厘零，連前辦獲銅斤餘銀，共實獲餘息銀八萬七千三百二十八兩三錢四分七毫零，統俟銅斤變價完日，一併起解司庫清款。又雍正七年分辦獲餘息銀一十四萬三百三十兩二錢五分七厘零，業經解交司庫。又八年分應獲餘息銀三萬三百六兩九錢八分八厘零，應俟銅斤變價完日另行收造。相應會同署雲貴廣西督臣高其倬合疏具題等因前來。應令該撫張元隨將雍正九年分給過各商錫票收穫課銀三千一百八十六兩，造入季報册内，咨部酌撥借動司庫鹽餘銀兩，俟錫斤變價完日，速催歸還原項。放過十年兵餉銀兩，應於該年兵馬奏銷案内查覈題銷。已完課金同未變錫斤及未變錫斤贏餘併武定府抽獲未變課鉛，應令該撫張允隨作速變價，除抵還借動鹽餘銀兩外，其餘銀兩造入季册咨部酌撥，併將運脚支銷細數造册，送部查覈，底毋餘息銀兩，照數貯庫以充公用。又查該年銀、銅各廠收獲課銀，該撫題報疏内係九萬一百五十五兩二錢三分七厘零，而册内開係九萬一百八十五兩二錢三分七厘，數目不符，應令該撫張允隨一併查明分晰，另造清册送部查覈。至遵旨查奏銅斤利弊事案内九年分辦獲銅斤價息併白銅顔色青碌變價等項，速催變價，完日造入季報册内，咨部酌撥。其雍正七年辦獲銅斤應獲餘息銀一十四萬二百三十兩二錢五分七厘零，業經解交司庫，應令造入季報册内咨部酌撥，仍將該年變價銅斤分晰原本以及運脚支銷等項，開造清册，送部查覈。至八年分辦獲銅斤應獲餘息銀三萬三百六兩九錢八分八厘零，應令速催銅斤變價，完日造入下年收支册内，具題查覈可也。臣等未敢擅便，謹題請旨。雍正十年八月十四日題。本月十七日奉旨：「依議。」

《雍正朝内閣六科史書·户科·大學士管户部尚書事張廷玉等題准支給山東雍正八年辦解白蠟木槍桿價值脚費銀兩本》 經筵講官少保兼太子太保保和殿大學士仍管吏部户部尚書事臣張廷玉等謹題，爲辦解事。山東巡撫岳濬題，前事雍正十年七月初九日題，本月二十日奉旨：「該部察核具奏。」該臣等查得山東巡撫岳濬疏稱，東省各屬辦解雍正八年白蠟木鎗桿一案，奉部給發，寔收共查收一百六十八根等因，遵照在案。今據布政使鄭禪寶詳稱，據濟南等六府、泰安等九州所屬章邱等七十州縣，將雍正八年奉部收過白蠟木鎗桿用過價值脚價銀兩造册請銷。查各屬册内係照雍正七年辦解允銷之例，每根價值銀一錢四分五厘，每根脚價銀八分，共白蠟木鎗桿一百六十八根，共銀三十七兩八錢，相應在於雍正八年丁地銀内動支給發等情，除册送部外，臣謹會同總督臣田文鏡合詞具題等因前來。查東省雍正七年辦解白蠟木鎗桿，業經東撫岳濬造册題報，每根價值銀一錢四分五厘，脚價銀八分，臣部議覆准銷在案。今雍正八年辦解白蠟木鎗桿一百六十八根，該撫岳濬疏稱循照雍正七年辦解允銷之例，每根價值銀一錢四分五厘，脚價銀八分，共銀三十七兩八錢，應於雍正八年丁地銀内動支給發等語，應令該撫岳濬將前項辦解白蠟木鎗桿價值、脚費銀兩，在於雍正八年丁地銀内動支，仍將動支銀兩報部查覈可也。臣等未敢擅便，謹題請旨。雍正十年九月初二日題。本月初四日奉旨：「依議。」

《雍正朝内閣六科史書·户科·山東巡撫岳濬題爲登州膠州南北兩汛新添艍船需用工料銀於司庫地丁銀内給撥本》 巡撫山東等處地方督理營田兼理軍務都察院右副都御史臣岳濬謹題，爲欽奉上諭事。該臣看得登州、膠州南北兩汛奉文新添艍舡一案，接准部咨，隨行布政司作速委員估報修造去後，今據布政使鄭禪寶詳稱，查膠州、登州南北兩汛新添艍舡三隻，小脚舡三隻，估需工料並盔甲器械等項共銀三千七百二十九兩四錢九分零。逐一查覈，均與從前估造添設艍舡七隻工料銀數相符，照例在於司庫雍正九年地丁銀内動給辦料，及時興修，工完據寔核減報銷等情。據該司備具清册，呈詳前來。臣覆核無異，除册送部外，臣謹會同河東總督臣田文鏡合詞具題。伏祈皇上勅部核覆施行。謹會題請旨。雍正十年九月初八日題。本月二十二日奉旨：「該部議奏。」

《雍正朝内閣六科史書·户科·甘肅巡撫許容題在鄰近省分撥解平凉等府州縣應需驛站工料俸工等項銀兩本》 巡撫甘肅寧夏臨鞏等處地方贊理軍務兼理茶馬都察院右副都御史加五級紀録一次臣許容謹題，爲欽奉上諭事。該臣看得甘省雍正十年額徵地丁各項錢糧，荷蒙聖恩，悉行蠲免。臣接准部文，備行布政使轉飭欽遵在案。兹據署布政使事趙挺元詳稱：平、慶、臨、鞏四府屬廳州縣驛夫馬工料并河西各府廳驛外備支直，以及各州縣經費雜支俸工等項銀兩，節年俱係額徵地丁項下支給。今雍正十年地丁各項錢糧奉旨蠲免，則本年應需驛站工料官役俸工等銀，自應照例請撥。查雍正十年平、慶、臨、鞏四府各廳州縣驛額徵夫馬工料，一年連閏共銀四萬七千二百二十五兩零；又臨、鞏二府屬額徵裁站及奉裁夫馬工料扣留河西各府廳所屬驛遞外，備支直等銀六千四百七十三兩零；又平、慶、臨、鞏四府并秦、階二州及寧夏府屬經費官役俸工并雜支連閏共銀二萬五千二百六十六兩零；又蘭州、洮州衛、歸德所砲手局料及官役連閏俸工共銀二百八十七兩零；又平、臨、鞏三府，秦、階二州學租銀八十九兩零；又甘、凉、寧、西、平、臨、鞏七府秦、階二州學租糧一千四百四十五石零，每石折銀一兩，共折一千四百四十五兩零；以上共銀八萬七百八十七兩零。相應分晰造册，請在於鄰近省分速爲撥解支給等情請撥前來。臣覆核無異，除原册送部外，會同署督臣劉於義謹題請旨。雍正十年十一月初六日題。本月二十八日奉旨：「該部議奏。」

《雍正朝内閣六科史書·户科·大學士管户部尚書事張廷玉等題爲查覈黔省馬鬃嶺等鉛廠八年開銷工食等銀並無浮冒本》 經筵講官少保兼太子太保保和殿大學士仍管吏部户部尚書事臣張廷玉等謹題，爲詳請開採等事。貴州巡撫元展成題，前事雍正十年七月十二日題，八月十七日奉旨：「該部察核具奏。」該臣等查得貴州巡撫元展成疏稱，馬鬃嶺、丁頭山等鉛廠雍正八年抽取課鉛數目，奉查廠内開銷人役工食等項，較之上年所開之數，多用銀四百六十五兩六錢零。行令據寔確查。兹據布政使常安詳稱，馬鬃嶺廠七年正月以前，管理抽課人役工食月支銀四十二兩三錢，迨七年正月起，廠不大旺，抽課希少，減去課長數名，月省工食銀一十九兩四錢。至九月起，該廠復旺，辦事人役照舊增添，月支銀四十二兩三錢，八年八月底，共銷銀五百七兩六錢，是以較之七年正月至八月所減之數寔多銀三百一兩五錢。又丁頭山廠六年十二月以前月支工食銀五十兩二錢，自七年正月至八月底連閏九個月，共銷銀四百五十一兩八錢，九月起至八年八月底計十二個月，所需工食較之上年又多三個月，故多銀一百五十兩六錢，並無浮冒等情。臣覆核無異，會同署雲貴廣西總督高其倬合詞具題。再七年分開銷工食需鉛四萬二千九百五十九斤，照該廠定價，該銀六百五十七兩九錢，若以八年較之七年開銷之數，祇多銀四百五十二兩一錢。今并陳明等因前來。查黔省馬鬃嶺、丁頭山等處鉛廠，雍正八年開銷人役工食等項共需銀一千一百一十兩，臣部以較之雍正七年所開之數多用銀四百六十五兩六錢一分五厘，是以行令確查去後，今該撫元展成既將廠内所需人工增減數目併礦廠衰旺緣由以及所給工食銀兩並無浮冒之處分晰聲明，應毋庸議。至七年分開銷廠内工食需鉛四萬二千九百五十九斤先，經臣部照依原題值價每百斤一兩四、五、六錢内，以一兩五錢折中計算，共該銀六百四十四兩三錢八分五厘，該撫以丁頭山鉛斤每百斤以一兩六錢合算，馬鬃嶺鉛斤每百斤以一兩四錢合算，二共該銀六百五十七兩九錢，與臣部折中合算之數多銀一十三兩五錢一分五厘。今照該撫分晰廠價合算，數目相符，亦毋庸議。嗣後抽收課鉛併所給工食銀兩，仍令該撫元展成嚴飭經管人員，務令分晰開報。如有浮冒，查明題參可也。臣等未敢擅便，謹題請旨。雍正十年十月初七日題。本月初九日奉旨：「依議。」

《雍正朝内閣六科史書・户科・大學士管户部尚書事張廷玉題令黔撫將小洪關倭鉛廠抽收課鉛銀俟運售變價解庫還項本》 經筵講官少保兼太子太保保和殿大學士仍管吏部户部尚書事臣張廷玉等謹題，爲報明開採鉛礦等事。户科抄出貴撫元展成題，前事雍正十一年正月二十一日題，二月二十八日奉旨：「該部察核具奏。」該臣等查得貴撫元展成疏稱，小洪關倭鉛廠抽收課鉛，例應按年題報。兹據布政使常安詳稱，該廠自雍正八年十二月十九日開採起，至雍正九年十二月底，共抽課鉛一百一十九萬七千五百八十八斤零，每百斤照定價一兩五錢變獲課價銀一萬七千九百六十三兩八錢零，開銷廠内人役工食併修蓋官房等項共銀九百一十三兩九分六厘零，寔應解銀一萬七千五十兩七錢零，俟運售變價解庫之日另詳題報等情。臣覆查無異，會同署雲督高其倬合詞具題等因前來。查黔省小洪關鉛廠自雍正八年十二月十九日起，至九年十二月底，共抽課鉛一百一十九萬七千五百五十八斤零，照該省定價每百斤一兩五錢合筭，共該變價銀一萬七千九百六十三兩八錢零，内除開銷人役工食等項外，餘銀一萬七千五十兩七錢零。應令該撫元展成，俟運售變價回日，照數解貯司庫歸還課項。其抽收鉛斤如有以多〔報〕少及所變價銀有侵那虧情弊，即將經管人員據寔查參可也。臣等未敢擅便，謹題請旨。雍正十一年四月初三日題。本月初五日奉旨：「依議。」

《雍正朝内閣六科史書・户科・廣東巡撫楊永斌題報覆核設立公所委員收繳黄銅器皿支過銀兩數目無異本》 巡撫廣東等處地方提督軍務兼理糧餉都察院右副都御史加二級紀録六次又軍功紀録三次駐劄廣州府臣楊永斌謹題，爲欽奉上諭事。該臣看得廣東省欽奉上諭設立公所，委糧驛道與廣州府通判收買黄銅器皿一案，經報動支司庫雍正六年地丁銀一萬三千一百八十一兩三錢五分六厘零，分發在省公所及各屬收買。自雍正六年開設公所起，至雍正九年年底，先據布政司册報，公所收買併各州縣解貯連捐繳、拏獲共收過生、熟黄銅器七萬九千七百五十二斤八兩六錢。内除拏獲陳政斯等古錢銅條、銅片、烟斗不給價銀外，尚繳買黄銅器扣净紅銅三萬九千一百四十二斤一十四兩三錢七分，净鉛四萬三百三十二斤六兩二錢三分，實支過價銀八千六十九兩二錢六厘零，業經陸續按季咨部并於年底具題在案。兹據廣東布政使甘汝來詳稱，雍正十年分准糧驛道册報，夏冬二季公所收各州縣解貯各色黄銅器皿四百零二斤十二兩，内扣净紅銅一百九十六斤六兩，净鉛二百零六斤六兩，給過價銀四十兩九錢三分六厘零。計自雍正六年四月開設公所起，至雍正十年歲底，共收買連捐繳并各州縣解貯及拏獲各銅器、銅條、銅片、烟斗等項，共黄銅器八萬一百五十五斤四兩六錢，實支過雍正六年地丁撥銀八千一百一十兩一錢四分三厘零等因造册呈詳前來。臣覆核無異，除册分送户部工部查覈外，臣謹具題。伏乞皇上睿鑒，勅部查照施行。謹題請旨。雍正十一年五月十五日題。六月二十七日奉旨：「該部察核具奏。」

《雍正朝内閣六科史書・户科・廣西巡撫金鉷題報覆核臨桂等縣屬銀鉛各廠雍正十年抽收各項税銀數目無異本》 巡撫廣西等處地方提督軍務兼都察院

右副都御史駐劄桂林府革職留任臣金鉷謹題，爲敬陳開採等事。該臣看得粵西開採銀鉛等礦一案，每年抽收各項鋭課銀兩，經臣按年奏報在案。茲據布政使張鉞詳稱，雍正十年自正月起至十二月底止，抽收過臨桂縣屬水槽、野鷄等廠銀課共銀七千八百一十九兩八錢一分九厘零。又臨桂、義寧、宣化、恭城等處礦廠共收給課銀一千七百六十七兩五分二厘零；賀縣共收錫課銀五百一十四兩九錢六分；河池州共收錫課銀二十四兩三錢四分九厘零。又臨桂靈州興安永寧永福等州縣共收鐵爐税銀一百八十兩，南寧府果化土州共收雄礦課銀四十七兩六錢七分三厘零，俱已解司兑收訖。又太平府恩城土州硃砂廠抽收税砂一千二百七十六斤九兩六錢八分，每斤約變銀三錢五分，共約變銀四百四十六兩八錢一分一厘零，現在飭催變價報解。以上雍正十年分通共銀一萬八百兩六錢六分六厘零，内已解同銀一萬三百五十三兩八錢五分四厘零，未變硃砂銀四百四十六兩八錢一分一厘零。以上舊管并新收通共解收司庫銀二萬一千三十五兩三錢一分五厘零，内雍正九年分奏銷册報解司銀一萬六百八十一兩四錢六分一毫零已經造入雍正十一年春撥册内候撥外，實在雍正十年分共銀一萬三百五十三兩八錢五分四厘零，未變雍正八、九、十各年硃砂共銀六百四十九兩八錢一分五厘零等情造册詳繳前來。臣覆核無異，除册分送部科外，臣謹會題。伏乞皇上睿鑒，勅部核覆施行。謹題請旨。雍正十一年五月二十四日題。六月二十八日奉旨：「該部察核具奏。」

《雍正朝内閣六科史書·户科·山東巡撫岳濬題報修理貢院添建號舍用過工料銀及節省銀數目並造册請銷本》 巡撫山東等處地方督理營田兼理軍務都察院右副都御史臣岳濬謹題，爲詳請題修貢院以光大典事。該臣看得東省貢院歷年久遠，率多朽壞傾圮，亟須修理。又因人文日盛，號舍不敷，亦宜添建。經臣委員確佑具題，接准部咨，隨行布政司委員承修去後，今據布政使鄭禪寶詳稱，貢院工料原佑銀一萬五千五百四十七兩二錢二分零，内節省銀六百三十六兩九錢四分零，實用銀一萬四千九百一十兩二錢八分零。第查原佑各工，臨時相度，復有增改工程，均已酌添工料，次第完峻，統入報銷册内，間與原佑不符，總係實工實料，並無絲毫浮冒，相應呈詳會核題銷。據該司查明呈詳前來，臣覆核無異，謹會同河東總督臣王士俊合詞具題。伏祈皇上勅部核覆施行。謹會題請旨。雍正十一年六月初八日題。六月二十一日奉旨：「該部察核具奏。」

《雍正朝内閣六科史書·户科·大學士管户部尚書事務張廷玉等題令浙撫動支地丁銀兩預支採買織造緞綻需用絲斤價銀本》 經筵講官少保兼太子太保保和殿大學士仍管吏部户部尚書事臣張廷玉等謹題，爲欽奉上諭事浙江總督管巡撫事。程元章題，前事雍正十一年四月二十二日題，五月十七日奉旨：「該部議奏。」該臣等查得浙江總督管巡撫事程元章疏稱，織造緞疋需用絲斤，先經部行於新絲甫出之時將價值豫爲給發採買，仍將支過銀數報查等因歷年遵行在案。今准織造隆昇移取雍正甲寅年需用絲斤價銀二萬五千兩，相應循例在於雍正十一年地丁銀内動支移送應用，理合題明等因前來。查豫買絲斤銀兩係應給之項，應令該督程元章於雍正十一年地丁銀内動支移送，造入該年地丁題銷册内報部查覈，併令該織造隆昇將買過絲斤價值數目報部查覈可也。臣等未敢擅便，謹題請旨。雍正十一年六月十五日題。六月十七日奉旨：「依議。」

《雍正朝内閣六科史書·户科·湖北巡撫德齡題報動支雍正十年地丁銀給發京商採辦欽工顏料緣由本》 巡撫湖北等處地方兼提督軍務都察院右副都御史加一級紀録二次臣德齡謹題，爲請定酌撥條例事。該臣看得准部咨，湖北各年地丁等項銀、驛站等銀、糧道册報隨漕等銀全數解部等因，當經檄行各司道在案。茲據湖北武昌布政使鍾保詳稱，除糧、驛二道存銀聽各道起解外，其湖北藩庫收存各年地丁等項銀九千八百七十六兩九分零，先經造入雍正十年春季册内報部查覈。嗣因辦送顏料事案准部文，修理大清門等處料一十九項，除桐油等項遵照顏料庫定價核算，惟天大青一項時價多寡不一，酌定每斤三兩，以上通共需銀三萬三千二百一兩六錢三分零，行令于湖北藩庫就近發給等因。并據京商高七格呈繳户部照票一張，查欽工緊要，司庫彼時無項可動，當將雍正十年春季册存銀九千八百七十六兩九分零，彙入司庫續收各案存庫銀一萬五千一百三十九兩三錢七分零，并借動鼓鑄案内雍正九年分以錢易銀銅本款内銀八千一百八十六兩一錢七分零，凑足三萬三千二百一兩六錢三分零之數，當堂驗票給發該商高七格領給採辦，造具動款細册送部在案。是前項春季册存銀兩，給發京商採辦顏料價值，業經動用無存，無憑起解，應請造於該年奏銷册内報部核銷。所有動給京商辦買欽工顏料緣由，相應具文詳請。伏乞俯賜查閲題達等情，詳請具題前來。經臣覆核無異，臣等未敢擅便，謹題請旨。雍正十一年七月初三日題。本月二十四日奉旨：「該部察核具奏。」

《雍正朝内閣六科史書·户科·大學士管户部尚書事張廷玉等題准開銷安徽雍正十年支給過江寧織造衙門官役俸廩銀本》 經筵講官少保兼太子太保保

和殿大學士仍管吏部户部尚書事臣張廷玉等謹題，爲奏銷織造支過俸廩糧料事。安慶巡撫徐本題，前事雍正十一年五月二十九日題，六月二十一日奉旨：「該部察核具奏。」該臣等查得安慶巡撫徐本將雍正十年分支給過江寧織造衙門官役俸廩銀二百三十五兩六錢六分六厘六毫零，本色白米二十四石三斗九升九合八勺，倉米六十六石，折色白米六石，每石折銀八錢五分，折色倉米一百一十九石一斗六升五合四勺，每石折銀七錢五分，本色豆二十五石八升，折色豆二百五石三斗四升，每石折銀七錢，草一萬八千五百三十二束，每束折銀七厘，以上除支本色米、豆外，共支米、豆、草折銀三百六十七兩八錢六分六厘。再筆帖式烏林達多支俸廩米、豆、草等折銀三十五兩六錢七分五厘一毫，繳還司庫存候撥用。又本色白米二石六斗一勺零，存貯江寧省倉，歸還原款。相應造册題銷等因，具題前來。查前項支給過俸廩併折色米、豆、草束等銀共六百三兩五錢三分二厘七毫零，白米二十四石三斗九升九合八勺零，倉米六十六石、豆二十五石八升，俱係應給之項，其折給價值與歷年題銷肖數目相符，均應准其開銷。其繳還銀兩，應令該撫徐本彙行解部，米石俟撥用之日報部查覈可也。臣等未敢擅便，謹題請旨。雍正十一年八月初一日題。本月初三日奉旨：「依議。」

《雍正朝内閣六科史書・户科・貴州巡撫元展成題報威寧州屬砂朱廠抽收課鉛支銷數目本》 巡撫貴州兼理湖北川東等處地方提督軍務都察院右副都御史加三級紀録五次駐劄紮貴陽府臣元展成謹題，爲詳請題明開採鉛廠以供鼓鑄事。該臣看得砂硃廠抽收課鉛，例應按年題報。兹據布政使常安詳，據管理砂硃廠務威寧州趙世燕册報，砂硃廠自雍正九年九月初一日起，至十年八月底止，共抽課鉛六萬一千八百五十四斤，每百斤照定價一兩五錢計算，共該課價銀九百二十七兩八錢一分。内除支銷廠内辦事人役工食銀三百九十七兩八錢外，尚應解價銀五百三十兩零。查此課鉛係運供鼓鑄，俟鑄出錢文，易銀歸還課價之日，另詳咨報。造具抽課支銷細數，由該司彙册詳送前來。臣覆加查覈無異，除册送部外，臣謹會題請旨。雍正十一年八月二十六日題。十月初二日奉旨：「該部察核具奏。」

《雍正朝内閣六科史書・户科・貴州巡撫元展成題報小洪關倭鉛廠抽收課銀數目本》 巡撫貴州兼理湖北川東等處地方提督軍務都察院右副都御史加三級紀録五次駐劄貴陽府臣元展成謹題，爲報明開採鉛礦等事。該臣看得小洪關倭鉛廠抽收課鉛，例應按年題報。兹據布政使常安詳，據接管廠務黔西州鮑尚忠册報，自雍正十年正月初一日起，至年底止，共收抽獲課鉛六十七萬六千六百四十七斤零，每百斤照原定一兩五錢之價計算，應變獲課價銀一萬一百四十九兩七錢零，内除廠中辦事人役工食銀八百零四兩外，寔應解課鉛變價銀九千三百四十五兩七錢零。此項鉛價，應俟交明糧驛道運售變價解庫之日，另詳題報。造具煎抽課鉛細數，由該司彙册詳送前來。臣覆核無異，除册送部外，謹會題請旨。雍正十一年八月二十六日題。十月初二日奉旨：「該部察核具奏。」

《雍正朝内閣六科史書・户科・貴州巡撫元展成題報威寧州屬柞子白蠟羊角三廠所抽課銀數目本》 巡撫貴州兼理湖北川東等處地方提督軍務都察院右副都御史加三級紀録五次駐劄貴陽府臣元展成謹題，爲懇准開廠裕課便民事。該臣查得威寧州屬柞子、白蠟、羊角三廠所抽課鉛，例應按年題報。今據布政使常安詳稱，查得柞子等廠自雍正十年四月初一日起，至十一年三月底止，一年限滿，催據管理廠務威寧州趙世燕册報，抽收柞子廠課銀一萬三千四百六十二兩三錢一分零，抽獲課鉛變價銀三千二百一十五兩八錢九分零，存廠未變課鉛四千斤。又白蠟廠抽獲課銀五十四兩九錢零，抽獲課鉛變價銀五十八兩二錢零。又抽收羊角廠課銀三千六百二十四兩一錢零，抽獲爐底課毛鉛變價銀四百二十五兩一錢二分。以上三廠總共報抽收正課並鉛課爐底變價銀二萬零八百四十兩五錢三分零，内因收買該廠爐民所獲黑餘鉛斤，原存廠餘息工本不敷，詳明就近動支過正課銀三千二百九十兩三錢六分零接濟收買，俟餘鉛變售歸還，另文解報外，共解過銀一萬七千五百五十兩一錢六分零，存廠未變課鉛四千斤，俟變價解收之日另文詳請咨報等情造具細册詳報前來。臣覆核無異，除册送部外，謹會題請旨。雍正十一年八月二十六日題。十月初二日奉旨：「該部察核具奏。」

《雍正朝内閣六科史書・户科・大學士管户部尚書事張廷玉等題令廣西巡撫將上年各廠抽收各課變價銀貯庫候文撥餉本》 經筵講官少保兼太子太保保和殿大學士仍管吏部户部尚書事臣張廷玉等謹題，爲敬陳開採等事。廣西巡撫金鉷題，前事雍正十一年五月二十四日題，六月二十八日奉旨：「該部察核具奏。」該臣等查得廣撫金鉷疏稱，粤西開採銀鉛等礦一案，據布政使張鉞詳稱，自雍正十年正月起，至十二月底，共抽銀廠課銀七千八百一十九兩八錢一分九厘零，又收鉛課銀一千七百六十七兩五分二厘零，又收錫課銀五百三十九兩三錢九厘零，又收鐵税一百八十兩，又收雄黄課銀四十七兩六錢七分三厘零，又收硃砂税一千二百七十六斤，零每斤變銀三錢五分，共該變銀四百四十六兩八錢一分一厘，以上六項共銀一萬八百兩六錢六分六厘零。內已解司銀一萬三百五十三兩八錢五分四厘零，未變硃砂銀四百四十六兩八錢一分一厘零，又雍正九年分報收銀一萬六百八十一兩四錢六分零，未變八、九兩年硃砂銀二百三兩三厘零，新舊共銀二萬一千三十五兩三錢一分五厘零。內雍正九年報收銀兩已經造入十一年春撥册內候撥外，寔在雍正十年分共銀一萬三百五十三兩八錢五分四厘零，未變雍正八、九、十各年硃砂共銀六百四十九兩八錢一分五厘零等情。臣覆核無異，會同雲督尹繼善合詞具題。再各廠出砂均未大旺，各項税課仍照舊抽收，合併聲明等因前來。應令該撫金鉷將粤西雍正十年分所抽銀、鉛、錫、鐵、雄黄、硃砂等課已變獲銀共一萬三百五十三兩八錢五分四厘零照數收貯司庫，候文撥餉。其未變雍正八、九、十等年硃砂共銀六百四十九兩八錢一分五厘零轉飭經管之員，作速變價貯庫候撥。至各廠所出礦砂，該撫既稱均未大旺，仍照舊例抽收等語，應將各項税課准其照舊抽收，如有侵隱，該撫金鉷即行據寔查明題叅可也。臣等未敢擅便，謹題請旨。雍正十一年八月三十日題。九月初二日奉旨：「依議。」

《雍正朝內閣六科史書·户科·四川巡撫憲德題報泰寧等協營修建倉廒用過工料工食等項銀兩數目本》 巡撫四川等處地方提督軍務都察院右僉都御史降三級又降一級留任紀録三次臣憲德謹題，爲遵旨議奏事。該臣看得修建泰寧等處倉廒收貯兵糧一案，先據布政司造册詳報，估計工料等項銀七百六十二兩三錢九分二毫零，並以泰寧等協營汛，遠處極邊，建造倉廒，採辦各料遞運烏拉蠻夫需用頭人、通事，必用賞需，所有賞需、工食銀兩係按月給領，統俟工竣造報等情。經臣咨，准部覆，建造銀兩，行令於打箭爐庫貯軍需銀內暫動興修，於庫存各案銀內解還原項。頭人、通事需用工食銀兩，准其按月支給，統俟工竣之日造册報銷等因，隨經行司分委各員建造並取細數銷册去後，兹據布政使劉應鼎詳，據各委員造册開報，共寔支過工料銀六百九十七兩九錢四分五厘零，計節省銀六十四兩四錢四分四厘零。又支過賞需、工食、飯食銀四十七兩四錢三分。以上倉廒工料、賞需、工食、飯食，總共寔支過銀七百四十五兩三錢七分五厘零。造具清册，詳請題銷等情造册詳齎前來。臣覆核無異，除册分送部科外，理合具題，伏祈皇上勅部核銷施行。謹題請旨。雍正十一年八月三十日題。九月二十八日奉旨：「該部察核具奏。」

《雍正朝內閣六科史書·户科·浙江總督程元章題報雍正十年上半年發收銅鉛工料及鼓鑄錢文搭放兵餉數目本》 總督浙江等處地方軍務兼理糧餉管理巡撫事務兵部右侍郎兼都察院右副都御史加二級紀録二次駐劄杭州臣程元章謹題，爲頒發樣錢事。該臣看得浙省奉文收銅鼓鑄一案，除雍正八年八月十七日開爐起，至雍正九年歲底，一切收發銅、鉛工料、鑄出錢文、搭放兵餉、俸工等項扣還錢本各數目，業經造册題銷外，所有一切續收續發銅、鉛工料、鑄出錢文、搭放兵餉、俸工等項，兹據布政使王紘詳稱，自雍正十年正月初一日起，至六月底，咨明暫停，鼓鑄十爐，共鑄過錢二千一百九十六秤，發過生銅二十一萬一千九十斤八兩，該銀二萬二百五十二兩零；熟銅二十一萬一千九十斤八兩，該銀二萬五千三百一十六兩零。又鑄錢八百三十三秤，全用熟銅發過熟銅一十六萬一百四十四斤四兩，該銀一萬九千二百六兩零；共加白鉛三萬二千七百五十五斤十二兩七錢二分五厘，該銀二千六十七兩零；加黑鉛一萬四千五百五十八斤二兩一錢，該銀五百九十二兩零。以上共銅、鉛價銀六萬七千四百三十五兩零。共鑄錢六萬五千五百二串一百二十五文，內除雍正九年冬季湊支錢一千五十二串二十三文，共給過炭罐工料錢一萬一千一百八十七串七百七十文外，鑄存錢五萬三千二百六十二串三百三十二文。自雍正十年春季搭放起至歲底，四季共放過兵餉、俸工并聽給共錢五萬一千五百九十七串六百五十一文外，寔存錢一千六百六十四串六百八十一文，存俟雍正十一年搭放俸工等項之用。本年并雍正九年冬季動支湊給共扣收錢本銀五萬二千六百四十九兩六錢七分四厘，歸還雍正三年地丁銀兩等因，造册請題前來。臣覆核無異，理合具題。伏乞皇上勅部核覆施行。謹題請旨。雍正十一年八月二十九日題。九月二十二日奉旨：「該部察核具奏。」

《雍正朝內閣六科史書·户科·大學士管户部尚書事務張廷玉題議原任浙撫李馥承辦銅斤逾限令其變産還項本》 經筵講官少保兼太子太保保和殿大學士仍管吏部户部尚書事臣張廷玉等謹題，爲請旨勅部查議事。福建總督郝玉麟題前事，該臣等查得福督郝玉麟奏稱，原任浙江巡撫李馥因承辦銅斤逾限，經接任巡撫黄叔琳疏叅，部議行查原籍福建家産，據閩、侯二縣估計産業各項共銀一十一萬五千四百六十五兩，已解過浙省銀七萬二千七百四十三兩有零，又現存司庫銀八百七十五兩有零，尚未完銀四萬一千九百四十餘兩。乃前任布政使潘體豐竟以事在三年以前免賠之例，相符籠統詳請前任撫臣劉世明咨部，今李馥家産早經估計報部有案，非未穀出産業者可比，不在寬免之例。臣與撫臣趙國麟會檄飭催去後，據閩、侯二縣造册詳稱，李馥原報出田價銀五千八百三十六兩八錢，房價銀五千一十一兩，各處田房仍係李馥親屬李若采等收租。又李若采等未完變價銀共一萬九百六兩二錢八分，仍混稱此項産業與入官者有間，迄今十載，籍詞抗延，不便仍行比追等語。臣等伏查此項銀兩既不在豁免之内，今乃抗延支吾，不便聽其收租侵欺，以致庫項虚懸。至李馥尚未完解銀四萬一千九百四十餘兩，内除田價房〔價〕併李若采等未變價銀二萬一千七百五十四兩零外，尚有李允拔等六名借欠銀二萬一百九十一兩五錢二分原未交出産業，應否一併着追，統聽部議。再據布政使詳稱，據漳州府批解許飛九自首借欠李馥銀二千兩，現貯司庫。此項銀兩從前李馥並未報出，不在十一萬五千餘兩之内，應否一併解送浙省之處，亦聽部示遵行。會同撫臣趙國麟合詞具奏等因前來。查原任浙江巡撫李馥於巡撫任内承辦雍正二年上下兩運銅斤，扣存節省銅價銀三萬一千六百兩七錢八分零，内除完過外，未完銀二萬八千五百一十一兩四錢九分三厘零。雍正八年八月調任浙江總督李衛咨稱，有閩省未變産業銀四萬二千八百二十一兩三錢四分，請嗣後解到銀兩先歸節省之案，所有多餘聽歸别款等因，臣部行文浙省，將閩省解到李馥變産銀兩先歸節省銅價銀兩，俟歸足之日解部併知照福撫在案。今福督郝玉麟奏稱李馥家産原估銀一十一萬五千四百六十五兩零，除解過銀七萬二千七百四十兩零，又現存司庫銀八百七十五兩零，尚未完解銀四萬一千九百四十餘兩。内除田價銀五千八百三十六兩八錢，房價銀五千一十一兩仍係李若采等收租。又李若采等未交變價銀一萬九百六兩二錢八分，尚有李允拔等借欠銀二萬一百九十一兩五錢二分，各人原未交出銀兩、報出産業，應否一併着追，統聽部議等語。查家産既經估價入官，例應即行變價。如一時未得售主，則每年所得租息亦應官收，以抵帑項，不應任其私收入已。變價銀即應嚴催交庫，不便任其侵欺。至關出借欠銀兩，亦應於各名下催追完報。應令該督將李馥名下未變田房每年應得租息若干，自入官起至今所得租息查明共有若干，於原經手名下照數追出以抵帑項。未變房産作速變價。至未交變價銀兩，作速追解貯庫，併李允拔等名下借欠銀兩，即行照數嚴追完報解浙抵項。又奏稱許飛九自首借欠李馥銀二千兩現貯司庫，從前未據報出，不在十一萬五千餘兩之内，應否一併解浙等語，應令該督郝玉麟照數收貯司庫，彙同變産銀兩一併解赴浙省。仍令浙督程元章俟前項銀兩解到之日先歸銅斤節省之案，所有餘銀聽歸别款仍於本案内報部查覈。再查李馥所欠銀兩既已開出家産估價入官，即係已完之項，不在寬免之内。乃承追各官混稱，事在三年以前免賠之例相符朦混詳請，該撫劉世明亦不查明着追，以致拖欠日久，未變房産既經任其坐收租息，已變銀兩又任其侵欺，均屬不合，應令該督郝玉麟將從前朦混詳稱以及不行查明着追之各員，即行查𠫊可也。臣等未敢擅便，謹題請旨。雍正十一年九月二十九日題。十月初二日奉旨：「依議。」

《雍正朝内閣六科史書·户科·杭州副都統兼管織造隆昇題報製造綿甲所用各項銀兩數目本》 杭州漢軍右翼副都統仍兼管織造臣隆昇謹題，爲製造綿甲事：該臣二次奉文造辦綿甲内開所用錢糧仍照前辦理，即按照雍正六年用過工料原估每副綿甲銀七兩二錢一分九厘，每副節省銀二兩四分之數核算，二次移文兩淮巡鹽支取餘銀製造綿甲共六千六百六十六件，每件料工銀四兩九錢七分九厘，共銀三萬三千一百九十兩一分四厘。二次裝盛竹簍、油紙、布袋并水陸脚費等項共銀一千六百八十三兩四錢六分二厘，二次通共用過兩淮巡鹽餘銀三萬四千八百七十三兩四錢七分六厘。業經將前項辦解過細數造册，呈送内務府并報明户部在案。相應分晰具題，伏乞皇上睿鑒，勅部核覆施行。謹題請旨。雍正十一年十月初七日題。十一月初二日奉旨：「該部察核具奏。」

《雍正朝内閣六科史書·户科·杭州副都統兼管織造隆昇題報造辦上用内用部派撥緞匹綢綾等項用過銀兩數目本》 杭州漢軍右翼副都統仍兼管織造臣隆昇謹題，爲恭解造完上用内用部派緞疋綢綾等項銷算錢糧事。該臣看得織造緞疋等項，應辦雍正十年分雍正十一年起運上用緞紗二百疋，内用緞紗八百疋，紬綾杭細五千一百九十疋并手帕等項共銀三萬三千一百一十三兩九錢七厘。又奉文續解橘子春紬等項共銀四千八百六十七兩五錢四分三厘九毫。又辦織雍正十一年部派大蟒等緞紗四百九十三疋，紡絲綾子二千疋，亮花緞一千疋，裝盛箱攅等項共銀一萬七千六百五十兩四錢三分，内除亮花緞加三節省銀二千四百兩交存布政司庫外，共寔用銀一萬五千二百五十兩四錢三分。又攅本紙張銀二十九兩八錢三厘，又挑倒花匠工食銀五百一十一兩九錢九分九厘六毫。除造册送部外，相應遵照部文分晰具題。伏乞皇上睿鑒，勅部核覆施行。謹題請旨。雍正十一年十月初七日題。十一月初二日奉旨：「該部察核具奏。」

《雍正朝内閣六科史書·户科·總理户部事務果親王允禮題准晉省雍正六年收買黄銅器皿案内未領價銀於庫給發本》 總理户部事務和碩果親王臣允禮

等謹題，爲遵旨查奏事。山西巡撫覺羅石麟題，前事雍正十一年八月二十六日題，九月初八日奉旨：「該部察核具奏。」該臣等查得山西巡撫覺羅石麟疏稱，晋省雍正六年分收買黄銅器皿案内，據署布政使温而遜詳稱，各屬未觧銅一萬三百二十斤零，催據各屬陸續觧交過熟銅四千九百九十六斤零，每斤價銀一錢一分九厘零，共應給價銀五百九十九兩二錢四分零；生銅五千三百二十三斤零，每斤價銀九分五厘零，共應給價銀五百一十兩七錢八分零；以上共應給價銀一千一百一十兩三分零。已據各州縣具領，並從前未領銀四百二十五兩五錢零，俱在於司庫收貯雍正四年地丁銀内動給等情。臣覆核無異，相應具題等因前來。查晋省雍正六年收買銅器歲底題報案内尚有未觧銅一萬三百二十斤零，未領銀四百二十五兩五錢零，先經臣部行令將未領銀兩速催給發，未觧銅器催觧司庫，分别給價去後，今該撫既將前項銅器催據各屬照數觧交，分别生、熟成色給發價銀一千一百一十兩三分零，臣部照依生、熟價值按册核算，數目相符。至找領銀四百二十五兩五錢零，係應給之項，俱應准其在於雍正四年地丁銀内動給。仍令該撫石麟將前項動用銀兩，造入該年地丁奏銷册内送部查覈可也。臣等未敢擅便，謹題請旨。雍正十一年十月二十七日題。十一月初二日奉旨：「依議。」

《雍正朝内閣六科史書・户科・總理户部事務果親王允禮等題議貴州普安縣屬濫木水銀廠銅老山空准其封閉本》　總理户部事務和碩果親王臣允禮等謹題，爲奏明事。貴州巡撫元展成題，前事雍正十一年八月十七日題，九月二十一日奉旨：「該部議奏。」該臣等議得貴州巡撫元展成疏稱，普安縣屬濫木水銀廠硐老山空，砂岩乾淡。先據布政司委員勘明，請題封閉，嗣准部咨，黔省水銀廠有關正供，行令出結題等因，隨行據布政使常安詳，據普安縣知縣沈遴詳稱，逐一勘驗原開諸硐，委係硐老山空，砂岩乾淡。兼之壍口被水淹没傾頽，委係調劑無術，無益課項民生，並無揑飾情弊。至從前修文縣改歸濫木廠承辦原額水銀課銀六百五十餘兩，婺川縣改歸濫木廠原額水銀課銀八十四兩七錢零，又該廠代辦修文縣額觧水銀四十八斤十兩，仍請一併豁除，俟另覓興旺之處詳請開採辦課補觧等情，由司出結詳請保題。臣覆查無異，除出具印結送部外，相應會同雲貴廣西總督尹繼善合詞具題等因前來。查先經該撫以普安縣濫木水銀廠硐老山空，砂岩乾淡，委員勘明請題封閉，臣部因黔省水銀廠有關正供，行令出結保題去後，今據該撫疏稱逐一勘驗，委係砂岩乾淡，兼之壍口被水淹没傾頽，調劑無術無益課項民生。至從前修文縣改歸濫木廠承辦水銀課銀六百五十餘兩，婺川縣改歸濫木廠水銀課銀八十四兩七錢零，又代辦修文縣額觧水銀四十八斤十兩，仍請一併豁除，俟另覓興旺之處題請開採辦課，出具印結會同保題等語。應如該撫元展成等所題，將普安縣濫木水銀廠飭行封閉。其修文、婺川二縣改歸水銀課銀及額觧水銀一併暫行豁除，俟有水銀出産之處另行題請開採辦課。其在廠現存礦砂，照例變價充餉。併嚴飭地方官，令該廠丁民各安本業，毋得容隱滋事可也。臣等未敢擅便，謹題請旨。雍正十一年十一月三十日題。十二月初二日奉旨：「依議。」

《雍正朝内閣六科史書・户科・總理户部事務果親王允禮等題爲查覈貴州威寧州屬柞子等廠抽收銀鉛數目情形本》　總理户部事務和碩果親王臣允禮等謹題，爲懇准開廠裕課便民事。貴州巡撫元展成題，前事雍正十一年八月二十六日題，十月初二日奉旨：「該部察核具奏。」該臣等查得貴州巡撫元展成疏稱威寧州屬柞子等廠所抽銀、鉛，例應按年題報。今據布政使常安詳稱，自雍正十年四月初一日起至十一年三月底，收柞子廠課銀一萬三千四百六十二兩三錢一分零，課鉛變價銀三千一百一十五兩八錢九分零，未變課鉛四千斤；又白蠟廠課銀五十四兩九錢零，課鉛變價銀五十八兩二錢零；又收羊角廠課銀三千六百二十四兩一錢零，爐底課鉛變價銀四百二十五兩一錢二分；以上三廠共銀二萬八百四十兩五錢三分零。内收買該廠爐民所獲黑餘鉛，動正支課銀三千二百九十兩三錢六分零，俟餘鉛變售歸還外，共觧過銀一萬七千五百五十兩一錢六分零。存廠未變課鉛四千斤，俟變價之日另文咨報等情。臣覆核無異，會同雲貴廣西總督尹繼善合詞具題等因前來。應令該撫元展成將前項觧過柞子等廠抽收課銀一萬七千五百五十兩一錢六分零照數收貯司庫，候文撥餉。其收買餘鉛動支正課銀三千二百九十兩三錢六分九厘零，嚴飭經管各員作速變售歸還原項，未變課鉛四千斤亦即飭令變價，報部查覈。其所抽課銀，管廠各員如有以多報少、侵那虧缺情獘，該撫元展成即行據寔查明題叅可也。臣等未敢擅便，謹題請旨。雍正十一年十二月初五日題。本月初七日奉旨：「依議。」

《雍正朝内閣六科史書・户科・廣東巡撫楊永斌題爲查報黔省運粵發賣水銀所得價銀支存數目等情本》　巡撫廣東等處地方提督軍務兼理糧餉都察院右副都御史加二級紀録十四次又軍功紀録三次駐劄廣州府臣楊永斌謹題，爲再行披瀝苦情等事。該臣看得原任貴州撫臣金世楊收買水銀，將餘息抵補庫項一案。經原署貴州撫臣石禮哈題，請將水銀二千七百擔運粵發賣，價銀就近交貯藩庫候撥，其領運脚價盤費於賣存水銀價内動支，銷售完日統在水銀項下銷算等因。嗣據詳報水銀陸續銷售完竣，經臣咨准部覆，令將粵省收貯，水銀節年銷售數目逐一查明題銷等因當即轉行遵照去後，兹據廣東布政使甘汝來詳稱，查黔省運到水銀二千七百擔，陸續銷賣，共收價銀八萬七千八百七十六兩二錢五分，内除在縣、在府支給金昭各年資斧銀六百兩外，尚共觧司銀八萬七千二百七十六兩二錢五分，内除在司支給金昭雍正八年資斧銀二百兩、洪奕隆養廉回黔盤費銀三百兩，尚寔奉撥各年兵餉并候撥共銀八萬六千七百七十六兩二錢五分。又在貴川支領運粵水銀價脚節省存剩銀二千七百六十二兩一錢九分八厘，造入雍正七年春季册報奉撥酌留封貯，已上水銀銷賣價銀連水脚除支用外，尚撥各年兵餉及候撥酌留封貯共銀八萬九千五百三十八兩四錢四分八厘。相應造册，詳請覆核具題。再查前任黔撫之子廕生金昭尚留在粵，先據該廕生呈請回黔盤費，奉文行令將水銀變價查明題銷，如果抵補黔省庫項無虧，尚有盈餘再爲酌撥，令其回黔等因。兹查運粵銷賣水銀價值，除抵足黔省一年庫項外，計盈餘銀九千七百八兩零。查金昭雍正五、六、七三年在粵資斧未奉部行准給，其本省售銷水銀價值，俱經陸續報部奉撥各年兵餉，止存剩候報銀七百一十四兩七錢四分五厘零，内除應支給金昭回黔盤費銀三百五十兩，又金昭應支雍正十二年上半年資斤銀一百兩，均候部示支給外尚銀二百六十四兩七錢四分五厘零，應否儘數量給金昭收領等因造册呈詳前來。覆核無異，除册分送部科查覈外，臣謹具題。伏乞皇上睿鑒，勅部議覆施行。謹題請旨。雍正十二年四月十五日題。五月二十四日奉旨：「該部察核具奏。」

《雍正朝内閣六科史書・户科・總理户部事務果親王允禮題爲核銷黔省雍正十年鼓鑄需用工料價銀及息錢並搭放兵餉本》 總理户部事務和碩果親王臣允禮等謹題，爲遵旨查奏事。貴州巡撫元展成題，前事雍正十一年十二月二十一日題，十二年二月十一日奉旨：「該部察核具奏。」該臣等查得貴州巡撫元展成將黔省雍正十年分鼓鑄錢文，所需銅鉛工料，用過銀兩併所獲息錢以及搭放兵餉等項數目逐一造册，會同雲貴廣西總督尹繼善合詞具題前來。查册開：

一、舊管共存本息錢四萬九千七百七十八串八百八十七文零，存銀一萬九百六十八兩一錢六分四厘零等語。查前項舊存銀錢與雍正九年寔在項下存剩數目相符，應毋庸議。

一、新收雍正十年分共鑄三十九夘，共用銅二十五萬九千一百二十一斤零，炒成净銅二十三萬三千四百四十三斤零。内用黔銅八萬七千九十九斤，每百斤價銀八兩，外耗銅一十一斤，價銀八錢八分，自廠運局連外耗共該脚價銀一兩一錢一分六厘零，又炒費銀三錢。每銅一百一十一斤炒成净銅一百斤，該銀十兩三錢四分六厘零，共用銀九千一十一兩七錢九分三厘零。用滇銅一十四萬六千三百四十四斤，價銀九兩二錢，自滇運至威寧該脚銀六錢，外耗銅一十一斤，該價脚銀一兩七分八厘，自威寧運至畢局連外耗共該脚價銀八錢三分二厘零。又筐繩運費銀五分六厘零，又炒費銀三錢。每銅一百一十一斤，炒成净銅一百斤，該銀十二兩六分七厘零。共用銀一萬七千六百五十九兩五錢一厘零。二共銅價銀二萬六千六百七十一兩二錢九分四厘零，共用廠鉛一十七萬一千一百九十一斤零。鎔成净鉛一十五萬五千六百二十八斤零，每百斤價銀一兩五錢，外耗鉛一十斤，該銀一錢五分，自廠運局連外耗鉛共該脚價銀五錢九分六厘，又運費銀四分四厘。每鉛一百一十斤，鎔成净鉛一百斤，該銀二兩二錢九分，共用銀三千五百六十三兩八錢九分七厘零。又收銅器九百二十八斤零，共該銀五十八兩六錢九分五厘零，又將銅器運交畢局用脚價銀九兩二錢八分二厘。又鼓鑄需用工料銀七千一十兩二錢五分。以上銅、鉛工料共用工本銀三萬七千三百一十三兩四錢二分六毫零，共用净銅、鉛三十九萬斤。每百斤折耗九斤外，寔鑄銅、鉛三十五萬四千九百斤。每錢一文重一錢四分，共鑄錢四萬五百六十串文，除還工本外，寔息錢三千二百四十六串五百七十九文零。連舊管共本息錢八萬九千六百三十八串八百八十七文零等語。查前項鑄出錢文，用過銅、鉛數目，臣部按册核算，數目相符，應毋庸議。其所需爐役工料銀七千一十兩二錢五分，係應給之項，應准支給。至所需銅、鉛脚價銀兩，先經臣部於雍正九年鼓鑄奏銷案内，以多用耗銅十一斤及每銅百斤需水脚銀二兩八錢有零，每鉛百斤需水脚銀七錢九分爲數甚多，行令該撫核寔報銷，續據該撫咨稱所有報銷脚價，俱係據寔開報。至每銅百斤除折耗九斤外，另加一十一斤，因廠銅不能十成足色，定例九斤，不敷折耗，並未多用，應請准銷等因，臣部查鼓鑄定例，每銅、鉛百斤折耗九斤，並無於九斤之外又有加耗之例，今黔省另加耗一十一斤，不特糜費錢糧，且於定例不符，復經行令該撫追還報部，併將銅、鉛脚價浮多之處核減報銷在案。今雍正十年所需銅、鉛脚價，仍令該撫轉飭經管人員另行核寔報銷，並將多用加耗銅、鉛共四萬一千二百四十一斤零所需價銀脚費，一併照數追還報部。

一、開除搭放雍正十年分俸餉等項錢二萬九千七百五串一百三十四文，又搭放通省文職官役俸工、養廉、薪水、祭祀等項錢一萬六千四百一十九串七百二十七文，又搭放貴築等二十五驛經費錢三千四百一十串九百六十二文，以上共搭放錢四萬九千五百三十五串八百二十三文，易出銀四萬九千五百三十五兩八錢二分三厘。内放給正額收買銅、鉛不敷銀一萬九千二百一十九兩二錢九分七厘零，尚存銀三萬三百一十六兩五錢二分五厘零流入帶鑄外耗工本，又放給炒銅工食、公費動支工本錢六百四十七串二百八十三文零，又放給工食、物料動支工本錢七千一十串二百五十文等語。查黔省雍正十年分搭放俸餉併文職官役俸工等項錢四萬六千一百二十四串八百六十一文，該撫造報地丁兵馬奏銷册内並未報明搭放錢文數目，其貴築等驛經費錢三千四百一十串九百六十二文，臣部移查兵部回稱，貴州省雍正十年驛站奏銷册開動支鹽茶牙帖雜税等銀三萬四千一百九兩七錢零，並無開註，搭放錢文，無憑查覈等語，應令該撫將前項搭放過俸餉等項錢文因何不行造報之處，查明報部。所有前項易出銀四萬九千五百三十五兩八錢二分三厘内，除放給正額銅鉛不敷銀一萬九千二百一十九兩二錢九分七厘零外，尚存銀三萬三百一十六兩五錢二分五厘零，該撫既稱流入帶鑄外耗工本，應於帶鑄外耗錢文項下查覈。至所給炒銅工費錢六百四十七串二百八十三文零，係不應准銷之項，臣部已於新收項下行令該撫將多用加耗銅鉛價銀脚費照數追還在案，應將給過炒費錢文一併追還報部。所給工料錢七千一十串二百五十文係應給之項，應准開銷。

一、寔存司庫錢四千二百一串八百七十六文，安順道庫錢九千五百九十七串八百六十文，畢局錢一萬八千六百四十五串七百九十五文零，共存錢三萬二千四百四十五串五百三十一文零等語。應令該撫將前項寔存錢文，照數搭放兵餉，易出銀兩即行歸還原動工本。

一、帶鑄錢文共用滇廠浄銅二萬三千四百斤，每百斤用銀十二兩六分七厘零，共用銀二千八百二十三兩七錢三厘零；用浄鉛一萬五千六百斤每百斤，用銀二兩二錢九分，共用銀三百五十七兩二錢四分；共用物料銀二百三十三兩二分五厘；通共工本銀三千四百一十三兩九錢六分八厘零。共鑄得錢四千五十六串文，内除還工本外獲息錢六百四十二串三十一文零，運錢觧赴省城安順攙發息錢一百一十二串九百四十七文零，又給押運省城安順書役工食盤費動支息錢共七十八串文，又應給物料動支工本錢二百三十三串二十五文，又給炒銅工費動支工本錢七十串二百文，寔存工本錢三千一百一十串七百四十三文零，息錢四百五十一串八十三文零等語。應令該撫將前項寔存帶鑄工本併所獲餘息錢文，彙同額鑄錢文，照數觧貯司庫，搭放兵餉。其所給物料併運錢赴省城安順攙發錢共三百四十五串九百七十二文零，係應給之項，應准支給。再給過押運省城安順書役工食盤費動支息錢七十八串文内應給工食若干，盤費若干，往返程途幾月，在省城安順守候幾月，應給工食盤費作何議給之處，該撫並未分晰聲明，難以准銷，應令該撫逐一分晰報部定議。至額鑄銅、鉛脚價銀兩，臣部以每銅百斤需水脚銀二兩八錢有零，每鉛百斤需水脚銀七錢九分爲數甚多，行令該撫核寔報銷併將多用加耗銅鉛共四千一百三十四斤所需價銀脚費以及給過炒費錢七十串二百文一併核寔追還報部。

一、外耗錢文共用滇廠浄銅二萬一千六十斤，每百斤用銀十二兩六分七厘零，共用銀二千五百四十一兩三錢三分三厘零；用浄鉛一萬四千四十斤，每百斤用銀二兩二錢九分，共用銀三百二十一兩五錢一分六厘；共用物料銀二百三十三兩二分五厘；通共工本銀三千九十五兩八錢七分四厘零。共鑄得錢四千一十一串一百五十文，内除還工本外獲息錢九百一十五串二百七十五文零，放給炒銅工費動支工本錢六十三串一百八十文，又應給物料動支工本錢二百三十三串二十五文，寔存工本錢二千七百九十九串六百六十九文零。至所獲息錢，原奉准作局内爐役食米、添補燈油器具以及官役養廉等項之用等語。應令該撫將前項所存外耗工本錢文照數觧交司庫，彙入額鑄錢文數内，一併搭放兵餉。所給物料錢二百三十三串二十五文係應給之項，應准支給。其所獲息錢，先經題明准作局内爐役食米、添補燈油器具以及官役養廉等項之用，應照原題，准其動給。至額鑄銅、鉛脚價銀兩，臣部以每銅百斤需水脚銀二兩八錢有零，每鉛百斤需水脚銀七錢九分行令該撫核寔報銷，併將多用加耗銅、鉛所需價銀脚費追還，報部在案，今外耗所需銅、鉛脚價併將多用加耗銅鉛共三千七百二十斤零所需價銀脚費以及給過炒費錢六十三串一百八十文一併核寔追還報部。

一、運交省城司庫錢三萬二千九百一十九串文，又運交安順道庫錢一萬六千二百一十六串六百文，二共運錢四萬九千一百三十五串六百文自畢局赴省赴安順計程均係八站，每馬一匹馱錢二十串，該脚價、筐繩錢一串四百三十八文，共用脚價錢三千五百三十二串八百四十九文零，前已題明動用司庫銀兩，此項脚價攙發過帶鑄息錢一百一十二串九百四十七文，零寔用脚價銀三千四百一十九兩九錢二厘零，除將舊存運費銀五百九十兩二錢七分一厘零支給外，尚不敷銀二千八百二十九兩六錢三分一厘，於雍正十年分搭放錢文易出銀内支用。再雍正九年分給過運錢脚價銀一千四百九兩七錢二分八厘零，二共支過脚價銀四千八百二十九兩六錢三分一厘，即於局内搭放俸餉等項動支息錢四千八百二十九串六百三十一文，照數易出銀兩扣抵清項。再前項錢文内動支舊管正額息錢一千三十串六百四十五文零，舊管帶鑄息錢六百四十七串四百一十八文零，新收正額息錢三千一百五十一串五百六十七文零，因帶鑄息錢不敷運脚，即於正額息錢幫補等語。查前項動用過運錢脚價銀兩，核算數目相符，應毋庸議。但該撫原題案内以帶鑄息錢留作運錢脚費，今將正額息錢搭放易銀支用，是於原題不符，不便准銷，應令該撫將前項運錢脚價用過正額息錢，作何著落歸還之處，妥議報部查覈。

一、總計舊管新收共銀六萬五百三兩九錢八分七厘零，内除正額帶鑄外，耗工本運費共銀三萬八千九百二十七兩五錢六厘零。又除扣還收買黄銅器皿價值銀五百六十九兩一錢二分七厘零，又除製備爐房器具銀二千五百五十九兩五錢三分四厘零，又除扣還借支捐納正項銀一萬三千二百九兩五錢九分六毫零，共銀五萬五千二百六十五兩七錢五分八厘零，寔存銀五千二百三十八兩二錢二分九厘零。舊管新收共本息錢九萬七千七百六串三十七文零，内除雍正十年分搭放易銀以及動支工本等項共錢五萬八千八百九十九串九文零，寔存錢三萬八千八百七串二十八文零，内存司庫錢四千二百一串八百七十六文，存安順道庫錢九千五百九十七串八百六十文，存畢局錢二萬五千七串二百九十二文零等語。應令該撫將前項扣還收買黄銅器皿價值等項銀兩，照數收貯司庫，歸還原動款項。其寔存銀兩，照數收貯局庫，留充下年採買銅、鉛鼓鑄工本之用，仍造入該年鼓鑄奏銷册内送部查覈。至所存錢文俟搭放兵餉易出銀兩之日照數歸還原項，仍將歸還款項報部查覈。以上銀錢等項如有侵那虧缺情弊，該撫元展成即行據實查明題叅可也。臣等未敢擅便，謹題請旨。雍正十二年五月二十八日題。六月初一日奉旨：「依議。」

《雍正朝内閣六科史書・户科・安徽巡撫王紘題報江寧織造衙門官役家口馬匹上年支過俸廩糧料數目本》 巡撫安慶等處地方提督軍務都察院右副都御史臣王紘謹題，爲奏銷織造等事。該臣看得江寧織造衙門官役家口、馬匹支過俸廩、糧料例應按年造册報銷。今查雍正十一年分實支過俸廩共銀一百七十一兩九錢。本色白米共一十六石二斗八升三合零。折色白米五石，共支白米折銀四兩二錢五分。本色倉米三十四石八斗六升五合零，折色倉米五十九石九斗四升九合零，共支倉米折銀四十四兩九錢六分一厘零。本色豆一十六石八斗，折色豆一百一石一斗九升，共支豆折銀七十兩八錢三分三厘。折色草九千六十六束，共支草折銀六十三兩四錢六分二厘。以上除支過本色米、豆外，寔支俸廩及米豆草折銀共三百五十五兩四錢六厘零，于雍正十年十一兩年地丁銀内支給。江寧布政使李蘭分晰造報前來，臣覆核毋異。恭繕黄册進呈御覽并照造清册移遂户部科江南道查覈外，臣謹會題請旨。雍正十二年六月二十八日題。七月二十二日奉旨：「該部察核具奏册并發。」

《雍正朝内閣六科史書・户科・貴州巡撫元展成題報雍正十一年格得八地二廠抽收課銅及變價銀數目本》 巡撫貴州兼理湖北川東等處地方提督軍務都察院右副都御史加三級紀録五次駐劄貴陽府臣元展成謹題，爲懇請題明開採銅廠等事。該臣看得格得、八地二廠抽收課銅並開銷各費，例應按報銷。玆據布政使馮光裕詳，據大定府轉據管理格得、八地二廠務威寧州知州趙世燕册報，格得、八地二廠自雍正十一年二月十六日起，至雍正十二年二月十五日止，格得正廠抽獲課銅三千六百九十七斤零，八地子廠抽獲課銅六千一百一十三斤零，通共二廠一年共抽課銅九千八百一十一斤零，每百斤照定價八兩五錢變賣局内，共計賣獲銀八百三十三兩九錢零。内格得廠課銅變價銀三百一十四兩三錢零，除開銷該廠該年人役工食去銀二百五十四兩四錢，餘剩課價銀五十九兩九錢零，找給上年不敷廠費外，尚不敷上届工食銀一十九兩一錢零，應於下年所收課銅變價銀内找給。又八地廠課銅變價銀五百一十九兩六錢零，除支銷該廠人役工食銀三百一十九兩二錢外，尚餘剩課銅變價銀二百兩零四錢七分三厘，俟課銅運局供鑄撥還課價解收之日另詳咨報，造具抽課支銷細數清册，由司彙册詳報前來。臣覆加查覈無異，除册送部外，臣謹會題請旨。雍正十二年八月二十八日題。十月初五日奉旨：「該部察核具奏。」

《雍正朝内閣六科史書・户科・總理户部事務和碩果親王允禮等題准核銷十一年江寧織造衙門官役支給俸廩糧料價銀本》 總理户部事務和碩果親王臣允禮等謹題，爲奏銷織造支過俸廩糧料事。安慶巡撫王紘題，前事雍正十二年六月二十八日題，七月二十二日奉旨：「該部察核具奏。」該臣等查得安慶巡撫王紘將雍正十一年分支給江寧織造衙門官役俸廩銀一百七十一兩九錢。本色白米一十六石二斗八升三合零，本色倉米三十四石八斗六升九合五勺零，豆一十六石八斗。折色白米五石，每石折銀八錢五分；折色倉米五十九石九斗四升九合二勺零，每石折銀七錢五分；折色豆一百一石一斗九升每石，折錢七錢；折色草九千六十六束，每束折銀七厘；以上除支本色米豆外，共支米、豆、草折銀一百八十三兩五錢六厘九毫零。再扣存前任織造許夢閎等空缺俸廩米豆草折等銀三百六十二兩一錢七分一厘零，繳完司庫聽候撥解。白米一十二石三斗五升二勺零，倉米二十石豆一十六石二斗六升，存貯江寧省倉歸完原項等因造册題銷前來。查前項支給過俸廩并折色米、豆、草束等銀共三百五十五兩四錢六厘九毫零，本色白米十六石二斗八升三合零，本色倉米三十四石八斗六升五合九勺零，本色豆一十六石八斗，俱係應給之項，其折給價值與歷年題銷數目相符，應准開銷。仍令該撫王紘前項繳完銀三百六十二兩一錢七分一厘零，造入季報册内，咨部酌撥。白米一十二石三斗五升二勺零，倉米二十石豆一十六石二斗六升，俟動用之日報部查覈可也。臣等未敢，擅便謹題請旨。雍正十二年九月初六日題。本月初八日奉旨：「依議。」

《雍正朝内閣六科史書・户科・貴州巡撫元展成題報威寧州柞子等廠一年内所抽課鉛數目本》 巡撫貴州兼理湖北川東等處地方提督軍務都察院右副都御史加三級紀録五次駐劄貴陽府臣元展成謹題，爲懇准開廠裕課便民事。該臣看得威寧州屬柞子、白蠟、羊角三廠所抽課鉛，例應按年題報。今據布政使馮光裕詳稱，查得柞子等廠自雍正十一年四月初一日起，至十二年三月底止，一年限滿，催據管理廠務威寧州趙世燕册報，三廠共抽正誤並課鉛爐底變價銀一萬二千七百九十五兩八錢零，内因收買該廠爐民黑餘鉛斤動支過正課銀三千九百六十九兩九錢零，俟餘鉛變售歸還另文解報外，共解過銀八千八百二十五兩九錢零。存廠未變課鉛一十七萬一千三百七十五斤零，俟變價解收之日另文詳請咨報等情造具細册詳報前來。臣覆核無異，除册送部查覈外，相應會題請旨。雍正十二年十二月初五日題。十三年二月初二日奉旨：「該部察核具奏。」

《雍正朝内閣六科史書・户科・大學士管户部尚書事務張廷玉題准銷廣西梧潯二廠各委官監收税銀及盈餘銀數目本》 經筵講官少保兼太子太保保和殿大學士仍管吏部户部尚書事加六級臣張廷玉等謹題，爲欽奉上諭事。廣西巡撫金鉷題，前事雍正十二年九月十一日題，十月初十日奉旨：「該部察核具奏。」該臣等查得廣西巡撫金鉷疏稱，梧、潯二廠委員監收税銀一案，今八次扣滿一年之期，所有抽收過税餉及贏餘銀兩，例應造册題報。兹查梧廠監收官梧州府病故知府吴士鯤，自雍正十一年正月十一日起，至三月初九日，暫委監收官梧州府儒學教授關士勳、兼同咨革經歷王思義自雍正十一年三月初十日起，至本月二十五日接管監收官梧州府知府徐德秩自雍正十一年三月二十六日起，至雍正十二年正月初十日，扣滿一年，共解收司庫税銀四萬六千八百七十七兩四錢九分九厘。又潯廠監收官潯州府病故知府楊正輔自雍正十一年正月二十日起，至七月初六日，協收官潯州府病故同知萬選自雍正十一年正月二十日起，至八月二十三日，接管監收官攝理潯州府印務分巡左江道閻純璽自雍正十一年七月二十七日起，至雍正十二年正月十九日，協收官署理潯州府同知事桂平縣知縣傅煇文自雍正十一年十一月初六日起，至雍正十二年正月十九日，扣滿一年，共解收司庫税銀三萬四千四錢百三十六兩四錢三分九厘。兩廠共解收銀八萬一千一十三兩九錢三分八厘，内應支通省大小各官養廉銀六萬一百一十兩，實存經賦額銀二萬九百三兩九錢三分八厘。内二萬八百四十九兩三錢八分九厘作爲正額，贏餘銀五十四兩五錢四分九厘。至養廉册開雍正十一年分大小各官養廉銀六萬一百一十兩，内除員缺不應給發及荔波縣知縣典史已改隸黔省所有尚存養廉應併歸作公項存庫共銀九百三十七兩二錢四分一厘零，又署事一半歸公養廉銀八百八十六兩八錢五厘零，尚應實支給銀五萬八千二百八十五兩九錢五分三厘零。又添給正雜各官養廉銀二千三百五十九兩二錢九分二厘零，内將存庫歸公銀一千八百二十四兩四分六厘零支給外，尚不敷銀五百三十五兩二錢四分五厘零，在於司庫耗羡銀内動支，仍於彼案另册報銷外，分晰造册送部等因前來。查梧、潯兩廠每年應徵税銀八萬九百五十九兩三錢八分九厘内除恩旨賞給通省各官養廉銀六萬一百十兩外，實存經賦額税銀二萬八百四十九兩三錢八分九厘。今該撫金鉷題報梧、潯兩廠自雍正十一年正月起，至雍正十二年正月，第八次一年期滿，各委官收解税銀八萬一千一十三兩九錢三分八厘，内除支給通省大小各官養廉銀六萬一百一十兩，應准開銷外實存正額銀二萬八百四十九兩三錢八分九厘此外，尚贏餘銀五十四兩五錢四分九厘。應令該撫金鉷收貯司庫，造入季册報部，候文撥餉。再查雍正十一年分各官養廉銀内該撫册報除議裁各官員缺不給外，實支給銀五萬八千二百八十五兩九錢五分三厘零，尚存歸公銀一千八百二十四兩四分六厘零，又添給正雜各官養廉銀二千三百五十九兩二錢九分二厘零，除將本年歸公養廉銀一千八百二十四兩四分六厘零撥給外，尚不敷銀五百三十五兩二錢四分五厘零，在於司庫耗羨銀內動支補給，仍於彼案另册報銷等語，應如該撫所請，准其將不敷銀兩在於耗羨銀內照數支給。仍令該撫金鉷另造清册，報部查覈。併嚴飭各該廠監收之員，每月務令儘收儘解，據實題報。如有侵隱，以多報少及借端苛索貽累商民等弊，即行指參可也。臣等未敢擅便，謹題請旨。雍正十二年十二月初六日題。本月初八日奉旨：「依議。」

《雍正朝内閣六科史書・户科・山西巡撫石麟題爲收買黄銅器皿將從前未領銀兩在於司庫地丁銀内動給本》 巡撫山西太原等處地方提督鴈門等關軍務兼理雲鎮都察院右副都御史紀録二十五次臣覺羅石麟謹題，爲遵旨查奏事。該臣看得晉省雍正九年分收買黄銅器皿，經臣具題部覆，將未領銀兩速催給發，未鮮銅器催解司庫，照依生熟價值給發等因。行據布政司温而遜詳，查雍正九年分原題報各屬未鮮銅一百九十斤八兩，嗣催據各屬陸續解交過熟銅四十斤，共應給價銀四兩七錢九分四錢三分零，以上生、熟銅二項，共應給價銀一十九兩二錢三分零，已據各該縣具領，並從前鮮過銅斤未領銀四十五兩二錢四分零，俱在于司庫收貯雍正四年地丁銀内動給訖等情。造册呈詳前來。臣覆核無異，除册送部外謹題請旨。雍正十二年十二月初八日題。本月二十一日奉旨：「該部察核具奏。」

《雍正朝内閣六科史書・户科・貴州巡撫元展成題爲威寧州新開蓮花塘鉛廠請照例添設人役委員管理收運抽課等事本》 巡撫貴州兼理湖北川東等處地方提督軍務都察院右副都御史加三級紀録五次駐劄貴陽府臣元展成謹題，爲鉛廠礦煤兩旺叩賜詳准賞採裕課便民事。該臣看得開採礦廠，原以裕課利民。黔省各廠所出鉛斤，現准部咨，行令委官解運京局，凡有出産之處，均應開採，以備解運。今據布政使馮光裕、糧驛道錢元昌會詳稱，威寧州屬蓮花塘産有鉛礦，並無干礙田園、廬墓，行委威寧州趙世燕、大定府經歷孟尚嶷前至該廠採試，據稱：蓮花塘廠自雍正十二年六月初一日起至拾月底已燒出鉛三十萬斤，抽獲課鉛六萬斤，請照沙硃廠例添設人役，委員管理，收運抽課。每百斤抽課二十斤，每百斤定價一兩五錢變價解庫。廠内辦事工食等項，亦請照沙硃廠例，每月開銷銀三十兩六錢，於課鉛變價項下開銷。再有爐民所獲餘鉛，亦應照沙硃等廠題定之例，每百斤給價銀一兩三錢，發本委員收買，以備運解。其收運員役養廉、工食均請照各廠官役之例支給，統於買運項下開銷。查新開蓮花塘廠運川屬永寧縣水次，較之沙硃廠尚遠站餘，其脚價自須增給，應令該委員照時價雇運，俟年底據實造册報銷等情，詳請具題前來。臣覆查無異，相應會題請旨。雍正十二年十二月初十日題。十三年二月初二日奉旨：「該部議奏。」

《雍正朝内閣六科史書・户科・雲南巡撫張允隨題報東川府設局鼓鑄用過物料銀兩於司庫收存鹽餘銀内發給本》 巡撫雲南兼建昌畢節等處地方贊理軍務兼督川貴兵餉都察院右副都御史加四級紀録十次駐劄雲南府臣張允隨謹題，欽奏上諭事。該臣看得滇省東川府地方建造局房鼓鑄運陝錢文，前經具題，接准部覆，奉旨欽遵轉行在案。茲據布政使陳弘謀詳，據東川府知府崔乃鏞詳稱，東川設局鼓鑄應建爐房各項，復行估計，應建局房大門、貳門、大堂以及左右炭房、錢庫、厨房、圍牆、水塘、瞭望樓、栅欄、衙署等項，共需銀四千四百一十三兩零造册申司，并製造器具領過銀一千一百五十三兩三錢二分，止賫過銀一千七兩七錢二分，仍餘銀一百四十五兩六錢，應令報繳歸還原款。當經行委署宣威州事陞任南寧縣知縣梁廷彦親往估勘，並無浮冒，出具印結申報。至建蓋局房衙署銀兩，已於銅務餘息銀内詳發過銀三千兩，尚應找發銀一千四百一十三兩零，今於司庫收存鹽餘銀内照數發給，承領修建所有動用過物料銀兩數目，造具册結，轉請查覈題銷前來。臣覆查無異，除册結送部科外，相應會題請旨。雍正十二年十二月十二日題。十三年二月初四日奉旨：「該部察核具奏。」

《雍正朝内閣六科史書・户科・暫理四川巡撫慮德題報天全等州縣衛所修建忠義節孝祠宇等項應需工料銀數目本》 工部尚書暫理四川巡撫事務臣憲德謹題，爲欽奉恩詔事。該臣看得川省新設、復設以及改復之天全等二十五州縣、衛、所修建忠義節孝祠宇牌坊等項，應需工料銀一千一百七十六兩五錢一分四厘。經臣咨准部覆，行令於該年地丁銀内動支，工竣造册報銷等因。隨經行司轉行成、重等七府，嘉、眉等四州並叙永廳轉飭遵照去後，茲據布政司劉應鼎詳，據總理之龍安府知府張育荘准，據各府州備造工料細類總册詳齎到司，覆查新設之天全州、復設之雙流縣、崇寧縣、改設之西昌縣、鹽源縣等二十五州縣、衛、所建造忠孝節義祠宇碑坊等項，工料銀一千一百七十六兩五錢一分四厘，俱係按料計工，實在用過，並無浮冒等情。備造清册，詳齎前來。臣覆核無異，除册分送部科外，臣謹合詞具題，伏祈皇上勅部核銷施行。臣等未敢擅便，謹題請旨。雍正十二年正月二十三日題。二月二十三日奉旨：「該部察核具奏。」

《雍正朝六科史書・户科・大學士管户部尚書事務張廷玉題黔省猓木果銅廠不敷工食借支買銅工本銀令廠員賠補本》 經筵講官少保兼太子太保保和殿

大學士仍管吏部户部尚書事加六級臣張廷玉等謹題，爲詳請題明開採等事。貴州巡撫元展成題，前事雍正十二年十月二十四日題，十二月初三日奉旨：「該部察核具奏。」該臣等查得貴州巡撫元展成疏稱，大定府威寧州屬猓木果銅廠，因其礦汁漸淡，出銅無幾，前據陞任布政使常安以所抽課銅變價，不敷廠内辦事員役工食，詳請封閉。經臣題准部咨，令將雍正八年以後有無抽課抵補借支工本之處，確查報部等因查明咨達在案，續准部覆，仍令將該廠抽獲課銅並給發過人員工食等費，逐一分晰造册題銷檄行造報去後，兹據布政使馮光裕詳，據威寧州知州趙世燕册報，自雍正七年十月初一日起，至八年九月底，共抽獲課銅一千二十六斤零。又自雍正八年十月初一日起，至九年九月底，共抽獲課銅一千五百三十三斤零。又自雍正九年十月初一日起，連閏扣至十年九月底，共抽課銅二千九百七十四斤零。又自雍正十年十月初一日起，至十一年四月初八日封閉，共抽獲課銅五百四十五斤零。以上共抽獲課銅六千八十一斤零，每百斤照定價八兩五錢變賣，共賣獲銀五百一十六兩八錢九分零，儘數支給該廠辦事人役工食外，其自雍正七年十月起至八年九月底所抽課銅變價不敷人役工食，借支過買銅工本銀二百五兩九錢九厘零無項可補，業經飭令廠員照數賠出歸還買銅工本項内在案等情。臣覆核無異，會同雲貴廣西總督尹繼善合詞具題等因前來。查黔省威寧州屬猓木果銅廠，自雍正八年十月起，至雍正十一年四月初八日封閉，抽獲課銅變價銀兩，先經該撫元展成咨稱儘數給發辦事人役工食等費，毋庸造册開報，臣部以雍正七年十月起至雍正八年九月底所抽課銅並未造報，況抽收課項開銷人役工食，例應造册題報，不便遽咨遽議，行令該撫逐一分晰造册題銷去後，今該撫疏稱，自雍正七年十月起至雍正十一年四月初八日封閉，共抽課銅六千八十一斤零，共賣獲銀五百一十六兩八錢九分零，儘數支給辦事人役工食。其自雍正七年十月起至（雍正七年十月起至）雍正八年九月底，不敷人役工食借支過買銅工本銀二百五兩九錢九厘零，飭令廠員賠出歸還買銅工本等語，應將廠員賠出借支買銅工本銀兩，照數歸還買銅工本，如有侵那虧缺，即行據實查叅。其各年抽收課銅變價銀兩，該撫既稱儘數支給辦事人役工食，應毋庸議。至各年所抽課銅，倘有以多報少侵隱情弊，該撫元展成即行查叅可也。臣等未敢擅便，謹題請旨。雍正十三年二月初六日題。本月初九日奉旨：「依議。」

《雍正朝内閣六科史書・户科・浙江總督程元章題爲原參處州府丁憂留任辦銅知府曹掄彬辦齊未完銅斤請開復本》 總督浙江等處地方軍務兼理糧餉管理巡撫事務兵部右侍郎兼都察院右副都御史加二級紀録六次駐劄杭州臣程元章謹題，爲據實陳奏事。該臣看得處州府丁憂留任辦銅知府曹掄彬承辦雍正十年下運銅斤二十七萬七千一百九十九斤零，前因曹掄彬辦觧遲延，經臣題叅，准部議覆，將曹掄彬革職留任，戴罪承辦在案。兹據署布政司事鹽驛道副使張若震詳稱，曹掄彬承辦前項銅斤，已經照數辦齊，詳委原署温州府通判試用官王楠管觧赴部交納，所有曹掄彬原叅奉文革職留任戴罪承辦之案，請題開復前來。臣覆核無異，理合具題。伏乞皇上睿鑒，勅部議覆施行，謹題請旨。雍正十二年三月十五日題。四月初九日奉旨：「該部察議具奏。」

《雍正朝内閣六科史書・户科・大學士管户部尚書事務張廷玉題爲查覈貴州省威寧州屬柞子等三廠抽收課鉛數目本》 經筵講官少保兼太子太保保和殿大學士仍管吏部户部尚書事加六級臣張廷玉等謹題，爲懇准開廠裕課便民事：貴州巡撫元展成題，前事雍正十二年十二月初五日題，十三年二月初二日奉旨：「該部察核具奏。」該臣等查得貴州巡撫元展成疏稱，威寧州屬柞子、白蠟、羊角三廠所抽課鉛，例應按年題報。今據布政使馮光裕詳稱，雍正十一年四月初一日起至十二年三月底抽收柞子廠課銀九千九百七十四兩六錢三分七厘，課鉛變價銀一千二百五十二兩一分三厘，存廠未變課鉛一十六萬三千五百一十二斤。又白蠟廠抽收課銀一百四十九兩三錢，課鉛七千八百六十三斤零，未經變價。又羊角廠抽收課銀一千二百二十三兩四錢五分一厘，爐底課毛鉛變價銀一百九十六兩四錢七分。以上三廠共銀一萬二千七百九十五兩八錢七分一厘，内因收買該廠爐民所獲餘鉛存廠工本不敷，動支正課銀三千九百六十九兩九錢四厘接濟收買，俟餘鉛變售歸還外，共解銀八千八百二十五兩九錢六分七厘。存廠未變課鉛一十七萬一千三百七十五斤零，俟變價解收之日，另行咨報等情。臣覆核無異，會同雲貴廣西總督尹繼善合詞具題等因前來。查黔省威寧州屬柞子、白蠟、羊角三廠，自雍正十一年四月初一日起，至雍正十二年三月底，共抽課銀併課鉛變價銀一萬二千七百九十五兩八錢七分一厘，内因收買廠民餘鉛原存工本不敷，動支正課銀三千九百六十九兩九錢四厘。應令該撫元展成嚴飭經管各員作速變售，歸還原項，如有侵那虧缺情弊，即行指名查叅。其解過銀八千八百二十五兩九錢六分七厘，照數收貯司庫，候文撥用。未變課鉛一十七萬一千三百七十五斤零，併飭令變價報部。至各廠所抽課銀、課鉛，較之歷年抽收，數目均屬短少，管廠之員不無以多報少侵隱情弊，應令該撫元展成據實查明題叅。

再查該撫題報收售黑餘鉛斤案内每斤賣銀一分八厘，今前項課鉛册稱每斤變價銀一分四厘，因何變價數目前後多寡不等，應令該撫一併查明報部可也。臣等未敢擅便，謹題請旨。雍正十三年三月二十三日題。本月二十五日奉旨：「依議。」

《雍正朝内閣六科史書·户科·暫理陝西巡撫史貽直等題報陝西雍正十二年收貯銅斤數目本》 經筵講官户部尚書仍暫留西安總理巡撫並一切軍需事務加四級紀録八次臣史貽直等謹題，爲欽奉上諭事。該臣等看得各省收貯銅觔數目，奉旨于每年冬底奏報，欽遵在案。今據布政使程仁圻詳稱，陝省雍正十二年收貯生、熟共荒銅二千六百三十七觔，折净銅一千一百七十六觔六兩九錢，共給價銀一百二十一兩四錢七分八厘零。查陝省自奉文日起至十二年冬底止，通共公所收貯各屬交到荒銅折净銅七萬二千一百三十觔一十兩，私錢一百六十六千三百貳十九文，共給價銀柒千柒百兩八錢七分零。爲數無幾，尚難議請鼓鑄等情詳報前來。臣等謹會同署督臣劉于義合詞具題。伏祈皇上睿鑒，勅部施行。爲此謹具題聞。雍正十三年四月初九日題。閏四月初一日奉旨：「該部議奏。」

《雍正朝内閣六科史書·户科·貴州巡撫元展成題報沙朱廠抽收課鉛數目本》 巡撫貴州兼理湖北川東等處地方提督軍務都察院右副都御史紀録五次駐劄貴陽府臣元展成謹題，爲詳請題明開採鉛廠以供鼓鑄事。該臣看得沙硃廠抽收課鉛，例應按年題報。兹據布政使馮光裕詳，據管理沙珠廠務大定府水城通判孟金章册報，該廠自雍正十一年九月初一日起，至十二年八月底止，共抽課鉛二十一萬零九百六十六斤，内除廠内辦事人役工食每月支銷銀三十兩六錢，計十二個月共支銷過銀三百六十七兩二錢。以每百斤照定價一兩五錢變賣，共變過課鉛二萬四千四百八十斤開銷外，尚存課鉛一十八萬六千四百八十六斤，每百斤照定價銀一兩五錢計算，共該課銀二千七百九十七兩二錢九分。查此項抽存課鉛俱經運局供鑄，應於鼓鑄銅鉛工本銀内扣收貯庫，造具抽課支銷細數，由司彙册詳送前來。臣覆加查覈無異，除册送部外，臣謹會題請旨。雍正十三年六月十二日題。七月十九日奉旨：「該部察核具奏。」

《雍正朝内閣六科史書·户科·直隸總督李衛題爲撥給薊州等三州縣雍正十三年供應陵工俸餉等項銀兩本》 太子太保兵部尚書兼都察院右副都御史總督直隸等處地方紫荆密雲等關隘提督軍務兼理糧餉加十級紀録二十三次又軍功紀録一次駐劄保定府臣李衛謹題，爲錢糧宜歸畫一以便稽查事。該臣看得薊州、遵化、豊潤三州縣供應陵工，歲需俸餉等項銀兩，每年俱係按季預期撥給採買供應。今據布政使張鳴鈞呈稱，雍正十三年秋季分薊州供應兩陵樹夫、匠役工食應需銀二百五十二兩，又遵化州供應兩陵樹夫、匠役工食雍正十三年秋冬二季應需缺額銀四百九十二兩九錢一分七厘零，又薊州供應昭西陵員役俸餉等項約需銀一千六百一兩八錢四厘零，又豊潤縣供應孝陵員役俸餉等項約需銀一千八百五十兩三錢八分六厘零，又供應孝東陵員役俸餉等項約需銀二千一百三十五兩七錢九分七厘零，又遵化州供應景陵員役俸餉等項約需銀二千一百七十一兩五錢一分二厘零，又薊州供應慧妃園寢并良妃園寢員役俸餉等項約需銀五百二十八兩六分零，又豊潤縣供應密親王福金員役俸餉等項約需銀四十七兩五錢五分二厘，以上共約需銀九千八十兩零。相應在於司庫雍正十三年地糧銀内照數動撥，應照急需錢糧之例，一面具題，一面即行動用等因呈詳前來。臣覆核無異，謹題請旨。雍正十三年六月廿八日題。七月十五日奉旨：「該部議奏。」

昭槤《嘯亭續録》卷一《如意館》 如意館在啓祥宫南，館室數楹，凡繪工、文史、及雕琢玉器、裱褙帖軸之諸匠皆在焉。乾隆中，純皇萬幾之暇，嘗幸院中看繪士作畫，有用筆草率者，輒手教之，時以爲榮。有繪士張宗蒼，以山水擅長，仿北宋諸家，無不畢肖。上嘉其藝，特賜工部主事，實爲一時之盛。其他如陳孝泳、徐洋輩，皆以文學優長，或賜舉人一體會試，或以外郡佐雜陞用，亦各視其才具也。

崑岡《欽定大清會典事例》卷一二一四《内務府·工作·長夫》 原定，内務府三旗佐領下人，每地三十畝爲一丁，每十有二丁編長夫一名。内管領下，每地三十畝爲一丁，每八丁編長夫一名。每名月交銀二錢一分七釐七毫，該參領三年一次編造清册送司查覈。雍正十二年議准，三旗共編長夫二百五十八名，每月交銀五十六兩一錢六分遇紫禁城及各行宫運送物件，即動用此項銀雇夫。

崑岡《欽定大清會典事例》卷一二一四《内務府·工作·編審》 康熙十六年奏准，三年一次奏委營造司官一人，編查所屬石灰煤炭丁數，造具六册，三册存司，三册咨送工部。六十一年奏准，石灰煤炭軍子弟准其考試。

《礦務檔·一般礦政·支領七八兩月經費》 〔光緒二十四年〕八月初一日，礦務鐵路總局印領稱，本總局自本年七月初一開局之日起，每月應領經費庫平銀一千兩，業經春明知照貴衙門在案。所有七月應支經費，尚未請領。現届八月初一日應領之期，應請貴衙門將本局應領七八兩月經費庫平銀二千兩，如數兑交支領可也。

《礦務檔・一般礦政・支領九月份經費》〔光緒二十四年〕九月初二日，礦務局印領稱，本總局自本年七月初一開局之日起，每月應領經費庫平銀一千兩，業經奏明知照貴衙門在案。現届九月初一日應領之期，應請貴衙門將本局應領九月分經費庫平銀一千兩，如數兑交支領可也。

《礦務檔・一般礦政・支領十月份經費》〔光緒二十四年〕十月初一日，礦路總局印領稱，自本年七月初一開局之日起，每月應領經費庫平銀一千兩，業經奏明知照貴衙門在案。現届十月初一日應領之期，應請貴衙門將本局應領十月分經費庫平銀壹千兩，如數兑交支領可也。

《礦務檔・一般礦政・支領十一月份經費》〔光緒二十四年〕十月二十九日，礦路局印領稱，本總局自本年七月初一開局之日起，每月應領經費庫平銀壹千兩，業經奏明知照貴衙門在案。現届十一月初一日應領之期，應請貴衙門將本局應領十一月分經費庫平銀壹千兩，如數兑交支領可也。

《礦務檔・一般礦政・支領次年正月份經費》〔光緒二十四年〕十二月十二日，礦務鐵路總局印領稱，本總局自本年七月初一開局之日起，每月應領經費庫平銀一千兩，業經奏明知照貴衙門在案。現届應領之期，應請貴衙門將本局應領次年正月分經費庫平銀一千兩，如數兑交支領可也。

《礦務檔・一般礦務・請抄送路礦案件》 欽命統轄礦務鐵路總局爲咨行事。光緒二十四年六月十五日，奉上諭：「著於京師專設礦務鐵路總局，派王文韶、張蔭桓專理其事。所有開礦築路一切公司事宜，俱歸統轄，以專責成等因。欽此。」本大臣等，遵於本年六月二十四日具奏設立礦路總局情形一摺。奉硃批：「知道了。欽此。」同日又附奏請鑄造關防一片。奉硃批：「依議。欽此。」相應恭録，並鈔奏咨行貴大臣欽遵辦理。查各省礦務，累年以來，或業經開採，或開而復封，或已勘未開，或礦苗顯露。未經查勘，情形不一。今既奉設專局，自應綜其綱領，詳爲稽核，以免輕率。從此應請貴大臣通飭所屬，將已開未開各礦，歷年籌辦情形，繪圖貼説，撰爲表譜及一切詳細章程，務於文到三月内，彙齊咨送本總局備核。至圖表尺寸格式，俟本總局酌定體例，續咨咨寄。嗣後關涉礦路文件，除咨報本總局外，仍分咨户部總理衙門，以備查考。此文係借用總理衙門關防辦理。合併聲明，須至咨者。右咨粘單。庫倫辦事大臣。光緒二十四年七月初四日。

《礦務檔・一般礦政・遵旨設立路礦總局情形》 謹奏，爲遵旨設立礦務鐵路總局，謹將路礦大畧，開局日期，並派定司員，恭摺仰祈聖鑒事。本年六月十五日，恭奉上諭：「鐵路礦務，爲時政最要關鍵。現在津榆、津盧鐵路，早已工竣。由山海關至大凌河一帶，亦籌款接辦，大段已具。礦務以開平、漠河兩處，辦理最爲得法，成效已著，現在一律推廣。惟路礦事務繁重，誠恐各省辦法未能畫一，或致章程歧出，動多窒礙。亟應設一總匯之地，以一事權。著於京師專設礦務鐵路總局，特派總理各國事務大臣王文韶、張蔭桓，專理其事。所有開礦築路一切公司事宜，俱歸統轄，以專責成。欽此。」臣等竊維中國疆圉之廣，民物之饒，甲於諸洲。指日鐵路星羅，礦工雲集，若漫無歸宿，則利未濬而害已潛滋。欽奉諭旨，京師專設總局，所以保國權而息紛擾，畧如各國鐵路礦務設部之例。經權妙用，深佩聖明。此中籌辦之道，或官辦、或商辦、或官督商辦，宜有區別。即中西商合股，亦屬商辦，與他國國家無涉。又鐵路公法，凡車載脚價，均由政府覈定，從無公司自定者。現在津榆、津盧鐵路，車行漸暢，而每噸貨物，收數幾何，上等中等下等客位，收數幾何，户部與總理衙門，均無案可稽。即車路起訖，工程分數，開車次數，車行時刻，車上條規，車棧處所，車路車棧所占地畝，爲官地，爲民地，並車路車棧車頭車内所用工匠，華洋人各幾名，客車貨車各幾輛，亦均無可考。將來盧漢、粤漢、寧滬、津保四路，推而及之，他處亦復如是，則國家予公司以莫大利益，而公司視國家漠不相關，所謂開鐵路以拓富强者安在也。及今整理，尚不致叢脞日積，不可收拾，此鐵路之大畧也。至各省礦務，漠河、開平，成效已著。漠河歲解户部銀約二十萬兩，幾經駁查而得。而其礦山界址，採鑛章程，與沙丁晝分四六成生金，猶是藏頭露尾。黑龍江將軍開鑛，又尤而效之。無非以距京遥遠，驟難稽核。自非令和盤託出，不足以拓商務而垂久遠。又開平煤鑛，初辦甚疲累，近年經理如法，出煤日多。時或運銷南洋，煤質之佳，遠勝日本。果能推行盡利，足爲國家生財。現在商款若干，官款若干，從前兼辦塞門德土，能否不致虧本，每月每年出煤數目，局廠幾處，各用華洋人幾名，應令據實具復，此鑛務之大畧也。

本年山西、河南鑛務章程，經總理衙門核議具奏，其第六款鑛質出井值百抽五，仍完出口税各節，於國帑不無裨益。他省煤鐵鑛可援照辦理。至五金之鑛，則值五抽五，不足以盡之，自宜另訂抽收之法，以重公帑。現在遵旨設立京師總局，臣等先就户部總理衙門，調查檔案。分行各省各公司，查取現辦章程，詳爲核訂，請旨遵行。未經奉旨設局以前，無論官商擬辦未確之事，均不得作爲定案。緣此數年間，謀辦路礦者，紛至沓來。大都欲得一准辦之據，以自爲謀，其於國計民生無與也，於路鑛成敗利鈍無與也。其所臚舉，甚至松竹齊一紙鋪，亦可擔認八十萬銀貲本。江浙鐵路，竟有借銀行期票作保，驗訖發還，僅與該行訂認一次月息。空中樓閣，百出不窮。駁之則叢謗，准之則誤公。臣等仰維朝廷設局之意，惟當實事求是，何敢委曲遷就。然此中情形，臣等既有見聞，不能不豫爲防範，以免魚珠淆亂，貽笑外人。設局伊始，端緒甚繁。另覓公所，恐曠時日。現擬就總理衙門西院，權爲總局。選派提調管股章京，先將路鑛檔案，分別清釐，以憑核辦。即於七月初一日開局。一切應辦事宜，容臣等隨時商議具奏。所有遵旨設立鑛務鐵路總局各緣由，謹繕摺具陳，伏乞皇上聖鑒訓示。謹奏。光緒二十四年十一月初三日。

《礦務檔·一般礦政·請旨飭各金礦局員按月呈報收金數目》再産金之礦，與煤鐵各礦不同。漠河金礦，辦理最著成效。該金礦局員，每日將收取金砂數目，明列手摺，每月呈報一次，頗爲核實認真。應請旨飭下各該金礦局員，除每年年終填送表譜外，一體仿照漠河辦法，每日所收金砂數目，明列手摺，按月呈送總局備查。如蒙俞允，即由臣局通飭遵照。所有金礦。應按月呈報收金數目緣由，理合附片具陳。伏乞聖鑒訓示，謹奏。光緒二十七年六月日補送。

《礦務檔·一般礦政·請設勘礦總公司以保礦利》光緒二十八年九月二十五日，收軍機處交抄奏稱：太子少保會辦商務大臣工部左侍郎臣盛宣懷跪奏，爲礦地亟宜自守，擬請設立勘鑛總公司，籍保主權而收礦利，恭摺密陳，仰祈聖鑒事。竊惟强國之道，必先富國。歐洲多以開礦致富。而中國礦産尤爲繁盛，歷來成見拘泥，或官禁，或民禁，精華秘而未發。此天之留以畀我聖清蔚成中興之業，實不可假手於人者也。近今風氣始開，知礦務不可以遏。但迫於時局，礦權礦利，幾不能由我自操。於是海内寶藏之區，輒爲他人攘而有之。或因案交涉，一入條款，而某省之礦柄暗授彼國矣。或被人勾引，一給字據，而某府某州縣之礦産多屬他商矣。外務部鑒於前弊，重訂章程，無論華洋商，皆可承辦礦務，均須先稟外務部，俟批准後方可爲准行之據。原欲於推廣之中，竭力設法限制。聞外國頗以准其購用地畝，自行舉辦爲喜，而尤以抽税過重爲憾。臣於去年五月曾接准軍機大臣電告，礦務所關甚鉅，誠如所論，亟宜以開爲守。各國合式律例，望即擇要採取。其應如何抵制之處，亦望熟籌電知，以便核議，請旨辦理等因。嗣英使馬凱來議商約，内有礦務一條，臣等以事關内政，拒不入約。到鄂後，馬凱猶堅持礦事有關商務，必欲列入商約，以慰英商之望。臣思要在保我地權，方能以開爲守，督臣張之洞頗以爲然。當臣等會商允於一年内，自行將英國、印度連他國現行礦務章程，迅速認真考究，採擇其中所有與中國相宜者，將現行章程，改修妥定，以期主權無礙，利權無損，並於招致外洋資財無礙，於礦商亦不致有虧等語。

美國雖甚和平，亦索礦務條款。並密告臣曰，中國地産之精華，將悉爲各國有矣，吾美國亦當分沾其益。蓋歐洲凱覦中華礦利，極想一網打盡。按照英約，一年内自行修改。若不預爲商籌，猶恐臨時周章，或籍端要挾，仍不免墮其術中。至既奉軍機處諮詢在前，又身在議約大臣之列，晝夜焦思，悉心討論。中國既無辦鑛之人才，又無開礦之資本。自李鴻章等議辦礦務以來，合南北計之，集中國資本師西法開採，以見成效者，僅有開平、大冶、萍鄉三礦而已。開平以李鴻章北洋大臣之魄力，唐廷樞一身之苦心孤詣，越二十年而始成之。然一經變亂，已爲外人乘機攫取大冶、萍鄉，一鐵一煤，互相濟用。臣與張之洞先後持堅忍之力，經營締造，勉力圖成。萬里版圖，祇此兩礦，良可慨已。其他無窮無盡之地寶，若不早爲設法保全，一聽外人明取暗索，數年之後，盡屬他人。將來中土人才輩出，能自舉辦，而産礦美地，已非我有。徵諸五洲大邦，斷無如此辦法。然默究其所以不能自辦之故，以辦礦之人才，非十餘年不能造就，開礦之資本，非數百萬不能動手。若必欲强華商自辦，誠如外務部所言，暗中必仍是勾結外人，輾轉售賣矣。臣年來訪察中外情形，終欲思一補救之法，斷非空言大言所能濟事，而必須量我權力財力所能辦到。唯有將民間産礦之地，由公中籌款自購，力爭先著而已。然欲得知何地産礦，必先有人代爲選礦，而後可行。三十年前，德國有一地學師勤妥芬，徧查中國礦地，著爲圖説。近來各國謀辦礦者，遊歷内地，或以教士出名，或以華人出名，購得各省礦地，已屬不少，甚有一洋人而購數十礦者。近日上海、武昌均有洋人設立驗礦廠，凡内地覓到各鑛均歸代驗。彼已布置齊備，而我仍漠然置之，真可爲天下後世所痛惜。今當掃除空言，力求實事。提綱挈領，保地權，亟宜設立勘礦局。遴選地學師勘明何地實在産礦，自行購買，以歸中國公司。事機已迫，萬難再遲。臣不揣鄙陋，一面諄勸各省紳商先籌華股本銀一百萬兩，擬在上海設立勘礦總公司。去年函商出使大臣羅豐祿，訪求頭等地學礦師，一年之久，始得一人，名瓦里士布魯特，每年薪水英金二千磅，一切用費在外。羅豐祿交卸後，即由張德彝代訂合同，已於八月内到滬。臣親與考究其鑛學，確係諳練地學，在歐洲專門勘驗礦地，與尋常衹知開礦之學者不同。臣已飭令先往湖南省勘查各礦，先經電商撫臣俞廉三，深以此舉爲保礦善法。一面函商各督撫派員赴各省預查産礦處所，再行陸續派往勘驗。無論出産煤鐵五金之地，可資開採者，即與地方官妥定公平之價，由局購買。再令該礦師將所勘之礦，擇尤繪圖立説。某礦應如何開辦，約需資本若干，能獲餘利若干，分作等差，編立字號。再行次第招商認辦，俟外務部路礦總局議定新章，務令遵照欽定礦例辦理。所有勘礦公司購到礦地編號之後，如有合例商人承辦，即當會同該省督撫，咨明外務部路礦總局，請給牌照，方准開辦。臣思中國所有者，産礦之基地也。外國所有者，開礦之資本也。我能守我之地，不爲他人所奪，將來以我礦地，或作資本，或採租息，皆當權自我操。總之，礦商之利，外人不妨共之；而地主之權，中國當自守之。亡羊補牢，尚未爲晚，曲突徙薪，豈容再誤。所有擬設勘礦總公司，藉保主權而收礦利各緣由，理合據實密陳。是否有當，伏乞皇太后皇上聖鑒訓示。謹奏。光緒二十八年九月二十四日。奉硃批：「外務部户部知道，欽此。」

《礦務檔·一般礦政·勘礦總公司擬官商合辦並撥官款十萬兩爲股本》光緒二十八年九月二十五日，收軍機處交抄奏稱，再臣擬設勘礦總公司，目前以驗礦購地爲要義，將來即以礦地作股本爲指歸。臣之愚見，若能仿照阿非利加，將産礦之地悉歸諸官，再由官出租，發給牌照，准令中外商人遵照例章註册，領地開辦，實足爲朝廷籌鉅餉，不特保主權已也。本年三月，臣電商外務部，將來承辦洋人到部遞稟時，能否將該商買地仍歸中國官員，或租給若干年，或以地作股。當接部電，官爲買地，川省有此辦法。各省能否多籌官款，以備購地之需。俟隨時厘訂礦章，再行詳酌等語。臣以爲購地不難，而難在勘礦。如勘度非人，必至劣者爲我所取，美者爲人所得。是以選擇礦師，調度勘驗，均關緊要。現在上海擬設勘礦總公司，並化驗司、鑽地司、繪畫司。至少集股本銀壹百萬兩，每股銀一百兩，共成一萬股。每股每次收銀二十兩，分作五次收齊。若全部官股，恐如外務部所言，各省能否多籌官款，尚無把握。倘再牽掣擔延，勢必盡落後著。並恐歸官之後，仍難免爲外人藉端力索。若全歸商股，其權操自朝廷，其利亦不致外溢。法、德、美藏富於商，皆是其意。惟國家現以籌款爲急務，似此振興美利之舉，應爲上下相共之謀。泰西路礦大舉，有國者每多入股，既可爲臣民之倡，亦足厚官府之需。中國欲圖富强，似不可不除迂拘之見。臣再四籌維，該公司股份，莫善於官商各認其半。譬如官股五十萬兩，應認五千股。第一次每股付銀二十兩，計銀十萬兩。如蒙俯采芻蕘，准如所請。臣查代辦陝西義賑獎款，除遵旨撥濟各省賑濟外，尚存銀十萬兩。可否仰懇俞允，即以此項捐獎餘款，撥作勘礦總公司官股第一次本項，較爲迅速。俟刊印票式，恭呈御覽。嗣後應付第二、第三、第四、五次股銀，各十萬兩，隨時容臣接續奏請，或由部撥，或由各省分籌。萬一試辦無效，臣當責成該公司華商賠繳銀十萬兩，毋庸續領，以重公款。臣爲保守礦地推廣籌餉起見，是否有當，謹附片密陳，伏乞聖鑒訓示。謹奏。光緒二十八年九月二十四日。奉硃批：「外務部户部議奏。欽此。」

《政治官報·摺奏類·光緒三十四年二月十二日第一百三十四號·兩江總督端方等奏改設江南礦政總局片》再准農工商部咨，奏定礦務正附章程，咨行查照辦理，續准電咨，此項章程，經奏准以三十四年二月十三日爲宣布施行日期，均經轉行遵照在案。查新訂礦務正章第二章第三款内稱，各省礦政，應於省城各設一彙總承轉辦理之區等語，是按照新章，各省均應專設一礦政總局，辦理各項礦務。復查江寧省城前於光緒三十一年正月間，經前署督臣周馥會同蘇皖贛三省撫臣奏設兩江礦政調查局，定限三年，查竣撤局，開辦以來，扣至三十四年正月，限期届滿。計三年期内派員分赴三省調查不下三百餘礦，商民請照試辦者絡繹不絶，間有籌撥公款歸官開採之處，是風氣逐漸開通，成效業已昭著。其前設之兩江礦政調查局，既届期滿，應飭撤局，一面遵照新章改設江南礦政總局，仍委原辦調查局礦務議員江蘇候補道翟衡璣，駐局專辦寧蘇兩屬礦務，籌備一切應行事宜。惟從前設局經費，係由三省分籌，現設之礦政總局既專辦寧蘇兩屬礦務，所有皖贛兩省協籌經費，自應留備各該省，湊撥自行設局之用。近來寧蘇兩屬礦商，領照試辦者固不乏人，而礦業究屬萌芽，程功未深，難期速效，所輸礦税礦租及一切公費局費，收數究有若干，一時實無把握，該局常年經費不敷甚鉅，容即設法另行籌款以濟要需。除分咨農工商部暨安徽江西兩省撫臣查照外，謹會同江蘇巡撫臣陳啓泰附片具陳，伏乞聖鑒。謹奏。光緒三十四年二月初十日。奉硃批：「農工商部知道。欽此。」

《商務官報》光緒三十四年十一月二十五日第三十一期《四川總督奏設立全省礦務總公司摺》奏爲川省紳商仿照湖南成案設立全省礦務總公司，以興地利而維礦政，恭摺仰祈聖鑒事。竊查川省礦産豐富，向因道路險阻，外省商人不肯輕投鉅資，本省紳商間有集股開採，皆以資本不充，心志不一，成效甚鮮。夫資本不充，故不能聘礦師，購機器，以爲大舉深入之計，心志不一，故不能絶疑猜泯紛争，以收協力合謀之益。而地方奸猾，又復覬覦厚利，不守礦章，流弊百出，甚可慮也。況川省出産以土藥爲大宗，現在實行減種，利源驟絀，欲求桑榆之補，除極力獎勵農桑外，非將全省礦産，合全省商民財力，速籌開採，不足以濬自然之利，而鞏久遠之圖。奴才前在湖南巡撫任内曾經奏將阜湘、沅豐兩公司併設總公司辦理，近頗著效，現經督飭礦政調查局傳集本省素有名望紳商，爲之剴切開導，衆情踴躍，仿照湖南成案，籌設全省礦務總公司。除現在官辦各礦及華洋商人禀准已開之礦而外，凡川省未開礦産，概歸總公司承辦經理。此後無論本省外省外埠紳商，有願開辦四川之礦者，衹准指定礦區，作爲總公司之分公司，用人理財，總公司並不干涉，但不得另有總公司名目，一切章程，悉遵礦章及總公司定章，用歸劃一。總公司先集華股銀三百萬兩，如有不足，或由官量籌補助，或再續招股本，一面徧查礦地議價收買，一面擇要先採，所有提成納税，均照礦章辦理。擬將全省礦産區分五路，成綿道屬爲中路，建昌道屬爲上南路，永寧道屬爲下南路，用東道屬爲東路，川北道屬爲北路，每路派總協理各一人，分任其事，仍合辦總公司一切事務，用專責成而期聯絡，並由奴才選委監督官一員，檢察税項財政，將來公司成績漸著，尚須附設礦業銀行，以資利便。奴才已於正紳中遴派内閣中書劉紫驥爲中路總理，陝西補用知府王道平爲協理，内閣中書王廷佐爲上南路總理，分省通判張習爲下南路協理，候選知縣楊朝杰爲東路協理，優貢湖北知縣李儀文爲北路協理，其餘各路總協理，自應從速延訪委任，俾公司得以早日成立，籌畫開採。兹據礦政調查局督同紳商，擬定章程，詳情具奏，奴才覆覈無異，除將章程分咨外務部、農工商部查照立案外，理合恭摺具陳。伏乞皇太后、皇上聖鑒訓示。謹奏。

甘厚慈《北洋公牘類纂》卷一八《工藝三・天津實習工場織染監工傳習所章程》

一、本場爲直隸全省推廣織布、染色兩科起見，深恐各府州縣驟興此業，一時監工難應其選，因籌一儲才之地，設法傳習，名曰織染監工傳習所。二、本所附設在天津實習工場，凡織染各事應如何監管，既令來學者得所見習，又特選本場中，洞明織染利弊者一人，充作本所傳習教員，每逢二、四、六晚間指授織、染兩科一應事理，教員指授以二小時爲限，以外再申展一小時，作爲學習監工研究問答。俾資啓迪而廣流傳。三、各學習監工其食宿兩項，皆由本所籌備以外，概無津貼。其不願在所食宿者聽，惟不能領費。四、學習此項監工，非經考取不能收入，以籍隸本省，年在二十以上，四十以下，書算精通，文理明白，身倢品端，且無家事之累者爲合格。按此項招考，自本月初五日報名起，至二十日截止，准於二十六日上午八點鐘，在本場考驗分别去留。五、學習定額，暫以三十人爲限，録取入所後，仍隨時察看，如有不堪造就者，仍即知照退學。其留所學習者，概不准任意告退，違則議罰。六、既經録取後，必覓有切實舖保，或殷實紳保，方能入所學習。倘有違章曠課等情，皆着落保人擔任。七、傳習卒業，以三個月爲限，届期經本所考驗，確係造就有成，深明織染事理者，予以畢業，憑單禀候，總局憲挨次酌量派事。其考六及格者，不給文憑。八、學習監工，每月除初一、十五兩日依例放假休息外，餘日概隨本場織染兩科監工，分班輪流入科辦事，以資歷練，不准託故請假及任意不到等情。至卒業期滿，仍應將每月休息及小建日補足，每月以滿三十天計算，其他遇有放假日期，亦應一例補足。方能舉行卒業考驗。九、本所一應事體，均應遵守場章，並聽受場員節制。十、本所傳習監工，係屬剏辦，所定章程作爲試行，如有未盡事宜，隨時考核，酌量增改。

甘厚慈《北洋公牘類纂》卷一八《工藝三・直隸工藝總局詳報實習工場開辦縱覽會情形文並批》

爲詳報事。竊照職局前以實習工場，近日官紳客商入場觀者絡繹不絶，員司導引，每日應接不暇，而民間尤以未得入覽爲憾。擬自八月二十日起，至二十四日止，特開縱覽會五日，准男女客分日入場遊覽，以資觀感。業經開摺，呈蒙憲台批准照辦在案。隨即轉飭該場遵照辦理去後，兹於光緒三十二年九月初八日，據實習工場管理員，陳縣丞秉鑑禀稱：竊維東西洋諸文明國，工業進步速若電芒，其原動力之所在，不外理化之研究日精，社會之鼓盪日劇，故能月異而歲不同。中國實學幼稚，理化驟難深邃。而欲使人人知工業爲富强根本，端賴社會鼓盪之力。前蒙憲諭卑場籌辦縱覽會，除章程辦法均迭經秉承鑒定外，兹於八月二十日，爲第一次縱覽會開會之期，是日黎明，卑場員司學匠徒，均各齊集總局提調參議考工廠陳列館。兩處正副管理員，與各處員司學生，亦均先後到，時届八鐘，總會幫辦臨場，有初等工業學堂樂隊到會，遂行開會禮，本場及總局與各分局員司匠徒，分行肅立庭前，初等工業學堂樂隊作國樂畢，敬聆總辦宣布朝廷之德意，並宫保督憲提倡工業之盛心，次及剏立實習工場之宗旨，逐科逐事，添請工師，招募匠徒，力求改良進步，致成今日之現狀，所願在事諸人，各盡義務，精益求精，勿以小成而自滿足，勿以困難而生懈怠，殷懇諄至之意，見於詞色。凡與聽者，無不感動激發也。繼由來賓天津縣學董李茂才家楨致祝詞，先發明此度開縱覽會之趣旨，次稱頌合局諸公經營締造之能力，又次讚賞場中出品之精美，而勉以持久不懈，日益進步。由第一次縱覽會，以後二次、三次至數十百次，無限期，無量數，冀我祖國之工業，駕駛東西洋而上。詞意優美，仍復從容。在會諸人，莫不沁入心脾而讚歎，今日之舉，爲千載一時之佳會，未由各分局員司並本場員司恭賀開會之盛，來賓隨亦出班致賀，闔場工徒，復同聲稱賀。禮畢，員司携匠徒等上班工作，由總會幫辦，率來賓與各分局員司，赴各科周覽。先至稽查處，由稽查員將匠徒名牌，上工下工若何，摘挂入各科門首，若何懸挂，監工員稽查員以便稽查，各等辦法，一一詳述。過東織布廠，來賓等見各機所織各色布，五色繽紛，均歎賞不置。及觀陳列成品，僉謂化樣新鮮，推爲特色。過織巾科，謂所織各巾，匀密堅緻。次至染科兼彩印科，均謂布置得法，染法印法亦均敏妙。次至窑業科，觀作坯、利坯、印坯、殺合坯，更復欣喜稱讚。次至刺繡科，見花卉翎毛，鮮妍飛動，均極口稱道弗絶。次至圖畫科，見壁上懸列成績品，山水花鳥，羣更歎爲神致如生，僉謂我國美術於此起點，均不禁爲前途賀。次至製燧科，見分桿蘸藥裝匣，分用手摇機，靈捷巧速。次至提花科，見所織綢緞，花樣新鮮，成色高上。次至胰皂科、木工科、木工模型各等科，與陳列室，均相推賞。僉謂工業爲立國之本，前此所以黑暗者，以無人提倡也。今蒙宫保盛德，鋭意振興提倡，前後始二年，乃至如此發達，結此善果。誰謂中國之工業前途遜於外洋耶！卑職當請以指引所未及，摘抉所未精，乃羣相欣賞不一。計是日開會第一日，官立民立各學堂，計共六十八堂，合之入覽人計一萬三千之多。二十一日午刻開會，闔邑官紳工商，約至一萬一千七百餘人；二十二日一萬五千餘人；二十三日，爲女客遊覽日期，大雨終日。有高等女學，準提庵女子小學，暨各官眷紳眷來場參觀，共二百九十餘人。僉謂雨甚遊人必少，正可詳細參觀，路途泥滑，亦所不顧。其傾羨感觸於工業者可知。二十四日早晴，自十鐘，即有各官紳工商庶眷屬陸續來觀，車馬喧闐，幾至途爲之塞。而官立私立高等師範，保姆講習所，各女子學堂，又至有十餘處，直至五鐘，遊人不絶，優待室共備兩處，隨又將東西北三講堂，均爲修理潔淨，尚不敷用，而初等工業學堂樂隊，私立第三中學堂樂隊，私立第三半日工場樂隊，賡續不休，鼓吹休明，遊人擁塞，備極歡盛。天津從來開會之特色，無逾於是者。是日遊人至萬三千五百人之多，統計五日，約五萬數千人，洵爲盛舉。而本邑諸巨紳，入覽之餘，尤爲歆動。有擬即行創開工廠，以通風氣而興實業者數家，仰見憲台籌辦此會，其影響於闔邑紳商工業之思想，甚非淺鮮。現計會事所費，共公化銀四百七十六兩二錢七分八釐陸毫，係由卑場常年經費項下暫支，擬請憲台另發專款，以資歸墊。所有卑場開辦縱覽會始末情形，及縱覽人數各緣由，理合將縱覽簡章並開會用費，繕録清摺，稟請查覈，轉詳督憲，查覈飭銷，並請立案。嗣後按年秋間，開辦一次，以興工業而企開通。是否有當，伏候示遵，等情，並送縱覽簡章摺，及開會用費摺各一件到局。據此，職局查實習工場開辦以來，逐漸擴充。此次特開縱覽會，入覽者至五萬數千人之多，風氣大開，成効已著。藉堪仰副憲台提倡工業之至意，所用開會經費共公化銀四百七十六兩二錢七分八釐八毫，擬即在於考察經費項下動支，飭發歸墊，仰懇恩准飭銷，並俯如所請，嗣後每年秋間開會一次，以資觀感而興實業。除將用過經費銀兩，照數撥發歸墊，并飭該場管理員，仍將場事認真經理外，所有職局實習工場開辦第一次縱覽會情形，及動支開會經費數目，並擬以後每年開會一次緣由，是否有當，理合照繕清摺具文，詳請憲台，察核飭銷，批示祇遵。爲此備由具詳，伏乞照詳施行，須至詳者。

督憲袁批：詳摺均悉。實習工場此次開辦縱覽會，觀聽所傾，成効已著。仰仍督飭，切實考校，力求進步。嗣後准於每年秋間開會一次，俾衆觀感。至開會經費銀兩，准在考察經費項下動支，飭發歸墊，如數准銷。此繳。

甘厚慈《北洋公牘類纂》卷一八《工藝三・天津廣仁堂女工廠章程》 一、本廠專以致授女工爲宗旨，但每日輪班，在講堂兼學書算，一點鐘畢，仍歸工廠習藝。一、女學徒分甲班乙班兩等，甲班年歲，限自十二歲以上，至二十歲以下；乙班年歲，限自二十歲以上，四十歲以下。在家全未習過手藝者，可入甲班。至乙班學徒，必須畧習手藝，已知大概者，方可收録。此指學徒而言，其當藝師者，只論技藝，不論年歲。一、女學徒應開具年歲、籍貫、姓氏、住址，及家長姓名，作何營業，報明註册，以憑查考。至入廠名牌及衣衿牌號，均只用第一第二等號數編列，以代名字，易於識別。一、婦女中有手工精巧者，不拘何項，均准隨時報明，本廠考驗收録，量材酌定工食，按其所長，分派各廠，充當藝師。每届半年一考，如所教學徒進步甚速，除工食外另給優獎。倘所教無效，隨時剔退以杜濫竽。一、本廠内分南北二塲，北塲可容三百人，即以三百名爲額。南塲可容二百人，即以二百人爲額。如報名人數逾於定額，應候隨時傳補。現在規模初具，先將北塲開辦，如果人數衆多，再開南塲。一、本廠先行教授玲瓏西式花辮、機器縫紉、刺繡、草帽辮、毛巾、織布、編絨等七科手藝，此外如繪畫、裱褙、印刷等事，隨時酌量添設。一、女學徒初入廠時，願學何藝，准其自行呈明。然亦須視其才質是否相宜，試教數日後，如懵然無知，即由女監工稟知女監督，令其改習别藝，以期因材造就，免至徒勞無益。一、女學徒每早八點鐘上工，十二點鐘下工，仍在廠午飯，至一點鐘上工，晚五點鐘下工。早來晚歸，不得住廠。凡入廠時，須在女稽查處，各自領取名牌，出廠時將名牌仍繳原處。一、本廠内一概不准閒雜婦女入觀，所有廠内女執事人等，以及藝師學徒，概不得在廠内接見親友。倘該家屬實有急迫要事，可報由坐辦發給憑單，傳知稽查處，轉告該本人，出廠在外接晤。一、女學徒每早自帶乾糧、鹹菜來廠，至午十二點鐘，由本廠散給稀飯湯，使各自食乾糧，不另給飯食，以杜圖吃飯不圖學藝之弊。至作工時限茶水，由本廠隨時供給。一、藝師工食及學徒獎賞，每半月一發，上半月截至初十日，下半月截至二十五日。由女監工將各師徒功過情形，及請得工食獎賞，開單知照稽查處，彙總造册，呈由女監督蓋戳後，再送呈坐辦覆核後，批交男收支處，按名預備，于十四月底兩日，請女監督點名發放。一、女學徒每十名應派一領班，每百名應派一班長。所有本廠一切條規命令，均着班長分付領班，轉諭各學徒知悉。如有違犯，除將本徒記過議罰外，該管領班班長，亦並記過。一、女藝師及學徒在廠或在講堂，均不准接談言笑，不准吸食水旱洋烟紙烟。此事即女監工在廠内，及女教習在講堂，亦應一律禁止。凡赴厠所，必須結伴三兩人同往，不准一人獨行。凡在作工時限，非有監工之命令，不准擅出廠門。凡上下工，均須挨次魚貫而行，不准凌亂擁擠。倘有不循禮法，不遵教導者，初犯由女監工告知監督，訓訴記過，酌罰獎賞，再犯逐出。一、女學徒衣衿上應綴本廠學徒牌章，早來晚歸，應結伴同行，不准單身獨行。沿途巡警兵，見有本廠學徒牌章，應加意保護。倘有匪徒調笑欺凌搶奪等事，立即拿交本廠究辦。一、廠内應用材料，應由各科藝師稟知監工，開具聯單，送至女監督處蓋戳，再交女稽查處，傳至外庫房照發，截留一聯，將另一聯，並該件送至女稽查處點清，在原單蓋戳，傳送女監工處點收蓋戳，將原單繳回女稽查處存查。一、廠内成貨，應繳存外庫，應由女監工開聯單，連該貨送至女監督，驗過蓋戳，交女稽查處，傳至外庫點收後，截留一聯，將一聯繳回女稽查處蓋戳，仍交女監工存查。一、以上領材料交成貨兩事，每届半月，外庫房與女稽查處女監工，各將憑單帳册結數，呈坐辦閲過，發外稽核所核對一次，如有錯誤，惟該管人是問。一、女學徒在未經畢業期内，每日所習工藝，由女監工認真察看勤惰。於五點鐘放工時，復查驗其所領之料，實能如數完全，並無偷減蹧蹋情形，逐日登記查工簿内。凡做足八點鐘功夫爲一工，准給獎賞津錢八十文。逐日按鐘點計數，候届半月一結。如查有偷減料物，或工作草率不用心學習者，亦逐日記入查工簿，應記過罰扣獎賞。倘學至一個月，毫不用心，全無長進，即行斥退，傳補他人。一、女學徒畢業以後，發給文憑，可充各府州縣女工廠教習，抑或酌留本廠充當藝師，給予工食。每届年終，核其做成之件，計算售價，除本廠料價工食外，所獲餘利，酌量提賞，以示鼓勵。一、廠外設庫房分生料、熟貨兩所，派男司事專司照料經理，每日由生料所發入工廠各項料物若干，每日由工廠交回成貨若干，逐細將斤重丈尺，分别登簿，以備稽考。凡發料收貨，均以女監工聯單，有女監督戳記爲憑，出入均由女稽查處承接。一、本廠選派女監督一人，遵照定章總管全廠一切事務，有督察女司事，並師徒及女僕之責，至逐日應習何種工作，習何等功課，並應用何項料物，雇募何項藝師，均隨時體察情形，預先稟知坐辦，酌定示行。又設女稽查一人，專司出入記簿，看視領牌繳牌，及查覈告假記過，並核對領料繳貨等事。又設女巡查一人，專司梭巡廠内賂處，糾察一切犯規之事，並照料講堂、茶爐、飯廳、厠所等處，約束女僕，以輔稽查之所不及。又設女監工二人，分南廠北廠，各一人，專司監視各科工作，照管收發材料成貨數目，並考察藝師是否用心教導，學徒是否用心學習，應逐日檢驗成貨，細核師徒所做之工，填註分數勤惰於名册上。又設女教習二人，分南講堂北講堂，各一人，專司教授學徒書算、識字、圖畫等課，另有功課表。又雇用女僕八、九人，分派監督處、稽查處、巡查處、南北講堂、南北工廠茶爐，專供燒茶、灑掃，承接料物。以上諸項人等，有不能盡職者，均由女監督稟請坐辦，察核辭退。一、本廠於每年正月初十日開廠，十二月二十日停工。每逢朔望、午節、秋節、萬壽千秋、孔子誕辰，均放假一天。一、遇有官紳婦女欲入廠參觀者，由門丁回明坐辦，發給憑單，傳諭敲梆啓柵，將憑單交由女稽查，帶至女監督處延接待茶，即由女監督導觀。觀畢，由女監督將憑單蓋戳，交稽查處存查，並立簿登記。一、本廠柵門，終日關鎖，鎖鑰婦女稽查掌管。柵門以内，除總辦、會辦、坐辦外，一切男子不准擅入一步，違即拿究。如柵門内有所傳呼，當敲梆唤聽差人役至柵外聽候分付，照辦不得入柵。凡總辦、會辦、坐辦，因公進廠，應著公服，由女監督導引，一概不携男僕，以昭慎重而杜嫌疑。以上係試辦章程二十四條，嗣後如有未盡完善之處，應隨時增改。

甘厚慈《北洋公牘類纂》卷一八《工藝三·北洋銀圓局洋擬設勸業鐵工廠繪具廠圖並試辦章程呈請立案文並批》 爲詳請立案事。竊查近年以來，洋貨充斥，民生日用飲食之需，幾無一事北洋貨。而中國土貨，除生料及粗鄙器物外，其成就精美、堪與洋貨抗衡者，一市之中，百分不得一二。推原其故，莫不由工藝之不精。然所以不精之故，實原於機器之少。職道等，昔嘗赴日本，見其百端製造，無往不用機器。其造機器之廠，亦隨地皆是。故人人易購，人人易習，雖匹夫匹婦之工作，亦半資手工、半藉機力，此所以彼國貨物工省價廉、銷路大暢也。伏思憲台鋭意振興工業，現在各屬風氣漸開，多有設廠購機之議。然本國無製造機器之廠，動輒須赴外洋，往往因款絀運艱，遂廢然中止。是欲提倡工藝，非自創設造機器之廠不可。茲查銀圓局原有修機翻砂木樣等廠，工匠手藝，亦頗嫻熟，現在本局所用滚邊機、天平等，均能自造，其零星物件自造者亦復不少。職道等公同商酌，擬就此擴充，將修機等廠，並其餘各房屋基地，就其可以區分者，劃出地段，另作一事，名爲北洋勸業鐵工廠。先從日用器物之機械起造，以期推廣貧民工業，如紡織、汗衫、毛巾、軋花、罐匣、燈盤、鈕扣等類，可造者甚多，約計試辦添械購料，需成本銀二十萬兩，擬由銀圓局原借通惠款内勻撥，先資開辦。俟有成效，再添招股本，照公司章程辦理。上年十一月十四日，曾由職道等繕摺，呈蒙憲台鑒定，現遵商部奏定商律有限公司條例，擬具簡章八條，並將該廠地段劃出，繪圖一紙，呈請鑒核立案。俟試辦後，隨時體察情形，再行妥擬詳細章程，以維久遠而收實效。所有職道等籌擬北洋勸業鐵工廠試辦章程，并繪具廠圖各緣由，理合具文詳情憲台察核立案，實爲公便。爲此備由具詳，伏乞照詳施行，須至詳者。計詳呈清摺一扣，廠圖一紙。

謹擬北洋勸業鐵工廠有限公司試辦簡章，恭呈憲鑒。計開：一、本廠名爲北洋勸業鐵工廠有限公司，遵照商部奏定商律有限公司條例辦理。二、本廠以提倡製造振興工藝爲宗旨，凡有益於農商工業之機器，及鋼鐵各件，均擬酌量試造。將來擴充時，並可自向外洋購運鋼鐵各件，以供官民之用，庶可挽利權而收實效。三、本廠股本擬收二千股，每股公砝化寶一百兩，共二十萬兩。無論官商，皆可附股，但不收洋股。如有將股票轉售洋人者，應即作廢。四、本廠另集紅股二百股，每股五十兩，由經理員司匠目，按級分認。如因事出廠，照數給還。此項股分，除給予官息外，並在餘利内從優提給一成，按股分派，以示優異而策事功。五、本廠先行借款開辦，禀請督憲批准，暫由銀圓局總會辦兼管，並設坐辦一員，專司全廠事宜。其餘應用執事人位，由坐辦秉承總會辦選派，以一事權。嗣後股分招齊，將借款撤還，再照商律，另舉董事等席，以維久遠。六、本廠股分官息，常年六釐，年終結帳。除官利並機器，按十分之一，房屋按二十分之一，折舊及一切開銷外，如有餘利，分爲十成，以二成作爲公積，五成分給官商股東，一成提給紅股作爲餘利，其餘以一成提作員司花紅，一成提作匠徒弁役花紅，以昭公溥。七、本廠遵奉督憲諭飭，就北洋銀圓局房屋改建，現將修機翻砂、熟鐵、木樣等廠，並圖算學堂，物料庫，先行劃歸鐵工廠接收以資開辦。俟將來銀銅各元停鑄後，再將闔局所有房屋，全數移交鐵工廠，俾成完璧而免窒礙。八、本廠爲推廣製造起見，擬禀請督憲批准，將大沽船隖舊存機器房屋歸併本廠接收，作爲分廠，一切用人、購料、做工攬活等事，概歸本廠經理，每年贏虧，分計統算，隨後另訂細章。以上八條，爲總綱，此外應訂辦事細則，俟奉准試辦後，隨時由廠員體察情形，詳細擬訂。

督憲袁批：據詳並圖均悉，該局擬設勸業鐵工廠，以供製造機器之用，洵爲振興實業要圖。所呈試辦章程八條尚屬妥協，應准立案。仰即督飭員司，妥爲籌辦。此繳。

甘厚慈《北洋公牘類纂》卷一八《工藝三·北洋勸業鐵工廠詳呈酌擬試辦章程文並批》 爲詳請事。竊照職廠自四月初二日開辦，業將酌擬員司人數，及接收廠屋地址，詳奉憲台批准在案。查職廠係爲振興工業，開通風氣，茲當開辦伊始，必須妥定章程，俾各員司、匠徒、夫役人等，有所遵守，以肅規律而收實效。謹就現辦情形，擬定章程三則：一購辦事規則叙總廠辦法，一曰廠規叙匠役條規，一曰大沽分廠專條叙分廠辦法。以上各條，總期能臻實際，不敢稍涉虚浮。所現在暫行試辦，仍須隨時體察，如有未盡事宜，及應行更改之處，容再禀陳。所有職廠現擬試辦章程是否有當，理合繕册具文，詳請憲台察核，批示祇遵，實爲公便。爲此備由俱詳，伏乞照詳施行。須至詳者。

督憲袁批：據詳並清册均悉，所擬該廠試辦章程尚屬妥協，應准照辦。仰督飭員，司認真經理，以期日有進步。繳。

甘厚慈《北洋公牘類纂》卷一八《工藝三·北洋勸業鐵工廠試辦章程》 辦事規則：一、本廠設坐辦一人，一切布置調度均歸主持。總機器師二人，專司機器製造及考驗工作。成活繙譯等事。司賬一人，所有銀錢出入各賬，均歸經理。謄寫司事一人，專司謄賬及抄寫各件。總管廠委員一人，管廠司事二人，專司工作及領發材料，收繳成活，登記各簿。料庫司事二人，差弁一人，專司採買料件，憑條發廠，及收存成活發售等事，並登記各項簿册。圖算學堂教習一人，專教高等學徒圖算機理等事。各有專責，不得互相推諉。惟均須與坐辦商定而後行。其餘弁役人等，隨時酌定。至稽查處，及稽核造報文案各事，暫由銀元局代辦。一切事宜，除日行事件照章辦理，其餘各事，均由坐辦稟承銀元局總會辦示行。一、本廠先就銀元局原撥四廠匠徒照常工作，以後隨時酌量添招工匠藝徒，以資任使。一、本廠無論何人，均須勤慎將事，恪守局章。倘有不聽調度，以及不勝其職，或游惰等情，隨時開除，不可徇情致多耗費。其有舞弊虧空之事，除將股本充分，不足之數，應向舖保從嚴追繳；並視情節輕重，分别罰辦，以重公款，而肅廠規。一、本廠立製造、成活，及銷售簿各一册，由司賬人兼理。應將各項成活，由總機師註明計價單，編號收入成活簿内。至出售時，再註銷售簿，查明號數，填明實售價目，何日售於何處，便於考察盈虧，及未售實存各種機器數目，以昭核實。一、本廠借用銀元局鍋爐房之汽，所須烟煤各費，應按汽計算。其員司火食，亦暫附銀元局，按月由銀元局開單，如數繳費。俟擴充時，再行自備，以節糜費。一、銀元局撥用本廠料件，及本廠撥用銀元局煤炭等物，均須各具憑條撥領，彼此另簿登記，照原購價目，按月開單，結算清楚。一、本廠應設研究公議會所，每星期晚，以七點半起，至九點半止，所有本廠人員以及各匠目，臨時齊集會所，將已成未成器物，研究改良各法，以求進步。一、凡北洋各屬須用機件，均可向本廠定購，價值較各洋行亦應從廉，緣本廠以開風氣挽利權爲主，並非孳孳爲利也。一、凡定購定造各機件，均須訂立合同，先付三分之一定銀，言明限期，届期將價找清，始行交貨。倘訂件逾期一月不取，原物另售，定銀並不退還。一、凡銀元局修配定造各件，亦均照章核價，按月由料庫轉賬，開單清結，以昭劃一。一、凡招攬各事，暫由物料庫採買司事兼理，俟擴充時，再行添派專員。一、凡各處到本廠定購各機件，視價值之多寡，經手人照通例酌給扣用，以廣招徠。

一、本廠係爲勸興工業開通風氣起見，所有總、分廠需用材料，及成造器物，均請免完稅釐，以資提倡。

廠規：一、本廠以專造普通機器爲主，凡匠徒獨出新法，以及改良各項，均可隨時陳明，總機師繪圖製造，若實能合用，並易於銷售，應於該價内酌提餘利給該匠徒，以示獎勵。一、凡定造機件合同，立定即將圖式限期，知照總機師及管廠司事，派定匠徒製造。倘逾限未成，或與圖樣不符，惟該匠徒是問。一、凡做一物，皆須先由各匠預估工數，呈總機師酌定起造，造成填出計價單。如過估，應扣該匠工食，庶免怠惰。一、本廠應造機件，即由總機師繪圖製造，管廠司事逐日按工填表，造成開具計價表，呈坐辦商同總機師核算定價。一、凡製成一物，必須由總機師考驗評定，如有不合法者，隨時改良以圖精進。一、凡外來修整機件，須送總機師閱看，估工定價後，發廠修理。管廠司事，逐日按工填表，修畢，即開計價表呈核。一、本廠機器及器具等件，管廠司事應各立一簿，率同匠目，半月查點一次。如有損壞，應即時修補。倘因匠徒粗心，損失應責令該匠徒賠償，或罰扣工食。一、本廠學徒入廠時不給工資，試看一月後，每名每月酌給火食，按年酌加。俟三年學習期滿，由總機師考驗，如果技藝精熟，應由總辦總機師酌定工食，留廠效用，以三年爲限。不得擅自告退，違者照該徒自入廠之日起，所得本廠火食工資，全數按加倍罰賠。一、本廠匠藝，貴精不貴多，應定每匠一名，帶教藝徒若干名，每年考試一次，察其技藝之程度，酌加工食，以示鼓勵。如教授藝徒著有成績，更當格外加賞，以酬其勞。一、高等學徒，固重圖算，尤重實修。其實修時，亦應指定隨某匠學習，如有不用心或久無進步者，應由該廠司事稟知坐辦，將該匠徒分别懲儆。其專意用功，技藝精進，能與工匠一律工作者，亦應稟請提升，工匠酌加工食。其特别者，並可遞升，匠目員司，以昭激勸。一、高等學徒，實修程度，每届季考時列優等者，其平日教授之匠，酌予記功。列下等者，該匠亦應記過，以示勸懲，而昭公允。一、本廠員司匠徒弁役人等，一切應辦事宜，結賬日期，以及工作時刻，發給薪工。放假等事，均暫照銀元局章程辦理，以資遵守。

大沽分廠專條：一、分廠房廠地基並所有機器，均應估價列册存候，另議辦法，庚子開廠後，添製手器，傢具料物，及結存煤炭，自應議價，作爲股本。一、分廠每年歲修工程，及添製傢具，隨時稟商總廠批定後始行辦理。一、總廠交分廠承造之件，或分廠攬作之件，須預先估定工料價值，酌定工竣限期，由分廠總管及總監工，到總廠會商總機師覆估，填註估工料單，稟明總辦，批准後再行開造。未經估定者，不得動工。一、分廠凡造各項物件，應預爲稟知總廠備料。至分廠應用五金、木質、棉紗、油料並一切雜料，開具聯單，均向總廠支領。每月按原購價值，加運脚結算一次，以清款目。一、凡分廠所造各項物件，造成後按估定成本價值開報，呈總廠驗收，加價出售。至收回價銀及所獲餘利，均存總廠，俟年終結算時，由餘利應提官利若干歸總廠，應提花紅若干歸分廠，以示獎勵，而清界限。一、凡分廠估造各項物件工料價外，須將分廠所需員司薪水，及工匠夫役工食，並日月煤炭雜項運脚等費，均應估入該物件成本之内。一、分廠每月由總廠支銀若干，領料作價若干，均歸分廠新收項下造成物件成本若干，呈交總廠應歸分廠開除項下隨時開報。一、分廠員司薪水，工匠夫役工食，及日用煤炭雜費一切，及運物料川資等費，統由總廠支領，按月册報。一、總分廠執事人員，遇事和衷共濟，不得歧視，致生窒礙。一、官造物件，一律照章收價。一、凡本廠内人，或代外人私造物件，查出照原價加二十倍議罰。如本廠人出首者，格外加獎，知情不舉者同坐。一、承攬生意，擬仿西人辦法，經手者照通例，酌給扣用，以廣招徠。惟在本廠之人，不能明扣或暗分，致生物議。

甘厚慈《北洋公牘類纂》卷一八《工藝三·直隸農務學堂詳儗試辦紡織工廠章程》

一、此次紡織，悉用本地土絲，與試驗場所製之絲，兩相比較，並暫募土著工人，就地取材，以資查驗。所試絲料如果合用，應再請覓僱南匠，或山東機匠，加意講求，俾有進步。一、先創造大小機二張，大機試製寗紬緞疋等件，小機試製粗紬紡紬等件。二者以何爲宜，再求專壹其業。一、招募工匠，多收學徒，方能廣開風氣。緣屬試辦，只求集事各色，僅招數名，以從其簡。一、工匠各占其藝，闕一不可。除訂准賞假日期外，如既膺僱募，無故求退，應議罰全數工食，並從重懲辦，以防刁狡，而免廢事。其學徒人等，亦照此辦理。一、專長工匠，無論年數足否，能教成學徒一人者，均由試驗場代給酬勞銀十兩，以示鼓勵。一、織成紬帛，須合計本利，除修理機器、房屋等項不計外，凡所用工料與所製紬帛價值，均宜匀入攤算，以核盈絀。一、工匠人等，除由試驗場人員稽查外，添派賬房司事一人，專理其事，不再另支公費。一、織紡廠所需費用，均由學堂存款項下支銷，按月造報，格外應專立賬目，以清界限。一、大機工頭一名，月支工價保平銀五兩。紡經一名，月支四兩。織工一名，月支四兩。每名月支火食銀二兩二錢七分三釐。此後得利，每名應月加津貼銀一兩。一、小機工頭一名，月支工價保平銀二兩六錢。織工一名，月支二兩五錢。每名月支火食銀二兩二錢七分三釐。此後得利，每名應月加津貼銀八錢。一、大小機絡絲工人二名，每名月支工價保平銀二兩，火食銀二兩二錢七分三釐。此後得利，每名應月加津貼銀五錢。一、學徒四名，每名月支火食銀二兩二錢七分三釐，津貼銀四錢五分五釐。一、每月現需工價銀二十二兩一錢，補平銀八錢七分，火食銀二十五兩，津貼銀一兩八錢二分，通共月支津砝銀四十九兩七錢九分。一、此次章程，係屬創辦，其有當行增加事宜，應請隨時添註。

甘厚慈《北洋公牘類纂》卷一八《工藝三·保定官商合辦實業工藝廠章程》

一、本廠即以保定實業工藝廠爲名。

二、本廠房屋或借或賃，先行試辦，俟辦有成效，再行蓋廠擴充。

三、本廠資本，並無官款，均係勸集商股而成。每股保平銀十兩，以五千股爲定額。凡入股者，不限股數，或一二股，或數千股，聽入股人之便。自赴貢院街，聚源恒交銀，領取股票，並付息摺一扣，自開辦之日起，其息按年六釐，一年期滿，持摺領息，過期存廠，下期再付，不另生息。

四、勸集股銀人，核其集股數，在二百股以上者，酬給股票一張，數多者以此類推。

五、股票皆編號存根，以憑核對，認票不認人。每屆一年期滿，分得之利，各股東持票來領，無票不付。有願將票轉售於人者，須帶同買票人到廠蓋戳，至售價幾何，該股東自相交易，本廠不預其事。若有將票遺失損壞者，本人來廠，呈驗息摺，取具妥實舖保，准其將該票舊號註銷，另易號數發，給新票。倘股票息摺全失，無可爲據者，本廠概不給換，當將此項股銀歸入公共項下得利，與衆股東公分。

六、本廠董理廠事一員，月支車馬公費銀二十兩。監督一員，月支車馬公費銀十二兩，均不領薪水。俟辦有成效，酌提餘利，花紅銀百分中之十分内，以六分酬總理之辛勞，二分酬監督，二分散給廠中出力辦事之人。此外用書記一員，月支薪水銀八兩。監廠二人，各月支薪水銀六兩。紡織正教習一名，月支薪水銀十兩。副教習一名，月支薪水銀八兩。染色教習一名，月支薪銀十兩。廠役門丁廚役飯工水夫各一人，工價酌給。此外不得浮用閒人。

七、廠中出入各款，逐日詳細登簿，每月一算。年終將原存若干，新收若干，開除若干，實存若干，按四柱開清底册，一面照抄一紙，實貼廠中，以便衆股東一覽週知。

八、廠中除逐日登記流水簿外，須立總清，進貨出貨，學徒名册，肄業分數，傢俱簿一本。所有廠用薪工，逐日逐月開支，不准浮欠預支。

九、自開廠之日起，如一歲期滿，核計所得餘利，除去息銀花紅之外，扣五成以固廠本，其餘五成按股匀分。

十、本廠學徒由本縣出示招集，會同董事選取。第一次考選正額五十名，備取五十名。以二十歲以下，十五歲以上，身强體壯，資質聰穎者爲合格，選取後由親族，出具切實甘結保狀，方准入廠學習，不取學費，三年畢業。自費者，亦須有人保送，每名每月飯洋三元，茶水雜費洋二元，各州縣有未興工藝者，准其自備資斧，就近送廠習藝。如託故私逃，半途而廢者，惟該親族是問。

十一、學徒每月一次，考其程度高下，由監督會同教習，酌記分數。平日由教習工頭嚴加管束，隨時稽察。有能用心學習，勤於任事者，記功一次。如有才長識優，於常業之外，能別出心裁，有益工藝者，記大功一次。有荒惰曠工，妄語狂歌，不知檢束，偷看淫書、豔曲、邪說、逆書者，均記過一次。有不守規則，不服約束，任意損壞器物，及飲酒、吸烟在號房賭博等，均記大過一次。每月除功過抵銷外，每多一功加十分，多一過減十分，照此遞相增減，記一大功者獎銀二兩，記一大過者罰夜工織布一疋。詳細登簿，乞終合考。倘有私出廠所浪遊滋事，在號房爭鬭毆駡，私吸鴉片，偷取同人財物者，立即斥逐，由備取中挨次撥補。

十二、每日六點鐘起，早飯，七點鐘上工至十二點下工，中飯，一點鐘上工，至六點鐘下工，晚飯，九點鐘息燭就寢，上工下工，起食就寢等，皆聽點數。朔望前一日下午，早下工一刻鐘。至學徒飯食，早中晚或麪食，或米飯，均用蔬菜等。每逢朔望，或大米飯，或麪飯，有肉足食，概不准向廚房點要菜飯，及自買食物至廠中。辦事人等，早稀飯，中飯晚飯，或大米或麪飯，每食六菜，亦不准向廚房指要菜飯。

十三、學徒衣褲鞋襪，均由本人自備。惟七日一梳辮，半月一薙頭洗澡，其錢歸廠中支發。所有牀榻衣服，不可污穢不潔，以防有害衛生。至一切茶水油炭胰皂等物，由廠中備給，各號房選一人作爲號頭，應用各物，須告明工頭，號頭至賬房領取，學徒不准自入賬房，以示區別。

十四、工頭、學徒在廠，凡不干己之事，如息爭、罷訟、作證、居間等，均不准攬辦。本人遇有私事，給假出外，辦事畢回廠。其親友來廠看視者，由門丁傳知出見，告明監督，方准領入號房，概不許留飯住宿。不許私自帶人進入機房，違者記過。

十五、本廠爲開通民智，焉能禁人觀看。但不可漫無限制，由本縣出示曉諭，張貼門外，願來觀者，廠中有熟識之人，由門丁傳知其人，告明監督，方准帶入機房觀看。若不識一人，不准擅入，違者重懲。凡來觀者，及廠中在事各人入機房時，槩不准吸烟。

十六、賬房重地事繁，外人不准擅入，即親友人等，非因公事亦不許輕入，以示慎重。監督司賬，不准離廠，不准同日告假。告假不得逾一日，夜間必須有一人值宿，遇有緊要事故，臨時由董事酌量給假，不准汲引私人庖代，以杜弊端。每届月杪，賬目必須核清，不許拖延。各股東有來廠察看者，由董事監督應接，待以客禮，以下僕役人等，各有專司，不准擅離職守，犯規者斥革。

十七、試辦之初，先買洋線習織，織成之布，隨時酌銷。初辦不能多用司事，或托熟悉市情之鋪號寄售，若本地銷路不暢，即發天津總局。所有出入貨物，某人所織，某人售出，逐一登記，以資考查。俟本利充裕，再添紡紗彈花各機，及擴充線帶洋皂等項。

十八、本廠章程，刷印成册，每股頁發給一本。並書牌懸掛，以資衆覽。閱者有不甚了然之處，當由書記一一告明。凡股東不在廠辦事者，平時但准隨時考查，不准干預廠事。廠中員司，如有弊竇，及章程未盡妥善之處，准該股東於一歲期滿之日，當衆指明其事，與衆股東會議改革增删。至賬房、機房、門房、廚房瑣細附章，臨時議定，牌示各房遵守。

甘厚慈《北洋公牘類纂》卷一八《工藝三·保定府新城縣工藝染織局章程》

定名：一、本局定名爲有限合資染織局。每股以大洋十元爲限，集齊股本之總數，開單報明。如有賠累，以本局有價物爲限，不准向股東索賠。

宗旨：一、本局專仿造外洋之布疋，及染各色，加工製造，減價出售。外來之貨，概不寄賣。一、本局先借新城縣北關塔灣廟房開設，資本至百股以上，即添蓋工場。日後擴張或推廣於他處，非經各東公認，不准施行。一、本局所定各章，如有未盡善處，俟開設後隨時公議改良，但不得違背最初之宗旨。

合資：一、本局集資總數爲五千元，以十元爲一股，以五百股爲限。公議請提倉穀息銀五百元，作爲五十底股，其附股者一人入十股或數十股亦可。若有擴張事業，再集股分之事，待各東會議，定擴張之方，及招股分之多少。二、局中司事等，須於本局開設以前，交清入款外，其附股者，均以本年四月初一日一律彙齊，由本局發給有名之股票。三、本局以四年爲一大計期，有願抽本者，須待大計期，先期不准抽支。

用人：一、總董總理局中一切事宜，如僱用諸人有行爲不正或不勝任者，總董有降仰及遣去之權，而無薦人之權。二、本局所用掌櫃司賬諸人，須由三十股以上各股公議，或一人薦，而經衆東及總董認可者，方准入局任事。然所用之人，至少亦須有十股，無者，不收用。三、每年正月，將年前出入之統計，報知各東，各東如有不明處，可寄函詢問，及親到本局查賬。四、各東除查賬薦人外，不得干預局中之事。如有要事，須將情意達知總董，開特別會議。五、自掌櫃以下諸人，悉受總董之約束指揮。六、司賬每月將銀錢之出入，存貨之多少，報知總董，隨時查閱。七、本局諸人，出借銀錢，買入貨物，大宗在百元以上者，非總董認可，不得施行。八、本局由總董創設一切，則總董所分之人股，作三十五分之十爲創設之酬勞。如日後不任事時，須將十分之三退爲新總董之底款，只留十分之七，歸創設之人，與局同永遠。九、染織兩科工師，專任教授工徒，兼管局中工作之事。

工徒：一、官費工徒，須有定額，擬先招選二十名，由局中管給伙食，三年爲滿。如有未滿三年而退，或故犯被革者，須追回歷年所管之伙食。二、自費工徒以八個月爲畢業，每月應交學費大洋一元，伙食五元，均按四個月一次，預先繳足。畢業後去留聽便。如有不滿八個月而退者，應交足八個月之學費。三、自費工徒畢業後，有應在局作工者，按其技藝之高下，每月酌給辛資大洋一元至十元。官費工徒三年後，亦照此例。四、工徒無論官費自費，有應入學者同保人到局，總董工師等驗看，必須年在十五歲以上，二十二歲以下，不染嗜好，勤慎耐勞者，方爲合格。

分益：一、本局每年所得餘利，分爲百分之三十五分爲人股，以六十五分爲錢股。一三十五分人股分配如左：總董百分之十，掌櫃百分之五，司賬百分之四，染科工師百分之四，織科工師百分之四，以上人股所分二十七股，下餘八股爲空股，以賞有功及特別効力者與高等之工徒。一本局執事人薪工，由總董商明各東酌定，每月至少一元，至多者不過十五元。

《大清新法令》卷二《官制・京官制・農工商部奏歸併工部辦法摺并清單》

竊本年丙午九月二十日内閣奉上諭：「欽奉懿旨：工部著併入商部，改爲農工商部等因。欽此。」臣等當即傳令工部各司員到部，飭將工部事宜暫行循舊辦理，業於十月初五日專摺奏明在案。伏查工部一職，兼古之水火工虞，如河工、海塘、水利、船政、度量權衡、礦冶之利、山澤之材，其事多與農工商相表裏，循名核實，皆應併入臣部，以一事權。京外土木工程舊隸工部，惟此次原定民政部官制清單内特設專司管理土木建築事宜，責有攸歸，臣部即毋庸兼管。此外，如木税、船政事屬財政，宜劃歸度支部，軍械、兵艦事屬武備，宜劃歸陸軍部。至典禮一門尤關重要，凡禮器、法物、乘輿、服御一切制辦供張之具，壇廟、陵寢、宫殿等處整理陳設之事，皆屬帝室之上儀禮官之專職，若仍由臣部辦理，似於名實未符，擬請以内廷典禮事宜併入内務府恭辦，外廷典禮事宜併入禮部恭辦，庶足昭誠敬而示尊崇。所有庫存祭器陳設等件，應由内務府禮部派員分别點交接收。至各衙門行取之物，大都照例折價，不若聽其自行採辦較爲簡便，此歸併工部事宜之辦法也。工部款項每年由度支部支銀七萬兩，木税項下每年收銀一萬餘兩，又寶源局每年收錢十萬串，是爲正款，係備各處行取採辦物件及一切正項開銷之用。此外，有水利飯銀二款及各項銷費，每年約共銀四五萬兩，是爲另款，於光緒三十一年七月間由工部奏明化私爲公，作闔署津貼。今工程製造採辦各事宜均已他隸，所有前項正款銀兩自應剔除，其存庫正款擬即撥歸度支部接收，由各處酌定用款多寡，自行奏明立案，徑向度支部支領。其另款各項應請飭下各省督撫，分别照案解交臣部，撥充添設官缺之用，現在存庫另款應歸併臣部接收。至工部裁撤人員爲數較多，除由臣部調用外，餘均開單咨送吏部，按照新章分他部及外省補用，俾免向隅。此清釐款項安置人員之辦法也。以上各節由臣等公同商酌，務在廓清積弊，明定責成，謹繕清單，恭呈御覽。如蒙俞允，即由臣部行知各衙門欽遵辦理。謹奏。光緒三十二年十二月初九日。奉旨：「依議。欽此。」

謹將歸併工部辦法酌擬章程繕具清單，恭呈御覽。

一　部務裁併之始，首以劃清權限爲要義。臣部既改爲農工商部，則凡工部所掌事宜關於農工商政者，自應歸併辦理。擬以工部之河工、水利、海塘、江防、溝渠、船政、礦務、陶冶、度量權衡均隸入臣部，以專責成。

一　土木工程現由民政部設立專司管理，擬以工部所掌京外各項土木工程一切營繕報銷事宜，均專歸民政部辦理，其琉璃窑、木倉應即一併移交。惟建築之事事屬工科，如有研究工程學問、發明意匠者，所有提倡考核獎勵保護事宜，應仍由臣部核辦。

一　典禮一類事最繁重，職掌不專，慮多貽誤。凡關於外廷典禮者，尊封、册立、册封、朝會、慶賀、祭祀、宴饗、封贈、賞恤等事宜應行預備供張之物擬併歸禮部恭辦。凡關於内廷典禮及輿衛器服、因時進御之物暨織造、採補、藏冰、薪炭等事宜，均併歸内務府恭辦，其製造庫及黄布城庫、椿鐝庫、綵綢庫、清匠司，均即移交内務府管理，遇有外廷典禮應需之物，即由禮部向内務府行取，敬謹預備。

一　軍需一類向隸工部，近歲講求武備，制器日精，非有專門，難資考核。

擬以虞衡司之軍器及都水司船政内之戰船，均專隸陸軍部，其軍需庫、硝磺庫、鉛子彈一併移交。此後宫廷等處陳設兵仗、内務府等處需用火藥硝磺，應改向陸軍部行取。惟機器製造事關工藝，所有各省製造局應仍由臣部稽核。

一　各省舊設工關專税、竹木車船隸於工部，查徵收關税本係度支部專職，擬以各省工關改歸度支部管理，以免紛歧。

一　各處行取物件大都由工部折給例價銀兩，而領款於度支部，徒費文書往復之煩，現在此項領款既擬停支，有行取物件擬由各處自行採辦，徑向度支部領價報銷，以歸簡易。

一　工部署内有節慎庫，儲藏帑項。現在正款均擬剔除，工部衙署業經大理院奏明撥用，擬將節慎庫即行裁撤，其工部之藝學館亦設在署内，該館經費無出，擬即一併裁撤。

一　工部人員由臣部調用者，凡分曹治事及升遷調補事宜均照臣部定章辦理。此外，裁缺及候補各員均開單咨送吏部，按照新章分别辦理。

一　工部匠役本有定額，遇有工作，由部委員督匠承造，核給工價。現在工程製造事宜即經他隸，其所有匠役應按其所司之事造册，分别移交各衙門，酌量留用。

一　工部現存款項除正款銀六萬一千餘兩、錢一萬餘串撥還度支部接收外，其另款各項銀一萬八千餘兩、錢四千餘串，應歸臣部接收，以備添設員缺之用，其工部舊有之産業亦均歸臣部管理。

一　工部應有案卷圖籍及各庫存儲物件，由臣部會同各衙門點明，分别接管外，其有未盡事宜，由臣等酌核，隨時奏明辦理。

《大清新法令》卷二《官制·京官制·農工商部奏釐定本部職掌員缺摺》

伏查臣部舊設四司一廳。曰保惠司，凡提倡商務，保護商人各事項隸焉。曰平均司，凡農商畜牧樹藝生植各事項隸焉。曰通藝司，凡路礦、輪電、機器製造各事項隸焉。曰會計司，凡經費報銷、商業銀行、賽會詞訟各事項隸焉。曰司務廳，凡收發文件、監用印信、繕譯電報各事項隸焉。歷年循章辦事尚屬次序秩然，現在欽奉懿旨改爲農工商部，又以工部併入臣部，責任愈重，事務愈煩，亟應更定職掌，俾清權限。除舊隸工部各事宜與臣部名實不符，另行奏明請旨分隸他部外，謹擬改平均司爲農務司，專司農政，其舊隸户部之農桑、屯墾、畜牧、樹藝等項自應改隸臣部，而舊隸工部之各省水利、河工、海塘、堤防、疏浚事宜，均屬有關農政，并應歸併該司辦理。改通藝司爲工務司，專司工政、鐵路、輪電事宜，業經移交郵傳部管理，而招商承辦及保護獎勵之方仍當核實循名，不敢自寛責任。改保惠司爲商務司，專司商政，以舊隸會計司之賽會詞訟各項屬之。改會計司爲庶務司，專司臣部報銷經費暨一切庶務，并以舊隸保惠司之員缺升補等事屬之。而舊設之司務廳擬即裁併，另設承值所，由臣等酌派員司，專管收發文件、監用印信等事，即隸屬該司辦理。至各司員缺，每司舊設郎中、員外郎、主事各二員，司務廳設司務二員，現在二部既經歸併臣部，各司職掌重加厘定，所有員缺自宜分别增添裁撤，以資整理而專責成。擬請農工商三司，每司添設郎中一員，員外郎、主事各二員，庶務司職事較煩，擬請添設郎中一員，員外郎二員，主事四員，并先行奏補十數員，仍留出缺後陸續量材補用，以符任缺毋濫之義。舊設之司務廳司務二員應即裁撤，其候補人員仍視各司事務之煩簡，由臣等隨時酌定。至舊設商標局、商律館奏辦之農事試驗場及現擬籌設之權衡度量局、化分礦質所，皆須專門人材切實辦理。臣等體察情形，惟有酌調專科畢業學生，擇其試用有效者奏留後酌量補用，并酌設一二等藝師、藝士各專官，以資實用，借收群策群力之效。以上各項事宜均由臣等公同商酌，悉心核議，要在劃清權限，明定責成。謹繕清單，恭呈御覽。嗣後倘仍有未盡合宜之處，仍當恪遵懿旨隨時修改，以臻至善。如蒙俞允，臣等謹當欽遵次第辦理。謹奏。光緒三十二年十二月初九日。奉旨：「依議。欽此。」

謹擬釐定臣部職掌暨分司隸事辦法清單，恭呈御覽。

謹按臣部以商部改設，業將舊隸通藝司之鐵道、行輪、設電等事劃歸郵傳部，而以舊隸外務部之商務、機器製造，户部之農桑、屯墾、畜牧、樹藝，工部之河防、水利并核銷款項事宜，户工兩部之度量權衡專隸臣部辦理。今遵照商部釐定章程，并參仿各國農工商部官制，釐定職掌暨分司各事辦法，條列於後。

第一條　臣部管理全國農工商政暨森林、水産、礦務、河防水利以及商標、專利、權衡、度量等各項事宜，并綜核各直省農工商政、河道各官及農工商各項公司、學堂、局廠。

第二條　臣部設左右丞各一員，左右參議各一員，以綜核各司事務。其職掌權限悉如舊制，并可隨時奏派，前赴各直省考察農工商務。

第三條　臣部擬設四司，其目如下：

一、農務司，二、工務司，三、商務司，四、庶務司。

第四條　農務司掌事務如下：

專司農田屯墾、樹藝、蠶桑、紡織、森林、水産、山利、海界、畜牧、狩獵暨一切整理農政、開拓農業、增殖農産、調查農品、組合農會、改良農具漁具、刊布農務報告、整頓土貨絲茶，并各省河湖江海堤防工程，培修堤岸，建設閘壩，疏浚河道海港各處溝洫，歲修款項核銷事宜，統轄京外各農務學堂、公司、局廠，各省船政及辦理農政、河工、水利人員，兼管臣部農事試驗場。

第五條　工務司掌事務如下：

專司工藝物料、機器製造、勸工招工、組合工場、辨別工作、品物改良、磁業保護、各項工匠暨調查全國礦産、管理辦礦準駁事宜，發給勘礦開礦執照，延聘礦師，整理一切工政礦政、機器人工造作事宜，統轄京外各工藝製造礦務學堂、公司、局廠及辦理工政礦政人員，兼管臣部實業學堂、藝徒學堂、工藝局、勸工陳列所、繡工科、化分礦質所、權衡度量局。

第六條　商務司掌事務如下：

專司商會、商埠、商勛、賽會、專利、保險厘訂、商貨運輸及水面商貨保險規則，保護商船航業、招商、設立工業、商業儲蓄等銀行，農工商礦各公司暨一切提倡、保護、獎勵、調查報告、涉訟禁令事宜，統轄京外各商務學堂、公司、局廠及辦理商政人員，兼管臣部商律館、商報館、公司註册局、商標局。

第七條　庶務司掌事務如下：

專司臣部收支款項，報銷經費，各司員缺升遷、調補，承領俸銀俸米，管轄闔署蘇拉、聽差、皂役人等，承辦署中各項雜務以及各司未賅諸事宜，并統轄臣部承值所。

第八條　臣部原設之司務廳管理收發文件，繕譯電報，看管印信，稽核各項印文事宜，現擬裁撤，統歸另設之承值所辦理，由臣等酌派司員輪流值宿，襄辦一切，即隸屬庶務司。

第九條　臣部奏設之各項局所、學堂，其目如下：

一、商標局，二、商律館，三、商報館，四、公司註册局，五、京師實業學堂，六、京師藝徒學堂，七、工藝局，八、京師勸工陳列所，九、繡工科，十、農事試驗場，附高等農學堂農務局。十一、化分礦質所，現擬籌設。十二、權衡度量局。現擬籌設。

第十條　上列各局所學堂有應行改併或此外有應行增設之處，由臣等隨時奏明辦理。

第十一條　臣部奏設之顧問官、議員、礦務議員、商務議員、商務隨員所掌事宜，悉仍舊制。

第十二條　各司設立職員如下：

郎中十二員，員外郎十六員，主事十八員。

第十三條　除以上所設職員外，特置專門之職員如下：

一等藝師，秩正六品，二等藝師，秩正七品，一等藝士，秩正八品，二等藝士，秩正九品。

第十四條　藝師、藝士均已得有專科畢業文憑，由臣部差委試用有效者，分别奏補。一等藝師，秩視主事，得以員外郎升用，其餘以次遞升，凡藝師、藝士無定額。除由臣部任用外，并可由各督撫咨調，佐理各項專科事務。

第十五條　臣部綜司農工商政，關係重要，各司員缺亟應慎重遴選，以期一人得數人之用。前經援照外務部章程咨取各部人員考試引見、記名傳補，并調用京外現任候選候補人員酌量補用，毋庸簽分先後，奏準在案，今擬仍照舊制辦理。

第十六條　臣部司員每届京察保送一等暨俸滿截取，并保送各項缺差，均請按照各部通例辦理。

第十七條　臣部額設供事舊制，援照外務部章程，兩年擇尤保奬一次，至武弁、聽差、蘇拉亦按照外務部章程，兩年分别奏咨給奬，歷經遵辦在案，今擬仍照舊制辦理。

第十八條　以上各條，嗣後如有應行增修删改之處，隨時由臣等公同商酌，奏明請旨辦理。

《大清新法令》卷二《官制・京官制・軍機處郵傳部奏遵旨擬議郵傳部官制事宜摺并清單》光緒三十二年九月二十日内閣奉上諭：「欽奉懿旨：輪船、鐵路、電綫、郵政應設專司，著名爲郵傳部，原擬各部院衙門職掌事宜及員司各缺，仍著各該堂官自行核議，悉心妥籌，會同軍機大臣奏明辦理。此次酌定損益，原爲立憲始基，實行預備，如有未盡合宜之處，仍著體察情形，隨時修改，循序漸進，以臻妥善等因。欽此。」臣等受任以後，昕夕籌維，博訪詳求，期於適用。查各國官制，其交通一部，或領八局，或領五局，或領四局，或領三局，英法則專轄郵電，德比則兼轄鐵路，惟日本之遞信省始統轄鐵道、商船、郵便、電信四政之全。臣等深維今昔之情勢，熟審中外之機宜，斷不敢稍涉鋪張，致形竦闊，亦不敢苟安簡陋，有礙推行，謹就遇慮所及，擬議臣部員缺，爲我皇太后、皇上縷晰陳之。竊維全部之綱領，必有總匯之機關，玆謹遵官制通則清單，設承政、參議兩廳。若機要，若考績，若會計，均屬於承政廳以左右丞領之。若法制，若核稿，若檢查，均屬於參議廳以左右參議領之。兩廳各置僉事二員，七品小京官二員。分設五司：曰船政司，掌全國船政，凡輪船應行考核調查及籌劃充併、審議船律各項事件。曰路政司，掌全國路政，凡鐵路應行考核調查及籌劃擴充并審議路律各項事件。曰電政司，掌全國電政，凡電政應行考核調查及籌劃擴充并審議電律各項事件。曰郵政司，掌全國郵政，凡郵政應行考核調查及籌劃擴充并審議郵律各項事件。曰庶務司，掌部内各雜項事件，爲四司所不能賅者。綜計臣部共置左右丞各一員，左右參議各一員，僉事四員，郎中十員，員外郎十二員，主事二十四員，七品小京官十四員。按照原奏各部官制通則，擬設八九品録事，不定額缺。伏思立部之初，首以綜核名實爲亟，如果缺多事簡，自應懸缺待補，將來推擴日廣，綜領日繁，員缺如有不敷，仍應隨時續請增置，期於職修事舉，無濫無闕。船路電郵四政均係專門之學，應有專科之書，擬設圖書館一區，分咨各國出使大臣購寄各種圖書庋焉。并設講習所，俾合部人員得於暇時研究以資練習。其餘應行附設之考工、通譯各局所統由臣等體察情形，陸續籌辦。此外，尚應仿照農工商部之例酌設顧問官、議員，凡於四政素有經驗及著有名譽之京外官員紳商，由臣部慎選奏派，令隨時往來調查報告，藉廣詢謀而備采擇。郵傳所司職事無一不附麗於輿地，更無一不關係於工商，就今規劃固以釐定部制爲急圖，而造就人才尤以增設學堂工廠爲要務，庶幾機器料件不至仰給於鄰邦，而建築駕駛製造管理之人員亦免借材於異域，凡此皆必宜擴張，事似緩而實急也。至臣部關涉各部之權限，容俟會商劃定，另行具奏。以上各項事宜均由臣等公同商酌，悉心核議，意見相同。謹繕清單，恭呈御覽。嗣後倘有未盡合宜之處，自應恪遵諭旨，隨時奏明修改，俾臻妥善。謹奏。光緒三十三年六月二十三日。奉旨：「依議。欽此。」

謹將擬酌郵傳部職掌員缺章程清單，恭呈御覽。

第一條　郵傳部管理全國輪船、鐵路、電綫、郵政事務。凡京外官商輪船鐵路各公司，廠局及電局、郵局并關涉本部各學堂，有統轄考核之責。

第二條　郵傳部擬設承政廳、參議廳，凡二廳，擬設船政司、路政司、電政司、郵政司、庶務司，凡五司。

第三條　承政廳任一部總匯之事，擬設左右丞各一員以領之。凡承辦機密、考核司員、籌核經費、典守部庫各項事件皆屬焉。設僉事二員，秩正五品，七品小京官二員，將來各項擴充事務漸繁，再於各司内選員分任。

第四條　參議廳任一部謀議之事，擬設左右參議各一員以領之。凡考訂章、程覆核文稿、檢查事例及提議、交議、決議各項事件皆屬焉。設僉事二員，七品小京官二員，將來各項擴充事務漸繁，再於各司内選員分任。

第五條　船政司置郎中二員，員外郎二員，主事四員，七品小京官二員，掌全國船政。舉内港、外海、各江航業，所有測量沙綫、推廣埠頭、建設各項公司，營關廠塢以及審議運貨保險、檢查鐙臺、浮標各事，凡有關於船政者胥掌焉。

第六條　路政司置郎中二員，員外郎三員，主事六員，七品小京官二員，掌全國路政。所有規劃路綫、釐定軌制、籌還借款、提倡商辦并工程購料、通運行車以及推廣電車各事，凡有關於路政者胥掌焉。

第七條　電政司置郎中二員，員外郎三員，主事六員，七品小京官二員，掌全國電政。舉官局、商局之則例，海綫陸綫之規章，萬國電政聯盟之條款，下至城市所敷設之電話、電鐙各事，凡有關於電政者胥掌焉。

第八條　郵政司置郎中二員，員外郎二員，主事四員，七品小京官二員，掌全國郵政。舉一切郵遞方法，郵便匯兑、郵便包裹、郵票款式、郵盟條約各事，凡有關於郵政者胥掌焉。

第九條　庶務司置郎中二員，員外郎二員，主事四員，七品小京官二員，掌承辦各司員升遷調補、監用典守堂印、收發文件電報并署内會計營造購辦及不屬於各司之一切雜項事件，胥掌焉。

第十條　以上五條所掌事件範圍甚廣，條目尤繁，所有各司辦事細章應由臣部核定，分科分所酌添員司經理，以專責成。

第十一條　擬照原奏各部通則，設八九品録事，繕寫文件、料理雜務，由臣部酌量委用，不定額缺，咨行吏部存案，并設額外繕寫録事，不列品級，其辦事獎勵各章程均仿照外務部、農要商部之例辦理。

第十二條　擬仿照農工商部之例設一二三四等顧問官，一等視丞，二等視參議，三等視郎員，四等視主事，不作爲缺額。凡京外著有名譽官員、紳商及於輪路電郵四項素有經驗者，均由臣部慎選奏派，以備咨詢，顧問官於此四項有所建議，亦可隨時函呈臣部用資採擇。

第十三條　擬仿照農工商部之例設議員，從前鐵路事隸商部，曾經由部奏明揀派熟悉路務之員，分在各路作爲議員，令其逐事訪察研究，隨時報部。其後鐵路改隸臣部，商部改爲農工商部，又分設農工商務議員，臣部自應仿照辦理。商部原派路務各員即由臣部加札委派。此外各員均由臣部博訪精選熟悉船路電郵之員作爲臣部議員，分在各省，調查一切利弊，徑報臣部以備採擇。

第十四條　擬設圖書館，掌收儲東西各國專門圖書，以備臣部各員隨時考察，分科研究，酌派司員經理。

第十五條　擬設講習所，爲部員講習專門學業之地，并附設閱報所，以資研究。

第十六條　擬設考工局，置測繪員、一二等藝師、一二等藝士各員，其藝師、藝士均以得有專科畢業文憑者，由臣部考驗選擇，分別奏補委用，一時難得此項人才，應俟查有合格之員，再行酌定。

第十七條　擬設通譯局，置翻譯、編輯各員，掌翻譯臣部與各國交涉文牘、合同、章程、帳册并編纂譯述各國有關係輪路電郵四項專科書籍，現在暫由參議廳經理，將來擴充以後，事務殷繁，再行設局。

第十八條　本部所轄除上海實業學堂外，擬擇地設立鐵路、商船、電報各學堂，而以車務工廠、船務工廠、電務工廠附焉，俾各堂學生皆得就地實驗，而各廠藝師、藝士亦得隨時證明學理。至郵政學堂亦擬另行建設，由臣部延訪人才，籌劃經費，隨時舉辦。

第十九條　郵傳部所轄四司俱係專門，與他部人員不同，所有應用各員及議置各缺，擬請援照外務部、農工商部、民政部奏準成案辦理，不歸簽選，以收因職任材之效。

第二十條　郵傳部實缺人員每届京察保列一等暨俸滿截取并保送各項差缺，均請按照各部通例辦理。

第二十一條　部外各局與本部關係至重，應分設總理、協理、總辦、幫辦、總副監督，由臣部酌量事體，擬定階級，再行奏派。

以上各條爲現擬事例辦法，嗣後如有應行增修删改之處，由臣等公同商酌妥協，隨時會同軍機大臣奏明，請旨辦理。

《大清新法令》卷二《官制·京官制·郵傳部奏擬改提調處爲鐵路總局請派局長摺》　竊中國創辦鐵路伊始，規制未定，從前商部與各路督辦大臣不相統系，特設郵傳部以統治之，所有各路均歸部管理。查東西各國，事無大小，必分立法、司法、行政三項，然後事權始別，責任乃專，故日本遞信省官制内設鐵道局，以任全國鐵道立法、司法之事，另設鐵道作業局，專任官辦鐵道行政之事，均係遞信省屬官。蓋鐵道行政端緒紛繁，非臣部路政一司所能統籌兼顧，前奏准另立提調處，雖已分任其事，惟欲劃清權限，似非設局經理不足以持久遠而免疏虞。查官辦京奉、京漢、正太、汴洛、道清、滬寧、廣九各路皆由外人借款興築，事尤轇轕，臣等再四籌商，擬仿照日本鐵路作業局之規，略參民政部巡警總廳、學部督學局之制設局，名曰郵傳部鐵路總局。即設臣部署中，遴派局長總辦借款各路事宜，秉承部臣指揮，以立法司法之事屬之路政司，而行政之事歸之該局局長，以本部屬官承委督辦之事、各路外交要務，理財機關既免疏略，而在司各員尤借以就近觀摩，經歷練而才皆可用，於路政實有裨益。如蒙俞允，擬派現充各路提調、臣部丞參上行走，丁憂候補五品京堂梁士詒改充局長，并隨時札派局員及酌留前提調處熟悉路政各員分辦該局諸事，從前奏設之提調處即行裁撤，俾歸簡易。謹奏。光緒三十三年十一月十八日。奉諭旨：「郵傳部奏請派局長一摺，著派候補五品京堂梁士詒充郵傳部鐵路總局局長，餘依議，片并發。欽此。」

《大清新法令》卷二《官制·外官制·農工商部奏擬訂勸業道職掌任用章程摺并章程》　光緒三十三年五月二十七日内閣奉上諭：「朕欽奉慈禧端佑康頤昭豫莊誠壽恭欽獻崇熙皇太后懿旨：各直省官制前經諭令總核王大臣接續編訂，兹據慶親王奕劻等奏稱各節應即次第施行，至一切辦事權限各項詳細章程有應由各部及各衙門核議者，著即分別妥擬畫一辦法奏定陸續頒行等因。欽此。」欽遵到部。續准憲政編查館咨開：此次擬定各項章程，應由各部奏明，交本館詳細覆核，然後請旨頒行等因。臣等伏查勸業道有振興實業、規畫交通之責，非明定畫一之職掌，無以爲督率考察之資。特是各直省情形繁簡不同，分科辦事詳章臣等殊難預訂，叠經往返商酌，惟有提綱挈領擬訂簡章十四條，俾創辦之初有所遵守，一面由臣等咨行各省督撫，飭令該道各就該省情形酌擬辦事細則送部核訂，以期周妥而便施行。其餘未盡事宜，應隨時損益者仍由臣等會商修改，奏明辦理。又查直省官制原奏清單第十四條内開，勸業道專管全省農工商業及各項交通事務，并將按察司舊管驛傳事務改歸該道兼管等語。三十二年五月准陸軍部咨：四月二十七日會同軍機大臣具奏，各省驛站、邊防、臺站向由兵部掌管，現在輪路未盡交通，擬請仍照舊例由陸軍部經理，以一事權。奉旨：

「依議。欽此。」自應查照原奏俟將來航路鐵路一律通達，再由陸軍部會同郵傳部詳察情形，奏明辦理，以符奏案。謹奏。光緒三十四年五月初九日。奉旨：「依議。欽此。」

謹將擬定勸業道職掌任用章程，恭呈御覽。

一　勸業道秩正四品，爲督撫之屬官，歸其節制考核，應稟承農工商部、郵傳部及本省督撫辦理全省農工商業及各項交通事務，并應由農工商部、郵傳部隨時考核。

一　各省應行興辦農工商各實業以及推廣船路、郵電等事，勸業道應先詳細調查，呈明農工商部、郵傳部及本省督撫設法籌辦，并有督飭地方官切實奉行及考察勤惰之權。

一　地方辦理農工商業各員紳除奏派大員外，均歸勸業道管轄。其關於農工商業之學堂、公司、局廠應隨時稽考，將辦理情形匯報農工商部及本省督撫。

一　各省原設農工商礦各局所應辦事宜均歸勸業道管理，其原派員紳應由該道體察情形，詳明各省督撫分別裁併，以一事權。至農會、商會等項，該道有勸導稽查之責，并應遵照農工商部奏定章程辦理。

一　各省原設之招商、鐵路、電報、郵政等局以及商辦之鐵路公司一切事宜，勸業道應會同籌商、督飭、保護，并將辦理情形，隨時調查匯報郵傳部。

一　農工商部、郵傳部將來在各省特設專局章程載明由勸業道兼轄者，該道應按照定章切實籌辦。

一　關於農工商業及交通事務應設地方各項局所，由勸業道稟明籌設，札派員紳經理。

一　勸業道應視各該省事務繁簡稟明督撫，酌派相宜人員分任各事，以資佐理，并得派員周歷調查，其各廳州縣之勸業員即由該道詳請任用。

一　農工商部、郵傳部現在通行各項章程條例，勸業道均應遵守奉行，并得酌量地方情形督同所屬擬訂辦事細則，仍隨時分別申報農工商部、郵傳部及本省督撫核定。

一　勸業道辦公經費應先就本省籌撥款項，并由農工商部、郵傳部分別省分大小、事情繁簡，兩部籌給津貼每年不逾二千兩，分兩季發給，由該道按季詳請農工商部、郵傳部請撥辦公。

一　勸業道所辦各事除隨時詳明督撫或申報農工商部、郵傳部外，應按年將本省興辦實業交通事項及用人款項等事詳列表册説帖報部，以備統計。

一　遇有新設此項道員或原有勸業道出缺，應由該省督撫在實缺道府暨本省候補道員内遴保二三員，出具切實考語奏請簡放，或先行試署農工商部、郵傳部，亦可會同就所知堪勝此項人員臚列事實，預保存記，遇有缺出，由軍機處開單一并進呈，恭候簡用。

一　此項人員應就銜缺相當以及京外應升人員遴選，或曾充農工商礦各差及辦理交涉各事務經理得宜，或提倡公司局廠確著成效，或曾在農工商部、郵傳部供差，公事嫻習以及講求實業交通諸政素有心得者，方爲合格。

一　以上各條將來如有增添删改之處，應隨時請旨辦理。

《大清新法令》卷六《農工商部奏籌辦實業擬借公債參用富籤票辦法摺》

竊惟臣部之責，原在提倡實業，開浚利源，設立以來，各省稟辦之局廠公司，已逾數百，而成績終覺甚鮮，大利尚難驟興者，蓋有二故。一則無事不需款，多財善賈，自昔已然，今則新法新器日多，非巨款不能集事，欲營一業，必借衆擎，大之如西國之托辣斯，小之如東洋之株式社，皆合衆人之財以爲財，合數世之利以爲利，故無不可成之功。即以中國已事言之，凡能集厚資，如開平、萍鄉煤礦，輪船招商局之類者，雖屢經折耗，而卒爲工商界之魁。其他本小力微，非操豚蹄以祝篝車，即朝播種而夕期耘獲，稍不如願，即已資本不斷，而停罷隨之，此實業不興由於無款者一也。一則無事不需時，上地三易，樹木十年，本無速效，而中國之操農商業者，大都僥幸旦夕之謀，故墾荒林礦，皆爲大利，而成效在數年數十年之後，即多憚而不爲。近年來，惟烟臺張裕釀酒公司能爲二十年之儲藏，不規規目前之利，然非有該公司之財力，亦何以堪之，此實業不興之故又其一。而所以不能持久，則仍由無款以致之也。其屬于商民者，情形既如此矣，如果臣部財政充盈，則遇有可興之利，或官辦以爲倡導，或商辦助其資費，亦近日各國通行之良法，何嘗不可圖功。無如臣部向來大宗入款，只有江海關賠款生息一項，自去年來息款所入不及往年十分之一，而臣部所辦之各項學堂局廠，未有者方在增益，已有者亦待擴充，因應已窮，何能旁及。大凡生利之事，必以成本爲先，現在國計極艱，民生重困，集資籌款皆屬爲難，何從得有巨本，計不獲已，惟有籌借債款之一法。然借外債則流失滋多，臣部實未敢輕于嘗試；借公債則自招信股票之後，信用未復。前者直隸籌辦公債分爲四期，本利均還，而爲數并不能多；去年郵傳部舉辦京漢贖路公債，給以常年七厘之息，許以京漢一成餘利，定期還本，可云優厚，而至今應者寥寥。公債之難成如此，自非設法變通，難期踴躍。查歐洲各國有所謂利息富籤票者，附籤票於債券之中，給以輕息而不還本，爲募集公債之一種方法，在德義奥匈諸國皆有官辦此種債票。臣部擬仿其制，試辦勸業富籤公債票，以爲鼓舞公債之計。其法制公債票一千萬張，每張售洋一元，共集一千萬元，略仿籤捐票辦法以三百萬元爲獎金，以一百萬張爲得獎之票，以一百萬元爲臣部製票辦公經費，及各處經售債票扣除用費五厘之款，除得獎之一百萬張不計外，其餘不得獎之幾百萬張均作爲公債票，年給二厘之官息，至六十年爲止。此在臣部只實收六百萬元，而仍給九百萬元之息，且付息至六十年，期於本利均有著者，無非爲開風氣而彰國信。此項債款均存官辦銀行，專備興辦農工商礦各項實業及補助商辦各項實業之需，凡有興辦及補助之舉，必擇人所共知較有把握者，以期款不虛糜，事皆有濟，庶可作國民之氣，樹勸業之型。惟年付官息一層爲信用所在，必須籌有的款。經臣等商之度支部，請由大清銀行保息，以示大信。業經度支部復函允准，理合奏明請旨。如蒙俞允，擬先試辦一年，如有成效，再當接續展辦，總以一年售票一次，給獎一次爲率，所有細章以及指辦之事，恭候命下再行詳擬奏陳。抑臣等尚有不能已於言者，公債之舉，西國習爲故常，其民亦視同義務，然尚有利息富籤之法，以爲激勸之資。況中國此事幾同創舉，非給獎不能樂從，非示信不能經久，是以迫而爲此，猶恐局外不諒臣部不得已之衷，或且以爲不經見之舉，甚有疑爲近賭者。不知西國富籤本分三種，其中惟計數富籤一種，西國學者以爲近於賭博，此種利息富籤爲誘掖公債起見，不聞譏議，載籍具存，可以復按，況中國現在事勢，非興實業無以致富强，非有資本無以興實業，但使有一款之可籌，亦何必權宜而出此，無如各項皆成竭澤，無米實不能炊，惟有此項公債之法，尚爲有益于國無損於民。以言政體，則德奥等國未嘗因此而損其大國之威名；以言本計，則商礦各端或可用此而有圖成之實力。各省彩票尚且行之無弊，何況此爲公債性質，有利無害，當在聖明洞鑒之中。仰懇宸斷施行，不勝幸甚。謹奏。宣統元年八月二十二日。奉旨：「已録。」

江蘇省博物館編《江蘇省明清以來碑刻資料選集·蘇州府爲吴縣香山幫水木匠業在城修葺公所并置義塚禁止匪棍阻擾碑記》 署理江南蘇州府正堂加十級紀録十次鍾，爲給示禁約事。據吴縣人顧鶴、周尚德、徐學周、黄康候等赴府稟稱，水木匠業，香山幫爲最，向在長邑元妙觀□□□□中，供奉魯班仙師，爲辦公之所。嗣因經費不敷，年久失修，一切公舉，漸次廢弛。現有舊董湯斌有志興修，率由舊制，邀鶴等襄理。除在香山購得□□□爲同業喪葬義地，并議各作先爲捐凑錢一千串修葺，添設醫藥棺木，議得三邑同行公捐。一應磚瓦石灰木料，每千捐錢十文，并不在伙工捐□□□不捐照章議罰。設立司年司月輪管，并用香工一人常川照管，恐有棍徒借端阻擾，及同業不遵義舉。爲將現辦情形，具稟長洲縣外，抄粘□□稟求立案示禁等情，據經檄飭長邑查明立案，□□□後。今據長洲縣詳稱，前據顧鶴等以公所房屋傾圮，現擬興修。已在香山購得餘地數畝，爲同□義地，并邀各作凑錢修葺，并添設醫藥棺木喪葬□□□□同行捐厘。另立條程，年終會算報銷，以免侵蝕等情，稟縣批准立案。給示禁約在案，詳情一體給示前來。除批縣，飭令秉公妥協經理，務須□□□□并將所置義冢畝分坐落都圖地址同議定規條録送查覈外，合就給示禁約，爲此示仰該地保及匠作同業人等知悉。所有吴邑香山幫水□□□□葺長境洙泗巷地方公所，并置地爲同業義冢，添設醫藥棺木喪葬之費，事屬善舉，同業人等自當和衷公濟，毋得故違滋釁。如有地匪棍徒借端阻擾，許即指稟地方官拏究，地保狥縱，察出并懲。各宜凛遵毋違，特示遵。

道光三十年十二月初七日示。經辦司事尤聚山、柳蒼海、顧秀英、祝惠□、王兆基、吕秀芳、陶惠芳、潘良坤、郁秀貞、鍾震□、顧漢璋、鍾孝時、鍾萬芳、李俊嵩、張錦堂、任廷蒼、馬裕祥、高松亮、顧正芳、錢鳳蒼、陳松順、顧裕玉、莊明山、王永發、孫蓉湖、周茂祥、賈敷堂、孫錦山、周松泉、胡昆玉等同立。

江蘇省博物館編《江蘇省明清以來碑刻資料選集·長元吴三縣規定水木兩作每作每月捐錢三千文按月存儲公所辦理同業善舉碑》 奉憲勒石永守

江南蘇州府元和長洲吴縣正堂加十級紀録十次程、王、馬，爲給示諭禁事。據顧松泉、葉春山、顧東山、嚴錦芳、柳亭蘭、范福山、姚坪洲、吴順興、朱松堂、唐瑞芳、顧雲昌、嚴永倉、郁倉洲、殷春山、范品泉、唐協和等稟稱，身等向業水木兩作，均在蘇城開作，前有同業梓義公所一處，在洙泗巷内，供奉魯班、張仙師，爲同業辦公之所，并在香山購地設立義冢。從前磚瓦石灰木料進出，每千捐錢十文，爲同業貧窮伙工患病醫藥及身後棺木喪葬費用，經前董湯斌、顧鶴等稟，蒙前府憲鍾給示遵守有案。自經兵燹，公所幸尚未遭拆毁，惟經費不敷，年久失修，善舉廢弛。兹身等同業公議，先將公所凑資修葺，所有貧伙醫藥及身後喪葬一切善舉，仍擬照舊興復，惟每千捐資十文，事多窒礙，現在公同集議，無庸按貨提捐。議由水木兩作，無論在城附廓，每作每月捐錢三千文，按月收下，存儲公所，以資經費，不在伙工勒捐苛派，仍設司年司月輪管，年終公同會算，以免侵蝕等弊。今當公所興復之始，誠恐棍徒從中阻擾，有妨善舉，爲特擬具章程，聯名環求會銜給示，并請轉詳立案等情，到縣，據此。除批示并詳請府憲立案外，合行給示諭禁，爲此示仰水木兩作及工匠地保人等知悉，爾等須知顧松泉等集議在於水木公所，照舊興辦同業貧窮工伙醫藥棺木喪葬等事，係屬善舉，所需經費，據稟由在城附廓水木兩作，每作每月捐錢三千文，既係同業公同集議，出於衆願，自應按月收取，存儲公所備用，此外并不捐及伙工，以杜紛累。自示之後，倘有地匪棍徒借端阻擾，致妨善舉情事，許即指名稟縣，以憑提究。地保狥隱，察出并處，不稍寬貸，各宜凛遵毋違，特示遵。

光緒十二年十月十一日示，發洙泗巷梓義公所立。

江蘇省博物館編《江蘇省明清以來碑刻資料選集·梓義公所規定新工價及捐款收支數目碑》 謹啓者，吾行水木作衆友向有成規，於光緒十三年工價錢一百二十文，因府憲示禁小錢，通用卡錢，每百九三扣。今因大行於三月朔彙議，同小行議定章程，四月朔日起，每工補足卡錢一百二十文，城内外一例知悉，不得參差。今涓吉二十五日，在本公所彙集衆友，早降拈香。

計開各户：

陸招福，助洋二元。

朱雲泉、王文卿、許鶴亭、李清山、馬鳳山、葉正泉、嚴金福、王長興、濮永祥、陳桂橋、蔣子卿、陸芳亭、顧金和、王順興、周雲泉、高祁祥、喻錦春、王春山、王錦高、王炳卿、郁松祥、顧南陽、葉雲祥，以上各助洋一元正。

酆少亭、徐鶴山、徐星泉、高阿二、陳錦祥、顧少甫、顧鶴亭、華根祥、陸桂亭、蒯順泉、馬子卿，以上各助洋五角正。

徐順興，助錢五百文。柳錦芳，助大灰二擔正。

范玉亭，助蝴蝶蓋瓦三百張。

又共收城内、外花名三百十一名，每名一百文。

又共收閶門外花名一百六十四名，同上。

又共收胥門外花名七十名，同上。

共用本公所、三月廿五日堂名雙堂、胥門外四月初五日堂名一堂、閶門外四月初六日堂名三堂印板帖子、茶擔一副、三牲糕團。

共用錢念千另七百九十九文。

除用存錢拾千另三百另一文。

又收花名共貳百念九名，每名錢一百文。

共用四月初一至初七止五千九百念文、茶擔一副、堂名一堂神馬香燭。

總共用錢八千八百四十七文。

除用連前浄存錢十八千四百三十四文。

計用糞箕油紙錢七十文，石料洋一元。

做石工五工錢一千四百文，扛石頭酒菜洋四角。

半黄[illegible]方[illegible]磚瓦太砂洋十九元五角。

鐵牆經創挑洋一元一角。

做工計八十工洋念一元、錢九十文。

以上合併洋四十六元正。閏五月十五日堂名一堂三牲另物錢糧計共捌元二角，又添花名刻字碑。

又添收花名二十名，每名錢一百文。

以上總共除收所缺，由袁岳芳、陶越祥助訖。

光緒二十九年，梓義公所袁岳芳、陶越祥、徐寄泉經辦。

江蘇省博物館編《江蘇省明清以來碑刻資料選集·蘇州府禁革行頭官用等名色以除商害碑》 奉各憲禁革

江南蘇州府長洲縣爲吁憲亟除江南大害事。奉本府正堂加一級胡信碑開，奉江蘇布政使司宋憲牌前事開，奉江撫都察院田批，本府申詳前事，奉此，行户當官，屢經禁革在案，潘仲、顧茂德、方君安等争利病商，均非善類，仰布政司飭行蘇州府，將行頭官用等名色，立案永禁，以除商害，違者拿究不宥。至於該司衙門，如有顧茂德即顧五榮，現充快役，應并革退可也，此繳等因，到司。先據府詳本司，業經批開，此案既經該府審結，顧五榮等何得又行瀆控，仰府遵照督憲批示，勒石永禁，取具遵依報查，仍候撫院批示録報繳在案。并抄發原詳到縣，内抄：先奉總督部院董批，本府申詳革蠹私徵事，并木商程瑛等公呈奸儈糾黨等事，各緣由，奉批：行户當官，久經嚴禁，今蘇郡木行，何得猶立行頭名色，如詳永行禁革，取遵依報查。至方君安經收牙用，據衆商程瑛等稱係公舉，并無侵蝕情弊，姑免深求。其顧茂等争行累商，均非善類。現據龍江關據呈詳報，仰查照另詳批示遵行，繳。又奉本部院批，龍江關詳據木商王永瑞等呈訪蠹竄充等事，奉批：行頭名色，已據該府另詳批示禁革矣，今據詳顧茂德潘仲借充木牙，專利病商，殊非善類，既據木商王永瑞等公呈禁革，仰蘇州府查明立行禁革除，不許復行占行争利，至滋商害，如敢故違，定行鎖拿，盡法究處不貸，仍取遵依報查繳等因。仰縣恪遵督、撫兩院及本司批禁緣由，嚴行禁革，勒石永遵等因。奉此，合行勒石永禁，爲此仰齊門東西兩匯木行商牙知悉，嗣後遵照憲批，不許顧茂德、潘仲、方君安等借充木牙，争利病商，并行頭當官名色，永爲禁革。如有不法奸牙，陽奉陰違，定拿究解，重處不貸，須至碑者。

康熙二十七年四月　日，木商王永瑞、黄慎典、江俶嘉、李文止、王克濟、汪闇然、滕蜀仙、江華如、汪質文、董我後、李志初、李開先、王自天、李元直、俞振玉、葉浴咸、程瑛、李子任、黄宗予、李天一、余舜弘、李清仲、余旦周、黄梅林、董停蘭、黄昆來、李楚懷、江言、王采玉、李瑶圃、程求如、李臚先、程介如、李澤生、張恒占、俞鳳升、程含章、李茳先、王于玉、俞臺三、李仙李、俞若雲、湯守先、李彦和、齊章五、董百谷、王能五、俞斗明、王次嘉、李惟周、王永錫、江履公、石惟先、江公望、滕文尚、汪玉臣、俞允中、余履吉、江澍三、李質先、王惟祥、董殷郊、程觀可、余景武、李元賓、余冠百、汪超令、洪容二、李仲貞、王俊三、李自昭、李功養、滕若思、吕君達、滕征子、余瑞玉、俞武功、李言宲、俞聖其、朱爾萬、俞我爵、李滋生、汪介爾、滕時若、李御權、俞爾安、程學初、張育之、李公臣、江元浩、李振初、程茂生、程君茂、吕日三、胡萬生、李德和、張嵩萬、江錦如、吕君錫、方雨化、張仲翼、俞仲祥、李公玉、俞仲嘉、王士良、詹養宜、李爾修、胡茂三、張其武、戴茂如、汪魯峰、俞公印、李文綱、黄振三、李昌期、方景齡、汪文象、李元美、滕遠思、吴永寧、詹德生、王晉公、吕仲胤、俞貢玉、滕文升、李元器、王潤如、滕叔彩、王公聲、滕臺文、朱子和、董吉初，牙褚元之、顧熙宇、潘集源、顧青林、沈昌甫、潘功先、周季雲、潘次能、周盛甫公立。

江蘇省博物館編《江蘇省明清以來碑刻資料選集・長吴二縣規定各商運到桅杉木值聽其投牙各行各賣不得恃强攙奪碑》　奉憲禁革

江南蘇州府長吴二縣爲當官奉禁彌嚴，奸黨抗違派各號□□再得□□各□□□業事。本年九月二十五日，江南蘇州府正堂加六級盧信牌開，奉江南江寧蘇松常鎮淮揚七府徐州一州承宣布政使司正堂加三級張信牌開，據長吴二縣洞涇來鳳南橋木行牙户陸徽□□□□□□□□□□□□呈詞前□□□□世居洞涇來鳳二橋，祖傳桅杉木行生業，招商貿易，而李仲達，詹子發，朱叔泰，詹元敬，江子長，韓仲紂，陸嘉善，宋□□，王道□，陳治道等，□□□□□□□□□□□開張木□□□□□隔數里，所有當官，向經議定各行各值，毋容紊亂，是以昔年三藩叛亂之時，王師南下，大兵擾肆，備遭鳥沙□□□□木值可憐□□□翹槎木（下缺十四字）稍有遲悮，鎖鏈繩拴，害切剥膚，靡不傾家蕩産。況桅木必須大直長堅，若客貨到行，可充桅□無幾，非係曲短，即□中朽，在（下缺二十三字）海甸清寧，各差俱緩，□等計將料□□推甫等承當，棍等安享牙用，指稱當官，每年□□木行排夫姚□趙亮等□銀兩□□純等（下缺十八字）截霸指借值差名色，搆葺范思山等出名，將奸牙射利等事，又將藐憲避差等事，分□長吴二縣，拴差捕捉□稱甫等。（下缺二十四字）皆然。當年值桅受苦之時，棍等何卸難就易，誠以牙規難紊，甫等忍苦無辭，況□手不過爲值木之□夫，有何行業，可將有（下缺二十二字）處强逼甫等認彼當官，私徵津貼，恨身不從，而奸儈李仲達等續將壟斷裕民等事駕虚叠□，復將齊門東西兩匯（下缺二十三字）事，具控長邑，助惡爲虐。更不思荷蒙旨憲，洞悉民瘼，禁革已久，且又新奉督、撫二憲大老爺憲行，爲擅派鋪户□值等事。又爲飭查事金牌告示，轉送憲天大老爺案下。飭□一切當官，盡行□□。當官□行永（下缺十九字）買，不許擾累鋪行。萬姓霑恩，無不歡忻。煌煌憲令，孰敢不遵。豈棍等公然抗違，仍借當官爲□，興詞挾詐，□派擾害。（下缺二十二字）甫等四家客稀貨少，倚持黨衆人强，泰山壓卵，異圖推卸料差，實係伙謀絶業。煢煢四户，豈堪當值兩差。慘切復盆，情極奔號。憲天大老爺（下缺十一字）賜□禁□體□懸轉詳督、撫二憲，一併勒石永遵。并吊府縣叠□前詢銷案杜擾，使民各安生業等情，到司。據此，爲照行文，當官向有禁令，嚴□□再行□上年□□□□□□□有長吴二縣禁□□□□□擾累，致據行户控。奉江撫都院宋憲行，爲嚴禁擅派鋪户承值飭查等事，備行到司。查將一切行户當官名色，盡行革除，勒石永遵。當經轉行該府，（下缺二十四字）愍不畏死，借名值差恃强，私派洞涇來鳳二橋木户津貼。詐不滿欲，搆訟興端，深爲不法。除出示嚴禁并報明撫院外，合行出示嚴禁。仰（下缺十七字）五道立速分發洞涇來鳳管家濱齊門兩匯地方張挂曉諭。嗣後各商運到桅杉，□值聽其投牙各行各買。不許恃强棍等致生事端。（下缺十九字）永遵。毋得仍借值差名色，私派津貼，炙詐擾害。仍取具遵，依四套送司轉報查考。其牙户排手從前□控各詞，亦行飭（下缺二十五字）縣分發勒石飭禁。奉此，爲查商户陸衡甫、張茂林等先將群凶蔑禁殃民。叩天申憲嚴飭，以蘇商困，以除民害，□詞到縣。據此，來縣□看□□□□□□□處縣□□□□□□行生理招商貿易，以安其業。何管家浜之范思山等輒將洞涇橋之牙行，妄生覬覦，恃强攙奪行貨。更復指官私（下缺二十七字）陸衡甫等吁請憲飭。除一面究明有無科索外，今據前情，相應詳明。仰祈俯電地棍違禁擾民，准縣出示嚴禁，以杜指官勒索之弊。（下缺十九字）日，申詳本府。奉批：即提范思山等到案，從公確審有無科索實情，妥擬詳報，以憑核奪，繳。等因。奉此，案差役□問。今奉藩憲發示，嚴飭所控各詞，亦行飭銷各生業，奉府轉行到縣，姑從寬宥。除將發到告示。隨差舉發曉諭，并□悉前牙户排手所控呈詞，俱舉布政司轉奉總理糧儲提督軍務巡撫江寧等處地方。都察院右副都御史加三級宋憲牌行同前事緣由，備行到縣。奉此，合行勒石永遵。爲此示諭牙户，憲行飭禁。嗣後凡有各商運到桅杉木值，聽其投牙，各行各賣，不許恃强攙奪，致啓争端。且牙行户□當官，遵奉各憲禁飭，盡行革除。各安生業，毋許奸牙排手仍借值差名色，私派津貼，炙詐擾害。如敢故違，一經察出，定行嚴拿究辦。須至碑者。康熙三十三年十月　日。

江蘇省博物館編《江蘇省明清以來碑刻資料選集·長洲縣規定漕船到蘇受兑停泊地點毋許越界滋擾商民碑》 江南蘇州府處縣正堂陳爲叩申勒石之禁，杜害蘇商事。蒙本府監兑督糧廳梁准據木商王能等公呈，詳請各憲，申嚴舊令，永禁漕船越界，混泊齊門東西兩匯木簰，民居致罹火燭情由，飭縣查議。案經前縣高令查明舊例，象門塘、壩基橋、北濠等處，地土曠闊，便於修艙，且倉厫甚近，受兑更易，應令漕船照例停泊象門塘等處。至齊門東西兩匯，向爲木簰停泊之所，仍聽商牙貿易，毋得漕船越泊，妨課病商緣由。詳蒙本廳通詳漕司、撫道府憲，奉總漕部院桑批開，象門塘等處停泊糧艘，有無便漕，仰蘇常道查議通詳定奪，仍候漕部院批示繳。又奉江撫都院宋批開，仰蘇松糧守道查議通詳定奪，仍候漕部院批示繳。又奉江蘇布政司劉批開，據詳漕船到次修艙受兑，舊例在于婁門象門塘、壩基橋、北濠等處，至齊門東西兩匯，向爲木商牙行人等貿易之所，各有界址，從前業已勒石，豈得以年久，復行攙越滋擾，如詳再行勒石禁飭，各循往例遵行，仍候漕、撫二憲暨糧艘道批示繳。又奉署糧守道蔡批開，修兑漕船，仍照舊於空闊之處停泊，毋得混雜交匯之地，致有疏虞，仰即示禁，仍候院司批示繳。又奉蘇州府正堂石批開，既經通詳，應俟各憲批奪，此復各案等因，備奉到廳行縣確議。遵即傳齊木商牙行，并該圖地方人等，或議妥確，并取舊石碑摹。詳送本廳核詳前署糧守道，轉詳總漕部院桑。奉批，象門塘等處停泊糧艘，既近倉厫，便於修兑，如詳飭行勒禁，仍候江撫都院批示繳。又詳江撫都院宋，奉批：據詳婁門外象門塘等處，地方曠闊，堪泊糧船，且近倉厫，受兑甚便，如詳勒石永遵，取碑榻遵依呈驗，仍候漕部院批示繳各等因，到道。今奉蘇松糧守道馬憲牌，備奉行廳下縣，速行勒石永遵，仍即取具碑榻遵依，及立碑日期，一併申送。以憑轉呈因。奉此，遵即飭知木商牙行地方人等，遵奉各憲批詳勒石。豎立齊門東西兩匯飭禁，各幫漕船運丁到蘇，照例停泊象門塘等處，修艙候兑，不許越占木簰貿易之地，騷擾商民。除將碑摹申送各憲備查，并奉縣憲批詳移明各證運遵照外，合飭勒石永禁。爲此示諭各幫運丁伍長頭舵水手人等知悉。嗣後漕船到蘇受兑，務遵憲批，恪守舊例，停泊婁門象門塘、壩基橋及北濠曠闊地方，毋許越界停泊東西兩匯木簰及民居稠密之處，滋擾商民。敢有奸丁頭舵，抗違不遵，仍蹈前轍，許商牙人等，不時禀縣，定行拿解漕撫院司道府廳各憲漕法懲治，斷不姑貸。須至碑者。

木商石麟書、王能、汪茂、李文清、王周文、蔣文元、葉嘉茂、陳贊玉、王曾惟、董西望、王冰如、程中樸、俞茂蔚、宋旭、董伯谷、周元培、王晉三、董北濱、汪公尚、程介如、王公鋭、詹文遠、程搏萬、董以寬、俞子耀、汪允明、齊章五、馬子謙、王五如、程舞義、程會章、俞臺三、程冠木、汪子遐、俞沛基、董永義、沈渭占、屠爾玉、汪芳泉、汪宗文、董景文、叔聯雲、董天聚、鄭丹如、程儀九、李伯光、方德生、江鶩伯、李從先、王林瞻、王惟木、王含生、董韜耀、查良若、李天日、李體眉、江問卿、葉應三、王任高、李礎懷、江霖、杜繼雲、金六宣、李聰萬、李嗣馨、潘驤雲、江×嘉、宋有年、孫本如、汪起瑞、李林木、李子伍、江元福、程福貞、汪天霽、江弢若、滕遠思、董元仁、王欽如、查承武、汪育公、汪祀卿、汪星右、杜合貞、程天耀、汪君善、程謙受、畢吉仁、周文德、程舜目、梅希聖、周有高、李懷三、方允端，牙潘洗憲、宋周、顧周玉、夏沈、吴良等。乾隆三年四月中浣木商重立

江蘇省博物館編《江蘇省明清以來碑刻資料選集·長洲縣革除木簰小甲碑》 特調江南蘇州府長洲縣正堂加三級紀録三次又隨帶加二級姚奉特授江南蘇州府正堂加三級紀録五次胡，爲恭逢憲蒞等事。乾隆四十六年三月初一日，奉欽命江南蘇州等處承宣布政使司布政使加十級紀録十次瑺批：本府具詳張天瑞等控張太生等奪霸出木錢文一案，查一切牙行脚夫，把持壟斷，久奉禁革，

況蘇郡地方，凡有生意行儅，動稱小甲，從中滋事需索，殊堪髮指。該木行小甲雖由來已久，但據現在把持，不許張太生等出木撑運，借差控奪。提訊是以辛力爲辭，斷後仍稱應差無抵，屢斷屢翻，并敢上瀆憲轅，刁横已極。查木係簰夫撑運，則出木應即着簰夫紮筏，何須另令小甲經手，給與出木錢文。且彼係簰夫之頭，凡簰夫運木所得辛力，必有例規，抽扣分給，又得土商出木每甲八分，坐收其利，尚不滿欲，尤爲可惡。應請永行禁革，凡有差務衙門借用木植，本不常有，如有需用，即着牙唤簰夫運送，於牙用内酌給飯食。再簰夫多係窮民，趰工過活，大約都在兩匯攬運，緩急無難招集。倘禁革之後，顧順源等敢從中唆聳各簰夫，多需運錢，計圖暗地抽分，許牙户指名控縣，立提重責，并枷號兩匯示衆，庶幾弭戢刁風，以安商客。應請察核批示，以憑取各牙行依結附案，并勒石永遵等緣由。奉批：木簰小甲，既無設立成案，自未便聽地棍把持擾累。如詳嚴飭革除，勒碑永禁，取各遵結碑摹送查，此繳等因，到府。奉此，除飭長洲縣遵照將木簰小甲永行革除，取結送府轉呈外，合就勒石永遵。爲此示仰東西兩匯買賣販木商牙人等知悉，嗣後凡有差務衙門借用木植，即着牙唤簰夫運送，於牙用内酌給飯食，倘禁革之後，顧順源等敢從中唆聳各簰夫，多索運錢，計圖暗地抽分，許牙户指名控縣，立提重責，并枷號兩匯示衆，庶幾弭戢刁風以安商客。其各永行遵守，須至碑者。乾隆四十六年三月　日，販木商吴昭文、俞永昌、王勤茂、程永茂、程崙肇等立。

江蘇省博物館編《江蘇省明清以來碑刻資料選集·木商重建大興會館捐款人姓名碑》　竊我大興會館向立西匯，緣罹兵燹，地成瓦礫，艱於創造。兹議公借紫陽地基，起造正堂三間，後廂兩披壹間，照舊供奉關聖、朱子神位，以爲木商集議公所。當經禀請長洲縣憲蒯，通詳藩撫府憲立案給諭遵守。遵於同治四年三月十七日興工，五月十三日告成，連木料磚瓦灰漆并四面圍牆挑除磚瓦暨雕刻神龕臘橋匾對前後窗槅一應裝折在内，共計用洋五百四十七元。所有樂輸芳名，書載於後，以垂不朽。

計開：

同仁會，捐洋二百五十二元，單介眉，捐洋二十元，陽豐記，捐洋二十元，單逢甫，捐洋二十元，汪蕓圃，捐洋十二元，俞茂亭，捐洋十元，程漆園，捐洋十元，程子章，捐洋十元，程仰山，捐洋十元，程伯鸞，捐洋十元，汪曉峰，捐洋十元，程裕興，捐洋十元，程怡裕，捐洋十元，汪闇然，捐洋八元，朱立元，捐洋八元，金杏林，捐洋八元，陽典卿，捐洋六元，何瀛洲，捐洋六元，施子雲，捐洋六元，張麗泉，捐洋五元，吴同文，捐洋五元，陽湘洲，捐洋五元，王冠西，捐洋五元，汪德模，捐洋五元，朱明五，捐洋六元，汪禮端，捐洋二元，黄若皋，捐洋五元，程復興，捐洋三元，何績臣，捐洋四元，章焕文，捐洋三元，程華春，捐洋四元，俞春泉，捐洋三元，金子賞，捐洋四元，汪倬雲，捐洋三元，潘月帆，捐洋四元，俞麗文，捐洋三元，趙萬亭，捐洋四元，石松岩，捐洋二元，畢子榮，捐洋二元，朱錦帆，捐洋二元，胡書田，捐洋二元，單尚林，捐洋二元，王樸臣，捐洋二元，施子榮，捐洋二元，程香圃，捐洋二元，程荔帆，捐洋二元，汪燕山，捐洋二元，吕鼎盛，捐洋二元，吴雨香，捐洋二元，章益友，捐洋二元，潘裕源，捐洋二元。

同治四年五月吉日立。經理程仰山，司事程荔帆。

江蘇省博物館編《江蘇省明清以來碑刻資料選集·江蘇布政司永禁大典差徭胥役擾累商牙碑》　奉憲勒石永禁

欽命江南蘇州等處承宣布政使司布政使加十級紀録十次張，爲申明舊章，勒石永禁事。同治九年三月十九日，奉蘇撫部院丁批：據長洲縣木牙沈萬源、楊聚豐、胡祥發、沈文興、沈一元、胡信孚、宋萬祥等呈稱，切牙等木行一業，向值大典差徭，悉遵定章承辦，前於乾隆二十四年，蒙前藩司常詳奉各大憲批定章程，分别禁借，給示勒石在案，由是商牙賴以安業。嗣後日久禁弛，漸滋雜派，當時牙户八十餘家，尚能勉支。兵燹後，牙户蕭條，開不及半，且皆赤貧，盛衰情形，迴異曩昔。而各衙門胥役，乘此卷檔淪失，諱混派借。牙等膏血歇竭，衙胥貪壑難填，將來貽累何底。現查竹行一業，亦因畏差擾累，經職員潘興詩等於上年二月間，禀奉藩司飭府示禁有案。今牙等事同一律，乃奉例外值差，未免獨抱向隅，求乞恩飭申明舊章，勒石示禁，并檄府縣一體遵照等詞。奉批，木行承值大典，此外不得借詞租借，既經常前司詳定章程，給示勒石有案，自應照章辦理。仰蘇藩司申明舊章，給示嚴禁，仍飭府縣遵照，并録示式具復，碑摹粘件供單并發等因，到司。奉此，查該牙沈萬源等所呈乾隆二十四年，常前司詳奉督撫憲批定章程内載，如朝賀春秋丁祭先農社稷壇并萬壽宫前戲臺一座，督撫閲操府縣考試等項，許該地方官照依應用木植，出具印票，填明根數，向牙取用，用畢即照數給還，毋許多借。仍嚴禁鋸截短少，倘有損失，即計值賠還。此外一應地方公務，以及隆冬賑粥各署凉棚開篆及平時敬神戲臺應用木植，均聽各衙門價買備用，概不得票取行木。倘敢借端勒借，有累商牙，一經告發，從重究處等因。今據該牙等以兵燹之後，卷檔淪失，胥役諱混派借，懇請示禁等情，控奉撫憲批司給示，并據該牙等具呈前來，應即出示嚴禁，勒石遵守，以杜滋擾。爲此示仰闔屬官吏商牙軍民人等知悉，嗣後凡值大典差徭，仍遵定章承辦，不得缺悞。倘胥役人等多借少還，或於向章之外，借詞租借，以及需索擾累情事，許該牙等指名稟究。各宜凛遵毋違，特示。

同治九年四月　日示。木業商牙程怡記、程新記、程元泰、程恒裕、沈萬源、沈文興、沈一元、沈宏茂、方正興、單公裕、單宏記、單源記、楊聚豐、宋萬祥、胡祥發、胡信孚、董慶豐、董少陶、歐陽大成、歐陽泰豐、胡益昌、胡玉豐、胡兆熊、胡衙興、汪恒順、汪恒裕、汪源盛、金大生、金大有、潘怡順、潘恒泰、潘永豐、大豐和、震生裕、褚公順、陳天盛、周萬盛、周同茂、復隆、同萬和。

江蘇省博物館編《江蘇省明清以來碑刻資料選集・江蘇按察司禁止借木差徭丁胥例外飛派碑》 欽命布政使銜署江南蘇州等處承宣布政使司按察使應，爲抄詳諭飭事。本年七月二十四日，奉獲撫部院張批，前司詳送沈萬源木行等稟示諭借木差徭，禁止丁胥例外飛派碑摹，并聲明嗣後承值此項木差，准其建設巽正公所，選舉司董經理緣由。奉批：如詳飭遵此，復碑摹存等因，到司。奉此，查此案前於具詳時，當經札行蘇州府暨飭該三縣遵照新章辦理，毋任丁胥弊混在案，奉批前因，除再轉行府縣遵照外，合亟抄詳諭飭到該司董等，即便遵照。嗣後遇有大典，凡須借木差徭，應照新章承值，妥爲經理，毋稍缺悞，致取咎戾。切切特諭。

計抄詳右諭巽正公所司事并經董沈萬源、楊聚豐等准此。經辦沈英堂、胡唫山。

同治九年八月初二日諭。監印官五品銜補用典史阮世渭。

江蘇省博物館編《江蘇省明清以來碑刻資料選集・蘇州府規定巽正公所所需經費應於行用内按照木植出塘每甲提錢四百文歸入公所抵充公用并辦善舉碑》 奉憲勒石

代理江南蘇州府事鎮江府正堂蔣，爲給示曉諭事。案據職監沈仁福、楊一鶚等在長、元、吴三縣，分開木行，代客買賣，嗣因差務殷繁，設立巽正公所，選舉司董承值，例當差徭，悉遵藩憲示諭碑摹辦理。查公所所需經費，出諸牙用，然全充公費，不足以昭平允。公同彙商，擬於行用内按照木植出塘，每甲提錢四百文，無論西廣建浙，一律照提，悉數歸入公所，抵充公用，有盈即辦善舉，衆情允洽。第恐客商私賣隱射，則用金無着，公費無出，貽悞要公匪輕，環乞給示曉諭各商，運木至蘇，一律投行銷售，不准對客自賣，并諭各行照章提用入公，值差辦善，永遠遵行等情。當經批仰長、元、吴三縣查明詳奪去後，茲據詳復，該牙於行用内，按照木植出塘，每甲提錢四百文，歸入公所抵用，查係規復舊章，出於各行自願，衆情允洽等情前來，除批示外，合行給示曉諭。爲此示仰木業商牙諸色人等知悉，爾等須知值差辦善，在在需資，務各按照木植出塘，無論西廣建浙，一律每甲提錢四百文，隨時歸入巽正公所抵用。其各商運木至蘇，俱應照章投行銷售，毋許客商私賣隱射，以及地匪人等，從中阻撓。如敢故違，許即指名稟究。至公所應辦要公務，須和衷經理，勿稍懈弛貽悞爲要。其各凛遵毋違，特示遵。

木業同行沈一元、沈文興、沈萬源、楊聚豐、金大有、金大生、沈宏茂、胡司興、胡信孚、胡祥發、胡玉豐、宋萬祥、汪恒裕、汪恒順、汪源盛、潘永豐、潘怡順、潘恒泰、復隆、同萬和、天盛信、大豐和、源泰昌、震生裕、褚公順、周萬盛、周同茂。同治十年正月二十六日示。

江蘇省博物館編《江蘇省明清以來碑刻資料選集・蘇州府禁止地匪棍徒向小木作公所作踐及私行盜借侵僭情事碑記》 署理江南蘇州府正堂加十級紀録十次倉，爲給示禁約事。據長、元、吴三縣民人陳余棋、馮聖輿等赴府詞稱，伊等開張小木作藝業，嘉慶十五年，在於吴治甜橋巷内，捐建公所房屋十二間，供奉聖帝魯班祖師神象，迄今十有餘載。經辦之中，亦有年老回籍，或有移開他處，恐同業幼輩，年久廢弛，以房盜租作踐，或近鄰褻瀆侵僭，叩乞示禁等情，到府。據此，合行給示禁約。爲此示仰該地方居民及司事人等知悉，如有地匪棍徒在於該公所作踐，以及私行盜租侵僭情事，許即指名具稟，以憑拿究，該地方倘敢狥隱，察出并處不貸。各宜凛遵毋違，特示遵。

道光元年二月十六日示。

司事陳余棋、馮聖輿、程徽玉、鍾士林、陳貞炎、汪細玉、周觀志、程大義、胡竈春、周桂山、陳家起、曹啓明、高仲未、周竈啓、汪寶玉、胡竈福、黄觀貴、高大春、曹行惠、王進柏、任雙喜、王進貴、胡啓萬、汪奎先。

江蘇省博物館編《江蘇省明清以來碑刻資料選集・小木業公議各項條規碑記》 謹啓。吾行小木一業，捐建公所已久，未曾重修，至道光二十四年，同業捐資，修理重建，合堂油漆，神光開點。再前輩老師議定章程，各有條規，據簿登明，未曾刻石，今因幼輩未曾盡悉，公議將各項條規，刻碑爲據。

一議同業花甲以外開張行規，以免

一議衆店友因未行規大事，仍開公所公議。

一議倘有私事，毋許開公所，如有私開，議罰。

一議外行開張吾業，先交行規錢四兩八錢。

一議外來伙友開張，先交行規錢四兩八錢。

一議本城出師開張，先交行規錢二兩四錢。

一議要帶本地之徒，先交行規錢五兩。

一議倘有不交行規私開，照規加倍。

一議新開作户，要領行單爲據。

一議此錢入與公所，款神祝獻公用。

同行司事告白。

王觀泰捐洋三元，張玉春捐洋三元，汪四順捐洋兩元，洪慶壽捐洋兩元，程進寶捐洋兩元，黄阿八捐洋兩元，錢德水捐洋兩元，汪觀美捐錢二千文，胡永興捐錢一千四百文，陳錦和捐錢一千四百文，汪耀宗捐錢一千四文，陳全喜捐洋一元，陳愛日捐洋一元，周友寶捐洋一元，汪社有捐洋一元，周九德捐洋一元，汪滿喜捐洋一元，周三交捐洋一元，陶起榮捐洋一元，汪廸永捐洋一元，胡春樹捐洋一元，程四芳捐洋一元，胡天妹捐洋一元，汪進寶捐錢一千文，高天應捐錢一千文，許百壽捐錢一千文，韓永先捐錢一千文，汪大榮捐錢一千文，汪竈根捐錢一千文，葛啓茂捐錢一千文，程寶元捐錢一千文，胡三妹捐錢一千文，汪顯金捐錢七百文，戴福喜捐錢七百文，胡天財捐錢七百文，竇義周捐錢七百文，舒洪志捐錢七百文，戎東富捐錢七百文，邵天烟捐錢七百文，周有舜捐錢七百文，錢慶元捐錢七百文，程觀春捐錢七百文，宋永慶捐錢七百文，周竈妹捐錢六百五十文，陳元坤捐錢五百文，張文栗捐錢五百文，汪秉珍捐錢五百文，王明輝捐錢五百文，王明鍾捐錢五百文，汪福求捐錢五百文，王光泮捐錢五百文，周林寶捐錢五百文，汪興家捐錢五百文，陳愛喜捐錢五百文，汪正喜捐錢五百文，趙能興捐錢四百文，余細得、戴玉峰、馮竈壽、葉長福、王應福、胡福財、汪銀法、胡有海、戴高喜、汪生九、胡有華，以上各捐錢三百五十文。

江蘇省博物館編《江蘇省明清以來碑刻資料選集・紅木巧木業伙友因被置器鋪誣控不服將捐款捐入公所公用碑記》　吾行做新合衆伙友一業，因道光十六年間，被置器鋪誣控吾行一業，勾串匪人字樣，衆心不服，每每各捐錢文，共二十八千七百三十四文，入捐公所，大事公用。長生公會整舊伙友在置器鋪營生，亦在班祖遺下傳傳，豈不是之規矩矣。雖有高低，各居安，規模恪守。辛力皆勞，捐資一文，願存在長生會內入櫃，倘有大事公用。因道光十六年間，被置器鋪誣控吾業，因未訟事，將此櫃内之錢十六千八百文，捐入公所公用。

道光二十四年六月，重修公所，神光開點，長生會内，又加捐錢五千文。

羽士華茂松捐錢十千文正。

江蘇省博物館編《江蘇省明清以來碑刻資料選集・重建小木公所同業捐款數目碑記》　重建小木公所序

吾行合城内外梱木、雜木、床作、機子作，共合通行小木一業，依先在蘇營生。吾先司祖請同業公議，是於嘉慶初年，各姓捐資銀兩，設立公所，供奉關聖帝君、魯國先師神象，坐落吴治憩橋巷内。公立各項規條，不准私心隱匿，歷久無異。不料庚申兵燹，公所房屋被毁，所有各項賬目及行規等件，一併失去。後蒙大憲克復省垣，吾行同業皆得四處回蘇，安居手藝。查察公所，已經被匪拆爲平地，但見瓦礫荒丘，能不傷心浩嘆。故而邀集同行司年汪來寶、洪正寶、汪祖榮、洪正安、湯太祥、譚華林、胡兆進、戎開勛、湯朝林、錢紹茂、張召璐、汪智壽、俞明征、陳定陽及同業各姓等，公同商勸捐助銀兩，復興公所。即於地基上請示起建上下樓房六間。現已成工，所有捐用細賬，逐款開列於後。再請輪班當值司年，以杜弊隱。前廊屋宇，仍請復捐公助。謹序勒石，以垂永遠。同治九年十月　日同業公立。

計開捐數：

汪祖榮捐洋十五元，喻觀全捐洋六元，舒源捐洋五元，汪來寶捐洋四元，湯太祥捐洋四元，吴觀長捐洋三元，葛啓成捐洋三元，汪木良捐洋三元，程招福捐洋三元，郭老三捐洋三元，譚華林捐洋三元，汪智壽捐洋兩元，汪正寶捐洋兩元，邵四江捐洋兩元，汪景裕捐洋兩元，汪瑞裕捐洋兩元，張召璐捐洋兩元，洪正安捐洋兩元，方竈恒捐洋兩元，胡正慶捐洋兩元，湯呈金捐洋兩元，吕長生捐洋兩元，戴金福捐洋兩元，俞明征捐洋兩元，王明錦捐洋兩元，汪家順捐洋兩元，董有財捐洋兩元，戎開勛捐洋兩元，錢紹茂捐洋兩元，張宗九捐洋兩元，汪三喜捐洋兩元，姜寶榮捐洋兩元，舒義興捐洋兩元，胡義泰捐洋兩元，尤秋亭捐洋一元，程福壽捐洋一元，湯朝林捐洋一元，江乾泰捐洋一元，張雲龍捐洋一元，洪華美捐洋一元，陳觀有捐洋一元，陳軒福捐洋一元，汪竈喜捐洋一元，汪高喜捐洋一元，胡春祥捐洋一元，同寶裕捐洋一元，戴登賜捐洋一元，吕富生捐洋一元，劉永魯捐洋一元，錢增福捐洋一元，程全福捐洋一元，馮銀和捐洋一元，王洪興捐洋一元，李竹亭捐洋一元，錢紹明捐洋一元，李錦文捐洋一元，李老關捐洋一元，李老奎捐洋一元，吴超琴捐洋一元，程和尚捐洋一元，單奎寶捐洋一元，程炳來捐洋一元，林介堂捐洋一元，陳定揚捐洋一元，俞明錦捐洋一元，張榮花捐洋一元，汪泰來捐洋一元，劉大山捐洋一元，程康福捐洋一元，袁記炳捐洋一元，陳元炳捐洋一元，陳元福捐洋一元，吕兆海捐洋一元，汪智萬捐洋一元，王有貴捐洋一元，朱泗川捐洋一元，曹四寶捐洋一元，洪天賜捐洋一元，鮑恒裕捐洋一元，葛全綱捐洋一元，汪祖禮捐洋一元，姚起來捐洋一元，胡兆進捐洋一元，馬觀壽捐洋一元，葉三有捐洋一元，鮑全岳捐洋一元，馬阿老金捐洋一元，徐榮有捐洋一元，程壽華捐洋一元，王阿德捐洋一元，方德明捐洋一元，饒加壽捐洋一元，劉忌興捐洋一元，劉守銘捐洋一元，陳早金捐洋一元，獅山前共捐洋五元，陳觀貴捐錢一千，戴惠貴捐錢一千，方觀妹捐錢一千，郭鳳山捐錢一千，汪永泰捐錢一千，梅文增捐錢一千，王全耕捐錢八百，姚啓雲捐洋一元，郭老雙捐洋一元，趙天賜捐洋一元，吴瑞記捐洋一元，劉富華捐洋一元，陳雲來捐洋一元，喻大義捐洋一元，程松山捐洋一元，葉金全捐洋一元，潘文榮捐洋一元，趙定華捐洋一元，孫元芳捐洋一元，汪喜寶捐洋一元，汪長生捐洋一元，劉端林捐洋一元，楊勝山捐洋一元，方觀和捐洋一元，盛秋亭捐洋一元，蔡銀福捐洋一元，劉小四捐洋一元，蘇玉其捐洋一元，方永輝捐洋一元，張照彩捐洋一元，胡萬隆捐洋一元，洪玉寶捐洋一元，沈觀玉捐洋一元，汪黿妹捐洋一元，任廣大捐洋一元，劉松亭捐洋一元，周全基捐洋一元，程德朋捐洋一元，趙福寶捐洋一元，汪右交捐洋一元，李玉山捐洋一元，顧梅亭捐錢一千，方觀祥捐錢一千，汪阿三捐錢一千，邵裕榮捐錢七百，傅梅亭捐錢七百，湯祥里捐錢七百，朱有獻捐錢七百，董明菊捐錢七百，諸炳如捐錢七百，傅新和捐錢七百，宋壽林捐錢七百，徐玉春捐錢七百，饒天喜捐錢七百，王明義捐錢七百，李閏南捐錢六百，汪景山捐錢五百，楊明山捐錢七百。

以上共捐洋一百九十七元，又共捐錢十九千三百文。

江蘇省博物館編《江蘇省明清以來碑刻資料選集・江蘇按察使司爲長元吴三縣置器鋪户永免差徭以及借賃勒變等事如遇公務需用家伙由官按市給價平買永禁胥役等借差租借滋擾碑記》 奉憲永禁勒石

欽命布政使衙署江南蘇州等處承宣布政使司按察使應，爲重申舊章，勒石永禁事。據長、元、吴三邑置器鋪户章萬隆等稟稱，切照商等坐落界内，開設置器店鋪，前於康熙三十二年，奉前蘇州府盧議詳毋許奸胥蠹役指借賃備爲由，仍累鋪户，奉前府憲宋批准勒石永禁在案。惟從前有頭行經承名目，凡差務一切悉歸經理，今則并無頭行經承名目，當時詳定各項差務，由頭行經承料理，其實民間仍不免苛派之累。今奉各大憲體恤民艱，一切物件，概由内署現銀平買，絲毫不擾於民。原碑所載，拜牌丁祭觀風等項，悉有頭行經承料理。今拜牌則有新建萬壽宫，各項家伙，由官爲備齊，丁祭各物，則由公正紳董現銀採買，觀風考試，則有新設試院桌凳齊備，文廟習儀，則各學置有桌凳，宣講鄉約，則輕事減從，無待承值。其餘祈晴禱雨，到任喜壽，公宴等項，亦由各衙門自行備辦，未有頭行經承料理之事。且自蘇城克復以後，欣逢大憲興利除弊，與民休息，凡公務需用家伙，從未飭派差保，租賃辦差。詎料今冬叠有差保，持票持條，租賃各項伙，雖非苛派差徭，但一經若輩之手，則日後相沿成例，借端訛索，毁壞器物，化用使費，吞蝕租價，賠貼扛力，勢所必至，此等苦情，難以枚舉。當經勉凑各種家伙，呈蒙邑尊吊銷諭單，不涉差保之手，由内署給發租價，以免滋擾在案。惟闔業會商，租賃給價，亦有數難，蓋各店本微利少，借以門銷，若一經借出，店面難已一空，有人購辦，商等一介小民，不能瀆入公署，以致領回維艱。蒙發租價，若被吞蝕短發，及原物損傷缺少等情，瑣屑異常。既未便事事瀆控，必致有冤難伸。伏查竹行木牙，亦因畏差滋累，借詞租借，經職員潘興詩、沈萬源等先後稟奉升任藩憲張批准永禁勒碑有案。今商等置器一業，本微貨少，聯名籲懇恩賜給示勒石永禁，并飭府縣遵照等情。據此，查租賃家伙，雖係由官給價，究難免胥役擾累滋弊，兵燹後，各店鋪本微貨少，係屬實情，從前既經勒石永禁有案，應即出示嚴禁，勒石遵守，以杜滋擾。除飭蘇州府暨長、元、吴三縣一體遵照外，爲此示仰闔屬官吏軍民人等知悉，嗣後長、元、吴三邑置器鋪户，循照舊章，永免差徭，以及借賃勒變等事。如遇公務需用家伙，由官按市給發現銀，照例平買。倘有胥役地保人等仍前借差租借滋擾，許該鋪户指名稟究。各宜凛遵毋違，特示遵。

通和、章萬隆、吴森盛、陳添泰、瞿慶昌、饒源泰、陸森盛、嚴仁泰、同立等公稟。

同治九年十二月十六日示。

江蘇省博物館編《江蘇省明清以來碑刻資料選集・集德公所碑記》 竊惟吾行置器一業，每逢公事，向無彙議之所。自遭兵燹之後，公事叠出，是以邀集同行公議，捐資置地，建造集德公所，以爲同業彙議之所，并設立義塾善舉。茲有漆作一業，雖有舊章，而乏公所，該業等情願捐助錢壹百四拾千文，併入集德公所，設有添設并裝折修理等情。各號分派，以垂久遠，特將規條開列於後。

一議吾業置辦公所，各店抽厘，爲辦善舉起見，與各店進貨一切價目，毫不干涉。

一議公所係辦善辦公之地，如有緊要公事，在公所彙，如與公事無涉，概不得在公所集議，以歸公正。

一議公所銀洋賬目一切，司年月挨次輪流經管。

一議置器漆作一業，併入集德公所，永爲始終如一。

一議吾業店中如有公事，公同辦理，不得推諉。

一議每月十八日，司年司月同執事到公所，收各店月厘。

一議添辦善舉，先補業中恤嫠會爲最要，其餘代賒籌善，挨次增補。

一議義塾十徒爲滿，不得過多。

一議公所已成，須望各號月厘，踴躍慨助，以冀善舉源遠流長。

同治十一年四月　日立。

江蘇省博物館編《江蘇省明清以來碑刻資料選集·置器公所公議規條碑》

吾行置器漆作一業，向有成規，自遭兵燹之後，尚未整頓，公所恐其紊亂舊章，是以爰集同業衆友彝議，捐助錢壹百四拾千文，併入置器集德公所，内供奉祖師神象，以作公所。諸皆允洽，始終如一，所有尊塑神象，以及神龕什物裝折等情，憑司年會同集議，隨時添辦。照例分派，毋得推諉異言。今將所議規條，開列於後。

一議每遇款神壽誕經費，均憑司年，照數各歸公派。

一議每逢公事，准其在公所彙議，如非公事者，不准。

一議同業衆友，如閒暇歇工者，不准在公所乘凉作踐。

一議同業衆友，不准在公所賭博飲酒。

同治十一年四月　日立。

江蘇省博物館編《江蘇省明清以來碑刻資料選集·長元吴三縣梳妝公所議定章程碑》　奉憲勒石

江南蘇州府元和、長洲、吴縣正堂加十級紀録十次李、王、凌爲會銜給示曉諭事。奉本府憲魁札開，據民人朱吉壽、陸開論、潘洪富、宣廣耀、孫明有、陳立高、匡章正、端利祥等赴府稟稱：切身等開設紅木梳妝等件作鋪一業，向有公所，曾經同業公議善舉章程。如有伙友年邁無依，不能做工，由公所内，公議照章樂捐集資，每月酌給膳金若干。如遇有病無力醫治伙友，由公所延醫診治給藥，設或身後無着，給發衣衾棺木，暫葬義冢，立碑爲記，曾經同業稟請府縣給示立案。自兵燹後，公所坍壞折毁，已成土堆，而同業無力起造，以致善舉廢弛，行規紊亂。歷年所有年邁孤苦伙友，毫無生計，不特生無倚靠，甚至身後無着，亦復不少。身等目擊情形，不忍坐視，是以同業公議遵照舊章，無論開店開作，歸店主每月自願出捐一文善願，自開張至今，稍有積資。於光緒十五年八月間，由同業置買公所房屋基地一所，業已税契，坐落吴邑北利三上圖廖家巷底。惟身等刻欲起造，并將昔年議定舊章善舉規條，復經同業公議允洽，開列善舉規條章程附呈，求恩給示，并飭三縣給示遵行，以垂永久而昭公允。身等誠恐有等外來無賴棍徒，從中阻撓滋事，有礙善舉，紊亂行規，稟乞給示遵行等情，到府。據此，除批示外，合抄章程，札飭札縣會銜給示遵守等因，到縣。奉此，合行給示曉諭，爲此示仰地保及該同業人等知悉。自示之後，爾等務各查照章程，一體遵守，倘有外來棍徒，從中阻撓，紊亂成規，有礙善舉情事，許即指名稟縣，以憑提究。地保徇隱，察出并懲，其各凛遵毋違，特示遵。

計抄章程：

一議同業公議，遵照舊章，無論開店開作，每日照人數，歸店主願出一文善願。

一議同業公議，現以歷年所捐一文善願，積資置買公所基地一處，即欲起造。

一議年邁孤苦伙友，殘疾無依，不能做工，由公所每月酌給膳金若干。

一議如有伙友疾病延醫，至公所診治，并給湯藥。

一議如果伙友身後無着，給發衣衾棺木灰炭等件。

一議如有伙友病故而無墳墓，由公所暫葬義冢，立碑爲記，且俟家屬領回。

一議祖師墳墓及義冢毘連，每年七月中旬，同業齊集祭掃一次。

一議如果公所起造工竣，由同業中公舉誠實之人，司年司月。

一議外方之人來蘇開店，遵照舊規入行，出七折大錢二十兩。

一議外方之人來蘇開作，遵照舊規入行，出七折大錢十兩。

一議本地之人開店，遵照舊規入行，出七折大錢二十兩。

一議本地之人開作，遵照舊規入行，出七折大錢十兩。

一議無論開店開作，欲收學徒，遵照舊規入行，由店主出七折大錢三兩二錢。

一議如果學徒滿師，已成伙友，遵照舊規入行，伙友司出七折大錢六兩四錢。

光緒十九年七月二十一日示。

江蘇省博物館編《江蘇省明清以來碑刻資料選集・梳妝同業章程碑》

奉憲勒石

欽加同知銜在任候補直隸州調補蘇州府吴縣正堂凌，爲查案再行給示曉諭事。據端利祥、孫明友、潘洪富、匡章正、宣光耀等禀稱：身等紅木作專做大小梳妝粉鏡文櫝等件營生，復建公所，遵循行規，同業議定捐資辦理善舉。曾於光緒十九年間，禀經府憲魁札行三首縣會銜給示有案，同業恪遵無異。不意有徐阿四、强老虎、陳安玉、許玉林、鄒義興向做紅木玻璃燈架挂鏡插鏡機架一業，與身等各作，不相關涉，既不同行，又不出捐。近今紊規，攙做洋鏡小亭等物，在店售賣，與理蠻霸。迨見强老虎作内擺賣小亭，經身利祥講價買回，持物邀請同業理論，伊等始認不合，後徐申南等同衆取去。切思紅木一業，各做各賣，身等亦不能越做燈架，豈容徐等亂章做賣。此係昔時議定之規，并非覬覦生妒，聯名禀乞給示曉諭遵循等情，據經批駁去後。兹據端利祥等粘呈伊等同業議規及抄録小木玻璃燈架業行單續禀前來，聲請向做燈架者，不得越做洋鏡，向做洋鏡者，不得越做燈架，仍乞給示曉諭等情，到縣。卷查光緒十九年，所給印示，載有議規十三條，均爲善舉而設，并無向做燈架者不做洋鏡、向做洋鏡者不做燈架之説。而查閱端利祥等現呈行規，均係同業自議價目，亦無不准統做之條。除批示把持行市，律有專條，若欲强分疆界，壟斷居奇，萬難准行。惟十九年所給印示，善舉攸關，應准照案曉諭挂發外，合行查案抄議再行給示。爲此示仰該地保及紅木作各同業人等知悉，自示之後，爾等務各遵照後開章程十三條，永守勿改。倘有外來同業，阻撓亂規，有礙善舉情事，許即指名禀縣，以憑提究。其各凛遵毋違，特示遵。

計開：

一議同業公議遵照舊章，無論開店開作，每日照人數歸店主，願出一文善願。

一議同業公議現以歷年所捐一文善願，積資置買公所基地一處，即欲起造。

一議年邁孤苦伙友，殘疾無依，不能做工，由公所每月酌給膳金若干。

一議如有伙友身後無着，給發衣衾棺木灰炭等件。

一議祖師墳墓，與義冢毘連，每年七月中旬，同業齊集祭掃一次。

一議如有伙友疾病延醫，至公所診治給藥。

一議如有公所起造工竣，由同業公議誠實之人，司年司月。

一議外方之人來蘇開店，遵照舊規入行，出七折錢二十兩。

一議外方之人來蘇開作，遵照舊規入行，出七折錢十兩。

一議本地人開店，遵照入行，出七折錢二十兩。

一議本地人開作，遵照入行，出七折錢十兩。

一議無論開店作欲收學徒，司業公議，遵照由店主出七折錢三兩二錢。

一議如果學徒滿師成伙入行，出七折錢六兩四錢。

光緒二十一年四月二十一日示。

江蘇省博物館編《江蘇省明清以來碑刻資料選集・吴閶錢江會館碑記》

會館之設，肇於京師，遍及都會，而吴閶爲盛。京師群萃州處遠宦，無家累者或依憑焉，諸計偕以是爲發橋寫鞍之地，利其便也。他都會則不然，通商易賄，計有無權損益，征貴征賤，講求三之五之術，無一區托足，則其群涣矣。吾杭饒蠶績之利，織紝工巧，轉而之燕，之齊，之秦晉，之楚蜀滇黔閩粤，衣被幾遍天下，而尤以吴閶爲繡市。國家百貨初通，吾鄉人之業於吴閶者，願受一廛，迄無寧宇。或地僻左而艱於往來，或室湫隘而跼於棲止，假館它族，百年於兹。乾隆二十三年，始創積金之議，以貨之輕重，定輸貲之多寡，月計歲會，不十年而盈巨萬，費有借矣。閶闗東北桃花塢，京兆宋氏之舊廬在焉，凡爲楹者計一百三十有奇，垣墉高而瓴甓堅，堂構焕而棟宇壯，冬有温廬，夏有凉蔭，洵廛郭之佳憇而羇旅之安宅也。以白金七千二百兩易之，易朽敗，鮮漫漶，修河塘以通水，而輪載不勞，按方位以鑿井，而鬱攸可遠，榜曰錢江會館。堂之中祀神，以義合者宜有所宗也，封疆大吏暨藩伯監司，咸書額以張其事，益體聖天子通商惠旅之至意。而吾鄉人之至者，得以捆載而來，就賃無所費，不畏寇盗，亦不患燥濕。自今以始，毋以爲唐肆，狥情而館私人，毋以爲過所，畏執而稱使客，守之以恒，協之以和，傳之永永可也。鄉人歸，群然造余，請志顛末。余不能措一議，目諸君所口述者而遂記之。若夫經費之數，垂久之規，碑陰列之詳矣，不復贅焉。大清乾隆三十七年龍集壬辰正月望日，仁和杭世駿撰，錢塘梁同書書。

江蘇省博物館編《江蘇省明清以來碑刻資料選集・吳縣永禁官吏佔用錢江會館碑》 奉憲永禁

特授江南蘇州府吳縣正堂加五級紀録十三次記功十五次楊，爲環籲憲恩飭禁安商事。乾隆四十一年六月初七日，奉署理江南蘇州府正堂加十級紀録十次林憲行開，奉太子太傅内大臣文華殿大學士兼禮部尚書議政大臣仍管兩江總督部堂高批，據浙杭綢商葛金章、蔣永茂、姚源發、方恒源等呈詞前事内稱，商等在於吳縣北亨三圖地方，公建錢江會館，爲貯貨公所，外供關帝，内奉文昌。蒙上憲咸給匾額，久經呈明入册，春秋官爲致祭，本不可爲當仕公館。祗緣乾隆三十九年，升任吳縣孫暫借居停一月，旋即出還，不意上年十月間，有署蘇督糧廳劉復來借作公館，董事畏勢，狥情借與。孰知携有眷屬，借用房屋三十餘間，商等只得將貨物搬出，不但貯貨無所，且既有上下眷屬，商等理應避忌。凡遇經營集議，以及祭祀神祇，均格礙難行。延今九月，女眷産育，難免穢褻，神何以堪，屢求遷移，交還無日。竊思蘇城省會官長頗多，設使一官移去，一官復來，習以爲常，將來長成官署，異商掣肘，難以名言。爲此環籲叩賜飭禁等情。奉批：查會館爲商賈貿易之所，未便官爲久占，仰蘇州府查明示禁詳奪等因，轉行下縣，遵即查催劉丞眷屬遷移，并據該商呈稱示禁張挂，難免日久飄零，即賜勒石，以垂永久等情。詳蒙本府轉詳，奉閣督部堂高批，允勒石在案。查商賈捐資，建設會館，所以便往還而通貿易，或貨存於斯，或客棲於斯，誠爲集商經營交易時不可缺之所。若借作公館，使客貨反無依歸，勢必另爲覓地安頓，良多未便，甚非恤商之道，合行叙案勒石永禁。爲此碑仰該會館司事及各商衆人等知悉，嗣後如有當仕借作公館者，許即屏絶。倘該地方與辦差人役混行勒借，一經舉禀，定拏究治。其各永遠凛遵毋違，須至碑者。

乾隆四十一年十月二十四日立。

江蘇省博物館編《江蘇省明清以來碑刻資料選集・錢江會館各莊捐輸厘費碑》 乾隆二十三年起至四十一年止，各莊捐輸厘費列左。

開泰升記，壹百六十八兩壹錢叁分。

泰生恭記，貳百七十四兩五錢八分。

開泰仁記，壹百九十二兩零四分。

泰生惠記，玖十四兩壹錢一分。

永記字號，壹百二十六兩二錢一分。

恒德興記，叁百八十七兩三錢六分。

永茂字號，貳百零七兩七錢四分。

金章九記，捌百貳十壹兩二錢二分。

春源字號，壹千貳百壹十二兩六錢六分。

恒豐裕記，叁百十七兩零五分。

祥發寧記，五十壹兩二錢。

恒豐森記，壹千三百五十三兩七錢五分。

裕昌有記，壹千壹百零九兩壹錢四分。

裕泰字號，壹百二十二兩六錢二分。

源發字號，壹千七百八十兩零三錢三分。

萬恒字號，四百十兩二分。

宏章字號，叁百四十九兩壹錢九分。

震泰元記，四百十九兩七錢四分。

恒豐協記，八百八十七兩七錢三分。

建記字號，四百零八兩八錢四分。

豫泰字號，壹百三十六兩壹錢。

慶隆和記，叁十六兩四錢二分。

長源孔記，九十九兩七錢五分。

慎德字號，十壹兩壹錢二分。

恒源字號，三十九兩四錢。

恒隆靖記，五兩八錢。

以上共計捐輸元銀壹萬壹千貳十貳兩二錢五分。

江蘇省博物館編《江蘇省明清以來碑刻資料選集・蘇州府爲胡壽康等設局捐濟綢緞業善舉永禁地匪滋擾各綢莊照議扣捐毋得以多交少碑記》 奉憲永禁遵守

特授江南蘇州府正堂加十級紀録十次舒，爲據情詳明立案事。奉布政司文札，奉蘇撫部院孫批，該府詳職監胡壽康等設局捐濟綢緞同業善舉立案遵守緣由，奉批，如詳立案，仰蘇州布政司會同臬司飭即移行知照給示曉諭勒石遵守，仍將每年收支各數，造具徵信録，通送查考繳，規條册存等因到司。奉此，并據該府并詳前來，合就轉飭等因，并奉藩憲批，本府具詳前由，奉批，此案現奉撫憲批司轉飭，仰即查照另札遵行，仍候臬司批示繳，規條册存等因。又奉署按察司積批開，如詳立案，即飭知照，仍將示式勒石碑摹呈司查覈，仍候撫憲暨藩司批示繳册存等因，各到府。奉此，查職監胡壽康等慕義設局，捐濟同業，事屬善舉，其各店消貨捐厘，仍由浙莊按數扣交公局，亦屬至公。現奉各憲批准，除移嘉興、湖州二府并札吴縣、吴江、震澤三縣一體示諭外，合就給示勒石遵守。爲此示仰各該地保及綢緞同業以及在蘇消綢各莊人等知悉，所有職監胡壽康等經置房屋，作爲公局，捐厘助濟綢業中失業貧苦、身後無備，以及異籍不能回鄉，捐資助棺，酌給盤費，置地設塚等善事，自當永遠恪遵。如有地匪人等，借端滋擾，以及年輕尚有可爲，不應周恤之人，妄思資助，向局混索，許即指名禀候拏究，發保狗縱，察出并懲。各綢莊照議扣捐，亦毋以多交少，狗隱干咎。該董事等務須秉公，妥爲經理。各業鋪亦當和衷共濟，以襄義舉，勿稍始勤終怠。仍將每年收支各數，造具徵信録，呈候通送各憲備案，并分送各捐户查考，毋違。特示遵。

道光二十三年十二月二十六日示。給七襄公局勒石搨摹。

江蘇省博物館編《江蘇省明清以來碑刻資料選集・震澤縣規定綢業捐辦善舉辦法碑》 奉憲永禁遵守

欽加知州銜特授江南蘇州府震澤縣正堂加三級左，爲遵奉出示曉諭事。奉府憲行奉布政司文札，奉蘇撫部院孫批，該府詳職監胡壽康等設局捐濟綢緞同業善舉立案遵守緣由，奉批，如詳立案，仰蘇州布政司會同臬司飭即移行知照給示曉諭勒石遵守，仍將每年收支各數，造具徵信録，通送查考。詳奉各憲批准，飭即一體給示等因，轉行到縣。奉此，查設局捐濟同業，事屬善舉，其各店消貨捐厘，仍由浙莊按數扣交公局，亦屬至公，合行給示曉諭。爲此示仰各該圩甲并各綢莊知悉，爾等綢緞莊業即遵照職監胡壽康等議禀，設局公捐，如有同業中貧苦身後無備，以及異籍不能歸鄉，捐資助棺，酌給盤費，并置地設立義塚，所需經費，查照議定章程，就各店消費捐厘辦理。如有地匪人等借端滋擾，以及不應周恤之人，妄思資助，向局混索，許即指名禀究，圩甲狗縱，察出并懲。各綢莊務當照議扣捐，共襄善舉，亦毋以多交少，狗隱干咎。仍將每年收支各數，造具徵信録，通送毋違，特示遵。

道光二十四年正月二十五日示。

江蘇省博物館編《江蘇省明清以來碑刻資料選集・長元吴三縣蘇城厘捐局爲絲業擬訂經伙經紀章程請予立案曉諭各絲經牙行遵守碑記》 奉憲永禁碑

欽加運同銜補用直隸州署江南蘇州府元和縣正堂加十級紀録十次王，欽加鹽運使銜補用道總辦蘇城厘捐局遇缺盡先即補府正堂劉，升用府補用分府准補新陽縣署江南蘇州府長洲縣正堂隨帶加四級紀録十次顧，候補直隸州署工南蘇州府吴縣正堂加十級紀録十次高，爲出示曉諭事。據絲業董事候選訓導周廷梁、監生李庭越禀稱：職等爲蘇城絲業公所各絲經行絲行商人悦記恒興公正祥成祥盛恒履祥仁泰昌恒發源泰萬興允長盛集成恒椿乾豐吉昌公三泰同豐源茂椿公和永恒和等，公舉職等董理其事，緣因遭兵四散，現際升平，復歸故業，而獲利艱難，舊章既無可遵守，行業遂難期振興。故於同治九年，先議整頓行業規條，同業樂於遵循。惟白拉攔截，蠹害無窮，復有失業徒伙，盡被籠絡，比黨街衢，敢干例禁。曾蒙出示嚴禁懲辦在案，業已遊手斂迹，著有成效，乘此痛加懲創之時，導以從善去惡之路。今議行業伙紀，分別收用，標爲經伙、經紀名目，其經伙在行幫理，經紀在外招攬，俾各資其糊口。而於同類可無傷氣誼，於游手亦無從混匿，私衷委曲，縷陳章程，應請立案，以昭信守，乞賜核示遵行給示永禁等情。據此，除批示外，合行示諭。爲此示仰絲經牙行經伙、經紀人等知悉，現據該董擬呈章程，爾等務各遵守議規。如有外路行家，離埠攔截主顧，白拉仍蹈前轍，許該董指名禀解，以憑訊辦。其各凛遵毋違。特示遵。

同治十年十一月十九日示。

江蘇省博物館編《江蘇省明清以來碑刻資料選集・長元吴三縣爲絲業議呈經紀取保條約絲經牙行經伙經紀務各遵守曉諭碑記》 奉憲永禁碑

署江南蘇州府元和、長洲、吴縣正堂加十級紀録十次王、隨帶加四級紀録十次顧、加十級紀録十次高，爲出示曉諭事。據絲業董事候選訓導周廷梁、監生李庭越禀稱，前經禀陳收用外行經紀條内，專爲行少人多不敷資生而設，定期一年，今擇於同治十一年二月二十八日，爲收用經紀之始，於十二年正月二十八日爲止。後如有外行，雖識絲經，概置不行。區區一業，訂期一年之久，其體恤人情，不可爲不至矣。至務求的保者，緣絲經價值貴重，恐投來經紀，不盡善良，倘在外設法奸騙，以及昧吞逃逸，違章犯科，情難預料。如或遭害，動作非細，不獨謬保之行，轉給秤據爲累，即職等失察之咎，亦何可辭。故欲作經紀，無拘本業外行，投來者，所保必取信實可靠，得知經紀深情，在本業中熟悉願爲出保者，應照所定保式，填名書押，然後給秤生理。再恐臨期有等半爲游手，視保爲細故，假名舊交，硬作甘保，不遂滋釁，致使所定難行，不得不先行冒瀆，籲請示奪。合將稟定經紀取保條約兩節,并擬增不當保兩則,一併粘呈,是否有當,應請察核施行。此與厘局無關,未敢率瀆,因仍請元、長、吳三縣憲會同給示公所,勒石昭守,乞准批示知照遵行等情,并粘條約到縣。據此,查前據該董事議呈章程,稟請示曉,不許外行離埠攔截白拉等情,據經本三縣會同蘇城厘捐局出示曉諭在案。茲據前情,除批示外,合行抄粘示諭。爲此示仰絲經牙行經伙經紀及外行諸色人等知悉,現據絲業董事候選訓導周廷梁等議呈經紀取保條約,爾等務各遵守議規,嗣後外行投來,欲作經紀者,所保必取信實可靠,得知經紀深情,查照擬定保式填書,給秤生理。如有游手視保細故,假名舊交,硬作甘保,不遂滋釁,違紊行規情事,許該董事周廷梁等指名稟縣,以憑訊辦。其各凛遵毋違,特示。

計抄粘:一 經紀取保,却不與經伙書名者,可比經伙書名者。業已在行幫理,指臂相聯,無礙大局。其經紀在外招攬主顧,有銀貨干涉,且易亂規,如一疏忽,關係匪輕。故有願作經紀者,須覓有身家者的保。其保式公議刊版刷印,存置公所,隨時領出,自行填名書押。該所保之行收執,另具本行圖記,轉至公所領秤,議取置秤立簿司費銀五兩七兑實紋。

一 議保式:立保據某某,今有親友某某素係安分,願作絲行經紀,轉保到某寶號,轉至公所領秤賣買。設有客款銀錢錯誤,願甘理直,立此保據存照。計繳置秤立簿司費銀正,同治年月日某某押。

一 經紀取保,不但父不當保子,即同業之伯叔弟兄,亦不當作的保。恐誼屬至親,難免有隱庇等情,致啓嫌疑,以貽口舌。

一 縉紳顯宦不當保。賣買細務,總屬銀錢交易,倘有錯誤,事應理直,而該保人或升遷他省,或公務羈留,殊多未便,當以生理場中誠實之人爲是。

同治十年十二月二十六日示。徐元圃鐫。

江蘇省博物館編《江蘇省明清以來碑刻資料選集·奉督撫各大憲核定踹匠工價給銀永遵碑記》 江南蘇州府正堂郭,爲□□倡亂等事。奉總理糧儲巡撫江寧等處地方都察院右副都御史加一級(下缺十二字)衆肆横緣由,奉批,仰蘇州府確查實情報。奉此,隨該本府行縣拘提竇桂甫等一干人犯,□□□□□□□□□所用踹布之人,俱從江寧屬縣,遠來□工者甚多,苟有一人跳梁煽惑,則衆心摇動,誠不容不□□□□□□□□□壹分壹厘。今歲六月間,□,有竇桂甫倡言年荒米貴,傳單約會衆匠停踹,索添工銀,布商程,高、張□□□□□□□□□開,相率呈縣,而地方陳全等見此輩停工洶洶,恐成亂萌,亦具呈該縣,申報憲臺。蒙批確查問,衆匠隨已帖息,似可不加深究。但竇桂甫□□□□□□□□□□□敢于鼓衆添價,因王明浩不肯附會,輒罰令唱戲酬神,以致餘人皆停工觀望。凶横如此,實係罪□□□□□□□□□□□也。至於徐□之與店主程美小等相争,亦挾竇桂甫之勢。勒美唱戲講和,乘機恣肆,斷不可長。竇桂甫□□□□□□□□棍,從寬決杖,驅逐出境。陳文之吳□□先已懼罪,逃歸原籍,姑免提究,不許復來地方作耗。徐勝之□□□□□□□□□□頭姑免擬罪,再審吳震所告詐臟,□□金勝,程美所告,即係唱戲祭神之費,均難究追。惟是踹布工匠,□□□□□□□□□工人應聽作頭稽查,作頭應聽商家約束,倘有來歷不明,及恃强生事者,即嚴行擯斥。其踹布工價,照舊例每匹紋銀壹分壹厘,□□□□□□□□□□□□□□勒石遵守,則憲禁永垂,商匠皆相安戴德矣,等因,具招申詳本院。奉批,仰府嚴飭。奉此,除將本犯轉行該縣發落驅逐外,合行勒石永遵。爲此飭諭徽商布店踹布工匠人等知悉,嗣後一切踹工人等,應聽作頭稽查,作頭應聽商家約束,倘有來歷不明之徒,及恃强生事者,即行擯斥。至於踹布工價,照舊例每匹紋銀壹分壹厘,兩不相虧,店家無容短少,工匠不許生撇,俱毋故違。一體永遵,須至碑者。

康熙九年十月　日,布商程益高、金勝記、吳元震、程義茂、汪元新、程泰順、程源高、隆記、程范升、朱紫陽、金和記、程恒升、吳義盛、程日升、佘允謙、朱日茂、佘益謙、姚聚源、程義昌、程隆泰、張升記等同立。

江蘇省博物館編《江蘇省明清以來碑刻資料選集·蘇州府處理踹匠羅貴等聚衆行凶肆凶科斂一案并規定以後踹布工價數目碑》 江南蘇州府正堂加六級盧,爲倡亂勢危事。康熙三十一年八月廿九日,奉總督江南江西部院傅批,據吳縣詳據布商朱日茂等呈控羅貴等一班流棍,冒名踹匠,肆行科斂,糾衆炙詐緣由,奉批,踹匠□□□□□□□□□□□□□安日久,何物甘貴、羅貴等輒敢煽惑齊行增價,以致聚衆毆搶,復毀官示,種種凶横,殊干法紀。仰蘇州府查照有名人犯□□□□□□□□□□□□□□人等,不得紛提滋擾可也,此繳,等因。又奉江蘇布政司張批,據吳縣申詳前事,奉批,仰蘇州府嚴查究報繳等因,又奉升任按察司高批,據吳縣申詳前事,奉批,□□□□□□□□借稱加誘煽惑各坊之流棍到案究審,招擬解報,以憑轉詳,盡法懲處,繳各等因到府,奉經嚴行長、吳二縣會勘去後,續據招擬前來,□□□□蘇郡布商收買布匹染踹,其踹布工價，奉前撫憲馬斷定每疋紋銀壹分壹厘，刊石皇華亭，毋庸增減，相安已久。有羅貴張爾惠等冒名踹匠，聚衆齊行威脅罷市，科斂炙詐。布商朱日茂等控縣通申粟批府審，兩經縣訊，據詳，踹匠皆係膂力凶悍之輩，俱非有家土著之民，散漫無稽，盜逃叵測，且異方雜處，奸宄易生，故擇有身家之人，踹坊領布轉給，則踹匠之來歷，貨物之失錯，悉與布商無預，責有攸歸。又緣踹匠孑身赤漢，一無携帶，保頭租賃房屋，備買□□□□銀叁錢陸分，是亦有本。詎羅貴、張爾惠、陳文之等，并在逃甘貴等，糾衆科斂，倡議加價，肆兇打詐，歷審情真。且羅貴，陳文之等吊閱案卷，節經犯事□盡□□□結黨横行，斂財惑衆，毁□禁示，假工冒告，詎非惡棍而何。將爲首之羅貴、張爾惠，捏告之王華、劉茂擬杖，再請枷責。其爲從之李承先、陳文之等，予不□重杖，遞回原籍各緣由，具招轉詳本部院，奉批，踹匠工價每疋壹分壹厘，既有前任撫院馬刊石炳據，羅貴等復敢冒名踹匠，科斂炙詐，煽惑齊行增價若干，貽害□□□□嚴等供質□□寬貸。但各犯既經撫院批審枷責，仰即遵炤發落，遞發原籍，仍將本部院前後批示情節，勒石永禁，以戢刁悍。至脱逃甘貴等緝獲另結□取遵依碑摹繳等因，到府。奉此，爲照此案先經總捕廳詳奉江撫都院宋批開，羅貴等聚衆行凶，肆凶科斂，仰將爲首之羅貴、張爾惠及捏詞之王華，劉茂俱枷示一個月，滿日各重責三十板。餘犯照擬折責，押回原籍，□□□犯照提另結等因在卷，今奉督院前批，隨行吴縣嚴提各犯照擬枷責，遞發原籍去後，續據該縣申稱，羅貴、張爾惠、陳文之等不遵發落，俱各潛逃，止將王□鳴二犯折責，遞解原籍，收管安插等情到府。又經嚴行該縣，務獲羅貴等在案，合行勒石遵守，爲此示仰商民坊户踹匠人等知悉。嗣後踹布工價，務遵憲□每疋壹分壹厘，踹石坊户，每月得賃石租銀叁錢六分，永遵成例，毋容增減。至於踹匠如有拐竊盜逃，爲非作歹，責成保頭，與字號染坊店主無涉。倘案内羅貴、張爾惠、王華、陳文之、孟啓之、潘二、甘貴、李承先、楊勝林、劉茂、李貴成、戴萬里、潘三、夏茂、楊焜、蔡和之等，仍遁來蘇，復行擾害，許諸色人等首報□□嚴拿發落，立時押回原籍，不許潛留。如有知情窩頓，一體治罪。其外别有不法棍徒，傚尤作奸，亦即指名呈報，立拿解憲，大法懲處施行，斷不輕宥。各宜恪遵，慎勿泄視，須至碑者。

康熙三十二年十二月　日，布商張致美德記、汪信義　記、吕萬元聚記、吴永亨元記、程德元大記、朱日茂元記、葉恒盛臻記、程益美正記、程益高誠永記、張恒有和記、吴啓祥泰記、朱紫陽生履記、吕雙元斗記、朱兆陽元記、吕咸亨泰兆記、程益有義利記、程長裕豐記、程益新盛記、程元貞通記、程日章隆記、吕雙泉衍記、程益隆正記、程恒益大記、程恒隆德記、程鼎元升記、金義盛城記、金鼎盛信記、方德和誠記、吴成泰德記、程源高大記、程禎祥大記、顧藹源恒記、朱元茂盛記、張恒泰祥記、吕永興元記、吴致和元記、吴永誠隆記、吴元陽大記、葉南陽大記、張恒茂麟記、金聚盛雲記、金萬成勝記、胡鼎泰恒記、汪□春美記、汪元春□記、金萬成裕記、吕大運通記、程震大元記、周正和達記、汪德新大記、汪孟興利記、程至和豫記、姚鼎新亨記、程大和生記、程兆泰恒記、許恒高正記、汪萬茂永記、趙泰運承記、張雙美和記、周恒發源記、金益隆生記、金恒隆泰記、徐祥泰誠記、鄭元貞大記、鄭祥美裕記、□□元和記、汪益茂誠恒記、汪□美致記、章恒旭允記、程晉榮隆記、吴元震泰記、范楚茂逢記、金復裕□記、俞啓芬六記、俞文闓□記、章恒隆久記。

江蘇省博物館編《江蘇省明清以來碑刻資料選集・遵奉督撫各憲定例永禁碑記》　江南蘇州府正堂加三級石，爲公叩憲恩給示勒石，以絶禍萌，永除大害事。奉總督江南江西等處地方軍務兼理糧餉操江兵部右侍郎兼都察院右副都御史阿批，本府詳據長、吴二縣□□約束踹匠禁止流棍煽惑等由，奉批，均如□□□勒石永遵，飭令□□捕官不得借端□□取咎，并候撫院批示繳。又奉總理糧儲提督軍務巡撫江寧等處地方都察院右副都御史加三級宋批，同前詳，奉批，流棍煽惑踹匠，聚衆肆横，仍爲地方大害，□□□□□□□患弭□□□仰速報□力舉行□，候繳行蘇州營□□□弁協同該二縣捕官督率約束，取具遵依碑揭送查，并候督部院批示繳等因，到府。奉此，案照先於本年四月初八日奉江撫都院宋批，據布商程同言、吴永亨、程廣泰、鄭元貞等呈詞前事内稱，切蘇郡出産布貨，所用踹匠，盈萬成千，俱責包頭約束，工價有例，食用有條，原自相安。□間□□如□□□須正□□□□□辦□□，流棍從中漁利，釀害非輕，幸荷憲天大老爺天威震攝，懲創以來，數年寧謐，遠近商民，共沐恩波不淺。不意去年四月，流棍之禍復起，先有劉如珍等斂錢演戲開釁，□□宗客路□□由包頭□克□錢□□，流棍之令一出，千百踹匠景從，成群結隊，抄打竟無虛日，以致包頭畏避，各坊束手，莫敢有動工開踹者。變亂之勢，比諸昔年尤甚，商民受害，將及一載。自前□□□經出示禁□，衆匠安業，猶恐禍根未除，□□□測，非借天語申飭，何以振遏群凶。爲此連名公籲，伏乞憲天大老爺俯頒金示，明彰曉諭，申敕蘇府轉行兩縣，勒石永禁，庶跳梁不復肆横，萬千商民共戴無涯。紀廣□等□□仰蘇州府查議報等因到府，奉此，遵經轉行長、吴二縣會議去後，續據兩該縣詳。據原呈程同言等條陳各款議復到縣，轉詳到府。該本府看得踹匠窮民也，非流棍引誘，無以肆其奸，流棍亡命也，非窮民□□，無以行其術，自昔爲然，於今爲烈。蓋匠之數萬人，奸良不一，好惡易投，棍等從而籠絡之，誘導之，東挑西撥，借景生端。或曰某日齊行，每匠應出錢五文十文不等，或曰某匠無業，□許□每匠應出銀二分三分不等，而衆匠無一不出，□□□□，積少成多，已盈千萬。財誠易斂，衆更可憑。此利在人而害在匠，路人知之，奈何蚩蚩者流，割肉餧虎，苦不自知。此所以釁日益生，禍日益重也。自前□□□□敗□興戎，而今之□篋□□□□□踹匠□□□三跳之居停主訟，而今之殺命抵命者，無一非踹匠，此利害兩途，較若指掌，彼爲匠者何不翻然改悔，留此安身立命之生業乎。兹據長、吴二縣會議前□，□府嚴加查覈，□□□窩隱之□□□□棍□□□□撥本塞源，端在乎此。嗣後如有容隱流棍在家，事發者窩頓之家，與犯人同罪，則人皆知儆，而無比匪作奸之患矣。如請將包頭編甲，責其互相稽察，□□其内擇一□干老成者充任坊長，今其管轄□家□□，盤查來厲，一家有事，九家連坐，則彼此俱有責成。再設循環簿，着令登填何處籍貫，何人保引，何日進坊，何日出坊，分例舊管、新收、開除三項，每逢朔望，必與坊長倒換，則來蹤去迹自明，而奸宄之徒，無處隱藏矣。如請委文武弁員，專董一法，仿之松府，係城守營與典史互相稽查，行之頗著成效。蓋踹匠伙而强，包頭寡而弱，若盡責包頭，勢難彈壓。應照踹匠爲長吴二縣所管，查照地方疆界，督率包頭約束，□□踹匠條教，乘間察其行藏。仍委城守營爲總巡，不許踹匠夜行，不許包頭侵克。所委文武弁員，亦不得借巡需索，以啓小人口實。一有奸徒事犯，輕則移解有司，重則申報各憲。如此行之不擾，則踹匠知所遵循，而地方亦得寧謐矣。如請禁寺院容留之法，向來流棍煽惑，多在西山廟、半塘寺、西園禪院、菩隄場、鄉山廟等處，爲聚衆倡亂之場。嗣後□□各住持僧道，如□踹匠恃强聚集，許即指名密報，以憑拿究。如敢仍前縱容，住持僧道，一併治罪，則奸宄不致聚結爲非，而踹匠亦得安心樂業矣。總之踹匠原爲謀生而來，非因走死而□，惟是流棍之綫索必靈，則踹匠□□□主□生失業，爲禍無窮。今日之痛除流棍者，非徒爲地方靖奸萌，實爲踹匠驅蟊賊也，可否允如所議，伏候憲臺批示，以便轉飭遵行等因。詳奉前批，除行長吴二縣遵照并令州府敕禁外，合行勒石□□，爲此示仰各商民并包頭踹匠地方人等知悉。嗣後在蘇踹匠，俱聽兩縣典史協同城守營委員督率包頭約束，平日申明條教所開，察其行藏，不許夜行生事，酗酒賭博，及聚衆倡□，□踹□石行詐。一□□犯，該□官即時嚴拿究問，輕則移解有司，重則解憲重懲。工價火食，悉照舊議，不許包頭多克，如有窩留流棍，仍前煽惑踹匠，聚衆停工科斂者，事發之日，地方鄰户與窩頭各家一體同罪。□□包頭永遵編甲之□□立循環，將踹匠登填籍貫，保引，進坊，出坊，每逢朔望，交與坊長，具結倒换，務必互相稽察，盤查來厲。如或妄收匪類，貽禍地方，一家有事，九家連坐。該委官亦不得借巡需索，致干咎戾。各宜凛遵，須至碑者。

康熙四十年十月　日，布商吕咸義兆記、張致美德記、程廣泰生記、吴永亨元記、程同言義記、鄭元貞大記、朱紫陽生記、程益美正記、程益隆正記、吴益和有記、金鼎盛誠記、周正和達記、吕雙元斗記、吕兆隆升記、汪繼茂誠記、程益新盛記、程源高大記、金義盛德記、吕萬元聚記、金德裕大記、金允誠聚記、金元隆生記、程鼎元升記、吕大運通記、程震大元記、范德茂隆記、程時和大記、恒盛臻記、趙信義泰記、趙泰運承記、吴啓祥泰記、吕永興元記、俞有成正記、程鼎高大記、吴永成隆記、章恒隆慶記、方德和誠記、汪元新德記、范恒利正記、盧永茂德記、程鼎新泰記、吴益盛森記、王益元裕記、張□亨永記、汪元芳乾記、程隆順兆記、金震源裕記、顧萬和大記、汪德泰誠記、程義昌全記、金致祥和記、金鼎和高記、汪鼎裕賴記、秦大和源記、汪永寧昌記、張恒泰祥記、黄太和利記、□□□貞記、黄永和泰記、金□□□記、徐安□□記、許雙和□記、程□□□記、程日新□記、□□□□記、萬光□□記、范元春□記、陳□和發記、□□□高記。

江蘇省博物館編《江蘇省明清以來碑刻資料選集・奉欽差部堂督撫各憲驅逐踹染流棍禁碑》 江南蘇州府長、吴二縣，爲欽奉上諭事。康熙五十四年九月十一日，奉署本府正堂事總捕貼堂加五級張信牌開，奉江蘇按察司祖憲牌開，奉欽差部堂張憲牌，仰司即將各事件批照議完結緣由，轉行該府并所屬遵照，仍將各案發落完結之處，具報查考，内開蘇州府呈詳一件，巨窩隱害等事。長洲□□范暨□□□□府，布商程同言控王德等一案，批照議等因，到司，奉此，合亟轉飭，仰府查照該府原議，即將邢春林、王德、張先進、杜雲升、陳晉侯、杭文生等照杖折責發落，張先進等驅逐，遞回原籍，立碑永禁。取遵依碑摹送司存查等因，行府備行到縣。奉此，案照先奉前任江撫都院張批，據范正卿呈爲巨窩陷害事，又奉本都院批，據布商程同言等呈爲流棍窩害事，各詞到府。該前任本府正堂孟查看得范正卿告邢春林佔據不遂，又挽林裕長强行回贖，倡作會館等情。又布商程同言等告王德等煽惑踹匠，加價斂銀，欲助普濟院育嬰堂結黨創立會館等情。行據長、吳兩縣會訊前來，府復核，邢春林占范正卿之地，先發廳縣勘明斷還正卿在案，乃春林□圖未息，遂挽林裕長强行回贖，但久經絶賣之産，不能遽贖，倡言欲作踹匠會館，思欲借衆强佔。其王德、張先進、杜雲升、陳晉侯等皆一班流棍，前來蠱惑衆匠，以增添工價爲由，包攬告狀，肆行科斂，以爲□□之本。前議工價，每匹一分一厘三毫，案經確定，無可生發，復要各商增價，以助普濟院育嬰堂之用。此豈目不識丁之踹匠所爲，總皆流棍，王德等數人從中簸弄，希圖射利，病商，病□，□□□克。今欲倡踹匠會館，暗害□□占地，又可科斂錢財，倘會館一成，則無籍之徒，結黨群來，害將叵測。程同言等請禁止控府，據兩縣會審范正卿之地，因照前斷歸結。其王德等皆唆訟不法之徒，本應□□□□□□□之奸謀已息，而創立會館之惡計未戍，姑□寬免等因，曰詳本部院，奉批，邢春林等創立踹匠會館，謀害商民，不法已極，仰再嚴查妥議報奪繳等因。奉此，□該前府正堂奉本都院批，□□□等創立踹匠會館，唱戲有據，斂銀有憑，何得竟置不究，仰再擬議詳奪繳等因到府。該署府事正堂張迭奉憲批，將邢春林、王德、張先進、杜雲升、陳晉侯、杭文生等各擬重杖，其踹匠工價，仍照前督院撫各憲碑摹定例。而張先進等亦皆冒匠煽惑之徒，并請驅逐，立碑永禁等因，申詳欽差部堂請示，奉此照議行司，仰府備行到縣。奉此，除經行提各犯照擬發落，驅逐遞回原籍外，合行勒石永禁。爲此示仰踹匠包頭人等知悉，嗣後踹布工價，仍照前憲立碑定例給發，不得短少。工匠等亦不得違例多索，紊亂成規。如有前項流棍，仍前冒名染踹等匠借端興訟，希圖煽惑科斂，許即指名呈控，以憑嚴拏，照憲按以流棍治罪。爾等踹坊包頭務須遵照前督院撫各憲頒定條約，永遵保甲之法，不許招留匪類，通同作奸爲害。如有事發，定行一併坐罪，決不姑貸，須至碑者。

布商程同言、邵啓升、金鼎盛、鄭全美、趙信義、程益高、吳全有、程永美、吳益和、朱紫陽、程源高、吳益大、周正和、吳貞元、陳萬孚、程益新、程益隆、呂雙元、程廣泰、程春聚、吳□□、金啓亨、呂盛亨、鄭元貞、吳元震、程震大、張天亨、吳貞陽、王有恒、程永灃、金元隆、程恒發、金□泰、金旭誠、呂允升、吳益有、金義盛、趙泰運、朱京元、程德豐、汪源隆、陳振裕、朱震美、吳永盛、吳　永、金雙隆、金隆美、鄒元高、潘林順、程來□、程德大、胡啓泰、潘正裕、張震裕、張泰隆、□恒順、鄭宏□、鄭　昌、俞啓裕、吳永震、吳裕有、金德裕、金震源、汪世大、吳貞和、奚豐祥、金隆亨、程德泰、程履禎、程怡美、方德和、□齊□。

康熙五十四年十二月　　日。

江蘇省博物館編《江蘇省明清以來碑刻資料選集・長吳二縣踹匠條約碑》

江南蘇州府長洲縣、吳縣正堂加三級程盛龍、王□□，爲再飭嚴查等事。奉本府正堂加十級紀録十二次梁信牌内開，奉按察司李憲牌開，奉總督部院梁批，兩司會詳踹坊各匠議造四柱清册，擇立殷實坊長稽查，并令典史汛弁多撥兵校巡察。如有酗酒奸盗等事，指名報官嚴究。或有自縊投河等情，報官驗埋，不許拖累。至踹布工價米食貴賤，各商店貼給包頭踹匠，前府陳守議定給發，請批勒石各緣由，蒙批：循環簿仰飭按季送縣查覈倒換，不得歸於典史汛弁，餘如詳行，仍候撫院批示繳。又奉江撫都院吳批開，如詳行，仍嚴飭實力巡查約束，毋許生事，需索滋擾。至踹匠如有事犯，經坊總舉報，該員弁應立時轉報印官查審，不得違例妄行，致干察究。將遵行過緣由，并碑摹送查，并候督部院批示録報繳等因，到司。行府抄看，仰縣奉此，案照先據各踹坊包頭業主邢慶生、吳義生、王文卿、吳元凱、陳公茂、尤禹生等節詞内稱，蘇城内外踹匠，不下萬餘，均非土著，悉係外來，奸良莫辨，奉憲設立管坊汛役，晝夜巡查。凡有踹匠游蕩邪僻，把總確查，立行驅逐。經今日久法弛，奸匠得以逞志，其中奸宄竊發，竊布逃遁，害累包頭，更有爲賊爲盗，已經出坊，盡皆□窩，餟歇賭場，一經敗露，彼黨毫不拉扳。其踹作包頭，原爲風馬，盡有遭其扳害，傾家蕩産，異冤莫伸。兼有一班流棍，寄迹寺院，隱現踹坊，或稱同鄉，或認親戚，煽惑衆匠，齊行增價，代告扣克，科斂訟費，再索酬金，流棍貪婪，作俑倡亂不絶。荷蒙前府陳議定工價每匹一分一厘三毫，銀色九七，頒給法馬三百枚。其米價貴至一兩五錢，每踹布千匹，加銀二錢四分，米價一兩二錢則止。商店給發工價，每兩外加五厘，名曰捐助，委□典史把總稽察，詳奉各憲批允，未經勒石，日久法弛，是以生等正月開呈府批案通詳，督院批開，踹匠爲匪事發，扳害包頭，必如何立法，永杜爲匪妄扳之弊，仰江蘇按察司酌議妥協詳奪等因。仰見上憲保護身等身命，現蒙查案會議具詳，謹遵前府憲遺意，開列數條，悉陳稽察之法。身等同爲包頭，約有三百餘户，或有兩作、或有三坊，不能分身稽察。每作用管帳一人，專責稽查，名曰坊長，凡有踹匠投坊傭趁，必須坊長識認來歷，方許容留。然坊長之責，必自包頭，即將包頭立于居民之外，每十二家編爲一甲，每月輪值甲長，每歲周而復始。各給循環印簿，開明某月甲長某人，查填踹匠姓名，仍於衆包頭中，擇一老誠練達者，舉充坊總，頒給團牌，管押各甲。踹匠五人連環互保，取結册報，一人犯事，四人同罪。日則做工，夜則關閉在坊，如有拐布盜逃，賭博行奸斗毆，聚衆插盟，停工科斂，閧閧花鼓，糾衆不法者，坊長報明包頭，會同甲長，填簿交坊總，申明拏究。如有狗隱發覺，互結保人、本坊坊長，一體同罪。簿列管收，除在四柱開鎖，每月朔日，甲長彙交坊總稽查，循環倒换。倘甲内擅留匪類，坊總協同甲長，立刻驅逐。仍將窩頓之坊長，按以窩盜之例，通同狗庇，一體治罪。查簿内無名，即係流棍。如此則來歷彰明，奸良易辨。至於工價，悉照前府定斷，伏乞會詳勒石等情到縣。隨經詳奉本府正堂加十級紀録十二次梁，轉詳江南江蘇等處承宣布政使司布政司加江南江蘇等處提刑按察□□□□□四級紀録十三次楊級在任□制李會詳督、撫二院在案。今奉前批，合行勒石永遵。爲此示仰踹匠包頭坊總甲長坊長人等知悉，務照後開條約，各宜凛遵毋違。須至碑者。計開詳奉憲准條約：

一、楓汛匯總各坊巡察。如有流棍窩頓各圖，煽惑踹匠，搆訟生端，及開賭招匠，立拏解究，驅回原籍。鄰坊鄰佑容隱不報，事發并究。

一、踹匠初次進坊，俱係坊長識認容留，如有奸宄犯法，豈得舍坊長而反累包頭。嗣後每坊坊長，晝夜巡查踹匠，不許一匠出作。倘匠持强不遵，報明包頭坊總，報官究處。如有容情不報，罪在坊長，不得波累包頭。

一、踹匠進作，必須四匠互保，填明册籍，其有來去，務必細注，以便稽查。

一、流棍冒名踹匠，潛頓踹坊，皆因有等未入册籍之包頭，任情容隱，流毒貽害，嗣後如有仍蹈前轍，包頭公鳴拿究。

一、各坊包頭，務照輪月承值，編定甲次，按月稽查，互相覺察。

一、把總調撥值坊巡役，分地巡察，晝夜無忽。如有奸匠拐布盜逃，賭博行奸斗毆，聚衆插盟，停工科斂，閧閧花鼓，糾衆不法，把總即行拿解，按律治罪。各巡役亦不得借端生事滋擾，致干察究。

一、不法踹匠不務本業，游蕩爲匪，酗酒賭博，謀爲不法，或經坊總包頭察出，情虚畏罪，或有投河自刎自縊，報官驗明，即着本匠保人親屬領歸鄉里，不得妄累無干。

一、設立循環印簿，填明各匠進坊出坊日期，嗣後如已出坊，簿内填註明白。如出坊後在外爲匪，事發供□包頭寄頓贓物等項，不許捕役拘擾炙詐。

一、工價奉各憲定例，每匹一分一厘三毫，米價一兩五錢，每千匹加銀二錢四分，米止一兩二錢則止。商店每兩捐銀五厘，永爲定例。

布商邵一美余記、張泰隆和記、程源高信記、程德豐裕記、程德泰益記、程同言義記、金鼎盛誠記、程永美大記、趙信義泰記、吴永森正記、程震大元記、趙泰運祥記、程廣泰生記、吕雙元斗記、俞啓裕永記、周正和達記、陳振裕大記、王有恒達記、鄒元高史記、程永聚□記、朱震美益記、黄德泰隆記、吴益大有記、程益隆正記、吴元震泰記、陳萬孚吉記、吴益有義記、朱紫陽生記、鄭德全大記、朱京元大記、程益新盛記、程元貞通記、吕允升有記、程永豐和記、余允謙衡記、胡啓泰□記、張震裕隆記、程恒發和記、程來陽復記、金啓亨倫記、吴貞和升記、潘林順義記、潘正裕泰記，

長吴兩縣坊總吴義生、周佩華、張若遠、馬爾洪、趙俊生、高子傳、馬公衡、尤禹生、王美之、王文卿、楊春之、陳友深，

甲長孫榮生、周毓秀、尚祥卿、錢裕達、曹惠公、楊子威、遲賢之、李瑞卿、王有憐、許子正、胡方英、陳廷逮、陳文卿、朱克明、彭桂生、陳公敏、徐仲□、周天益、周公文、尚來□、張龍候、楊爾馨等公立。

康熙五十九年七月。

江蘇省博物館編《江蘇省明清以來碑刻資料選集·長元吴三縣規定踹匠踹布千疋加貼銀二錢四分店商不得扣剋致啓争端碑記》 江南蘇州府元和、長洲、吴縣正堂張、衛、黄爲違示扣克等事。乾隆四年二月十四日，奉前署本府正堂李憲牌開，奉前署布政司孔憲牌内開，乾隆四年正月十五日，奉總督部堂那批，本署司□詳蘇郡踹匠王言亨等妄控店商趙信義等不遵舊例，扣克工價一案，奉批，蘇(下缺)司約束，防微杜漸，以靖地方。良匠各安本業，食力糊口，俱係愚民，易爲奸棍煽誘，借端齊行，斂錢滋事，此風(下缺)責發落。其殷裕公狡稱粘鬮告狀，且同案之魏秀臣斂錢肥己，已據王鳳之首明供指確鑿，未便輕縱，仰再(下缺)繳等因，到司行府轉縣，計粘抄司看内開，查得蘇郡退業踹匠王言亨等呈控店商趙信義等不遵舊例，扣(下缺)憲批司查案詳報，不必轉發拘訊等因，經張升司查案，并將蘇、松二府會詳，殷裕公等請照松郡之例，一體(下缺)憲以殷裕公等請加於前，王言亨等越控於后，明有借端齊行，煽惑斂錢情弊，批令飭查王言亨等是否經(下缺)因，隨經轉行查議。今據蘇州府詳稱，緣蘇郡踹價，歷奉勒石定議，每布一匹，工價一分一厘三毫，如米價昂(下缺)，銀二錢四分，米價至一兩二錢則止，久遵在案。乃有已經退業并不踹布之王言亨，復於乾隆二年十月内

(下缺)身故之蔡文明、王斌森等，輒具前詞，越控督憲，致奉批查，已蒙議復，祇因乾隆二年四月内，先有另案踹匠殷裕公等，以米價昂貴，於姚署司任内，懇(下缺)一石即加二錢四分，詳奉批查轉飭。經前府黄守行據長、元、吴三縣查復核詳，經升司飭取商店復詞，并查(下缺)七等月米價，應否補給，飭再議復。行據經歷將案内之毛祥生同另案遞回之張貴生獲解批訊，除毛祥生(下缺)陸守備移稱有隨同殷裕公具呈之王鳳之告稱，魏秀臣因告争索得衆匠銀兩，該守備會同經歷訊係務(下缺)各安踹業等情，查王言亨等與殷裕公等係屬兩案，但伊等久居局外，乃敢煽控生波，明係希圖控，准索已故之蔡文明、王斌森不議外，所有王言亨、毛祥生二犯，應如該縣等所議，枷責遞回各原籍，嚴行管束，毋(下缺)米價稍昂，艱苦起見，并無齊行煽惑斂錢生事等□，應請各予從寬，使安踹業。至奏議米賈，豦稱若以中米不符，且中米(下缺)之内，又有籼米土米之等差，價值亦有此高彼賤之分别，若不議明，似未足以杜商匠争端，(下缺)請定土米中名上色者，恪守□□□查上米之上色者，即黄米白米是也，其價素貴於籼，今該商等(下缺)既係兩五錢，即每布千匹，加貼銀二錢四分，既符向例。又於衆匠中，暗寓加增，使沾實惠，似屬允恰。仍請勒石，(下缺)之下色者，嗣後商等不得以此□□，致起争端，至上年米價，雖據該縣等查明，僅有六七月間，貴至一兩二錢，(下缺)於上年冬裏，俱就加足等，詔應□該商等所供。於去歲冬季加增，庶可以服衆之心，所有該縣等議稱(下缺)，奉本署司復核無異。擬合據吝□詳伏候，憲臺鑒奪批示，以便轉飭，并照□□詳明撫憲勒石永遵等因。奉此，除□□遵守外，合亟勒石永遵。爲此示諭長、元、吴三縣布商踹坊坊長坊總總甲(下缺)扣克許承踹包頭及本作被□□匠親賫付布支銀經折指控詳究，倘有局外流棍，冒匠公呈，煽斂包訟(下缺)各憲究擬，斷不寬恕。各宜凛遵，須至碑者。

乾隆四年七月　　日，布商吴益大、邵一美、趙信義、黄藴大、程廣泰、朱文裕、吴弘茂、趙泰隆、吴信隆、朱德高、潘□原、鄒元高、龔乾昌、吴弘美、程咸豐、程益聚、楊一美、吕雙元、吴廣有、程益隆、程震□、金鼎盛、潘廣立、陳隆和、袁勝裕、范昌大、金雙隆、江廣美、朱天嘉、朱聚高、陳陸源源、吕咸亨、黄立美、張震裕、宗允謙、江九成、程震萬、金義盛、程□豐、金致美、夏乾陽、程世美、程益全、顧萬順、高益泰。

江蘇省博物館編《江蘇省明清以來碑刻資料選集·蘇州府規定踹匠每布一疋工價連薪菜米加等計銀一分三厘該商等給發坊主伙食銀一兩給錢八百二十文以後不許增加碑記》　特調江南蘇州府正堂加三級紀録十五次(下缺)署江南蘇州府督糧水利駐劄楓鎮□府加五級紀録五次(下缺)格外施恩等事。查接受卷蘇郡踹匠李宏林等請增工價，□□□□□□五□□□欽命江南蘇州等處承宣布政使司布政使軍功加二級紀録(下缺)升任兵部侍郎兼都察院右副都御史總理糧儲提督軍務□□撫□□□等處地方(下缺)詳酌定每布一匹，給發工價，連薪菜米加等，總計銀一分三厘。□□□□□將從前所議米價，□□□□加名色，概行永遠删除。似於曲加體卹之中，仍有限制，亦較□□□□□□□□□□□□□□五十文。坊主開設作坊，一切動用家伙，均須置辦。每兩和錢□□□文□□□□□□論□□□□長落，概不許再行滋事。倘敢恃衆瀆請，即照棍徒生事□□□重□□□□□□□□□□緣申。奉批，如詳轉飭遵照。嗣後踹匠人等，如敢恃衆告争滋事，(下缺)碑摹遵依送查等因。又奉太子太傅内大臣文華殿大學士兼禮部尚書議政大臣酌管兩縣□□□□□□□□□□□□□□仰即如詳轉飭勒石，永遠遵守，取具碑摹送查等因。經前署分□□□□□□□□□□□□年十一月，奉布政使司增可行□□□任巡撫部院蔭批准□□□□等呈□□□□□情。奉批，查三十七年，該□詳案踹匠工價每疋一分三厘。□□增爲□□□□□□□□□□加按時遞加名色，概行永遠删除。□□□無論米價長落，□□□□□□□□□□院□飭□□在案。是前議三層加增米價，已囑全行删除。今踹匠□體任□□□□□□□□昂□行□□是□三十七年詳定之案，尚未勒石曉諭。憲蘇州布政司即□□□□□借端滋擾。□□□□飭府迅查孔體任等因何林案混控，究明□復，出示禁止。□□□□□□□□因行□□□□行勒石。爲此示仰合郡布鋪坊匠人等知悉，遵照乾隆□□□□□□□□□憲吴議詳踹□□□價每布一匹，連薪菜米加□□工銀□□□□□□□□□□□□□□遞加□□□□删除。此□無論菜薪米錢價長落，槩不許□□□□倘□□□□□□□□□□□□從重治罪。該商等給發坊主伙食銀兩，應照陳平九□□□□□□□□□□□□□□□□□□銀一兩，給錢八百二十文。無論錢價長落，槩不許再□□□□□□□□□□□□□□□□永遠遵守。須至碑者。

乾隆四十四年十月　　日。長、元、吴三縣布商等公立。

江蘇省博物館編《江蘇省明清以來碑刻資料選集·長元吴三縣規定各布號

給發踹布價統以陳平九八兑九六色銀給坊即以所領之銀每兩給匠九錢五分聽其自行换錢餘銀留爲添備家伙之用各踹户如再滋事定從嚴究辦碑記》 江南蘇州府元和、長洲、吴縣正堂加十級紀録十次賈，爲已沐博濟等事。乾隆六十年六月二十三日，奉江南蘇州府正堂加十級紀録十次李憲行内開，乾隆六十年六月十八日，奉江南蘇州等處承宣布政使司布政使加十級紀録十次錢憲行内開，乾隆六十年□月□□日，奉護理江蘇巡撫部院□憲行内開，據踹匠蔡士謹呈稱，身籍丹陽附治，踹匠生理，聚同□□□□□□□正儀□□稟請增錢串，不料衆匠無知，停工觀望，以致縣主拘拏倡訟之人，分分脅從，詳訖□□□□落，而工價錢串，荷大憲洪恩，諭定章程，嗣後坊户給匠工價，即照所發陳平九八兑九六色銀，□□□除□□以□□□□之用餘□□□分給匠聽其自行换錢，毋庸坊户代爲經理，即使錢價或有長落，踹匠亦無□□上諭（下缺十字）舊思。既經磨練，若不沐恩，將發銀章程勒碑遵守，誠恐坊户賢愚不一，日久又有發錢之事。即□□發錢，□或有輕平短色之弊，爲故頂恩□策，伏乞恩全始終，飭勒發銀新碑，劃一永遵，萬民頂祝，上呈等情，到本護院。據此，查蘇郡踹布工價給發銀兩，前經藩臬兩司分詳，即經批飭如詳飭遵在案。今據前情，合就轉行，仰司即便會同臬司查照詳定章程，轉飭勒石遵守，仍取碑摹送查等因，由司行府轉行下縣。奉此，查蘇郡六坊踹布工價，業經本三縣會議，嗣後各布號，概以陳平九八兑九六色銀，發坊坊户，每兩給九錢五分，餘銀五分，留爲添備家伙之用，各商不得輕平短色，踹匠亦不得再有停工觀望，倡衆滋訟之事。詳奉各憲批准，□業今奉前因，合就勒石飭遵，爲此碑仰各布號坊户及踹匠地坊小甲人等知悉。嗣後各布號給發踹布工價，遵照新定章程，統以陳平九八兑九六色銀給坊，該坊户即以布號所發之銀，亦以陳平九八兑九六色，每兩給匠九錢五分，聽其自行换錢，餘銀五分留坊，以爲添備家伙之用。布號坊户，不得再以錢文放給，其所發銀兩，亦不得輕平短色。各踹匠如再滋生事端，定行從嚴究辦，斷不稍貸。其各凛遵毋違，須至碑者。

乾隆六十年十一月　日示。原呈闞文謨、楊雨濤、李正儀，踹匠夏子慰、蔡士□、顔公、陳基、袁雙等敬立。

江蘇省博物館編《江蘇省明清以來碑刻資料選集・吴縣永禁六坊坊户領踹布疋毋得再立隨牌名目應聽鋪號自行發踹不得壟斷把持碑記》 署江南蘇州府吴縣正堂加十級紀録十次藍，爲給示勒石永禁事。據布鋪程三茂、元記、正記、陶乾溙、朱慶長、大記、信記、朱信孚、查人和、朱乾元、汪益美、周萬升、張義隆、謝長興、坤記、昌記、楊泰順、太順、公記、姜同和、朱元孚、程仁茂、汪文元、張元升、程駿記、顧乾利、朱肇祥、戚大順等稟稱：前控坊棍王協昌、陶善、繆萬和、程阿三等私議隨牌霸摺，借端勒借累業一案，荷蒙訊明定斷，詳奉府憲，轉詳撫臬二憲，沐批，永禁坊户私議隨牌名目，布匹應聽布號自行擇坊發踹，至遇災借貸，本係通情，如有借欠未清，各鋪號概不准再行借給等，諭曉示在案。王等尚敢復行翻瀆上轅，批寬免究，始據王等具有切結。但查伊等固非安分之徒，即此外坊户，亦良莠不齊，若再故智復萌，布業仍遭其害，環叩給示勒石永禁，俾闔郡踹坊咸知儆畏等情，到縣。據此，合准給示勒石永禁。爲此示仰六坊坊户人等知悉，嗣後爾等領踹布匹，毋許再立隨牌名目，硬行霸折，應聽鋪號自行擇坊發踹，不得壟斷把持。至偶遇歉歲，如有前欠未清，不得再向各鋪勸借錢米，如敢故違，一經該布鋪指告，立即嚴提，通詳究辦，決不姑寬。各宜凛遵毋違，特示遵。

道光十二年十二月十八日示，發新安會館豎立。

江蘇省博物館編《江蘇省明清以來碑刻資料選集・蘇州府爲布商坊户應照章聽號擇坊發踹不得無端另换致礙貧民生計出示碑記》 江南蘇州府正堂加三級軍功隨帶加二級紀録十二次汪，爲□□□□□□守以安商坊而杜紊訟事。奉□□□□批，本府詳布商程三茂等上控坊户王協昌等私議隨牌霸折勒借一案，訊議緣由，奉批，查踹布一業，叠據商匠互控，各執一詞，而酌理准情，總以聽號擇坊，乃爲正辦。該府所□□□□允如詳，飭令將隨牌領踹名目，永行禁革，由府出示，勒碑遵守，仍擬具牌式，先行送候察核飭遵，毋任把持滋事，此繳等因。又奉按察司裕批，如詳飭遵，并由府另頒示式勒碑遵守，仍候撫憲示繳等因，各到府。奉此，查蘇城各號發踹布匠，向聽布號擇坊發踹，嘉慶二十五年，坊户私議隨牌領踹，經前督糧廳訊斷禁革，嗣於道光十二年，復借米貴勒借，控經前吴縣藍令訊斷，仍聽布號擇坊發踹，不准把持，前欠未清，不准再借，詳府轉詳撫臬憲批，允出示遵守。十三年七月，前府訪聞匪匠煽惑停工，即飭委員彈壓，移廳查復，坊户又以發布不公，稟廳議請隨牌，詳府核轉，批准給示，坊長總呈請飭取布商遵結。布號程三茂等不甘上控，批府查議，提集人卷，核明查訊，商坊各具遵結，詳奉批飭出示勒碑遵守。查坊户領踹布匠，先由同業互保，寫立承攬交號，然後立折領踹，其所立經折，不過登記布數，稽查坊號，并非一經立折，即應認定隨牌，不准另换也。且百工藝業，首禁把持隨牌名目，本屬私議，雖名爲杜布號營私勾串之弊，正所以啓坊户把持勒借之端，一經准行，勢必挾制布號，不能改發。該坊任意勒索，有借無還，借得銀兩，坊户分肥克扣，匠工轉無實濟，而布業累何底止，訟蔓迨無已日。且查坊户向號攬踹布匹，是猶佃户向業攬種田畝。佃户拖欠租籽，尚得退佃另召，坊匠踹不光明，豈竟不能更換，任其把持壟斷，殊非平允。欲期商匠相安，故特給示遵守。爲此示仰布商坊户人等知悉，自示之後，務各遵照現定章程，聽號擇坊發踹，擇其踹踏光明，又無勒借情弊，即行照舊交踹，不得無端另換，致力作貧民，失其生計。設有領布積壓，不能克期交號及灰黯不能行銷，准號另擇發踹，不准借折把持。其十二年分所斷各折商坊訐訟有案，不准復還，以杜争競。惟遇災勸借一節，坊户果無前欠勒借情事，該號仍當照舊通融，以示體恤，仍於工價内扣還歸款，不致懸宕。如有前借未清，不得再行借給，則坊户無從把持，布號不致累業，踹匠不致失生，實屬三面皆平，彼此各安生業，毋許再行滋訟。倘敢故違，定提究辦。其各凛遵，特示遵。

道光十四年十二月三十日示，新安會館竪立。

江蘇省博物館編《江蘇省明清以來碑刻資料選集·蘇州府爲布業公議捐資設立尚始公所辦理同業善舉永禁地匪棍徒不得阻撓滋擾碑記》 奉憲勒石

欽加鹽運使銜盡先題補道江南蘇州府正堂李，爲給示禁約事。據商民戴志詩、李邦達等禀稱，商等均係布業爲生，同業自遭兵燹，孤苦無告者居多，甚至半爲餓殍，目擊心傷，實難坐視。爰於同治丙寅秋季，同業公議，各伙友願於辛俸内，每千捐錢十文，店主人亦復照數捐助，抵充辦善經費，積至年餘，爲數尚寡，不敷周急之用。戊辰春，再爲勸募，各莊各坊交易内，每千捐錢兩文，亦各樂從，彙存公所，按期分給月米錢文，兼助喪葬等費。業於去冬，舉行其事，自此同業之孤寡，均賴以生養死葬，不致餓殍暴露。業已購買吴邑中街路房屋，作爲公所，取名尚始，誠恐地匪棍徒借端阻撓滋擾，環求示禁，并飭三首縣會銜一體給示等情到府。據此，除批示并札三縣一體示禁外，合就給示禁約。爲此示仰各該地保及布業人等知悉，所有該商民等在於吴境中街路置買房屋，作爲尚始公所，公議捐資，辦理同業善舉，務各妥爲經理，以垂永久。如有地匪棍徒借端阻撓滋擾，許即指禀，以憑提究，地保狗縱，并懲不貸。毋違，特示遵。

同治八年十二月二十八日示。

藝文

《〔天啟〕滇志》卷二二《藝文志第十一之五·疏類·罷采寶井疏》 臣惟雲南之有緬，猶西北之有虜，東南之有倭，其爲中國患，久矣。彼其挾封豕長蛇之勢敢與我抗，小則蠶食諸夷，大則寇邊。即先年麓川之役，王師百萬，三勞而下，卒莫能大創。邇年以來，緬醜不敢飲馬金沙，窺我蠻莫，此豈臣之力能制其死命者？良由我皇上以封疆之事一以委臣，臣因得以展布四體，内則綢繆牖户之修治以不治，外則聯絡遠交之計，以夷攻夷，又嚴禁中行之輩，不使播弄於中外。彼緬欲乘無隙，自救不遑，故狼烟弛儆，三宣無恙耳。

乃本年二月内，緬醜阿瓦，其酋雍罕，結連木邦等夷，擁衆十餘萬，直犯蠻莫，蹂三宣而抵騰越之墟。其執詞曰：「開採漢使令我殺思正以通蠻莫道路，吾爲天朝除害焉耳。」彼時，邊疆將吏奉臣令聲正酋致寇敗北之罪，殲之殉衆。使瓦酋而果無他，則當如臣檄，卷甲盡回阿瓦，乃留兵據守蠻莫，何爲哉？狡緬之假獻井而思啓疆，藉追思正而垂涎蠻莫，奸謀蓋畢露矣。

夫蠻莫，何地也？三宣之藩籬也。三宣，騰永之垣墉也。騰永，全滇之門户也。蠻莫失，必無三宣。三宣失，必無騰永。全滇之禍，當自開寶井啓之。欲開寶井，則蠻莫不可復；欲復蠻莫，則寶井之役不可開，此不兩立之勢也。欲覬寶井，則藩籬必撤；欲保藩籬，則採買當報罷：此不兩全之理也。

夫天下之事，一則精神專而事成，二則群枉開而事敗。今爲陛下之巡撫者，任一將以整飭兵戎；爲陛下之督税者，又任一將以總理採買。司兵戎者，當惟邊疆是計，有警必報，賊入必擊；司採買者，當惟寶石是問，警不欲報，賊不欲擊。其勢必至掣肘；掣肘不已，必至壅蔽；壅蔽不已，必至弛備。一至弛備，則緬騎可以長驅，由蠻莫徑抵三宣，如入無人之境，騰永一帶，恐非陛下有矣。陛下肯使數年懷柔之邦、祖宗金甌之業，一旦以採井壞之耶？臣知非陛下意也。

夫寶井何足寶哉？不過一土屑耳。石爲重乎？土地爲重乎？以無用之土屑壞萬里之封疆，以採買之虚名賈邊疆之實禍，臣又知陛下不爲也。

臣受陛下之恩渥矣，封疆安危，在此一舉，若坐視不言，是臣誤封疆而負陛下也。望我皇上鋭發乾斷，將寶井、採買之役亟賜罷免，舊將吴顯忠令速回籍，無再啓釁，使邊疆將吏得一意講求戰守計，圖所以復鑾莫之策。緬去不追，緬入必拒，庶幾邊事無掣肘之虞，而南服猶可保全乎！

郎廷極《勝飲編》卷九《製造》 酒之所興，肇自上皇儀康，而後遂有以善釀名者。【略】

六清 《禮》：主食用六穀，飲用六清。六清即《周禮》六飲，漿人掌之。

五齊 張載《酒賦》：三事既設，五齊必均。造釀以秋，告成以春。

三酒 即張載所云三事也。鮑溶詩：色浄澄三酒。三酒、五齊、四飲，俱本《周禮》，酒正掌之。

六物 《禮》：孟冬乃命酒官，秫稻必齊，麴糵必時，湛熾必潔，水泉必香，陶器必良，火齊必得。兼用六物，大酋監之，無有差貸。

酒材 放翁詩：山横翠黛供詩料，麥卷黄雲足酒材。酒材亦見《周禮》，謂秫米麴糵之類。

調麴 王績詩：六月調神麴，正朝汲美泉。元稹詩：七月調神麴，三春釀緑醽。又樂天詩：井泉旺相資重九，麴糵精靈用上寅。

縮水 樂天詩：縮水濃和酒，加綿厚絮衣。

九醖十旬 《南都賦》：九醖甘醴，十旬兼清。注：酒貴多投，九醖，投至九也。十旬，蓋釀百日而成者，亦酒名。

抱瓮冬醪 《語林》：羊稚舒冬月釀酒，常令人抱瓮，須臾復易一人，酒速成而味好。

臘釀 放翁詩：雨前芳嫩初浮椀，臘釀清醇旋拆泥。石湖詩：開嘗臘尾蒸來酒，點數春頭接過花。

霹靂酎 《酒史》：暑天雷雨時，收雨水淘米炊飯釀酒，名霹靂酎。

崑崙觴 《酉陽雜俎》：魏賈鏘有蒼頭善别水，常令乘小艇於黄河中流，以瓠瓢接河源水，一日不過七八升。經宿，色如絳，以釀酒，名崑崙觴。芳味世間所絶。

真一酒 東坡在南海作真一酒，以米麥水三者爲之。有詩。

百末 漢《齋房歌》：百末旨酒布蘭生，大樽柘漿析朝酲。注：百末，百草花之末，蓋以百草末雜酒也。

三脊茅 《辰州志》：麻陽有苞茅山，上産三脊茅，可以縮酒。即春秋入貢之茅也。

蘭英 《七發》：蘭英之酒，酌以滌口。注：酒中漬蘭葉，取其香也。

竹葉 北軒主人曰：竹葉釀酒，本屬蒼梧地，然如梁元帝詩：榴花聊夜飲，竹葉解朝酲。白樂天詩：毬簇桃花騎，歌巡竹葉觴。東坡詩：野店初嘗竹葉酒，江雲欲落豆稭灰。又某咏酒詩：銀盤色瀉梨花白，翠斝香浮竹葉青。皆泛用，河東桑落酒亦然。

松肪松精 放翁詩：壺中春色松肪酒，江上秋風槲葉衣。高九萬詩：先生自釀松精酒，侍女能持藤癭杯。

松葉松花 庾信詩：方欣松葉酒。岑參詩：五粒松花酒，雙溪道士家。

李花 《唐書》：憲宗以李花釀換骨醪，賜裴度。

鬱金酒 梁元帝詩：香浮鬱金酒。即詩之秬鬯也。

蓮花 《叩頭録》：房壽六月擣蓮花，製碧芳酒。調羊酪，造含風鮓。皆涼物也。東坡詩：請君多釀蓮花酒。

玉蘭 宋人詩：玉蘭酒熟金醅溢。

薤白蒲黄 樂天詩：酥暖薤白酒。又：蒲黄酒對病眠人。自注：馬墜損腰，飲蒲黄酒。

藤花 駱賓王詩：野衣裁薜葉，山酒酌藤花。

黄柑 《東坡集》：安定郡王以黄柑釀酒，謂之洞庭春色，色香味三絶。

茱萸 王建詩：茱萸酒法大家同。

地黄 樂天詩：坐依桃葉妓，行呷地黄杯。

蘆酒榴酒 杜詩：蘆酒多還醉。注：以荻管吸於瓶中。皮日休詩：榴酒三瓶寄夜航。

桂酒 《神仙傳》：陸通嘗餌黄桂之酒。樂天詩：緑蕙不香饒桂酒，紅櫻無色讓花鈿。

石榴花 李義山詩：我爲傷心春日醉，不勞君勸石榴花。蓋以榴花釀酒，即爲酒名也。

酴醾酒 王仲修詩：郢坊初進酴醾酒。

薏苡茯苓 張賁詩：爲待防風餅，須添薏苡杯。貢師泰詩：茯苓酒共仙人飲。

文章酒 譙周《贊》：文章作酒，能成其味。注：五加皮一名文章草。

酒草酒樹 《洞冥記》：瑶琨去玉門九萬里，有碧草如麥，割之以釀酒，味如醇酎，飲一石三旬不醒。《南史》：頓遜國有酒樹似安石榴，採花汁停瓮中，數日即成酒，能醉人。皮日休詩：酒樹能消謫宦嗟。

丁香酒　外洋所造，以母丁香釀成，氣味芳冽。籌山外史吴允嘉詩：玻瓶海外丁香酒，金粟吴中子鮓魚。

梅香酎　《林邑志》：林邑山楊梅其大如盃椀，青時極酸，既熟，味如崖密，以釀酒號梅香酎，非貴人重客不得飲之。

蜜酒　東坡有《蜜酒歌》，蓋以蜜釀酒也。

牛酥羊髓　《酒史》：南唐法用牛酥羊髓置醇酒中，煖消而後飲，名丑未觴。

羊羔酒　曾子固詩：白羊酒熟新看雪。東坡詩：試開雲夢羔兒酒，快瀉錢塘藥玉船。

駝乳馬乳　元馬臻詩：釀酒收駝乳，裁裘聚鼠支。漢《郊祀志》：樂人給大官馬挏酒，蓋以馬乳爲酒，撞挏乃成也。元人詩亦竟稱馬酒。杜甫有《謝嚴中丞送青城道士乳酒詩》。

魚兒酒　《霏雪録》：裴晉公盛冬，常以魚兒酒飲客。其法用龍腦凝結，刻成小魚形狀，每沸酒一琖，即投一魚其中。

雜録

《孟子》卷二《梁惠王下》　孟子見齊宣王曰：「爲巨室，則必使工師求大木。工師得大木，則王喜，以爲能勝其任也。匠人斲而小之，則王怒，以爲不勝其任矣。夫人幼而學之，壯而欲行之，王曰：『姑舍女所學而從我。』則何如？今有璞玉於此，雖萬鎰，必使玉人雕琢之。至於治國家，則曰：『姑舍女所學而從我。』則何以異於教玉人雕琢玉哉？」

《宋書》卷三五《州郡志一》　鹽城令，舊曰鹽瀆，前漢屬臨淮，後漢、晉屬廣陵，三國時廢，晉武帝太康二年復立。晉安帝更名。

《北史》卷三二《崔挺傳》　先是州内少鐵，器用皆求之他境，挺表復鐵官，公私有賴。

《新唐書》卷四六《百官志一》　工部

尚書一人，正三品；侍郎一人，正四品下。掌山澤、屯田、工匠、諸司公廨紙筆墨之事。其屬有四：一曰工部，二曰屯田，三曰虞部，四曰水部。

工部郎中、員外郎，各一人，掌城池土木之工役程式，爲尚書、侍郎之貳。凡京都營繕，皆下少府、將作共其用，役千功者先奏。凡工匠，以州縣爲團，五人爲火，五火置長一人。四月至七月爲長功，二月、三月、八月、九月爲中功，十月至正月爲短功。雇者，日爲絹三尺，内中尚巧匠，無作則納資。凡津梁道路，治以九月。

工部主事三人，屯田主事二人，虞部主事二人，水部主事二人。

武德三年，改起部曰工部，龍朔二年，曰司平，屯田曰司田，虞部曰司虞，水部曰司川。光宅元年，改工部曰冬官。天寶十一載，改虞部曰司虞，水部曰司水。工部有令史十二人，書令史二十一人，計史一人，亭長六人，掌固八人；屯田令史七人，書令史十二人，計史一人，掌固四人；虞部令史四人，書令史九人，掌固四人；水部令史四人，書令史九人，掌固四人。

《新唐書》卷四七《百官志二》　〔内侍省〕掖庭局　令二人，從七品下；丞三人，從八品下。掌宫人簿帳、女工。凡宫人名籍，司其除附；公桑養蠶，會其課業；供奉物皆取焉。婦人以罪配没，工縫巧者隸之，無技能者隸司農。諸司營作須女功者，取於户婢。

有書令史四人，書吏八人，計史二人，典事十人，掌固四人。計史掌料功程。【略】

〔宫官〕尚功局　尚功二人，掌女功之程，總司製、司珍、司綵、司計。

司製、典製、掌製，各二人，掌供御衣服裁縫。

有女史二人。

司珍、典珍、掌珍，各二人，掌珠珍、錢貨。

有女史六人。

司綵、典綵、掌綵，各二人，掌錦綵、縑帛、絲枲。有賜用，則旬別案記。

有女史二人。

司計、典計、掌計，各二人，給衣服、飲食、薪炭。

有女史二人。

《新唐書》卷四八《百官志三》　〔光禄寺〕良醖署　令二人，正八品下；丞二人，正九品下。掌供五齊、三酒。享太廟，則供鬱鬯以實六彝；進御，則供春暴、秋清、酴醾、桑落之酒。

有府三人，史六人，監事二人，掌醖二十人，酒匠十三人，奉觶百二十人，掌固四人。

掌醢署　令一人，正八品下；丞二人，正九品下。掌供醢醢之物：一曰鹿醢，二曰兔醢，三曰羊醢，四曰魚醢。宗廟，用菹以實豆；賓客、百官，用醢醬以和羹。

有府二人，史二人，主醢十人，醬匠二十三人，酢匠十二人，豉匠十二人，菹醢匠八人，掌固四人。【略】

（司農寺）司竹　監一人，從六品下；副監一人，正七品下；丞二人，正八品上。掌植竹、葦，供宫中百司簾篚之屬，歲以筍供尚食。

有録事一人，府二人，史四人，典事三十人，掌固四人，葦園匠一百人。【略】

少府

監一人，從三品；少監二人，從四品下。掌百工技巧之政。總中尚、左尚、右尚、織染、掌冶五署及諸冶、鑄錢、互市等監。供天子器御、后妃服飾及郊廟圭玉、百官儀物。凡武庫袍襦，皆識其輕重乃藏之，冬至、元日以給衛士。諸州市牛皮角以供用，牲畜角筋腦革悉輸焉。鈿鏤之工，教以四年；車路樂器之工，三年；平漫刀稍之工，二年；矢鏃竹漆屈柳之工，半焉；冠冕弁幘之工，九月。教作者傳家技，四季以令丞試之，歲終以監試之，皆物勒工名。

丞六人，從六品下。掌判監事。給五署所須金石、齒革、羽毛、竹木，所入之物，各以名數州土爲籍。工役衆寡難易有等差，而均其勞逸。

主簿二人，從七品下；録事二人，從九品上。

武德初，廢監，以諸署隸太府寺。貞觀元年復置。龍朔二年改曰内府監，武后垂拱元年曰尚方監。有府二十七人，史十七人，計史三人，亭長八人，掌固六人，短蕃匠五千二十九人，綾錦坊巧兒三百六十五人，内作使綾匠八十三人，掖庭綾匠百五十人，内作巧兒四十二人，配京都諸司諸使雜匠百二十五人。

中尚署　令一人，從七品下；丞二人，從八品下。掌供郊祀圭璧及天子器玩、后妃服飾彫文錯綵之制。凡金木齒革羽毛，任土以時而供。赦日，樹金雞於仗南，竿長七丈，有雞高四尺，黄金飾首，銜絳幡長七尺，承以綵盤，維以絳繩，將作監供焉。擊掆鼓千聲，集百官、父老、囚徒。坊小兒得雞首者官以錢購，或取絳幡而已。歲二月，獻牙尺。寒食，獻毬。五月，獻綬帶。夏至，獻雷車。七月，獻鈿針。臘日，獻口脂。唯筆、琴瑟絃，月獻。金銀暨紙，非旨不獻。製魚袋以給百官；蕃客賜寶鈿帶魚袋，則授鴻臚寺丞、主簿。監作四人，從九品下。凡監作，皆同品。

有府九人，史十八人，典事四人，掌固四人。唐改内尚方署曰中尚方署。武后改少府監曰尚方監，而中左右尚方、織染方、掌冶方五署，皆去方以避監。自是不改矣。有金銀作坊院。

左尚署　令一人，從七品下；丞五人，從八品下。掌供翟扇、蓋繖、五路、五副、七輦、十二車，及皇太后、皇太子、公主、王妃、内外命婦、王公之車路。凡畫素刻鏤與宫中蠟炬雜作，皆領之。監作六人。

有府七人，史二十人，典事十八人，掌固十四人。

右尚署　令二人，從七品下；丞四人，從八品下。掌供十二閑馬之轡。每歲取於京兆、河南府，加飾乃進。凡五品三部之帳，刀劍、斧鉞、甲胄、紙筆、茵席、履舄，皆儗其用，皮毛之工亦領焉。監作六人。

有府七人，史二十人，典事十三人，掌固十人。

織染署　令一人，正八品上；丞二人，正九品上。掌供冠冕、組綬及織紝、色染。錦、羅、紗、縠、綾、紬、絁、絹、布，皆廣尺有八寸，四丈爲匹。布五丈爲端，綿六兩爲屯，絲五兩爲絇，麻三斤爲綟。凡綾錦文織，禁示於外。高品一人專涖之，歲奏用度及所織。每掖庭經錦，則給酒羊。七月七日，祭杼。監作六人。

有府六人，史十四人，典事十一人，掌固五人。

掌冶署　令一人，正八品上；丞二人，正九品上。掌范鎔金銀銅鐵及塗飾琉璃玉作。銅鐵人得採，而官收以税，唯鑞官市。邊州不置鐵冶，器用所須，皆官供。凡諸冶成器，上數于少府監，然後給之。監作二人。

有府六人，史十二人，典事二十三人，掌固四人。

諸冶監　令各一人，正七品下；丞各一人，從八品上。掌鑄兵農之器，給軍士、屯田居民，唯興農冶顯供隴右監牧。監作四人。

有録事一人，府一人，史二人，典事二人，掌固四人。太原冶，減監作二人。

諸鑄錢監　監各一人，副監各二人，丞各一人。以所在都督、刺史判焉；副監，上佐；丞，以判司。監事以參軍及縣尉爲之。監事各一人。

有録事各一人，府各三人，史各四人，典事各五人。凡鑄錢有七監，會昌中，增至八監，每道置鑄錢坊一。大中初，三監廢。

互市監　每監，監一人，從六品下；丞一人，正八品下。掌蕃國交易之事。

隋以監隸四方館。唐隸少府。貞觀六年，改交市監曰互市監，副監曰丞，武后垂拱元年曰通市監。有録事一人，府二人，史四人，價人四人，掌固八人。

將作監

監一人，從三品；少監二人，從四品下。掌土木工匠之政，總左校、右校、中校、甄官等署，百工等監。大明、興慶、上陽宫、中書、門下、六軍仗舍、閑廄，謂之内作；郊廟、城門、省、寺、臺、監、十六衛、東宫、王府諸廨，謂之外作。自十月距二月，休治功；自冬至距九月，休土功。凡治宫廟，太常擇日以聞。

丞四人，從六品下。掌判監事。凡外營繕、大事則聽制敕，小事則須省符。功有長短，役有輕重。自四月距七月，爲長功；二月、三月、八月、九月，爲中功；自十月距正月，爲短功。長上匠，州率資錢以酬雇。軍器則勒歲月與工姓名。

武德初，改令曰大匠，少令曰少匠。龍朔二年，改將作監曰繕工監，大匠曰大監，少匠曰少監。咸亨元年，繕工監曰營繕監。天寶十一載，改大匠曰大監，少匠曰少監。有府十四人，史二十八人，計史三人，亭長四人，掌固六人，短蕃匠一萬二千七百四十四人，明資匠二百六十人。

主簿二人，從七品下。掌官吏糧料、俸食，假使必由之。諸司供署監物有闕，舉焉。録事二人，從九品上。

左校署 令二人，從八品下；丞一人，正九品下。掌梓匠之事。樂縣、簨簴、兵械、喪葬儀物皆供焉。宫室之制，自天子至士庶有等差，官脩者左校爲之。監作十人。

有府六人，史十二人，監作十二人。

右校署 令二人，正八品下；丞三人，正九品下。掌版築、塗泥、丹堊、匽廁之事。有所須，則審其多少而市之。監作十人。

有府五人，史十人，典事二十四人。

中校署 令一人，從八品下；丞三人，正九品下。掌供舟車、兵械、雜器。行幸陳設則供竿柱，閑廄繫秣則供行槽，禱祀則供棘葛，内外營作所須皆取焉。監牧車牛，有年支芻豆，則受之以給車坊。監事四人。

武后時，改曰營繕署。垂拱元年復舊，尋廢。開元初復置。有府三人，史六人，典事八人，掌固二人。

甄官署 令一人，從八品下；丞二人，正九品下。掌琢石、陶土之事，供石磬、人、獸、碑、柱、碾、磑、瓶、缶之器，敕葬則供明器。監作四人。

有府五人，史十人，典事十八人。

百工、就谷、庫谷、斜谷、太陰、伊陽監 監各一人，正七品下；副監一人，從七品下；丞一人，正八品上。掌采伐材木。監作四人。

武德初，置百工監，掌舟車及營造雜作，有監、少監各一人，丞四人，主簿一人。又置就谷、庫谷、斜谷、太陰、伊陽五監。貞觀中，廢百工監。高宗置百工署，掌東都土木瓦石之功。開元十五年爲監。有録事一人，府一人，史三人，典事二十人。

軍器監

監一人，正四品上；丞一人，正七品上。掌繕甲弩，以時輸武庫。總署二：一曰弩坊，二曰甲坊。主簿一人，正八品下；録事一人，從九品下。

武德初，有武器監一人，正八品下。掌兵仗、廄牧。少監一人，丞二人，主簿一人。七年廢軍器監，八年復置，九年又廢。貞觀六年，廢武器監。開元以前，軍器皆出右尚署，三年置軍器監，十一年復廢爲甲弩坊，隸少府，十六年復爲監。有府八人，史十二人，亭長二人，掌固四人。

弩坊署 令一人，正八品下；丞一人，正九品下。掌出納矛矟、弓矢、排弩、刃鏃、雜作及工匠。監作二人。

有府二人，史五人，典事二人。貞觀六年，改弓弩署爲弩坊署，甲鎧署爲甲坊署。

甲坊署 令一人，正八品下；丞一人，正九品下。掌出納甲胄、綅繩、筋角、雜作及工匠。監作二人。

有府二人，史五人，典事二人。

都水監

使者二人，正五品上。掌川澤、津梁、渠堰、陂池之政，總河渠、諸津監署。凡漁捕有禁，溉田自遠始，先稻後陸，渠長、斗門長節其多少而均焉。府縣以官督察。

丞二人，從七品上。掌判監事。凡京畿諸水，因灌溉盜費者有禁。水入内之餘，則均王公百官。

主簿一人，從八品下。掌運漕、漁捕程，會而糾舉之。

武德初，廢都水監爲署。貞觀六年復爲監，改令曰使者。龍朔二年，改都水監曰司津監，使者曰監。武后垂拱元年，改都水監曰水衡監，使者曰都尉。開元二十五年，不隸將作監。有録事一人，府五人，史十人，亭長一人，掌固四人。初，貞觀六年，置舟楫署，有令一人，正八品下，掌舟楫、運漕；漕正一人，府三人，史六人，監漕一人，漕史二人，典事六人，掌固八人。上元二年，置丞二人，正九品下，掌運漕隱失。開元二十六年，署廢。

河渠署 令一人，正八品上；丞一人，正九品上。掌河渠、陂池、隄堰、魚醢之事。凡溝渠開塞，漁捕時禁，皆顓之。饗宗廟，則供魚鱐；祀昊天上帝，有司攝事，則供腥魚。日供尚食及給中書、門下，歲供諸司及東宫之冬藏。渭河三百里内漁釣者，五坊捕治之。供祠祀，則自便橋至東渭橋禁民漁。三元日，非供祠不採魚。

唐有河隄使者。貞觀初改曰河隄謁者。有府三人，史六人，典事三人，每渠及斗門有長一人，掌固三人，魚師十二人。初，有監漕十人，從九品上，大曆後省。興成、五門、六門、龍首、涇堰、滋隄，凡六堰，皆有丞一人，從九品下。府一人，史二人，典事二人，掌固二人。貞觀六年皆廢。

河隄謁者六人，正八品下。掌完隄堰、利溝瀆、漁捕之事。涇、渭、白渠，以京兆少尹一人督視。

諸津　令各一人，正九品上；丞二人，從九品下。掌天下津濟舟梁。灞橋、永濟橋，以勳官散官一人莅之；天津橋、中橋，則以衛士掓歸。凡舟渠之備，皆先擬其半，袽塞、竹篾，所在供焉。

唐改津尉曰令，有録事一人，府一人，史二人，典事三人，津吏五人，橋丁各三十人，匠各八人。京兆、河南諸津，隸都水監，便橋、渭橋、萬年三橋，有丞一人，從九品下；府一人，史十人，典事二人，掌固二人。貞觀中廢。

《新唐書》卷五六《刑法志》　居作者著鉗若校，京師隸將作，女子隸少府縫作。旬給假一日，臘、寒食二日，毋出役院。病者釋鉗校、給假，疾差陪役。謀反者男女奴婢没爲官奴婢，隸司農，七十者免之。凡役，男子入于蔬圃，女子入于廚饎。

薛用弱《集異記》卷二《集翠裘》　則天時，南海郡獻集翠裘，珍麗異常。張昌宗侍側，則天因以賜之。遂命披裘，供奉雙陸。宰相狄梁公仁傑時入奏事，則天令昇座，因命梁公與昌宗雙陸。梁公拜恩就局。則天曰：「卿二人賭何物？」梁公對曰：「争先三籌，賭昌宗所衣毛裘。」則天謂曰：「卿以何物爲對？」梁公指所衣紫絁袍曰：「臣以此敵。」則天笑曰：「卿未知此裘價逾千金，卿之所指，爲不等矣。」梁公起曰：「臣此袍乃大臣朝見奏對之衣，昌宗所衣乃嬖幸寵遇之服，對臣之袍，臣猶怏怏。」則天業已處分，遂依其説，而昌宗心赧神沮，氣勢索莫，累局連北。梁公對御就褫其裘，拜恩而出。及至光範門，遂付家奴衣之，乃促馬而去。

《宋史》卷一九七《兵志十一》　其工署則有南北作坊，有弓弩院，諸州皆有作院，皆役工徒而限其常課。南北作坊歲造塗金脊鐵甲等凡三萬二千，弓弩院歲造角弝弓等凡千六百五十餘萬，諸州歲造黄樺、黑漆弓弩等凡六百二十餘萬。又南北作坊及諸州别造兵幕、甲袋、梭衫等什物，以備軍行之用。京師所造，十日一進，謂之「旬課」，上親閲視，置五庫以貯之。戎具精緻犀利，近代未有。嘗令試牀子弩於郊外，矢及七百步，又令别造步弩以試。

謝深甫《慶元條法事類》卷一三《職制門》一〇《回授勅令》　諸工伎人得轉資應回授親戚者，聽與本色人推恩。

吴自牧《夢粱録》卷九《諸監》　國子監，在紀家橋太學之側，設祭酒、司業、丞、簿等官，專掌天子之學校，訓導生員之職。總掌國子太學事務，生員出入規矩，考課試遵訓導，天子視學，皇太子齒胄，則講義釋奠等禮也。監廳繪《魯國圖》。東西爲丞簿位，後有書庫官位。中爲堂，繪《三禮圖》於壁。用至道故事，有圃亭，匾曰芳潤，丞錢聞詩匾以隸古。書板庫在中門内。將作監，在保民坊，設監、少、丞、簿，掌計料監造官司營房舍屋皆隸焉。蓋漢制將作大匠，沿襲秦官，亦少皞氏以五雉爲五工正，以利器用，唐虞共工，《周官・考工》之職也。軍器監，在保民坊，監有長貳、丞簿之官。率屬治與《唐六典》建官不殊，掌製造御前軍器。别置提舉、提轄等官莅其役。近年專委殿岩而監製，本監益以省也。

吴自牧《夢粱録》卷九《内諸司》　皇城司：禁衛所、符寶所、主管大内鑰匙庫、御藥院、内東門司、内通進司、御前軍器庫、睿思殿庫、内藏庫、奉宸庫、内軍器庫、南廊庫、安放庫、生料庫、果子庫、香藥庫、進奉庫。殿中省：後苑、御膳所、御厨、六尚局、翰林司、儀鸞司、八作司、修内司、御前内轄司、東西庫、南北庫、甲仗庫、法物庫、蜜煎庫、内司綱房、青器窑、内司備内庫、御前應奉所、萬壽香一作「官」所、御服所、裹御所、絲帛所、腰帶所、八作司、意思房、燈局、御馬院、教樂所、天章閣、樂器庫、翰林書藝局、道場庫、祇候庫、御醋庫、主管往來國信所。東庫：御輦院、車輅院、皇城輦官營、騏驥院、教駿營、騎從馬院、象院、大輦院、内轄司、濠寨司、織染所、奉安所、御酒庫、主管翰林醫官局、太醫局、合同憑由司、良馬院、使臣院、快行營、黄院子營、皂院子營、輕轆庫。外庫：御前諸宫觀官、太廟營、景靈萬壽宫、老兒營、慈元殿庫、皇后殿庫、吴益國位庫、淑妃昭容修儀美人才人諸位庫。以上并是内侍官兼職提點、提舉等職。外有皇城司、御馬院、象院，係知閤御帶環衛官兼領幹辦之職。其餘外庫院幹辦之官，係右選官領其職也。

沈德符《萬曆野獲編》卷一九《工部・裴侍郎履歷》　裴璉者，湖廣監利縣人。洪武間，以太學生授劍州知州，陞浙江按察僉事，再改江西，坐累謫興州，召入爲北京道御史，陞河南按察副使，又以累謫武清，後薦起，爲廣東道御史。仁宗在東宫，素知之，擢春坊中允，改大理評事，又陞刑部主事，坐事降易州同知。至洪熙初，以舊宫臣陞工部侍郎，改北京行部，又坐事降涪州知州。而子綸先以永樂十九年登一甲第三名，爲翰林編修，當貤封父母。璉乃棄其官，受編修文林郎之封。其人蓋三爲方州正倅，兩爲御史，三爲外臺憲臣，再爲流人，一爲宫僚，再爲法司屬官，再爲兩京貳卿，而終以封公歸老。其宦途所歷，升沉變幻，何異渠家先世之裴佃先也。璉至宣德十年卒于家，蓋仕宦幾五十年，稱封公者又十年。

沈德符《萬曆野獲編》卷一九《工部・工匠卿貳》 嘉靖間，徐杲以木匠至工部尚書。當時在事諸公亦有知其非者，以世宗眷之，不敢諫。然先固已有之。宣德初，有石匠陸祥者，直隸無錫人，以鄭王之國選工副以出，後陞營繕所丞，擢工部主事，以至工部左侍郎。祥有母老，病至，命光禄寺日給酒饌，且賜鈔爲養，尤爲異數。正統間，有木匠蒯祥者，直隸吴縣人，亦起營繕所丞，歷工部左侍郎，食正二品俸，年八十四卒于位，賜祭葬有加。二人皆吴人，爲尤異。至若吏員徐晞之爲兵部尚書，奈亨之爲禮部侍郎，且充廷試讀卷官，廚役蔚能之爲光禄卿，俱在英、憲二廟年間，又不足言矣。

沈德符《萬曆野獲編》編卷一九《工部・趙尚書薦賢》 趙甬江少保授任閱視征倭，首薦唐司直荆川順之、秦中允白崖鳴夏，俱爲兵部主事。唐負重名，有公輔望，未幾得僉都御史而歿於師中。秦至中途彭城，以亞夫之疾客死，不及用也。秦望非唐比，且以主試中翟、諸城二子罷歸，此起亦屬幸事。然兩公以木天近臣，久抑林下，驟得賜環，不無喜色。少保倖臣，强顔薦賢，亦何異石亨之薦吴康齋。兩公出山，雖顯晦稍異，而所就止此，不如康齋不拜之得也。

沈德符《萬曆野獲編》卷一九《工部・朱震川司空》 朱震川大司空爲左少宰，有才望，且交歡首揆徐華亭，以此驕于公卿間。時吾鄉陸五臺太宰爲選郎，意薄之。會南司寇缺，即推用之，朱不預聞也，以此恨入骨，即嗾其最厚門人御史孫立亭論之，陸遂削籍去。孫後再蹟再起，爲少宰，家居。陸出秉銓，即起孫爲總憲，與同事。孫感其恩，盡捐前郤，訂莫逆交。人謂陸慣操權術以籠罩名流，豈其然乎。孫後正位銓席，與張新建有違言去位，張亦被蜚語，繼歸，仇隙至今不解。人益追服陸之善處怨家云。朱後移北冬卿，又見知于江陵，幾正首曹之位，偶以小迕失歡，罷歸。朱歘歷多勞績，前後皆受知于政府，終不得大柄，蓋有數耶。朱名衡，陸名光祖，孫名丕揚。

沈德符《萬曆野獲編》卷一九《工部・劉晉川司空》 沁水劉大司空晉川東星，清修名臣也，獨好爲矯厲之行。甲午年，從協院副都御史轉少宰。時其同年沈繼山思孝司馬，以大理卿召入，故其極厚同志也。初見即招入書室，蔬飲正洽，忽微諷沈曰：「兄此來甚慰舉朝屬望，但蘭谿公善人，且耄，可待，幸姑留之數月何如？」沈不知所謂，面發赤曰：「我去國許年，僅尾九卿之末，首揆去留，我安從知之，且主之耶？」即艴然别。是時太倉甫去位，蘭谿當國，其次即新建，兩人已不相洽。沈與新建素厚，故疑沈欲逐趙，而劉又趙所厚也。沈出遍詢，始知其語有由來，心已蓄不平。又一日過劉，則李克菴楨司寇在座，李先爲僉院與劉同事，共飯脱粟，固勸沈同進。沈曰：「吾已飽矣。」劉哂曰：「沈兄素豪侈，不能啖此粗糲，但我無從覓精鑿，奈何奈何！」李固沈任光禄時舊寮，亦相善者，乃正色謂李曰：「公且罷箸聽我言。我輩忝大九卿，月俸例得上白糧，儘可供賓主饔飧。今匿其精者，而以操宣所請漕粟飼我，此人全作公孫弘行徑，不足信也。」李秦人，最樸誠，聞言大悟曰：「劉公信非端士。」即相率出門。後來沈與劉、趙隙遂不解，以致富平太宰、新建相公成貿首之仇，雖非一事，此段亦其張本云。吾鄉吴生白中偉比部，故劉司空督學浙江時所賞拔士也。戊戌舉進士，授南行人歸，過淮陰時，劉以故少宰起田間，總督河漕。吴謁之，留款坐話舊良久。因留之飯，又良久忽若自失者，顧左右云：「可問内庖，今日是買肉日期乎？抑買豆腐日也？」左右入問，又對曰：「當買豆腐。」乃揖之出，曰：「果如此，今日不敢奉留矣，奈何。」以上二事，俱二公親爲余言。

沈德符《萬曆野獲編》卷一九《工部・邵上葵工部》 工部郎邵上葵輔忠，浙之寧波人。戊申年朱山陰當國，不爲時情所附，邵上書痛詆之。時浙人被彈射無免者，邵獨見推于名流，即得越次主山東試，旋推銓部，雖不得旨，然駸駸嚮用矣。次年復耑疏攻淮撫李修吾，于是臺省郎署繼起，白簡不絶。救李者亦接踵，佐鬬無虚日。去年名流輩遂大恨之，盡目之爲戎首。邵尋以請告歸，齒及其姓氏者，輒戟手穢詈。邵之兩年昌言，其是非未可定，然一人之身，朝夷暮跖，亦可以觀世變矣。邵今居憂，聞至墓次相地，白晝爲人所刺，幸漏刃而逸，未知信否。

沈德符《萬曆野獲編》卷一九《工部・京師營造》 天家營建，比民間加數百倍。曾聞乾清宫窗槅一扇，稍損欲修，估價至五千金，而内璫猶未滿志也。蓋内府之侵削，部吏之扣除，與夫匠頭之破冒，及至實充經費，所餘亦無多矣。余幼時曾游城外一花園，壯麗敞豁，侔于勳戚，管園蒼頭及司灑掃者至數十人。問之，乃車頭洪仁别業也。本推輓長夫，不十年即至此。又一日於郊外遇一人坐四人圍轎，前驅呵叱甚厲。窺其幃中，一少年戴忠靖冠，披斗牛衣，傍觀者指曰：「此洪仁長子，新入貲爲監生，以拜司工内璫爲父，故粧飾如此。」

沈德符《萬曆野獲編》卷一九《工部·兩京街道》　街道惟金陵最寬潔，其最穢者無如汴梁，雨後則中皆糞壤，泥濺腰腹，久晴則風起塵揚，覿面不識。若京師雖大，不如南京，京字據寫本補。比之開封似稍勝之。但冬月冰凝尚堪步屧，甫至春深，晴暖埃浮，溝渠滓垢，不免挑濬，然每年應故事而已。壬子之初夏，有一工曹郎管街道廳，毅然任其事。特疏請旨，既得之，大書聖諭揭之牌上，導以前行。凡房舍稍侵街巷者，悉行拆毀，怨聲滿耳。有一給事馬過，拆房者擲磚，誤中其顱，不勝忿，遂相奏訐工部，上疏詆之，之字據寫本補。至云「公道世間惟瓦礫，黄門頭上不曾饒」。此給事故能作異同者，遂有人贊歎工郎以爲風力。工郎益喜自奮，屢行建白，暢論時事，頓被正人之目矣。其時南中有一大老，本金陵人，爲南少宗伯，久不北召，方引領大拜，偶署工部。值北有清街之舉，慕豔其事，亦出榜清理街道，凡係開國以後興造大小房屋，俱命撤之，即其密戚先達，毫不假借。遠近公私，駭怖失措，施行未竟，而以艱謝事矣。街道一役，本兩公職掌，一以無心舉事，横博時譽，遂弄假成真；一以有意取名，爲識者所窺，不免舉故事失之。時局移人，即公務亦在楸枰中生活。

沈德符《萬曆野獲編》卷一九《工部·工部管庫》　近年工部郎，多掛吏議，然有極可哀者。如節慎庫一差，本冬曹職掌，巡視者不過司監督，稽察其弊耳。丁未、戊申有一給事，滇人也，以庶常起家，爲時情所推，來司巡視，則直專其出納。一切領狀，早銜金錢，入暮即批允，管庫主事即開庫發銀，惴惴不敢吐氣。或發鏹稍遲，即呼詈如奴隸，但含淚謝過而已。兩年間所槖黄白及珠琲瑰異，不下數十萬，京師大沸，相視莫敢發。有一臺臣爲京師人，椎魯不識物情，露章彈之。給事出不意，盡寄其貲裝於所知，不待旨下，宵遁出城。其時蓋有仇家恐喝之，詭云臺臣欲圍其宅，搜其槖也。行後而救者蜂起，即南都亦響應，司庫主事反以失職被彈去。至辛亥大計，主事與給事俱坐鐫級，物論亦有不平之者，終稱給事負枉，争爲昭雪，薦剡滿公車，而主事者林居食貧，每爲人言往事，淚輒承睫。滇給事之在事也，權力震一時，都中人争媚事之。有一錦衣以二女獻，一其女，一則姑也，給事孌之，以冠諸妾，錦衣因爲通賂，富亦至巨萬。友人馬仲良爲作《桃葉歌》，今行於世。給事係籍鳳陽，其後因游江淮間，遣人至都索所寓寶貨，大半爲舊交乾没，斂氣而歸。至甲寅、乙卯間，一御史閩人，徐姓，視鹺政於兩淮，以墨被科臣白簡，受重譴，亦寄所得於江南相知家。比再來徵故物，則償者十不能二三也。兩君俱高才負時望，獨以簠簋稍被議云。

沈德符《萬曆野獲編》卷一九《工部·工部差》　工曹修造諸差，多與内監同事，迕之未免得禍，若與協和，必同染膩穢，爲清流所薄。後日吏議，每從此搜抉，以故有志者類托故辭之。間有辭而不得者，如盧溝之重建，則皖人胡伯玉瓚領之，橋成轉大參而出，大計竟以貪處。福府之鼎建，則都人房潭拓楠領之，亦以勞得大參，至大計亦鐫秩，蓋皆中官所波累也。近偶有一二西臺談及，云曾以視工至一冬曹郎私宅，適其同管工内官移庖在焉。邂逅歡甚，固留同集，但席間每呼曹郎爲表兄，曹郎有赧色。西臺怪詢其故，則云：「吾與工部公偕勤王事，爲表裏衙門，故有此呼，以示親暱。」西臺駭笑而别，抑更奇矣。

劉若愚《酌中志》卷一六《内府衙門職掌》　御前作　掌作官一員，散官十餘員，亦是監工年老資深者挨轉。專管營造龍床、龍桌、箱櫃之類。合用漆布、桐油、銀硃等件，奏准于甲字庫關支。【略】

湖廣承天府守備太監一員，關防一顆。僉書數十員。轄承德、荆、襄地方，護衛顯陵，徵收籽粒。每年進茶、扇、葛布、香茶、手巾。【略】

蘇杭織造太監一員，亦有敕諭關防，秩視秉筆，而安逸尊富過之。萬曆年間，惟孫太監隆，先監之同年也，多學善書，曾刻《通鑑總類》、《中鑒録》等書。所造清謹堂墨，款制精巧猶方于魯、程君房，而劑料精細，爲殊勝焉。神廟最重之，今不易得也。隆在蘇杭日久，又以暇日重修西湖蘇堤，從容儒雅，蓋事辦而民不擾，大得東南民心，至今思之未艾也。掌印王體乾、秉筆王文致，皆隆名下也。今上即位，憫東南財物凋敝，特停止不差。【略】

内官監　掌印太監一員。其所屬有總理、管理、僉書、典簿、掌司人數、寫字、監工。自典簿以下，分三班宫中過夜。每班掌司第一人曰掌案。所管十作，曰木作、石作、瓦作、搭材作、土作、東作、西作、油漆作、婚禮作、火藥作，并米鹽庫、營造庫、皇壇庫、裏冰窨、金海等處。凡國家營建之事，董其役。御前所用銅、錫、木、鐵之器，日取給焉。外廠甚多，各有提督、掌廠等官。真定府設有抽印木植管理太監一員，則内官監之外差也。四年一撥，只有本監公文，無敕書關防。及寶坻縣收籽粒，西湖河差，大石窩、白虎澗等處，各有提督，俱外差也。凡外方修建，分封藩王府第，亦是管理外差也，須數萬金營求，方能到手，領敕書關防前去，工竣即回。天啓元年，湖廣衡州府修桂藩府第，管理翟應魁遞銀四萬未能得，黄用費五萬即得之，餘差可以例其多寡矣。無惑乎桂藩地基不堅，殿宇傾塌也。凡大行帝后陵寢，妃嬪皇子女薨修造墳塋，及完姻修理府第，皆其職掌。天啓元年春，慶陵工興，御前所發帑銀五十萬，即有分侵八萬者矣。欲堅美完善，得乎？至七年春，今上大婚禮成，藩邸殿宇及陳設器具，俱塗飾草率，皆李永貞貪其侵冒，包工了事，漫不加意之所致也。可恨極矣。永貞伏法，而丁紹呂等漏網，謂非孔方之力哉！

御用監　掌印太監一員，裏外監把總二員，猶總理也。有典簿、掌司、寫字、監工。凡御前所用圍屏、擺設、器具，皆取辦焉。有佛作等作，凡御前安設硬木床、桌、櫃、閣及象牙、花梨、白檀、紫檀、烏木、鸂鶒木、雙陸、棋子、骨牌、梳櫳、螺甸、填漆、雕漆、盤匣、扇柄等件，皆造辦之。仁智殿有掌殿監工一員，掌管武英殿中書承旨所寫書籍、畫扇，奏進御前，亦猶中書房之於文華殿中書也。

司設監　掌印太監一員，有總理、僉書等官，如内官監。而所職掌者，鹵簿、儀仗、圍幕、褥墊，各宫冬夏簾、涼蓆、帳幔、雨袱子、雨頂子、大傘之類。事最煩苦，遠不逮御用監、内官監有盈餘肥潤也。如遇御前打點庫藏抬箱，則此三衙門之人皆任重抬運，不敢憚勞。

御馬監　掌印太監一員，有監督、提督、四衛營勇士、小厮。有監官、典簿、掌司、寫字、拿馬、象房掌房等官。牙母象九隻，各居一房，缺則外象房補之。金鞍作、長隨房等處，各有監工。本監象房之東，有裏草欄、草場；皇城之外有天師庵草場、舊都府草場。天啓六年夏，舊草場失火，逆賢率内外官員、軍士人等救撲，三日始息。都城東北有大壩等二十四馬房，大壩城垣，逆賢重創一新，李魯生巡青之疏所諛者是也。凡逆賢出外到此，則於城樓上升座飲酒，至夜則花砲、巧线、盒子、烟火之類，皆在城下放看，如元宵焉。【略】

尚膳監　掌印太監一員，光禄寺西門提督太監一員，西華門内裏總理太監一員，管理僉書、掌司數十員，寫字、監工及外牛房、羊房等廠監工百餘員。而抬供養官、撥子、長隨各數十員。光禄寺、涼樓、醬房、逢七等項，各有監工坐家名色，職掌造辦，每日早午晚奉先殿供養膳品。乾清宫等宫、一號殿、仁壽宫等宫眷月分厨料，各有差等。凡在御前掌印、秉筆、管事、牌子、暖閣近侍，及外之内閣、文華、武英殿中書畫士桌兒銀兩，咸光禄寺職掌，用典簿關防緘封。每月酒飯一桌，折銀十兩有奇；半桌者，五兩有奇。到每月晦，照欽賞數目，坐名頒給之，《光禄寺志》可考也。凡遇大典禮，萬歲爺升大座，則司禮監催督光禄寺備辦茶飯，鐘鼓房承應九奏之樂。有所謂炮鳳烹龍者，鳳乃雄雉，龍則宰白馬代之耳。至如南京等處進各樣鮮品，皆屬收納。天啓以前，凡聖駕每日所進之膳，俱司禮監掌印、秉筆、掌東廠者二、三人輪辦之。近年改由此監，亦節省意。至十三年，復令司禮監掌印、掌廠、秉筆照先年例挨月輪流辦膳，仍遵祖制也。

尚寶監　掌印太監一員，僉書等官數十員。職掌御用寶璽、敕符、將軍印信。其所可知者，尚寶司凡所領者曰「皇帝奉天之寶」，郊天齋醮用之。曰「尊親之寶」，上尊號用之。曰「親親之寶」，有大小二顆，與藩府用之。「誥命之寶」、「敕命之寶」、「廣運之寶」，則用之最多也。「御前之寶」，則宫中庫藏箱鎖用之。曰「御藥謹封」，則牙刻者也，御藥房用之。凡敕命遠出者，仍用一黄紙封套，上下悉用牙刻方寶封識之，其文曰「册符出驗四方之寶」，其餘咸玉刻也。凡寶皆内尚寶女官掌之。遇用寶，則尚寶司以揭帖赴尚寶監，監請旨，然後赴内司領取。歲用寶三萬餘顆，歲用寶色銀六十餘兩，工部虞衡司辦進，别項供億不盡載也。其餘寶璽尚多，不恒用。天啓甲子冬，河南巡撫程紹遺副使張夢鯨進到玉璽，玉質瑩潔，款制渾樸，其白文曰「受命於天，既壽永昌」，似小篆，不甚古，角無刓缺，的非秦璽，想是宋元時僞造者。惟閣臣魏廣微夸大其詞，從臾逆賢播告中外，以爲此璽之進，正在萬方慶祝之前，又值朝政維新之會，顯是瑞應，實所以熒惑先帝受賀稱慶，藉肆報復云。【略】

尚衣監　掌印太監一員，管理僉書、掌司等數十員。掌造御用冠冕、袍服、履舄、靴襪之事。兵仗局之南，舊監庫之北，即本監裁縫匠役成造御用之袍房也，又名曰西直房。萬曆時，凡造上用袍服之裏，合用杭綢等絹，例具尺寸數目，於東廠太監處取辦之。不知今尚如此否也。萬曆三十三年冬，御前偶失珍珠袍一件，神廟震怒，命先監矩親至袍房拷問數次。時掌管内官王乾、王進、王保三人素不睦，而互訐陷之。先監怒其愚狡，察其實冤，竟不爲嚴旨所拘，再四拶鞫，了無盗袍證據。時王進孱弱，被掠病亡，王乾等奉旨降净軍結局。其後數年，宫中有人云：「此袍是一貴顯宫女偷出，付其答應内官拆碎變賣。」人始追感先監之明允淑問也。倘希旨鍛煉，則支連蔓引含冤而死者，寧能再生乎？益知執法者凡事宜虚公詳慎可也。【略】

惜薪司　掌印太監一員，總理數十員，僉書、掌道、寫字、監工數十員，各外廠又數十員。專管宫中所用柴炭及二十四衙門、山陵等處内臣柴炭。每月初四、十四、廿四日，開玄武門放夫匠及打掃净軍，抬運堆積糞壤。每年春暖，開長庚、蒼震等門，率夫役淘浚宮中溝渠。正旦節安彩妝。凡遇冬寒，宮中各銅缸、木桶，該內官添水湊安鐵篛其中，每日添炭，以防冰凍，備火災，候春融則止。皆惜薪司事也。凡宮中所用紅籮炭者，皆易州一帶山中硬木燒成，運至紅籮廠，按尺寸鋸截，編小圓荆筐，用紅土刷筐而盛之，故名曰紅籮炭也。每根長尺許，圓徑二三寸不等，氣暖而耐久，灰白而不爆。如經伏雨久淋，性未過盡，而火氣太熾，多能損人，倏令眩暈，昏迷發嘔，大人尚可，皇子女嬰幼何堪？又宮中咸木做地平牆壁，多缺土氣，凡乳母畏寒，皇子女或中此毒，屢致薨夭，良可痛也。順天府歲供糯米十五石五斗，永平府歲供紅棗一萬五千五百七十斤，於紅籮廠交納之。廠中舊有香匠，塑造香餅獸炭，又塑造將軍或福判、仙童、鍾馗各成對，高二尺許，用金彩裝畫如門神，黑面黑手，以存炭製，名曰彩妝。於十二月廿四日，奉安於宮殿各門兩旁，此亦歲暮植將軍炭於門旁之遺意也。至次年二月初二日，仍抬歸本廠修補妝新，臨年節再安。逆賢專政，則各增而大之，所費百倍於前。傀儡體做法，高八九尺、丈餘不等，穿以真正綾絹紵綢，備以真正弓矢兵器，鬚眉直竪，猛惡如生。又恐無知之人戲弄損壞，凡該地方近侍必明燈看守，雖冰雪寒夜不敢遠離，必交接明白，人人敢怒而不敢言也。凡隆德等殿修建齋醮焚化之際，用楊木長柴；宮中膳房，用馬口柴；內官關領，則片柴也。外有北廠、南廠、西廠、東廠、新西廠、新南廠等處，各有掌廠、僉書、監工，貯收柴炭，以聽關支。

鐘鼓司　掌印太監一員，僉書數十員，司房、學藝官二百餘員。掌管出朝鐘鼓。凡聖駕朝聖母回，及萬壽聖節、冬至、年節升殿回宮，皆穿有補紅帖裏，頭戴青攢，頂綴五色絨，在聖駕前作樂，迎導宮中升座承應。凡遇九月登高，聖駕幸萬壽山，端午門龍舟插柳，歲暮宮中驅儺，及日食、月蝕救護打鼓，皆本司職掌。西內秋收之時，有打稻之戲，聖駕幸旋磨臺、無逸殿等處，鐘鼓司扮農夫饁婦及田畯官吏，徵租交納詞訟等事，內官監衙門伺候合用器具，亦祖宗使知稼穡艱難之美意也。又過錦之戲，約有百回，每回十餘人不拘，濃淡相間，雅俗并陳，全在結局有趣，如說笑話之類。又如雜劇故事之類，各有引旗一對，鑼鼓送上所扮者，備極世間騙局醜態，并閨壼拙婦呆男，及市井商匠刁賴詞訟、雜耍把戲等項，皆可承應。又，御用監武英殿畫士所畫錦盆堆，則名花雜果；或貨郎擔，則百物畢陳。或將三月韶光、富春山子陵居等詞曲，選整套者分編題目，畫成圍屏，按節令安設，總皆祖宗原因聖子神孫生於宮壼之中，長於阿保之手，所以製此種種，作用無非廣識見、博聰明、順天時、恤民隱之意也。猗歟盛哉！意淵微矣。

又，上元之前，或於乾清官丹陛上安七層牌坊燈，或壽皇殿安方圓鰲山燈，有高至十三層者。派近侍上燈，鐘鼓司作樂贊燈，內府供用庫備蠟燭，內官監備奇花、火砲、巧綫盒子、烟火、火人、火馬之類，誠所謂瞬息之樂，妝點太平。或藉此孝娛聖母未爲不可，但火燭擔驚，糜費甚巨，思及民瘼，實可惜焉。又木傀儡戲，其製用輕木雕成海外四夷蠻王及仙聖、將軍、士卒之像，男女不一，約高二尺餘，止有臀以上，無腿足，五色油漆，彩畫如生。每人之下，平底安一榫卯，用三寸長竹板承之。用長丈餘、闊數尺、深二尺餘方木池一個，錫鑲不漏，添水七分滿，下用凳支起，又用紗圍屏隔之，經手動機之人，皆在圍屏之內，自屏下游移動轉。水內用活魚、蝦、蟹、螺、蛙、鰍、鱔、萍、藻之類浮水上。聖駕升殿，座向南，則鐘鼓司官在圍屏之南，將節次人物各以竹片托浮水上，游鬥頑耍，鼓樂喧哄。另有一人執鑼在旁宣白題目，贊傀儡登答，道揚喝采。或英國公三敗黎王故事，或孔明七擒七縱，或三寶太監下西洋，八仙過海，孫行者大鬧龍宮之類，惟暑天白晝作之，如耍把戲耳。其人物器具，御用監也；水池魚蝦，內官監也；圍屏帳帷，司設監也；大鑼大鼓，兵仗局也。乍觀之似可喜，如頻作之，亦覺煩費無餘矣。先帝最好武戲，於懋勤殿升座，多點岳武穆戲文，至瘋和尚罵秦檜處，逆賢常避而不視，左右多笑之。自天啓六年以後，凡御前插科打諢，本有鐘鼓司僉書王進朝，綽號王瘸子，抹臉詼諧，公然稱贊惜薪司怎樣軫恤商人，內府庫怎樣米積天堆，東廠怎樣厘奸剔弊，寶和店怎樣裕國通商，內修朝政，外鎮邊疆，或稱好個魏公公，或夸好個魏太監，逆賢居之不疑，自以爲美，先帝聖顔亦爲喜悅。回想憲廟時，汪直擅權，尚有懷恩之流居帝左右，所以阿丑敢譎諫也。今王體乾既熟軟巧媚，在王瘸子不過俳優賤役，自然因而化之，可嘆也已！想稱功頌德，是又寧止縉紳輩章疏間哉！五年之九月九日，駕幸萬壽山，鐘鼓司太監邱印執板清唱《洛陽橋記》內之「攢眉黛鎖不開」者一套。至六年九月登高，邱印仍唱此曲，識者已哂其不合景，失大體矣。撫今思昔，亦莫之爲而爲，良非佳兆云。神廟孝養聖母，設有四齋近侍二百餘員，以習宮戲、外戲。凡慈聖老娘娘陞座，則不時承應外邊新編戲文，如《華岳賜環記》亦曾演唱。是日神廟侍側，見權臣驕橫，寧宗不振，至云：「政由寧氏，祭則寡人。」神廟亦矚目不言者久之。先是，仁聖陳老娘娘在時，凡遇令節間，必恭請兩宮聖母於乾清宮大殿陞座，神廟先在雲臺門之下，朝北立候。仁聖老娘娘轎至景運門，慈聖老娘娘轎至隆宗門，神廟即居中朝北跪接，候兩轎俱至乾清門方起。中宮王娘娘扶請仁聖老娘娘，皇貴妃鄭娘娘扶請慈聖老娘娘，入宫陞座，神廟遞酒膳，下氣怡聲，膝行叩拜，周旋中禮，傾心孺慕。從來古今帝王聖孝所希覯也。神廟又自設玉熙官近侍三百餘員，習宫戲、外戲，凡聖駕陞座，則承應之。劉榮即其一也。又蔡學等四十餘人多怙寵不法，自萬曆己亥秋，俱下鎮撫司獄。至庚申秋，光廟始釋，然瘐死者已十之三四也。此二處不隸鐘鼓司，而時道有寵，與暖殿相亞焉。

寶鈔司　掌印太監一員，管理僉書十餘員，掌司、監工數十員。每年工部商人辦納稻草、石灰、木柴若干萬斤，又香油四十五斤，以爲膏車之用。抄造草紙，竪不足二尺，闊不足三尺，各用簾抄成一張，即以獨輪小車運赴平地曬乾，類總入庫，每歲進宫中以備宫人使用。至聖上所用草紙，係内官監紙房抄造，淡黄色，綿軟細厚，裁方可三寸餘，進交管净近侍收，非此司造也。神廟至先帝，惟市買杭州好草紙用之。祖宗時抄造卬板及紅印，聞其在庫中貯之。其衙門左臨河，後倚河，有泡稻草池，每年池中濾出石灰草渣，二百餘年陸續堆積，竟成一卧象之形，名曰象山。有作房七十二間，各具一竈，突朝天，名曰七十二凶神。凡空闊土地最宜種蔬，今畦圃綿亘，桔槔相聞，若田家清野之象云。【略】

銀作局　掌印太監一員，管理、僉書數員，寫字、監工數十員。專管造金銀鐸針、枝個、桃杖、金銀錢、金銀豆葉。豆者，圓珠，重一錢或三五分不等；豆葉則方片，其重亦如豆，不拘其數，以備欽賞之用。又造花銀，每錠十兩不等，止可八成。又，祖宗舊制有票兒銀者，重十兩、五兩、三兩、一兩至一錢之方塊也。其色止有六七成，有分兩印子。逆賢擅政，久廢不造，止以細絲銀分賞，遂失祖宗節省之意，可惜甚焉。【略】

兵仗局　掌印太監一員，管理、僉書十餘員，軍器庫提督一員，掌闢防司一員，掌司、寫字、監工數十員。即掌造刀槍、劍戟、鞭斧、盔甲、弓矢各樣神器。又，火藥局一處屬之宫中。元宵上鰲山頂上之燈，例點放神器三位，則監工事也。凡每年七夕宫中乞巧小針，并御前鐵鎖、錘鉗、針剪之類，及日月蝕救護鑼鼓響器，宫中做法事鐘鼓、鐃鈸法器，皆隸之。是以亦稱爲小御用監也。逆賢時，凡解寧遠、皮島等處佛郎機等件，本局庫中物爲多。

巾帽局　掌印太監一員，管理、僉書等數十員。職掌内官、内使小火者平巾官帽。每年入夏，據見在員數，具題移文工部，至冬初，即於節慎庫領銀十餘萬，分散内官、内使人等靴料。凡有羨餘，繳進御前。凡新升秉筆，即送朝衣、冠、笏、帶、鞋一分。凡選中駙馬冠靴，中使之家正帽，閽者之猪嘴帽，插柳跑馬勇士之圓帽，藩王之國其尉帽靴帶若干分，皆本局造送，奏於工部支領工價。其署後臨河，有梓潼帝君廟，傳云神像是順流漂入，至此不動，遂祠祀之，簽最靈。

針工局　掌印太監一員，餘與巾帽局同。職掌内官人等冬衣夏衣，每年遞散一次。遇辰年、戌年，冬散鋪蓋銀一次。凡宫中做法事，揚幡、桌圍等件皆隸焉。凡内官曾賜蟒衣，退出官及病故者，各具本交還本局收也。

内織染局　掌印太監一員，總理、僉書等數十員。掌染造御用及宫内應用緞匹絹帛之類。有外廠在朝陽門外，浣濯袍服之所。又有藍靛廠，在都城西，亦本局之外署也。萬曆三十六年，始建西項娘娘廟於此。其地素窪下，時都中有狂人倡爲進土之説，凡男女不論貴賤，筐擔車運，或囊盛馬馱，絡繹如織。甚而室女艷婦，藉此機會以恣游觀，坐二人小轎，而懷中抱土一袋，隨進香紙以徼福焉，可笑乜。此先監没後光景也。又數年，神廟宫中偶興捽城之戲，於御前十餘步外，畫界一方城，於城内斜正十字分作八城，挨寫十兩至三兩止。令司禮監掌印、東廠秉筆及管事牌子，遞以銀豆葉八寶投之，落於某城，即照數賞之。若落迸城外及壓綫者，即收其所擲焉。至戊午年，遂有建□□□□之變，失撫順、開原等處，此戲始不作也。

酒醋麵局　掌印太監一員，管理等官與别局相若。職掌内官宫人食用酒、醋、麵、糖諸物。浙江等處歲供糯米、小麥、黄荳及穀草、稻皮、白麵有差，以備御前宫眷及各衙門内官之用，與御酒房不相統轄。【略】

内府供用庫　掌印太監一員，總理、僉書、寫字、監工共百餘員。專司皇城内二十四衙門、山陵等處内官食米。每員每月四斗。神廟時，張明掌此印，插稻子或爛米，甚而至有三斗半者。孫成掌此印，將天厨之米亦罄盡。有油、蠟等庫。廳前懸一木魚，長可三尺許，以示有餘糧之意。後庫上有瓦鴿子一，相傳已久，不知何所取意也。凡御前白蠟、黄蠟等，沉香等香，皆取辦於此庫。其印非九重倚毗最有寵眷者不得掌也。司禮掌印、東廠秉筆、管事牌子等，歲賜禄米各於季冬奏過給散之。宫中各長街設有路燈，以石爲座，銅爲樓，銅絲爲門壁，每日晚内府庫監工添油點燈，以便巡看關防。逆賢擅政，盡廢之，以便冥行，莫敢言者矣。

司鑰庫　掌印太監一員，管理、僉書等官數十員。凡寶源局等處鑄出製錢，該部交進本庫，備御前討取賞賜之用。庫中積有歷代古錢、洪武以來大錢，逆賢引導先帝濫賜左右，幾無孑遺。一日，御前舊錢内偶得天啓錢大小數枚，色甚古，遍問人，無知者。李永貞到直房，向累臣説之。累臣隨告假到外直房，於史内及袁氏叢書《玉篇》等書内查出，梁蕭莊、魏元法僧及南詔俱有此年號，及萬歲爺共四矣。此進擬年號之宰相不多讀書之明驗也。惜累臣身爲人役，不能親到御前奏對，而反爲招妒之媒，豈非命耶？凡乾清宫等門及東華、午門鎖鑰，皆本庫監工於五更三點時自宫中發出，分啓各門，其鑰即繳回。其印文曰「司鑰庫印」，俗曰天財庫。

内承運庫　掌印太監一員，近侍、僉書十餘員，掌司等官數十員。職掌庫藏。在宫内者曰内東裕庫、寶藏庫，皆謂之裏庫。其會極門、寶善門迤東，及南城磁器等庫，皆謂之外庫也。凡金銀、紗羅、紵絲、織金、閃色綿絨、玉帶、象牙、瑪瑙、珠寶、珊瑚之類，總隸之。又浙江等處，每歲夏秋麥米共折銀一百萬有奇，即國初所謂折糧銀，今所謂金花銀是也。候解到京，於每季仲月，由長安右門入，徑進本庫交收。此印及直殿監印，鐘鼓司、混堂、靈臺等印，皆本衙第一員僉書挨掌，不係貴近内臣掌。至崇禎三年冬，董寔事發之後，此印便改内臣掌也。凡内臣升玉帶，於本庫領取，及褫降、病故，其名下仍具本交還。近年奉旨升玉帶者，亦如外臣自備，殊公私兩便也。南京供應機房太監一員，則本庫外差，有敕諭關防，所謂漢府織造是也。其署漢庶人高煦遺址。【略】

御酒房　提督太監一員，僉書數員。專造竹葉青等酒，并糟瓜茄，惟乾豆豉最佳，外廷不易得也。【略】

彈子房　掌房一員，僉書數員。專備彈弓所用泥彈，大小有等，以黄布袋盛之。【略】

甜食房　掌房一員，協同内官數十員。經手造辦絲窩虎眼等糖，裁鬆餅減煠等樣一切甜食。於内官監討取戧金盒裝盛，進安御前，兼備進賜各官及欽賜閣臣等項。其造法器具皆内臣自行經手，絶不令人見之。是以絲窩虎眼糖外廷最爲珍味。又七月十五進獻波羅蜜，亦所造也。

絛作即洗帛廠。掌作官一員，協同内官數十員。經手織造各色兜羅絨、五毒等絛，花素勒甲板絛，及長隨火者牌穗絛。惟兜羅絨織法傳自西域，外無敢私織者。此作與甜食房皆屬御用監轄管，最寒苦可憫。【略】

甲字庫　職掌銀硃、烏梅、靛花、黄丹、緑礬、紫草、黑鉛、光粉、槐花、五棓子、闊白三梭布、苧布、綿布、紅花、水銀、硼砂、藤黄、蜜陀僧、白芨、梔子之類，皆浙江等處歲供之，以備御用監奏取。

乙字庫　職掌奏本紙、票榜紙、中夾等紙，各省解到胖襖，以備各項奏領。

丙字庫　每歲浙江辦納絲綿、合羅絲串、五色荒絲，以備各項奏討。而山東、河南、順天等處歲供棉花絨，則内官之冬衣、軍士之布衣，皆取於此。

丁字庫　每歲浙江等處辦納生漆、桐油、紅黄熟銅、白麻、綠麻、黄蠟、牛筋、牛皮、鹿皮、鐵綫、魚膠、白藤、建鐵等件，以備御用監、内官監奏準領取。

戊字庫　職掌河南等處解到盔甲、弓、矢、刀、廢鐵，以備奏給。

承運庫　職掌浙江、四川、湖廣等省黄白生絹，以備奏討欽賞夷人，并内官冬衣，樂舞生浄衣等項用。

廣運庫　職掌黄、紅等色平羅熟絹，各色杭紗及綿布，以備奏討。

廣惠庫　職掌彩織帕、梳櫳抿刷、錢貫鈔錠之類，以備取用。

廣積庫　職掌浄盆焰硝、硫黄，聽盔甲廠等處成造火藥。凡京營春秋操演，皆取給於此。【略】

織染所　掌關防太監一員，僉書十餘員。職掌内承運庫所用色絹。其署向南，在德勝門裏，内有空地，堪爲園囿。其染成之絹，赴内承運庫交納。此所工部亦有監督，有大使，有辦顔料諸項商人。此所不隸内織染局。

盔甲廠即鞍轡局。在都城内之東南隅。掌廠太監一員，貼廠、僉書數十員，轄匠頭九十名、小匠若干人。專管營造盔甲、銃砲、弓矢、火藥之類。萬曆年間，火藥忽燃者再。其三十三年九月丙申申時，忽響一聲，烟如靈芝，燒死京營領藥、把總等官九員，軍人六十三名，重傷者二十一名，毁房屋若干間。禮科蕭近高所題燒死不下數百人。凡於工部領銀一萬兩，則此廠六千，王恭廠四千，分造之。工部主事一員監督之。近因東、西、南、北不便，復增主事一員，各監督之。崇禎甲戌九月初七日天明時，忽響一聲，毁房屋甚多，將火藥石碾遠抛於泡子河城牆下。又一石碾自空中落於民家屋上，打透至炕，而炕上所卧小兒不知何因在地無恙。又一人係挂於梁上，頭與脚下垂，止有皮無衣無肉，骨形比生時頗增長許多。是日也，本廠匠頭蔡承禄，號小泉，家出殯，人頗富侈，冥器皆用真綾絹爲之。延優娼扮「十二寡婦征西」故事，又製火人火馬十匹，各以火爆縛遍人馬身上，點藥綫馳跑，則火起四飛，紙爆迸響，而人不傷。是日之變，人多云蔡家所致。凡附近寺殿多未震動，而配殿概損也。有一吴羊兒者，素以食物入廠貨賣，比晨已擔入，忽覺眼黑，耳畔略聞有響聲，移時方蘇，開眼視之，身已立泡子河橋上，不知得何神祐而無恙也。又有賣肥皂者，素在崇文門裏賣，後於門外賣，此日偶入城索債，震死於姜百户門首，肥皂箱油粉狼藉，見者無不悚懼。奉旨將掌廠值日内臣賀堯年、監督主事蔡宸恩下獄薄責之。

安民廠即王恭廠。建署於都城之西南隅，掌廠太監一員，貼廠、僉書十餘員，轄匠頭六十名，小匠若干名。營造錢糧，與盔甲廠同。天啓六年五月初六日辰時，忽大震一聲，烈逾急霆，將大樹二十餘株拔出土，又有坑深數丈，烟雲直上，亦如靈芝滚向東北。自西安門一帶，皆霏落鐵渣，如麩如米者，移時方止。自宣武街迤西，刑部街迤南，將近廠房屋猝然傾倒，土木在上而瓦在下，殺有姓名者幾千人，而闔户死及不知姓名者，又不知幾千人也。凡坍平房屋，爐中之火皆滅。只賣酒張四家兩三間之木簿焚然，其餘無毁。凡死者之肢體多不全，不論男女盡皆裸體，未死者亦多震褫其衣帽焉。真未有之變也。遂改卜於西直門街北建廠，先帝敭名曰安民。并盔甲廠各鑄鬭防以給之，重軍需也。其舊址改爲戎政署。凡在西會議兵事，即共集面計，甚便。而崇禎辛未，戎政尚書閔夢德設處錢糧修理捐俸完局云：「近因火藥局逼窄，遂於宣武門街盡北街西，分創新火藥局一處。」又，安定門内東絲兒衚衕，舊設槍局一處，係京營官軍自兩廠領出火藥并軍器堆積，以便教場取用。崇禎戊寅四月初五日卯時，新火藥局忽震一聲，損壞房屋人民許多。至六月初二日午時，安民廠大震，略減於天啓六年時也。八月初七日卯時，局復大震，且延燒草若干垛。其涌起之烟，各如靈芝，如雲，如浪，移時方散。聖明極矜憐之，發銀分賑。司禮曹太監化淳，親詣傷處驗看，復施棺或席殮埋。是歲頗旱。至庚辰四月初二午時，新局造火藥處，復響一聲，損人命房屋甚多。

褚人穫《堅瓠廣集》卷一《官司諺語》 《宙載》載都下諺語云：「吏科官，户科飯，刑科紙，工科炭，兵科皂隸，禮科看。」《説聽》載：工部居六曹後，仕進者冷局視之。嘉靖間興大工，添設部官，比曩時數倍，營繕司尤盛，郎中多至十餘員，得驟升京堂，或有先賜四品服者，人始慕之，而爲語云：「馬前雙，馬後方，督工郎。」馬前雙者棍，馬後方者杌也。

褚人穫《堅瓠廣集》卷一《都下諺》 《宙載》載成化間都下諺云：「韋英房，梁芳馬，尚銘銀子似磚瓦。」嘉靖間，都下又有諺云：「滕太監房，麥太監馬，高太監金銀似磚瓦。」滕名祥，御用監。麥名福，掌團營。高名忠，内官監監督諸工者。

孫承澤《天府廣記》卷一三《户部》 户部在東城之東，吏部之下，西向。設尚書，主天下人民、户口、田賦、征役、經費之政令，經鹽法、邊儲、金穀出納之制，以贊於天子。侍郎二人爲之貳，司務、照磨、簡校典磨勘計算爲首領官。屬清吏司四：曰民部，主天下省府州之縣圖志，以周知其地里古今沿革、山川險易、田土肥瘠寬狹、户口物産多寡登耗之數；曰度支，主會計天下存留起運，若廩禄俸給之經費；曰金部，主天下魚鹽税課若贓罰之折收；曰倉部，主兩税起運倉庾之委積。已而上念地曹務繁，更定爲十三清吏司，司各理一布政使司户口錢穀賦役課程之事，而司分民、度、金、倉爲四科，郎中、員外、主事所添設，繁簡視所司劇易，兼直隸府州之貢賦，贊尚書邦政焉。其職事以版籍稽賦役，以墾荒業貧民，以占籍附流民，以畸零寄細民，以馴野馭羈縻之民，以圖帳抑兼并之民，以折銀劑米值，以平米均田税，以布帛斂庸調，以桑棗課農官，以芻地給馬牧，以里老攝鄉社，以律誥嚴禁防，以給除差優復，以珍異儲上供，以鈔錠節恩賞，以限田裁異端，以賜田懷降虜，以封閉密砂鑛，以金穀累贓罰，以課程闌雜物，以關榷市船材，以引由嚴茶政，以權量和市易，以時估約均輸。凡獻産、詭産、漏産、朋户、析户、逃户有禁，亂宗類、淆良賤、遊手遊食有禁，毁鈔、遏錢有禁。諸王大臣毋得請常課、乞閑田。寶鈔提舉司若局庫倉所官悉隸焉。

《周官》：司徒掌邦教，敷五典，擾兆民，在當時所司者教化，後世則專理財賦户口之事。

天下田土，據諸司職掌載，洪武年間田土，官民共八百五十萬七千六百二十三頃六十八畝零。據會典載，弘治年間田土，官民共六百二十二萬八千五十八頃八十一畝零；萬曆年間田土，官民共七百一萬二千九百七十六頃二十八畝零；崇禎年間田土，據會計册開載，見額七百八十三萬七千五百二十四頃零。

天下户口，據後湖册開載，洪武中，户一千六十五萬二千七百八十九，口六千五十四萬五千八百一十三；弘治十五年，户九百六十九萬一千五百四十八，口六千一百四十一萬六千三百七十五；嘉靖二十一年，户九百九十七萬二千二百，口六千二百五十三萬一百九十五；萬曆中，户一千六十三萬一千四百三十六，口六千六十九萬二千八百五十六。至天啓，崇禎之季，荒燹相繼，市井蕭然，版籍不可問矣。

黄册以一百一十户爲里，推丁多者十人爲長，餘百户爲十甲，甲凡十人，歲役里長一人，管攝一里之事。城中曰坊，近城曰廂，鄉都曰里，凡十年一周，先後則各以丁數多寡爲次，每里編爲一册，册首總爲一圖，鰥寡孤獨不任役者則帶管於百一十户之外，而列於圖後，名曰畸零。

賦役：稽古定制，以天下之墾定天下之賦税，因其地宜，立爲等則，徵之以夏者謂之税，徵之以秋者謂之糧。其額數則具於黄册，總於户部，其徵輸期限則責之藩服州縣。若夫丁口之税，百無取焉。惟逐年編里甲，十年一度輪差，其餘年分官司有所營爲，隨時起集傭倩，事已即休。

科則陞降：洪武初，令田起科每畝官田五升三合五勺，民田三升三合五勺，重租田八升五合五勺，蘆地五合三勺四抄，草塌地三合一勺，没官田一斗二升。

歲入賦額：其載在會典者不開，據萬曆八年太倉考所載録之，備考。

派剩麥米折銀共二十五萬二百八十五兩。

絲棉税絲農桑絹折色一十三萬一千八百二十一疋二丈二尺七寸一分，每疋折銀七錢，共銀九萬二千二百七十四兩八錢五分八釐九毫七絲。棉布苧布折銀共三萬八千六百一十三兩。

府部等衙門禄俸米折銀共二萬五千九百八兩二錢。

馬草折銀三十四萬五千六百一十四兩二錢四分零。

京五草場草折銀六萬一百八十兩三錢六分八釐。

户口鹽鈔銀共四萬六千八百九十七兩八分八釐六毫。

薊、永、昌、密、遼東五鎮民運改解銀共五十二萬三千八百二兩五錢三分。

各鹽運司并各提舉司餘鹽鹽課税銀共一百萬一千六百六十四兩。

黄白蠟折銀共六萬八千三百二十四兩八錢。

霸大等馬房子粒銀共二萬三千四百三十九兩五錢七分。

備邊地畝銀三萬三千四百九十一兩五錢八分。

京衛屯牧地增銀共一萬六千一百四十一兩三錢五分零。

崇文門宣課分司約解商税正餘銀一萬六千六百六十二兩一錢六分，銅錢一千八百八十七萬七千七百十六文，猪牙税銀二千四百二十九兩。

張家灣宣課司約解商税正餘銀二千四百七十九兩二錢，銅錢二百八十八萬七千七百六十二文。

河西務鈔關約解商税正餘銀一萬四千六百三十三兩六錢八分。

臨清鈔關約解商税正餘銀四萬四千七百七兩一錢一分零。

滸墅鈔關約解商税正餘銀一萬七千三百七十六兩五錢六分零。

九江鈔關約解商税正餘銀一萬九百九十兩三錢二分零。

淮安鈔關約解商税正餘銀一萬一千四百一十四兩六錢三分零。

揚州鈔關約解商税正餘銀九千六百七十八兩九錢七分零。

北新鈔關約解商税正餘銀三萬六千八百三十九兩四錢三釐。

泰山香税銀二萬兩。

贓罰銀一十二萬八千六百一十七兩五錢。

富户銀約解三千一十八兩三錢六分三釐。

共銀二百八十四萬五千四百八十三兩四錢零，銅錢二千一百七十六萬五千四百零。

太倉銀庫舊餉新餉數目：崇禎十四年，承澤以户科左給事中巡視太倉銀庫。查售餉額數，浙江省額銀二十一萬五千八十二兩五錢九分七釐零，江西省額銀一十一萬一千三百五十四兩六分三釐零，福建省額銀一十二萬五千九百二十九兩三錢四分六釐零，湖廣省額銀一十八萬九千一百一十二兩六錢二分零，河南省額銀五十八萬九千二百八十九兩九錢三分六釐零，山東省額銀七十六萬三千五百三十六兩四錢六分零，山西省額銀八萬七千一百七十一兩五錢三分二釐零，陝西省額銀三萬九千九百三十九兩四錢六分六釐零，四川省額銀一十三萬九千五百五十一兩七錢三分九釐零，廣東省額銀一十萬九千一百四十七兩五錢八分八釐零，廣西省額銀二萬八千六百八十六兩八錢三分九釐零，雲南省額銀二萬三千三百二十六兩六錢一分四釐零，貴州省額銀一萬七千六百二十五兩七錢四分九釐，南直額銀六十一萬三百二十八兩九錢二分五釐，北直額銀一十六萬二千一百七十二兩一錢六分三釐，又雜項額銀一十萬四千九百九十三兩九分五釐零，各衛額銀三十萬九千八百八十五兩一錢一分六釐零，鹽課額銀一百二萬七千六百八十五兩六錢八分七釐，關税額銀三十一萬三千二百四十六兩六錢一分三釐。是舊餉額數，統而計之，不過四百九十六萬八千五十六兩一錢五分四釐，合天下商民共爲承辦，猶未見其甚困也。至一加遼餉，遂有九百一十三萬四千八百八十餘兩之多，再加練餉，遂有七百三十四萬八千八百餘兩之多，視原額舊餉不啻三四倍矣。而所謂勦餉不與焉，軍前之私派不與焉。猶此人民，猶此田土，餉加而田日荒，徵急而民日少。皮之不存，毛將安附？當日司計者肉寧足食哉？楊嗣昌在兵部，議加勦餉一百八十萬，欲練兵十二萬爲勦賊之用，餉既加，陝豫江楚報兵八萬，然仍舊籍之兵也。又議加練餉七百餘萬，將宣薊邊兵抽而練之，集成勁旅，營制紛紜，出彼入此，仍舊籍之兵也。勦不成勦，練不成練，而四海之困窮已甚矣。

邊鎮年例餉銀：崇禎二年，倉場侍郎南居益疏言：按永樂、正統之間，各邊鎮不過有償運糧料之例，其京運舊額在薊鎮止五萬兩，永鎮止二萬八千六百七十二兩八錢九分，密鎮止一萬五千兩，昌平、易州、井陘并無京運，遼鎮止一萬兩，宣府五萬兩，大同五萬兩，山西二萬兩，延綏十萬兩，寧夏四萬兩，甘肅六萬兩，固原四萬八千八百七十一兩二分，又犒賞銀五百八十八兩八錢二分二釐五毫。迨世宗朝，始議宣大、山西每年發主客兵銀二十五萬五千餘兩，薊州主客兵銀五萬六千五百餘兩，永平四萬八千餘兩，密雲三萬三千餘兩，昌平一萬兩，延綏新舊主客兵銀二十九萬七千餘兩，寧夏主客兵銀四萬五千兩，甘肅主客兵銀二萬二千餘兩，固原主客兵銀五萬兩。隆慶中又增昌平防秋銀一萬六千餘兩。嗣後又議四川撫按及茶馬各衙門贓罰稅課等項改解延寧甘固及宣大、遼東、山西三關等處，准作本年應發年例。雖沿革多寡不一，尚未至十分懸殊也。嗣因覆定經制在薊鎮原額銀止五萬兩，後增至三十八萬九千四百九十三兩，賞軍撫裔之數不與焉，今見支又增四十二萬八千八百九十二兩零。密鎮原額銀一萬五千兩，後增至二十九萬四千三十七兩，今見支幸減至二十六萬五千三百九十一兩零。永鎮原額銀二萬八千六百餘兩，後增至二十四萬六千八十五兩，今見支又增至二十八萬九千八百六十六兩零。昌鎮原無舊額，後增設京運銀一十七萬三千九百九十二兩，今見支幸減至一十四萬二百三十二兩零。遼鎮原額銀一萬兩，嗣後本折歲用銀四十一萬七千七百餘兩，後又增至五十二萬兩。自萬曆四十六年發難始設新庫，其銀屬爲幫支，奉本部題奉欽依，每年正幫新庫銀二十萬兩。易鎮先止河南山東扣送太倉糧價抵作客兵年例銀二萬八百餘兩，後增至五萬九千兩，今見支又增至一十七萬七千八百六十餘兩。宣府原額銀五萬兩，後增至三十三萬三千二百二十餘兩，今見支幸減至二十九萬九千一百五十餘兩。大同原額銀五萬兩，後增至四十二萬四千六百三十餘兩，今見支又增至四十五萬六千三十餘兩。山西原額銀二萬兩，後增至二十一萬三千六百餘兩，今見支幸減至二十萬六千三百兩。延綏原額銀十萬兩，後增至三十六萬七千二百六十餘兩，今見支又增至四十三萬三千七百餘兩。寧夏原額銀四萬兩，後增至五萬二百五十兩，今見支又增至一十三萬三千七百九十餘兩。甘肅原額銀六萬兩，後減至五萬一千四百九十餘兩，今見支又增至一十九萬七千五百餘兩。固原原額銀四萬八千八百七十餘兩，後增至六萬一百三十二兩，今見支又增至一十四萬五千八百二十三兩零。又萬曆四十二年下馬關招兵買馬，立左右正兵四營，歲支銀四萬二千三百七十餘兩。以上除遼東一鎮見今增數不開，但據太倉考經制與原額較，內除甘肅一鎮稍減，其餘十三鎮便增銀二百八十六萬一千七百七十餘兩。今再以見支與經制較，內密雲昌平宣府山西四鎮稍減，其餘九鎮又增銀五十五萬四千四十餘兩。豈屯鹽之政久格而不行，故主客軍餉盡改爲年例乎？抑備禦日煩，募選日增，不如此不足以爲四裔之守耶？在各邊鎮計口授食，必自有說。但朝廷出入祗有此數，入者幾何，出者無算，又何怪年例之拖欠無償也？合營馬草料醫文兩院月俸共增銀六十六萬餘兩矣。

太倉京支銀數：崇禎二年，倉場南居益疏言：在京各衙門如宗人府、五府、六部、翰林院、詹事府、都、通、大、太常、太僕、光祿、尚寶、六科、十三道、國子監、中書、行人、鴻臚寺、欽天監、上林苑監、順天府宛大二縣，自公侯駙馬伯及錦衣旗手等衛指揮經歷暨各衙門監吏各俸銀，雖陞遷名數時爲增減，較數歲之中以爲常，每歲約支銀十四五萬餘兩。惟太醫院舊制院使一員，院判二員，吏目十員，御醫十員，惠民局生藥庫大使副使各二員，連醫士共止一百一十員名。沿至萬曆年間，官醫已增至三百二十三員名，迨天啓年間，增添日多，乃至崇禎元年，官醫共計五百三十三員名。但查每年見支俸銀三千三十一兩零，比萬曆四十六年歲支已多銀一千三百六十餘兩。文思院舊制大使一員，副使二員，洪熙元年添註大使副使六員，後仍裁革。其匠役名數俱不甚煩雜。沿至萬曆年間，官匠已增至七百六十三員名，迨至天啓年間，增添日多，及崇禎元年，官匠共計三千一百九十八員名。今但查每年見支俸銀三萬四千三百二十一兩零，比萬曆四十六年每歲支已多銀二萬七千四百九十餘兩，若較祖制，各不啻數倍相懸，究何關於有無之數哉？其餘京軍布花、太常寺小麥、光祿寺果品、丙字庫綿花絨、欽天監曆日板片，惜薪司抬炭甲夫，司苑局召買豆草、丙字庫召買黑綠荳穀草價、又煮豆蒭稭價，供用庫召買正旦元宵端陽中秋三單年例香蠟價，光祿寺錢鈔、禮工二部賞夷折絹，兵部咨紙筏夫、廣盈庫題染顔色商價、神樂觀樂舞生布絹小麥黄荳芝麻折銀、光祿寺厨役冬布折銀、器皿廠小麥、惜薪司炭餅糯米價、內官監召買稻草價、外供用庫召買黄綠豆穀草價、太常寺祭祀猪價、陵寢墳園公侯駙馬造墳及會試合用米麥折價、銀作局造册金價、承運庫御用監供用庫丁字庫凡遇吉凶典禮題買金珠香蠟銅錫價、各衛軍伴優恤各倉故官、錦衣衛軍官馬匹草料折銀，又將軍馬匹草料、又禁兵春秋二操口糧、又衛營家丁鹽菜馬匹草料、錦衣衛禁兵廪糧、旗手通州等衛馬匹糧草折銀、定慶陵做工鹽銀、京糧廳祭祀各倉篝架造斛修理閘河各衙門工食公費、三王府鹽菜銀、崔黄口三大營勇士四衛營糧草折銀、京營飛石教師口糧、山東河南班軍口糧犒賞、巡捕營官軍并馬匹料草、各官心紅番役工食等銀、訓練營并通州三標營鹽菜草料、總督房價、訓練三大營鹽菜草料行糧銀、各衛所新兵月糧、訓練總兵家丁鹽菜草料、三大等營護送梓宫口糧草料銀、各衛所月糧折色等項銀，增減不一，每歲約支銀四十五六萬兩。迄今有見在停止者，有無容輕議者，及典禮修舉不時，營辦數多，擅難預定，而米折篝架數須分隸漕折，合行另算外，惟是三大營馬匹草料銀，萬曆年間歲支銀八萬七千餘兩，至天啓三年遂增至一十八萬四千餘兩，迄天啓七年雖經少減，尚計一十六萬四千五百餘兩。查舊例每馬一匹月支草料銀五錢六分，後議每馬月支銀八錢六分，及選鋒題增全馬振武營添馬六百匹，遂比舊例歲增銀八萬餘兩矣。

會計：嘉靖中，户部尚書潘潢疏言：國家財賦國計總於户部，謹於每歲終會計成録進覽。一曰歲徵，一曰歲收，一曰歲支，一曰歲儲。總數會其略，散數註其詳。大率一年以歲徵爲定額，如歲收少於歲徵，則拖欠可查，歲支多於歲徵，則撙節可計。歲收比歲徵加多，則查交納某年某項錢糧，歲支比歲徵較少，則計本年餘剩若干。收支既明，歲儲虚實自見，即爲次年歲派實徵通融節縮之計。由是財用可節，邊費自紓，誠我皇上中興太平之一助也。

萬曆五年，大學士張居正疏言：伏蒙發下票擬章奏内有户部進呈御覽揭帖一本。臣等看得國家財賦正供之數，總計一歲輸之太倉銀庫者，不過四百三十餘萬兩，而細至吏承納班僧道度牒等項，毫釐絲忽皆在其中矣。嘉隆之間，海内虚耗，公私貯蓄殊可寒心。自皇上臨御以來，躬行儉德，核實考成，有司催徵以時，逋負者少，姦貪犯臟之人嚴擯不貸。加以北虜款貢，邊費省減，又適有天幸，歲比豐登，故得倉庫貯積稍有赢餘。然閭閻之間已不勝其誅求之擾矣。今查萬曆五年歲入四百三十五萬九千四百餘兩，而六年所入僅三百五十五萬九千八百餘兩，是比舊少進八十餘萬兩矣。五年歲出三百四十九萬四千二百餘兩，而六年所出乃至三百八十八萬八千四百餘兩，是比舊多用四十萬餘矣。問之該部云，因各處奏留蠲免數多，及節年追臟人犯財産已盡，無可完納，故入數頓少。又兩次奉旨取用及湊補金花拖欠銀兩計三十餘萬，皆額外之需，故出數反多也。夫古者王制以歲終制國用，量入以爲出，計三年所入必積有一年之餘，而後可以待非常之事，無匱乏之虞。乃今一歲所出反多於所入，如此年復一年，舊積者日漸消磨，新收者日漸短少，目前支持已覺費力，脱一旦有四方水旱之災，疆場意外之變，何以給之？此皆事之不可知而勢之所必至者也。此時欲取之於官，則倉廪所在皆虚，無可措取；欲取之於民，則百姓膏血已竭，難以復支，而民窮勢蹙，計乃無聊，天下之患有不可勝諱者。此臣等所深憂也。夫天地生財止有此數，設法巧取，不能增多，惟加意撙節，則其用自足。伏望將該部所進揭帖置之座隅，時賜省覽，總計内外用度一切無益之費可省者省之，無功之賞可罷者罷之，務使歲入之數常多於所出，以漸復祖宗之舊，庶國用可裕而民力亦賴以少寬也。

本計：崇禎二年，給事中吴執御疏言：理財必本經術，臣静觀今日國勢民情，無如理財爲急。今諸臣爲苟且之計者，無不謂此時多事，勢不得不出於權宜。臣耳目孤陋，不能遠引唐虞三代，請舉祖宗朝多事者一折之，可乎？臣考永樂初年，承廢弛之後，府庫空虚，一時賜賚功臣，大封親藩，而又招集諸儒，編輯大典，未幾而有安南之役，有營建京兆宫殿之役，費以萬萬計，而户臣夏原吉殫力經營，未嘗告乏。豈今日之多事有踰是乎？今諸臣爲權宜之説者，又無不謂此時民窮財盡，勢不得不出於苟且。臣竊謂天下之民未嘗窮，而天下之財未嘗盡也。惟夫主計者自爲窮之盡之之計，剜肉醫瘡，去皮附毛，今比屋脊脊嗷嗷，府事之所以日虚，泉流之所以日竭也。臣聞之仲尼，曰生財，曰節用，此兩言者，已略盡理財大端矣。屯政鹽法，生財之大者，諸臣業已言之，皇上業已行之，臣故無容贅。臣考祖宗時有曾泉者，爲汜水縣典史也，涖事後勤督農事，稽女工，時歷鄉村，率民墾荒田以恢穀麥，伐林木以贍財貨，無牛具無紡織具者，皆設處借之，行之三年，官有積貯，民無貧乏，以其羡餘造船以備儹運。夫官至典史微矣，殫心殷阜，有殷阜之效，如自典史以上何官不可倣此以自效乎？陳壽之之巡撫延綏也，開邊耕耘，架梁採木，不期月省費二十七萬。葉盛之巡撫宣府也，修復官牛官田之法，墾田積糧，以其餘歲補戰馬一千八百餘匹，修屯堡七百餘所。此兩臣者，治兵非不稱雄，而其理財又如此。凡爲巡撫者，若邊若腹，獨不可倣此以自効乎？至劉大夏之治淮鳳，民饑，奏裁光禄供辦也，歲省費銀錢八十餘萬。趙璜因正德中歲派料價過濫，遂取弘治前成例而裁之也，所省歲費亦不下數萬。夫國家之經費有限，而漏卮影没漸生其中，主計者苟留心撙節，此二者非其標的乎？故計臣當大宏經術以急濟時艱爲生爲節，務與諸臣實實求所以補救之方。臣愚謂大約以固本厚基爲至計，以酌虚劑盈爲權宜。臣知九州之大，四海之廣，皆環拱以作皇上外府，定無有憂不足者矣。若夫加派捐助搜括者，竊不能無議焉。近畿保河六府之加也，臣觀太祖高皇帝開基建業，鎮江寧國諸府爲京師翼郡，故屢行蠲恤。其曰子孫百世何可忘江左之民？蓋注意邦畿如此其重哉！保河六府又奕世爲皇上拱神京者也。其地多沙磧，原與南土不同。矧年來多故，哀鴻之歎，十室而九空。此二十二萬餘者，加之原無益於山岳，減之又何捐於涓埃哉？其餘直省皇上與計臣預定年限，庶百姓知息肩有期，而幽遐之歡聲雷動矣。至捐助搜括二者，尤難爲訓。夫臣子媚茲有心，一芹一曝皆思上獻，則捐助何獨爲非？臣竊謂人臣但能奉公守法，約己裕民，而以區區爲忠愛，臣恐不教之偷者鮮矣。搜括原有款項，豈爲横取？臣竊謂郡縣之間當留有餘以防不足，矧正賦未完，搜括先到，此果足以療度支之饑否？臣考洪武三年户部請論蘇州守臣逋税罪，高皇帝云：蘇州債欠兩年，民困可知，若逮其官，必責之民，民畏刑罰，必傾貲以輸官，如是而欲其生遂不可得矣。又聞朱英總兩廣，府藏頗充，有勸以羨餘進者。英曰：王者藏富於郡縣，苟羨餘一進，他日餉餽奚從取給？盛世君臣無一念不爲斯民計，亦無一念不爲先事計，此真可作今日良藥。矧皇上懲貪禁墨之令無日不下，而有司不肖或借捐括以爲辭，倘賜罷之，諸凡郡縣誰敢不洗腸濯胃以自干斧鉞乎？今天下邊腹多虞，臣亦具知，但以天地財源無一不出於民，故理財自理民始，民裕而財自阜，財阜而賦自足。不然，皇上試問諸臣今秦晉間何以不責其輸正賦，且欲請賑靖餉，了無屬饜之日乎？

崇禎三年，御史吴履中論加派疏：近者議增加派矣。皇上惓惓於以賦加民困爲念，至仁也。即向來急催科，嚴參罰，開事例，裁額款，皆不得已而爲之。臣下遂以其心力全用於此，百姓遂以皇上所急專在乎此，而德意幾不見於天下矣。國家歲入計一千四百六十餘萬，而遼餉五百萬不與焉。捐助罰贖事例等項鹽課税額所增，復不下數百萬，而尚不足，則安能於天下之外再得一天下之物力以取其盈乎？臣謂財之生數至此已極，自有兵事以來，取諸民者已溢於制，而魏忠賢搜括之術復無所不至，以至今日，真皮骨俱盡之時，不惟加派不可行，而催科更當緩；不惟開之苦於無術，而節之尤病其失經。如青衿優免，歲不過十數銖，然培養士氣，賴此一綫，而併去之，何以爲勸士之藉？皂快工食，猶官之有禄，乃以養廉而併裁之，彼安能裹糧奉公而不至横視百姓也？凡爲此者，皆權宜苟且之計，非盛世所宜有。臣意此時非中國得志之秋，雖衛霍將兵，未能窮追遠討，以倖成功。但宜爲固守計，蓄積糧草，訓練士卒，伺察邊情，嚴烽火，整器械，謹斥堠以備之，兵精則不必務多，餉省則不憂財匱。昔勾踐之治吴曰十年生聚，十年教訓。皇上春秋鼎盛，如日方昇，長駕遠馭，久道成治。何必計旦夕之功，竭天下之力，以事一隅？萬一民窮財盡，外患未寧，内盜蜂起，何以處之？莫若甦息民力，固結人心，以爲久安長治之圖，進取恢復之本。此兵事民生有强弱枯榮勢，未必非天心所軫結，以冀皇上憬悟者也。

孫承澤《天府廣記》卷二一《工部》 工部在皇城之東，户部之後，西向。設尚書、侍郎，掌天下工役、農田、山川、藪澤、河渠之政令。其屬初曰營部，曰虞部，曰水部，曰屯部，後易爲營繕、虞衡、都水、屯田四司，俱稱清吏司。

營繕掌經營興造之事。凡大内宫殿、陵寢、城濠、壇場、祠廟、廨署、倉庫、營房之役，鳩力會材而以時督程之，王邸亦如之。凡鹵簿儀仗樂器移内府及所司各以其職治之，而以時省其堅潔，董其窳濫。凡置獄具必如律。凡工匠二等，曰輪班，曰住作。凡工役二等，曰正工，曰雜工。雜工三日當正工一日。凡省工，視役煩簡而節其財力，凡會有無，移内府。其分司爲三山大石窩，爲都重城，爲灣廠通惠河道，兼管爲琉璃黑窰廠，爲修理京倉廠，爲清匠司，爲繕工司，兼管小修爲神木廠兼磚廠，爲山西廠，爲臺基廠，爲見工灰石作。所屬爲營繕所，所正一員，所副二員，所丞二員，武功三衛經歷等官。

虞衡掌山澤採捕、厲禁陶冶，凡採捕禽獸及革骨羽毛，以供祭祀賓客之膳差。凡軍器軍裝移内府及所司，歲造或三歲二造，必程其堅緻以給邊。凡畋獵以時，冬春之交，罝罛不施川澤，春夏之交，毒藥不施原野，苗盛禁蹂躪，穀登禁焚燎，若害苗稼獸，聽爲陷穽獲之，賞有差。凡諸陵山麓不得入斧斤、開窰冶、置墓墳。凡帝王、聖賢、忠義、名山、嶽鎮、陵墓、祠廟有功德於民者禁樵牧。凡山場園林之利聽民取而薄征。凡陶冶瓷甓籍其常造年造之數，計其入慎藏之，無輒毁以費民。凡鑄造審其模範，計銅鐵而鎔之，金牌信符鑄之内府。凡顔料徵土産，不强其所無，否則徵其直。其分司爲寶源局大使，皮作局大使，軍器局大使，副使。

都水掌山澤、陂池、泉濼、洪淺、道路、橋梁、舟車、織造、券契、衡量之事。凡水利曰轉漕，曰灌溉，歲儲其金石木竹卷埽，以時修其閘壩洪淺堰圩隄防，謹蓄洩以備旱潦。舟楫磑碾不得與灌田争利，灌田者不得與轉漕争利。役以農隙。凡鱗介萑蒲之利，聽民取而薄征。凡道路塞其坑坎，上巡幸若大喪大禮，治而新之。凡橋梁，曰舟梁，曰石梁，計工力而創修。其大津不能梁，官給舟人，量其小大難易而食之。凡舟車曰大車，曰小車，曰戰車，凡三等。曰糧船，曰黄船，曰馬快船，曰海運船，曰鮮船，曰備倭船，曰戰船，凡七等。皆會其材下諸司，酌多寡久近勞逸而均劑之。凡織造冕服、誥勅、制帛、祭服、浄衣諸幣布，移内府南京諸省，周知其數而慎節之。凡公侯伯鐵券，差其廣高。凡祭器、册寶、乘輿、牌符、雜器會則於内府。凡衡量謹校勘而頒之，懸式於市。其奉勅分理於外者爲北河差郎中，南河差郎中，中河差郎中，夏鎮閘差郎中，南旺泉閘差主事，荆州抽分差主事，杭州抽分差主事，清江廠差主事，通惠河、器皿廠、六科廊皆本司總理者。所屬爲文思院大使、副使，織染所大使、副使。

屯田掌屯農、墳墓、抽分、薪炭、夫役之事。凡屯田，腹邊公田，閑田，没官田，給衛所耕，劑其地力人力而徵其子粒。凡在邊，牛犁鐵器官給之。凡墳塋、堂、碑碣、獸，第宗室、勛戚文武官之等而辨叙其差。凡抽分，征諸商，各有差。凡薪炭，南取洲汀，北取山麓，徵諸民有本折色，酌其多寡而樽節之。凡夫役，伐柴轉柴皆雇役，周知其數而時蠲之。

按司曰屯田，重農事也，制誠善矣。及其後也，徒存其名耳，而其司僅掌上供并監局柴炭與山陵之事。分司爲臺基柴炭廠，爲外差易州山廠，有陵工臨時委差。所屬爲柴炭司正使一員，副使二員。

《周禮·冬官》亡，漢時補以《考工記》。夫冬官之職既不可考，亦豈待《考工記》補之而後爲冬官之全乎？太宰事典以富邦國，以任百官，以生萬民；小宰事職以富邦國，以養萬民，以生萬物，則事官之意在周禮可覩也。《周官》亦曰：司空掌邦土，居四民，時地利。則司空之意在周官可推也。況冬之爲言終也，萬物成終，必歸其根，實空土而已。命之曰司空，豈無意義而云然哉？惟藏而固之，富而生之，此所以爲冬之象也。若夫《考工記》之事，《虞書》所謂共工也。夫共工誠冬官之事，但其一屬耳。故取以入冬官則可，用之以補冬官則不可。【略】

織造：兩京織染，内外皆置局。内局以應上供，外局以備公用。南京又有神帛堂供應機坊，蘇州、杭州等府亦各有織染局，每歲造解有定數，數内有奉欽降花樣改織者，然未嘗增派。後於歲造之外，奉旨題派織解者曰坐派，一時急缺令部買辦者曰負買，間一行之。

弘治十七年，工部徐恪奏：今之南京並蘇杭嘉湖等府，即古吴越之境。租税之出，數倍於他州。而綺紈錦繡之貢，歲有常額，上供六宫之用，下充四裔之賞。近又差内臣往彼織造，乘輿服御所用無幾，而工役科派所費不貲。禁闈近侍，勢位尊嚴，府縣奉承，唯恐或後。一應財物，非天降地涌，皆民之膏血也。若不早爲蘇息，誠恐民不堪命，怨讟由之而起，禍福倚伏，不可預測。大禹惡衣，文王卑服，千載之下，猶仰盛德。皇上臨御未久，春秋鼎盛，方當躬行節儉，以身先天下。奈何以服御之故，遠遣内臣，勞東南之赤子？合無將差去織造内臣取回，餘剩絲料發與各府，准作歲造支用，仍令彼處巡撫、巡按咨訪輿情，凡可以輕徭薄税，息民養兵，及防微杜漸之計，悉聽舉行。不作無益，與民更始。庶幾應天以實，而災異可弭矣。允之。革回織造内官，令鎮巡等官管理。

萬曆五年十二月，御文華殿，講讀畢，諭輔臣張居正曰：頃者星變，占云應在吴地。聖母因念吴地數被水災，小民困苦，欲將織造停免，況宫中袍服不能盡御，徒久貯笥中，殊可惜耳。居正從旁力贊之，即諭户、工二部：朕思東南民力困敝，蘇杭織造病民。前差太監孫隆查已派及在手應織者，織完回京。其未派并應措處錢糧盡行蠲免。地方官仰體朕敬天恤民之意，加意節愛，不許借稱上用，横徵苛擾。居正頓首謝。

崇禎元年二月，諭：朕自御極以來，孜孜民力艱苦，思與休息。惟是封疆多事，征輸重繁，未遑蘇豁。乃有織造錢糧，雖係上供急需，朕痛念連年加派絡繹，東西水旱頻仍，商困役擾，民不聊生，朕甚憫焉。今將蘇杭現在織造錢糧上緊成造，着地方官解進。梁棟不必候代，即着馳驛回京。其改織錢糧仍入歲造内應用，織造員缺暫行停止。朕不忍以衣被組繡之工，重困此一方民。稍加軫念，用示寬仁。俟東西底定之日，方行開造，以稱朕敬天恤民之至意。

柴炭：戴銑易州山廠志：山廠之設，專以燒薪炭供應内府。宣德五年，置於平山，繼遷沙峪口。景泰年間移置滿城縣西十里。天順元年，移置州城西北二里許，建部堂於中，環以土城，八府五州分治，以次而列，皆南向。部堂總其綱，府州縣佐貳官分理其事，民之執兹役者，歲億萬計。車馬輳集，財貨山積，亦云盛矣。然昔以此州林木蓊鬱，便於燒採。今則數百里内山皆濯濯然。舉八府五州數十縣之財力，屯聚於兹，而歲供猶或不足。民之膏脂日已告竭，在易尤甚。

【略】

凡山廠職官，舊設督理侍郎一員督理。其領運柴炭，設官甚多。嘉靖年，改設郎中一員管理，盡革同知等官，後改主事管理，定額歲用柴炭各二十萬斤。

抽分：成化七年三月，工書王復請於太平之蕪湖，荆州之沙市，浙江之杭州進司屬親往其處抽分竹木，變價解京，以供營繕之用。其初每歲千兩，後遂增至累萬。朘削不已，大爲商困。成化二十年四月，令南道御史同本部差官往杭州、荆州、蕪湖抽分，事久復專差工部司官。

嘉靖二十六年四月，給事中戴珊言：九江等處各設主事一員，抽分商税。如近日主事李洞、陸夢豹、楊周、蔣孝等贓私皆不下數萬。乞勅工部，凡有抽分處所，宜置堂印文簿二扇，一行巡按，委官一員同主事監收，一付主事登記，抽分貨物税銀貯之府州縣庫，季終解部。其南北兩京户部主事收掌各關錢鈔，一體通行。允之。至嘉靖四十六年，令巡按御史通劾户、工二部鈔關主事。

崇禎二年七月，工部題：榷關合南北凡六：荆關額税二萬兩，加餘銀二千兩；機關額税二萬兩，加餘銀二千兩；清江廠額税三萬兩，加餘銀三千兩；中河郎中額税一萬兩，加餘銀一千兩；蕪湖額税三萬兩，加餘銀三千兩；龍江額税三萬兩，加餘銀三千兩，解部充鼓鑄之用，以濟陵工急需。

節慎庫：工部節慎庫始於本部尚書劉清惠麟。衙門之後原有大庫一座，規制宏大，但隔於堂官火房，司官不便出入，經年封鎖。嘉靖八年二月，麟請於大庫之北，循鑾駕庫外牆而行，正與東朝房一間相對，係兵馬司管住，改爲門道，虞衡司掌管收貯四司錢糧，會同工科給事中及御史出納。上嘉之，賜名節慎庫。清惠字元瑞，安仁人。在工部，以内璫督造蘇杭袍服爲非制，争之不得，遂掛冠去。歸而貧甚，步衣芒屩，踽踽行里中；好樓居，力不能搆，文徵明寫層樓圖贈之。

蘆政：弘治元年正月，南工部請增設主事一員，管鎮江至九江沿江蘆洲，賜之勅書。嘉靖間，奏准一應蘆洲，巡江御史逐一查出，委官丈量明白，召民承佃，度地定課，量收租銀十分之三，各該附近府縣徵完，係本部原額者照舊解部收貯，支銷多餘銀兩盡數解送户部以充邊用。

選用司官：嘉靖四十四年八月，工書雷禮奏：工部職銜供用與司官營建，事多與權勢相危，而錢糧出入，易以起謗，故人不樂爲之屬。銓司亦以進士有疵議及舉人補之。乞勅吏部，於進士中擇志行端潔年力精壯者陞授，著有成績，量於京堂優叙，以勵其餘。上是之，曰：工部所理皆朝廷之事。今後工部司屬，吏部一體慎選，以有成績者量加優叙。

選委造船主事：萬曆六年五月，工部尚書朱衡及漕運都御史王宗沐奏上造船積弊，請令差委主事不必銓選，聽工部於各司擇有才望練達者任之，三年而後代。革去原委指揮千百户，特選經歷縣丞四員，於淮安府衛山陽等縣各帶銜專管造船，亦以三年考滿，覈其功罪。至於買木，宜解銀赴湖廣布政司責成糧儲道親買，務得材實，則諸弊悉除，而船可任載。上然之。

工部會計：嘉靖二十九年正月，工部上會計錢糧之數，計歲徵銀六十一萬一千餘兩，係本年額派者；歲收八十五萬三千餘兩，係積年解欠及取諸事例等項者；歲支九十一萬七千餘兩，係一切修造支用者；歲儲一百萬餘兩，節慎庫貯累年用存者，分爲四籍，以獻上留覽。

王慶雲《石渠餘紀》卷三《紀立内務府》 明宦官十二監、四司、八局，爲二十四衙門。外有諸庫、諸房、諸廠、諸宫門監，餘瑣瑣者，蓋不勝計矣。其擅威福於内者，提督東、西廠，京營及文書、禮儀、中書各房也。肆荼毒於外者，各省鎮守、守備，諸陵神宫監及織造、市舶、倉場也。若監軍採辦糧、税、礦、關等使，猶其不常設者。懷宗以坐營督餉，概命中官。明社既墟，蟲沙亦灰滅焉。我朝受命埽除而更張之。未幾吴良輔煽立十三衙門，其名率沿明舊。賴世祖遺詔發姦，聖祖廓除兇孽。伏讀諭旨，亦略見當時之勢燄矣。至十三衙門盡革，以三旗包衣仍立内務府，置總管大臣，兼以公卿，而無專員。又仿周官内宰、宫正、宫伯、膳夫之職，次第立堂郎中及七司郎中，各率其屬，以庀其事。收奄宦之權，歸之旗下。且待以士大夫之禮，課最者，得内躋卿貳，外典封疆，使人人樂於自效，而不鄙薄於其職，向非神謨創制，張弛盡善，雖磔良輔，黜正宗，死灰有不復然者乎！明史稾謂世宗四十餘年間，宦官不敢爲惡。然未幾而司禮諸奄滕祥、孟沖輩復熾。顧其官不屬吏、兵二部，又職掌宫禁，外廷罕得與聞。臣讀會典，謹掇取大略，而以明事附證焉。

案：七司，一曰廣儲司，掌銀、皮、瓷、緞、衣、茶六庫之藏物，相類者兼貯焉，稽其出納，掌銀、銅、染、衣、皮、繡、花七作之匠，以供御用，及宫中冠服、器幣、三織造，及内織染局屬焉。案：明司鑰庫掌收制錢，給賞賜。内承運庫掌庫藏金銀諸寶貨。甲乙十字庫貯物料。又有尚衣監，銀作，巾帽，鍼工、織染等局。其織造太監，順治三年裁簡，内府司官充之。織染局今有管理大臣。二曰都虞司，掌府屬武職之銓選，官兵之俸餉。凡佃漁採捕之政，咸屬焉。明京營有提督、坐營、監槍諸内監，國初已革。今都虞司，實内廷之兵部，其府屬文職，掌於堂郎中，則内廷之吏部。又明有牲口房，掌畜珍禽異獸。三曰掌儀司，掌大内之祭祀，紫禁城内之廟祀。凡宫中朝賀筵燕，嘉禮大事，咸掌之。設陵寢及贊禮官屬，辨内監之敍。設太監六十四人，以與敬事房接，兼管景山舊管南府，今裁。及果園。明司禮監掌一應禮儀，權勢最重。禮儀房掌皇子成婚，公主下嫁等禮。司苑局掌瓜果。今掌儀司實内廷之禮部。四曰會計司，掌京外皇莊之入，以供内祭祀之粢盛，内府之糧餼。掌管三倉之物。凡選宫女、太監，選乳母、保、姥，皆掌之。明内供用庫掌食米等物，選乳媪由禮儀司。五曰營造司，掌宫禁之繕修。其屬有木、鐵、房、器、薪、炭之六庫，鐵、漆、炮之三作。凡匠役辦其在官在民者，入宫匠作，則令司設太監領之。門吏長夫運送諸物。給其餼。明内官監掌營造工程，凡木、石、瓦、土諸作。御用監掌造木器。惜薪司掌薪炭。又今之炮作，造花炮而已。與明王恭廠火藥局迥異。六曰慶豐司，掌牛羊之羣牧供其用。明尚膳監有牛羊等房。七曰慎刑司，掌内府所屬之處分及審讞。收獄之政，緝捕番役屬焉。明司禮監掌一應刑名提督，東廠刺緝刑獄，國初已革。今慎刑司凡議罪徒以上，皆送刑部定之。右七司之大略也。詳見會典。又三旗銀兩莊頭處，初隸會計司。官房租庫初隸營造司。後乃分設。

崑岡《欽定大清會典事例》卷一一九九《内務府·書籍碑刻·武英殿庫作》

原定，銅字庫，庫掌一員，拜唐阿二名，專司銅字、銅盤及擺列等事。雇擺字人，每月每人工食銀三兩五錢。刻銅字人，每字工銀二分五釐。書作，庫掌一員，拜唐阿六名，委署司匠一員，委署領催二名，專司内庭交出及進呈陳設各種新舊書籍，並託裱界劃等事。刷印作，庫掌一員，拜唐阿八名，委署司匠一員，委署領催二名，專司鉤摹御書、刊刻書籍、寫樣刷印、摺配齊訂等事。露房，庫掌一員，拜唐阿六名，委署領催一名，醫生四名，專司合藥蒸露、造鼻煙及西洋胰子等事。乾隆九年奏准，將銅字庫所存銅字、銅盤，交該處銷毀，所有該庫庫掌拜唐阿，仍留本處分派各作行走。三十四年奏准，本處蒸露等項，較前簡少，所有佔用藥房醫生四名，暫行撥回該處當差。嗣後如有應用醫生時，傳唤應役畢，仍行退回。

崑岡《欽定大清會典事例》卷一二一四《内務府·工作·支取官物》　順治十八年定，奉先殿及諸祭祀燎所應用楊木葦柴，據掌儀司咨文呈堂，轉咨工部支領。康熙十六年定，凡領出紫禁城外修理成造器皿及領用各庫物料，均鈐用營造司印，移會景運門直班護軍統領。又定，皇子公主婚嫁，應用木植器皿，據掌儀司咨文，照數造給。所需木架火把，轉咨工部支領。綵棚行工部辦理。又定，凡牛羊各圈應用木槽，三年一次更换，由營造司辦理。其餘牧具，咨工部支領。

崑岡《欽定大清會典事例》卷一二一四《内務府·工作·奏銷》　雍正元年奉旨：嗣後内務府行文户部咨取一應物料，不必聲明何項應用，止將所用物料數目開載咨取，工部亦將本月給過内務府物料數目開載入册。其餘何項用過之處，著每月取用之各司院詳開，呈内務府總管將用過數目覈對，與工部黄册一同具奏。儻有不符，即行聲明，如不聲明具奏，被朕察出，咎歸内務府總管。五年議，准内廷及圓明園取用工部煤炭木柴數目並炭軍所納黑白炭及筐篩等物，灰軍所納青白石灰包金土筐篩及草，煤軍所納煤，各餘賸若干，每年於五月内具題，前一月委官查覈。七年奏准，内管領所屬秫稭廠，改歸營造司柴庫管理。會計司所屬各莊，應交秫稭二百二十三束，折銀六兩八錢八分，由會計司催交營造司採買應用，其用過銀數，歲終題銷。十三年奏准，各處所用秫稭，有應换給木柴者，换給木柴應用。其必用秫稭者，動用官房租銀買辦。其各莊所納秫稭折價銀，令會計司徵交廣儲司庫。乾隆四十六年奏准，内廷應用煤炭木柴，由工部奏准，改歸内務府承辦。壇廟各祭祀應用柴炭，皇帝升殿陳設鹵簿大駕應用炭斤，仍由工部隨時派員備辦。其各衙門咨取年例烤炭燒柴煤斤，照例折給價銀，令其自行辦理。四十七年議准，内廷、圓明園每年所用煤炭木柴，由工部改歸内務府承辦，所需銀兩，由廣儲司給發。其工部原給幫貼銀一千六百兩，由當鋪滋生銀兩内發給，其内務府蘇拉處原幫貼銀一千四百兩，仍照例發給。市價木柴不免砍溼抽乾，准其折耗一成。承辦監督一年更换，奏派營造司官四員，豫年備辦，以備次年應用。收發數目，由該司郎中稽察，一月一給，統至年底繕本題銷。一應行文事件，鈐用該司印信。如遇巡幸各處，發給地方官柴炭照票，鈐用内務府堂印。六十年奏准，内務府行取工部物料，定爲三箇月彙奏一次，將題本改爲奏摺，黄册改用清單，仍與内務府互覈後，會同具奏。嘉慶二年奉旨：工部、内務府一年四次彙奏一摺，此項用過數目，每月已有月摺，若又彙奏，殊爲煩瑣。嗣後除每月月摺照舊具奏外，餘著工部會同内務府統於冬至月奏請派員查奏一次，以歸簡易而昭覈實。

崑岡《欽定大清會典事例》卷一二一四《内務府·工作·總理工程處職掌》

總理工程處職掌，乾隆二十六年定，圓明園，暢春園，清漪園，今名頤和園。静明園，静宜園，奉宸苑所屬各苑囿，熱河行宫，東路盤山北路湯泉西路黄新莊等處行宫，每年歲修黏補活計，由各該處奏明，移咨本處派員前往，按照報修款項，逐座踏勘。如地脚沈下，牆垣閃裂，准其拆蓋。大木歪閃，准其撥正。頭停滲漏，椽望糟朽，准其揭宼挑换。椽望頭停微有滲漏，僅准促節夾隴，分别應修應緩情形，奏准後派員覈估錢糧，本處復加勘覈，始交該處照依斟覈過錢糧數目，奏請銀兩，自行購料招商辦理。無分錢糧多寡，統於工竣時，咨報本處派員查驗，按例斟覈，仍交該處遵照查過做法丈尺，斟准錢糧，據實題銷。遇有奉旨内廷應修殿座房間等項工程，亦係斟明實在應修情形，奏請欽派勘估大臣估計錢糧，由勘估大臣奏請欽派承修大臣。工竣後，由承修大臣奏請欽派大臣查驗，本處再行遵照查驗過做法丈尺題銷。又奏准，總理工程處增設委署主事一人，將圓明園，清漪園，今名頤和園。静明園，静宜園，内廷熱河等處工程稿案底册總歸一處，編設號簿，分别收存。如遇該處工程，即將底册查對，則採辦銷算，皆有成例可循，於工程實屬有益。嘉慶四年奏准，修理各工保固限期，自當量其輕重，分别年限，以昭慎重。嗣後所有房間拆蓋者，應照新工例保固十年，揭宼頭停挑牮撥正者，保固六年，加隴黏修者保固三年。所有牆垣連灰土甎砌者，保固十年，不動灰土者，保固六年，黏補我砌者，保固三年。所有牌樓牌坊木橋拆換大木者，保固十年，不動大木挑换木植者，保固六年，黏修者，保固三年。所有油畫滿墊地仗者，保固十年，找補地仗者，保固六年，不動地仗者，保固三年。所定年限，均按該員工竣報銷呈稿時日計算。

崑岡《欽定大清會典事例》卷一二一四《内務府・工作・巡視皇城》 順治初年定，設巡皇城人十二名，頭目四名。東華門，西華門，神武門，門隸各七名。景山北上門，門隸六名，東西栅欄，門隸各五名。康熙十六年定，凡皇城内居住旗人，如移居城外，該佐領内管領具結，由營造司用印，移知步軍統領。雍正八年奏准，歲揀營造司員外郎一人直年，與直年步軍協尉輪直巡視皇城牆垣，掌管城内街道。乾隆四年議准，歲揀員外郎二人直年，辦理錢糧出入及巡視皇城。十六年奉旨：紫禁城内各處俱當潔浄整齊，如有應修之處，亦當即行補修，豈令致令不潔不整。今朕經過地方，竟有不潔不整之處，此皆内務府總管應行修理之事，第因無專司之内務府總管，是以互相推諉，始至如此。嗣後特派内務府總管一員，專司其事。其派出之内務府總管，著一年一换，更换時亦著明白查驗交代，儻有不潔不整之處，經朕查出，惟直年内務府總管是問。

陳康祺《郎潛紀聞初筆》卷一四《度支考》 近年中外士大夫留心時事者，莫不以庫藏匱乏之爲憂。康祺郎曹多暇，亦嘗博稽詳攷，或采之邸抄疏奏，或詢之户部友人，綜核出入，終不解咸、同已來，何以與康、乾之世，贏絀若是其懸殊。惜官非司農之屬，究不獲洞見底藴。私心妄揣，開源節流，因利而利，事事必核其實，人人若〔不〕顧其私，吾中國之大可有爲，斷斷然也。攷康熙元年至四十四年，所免錢糧共九千萬有奇，五十一年又免地丁銀三千三百萬有奇。且康熙初年，軍務、河工，需用浩繁，三逆盤踞、蹂躪之處，正供多未徵取，乃至四十八年，户部庫銀尚存五千餘萬。見吴督部熊光《伊江筆録》。乾隆一朝，大兵大役，散財不貲，四十五年以前，又普免天下錢糧四次，户部尚餘銀七千八百萬。見曾文正公《簡練軍實疏》。五十五年已前，又免錢糧多次，而户部尚存銀八千萬。洪北江庚戌祝釐詩云：「免錢糧，免錢糧，四次兩次看謄黄。今年詔下恩尤厚，普免正供由萬壽。」又云：「大農錢粟雖頻散，耕九餘三積儲慣，户部銀仍八千萬。」即謂四十六年增兵之案，添兵六萬有奇，每年費銀二百餘萬，亦見曾疏。而嘉慶、道光兩次裁兵一萬六千，計可節省五六十萬。至於道光年間，一耗於夷務，再耗於庫案，三耗於河決，以及秦豫二年之旱，東南六省之水，並咸、同二朝勦粤逆、勦捻逆、勦回逆，入少出多，原不可以數計。然中興迄今十餘年矣，以地丁計之，直隸額征二百四十三萬餘，近年約完九成餘；户部咨直隸，地丁額征一百八十萬餘，與此稍異。耗羡十三萬餘，近數年截長補短，每年約完七成；河南三百四十三萬餘，耗羡四十七萬餘，近年約完八成；光緒四年，袁保恒奏：河南田賦額征三百餘萬，歲收僅二百餘萬，與此數符。山西三百零五萬餘，耗羡三十七萬餘，近年約完八成；陝西一百六十萬餘，耗羡二十三萬餘，近年約完九成；甘肅百二十二萬餘，耗羡十五萬餘，近年實完數未報部；安徽一百六十七萬餘，耗羡十八萬餘，近年約不及八成；江南、江寧九十一萬餘，耗羡三十五萬餘，近年約完二三成；蘇州一百四十三萬餘，耗羡二十二萬餘，近年約不及八成；浙江二百七十九萬餘，耗羡十三萬餘，近年約不及八成；福建一百二十四萬餘，耗羡二十二萬餘，近年約不及八成；湖北一百零六萬餘，耗羡二十八萬餘，近年約完五成以上；湖南一百十二萬餘，耗羡十三萬餘，近年約完六成以上；廣東一百三十二萬餘，耗羡二十三萬餘，近年約完三四成；廣西四十萬餘，耗羡四萬餘，近年完一萬餘；四川六十七萬餘，按糧津貼數亦如之，近年全完；同治十三年約八成餘。雲南十九萬餘，近年實徵數，奏明緩報；貴州十二萬餘，近年完一萬餘；四川、雲、貴三省，耗羡未詳；東三省額徵各項五十餘萬，盛京船規在内。歲支約須銀一百四十餘萬。總計地丁所入，以今光緒初年較承平時，約減七成耳。以漕糧計之，江蘇蘇松糧道所屬，同治三年前原額漕白正耗米一百七十餘萬石，四年減定一百二十餘萬石，十一、十二、十三年奏報起運，自六十七八萬至七十萬餘石不等；額徵漕項銀六十餘萬兩，除輕齎一項，每年起解外，餘俱留充海運經費。江安糧道所屬之江北各屬，額徵正耗米二十五萬餘石，同治九年、十年、十一年、十二年奏報起運，自十萬石至十一萬餘石不等；額徵漕項十四萬餘，除輕齎四千餘兩批解通庫，餘俱留充起運經費。浙江原額漕白正耗米九十六萬餘石，四年減定六十九萬餘石，十年、十一年、十二年，自三十八九萬至四十萬餘石不等；額徵漕項約四十餘萬，除輕齎一項起解外，餘俱留充海運經費。山東額徵米豆三十四萬餘石，近年多以粟米一項抵徵。同治十一年起運二十七萬餘石，到通交倉十八萬餘石。按：山東漕糧，惟同治九年折色，每石解部銀一兩三錢。河南額徵粟米麥豆二十萬九千餘石，同治元年撫臣張公之萬奏定折色，各州縣每米一石，折解藩庫銀三兩三錢，以二兩解部，以一兩充軍需，以三錢爲通省公費。嗣李公鶴年奏定，杞縣等三十三州縣，於軍需內減銀二錢，公費內減一錢；又祥符等十四州縣，於軍需內二次減銀共四錢，蘭儀等四州縣，軍需、公費全行減徵，惟各屬解部銀每石二兩不改。額徵漕項十一萬餘，同治十一年實解部五萬兩。江西額徵正耗稜米七十六萬石，咸豐三年後均係折色，每石以銀一兩三錢解部，同治十一年實解部七十萬兩；額徵漕項十八萬餘，亦未零解。湖北額徵正耗稜米十六萬四千餘石，咸豐三年後均係折色，每石以銀一兩三錢解部；八年，胡文忠公奏定每石折收錢，各屬少者四千文，多者六千五百文，解部銀每石一兩三錢，各屬一律；同治十一年，實解部銀十六萬；額徵漕項一萬餘兩，未零解。湖南額徵正耗稜米十五萬石，咸豐三年後均係折色，每石以銀一兩三錢解部，同治十一年實解部十萬兩；額徵漕項一萬餘，未零解。安徽江安糧道所屬之安徽各屬，額徵正耗米二十六萬餘石，咸豐三年後均係折色，每石以銀一兩三錢解部，歷年未解。奉大額徵粟米黑豆三萬八千餘石，同治十一年咨報，起運米豆二萬餘石。是總計漕糧項下，較承平時米加少，定例：漕入四百萬石。道光時，已無全入者。同治十年，天津收江、浙漕白米一百九萬六千餘石。而銀實加多也。按：國初海運未興，京倉備米，本有贏餘。是以乾隆年間，純廟以京、通二倉存米充溢，久藏陳腐，不如蠲免。其時阿文成奏云：漕異於錢，非旦夕可達京師，蠲免後設有水旱，恐一時緩不濟急，未如所請。至嘉慶間，河患阻漕，倉儲支絀，人皆服文成先見。然在今日，則無慮也。攷近年運米雖少，而京、通各倉，每年進米，尚不下一百萬石；除歲支八旗甲米約六十萬石，春秋俸米京倉約放十二萬石，通倉約放五萬石，一切雜支約數萬石，橋倉轉運，例除折耗及抽查掣欠約數萬石，總共出數不及九十萬石。是以光緒四年二月，户部侍郎翁公同龢摺稱：現在京倉米數，除粟米及未到南糧不計外，實存粳秈米二百二十七萬石。按照現放章程，尚可支兩三年之用云云。以鹽課計之，每引四百觔，其課正雜並計，每引至重不過一兩七錢四分，輕者一兩零。長蘆五十萬二千餘兩，竈課一萬三千餘兩，近年實完二十八萬兩上下，又徵完復價銀二十萬兩零；山東正課十五萬六千餘兩，竈課二萬餘兩，近年實完十一萬兩上下；河東五十九萬餘兩，又加費羨餘，加價約三十萬餘兩，近年全完；兩淮二百十四萬餘兩，折價九萬五千餘兩，近年課釐二項約收二百七十餘萬兩，制錢八千餘萬串；兩浙三十二萬三千餘兩，竈課十一萬兩零，同治八年，浙撫李公瀚章奏改綱運，浙東認銷二十七萬九百餘引，浙西六萬六千引。近年課釐二項，約收六十餘萬兩；福建十六萬餘兩，溢課等十八萬餘兩，近年改票，每年應收三十七萬九千餘兩；廣東六十五萬餘兩，餘項無考，近年約收五十七八萬兩；四川十五萬五千餘兩，羨餘等銀十五萬八千餘兩，近年約完十六萬零，又零收鹽釐六十餘萬兩；雲南額徵正課雜税等五十萬餘兩，近年未據報部。總計鹽課項下，順治中各省約二百餘萬兩，乾隆中五百七十餘萬兩，近年除雲南外已八百餘萬兩矣。是較承平時，有贏無絀也。以各關常税論之：天津額徵四萬八千餘兩，盈餘二萬兩，又應解内務府一萬二千餘兩；山海六萬一千餘兩，盈餘四萬九千餘兩，加增八萬兩；東海約六七萬兩，未定額；鎮江九萬二千餘兩，盈餘七萬一千兩；江海二萬三千餘兩，盈餘四萬二千兩；九江十七萬二千餘兩，盈餘三十六萬七千兩；浙海三萬五千餘兩，盈餘四萬四千兩；閩海七萬三千餘兩，盈餘十一萬三千兩；江漢未詳；粵海五萬六千餘兩，盈餘十萬兩；臨清三萬七千餘兩，盈餘一萬一千兩；又户關正銀二萬九千餘兩，銅觔水腳七千六百餘兩，盈餘一萬一千兩，以六千六百爲額内，四千四百爲額外；又工關正銀四千五百餘兩，盈餘三千八百兩，以二千三百八十兩爲額内，一千五百二十兩爲額外；按：臨清關各款，同治十三年約徵六成。鳳陽九萬兩，盈餘一萬七千兩；現未開徵。蕪湖二十二萬七千兩，盈餘十二萬兩；現未開徵。龍江西新九萬八千兩，盈餘八萬八千兩；現未開徵。淮安二十五萬四千餘兩，盈餘十一萬兩；滸墅十九萬一千餘兩，盈餘二十三萬兩；現未開徵。贛關四萬六千餘兩，盈餘三萬八千兩；太平五萬二千餘兩，盈餘七萬五千兩；殺虎口一萬六千餘兩，盈餘一萬五千餘兩；張家口二萬兩，盈餘四萬五百餘兩；崇文門十萬二千餘兩，盈餘十萬左右，光緒元年，收盈餘七萬零。原摺云：較最多年分少十四萬二千零，殆無定額也。又洋藥一萬七百零。加平三百餘兩以上各關常稅，除未開徵外，收數不無短絀。按：常稅足額約四百萬，現得二百萬零。然攷康熙中，關差各員，非無盈餘，而報解正額亦多不足數；自雍正年始定考成，自後盈餘之額，亦以雍正十三年爲準，近雖盈餘未足，較康熙間幾不啻倍增矣。至於昔無今有者，洋稅爲一大宗：一年四結，六成聽撥，四成解部，零存。津海約四十四萬兩上下，山海約十八萬兩上下，光緒元年收至二十三萬九千餘兩。東海約二十八萬兩上下，鎮江約十三萬兩上下，江海約三百二十萬兩上下，九江約五十三萬兩上下，浙海約六十七萬兩上下，閩海約二百四十九萬兩上下，江漢約一百五十七萬兩上下，粵海約一百四十九萬兩上下。按：此酌中之數也。同治初年，總數僅六百餘萬至九百餘萬；同治十三年年終稅單：則江海三百二十五萬，閩海一百八十萬，江漢一百四十五萬，粵海九十一萬，浙海七十六萬，九江六十七萬，潮海六十六萬，廈門五十八萬，津海三十七萬，東海三十一萬，山海十九萬，鎮海十五萬，臺灣十三萬，淡水十二萬，總計十四關，幾及一千二百萬矣。是以前定經費七十萬，光緒元年總稅務司赫德堅請加增，已奉旨加三十五萬，定爲每年經費一百九萬八千二百兩，蓋獎其綜核之勞也。又釐金亦昔無今有之一大宗：江蘇每年約收三百萬兩；安徽約三十餘萬兩，錢約六十萬串；浙江約一百萬兩；江西約一百三十萬兩；湖北約五十五六萬兩，錢一百九十萬串；福建約一百八十萬兩；廣東約一百二十萬兩；按廣東以洋銀折合。廣西約七十餘萬兩；山西約十萬兩；河南約洋藥、釐金約數萬兩；直隸洋藥、釐金八萬兩；奉天釐金約收東錢三百萬串；四川、湖南、山東屢催未據報部，陝西、雲、貴無抽釐案，據貴州聞可收釐三十萬，報明十萬兩。總計釐金項下，合未報各省而言，又不下一千五百萬也。攷近年京師庫款所入，提撥京饟八百萬兩，各省批撥漕折約一百萬兩，各海關批解洋稅無定數，京銅局收捐約六七十萬兩。按：捐輸一項，近以例銀減成，外省捐局太多，故入款反少。乾隆中，每年捐監、捐級、捐封三項，亦可得三百萬兩。若一旦毅然停捐，仍照乾隆舊例，非户部不得收捐，非實銀不得上兑，計虛銜、封典、加級、貢監各項，恐尚不止六七十萬可入也。捐輸已成弩末，惜無以此進言者。至京師出款，每年支發旗、緑各營兵饟銀兩，及二成折銀，紅白例賞，年終恩賞，約銀三百五六十萬兩；神機營經費一百萬兩；八旗兵米折色約八十萬兩；一切雜支約三百餘萬兩；出入甚可相敷。若京外出款，昔無今有者，除吉地兩處每處歲撥六十萬兩，惠陵工程歲撥八十萬兩，竣工計已不遠。西征善後次第就緒，聞左伯相方興蠶桑之利，創織呢之局，畜牧屯耕，數年後必可自顧。所不能節省者，臺灣之開郡縣也，他日有木植、米麥、煤鐵、番布之利。閩中之造輪船也，兵輪船外，有發商轉運之利。各國之駐使臣也，長江之設水師也，沿海各省之留防軍，可使築壩、濬河，廣開水利。製機器也，時勢所迫，豈能過惜度支。然苟統籌全局，保洋稅，洋藥及奇技淫巧各物入口，似可加稅、加釐。即不能行，而售賣洋藥之行棧店鋪，分別大小，悉令領帖，每歲更換。吾行吾令，度洋人無可置辭也。核釐金，宜先照會各國領事，凡華人有冒託洋商避就半稅者，查出嚴治。開荒田，撤分局，興修西北水利，自明徐貞明後，本朝諸臣，多創此議，以孫文定、朱文端疏爲最詳，今協揆沈公撫山西時，亦嘗疏請此事。大行大效，小行小效，或即以直隸練兵，先開下游，漸俟推廣亦可。省併冗員，道光十二、三年，各省奉敕裁汰冗員，直隸裁通判以下二十餘員，他省十數員不等。梁中丞章鉅尚謂不實不盡，近時河督喬公、沈文肅均有此議，而馮中允桂芬《校邠廬抗議》，論列尤詳。裁緑營疲弱兵丁，缺額不補，酌量地勢中邊、弁兵强弱，以裁汰十之三四爲止。而又鑄銀錢，織洋布，培護絲茶，以收利權；開銀鐵、煤礦，以取地寶。生之者衆，食之者寡，計以中國之大利，供中國之支應而有餘。疆域四五萬里，歲入五六千萬，順治一朝，以十七年入款二千五百餘萬爲最多。而司農以下，攢眉束手，相聚而憂貧，無是理也。然而聖君賢輔，直省各大吏，焦心勞思，迄無成效，豈籌策猶未至歟？則總攬其成者，不得而辭咎矣。按：是則所紀出入各數，多得之輾轉傳聞，且僅據一二年而論，恐舛誤不免。特聯綴成文，於國家近年經費出入之數，藉可考見大畧云。

朱一新《京師坊巷志稿》卷上

內府庫　《蕪史》：火藥局再東稍南，曰內府供用庫，掌印太監一員，專司內官食米，每員每月四斗。

蠟庫衚衕　井二。《蕪史》：內府供用庫，有油蠟等庫，凡御用白蠟黃蠟沈香等香，皆取辦於此。

鐵匠營

酒醋局衚衕　神機營幼丁隊右廠在焉，詳兵制。有興隆寺，詳寺觀。《蕪史》：酒醋麪局：掌宮內食用酒醋糖醬麪豆諸物，與御酒房不相統轄。

妞妞房　東小衚衕曰悶葫蘆罐。

織染局衚衕　橋一。有華嚴寺，詳寺觀。《舊聞考》：織染局原建嵩祝寺後。乾隆十六年，移萬壽山之西，與稻田毗近，立石曰耕織圖。原機上織染局三字，今改爲耕織圖。《蕪史》：內織染局，掌染造御用及宮內應用緞疋絹匹之類。有外廠在朝陽門外，又有藍靛廠，在都城西本局之外署。

針工局衚衕　《蕪史》：針工局掌內官長隨內使小火者，冬夏衣每年遞散一次，遇辰戌年，各散鋪蓋銀一次。

巾帽局衚衕　《明・職官志》：巾帽局掌內使帽靴，駙馬冠靴及藩王之國諸旗尉帽靴。《蕪史》：署後臨河，有梓潼廟。

東板橋：橋一。

火藥局衚衕井一。河沿龍王廟井一，火神廟井一。迤東臨河有鑲黄旗侍衛教場，見《嘯亭雜録》。《燕史》：火藥局即兵仗局之軍器庫也。案：火藥局互詳宫禁及寺觀。

後局衚衕　井一。【略】

鴿子房井一。《春明夢餘録》：十庫西曰鴿子房，曰安西門。《舊聞考》：鴿子房有二聖廟，即内府鴿子房土地祠，西安門内街北之極西地也。光緒丁亥移建法國天主堂於此。

西十庫衚衕井二。西十庫隸内府，内丁戊三庫兼屬工部，詳衙署；有慈雲寺，詳寺觀。《金鰲退食筆記》：西十庫在西安門内向南，舊設掌庫太監一員，貼庫數員，僉書數十員。本朝三十餘年，十庫封錮不開，塵土堆積。庫後古木叢茂，居人鮮少，衆鳥翔集作巢，以數萬計。上常遊幸至此，命内務府清察立檔案焉。康熙萬壽盛典，李紱撰《萬壽圖記》：進西安門路左西十庫口内，有上三旂三十家包衣人，自天王殿舊址建寺，唪經慶祝萬壽，奉敕賜名慈雲。寺前夾道新植松柏百餘株。《會典事例》：戊丁二庫在西十庫内，收貯弓刀箭弦鳥鎗等項；丁字庫今貯硝黄。《明會典》：天財庫，凡正陽等九門，並冬鈔關本折錢，及皇城各門鎖鑰，俱送本庫收。《舊聞考》：今慈雲寺即明之天王殿，殿有修庫題名碑，所記十庫與《燕史》合，而冠以司鑰庫之名。其修廟碑記云，禁城西北隅有司鑰庫，天財庫屬焉。是司鑰庫乃十庫總理，天財庫其附焉者也。錢明陸、錢病逸《漫記》：甎城北甲乙丙丁戊五庫，與天財、承運等庫，唯天財庫贓罰銀香料等項最富。案：十庫互詳宫禁。《明宫史》言司鑰庫俗名天財庫，凡寶源等局，鑄出制錢交本庫備御前賞賜。庫中積有歷代古錢，此天財庫之所由名也。又言：乾清、午門、東華等門鑰匙，皆本庫監工於五更三點時自宫中發出，分啓各門後即繳回，其言與明會典合。是天財庫即司鑰庫無疑。《舊聞考》分爲二，似誤。

劉鑾塑俗訛琉璃塑。井一。天慶宫舊爲元都勝境，詳寺觀。《金鰲退食筆記》：元都勝境建於元，相傳爲劉元塑像。周篔《析津日記》：京師像設奇古者，曰劉鑾塑。説者疑鑾與元音近而誤。考郝伯常《陵川集》，燕有四賢祠，其像塑自劉鑾。則鑾别是一人，著名於正奉之先者也。案：劉元事見《元史・工藝傳》及陶宗儀《輟耕録》。《金鰲退食筆記》誤作蘭。

真如境井一。《燕史》：經廠又西曰洗白廠，曰果園廠，曰西安裏門。條作即洗白廠，造兜羅絨各色五毒等條，兜羅絨傳自西域，無敢私造者。甜食房并此廠，皆屬御用監，最寒苦可憫。《金鰲退食筆記》：果園廠在櫺星門之西，明永樂年製漆器，以金銀錫木爲胎，有剔紅填漆二種，皆稱廠製，世甚珍重之。其遺址今爲内務府人役所居。《舊聞考》：真如境廟内有隆慶戊辰御用監造廠碑云，本監洗白廠，成造上用兜羅絨袍。公廨又有隆慶辛未修廠碑。稍西地名劉鑾塑。真武廟中有萬曆癸巳修洗白廠條作碑云：條作初置公廨於果園廠前，機作等房俱聚於此，後擇果園廠隙地建兹條作。則洗白廠、果園廠俱在此地。

條作井一。

經板庫井一。《燕史》：大藏經廠，司禮監之經廠也。《金鰲退食筆記》：大藏經廠在玉熙宫遺址之西，貯經費典籍及釋藏諸經，今仍舊制。《燕都游覽志》：藏經廠碑記言，廠隸司禮監，寫印上用書籍，造制敕龍箋。藏庫則堆貯經史文籍，三教番漢經典，及御製御書詩文印板。建自正統甲子，歷嘉靖戊午，世宗造元都宫殿，將本廠大門拆占。隆慶改元，元都拆毁，其後内監展拓舊基，重加修飭，始萬曆三年二月，落成於五月。案：庫今廢，其地尚存舊名。

扁擔衚衕井一。

酒醋局井一。《燕史》：櫺星門迤西，曰西酒房、西花房。《金鰲退食筆記》：西酒房、西花房、牲口房、舊虎城皆在櫺星門西北，今盡廢。《舊聞考》：酒醋局巷内有真武殿，至今稱爲酒房，蓋即西酒房舊址。

羊房夾道羊房俗訛養蜂。井一。有延壽菴，詳寺觀。《燕史》：由金海橋玉熙宫迤西，曰櫺星門，迤北曰羊房夾道，牲口房、虎城在焉，内安樂堂在焉。凡宫人病老或有罪，先發此處，待年久再發外之浣衣局。成化間，萬貴妃專寵，孝穆紀皇后託疾居此。【略】

狗鷹衚衕

三座厢井一。

内官監衚衕四眼井，井一。巷口火神廟前橋二，曰鴛鴦橋。明之白石橋也。詳宫禁。《燕史》：北安門内黄瓦西門之裏，則内官監也。《舊聞考》：監今廢，其地猶名内官監衚衕。内有大佛堂，其碑記備列黄華門、營造庫、米鹽庫、油漆作、外鐵作、婚禮作、東行、西行、西瓦廠、石廠、黑窑廠、神木廠、鑄鐘廠、供應廠、備用廠、金殿廠、稻田廠、蜂窩廠、東花房、馬鞍房、琉璃局、外冰窨等名目，與《水部備考》、《明史》所載多合。明蔣德璟《慤書》：紫禁城有護城河，河外即御溝也。河自北閘口分流，經内官監，白石橋，大高元殿之東，北上西門之外，至紫禁城下而東，而南，經太廟之東，玉芝宫飛虹橋之西；而其在西一派，則自太社、太稷壇，西至靈臺寶鈔司之東，合流於湧福河以出。

太平街井一。迤西曰獅子衕門。

西黄瓦門

油漆作井一。明内官監所屬油漆作當在此，互詳上。

米糧庫疑即明之米鹽庫。又東北則地安門也。

内城周四址里，門九。一統志。定制分五城，而實轄於步軍統領。《會典事例》。其街衢之大者，中曰棋盤街。南北曰崇文門街、宣武門街、大市街、王府街、地安門街、安定門街、德勝門街、南小街、北小街、錦什坊街。東西曰江米巷、長安街、丁字街、馬市街、朝陽門街、東直門街、阜成門街、西直門街、鼓樓東大街、鼓樓西斜街。《會典》參《宸垣識略》、《析津志》：街制自南以至於北，謂之經；自東至西，謂之緯。大街二十四步闊，小街十二步闊，三百八十四火巷，二十九衖通。衖通二字本方言。又長街、千步廊、丁字街、十字街、鐘樓街、半邊街、棋盤街、五門街、三叉街。

震鈞《天咫偶聞》卷三《東城》 寶泉局，在北新橋南大街路西，户部局也。咸豐三年，軍旅數起，餉需支絀。東南道路梗阻，滇銅不至。刑部尚書周祖培、大理司卿恒春、御史蔡紹洛先後請改鑄大錢，以充度支。下其議於户部，時祁文端爲權尚書，力贊成之。三月，先鑄當十錢一種，文曰：咸豐重寶。重六錢，與制錢相輔而行。八月，增鑄當五十一種，重一兩八錢。十一月，因巡防王大臣之請，又增鑄當百、當五百、當千三種。當千者重二兩；當五百者重一兩六錢，銅色紫；當百者重一兩四錢，銅色黄，皆磨鑪精工，光澤如鏡，文曰：咸豐元寶。而減當五十錢爲一兩二錢，當十錢爲四錢四分，繼而又減爲三錢五分，再改爲二錢六分。四年正月，命寶源局鑄當五錢一種，重二錢二分；三月，鑄鐵當十錢；六月，鑄鉛制錢，亦頗可行。然未及一年，盗鑄蠭起，雖禁以棄市之律，不能止。旋部臣請停鑄當千、當五百，御史慶惠請停鑄二、三、四百者，得旨允之。未幾時，當百與當五十亦均不行，惟當十銅、鐵二種獨行。七年正月，忽訛言，一日而鐵錢頓廢，比户諭之，終不聽，從此銅當十獨行。初令大錢與制錢並行，其後，京城遂不用制錢。出城數十里，即不用大錢，亦不知誰爲之限制。光緒九年，御史劉恩溥請出示令相輔而行，後以惑觀聽而止。十四年，户部尚書閻敬銘請廢當十，仍用制錢。遂奉旨以三年爲限，錢局遂停鑄當十。所有交官之項，以制錢出，以大錢入，限三年收盡大錢。然大錢用已三十年，人無間言。蓋名爲當十，而民間則以大錢一當制錢二，交易皆準此算之。及此令下，市肆大擾。貧人買物錢稍小，商賈輒不收，以錢局不收私鑄也，因遂有自戕於市者。數日之間，民怨大沸。私鑄即停，官錢少，銀價驟落，富人亦苦之。未幾，閻去位，前令亦不復行。咸豐之初，銀一兩易錢七千餘。同治初則易錢十千。光緒初至十七千。十四年以後又減至十四千，又至十二千。二十三年以後減至十千有餘，不及十一千。

《政治官報·雜録類·光緒三十四年二月初一日第一百二十三號·奉天農工商局大概章程》 第一條，本局設局長及副長并叅事官，由軍督委任。

第二條，本局設總務、農務、工務、商務、會計五科，每科置科長一員管理所屬。各課由局長選派，開單稟請軍督札委。

第三條，五科各分數課，每課置課長一人，課員若干，由局長札委，并遵章先行稟請軍督批准。

第四條，各科事務依次序列之如左：總務科所屬各課：機要課：一、關於全局緊要文書章程函電之撰擬及保存事。二、關於全局事務之會議起草及審定各科文件事。三、關於關防之監視及管守事。四、關於局員之勤惰功過記録事。案牘課：一、關於收發及分派各種公牘事。二、關於保存案卷册籍事。三、關於文件校勘及編號事。編纂課：一、關於農工商業之統計及報告事。二、關於農工商書報之輯譯及印刷出版事。三、關於本局及學堂叅考圖書標本之購辦存儲事。四、關於農工商業之調查心得事。庶務課：一、關於隨時事務之委辦事。二、關於本局器物及陳列標本處之掌管事。三、關於一切僕役之約束指揮事。四、關於農工商各會會員之招待傳述事。五、關於本局土木之營繕事。農務科所屬各課：測驗課：一、關於天時氣候之測量及報告事。二、關於土質肥料之分析化驗及報告事。三、關於各種儀器之管掌及本局擬設測望台事。開拓課：一、關於道路河渠之開濬事。二、關於荒熟耕地之整理及本部所設農業試驗場事。三、關於漁鹽蠶業之改良及本局擬設漁蠶等公司事。四、關於移民之安置事。動植課：一、關於牲畜新法及本局所管牧養公司事。二、關於林果草穀種類之栽植事。三、關於病獸害虫之防察事。工務科所屬各課：製造課：一、關於民立工場製造事。二、關於本局模範工場製造事。三、關於官立民立工場之監督及報告事。鑑定課：一、關於本國工場製造品之考驗優劣事。二、關於外國製造品之評定美惡事。三、關於官立民立工場之研究改良事。保護課：一、關於工業學堂之推廣設立事。二、關於民立工場資本之維持或補助事。三、關於勞工之管理事。商務科所屬各課：興業課：一、關於商務集股公司之設立事。二、關於民立銀行及本局擬設之農工銀行事。三、關於商標專利之允許事。四、關於本局商品陳列所及勸業場之管理事。貿易課：一、關於輸出入品税則之審酌輕重事。二、關於度量衡及銀根鈔幣之稽查報告事。三、關於運道銷路之籌畫事。審判課：一、關於債項争執之判決事。二、關於股東權利之損失賠償事。三、關於各公司學堂辦事權限争執之判決事。會計科所屬各課：核算課：一、關於各公司報銷帳目之核算准駁事。二、關於本局及學堂公司各項報銷帳目之核算准駁事。三、關於本局經費之預算決算及報銷事。收入課：一、關於本局官有財產之掌管事。二、關於本局經費之領存事。三、關於各工場售品及存款利息之收入事。支出課：一、關於本局職員薪工雜項之給發事。二、關於本局物件之購辦事。三、關於各工場、學堂、公司經費股本之給發事。

第五條，各課課員視事務之繁簡定員數之增減。

第六條，各科科長及各課長優給薪津，不得兼攝他局差事。

第七條，各科各設公事房一間，科長率其本科課長、課員以辦理公務。

第八條，各科科長黜陟由局長稟明軍督行之，各課長課員黜陟則由科長稟明局長查核辦理。

第九條，本局初立事務尚簡，准以各課長兼任本科他課事務。

第十條，本局辦事詳細章程俟開局後再定。

《政治官報・法制章程類・光緒三十四年二月二十七日第一百四十九號・山西保晉礦務公司章程》 第一節 定名

第一條 本公司由士紳稟請農工商部暨撫憲奏明辦理，統歸紳商組織，不請官款，不用候補人員，名爲商辦全省保晉礦務有限總公司。其各處皆名爲某處保晉礦務公司分號。

第二節 宗旨

第二條 本公司爲開闢本省利源起見，期將各種礦產一律開採，以興地利而裕民生。並提倡地方自辦，以輔公司之不及。

第三條 本公司用人辦事一以商務爲宗，不得絲毫沾染官場氣習，亦不沿用各局所名稱。

第三節 綱要

第四條 晉省各種礦產，到處皆有，斷難同時並舉，擬先從礦產最富、開採較易之處入手，一俟基礎穩固，即可推及全省。

第五條 晉省礦產充牣，往往去土數尺即見礦質，開採較他省爲易，且工價亦廉。現用土法辦理，其汲水、起重、鑽石等機器，亦即酌量購用，俟礦務發達，再行逐漸推廣開採。

第六條 凡公司購地，皆憑中介紹，公平議價，與平人交易無異，絶無勒價强買等事。倘地爲公司所必需，而地主抬價居奇者，即請公正紳董，照左右毗連之地，議給相當價值，地主不得再有異議。

第七條 凡公司所購之地內有墳墓廬舍者，務設法繞避不得侵佔。

第八條 凡勘得何處何種礦產，謹遵奏定礦章第二條先請領探礦執照。如探明確係可採，然後再領開礦執照。

第九條 請辦礦地，照礦章第五條不得逾三十方里，其地須彼此連屬，如界外另開，即另行請照。

第十條 各分號每月終，將存銷各礦及現存銀錢數目，並號中開支各款繕具詳細清摺，報明總號，由總號核明無誤，每月登報布告一次，謂之月報。

第十一條 本公司每年結帳一次，每年年終，俟各分號月報齊後，彙總登報布告一次，謂之年報。

第十二條 本公司每年將應付官息並應支各款，一條開除，淨得紅利若干，按股勻分，照公司付利章程定期支付，至遲不得逾次年三月，如有虧折亦登報宣布。

第十三條 本公司除稟詳農工商部及撫憲暨移咨司道並向各州縣就近領款仍用公牘印領外，其總務號來往，概用圖記信函。即派赴各分號正副董以次各號友赴號時，亦祇持信函爲憑，不得仍用劄委稟牘等件，以守商例而省繁擾。

第四節 職任

第十四條 本公司公舉總理一人，協理一人，稟請工商部奏派總司公司全體事宜。

第十五條 總號總協理以次用內事一人，專司總號款項帳簿，以及一切事務，並考核各號友功過。以上之總協理用司帳一人，副司帳四人，專司總號帳簿，並各分號所報收支各款暨存銷，各礦分別登帳備查，並司收發銀錢較對平碼等事。用書記二人，專司繕寫各項文牘及與各分號來往信函。用外事二人，專司上庫領款及與各商家銀錢來往匯兑，並探訪各處市面情形，以期消息靈通。用雜務數人，辦理號中一切庶務。

第十六條 各分號每號正董事一人，副董事一人，管理分號全體事宜，以受成於總協理。用司帳一人，副司帳一人，書記一人，外事一人，其所司與總號同。

第十七條 各分號用稽查數人，以峒口多寡爲斷，專司稽查每日出礦數目及工人勤惰，每日必須分歷所管各峒，將所查報明該管分號。

第十八條 每峒用司事二人，專司過秤及登記出礦觔數，并發工人工資吃食等事。如設廠存礦廠中酌用司事數人。

第十九條 每處用總工頭一名，管轄各峒工人，每峒工頭一名，管轄本峒工人。每工人十名，小工長一人督率之。每百名，工長一人督率之。均聽命於本峒工頭。如有酗酒、賭博並出外滋事等情，除將本人斥逐或送官究治外，仍將該管工頭、工長懲罰。

第二十條 本公司聘用礦師、技師，無論華人、洋人，均須訂立詳細合同，聲明係公司聘用之人，須聽公司命令，亦祇司勘礦開礦，不得干預他項事宜。如有不合，由公司立時辭退，不得有異詞。若係洋人，即有意見參差之處，亦祇能向公司致辯，不得向該國公使、領事及中國地方官聲訴，如公司不能持平或該洋人有意狡執，兩造均可請公正人評斷，倘該洋人違背合同，逕向地方官嘵瀆，地方官可置之不理。所訂合同先須呈部核定。

第二十一條　本公司既以商務爲宗，則所用號友自宜多用商人，一依晉商向例，須取有確實鋪保。如有侵挪款項及竊資逃走等事，惟原保是問。並無論何人公司，均按商人看待。

第五節　股分

第二十二條　奏準展限之畝捐，係充路礦兩項之用，無論本公司分領若干，一律作爲五兩一股，謂之公股。計每次每縣有股若干，發給股票息摺，交由該地方官紳收執，該地方官紳，須與公司出具聯銜收據，其股息紅利，悉遵原奏，專充各該地方興學之用。

第二十三條　本公司除畝捐外，擬再集資本三百萬兩，每股五兩，計六十萬股，週年四釐行息，均收庫平足色，不得參差。

第二十四條　本公司分三期收股，開辦之後定期，每股先收二兩爲第一期，自第一期之後又六個月，每股再收二兩爲第二期，自第二期之後又六個月，每股再收一兩爲第三期。每期均先付收條，俟三期收足，憑條換給股票息摺。

第二十五條　本公司於收股之日即行起息，交二期股時即付第一期之息，交三期股時即付第二期之息，交第三期股後即成一整股，以後即按年付息。收股時必先期一月登報，每期均限十日内交齊，以便一律計息。如定二月初一收股，即於正月初一登報，凡二月初十以前所交之股，均自二月初一起息。

第二十六條　本公司收股之法，陸續遞推，如甲係第一期附股，乙係第二期附股。總以三期收足一整股爲斷，俟集齊六十萬股即行停止。

第二十七條　凡有以礦地作股者，按地作價，按價分股，仍以五兩爲一股，一律填給股票息摺，毫無歧視。

第二十八條　本公司收股時，須將股東姓名、住址詳細報明，查無違礙，方准附股。倘附股後查出違礙情形，或經他人轉告，立將所附之股註銷不認，尤以多集晉股爲宜。

第二十九條　如在第一期内將股交足，謂之優先股，每股少交銀二錢，作爲一年提前先付之息。

第三十條　如第一期交股後，無力續繳第二期、第三期者，本公司按照欽定公司律第四十一條登報通知，限一月補交，如逾限不交，即失其股東權利。

第三十一條　所附之股，照公司通例，祇准轉售，不准提取。尤須將承售之人姓名、住址報明，本公司查係無訛，另行換給股票息摺，以昭詳慎。

第三十二條　本公司所收之股，遵照公司律第七十五條專爲辦礦之用，不得挪移。

第三十三條　本公司既爲商辦，其附股者無論何人，均認爲股東，一律看待。

第三十四條　本公司既名爲有限公司，即有虧折，絶不向股東追補。

第三十五條　如有將官款及地方各項公款撥入公司爲股本者，亦以五兩爲一股，給票付息等事，照前一律辦理，雖有需要，不得提取。

第三十六條　本公司各處均訂有收股妥實商號，附股者即交各該號代收，掣換收條股票息摺。

第三十七條　各處經理招股人，如招千股以上，即另送紅股五十股，多者遞加。

第三十八條　股票息摺收條如有遺失，准其報明本公司，取具妥實鋪保，補行發給。其遺失之摺票收條，無論中外何項人等拾得，均一律作廢。

第三十九條　本公司每年所得餘利分爲十成，先提二成作爲公積，其餘八成按股支付紅利。

第四十條　本公司所提公積，專爲防備虧折，及擴充礦務並建築運礦小枝鐵路之用，其路應照礦章第二十二條相距幹路或水口在十里以内者方議興築。

第四十一條　本公司所領畝捐及所集股分，均存本省殷實票號，陸續提用，不得挪存零星小鋪，以昭慎重。

第六節　付息

第四十二條　本公司應付官息，除分期收股陸續支付外，凡係整股者，即按年付息，既係年息，遇閏不加。

第四十三條　本公司除公股照第二十二條辦理外，凡付股息及給紅利，均先期一月登報通知，届期憑票摺支付。

第四十四條　凡付股息紅利時，公司將票驗明，並與底册存根核對無訛，即行支給，每次付利若干，均於息摺上詳細註明。

第四十五條　如有將摺票遺失者，照第三十八條辦理。如查係僞票，即將持票之人送官究治，科以應得之罪，一面登報通知原領票之人。

第四十六條　如届期未來取息與利，即登報催促，展限一個月支付，倘限滿仍未來取，即歸下期發給。

第七節　薪俸

第四十七條　晉商營業，股東出銀股，號友給人力股，結帳之期，與股東按股分利，此法最善。蓋有股利可分則休戚相關，斷無漠視之理。且功則遞加，過則罰降，尤足以資策勵。況有此則薪水不必過優，養贍已足自給，今擬仿此法，自總協理以次除支薪水外，並酌給人力股，由百股起至千股止，所支薪水即以此爲衡，每給百股者，即支薪水百兩，以此遞加。

第四十八條　總理給人力股千股，每年支薪水庫平足銀一千兩，協理給人力股八百股，每年支薪水八百兩，以次各號友均由總協理酌量給予。

第四十九條　凡已給人力股者，每結帳時，論其功過而升降之，其資勞淺者祇給薪水不給人力股，果其才識優裕，辦事勤敏，届結帳時，分别給予以示獎勵。

第五十條　祇支薪水各號友，彼此如有不合，可逕辭退。如係有人力股者，無論如何不合，必須與公司具辭退約存核，以免後日轇轕。

第五十一條　各號友辭退時，如未届結帳應分股利，照上月月報核算薪水，亦按月勻分付給。祇支薪水者，其算給薪水亦視此。

第五十二條　本公司所聘礦師、技師，無論華人、洋人，亦無論薪水多寡，一概不給人力股，其薪水按月致送。

第八節　簿記

第五十三條　公司總號應置股東姓名册二本，一登地畝捐公股，一登附股者姓名住址。各號友姓名册二本，一登有人力股者，一登支薪水者。衆股東決議事由册一本，每年報銷底册一本，總收帳一本，總支帳一本，收條底帳一本，股票底帳一本，借貸帳一本，正流水一本，草流水一本，現存銀錢帳一本，來往浮記帳一本，日用雜使帳一本，各處出礦總帳一本，各處存銷各礦總帳一本，各處存銀錢帳一本，各處機器帳一本，各處礦地册一本，各處峒口册一本。

第五十四條　各分號置收、支總帳各一本，正、草流水各一本，往來浮記帳一本，日用雜使帳一本，每日出礦數目帳一本，每日售礦數目帳一本，現存銀錢帳一本，工人花名册一本，各種機器、傢具帳一本。

第五十五條　每峒置工人花名册一本，本峒每日出礦數目帳一本，支發工資、吃食帳各一本。

第九節　賦税

第五十六條　公司購買礦地如係民地，其糧即隨地過户，由公司照賦則完納。如係官地，照章納租。得礦後祇輸出井税，謹遵礦章第三十三條，即不再納地租，以符定章。

第五十七條　出井税悉遵礦章繳納，煤、鐵照值百抽五，銅、錫、煤、油、硫磺照值百抽七五，餘均照章辦理。

第五十八條　礦産出口，仍照税關章程報税，繳税後即照鑛章第三十五條，概不重交内地釐金。

第五十九條　凡關於工程所用各項機器各種材料，運至開採之地，應照章完納關税，其内地釐金，謹遵礦章第十五條，概不重納。

第六十條　請領探礦、開礦執照，其照費悉遵章照繳。

第六十一條　凡探礦、開礦，均繳呈股實行號保單，其銀數悉照礦章所載，不得歧異。

第十節　會議查帳

第六十二條　每年二月請衆股東到省，舉行尋常會議一次，由總協理將一年情形及以後辦事意見一一宣布，由衆股東公同商酌決議施行。但股東衆多，勢難徧請，應請有公司股分在千股以上者。如無此項股東，即由畝捐最多之州縣，公舉數人來省會議。倘有重要事件，則須舉行特别會議，或由公司邀請或衆股東自行集議均可。

第六十三條　本公司帳目即於每年請衆股東會議時查覈一次，如未届查帳之期，股東有所疑慮，亟欲查覈者，或公舉人代查，或股東自查，均無不可。然須遵照公司律第五十九條，先期三日函知總協理，亦須有千股以上之股東，及畝捐最多之州縣方能查覈。

第十一節　權限

第六十四條　本公司所開各礦，到處皆有，用人亦多，地方官本有保護之責，惟應遵礦章第二十三條，地方官不得干預公司辦事之權。

第六十五條　千股以上之股東，有改良公司辦事之權，但有多數認可，即可決議，總協理不得反對。如總協理別有見地，亦可對衆宣布，以供研究。倘總協理辦事不合，衆股東有權可以辭退，惟平日不得朝令夕改，任意挑剔，以一事權，而免牽掣。

第六十六條　總協理統籌全局，自有用人辦事之權，無論何人，不得强與公司薦人，亦不得以一人私怨，强令公司辭退所用之人。至辦理各事，自有權宜，局外人均不得干涉。

第六十七條　凡公司所用號友，均由總號延聘，分別派往各處辦事，分號不得擅用。如人係實在相宜，正副董可函達總號，俟總號覆允，方准就近延用，進號後即令赴總號接晤，以便登入姓名册，如此則呼吸靈通，可收指臂相聯之效。

第六十八條　凡學界、商界於礦務研究有得，可隨時通知總號，或由分號轉達亦可，然祇能表尋貢一二之意見，不得涉及公司權利，亦無强迫公司必行之權。

第十二節　保護

第六十九條　本公司探礦、開礦，均隨時請地方官保護，倘有鄉愚妄生浮議，聚衆阻撓，或匪徒藉端煽惑，肆意欺陵，均請地方官開導彈壓，如有傷斃公司人等情事，地方官應迅予緝凶，從嚴懲辦。

第七十條　本公司所用人等，如因公與他人成訟者，地方官應秉公訊斷，從速結理，以免拖累誤公，公司亦不得袒庇。若係個人私事，公司概不過問。

第十三節　卹賞

第七十一條　本公司所用號友，若在號病故，有股者股利即以病故之月結算，另送三個月薪水，無股者薪水亦視此。至所延礦師、技師，倘有意外之事，華人照號友辦理，洋人由內地聘用者，照華人辦理，由外洋聘用者，加倍送六個月薪水以示體恤。其餘各峒所用工人有壓斃、淹斃等事，每名給埋葬費三十兩。

第十四節　懲罰

第七十二條　總協理如侵蝕公司款項，經衆股東查有實據者，應立時辭退，並着落賠繳。如抗不肯繳或繳不足數，衆股東除稟官究追外，仍按律議罰。以次所用之人，如有此項情弊，總協理亦照此辦理。倘扶同隱飾，應將徇庇者一並議罰。

第七十三條　總協理如將公司款項移作別用或潛營私利，一經覺察，衆股東可從重議罰。以次所用之人如有此項情事，經總協理覺察者，亦照此辦理。

第七十四條　總協理於月報、年報報告不實，意圖隱騙，及公司人等僞造股票息摺圖記，騙取股息紅利，一經發覺，衆股東可送官嚴究，除罰辦外，仍治以應得之咎。各分號有此等情弊，總協理亦照此辦理。

第十五節　銷場

第七十五條　晋省煤鐵向行銷直、豫等省，公司開辦後出礦日多，銷路亦漸廣，應於所銷省分沿途開設行棧，屯積銷售，以期逐漸推廣，達於江、鄂等省。俟資本充裕，再擇地開設煉鐵廠，以宏製造。至他項礦産，亦宜體察情形，推廣銷路。

第十六節　提倡

第七十六條　如有創設二人或二人以上之合資公司，或七人及七人以上之股分公司，無論有限無限，但集資在千金以上，即可另立名號開辦，本公司絶不干涉。

第七十七條　凡另立之公司，如果辦理得宜而資本或有不敷，本公司酌量貸予款項以資周轉，仍按市價計息。如該公司情願合資，即酌附股分若干，務令所營日見發達，不得稍存畛域之見。

第七十八條　無論何種礦産，或爲個人産業，或係數家公産，本公司必勸令自辦。如所集資本尚少，不能照七十六條辦理，即不必立公司名號，本公司亦不干涉其事。至從前已開之舊峒，無論資本多寡，均照此條辦理。

第七十九條　凡私家礦地無力開採而急於求售者，雖非公司必需之地，亦必酌給價值，購歸公司自用。

第八十條　倘有集資欲行開礦，而一時購地不獲者，准其向公司租用礦地，另訂詳細合同，酌予年限，以期彼此交益。

第八十一條　本公司各處皆設廠購礦，凡民人自行採出之礦，公司照市價收買，存廠待銷，以通緩急而資倡導。

第八十二條　本公司應稟請撫憲通飭所屬，將所有各礦，繪圖列表，分別報明撫憲及農工商部存案。並請出示曉諭，令地方各立公會，有礦地者報明會中，不得私售，凡售礦時必須通知會中，報明公司以便酌購，倘有私行出售者，地方官不予税契，並將該地主從重議罰。

第八十三條　以上各條係本公司創辦初定章程，如有未盡妥善之處，照公司律第一百十三條公司有權可以更訂規條章程，以期漸臻完備。

商會函光緒三十四年六月十八日到》敬啓者：敝公司奉北洋大臣札飭開辦灤州煤礦，原爲挽回利權起見，現定股額二百萬兩。查自開招月餘以來，除收官股五十萬兩外，商股刻亦集有過半之數，本年九月初一以後即將優先股截止。素仰貴省紳商兩界同具熱忱，兹將印訂招股章程一百本，送祈查收，希代廣布，借維公益而保主權，不勝翹企之至。肅此敬請勛安，鵠候回玉。

北洋灤州官礦有限公司

附上招股章程一百本。

附 件：

北洋灤州官礦有限公司招股章程

一、本公司定名爲北洋灤州官礦有限公司，一切遵照商律有限公司辦理。

二、本公司稟奉北洋大臣咨准農工商部立案註册，并頒發木質關防，以昭信守。

三、本公司宗旨在開闢地利，保守主權，官家得用煤之便益，股東享天然之美利。

四、本公司係官督商辦，官任維持保護之責，商任集股經理之事。凡關於營業内容，悉照商規辦理，由總協理主持。其特别事件，隨時開股東會議，稟請北洋大臣核示辦理。

五、本公司總理處暫設在天津玉皇閣内，其礦區設在灤州馬家溝地方。

六、本公司礦界坐落直隸灤州地方，約佔三百三十方里，礦界以内不準他人開採，詳奉北洋大臣咨部核准，并定明此係官礦特展礦界，嗣後他礦不得援以爲例。

七、本公司礦界以内曾延西洋礦師踩勘多次，并試鑽數處，煤層極旺，煤質極佳，稱爲中國希有之礦産。

八、礦界内地段廣袤，可開井處甚多。兹劃定馬家溝爲第一礦，石佛寺爲第二礦，窪里爲第三礦。此三處均開大井，中間所開小井，視與何處相近，即作爲某處附礦。現用西洋新式機器，先從第一礦開採，其第二第三兩礦陸續舉辦。

九、礦界以内應用開井地畝，已由本公司陸續購入。

十、本公司上年曾在第一礦附近陳家嶺地方先開附礦，用土法試辦。現在所出煤塊甚佳，遠近争購，已可獲利。

十一、本公司採出之煤，運銷各處，應完税厘悉照開平成案辦理。

十二、本公司專集華股行平化寶銀二百萬兩，分爲二十萬股。其股票分整股零股兩種，整股每股銀一百兩，零股每股銀十兩。凡本國人無論官紳商庶，均可入股。

十三、本公司奉北洋大臣楊札准籌撥官款銀五十萬兩，作爲官股五萬股，以示提倡維持之意。該股與商股一律享受利益，不稍歧異。

十四、本公司現開第一礦，所招股本除官股款已交齊外，其商股分作兩期交納。第一期整股先收銀五十兩，零股先收銀五兩，其餘第二期再收。至交款期限隨時由公司登報廣告，有願將股款全數在第一期交者亦聽。

十五、本公司自上年已有先交股款者，現定光緒三十四年九月以前交股者，均作爲優先股，每十股另酬紅股一股。無論整股零股概按十成加一計算給予紅股。十月以後交款者，概作爲尋常股，其紅股將來官利餘利與正股同。

十六、凡交股款隨時掣給收款執照爲據，其股票息單另行定期填换，届時登報告知。

十七、凡股東交過第一期股本，而第二期股本逾公司定限未交者，由公司登報展限一月，倘再逾限不交，即失股東之權利。

十八、本公司股息定爲常年八厘，均以交款次日起息。

十九、每年贏餘除官利及酌提公積外，分爲十四成。以七成歸股東，按股均分；一成報效北洋興辦實業；二成爲機廠折舊；二成爲總協理及董司酬勞；二成爲在事人花紅。

二十、每年以年底截帳，二月開股東會議，三月憑摺發息。先期登報布告，其交款未及週年者，截日攤算，不計閏月。

二十一、本公司將來如須續招股本，先儘原股東攤入。如原股東力有未逮，或不願再入，届時由公司開股東會議，補招新股。

二十二、本公司股份每股一號，其股票願填若干股者聽。股票由總協理簽押，并蓋用關防爲憑。每股票附息單一紙，歲掣取息，敷二十期之用，期滿續給。

二十三、股票歸註册人收執。數人合股者，認首註册人爲股東。行號公出名者，認總協理爲股東。堂記出名者，認出股本之人爲股東。

二十四、股票不能提取股銀，只能轉售。其轉售時，須先向公司聲明，認可後，方准改名註册。若未經聲明者，本公司不認買主爲股東。

二十五、股票如有遺失毁壞等情，先將緣由、號數、股數報告本公司，并登津滬各報一個月，無人干涉，始由公司給予准補股票憑單。屆一年結帳分利之期，并無人支取息銀，始准取殷實紳商保證書，連同原始憑單，到公司换領新票。凡换票一紙者，繳費行化銀一兩。

二十六、本公司事當創始，其總協理與查帳員暫由創辦人分任。俟開正式股東會時，再行選舉。其選舉總協理用複選舉法，選舉董事查賬員，用單式選舉法。

二十七、凡年已弱冠之股東，五十股以上有發議權，百股以上有選舉權，滿五百股者有一議決權。每一股東至多不得逾二十五議決權；二千股以上有查看細帳權。凡五十股一百股一千股二千股等數均以零股爲衡，每一整股即作十股計算。

二十八、凡一千股以上年已及壯之股東，可被選爲董事與查帳員；二千股以上曾充董事之股東，可被選爲總協理。其查帳員不得以在事之人兼任。凡一千股二千股等數均以零股爲衡。

二十九、本公司簿記參用中西式，半年一小結，年終一大結，刊布帳略，以昭大信。

三十、本公司招股處設在天津北馬路天津銀號。其外埠所設天津分銀號，亦可就近繳股，惟匯費須由入股人自給。有願將股款徑投本公司者亦可，統以本公司收股執照爲憑。

三十一、以上所訂係招股章程，其餘公司辦事各項細章，隨後另行擬訂。

敬啓者：兹因灤州官礦事宜，關係本省利源，固不可有洋人干涉，亦非外省人所能霑潤。敝會誠恐商權外溢，因思貴會爲直省商務所宗，務祈向京保各商會聯絡一氣，廣集股份，諒必踴躍輸將。敢祈貴執事大發熱心，廣示招徠，冀以保利權而防外溢。爲此函請臺允，集我民之公捐，保我省之公産，則畿輔利源之發達，應在指顧間矣。至當如何商辦之處，或趨謁崇階，或惠臨敝會，均候復示遵行。事關公益，我輩當互結團體，務底於成，臨穎不勝翹企待命之至。專此肅啓，祇請籌安，諸維公照不備。

天津縣議事會謹啓　六月二十五日

王竹林批語

議事會爲灤州礦事招股，伊言及向京保商會聯絡一氣，我會擬一切實信稿，廣勸兩處竭力入股。我郡只可請議事會諸君定期代表人來會，會同我會協力勸務會董，得議事定期准信，我會再知會務會董來會。贊成此舉。如諸君允可，望函達議事會爲禱。再北洋保火險公司早擬請我會勸津邑商界入股，望與李子鶴兄相商，如可辦，亦可同日辦理可也。

六月二十七日

譚棣華、曹騰騑等編《廣東碑刻集・英啓〈兩廣都轉鹽運使司新建行臺記〉》

鹽運使司駐紮廣州，舊未見行臺，使者初至，暫駐東門内皇華館。適值館有他賓，嘗設臺于鹽務公所。夫以公所設行臺，於議固當，即微運鹽使者，或假館於此，禮亦攸宜。惟是公所爲委員督率六櫃運商辦事之地，扃藏案卷，出納課款，司事受事，商客期會，以及書識具牒牘，役卒聽使令，昕夕拙公，條理秩然。設爲行臺，輒須展轉避徙，虛潔灑掃以待。而其内原無官眷之宅，僕從或衆，外舍復不足以容，故自往昔，行者居多，咸以爲弗便，辦事運商曹順和等知其然。

光緒十五年春，重修公所，將興工，請繼自今免就公所設行臺。余揆其用意無他，爰爲請於今兵部尚書湖廣總督前兩廣總督兼廣東巡撫南皮張公准立案，并下南、番兩縣行焉。既而曹順和、盛如松、石廣和、馮逸林、孫致和、温肇祺等復相與漢曰：前請得矣。文武大僚迎來送往，所在例有行臺。粵商業鹽，力雖微，此而弗勉，義何以安？乃更相與請於督辦公所委員王大使德昌、會辦委員林知事慶炳、鄒大使嘉立、幫辦委員沈大使曾樾、毓知事干、吴知事亨等，議以緝私館舊基捐建行臺。

度其地，南界河岸，北至督配館，徑得二十二丈九尺，東北隅至西北隅，横得五丈二尺，西南隅至東南隅，横六丈七尺。内有葉姓民地一段，直九丈一尺，横一丈九尺五寸，舊以租用，今訂價銀三百兩，立契歸公。惟東北隅較東南隅，横闊一丈五尺，直闊十丈有餘，限於地勢，無從取方，此舊之界至也。自舊基南界步至石堤，直得一憲檄拓築河堤，楗以石工，堤内填沙，外與堤平，故舊基得與新地相連。

案局章，堤内新地，商民納租，若價願得地者聽。今以新地併入舊基，徑得三十五丈，建置行臺，規模閎整矣。候補鹽大使王德昌等，以其議來告余，爲請於頭品頂戴兵部尚書兩廣總督部堂合肥李公，准如所議行。新地價租，并准免納。

於是召匠畫堵，鳩工飭材，頭門儀門，各建三間，左爲關帝殿、福神殿□□□爲批驗所，因其舊而新之。大堂三間，東西分設官廳，堂後爲内宅。建廳三重，前廳五間，皆有樓，中廳、後廳各四間，作樓并如前廳式。周廊環向，欄檻相扶，邃静疏爽，可以息征塵，可以設餞飲。其餘地則分門列屋，循徑見庭，自庖爨縫紉澣濯，以至滌□警柝，僕圉捍掫之屬，各有攸處，結構闊狹，咸以宜置。

工興始於十七年八月二十九日，越明年十一月十七日告成，總費銀元一萬六千兩有奇。余嘉是舉之急於奉公也，捐銀四千兩以濟其用，其一萬二千餘兩則咸資商力。至若工堅而好，費省而核，則曹商順和、温商肇祺，實暨報心，尤有勞焉。

先是光緒初年，前使者建議收買餘鹽，冀戢私販，設餘鹽局於河南。其時餘鹽緝私局尚稱兩事，尋并爲一。未幾，餘鹽罷停，而緝私官局遂設於其處，事在七年九月，具載案牘。余因緝私館之廢而爲行臺也，并識其略，以諗來者。

誥授資政大夫二品頂戴兩廣總督都轉鹽運使司鹽運使沈陽英啓撰并書及篆額。

光緒十有九年歲次昭陽大荒落季春三月吉日建。

區域總部

《區域總部》提要

《區域總部》是《綜合分典》的五個總部之一，包括《北方部》《南方部》和《各地部》。這樣的區域劃分只是大體上的，實際上古代對於區域的概念較今天模糊，且與今天有比較大的差異，這是我們必須瞭解的一個基本事實。在傳統社會，區域工業生産，既有相同點，也有區域之間的特殊性。

本總部儘可能地收録一九一一年以前的有關手工業區域方面的史料。

各部一般下設題解、綜述、傳記、紀事、藝文等緯目。在具體編纂過程中，對於緯目不强求一致，有則設，無則不設，主要視具體資料多寡而定。每個緯目録文均按朝代先後順序排列，具體編排主要依據被引用材料的作者的生卒時間而定。

目録

北方部

紀事

《史記》卷一二三《大宛列傳》　而漢使窮河源，河源出于窴，其山多玉石，採來，天子案古圖書，名河所出山曰崑崙云。

是時上方數巡狩海上，乃悉從外國客，大都多人則過之，散財帛以賞賜，厚具以饒給之，以覽示漢富厚焉。於是大觳抵，出奇戲諸怪物，多聚觀者，行賞賜，酒池肉林，令外國客徧觀(名)〔各〕倉庫府藏之積，見漢之廣大，傾駭之。及加其眩者之工，而觳抵奇戲歲增變，甚盛益興，自此始。

西北外國使，更來更去。宛以西，皆自以遠，尚驕恣晏然，未可詘以禮羈縻而使也。自烏孫以西至安息，以近匈奴，匈奴困月氏也，匈奴使持單于一信，則國國傳送食，不敢留苦；及至漢使，非出幣帛不得食，不市畜不得騎用。所以然者，遠漢，而漢多財物，故必市乃得所欲，然以畏匈奴於漢使焉。宛左右以蒲陶爲酒，富人藏酒至萬餘石，久者數十歲不敗。俗嗜酒，馬嗜苜蓿。漢使取其實來，於是天子始種苜蓿、蒲陶肥饒地。及天馬多，外國使來衆，則離宮別觀旁盡種蒲萄，苜蓿極望。自大宛以西至安息，國雖頗異言，然大同俗，相知言。其人皆深眼，多鬚頿，善市賈，争分銖。俗貴女子，女子所言而丈夫乃決正。其地皆無絲漆，不知鑄錢器。及漢使亡卒降，教鑄作他兵器。得漢黄白金，輒以爲器，不用爲幣。

《史記》卷一二九《貨殖列傳》　夫山西饒材、竹、穀、纑、旄、玉石；山東多魚、鹽、漆、絲、聲色；江南出枏、梓、薑、桂、金、錫、連、丹沙、犀、瑇瑁、珠璣、齒革；龍門、碣石北多馬、牛、羊、旃裘、筋角；銅、鐵則千里往往山出棊置：此其大較也。皆中國人民所喜好，謠俗被服飲食奉生送死之具也。故待農而食之，虞而出之，工而成之，商而通之。此寧有政教發徵期會哉？人各任其能，竭其力，以得所欲。故物賤之徵貴，貴之徵賤，各勸其業，樂其事，若水之趨下，日夜無休時，不召而自來，不求而民出之。豈非道之所符，而自然之驗邪？

《周書》曰：「農不出則乏其食，工不出則乏其事，商不出則三寶絶，虞不出則財匱少。」財匱少而山澤不辟矣。此四者，民所衣食之原也。原大則饒，原小則鮮。上則富國，下則富家。貧富之道，莫之奪予，而巧者有餘，拙者不足。故太公望封於營丘，地潟鹵，人民寡，於是太公勸其女功，極技巧，通魚鹽，則人物歸之，繦至而輻湊。故齊冠帶衣履天下，海岱之閒斂袂而往朝焉。其後齊中衰，管子修之，設輕重九府，則桓公以霸，九合諸侯，一匡天下；而管氏亦有三歸，位在陪臣，富於列國之君。是以齊富彊至於威、宣也。

《史記》卷一二九《貨殖列傳》　白圭，周人也。當魏文侯時，李克務盡地力，而白圭樂觀時變，故人棄我取，人取我與。夫歲孰取穀，予之絲漆；繭出取帛絮，予之食。太陰在卯，穰；明歲衰惡。至午，旱；明歲美。至酉，穰；明歲衰惡。至子，大旱；明歲美，有水。至卯，積著率歲倍。欲長錢，取下穀；長石斗，取上種。能薄飲食，忍嗜欲，節衣服，與用事僮僕同苦樂，趨時若猛獸摯鳥之發。故曰：「吾治生産，猶伊尹、吕尚之謀，孫吴用兵，商鞅行法是也。是故其智不足與權變，勇不足以決斷，仁不能以取予，彊不能有所守，雖欲學吾術，終不告之矣。」蓋天下言治生祖白圭。白圭其有所試矣，能試有所長，非苟而已也。

《史記》卷一二九《貨殖列傳》　漢興，海内爲一，開關梁，弛山澤之禁，是以富商大賈周流天下，交易之物莫不通，得其所欲，而徙豪傑諸侯彊族於京師。

關中自汧、雍以東至河、華，膏壤沃野千里，自虞夏之貢以爲上田，而公劉適邠，大王、王季在岐，文王作豐，武王治鎬，故其民猶有先王之遺風，好稼穡，殖五穀，地重，重爲邪。及秦文、(孝)〔德〕、繆居雍，隙隴蜀之貨物而多賈。獻(孝)公徙櫟邑，櫟邑北卻戎翟，東通三晉，亦多大賈。(武)〔孝〕、昭治咸陽，因以漢都，長安諸陵，四方輻湊並至而會，地小人衆，故其民益玩巧而事末也。南則巴蜀。巴蜀亦沃野，地饒巵、薑、丹沙、石、銅、鐵、竹、木之器。【略】

夫燕亦勃、碣之閒一都會也。南通齊、趙，東北邊胡。上谷至遼東，地踔遠，人民希，數被寇，大與趙、代俗相類，而民雕捍少慮，有魚鹽棗栗之饒。北鄰烏桓、夫餘，東綰穢貉、朝鮮、真番之利。

洛陽東賈齊、魯，南賈梁、楚。故泰山之陽則魯，其陰則齊。

齊帶山海，膏壤千里，宜桑麻，人民多文綵布帛魚鹽。臨菑亦海岱之閒一都會也。其俗寬緩闊達，而足智，好議論，地重，難動摇，怯於衆鬭，勇於持刺，故多劫人者，大國之風也。其中具五民。【略】

衡山、九江、江南、豫章、長沙，是南楚也，其俗大類西楚。郢之後徙壽春，亦一都會也。而合肥受南北潮，皮革、鮑、木輪會也。與閩中、干越雜俗，故南楚好辭，巧説少信。江南卑溼，丈夫早夭。多竹木。豫章出黄金，長沙出連、錫，然堇堇物之所有，取之不足以更費。九疑、蒼梧以南至儋耳者，與江南大同俗，而楊越多焉。番禺亦其一都會也，珠璣、犀、瑇瑁、果、布之湊。【略】

夫天下物所鮮所多，人民謡俗，山東食海鹽，山西食鹽鹵，領南、沙北固往往出鹽，大體如此矣。

《史記》卷一二九《貨殖列傳》 凡編户之民，富相什則卑下之，伯則畏憚之，千則役，萬則僕，物之理也。夫用貧求富，農不如工，工不如商，刺繡文不如倚市門，此言末業，貧者之資也。通邑大都，酤一歲千釀，醯醬千瓨，漿千甔，屠牛羊彘千皮，販穀糶千鍾，薪稾千車，船長千丈，木千章，竹竿萬个，其軺車百乘，牛車千兩，木器髤者千枚，銅器千鈞，素木鐵器若卮茜千石，馬蹄躈千，牛千足，羊彘千雙，僮手指千，筋角丹沙千斤，其帛絮細布千鈞，文采千匹，榻布皮革千石，漆千斗，糱麴鹽豉千荅，鮐鮆千斤，鯫千石，鮑千鈞，棗栗千石者三之，狐貂裘千皮，羔羊裘千石，旃席千具，佗果菜千鍾，子貸金錢千貫，節駔會，貪賈三之，廉賈五之，此亦比千乘之家，其大率也。佗雜業不中什二，則非吾財也。

東方朔《神異經・西北荒經》 西北荒中有玉饋之酒，酒泉注焉。廣一丈，長深三丈，酒美如肉，澄清如鏡。上有玉尊玉籩，取一尊，一尊復生焉。與天同休，無乾時。石籩有脯焉，味如麞鹿脯。飲此酒，人不生死。一名遺酒。其脯名曰追復，食一片復一片。或作一斤。

《後漢書》卷八九《南匈奴傳》 〔光武〕二十五年春，遣弟左賢王莫將兵萬餘人擊北單于弟薁鞬左賢王，生獲之；又破北單于帳下，並得其衆合萬餘人，馬七千匹、牛羊萬頭。北單于震怖，卻地千里。初，帝造戰車，可駕數牛，上作樓櫓，置於塞上，以拒匈奴。時人見者或相謂曰：「讖言漢九世當卻北狄地千里，豈謂此邪？」及是，果拓地焉。北部薁鞬骨都侯與右骨都侯率衆三萬餘人來歸南單于，南單于復遣使詣闕，奉藩稱臣，獻國珍寶，求使者監護，遣侍子，修舊約。

二十六年，遣中郎將段郴、副校尉王郁使南單于，立其庭，去五原西部塞八十里。單于乃延迎使者。使者曰：「單于當伏拜受詔。」單于顧望有頃，乃伏稱臣。拜訖，令譯曉使者曰：「單于新立，誠慙於左右，願使者衆中無相屈折也。」骨都侯等見，皆泣下。郴等反命，詔乃聽南單于入居雲中。遣使上書，獻駱駝二頭，文馬十匹。夏，南單于所獲北虜薁鞬左賢王將其衆及南部五骨都侯合三萬餘人畔歸，去北庭三百餘里，共立薁鞬左賢王爲單于。月餘日，更相攻擊，五骨都侯皆死，左賢王遂自殺，諸骨都侯子各擁兵自守。秋，南單于遣子入侍，奉奏詣闕。詔賜單于冠帶、衣裳、黄金璽、盭緺綬，安車羽蓋，華藻駕駟，寶劍弓箭，黑節三，駙馬二，黄金、錦繡、繒布萬匹，絮萬斤，樂器鼓車，棨戟甲兵，飲食什器。又轉河東米糒二萬五千斛，牛羊三萬六千頭，以贍給之。令中郎將置安集掾(吏)〔史〕將弛刑五十人，持兵弩隨單于所處，參辭訟，察動靜。單于歲盡輒遣奉奏，送侍子入朝，中郎將從事一人將領詣闕。漢遣謁者送前侍子還單于庭，交會道路。元正朝賀，拜祠陵廟畢，漢乃遣單于使，令謁者將送，賜綵繒千匹，錦四端，金十斤，太官御食醬及橙、橘、龍眼、荔支；賜單于母及諸閼氏、單于子及左右賢王、左右谷蠡王、骨都侯有功善者，繒綵合萬匹。歲以爲常。

徐天麟《西漢會要》卷四七《民政二・泛役》 惠帝三年，發長安六百里内男女十四萬六千人城長安，三十日罷。五年，復發長安六百里内男女十四萬五千人城長安，三十日罷。本《紀》。下同。

武帝元狩三年，發謫吏穿昆明池。師古曰：「吏有罪者罰而役之。」

《三國志》卷三〇《魏書・鮮卑傳》注引 《魏書》曰：鮮卑亦東胡之餘也，別保鮮卑山，因號焉。其言語習俗與烏丸同。其地東接遼水，西當西城。常以季春大會，作樂水上，嫁女娶婦，髠頭飲宴。其獸異於中國者，野馬、羱羊、端牛。端牛角爲弓，世謂之角端者也。又有貂、豽、鼲子，皮毛柔蠕，故天下以爲名裘。

《三國志》卷三〇《魏書・挹婁傳》 挹婁在夫餘東北千餘里，濱大海，南與北沃沮接，未知其北所極。其土地多山險。其人形似夫餘，言語不與夫餘、句麗同。有五穀、牛、馬、麻布。人多勇力，無大君長，邑落各有大人。處山林之間，常穴居，大家深九梯，以多爲好。土氣寒，劇於夫餘。其俗好養猪，食其肉，衣其皮。冬以猪膏塗身，厚數分，以禦風寒。夏則裸袒，以尺布隱其前後，以蔽形體。其人不絜，作溷在中央，人圍其表居。其弓長四尺，力如弩，矢用楛，長尺八寸，青石爲鏃，古之肅慎氏之國也。善射，射人皆入(因)〔目〕。矢施毒，人中皆死。出赤玉、好貂，今所謂挹婁貂是也。自漢已來，臣屬夫餘，夫餘責其租賦重，以黄初中叛之。夫餘數伐之，其人衆雖少，所在山險，鄰國人畏其弓矢，卒不能服也。其國便乘船寇盜，鄰國患之。東夷飲食類皆用俎豆，唯挹婁不，法俗最無綱紀也。

《晉書》卷九七《四夷・馬韓傳》 馬韓居山海之間，無城郭，凡有小國五十六所，大者萬户，小者數千家，各有渠帥。俗少綱紀，無跪拜之禮。居處作土室，形如冢，其户向上，舉家共在其中，無長幼男女之别。不知乘牛馬，畜者但以送葬。俗不重金銀錦罽，而貴瓔珠，用以綴衣或飾髮垂耳。其男子科頭露紒，衣布袍，履草蹻，性勇悍。國中有所調役，及起築城隍，年少勇健者皆鑿其背皮，貫以大繩，以杖摇繩，終日讙呼力作，不以爲痛。善用弓楯矛櫓，雖有鬬争攻戰，而貴相屈服。俗信鬼神，常以五月耕種畢，羣聚歌舞以祭神；至十月農事畢，亦如之。國邑各立一人主祭天神，謂爲天君。又置别邑，名曰蘇塗，立大木，懸鈴鼓。其蘇塗之義，有似西域浮屠也，而所行善惡有異。

《晉書》卷九七《四夷·肅慎氏傳》 肅慎氏一名挹婁，在不咸山北，去夫餘可六十日行。東濱大海，西接寇漫汗國，北極弱水。其土界廣袤數千里，居深山窮谷，其路險阻，車馬不通。夏則巢居，冬則穴處。父子世爲君長。無文墨，以言語爲約。有馬不乘，但以爲財産而已。無牛羊，多畜猪，食其肉，衣其皮，績毛以爲布。有樹名雒常，若中國有聖帝代立，則其木生皮可衣。無井竈，作瓦鬲，受四五升以食。坐則箕踞，以足挾肉而啖之，得凍肉，坐其上令暖。土無鹽鐵，燒木作灰，灌取汁而食之。俗皆編髮，以布作襜，徑尺餘，以蔽前後。將嫁娶，男以毛羽插女頭，女和則持歸，然後致禮娉之。婦貞而女淫，貴壯而賤老，死者其日即葬之於野，交木作小椁，殺猪積其上，以爲死者之糧。性凶悍，以無憂哀相尚。父母死，男子不哭泣，哭者謂之不壯。相盜竊，無多少皆殺之，故雖野處而不相犯。有石砮，皮骨之甲，檀弓三尺五寸，楛矢長尺有咫。其國東北有山出石，其利入鐵，將取之，必先祈神。

《晉書》卷九七《四夷·焉耆國傳》 焉耆國西去洛陽八千二百里，其地南至尉犂，北與烏孫接，方四百里。四面有大山，道險隘，百人守之，千人不過。其俗丈夫翦髮，婦人衣襦，著大袴。婚姻同華夏。好貨利，任姦詭。王有侍衛數十人，皆倨慢無尊卑之禮。

《晉書》卷九七《四夷·龜兹國傳》 龜兹國西去洛陽八千二百八十里，俗有城郭，其城三重，中有佛塔廟千所。人以田種畜牧爲業，男女皆翦髮垂項。王宫壯麗，焕若神居。

《晉書》卷一〇六《石季龍載記上》 季龍志在窮兵，以其國内少馬，乃禁畜私馬，匿者腰斬，收百姓馬四萬餘匹以入於公。兼盛興宫室於鄴，起臺觀四十餘所，營長安、洛陽二宫，作者四十餘萬人。

《晉書》卷一〇七《石季龍載記下》 時沙門吴進言於季龍曰：「胡運將衰，晉當復興，宜苦役晉人以厭其氣。」季龍於是使尚書張羣發近郡男女十六萬，車十萬乘，運土築華林苑及長牆於鄴北，廣長數十里。趙攬、申鍾、石璞等上疏陳天文錯亂，蒼生凋弊，及因引見，又面諫，辭旨甚切。季龍大怒曰：「牆朝成夕没，吾無恨矣。」乃促張羣以燭夜作。起三觀、四門，三門通漳水，皆爲鐵扉。暴風大雨，死者數萬人。揚州送黄鵠雛五，頸長一丈，聲聞十餘里，泛之於玄武池。郡國前後送蒼麟十六，白鹿七，季龍命司虞張曷柱調之，以駕芝蓋，列於充庭之乘。鑿北城，引水於華林園。城崩，壓死者百餘人。

《晉書》卷一二三《慕容垂載記》 清河太守賀耕聚衆定陵以叛，南應翟遼，慕容農討斬之，毁定陵城。進師入鄴，以鄴城廣難固，築鳳陽門大道之東爲隔城。

《魏書》卷一〇一《吐谷渾傳》 伏連籌死，子夸吕立，始自號爲可汗，居伏俟城，在青海西十五里，雖有城郭而不居，恒處穹廬，隨水草畜牧。其地東西三千里，南北千餘里。官有王公、僕射、尚書及郎將、將軍之號。夸吕椎髻毦珠，以皂爲帽，坐金師子牀。號其妻爲「恪尊」，衣織成裙，披錦大袍，辮髮於後，首戴金花冠。其俗：丈夫衣服略同於華夏，多以羅冪爲冠，亦以繒爲帽；婦人皆貫珠貝，束髮，以多爲貴。兵器有弓刀甲矟。國無常賦，須則税富室商人以充用焉。

《魏書》卷一〇二《西域·波斯國傳》 波斯國，都宿利城，在忸密西，古條支國也。去代二萬四千二百二十八里。城方十里，户十餘萬，河經其城中南流。土地平正，出金、銀、鍮石、珊瑚、琥珀、車渠、馬腦，多大真珠、頗梨、瑠璃、水精、瑟瑟、金剛、火齊、鑌鐵、銅、錫、朱砂、水銀、綾、錦、疊、毼、氍毹、毾㲪、赤麖皮，及薰陸、鬱金、蘇合、青木等香，胡椒、畢撥、石蜜、千年棗、香附子、訶梨勒、無食子、鹽緑、雌黄等物。

《魏書》卷一〇二《西域·大月氏國傳》 世祖時，其國人商販京師，自云能鑄石爲五色瑠璃，於是採礦山中，於京師鑄之。既成，光澤乃美於西方來者。乃詔爲行殿，容百餘人，光色映徹，觀者見之，莫不驚駭，以爲神明所作。自此中國瑠璃遂賤，人不復珍之。

《魏書》卷一〇二《西域·小月氏國傳》 其城東十里有佛塔，周三百五十步，高八十丈。自佛塔初建，計至武定八年，八百四十二年，所謂「百丈佛圖」也。

《魏書》卷一〇二《西域·罽賓國傳》 其人工巧，雕文、刻鏤、織罽。有金銀銅錫以爲器物。市用錢。

《魏書》卷一〇二《西域·康國傳》 其王索髪，冠七寶金花，衣綾、羅、錦、繡、白疊；其妻有髻，幪以皂巾。丈夫翦髮，錦袍。名爲强國，西域諸國多歸之。米國、史國、曹國、何國、安國、小安國、那色波國、烏那曷國、穆國皆歸附之。有胡律，置於祆祠，將決罰，則取而斷之。重者族，次罪者死，賊盜截其足。人皆深目、高鼻，多髯。善商賈，諸夷交易多湊其國。有大小鼓、琵琶、五弦箜篌。婚姻喪制與突厥同。國立祖廟，以六月祭之，諸國皆助祭。奉佛，爲胡書。氣候温，宜五穀，勤修園蔬，樹木滋茂。出馬、駝、驢、犎牛、黄金、硇沙、䣢香、阿薛那香、瑟瑟、麞皮、氍毹、錦、疊。多蒲萄酒，富家或致千石，連年不敗。太延中，始遣使貢方物，後遂絶焉。

《魏書》卷一一〇《食貨志》 三門都將薛欽上言：「計京西水次汾華二州、恒農、河北、河東、正平、平陽五郡年常綿絹及貲麻皆折公物，雇車牛送京。道險人弊，費公損私。略計華州一車，官酬絹八匹三丈九尺，别有私民雇價布六十匹；河東一車，官酬絹五匹二丈，别有私民雇價布五十匹。自餘州郡，雖未練多少，推之遠近，應不減此。今求車取雇絹三匹，市材造船，不勞採斫。計船一艘，舉十三車，車取三匹，合有三十九匹，雇作手並匠及船上雜具食直，足以成船。計一船剩絹七十八匹，布七百八十匹。又租車一乘，官格四十斛成載；私民雇價，遠者五斗布一匹，近者一石布一匹。準其私費，一車布遠者八十匹，近者四十匹。造船一艘，計舉七百石，準其雇價，應有一千四百匹。今取布三百匹，造船一艘並船上覆治雜事，計一船有剩布一千一百匹。又其造船之處，皆須鋸材人功，並削船茹，依功多少，即給當州郡門兵，不假更召。汾州有租調之處，去汾不過百里，華州去河不滿六十，並令計程依舊酬價，車送船所。船之所運，唯達濡陂。其陸路從濡陂至倉庫，調一車雇絹一匹，租一車布五匹，則於公私爲便。」

《周書》卷五〇《異域下·波斯國傳》 氣候暑熱，家自藏冰。地多沙磧，引水溉灌。其五穀及禽獸等，與中夏略同，唯無稻及黍秫。土出名馬及駞，富室至有數千頭者。又出白象、師子、大鳥卵、珍珠、離珠、頗黎、珊瑚、琥珀、瑠璃、馬瑙、水晶、瑟瑟、金、銀、鍮石、金剛、火齊、鑌鐵、銅、錫、朱沙、水銀、綾、錦、白疊、毾、氍毹、（毿）〔毾〕㲪、赤麞皮，及薰六、鬱金、蘇合、青木等香，胡椒、蓽撥、石蜜、千（牛）〔年〕棗、香附子、訶梨勒、無食子、鹽緑、雌黄等物。

崔鴻《十六國春秋》卷九四《北凉録一》 永安九年，酒泉南有銅駝山，言犯之者輒大雨雪。蒙遜遣工取之，得銅萬斤。

劉義慶《幽明録》 東萊人性靈，作酒多醇，濁而更清，二人曰：以是醇□。

酈道元《水經注》卷三《河水》 按《地理志》云：金連鹽澤、青鹽澤並在縣南矣。又按《魏土地記》曰：縣有大鹽池，其鹽大而青白，名曰青鹽，又名戎鹽，入藥分，漢置典鹽官。池去平城宫千二百里，在新秦之中。服虔曰：新秦，地名，在北方千里。如淳曰：長安以北，朔方以南也。薛瓚曰：秦逐匈奴，收河南地，徙民以實之，謂之新秦也。

酈道元《水經注》卷六《涑水》 《地理志》曰：鹽池在安邑西南。許慎謂之盬。長五十一里，廣七里，周百一十六里，從鹽省，古聲。吕忱曰：夙沙初作煮海鹽，河東鹽池謂之盬。今池水東西七十里，南北十七里，紫色澄渟，潭而不流。水出石鹽，自然印成，朝取夕復，終無減損。惟山水暴至，雨澍潢潦奔泆，則鹽池用耗。故公私共堨水徑，防其淫濫，謂之鹽水，亦謂之爲堨水。《山海經》謂之鹽販之澤也。澤南面層山，天岩雲秀，地谷淵深，左右壁立，間不容軌，謂之石門，路出其中，名之曰徑，南通上陽，北暨鹽澤。池西又有一池，謂之女鹽澤，東西二十五里，南北二十里，在猗氏故城南。《春秋》成公六年，晉謀去故絳，大夫曰：郇、瑕，地沃饒近盬。服虔曰：土平有溉曰沃；盬，鹽池也。土俗裂水沃麻，分灌川野，畦水耗竭，土自成鹽，即所謂鹹鹺也，而味苦，號曰鹽田，鹽盬之名，始資是矣。本司鹽都尉治，領兵千餘人守之。周穆王、漢章帝並幸安邑而觀鹽池。故杜預曰：猗氏有鹽池。後罷尉司，分猗氏、安邑，置縣以守之。

酈道元《水經注》卷九《淇水》 清河又東逕漂榆邑故城南，俗謂之角飛城。《趙記》云：石勒使王述煮鹽於角飛，即城異名矣。《魏土地記》曰：高城縣東北百里，北盡漂榆，東臨巨海，民咸煮海水，藉鹽爲業。即此城也。清河自是入於海。

《隋書》卷八三《西域傳·疏勒》 疏勒國，都白山南百餘里，漢時舊國也。其王字阿彌厥，手足皆六指。産子非六指者，即不育。都城方五里。國内有大城十二，小城數十，勝兵者二千人。王戴金師子冠。土多稻、粟、麻、麥、銅、鐵、錦、雌黄，每歲常供送於突厥。

《舊唐書》卷三八《地理一》 東都 周之王城，平王東遷所都也。故城在今苑内東北隅，自赧王已後及東漢、魏文、晉武，皆都於今故洛城。隋大業元年，自故洛城西移十八里置新都，今都城是也。北據邙山，南對伊闕，洛水貫都，有河漢之象。

都城南北十五里二百八十步，東西十五里七十步，周圍六十九里三百二十步。都内縱横各十街，街分一百三坊、二市。每坊縱横三百步，開東西二門。

宫城，在都城之西北隅。城東西四里一百八十步，南北二里一十五步。宫城有隔城四重。正門曰應天，正殿曰明堂。明堂之西有武成殿，即正衙聽政之所也。宫内别殿、臺、館三十五所。上陽宫，在宫城之西南隅。南臨洛水，西拒穀水，東即宫城，北連禁苑。宫内正門正殿皆東向，正門曰提象，正殿曰觀風。其内别殿、亭、觀九所。上陽之西，隔穀水有西上陽宫，虹梁跨穀，行幸往來。皆高宗龍朔後置。

禁苑，在都城之西。東抵宫城，西臨九曲，北背邙阜，南距飛仙。苑城東面十七里，南面三十九里，西面五十里，北面二十里。苑内離宫、亭、觀一十四所。

《舊唐書》卷三八《地理志一》 京師 秦之咸陽，漢之長安也。隋開皇二年，自漢長安故城東南移二十里置新都，今京師是也。城東西十八里一百五十步，南北十五里一百七十五步。

皇城在西北隅，謂之西内。正門曰承天，正殿曰太極。太極之後殿曰兩儀。内别殿、亭、觀三十五所。京師西有大明、興慶二宫，謂之三内。有東西兩市。都内，南北十四街，東西十一街。街分一百八坊。坊之廣長，皆三百餘步。皇城之南大街曰朱雀之街，東五十四坊，萬年縣領之。街西五十四坊，長安縣領之。京兆尹總其事。東内曰大明宫，在西内之東北，高宗龍朔二年置。正門曰丹鳳，正殿曰含元，含元之後曰宣政。宣政左右，有中書門下二省、弘文史二館。高宗已後，天子常居東内，别殿、亭、觀三十餘所。南内曰興慶宫，在東内之南隆慶坊，本玄宗在藩時宅也。自東内達南内，有夾城複道，經通化門達南内。人主往來兩宫，人莫知之。宫之西南隅，有花萼相輝、勤政務本之樓。

禁苑，在皇城之北。苑城東西二十七里，南北三十里，東至灞水，西連故長安城，南連京城，北枕渭水。苑内離宫、亭、觀二十四所。漢長安故城東西十三里，亦隸入苑中。苑置西南監及總監，以掌種植。

《敦煌社會經濟文獻真蹟釋録》第一輯《地志和瓜沙兩州大事記及巡行記沙州都督府圖經殘卷》 鹹鹵。

右州界遼闊，沙磧至多，鹹鹵鹽澤，約餘大半。

三所鹽池水。

東鹽池水。

右在州東五十里，東西二百步，南北三里，其鹽在水中自爲塊片，人就水裏漉出爆乾，並是顆鹽。其味淡於河東鹽，印形相似。

西鹽池水。

右俗號沙泉鹽，在州北一百一十七里，總有四陂，每陂二畝已下。時人於水中漉出，大者有馬牙，其味極美，其色如雪，取者既衆，用之無窮。

北鹽池水。

右在州西北卌五里，東西九里，南北四里，其鹽不如西池，與州東鹽味同。

一所興胡泊。東西十九里，南北九里，深五尺。

右在州西北一百一十里。其水鹹苦，唯泉堪食，商胡從玉門關道往還居止，因以爲號。

一十九所驛並廢。

州城驛。

右在州東二百步，因州爲名，東北去清泉驛卌里。

清泉驛。

右在州東北卌里，去横澗驛廿里。承其驛路在瓜州常樂縣西南，刺史李無虧以舊路石磧山險，迂曲近賊，奏請近北安置。奉天授二年五月十八日勅，移就北。其驛置在神泉觀莊側，故名神泉驛。今爲清泉戍置在驛傍，因改爲清泉驛。

横澗驛。

右在東北六十里，北去白亭驛廿里，刺史陳玄珪爲中間迂曲奏請，奉證聖元年十二月卅日勅置。驛側有澗，因以爲名。【略】

四所雜神。

土地神。

右在州南一里。立舍畫神，主境内有灾患不安，因以祈焉。不知起在何代。

風伯神。

右在州西北五十步。立舍畫神，主境内風不調，因即祈焉。不知起在何代。

雨師神。

右在州東二里。立舍畫神，主境内亢旱，因即祈焉。不知起在何代。

祆神。

右在州東一里。立舍畫神主總有廿龕，其院周迴一百步。【略】

二所廟。

先王廟。

右在州西八里。《西涼録》：涼王李暠謚父爲涼簡公，於此立廟，因號先王廟。其院周迴三百五十步，高一丈五尺。次東有一廟，是暠子譚讓恂等廟，周迴三百五十步，高一丈五尺，號曰李廟。屋宇除毁，階牆尚存。

孟廟。

右在州西五里。按《西涼録》：神〔璽〕二年，燉煌太守趙郡孟敏爲沙州刺史，卒官，葬於此。其廟周迴三百步，高一丈三尺。

一所冢。

闞冢。

右在州東廿里。闞駰祖倞之冢也。《後魏書》云：駰字玄陰，燉煌人也，祖倞有名於西土，父玫爲一時秀士，官至會稽（合）〔令〕。其冢高三丈五尺，周迴卅五步。

三所堂。

嘉納堂。

右按《西涼録》，涼王李暠庚子五年興立泮宫，增高門學生五百人，起嘉納堂於後園，圖讚所志。其堂毁除，其階尚存。其地在子城東北羅城中，今爲効穀府。

靖恭堂。

右按《西涼録》，涼王李暠庚子三年，於西門外臨水起堂，以議朝政，閲武事。今堂（其）〔基〕尚存，餘並破毁。

謙德堂。

右按《西涼録》，涼王李暠建以聽政。其堂在子城中，恭德殿南，今並除毁。

一所土河。

右周迴州境，東至磧口亭，去州五百一十里一百步，西至白山烽，去州卅里，南至沙山七里，北去神威烽，去州卅七里。漢武帝元鼎六年立，以爲匈奴禁限。西涼王李暠建初十一年，又修立以防奸寇。至隨開皇十六年廢。

四所古城。

古阿倉城。

右在州西北二百卌二里，俗號阿倉城，莫知時代。其城頹毁，（其）〔基〕址猶存。

古効穀城。周迴五百步。

右在州東北卅里，是漢時効穀縣。本是（漁）〔魚〕澤鄣，桑欽説漢（武孝）〔孝武〕元封六年濟南崔（意不）〔不意〕爲（漁）〔魚〕澤都尉，教人力田，以勤効得穀，因立爲縣名焉。後秦苻堅建（安）〔元〕廿一年爲酒泉郡人黄花攻破，遂即廢壞。今北面有頽（其）〔基〕數十步。

古長城。高八尺，（其）〔基〕闊一丈，上闊四尺。

右在州北六十三里，東至階亭烽一百八十里，入瓜州常樂縣界，西至曲澤烽二百一十二里，正西入磧，接石城界。按《匈奴傳》：漢武帝西通月氏大夏，又以公主妻烏孫王，以分匈奴西方，於烏孫北爲塞，以益廣（因）〔田〕。漢元帝竟寧元年侯應對詞曰，孝武出軍征伐，建塞起亭，遂築外城，設屯戍以守之，即此長城也。

古塞城。

右周迴州境，東在城東卅五里，西在城西十五里，南在州城南七里，北在州城北五里。據《漢書》，武帝元鼎六年，將軍趙破奴出（合）〔令〕居，析酒泉置燉煌郡，此即闢土疆，立城郭在漢武帝時。又元帝竟寧〔元年〕，單于來朝，上書願保塞和親，請罷邊戍。郎中侯應以爲不可，曰：孝武出軍征伐，建塞徼起亭燧，築外城，設屯戍以（等）守之，邊境少安，起塞已來百有餘年。據此詞，即元鼎六年築，至西涼王李暠建初十一年又修，以備南羌北虜。其城破壞，（其）〔基〕趾見存。

張芝墨池。在縣東北一里効穀府東南五十步。

右後漢獻帝時，前件人於此池學書，其池盡墨，書絶世，天下傳名。因兹王羲之《顗書論》云：臨池學書，池水盡墨，好之絶倫，吾弗及也。又草書出自張芝，時人謂之聖。其池年代既遠，並磨滅。古老相傳，池在前件所。去開元二年九月，正議大夫、使持節沙州諸軍事、行沙州刺史、兼豆盧軍使、上柱國杜楚臣赴任，尋墳典，文武俱明，訪覩此池，未獲，安惜。至四年六月，燉煌縣令趙智本到任。其令博覽經史，通達九經，尋諸古典，委張芝、索靖俱是燉煌人，各檢古跡，具知處所。其年九月，拓上件池，中得一石硯，長二尺，闊一尺五寸。乃勸諸張族一十八代孫上柱國張仁會，上柱國張履暹，上柱國張懷欽，上柱國張仁會，上柱國張楚珪，上柱國張嗣業，文舉人昭武校尉、甘州三水鎮將、上柱國張大爽，學博士、上柱國張大忠，游擊將軍、守右玉鈐衛西州蒲昌府折衝都尉、攝本衛中郎將、充于闐録守使、燉煌郡開國公張懷福，昭武校尉、前行西州岸頭府果毅都尉、上柱國張懷立，壯武將軍、行右屯衛岷州臨洮府折衝都尉、上柱國張燕容，昭武校尉、前西州岸頭府左果毅都尉、攝本府折衝、充墨離軍子將張履古等，令修葺墨池，中立廟及張芝容。

監牧。　羈縻州。　江河淮濟。　海溝。

陂。　宫。　郡縣城。　關鏟津濟。

岳瀆。　鐵。　碑碣。　名人。

忠臣孝子。　節婦列女。　營壘。　陵墓。

臺榭。　郵亭。　鑛窟。　帝王遊幸。　名臣將所至。　屯田。

右當縣並無前件色。

《敦煌社會經濟文獻真蹟釋録》第一輯《地志和瓜沙兩州大事記及巡行記·唐光啓元年書寫沙州伊州地志殘卷》

門、陽關三百餘里，伏流地下，南出積石山爲中國河焉也。

伊州下。公廨七百卌千，户一千七百廿九，鄉七。

右古昆吾國，西戎之地，周穆王伐西戎，昆吾獻赤刀是也。後語訛，轉爲伊吾郡。《漢書·西域傳》云，周衰，戎狄錯居，涇渭之北，伊吾之地，又爲匈奴所得。漢武帝伐匈奴收其地。其後復棄。至後漢永平十六年，北征匈奴，取伊吾盧地，置田禾都尉，西域復通。以後，伊吾三失三得。順帝置伊吾司馬一人。魏晉無聞郡縣。隋大業六年於城東買地置伊吾郡。隋亂，復没於胡。貞觀四年，首領石萬年率七城來降。我唐始置伊州。寶應中陷吐蕃，大中四年張議潮收復，因沙州册户居之。羌龍雜處，約一千三百人。

貢賦。　管縣三。伊吾、納職、柔遠。

伊吾縣。在郭下。公廨三百一千一十五，户一千六百一十三，鄉四。

右本後漢伊吾屯。其城云是竇固所築也。魏以爲縣。《漢書》云，伊吾盧夷狄舊號耳。

寺二。宣風、安化。　觀二。祥欒、大羅。　烽七。水源、毛瓦、狼泉、香棗、盤蘭泉、速度谷、伊地具。　戍三。塹亭、赤崖、稍竿。

風俗。　有文字。田夫商販之人，唯有平鐵爲鏊，冬夏常食餅，無釜甑之具，杯椀匙筯皆不畜，渴則渠踞地而飲。古所謂洿樽桮飲，則其質樸之像。其俗，又不重衣冠，唯以多財爲貴。

陸地鹽池，地周迴十里，北去縣六十里，磧中無水，陸地出鹽，月滿味甘，月虧即苦，積久採取，竟無減損。

小伊吾城，北去縣廿里，本伊吾縣也。百姓因此城側近，先有田水，就其地壘城，故曰小伊吾。

時羅漫山與柔遠縣分管。　源泉水、縣北十里。　第二水、縣東北五里。　第三水，縣東北九里。　凡三水皆臨崖湧出，南流入磧即絶。　火祆廟中有素書形像無數。有祆主翟槃陁者，高昌未破以前，槃陁因入朝至京，即下祆神，因以利刀刺腹，左右通過出腹外，截棄其餘，以髮繫其本，手執刀兩頭，高下絞轉，説國家所舉百事，皆順天心，神靈〔相〕助，無不徵驗。神没之後，僵仆而到，氣息奄，七日即平復如舊。有司奏聞，制授游擊將軍。

納職縣。下。東去州一百廿。，公廨二百一十五千，户六百三十二，鄉七。

右唐初有土人鄯伏陁屬東突厥，以徵税繁重，率城人入磧，奔鄯善至並吐渾居住，歷焉耆，又投高昌，不安而歸。胡人呼鄯善爲納職，既從鄯善而歸，遂以爲號耳。

寺一，祥欒，尼。　戍一，百泉。　烽（八）〔六〕。百尺、不到泉、永安、東柘厥、花泉、延末。

城北泉，去縣廿里，在坎下湧出，成湍流，入蒲昌海也。

柔遠縣。西南去州二百四十里，公廨，户三百八十九，鄉一。

右相傳，隋大業十二年，伊吾胡共築營田。貞觀四年，胡歸國，因此爲縣，以鎮爲名。

觀一，天上。　烽四，白望、白楊山、伊地具、獨堆。

柔遠鎮。鎮東七里，隋大業十二年置伊吾郡，因置此鎮。

時羅漫山，縣北四十里。按《西域傳》，即天山也，綿亘數千里。其上有漢將竇固破呼衍王刻石紀德之碑。姜行本磨去舊文，更刻新文，以贊唐德。其山高六十里，置壇場祈禱。其州下立廟，神名阿覽。

伊吾軍。東南去上都四千八百里。

右景龍四年五月日奉勑置，至開元六年移就甘露鎮，兵士三千人，馬一千册疋。

四至，東南去伊州三百里，西南去西州八百里，西去庭州七百八十里，東北接賊界。

龍部落，本焉耆人，今甘肅、伊州各有首領。其人輕鋭，健鬥戰，皆稟 皇化。沙州東南姚閲山，去州一百八十里。西南有紫亭山，去州一百九十里。其山，石皆紫色，復名紫亭。庭州瀚海軍。西州天山軍交河縣。伊州。伊吾軍柔遠縣。

光啟元年十二月廿五日，張大慶因靈州安慰使嗣大夫等來至州，於嗣使邊寫得此文書記。

《敦煌社會經濟文獻真蹟釋録》第一輯《社邑文書・社司牒狀及處分・社司**不擬修理蘭若佛堂牒**》

（前殘）

在城有破壞蘭若及故破佛堂等。

社内先來無上件功德修理條教，忽然放帖

集點社人歛索修理蘭若及佛堂，於他衆

人等情裏不喜歡修理□□□□□□□

何不相時，只如本社條件，每年正月十四各令

納油半升，於普光寺上燈，猶自有言語，遂

即便停，已經五六年來，一無榮益。近日卻置

依前税油上燈，亦有前卻不到，何況條外抑

他布施。從今已後，社人欲得修功德及布

施財物并施力修營功德者，任自商量，

隨力所造，不關社

若有社司所由□

理塔合，並不在集□

壹碩將充社内

（後缺）

《敦煌社會經濟文獻真蹟釋録》第一輯《社邑文書・納贈歷・辛巳年營指揮**葬巷社納贈曆**》

龍録事粟并油柴

辛巳年十月廿八日，榮指揮葬巷社納贈曆。

李社官并

龍社長粟并油柴　紫綿綾帛綿綾帛練一丈九尺

汜宅官

汜願昌粟并油　□緋綿綾丈五一接兩故

汜團頭粟并油柴　生絹半疋

汜富通粟并油柴　孔什德絹招

孔幸子粟并油柴　故爛半幅碧絹生絹内三接計丈五

孔押衙粟并油柴　天下破碎爛羅底接續無數二丈二尺

孔保定粟并油柴　帛綿綾一丈八尺

孔什德粟并油柴　生絹一疋汜富通二人招

僧高繼長粟并油柴　生絹緋綾一丈五尺當處分付主人□

高員郎粟并油　柴半幅舊紫綿綾又半幅破碎帛練共計二丈七尺

李保成粟并油　高虞候絹招

高留奴生粟并油　柴半幅黄畫帔子通計二丈四尺

李殘子粟并油　柴帛綿綾緋綿綾故爛生絹又絹帛綿綾二丈三尺

高虞候粟并油　柴生絹一疋李保成二人招

高團頭粟并油　柴黄絹淡緋絹二丈四尺

高段子粟并油　柴故緋綿綾七尺又緑絹又淡緑絹四接二尺

安幸昌粟并　油柴故破帛綿綾又破碎羅底接續無數三丈二尺

安慶憨粟并油柴　緋綿綾二丈四尺

李團頭粟并油　柴次絲帛綿綾共計二丈

李留德粟并油　柴淡紫綾子緋綿綾半幅共計二丈四尺

李留兒粟并油　柴淡紅絹衫子身半帛半垢涴共計二丈二尺

龍押衙粟并油　柴紫綿綾爛綿紬二丈一尺

龍員遂粟并油　柴帛綿綾碧綿綾二丈二尺
龍定德粟并油　柴繡裙二丈
彭不藉奴粟并油柴　張佛奴絹招
孔德壽粟并油柴　生絹一疋
高住員粟并油柴
李馬踏粟并油　柴黄畫帔子緋綿綾共計一丈三尺
張佛奴粟并油柴　碧絹一疋彭醜奴二人招
高員佑粟并油柴　帛練紫綿綾内兩接一丈六尺
見付主人油三十一合　餅五百四十枚又社長父□紫曷并留奴送二十粟兩石柴
三十一束。

辛巳年十一月一日，因爲送指揮，衆社商量，自後三官則破油一般，
虞候破粟壹㪷，其贈粟則分付凶家，餅更加十枚，齋麥兩碩，黄麻八斗。
每有納贈之時，須得全納，一般不得欠少，自後長定

注：**《敦煌社會經濟文獻真蹟釋録》第一輯《社邑文書·納贈歷·辛酉年十一月廿日張友子新婦身故聚贈歷》**

辛酉年十一月廿日張友子新婦身故聚贈歷
張録事油麨粟柴
高社官
李僧政粟油柴併
趙法律粟併柴　白㲪褐二丈
李法律　柴粟麨油　白㲪褐二丈
李閣梨油粟麨柴　白細褐二丈五尺
慕容營田粟併
安再恩粟柴麨　紫斜褐二丈五尺
安再昌　柴併粟油　白㲪褐二丈一尺紫褐非斜褐内一接一丈付杜善兒
杜善兒　粟柴麨油　白細褐二丈六
梁押衙　油粟併柴　白斜褐二丈二尺
梁慶住　粟柴油　紫㲪褐白斜褐内一接二丈
王醜子麨粟　非褐白褐裙段内四接二丈二
張清忽併粟　紫直裙丈七
馬再定併粟　白㲪褐内一接二丈二尺
馬友順粟併油柴　白㲪褐五十尺
馬醜定油併粟　白細褐七尺　白斜褐一丈四尺
馬仏(佛)住併油粟柴　淡㲪碧褐二丈又白㲪褐二丈
畫住奴粟併油柴　白㲪褐丈八
畫兵馬使粟併油柴　白㲪褐二丈
董流進粟併油柴　白昌褐丈三
李粉定油粟麨柴　白褐非綾褐碧褐内接三段二丈
李粉堆麨油粟柴　㲪緤花褐一丈八尺
王員松？油粟麨　白㲪褐一丈一尺淡斜褐一丈七尺
高虞候油麨
令孤盈德　粟麵柴　碧㲪褐二丈
令孤章佑油麨粟柴　白㲪褐丈三
康再晟併油粟柴　白細褐二丈六尺
平弘住柴併粟油　白細褐三丈四尺
翟萬住柴併粟油　白細褐二丈八尺
宋定子粟併油柴　白㲪褐一疋
馬願清油粟柴併　淡㲪碧褐丈八非衣襴七尺故破
龍保慶　粟併柴油　淘花斜褐一丈六尺
孟流三　粟併
王友子併粟油柴　立機二丈碧褐七尺故破内一接
梁定奴麨油粟　白細褐三丈
梁猶奴　柴併粟油　白細褐三丈二尺
王進員　粟併柴　非褐二丈
王繼德油粟併柴　白㲪褐二丈
王應兒併粟
王義信　粟併油柴　㲪碧褐二丈又白㲪褐丈六
王兵馬使　粟併柴油　白㲪褐二丈
王殘子併粟柴油　細紫褐七尺非㲪褐丈三内一接

王灰進併粟油柴　淡白麁褐二丈

安萬端併粟柴　碧褐裙段内接一丈八尺

孫義成併柴粟　白麁褐十尺

杜恩子併粟柴　緋斜褐丈二　麁紫褐七尺紫斜褐四尺

張清兒粟併　白細褐又非麁褐内兩接三段三丈

宋承長豆付柴油　逃花褐白褐内接二丈八尺

王保定柴併粟油　白麁褐二丈黑斜丈六

見付凶家併七百八十(押)又付凶家油三十合(押)又付凶家柴三十三束，又後付併廿(押)又後付粟三石四斗(押)又後領併廿(押)又併廿

《敦煌社會經濟文獻真蹟釋録》第五輯《莫高窟記》

右在州東南廿五里三危山上。秦建元年中，有沙門樂僔，仗錫西遊至此，遥禮其山，見金光如千佛之狀，遂架空鐫巖，大造龕像。次有法良禪師東來，多諸神異，復於僔師龕側，又造一龕。伽藍之建肇於二僧。晉司空索靖題壁，號仙巖寺。自兹已後，鐫造不絶，可有五百餘龕。又至延載二年，禪師靈隱共居士陰祖等造北大像，高一百卌尺。又開元年中，僧處諺與鄉人馬思忠等造南大像，高一百二十尺。開皇年中，僧善喜造講堂。從初量窟至大曆三年戊申，即四百四年。又至今大唐庚午即四百九十六年。時咸通六年正月十五日記。

《吐魯蕃出土文、書》第二册《高昌條列出贓錢文數殘奏》

〔前缺〕

1 [　　]布二匹半，平[　　]

2 [　　]半文。張申武[　　]【百】【文】[　　]

3 [　　]【泮】作人秋富二[　　]蒲桃中趙武[　　]

4 [　　]所藏綾十三匹[　　]一百廿一【文】[　　]

5 [　　]【贓】錢一百一十文【半】。[　　]出贓錢一百一十【文】，[　　]

6 [　　]【阿】苟作從，藏龍遮□□【提】婆錦一匹，平錢五十[　　]

7 [　　]【匹】，平錢五十一文。張阿苟出贓錢五十半文。次傳[　　]

8 [　　]【延】作從，藏龍遮之㮇提婆錦三匹，平錢一百【五】[　　]

9 [　　]紅錦二匹，平錢九十文。祁守義提婆錦【一】[　　]

10 [　　]【文】。商胡握□延出贓錢一百五十七【文】，[　　]

11 [　　]贓盡。趙武【尊】[　　]

〔後缺〕

《敦煌社會經濟文獻真蹟釋録》第五輯《大番故敦煌郡莫高窟陰處士修功德記》

大番故敦煌郡莫高窟陰處士公修功德記。

記曰，天成厥壤，允姓曾居。地戴流沙，陶唐所治。河分千溜，法序九疇。據五服而爲郊，開一門而展掖。是以艮體三峰，化似頂生之處；金容丈六，夢瑞誕於莫高。壁峻毗耶，巖深檀特。散花臺上，會待踴身。合蓋場中，方等賢劫。或以鄙識無恒，忘本妄於迷逕；善元有統，佛性省於覺花。勤勯三皈，將希一念。然乃堅鐫襲古，遽預營新。紉日照而縣栅，揆天門而據樣者，其則有故敦煌郡處士公。公姓陰，字嘉政。其先源南陽新野人也。齊經九合，璯弁潔於星藁；漢約三章，鬟髻明於箴管。榮昇紫府，貴踐黄門。宿承玉斗之更，早達金門之詔。既乃躍鱗水上，一挺龍門；下説窖中，三冬豹變。猶鄭人佐矩，募隼旟以先馳；若秦併列城，選牛刀而寵俊。就陰山之封袟，大漠斯平；舉火候於敦煌，陽關得勢。亦猶王(箭)〔翦〕遠居楚國，預固莊田；甘茂將伐宜陽，先盟息壤。塞門八陣，掠地中身；野載十年，留連已此，至今爲敦煌縣人矣。曾皇祖諱嗣瑗，唐朝正議大夫、檢校豆盧軍事、並長行坊、轉運、支度等使，賜紫金魚袋、上柱國、開國侯。議正朝門，倜儻慕三閭之直；當官不避，歌謠履五羖之蹤。撫勵行間，善齊兵衆。特奇要藉，兼攝殊能。臨機辦轉運之功，處下許方圓之術。皇祖諱庭誡，唐朝左驍騎、守高平府左果毅都尉、賜紫金魚袋，前沙州鄉貢明經。師經避席，傳授次於曾參；師爾憑河，好(象)〔勇〕承於子路。擬鶡冠之爪利，致果毅雄；選黄鸝之未調，緩飛鄉貢。洋洋百卷，易簡薄於籝金；梟〔梟〕五株，性静閑於肱枕。皇考君諱伯倫，唐朝游擊將軍，丹州長松府左果毅都尉，賜緋袋、

上柱國、開國男。三品榮門，九皐閭遠；青襟小學，紫綬當年。先成鎮守之功，竟保敦煌之業。屬以五色慶雲，分崩　帝里；〔一〕條毒氣，扇滿幽燕。江邊亂踏於楚歌，隴上痛(開)〔聞〕於豺叫。梟聲未殄，路絶河西。燕向幕巢，人傾海外。羈維枝籍，已負番朝。歃血盟書，義存甥舅。熊羆愛子，拆襁褓以文身；鴛鴦夫妻，解鬟鈿而辮髮。豈圖恩移舊日，長辭万代之君；事遇此年，屈膝兩朝之主。自贊普啓關之後，左衽遷階；及宰輔給印之初，垂祛補職。蕃朝改授得前沙州道門親表部落大使。承基振豫，代及全安。六親當五秉之饒，一家蠲十一之税。復舊來之井賦，樂已忘亡；利新益之園池，光流竟歲。爰及慈母索氏，通海鎮大將軍之孫。德被周親，賢資近戚。深基禮跡，爲後代之孫；切示筌繩，富將來之嫡。鞠恭志士，遠仰垂風；讓路行人，高瞻訓制。爲細務則灼然絺綌，差衿祀(紀)〔絶〕世女工。柔矜擬牀下之塼，舉事滿堂〔上〕之寶。其處士公，明心雪刃比其嚴，照瞻冰臺像其智。承前永業，望歲多埒。約後新(傜)〔儲〕，豐年鎮積。入爲孝悌，出整綱宗。舊制封官，近將軍之列棘；先賢世禄，與都護之同堂。欽渥水之分流，聲添驥響；畎平河之溉濟，蠶賦馬鳴。今則月德扶身，歲星應會；桑條小屈，敏事嚴君；棣萼相垂，高門慶及。時則處士公一朝返則，三寸舌乾；惴運心機，情懷未吐。其則有舍弟嘉義，逡巡攝衽，俯伏前諮，敢問處士兄曰：如何不決，獨立吁嗟！義聞急難者弟兄，希得者手足。出兄之口，入義之耳。但豁情懷，莫忍情事。公曰：天命之年，娩之在德。謀孫之道，已教義方。短日金秋，寒風慟骨；長更冬夜，白髮悲心。每以錢埒久盈，未施撲滿；周親喜戲，桃李往來。涉苦〔海〕之程糧，匪特少分；遇金山之厚利，未獲纖毫。方欲去縲紲，將尋善友；念解脱，訪跡投崖。念茲在茲，是吾術内，偲諸僶矣，爾則爲之。將就莫高山爲當今聖主及七代鑿窟龕一所，遠垂不朽，用記將來。又有弟嘉珍及弟僧沙州釋門三學都法律大德離纏等，進思悌恭，將順其美。是日也，嚴駕晨朝，執勤旰食；白龍徼道，覲慕神蹤；赤景當時，新求聖壁。因得三身相像，飛揚寶鏡之輝；二鶴翩□，下向金錢之樹。自東未遍，自西忽臨；指掌推前，目都不遠。遂則貿良工，招鍛匠，弟二層中，方營窟洞。其所鑿窟額號報恩君親也。龕内素釋迦像並聲聞菩薩神等共七軀。帳門兩面畫文(珠)〔殊〕、普賢菩薩並侍從。南牆畫西方浄土、法花、天請問、(寶)〔報〕恩變，各一鋪。北牆藥師、浄土、花嚴、彌勒、維摩變，各一鋪。門外護法善神。然即金烏東谷，隨佛日以施仁；玉兔西山，引慈雲而布潤。龍飛天界，繪合四王；象海寰真，工移十地。化身菩薩，馨馨石鉢之飧；滿願藥師，湛湛瑠璃之水。八十種好，感空落之花園；万變應身，散殊西而焕彩。輕紗淺緑，對細霧而未開；重錦深紅，無□風而似動。因親帝釋，尚貴在於報恩；厚德文殊，補處詢於詣疾。深山蘊玉，空中聞梵響之螺；肖獻階前，户外踴降魔之折。基盤白石，刹負青雲者哉，美矣。公復以敬命天資，好還人與。和光熠熠，富日無嬌；君子謙謙，琢磨禮節。故能鶺鴒羽翼，禦侮同來；四鳥安巢，齊聲未去。瓜田廣畝，虚心整履之人；李樹長條，但望移冠之客。更有山莊四所，桑杏万株。瓠顆籬頭，饋飲逍遥之客；葛蘿樛木，因緣得道之人。冗地多騂角之群，叱石畜仙羊跪乳。亦乃克會有期，怯寸陰而尚短；時之易失，恐日月而逝諸。匪戀火堂，早辭風館。入中道而可宜，向菩提之正路。其仲弟嘉義，所管大蕃瓜州節度行軍先鋒部落上二將告身減旃矣。三年學劍，累及亳軍；二歲論兵，曾經選將。入擒亡之地，遠踏前茅；出死休之門，能齊後殿。乘孤擊寡，起陣雲於馬蹄；裹甲從軍，候迴風於鵲尾。肘唯殷血，人畏多功。指抉縣門，先申巨脅。徵修部落，亞押偏裨。職久公徒，使宜軍政。爲忠則決戰，予善則叵修。清信也如斯，敬事也如此。又弟嘉珍，大蕃瓜州節度行軍並沙州三部落倉曹及支計等使。九九初生，心中密算；二王舊體，筆下能書。收租寄義於馮煖，請粟恩用於冉子。端然章甫，稱爲□面之臣；束帶立朝，可使諸侯之迎。承家高户，重客盈〔門〕；夕惕日新，茵延靡倦。諮詢禮順，泛愛鄉閭；剋謹賢敦，具瞻人仰。又有弟僧都法律離纏，〔行〕門偘偘，四諦真明；德範競競，三乘鏡浄。軌儀風骨，率性前生；好了真乘，多稱後哲。大雲垂慶，常資善住之宫；小劫未平，永固伽藍之地。知中庸之未悟，歡引將先；念眷屬之可憐，聲陪導首。其則從弟僧靈寶覺岸，小心小節，步驟聿脩；强力强爲，惻勤向願。解五銖於紳帶，添寄大功；減一分之衣糧，隨心建造。即有安國寺妹某乙性，月中桂影，已壓鮮華；雲外天堂，修持有路。鵝思步步，隱隱含珠；鹿菀清清，應應如是。貞神堅固，爲小學之師資；德重昇壇，等碩人之〔比律〕。秘腸苦積，對法忍以殲除；喜地正看，割攀緣而不種。男僧智欣懷萼普，並少小早亡。男某乙等，方田白壁，孝感一心；膝下黄中，報成三歲。其遠懷志友，上達中君。見義則爲，方知有勇。鐵裏應錚錚之響，礪刃含霜；〔庸〕中聞佼佼之聲，調弦望月。隨七擒之飛將，摩壘之師；願尺二之檄書，開封獻捷。然後聖善宜遵，遵誠報主，福生有道，道齊先亡。依希聞普汲之因，世□信合門之晛。驥輒以口宣心素，尚淺文華，舉事言功，難能盡意。歲次己未四月壬子朔十五日丙寅建。

《敦煌社會經濟文獻真蹟釋録》第五輯《莫高窟再修功德記》

莫高窟再修功德記。竊以州府平廣，毗耶接水精之堂；崟壁高深，壇特蓮宕泉之窟。如乃人賢地傑，物産珍奇，鄉閭只務於謙恭，士庶各懷於佛道。而又知石火不實，風燭須臾，思十號之玄宗，（墓）（慕）三歸之正路者，粵有弟子節度押牙某甲以弟某等。儒門俊哲，塞表奇仁。禮樂越時輩之先，文武冠群流之首。於家孝悌，庭荆芬不變之花；□國端懃，驅奉沐難量之寵。性靈出衆，見解殊方。悟泡影而不堅，覺電光而非久。乃因閑静，趨慕仙巖。覩先父之修葺未全，顒然傷歎；見白壁紅粱不就，始乃發心。遂請丹青上士僧氏門人，繪十地之聖賢，綵三身之相好。於門南壁畫文殊師利菩薩並侍從一鋪。北壁畫普賢菩薩並侍從。門仰畫地藏菩薩。窟廠仰畫藥師瑠璃光佛三會。窟廠四壁畫四天王。門額畫金剛藏菩薩，虚空藏菩薩。其畫綵乃丹青皎皎，四八之相好端嚴；朱彩輝輝，八十之殊形異妙。文殊師利乘師子而定南方，普賢能仁馭象王而清北壁。藥師三會，設志願以拯生；天王四宫，現威稜而護世。金剛地藏，助衛仙嚴；十方聖聖，保安蓮塞。福事既就，讚述難周。即將如上福田，資益三界九地。伏願君王萬歲，社稷千秋。烽煙不舉於三邊，瑞氣長隆於一境。亡過宗祖，遨遊忉利之天；現在親因，恒壽康强之慶。門興百代，家富千齡。普及法界含靈，賴此一時成佛。余鄭玄門内，徒慙綴賦之能，畢卓甕邊，乃有昏迷之夢。今因社家修窟，届此仙宫，沐頻頻之固邀，甚難逃於辭讓，慙惶併集，悚惕奚安，不懼靦顔，而爲訟曰：敦煌嚴廣，一似耶離。危山泉湧，壽昌渥池。人賢地傑，匆産珍奇。思慕十號，解向三歸。厥有施主，懷抱文儒。遂請僧氏，綵畫神儀。文殊師利，鎮定邊隅。普賢大聖，拯拔幽微。三十二相，光耀分輝。八十種好，周遍身體。福事既畢，讚詠昌時。令公萬歲，刧石無移。先亡父母，得遇阿彌。見在眷屬，快樂忻怡。頻頻邀請，難敢推辭。直申拙句，以候他時。

《吐魯番出土文書》第十册《阿斯塔那五〇六號墓文書·唐出納錢物帳歷》

（一）

〔前缺〕

五月九日緣［　　］百文［　　］同大（？）千文

五月十一[日]［　　］共出納緤一疋□[共]二千文出五（？）千文付典張守。

十三日［　　］一百文大董觀買（？）［　　］

六月廿四日□緤二疋用錢一千[八]［　　］文買供[付]守陽

［　　］廿四日［　　］袴（？）衫用錢二百四十文

□□十日［　　］盞（？）用小麥兩石二斗　糴麻八斗：別一百卅文計大錢一千卅[文]

［　　］用共大錢一千文

［　　］守陽縫袴一䙅，用大錢六千文

□[蔥]子以付［　　］[用]錢共八百文

［　　］細緤一疋得一千文。欠（？）錢八百廿文，買供。

［　　］緤一疋□緤一斤□便[帖]錢一千二百文[買]供。

［　　］回大錢三百文

［　　］劚（？）壓平（？）場（？）並索共二百計一千

［　　］細緤一疋，出得一千三百文，帖七百文取供。

［　　］粟各出錢一百[五]十文。

［　　］縫裙子一䙅，大錢[八]十五文。

慧立，彦悰《大慈恩寺三藏法師傳》卷七　〔貞觀二十年夏六月〕庚辰，皇太子以文德聖皇后早棄萬方，思報昊天，追崇福業，使中大夫守右庶子臣高季輔宣令曰：「寡人不造，咎譴所鍾，年在未識，慈顔棄背，終身之憂，貫心滋甚，風樹之切，刻骨冥深。每以龍忌之辰，歲時興感，空懷陟屺之望，益疚寒泉之心。既而笙歌遂遠，瞻奉無逮，徒思昊天之報，罔寄烏鳥之情。竊以覺道洪慈，實資冥福，冀申孺慕，是用歸依。宜令所司於京城内舊廢寺妙選一所，奉爲文德聖皇后即營僧寺。寺成之日，當别度僧。仍令挾帶林泉，務盡形勝。仰規忉利之果，副此罔極之懷。」

於是有司詳擇勝地，遂於宫城南晉昌里，面曲池，依浄覺故伽藍而營建焉。瞻星揆地，像天闕，放給園，窮班、倕巧藝，盡衡、霍良木，文石梓桂橡樟栟櫚充其林，珠玉丹青赭堊金翠備其飾。而重樓複殿，雲閣洞房，凡十餘院，總一千八百九十七間，牀褥器物，備皆盈滿。

許嵩《建康實録》卷一六《齊下・魏虜》 魏自什翼主始治平城，猶逐水草，無城郭，木末始土著立居處。至佛狸破涼州、黄龍，徙其居民，大築郭邑。截平城，四角起樓，女牆，不施屋，城又無塹。南門外立二土闕，闕内立廟，四門，各隨方色，凡五廟，二十一間，瓦屋。其西立土社。佛狸所居塞居等殿，又立重屋，居其上。太子宫在城東，亦開四門。妃妾住土屋，婢使千餘人，織綾錦販賣逐利。太官八十餘窖，窖貯四、五千斛。城郭繞宫，悉築爲防，大者四五百家。城西有祠天壇，立四十九木人，長丈許，白幘、練裙，嘗以四月四日殺牛馬祭。於城西三里，刻石寫《五經》及國記也。佛狸置三公、太宰、尚書令、僕射、侍中，與太子決國事。諸曹軍府悉署官員，皆使通知虜漢語，以爲傳譯。蘭臺置中丞御史，知城内事。

白居易著，朱金城箋注《白居易集箋校》卷四《諷諭四・青石　激忠烈也》

青石出自藍田山，兼車運載來長安。工人磨琢欲何用？石不能言我代言。不願作人家墓前神道碣，墳土未乾名已滅。不願作官家道旁德政碑，不鐫實録鐫虚辭。願爲顔氏段氏碑，雕鏤太尉與太師。刻此兩片堅貞質，狀彼二人忠烈姿。義心若石屹不轉，死節名流確不移。如觀奮擊朱泚日，似見叱呵希烈時。各於其上題名諡，一置高山一沉水。陵谷雖遷碑獨存，骨化爲塵名不死。長使不忠不烈臣，觀碑改節慕爲人。慕爲人，勸事君。

司馬光《涑水紀聞》卷四 王景曰：晉鹽之利，唐氏以來可以半天下之賦。神功以此法令嚴峻，民不敢私煮煉，官鹽大售。真廟以降，益緩刑罰，寬聚斂，私鹽多，官利日耗。章獻時，景爲選人，始建通商之策，大臣陳堯咨等多謂不便。章獻力欲行之，廷謂大臣曰：「聞外間多苦惡鹽，信否？」對曰：「唯御膳及宫中鹽善耳，外間皆是土鹽。」章獻曰：「不然。御膳亦多土鹽，不可食。欲爲通商，則何如？」大臣皆以爲：「必如是，縣官所耗，失利甚多。」章獻曰：「雖棄數千萬亦可，耗之何害？」大臣乃不敢復言。於是命盛度與三司詳定，卒行其法。詔下，蒲、解之民皆作感聖恩齋。慶曆初，范傑復建議：「官自運鹽，於諸州賣之。」八年，范祥又請：「令民入錢於邊，給鈔請鹽。」朝廷從之，擢祥爲陝西提刑。

魏源《元史新編》卷八八《志八之中・食貨中・歲課》 銅在益都者，至元中撥千户於臨朐縣七寶山等處采之；在遼陽者，至元中撥采木夫千户於錦瑞州雞山巴山等處采之；在澂江者，至元中撥漏籍户於薩己山采之。凡十有一所。此銅課之興革可攷者。

彭百川《太平治迹統類》卷二九《祖宗用度損益錢幣茶酒用附**》** 〔仁宗天聖〕四年六月，罷永興秦、坊等州新醋務。初陝西運司言：醋有微利，已置務榷之，請推其法於天下。

袁褧《楓窗小牘》卷上 壽山艮岳在汴城東北隅，徽宗所築。初名鳳凰山，後改壽山艮岳。周圍十餘里，其最高一峰九十步，上有介亭，分東西二嶺，直接南山。山之東，有萼緑華堂，（家大夫嘗承命作頌曰：「玉皇御天，金母嫁女。雕璧成車，裁瑛作塵。龍馭昆丘，鳥發玄圃。笑月光微，看雲色阻。荷露添華，柳煙生嫵。九重歡眷，六宫遜處。乃構椒房，用當金宇。碌碌宜階，瑟瑟爲户。碧落深沉，青霞墉堵。小臣獻頌，庶葉萁舞。」）書館、八仙館、紫石岩、棲真嶝、覽秀軒、龍吟堂。山之南，則壽山兩峰並峙，有雁池、噰噰亭。山之西，有藥寮、西莊、巢云亭、白龍沜、濯龍峽，蟠秀、練光、跨云三亭，羅漢岩。又西有萬松嶺，嶺畔有倚翠樓。上下設兩閣。閣下有平地，鑿大方沼，沼中作兩洲。東爲蘆渚浮陽亭，西爲梅渚雪浪亭。西流爲鳳池，西出爲雁池，中分二館，東曰「流碧」，西曰「環山」，有巢鳳閣、三秀堂，東池後有揮雪亭。復由嶝道上至介亭，亭左有極目亭、蕭森亭，右有麗雪亭。半山北俯景龍江，引江之上流注山澗。西行爲漱瓊軒。又行石間爲煉丹、凝觀、圜山三亭，下視江際，見高陽酒肆及清澌閣。北岸有勝筠庵、躡云亭、蕭閑閣、飛岑亭，支流别爲山莊，爲回溪。又於南山之外，爲小山橫亘二里，曰「芙容城」，窮極巧妙。而景龍江外則諸館舍尤精，山之西北有老君洞，爲供奉道像之所。其地又因瑶華宫火，取其地作大池，名曲江，中有堂曰「蓬壺」。東盡封丘門而止。西則是天波門橋，引水直西殆半里，江乃折南，又折北。折南者過閶闔門，爲復道通茂德帝姬宅；折北者四五里屬之龍德宫。既成，帝自爲《艮岳記》，以爲山在國之艮位，故名艮岳。岳之正門名曰「陽華」，故亦號「陽華宫」。宣和五年，朱勔於太湖取石，高廣數丈，載以大舟，挽以千夫，鑿河斷橋，毁堰折牐，數月乃至。會初得燕山之地，因賜號「敷慶神運石」。石傍植兩檜，一夭矯者名「朝日升龍之檜」，一偃蹇者名「卧雲伏龍之檜」，皆玉牌金字書之。徽宗御題云：「拔翠琪樹林，雙檜植靈囿。上稍蟠木枝，下拂龍髯茂。撐拿天半分，連卷虹南負。爲棟復爲梁，夾輔我皇構。」嗟乎，檜以和議作相，不能恢復中原，已兆於「半分」、「南負」，而一結更是高廟御名，要皆天定也。岩曰「玉京獨秀太平岩」，峰曰「慶雲萬態奇峰」。又作絳霄樓，直山北勢極高峻，敻出雲表。蓋工藝之巧，其後群閣興築不已。四方花竹奇石，悉萃於斯。珍禽異獸，無不畢集。命市人薛翁豢擾馴狎，駕至迎立鞭扇間，名「萬歲山珍禽」。命局曰「來儀所」。及金芝產於艮岳萬壽峰，只改名「壽岳」。

邵伯温《邵氏聞見後録》卷二四 洛陽名公卿園林，爲天下第一。裔夷以勢役祝融回禄，盡取以去矣。予得李格非文叔《洛陽名園記》，讀之至流涕。文叔出東坡之門，其文亦可觀，如論「天下之治亂，候於洛陽之盛衰；洛陽之盛衰，候於園囿之興廢」。其知言哉！故具書之左方云。

富鄭公園

洛陽園池多因隋唐之舊，獨富鄭公園最爲近闢而景物最勝。游者自其第西出探春亭，登四景堂，則一園之勝景顧可覽而得；南渡通津橋，上方流亭，望紫筠堂而還；右旋花木中百餘步，走蔭樾亭、賞幽臺，抵重波軒而止；直北走土筠洞，自此入大竹中。凡謂之洞者，皆軒竹丈許，引流穿之，而徑其上。橫爲洞一，曰土筠；縱爲洞三：曰水筠，曰石筠，曰榭筠。歷四洞之北，有亭五，錯列竹中，曰叢玉，曰披風，曰猗嵐，曰夾竹，曰兼山。稍南有梅臺，又南有天光臺，臺出竹木之杪，遵洞之南而東，還有卧雲堂，堂與四景堂相南北，左右二山，背壓通流，凡坐此，則一園之勝可擁而有也。鄭公自還政事歸第，一切謝絶賓客，燕息此園幾二十年，亭臺花木皆出其目營心匠，故逶迤衡直，閿爽深密，曲有奥思。

董氏西園

董氏西園，亭臺花木，元不爲行列區處，疑因景物歲增月葺所成。自南門入，有堂相重者三：稍西一堂，在大池間；逾小橋，有高臺一；又西一堂，竹環之，中有石芙蓉，水自其花間湧出；開軒窗，四面甚敞，盛夏燠暑，不見畏日，清風忽來，留而不去。幽禽静鳴，各誇得意。蓋山林之景，而洛陽城中，遂得之於此。午路抵池，池南有堂，面高亭，堂雖不宏大，而屈曲甚邃，游者至此往往相失。豈前世所謂「迷樓」者？元祐中，有留守喜宴集於此。

董氏東園

董氏以財雄洛陽，元豐中，少縣官錢，盡籍入田宅。城中二園因蕪壞不治，然其規模尚足稱賞。東園北鄉，入門有栝可十圍，實小如松實，而甘香過之。有堂可居，董氏盛時，載歌舞游之，醉不可歸，則宿此數十日。南有敗屋遺址，獨流杯、寸碧二亭尚完。西有大池，中有堂，榜曰「含碧」。水四面噴瀉池中，而陰出之，故朝夕如飛瀑，而池不溢。洛人盛醉者，登其堂輒醒，故俗目爲「醒酒」也。

環溪

環溪，王開府宅園。其潔華亭者南臨池，池左右翼而北，過涼榭，復匯爲大池，周回如環，故云。榭南有多景樓，以南望，則嵩高、少室、龍門、大谷，層峰翠巘，畢效奇於前；榭北有風月臺，以北望，則隋唐宫闕樓臺，千門萬户，岧嶤璀璨，亘十餘里；凡左太沖十年極力而賦者，可一目而盡也。又西有錦廳、秀野臺，園中樹松檜花木千株，皆品别種列。除其中爲島嶼，上可張樂，各時其盛而賞之。涼榭、錦廳，其下可坐數百人，宏大壯麗，洛中無逾者。

劉氏園

劉給事園亭堂，高卑制度，適愜可人意。有知《木經》者見云：近世建造，率務峻立。故居者不便而易壞，唯此堂正與法合。西有臺尤工緻，方十許丈地也。樓橫堂列，廊廡回繚，欄楯周接，木映花承，無不妍穩，洛人目爲「劉氏小景」。今析爲二，不能與他全園争矣。

叢春園

今門下侍郎安公買於尹氏。岑寂而高木森然，桐梓檜柏，皆就行列。其大亭有叢春亭，高亭有先春亭，出荼蘼架上，北可望洛水，蓋洛水自西汹湧奔激而東。天津橋者，疊石爲之，直力滀其怒，而納之於洪下，洪下皆大石底，與水争，噴薄成霜雪，聲數十里。予嘗窮冬月夜登是亭，聽洛水聲。久之，覺清冽侵人肌骨，不可留，乃去。

邵伯温《邵氏聞見後録》卷二五

天王院花園子

洛陽花甚多種，而獨名牡丹曰花王。凡園皆植牡丹，而獨名此曰花園子，蓋無他池亭，獨有牡丹數十萬本。凡城中賴花以生者，畢家於此。至花時張幄幕，列市肆，管絃其中，城中士女，絶煙火游之。過花時則復爲丘墟，破垣遺竈相望矣。今牡丹歲益滋，而姚魏花愈難得，魏花一枝千錢，姚黃無賣者。

歸仁園

歸仁，其坊名也，園盡此一坊，廣輪皆里餘。北有牡丹、芍藥千株，中有竹百畝，南有桃李彌望。唐丞相牛僧孺園七星檜，其故木也，今屬中書李侍郎，方莂亭其中。河南城方五十餘里，中多大園池，而此其冠。

苗帥園

節度使苗侯既貴，欲極天下佳處，卜居得河南；河南園宅又號最佳處，得開寶宰相王溥園，遂購之。園既古，景物皆蒼然，復得完力藻飾出之，於是有欲憑凌諸園之意矣。園故有七葉二樹，對峙高百尺，春夏望之如山，今莂堂其北；竹萬餘竿，比其大滿二三圍，疎密琅玕，如碧玉椽，今莂亭其南；東有水，自伊水來，可浮十石舟，今莂亭壓其溪；有大松七，今引水澆之；有池宜蓮荷，今莂水軒，板出水上；對軒有橋亭。制度甚雕侈，然此猶未盡得之。丞相故園水東，爲直龍圖閣趙氏所得，亦大莂第宅園林，其間稍北曰「郟鄏陌」，列七丞相第，文潞公、程丞相第旁有池亭，尚不可與趙韓王園匕。

趙韓王園

趙韓王宅園，開國初，詔將作營治，其經畫制作，殆侔禁省。韓王以太師歸是第，百日而薨。子孫皆家京師，罕居之。故園池亦以扃鑰爲常，高亭大榭，花木之淵，歲時獨厮養擁彗負畚插其間而已。蓋天之於宴閑，每自吝惜，疑甚於聲名爵位。

李氏仁豐園

李衛公有《平泉花木記》，百餘種爾。今洛陽良工巧匠，批紅判白，接以他木，與造化爭妙，故歲歲益奇且廣。桃、李、梅、杏、蓮、菊，各數千種，牡丹、芍藥，至數百種，而又遠方異卉，如紫蘭、茉莉、瓊花、山茶之儔，號爲難植，獨植之洛陽，輒與其土產無異，故洛中園圃，花木有至千種者。甘露院東李氏園，人力甚治，而洛中花木無不有，中有四并、迎翠、濯纓、觀清、超然四亭。

松島

松、柏、樅、杉、檜、栝皆美木，洛陽獨愛栝而敬松。松島者，數百皆松也。其東南隅雙松尤奇，在唐爲袁象先園，本朝屬李文定丞相，今屬吴氏，傳三世矣。頗葺亭榭池沼，植竹木其旁，南築臺，北修堂，東北道院。又東有池，池前後爲亭臨之。自東大渠引水注園中，清泉細流，涓涓無不通處，在它郡尚無有，洛陽獨以其松名。

東田

文潞公東田，本藥圃，地薄東城，水渺瀰甚廣，泛舟游者，如在江湖間也。淵映、縹水二堂，宛宛在水中，湘膚、藥圃二堂間之，西去其第里餘。今潞公官太師，年九十，尚時杖屨游之。

紫金臺張氏園

自東田並城而北，張氏園亦饒水而富竹，有亭四。《河圖志》云：「黄帝坐玄扈臺。」郭璞云：「在洛汭。」或曰，此其處也。」

水北胡氏二園

水北胡氏二園，相距十許步，在邙山之麓，瀍水徑其旁，因岸穿二土竇，深百餘尺，堅完如埏埴，開軒窗其前，以臨水上，水清淺則鳴漱，湍暴則奔馳，皆可喜也。有亭榭花木，率在二竇之東，凡登覽而惝恍，俯瞰而峭絶，天授地設，不待人力而巧者，洛陽獨有此園爾。但其亭臺之名，皆不足載，載之且亂實，如其臺四望盡百餘里，而縈伊繚洛乎？其間杯木紛概，雲煙掩映，高樓曲榭，時隱時見，使畫工極思不可圖，而名之曰翫月臺。有庵在松檜藤葛之中，闢旁牖，則臺之所見，亦畢陳於前，而名之曰學古菴。其失皆此類。

大字寺園

大字寺園，唐白樂天園也。樂天云：「吾有第在履道坊，五畝之宅，十畝之園，有水一池，有竹千竿」者是也。今張氏得其半，爲會隱園，水竹尚甲洛陽。但以其圖考之，則凡曰某堂有某水，某亭有某木，至今猶在，而曰堂曰亭者，無復彷彿矣。豈因於天者可久，而成於人力者不足恃也，寺中樂天刻尚多。

獨樂園

司馬公在洛陽自號迂叟，謂其園曰獨樂園。園卑小，不可與他園班。其曰讀書堂，數椽屋，澆花亭者，益小；弄水種竹軒者，尤小；見山臺者，高不過尋丈；其曰釣魚庵、採藥圃者，又特結竹梢蔓草爲之。公自爲記，亦有詩行於世，所以爲人欽慕者，不在於園爾。

湖園

洛人云：「園圃之勝，不能相兼者六：務宏大者少幽邃，人力勝者乏閑古，多水泉者無眺望。能兼此六者，唯湖園而已。」予嘗游之，信然。在唐爲裴晉公園，園中有湖，湖中有洲，曰百花洲。北有堂曰四並，其四達而旁東西之蹊者，桂堂也。截然出於湖之右者，迎暉亭也。過横池，披林莽，循曲徑而後得者，梅臺、知止庵也。自竹徑望之超然，登之脩然者，環翠亭也。渺渺重邃，尤擅花卉之盛，而前據池亭之勝者，翠樾軒也。其大略如此。若夫百花酣而白晝瞑，青蘋動而林陰合，水静而跳魚鳴，木落而羣峰出，雖四時不同，而景物皆好，則又不可殫記者也。

吕文穆園

伊洛二水，自東南分，徑入城中。而伊水尤清澈，園亭喜得之，若又當其上流，則春夏無枯涸之病。吕文穆園在伊水上流，木茂而竹潤，有亭三：一在池中，二在池外，橋跨池上相屬也。

洛陽又有園池中一物特有稱者，如大隱莊梅，楊侍郎園流杯，師子園師子是也。梅蓋早梅，香甚烈而大，説者云：大庾嶺梅移其本至此；流杯水雖急，不旁觸爲異；師子卝石也，入地數十丈，或以地考之，蓋武后天樞銷鑠不盡者也。舍此又有嘉猷、會節、恭安、溪園，皆隋唐官園，雖已犁爲良田，樹爲桑麻矣。然宫殿池沼，與夫一時會集之盛，遺俗故老，猶有識其所在，而道其廢興之端者。游之，亦可以觀萬物之無常，鑒時事之儵來而忽逝也。

李格非曰：「洛陽處天下之中，挾殽澠之阻，當秦隴之襟喉，而趙魏之走集，蓋四方必争之地也。天下常無事則已，有事則洛陽先受兵。余故曰：洛陽之盛衰者，天下治亂之候也。方唐貞觀、開元之間，公卿貴戚開館列第於東都者，號千有餘所，及其亂離，繼以五季之酷，其池塘竹樹，兵車蹂踐，廢而爲丘墟；高亭大樹，煙火焚燎，化而爲灰燼；與唐共滅而俱亡者，無餘家矣。余故曰：園囿之興廢者，洛陽盛衰之候也。且天下之治亂，候於洛陽之盛衰而知；洛陽之盛衰，候於園囿之興廢而得。則《名園記》之作，余豈徒然哉！嗚呼，公卿大夫，高進於朝，放乎以一己之私自爲，而忘天下之治，忽欲退享此，得乎？唐之末路是也。」

予昔遊長安，遇晁以道赴守成州，同至唐大明宫，登含元殿故基。蓋龍首山之東麓，高於平地四十餘尺，南向五門，中曰丹鳳門，正面南山，氣勢若相高下，遺址屹然可辨。自殿至門，南北四百餘步，東西五百步，爲大庭，殿後彌望盡耕爲田。太液池故跡尚數十頃，其中亦耕矣。明日，追隨以道入咸陽，至漢未央、建章宫故基，計其繁夥宏廓，過大明遠甚，其兼制夷夏，非壯麗無以重威，可信也。又明日，至秦阿房宫一殿基，東西五百步，南北五十丈，所謂上可坐萬人，下可建五丈旗，周馳爲閣道，直抵南山表，山之巔爲闕者，視未央、建章，又不足道。縣令張琦者言：「如周之鎬京、豐宫、靈臺、明堂、辟水，地亦相邇；唯靈臺可辨，其崇才二十尺，宫殿則無復遺址。」以道太息曰：「《詩》所謂『經始勿亟，庶人子來』者，其專以簡易儉約爲德，初不言形勝富强，益知仁義之尊，道德之貴。彼阻固雄豪，皆生於不足，秦漢唐之迹，更可羞矣。」予追記其言，有可感者，故具書之。

葉廷珪撰《海録碎事》卷三上 錕鋘鋙，音崑吾，山名。出金，可作刀切玉。

趙彦衛《雲麓漫鈔》卷二 鹽池在中條山之北，處四高中下之地，東西五十里，南北七十里。《公羊傳》：「河千里一曲。」唐梁肅謂：「河自崑崙來會，溟漲九里，在鹽泉谷。」又唐崔教謂：「鹽池之數有九，一在幽朔，二在河東，所謂河東者，大梁之東也；一在鹽州，一在解梁。」蓋河勢屈曲回抱，而中有鹽泉，水性至曲而折，鹽性至折而聚。《洪範》曰：「潤下作鹹。」積千里之潤，去海既遠，是以伏脈地中，聚而作鹹，此鹽水之所自由也。解州鹽池自解縣東抵安邑之南，凡五十里，南北廣七十里，中隨兩邑之境分之，曰解池、安邑。其雇於官而種鹽者曰攬户，治畦其旁，盛夏引水灌畦而種之，得東南風一息而成，取而暴之，已而乃入之庵中，其外作重堰。邏卒百人曰護寶都，以防盗者。《圖經》引《穆天子傳》有「安邑觀鹽」之語。《春秋傳》：魯成公六年，晉人謀去故絳，諸大夫曰：「必居郇瑕之地，沃饒而近鹽。」即此地也。淮、浙煎鹽，布灰於地，引海水灌之，遇東南風，一宿鹽上聚灰，暴乾鑿地，以水淋灰，謂之鹽滷。投乾蓮實以試之，隨投即泛，則滷有力，鹽佳。值雨多即滷稀不可用。取滷水入盆，煎成鹽。牢盆之制不一，有用鐵者，以數片鐵合成，中壘磚爲柱以承之，亦有以竹爲盆者。鹽户謂之亭户，煎夫穿木履，立於盆下，上以大木杴抄和，鹽氣酷烈，熏蒸多成疾。

《明太祖實録》卷四十七 〔洪武二年十二月庚寅〕，設河東、陝西都轉運鹽使司。所屬解鹽東西二場，歲辦小引鹽三十萬四千引，每引重二百斤。其法：每歲伏暑時月，於山西平陽府安邑等十縣内，起民夫撈辦，畢日還家。靈州鹽課司歲辦大引鹽一萬三千三百三十八引有奇，每引重四百斤。設山東都轉運鹽使司，歲辦大引鹽一十四萬二千五引有奇。設北平河間都轉運鹽使司，所屬利民等二十四場，歲辦大引鹽七萬一千八百五十二引有奇。其法皆竈户自備器皿煎煮，每丁歲辦鹽四引，地每畝辦鹽一十六斤，車一輛辦鹽二百斤，牛驢每頭辦鹽一百斤。設福建都轉運鹽使司。

《明太祖實録》卷四 〔洪武十五年五月丙子〕廣平府吏王允道言：「磁州臨水鎮地産鐵，元時嘗於此置鐵冶都提舉司，總轄沙窩等八冶，爐丁萬五千户，歲收鐵百餘萬斤。請如舊置爐冶鐵。」上曰：「朕聞治世天下無遺賢，不聞天下無遺利。且利不在官則在民，民得其利則利源通而有益於官，官專其利則利源塞而必損於民。今各冶鐵數尚多，軍需不乏，而民生業已定。若復設此，必重擾之，是又欲驅萬五千家於鐵冶之中也。」杖之流海外。

《明太祖實録》卷一百五十　〔洪武十五年十二月辛丑〕，濟南、青州、萊州三府奏：「歲役民二千六百六十户，採鉛三十二萬三千四百餘斤。及今歲久，鑿山愈深，而得鉛愈少，乞停其役。」上曰：「爲物勞民，非善政也，其即罷之。」

《明太祖實録》卷一百八十　〔洪武二十年正月丙子〕，府軍前衛老校丁成言：「河南陝州地有上絞、下絞，上黄塘、下黄塘者，舊産銀鑛，前代皆嘗採取，歲收其課。今錮閉已久，若復採之，可資國用。」上謂侍臣曰：「君子好義，小人好利。好義者以利民爲心，好利者以戕民爲務。故凡言利之人，皆戕民之賊也。朕嘗聞故元時江西(豊)〔豐〕城之民告官採金，其初歲額猶足取辦，經久民力消耗，一州之人卒受其害。蓋土地所産，有時而窮，民歲課成額，徵取無已。有司貪爲己功而不以言，朝廷縱有恤民之心而不能知。此可以爲戒，豈宜効之。」

《明太宗實録》卷十四　〔洪武三十五年十一月庚寅〕陝西商縣言：「本縣鳳凰山舊有銀坑八所，乞令所司覈實定額開煎。」從之。

《明太宗實録》卷一百二十三　〔永樂九年閏十二月庚辰〕，撫安山西給事中王驥言：「太原府徐溝縣鹽池，歲辦鹽六萬六千九百九十八斤，硝十一萬四百九十七斤。比因河水泛溢，沙土湮没，每歲辦納甚艱，乞罷之。」命户部遣官覈實。罷之。

《明英宗實録》卷十九　〔正統元年閏六月己巳〕，詔罷陝西布政司續造駝毼。先是，永樂中以駝毼温暖，令内官於所出地方索買，且令專業者給官料織造五十疋。自後歲以爲常。至是，陝西右參政年富奏：「本司原造綾、絹、氁、毼九百餘疋，復加造駝毼五十疋，民力不堪，乞免造。」從之。

《明英宗實録》卷八十四　〔正統六年十月庚寅〕，山西平陽府解州知州吴惠奏：「河東陝西都轉運鹽使司，古有東西二池。東池鹽場，即今安邑縣路村。西池鹽場，即今解州東關。二州十縣鹽户，各就利便，分辦鹽課。前元至正十四年，始將西場移於路村。至今兩場併爲一處。凡遇鹽花生結，鹽户運負薪米，俱至路村，甚爲不便。且鹽池周迴百里，當伏暑時，鹽花遍池生結。今日般盡，明日復生。較之煮水爲鹽，十倍省力。而西池地高水淺，鹽尤易結，勝於東池。今反棄爲無用之地，此誠可惜。乞立東場於路村，西場仍立於本州東關。民之辦納，東西各從其便。」上命行在户部移文所司及巡按御史覈實，果便於民，從之。

《明英宗實録》卷一百三　〔正統八年四月戊申〕山西右布政使石璞奏：「山西土瘠年荒，人民流徙，朝廷歲用黄蠟、果品、物料，有司科派尅民。今本司收積折糧銀九千餘兩，欲將給付殷實之家，依時直糴米上倉，仍存一千兩。請令風憲官盤點收貯，凡遇科派，以其銀相兼在官鈔貫買辦，庶官用可完，民以不擾。」事下户部，覆奏，從之。

《明孝宗實録》卷三十一　〔弘治五年三月乙未〕巡撫永平等府都御史唐珣以永平府麻谷山所掘礦砂得銀以進，因言：「礦脈所産，山谷深遠難尋，況密邇虜境，恐致生外患，請下所司嚴私掘之禁。」從之。

《明孝宗實録》卷二百二十一　〔弘治十八年二月甲申〕，經略邊務工部左侍郎李鐩奏：「密雲縣山中舊有銀冶産銀砂，百餘年來，封閉不發。邇者無藉軍民百十成群，大開礦場，晝夜竊發，軍衛有司畏不敢言。此山内拱皇陵，外逼胡虜，利之所在，易於生患，請令所司禁絶。」兵部覆奏，上從之，「命通行出榜曉諭禁約，敢有仍前不畏法度倡衆竊礦者，即擒解來京治以重罪。」

《明世宗實録》卷一百九十四　〔嘉靖十五年十二月乙酉〕武定侯郭勛再疏言：「採礦無損於民，有益於國。薊州西有瀑水礦垌，居人嘗竊發之，獲利妄算。請遣司禮監謹厚内臣及錦衣衛千户各一員奉勅往督，僉家業殷實者爲礦甲，熟知礦脈者爲礦夫。所獲礦銀以十分爲率，三分爲官課，五分充雇辦費，二分歸之甲夫人等，用酬其勞。則彼此皆畢力於礦，而所獲自(陪)〔倍〕矣。」疏下户部，覆言：「採礦事，前已責成於撫按，不必别有選委。它議併請下撫按熟議行之，無致紛擾。」詔可。

《明世宗實録》卷二百八　〔嘉靖十七年正月壬辰〕順天府房山縣民傅得本奏：「水洞山並浮圖峪等處銀鑛可採。」上命錦衣衛千户張瑋驗實，工部覆奏，行撫按委官採取。從之。

《明穆宗實録》卷四十三　〔隆慶四年三月丁酉〕總理屯鹽都御史龐尚鵬奏寧夏屯鹽事宜。其一言：該鎮田多丁少，以賠糧爲累。宜於每歲冬月遣官清查，有户丁逃亡者，即與除豁。其一言：延寧鄣下多美田，新開者凡萬餘頃。宜徵半租，毋苦以役事，及爲豪强所奪。其所入租，即以助邊工充餉額。其一言：該鎮鹽引，俱係土人中納，本重利微。勘合常不得給，往往爲姦商所截買。宜如近例，各商勘合，凡足三千引以上者，悉行填給，其應補勘合，聽撫臣咨部給發。但本鎮浙鹽多，淮鹽少，而淮鹽利倍於浙。宜通融派補，其中途截買者，仍酌擬定價，以祛抑勒之姦。其一言：理鹽委官，責任不專，事鮮成效。宜令大小二池通判專理鹽法，其倉場事務就近分管，不得復預他事，營私曠職者，聽該道參治之。部覆如議。

《明穆宗實録》卷四十八〔隆慶四年八月甲寅〕河東巡鹽御史部永春言：「鹽池南北産鹽非有豐嗇之異，而採鹽者往往在北而不在南，以往來之未通，招募之無術，壓支之爲患，丁夫之有限也。然迄未有議處者，其故有三：官習於宴安，而不便於收支；鹽丁習於偷縱，而不便於撈取；牙儈習於罔利，而不便於處分也。臣蓋有四策焉：夫運司居池北岸，必自北而南，不下百里。請於南岸開門，以通往來，使省伐木遠涉之勞。〔一也。〕池南人跡罕至而鹽又頻年棄遺，與其置之無用，孰若因之以爲利乎？以招貧民以取鹽，不必給與募直，即以所取之鹽，每一料外，以十車給之。得以小票發賣，民將攘臂而爭趨矣，二也。南岸視北，地勢稍下，汙萊已久，未及修治。而各商復以派場守之法行之，其消折當滋甚。置令旋服旋支，無爲兩水所傷。三也。往者鹽丁二萬餘名，每二十名立一科頭，初無遠近、貧富之分，其後令富者納直於官，官爲募民以充役，是以貧民之力益弱，而富民之力日適。臣以爲當令民鹽合(一)〔二〕爲一，凡鹽(大)〔夫〕俱爲甲里編審，一料給賑濟銀八兩或給工鹽二十五引，以爲轉輸俯仰之資。打草修牆之外，不復濫役，即有大工，仍取給里長。有里甲則有丁夫，而鹽丁之名亦可除矣。四也。」又言：「河東鹽行三省，地有遠近，引目多寡，自宜計口均分。太原、汾州所屬十四州、縣改食票鹽，户口既除，引目當分析於三省，要在丁引相參，以户口成數，均引額數。一引仍定價三錢二分，以備邊鎮緩急。而痛革壓支還場諸弊。」又言：「南岸新鹽，招商掣放有餘積者，許補大同藩禄，補完之日，再有新課，或備户部來年慮解及鎮邊年例之數。」户部覆奏，皆報可。惟民鹽合差一事，下所司詳議以聞。

《明神宗實録》卷九十一〔萬曆七年九月甲辰〕，河東巡鹽御史馮寰上言：「若池灘爲鹽洩水要區，原非可耕之地。自正德二年淤平後，因姦民爭種不均，後獻晉府，每年收租不過二百金；查復運司，則關係國課二十萬。乞嚴諭該府，不得聽姦撥置。行令運司，將前灘時加修濬，保固鹽池。」部覆如議。

《明神宗實録》卷一百一十〔萬曆九年三月甲戌〕薊遼督撫梁夢龍等題稱：「遵化鐵冶廠每年額辦課鐵二十萬八千斤，計價不過二千七百餘兩，而專設官吏軍役等費逾萬金，宜盡行裁革，將額徵銀兩解部買鐵支用。其柴薪車輛等項銀悉免僉派，以蘇民困。」部覆，從之。

《明神宗實録》卷二百八十二〔萬曆二十三年二月乙卯〕工部左侍郎沈思孝奏言：「陝西織造羊羢，既奉明旨寬卹，每歲解進一運，以四千爲率，酌工料銀一十萬兩。查隆慶先年傳造羊羢工料，俱屬陝西動支通省庫貯各項銀兩。頃年兵荒殘破，民不聊生，不得不取給於臣部。然所恃以協濟者户部耳。臣與楊俊民酌議處銀三十萬兩，派爲三分，户部九萬兩，工部十一萬兩，該省十萬兩。即户部以户三工七爲辭，而臣部工料銀兩將竭，似難准從。通候工完之日，將織過袍服，用過銀兩數目，造册奏繳。」

《明神宗實録》卷三百一〔萬曆二十四年閏八月己巳〕户部奏議開採事宜：「在江文進則稱沂州礦有紫、白、黄三種，紫者最佳。龍扒山、米家埠大銀場十三洞次之。郝承爵則並謂費縣、滕縣石井大小銀場皆第一。劉鑒稱登萊二府、棲霞、招(招)遠等縣虎頭溝、三山洞並襍金礦。馬清則稱文登，趙良將稱臨朐，王允中又言蓬萊福山、師家溝、陳莊、掠口洞、古集項、鄒家庵、金家圳、杏樹坑、石巷諸處。其江文進與郝承爵説稍同。而山東一省奏採者六官，其直隸之永平、房山及河南諸所尚不在是。夫一礦之開，則曰以其半與民，爲開鑿運送之費，不領於公帑，且云勿擾民。相度山原有關龍脈者勿動，意豈不善？而開採之釁一啓，亦何得而問之。乞以次開鑿，勿並發於一時。如煎採利薄，開隙地方者罪之。」不報。

《明神宗實録》卷三百二十一〔萬曆二十六年四月丁卯〕河南巡按姚思仁進開採圖説。大略謂：「開採之役，利不勝害，得不償失。河雒之民，溺河縊樹，刎頸斷指之狀，皇上目不得而見也；鬻妻賣子，哀號痛苦之聲，皇上耳不得而聞也。臣謹以巡歷所睹記者，付之畫工，謬立標題，僭附貼説，自發帑救荒以至福壽齊嵩，共列二十四幅。每幅必模擬情境，指被害者之姓名。然亦掛一漏萬，有説之所不能盡，繪之所不能描者。乞皇上萬幾之暇，留神披覽，停罷採取。召還遣官。」不報。

《明神宗實録》卷三百二十八〔萬曆二十六年十一月丙戌〕御史許聞造上言：「臣本年正月内蒙皇上命臣巡按甘肅。臣泛舟回南，由徐至淮八十里，河身全徙而不復爲國家之用；由陸赴任，自梁入秦，四千餘里亢暘不雨，所在有盜賊之虞。及過河南，裕、葉、嵩、盧之礦得不償失，而掊尅於大户；入陝西，臨潼、商雒之礦全無所得，而巧取諸條鞭。在陛下徒取諸山澤，在礦使實奪諸閭閻，凡所經臨，慘毒萬狀，科臣趙完璧、包見捷等言之，按臣姚思仁繪圖陳説又詳言之，不蒙採納。兩載之間，虎狼半天下，殘民逞欲以奪造化之權，雨暘焉得（時若）〔若時〕，運道焉得安流。」不報。

《明神宗實録》卷四百一十七　〔萬曆三十四年正月甲申〕，直隸御史喬應甲言：「國家（該）〔設〕鹽課以實軍需。課辦於灶依於蕩，蕩之關於鹽灶，至爲喫緊。法久弊滋，奸豪侵佔，不肖官吏聽其賄囑，遂將蕩地擅墾，視爲己物，無復顧忌。今查揚州蕩地，廟灣一場開至九萬九千二百餘畝。一場如此，其三十場可知。況延袤千有餘里，即可比擬三十郡縣。論地當分等則，應否納價，作何分種。論租當有多寡，誰爲徵收，作何支銷。查得海防兵備副使張鳴鶚、泰州知州李有信、興化知縣楊潤，接壤海濱，素知灶情，可令鳴鶚總理於上，存信、潤分理於下，沿圻踏勘，以清弊端。事完，移咨吏部紀録優陞。」報可。

《明熹宗實録》卷八十六　〔天啓七年七月丙寅〕太監楊潮奏：「一片石西界忽生鉛礦，可資火器。」上命會同督撫道臣開採，務嚴杜軍民侵盜。其安鑪、煅法、啓閉、委官，俱如議行。

楊一清《楊一清集》卷一《馬政類·爲處置馬營城堡事》　兵部爲處置馬營、城堡事。該本部題，車駕清吏司案呈，奉本部送於兵科抄出，督理馬政都察院左副都御史楊一清題。

看得陝西苑馬寺各苑，多不曾修建衙門、城堡，及雖有城堡，年久坍塌，又皆無營房，馬廐。苑官多僦屋而居，或宿窯洞。所養官馬，晝夜在野。且春夏之時，趁水草牧放，固可適其騰游之性，至於冬寒時月，若不蓄積草莖，攢槽餧養，山野之中，草枯水凍，加以風雪侵凌，凍餓損傷，寧不致死？臣謹按《周官》圉師掌教圉人養馬，必順四時。冬則燠之以廐，夏則涼之以庌。藉薦以禦其寒，塗釁以除其穢。先王畜牧之善如此。查得永樂四年，兵部爲開設衙門事，將各項合行事件開坐，内一件起蓋馬廐。合行工部，轉行陝西都、行二司並布政司，令軍衛有司，差撥軍夫，於附近各苑去處，量其馬數，起蓋馬廐，以備冬月牧養。合用木植，仍從工部定奪。題奉欽依通行外，此係國初牧馬成法，年久廢弛，一向不曾申明舉行。及照弘治十四年間，達賊大舉侵犯，官馬因無處收避，被搶去三千九百餘匹。況各苑地方，木植艱得，土人以窯洞爲家，乃其素習。各該衛所解來隊軍，因無棲止，隨到隨逃，廢弛之故，亦多由此。

今朝廷大修馬政，所宜深慮卻顧，用圖久遠，豈可仍前因陋就簡？又恐數年之後，我馬蕃息，爲虜人所窺，或貽前年之禍，雖悔何及。處置馬營、城堡，誠爲急務。臣已經督委布、按二司右參政車霆、副使王寅、本寺少卿徐文英、寺丞武戬，督同固原、靖虜等州、衛官，親詣各苑地方，眼同該苑官吏、軍人，相度地勢，斟酌事宜，逐營逐堡，一一勘處停當。勘得長樂監廣寧、開城、黑水三苑，俱在平涼府固原州地方。廣寧苑原設鞏昌、臨洮、青州、平涼四營。鞏昌、臨洮、青州三營，俱原無城堡，合當創置。鞏昌營堡於地名石羊溝創置，周圍二百三十丈，廣寧苑衙門在此設立。臨洮營堡於地名紅崖子創置，周圍一百五十丈。青州營堡於地名龍王廟創置，周圍一百六十丈。平涼營已有城堡一座，周圍一百二十六丈，因舊修理。開城苑原設八營，頭營、二營舊有城堡，俱各逼狹。頭營合於本城迤東展拓，共二百三十六丈，開城苑衙門在此設立。二營於本城迤南展拓，共二百九十五丈。三營舊城堡被河水衝浸，不堪安插人馬。今於本城迤西，坐落地名第二灣創置，周圍二百八十丈。四營、六營、七營各舊有城堡，年久坍塌，俱因舊修理。五營原無城堡，於地名廟兒平創置，周圍一百六十丈。八營舊有城堡，鎮戎千户所開設在内，别無空閑地基。今於本城迤南展拓，共一百六十丈。黑水苑舊有城堡一座，固原衛備冬人馬在此安插，亦無空閑地基。今於本城迤南展拓，共七百三十五丈，黑水苑衙門在此設立。安定苑坐落鞏昌府通渭縣地方，原設中營、原川、稠泥河、衙門、石硤口、雙井共六營。中營就附本苑，舊有城堡一座，年久損壞，地基逼狹。今合將本城迤南展拓三十五丈，北面因山，斬削成牆，其餘各因舊牆幫築，東西共二百步，南北二百七十步，周圍共二里六分四毫，本苑衙門仍在此修置。原川、稠泥河、衙門、石硤口四營，先年各軍因被達賊搶擄，自行用力，各於本山修有小堡，年久亦多損壞，督令各軍隨宜修補。雙井營原無城堡，亦合就於本營地方，照依各營修築小堡一座。

靈武監清平苑坐落平涼府固原州地方，舊有小城堡一處，不堪安插人馬。今勘得古跡彭陽舊城基址，西倚高山，東瞰平川，周圍九百丈，合於此修置大城堡一座。平川東、南、北三面共四百五十丈，高山西、南、北三面亦如平川丈數，内修建本監、本苑衙門，闔苑人馬俱堪在此（牧）〔收〕集居住。萬安苑坐落固原州及慶陽府環縣地方，原無城堡衙門。今勘得地名板井川見有新修城堡一座，周圍四百三十五丈五尺，四面皆距深溝，天然斬削，不煩人力，合在此修設萬安苑衙門。但本苑草場廣闊，地臨邊境，恐卒遇聲息，人馬急難收集一處。今於草場界内勘得舊有孫家堡、楊家堡基址二處，各離板井川三十里，亦合各修建小城堡一座，收集附近人馬。

前項城堡，量其大小，各修城門一二座。城上修垛牆、更鋪，以備瞭望。四圍各濬城濠，於内隨其地勢廣狹，各修營房、馬廄，多者數百間，少者百十餘間。開立街市，以通貿易；種植樹株，以供蔭息。各存留隙地，堆積草束，以備支用。春夏時月，如無聲息，官馬聽其在野牧放，一有烽火傳報，即便收掣回營。及冬春寒凍時月，俱收入城堡餧養。黑水、安定、清平、萬安四苑，相離本寺地遠，仍各建立官廳一所。每年輪令少卿、寺丞一員分管，不時下營點閘，在此居住。

夫築城堡則人馬有所保障，置馬廄則馬匹不至横傷，修營房則貧軍有所依棲，建公衙則牧官可修職業。揆之事理，皆所宜爲，誠非浪設。且清平、萬安二苑地方，與各該軍衛有司軍民雜處，相離邊堡窵遠。前年達賊四散抄掠，如入無人之境。殺戮人民，如殺狐兔；驅逐丁口，如驅犬羊。臣巡視所過，血痕漬地，凋落之狀，難以模寫；呻吟之聲，所不忍聞。前項彭陽、板井川諸城堡既立，非惟監、苑人馬可保，或遇虜患，附近軍民丁口、頭畜亦可收避。況西人素勇敢善鬬，待馬政就緒，將各苑軍餘，挑選壯丁，設爲操夫，各一二百名。給與盔甲，授之弓矢，令其不妨牧馬，遇閑暇之時，操習武藝。就令寺、監官員督視比較，不許調遣，專一防守本營城堡。是雖爲牧馬而設，亦可壯邊域之聲勢，資緊急之應援。古者寓兵於農，今藏兵於馬，無不可者。彼虜覘知我保障有地，防守有人，縱然馬匹蕃盛，不敢生垂涎之意矣。但經營造作，所費不貲，合用工力，必須計處。除因舊展拓修理，用工不多者，就令本營正軍、餘丁自行修築外，其創置城堡，工程浩大，必須量起附近軍衛有司軍民人夫，與本營軍夫相兼修理。至於建立城門、衙門，起蓋營房、馬廄，合用工料等價數多。其木植俱於平涼府華亭縣及鞏昌府漳縣採打。緣各處人民節年因乞連、修邊等項，負累貧困，臣實不忍重勞。必得官錢，雇人採打輸運，則公私兩便。況今歲地方薄收，來年人民必然缺食。若有官錢雇募，趨者自倍，官事易集。昔人有以凶年興大役，成大功者，意正如此。

查得陝西在官庫藏，別無蓄積官錢堪以動支。合無通行陝西司、府、衛、州、縣大小問刑衙門，將弘治十七年正月起至本年十二月終止，一應經問囚犯該納贖罪折收銀錢者，連贓罰銀物，各衙門追完，俱發各府貯庫，按季類送平涼府收貯。聽臣督委布、按二司官陸續查取，雇人採打木植，燒造磚瓦，及輸運等項支用。但所問囚犯，有力者少，以一省一年計之，數亦不多。惟復再將太僕寺收貯馬價銀多支一二萬兩，通前買種馬之數，共送發銀六萬兩，則事事可辦，成功不難。臣當嚴加督察稽考，不敢苟且粗率，委用非人，浪費錢糧，自取罪責。事完，備圖造册奏繳。

臣又竊見，世之好議論者，見人有所舉動，輒以勞民費財爲辭。殊不知不一勞者不永佚，不暫費者不大蠲，要在擇可勞者而勞之，不爲無益之費而已。古者問國君之富，數馬以對。矧今堂堂天朝，據全陝畜牧之地，而馬政廢弛至此。各邊缺馬，動輒來京奏討。十數年間，送發馬價銀多至數十萬兩，是皆百姓膏血之餘。率是以往，何有紀極？夫七年之病，三年之艾，苟爲不畜，終身不得。及今圖之，五年之後，可以給陝西三邊之用；十年之後，可以備京師不時之需，將來所省不知幾何。且以壯中國富彊之勢，而潛消外夷輕侮窺伺之心，其所關係，良非小補。若憚勞惜費，徇流俗之浮言，襲目前之故跡，則是爲一身之謀，而非所以爲國家深長久大之圖者也。臣所見如此。乞勑兵部詳議可否。如或可采，依擬覆奏行之，地方幸甚，臣愚幸甚！

緣係處置馬營、城堡，乞請官錢，動煩軍民人夫事理，未敢擅便，爲此具本，該通政使司官奏。奉聖旨：「兵部看了來説。欽此。」欽遵抄出送司。

查奏間，隨奉本部送於兵科抄出，都御史楊一清又題，爲傳報聲息預防虜寇事。據固原衛申，據瞭高樓守瞭軍人史新收報稱：弘治十六年十二月初八日申時，瞭接迤東東山墩傳火一十一把。初九日夜二更時分，又據本軍報：瞭接迤北袁家墩舉火二把。本夜三更時分，亦據本軍報：接前墩舉火五把，傳煙一把。至初十日辰時，據守瞭軍人倪九瞭接迤東東山墩傳火二把。至本日巳時，又據本軍亦報：前墩傳火二十八把。本日夜一更時分，續據軍人梁孟釗報：接迤北(遠)〔袁〕家墩火三把。本夜二更，又據本軍亦報：前墩舉火二把。本更，隨據軍人彌九又報：袁家墩傳砲十箇，煙二把等因。

據此，隨據陝西布政司右參政車霆揭帖呈稱：訪得達賊俱已過河，在套住牧，晝夜火砲不絕。本年十二月初二日，將寧夏邊牆剜開六處，與墩軍荅話云：「我每三十萬人馬要來搶殺，先著我每來拆牆。」思得各苑見在馬匹，俱無牢固城堡。爲今之計，除行自已有堡去處隄備外，無堡去處，合無行令附近各苑，不分軍民，築有寨堡人家，不許獨佔。先令無堡軍人與伊通知，將積有草束，搬運於内，一遇有警，將馬收入便益等因。

據此，照得各該監、苑，委多不曾設立城堡，及間有城堡者，又多年深坍塌，不堪保障。臣於本月初八日，已將查處馬營、城堡緣由，具題定奪。但目下傳報聲息緊急，其稱三十萬人馬要來搶殺，乃張大之言，固難盡信。然賊衆既已過河，在套住牧，不得不防。除依擬行令隄備外，臣聞陝西監、苑，國初馬匹蕃盛。自正統年間以來，節被達賊入境，因無城堡收避，多被搶掠，馬數消耗。數十年來，未能完復。弘治十四年，各軍丁口、官私頭畜，被掠尤多。呻吟創殘，至今狼狽。以事勢論之，彼賊明知固原地方被搶蕭索，方及二年，頭畜未曾生息，似無復來之理。況近該總制尚書秦紘修築邊牆，剗削山崖，挑濬溝塹，自靖虜花兒岔起至環慶饒陽水堡止，七百餘里，俱已完固。防守之計，比前不同，人心恃以無恐。但狼子野心，終難測度。恐其因見前年深入厚獲，不曾遭挫，有蔑視我軍之志。萬一河開不出，窺覘糾結，地方安得晏然無事？且各該邊城，人馬數少，糧草缺乏，將領無堪倚之人，行伍無敢死之士，深慮卻顧，臣實疚心。《書》曰：「惟事事乃其有備，有備無患。」兵法曰：「無恃其不來，恃吾有以待之；無恃其不攻，恃吾之不可攻。」然一切戰守之事，各有司存，非臣所敢輕議。臣晝夜思惟，欲修孳牧之政，即當爲備禦之圖。今見在馬匹並追補、孳生，加之明年銀買、茶易，爲數漸繁。前項修築營堡工程，非一時可辦，必先事預防，趁時兼舉，庶免後艱。若謂今日種馬數少，不宜輒議營堡，待馬匹蕃息之後另行定奪，臣恐意外之憂或生於所忽，不測之患或起於目前。徒竭公私之力，顧爲虜寇之資，後時而悔，亦無及矣。如蒙乞勅兵部，查照臣先今擢奏事理，早爲上請施行，臣不勝幸甚！

緣係傳報聲息、防預虜寇事理，未敢擅便具本，該通政使司官奏。奉聖旨：「兵部看了來說。欽此。」欽遵抄出送司。

案查，先爲修舉馬政事，該都御史楊一清題。要於太僕寺支取馬價銀四萬二千兩，送去聽伊收買種馬孳牧。已該本部依擬具題。奉聖旨：「准議。欽此。」通行欽遵去後，今該前因，案呈到部。

看得都御史楊一清奏稱：即今陝西修舉馬政，俱無城堡、馬廄，恐後馬匹蕃息，爲虜所窺。況今彼處見報聲息，所宜先事預防。乞要築城堡，使人馬有所保障；置馬廄，使馬匹不至橫傷；修營房，使貧軍有所依棲；建公衙，使牧官得修職業。前項工程必須量起附近軍民人夫，動支贓罰、馬價，以備各項費用一節，論辯剴切，計處停當。俱是爲國興舉馬政，用圖永久之計，相應依擬定奪。除地方規制，已該一一相度明白外，所據該用人力，合無行移本官並巡撫都御史周季麟，計用若干，行令都、布、按三司，著落所屬附近軍衛有司，量數起倩，與同本營軍夫相兼修理。其應用錢糧，本寺再於太僕寺馬價銀內支取八千兩，與前給買種馬銀共輳五萬兩，一併送去，聽從本官於內支用。若有不足，仍依前擬，於本省大小問刑衙門弘治十七年贖罪銀錢、贓罰銀物並司、府在庫官錢內支取，以備輳辦木植、磚瓦等項。務圖成功經久，不許虛應故事。畢日，通將用過錢糧，築修過營堡，備造圖册奏繳，仍造青册送部查考。其所擬每年輪差寺官，點視馬匹，挑選苑軍，防禦外患，番依所擬，次第施行。奏內所開固原衛申報虜情，本部亦合通行總制尚書並寧夏、延綏守臣查勘隄備。

緣係處置修理馬營、城堡，動支官銀，起倩軍民人夫，及節奉欽依：「兵部看了來說」事理，未敢擅便，弘治十七年二月初七日，本部尚書劉大夏等具題。本月初九日，奉聖旨：「是。著楊一清上緊提督整理，務要完固。欽此。」欽遵擬合通行除外，合咨前去，煩照本部題奉欽衣內事理，欽遵施行。

楊一清《楊一清集》卷三《茶馬類·爲修舉馬政事》

查得見今六苑清出實有草場荒熟地共一十二萬八千四百七十三頃一十一畝八分九釐六毫，清勾、撥補、招募、改編等項見在軍人二千三百四十三名，銀買、茶易、追補、孳生等項馬匹並駒，除節經俵給延綏、寧夏、固原等處軍人外，正德元年十二月終，實在馬並駒共一萬一千八百七十一匹。修完馬營、城堡共一十九處，衙門、倉厫、馬廄、屋宇共四千一百餘間。選設操丁一千名，給與盔甲、弓矢，委官提督操練。無事之時，不妨牧馬；有警之際，隨宜調用。又奏開武安苑草場地二千九百六十六頃，招募、改編等項軍人三百四十五名。

及查得用過錢糧，奏給太僕寺馬價銀五萬兩，修理馬營、城堡用過銀八千兩，收買種、兒、騍馬用銀一萬七千七百四十八兩六錢，共用過銀二萬五千七百四十八兩六錢。此外，馬價銀二萬四千二百五十一兩四錢，節奉兵部明文，收買延、寧、甘肅三鎮戰馬，給軍騎操。餘剩銀兩，仍在平涼、鞏昌、河州、西寧官庫收貯。

楊一清《楊一清集》卷七《總制類·爲經理要害邊防保固疆場事》

看得陝西等處總制都御史楊一清奏稱：花馬池一帶地方俱係通賊處所，邊防既疏，賊勢難遏，一勞永佚，所宜急圖。因條陳幫築邊牆、添設衛所等六事，乞要勅令廷臣會議施行一節。緣係經理邊務，事體重大，臣等委難定擬。合無依其所奏，本部會同府、部等衙門各堂上官並掌科掌道等官，將本官所陳事件，逐一從長計處停當，明白開奏，以俟聖裁等因題。奉聖旨：「是。這邊防重事，你每便會議停當來說。欽此。」欽遵。

臣等會同太師兼太子太師、英國公張懋、吏部尚書焦芳等議得：花馬池東西一帶地方，虜賊頻年謀侵內地，皆從此入。蓋由牆薄溝淺，既無以懾其輕犯之心；兵寡力分，又無以遏其遠來之勢。今總制都御史楊一清所奏後開六事，謀慮既周，區畫尤當，誠於邊防有益，理合逐一議擬，開立前件上請，伏乞聖明裁處。及照前項邊務，事體重大，倘蒙俞允，俟命下之日，請勑各該總制並鎮、巡官員依擬施行。

緣係會議總制官員議處防邊事宜及奉欽依：「是。這邊防重事，你每便會議停當來説」事理，未敢擅便開坐。正德元年九月二十一日，本部等衙門尚書等官許進等具題。次日，奉聖旨：「是。都准議行。欽此。」欽遵除外，合咨前去，煩照本部等衙門題，奉欽依內事理，欽遵施行。

計開

一、查得應築邊牆，自延綏定邊營迤東石澇池地界起，至寧夏地方橫城止，共三百里。沿邊舊有墩臺七十一座，舊築邊牆高一丈，連垛牆三尺，共一丈三尺。底闊一丈，收頂三尺五寸，內除垛牆根佔一尺五寸，止剩二尺，官軍難以擺列拒敵。牆外墩塹一道，深八尺，口闊一丈，底闊四尺，中間多有填塞平漫，止存形跡。牆裏除興武營、清水營、毛卜剌、紅山兒四堡切近邊牆，易於護守，其餘大小城堡，俱各離邊地遠，聲勢隔越。切緣前項邊防，委的壕塹窄淺，牆垣低薄，墩臺稀疏，節被大勢達賊入套，近邊窺伺。牆裏既無大兵阻遏，牆上又無官軍拒敵。賊衆填溝而進，掏空邊牆，一日可開二三十處。本處官兵自保不暇，安能截勦？墩軍懼其攻空，往往棄墩而逃，烽火不接。縱使徵調客兵前來應援，牆內牆外俱平漫廣衍，黄沙白草，彌望無際。賊衆動稱數萬，我軍衆寡不敵，無險可據，難以遏其初來之鋒。賊既入境，馳驟長驅，一日夜可至固原地方，無復邀阻。連年失利，職此之由。爲今之計，合無查照寧夏先今鎮、巡等官都御史王珣、劉憲等擬奏，量爲斟酌損益，將舊牆內外幫築，高厚各二丈，收頂一丈二尺。兩面俱築垛牆，高五尺，連牆共高二丈五尺，除垛牆根佔兩面共四尺，尚餘八尺之地。每牆一丈，開垛口一處，安置轉關遮板。牆外每里添築敵臺三座，每座相離一百二十步，底闊周圍四丈五尺，收頂周圍二丈二尺，上蓋暖鋪一間。傍牆於空闊要害有水頭去處，增添小堡，高厚丈尺略與邊牆相等。墩空去處，仍酌量添築墩臺。牆外壕塹挑濬深二丈，口闊二丈二尺，底闊一丈五尺。前項敵臺九百座，暖鋪九百間，每間用五人守之，該用軍四千五百名。無事之時，止守舊墩。每冬月河凍，不拘達賊曾否入套，即便調撥鋪軍，上牆防護，仍添撥軍人於新墩守哨。河開無事，疏放回營。牆上設置籌牌、梆鈴，晝夜往來巡警，廣張旗幟，聯絡相應。分委的當官員，各定鋪分護守，參將、協同守備官各照所管地方提調。虜賊若果入套，必似前窺伺侵犯，原擬徵調延綏遊、奇、土兵及寧夏副總兵等人馬，各於定邊、花馬池、興武營、清水營、靈州等處駐劄，仍各分兵於新舊小堡內按伏策應。其間應分應合事宜，又在臨期調度。如此，則邊備嚴密，威武振揚，足以伐其邪謀，不敢輕易近牆。若是仍前填壕，近牆攻空，官軍出列牆上，敵臺兩邊鎗砲矢石攻擊，賊徒愈衆則所傷愈多。步兵擊之於牆上，騎兵待之於牆內，其鋒必沮，其氣必喪。虜賊遠來，利於速戰，入既無策，勢必遁歸。縱使犬狼不肯悔禍，結聚攻圍，邊牆受敵不支，然相持之間，未免少延時日，烽火傳接，環、慶、固原一帶人畜既斂，兵備既嚴，可保無失。事不得已，則我邊兵姑斂入大小城堡，以避其鋒。賊果深入，速將原拆牆口補塞，量留官軍，堅壁固守。各挑精兵，襲蹤而入。陝西官軍撓之於內，俟其將遁，躡蹤而出；延、寧精兵邀之於中；沿邊官軍拒之於外，賊雖梟雄，豈有善歸之理？就令小有侵掠，比至邊牆，我軍仍於牆上裏面垛口用鎗砲矢石攻擊，勢必潰亂。諸軍乘之，縱不能使其匹馬不旋，亦必大遭挫衄，可保數十年不敢入套犯邊。經略之計，宜無出此。但興此大役，未免勞人費財。行據原委三司、府、衛大小官員參政安惟學等及沿邊守臣參將閻綱等，各將邊牆、壕塹、城堡、墩臺丈量估計，折筭定擬。除延綏一鎮，延安一府軍民人夫修理延綏邊牆外，計籌得寧夏五衛東西二路，應起人夫一萬五千名，固、靖、環、慶、西安、漢中、寧羌、鳳翔、秦、鞏、臨、平、洮、岷、河、蘭等衛所並各護衛，量起軍夫共二萬五千名。其有馬頭撥次撥軍人俱免起用，各令蓄鋭待敵。西安、鳳翔、平凉、慶陽、臨洮、鞏昌等府，共起民夫五萬名。漢中府在棧道之外，道途險阻，服役不便，合(冷)〔令〕量徵夫價，解送工所，以備賞勞人夫鹽菜之用。俱聽陝西、寧夏二處巡撫衙門督令該道守、巡，該府、衛掌印官酌量派發應役。每夫一名，日支糧米一升五合，計筭做工四箇月，該用口糧米一十六萬餘石，欲於各該邊倉關去。查得見在倉糧，所積不多，恐誤主客官兵支用，必須趁今年成有收時月，另爲招商上納夫糧爲便。但腳價高貴，每糧一石，須用價銀一兩有餘，方肯上納，計糧十六萬餘石，該銀十六萬餘兩。陝西司、府庫藏空虛，別無相應官銀支用。查得先爲急處救荒事，該户部奏送賑濟官銀二十萬兩，緣各該被災州、縣地方，該徵税糧既已蠲免，二麥又皆成熟，人心已安，流移復業，不須賑濟。

近准該部明文，暫收陝西布政司官庫，以備各邊緊急糴買糧草。合無於內動支十萬兩，專聽修邊項下招商糴糧支用，外十萬兩仍收布政司官庫，以備緊急糴買糧草。不敷之數，行管糧參政，量將各起運、存留糧米通融改撥，及聽陝西巡撫官再查別項無礙官錢支用。前項人夫錢糧，須在今年處置料理停當。明年春正二月，哨探套內無賊，三四月內興工，務在八月以裏完備。合用防護官軍並提調工程大小官員應支廩給、口糧，馬匹料草，於該邊官倉內支給。其餘一應事情，應該自處者，徑自從宜施行。

前件議得，都御史楊一清奏稱：自延綏定邊營迤東石澇池地界起，至寧夏地方橫城止，俱各壕塹窄淺，牆垣低薄，墩臺稀疏，以致虜賊攻穵甚易，出入無阻。欲將舊牆幫築高厚，壕塹挑濬深闊，並添設敵臺、暖鋪、小堡，分撥官軍防守，可緩深入之鋒，可邀逃歸之勢。及稱該用軍民人夫口糧若干，欲要於賑濟官銀內動支十萬兩，以備招商上納，俱於今年措置停當。期以明春邊方少靖，四月興工，八月完備一節。切緣虜性桀黠，豕突狼奔，非得溝牆深高、墩臺聯絡，鮮不坐受其弊。況前項地方廣闊，兵分實難防遏，連年失利，可爲明鑒。今都御史楊一清所陳，曲盡經營之計，事非得已。但今年民遭荒歉，來歲便未甦息，若將邊牆、墩堡、敵臺一時併修，誠恐民不堪命。合無令兵部仍行本官，准令於前項官銀內動支十萬兩，先行分委廉幹官員，隨宜招商，上納糧米，務在充實，足勾夫役闕支。待明年八月，哨探河套無賊，年成有收，起倩軍民人夫，將邊牆、壕塹先行依擬幫築挑濬。其敵臺、暖鋪、小堡，待候民力有餘，然後漸次興工。此外一切處置事宜，悉依原擬施行。其用工夫役，嚴督管理官員加意撫恤，使忘其勞。所築牆垣等件，務須比舊堅久，有益防守，不爲徒費財力。工完之日，通將用過錢糧數目，修過工程丈尺，備造文册奏繳，以憑稽考。

一、行准巡撫延綏都御史文貴咨稱，准臣咨前事，會同鎮守太監劉保、總兵官、都督僉事張安議：查得本鎮東自黃甫川堡，至西定邊營，接連寧夏東路花馬池地界止，東西直去共有一千二百餘里，俱係緊關衝要地方。內寧塞營迤東一千餘里，設有二十五堡，各境界連絡，平漫之處各有築打邊牆，山崖溝澗之處各有剷削巖崖，挑穵壕塹，頗堪保障。惟是寧塞營迤西至定邊營止，中間空闊一百八十餘里，俱未築打邊牆，止是挑有窄淺壕塹一道。訪得往來達賊常自花馬池一帶深入寇掠者，一則以其營堡稀疏，墩臺無備，兵馬餒弱；一則道路平坦，與腹裏固、靖等處直捷，易於往回故耳。今若止將彼處經營，牆垣高厚，墩臺稠密，營堡連絡，軍馬充盛，達賊必然有所畏憚，不敢侵犯。若安邊營一帶如故不修，賊若從此突入，往花馬池南畔長驅，亦(可)〔無〕撓阻，則腹裏地方不無猶如往年受害。近來本鎮在於彼處添新改舊，造成中空外方，置有箭牕、銃眼，可以伏兵制虜墩臺，共有六十四座，柰緣人力不敷，不能多造。地廣墩疏，止堪守瞭，難以遏阻。爲今之計，合無將寧塞營自歡喜梁墩起，往西直抵定邊營延、寧地界墩止，與花馬池地方一樣整理。平漫去處築打邊牆，山川險阻之處剷削懸崖，挑穵深闊壕塹。再於見造墩臺空中，每三百餘步各添造前項式樣小樣墩臺一座，安在邊牆居中，各中間再設上土築護牆敵臺一座。如此，則邊牆高厚而有備，墩臺稠密而有機，烽火易知，警急易援，與花馬池同一金城湯池之固，沿邊腹裏均堪保障而無虞矣等因，備咨到臣。

案照，先因勘處寧夏花馬池等處地方邊備，臣切慮虜情重大，變態難測。若西路寧夏邊牆修築完固，虜賊或從迤東延綏地方進入搶掠，則延、慶、固原不免仍前受害。未審彼處邊牆、溝塹有無高深嚴密，足堪保障，已經移咨延綏巡撫官勘議去後。今准前因，看得延綏地方，寧塞營之東有險可據，賊難馳突。寧塞營迤西是舊安邊營，舊安邊營迤西至定邊營，各九十里，川原平漫，與花馬池地方相類。既無邊牆，雖有溝塹一道，俱爲沙土壅塞平滿，萬騎馳驟，不能阻遏。前此達賊每從花馬池、清水營地方拆牆深入，取其捷徑。今若將花馬池一帶邊防整飭完固，萬一黠賊自定邊、安邊之間擁衆而入，西向花馬池邊牆以裏地方，自西而南，不過稍迂百餘里，則修邊工程歸於無用，誠如巡撫都御史文貴所言。

行據三司委官參政安惟學、僉事胡經等勘量得定邊營迤西石澇池地界起，至寧塞營迤西地界止，共長一百六十三里三百四十五步。內平漫相應築牆挑壕者一百三十一里三百四十九步，山崖險峻堪以剷削者三十一里三百五十六步。合無責成巡撫都御史文貴，照依所擬，應築牆者築牆，應剷削者剷削。但前項地方，已該文貴新築磚墩，制度精巧，非惟便於瞭望，亦可按兵擊賊，所患墩空隔越稀疏。合准本官所擬，於中空量爲添築小墩臺，安在邊牆居中，墩依於牆，尤便防守。其餘溝塹、敵臺、暖鋪，俱照寧夏邊防，一體整飭修理，但邊牆高厚丈尺，比之寧夏地方稍省。合用人夫，除本鎮外，聽於延安一府所屬州、縣量數起用，務令沿邊有備，腹裏無虞。

前件議得，都御史楊一清奏稱：寧塞營迤西直至定邊營，川原平漫，與花馬池地方相類，俱無邊牆可恃，兼且墩臺隔越，勢難救援。今花馬池一帶已整飭完固，而此處不經理，萬一黠虜擁衆西入，則延、慶、固原未免仍前受害，誠有如巡撫都御史文貴所言，欲要責成本官俱照寧夏邊防整理一節。

緣胡虜譎詐，此没則彼出，東備則西侵，必須在在戒嚴，庶彼無間可投。前項地方，既該總制官員議處前來，相應議擬。但當歲荒之餘，而興此浩大之役，民力或恐不勝。合無令兵部仍行本官，轉行彼處巡撫，查勘本境地方，今年果無災傷，軍民安堵，亦照花馬池事體，起倩軍民人夫，將邊牆、壕塹先行依擬幫築挑濬。其餘敵臺等項，亦候年歲豐稔，民力有餘，然後漸次興工。中間一切處置事宜，悉依原擬施行。務使工程堅完，民不告勞，虜賊絶西入之望，〔邊〕方亨永久之(計)〔利〕，斯爲盛舉。工完之日，通將用過錢糧數目，修過工程丈尺，備造文册奏繳，以憑查考。

楊一清《楊一清集》卷九《總制類・爲經理要害邊防保固疆場事》 兵部等衙門尚書等官劉等謹題，爲經理要害邊防保固疆場事。該本部題，先該總制陝西、延綏、寧夏、甘肅等處邊務兼督理馬政都察院右都御史楊奏。

查得臣節該欽奉勅：「先因花馬池等處邊防久弛，勅爾用心整理。近該爾會同議處各項事宜，甚爲周悉，足見體國安邊至意。勅至，爾即照兵部會議過事理，於去年賑濟官銀内動支十萬兩，招商納米，以備食用。一應合用工料，預爲措置停當。待相應時月，督同各該鎮、巡官，將延綏定邊營迤西至寧夏横城，寧塞營迤西至定邊營，並横城以北至黑山營各處邊(將)〔牆〕壕、塹，陸續興工，修築高厚，挑濬深闊。原無牆溝去處，一體築濬。墩臺、煖鋪、小堡待前項工程稍緩，以次修舉，其餘悉依原擬施行。勅内該載未盡者，聽爾從宜區處。事完之日，將修過工程，用過錢糧數目，造册奏繳。欽此。」

已經欽遵會議整理，合用錢糧物料等項，起倩軍民人夫，已於本年四月初一日興工，及具題外，臣近因有疾，奏乞休致，荷蒙聖恩俞允。欽遵將前項修邊文卷、簿籍咨送巡撫陝西右副都御史曹元接管施行，臣回還原籍養病。伏念前項修理邊防，將以保障腹裏人民，一勞永逸，誠非得已。臣比有所見，荷蒙采納，今乃以病不克終事，慚負國恩，罪當萬死。

及查得巡撫陝西都御史張泰、巡撫延綏都御史文貴、巡撫寧夏都御史劉憲，俱係經該會議官員，奉勅同心協力，共成大役，今各官俱陞任去訖。竊恐此役人心懈怠，苟且疏略，徒費財力，事不經久。且邊牆雖固，未有不資兵而能守者，若既成之後，守臣不能講求規畫，布署官兵防守，則亦不能阻遏賊騎，負臣初志，以貽後責。

伏望聖明早下該部計議，責成各該新任巡撫，會同鎮守官員，照該部會議及臣等會處過事宜，督同原委都、布、按三司官員，趁時陸續整理，務期成功。既成之後，遇冬虜賊入套，尤須分布將士，慎守藩籬，使虜賊絶窺覦之念，沿邊腹裏人民不至重遭殘害。此衰病臣犬馬惓忠，不能自已之惓惓也等因具本，該通政使司官奏。奉聖旨：「該部知道。欽此。」欽遵抄出送司。

查得先爲前事，該總制陝西等處都御史楊奏。内開：應築邊牆自延綏定邊營迤東石澇池地界起，至寧夏地方横城止，共三百里。沿邊舊有墩臺、邊牆，委的壕塹窄淺，牆垣低薄，墩臺稀疏。乞要斟酌損益，將舊牆内外幫築，高厚各二丈，收頂一丈二尺。兩面俱築垛牆，高五尺，連牆共高二丈五尺，除垛牆根佔兩面共四尺，尚餘八尺之地。每牆一丈，開垛口一處，安置轉關遮板。牆外每里添築敵臺三座，每座相離一百二十步，底闊周圍四丈五尺，收頂周圍二丈二尺，上蓋煖鋪一間。傍牆於空闊要害有水頭去處，增添小堡，高厚丈尺略與邊牆相等。墩空去處，仍酌量添築墩臺。牆外壕塹挑濬深二丈、口闊二丈二尺、底闊一丈五尺。

前項敵臺九百座，煖鋪九百間，每間用五人守之，該用軍四千五百名。無事之時，止守舊墩。每冬月河凍，不拘達賊曾否入套，即便調撥鋪軍上牆防護，及添撥軍人於新墩守哨。河開無事，疏放回營。牆上設置籌牌、梆鈴，晝夜往來巡警，廣張旗幟，聯絡相應。分委的當官員，各定鋪分護守，參將、協同守備官各照所管地方提調。

虜賊若果入套，必似前窺伺侵犯，原擬徵調延綏遊、奇、士兵及寧夏副總兵等人馬，各於定邊、花馬池、興武營、清水營、靈州等處駐劄，仍各分兵於新舊小堡内按伏策應。其間應分應合事宜，又在臨期調度。如此，則邊備嚴密，威武振揚，足以伐其邪謀，不敢輕易近牆。若是仍前填壕，近牆攻穵，官軍出列牆上，敵臺兩邊各用鎗砲矢石攻擊，賊徒愈衆則所傷愈多。步兵擊之於牆上，騎兵待之於牆内，其鋒必沮，其氣必喪。虜賊遠來，利於速戰，入既無策，勢必遁歸。縱使犬狼不肯悔禍，結衆攻圍，邊牆受敵不支，然相持之間，未免少延時日，烽火傳接，環、慶、固原一帶人畜既斂，兵備既嚴，可保無失。事不得已，則我邊兵姑斂(人)〔入〕大小城堡，以避其鋒。賊果深入，速將原拆牆口補塞，量留官軍，堅壁固守，各挑精兵躡蹤而入；陝西官軍撓之於内，俟其將遁，躡蹤而出；延寧精兵邀之於中，沿邊官軍拒之於外，賊雖梟雄，豈有善歸之理？就令小有侵掠，比至邊牆，我軍仍於牆上裏面垛口用鎗砲矢石攻擊，勢必潰亂。諸軍乘之，縱不能使其匹馬不旋，亦必大遭挫衄，可保數十年不敢入套犯邊。

及稱該用軍民人夫口糧，欲要於賑濟官銀內動支十萬，以備招商上納，俱於今年措置停當，期以明春邊方少靖，四月興工，八月完備等因。

該本部會議得虜性桀黠，豕突狼奔，非得溝牆深高，墩堡聯絡，鮮不坐受其敝。況前項地方，地廣兵分，實難防遏，連年失利，可爲明鑒。今都御史楊所陳，曲盡經營之計，事非得已。但今年民遭荒歉，來歲便未甦息，若將邊牆、墩堡、敵臺一時併修，誠恐民不堪命。合無令兵部仍行本官，准令於前項官銀內動支十萬兩，先行分委廉幹官員，隨宜招商，上納糧米，務在充實，足勾夫役關支。待明年八月，哨探河套無賊，年成有收，起倩軍民人夫，將邊牆、壕塹先行依擬幫築挑濬。其敵臺、煖鋪、小堡，候待民力有餘，然後漸次興工。此外一切處置事宜，悉依原擬施行。其用工人役，嚴督管理官員加意撫恤，使忘其勞。所築牆垣等件，務須比舊堅久，有益防守，不爲徒費財力。

及開奏，延綏地方，寧塞營之東有險可據，賊難馳突。寧塞營迤西至舊安邊營，舊安邊營迤西至定邊營，各九十里，川原平漫，與花馬池方相類。既無邊牆，雖有溝塹，俱爲沙土擁填平滿，萬騎馳驟，不能阻遏。前此達賊每從花馬池、清水營地方拆牆深入，取其捷徑。今若將花馬池一帶邊防整飭完固，萬一黠賊自定邊、安邊之間擁衆而入，西向花馬池邊牆以裏地方，自西而南，不過稍迂百餘里，則修邊工程歸於無用，誠如巡撫都御史文貴所言。

行據三司委官參政安惟學、僉事胡經等勘量得：定邊營迤西石澇池地界起，至寧塞營迤西地界止，共長一百六十三里三百四十五步，內平漫相應築牆挑壕者一百三十一里三百四十九步，山崖險峻堪以剷削者三十一里三百五十六步。合無責成巡撫都御史文貴，照依所擬，應築牆者築牆，應剷削者剷削。但前項地方，已該文貴新築磚墩，制度精巧，非惟便於瞭望，亦可按兵擊賊，所患墩空隔越稀疏。令准本官所擬，於中空量爲添築小墩臺，安在邊牆居中，墩依於牆，尤便防守。其餘溝塹、敵臺、煖鋪，俱照寧夏邊牆，一體整飭修理，但邊牆高厚丈尺，比之寧夏地方稍省。合用人夫，除本鎮外，聽於延安一府所屬州、縣量數起用，務令沿邊有備，腹裏無虞等因。

又該本部會議得：胡虜譎詐，此沒則彼出，東備則西侵，必須在在戒嚴，庶彼無間可投。前項地方，既該總制官員議處前來，相應依擬。但當歲荒之餘，而興此浩大之役，民力或恐不勝。合無令兵部仍行本官，轉行彼處巡撫，查勘本境地方，今年果無災傷，軍民安堵，亦照花馬池事體，起倩軍民人夫，將邊牆、壕塹先行依擬幫築挑濬。其餘敵臺等項，亦候年歲豐稔，民有餘力，然後漸次興工。中間一切處置事宜，悉依原擬施行。務使工程堅完，民不告勞，虜賊絕西入之望，邊方享永久之利，斯爲盛舉。

又開奏，寧夏橫城北黃河東(崖)〔岸〕，舊有邊牆一百八十五里，壕塹一道，高厚深闊悉如花馬池一帶城塹之數，自南而北有長城十八墩。後守臣恐有稀疏，每墩空內添設一墩，共見在墩臺三十六座，牆裏套內地方，又設石嘴、暖泉二墩瞭守。其第十八墩與河西黑山營鎮遠關相對，每年於黑山營屯聚人馬，阻遏虜騎，以爲寧夏北門鎖鑰。前人綜理周密，深有所見。節因寧夏守臣怯懦，士馬削弱，河東墩軍累被套賊撲捉，既將石嘴、暖泉二墩廢棄，遂將新舊三十六墩俱廢而不守，謂之備夏不備冬，卻止於河西築立墩臺一十五座守瞭。由是套賊多寡，遠近消息，通不知覺。又因黑山營曾被虜賊攻圍，遂將官軍那入平虜城操備。由是平虜城爲極邊要害，(平)〔居〕人往往不得耕牧。殊不知撲捉墩軍，窺伺城堡，乃虜寇常事，顧吾所以待之者何如耳？吾能往，彼亦能往，我退一尺則彼進一尺。河東墩臺(即)〔既〕不可守，使賊乘凍渡河，則西岸之墩獨不可掏空乎？黑山營有備，則平虜爲腹裏。今廢黑山營而不守，使賊近窺平虜，亦將並廢之乎？是皆不通之論也。

今花馬池一帶邊牆既欲幫築高厚，又於牆盡頭橫城之南添築一堡，量屯兵馬防御，河開之後，縱有套賊，不能爲患。但恐冬深河凍，踏冰而西，仍謀入寇，容或有之，意外之防，不可不謹。所據河(凍)〔東〕三十六墩邊牆、壕塹，誠宜幫築修濬，河西黑山營誠宜屯宿重兵，但明〔年〕既修延綏、花馬池一帶邊牆，工程浩大，力不能及。合無行令寧夏守臣，明年將河東新舊三十六(營)〔墩〕坍塌損壞者，量爲修補，照依舊規，撥軍守瞭，與河西墩臺烽火相接，不至失誤官軍應援。稍候一二年，仍將前項橫城以北三十六墩牆塹，悉照花馬池一帶邊防，幫築高厚，挑濬深闊，敵臺、煖鋪，護守官軍，一體處置整理。仍挑選精銳人馬，於黑山營按伏，以爲平虜城聲援等因。

又該本部會議得：河東三十六墩並河西黑山營，若使戍守嚴備，踏冰虜賊不敢輕忽，平虜地方益重保障。今若棄而不守，是撤藩籬而守門庭，堂陛之患，勢將必至。今總制官員奏要修復舊制，誠得前人綜理至計，相應依擬。但大工併作，民力委有不堪。合無令兵部行令本官，轉行寧夏守臣，將前項河東新舊墩臺坍塌損壞者，照依舊規，暫且量爲修補，撥軍守瞭，與河西墩臺烽火相接，以備虜賊過河。候各該工程稍集，仍依原擬，修築施行。各該工完之日，通將用過錢糧數目，修過工程丈尺，備造文册奏繳等因具題。奉聖旨：「是。都准擬行。欽此。」已經通行請勑各官，欽遵去後。

又爲前事，准工部咨，該總制陜西等處都御史楊奏稱：行據寧夏鎮、巡等官回稱，備行各該營堡及寧夏等四衛，催促原擬官軍，扣期赴工，及擇本年三月二十七日，本職親詣告祭破土，四月初一日，於本鎮横城起興工，築打邊牆緣由到臣。

案查，正德二年閏正月内，行據鎮守寧夏總兵官、都督僉事李祥、鎮守延綏總兵官、都督僉事張安，並各路分守、參將等官閻綱、葉椿等各呈稱：在套達賊俱各過河去訖，套内並無聲息緣由前來。臣會同巡撫陜西右副都御史張泰、巡撫寧夏右僉都御史劉憲議照，應修工程自寧夏横城起，至延綏定邊營迤東石澇池寧静墩界止，邊牆三百餘里，連壕塹共該六百餘里。原擬人夫九萬餘名，若一併起派上工，誠恐督工官員顧理不周，致令苟且疏略。合將應起人夫分爲兩班，每班做工一百日，頭班自三月初一日爲始，至六月初十日止，次班自六月十一日起，至九月二十一日止，各工完疏放。並會行陜西布政司先支去年賑濟官銀八萬兩，運至慶陽府寄庫，出榜招商，上納夫糧，給領官價，以備人夫食用，及會委都、布、按三司官左參政唐錦舟、副使王寅、都指揮房懷專理其事。及行令寧夏鎮、巡衙門，擇日祭告，並先起取頭班寧夏本鎮、平涼、慶陽、固原一帶軍民人夫，興工修築去後。

今據前因，查得應起軍民人夫兩班共八萬名：民夫西安府二萬二千名，鳳翔府五千名，平涼府五千六百名，慶陽、臨洮二府俱三千五百名，鞏昌府九千名，共四萬八千六百名。軍夫寧夏三路一萬六千五百五十名，陜西都司所屬衛所並護衛、群牧所一萬四千八百五十名，共三萬一千四百名。比之原先擬奏之數，減去一萬名。每班各做工三個月，頭班四月初一日爲始，至六月終疏放，次班六月初一日爲始，至八月終疏放。每夫日給口糧食米一升五合，仍令户内量貼盤纏銀，多不過二兩，隨帶供送前來，以補口糧不及。每夫十名，共備車一輛，裝載（𤊞）〔煁〕炒器具。每二名出蓆一片，椽一根，到彼列車爲營，覆以椽蓆，用蔽風雨。

又遵照題奉欽依事理，將漢中府、衛棧道之外地方，不起人夫，量徵夫價，運送工所，買辦蔬肉，每月犒勞二次。仍支茶馬項下官銀二百兩，行令陜西布政司，置買藥餌，選取醫生，分派各委官處，遇有人夫疾病，即爲撥醫給藥調治。及查得合用撥木，臣於去年已經差撥靖虜衛官軍於本處雪山採打，共三十餘萬，俱運至修邊處所。牆完，就爲修蓋營房、煖鋪等項取用。

及照延綏寧塞營起至定邊營止，共該添造墩臺一百四十二座，築打剷削邊牆、壕塹共三萬七千二百六十丈五尺。行准巡撫延綏右副都御史文貴，會同鎮守太監劉保、總兵官張安，欽遵題准事例，起倩本鎮東、西、中三路步軍、土兵備禦軍人，延、綏、榆林三衛抽選屯丁、舍餘並延安一府所屬州、縣民夫，俱於本年二月十九日動土興工，分派地方，陸續築造。其寧夏横城以北至黑山營邊牆、壕塹，待前項大工就緒之後，地方無事，本鎮軍夫次第修理。

再照套内雖稱哨無賊寇，但恐賀蘭山後之賊窺知修邊，或有紮筏渡河之謀，不可不防。又經行令寧夏鎮、巡官，摘撥官軍二千員名，聽參將閻綱管領，於牆外架梁防護。又摘撥一千員名，聽協同都指揮保勣管領，於牆内巡邏策應。及延綏地方，已該巡撫都御史文貴議行副總兵姜漢，量領兵馬，架梁防護。

及稱：建此大議，興此重役，動勞軍民，難保無怨。若憚勞恤怨，不行趁時修理，誠恐向後達賊仍前擁衆深入侵擾，則平、慶、臨、鞏、固原、靖虜等處軍民不免重遭寇掠。西安、鳳翔等處地方賊雖難到，征調軍馬，各用糧草浩繁，乞運轉輸，勢所不免，破産陪納，困苦轉甚。今修濬前項牆塹，每班不過一百日之工。誠使邊牆完固，向後達賊不輕犯，人民安業，在邊者不被搶掠，在内者不須乞運，受百日之勞而享百年之利，得失利害，較然可知。夫凡「民不可與慮始，而可與樂成」，人臣不難於論事，而難於任事，况以「佚道使民，雖怨不恤」。但恐傍觀坐談之人，既不慮地方安危，又不知事情本末，且謂後來干係非己所當，輒生異議，輕爲撓沮，邊防大計付之若何？仰惟聖謨淵深，成命已定，必無是事。此臣私憂過計，犬馬惓惓一寸之忠也等因具本題。奉聖旨：「該部知道。欽此。」欽遵抄出備咨送司。行間，今准前因，案呈到部。

看得陜西等處總制都御史楊奏稱：花馬池一帶〔邊〕牆、墩臺，遵奉前該欽依，已於今年二月以來興工修築。但伊近因養病還家，而各經該巡撫官員張泰等又俱陞任去訖，誠恐此後人務苟簡，事難經久，又慮成功之後不能設法防守，亦爲無補。欲要責成新任各該巡撫並鎮守等官，查照原擬，趁時陸續整理，務期成功。遇冬仍分兵慎守，以絶虜患一節。

切緣前項地方，墩牆疏薄，既無地險可據，兵將寡弱，又無人力可倚，所以虜易爲患，我常失利。其都御史楊，身任總制之責，熟察邊患之由，特建前議。雖知大役之興，民所難堪，然爲永逸之圖，事非得已。本部先已依擬題，奉欽依，行令欽遵去後，今本官既已患病解職，而各該同事巡撫官員，又俱遷轉别任。前項工程雖已擇日興工，委官督理。然官非經由，則錯繆之弊或有不免；計失防禦，則修築之功亦爲徒勞。況糴買口糧，已費在官銀一十餘萬，貼備盤費，又起户役銀一十六萬，以至犒勞藥餌之需，撥木採運之勞，皆本官精神運用，計慮周悉所及。一旦付之新任各該巡撫官員，及更用别項未諳之輩，切恐事無統紀，人爲異同，不無錢糧徒費，事工無成，而邊方保障之功一隳而再難就緒矣。

以臣等愚見，必須仍專諳練大臣一員前去，總理提調，方克有濟。儻蒙聖明俯從所請，候命下之日，本部會官推舉歷練老成、熟知邊事者數人，上請簡用一員，請勅前去，督同各該鎮、巡等官，查照本部先今奏奉欽依及都御史楊等會處過事宜，將前項議修工程，逐一查勘。各該起倩人夫是否見在用工，即今有無，修築多寡？就便督率原委都、布、按三司官員，趁時陸續用心整理，務期經久完固，足裨保障。既不許玩愒遷延，致妨邊務；亦不許苟且疏略，徒費財力。如是各起工役俱已了完，仍要規畫方略，布署官兵，委任各該鎮、巡等官，督屬慎固封守。若中間尚有未盡應處事理，從宜廣集忠謀，區畫停當，徑自施行。惟在藩籬之勢既固，軍士之威益壯，可以絶虜賊覬覦之念，免邊民創殘之害。工完之日，徑自具奏回京。仍將修築過工程丈尺，用過錢糧數目，造册奏繳。本部差官閲實，上請定奪。庶使垂成之功不至廢弛，而防邊之計可圖久遠矣等因具本題。奉聖旨：「是。便會推諳曉邊事的兩三員來看。欽此。」欽遵。

臣等會同太師兼太子太師、英國公張懋、吏部尚書許等，從公推舉得兵部左侍郎文貴、都察院右副都御史張鼐、巡撫陝西右副都御史曹元，俱各諳曉邊事，堪以委任。伏乞聖明於内簡命一員，若用侍郎，仍量兼憲職，以便行事。令其請勅前去，查照兵部前該題奉欽依内事理，欽遵施行。仍令兵部行移各該鎮、巡等官，各查照原奉勅諭事理，一體同心協力，共成大事，毋得視常怠玩，致有妨誤。

緣係推舉總理邊務大臣及奉欽依：「是。便會推諳曉邊事的兩三員來看」事理，未敢擅便。正德二年六月初十日，本部等衙門尚書等官劉　等具題。本月十三日，奉聖旨：「官不必差。修築邊牆且罷。見在餘剩錢糧，著巡撫等官查理，秤盤見數，銷鎔成錠，差人解京。欽此。」

胡文焕輯《華夷風土志》卷一《北直隸·遵化縣》

土産：鐵有冶。

又《營建别·萬全都司》

土産：銀、銅、水晶、宣府城北七十里，横夫山出。沙板石、宣府西五十里，青邊村出。土碌、城東砲沙村出。礬紅石、宣府馬鞍山出。大赭石、宣城東龍門鎮東鄉出。馬瑙。宣平縣四角山出。

胡我琨《錢通》卷三《資採》

河北諸州舊少錢貨，猶以他物交易，錢略不入於市。二年冬，尚書崔亮奏：「弘農郡銅青谷有銅鑛，計一斗得銅五兩四銖；葦池谷鑛，一斗得銅五兩；鸞帳山鑛，一斗得銅四兩；河内郡王屋山鑛，一斗得銅八兩。南有青州苑燭山、齊州商山，並是往昔銅官，舊迹見在。」《六朝史》

傅維鱗《明書》卷八四《營建製·城垣》

京城。永樂中，因元城築。周圍四十里，爲九門，南中曰麗正，曰文明，曰順成；東曰齊化，曰東直；西曰平則，曰西直；北曰安定，曰德勝。正統初，更麗正曰正陽，文明爲崇文，順成爲宣武，齊化爲朝陽，平則爲阜成，餘仍舊。城南面長一千二百九十五丈九尺三寸，北一千二百三十二丈四尺五寸，東一千七百八十六丈九尺三寸，西一千五百六十四丈五尺二寸；高三丈五尺五寸。垛五尺八寸，基厚六丈二尺，上收五丈。嘉靖二十二年築重城，包京城，南一面轉抱東西角樓，止長二十八里。爲七門，南曰永定、左安、右安，東曰廣渠、東便，西曰廣寧、西便。城南面長二千四百五十四丈四尺七寸，東一千八十五丈一尺，西一千九十三丈二尺，各高二丈。垛四尺，基厚二丈，上收一丈四尺。四十二年，增修各門甕城。崇禎中幫築外城，增高五尺，厚一丈，垛一尺五寸。

又《京師公廨》

文職則内閣在紫禁城内，六科、尚寶司、中書科在皇城内。而宗人府在長安左門南，吏部在宗人府南，户部在吏部南，禮部在户部南，兵部在宗人府後，刑部在西貫城坊，工部在兵部南，都察院在刑部南，翰林院在長安左門，皇城特爲之避彎一弓，國子監在安定門内，太常寺在後府南，通政司在太常寺南，大理寺在都察院南，詹事府在玉河東岸，光禄寺在東安門内，太僕寺在萬寶坊，鴻臚寺在工部南，欽天監在鴻臚寺南，太醫院在欽天監南，行人司在長安右門外，上林苑監在文德坊。而五城兵馬司，則各因其地焉。南京初建刑部、都察院、大理寺三法司於太平門外，五部於廣敬門之東西嚮，五府於廣敬門之西東門，翰林於皇城東南，宗人府於翰林院前，詹事府次之，太醫院又次之，六科、中書科、尚寶司如北京之制。而武職公廨中軍都督府在長安右門南，而左府、中府、右府、前府依次而南，錦衣衛又次之，餘衛散屯于各坊也。

《清高宗實録》卷一千一百九十六〔乾隆四十九年正月癸巳〕陝甘總督李侍堯奏：「甘省營制既多，近又添補額兵，歲需礦觔，應寬爲備貯。向於皋蘭縣騷狐泉地方開採，現查礦苗已衰，不敷供用。查玉門縣牛尾山，前經奏明開採，分貯肅州、玉門二處。擬將肅州礦斤撥運三十萬，存貯蘭州。如騷狐泉採礦不敷，即於此内售給。至肅州運缺礦觔，即令在牛尾山招商採買。肅州爲新疆門户，亦可備關外撥用，玉門地方，亦屬緊要，皆應貯備寬裕，俟採足停止。其開採事宜，照原議章程辦理，並責令該處鎮道稽查。」報聞。

《清高宗實録》卷一千二百四十九〔乾隆五十一年丙午二月庚寅〕諭軍機大臣等：「據保寧等奏：『打箭鑪口外噶達城地方，有雍正年間建造惠遠廟一所，年久未修，上年冬間，又因地震，致多坍損。現確加勘估，除大殿四層共三百餘間，及大門二門等處仍照舊整理外，其僧房可減去六十三間。另蓋二百間，已足資僧衆諸番棲息』等語。雍正年間，因准噶爾尚未平定，西藏一帶，防其滋擾，是以於噶爾當地方建造惠遠廟一所，給達賴喇嘛居住。今准噶爾地方久經平定，中外一家，衛藏咸歸版籍。達賴喇嘛遠住西藏，其在廟住持者，不過每年派出之堪布喇嘛暨徒衆人等。此時補行修建殿宇，自無庸沿舊規式，過於宏敞。即所需住房，亦無須二百間之多。著傳諭保寧等，另委妥員，前往撙節勘估，止須略存舊規，足敷現在喇嘛人等居住，量爲酌減建蓋，不必照前寬大，致滋閑曠糜費也。將此傳諭保寧、李世傑遵照妥辦。並令將原有地盤圖樣，及酌減補建圖樣各繪一分呈覽。」

《清德宗實録》卷一百十二〔光緒六年四月丙午〕諭軍機大臣等：「李鴻章奏：『遵籌吉林選將造船等事宜，暨調員赴吉差委』各摺片。【略】李鴻章所奏宜在三姓附近水深溜大之處，設廠籌造小輪船，如粵東仿造蚊子船等式。上可駛行伯都訥省城一帶，下可駛巡黑河口，轉入黑龍江，洵爲目前切要之圖，即著照所議辦理。道員温子紹在廣東製器有年，頗有心得。在吉林創始需才，較粵省防務尤爲緊要。著張樹聲、裕寬飭令該員，酌帶造船得力工匠，並將俊啓上年代購神機營設廠之機器，選擇合用者，由海道運至奉天營口，再由陸路運至吉林，以資創設船廠之需。温子紹暨隨帶工匠機器赴吉川資，著該督撫監督設法籌給。所有開廠製造各事，著李鴻章會同銘安妥爲籌辦，督飭温子紹悉心研究，務求實濟。吉林所需軍火，經李鴻章酌量撥給，著該將軍即派員赴津領回應用。道員顧肇熙、知府李金鏞、知州員啓章、知縣查宗仁均著發往吉林交銘安酌量差委。直隸州知州戴宗騫，著李鴻章飭令暫行隨同吴大澂赴吉，由銘安等商酌委用。將此由五百里諭知李鴻章、銘安、張樹聲、裕寬。並傳諭俊啓知之。」

《清德宗實録》卷二百三十七〔光緒十二年十二月丙戌〕諭軍機大臣等：「恭鏜等奏：『漠河金廠亟應舉辦』一摺，黑龍江漠河山地方，上年曾有中俄匪徒過江偷挖金礦，雖經派兵驅除，孽芽未净，自應及時開採，以杜外人覬覦。著李鴻章遴派熟悉礦務幹員，飭令選帶礦化各工，攜帶機器，迅往黑龍江，隨同恭鏜認真勘辦。如津滬殷實各商，有情願承辦之人，並著飭令同往俾可圖成。另片奏吉林候補知府李金鏞熟悉礦務，請飭派往會辦等語，即著希元轉飭該員，赴黑龍江會辦。原摺片均著鈔給閲看，將此由四百里各密諭知之。」

《清德宗實録》卷二百八十六〔光緒十六年六月丁未〕諭軍機大臣等：「户部等衙門奏：『遵議三姓開礦，請飭遴員履勘，妥議章程』一摺。開辦礦務，總以擇定地方，委用得人爲要。三姓試辦金礦，事屬創始，長順建議興辦，宜如何妥慎圖維，以期有利無弊。乃該將軍並未將礦苗何處最旺，及道里遠近，詳細勘明；亦未酌定章程，擇派妥員經理。僅以把頭爲管領，任其招人開採。此等游手之徒，易聚難散，誠恐漫無約束，未收開礦之益，轉致滋生事端，於邊境大有關繫。著李鴻章會同長順，遴委幹練之員，前往三姓，切實履勘，繪圖貼説，並妥議商民開辦章程，詳晰覆奏請旨遵行。該將軍身任地方，務當審慎從事，勿得仍前草率，貽誤干咎。原摺均著鈔給閲看，將此各諭令知之。」

《清德宗實録》卷三百七十二〔光緒二十一年七月戊申〕又奏：陝省設立機器局，試造槍械。報聞。

《清德宗實録》卷四百二〔光緒二十三年三月乙未〕河南巡撫劉樹堂奏：「豫省創辦機器，修建廠房，製造軍火，指撥釐税局罰存洋藥漏税一款，扣注應用。」下部知之。

《清德宗實録》卷四百四〔光緒二十三年四月辛酉〕諭軍機大臣等：「上年十二月初五日，據御史王廷相奏：『開平煤礦，穴採日深，有關陵寢風脈，當經諭令王文韶派員前往認真查勘，並著繪圖貼説。應如何嚴定界限，奏明請旨。』王文韶奉到此旨，自應趕緊派員前往，詳細查勘，以昭慎重。乃迄今將屆四月，尚未據該督覆奏，著謹遵前旨，迅速具奏，毋得再涉遲延。」尋奏：「查明開平煤井，於陵寢風脈無礙。」報聞。

《清德宗實録》卷四百十六 〔光緒二十四年三月己丑〕山西巡撫胡聘之奏：「委購洋槍機器等項，即擬創立局廠，自行仿造。」下所司知之。

《清德宗實録》卷四百三十二 〔光緒二十四年十月〕督辦鐵路事務候補侍郎胡燏棻奏：「鐵路須有煤鐵各礦相輔，始能持久。熱河南票地方煤礦，質堅層厚，擬與英商匯豐銀行合股辦理。」允之。

《清德宗實録》卷四百六十五 〔光緒二十六年六月〕山東巡撫袁世凱奏：「遵設製造局，並購料招工情形。」得旨：「著即迅速設局製造，以資接濟。」

《清德宗實録》卷五百四十九 〔光緒三十一年十月戊戌〕署黑龍江將軍程德全奏：「試辦江省金牛山、懷驤洞、馬安山、朝陽山礦務，由徵存本税項下，撥銀四萬兩，作爲試辦資本。」下部知之。

《清德宗實録》卷五百六十七 〔光緒三十二年十一月〕諭軍機大臣等：「有人奏：『甘肅地瘠民貧，亟宜振興實業』一摺。著升允體察情形，於農工商礦各事，認真整頓，以興實業。又片奏：『已革陝西試用直隸州知州李顯誠，贊成改造蘭州黄河鐵橋』等語。著升允確切查明，據實具奏。毋稍徇隱。原摺片均著鈔給閲看。」尋奏：「甘省農工商礦，均於省城設局研究。現擬添籌資本，運機購船，以爲擴充之計。至建築黄河鐵橋，曾與德商訂立合同，報部有案，與李顯誠無涉。」報聞。

孫承澤《天府廣記》卷三《國學》 明國子監即元之舊學，在城東北。洪武初，改爲北平府學。永樂仍爲國子學，又改爲國子監。正堂七間，曰彝倫堂，元之崇文閣也。中一間，列帝幸學，俱設座於此，上懸勅諭五通。東一間，祭酒公座面南，司業座面西。堂前爲露臺，臺南中爲甬路，前至太學門，長四十三丈，聖駕臨幸由之。東西爲墀，諸生列班於此。後堂三間，東講堂三間，西講堂三間，折而東爲繩愆廳三間，鼓房一間，率性堂、誠心堂、崇志堂各十一間，西爲博士廳三間，鐘房一間，修道堂、正義堂、廣業堂悉如率性堂，六堂乃諸生肄業之所。東折而南，爲廊房九間，門一間，西亦如之。太學門三間，門東勅諭碑一通，洪武十五年申明學制一通，洪武三年定學規碑一通，洪武初年欽定、永樂三年申明學規碑一通，洪武十六年並三十年欽定廟學圖碑一通，廟學規制地界四至丈尺盡勒焉，正統十二年十一月初四日立。外東井亭一，又東爲持敬門以入廟，自中少北爲儲才門，以通啓聖祠、土地祠及典簿、典籍、掌饌廳、倉庫之路。祭酒東廂亦由此入。西井亭一，又西爲退省號門，自西少北爲廣居門，以爲司業入廂及諸生入號之路。墀内雜樹槐柏共二十株。前爲集賢門三間。門前爲通衢，東西碑坊各一，題曰國子監。監衢東西碑坊各一，題曰成賢街。彝倫堂後齋明所九間，格致誠正號，每號計三十七間。嘉靖七年，作敬一亭，御製聖諭，共碑七座。前爲大門，題曰敬一之門。祭酒廂房在亭東，司業廂房在亭西，會饌堂一所在監東北，土地祠五間在饌堂門之右，典籍廳五間在饌堂門之左，典簿廳三間，掌饌廳五間，退省號及廣居門之西爲天地人知仁勇文行忠信規矩準繩紀綱法度凡一十八號，並退省房三連，混堂、浄房各一所。

孫承澤《天府廣記》卷四《城池》 幽州舊城在今城西南，唐藩鎮城及遼金故城也。隋之天寧寺舊在城中，今在城外矣。憫忠寺有舍利記，唐景福元年建，其文曰：大燕城内，地東南隅有憫忠寺，門臨康衢。憫忠寺舊在城中，今在城外西南僻境矣。

銅馬門在舊燕城東南隅，即古薊城門。城有十門，此其一也。《晉書·慕容儁載記》：初廆有駿馬曰赭白，有奇相逸力。石季龍之伐棘城也，皝將出避難，欲乘之，馬悲鳴蹀齧，人莫能近。皝曰：「此馬見異先朝，孤常仗之濟難，今不欲者，蓋先君之意乎！」乃止。季龍尋退。皝益奇之。至是四十九歲矣，《水經注》：儁光壽元年。而駿逸不虧，比之於鮑氏驄。命鑄銅以圖其像，親爲銘贊，鐫勒其旁，因以名門。隋於營州之境汝羅故城置遼西郡，唐武德六年自營州遷於幽州，城中樓館甚盛，今二土阜尚存，所謂薊門也。

君子城即舊薊城。《晉載記》：石勒每破一城，必簡別衣冠。洎平幽州，擢荀綽、裴憲等居之，號君子城。

閶城在京西南，古城基二石獸尚存。

遼太宗於南京建城，方三十六里，崇三丈，衡廣一丈五尺，敵樓戰櫓具。八門：東曰安東、迎春，南曰開陽、丹鳳，西曰顯西、清晉，北曰通天、拱辰。

金海陵天德二年，命張洪等增廣燕城門十三：東曰施仁、宣曜、陽春，南曰景風、豐宜、端禮，西曰麗澤、顥華、彰義，北曰會城、通玄、崇智、光泰。

元人《玉堂嘉話》云：燕展築南城，係金海陵天德二年，見蔡無可《大覺寺碑》。《史記》不載蕭何修未央宮事，此非細事，馬遷漢史兩不見書，何謂？又云：燕城西南曰端禮，有大定末劉無黨所撰《左丞唐括安禮碑》。

元至元四年，城京師。城方六十里，里二百四十步，分十一門：正南曰麗正，右曰順承，左曰文明，北之東曰安貞，北之西曰健德，正東曰崇仁，東之右曰齊化，東之左曰光熙，正西曰和義，西之右曰肅清，西之左曰平則。

按元之南城，周圍五千三百二十八丈，即金之故基也。今遺址尚在，所謂土城關是也。人呼崇文門爲海岱，宣武門爲順承，阜成門爲平則，仍元之舊也。

明洪武元年戊申，八月庚午，徐中山達取元都。丁丑，命指揮華雲龍經理故元都，新築城垣，南北取徑直，東西長一千八百九十丈，高三丈五尺五寸。至永樂十八年，遣營繕司郎中蔡信爲工部右侍郎，重修，益加宏壯。凡九門：南曰正陽，南之左曰崇文，右曰宣武，北之東曰安定，西曰德勝，東之北曰東直，南曰朝陽，西之北曰西直，南曰阜成。正統二年，命内臣阮安重修。安，交趾人，一名阿留，刻有營建記。至正統四年四月工成。正陽門正樓一，月城中左右樓各一，崇文、宣武、朝陽、阜成、東直、西直、安定、德勝八門，各正樓一，月城樓一。各門外立碑樓，城四隅立角樓，又深其濠，四涯悉甃以磚石。九門舊有木橋悉撤之，易以石，兩橋之間各有水閘。濠水自城西北隅環城而東，歷九橋九閘，從城東南隅流至大通橋而去。自正統二年正月興工，至是始畢。至十年，又以内面用土恐易頹毁，乃命成國公朱勇甃之，與外面等。

楊文貞士奇紀略曰：正統四年，重作北京城之九門成。崇臺傑宇，巍巍宏壯。環城之池，既浚既築，堤堅水深，澄潔如鏡，焕然一新。耆耋聚觀，忻悦嗟歎，以爲前所未有，蓋京師之偉望，萬年之盛致也。於是少師建安楊公、少保南郡楊公偕學士諸公，以暇日登正陽門之樓，縱覽焉。高山長川之環固，平原廣甸之衍迤，泰壇清廟之崇嚴，宫觀樓臺之壯麗，官府居民之鱗次，廛市衢道之坌布，朝覲會同之麇至，車騎往來之坌集，粲然明雲霞，滃然含煙霧，四顧畢得之。因慨嘆萬事之成，各有其時。太宗皇帝肇建北京，既立郊廟宫殿，將及城池，會有事未暇及也。已而國家屢有事，久未暇。及皇上嗣大位之五年，仁恩覃霈，海宇乂寧，始及於斯，而不日成之。豈非得其時者乎？夫得其時而不得其人，猶未也。蓋嘗聞之，命之初下，工部侍郎蔡信颺言於衆曰：役夫非徵十八萬不可，材木諸費稱是。上遂命太監阮安董其役，取京師聚操之卒萬餘，停操而用之，厚其餼廪，均其勞逸。材木諸費一出公府之所有。有司不預，百姓不知，而歲中告成。蓋一出安之忠於奉公，勤於恤下，且善爲畫也。謂事之成非由於人乎？嗟夫！一事之成猶必得其人，則於爲天下國家之重且大，不可推見乎！

京師南面外城建於嘉靖三十二年。先是，二十一年七月，邊報日至，御史焦璉等請修關厢墩塹以固防守。都御史毛伯温等復言：「古者有城必有郭，城以衛民，郭以衛城，常也。若城外居民尚多，則有重城。凡重地皆然，京師尤重。太祖定鼎金陵，既建内城，復設羅城於外。成祖遷都金臺，當時内城足居，所以外城未立。今城外之民殆倍城中，宜築外城，包絡既廣，控制更雄。且郊壇盡收其中，不勝大幸」。從之，下户、工二部議覆。以給事中劉養直言時尚匱乏，諫止。至二十九年，兵事益急，議築正陽、崇文、宣武三關厢外城不果。三十二年正月，給事中朱伯宸復申其説，謂嘗履行四郊，咸有土城故址，環繞如規，周可百二十餘里。若仍其舊貫，增卑培薄，補缺續斷，事半功倍，良爲便計。通政使趙文華亦以爲言。上問嚴嵩，力贊之。因命平江伯陳圭等與欽天監官同閣臣相度形勢，擇日興工。復以西南地勢低下，土脈流沙，難於施工，上命先作南面，併力堅築，刻期報完。其東西北三面，俟再計度。於是年十月工完，計長二十八里。命正陽門外曰永定，崇文門外曰左安，宣武門外曰右安，大通橋門曰廣渠，彰義街曰廣寧。内外兩城，計垛口二萬零七百七十二，垛下砲眼共一萬二千六百有二。

詞臣張四維新建外城記

皇上臨御之三十二年，廷臣有請築京師外城者，參之僉論，靡有異同。天子乃命重臣相視原隰，量度廣袤，計工定賦，較程刻日。於是京兆授徒，司徒計賦，司馬獻旅，司空鳩役，總以勳臣，察以臺諫，與夫百官庶職，罔不祗嚴。乃遂畫地分工，授規作則，制緣舊址，土取沃壤。寮藩輸鏹以贊工，庶民於來而趨事。曾未閱歲，而大工告成。崇庳有度，瘠厚有級，繚以深隍，覆以磚埴，門墉矗立，樓櫓相望，巍乎焕矣，帝居之壯也。夫《易》垂設險守國之文，《詩》有未雨桑土之訓。帝王城郭之制，豈以勞民？所以固圉宅師，尊宸極而消奸伺者也。國家自文皇帝奠鼎燕畿，南面海内，文經武緯，細大畢張，而外城未逮者，非忘也。都城足以域民，而外無闤闠，邊氛時有報急，而征馬未息，故有待於我皇上之纘緒而覲揚之耳。夫以下邑僻陬，即有百家之聚，莫不團練垣寨，守望相保。況夫京師天下根本，四方輻輳，皇仁涵育，生齒滋繁，阡陌綺陳，比廬溢郭，而略無藩籬之限，豈所以鞏固皇圖，永安蒸庶者哉？故議者酌時勢之宜，度民情之便，咸謂外城當建。夫亦思患預防順時之道當然耳。昔宋中葉，武備弛矣，而汴京平衍，又非形勝之區。其謀臣范仲淹議洛陽之城非可後者，乃不見用。我國家方當全盛，將帥如雲，重關外峙，而控山帶海，又非汴京者比，外城之緩急可知也。我皇上一聞廷臣之議，即命共工建此丕業，是豈羣臣之見越於仲淹？實我皇上軫念民瘼，憂勤國體，其視宋君之忽於忠計者，萬萬不侔。以隆王者居重之威，以奠下民安土之樂，以絶奸宄覬覦之念，豐芑貽謀，苞桑定業，不亦永世滋大也哉！嗚呼！此固聖人因時之政，不得不然者耳。要我皇上之心固將宰土爲域，寰海爲池，恬冒八荒而無此疆彼界者，豈一外域之建能爲限量者哉！臣謹記。

城河，其源出昌平州白浮村神仙泉，通榆河會一畝、馬眼諸泉匯爲七里濼，東流環繞都城，曰玉河。由大通橋而下，至通州高麗莊入白河，與盧溝河合。長一百六十餘里。元都水監郭守敬所鑿，賜名通惠河，又名大通河，即潞河也。又西山玉泉從水關經越橋，俗謂銀錠橋，流入西苑，遶宮禁，自玉河橋出，入城河，合流至大通橋入漕。玉河橋凡三：一跨長安東街，一跨文德坊街，一近城垣。

正統五年六月，疏通北京河渠。侍講劉球奏：天雨連綿，宣武街西河決漫流，與街東河會合，二水泛溢，渰没居民，請修築以消其患。仍會計議於城外宣橋西等處量作減水河，以洩城中諸水。命行在工部右侍郎邵旻會同太子太保成國公朱勇勘視。旻等報球言實，具修築事宜以聞。上從之，仍命欽天監正皇甫仲和等審視作減水河利否。仲和言：宣武門西舊有涼水河，其東城河南岸亦有舊溝，皆可疏通，以洩水勢，不利作新。上復是其言。崇禎己卯二月，內監曹化淳議京城外開河以通漕糧。自是年三月十九日起至辛巳六月，所開河自土城廣渠門起至大通橋運糧河北岸，挑河長三千八百六十二丈，又東直門外關帝廟挑月河長二百七十丈，鬭虎營至關帝廟大石橋挑河長三千一百五十一丈，命內監于躍爲河工總理，而以兵部司官輪督班軍，共用班軍二百三萬二千餘名，五城兩縣募夫二萬九百餘名，兵部侍郎吴甡視工，以爲勞費無益，且傷地脈，抗疏止之。尚有萬三千五百丈未完。總理者侵冒不貲，而震巽方之地氣大傷矣。

孫承澤《天府廣記》卷六《郊壇》 遼建都燕京，而祭天地於木葉山，壇制不備。金初因遼俗，行拜天之禮，設位而祭。至海陵天德間，始於城南豐宜門外立南郊圜丘壇，圜壇三成，成十二陛，各按辰位。壝牆三匝，四面各三門，齋宮東北廚庫，南壇壝，皆以赤土圬之。常以冬至日合祀昊天上帝、皇地祇於圜丘。

世宗大定十一年，始郊，命宰臣議配享之禮。左丞石琚奏曰：「按記：萬物本乎天，人本乎祖。此所以配上帝也。蓋配之者，侑神作主也。自外至者無主不止，故推祖考配天，尊之也。兩漢魏晉以來，皆配一祖，至唐高宗始以高祖、太宗並配。垂拱初，又加以高宗，遂有三祖同配之禮。至宋亦嘗以三帝配，後禮院上議，以爲對越天地，神無二主，由是止以太祖配。臣謂冬至親郊，宜從古體。」上曰：「唐宋以私親不合，不足爲法，今止當以太祖配。」乃詔以今年十一月十七日有事於南郊，於前一日徧見祖宗，告以郊祀之禮事，其日備法駕鹵簿，躬詣郊壇行禮。

元之初，祀禮皆因國俗。世祖十二年十二月，以受尊號，遣使諭告天地，下太常檢討唐宋金舊儀，於國陽麗正門東南七里建祭壇，設昊天上帝、皇地祇位二，行一獻禮。三十一年，成宗即位。夏四月壬寅，始於都城麗正門外南七里建壇壝，凡三百八步有奇。壇三成，每成高八尺一寸，上成縱橫五丈，中成十丈，下成十五丈。四陛，陛貫地子午卯酉四位。陛十有二級，外設二壝，內壝去壇二十五步，外壝去內壝五十四步，壝各四門。外垣南櫺星門三，東西櫺星門各一。圜壇周圍上下俱護以甓，內門壝各高五尺，壝四面各有門三，俱塗以赤。至大三年冬至，以三成不足以容從祀版位，以青繩代一成，繩二百各長二十五尺，以足四成之制。燎壇在外壝內丙巳之位，高一丈二尺，四方各一丈，周圍亦護以甓。東西南三出陛，開上南出户上方六尺，深可容柴。香殿三間在外壝南門之外少西，南向。饌幕殿五門，在外壝南門之外少東，南向。省饌殿一間，在外壝東門之外少北，南向。外壝之東南爲別院，內神廚五間南向，祠祭局三間北向，酒庫三間西向。獻官齋房二十間，在神廚南垣之外，西向。外壝南門之外爲中神門五間，諸執事齋房六十間以翼之，皆北向，兩翼端皆有垣，以抵東西周垣，各爲門以便出入。齋班廳五間在獻官齋房之前，西向。儀駕局三間，法物庫三間，都監庫五間，在外垣內之西北隅，皆西向。雅樂庫十間，在外垣西門之內少南，東向。演樂堂七間，在外垣內之西南隅，東向。獻官廚三間在外垣內之東南隅，西向。滌養犧牲所在外垣南門之外少東，西向，內犧牲房三間南向。

大德初，合祀五方帝於南郊。翰林國史院檢閱官袁桷進十議曰：天無二日，日既不得有二，五帝不得謂之天，作昊天五帝議。祭天歲或爲九，或爲二，作祭天名數議。圜丘不見於《五經》，郊不見於《周官》，作圜丘非郊議。后土社也，作后土即社議。三歲一郊非古也，作祭天無間歲議。燔柴見於古經，《周官》以禋祀爲大，其議各有旨，作燔柴泰壇議。祭天之牛角繭栗，用牲於郊牛二，合配而言之，增羣祀而合祠，非周公之制矣，作郊不當立從祀議。郊質而尊之義也，明堂文而親之義也，作郊明堂禮儀異制議。郊用辛，魯禮也，卜不得常爲辛，作郊非辛日議。北郊見於三禮，尊地而遵北郊，鄭玄之説也，作北郊議。禮官推其博，多採用之。

明太宗永樂十八年，於京師正陽門南之左建壇，繚以垣牆，周圍九里三十步。初遵洪武合祀天地之制，稱爲天地壇，後既分祀，乃始專稱天壇。按吳元年建圜丘，以冬至祀昊天上帝；建方丘，以夏至祀皇地祇；及即位，猶分祀如故。至洪武十年，因風雨不時，災異時見，覽京房災異對，始定合祀禮，采古明堂遺制，即圜丘舊壝作大祀殿，壇而屋之，罷方丘，而是歲即奉天殿行焉。十二年殿成，祀昊天上帝、皇地祇位，南向。仁祖配，西向。從祀丹墀四壇：曰大明，曰夜明，曰星辰，又曰星辰。內壝外二十壇：曰五嶽壇五，中嶽壇以鍾山附；曰五鎮壇五；曰四海壇四；曰四瀆，曰風雲雷雨，曰山川，曰太歲，曰天下神祇，曰歷代帝王，各壇一。凡二十四壇，大臣分獻。因命太常每歲祭天地於首春三陽交泰之時。二十一年，增修壇壝，殿丹墀中壘石爲臺，東西相向爲壇，內壝外爲壇二十，亦東西相向。罷朝日夕月禜星之祭，並罷太歲、風雲雷雨、嶽、鎮、海、瀆、山川，月將，城隍，歷代帝王之春祭。建文元年，撤仁祖位，奉太祖配。永樂十八年，京師大祀殿成，規制如南，行禮如前儀，增附天壽山於北嶽壇。洪熙元年，增文皇帝配位太祖下。嘉靖九年，從給事中夏言之議，遂於大祀殿之南建圜丘，爲制三成。祭時上帝南向，太祖西向，俱一成上。其從祀四壇：東一壇大明，西一壇夜明，東二壇二十八宿，西二壇風雲雷雨，俱二成上。別建地祇壇，壇制一成面徑五丈九尺，二成面徑九丈，高八尺一寸，三成面徑十二丈，高八尺一寸。各成面磚用一九七五陽數，及周圍欄板柱子皆青色琉璃，四出陛各九級，白石爲之，內壝圓牆九十七丈七尺五寸，高八尺一寸，厚二尺七寸五分。欞星石門六，正南三，東西北各一。外壝方牆二百四丈八尺五寸，高九尺一寸，厚二尺七寸，欞星門如前。又外圍方牆爲門四：南曰昭亨，東曰泰元，西曰廣利，北曰成貞。內欞星門南門外東南砌綠瓷燎爐，旁毛血池，西南望燈臺，長竿懸大燈。外欞星門南門外左設具服臺，東門外建神庫、神廚、祭器庫、宰牲亭。北門外正北建奉神殿，後改爲皇穹宇，藏上帝太祖之神版，翼以兩廡，藏從祀之神牌。又西爲鑾駕庫，又西爲犧牲所，北爲神樂觀，北曰成貞門，外爲齋宮，迤西爲壇門。壇稍北有舊天地壇在焉，即大祀殿也。嘉靖二十二年，改爲大享殿。殿後爲皇乾殿，以藏神版，以歲孟春上辛日祀上帝於大享殿，舉祈穀禮，季秋行大享禮，以二祖並配，至郊祀專奉太祖配。十年，改以啓蟄日行祈穀禮於圜丘，仍止奉太祖配。十七年，改昊天上帝稱皇天上帝，是年欲倣明堂之制，宗祀皇考以配上帝，詔舉大享禮於玄極寶殿，奉睿宗獻皇帝配。玄極寶殿者，大內欽安殿也，殿在乾清宮垣後。隆慶元年，罷大享祈穀禮，玄極殿仍改爲欽安殿。圜丘泰元門東有崇雩壇，爲制一成，東爲神庫。嘉靖中，以孟夏後祭天禱雨，祈穀壇成，未行而罷。

洪武元年二月，勑禮官太常曰：昔聖帝明王嚴於祭祀，內致誠敬，外致儀文。朕膺天命，首崇祀事，顧草創之初，典禮未備，何以交神明致靈貺？其博考郊禮以聞。丞相李善長、學士陶安、太常卿胡惟庸等奏：國有大祀曰圜丘，曰方澤，曰宗廟，曰社稷，若他諸中祀、小祀，各具沿革以進。於是祀天圜丘，以大明、夜明、星辰、太歲諸神從享。祭地方丘，以嶽、鎮、海、瀆諸神從享，而前代太乙感生五帝諸不經之祀俱罷。撰二丘樂章。安等又言：古者天子五冕，祭天地宗廟社稷諸神各有所用。上以五冕禮太繁，惟天地宗廟服袞冕，社稷等祀服通天冠，絳紗袍，餘不用。二年，奉仁祖配。時中都亦有南北丘焉。五年，上親郊，皇太子居守，親王戎服從。七年，以大祀獻終乃分獻未安，學士詹同、宋濂言：請初獻奠玉帛已，分獻官即初獻，亞獻亦如之。上曰善。八年，從學士樂韶鳳之請，定大祀登壇脫舄禮。九年，令郊社大事，國有三年喪不廢。十年春，且郊，感齋居陰雨，覽京房災異對，始定合祀禮。二十三年，合祀禮成，上作大祀文，並歌。文略言：朕聞太極之化，天開於子，地闢於丑，位極既定，虛其中爲寰中，而人生於寅。人生滋多，非聖莫馭。天生君主，爲民立命。洪荒之時，莫知誰始。今載於書，開天立極，首興彝倫者，伏羲、神農、黃帝是也。法三皇而守行者，少昊、顓頊、高辛、唐虞，其損益禮樂大備其文者，夏、商、周也。下至秦漢，以及於唐宋元。嗚呼！天性自然而常者三綱五常也，聖人度人情而措彝倫，不逆其性，務從於善。每聞昔君，欽若昊天，莫敢有怠。朕即位以來，祀天享地，奉宗廟社稷，當齋期必有風雨，臨祭乃斂，每以爲憂。京房有言，郊祀鬼神必天道雍和，神乃答，若有飄風驟雨，是爲未善。於是命三公度土，工部役梓人於南郊，創大祀殿合享。朕度古人南郊祭天以陽生之月，北郊祭地以陰生之月，獨以義起，不知至陽祭之至陰之月，至陰祭之至陽之月，於理可疑。且掃地而祭，其來甚遠，尚質不華，令天地之享與人大異，將人之享亦執古不變乎？古則汙尊杯飲，茹毛飲血，巢居穴處，今可行乎？殆必不然。因定歲祭天地於首春三陽交泰之時，合祭天地，前期致齋五日，内二日以告仁祖，三日正齋，風和日暖，及夜升壇，山川草木不摇，江海不波，太陰中天，神恍臨降，故合祀宜也。萬曆三年十一月，内閣臣張居正進郊禮圖册曰：「謹按天地分祀，至洪武十年，聖祖乃定爲合祀之制。每歲正月上辛日行禮於南郊大祀殿。列聖遵行，百六十餘年。至世宗皇帝，始按《周禮》古文，復分建南北郊，俱壇而不屋，南郊以冬至，北郊以夏至行禮，而二至之外復有孟春祈穀、季秋大享，歲凡四焉。隆慶改元，詔廷臣議郊祀之禮。時議者並請罷祈穀、大享，復合祀天地於南郊，先帝深惟三年無改之義，獨以祈穀、大享在大内行禮不便，從禮官議罷之，而分祀姑仍其舊，蓋亦有待云爾。夫禮因時宜，本乎人情者也。高皇帝初制郊禮，分祀十年矣，而竟定於合享者，良以古今異宜，適時爲順，故舉以歲首，人之始也，卜以春初，時之和也，歲惟一出，事之節也，爲屋而祭，行之便也。百六十餘年，列聖相承，莫之或易者，豈非以其至當允協經久而可守乎？今以冬至極寒而裸獻於星露之下，夏至盛暑而駿奔於炎歊之中，一歲之間，六飛再駕，以時以義，斯爲戾矣。且成祖文皇帝再造宇宙，功同開創，配享百餘年，一朝而罷之，於人情亦有大不安者。故世宗雖分建圜方之制，而中世以後竟不親行，雖肇舉大享之體，而歲時禋祀止於内殿。是斯禮之在當時已窒礙而難行矣。況後世乎？臣等愚昧，竊以爲宜遵高皇帝之定制，率循列聖之攸行，歲惟一舉合祀之禮，而奉二祖並配，斯於時義允協，於人情爲順。顧郊禋重典，今且未敢輕議，謹稽新舊規制禮儀而略述其概，以俟聖明從容裁斷焉。」

禮之大在祀，而祀之大在郊。自古禮殘缺，後儒穿鑿，而五帝六天合祀之説迄無定論，則以不深考於經折衷於聖以準之也。《書》曰：肆類於上帝，禋於六宗，望於山川，徧於羣神。又曰：柴望秩於山川。又曰：柴望大告武成。曰類曰柴，皆祀天之禮也。然必及於六宗山川羣神而不及后土，則郊必兼社之謂也。《易》曰：先王作樂崇德，殷薦之上帝，以配祖考。又曰：聖人亨以享上帝。《周禮》：以禋祀祀昊天上帝。記曰：郊社之禮所以事上帝也。皆舉郊以見社也。《家語》：孔子曰：天子卜郊則受命於祖廟，而作龜於禰宫，尊祖親考之義也。卜之日，王親立於澤宫以聽誓命，受教諫之義也。既卜獻命庫門之内，所以戒百官也。言郊之必卜也，而不及社，兼社也。此唐虞三代之制也。儒者但見《周禮》有冬至祭圜丘、夏至祭方澤之文，遂主分祀之説，不知《周禮》一歲之間祭天凡幾，正月祈穀，孟月大雩，季秋明堂，至日圜丘，此外有四時之祭，則固合祭者矣。前期十日，太宰帥執事而卜，掌百官之誓戒，太史與執事卜曰戒，大宗伯詔相王之大禮。祭之日，大宗伯奉玉，太宰贊玉幣爵之事，《詩》歌昊天有成命之章，此其證也。惟是周朔建子冬至，圜丘適當獻歲，不妨迎陽報天而後命及於地，故其禮比合祭稍加崇重。此惟行周之時則可耳，乃其合祀之禮則未嘗廢，散見諸經及孔子之言可據也。使祭而必冬至也，則何用卜之爲？故曰至敬不壇，掃地而祭，則又不必於圜丘方澤也。以是而知周之未嘗不合祭也。

由漢歷唐千餘年，分祀者唯魏文帝之太和，周武帝之建德，隋高祖之開皇，唐玄宗之開元，四祭而已。至宋郊祀皆合祭，其不合祭者，唯元豐六年一郊。元祐詔議北郊，蘇軾主合祭，從之者五人，劉安世主分祭，從之者四十人。軾曰：舜之受禪，自上帝六宗山川羣神莫不畢告，而獨不告地祇。武王克商，柴上帝，望山川，而獨略地祇。昊天有成命之《詩》，郊祀天地，終篇言天而不及地，以是知祀上帝而地祇在焉。彼時羣臣方議合祀之非，上以問輔臣，章惇曰：北郊止可謂之社。君子當不以人廢言。夫國之大事莫過於郊。明太祖以開天之聖，改分祀而爲合祀，此千古卓見，故行之百五十年，風雨調順，民物康阜，至嘉靖一改而明遂衰。建議者夏言也，卒死於法。抑太祖之靈弗歆乎！

又《祈穀壇》 祈穀壇大享殿即大祀殿也。永樂十八年建，合祀天地於此。其制十二楹，中四楹飾以金，餘施三采。正中作石臺，設上帝皇祇神座於其上。殿前爲東西廡三十二楹，正南爲大祀門六楹，接以步廊，與殿廡通。殿後爲庫六楹，以貯神御之物，名曰天庫。皆覆以黄琉璃。其後大祀殿易以青琉璃瓦。壇之後樹以松柏，外壝東南鑿池凡二十區。冬月伐冰，藏凌陰，以供夏秋祭祀之用。悉如太祖舊制。至嘉靖二十一年，撤大祀殿，擬古明堂，名曰大享，每春行祈穀禮。隆慶元年，禮官言先農之祭即祈穀遺意，宜罷祈穀，於先農壇行事，大享禮亦宜罷。詔可。

按《月令》：孟春天子以元日祈穀於上帝。注謂以上辛郊祭天。《春秋傳》曰：啓蟄而郊，郊而後耕。《郊特牲》曰：郊用辛。注：凡爲人君當齋戒自新。盧植、蔡邕曰：郊天是陽，故用日，耕耤是陰，故用辰。孔穎達曰：甲乙丙丁等謂之日，子丑寅卯等謂之辰。元者善也，元日郊用辛，元辰耕用亥。黄道周曰：春日甲乙則未知其果上辛也。明初以冬至祀天圜丘，夏至祀地方澤，洪武十年罷之，而止以正月上辛合祀天地於大祀殿，並日月星辰山川等神俱在焉，其禮甚省，其敬甚專。嘉靖九年罷之，而分爲圜丘、方澤，朝日、夕月四郊，其大祀殿則以孟春上辛祈穀。十年，又改啓蟄日祈穀。二十四年，又改大祀殿爲大享殿，然祈穀禮不復行。崇禎十四年，復行祈穀禮，用上辛，十五年用中辛云。

又《犧牲所》 犧牲所建於神樂觀之南。初爲神牲所，設千户並軍人專管牧養其牲。正房十一間，中五間爲大祀牲房，即正中房，左三間爲太廟牲房，右三間爲社稷牲房。前爲儀門，又前爲大門，門西南遇視牲之日設小次。大門東連房十二間，西連房十二間，前爲晾牲亭三間。東西有角門，東角門北爲北羊房五間，山羊房五間，又北爲煖屋，滌牲房五間，倉五間，大庫一間；西角門北爲北羊房五間，山羊房五間，穀倉二間，看牲房一間，黄豆倉一間，官廳三間。正牛房之北爲官廨十二間，東爲兔房三間，又東爲鹿房七間，鹿房前亦爲曬晾亭三間，又前爲石栅欄。官廨西爲便門，門西又爲官廨四間，又西爲小倉三間。東羊房後爲新牛房後牛房十間，餧中祀小祀牛，正北爲神祠。西羊房後正南房五間爲大祀猪圈，西房十間爲中祀小祀猪圈，北有井。又草廠東北爲司牲祠。神牲所設官二人，牧養神牲，祀前三月付廩犧令滌治如法，其中祀滌三十日，小祀滌十日者亦如之。

《周禮》：充人，掌繫祭祀之牲牷，繫於牢，芻之三月。封人，凡祭祀飾其牛牲，設其楅衡，置其絼，共其水藁。飾謂刷治潔清之也，楅衡所以持牛令不得觝觸，楅設於角，衡設於鼻，絼繩也，所以繫牛者。《公羊傳》曰：養牲必有二，帝牛不吉以爲稷牛，帝牛必在滌三月，稷牛惟具滌牛宫也。謂之滌者，蕩滌牢中，使潔清也。三牢各主一月，其一月在外牢，一月在中牢，一月在明牢。必三月者，取一時氣成以充其天性也。牢閑也，繫而飼之，所以防其損傷也。歷代以來，並廩犧局滌潔。唐令：凡大祀養牲，在滌九旬，不得箠扑傷損，死則瘞之，病則易之。凡牲，方色難備則代以純色。凡養牲必有副，省牲而犢鳴，則免之而用副。宋元大祀牲牢入滌別養，一依唐制。

凡郊廟犧牲已在滌者，或有傷則出之，死則埋之，其有疾者，亦養於别所，待其肥腯，以備小祀中祀之用。若未及滌或有傷疾者，歸所司别用。景泰四年，令禮部鑄造牲字、牢字火印各一，會同太常寺及御史印記各處解到大祀牛羊。舊制：歲以十二月朔旦駕親臨閲，以後每夕輪一大臣繼視之。蓋自五府及吏户禮兵工五部、通政翰林堂上官之不司刑者皆與焉。凡兔房，鹿檻，羊棧，牛枋，猪圈，周行歷視，出入皆騎卒火甲人等護衛。每夕鐘定人静乃出，至中宵始回，城門啓鑰以入，次早復命。用騎卒自宣德年始。

孫承澤《天府廣記》卷七《山川壇》 山川壇在正陽門南之右。永樂十八年建，繚以垣牆，周迴六里。洪武三年建山川壇於天地壇之西，正殿七壇：曰太歲，曰風雲雷雨，曰五嶽，曰四鎮，曰四海，曰四瀆，曰鍾山之神。兩廡從祀六壇：左京畿山川，夏冬季月將；右都城隍，春秋季月將。二十一年，各設壇於大祀殿，以孟春從祀，遂於山川壇惟仲秋一祭。永樂建壇北京，一如其制，進祀天壽山於鍾山下。嘉靖十一年，即山川壇爲天神、地祇二壇，以仲秋中旬致祭。别建太歲壇，專祀太歲，東廡爲春秋月將，西廡爲夏冬月將，各二壇。前爲拜殿宰牲亭，南爲川井，即山川壇舊井，有龍蟄其中。壇西南有先農壇，東旗纛廟，壇南耤田在焉。十年，定太歲、月將祭期，歲於孟春享廟、歲暮祫祭之日，遣官行禮。隆慶元年，禮官議天神地祇既從祀南北郊，仲秋不宜復有神祇壇之祭，罷之，而太歲之祭如故。

又《地祇壇》 地祇壇面闊十丈，進深六丈，高四尺，四出陛各六級，壝牆方二十四丈，高五尺五寸，厚二尺四寸，欞星門亦如神壇。内設青白石龕山形三、水形二於壇北，各高八尺二寸，左從位山水形各一於壇東，右從位山水形各一於壇西，各高七尺六寸。

孫承澤《天府廣記》卷八《先農壇》 先農壇在山川壇内西南隅，永樂中建。按洪武元年，御史尋适請耕耤田，享先農，以勸天下，上從之。二年建壇。壇南爲耤田，北爲神倉。歲親祭先農，以后稷配，已而又奉仁祖配。八年，令府尹祭，不設配。永樂建壇京師，一如其制，建於太歲壇旁之西南，爲制一成，石包磚砌，方廣四丈七尺，高四尺五寸，四出陛。西爲瘞位，東爲齋宫、鑾駕庫，東北爲神倉，東南爲具服殿。殿前爲觀耕臺，用木，方五丈，高五尺，南東西三出陛，臺南爲耤田。護壇地六百畝，供黍稷及薦新品物。又地九十四畝有奇，每年額税四石七斗有奇，太常寺會同禮部收貯神倉，以備旱潦。又令壇官種一百九十畝，壇户二百六十六畝七分，上耕耤田親祭，餘年順天府尹祭。嘉靖中，建圓廩方倉以貯粢盛。耕之日，上具弁服詣壇躬祭如儀，更翼善冠黄袍，各官吉服。户部尚書進耒耜，順天府官進鞭。上秉耒耜，三推三返。部臣受耒耜，府臣受鞭，府官捧青箱，隨以種子播而覆之。上御觀耕臺坐觀，三公五推，九卿九推，府官率庶人終畝。

漢耕於鉅定，於弄田，於定陶，於下邳，無定所。唐戒近郊履千畝，行九推。宋耕數十步或十有二畦，無定數。至明而其制始備。

天子耕用亥日，蓋亥之地直上天倉星，又以建辰月祭靈星，以求豐穰。靈星是天田星，在於辰，故農字從辰。【略】

又《地壇》 地壇在安定門外之北，繚以垣牆。嘉靖九年，建方澤壇，爲制二成。夏至祭皇地祇，北向，太祖西向，俱一成上。東一壇，中嶽、東嶽、南嶽、西嶽、北嶽、基運山、翔聖山、神烈山西向；西一壇，中鎮、東鎮、南鎮、西鎮、北鎮、天壽山、純德山東向；東二壇，東海、南海、西海、北海西向；西二壇，大江、大淮、大河、大漢東向；俱二成上。壇制一成面方六丈，高六尺，二成面方十丈六尺，高六尺。各成面磚用六八陰數，皆黄色琉璃，青白石包砌，四出陛各八級。周圍水渠一道，長四十九丈四尺四寸，深八尺六寸，闊六尺。内壝方牆二十七丈二尺，高六尺，厚二尺。内欞星門四，北門外西爲瘞位，瘞祝帛，配位帛則燎之。東爲燈臺，南門外爲皇祇室，藏神版，而太祖版則以祭之前一日請諸廟。外欞星門四，西門外迤西爲神庫、神廚、宰牲亭、祭器庫，北門外西北爲齋宫。又建四天門，西門外爲鑾駕庫、遣官房，南爲陪祀官房，又外爲壇門，又外爲泰折街牌坊。護壇地一千四百七十六畝。

明太祖未即大位之先，已建圜丘於正陽門外鍾山之陽，建方丘於太平門外鍾山之陰，分祀天地。元年，李善長等進方丘説曰：「按三代祭地之禮，見於經傳者，夏以五月，商以六月，周以夏至日祀之於澤中之方丘。蓋王者事天明，事地察，故冬至報天，夏至報地，所以順陰陽之義也。祭天於南郊之圜丘，祭地於北郊之方澤，所以順陰陽之位也。然先王親地有社存焉。《禮》曰：享天於郊，祀社於國。又曰：郊所以明天道，社所以神地道。又曰：郊社所以祀上帝。又曰：明乎郊社之禮。或以社對帝，或以社對郊，則祭社所以親地也。《書》曰：敢昭告於皇天后土。《左氏》曰：戴皇天，履后土。則古者亦命地祇爲后矣。曰地祇，曰后土，曰社，皆祭地也。此三代之正禮而釋經之正説。自鄭玄惑於緯書，而謂夏至於方丘之上祭崑崙之祇，七月於泰折之壇祭神州之祇，析而二之。後世宗焉，歲一祭。自漢武用祠官寬舒議，立后土祠於汾陰脽上，禮如祇祀，而後世又宗之，於北郊之外仍祠后土。元始間，王莽奏罷甘泉泰畤，復長安南北郊，以正月上辛若丁天子親合祀天地於南郊，而後世又因之，多合祭焉。由漢歷唐，千餘年間，親祀北郊者惟魏文帝之太和、周武帝之建德、隋高祖之開皇、唐玄宗之開元，四祭而已。宋元豐中，議專祭北郊，故政和中專祭者凡四。南渡以後，則惟攝祀而已。元皇慶間，議夏至專祭地，未及施行。今當以經爲正，擬今歲夏至日祀方丘，以五嶽、五鎮、四海、四瀆從祀。」上是之。四年三月，復改築圜丘、方丘二壇。七年七月，增圜丘、方丘從祀，更定其儀。十年，以分祭天地，揆之人情有所未安，命舉合祀之典，即圜丘舊址爲壇，而以屋覆之，名曰大祀殿。自是方丘之祭遂罷。永樂建天地壇於南郊，一如太祖更定之制。至嘉靖九年，議改諸祀。禮臣夏言因奏分祭天地本是古制，況壇於南郊，坎於北郊，就陰陽，因高下，原無崇樹棟宇之文。至祖宗並配，舉行不於長至之日，而於孟春，俱不應古典。宜令羣臣博考會議，陛下稱制而裁定之，此中興大業也。疏入，未報。給事中王汝梅等以言説非是，而霍韜詆之尤力。上怒，皆加切責，而又自爲説以示禮部。於是建方澤壇於安定門外，坐南向北，以高皇帝配，如洪武十年以前之制。潘簡肅潢議：「臣聞禮者體也，昔者聖人作《易》，設卦觀象，以乾爲天、爲君、爲父，以坤爲地、爲母、爲妻、爲臣，而系之曰：天尊地卑，乾坤定矣，卑高以陳，貴賤位矣。此禮所由生也。是故因天事天，祭帝於郊，因地祀地，祭社於國。燔柴泰壇，崇效天地，瘞埋於泰折，異樂殊日，不與帝同牢，以卑法地。明王者父乾母坤，禮至而辨，示民嚴上焉。故孔子曰：天無二日，土無二王，禘嘗郊社，尊無二上。知其説者之於天下也，其如視諸斯乎！蓋慎之也。以此坊民，後世乃猶有合享分郊如新莽匡衡之云者，其於上也，不亦二乎？臣愚竊謂禮有貴多，亦有尚寡，文質無常，惟稱之適。圜丘不屋，致誠之極也，明堂大享，宜非所施，是故掃地之典，義不可曠。奕奕郊廟，列聖作之，踐位行禮，於今百祀，神靈之所依，祖宗精神之所聚，律之以《春秋》譏毀泉臺之法，而揆之以詩人勿剪勿拜之意，有其舉之，孰敢廢乎？是故大祀之殿義不可墮。按《尚書》《孝經》《春秋》，凡言郊不卜郊，郊祀用牲於郊，皆斷名之曰郊，不別云某郊，凡言郊以明天道，郊則天神格，祭天於郊，皆直繫之天，更不並云天地。是知祭天之外無郊，郊祭之中無地，易明也。匡衡徒見天子有兆於南郊之語，妄意祭地當於北郊，其言本《孝經緯》，於經無據。且北既陰方，地象母位，則郊配亦當以其類矣。嚴母莫大於配地，古有之乎？是故北郊之義，謬不可襲。王者受命有天下，謂之有土。是故古者天子大社，丘方五丈，封土五色，祭后土焉。凡封建諸侯則各割其方色之土，苴以白茅而錫之，使各立社，祭於其國，亦曰胙土。是天子太社五土，王社自祭畿内分土，諸侯獨得祭其方土而已。故曰：王者有分土祭天地，諸侯方祭祭土，而《尚書》、《周官》、《禮記》皆謂祭地曰社，或曰后土，曰冢土，祇曰大祇，亦曰地祇，又曰土示丘，方曰方丘，折曰泰折，天下之社莫大焉。曰大社，社所以明地道，列地利，命降乎社之謂殽地。社之爲大祇昭昭矣。自鄭玄諸儒牽附讖緯，誤分泰折爲祭崑崙，方丘爲祭神州，於是大社自爲五土之神，而夏至祭地別在北郊。夫五土之神非地而何？旅五帝獨非祭天耶？《周禮·宗伯》：甸師用牲於社，大祝大師大會同宜於社，小祝寇戎之事保郊祀於社，大司馬蒐田獻禽祭祇大合軍以先愷樂獻功於社，大司寇軍旅之事涖戮於社。類皆言社而不及稷。臣謂此天子大社也。張載曰：大社，王爲羣姓所立，必在國外；王社，王所自立，必在城内。夫大社既在國外，則小宗伯建國之神位，所謂右社稷左宗廟者，固王自立之社，而大社無稷矣。漢儒乃謂大社有稷，王社無稷，是無怪其以社爲地別體，而雜求諸泰折方丘，卒起後來紛紛之議。非胡宏、王炎諸臣相繼講正，流惑可勝慨乎？」

孫承澤《天府廣記》卷九《帝王廟》 帝王廟在阜成門内大市街之西。永樂遷都北京，諸祀畢舉，惟帝王無廟。嘉靖十年，中允廖道南請改大慈恩寺興辟雍以行養老之禮，撤靈濟宮徐知證、知諤二神，改設歷代帝王神位，仍配以歷代名臣。禮部覆言：「今國子監乃祖宗以來臨幸之地，恐不必更葺梵宇舊址，重立辟雍。惟都内喜佛寺係元人淫制，敗壞風俗，相應毀棄；靈濟二神當時已得罪名教，固宜撤去，但所在窄隘，不足以改設帝王寢廟，宜擇地別建。」得旨：「邪鬼淫像可便毀之，帝王廟，工部其相地卜日興工。」於是工部銷毀淫像，會官相擇帝王廟地，因言阜成門内保安寺故址舊爲官地，改置神武後衛，而中官陳林鬻其餘爲私宅，地勢整潔，且通西壇，可贖還而鼎新之。詔可，遣工部侍郎錢如京提督工程。名景德崇聖之殿。東西兩廡，南砌二燎爐，殿後爲祭器庫，前爲景德門，門外東爲神庫、神廚、宰牲亭、鐘樓，又前爲廟街，門東西二坊曰景德。立下馬牌。

洪武元年，祀三皇用太牢，以勾芒、祝融、風后、力牧配。四年，令天下立三皇廟，歲春秋祭，已而祭於陵。是年命禮官參考古帝王在中原安養人民者三十四君，合祀之，擇名臣從祀。六年，上從禮官言，古帝王有父子祖孫合祀非禮，乃別立帝王廟，同堂異室，祀三皇、五帝、禹、湯、文、武、漢高、光武、唐高祖、太宗、宋太祖、元世祖，其守成賢君，令所在有司祭於陵。七年，塑帝王袞冕坐像。上曰：伏羲、神農未有衣裳之制，勿加冕服。二十年，以武成王從祀，去王號。二十一年，禮官擇歷代名臣始終全節者三十五人請從祀。上曰：趙普負太祖，不忠，不可祀。元木華黎，安童祖也，不可祀孫而去祖，宜祀木華黎，罷安童，並伯顏、阿朮勿祀。又曰：漢陳平、馮異，宋潘美皆宜祀。又曰：文王雖基周命，終守臣節，唐高祖有天下，本太宗也，可勿祀，祀於陵。增祀隋文帝。是年廟火，改建於欽天山之陽，去隋文帝。又增帝王壇於大祀殿，以孟春從祀天地，惟仲秋祭於廟。嘉靖九年，罷南郊從祀，禮官請如南京廟春祭，上不從。令建廟京師，以歲仲春秋祭，罷南京廟祭。十年春，祀之文華殿。是年廟成，殿中奉安太昊伏羲氏、炎帝神農氏、黄帝軒轅氏，東奉安帝金天氏、帝高陽氏、帝高辛氏、帝陶唐氏、帝有虞氏，西奉安夏禹王、商湯王、周武王，又東奉安漢高祖皇帝、漢光武皇帝，又西奉安唐太宗皇帝、宋太祖皇帝、元世祖皇帝，東廡則風后、皋陶、龍、伯益、傅説、召公奭、召穆公虎、張良、曹參爲一壇，西廡則力牧、夔、伯夷、伊尹、周公旦、太公望、方叔、蕭何、陳平爲一壇，東之次則周勃、馮異、房玄齡、李靖、李晟、潘美、岳飛、許遠爲一壇，西之次則鄧禹、諸葛亮、杜如晦、郭子儀、曹彬、韓世忠、張浚、張巡、木華黎爲一壇，從祀。是年，上親祭。修撰姚淶請罷元世祖並從祀之臣木華黎等，禮官議不可。給事中陳棐復言之，乃罷。凡歲仲春秋太常寺題請遣大臣一員行禮，四員分獻。凡子午卯酉之秋，上傳制遣樂舞生祭於陵。其年罷秋祭。昔人議罷唐高祖而祀太宗爲非者，謂温大雅《大唐創業起居注》：義旗之初，皆由帝旨，大郎二郎尚未軒輊。及入關東討，秦王力雖多，然身係嗣胤，何殊將帥？禁門之舉不無遺議焉。而遽謂功盡彼出，罷父祀子，靈豈無知？至於從祀云者，以臣事君耳，中興諸君未聞俎豆，而其臣儼然，且仲虺列於見知，甘盤稱爲舊學，梁公之伐，遠過西平，淮陰之寃有同武穆，而舍彼取此，義復何居也？

孫承澤《天府廣記》卷二二《工部》鐵廠

鐵冶西去遵化縣可八十里，又二十里則邊牆矣。羣山連亘不絶，古之松亭關也。鐵爐深一丈二尺，廣前二尺五寸，後二尺七寸，左右各一尺六寸，前闢數丈爲出鐵之所，俱石砌，以簡干石爲門，牛頭石爲心，黑沙爲本，石子爲佐。時時旋下，用炭火置二鞲扇之，得鐵日可四次。石子產於水門口，色間紅白，略似桃花，大者如斗，小者如拳，擣而碎之，以投於火，則化而爲水。石心若燥，沙不能下，以此救之，則其沙始銷成鐵。生鐵之鍊凡三時而成，熟鐵由生鐵五六鍊而成，鋼鐵由熟鐵九鍊而成。其爐由微而盛而衰，最多至九十日則敗矣。爐有神，則元之爐長康侯也，康當爐四十日而無鐵，懼罪欲自經，二女勸止之，因投爐而死，衆見其飛騰光燄中，若有龍隨而起者，頃之鐵液成。元封其父爲崇寧侯，二女遂稱金火二仙姑，至今祀之。

正德中，工部題：遵化鐵廠係永樂年間在於地方砂坡谷開設，後遷地方松棚谷。正統年間遷今地方白冶莊。彼時林木茂盛，柴炭易辦。經今建置一百餘年，山場樹木砍伐盡絶，以致今柴炭價貴。每年本部額運生熟鋼鐵五十七萬九千七百斤，大約見數三年支用。若不從宜節省，仍舊原額炒鍊，則柴炭價高，軍力勞竭，月增歲益，必難支持。至萬曆九年正月，薊督梁夢龍奏：冶廠課鐵二十萬八千斤，計價不過二千七百餘兩，而專設官吏軍役，費逾萬金，不如革之以蘇民困。部覆允之。

孫承澤《天府廣記》卷三七《名蹟》 燕城故蹟見於元人葛羅禄迺賢文集者，一曰黄金臺，大悲閣隗臺坊内。二曰憫忠閣，唐太宗憫征遼士卒而建。三曰壽安殿。四曰聖安寺，寺有金世宗、金章宗二朝像。五曰大悲閣，閣榜虞世南書。六曰鐵牛廟。七曰雲仙臺，金之望月臺。八曰長春宫，神仙丘處機之居。九曰竹林寺，金熙宗駙馬宫也，寺僧云：一塔無影。十曰龍頭觀，龍頭懸一牙籤，刻曰建龍元年。十一曰粧臺，李妃所築，今在昭明觀後。妃嘗與章宗露坐，上曰：二人土上坐。妃應聲曰：一月日邊明。十二曰雙塔，安禄山、史思明所建，在憫忠寺前。十三曰西華潭，金之太液池。十四曰白馬廟。十五曰萬壽寺，寺有許道寧畫屏。十六曰玉虚宫。

黄金臺在城東南一十六里。又一曰小金臺，在府東南一十五里。梁任昉《述異記》：燕王爲郭隗築臺，今在幽州燕王故城中，土人呼爲賢士臺，亦曰招賢臺。又王隱《晉書》：段匹磾討石勒，屯故燕太子丹黄金臺。蓋昭王創臺於前，子丹踵之於後，今人知昭王而不知子丹。

孫承澤《天府廣記》卷三八《寺廟》 晉像觀音寺，天福中僧道翊所造。後漢乾祐中，僧從勳以佛舍利親安大士頂。兀朮入臨安，宋高宗遯於海，遂與玉帛圖籍俱航而北。僧志完率徒以從，至燕都城西五里玉河鄉建寺居之。天順壬午及成化丁酉俱重修。

晉嘉福寺，唐改龍泉寺，即今潭柘寺也。寺兩鴟尾，自潭中湧出，奇偉之甚。昔謂有柘千萬章，今亡矣。僧新種者存其名耳。燕諺謂先有潭柘，後有幽州。此寺之最古者也。

後魏尉使君寺，建於元象元年戊午，幽州刺史尉萇命造，後改爲智泉寺。武則天時改爲大雲寺。開元中改爲龍興寺。在憫忠寺前，隋造塔藏舍利處。

隋舍利塔，建於仁壽二年壬戌正月初。文帝爲太子時，有梵僧以釋迦佛舍利遺之。至登極，勑天下大州建舍利塔。時幽州節制竇抗造五層木塔，扃舍利於其下。至唐文宗太和八年塔災。宣宗大中丙寅，得石函於故基下，移置於憫忠寺多寶塔。僖宗中和壬寅，又災，延燒憫忠寺樓臺俱燼。昭宗景福壬子，遷舍利於閣内。

隋天王寺，今之天寧寺。開皇中建，唐開元中修。明正統中重修，始改今名。内有塔高十三層，每每現光，其影入殿之門窗隙内，一塔散爲數十塔，影皆倒也。

唐火神廟，在皇城北，貞觀中建。元至正六年重修。萬曆三十三年始增碧瓦。後有水亭，可望北湖。

唐吉祥寺，在城西南隅。萬曆丙午重修，改名石鐙庵。改修時於地掘得石鐙，上刻唐人所書《心經》。萬曆中，翰林黄輝、陶望齡集縉紳於此放生，後林增志踵行之尤盛。

唐憫忠寺，建於貞觀十九年。太宗憫東征士卒戰亡者，收其遺骸，葬幽州城西十餘里許，爲哀忠墓。又於幽州城内建憫忠寺，中有高閣，故但以閣名。唐諺：憫忠高閣，去天一握。是也。寺前有隋藏舍利塔，所謂智泉寺也。及塔災，始移舍利塔於憫忠寺中，今石函尚存，寺前空地即雙塔舊基。

唐淤泥寺，在城内西隅，即今鷲峰寺，内有唐人石刻《心經》，供栴檀佛像。元學士程鉅夫記云：「釋迦如來初爲太子，誕七日，母摩耶棄世，生忉利天。佛既成道，思念母恩，遂升忉利，爲母説法。優闐國王欲見無從，乃刻栴檀爲像，目犍連尊者以神力攝三十二匠升忉利天，諦觀相好，三返乃成。及佛返人間，王率臣庶同往迎佛，此像騰步空中，向佛稽首，爲佛摩頂受記曰：我滅度千年之後，汝從震旦廣利人天。像由是飛歷西土一千二百八十五年，龜茲六十八年，涼州一十四年，長安一十七年，江南一百七十三年，淮安三百一十七年，復至江南二十一年，北京汴京一百十七年，北至燕京，居聖安寺一十二年，北至上京大儲慶寺二十年，南還燕京内殿五十四年。丁丑三月燕京火，迎還聖安寺，五十九年。元世祖迎入仁智殿，十五年。遷於萬安寺，一百四十餘年。」蜀僧紹乾續紀云：「復居慶壽寺一百二十餘年，嘉靖戊戌慶壽寺災，奉迎鷲峰寺，迄天啓丁卯，共居八十八年。計優闐造像當周穆主辛卯，至熹宗丁卯凡三千六百一十餘年。」其説荒唐不足信，然佛之體制衣紋，踽踽欲動，非近代人所能辦。

唐晉陽庵，佛像刻大唐貞觀十四年尉遲敬德監造。庵在宣武門外，後移受水塘古佛庵。庵壞，移稽山會館。

唐聚慧寺，武德中建。正統中改萬壽寺，在城西戒壇。

唐兜率寺，今名永安，俗呼卧佛寺。殿前娑羅樹來自西域，唐建寺時所植，今大三圍，高參天。

唐佑聖教寺，在通州城内西北隅。内浮圖十三層，高三百八十尺，下作蓮花臺座，高百二十丈，周圍百四尺，虚其中以祀神。考斷碑創於貞觀七年，歷五代宋遼金元，凡八世始成。塔頂有鐵矢一，相傳金將楊彦昇射鏃於其上，迄今猶存。每天氣晴朗，塔影垂映白河中。

五代瑞雲寺，李克用建。今改百家寺，在百花山。

金彌陀寺，即法藏寺，大定中建，在外城内。寺中有塔七級，高十餘丈，中空可登。余少時讀書其旁，天氣晴時輒一登，北望宫闕，黄瓦參差，西觀兩壇，松檜鬱茂，西山黛色如在簷前。

金護聖寺，即功德寺，在西湖旁，水光稻花如江南。明帝祭陵，設幄於此。宣德中僧板庵重修，今改名。

金雀兒庵，在潭柘寺後。章宗彈雀於此，即行幄建庵。

金昊天寺，大定四年秦越公主建。正統四年王振修，改隆恩寺。

金大定寺，章宗建，有詩刻石。今改棲隱寺，在仰山。

金甘露寺，即香山寺，建於大定中。明正統間，内侍范宏重建，費銀七十餘萬。旁一軒萬曆御題曰來青。

山有祭星臺、護駕松、夢感泉，皆金章宗遺跡。

遼白塔寺，建於遼道宗壽昌二年，塔制如幢，色白如銀。至元八年，加銅網石欄。天順二年，改名妙應寺。

附近有青塔寺、黑塔寺，然寺存而無塔。

元天慶寺，原遼之永泰寺，大安兵毀，元世祖至元壬申重建。明成化二年錦衣指揮朱善重修。上有高樓，可望天壇。僧舍中有李龍眠畫羅漢十六軸。元學士袁桷記云：「至治三年三月甲寅，魯國大長公主集中書議事執政官翰林集賢成均之在位者悉會於南城之天慶寺。命秘書監丞李某爲之主，其王府之寮寀悉以佐執事。籩豆静嘉，尊斝潔清，酒不强飲，簪珮雜錯，水陸畢凑，各執禮盡歡，以承飫賜，而莫敢自恣。酒闌，出圖畫若干卷，命隨其所能俾識於後。禮成，復命能文詞者敍其歲月，以昭示來世。竊嘗聞之，五經之傳，左國是先，女史之訓，有取於繪畫。將以正其視聽，絶其念慮，誠不以五采之可接而爲之也。先王以房中之歌達於上下，而草木蟲魚之纖悉，因物以喻意，觀文以鑒古，審時知變，其謹於朝夕者盡矣。至於宫室有圖，則知夫禮之不可僭，溝洫田野，則知夫民生之日勞，朝覲贊享，冕服懸樂，詳其儀而慎别之，亦將以寓其儆戒之道。則是魯國之所以襲藏而躬玩之者，誠有得夫五經之深意。夫豈若嗜奇侈聞之士，爲耳目計哉？河水之精，上爲天漢，昭回萬物，矞雲興而英露集也。吾知縑緗之積，寶勢旁達，候占者必於是乎得之。泰定五年正月具官袁桷記。」

元報國寺，元中統中建於彰義街，今廣寧門内。後有高閣，西山翠色，以手可捫。前殿奇松，離奇飛舞，有如怒虬。閣下窯變觀音僅高尺許，寶冠緑帔，瞑而右倚，以手承頤，宛是吴道子妙畫。明成化中，改爲大慈仁寺。明人蔣德璟記曰：「報國寺在宣武門外可二里。成化中重修，蓋憲宗爲皇太后祝釐處。初入東廊，憩禪悦庵，少選，入寺後總聖門禮佛。兩旁名畫百二十軸皆天堂地獄變相，僧云宫内送至寺者。登大毘盧閣，可三十六級，爲王母及母兩太君遥祝畢，閣外通廊，環行一週。俯視西山，若在襟袖，宫闕城市，具在目中。旁精舍一枝繁花，或云梨或云杏，甚艷。遂行觀成化劉公定之碑，出總聖門，右轉入僧房，有海棠一巨叢，其幹大可數圍。出過後殿，多松樹及核桃，再出過正殿，則雙松怪甚矣。雙松偃蓋，皆數百年物，東者高可三四丈，有三層，西則僅高二丈許，而枝柯盤屈，低亞横斜，其陰數畝。虬角龍髯，披拂鱗皴，其最修而壓地者，以數十紅架承之。因移榻其下，梳風幕翠，一庭寒色。

元慶壽寺，即雙塔寺。至元中建，今在西長安街。有二塔，一九級，一七級。寺僧海雲可庵葬其下，僧像尚存，皆團龍魚袋。海雲有門弟子劉秉忠贊，舊有石刻金章宗飛渡橋、飛虹橋六大字。嘉靖十七年燬。天順元年七月，禁大興隆寺僧不許開正門鳴鼓，並毀寺前第一叢林牌樓、香爐、旛竿，從巡撫山西右副都御史朱鑑言也。

元般若庵，在北湖之南。萬曆中，始增宏麗，改名金剛寺。僧雪浪講經其中，士紳多從之遊。吴中姚現聞先生著準提像贊刻寺中。

元靈福寺，在阜成門外韓家山。寺有二奇松，漢循吏韓延壽家此山。

元祐聖王靈應廟，即今都城隍廟，在城西刑部街。永樂遷都，新其廟宇。内有石刻北平府三大字，半埋土中，相傳尚有城隍廟三字。

元崇國寺，元有二崇國寺，此乃北寺。元順帝至元中建。寺爲脱脱丞相故宅，今佛座下立一幞頭朱衣老叟，一鳳冠朱裳老嫗，乃其夫婦也。後僧録司右姚廣孝一像一主在焉。廣孝舊配享廟廡。嘉靖九年，閣臣李時以髠徒不便在廟，乃將其主送大興隆寺，寺災移此。其像上題一偈：「看破芭蕉拄杖子，等閑徹骨露風流。有時摇動龜毛拂，直待虚空笑點頭。」後署獨庵老人題。獨庵，廣孝號也。釋名道衍，字斯道。

元東嶽廟，舊稱仁壽宫，在朝陽門外。元真人張留孫買地大都齊化門外，擬爲宫以祀東嶽大帝，未成。至治壬戌，其徒吴全節始畢工，賜名仁聖宫。泰定乙丑，魯國大長公主出資鉅萬，更爲寢宫，又賜名昭德殿。其像乃昭文館學士劉元手製，兩旁侍臣倣唐開國功臣像爲之，故赫赫有生氣。劉元字秉元，寶坻人，官至昭文館大學士、正奉大夫，秘書監卿。

元石湖寺，在德勝門内北湖之旁。水從玉泉入城，聚爲一湖。水色蓮香，最稱勝景。寺後爲方閣老園。

元鐵牛廟，在舊燕城東南，有土埋鐵牛露脊，元人立廟祀之。

元昭應寺，在西阜城門外，至元中建，正德八年重建。

元法王寺，在高梁橋西北，今改廣通寺。寺四角有石樓，望高梁橋柳色如畫。

元從容庵，元僧萬松老人建。所著有《從容録》。今磚塔尚存，在宣武門内乾石橋北。

元碧雲庵，在西山，建於元耶律阿利吉。正德中内監于經拓之爲寺。經以佞倖得寵，於通灣等處開設皇店，歲報上銀八萬兩，餘以自飽，乃爲寺於香山而立塚域於後，所費以萬萬計。嘉靖初下獄死，籍其家。天啓三年，内璫魏忠賢重修，土人呼爲于公寺。

朝天宫，在皇城西北，元之天師府也。宣德中，倣南都之制，建三清殿、通明殿，又建普濟、景德、總制、寶藏、祐聖、靖應、崇真、文昌、玄應九殿。至成化十七年重修。天啓六年五月二十一日災，止存張真人府。府設道録司，元三碑存。是年五月初六日，王恭廠地雷裂地十餘丈，傾屋萬計，斃人三千餘。至二十一日，朝天宫殿門緊閉，火發於内。次月初五日，地大震千里。

張真人，元以爲天師，洪武去其舊稱，俾爲真人，改天師印爲大真人印。後授六品銅印，曰龍虎山正乙玄壇之印。弘治間賜玉印，文曰陽平治都功印。紅巾張道陵舊印其文如此，而陽平治即蜀之陽平山二十八治之一，道陵起處也。隆慶元年，追奪其玉印。萬曆二年，重賄馮保復給。

顯靈宫，在皇城西，永樂時建。成化中更拓其制，又建彌羅閣。嘉靖中復建昊極通明殿、東輔薩君殿、西弼王帥殿。西殿有柏，爲雷所劈，其枝委地如屏。

靈濟宫，在皇城西，祀玉闕、金闕二真人，永樂十五年建。成化十六年重增宏麗。凡遇大禮，朝臣先習儀於朝天宫，宫燬乃習儀於此。崇禎十五年，科臣左懋第疏言二真人乃叛臣之子，不宜受朝臣拜跪，請以帳幔隔之。報可。

延壽寺，在韓家山。永樂時内臣剛鐵靖難從征有功，葬於此。

真覺寺，在阜成門外，永樂中建。至成化九年建石臺，高五尺許，上列五塔。

弘光寺，在香山，宣德中内侍鄭同建。同高麗人，倣其國毘盧殿之制，作圓殿供毘盧。門内松徑作盤，最爲幽勝。

順天保明寺，天順中建，俗稱皇姑寺。正統八年征也先，陝西吕尼叩馬諫而死。及復辟，乃爲建寺，肉身尚在寺中。

碧霞元君廟，在城外東南弘仁橋，成化時建。弘仁橋元時呼爲馬駒橋。都人最重元君祠，其在麥莊橋北者曰西頂，在草橋者曰中頂，在東直門外者曰北頂。又西直門外高梁橋北亦有祠，每月朔望，士女雲集。

極樂寺，在阜城門外，成化中建。寺有牡丹園，春日游履恒滿。園有高樓，萬曆壬辰，進士曠鳴鸞必欲登之，寺僧以久扃不便開，曠不聽，甫登火發，曠與樓俱燼。蓋嘉靖庚戌，都城告警，貯火藥於此，煮酒者火觸之而作也。

明因寺，在天壇北，天順時建。內有貫休所畫羅漢十六軸，僧紫柏各係以贊。僧寮左壁有董文敏其昌書佛成道記，天啓二年刻石。

隆安寺，天順間建，萬曆己酉重修。後有一堂曰浄土社。

弘善寺，在左安門外，所謂韋公寺也。正德中內侍韋霦建。寺後有西府海棠二株，高二尋，每開爛如堆繡，香氣滿庭，昔人恨海棠無香，誤也。寺東臨池一亭，亭後假山極其幽勝。

龍華寺，在德勝門東，成化三年建，萬曆五年重修。寺外供御稻田八百畝，宛如江南。楚劉侗曰：南客思鄉，每於此來聞稻花香。

大隆福寺，景泰四年建。極其鉅麗，大法堂石欄乃南城翔鳳殿物，撤用於此。景泰七年五月，大隆福寺修佛會，有回回速發蠻狂，持斧入寺，破衆僧頭，一僧死。遂上佛殿放火燒燬佛經，並壞門窗等物，捕獲斬之。蓋回回以佛座下皆伊國人像，故狂忿也。

摩訶庵，在阜城門外八里莊，嘉靖丙午建。

都人王宗簡記曰：「予少時獵西郊，偶過摩訶庵，見石工勒《金剛經》集篆於石。呼僧問之，廓上人曰：此汪中丞所得之古集篆也。其始青衣鼓枻于黃蓮洲垝垣間，一篋浮水上觸舟，視之故經没滅耳。夜則鬼物恍惚呵護。驚告中丞，於日中辨之，爲古集篆《金剛經》。中丞欲刻之金陵，旋以撫軍雲中未果。其門人洪度刻木相貽，且告之故，感此奇因，願勒之石以示久遠，並募士大夫楷書於後。予爲之嘆異。常聞《金剛經》之有集篆，始於五代僧夢英，集十八體，宋僧道肯增成三十二體，此或是也。亡何，籀文法書，焜耀壁上，時萬曆戊午、己未之際也。予頻年讀書庵中。夕燈晨磬，瞻矚獨久。甲申避寇，竄伏庵中，流連而去。迨歸來，村墟半落，風景非殊，石經之室巍然，而上人已九十老人矣。三十年來，予初見刻石於承平之時，游覽於閑暇之日。以至喪亂餘生，人物灰散，猶得見此經石，俛仰今昔，不知涕泣之無從也。一日上人命諸孫元長、聞因，謂予知刻石因緣，屬爲著其意。求汪中丞序不可得，長椿寺僧性柔出以相質，爲掇其大略而識之，亦以見余之瞻依此經久久也。汪中丞名可受，號霸峰，黃梅人。廓上人名性宏，元長名寂善，聞因名寂惠。」

萬壽寺，萬曆五年建。 大璫谷大用寺基，慈聖李太后出資鉅萬，命太監馮保督造。寺懸永樂時所鑄大鐘，內外書《華嚴》八十一卷，名曰華嚴鐘。 按鐘在漢經廠，此其一也。廠在德勝門內，舊鑄高二丈、闊餘一丈餘者尚有十數仆地上，皆楷書佛經，端勁如帖，非沈度、夏杲不能也。

十刹海，在龍華寺前，萬曆中陝西僧三藏建。

千佛寺，萬曆九年孝定皇太后建。內供高麗所供尊天二十四身，阿羅漢一十八身，像貌詭異。

西域雙林寺，在阜成門外二里溝，萬曆四年建。佛作西番變相。

興教寺，在雙林寺東，成化中建。

藥王廟，在天壇北，戚畹李成銘建。

長椿寺，萬曆四十年孝定皇太后建，在宣武門外斜街。

都人米萬鍾《水齋禪師傳》云：「長椿寺水齋大師者，名明暘，故中山郡鹿氏子，陰入母腹，已立禪。於嘉靖三十八年七月十有一日生。泡質雖蒙，識田無染。見僧而悦，聞佛而稱。鎮星甫週，即從剃落。嗣法本郡慈氏寺太和座下，餐麩跣立，肇修苦行。八越暑霜，色腰參請，初受記參嶺不二和尚，謂當十方弘濟，大展宗風。某甲不當汝師，再走雲霧山，謁無窮長老，心心印可，泯言諦矣。自是三十餘年間，普陀大士、峨眉普賢菩薩、少林達摩祖師道場，躬親頂禮，往來五臺、終南、伏牛等山，普行饒益，一切諸苦，徧經罔攝。其在中臺，古松和尚問師云：空假中是甚麼？師默然玄對，當體全空，頓見本來心地，爲然指以謝。復於普陀問大智禪師云：如何是生死？答云：生死原是大智。師了然，更然一指，炙背八十一炷如《華嚴》卷數，乃去。通天和尚者，峨眉老宿也。問師西來意：晴天日頭出，下雨地皮濕，説破無生話，只恐信不及。又問識得麼？師左指天，右指地，不更下一語，機緣既投，衣法旋授，二十七代之燈囑師重剔，蓋至是師復然一指，通前而三矣。略述苦行，實難縷數。嘗割體肉半斤於伏牛，兼刺骨懸耳，立禪一年，負椽求飼虎於本山暨大漫者前後共六年。其臨崖潑水以供僧，細事爾。最後來京師，以水齋著，人號水齋師，先期不食七，再七後，然後呷水，日數以爲常。初師持之終南三閱月，已持之京師黑窯廠一年，鷲峰寺一年，宣武門外茶庵五月。嗟夫！月光水觀，未罷資糧，圖澄滌腸，存乎神化。方之於師，行獨苦矣。雖然，苦行云者，世俗目師之强名，師固不知孰爲苦孰爲非苦也。惟知空吾身以空一切，示無揀擇而已矣。聖母太皇太后、皇帝陛下，實與嘉之，賜金紫，欽命焚修，勅建大華嚴寺於永樂店，再建大祚長椿寺於今所。尋勅師齎內帑普賜南海諸浄刹及欽建八十八佛道場，於休哉！師之苦師之宏也。斯真十方弘濟，大展宗風者哉。」

慈慧寺，在平則門外，萬曆八年蜀僧愚庵建。寺後蜘蛛塔，蜀太史黃輝有碑記其事。

愚庵博學，深於禪理，士大夫多與之遊。當逆璫惡楚人，借封疆一案逮熊芝岡至京，人畏璫不敢過問。愚庵居停寺中，吳中姚孟長先生日相周旋，門外邏者林立，不顧也。及芝岡死西市，愚庵使人收其屍骸埋寺旁。崇禎初，韓蒲州雪熊之冤，上准令其子以屍歸葬，人莫知其處，愚庵引示之。人誦其高義。

黃慎軒輝，君子也。萬曆中，爲皇子講官。時神宗寵鄭妃，與中宮失歡甚，不得所。輝聞小中璫言，輒掩泣。一日與同鄉科臣王德完言及，流涕不止。王感動曰：公爲一疏，我上之。輝即草一稿付之曰：宜再斟酌。德完曰：無可更改。當時投進，內大怒，令錦衣衛逮繫德完下獄，廷杖拷問同謀主使之人，衆爲輝危。輝每日周旋德完飲食不少避諱。後德完以罪遣出國門，輝獨遠送。然性好佛，禪誦如僧。一日忽有萬僧齊至其寓，輝怪問之，咸曰：三日前曾有帖傳致。實無有也。知有人相忌，遂辭疾歸。

慈壽寺，在阜成門外八里，萬曆丙子，慈聖皇太后建。寺有塔十三級，高入雲表，後寧安閣榜太后手書。又後有九蓮菩薩像。

嘉禧寺，在阜成門外二十里，萬曆中建，中有御書聯。

天主堂，在宣武門東，構於西洋利瑪竇。自歐羅巴航海九萬里入中國，崇奉天主，所畫天主乃一小兒，婦人抱之，曰天母。其手臂耳鼻皆隆起，儼然如生人。所印書册皆以白紅一面反覆印之，字皆旁行。其書裝法如宋板式，外以漆革護之，外用金銀屈戍鉤絡。所制有簡平儀、龍尾車、沙漏、遠鏡、候鐘、天琴之屬。

孫承澤《天府廣記》卷四一《賦》

蔣德璟《三殿鼎新賦》：「三殿者，皇中建三極殿也。初爲奉天、華蓋、謹身，肅皇帝仰則天垣，遠紬禹範，爰錫嘉名。我皇御籙中興，實鼎新焉。在《易》鼎之象曰：君子以正位凝命。蓋與書維皇建極之指合。偉哉乎！誠北辰之鴻緯，南面之盛觀也。七年中秋，落以斯干之雅，敬拜首稽首而獻賦曰：厥維幽燕，黃帝闢基。四千餘年，明乃繼之。昔剪蚩尤，我驅蒙古。天味再開，王氣雙吐。當時所爲，治城闕，繕宮室，於奉天出治之地，尤三致意焉。蓋已高蟠龍虎，上憲觜陬。籠二儀以爲官，枕萬歲而不渝矣。柏梁之厄，盛極而然。今皇帝遹追祖武，堂構是肩。諟殿基作而詔諸中外曰：是成祖宅中之區，而肅祖以疇錫福之所延也。歸會峙其旁，正陽當其前。東西文武，左右弘宣。冠帶萬國，龍冕九天。列聖陟降，其可後焉！於是命司空，契元龜。欽天揀日，營繕經初，圭臬揆景，般爾競趨。發帑則神廟封樁之貽，醵俸則千官邪許之呼。蜀楠吳磚，灣石荆銅。山祇川后，獻瑞效功。爾乃神木輸廠，黑窯治璃。臺諫糾敏，匠石究奇。百司雷運，萬輦雲飛。曾未幾時，而皇極門殿已煥乎其巍巍矣。惟中與建兩殿踵成，如彼太乙之宮，前有太乙，後有鉤陳。是曰紫微，帝座三辰。倣曩規而增麗，浴濛汜而俄新。恢當陽之寶勢，快神孫之高門。若夫雲楶星桷，重楄飛昂。藺栭藻井，螭相鳳窗。金扇玉鋪，丹陛瑶璫。岧嶤博敞，蔚駮煒煌，雲霩莫際，赩翕有光。固三殿之所同，羌難得而備方也。有兩班文武，逹而稱曰：斯舉也，蓋遲之三十年而成之六日。乘壘用幹，在鼎元言。宮寶頂之晨安，馳露布而生色。敢賦周詩，上壽千億。於是尚寶陳案，教坊奏韶。錦衣設幟，光禄授肴。黃麾明扇，杖鼓排簫。仗馬馴象，羅擁貂蟬。鞭鳴簾捲，玉衮以朝。然後七舞入，九曲湛，稱制賜瀝，山呼者三。其或册拜椒掖，封遣桐圭。臚天人之賢雋，受重譯之航梯。禮成郊廟，典與耕蠶。頒春小歲，獻至日南。升恒進千秋之鏡，熊羆叶百堵之占。莫不晴熏春羽，日射天香。劍舄花生，穆穆皇皇。於是屏宓妃，卻玉女。咨夔臯，訪箕吕。解綱除眚，吹律回黍。貌言視聽祓其思，歲月日星釐其序。雨暘燠寒，五行師其官，食貨徒師，三德修其臨。儉德若是故庶徵應，五福綏，而世爲竹苞松茂之主也。昔堯有塢宮，舜有總期。儉德雖章，大比非時。秦漢諸殿，通光臨華。神仙增城，門千户萬，則汰王之譏也。若衛歌楚室，魯美靈光，則又諸侯之事也。安足爲今日頌哉？帝錫斯疇，肅祖命之。肅祖錫疇，來孝追之。光啓中興，不亦韙乎？天子曰：嘻！是於疇署其八抑樞在極乎！夫皇極者，即堯舜允執之中，而建之即平康正直之衢，三而一者也。吾將坐華殿之上，燭以玉燭，風以景風。使東至寧宮之塔，西至松套，南至鬼方，解辮面內，莫不來同。雖黃帝阪泉之兵，亦可不用，而穆然治天下以崆峒。」

高士奇《金鰲退食筆記》卷上

嘗讀往史所載，秦、漢、隋、唐之宮闕，高者七八十丈，廣者二三十里。而離宮別館，綿延聯絡，彌山跨谷，或至數百所。何其奢侈宏麗可怖也，明因金、元之舊，宮闕苑囿，較秦、漢、隋、唐，僅十之三四。然皇城之中，即屬大內，禁絕往來。惟親信大臣，得賜游宴，故或記或詩，咸自詡爲異數。亦有終身官侍，從未得一至者，聞人説苑西亭臺宮殿，無異海外三山，縹緲恍惚，疑信者半。我國家龍興以來，務崇簡樸，紫禁城外，盡給居人，所存宮殿苑囿，更不及明之三四。凡在昔時嚴肅禁密之地，擔夫販客皆得徘徊瞻眺於其下，有靈臺靈沼之遺意焉。余自丁巳賜居太液池之西，朝夕策馬過金鰲玉蝀橋，望苑中景物，七閱寒暑。退食之頃，偶訪曩時舊制，約略得之傳聞，又彷彿尋其故址，離宮別館，廢者多矣。脱復十數年，老監已盡，遺蹟漸湮，無以昭我皇上卑宮室、約苑囿之儉德。因率筆記之。詳於西而略於東，如小南城、葡萄園諸亭榭，雖有存者，總不及書，以余所居在苑西也。紀其興廢，而復雜以時事，欲見昭代之盛，存爲太平佳話也。若彼內府衙、署、監、局之載在會典，與訪問未確，其跡莫考者，缺而不書。景山則外人之所罕窺也，亦不敢書。今余所記，皆都下臣庶旦暮經過，俯仰習於見聞，非同溫室之樹莫可得而言者。乃居者既以守近而不知，過者又以匆遽而莫曉，余生何幸，移家其間，炊煙燈火，鄰於紫極。使不表而出之，如身到海外三山，茫無紀述，寧無愧焉？康熙甲子夏六月序。

太液池　舊名西海子。在西安裏門，周凡數里。上跨石梁，約廣二尋，修數百步。兩岸穹甃出水中，鯨獸楯欄，皆白石鐫鏤如玉。中流駕木，貫鐵緈丹檻，掣之可通巨舟。東西峙華表，東曰玉蝀，西曰金鰲。其北別駕一梁，自承光殿達瓊華島，制差小。南北亦峙華表，曰積翠，曰堆雲。瀛臺在其南，五龍亭在其北，蕉園、紫光閣東西對峙。層甍反宇，飛簷拂雲。夾岸榆柳古槐，多數百年物。池中萍荇蒲藻，交青布緑；野禽沙鳥，翔泳水光山色間，悠然自適。盛夏芰荷覆水，望如錦繡，吐馥流香，尤爲清絶。若其春冰乍泮，秋月澄暉，煙靄雲濤，雨朝雪夜，則余八年内直，晨夕策馬過橋頭獨有會心者。禁中人呼瀛臺南爲南海，蕉園爲中海，五龍亭爲北海。寒冬冰凍，以木作平板，下用二足，裹以鐵條，一人在前引繩，可坐三四人，行冰如飛，名曰「拖牀」。積雪殘雲，景更如畫。又於冰上作擲毬之戲，每隊數十人，各有統領，分伍而立，以皮作毬，擲於空中，俟其將墮，羣起而争之，以得者爲勝。或此隊之人將得，則彼隊之人蹴之令遠。喧笑馳逐，以便捷勇敢爲能。本朝用以習武。所著之履，皆有鐵齒，行冰上不滑也。康熙癸丑六月九日，賜閣部大臣、詞林臺省遊西苑，泛舟飲宴；辛酉七月廿一日，又賜閣部滿漢大臣、詞林臺省部屬諸臣宴於西苑，賜內府蓮藕有差；己未二月晦日，賜余與張敦復學士、杜近公編修西苑遊宴。是歲五日侍宴西苑。庚申七月十三日，命余泛舟苑中，中使鼓棹，所得蓮芡盡賜之。又嘗奉召自私寓騎馬入紫光閣門，乘小舟至瀛臺內殿，對畢，復乘舟至紫光閣，騎馬出。賜荷花鮮魚攜歸。甲子五日，復於舟中侍宴。皆有詩恭紀。

己未二月晦日蒙恩賜宴西苑恭紀四首

瓊圃丹垣裏，璇臺淥水中。山光開罨畫，橋影控長虹。徑轉金銜入，波迴桂檝通。太平多盛事，浩蕩引春風。

淑景初晴後，佳辰上巳前。藻浮春水碧，花帶曉霞鮮。藉草沾香醑，臨流對綺筵。羽觴須盡醉，天語更頻傳。

亭榭水雲限，軒楹面面開。地疑仙島近，人自玉墀來。駕鳳雕甍出，疏龍磴道回。賦成慚庾信，忝竊侍臣才。

遠勝東堂會，晉太和六年，命羣臣於東堂臨流小會。何殊曲水遊。南宋顏延之有《三日賜讌曲水賦詩序》。早鶯啼太液，芳樹繞瀛洲。厚眷真無極，深恩迥莫酬。此生懷帝澤，端賴濟川舟。

己未五日西苑泛舟侍宴恭紀四首

新蒲細細滿瀛洲，令節欣承聖主遊。日出金支明兩岸，波開畫艦泛中流。嘉魚已慣迎仙鷁，好鳥偏能識翠虬。香溢堯尊傾湛露，恩深沆漭總難酬。

紅嶼青林閣道重，凌晨霽景散千峯。是日時雨初霽。牙檣錦幔懸翔鳳，宋孝武帝渡六合，乘翔鳳舟。水殿金鋪隱濯龍。《〔後〕漢書》：「帝在濯龍池。」仗外輕陰當檻靜，筵前積翠入杯濃。此身疑是來天上，瑶島風光彷彿逢。

高張廣樂播南薰，寶幄樓舩劍佩分。玉澗鳴泉雲際落，璚簫奏曲水中聞。槐煙密羃依巖障，藻影連牽寫浪紋。共喜昇平邀帝澤，豈同漢武宴横汾。

仙艾靈絲傳五日，蘭餚玉俎浥天漿。荷浮小葉團青蓋，榴吐新花簇絳囊。自有輕舠争奪錦，不須駿馬獻穿楊。舊傳五日有過錦、躙柳等宴。微臣擬進江心鏡，唐時，五日於江心鑄鏡呈獻。多恐名慚鵷鷺行。

庚申七月十三日賜遊西苑採蓮八首並序

閬苑秋光，得庾肩吾之句；青潭曉靄，賡徐彦伯之篇。舒菡萏於方塘，紅英度影；翫芙蓉於曲榭，碧葉浮香。若斯撫景留連，靡不尋聲唱答。況乎迴翔舜海，在沐日浴月之中；沂泳堯淵，極引水穿雲之樂。檻棲花鷁，非同鷗鷺閑汀；檣落彩虹，不是煙波小艇。微涓莫補，寵渥難名。竊念臣跡本投竿，心隨偃草。似孤根之偶出，品實遜乎亭亭；擬短幹之方摇，榮已邀於灼灼。時則涼飈既拂，大火初流。槎辭巧夕之雙星，蓂紀中旬之三葉。覩滄池之漭沆，當秋宇之澄鮮。上乃蔭芝蓋以逍遥，盪蘭舟而容與。白蘋紫荇，到處縈川；翠羽紅鱗，紛來入鏡。尤喜緗荷之出水，遍看珠菂之盈房，特命移船，容臣舉袖。纔催進檝，即分鳬雁之輝；許帶歸鞍，寧羡櫻桃之賜。擎盤散馥，濺齒流甘。緬維曩賢所談盛事：陪遊灞滻，亦號殊恩；應制昆明，羣矜絶響。何似飛艎畫舸，一如漁簑釣笠之輕；兼者仙液華腴，不異菰米蓴絲之易。真屬千秋之浩蕩，未酬畢世之津涯。爰紀八章，敬疏短引。江南靡艷之曲，不敢瀆奏乎宸聰；渚北悃款之言，未足敷揚夫聖澤云爾。

芙蓉池水湛天淵，萍末風輕破浪圓。碧島丹崖方丈裏，有誰來泛採蓮船？

曲渚蒹葭翠作圍，新涼殘暑淡斜暉。輕翻兩槳移舟入，驚起沙邊白鷺飛。

風窗露檻接宸居，水氣澄鮮浸太虛。自是君恩深瀲灎，特教天上看芙蕖。

鷁首風回撲面香，青荷葉底摘金房。剖來滿齒流瓊液，不羡仙人掌上漿。

垂虹百尺壓鰲頭，錦石琉花帶淺流。遥見西峰開罨畫，暮蟬聲裏變新秋。

綺岸銀塘倚棹過，鷄頭菱角漾清波。臣今不作西湖憶，煙水菰蘆興已多。

水榭紅蘭面面低，玉題金埒隔東西。緑陰交蔭松篁裏，惟有水禽無數啼。

隱隱輕雷送雨濃，迴看柳色映千重。片雲忽斷月初出，歸路時聞花外鐘。

甲子五日侍宴西苑恭紀(四)〔六〕首

炎景紓清晝，嘉時奉御遊。金蜺陳綵仗，畫鷁動蘭舟。高柳陰初密，圓荷葉始抽。遭逢近霄漢，身已到瀛洲。

浴蘭傳令節，廣宴啓華池。幙結千花莚，筵垂五色絲。薰風散珠箔，湛露捧瓊巵。聖德昭恭儉，無勞問水嬉。

島嶼三山外，林塘五鳳西。風藤牽紫蔓，夏木發丹荑。岸轉亭皆出，波平檻盡低。玉蝀坊裏望，樓閣隱虹霓。

九重端宸暇，遊豫躍龍泉。蒲草沿堤碧，榴花照佩鮮。魚潛知聽樂，鷗戲解迎船。願以池爲醴，歡同在鎬傳。

招凉曲榭東，鳳艦往來通。仙管聞天上，長筵布鏡中。流鶯啼繞樹，亂蝶舞依叢。亭午宫槐影，稀疏落綺櫳。

別命乘輕舫，臨流飫大官。三槳香泛螘，六膳氣調蘭。轉檝隨天仗，追羣振羽翰。微班陪絳灌，渥澤等洪瀾。

瀛臺 舊爲南臺，一曰趯臺坡。林木深茂，有殿曰昭和。殿前有亭曰澄淵。南有村舍水田，於此閱稼。明李文達賢《賜遊西苑記》云：「南臺林木陰森，過橋而南有殿曰昭和，門外有亭臨岸，沙鷗水禽，如在鏡中。」本朝順治年間，別建宫室，爲避暑之處。向南有亭臨水，曰迎薰亭。後樓九間。樓後有殿，制度質樸。康熙庚申復加修葺，皆易黄屋。複殿重房，交疏對霤；青臺紫閣，浮道相通。又於水邊堆疊奇石，種植花樹。層巖小壑，委曲曼迴；蓼渚蘆灣，參差掩映。東有二亭，以椶覆之，隔窗雲霧，捲幔山泉，別具幽致。又作宛轉橋出水面，遥望流杯亭，水聲樹色，不異三山瑶島。御製詩有「畫舸分流簾下水，秋花倒影鏡中山」是也。前作瀛臺門樓五間。上日於侵晨臨門聽政畢，外直講官於此進講。高槐拂檐，堦下立塗金異獸二，製作甚精。左右迴廊各三間，上亦有樓。樓外復接小廊。門内東西樓屋各五間。自池東直房改作之後，凡内廷進講，皆遣中使至南書房，召張敦復學士同余，自西苑門内棹小舟至閘口，復换小舟至臺西亭子，從内左門入，於東邊樓下；講畢，復從内左門出，登舟，中使送至西苑門上馬。有時召余至内殿草制，或月上乃歸，則賜饌及池魚蓮藕之屬。瀛臺門下迤北有過船亭，雕簷峻宇，下連丹檻，掣之亦可行舟。直北兩廂，窗櫺臨水，爲内大臣及侍衛直宿之地。再北爲御膳房。自膳房轉東爲閘口，各種舡停泊堤外。自閘口過小橋向東板橋一帶，直抵池岸。循池而北，至西苑門，古樹幽蓼，槐柳茂密，葭菼蒼然，白鷺黄鸝，飛鳴上下。部院諸臣曉入西苑門奏事。從苑牆下轉西，過小紅門，別設板橋，夾以朱欄，懸設罾網，許諸臣於奏對之暇，舉網爲歡，有得魚者，即携以歸。可謂昇平佳話也。

樂成殿 入西苑門，循水南行，有牐瀉池水。轉北，別爲小池，中設九島三亭。一亭藻井鬬角，爲十二面，上貫金寶珠頂，兩金龍盤柱作升降狀。丹檻碧牖，盡皆侈麗。中設御榻，四面皆梁檻。通小朱扉而出，名涵碧亭。其二亭制少樸，梁檻惟東西達涯際。東有樂成殿，左右檻各設龍牀。殿後小室，亦設御榻，明宣宗遊歷處也。殿右有屋，設石磨石碓二，下激湍水自動，南田穀成，於此舂治，故曰樂成。後改殿爲無逸；亭曰豳風，曰省耕。每歲秋成，有「打稻」之戲，駕幸無逸殿，鐘鼓司扮農夫、饁婦及田畯官吏，徵租、交納、詞訟等事，亦知稼穡艱難之意也。明世宗時，諭尚書李時等曰：「西苑工俱告完，今日往視收穫，以觀農事之終。」於是御豳風亭，召見諸臣，賜宴。宴畢，復御無逸殿東室，曰：「西苑宫室，是朕文祖所御，近修葺告成，欲於殿中設皇祖之位告祭之。」時等曰：「仁壽殿久已廢圮，一旦整飭，行祭告禮，益見聖孝。」嚴分宜嵩《賜遊金海記》云：「省耕亭上，即隙地墾田，督農耕之，臨閲則坐此。」又有《元夕侍宴豳風亭觀燈》詩，似曾於此張燈矣。本朝亭殿久不修治。已未庚申歲，上避暑瀛臺，余與張敦復學士寓直於無逸殿之東。小室五楹，茂樹迴環，幽蔭蓊蔚，池水下注，泉聲澎湃，曉煙初散，荷香出水。時步豳風亭，坐石砌上，雨後蟬鳴，風來花氣，凉滿襟袖，以爲身在蓬壺閬苑間。曾賦《西苑侍直》詩十首。次年，改直廬爲皇太子避暑宫，即水碓陳列山石，雜植新篁，爲清流激湍，茂林修竹。搆亭於無逸殿舊址，曰流杯亭。風櫺水檻，甍桷飛動，細渠屈曲，濺玉飛瓊。上題「曲澗浮花」四字，常宴外藩於此。大學士益都馮公，致政將歸，賜遊西苑，中使鼓棹至流杯亭，備肴核内酒，飲宴盡歡，益都賦詩紀事，都下榮之。

西苑侍直恭紀十首

碧綱丹甍閬苑中，六龍駐輦翠微宫。雲窗近處衣常潤，水檻開時楫可通。

路接三山疑泛海，臺高百尺逈淩風。周廬禁衛森嚴列，隱隱仙璈下遠空。

林沼蔥龍帶曉煙，湖光一片漾清漣。殘霞半映金堤柳，靈雨先滋玉井蓮。

冉冉紅香迷野鶩，絲絲緑影噪新蟬。當軒止覺凉生袂，早有薰風動睿篇。

輦道青莎軟作茵，蒼蒼葭菼遍芳津。蘋灣銷夏偏宜暑，桂館招凉不受塵。

虹跨長橋排雁齒，閣連飛宇次魚鱗。自慚未是登瀛侣，珥筆叨爲侍從臣。

宸極高居最上層，千重雲樹碧煙凝。竹埤花樹逢初霽，藻砌梧枰散鬱蒸。

閣下横經看進艇，亭西寓直許調冰。醴泉炎景真堪避，應勒新銘擬魏徵。

干羽懷柔到日南，萬方無事樂桑蠶。銀河梟雁恩波闊，玉澗莓苔化雨甘。

嚴際共攀松粒五，苑中齊識柳眠三。樓船旍葆誇西漢，不羨昆明碧水潭。

蓬壺窈窕隔塵凡，曲渚斜開錦石巖。紅蓼晚凉清竹簟，緑葵朝露濕絺衫。

游魚得水閑依荇，畫鷁迎風自引帆。正喜遭逢承御幄，光天未敢荷長鑱。

朱垣曉啓晝方炎，奏對諸僚禮數嚴。錦障輕籠金勒馬，黄羅高捧緑頭籤。

篆浮寶獸香頻起，漏滴銅龍水更添。封事上林思曼倩，詼諧忠愛有誰兼。

蕉園紺宇行難盡，藥塢沙洲望總佳。霧隱重檐横翠瓦，泉從西郭入丹崖。

懸蘿巧結雙鴛帶，細草争抽小鳳釵。薄暮林梢明月上，頓教野性愜江淮。

西來爽氣逼新秋，吹面荷風滿徑幽。瀑布水聲喧户外，黛螺山色落牆頭。

霑恩饌給銀絲膾，宣勑人乘青翰舟。遺跡尚留觀稼殿，君王樂處不忘憂。

勤政樓前幾暇時，古槐夾路影參差。趨朝瑶浦呼船渡，退食天閑賜馬騎。

出水蓮房初結子，沉波菱葉細牽絲。何須作記遊西苑，日日螭頭一獻詩。

紫光閣　由太液池西南隄，循池而北，舊有臺，高數丈，中作圓頂小殿，用黄瓦，左右各四楹，接棟稍下瓦皆碧，南北垂接斜廊，懸級而升，面若城壁，下臨射苑，皆設門牖，有馳道可走馬，明武宗築以閲射者，名曰平臺。後廢臺，改爲紫光閣。向北門外即金鼇坊。明時，五日幸西苑，鬬龍舟於紫光閣前，看御馬監勇士，馳驟往來，走解躤柳。明愍帝召對閣臣於此。大學士蔣公德（煶）〔璟〕《敬日草》云：「召至紫光閣，退出，步至林木間小憇，傍有别館，諸璫坐處，有頃，光禄寺送茶。閣甚高敞，樹陰池影，蔥翠萬狀，一佳景也。」我朝仍名紫光閣。向南隙地，盡植桃杏，仲春之際，芳菲滿目。上常於閣前殿試武進士騎射。又於每歲八月中秋前二三日，集上三旗大臣侍衛較射，更設帳殿，次第而入，御製詩所謂「隊自花間入，鑣從柳外分」也。高等者賜蟒緞一疋，内緞二疋，潞綢一疋；次等者蟒緞一疋，内緞二疋，潞綢一疋，羊一隻；再次者内緞一疋，潞綢一疋。癸亥歲，改賜金牌、銀牌有差，上刻「旌射」二字。皇太后避暑亦曾居此。傍有百鳥房，多蓄奇禽異獸，如孔雀、金錢雞、五色鸚鵡、白鶴、文雉、貂鼠、舍貍猻、海豹之類，不可枚舉。本朝不此是尚，但給飲啄而已。

芭蕉園　自太液池東行半里許，蒲葦盈水，榆柳被岸，松檜蒼翠，果樹分羅中，崇閾廣砌，一殿穹窿。以黄金雙龍作頂，纓絡懸綴，雕櫳綺窗，朱楹玉檻，望而敞豁，舊曰崇智殿。殿後藥欄花圃，有牡丹數十株。轉西有亭，八面，内外皆水，曰臨漪亭，一曰釣魚臺。金魚作陣，遊戲其中。又一小石梁，出水中。向西，一亭在水際，曰水雲榭。按：芭蕉園一名椒園，有「宫眷、法從人等至此下馬」二石碑，當是世宗設醮時所立。前朝實録告成，於此焚草。七夕，宫中穿鵲橋補服，設乞巧山子，兵仗局進乞巧針。十五日，西苑作法事，放河燈，甜食房進供佛波羅蜜。《明世宗實録》：「十五年五日端陽節，幸西苑，預命侯郭勛、大學士李時、尚書夏言候於崇智殿，遣中官賚賜艾虎、花絲、百索、牙扇等物。御龍舟，召勛等各登舟，給酒饌。命三臣舟近龍舟行，自蕉園迤邐至澄碧亭登岸，復宴於無逸殿，盡歡而罷。」嚴分宜《鈐山堂集》載有《詔賜金海乘凉》詩序云：「供事西苑，直宿無逸殿。時溽暑蒸燠，上命中官導五臣，每以巳未申前，於金海邊乘凉。是日，出迎和門，乘舟泊水雲榭，觀臨漪亭，入椒園，至崇智殿。畫棟雕甍，金碧輝焕，蒼松翠柏，盤鬱垂蔭，不復知有暑氣。」又有《金海放燈》詩云：「紅燈焰焰水攸攸，此夕真從天漢遊，鸞簫鳳管鳴仙吹，錦纜龍旗引御舟。」其二云：「恍驚華渚流虹照，宛是緱山駕鳳來，仙人指點瑶池上，萬朵金蓮頃刻開。」又有《西苑賜川扇》詩云：「太液池邊暑氣生，海榴英簇絳霞明，蜀王新貢金花箑，御苑傳呼賜禮卿。」本朝順治年間改爲萬善殿，供三世佛像，選老成内監，披剃爲僧，焚修香火。木陳、玉林兩老衲，奉召至京師，曾居萬善殿。每歲中元，建盂蘭道場，自十三日至十五日，放河燈，使小内監持荷葉，燃燭其中，青碧熠熠，羅列兩岸，以數千計。又用琉璃作荷花燈數千盞，隨波上下。中流駕龍舟，奏梵樂，作禪誦，自瀛臺南過金鰲玉蝀橋，繞萬歲山，至五龍亭而回。河漢微凉，秋蟾正潔，苑中勝事也。

玩芳亭 在蕉園之西，芳木匝之。今廢。

承光殿 在金鰲玉蝀橋之東，圍以圓城，設以睥睨。自兩掖洞門而升，中搆金殿，穹窿如蓋，華榱綺牖，旋轉迴環，俗曰「圓殿」。外周以廊，向北金鰲垂出垣堞間，甚麗。昔有古松三株，枝幹槎牙，形狀偃蹇，如龍奮爪拏空，突兀天表，金、元舊物也。今上存其一。明李文達《賜遊西苑記》云：「圓殿巍然高聳，曰承光。北望山峯，嶙峋崒嵂；俯瞰池波，蕩漾澄澈：山水之間，千姿萬態，莫不呈奇獻秀於几窗之前。」韓右都御史雍《賜遊西苑記》云：「圓殿，觀燈之所也。殿臺臨池，環以雲城，歷階而登，殿之基與睥睨平。古松數株，聳拔參天，衆皆仰視。時則晴雲翳空，炎光不流，暖風徐來，花香襲人。俯睥睨而窺其西，以舟作浮橋，横亘池面。北則萬歲山在焉。」殿廢於康熙七八年間，云有蝙蝠大尺餘者。南向二亭，尚出雉堞，正門閉塞，久不啓。余朝夕騎馬過其下，輒愛古栝之夭矯蒼翠，而於雪朝月夜，更徘徊不忍去云。

承光殿古栝行用東坡《司竹監燒葦園》韻

承光古栝雙牙槎，蒼皮聳榦參雲霞。經冬顔色鬱深翠，入春發葉如蔣芽。雕闌白頭老監説舊事，西苑圓殿頻矜誇。花香露氣接大内，徑路窈窕疑仙家。金元舊物四圍粉堞壓，綺窗十面珠簾遮。當時嚴肅是禁地，那許橋上馳麴車。西偏盤曲勢舞歷代重，頹枝半折輕杉叉。侵霜溜雨積歲月，漏鼓聽遍朝元撾。洞門久閉長狐兔，安得啓户争投罝？七年千回看未壓，慣聞下直棲宫鴉。使其託根在深谷，但侶澤雉與山麚。肩挑背負不知愛，歇凉牆脚時語譁。常思解襟復科跣，鼾睡密蔭游羲媧。含章之梅靈和柳，止增妖冶豈此加。團城似甕瓊搆廢，或者留意除紛奢。興酣趨朝日日樂水木，往跡漫比槐排衙。秋宵月皎寒晨雪，每過更覺流連佳。攬轡忽欲墮，疏雨已霽河漢斜。

瓊華島 在太液池中。從承光殿北，度石梁至島，皆以文磚、乳花石雜甃之。巖洞窈窕，磴道紆折，多壘奇石，巑岏岞㟧。其巔古殿，相傳本遼太后梳粧臺。歷金、元、明，皆有宫殿，爲遊觀之地。今殘石壞礎，猶刻雲物及廣寒殿宇。《遼史》云：「皇城西門曰顯西，設而不開；北曰子北。其西城巔有凉殿。」《金史》宫闕制度云：「京城北離宫有大寧宫，大定十九年建，後更爲寧壽，又更爲壽安，明昌二年更爲萬寧宫。瓊林苑有横翠殿、寧德宫，西園有瑶光臺，又有瓊華島、瑶光樓。」元郝文忠公經《陵川集》載有《瓊華島賦》。葛邏禄迺賢《金臺集》有《粧臺》詩云：「廢苑鶯花盡，荒臺燕麥生。韶華如逝水，粉黛憶傾城。野菊金鈿小，秋潭玉鏡清。誰憐舊時月，曾向日邊明。」其下自註云：「粧臺在昭明觀後。金章宗嘗與李妃夜坐，上曰：『二人土上坐。』妃應聲曰：『一月日邊明。』上大悦。」又有《壽安殿》詩云：「夢斷朝元閣，來尋賣酒樓。野花迷輦路，落葉滿宫溝。風雨青城暮，河山紫塞愁。老人頭雪白，扶杖話幽州。」陶九成《輟畊録》載元時宫闕云：「萬壽山在大内西北太液池之陽，金人名瓊花島，中統三年修繕之；至元八年賜今名。其山皆疊玲瓏石爲之，峯巒隱映，松檜隆鬱，秀若天成。引金水河至其後，轉機運㪺，汲水至山頂，出石龍口，注方池，伏流至仁智殿後，有石刻蟠龍，昂首噴水仰出，然後由東西流入於太液池。山前有白玉石橋，長二百餘尺，直抵儀天殿後。橋之北有玲瓏石，擁木門五，門皆爲石色，内有隙地，對立日月石，西有石棋枰，又有石坐牀。左右皆有登山之徑，縈紆萬石中，洞府出入，宛轉相迷。至一殿一亭，各擅一景之妙。山之東有石橋，長七十六尺，闊四十一尺半，爲石渠，以載金水，而流於山後，以汲於山頂也。又東爲靈圃，奇獸珍禽在焉。即今之景山是也。廣寒殿在山頂，七間，東西一百二十尺，深六十二尺，高五十尺。重阿藻井，文石甃地，四面瑣窗，板密其裏，偏綴金紅雲，而蟠龍矯蹇於丹楹之上。中有小玉殿，内設金嵌玉龍御榻，左右列從臣坐牀。前架黑玉酒甕一，玉有白章，隨其形刻爲魚獸出没於波濤之狀，其大可貯酒三十餘石。今在西華門外真武廟中，道人作菜甕。又有玉假山一峰，玉響鐵一縣。殿之後有小石筍二，内出石龍首，以噀所引金水。西北有廁堂一間。仁智殿在山之半，三間，高三十尺。金露亭在廣寒殿東，其制圓，九柱，高二十四尺，尖頂上置琉璃珠，亭後有銅幡竿。玉虹亭在廣寒殿西，制度同金露。方壺亭在荷葉殿後，高三十尺，重屋八面，重屋無梯，自金露亭前複道登焉，又曰線珠亭。瀛洲亭在温石浴室後，制度同方壺。玉虹亭前仍有登重屋複道，亦曰線珠亭。荷葉殿在方壺前仁智殿西北，三間，高三十尺，方頂，中置琉璃珠。温石浴室在瀛洲前仁智西北，三間，高二十三尺，方頂，中置塗金寶瓶。圜亭又曰膳粉亭，在荷葉殿稍西，蓋后妃添粧之所也。八面介福殿在仁智殿東差北，三間，東西四十一尺，高二十五尺。延和殿在仁智殿西北，制度如介福。馬湩室在介福殿前，三間。牧人之室在延和殿前，三間。庖室在馬湩前。東浴室更衣殿在山東平地，三間兩夾。太液池在大内西，周迴若干里，植芙蓉。儀天殿在池中圓坻上，當萬壽山，十一楹，高三十五尺，圍七十尺，重簷，圓蓋頂。圓臺址，甃以文石，藉以花茵，中設御榻，周闢瑣窗，東西門各一間。西北廁堂一間。臺西向，列甃磚龕，以居宿衛之士。東爲木橋，長一百廿尺，闊廿二尺，通大内之夾垣。西爲木弔橋，長西百七十尺，闊如東橋，中闕之，立柱架梁於二舟，以當其空，至車駕行幸上都，留守官則移舟斷橋，以禁往來。是橋通興聖宫前之夾垣，後有白玉石橋，乃萬壽山之道也。犀山臺在儀天殿前水中，上植木芍藥。隆福宫西御苑，在隆福宫西，先后妃多居焉。香殿在石假山上，三間，兩夾二間，柱廊三間，龜頭屋三間，丹楹瑣窗，間金藻繪，玉石礎，琉璃瓦，殿後有石臺。山後闢紅門，門外有侍女之室二所，皆南向並列。又後直紅門，並立紅門三，三門之外有太子斡耳朵荷葉殿二，在香殿左右，各三間。圓殿在山前，圓頂上，置塗金寶珠，重簷。後有流杯池，池東西流水圓亭二，圓殿有廡以連之。歇山殿在圓殿前，五間，柱廊二，各三間。東西亭二，在歇山後左右，十字脊。東西水心亭在歇山殿池中，直東西亭之南，九柱重簷。亭之後，各有侍女房三所，所爲三間，東房西向，西房東向，前闢紅門三，門内立石，以屏内外，外築四垣以周之，池引金水注焉。椶毛殿在假山東偏，三間。後盝頂殿，三間。前啓紅門，立垣以區分之。儀鸞局在三紅門外，西南隅，正屋三間，東西屋三間，前開一門。」《明宣宗實録》：「宣德三年春，奉皇太后游西苑，宣宗親掖皇太后升萬歲山，奉觴上壽，獻詩頌聖德。皇太后悦，酌酒賜宣宗，且諭曰：『今天下無事，吾母子得同此樂，皆天與祖宗之賜也。天下百姓，皆天與祖宗之赤子，爲人君者，但能保安百姓，使不至於饑寒，則吾母子斯樂可久遠矣。』宣德七年七月，宣宗復登萬歲山，作廣寒殿，召翰林院儒臣侍，命周覽都畿山川形勢，既畢，上諭之曰：『此元之故都也。世祖知人善任使，信任儒術，愛養民力，故能渾一區宇，以成帝業。再傳至武宗，元政稍有變更。仁宗繼之，恭儉愛人，即位之初，興學校，勵風憲，清中書，其孜孜爲治，一遵世祖之定法，足爲賢君。至順帝，在位既久，肆意荒淫，怠於政事，紀綱法度蕩然，因之失國。使順帝能恭儉，長守世祖、仁宗之法，天下豈爲我祖宗所有。』又曰：『茲山茲宇，順帝所日宴游者也，豈不可感。』侍臣叩首曰：『紂之跡，周之監也。』八年四月，諭少傅楊士奇、楊榮曰：『朕在宫中無事，偶有真趣，則賦一詩自適。不然，則取書籍玩味。故所在置書籍及楮筆之類。今修葺廣寒、清暑二殿及西瓊島，欲於各處皆置書籍，卿二人可於館閣中擇能書者數十人，取五經、四書及《説苑》之類，每書各録數本，分貯其中，以備覽閲。又朕近作《廣寒殿記》。』遂命中官取示奇等。」楊文貞《賜遊西苑記》云：「登萬歲山，至廣寒殿，而仁智、介福、延和三殿及瀛洲、方壺、玉虹、金露之亭，咸得遍造。是日天宇澄明，纖塵不作，引而四望，山川之壯麗，草木之芳華，飛走潛躍，各隨其性，萬象畢陳，胸次豁然，心曠神怡，百慮皆浄。信天造之佳境，而人生之甚適也。」李文達《賜遊西苑記》云：「西有長橋跨池下。過石橋而北，山曰萬歲，怪石參差。爲門三，自東西而入，有殿倚山，左右立石爲峯，以次對峙，四圍皆石，贔屭齦齶，薜封蔓絡，佳木異草，上偃旁綴，樛葛薈翳。兩掖疊石爲磴，崎嶇折轉而上，巖洞非一。山畔並列三殿，中曰仁智，左曰介福，右曰延和。至其頂，有殿當中，棟宇宏偉，簷楹翬飛，高插於層霄之上。殿内清虚，寒氣逼人，雖盛夏亭午，暑氣不到，特覺曠蕩瀟爽，與人境異，曰廣寒。左右四亭在各峯之頂，曰方壺、瀛洲、玉虹、金露，其中可跂而息。前崖有壁，夾道而入，壁間四孔，以縱觀覽。而宫闕峥嶸，風景佳麗，宛如圖畫。」韓右都御史《賜遊西苑記》云：「萬歲山在池之中，磊石爲之，高數千仞，廣可容萬人。山之麓，以石爲門爲垣。門之内稍高，有小殿。環殿奇峯怪石，萬狀悉有，名卉嘉木，争妍競秀。琴臺、棋局、石牀、翠屏之類，分布森列。峯有最奇者名翠雲，上刻御製詩。琴臺上横郭公磚，擊之皆鏗鏗有聲。遂沿西坡北上，有虎洞、吕公洞、仙人庵。又上，有延和殿、瀛洲亭、金露亭。瀛洲之西、湯池之後，有萬丈井，深不可測。由金露折而東上，則廣寒殿也，高廣明靚，四壁雕彩雲，累萬結砌而成。東下至玉虹，又下而南至方壺，至介福，皆與延和諸殿相對峙。而方壺、瀛洲，則左右廣寒而奇特者也。」嚴分宜《賜遊廣寒殿》詩序云：「泛金海觀於廣寒山，蕩舟持節者皆中使，水光蕩漾，遠近亭臺隱現，金碧交輝，若身造瑶池弱水之間。舍舟登岸，陟廣寒之殿，絶頂巍峙，高入雲漢。山麓爲臺、爲殿，山下爲堆雲、積翠之坊。」余歷觀前人記載，茲山實遼、金、元遊宴之地，明時殿亭皆因元之舊名，其所疊石，巉巖森聳，金、元故物也。或云：本宋艮嶽之石，金人載此石自汴至燕，每石一准糧若干，俗呼爲「折糧石」。又瑶島春雲，爲燕京八景之一。李崆峒《秋懷》詩云：「苑西遼后洗粧樓，檻外方湖静不流。」又曰：「雕闌玉樹留天女，錦石秋花隱御舟。」蓋指此也。明時重九幸此登高。萬曆七年，廣寒殿傾頽，其脊中多至元錢，神宗曾分賜輔臣張江陵居正。明大學士蔣公德璟《敬日草》與内監劉若愚《勺中志》，乃以今之景山爲萬歲山，人多因之，誤矣。本朝順治八年，毀山之亭殿，立塔建寺，樹碑山趾。康熙己未地震，白塔頽壞。次年重建，加莊嚴焉。每歲十月二十五日，自山下燃燈至塔頂，燈光羅列，恍如星斗。諸喇嘛執經梵唄，吹大法螺，餘者左持有柄圓鼓，右執彎槌，齊擊之，緩急疏密，各有節奏，更餘方休，以祈福也。辛酉冬，運是山之石於瀛臺，白塔之下，僅餘黄壤，宜多植松柏，爲菁葱鬱茂之觀。

順治八年白塔寺碑

恭惟皇上仁孝性成，天縱太平之主也。親政以來，拳拳以愛養斯民爲念。是以雨暘時若，歲稱大有。天心眷顧，此其明徵。有西域喇嘛者，欲以佛教，陰贊皇猷，請立塔建寺，壽國佑民。奉旨：果有益於國家生民，朕何靳數萬金錢。爲故賜號爲惱木汗，許建塔於西苑之高阜處。庀材鳩工，不日告成，因命臣等而爲之記。内翰林院宏文院掌院事大學士希福譯滿洲、蒙古文；内翰林國史院大學士甯完我撰漢文；塔七哈哈番羅米書寫滿洲字；搜史書寫蒙古字；典籍楊振麟書寫漢字。歲次辛卯孟秋吉日立。

臺城路 苑西梳粧樓懷古

雕闌幾曲層臺上，舊是廣寒宫宇。綺綴迎風，珠錢漏月，想見玉虹金露。穠華無據，但錦石生苔，秋花點土。豔粉香脂珮環聲，作疏疏雨。堆雲橋外，徙倚尚澄湖，一片晚霞孤鶩。雁柱調絃，鸞牋寫怨，何限當年情緒。長安砧杵，共蟋蟀悲吟，惹人詞賦。繫馬垂楊，依稀聽梵語。

高士奇《金鰲退食筆記》卷下 **大高玄殿** 在神武門之北，南向，臨玉河。其前門曰始青道境。左右有牌坊二，曰先天明鏡，曰太極仙林，曰孔綏皇祚，曰弘佑天民。内有二閣，左曰炅(音陽)明閣，右曰胦(音陰)靈軒。殿之東北曰象一宫，所供象一帝君，範金爲之，高尺許，明世宗玄修玉容也。門前二亭，鈎簷鬬桷，極盡人巧，中官呼爲「九梁十八柱」云。官民過者，至此下馬。每歲大旱，則建醮祈雨，遣官禮拜。殿之東，即北上西門，有橋，甃礴石各半，謂防車輪耳。

乾明門遺址 在大高玄殿之西、承光殿之東，尚有石基巍然，人無知者。

玄都勝境 在宏仁寺之西。建於元，相傳爲劉元塑像。正殿乃玉皇大帝。右殿塑三清像，儀容肅穆，道氣深沉。左殿塑三元帝君像，上元執簿側首而問，若有所疑；一吏跪而答，甚戰慄；一堂之中，皆若悚聽嚴肅者。神情動止，怳如聞其謦欬。真稱絶藝。禮旃檀佛者，無不便道看劉蘭塑云。蓋誤元爲蘭也。《元史·工藝傳》：「阿尼哥，尼波羅國人也。幼敏悟，異凡兒。同學有爲繪畫粧塑業者，讀《尺寸經》，阿尼哥一聞即能記。至元十年，授人匠總管。有劉元者，嘗從阿尼哥學西天梵相，亦稱絶藝。元字秉元，薊之寶坻人。始爲黄冠，師事青州杞道録，傳其藝非一。至元中，凡兩都名刹，塑土範金，摶換爲佛像，出元手者，神思妙合，天下稱之。其上都三皇尤古粹，識者以爲造意得三聖人之微者。由是命以官，長其屬，行幸必從。仁宗嘗勅元，非有旨不許爲人造他神像。後大都南城作東嶽廟，元爲造仁聖帝像，巍巍然有帝王之度；其侍臣像，乃若憂深思遠者。始，元欲作侍臣像，久之未措手。適閲秘府圖畫，見魏徵像，矍然曰：『得之矣！非若此莫稱爲相臣者。』遽走廟中爲之，即日成。士大夫觀者，咸嘆異焉。其所爲西番佛像，多秘，人罕得見者。」元官爲昭文館大學士、正奉大夫、秘書監卿，以壽終。《輟耕録》亦載其事。

藏舟浦 自瓊華島東麓，過石橋，由陟山門折而北，循岸數百步，有水殿二，深十六間，一藏龍舟，一藏鳳舸。舟首尾刻龍鳳形，上結樓臺，以金塗之，備極華麗。又一浦，繫五六小舟。岸際有叢竹蔭屋，浦外二亭，今皆荒廢。秋來露冷，野鶩殘荷，隱約蘆汀蓼岸，不減趙大年一幅江南小景也。

雪池 在陟山門迤北，凡宫中雪後掃出殘雪，堆積於此。今多積之景山矣。

五龍亭 舊爲太素殿，創於明天順年，在太液池西南。向後有草亭，畫松竹梅於上，曰歲寒門。左有軒曰臨水，曰遠趣。軒前有草亭曰會景。今改建五亭：中曰龍澤，左曰澄祥、滋香，右曰湧瑞、浮翠。總名之爲五龍亭。珠簾畫棟，照耀漣漪。從玉蝀行者，遥望水次，丹碧輝映，疑是仙山樓閣。後有石坊曰福渚，北曰壽岳。中有錫殿，以錫爲之，不施磚甓。每歲盛夏，太皇太后避暑於此。皇上聽政之後，輒駕小舟問安，或侍膳亭上。四面荷香，微涼清暑。癸亥元夜，於亭前施放煙火，聽京師人民觀看。時余已退直矣，命侍衛那爾泰海清至余私寓，召至亭前，賜飲饌。坐觀星毬萬道，火樹千重，金輪寶燄，光輝奪目。天家富貴，盛世歡遊，願與萬方同之也。向於稍南，有屋數連，通池水以育禽鳥，舊名天鵝房。有亭曰映輝。又有飛靄、澄碧二亭遺址，今惟氽(音引)祥橋牓獨存。

凝和殿 在池之東，西向。二亭臨水，曰湧翠，曰飛香。白頭老監尚能言之。

迎翠殿在池西，東向。臨水有亭曰澄波。明嘉靖時更建浮香、寶月二亭。東望萬歲山，倒蘸於太液波光之中，黛色嵐光，可掬可挹。今惟短垣而已。

西海神祠 在北閘口。明嘉靖十四年諭禮部尚書夏言曰：「西海子，歲以午日奉兩宮遊宴，止行望祀，宜特建祠宇於湧玉亭，以答神貺。」又曾命勛輔大臣，禱雨於此。按禁城内西海子，古燕京積水潭也。源出西山、神山、一畝、馬眼諸泉，繞出甕山後，匯爲七里濼，入都城，由北安門外藥王廟西橋下入皇城，自北閘口延竟大内，出大通河，轉漕亦賴其利。《元史》：「海子，在皇城之北、萬壽山之陰，舊名積水潭。聚西北諸泉之水，流入都城，而匯於此，汪洋如海，都人因名焉。恣民漁採無禁。」又，《元史·河渠志》：「通惠河，其源出於白浮、甕山諸泉水也。世祖至元二十八年，都水監郭守敬奉詔興舉水利，因建言疏鑿通州至都河。改引渾水溉田，於舊牐河蹤跡，導清水，上自昌平縣白浮村引神山泉，西折南轉過雙塔、榆河、一畝、玉泉諸水，至西門入都城，南匯爲積水潭。東南出文明門，東至通州高麗莊入白河。」又曰：「金水河，其源出於宛平縣玉泉山。至大四年七月，引金水河水注之光天殿西花園石山前舊池，置牐四，以節水。」又曰：「海子岸，上接龍王堂，以石甃其四周。海子一名積水潭，聚西北諸泉之水，流行入都城，而匯於此。」元仁宗延祐六年，都水監會計前後與元修舊石岸相接，凡用石三百有五，各長四尺，闊二尺五寸，厚一尺；石灰三千斤。該三百五工，丁夫五十，石工十九。許有壬詩云：「御溝流水曉潺潺，直似長虹曲似彎，流入宫牆才一尺，便分天上與人間。」歐陽玄詩云：「鰲山宴罷月溶溶，太液池邊湛露濃，不用金蓮送歸院，水晶宫出玉芙蓉。」皆西海子作也。葛邏禄迺賢《西華潭》詩云：「秋水清無底，涼風起緑波。錦帆非昨夢，玉樹憶清歌。帝子吹笙絶，漁郎把釣多。磯頭浣紗女，猶恐是宫娥。」下自註云：「金之太液池也。」

乾佑閣 建自明萬曆年間，在太液池之北，高八丈一尺，廣十七丈，磴道三分三合而上。倒影入水，波光蕩漾，如水晶宫闕。天啓時毁之，即其處爲嘉樂殿，其門曰延景門。今亦廢。再西則親軍内教場也。

大西天經廠 在五龍亭東北，山門臨太液池，南向。第二層殿曰大慈真如寶殿，殿壁繪畫龍神海怪。又有三大軸，高丈餘，廣如之，中繪衆聖像二十餘，左右則文殊、普賢變相，三首六臂，每首三目，二臂合掌，餘四臂擎蓮花火輪、劍杵簡槊，並日月輪、火燄之屬，裸身，着虎皮裙，蛇纏胸項間，努目直視，威靈凜烈，金塗錯雜，形彩陸離，傳爲商喜筆也。殿中立一小臺，可丈餘。臺上有亭，如毘盧頂。亭中黄繖下，則西天説法像也，真如面南，周環而諦聽者列如團箕。像皆尺許，範銅爲之，冠簪袍笏，儀表肅然。中垂五六線，下繫一物，似機牀，又如車軸，若轉輪狀。東西列四從神，各四尺，眉結雲聚，目稜電擊，猛焰慧肩，忮蜂搶軒，戴銀兜鍪，衣烏鎧，佩弓矢，儀容嚴毅如生，蓋傀儡胎也。據内典：「下天處蘇迷盧之半爲忉利尉侯北方毗沙門統藥叉衆，所治水精宫城護世，其往處曰紛陀利，曰質多羅，曰七林，曰摩倫，曰如意等。下壓象跡，當歡喜之地；上接蜂歌，離莊嚴之境。常憍尸迦將破怨敵，聖者奮勇健臂，出甲胄林，獨揭勝幢，不頓一戟，嬖迦妻而垂翅，捘修羅而束手，猶怒折蓮柄，狂搜藕絲。」由此觀之，雖在空門，亦以忿怒鏖撲爲法大防，不獨世間攘巨寇者袒金浴鐵、强矯雄毅也。三層設大士像。門前古槐數株，婆娑清蔭。東有石屏，高八九尺，上刻龍水，鱗甲飛動，在斜陽蔓草間，亦銅駝石馬之類歟？

左臨海亭、右臨海亭 在西苑門外，今廢。

聚景亭 在太液池之東，今廢。

宏仁寺 在太液池西南岸，地最爽朗。本朝康熙年間，即清馥殿基址，改建爲寺，迎旃檀佛居之。黄甓碧甃，齋館敞麗。前樹二坊，東曰廣恩敷化，西曰普度能仁。入寺數武，白石甃方池，上跨三梁，緑荷出水，朱魚吹藻。其西作龍首，自牆外汲太液水貫注之。池北天王殿，殿東西分峙兩樓，以懸鐘鼓。再進爲慈仁寶殿，左曰弼教，右曰翊化。又進爲大寶殿，左曰覺德，右曰善慧。僧房之前，松柏楸槐，蔭植庭牖。所謂兜率浄宫、須彌寶殿，莫尚於斯也。旃檀佛像高五尺，鵠立上視，後瞻若仰，前瞻若俯，衣紋水波骨法見其表，左手舒而直，右手舒而垂，肘掌皆微弓，指微張而膚合，三十二相中鵝王掌也。勇猛慈悲，精進自在，以意求之皆備。相傳爲旃檀香木，扣之聲鏗鍧若金石，入水不濡，輕如髹漆，晨昏寒暑，其色不一，大抵近於沉碧。萬曆中，慈聖太后始傅以金。元翰林學士程鉅夫瑞像殿碑云：「釋迦如來初爲太子，生七日，摩耶棄世，生忉利天。佛既成道，思念母恩，遂昇忉利天，爲母説法。優填國王自以久失瞻仰於如來，欲見無從，乃刻旃檀爲像。目犍連尊者慮有闕繆，躬以神力，攝三十二匠，昇忉利天，諦觀相好，三返乃得其真。既成，國王臣民，奉猶真佛焉。及佛返人間，王率臣庶自往迎佛。此像騰步空中，向佛稽首。佛爲摩頂授記曰：『我滅度千年之後，汝從震旦，廣利人天。』由是飛歷西土一千二百八十五年，龜兹六十八年，涼州十四年，長安一十七年，江左一百七十三年，淮安三百六十七年，復至江南二十一年，汴梁一百七十七年，北至燕京居聖安寺十二年，北至上京大儲慶寺二十年，南還燕京内殿五十四年，燕宫火，迎還聖安寺一十九年，元世祖迎入萬壽山仁智殿十五年，還於萬安寺一百四十餘年。」明蜀僧紹乾續記云：「萬安寺復居慶壽寺一百二十餘年。嘉靖戊戌慶壽寺災，奉迎鷲峯寺，迄天啓丁卯，共居八十八年。」計優填造像當周穆王辛卯，至明熹宗丁卯，凡一千六百一十餘年。由今計之，自丁卯至康熙甲子，又五十七年。佛以靈異著聞，京師寓内王公大人、士庶婦女，捐金莊嚴以丐福利者，歲無虚日。寺以西域僧主之，食二品俸。更於殿後造白塔一座，設鎏金頂，神光壯麗，工制甚精。每歲正月，車轂如雲，綺羅從風，聽民間士女觀看瞻禮也。然考《釋氏感通録》云：「梁武帝遣郝騫等往天竺國迎佛旃檀像，其王摹刻一像付騫，天監十年至建康，帝迎奉太極殿，建齋度僧，大赦斷殺，自是蔬食絶慾。」據此説，又與程鉅夫碑文不同。則此像爲優填之所刻歟？抑天竺之所摹歟？内有御製碑刻二通，謹録於左。又一碑，刻成都釋紹乾《旃檀瑞像來儀記》，明萬曆丁酉八月立。蓋自鷲峯寺遷於此者。其辭與程鉅夫記略同，不具載。

御製宏仁寺碑文

朕惟佛教之興，其來已久，使人遷善去惡，陰翊德化，不可忽也。兹旃檀像，自佛初成道刻表以來，屢著靈異，尤當景崇。今特擇景山西之善地，創建殿宇，於康熙四年十月二十七日，自鷲峯寺遷移供奉，配以菩薩從神，爲宗社永呵護，生民祈福佑，威儀不遠，資瞻禮焉。是用勅名宏仁，勒諸貞珉，以誌不朽云。康熙五年四月二十九日立。

御製旃檀佛西來歷代傳祀記

朕聞佛教遷善去惡，有裨治世化民，故歷代尊崇，流傳靈異，厥跡甚著。誠以出世入世，似屬分途；而化俗淑民，初無二理。粤稽記録，佛以周昭王二十四年甲寅誕生西域，穆王五十二年壬申入滅。佛成道後，嘗升忉利天，爲母氏説法，數月未還。時優填王以久闕瞻依，迺刻旃檀像佛聖表，以竚翹想之懷。目犍連慮有缺謬，以神力攝三十二匠升天，諦觀相好，三返乃得其真。既成，王及國人，若與神對。及佛復降人間，王率臣庶往迎佛。其像升空謁佛，佛爲摩頂記曰：「我滅度千年後，爾往震旦國，大興佛化。」佛滅千二百八十餘年，始自西域傳至龜兹六十八年，至涼州一十四年，至長安一十七年，至江左百七十三年，至淮南三百一十七年，復至江南二十一年，北至汴京百七十七年。金太宗於辛亥歲迎至燕京，建水陸會，安奉於閔忠寺十二年。是年，金熙宗於上京建大儲慶寺成，奉迎於積慶閣中二十年。金國海陵王復南迎還燕宫内殿居五十四年。元朝丁丑歲三月，會内殿火，尚書石抹公迎往聖安寺一十九年。至元世祖至元十二年乙亥，遣大臣孛羅等備法駕音伎，奉迎入萬壽山仁智殿居十五年。丁丑，建大聖萬安寺。二十六年己丑，自仁智殿奉迎於寺之後殿。百四十餘年，自爾迎於慶壽寺。至嘉靖十七年，居百二十餘年，因寺回禄，奉迎於鷲峯寺。至康熙四年乙巳，居一百二十七年。計自優填王造像之歲，當穆王十二年辛卯，至我朝康熙五年丙午，凡二千六百五十餘年矣。甚哉，巍巍瑞像，金姿玉容，光明相好，瞻仰供奉，如與神對。朕覽歷代之往跡，昭新創之宏模，迺考來儀舊記所載，自西域傳至中國，上下共二千六百五十餘年之久，勒諸貞珉，以紀盛事，垂之永久，用誌不朽云。康熙五年四月二十九日立。

清馥殿 度金鰲玉蝀橋，西轉北，明世宗所建，常奉興獻太后來遊。前有翠芳、錦芬二亭。荷花盛開，紅衣翠蓋，澄漪倒水，恍如蓬壺。嚴分宜《賜遊清馥殿》詩：「帝苑雲霞麗，仙宫洞壑幽。春生翡翠殿，花滿鳳凰樓。瑶草迎宸蹕，瓊波侍御舟。共傳今聖孝，當日奉慈遊。」又云：「十里宜春苑，金堤覆緑楊。水涵瑶殿碧，花簇錦亭芳。馳道通長樂，離宫接建章。微臣一何幸，留賞沐恩光。」歷觀嚴分宜賜遊諸詩，可謂千載之遇，乃不能潔己輔弼，怙寵專權，遂使君臣之義不終，良可嘆也。改建宏仁寺者即此。

騰禧殿 在旃檀寺之西。覆以黑琉璃瓦。明武宗西幸宣府，悦晉王樂伎劉良女姿容婉麗善謳，遂載以歸，居騰禧殿。飲食起居，必與之偕，南征亦隨行在。武宗每縱獵，輒以劉姬諫而止。兼有馳馬失簪一事，實録備載之。俗呼爲「黑老婆殿」。傍有古井曰「王媽媽井」，今惟遺址。

騰禧宫廢址

苑頭苔蘚没蓬路，階級井闌餘舊基。緑窗朱户早荒廢，猶説武皇西幸時。輕裝小隊趨雁塞，土牛綵仗陳春嬉。煙花少妓妙歌舞，銀箏羌管聲參差。夜闌神女入幽夢，冰簟膩滑涼沁肌。芙蕖出水比顔色，楚王半醉心迷離。酒樓繫馬大道側，教坊懸牓黄金題。兩槐困輪茂枝葉，宣府有武宗行宫，手植雙槐樹並駐驛酒樓遺址尚存。至今樂府傳新詞。小苑別勅架宫殿，委曲户牖盤蛟螭。玉釵殷勤有密約，馬馳既失無人知。五轉三回召始發，登車還蹙雙蛾眉。殿中一人誰復見，殿外池水生漣漪。寶髻羅裙艷金屋，落梅纖草驚春遲。豹房月冷愴寒露，斷礎似爲紅顔悲。腐儒無乃愛聲色，屢尋遺跡將何爲？雨中貯泉滌古硯，破簾不卷風颸颸。

櫺星門 在金鰲玉蝀橋西迤北。有巷曰羊房夾道，舊有内安樂堂。凡宫人有病及年老或有罪，先發此處，待年久再發外之浣衣局。明憲宗時，萬貴妃專寵，孝穆紀皇后有孕，曾託病誕生孝宗於此。

果園廠 在櫺星門之西。明永樂年製漆器，以金銀錫木爲胎，有剔紅、填漆二種，所製盤合、文具不一。剔紅合有蔗段、蒸餅、河西、三撞、兩撞等式。蔗段人物爲上，蒸餅花草爲次。盤有圓、方、八角、絛環、四角、牡丹瓣等式，匣有長、方、二撞、三撞四式。其法，朱漆三十六次，鏤以細錦，底漆黑光，針刻「大明永樂年製」。比元時張成、楊茂劍環香草之式，似爲過之。宣宗時，廠器終不逮前工，屢被罪，因私購内藏盤合，磨去「永樂」針書細款，刀刻「宣德」大字，濃金填掩之。故宣款皆永器也，填漆款亦如之。填漆刻成花鳥，彩填稠漆，磨平如畫，久而愈新。其合製貴小，深者五色靈芝邊，淺者回文戧金邊。古色蒼瑩，器傳絶少，故價數倍於剔紅。二種皆稱廠製，世甚珍重之，而不可多得。廠之遺址今爲内務府人役所居。

玉熙宫 在西安裏門街北，金鰲玉蝀橋之西。明世宗嘉靖四十年十一月辛亥，萬壽宫災，暫御玉熙宫。神宗時，選近侍三百餘名，於玉熙宫學習官戲，歲時陛座，則承應之。各有院本，如盛世新聲、雍熙樂府、詞林摘艷等詞。又有玉娥兒詞，京師人尚能歌之，名御製四景玉娥郎。嚴分宜《聽歌玉娥兒詞》詩云：「玉娥不是世間詞，龍艦春湖捧御巵。閭巷教坊齊學得，一聲聲出鳳凰池。」注云：「上命閣臣應制作也。」他如「過錦」之戲，約有百回，每回十餘人不拘，濃淡相間，雅俗並陳。又如雜劇古事之類，各有引旗一對，鼓吹送上。所扮備極世間騙局俗態，並拙婦騃男，及市井商賈、刁賴詞訟、雜耍諸項。蓋欲深宫九重之中，廣識見，博聰明，順天時，恤民隱也。「水嬉」之製，用輕木雕成海外諸國及先賢文武男女之像，約高二尺，彩畫如生，有臀無足而底平，下安卯榫，用竹板承之。設方木池，貯水令滿，取魚蝦萍藻實其中，隔以紗障，運機之人，皆在障内游移轉動。一人鳴金宣白題目，代爲問答。惟暑天白晝作之，以銷長夏。明愍帝每宴玉熙宫，作過錦、水嬉之戲。一日，宴次報至，汴梁失守，親藩被害。遂大慟而罷，自是不復幸玉熙宫矣。吴偉業《琵琶行》有云：「先皇駕幸玉熙宫，鳳紙僉名唤樂工。苑内水嬉金傀儡，殿頭過錦玉玲瓏。一自中原盛豺虎，暖閣才人罷歌舞。插柳停搊素手箏，燒燈罷擊花奴鼓。」蓋指此也。迨入我朝，遂廢不治。康熙十三年五月，於此設席殿，停仁孝皇后梓宫，集百官舉哀。今改爲内廄，豢養御馬。門前存一古樹，槎枒臃腫，生意盡矣。

大藏經廠 在玉熙宫遺址之西，即司禮監經廠也。貯經書典籍及釋藏諸經。今仍舊制。

萬壽宫 在西安門内迤南、大光明殿之東，明成祖潛邸也。殿東西有永春、萬春諸宫翼，而前爲門者三，或曰即舊仁壽宫。明世宗晚年愛静，常居西内，勛輔大臣直宿無逸殿，日有賜賚，如玲瓏雕刻玉帶、金織蟒服、金嵌寶石斗牛絛環、綵絨護膝、獨角獸補子、貂鼠暖耳、綵裝松竹梅鸞帶、花線絛青油雨笠、金鑲伽楠香帶、刻花含香牌子、葫蘆景畫、銀豆銀人、吉祥珊瑚定勝、銀牌子刻「平安」二字、銀像生人馬、銀孩兒、金壽仙方袋、銀瓢刀筋三事、御藥如意湯、鶱林茶、笋尖、梅蘇丸、袖香、面衣、御製藥酒五味湯、内酒竹葉青、真珠紅、長春酒、酒蟹、橄欖、橙、橘、瓜、果之類。嚴分宜記賜畫扇有：「海榴瞿可寸許，穴其腹，藏象刻物器一百事，工巧異甚。」又有：「水晶及牙仙人墜子。」今朱垣隙地，雜居内府人役，間藝黍稷及堆官柴草。南曰草廠，北曰柴闌云。

大光明殿 在西安門内萬壽宫遺址之西，地極敞豁。門曰登豐。前爲圓殿，高數十尺，制如圜丘，題曰大光明殿。中爲太極殿。後有香閣九間，題曰天玄閣。高深宏麗，半倍於圓殿。皆覆黄瓦，甃以青琉璃，下列文石花礎作龍尾道，丹楹金飾，龍繞其上。四面瑣窗藻井，以金繪之。白石陛三重，中設七寶雲龍神牌位，以祀上帝。相傳明世宗與陶真人講内丹於此。按《世宗實録》：「四十年十二月，命左都督朱希忠入直西苑，親率官校環衛大玄都四面及西安門。」則此地即大玄都也。今仍設内監道士守之，晨夕鐘鼓無間。但閑遊者皆得登殿陛瞻憇矣。順治十八年辛丑正月，世祖章皇帝升遐，顧命大臣索尼、鰲拜、遏必隆、蘇克薩哈，同心輔政，四臣者共來焚香盟心於此。各衙門亦次第設誓。余賜第在其左側，時於秋雨初霽，碧天如洗，披襟露坐，覺巍巍瓊構，與明月流光相照灼，怳置身於廣寒宫闕，故余《移居》詩有「門前金碧瞻天闕」之句。

兔園山 在瀛臺之西。由大光明殿南行，疊石爲山，穴山爲洞，東西分徑，紆折至頂。殿曰清虚，俯瞰都城，歷歷可見。砌下暗設銅甕，灌水注池，池前玉盆内作盤龍，昂首而起，激水從盆底一竅轉出龍吻，分入小洞，復由殿側九曲注池中。喬松數株參立，古藤縈繞，懸蘿下垂，池邊多立奇石，一名小山子，又曰小蓬萊。其前爲曲流觀，甃石引水，作九曲流觴，皆雕琢奇異，布置神巧。明嘉靖時，復葺鑒戒亭，取殷鑒之義。又南爲瑶景、翠林二亭，古木延翳，奇石錯立，架石梁通東西兩池。南北二梁之間曰旋磨臺，螺盤而上，其巔有甃，皆陶埏雲龍之象，相傳世宗禮斗於此。臺下周以深塹，梁上玉石欄柱，御道甃團龍，至今堅完如故。老監云：「明時重九或幸萬歲山，或幸兔兒山清虚殿登高，宫眷内臣皆着重陽景菊花補服，喫迎霜兔菊花酒。」李文達《賜遊西苑記》云：「小山子遠望鬱然，日光横照，紫翠重疊。至則有殿倚山，山下有洞，洞上石巖横列密孔，泉出迸流而下，曰水簾。其淙散激射，飛薄濺灑，最爲可玩。水聲泠泠然潛入石池，龍昂其首，口中噴出，復潛繞殿前。左右危石，折旋爲徑。山畔有殿翼然，至其頂，一室正中，四面簾櫳，欄檻之外，奇峯回互，茂樹環擁，異花瑶草，莫可名狀。下轉山前，一殿深静高爽，殿前石橋，隱若虹起，極其精巧。」韓右都御史《賜遊西苑記》云：「又西南，至小山子，名賽蓬萊。入其門，有殿。殿前一大池，中通石橋，東西二小閣，立水中。橋南有娑羅樹，人所罕見。殿之後復有三殿，其階益上益高，至絶頂，則與萬歲山坤艮相望。絶頂下至第三殿之前，蓄水作機，瞰其下，有水簾洞。洞之中作金龍，決其水，下而觀之，連珠掩洞，形稱其名。龍口中亦噴水，水皆從前殿基下陰渠之内過，而至於其殿之前，甃石爲曲渠，復作龍頭於其西，水至，出龍口，旋繞而東，可以流觴者。」李長史默《遊西内記》云：「北行古松間，隱隱見岡阜鬱然。至則小軒峙其前，甃石爲九曲黄河。軒北石假山也。石多削爲形肖，剥泐不可識。山數壘上，松皆偃蹇如天成。絶頂列銅池者六，皆貯水。池旁多穿孔竇，下注洞口。洞中爲龍，勢若噴吐，前爲圜池，龍盤其間。駕幸，則瀉銅池，從孔竇迸落，名曰水晶簾。吞以洞龍，洑流地中，激而上，出池龍口，復入地，注於黄河：制特幻巧。」今山前亭觀盡廢，池亦就湮，僅餘一亭及清虚殿，與長松古槐，摇落春風暑雨中。

柏木殿 在萬壽宫之南，全以柏木爲之，今圮。

親蠶殿 在萬壽宫西南。有齋宫具服殿，蠶室繭館，皆如古制。蠶壇方可二丈六尺，疊二級，高二尺六寸，陛四出，東西北俱樹以桑柘。採桑臺高一尺四寸，廣一丈四尺。又有鑾駕庫，五間，牆圍方八十餘丈。按《明世宗實録》：「禮部上言，皇后出郊親蠶不便。是日，召大學士張孚敬，令與尚書李時議移之西苑。晡時，駕幸西苑，召二臣至太液池，使中官操舟渡之，入見於舊仁壽宫。上曰：『朕惟農桑重務，欲於宫前建土穀壇，宫後爲蠶壇，以時省觀，卿等視其可否？』二臣趨出視地。駕轉昭和殿，期二臣於此。」昭和殿，今之瀛臺也。

土穀壇 在陽德門外西南數十步。明嘉靖年間，給事中王璣言：「西苑地寬可耕，宜令農夫墾藝，春秋二時，臨幸觀省，然後收其所入，輸之神倉。既悉小民艱苦之狀，且得自致潔清於神明。其爲耕籍之實，孰大於是。」部覆可之，遂建壇於此。今廢。

惜薪司 在西安門街南巷内。凡宫中所用紅籮炭，皆易州山中硬木燒成，運至紅籮廠，按尺寸鋸截，編小圓荆筐，用紅土刷筐而成，故曰「紅籮炭」。每根長尺許，圓徑二三寸不一。又用炭末塑造將軍或仙童、鍾馗各成對，高三尺，金粧綵畫如門神，黑面黑手，以存炭制，名曰「綵粧」。於十二月二十四日安於宫殿各門兩傍，亦歲暮植將軍炭之遺意。次年二月初二日，仍歸本司。後漸作傀儡，以綢絹紵綾爲粧飾，作爲無益之費。我朝悉除之。惟内廷柴炭，於此關支，荆筐亦不刷紅土。

洗白廠 造兜羅絨及各色五毒等縧。兜羅絨織法傳自西域，無敢私造者。

西酒房 **西花房** **牲口房** **舊虎城** 皆在櫺星門西北。今盡廢。

南花園 在西苑門迤南，東向，明時曰「灰池」。種植瓜蔬於炕洞内，烘養新菜，以備春盤薦生之用。立春日進鮮蘿蔔，名曰「咬春」。本朝改爲南花園，雜植花樹，凡江寧、蘇、松、杭州織造所進盆景，皆付澆灌培植。又於暖室烘出芍藥、牡丹諸花，每歲元夕賜宴之時，安放乾清宫，陳列筵前，以爲勝於剪綵。每秋時收養蟋蟀，至燈夜則置之鰲山燈内，奏樂既罷，忽聞蛩聲自鰲山中出。每歲正月，進梅花、山茶、探春、貼梗海棠、水仙花；二月進瑞香、玉蘭、碧桃、鸞枝；三月進繡毬花、杜鵑、木筆、木瓜、海棠、丁香、梨花、插瓶牡丹；四月進梔子花、石榴花、薔薇、插瓶芍藥；五月進菖蒲、艾葉、茉莉、黄楊樹盆景；六、七月進茉莉、建蘭及鳳仙花，五色斑爛，置玻璃盤中；八月進巖桂；九月進各種菊花；十月進小盆景、松、竹、冬青、虎鬚草、金絲荷葉及橘樹、金橙；十一月、十二月進早梅、探春、迎春、蠟瓣梅，又有香片梅，古幹槎牙，開紅白二色，安放懋勤殿。余曾有詩紀之。石榴紅白二種，花單瓣，結實如盌子大，味甘，曰「軟子石榴」。棗有弱枝、密雲、瓔珞諸種，甚甘脆，食則漿流於齒，每歲八月初，收棗入錫餅，封口懸井中，寒冬取出進用，如初從樹摘者。葡萄有馬乳、六月鮮、紫瓊瑶。王瓜有高麗種，狀如香櫞，色正黄。扁豆有白花蜜豆，霜後更美。上從清涼山手移金蓮花，亦付南花園栽種，四月末，花開，碧葉黄英，鮮潔可愛。其餘雜花奇樹，不可名言，惟設内監司灌溉之事。冬月進花，皆用黄布作綿套包裹，不使見風。菊花以緑竹作架，各懸小牌，書某種，如粉西施、水晶盤、太史黄、紫羅蘭之類，按時舁送各宫殿安放，花殘則隨時易以新者。南書房亦如之。

懋勤殿古幹梅花發紅白二色應制

上林春色暗相催，一樹新開殿裏梅。素艷欲欺瓊圃雪，紅芳疑泛紫霞杯。欣逢暖律吹噓早，漸識東風次第來。古幹獨當霜霰候，豈同凡卉點莓苔。

西十庫 在西安門内，向南。舊設掌庫太監一員，貼庫數員，僉書數十員。十庫自戊字後不全用十干，以爲已者已也，故改用别名。魏忠賢本從甲字庫出身，待十庫之人獨厚。本朝三十餘年，十庫封錮不開，塵土堆積。庫後古木叢茂，居人鮮少，衆鳥翔集，作巢以數萬計。上常遊幸至此，命内務府清察立檔案焉。

甲字庫 職掌銀硃、烏梅、靛花、黄丹、緑礬、紫草、明礬、光粉、黑鉛、水膠、槐花、藍靛、五倍子、闊白三梭布、苧布、紅花、水銀、硼砂、藤黄、茜草、薑黄、密陀僧、礪砂、白芨、梔子、百藥煎之類，皆浙江等省歲供納以備御用者。

乙字庫 職掌奏本紙、欒榜紙、中夾等紙，各省解到胖襖，備各項奏准領取。

丙字庫 每歲浙江辦納本色絲綿、合羅絲串、五絲荒絲，以備各項奏付；山東、河南、順天等府歲納綿花絨，則内官之冬衣、軍士之布花，咸取備於此。

丁字庫 每歲浙江等處，辦納生漆、桐油、紅黄熟銅、白麻、綠麻、黄蠟、錫、牛筋、黄牛皮、麂皮、鐵線、魚膠、白圓藤、生熟建鐵等件，以備御用監、内官監支給。

戊字庫 職掌河南等處解到盔甲、弓、箭、刀及廢鐵。

承運庫 職掌浙江、四川、湖廣等省黄白生絹，以備欽賞外藩，並内官冬衣、樂舞生浄衣等用。

廣盈庫 職掌黄紅等色平羅熟絹、各色杭紗、青細綿布。

廣惠庫 職掌綵織手帕、梳櫳抿刷，錢貫鈔錠之類。

廣積庫 職掌焰硝、熟硫黄，聽盔甲廠等處成造火藥。

臟罰庫 職掌没官衣物等件。

查慎行《人海記》卷下《蒙古鹽鐵》 蒙古阿巴海部落，地名充俄里，有泡子河，産天然鹽，生水中如層冰，厚四五寸許，鑿取成磚，不事煎熬而可食，其味較中國食鹽稍淡。又有産於高山者，彌望如雪，人跡不能到，則用强弓仰射取之。又産精鐵，色如白銀，今上用鳥鎗，皆采此鐵製造。往聞明季嚴禁關口不得出鹽鐵等物，謂可坐困外國。豈知彼中物産固自不乏耶！

社會調查所《清代題本・採辦織造及各項工程》

乾隆 年 月 日

乾隆三年七月十三日太子少保文華殿大學士兼兵部尚書都察院右都御史總督四川陝西等處地方軍務兼理糧餉加四級軍功加六級臣查郎阿謹題

兹據布政使徐杞詳稱，築打包砌城垣，蓋造一切房屋需用夫匠物料器具等項，凉州原估銀三十萬三千三百八十八兩七錢一分二厘零外，連應給民人房地價銀等項，共收肅州道解到軍需銀三十一萬兩，又續估銀一萬九千九百九十八兩一錢五分七厘零，原議在於節省項下動用，是以並未另行請項。今連原估續估，實止用銀二十萬七千九百八十二兩八錢九分八厘零，實節省銀一十一萬五千四百三兩九錢七分一厘零，所解到軍需銀内實存銀一十萬一千七百五十八兩八錢二分三厘零。又下剩城磚三萬四千二十七塊，石灰二萬六千三百七十九斤，石條二十一丈九尺二寸，小柱頂石二對，小獸頭二對，照報銷價值，共值銀二百五十八兩二錢七分九厘零，飭交武威縣照數變價。莊浪原估銀一十九萬二千一百三十八兩六錢三分二厘零，連應給民人房地價銀止收肅州道解到軍需銀一十八萬九千七百一十兩七錢，又續估銀一萬三千八十九兩二分九厘零，原議在於節省項下動用，是以並未另行請項。今連原估續估實止用銀一十二萬九千一百八十五兩四錢五分八厘零，實節省銀七萬六千四十二兩二錢四厘零，所解到軍需銀内實存銀六萬三十四兩四錢四分九厘零。又下剩城磚五萬九千七百二十一塊六分，石灰五萬九千八百七十七斤九兩六錢，紅石條二十九丈九尺二寸，小柱頂石二對，小獸頭二對，筒瓦二百二塊，版瓦二百二塊，煙煤一百四十八斤，麥草二千三百二十八束，照報銷價值共值銀四百九十兩七錢九分二厘零，飭交平番縣照數變價。查凉、莊二處城工，委因該道等興工之日，即督率各員弁匠夫竭力趕造，未敢少有疎懈曠悮，是以節省甚多。其凉、莊兩處原估續估數目與從前原造册數不符之處，已於册内逐一聲敘，合併聲明等情，並齎原册前來，臣覆核無異，除册送部外，謹會同蘭州撫臣元展成合詞具題，伏祈皇上睿鑒，勅部核覆施行。爲此具本謹題請旨。

社會調查所《清代題本・採辦織造及各項工程》

光緒二十六年七月十八日硃批

光緒　年　月　日甘肅新疆巡撫臣饒應祺奏

謹將新疆建修奇臺縣城垣、省城西南關廂、濟木薩城垣、駐省軍裝局並火藥庫、伊犁鎮總兵衙署各工程共五起收支各款銀兩數目，理合開具簡明清單，恭呈

御覽。

計開：

收款項下：

一、收由新疆歲撥善後經費銀六萬七千二百一十九兩二錢九分五厘。

一、收照章劃扣平餘銀五百五十兩六錢八厘。

以上共收新餉平餘銀六萬七千七百六十九兩九錢三厘。

支款項下：

一、支建修奇臺縣城垣一册，共發過工料各款銀二萬六千四百二十四兩三錢四分八厘。

一、支建修省城西南關廂一册，共發過工料各款銀八千二百七十七兩二錢五分二厘。

一、支建修濟木薩城垣一册，共發過工料各款銀七千八百四十九兩六錢一分五厘。

一、支建修駐省軍裝總局並火藥庫一册，共發過工料各款銀九千一百八十兩八錢三分六厘。

一、建修伊犁鎮總兵衙署一册，共發過工料各款銀一萬六千三十七兩八錢五分二厘。

以上統共支發過各款新餉平銀六萬七千七百六十九兩九錢三厘。

查前項銀兩，除扣收平餘外，遵即在善後經費項下匀挪墊用，如數收支，並無存欠，合併聲明。

硃批：覽。

社會調查所《清代題本·採辦織造及各項工程》

光緒二十六年七月十八日硃批

光緒　年　月　日甘肅新疆巡撫臣饒應祺奏

爲新疆奇臺縣城垣暨省城西南兩關廂並軍裝總局東西火藥庫又伊犁鎮總兵衙署、濟木薩縣丞城垣各工完竣，動用經費懇恩飭部核銷，恭摺仰祈聖鑒事。

竊查新疆南北兩路城垣暨文武衙署各工，凡已修理完竣者，業經隨時造報在案。惟古城東接巴哈北連科庫，地處要衝，商賈輻臻，光緒十五年移奇臺縣治於此，應修城垣，估需銀二萬六千餘兩。濟木薩爲北通蒙古要道，設戍屯糧，諸關緊要，昔日城身坍塌殆盡，推廣興修，估需銀七千八百餘兩。省城外西南兩關，漢回衆多，前年甘回叛竄，民情惶惑，擬築關廂，藉資保衛，估需銀八千餘兩。設省以來，採買外洋槍砲，修整舊時軍械，製造火藥，各項較多，收藏尤宜慎密，因擇地建修軍裝總局並東西兩火藥庫，估需銀八千九百餘兩。又伊犁鎮總兵職重邊防，衙署急應修理，以輯衆志而壯觀瞻，估需銀一萬五千六百餘兩。前項各工食糧均不在內，經臣先後奏明，奉旨允准，欽遵咨行在案，旋經陸續飭令興修。兹據糧臺詳稱，各印委次第營造蕆事，逐細查核，凡一切土工，概係撥派營勇工作，不給工資，只按旬犒賞酒肉，稍資撙節，其局署物料亦多採擇從前舊房揀選就用，寔屬省之又省，所用經費均與原估數目相符。統計城關局署五起，共需工料犒賞糧價各款銀六萬七千七百六十九兩九錢三厘，内除扣收平餘銀五百五十兩六錢八厘，寔支發新餉平銀六萬七千二百一十九兩二錢九分五厘，由善後經費項下動用，不另請款。業經委勘驗收，均屬工堅料寔，並無浮冒，彙造丈尺做法，工料銀糧圖册，取具印結，詳齎前來。臣查邊關地多戈壁，産棉稀少，應用物料或由内地購運，或就本地採買，均按前次報銷價值隨時酌減核發，招雇工匠概照各處市價發給，寔用寔銷。理合繕具簡明清單，恭呈御覽，仰懇飭部一律核銷以清款目。除將册結圖説咨部外，謹會同署陝甘總督臣魏光燾恭摺具陳，伏乞皇太后、皇上聖鑒訓示，謹奏。

王先謙《東華續録》乾隆一九　〔乾隆九年五月〕丙戌，諭軍機大臣等：「前據部選藁城縣知縣高對呈請自備工本開採礦廠一事，户部議令發與喀爾吉善查議。朕思此事於地方甚有關繫，必不可行。可寄信前去，即停止，並不必聲張。」直隸總督高斌尋奏：「前準户部密行藁城縣知縣高對請自備工本於嶧、滕、費及淄、沂、平陰、泰安等山開採銀銅鉛礦，臣查山左開礦之説，聞明嘉萬間到處開採，積歲無獲，官民重困。至我朝康熙五十八年，巡撫李樹德奏請開濟、兖、青、登四府礦場，以佐軍需。聖祖仁皇帝恐其擾民，差部員六人前往試看無益，即停止。蓋開採礦砂，向惟於滇、粤邊省，若山左中原内地從未舉行，而沂州、泰安山屬岱嶽，費、滕、嶧縣地近孔林，更屬不宜，且開鑿之處官役兵弁必有不能不擾民之勢。若致開掘民間廬墓，更易滋怨，況利之所在，易集奸匪，争鬭之釁必生。更可懼者，去冬彗星所指，僉稱在齊魯之方，今開礦適當其地，是於事則無利，而

有害於地方則甚不宜，於輿情則甚不願。若必俟試行無益而後中止，萬一有奉行不妥之處，將爲盛德之累。」得旨：「所奏甚是，朕竟爲舒赫德所欺。」有旨諭喀爾吉善停止矣。

傅恒等《平定準噶爾方略》續編卷一五　〔乾隆二十六年〕庚戌，恩免採銅回人應交官糧。上諭軍機大臣曰：「海明等據阿克蘇、阿奇木色梯、巴勒氏等呈，現在採銅回人一百户，伯克二員不敷差遣，請添設伯克一員；回人二百户，每年交銅二千八百三十餘觔等語，著照所奏辦理。至採銅回人所有應交官糧，准其豁免，俟鼓鑄既足，停其採銅時，再行按户徵收，不必分派回人等代爲完納。」

傅恒等《平定準噶爾方略》續編卷一六　〔乾隆二十七年〕辛未，諭喀什噶爾辦事尚書永貴等暫緩採辦銅觔。上諭軍機大臣曰：「永貴等奏稱回部鼓鑄錢文，仍須採礦，方足應用，現派員役率領回人三十名，在碩爾布拉克等處試採，得銅頗旺，復添派回人，裹帶口糧前往採辦等語。昨據達桑阿請，多採銅觔，曾諭以恐累回人，不必添派。今永貴之意與達桑阿相同。回部新鑄錢文尚多，採銅原非急需，著暫緩辦理。」

戊寅，申諭：喀什噶爾辦事尚書永貴等採辦銅觔，不必添派勒限。上諭軍機大臣曰：「永貴、海明、和其衷奏稱，阿克蘇所添採銅回人，因豁免伊等應交糧石，呈乞代奏謝恩。又稱各城回人等添採銅觔，以四年爲限等語。採辦銅觔原以裕官兵、回人之用，自當從容辦理，惟就現在所得之銅，源源鼓鑄，即稍有遲滯，亦無甚關係，何必添派回人，勒定年限？昨諭達桑阿等不必添採銅觔，永貴似尚未奉到，故如此陳奏。至永貴等所奏，回衆僉稱情願連年添採銅觔之處，大臣等面詢回人，伊等焉敢以不願爲詞，即謂回人愛重新錢，亦事之所有。但既非鑄錢賞給伊等，且仍收其普爾，又令其採銅爲鼓鑄之資，謂皆出於本願，恐未必盡然。凡事當權其輕重緩急，不可張皇欲速。著傳諭永貴等知之。」

西清《黑龍江外記》卷六　土人以黄米造酒，謂之黄酒，又有名秋酒者，關以東處處賣之。達呼爾以牛馬乳造酒，案《漢書》謂之挏酒。謂之阿爾占，漢名奶子酒，蒙古諸部家有之。南酒來自奉天，歲不過數罎。燒酒來自伯都訥，歲不下數十萬觔。從前呼蘭議開燒鍋，將軍觀明駁之，至今不果行。

穆彰阿《嘉慶重修一統志》卷一七三《登州府》　岠嵎山。在棲霞縣東二十里，岠嵎水出焉。《元和志》：萊陽縣有黄銀坑。舊志金山亦名岠嵎山，即黄銀坑也。隋唐以來，守土官採金充貢，後編户置官，歲定金額，有增無減，户漸逃亡。明洪武間，始禁開採。

劉錦藻《清朝續文獻通考》卷四三《征榷考一五・坑冶》　〔嘉慶六年〕又諭：「慶傑等奏查勘銅苗情形一摺，前據明安等奏，大興縣人張士恒等呈稱，平泉州屬四道溝、雲梯溝等處有銅苗透出，請自備工本開採等語。朕即知其事不可行，又涉言利，是以未即允准。特降旨令慶傑等查奏。兹據慶傑等奏稱，查得雲梯溝地方係喀喇沁王滿珠巴咱爾名下山場，舊有洞口四座，係民人竊挖，該處銅苗甚覺微細。又四道溝地方舊有洞口一座，亦係民人竊挖，該處銅苗較旺，但不知能否經久，請令試採等語。該二處山場久經封禁，見在詳悉查勘，亦未見實有可以開採之處，其事斷不可行。蓋開採俱係無業游民，攢湊資本，互相邀集，即趨利若鶩，倘已聚集多人，而銅苗已竭，彼時何以遣散，豈不慮其滋生事端。即或開採獲利，而該處地方，與蒙古山場相連，使蒙古等以内地官民專爲牟利起見，於國體殊有關繫。況見在户、工二部，鼓鑄事宜需用銅斤，照例由滇省起解運京，儘屬充裕，本無需另籌開採，何必輕爲此舉耶？所有平泉州屬四道溝、雲梯溝等處産銅山場新舊洞口，俱著永遠封禁，不准開採。並責成地方官嚴加查察，毋許再有私行偷挖之事。朕自親政以來，屢經諭止臣工不准言利，而内外臣工實心確信朕言者固多，然心存觀望猶豫者不少。彼意總以爲決不因言利獲咎，即蒙議處申飭，事後必見好，是直不以朕爲賢君，視爲好貨之主矣。諸臣何苦必欲以此嘗試耶？上年胡季堂奏請在直隸大名地方開設鉛廠，朕未經批發查勘，即不准行。本年明安先有奏請開採木植之事，此次又率據該商人所請，奏開銅鑛，謂非言利而何在？商民等無知見小，計及錙銖，而明安即據以入奏，此必輕聽屬員慫恿而成。明安受恩深重，自不應有冀圖沾潤情事，然亦不可不防其漸。而該商等具呈懇請，時若非於所屬員弁及書吏人等輾轉賄求，何能據將所請之事達於明安，代爲奏請。此種情弊，豈能逃朕洞鑒乎？嗣後臣工等惟當洗心滌慮，毋得輕啓利端，假公濟私，妄行瀆奏。」

劉錦藻《清朝續文獻通考》卷四三《征榷考一五》　〔同治〕十年，諭：「前據都察院奏，山西民人馬敦五等呈稱，絳縣南山銅鑛産苗甚旺，請自備資斧，試行開採，當經降旨，著英桂派委查看具奏。兹據御史富稼奏稱，查閲馬敦五呈内，礦經私挖，復請試行三箇月升課，詞有閃爍。素聞該民等均非安分良民，且非殷實富户，顯有影射之徒，假公濟私等語。著英桂按照該御史所奏各情，嚴密查察該處礦苗如可採辦，可否官爲經理，據實具奏。」

《礦務檔・山西礦務》〔光緒二十四年〕閏三月二十四日，軍機處交片稱，交總理各國事務衙門，本日都察院代奏，山西舉人張官等呈訴晉省礦務情形摺原呈一件，軍機大臣面奉諭旨：「該衙門知道，欽此。」相應傳知貴衙門欽遵可也。照録原呈。具呈山西舉人張官等，爲礦務將興，利權旁落，請旨飭令自辦，以杜隱患安人心，呈請代奏事。竊維山西産礦，金銀絶少，煤鐵爲多。初祇聽民自採，官抽其厘，公私原兩便也。自撫臣急於興利之舉，外洋遂起窺伺之端。而欲便私圖者，若劉鶚、方孝傑、賈景仁、曹中裕，遂羣起而力成之，不計國家利害，不顧輿情順逆，只期自飽貪囊，實已隱傷國本。幸而朝廷洞鑒萬里，斥去劉鶚、方孝傑，晉省士民，莫不忭頌，以爲國計可以自操，生民可以安堵。乃現聞方劉賈曹四人，羣集都門，賈景仁屢請義俄兩國人及方劉二人，暗中慫恿，挾外洋以自固，必欲爲所欲爲。而洋人亦憑藉該員等之詭謀，以逞其驕志。設無該員等，則洋人之欲攫吾利者，如夜行無燭，實無能爲。張官等確見其蠹國病民之實，敢揭其欺君罔上之情，爲我皇上披肝瀝膽陳之。礦務之興，貴在利國。今章程所載，四分其百分之利，洋商得其二，局員得其一，而國家乃以自有之礦，亦僅得其一。何輕重之不倫也？利中國乎？抑利外國及貪墨之紳商乎？不待辯晰而知矣。彼其巧於欺飾者，特以商借商還一語爲詞，意謂朝廷雖無大利，亦無大害也。然試問該員等與義國所訂條款，果係借洋債乎，抑實集洋股耶，章程具在，豈能倖逃宸鑒。況六十年爲期，礦利已被挖盡，祇餘空洞與破壞器具，我朝廷將安用之。且借洋債以還清借款爲主，豈有必待六十年，始准還清之理乎！其所以如此者，洋人可以久假不歸，該員等厚利坐擁。及六十年期滿，人已隔世，利害均與彼無與也。又況礦利總難預期，成數不難酌定，至問每歲歸本提若干成，公積提若干成，章程内不得而稽。該員等莫得而答也！豈真當局者迷，以一爲提明，則商借商還之詞，洋人不肯通融開載，該員等即不得行其欺朦也！掩耳盜鈴，誕誣實甚。夫以非我中土之人，一旦據我利産，痛癢既不相關，則利之所在，勒索民業，横佔民田，必非所恤。百姓既震驚於異言異服，復不忍其侵奪之苦，設激而生變，恐心腹之疾，更甚於外洋。張官等，晉籍也，知晉甚悉。其俗素知秉禮，其民懷刑守法，是以二百餘年，教匪捻匪幾徧天下，而晉省不聞貽朝廷西顧之憂。然其怯於私狠者，正其勇於公義者也。方張官等來京之際，聞各處百姓多有相聚而議者，謂礦地一質六十年，並民礦稍礙於彼者，必勒買而後已，商局其賣我乎！是以膠、旅視我也，我等當捨九死，以壯聖代山河之色，不能忍一息，以希外洋奴隸之顔。其情可憫，其愚亦可慮也。張官等受二百餘年養士之恩，深見愚民之心固結如此，設無一言上達，士風不其埽地乎。因於萬不得已之中，籌一猶足自全之策，莫若以士人行士法，勸之以地方官長，而不設局員，董之以本處搢紳，而不籌局費，試辦於至微至小，以驗其盈虧。約計三年後，試之而利，爲之者必多，然後録其微勞，加以獎勵，使歲主其事，以責其贏餘，國之肥也。設其不利，而亦無損於國，豈不甚善。即不然，籲懇明降諭旨，飭令晉省紳商自行籌辦。其所借洋款，未成交者，可以勿論，既成交者，設法籌還，庶利權自執，不至受制於人。該紳商食毛踐土，戴朝廷厚德，自當踴躍從公，彼洋人知我自爲，亦當無辭以退，山西幸甚，天下幸甚！至鐵路不過爲煤鐵運銷之計，鐵爲軍械之資，而晉産質堅，尤甲天下，絶非洋鐵所能及，保而用之，實國家之武庫也。今以制人死命之物，甘假手於人，無論不能求利，即盡聚各國之利，而無利器以衛之，致令他人挾此利器，反而制我，則其利又豈能終保乎。是鐵路之必不可開，盡人皆知。礦利固可興，必當熟籌利害。而興辦礦務之人，要由公同選舉，方無流弊。何也？廉潔之士，必不貪求。其急於自獻者，皆其藉以自私者也。有不攘奪而刻薄者乎。總之，洋款萬不可輕借，鐵路必不可輕開，民心絶不可輕失。張官等實因消隱患，順輿情起見，用是不避忌諱，叩懇據情代爲具奏。籲懇我皇上宸衷獨斷，以保國家自有之利權，不勝惶悚待命之至。抑張官等猶爲陳者，現在局紳賈景仁、曹中裕，曾於局内挾妓宴飲，揮金如土，商股因此不能再勸，僅集七十餘萬金而止。小民以其首禍也，側目已久，尚懇代陳皇上，應如何辦理以維商務，並應否飭五城御史，將特旨撤退之劉鶚、方孝傑，逐令出京，交地方官管束，以免日勾洋人，攪擾大局之處，出自宸斷。張官等未敢擅請，謹聯名叩懇一併奏聞，實爲德便。

光緒二十四年閏三月二十日。

《礦務檔・一般礦政・議覆請開蒙古鄂爾河等五處金礦》〔光緒二十七年〕謹奏：爲遵旨議奏事，准軍機處鈔交烏里雅蘇臺將軍連順，前在庫倫辦事大臣任内，奏請開辦蒙古鄂爾河等五處金礦一摺。光緒二十四年十一月二十一日，奉硃批：「著總理各國事務衙門會同礦務大臣妥議具奏，欽此。」查原奏内稱，庫倫西北至恰克圖一帶，毘連俄境。頻年内地民人出塞謀食，偷挖金砂，俄人亦多潛採，官難查禁。前經遴調精曉礦務之員，來庫會同蒙旗履勘。疊據稟稱，蒙古圖什業圖汗車臣汗各旗界内，距庫倫東北六臺地，共有金礦三處。又西北九臺地，共金礦二處。周圍約二百餘里，金苗甚旺。惟必用西法，以機器汲水，其利方厚。宜於居中扼要之處，設一總廠，同時並舉，綜計成本約需銀二百萬兩。各該處均隸荒遠，無礙蒙旗遊牧。繪其圖説，呈送金砂前來。又據三品銜前税務司俄人柯樂德到庫面稱，蒙古金礦，如由中國集款興辦，俄人情願坿股。仍可代爲招集，悉遵中國所定章程辦理。如用俄人，應聽中國官員約束各等情。奴才覆查蒙旂產金之處，偪近俄疆，久爲俄人所豔羨。若拒閉太深，轉恐啓攘争之漸。何若豫爲之地，猶得操縱自如。平時接見蒙古王公，詳詢開辦有無窒礙，僉稱蒙人生齒日繁，生計日蹙，果能開拓利源，實與蒙古有益。惟資本過重，擬請招商集股開採。並坿招俄股，仍按中國所定章程辦理，以免事權旁落。倘股款不足，或協撥官款，照章按年付息。廠中所用工匠，除礦師及管理機器聘用洋人外，其餘淘礦工人，悉募蒙衆，及内地民人。不得僱募俄人，免妨中國窮民衣食。但一經開辦，恐他商見利争趨，未免侵礙礦本。宜先議定年限，將來開成之後，除去付還股分本息，暨各廠一切經費，所得礦利，應分十成。以四成報効國家，以一成津貼蒙古王公，以五成歸股東。惟地隸蒙古邊要，必須官督商辦。應請旨簡派大員，專司督率。擇廉幹委員，駐廠監察。如蒙俞允。再行妥擬詳細章程，分繪界圖，奏咨立案。一面集股購買機器，設廠興辦等語。

臣等正在核議間，又於十二月初六日，准軍機處鈔交軍機大臣面奉諭旨：「侍講學士貽穀奏，連順請招商開採蒙古金礦，有害無利等語，著總理衙門暨礦務大臣，歸入連順前摺，一併核議具奏。欽此。」查貽穀原奏稱，以形勢論，西自伊犂，東迄渾春，盡與俄界毘連。俄之都城在極西，而其重鎮在極東，欲由西而達東，莫捷於舍外而走内。故其經營東三省，於西北一帶未嘗一日忘情，每欲假道以通之。若招俄開採蒙古金礦，是惟恐虎不能奮，坿之翼而速其噬。俄人志不在礦，不過於内地一插足以後，往來無忌。道路潛通，天限一開，處處爲敵人所制。所謂操縱自如者，恐在人而不在我等語。

臣等以貽穀所奏，與連順原奏情形，顯係兩歧。適該將軍陛見來京，咨令按照貽穀所奏各節，切實詳細聲覆去後。兹據連順覆稱，中國邊界與俄國毘連之處，東爲黑龍江，西爲伊犂，北則恰克圖。相去各數千里，難於徑越。故俄人接修東三省鐵路，由彼國接至額爾固斯克城。東南越呼倫貝爾界，以至伯都納，均在中國邊境之東，與北邊毫不相涉。若俄人由西達東，祇沿彼國邊地行走，毋庸經行蒙古地面。防陸之要，似在東而不在北。況開礦本係商務，與邊防判然兩途。該學士所奏各節，自可毋庸過慮。產金之處，與俄境相連。該國無業遊民，越境偷挖，年多一年。若認真驅逐，即恐激成事端。倘置之不問，則俄人愈聚愈多。必至如唐努烏梁海界内俄人，造屋採金。日久盤踞，將來圖車兩旗北道，將有意外之虞。嗣經派員會勘，適前税司柯樂德自俄到庫，願代招集俄股，當飭轉諭偷採之人，不應違約侵佔。俄人知彼國商富亦在附股，頗肯聽從散歸。若從此設廠開辦，則杜絶俄人攘争，可期確有把握。若此議停罷，利之所在，難保不另由該國公使領事向我請辦。拒之則彼益縱令無業俄人越界滋事，與我爲難。允之則礦權全落俄手，甚至名爲商辦，實則彼國國家主持。欲再如現議辦法，恐不可得，此真如該學士所奏，速虎之噬，有害無利。又據稱，連順前次接見蒙古王公，詢以此事，僉稱均願附股。及派員履勘，又經行知該汗王旗派委臺吉札蘭會勘，已取有該臺吉等遵依甘結存卷有案。如果開辦，斷不致有礙遊牧，及阻撓之事等語。

臣等竊維貽穀所奏，原爲慎固邊防起見。惟連順請開各礦地段，均在庫倫北邊，山川僻阻，向無臺站。而附近俄境之内，已有鐵路，自其國都通連。果使俄人注意東陲，亦決不舍易就難，跋涉於荒寒之境。至俄人越境偷挖，溯查光緒十六年，曾准出使大臣洪鈞奏稱，圖什業圖汗部與俄接壤。東西數百里，到處產金。俄人挖金，往往侵入華界。荒山曠野，勢不能多駐兵役，晝夜梭巡，防維杜絶，智力爲窮。惟有我先設廠挖金，則彼自無從越取等語，覈與連順所奏情事相同。現距洪鈞前奏，爲時既久，情形自必更甚。若不設法興辦，連順所慮俄人愈聚愈多，圖車兩盟北邊，勢成盤踞。又謂難保不另由公使領事向我請辦，礦權全落俄手等節，後患均不可不防。現在直省内地，業經奏定開礦章程，准附洋股，招商開礦。新疆塔城廳烏蘇廳等處，亦准令與俄商合股試辦。庫倫事同一律，既據連順奏稱，詢蒙古王公，開採有益，自應准如所請，設廠自行開採，以保蒙旗利權。並准附招洋股，以杜俄人攘争。前税務司俄人柯樂德，久在中國當差。據總税務司赫德來函稱，其謹慎練達，委令辦理礦務，可稱得人等語，連順業與言定，悉遵中國章程。既礦師及管理機器等事聘用洋人外，其餘淘沙工人，不得僱募俄人。所籌均尚妥洽，該總廠所領各礦，恐爲他商攬奪。所請定議年限，應照新疆奏案，定限二十五年。將來辦有成效，再議奏明展續。又所得礦利，請以四成解交户部，一成津貼蒙古王公，以五成歸股東。查礦務局奏定章程内開，盈餘歸公之款，應按十成之二五提出繳部。該旂礦地，皆係蒙古王公世產，與直省情形有異，應請提餘利二成，津貼該王公，以示體恤。以三成繳部歸公，覈與章程仍有盈無絀。又所請協撥官款，按年付息之處，現在庫款支絀，能否撥款生息，應由臣等隨時咨商户部，酌覈辦理。又原奏稱地隸邊要，事關中外交涉，請簡大臣督率，揀擇廉幹委員，駐廠監察。查該蒙旗與内地隔遠，所有調度一切，及彈壓保護等事，均須統籌兼顧，應如所請，特派熟悉邊務之大臣督辦。抑或即派烏里雅蘇臺將軍連順，會同庫倫辦事大臣督率。辦理之處，伏候聖裁。其駐廠監察委員，應由派出大臣，認真遴選。常川駐廠，會同前税務司柯樂德，妥慎辦理，以重責成。每年將各廠採金實數收支數目，分晰册報臣衙門並户部，以備稽覈。如蒙俞允，即由臣等行知欽派大臣，妥擬章程奏咨。一面集股購器，先行試辦。至京奏稱烏里雅蘇臺屬境唐努烏梁海各界内，亦多金礦。應俟庫倫辦有成效，再由該將軍察看情形，另行奏明覈辦。所有遵議緣由，理合恭摺具陳。伏乞皇太后、皇上聖鑒，訓示遵行。再此摺係總理衙門主稿，會同礦務鐵路總局辦理。因輾轉咨商，詳求利病，是以覆奏稍遲，合併聲明。謹奏。

《礦務檔・一般礦政・請先辦庫倫圖旗内金礦》〔光緒二十七年〕再本年二月間，准庫倫辦事大臣興廉等咨稱，車盟長呈報，該旗那旺昔庫爾地方，產有金礦。去秋有俄羅斯人持有前任大臣連順驛票，開試礦苗，蒙衆均不悦服。當飭司員查案。僅稱前大臣連順於起程時云，此案業由電局知照總署。相應咨呈，希即將前後奏咨各緣由，迅速見覆等因。臣衙門復又咨詢連順，旋據鈔送上年十一月庫綸印房繙譯官羅布森車林駐劄恰克圖理藩院主事文齡呈文内稱，奉札會同札薩克等，履勘五旗地面礦苗之處。詳詢蒙旗，均願開採，取具遵依甘結。並知照圖車盟長總管卡倫公等，一體呈覆等語。並鈔送圖什業圖汗札蘭臺吉等印結等件。連順又稱，車臣汗旂產金處所，多在邊界，大半已爲俄人偷挖。應俟奉准開辦，設法遣散，再行取結各等情。臣衙門酌核情形，擬請一併飭下派出之大臣，先就圖旂内金礦地段，設廠興辦。其車旂產金處所，仍俟取有該札蘭等遵依甘結，再行次第分採。庶幾礦務、蒙情兩無窒礙。除由臣衙門將奏咨各案咨覆庫倫辦事大臣外，理合附片陳明。伏乞聖鑒。謹奏。

《礦務檔・一般礦政・請招商開採蒙古金礦》〔光緒二十四年〕奴才連順跪奏：爲蒙古地方金苗暢旺，亟宜招商開採，以裕財源，恭摺仰祈聖鑒事。竊維五金之產，本天地自有菁華。極邊之區，尤寶藏之所蓄積。疊次恭奉諭旨，飭令各省籌辦礦務。復蒙簡派礦務大臣，於京城設立總局，專理其事。凡所以盡地利而厚民生者，莫不上廑宵旰勤勞。内外臣工，均應仰體聖懷，力擔艱鉅。伏查庫倫西北至恰克圖一帶，毘連俄境，土脈豐腴。頻年以來，内地民人出塞謀食者，率以租地墾荒爲名，偷挖金砂，分運銷售，獲利倍蓰。附近之俄羅斯國人，亦多越邊潛採，近已實繁有徒，每滋事端，官難查禁。而地方遼闊，即嚴予驅逐，終屬具文。歷經奴才分派委員，並遴調精曉礦務之員，來庫會同蒙旗履勘。究竟金礦若干，開採有無弊竇，是否可用土法，抑須機器，成本約需若干，飭令詳細查覆。

迭據禀稱，蒙古圖什業圖汗、車臣汗各旂界内，距庫倫東北六臺地，約合三百四十餘里，西自鄂爾河、哈拉河至額能河，共有金礦三處。又西北九臺地，約合五百三十餘里，北自色埒河至伊魯河，共有金礦二處。周圍約二百餘里，金苗甚旺。其間以伊魯河所產爲最佳，金質實駕漠河金廠之上。其餘成色，或八分、九分不等。惟均產自沙内，水勢頗深。人力淘取，所得有限。必用西法，以機器汲水，雇工開挖，其利方厚。第濱臨沙漠，人煙較稀，購食招工，均須藉資内地。若僅採一處，徐圖擴充，則曠日持久，徒糜薪工。似宜招集鉅款，延聘礦師，購運機器，相地開採，同時舉辦。於居扼要之處，設一總廠，以期兼顧。綜計成本約須銀二百萬兩。各該處均隸荒遠，匪特無礙於蒙旂遊牧，且係有利無弊，確有把握之事。並繪具圖説，檢取銀砂呈送。復據三品銜前天津税務司俄人柯樂德到庫面稱，蒙古金礦，如由中國集股興辦，俄人情願附股，仍可代爲招集，悉遵中國所定章程辦理。如用俄人，應聽中國官員約束各等情前來。奴才履查泰西富强之由，大率經營礦務。蒙旗產金之處，偪近俄疆，久爲俄人所豔羨，防維杜絶，智力俱窮。若拒閉太深，轉恐啓攘争之漸。何若預爲之地，猶得操縱自如。前次烏里雅蘇臺屬境唐努烏梁海各界内，俄人造屋挖金，盤踞多年，反客爲主。事經查辦，禁絶仍難。前鑒匪遥，尤當預籌至計。奴才每於接見蒙古王公，詳詢開礦有無窒礙，僉稱蒙古生齒日繁，生計日慼。近來祇恃洋商販運羊毛駝絨，裝載磚茶出境，歲獲數百萬金，可資挹注。始知利之所在，端賴人謀。果能開拓利源，實與蒙旗有益，蒙旂亦必有附股之人。奴才參以時勢，證以蒙情，是蒙古開礦一事，既無礙於蒙旂遊牧，且爲蒙旂興無窮之利，似屬難緩之圖。惟是資本過重，斷非一人之力所能成。若僅用土法開挖，實慮驟難著效。自當招商集股，始可收衆擎易舉之功。現在中國商情籌款不易，然既有此自然之利，不應棄之於地，徒令兩國無業遊民私挖械鬬，或釀釁端。邊庭利害所關，良非淺鮮。俄人既願附股，不若因勢利導，轉可就我範圍，未始非固全邦交之一助。

奴才通盤籌畫，所有蒙古圖什業圖汗、車臣汗各旂界内鄂爾河等五處金礦，擬請招商集股款，公力開採，由中國自行舉辦。有礦三處，均近俄界，並准附招俄股，仍按中國所定章程辦理，以免事權旁落。倘股款不足，應請協撥官款，查照礦務向章，按年付息。廠中所用工匠，除礦師及管理機器等事聘用洋人外，其餘淘砂工人，悉募蒙衆及内地民人，不得雇募俄人，免妨中國窮民衣食之計。但該廠經理，他人毋得攙奪。將來開成之後，除去付還股本定息，暨各廠一切薪工經費，所得礦利應分十成，以四成報效國家，解交户部，以一成津貼蒙古王公，以五成分歸股東，俾得利益均霑。惟地隸蒙古邊要，事關中外交涉，與別省情形不同，必須官督商辦。應請旨簡派大臣，專司督率。一切事宜，悉歸統轄。揀擇廉幹委員，駐廠監查。每年將各廠採金實數收支數目造具清册，呈送查覈。仍咨報京都礦務總局稽考，以杜弊端而垂久遠。如蒙恩准開採，似與邊務大有裨益，不僅推闢財源已也。合無仰懇天恩，敕下總理各國事務王大臣，覈覆具奏。俟奉俞允，再行妥擬詳細章程，分繪四至界圖，奏咨立案。一面招商集股，購買機器，設廠興辦。其烏里雅蘇臺所屬唐努烏梁海各界内金礦，如能一律開採，俟奴才抵任後，再當察看情形，奏明請旨定奪。奴才愚昧之見，是否有當，理合恭摺其陳。伏乞皇太后皇上聖鑒，飭議施行。謹奏。

光緒二十四年十一月二十一日。奉硃批：著總理各國事務衙門會同礦務大臣妥議具奏。欽此。

《礦務檔・一般礦政・咨送吉林省路礦案件》〔光緒二十七年〕九月二十九日，吉林將軍長順等文稱，案准貴全權大臣咨開：「京城自上年猝遭兵燹，所有鐵路礦務局檔案全行遺失，遇有應辦事件，無從稽核。相應咨行貴將軍，將有關鐵路礦務來往奏咨文件，以及表譜合同，一律補送，以憑核辦。務於文到兩個月内，迅速咨送本衙門可也」等因。准此，理合將有關鐵路礦務奏咨各件，逐一抄摘案由，備文咨送。爲此咨呈貴全權大臣，謹請鑒核施行。

照録鈔案由。計抄案件録目：

第一號，總理各國事務衙門，爲奉旨著派許景澄總辦黑龍江、吉林鐵路公司事宜等諭，咨行查照事。

第二號，出使大臣許，爲鐵路公司續派造路工員、工頭、匠目等二十四員，由俄京赴吉、江兩省地方勘辦造路工程，抄單咨行查照事。

第三號，總理各國事務衙門，爲接俄國巴署使函，醫士薩洛美隨往東省鐵路，繕發護照，咨行查照事。

第四號，吉林將軍延，爲華俄銀行承造東省鐵路，勘地興工，亟應派員照料保護一摺，咨行總署查照事。

第五號，總理各國事務衙門，爲總辦鐵路公司許奏選派總監工，前往吉、江兩省地方勘路，請旨飭行該省會同辦理等因一摺，咨行查照事。

第六號，出使大臣許，爲開用總辦鐵路公司關防日期，咨行查照事。

第七號，出使大臣許，爲公司函報頭起勘路委員，現派俄紳士尼果賴底哈諾夫等十四員，由俄入吉查勘路程，發給護照，抄粘銜名，咨行查照事。

第八號，出使大臣許，爲酌派繙譯委員李鴻桂、劉鏡人二名，隨同總監工查勘路程，咨行查照事。

第九號，總理各國事務衙門，爲出使大臣許文稱，頭起勘路委員起程日期，並酌派繙譯委員，隨同勘路各等因，咨行查照事。

第十號，總理各國事務衙門，爲鐵路公司設電運料二事，經許大臣酌議辦理，暨總署復電等因，抄録函電，並執照稿，咨行查照事。

第十一號，出使大臣許，爲醫士波底喀一名，工程分股副頭目奥分備爾五名，前赴吉、江兩省，發給護照等因，咨行一體保護事。

第十二號，出使大臣許，爲擬定應用旗式衣帽、記號等因，咨行一體查照事。

第十三號，總理各國事務衙門，爲許大臣擬定應用旗式衣帽、記號等因，咨行查照事。附旗式衣帽、記號各一紙。

第十四號，總署來電，爲與俄烏使商改吉、江兩省路線等因，電請核復事。

第十五號，吉林將軍延電覆，爲奏路線入吉，無論道出南北，多係民田，均須照定合同議價，電復查照事。

第十六號，黑龍江將軍恩電復，擬請仍照初議之路建修，有可旁通，未妨徐增支路，如果不謬，即請總署電奏事。

第十七號，出使大臣許，爲公司需用造路料件由陸路轉入吉境，暫由總辦給照等因，咨行查照事。

第十八號，總理各國事務衙門，爲俄巴署復函稱鐵路總副監工茹格維志依格納齊烏斯由京赴往吉、江兩省工次，分給護照，咨行照約保護事。

第十九號，出使大臣許，爲鐵路公司先後六次派出工員、工頭、醫士、匠目等八十二名，前赴吉、江勘路，抄單咨行一體保護事。

第二十號，總理各國事務衙門，爲將俄國巴署使函稱前項圖樣，咨行轉發事。

第二十一號，出使大臣許，爲公司水運料件，發給行船執照，咨送轉飭卡倫員弁遵照辦理事。

第二十二號，出使大臣許，爲議妥公司造路購買房地，暨申理公私案件等項憑照，抄粘憑稿，咨行查照事。

第二十三號，出使大臣許，爲鐵路公司派設總巡查暨頭目人等銜名一單，咨行飭屬一體保護事。

第二十四號，吉林將軍延　奏，爲吉省礦務全局擬先設公司，以期集股興工，保持利權事。摺一件，片二件。

第二十五號，出使大臣許，爲迭次派出鐵路工頭九名、巡查委員二員前赴吉、江地方，開送名單，咨行飭屬一體保護事。

第二十六號，總理各國事務衙門，爲鐵路經過蒙古地方，事屬創舉。自應札飭哲里木盟長，飭屬一體遵照，抄粘理藩院原奏，咨行查照事。

第二十七號，總理各國事務衙門，爲二十四年十一月初一日本衙門會同礦務鐵路總局具奏通籌鐵路辦法分別緩急次第一摺，抄粘原奏，咨行查照事。

第二十八號，統轄鐵路礦務總局，爲吉省所屬已開未開各礦歷年籌辦情形，繪圖貼説，撰爲表譜，咨送總局事，隨帶一摺一片。

第二十九號，户部，爲抄録礦務鐵路總局奏設總局情形一摺，抄粘咨行查照事。

第三十號，統轄鐵路礦務總局，爲將開用總局關防日期，咨行查照事。

第三十一號，統轄鐵路礦務總局，爲條陳礦路事宜一摺，奉硃批：「依議。」恭録並抄粘原奏，咨行欽遵辦理事。

第三十二號，統轄鐵路礦務總局，爲總局會同總理衙門明定礦務鐵路章程一摺奉硃批：「依議」恭録並附原奏及章程，咨行欽遵事。

第三十三號，統轄鐵路礦務總局，爲將礦路表譜格式刊印成册，咨送查收，照式填送由。

第三十四號，統轄鐵路礦務總局，爲總局會同總理衙門申明增礦務章程一摺奉硃批：「依議，欽此。」恭録並抄粘原摺，咨行欽遵事。

第三十五號，統轄鐵路礦務總局，爲總局會同總理衙門催送礦路表譜並按月呈報收數各摺片奉硃批：「依議，欽此。」恭録並抄粘摺片，咨行欽遵，轉飭趕造事。

第三十六號，吉林將軍延，爲奏鐵路工段綿長，交涉繁鉅，擬請扼要設局一摺奉硃批：「著照所請。」並恭録抄粘原奏，咨呈總署查照事。

第三十七號，吉林將軍延，爲擬定哈爾濱鐵路交涉總局章程十條，抄粘咨呈總署查照事。

《礦務檔・甘肅礦務》　光緒三十二年二月初一日，准陝甘總督咨，據洋務局詳稱，案准商部核議甘肅聘用洋員林輔臣，試辦玉門縣石油礦産一案内開，不失主權，不致放棄利權，所有議定合同，應鈔送查核。此項開辦經費，由何籌集，洋員回國雇匠購機，需款均應聲敘等因。現經遵與該洋員訂立合同，並籌撥官款各節，請分咨外務部、商部查核等情前來，相應咨行貴部查照酌核咨覆，並將核覆原文鈔送本部可也。

《礦務檔・一般礦政・上諭著將劉鶚解往新疆監禁産業充公》　光緒三十四年六月二十二日，發南洋大臣、新疆巡撫電稱：申。本日軍機處交片稱，軍機大臣面奉諭旨：「外務部奏已革知府劉鶚貪鄙謬妄，不止一端，請旨懲處一片。革員劉鶚違法罔利，怙惡不悛，著發往新疆永遠監禁。該犯所有産業，著兩江總督查明充公，辦理地方要政。該部知道，欽此。」希欽遵辦理。原奏另密咨。外務部。

《礦務檔・一般礦政・上諭著將劉鶚解往新疆監禁産業充公》　光緒三十四年六月二十三日，外務部咨南洋大臣、新疆巡撫密件稱：光緒三十四年六月二十二日，准軍機處交片稱，軍機大臣面奉諭旨：「外務部奏已革知府劉鶚貪鄙謬妄，不止一端，請旨懲處一片。革員劉鶚違法罔利，怙惡不悛，著發往新疆永遠監禁。該犯所有産業，著兩江總督查明充公，辦理地方要政。該部知道，欽此。」除電達外，相應恭録諭旨，鈔録原奏，密咨貴大臣、撫臣欽遵辦理可也。

《礦務檔・一般礦政・押解劉鶚事已電鄂甘豫陝新各督撫派員妥辦》　光緒三十四年六月二十七日，發南洋大臣電稱：徑電悉，劉鶚事，已電鄂甘豫陝新各督撫預派妥員，接護妥速押解。

《礦務檔・一般礦政・遵電派員押解劉犯赴豫》　光緒三十四年六月二十

九日，收湖廣督電稱：外務部鈞鑒，申密電敬悉。已派委文武妥員，候劉鶚一到即解行。鐵路中阻，飭按驛前進。並電豫撫派員赴交界接解。龍，儉。

《礦務檔・一般礦政・劉鶚經已起解赴豫》 光緒三十四年七月初二日，收湖廣總督電稱：外務部鑒，辰密。官犯劉鶚，今晨由寧解到。當派文武妥員又警察兵二十，即時起解由驛赴豫，謹電聞。龍，冬。

《大清新法令》卷二《外交・合同・山東礦政局簽定華德採礦公司礦務合同　光緒三十四年　月》 爲訂立合同事。案據華德採礦公司呈請勘辦山東五處礦務，曾經外務部允准先行查勘在案，茲准外務部咨開以據該公司請續議前來，現奉山東巡撫部院楊札，委礦政局與該公司議訂合同如下：

第一條　該公司招集華德股本，即係華德公共商務，現在勘辦五處礦産，只應按照尋常商務辦法，與膠濟鐵路附近三十里内之礦務載在膠澳條約者迥不相同，並與國家交涉無干。至該公司應辦之事係僅限於開礦一端。此次合同所載各條均不得推及别項商務。

第二條　外務部前允該公司於原指五處地段内查勘礦産，原議每處以十個月爲限，今逾限已久。據該公司稟稱尚未探竣，現特格外通融，准自此項合同簽押之日起，再酌予加展探礦期限兩年，由礦政局詳請撫院咨明外務部、農工商部立案。俟呈請開辦時再請農工商部核發開礦執照。未發執照以前不得擅行開採礦産。如兩年限滿仍未呈請開辦，即將該公司查勘礦産之權全行停止，其地統歸中國辦理。至兩年限内倘有華商在原指五處凡非公司恰正查勘之地段以内呈請勘採礦産，則先知照該公司於兩個月内呈覆。如該公司必用此地開採，即應劃定礦界依限辦理，倘逾兩個月定限該公司並未呈覆或呈明不願開採，則此塊礦地即歸華商領照承辦，該公司不得干預。至原指地段内凡有華商已經勘辦及暫時停工尚未全行廢棄之礦，應仍歸華商辦理，該公司允認，概不過問，亦不攪擾其事。倘該公司於華礦有所詢問，礦政局允爲查明知照。

第三條　該公司原指五處地段係爲探礦而設，是以估界甚大，今爲辦事和平迅速起見，於兩年探礦期限内准該公司於原指探礦地段共擇定開礦地畝七塊，依限呈請開辦。每塊礦地界限不得逾三十方華里，其地須彼此連屬，長處不得逾闊處四倍。該公司於呈請開辦之時須繪具礦地詳細圖説，候礦政局派員會同地方官查明，果無違礙情形再行詳請撫院轉咨農工商部核發開礦執照。領照後應按照部定章程第二十四條限六個月内開礦，仍以修砌井洞、蓋造廠房等事作爲開辦實據，不得僅以呈報開辦日期空言搪塞。倘逾限仍未開辦，即將執照注銷作廢。至礦地四至界限應於地面周圍立石爲志。該公司在地底採礦深處不立限制，基四旁不得挖過地面界址直垂之線。如界外有華商指辦礦地於該公司礦地相距較近者，亦應各將界址劃明，以免爭執。該公司無論因何原故如欲將指辦礦地轉售他商接辦，應首盡華人，次盡德人。届時仍應稟由礦政局呈候撫院核明批準，咨請農工商部另換執照，不得私相授受、隱匿不報。

第四條　礦政局總理山東全省礦政，該公司遇有應辦公事應稟明礦政局查核定奪。該公司已辦之各項工程，礦政局可隨時派員稽查，惟派員之時須預先知照該公司以期接洽。如遇有租地賃房招工購料等事合同，應先稟請礦政局飭派委員或飭地方派人幫同照料，妥爲商辦，總期辦事簡便公平，庶於公司及地方公共利益兩無妨礙。至該公司探礦採礦所需地畝，現經彼此訂明，只可租用不得購買。從前已購之地該公司亦允一律改爲租用。其業經劃定礦地，如該公司一時尚無布置，仍准地主照常耕作。該公司租用地畝，應各就本地情形妥議租價，彼此無稍抑勒，應於開礦以前先付一年租價，由礦政局委員眼同交與地主查收。倘係荒山河灘查無業主之地，即係中國國家公産，應照民地一律議租，呈繳礦政局照收。如有廟社墳塋不便遷讓以及妨損農田水利各項公益善舉，實有關係違礙之處，地主決意不願出租，應仍聽其自便，該公司不得强行租用。再如朝廷所屬祠廟、行宫、園廠等項之下，暨逼近城壘以及防守各要害之處，均不准呈請租地辦礦，除此以外該公司租用地畝，該地主即應公平議租，不得借詞推托。如該公司於礦界附近河道欲立引水機臺取用河水，應預先稟請礦政局派員會同查勘酌核辦理，總以無礙農田水利爲主。該公司如在内地欲租棧房暫存辦礦料物，亦應稟請礦局查照條約酌核辦理。

第五條　該公司創設公司緣由並招集股份章程，應呈送礦政局詳請撫院咨報（外務部、農工商部）存案備查，如有違背條約妨礙公法之處，中國政府應有飭令更改之權。即如該公司在所指地段只准開礦，不准製造，亦係遵照條約之一端。如該公司擬在商埠暨指定辦礦界内設立分局或分公司，應預先稟報礦政局查考。所有出售該公司新舊股票，華、德人均可購買，所享利益華、德一律無稍軒輊，共招股本若干隨時赴礦政局報明。將來華股集至十萬馬克即應設華總辦一員入公司辦理。凡遇稽查華股應享一切利益等事，均與德總辦平權。倘華總辦遇事故意阻難，准該公司稟請礦政局查核更換。如德總辦辦事不能和平確有不合理法實據，亦准華總辦據實禀揭。凡公司一切事件總須彼此互商持平辦理，均不得無端争執。又凡該公司所用各洋人，均須請領礦政局憑單，以便遇有查問隨時呈驗。此項洋人若欲他往遊歷，均應照約請領護照。

第六條　該公司凡領開礦執照在十方華里以内者，須繳照費庫平銀一百兩，如在十方華里以外則每多一方里加費十兩，以三十方里爲限。其佔用地畝已照發公平租價，則該地應納錢糧仍歸業主自行完納，惟所出礦産應繳兩税：一係出口税，即按照税關章程完納；一係出井税，暫照光緒三十年二月初一日商部奏定《礦務暫行章程》所載税則完納。俟礦産出井後即由該公司核計逐日出井實數照則計税，按公司每年結帳時匯呈礦政局核收。將來另訂礦務新章内中所載完税名目定則輕重如中外遵行，該公司亦應一律改照新章辦理。如新章所載税則比較現行章程從減，礦政局允將該公司溢付之款抵作下次付税之用。又，該公司裝運礦産出口既已分完出井、出口兩税，沿途即可免抽厘金，惟該公司必須將逐日出井暨裝運出口之各項礦産，隨時按照實數列表登記並各造詳細數目清册一份，按年呈送礦政局核明，轉詳撫院咨送農工商部，以備查考。并可由礦政局隨時派員赴該公司礦廠稽查出井礦産概應納礦税各實在數目，凡與礦産出井運銷及與税務確有關係之各項正副帳册，委員均可隨時調查。

第七條　該公司開採礦産如挖掘井峒、抽引泉水等事，總以不傷附近民田、房屋、水井爲主，若因公司大意粗心致傷以上所指各物，定當按照該處情形認賠。倘遇有意外不測之事致傷人命及物件，均應從優撫恤賠償。凡開礦之處均須就近設立病院一所，以便華人在工患病及受傷前往醫治調養。所有在院因病因事費用概由公司備給。若竟因傷病致死，公司須出資恤其家屬。

第八條　該公司辦理諸事首以此次簽定合同爲准，凡此合同有關採礦各事而未及詳載者，於礦務新章次本頒發以前，均應遵照光緒三十年二月初一日商部奏定礦務暫行章程辦理。俟將來頒發礦務新章，除此項合同所載仍應遵守外，其餘各事該公司即應統遵新章照辦。自經此項合同簽押之後，所有從前議而未定之各項礦章草底應即全行作廢。

以上八條係用華文共繕兩分，此簽押作據，另譯德文核對條款語意相符。設使華德兩文彼此解釋或有歧異之處，則應以華文之義爲主。此次所議各條，公司允願恪實遵守，山東撫院亦允辦理諸事永以和平友睦爲宗旨，俾使礦務日有起色而華德人民互受裨益。此項合同現經(外務部農工商部)允准，俟彼此簽字後即可施行。

《大清新法令》卷一〇《陝甘總督長庚奏甘肅應設勸業道擬以蘭州道兼理折》　竊於光緒三十三年五月二十七日奉諭旨：「各省增設勸業道，准由各督撫酌量變通，奏明請旨等因。欽此。」並准憲政編查館奏定《勸業道官制細則》内開：勸業道專管農工商業各項交通，由該督撫在實缺道府内遴保，奏請簡放等因，咨行到甘。

仰見朝廷修明庶政、力圖富强之至意。竊維時局艱難，患弱實由於患貧，欲轉貧弱爲富强，舍振興實業無以立基礎而達目的。況甘省僻處邊陲，民情陋塞，凡農工商業無不蹈常襲故、樸拙相安。即其大者而言，礦質本富饒，棄於僻地而不知開採；皮毛爲大宗，輸於外洋而不自製造；民間日用貨物，多係來自他處，財源不開，漏卮已甚。他如牲畜之孳生、物植之改良，皆不講求，以致日趨貧匮。若不極力提倡除舊習而闢新機，則自養猶難，奚能自治。前督臣升允設立農工商礦等局，派委蘭州道彭英甲，經理頗著成效。臣蒞任以來，時以大局日危，民生日蹙，殊深憂慮，督飭該道認真勸導，凡關於實業者，逐漸擴充，日有起色。現各省已設勸業道缺，甘省自應遵辦以專責成，惟於外道各缺熟加審度，均難議改，如增設一缺，衙署之建立、廉費之開支，當此財力困難，今歲試辦預算不敷已巨，實屬無款可籌。

臣再四籌思，蘭州道駐居省垣，爲適中之地，該道原管屯田、茶馬、鹽務，以次臚陳，已邀聖鑒，若令兼理勸業道事務，洵堪勝任，合無仰懇天恩俯准，以蘭州道彭英甲兼勸業道，補授斯缺，以資治理。如蒙俞允，該道經手之農工等局，金鐵各廠，以及舊管之蘭州府，並屯田、茶馬、鹽務，並按照《續定官制細則》，將驛傳事務均歸該道管理，庶可以利交通而符定章。惟既經改設，則該道印信應請飭部換鑄，以昭信守，俟部頒至日，即將舊日該道關防繳銷。至於應支廉俸等項，仍照蘭州道舊例，暫不更訂，以省糜費。其餘未盡事宜，再隨時請旨辦理，除將該道履歷分咨查照外，謹奏。宣統二年十二月二十九日。奉朱批：「另有旨。欽此。」

中國第一歷史檔案館、兵器工業總公司等《中國近代兵器工業檔案史料》第一輯《奕訢等奏直隸練兵需用軍器請在天津設局製造折同治五年八月二十八日》

臣奕訢等跪奏，爲直隸練兵需用軍器，擬請在津設局製造，以專責成而資運用，恭折仰祈聖鑒事。

竊臣衙門於本年七月初六日具奏直隸籌餉練兵事宜附片内，曾經奏明，一切機器尤應設局募匠，先事講求，或在都城，或在天津，派員專司製造，請一並飭議施行等因。本日軍機大臣奉旨：「覽，欽此。」現在兵部會議章程練兵需用軍器條内，亦有由直隸派員在天津設局制造之議。

臣等因思練兵之要，製器爲先。中國所有軍器，固應隨時隨處選匠購材，精心造作。至外洋炸炮、炸彈與各項軍火機器，爲行軍要需，神機營現練威遠隊需此尤切。中國此時雖在蘇省開設炸彈三局，漸次著有成效，惟一省仿造究不能敷各省之用。現在直隸既欲練兵，自應在就近地方添設總局，仿外洋軍火機器成式，實力講求，以期多方利用。設一旦有事，較往他省調撥，匪惟接濟不窮，亦屬取運甚便。中國原不少聰明穎悟之資，特事當創始，不能不於洋人中之熟習機營者暫爲雇覓數人，令中國人從事學習，務使該洋人各將優嫻之藝，授以規矩，傳其秘竅。該學習人等若能勞身苦思，究其精微，逐漸推求，久之即可自爲製作，在我可收臨陣無窮之用，在彼不致有臨時挾製之虞。臣等公同商酌，擬即在天津設立總局，專製外洋各種軍火機器。或雇何項洋人作教習，或派何項員弁作局董，揀選何項人物學習，或聚一局、或分數局教習，學習人等名數若干、薪水若干，材料、匠役及雜項用費若干，應由三口通商大臣崇厚悉心籌畫，妥立章程，咨明臣衙門會商定議。其一切款項，即由三口通商大臣酌定支發，准於關稅項下作正開銷。設局以後，所有隨時查考，試能否以定優劣，立賞罰以示勸懲，亦應酌立定章。總期力求實效，盡得西人之妙，庶取求由我，彼族不能擅其長，操縱有資，外侮莫由肆其焰。

所有請立軍火機器總局緣由，理合繕折奏陳，伏乞皇太后、皇上聖鑒。謹奏。

同治五年八月二十八日軍機大臣奉旨：「依議，欽此。」

中國第一歷史檔案館、兵器工業總公司等《中國近代兵器工業檔案史料》第一輯《總理衙門爲已囑將天津上海福建三廠聯絡一氣事復丁日昌函同治七年十一月二十二日》 十月間接誦來咨信函，知前擬解天津機器八座，現因北風司令，津沽凍冱，夾板罕能北駛，擇其較爲精細者裝成六箱，由九蘇輪船搭運赴津，餘須明年二月解齊，開單繪圖知照等因。本處現已函致地山，並將原圖附去，囑飭機局畫工照式繪留一份再行繳還矣。查今年夏間閣下來函，議及閩、滬、天津各廠製造機器，總宜聯絡一氣，彼此互爲呼應一節。今閱閣下致地(下)〔山〕函稿，仍復殷殷相囑。因思各廠自開造以來，人官物曲，固已各臻其妙，唯購材艱苦，需費浩繁，極應於精益求精之中，設緩急相通之策。來函云：自各省言之，則各廠爲各家；自天下言之，則各廠仍系一家。持論甚爲閎遠。本處刻已函致地山、幼丹，囑彼此互爲知照。尊處機局亦如之。然非設此廠造某物，彼廠即不應造某物，酌盈濟虚及緩急輕重之間，則在諸公臨時斟酌，俾均適其用而已。至局中造成何樣利器，仍宜隨時開單知照本處，俾京營有所借資；能繪圖貼説猶爲美備。此復。

順頌勛祉。

丁寶楨《丁文誠公遺集》卷一二《機器局置器造廠規模大備摺光緒二年十月初三日》 奏爲山東創設機器局，購置機器，蓋造廠房，規模全備，恭摺仰祈聖鑒事。

竊臣上年曾將東省設立機器製造局試辦軍火，派道銜候選郎中徐建寅總司其事，並派按察使銜濟東泰武臨道薛福辰會同辦理各緣由，歷次奏明在案。臣初與徐建寅、薛福辰等商辦之時，即謂東省設立此局，實爲自强起見，非徒增飾外觀，所有一切建廠造屋及備辦機器，並將來製造各項，均須自爲創造，不准雇募外洋工匠一人，庶日後操縱由我，外人無從居奇，乃於國家有利。徐建寅等頗解臣意，當開局之初，先在省城外濼口池東，相度形勢高亢之區，價買民地三百餘畝，一面委員採買木石雜料，復開窯自造磚瓦，於去冬先落成工務堂一座，以資委員、司事人等辦公棲止。旋飭赴滬定購外洋機器物料，雇募本地各色熟手工匠，並飭調來閩省之萬年青輪船載運。該員徐建寅於今春二月間回東後，續即興工建造各廠屋，工料齊備，人夫輻輳，而委員司事人等，亦復督趲勤勞，寒暑靡閑，自春及秋，業將機器廠、生鐵廠、熟鐵廠、木樣房、畫圖房、物料庫、東西廂文案廳、工匠住房，大小十餘座，一律告成。其火藥各廠，如提硝房、蒸磺房、煏炭房，以及碾炭房、碾硫房、碾硝房、合藥房、碾藥房、碎藥房、壓藥房、成粒房、篩藥房、光藥房、烘藥房、裝箱房，亦次第告竣。其各廠煙筒，高自四十丈至九十丈，大小十餘座，亦俱完工。外國購到機器亦陸續運東，徐建寅躬親布置裝配，一俟内地採買硝、硫、煤炭各料購齊，即行分别開工製造。核計全廠告成，爲期不逾一年，辦理既速，撙節尤多，將來著名利器，如格林克虜伯各礮，林明敦馬氏呢等槍，均可自行添造，不必購自外洋。雖自强之本，原不在區區末藝，亦見我中國技巧，幾與西人之累世專攻者等，風氣既開，未始不日有起色也。臣統籌此局，就現時情形而論，其利確有數端：設廠内地，不爲彼族所覬覦，萬一別有他事，仍可閉關自造，不致受制於人，利一也。附近章邱、長山等縣煤、鐵、磺産素饒，民間久經開採，但就内地採料，已覺取資無窮，縱有閉關之時，無虞坐困，利二也。秦、晋、豫、燕、湘、鄂各省，由黄運溯流而上，一水可通，將來製造軍火有餘，可供各省之用，轉輸易達，利三也。從前中國各廠雇用洋匠，少或七八名至一二十名，每名工值歲費二三千金，統計各洋匠一歲所費已逾鉅萬，而招募路程有費，死傷卹賞有費，遣散舟資有費，加以該洋匠等墨守師法，不肯略爲遷就，往往一材一料，稍不中於繩墨，即在屏棄之列，甚或營造及半，忽然變計，重復毁改，虚糜工料極多，此皆由本局無深明機器之人，故一切受制於洋匠。今該員徐建寅胸有成算，親操規削，一人足抵洋匠數名，猶復估料程功，力求撙節，綜覈精密，人不能欺，故一切皆歸實用，不稍虚糜。又因粤匠工值較昂，專雇浙江、直隸熟手工匠，而招東省土著心地明白之人，相間學習，是以勤奮過於洋匠，而工資不及一半，每年節省既鉅，異時籌款稍覺從容。從此精益求精，庶幾機器精良，軍儲充裕，自可奪外人之長技，不致見絀於相形，此則微臣創辦時所不敢料，而深幸以後之所謂自强者於此真得實際，自可期日新而月盛也。至該局員等或創辦重大工程，或轉運外洋機器以及萬年青輪船官弁，歷涉重洋，承運迅速，不無微勞足録。其尤爲出力各員，可否援照滬局輪船廠工告成請奬成案，仰懇天恩，容臣擇尤酌保數員，奏請奬敘，則各該員弁益當感激奮發。如蒙俞允，臣當悉心酌核清單，無敢稍涉冒濫。所有創設機器局規模全備各緣由，謹恭摺具陳。伏乞皇太后、皇上聖鑒訓示。謹奏。

中國第一歷史檔案館、兵器工業總公司等《中國近代兵器工業檔案史料》第一輯《吴大澂奏覆吉林機廠炮臺創辦情形折光緒七年七月二十日》 三品卿銜督辦寧古塔等處事宜臣吴大澂跪奏，爲遵旨覆陳機廠、炮臺創辦情形，恭折仰祈聖鑒事。

竊臣接准户部公文鈔咨籌撥吉林經費一折，於光緒七年六月三十日奉旨：「依議，欽此。」欽遵知照前來。臣伏查機廠之設，以購辦外洋機器爲大宗，而吉林陸路轉運車輛，每車以四千斤爲度，過於重大之器，均須逐件卸開，分裝分運，俟搬運到廠，再行配合，非詳細稽考，因地制宜，不能得其要領。北洋大臣李鴻章講求製造十有餘年，漸推漸廣，於機局應辦事宜瞭如指掌。道員王德均擘畫精詳，老成干練。現臣與李鴻章往返函商，該道既不能遠離津局，所有吉省應購機器、應儲物料須由該道一手經理，遴派妥員及工匠熟手來吉開廠，較爲得力。此次由臣派員赴部請領前項經費銀十萬兩内，擬即提出銀六萬兩解交李鴻章留作購器之需。各項價值頭緒紛繁，臣與王德均逐款緘商，詳加參考，一切動用款目，並由該道就近禀請李鴻章隨時酌核，代爲給發，庶購器儲料，彼此互相研究，精益求精，不致虚糜巨款。吉林機廠創辦之初，不能不審慎周詳，以期一勞永逸。現經李鴻章不分畛域，相助爲理，臣等有所依據，亦可漸入門徑。惟外洋訂購之器，非三五月所能齊集，應俟廠房工竣，各項器料陸續購運到吉，方可綜核一切費用，分析造册咨部核銷。

炮臺工程，以三姓江防爲要。臣已札委營務處五常堡協領雙壽前往三姓之巴彦通，會同綏字軍統領、直隸州知州戴宗騫相度基地，詳加履勘。俟該員等繪圖禀復前來，再行派員督率興工。其寧古塔、琿春各處要隘應築炮臺，當俟省城機廠辦有端倪，臣即前赴寧古塔、琿春一帶親自查勘，次第舉行。至炮臺所需工料動支款項，須俟事竣後專案奏銷，合並陳明。

所有覆陳機廠、炮臺創辦情形，理合會同吉林將軍臣銘安恭折具奏，伏乞皇太后、皇上聖鑒。謹奏。

光緒七年閏七月初一日軍機大臣奉旨：知道了。欽此。

中國第一歷史檔案館、兵器工業總公司等《中國近代兵器工業檔案史料》第一輯《吴大澂奏陳創辦吉林機器局艱難情形折（節録）光緒十一年十二月二十四日》

臣初與李鴻章函商議在吉林創設機廠，奏調廣東道員温子紹，該員以親老告辭。臣又奏調天津製造局總辦道員王德均、上海機器局委員通判徐華封、福建船政局委員縣丞遊學詩，均經該省督撫臣奏留、咨留，不獲調吉差委。臣心焦灼萬分，有寡助之憾。幸同知宋春鰲等數員，經臣往復函商，情詞懇切，該員等諒臣之苦衷，不憚跋涉，航海而來，其情可感，其志亦可嘉。此調員之難也。

吉林工匠起造房屋與南省不同，而機廠之牆壁、門窗、煙筒、水道，尤與尋常衙署不同，該匠等目所未見，語之亦各茫然，稍一遷就，工料不堅，貽誤匪細。其磚窯、灰窯，應用物料，均須加工定制，審曲面執之方，非該員等巨細躬親，晝夜督率，不能建造如法，非若津、滬各局土工、木工各有專責，不勞而理。此建廠之難也。

一廠之中，以匠頭爲最要。衆廠之中，以機器廠爲最要。安設鍋爐，非熟手不可；裝配機器，非良工不就。教授學徒，鈎心斗角，規畫圖樣，置範成模，皆匠頭之是賴。該匠頭等久在津局、滬局，資格尤深，工食亦厚。調赴吉林苦寒之地，視爲畏途，人人裹足。或來一兩月即托病而歸，諸多掣肘。現在局中不乏良材，皆宋春鰲等設法招來，苦心孤詣。此選匠之難也。

機器大宗，皆購自德、美各國。銅鐵物件，多聚於津、滬碼頭。一水可通之區，驗收較易；百貨所萃之處，精選何難。若吉林所購機器，洋人在津、滬交收，委員亦須在津、滬查驗。吉省本局之員既不敷用，不能不求助於津局。並有隨時需用料物，陸續購運，應用不窮，此等瑣屑煩重，在吉局爲應辦之事，在津局爲分外之勞。臣所列保天津製造局數員，亦爲隔省辦事不分畛域者勸。此購器之難也。

機器重件船運已極操心，陸運尤爲費力。營口初無碼頭，輪船不能傍岸，非若天津、上海就船起運，人力易施。自營口至吉林，中有山路崎嶇，高坡上下，淫雨之後，積潦滿塗，覆轍之車，傷人及馬，以數千百斤之重載，行千數百里之長途，僕夫驚(布)〔怖〕，津吏駭聞。他省機器局創辦之初，無此艱險。此轉運之難也。

李秉衡《李秉衡集》上編《李忠節公奏議》卷一〇《奏山東整頓南運局籌出款項擴充機器情形摺光緒二十一年十一月十八日》 奏爲恭陳山東整頓南運局，籌出款項擴充機器情形，恭摺仰祈聖鑒事。竊維用財之道，首戒虛糜，當物力彫敝之餘，尤宜遇事撙節，惜浮費以供正用。蓋用之於公，雖鉅萬不當恡惜；用之於私，雖絲粟亦屬濫支。臣查山東南運，自同治六年前升任撫臣丁寶楨，因商辦引懸課絀，奏請改歸官辦，設立南運總局，借藩運兩庫銀五萬兩，領引春鹽，運至河南商邱、鹿邑等州縣，派員經理，每年除完繳正雜課款，及扣還成本支銷局用外，如有贏餘，即儘數充餉，於規復額課之外，復出其餘，以濟軍需之窮，法至善也。乃其後奉行不善，積久弊生，南運一局幾視爲撫署之外府，除每年提充撫署公費銀一萬餘兩外，凡冗員之薪水、京朝官之情託、往來遊宦之抽豐，悉於是乎取給，而外間分局委員，亦率多瞻徇薦託，漁利分肥。支銷日繁，成本日絀，近年不獨毫無餘賸，尚須多方借貸，始能春運，蓋非入之不多，實由用之無節也。臣稔知其弊，於去秋抵任後，以立法必自近始，首將臣署每年公費銀一萬二千兩盡行裁革，凡局中掛名薪水一概删除，各分局擇其最優之處，酌提餘利解省，嚴飭南運總局詳細鈎稽，務使涓滴歸公，不留絲毫弊混，計一歲之中，逐項撙節可贏餘四萬餘金，如能久而行之，積漸可成鉅款矣。山東庫藏虛竭，海防河務，羅掘一空，而時事艱難，練兵製械尤爲當前急務，機器局所製洋式後膛擡槍，尚能堅利及遠，可稱利器，惟舊有機器，規模太小，每月不能多造。查外洋製造後膛槍機器，多則數十萬兩，至少亦需十五六萬兩，刻值部庫支絀，兵餉尚難籌撥，何敢再請購器之款，上煩宸廑。臣擬將南運局贏餘之項，自本年爲始，儘數陸續提作購置機器之用，機器購就，即可擴充製造。將來購買鋼、鉛、煤、鐵，及添募工匠，設鑪建廠等項，須歲增數萬金，藩庫例撥銀兩不敷甚鉅，擬俟機器購成後，常年提南運局餘利四萬兩，作爲添造槍械之需。總辦南運局候補道康奉藹，任事實心，釐剔弊端，不避嫌怨；總辦機器局候補道潘延祖，沈思獨往，明敏過人，均能精覈節省，相與有成。臣即責成該二員，籌款則源源接濟，製械則精益求精，不必動用正款，而革無名之冗費，充有用之要需，於時務不無裨益。所有東省整頓南運以後裁禁濫用，即以此款擴充機器緣由，謹繕摺具奏，伏乞皇上聖鑒訓示，謹奏。光緒二十一年十二月初五日奉硃批：「著照所請，户部知道。欽此。」

中國第一歷史檔案館、兵器工業總公司等：《中國近代兵器工業檔案史料》第一輯《袁世凱就在德州設立北洋機器製造局情形及費用事致民政部之咨文光緒三十三年四月二十二日》 欽差大臣、太子少保、陸軍部尚書、都察院都御史、辦理北洋通商事務、直隸總督部堂袁爲咨明事。

據北洋機器製造局詳稱：竊惟自強莫如練兵，尚武必先製器。北洋自遭庚子之役，東南兩局毁於兵燹，恢復綦難。我憲臺創練新軍，籌建北洋機器製造局於山東德州，應付軍需，實爲根本至計。自二十八年秋間，前升任浙江臬司、天津道王道仁寶在署通永道任内，遵奉憲札，驗收龔革道照瑗經手買回東南兩局殘毁機器，即在天津租界内賃地存儲，招募工匠，擇要修理。一面派員馳赴德州，相度基址。旋經勘定西南城外花園地方，形勢高曠，地居舊淤河之西岸，瀕臨運河。會同地方官，按照民價，購買民地五百三十餘畝。其毗連花園東南一面，地名上碼頭，比屋鱗次，居民密邇，續將民房四十一户概行收買，並餘地、空地共二十八畝有奇。擬定辦法，估計工程，稟蒙憲臺飭撥經費，即於二十九年正月開辦起，至三十年八月大致落成，是年九月開工試行製造。維時各廠規模粗具，容有缺而未備，隨舉增修。兩年以來，陸續恢廓，請爲我憲臺縷晰陳之。

查從前東局用款千萬，經營二十載，始得燦然大備。職局赤地初立，諸務草創，又限於經費，不得不先其所急，徐待擴充。伏查北洋各軍以小口徑毛瑟快槍爲行軍利器，曼利夏次之，而日本新式六密里五槍枝新購甚伙，是以首議開造快槍子及添造新槍子兩廠爲基礎。而槍子製法尤重銅質，因立卷銅一廠，專事考求。其裝用無煙火藥由棉藥醞釀而成，所製棉花藥胚當需鏹水，而製鏹又以淋硝爲尚，故立無煙藥、棉藥、鏹水、淋硝四廠，期底全備。至各廠機器時待修理，應設機器廠爲之總匯。他如木樣、鍋爐、鑄鐵、熟鐵各廠，又相輔機器而行。統計全局建造十二廠，可供現時製造，即以備他日擴充，此固職局辦法之大略也。

職局興工伊始，兼以修理舊機及安設新機同時並舉，與他處工程僅司土木者情形不同。龔革道所收機器，僅存笨重底座，其靈巧細件大半烏有，自由津埠運到，趕緊修理，以故各廠機器半係舊物。於其缺者補之，實不能配造者，始行添購。惟由瑞記洋行訂買快槍子機器全副，省費實多。各處廠屋粗成，即將機器安設佈置就妥，開工較速。此外，如庫房、客廳、辦公房暨員司、書弁、匠役人等住室，以及圍牆、橋梁、溝道、池井之屬，節次增修。此又職局工程之大略也。

職局經費向由津海、東海、江海各關於洋税項下撥解，庚子以後，各海關均解交海防支應局存儲。所有支用各款，隨時估計，稟蒙憲臺飭由製造經費項下動支。自光緒二十九年正月起至三十年八月底止，綜計建造十二廠大小房屋四百二十五間，煙通十三座，實支用工料銀十八萬八千二百二十一兩三錢三分一厘一毫；建造庫房、住屋二百六十四間，實支用工料銀四萬八千零六十兩零八分三厘；購買新舊機器，器具，採辦外洋、內地材料，並修配機器工匠工食等項，實支用銀三十六萬八千一百四十四兩八錢三厘二毫；購買廠基及採辦材料輪船水脚、保險、運脚等費，實支用銀六萬九千五百七十五兩五錢五厘四毫；員司、書弁、夫役人等薪工及局用公費，實支用銀一萬五千八百九十五兩八錢八分八厘八毫；統共支用庫平銀六十八萬九千八百九十七兩六錢一分一厘五毫。匯爲一案，是爲工程報銷。除將支用各款詳細數目造具四柱正册，並將購買機器、材料洋行合同，隨册另案詳請奏咨核銷外，理合繕具簡明總數清册，詳請鑒核，分咨大部查照，深爲公便。再，三十年九月開廠製造以後，尚有添補工程，所有動支各款，應歸常年製造項下按年報銷，合並聲明等情到本大臣。

據此相應咨明貴部，請煩查照立案。

須至咨者，計咨送清册一本。〔無〕

右咨民政部。

《政治官報·摺奏類·光緒三十三年十一月二十三日第六十三號·開缺陝西巡撫曹鴻勛奏試辦延長石油摺》

奏爲延長石油試辦有效，恭摺具陳仰祈聖鑒事。竊臣於光緒三十一年十月初三日奏請試辦延長石油一摺，奉硃批：「商部知道，欽此。」遵即咨承部臣，督飭司員，次第開辦，計開辦至今已逾一年，雖美利尚未大興，而成效現已漸著。臣仰奉恩召，交卸在即，理合將經手始末情形歷溯陳之。先是大荔縣人于彥彪，窺延長縣煙霧溝石油礦苗甚旺，與德國公司私訂合同，行將開辦，經前撫臣藩司力拒不許，數争而事始寢。嗣是延長石油乃定歸自辦，然以試驗不確，礦師無人，故歷一二年之久，其議雖定，而其事終未舉。臣到任後詳查情形，非速自開辦，不能杜外人之覬覦，乃督同藩司，一面考查，一面籌備，先派員攜資至漢口，聘定日本礦師阿部正治郎來陝採煉，阿部復攜油至漢，與其師日本化學博士稻並幸吉重爲試驗，驗有把握，始行具奏。復派員至漢，與稻並訂立合同，令其回國購機聘師，定期來陝開工，一面先開北山車路，以備轉運機器。嗣由日本聘到技師佐籐彌市郎等，購定各種開井煉油機器先後抵陝，適車路告成，遂即築廠運機，派員督工，先鑿一井試辦，當將歷次辦理情形，陸續開列圖表咨部在案。開工以後，地質石土不一，日鑿數尺或尺餘不等，八月初開鑿至二十四丈餘深之度，石油隨水湧出，安機採取，每日可得三千餘觔，煉提輕油，約可得半。以化學驗之，光白煙微，足與美孚相敵，日本所産反出其下。及採取數日，忽爾井水注滿，油量大減，技手幾爲束手，繼用唧筒汲水，尋源而取，於是原油復出，源不少衰，蓋因油脈在下，水源在上，必避水以取油，始不至油爲水掩也。並聞技師言東洋越後之井深常一二百丈，淺亦六七十丈，美國、俄國亦如之，臺灣井淺者亦四五十丈。今此井僅二十四丈已抵油層，是不惟油質之佳在各國之上，即井工之省亦各國所無。今第一井已成，明年開春便可於該處左近一帶次第開鑿，如能添至數十井，則利源所在，正未可量。惟查技師佐籐於化合之理尚未甚精，油内硫酸漂洗不净，則色微帶黄而蝕力亦重，與原日阿部所洗之油相較懸殊。當此井油發現，開廠伊始，若前途之名譽有損，即後日之銷售有礙，技師佐籐既不擔煉油之責任，又毫無改良之方法，屢次商籌，自媿弗能，情願告退，勢亦不可强留。且北地苦寒，水土將凍，工作難施，惟有飭令廠員督率華工，就此已成之井，取油煉油不輟，其功免致廢棄。至此後辦法，則以另聘技師爲急務，凡添購機器，廣築工廠，製造藥品諸事，皆當次第舉辦，以圖擴充。而其最要者，又莫如多籌資本，預儲廠才。蓋辦礦一事，同於經商，利益之厚薄，恒視母財爲準，若連開數十井，其資本皆仰給於公家，不惟庫款無此餘力，且恐經理偶不得人，則本利俱落於中飽。蓋同此一事，一經官辦，則利必減等，非官之盡不肖也。一官一差，不能數年而不易，當其來時已懷去志，既不能久，自不能專，其勢然也。臣以爲保護利權，非官不可，經營利益，非商不可。今既由官創辦示效於人，必再集合商力以承其後，而後貲厚力專，方能爲百年經久之計。應先將産油處所分别，官地全行圈定歸公，民地則給價典買，不准私售外人，亦不得私行開挖，然後設立公司，廣招商股，仍執定不收洋款，不借洋款之例，先由本省招集，不足復及外省，集有成數，或專歸商辦，或官督商辦，不敢預爲臆斷，致有窒礙，然商辦之愈於官辦，斷斷然矣。至若廠中諸業，開辦之初，原不得不借材於異地，然使常常假手外人，不特要索挾執，諸多不便，且恐垂涎者日闞其旁，將釀爲利源之大蠹。臣意擬於省城高等師範兩學堂内，選化學較通之學生若干名，先令在廠實驗，再擇其尤者送洋留學，習此專門，俾其學成回國，皆能膺礦師之任，則較之借材異地，利弊判然。凡此數端，容俟撫臣恩壽到任，舉所知者與之熟商，當能有以善其後，此事臣適居中紐其先，争回利權，惟督臣之力，其後補偏救弊，百端擴張，又一一期諸來者。臣尺寸圖功，未竟其效用，自愧矣。所有臣試辦延長石油效已漸著情形，理合恭摺具陳，伏乞皇太后、皇上聖鑒訓示，謹奏。光緒三十三年十月十七日奉硃批：「著恩壽查明情形，妥籌辦理，片併發。欽此。」

又《奏運油開路工竣片》 再石油既開，須籌運送。議者謂宜由延長開路至黄河，由河而下，順達晉、豫，臣初韙之。及勘驗其處距河二百里，路甚崎嶇，開通匪易，既勉强開成，而該處黄河下遊有名龍王迪者，即《禹貢》之壺口，其地垂懸千仞，河水倒注，舟不能行，比三門底柱尤爲奇險，尋常商筏至此，起舟登岸，用人拖曳，過龍王迪，始復下水，其滯笨萬狀，人力難施。若由延長開自龍王迪以下，則地勢益遠，無徑可通，此河運之不可行也。或又謂仿自來水法，安設暗管，令其自流，亦各國石油舊用之法。勘延長以南，地勢自高而下，似尚順易，然中間深溝窪下之處甚多，管形須直，不能越過，此安管之不可行也。臣定議開辦石油之初，即奏明由延長至省城開通車路，嗣即分段估工繪圖咨部，於上年春間開工，至機器到陝之日，車路已一律開通，重大器機用車運往，毫未費難，嗣又由延長開至榆林，以爲北路運道，亦經告竣，榆林地方東渡黄河，即入晉之包頭、歸化，北循邊牆即達甘之寧夏，相距各數百里俱是商場，再將該路略爲修治，即可直達無礙。北山一帶素稱瘠苦，從此車路交通，不惟運油爲便，即民間一切生計，亦可藉此轉機。所有開路工竣緣由，謹附片具陳，伏乞聖鑒，謹奏。

《政治官報·示論報告類·光緒三十三年十一月二十五日第六十五號·京張路局詳報郵傳部九月分第一二三段各項工程情形》 第一段自豐臺東柳村起，至南口城根止。墊土：接前西直門煤岔道墊土仍未完。石牆：因土未墊完，尚留缺口未修齊，已完者業有九成。馬路：西直門車站界内馬路，於三十日開工刨槽。修道：西直門補修轉盤道岔，於二十八日已開工墊土。房工：西直門機車稽查住房於十八日開工，已有三成。又西直門車務員司住房三所已完兩所，餘一所已有八成。又南口飯店院内業經墊平，天窗活蓋已安好，並於過堂後節添做一隔牆。又南口車站長工人等住房已蓋齊並壘圍牆，業經工人搬進居住。又南口總材料廠庫房前面所砌石子站臺，又添壘約百尺，共長四百餘尺。又南口機車稽查住房院内已墊平，並用碎磚砌路及壘臺堦。又南口工程司公事房及住房所有房間，除屋内之牆與天花板尚有未灰及地板尚有未釘之處外，餘均蓋齊並圍牆亦將壘完。又南口機汽廠前面圍牆共已壘五百餘尺，又添釘岔道三百餘尺，以備存裝門頭溝新渣車，並已添蓋存鐵廠棚、焦炭房及木匠房。又南口火車房庫房另添蓋鐵匠房一間，以免庫房爲煤灰弄髒。道岔：南口石渣廠添釘岔道一千餘尺，以備門頭溝支路，及官溝内鋪渣。水泵：南口車站水泵已將水櫃安置水泵房上，前面灰池計長六尺，已打好地脚。又水泵貯水池地脚及周圍片石牆已壘好。安洋旗：南口車站正道兩頭已安洋旗，並每道岔多添長板三塊。

第二段自南口起至岔道止。開山及土工：由臭泥坑至居庸關第一千九百五十六號一律告竣，由一千九百五十六號至一千九百六十二號橋止約完六成，此段地基西首之改修水道工程約六成已完。又由居庸關至三橋土方約完九成五，開山約完六成五。又由三橋至上關一段約告蕆七成。又上關開山土工約完四成。又上關至三鋪一段約有九成，此段東首改修水道工程約完八成五。又青龍橋之東溝工程約完四成。又八達嶺至岔道土工已完，惟開山土工尚有三成未完。又五貴頭南北及六郎影與東溝以至岔道等處各橋兩旁土方，緣方數無多，已雇各小包工填築，其價由三角至五角不等。釘道：接前鐵道已釘至一千九百三十五號。鋪石渣：大致已鋪平，然尚未足。橋(上)(工)：橛(石)(碼)第一千七百五十零號一千八百三十一尺空橋，北橋頭雁翅已砌好，東南迎水壩已墊齊。又橛碼第一千九百六十一號四丈揎橋，橋墩、橋拱均完，現打洋灰土檔。又橛碼第一千九百四十七號一丈揎橋已完，現砌片石雁翅。又第二千零五十三號三丈揎橋已完，現砌片石雁翅。又第二千零八十九號四丈揎橋已完。又第二千三百六十四號二丈揎橋已完。水溝：櫥碼第一千九百五十五號四尺明溝已完。又第二千一百十一號二尺明溝已完。涵洞櫥碼：第二千零二十八號五尺涵洞約完三成。又第二千三百七十二號四尺涵洞已完。山峒：居庸關山峒南首洋灰底脚，以及邊牆如前拱牆砌成三十四丈三尺，北首洋灰底脚邊牆共長四十六丈四尺，拱牆砌成二十三丈八尺。又石佛寺山峒東首洞門洋灰底脚已完，現時趕緊壘築料石，峒門西首底脚業經挖妥。又八達嶺山洞南首共鑿七十八丈八尺，洋灰底脚打成六十五丈四尺，邊牆砌成六十二丈六尺，拱牆砌成五十三丈八尺。井工：八達嶺井下往南共鑿六十二丈二尺，洋灰底脚打成三丈，現立邊牆洋灰模，往北共鑿二十丈零二尺，北首共鑿一百零二丈七尺，洋灰底脚打成二十丈零九尺，邊牆砌成十八丈，拱牆砌成十三丈七尺。

第三段自岔道起至張家口止。土工：二千四百零零號至二千九百零零號櫥，繼八月分報已成六分之五，至本月底，大致工竣只有櫥號二千五百三十零號至二千五百八十零號及二千七百七十零號至二千七百九十零號，有缺口數處，現已有工人起築，不日當可完竣。又自櫥碼第二千九百零零號至三千零四十八號土工，係包工頭原鴻猷承辦，繼前月報至本月底大致工竣，只懷來河橋兩端尚未作齊。由三千零四十八號至三千三百九十六號，係包工頭王士文承辦，於八月二十五日開工，至九月底約有工人七百名，開工伊始，難計成數。又自櫥碼第三千三百九十六號至三千七百四十零號土工，歸包工頭倪春年承辦，限八月二十五日開工，兩月告竣，至九月底計查工人約有八百餘名。又自櫥碼三千七百四十零號至四千四百一十零號，歸包工頭趙蔭棠承辦，限九月初一日開工，兩月告竣。至九月底計查工人，自三千六百零零號至三千七百四十零號約有六百名工作。自三千七百四十零號至三千九百三十六號約有四百名。自三千九百三十六號至四千二百零零號，地已購買，尚未開工。自四千二百零零號至四千四百一十零號，自十月初一日起首購地，土工尚未開辦。又自雞鳴山嘴至金龍口土工，已於本月二十日開工。又自金龍口至蛇腰灣土方及開山，已做有三成。又自蛇腰灣至老龍背土工，已於本月二十五日開工。又自響水梁至半坡街土工，於本月初十日開工，現已做得一成。房工：櫥碼第二千六百四十五號康莊火車房，按本路定式修造，惟因房內改用活動煙通，擬修低三尺，並按現立窯所燒之磚，直牆厚兩丁磚，添修牆垛厚兩磚半，繼前月報日事工作至本月底，已將周牆及灰溝頭層地脚均已打好，因寒凍停工。又新保安工程司辦公處，現租定新保安東門外廟房一所計十七間須加修理，現已將竣約有三分之二。車站：櫥碼第二千六百五十五號康莊車站，按本路二等車站定式修造，惟因現立窯所燒之磚尺寸較小，外牆皆用一磚半厚，牆垛厚兩磚，間斷牆厚一磚，於九月二十日開工，至月底地脚挖完，因寒凍停工。又櫥碼第三千零三十四號懷來車站，按本路二等車站定式修造，因定買之磚尺寸較小，外牆均用一磚半厚，牆垛兩磚厚，間斷牆一磚厚或半磚厚，於九月中旬開工，至月底地脚挖完，因寒凍停工。又土木車站擬按本路三等車站定式修造在櫥號三千五百三十零號，該處距村鎮窵遠，適當高埠，艱於取水，鑿井約需二十丈許，工程用磚如由他處運去，脚力所費不資，玆於附近該處黑土窪村人王金滿訂定立窯燒磚，業為添購地畝，限明春開工燒造，磚之尺度係本地通行尺寸，長八寸寬四寸厚一寸八，每磚二個價洋三元，站內未打井之前，每千加水洋八毛，刻已立有字據，付給定洋十元。月臺：康莊車站南北兩月臺，各長五十丈，寬二丈，於本月二十日開工，至月底北月臺地脚挖完，因寒凍停工。又懷來車站南北兩月臺，每長四百五十尺，寬二丈，於九月中旬開工，至月底頭層三合土地脚打完，因寒凍停工。橋工：西撥子櫥碼第二千四百四十三號二丈淨孔橋五孔，兩端修掩墩，不修方牆，以備展長，繼前月報日事工作至本月底，頭二層地脚均皆砌完，西端掩墩已立牆模，打完洋灰，惟尚未築墩帽洋灰。又小紅山後櫥碼第二千五百零二號四丈淨孔橋一孔，兩端方牆頂長丈六，於九月初十開工，至月底地脚挖好，其頭層地脚均皆砌完，東牆二層地脚亦砌完，因寒凍於二十九日停工。又砲上河櫥碼第二千五百四十四號二丈淨孔橋二孔，兩端皆修掩墩，不修方牆，以備展長，於九月十二開工，至本月底地脚挖完，兩端掩墩，頭層砌完，中墩尚未砌，因寒凍於二十九日停工。又砲上河櫥碼第二千五百五十一號三丈淨孔橋一孔，兩端皆修丈六方牆，於九月十七日開工，至月底只將地脚挖好，西牆砌完，頭層地脚於二十九日因寒凍停工。又砲上河櫥碼第二千五百六十三號三丈淨孔橋四孔，兩端皆築掩墩，不修方牆，以備展長，於九月二十四日開工，至月底地脚均皆挖完，頭層地脚，除東端未築，餘均砌完，二十九日因寒凍停工。又馬圈子櫥碼第二千八百五十九號，原擬一丈淨孔橋一孔，嗣因地脚太軟，改為五尺淨孔橋兩孔，於九月二十五日開工，至月底將地脚打完，因寒凍停工。又南火燒營櫥碼第二千九百四十七號二丈淨孔橋一孔，地脚係流沙，須打樁木，於九月二十六日開工打樁，至月底共打樁六條，已有四條用替打頂入地四尺。又懷來河橛碼第二千九百八十零號十丈浄孔橋七孔，兩端均修掩墩以備展長，地脚均須打樁，擬每樁長二丈四尺至二丈八尺，東邊橋五墩適迎河流，擬每墩地脚用十二寸方樁十八條，十寸方樁二十條，共三十八條，西端三墩流勢較簡，均用十寸方樁，每墩三十八條，於九月初四日開工打樁，用樁架兩盤，至月底東端掩墩樁已打完，用替打頂樁入地已十四根，以此計之，須再添樁架兩盤，至明春二月底始能打完。又三里莊東南橛碼第三千零二十五號八五一丈二尺浄過馬車橋一孔，於九月二十一日開工，至月底頭二層地脚打完，因寒凍停工。又橛碼第四千四百九十八號一丈一空橋，已開工挖底基。又橛碼第四千五百三十三號一丈一空橋，已開工挖底基。又橛碼第四千七百七十二號一丈一空橋，已開工挖底基。涵洞：龍潭溝橛碼第二千四百零零七零號一丈徑圓旋涵洞，原擬作長兩丈，因旋胎長兩丈四尺，遂將兩端擋牆改低，洞即長兩丈四尺，繼前月報日事工作至本月底大致工竣，只兩端擋土牆及雁翅未築。又西撥子橛碼第二千四百二十七號四尺徑雙甬圓旋涵洞長四丈，繼八月份報日事工作至本月底亦大致工竣，只兩端擋牆及雁翅牆未砌。又北火燒營橛碼第二千九百六十三號涵洞一道，長二丈二尺，於九月中旬開工，至月底大致工竣，只有兩端擋牆及雁翅未築，因寒凍停工。又橛碼第四千五百四十五號一丈寬一丈二尺高一空涵洞，已開工挖底基。又橛碼第四千七百五十一號一丈寬一丈高一空涵洞，底基已築成。又橛碼第四千八百十三號一丈寬一丈高一空涵洞，底基已築成一半。水溝：橛碼第四千五百二十五號四尺寬四尺高一空水溝，底基已築成。又橛碼第四千六百八十四號四尺寬四尺高一空水溝，片石碼頭已築成一半。又橛碼第四千七百零零號四尺寬四尺高一空水溝，片石碼頭已築成。又橛碼第四千七百零九號四尺寬四尺高一空水溝，片石碼頭已築完。又橛碼第四千七百十七號四尺寬四尺高一空水溝，片石碼頭已築完。又橛碼第四千七百七十八號四尺寬四尺高一空水溝，已開工築底基。井工：橛碼第二千六百四十二號康莊車站水泵打井，裏口空徑一丈，繼前月報日事工作至本月底，已將底盤砌磚一丈，計水深三尺三寸，乾甬三丈九尺，因泉水太旺，包工不能再往深鑿，曾經用大柳斗三個，每個盛水百觔，於二十七日同時打水，計頭一小時打出水二百柳斗，合三方六四，井内水落尺許，第二小時復打出水一百九十柳斗，計水三方四十五尺，井内水只落寸許，稍停時許復長至原深三尺三寸，似此水已足用，如氣候乾時水不足用，再於其内鑿一子井，惟今寒凍並磚不足用停工，俟明春再用磚圈好。又橛碼第三千零四十三號懷來車站水泵打井，裏口空徑一丈，井甬均用磚砌，井底木盤上砌磚一丈，用洋灰勾縫，餘用白灰勾縫，於八月二十三日開工，至九月底已下底盤砌磚一丈，挖深兩丈已經見水，惟無旺泉，刻共挖深三丈五尺八寸水尚不旺，仍須深挖。又下花園車站北頭一丈圓水井，已開工挖做。

《政治官報·示諭報告類·光緒三十三年十二月初六日第七十六號·京張鐵路局詳報郵傳部九月分門頭溝枝路各項工程情形》

一、門頭溝枝路自西直門岔道起至小龍門村止。釘道：於本月二十二日完工，二十一日即通車，賣工程客貨票。土方：自橛碼第七百六十二號至七百七十九號正道土方已於三十日開工。鋪石渣：於三十日已鋪至二百號橛碼。月臺：三家店車站暫用月臺，由初八日開工，至二十二日竣工。房工：三家店車站暫用辦公售票各房，由包工於初八日開工，現已完七成。又三家店車站房，於三十日開工砌片石地基。橋工：橛碼第二十八號橋工，砌雁翅河底，初一日開工，至初十日一律告竣。又橛碼第八十四號橋工，砌雁翅河底，十一日開工，因片石接濟不及尚未竣工。又橛碼第二百四十號橋工，砌雁翅，二十七日開工，未完。又橛碼第七百七十八號永定河橋工，刨第六、七、八、九等四號，橋墩地脚槽均於二十七日開工。又運料便橋，現由包工預備柳條石塊等件。水溝：橛碼第六百六十五號水溝，於十六日開工，至二十二日一律竣工。又橛碼第六百九十號水溝，於十六日開工，至二十二日一律竣工。又橛碼七百零一號水溝，於十六日開工，至二十二日一律竣工。

又《詳報郵傳部十月分門頭溝枝路各項工程情形》

一、門頭溝枝路自西直門岔道起至小龍門村止。土方：正道土方，接前，七百六十二號至七百七十九號於二十五日竣工。鋪石渣：接前，已鋪至四百二十號橛碼。車站：三家店暫用車站，接前，於初十日竣工。月臺：三家店月臺於初七開工，至二十五日竣工，石帽未安。房工：三家店車站房，片石地基於十四日完工，因天寒未接做，墊土尚未完。橋工：橛碼八十四號橋工，接前，砌雁翅，於初一日告竣。又橛碼一百四十三號橋工，於二十日開工，挖雁翅地脚。又橛碼一百七十七號橋工，於二十五日開工，挖雁翅地脚。又橛碼二百四十號橋工，接前，砌雁翅仍未完。又橛碼五百十九號橋工，雁翅，於二十日開工，現完一半。又橛碼七百七十八號永定河橋工，接前，六七八九號橋墩地脚未完，一號地脚於十五日開工，五號地腳於二十日開工，未完。又便橋一座，三十丈，三空，於十五日完工，尚未安橋樑。

又《詳報郵傳部十月分第一二三段各項工程情形》

第一段自豐臺東柳村起至南口城根止。里數及道坡石：由豐臺零號至南口車站，沿路里數石及道坡石均經安好，其橋號石不日亦即安放。栽樹：沿路間有之枯樹均經挖出，並將坑挖深，以備來春另栽。煤岔道轉盤：接前，西直門煤岔道墊土，於二十九日已完，片石牆因天寒，尚有二百尺未完。又轉盤於二十四日鋪渣起道，預備修轉盤。馬路：西直門車站界内馬路，接前未完。房工：西直門機車稽查住房，接前，已完九成。又西直門車務員司住房，接前，於十五日完工。又南口工程司住房及公事房，均經蓋齊，已可搬進居住。又南口機汽敵内屋，地已用爐灰和白灰鋪漫過半，以免塵埃侵損機汽。水泵：南口車站水泵業將安置抽水機器，地腳作好，現正安機器，並前面灰池作好。又南口水泵貯水池，計長五丈六尺，均寬一丈五尺半，深九尺，可貯水彀兩丈水櫃之兩倍，洋灰均已打好。井工：南口車站旁井底鐵梁已接長，並將空處填滿且於樑頭添打洋灰。

第二段自南口起至岔道城止。開山及土工：由一千九百五十六號起至一千九百六十二號橋止，土方一段約完七成，此段西首所改水道，七成已竣。又由居庸關至三橋土方一段，本月連日風雪峭寒，工作不甚踴躍。又由三橋至上關一段，本月連日風雪峭寒，工作不甚踴躍。又上關開山土工約完五成。又上關至三鋪土方暨改修水道，緣冰雪遍地，人數驟減。又青龍橋之東溝一段，天氣嚴寒，僅工作數日。又八達嶺至岔道，土工已完，惟開山一座，尚須挖深四五尺，因冰凍不及告竣，已准該包工頭暫爲停工，俟明年方能完工。橋工：本段全數橋工涵洞一律完竣，所有片石燕翅底腳，胥屬堅石，開挖非易，故至今尚未報蕆，已飭各包工迅速趕修。又第一千八百三十一號百尺空橋，西南角之石坡已開彀寬，惟尚深尺餘。山峒：居庸關山峒，南首底腳邊牆共長五十七丈八尺，拱牆砌成五十三丈，北首底腳邊牆共長五十丈，拱牆砌成四十八丈二尺。又八達嶺山峒，南首鑿進八十五丈六尺，邊牆築就七十一丈四尺，砌成六十六丈九尺。此山峒内積水過多難事操作，業飭各處起築水壩，安放水泵，將蓄水吸盡始堪動工。北首計鑿一百零九丈六尺，邊牆砌成二十丈零七尺，拱牆砌成十六丈一尺。大井往南鑿成六十九丈七尺，洋灰邊牆打成二丈，往北鑿就二十六丈八尺。

第三段自岔道起至張家口止。預備材料：自橛碼二千四百零零號至二千九百零零號，康莊火車房應設鐵匠爐一座，預備火車及車站所需鐵活，準於下月初一日開爐。所訂方木尚未運來，惟三四寸松板已運到數十塊，預備做車站火車房門窗之用。其餘灰沙、石渣、片石各項材料，均須陸續預備以便應用，現在工程多因寒凍停工。土工及開山：自橛碼二千九百零零號至三千零四十八號土工，係包工頭原鴻猷承作，繼前月報至本月底，大致告竣，尚有零星及水平不符之處未完，因寒凍停工，按原估共土三萬七千餘方，現開給土價二萬方，餘俟明春交工再爲結算。又自三千零四十八號至三千三百九十六號，歸王士文承辦，至月底約共做成四分之一，因寒冷停工，計土四萬方，按五成兩次開給兩萬方土價。又有橛碼三千三百九十六號至三千七百四十零號土工，歸包工頭倪春年承辦，繼前月報至本月底，計已做土工約有大半，因寒凍停工，按原估土一十二萬三千七百四十九方，兹擬開給已作之土六成約四萬方。又自橛碼三千七百四十零號至三千九百零零號土工，歸包工頭趙蔭棠承辦，繼前月報至本月底，並其全估至橛碼四千四百一十零號，土工共約作成有五分之一，現因寒凍停工，擬按已作之土六成開給，約共土一萬方。又自雞鳴驛至金龍口，土方及開山所做尚不足一成，土工於本月十九日已停，石工尚做。又自金龍口至蛇腰灣，土方已做有五成，該工於本月十九日已停，開山工已做有四成，尚未停工。又自蛇腰灣至老龍背，土方已做無幾，即於本月十九日停工，開山工尚未開做，現正安設運廢石輕便小鐵道。又自老龍背至響水梁，土方已做有一成。自響水梁至半坡街，土方已做有二成，於本月十九日已停工，開山工已做有一成五，尚未停工。房工：康莊火車房地腳，下層白灰底腳打好半層，現因寒凍停工。又康莊車站房，地腳業已挖好，現因寒凍停工。橋工：自二千四百零零號至二千九百零零號，橋洞共計十四座，其中已打好洋灰橋身者三座，已打好洋灰底腳者一座，已挖地腳者七座，現因寒凍停工，惟橛號二千七百八十七兩空三丈橋，地腳須打椿，已預備十寸方椿六十顆，椿架業已立好，凖下月初一日施工。又自橛碼二千九百四十七號橋，計二尺一孔，擬共用一丈四尺至一丈六尺十寸方椿四十條，於月初開工，因椿未至曾停工七日，至月底共打完二十八條。又懷來河大橋，繼前月報打椿日事工作至月底，東第一嗗打完，第二嗗打完十三條，第三嗗打完十條，第四嗗打完十八條，其詳細記録俟列表呈報。又自橛碼四千四百九十三號一丈一空橋，底基皆已築成。又自橛碼四千五百零三號一丈一空橋，底基皆已築成。又自橛碼四千五百三十三號一丈一空橋，底基皆已築成。又自橛碼四千六百七十五號二丈十三空橋，底基已築成三個。又自橛碼四千七百七十二號一丈一空橋，繼前月報，底基築成後本月無工。又自橛碼五千零七十零號二丈一空橋，樁木已打下二十根。涵洞：自橛碼四千五百四十五號一丈寬一丈二高一空涵洞，底基尚未挖完。又自橛碼四千七百五十一號一丈寬一丈高一空涵洞，片石碼頭築有八成。又自橛碼四千八百十三號一丈寬一丈高一空涵洞，底基已築成。水溝：自橛碼四千五百二十五號四尺寬四尺高一空水溝，前月築成底基後本月無工。又自橛碼四千六百八十四號四尺寬四尺高一空水溝，片石碼頭皆已築成。又自橛碼四千七百零零號並四千七百零九號四尺寬四尺高一空水溝，洋灰碇拱皆已築成。又自橛碼四千七百十七號四尺寬四尺高一空水溝，繼前月報，碼頭築成後本月無工。又自橛碼四千七百七十八號四尺寬四尺高一空水溝，底基已築成。井工：康莊挖井工程，計挖深六丈，磚箍砌成一丈。水泵：下花園車站北頭水泵，井已挖下一丈五尺深，係流沙，尚未見水。

《政治官報・摺奏類・光緒三十四年正月二十日第一百十二號・陝甘總督升允奏籌建蘭州黃河鐵橋以期經久而資利濟摺》 奏爲籌建蘭州黃河鐵橋以期經久而資利濟，恭摺仰祈聖鑒事。竊查蘭州城北，濱臨黃河，由甘省至寧夏甘涼各郡及赴新疆各郡等處，凡西北大路往來者，一切官商行旅，皆須從此經過。每年春間，向飭臯蘭縣估搭浮橋一座，以鐵繩繫船二十四隻，面鋪木板，以便車馬往來。入冬經冰凌沖激，則浮橋輒斷，又設渡船以濟之。迨臘月河冰堅凝，船不能渡，改由冰上行走，土人稱爲冰橋。至開春凍解冰消，復估造浮橋如初。計搭橋渡船各項，逐年煩費已屬不資，且冰橋將結將開之時，往往半途失陷，每歲溺斃人口牲畜不少，病涉戕生，於斯爲甚。故大學士臣左宗棠前任甘督時已切憂之，曾議建造鐵橋，因洋商福克索價太昂中止。奴才到任後查悉情形，思蕆前人未竟之功，以爲一勞永逸之計，屢與司道籌畫，適德商天津泰來洋行喀佑斯遊歷來甘，願包修蘭州黃河鐵橋一道，保固八十年，議定橋價工料共銀十六萬五千兩，其由天津至甘肅運費，並修造時預估船隻、木桿、麻繩等項，概由甘省認籌，於光緒三十二年九月十一日訂立合同，簽字分執，隨即酌付價銀，飭該洋商回國運機購料，以便興修。據洋務局總辦蘭州道彭英甲具詳前情，當經批準照辦，並將合同咨送外務部查照在案。奴才賦性迂謹，凡事未經辦妥，不敢遽以上瀆宸聰，現在鐵橋料件業已陸續運到，立合同人喀佑斯招僱洋工華匠六十餘人，亦已先後西來，擬即擇日動工，自應奏咨立案。查蘭州道彭英甲講求新政，人頗開通，應即責成該道將鐵橋事宜一手經理，以竟全功，並派藩臬兩司會同照料，總期工程告蕆，利濟行人。所有橋價運費等項，概於統捐溢收項下，隨時覈實撥用，作正開銷，應懇天恩飭部先行立案。除俟鐵橋工竣再將用款造報咨銷外，理合恭摺具陳，伏乞皇太后、皇上聖鑒，謹奏。光緒三十四年正月十八日奉硃批：「該部知道，欽此。」

又奏籌設製造皮毛局所片。再查振興實業，必須因地制宜，甘省錯交蒙番，民間多事畜牧，故所產土貨以牛羊皮毛爲大宗。奴才夙聞故大學士左宗棠前任甘督時，有織呢機器以製呢不精，工本過大，事遂中輟。前年到任後即行調查，案卷多已散佚，當飭將存儲各機逐一修治，又苦無機匠工師，無從究其利弊。至上年秋間，由比參贊林阿德聘到比國工師穆賚詳加研究，始知舊機於洗毛各件未全，餘亦銹損多種，俱須添購。當飭蘭州道彭英甲與該工師等訂立合同，令其回國依樣配齊，購運來甘，並延雇工匠，以期完備而資整頓，其添購機器價銀及局費，一切即在統捐長收項下核實提撥濟用。茲據該局詳請奏咨立案前來，奴才查大呢一項爲軍隊學堂操衣所必需，其用最廣。近年風氣大開，各國每年輸進驟加數倍，其價亦較前倍昂，各省間議自製，俱以貲本過鉅，創辦爲難。茲添配舊有之機，製造本地之貨，因勢利導，自易爲功，如果辦理有成，實於工商俱有利益。所有在統捐長收項下酌撥資本籌辦織呢局情形，合無仰懇天恩，准予飭部立案，以濬利源而興實業。除咨部查照外，謹附片具陳，伏乞聖鑒，謹奏。光緒三十四年正月十八日奉硃批：「該部知道，欽此。」

又奏試辦官鐵廠片。再查五金爲民生利用，而鐵之爲用尤多。甘省礦產雖富，向失講求，民間需鐵，仰給鄰境，購運甚艱。當經奴才督飭農工商礦局周歷調查，於光緒三十二年冬間，查有河北臯蘭縣屬鐵石山礦苗頗旺，亟應設法開採。惟甘肅地僻款絀，如用西法，既須借材異地，更須購置機器，需費不貲，因令該局所聘礦師德人賀爾慈督同華匠，先用土法化驗，得鐵在四成以上，當即購地建築官鐵廠一所，安爐裝炭，如法採鍊，半年以來漸著成效。該廠所需經費，暫在改辦統捐長收項下開支，一俟成效大著，獲有餘利，或再招商承辦，抑或另籌官本以期擴充而圖經久。據總辦農工商礦局蘭州道彭英甲詳請奏咨前來，除飭取圖説冊表送部外，所有籌款試辦官鐵廠情形，理合陳明，籲懇飭部立案，謹附片具陳，伏乞聖鑒訓示，謹奏。光緒三十四年正月十八日奉硃批：「該部知道，欽此。」

又奏派員赴碾伯番境勘礦擇要開採片。再前因派員赴碾伯縣屬番境勘礦，藥草臺、瞿曇寺番僧竟敢糾衆抗官，當將籌辦情形附奏在案。茲據礦務議員署西寧鎮總兵馬福祥禀稱，遵飭酌帶兵隊駐紮瞿、藥二寺，設法解散脅從，訪緝首要，一面出示撫諭附近番民，俾釋疑懼，該寺僧等無術煽誘番衆，且慮到案後罪無可逭，旋據瞿曇寺廟僧梅居巴遞禀投誠，藥草臺寺廟僧李朵郎亦率僧官李完丑暨閤寺大小僧衆、遠近番莊頭目僉來認罪，該總兵當責其抗拒之非，並曉以開礦之利，該番僧等無不感泣，均以誤聽人言，搥胸誓天，深自罪責，登時出具切結，鈐蓋廟僧印信，僧官戳記，同畫手押，願從此安分守法，聽憑劃界開礦。奴才查番族人多愚昧，不免惑於風水之説，因聞勘辦礦務，輒敢糾衆阻撓，執法相繩，彼固無辭自解。第念其一經勸諭，卽自悔悟，相率認罪投誠，似與始終執迷者有間，自應從寛發落，以示恩信而結人心。所有前獲之僧犯梅巴先等七名，卽行分別酌懲開釋，餘亦概免深究。此次不煩兵力，該廟僧番目等，遂皆降心相從，不第各堡漢番從兹猜嫌盡釋，且該處礦産亦可由官擇要開採，此皆仰賴朝廷威福，堪以上慰宸廑。除飭將該處金煤各礦勘明妥籌開辦外，謹會同西寧辦事大臣奴才慶恕附片陳明，伏乞聖鑒，謹奏。光緒三十四年正月十八日奉硃批：「知道了，欽此。」

《政治官報・摺奏類・光緒三十四年正月二十日第一百十二號・陝甘總督升允奏設立農工商礦局舉辦實業情形摺》 奏爲恭報甘省設立農工商礦局舉辦實業情形仰祈聖鑒事。竊維甘肅省地居西極，風氣遲開，雖以民生日用之源，物産自然之利，亦往往聽其棄置不復講求。奴才仰荷殊恩，畀以兼圻重任，若不振興實業，何以鞏固邊陲，每一念及，不勝悚懼。爰於光緒三十二年閏四月，在省城設立農工商礦局，檄委商部議員蘭州道彭英甲爲總辦，並派委員分股任事。是年五月創設勸工廠，十月創辦礦務學堂，十一月創辦農業試驗場並設農林學堂，隨又開辦官報書局，十二月復設商品陳列所，本年十二月創設官鐵廠，五月復開織布、裁絨兩廠，並將勸工廠中絲綢、玻璃兩科各立一廠，旋勸諭商民設立商業總會，九月在省城西關外另開農業試驗場，十一月復遵部頒農會章程諭開農務總會，而皆以該局爲綰轂之地，所謂振衣者必挈其領也。奴才鰓鰓過慮，以爲甘省民智未開，難與圖始，雖倡導不遺餘力，究未敢率行入告，致涉鋪張。今幸開辦以來事機尚屬順手，本年四月曾將勸工各廠製造成品咨解農工商部考驗，九月復擇工作較精之品及各處礦産課金進呈御覽，蓋援九州上貢方物之例，藉紓聖明殷憂西顧之心。現在農業一門首重，飭屬籌辦墾荒，次則興種棉花，講求蠶事，東南州縣已見風行安化，前次呈驗絲觔，一律匀净，尤徵明效。至各屬之禀報林業，新種成活者多至八九萬株或萬餘株，少亦千數百株不等，農場所種則有比國之蘿葡、葡萄，西蜀之甘蔗、桑秧，秦中之橡樹、蓮藕，皆本省所未見也。近來寧夏、固原等處亦皆仿設試驗場，推廣植業以厚利源，因地之宜，不拘一類，此辦理農業之實在情形也。工業一門，大可以抵外人之銷路，小可以養一已之身家，奴才於此尤所注意。今則織布廠之仿織東洋各色絲布、綢布，裁絨廠之添飾包絲，絲紬廠之染練寧紬、金絲絨並仿織湖蜀緞匹，玻璃廠之應給警燈，固已成效昭著，足擴銷場。其錯列於勸工廠者，又有滷漆科、皮革科、洋木科、銅鐵科，綜計畢業藝徒已數十人，而漸推漸廣，普及各屬，消弭游手，各遂其生，尤爲無形之大利，此辦理工業之實在情形也。甘省商業中人識淺力薄，使觀感之有所奮興，振興之期於不倦，則其責在官。現在省城既立商務總會，又恐商智不開，爰採録各省有關商務事實刊登官報，復恐商情不旺，則又遵照部頒獎勵商勳章程通飭各屬，其商品陳列所，除工廠所有者無不畢具外，餘如各屬著名之物，工藝所呈驗之品，亦無不羅列其內，任人品評，藉耳濡目染之場，决優勝劣敗之術，此辦理商務之實在情形也。甘省礦産甲於天下，西寧各屬尤爲富饒，現在購就比國挖銅淘金機器，擇地建廠，將以大興採鍊。其已由紳商禀報有效完納課金者，則爲肅州大通鎮羌灘、梨園營、科延溝、貢爾蓋等處金礦。其甫經商人禀請開辦，則爲皋蘭鳳凰山硫磺、石瞻，中衛單梁山，靈州石溝堡，古浪古溝堡，皋蘭阿干鎮等處煤礦。其正在勸諭紳商籌辦者，則爲墨里王屬之加里科，巴燕戎屬之拉水峽，莊浪廳之哈西灘等處銅礦，河州之太子寺，莊浪廳之牛頭峽，武威縣之雜渠溝，山丹縣之大黄山等處鉛礦。此外各種礦質或經該局勘採，或由各屬呈齎，均令礦務學堂學生隨同礦師化驗，核計分數，彙列表册，統俟明年二三月冰雪消融，派委測繪妥員分赴各該處實行查勘，以便核辦，此辦理礦務之實在情形也。奴才到甘兩年，深維古人治邊之策，初不外圖强於富，先立自固之根基。農工商三者，比較東南各省，或氣候稍殊，或轉輸不便，多方提倡，其成效既已如斯，礦則五寶之精，取之不盡，更無聽其祕藏之理，惟先事之籌維開創，與後此之預備擴充，既不能無米爲炊，又不敢因噎廢食。甘省向稱貧瘠，艱窘情形難以殫述，其可以藉資挹注者，惟恃統捐溢收一項，節經奴才督飭該局極力撙節，實用實銷，將來據實報部。興利不能惜費，及時乃可有功，此奴才審擇輕重之微忱，敢直陳於君父之前而冀邀天鑒者也。所有甘省設立農工商礦局辦理實業情形，除將詳定各項章程暨局員銜名咨部立案外，謹恭摺具陳，伏乞皇太后、皇上聖鑒訓示，謹奏。光緒三十四年正月十八日奉硃批：「農工商部知道，欽此。」

《政治官報・摺奏類・光緒三十四年二月十六日第一百三十八號・伊犂將軍長庚奏紡織機器運至直隸辦理織布局片》　再奴才前飭駐滬道員黄中慧購買英美賓森製造廠紡紗機器，並鍋爐、電燈、修理機器一全分，係一萬五千錠，每日出紗可值銀一千六百兩者，原索價銀二十萬兩，疊次磋商減爲一十五萬五千兩。因内地山川修阻，萬難運致，飭向英商，轉與俄商商訂取道西伯里亞鐵道，包送至俄國之倭穆斯克，言定運價七萬兩。因倭穆斯克距中國邊界尚遠，如能運至齋桑，則與中國之吉木乃卡倫緊相毗連，復以商之俄商，不意俄商又增索運脚價銀四萬兩，屢經磋磨，不能再減。奴才查覈此項機器，由倭穆斯克運至齋桑，已須加增運費四萬金，共計十一萬兩，再由齋桑交界之吉木乃運至伊犂，相距陸地二千數百里，轉運亦屬不易。若由倭穆斯克徑運伊犂，則須由倭穆斯克用輪船運至俄國之斜米帕拉停斯克，由斜米登陸運至伊犂，亦尚相距四十三站，計程三千餘里。此項機器内有整件大鐵輪一具不能拆卸，計重六千觔，陸路山重水複，實係難於輓運。當經電飭駐滬道員黄中慧，與英商商議改换小機，餘銀另購槍械或别項應用機器。嗣接覆電，屢商不允，擬欲轉售，一時難覓承受之人。正籌畫間，適京津紳商有願集股，擬在直隸境内創設紡紗織布公司者，所議股本尚未集齊，來電商詢，如能以此項機器作爲股本可以接受。奴才訪聞直隸河間、順德、正定、保定各屬，並京東樂亭、寶坻等縣，向産棉花，既多且佳，近年民間織布，其綫大都買自東洋，亦係因無紡織機器，以致有此漏巵。伏思紡紗一事爲中國挽回利權要圖，直隸與伊犂同隸國家版圖，但能挽回利權，即在直隸合辦，亦與伊犂自辦無殊。現與京津商人估計，此項機器運至天津一切費用，尚須四萬餘金，擬即合成二十萬兩之數作爲股本，附入該公司合力舉辦。第該公司意在全用商股不入官股，查此項機器本因伊犂辦理織布局購買，若作爲伊犂織布局附入之股，他日獲利與否，仍歸伊犂結算原屬無妨，即以伊犂織布局股分，由該公司報部查核亦無不可，總之無論伊犂、直隸獲利，同一歸諸公家。以伊犂與直隸比，伊犂僻處遐荒，縱能紡織，所獲利益無幾，直隸爲畿輔重地，各屬人民賴織棉以爲生者實多，如此辦理，在伊犂可省西伯里亞輓運之費十餘萬金，在直隸如能挽回利權，則於國計民生裨益甚大。是否可行，合無仰懇恩施，飭下農工商部核議，奴才聽候部議辦理。謹附片具陳，伏乞聖鑒訓示，謹奏。光緒三十四年二月十三日奉硃批：「著直隸總督察核辦理，欽此。」

《政治官報・事由單・光緒三十四年二月十七日第一百三十九號・伊犂將軍長庚奏現辦練兵購械興學興牧商務工藝情形摺》　奏爲奴才現辦練兵購械商務工藝等事大概情形恭摺陳明仰祈聖鑒事。振興商務原爲開籌餉之源，而欲商務興旺又非工藝精良不可。新疆物産雖饒而製造不佳，奴才前因吐魯番素産木棉，中外著聞，電飭署吐魯番廳同知錢宗彝建蓋局廠，打造機車，收買棉花，先雇纏匠試織樣布，並電咨新疆撫臣聯魁，飭由藩司於已革撫臣潘效蘇等呈繳冒銷各款銀内發給湘平銀一萬兩以充經費。並函飭署甘肅寧夏府知府張炳華暨張家口、歸化城紳商，代覓製裘製革織毯等匠。嗣錢宗彝因案撤任，所有吐魯番織布局事務，業由奴才改交新省商民同盛和號天津職商周恒彬接辦，尚無虧折。其由寧夏調來之製裘織毯工匠，由歸化城、張家口調來薰皮工匠，並由天津購買學堂、工廠、印書局應用各項器具物料，暨天津調來機器木匠鉛印石印等匠，及由新疆南路續募之織毯匠，均已先後到伊，業經電飭伊犂滿營協領博貴分設局所，一律興辦。復因工藝之技能貴在製造之精美，必須有各種機器而後能工價省而造作精，奴才於去歲訪有知州銜上海機器廠兼銅鐵廠委員楊鴻儀，精於機器圖算製造，係上海製造局出身，由學生歷充兵輪司事、工藝學堂教習、大沽船塢總辦、金陵機器局委員，爲前辦上海製造局道員毛慶蕃所識拔，人亦誠樸諳練，當於上年冬間電飭駐滬道員黄中慧約訂該員來伊，並電商前兩江督臣周馥轉飭現辦上海製造局總辦道員張士珩，准令該員在滬局選集各項上等工匠十餘名，購置汽機鍋鑪車刨鑽刮等項機牀及各材料，分起運解來伊，以備製造軍用各項器械，並就伊犂所産各種物料製造各項用物，以興工藝而開利源。該員已帶同匠工十三人，並諳習圖算測量之路工學堂教習楊復鈞、萍鄉路工學生賀家箴，於六月由俄國西伯利亞鐵道同至伊犂。因前購機器不全，現又添置汽機鍋鑪全副及製造槍子全機，據黄中慧電稟，已向洋商訂購，須俟明年夏間方能運解到伊。前於九月間已電由署將軍廣福轉飭設立局廠，令楊鴻儀先行督率工匠，修整舊有洋槍礮位並製造軍隊所需之指揮刀等件。擬俟奴才到伊，即設工藝學堂，仿照商部奏定藝徒學堂簡章，分爲通修、專修兩科，多覓聰穎學徒，飭令楊鴻儀督同帶來各工匠分門教授，彼時上海所購各項機器亦可運到，當茲創辦之初，惟有先其所急，將緊要應需各物先行製造，以後逐漸推廣，自能日有起色。總之商務以工藝爲根本，而工藝又以機器爲關鍵，創始誠屬艱難，但能勉力辦成，實於邊防裨益匪淺，此奴才籌辦工藝之大概情形也。以上六端一切詳細情形，容俟奴才到任後分起專案具奏並咨明各部立案，其應開單造册者，亦分別繕具單册隨案咨送。所有奴才現辦各事大概情形，先行恭摺具陳，伏乞皇太后、皇上聖鑒，謹奏。光緒三十四年二月十三日奉硃批：「著即分條認真籌辦，速收實效，勿得徒託空言。欽此。」

中國第一歷史檔案館《光緒朝朱批奏摺》第一〇二輯《光緒三十四年二月初二日甘肅新疆巡撫聯魁摺》 甘肅新疆巡撫奴才聯魁跪奏，爲新省創辦工藝局廠，以冀挽回利權，開通民智，謹將辦理大略情形，恭摺具陳，仰祈聖鑒事。

竊新省風氣未開，工藝多拙，民生服用，大半取給鄰邦，以致利權外溢。本省土産如皮毛、麻縧之類，又半爲外人賤值購去。檢閲各道歷年貿易册，輸入者皆製造品，輸出者半天然質，此中交易，虧耗難以數計。若不及早振興，設法抵制，則民窮財盡，勢將日甚一日。

前署撫臣吳引孫曾於省城創設習藝所，專爲罪犯自新謀生而設，未足以廣利益。近復屢准部咨，催辦勸工場、農工商各項局廠，並發工藝調查表、農工商綜計表各在案。邊地生計日絀，本應亟闢利源，而省城爲南北兩路工商樞紐，尤應極力提倡，導其先路。奴才督飭司道，謹就地方情形，妥籌辦理。購買省城南木廠街坊一區，修造工藝局廠，委布政使王樹枏、鎮迪道兼按察使銜榮霈爲督辦，署迪化府知府汪步端爲提調，由司庫借撥款項，作爲工本，酌定章程大綱十二款，子目五十九條，於三十三年二月二十二日開辦，刊發木質關防一顆，文曰「新疆省城工藝總廠關防」，以昭信守。就本省物産所有、民間日用必需之物，僱本地藝師之有心巧者，分科製造，廣招學徒入廠學習。復派候補知縣戴承謨前赴俄國採辦機器，並帶工匠赴俄學習，以期擴充，此新省開辦工藝局廠之大略情形也。

奴才竊念中國積習，凡興利之事，在商民爲之，持籌預算，常有把握；一經官辦，動多虧折。推原其故，皆由承辦之人不知公益，祗便私圖。其貪而黠者，但侵蝕餘利暗飽私囊；其貪而愚者，竟不顧母財，席捲官本。卒之私日益，而公日損，殘局僅可支持；甚至利在私，而害在公，成局亦因敗壞。覆轍相尋，所在皆是，言之可慨。

新省庫款支絀，民氣錮蔽，工料機器遠遜内地，創辦尤非易易。奴才與該司道等經營伊始，亦惟於立法、用人二者加意講求，嚴防弊混。遴委局廠辦事人員，必擇廉潔有才思，而又熱心公益者任之，仍隨時督飭，將款項出入，成貨存銷，以及物料工價，局用開支，均嚴訂規則，詳列表册，用便稽察。容俟辦有成效，再擇各屬富庶之區，逐漸推廣，以期仰副朝廷通商惠工之至意。除將章程咨部立案，俟辦有成章，貨物查照部發表式，隨時填報外，所有新疆省城開辦工藝局廠大略情形，謹會同陝甘督臣升允繕摺具陳。伏乞皇太后、皇上聖鑒訓示。謹奏。〔硃批〕：「農工商部知道。」

《天津商會檔案彙編》上《直隸工藝總局詳呈實習工場試辦章程並籌撥經費文光緒三十年九月》 爲詳請示遵事：

竊照職局接管卷内前總辦毛道會同賑撫局詳蒙憲臺批準，在工藝局内設立工廠一所，招集幼童學習粗淺工藝，由賑撫局麻袋餘米變價項下撥銀元三千元作爲開辦經費。職道等接辦後，查照前因，咨請賑撫局撥領銀洋三千元，業將收到日期申報憲臺察核在案。遵查奏定學堂章程内載：高等工業學堂應附設實習工場，職局所設工場義正相同，擬即名爲實習工場，以符定章。復查教養局移交房屋數十間，近在工藝局大門之内，以設工場甚爲合宜，擬即就此修理布置，現在房屋大致修理完竣。謹擬試辦章程四則：

一、辦法大旨。工場之設以推廣民間生計爲主，與工業學堂聯爲一氣，先習染色、織布、木工、金工、化學製造等事，隨時體察情形，再添他項。俟練習有成，擬合紳商開辦各項公司，使所學者得所用，庶幾風氣日開，民生日裕。

一、工徒資格。開辦之初，招選官費工徒暫以二百名爲額。十二歲至十五歲爲幼童，十六歲至二十二歲者爲及歲，酌給津貼，概不寄宿。如必須寄宿者，應繳宿食費。畢業後須在本場效力三年。其有願出資附學及由各州縣申送或由各紳商保送者，均爲自費工徒，酌定學費並宿食費，均按三個月預繳一次。畢業後去留自便。

一、酌用人數。工場既爲學堂附設，學堂庶務長有經理之責，擬再酌派稽查兼收支司事、庶務司事、監工司事各一人，書手、醫士、差弁各一名，聽差更夫三名，其化學工師由總局委員兼辦，染色、織布、木、金等工正副匠目及工匠暫定四十名，官費工徒二百名。目前且先試辦，隨後擴充，再行酌量稟添。

一、約估經費。開辦之時，修理房屋、購置器具及備辦染織、木工、化學製造各項用器，約估銀五千兩，金工用器容俟查明另估。常年額支薪津、火食、書籍、雜費、炭資等，每月約銀一千兩零，每年共約銀一萬二千一百兩有奇。活支如染料、煤炭、綿紗、木、鐵及化學藥料等，應視工作多寡，難以預計，擬每年借領試辦銀一萬兩，按三個月將用料成貨出入款項造報一次，以昭核實。

以上四項章程業經繕具手折，呈蒙鑒定。所需經費除賑撫局三千元外，允在銀元局餘利一成五項下勻撥。當此時艱孔亟，培養民生，以振興工藝爲最要。職道等謹當督率員司切實籌辦，以副憲臺利用厚生之至意。所有職局附設實習工場酌擬試辦章程籌撥經費的款緣由，理合繕折具文詳請憲臺察核批示祇遵，爲此備由具詳，伏乞照詳施行，須至詳者。

《天津商會檔案彙編》上《李鎮桐陳述華勝燭皂公司創辦伊始資本無多銷路頗艱請免納鋪捐文並巡警局准按四等納捐復函光緒三十二年九月八日至十月十七日**》** 具禀天津華勝燭皂有限公司總理李鎮桐等謹禀

總協理大人閣下：敬禀者，竊職等前以創辦燭皂有限公司，禀請轉請巡警局賞給鋪捐免照等情。蒙批：「查該商創辦此項公司，係屬振興實業，所有一切捐稅應否豁免，候分別轉請巡警局、工藝局查照成案，核飭遵辦，俾挽利權而重工藝。此批。」當蒙工藝局憲允准，運外貨樣，給予免照，曷勝感激。巡警局因查無成案，仍飭納捐勿違。職等即以資本無多，銷路頗艱，仍懇免捐等情，禀蒙巡警局憲批示云：「據禀已悉。迭查該公司生意，仰由開作時起按二等捐章照納，勿誤可也。並即另將房間報查是要。此批。」蒙批之下，曷勝悚惶。是不得不縷晰陳明，仍懇會憲大人恩準，轉請巡警局憲派員按照後述各節確切查明，予以相當之等者。

伏查此項公司，係集股三千元，分爲兩等，創辦股雖已招齊，普通股隨時附入，刻下資本僅有三千元之半，此係商部註册，商會立案，決非尋常鋪户以多報少無從查考者可比。一也。

批云並即另將房間報查。敝公司之房間，係周姓之住房十二間，租價每年二百四十元，有租折可憑。較之街市之門面尚不及一間之租價。二也。

凡屬有限公司之帳目函件，均在不禁閱之例，派員往查，無妨詳查其內容，若徒以形式而定捐等之高下，殊不足以昭公允。三也。

獲利厚薄，視貨物之銷路暢否爲率。以我國工藝幼稚時代，欲貨物暢銷，此十年後之希望，非現時之希望也。然亦不可例之專利公司。近來報紙有贊譽敝公司貨精銷暢等語，不過期望我國工藝進步，足以抵制洋貨耳！何足爲據。四也。

公司以内辦事人等均係擔任義務，不支辛金，誠恐費用過巨，一有賠累，則不免害公益，累衆資，爲繼起者生莫大之阻力，實非商界之幸福。不然以小資本之公司而負此重捐，全局何堪設想！更無論抵制洋貨挽回利權。五也。

以上各節均係實情，如虛干罰。非同不明義務，不知大體，惟恃嘵嘵瀆辯希圖省捐者可比，諒早在會憲洞鑒之中。爲此具禀前來，仍乞如禀轉請確查，予以相當之等，俟後擴充再爲詳報增捐。以昭公允而恤商艱，實爲公德兩便。上禀。

附　件

謹將華勝燭皂有限公司光緒三十二年總結帳略繕呈查核。

計　開：

資本

共股本洋三千元

升色

共升色洋三十八元一角五分

總共存外洋三千零三十八元一角五分

外欠

共外欠洋四百六十八元三角一分

實存

共存貨洋三百七十五元一角

共存箱皮洋三十一元二角

共存材料洋五百一十五元一角九分

共傢具洋六百四十五元六角八分

共現存洋七百三十八元三角一分

五共實存洋二千三百零五元四角八分

月支開銷

一官息洋八十一元一角五分八厘

一鋪捐洋三十六元五角

一商部費洋五十元

一天津商會費洋十元

一房租洋一百二十元
一辛金洋六十一元五角三分
一煤炭洋八元五角
一雜項洋二百八十一元五角二分五厘
一脚力洋十三元三角三分四厘
共開銷洋六百六十二元五角四分七厘
總共洋三千三百三十六元三角三分七厘
得毛利洋三百九十八元一角八分七厘
除明下不敷洋二百六十四元三角六分

致巡警局

敬啓者：現據天津華勝燭皂有限公司總理李鎮桐稟稱：竊職等前以創辦燭皂有限公司云，實爲公德兩便上稟等情。據此，查華勝燭皂有限公司，業據該職等稟經敝會轉稟商部註册，所報資本即與現報相符，實非别項專利公司可比。兹據前情，相應肅函，即請局憲大人查核轉飭捐務科另行確查核減等次，仍乞示復飭遵，是爲拜禱。肅此。敬請升安。

天津商務總會 總理 王 協理 寧

光緒三十二年九月初九日

徑復者：前接來函，以據天津華勝燭皂有限公司總理李鎮桐稟：前請給發鋪捐免照，奉批未準，而該公司股未招齊，資本無多，銷路未暢，乞轉請確查，暫準核減捐等，俟後擴充再爲詳報增捐等情。經會復查相符，囑飭捐科另查核減函復等因。即經轉飭捐科復查核議去後，兹據稟復：遵查該公司前以集股三千元，設立公司稟請給發免捐執照等情。當查該公司雖屬創辦，但係集股設立，又現在成本已有三千元，將來尚須擴充，核與津埠各項公司事同一律，未便獨示優異，是以批令按照二等納捐。兹奉前因，既係該商會一再函懇，並聲明以後擴充再行詳報增捐，應準如所請，暫按四等減納，每月捐洋七元三角，照章由開作時起核補，以示格外體恤。至該公司現在房間既屬租賃周姓之屋，應由該公司知照周姓按章報納房捐，勿得誤漏。除將底册改注外，謹將遵議緣由稟請查核轉復飭遵等情。據此，敝局復查該科所議，令由該公司暫按四等減捐，每月捐洋七元三角，自開辦時起照章核補，所居房間仍由房主報納房捐之處，實已格外體恤，無可再減，自應照辦。除稟批示外，相應函復，即請貴商會查照飭遵爲荷。此頌升祺。

天津巡警總局

《天津商會檔案彙編》上《商民馬吉華爲寶坻縣寶華公司織布廠註册立案事致津商會函光緒三十二年十月二日、十二月八日》

具稟寶華公司織布廠

爲遵章註册請領執照，懇準加蓋圖書事：

竊公司於本年六月二十四日由創辦職商馬吉華等，赴農工商部稟請在寶坻縣境設廠織布，抵制洋貨，用以保全商業，挽回利權。七月初三日恭奉部批：「據稟已悉。查閲該公司所擬章程尚屬周妥，應俟該公司開辦有期，遵章呈請註册，再行飭予保護。」九月十五日公司遵照奏定商律開載各條，備具公費，稟呈部署請準註册給照，飭行地方官保護。二十二日奉部署司務廳傳諭：「公費相符，飭遵新章就近呈由天津總商會蓋印圖書」等因。奉此，爲特抄阼兩次稟報部署在案之各章程，懇祈總協理大人鑒核加蓋商會圖書，以便註册領照歸入一體保護。

謹稟。

附呈寶華公司織布廠第一次稟報開辦章程

計　開：

甲、宗旨：本公司之設意在維持寶邑布業，挽回外溢利權。俟成效昭彰，凡於紡織事業有關者，再當逐漸推廣，次第舉行。

乙、定名：本公司設在寶坻縣境，集款皆華股，辦事皆華人，故定用寶華公司名號。將來購辦機器，應盡漢陽鐵政局及山西農政局所製。購用紗綫一項，近日湖北織布局所出質最精良，亦應購備爲織料。總之，華貨可用者必先儘華貨用之，庶不失創辦人之本意。

丙、立案：創辦人各認股銀並勸招各股現已集有成數，擬於開辦前由創辦人稟請商部批準立案給照註册，歸入一體保護。俟奉準註册之日即作爲公司開辦之日。現改定十一月初一日開辦。

丁、經費：公司經費先儘優先股所交作爲開辦之用，隨即招收普通股以便早日觀成。其招股法、查帳法應遵照奏定商律第一節第十六條及第八節中各條辦理。

戊、廠屋：公司創辦之初，擬在寶邑城内暫擇合宜之公地借用，俟確有利益，股本加增，再行另建廠屋。

己、責任：開辦之初，由創辦人暫行分任各事，一俟開辦三個月，由衆股東舉定董事及總理協理人等再行分別交接，以一事權。董事等辦事權限，應遵照商律第四節各條辦理。

庚、權利：各股東應得權利，如會議事件、查閲帳目等事，應遵照商律第三節各條辦理。

辛、用人：機廠成立後，凡司機接紗等事，需用工人甚多，除教習由外地聘用外，此項機工，應全數招雇寶邑土人教導應用，庶貧民皆得生計，實業日漸擴充，實爲兩便之道。

壬、聯合：本公司開辦之後，如有寶邑同志情願聯合辦理以爲擴充之圖者，本公司必當認爲一體合力舉辦，決無歧視之心。

癸、改良：此爲試辦章程，其有未盡妥善之處，應隨時隨事公議改良。

寶華公司織布廠第二次稟報增訂章程

計　開：

第一條　謹按商律第九節第一百十三條載明：公司有權可以訂立詳細規條章程以補律載之不足，惟不得與明定之條例有所違背等語。本公司前於本年六月二十四日稟報在案之開辦章程，即係敬遵此例擬定，惟原定章程第十條載明：如有未盡妥善處，仍應隨時隨事公議改良等語。故此次特又增訂詳章，以爲辦事之準。

第二條　公司廠屋現雖借用火神廟公地，仍應在城内繁盛之地另擇售貨鋪屋，以便貿易。或即在辦事員現寓之西大廟内設立分棧，應於開辦後酌定辦理。

第三條　本公司開辦之初，除機器外，以購運紗綫爲成本大宗。尋常紗綫由外地運至天津，再由津運至寶坻。本廠經歷之海關鈔關及凡奏準設立之官局應繳紗綫稅款，公司自當照繳。此外，如商民私收用費及假借地方公舉名目科斂經費者，公司概不承認，以保商本而固利權。

第四條　本公司之設，係爲開風氣保利權起見，如有同志仿辦者，不得以同式貨物貶價求售，希圖傾軋，以爲獨立之計。

第五條　公司應用織工，由公司招生學習。初辦時，學費、膳費一概免收。畢業後，應在公司盡義務三年。其詳細章程續擬稟報。

第六條　公司自總董總辦以下無論何人，均應恪遵商律，並守本公司奉準立案之各項規則。如有假借公司名目，在外招搖攬事或欺壓外人者，一經公司查出，定即稟官究懲，同事人不得絲毫瞻徇。如實係因公司事受外人欺壓者，應由駐廠坐辦人會商總董總辦察核確情，輕則就近請地方官伸理，重則稟請商部酌核保護。

農工商部批：

稟悉。寶坻縣寶華織布有限公司擬定開辦日期呈請註册一案，稟内聲叙各款尚屬妥洽，所繳公費銀兩亦屬相符。既據商會蓋有圖記，自應准予註册。一面咨行地方官飭屬保護，合行填給執照，寄由該商會轉交該公司具領，仍由該商會轉飭該公司迅將現用印行股票式樣，補呈一紙到部備案可也。此繳。外執照收單共乙件　　光緒三十二年十月二十六日到

移寶坻縣知縣正堂

爲移請事：案查貴縣寶華有限公司織布廠職商馬吉華等，稟呈該廠開辦章程清折請立案註册賞發執照緣由，奉商部批開：准予註册，一面咨行地方官飭屬保護，合行填給執照寄由商會轉交該公司具領等因。奉此，除將執照轉交該公司具領外，相應備文移請貴縣煩爲查照，出示曉諭，以杜攪擾而資保護，望速施行。須至移者。

總理　天津商務總會　王竹林

協理　寧世福

《天津商會檔案彙編》上《榮華胰皂公司張墨林稟請註册立案及開辦後虧賠情形文光緒三十三年三月二十二日至宣統元年四月三日》　具稟商人縣丞職銜張墨林謹稟

總協理商務大人案下：

敬稟者，竊職等糾合同志集股創辦天津榮華胰皂有限公司一區，設在東浮橋南小洋貨街。資本洋銀三千元，分爲三百股，每股洋銀十元，以一千五百元爲創辦股，以一千五百元爲普通股，創辦股招齊即行開辦，普通股隨時附入。刻已將創辦股招齊，應即開辦。所有一切章程均無違背商律之處。理合將抄録章程清折二扣、股票式樣二紙並註册費洋銀五十元，一並呈請商務總會轉稟商部查核立案註册，請發執照。並懇移會南段巡警總局賞示保護，以便作速開辦，伏乞批示祇遵。肅此具稟，恭請鈞安。

一、創辦伊始，土人多不解燒灰之法，而碱之出數遂減，本公司不得不招工而爲之布置提倡。迨家喻户曉，人人皆能燒灰，本公司即收煉運銷，以專責成。

一、公司除總理一人，司帳一人，司事數人外，至燒煉等工，概予股份不給薪資，一切散工按灰賈收買，每斤以津錢三十文核算。人數須相度情形而定。

一、公司等工均按號予一腰牌，碱之所遺到處不得而攔阻之。

一、本公司煉成之碱，均參仿化學新法提煉精工，蓋印票板上有開源公司字樣，則公私可分，亦便稽查。

一、碱成後由本公司隨便銷售，如販往外埠，應請給護照，蠲免厘稅，以示優待，而廣銷路。

一、總公司固立在朝宗橋，至他分處則相度其産碱較多之地，漸次推廣。滄州、鹽山等處所産之鹵蓬，視歲仍不及土碱之多，亦可於此二處立一分司。

一、本公司因限於股本，不敢鋪張，故先行試辦，如有欲入股，議定以一百銀爲一股，與向曾業此燒煉熟悉者，或欲入股充工，或自打燒灰賣公司，可親來公司面議，胥聽兩便。

以上所擬原暫行試辦章程，如有未便之處，隨時更改。

津商會批語：

禀悉。該生擬在津、静兩縣之間，擇朝宗橋創立碱業公司，集股收買土菜，參仿新法煉碱，係爲挽回利權起見。惟碱、硝二項出産同源，制硝既礙鹽引，煉碱恐亦有相因而及之慮。是否可行，本會無案可稽，應赴運憲禀陳示遵可也。

五月初三日

《天津商會檔案彙編》上《北洋勸業鐵工廠爲刊發機器圖說望按圖購取事照會天津商會光緒三十三年七月二十三日》 直隸工藝總局兼管北洋勸業鐵工廠爲照會事：

照得工欲善事，必先利器。乃我國工商家每多安於守舊，不知講求新機，往往費力多而出貨少，工本較重，價難從廉，更兼物欠精美，不足歆動人，使之樂於購取，遂致洋貨暢銷，利權外溢。本總局仰承督憲殷殷提倡工業之意，在天津河北窑窪創設北洋勸業鐵工總廠一所，並在大沽設立鐵工分廠，選募精巧技師，專造各項機器。自開辦以來，精益求精，所出物品，日見增多，名目難以殫述。兹特舉其最利於農工事業並爲礦務、軍界所必需者，略舉數端，繪刊圖說，裒集成帙，聊見一斑，亟應分發各屬傳觀，俾得按圖購取，以興工業。除分行外，相應備文照會，爲此照請貴商會查照，希即將送去圖説查收，代爲分布勸購，望切施行，須至照會者。

計發機器圖說十本

右照會天津商務總會總協理

《天津商會檔案彙編》上《署直督楊爲灤州官礦公司於天津設立辦公處並已續招商股五十萬兩事札飭津商會光緒三十四年四月九日》 欽命頭品頂戴署理北洋大臣直隸總督部堂楊札文

爲札飭事：案查灤州煤礦，前經升任部堂袁將辦法章程礦界圖説咨明農工商部復準在案。近來北洋輪軌交通局廠林立，需煤日多，灤礦界内陳家嶺地方，早經試探産煤甚富，而煤苗最旺之區尚有多處，亟當寬備股本，大加擴充，以辟利源而供取給。查該礦股份原定二百萬兩，商股已招集五十萬，現擬合以官股五十萬，先凑足股額一半，以敷建設局廠購置機器之用，餘俟陸續添招。即於天津設立辦公處，名曰北洋灤州官礦有限公司。至董理公司事宜，自應遴派總理一員，協理一員。查有前署直隸臬司周學熙，體用兼優，講求實業，堪以派爲總理；直隸補用道孫道多森，久辦工藝，任事實心，堪以派爲協理。其礦産一切事務，應派駐礦監督一員，以專責成。查有分省試用道孫道傳棡，心細才長，熟悉礦務，堪以委派，仍隨時會商總協理妥慎籌辦。除分行並刊該關防另文發給外，合即札飭，札到該公司即便遵照。此札。

《天津商會檔案彙編》上《農工商部爲天津麟記烟卷有限公司遭災後續招股本六萬八千元准予註册事批復天津商會光緒三十四年七月五日》 農工商部批：

據禀稱：天津麟記烟卷公司總理縣丞職銜紀巨汾，因原設臨記烟卷公司遇災賠累，原有一千五百股，現僅值銀元一萬二千元。經職商邀集紳商，擬續招新股八千五百股，合銀元六萬八千元，前後共集一萬股，合銀元八萬元。新舊股東均已認可，俟奉到註册批準之日，仍在金湯橋舊址開辦，專造各種烟卷，行銷各處。除禀明工藝局直隸督憲立案外，理合將註册簡章、股票式樣並公費銀元九十八元呈請查核立案、註册給照等情，轉詳前來。查該公司製造烟卷，亦爲振興工業之一端，所擬章程並繳納公費銀元數目核與部章相符，應即準其註册。除一面咨飭保護外，合行批示所有該公司收單執照，仰該商會轉交具領可也。此批。七月初五日

計　開：

天津麟記烟卷有限公司
專造各種烟卷
總號設在天津金湯橋西首迤南並無分號
股份總數洋銀八萬元
創辦人紀巨汾　住河間府獻縣
查察人羅文華　住天津縣北門西
光緒三十四年七月初五日註冊給照

《天津商會檔案彙編》上《倪士沄爲集資二千元創設桂記公司生產雙獅牌牙粉事致津商會文光緒三十四年八月十二日》　具禀桂記公司商民倪士沄禀爲具陳設立公司確實情形，懇恩註冊立案，賞發商牌列入商會，以符定章而興商務事：

竊商現在河北關上小藥王廟西暫借本宅房屋，創設桂記公司，專仿西法製造雙獅牌號牙粉，獅花香水粉，首先集入資本洋銀二千元。其物芬芳絶類，香而不淫；牙粉能固齒刮垢，由骨通腎葆元延年，其開胃理脾爽口清神尤爲餘事。其香水粉能滋潤顔色，不傷皮膚，尤能祛避穢惡，用之使人光艷異常，神仙不啻，實於衛生之道大有裨益。按之西法，綽有出藍之徵。擬由八月底先行開售，俟擇有妥善地勢再行遷移。倘此二物暢銷，足以抵制外貨，是亦挽回利源之一端也。至於商費如何照繳之處，恭候示諭，遵章辦理。爲此具陳，伏乞商憲大人恩準注册立案，賞發商牌列入商會，以符定章，而興商務，實爲公便。上禀。

《天津商會檔案彙編》上《直隸工藝總局爲京師丹鳳火柴公司在津設立分廠事照會津商會光緒三十四年十二月十四日》　直隸工藝總局　爲照會事：

案照本年十二月十二日奉督憲楊札開，光緒三十四年十二月初八日準農工商部咨開：接據京師丹鳳火柴公司呈稱：京廠基礎已定，茲擬添招新股七萬五千兩，合舊股成十五萬兩，擇直隸天津縣西碑疙疸廟附近開設分廠，招集窮黎，以事製造。名曰「京師丹鳳火柴公司第二工廠」。辦法以京廠爲模範，事務歸京公司節制，庶事權劃一而易於操縱。再此項工廠自組織以至成立，頗需年月，重以北省洋貨充斥，商務情形與內地迥異，非處不敗之地，不足爭衡。仍擬援照京廠例，於該縣境内專辦十年，暫不準添設此項工廠，以免同類相争，外人漁利之害。呈請核准，以便招集股款，建廠製造。等情前來。

查直隸工藝調查表，天津工藝總局有燧類一門，專造安全火柴。天津地方此外有無火柴工廠，抑有無專辦年限，無從查悉。相應咨行轉飭查明聲復本部，以憑核辦可也等因。到本大臣。准此，合行札飭，札到該局即便查照，迅速查明具復，以憑核咨，此札等因。蒙此，查敝局實習工場有制燧一科，專造安全火柴。另有商人伊長庚設立火柴公司禀請保護有案。此外有無火柴工廠，敝局無從查悉。茲奉前因，相應備文照會，爲此照會貴商會總協理請煩迅速查明天津地方此處有無火柴工廠，及有無專辦年限，即賜見復，以憑轉報，望切施行。須至照會者。

《天津商會檔案彙編》上《直隸總督端方爲磁州礦務局籌款維艱特擬三條辦法事札飭津商會宣統元年七月二十八日》　直隸總督部堂端（方）　爲札飭事：

據磁州礦務局趙道等禀稱：竊職道等案奉前督憲楊札委辦理磁州礦務，當即馳往履勘。該州一帶煤礦既佳，煤苗甚旺，堪以開採。當將詳細情形，詳請前憲楊轉咨農工商部給照立案。前憲楊因病未及核辦，迄今尚未奉批。惟是創辦之始，招股維艱，開採之後，運輸不易。謹將爲難情形及管見所籌，爲我大帥縷晰陳之。查直省礦廠林立，如開平、唐山、林西、井陘、臨城、灤州等處，在在均是，然皆華洋合辦。灤州一處，未招外款，而與開平結訟，至今未休。磁礦界連直豫，外人久已垂涎，今幸改歸官辦，既以杜覬覦之心，尚足稱完全之土。是以職局前定招股章程，專收華股，以免利權外溢。現值國家興辦海軍，將來艦隊機廠需煤之處，百倍於今，設有緩急，凡有洋股者必皆停售，非有自辦專礦，安能操縱由我，不爲他人所持？此前憲楊亟亟於開辦磁礦，蓋亦有深意也。惟開井築路之費，至少亦須百萬兩方能舉辦。人情樂於觀成，難於圖始。當此商戰時代，各省工商路礦同時競舉，鄰省有越國鄙遠之心，大賈啓觀望徘徊之念。是以招股數月而應者寥寥。職道夙夜思維，勉籌辦法三條，敬陳鈞聽：

一請仿照臨城辦法，與（津）〔京〕漢鐵路合辦，減輕運費也。煤礦之利益全視銷路，銷路之盛衰全視運費，運費減則成本輕，成本輕則銷路暢，此一定不易之勢也。磁礦界分直豫，本可南通漢滬，北達京津。惟火車價重則成本過巨，縱有佳煤，行銷匪易。查臨城煤礦與京漢鐵路合股，訂立合同，每噸每里僅收一文。今磁礦亦應商令京漢鐵路局附股，減輕運費。運費既輕，則銷路不患不暢。在路局所失運輸之利甚微，而所得礦股之利實巨。路礦兼籌，皆有裨益，此一舉而兩得，策之最上者也。

一請飭責成商會入股合辦也。商會爲各商代表，商界素所信任。磁礦乃直省之地利，與直人更有密切關係。直省今日多入一股，他日即多沾一分利益。

應請責成商會廣爲勸募，庶幾群策群力，衆擎易舉。

一請仿照灤州辦法墊發官款也。查灤州官礦，亦因招股爲難，稟請官款五十萬兩，以爲開辦之基，一面招徠商股。蓋成效未形，商民裹足。大利既著，踴躍投資。磁礦事同一律，若能籌墊官款五十萬兩，先行開辦，俟商股既多則歸還官款，一轉移間，既不負大憲維持之心，亦可免礦務廢然之慮。職道籌維再四，凡此諸條，或有成案之可循，或爲直商之取利，謹就管見所及，吁懇憲臺俯賜鑒核，俾該礦以底於成，職局幸甚，直省幸甚。職道更有請者，候選道鄺道榮光研究礦學歷有年所，前辦開平等礦，素爲商民所欽佩，擬懇憲臺札委職局會辦兼工程事宜，於職局前途定能有裨等情。到本大臣。據此，除批：「據禀已悉。該道等所籌磁州礦務辦法，擬仿臨城礦局與京漢鐵路局合辦，庶可減輕運費以暢銷路，並由商務總會廣爲勸諭各商入股，借資群力而維實業，事屬可行，仰候分飭京漢鐵路局、商會及礦政調查局會商妥辦。惟查該礦前經楊前部堂批准籌發官本二十萬兩，除已撥外，下餘之款能否籌足，尚難預定。所請再行墊發官款五十萬，現在實無此餘力，礙難照準。至請添員會辦，另候酌核飭遵繳」印發並分行外，合行札飭。札到，該會即便遵照會商妥辦。此札。

《天津商會檔案彙編》上《津海關道蔡爲直隸啓新洋灰公司批準註册事札飭津商會宣統元年十二月十四日》

津海關道蔡（紹基）　爲札飭事：

本年十二月初十日奉北洋大臣陳札開：宣統元年十二月初二日準農工商部咨：本部奏定公司註册章程内載：凡商人經營貿易，無論何項公司，一經註册，即可享一體保護之利益等語。兹查有直隸啓新洋灰公司遵章到部，呈請註册，業經本部核准註册給照在案。相應開列名號，咨行貴督飭屬妥爲保護可也等因。到本大臣。准此，除分行外，合行札飭，札到該道即便查照。此札。計抄單等因。奉此，合行抄單札飭，札到該商會即便查照。此札。

計抄單

直隸啓新洋灰有限公司。

總理處：天津海大道。工廠：灤州馬家溝。

宣統元年六月初四日註册。共集龍銀三十萬元。

創辦人：總理周學熙，協理孫多森。

查察人：湖北候補道周學輝，兩淮候補鹽經歷楊家淦，住天津、武昌。

《天津商會檔案彙編》上《津海關道沈爲涌源麵粉公司改用鋼機麵粉運銷外埠請援案免税事照會津商會宣統三年八月六日、九月八日》

津海關道沈（金鑒）　爲照會事：

本年八月初一日奉北洋大臣陳札開，七月二十五日準税務大臣咨開，宣統三年七月十六日準農工商部咨稱，據職商王祖壽禀稱：天津涌源麵粉公司前經報部註册在案，現籌改良辦法，另購全部鋼機，所出之麵粉較從前石磨，不僅潔白，更裨衛生。惟出面既高，勢必通行外埠，第恐關卡爲難，可否援照海豐等公司成案，暫免税厘，以昭平允，而輕成本等情。應咨行核復，等因前來。查各處機器製造麵粉免税年限，前經本處核定，自光緒三十三年八月起，免征五年。又填發運單，亦經本處核定。凡係華廠所製，除由通商此口運往彼口，照章取具保結，無庸發單外，其運入内地者，由各該公司遵照本處前頒單式薹批印刊填號，送由商會轉呈關道加蓋關防，截留存根，發還商會，按月由各該公司具領填運。沿途各關卡，查無夾帶影射即予放行。俟抵運銷處所，呈由經過最後關卡繳銷，仍一面將填出省分、埠名、件數、斤兩、號數，按月呈報關道，以憑查考各等因，先後分行轉飭遵辦在案。今天津涌源公司用機器製造麵粉，事同一律，所有免税年限及填發運單，均準照本處核定成案辦理。除分行外，咨行查照，轉飭所屬遵照可也等因。到本大臣准此，合行札飭，札到，該道即便遵照辦理。此札等因。奉此，除函致新鈔兩關税司查照並咨會外，相應照會貴商會，請煩查照施行。須至照會者。

右照會　天津商務總會

津海關道陳（瑜）爲照送事：

本年九月初四日準貴商會移送涌源麵粉公司運單一千張，請截根蓋印發會給領等因。准此，查前項空白運單，若由本道先將存根截留，將來該公司所運面粉若干，無從稽查。相應將前項運單蓋印，連根照送貴商會，煩爲查收轉飭該公司按月具領填運。填出省分、埠名、件數、斤兩、號數按月呈報，並將存根隨時填明，按本移送，以備查考，望切施行。須至照復者。

計照送運單一千張

右照會　天津商務總會

甘厚慈《北洋公牘類纂》卷一八《奏辦直隸萬益機器織造氈呢等物有限公司招股章程》

一、本公司取名萬益有限公司。

一、本公司總廠設在天津。查天津去開平煤礦不遠，購煤較易，轉運毛貨亦便。所有各處分公司出入賬目，均須按月寄津總公司，以憑查核。彙造總賬，每六個月結一次，每年底總結一次，限於次年二月初一日，一律造册，分送各股友。二月初十日，各股友照例叙會；分派利息，准于十一日派，各股友携息摺向本公司支領。

一、本公司所造成之貨，概以麒麟爲牌記。

一、本公司議舉馮湘垣、劉展廷、陳端甫、趙灼臣、羅輔臣、葉子簫、潘菊軒、李偉堂、葉雨田、唐鳳墀、黄巽卿、葉靄珊、高翥雲、王翰山、潘明訓、黄少甫爲總董，潘作卿爲總理，各有專司之責。

一、本公司既集議公舉總董、總理諸人，以經理各事，應再舉年董以資協助，其年董照章程，每年公舉一次。其公舉之法，由各股友投標公舉，視投標之多寡，以定去取。唯總董、總理則無容更换，以資熟手。

一、本公司既公舉潘作卿爲總理，則公司内往來錢銀，及執事進退人等，均由總理主持，庶幾事權歸一。所有公事均須總理過目簽字，方能作算，以專責成。

一、本公司股份，兹擬每股收上海通用九八規元銀壹拾兩，共收五萬股，合九八規元五十萬兩。掛號附股，先交股銀一半，以備購買機器、地基，建造房廠等需，餘俟廠房告成，機器運到，准三十二年十二月内付清。附股者不拘多少，自一股以至十百千萬股者聽，每股應先掣發收單，俟收足股銀後，即發股票息摺各一。如欲認十百千萬股，統歸股票一張，息摺一扣者亦聽。届時不將股銀交清，當由本公司另外招人補足，先付之銀概不繳還。

一、本公司股份係應遵原稟商部所訂章程辦理，不得招集洋股。其入股諸公，若有與洋商來往，私相授受，本公司唯經手購股華人是認，其他轇轕，與本公司無涉。

一、本公司之股份官利，兹擬按年給回，週息一分，其紅利年終結算，不能預定。

一、本公司集股向章，既經附入，不得隨意抽出，祇可轉售華人，到局報明，另填票摺。各股東如有將股票抵押款賬，轉輾糾葛之事，本公司祇認票摺爲憑。若因事故遺失，請補者，須要殷實舖店擔保蓋章，由本人登報聲明，限一月内，並無别項事情，本公司始能照補，以後原票原摺俱作廢帋。

一、本公司每年總結一次，由本賬房將各賬謄抄刊刻，彙集賬略一本，隨官利紅利，每年派結一次。其給派之日，預期登報聲明，俾各股東如期持摺到領。

一、本公司所進之款，除支老本息及費用之外，所有盈餘，擬作十三份均派，先提四份作公積，以備隨時推廣及修理廠房、機器等需；以六份歸股友紅利；提三份以作花紅，歸總理、創辦人及總董、公司内辦事出力等人酌分。

一、本公司創辦總理之友花紅，宜先聲明，以免日後議論。創辦總理之友，集股經營各事，料理諸多墊款，籌畫一切，費盡心力，公司既獲紅利，自應從優給派，以答勤勞。兹擬將所提之花紅三份，以一份給分創辦總理之友，其餘二份歸總董及公司内辦事出力各友，分别事之繁簡酌派。

一、本公司織出之粗細氈呢等物，必須貨色精美，價值從廉，一爲預備隨時就地製造軍衣之用，并可隨時運往外省行銷，以挽利權。

一、本公司採買羊駝等毛，須在張家口外西寧、歸化等處購買，該處必須設一棧房，囤積毛貨，並須專派勤慎管理銀錢司秤辦貨司理轉運之人，常川駐紮，各司其事，以便隨時轉運應需。

一、本公司應設立分號在上海、香港、粤省，以便照料轉運。

一、本公司收股份銀處，宜聲明也。兹議定託上海、天津、香港、粤省源豐潤滙票號代收股份銀兩入股。諸君願附股者，於掛號時，即請將股份半銀交出源豐潤兑收，先取回代收到第一期交銀收條一紙，俟三十二年十二月内再交第二期股份規元銀五兩時，持收條到該處换給本公司天津總局股份票並息摺，届期須將第一期交銀之收條繳銷，自收銀之日起，統按週息壹分均派，是爲官利。

一、本公司議定股份，如經手招徠至五千股以上者，本公司及與諸股友即公認爲董事。如一人能認股五千份，而本人無暇擔此責任者，亦可由該股友自行特舉董事之人，每月酌送薪資若干，於開辦會議時，再爲公訂。

一、本公司集股創辦，係爲振興工業，挽回利權起見，自當認真妥辦。所集之資本，係訂明機器織造氈呢等物所需，不能移支别用。至現在所收之資本，均存穩實錢莊銀行，備購機器地皮及建造廠房之用，隨時提支。如有錯悮，均唯經手發放之人是問，固屬不許侵挪，即使將來公積有餘款，亦存穩實銀號拆息，所得之利息，照歸本公司公積，以昭慎重，而示大公。

一、本公司專立股份清册一本，將各股友號數分别詳註册内，須與股票息摺相符，以便稽查。至於股友住址，亦須註明，以便有事請商，其不願意登列姓名住址，亦聽。

一、本公司議事有年會例議，有特別請議，必於定期之前，預日通知股友、董事如期到場公論。至年會例議時，須將全年各賬部及總結，呈出股友查看，如有舛悮及舞弊等情，均任股友明斥公斷。其特別請議者，或因變通事宜，邀請董事、股友會商定奪，或股友查知公司確有利弊，可即通知董事，邀集股友會議。凡議事時，應從股份多者，合共秉公議決，擇善而從。又凡議事時，若股友有不明之處，准可向經理人詳問，經理人即當詳告。

一、本公司置辦機器，聘用洋師，並招請舊金山氈廠熟手精巧華工數人，回華如法織造，其利可約核計也。查毛貨在天津每百觔，歷年價值總在津平寶銀二十二三四兩之間，可以收買，以買入毛貨一百觔，實可挑出浄細之毛三十餘觔，可以織造上等氈呢之用，其餘尚可挑出次等之毛四十零觔，亦可以爲製造中粗氈呢之用，合計買入毛貨一百觔，實在挑出可用之毛約八十觔，而已計每氈一張約用毛三觔，每織呢一尺，約用毛六兩，其中所織氈呢，攷照外洋來貨，尚要攙用棉花，照此核算，計除去毛本及人工烟煤各費，老本利息一切雜用等，所餘利益尚屬不少，每日約計織造毛二三十担，則本公司所獲之利益已屬甚厚，若每日再能多用毛貨，獲利應可推算。近年中國毛貨，購運出外洋者，千百萬計，以萬里之遥來華購運，其所費運脚、保險、出入口關税，爲數甚鉅，嗣又由外洋織成氈毯、粗細呢貨，運回來華發賣，又須運費、保險、出入口關税，仍獲厚利。今我以中國所出之毛，就地織造，既可省往還保險、脚費，又免往還出口關税之重征，此中之利益，不辯自明。若我等合力同心，實事求是，大利可操勝算，且可爲我中國挽利權，籌抵制，並可爲貧民謀生計，誠一舉而數得也。

甘厚慈《北洋公牘類纂》卷一九《路礦》《唐山洋灰公司章程》 敬啓者，本公司自創辦以來，不惜工本，精選最上質料，造成高等洋灰。凡鐵路、礦局、河工以及機器工廠等處，無不合用。其製法精妙，永保堅固，極力研究，已無遺藴，屢蒙華洋紳商獎勵，並經洋工師考驗勁力，較之外洋所製尤勝，久已膾炙人口。倘蒙賜顧，請向天津法租界唐山洋灰公司總理處面商，抑或函訂，均可接洽。計每桶浄重三百七十五磅，每包浄重一百八十七磅半，並監製各種新式洋灰花磚，質潔色新，或平面或凸紋，花樣極多，難以枚舉。況此磚不惟堅固華麗，而且能免火燭之虞，較用木板舖地者遠勝，真可爲亞東第一佳品。其原料係揀選上等浄潔洋灰所造，顏色係用一種專礷磨匀，與洋灰如法配合，再用機器壓造，吃壓力至一百四十噸之重，故其質堅而料實也。凡各種凸花之磚，皆能改造平面，隨買客自便，惟平面較凸花者，加價百分之五。至買客欲裁成三角，或小塊，或另出新樣，均可按照來圖備辦，但定購新式之貨，均須先期商定，方能照辦不誤。再常年存備各種頭等花磚，並有一寸至六寸之邊磚，如邊縫有不足一寸者，可用合色洋灰填補。其洋灰大磚，房頂瓦，水管各件，以及矸子燒成大小各種缸磚等貨，無不全備。光顧諸君，欲取看各種貨樣，祈向天津本公司總理處接洽可也。

洋灰，此灰一名水泥，西洋名塞們德土，結力極大，乾後最爲堅固。然其性喜濕，於近水之處，尤覺合宜。如用以建造碼頭，橋柱，水溝，水池，地室，並房屋地脚及機器臺等項工程，最爲佳妙。自邇來機器日新，造成洋灰價值愈賤，而成色愈高，即如極大之橋，高大之樓，多有用洋灰作成者。其用法：洋灰、浄砂及石渣，依法配合，並加入鐵條等項。再如建造大烟囱及高牆等項，若用洋灰灌漿，較白灰漿更勝，質既堅固，價亦不昂。蓋白灰漿須灰砂各半，洋灰漿則可多加浄砂。至尋常零星工程，用洋灰無不相宜。總之，欲成整塊，即用作洋灰碇之法，欲抹牆及黏連砌造，即用洋灰漿之法可也。

洋灰花磚，此磚每塊計英尺方七寸七分，厚一寸，重三磅十兩零二錢。由一百零一至一百三十四號，共計三十四種，宜用在廊簷、廡廨、堂地、澡房、廚房等處。由一百三十五至一百三十七號，又一百五十七至一百五十九號，又一百六十一至一百六十五號，又一百六十七至一百六十八號，又一百七十至一百七十四號，共計十八種，宜用在旅館、銀行、酒店、醫院、棧房、書房並一切浄潔之處，其各色花邊磚俱全。

舖地洋灰大磚，此磚每塊英尺方十一寸六分半，厚一寸七分半，重二十磅。其二百零一號，係平面，有白黑兩種。二百零二號，係凸面，計分二十五小方塊，有白黑兩種。此等大磚均係用上等洋灰配合砂土，以壓力機器造成，堅固異常，均匀精緻，較用洋灰舖地，省工易築，倘遇有破壞，隨時便於更換，不比用洋灰舖地，遇有小塊破壞，一經修補，即牽連大塊也。且此磚之用項極多，如官街兩傍，火車站，菜市場，以及機器廠，棧房，天井，馬號，宰牲場，營房等處，無不合用。

洋灰房頂瓦，第二十號房頂瓦，分白紅黑三色，每十五塊能蓋滿十個見方英尺地方，每塊重六磅。脊瓦，照房頂瓦備辦，亦分白紅黑三色，每塊能蓋七寸七分，此瓦係用頂上之洋灰和砂土造成，極其堅固精妙，較平常房瓦好看，而且易於安放，接頭無縫，一律均平，濕乾不壞，極能經久。

橢圓式洋灰水溝管，第二十八號者，英尺直徑十七寸六分，橫徑十一寸六分，長三十九寸。第二十九號者，英尺直徑二十三寸半，横徑十五寸六分，長三十九寸。第三十號者，英尺直徑三十五寸三分，横徑二十三寸，長三十九寸。

砑子土，砑子土，西洋稱爲火泥，净重一百六十五磅，已經磨細。凡此土造成各物，宜用於極大熱力之處，及大鍋爐内之出火處，並搪各項火爐内膛，共有數等。頭等砑子土造成之物，如頭等缸磚等項，可用於極大火力之處。其非極大火力之處，即平常砑子土造成之物，如平常缸磚等件，若蓋大鍋爐内之牆，及烟囱裏面與爐窑外面各處皆可。其餘各種紅色缸磚，係最結實者，尤宜於房屋地脚或大高牆垣之用。

各種缸磚，一千零零二號，名爲鐵磚，其質極硬，馬棚及大街兩傍極宜舖用，英尺長八寸半，寬四寸，厚二寸一分，重六磅。一千零零三號，紅硬磚，磅砌地基，蓋高大之房，皆合用，英尺長九寸，寬四寸半，厚二寸半，重七磅三兩。一千零三十號，缸磚，西洋稱爲火磚，能吃極大火力，甚合爐窑烟囱裏面之用，英尺長九寸，寬四寸半，厚二寸半，重七磅三兩。一千三十一號，機器壓造缸磚，較一千零三十號者，尤稱堅硬，英尺長九寸，寬四寸半，厚二寸半，重七磅三兩。以上各種缸磚，如擬改特別新式者，皆能照樣製造。其一千零三十及一千零三十一號者，向來運銷上海及長江一帶極廣，尤以各省造幣廠用作鎔銅之爐，製造廠用作鎔鋼鎔鐵之爐爲最多，其與洋缸磚相較，有過之無不及也。

小缸磚，此磚係精選上等唐山砑子土造成，質極堅固，水浸不壞，舖地砌路結實經久，屢試不爽。一千零四十八號者，平面本色。一千零四十九號者，平面紅色。每塊英尺方三寸六分，厚七分半，重十兩零六錢。一千零五十號者，本色，分成四小方塊，背面有紋，每塊英尺方六寸二分，厚一寸半，重四磅半。一千零五十二號者，本色，分成四小方塊，背面有紋，每塊英尺方六分二分，厚一寸，重三磅三兩。一千零五十三號至一千零六十五號者，或平面，或凸面，或分成四小方塊，或兩面花紋，均係本色，各式具備，每塊英尺方七寸，厚一寸，重四磅二兩四錢。

圓式水溝管，洋灰水溝管，由五寸至十二寸徑。缸水溝管，由三寸至十二寸徑。或上釉，或不上釉，各有不同。

附列各貨配用大略：洋灰用法：一、洋（炭）〔灰〕必須極乾，方爲可用。二、洋灰有合以净砂製成灰漿者，有合以净砂及碎石或小石卵製成灰錠者，其用不一。惟各料必須潔净，且砂中切不可含有土質，或易於引火之物，以免洋灰受傷。再所用之水，須極潔净，鹹水切不可用。三、砂及石渣與洋灰之配合法：甲、洋灰漿：用一二成砂，與一成洋灰合成，灰漿可用以抹地抹牆，並樓梯臺階等處，且能保守地窨内之牆及貯水處不能滲漏，並可於安放機器之處用此項灰漿抹地，更覺光坦堅固。若用三四成砂與一成洋灰合成灰漿，用於各項裝飾工程，亦能經久不壞。乙、洋灰攙白灰之漿：凡砌磚及抹牆等用，以一成洋灰與五成或多成之砂合成之漿，最爲合用，且用洋灰攙白灰之漿水，更善於單用洋灰，因此項灰灰價值既賤，且柔軟易於使用，其配合之法不一，可隨意酌用，其略如左：一成洋灰，五成砂，半成過淋之白灰；一成洋灰，六七成砂，一成過淋之白灰；一成洋灰，八成砂，一成半過淋之白灰；一成洋灰，十成砂，二成過淋之白灰。丙、洋灰錠：洋灰錠之配合法不一，須量其用處而配之。配合之料所最好者，爲潔净之砂，與不及二寸徑之大石渣。其配法即以一成洋灰，二成净沙，四成石渣，或一成洋灰，六成净砂，十成石渣。四、當製洋灰灰漿時，其最好之法，先將乾洋灰及乾砂合匀，再行加水。如做洋灰錠，宜將洋灰及砂如法配合均匀，再將澆濕之石渣加入。惟無論何項洋灰合成之物，用時宜重行攙合一次，以免不均之弊。且每次合成，須立時即用，不可停放稍久，至失結力。故每日餘存者，須當日收拾乾净，若至次日攙入，則不能用矣。配合洋灰錠，不可太稀，潮濕適中，即能堅結。且做時，必須極力槌之，令其中之水發出也。以上係尋常用法，其建造橋梁機座等項大工，應由工程師照章配合。

洋灰花磚舖用之法：一、舖花磚之地，須先取平，加意打實。二、每舖一塊磚，先將此塊地浸濕，再放上六分厚之漿，以便此漿與地連結，此漿要用熟石灰一分，粗砂三分，攙好用水和匀。三、先用大盆盛水，浸若干塊磚在内，每舖一塊，由水中取出，以便與下面所舖之漿連結。四、須用一極光直之小木板，每舖一塊磚，將此板放上，用錘輕輕敲之，再用水平尺放上察看是否極平。五、所舖之磚，務須塊塊加意，不可有絲毫之縫，如有些微小縫，萬不可用濕洋灰填塞，蓋此等磚如見濕洋灰，必有污穢痕跡，且凸花處更被黏污。須待所舖之磚全乾，已無水氣，上面微洒一點乾洋灰，即用乾笤箒掃去，所餘縫内點點之灰，候用水洗地時，自能黏連一處矣。六、若使花磚所舖之地永遠乾净，須每日用乾笤箒掃之，每一星期更用水滌洗一次，水内加少許洋胰子。七、如有油點污穢，胰子水洗滌不净者，可用火油浸洗，即可脱去。若使磚色光亮好看，可用黄臘一分，油質十分之一，松節水少許，共熬成脂，待其冷透，先將磚地掃極乾净後，將該脂少許放磚上，用浄物察沬，其色如新。

洋灰大磚鋪用之法：一、此磚鋪法與花磚無異，惟此磚若用在不甚吃重之處，可只鋪砂土少許，將此磚攤鋪便妥，則不必用漿。

洋灰瓦安放之法：一、若用洋灰瓦，房頂不可太平，其簷角至少須三十五度，即簷與脊每一丈低七尺。二、房頂承瓦之横木，每二條相離應寬一英尺。三、安放之法，先由低簷挨次往上，安放至頂脊。四、安放之時，須在接頭之處，加漿少許，以期連合。其漿用洋灰一分，白灰一分，砂土四分調和，並於安放完竣之後，由屋内再按瓦之接頭處，補漿少許，以期永固。五、該瓦有帶鐵線者，用以拴連木條之上，以期連合堅固。紅磚於爐窑等處之用注，所最要者，如砌缸磚，須用矸子土抹縫，愈窄愈妙，且此項矸子土，最次亦要與做磚之矸子土性質一樣，不然即不能吃一樣火力也。故在爐窑之内，切不可用洋灰或白灰灰坭，如或使用，雖最好之缸磚，必被損壞。凡造成之爐窑初燒火時，必須緩緩燒之，以便缸磚接縫之處逐漸而乾，庶免損壞之虞。

小缸磚鋪用之法：一、缸磚鋪法與花磚無異，惟該磚不似花磚之匀平一式，鋪時須察其稍大稍小者，配合匀停，始成格方。

李宏齡《山西票商成敗記》二《京都票號致祁太平總號及各埠票號之信》

平遥票邦鄉臺大人閣下：

逕啓者，刻下渠楚南京卿到京，得悉銀行一事，雖經會議，尚無成説。昨又閲雲生兄致李子壽手書，詳悉一切。

此事關係全局。外間銀行林立，暗奪我之生意，非自立銀行，難以抵制。又因漢滬倒帳太巨，爲從來未有之數，我幫不得不思患預防。果如從前之平穩，則銀行尚可緩設。近日市面如此，是以公議集股，共立三晉銀行，正爲維持市面起見。

今雲生兄來函，深慮我幫爲倒帳虧累甚多，種種窒礙情形，難以成全。惟有緩三二年，只求各莊平安，我帶元氣稍復，自是老成持重之見。惟與弟等今日謀設銀行之意大相徑庭。弟等正因倒帳之風太甚，謀亟設銀行，以維持全局。雲生兄之意，則以倒帳太巨之故，思緩設銀行，以徐圖補救。不知無我幫之銀行搘拄其間，則各莊斷不能平安，元氣且將大傷，焉能再復！不特此也，此時我幫信用尚在，猶可有爲；若復數年，倘我幫出有别項情形，雖欲醵資開設，亦必呼應不靈，非將束手待斃乎？恐此係有限公司，絕無後患。即使謀之不臧，亦不過失此數萬金而止，較之近年動倒十數萬、數十萬之巨款，不猶愈乎！願公等一再思之，並請向雲生兄切實言之，令其了然於胸，知弟等並非多事，實因時勢所迫，有不得不然者也。

專此。敬請臺安！惟望回示，不勝盼禱之至。

京都平幫公啓

戊申十二月十二日申

再啓者，贖礦一款，聞方伯已俱禀中丞，截留甘餉四十萬，以爲將來還我幫之借款。此時商立銀行，若不各出本銀，恐還款時即扣留辦理，反覺面子太差。不如此時各出資本，公請楚南全面付之，楚南十分圓足，何等好看。晚等既知底裏，不得不以實告。其餘細情，俟渠錫五抵里，再當面述。又及。

康敷鎔《青海志》卷二《礦產》 五色晶石：產於可可貝勒地，五色皆備。其綠者光瑩如水翠，質堅硬，不易琢磨。某貝勒曾携之入京以示玉人，據云質極寶貝，惟刻雕之工極昂。按：此亦金礦之苗，即磁石之類。

南方部

傳記

《國語》卷五《魯語下》〔公父文伯之母曰：〕「士朝受業，晝而講貫，夕而習復，夜而計過無憾，而後即安。自庶人以下，明而動，晦而休，無日以怠。王后親織玄紞，公侯之夫人加之以紘、綖，卿之内子爲大帶，命婦成祭服，列士之妻加之以朝服，自庶士以下，皆衣其夫。社而賦事，烝而獻功，男女效績，愆則有辟，古之制也。君子勞心，小人勞力，先王之訓也。自上以下，誰敢淫心舍力？

「今我，寡也，爾又在下位，朝夕處事，猶恐忘先人之業，況有怠惰，其何以避辟！吾冀而朝夕修我曰：『必無廢先人。』爾今曰『胡不自安』，以是承君之官，余懼穆伯之絶祀也。」

仲尼聞之曰：「弟子志之，季氏之婦不淫矣。」

《國語》卷一八《楚語下》 王孫圉聘於晉，定公饗之，趙簡子鳴玉以相，問於王孫圉曰：「楚之白珩猶在乎？」對曰：「然。」簡子曰：「其爲寶也，幾何矣？」曰：「未嘗爲寶。楚之所寶者，曰觀射父，能作訓辭，以行事於諸侯，使無以寡君爲口實。又有左史倚相，能道訓典，以叙百物，以朝夕獻善敗於寡君，使寡君無忘先王之業，又能上下説乎鬼神，順道其欲惡，使神無有怨痛於楚國。又有藪曰雲連徒洲，金、木、竹、箭之所生也，龜、珠、角、齒、皮、革、羽、毛，所以備賦，以戒不虞者也。所以共幣帛，以賓享於諸侯者也。若諸侯之好幣具，而導之以訓辭，有不虞之備，而皇神相之，寡君其可以免罪於諸侯，而國民保焉。此楚國之寶也，若夫白珩，先王之玩也，何寶焉？

「圉聞國之寶，六而已：聖能制議百物，以輔相國家，則寶之。玉足以庇蔭嘉穀，使無水旱之災，則寶之。龜足以憲臧否，則寶之。珠足以御火災，則寶之。金足以御兵亂，則寶之。山林藪澤足以備財用，則寶之。若夫嘩囂之美，楚雖蠻夷，不能寶也。」

鮑照《鮑明遠集》卷五《過銅山掘黄精》 土肪閟中經，水芝韜内策。寶餌緩童年，命藥駐衰曆。矧蓄終古情，重拾煙霧迹。羊角摟斷雲，榼口流隘石。銅溪沉晝深，乳竇夜涓滴。既類風門磴，後象天井壁。蹀蹀寒葉離，灇灇秋水積。松色隨野深，月露依草白。空守江海思，豈愧梁鄭客。得仁古無怨，順道今何惜？

陳子昂《陳伯玉集》卷八《雜著・上益國事一條》 臣聞古者富兵未嘗不用山澤之利，臣伏見西戎未滅，兵鎮用廣，内少資儲，外勒轉餉，山澤之利伏而未通。臣愚不識大體，伏見劍南諸山多有銅鑛，採之鑄錢可以富國。今諸山皆閉，官無採銅，軍國資用，惟斂下人，乃使公府虚竭，私室貧弊，而天地珍藏委廢不用。以臣所見，請依舊式，盡令劍南諸州准前採銅，於益府鑄錢。其松潘諸軍所須用度皆取以資，給用有餘者，然後使緣江諸州遞運，散納荆衡鄂諸州，每歲便以和糴，令漕運委神都大倉。此皆順流乘便，無所勞憂，外得以事西山諸軍，内得以實中都倉廩，蜀之百姓免於賦斂，軍國大利，公私所切要者，非神皇大聖，誰能用之？管仲云，聖人用無窮之府，蓋言此也。

蘇軾《施注蘇詩》卷三五《月華寺》公自注：寺鄰岑水場，施者皆坑户也，百年間蓋三焚矣。 天公胡爲不自憐，結土融石爲銅山。萬人採斲富媪泣，祇有金帛資豪姦。脱身獻佛意可料，一瓦坐待千金還。月華三火豈天意，至今茇舍依榛菅。僧言此地本龍象，興廢反掌曾何艱。高巖夜吐金碧氣，曉得異石青斕斑。坑流窟發錢湧地，莫施百鎰朝千鍰。此山出寶以自賊，地脈已斷天應慳。我願銅山化南畝，爛熳黍麥蘇惸鰥。道人修道要底物，破鐺煮飯茆三間。

江少虞《皇朝類苑》卷五〇《縉雲醖匠》 縉雲権署一匠善醖，經手者罔不醇美。嘗令寫其方，俾建安姻家造之，味不絶佳，因召匠，詰傳方之謬。匠曰：「方盡於是矣。然其酘漿，隨天氣温炎寒涼，量多少之數，均冷暖之節，攪匀洽嘗味體測，此不可口授，但心能曉耳，家有二子亦不能傳其要。」此亦莊子斲輪之義也。見《楊文公談苑》。

李佐賢《石泉書屋類稿》卷三《行述行略・誥授奉直大夫廣東德慶州知州晉贈文林郎翰林院庶吉士先考鏡秋府君行述》 未幾，補缺史館，議敘授職州同，援例晉知州，銓選路南。時，先大父知京山縣事，府君請假奉檄過署，先大父訓曰：「吾家世爲清白吏，汝往矣，其務飭廉隅，令滇民稱汝爲好官，即所以紹先德，慰吾望也。」府君謹受命。至滇，時方伯以署任者經理銅廠未竣，委府君暫權嵩明篆，聽政三月。尋莅路南州本任。州，瘠土也，官民皆依銅廠給用。接任時，前任奏銷甫過，銅礦俱竭，而每歲額銅萬觔有奇，仍需賠解，竭蹶辦公，時形乏匱，府君衣澣濯，飯粗糲，一如未通籍時泊如也。

紀事

《史記》卷一二三《大宛列傳》 （張）騫曰：「臣在大夏時，見邛竹杖、蜀布。問曰：『安得此？』大夏國人曰：『吾賈人往市之身毒。』身毒在大夏東南可數千里。其俗土著，大與大夏同，而卑溼暑熱云。其人民乘象以戰。其國臨大水焉。』以騫度之，大夏去漢萬二千里，居漢西南。今身毒國又居大夏東南數千里，有蜀物，此其去蜀不遠矣。今使大夏，從羌中，險，羌人惡之；少北，則爲匈奴所得；從蜀宜徑，又無寇。」天子既聞大宛及大夏、安息之屬皆大國，多奇物，土著，頗與中國同業，而兵弱，貴漢財物；其北有大月氏、康居之屬，兵彊，可以賂遺設利朝也。且誠得而以義屬之，則廣地萬里，重九譯，致殊俗，威德徧於四海。天子欣然，以騫言爲然，乃令騫因蜀犍爲發閒使，四道並出：出駹，出冄，出徙，出邛、僰，皆各行一二千里。其北方閉氐、筰，南方閉嶲、昆明。昆明之屬無君長，善寇盜，輒殺略漢使，終莫得通。然聞其西可千餘里有乘象國，名曰滇越，而蜀賈姦出物者或至焉，於是漢以求大夏道始通滇國。初，漢欲通西南夷，費多，道不通，罷之。及張騫言可以通大夏，乃復事西南夷。

《後漢書》卷八六《南蠻西南夷傳·哀牢夷》 哀牢人皆穿鼻儋耳，其渠帥自謂王者，耳皆下肩三寸，庶人則至肩而已。土地沃美，宜五穀、蠶桑。知染采文繡，罽毲帛疊，蘭干細布，織成文章如綾錦。有梧桐木華，績以爲布，幅廣五尺，絜白不受垢汙。先以覆亡人，然後服之。其竹節相去一丈，名曰濮竹。出銅、鐵、鉛、錫、金、銀、光珠、虎魄、水精、瑠璃、軻蟲、蚌珠、孔雀、翡翠、犀、象、猩猩、貊獸。雲南縣有神鹿兩頭，能食毒草。

常璩《華陽國志》卷一《巴志·巴郡》 臨江縣 枳東四百里，接朐忍。有鹽官，在監、涂二溪，一郡所仰；其豪門亦家有鹽井。又嚴、甘、文、楊、杜爲大姓。晉初，文立實作常伯，納言左右，楊宗（符）〔有〕稱武（隆）〔陵〕；〔甘寧亦縣〕人，在吳爲孫氏虎臣也。

常璩《華陽國志》卷二《漢中志·梓潼郡》 涪縣 去成都三百五十里，水通於巴。於蜀爲東北之要，蜀時大將軍鎮之。有（巖）〔山原〕田，本稻田。孱水出孱山，其源出金銀礦，洗取，火融合之爲金銀。陽泉出石丹。【略】

晉壽縣 本葭萌城，劉氏更曰漢壽。水通於巴西，又入漢川。有金銀礦，民今歲歲洗取之。蜀亦大將軍鎮之。漆、藥、蜜所出也。

常璩《華陽國志》卷二《漢中志·陰平郡》 剛氐縣 涪水所出，有金銀礦。

常璩《華陽國志》卷三《蜀志·總敘》 其寶則有璧玉、金、銀、珠、碧、銅、鐵、鉛、錫、赭、堊、錦、綉、罽、氂、犀、象、氈、毦、丹黄、空青、桑、漆、麻、紵之饒，滇、僚賨、僰僮僕六百之富。

（五年）〔赧王四年〕，惠王二十七年，儀與若城成都，周回十二里，高七丈；郫城周回七里，高六丈；臨邛城周回六里，高五丈。造作下倉，上皆有屋，而置觀樓射蘭。成都縣本治赤里街，若徙置少城内（城）。營廣府舍，置鹽、鐵、市官並長丞；修整里闠，市張列肆，與咸陽同制。其築城取土，去城十里，因以養魚，今萬歲池是也。（惠王二十七年也）城北又有龍壩池，城東有千秋池，城西有柳池，〔西北有天井池，津流徑通〕冬夏不竭，其園囿因之。平陽山亦有池澤，蜀之魚畋之地也。

常璩《華陽國志》卷三《蜀志·蜀郡》 臨邛縣【略】有古石山，有石礦，大如蒜子，火燒合之，成流支鐵，甚剛，因置鐵官，有鐵祖廟祠。漢文帝時，以鐵銅賜侍郎鄧通，通假民卓王孫，歲取千匹；故王孫（貨）〔貲〕累鉅萬（億），鄧通錢亦盡天下。【略】

廣都縣 郡西三十里，元朔二年置。有鹽井、漁田之饒。大豪馮氏有魚池鹽井，縣凡有小井十數所（及漁田之饒）。

常璩《華陽國志》卷三《蜀志·江陽郡》 漢安縣 郡東五百里。土地雖迫，山水特美好，宜蠶桑；有鹽井、魚池以百數，家家有焉，一郡豐沃。

常璩《華陽國志》卷三《蜀志·越嶲郡》 臺登縣 有孫水，一曰白沙江，入馬湖水。山有砮石，火燒成鐵，剛利，《禹貢》「厥賦砮」是也。又有漆，漢末夷皆有之，（張）嶷取焉。

常璩《華陽國志》卷四《南中志·牂柯郡》 萬壽縣 郡治。有萬壽山。（沮）〔漢〕本有鹽井，漢末時夷民共詛盟不開，今三郡皆無鹽。

常璩《華陽國志》卷四《南中志·晉寧郡》 連然縣 有鹽泉，南中共仰之。

常璩《華陽國志》卷四《南中卷·朱提郡》 堂螂縣 因山名也。出銀、鉛、白銅、雜藥，有堂螂附子。

常璩《華陽國志》卷四《南中志·梁水郡》 貢古縣 山出銀、鉛、銅、（鐵）

〔錫〕。

《南齊書》卷五八《蠻傳》 蠻俗衣布徒跣，或椎髻，或翦髮。兵器以金銀爲飾，虎皮衣楯，便弩射，皆暴悍好寇賊焉。

《魏書》卷一〇二《西域·龜茲國傳》 又出細氈，饒銅、鐵、鉛、麖皮、氍毹、鐃沙、鹽緑、雌黄、胡粉、安息香、良馬、犎牛等。

《南史》卷一《宋本紀上》 廣州嘗獻入筒細布，一端八丈，帝惡其精麗勞人，即付有司彈太守，以布還之，并制嶺南禁作此布。

崔鴻《十六國春秋》卷七六《蜀録一·李特》 更名其地爲巴郡。土有鹽、鐵、丹、漆之利。

酈道元《水經注》卷三十三《江水》 江水又東逕瞿巫灘，即下瞿灘也，又謂之博望灘。左則湯溪水注之，水源出縣北六百餘里上庸界，南流歷縣，翼帶鹽井一百所，巴、川資以自給。粒大者方寸，中央隆起，形如張繖。故因名之曰繖子鹽，有不成者，形亦必方，異於常鹽矣。王隱《晉書地道記》曰：入湯口四十三里，有石煮以爲鹽，石大者如升，小者如拳，煮之水竭鹽成，蓋蜀火井之倫，水火相得乃佳矣。湯水下與檀溪水合，水上承巴渠水，南歷檀井溪，謂之檀井水，下入湯水。

許嵩《建康實録》卷二《吴中·太祖下》 〔赤烏十一年〕三月，太初宫成，周迴五百丈，正殿曰神龍，南面開五門：正中曰公車門；東門曰昇賢門、左掖門；西曰明揚門、右掖門。正東曰蒼龍門；正西曰白虎門；正北曰玄武門。起臨海等殿。

許嵩《建康實録》卷四《吴下·後主》 〔寶鼎〕二年夏六月，起新宫於太初之東，制度尤廣，二千石已下皆自入山督攝伐木。又攘諸營地，大開苑囿，起土山作樓觀，加飾珠玉，制以奇石，左彎崎，右臨硎。又開城北渠，引後湖水激流入宫内，巡遶堂殿，窮極伎巧，功費萬倍。案，《輿地志》：太祖鑿城北溝，北接玄武湖，後主所引湖内水，並解在前卷。晉左太冲作《吴都賦》曰：「東西膠葛，南北峥嶸。房櫳對榥，連閣相經。閽闥詭譎，異出奇名。左稱彎崎，右號臨硎。雕欒鏤楶，青鎖丹楹。圖以雲氣，畫以仙靈。」又曰：「高門有閌，洞門方軌。朱闕雙立，馳道如砥。樹以青槐，亘以淥水。玄陰耽耽，清流亹亹。列寺七里，夾棟陽路。屯營櫛比，廨署棊布。横塘查下，邑屋隆夸。長干延屬，飛甍舛互。」案，《宫城記》，吴時自宫門南出，夾苑路至朱雀門七八里，府寺相屬。【略】十二月，新宫成，周五百丈，署曰昭明宫。開臨硎、彎碕之門，正殿曰赤烏殿，後主移居之。

許嵩《建康實録》卷七《晉中·顯宗成皇帝》 〔咸和七年十一月〕是月，新宫成，署曰建康宫，亦名顯陽宫，開五門，南面二門，東西北各一門。案，《圖經》：即今之所謂臺城也，今在縣城東北五里，周八里，有兩重牆。案，《修宫苑記》：建康宫五門，南面正中大司馬門，世所謂章門，拜章者伏于此門待報。南對宣陽門，相去二里，夾道開御溝，植槐柳，世或名爲闕門。南面近東閶闔門，後改爲南掖門，門三道，世謂之天門，南直蘭宫西大路，出都城開陽門。正東面東掖門，正南平昌門，門上有爵絡，世謂之冠爵門，南對南掖門。第三重宫牆南面端門，夾門兩大鼓，在兩塾之南，並三丈八尺圍，用開閉城門，日中晡時及曉，並擊以爲節，夜又擊之持更。其一者，本在會稽雷門，相傳云：「洛陽舊物，打之，聲應洛陽城。」孫恩之亂，軍人斬破，有雙鶴飛去，爾後不復鳴。義熙中，始取還置于此門。其東西門不見名。其宫城西南角外本有池，名清遊池，通城中，有樂賢堂，並肅宗爲太子時所作。蘇峻之亂，宫室皆焚燬，惟此堂獨存。其西掖門外南偏突出一丈許，長數十丈地。時百度多闕，但用茆苦議，以除官身各出錢二千，充修宫城用，自晉至陳遂廢。【略】

〔咸康五年〕是時，始用磚壘宫城，而創構樓觀。

許嵩《建康實録》卷九《晉中下·烈宗孝武皇帝》 〔太元〕三年春正月，尚書僕射謝安石以宫室朽壞，啓作新宫，帝權出居會稽王第。

二月，始工内外，日役六千人。安與大匠毛安之決意修定，皆仰模玄象，體合辰極，并新制置省閣堂宇名署時政。構太極殿欠一梁，乃有梅木流至石頭津。津主啟聞，取用之，因畫花于梁上，以表瑞焉。又起朱雀門，重樓皆繡栭藻井，門開三道，上重名朱雀觀。觀下門上有兩銅雀，懸楣上刻木爲龍虎左右對。案，《地圖》：朱雀門北對宣陽門，相去六里，名爲御道，夾開御溝植柳。朱雀門南渡淮，出國門，去園門五里，吴時名爲太航門，亦名朱雀門。南臨淮水，俯枕朱雀橋，亦名大航橋也。

夏六月，熒惑守羽林。

秋七月，新宫成，内外殿宇大小三千五百間。案，《苑城記》：城外塹内並種橘樹，其宫牆内則種石榴，其殿庭及三臺三省悉列種槐樹，其宫南夾路出朱雀門，悉垂楊與槐也。辛巳，帝居新宫。

許嵩《建康實録》卷一二《宋中·太祖文皇帝》 〔元嘉二十三年〕是歲，堰玄武湖於樂遊苑北，興景陽山於華林園，役及居民，民有怨者。

是歲，置華林園東五里。案，《地輿志》：吴時舊宫苑也。晉孝武更築立宫室。宋元嘉二十二年，重修廣之。又築景陽、武壯諸山，鑿池名天淵，造景陽樓以通天觀。至孝武大明中，紫雲出景陽樓，因改爲景雲樓，又造琴堂，東有雙樹連理，又改爲連玉堂，又造靈曜前後殿，又造芳香堂，日觀臺。元嘉中，築蔬圃，又築景陽東嶺，又造光華殿，設射棚，又立鳳光殿、醴泉堂、花萼池，又造一柱臺、層城觀、興光殿。梁武又造重閣，上名重雲殿，下名興光殿，及朝日明月之樓，登之，而階道遶樓九轉。自吴、晉、宋、齊、梁、陳六代，互有構造，盡古今之妙。陳永初中，更造聽訟殿。天嘉三年，又作臨政殿。其山川制置，多是宋將作大匠張永所作，其宫殿數多，舊來不用，乃取華林園以爲號，陳亡悉廢矣。

許嵩《建康實録》卷一七《梁上・高祖武皇帝》〔天監元年〕是歲，旱，米一斗五千文，人多餓死。立長干寺。案，《寺記》：寺在秣陵縣東長干里，内有阿育王舍利塔，梁朝改爲阿育王寺。昔佛涅槃後，周敬王朝阿育王造八萬四千舍利塔，此其一焉。又案，《梁書》：大同二年八月，高祖改阿育王塔，〔出〕塔下舍利及佛爪髮，髮青紺色，衆僧以手伸之，隨手長短，放之則旋屈爲蠡形。此塔比吴朝因孫綝亂曾毁廢之，塔亦同泯。平吴後，諸道人於舊所建立焉。晉末宋初，更修飾之。至簡文咸安中，使沙門程安造小塔，未成而亡，弟子僧明繼而修立。至孝武太元九年，上金相輪及承露盤。其後離石縣人劉薩阿因死更蘇，便出家，名慧達，行禮，次至丹楊，未知阿育王塔處，乃登城四望，見長干里有異氣，因就禮拜，果見先置塔所，方知必有舍利，乃對衆掘地一丈，得三石碑，各長六尺。中碑下有鐵函，函内有銀函，函内又有金函，盛三舍利及爪髮各一枚，髮長數尺。即還近北，對簡文所造四層塔。十六年，又使沙門僧尚加三層，即高祖所開者也。高祖初穿三四尺，得龍甲。九尺許，方得石，石下有石函，函内有鐵壺，以盛銀坩，坩内有金縷罌，盛三舍利，如粟粒大，圓正光潔。又有瑠璃椀，椀得四舍利及爪髮，爪有一枚，爲沉香色。高祖至寺大會，造二刹，各以金罌、瓷罌重盛舍利爪髮，内七寶塔中。又以石函盛寶塔，分入刹下二塔，俱放光明。勅鎮東將軍邵陵王綸製寺《大功德碑》文。晉咸和中，丹楊尹高悝行至張侯橋，見地中有五色光長數尺，不知何怪，乃令人於光處剖視之，得金像。悝乃下車，載像，至長干巷首，牛不肯進，悝令御人任牛所之，牛直牽車至寺，悝因留像付僧。每至中夜，嘗放光明，又聞空中有金石之響。經一歲，臨安縣漁人張係世，於海口忽見有銅花趺浮水上，係世取以送縣，縣以送臺，乃施於像足，宛然相當。又簡文咸安元年，交州合浦縣人董宗之採珠没水底，得光燄，交州押送臺，以施像上，又合焉。自咸安歷隆安二十餘年，光趺如其。初，高悝得像後，西域有胡僧五人來詣悝，曰：「昔于天竺得阿育王所造像，來過鄴下，值胡寇亂，埋像於河邊，尋失所在。」五人嘗一夜夢像語曰：「吾出江東，爲高悝所得。」悝乃送五僧至寺，諸僧見像歔欷流涕，像便放光，耀燭殿宇。又瓦官寺僧慧邃欲摸寫像形，寺主僧慮虧損金色，謂邃曰：「若能請像放光，回身西向，乃可相許也。」邃便懇拜請之，其像即轉坐放光西向，當便摸之。又銅花趺上先有外國書，莫有識者，後有三藏那求跋摩識，云是阿育王爲第四女所造也。及梁朝勑除市側數百家，以廣寺域，堂殿樓閣，頗極輪奂，其圖諸經雙相，並是張僧繇□丹青之功，爲其冠絶。陳亡，寺内殿宇悉皆焚燼，今見有石塔三層，高一丈二尺，周圍八尺，形狀殊妙，非人工焉，鳥雀不敢棲息。《西京記》：光福坊大興寺殿内有□□□金像，歷宋、齊、梁、陳，數有奇異。陳國亡，忽面自西向，雖止之還爾。隋文帝載入於大内中供養，後移置此寺，寺衆以殿大像小，不可當陽，置之於北面。明日，乃自轉正，寺衆咸驚，復置北面，明還復轉南面，衆乃懺謝，不復更動。又靖安之崇敬寺有石像一軀，高五尺，制作羸惡，甚有靈驗。傳云是阿育王第四女所造也。其女貌醜，嘗自慨恨，多作佛像，及成皆類，如此千數。乃至誠祈禱，忽感佛見形，更造諸像，相好方具，其父使鬼神遍散諸像於天下，此石像是其一也。【略】

〔天監二年四月癸卯〕置法王寺，北去縣二十里。案，《塔寺記》：武帝造。其地本號新林，前代苑也。梁武義軍至，首祚王業，故以「法王」爲名。大同九年於寺側起王遊苑，尚書令沈約爲寺碑文，美武功也。置永建寺，北去縣六十里，李師利建造。置佛窟寺，北去縣三十里，僧明慶造。其寺拓山巖，殊稱形勝，遂因佛窟而名。置永修觀，東南去縣五十里，五月六日武皇帝造。至貞觀六年，爲數不過五人，乃併入縣内。

〔大通元年正月〕帝創同泰寺，寺在宫後，别開一門，名大通門，對寺之南門，取返語以協同泰爲名，帝晨夕講議，多遊此門，寺在縣東六里。案，《輿地志》：在北掖門外路西，寺南與臺隔，抵廣莫門内路西。梁武普通中起，是吴之後苑，晉廷尉之地，遷於六門外，以其地爲寺，兼開左右，營置四周池塹、浮圖九層、大殿六所、小殿及堂十餘所。宫各像日月之形，禪窟禪房山林之内，東西般若臺各三層，築山構隴，亘在西北，柏殿在其中。東南有璇璣殿，殿外積石種樹爲山，有蓋天儀，激水隨滴而轉。起寺十餘年，一旦震火焚寺，唯餘瑞儀柏殿，其餘略盡，即更構造而作十二層塔，未就而侯景作亂，帝爲賊幽餓而崩。【略】

〔太清元年〕置幽巖寺，北去縣四十里，永康公主造。案，《釋法論集》：《牛頭山佛窟寺大毗曇師傳》云：承聖二年，法師入秣陵青山始創，舍名曰「幽巖」，與佛窟相去十里，毗曇所立，不云永康矣。立儀香尼寺，西北去縣五十里，宫獲造。

許嵩《建康實録》卷二一〇《陳下・後主長城公》至德二年，於光昭殿前起臨春、結綺、望仙等三閣，閣高數丈，並數十間，牕牖、户壁、欄檻，皆以沉檀香木爲之，又飾以金玉、珠翠，外施珠簾，内有寶帳，其服玩之屬，瓌寶珍麗皆近古所未有。每微風一至，香聞數里，朝日初照，光映後庭。其下積石爲山，引水爲池，植以奇樹，雜以花果。後主自居臨春閣，張貴妃居結綺閣，龔、孔二貴嬪居望仙閣，並複道交相往來。又有王、李二美人，張、薛二淑媛，袁昭儀、何婕妤、江脩容等七人，並有寵，遞代以遊其閣上。宫人有文學如袁大捨等並爲女學士。後主每引賓客同貴妃等游宴，使諸貴人及女學士與諸狎客共賦新詩，互相贈答，采其尤艷麗者以爲曲詞，被以新聲，選宫女有容色者以千百數，令習而謌之，分部迭進，持以相樂。其《玉樹後庭花》、《臨春樂》等，大抵所歸，皆美張貴妃、孔貴嬪之容色。其略曰：「璧月夜夜滿，瓊樹朝朝新。」皆此之類也。

（日）**真人開元《唐大和上東征傳》** 從此七日至潤州江寧縣，入瓦官寺登寶閣。閣高二十丈，是梁武帝之所建也，至今三百餘歲，微有傾損。昔一夜暴風急吹，明〔旦〕，人看閣下四隅，有〔八〕神跡，長三尺，入地三寸；今造四神王像，扶持閣四角，其神〔踐〕跡，今尚存焉。昔梁武帝崇信佛法，興建伽藍，今有江寧寺、彌勒寺、長慶寺、延祚寺等，其數甚多；莊嚴彫刻，已盡工巧。

李肇《唐國史補》卷下 酒則有郢州之富水，烏程之若下，滎陽之土窟春，富平之石凍春，劍南之燒春，河東之乾和蒲萄，嶺南之靈谿、博羅，宜城之九醖，潯陽之湓水，京城之西市腔，蝦蟆陵郎官清、阿婆清。又有三勒漿類酒，法出波斯。三勒者謂菴摩勒、毗梨勒、訶梨勒。

紙則有越之剡藤苔牋，蜀之麻面、屑末、滑石、金花、長麻、魚子、十色牋，揚之六合牋，韶之竹牋，蒲之白薄、重抄，臨川之滑薄。又宋亳間有織成界道絹素，謂之烏絲欄、朱絲欄，又有繭紙。

凡貨賄之物，侈于用者，不可勝紀。絲布爲衣，麻布爲囊，氈帽爲蓋，革皮爲帶，內邱白甆甌，端溪紫石硯，天下無貴賤通用之。【略】

凡東南郡邑無不通水，故天下貨利，舟檝居多。轉運使歲運米二百萬石輸關中，皆自通濟渠即汴河也。入河而至也。江淮篙工不能入黃河。蜀之三峽、河之三門、南越之惡谿、南康之贛石，皆險絶之所，自有本處人爲篙工。大抵峽路峻急，故曰「朝發白帝，暮徹江陵」。四月五月爲尤險時，故曰「灩澦大如馬，瞿塘不可下；灩澦大如牛，瞿塘不可留；灩澦大如襆，瞿塘不可觸」。揚子、錢塘二江者，則乘兩潮發櫂，舟船之盛，盡于江西，編蒲爲帆，大者或數十幅，自白沙泝流而上，常待東北風，謂之潮信。一本作信風。

七月八月有上信，三月有鳥信，五月有麥信。暴風之候，有抛車雲，舟人必祭婆官而事僧伽。江湖語云：「水不載萬。」言大船不過八九千石。然則大曆、貞元間，有俞大娘航船最大，居者養生送死嫁娶悉在其間；開巷爲圃，操駕之工數百，南至江西，北至淮南，歲一往來，其利甚博，此則不啻載萬也。洪、鄂之水居頗多，與邑殆相半。凡大船必爲富商所有，奏商聲樂，從婢僕，以據柂樓之下，其間大隱，亦可知矣。

南海舶，外國船也。每歲至安南、廣州。師子國舶最大，梯而上下數丈，皆積寶貨。至則本道奏報，郡邑爲之喧闐。有蕃長爲主領，市舶使籍其名物，納舶脚，禁珍異，蕃商有以欺詐入牢獄者。舶發之後，海路必養白鴿爲信。舶没，則鴿雖數千里亦能歸也。【略】

揚州舊貢江心鏡，五月五日揚子江中所鑄也。或言無有百鍊者，或至六七十鍊則已，易破難成，往往有自鳴者。【略】

宣州以兔毛爲褐，亞于錦綺，復有染絲織者尤妙，故時人以爲兔褐真不如假也。

初越人不工機杼，薛兼訓爲江東節制，乃募軍中未有室者，厚給貨幣，密令北地娶織婦以歸，歲得數百人，由是越俗大化，競添花樣，綾紗妙稱江左矣。

凡物由水土，故江東宜紗綾宜紙者，鏡水之故也。蜀人織錦初成，必濯于江水，然後文綵煥發。鄭人以滎水釀酒，近邑與遠郊美數倍。齊人以阿井煎膠，其井比旁井重數倍。

李昉《太平御覽》卷一五《天部一五·霧》 《湘州記》曰：曲江縣有銀山，山常多素霧。

李昉《太平御覽》卷八一二《珍寶部一一·銀》 《漢書》曰：「王莽時珠堤銀重八兩，一流直千五百八十。張晏曰：珠堤縣名，屬揵爲，出銀。池銀一流直千，是爲銀貨。」【略】《湘州記》曰：「曲江縣有銀山，山多素霧。」《廣州記》曰：「廣州市司用銀易米，遂成縣任山銀穴有銀砂。」《桂陽記》曰：「臨賀山有黑銀。」

文同《丹淵集》卷三四《奏爲乞差京朝官知井研縣事》 伏見管內井研縣去州治百里，地勢深險，最號僻陋，在昔至爲山中小邑，於今已謂要劇索治之處。蓋自慶曆已來，始因土人鑿地植竹爲之卓筒井，以取鹹泉，鬻鍊鹽色。後來其民盡能此法，爲者甚衆，遂與官中略出少月課，乃倚之爲姦，恣用鐫琢，廣專山澤之利，以供侈靡之費。訪聞豪者一家至有一二十井，其次亦不減七八。曏時朝廷嘗亦知其如此創置，無已深慮寖久，事有不便，遂下本路轉運司止絶不許容開造，今本縣界內已僅及百家。其所謂卓筒井者，以其臨時易爲藏掩，官司悉不能知其的實多少數目。每一家須殳工匠四五十人至三二十人者，此人皆是他州別縣浮浪無根著之徒，抵罪逋逃，變易名姓，盡來就此傭身賃力。平居無事則俯伏，低折與主人營作，一不如意，則遞相扇誘，羣黨譁譟，筭索工直，偃蹇求去，聚墟落入鎮市，飲博姦盜，靡所不至。已復又投一處，習以爲業。切緣井户各須藉人驅使，雖知其如此橫猾，實亦無術可制，但務姑息，滋其狡暴。況復更與嘉州并梓州路榮州疆境甚密，彼處亦皆有似此卓筒鹽井者頗多，相去盡不遠三二十里，連溪接谷，竈居鱗次，又不知與彼二州者工匠移人合爲幾千萬人矣。幸今累歲豐稔，無少間隙，縱有彊獫，自安飽暖。萬一或恐遭罹歉旱，民下艱食，此輩當不肯更顧一役之利，必能相與唱和，跳梁山谷間，化爲盜賊耳。當是時，彼井研者區區小縣，一二選人爲之令佐，將何以禦之哉。

文瑩《玉壺清話》卷三　陵州鹽井，舊深五十餘丈，鑿石而入。其井上土下石，石之上凡二十餘丈，以楩柟木四面鎖疊，用障其土，土下即鹽脈，自石而出。僞蜀置監，歲煉八十萬斤。顯德中，一白龍自井隨霹靂而出，村旁一老父泣曰：「井龍已去，鹹泉將竭，吾蜀亦將衰矣。」乃孟昶即國之二十三年也。自茲石脈淤塞，毒煙上蒸，以絙縋煉匠下視，縋者皆死，不復開浚，民食大饉。太祖即位，建隆中，除賈琰贊善大夫，通判陵州，專幹浚井。琰至井，齋戒虔禱，引鍤徒數百人，祝其井曰：「聖主臨御，深念遠民，井果有靈，隨浚而通。」再拜而入，役徒憚不肯下，琰執鍤先之。數旬不見泉眼。初煉數百斤，日稍增數千斤。郡人繪琰像祀於井旁。

江少虞《皇朝類苑》卷二一《官政治績・諸監鑪鑄錢》　江南因唐舊制，饒州置永平監，鑄錢歲六萬貫。江南平，增爲七萬貫，常患銅少。張齊賢任轉運使，求得江南舊承旨丁釗，盡知信建等州谷銅鉛處，齊賢即調發丁夫采之，初年增十數倍，明年得銅鉛八十五萬斤，錫六十萬斤，因雜爲鉛錫錢，鑄三十六萬貫，以釗爲殿前承旨，領三州銅山。先是永平監所鑄錢用開通元寶錢法，肉好周郭精好，至是雜用鉛錫，兼失古制，數雖增而錢惡。其後信州鉛山縣出銅無筭，常十餘萬人采鑿，無賴不逞之徒萃於淵藪，官所市銅錢數千餘萬斤，大有餘羨，而銅山所出益多。有司議減銅價，鑿山者稍稍引去，饒州官市薪炭不能給，鼓鑄分於池州置永寧監，建州永豐監，並歲鑄錢二十萬貫，以鉛山銅給之，既有所泄，價乃復舊，而工徒並集。杭州置保興監，凡四監，歲鑄百餘萬貫，爲極盛矣。唐天寶之制絳楊潤宣鄂蔚益柳十州，共置九十九鑪鑄錢，一鑪役丁匠三十人，每年六七月停，餘十月作十番，一鑪約用銅二萬一千二百三十斤，白蠟三千七百九十斤，黑錫五百四十斤，每鑪鑄錢三千三百貫，計一工日可鑄錢三百餘。國家之制，一工日千餘，用銅鉛鑞之法亦異於古，其數雖倍，而錢稍惡，每繫擲亦多缺。予在史局，因録唐制與今王丞相，後數月有詔，暑月諸監減半工，蓋主上勤恤之至也。談苑。

沈括《夢溪筆談》卷二四《雜志一》　鄜延境内有石油，舊説「高奴縣出脂水」，即此也。生於水際，沙石與泉水相雜，惘惘而出，土人以雉尾裛之，乃採入缶中。頗似淳漆，然之如麻，但烟甚濃，所沾幄幕皆黑。余疑其烟可用，試掃其煤以爲墨，黑光如漆，松墨不及也，遂大爲之，其識文爲「延川石液」者是也。此物後必大行於世，自予始爲之。蓋石油至多，生於地中無窮，不若松木有時而竭。今齊魯間松林盡矣，漸至太行、京西、江南松山大半皆童矣。造煤人蓋未知石烟之利也。石炭烟亦大，墨人衣。余戲爲《延州》詩云：「二郎山下雪紛紛，旋卓穹廬學塞人。化盡素衣冬未老，石烟多似洛陽塵。」

沈括《夢溪筆談》卷二五《雜志二》　信州鉛山縣有苦泉，流以爲澗，挹其水熬之，則成膽礬，烹膽礬則成銅。熬膽礬鐵釜，久之亦化爲銅。水能爲銅，物之變化，固不可測。按《黄帝素問》有天五行、地五行，土之氣在天爲濕，土能生金石，濕亦能生金石，此其驗也。又石穴中，水所滴皆爲鍾乳、殷孽；春秋分時，汲井泉則結石花；大鹵之下，則生陰精石，皆濕之所化也。如木之氣在天爲風，木能生火，風亦能生火，蓋五行之性也。

方勺《泊宅編》卷三　元豐初，盧秉提點兩浙刑獄，會朝廷議鹽法。秉請自錢塘縣楊村場上接睦、歙等州，與越州錢清場等水勢稍淡，以六分爲額；楊村下接仁和縣湯村爲七分；鹽官場爲八分；並海而東爲越州餘姚縣石堰場、明州慈溪縣鳴鶴場，皆九分；至岱山、昌國，又東南爲温州雙穟、南天富、北天富場十分；著爲定數。蓋自岱山及二天富，皆取海水煉鹽，所謂熬波者也。自鳴鶴西南及湯村則刮鹻以淋鹵，以分計之，十得六七而已。鹽官、湯村用鐵盤，故鹽色青白，而鹽官鹽色或少黑，由曬灰故也。楊村及錢清場織竹爲盤，塗以石灰，故色少黄，竹勢不及鐵，則黄色爲嫩，青白爲上色，黑即多鹵，或有泥石，不宜久停。石堰以東，雖用竹盤，而鹽色尤白，以近海水鹹故爾。後來法雖少變，公私所便，大抵不易盧法。且水性以潤下爲鹹，其勢不少折，則終不可成鹽。安邑池鹽，以濁河曲折，故因終南山南風以成。若明、越、温、杭、秀、泰、滄等州，爲海水隈奥曲折，故可成鹽。其數亦不等，唯隈奥多處則鹽多，故二浙産鹽尤盛他路。自温州界東南止閩、廣，鹽升五錢，比浙賤數倍。蓋以東南最偪海，潤下之勢既如此，故可以爲鹹，不必曲折也。

朱彧《萍洲可談》卷二　撫州蓮花紗，都人以爲暑衣，甚珍重。蓮花寺尼凡四院造此紗，捻織之妙，外人不可傳。一歲每院才織近百端，市供尚局並數當路，計之已不足用。寺外人家織者甚多，往往取以充數，都人買者，亦自能别寺外紗，其價減寺内紗什二三。

張孝祥《于湖居士文集》卷一三《宣州新建御書閣記》 臣前年客宛陵，間出城東門，望喬林中有屋餘百楹，問知其爲學宮也。即其後，有出於衆屋之上，欹傾支拄，若樓觀云者，御書閣也。私念宣大郡，民業於儒十五，守多貴卿名人，惟聖人之經，天子所書，於此乎藏之，弗稱；顧若是，非政之闕耶！

今年秋，臣自撫來吴，舟行過江上，解后宣之士大夫，則已雄詫其鄉之所謂御書閣者。謂江而南，環數十州，莫若吾州之閣麗且壯，而吾經營之功，民蓋不之知焉。臣心竊喜快，謂前日方嘆其庳陋，而今果有新之者，恨未得一至其下也。冬十一月，宣之守集英殿修撰臣許尹以書謂臣，使記其成。臣頓首不辭。

竊惟我祖宗以聖繼聖，所以出治一於道德仁義之實，雖未嘗求工翰墨，而英華之發越，精神之運動，心手相忘，道藝一貫，得於自然，超冠古昔。臣在秘閣，嘗竊窺累朝雲漢之章，蓋以太祖皇帝艱難草昧，日不暇給之際，重之劫火散亡之餘，其書之存，猶數十百卷。自太宗至于徽祖，所藏益多。然後知聖人所以遺其子孫，謂雖極天下之貴，而退朝燕息，從容娱樂者，獨在於是，狗馬聲色技巧之奉，不皇及也。我太上皇帝天縱聖學，遹追先猷，身濟多虞，同於創業。萬機餘力，一寓之書，《六經》諸子，史官之所記，寫之琬琰，頒於天下者，無慮數千萬字。特書密賚，登牀所取，散於羣臣之家者不與焉。於乎，可謂盛矣！主上富於春秋，稽古重華，心畫之妙，其則不遠。臣知宣城之閣，不足以盡藏所賜，繼是又將闢而增之也。

昔者尹嘗爲工部侍郎，以耆儒被上眷，知上之德意志慮。其來宣城，百廢具舉，農勸于耕，士興于學，廩有積粟，帑有餘布。既新是閣，甿俗呼舞，整整愉愉，邦用綏和。蓋相其役者，宣城知縣臣李端彦，而教授於其學者，臣豐至。

又《風月堂記》 風月堂既成，張安國過之，季高使記其歲月。

夫士達而爲宰相，窮而爲農夫，足夫已而遺其外，樂一也。坐廟堂，進退百吏，時雨暘，穫蓺五穀，以彼較此，孰憂孰適？季高天下士，獨從其適而遺其憂，豈理然哉！堂雖成，予恐風月不能淹季高於此也。若予懵甚，理亂不知，黜陟不聞，飢而食，渴而飲，借公兹堂，或可遺老。

又《太平州學記》 學，古也。廟于學以祀孔子，後世之制也；閣于學以藏天子之書，古今之通義，臣子之恭也。當塗於江、淮爲名郡，有學也，無誦説之所；有廟也，無薦享之地；有天子之書，坎而置之屋壁。

甲申秋，直秘閣王侯秬來領太守事，於是方有水災，盡壞堤防，民不粒食。及冬，則有邊事，當塗兵之衝，上下震摇。侯下車，救災之政，備敵之略，皆有次敍。飢者飽，壞者築。赤白囊晝夜至，侯一以静填之。明年春，和議成，改元乾道，將釋奠于學。侯語教授沈瀛曰：「學如是！今吾州内外之事略定，孰先於此者？」命其掾蔣暉、吕濱中撤而新之。先是，郡將欲樓居，材既具，侯命取以爲閣，闢其門而重之，凡學之所宜有，無一不備。

客有過而嘆曰：「賢之不可已也如是夫！今之當塗，昔之當塗也，來爲守者，孰不知學之宜葺，而獨忘之者，豈真忘之哉？力不贍耳！始王侯之來，民嘗以水爲憂，已又以兵爲憂。王侯易民之憂，納之安樂之地，以其餘力大新兹學，役不及民，頤指而辦。賢之不可已也如是夫！」

客於是又有歎也：「堯、舜、禹、湯、文、武之天下，傳之至今，天地之位，日月之明，江河之流，萬世無敝者也。時治時亂，時强時喪，豈有他哉？人而已耳！財用之不給，甲兵之不强，人才之不多，寧真不可爲耶？《詩》曰：『無競維人。』謂予不信，請視新學。」

夏四月既望，歷陽張某記。

又《隱静修造記》 平時江東法席之盛，建康曰鍾山，當塗曰隱静，宛陵曰敬亭。敬亭，黄蘖之所居，而鍾山、隱静，則又誌公、杯渡託化之地，山川形勢，略相甲乙。建炎之兵，敬亭獨存，鍾山、隱静，則瓦礫之場也。

自余往來建康，住鍾山者既更十餘輩，未嘗不欲建立，而卒不能有所就。數年來，僅能復有佛殿矣，問其事力，悉出於道人楊善才者，寺之僧無與也。

惟隱静介居繁昌、南陵之間，地瘠民窮，而無大檀施；山又深阻，尋幽好奇之士不至。

妙義禪師道恭，紹興甲子自大梅來，披荆棘，葦糞穢，由尺椽片瓦之積，至於爲屋數百千楹，土木之工，金碧之麗，通都大邑未有也。蓋妙義住此山，於今二十有二年，以歲月之久，願力之堅，規模之宏遠，心計之精明，始於至難，積而至於易，營於所無，積而至於有，以能圓滿此大事因緣。歷年雖多，一彈指之頃也；爲屋雖多，一把茅之易也。

夫以鍾山距建康十里而近，富商大賈之所走集，金帛之施無虚日，舊觀之還，其艱若此。隱静望鍾山不敢十一，而所以莊嚴成就，乃百過之。余嘗求其故矣，妙義之道業，足以致此，而其大端，亦以久故也。此佛事也，非久不濟；而今之爲郡縣者，視所居官如傳舍，朝而不謀其夕，欲民之化也，政之成也，難哉！

年月日，張某記。

陳亮《陳亮集》卷一六《北山普濟院記》 金華固多佳山水，而游者往往依浮屠、老子之宫以窮其足力之所至。其所不能至者，宜其遂爲樵夫牧子所私，高人逸士因得以自混於其間，而天巧有非人力之所能盡發者。

梁劉孝標以不合當世，棄官居金華北山，今其故居，是爲清脩院。蓋嘗遡流緣磴，欲以盡發山水之奇。結廬紫微巖，吴會人士多從之學。巖有石室，因以爲講書之堂，所謂「劉先生講堂」是也。至今其山號講堂原。而陳隋及唐，泯然置之不問。周顯德二年，吴越王始建寺於巖麓，曰九龍。本朝慶曆六年，郡守關公嘗命河南許歸以氈筆書「紫微巖」三巨字，鑱之石。治平二年，又改賜普濟院額。山之僧因陋就簡，日底於廢。參知政事蕭公燧繇從橐來爲此邦，以僧奉欽爲才，命往主之。奉欽能銖積寸累，服勤不懈，佛殿法堂建如程式，敞三門於前，而翼以兩廡，庫堂藏室，罔不略備。翰林學士洪公邁還其甲乙住持之舊，免其諸般科買之擾，以厲其成焉。今太守秘閣殿撰趙公師揆染寺額以張大之。然後此山之勝不復爲樵夫牧子所私，而劉氏講堂亦因寺以著。愛金華山水者，於是可無遺恨矣。以奉欽一力而能有功於幽勝如此，天下而各用其力，則事功寧有既耶！奉欽以寺記爲請，聳然爲書以授之。

又《元寶觀重建大殿記》 東陽縣之南四十里，有觀曰元寶。世傳齊人陳元寶捨宅爲之，因以名云。宣和劇盜之火，觀爲煨燼，則其里陳君嚴始建所謂北極殿者。大夫徐君端記其事，頗異。大夫名下一字，實吾先祖之諱，今不復具。嚴弟仕澄，字彥清，自力家事，積貲殆且巨萬，志不在於積也。而洩之里閭親舊之惠爲未足，乃泄之觀焉。三清有殿，殿有廡，合以三門，而觀儼然矣。皆彥清之爲，而紹興之二十一年也。

未幾，殿蠹於蟻，彥清之子德佐過而動心焉，思與諸弟協力成之，使其父之志與殿俱存。而主觀事葛元度併以風其諸子曰：「先志今何如？」欣然捐金合百萬先之。元度先建道藏一所，爲民祈福，禱請如響，其積亦頗夥，并傾私囊，募衆緣以建其事。殿未成而元度死，其徒胡大雲繼之，猶藉德佐之弟德先、德高以自助。用財合一千萬，役人之力凡萬五千，經始於淳熙辛丑之春，落成於甲辰之冬。宏壯偉麗，一切視彥清在時，遠近合覩，起敬增歎。

道家之有殿以奉三清，其教然也。三教之興廢有時，而本末宏闊，源流深長，非百世聖人不能定，則脩舊起廢，固其徒之事也。彥清兄弟皆有財力，可以自馳騁於世。而本朝出仕惟兩塗，故其才獨自豪於鄉，其明效大驗，亦不遺餘力，而乃見所謂兩殿者。殿之隨廢，又藉元度以起之，亦可歎也已。元度善自興其教者，而敢愛其力而自納於廢棄！殿成而胡大雲亦死，相與成就其殿之凡役，彥清幼子疆亦從而相之。旁觀多陳氏，其詳雖不可考，（宜）〔疑〕其爲元寶不可知孫子一念之烈，泄於七八百年之後者猶如此，天下事其有不成於志念之烈者乎！

疆與道士合辭以記爲請，諾之閱三年矣，因以寓余之所感云。

祝穆、祝洙《方輿勝覽》卷二《浙西路・平江府》 【堂舍】州宅。後臨大池。白居易詩：「紅紫共紛紛，祇承老使君。移舟木蘭棹，行酒石榴裙。水色窗窗見，花香院院聞。戀他官舍住，雙鬢白如雲。」黄堂、《郡志》：「今太守所居之宅，即春申君之子爲假君之殿也。因數失火，塗以雌黄，故曰——，以厭火災。」木蘭堂、《嵐齋録》：「唐張摶爲刺史，植木蘭花於堂前，嘗盛開燕客，命即席賦之。陸龜蒙後至，張聯酌浮之徑醉，彊索筆題兩句，云『洞庭波浪渺無津，日日征帆遠送人』，頹然醉倒。客續之，皆莫詳其意。既而龜蒙稍醒，續曰：『幾度木蘭舡上望，不知元是此花身。』遂爲絶唱。」白檜堂。在州治池中小山上。有檜，相傳白公手植，今非矣。

【樓閣】齊雲樓。在郡圃子城上，宏敞壯麗。白居易《齊雲晚望》詩：「重複江山壯，平舒井邑寬。——北面，終日憑欄干。」西樓；在郡治子城門上。白居易《——夜宴》詩：「風月萬家河兩岸，笙歌一曲郡——。」六經閣。《建安志》載張伯玉守吴郡，語司户曾子固曰：「我方作———，子爲我記之。」子固呈藁，終不合意，遂自爲之。子固一見歎服。其詞曰：「———諸子百家皆在焉，不書，尊經也。吴郡州學，始由高平范公經統之，至今尚書富郎中，十年更八政，學始大成。經南嚮，史西嚮，子、集東嚮，標之以油素，揭之以油黄，澤然區處，如蛟龍之鱗麗，如日月之在紀，不可得而亂矣。判天地之極致，皇王之高道，生人之紀律，舉在是矣。」

【亭榭】西亭。即今西齋。白居易詩：「幸有酒與樂，及時且歡娱。忽其解郡印，他人來此居。」滄浪亭、在郡學東。蘇子美記：「予以罪廢，無所歸，扁舟南遊，旅於吴中。始僦舍以處，時盛夏蒸燠，土居皆褊狹，不能出氣，思得高爽虛曠之地以舒所懷，不可得也。一日過郡學，東顧草樹鬱然，崇阜廣水，不類乎城中，並水得微徑於雜花脩竹之間。東趍數百步，有棄地，縱廣函五六十尋，三向皆水也。杠之南，其地益闊。旁無民居，左右皆林木相虧蔽。訪諸舊老，云錢氏有國，近戚孫承祐之池館也。坳隆勝勢，遺意尚存。予愛而裴回，遂以錢四萬得之。築高北碕，號『滄浪』焉。前竹後水，水之陽又竹，無窮極。澄川翠榦，光影會合於軒户之間，尤與風月爲相宜。予時榜小舟，幅巾以往，至則洒然忘歸，觴而浩歌，踞而仰嘯，野老不至，魚鳥共樂。形骸既適，則神不煩；觀聽無邪，則道以明。返思向之汨汨榮辱之場，日與錙銖利害相磨戛，隔此真趣，不亦鄙哉！噫，人固動物耳，情横于内而性伏，必外寓於物而後遷，寓久則溺，以爲當然，非勝是而易之，則窒而不開，唯仕宦溺人爲至深。古之才哲君子，有一失而至于死者多矣，是未知所以自勝之道。予既廢，而獲斯境，安於冲曠，不與衆驅，因之復能見乎内外失得之原，沃然有得，笑閔萬古，尚未能忘其所寓，自用是爲勝焉。」三高亭、蘇子瞻《戲書吴江三賢畫象・范蠡》詩：「誰將射御教吴兒，長笑申公爲夏姬。却遣姑蘇有麋鹿，更憐夫子得西施。」《張翰》、《陸龜蒙》詩已見「名宦」。松江亭、白居易《携樂觀魚宴宿》：「震澤平蕪岸，松江落葉波。在官常夢想，爲客始經過。水面排罾網，舡頭簇綺羅。朝盤鱠紅鯉，夜燭舞青蛾。鴈斷知風急，湖平得月多。繁弦與促管，不解和魚歌。」吴江亭、蘇子美詩：「氣象清雄天與鄰，世間不合有埃塵。擬將累勺酬佳景，只恐江山解笑人。」垂虹亭；米元章有詩云：「斷雲一葉洞庭帆，玉破鱸魚霜破柑。好作新詩繼桑苧，垂虹秋色滿東南。」姑蘇臺。在山上。楊廷秀詩有云：「我亦閑來散疾身，游人不用避車塵。插天四塔雲中出，隔水諸峰雪後新。道是遠瞻三百里，如何不見六千人？吴亡越霸今安在，臺下年年花草春。」

【館驛】姑蘇館。在盤門裏河西城上。紹興中爲國信館待之所，下有百花洲。平望驛、張祜題：「一派吴興水，西來此驛分。路遥經幾日，身去是孤雲。雨氣朝忙蟻，雷聲夜聚蚊。何堪秋草色，到處重離羣。」松江驛。方干《題松江澤》：「便向中流出太陽，兼疑大岸逼浮桑。門前白道通丹闕，浪裏青山占幾鄉。帆勢落斜依浦溆，鍾聲斷續在滄茫。古今悉不知天意，偏把雲霞媚一方。」

【橋梁】臯橋。在閶門內。漢臯伯鸞居此。劉夢得《泰娘》詩：「有時妝好乘天氣，走上——折花戲。風流太守韋尚書，路旁忽見停隼旟。」乘魚橋、在子城西。前志：「琴高於此見大鯉魚，長丈餘，遂乘魚飛騰上昇。」垂虹橋、在吴江縣，即利往橋。東西千餘尺，用木萬計。前臨具區，横絶松陵，湖光海氣，蕩漾一色，乃三吴之絶景。橋之中有亭曰垂虹。蘇子美詩：「長橋跨空古未有，大亭壓浪勢亦豪。」王介甫詩：「三江五湖口，地與天不隔。日月所蔽虧，東西渺然白。漫漫浸北斗，浩浩浮南極。誰投此虹蜺，欲濟兩間阨。中流雜蜃氣，欄楯相承翼。初疑神所爲，滅没在頃刻。晨興坐其上，傲兀至中昃。獨憐造化功，不謂因人力。今君持酒漿，談笑顧賓客。頗跨九州物，壯麗此無敵。熒煌丹砂柱，璀璨黄金壁。中家不慮始，助我皆豪殖。喟予獨不可，還當采民力。」鄭毅夫詩：「三百欄干鎖畫橋，行人波上踏瓊瑤。插天螮蝀玉腰闊，跨海鯨鯢金背高。路直鑿開元氣白，影寒壓破大江豪。此中自是銀河接，不必仙槎八月高。」小長橋、在石塘，累石爲之。王逢原詩：「老匠鐵手風運斤，一挾刃入千山髡。明堂有柱不見用，此爲失地猶濟人。西豬巨澤江海通，陽侯利溺驚濤風。當道猶能支地險，更東安得與天窮。莫比垂天紳，莫比跨地帶。渴龍乾死枯無鱗，絶海失舟鯨踏背。秦帝東遊逐仙迹，累重肉多飛不得。三洲水盡朝宗海，安得身乘破浪風。爲約他年可歸處，獨倚欄干不思去。季鷹、范蠡不足奇，待我爲名千古歸。」新橋、在松江。蘇子美《中秋對月和柳令之什》：「月晃長江上下同，畫橋横截冷光中。雲頭灎灎開金餅，水面沉沉卧彩虹。佛氏解爲銀色界，仙家多住玉華宫。地雄景勝言不盡，但欲追隨乘曉風。」三百九十橋。白居易《三月三日閑行》詩：「黄鸝巷口鶯欲語，烏鵲河頭冰欲消。緑浪東西南北水，紅欄————。」此乃城内官橋大數也。

【佛寺】虎丘寺。在城西北九里。晉司徒王珣及弟珉捨宅爲寺。白居易詩：「香刹看非遠，祇園入始深。龍蟠松矯矯，玉立竹森森。怪石千僧坐，靈池一劍沉。海當亭兩面，山在寺中心。酒熟憑花勸，詩成倩鳥吟。寄言軒冕客，此地好抽簪。」又《夜遊》詩：「不厭西丘寺，閑來即一過。舟舡轉雲島，樓閣出煙蘿。摇曳雙紅旆，娉婷十翠娥。香花助羅綺，鍾梵雜笙歌。領郡時將久，遊山數幾何？一年十二度，非少亦非多。」蘇子瞻《——》詩：「入門無平田，石路細穿嶺。陰風生澗壑，古木翳潭井。甚盡誰復見，秋水光耿耿。鐵花秀巖壁，殺氣噤蛙黽。幽幽生公堂，左右立頑獷。當年或未信，異類服精猛。胡爲百歲後，仙鬼互馳騁。窈然留清詩，讀者爲悲哽。東軒有佳致，雲水麗千頃。熙熙覽生物，春意頗凄冷。我來屬無事，暖日相與永。喜鵲翻初旦，愁鳶蹲落景。坐見漁樵還，新月溪上影。悟彼良自咍，歸田行可請。」李德裕《追和太師顔公同清遠道士遊寺韻》：「茂苑有靈峰，嗟予未遊觀。藏山半平陸，壞谷多高岸。岡繞數仞墻，巖潛千丈榦。乃知造化意，回斡資奇玩。鏐騰昔虎鋸，劍没嘗龍煥。潭黛入海底，崟岑聳霄半。層巒未升日，哀狖寧知旦。緑篠夏凝陰，碧林秋不換。冥搜既窈窕，回望何蕭散。川晴嵐氣收，江春雜英亂。逸人綴芹藻，前哲留篇翰。共扣哀玉音，皆舒文綉段。難追彦回賞，徒起興公嘆。一夕如再升，含毫星斗爛。」王元之詩：「蘚墻圍却碧潺湲，曾是當年海湧山。盡把好峰藏寺內，不教幽景落人間。劍池草色終冬在，石座苔花自古斑。珍重晉朝吾祖宅，一回來此便忘還。」生公講堂、在虎丘寺。生公，異僧竺道生也。講經于此，無人信者，乃聚石爲徒，與講至理，石皆點頭。劉禹錫詩：「生公説法鬼神驚，身後空堂夜不扃。高坐寂寥煙漠漠，一方明月可中庭。」劍池、在虎丘寺。始皇試劍于此，乃石罅，深數十丈，闊丈餘。水無底，寺中日汲此水。其聲潺湲，極可聽。千人坐、在虎丘山側。有平石，可坐千人。顔真卿詩：「劍池穿萬仞，盤石坐千人。」靈巖寺、在吴縣西南三十里，舊名秀峰。孫覿殿記：「梁天監中，以吴館娃宫故地爲——。」白居易詩：「娃宫、屧廊尋已傾，硯池、香徑又欲平。二三月時但草緑，幾百年來空月明。使君雖老頗多思，携觴領客處處行。」承天寺、舊名重光寺，在長洲縣西北二里。庭列怪石，有銅佛像。韋應物詩：「時暇陟雲構，晨霄澄景光。始見吴都大，十里鬱蒼蒼。山川表明麗，湖海吞大荒。合沓臻水陸，駢闐會四方。俗繁節又喧，雨順物亦康。禽魚各翔泳，草木遍芬芳。於兹記甿俗，一用勸農桑。誠知虎符遠，但恨歸路長。」楓橋寺、在吴縣西十里。唐人張繼詩：「月落烏啼霜滿天，江楓漁火對愁眠。姑蘇臺下寒山寺，半夜鍾聲到客舡。」崑山寺；在縣西北三里。孟郊詩：「昨日到上方，片霞封石床。錫杖莓苔青，袈裟松柏香。晴磬無短韻，晝燈含永光。有時乞鶴歸，還訪逍遥場。」王介甫次韻：「僧蹊蟠青蒼，莓苔上秋床。露翰飢更清，風蘤遠亦香。埽石出古色，洗松納空光。久遊不忍還，迫迮冠蓋場。」張祜詩：「實磬依山險，凌虚勢欲吞。畫簷齊木末，香砌壓雲根。遠景窗中岫，孤煙竹裏村。憑高聊一望，歸思隔吴門。」「峰嶺于出没，江湖相吐吞。園林浮海角，臺殿遠山根。百里見漁艇，萬家藏水村。地偏來客少，幽興祇桑門。」水月禪院。在洞庭山。蘇子美記：「予乙酉歲夏四月來居吴門，始維舟，即登靈巖之巔以望太湖。俯視洞庭山，嶄然特起，雲霞綵翠，浮動於滄波之中。予時據欄竦首，精爽下墮，欲乘清風，跨落景，以翱翔乎其間，莫可得也。自爾平居，紖然思欲一到，惑於險説，而未果行，則常若有物膈塞於胸中。是歲十月，遂招徐、陳二君子輕舟出横金口，觀其洪川蕩潏，萬頃一色，不知天地之大所能并容。水程邈洄，七十里而達，初宿社下，踰日乃至。入林屋洞，陟毛公壇，宿包山精舍，又泛明月灣。南望一山，上摩蒼煙，舟人指云：『此所謂縹緲峰下也。』即岸，步自松間，出數里，至峰下，有佛廟號『水月』者，閣殿甚古，像設巖焕。旁有澄泉，潔清甘涼，極旱不枯，不類他水。梁大同四年始建佛寺，至隋大業六年遂廢不存。唐光化中有浮屠志勤者，歷遊四方，至此愛而不能去，復於舊址結廬誦經，後因而屋之，至數十百楹。天祐四年，刺史曹珪以『明月』名其院。勤老且死，其徒嗣之。迄今七世不絶。國家大中祥符初，有詔又易今名。予觀震澤，受三江，吞噬四郡之封，其中山之名見圖誌者七十有二，唯洞庭稱雄其間，地占三鄉，户率三千，環四十里。民俗真朴，歷歲未嘗有訴訟至于縣吏之庭下，皆樹桑梔甘柚爲常産。每秋高霜餘，丹苞朱實與長松茂樹相差間，於巖壑間望之，若圖繪金翠之可愛。縹緲峰又居山之西北深遠處，高聳出於衆山，爲洞庭勝絶之境。居山之民已少事，尚有歲時織紝樹藝捕採之勞。浮屠氏本以清曠遠事物，已出中國禮法之外，復居湖山深遠勝絶之地，壤斷水接，人迹罕至，數僧宴坐，寂默於泉石之間，引而與語，殊無纖芥世俗間氣韻。其視舒舒，而行于于，豈世上之遺民者耶？予生平病悶鬱塞，至此曝然破散，無復餘矣。反復身世，惘然莫知，但如蜕解俗骨，傳之羽翰，飛出乎八荒之外。吁，其快哉！後二年，其徒惠源造予，乞文識其居之廢興。欣其見請，攬筆直述，且叙昔遊之勝焉耳。慶曆七年十一月五日記。」

【祠墓】言偃吴公祠。朱元晦記云：「平江府常熟縣學吴公祠者，孔門高第弟子言偃子游之祀也。按《太史公記》，孔門諸子多東州之士，獨子游爲吴人。而此縣有巷名子游，有橋名文學，相傳至今。《圖經》又言公之故宅在縣西北，而舊井存焉。則今雖不復可見，而公爲此縣之人，蓋不誣矣。然自孔子之没，以至于今，千有六百餘年，郡縣之學，通祀先聖，公雖以列，得從腏食，而其鄉邑乃未有能表其事而出之者。慶元三年七月，知縣事會稽孫應時，乃始即其學宫講堂之東偏作爲此堂，以奉祠事。是歲仲冬長至之日，躬率邑之學士大夫及其子弟奠爵釋菜，以安其靈。而以書來曰：『願有記也。』某惟三代之前，帝王之學率在中土，以故德行道藝之教，其行於近者著，而人之觀感服習以入焉者深。若夫勾吴之墟，則在虞、夏五服，是爲要荒之外。爰自太伯採藥荆蠻，始得其民，而端委以臨之，然亦僅歿其身。而虞仲之後，相傳累世，乃能有以自通於上國，其俗蓋亦樸陋而不文矣。公生其間，乃獨能悦周公、仲尼之道，而北學於中國，身通受業，遂因文學以得聖人之一體，豈不可謂豪傑之士哉？今以《論語》考其話言，類皆簡易疏通，高暢宏達。其曰『本之則無』者，雖若見詘於子夏，然要爲知有本也。則其所謂文學，固宜有以異乎今世之文學矣。既又考其行事，則武城之政，不小其邑，而必以《詩》、《書》、《禮》、《樂》爲先務，其視有勇足民之效，蓋有不足爲者，至使聖師爲之莞爾而笑，則是與之之意，豈淺淺哉？及其取人，則又以二事之細而得滅明之賢，亦其意氣之感默有以相契者。以故近世論者，意其爲人必當敏於聞道而不滯於形器，豈所謂南方之學得其精華者，乃自古而然也耶？矧今全吴通爲畿輔，文物之盛，絶異曩時。孫君於此又能舉千載之闕遺，稽古崇德，以勵其學者，則武城絃歌之意於是乎在，故某喜聞其事而樂爲書。至於孔門設科之法，與公之言所謂本，所謂道，及其所以取人者，則願諸生相與勉焉以進其實，使此邑之人，百世之下復有如公者出，而又有以灑夫媮懦憚事無廉恥而耆飲食之譏焉。是則孫君之志，而亦某之願也。公之追爵，自唐開元始封吴侯，我朝政和《禮書》已號『丹陽公』。紹興御贊猶有唐封，至淳熙間所盼位次又改稱吴公云。」尹和靖祠。在虎丘寺。黄直卿《祠記》：「和靖尹先生，寓居平江府虎丘西庵，榜曰『三畏齋』。所題《雜録》、《論語解》，皆可考所寓即上方也。去之七十有五年，郡守直秘閣陳君芾，通守太學博士丁君焴，始度庵空地爲屋，繪先生像祠焉，尊前賢、厲後學也。先生諱焞，洛陽人。年二十，師伊川程子。舉闈策士，議誅元祐黨人，不答，遂棄舉子業。靖康初，以布衣召，不至。詔褒爲和靖處士。洛陽陷，家殲焉。先生死復甦，竄長安山谷中。逆豫以禮聘，溺水逃去，展轉蜀道累年。紹興五年，以崇政説書召，凡二十辭，八年冬始入見，除秘書郎。明年，遷少監、太常少卿，權禮部侍郎。每還，輒力辭。其冬，除徽猷閣待制，提舉萬壽觀。辭不已，遂奉外祠，即虎丘以居，年已七十矣，貧無以爲歸也。後二年，竟没於會稽之寓舍。先生所寓於世如此。蓋嘗考先生之所學，篤於踐行，不爲虚語，未嘗求人之知，人亦莫能窺其所藴也。今其可見者，經惟進講門人記録耳。惟即其所遇於世者，觀其所處，然後知先生之於道卓乎不可及矣。利害者，人心之私；義理者，道心之公。公私之間，迭爲勝負，一取一舍，而賢不肖可知也。至於歷險難之極而不變，處貴顯之驟而不動，抱仁戴義終其身而不悔，非盛德能若是乎？理義充於中，則禍福成敗、榮辱得失，膠轕萬變，日陳乎前而此心自若也。程子之門從遊之士，皆閎博俊偉，極天下之選，而於先生亟稱之，其察之審矣。顔淵退然如愚，而夫子稱之，亦曰『簞瓢陋巷，不改其樂』，又曰『庶乎屢空』。然則先生者，程門之顔氏歟？里巷小人，顛冥於利害之塗不足道，學士大夫則知理義矣，臨利害未毛髮許，棄其所守者可嘆也。聞先生之風得無少愧，有志於道者亦可以自勉歟！二君爲是祠，有補於名教大矣。故述其躬行之大節以示學者，庶幾驗之於身而得先生之道云。」三高祠。范至能記：「乾道三年二月，吴江縣新作———成。三高者，越上將軍，姓范氏，是爲鴟夷子皮；晉大司馬東曹掾，姓張氏，是爲江東步兵；唐右補闕，姓陸氏，是爲甫里先生。三君亖不並世，而鵠夷子皮又嘗一用人之國，功大名顯而去之。季鷹、魯望，蕭然臞儒，使有爲於當年，其所成就固不可喻度。要皆以得道見微，脱屣天刑，清風峻節，相望於松江、太湖之上，故天下同高之。而邑人獨私得奉，嘗以夸於四方曰『此吾東家丘』云爾。邑大夫趙伯虛以故祠偪陋，將改作，鄉老王份獻其地雪灘。乃築堂於上，告遷而奠焉，且屬郡人范成大爲之識。《傳》曰：『不有君子，其能國乎？』今乃自放寂寞之濱，人又從而以爲高，此豈盛際之所願哉？後之人高三君之風，而跡其所以爲世道計者，可以懼矣。至於豪傑之士，或肆志乎軒冕，宴安留連，卒悔於後者，亦將有感於斯堂，而某何足以述之。然屈平既從彭咸，而桂叢之賦猶招隱士，疑若幽處林薄，不死而仙。況如三君蟬蛻溷濁，得全於天者。嘗試倚楹而望，水光浮空，雲日下上，風颿煙篷，飄忽晦明，意必往來其間。某亦何足以見之。姑效《小山》作歌三章以招焉。遂從而歌之曰：若有人兮扁舟，撫五湖兮遠遊。衆芳媚兮高丘，忽獨君兮不可留。長風積兮浪波白，蕩摇空明兮南極一色。鏡萬里兮鞭魚龍，列星熒熒兮其下孤蓬。眇顧懷兮斯路，與涼月兮入滄浦。戰争蝸角兮昨夢一笑，水雲得意兮垂虹可以檥翟。僊之人兮壽無期，樂哉垂虹兮去復來。載歌曰：若有人兮橫大江，秋風起兮歸故鄉。鴻冥飛兮白鷗舞，吴波鱗鱗兮而在下。嗟人胡爲兮天地四方，美無度兮吾之土。膾脩鱸兮雪霏，登菰蓴兮芼之水。仙縯兮胥命，君可望兮不可追。頫倒景兮揮碧寥，娭燕息兮江之皐。蒝蘋堂兮廡杜若，一杯之酒兮我爲君酌。又歌曰：若有人兮北江之渚，披雲而晞兮頩煙雨。菊莎分杞棘，歲晼晚兮何以續君食。佪五鼎兮腥腐，羞三泉兮終古。千秋風露兮歸來故墟，月明無人兮蒼石與語。牛宫泇兮生蒲荷，潮西東兮下田一波。訪南涇兮鄰曲，山川良是兮丘壠多稼。九晼兮今其刈，聊春容兮兹里。是歲六月既望，書遺邑人，使習之以侑祠。趙伯虛請，遂刻記。」吴延陵季子廟、蕭定《改修廟記》：「有吴之興也，太伯讓以得之；有吴之衰也，季子讓以失之。爲讓之清同，而興衰之體異。何哉？太伯之讓，讓以賢也，故周有天下，而吴建國焉。季子之讓，賢以讓也，當周德之衰而吴喪邦焉。或曰：非所讓而讓之，使宗祀泯絶而不血食，豈曰能賢？斯可謂知存而不知亡者矣。夫治亂，時也；興亡，運也。故至至而不可却，終終而不可留。黄河既濁，阿膠無以正其色。鹽池斯鹹，弊箪不能匡其味。與夫當濁亂之世，召力勝之戎，讓與争，孰勝乎？《易》曰『知幾其神』，則季子之見可謂知幾矣，季子之明可謂知進退存亡而不失其正矣。至於聽樂辨列國之興亡，審賢知世數之存殁，挂劍存不言之信，避國保無欲之貞，故有吴之祀寂寥，而延陵之響如在。玄風可想，至德興歎美之辭；哲人其萎，表墓著嗚呼之篆。向微德仁兩至，則夫子不復歎焉。詳其精義被物鈎深致遠之旨，烏可究其津涯而窺其墻仞哉？是知讓之爲德，在於生靈，不獨其子孫明矣。國有祀典，人懷永思。定忝列藩條，欽崇懿範。于以加敬，嚴乎閟宫。别閨壺之内外，正衆神之序位。舊以太伯在於蘇臺，而制季子之祠像設列於軒厢。春秋禮薦，俎豆當陳於正寢，俾觀像者識賢人之遺風同律，審度者知經德之禮秩無差。末學陋辭，不足頌其休烈。寒來暑往，敢用同於紀年。時唐大曆十四年己未八月戊戌朔二十七日甲子記。」仲雍墓。在常熟虞山之東。

祝穆、祝洙《方輿勝覽》卷三《浙西路・鎮江府》

【堂亭】衛公堂。在府治之後。蕭閑堂、在鐵甕門西。按茅山洞中有——居，顧況詩：「蕭閑隱洞房。」相公堂；蘇京宰丹陽，奉其父頌至邑，遇誕日，築堂爲壽，後人因名之。向吴亭、在府治。陸龜蒙詩：「秋來懶上向吴亭。」王介甫《寄刁景純》詩：「遥約——下路。」寶墨亭。蘇子美詩云：「山陰不見换鵝經，京口今傳《瘞鶴銘》。瀟灑集仙來作記，風流太守爲開亭。」

【樓觀】望海樓。在府治。昔蔡君謨經此，題曰：「———，城中最高處，旁視甘露、金山，如屏障中畫出，信江南之絶致也。」後改曰連滄觀。米元章《和孫少述潤州——》詩：「雲間鐵甕近青天，縹緲飛樓百尺連。三峽江聲流筆下，六朝山影落樽前。幾番畫角催紅日，無事滄洲起白煙。忽憶常心何處在，春風秋月兩茫然。」北固樓、《輿地志》：「在北固山上。天色晴明，望見廣陵城，如青霄中鳥道，相去五十里。」李白詩：「丹陽北固是吴關，畫出樓臺雲水間。千巖烽火連滄海，兩岸旌旗遶碧山。」僧仲殊詩：「海門凝日山雙聳，江北迎人樹幾行。」范希文詩：「北固高樓海氣寒，史君應此憑欄干。春山雨後青無數，借與淮南子細看。」多景樓、在甘露寺。曾子固詩：「欲收嘉景此樓中，倚徙欄干四望通。雲亂水光浮紫翠，天含山氣入青紅。一川鍾唄淮南月，萬里帆檣海外風。老去衣衿塵土在，秖將心目羡冥鴻。」劉改之詩：「壯觀東南二百州，景於多處最多愁。江流千古英雄淚，山掩諸公富貴羞。北固秖今唯有酒，中原在望莫登樓。西風戰艦成何事，只送年年使客舟。」又詩：「金山、焦山相對起，挹盡東流大江水。一樓坐斷天中央，收拾淮南數千里。」米元章《題——呈太守裴如晦學士》：「六代蕭蕭木葉稀，樓高北固落殘暉。兩州城郭青煙起，千里江山白鷺飛。海近雲濤驚夜夢，天低月露濕秋衣。史君豈負時平樂，長倒金鍾盡興歸。」得江樓、盤洲洪景伯爲之記。喜雨樓、在城内。規模宏壯，占一郡勝處，頗有登覽之快。城樓、劉長卿《和顔使君登潤州——》：「山城迢遞敞高樓，露冕吹鐃居上頭。春草連天隨北望，夕陽浮水共東流。江田漠漠全吴地，野樹蒼蒼故蔣州。王粲曾爲南郡客，别來無處更銷憂。」萬歲樓；皇甫冉《同客登樓》詩：「高樓直上思依依，極浦遥山合翠微。江客不堪頻北望，塞鴻何事獨南飛。維揚古渡寒煙積，瓜步空洲遠樹稀。聞道王師猶轉戰，誰能談笑解重圍。」東軒、在甘露寺。周繇詩：「每日憐晴眺，閑吟只自娱。山從平地有，水到遠天無。老樹多封楚，輕煙暗染吴。雖居此廊下，入户亦踟躕。」北軒；在甘露寺。杜牧寄題：「曾上蓬萊宫裏行，——欄檻最留情。孤高堪弄桓伊笛，縹緲宜聞子晉笙。天接海門秋水色，煙籠鹿苑暮鐘聲。他年會着荷衣去，不向山僧道姓名。」周繇詩：「曉色宜閑望，山風遠益清。白雲連晉閣，碧樹盡蕪城。水静沙痕出，煙銷火野平。最堪佳此境，爲我長詩情。」月觀、在譙樓西。晉爲萬歲樓，唐孟浩然有詩。汪彦章記云：「京口以江山名天下，其來尚矣。而爲國屏蔽，尤重於齊、梁、晉、宋之間。觀其千嶂所環，中横巨浸，風濤日夜駕百川而東之。其形勢之雄，實足以控制南北，豈直爲騷人羈客區區登覽之勝哉！州治之西有樓焉，並城而出，名曰『千秋』者，考諸圖志，始於晉王恭之時。繇樓西南，循城百餘步，忽飛簷曲檻，崒然起於城隅之上，望數百里見之者，月觀也。紹興八年，吴興劉岑季高來刺是州。承廢亂之後，公私掃地，無復故時。季高以精明彊敏之才，易民觀瞻於談笑之頃。既府寺闠井鳩集經營悉從其初，始遑暇於游息之地，乃即——之址輯而新之。客有登而歎曰：『嗚呼，壯哉！未之見也。前此頹甍圮棟蕪没於蒼煙灌莽之中，雖江山不與時變遷者亦莫吾覿，今晨霏夕靄，晴嵐煙翠，復得於几席之上，而風颿浪舶，離鴻落鶩，畢陳於樽俎之前，如客得歸，如蒙得發也。季高於此，可謂能矣。非政有餘力，能至是哉？』或曰：『是未足以言季高之政也。季高勞於侍從之事，出分天子顧憂。方時艱難，此州實爲襟要。其經理規摹，必有足大者。嘗與予四顧而望其東曰：「海門，鴟夷子皮之所從逝也。其西曰瓜步，魏佛貍之所嘗至也。若其北廣陵，則謝太傅之所築埭。而居於江之中流，則祖豫州之所擊楫而誓也。計其一時英雄懷抱，憤中原之未復，反虜之未禽，欲吞之以忠義之氣。雖狹宇宙而隘九州，固其胸中之所積，亦江山有以發之。今攬而納諸數楹之地，使千載之事了然在吾目中。」則季高之志可知矣。』然自有天地，則有山川，其閱人多矣。而山川勝處非人不傳，襄陽峴首以羊叔子傳，武昌南樓以庾元規傳，蜀之籌筆驛以諸葛武侯傳，吾知月觀與季高之名籍籍天下矣。如書其本末以補京口故事之遺，使後人知此觀復新自吾季高始，豈不可喜？季高曰：『可哉！』」連滄觀。楊廷秀《題——呈太守張幾仲》詩云：「開窗納盡大江秋，天半飛樓不是樓。獨立南徐鰲絶頂，下臨北顧虎回頭。蒜山舊址空黄鶴，瓜步新城照白鷗。好事主人酌詩客，風煙一眼到揚州。」

【臺榭】妙高臺。在金山。楊廷秀《———》詩：「金山未到時，羡渠奄有萬里之長江。金山既到了，長江不見只見千步廊。老夫平生不耐事，點檢風光難可意。老僧覺我見睫眉，引入妙高臺上嬉。不知老僧有妙手，卷舒江山在懷袖。挂上西窗萬丈間，長江浮在爐煙端。長江南邊千萬山，一時飛入兩眼寒。最愛簷前絶奇處，江心巉然景純墓。僧言道許乃浪傳，龍宫特書珠貝篇。初云謝靈運愛山如愛命，掇取天台鴈蕩怪石頭，疊作假山立中流。又云王逸少草聖入神妙，天賜琉璃筆格玉硯屏，仍將大江作陶泓。老僧聞二説，沉吟未能決。長年抵死催上舡，徘徊欲去空茫然。」

【橋梁】清風橋。在府南。范希文建。子瞻詩：「傷心范橋水，漾漾舞寒藻。」千秋橋。在府治西。晉王恭作萬歲樓於城上，其下有橋，故以「千秋」名。

【寺院】甘露寺。在城東角土山上，臨大江。李德裕建，時甘露降，因名焉。沈存中詩：「丞相高齋半草萊，舊時風月滿亭臺。地從日月生時見，天到江山盡處回。三國是非春夢斷，六朝城闕野花開。心隨潮水漫漫去，流徧煙村半日來。」蘇子瞻《遊———》：「有二客相過，遂與偕行。寺有石如羊，相傳謂之『狠石』，云諸葛孔明坐其上，與孫仲謀論曹公也。大鑊二，按銘，梁武帝所鑄；畫獅子一，菩薩二，陸探微筆。衛公所留祠堂在寺，手植柏合抱矣。近寺僧發古殿基，得舍利七粒并石記，乃衛公爲穆宗追福所葬也。詩云：『古郡山爲城，層梯轉朱欄。樓臺斷崖上，地窄天水寬。一覽吞數州，山長江漫漫。却望大明寺，惟見煙中竿。狠石卧庭下，穹窿如伏羱。緬懷卧龍公，挾策事琱鑽。一談收猘子，再説走老瞞。名高有餘想，事往無留觀。蕭公古鐵鑊，相對空團圝。坡陁受百斛，積雨生微瀾。泗水逸周鼎，渭城辭漢盤。山川失故態，怪此能獨完。僧繇六化人，霓衣掛冰紈。隱見十二疊，觀者疑夸謾。破板陸生畫，青猊戲盤跚。上有二天人，揮手如翔鸞。筆墨雖欲盡，典刑垂不刊。赫赫贊皇公，英姿凛以寒。古柏手親種，挺然誰敢干。枝撑雲峰裂，根入石窟蟠。薙草得斷碑，斬崖出金棺，瘞藏豈不牢，見伏理可歎。四雄皆龍虎，遺迹儼未刓。方其盛壯時，争奪肯少安。廢興屬造物，遷逝誰控摶？況彼妄庸子，而欲事所難。古今共一軌，後世徒辛酸。聊興廣武歎，不待雍門彈。』」盧肇詩云：「北固巖端寺，佳名自上台。地從京口斷，山到海門迴。曙色煙中滅，潮聲日下來。一隅通雉堞，千仞聳樓臺。林暗疑降虎，江空想度杯。福庭增氣象，仙磬落昭回。覺路花非染，流年景謾催。隋宫凋緑草，晉室散黄埃。西蜀波湍盡，東溟日月開。如登最高處，應得見蓬萊。」周繇詩：「盤江上幾層，峭壁半垂藤。殿瑣南朝像，龕禪外國僧。海濤摏砌檻，山雨灑窗燈。日暮疏鍾起，聲聲徹廣陵。」金山寺、在金山上，屹立江中。真宗夢游此寺，後改名龍游。《庚溪詩話》載孝宗詩曰：「崒然天立鎮中流，雄跨東南二百州。狂虜每臨須破膽，何勞平地戰貔貅。」有堂曰「雄跨」，蓋取聖製中語。張祜詩：「一宿金山頂，微茫水國分。僧歸夜舡月，龍出曉堂雲。樹影中流見，鍾聲兩岸聞。因悲在朝市，終日醉醺醺。」孫魴詩：「萬古波心寺，金山名日新。天多剩得月，地少不生塵。櫓過妨僧夢，濤驚溅佛聲。誰言張處士，題後更無人？」楊公濟《陪潤州裴如晦學士遊金山迴作》：「世上蓬萊第幾洲，長雲漠漠鳥飛愁。海山亂點當軒出，江水中分繞檻流。天遠樓臺横北固，夜深燈火見揚州。迴舡却望金陵月，獨倚牙旗坐浪頭。」王介甫詩：「天末海雲横北固，煙中莎岸似西興。已無舡舫猶聞笛，遠有樓臺秪見燈。山月入松金破碎，江風吹水雪崩騰。飄然欲作乘桴計，一到扶桑恨未能。」又詩：「北檝南檣泊四垂，共憐金碧爛參差。孤高萬丈滄波底，除却蛟龍世不知。」曾子固詩：「塵外岧嶢鷲嶺宫，架虚排險出青紅。林光巧轉滄波上，海色遥涵白日東。夜静神龍聽呪食，秋凉蒼鶻起摶風。連荆控蜀長江水，盡在迴廊顧盼中。」羅隱詩：「老僧齋罷關門睡，不管波濤四面生。」又《題僧院》：「根盤蛟蜃路藤蘿，四面無塵輟棹過。得似吾師始惆悵，眼前終日有風波。」蘇儀甫詩：「僧依玉鑑光中住，人踏金鰲背上行。」蘇子瞻《遊金山寺》詩：「長江欲盡闊無邊，金山當中惟一石。潮平風静自浮海，縹緲樓臺轉金碧。瓜洲初見石頭城，城下波瀾與海平。山中轉拖疑無岸，泊舟未定僧先迎。山中岑寂恐未足，復將江水遶山麓。四無鄰家群動息，鍾聲鏗鍠答山谷。烏鷹力薄墮中路，惟有胡鷹石上宿。誰知江海多行舟，遊人上下集巖幽。老僧心定身不定，送往迎來何足竟。朝遊未厭夜未歸，愛山往往如今稀。不待遊人盡歸去，恐君未識山中趣。」郭功父《金山行》：「金山杳在滄溟中，雪崖冰柱浮仙宫。乾坤扶持自今古，日月髣髴躔西東。我泛靈槎出塵世，搜索異境窺神工。一朝登臨重太息，四時想像何其雄。卷簾夜閣掛北斗，大鯨驚浪吹長空。舟摧岸斷豈足數，往往霹靂鎚蛟龍。寒蟾八月蕩瑶海，秋光上下磨青銅。鳥飛不盡暮天碧，漁歌忽斷蘆花風。蓬萊久聞未成往，壯觀絶致遥應同。潮生潮落夜還曉，物與數會誰能窮？百年形影浪自苦，便欲此地安微躬。白雲南來入我望，又起歸興隨征鴻。」蘇子美詩：「孤峰蹲滄江，突兀臺殿積。驚波四面起，日夜走霹靂。陰壑滄風雲，陽崖産金碧。離披萬年樹，根抱太古石。倚廊轉峻閣，窈窕壓山脊。寶像浮海來，珠瓔冷光滴。叩欄見黿鼉，揚首意自得。偃蹇互出没，日此飽餘食。又有翠羽禽，羣飛喜賓客。口銜紺蔕花，近我若相識。開軒必曠絶，上下無異色。氣象特清壯，所覽輒快適。余心本高灑，誤爲塵土隔。不知人間世，有此物外迹。落日將發舟，低回空自惜。」焦山寺，在江心，與金山相對。有海雲堂、贊善閣、吸江亭。歐陽《集古録》載：華陽真逸撰《瘞鶴銘》，刻於焦山之足，常爲江水所没，好事者伺水落時摹而傳之。蘇子瞻《自金山訪焦山》詩：「金山樓觀何耽耽，撞鍾擊鼓聞淮南。焦山何有有脩竹，採薪汲水僧兩三。雲霾浪打人迹絶，時有沙户祈春蠶。我來金山更留宿，而此不到心懷慙。同遊盡返決獨往，賦命輕薄窮江潭。清晨無風浪自湧，中流歌嘯倚半酣。老僧山下驚客至，迎笑喜作巴人談。自言久客忘鄉井，只有彌勒爲同龕。困眠得就紙帳暖，飽食未厭山蔬甘。山林飢餓古亦有，無田不退寧非貪。展禽雖未三見黜，叔夜自知七不堪。行當投劾謝簪組，爲我佳處留茅庵。」鶴林寺、在黄鶴山。舊名竹林寺，宋高祖嘗遊，獨卧講堂前，上有五色龍章，即位改名鶴林。今名報恩。周寶鎮浙西，——有杜鵑花，寶謂殷七七曰：「鶴林之花，天下奇絶，嘗聞能開頃刻花，可副重九乎？」及九日，爛熳如春，因遊賞焉。李涉《鶴林》詩：「終日昏昏醉夢間，忽聞春盡强登山。因過竹院逢僧語，又得浮生一日閑。」蘇子瞻《遊鶴林招隱》詩：「郊原雨初霽，春物有餘妍。古寺滿脩竹，深林聞杜鵑。睡餘柳花墮，目眩山櫻然。西窗有病客，危坐看香煙。」「行歌白雲嶺，坐詠脩竹林。風輕花自落，日薄山半陰。澗草誰復識，聞香杳難尋。時見城市人，幽居惜未深。」韓無咎跋云：「鶴林、招隱，皆京口勝處也，余頃遊焉。鶴林近城，猶屋數間。招隱迥在山中，屋亦無矣，況脩竹哉！東坡所謂『古寺滿脩竹』也，惜其未深者，殆鶴林耶？」梅聖俞詩：「松竹暗山門，颼颼給清吹。傳聞宋高祖，舊宅爲茲寺。地以黑龍升，經因白馬至。何必問興亡，山川應可記。」綦毋潛《鶴林寺》詩：「道門隱形勢，向背臨層霄。松覆山殿冷，花藏溪路遥。珊珊寶幡挂，焰焰明燈燒。遲日半空谷，春風連上潮。少憑水木興，暫令身心調。願謝携手客，茲山禪誦饒。」慈和寺。張祜《秋夜登潤州——上方》詩：「清夜浮埃暫歇鄽，塔輪金照露華鮮。人行中路月生海，鶴語上方星滿天。樓影半連深岸水，鍾聲寒徹遠林煙。僧房閉盡下樓去，一半夢魂離世緣。」

【古跡】鐵甕城。唐乾符中，周寶爲潤帥，築羅城二十餘里，仍號「——」。又云吴孫權所築。狠石，見甘露寺注。羅隱詩：「紫髯、桑蓋此沉吟，——猶存事可尋。漢鼎未安聊把手，楚醪雖美肯同心。英雄已往時難問，苔蘚何知日漸深。還有市廛沽酒客，雀喧鳩聚卧蹄涔。」丹徒，《地理志》：「秦時望氣者云其地有天子氣，始皇使赭衣三千人鑿城敗其勢，改云——。」吕城，去郡城百五十里。吕蒙所築。劉裕宅，裕徙居京口里。蘇子瞻詩：「——一邊霜竹老。」夢溪。沈存中宅，在朱方門外。存中嘗夢至一處小山，花如覆錦，喬木覆其上，山之下有水。夢中樂之，將謀居焉。後守宣城，有道人無外者，爲存中言京口山川之盛，且云郡人有地求售。存中以錢三十萬得之。又六年，因邊議坐謫官，乃廬于潯陽。元祐初，道京口，登道人所買之地，即夢中所遊處。存中嘆曰：「吾緣在是矣。」遂築室焉，因名曰——。

祝穆、祝洙《方輿勝覽》卷三《浙西路・嘉興府》【堂亭】思堂。在華亭丞廳。章質夫建。蘇子瞻記曰：「嗟夫！余，天下之無思慮者也。遇事則發，不暇思也。未發而思之，則未至；已發而思之，則無及。以此，終身不知所思。是故臨義而思利，則義必不果；臨戰而思生，則戰必不力。若夫窮達得喪死生，則吾有命矣。且夫不思之樂，不可名也。虚而明，一而通，安而不懈，不處而静，不飲酒而醉，不閉目而睡，將以是記思堂，不亦繆乎？雖然，言各有當也。萬物並育而不相害，道並行而不相悖。以質夫之賢，其所謂思者，豈世俗之營營於思慮者乎？《易》曰：『無思也，無爲也。』我願學焉。《詩》曰『思無邪』，質夫以之。」月波樓。在州西北城上，下瞰金魚池。元祐令狐挺立。後守毛滂重脩，記云：「望而見月，無有遠近，容光必照。而秀，澤國也。水濱之人，起居飲食與月波接，意將覽取二者於一樓之上也。」鄭毅夫詩：「古堞鑿出明月貝，樓閣飛來兔影中。野色更無山隔斷，天光直與水相通。溪藏畫舫清紋接，人在荷花碧玉叢。若把金魚破袢暑，晚雲深處待歸風。」浩燕亭、在州宅。取沈存中《——》詩意，米元章書。花月亭、張子野倅秀，創此亭，取「雲破月來花弄影」之句。會景亭、在春波門外。列岫亭。在普濟院。張堯同：「吾州風物好，唯是欠青山。忽有洞庭色，來從一笑間。」

【佛寺】鹿苑寺。在海鹽縣西北三十五里。魯貫之初宰此邑，夢胡僧來迎參政。及瞻羅漢像，即夢中所見。招提寺。在嘉興縣。西有静照堂，王介甫、范景仁一時諸賢皆留題。

【祠墓】陸宣公祠。東萊吕伯恭記云：「贄，蘇州嘉興人。在晉時，吴越王元瓘奏以嘉興置州，今城東橋有以宣公名者，相傳即公所生之地也。」其故宅今爲寶花寺。劉伶墓、在嘉興縣東二十七里。蘇小小墓。在嘉興縣西南六十步。乃晉之歌姬。今有片石在通判廳題曰「————」，豈非家在錢塘而墓在嘉興乎？徐凝《寒食》詩：「嘉興郭裏逢寒食，落日家家拜掃回。只有縣前蘇小小，無人送與紙錢財。」

祝穆、祝洙《方輿勝覽》卷四《浙西路・安吉府》【樓閣】消暑樓。在譙門東。杜牧《題吴興——》詩：「晴日登攀好，危樓物象饒。一溪通四境，萬岫遶層霄。鳥翼舒華屋，魚鱗棹短橈。浪花機作織，雲葉匠新雕。臺榭羅嘉卉，城池敞麗譙。蟾蜍來作鑑，蝃蝀引成橋。燕往隨秋葉，人空集早朝。楚鴻行盡直，沙鷺立偏翹。暮角凄遊旅，清歌慘沉寥。景牽遊目困，愁託酒腸消。遠吹流松韻，殘陽渡柳橋。時陪庾公賞，還悟脱煩囂。」滕宗諒《上范希文詩序》曰：「觀名與天壤齊者，有若豫章之滕閣，九江之庾樓，吴興之消暑，宣城之疊嶂，此外不過更二三所而已。」明月樓。在子城西。《苕溪詩話》：「刺史楊傑次公詩曰：『江南地暖少嚴風，九月炎凉正得中。溪上玉樓樓上月，清光合作水晶宫。』吴興因此謂之水晶宫。」

【亭榭】碧瀾堂。杜牧建。陳希元詩：「苕溪清淺霅溪斜，碧玉寒光照萬家。誰向月明終夜聽，洞庭漁笛隔蘆花。」五亭、白居易記：「湖州城東南二百步，抵霅溪。溪連汀洲，洲一名白蘋。梁吴興守柳惲於此賦詩云『汀洲採白蘋』，因以名爲也。前不知幾千萬年，後又數百載，有名無亭，鞠爲荒澤。至大曆十一年，顔魯公真卿爲刺史，始剪榛導流，作八角亭以遊息焉。旋屬災潦薦至，沼堙臺圮。後又數十載，委無隙地。至開成三年，弘農楊君爲刺史，乃疏四渠，濬二池，樹三園，構五亭，卉木、荷竹、舟橋、廊室，泊遊宴息宿之具，靡不備焉。觀其架大溪跨長汀者，謂之白蘋亭；介二園閲百卉者，謂之集芳亭；面廣池目列岫者，謂之山光亭；翫神曦者，謂之朝霞亭；狎清漣者，謂之碧波亭。五亭間開，萬象迭入，嚮背俯仰，勝無遁形。每至汀風春，溪月秋，花繁鳥啼之旦，蓮開水香之夕，賓友集，歌吹作，舟棹徐動，觴詠半酣，飄然悦然，遊者相顧，咸曰：『此不知方外也？人間也？又不知蓬、瀛、崑閬，復如何哉？』時予守官在洛陽，楊君緘書賫圖，請予爲記。予按圖握筆，心存目想，覼縷梗槩，十不得其二三。大凡地有勝境，得人而後發；人有心匠，得物而後開。境心相遇，固有時耶？蓋是境也，實柳守濫觴之，顔公椎輪之，楊君繢素之。三賢始終，能事畢矣。楊君前牧舒，舒人治；今牧湖，湖人康。康之由，革弊興利，若改茶法、變税書之類是也。利興，故府有羨財；政成，故居多暇日。繇是以餘力濟高情，成勝槩，三者旋相爲用，豈偶然哉？昔謝、柳爲郡，樂山水，多高情，不聞善政；龔、黄爲郡，憂黎庶，有善政，不聞勝槩；兼而有者，其吾友楊君乎！君名漢公，字用義。恐年祀寖久，來者不知，故名而字之。時開成四年，十月十五日記。」西亭、在城西門外，臨溪。唐太守柳惲建。有詩，見白蘋洲注。張籍《霅溪西亭晚望》：「霅水碧悠悠，西亭柳岸頭。夕陽生遠岫，斜照逐迴流。此地動歸思，逢人方倦遊。吴興耆舊盡，空見白蘋洲。」六客亭、在郡圃中。元祐中，守張復作《後序》曰：「昔李公擇爲此郡，張子野、劉孝叔在焉。而楊元素、蘇子瞻、陳令舉過之，會於碧瀾堂，子野作《六客詞》，傳於四方。今僕守是邦，子瞻與曹子方、劉景文、蘇伯固、張秉道來過，與僕爲六。而向之六客獨子瞻在，復繼前作，子野爲《前六客詞》，而子瞻爲《後六客詞》。」墨妙亭、孫覺建。蘇子瞻記：「自莘老之至，歲適大飢，莘老振廩勸分。及朝廷更化，當日夜治文書期會，而莘老以其餘暇網羅前人賦詠數百篇爲《吴興新集》，其刻畫尚存而僵仆斷缺於荒陂野草之間者，又皆集於此亭。」水亭、在定安門外，舊尉治。元豐中，守蘇子瞻嘗賦詩云：「兩尉鬱相望，東南百步場。插旗蒲柳市，伐鼓水雲鄉。已作觀魚檻，仍開射鴨堂。全家依畫舫，極目亂紅粧。瀲瀲波頭細，疏疏雨脚長。我來閑濯足，溪漲欲浮床。澤國山圍裏，孤城水影旁。欲知歸路處，葦外聽風檣。」霅溪館。杜牧《得替後移居此館》詩：「萬家相慶喜秋成，處處樓臺歌板聲。千歲鶴歸猶有恨，一年人住豈無情？夜凉——留僧語，風定蘇潭看月生。景物登臨閑始見，願爲閑客此閑行。」

【佛寺】何山寺。汪彦章《何氏書堂記》云：「吴興環城皆水，獨西南岡嶺相屬十餘里，而得浮屠氏之居二焉，東曰道場，西曰何山。何山立於宋元嘉中，道場近出於唐末、五季之初。然道場踵相躡得人，法席雄盛，鍾魚殷殷，聲聞東南。何山敗屋數椽，殘僧數輩，望之蕭然，游者弗顧也。紹興初，余守吴興，得二禪老，曰慧琳，曰慧居。使分居二山。慧居何山數年，剪薙榛蕪，易其圮腐，而一新之。於是游道場者如入王侯之家，其隆棟傑閣，足以納光景而吞江湖。已而過何山，則草樹葱蘢，軒窗窈窕，經行之地皆雅潔幽深，如造高人隱士之廬，至者忘歸，不勝雄盛，移而爲清勝也。」萬壽院、在道場山。詳見上注。蘇子瞻《遊二山》詩：「道場山頂何山麓，上徹雲峰下幽谷。我從山水窟中來，尚愛此山看不足。陂湖行盡白漫漫，青山忽作龍蛇蟠。上高無風松自響，誤認石齒號驚湍。山僧不放山泉出，屋底清池照瑶席。階前合抱香入雲，月裏仙人親手植。出山回望翠雲鬟，碧瓦朱欄縹緲間。白水田頭問行路，小溪深處是何山。高人讀書夜達旦，至今山鶴鳴夜半。我今廢學不歸山，山中對酒空三歎。」東林寺。王會《回仙碑》：「熙寧間，湖州歸安縣之東林有隱君子沈思，字持正，隱於東林，因以東老名焉。能釀十八仙白酒。一日，有客自稱回道人，長揖曰：『知君白酒新熟，願求一醉。』東老與之語，無不通究，知非塵埃中人也。因坐與飲，自日中至暮，飲數斗，殊無酒色。回曰：『久不游浙中，今爲子有陰德，留詩贈子。』乃擘席上石榴皮題詩于壁曰：『西鄰已富憂不足，東老雖貧樂有餘。白酒釀來因好客，黄金散盡爲收書。』既別，莫知所往。後蘇子瞻和其詩三首，其一曰：『凄凉雨露三年後，彷佛塵埃數字餘。至用榴皮緣底事，中書君豈不中書。』沈氏捨宅爲寺，即今之東林寺是也。」

祝穆、祝洙《方輿勝覽》卷四《浙西路·常州》【堂亭】凝露堂。唐大曆中，州内廳東階下二松甘露降，刺史獨孤及上其事，故名。漪瀾堂；在慧山。坡詩：「一步——
——。」五雲亭、陸希聲《頤山録》曰：「頤山之前百餘步，衆水合而東流，岸多朱藤，花水相映，俗呼爲罨畫溪。」又云：「頤山有四亭：曰緑陰，曰西陽，曰弄雲，曰卧龍。」曲水亭、在惠山泉上。多稼亭、在郡城上。楊廷秀《望——》詩：「遥望城頭——，亭邊霜檜老更青。當年老守携稺子，芒鞋葵扇遶城行。臘前移梅春插柳，踏雪衝泥不停手。柳未成陰梅未花，著帽又迎新太守。後來新守復迎新，到今新舊知幾人？向來手植今在否？寄與此詩聊問春。」浄遠亭。楊廷秀《晚登——》詩：「簿書纔了晚衙催，且上高亭眼暫開。野鴨成群忽驚起，定知城背有舡來。」

【寺觀】普利寺。在慧山。有泉，陸鴻漸煎茶驗其味，於諸水爲第二。唐張祜詩：「舊宅人何在，空門客自過。泉聲到池盡，山色上樓多。小洞穿斜竹，重階夾瘦莎。殷勤望城市，雲水暮鍾和。」黄魯直詩：「錫谷寒泉撱石俱，併得新詩蠆尾書。急呼烹鼎供茗事，澄江急雨看跳珠。是功與世滌膻腴，今我一空常晏如。安得左轓箕、潁尾，風爐煮茗卧西湖。」撱音妥。蓋取井旁數小石置瓶中澄水，令其不濁。《蘇子瞻集·焦千之求慧山泉》詩：「兹山定空中，乳水滿其腹。過隙則發見，臭味實一族。淺深各有值，方圓隨所蓄。或爲雲洶湧，或作線斷續。或鳴空洞中，雜佩間琴築。或流蒼石縫，宛轉龍鳳蹙。餅罌走千里，真僞半相瀆。貴人高宴罷，醉眼亂紅緑。赤泥開方印，紫餅絶圓玉。傾甌共歎賞，竊語笑童僕。豈知泉上僧，盥灑自挹掬。故人憐我病，箬籠寄新馥。欠伸北窗下，晝睡美方熟。精品厭凡泉，願子致一斛。」太平寺：，費袞云：「吾州——《畫水》，則郡人徐友作。清濟貫河，一筆紆繞，長數十丈不斷。却立而觀，濤瀾洶湧，目爲之眩。仰首近之，凛然若飛流之濺於面也。」楊廷秀爲守，賦《畫水長句》曰：「太平古寺劫灰餘，夕陽惟照一塔孤。得得來看還不樂，竹莖荒處破殿虛。偶逢老僧聽僧話，道是壁間留古畫。徐生絶筆今百年，祖師相傳妙天下。壁如雪色一丈許，徐生畫水纔盈堵。横看側看只麽是，分明是畫不是水。中有清濟一線波，横貫萬里濁浪之黄河。雷奔電卷儘渠猛，獨清元自不隨他。波痕盡處忽掀怒，攪動一河秋色暮。分明是水不是畫，老眼向來元自誤。佛廬化作金栴樓，銀山雪堆風打頭。是身飄然在中流，奪得太一蓮葉舟。僧言此畫難再覓，官歸江西却相憶。并州剪刀剪不得，鵝溪匹絹官莫惜，貌取秋濤懸坐側。」天慶觀。費袞云：「吾州——《畫龍》，蓋姑蘇道士李懷仁所畫。懷仁者，酒豪不羈，嘗呼龍松江之上，狎而觀之，遂畫龍入神品。過毗陵——，大醉，索墨漿數斗，曳苕帚、裂巾抉濡墨，號呼奮擲，斯須龍成，觀者辟易。褱仁後不知所終。」郡人胡德輝賦古風曰：「道人龍中來，醉與神物會。寫兹蜿蜒質，日月爲冥晦。崩翻江海姿，素碧起濤瀨。呼吸見雌雄，抉石疑可碎。蕭森殿陰古，衆真儼飛旆。注觀忽騰踴，夜半失像繪。飛光者明珠，靈祕一何怪。爛爛照甍棟，那得久在外。偷兒伺酣睡，不怕嬰鱗害。願言慎所託，未用期一快。」

【祠墓】五賢祠。蓋獨孤及、柳開、李餘慶、陳襄、王安石也。延陵季子墓。在晉陵縣北七十里，申浦之西。孔子嘗題其墓曰：「嗚呼！————之——。」舊石堙滅，唐玄宗命殷仲容模以傳。

祝穆、祝洙《方輿勝覽》卷五《浙西路・建德府》【亭榭】環溪亭。在郡中。方干詩：「爲是仙才登望處，風光便似武陵春。閑花半落猶迷蝶，白鳥雙飛不避人。樹影興餘侵枕簟，荷香坐久着衣巾。暫來此地非多日，明日那容借寇恂。」千峰榭。在州宅。自唐有之。范希文喜登，後名思范。方干詩：「豈知平地似天台，朱户深沉别徑開。曳響露蟬穿樹去，斜行沙鳥向池來。窗中早月當琴榻，墻上秋山入酒盃。何事此中如世外，應緣羊祜是仙才。」

【祠廟】嚴先生祠。在釣臺。先生名光，字子陵。漢光武少與光同游學，及即位，首以物色訪之，得於齊國，累召不至，拜諫議不受，去，耕釣於富春山。今有釣臺、祠堂。又作九隴寺，以奉香火。子陵本姓莊，避明帝諱，改姓嚴。范希文作《祠記》云：「先生，漢光武之故人也，相尚以道。及帝握赤符，乘六龍，得聖人之時，臣妾億兆，天下孰加焉，惟先生以節高之。既而動星象，歸江湖，得聖人之清，泥塗軒冕，天下孰加焉，惟光武以禮下之。在蠱之上九，衆方有爲，而獨不事王侯，高尚其事，先生以之。在屯之初九，陽德方亨，而能以貴下賤，大得民也，光武以之。蓋先生之心出乎日月之上，光武之器包乎天地之外，微先生不能成光武之大，微光武豈能遂先生之高哉？而使貪夫廉，懦夫立，是有大功於名教也。某來守是邦，始構堂而奠焉。乃復其爲後者四家，以奉祠事。又從而歌曰：『雲山蒼蒼，江水泱泱。先生之風，山高水長。』」吕伯恭記：「明道二年，范文正自右司諫守是邦，始築屋祠先生而爲之記。瀨之旁白雲源，乃唐人方處士故廬。文正公之遊釣臺也，嘗絶江訪其遺跡，以其像置祠之左。文正公殁，郡人思之，遂侑食於右坐。」

祝穆、祝洙《方輿勝覽》卷五《浙西路・江陰軍》【堂亭】江陰道院。《澠水燕談》：「江陰北距大江，地僻，鮮過客將迎之煩。所隸一縣，民醇事簡。士大夫謂——爲兩浙——，真樂土也。」雙檜堂、在郡治後。張安國書。清白堂、在郡圃。浮遠堂：，在君山上，取蘇子瞻「江遠欲浮天」之句。北臨大江，南望城市，東睨鵝鼻，西俯黄田，號爲勝槩。孫覿詩：「月墮山城曉，沙寒水國秋。雲根拔地起，冰柱蹴天浮。紫翠分鰲嶺，青紅雜蜃樓。舟舡通萬里，城郭數三州。」練江亭、在郡圃子城上。楊公濟詩：「晚日蕭蕭聞落葉，晴天歷歷數飛鷗。」翠光亭。蔣静詩：「君山堆翠山危尖，練水浮光照短簷。」

【古跡】釣臺、在縣東南二十里。其石廣一丈三尺，舊經云即姜太公釣魚之所。石虎。石橋東有石如虎。相傳王氏開酤，每夜失酒，道人過之曰：「山際有石如虎爲祟。」即鑿其足。虎今猶存。

【祠廟】聖英祠。劉遴之《神録》曰：「或云魚子英廟。」按《列仙傳》：「子英，英鄉人。因捕得一魚，愛之，養以穀食，後遂生角翅。天忽雨，子英上魚背，騰空而去。」

祝穆、祝洙《方輿勝覽》卷六《浙東路・紹興府》【陵寢】攢宫。王明清《揮麈録》：「紹興初，昭慈聖憲皇后升遐，曾紆以江東漕兼攝二浙，應辦用元符末京西漕陳向。故事也，朝論欲建山陵。紆議以爲帝后陵寢今存伊、洛，不日復中原即歸祔矣，宜以——爲名。僉以爲當。後易『攢』爲『欑』，實始於紆之請也。」「寧宗茂陵，其地乃泰寧寺之舊址。嘉定十七年冬，命楊熚爲按行使。熚歸奏云：『獨泰寧寺之山山岡偉特，五峰在前，直以上皇青山之雄，翼以紫金白鹿之秀，宜爲先帝弓劍之藏。』遂遷寺定卜焉。」

【堂舍】鎮越堂。汪綱《柱記》：「由蓬萊而下，凡三級始達。廳事承平時皆有，堂宇廢圮已久。後來者乃由中鑿磴道以便往來，而亭軍延見吏民之所遂爲通行之路。非獨失帥府之觀瞻，其於陰陽家尤爲妨忌。郡寢不如昔，民亦多艱，未必不由於此。於是補苴罅漏，芟夷草萊，築一堂於其上，以『鎮越』名。蓋東南之鎮，其山曰會稽，而鎮東又越之軍鎮也。名實而核，地高而爽，堂奥而明，秦望諸山皆欣然領會其效奇獻秀之勢。又創行廊四十間於兩翼，聯屬蓬萊，且併與閣一新之。山川朝拱，氣象環合，而斯堂之勝，遂將獨擅於越中矣。」觀風堂、紹興中曹詠建。王龜齡詩：「薄俗澆風有萬端，欲將眼力看應難。但令心境無塵垢，端坐斯堂即可觀。」清白堂、在州治。范希文記：「會稽府治據卧龍之南足。其西巖之下有地方數丈，密蔓深叢。一日闢之，得廢井，呼工出其泥滓，曰：『嘉泉也。』又(云)引嘉賓以建溪日注卧龍雲居之茗試之，則甘液華滋，説人襟觀，因署其堂曰————。」棣萼堂、洪邁領帥，以其兄适乾道中嘗出守，取綸告中語命名。州宅。後枕卧龍，面直秦望。唐元微之云：「——居山之陽。」嘗以誇於白居易云：「州城縈繞拂雲堆，照水、稽山滿目來。四面無時對屏障，一家終日在樓臺。星河影向簷前落，鼓角聲從地底回。我是玉皇香案吏，謫居猶得小蓬萊。」居易和答云：「賀上人回得報書，大詩｜｜似仙居。知君暗數江南郡，除却餘杭盡不如。」

【樓閣】飛翼樓。汪綱《柱記》：「越之爲都，距今二千年。遺宮故苑，漫不可考。獨｜｜范蠡所築，雄據西山之顛。樓雖不存，邦人猶有能指其處者。中間易以爲亭，曰望海，曰五柱。既而亭與柱俱廢，復爲望海。寶慶丁亥六月，余帥越，至是六年矣。望日大風雨，屋瓦飛墮，亭幾壓焉。遂撤而新之，爲樓三楹於其上，復｜｜之舊，而｜之下則仍望海之名。萬壑千巖，四顧無際，雲濤煙浪，渺渺愁予。使登斯樓者，撫霸業之餘基，思卧薪之雄槩，感憤激烈，以毋忘昔人復仇之義，庶幾乎鴟夷子之風尚有嗣餘響於千百世者。余老矣，無能爲役，姑識歲月云。」越王樓、唐子西《登樓》詩：「左綿城北長安道，馬足翻翻人自老。｜｜高｜藏道邊，道上行人迷不到。樓前西日墮江紅，一見如逢鄰舍翁。向來何處識面目，應在杜陵詩句中。」蓬萊閣。在設廳後卧龍山上，吴越錢鏐所建。名以｜｜者，舊志云：「蓬萊山正屬會稽。」元微之有詩，見州宅注。滕子京《知湖州送范希文》詩：「爲問玉皇香案吏，｜｜何似水晶宫。」

【臺榭】越王臺。舊經：「在種山。」今在卧龍之西，汪綱創。氣象開豁，極目千里，爲一郡登臨勝處。月臺、舊有此臺，不知其址。汪綱創在鎮越堂之前。王龜齡詩：「明珠遥吐卧龍頭，漸覺清光萬里浮。人望使君如望月，要須如鏡莫如鈎。」蘭亭、在山陰縣二十五里天章寺，有曲水。王羲之《｜｜叙》：「永和九年，歲在癸丑，暮春之初，會于會稽山陰之｜｜，脩褉事也。羣賢畢至，少長咸集。此地有崇山峻嶺，茂林脩竹，又有清流激湍，映帶左右，引以爲流觴曲水。列坐其次，雖無絲竹管絃之盛，一觴一詠，亦足以暢叙幽情。是日也，天朗氣清，惠風和暢，仰觀宇宙之大，俯察品彙之盛，所以游目騁懷，足以極視聽之娱，信可樂也。夫人之相與，俯仰一世，或取諸懷抱，晤言一室之内；或因寄所託，放浪形骸之外。雖趣舍萬殊，静躁不同，當其欣於所遇，暫得於己，快然自足，不知老之將至。及其所之既勸，情隨事遷，感慨係之矣。向之所欣，俛仰之間，已爲陳迹，猶不能不以之興懷。況脩短隨化，終期於盡。古人云死生亦大矣，豈不痛哉！每感昔人興廢之由，若合一契，未嘗不臨文嗟悼，不能喻之於懷。固知一死生爲虚誕，齊彭殤爲妄作，後之視今，亦猶今之視昔，悲夫！故列叙時人，録其所述，雖世殊事異，所以興懷，其揆一也。後之覽者，亦將有感於斯文。」《遯齋閑覽》：「王右軍《｜｜叙》『天朗氣清』，自是秋景，以此不入《選》。然『絲竹管絃』語亦重複。」《續齊諧記》：「晉武帝問尚書摯虞曰：『三月曲水，其義何？』答曰：『漢章帝時，平原徐肇以三月初生三女，至三日而俱亡，一村以爲怪。乃相携至水濱盥洗，遂因水以泛觴。曲水之義起於此。』帝曰：『若所談，非好事。』尚書束晳曰：『仲洽小生，不足以知此。臣請説其始。昔周公成洛邑，因流水以泛酒，故逸詩曰「羽觴隨流波」。又秦昭王三日置酒河曲，見有金人出奉水心劍，曰：「令君制有西夏。」乃因其處立爲曲水。二漢相沿，皆爲盛事。』帝曰：『善。』賜金五十斤，左遷仲洽爲陽城令。」適南亭、陸農師記：「會稽爲越之絶，而山川之秀甲於東南。自晉以來，高曠宏放之士多在於此。至唐，餘杭始盛，而與越争勝，見於元、白之稱。然山川之勝，殆有鬱而未發者也。熙寧十年，給事中程公出守是邦。公，吏師也。下車未幾，政成訟清。與賓客沿鑑湖上蕺山以尋右軍秘監之跡，登望稍倦，未愜公意。於是有以梅山之勝告公者，蓋指其地昔子真之所居也。今其少西有里曰梅市。其事應史。公聞往焉。初届佛刹，横見湖山一面之秀，以爲未造佳境也。因至其上望之，峰巒如列，間見層出，煙海杳冥，風帆隱映，有魁偉絶特之觀，而高情爽氣適相值也。已而山之僧因高築宇，名之曰『適南』，蓋取莊周『大鵬圖南』之義。暇日領賓飲而賞焉，於是闔州以爲觀美，而春時無貴賤皆往。又其風俗潔雅，嬉遊皆乘畫舫，平湖清淺，晴天浮動。及登是亭，四眺無路，風輕日永，若上蓬萊之上，可謂奇矣。雖然，公之美志喜於發揚幽懿，豈特賁一山而已。凡此鄉人藏道蓄德，晦於耕隴、釣瀨、屠市、卜肆、魚鹽之間者，庶幾託公之翼，摶風雲而上矣。」秋風亭、汪綱《柱記》：「秋風亭，辛幼安曾賦詞，膾炙人口，今廢矣。予即舊基面東爲亭，復創數椽於後，以爲賓客往來館寓之地。當必有高人勝士，如宋玉、張翰者，來游其間，游目騁懷，幸爲我留，其毋遽起悲秋思歸之興云。」冷香亭。在倅廳之東。取曾子固《憶越中梅》詩「冷香幽艷爲誰開」之句。

【佛寺】戒珠寺。本王羲之故宅。門外有二池，曰墨池、鵝池。雲門寺、在會稽南三十一里。今名雍熙，爲州之偉觀。昔王子敬居此，有五色祥雲，詔建寺，號雲門。杜甫詩：「若耶溪，雲門寺，青鞋布襪從此始。」宋之問《遊寺》詩：「維舟深静域，作禮事尊經。投跡一蕭散，爲心自杳冥。龕交大禹穴，樓倚少微星。沓嶂圍蘭若，迴溪抱竹庭。覺花塗砌白，甘露洗山青。鴈塔鶱金地，虹橋轉翠屏。人天宵念影，神鬼晝潛形。理勝常虚寂，緣空自感靈。入禪從鴿繞，説法有龍聽。劫累終期滅，塵躬豈暫寧。摇摇不安寐，待月詠嵓扃。」又《宿寺》詩：「雲門若邪裏，泛鷁路纔通。夤緣緑篠岸，遂得青蓮宫。天香衆壑滿，夜梵前山空。漾漾潭際月，飄飄杉上風。兹焉多嘉遯，數子今莫同。鳳歸慨處士，鹿化問仙公。樵路鄭州北，舉井阿巖東。永夜豈云寐，曙華忽葱蘢。谷鳥轉尚澀，源桃驚未紅。再來期春暮，當造林端窮。庶幾蹤謝客，開山投剡中」。趙嘏《浙東陪元相公遊》詩：「松下山前一逕通，燭迎千騎滿山紅。溪雲乍斂幽巖雨，曉氣初高大旆風。小檻宴花容客醉，上方看竹與僧同。歸來吹盡巖城角，路轉高堂亂水東。」天衣寺、在山陰南三十里。于良史詩：「掬水月在手，弄花香滿衣。」寶相寺。在新昌縣西南五里。有齊僧護鑿百尺彌勒像。

【道觀】龍瑞宮。在會稽東南二十里。道家謂黄帝時嘗建候神館于此，有龍現壇。憲汪綱以旱來祈，有物蜿蜒於壇上，人皆知爲神龍變化也。繼而雨如傾注。葉正則詩：「感格孰如汪仲舉，步虚未了龍來語。會稽、秦望都洗清，越人唤作提刑雨。」千秋鴻禧觀。初，賀知章入道，以其所居宅爲觀，始曰千秋，尋改曰天長。乾道四年，郡守史浩奏移天長觀於會稽東南五里。嘉定十三年賜名「｜｜｜｜」，仍爲祠官典領之地。前有亭，曰鑑湖；一曲又一亭，曰懷賀；皆史浩建。觀之前，郡守汪綱築一園，曰賜榮，取李白《憶賀監》詩「敕賜鑑湖水，爲君臺沼榮」。

【祠墓】禹廟。在會稽縣東南七里。今爲告成觀，獨——爲舊址。紹興間祠之。前一夕，忽光焰閃爍，人即其處斸之，得古珪璧珮環，藏于廟。然今所存者，非其真矣。李紳詩：「削平水土窮滄海，畚鍤東南盡會稽。山擁翠屏朝玉帛，穴通金闕架雲霓。秘文鏤石藏青壁，寶檢封雲化紫泥。清廟萬年長血食，始知明德與天齊。」曹娥墓、在會稽東七十二里。《典録》云：「娥，上虞人。父盱，迎江神，泝濤爲水溺。娥年十四，投江而死，縣長度尚憐而葬之，命邯鄲子作碑。蔡邕來觀，題云：『黄絹幼婦，外孫虀臼。』後人又爲立廟。」錢惟岳詩：「曹娥廟貌樹豐碑，千古行人誦色絲。苦恨當年題八字，不旌賢孝只旌辭。」嚴光墓。子陵本餘姚人。

祝穆、祝洙《方輿勝覽》卷七《浙東路・慶元府》

【亭榭】結亭。《漢地理志》：「鄞縣，有鮚埼亭。」顔《注》云：「鮚音結，蚌也。埼，岸曲也，其中多鮚，故以名亭。」西亭、王介甫《鄞縣——》詩：「收功無路去無田，竊食窮城度兩年。更作世間兒女態，亂栽花竹養風煙。」衆樂亭。在西湖中，錢公倚所建。司馬君實詩：「橫橋通廢島，華宇出荒榛。風月逢知己，湖山得主人。使君如獨樂，衆庶必深顰。何以知家給，笙歌滿水濱。」王介甫詩：「使君幕府開東部，名高海曲人知慕。艤舡談笑政即成，洗滌山川作佳趣。平泉浩蕩銀河注，想見明星弄機杼。載沙築成天上路，投虹爲橋取孤嶼。掃除荊棘水中央，碧瓦朱甍隨指顧。春風滿城金版舫，來看置酒新亭上。百女吹笙綵鳳悲，一夫伐鼓靈鼉壯。安期、羨門相與遊，方丈、蓬萊不可求。酒酣忽跨鯨魚去，陳迹空令此地留。」錢公輔詩云：「誰把江湖付此翁，江湖更在廣城中。他年若數東南勝，須作蓬萊第一宫。」

祝穆、祝洙《方輿勝覽》卷七《浙東路・衢州》

【亭臺】風亭。在城西南。洪邁記。濯纓亭、趙閲道詩：「釣臺逸老心非傲，浮石仙人迹尚存。對岸煙林雙佛寺，隔灘風笛一漁村。」縠波亭、吕微仲詩：「地軸抽不盡，風梭織又成。」證夢亭。晏《類要》：「在州治之前。唐豆盧者夢一老人，謂之曰：『二十年後爲此郡守，可於此建亭。』後果如所言。」

【寺院】仙居院、在江山東南。有水簾。王介甫作《僧德殊家水簾》詩云：「淙淙萬音落石顛，皎皎一派當簷前。清風高吹鸞鶴唳，白日下照蛟龍涎。浮雲裝額自能捲，缺月琢鈎相與懸。朱門試問幽人價，翡翠鮫綃不直錢。」永年寺、在常山縣北三十里。又名黄岡寺。丞相趙鼎、侍郎魏矼、侍讀范冲，避地南來，寓居寺中，有酬唱。烏石院、在龍游縣北。張魏公浚解相位，西歸留題云：「清河張德遠，聽顔師古鼓琴而去。」岳公飛題云：「紹興三年，假宿幽巖，覽山川之勝，志期爲國埽平黠虜，恢復興圖，迎二聖沙漠之還，輔聖主無疆之運。」石壁寺。在龍游。杜荀鶴詩：「石壁早聞僧説好，今來偏與我相宜。有山有水堪吟處，無雨無風見景時。漁父晚舡分浦釣，牧童寒笛倚牛吹。畫人畫得從他畫，畫得應輸八句詩。」

【祠墓】徐偃王廟、在西安縣南七十里靈山下。韓愈撰《廟碑》云：「徐與秦俱出伯翳，爲嬴姓。秦處西偏，專用武勝，卒償其國。徐處得地中，文德爲治。至偃王誕當國，益除去刑，君國子民，一出於仁義。時周穆王無道，得八龍騎之西遊，同王母宴于瑶池之上，歌謳忘歸，諸侯爭辨者無所質正，賓于徐之庭者三十六國。穆王恐，命造父御長驅而歸，與楚連謀伐徐。徐不忍鬬其民，北走彭城，百姓從而歸之。偃王死，民號其山爲徐山，鑿石爲室，以祠偃王。衢州，故會稽太末也。民多姓徐氏，支縣龍丘有偃王廟。或曰：「偃王之逃戰，不之彭城，之越城之隅，棄玉几研於會稽之水。或曰：徐子章禹之宗族子弟，即其居立先王廟。」江郎廟；在江山南五十里。《文思博要》云：「有江姓三昆弟，登其顛化爲三石峰，因名焉。湛滿者，亦居山下。其子仕路遭永嘉之亂，不得歸。滿使祝宗言於三石之靈，能致其子，靡愛斯牲。旬日中，湛子出洛水邊，見三少年，使閉眼入車欄中，但聞去如疾風，俄頃間從空墮，良久乃覺，是家中後園也。」郭璞墓。在戟門内。相傳謂，璞曰：「五百年，太守爲吾守墓。」紹聖二年，太守孫賁知非——，發之，得二石，其一題云：「乾符五年五月安於此。」見毛滂《雙石堂記》。

祝穆、祝洙《方輿勝覽》卷七《浙東路・婺州》

【堂亭】仁風堂。在州宅。取袁宏「奉揚——」之義。涵碧亭、在東陽縣北五里峴山之下。唐寶曆間，東陽令于興宗建。劉禹錫有詩，故名。水樂亭、在東陽縣西南八里。兩山對峙，有飛泉數丈，界山而落，泠然有聲。辛王槩作亭澗上，取元次山「水樂」之説。蘇子瞻寄題詩云：「但向空山石壁下，愛此有聲無調之清流。流泉無弦石無竅，强名水樂人人笑。」東峰亭、在蘭溪縣。馮宿《亭記》云：「松門蓋空，石道如帶。」最高亭、葉相園。陸務觀詩：「高亭新築冠鰲峰，眼力超然信不窮。膚寸油雲澤天下，大千沙界納胸中。春游到處羣花擁，夜飲歡時百榼空。劉向老來忘世味，只思詩酒伴裴公。」極目亭。韓無咎《——詩集序》：「婺之牙城東南隅，有亭纔數椽，郡守周彦廣嘗取米元章所書『——』三大字榜之。然元章舊題乃上蔡也，既陷没不可見，猶得見於吾州，豈特其名之適實，而字畫之妙亦因是顯矣。然棟宇狹甚，不足以陳觴豆，列絲竹。客至，倚徙而愛之，主人僅爲茗飲，或奉一杯相壽而已耳。予再爲婺之明年，值歲豐少事，乃闢而新焉。其規制不能侈大，頗與其地爲稱。於是來登者酒酣歡甚，往往賦詩或歌詞自見，則皆巨公長者，及鄉評之彦與經從賢士大夫也。蓋婺城臨觀之許凡三：中爲雙溪樓，西爲八詠樓，東則此亭。皆盡見羣山之秀，兩川貫其下，平林曠野，景物萬態。而雙溪直譙門，涉通衢百舉武。八詠在郡庠之偏，距州治尤遠，且須女之祠寓焉。二樓不可頻至，惟——在後圃之隙，不必命駕煩民，得與賓客共之。予以山林麋鹿之姿，遇退食之餘，好風佳月，必携幼穉，支筇躡屨，徜徉于兹，蓋溪光山色、奇花美卉，無日而非我有也。吾恐異時太守之賢不得而廢，則嘯歌觴詠有以慰吾之暇者，可不傳乎？雖蘭亭逸少之風莫及，而峴山叔子之嘆未忘，因類而録諸木，俾好事者其考之。」

【樓觀】八詠樓。在子城西。即沈隱侯元暢樓，至道間郡守馮伉更今名。沈約《八詠》詩：「登臺望秋月，會圃臨春風。秋至愍衰草，寒來悲落桐。夕行聞夜鶴，晨征聽曉鴻。解佩去朝市，披褐守山東。」嚴維詩：「明月雙溪水，清風——。少年爲客處，今日送君遊。」李易安詩：「千古風流——，江山留與後人愁。水通南國三千里，氣壓江城十四州。」崔顥詩：「梁日東陽守，爲樓望越中。綠窗明月在，青史古人空。江静聞山狖，川長數塞鴻。登臨白雲晚，留恨此遺風。」雙溪樓。在郡城上。米元章書。

【橋梁】山橋。在州北。二巖對立，溪流亂石間，故名——。

【寺觀】智者寺。在州西北五十里。——禪師道場，後倚石巖，乃金華第一刹也。寶婺觀。在子城門西，與州學連接。樓宇高聳，古桐森然。諺云：「桐齊簷，出狀元。」紹興癸丑，桐與簷齊，而陳亮以廷試魁多士。繼則桐爲風所折，後再生一枝，柯葉寖茂。至嘉定庚辰，桐與簷齊，劉渭繼爲大魁，應前讖云。

【祠廟】東萊祠。先生作麗澤書院，爲講學之地。今爲祠堂，仍勑賜額。

祝穆、祝洙《方輿勝覽》卷八《浙東路・台州》【堂閣】静鎮堂。在州治。唐李嘉祐爲守，竇常贊之，有「——方州」之句。三瑞堂、洪光弼爲寧海主簿時建。適以荷花、桃實、竹幹有連理之瑞，已而生子适。故适以貳車行縣，題詩云：「久矣馳魂夢，今登———。故山有喬木，近事話甘棠。展驥慚充位，占熊憶問祥。白雲留不住，極目是吾鄉。」巖老堂；在仙居縣廳東。令陳襄建，自注云：「嘗穿池引水。」分繡閣、在添倅廳。洪景伯爲記。玉霄閣。在天台寺。陸務觀詩：「竹輿衝雨到天台，綠樹陰中小閣開。榜作玉霄君會否，要知小吏按行來。」

在倅廳後。

【亭榭】交翠亭。在寧海簿廳，洪景伯建。赤城奇觀、在郡圃後山上。萬壑風煙。

【寺觀】國清寺。在天台縣北十里。隋僧智顗夢定光告曰：「寺若成，國即清。」故名。李邕記，柳公權書額。時以齊州靈巖、荆州玉泉、潤州棲霞、台州——爲四絶。今名景德—。皮日休詩：「十里松門國清路，飯猿臺下菩薩樹。怪來煙雨路晴天，元是海風吹瀑布。」崇道觀。在桐柏山。山間環有九峰，玉女、卧龍、紫霄、翠微、玉泉、蓮華、華琳、香琳、玉霄是也。唐《崔尚碑》：「連山峨峨，四野皆碧。茂木鬱鬱，四時並青。雙峰如闕，中天豁開。一道瀑布，洞門長松夾道。」孟浩然《桐柏觀》詩：「海泛信風帆，夕宿逗雲島。捫蘿亦踐苔，輟棹窮幽討。」鄭薰詩：「深山桐柏觀，殘雪路猶分。數里踏紅葉，全家穿碧雲。月寒巖障曉，風遠蕙蘭芬。明日出林去，吹笙不可聞。」趙師秀詩：「山深地忽平，縹緲見殊庭。瀑近春風濕，松多曉日青。石壇遺鶴羽，粉壁剥龍形。道士王靈寶，輕强滿百齡。」

【祠廟】滕侯廟。東萊《修城記》：「宣和中，盗發仙居，闖虚深入，城薄欲登，則有户掾滕君膺，帥厲吏士，圉以方略，寇不爲患，父老紀焉。」郡人爲立祠於郡側山上，朱元晦有記。天王祠。舊説唐太宗從高祖起義兵，有神自稱毗沙門天王，願同力定亂，將有猪首、象鼻者，故所向成功。及即位，詔天下公府皆祀之。天寶初，又詔諸郡於城隅置祠，仍建佛寺，俱以「天王」爲額。

祝穆、祝洙《方輿勝覽》卷九《浙東路・瑞安府》【堂亭】西堂。在州宅。謝靈運知族弟惠連有奇才，謂人曰：「每對惠連，輒得佳句。嘗於永嘉——思詩，竟日不就，忽夢惠連，即得『池塘生春草』之句。」《登池上樓》詩：「潛虬媚幽姿，飛鴻響遠音。薄霄愧雲浮，棲川怍淵沉。進德智所拙，退耕力不任。徇禄反窮海，卧痾對空林。衾枕昧節候，褰開暫窺臨。傾耳聆波瀾，舉目眺嶇嶔。初景革緒風，新陽改故陰。池塘生春草，園柳變鳴禽。祁祁傷豳歌，萋萋感楚吟。索居易永久，離羣難處心。持操豈獨古，無悶徵在今。」西射堂、在城西南十里。謝靈運《晚出———》詩：「步出城西門，遥望城西岑。連嶂疊巘崿，青翠杳深沉。曉霜楓葉丹，夕曛嵐氣陰。節往感不淺，感來念已深。羈雌戀舊侣，迷鳥懷故林。含情尚勞愛，如何離賞心。撫鏡華緇鬢，束帶緩捉衿。安排徒空言，幽獨賴鳴琴。」戲彩堂；在倅廳。通判趙屼迎其父清獻公抃來，遂以名堂。蘇子由詩：「春晚安輿遍浙東，永嘉别乘喜無窮。橐裝已笑分諸子，吏道何妨問薛公。」南亭、在郡城之南一里許。謝靈運有《游——》詩云：「時竟夕澄霽，雲歸日西馳。密林含餘清，遠峰隱半規。久痗昏墊苦，旅館眺郊歧。澤蘭漸被徑，芙蓉始發池。未厭青春好，已觀朱明移。慼慼感物歎，星星白髮垂。藥餌情所止，衰疾忽在斯。逝將候秋水，息景偃舊崖。我志誰與亮，賞心惟良知。」北亭。在州東五里。《圖經》云：「太守謝靈運於此與吏民别。」詩云：「晚末愛餘榮，憩泊甌海濱。前期眇已往，後會邈無因。」

【樓觀】思遠樓。劉述建。對西山羣峯，瞰會昌湖，里人於此觀競渡。今人歌「———前路」之詞，即此是也。

【寺觀】龍翔院。在永嘉縣江中，二峰對峙。舊有斷流截其中，建二浮圖于上。程兵部詩：「東西二寺絶塵囂，齋鼓全憑早晚潮。解事江流更分斷，與君題作小金、焦。」建炎四年，高宗皇帝幸是刹，御書「清暉」、「浴光」二軒名。天慶觀。在華蓋山。殿閣壯觀。

祝穆、祝洙《方輿勝覽》卷九《浙東路・處州》【堂亭】州宅。《長編》：「咸平二年，知處州楊億言：『本州城壁，舊在平隰，唐末寇亂，移於山上，吏民不便，請復之。』上以歲旱，不許。」照水堂；在郡治。米元章書。點易亭。在南園。唐明皇《贈葉法善》詩：「青溪道士人不識，上天下天鶴一隻。洞門深鎖碧窗寒，滴露研朱—《周—》。」

【樓閣】煙雨樓。在州治。范至能書。錢仲韶詩：「風雲出没有時有，——空濛無日無。」洄溪閣、在州宅。取謝靈運「對嶺臨——」之句。少微閣、在州治。少微，乃郡之星也。留槎閣。在龍泉縣濟川橋畔。有東坡留題。何才翁詩：「朱户夜開千嶂月，畫簾秋捲兩溪風。」

祝穆、祝洙《方輿勝覽》卷一〇《福建路・福州》【學校】州學。朱文公《——經史閣記》：「福州之學，在東南爲最盛，弟子員常數百人。比年以來，教養無法，師生相視，漠然如路人。以故風俗日衰，士氣不作，長老憂之，而不能有以救也。紹熙四年，今教授臨邛常君濬孫始至。既日進諸生，而告之以古昔聖賢斆學之意；又爲之飭厨饌，葺齋館，以寧其居。然後謹其出入之防，嚴其課試之法，朝夕其間，訓誘不倦，於是學者競勸，始知常君之爲吾師。而常君之視諸生亦閔閔焉，惟恐其不能自勉以進於學也。故常慮其無書可讀，而業將病於不廣，則又爲之益置書史，合舊爲若干卷；故度御書閣之後，更爲重屋以藏之。而以書來請記其事，且致其諸生之意曰：『願有以教之也。』予惟古之學者無它，明德新民，求各止於至善而已。夫其所明之德，所止之善，豈有待於外求哉？識其在我，而敬以存之，其亦可矣。其所以必曰讀書云者，則以天地陰陽事物之理，脩身，事親，齊家及國，以至於平治天下之道，與凡聖賢之言行，古今之得失，禮樂之名數，下而至於食貨之源流，兵刑之法制，是亦莫非吾之度内有不可得而精粗者。若非考諸載籍之文，沈潛參伍以求其故，則亦無以明。夫明德體用之全，而止其至善，精微之極也。然自聖學不傳，世之爲士者不知學之爲本，而唯書之讀，則其所以求於書，不越乎記誦訓詁文詞之間，以釣聲名、干利禄而已。是以天下之書愈多，而理愈昧；學者之事愈勤，而心愈放；詞章愈麗、議論愈高，而其德業事功之實愈無以逮乎古人。然非書之罪也。讀者不知學之有本，而無以爲之地也。今觀常君之爲教，既開之以古人斆學之意，而後爲之儲書以博其問辨之趣，建閣以致其奉守之嚴，則亦庶乎本末之有序矣。予雖有言，又何以加於此哉？然無已而有一焉，則亦曰姑俟二三子者，知夫爲學之本，有無待於外求者，而因以致其操存持守之力，使吾方寸之間清明純一，真有以爲讀書之地，而後宏其規，密其度，循其先後本末之序，以大玩乎閣中之藏，則夫天下之理，其必有以盡其纖悉而一以貫之。異時所以措諸事業者，亦將有本而無窮矣。因序其事，而并書以遺之。二三子，其勉之哉！」

【堂亭】止戈堂。在州治。汪彦章《題程學士——》詩：「此老胸中百萬兵，暫勞試手犬羊羣。山頭不復望廷尉，柱後何妨用惠文。解帶爲城聊戲劇，賣刀買犢便耕耘。三山勝處開華屋，千載人傳舊史君。」眉壽堂，在州宅。張丞相浚爲其母秦國夫人建。道山亭、曾子固《———記》：「閩，故隸周者七。至秦開其地，列於中國，始并爲閩中郡。自粤之太末與吴之豫章，爲其通路。其路閩者，陸出則阸於兩山之間，山相屬無間斷，累數驛乃得一平地，小爲縣，大爲州，然其四顧亦山也。其塗或逆坂如緣絙，或垂崖如一髮，或側徑鉤出於不測之溪，上皆石芒峭發，擇地然後可投步。負載者雖其土人，猶側足然後能進。非其土人，罕不躓也。其谿行，則水皆自高瀉下。石錯出其間，如林森立，如士騎滿野，千里上下，不見首尾。水行其隙間，或衡縮蟉糅，或逆走旁射。其狀若蚓結，若蟲鏤，其旋若輪，其激若矢。舟泝沿者，投便利，失毫分，輒破溺。雖其土長川居之人，非生而習水事者，不敢以舟楫自任也。其水陸之險也如此。漢嘗處其衆江、淮之間而虚其地，蓋以其陿多阻，豈虚也哉？福州治候官，於閩爲土中，所謂閩中也。其地於閩爲最平以廣，四出之山皆遠，而長江在其南，大海在其東。其城之内外皆涂，旁有溝，溝通潮汐，舟載者晝夜屬於門庭。野多桀木，而匠多良能，人以屋室鉅麗相矜，雖下貧必豐其居。而佛、老子之徒，其宫又特盛。城之中三山，西曰閩山，東曰九仙山，北曰粤王山。三山者，鼎趾立。其附山，蓋佛、老子之宫以數十百，其瓌詭殊絶之狀，蓋已盡人力。光禄卿、直昭文館程公爲是州，得閩山嶔崟之際，爲亭於其處。其山川之勝，城邑之大，宫室之榮，不下簟席而盡矚。程公以謂在江海之上，爲登覽之觀，可比於道家所謂蓬萊、方丈、瀛洲之山，故名之曰『道山之亭』。閩以險且遠，故仕者常憚往。程公能因其地之善，以寓其耳目之樂，非獨忘其遠且險，又將抗其思於埃𡏖之外，其志壯哉！程公於是州，以治行聞，既新其城，又新其學，而其餘功又及於此。蓋其歲滿，就更廣州，拜諫議大夫，又拜給事中、集賢院修撰。今爲越州。字公闢，名師孟云。」春野亭、在州宅。蔡君謨詩云：「江潮漲晚緑，山麓延朝紅。」環峰亭、在越山吉祥寺。亭古山巔，乾道間賜宸翰。碧巖亭。王汝舟詩云：「人去已升蓬島路，客來空愛玉溪泉。仙翁世界藏仙洞，佛子樓臺出兰穴。」

【樓閣】萬象樓。在州治。衣錦閣。在州治。以太宰余復嘗典鄉郡，故名。

【佛寺】雪峰寺。在候官縣西百餘里。唐咸通中，真覺禪師義存遊吴、楚，至武陵，傳法於五祖德山。乃歸閩居芙蓉山石室，其徒蝟集，於是得象骨峰誅茅爲庵。一日登巔遇雪，留宿其上，因名雪峰。《閩中實録》：「閩王問雪峰曰：『師住象骨峰，有何異？』答曰：『山頂暑月常有積雪。』審知曰：『可名——。』」寺中有無字碑，或人題詩云：「一片如屏紫翠間，風吹日炙蘚花班。莫言个裏無文字，正要當人着眼看。」囊山寺、在城西。有石屏，蔡君謨書。陳伯孫詩：「六合萬籟息，秋林月正輝。琴中彈不盡，石上坐忘歸。」大乘寺、在州西。寺有榴花洞、神移泉。黄蘗寺。在福清縣西南。有瀑布數十丈。丁公言題詩云：「莫言塵世人來少，幾許遊方僧到難。」

祝穆、祝洙《方輿勝覽》卷一〇《福建路・邵武軍》

【亭臺】會景亭；在登高山頂，蓋一郡最高絶處。前視井邑，萬瓦鱗次。左瞰清流，右臨碧巘。熙春臺。在登高山頂，蓋一郡最高處。

【祠廟】廣祐廟。在邵武縣西五十里。王諱祐，姓歐陽，洛陽人也。隋義寧中爲温陵太守，代還，舟過大乾，愛其江山之勝，顧夫人崔氏曰：「此可立廟。」發舟之夕，江水暴漲，王夫婦溺焉。其尸沿流而下，至向所艤舟處輒止。見者隨流送之二十里，翌日泝流復返；再送之，加十里，又如之。於是衆驚異，斂而葬之，屢出靈響，遠近争來，椎牛刺豕以祭。有龍湖山圓覺大師憫牲物，命遺偈以告，遂以齋羞易血食。或云：師嘗與神以道力角勝負，廟傍有大松，師舉手以梢拂地者三，神僅能再，遂屈而從之，水旱之禱如響。邵武謂之「去天五十里」云。按《夢録》：「士有以前程來謁夢者，皆驗。」李公綱，字伯紀，邵武人。嘗造祠下，夢王者降階延接，遜以主位，李固辭，王曰：「他日更仗主盟。」及爲相，值王加封，果與署名。葉公祖洽，字惇禮，邵武泰寧人。先名光，字亨父。謁廟，夢王者令掌籍判官檢簿與看，即無葉光，止有葉祖洽名字，遂用之，當年果領舉赴省。謁廟，王者將一片犬肉置於几上，命食之；又殿下有竹一束，王者指示云：「此是題目。」莫曉其義。明年作大魁，方悟「一片犬肉」乃「狀」字；「置于几上」乃「元」字；「殿下竹一束」者，以前廷對出賦題，殿試問策自祖治時始，竹一束乃「策」字也。黄公中，字通老。方勝冠，同友二三人詣正殿。黄於中途適值親戚，酌以大斗，及到祠下，酣猶未醒。是夜俱無夢，惟友人之臧亦宿于廟，夢王者云：「荷你秀才，來甚至誠。只有一個黄尚書，如何喫得恁地醉。」後黄作大魁，以有官人降第二，果仕至尚書，八十五歲終，贈端明；而友人者止爲秀才云。袁公樞，字機仲，建寧府人。嘗到祠下，夢云：「温、黄前後並，殿下不須行。」覺而惡之，以並、病同音。後省試，木待問作省元，乃温州人；第二名黄治，袁以賦魁第四。是歲諒陰，榜不放殿試，即「殿下不須行」也。曾公從龍，温陵人也。慶元戊午之秋，即於私居遥禱正殿，是夕夢云：「兩爵並躍於今秋，一薦獨横於天下。」又夢一人屈指數云：「四十年事，是科兄弟同發舉。」所謂「兩爵並躍於今秋」，明年從龍作狀元；所謂「一薦獨横於天下」「四十年」者，蓋泉州自梁克家作大魁之後，到從龍時恰四十年也。福唐人蘇大章治《易》，其家瞻奉香火甚勤。慶元戊午之秋，即於私居齋宿有禱，中夜夢一朱衣吏分明報云：「今年發舉，名位已排定第十一。」語之再三。及覺，頗異其事。詰旦告人，人稍疑之。試期，遂爲衆士人經州投狀，而絶無曉示。及開榜至十一名，府主不許拆號，懷中出士人前所投詞，遂於待補中取一名易卷對換。及拆卷，乃是蘇大章，而待補却是爲狀首之人。明年，蘇作省元，亦豈偶然？江俞，建昌人也。治聲律。詣祠下有禱，中夜夢王者坐於殿庭，屏退左右之人，呼而告之曰：「俗不如古。」語之至于數四。及覺，莫之曉。次夜復假宿，其夢如初，於是專誌之。後於壬子年解試，出「聖上樸以皇質」賦，韻脚以「聖上以此還民之淳」。初欲押「還」字、「民」字、「之」字，俱不穩。忽思夢中之句，遂押「淳」字。破云：「俗不如古，聖期再淳，以此皇風之質，樸夫天下之人。」主司批破題四字冠場，遂中魁選。高宇夢得詩云：「碧瓦朱簷天外聳，黄花六葉掌中開。」纔登第，娶黄司業女六娘爲妻。「碧瓦朱簷」，乃高宇也。建安詹必勝，兄弟三人，謁夢得詩云：「萬里無雲天一色，秋風吹起鴈行高。」乃倒書之。及秋闈，同預薦，果弟先而兄後。餘不勝紀，悉見《謁夢録》。李忠定祠。在軍學。朱元晦記云：「公少有大志，自爲小官，即切切然以天下事爲己憂。宣和初，一日大水猝至，幾冒都城，人莫能究其所自來，相與震懼，而無敢以爲言者。公時適爲左史，以爲此夷狄兵戎之象，亟上疏言之，遂以謫去。數歲得召還，則虜騎已入塞，而長驅向闕矣。公復慨然圖上内禪之策，言未及發，而大計已決。虜圍既迫，群小方謀挾至尊犯不測，爲幸免計，公又獨扣殿陛，力陳大義，得復城守以退虜兵。然自是割地講和之議遂起，公又再謫，而大事去矣。光堯太上皇帝受命中興，首召公宰相，方誅僭逆，而小人有害公者，遂三謫以去，而不復還矣。」

祝穆、祝洙《方輿勝覽》卷一一《福建路・建寧府》【堂榭】玉仙堂、在郡圃。以玉清洞、梅仙山合名。脩貢堂、在漕臺。觀妙堂；在武夷山冲佑觀。李彌遜宿觀妙堂，遇雨，既渡復迴，一日竟遊九曲而行，賦詩二首：「人間何地寄衰翁，偶到神仙一葦中。可是仙君謝逋客，舡頭無處避剛風。」「渡口回舟未忍移，浄坊聽雨坐題詩。餘齡儻有尋真路，試與披雲問鳳兒。」朱元晦跋云：「觀妙堂東楹，李公侍郎遺墨，語意清婉，字畫端勁。至其下，輒諷玩不能去。然歲久剥裂，又適當供帳處，後十數年當不復可讀矣。別爲模刻，授道士使陷寘壁間，庶幾來者得以想見前輩風度。李公諱某，時以力抵和議，出守臨漳云。慶元乙卯正月，新安朱某謹奉書。」紫霞洲、在郡圃。取「幔亭紫霞褥」之義。舊記：「其水發源於處之龍泉，至烏龍窠口有一澗南注，經月城僧舍穿城而入，至閩王無諸祠東折，絶濠達于子城，以灌郡圃。」紅雲島、在龍焙。丹青閣、在開元寺側。元豐初，太守石禹勤建。宣和中，趙季西命名，且賦詩云：「跨壑飛簷屋數楹，上横山色下溪聲。等閑題作———，未必丹青畫得成。」徐璣留題云：「翠靄空扉忽有無，筆端誰着此工夫。溪山本被人圖畫，却道溪山是畫圖。」晝寒亭、在崇安縣五夫里之密庵，朱文公嘗遊。韓無咎詩：「紅塵熱客那知此，赤脚青松意自閑。」聚星亭、在嘉禾之考亭。朱元晦作《畫屏贊并序》云：「按《世説》：『陳太丘詣荀朗陵，貧儉無僕役，乃使元方將車，季方持杖從後。長文尚少，載著車中。既至，荀使叔慈應門，慈明行酒，餘六龍下食。文若亦小，坐著膝前。于時太史奏：真人東行。』考亭，陳氏故有離榭，名以聚星，蓋取《續晉陽秋》語。中更廢壞，近始作新，適邇敝廬，因得相其役。事既，又爲之本原事迹，畫著屏上，并爲之贊，以視來者云。猗歟陳子，神嶽鍾英。文淵懿範，道廣心平。危孫污隆，卷舒自我。是曰庶幾，無可不可。獻身安衆，弔孺全邦。炯然方寸，秋月寒江。願言懷人，曰我同志。故朗陵君，荀季和氏。連峰對起，麗澤潛滋。優而不見，有黯其思。薄言造之，顧無僕役。獨呼二兒，駕予以出。青芻黄犢，布幰柴車。策紀前衛，杖諶後趍。所造伊何，高陽之里。維時荀君，聞至而喜。顧謂汝靖，往應于門。七龍矯矯，布席開樽。靖肅而前，翁拜其辱。何悟斯晨，得見清穆。命爽行觴，旅饋次陳。獻酬交錯，禮度情親。載笑載言，罔非德義。益邁乃猷，以輔斯世。髡髦兩稚，亦置膝前。源深本固，莫出匪賢。維此慈明，特謝儔匹。晚際國屯，敢憚濡迹。贇旒之命，恃以少延。邦朋之最，孰與爲先？或乃附曹，群亦忘漢。嗣守之難，古今共歎。崇臺回極，于以占天。猶曰兹野，德星萃焉。我寓有亭，舊蒙斯號。今刺前聞，象儀以告。高山景行，好德所同。課忠責孝，獨槩余衷。百爾窺臨，鏡考毋怠。死國承家，永奉明戒。」今士大夫亦多以此圖繪于屏云。滄洲精舍、朱元晦築于考亭，以館四方之學者。周益公題扁。今爲祠堂。武夷精舍、朱元晦築于五曲大隱屏之下。韓無咎記：「武夷在閩粤直北。其山勢雄深槃礴，自漢以來，見于祀事。閩之諸山，皆後出也。其峰之最大者，豐上而斂下，巋然若巨人之載弁。緣隙蹬道，可望而不可登。世傳避秦而仙者，蜕骨在焉。溪出其下，絶壁高峻，皆數十丈。岸則巨石林立，磊落奇秀，好事者一目不能盡，則卧小舟杭溪而上，號爲九曲，以左右顧視。至其地或平衍，景物環會，必爲之停舟，曳杖徙倚而不忍去。山故多王孫。鳥則白鷴、鷓鴣，聞人聲或磔磔集崖上，散漫飛走，而無驚懼之態。水流有聲，其深處可泳。草木四時敷華。道士即溪之窮，僅爲一廬，以待游者之食息。往往酌酒未半，已迫曛暮，而不可留矣。山距驛道纔一二里許，逆旅遥望，不憚僕夫馬足之勞，幸而至老氏之宫宿焉。明日始能裹飯命舟，而溪之長復倍於驛道之遠，促促而來，遽遽而歸，前後踵相屬也。予舊家閩中，兩官于建安，蓋亦遽歸之一耳。吾友朱元晦居于五夫山，在武夷一舍而近，若其後圃。暇則遊焉，與其門生弟子挾書而誦，取古《詩》三百篇及楚人之詞哦而歌之，得酒嘯詠，留必數日，蓋山中之樂悉爲元晦之私也。予每愧焉。淳熙十年，元晦既辭使節於江東，遂賦祠官之禄，則又曰：『吾今營其地，果盡有山中之樂矣。』蓋其遊益數，而於其溪之五折負大石屏規之，以爲精舍，取道士之廬猶半也。誅鋤草茅，僅得數畝。面勢幽清，奇石佳木，拱揖映帶，若陰相而遺我者。使弟子輩具畚鍤，集瓦竹，相率成之。元晦躬畫其處，中以爲堂，旁以爲齋，高以爲亭，密以爲室，講書肄業，琴歌酒賦，莫不在是。予聞之，恍然如寐而醒，酲而析，隱隱猶記其地之美也。且曰：『其爲我記之。』夫元晦儒者也，方以學行其鄉，善其徒，非若畸人隱士，遁藏山谷，服氣茹芝，以慕夫道家者流也。然秦、漢以來，道之不明久矣。吾夫子所謂志於道，亦何事哉？夫子，聖人也。其步與趍，莫不有則。至於登泰山之巔而誦言於舞雩之下，未嘗不遊，胸中蓋自有地。而一時弟子鼓瑟鏗然，告夫來學者，相與酬酢於精舍之下，俾或自得。其視幔亭之風，抑以爲何如也？是歲八月，潁川韓無咎記。」朱元晦《行視武夷精舍作》：「神山九折溪，沿泝此中半。水深波浪闊，浮緑春渙渙。上有蒼石屏，百仞聳雄觀。嶄巖露垠堮，突兀倚霄漢。淺麓下縈迴，深林久叢灌。胡然閟千載，逮此開一旦。我乘星村舡，輟棹青草岸。榛莽喜誅鋤，面勢窮考按。居然一環堵，妙處豈輪奐。左右矗奇峰，躊躇極佳玩。是時芳節闌，紅緑紛有爛。如鳥時一鳴，王孫遠相唤。暫遊意已愜，獨往身猶絆。珍重舍瑟人，重來足幽伴。」詩云：「琴書四十年，幾作山中客。一日茅棟成，居然我泉石。」仁智堂，「我暫仁智心，偶自愛山水。蒼崖無古今，碧澗日千里。」隱求齋，「晨窗林影開，夜枕山泉響。隱去復何求，無言道心長。」觀善齋，「負笈何方來，今朝此同席。日用無餘功，相看俱努力。」止宿寮，「故人肯相尋，共寄一茅宇。山水爲留行，無勞具雞黍。」石門塢，「朝開雲氣擁，暮掩碧蘿深。自笑晨門者，那知孔氏心？」寒栖館，「竹間彼何人，抱甕靡遺力。遥夜更不明，焚香坐看壁。」晚對亭，「倚筇南山巔，却立有晚對。蒼峭矗寒空，落日明影碎。」鐵笛亭，舊名奪秀亭，故侍郎胡公明仲嘗與山之隱者劉君兼道游陟而賦焉。劉少豪勇，游俠使氣，晚更晦迹，自放山水之間，善吹鐵笛，有穿雲裂石之聲，胡公詩有「更煩横鐵笛，吹與衆山聽」之句。「何人轟鐵笛，噴薄兩崖開。千載留餘響，猶疑笙鶴來。」釣磯、「削成蒼玉稜，倒景寒潭碧。永日静垂竿，兹心竟誰識？」茶竈、「仙翁遺石竈，宛在水中央。飲罷方舟去，茶煙裊細香。」漁艇、「出載長煙重，歸裝片月輕。千巖猿鶴友，愁絶櫂歌聲。」以上係朱文公《武夷雜詠》。晞真館、起居舍人龔原記：「在第六曲仙掌峰之側，以爲遊人一息之地。」李伯紀云：「余今夏夢乘舟行亂石間，四顧峰巒奇秀，有如玉色者。覺頗異之。及謫官劍浦，道武夷山，小舟泝流，水落石出，徧覽勝槩，至——雪作，巖石皆白，恍如舊遊。然後信出處之分定，而斯遊之清絶，已先兆於夢寐。雖欲不到，不可得也。作小詩以紀其事。」詩云：「清夢先曾到武夷，玉峰積雪倍幽奇。小舟遊罷尋歸路，恰似翛然夢覺時。」晦菴、朱文公建廬峰上。詩云：「憶昔屏山翁，示我一言教。自信久未能，巖棲冀微效。」夢筆山房。魏華父記：「世傳江文通爲吴興令，夢人授五色筆，繇是文藻日新。今浦城縣，故吴興也。縣故有孤山，里人因以『——』稱之。鄉先生楊文莊公嘗讀書其間。比歲，真希元於山之麓得數畝地，藝卉木，營閭廬，爲息遊藏脩之所。既爲文莊識其事，又以書抵了翁曰：『子爲我發之。』了翁每惟由周而上，聖賢之生鮮不百年。蓋歷年彌久，則德盛仁熟，故雖從心所欲，罔有擇言，皆足以信。今貽後《詩》三百，聖賢憂憤之所爲者十六七。六藝之作，七篇之書，亦出於歷聘不遇，凡皆坦明敷暢，日星垂而江河流也。聖人之心，如天之運，純亦不已；如川之逝，不舍晝夜。雖血氣盛衰所不能免，而才壯志堅始終弗貳，曷嘗以老少爲鋭惰、窮達爲榮悴者哉？靈均以來，文詞之士興，已有虚驕恃氣之習。魏、晉而後，則以纖文麗藻爲學問之極致。方其年盛氣强，位亨志得，往往時以所能，譁世眩俗。歲滔月邁，血氣隨之，則不惟形諸文詞衰颯不振，雖建功立事蓄縮顧畏，亦非復盛年之比。無他，非有志以基之，有學以成之，徒以天資之美，口耳之知，才驅氣駕而爲之耳。如史所書，任彦升、丘靈鞠、江文通諸人，皆有才盡之嘆。而史於文通末年，至謂夢張景陽奪錦，郭景純徵筆，才不逮前。夫才命於氣，氣稟於志，志立於學者也。此豈一夢之間，他人所得而予乎？窮當益堅，老當益壯，而他人亦可以奪之乎？爲此言者，不惟昧先王夢祲之義，亦未知先民志氣之學。由是夢筆之事，如王元琳、紀少瑜、李巨山、李太白諸人，史不絶書。而杜子美、歐陽永叔、陳履常，庶幾知道者，亦曰『老去才盡』，曰『詩隨年老』，曰『才隨年盡』，雖深自抑損，亦習焉言之，不知二漢時猶未有是説也。希元用力於聖賢之學，今既月異歲殊，志隨年長，其自今所資益深，所居益廣，則息游藏脩於是山也，其必謂吾言然矣。叡聖武公，年九十五，作《抑》之詩曰：『相在爾室，尚不愧於屋漏。』嗚呼！爲學不倦如此，才可盡而志可蹟乎？既以復於希元，又以自儆云。」

【橋梁】平政橋。跨大溪。立趾十有一，各高七十二尺。釃水之道有九，梁空而行。復爲屋二百六十楹於其上，而欄翼之。萬石橋。在北津。爲趾十有五，屋一百七十有二楹，長百四十餘丈。朝天橋、在嘉禾縣南。拱辰橋。在嘉禾縣北。

【佛寺】開元寺。在郡西。有丹青閣，相傳爲吕蒙故宅。東西二瑞相院、在封山、崇峽兩保之間。唐天后垂拱二年正月八日，有佛像從空而降，漸隱入地。飯牛姥適見之，抱持號呼，遠近皆至，掘得半軀。於是刻木以續之，高七尺一寸，手結廬舍那佛印，因號天降盧舍那佛。兩保居民争奉事之，遂建二院，更迭迎奉。瑞巖院。在崇安，乃扣冰禪師道場。俗姓翁，名藻光，崇安人。母將娠，父感夢老比丘荷錫求宿，乃生，襁褓中視經像輒有笑容。出家，得度。參雪峰真覺，師深肯之，謂曰：「汝後必爲王侯。」師嘗移錫霄歷道場，院前有溪，遇冬輒扣冰而浴，常衣楮衣，不爲暑變云。舊傳，唐末有唐、葛、周三將軍隱於此。又傳，古有雙劍藏於巖下。趙清獻公詩：「寒冰扣曉人無垢，古劍藏秋谷有聲。」

【道觀】冲佑觀。在崇安縣武夷山。舊名武夷觀，保大間更曰會仙，皇宋紹聖二年改賜今額，聽秩二千石，奉祠者領之。觀之北有漢社壇存焉。

【祠廟】朱文公祠。先生之子在，今焕章待制建，從士友之請也。祝和父撰《上梁文》云：「先儒講道，續泗水之正宗；後學建祠，宅富沙之勝槩。非徒崇於香火，將昭示於典刑。恭惟故太師徽國朱文公爲百世師，承千聖統，自孔子以來未有，豈孟氏之後無傳？乃若四書尤勤乙覽，巍巍丹扆恨不與之同時，濟濟青衿悵莫親於前哲，故或於生長燕遊之地，以寓其君蒿悽愴之心。然孕靈匪屬於吾州，而卜宅又居於外邑，曾是大府維桑之敬，獨無精廬釋菜之儀，宜國人於是推尊，實天下所同嚮慕。遠想元公於溢浦，近稽吕氏於金華，皆即鄉邦立爲祠宇，援例朋來於學子，合詞共請於都堂。雖吾道無終窮，當自識其大者。然名世不常有，要使聞而知之，盍略倣於舊規，庶共知於景行。今則侍郎欽承朝旨，來相城闉，改卜室廬，是即肯堂之意，先建宗廟，未忘過庭之時。睠兹萬家闤闠之廛，闢此數畝高明之址，將奉安於遺像，幸甫就於僝功。要皆士友之僉謀，豈特人子之私願？鄉黨恂恂，朝廷侃侃，宛如親見於平生；雲山蒼蒼，江水泱泱，相與永存於奕世。用陳短韻，敬舉脩梁：抛梁東，編簡常存道不窮，孔、孟以來千百載，泰山今復仰文公；抛梁西，道統如今説建溪，如似雷霆驚衆聵，又如日月覺群迷；抛梁南，隃望延平古劍潭，弦歌已創新書院，道統寧忘舊晦庵；抛梁北，一葦可航懷舊宅，精神如水行地中，鑿井得泉隨所得；抛梁上，升堂再拜瞻遺像，云胡必擇郡城中，祇爲邦人知所嚮；抛梁下，玩索遺編毋暫捨，儻將持敬爲入門，何患淵源不游夏。伏願上梁之後，教雨潛施，文風益暢。天開休運，表章既重於聖經；代有偉人，啓沃必推於家學。抑使甌、閩之俗，永爲鄒、魯之鄉。」澤民廟、在城東十五里梨山。祥符郡守盧幹立碑，謂唐宗室李回。按本傳，則回未嘗仕閩。運使鄭士秀以爲李頻。蓋頻爲建州刺史，郡人立廟祀之，當以鄭碑爲正。靈濟廟、在建安縣登仙里。神姓倪，諱彦松，大唐人。祖居貴溪，世授龍虎山天師，法遊建安，家于黨溪。威懷廟、在嘉禾縣南二十五里，地名蓋竹。神姓陳，諱湋。昔爲邑録事，以直方清幹爲已任。子三人，俱以行義稱。當唐貞元中，父子以讒同時遇害，投于溪，泝流而上數十里，邑人收而瘞之。庇民廟。在嘉禾縣東三步。神姓李，諱第三。僞閩時，王從珂舉兵侵州境，李嘗率義兵拒守，授銀青光禄大夫、檢校太保，領嘉禾縣崇樂鎮公事。以戰殁，葬於水南之後坂。

祝穆、祝洙《方輿勝覽》卷一一《福建路・南劍州》【學校】延平書院。在水南。陳宓建。

【堂閣】衍仙堂。在郡圃。據山之阜，溪山環繞，一目可盡，有登覽之勝。劍歸閣、在郡治之後。丞相李伯紀書碑。凝翠閣。在沙縣。李伯紀詩：「七峰倒影蘸層碧，千里平津流向東。」

【亭軒】畫屏軒。蔡君謨《舟宿延平津》詩：「畫屏曾指孤舟看，今日孤舟在——。」野軒、黄魯直作《——賦》，開軒如村落，故名。溪山偉觀。在判官廳。真景元記：「延平據山，爲州軍事。判官廳處山之半，後枕崇阜，前挹大溪。溪之南九峰森羅，雄峙天表。廳事之西，故有小亭，對溪山最佳處。予之爲判官也，方習詞科，兀坐亭中，繙閲古今書，間一舉首，則澄光秀氣歕入几席。」

【寺觀】西林寺。朱元晦云：「紹興庚辰，予來謁隴西先生，退而寓於西林院惟可師之舍，以朝夕往來受教焉。」詩云：「窈窕雲房溪復深，層軒俄此快登臨。卷簾一目遥山碧，底是高人達觀心。」又賦詩云：「一自籃輿去不回，故山空鎖舊池臺。傷心觸目經行處，幾度親陪杖屨來。」「上疏歸來空皂囊，未妨隨意宿僧房。舊題歲月那堪數，慙愧平生一瓣香。」黯黮院；在郡東十里。有妙峰閣，蔡君謨題字。天慶觀。在溪南。有吟風閣，面衍山，俯劍潭。登斯閣者，有出塵之想。

祝穆、祝洙《方輿勝覽》卷一二《福建路・泉州》【堂亭】中和堂。在郡治。王龜齡詩：「堂前老木幾經春，偏閲泉南舊守臣。盡向——上坐，中和爲治有何人？」安静堂、在郡治。王龜齡詩：「前賢治迹尚堪尋，留得堂名直至今。若欲斯民各安静，要須安静自家心。」愛松堂、蔡君謨詩：「偏愛東堂砌下松，三年瀟灑伴衰翁。寒聲動蕩潮初上，疏影孤圓月正中。」魁瑞堂、在州學。解邦俊記：「紹興己卯，雙蓮生于梁文靖讀書堂。次年，克家廷對魁天下。乾道戊子，生于貢院，石起宗復以亞魁顯。慶元戊午，雙蓮復産於州學之槐亭，曾從龍作第一人。」四卿堂；在城西朱明院。天聖中，藍承、趙誠、宋宜、陳侁于此讀書，其後登科，同時爲列卿，故名。二公亭、在東湖中。貞元間，郡牧席公、別駕姜公得奇阜，二公建亭，郡人名之。歐陽詹、席公嘗宴舉子於東湖亭。茅亭、陳洪進宴遊之地。今廢。太守孫逢吉詩：「陳氏當年爲勝槩，吾徒今日作良游。時還代謝皆如此，細雨燈花莫浪愁。」西軒、在同安縣簿廳。朱元晦有詩云：「窗户納凉氣，吏休散朱墨。暫愒豈非閑，無論心與迹。」高士軒。朱元晦記云：「同安簿廨西北隅一軒，亢爽可喜，予因更以爲高士軒。客或難予曰：『漢世高士不爲主簿者，實御史屬。漢官御史府典制度文章，大夫位上卿，亞丞相，主其簿書，名秩亦不卑矣。彼猶以爲浼己而不顧焉，故足以爲高也。今子僕僕焉塵埃之中，左右朱墨，蒙犯捶楚，以主縣簿於此，而以高士名其居，不亦戾乎？』予曰：『固也。夫士誠非有意於自高，然其所以超然獨立乎萬物之表者，亦豈有待於外而高耶？知此，則知主縣簿者雖甚卑，果不足以害其高。而此軒雖陋，高士者亦有時而來也。』」

【寺院】開元寺。在州西。唐武后垂拱二年，居民黄守恭宅園中桑樹忽生白蓮花，因捨宅爲寺。又戒壇居殿後，可容千人。堂宇静深，巷陌縈紆，廊廡長廣，別爲院一百二十，爲天下開元寺之第一。東塔，咸通間僧文偁造；西塔，梁貞明間王審知造。粥院、在開元寺。古傳有兵官就院索兩大粥桶盛草餧馬。一宿，主僧曰「本院土地不能守護之」，捲畫像壓磨石下。後一夜，於長廊誦經，忽見一人曰：「容爲取之。」是夜兵官兩馬俱斃，亟敲門還兩粥桶。後復見神曰：「願從今去，守香積厨，永無鼠雀耗。」遂許之，仍立廟像焉。承天寺、在子城東南。鄂國公留從效舊宅，規模雄壯，爲泉南第一。延福寺、在南安縣西一里。山水秀絶，爲七閩之冠。唐處士劉乙有詩云：「曾看畫圖勞健羨，今來親見畫猶麄。」石佛院。在九日山，有亂峰軒。朱元晦留題云：「因依古佛居，結屋寒林杪。當户碧峰稠，雲煙自昏曉。」又詩云：「巖中老、釋子，白髮對青山。不作看山想，秋雲時往還。」

【祠墓】蘇公祠。公諱頌。朱元晦立祠，在同安縣學。作記云：「公博洽通古今，通知典故，偉然君子長者也。嘗掌外制，時王丞相用事，欲有所引拔。公以其人不可用，且非故事，封上之，用此罷歸。不自悔，守益堅，當世高其節，與李才元、宋次道並稱『三舍人』。」又《祝文》：「惟公著節於熙寧，登庸於元祐，而幅巾謝事偃仰婆娑於紹聖、元符之間，然則公之進退可謂無所苟矣。」二朱先生祠；在石井。傅伯成記：「紹興初，故吏部郎朱公松爲鎮，士向慕之。故侍講、贈太師、謚文熹後二十年來官同安，間至鎮，與鎮之長上訪父時事。嘉定中，鎮官游絳於鎮西爲書院，繪二先生像而祠焉。」飛陽神廟；晉太康中，夜有雷電起於廟庭，及明日，已移於江北，故名。嘉祐中，蔡君謨爲守，嘗禱雨於廟，作詩曰：「年年乞雨問山神，羞見耕耘隴上人。太守自知材德薄，彼蒼何事罪斯民？」姜相墓。吴栻：「滿林黄葉墜紛紛，耆老猶言别駕墳。舊府光華闕、隴月，故鄉蕭索海南雲。」

祝穆、祝洙《方輿勝覽》卷一三《福建路・興化軍》【學校】涵江書院。在涵頭，去軍二十里。知軍事楊棟建。景定四年，知軍事徐直諒奏請于朝，御書今額。時祝洙任山長，併露章特薦云：「臣試郡弗績，誤渥還班，銜荷聖恩，蔑然稱塞，惟有薦進賢士，圖報萬分。臣恭惟本朝以人文化天下，道學大明，濂、洛諸儒發其祕於前，考亭朱熹集其成於後。陛下臨御以來，尤尊尚朱熹之學。是以登其門者，如陳文蔚、黄榦、蔡元定；襲其傳者，如真德秀、蔡抗；或蒙褒録，或蒙擢用，天下咸知聖意之所向矣。臣竊見迪功郎宜差興化軍涵江書院山長祝洙，趨向不凡，學問有本。其祖姑實爲朱熹之母。朱熹嘗述外大父遺事，且俾時出以厲其子孫。洙生也後，雖不及親炙，其父穆隱德弗仕，從朱熹於雲谷之間，微言緒論，目染耳濡。洙在家庭，講論精密，嘗讀朱熹《四書集註》，見其間有引而不發者，遂掇諸家語録附註于逐章之下，名曰『附録』，參稽互考，曲暢旁通。洙歲在丙辰蒙恩賜進士第。于時宰執程元鳳、蔡抗嘗取其書，進呈乙覽。有旨與陞擢差遣。洙一第八年，方爾初筮，孤寒安分，不求躁進。比來涵江，闡揚師説，發明經旨，講篇時出，士論稱之。臣察其人，觀其學，蓋得朱熹之正者。若進進不已，當亦能以其道鳴于世。臣嘗以闕陛奏舉之矣，私竊又念陛下不鄙疏遠小臣之請，特賜御書『涵江書院』四大字，聖恩沛然，吾道榮甚，而洙適居長席，逢千載之幸會，伏望睿慈特賜録用。若後不如所舉，臣甘坐繆舉之罰。謹録奏聞，伏候敕旨。」

【堂舍】壺公堂。在郡治之内。共樂堂、在州峰之巔，爲城中登眺勝處。蔡君謨詩：「層巒高與赤霄通，歲節歡娱衆庶同。庭有美音非獨樂，會當炎暑自多風。山川勝勢欄干下，井徑追遊月色中。私賞編民居客在，使君樽酒未應空。」陳應求詩：「共樂堂前花木深，登臨當暑豁塵襟。紅垂荔子千家熟，翠擁篔簹十畝陰。老退已尋居士服，清歡時伴醉翁吟。憑欄四望豐年稼，差慰平生憂國心。」國清堂。鄭耕老詩：「六月———上望，依稀身更在西湖。」

【祠廟】聖妃廟。在海島上。舟人皆敬事之。

祝穆、祝洙《方輿勝覽》卷一三《福建路・漳州》【亭臺】序賓亭。蔡君謨有詩。清白亭、王鞏嘗有詩。雙清亭、林迪有詩。白雲亭、在開元寺。蔡君謨有詩。月淵亭、在浄衆院。郭功父詩：「仰攀明月輪，俯瞰滄海淵。乾坤情形勢，此地何其偏。靈溪九龍躍，仙山一峰圓。邂逅攝邦守，所樂多林泉。」得仙亭、在名第山。程瑀詩：「危亭誰結據山椒，名第仙人不可招。繞郭溪山敞圖畫，萬家樓閣插雲霄。」澤露亭；李亨伯守邕管，丁内艱，邊郡不許解官，五章哀請而後許。明年，甘露降其家庭柏之上，張商英作詩以賦其事，鄒志完、陳瑩中皆有詩。臨漳臺、唐張登有詩。嘯臺、郭功父詩：「縹緲臨渚峰，幔卷濃雲開。秀特不可掩，擎天碧崔嵬。」半漳臺。郭功父詩：「簷飛突兀壓層丘，見盡臨漳一半州。」

【池館】滿月池。在開元寺。蔡君謨嘗有詩。臨漳道院、《郡志》：「官於此者，往往樂其風俗之簡静，號爲『———』。」漳浦驛。蔡君謨、王陶有詩。

【樓閣】南樓。唐尹丞有《陪韓漳州登——》詩。齊雲閣。蔡君謨詩：「紫閣青梯壓翠岑，春愁秋思昔登臨。雨嵐供眼横千仞，星漢垂簷直半尋。」

【祠墓】陳侯祠。《廟碑》云：「公姓陳，諱元光。永隆二年，盗次潮州。公擊賊降之，請置漳州。委公鎮撫。久之，蠻賊復嘯聚，公因戰歿，廟食于漳。」李顒詩：「當年嶺北正危時，數郡生靈未可知。不是有人横義槩，也應無計保藩維。」義塚。危稹記：「人死曰歸葬，曰藏歸者，復其所也。藏者，欲人之不得見也。故先王制禮，喪葬有期，下至於士，則踰月而已。何漳之爲子若孫者，乃有不葬之俗耶？其親死，往往舉其柩而置之僧寺。是蓋始於苟簡，中則因循，久則忘之矣。嗚呼，已則忘之矣，而不知虚廊冷殿之間，寒聲泣霜，弱影弔月，其望於子孫一旦之興念者，猶未已也。」

祝穆、祝洙《方輿勝覽》卷一四《江東路・建康府》【行宫】大内。即舊府治。木圍、曾景建：「寢殿重重設——，崎嶇天位不勝危。高人巢、許應知此，占得箕山最坦夷。」射殿、有七十間，旁多槐竹。李賀詩：「春熱張鶴蓋，兔目宫槐小。」蘇子瞻《竹》詩：「紛紛蒼雪落夏簟。」丁公言詩：「困憶南朝石步廊。」曾景建：「鶴立陰陰覆苑墻，更添蒼雪助清涼。高皇儉德規撫遠，不作南朝石步廊。」行廊、曾景建：「負矢前驅敵未擒，虎侯高揭意何深。

文皇決拾精天下，偏愛良工辨木心。」古龍屏風。宣和舊物，高宗携之渡江，後壞爛。宮官惜之，裁翦背成屏風，立殿上。曾景建：「乘雲遊霧過江東，繪事當年笑葉公。可恨横空千丈勢，剪裁今入小屏風。」

【堂舍】玉麟堂。在府治。取「留守玉麟符」之義。芙蓉堂。在舊府治。今行宫猶有舊基。王介甫《答韓持國》詩：「投老歸來一幅巾，尚私榮禄備藩臣。———下疏秋水，且與龜魚作主人。」

【亭臺】新亭。在城南十五里。洛陽四山圍，伊、洛、瀍、澗在中；建康亦四山圍，秦淮、直瀆在中，故云「風景不殊，舉目有山河之異」。李白云：「山似洛陽多。」許渾云：「只有青山似洛中。」謂此也。蔡巖作天津橋，亦以此。曾景建：「青山四合遶天津，風景依然似洛濱。江左于今成樂土，新亭垂淚亦無人。」楊廷秀《新亭送客》詩：「六朝豈是乏勳賢，爲底京師不晏然。桓壁置人天一笑，楚囚對泣後千年。鍾山唤客長南望，江水留人懶北旋。强管興亡談不盡，枉教吟殺夕陽蟬。」楊脩詩：「滿目江山異洛陽，北人懷土淚千行。不如亡國中書令，歸老新亭是故鄉。」水亭、在臺城寺，即今法寶寺。林君復詩云：「金井前朝事，林僧問不知。緑苔欺破閣，白鳥占閑池。清楚曾經晉，荒凉直到隋。南廊一聲磬，斜照獨凝思。」白鷺亭、在府城上，與賞心亭相接，下瞰白鷺洲。柱間有蘇子瞻留題。賞心亭、下臨秦淮，盡觀覽之勝。丁晉公謂建。嘗以周昉所畫《袁安卧雪圖》張於屏，後太守易去。《續志》又云：「丁始典金陵，陛辭之日，真宗出大幅《袁安卧雪圖》，付丁謂曰：『卿到金陵，可選一絶景處張此圖。』謂遂張于———。」柱上有蘇子瞻題名，猶存。王介甫詩：「檻竹簷傾野水旁，臺城佳氣已消亡。難披榛莽尋千古，獨倚青冥望八荒。坐覺塵沙昏遠眼，忽看風雨破驕陽。扁舟此日東南興，欲盡江流萬里長。」曾景建：「柱上題名客姓蘇，江山清絶冠吴都。六花飛舞憑欄處，一本天生《卧雪圖》。」佳麗亭、太守馬亮建，在折柳亭之東。杜牧之詩：「謝朓詩中佳麗地，夫差傳裏水犀軍。」王介甫詩：「盤互長干有絶陘，并包——入江—。」折柳亭、張忠定建。爲祖餞之所。半山亭、即王介甫故宅，在城東北蔣山半道。王介甫詩：「放歌扶杖出前林，遥和豐年擊壤音。曾侍玉皇知帝力，曲中時有譽堯心。」餘不盡載。此君亭、《高齋詩話》：王介甫《題金陵———》詩：「誰憐直節生來瘦，自許高才老更剛。」翠微亭、在城西五里清凉寺山頂，南唐建。林君復詩：「亭在江干寺，清凉更翠微。」籌思亭；在漕司。王介甫詩：「昔人何計亦何思，許國憂民適此時。寓興中原爲遠趣，託名華榜有新詩。」越臺、在縣西七里，今尉廳後。故老相傳云：昔越王女嫁於此，懷土思歸，故取越土築臺以居之，慰其懷土之思。周紫芝《古樂府越臺吟》云：「玉顔如花越王女，自小驕癡不歌舞。嫁作江南國主妃，日日思歸淚如雨。江南、江北梅子黄，潮頭夜漲秦淮江。江邊雨多地卑隰，旋築高臺匀曉粧。千艘命載越中土，喜見越人仍越語。人生脚踏鄉土難，無復歸心越中去。高臺何易傾，曲池亦復平。越姬一去向千載，不見此臺空有名。」鳳凰臺、故基在保寧寺後。李白詩：「———上鳳凰遊，鳳去臺空江自流。吴時花草埋幽徑，晉代衣冠成古丘。三山半落青天外，二水中分白鷺洲。總爲浮雲能蔽日，長安不見使人愁。」杜甫題：「亭亭———，北對西康州。西伯今寂寞，鳳聲自悠悠。山峻路絶蹤，石林氣高浮。安得萬丈梯，爲君居上頭。恐有無母鶵，飢寒日啾啾。我能剖心出，飲啄慰孤愁。心以當竹實，炯然忘外求。血以當醴泉，豈徒比清流？所重王者瑞，敢辭微命休。坐看綵翮舉，縱意八極周。自天銜圖讖，飛下十二樓。圖以獻至尊，鳳以垂鴻猷。再光中興業，一洗蒼生憂。深衷正爲此，群盜何淹留。」楊廷秀《望———》詩云：「千年百尺———，送盡潮回鳳不回。白鷺北頭江草合，烏衣西面杏花開。龍蟠虎踞山川在，古往今來鼓角哀。只有謫仙留句處，春風掌管拂珠煤。」雨花臺、梁武帝時，有雲光法師講經于此，感得天雨賜花，天厨獻食。楊無爲詩：「空書來震旦，康樂造淵微。貝葉深山澤，曼花半夜飛。香清雖透筆，蘂散不霑衣。舊社白蓮老，遠公應望歸。」王介甫詩：「盤互長干有絶陘，并包佳麗入江亭。新霜浦溆綿綿净，薄晚林巒往往青。南上欲窮牛渚怪，北尋難望草堂靈。篌輿却走垂楊陌，已載寒雲一兩星。」劉潛夫詩云：「昔日講師何處在，高臺猶以雨花名。有時寶向泥尋得，一片山無草敢生。落日磬殘鄰寺閉，晴天牛上廢陵耕。登臨不用深懷土，君看鍾山幾個争。」梁昭明讀書臺。在蔣山定林寺後山北高峰上。

【樓閣】冶城樓。曾景建：「梟梟疏林集晚鴉，鍾山雲氣入簷牙。何人乘月吹長笛，夜看雲陵百萬家。」烽火樓、在石頭城南最高處。楊脩詩注云：「沿江築臺，以舉熢燧。自建康至江陵五千七百里，有警半日而達。魏太武、齊武帝皆嘗登此臺。」石頭驛樓；張九齡《候使登樓作》：「山檻憑欄望，川途眇北流。遠林天翠合，前浦日華浮。萬井緣津渚，千艘咽渡頭。漁商多末事，耕稼少良疇。自守陳蕃榻，嘗登王粲樓。徒然騁目處，豈是獲心遊。向跡雖愚谷，求名亦盜丘。息陰勞木所，空復起鄉憂。」昇元閣。一名瓦棺閣，乃梁朝建。高二百四十尺。李白有「日月隱簷楹」之句。今之———非古基矣。

【軒榭】南軒。在保寧寺。方丈旁有小屋，魏公開督府時，子讀書於此，號——。下有井，士人指爲建業水。曾景建詩：「劍磨驢膊倦征途，三歲——客寓居。建業水甘供日飲，波間亦有武昌魚。」

【苑囿】芳樂苑。齊東昏侯方在位時，與宫人於閲武堂元會，皇帝正位，閹人行儀，帝戎服臨視。又於閲武堂爲———，日與潘妃放恣。又於苑中立店肆，模大市，日遊市中，雜取貨物，與宫人、閹竪共爲裨販，以潘妃爲市令，自爲市吏録事，將鬭者就妃罰之。帝小有得失，妃則杖。又開渠立埭，躬自引舡埭上，設店坐而屠肉。于時百姓歌云：「閲武堂，種楊柳，至尊屠肉，潘妃沽酒。」芳林苑、一名桃花園。本齊高帝舊宅，在府城之東、秦淮土路北。武帝永明五年，嘗幸其苑禊飲。王融《曲水詩序》云：「載懷平浦，乃眷芳林。」即此。上林苑、《建康實録》：「在縣北十三里。」有石池，號飲馬池。地連雞籠山。桂林苑。在縣北落星山之陽。左太冲《吴都賦》：「數軍實於——之—。」

【館驛】凉館。在府治。米芾書。弋陽館。張祜題：「一葉飄然下弋陽，殘霞昏日樹蒼蒼。葛溪謾淬干將劍，却是猿聲斷客腸。」

【橋梁】板橋。在城内。曾景建：「輪鞅千年路欲迷，——名在市朝非。玄暉、太白微吟處，獨酌悠然命駕歸。」

【寺院】蔣山寺。去城十五里，太平興國寺西。有木末軒，王介甫命名。俯視巖壑，虬松參天，爲山之絶景。王介甫詩，見鍾山注。蘇子瞻《同王勝之遊蔣山》詩：「到郡席不暖，居民空惘然。好山無十里，遺恨恐他年。欲款南朝寺，同登北郭舡。朱門收畫戟，紺宇出青蓮。夾路蒼髯古，迎人翠麓偏。龍腰蟠故國，鳥爪寄曾顛。竹杪飛華屋，松根泫細泉。峰多巧障日，江遠欲浮天。略彴横秋水，浮屠插暮煙。歸來踏人影，雲細月娟娟。」半山寺、今名報寧寺，即王介甫故宅。自東門往蔣山，至此半道，故以爲名。亦曰白塘。自王介甫卜居，乃鑿渠決水，以通城河。後請以宅爲寺，因賜今額。王介甫詩：「水際柴門一逕開，小橋分路入蒼苔。背人照影無窮柳，隔屋吹香並是梅。」定林寺、定林有上、下二寺，舊基在蔣山應潮井後。王介甫讀書處，米元章榜曰「昭文齋」，李伯時寫王介甫真於壁，楊次公爲之贊。王介甫詩：「定林脩木老參天，横貫東南一道泉。五月杖藜尋石路，午陰多處弄潺湲。」「屋繞灣溪竹繞山，溪山却在白雲間。臨溪放艇依山坐，溪鳥山花共我閑。」高座寺、名永寧寺，在城南門外。或云晉朝法師竺道生所居，因號———，蓋用劉禹錫詩中語。見蘇州注。曾景建：「石子岡前———，犢車曾向此徘徊。清談未解傾人國，更引胡僧度海來。」清凉寺、即李主殿。温庭筠詩：「黄花紅樹謝芳蹊，宫殿參差黛巘西。詩閣曉窗藏雪嶺，畫堂秋水接藍溪。松飄晚吹摐金鐸，竹蔭寒苔上石梯。妙跡奇名竟何往，下方煙暝草萋萋。」曾景建：「秋月春花迹未陳，衮龍曾遶夢中身。夷門金鼓從天落，驚起床頭鼻鼾人。」李主避暑處，至今多竹。曾極詩：「嗚鞘響斷苑墻平，敲戛惟聞風玉聲。三百年間陵谷變，寒潮不到石頭城。」劉後村詩：「塔廟當年甲一方，千層金碧萬緇郎。開山佛已成胡鬼，住院僧猶説李王。遺像有塵龕壞壁，斷碑無首立斜陽。惟應駐馬坡頭月，曾見金輿夜納凉。」昇元寺、即瓦棺寺也。在城西隅，前瞰江面，後據崇岡，最爲古跡。李主時，昇元閣猶在，乃梁朝故物，高二百四十尺，李白詩所謂「日月隱簷楹」是也。今西南隅戒壇，乃是故基。南唐將歸我宋數年前，昇元寺殿基掘得古記，乃詩讖，其辭曰：「若問江南事，不憑抱雞昇寶位。（謂李煜丁酉生也。）走大出金陵，（謂王師甲戌渡江也。）子建居南極，（曹彬列栅城南，乃子建也。）安仁秉夜燈。（謂潘美恐有伏兵，命縱火也。）東陵驕小女，騎虎渡河冰。（錢俶以戊寅年入朝，盡獻浙西之地，「騎虎」之謂也。）」瓦棺寺之名起自西晉。長興年中，長沙城河陸地生青蓮兩朵，民間聞之，官司掘得一瓦棺，開見一僧，形貌儼然。其花從舌根頂顱生出。詢及父老，父老曰：「昔有一僧，不説姓名，平生誦《法華經》萬餘部，臨終遺言曰：『以瓦棺葬之此地』。」所司具奏朝廷，乃賜建蓮華寺，五代兵火焚之。李白《登瓦棺閣極眺金陵》詩：「鍾山對北户，淮水入南榮。漫漫雨花落，嘈嘈天樂鳴。兩廊振法鼓，四角吟風筝。杳出霄漢上，仰攀日月行。山空霸氣滅，地古寒陰生。寥廓雲漢晚，蒼茫宫觀平。門餘閶闔寺，樓識鳳凰名。雷作百山動，神扶萬拱傾。靈光何足貴，長此鎮吴京。」長干寺、郡南五里。有大長干、小長干、東長干，並是地名。江東謂山隴之間曰「干」。長干寺，今名天禧寺，在長干。王介甫詩：「梵館清閑側布金，小塘回曲翠文深。柳條不似千絲直，花葉相依萬蓋陰。淡淡層雲相上下，翩翩沙鳥自浮沉。羈人樂此忘歸意，忍向西風學舊名。」棲霞寺、在攝山。齊明僧紹故宅也。仁廟朝嘗賜金寶方牌，熙寧間取寄華藏寺中。石佛額有玻瓈珠，後墜地，因置閣盛之，大觀中爲權要取去。米芾嘗作詩紀其事。寺今有唐高宗、陳尚書令江總碑，沈傳師齋疏，及沈傳師、徐鉉題名。按陳軒《金陵集》，劉長卿、顧況、李紳、皮日休、韓熙載、徐鉉、權德輿皆有詩。德輿詩略云：「縈紆松路深，繚繞雲山曲。重樓回木杪，古像鑿巖腹。」皆山中景也。法寶寺、在城北。亦名臺城寺。寺前有醜石四，各高丈餘，俗呼爲「三品石」，政和間取歸京師。能仁寺、保大中，李建勳嘗捨莊田入寺。同泰寺、在臺城内。梁武帝窮竭帑藏造大佛閣，七層，爲天火所焚。曾極詩：「布薩闕齋涕泗揮，大通基在昔人非。此身終屬侯丞相，誰辦金錢屬帝歸。」宋興寺、劉裕故居也。曾極詩：「晉至昌明祚已終，讖文猶有兩昏童。桓玄偷得宫中璽，却屬新河伐荻翁。」湘宫寺、事見《通鑑》。曾極詩：「數椽敗屋———，虞願忠規正凛然。十級浮屠那復有，虛抛貼婦賣兒錢。」鐵塔寺、元懿太子櫕宫在焉。劉後村詩：「細認苔間字，方知鑄塔時。不因兵廢壞，似有物扶持。古殿人開少，深窗日上遲。僧言明受事，相對各攢眉。」曾極詩：「逝水無情去不回，黄簾窣地隔風埃。摩挲鐵塔堪流涕，此是先皇思子臺。」太平興國寺、在蔣山。梁武帝天監十三年，以錢二十萬易定林寺前岡獨龍阜，以葬誌公，今寺即其地也。石頭城寺、張祜詩：「山勢抱煙光，重門突兀傍。連簷金像閣，半壁石龕郎。碧樹叢高頂，清池占下方。徒悲宦遊意，盡日老僧房。」寶剩院、乃齊周顒隱居之所。時有釋慧約，姓婁，少達妙理，顒素所欽，乃造草堂寺以居之。王介甫《草堂寺》詩：「周顒宅作阿蘭若，婁約身歸窣堵坡。」寶公塔、蘇子瞻詩：「欲向鍾山訪寶公，雲間白塔如孤鶴。」曾極：「六帝園陵墮劫灰，獨餘靈骨葬崔嵬。行人指點雲間鶴，唤得齊、梁一夢回。」長干塔、事見《僧史》。曾極詩：「十丈祥光起相輪，鐵浮屠鎮法王墳。只愁西域神僧至，夜捧——刹入雲。」劉莎衣菴、逆亮入寇，高宗召問之，云：「没事，没事，兩家都换主。」曾極詩：「佛貍麾騎飲長江，呼吸安危闔國忙。南北兩家都换主，從容一語悟高皇。」八功德水。在蔣山悟真菴後。按梅摯《亭記》：「梁天監中，有胡僧曇隱寓錫于此，山中乏水，時有厖眉叟相謂曰：『予山龍也。知師渴飲，措之無難。』俄而一沼沸成。後有西僧繼至，云本域八池已失其一，似竭彼盈此也。其泉一清、二冷、三香、四柔、五甘、六净、七不饐、八蠲痾，故名———。自梁以前嘗取給。」曾極詩：「數斛供厨替八珍，穿松漱石瑩心神。中涵百衲煙霞色，不染齊、梁歌舞塵。」

【道觀】三茅觀。在句容南五十里。晉茅君得道於此。《九域志》：「即三十六洞天之第八洞金壇華陽之洞天。山中有十五觀。」又元符宮石刻云：「真宗嘗遣左璫詣茅山祈嗣，遇異人言：『王真人已降生於宋朝。』璫問何人？答曰：『古燧人氏。』而章懿皇后亦夢羽衣數百人從一真人來託生。及生，宮中火光燭天。」

【祠墓】後主祠。曾極詩：「真珠簾下雙離聲，多少嬙妃掩袂聽。贏得牢愁三萬斛，孤舟撐入大梁城。」荆公祠、曾極詩：「霜筠雪竹古精藍，投老歸與(平)志自甘。一食萬錢終忍垢，魚羹飯美憶江南。」文孝廟、曾極詩：「德隱前星民已和，山限水曲廟何多。皇孫不得承天統，猶使而翁恨蠟鵝。」謝玄廟、曾極詩：「兒輩能軍國未危，更令朱序助聲威。秦人若也全師集，雲母車盛晉鼎歸。」蔣帝廟、曾極詩：「白馬千年繫廟門，爐煙浮動衮龍昏。闒楫謾説榮枯定，青骨猶當履至尊。」吴大帝廟、在石頭城。世代相傳，廟基即吴時故宮。王介甫詩云：「强吴大帝矜雄圖，上樓酒灑羣臣趍。蘆花枝葉石城廟，行人過者皆嗟吁。」曾極詩云：「曾將一劍定全吴，斗大祠庭泣楚巫。故國神遊應撫掌，蘆花楓葉幾年無。」晉元帝廟、曾景建：「茅茨綿蕝寄江東，陵廟回看渫血紅。右衽危冠纔自保，未能無責敢言功。」中主像、據敖爲粥。事見《五代史》。曾景建：「乘時草竊豈無人，三主相傳事有因。必竟老天憐一念，據敖爲粥飲飢民。」謝公像、曾景建：「失喜向來因折屐，含悲今日爲聞筝。人間悲喜何時了，携妓東山載酒行。」大茅君像；曾景建：「面如頳玉碧顱寒，散髮垂腰槲葉乾。不向大茅峰頂見，時人多作伏羲看。」吴大帝陵、曾極：「老瞞虎裂横中州，何物生兒作仲謀。四十帝中功第一，壞陵無主使人愁。」荆公墓、曾極：「誤把清標犯世紛，平生忠業自超群。如何今代麒麟閣，只道詩名合策勳。」卞將軍墓、曾景建：「握節顔公拳透爪，歸元先軫面如生。晉陵發掘今無主，獨有忠魂只冶城。」張麗華墓。在賞心亭天井中。間有光氣如匹練，掬之如水銀，漸流散。曾景建：「《伴侣》聲沉王氣銷，香魂血涴有誰招。蓬科三尺光塵在，猶作臺城花月妖。」

祝穆、祝洙《方輿勝覽》卷一五《江東路·太平州》【堂亭】江東道院。在設廳西北。楊灝詩：「道院由來不浪傳，兩衙封印日蕭然。絶無争俗煩刑禁，贏得工夫弄簡編。」姑孰堂；在清和門外。郭功父詩：「誰謂江南地偏小，——之——天下少。丹湖千里浸城東，蒲葦藏煙春渺渺。牛渚對峙凌歊臺，長江倒掛天門開。有時浪止皓月滿，琉璃宇宙無纖埃。帆檣隱隱飛鳥没，漁歌細下天邊來。」蛾眉亭、在采石山上，望見天門山。郭功父詩：「前登千丈峰，萬里瞰瀰漫。——從雙碧，斬斬天塹斷。披榛結危—，突兀出天半。」壁間有詩曰：「中分黛色三千尺，不着人間一點愁。」四望亭、在當塗縣東。十詠亭、在城東。蓋《姑孰溪》、《丹陽湖》、《謝公宅》、《凌歊臺》、《桓公井》、《慈姥竹》、《望夫石》、《牛渚磯》、《靈墟山》、《天門山》十詠也。蘇子瞻有云：「余嘗舟次姑孰堂下，讀《姑孰——》，怪其語淺近，不類李白。王平甫云：『此李赤詩也。』赤見《柳子厚集》，自比李白，故名赤。其後爲厠鬼所惑以死。今觀其詩止此，而以太白自比，則其人心疾久矣，非厠鬼之罪也。」夢日亭、在蕪湖北二十里。晉王敦鎮姑孰。明帝時，敦將舉兵内向，帝密知之，乃乘巴、滇駿馬微行，至于湖，陰察敦營壘。敦正晝寢，——環其城，驚起曰：「此必黄鬚鮮卑奴來也。」乃使五騎追帝。帝亦馳去，見逆旅賣食嫗，以七寶鞭與之，曰：「後有騎來，可以此示之。」俄而追者至，因以鞭示之，五騎傳玩稽留，帝僅獲免。由是樂府有《湖陰曲》，亭名以此。吴波亭、張安國書。取温庭筠曲「——不動楚山碧」之句。玩鞭亭。楊廷秀：「老賊平欺晉鼎輕，一輪五色夢中驚。寶鞭脱急非無策，何似休將日遶營。」「問着無聲是阿兄，坐看家賊只吞聲。戮屍大放經綸手，長柄判將錫茂弘。」韓無咎詩：「黄鬚鮮卑勇無策，自馳駿馬來窺賊。賊奴但怪日繞營，起看飛塵已無迹。寶鞭不惜棄道旁，坐令老嫗知興亡。百年社稷有天意，姦鋒逆焰徒鴟張。孤城遺跡森在目，平湖無復春草緑。却對青山憶謝公，父老猶嫌人姓木。邊兵已重朝士輕，中原有路何由行。柙中虎兕不可制，江左夷吾浪得名。」張文潛云：「頃遊蕪湖，問父老湖陰所在，皆莫知之。然則『帝至于湖』當爲斷句，乃作《于湖曲》以誌之：『武昌雲旗蔽天赤，夜築于湖洗鋒鏑。巴、滇緑駿風作蹄，去如滅没來不嘶。日圍萬里纏孤壁，虜氣如霜已潛釋。蛇矛賤士識天顔，玉帳髯奴落妖魄。君不見銅駝陌上塵沙起，胡騎春來飲瀍水。浮江天馬是龍兒，蹙踏揚州開帝里。王氣高懸五百秋，弄兵老濞空白頭。石城戰骨卧秋草，更欲君王分上流。』」

【古跡】凌歊臺。在城北黄山上。宋武帝南遊，嘗登此臺，且建離宫焉。李白詩：「曠望登古臺，臺高極人目。疊嶂列遠空，雜花間平陸。閑雲入窗牖，野翠生松竹。欲覽碑上文，苔侵豈堪讀？」桓公井、在白紵山。李白詩：「桓公名已古，廢井曾未竭。石甃冷蒼苔，寒泉湛孤月。秋來桐漸落，春至桃還發。路遠人罕窺，誰能見清徹？」謝公宅。在城東青山。李白詩：「青山日將暝，寂寞———。竹裏無人聲，池中虚月色。荒庭衰草徧，廢井蒼苔積。唯有清風閑，時時起泉石。」

【祠墓】李白墓。《郡志》：「李白初葬采石，後遷青山，去舊墳六里。」按李陽冰《草堂集序》、劉全白作《墓碣》，皆謂以疾終。《五侯鯖録》載太白過采石，酒狂捉月，恐好事者爲之。而梅聖俞詩云：「采石月下逢謫仙，夜披錦袍坐釣舡。醉中愛月江底懸，以手弄月身翻然。不應暴落飢蛟涎，便當騎鯨上青天。」蓋信此而爲之説也。《新唐書》云：「李陽冰爲當塗令，白依之。」是時當塗未爲州，隸宣城。而陽冰《序》謂「白疾亟，枕上授簡，俾爲集序」，無捉月之説。豈古不弔溺，故史氏爲白諱耶？抑小説多妄，而詩老好奇，姑以發新意耶？蘇子瞻《書丹元子所示李太白真二首》云：「天人幾何同一漚，謫仙非謫乃真游。麾斥八極隘九州，化爲兩鳥鳴相訓，一鳴一止三千秋。開元有道得少留，縻之不可矧肯求。」「西望太極横峨、岷，眼高四海空無人。大兒汾陽郭令君，小兒天台坐忘真。平生不識高將軍，手污吾足乃敢嗔，作詩一笑君應聞。」

祝穆、祝洙《方輿勝覽》卷一五《江東路·寧國府》【堂亭】宛陵堂。在便廳西。吕居仁詩：「疊嶂樓前納凉處，———下探梅時。」景吕堂，在旌德簿廳。吕獻可嘗爲此官。曲肱亭、黄魯直《題宛陵張待舉———》詩：「仲蔚蓬蒿宅，宣城詩句中。晨雞催不起，擁被聽松風。」謝公亭、在宣城縣北二里。舊經云：「謝玄暉送范雲零陵内史之地。」李白詩：「池花春映日，窗竹夜鳴秋。謝令離别處，風景亦生愁。」高齋。在府治東。謝玄暉有詩。

【樓閣】疊嶂樓。在府治。唐刺史獨孤霖建。獨孤霖書云：「郡地四出皆卑，即阜以垣，故於樓爲易，而賦名必著。其當正據扉，亦雄盱競侈。由是繚步逾千，萬目相瞪，則壯邦麗廨之勳，慊在第一。繁絲機羅，錯卉障錦，春以融；獨峰揉雲，雙波屹風，暑以澄；曉黛嚬入，夕蟾絹來，秋以揚；雲併半空，冰偏一岸，冬以明。此槩舉，覼縷不盡也。然而月話方狎，獨醉始酣，則防城健卒籌三而環警緒至，越（活）筵走（奏）榻，彙呼（去）族譟，雖黄度、展和不能不憮而斁。嚮之歷舉四美，悉估而陪之，不足贖矣。余春至，逮秋，偶步池北，淂小亭之亘上，居然最勝。因命薙洓闢梁，凸城屋之脊，㡿方數間，小亭如初，而中與諸樓相差者，自爲一地。其上則朗出高際，平與空等。向所謂越譟者，不復遊慮，則其四美不俟説而聞，不假到而見。非聞非見，其然也。始聞始見，其向之未必然也。且聞且見，而今之所以然也。向既舉槩，今不可默。夫北望條風清暑之流，皆徧擅攸戡，莫全厥美。或能伸左臂，或睇右目，或獨全正面，總而有諸，則我無讓，斯又不聞不見，而以其然爲然矣。郡以溪山著名，而溪小負，則疊嶂之名爲宜。至於欄干、踏道、沙子、門户等，咸有曲旨，成於新致，舉之則縷，將煩於槩，故抑之；而中地亦晦而不彰。咸通十二年十二月辛亥，宣州刺史某書。」北樓。謝朓建。李白詩：「江山如畫裏，山晚望晴空。兩水夾明鏡，雙橋落彩虹。人煙寒橘柚，秋色老梧桐。誰念———上，臨風懷謝公。」雙溪閣。在府治。取苑、句二水以名。

祝穆、祝洙《方輿勝覽》卷一六《江東路·徽州》【堂院】新安道院。朱文公記：「休寧大夫信安祝侯汝玉以書來曰：『休寧之爲邑，雖有難治之名，而吾之爲之已再歲矣。始也不能不以人言爲慮，中乃意其不然，而今則遂有以信其果不然也。蓋其封域，實鄣山之麓，而浙江出焉。山峭厲，而水清激，故禀其氣、食其土以有生者，其情性習尚不能不過剛而喜鬭。然而君子則務以其剛爲高行奇節，而尤以不義爲羞，故其俗難以力服，而易以理勝。苟吾之所爲者，出於公論之所是，則雖或拂於其私，而卒不敢以爲非也。以是，吾之始至蓋不能無不悦者，而今則驩然無與爲異。吾嘗困於事之不勝其繁，而今則豁然無事之可爲也。吾將更葺廳事之東，參采賓佐屬詠之什，而榜之以「————」。子能爲我記之，則後之君子益知所以爲治，而無吾始者之慮矣。』予惟汝玉之爲此，可以見其政之成，民之服，而官曹之無事矣。然道之得名，正以人所共由之路，而非無事之謂也。以汝玉之始至，坐於堂皇之上，則左簿書，右法律，日夜苦心勞力，而不得休。其或少暇，則又不免衝寒風，冒烈日，以出入乎阡陌之中，而不敢怠。凡所以勸民之善而懲其惡，興民之利而除其害者，非有道以行之，則何以致今日之無事哉？顧其名，此乃若專取乎今日之無事，而反序前日之廑事爲非道，其毋乃出於老子、浮屠之謂，而汝玉未之思耶？抑嘗計之：天下之事，雖有動静勞逸之殊，而所謂道者，則無彼此精粗之間。汝玉之學，固有以知此矣。彼其所以喜於政成之無事，而不避異學之淫名，豈非方寸之間，猶欲從容於此，以深思前日之已行，而益求其所未至，而卒以究夫無彼此精粗之間者，而大發於功名事業之間乎？予故邦人，且汝玉予舊也，樂其意爲書本末以示來者，使於此邦之俗、賢宰之志尚有考云。」清風堂、汪彦章記云：「婺源去州二百餘里，皆取道山間攀緣，不可舟車之地。當四方之窮，非人物都會。土著之民且十萬，寡求而易足，多負豪使氣，爭爲長雄，疑難於彈治，故吏之宰婺源者，往往畏避隱去如探湯然。蒙被惡聲，既久而不衰。然邑有溪山之秀，足以登臨；有魚稻之珍，足以宴樂；卒歲無過客使者厨傳之勞，足以安佚。其人實聰明廉武，好義而尚施，苟幸而得其平，有終身不肯違法者。故至而悉其風土者，亦樂而安之。崇寧三年，叔孫元功之爲政也，胸中涇渭甚明，既久而得民所以易治之意，則畧陰煩苛，一鎮之以清静，蓋未期月，而數百年之陋坐失於談笑之間。於是昔之吏俗朋黨投隙抵巇爲鑿穴首鼠者，既化而爲心膂股肱；而椎埋慓輕武斷鄉里爲奔蜂乳虎者，亦從而爲嬰兒處女。元功多民之洗濯刮磨，果可以與治也，乃築燕居之堂，而以『清風』名之。余聞而嘆曰：『天下之物，蓋無不可化者。然其所以化，非深於理者不與焉。今夫徜徉於萬物之表，而人得之以滌煩解暑者，惟清風爲然。是故至人之所御，隱君子之所賞，騷人才子大夫之所樂，致足樂也。如使不善爲政者結意於繩墨之端，置民於牛羊之地，物我俱弊矣。乃始絲棼而禽獮之，攻之愈勞而愈熾，而其於治日益遠矣。尚能知清風所以滌煩解愠之理，而與民同快適之樂哉？惟元功才有餘，而不區區俗務之所營，徒以從容無爲使斯民灑然以新，釋然以喜，而元功亦將鴻漸於此，而羽儀於天朝也。宜其所得清風爲尤多，且吾邑雅多秀民，安知無儒者作穆如之頌，歌詠吾子以配斯堂之永久者？』元功博古靖深君子也。觀其命名之意，足以知其爲人。」黄山堂、自有唐以來有之。舍蓋堂。范至能記：「徽在江左，多名山，少平陸。州所治，衡從不能十里，而陵衍猶相半。坦然砥如者，太守之居而已。泝新安江枝而西，屬之休陽，山益叢。美樾生之，斧斤所材，浮歙浦入于濤江，以輸行都。當匠鄉費什八，而徽人顧不事華屋，雖仙佛之廬，塵支壓傾，不可風雨。其能獨以壯麗稱者，亦莫如太守之居，而東序之正寢尤其奂焉者也。寢成之二十五年，前守怵於物怪之説，棄去弗處。後皆因之，閴無足音。又十七年，而當紹興己卯，番陽洪公适來典城。明年正月，既報政，謂廣厦遂廢可惜，乃規以爲便坐，易其面勢賓出日，撤兩翼之重檐以納光景，洞三隅之複壁使可羅胡床數十，與諸吏及四方之賓客共之，避而不專鄉，故名之曰『舍蓋』。暇日列觴豆，揮麈劇談，窗户靖深，遠響來答，間登前榮之傑觀，挹山川之神，以稽舊聞。其右則問政、紫陽，羣峰綿聯，許、聶蜕蟬之隱居也。左則黄山天齊，雲雨在下，容成子、浮丘公飈車羽輪所往來，煙消日出，猶髣髴其音塵。客之從遊者，皆有馭長風，鑰倒景，以方洋天地間意，知有樂乎斯堂，而不知前日之蛛絲鼠壤、空虚幽暗而扃鐍也。初，公以忠臣子擢殊科，登道家山輒自劾去國。天子更化，古人望公，在至州四千里而遥。有詔盼輔郡符節，引以自近，其不留外久户知之。簿書期會之報，宜非所以煩公。然始至之日，不鄙野其吏民，端委聽直無倦容。於是六邑之留獄窒訟皆湊于府，朝案其説，纍牘充棟，數十年弗堅定者，郤批窾折，隨刃迎解。狡獪之庸，雖欲並緣瀾辭以珥筆豪州里，情見力屈，噤無從發端。財一再張望，田里晏然，庭中無復事，春容燕居於斯堂之上，而其民歡欣舞歌於溪山千里之外。唯恐外之百頃儉陋而不足以安公，聞其登新堂而樂，則相與傳『舍蓋』之名而珍之。以爲琳房綺寮，神仙之居，徒以公在焉故也。嗚呼！孟子所謂『賢者而後樂』，此者幾是歟！公書於隸尤工，得先魏古法，鍾繇元常而下，無譏也。堂既名，大書其榜。屬參軍事范成大爲之記。後之來者，覽觀心畫之妙，而咨製名之意，必有指斯名而告者焉。」

【亭榭】翠眉亭。在績溪。韓無咎記：「歙之績溪縣西隅，有亭曰——，不知其何人作也。前則二小山對出，自亭而望，嫵然如眉。地勢平衍，林木茂蔚。元豐末，蘇文定公爲縣，愛其清幽，時往游焉，賦詩其上。公去而邑人思之，即亭爲祠。紹興中，好事者飾縣廨一堂，名以景蘇。後令曹訓刻公在績溪所爲詩凡三十六篇於石，而摹公之象於翠眉亭云。」歲寒亭、在歙縣。蘇子由在績溪時賦詩，今刻石亭上。藏書閣。在州學。朱文公記云：「道之在天下，其實原於天命之性，而行於君臣、父子、兄弟、夫婦、朋友之間；其文則出於聖人之手，而存於《易》、《書》、《詩》、《禮》、《樂》、《春秋》、孔、孟氏之籍。本末相須，人言相發，皆不可一日而廢焉者也。」又云：「某，故邑人也，而客於閩。茲以事歸，而拜於其學。鄉人子弟相率踵門曰：『子誠未忘先人之國，獨不能因是而一言以曉之哉？』於是竊記所聞，以告鄉人之願學者。」

【祠廟】三先生祠。朱文公記云：「婺源大夫周侯始作周、程————於其縣之學，而使人以書來曰：『子故吾邑之人也。先生之學，其始終本末之趣，願吾子之悉陳之也。』某發書慨然曰：『今既得以日見先生之貌象而瞻仰之，則曷若遂讀其書，求其旨，以反諸身，而力行之乎？諸君其亦勉之哉！』」朱文公祠；州學及婺源縣學皆立其祠。五通廟。在婺源縣，乃祖廟。兄弟凡五人，本姓蕭。每歲四月八日，來朝禮者四方雲集。

祝穆、祝洙《方輿勝覽》卷一六《江東路·池州》【堂舍】思政堂。曾子固記云：「所與由之，必人之所安也。所與違之，必人之所厭也。如此者，未有不始於思然後得於己。得於己，故謂之德。正己而治人，故謂之政。政者，豈止於治文書，督賦斂，斷獄訟而已乎？然及其已得矣，則無思也。已他矣，則亦豈止於政哉？古君子之治，未嘗有易此者也。」

【亭榭】弄水亭。杜牧詩：「使君四十四，兩佩左銅魚。爲吏非循吏，論書讀底書？晚花紅艷静，高樹緑陰初。亭午清無比，溪山畫不如。嘉賓能嘯詠，官妓巧粧梳。逐日愁皆碎，隨時醉有餘。偃須求五鼎，陶秪愛吾廬。趍尚人皆異，賢豪莫笑渠。」貴池亭、同上。「勢比凌歊宋武臺，分明百里遠帆開。蜀江雪浪西江滿，强半春寒去却來。」如刻亭、在倅廳。李白詩：「愁作秋浦曲，强看秋浦花。山川如剡縣，風日似長沙。」清溪亭、王介甫記：「臨池州之溪上，隸軍事判官之府，京兆杜君建。夫吴、楚、荆、蜀、閩、越之徒出入於是，而離離洞庭、鄱陽之水浮於日月之無窮。四方萬里之人飛帆鼓楫，上下於波濤之中，犯不測之險於朝暮之際。而吾等乃於數楹之地，得偉麗之觀於寢食坐作之間，是可喜也。君曰：『夫僊其形於事者，宜有以佚其勞，厭其視聽之喧囂，則必之乎空曠之野，然後能無患於晦明。飛禽之啁啾，怒浪之洶湧，漁蓬樵蹻嘯於前而歌於後，孰與夫訟訴笞榜之交於耳也？岸幘穿屨，弦歌而詩書，投壺飲酒，談古今而忘賓主，孰與夫擎跽折旋之密接於吾目也？』此亭之所以作也。」翠微亭。楊廷秀《詩序》云：「從提舉黄元章登齊山寺後上清巖——，望郡城左清溪，右大江，蓋絶境云。」「西山落日浴長江，併貫清溪作一光。千嶂圍來天四合，孤城涌出水中央。樓臺玉塔雲間見，楊柳金堤鏡裏長。客子要窮秋浦眼，——上上清旁。」

【樓臺】蕭相樓。在州治北。唐蕭復建，後杜牧重建。王犨詩：「盧杞姦邪四海憂，相君邦國自同休。分符朝去雲中闕，開府南來江上州。百尺樓高瞻故國，九華山色倚晴眸。定知直道傳千古，杜牧文章在上頭。」杜牧《池州重建——記》：「蕭丞相爲刺史時，樹樓于大廳西北隅，上藏九經書，下爲刺史便廳事。大曆十年乙卯建，會昌四年甲子摧。木悉朽壞，無一可取者。刺史李方玄具材，刺史杜牧命工。南北霤相距五十六尺，東西四十五尺。十六柱，三百七十六椽。上下凡十二間，上有其三焉。皆仍舊制，以會昌五年五月畢。自初至再，凡七十一年。丞相諱復，實相德宗皇帝焉。」九華樓、即子城東門樓。九峰樓。杜牧《登——寄張祜》詩：「百感由來不自由，角聲孤起夕陽樓。碧山終日思無盡，芳草何年恨即休？睫在眼前長不見，道非身外更何求？誰人得似張公子，千首詩經萬户侯！」

祝穆、祝洙《方輿勝覽》卷一七《江東路·南康軍》【學校】白鹿書堂。唐李渤與兄涉俱隱於此山，嘗養一白鹿，因名之。南唐昇元中建學館，以李道爲洞主，掌其教授。《長編》云：「太平二年，知江州周述言廬山白鹿洞學徒嘗數千百人，乞賜九經，使之肄習。詔國子給本，仍傳送之。」呂伯恭《白鹿洞書院記》：「淳熙六年，南康軍秋雨不時，高仰之田告病。郡守新安朱侯熹行眂陂塘，並廬山而東，得白鹿書院廢址，慨然顧其僚曰：『是蓋唐李渤之隱居，而太宗皇帝驛送九經俾生徒肄業之地也。書院刱於南唐，其事至鮮。我太宗於汛埽區宇日不暇給之際，獎勸封殖如恐弗及，規摹遠矣。中興五十年，釋、老之宮圮于寇戎者，斧斤之聲相聞，各復其初，獨此地委於榛莽，過者太息，庸非吾徒之耻哉？郡雖貧薄，顧不能築室數楹，上以宣布本朝崇建人文之大指，下以續先賢之風聲於方來乎？』迺屬軍學教授楊君大灋、星子縣令王君仲傑董其事。又以書命祖謙記其成。祖謙竊嘗聞之諸公長者，國初斯民新脱五季鋒鏑之阨，學者尚寡。海內向平，文風日起，儒先往往依山林，即間曠以講授，大率多至數十百人，嵩陽、嶽麓、睢陽及是洞爲尤著，天下所謂『四書院』者也。祖宗尊右儒術，分之官書，命之禄秩，賜之扁榜，所以寵綏之者甚備。當是時，士皆上質實，下新奇，敦行義而不偷，守訓詁而不鑿，雖學問之淵源統紀或未深究，然『甘受和，白受采』，既有進德之地矣。慶曆、嘉祐之間，豪傑並出，講治益精。至于河南程氏、横渠張氏相與倡明正學，然後三代、孔、孟之教，始終條理，於是乎可考。熙寧初，明道先生在朝，建白學制教養考察賓興之法，綱條甚悉。不幸王氏之學方興，其議遂格。有志之士，未嘗不嘆息於斯焉。建炎再造，典刑文憲浸還舊觀，關、洛緒言稍出於毁棄剪滅之餘。晚進小生驟聞其語，不知親師取友，以講求用力之實；躐等陵節，忽近慕遠，未能窺程、張之門庭，而先有王氏高自聖賢之病。如是洞之所傳道，之者或鮮矣。然則書院之復，豈苟云哉？此邦之士，盍相與揖先儒淳固慤實之餘風，服《大學》離經辨志之治教，由博而約，自下而高，以答楊熙陵開迪樂育之大德，則於賢侯之勸學斯無負矣。至於考方志，紀人物，亦有士者所當謹，若李渻之之遺迹，固不得而略也。侯於是役，重民之勞，賦功已狹，率損其舊十七八，力不足而意有餘矣。興廢始末，見於當塗郭祥正所記者，皆不書。」朱元晦詩：「清泠寒澗水，窈窕青山阿。昔賢有幽尚，眷言此婆娑。事往今幾時，高軒絶來過。學館空廢址，鳴弦息遺歌。我來勸相餘，杖策寨緑蘿。謀野欣有獲，披圖知匪訛。永懷當年盛，莘莘衿佩多。博約感明恩，涵濡熙泰和。凄凉忽荒榛，俯仰驚頽波。發教逮綱紀，喟然心匪他。伐木循陰岡，結屋依陽坡。一朝謝塵濁，歸哉頂人適。」「昔人讀書地，町疃白鹿場。世道有升降，茲焉更表章。矧今中興年，治具一以張。弦歌獨不嗣，山水無輝光。荒榛適剪除，聖謨已汪洋。亦有皇華使，肯來登此堂。問俗良懇惻，懷賢增慨慷。雅歌有餘韻，絶學何能忘？」

【堂舍】五老堂。蘇子由詩：「五老高閑不入城，開軒肯就使君迎。坐中不着閑賓客，物外新成六弟兄。」黄太史：「月明如畫九江水，天静無雲——峰。」直節堂、在郡圃。朱元晦記云：「庭有八杉。欒城蘇文定公爲郡守，徐君師回作記，又手書而刻石焉。某來領郡，問堂所在則既無有，而杉亦不存。求之記文，則又非復故刻，而委之他所矣。獨廳事之旁有堂無額，而庭中有老柏焉。焚斮之餘，生意殆盡，而屹立不僵，如志士仁人更歷百變，而剛毅特立凛然不衰者。因取『直節』寓之此堂，而輂記石陷壁間，以彷彿前賢之意云。」冰玉堂、劉涣隱廬山，子恕取蘇轍所謂「潔廉不撓，冰清玉剛」之語名其祠，張耒爲記。朱元晦記云：「郎劉凝之故居之遺址，顧今百年之外，臺傾沼平，鞠爲灌莽，而使樵兒牧子皆得以歗歌躑躅於其上，又何其可悲也！郡守曾侯致虚出少府羨錢贖於民間，遂作冰玉之堂，而繪劉公父子之像於其上。且聞陳忠肅公之嘗館於是也，又繪其像以侑焉。」愛蓮堂、周茂叔嘗守是邦，後人作是堂於郡圃，朱元晦書「——」二字。濂溪《愛蓮説》云：「水陸草木之花，愛者甚蕃。晉陶淵明愛菊。自李唐來，世人甚愛牡丹。予獨愛蓮，出於淤泥而不染，濯於清漣而不妖，中通外直，不蔓不枝，香遠益清，亭亭浄植，可遠觀不可褻翫焉。予謂：菊，花之隱逸者也；牡丹，花之富貴者也；蓮，花之君子者也。噫，菊之愛，陶後鮮有聞。蓮之愛，同予者何人？牡丹之愛，宜乎衆矣！」拙齋。朱元晦書扁。以濂溪《拙賦》命名。

【樓觀】黄雲觀。在書院東北五里，折桂院後，取李白「萬里黄雲動風色」之句。朱元晦詩：「城中東北望，五老何蒼蒼！下有前朝寺，一原頗深藏。門外林澗幽，屋後雲木蒼。閑窗亦明潔，着此瑞錦張（僧房有瑞香花）。更能理枯筇，步上林北岡。仰視天宇闊，俯瞰江流長。受書彼何人，姓字不足詳。竹帛有遺臭，桂樹徒芬芳。」李逢吉嘗讀書此院，以故得名。金芙蓉觀、在郡圃。朱元晦取唐李白「菡萏金芙蓉」之句以命名。卧龍庵、在城西北二十里。朱元晦繪諸葛武侯像於庵中，爲記云：「予少時，讀龜山先生楊公詩，見其説卧龍劉君隱居，辟穀，木食，澗飲，蓋已度百歲，而神清眼碧，客至輒先知之。庵中怒瀑中瀉，大壑淵深，有黄石數丈，在激浪中蜿蜒飛鬬，故名——。又緣名潭之義，畫漢丞相諸葛公像寘之堂中。」朱元晦詩：「空山龍卧處，蒼峭神所鑿。下有寒潭幽，上有明河落。我來愛佳名，小築寄幽壑。永念千載人，丹心豈今昨。英姿儼繪事，凛若九原作。寒藻薦芳馨，飛泉奉明酌。公來識此意，顧步慘不樂。抱膝一長吟，神交付冥漠。」清浄退庵。在棲賢西三里。劉凝之舊隱作亭，取黄太史詩語。朱元晦詩：「凌兢度三峽，窈窕復一原。絶碧擁蒼翠，奔流逝潺湲。聞昔避世人，寄此茅三間。壯節未云遠，高風杳難攀。尋深得遺址，縛屋臨清灣。坐睨寒木杪，飛泉舞雲闕。玆游非吉淶，累解身復閑。保此清浄退，當歌不能諼。」

【亭榭】折桂亭。在郡治。背倚五老峰，面對大江，千島萬漵，出没煙雲波浪間，真奇觀也。玉淵亭、在棲賢寺門外。澗中白石不以數計，如卧羊，故曰——。張安國書二字。仍作詩云：「靈源直上與天通，借路來從五老峰。試問欄干敲柱杖，爲君喚起玉淵龍。」漱玉亭。楊廷秀詩：「山根玉泉仰面飛，飛出山頂却下馳。自從廬阜瀉雙練，至今銀灣乾兩支。雷聲驚裂龍伯眼，雪點濺濕嫦娥衣。寄言蘇二、李十二，莫愁瀑布無新詩。」

【橋梁】三峽橋。楊廷秀《題棲賢寺———》詩：「棲賢與楞伽，初本共一山。古潭宅神龍，睡醒厭久跧。是夕起雷雨，震得天地翻。此山坼爲兩，一溪斷中間。下窺黑無地，上攀青到天。從此兩禪寺，路絶不往還。祖師見之笑，彈指見神奸。問天借横霓，搭渡溪兩邊。倒傾千崖雪，飛下一玉淵。餘怒尚雷吼，聲拔諸峰根。我來不能去，輕生倚危欄。忽然心爲動，毛骨森以寒。土人指斷岸，猶帶初坼痕。」三峽石橋。在廬山。郭功父《————行》：「銀河源源天上流，新秋織女望牽牛。洪波欲渡渡不得，比鵲爲橋誠拙謀。胡不見廬山三峽水，此源亦接明河底。擘崖裂嶂何其雄，崩雷泄雲勢披靡。飛鳥難過虎豹愁，四時白雲吹不收。燭龍此地無行迹，六月遊子披貂裘。誰將巨斧鑿大石，突兀長橋跨蒼壁。行車走馬安如山，下視龍門任淙激。寄言牛、女勿相疑，地下神工尤更奇。唤取河邊作橋棟，一年不必一佳期。」蘇子由詩：「三峽波濤飽泝沿，過橋雷電記當年。江聲髣髴瞿唐口，石角參差灩滪前。應有夜猿啼古木，已將秋葉作歸船。老僧未省遊巴、蜀，松下相逢問信然。」

【館驛】五柳館。在都昌縣棲隱寺，即淵明故宅。虚白館、在尋真觀之右，正當五老峰九疊屏之下，雙澗支流，别是一壺天也。歸去來館。在歸宗西五里。有陶公醉石。是館乃朱文公建。詩云：「予生千載後，尚友千載前。每尋《高士傳》，獨嘆淵明賢。及此逢醉石，謂言公所眠。況復巖壑古，縹緲藏風煙。仰看喬木陰，俯聽横飛泉。景物自清絶，優游可忘年。結廬倚蒼峭，舉觴酹潺湲。臨風一長嘯，亂以《歸來》篇。」

【樓閣】星子樓。胡致隆詩：「葛巾藤杖竹籧篨，靜夜江樓縱目初。海獸擎山出彭蠡，玉龍噴水下羌廬。三更雲盡猿啼露，十里月寒人捕魚。已問湖山借圭角，他年來此老樵漁。」

重湖閣。在尋陽門外延慶院。極目湖波，與天無際。

【寺院】開先寺。在城西十五里。十國時，李中主嘗建此寺。舊傳梁昭明太子棲隱之地。寺後有瀑布。山南瀑布無慮數十，皆積雨方見。惟此不竭，水源在山頂，人未有窮者。或曰西入康王谷爲水簾，東爲開先瀑布。文與可《妙明庵記》：「棲賢石橋不爲混沌氏之所設，非工能之。開先瀑布不可量其高遠，奔騰傾涌，若決星漢，此尤天下之勝處，世間不復更有之絕觀也。」李白詩：「日照香爐生紫煙，遥看瀑布掛長川。飛流直下三千尺，疑是銀河落九天。」徐凝詩：「虛空落泉千仞直，雷奔入江不暫息。今古長如白練飛，一條界破青山色。」蘇子瞻詩：「帝遣銀河一派垂，古來惟有謫仙詞。飛流濺沫知多少，不爲徐凝洗惡詩。」子瞻云：「余遊廬山南北，得十五六奇勝，殆不可勝紀，懶不作詩，獨擿其尤者作《漱玉亭》、《三峽橋》二篇。」《開先漱玉亭》詩云：「高巖下赤日，深谷來悲風。擘開青玉峽，飛出兩白龍。亂沫散霜雪，古潭搖青空。餘流滑無聲，快瀉雙石硔。我來不忍去，月出飛橋東。蕩蕩白銀闕，沉沉水晶宮。願從琴高生，脚踏赤鯶公。手扶白芙渠，跳下清冷中。」朱元晦詩：「奇哉匡山陽，雙劍屹對起。上有橫飛雲，下有瀑布水。崩騰復璀璨，佳麗更雄偉。勢從三梁外，影落明湖裏。平生兩仙句，詠嘆深仰止。三年落星灣，悵望空眼眯。今朝隨杖屨，得此弄清泚。更誦《玉虹篇》，塵襟諒昭洗。」棲賢寺、李渤徙寺於是山。有水曰鸞溪。又有方橋潭，陸羽以其水爲第六。陳舜俞詩：「辟蛇行者應開寺，拭眼高僧尚有墳。龍帶雨歸三峽水，烏噙花出五峰雲。」寺有三峽橋，爲廬山之雄觀。蘇子由記：「水行石間，聲如雷霆，如千乘車行者，震掉不能自持，雖三峽之險不能過也。」蘇子瞻《三峽橋》詩：「吾聞泰山石，積日穿綫溜。況此百雷霆，萬世與石鬬。深行九地底，險出三峽右。長輸不盡溪，欲滿無底竇。跳波翻潛魚，震響落飛狖。清寒入山骨，草木盡堅瘦。空濛煙雨間，澒洞金石奏。彎彎飛橋出，瀲瀲半月彀。玉淵神龍近，雲雨亂晴晝。垂瓶得清甘，可嚥不可漱。」朱元晦詩：「兩岸蒼壁對，直下成斗絕。一水從中來，蕩潏知幾折。石梁據其會，迎望遠明滅。倏至走長蛟，捷來翻素雪。聲雄萬霹靂，勢倒千巑嶙。足掉不自持，魂驚詎堪說。老仙有妙句，千古擅奇崛。尚想化鶴來，乘流弄明月。」雲居寺、在山之顛。諺云：「天上雲居，地下歸宗。」言其相亞云。歸宗寺、在城西二十五里，即王羲之宅。墨池、鵝池存焉。唐寶曆中，有赤眼禪師居之。朱元晦《和提舉尤延之遊山》詩：「金輪、紫霄上，寶界鸞溪邊。往昔王內史，願香有餘煙。千年今一歸，景物還依然。澗水既蕩潏，山花亦清妍。不辭原隰勞，樂此賓從賢。訪古共紆鬱，勞農獨勤拳。憐我乖勝踐，裂牋寄真詮。逃禪公勿遽，且畢區中緣。」蘇子由詩：「來聽——早晚鍾，疲勞懶上紫霄峰。墨池漫疊溪中石，白塔微分嶺上松。佛宇爭推一山甲，僧厨坐待十方供。欲遊山北東西寺，巖谷相連更幾重。」此寺王逸少所置，云有墨池在焉。落星寺、《輿地廣記》：「昔有僧墜水化爲石。夏秋之交，湖水方漲，則星石汎于波瀾之上。至隆冬水涸，則可以步涉。」寺居其上，曰法安。院有清輝閣、玉京軒、嵐漪軒。黄魯直詩：「巖巖匡俗先生廬，其下宮亭水所都。北辰九關隔雲雨，南極一星在江湖。」「北風捲沙過夜窗，枕底鯨波撼蓬島。箇中即是地行仙，但使心閑自難老。」又詩云：「星宮游空何時落，着地亦化爲寶坊。詩人晝吟山入坐，醉客夜愕江撼床。密房各自開户牖，蟻穴或夢爲侯王。不知青雲梯幾級，更借瘦藤尋上方。」「——開士深結屋，龍閣老翁來賦詩。小雨藏山客坐久，長江接天帆到遲。宴寢清香與世隔，畫圖妙絕無人知。蜂房各自開户牖，處處煮茶藤一枝。」王介甫詩：「窣雲臺殿起崔嵬，萬里長江一酒杯。坐見山川吞日月，杳無車馬送塵埃。鴈飛雲路聲低過，客近天門夢易迴。勝槩惟詩可收拾，不才羞作等閑來。」朱元晦詩：「浩浩長江水，東逝無停波。及此一回薄，平湖煙浪多。孤璵屹中川，層臺起周阿。晨望愛明滅，夕遊驚蕩磨。極目青冥茫，回瞻碧嵯峨。不復車馬迹，惟聞榜人歌。我願辭世紛，玆焉老漁簑。會有滄浪子，鳴航夜相過。」又詩：「四面真誠開玉鑑，三山應是失金鰲。」萬杉寺、在廬山。僧大超植杉萬本，仁宗賜御製篆「金仙寶殿」額。今有御書及「國泰清淨」四大字。朱元晦詩：「休沐聊命駕，駕言何所之。行尋慶雲寺，想象昭陵時。門前杉徑深，屋後杉色奇。空山歲年晚，鬱鬱凌寒姿。當年雨露恩，千載有餘滋。匠石不敢睨，孤標儼相持。更啓石室藏，仰瞻天象垂。願以清淨化，永爲太平基。」蘇子由詩：「萬本青杉一手栽，滿堂白佛九天來。涓涓石溜供厨足，四方山屏遶寺開。半榻松陰秋簟冷，一杯香飯午鍾催。安眠飽食平生事，不待山僧喚始迴。」芝山寺、范希文詩：「樓殿冠崔嵬，靈芝安在哉？雲飛過江去，花落入城來。得食鴉朝聚，開經虎夜回。偶臨西閣望，五老夕陽開。」三林寺、釋無可《寄題廬山——》詩：「廬嶽東南秀，香花惠遠蹤。名齊松嶺峻，氣比沃洲濃。積岫連何處，幽崖越幾重。雙流溢隱隱，九派棹憧憧。山限東西寺，林交旦暮鍾。半天傾瀑溜，數郡見爐峰。巖並金繩道，潭分玉像容。江微匡俗路，日杲晉朝松。樓徑新苞拆，梅籬故葉壅。嵐光生疊砌，霞焰發高墉。窗籟虛聞狖，庭煙黑過龍。定僧仙嶠起，逋客禿溪逢。濩落垂楊户，荒涼種杏封。塔留紅舍利，池吐白芙蓉。畫壁披雲見，禪衣對鶴縫。喧經泉滴瀝，没履草丰茸。翠竇欹攀乳，苔橋側杖筇。探奇盈夢想，搜峭滌心胸。冥奥終難盡，登臨惜未從。上方薇蕨滿，歸去養乖慵。」廬山寺、馬戴詩：「白茅爲屋宇編荆，數處堦墀石疊成。東谷笑言西谷響，下方雲雨上方晴。鼠驚樵客緣蒼壁，猿戲山頭撼紫檉。別有一條投澗水，竹筒斜引入茶鐺。」楞枷院。在城北三十五里。子瞻記：「余友李公擇嘗讀書於五老峰白石庵之僧舍。公擇既去，山中之人思之，指爲李氏山房，藏書九千餘卷。」子瞻《過公擇故居》詩：「彭蠡東北源，廬阜西南麓。何人脩水上，種此一雙玉。思之不可見，破宅餘脩竹。四鄰戒莫犯，十畝森似束。我來仲夏初，解籜呈新緑。幽鳥向我鳴，野人留我宿。徘徊不忍去，微月掛喬木。遥想他年歸，解組巾一幅。對床老兄弟，夜雨鳴竹屋。卧聽林寺鍾，書窗有殘燭。」又詩：「偶尋流水上崔嵬，五老蒼然一笑開。若見謫仙煩寄語，匡山頭白早歸來。」朱元晦詩：「躡石循急澗，穿林度亘岡。俛入幽谷邃，仰見奇峰蒼。李公英妙年，讀書此雲房。一去上臺閣，致身何慨慷！蘇公記藏書，文字有耿光。餘事亦騷雅，戲墨仍風霜。兩公不歸來，歲月忽已荒。何用建遺烈，寒泉薦孤芳。」

【道觀】景德觀。舊記：「昔秦始皇并吞六國，楚王避難此地。有康王觀，二十里入康王谷。又十五里，有水如簾布巖而下者，三十餘派，陸羽《茶經》其水爲天下第一。」朱元晦詩：「循澗西北騖，崎嶇幾經丘。前往荒蹊斷，豁然清溪流。一涉臺殿古，再涉川原幽。紫紆復屢渡，乃得寒巖陬。飛泉天上來，一落散不收。披崖日璀璨，噴壑風颼飀。追薪爨絶品，瀹茗澆窮愁。敬酹古陸子，何年復來游？」簡寂觀、在城西二十三里。宋陸脩静封丹元真人，明帝召至建康，卒于崇虚館，謚簡寂。此即脩浄故居，今名太虚觀。後有二瀑布及白雲樓。《夢溪筆談》云：「觀有竹，相傳脩静所植，出苦笋而味反甜，歸宗寺造鹹虀而味反淡，蓋山中佳物也。」山中人語云：「簡寂觀中甜苦笋，歸宗寺裏淡鹹虀。」楊傑詩：「紫霄峰下陸先生，飛出紅塵鶴羽輕。斗壇石礙雲三尺，丹井泉寒月一弘。」錢聞禮詩：「先生舊隱在廬山，幽谷千年竹萬竿。偃松拂盡煎茶石，苦笋撑開禮斗壇。」朱元晦詩：「高士昔遺世，築室蒼崖陰。朝真石壇峻，煉藥古井深。結交五柳翁，屢賞無弦琴。相携白蓮社，一笑傾夙心。歲晚更市朝，故山鎖雲岑。柴車竟不返，鸞鶴空遺音。我來千載餘，舊事不可尋。四顧但絶壁，苦竹寒蕭槮。」蘇子由詩：「山行但覺鳥聲殊，漸近神仙簡寂居。門外長溪浄客足，山腰苦笋助盤蔬。喬松定有藏丹處，大石仍存拜斗餘。弟子蒼髯年八十，養生世世授遺書。」白鶴觀、在城西北二十里，今名爲承天觀。《觀記》云：「廬山峰巒之奇秀，巖穴之怪邃，林泉之茂美，爲江南第一。此觀復爲廬山第一。」《漁隱叢話》：「蘇子瞻云：『司空表聖自論其詩得味外味，「棋聲花院閉，幡影石幢高」，此句最善。』吾嘗獨遊五老峰，入白鶴院，松陰滿地，不見人，惟聞棋聲，然後知此句之工。」蘇子由詩云：「五老相携欲上天，玄狼白鶴盡疑仙。浮雲有意藏山頂，流水無聲入稻田。古木微風時起籟，諸峰落日盡生煙。歸鞍草草還城市，慙愧幽人正醉眠。」延真觀、在城北四十里。舊名昭德，唐女真李騰空所居。騰空，宰相李林甫之女。李白《送女真歸廬山》詩：「羡君相門女，學道愛神仙。一往屏風疊，乘鸞着玉鞭。」尋真觀、在城北二十五里。《道藏經》三十六洞天，此其一也。唐貞元女冠蔡尋真居屏風疊之南，李騰空居屏風疊之北。符祥觀、《觀記》云：「秦末有武士三人留此，一夕雷電，化成二溪。溪中磐石上有玉簡，天篆曰『神化靈溪』。金簡標題：『真人受旨，玉澗潛棲。』」康王觀。在城西七十里。按舊經：「楚康王避難於此山。梁大同元年張道士置，在洞裏。至隋開皇，丁道士移出洞口銅馬廟場置觀。」

【祠廟】陶威公祠。劉義仲記云：「子瞻嘗爲予言，陶公忠義之節横秋霜而貫白日，《晉史》所書『折翅』之事，豈有是乎？」吴澥辨云：「蘇峻之誅，庚亮耻爲之屈。既士行溘先朝露，後嗣零落，庚氏謗之耳。」五賢祠、朱元晦《祝文》云：「誤膺朝命，來守是邦。至止之初，得拜劉、李二公之像于學，欽聳高風，考觀正論，既有以慰夙心者。既又咨訪，得陶公栗里故居於郡境，且知祕丞劉公蓋嘗禄于筦庫，而忠肅陳公又嘗辱爲遷民也。」濂溪祠、朱元晦立。張敬夫記：「蓋自近世以來，先生之書徧天下，士知尊敬講習者寖多。而其間未免或失其旨，妄意高遠，不由其序，游談相夸，不踐其實，反以病夫！真若是者，適爲吾道之罪人耳。夫惟端篤懇惻，近思躬履，不忽於卑下，而審察乎細微，是爲不負先生之訓。」三賢祠、在廬山楞伽寺。楊廷秀《呈南康太守曾致虚》詩：「山房牙籤三萬軸，六丁下取歸羣玉。空餘坡老枯木枝，雪骨霜筋插雲屋。楞伽老僧懷兩賢，作堂要與祠千年。只供清風薦明月，不用秋菊兼黄泉。江西社裏曾常伯，李家玉澗蘇家客。併遣巫陽招取來，分坐廬山泉上石。」劉西磵祠。黄魯直《拜劉凝之畫像》詩：「弃官清潁尾，買宅落星灣。身在菰蒲中，名滿天地間。誰能四十年，保此清浄退。往來澗谷中，神光射牛背。」

祝穆、祝洙《方輿勝覽》卷一八《江東路・信州》【學舍】宗文書院。在鉛山縣鵝湖寺。淳祐庚戌，江東提刑蔡抗建，奏請于朝，御書今額。蓋文公朱先生、象山陸先生曾講辯于此。

【堂亭】面山堂。在州宅。晁太史詩：「誰榜鈴齋作面山，晦冥終日捲簾看。賦成夜燭纔銷寸，衙退朝曦未半竿。」玉光亭。在玉山縣廳東，不知創始之自。章希言詩：「千層懷玉對軒窗，池上新亭號玉光。抵此便堪爲吏隱，神仙官職水雲鄉。」王介甫詩：「傳聞天玉此埋湮，千古誰分僞與真？每向小庭風月夜，却疑山水有精神。」

【軒榭】絶塵軒。韓無咎記：「貴溪尉舍，舊有黄梅出於垣間。元符己卯歲，廖明略舉宋廣平之事，題曰『能賦堂』，以況尉君曾敬之也。明略既爲之記，而晁無咎題其後，謂其於敬之遠矣。又和其《試茶》、《看花》二詩，有兩『絶塵』之句，則敬之爲人固可知也。後八十有二年，福唐鄭肇之爲尉于此，乃葺堂而更新之，訪梅之栫而增培之。予因榜之曰『絶塵』，蓋取無咎詩中語也。」

【祠廟】陸象山祠。先生撫州人，謚文安。學者即象山書院而爲之祠。

祝穆、祝洙《方輿勝覽》卷一八《江東路・饒州》【堂亭】慶朔堂。在州治。范希文創，取古諸侯「藏朔」之義。公詩云：「——前花自栽，便移官去未曾開。年年憶着成離恨，秪託春風管勾來。」得心堂、在州宅。取吴芮「得民心」之義。范希文名。識山堂、在州宅。望廬山於三百里外，最爲楚東勝地。四望亭、在郡城上。范希文建。汪彦章詩：「縱横盡得江山勝，俯仰方知宇宙寬。千里風煙環廣坐，四時星斗轉危欄。」王龜齡詩：「有澤宜觀水，無簷不礙山。鄱君千里國，俯仰一亭間。」秋香亭、在坑冶。范希文有賦。白雲亭、劉長卿《餘干縣故城》詩：「孤城上與白雲齊，萬古荒凉楚水西。官舍已空秋草緑，女墻猶在夜烏啼。平江渺渺來人遠，落日亭亭向客低。沙鳥不知陵谷變，朝飛暮去弋陽溪。」黄魯直《次韻吴可權》詩：「曩誰築孤亭，勝日有感遇。永懷劉隨州，因榜白雲句。遺老不能談，新陳忽成屨。綠陰斤斧盡，華屋風雨仆。吳侯七閩英，宰縣有真趣。弦歌解民愠，根節去吏蠹。材收佛宮餘，工有子來助。厦成燕雀賀，水滿凫鴈翥。四海名士來，一笑佳客聚。雲興碧山留，雲散清江去。斯須成蒼狗，皆道不如故。至人觀萬物，誰有安立處。寄語吳令君，但遺糟床注。」干越亭、與白雲亭相對，李德裕建。權載之詩：「———邊歲暮逢。」劉長卿詩云：「天南愁望絶，亭下柳條青。落日獨歸鳥，孤舟何處人？」王龜齡詩云：「我來鄱君山水州，山水入眼常遲留。絶勝遥瞻雲錦洞，清音下瞰琵琶洲。干越亭前越風起，湖邊鄱陽三百里。曉來一雨洗清秋，身在江東畫圖裏。」聚遠亭、在德興，縣中最勝處。郭功父、趙閲道皆有詩。五峰亭。張安國《和鄱陽———》詩云：「廬山真滿眼，秀句憶東坡。」

【樓臺】鄱江樓。在南城上。唐有此名。有錢起詩。

【祠廟】饒娥廟。柳宗元《———碑》云：「娥父醉漁，風卒起，不能舟，遂以溺死。娥聞父死，走哭水上，氣盡伏死。明日，黿魚鼉蛟浮死萬數，鄉人葬娥鄱水西。」

祝穆、祝洙《方輿勝覽》卷一八《江東路・廣德軍》 【堂亭】靜治堂。在郡治。秀遠亭。陳天麟詩云：「笋槩秧針入圖畫，令人魂夢到家山。」

【樓臺】鼓角樓。曾子固記云：「熙寧元年冬，廣德軍作新門———成，太守令文武賓屬以落之。既而以書走京師，屬鞏曰：『爲我記之。』鞏辭不能，書反覆至五六辭，迺爲文曰：蓋廣德居吳之西疆，故鄣之墟，境大壤沃，食貨富穰，人力有餘。而獄訟赴訴，財貢輸入，以縣附宣，道路四阻，衆不便利，歷世久之。太宗皇帝在位四年，乃按地圖，因縣立軍，使得奏事專決，體如大邦。自是以來，田里辨争，歲時税調，始不勤遠，人用宜之。而門閎隘庳，樓觀弗飾，於以納天子之命，出令行化朝夕，吏民交通四方，覽示賓客，弊在簡陋，不中度程。治平四年，尚書吏部員外郎、知制誥錢公公輔守是邦，始因豐年，聚財積土，將改而新之。會尚書駕部郎中朱公壽昌來繼其任，明年政成，封内無事，乃擇能吏，揆時庀徒，以畚以築，以繩以削，門阿是經，觀闕是營，不督不期，役者自勸。自冬十月甲子始事，至十二月甲子卒功。崇墉崛興，複宇相瞰，壯不及僭，麗不及奢，憲度政理，於是出納，士吏賓客，於是馳走，尊施一邦，不失宜稱。至於伐鼓鳴角以警昏昕，下漏數刻以節晝夜，則又新是四器，列而樓之。邦人士女易其聽觀，莫不悦喜，推美頌嘆。夫禮有必隆，不得而殺；政有必舉，不得而廢。公於是兼而得之，宜刻金石以書美實，使是邦之人，百世之下，於二公之德尚有攷也。」集仙臺。在祠山絶頂。乃張王興迹之地，守梅詢建。詢詩《與郡守王渙》曰：「我有集仙經始在，勞君一到爲重修。」

祝穆、祝洙《方輿勝覽》卷一九《江西路・隆興府》 【學校】東湖書院。漕趙崇憲創於添倅廳之舊基。滕强恕以逼近市廛，請于朝，遷之東湖晏家山上。

【堂亭】民安堂。胡徽猷陛辭，上有「使民安業」之語，故名。正義堂；在漕司。取理財正辭之義。張安國書扁。南浦亭、在廣潤門外，往來艤舟之所。唐已有之。王介甫詩：「南浦隨花去，回舟路已迷。暗香無覓處，日落畫橋西。」愛蓮亭、在南昌縣治。以濂溪嘗宰是邑，故名。幽谷亭、在靖安縣。曾子固詩：「行盡車馬塵，豁見水石環。誰爲千家縣，正在清華間。」石頭驛。汪彦章《———記》云：「自豫章絶江而西，有山屹然。並江而出者，石頭渚也。阻江負城，十里而近。」韓愈《次———寄江西王中丞》詩：「憑高回馬首，一望豫章城。人由戀德泣，馬亦別群鳴。寒日夕始照，風江遠欲平。默然都不語，應識此時情。」

【樓閣】物華樓。舊在西城上。王介甫詩：「千里名城楚上游，江山多在———。」滕王閣、在郡城西。唐高祖之子滕王元嬰所建。夾以二亭，南曰壓江，北曰挹秀。自唐至今，名士留題甚富。初，滕王閣成。九月九日都督大宴滕王閣，宿命其婿作序以夸客。因出紙筆徧請，客莫敢當。勃欣然不辭。都督怒，起更衣，遣吏候其文輒報。一再報，語益奇，乃矍然曰：「天才也！」王勃《秋日燕滕王閣詩序》：「南昌故郡，洪都新府。星分翼、軫，地接衡、廬。襟三江而帶五湖，控蠻荆而引甌越。物華天寶，龍光射牛斗之墟；人傑地靈，徐孺下陳蕃之榻。雄州霧列，俊彩星馳。臺隍枕夷、夏之交，賓主盡東南之美。都督閻公之雅望，棨戟遥臨；宇文新州之懿範，襜帷暫駐。十旬休暇，勝友如雲；千里逢迎，高朋滿座。騰蛟起鳳，孟學士之詞宗；紫電清霜，王將軍之武庫。家君作宰，路出名區；童子何知，躬逢勝餞。時惟九月，序屬三秋。潦水盡而寒潭清，煙光凝而暮山紫。儼驂騑於上路，訪風景於崇阿。臨帝子之長洲，得仙人之舊館。層臺聳翠，上出重霄；飛閣流丹，下臨無地。鶴汀凫渚，窮島嶼之縈迴；桂殿蘭宫，列岡巒之體勢。披綉闥，俯雕甍：山原曠其盈視，川澤吁其駭矚。閭閻撲地，鍾鳴鼎食之家；舸艦迷津，青雀黄龍之軸。虹銷雨霽，彩徹雲衢。落霞與孤鶩齊飛，秋水共長天一色。漁舟唱晚，響窮彭蠡之濱；雁陣驚寒，聲斷衡陽之浦。遥吟俯暢，逸興遄飛。爽籟發而清風生，纖歌凝而白雲遏。睢園綠竹，氣凌彭澤之樽；鄴水朱華，光照臨川之筆。四美具，二難并。窮睇眄於中天，極嬉遊於暇日。天高地迥，覺宇宙之無窮；興盡悲來，識盈虚之有數。望長安於日下，指吳會於雲間。地勢極而南溟深，天柱高而北辰遠。關山難越，誰悲失路之人？萍水相逢，盡是他鄉之客。懷帝閽而不見，奉宣室以何年？嗟乎！時運不齊，命途多舛。馮唐易老，李廣難封。屈賈誼於長沙，非無聖主；竄梁鴻於海曲，豈乏明時？所賴君子安貧，達人知命。老當益壯，寧知白首之心？窮且益堅，不墜青雲之志。酌貪泉而覺爽，處涸轍以猶懽。北海雖賒，扶摇可接。東隅已逝，桑榆非晚。孟嘗高潔，空懷報國之情；阮籍猖狂，豈效窮途之哭？勃三尺微命，一介書生。無路請纓，等終軍之弱冠；有懷投筆，慕宗慤之長風。捨簪笏於百齡，奉晨昏於萬里。非謝家之寶樹，接孟氏之芳鄰。他日趨庭，叨陪鯉對；今晨捧袂，喜託龍門。楊意不逢，撫凌雲而自惜；鍾期既遇，奏流水以何慙。嗚呼！勝地不常，盛筵難再。蘭亭已矣，梓澤丘墟。臨別贈言，幸承恩於偉餞；登高作賦，是所望於羣公。敢竭鄙懷，恭疏短引。一言均賦，四韻俱成。」「滕王高閣臨江渚，佩玉鳴鑾罷歌舞。畫棟朝飛南浦雲，珠簾暮捲西山雨。閑雲潭影日悠悠，物換星移度幾秋。閣中帝子今何在？檻外長江空自流！」韓愈《重脩滕王閣記》云：「愈少時則聞江南多登臨之美，而滕王閣爲第一，有瑰奇絶特之稱。及得三王所爲序賦記等，壯其文辭，益欲往一觀而讀之。斥守揭陽，又不得過南昌償所願焉。至州之七月，詔以太原王公爲御史中丞，觀察江南西道，洪、江、饒、虔、吉、信、撫、袁悉屬治所。八州之人前所不便及所願欲而不得者，公至之日皆罷行之。大者驛聞，小者立變，春施秋殺，陽開陰閉。令脩於庭户數日之間，而人自得於湖山千里之外。吾雖欲出意見，論利害，聽命於幕下，而吾州乃無一事可假而行者，則滕王閣又無因而至焉。前公爲從事，此邦適治新之。公所爲文，實書在壁。今三十年，而公來爲邦伯，於是棟楹桷榱撓折者以新之。既訖功，以書命愈曰：『子其爲我記之。』愈既未得造觀，竊喜載名其上。雖老矣，如獲從公游，尚能爲公賦之。」杜牧詩：「滕王閣中綺席開，柘枝蠻鼓殷晴雷。垂樓萬幕連雲合，破浪千帆陣雨來。未掘雙龍牛斗氣，高懸一榻棟梁材。連巴控蜀知何事，珠翠沉檀處處催。」王介甫：「白浪翻江無已時，陳蕃、徐孺去何之？愁來徑上滕王閣，反覆文公一片碑。」王平甫詩：「滕王昔日好追遊，高閣依然枕碧流。勝地幾經興廢事，夕陽偏照古今愁。城中樹密千家市，天際人歸一葉舟。極目烟波吟不盡，西山重疊亂雲浮。」秋屏閣。在大梵寺之側，一目可盡江山之勝。潘逍遥詩有云：「寒蕉白鳥明殘照，拖石幽雲點半山。」

【寺院】上藍院。唐馬祖道一禪師道場。今爲府城叢林第一。雙林院、在靖安縣北五里。柳公權書額。雲溪寺、在新建縣西二十里。曾子固、王介甫來遊，樂其山水之勝，後於其旁卜居。今爲西山勝處。香城寺。在豫章西山。陳陶有詩云：「十地巖宮禮竺皇，旃檀樓閣半天香。祇園樹老梵聲小，雪嶺花香燈影長。霄漢落泉供月界，蓬壺靈鳥待雲房。何年七七空人降，金錫珠壇滿上方。」

【道觀】玉隆萬壽觀。在新建縣界，舊名遊帷觀。初，許旌陽學道於丹陽黄堂，嘗以五色錦帷施於黄堂。及旌陽上昇，錦帷飛還故宅，俄復昇天，晉遂立遊帷觀。唐有道士胡惠超，有道術，能役鬼神。其剏觀也，以夜興工，至曉則止。今正殿雄麗，非人工所能致。其扁榜有「遊帷之觀」四字，乃徐鍇書。祥符中改賜「玉隆萬壽觀」額。楊無爲詩：「四十口升金闕去，半千年後玉函開。」鐵柱觀。政和間改建真宫。許旌陽既斬蛟蜃，謂豫章濱水之地，百怪叢居，吾上昇之後或害人，鑄——二。一在子城南，縻以鐵索，封鎮蜃穴。又奉新縣延真觀有鎮蛟石，尚存。

【祠墓】梅仙祠。在南昌尉廳。楊廷秀詩：「梅郎絳節朝玉臺，朝遊五城暮九垓。遺民香火答遺愛，何年祠屋荒蒼苔？劍津詩客子張子，住持仙壇判山水。上書台斗大居士，作緣水漕皇華使。二臺併檄孔家兄，經始新祠不日成。西山、南浦作賀賓，野梅官柳俱歡聲。」濂溪祠堂、朱元晦《祠記》：「隆興府學教授南康黄君灝既立——先生之祠於其學，而以書來語某曰：『先生之學，自程氏得其傳以行於世，至於今，而學者益尊信之。以故自其鄉國及其平生遊宦之所歷，皆有祠於學，以致其瞻仰之意。若此邦者，蓋亦先生之仕國也，而視於其學，獨未有所祠奉。灝也既言於府而敬立之，且奉程氏二先生以配焉。又將竊取其書，日與學者誦習之，而患未知其所以説也。吾子蓋嘗爲是，以幸教吾邦之人，是殆有以識其意者，願得一言以記兹事，庶乎有以發也。』某謝不敏，而黄君要之不置。某惟先生之學之奥，固非末學所敢知，抑不敢謂無其志者。矧黄君之請之勤若是，亦安得不爲之言乎？蓋嘗竊謂先生之言，其高極乎無極太極之妙，而其實不離乎日用之間；其幽探乎陰陽五行造化之賾，而其實不離乎仁義禮智、剛柔善惡之際。其體用之一源，顯微之無間，秦、漢以來誠未有臻斯理者，而其實則不外乎《六經》、《論語》、《中庸》、《大學》七篇之所傳也。蓋其所謂『太極』云者，合天地萬物之理而無器與形，故曰無極而太極。以其見天地萬物之理無不在是，故曰太極本無極也。是豈離乎生民日用之常，而自爲一物哉？其爲陰陽五行造化之賾者，固此理也。其爲仁義禮智、剛柔善惡者，亦此理也。性此理而安焉者，聖也。復此理而執焉者，賢也。自堯、舜以來，至於孔、孟，其所以相傳之説，豈有一言以易此哉？顧孟氏既没，而諸儒之智不足以及此，是以世之學者茫然莫知所適，高則放於虚無寂滅之外，卑則游於雜博華侈之中。自以爲道固如是，而莫或知其非也。及先生出，始發明之，以傳於程氏，而其流遂及於天下，天下之學者於是始知聖賢之所以相傳之實乃出於此，而有以用其力焉。此先生之教，所以繼往聖，開來學，而有大功於斯世也。今黄君既立其祠，以及於程氏，而又欲推其説以傳學者，是必有以默契於心而無疑矣。而若有待於某之言者，豈將以是輔其説，而久其傳耶？既不得辭，乃叙其事，而并書是語以復焉。黄君幸以爲不悖於先生之言，則願刻之石，厝之祠門，以告來者，庶幾其或小補云。」徐孺子墓。《圖經》：「章水者，逕南昌城，西歷白社，其西有孺子墓。又北歷南塘，其東爲東湖，其南小洲上有孺子宅，號孺子臺。吴嘉禾中，太守徐熙於孺子墓隧種松，太守謝景於墓側立碑，太守夏侯嵩於碑旁立思賢亭，拓跋魏時謂之聘君亭。墓失其地，臺可考而知。」詳見曾南豐所作記。楊廷秀《孺子墓詩并序》：「南昌尉廳之右有孺子墓，墓前故有思賢亭，後經兵餘，亭毁墓湮。今尉劍津張敬之因葺公廨，披榛得墓。按圖諜，墓旁有九里井，求之得井。又有甿耕桓伊墓下，得甓三，款識云：『晉平南將軍墓，去聘君墓七里。』驗其遐邇而信，因表其墓，復其亭云。敬爲賦之：有客棲霞外，無名涴黨中。南州一高士，東漢獨清風。舊國已禾女，荒阡猶石翁。更煩吹笛鬼，端爲洗榛叢。」

祝穆、祝洙《方輿勝覽》卷一九《江西路・袁州》【學校】州學。唐天寶五載，太守房琯始立夫子廟於城北門外五十步。國朝皇祐五年，郡守祖無擇以舊居陋隘，乃改營於州治之東，今學是也。學成，盱江李泰伯爲記，京兆章友直篆額，河東柳淇書，世號三絶。熙、豐間，第天下學記，以袁爲冠。盱江李泰伯記：「皇帝二十有三年，制詔——縣立——。惟時守令，有哲有愚，有屈力單慮祗順德意，有假宫借師苟具文書，或連數歲亡弦誦聲，倡而不和，教尼不行。三十有二年，范陽祖君無擇知袁州。始至，進諸生，知學官闕狀，大懼人才放失，儒效闊疏，無以稱上意旨。通判穎川陳君侁聞而是之，議以克合。相舊夫子廟陋隘，不足改爲，乃營治之東。厥土燥剛，厥位面陽，厥材孔良。瓦甓黝堊丹漆，舉以法故殿堂。室房廡門，各得其度。生徒有舍，庖廩有次。百爾器備，並手偕作。工善吏勤，晨夜展力。越明年成，舍菜且有日。盱江李覯諗于衆曰：『惟四代之學，考諸經可見已。秦以山西鏖六國，欲帝萬世，劉氏一呼，而闢門不守，武夫健將，賣降恐後。何耶？《詩》、《書》之道廢，人惟見利而不聞義焉耳。孝武乘豐富，世祖出戎行，皆孳孳學術，俗化之厚，延于靈、獻。今代遭聖神，爾袁得賢君，俾爾由庠序踐古人之迹。天下治，則譚《禮》、《樂》以陶吾民。一有不幸，猶當仗大節，爲臣死忠，爲子死孝，使人有所賴，且有所法，是惟朝家教學之意。若其弄筆以徼利達而已，豈惟二三子之羞，亦爲國者之憂。」」

【齋閣】四益齋。在郡齋。張杓刻魏公所書《——碑》。隱齋；在郡治。太守張杓建，南軒張敬夫命名，仍爲作記云。蓋取孟子「惻—」之義。朱元晦詩：「大專槃萬生，異體實同氣。云胡分彼此，直以私自蔽。君家桂林伯，德學妙一世。閉户不忘憂，簪纓矧行義。眷言介弟賢，四益謹先畀。千里各分符，一心同盡瘁。遠題齋户册，來表棲息地。系述寫心胸，俯仰資惕厲。陽嘉既滌蕩，陰慝失封閉。介然彼痌瘝，赫若我黥劓。拊摩極哀恫，征取敢亡藝。戰兢一日力，洋溢四封被。君看物我間，隱顯豈殊致。願反振民功，更懋根本計。」栖霞閣、在城内高真觀。王定國詩：「春漬苔紋沿石塔，月含松韻雜琴聲。」潺潺閣。在仰山廟右廡下。婁乾德詩：「一派泠泠繞檻清，塵襟洗滌自涼生。夜深好夢纔驚破，疑是半天風雨聲。」

【亭臺】介亭。在東湖之南。廣漢張公杓知州事，南軒先生栻過之，爲書東湖扁榜，且易盧石堂爲——，仍題榜側云：「——之石，本盧肇家故物也。挺然特立，望之有汲黯在朝之氣象。予既取豫卦六二之義以題其亭，併告來者。」紅陰亭；在倅廳。王冀公布衣時作記，今猶存。宜春臺。在郡城。劉孚隆題詩云：「風送江聲穿郡閣，日推雲影下峰巒。」

【館驛】毛山驛。在萍鄉縣。朱元晦書驛壁：「人言毛女住青冥，散髮吹簫夜夜聲。却是郵僮解端的，向儂説道野狐精。」

【佛寺】蟠龍寺。在宜春之——山。湍瀑飛瀉，蓋勝境也。五峰寺。黄魯直《送密老住——》詩：「我行高安過萍鄉，七十二度遶羊腸。水邊林下逢衲子，東西南北古道場。五峰秀出雲雨上，中有寶坊如側掌。去與青山作主人，不負法昌老禪將。」

【祠廟】昌黎廟、在州治東三十步。祖無擇刱。仰山廟。古老相傳：昔有邑人徐潘，舟至大孤山，見一人稱蕭大分，一人稱蕭陸，云居宜春——石橋，與同載而歸，至浦東告別而去，期後至石橋相尋。後潘見二龍於此。會昌三年，洪水推山，忽平高就下，出田五頃，移—於文明鄉，去城三十里。

祝穆、祝洙《方輿勝覽》卷二〇《江西路・贛州》【亭臺】塵外亭。龔公崖頂有———，今在州治東。形勢最高絶，凡四境之山川，可以枚閲。蘇子瞻《———》詩：「楚山淡無塵，贛水清可厲。散策塵外游，麾手謝斯世。山高惜人力，十步輒一憩。却立浮雲端，俯視萬井麗。幽人宴坐處，龍虎爲斬薙。馬駒獨何疑，豈墮山鬼計。夜垣非助我，謬敬欲其逝。戲留一轉語，千載起攘袂。」鬱孤臺、在麗譙。坤維隆阜，鬱然孤起平地數丈，冠冕一郡之形勢，而襟帶千里之江山。唐李勉爲虔州刺史，登臨北望，慨然曰：「余雖不及子牟，而心在魏闕一也。——豈令名乎？」改爲望闕。趙閲道詩云：「翠峰鬱然起，惟此峰獨孤。築臺山之顛，鬱孤名以呼。窮江足樓閣，危壓牛斗墟。贛川繚左右，庾嶺前崎嶇。望闕址其後，北向日月都。人家雜煙樹，原野周城郛。烜潤或晴雨，明晦或曉晡。春榮夏物茂，秋肅冬林枯。氣象日千變，一一如屏圖。比予去諫署，乞州養庸愚。事訛得以正，俗瘵得以蘇。歲豐盜數息，獄冷寃繫無。熙然與民共，所喜明僚俱。中澹有琴緑，外喧有歌歈。樽罍有美酒，盤飱有嘉魚。優游一臺上，四序不暫辜。乃知爲郡樂，况復今唐、虞。」程師孟題：「昔人善名名鬱孤，下視百里如平鋪。千巖迤邐何獨秀，白雲蔽虧青骨瘦。爾來一見開心胸，脱然身在蓬萊宫。江南山水盡頭處，盡處屏風歸北去。」蘇子瞻《鬱孤臺》詩：「吾生如寄耳，嶺外亦閑遊。贛石三百里，寒江尺五流。楚山微有霰，蠻瘴久無秋。望斷横雲嶠，魂飛咤雪州。曉鍾時出寺，暮鼓各鳴樓。歸路迷千嶂，勞生閲百州。不隨猿鶴化，甘作賈胡留。秪有貂裘在，猶堪買釣舟。」章貢臺、在城西北。據章、貢二水之會，勢與鬱孤對峙，而甲乙稱雄。白鵲臺、在郡治。趙閲道有記。八境臺。在城上。蘇子瞻《詩序》云：「南康江水，歲歲壞城。孔君宗翰作石城，城上樓觀臺榭東望七閩，南望五嶺，覽羣山之參差，俯章、貢之奔流，乃作詩八章，題之圖上。」「坐看驚湍遶石樓，使君高會百無憂。三犀竊鄙秦太守，八詠聊同沈隱侯。」「濤頭寂寞打城還，章貢臺前暮靄寒。倦客登臨無限意，孤雲落日是長安。」「白鶴樓前翠作堆，縈雲嶺路若爲開。故人應在千山外，不寄梅花遠信來。」「朱樓深處日微明，皂蓋歸時酒半醒。薄暮漁樵人去盡，碧溪青嶂遶螺亭。」「使君那暇日參禪，一望叢林一悵然。成佛莫教靈運後，着鞭從使祖生先。」「却從塵外望塵中，無限樓臺煙雨濛。山水照人迷嚮背，只尋孤塔認西東。」「煙雲縹緲鬱孤臺，積翠浮空雨半開。想見之罘觀海市，絳宫明滅是蓬萊。」「回峰亂嶂鬱參差，雲外高人世得知。誰向空山弄明月，山中木客解吟詩。」

【寺院】慈雲寺、黄魯直詩：「城東寶坊金碧重，道人脩惠剪蒿蓬。一瓶一鉢三十年，瓊欀碧瓦上秋空。稻田摩衲擁黄髮，更築書閣諸天中。三后在天遺聖墨，百神受職扶琳宫。文思帝澤餘温潤，雨露下國常年豐。貢川、章川結襟帶，梅嶺、桂嶺來朝宗。參旗斗柄略欄楯，清坐耳聞河漢風。道人飽參口掛壁，頗喜作詩如己公。家風秀句刻琬琰，邀我落筆何能工？安得雄文壓勝境，九原唤起杜陵翁。」天竺寺。在水東三里。白居易贈韜光禪師墨迹舊存，眉山老蘇嘗至寺觀焉。後四十七年，東坡南遷再訪，惟見石刻。因賦詩云：「香山居士留遺迹，天竺禪師有故家。空詠連珠并疊壁，已無飛鳥及驚蛇。」

祝穆、祝洙《方輿勝覽》卷二〇《江西路・吉州》【堂閣】三瑞堂。在州宅。熙寧中，城西産雙蓮，玉虚觀産芝草，天慶觀有甘露。蔣穎叔詩云：「好在廬陵守，年來强健無。一麾新佩印，三瑞更爲圖。」詩人堂、在司户廳。盧象以唐詩人杜審言曾居是官，故名。有楊萬里銘，周必大箴。六一堂、在州宅。繪——像，楊誠齋記。二友堂、在州宅。舊有古松與竹對植。太守李彌遜開軒其下，胡銓爲記。愛竹堂；黄魯直《寄題安福李令———》詩：「淵明喜種菊，子猷喜種竹。託物雖自殊，心期俱不俗。千載得李侯，異世等風流。爲官恐是陶彭澤，愛竹最知王子猷。寒窗對酒聽雨雪，夏簟烹茶卧風月。山僧知令不凡材，自掃竹根培老節。富貴於我如浮雲，安可一日無此君。人言愛竹有何好，此中難爲俗人道。我於此物更不疏，一官窘束何由到。」快閣、在太和縣寺。黄魯直《登——》詩：「癡兒了却公家事，——東西倚晚晴。落木千山天遠大，澄江一道月分明。朱絃已爲佳人絶，青眼聊因美酒横。萬里歸舡弄長笛，此心吾與白鷗盟。」又《和李才甫——》詩：「山寒江冷丹楓落，争渡行人簇晚沙。菰葉萍花飛白鳥，一張紅錦夕陽斜。」「雲横章、貢雨翻盆，寺下江深水到門。落日荷鉏人著本，西風滿地葉歸根。」楊廷秀《題——》詩：「太史留題——詩，舊碑未必是真題。六丁搜出嚴家墨，白日青天横紫蜺。」先春閣、黄魯直《寄題安福李令——》詩：「宫殿繞飛煙，江山壯城郭。今君藝桃李，面春築飛閣。春至最先知，雨露徧花藥。是日勸農桑，冰銷土膏作。弦歌出縣齋，徘徊問民瘼。雞犬聲相聞，嬰此薄領縛。安得携手嬉，烹茶煨鴨脚。」緩齋。周洪道箴云：「户曹掌州帑，或行獄訟事。皇族公括以『緩』名齋，爲作箴。」

【寺觀】大明寺。有愛竹軒。黄太史爲太和令日，嘗賦詩。又能仁院、清凉軒、東山寺、朝華亭皆有詩。南塔寺：在太和縣。黄魯直詩：「熏爐茶鼎暫來同，寒日鴉啼柿葉風。萬事盡還杯酒裏，百年俱在大槐中。」崇元觀。在吉水縣。昔吕洞賓嘗留題云：「褰裳懶步尋真宿，清景一宵吟不足。月在碧潭風在松，何必洞天三十六？」

【古跡】殷仲堪讀書堂。《安成記》：「仲堪爲守，於城西大池上築臺讀書，遺址尚存。」搗衣石。在永新縣前市。相傳顔真卿嘗游息其上。

祝穆、祝洙《方輿勝覽》卷二〇《江西路・瑞州》【亭院】江西道院。黄魯直《——————賦並序》：「江西之俗，士大夫多秀而文。其細民險而健，以終訟爲能，由是玉石俱焚，名曰珥筆之民，雖有辯者，不能自解免也。惟筠爲州，獨不嚚於訟，故筠州太守號爲守————，然與南康、廬陵、宜春三郡並蒙惡聲。元祐八年，武陵柳侯子儀守筠之明年也，樂其俗之孅，使爲政者不勤，乃新燕居之堂，榜曰『——————』，以鼓舞其國風，且爲高安之父老雪恥焉。秋七月，遣使來告成於雙井永思堂，於是爲之賦曰：勾吴之墟，維斗所直。半入於楚，終蝕於越。有泰伯、虞仲、季子之風，故處士有巖穴之雍容。有屈原、宋玉、枚乘之筆，故文章有江山之秀發。吴、越之君多好勇，故其民樂鬬而輕死。江、漢之俗多禨鬼，故其民尊巫而淫祀。雖郡異而縣不同，其大略不外是矣。若乃高安之城，豫章之别，雖風氣之未遂，亦孅俗之可悦。故柳侯下車，解牛而不割，未嘗發硎，初不折缺，則喟然嘆曰：『——————，名不虚生。』爰作新堂，合陳鼓笙。有斐翰墨，賓贊令丞。作爲歌詩，接民訟聲。昔也憂民之憂，今則樂民之樂。懷仙伯之蜕蟬，有勿翦之喬木。製劍池之菡萏以爲裳，釀丹井之清泠以爲酌。醉而起舞，父老持足。恐使君之仙去，而鰥寡之長失職也。吾聞風行於上而水波，此天下之至文；仁形於心而民服，此天下之善化。豈可多爲令而病民慢，自設險而病民詐耶？九轉丹砂，鑄鐵成金。兩漢循吏，鑄頑成仁。我簡静則民來，我平易則民親。今使高安之農養生於桁楊之外，珥筆教訟者傳問孝之章，勢耳鎖亢者深春耕之耒，賣私鬬之刀劍以爲牛，羞淫祠之樽俎以養親。雖承平百年，雨露滲漉，非二千石所以牧人者乎？雖然，有一於此：堂密有美樅，而未聞處士之節；岑蔚有於菟，而不見墨客之文。豈其龜藏而自祕，蠖屈而不伸者耶？公試酌樽中之淥，謝山川之神，爲予問之。」

【堂亭】無訟堂。在郡治。碧落堂、在鳳凰山。郡之井邑，一目可盡。楊廷秀留題：「仙人白日上青冥，千載如聞月下笙。南北萬山俱在下，中間一水獨穿城。江西箇是奇絶處，天下幾多虚得名。滕閣、孤臺雖不好，秖緣猶帶市朝聲。」棲真堂：在郡圃。蓋仙人李八百故居之址，中有遺像。楊廷秀詩云：「李真宅子故依然，道院西偏古洞前。一日身遊八百里，三番花落九千年。劍池、丹井俱蒼蘚，絳節霓旌已碧天。借問飛仙那用步，步行猶是地行仙。」瑞芝亭、黄魯直記：「晉陵邵君叶爲新昌宰，視事之三月，靈芝五色十二生於便坐之室。吏民來觀，無不動色，相與言曰：『吾令君殆將有嘉政以福我民乎！山川鬼神，其與知之矣。不然，此不蒔而秀，不根而成，非人力所能致而自至者，何也？』乃相與闢其室，匹達爲亭，命曰——。奔走來謁記於豫章黄庭堅。黄庭堅曰：予觀《神農草木經》，青芝生泰山，赤芝生衡山，黄芝生嵩山，白芝生華山，黑芝生常山，皆久食而輕身，延年而不老，蓋序列養生之藥，不言瑞世之符。又其傳五芝曰：赤者如珊瑚，白者如截肪，黑者如澤漆，青者如翠羽，黄者如紫金，皆光明洞徹如堅冰，而世之所名芝草不能若是也。故嘗考於信書，自先秦之世，未有稱述芝草者。及漢孝武厭飫四海之富貴，求致神仙不死，天下騷然。元封中乃有芝草九莖連葉生甘泉殿齋房中，於是赦天下，作《芝房之歌》。孝宣興於民間，厲精萬事，事無過舉，然廟享數有美祥，頗甘心焉，故復脩孝武郊祀，以瑞紀年。元康中，金芝九莖又産函德殿銅池中。然此芝不生於五嶽，果《神農經》所謂芝者耶？予又竊怪漢世既嘉尚芝草，而兩漢循吏之傳未有聞焉，何也？豈其所居民得其職，所去民思其功，生則羽儀於朝，殁則烝嘗於社，則是民之鳳凰、麒麟、醴泉、芝草也耶？抑使民田畝有禾黍，則不必芝草生户庭；使民伏臘有雞豚，則不必麟鳳在郊棷；黠吏不舞文，則不必虎渡河；里胥不追擾，則不必蝗不入境；此其見效優於空文也耶？嘗試論之：古之傳者有曰，上世蓋有屈軼指佞，蓮莆扇庖，蓂莢紀曆，嶰竹生律。既不經見，後世亦不聞有之，則前世之有芝草特未定也。邵君家世儒者，又能好脩，求自列於循吏之科，故即其氣燄而取之異草來瑞，使因是而發政於民，慘怛而無倦，民將盡力於田，士將盡心於學，則非常之物不虚其應，且必受賜金增秩之賞，用儒術顯於朝廷矣，豈獨夸耀下邑而已乎？故書予所論，使歸刻之。」偃松亭、在州宅。陸務觀詩：「巨松偃翠蓋，閲世歸獨存。頗疑古仙翁，藏丹在其根。或是結靈藥，百尺有伏黿。終隨風雨化，不死何足言。」翠樾亭、在郡治。名半山。郡圃。《蜀江記》：「——崎嶇高下，斷崖深壑，宛如洞府。澄江遠岫，層出聚見於樽俎間。」

祝穆、祝洙《方輿勝覽》卷二一《江西路・撫州》【臺閣】擬峴臺。曾子固記：「尚書司門員外郎晉國裴君治撫州之二年，因城之東隅作臺以遊，而命之曰——，謂其溪山之形，擬乎峴山也。數與其屬與州之寄客者遊，而間獨求記於余。初，州之東，其城因大丘，其隍因大溪，其隅因客土以出溪上，其外連山高陵，野林荒墟，遠近高下，壯大宏闊。壯奇可喜之觀，環撫之東南者，可坐而見也。然而雨㵿潦毀，蓋藏委棄於榛叢茀草之間，未有即而愛之者也。君得之而喜，增甓其土，易其破缺，去榛與草，發其亢爽，繚以橫檻，覆以高甍，因而爲臺，以脱埃氛，絶煩囂，出雲氣而臨風雨，然後溪之平沙漫流，微風遠響，與夫浪波洶湧，破山拔木之奔放，至於高桅勁艣，沙禽水獸下上而浮沉者，皆出乎履舄之下。山之蒼顔秀色，巔崖拔出，挾光景而薄星辰。至於平岡長陸，虎豹踞而龍蛇走，與夫荒蹊聚落，樹陰晻曖，遊人行旅隱見而斷續者，皆出乎衽席之内。若夫雲煙開散，日光出没，四時朝暮，雨暘明晦，變化之不同，則雖覽之不厭，而雖有智者，亦不能窮其狀也。或飲者淋灕，歌者激烈，或靚觀微步，旁皇倚徙，則得於耳目與得之於心者，雖所寓之樂有殊，而亦各適其適也。撫非通道，故貴人蓄賈之遊不至。多良田，故水旱螟螣之菑少。其民樂於耕桑以自足，故牛馬之牧於山谷者不收，五穀之積於郊野者不垣，而晏然不知桴鼓之警、發召之役也。君既因其土俗，而治以簡静，故得以休其暇日，而寓其樂於此。州人士女樂其安且治，而人得遊觀之美，亦將同其樂也。故予爲之記其成也。」王介甫詩：「君作新臺擬峴山，羊公千載得追攀。歌鍾隱地登臨處，花木移春指顧間。城似大隄來宛宛，溪如清漢落潺潺。時平不比征吴日，緩帶尤宜向此閑。」見山閣、在倅廳。王介甫作記。清風閣。在州宅。介甫詩：「飛甍孤起下州墻，勝勢峥嶸壓四方。遠引江山來控帶，平看鷹隼去飛翔。高蟬感耳何妨静，赤日焦心不廢凉。況是使君無一事，日陪賓從此傾觴。」

【堂亭】五峰堂。在州宅。用南豐詩中語。射亭、在金谿縣，即飲歸之亭也。曾子固嘗作記云：「金谿尉汪君爲尉之三月，斥其四垣爲——。既成，教士於其間，而名之曰飲歸之亭。」王介甫詩：「因射築兹亭，序賢仍閲兵。庶民觀禮教，羣寇避威聲。」拙齋、郡守趙景明建。朱元晦記云：「便坐之北，循廡而西，入叢竹間，得前人所爲秋聲齋者。老屋數椽，人跡罕至。嘆曰：『是室之陋，非予之拙，則孰宜居之？』乃更其榜曰——。抑嘗聞之，天下之事，不可勝窮，其理則一而已矣。君子之學，所以窮是理而守之也。其窮之也，欲其通於一。其守之也，欲其安以固。以其一而固也，是以近於拙。蓋無所用其巧智之私，而惟理之從。極其言，則正其誼不謀其利，明其道不計其功，是亦拙而已矣。」思軒。在倅廳。林慥所立。王介甫題云：「名郎此地昔徘徊，天誘良孫接踵來。萬屋尚歌餘澤在，一軒還向舊堂開。」名郎，指慥之祖水部也。

【祠廟】謝康樂祠。在郡治。顔魯公祠、在郡圃。曾子固記云：「初，公以忤國忠，斥爲平原太守，策安禄山必反，爲之備。禄山既舉兵，公與常山太守杲卿伐其後。賊之不能直闚潼關，以公與杲卿撓其勢也。在肅宗時，數正言，宰相不悦，斥去之。又爲御史唐旻所構，連輒斥。李輔國遷太上皇居西宫，公首率百官請問起居，又輒斥。代宗時，與元載争論是非，載欲有所壅蔽，公極論之，又輒斥。楊炎、盧杞既相德宗，益惡公所爲，連斥之，猶不滿意。李希烈陷汝州，杞即以公使希烈。希烈初慙其言，後卒縊公以死，是時公年七十有七矣。公殁垂三十年，小人繼續任政，天下日入於弊，大盗繼起，天子輒出避之。唐之在朝臣多畏怯觀望，能居其間一忤於世，失所而不自悔者，寡矣。至於再三忤於世，失所而不自悔者，蓋未有也。至於起且仆，以至於七八，遂死而不自悔者，則天下一人而已，若公是也。」王文公祠。在城内，即公故宅。

【古跡】康樂繙經臺。在城内寶應寺。顔真卿爲記。右軍故宅、荀伯子《臨川記》：「羲之爲臨川内史，置宅於郡城東，名曰新城，旁臨迴溪，特據層阜，其地爽塏。」右軍墨池、在臨川學宫。曾子固記云：「王羲之嘗慕張芝，臨池學書，池水盡黑。教授王君書『——』以揭之。此爲其故迹，豈信然耶？」韓子蒼《雜記》：「池中忽時水黑，謂之墨龍。此物每見，士之試于有司者，得人必多，率以此爲驗。」咸平間御史黄公符詩：「往往吐烏雲，依依如皂蓋。」卧冰池、在郡城東。王祥乃琅琊人，豈祥避地廬江，遂成遺跡耶？張右丞詩：「雖贋猶堪賞，前賢況可師。」魏夫人壇、在臨川縣西北六里。按《神仙内傳》，夫人姓魏，名華，年八十有三，不飲不食以成道。咸和九年，歲在甲子，用臧景文法，託形神劍，化成死孩。既而羣仙來迎，乘飈輪之車，言會於陽洛之宫也。所修行壇上有天然石龜，其首不見。故老相傳，昔烏龜源有石龜，每犯田苗，被人擊之首折，即其處也。刺史顔真卿撰《仙壇碑》。花女壇、花姑姓黄，名令徵。顔真卿撰碑云。戒壇、在城内寶應寺。顔真卿記。金石臺、識云：「——分丞相出，文昌堰合狀元生。」金柅園。臨川郡舊有——。晏同叔詩：「臨川樓上柅園中，十五年前此會同。一曲清歌滿樽酒，人生何處不相逢。」

祝穆、祝洙《方輿勝覽》卷二一《江西路・建昌軍》【堂亭】平遠堂。在郡治東。地勢高爽，眺望江山，宛若圖畫。取郭熙善畫山水——以名之。十賢堂；在仙都觀。繪陳彭年、李泰伯、曾子固、子宣、子開、王無咎、吕南公、鄧温伯、朱京、朱彦十賢，皆近之先達。鳳山亭。在郡治後。

【寺觀】雲門院。在麻源第三谷，乃唐德琳禪師卓庵之地。仙都觀。在麻姑山，今爲祠官典領之職。乃王方平、陰長生學道得仙之山。蘇子由詩：「道士白髮尊，面黑嵐氣染。目言王方平，學道古有驗。道成白晝飛，人世不留窆。後有陰長生，此地亦所占。並驅雙翔龍，霞綬紫雲襜。揚揚玉堂上，與世作豐歉。」

【古跡】麻姑壇。顔真卿記：「——者，葛稚川《神仙傳》云：王遠，字方平，欲東之括蒼山，過吴蔡經家，教其尸解如蛇蟬也。經去十餘年，忽還語家，言七月十日王君當來過。到期日，方平乘羽車，駕五龍，各異色，旌旗導從。既至，見經父兄，遣人與麻姑相聞。麻姑至，蔡經亦舉家見之。是好女子，年十八九許，頂中作髻，餘髮垂之至腰。其衣有文章，而非錦綉。得見方平，坐定，各進行厨，金盤玉杯，多是諸華，而香氣達于内外，擗麟脯行之。麻姑自言，接待以來，見東海三爲桑田矣。方平笑曰：『海中行復揚塵也。』麻姑手似鳥爪。蔡經心中念言：背痒時，得此爪爬背，乃佳也。方平心知，即使人牽經鞭之。」七星杉。在仙都觀殿後嶺。圍二三丈，高切雲漢，横列有七株。

祝穆、祝洙《方輿勝覽》卷二二《江西路·江州》

【亭軒】琵琶亭。在西門之外。其下臨大江。白居易貶江州司馬，自序云：「送客湓浦，聞舟中夜彈——。問其人，本長安娼女，年長色衰，嫁爲商人婦。爲作《琵琶行》。」「潯陽江頭夜送客，楓葉荻花秋索索。主人下馬客在船，舉酒欲飲無管弦。忽聞水上琵琶聲，主人忘歸客不行。移船相近邀相見，添酒回燈重開宴。千呼萬喚始出來，猶把琵琶半遮面。我聞琵琶已嘆息，又聞斯語重唧唧。同是天涯淪落人，相逢何必曾相識。莫辭更坐彈一曲，爲君翻作《琵琶行》。坐中泣下誰最多？江州司馬青衫濕。」蘇子由詩：「湓江暮雨晴，孤舟暝將發。夜聞胡琴語，展轉不成別。草堂寄東林，雅意存北闕。潸然涕泗下，安用無生説」虎渡亭、在北門外。取宋均「虎渡江」之義。魯望亭、在彭澤馬當山。黄魯直有詩。百花亭、在都統司。梁刺史邵陵王綸建。漱玉亭。蘇子由詩：「山回不見落銀潢，餘溜喧豗響石堆。目亂珠璣濺空谷，足寒雷電繞飛梁。入瓶銅鼎春茶白，接竹齋厨午飯香。從此出山都不棄，滿田秔稻插新秧。」

【樓臺】庾樓。在州治後。庾亮領江州刺史，故名。白居易詩：「重過蕭寺宿，再上——行。郡人猶認得，司馬詠詩聲。」王貞白《雨後從陶郎中登庾樓》：「——逢霽色，夏日欲西曛。虹截半江雨，風驅大澤雲。江邊魚艇聚，天畔鳥行分。此景誰堪畫，文翁請屬文。」前人《晚望》詩：「獨憑朱檻亦凌晨，山色初明水色新。竹霧曉籠銜嶺月，蘋風暖送過江春。子城陰處猶殘雪，衙鼓聲前未有塵。三百年來庾樓上，曾經多少望鄉人！」

【佛寺】東林寺。晉武帝建遠師道場，作殿時神運梁木。白居易詩：「——北堂水，湛湛見底清。中生白芙蓉，菡萏三百莖。白日發光彩，清飈散芳馨。洩香銀囊破，瀉露玉盤傾。我慙塵垢眼，見此瓊瑶英。乃知紅蓮華，虛得清净名。夏萼敷未歇，秋房結纔成。夜深衆僧寢，獨起繞池行。欲收一顆子，遠寄長安城。但恐出山去，人間種不生。」西林寺、晉太和中建。水石之美，亞於東林。白居易詩：「下馬———，翛然進輕策。朝爲公府吏，暮是雲山客。二月匡廬北，冰雪始消釋。陽叢抽茗芽，陰竇洩泉脉。」又云：「是年淮寇作，處處興兵革。智士勞思謀，戎臣苦征役。獨有不才人，山中弄泉石。」大林寺。白居易《遊———記》云：「山高地深，時節絶晚，初到恍若別造一世界者，因成絶句云：人間四月芳菲盡，山寺桃花始盛開。長恨春歸無覓處，不知春向此中來。」且曰：「此地實匡廬第一境。」

【道觀】紫極宫。去州二里，即今天慶觀。李白《———》詩：「何處聞秋聲，蕭蕭北窗竹。回薄萬古心，攬之不盈掬。静坐觀衆妙，浩然媚幽獨。白雲南山來，就我簷下宿。懶從唐生訣，羞訪季主卜。四十九年非，一往不可復。野情轉消散，世道有翻覆。陶令歸去來，田家酒應熟。」太乙宫、即祥符觀，在德化南二十里。《圖經》：「昔漢董奉爲人治病，愈者令栽杏五株，謂之杏林，即此地。」杜子美詩：「巫山不見廬山遠，松林蘭若秋風晚。香爐峰色隱晴湖，種杏仙家近白榆。」太平宫。在德化縣南三十里，即唐九天使者祠。明皇自言見使者降於殿庭，因立祠。今爲——興國—。

【祠廟】靖節祠。在德化西南九十里紫桑里，即其故居也。白居易《訪陶公舊宅》詩：「今來訪故宅，森若君在前。不慕樽有酒，不慕琴無絃。柴桑古村路，栗里舊山川。不見籬下菊，但餘爐中煙。」狄梁公祠、在彭澤縣。白公祠、在湓江門。徐鉉爲記。濂溪祠。朱元晦作記云：「先生家春陵，而老於廬山之下，因取故里之號以名其川曰——，而築書堂於其上。今其遺墟在九江治之南十里。其荒茀不治，則有年矣。淳熙丙申，潘侯慈明與通守吕侯勝己始復作堂其處，揭以舊名，以奉先生之祀。書來，屬某記之。惟先生不繇師傳，默契道體，建圖屬書，根極領要。當時見而知之有程氏者，遂廣大而推明之。使夫天理之微，人倫之著，事物之衆，鬼神之幽，莫不洞然畢貫于一。嗚呼，盛哉！非天所畀，其孰能與於此？某竊嘗伏讀先生之書，而想見其人，嘗欲一泛九江，入廬阜，濯纓此水之上，以致其高山景行之思。而病（得往，誠不自意。乃今幸甚，獲因文字以附姓名於其間也。」

祝穆、祝洙《方輿勝覽》卷二三《湖南路·潭州》

【學校】嶽麓書院。南軒張敬夫記云：「湘西故有藏室，背陵向壑，木茂而泉潔，爲士子肄業之地。始，開寶中，郡守朱洞首度基創宇以待四方學者，李允則來爲州，請于朝，乞以書藏。方是時，山長周式以行義著，祥符八年召見便殿，拜國子學主簿，使歸教授。詔以————名，增賜中祕書。紹興辛亥，更兵革灰燼。乾道改元，建安劉侯珙下車既（數）〔剔〕蠹夷姦，民俗安静，湘人合辭以書院請。侯竦然曰：『是固章聖皇帝加惠一方，以風厲天下者，而可廢乎？』來半歲而屋成，某從多士往觀焉。曰：『侯之爲是舉也，豈特使子羣居（侯）〔族〕談，但爲決科利禄計乎？亦豈使子習爲言語文辭之工而已乎？蓋欲成就人才以傳道而濟斯民也。其傳果何歟？曰：仁也，仁人心也，率性立命、知天地而宰萬物者也。孟子曰：「惻隱之心，仁之端也。」於此焉求之，則不差矣。嘗試察吾事親、從兄、應物、處事，是端也，苟能充而達之，則仁之大體，豈不可得乎？及其至也，與天地合德，鬼神同用，悠久無疆，變化莫測，而其則初不遠也。是雖約居屛處，庸何損？得時行道，事業滿天下，而亦何加於我？』遂書斯言，以厲同志，俾無忘侯之德。」文定公書院、胡公安國渡江而休于衡岳，買地結廬，名曰「書堂」，十五年不出。五峰書堂、胡宏所築，在寧鄉縣之靈峰。城南書院。在臨湘門街，乃南軒先生講學之地。題扁筆勢豪勁，張紫微平生得意書也。其間鑿池，以匯息澤之水。本屬納氏，故名納湖。張敬夫詩云：「積雨欣始霽，清和在此時。林葉既敷榮，禽聲亦融怡。鳴泉永不窮，湖風起淪漪。西山卷餘雲，逾覺秀色滋。層層叢緑間，愛彼松柏姿。青青初不改，似與幽人期。坐久還起來，堤邊足逶迤。游魚傍我行，野鶴向我飛。敢忘昔賢志，亦復詠而歸。寄言山中友，和我和平詩。」朱元晦跋云：「久聞敬夫城南景物之勝，常恨未得往遊其間。今讀此詩，便覺風篁水月去人不遠。然敬夫道學之懿，爲世醇儒，今仍欲以筆札之工追蹤前作，豈其戲耶？不然，則敬夫之豪放奔逸，與西臺之温厚靓深，必有能辨之者。」詩云：「詩筒連畫卷，坐看復行吟。想象南湖水，秋來幾許深。」

【堂觀】敬簡堂。在府治。張紫微建以爲燕室。兩壁書《中庸》、《大學》，中屏篆書《顏淵問仁》一章，皆張自筆。侍講張栻記云：「蓋心宰萬物而敬者，心之道所以生也。生則萬理森然，而萬事之綱總攝於此。凡至乎吾前者，吾則因其然而酬酢之也。故動雖微，而吾固經緯乎吉之先；事雖大，而吾處之若飲食之常。此所謂居敬而行簡者歟？故先覺程子謂飾私智以爲奇，非敬也。簡細故而自崇，非敬也。非敬則是心不存，而萬事乖析矣。可不畏歟？雖然，若何而能敬？克其所以害敬者，則敬立矣。害敬莫甚於人慾。自容貌辭氣之間，而察之天理人慾絲毫之分，則敬在其中。引而達之，則將有常而日新，日新而無窮矣。」朱文公《——》詩：「煌煌定方中，農隙孟冬月。君侯敞齋扉，華榜新未揭。我來適茲時，亦有大夫芨。清湘不留行，晤語得超越。更看雷雨勢，翻動龍蛇窟。襟懷頓能輸，肝膽亦已竭。老仙來何方，湖海氣硉矹。君侯斂袂起，顛越承屨襪。坐人驚創見，引去殊卒卒。伊余不忍逝，頓首願有謁。人生均秉彝，天造豈停歇。云何利害判，所較無一髮。茲焉辨不早，大本恐將蹷。吾言實自箴，君聽未宜忽。」後林栗易以静香堂。湘山觀。在漕廳東。張安國書。

【臺閣】定王臺。俗傳定王載米博長安土築臺于此，以望其母唐姬墓。張安國名曰——，自爲書扁。朱文公詩：「寂寞番君後，光華帝子來。千年餘故國，萬事只空臺。日月東西見，湖山表裏回。定知爽鳩樂，莫作雍門哀。」楚樓。在郡城上。清風閣。在湘潭縣。歸鴻閣。在瀏陽北，楊中立建。後爲祠，張敬夫記。

【亭館】望湘亭。鄭谷詩：「湘水似伊水，湘人非故人。登臨獨無語，風柳自搖春。」湘江亭。孟賓于有《——》詩云：「獨宿大中年裏寺，樊籠得出事無心。寒山夢覺一聲磬，霜葉滿林秋正深。」風雩亭。張敬夫序云：「嶽麓書院之南有曾丘焉，於登覽爲曠。建安劉公作亭其上，以爲青衿遊息之地。廣漢張敬夫名以——。」碧湘門。《冷齋夜話》：「黃山谷南遷，與予會于長沙，留——者一月。」陶弼詩：「城中煙樹綠波漫，幾萬樓臺樹影間。天闊鳥行疑沒草，地卑江勢欲沉山。」長沙驛、柳宗元有詩。三元坊。淳熙乙巳上舍釋褐魁易祓、丁未省元湯璹，狀元王容，皆邦人。

【佛寺】道林寺。在嶽麓山下，距善化縣八里。寺有四絶堂，保大中馬氏建，謂沈傳師、裴休筆札，宋之問、杜甫篇章。治平間，蔣穎叔作記曰：「彼以杜詩、沈書爲絶，吾無敢言。若夫遺歐陽詢而取裴休，置韓愈而取宋之問，則未然。乃爲詮次：沈書，一也；詢書，二也；杜詩，三也；韓詩，四也。此之謂四絶。」杜甫《嶽麓山——二——》詩：「玉泉之南麓山殊，道林二寺爭盤紆。寺門高開洞庭野，殿脚插入赤沙湖。五月寒風冷佛骨，六時天樂朝香爐。地靈步步雪山草，僧寶人人滄海珠。塔劫宮墻壯麗敵，香厨松道清涼俱。蓮花交響共命鳥，金榜雙迴三足烏。方丈涉海費時節，玄圃尋河知有無。暮年且喜經行近，春日兼蒙暄暖扶。飄然班白身奚適，旁此煙霞茅可誅。桃源人家易制度，橘洲田土仍膏腴。潭府邑中甚淳古，太守庭內不喧呼。昔遭衰世皆晦迹，今幸樂國養微軀。依止老宿亦未晚，富貴功名焉足圖。久爲野客尋幽慣，細學何顒免興孤。一重一掩吾肺腑，山鳥山花吾友于。宋公放逐曾題壁，物色分留與老夫。」韓愈《陪杜侍御遊湘西寺》詩：「長沙千里平，勝地猶在險。況當江闊處，斗起勢匪漸。深林高玲瓏，青山上琬琰。路窮臺殿闢，佛事煥且儼。刳竹走源泉，開廊架崖广。」又云：「客堂喜空凉，華榻有清簟。澗蔬煮蒿芹，水果剥菱芡。」又云：「小樓黑無月，漁火燦星點。夜風一何喧，杉檜屢磨颭。猶疑在波濤，怵惕夢成魘。静思屈原沉，遠憶賈誼貶。椒、蘭爭妬忌，絳、灌共讒諂。誰令悲生腸，坐使淚盈臉。翻飛乏羽翼，指摘困瑕玷。珥貂藩維重，政化類分陝。禮賢道何優，奉己事苦儉。大厦棟方隆，巨川楫方剡。經營誠少暇，遊宴固已歉。旅程愧淹留，徂歲嗟荏苒。平生每多感，柔汗遇頻染。展轉嶺猿鳴，曙煙青睒睒。」崔珏詩：「臨湘之濱麓之隅，西有松寺東岸無。松風十里擺不斷，竹泉瀉入于僧厨。宏梁大棟何足貴，山寺難有山泉俱。四時唯夏不敢入，燭龍安敢停斯須。遠公池上種何物，碧羅扇底紅鱗魚。香閣朝鳴大法鼓，天宮夜轉三乘書。野花市井栽不着，山雞飲啄聲相呼。金鑑僧迴步步影，石盆水濺聯聯珠。北臨高處日正午，舉手欲摸黄金烏。遥江大舡小於葉，遠村雜樹齊如蔬。潭州城郭在何處，東邊一片青模糊。今來古往人滿地，勞生未了歸丘墟。長卿之門久寂寞，五言七字誇規模。我吟杜詩清入骨，灌頂何必須醍醐。白日不照耒陽縣，皇天厄死飢寒軀。明珠大貝採欲盡，蚌蛤空滿赤沙湖。今我題詩亦無味，懷賢覽古成長吁。不如興罷過江去，已有好月明歸途。」韋蟾詩：「石門迥接蒼梧野，愁色陰深二妃寡。廣殿崔嵬萬壑間，長廊詰曲千巖下。静聽林飛念佛鳥，細看壁畫馱經馬。暖日斜明螮蝀梁，濕煙散羃鴛鴦瓦。北方部落泥香塑，西國文書貝葉寫。壞欄迸竹醉好題，窄路垂藤困堪把。沈、裴筆力鬬雄壯，宋、杜詞源兩風雅。他方居士來施齋，彼岸上人投結夏。悲我未離擾擾徒，勸我休學悠悠者。何時得與劉遺民，同入東林遠公社。」裴説詩：「獨立憑危欄，高低落照間。寺分一派水，僧鎖半房山。對面浮生隔，垂簾到老閑。煙雲與塵土，寸步不相關。」嶽麓寺。在山上，百餘級乃至。今名惠光寺。下有李邕麓山寺碑，晉杉庵。世傳晉太尉陶侃手植，今存者七八株，其圍三丈，中空空如。庵絶頂有道鄉臺。昔鄒道鄉謫新州，道過潭。潭守温益下逐客之令，逆旅之人不敢舍，夜渡湘江。湘西琳禪師，公鄉人，以火迎之。公贈詩：「八年之中三往回，道人一意金石開。非關桑梓有分好，自是針水無嫌猜。焚香説了四句偈，把手直上千尺臺。洞庭青草不我隔，東吳可歸歸去來。」浩字志完，爲右正言，因論元符事貶。沈傳師詩：「承明年老輒自論，乞得湘守東南奔。爲聞楚國富山水，青嶂邐迤僧家園。含香珥筆皆眷舊，謙挹自忘臺省尊。不令執簡候亭館，直許携手遊山樊。忽驚列岫晚來逼，朔雪洗盡煙嵐昏。碧波迴嶼三山轉，丹檻繚郭千艘屯。華鑣躞蹀絢砂步，大旆綵錯輝松門。樛枝競騖龍蛇勢，折幹不滅風霆痕。相重古殿倚巖腹，别引新徑縈雲根。目傷平楚虞帝魂，情多思遠聊開樽。危絃細管逐歌颺，畫鼓繡靴隨節翻。鏘金七言陵老杜，入木八法蟠高軒。嗟余老倒久不利，忍復感激論元元。」羅隱《春日湘中題僧院》：「蟾宫虎穴兩皆休，來憑危欄送遠愁。多事林鶯還謾語，薄情邊鴈不迴頭。春融只恐乾坤醉，水闊深知世界浮。欲共高僧話心跡，野花荒草奈相尤。」劉長卿《自道林寺西入石路至麓山寺過法崇禪師故居》詩：「山僧候谷口，石路掃莓苔。深入泉源去，遥從樹杪回。香隨青靄散，鍾過白雲來。野雪空齋掩，嵐風古殿開。桂寒知自發，松老問誰栽。惆悵湘江上，何人更渡盃？」大溈寺、在寧鄉西百五十里。唐元和中，司馬頭陁開山。上封寺。在祝融之絶頂。早秋已冰，夏亦裌衣。木之高大者不過七八尺，謂之矮松。上有雷池，題詠甚多。

【祠廟】文帝廟。在湘西。漢景帝三年置。定王廟、在長沙東北一里。南嶽廟、在衡山西三十里。《南嶽記》：「南宮四面險絶，無得至者。漢武帝移於霍山，隋文帝移於今所。」韓愈謁衡嶽廟，遂宿南嶽寺，題門樓詩：「五嶽祭秩皆三公，四方環鎮嵩居中。火維地荒足妖怪，天假神物專其雄。噴雲泄霧藏半腹，雖有絶頂誰能窮。我來正逢秋雨節，陰氣晦昧無清風。潛心默禱若有應，豈非正直能感通。須臾静掃衆峰出，仰見突兀撑青空。紫蓋連延接天柱，石廩騰擲堆祝融。森然魄動下馬拜，松柏一逕趁靈宫。粉墻丹柱動光彩，鬼物圖畫填青紅。升堦傴僂薦脯酒，欲以菲薄明其衷。廟令老人識神意，睢盱偵伺能鞠躬。手持盃珓導我擲，云此最吉餘難同。竄逐蠻荒幸不死，衣食纔足甘長終。侯王將相望久絶，神縱欲福難爲功。夜投佛寺上高閣，星月掩映雲曈曨。猿鳴鍾動不知曙，杲杲寒日生於東。」范至能《驂鸞記》：「衡山縣西望嶽山，岧嵬半空。湘中山既皆岡阜，迤邐至嶽山，乃獨雄尊特起，若衆山遜其高寒者。八日，入南嶽，半道憩食望雲亭，夾路古松三十里，至嶽市宿衡嶽寺。嶽市者，環廟皆市區，江、浙、川、廣衆貨之所聚，生人所須無不有。既憧憧往來，則污穢喧雜，盜賊亡命多隱其間，或期會約結於此，官置巡檢司焉。南嶽廟四河各有角樓，兩廡土偶杖衛，皆取則帝所。正殿獨一神座，監廟與禮直官日上香火。後殿乃與后並處，湖南馬氏所植古松滿庭。殿後東西北三廊壁畫，後宫武洞清所作。紹興二十五年火發殿上，迺燒後廊。壁本不圮，官不時覆護，漸爲風雨所壞，帥司亟遣衆工模榻。新廟成，用模本更畫，雖不復武氏筆法，然位置意象十存七八。自宴樂優戲、琴博圖書、弋釣紉織，下至搗練汲井，凡宫中四時行樂作務，粲然畢陳，良工運思苦心有如此者。朵殿又畫嬪御上直奩香篝衣之事，尤爲精研。廟吏常鐍後宫門，非命官盛服，毋得擅入。」黄陵廟、在湘陰北八十里。韓愈作《廟碑》云：「湘旁有廟曰黄陵，自前古立以祠堯之二女舜二妃者。庭有古碑，乃晉太康九年。其額曰虞帝二妃之碑。」李白詩：「洞庭西望楚江分，水盡天南不見雲。日落長沙秋色遠，不知何處弔湘君。」許渾詩：「九疑望斷幾千載，班竹淚痕今更多。」三閭大夫廟、在湘陰之羅洲。名忠潔侯。戴叔倫詩：「沅湘流不盡，屈子怨何深。日暮秋風起，蕭蕭楓樹林。」賈誼廟。在長沙南六里，即誼故宅。有井，上圓下方。有局脚石床，猶存。

【古跡】鄴侯書堂。唐李泌當肅宗時，崔圓、李輔國疾之。泌畏禍，願隱衡山。有詔賜隱士服，爲治室廬。戴氏堂、柳宗元記云：「弘農公刺潭三年，因東城爲池，環之九里。丘陵林麓距其涯，坻島洲渚交其中。其岸之突而出者，水縈之若玦焉。池之勝於是爲最。公曰：『是非離世樂道者，不宜有此。』卒授賓客之選者，譙國戴氏曰簡，爲堂而令居之。堂成而勝益奇，望之若連艫縻艦，與波上下，就之顛倒萬物，遼豁眇忽。樹之松柏杉櫧，被之菱芡芙蕖，鬱然而陰，粲然而榮，凡觀望浮游之美，專於戴氏矣。戴氏以文行，累爲連率所賓禮，貢之澤宫而志不願仕。與人交，取其退遜。受諸侯之寵，不以自大，其離世歟？好孔氏書，旁及《莊》、《文》，莫不總統。以至虚爲極，得受益之道，其樂道歟？賢者之舉也必以道。當弘農公之選，而專兹池之勝，豈易得哉！地雖勝，得人焉而居之，則山若增而高，水若闢而廣，堂不待飾而已奂矣。戴氏以泉池爲宅居，以雲物爲朋徒，攄幽發粹，日與之娱，則行宜益高，文宜益峻，道宜益懋，交相贊者也。既碩其内，又揚于時，吾懼其離世之志不果矣。君子謂弘農公刺潭得其政，爲東池得其勝，授之得其人，豈非動而時中者歟！於戴氏堂也，見公之德，故不可以不記。」文昭園、在濟川門外。興國間，何承矩守，園吏云：「昔屬馬家，今歸趙氏。」因聞提壺，有感作詩云：「馬家公子好樓臺，鑿破青山碧沼開。啼鳥不知人事變，數聲猶傍水邊來。」長沙土虱碑。張謂《銘并序》：「天文長沙一星，在軫四星之側，上爲辰象，下爲邪縣。《遁甲》所謂沙土之地，雲陽之墟，可以長往，可以隱居者焉。其山麓山，其水湘水，其畜宜鳥獸，其谷宜秔稻。厥草惟繇，杜若、荃蘅、留荑、藹車出焉；厥木惟喬，椅、桐、桂、樫、貞松、文梓生焉。篠簜嬋娟於原野，碔砆照耀於崖谷。昔熊繹始在此地，番君因之，而後定王國。至漢道陵遲，董卓狼顧，文臺以三湘之衆，績著勤王。梁朝覆没，侯景虎視，僧辯以一州之人，勳成定國。桓、文之舉，亦何加焉？至於致禮舊君，請屍歸葬，桓氏之子，可謂忠也。殞身强寇，有死無辱，尹氏之女，可謂貞也。軾蔡、鄧之宅，足以厚儒風；表古初之墳，足以敦素行。齊、魯之俗，其何遠哉？巨唐八葉，元聖六載，正言待罪湘東。郡臨江湖，大抵卑濕，修短疵癘，未違天常，而云家有重膇之人，鄉無班白之老，談者之過也。地邊嶺瘴，大抵炎熱，寒暑晦明，未愆時序，而云秋有赫曦之日，冬無凛冽之氣，傳之者差也。巴蛇食象，空見於圖書；鵩鳥似鴞，但閑於詞賦；則知前古之善惡，凡今之毁譽，焉可爲信哉？因徵故老之言，用紀仙山之石，辭曰：舜去黄屋，於焉巡遊。禹逢玄夷，於焉滯留。五嶺南指，三湘北流，隣聯滄浪，邊遥岣嶁。湘山之下，青青衆草，有蕙有蘭，在江之島，煙雨冥冥，波瀾浩浩，不采不擷，棄捐遠道。湘山之上，青青衆木，有栝有松，在巖之麓，風霜凄凄，柯葉沃沃，不攘不棟，老朽空谷。陸有玉璞，水有珠胎。隋侯云亡，卞氏不來。湘雲莽蒼，湘月徘徊，貞石紀事，層城之隈。」

祝穆、祝洙《方輿勝覽》卷二四《湖南路・衡州》

【學校】石鼓書院。朱元晦記：「石鼓山據烝、湘之會，江流環帶，最爲一郡佳處。故有書院，起唐元和間，州人李寬之所爲。至國初時，嘗賜勑額。其後乃復稍徙而東，以爲州所，則書院之迹於此遂廢而不復脩矣。淳熙十二年，部使者潘侯時德夫，始因舊址列屋數間，榜以故額，將以俟四方之士有志於學而不屑於課試之業者居之，未竟而去。今使者，成都宋侯若水子淵，又因其故而益廣之，別建重屋以奉先聖先師之象，且摹國子監及本道諸州印書若干卷，而俾郡縣擇遣脩士以充入之。蓋連帥林侯栗、諸使者蘇侯詡、官侯鑑、衡守薛侯伯宣，皆奉金齎，割公田，以佐其役。踰年而後，落其成焉。於是宋侯以書來曰：『願記其實，以詔後人。且有以幸教其學者，則所望也。』

予惟前代庠序之教不脩，士病無所於學，往往擇勝地立精舍以爲羣居講習之所，而爲政者乃或就而褒表之。若此山，若嶽麓，若白鹿洞之類是也。逮至本朝慶曆、熙寧之盛，學校之官遂偏天下，而前日處士之廬無所用，則其舊跡之蕪廢亦其勢然也。不有好古圖舊之賢，孰能謹而存之哉？抑今郡縣之學官，置博士弟子員，皆未嘗攷其德行道藝之素；其所受授，又皆世俗之書、進取之業，使人見利而不見義。士之有志於爲己者，蓋羞言之。是以嘗欲別求燕閒清曠之地，以共講其所聞而不可得。此二公所以慨然發憤於斯役，而不敢憚其煩，蓋非獨不忍其舊跡之蕪廢而已也。故特爲之記其本末，以告來者，使知二公之志所以然者，而無以今日學校科舉之意亂焉。又以風曉在位，使知今日學校科舉之害將有不可勝言者，不可以是爲適然而莫之救也。若諸生之所以學，而非若今人之所謂，則昔者吾友張子敬夫所以記夫嶽麓者，語之詳矣。顧於下學之功有所未究，是以誦其言者，不知所以從事之方，而無以蹈其實。然今亦何以它求爲哉？亦曰養其全於未發之前，察其幾於將發之際，善則廣而充之，惡則克而去之。其亦如此而已矣，又何俟於予言哉？」

【亭榭】合江亭。在石鼓山後。唐刺史齊映建。韓愈自山陽令徙江陵掾，過衡陽，有《合江亭寄鄒使君》詩云：「江亭枕湘江，蒸水會其左。瞰臨渺空闊，緑净不可唾。維昔經營初，邦君實王佐。翦林遷神祠，買地費家貨。梁棟横可愛，結構麗匪過。伊人去軒騰，兹宇遂摧挫。老郎來何暮，高唱久乃和。樹蘭盈九畹，栽竹逾萬箇。長綆仍滄浪，幽溪下坎坷。波濤夜俯聽，雲樹朝對臥。初如遺宦情，終乃最郡課。人生誠無幾，事往悲豈那。蕭條綿歲時，契闊繼庸瑣。勝事誰復論，醜聲日已播。中丞黜凶邪，天子閔窮餓。君侯至之初，閭里自相賀。淹滯樂閑曠，勤苦勸慵惰。爲余埽塵堦，命樂醉衆坐。窮秋感平分，新月憐半破。願書巖上石，勿使塵泥涴。」望嶽亭。在縣南。唐韋虛舟建。

【祠墓】木居士廟、韓愈詩：「火透波穿不計春，根如頭面幹如身。偶然題作木居士，便有無窮求福人。」羅隱《題木居士廟》詩：「烏噪殘陽草滿庭，此中枯木似人形。只應水物長爲主，未必浮槎即有靈。八月風波飄不去，四時黍稷薦惟馨。南朝庾信無因賦，牢落祠前水氣醒。」元豐初，耒陽令禱旱無雨，析而薪之。今所祀者，乃寺僧再刻也。杜子美墓。本傳：「大曆中，出瞿唐，下江陵，泝沅湘以登衡山，因客耒陽，游嶽祠。大水遽至，涉旬不得食，縣令具舟迎之，乃得還。令嘗餽牛炙白酒，大醉，一夕卒。」劉斧《摭遺小説》謂子美由蜀往來，得以詩酒自適。一日過江上，舟中飲醉，不能復歸，宿酒家。是夕江水暴漲，子美爲驚湍漂泛，其尸不知落於何處。玄宗還南内，思子美，詔求之。聶令乃積空土於江上，曰：「子美爲白酒牛炙脹飫而死，葬於此矣。」以此聞玄宗，故唐史氏因有「牛炙白酒，大醉，一夕卒」之語。信哉，史氏之訛也。元稹作《墓誌》云：「扁舟下荆楚，竟以寓卒，旅殯岳陽。其後嗣業啓柩，襄祔事於偃師，途次于荆，拜余爲誌。」韓愈詩：「今春偶客耒陽路，悽慘去尋江上墓。招手借問牧童兒，牧兒指我祠堂處。一堆空土煙蕪裏，空使詩人悲歎起。怨聲千古寄西風，寒骨一夜沉秋水。當時處處多白酒，牛炙如今家家有。飲酒食肉今如此，何故常人無飽死？捉月走入千尺波，忠諫便沉汨羅底。固知天意有所存，三賢所歸同一水。過客留詩千百人，千古醜聲竟誰洗？明時好古疾惡人，應以我意知終始。」王介甫《題杜子美像》云：「吾觀少陵詩，謂與元氣侔。力能排天斡九地，壯顏毅色不可求。浩蕩八極中，生物豈不稠？醜妍巨細千萬殊，竟莫可以窮雕鎪。惜哉命之窮，顛倒不見收。青衫老更斥，餓走半九州。瘦妻僵前子仆後，攘攘盗賊森戈矛。吟哦當此時，不廢朝廷憂。嘗願天子聖，大臣各伊、周。寧令吾廬獨破受凍死，不忍四海赤子寒颼颼。傷屯悼屈只一身，嗟時之人我所羞。所以見公像，再拜涕泗流。推公之心古亦少，願起公死從公遊。」

祝穆、祝洙《方輿勝覽》卷二四《湖南路・道州》

【樓閣】萊公樓。在州治之西。公貶道州司馬，既去，人爲之建樓，以萊公名之。初寮王安中書額。鼓角樓。天聖間，司理掌禹錫記云：「鼓角之制，有自來矣。肇帝鴻之御宇，戰蚩尤於涿野，克壯乎虎旅，取象乎龍吟。爾後始皇備於鹵簿，稷嗣定於雅樂。前征烏於之國，遂寢乎兜勒之曲，後分熊軾之寄，乃限乎天驕之奏。故有屹壤湖之峻雉，敞雲構之飛譙。三吹之調彌切，七萃之師咸肅，丕顯乎威武，底寧乎邊鄙。則知聖人備物致用，其利博哉！」

【亭榭】粲粲亭。在州治後。蓋取杜詩「——元道州」之句。欣欣亭、同上。取道州民歌「老者幼者何——」之句。振振亭、同上。取柳子厚《文宣王廟碑》「——薛公」之意。肅肅亭、同上。取杜甫《餞裴道州》詩「——秩初筵」之意。欸乃亭、元結有詩云：「下瀧舡似入深淵，上瀧舡似欲昇天。瀧南欲到九疑郡，應絶高人乘興舡。」白雲亭、元結詩有云：「出門見南山，喜逐松徑行。窮高欲極遠，始到———。」潓泉亭、在潓泉北。元結詩云：「問吾常燕息，泉上何處好？獨有———，令人可終老。天寒宜泉温，泉寒宜大暑。誰到———，其心肯辭去？」寒亭、在江華縣，隔江。唐瞿令問棧險道入洞穴，因作亭於石上。元結大暑登之，疑天時將寒，故名。菊圃。在州治。元結有詩。

【古跡】舜陵。或云在女英峰之下。《寰宇記》云：「名永陵。自古禁樵採，置守陵六户。」有庳國、舜封象於有庳，後世以道州爲有庳之國，國始封。今失其地。唐《通典》爲有鼻。柳宗元記薛伯高刺道州斥鼻亭神事，亦以庳爲有鼻云。麓牀三級、在舜廟前，簫韶峰之東北，無爲觀後，相去十餘里。古有道之士作之以棲息。修真四壇、第一壇乃第一麓牀，上有茜草，長丈餘，如虎鬚；古人鍊丹之地，鐵臼、鐺釜猶存。第二壇乃第二麓牀，有清池東流，鐵臼、鐵磬，一曰在無爲觀，其文云「齊永明五年四月五日，國主爲一切含識造鐵磬十二枚」。第三壇上有石牀，筆竹圍大者幾二尺。第四壇有石盆，水流不竭。九井、在九疑山。世傳何侯採藥九疑山，鍊丹于此，汲一井而八井皆動。窊樽、在城中報恩寺之西。《元結集》云：「道州城外，左湖東二十步有小石山，山巔有窊穴可以爲樽，乃爲亭樽上。」元結詩：「巉巉小山石，數峰載窊亭。窊石堪爲樽，狀類不可名。」五如石、在下津門之外，江之北。左如旋龍,右如驚鴻,前如飲虎,後如怒黿,坐于石巔,如乘靈槎。亦元結名之。初寮石。在州子城西開元寺前江中。王安中謫居,每乘舟往坐其上。有刻字。

【祠廟】舜祠、在舜峰下。濂溪祠。魏華父記:「營道之西十八里爲濂之源,又東流二十里爲濂溪保,左曰龍山,右曰豸則,故居之實也。」

祝穆、祝洙《方輿勝覽》卷二五《湖南路・郴州》【堂閣】清淑堂。在州宅。阮美成詩:「三仙一相有遺風,清淑誰言到此窮?寄語郴陽忠信士,得名端合謝韓公。」覽秀閣。在倅廳。

【道觀】蘇仙觀。在郡子城東門外,即漢蘇耽故宅。紹興封冲素普應真人,觀名集靈。成仙觀、在郡子城外北。後漢有成武丁者,屍假而卒葬武丁岡。今以其居爲成仙觀。露仙觀。在子城外南。王真人諱錫,爲郡衙校。唐咸通間,甘露降於所居竹木葉上,真人食之遂仙。

【古跡】義帝都。按《史記》義帝乃楚懷王孫心,項羽陽尊爲義帝。後項羽徙義帝於長沙,都郴。有陵,在城内明倫坊。宂尊石、在江畔。張浮休有刻銘。石羊。在城南五里。巨冢嶢然,前有石如羊。

祝穆、祝洙《方輿勝覽》卷二五《湖南路・永州》【堂館】新堂。舊在九疑山之麓,今在郡治。唐太守韋宙立。柳宗元記:「公之蠲濁而流清,豈不欲廢貪而立廉?公之居高而望遠,豈不欲家撫而户曉?然則韋公之立是堂,豈獨草木土石水泉之適,山原林麓之觀歟?」康功堂;在倅廳。胡明仲詩:「政拙催科永陵守,實賴賢僚相可否。邦人復嗣海沂歌,倉廪雖空閭里有。」又:「酒闌四壁讀前碑,吏隱猶勝五馬隨。千古濂溪周別駕,一篇清獻《錦江》詩。」臨瀟館、在州西。江山奇秀,浮梁直其下。漁村蕭寺,上下映帶。唐韋宙以碧湘名之。芙蕖館。在東湖之上,即南池。唐刺史李衢建,今爲館。范忠宣嘗家于此。其旁有思范堂,張敬夫書。

【亭軒】萬石亭。在子城北。柳宗元記:「御史中丞清河崔公來莅永州。閒日,登城北墉,臨于荒野叢翳之隙,見怪石特出,度其下必有殊勝。步自西門,以求其墟。伐竹披奥,欹側以入。綿谷跨溪,皆大石林立,涣若奔雲,錯若置棋,怒者虎鬬,企者烏厲。抉其穴,則鼻口相呀;搜其根,則蹄股交峙。環行愕目,疑若搏噬。於是刳闢朽壤,剪焚榛薉,決溝澮,導伏流,散爲疏林,洄爲清池。寥豁泓渟,若造物者始刊清濁,效奇於兹地,非人力也。乃立游亭,以宅厥中。直亭之西,石若腋分,可以眺望。其上青壁斗絶,沉于淵潭,莫究其極。自下而望,則合爲千巑巒,與山無窮。明日,州邑耋老雜然而至,曰:『吾儕生是州,藝是野,眉厖齒鯢,未嘗知此。豈天墜地出,設兹神物,以彰我公之德歟?』既賀而請名。公曰:『是石之數,不可知也。以其多,而命之曰——。』耋老又言曰:『懿夫公之名號也,豈專狀物而已哉?公嘗六爲二千石,既盈其數。然而有道之士咸恨公之嘉績未洽於人,敢頌休聲,祝公于明神。漢之三公,秩號萬石。我公之德,宜受兹錫。漢有禮臣,惟萬石君。我公之化,始于閨門。道合於古,祐之自天。野夫獻辭,公壽萬年!』宗元嘗以牋奏隸尚書,敬專筆削,以附零陵故事。」三亭、柳宗元記:「河東薛存義來莅零陵,宿蠹藏姦,披露首服。然未嘗以劇自撓,山水魚鳥之樂,澹然自若也。縣東有山,麓泉出石中,乃作——,陟降晦明,高者冠山巔,下者俯清池,游息具於是。」西亭、在零陵縣東山法華寺。柳宗元有留題。雙鳳亭、郡守彭合建。學有異石伏壤間,其上成文,滌視之,若羽而駢飛者,蓋鳳之形。記云:「鳳,文物也。永之士將以文鳴歟?」玩鷗亭;在州西。汪彦章謫居日建。自爲記曰:「客有過而問焉者,曰:『子之鷗,信可玩乎?』余曰:『我與物同見於天地之間者以形,而我之知物物之知我者以心。使吾心有以勝物,則李廣之石可使爲虎;使吾爲物所勝,則樂令之弓亦能爲蛇;是二者無情之木石也,徒以人心之故使之若出於有情如此,苟吾心反如木石而無所示焉,則鷗莫得而闞矣。何爲而不可玩哉?』」西軒、在龍興寺。柳宗元闢,下瞰大江。花月樓。在州前。雄冠一州。

祝穆、祝洙《方輿勝覽》卷二七《湖北路・江陵府》【樓觀】仲宣樓。在府城東南隅。後梁時高季興建,名以望沙樓。《魏志》:「王粲,山陽高平人。少而聰惠,有大才。仕爲侍中。」時董卓作亂,仲宣避難荊州,依劉表,遂登江陵城樓,因懷歸,而有此作,述其進退危懼之情也。賦曰:「登兹樓以四望兮,聊暇日以銷憂。覽斯宇之所處兮,實顯敞而寡儔。挾清漳之通浦兮,倚曲沮之長洲。背墳衍之廣陸兮,臨皋隰之沃流。北彌陶牧,西接昭丘。華實蔽野,黍稷盈疇。雖信美而非吾土兮,曾何足以少留?遭紛濁而遷逝兮,漫踰紀以及今。情眷眷而懷歸兮,孰憂思之可任?憑軒檻以遥望兮,向北風而開襟。平原遠而極目兮,蔽荊山之高岑。路逶迤而脩迥兮,川既漾而濟深。悲舊鄉之壅隔兮,涕横墜而弗禁。昔尼父之在陳兮,有歸歟之歎音。鍾儀幽而楚奏兮,莊舄顯而越吟。人情同於懷土兮,豈窮達之異心?惟日月之逾邁兮,俟河清其未極。冀王道之一平兮,假高衢而騁力。懼匏瓜之徒懸兮,懼井渫之莫食。步棲遲以倚徙兮,白日忽其將匿。風蕭瑟而並興兮,天慘慘而無色。獸狂顧以求群兮,鳥相鳴而舉翼。原野闃其無人兮,征夫行而未息。心悽愴以感發兮,意忉怛而慘惻。循階除而下降兮,氣交憤於胸臆。夜參半而不寐兮,悵盤桓以反側。」明月樓、劉孝綽所建。顔之推詩:「屢陪明月樓。」曲江樓;舊有南樓,張曲江嘗登樓賦詩。張南軒建樓,因易今名。朱元晦記:「廣漢張敬夫守荊州之明年,歲豐人和,幕府無事,顧常病其學門之外即阻高墉,乃直其南外門通道以臨白河,且爲樓觀以表其上。一日,與客往而登焉,則大江、重湖縈紆渺瀰,一目千里。而西陵諸山,空濛晻靄,又皆隱見出没於雲空煙水之外。敬夫於是歎曰:『此亦曲江公所謂江陵郡城南樓者耶?昔公去相,而守於此。其平居暇日,登臨賦詠,蓋皆翛然有出塵之想。至是傷時感事,寤歎隱憂,則其心未嘗一日不在於朝廷,而汲汲然惟恐其道之終不可行也。』」七澤觀、在東南隅城門。帥張安國名。一柱觀。《郡縣志》:「在松滋東丘家湖中。」按《渚宫故事》:「宋臨川王義慶在鎮,於羅公洲立觀甚大,而惟一柱。」梁劉孝綽詩：「經從一柱觀，出入三休臺。」杜甫詩：「孤城——，落日九江秋。」

【亭臺】樂楚亭。鄭毅夫有記。繡林亭、在石首縣陽岐寺。黄魯直題扁。南極亭；在松滋縣。山谷有《——與鄰天錫》詩。濯纓臺、在監利東三里。屈原濯纓處。落帽臺。見龍山注。李白詩：「九日龍山飲，黄花笑逐臣。醉看風——，舞愛月隨人。」胡榘《落帽臺記》曰：「萬年固佳士，然所事非其人，風伯爲之免冠耳。」

【館驛】江陵館。羅隱《荆州江陵館》詩：「西遊象闕愧知音，東下荆溪稱越吟。風動芰荷香四散，月高樓閣影相侵。閑欹别枕千般夢，醉送征帆萬里心。薜荔衣裳木蘭檝，異時煙雨好追尋。」

祝穆、祝洙《方輿勝覽》卷二八《湖北路・鄂州》

【樓亭】南樓。晉庾亮在武昌，諸佐史殷浩之徒乘秋夜共登——，俄而庾至，諸人將避之，亮曰：「諸人可住，老子於此興復不淺。」便據胡床，與浩等談詠竟夕。在郡治南黄鶴山頂上，有登覽之勝。舊基不知其處，中間改爲白雲閣。元祐間守方澤重建，復舊名。記文以爲庾亮所登故基，非也。亮所登乃武昌安樂宫端門也。李巽巖燾作《鄂州——記》云：「吴孫氏更名漢鄂曰武昌，今州東百八十里武昌縣是也。今鄂州乃漢沙羨。當晉咸康時，沙羨未始有鄂及武昌之名，庾亮安復至此？」李白《陪宋史丞武昌夜飲懷古》詩：「清景——夜，風流在武昌。庾公愛秋月，乘興坐胡床。龍笛吟寒水，天河落曉霜。我心還不淺，懷古醉餘觴。」黄魯直《登——》詩：「江東湖北行畫圖，鄂州——天下無。高明廣深勢抱合，表裏江山來畫閣。雪筵披襟夏簟寒，胸吞雲夢何足言。庾公風流冷似鐵，誰其繼之方公悦。」「四顧山光接水光，憑欄十里芰荷香。清風明月無人管，併作南樓一味凉。」黄鶴樓；在子城西南隅黄鶴山上。此樓因山得名，蓋自南朝已著矣。《南齊志》：「仙人子安乘黄鶴過此。」閻伯理記：「州城西南隅有——者，《圖經》云費禕登僊，嘗駕黄鶴返憩于此，遂以名樓。事列神僊之傳，迹存述異之志。觀其聳構巍峨，高標籠嵸，上倚河漢，下臨江流，重簷翼舒，四闥霞敞，坐窺井邑，俯拍雲煙，亦荆、吴形勝之最也。何必賴鄉九柱、東陽八詠，迺可賞觀時物、會集靈僊者哉？刺史兼侍御史、淮西租庸使、鄂岳沔等州都團練使河南穆公，名寧，下車而亂繩皆理，發號而庶政其凝。或逶迤退公，或登車送遠。遊必於是，宴必於是。極長沙之浩浩，見衆山之纍纍。王室載懷，思仲宣之能賦；僊蹤可揖，嘉叔偉之芳塵。迺喟然嘆曰：『黄鶴來時，歌城郭之並是。浮雲一去，惜人世之俱非。』有命抽毫，紀兹貞石。時皇唐永泰元年，歲次大荒落月孟夏日庚寅記。」張敬夫云：「——，以山得名也。而唐《圖經》何自而爲怪説，謂費文禕仙去，駕鶴來憩于此。閻伯理記中乃實其事。而或者又引梁任昉記所謂駕鶴之賓乃荀叔偉，非文禕也。此皆因黄鶴之名，而世之喜事者妄爲之説。後來者既不之察，又從而並緣增飾之。樓旁有石照亭，不知何妄男子題詩窗間，遽相傳曰：『此仙人吕洞賓所書也。』文人才士又爲之夸大其事。而蘇子瞻亦載馮當世之説，有『羽衣著屐』之詩。吁！世亦寧有是理哉？甚矣，世俗之好怪也。」李白《聽黄鶴樓吹笛》詩：「一爲遷客去長沙，西望長安不見家。黄鶴樓中吹玉笛，江城五月落梅花。」又《送孟浩然》詩：「故人西辭黄鶴樓，煙花三月下揚州。孤帆遠影碧空盡，惟見長江天際流。」崔顥《黄鶴樓》詩：「昔人已乘白雲去，此地空餘黄鶴樓。黄鶴一去不復返，白雲千載空悠悠。晴川歷歷漢陽樹，芳草凄凄鸚鵡洲。日暮鄉關何處是，煙波江上使人愁。」蘇子瞻云：「李公擇求《黄鶴樓》詩，因記舊所聞於馮當世者。詩曰：黄鶴樓前月滿川，抱關老卒飢不眠。夜聞三人笑語言，羽衣著屐響空山。非鬼非人意其仙，石扉三扣聲清圓。洞中鏗鋐落門關，縹緲入石如飛煙。雞鳴月落鳳馭還，迎拜稽首願執鞭。汝非其人骨腥羶，黄金乞得重莫肩。持歸包裹弊席氈，夜穿茅屋光射天。里閭來觀已變遷，似石非石鉛非鉛。或取而有衆忿喧，訟歸有司今幾年。無功暴得喜欲顛，神人戲汝真可憐。願君與考然不然，此語可信馮公傳。」石鏡亭、在黄鶴樓西。臨崖有石如鏡，爲西日所照，則烱然發光。賀鑄詩：「西成夕陽晴，東城石鏡明。有山分八字，供作兩眉横。」壓雲亭、在黄鶴山椒。隸統制司。江漢亭。在倅廳。張芸叟記云：「因古城爲之。」

【寺院】頭陀寺。在黄鶴山上。自南齊王中作寺碑，遂爲古今名剎。黄魯直詩：「頭陀全盛時，宫殿梯雲級。城中空金碧，雲外僧濈濈。人亡經緯盡，屋破龍象泣。惟有簡西碑，文章巍然立。」靈竹院。在江夏。本孟宗泣竹之所。天聖中孫晟有記。今安遠樓即其故基。

【祠壇】社稷壇。朱元晦記云：「清江劉君清之行州事，遂屬録事參軍周明仲行視，得城東黄鶴山廢營地一區，東西十丈，南北倍差，按《政和五禮》，畫爲四壇，而屬其役事於兵馬監押趙伯烜。某月壇成，東社、西稷居前，東風伯、西雨雷師居後少卻。壇皆三成，有壝，壝四門。前二壇趾皆方二丈五尺，崇尺二寸。後二壇趾皆方一丈六尺五寸，崇八寸。其再成，方面皆殺尺，崇四分而去一。三成，方殺亦如之，而崇不復殺。前二壝皆方四丈二尺，門六尺，間丈五尺。後二壝皆方二丈八尺，門五尺，間四丈九尺。其崇皆四尺。社有主，崇二尺五寸，方尺。剡其上，培其下，半石也。南五丈，爲門三間，北二丈有奇，爲齋廬五間。繚以重垣，甃以堅甓，而植以三代之所宜木。」又云：「某按：社實山林、川澤、丘陵、墳衍、原隰五土之祇，而后土勾龍氏其配也。稷則專爲原隰之祇，能生五穀者，而后稷周棄氏其配也。風師，箕也。雨師，畢也。是皆著於《周禮》，領於大宗伯之官。唯社稷自天子之都至於國里通得祭，而風雨之神則自唐以來諸郡始得祀焉。至於雷神，則又唐制所與雨師同壇共牲而祀者也。」

祝穆、祝洙《方輿勝覽》卷二八《湖北路・壽昌軍》

【樓閣】南樓。見鄂州——注。松風閣。在西山寺。黄魯直命名，詩：「依山築閣見平川，夜闌箕斗插屋椽，我來名之意適然。老松魁梧數百年，斧斤所赦今參天。風鳴媧皇五十弦，洗耳不須菩薩泉。」

【亭榭】殊亭。臨大江。馬向理武昌日作。元結取其材殊政異，故以名亭。怡亭、蔣潁叔序云：「《——銘》刻于江濱巨石上，乃李陽冰篆，李莒八分書，裴虯作銘。」廣讌亭、在樊山。相傳吴主游宴于此。元結有記。九曲亭。蘇子由序：「子瞻遷於齊安無名山。而江之南，武昌諸山中有浮屠精舍，西曰西山，東曰寒溪。適西山，行於羊腸九曲而獲少平，乃營亭，而西山之勝始具。」

祝穆、祝洙《方輿勝覽》卷二九《湖北路・岳州》【樓閣】燕公樓。在岳陽樓北。滕子京序，張説謫守作。岳陽樓。在郡治西南。西面洞庭，左顧君山，不知創始爲誰。唐開元四年，中書令張説出守是邦，日與才士登臨賦詠，自爾名著。滕宗諒作而新之，范希文爲之記，蘇子美書其丹，邵竦篆其首，時稱四絶。范希文記云：「慶曆四年春，滕子京謫守巴陵郡。越明年，政通人和，百廢具興。乃重修岳陽樓，增其舊制，刻唐賢、今人詩賦於其上，屬予作文以記之。予觀夫巴陵勝狀，在洞庭一湖。銜遠山，吞長江，浩浩蕩蕩，横無際涯，朝輝夕陰，氣象萬千。此則岳陽樓之大觀也。若夫霪雨霏霏，連月不開，陰風怒號，濁浪排空，日星隱耀，山岳潛形；商旅不行，檣傾楫摧，薄暮冥冥，虎嘯猿啼。登斯樓也，則有去國懷鄉，憂讒畏譏，滿目蕭然，感極而悲者矣。至若春和景明，波瀾不驚，上下天光，一碧萬頃；沙鷗翔集，錦鱗游泳，岸芷汀蘭，郁郁青青。而或長煙一空，皓月千里，浮光躍金，静影沉璧；漁歌互答，此樂何極！登斯樓也，則有心曠神怡，寵辱皆忘，把酒臨風，其喜洋洋者矣。嗟夫！予嘗求古仁人之心，或異二者之爲。何哉？不以物喜，不以己悲；居廟堂之高，則憂其民；處江湖之遠，則憂其君。是進亦憂，退亦憂。然則何時而樂耶？其必曰：先天下之憂而憂，後天下之樂而樂歟？噫！微斯人，吾誰與歸？」顔延年《與張湘州登巴陵城樓作》：「江、漢分楚望，衡、巫奠南服。三湘淪洞庭，七澤藹荆牧。經途延舊軌，登闉訪川陸。水國周地險，河山信重複。却倚雲夢林，前瞻京臺囿。清雰霽岳陽，曾輝薄瀾澳。悽矣自遠風，傷哉千里目。萬古陳往還，百代勞起伏。存没竟何人，炯介在明淑。請從上世人，歸來藝桑竹。」韓愈《岳陽樓》詩：「洞庭九州間，厥大誰與讓。南維羣崖水，北注何奔放！瀦爲七百里，吞納各殊狀。自古澄不清，環混無歸嚮。炎風日搜攪，幽怪多冗長。軒然大波起，宇宙溢而放。巍峨拔嵩、華，騰躍較健壯。聲音一何宏，轟磕車萬兩。猶疑帝軒轅，張樂就空曠。蛟螭露筍簴，縞練吹組帳。鬼神非人世，節奏頗跌蕩。陽施見夸麗，陰閉咸悽愴。朝迴宜春口，極地缺隄障。夜纜巴陵洲，叢芮纔可傍。星河盡涵泳，俯仰迷下上。餘瀾怒不已，喧聒鳴甕盎。明登岳陽樓，輝焕朝日亮。飛廉戢其威，清晏息纖纊。泓澄淇凝緑，物影巧相況。江豚時出戲，驚波忽蕩漾。時當冬之孟，隙竅縮寒漲。前臨指近岸，側坐眇難望。滌濯神魂清，幽懷舒以暢。主人童孩舊，握手乍欣悵。憐我竄逐歸，相見得無恙。開筵交履舄，爛熳倒家釀。盃行無停留，高柱送清唱。中盤進橙栗，投擲傾脯醬。歡窮悲心生，婉孌不能忘。念昔始讀書，志欲干霸王。屠龍破千金，爲藝亦云亢。愛才不擇行，觸事得讒謗。前年出官日，此禍最無妄。公卿採虚名，擢拜識天仗。姦猜畏彈射，斥逐恣欺誑。新恩趍府庭，逼仄厠諸將。于嗟苦駑緩，但懼失宜當。追思南渡時，魚腹甘所葬。嚴程迫風帆，劈箭入高浪。顛沉在須臾，忠鯁誰復諒？生還真可喜，尅己自懲創。庶從今日後，粗識得與喪。事多改前好，趣有獲新尚。誓耕十畝田，不取萬乘相。細君知蠶織，稚子已能餉。行當掛其冠，生死君一訪。」杜甫《登樓》詩：「昔聞洞庭水，今上岳陽樓。吳、楚東南坼，乾坤日夜浮。親朋無一字，老病有孤舟。戎馬關山隔，憑高涕泗流。」李白詩：「樓觀滄海盡，川迴洞庭開。鴈引愁心去，江銜好月來。雲間逢下榻，天上接行盃。醉後凉風起，吹人舞袖迴。」白居易題：「岳陽城下水漫漫，獨上危樓憑曲欄。春岸緑時連夢澤，夕陽紅處近長安。猿攀樹立啼何苦，鴈點湖飛渡亦難。此地惟堪畫圖障，華堂張與貴人看。」

【館驛】洞庭南館。張祜題詩云：「一逕逗霜林，朱欄遶碧岑。地盤雲夢角，山鎮洞庭心。樹白看煙起，沙紅見日沉。還因此悲屈，惆悵又行吟。」

【佛寺】興國寺。在城南。寺有西閣。李白詩：「明湖落天鏡，香閣凌雲闕。」法寶寺。唐曰龍興，下瞰㴩湖。李白嘗與賈舍人于此剪桐，望㴩湖，作詩云：「剪落青桐枝，㴩湖坐可窺。雨洗秋山净，林光澹碧滋。」

【祠廟】三閭廟。屈平沉沙之處曰汨羅江，在岳州境内。正廟以漁父配享。唐末有洪州衙前軍將題一絶云：「蒼藤古木幾經春，舊祀祠堂小水濱。行客謾陳三酹酒，丈夫元是獨醒人。」

祝穆、祝洙《方輿勝覽》卷二九《湖北路・峽州》【堂亭】絳雪堂。在州治。《歐陽永叔集》云：「峽州署中，舊有千葉紅梨花，知郡朱郎中始加欄檻，命坐客賦之。」公詩云：「風輕絳雪樽前舞，日暖繁香露下聞。」四賢堂。在州治。二蘇、歐、黄也。六乙堂；在夷陵縣。至喜亭。歐陽永叔作《亭記》云：「蜀於五代爲僭國，以險爲虞，以富自足，舟車之迹不通於中國者五十有九年。宋受天命，一海内，四方次第平。太祖改元之三年，始平蜀。然後蜀之絲枲織文富，衣被于天下。而貢輸商旅之往來者，陸輦秦、鳳，水通岷江，不絶于萬里之外。岷江之來，合蜀衆水，出三峽爲荆江，傾折回直，悍怒鬬激，束之爲湍，觸之爲旋。順流之舟，頃刻數百里，不及顧視。一失毫釐，與崖石遇，則糜潰漂没，不見蹤跡。故凡蜀之可以充内府供京師而移用乎諸州者，皆陸出；而其羡餘不急之物，乃下於江，若棄之然。其爲險且不測如此。夷陵爲州，當峽口。江出峽始漫爲平流，故舟人至此者，必瀝酒再拜相賀，以爲更生。尚書虞部郎官朱公再治是州之三月，作至喜亭於江津，以爲舟者之停留也。且誌夫天下之大險，至此而平夷，以爲行人之喜幸。夷陵固爲下州，廩與俸皆薄，而僻且遠，雖有善政，不足爲名譽以資進取。朱公能不以陋而安之，其心喜夫人之去憂患而就簡易，《詩》所謂『愷悌君子』者矣。自公之來，歲數大豐。因民之餘，然後有作，惠于往來，以館以勞，動不違時，而人有賴。是皆宜書，故凡公之佐吏，因相與謀而屬筆於脩焉。」天開圖畫、在城東五里雲際院。楚西第一。在州對江普濟院。山巔望夷陵甚偉。

【樓臺】南紀樓。胡明仲詩：「西望巫峽峰，東望洞庭湖。南望大江横，北望楚王墟。平時十萬户，鴛瓦百賈區。夜半車擊轂，差鱗銜舳艫。麥麻謾沃衍，家家足粳魚。」又云：「古來上流地，最重荆州符。形勢在東南，横跨此其樞。」楚塞樓；在州宅。許自誠詩：「雄當蜀道三千里，巍壓荆南十五州。」何麟詩：「但見岑樓名楚塞，不知元是國西門。」爾雅臺。在州宅。《方輿記》：「郭璞注《爾雅》於此臺。」有廟。

【祠廟】黄牛廟。在黄牛峽，名靈應廟。相傳佐禹治水有功，蜀後主建興初諸葛武侯建祠。然三國時西陵、建平非蜀土，而任清臣記亦不言日月。歐陽永叔爲夷陵令日，作《黄牛廟》詩曰：「大川雖有神，淫祀亦有俗。石馬繫祠門，山鴉噪林木。」後子瞻跋云：「嘗聞之於公：『予昔以西京留守推官爲館閣校勘。時同年丁寶臣元珍適來京師，夢與予同舟泝江，入一廟中，拜謁堂下。予班元珍下，方拜時，像爲起。既出門，見一馬隻耳。覺而語予，固莫識也。已而元珍除峽州判官，余亦貶夷陵令。一日，與元珍泝峽謁黄牛廟，入門惘然，皆夢中所見。予爲縣，固班元珍下。而門外鐫石爲馬，缺一耳。相視大驚，乃留詩廟中，蓋私識其事也。』」

祝穆、祝洙《方輿勝覽》卷二九《湖北路・荆門軍》【亭榭】湖北道院。在郡治。荆岑偉觀、在郡治。潛玉亭、在蒙山。《亭序》云：「有卞氏抱玉亭在疆内，則此山之有美玉信矣。」李衛公詩：「明珠雖秘彩，美玉詎藏珍。」寒亭。在玉泉山。人多題詩，獨一篇云：「朔風凛凛雪漫漫，未是寒亭分外寒。六月火雲天不雨，請君來此憑欄干。」

【佛寺】玉泉寺。在當陽縣西南二十里玉泉山。陳光大中，浮屠知覬自天台飛錫來居此山。寺雄於一方，殿前有金龜池。《玉泉詩序》：「山水之勝甲天下，張曲江、孟浩然輩嘗託於詩，以寫其勝。」

祝穆、祝洙《方輿勝覽》卷三〇《湖北路・常德府》【亭榭】招屈亭。在城南。相傳三閭大夫以五月五日由黔中投汨羅，土人以舟救之，爲《何由得渡湖》之歌，其名咸呼云何在。

【佛寺】甘泉寺。《塵史》云：「在武陵縣北二十里許，有——，行人多憩止焉。寇萊公往雷州，凡題三十字曰：『庚申年秋九月，平仲南行至甘泉院，僧以詩板視之。征途不暇吟詠，代記年月。』後丁晉公謫朱崖，過寺留題云：『翠影人疏度，波光瑟瑟凝。帝家金掌露，仙署玉壺冰。曉井侵星汲，宵厨向月澄。豈推蠲肺渴，灌頂助三乘。』因而至寺下者多所賦詠。」

【祠墓】伏波祠、劉禹錫詩：「蒙蒙篁竹下，有路上壺頭。漢壘磨鼯泣，蠻煙暮雨愁。」安義王廟，在武陵縣之粱山。即粱松也。劉禹錫《陽山廟觀賽神》詩：「漢家都尉始征蠻，血食于今配此山。」春申君墓。在開元寺。——坊即其故宅。杜牧詩：「烈士思酬國士恩，春申誰與快幽魂。三千賓客總珠履，欲使何人殺李園？」

祝穆、祝洙《方輿勝覽》卷三一《湖北路・德安府》【佛寺】救苦寺。在府西四里。今名勝業院。李白有《春游——》詩。又有周世宗微時洗脚石。古檜一株，云柴氏所植。

【堂舍】黄堂。郡守滕甫建。記曰：「據紫金之秀，面碧玉之奇，鄖溪、鳳臺，如拱如揖。」四賢堂、始，連氏之父舜賓有隱德，歐陽永叔表其墓。二子庶、庠，從學於二宋，相繼登第，與二宋同學於法興寺。張文潛作《——記》。五桂堂、在書記廳。元豐中方城范公爲掌書記，官舍西偏有桂甚茂。後范公之子致君、致明、致虚、致祥、致厚相繼登第，致君記其事。後周洪道爲之記云。七相堂、在府治。郡守陸世良詩：「七相聲名俱屬此，尚期他日更添君。」跨鰲堂。鄭昂記云：「平沙回岸，縈帶城郭。商帆漁舟，出没煙波。瀟灑有江鄉之興，楚山水之觀未有以易此者也。」

【亭樓】車蓋亭。在郡治西北隅。魏文帝詩「西北有浮雲，亭亭如車蓋」是也。《漁隱叢話》云：「蔡確守安州日，登——，賦詩云：『紙屏石枕竹方床，手倦抛書午夢長。睡覺莞然成獨笑，數聲漁笛在滄浪。』殊有閑適之意。」浮雲樓。杜牧之有《題安州浮雲寺樓》詩。周顯德中毁寺，改建黄堂，而樓遂備宴遊。滕甫詩：「舉頭便是長安日，弄袖時飄夢澤風。茂苑久抛飛鳥外，楚臺遥在碧雲中。」

【古跡】古蒲騷城。在應城北三十里。《左傳》有云「鄖人軍于蒲騷」，即此。釣魚臺、在安陸縣石淙村，云是郝處俊遺迹。蔡確詩：「矯矯名人郝甑山，忠言直節上元間。釣臺蕪没知何處，嘆息思公俯碧灣。」《東都事略・蔡確傳》：「知漢陽軍吴處厚奏確在安州作詩，借郝處俊事以譏訕太皇太后。宣仁太后怒曰：『蔡確以吾比武后，當重謫。』確奏曰：『臣在安州，州有涓溪，舊有郝處俊釣臺，蓋上元中高宗令其子周王等分朋角勝爲樂。及欲傳位於武后，皆爲處俊論議所回，故臣詩因嘆其忠直。今太后以帝之祖母垂簾聽政，而輒無故引唐高宗遜位與皇后之事上瀆聖聽，其誣罔可見。』」西湖村。去孝感九十里。太祖潛龍日，因渴索酒飲村姥家，姥持酒以進，言「榷禁甚嚴，此私釀，當密之」。與金不受。及至太祖既貴，宥西湖村酒禁，至今置萬户酒。

祝穆、祝洙《方輿勝覽》卷三一《湖北路・復州》【亭榭】境會亭。祥符間，因創鼓角樓，掘得一塊石，乃唐竇使君《——記》，故名。鴻軒、右史張文潛謫居景陵日所創，遺址在菜園湖。後起倅黄州，有《望復州》詩云：「他年若問——人，堂下薔薇應解語。」蓋其處植薔薇故也。今黄州亦有——，豈如老杜之在夔三易居，而皆以高齋命名也耶？夢野奇觀。景祐間，郡守王琪作于子城西南隅。後晏殊、宋祁、吴育、楊友之、蘇紳、石延年皆有詩。

【寺觀】西塔院。今名廣教。有文學井，謂陸羽也。裴拾遺詩：「竟陵文學泉，蹤跡尚空虚。不獨支公住，曾經陸羽居。草堂荒散蛤，茶井冷生魚。」謂此也。紫極觀。有皮、陸讀書堂。日休襄陽人，但龜蒙乃吴人，何爲皆讀書于此？然龜蒙有《寄日休讀襄陽耆舊傳》，而日休次韵有云：「結彼世外交，遇之於邂逅。」則或邂逅於此耳。

【古跡】范溉市。在玉沙西四十里。瀕漢江。晉鄭交甫南遊漢江，遇二女，佩兩珠。交甫與言，願得子之佩。二女解佩與交甫懷，去十餘步，探之亡矣。回視二女，亦失所在。

祝穆、祝洙《方輿勝覽》卷三二《京西路·襄陽府》【亭臺】漢廣亭。在府治南。望羣山環繞，有漢水映帶，平陸萬里，故名。峴山亭、歐陽永叔記：「峴山臨漢上，望之隱然，蓋諸山之小者。而其名特著於荆州者，豈非以其人哉？其人謂誰？羊祜叔子、杜預元凱是已。方晉與吴以兵争，常倚荆州以爲重。而二子相繼於此，遂以平吴而成晉業，其功業已蓋於當世矣。至於流風餘韻，藹然被於江、漢之間者，至今人猶思之。而於思叔子也尤深。蓋元凱以其功，而叔子以其仁。二子所爲雖不同，然皆足以垂於不朽。余頗疑其反自汲汲於後世之名者，何哉？傳言叔子嘗登茲山，慨然語其屬，以謂此山常在，而前世之士皆已湮滅於無聞，因自顧而悲傷，然獨不知茲山待己而名著也。元凱著功於二石，一置茲山之上，一投漢水之淵。是知陵谷有變，而不知石有時而磨滅也。豈皆自喜其名之甚，而過爲無窮之慮歟？將自待者厚，而所思者遠歟？山故有亭，世傳以爲叔子之所遊止也。故其屢廢而復興者，由後世慕其名而思其人者多也。熙寧元年，余友人史君中輝以光禄卿來守襄陽。明年，因亭之舊，廣而新之，周以回廊之壯，又大其後軒，使與亭相稱。君知名當世，所至有聲。襄人安其政而樂從其遊也，因以君之官名其後軒爲光禄堂；又欲紀其事于石，以與叔子、元凱之名並傳于久遠。君皆不能止也，乃來以記屬於余。余謂君知慕叔子之風，而襲其遺迹，則其爲人與其志之所存者可知矣。襄人愛君而安樂之如此，則君之爲政於襄者又可知矣。此襄人之所欲書也。若此左右山川之勝勢，與夫草木雲煙之杳靄，出没於空曠有無之間，而可以備詩人之登高，寫《離騷》之極目者，宜其覽者自得之。至於亭屢廢興，或自有記，或不必究其詳者，皆不復道。」望海亭；在卧龍山頂上。李紳題：「鳥盈兔缺天涯迥，鶴背松梢拂檻低。湖鏡坐隅看匣滿，海濤生處辨雲齊。夕嵐明滅江帆小，煙樹蒼茫客思迷。蕭索感心俱是夢，九天應共草萋萋。」呼鷹臺。在鄧城東南一里。蘇子瞻詩：「莫上——，平生笑劉表。」表有《野鷹來曲》。

【館驛】善謔驛。襄州有驛，名善却，唐之——也。乃淳于髡放鵠處。柳宗元《和劉禹錫——奠淳于先生》者，即此地。

祝穆、祝洙《方輿勝覽》卷三三《京西路·郢州》【樓臺】白雪樓。《選·宋玉問》：「客有歌於郢中者，其始曰《下里巴人》，國中屬而和之者數千人。其爲《陽春白雪》，屬而和者不過數十人。故其曲彌高，其和彌寡。」今在郡治。謝諤《重建樓記》曰：「楚地諸州皆有樓觀收攬奇秀，而郢之白雪尤雄勝。」王介甫《寄題白雪樓》詩：「《折楊黄華》笑者多，《陽春白雪》和者少。知音四海無幾人，況乃區區郢中小。千載相傳始欲慕，一時獨唱誰能曉？古心以此分冥冥，俚耳至今徒擾擾。朱樓碧瓦何年有，榱桷連空欲驚矯。郢人爛熳醉浮雲，郢女參差躡飛鳥。丘墟餘響難再得，欄檻兹名復誰表？秋來欲歌聲更苦，石城寒江暮空繞。」西樓；張繼《郢城西樓吟》：「連山盡塞水縈迴，山上戍門臨水開。朱欄直下一百丈，日煖遊鱗自相向。昔人愛險閉層城，今人復愛閑江清。沙洲楓岸無求客，草緑花開山鳥鳴。」蘭臺。在州城龍興寺。宋玉所遊。

【堂亭】五客堂。唐李昉嘗畫五禽於壁間，以鶴爲仙客，孔雀爲南客，鸚鵡爲隴客，鷺鷥爲雪客，白鷴爲閑客。孟亭、《唐詩紀事》：「王維過郢，畫孟浩然像於刺史廳，後名以浩然。咸通中，刺史鄭誠以賢者之名不可斥，改曰孟亭。」皮日休《郢州孟亭記》：「北齊美蕭慤有『芙蓉露下落，楊柳月中疏』，先生則有『微雲淡河漢，疏雨滴梧桐』。樂府美王融『日霽沙嶼明，風動甘泉濁』，先生則有『氣蒸雲夢澤，波動岳陽城』。謝朓之詩句，精者有『露濕寒塘草，月映清淮流』，先生則有『荷風送香氣，竹露滴清聲』。此與古人争勝於毫釐也。」陽春亭。在通判廳。

祝穆、祝洙《方輿勝覽》卷三四《廣東路·廣州》【堂亭】廣平堂。在州治。以宋璟得名。十賢堂、在子城上。滕脩、吴隱之、王綝、宋璟、李尚隱、盧奂、李勉、孔戣、賈鈞、蕭倣。八賢堂；在十賢堂東。潘美、向敏中、余靖、魏瓘、邵曄、陳世卿、陳從易、張頡。浴日亭。在扶胥鎮南海王廟之右。小丘屹立，亭冠其顛，前瞰大海，茫然無際。蘇子瞻詩：「劍氣峥嶸夜插天，瑞光明滅到黄灣。坐看暘谷浮金暈，遥想錢塘湧雪山。」楊廷秀詩：「南海水爲四海魁，扶桑絶境信奇哉！日從若木梢頭轉，潮到占城國裏回。最愛五更紅浪沸，忽吹萬里紫霞開。天公管領詩人眼，銀漢星槎借一來。」

【樓臺】海山樓。在城南。陳去非詩：「百尺欄干横海立，一生襟抱與山開。岸邊天影隨潮入，樓上春容帶雨來。」石屏臺。在經略廳西。有池百餘步，池中列石，其狀若屏。或云南漢時玉液池也。郭功父詩云：「——下玉池泉，逺岸石屏青齒齒。輦置應須費萬金，園囿森羅供燕喜。劉鋹族盡已無餘，此石猶存舊基址。」

【寺觀】資福寺。在東莞一百六十步。有羅漢閣，蘇子瞻爲之記。蘇公又以犀帶并藏閣上，及作《舍利閣銘》。廣慶寺；在峽山。傳奇小説載：「廣德中，有孫恪者遊洛中，遇袁氏女，遂納爲室。後十餘年，因至峽山寺，袁氏欣然，改服理鬢詣老僧，乃持一碧玉環獻僧曰：『是此院舊物。』僧初不曉，及齋罷，有野猿數十，悲嘯捫蘿而躍，袁氏惻然，俄命筆題詩云：『無端變化幾湮沉，剛被恩情役此心。不如逐伴歸山去，長嘯一聲煙霧深。』詩畢，遂裂衣化爲老猿，追嘯者躍附而去。老僧方悟曰：『乃貧道爲沙門時所養者。碧玉環則胡人所施，繫於其頸者也。』」李翱詩：「傳者不足信，見景勝如聞。一水遠赴海，兩山高入雲。魚龍晴自戲，猿狖晚成羣。醉酒斜陽下，離心草自薰。」許渾詩：「夜醉晨方起，孤吟恐失羣。海鰌潮上見，江鵠霧中聞。未臘梅先實，經冬草自薰。樹隨山崦合，泉到石稜分。虎跡空林雨，猿聲絶頂雲。蕭蕭異鄉鬢，明月共絲棼。」「薄暮沿西峽，停橈一訪僧。鷺巢横卧柳，猿飲倒垂藤。水曲嵓千疊，雲重樹百層。山風寒殿磬，溪雨夜舡燈。灘漲危槎没，泉衝怪石崩。中臺一襟淚，歲杪別良朋。」蘇子瞻赴惠州賦詩云：「天開清遠峽，地轉凝碧灣。我行無遲速，攝衣步孱顔。山僧本幽獨，乞食況未還。雲碓水自舂，松門風爲關。石泉解娱客，琴筑鳴空山。佳人劍翁孫，遊戲暫人間。忽憶嘯雲侶，賦詩留玉環。林深不可見，霧雨埋煙鬟。」楊廷秀詩：「清遠望峽山，山脚無半里。小舟行雲間，五日翠未已。並馳兩蒼龍，中夾一玉水。送我到英州，渠當自回轡。」「誰開峽山寺，正要避世喧。深潭無來路，斷崖有青天。療飢摘山菓，擊磬煩嶺猿。人跡今擾擾，只緣一漁舡。」五仙觀。在南海。《寰宇記》：「昔高固爲楚相，有五仙人，騎五色羊，各持穀穗，一莖六出，以遺州人，騰空而去。」今呼爲五羊。其城周十里，初尉佗築之，後爲步騭脩之，既而爲黄巢所焚。郭功父《廣州五仙謡》：「番禺五仙人，騎羊各五色。手持六秬穗，翱翔遶城壁。翩然去乘雲，諸羊化爲石。至今留空祠，異像猶可識。曾聞經猛火，毫髮無痕跡。五仙寧復來，三説頗難測。只憂風雨至，半夜隨霹靂。君不見羌廬劉越之洞天，萬象森羅無一尺。」

【祠墓】南海廟。東廟在州東，即南海王廟。西廟去城十五里，蓋勅封靈惠助順顯衛妃行祠也。韓愈《南海廣利王廟碑》：「海於天地間，爲物最鉅。自三代聖王，莫不祀事。考於傳記，而南海神次最貴，在北東西三神、河伯之上，號爲祝融。天寶中，天子以爲古爵莫貴於公侯，故海岳之祀，犧幣之數，放而依之，所以致崇極於大神。今王亦爵也，而禮海岳，尚循公侯之事，虚王儀而不用，非致崇極之意也。由是册尊南海神爲廣利王，祝號祭式，與次俱升。因其故廟，易則新之，在今廣州治之東南，海道八十里，扶胥之口，黄木之灣。常以立夏氣至，命廣州刺史行事祠下，事訖驛聞。而刺史常節度五嶺諸軍，仍觀察其郡邑，於南方事無所不統，地大以遠，故常選用重人，既貴而富，且不習海事。又當祀時，海常多大風，將往皆憂戚。既進，觀顧怖悸，故常以疾爲辭，而委事於其副，其來已久。故明宫齋廬，上雨旁風，無所蓋障。牲酒瘠酸，取具臨時。水陸之品，狼籍籩豆。薦祼興俯，不中儀式。吏滋不恭，神不顧享。盲風怪雨，發作無節，人蒙其害。元和十二年，始詔用前尚書右丞、國子祭酒孔公爲廣州刺史兼御史大夫，以殿南服。公正直方嚴，中心樂易，祗慎所職，治人以明，事神以誠，內外單盡，不爲表襮。至州之明年，將夏，祝册自京師至，吏以時告，公乃齋祓，册誓羣有司曰：『册有皇帝名，乃上所自署。其文曰：嗣天子某，謹遣某官某敬祭。其恭且嚴如是，敢有不承？明日吾將宿廟下，以供晨事。』明日，吏以風雨白，不聽。於是州府文武吏士凡百數，交謁更諫，皆揖而退。公遂陞舟，風雨少止。櫂夫奏功，雲陰解駁，日光穿漏，波伏不興。省牲之夕，載暘載陰。將事之夜，天地開除，月星明穊。五鼓既作，牽牛正中。公乃盛服執笏以入。即事文武賓屬，俯首聽位，各執其職。牲肥酒香，樽爵静潔。降登有數，神具醉飽。海之百靈祕怪，恍惚畢出，蜿蜿蜒蜒，來享飲食。闔廟旋艫，祥飈送颿。旗纛旄麾，飛揚晻靄。鐃鼓嘲轟，高管嗷譟。武夫奮棹，工師唱和。穹龜長魚，踴躍後先。乾端坤倪，軒豁呈露。祀之之歲，風災熄滅，人厭魚蟹，五穀胥熟。明年祀歸，又廣廟宫而大之。治其庭壇，改作東西兩序。齋庖之房，百用具修。明年其時，公又固往，不懈益虔。歲仍大和，耋艾歌詠。始公之至，盡除他名之税，罷衣食於官之可去者。四方之使，不以資交。以身爲帥，燕賞有時，賞與有節。公藏私蓄，上下與足。於是免屬州負逋之緡錢十有八萬，米八萬二千斛。賦金之州，耗金一歲八百，困不能償，皆以丐之。加四面守長之俸，誅其尤無良不聽令者，由是皆自重慎法。人士之落南不能歸者，與流徙之冑百二十八族，用其才良，而廩其無告者。其女子可嫁者，與之錢財，令無失時。刑德並流，方地數千里，不識盗賊；山行海宿，不擇處所；事神治人，其可謂備至矣！咸願刻廟石以著厥美，而繫以詩曰：『南海之墟，祝融之宅。即祀于旁，帝命南伯。吏惰不恭，正自今公。明用享錫，佑我家邦。惟明天子，惟慎厥使。我公在官，神人致喜。海嶺之陬，既足既濡。胡不均弘，俾執事樞。公行勿遲，公無遽歸。匪我私公，神人具依。』」楊廷秀詩：「羅浮山如萬石鍾，一股南走如渴龍。雷奔電邁遮不住，直抵海濱無去處。低頭飲海吐絳霞，舉頭載着祝融家。珠宫玉室水精殿，萬水一日朝兩衙。青山四圍作城郭，海濤半浸青山脚。客來莫上浴日亭，亭上見海君始驚。青山缺處如玉玦，潮頭飛來打雙闕。晴天無雲奔碎雪，天下都無此奇絶。大海更在小海東，西廟不如東廟雄。南來若不到東廟，西京未睹建章宫。海神喜我着綺語，爲我改容收霧雨。乾坤軒豁未能許，小試日光穿漏句。」趙佗墓。在南海。孫權使交趾求發其墓，卒不能得，得其子嬰齊墓，得珠襦、玉璽之類。

【古跡】越王臺。在州北悟性等。唐子西記云：「臺據北山，南臨小溪。横浦、牂牁之水，輻湊於其下。顧瞻則越中諸山不召而自至；而立延望，則海外諸國蓋可髣髴於溟濛杳靄之間。」陸龜蒙《和皮日休寄南海》詩：「城連虎踞山圖麗，路入龍編海舶遥。江客漁歌衝白荇，野人食語映紅蕉。庭中必有君遷樹，莫向空臺望漢朝。」《交州記》云：「有君遷樹，有朝漢臺，尉佗望漢所築。」許渾《登尉佗樓》：「劉、項持兵鹿未窮，自乘黄屋島夷中。南來作尉任囂力，北向稱臣陸賈功。」達磨井、在悟性寺前。梁達磨指其地曰：「下有黄金。」貪者力鑿，泉渫而金亡。甘泉池、在州東北五里。《番禺雜記》云：「晉陸史君以海水味鹹，導以給民。唐節度盧仝鑿山取泉以廣之，名曰甘泉。」劉王花塢，乃劉氏華林園，在郡治六里，名泮塘。廣州古塼。《皇朝類苑》：「魏侍郎瓘知廣州，忽子城一角頽，得古塼範，四大字云『委於鬼工』，蓋合而成『魏』也。乃大築子城。未幾，儂智高寇廣，外城一擊而摧，獨子城堅完。」

祝穆、祝洙《方輿勝覽》卷三五《廣東路・英德府》

【樓榭】煙雨樓。在府治之東。千巖萬壑，羅列遠近，爲一郡登臨之勝。郭功父詩：「江路分韶、廣，城樓壓郡東。妓歌星漢上，客醉水雲中。」寒翠亭、在晞陽島之北。石壁東坡留題云：「蜀人蘇子瞻南遷惠州，艤舟巖下，與幼子過同遊聖壽寺，遇隱者石君汝礪，話羅浮之勝，至暮乃去。紹聖元年書。」鳳凰驛。郭功父詩：「晚泊——，得名知謂何。鳳凰不可見，篁竹空婆娑。驛吏指英州，兩舍皆平坡。天寒無瘴癘，虚市饒鷄鵝。」

【橋梁】何公橋。今名政和橋。《容齋三筆》：「英州小市，江水貫其中。郡守建安何智甫始疊石爲橋。橋方成，而蘇子瞻還自海外，智甫求文以記。蘇子瞻作詩云：『天壤之間，水居其多。人之往來，如鵜在河。順水而行，雲駛鳥疾。惟水之利，千里咫尺。亂流而涉，過膝則止。惟水之害，咫尺千里。沔波濫觴，蛙跳鯈游。溢而懷山，神禹所憂。豈無一木，支此大壞。舞于盤渦，冰拆雷解。坐使此邦，畫爲兩州。雞犬相聞，胡、越莫救。允毅何公，甚勇于仁。始作石梁，其艱其勤。將作復止，更此百難。公心如鐵，匪石則堅。公以身先，民以悦使。老壯負石，如負其子。疏爲玉虹，隱如金堤。直欄橫檻，百賈所棲。我來與公，同載而出。驩呼闐道，抱其馬足。我嘆而言，視此滔滔。未見剛者，孰爲此橋。願公千歲，與橋壽考。持節復來，以尉父老。如朱仲卿，食于桐鄉。我作銘詩，子孫不忘。」」

祝穆、祝洙《方輿勝覽》卷三五《廣東路・韶州》【樓臺】韶陽樓。許渾《——夜宴》詩：「待月江—卷翠羅，玉盃瑶瑟近星河。簷前碧樹窮秋密，窗外青山薄暮多。鴝鵒未知狂客舞，鷓鴣先讓美人歌。使君不惜通宵醉，刀筆初從馬伏波。」朝陽樓；唐李守建，皇甫湜有記。九成臺、在州宅。蘇子瞻《———銘》云：「韶州太守狄咸新作———，玉局散吏爲之銘。曰：自秦并天下，滅《禮》、《樂》，《韶》之不作，蓋千三百二十有三年矣。其器存，其人亡，則《韶》既已隱矣，而況人器兩忘而不傳？雖然，《韶》則亡矣，而有不亡者存，蓋嘗與日月寒暑晦明風雨並行乎天地之間。世無南郭子綦，則耳未嘗聞地籟也，而況得聞其天籟？使耳得聞天籟，則凡有形有聲，皆吾羽旄、干戚、箎磬、匏絃。嘗試與子登夫韶石之上，舜峰之下；望蒼梧之渺莽，九疑之聯綿；覽觀江山之吐吞，草木之俯仰；鳥獸之鳴號，衆族之呼吸；往來唱和，非有度數而均節自成者，非《韶》之大全乎？上方立極以安天下，人和而氣應，氣應而樂作，則夫所謂『《簫韶》——，來鳳凰而舞百獸』者，既已粲然畢陳于前矣。」逍遥臺。隋薛道衡刺史創，州東有遺址。張九齡《陪王司馬登臺》詩：「常聞薛公淚，非直雍門琴。竄逐留遺迹，悲涼見此心。府中因暇裕，江山幸招尋。人事已成古，風流獨至今。」

【堂亭】思古堂。在州宅。守狄咸建，蘇子瞻名并書。清淑堂、在九成臺下。《圖經》：「王介甫天聖間侍其父令公守韶日讀書于此。」政寶堂；有蘇、黄石刻。楊廷秀跋云：「蘇、黄皆落南，而嶺南無二先生帖，大似魯人不識麟，惟韶有之。耿光異氣，上燭南斗，下貫碧海矣。」又有米帖，楊廷秀跋云：「萬里學書最晚，雖徧參諸方，然袖手一瓣香，五十年未拈出。今得此帖，乃知李密未見秦王耳。」盡善亭、在建封寺。蘇子瞻詩：「雙闕浮空照短亭，至今猿鳥嘯青熒。君王自此西巡狩，再使魚龍舞洞庭。」「蜀人文賦楚人詞，堯在崇山舜九疑。聖主若非真得道，南來萬里亦何爲？」整冠亭、梁安世記云：「左瞰湞水，右俯武溪，方山衮衮，悉在目前。」韓愈詩：「暫欲係舡韶石下，上賓虞舜——裾。」望韶亭、楊廷秀《題———》詩：「新隆寺後看韶石，三三兩兩略依稀。金坑津頭看韶石，十十五五不整齊。一來望韶亭上看，《九韶》八音堆一案。金鍾大鏞浮水涯，玉瑟瑶琴倚天半。堯時文物也麄疏，禮樂猶帶鴻荒餘。茅茨殿上槌土鼓，葦葉聲外無笙竽。黄能郎君走川嶽，領取后夔搜禮樂。嶧山桐樹夜半鳴，泗水石頭清晝躍。山祇川后争獻珍，姚家制作初一新。帝思南嶽來時巡，宫琛廟寶皆駿奔。曲江清澈碧瓊軟，海山孤尖翠屏展。天顔有喜后夔知，一奏《雲韶》供亞飯。帝登九疑忘却歸，不知班盡湘笛枝。后夔一脛跛莫隨，坐委衆樂江之湄。儀鳳舞獸埽無迹，獨留一狻守其側。至今唤作獅子石，雨淋日炙爛不得。洞庭張樂已莓苔，犍爲獲磬亦塵埃。不如《九韶》故無恙，戛擊尚可起冬雷。何時九秋霜月裹，來聽湘妃瑟聲美。曲終莫道不見人，江上數峰是誰子。」韶亭。余安道記：「賢人君子樂夫佳山水者，蓋將寓閑曠之目，託高遠之思，滌蕩煩紲，開納和粹，故遠則攀蘿拂雲以躋乎杳冥，近則築土飭材以寄乎觀望。惟韶山去州治八十里，自元精胚胎，陽結陰流，不知鑪錘者誰，獨秀兹境。在昔虞舜南狩蒼梧，《九韶》之樂奏于石上，山之得名起於是矣。國家丕冒海隅，擇材綏遠，殿省丞潘君伯恭特膺詔選，來守嶺陀，鋤强(御名)弱，有意於古。下車期年，人用休息，乃曰：『山爲州鎮，厥名尤著。自秦開五嶺，迄今千載。憑軾之使，泛舟之賓，大麓之下，往還如織，不知觀矚之地，以爲山榮，豈守之者詳近而略遠哉！』遂按郡諜而相之，背山東渡五里而近，得地曰靈溪，即道左建亭，而山之奇秀森然在目矣。伻來，以圖授之矩畫。先是，賜紫僧法崇者，推誠導慕，衆所欽信，嘗於康衢(御名)榭，以壯州邦。既勤基締，將賁髹䑋，太守曰：『吾以敦朴化人，無事於侈，可去華就實，移其用於兹亭。』崇曰：『明使君之言，非唯集事，兼存爲政之體。』繇是捨飾畫之浮費，市楩梓之美材，持畚築運斧斤者，子來而樂成矣。越再出魄而亭就，則兹山具美，纖芥無隱。屹者如闕，闖者如虎，平者如臺，呀者如谷，向者如鬬，背者如逃；人立鳥跂，霞明霧暗，碧玉千仞，青螺萬疊，殊形詭制，紛不可名，驅鬼役物，巧不能備；信方外之絶區也。既而請名，太守曰：『亭以山(御名)而能盡山之美，其名韶云。』」

【寺觀】南華寺。梁天監元年，有天竺國僧智藥自西土來，泛船至漢土，尋流上至韶州曹溪水口，聞其香，掬嘗其味，曰：「此水上流有勝地。」尋之，遂開山立石寶林。乃云：「此去一百七十年，當有無上法寶在此演法。」今六祖———是也。六祖姓盧，名惠能，新州人，得法於黄梅五祖忍大師，傳其衣鉢。唐萬歲通天初，則天皇后錫賚宣詔。元和間賜塔曰靈照之塔。柳宗元爲記。其寺爲嶺外禪林之冠。唐曹松詩：「西土文殊留印跡，大中皇帝舊參禪。」蘇子瞻詩：「前身便是盧行者。」楊廷秀詩：「南斗東頭第一山，白頭初得扣禪關。祖衣半似雲來薄，金鎖纔開霧作團。」光運寺、在州西，即始興內史王導故宅。廣果寺；宋之問詩：「影殿臨丹壑，香臺隱翠霞。巢飛銜象鳥，砌蹋雨空花。寶鐸摇初霽，金池映晚沙。莫愁歸路遠，門外有三車。」天慶觀。祥符間創，依終南山太平宫玉皇殿樣式造，其勝妙出諸州上。

【祠廟】虞帝廟。在州西北七里皇岡嶺。有石刻朱文公《迎送神樂歌》。見静江府。張相國祠、在郡東，墓在武臨原。唐子西云：「張相鐵胎，韶人相傳以爲明皇悔時所鑄。」郭功父詩：「常平致主陳《金鏡》，後世宫祠見鐵胎。」周濂溪祠、在州學。朱文公記云：「秦、漢以來，道不明於天下，而士不知所以爲學。言天者，遺人而無用。語人者，不及天而無本。專下學者，不知上達而滯於形器。必上達者，不務下學而溺於空虛。優於治己者，或不足及人而隨世。以就功名者，又未必自其本而推之也。先生言聖學之有要，而下學者知勝私復禮之可以馴致於上達，明天下之有本；而言治者知誠心端身可以舉而措之天下，脉絡分明而規模宏遠矣。」余襄公祠。在相國廟東偏。

祝穆、祝洙《方輿勝覽》卷三六《廣東路・潮州》【樓榭】揭陽樓。韓愈建。今之韓亭即其地。東齋；在揭陽縣治。丞相梁克家嘗館於是，梅花忽大，梁賦詩曰：「九鼎燮調終有待，百花羞澀敢言芳。」後魁天下，不十年登宰輔。水簾亭、在州東。梅花院。在倅廳。取陳文惠「——庭—竹青青」之句。

【祠廟】韓文公廟。蘇子瞻作《廟碑》：「匹夫而爲百世師，一言而爲天下法，是皆有以參天地之化，關盛衰之運。其生也有自來，其逝也有所爲，故申、呂自嶽降，傅説爲列星，古今所傳，不可誣也。孟子曰：『我善養吾浩然之氣。』是氣也，寓於尋常之中，而塞乎天地之間。卒然遇之，則王公失其貴，晉、楚失其富，良、平失其智，賁、育失其勇，儀、秦失其辯。是孰使之然哉？其必有不依形而立，不恃力而行，不待生而存，不隨死而亡者矣。故在天爲星辰，在地爲河嶽；幽則爲鬼神，而明則復爲人。此理之常，無足怪者。自東漢以來，道喪文弊，異端並起。歷唐貞觀、開元之盛，輔以房、杜、姚、宋而不能救，獨韓文公起布衣，談笑而麾之，天下靡然從公，復歸於正，蓋三百年於此矣。文起八代之衰，道濟天下之溺，忠犯人主之怒，而勇奪三軍之帥，豈非參天地，關盛衰，浩然而獨存者乎？蓋嘗論天人之辯，以謂人無所不至，惟天不容僞；智可以欺王公，不可以欺豚魚；力可以得天下，不可以得匹夫匹婦之心。故公之精誠能開衡山之雲，而不能回憲宗之惑；能馴鱷魚之暴，而不能弭皇甫鎛、李逢吉之謗；能信於南海之民，廟食百世，而不能使其身一日安於朝廷之上。蓋公之所能者，天也；所不能者，人也。始，潮之人未知學，公命趙德爲之師，自是潮人皆篤於文行，延及齊民至于今，號稱易治。信乎孔子之言：『君子學道則愛人，小人學道則易使也。』潮人之事公也，飲食必祭，水旱疾疫，凡有求必禱焉。而廟在刺史公堂之後，民以出入爲艱，前守欲請諸朝作新廟，不果。元祐五年，朝散郎王君滌來守是邦，凡所以養士治民者，一以公爲師。民既悦服，則出令曰：『願新公廟者，聽。』民驩趨之。卜地於州城之南七里，期年而廟成。或曰：『公去國萬里，而謫于潮，不能一歲而歸，歿而有知，其不眷戀於潮也審矣。』軾曰：『不然。公之神在天下者，如水之在地中，無所往而不在也。而潮人獨信之深，思之至，焄蒿悽愴，若或見之。譬如鑿井得泉，而曰水專在是，豈理也哉？』元豐七年，詔封公昌黎伯，故榜曰『昌黎伯韓公之廟』。潮人請書其事于石，因爲作詩以遺之，使歌以祀之。其詞曰：公昔騎龍白雲鄉，手決雲漢分天章，天孫爲織雲錦裳。飄然乘風來帝旁，下與濁世埽粃糠。西遊咸池略扶桑，草木衣被昭回光。追逐李、杜參翱翔，汗流籍、湜走且僵，滅没倒景不可望。作書詆佛譏君王，要觀南海窺衡、湘，歷舜九疑吊英、皇。祝融先驅海若藏，約束鮫鱷如驅羊。鈞天無人帝悲傷，謳吟下招遣巫陽。犦牲雞卜羞我觴，於粲荔丹與蕉黄。公不少留我涕滂，翩然被髮下大荒。」

祝穆、祝洙《方輿勝覽》卷三六《廣東路·惠州》【樓閣】合江樓。在郡東。昔蘇子瞻嘗居焉。詩云：「海山葱朧氣佳哉，二江合處朱樓開。蓬萊方丈應不遠，肯爲蘇子浮江來。」平湖閣。在豐湖泗洲寺前。枕湖倚山，最爲勝遊之地。取「鰐湖平」以名。

【亭臺】松風亭。在嘉祐寺。蘇子瞻有《松風亭下梅花》詩云：「春風嶺上淮南村，昔年梅花曾斷魂。豈知流落復相見，蠻風蜑雨愁黄昏。長條半落荔支浦，卧樹獨秀桄榔園。豈惟幽光留夜色，直恐冷艷排冬温。松風亭下荆棘裏，兩株玉蘂明朝暾。海南仙雲嬌墮砌，月下縞衣來扣門。酒醒夢覺起繞樹，妙意有在終無言。先生獨飲勿嘆息，幸有落月窺清樽。」野吏亭；在州宅。太守陳希元建。平遠臺。在無量壽院前，爲一郡遊覽之勝。

【橋梁】東新橋。在郡東。蘇子瞻詩：「羣鯨貫鐵索，背負横空霓。首摇翻雪江，尾插崩雲溪。機牙任信縮，漲落隨高低。轆轤卷巨索，青蛟挂長堤。奔舟免狂觸，脱筏防撞擠。一橋何足云，讙傳廣東、西。父老有不識，喜笑争攀躋。魚龍亦驚逃，雷雹生馬蹄。嗟此病涉久，公私困留稽。姦民食此險，出没如鳧鷖。似賣失舡壺，如去登樓梯。不知百年來，幾人如沙泥。豈知濤瀾上，安若堂與閨。往來無晨夜，醉病休扶携。使君飲我言，妙割無牛雞。不云二子勞，歎我捐腰犀。我亦壽使君，一言聽扶藜。常當修未壞，勿使後噬臍。」西新橋。在郡豐湖上。蘇子瞻詩：「昔橋本千柱，掛湖如斷霓。浮梁陷積淖，破板隨奔溪。笑看遠岸没，坐覺孤城低。聊因三農隙，稍進百步堤。炎洲無堅植，潦水輕推擠。千年誰在者，鐵柱羅浮西。獨有石鹽木，白蟻不敢躋。似開銅駝峰，如鑿鐵馬蹄。岌岌類鞭石，山川非會稽。嗟我久閣筆，不書紙尾鷖。蕭然無尺箠，欲駕飛空梯。百夫下一杙，椓此百尺泥。探囊賴故侯，寶錢出金閨。父老喜雲集，簞壺無空携。三日飲不散，殺盡西村雞。似聞百歲前，海近湖有犀。那知陵谷變，桂漬生茭藜。後來勿忘今，冬涉水過臍。」

【寺觀】棲禪寺。在湖山。蘇子瞻葬妾朝雲于此。《容齋三筆》云：「東坡既至惠州，殘臘獨出，至棲——，不逢一僧。其詩云：江邊有微行，詰曲背城市。平湖春草合，步至棲禪寺。堂空不見人，老稺掩門睡。所營在一食，食已寧復事。客行豈無得，施子净掃地。松風獨不静，送我作鼓吹。」白鶴觀、觀廢，蘇子瞻請其地築室以居，堂曰德有鄰，齋曰思無邪。蘇子瞻詩云：「前年家水東，回首夕陽麗。去年家水西，濕面春雨細。東西兩無擇，緣盡我輒逝。今年復東徙，舊館聊一憩。已買——峰，規作終老計。長江在北户，雪浪舞吾砌。青山滿墻頭，鬖髿幾雲髻。雖慙抱朴子，金鼎陋蟬蜕。猶嫌柳柳州，廟俎薦丹荔。吾生本無待，俯仰了此世。念念自成劫，塵塵各有際。下觀生物息，相吹等蚊蚋。」冲虛觀。有朱明洞、朱真人朝斗壇。蘇子瞻云：「近於壇上獲銅龍六，銅魚一。」

【古跡】蘇公堤。在豐湖左。蘇子瞻出上所賜金錢築之。將軍樹。陳文惠祠下有公手植荔支，郡人謂之——。蘇子瞻詩：「丞相祠堂下，——大—旁。炎雲駢火實，瑞露酌天漿。爛紫垂先熟，高紅掛遠揚。分甘徧鈴下，也到黑衣郎。」

祝穆、祝洙《方輿勝覽》卷三七《廣東路·連州》【亭榭】海陽亭。呂温《答崔連州———》詩云：「吏中習隱好躋攀，不擾疲人便自閑。聞説殷勤海陽事，令人轉憶舜祠山。」宴喜亭、在州城。韓愈記：「太原王弘中在連州，與學佛之人景常、元惠者游。異日，從二人者行於其居之後荒丘之間，上高而望，得異處焉。斬茅而嘉樹列，發石而清泉激。輦糞壤，焚椔翳，却立而視之：出者突然成丘，陷者呀然成谷，窪者爲池，而缺者爲洞，若是鬼神異物陰來相之。自是，弘中與二人者晨往而夕忘歸焉。乃立屋，以禦風雨寒暑。既成，愈請名之：其丘曰竢德之丘，蔽於古而顯於今，有竢時之道也。其石谷曰受謙之谷，瀑曰振鷺之瀑，谷言德，瀑言容也。其土谷曰黄金之谷，瀑曰秩秩之瀑，谷言容，瀑言德也。洞曰寒居之洞，志其入時也。池曰君子之池，虚以鍾其美，盈以出其惡也。泉之源曰天澤之泉，出高而施下也。合而名之以屋，曰——之—，取《詩》所謂『魯侯宴喜』頌者也。於是州民之聞者相與觀焉。曰：『吾州之山水名天下，然而無與燕喜者比。經營於其側者相接也，而莫宜其地。凡天作而地藏之，以遺其人乎！』弘中自吏部貶秩而來，次其道途所經，自藍田山入商洛，涉淅湍，臨漢水，升峴首，而望方城，出荆門，下岷江，過洞庭，上湘水，行衡山之下，繇郴踰嶺，猿狖所家，魚龍所宫，極幽遐瓌詭之觀，宜其於山水飫聞而厭見也。今其意乃不足，《傳》曰『智者樂水，仁者樂山』，弘中之德，與其所好，可謂叶矣。智以謀之，仁以居之，吾知其去是而羽儀於天朝也不遠矣，遂刻石以記。」李覭《後記》：「余自幼伏覽外王父昌黎文公《————記》，則知連州山水之殊、亭之稱，因記爲天下所嘉。連爲郡既遠且秀，亦因亭而高。時談山水可娱者，較數逌矣。中州人既以連遐遠不可得與遊，皆依記以圖爲館宇飾，味山水者莫不目登心到焉。如此，則亭豈可荒，記豈可仆乎？三年冬，余侍行承紐于連。水陸南馳，幽無所攄，志無所用，乃縱業于山水，以資養志，況又外祖所記亭在是耶？昔聞，今見必矣。踵于郛，則訪焉。耆老曰：『無矣。』吁！昔奚寵遇而讚詠之如彼，今遭何人廢棄之如此，豈亭之屯耶？竊嘆數月，得刺史武公至，嘆之尤甚，且曰：『不修則過及余矣。』遽揮徒而窮尋之。冒翳履淖，抵巇擘蔓，得餘趾焉。級磚缺擲，棟欀垣瓦寸折片碎，蓊污其甚。石記斷僵，莓味其字。公整而修之。徵記本於余家，易石而琢之，不旬就矣。於舊不移不損，焕而爲新。命余記其迹。余辭：『小子豈敢措筆以並前記。』公曰：『不與記實，此則又毁。後人知子至而不顧，子過矣。余何别不修者乎？』余曰：『諾。』」十詠亭。劉禹錫序：「元次山作海陽湖，後人作亭樹，標之曰——：曰吏隱亭、切雲亭、雲英潭、玄覽亭、裴溪、飛練瀑、雙溪、月窟、象池、棼絲瀑，即十詠也。」

祝穆、祝洙《方輿勝覽》卷三七《廣東路・新州》【院宇】道院。在州宅東。郡守魏彦琳建。澹庵、在嶽祠東。胡邦衡居焉。覺軒。在龍山寺方丈後。左丞王履道爲銘曰：「本自不迷，何者爲—？惟無舌人，滿口道着。龍山名—，無病求藥。從而銘之，分一半錯。」

【園亭】十仙園。在郡西南。謂新昌官屬，自郡守而下，止十員，訟簡用足，宦遊若神仙焉。雙溪亭、彭德遠：「————詩碑乃唐光府君清德碑，一沉東江之上，故詩云：雨過畫橋横蝃蝀，月明玉塔卧清瀾。景全堪作吾鄉冠，還有沉碑客未看。」相遊亭。在秀羅寺後。蔡持正喜遊之，僧因以名。

【橋梁】仁義橋。在東門外。跨江三十六間，覆以瓦屋。

祝穆、祝洙《方輿勝覽》卷三八《廣西路・静江府》【學校】府學。乾道間，守張維徙學，南軒張敬夫爲記。後南軒一新建造。朱元晦記云：「静江之學，自唐觀察使李侯昌夔始立於牙城之西，其後又徙於東南，乾道間又徙於始安故郡之墟。蓋其地自郡廢而爲浮屠之室者三，始議易置，而部使者有惑異教，持不可，乃僅得其一，以故規模偏陋。至于今侯，乃得并斥左右佛舍置他所，度材鳩匠，合其地而一新焉。夫遠非鬼，崇本教，侯之爲是既可書已。侯名栻，字敬夫，丞相魏國忠獻公次子。其學近推程氏，以達於孔、孟。治己教人，一以居敬爲主，明理爲先。嘗以左司副郎侍講禁中，既而出臨此邦，以幸遠民。其論説政教皆有明法，則士之學於是者，可謂得師矣。」

【堂舍】八桂堂。在府治。無倦齋。在府治。張敬夫云：「舊名緩帶，予懼其肆也，更題曰——，且志其故。昔者洙、泗之門，子張問政，夫子首告之以無倦，是知爲政終始之道無越乎此也。夫難存而易怠者，心也。吏者分天子之民而治焉，受天子之土而守焉，一日之間所爲酬酢事物者，亦不一端矣。幾微之所形，紀綱之所寓，常隱於所忽而壞於所因循。纖毫之不謹而萬緒之失其機，方寸之不存而千里之受其害，又況欲動而物乘，意佚而形隨，其所差謬何可勝計，可不畏哉？」

【樓觀】逍遥樓。在城東角。宋考功《陪王都督登樓》詩：「晦日登樓望，江山一半天。」千山觀。在西峰之絶頂。羣峰回環，西湖蕩漾，爲桂林登覽之會。

【祠廟】虞帝廟。朱元晦記云：「静江府故有———，在城東北五里而近，虞山之下，皇澤之灣。蓋莫詳其始所自立，而有唐世刻詞在焉。淳熙二年春，秘閣張侯栻撤而新之。時又方按國典，毁諸淫祀不如法者，因悉致其美材文石以奉兹役。新安朱熹又作此歌以遺桂人，使聲于廟侑牲壁焉。其《迎神詞》曰：皇胡爲兮山之幽，翳長薄兮俯清流。渺冀州兮何有，眷兹土兮淹留。皇之仁兮如在，子我民兮不窮以愛。沛皇澤兮横流，暢威靈兮無外。潔尊兮肥羜，《九歌》兮招舞，嗟莫報兮皇之祐。皇欲下兮儼相羊，烈風雷兮暮雨。其《送神》曰：「虞之陽兮灕之滸，皇降集兮巫屢舞。桂酒湛兮瑶觴，皇之歸兮何許。龍駕兮天門，羽旄兮繽紛。俯故宫兮一慨，越宇宙兮無鄰。無鄰兮奈何，七政協兮羣生。嘉信玄功兮不宰，猶彷彿兮山阿。」三先生祠。在府學。濂溪、明道、伊川也。南軒《祠記》云：「師道之不可不立也久矣。良材美質，何世無之，而後世之人才所以不古如者，以夫師道之不立故也。繼自今瞻————之在此—也，其各起敬起慕，求其書而讀之，味其言，考其旨，講論紬繹，心存而身履，以進於孔、孟之門墻，將見人才之作興，與灕江相爲無窮矣。」

祝穆、祝洙《方輿勝覽》卷三八《廣西路・柳州》【堂樓】柑子堂。柳宗元《城西種柑》詩：「手植黄柑二百株，春來新葉遍城隅。方同楚客憐皇樹，不學荆州利木奴。幾歲開花聞噴雪，何人摘實見垂珠。若教坐待成林日，滋味還堪養老夫。」陶弼詩：「子厚才名甲有唐，謫官分得荔支鄉。羅池水盡黄柑死，獨有空碑在畫堂。」明秀堂；在郡治。王安中書扁，龕石刻甚富。南樓、在郡治。摹刻張安國鄂州本榜之。東亭。在就日門外。柳宗元有記。

【祠廟】文宣王廟。柳宗元記：「仲尼之道，與王化相遠邇。惟柳州古爲南夷，椎髻卉裳，攻劫鬭暴，雖唐、虞之仁不能柔，秦、漢之勇不能威。至於有國，始循法度，置吏奉貢，咸始采衛，冠帶憲令，進用文事。學者道堯、舜、孔子，如取諸左右；執經書，引仁義，旋辟唯諾。中州之士，猶或病焉。然後知唐之德大以遐，孔氏之道尊而明。元和十年八月，州之廟屋壞，幾毀神位。刺史柳宗元始至，大懼不任，以墜教基。丁未，奠薦法，齊時事，禮不克施，乃合初、亞、終獻三官衣布。洎于贏財，取土木金石，徵工僦功，完舊益新。十月乙丑，王宮正室成，乃安神棲，乃正法庭，祇會群吏。卜日之吉，虔告于王靈曰：昔者夫子嘗欲居九夷，其時門人猶有惑聖言。今夫子去代千有餘載，其教始行，至於是邦。人去其陋，而本於儒。孝父忠君，言及禮義。又況巍然炳然，臨而炙之乎！惟夫子以神道設教，我今罔敢知。欽若茲教，以寧其神。追思昔誨，如在于前。苟神之在，曷敢不虔？居而無陋，罔貳昔言。申陳嚴祀，永永是尊。麗牲有碑，刻在廟門。」雷塘廟、見——注。柳宗元《禱雨文》云：「惟神之居，爲坎爲雷，專此二象，宅于巖隈。風馬雲車，肅焉徘徊，能澤地產，以祛人災。欽茲有靈，爰以廟饗。歲既旱暵，害于生長，敢用昭告，期於肹蠁。」羅池廟。韓愈撰《廟碑》云：「——者，故刺史柳侯廟也。柳侯爲州，不鄙夷其民，動以禮法。三年，民各自矜奮，曰：『茲土雖遠京師，吾等亦天氓。今天幸惠仁侯，若不化服，我則非人。』於是老少相教語，莫違侯令。凡有所爲，於其鄉閭，及於其家，皆曰：『吾侯聞之，得無不可於意否？』莫不忖度而後從事。凡令之期，民趍勸之，無有後先，必以其時。於是民業有經，公無負租，流逋四歸，樂生興事。宅有新屋，步有新舡，池園潔修。猪、牛、鴨、鷄，肥大蕃息。子嚴父詔，婦順夫指。嫁娶葬送，各有條法。出相弟長，入相慈孝。先時民貧，以男女相質，久不得贖，盡没爲隸。我侯之至，按國之故，以傭除本，悉奪歸之。大修孔子廟。城郭巷陌，皆治使端正，樹以名木，柳民既皆悦喜。嘗與其部將魏忠、謝寧、歐陽翼飲酒驛亭，謂曰：『吾棄於時，而寄於此，與若等好也。明年吾將死，死而爲神。後三年，爲廟祀我。』及期而死。三年孟秋辛卯，侯降於州之後堂，歐陽翼等見而拜之。其夕夢翼而告曰：『館我於——。』其月丙辰，廟成，大祭。過客李儀醉酒，慢侮堂上，得疾，扶出廟門即死。明年春，魏忠、歐陽翼使謝寧來京師，請書其事于石。余謂：『柳侯生能澤其民，死能驚動禍福之，以食其土，可謂靈也已。』作《迎享送神》詩遺柳民，俾歌以祀焉，而并刻之。柳侯河東人，諱宗元，字子厚，賢而有文章，嘗位於朝光顯矣，已而擯不用。其辭曰：荔子丹兮焦葉黃，雜肴蔬兮進侯堂。侯之舡兮兩旗，度中流兮風薄之，待侯不來兮不知我悲。侯乘駒兮入廟，慰我民兮不嚬以笑。鵝之山兮柳之水，桂樹團團兮白石齒齒。侯朝出遊兮暮來歸，春與猿吟兮秋鶴與飛。北方之人兮爲侯是非，千秋萬歲兮侯無我違。福我兮壽我，驅癘鬼兮山之左。下無苦濕兮高無乾，秔稌充羡兮蛇蛟結蟠。我民報事兮無怠其始，自今兮欽于世世。」

祝穆、祝洙《方輿勝覽》卷四一《廣西路・慶遠府》【學校】州學。張敬夫《學記》：「宜爲州被邊所，控制非一。前此爲州者，日夜究切備禦，繕治財計之不暇，莫遑他議。韓侯壁至官，既舉其職，慨然念學校委廢，議所以修復之，蓋積累而後成。廟宮既嚴，講肄有堂，師生有舍，門廡庖湢悉具。合境人士歎息誦詠，伻來請記。方韓侯之爲是舉也，或者竊笑，以爲在邊州乃不急之務。且曰：『宜固寡士，亦何必汲汲爲？』栻獨以爲不然。蓋俎豆之脩，則軍旅之事斯循序而不忒；教化興行，則禍難之氣坐銷於冥冥之中。《詩》曰：『既作泮宮，淮夷攸服。』是有實理，非虚言也。建學於此，使爲士者知名教之重，禮義之尊，脩其孝弟忠信，則其細民亦將風動胥勸，尊君親上，協力一心，守固攻克，又孰禦焉？近而吾民既已和輯，則夫境外聚落聞吾風者，亦豈不感動？有以服其心志，柔其肌膚，其孰有不順？況於秉彝之心，人皆有之，奇才之出，何間遠邇？遠方固曰寡士，然如唐張公九齡出於曲江，姜公公輔出於日南，皆表然著見於後世。宜之士由是而作興，安知異日不有繼二公而出者乎？然則其可以寡士而忽諸？」

【堂舍】宜山堂。在郡治。四賢堂、在宜山堂後。謂黃山谷、馮三元、趙清獻、吕袞公也。南樓。有山谷所書《范孟博傳》石刻在焉。

祝穆、祝洙《方輿勝覽》卷四二《廣西路・欽州》【學校】州學。張敬夫《州學記》云：「安陽岳侯霖爲欽州之明年，政通人和，乃經理其州之學，悉易故之庳陋，廟堂齋廡，次第一新。伻來謁記，久未暇也。又明年，其學之教授周去非秩滿道桂，復以侯意來請，且曰：『欽之爲邦，僻在海隅，地近鹽而俗尚利，逢掖之士蓋鮮有焉。惟侯不敢以其陋而鮮加忽也，故新其學以勸之，且求一言以示後，庶或有起也。』某於是而歎曰：『是可書也已。』夫所謂建學者，固欲其士之衆多也。今夫通都大邑，操觚習辭，發策決科，肩摩袂屬，必如是，而後謂之多士乎哉？殆未然也。夫寡國鮮士，亦何病？十室之邑，必有忠信之質者焉。其成就與否，則係乎學與不學而已。學也者，所以成才而善俗也。今欽雖僻而陋也，其士雖鮮也，然其間亦豈無忠信之質者乎？無以揭之，曷其昭之。無以導之，曷其通之。爲之嚴學宮於此，詳其啓迪，以夫人倫之教、聖賢之言行薰濡之，以漸由耳目，以入其心志，其質之美者，能不有所感發乎？有所感發，則將去利就義，以求夫爲學之方，而又訓其子弟，率其朋友，則多士之風豈不庶幾矣。異時人才成就，風俗醇美，其必由侯今日之舉有以發之。請刻記于學。」

【亭軒】天涯亭。在東門，北畔臨水。《嶺外代答》：「欽州有——，廉州有海角亭，二郡並南轅窮途也。欽遠於廉，則天涯之名，甚於海角之可悲矣。昔余襄公守欽，爲直鈎軒於亭之東偏，即江濱之三石命曰釣石、醉石、卧石云。」直鈎軒。在天涯亭之東。余靖、陶弼有詩。

祝穆、祝洙《方輿勝覽》卷四二《廣西路・雷州》【學校】州學。張敬夫記：「廬陵戴君爲雷州之明年，以書抵栻曰：『雷之爲州，窮服嶺而並南海，士生其間，不得與先生長者接，於聞見爲寡，而其風聲氣習亦未有能遽變者。某惟念所以善其俗，宜莫先於學校，願不鄙爲記以詔之。』予嘗觀孟子論王政，其於學曰：『謹庠序之教，申之以孝弟之義。』而後知先王所以建庠序之意，以教之孝悌爲先。戴君之所以教，宜莫越於是矣。」

【樓館】北樓。舊名楚閣。思亭；希白先生爲記。蓬萊館。在蓬萊坊英録山，有亭榭十餘所。

【祠廟】雷公廟。《嶺表録異》云：「雷州西南八里有——，每歲鄉人造雷鼓、雷車置廟內，有以魚、彘肉同食者，立有霆震。人皆畏憚。」丁謂撰記曰：「舊記云，州南七里有擎雷水，今南渡是也。始者，里民陳氏家無子，因射獵中獲一大卵，圍及尺餘，携歸家，不知其何名。忽一日，霆霹而開，遽生一子，鞠育撫養，遂成其家。鄉俗異之，曰雷種。陳天建二年也。」今其廟曰震顯。威武廟、蘇子瞻《廟記》：「漢有兩伏波，皆有功德於嶺南之民。前伏波，邳離路侯也；後伏波，新息馬侯也。南越自三代不能有，秦雖遠通置吏，旋復爲夷。邳離始伐滅其國，開九郡。然至東漢，二女子側、貳反嶺南，震動六十餘城。時世祖初平天下，民勞厭兵，方閉玉關謝西域，況南荒何足以辱王師？非新息苦戰，則九郡左衽至今矣。由此論之，兩伏波廟食於嶺南，均也。古今所傳，莫能定于一。自徐聞渡海適朱崖，南望連山，若有若無，杳一髮耳。艤舟將濟，眩栗喪魄。海上有伏波祠，元豐中詔封忠顯王，凡濟海者必卜焉。曰：『某日可濟乎？』必吉而後敢濟，使人信之如度量衡石，必不吾欺者。嗚呼！非盛德，其孰能如此？自漢以來，朱崖、儋耳，或置或否。揚雄有言曰：『朱崖之棄，捐之力也。否則，介鱗易我衣裳。』此言施於當時，可也。自漢末至五代，中原避亂之人多家於此，今衣冠禮樂，蓋班班然矣，其可復言棄乎？四州之人以徐聞爲咽喉，南北之濟者以伏波爲指南，事神其可不恭？某以罪謫儋耳三年，今乃獲還海北，往返皆順風，無以答神貺，乃碑而銘之：至險莫測海與風，至幽不仁此魚龍，至信可恃漢兩公，寄命一葉萬仞中。自此而南洗汝胸，撫循民夷必清通。自此而北端汝躬，屈伸窮達常正忠。生爲人英殁愈雄，神雖無言我意同。」萊公廟。在報恩寺。紹興年間勑賜廟額，曰旌忠烈。

祝穆、祝洙《方輿勝覽》卷四三《海外四州·瓊州》

【學校】州學。朱元晦《瓊——記》云：「昔者，聖王作民君師，設官分職，以長以治，而其教民之目，則曰『父子有親，君臣有義，夫婦有別，長幼有序，朋友有信』，五者而已。蓋民有是身，則必有是五者，而不能一日離。有是心，則必有是五者之理，而不可以一日離也。是以聖王立教，因其固有，還以導之，使不忘乎其初。然又慮其由而不知，無以久而不壞也，則爲之擇其民之秀者，羣之以學校，而聯之以師儒，開之以《詩》、《書》，而成之以《禮》、《樂》。凡所以使之明是理，而守之不失傳。是教而施之無窮者，蓋亦莫非因其固有而發明之，而未始有所務於外也。夫如是，是以其教易明，其學易成，而其施之之博，至於無遠之不暨，而無微之不化。此先王教化之澤所以爲盛，而非後世所能及也。淳熙九年，瓊管帥守長樂韓侯璧既新其—之—，而使以圖來請記，曰：『吾州在中國西南萬里，炎天漲海之外。其民之能爲士者既少，幸而有之，其記誦文詞之習又不能有以先於北方之學者，故其功名事業遂無以自白於當世。僕竊悲之。今其公堂序室則既脩矣，然尚懼其未能知所興起也，是以願有謁焉。吾子其有以振德之！』某竊惟國家教學之意不爲不廣，斯人蒙化之日不爲不深，然猶有如侯之所慮者，豈前日之所以教者，未嘗導之以其身心之所固有，而徒強之以其外，是以若彼其難與？因爲之書其所聞於古者以告之，使瓊之士知夫所以爲學者，不外於身心之所固有，而用其一日之力焉，則其德成行脩而無所疑，於天下之理將無難者。而凡所謂功名事業云者，其本已在是矣。若彼記誦文詞之末，則本非吾事之所急，而又何足爲輕重乎？嗚呼，瓊士勉旃！天生蒸民，有物有則，民之秉彝，好是懿德，是豈有古今之間、遠近之殊哉？侯於是邦，政多可紀，已具刻於池亭之石，因不復書。而是役之面勢功程，又非侯所以屬筆之意也，亦略不論著云。」

【亭軒】知樂亭。郡守韓璧建。朱元晦記云：「瓊管在中州西南萬里，鯨波浩渺之外。其長吏常以領護島中四郡、鎮撫民夷爲職，委寄甚重。然以其險且遠也，朝廷往往不暇擇人。冒而往者，意或私有所利，固不復知所謂承流宣化爲何等事。是以其地今爲王土數百年，而舊俗未盡革。論者因鄙夷之，以爲是果不足以與中國之聲教。其人蓋深耻之，而未有以雪也。淳熙八年，今帥守韓侯始以經略使廉察表行州事，而天子許之。至則爲之正田畝之籍，薄鹽米之征，教之以耕耨灌溉之法，而絀其官吏之無狀者。民業既有經矣，然後日爲陳説禮義廉耻之意以開曉之。既又表其從化之民，以厲其不率教者。出入阡陌，勞來不怠，行之期年，民吏浹和，俗以一變。化外黎人，聞風感慕，至有願得供田税比省民者。於是侯亦自喜其政，而幸其民之不我違也。乃取莊生濠上之語，作知樂之亭於放生池上，北望觀闕於雲天縹緲之間，以爲歲時瞻仰祝延之地。且曰：『其使邦人士女嘉辰勝日有所詠歌鼓舞以自樂，其得被聖化而不愧於王民也。』間而以書屬予記之。予惟韓侯之於此邦，其勤至矣，不但一亭之作爲可書也。然其爲政本末之序，則於此亦有可觀者，因爲書之以告後人。使凡居侯之位而遊於是者，必以侯之心爲心，又觀於其政而取法焉。則庶乎民生日厚，民德日新，而王化之純無遠邇矣。世豈有絶不可教之民哉？」茉莉軒。在臨高縣治。胡邦衡有《題——》詩。

【樓閣】海山樓。在州城南。陳瑩中詩：「勝事荒煙久，高城觀閣宜。均勞青瑣客，餘事——詩。」鑒空閣、在城西五十里金利崇福寺，前瞰江流。蘇子瞻詩：「明月本自明，無心孰爲境。掛空如水鑑，寫此山河影。吾觀大瀛海，巨浸與天永。九州居其間，何異蛇盤鏡。」通明閣。在澄邁縣。蘇子瞻詩：「倦客愁聞歸路遥，眼明飛閣俯長橋。貪看白鷺橫秋浦，不覺青林没晚潮。」

祝穆、祝洙《方輿勝覽》卷四三《海外四州·昌化軍》

【堂亭】吏隱堂。在軍治。栽花蒔竹，疊石爲山，李參政光命名，因賦詩云：「旋移松石成巖壑，時引笙歌入醉鄉。吏散簾垂公事畢，清風一榻傲羲皇。」賓燕堂、李參政光云：「海南羣花早發，至春時已盡，獨荷花自四、五月至窮臘，與梅、菊相接，雖花蘂稍小，而香色可愛。」蘇端明詩云：「城南有荒池，瑣細誰復採。幽姿小芙蕖，香色獨未改。」蓋此池也。胡邦衡詩：「危亭涵風漪，盛夏秋色冷。」載酒堂、在城南，儋耳人黎氏之居，蘇子瞻訪之，爲名其堂，仍作詩云：「城南兩黎子，室邇人自遠。呼我釣其池，人魚兩忘返。使君亦命駕，恨子林塘淺。」秀香堂。在陳氏北園，李參政名之，取《醉翁亭記》中語。有詩云：「月林夜動參差影，花徑時供自在香。」問漢亭、州人築亭橋上，胡邦衡名。李參政詩云：「河畔牽牛織女星，東西相望幾千亭。乘槎我欲機邊坐，應解停梭問姓名。」息軒。在天慶觀司命宫。蘇子瞻詩：「無事此静坐，一日似兩日。若活七十年，便是百四十。黄金幾時成，白髮日夜出。開眼三十秋，速於駒過隙。是故東坡老，貴汝一念丨。時來登此丨，日送過海席。家山歸未得，題詩寄屋壁。」

【祠廟】峻靈王廟。在丨丨山上。有巨石，極爲靈異，祈禱多應。蘇子瞻作《廟碑》云：「古者王室及大諸侯皆有寶，周有琬琰大玉，魯有夏后氏之璜，皆所以守其社稷，鎮其人民也。唐代宗之世，有比丘尼若夢恍惚見上帝，得八寶以獻諸朝，且傳命曰：『中原兵久不解。腥聞于天，故以此寶鎮之。』則改元寶應，以是知天亦分寶鎮世也。自徐聞渡海，歷瓊至儋耳，又西至昌化縣西北，有山秀峙海上，石峰巉然，若巨人冠帽。西南向而坐者，里人謂之『山洛膊』。而僞漢之世，封其山神鎮海廣德王。五代之末，南夷有望氣者曰：『是山有寶氣，上達于天。』艤舟其下，斲山發石以求之。夜半，大風浪駕其舟空中碎之石峰之右，夷皆溺死。儋之父老，猶有及見敗舡山上者，今獨有矴石存焉耳。天地之寶，非人所得睥睨者。晉張華使其客雷焕發酆城獄，取寶劍佩之，終以忠遇禍，坐此也。今夫此山之上，上帝賜寶以奠南極，而貪冒無知之夷欲以力取而已有之，其誅死宜矣。元豐五年七月，瓊州别駕蘇軾以罪讁於儋。至元符三年五月，有詔徙廉州。自念讁居海南三載，飲鹹食腥，凌暴颶霧，而得生還者，山川之神實相之。謹再拜稽首，向西而辭焉。且書其事，碑而銘之。山有石池，産紫鱗魚，民莫敢犯。石峰之側，有荔枝、黄柑，得就食，持却則有風雹之變。銘曰：瓊、崖千里塊海中，民夷雜居古相蒙。方壺、蓬萊此别宫，丨丨獨立秀且雄。爲帝守寶甚嚴恭，庇蔭嘉穀歲屢豐。大小逍遥遂蝦龍，鵁鶄安棲不避風。我浮而西今復東，碑銘煒然照無窮。」洗氏廟。高凉人，適馮融之子寶，在隋時以忠義佐國，有平寇之功，封譙國夫人。至唐武德，夫人之孫馮盎以地降高祖，儋人事之甚嚴。蘇子瞻詩云：「馮洗古烈婦，翁媪國於兹。」

祝穆、祝洙《方輿勝覽》卷四四《淮東路·揚州》【堂舍】平山堂。在州城西北大明寺側。慶曆八年二月，歐陽公來牧是邦，爲堂於大明寺庭之坤隅，江南諸山拱列簷下，若可攀取，因目之曰丨丨丨。沈括爲記。洪邁撰《丨丨丨後記》云：「揚爲州最古，南傳海，北揵淮，井而方之，蓋萬里。後世華離瓜析，殆且百郡。獨廣陵得鼎其名，故常稱巨鎮：爲刺史治所，爲總管府，爲大都督府，爲淮南節度使。方唐盛時，全蜀尚列其下，有『揚一益二』之語。入本朝，事權雖衰，而太守猶一道鈐轄安撫使，品其域望，他方莫與京也。迷樓九曲，珠簾十里，二十四橋風月，登臨氣槩，政以突兀今古。兹堂最後出，前志謂江南諸峰植立欄户，且肩摩領接，若可扳取。山既佳，而又歐陽實張之，故聲壓宇宙，如揭日月。縉紳之東西，以身不到爲永恨，意謂魯城閬風中天之臺抑末耳。然百餘年間，屢盛屢歇，瓦老木腐，因之以傾陊，薦之以兵革，而禾黍離離，無復一存，荒煙白露，蒼莽滅没，使人意象萃然，誦山色有無之句，付之三嘆而已。」吴興周琮復興是堂。王介甫詩云：「城北横崗走翠虬，一堂高視兩三州。淮岑日對朱欄出，江岫雲齊碧瓦浮。墟落耕桑公豈弟，杯觴談笑客風流。不知峴首登臨處，壯觀當時有此不？」蘇子瞻《丨丨丨次王居卿韻》：「高會日陪山簡醉，狂言屢發次公醒。酒如人面天然白，山向吾曹分外青。江上飛雲來北固，檻前脩竹憶南屏。六朝興廢餘丘壠，空使姦雄笑寧馨。」蘇子由詩：「堂上平看江上山，晴光十里對憑欄。海門僅可一二數，雲夢猶吞八九寬。簷外小棠陰蔽芾，壁間遺墨涕汍瀾。人亡坐覺風流盡，遺構仍須子細觀。」秦少游次韻：「棟宇高開古寺間，盡收佳處入雕欄。山浮海上青螺遠，天轉江南碧玉寬。雨檻幽花滋淺淚，風卮清酒漲微瀾。遊人若論登臨美，須作淮東第一觀。」劉原父詩：「蕪城此地遠人寰，盡借江南萬疊山。」後歐公在翰林，原父出守，公作《朝中措》詞餞之，有曰：「平山欄檻倚晴空，山色有無中。手種堂前楊柳，别來幾度春風。文章太守揮毫，萬字一飲千鍾。行樂直須年少，樽前看取衰翁。」蘇子瞻《西江月》：「三過丨丨丨下，半生彈指聲中。十年不見老仙翁，壁上龍蛇飛動。欲弔文章太守，仍歌楊柳春風。休言萬事轉頭空，未轉頭時已夢。」淮海堂、在州宅。四并堂、韓忠獻建于郡圃。谷林堂。在大明寺，元祐中建。郡守蘇子瞻詩「深谷下窈窕，高林合扶疏」是也。

【館驛】水館。李紳《宿揚州丨丨》詩：「舟依淺浦參差合，橋映晴虹上下連。輕檝過時摇水月，遠燈繁處隔秋煙。却思海嶠還凄歎，近涉江濤更凜然。閑憑欄干指星漢，尚疑煙蓋在樓舡。」臨都驛。唐白居易詩：「揚子江頭月，丨丨丨裏燈。」

【亭榭】斗野亭。東坡、秦觀、孫覺、黄庭堅、蘇子由、米芾皆有詩。黄魯直詩：「維斗天司南，其下百瀆傾。盤礴淮海間，風煙浸十里。」九曲亭、按圖志，藝祖之破李重進也，駐蹕九江池上，有龍鬭於池。今有丨丨丨在池上。鮮于侁《廣陵雜詩序》：「煬帝奏樂于此地。初，帝欲幸江都，命樂府撰《水調》九曲，工人王令言謂子曰：『此曲無宫聲，又無回韻，汝必不還。』」又蘇子由《丨丨丨》詩：「嵇老清彈怨廣陵，隋家《水調》寄哀音。可憐丨丨遺聲盡，只有一池春水深。」無雙亭、與后土廟瓊花相對，歐陽公名，前賢賦詠甚多。摘星亭。秦少游次韻：「崑崙左右兩招提，中起孤高雉堞西。不見燒香成宿霧，虚傳裁錦作障泥。螢流花苑飛星亂，苔滿蕪城緑髮齊。長憶憑欄風雨後，斷虹明處海天低。」〇障泥事，見李奇隱《隋宫》詩。

【樓閣】文選樓。王觀《揚州賦》曰：「帝子久去兮，空文選之樓。」《圖經》云：「文樓巷即其處，曰煬帝嘗幸焉。」迎仙樓、高駢建。羅隱詩云：「仙境是誰知處所，人間空自造樓臺。」摘星樓、在城西角。江、淮南北，一目可盡。鎮淮樓、在南城上。規模甚壯。賞心樓；孔氏《六帖》云：「揚州有丨丨丨。」雲山閣。吕申公公著守維揚建，詩見秦觀注。

【寺觀】法雲寺。謝安故宅。劉禹錫有《雙檜》詩。禪智寺、杜牧留題：「雨過一蟬噪，飄蕭松桂秋。青苔滿階砌，白鳥故遲留。暮靄生深樹，斜陽下小樓。誰知竹西路，歌吹是揚州。」羅隱《春日獨遊》詩：「遠樹連天水接空，幾年行樂舊隋宫。花開花謝長如此，人去人來自不同。鸞鳳調高何處酒，吴牛蹄健滿車風。思量只合騰騰醉，煮海平陳盡夢中。」石塔寺；《小説》載：王播少孤貧，客揚州木蘭院，隨僧齋粥，僧厭苦之，飯後擊鍾。其後播鎮揚州，訪舊處，題詩曰：「上堂已了各西東，慙愧闍梨飯後鍾。」後二紀，播出鎮是邦，向所題已碧紗籠之矣。乃續云：「三十年來塵撲面，如今始得碧紗籠。」蘇子瞻云：「世傳王播《飯後鍾》詩，蓋揚州——院事也。」詩云：「飢眼眩西東，詩腸忘蚤晏。雖知燈是火，不悟鍾非飯。山僧異漂母，但可供一莞。胡爲三十年，記憶作此訕。齋厨養若人，無益秖遺患。乃知飯後鍾，闍黎蓋具眼。」又有《石塔試茶》詩云：「禪窗麗午景，蜀井出冰雪。坐客皆可人，鼎器手自潔。」蕃禧觀。即古之后土廟。有瓊花，擅天下無雙之名，香如蓮花，清馥可愛。《唐詩紀事》云：「揚州唐昌觀玉蘂花折，有仙人遊。或云唐所植，即李衛公所謂玉蘂花也。」康駢《劇談録》謂有女子遊其下。劉禹錫詩：「玉女來看玉樹花，異香先引七香車。攀枝弄雪時回首，驚怪人間日易斜。」「雪蘂瓊絲滿院春，羽衣輕步不生塵。君平簾下徒相問，長伴吹簫別有人。」「玉蘂天中樹，金閨昔共窺。落英閑舞雪，密葉作低帷。舊賞煙霄遠，前懽歲月移。今來想顔色，還似憶瓊枝。」王元之云：「揚州后土廟有花一株，潔白可愛，且其樹大而花繁，不知實何木也。俗謂之瓊花，因賦詩以狀其態云：春冰薄薄壓枝柯，分與清香是月娥。忽似暑天深澗底，老松擎雪白婆娑。」劉邃父云：「自淮南遷東平，移后土廟瓊花植於濯纓亭，此花天下獨一株爾。永叔爲揚州，作無雙亭以賞之。彼土人別號八仙花。或云李衛公所賦玉蘂，即此也。詩云：淮海無雙玉蘂花，異時來自八仙家。魯人未睹天中樹，乞與春風賞物華。」

祝穆、祝洙《方輿勝覽》卷四五《淮東路・真州》

【亭圃】壯觀亭。在城北五里山之頂。米元章書榜。有賦云：「壯哉！江山之觀也。」又詩云：「邀賓——不辭寒，玉立風神氣上干。欲識謝公清興處，千山萬嶺雪漫漫。」谿陰亭；在縣東范氏園。蘇子瞻嘗游，有詩。東園、施正臣、許子春爲發運使作。歐陽永叔記云：「真爲州，當東南之水會。所謂——者，流水横其前，清池浸其右，高臺起其北。臺，吾望以拂雲之亭；池，吾俯以澄虚之閣；水，吾泛以畫舫之舟。敞其中以爲清讌之堂，闢其後以爲射賓之圃。芙蕖芰荷之的歷，幽蘭白芷之芬芳，與夫佳花美木列植而交陰，此前日之蒼煙白露而荆棘也。高甍巨桷，水光日景，動摇而下上，其寬閑靚深，可以答遠響而生清風，此前日之頹垣斷塹而荒墟也。嘉時令節，州人士女嘯歌而管弦，此前日之晦冥風雨、鼪鼯鳥獸之嘷音也。吾於是信有力焉。」王介甫詩：「十年偏歷人間事，却繞新花認故叢。南北此身知幾日，山川長在淚痕中。」蔡君謨書。時謂三絶。舫齋。在州治，頗深廣。

【寺觀】長蘆寺。元在——鎮。章獻明肅太后少隨父至京師，長老勉之入京。及垂簾聽政，長老已往，后問所需，曰：「——無三門。」后乃以本閣服用器物成之。淳熙十二年，徙于滁口山之東。劉攽詩云：「越舶吴商倚萬橈，紺園金刹起中霄。魚龍聽法因多雨，江海歸心每上潮。林黑夜深燈影白，川平天闊梵聲遥。心知水陸俱調伏，惜取靈犀不用燒。」王介甫《舟過》詩云：「木落草摇洲渚昏，泊舡深閉雨中門。回燈秖欲尋歸夢，兒女紛紛强笑言。」黄魯直《阻風入———》詩：「福公開百室，不借鄰國權。法筵森龍象，天樂下管弦。我來雨花地，依元薰爐煙。金碧動江水，鍾魚到客舡。茗椀洗昏著，經行數阻年。歲寒風落山，故鄉喜言旋。林回負赤子，白璧乃可捐。持親如履冰，風雨淼暗川。」永定寺；在六合縣，其北有芳草澗。韋應物《過———》詩云：「獨憐幽草澗邊行，上有黄鸝深樹鳴。春潮帶雨晚來急，野渡無人舟自横。」儀真觀。祥符間，司天臺言建安軍西山有旺氣，詔即其地鑄聖像。時有青鸞、白鶴、景雲盤繞爐冶之處，詔建———，立青鸞白鶴亭。

祝穆、祝洙《方輿勝覽》卷四六《淮東路・淮安軍》

【亭樹】南昌亭。在山陽縣西三十五里。《史記》云：「韓信布衣，就———長寄食，長竟絶之。信爲楚王，召亭長，賜錢百萬，曰：『公小人，爲德不竟。』」籌邊樓、在郡治。輪奐壯麗，甲於鄰郡。宴花樓。趙嘏《題楚州———》詩：「門外煙横載酒舡，謝公携客醉華筵。尋花偶坐將軍樹，飲酒方重刺史天。幾曲艷歌春色裏，斷行高鴈暮雲邊。分明聽得行人語，願及行春更一年。」

【橋梁】跨下橋。在淮陰縣，即韓信爲少年所辱之處。

【祠墓】淮陰廟。錢諫議詩：「築壇拜處恩雖厚，躡足封時慮已深。隆準若知同鳥喙，將軍應有五湖心。」劉禹錫詩：「將略兵機命世雄，蒼黄鍾室嘆良弓。遂令後代登壇者，每一尋思怕立功。」羅昭諫詩：「剪項移秦勢自雄，布衣還是負深功。寡妻稚女俱堪恨，休把餘盃奠蒯通。」許渾詩：「朝言雲夢暮南循，已爲功名少退身。盡控兵權猶不得，更將心事託何人。」汪遵詩：「秦季賢愚混不分，只應漂母識王孫。歸榮便累千金贈，爲報當時一飯恩。」張文潛詩：「雲夢何須僞出遊，遭讒猶得故鄉侯。平生蕭相真知己，何事還同女子謀？」東西塚。在縣北八里莊。東塚，韓信母墓也。本傳云「信行營高燥地，令旁可置萬家」，即此也。西塚，即漂母墓也。羅昭諫《漂母墓》詩云：「寂寂荒墳一水濱，蘆洲絶島自相親。雖然寂寞千秋魄，猶是韓侯舊主人。」

祝穆、祝洙《方輿勝覽》卷四六《淮東路・高郵軍》

【堂榭】燕堂。楊公濟詩：「吏隱盂城九十旬，豐年日日是佳辰。五壇芍藥齊教放，何處揚州更覓春？」瞻衮堂、在軍北城上。紹興四年，都督、丞相張公撫臨候衛，次于淮東，後人名之。威敵堂；在軍治之後。濯纓亭、在税務前，范文正公建。詩云：「素心愛雲水，此日東南行。笑解塵纓處，滄浪無限清。」「滄浪清可愛，白鳥鑑中飛。不信有京洛，風塵化客衣。」寄老庵、黄魯直有賦。四達齋、《蘇子瞻集》：「高郵趙使君晦之作齋東圃，户牖四達，因以名之。眉山蘇軾過而爲之銘曰：『有藏于中，必謀于外。惟慢與謹，皆盜之誨。孰知此間，空洞無物。户牖開闔，廣焉——。擊去盜易，使無盜難。我無可攘，以守則全。趙侯無心，得法赤溪。四出其——，以達民迷。』」文游臺。在城東二里。舊傳東坡與王鞏、孫、秦諸公及李伯時同遊，論文飲酒，因以名之。伯時畫爲圖，刻之石。

【祠廟】露筋廟。在城三十里。舊傳有女子夜過此，天陰蚊盛，有耕夫田舍在焉，其嫂止宿，女曰：「吾寧處死，不可失節。」遂以蚊死，其筋見焉。歐陽永叔詩云：「近聞高郵間，有虎夜凌辱。哀哉——女，萬劫讎不復。」

【古跡】邗溝。《左傳》哀公九年：「吳城邗溝。」杜預注云：「於——築城，穿溝東北，通射陽湖，西北至末口入淮，通糧道。」唐爲邗州，以此得名。三阿。即今北阿鎮。在晉爲——，即謝安破堅將彭超之地。唐爲下阿，徐敬業屯兵下阿溪，魏思温破之於此。

祝穆、祝洙《方輿勝覽》卷四七《淮東路·滁州》【園亭】東園。在郡城東隅。唐李紳有詩。梅執禮叙云：「滁陽舊無郡圃，而醉翁、豐樂諸亭皆在關外。李紳所謂——者，南直琅琊諸山，北通西澗，脩木交映，左右又適介守貳宅，固一佳處也。」醉翁亭。在琅琊寺。慶曆中，太守歐陽永叔記云：「環滁皆山也。其西南諸峰，林壑尤美，望之蔚然而深秀者，琅琊也。山行六七里，漸聞水聲潺潺，而瀉出乎兩峰之間者，釀泉也。峰回路轉，有亭翼然臨于泉上者，———也。作之者誰？山之僧曰智仙也。名之者誰？太守自謂也。太守與客來飲于此，飲少輒醉，而年又甚高，故自號曰『醉翁』也。——之意不在酒，在乎山水之間也。山水之樂，得之心而寓之酒也。若夫日出而林霏開，雲歸而巖穴暝，晦明變化者，山間之朝暮也。野芳發而幽香，佳木秀而繁陰，風霜高潔，水落而石出者，山間之四時也。朝而往，暮而歸，四時之景不同，而樂亦無窮也。至于負者歌于塗，行者休于樹，前者呼，後者應，傴僂提携，往來而不絶者，滁人游也。臨谿而漁，溪深而魚肥；釀泉爲酒，泉香而酒冽。山殽野蔌，雜然而前陳者，太守宴也。宴酣之樂，非絲非竹，射者中，弈者勝，觥籌交錯，起坐而誼譁者，衆賓懽也。蒼顔白髮，頽然乎其間者，太守醉也。已而夕陽在山，人影散亂，太守歸而賓客從也。樹林陰翳，鳴聲上下，游人去而禽鳥樂也。然而禽鳥知山林之樂，而不知人之樂；人知從太守游而樂，而不知太守之樂其樂也。醉能同其樂，醒能述以文者，太守也。太守謂誰？廬陵歐陽脩也。」《滁陽郡志》云：「記成刻石，遠近争傳，疲於模打。山僧云：寺庫有氈，打碑用盡，至取僧堂卧氈給用。凡商賈來供施，亦多求其本，所過關征以贈監官，可以免税。」豐樂亭、歐陽永叔記云：「脩既治滁之明年，夏始飲滁水而甘，問諸滁人，得於州南百步之近。其上則豐山聳然而特立，下則幽谷窈然而深藏，中有清泉滃然而仰出。俯仰左右，顧而樂之。於是疏泉鑿石，闢地以爲亭，而與滁人往遊其間。滁於五代干戈之際，用武之地也。太祖皇帝嘗以舟師破李景兵十五萬於清流山下，生擒其將皇甫暉、姚鳳於滁東門之外，遂以平滁。脩嘗考其山川，按其圖記，升高以望清流之關，欲求暉、鳳就擒之所，而故老皆無在者，蓋天下之平久矣。自唐失其政，海内分裂，豪傑並起而争，所在爲敵國，何可勝數？及宋受命，聖人出而四海一。向之憑恃險阻，剗削消磨，百年之間，漠然徒見山高而水清，欲問其事，則遺老盡矣。今滁介于江、淮之間，舟車商賈四方賓客之所不至。民生不見外事，而安於畎畝衣食以樂生送死，而孰知上之功德，休養生息，涵育百年之深也。脩之來此，樂其地僻而事簡，又愛其俗之安閑，既得斯泉於山谷之間，乃日與滁人仰而望山，俯而聽泉，掇幽芳而蔭喬木，風霜冰雪，刻露清秀，四時之景，無不可愛。又幸其民樂其歲之豐成而喜與予遊也，因爲本其山川，道其風俗之美，使民知所以安其豐年之樂者，幸生無事之時也。夫宣上恩德以與民共樂，此刺史之事也，遂書以名其亭云。」醒心亭、在琅琊山。曾子固記：「滁州之西南，泉水之涯，歐陽公作亭曰豐樂，自爲記以見其名之意。既又直豐樂之東築亭曰——，而望以見夫羣山之相環，雲煙之相滋，曠野之無窮，草木衆而泉石嘉，使目新乎其所睹，耳新乎其所聞，則其心灑然而醒，更欲久而忘歸也。故即其所以然而爲名，取韓子退之《北湖》之詩云。噫！其可謂善取樂於山泉之間而名之，以見其實又善者矣。雖然，公之樂，吾能言之。吾君優游而無爲於上，吾民給足而無憾於下，天下之學者皆爲材且良，夷狄鳥獸草木之生者皆得其宜，公樂也。一山之隅，一泉之旁，豈公樂哉？乃公所以寄意於此也。若公之賢，韓子殁數百年而始有之，今同遊之賓客尚未知公之難遇也。後百千年，有慕公之爲人而覽公之迹，思欲見之有不可及之歎，然後知公之難遇也。則凡同遊於此者，其可不喜且幸歟？而鞏也，又得以文辭託名於公文之次，其又不喜且幸歟？」《西清詩話》云：「歐陽公作——、醉翁兩—於琅琊山，命植花卉，有詩云：淺深紅白宜相間，先後仍須次第栽。我欲四時携酒去，莫教一日不花開。」常安民詩：「爲愛昌黎湖上句，醉來直上———。煩醒不待山風解，卧讀殘碑已自醒。」茶仙亭。在琅琊寺，紹聖中建，南豐記。杜牧之詩云：「誰知病太守，猶得作——。」

【堂樓】四賢堂。在琅琊寺。張商英詩：「文昭、文定（二曾）與文忠（歐），内翰元之共四公。政事風流俱第一，典刑人物更誰同。能詩只有東坡老，到處唯尋六一翁。欲遣滁陽招作客，五星同聚此堂中。」北樓。在郡治後。唐李德裕貶滁州，作此樓，又作《懷嵩賦》，後名懷嵩樓，又名贊皇樓。

祝穆、祝洙《方輿勝覽》卷四七《淮東路·招信軍》【堂亭】清淮堂。在百花巖前。取蔣穎叔「緑野有佳氣，——無點塵」之句以名之。淮山堂；在第一山起秀亭下，後即玻瓈泉。雲山堂；郡守霍篪創，取東城「一看——遶淮甸」之句以名。左山右淮，北眺中原，咸在几席。飛步亭、在東山。楊廷秀《和太守霍和卿韻》：「杏花巖左斸東巖，驅使淮山指顧間。招信上流總奔赴，僧伽孤塔正灣環。今來古往皆陳迹，遠草斜陽秪慘顔。走馬看山真懡儸，忙中恰得片時閑。」起秀亭。在玻瓈泉上。舊名會景，後曰參雲，曰覽冀，郡守吳説改曰淮山偉觀；淳熙庚子，郡守王渥易名東南——。面對汴口，下瞰城郭。亭後石壁峭列，東坡、米元章諸公皆有詩詞刻于上。

【寺觀】靈巖寺。在浮山頂上。白居易《宿寺上院》詩：「高高白日上青林，客去僧歸獨夜深。葷血屏除唯對酒，歌鍾放散只留琴。更無俗物當人眼，但有泉聲洗我心。最愛曉亭東望好，太湖煙水緑沉沉。」趙嘏《宿寺》詩：「明月溪頭寺，蟲聲滿橘洲。倚欄香徑晚，移石太湖秋。古樹雲歸盡，荒臺水更流。無人見惆悵，獨上最高樓。」羅鄴《夏日宿寺宗公院》詩：「寺入千巖石路長，孤吟一宿遠公房。卧聽半夜杉壇雨，轉覺中峰枕簟涼。花界已無悲喜念，塵襟自足是非妨。他年縱使重來此，息得心猿鬢已霜。」蘇子瞻詩：「人言寺是六鰲宮，升降隨波與海通。共竺舡中那復見，乾坤浮水水浮空。」

祝穆、祝洙《方輿勝覽》卷四八《淮西路·無爲軍》【堂舍】仰高堂。在郡治。米元章建并記，後張孝祥題扁。寶晉齋。米元章建，中藏晉人法帖。羣山觀。在漕廳之東，遥揖江南繁昌、鍾阜諸山。

【樓閣】南樓。楊次公詩云：「此樓此景他州無，山川形勢吞三吴。」九華樓。在移風門上。米元章建。江南九華諸峰屹然相向。明遠樓。在楚澤門。郡守米元章所建。下臨百萬湖。聚山閣。在郡圃北。羣山横列，惟二山爲勝：銀瓶之深秀，則喬松所居；寶峰之壯嶮，則吴、魏之所守也。

【園池】西園。亭館爲一郡之勝槩。墨池。在郡廳。米元章所鑿。

【寺觀】大寧院。在軍東南六十里，地名臨湖。當濡須、瀦水之交，有湖山林泉之勝。吕坦夫詩：「飄然吟魄到鼇山，好句空留水石間。眼愛清虚心不息，浮生能有幾人閑。」紫微觀。去巢鄉北八里，有紫微山及洞，道書所謂第十八金庭福地。此山乃王喬登仙之處。有碑云：「乘梟馭鶴，吹笙脱履而歸，舉手長别。」其碑皴剝難讀，今亦不存矣。玉虚觀。在廬江南一里。又曰南臺，東漢左慈真人之故隱也。後有人自稱劉方，題詩於壁曰：「南臺舊觀再焚修，鸞鳳徘徊無樹留。芳草滿時迷白鹿，落花深處卧青牛。九天宛轉雲常在，萬象縱横月不收。應是廬江人不識，蟾宫遺下水晶樓。」人謂左真人復來也。觀後有水簾洞。

祝穆、祝洙《新編方輿勝覽》卷四八《淮西路·濠州》【堂亭】威信堂。在郡治。淳熙間，守王回陛辭，上諭曰：「守邊之道，無出『威信』二字。」一品亭。在子城西南隅。《遺録》云：「王欽若父郁爲郡判官，作亭。後文穆天聖初知濠州，亭尚在。公之孫仲徽守濠，增大之，遂名。」今廢。翛然亭。在倅廳子城上。舊名觀瀾。元祐中，王雍爲郡丞，有言：「晉簡文遊華林園，謂左右曰：『會心處不必在遠，翛然臨水，便有濠、濮閑趣，覺鳥獸禽魚，自來親人。』當知濠自是佳處。」雍喜，遂易亭名翛然。三槐亭。在倅廳。通判王淮名。既以三槐在其側，又以王欽若、吕夷簡、曾懷皆爲倅，故名。短李亭。即四望亭。唐李紳分司東洛，過濠州，爲作記。紳矮小，時號「——」，因名—。蘇子瞻詩：「頹垣破礎没柴荆，故老猶言短李亭。敢請使君重起廢，落霞孤鶩换新銘。」

【樓臺】清淮樓。張頡詩：「觀魚惠子臺蕪没，夢蝶莊生冢木秋。唯有清淮供四望，年年依舊背城流。」觀魚臺。在鍾離縣西南七里。莊子遊於濠梁上，見鯈魚出游從容。莊子曰：「是魚樂乎？」惠子曰：「子非魚，安知魚之樂耶？」莊子曰：「子非我，安知我不知魚之樂耶？」蘇子瞻詩：「欲將同異較錙銖，肝膽猶能楚、越如。若信萬殊皆一理，子今知我我知魚。」逍遥臺。在開元寺後。唐開元中刺史梁延嗣累土爲臺，刻莊子像於其上。蘇子瞻詩：「常怪劉伶死便埋，豈伊忘死未忘骸。烏鳶奪得與螻蟻，誰信先生無此懷。」

【館驛】水館。張祜《濠州——》詩：「高閣去煩燠，客心遂安舒。清流中浴鳥，白石下游魚。秋樹色凋翠，夜橋聲裊虚。南軒更何待，坐見玉蟾蜍。」

【橋梁】望仙橋。相傳藍采和登仙時，人聚此橋以望。石上有藍采和足跡。

【古跡】夢蝶坊。在開元寺之西。《莊子》云：「周夢爲蝴蝶，栩栩然，蝴蝶也。俄然覺，則蘧蘧然，周也。不知周之夢爲蝴蝶歟？蝴蝶夢爲周歟？」解帶石。在清流門外。昔項羽敗垓下，投薛公，薛公不納，羽解帶飯石上而去。今清流門外有——。陰陵、高適《東征賦》：「次靈壁之逆旅，面垓下之遺墟。嗟魯公之慷慨，聞楚聲而悒於。歌拔山而涕洟，竊霸國以狼狽，至——以躊躇。」虞姬冢、在定遠縣南。今宿州亦有墓。相傳靈壁葬其身，此葬其首。蘇子瞻詩：「帳下佳人拭淚痕，門前壯士氣如雲。倉皇不負君王意，只有虞姬與鄭君。」弈壇、在州西七里。石臨河，刻棋局，又鑿窊，可置棋子。上刻唐人詩，字甚古。渦口城、去鍾離九十里。唐李正己反，張萬福馳至渦口，悉發漕舡，相銜以進，賊兵倚岸，熟視不動。《郡縣志》：「自貞元後，西渦口置兩城，刺史常帶兩城使。」垂花塢、在逍遥臺南十餘步。上有樛藤垂花，唐獨孤及甚愛之，名曰————。又詩云：「紫蔓青條覆酒壺，落花時與竹風俱。歸來自負花前醉，笑向游魚問樂無。」乘龍洲、去州二十里，在淮水中。周世宗征濠，夜遣兵持炬乘橐駝絶淮，濠兵驚，以爲鬼乘龍也，因以名洲。斷梅谷。周世宗征淮，以荆、塗二山乃濠州之朝岡，有王者氣，命斷之。有梅族居此，因曰斷梅山。

祝穆、祝洙《方輿勝覽》卷四九《淮西路·和州》【堂亭】惠政堂。在郡治。堂扁乃孝宗居青宫時親灑宸翰，賜守臣胡昉。三老堂；元祐孫賁建。三老即劉摯、傅堯俞、范純仁也。胡彦國詩：「歷陽賓主昔多賢，三老風流二十年。獬豸冠中曾補衮，鳳凰池上迭擎天。」雲蔭軒、劉莘老詩：「古木無年歲，新亭記舊樓。」衣錦亭、劉莘老詩：「陰陰佳木與城齊，襟袖迎風弄晚暉。」凌雲亭、劉莘老詩：「軒宇憑虚出半天，忽驚身寄碧雲端。」水心亭。在三老堂前。唐張籍詩：「送客特過山口堰，看花多向————。」

【祠廟】西楚霸王廟。在烏江縣東南二里，號靈惠廟。紹興辛巳，逆亮欲渡江，乞杯珓，不從。亮怒，欲焚廟。俄大蛇遶出屋梁，殿後林木中鼓噪發聲，若數千兵然。亮大驚，左右皆駭散。杜牧詩：「勝負兵家事不期，包羞忍恥是男兒。江東子弟多才俊，卷土重來未可知。」李山甫詩：「爲虜爲王盡偶然，有何羞見漢江舡。平分天下猶嫌少，可要行人贈紙錢。」王介甫詩：「百戰疲勞壯士哀，中原一敗勢難迴。江東子弟今雖在，肯與君王卷土來？」胡曾詩：「争帝圖王勢已傾，八千兵散楚歌聲。烏江不是無舡渡，耻向東吴再起兵。」許表詩：「千載興亡莫浪愁，漢家功業亦荒丘。空餘原上虞姬草，舞盡春風未肯休。」龍洞山廟。游文清九言《禱雨辭并序》：「慶元庚申夏，不雨，燥風挾日，播植焦黄。九言涖邑全椒，偏禱莫孚。或言烏江有龍洞山，山出青蛇，神龍之裔，人多崇之。因民之憂，越境躬造。自湯泉入山，未百步，有蜿而藍者，道絶中道。從者喜曰：『龍也。凡禱雨，類索于山。幸遽得之，勿失。』余疑焉。夫山川吐雲霈爲潤澤，蓋天地陰陽之氣也。人，一氣相爲流通，精神懇惻，乃有感動。龍，靈物，能乘陰陽變化，故言興雨。必求之，若可捕也，龍其何神？挹洞水足矣，捕蛇非禮也。既至，酌奠甫畢，忽顧石楯之上，翠鱗驤首，盤不盈握，目光警耀，若竚而竢。衆亦驚怪，奉以潔器。雲陰護行，空濛絲洒，用彰厥應，明日飄潤草木，又明日簷溜瑽琤。四民喜驩，炷香再拜。餞龍之日，遂大傾注，溪澗充盈，豐登有兆。嘗觀天下至毒，螫莫過虺蟲。江南有號青竹者，脩細如筯，螫人若針芒，死者十九，幸而一活，肢膚已殘。今蛇無異青竹，唯弗傷人。以手掬之，夷猶不懼，復能吸酒。蓋形雖同而善惡遠甚，玆爲龍裔歟？古今以來，君子小人，狀貌固同，唯交際而情遂見，蛇亦然哉！蛇本螫類，而慈祥若此，是尤可敬異也。已，湯泉主僧道海曰：『蛇室洞傍，弗搜弗獲。今先五里而見，其相迎也。』又知世雖我捐，而神不余斁也。既感龍君之惠，迺爲辭曰：山砢峨兮巖幽，望君居兮大江流。斂變化兮嵌竇，起霈澤兮九州。烏焰焰兮暘空，鼓坎坎兮阿丘。儼裔孫兮戾止，吸卮酒兮嬉游。謂余不來兮盍虔脩？瀸泉潴兮石冽，老木毅兮枝樛。御雲氣兮顯晦，靈天矯兮千秋。」

【古跡】歷陽城。劉禹錫《——書事》：「一夕爲湖地，千年列郡名。霸王迷路處，亞父所封城。漢置東南尉，梁分肘腋兵。本吴風俗剽，兼楚語音傖。沸井今無湧，烏江舊有名。土臺遊柱史，石室隱彭鏗。（老君適楚，有臺存焉。彭祖石室在含山縣。）曹操祠猶在，濡須塢未平。」

祝穆、祝洙《方輿勝覽》卷四九《淮西路・安慶府》

【堂閣】静山堂。在郡圃，以王介甫詩命名。詩云：「皖城終日静如山，府掾應從到日閑。一水碧羅裁繚繞，萬峰蒼翠刻孱顔。舊遊筆墨苔今老，浪走塵沙鬢已斑。攬轡羨君橋北路，春風枝上鳥關關。」英輔齋；在太平寺東，乃王禹玉讀書之地。公自舒發解，至登台輔。守朱綽易此名。天柱閣、在郡圃。〇郭功父詩：「羣山奔來一峰起，千丈芙蓉碧霄裏。老松自作孤鳳吟，潮浪時生三井水。」灊峰閣、在倅廳，乃王介甫通守日讀書之地。擢秀閣。在彰法寺，乃陳瑩中讀書之所，自此登第。黄魯直名而書之。

【亭館】橋公亭。在懷寧北，即漢末橋公故居。今廢爲雙溪寺。涪翁亭；在山谷寺；石牛相對。西溪館。在城西一里。刺史吕渭所創，帶山夾沼，爲一州勝處。

【寺觀】山谷寺。在懷寧西二十里。梁大同二年，以山谷名寺。東北隅有三祖璨大師塔。王介甫《留題三祖——石壁》云：「水泠泠而北出，山靡靡以旁圍。欲窮源而不得，竟悵望以空歸。」西北有石牛洞，其狀如牛，唐李翺諸賢題詠甚多。李伯時畫黄魯直坐石牛上，魯直因自號山谷道人，仍題詩石上云：「鬱鬱窈窈天官宅，諸峰排霄帝不隔。六時謁天開關鑰，我身金華牧羊客。羊眠野草我世間，高真衆靈思我還。石盆之中有甘露，青牛駕我山谷路。」又書小石橋下，有詩云：「司命無心播物，祖師有記傳衣。白雲横而不渡，高鳥倦而猶飛。」神霄宫。在桐城縣西南五里。本爲投子寺，政和間改爲——萬壽—。

祝穆、祝洙《方輿勝覽》卷五〇《淮西路・黄州》

【堂館】雪堂。在州治東百步。蜀人蘇子瞻謫居黄三年，故人馬正卿爲守，以故營地數十畝與之，是爲東坡。以大雪中築室，名曰——，繪雪于堂之壁。西有小橋，堂下有暗井。七年，移汝州。去黄之日，遂以雪堂付潘大臨兄弟居焉。崇寧壬午，黨禁既興，堂遂毁。其後邦人屬神霄宫道士李斯立重建。何斯舉作上梁文，其警聯云：「歲在辛酉，蔚爲鸞鳳之棲；堂毁崇寧，奄作鼪鼯之野。」又云：「前身化鶴，嘗陪赤壁之遊；故事博鵝，無復《黄庭》之字。」蓋佳語也。其後韓子蒼爲守日，遊赤壁詩：「翠緌尋竹白沙遊，更挽藤梢到上頭。豈有危巢尚棲鶻，亦無塵迹但飛鷗。經營二頃將歸去，眷戀羣山爲少留。百日史君何足道，空餘詩句滿江樓。」相隱堂、在司理廳。龐公籍初爲郡司理，後邦人即廳建———。思賢堂、在黄陂尉廳。二程先生生於此，故名。清暉堂；在州治。臨臯館、在朝宗門外。舊曰臨臯亭，東坡嘗寓居焉。故相秦檜之父艤舟其下，秦公生於是館。横江館。在赤壁南。李宗諤《圖經》以爲晉龍驤將軍蒯恩建。杜牧留題：「孫家兄弟晉龍驤，馳騁功名業帝王。畢竟江山誰是主，苔磯空屬釣魚郎。」

【樓亭】竹樓。王元之記：「黄岡之地多竹，大者如椽，竹工破之，剖去其節，用代陶瓦，比屋皆是，以其價廉而工省也。子城西北隅，雉堞圮毁，蓁莽荒穢，因作小竹樓二間，與月波樓通。遠吞山光，平挹江瀨，幽闃遼夐，不可具狀。夏宜急雨，有瀑布聲；冬宜密雪，有碎玉聲；宜鼓琴，琴調虚暢；宜詠詩，詩韻清絶；宜圍棋，子聲丁丁然；宜投壺，矢聲錚錚然；皆——之所助也。公退之暇，披鶴氅，戴華陽巾，手執《周易》一卷，焚香默坐，銷遣世慮，江山之外，第見風帆沙鳥煙雲竹木而已。迨其酒力醒，茶煙歇，送夕陽，迎素月，亦謫居之勝槩也。彼齊雲落星，高則高矣。井幹麗譙，華則華矣。止於貯妓女，藏歌舞，非騷人之事，吾所不取。吾聞竹工云：『竹之爲瓦，僅十稔。若重覆之，復二十稔。』噫，吾以至道乙未歲，自翰林出滁上，丙申移廣陵，丁酉又入西掖。戊戌歲除日，有齊安之命，己亥閏三月到郡。四年之間，奔走不暇，未知明年又在何處，豈懼竹樓之易朽乎？幸後之人與我同志，嗣而葺之，庶斯樓之不朽也。」月波樓、在郡廳後。涵暉樓、曾史君詩：「雪浪踊千頃，雲波列萬艘。」後改名無盡藏。棲霞樓；在儀門外之西南。軒豁爽塏，爲一郡奇景，蘇子瞻所爲賦《鼓笛慢》者也。《和王鞏》詩：「賓州在何處，爲子上棲霞。」四望亭、在雪堂南高阜之上。唐劉嗣之立，李紳記。快哉亭、蘇子由記：「江出西陵，始得平地。其流奔放肆大，南合湘、沅，北合漢、沔，其勢益張。至於赤壁之下，波流浸灌，與海相若。清河張君夢得謫居齊安，即其廬之西南爲亭，以覽觀江流之勝，而余兄子瞻名之曰快哉。蓋亭之所見，南北百里，東西一舍，濤瀾洶湧，風雲開闔。晝則舟楫出没於其前，夜則魚龍悲嘯於其上，變化倏忽，動心駭目，不可久視。今乃得翫之几席之上，舉目而足。西望武昌諸山，岡陵起伏，草木行列，煙消日出，漁父樵夫之舍，皆可指數，此其所以快哉者也。至於長洲之濱，故城之墟，曹孟德、孫仲謀之所睥睨，周瑜、陸遜之所騁騖，其流風遺俗，亦足以稱快世俗云。」覽春亭、在州治。韓魏公嘗作詩序。萬松亭。

在麻城縣西。縣令張毅夾道植松萬株，立亭其中。蘇子瞻詩云：「千年栽種百年規，好德無
人助我儀。爲問幾株能合抱，慇懃記取角弓詩。」
【軒榭】鴻軒。張文潛記云：「——者，文潛讀書舍也。客有言曰：『吾聞之：時其往
來，以避寒暑之害，而高飛遠舉，能使弋人無慕者，鴻也。今子以戇暗不見事，幾得譴辱於聖
世，蒙垢忍耻於泥塗，苟升斗以自養，而欲自比於鴻，不亦愧乎？』張子曰：『子之言是也。然
余居此以己卯之秋，其遷也庚辰之春，與夫嗸嗸陂澤中獵食以活，秋至而春去者，得無類
乎？』客曰：『然。』」
【祠廟】二程先生祠。朱元晦記云：「齊安在江、淮間最爲窮僻，而國朝以來名卿大
夫多辱居之，如王翰林、韓忠獻公、蘇文忠公。邦人至今樂稱，而於蘇氏尤致詳焉。至於河南
兩程夫子，則亦生於是邦，而未有能道之者。蓋王公之文章，韓公之勳業，皆已震耀於一時。
而其議論氣節，卓犖奇偉，尤足以驚動世俗之耳目，則又莫若蘇公之盛也。若程夫子，則其事
業湮鬱，既不足以表於當年；文詞平淡，又不足以夸於後世。獨其道學之妙，有不可誣者，而
又非知德者莫能知之。此其遺跡所以不能無顯晦之殊，亦其理勢之宜然也。蓋天聖中，洛人
太中大夫程珦初仕爲黄陂尉，秩滿不能去，而遂家焉。實以明道元年壬申生子曰顥，字伯
淳；又以明年癸酉生子曰頤，字正叔。其後十有餘年，當慶曆丙戌、丁亥之間，攝貳南安，乃
得獄掾春陵周公敦頤而與之游，於是二子因受學焉，而慨然始有求道之志。既乃得夫孔、孟
以來不傳之緒於遺經，遂以其學爲諸儒倡，則今所謂明道先生、伊川先生是也。先生之學，以
《大學》、《論語》、《中庸》、《孟子》爲標指，而達于六經，使人讀書窮理，以誠其意，正其心，脩其
身，而自家而國以及于天下。其道坦而明，其説簡而通，其行端而實。是蓋將有以振百代之
沉迷，而内之聖賢之域。其視一時之事業詞章，議論氣節，所繫孰爲輕重，所施孰爲短長，當
有能辨之者，而世非徒不之好也，甚者乃或目以爲道學之邪氣，而必剪滅之。於斯時也，苟無
遭其伐木而削迹焉，斯已幸矣，尚何望其餘哉？今太守李侯乃能原念本始，追誦遺烈，立二夫
子之祀於學官，以風厲其人而作興之。非其自信之篤，而不以世俗之趍舍動其心，其孰能與
於此？李侯名訦，字誠之。其爲此邦勤事愛民，固多可紀，特於此舉，尤足以見其操行之不
凡，而非衆人之所能及。是以因其請，記而具論之，以告來者，使有考焉。」
祝穆、祝洙《方輿勝覽》卷五一《成都府路·成都府》【總論蜀鹽】《朝野雜
記》：「有龍州之仙井，邛州之蒲江，榮州之公井，大寧、富順之井監，西和州之鹽官，長寧軍之
淯井，皆大井也。若隆、榮等十七州，則皆卓筒小井，用力甚艱。惟大寧之井，鹹泉出於山竇
間，有如飛瀑，民間分而引之。又有彭山之瑞應井，味稍硝，得隆、榮鹵餅雜煎之，然後成鹽。
元豐、崇寧兩嘗禁止，以食者多病故也。仙井歲産鹽二百餘萬斤，隸轉運司。蒲江亞之，隸總
領所。大寧鹽二百五十餘萬斤，歲取其四分隸總領所。淯井鹽四十餘萬斤，歲取其贏五萬餘
緡，爲軍食之用。自祖宗以來，民間自煮鹽歲輸課利錢八十萬緡。」又云：「自紹興初，趙應祥
變鹽法，增至四百餘萬緡。又逃絶之井，許人增其額以承認，鹽既益多，遂不可售。紹熙三
年，楊嗣勳總計，棧閉助筒二千，鹽由是頓昂。自後井户稍舒，而民愈食貴鹽矣。」
【總論蜀酒】《中興小曆》：「建炎三年，張浚以趙開兼本司隨軍轉運使，總領三川財賦，
大變酒法，自成都始。」《朝野雜記》云：「建炎中，總爲緡錢一百四十萬。趙開變法，置隔釀。
民願釀者，米一斛輸錢三千。徧四路行其法，於是增至六百九十餘萬緡。王瞻叔爲潼川漕，
請罷監糟務，許撲賣。四川酒課累減之餘，猶爲緡錢四百一十餘萬。夔路自祖宗以來不榷
酒，趙應祥始榷之，歲取錢四萬二千九百餘引。鄭剛中爲宣撫，奏除之。」《眉州志》云：「范成
大帥四川，議減鹽酒課以蘇蜀民。朱時敏白范曰：『榜賣之法不除，則今日之惠有時而盡。』
後時敏爲都司，奏曰：『陛下睠念全蜀，歲捐上供，對減酒課四十八萬，德至渥也。未減之前，
元管酒額五百五十萬，既減之後，今甫七年，又增近五百四十餘萬矣。欲乞罷榜賣之法，而用
推排。』孝宗可其奏。」
【總論四川總領】《朝野雜記》：「古無其官。靖康末，高宗駐軍濟州，命梁揚祖總領措
置財用，然未以名官也。建炎末，張魏公用趙應祥總領四川財賦，總領之官自此始。四川始
置都轉運司，故四川總領又廢。」《中興小曆》：「紹興十年，侍御史汪勃請置四川總領，治利
州。」《朝野雜記》云：「東西三總領皆仰朝廷科撥，獨四川總領專掌利源，即有軍興，朝廷亦不
問，故趙應祥榷鹽酒而王瞻叔括白契以佐軍需。」《中興小曆》：「紹興三年初，趙開言：自改
修茶鹽酒已壞之法，歲有常息。起建炎己酉，至紹興癸丑，共收一千五百餘萬緡。兼陝西茶
馱及陝西造銅錢引紐，計川錢又八百三十餘萬緡。」《朝野雜記》云：「紹興休兵之初，歲費二
千六百六十五萬緡。始，紹興五年，四川收錢物總三千三百四十二萬緡，而所多五十二萬緡。
趙應祥既與武安不協，遂丐免。十二年，朝廷罷兵，鄭亨仲爲宣撫副使，以後始節節寬減。亨
仲召歸，而宣總所樁積錢至五千餘萬，休兵之力也。」又《中興小曆》：「紹興三十年，王之望總
領四川財賦時本以見錢引一千四百四十餘萬，道糧三百餘萬石。」《朝野雜記》：「乾道中，淮
東、淮西、湖廣三總領所支，僅當四川一年之數。蓋川中雜買歲爲八百三十餘萬緡，而東南三
總領收正色米故也。」
【總論四川茶馬】《朝野雜記》：「川、秦榷牧，自元豐以來，雖各有兩司，然大抵川、秦
皆止除一使，紹興中乃合爲一司。熊克《通略》云：『元豐元年初，蜀茶額歲三十萬緡，熙寧中
四十萬，及李稷加爲五十萬。至是陸師閔加至一百六十萬。詔定以百萬爲額。』」《中興小
曆》：「建炎二年，趙開奏：榷茶馬乞依嘉祐故事，併歸漕司。及開主管川、陝茶馬事，開乃先
更茶法，酌政和都茶場法印給茶引，使茶商執引與茶户交易；改成都茶場爲合同場，仍置茶
市，交易者必由市引與茶相隨。四年，買馬踰二萬匹，茶收錢一百七十餘萬緡。十六年，先是
茶馬司設買馬兩務：一在成都府，市於文、叙、黎、珍等州，號川馬；一在興元府，市於西和之
宕昌寨、階之峰貼峽，號秦馬。十九年，歲發川馬二百匹進御，而以四千匹付諸處屯軍：鎮
江、建康、荆、鄂各七百五十匹，江、池各五百匹。又秦馬三千五百匹，付三衙殿前司一千五百
四，侍御兩軍各一千匹，又七百二匹付宣撫司，總計八千四百二十匹。」《朝野雜記》云：「乾道

川、秦茶馬之類，歲爲萬有一千九百匹，川司六千，秦司五千九百。其後文州改隸秦司，而川司增珍州之額，共爲四千八百九十六，秦司六千一百二十，合兩司爲萬有一千十有六匹。此慶元初之額也。嘉泰末，川司增爲五千一百九十六匹，秦司增爲七千七百九十八匹，兩司爲萬有二千九百九十四匹。然累歲所市，多不及額焉。成都府馬務每年排發江上諸軍馬五十八綱，興元府馬務每年排發三衙馬一百十二綱。」《容齋隨筆》云：「蜀道諸司惟茶馬一臺最爲富盛，東坡有《送周漢州》詩云：「茶爲西南病，甿俗記二李。何人折其鋒，矯矯六君子。」」又《朝野雜記》云：「殿前取馬官彭輅賂蘇師旦，自言西人知馬政。翌日，召輅見韓平原，遂有分司之命，王大過與輅分領之：大過置司成都，輅置司興元。」

【總論四路監司】《論蜀編》云：「成都路漕置司成都，憲置司嘉定，而漕不及憲。潼川路漕置司遂寧，憲置司潼川，而憲不及漕。利路憲置司興元，漕置司利州，而憲過於漕。夔路憲置司重慶，漕置司夔門，而漕過於憲。夔路郡守、監司、帥臣皆在三路之下，獨漕爲八監司之最，事要蓋專一路鹽利故也。」

【土産】蜀牋。有薛濤十色牋。濤，蜀妓也，以紙爲業。《南部新書》云：「元和之初，薛濤好製小詩，惜其幅大，不忍長賸，乃狹小之。丨中才子後減諸丨，因號爲『薛濤牋』。」李義山《送崔珏》詩：「卜肆至今多寂寞，酒壚從古擅風流。浣花牋紙桃花色，好好題詩詠玉鈎。」楊文公《談苑》載：韓浦與弟洎皆有辭藻。洎語人曰：「吾兄爲文，譬如繩樞草舍，聊避風雨。予之爲文，是造五鳳樓手。」因寄丨丨，仍贈詩曰：「十樣蠻牋出益州，寄來新自浣溪頭。老兄得此渾無用，助爾添修五鳳樓。」蜀錦、錦江橋之水，濯錦則鮮明。嘉魚、細鱗。蜀中謂之拙魚。海棠、本出蜀中，而杜甫獨無此詩，故鄭谷詩云：「濃淡方春滿蜀鄉，半隨風雨斷鶯腸。浣花溪上堪惆悵，子美無情爲發揚。」陸務觀《驛舍見故屏風畫丨丨有感》云：「成都二月丨丨開，錦繡裹城迷巷陌。燕宮最盛號花海，霸國雄豪有遺跡。」桐花鳳。桐花中有小鳥，紅翠碧相間，生於花間。人畫丨丨丨扇，即此也。

【樓臺】錦樓。在龜城之上。前瞰大江，岸列花木，西眺雪嶺，東望長松，二江合流。白敏中嘗登其上，有詩。錦宮樓、在制司僉廳。吕大防建。籌邊樓、在府治。雪錦樓、在大慈寺門。元宵守帥遊賞于此。丹霞樓、杜光庭《續記》云：「王建作。即《檮杌》所載孟知祥宮人乞巧之所。」散花樓、李白《登錦城丨丨丨詩》：「日照錦城頭，朝光丨丨丨。金窗夾繡户，珠箔懸瓊鈎。飛梯緑雲中，極目散我憂。暮雨向三峽，春江繞雙流。今來一登望，如在九天遊。」張儀樓；李膺記：「即宣明樓也。重閣複道，跨陽城門，故左思賦云『結陽城之延閣，飛觀榭乎雲中』。」琴臺、即司馬相如宅。《寰宇記》：「在華陽縣市橋西。」《成都志》云：「在浣花溪之海安寺南。」今爲金花寺，城内非其舊。杜甫詩：「茂陵多病後，尚愛卓文君。酒肆人間世，丨丨日暮雲。野花留寶靨，蔓草見羅裙。歸鳳求凰意，寥寥寂不聞。」草玄臺、岑參詩：「吾悲子雲居，寂寞人已去。娟娟西江月，猶照丨丨處。精怪熹無人，睢盱藏老樹。」《圖經》云：「即今中興寺，有載酒亭及墨池。」郫縣有子雲讀書堂，趙清獻爲記。讀書臺、在廣都縣順聖寺南，蓋段文昌遺址。寫經臺、在新繁縣。漢末苟居士於臺上援筆書空，曰：「吾爲諸天丨丨，雨降則苔上不沾濕。」丨側有石硯。望鄉臺。隋蜀王秀所築。杜甫詩：「神交作賦客，力盡丨丨丨。」

【宅舍】君平宅。在府城西。今爲嚴真觀，一名丨丨丨肆。其後有井名通仙，相傳君平所浚。岑參詩：「君平曾賣卜，卜肆蕪已久。至今杖頭錢，時時地上有。不知支機石，還在人間否？」杜甫宅。在浣花溪。丨丨《卜居》詩：「浣花流水水西頭，主人爲卜林塘幽。已知出郭少塵事，更有澄江銷客愁。」《西郊》詩：「時出碧雞坊，西郊向草堂。市橋官柳細，江路野梅香。傍架齊書帙，看題減藥囊。無人競來往，疏懶意何長。」《茅屋爲秋風所破歌》：「八月秋高風怒號，卷我屋上三重茅。茅飛渡江灑江郊，高者掛罥長林梢，下者飄轉林塘坳。南村兒童欺我老無力，忍能對面爲盗賊。公然抱茅入竹去，唇焦口燥呼不得，歸來倚杖自嘆息。俄頃風定雲墨色，秋天漠漠向昏黑。布衾多年冷似鐵，嬌兒惡卧踏裏裂。床床屋漏無乾處，雨脚如麻未斷絶。自經喪亂少睡眠，長夜沾濕何由徹。安得廣廈千萬間，大庇天下寒士俱歡顔，風雨不動安如山。嗚呼！何時眼前突兀見此屋，吾廬獨破受凍死亦足。」黄魯直《浣花溪圖引》云：「拾遺流落錦(宮)〔官〕城，故人作尹眼爲青。碧雞坊西結茅屋，百花潭水潔冠纓。故衣未補新衣綻，空蟠胸中書萬卷。探道欲度羲皇前，論詩未覺國風遠。干戈峥嶸暗宇縣，杜陵、韋曲無雞犬。老妻稚子具眼前，弟妹飄零不相見。此心樂易真可人，園翁溪友肯卜鄰。鄰家有酒邀皆去，得意魚鳥來相親。浣花酒舡散車騎，野墻無主看桃李。宗文守家宗武扶，落日蹇驢馱醉起。願聞解鞍脱兜鍪，老儒不用千户侯。中原未得平安報，醉裏眉攢萬國愁。生綃鋪墻粉墨落，平生忠義公寂寞。兒呼不蘇驢失脚，猶恐醒來有新作。常使詩人拜畫圖，煎膠續弦千古無。」

【橋梁】七星橋。李冰造。上應丨丨。李膺記：「一、長星丨，今名萬里；二、員星橋，今名安樂；三、璣星橋，今名建昌；四、夷星橋，今名笮橋；五、尾星橋，今名禪尼；六、冲星橋，今名永平橋；七、曲橋，今名昇仙。」萬里橋、在成都縣之東。按《寰宇記》：「昔諸葛亮送費禕聘吴至此，曰：『丨丨之路，始於此矣。』」又劉光祖《丨記》云：「孔明於此送吴使張温曰：『此水下至揚州，萬里不同。』」又《唐史》載玄宗狩蜀至成都，過此問橋名，左右對曰：「丨丨丨。」上因歎曰：「開元末，僧一行謂朕曰：『更二十年，國有難，陛下當遠遊至萬里之外。』此是也。」由是駐蹕成都。杜甫詩：「丨丨丨南宅，百花潭北莊。層軒皆面水，老樹飽經霜。雪嶺界天白，錦城曛日黃。惜哉形勝地，回首一茫茫。」昇仙橋、橋次有送客亭。司馬相如嘗題柱云：「不乘駟馬車，不過此橋。」市橋、在州西四里。常璩云：「石牛門曰丨丨。」後漢吴漢征公孫述，而延岑渡丨丨挑戰襲擊，大破之，即此橋。」杜詩謂丨丨，即此。鴈橋。龜城中水出金鴈，因名。

【佛寺】中興寺。《成都志》：「唐高僧智浩於此寺嘗誦《法華經》，鄰有龍女祠，龍每夜聽之。一夕，施一寶珠。浩曰：『僧家無用。』龍以神力化大圓石榴而去。今以水澆之，則『龍宮石寶』四字隱隱可見。」梵安寺、在成都縣南，與杜甫草堂相接。每歲四月中澣前一日，太守宴集于此。吕大防建草堂，繪少陵像。張燾盡取少陵詩，勒石刻置焉。安福寺塔。《成都志》：「大中間建塔，十有三級。李順之亂，塔燬於火。祥符間重建，仍十有三級。初取材岷山，得青石，中隱白畫浮圖像十有三級，梁柱欄楯皆歷歷可觀。此建塔之神異也。」

【道觀】玉局觀。《道經》：「二十四化，上應二十四氣，六十甲子分隸之，玉局化其一也。」彭乘記：「後漢永壽元年，李老君與張道陵至此，有局脚玉床自地而出。老君昇座，爲道陵説《南北斗經》。既去，而座隱地中，因成洞穴，故以玉局名之。」子瞻《送戴蒙赴成都———將老焉》詩云：「拾遺被酒行歌處，野梅官柳西郊路。聞道華陽版籍中，至今尚有城南杜。我欲歸尋萬里橋，水花飄葉暮蕭蕭。芋魁徑尺誰能盡，榿木三年已足燒。百歲風狂定何有，羨君今作峨眉叟。縱未家生執戟郎，也應世出埋輪守。莫欺老病未歸身，玉局他年第幾人。會待子猷清興發，還須雪夜去尋君。」天師觀、在廣都縣北，張道陵之祠也。今壇下有井，名伏鬼井。趙閲道記：「華陽縣衡山有井，妖怪藏其中。道陵運石以鎮其井，鬼妖乃絶。邑人爲立祠，植杖井旁。令爲喬木，曰戒鬼木。又有曬經壇。」青羊觀。《蜀王本紀》：「老子謂關令尹喜曰『後於——中相尋』，因立觀也。」

【祠廟】盤古祠。《元和志》：「在成都縣東三十里。」徐整《三五曆記》云：「天地渾沌如雞子，盤古生其中。八萬四千歲天地開，闢陽清爲天，陰濁爲地。——在其中，一日九變，神於天，聖於地。天日高一丈，地日厚一丈，盤古日長一丈。如此滿八萬四千歲，天極高，地極深，——極長。後乃有三皇。數起於一，立於三，成於五，盛於七，處於九，故天去地九萬里也。」蠶叢祠、蜀王——氏祠也，今呼爲青衣神，在聖壽寺。——氏教人養蠶，作金蠶數十，家給一蠶。後聚而弗給，瘞之江上，爲蠶墓。《南史》：「齊永明間，始興王蕭鑑爲益州刺史，於州園得古冢，有金爲蠶數斗。鑑一無取，復爲起冢，且立祠焉。」望帝祠、在州西五里。杜宇自立爲蜀王，號——。有墓在郫縣南一里，與鼈靈墓相對。杜甫詩云：「君不見昔日蜀天子，化爲杜鵑似老烏。寄巢生子不自啄，羣鳥至今爲哺雛。雖同君臣有舊禮，骨肉滿眼身羈孤。業工竄伏深樹裏，四月五月偏號呼。其聲哀痛口流血，所訴何事常區區。爾豈摧殘始發憤，羞帶羽翮傷形愚。蒼天變化誰料得，萬事反覆何所無。萬事反覆何所無，豈憶當殿羣臣趍。」周公祠、前代以——爲先聖，至唐貞觀始從房玄齡等議，更祀孔子。至開元，册謚爲文宣王，位南嚮，自是號文宣王殿，而周公之祀遂廢。然舊象猶存，帥袁説友乃爲殿祀之。金馬碧雞祠、在金馬坊前。漢宣帝聞益州有————之神，遣諫議大夫王褒持節醮祭而致之。本朝賜爲昭應廟，封其神爲靈光侯。關張祠、俱在府西七里惠陵左右。江瀆祠；在成都縣南四里。《漢郊祀志》載秦併天下，立江水祠於蜀，至今歲祀焉。太祖平蜀，依《唐志》立夏日祭——於成都。蜀先主廟、《成都記》：「在府南八里。」杜甫詩：「慘澹風雲會，乘時各有人。力侔分社稷，志屈偃經綸。復漢留長策，中原仗老臣。雜耕心未已，歐血事酸辛。霸氣西南歇，雄圖歷數屯。錦江元過楚，劍閣復通秦。舊俗存祠廟，空山立鬼神。虚簷交鳥道，枯木半龍鱗。竹送清溪月，苔移玉座春。閭閻兒女換，歌舞歲時新。絶域歸舟遠，荒城繫馬頻。如何對摇落，況乃久風塵。孰與關、張並，功臨耿、鄧親。應天才不小，得士契無鄰。遲暮堪帷幄，飄零且釣緡。向來憂國淚，寂寞灑衣巾。」劉夢得詩：「天下英雄氣，千秋尚凜然。勢分三足鼎，業復五銖錢。得相能開國，生兒不象賢。凄凉蜀故妓，來舞魏宮前。」武侯廟；在府西北二里，今爲乘煙觀。孔明《表》云「薄田十頃，桑八百株」，即此地。孔明初亡，百姓遇節朔各私祭於道上。李雄稱王，始爲廟於少城内。桓温平蜀，夷少城，獨存孔明廟。後封武興王廟，至今祠祀不絶。杜甫詩：「丞相祠堂何處尋，錦官城外柏森森。映階碧草自春色，隔葉黄鸝空好音。三顧頻繁天下計，兩朝開濟老臣心。出師未捷身先死，長使英雄淚滿襟。」張忠定祠、淳化、咸平間，公兩治蜀。自蜀召歸，嘗留畫一軸遺僧希白，曰：「後十年開。」僧聞訃，開視，乃公像，衣布褐，大縚巾裹。自爲贊曰：「乖則違俗，崖不利物。中崖之名，聊以表德。」嘉祐四年建祠於馬務街。張文定祠。蘇老泉作《畫像記》：「至和元年秋，蜀人傳言有寇至邊，邊軍夜呼，野無居人。妖言流聞，京師震驚。方命擇帥，天子曰：『毋養亂，毋助變。衆言朋興，朕志自定。外亂不作，變且中起，既不可以文令，又不可以武競，惟朕一二大吏，孰爲能處茲文武之間，其命往撫朕師。』乃推曰：『張公方平其人。』天子曰：『然。』公以親辭，不可，遂行。冬十一月，至蜀。至之日，歸屯軍，徹守備。使謂郡縣：『寇來在吾，無爾勞苦。』明年正月朔旦，蜀人相慶如它日，遂以無事。又明年正月，相告留公像于净衆寺，公不能禁。眉陽蘇洵言於衆曰：『未亂，易治也。既亂，易治也。有亂之萌，無亂之形，是謂將亂。將亂難治，不可以有亂急，亦不可以無亂弛。惟是元年之秋，如器之欹，未墜於地。惟爾張公，安坐於其旁，顔色不變，徐起而正之。既正，油然而退，無矜容。爲天子牧小民不倦，惟爾張公。爾繄以生，惟爾父母。且公嘗謂我言：「民無常性，惟上所待。人皆曰蜀人多變，於是待之以盜賊之意，而繩之以盜賊之法。重足屏息之民，而以碪斧令，於是民始忍以其父母妻子之所倚賴之身，而棄之於盜賊，故每每大亂。夫約之以禮，驅之以法，惟蜀人爲易。至於急之而生變，雖齊、魯亦然。吾以齊、魯待蜀人，而蜀人亦自以齊、魯之人待其身。若夫肆意於法律之外，以威劫齊民，吾不忍爲也。」嗚呼！愛蜀人之深，待蜀人之厚，自公而前，吾未始見也。』皆再拜稽首曰：『然。』蘇洵又曰：『公之恩在爾心，爾死在爾子孫。其功業在史官，無以像爲也。且公意不欲，奈何？』皆曰：『公何事於斯？雖然，於我心有不釋焉。今夫平居，聞一善必問其人之姓名，與其鄰里之所在，以至於其長短小大美惡之狀。甚者，或詰其平生所嗜好，以想見其爲人。而史官亦書之於其傳，意使天下之人，思之於心則存之於目，存之於目則其思之於心也固。由此觀之，而亦不爲無助。』蘇洵無以詰，遂爲之記。公南京人，爲人慷慨有大節，以度量雄天下。天下有大事，公可屬。系之以詩曰：天子在祚，歲在甲午。西人傳言，有寇在垣。庭有武臣，謀夫如雲。天子曰嘻，命我張公。公來自東，旗纛舒舒。西人聚觀，于巷于塗。謂公暨暨，公來于于。公謂西人，安爾室家，無敢或訛。訛言不祥，往即爾常。春爾條桑，秋稱滌場。西人稽首，公我父兄。公在西囿，草木騈騈。公宴其僚，伐鼓淵淵。西人來觀，祝公萬年。有女娟娟，閨闥閑閑。有童哇哇，亦既能言。昔公未來，斯須棄捐。禾麻芃芃，倉庾崇崇。嗟我婦子，樂此歲豐。公在朝廷，天子股肱。天子曰歸，公敢不承。作堂嚴嚴，有廡有庭。公像在中，朝服冠纓。西人相告，無敢逸荒。公歸京師，公像在堂。」

【古跡】太城。府子城，張儀所築。少城、張儀既築太城，後一年又築——，唯西南北三壁，東即左城之西墉。《容齋續筆》：「晉益州刺史治太城，蜀郡太守治少城，猶言大城、小城耳。」芙蓉城、孟昶在蜀，僭擬宮苑，城上盡種——，謂左右曰：「真錦—也。」錦官城、一名錦里。言——，猶合浦之珠官也。龍壇。在萬歲池。唐開元中，有僧誦《法華經》，有老叟來聽，僧問之，曰：「我池中龍也。」僧曰：「今方旱，何不降雨？」叟曰：「凡雨，須天符。不爾，天誅之。今當爲師降雨，師其葬我。」是夕大雨。質明，池邊大蛇斬而兩，僧取焚之，爲立塔，呼爲——。

祝穆、祝洙《方輿勝覽》卷五二《成都府路・崇慶府》【亭閣】浮觴亭。在西湖。文與可輯之，范蜀公有詩。東閣。杜甫《和裴迪登東亭送客見梅》：「——官梅動詩興，還如何遜在揚州。此時對雪遥相憶，送客逢春可自由。幸不折來傷歲暮，若爲看去亂鄉愁。江邊一樹垂垂發，朝夕催人自白頭。」

【橋梁】北橋。杜甫詩：「望極春城上，開筵近鳥巢。白花簷外朵，青柳檻前梢。池水觀爲政，厨煙覺遠庖。西川供望眼，唯有此江郊。」竹橋。杜甫《陪李司馬皂江上觀造——》詩：「伐—爲—結構同，褰裳不涉往來通。天寒白鶴歸華表，日落青龍見水中。顧我老非題柱客，知君才是濟川功。合歡却笑千年事，驅石何時到海東。」

【寺觀】修覺寺。在新津縣南五里。杜甫《新津寺寄王侍郎》詩：「何限倚山木，吟詩秋葉黄。蟬聲集古寺，鳥影度寒塘。風物悲遊子，登臨憶侍郎。老夫貪佛日，隨意宿僧房。」《遊———》詩：「野寺江天豁，山扉花竹幽。詩應有神助，吾得及春遊。徑石相縈帶，川雲自去留。禪枝宿衆鳥，漂轉暮歸愁。」「寺憶曾遊處，橋憐再渡時。江山如有待，花柳更無私。野潤煙光薄，沙暄日色遲。客愁全爲減，捨此復何之？」龍門院、在永康縣六里。青城、大面三十六峰，嵯峨萬仞，盡在軒檻間。張天覺記其本末，且賦詩云：「四時積雪瞻岷嶺，三派飛泉出洞天。」太平院，在府城。有范鎮留題。妙真觀、在永康縣西四十里。昔有女子於此上昇。有真仙洞、聖水池，有燒藥爐。投龍觀。在新津縣南六里，枕夜郎溪及白木水。上有龍穴，祈雨有驗。

【祠廟】蜀先主廟。在晉原縣西二里。有唐碑，乃房琯文。杜工部祠、在江源縣，邑宰趙抃建。昔杜甫依高適，寓於此，頗多題詠，故爲立祠。文潞公祠。在判官廳。蓋公之父在天禧時來作判官，令公受業於晉原大夫張錫之客任君，後爲立祠。

祝穆、祝洙《方輿勝覽》卷五二《成都府路・嘉定府》【樓亭】明月樓。在譙樓之右，下瞰明月湖。郭璞讖：「鬱姑鬱姑，將州對洛都。但看千載後，變成明月湖。」後隋鬱姑將軍開此湖。荔支樓、陸務觀詩：「山横瓦屋披雲出，水自牂牁裂地來。」璧津樓、在城東南隅。下瞰三江，三峨九頂森列左右。澄江樓、在憲司。左窺龍泓，右瞰烏尤，高明爽塏，得江山之勝。萬景樓，在郡治安樂園，太守呂由誠建。諸邑邊寨，一目可盡。范至能詩：「若爲唤得涪翁起，題作西南第一樓。」涪翁亭、在萬景樓之前。黄然詩：「清音妙絶東坡老，方響名高太史公。水遶烏尤談笑外，江連洪雅畫圖中。」競秀亭、陸務觀詩：「竹葉泝江舡，春薺隔樹煙。」太白亭、在平羌鎮錦江寺之側。清音亭。在九頂山。蘇子瞻書額。

【寺觀】凌雲寺。在府之南山。唐開元中，僧海通於瀆江、沫水、濛水三江之合，悍流怒浪之濱，鑿山爲彌勒大像，高踰三百六十尺，建七層閣以覆之。至韋皋時，積十九年而工始備。皋有《大像記》。又有清音亭。邵博記：「天下山水之勝在蜀，蜀之勝曰嘉州，州之勝在———，寺之南山又其勝也。」蘇子瞻名其亭曰清音。岑參詩：「寺出飛鳥外，青峰載朱樓。摶壁躋半空，喜得登上頭。始知宇宙闊，下看三江流。天晴見峨眉，如向波上遊。」薛能詩：「像閣與山齊，何人致石梯？萬煙生聚落，一崦露招提。」司空文明題詩：「春山古寺遶滄波，石磴盤空鳥道過。百丈金身開翠壁，萬龕燈焰隔煙蘿。雲生客到侵衣濕，花落僧禪覆地多。不與方袍同結社，下歸塵世竟如何？」陸務觀《凌雲謁大像》詩：「出郭尋幽一笑新，旋呼艇子截煙津。不辭疾步登重閣，聊欲今生識偉人。泉鏡正涵螺髻緑，浪花不犯寶趺塵。（一泉泓然，正在髻下，每歲水漲，不能及佛足。）始知神力無窮盡，丈六黄金果小身。（《觀無量壽經》云：「或現小身丈六尺。」）光相寺、自白水至寺，歷八十四盤，山徑如線可通。登躋如是者六十里，至峰頂即普賢示現之處。寺屋皆以板爲之。石洞院、在小市。黄太史自叙南經此，有所作《墨竹記》。東津院、有黄魯直草書。圓照大師《小碑》詩云：「赤旃檀塔六七級，白菡萏花三四枝。禪客相逢只彈指，此心能有幾人知。」能仁院，陸務觀《———前有石像丈餘蓋作大像時様也》詩云：「江閣欲開千尺像，雲龕先定此規模。斜陽徙倚空三歎，嘗試成功自古無。」天慶觀。在城北。有唐元和銅鍾，重千斤。

【祠廟】花將軍廟。在州之西。《邵氏聞見録》云：「廟史匣藏唐鄭丞相告云：—敬定——也。」《高適傳》：「梓州副使段子章反，以兵攻東川節度李奐。適率州兵與西川節度崔光遠攻子章，斬之。西川牙將花敬定者恃勇，既誅子章，大掠東蜀，天子怒之。」杜子美《戲作花卿歌》：「成都猛將有花卿，學語小兒知姓名。用如快鶻風火生，見賊惟多身始輕。綿州副使著柘黄，我卿掃除即日平。子章髑髏血模糊，手提擲還崔大夫。李侯重有此節度，人道我卿絶世無。既稱絶世無，天子何不喚取守京都。」即此也。

祝穆、祝洙《方輿勝覽》卷五三《成都府路・眉州》【樓閣】遠景樓。蘇子瞻記云：「吾州之俗，有近古者三：其士大夫貴經術而重氏族，其民尊吏而畏法，其農夫合耦以相助。蓋有三代、漢、唐之遺風，而他郡莫之及也。始，朝廷以聲律取士，而天聖以前，學者猶襲五代之弊，獨吾州之士通經學古，以西漢文詞爲宗師。方是時，四方指以爲迂闊。至於郡縣胥吏，皆挾經載筆，應對進退，有足觀者。而大家顯人，以門族相尚，推次甲乙，皆有定品，謂之江鄉。非此族也，雖貴且富，不通婚姻。其民事太守縣令，如古君臣，既去，輒畫像事之，而其賢者，則記録其行事，以爲口實，至四五十年不忘。富商小民，常儲善物而別異之，以待官吏之求。家藏律令，往往通念而不以爲非。雖薄刑小罪，終身有不敢犯者。歲二月，農事始作。四月初吉，穀稚而草壯，耘者畢出，數十百人爲曹，立表下漏，鳴鼓以致衆。擇其徒爲衆所敬畏者二人，一人掌鼓，一人掌漏，進退坐作，惟二人之聽。鼓之不至，至之不力，皆有罰。量田計功，終事而會之。田多而丁少，則出鈔以償衆。七月既望，穀艾而草衰，則仆鼓決漏，取罰金與償衆之錢，買羊釃酒，以祀田祖，作樂飲食，醉飽而去，歲以爲常。其風俗蓋如此，故其民皆聰明才智，務本而力作，易治而難服。守令始至，視其言語，輒了其爲人。其明且能者，不復以事試，終日寂然。苟不以其道，則陳義秉法以譏切之，故不知者以爲難治。今太守黎侯希聲，軾先君子之友人也，簡而文，剛而仁，明而不苛，衆以爲易事。既滿將代，不忍其去，相率而留之。上不奪其請，既留三年，民益信，遂以無事。因守居之北墉而增築之，作遠景樓，日與賓客僚友遊處其上。軾方爲徐州，吾州之人以書相往來，未嘗不道黎侯之善，而求文以爲記。嗟夫！軾之去鄉久矣。所謂遠景樓者，雖想見其處，而不能道其詳也。然則人之所以樂斯樓之成，而欲記焉者，豈非尚有易治之俗也哉？孔子曰：『吾猶及史之闕文也。有馬者借人乘之，今亡矣夫！』夫是二者，於道未有大損益也，然且録之。今吾州近古之俗，獨能累世而不遷，蓋耆老昔人豈弟之澤，而賢守令撫循教誨不倦之力也。可不録乎？若夫登臨覽觀之樂，山川風物之美，軾將歸老於故丘，布衣幅巾，從邦君於上，酒酣樂作，援筆而賦之，以頌黎侯之遺愛，尚未晚也。」清風閣、蘇子瞻記云：「文慧大師慶符居成都玉溪上，爲閣曰——，求文爲記。天地之相磨於虛空，與有物之相推，而風於是焉生，執之而不可得也，逐之而不可及也。汝爲居室而名之，吾又爲汝記之，不亦惑歟？」又云：「風起於蒼茫之間，彷徨乎山澤，激越乎城郭道路，虛徐演漾，以汎汝之軒窗、欄楯、幔帷，而不去也。汝隱几而觀之，亦有得乎？力生於所激，而不自爲力，故不勞。形生於所遇，而不自爲形，故不窮。嘗試以是而觀之。」臨風閣、唐沈迥有詩：「煙霞生座右，林沼匝城限。」明霞閣、在蟆頤山至德觀。又有春風樓。嘉祐閣。枕羅城。繪三蘇於上，刻《和陶》詩於壁間。

【堂榭】大雅堂。丹稜人楊素，從黃魯直遊。黃謫戎州，嘗曰：「安得一奇士而有力者，盡刻杜子美東、西川及夔州詩，使大雅之音復盈三巴之耳哉！」素聞之，欣然拏舟，訪黃於戎，請攻堅珉，募善工，作華堂以宇之。黃偉其言，悉書子美詩遺之，因以「大雅」名其堂，且爲之記。借景亭、《黃魯直文集》：「在青神尉廳，下瞰史家園。」嘗有詩云：「當官借景未傷民，恰似鑿池取明月。」披風榭。在郡治。

【祠墓】孟拾遺祠。在蟆頤山。僖宗幸蜀，政事悉出内侍田令孜之手。左拾遺孟昭圖、右補闕常濬上疏論事，昭圖坐貶，令孜遣人投之蟆頤津，賜濬死，後人爲立祠。裴澈詩：「一章何罪死何名，千載惟君與屈平。從此蜀江煙雨夜，杜鵑應作兩般聲。」張綱墓、在岷峽山東。花卿冢、《漁隱叢話》載黃魯直云：「在丹稜之東館鎮。至今有英氣，血食其鄉。」老泉墓。蘇明允葬於蟆頤山東二十里，地名老翁泉。

祝穆、祝洙《方輿勝覽》卷五三《成都府路・隆州》

【亭閣】樂道園。在州東鳳門外。城中遊賞，惟此最盛。文與可有詩。蓬萊閣、在艷陽洞之前。秦少游詩：「雄簷傑檻跨崢嶸，席上風雲指顧生。千里勝形歸俎豆，七州和氣入簫笙。人遊晚岸朱樓遠，鳥度晴空碧嶂横。今夜請看東越分，藩星應帶少微明。」程公闢次韻：「半天鍾鼓宴崢嶸，早晚晴陰景旋生。湖暖水香春載酒，月寒雲向夜聞笙。金鼇破海頭争並，玉露排煙陣自横。我是蓬萊東道主，倚欄先占日初明。」平雲閣。在郡圃。文與可詩云：「陵陽郡事全稀少，嬾守長贏半日閑。晚後須來上高閣，就中無厭是雲山。」

【祠廟】玉女祠。在仁壽縣。今名靈真夫人。《郡國志》：「昔張道陵於此得鹽井，後人因祀玉女於井内。初，——無夫，每年取一少年置放井中，不爾水即竭。又蜀郡西山有大蟒蛇吸人，上有—，號曰西山神，每歲土人莊嚴一女，置祠傍，以爲神妻，蛇輒吸去。周氏平蜀，宇文貴爲益州總管，乃擇日設樂，送玉女像以配西山神，自是之後，無復此害。」翳嘶神廟。相傳爲巴郡太守嚴顏之祠。

祝穆、祝洙《方輿勝覽》卷五四《成都府路・綿州》

【樓閣】越王樓。在城西北。唐顯慶中，太宗子越王貞爲綿州刺史日建。杜甫詩：「綿州州府何磊落，顯慶年中越王作。孤城西北起高樓，碧瓦朱甍照城郭。樓下長江百丈清，山頭落日半輪明。君王舊迹今人賞，轉見千秋萬古情。」李偓詩：「越王曾牧劍南州，因向城隅建此樓。横玉遠開千嶠雪，暗雷下聽一江流。」江樓，枕城之東隅。上有唐《江亭記》。杜甫《送嚴侍郎到綿州同登杜使君——宴》詩：「野興每難盡，——延賞心。歸朝送使節，落景惜登臨。稍稍煙集渚，微微風動襟。重舡依淺瀨，輕鳥度層陰。檻峻背幽谷，窗虛交茂林。（觀此句，則古之江樓在南山下。）燈光散遠近，月彩静高深。城擁朝來客，天横醉後參。窮途衰謝意，苦調短長吟。此會共能幾，諸孫賢至今。不勞朱户閉，自待白河沉。」捫參閣。在天池寺，據山之巔。

【堂亭】六一堂。在司户廳，舊爲推官廳。昔歐陽文忠父鄭公觀嘗爲推官，公實生茲地。思賢堂、在州宅。畫揚子雲、杜子美、李白、樊紹述、蘇易簡、歐陽永叔、司馬君實、蘇子瞻、唐子西九賢一像。十賢堂，繪涪翁、龐統、蔣琬、杜公微、尹公默、李白、陳該、蘇易簡、王仲華、歐陽脩，共十人。南山亭。在城南治平院，有范蜀公留題在焉。

【驛舍】萬安驛。在羅江縣西。舊經云：「唐明皇幸蜀至此，聞驛名，歎曰：『一安尚不可，況——乎？』移宿真明寺。」舊驛碑所載如此。張演有詩云：「勁兵重作付胡奴，歐雀歐魚計自疏。地入萬安知幾許，却憐此邑始回車。」

祝穆、祝洙《方輿勝覽》卷五五《成都府路・永康軍》【堂亭】玉壘堂。在軍治。致爽軒，范至能詩：「夕陽塵土漲郊墟，六六峰頭夢覺餘。竹色唤人來下馬，亂蟬深處有圖書。」陸務觀詩：「黃塵赤日汗沾裾，竹裏煎茶喜有餘。堪笑放翁窮意巧，就君池館讀君書。」子焞詩：「團團竹色遶郊居，勾引清風百畝餘。憶昔敲門蘇内翰，而今下馬范中書。」廣莫亭。在軍北朝天門，守呂汲公建。李壁記：「危簷飛檻，負城四出。觀覽之勝，甲於東南。出金馬門，過朝天寺，登廣莫亭，憑欄下視，一目千里。」

【佛寺】飛赴寺。在青城縣飛赴山下，名昌聖院，乃唐左軍容使嚴君美捨宅。有四望亭。呂汲公詩：「最勝西峰下，林梢四望亭。江山觀掌握，梁、益布丹青。」香積寺。在青城縣香積山。有瀑布及雞骨禪師塔。張孝芳詩：「雞骨埋靈塔，龍山對佛龕。」異巖詩：「斷碑唐日寺，遺像晉時僧。」

【道觀】丈人觀。在青城北二十里，今名會慶建福宮。舊記云：「昔寧封先生栖於北巖之上，黃帝師焉。乃築壇，拜寧君爲五嶽丈人。」或云故基在今重慶府天國寺中。胡叔豹詩：「宫徒漬山方得地，閣藏宸翰不知年。」陸務觀《丈人觀》詩：「黄金篆書榜朱門，夾道巨竹屯蒼雲。崖嶺劃若天地分，千柱耽耽壓其垠。纓冠肅謁丈人君，廣殿空庭吹寶薰。摩挲畫墻手爲皸，異哉山夔與土羵。物怪黯黯冠丘墳，傴人佩玉雜帨帉。手整貂冠最不羣，欲去不忍恨日曛。道翁采藥晝夜勤，松根茯苓獲兼斤。人芝植立强骨筋，狗杞嗥吠聲狺狺。山爐小甑炊幽芬，朱顔不飲常自醺。我亦宿誦五千文，一念之差墮世紛。逝將從翁走如麇，隱書祕訣何由聞。」又《題丈人觀道院壁》詩：「斷雲浮月磬聲殘，木影如龍布石壇。偶駕青鸞塵世窄，閑吹玉笛洞天寒。奇香滿院晨炊藥，異氣穿巖夜浴丹。却笑飛儒未忘俗，金貂猶帶侍中冠。」長生觀，舊名碧落觀，在青城縣北二十里。昔有范寂，字無爲，劉先主時棲止青城山中，以脩煉爲事。先主徵之不起，就封爲逍遥公，得長生久視之道。劉禪易其宅爲——。有巨楠，高數十尋，圍三十尺，世傳長生手植。上有赤城閣，臨眺甚遠。胡叔豹詩：「更斷盤根藏大藥，也令嘉樹得長生。」張孝芳詩：「老龍拏空欲輕舉，山靈地祇挽之住。」清都觀，自延慶觀上二三里，有觀曰洞天，宋逸士費元規讀書于此。唐道士薛昌飲章陸酒得道。有浴丹井。杜光庭亦尸解于此。文潞公鎮蜀，與張俞定交，市觀側之地以贈之，號「白雲隱居」。任宗易詩：「懶隨六詔上丹闕，高卧一峰藏白雲。」延慶宮，自會慶宮西行一二里，有觀曰常道，乃古黄帝祠。觀乃隋時建，有張天師遺跡及唐明皇御札碑。其南有六時水，六時灑水以代晷漏，於陰時即飄然而灑，陽時即無。呂汲公詩：「巖暉萬古照，泉漏六時飛。」京鏜詩：「八千里隔東西境，十二時分晝夜泉。」有九株松。范蜀公詩：「九松峥嶸姿，一一大夫封。」儲福宫，在天倉峰下。有唐睿宗女玉真公主及明皇像，乃公主修真之地。有天峰閣，望三十六峰如列屏焉。沈少南《玉真像》詩：「劃盡齊封奉魯元，更開沁水占名園。何如帝子空山外，落日騎驢芳草原。」胡叔豹詩：「棄形如遺但養神，阿兄爛醉梨園春。人百撼之耳不聞，何物女子乃獨醒。徑來空山卧白雲，不見漁陽胡馬塵。」晁公遡詩：「天風夜半剪水花，三十六峰如玉立。」趙雄詩：「三十六峰如不到，青城還似不曾遊。」陸務觀詩：「路轉屏風疊，雲藏帝子家。」上清宫。在高臺山丈人祠之側。晉朝立宫于上，夜則神燈遍空。其東北麓有天師手植栗十七株。仁宗踐祚之六年，宫庭木生異花，曰「太平瑞聖花」。范至能詩：「但覺星辰垂地上，不知風雨滿人間。」王叔瞻詩：「神燈點點光可燭，星斗熒熒低欲捫。」處士孫知微詩：「臺殿壓平青嶂頂，松杉插破白雲根。」

【古跡】張天師誓鬼壇。一曰石日月，日在延慶觀東北，月在溪西崖中，並徑五尺六寸半。一曰石天地，天形有十二角，地形正方，闊六七尺，在常道觀北。楊妃池，按樂史《楊太真人傳》云：「貴妃小字玉環。父玄琰，爲蜀州司户。貴妃生於蜀，嘗誤墮此池中。」在導江縣，今爲唐氏居。花蘂夫人宅，《後山詩話》：「費氏，蜀之青城人，以才色入蜀宫。後主嬖之，效王建作宫詞百首。國亡，入備後宫。太祖聞之，召使陳詩，誦其國亡。詩云：『君王城上竪降旗，妾在深宫那得知。十四萬人齊解甲，寧無一箇是男兒。』」孫太古畫《范長生像》。《劍南詩稿》云：「青城山中有孫太古畫碧落《侍中范長生舉手整貂蟬像》，特妙。其詩云：『浮世深沉何足計，丹成碧落珥貂蟬。』」

祝穆、祝洙《方輿勝覽》卷五七《夔州路・夔州》【樓亭】白帝樓。在城上。杜甫《——城——》詩：「江度寒山閣，城高絶塞樓。翠屏宜晚對，白谷會深遊。急急能鳴鴈，輕輕不下鷗。夷陵春色起，漸擬放扁舟。」又詩：「漠漠虚無裏，連連睥睨侵。樓光去日遠，峽影入江深。臘破思端綺，春歸待一金。去年梅柳意，還欲攪邊心。」最高樓，杜甫詩：「城尖徑仄旌旆悠，獨立縹緲之飛樓。峽坼雲霾龍虎睡，江清日抱黿鼉遊。扶桑西枝封斷石，弱水東影隨長流。杖藜歎世者誰子？泣血迸空回白頭。」制勝樓，王延禧詩：「夔子城新築，長江便作壕。百蠻歸指掌，三峽見秋毫。」白雲樓，在計臺。有三層，登覽之勝，甲於一郡。江月亭。在戎鈐司。王龜齡詩：「長江何處水，明月幾州天。月與江無約，相逢是偶然。」

【堂齋】三峽堂。在瞿唐。宋肇建。十賢堂，在州治。王龜齡記：「夔州十賢：屈大夫、嚴刺史、諸葛武侯、杜少陵、陸宣公、章丞相諱處厚、白文公、柳文公、寇萊公、唐質肅公。續得七人：宋玉、源乾曜、李適之、李吉甫、温造、程伊川、黄太史。」高齋。陸務觀《——記》：「少陵居夔三徙居，皆名——。其記曰：『次水門者，白帝城之——也。曰依藥餌者，瀼西之——也。見一川者，東屯之——也。』」

【祠廟】高唐神女廟。在巫山縣西北二百五十步。有陽臺。《漫叟詩話》：「高唐事乃懷王，非襄王也。」《茹溪漁隱》曰：「《高唐賦》云昔楚襄王與宋玉遊於雲夢之臺。玉曰：『昔先王嘗遊高唐，怠而晝寢，夢一婦人，曰妾巫山之女也。』李善注：『楚懷王。』則漫叟之言是也。然《神女賦》復云襄王與宋玉遊雲夢之浦，使玉賦高唐之事，其夜與神女遇。異同當考。」《襄陽耆舊傳》曰：「楚襄王遊於高唐，怠而晝寢，夢見一婦人，云：『我帝之女，名瑤姬，未行而亡，封于巫山之臺。』乃辭去，曰：『妾在巫山之陽，高丘之岨。朝爲行雲，暮爲行雨。』比旦視之，如其言。乃立廟，號爲朝雲。」年代已久，今無遺跡。劉禹錫詩：「星河好夜聞清佩，雲雨歸時帶異香。何事神仙九天上，人間來就楚襄王？」白居易詩：「巫山廟花紅似粉，昭君村柳緑於眉。誠知老去風情少，見此争無一句詩。」李義山詩：「非關宋玉有微詞，却是襄王夢較遲。一自高唐賦成後，楚天雲雨盡堪疑。」李羣玉《宿巫山廟》詩：「寂寞高唐別楚君，玉人天上逐行雲。停舟十二峰巒下，仙佩仙香半夜聞。」李賀詩：「巫山叢碧高插天，大江瀾翻神曳煙。楚魂尋夢風颸然，曉風飛雨生苔錢。瑶姬一去一千年，丁香筇竹啼老猿。古祠近月蟾桂寒，椒花墜紅濕雲間。」鮑溶《巫山懷古》詩：「十二峰巒闘翠微，石煙花霧犯容暉。青春楚女妬雲老，白日神人入夢稀。誰傷宋玉千秋後，留得青山辨是非。」韋莊《謁廟》詩：「亂猿啼處訪高唐，路入煙霞草木香。山色未能忘宋玉，水聲猶似哭襄王。」李涉詩：「巫峽雲開神女祠，緑潭紅樹影參差。不勞戍口初相問，無義灘頭剩別離。」又詩：「十二山晴花盡開，楚宫雙闕對陽臺。細腰争舞君沉醉，白日秦兵天下來。」元微之詩：「楚王忽夭夢，宋玉復淫詞。萬事捐宫館，空山雲雨期。」蘇子瞻詩：「遥觀神女石，綽約誠有以。世人喜狂怪，論説驚幼稚。」蘇子由詩：「山中廟堂古神女，楚巫婆娑奏歌舞。空山日落悲風吹，舉手睢盱道神語。神仙潔清非世人，瓦盎傾醪薦麋脯。子知神君竟何自，西方真人古王母。飄然乘風遊九州，朅渡西海薄中土。白雲爲車駕蒼虬，驂乘湘君、宓妃御。天孫織綃素非素，衣裳飄飖薄煙霧。泊然冲虚眇無營，朝飡屑玉咽瓊乳。下視人世安可據，超江乘山去無所。巫山之下江流清，偶然愛之不能去。湍崖激作相喧豗，白花翻翻龍正怒。堯使大禹導九川，石隕山墜幾折股。山前恐懼久無措，稽首山下苦求助。丹書玉笈世莫欺，指示文字相爾汝。擘山洩江幸無苦，庚辰、虞余實相禹。功成事定世莫知，空山俄頃千萬古。廟中擊鼓吹長簫，採蘭爲飡蕙爲肴。玉缶薦芝香飄蕭，龍勺取酒注白茅，神來享之風飄飄。荒山長河何所有，豈有瓊玉薦沉寥？神君聰明無我責，爲我驅獸攘龍蛟。乘舡入楚泝巴、蜀，濆旋深惡秋水高。歸來無恙無以報，山下麥熟可作醪。神君尊貴豈待我，再拜長跪神所勞。」吴簡詩：「惆悵巫娥事不平，當時一夢是虚成。只因宋玉閑唇吻，流盡巫江洗不清。」朱元晦嘗云：「宋玉賦雖有『思萬方，憂國害，開聖賢，輔不逮』之語，亦屠兒之禮佛，娼家之讀禮耳。」白帝廟、在奉節縣東八里舊州城内，有三石笋猶存。公孫述據蜀，自稱白帝。杜甫詩：「白帝空祠廟，浮雲自往來。江山城宛轉，棟宇各徘徊。勇略今何在，當年亦壯哉。後人將酒肉，虚殿日煙埃。谷鳥鳴還過，林花落又開。多慚病無力，騎馬入蒼苔。」蘇子瞻詩：「朔風催入峽，慘慘去何之？共指蒼山路，來朝白帝祠。荒城秋草滿，古樹野藤垂。浩蕩荆江遠，凄涼蜀客悲。遲回問風俗，涕泗閔興衰。故國依然在，遺民豈復知。一方稱警蹕，萬乘擁旌旗。遠略初吞漢，雄心豈在夔。崎嶇來野廟，閔默愧當時。破甑蒸山麥，長歌唱《竹枝》。荆邯真壯士，吴柱本經師。失計雖無及，圖王固已奇。猶餘帝王號，皎皎在門楣。」蜀先主廟、去奉節縣六里。杜甫詩：「蜀主窺吴幸三峽，崩年亦在永安宫。翠華想像空山裏，玉殿虚無野寺中。古廟杉松巢水鶴，歲時伏臘走村童。武侯祠屋長鄰近，一體君臣祭祀同。」《————》詩云：「天下英雄氣，千秋尚凛然。勢分三(鼎足)〔足鼎〕，業復五銖錢。得相能開國，生兒不象賢。凄涼蜀故妓，來舞魏宫前。」諸葛忠武侯廟。在州城中八陣臺下。後封威烈武靈仁濟王。杜甫詩：「久遊巴子國，屢入武侯祠。竹日斜虚寢，溪風滿薄帷。君臣常共濟，賢聖亦同時。翊戴歸先主，并吞更出師。蟲蛇穿畫壁，巫覡醉珠絲。疑憶吟《梁父》，躬耕起未遲。」

祝穆、祝洙《方輿勝覽》卷五八《夔州路・歸州》【寺觀】靈泉寺。在州西三里。西臨水，狀若瀑布。張無盡於此院著《華合論》。詩云：「合道通爲七卷經，默教開眼示羣生。不須天女添瓶水，自有靈泉一派清。」雲居觀。在秭歸縣。有金銅混元皇帝像，并二鐵真人，皆唐開元間鑄。

【祠廟】三閭大夫祠。晏《類要》：「在州東五里。」《東漢地理志》引《荆州記》云：「秭歸縣北一百里有屈平故宅，累石爲屋基，名樂平里。其東北六十里又有女須廟。」擣衣石猶存。陸務觀《歸州逢端午》詩：「屈平鄉國逢重午，不比常年角黍盤。」黄魔神、《寰宇記》載其《廟記》云：「咸通壬辰，翰林蘭陵公蕭遘自右史竄黔南，泝三峽，次秭歸，夢神人曰：『險不足懼。』公詰之。曰：『我——也，居紫極宫之西北隅，將祐助明公出于此境。』」又《廟記》載李吉甫自忠州除替，峽漲洶怒，忽有神人湧出水上，爲之扶舡。李公祝而謝曰：「是何神也。」神曰：「我——也。」本朝寇萊公經從吒灘，亦有神扶舡而下，自號——。寇萊公祠。在龍興觀之西。又巴東亦有祠。有萊公柏二株，在縣庭，民以比甘棠。蘇子瞻詩：「萊公昔未遇，寂寞在巴東。聞道山中樹，猶餘手種松。」明妃廟。昭君名嬙，避晉諱改曰明妃，本縣人王攘之女也。年十七，漢元帝時待詔掖庭，不得見。後單于願婿漢氏，於是以昭君行。《寰宇記》：「在興山縣。昔明妃入胡，於馬上彈琵琶，怨且歌曰：『藜萊萋萋，其葉立黄。有鳥處此，集于苞桑。』昭君服毒而死，單于舉國葬之。胡中多白草，而此塚獨青，鄉人思之，爲之立廟。州東北四十里有昭君村。白居易詩：「靈珠産無種，彩雲出無根。亦如彼姝子，生此遐陋村。」杜甫詩：「羣山萬壑赴荆門，生長明妃尚有村。一去紫臺連朔漠，獨留青塚向黄昏。」又云：「若道巫山女麄醜，何得此有昭君村？」李白詩：「漢月還從東海出，明妃西嫁無來日。燕支長寒雪作花，蛾眉憔悴没胡沙。生乏黄金枉圖畫，死留青塚使人嗟。」又云：「丹青能使醜者妍，無鹽翻在漢宫裏。」唐楊凌《明妃怨》：「漢國明妃去不還，馬駝絃管向陰山。匣中縱有菱花鏡，羞對單于照舊顔。」王介甫詩：「當時枉殺毛延壽，意態由來畫不成。」歐陽永叔詩：「雖能殺畫工，於事竟何益。耳目所及尚如此，萬里安能制夷狄。」

【古跡】丹陽城。在秭歸東八里，今屈沱楚王城是也。北枕大江，周十二里。《山海經》云：「夏啓封孟涂於丹陽城。」昔周武王封熊繹於荆丹陽之地，即此。與江南丹陽不同。夔子城、《寰宇記》：「在秭歸縣東二十里。春秋夔子之都，熊摯所治也。」高陽城、在興山縣西三里山上。歸鄉城、在秭歸縣東五里，即歸國也。向王槍、在巴東縣北，臨大江傍。有鐵槍頭，長數丈，經數百年不損，目曰「向王槍」。公孫樓柱。盛弘之《荆州記》：「巴東有一折柱，孤直，高三丈，可十圍，相傳云是公孫述樓柱，枯而不朽。」

祝穆、祝洙《方輿勝覽》卷六一《夔州路・咸淳府》【樓閣】巴東道院。在州治。荔支樓、在城西南隅，白公置。公有《荔支樓對酒》詩：「荔支新熟雞冠色，燒酒初開琥珀香。欲摘一枝傾一盞，西樓無客共誰嘗？」東樓、白公詩：「山東邑居窄，峽牽氣候偏。林巒少平地，霧雨多陰天。隱隱煮鹽火，漠漠燒畬煙。賴此東樓夕，風月時翛然。憑軒望所思，目斷心悁悁。背春有鴈去，上水無來舡。」西樓、白公詩：「悄悄復悄悄，城隅隱林杪。山郭燈火稀，峽天星漢少。年光東流水，生計南枝鳥。月没江沉沉，西樓殊未曉。」四賢閣、黄魯直記：「忠州，漢巴郡之臨江、墊江縣也。其治所在臨江，故梁以爲臨州，後周以爲南賓郡，唐貞觀八年始爲忠州。其地荒遠瘴癘，近臣得罪，多出爲刺史、司馬。故劉尚書以刺史貶，一年死；陸宣公以別駕貶，十年死；李忠懿公以刺史居六年；白文公以刺史居二年。其後憙事者以四公俱賢，圖像爲———：故相贈司徒、鄭州刺史南華劉晏士安，故相贈兵部尚書、嘉興陸贄敬輿，中書侍郎平章事贈司徒、安邑李吉甫宏憲，刑部尚書贈右僕射、下邽白居易樂天。由開元以來，訖于會昌，四君子相望，凛然猶有生氣，忠民常以此自負，而郡守至者必矜式焉。紹聖三年正月，知州事營丘王君闢之聖涂下車問民疾苦，曰：『吏驚而民困。』故聖涂爲州，拊養柔良，知其飽飢，鉏治猾姦，幾於傷手，治聲翕然。邑中豪吏故時受賕舞文法者相與謀曰：『屬且無類。』即以智籠小駮吏郡訴於部使者。聖涂不爲變，且歎曰：『白頭老翁，安能録録畏吏苛民耶？』亦會部使者察其爲姦。而聖涂治成，時休車騎野次，咨問故老，訪四賢之逸事，而三君之政寂寥無聞。蓋士安即賜死，而敬輿別駕不治民，宏憲雖在州六年，亦嘿耳。樂天由江州司馬除刺史爲稍遷，故爲郡最暇豫有聲迹。又其在州時詩，見傳東樓以宴賓佐，西樓以瞰鳴玉溪，登龍昌上寺以望江南諸山，張樂巴子臺以會竹枝歌女，東坡種花，東澗種柳，皆相傳識其處所。於是一花一竹，皆考於詩，復其舊貫，種荔支數百株，移木蓮且十本。忠於一時遂爲三峽名郡。聖涂乃以書誇涪翁曰：『爲我記之。』涪翁曰：『聖涂急鰥寡之病，使遠方民沐浴縣官之澤，可謂知務矣。掃除四賢之室，思欲追配古人，可謂樂善矣。樂天去忠州，於今爲二百七十有九年。在官者鰓鰓然常憂瘴癘之病已，數日求去，故樂天之遺事蕪没欲盡。聖涂，齊人也，蓋不能巴峽之風土，又其擊强撥煩，材有餘地，而晚暮爲遠郡守，迺能慨然不倦，興舊起廢，使郡中池觀花竹鬱然如元和己亥時，追樂天而與之友，聖涂於是賢於人遠矣。』聖涂爲州之明年六月，而涪翁爲之記。」東坡亭、在郡圃。白公於此種花。詩云：「何處慇懃重回首，東坡桃李種新成。」又云：「最憶東坡紅燭熳，野桃山杏水林檎。」蘇子瞻《別杭州》詩云：「平生自覺出處，老少粗似樂天。」非東坡之名，偶爾同也。又有西坡，白公亦有詩。東亭、白公詩：「緑樹爲閑客，紅蕉當美人。」南亭、白公詩：「高城直下視，蠢蠢見巴蠻。安可施政教，尚不通語言。」舉盃亭。在城東石盤山。

【寺觀】龍昌寺。在臨江縣，今爲治平寺。白公嘗於寺旁植柳，柳盛則寺興，柳衰則寺廢。僧愛此柳，比之甘棠。龍興寺，陸務觀有《龍興寺弔少陵先生寓居》詩：「中原草草失承平，戍火胡塵到兩京。扈蹕老臣身萬里，天寒來此聽江聲。」寺門聽江聲甚壯。景德宫。在平都山。舊名仙都觀，即白鶴觀也。自豐都縣東行二里許，始登山，石徑縈迴可一二里，平瑩如掃，林木邃茂，夾徑皆翠柏，殆數萬株，有老柏十數，云皆千年物也。麀鹿時出没林間，皆與人狎甚。又名禹廟，又名平都福地，乃前漢王方平得道之所。張孝祥爲書「紫府真仙之居」。陸務觀詩：「唐碑多斷蝕，梁殿半欹傾。」

【祠墓】禹祠。在臨江縣南，過岷江二里。杜甫詩：「禹廟空山裏，秋風落日斜。荒庭垂橘柚，古屋畫龍蛇。雲氣生虚壁，江聲走白沙。早知乘四載，疏鑿控三巴。」屈原塔，在臨江縣東。蘇子瞻《———》詩：「楚人悲屈原，千載意未歇。至今滄江上，投飯救飢渴。遺風成競渡，哀叫楚山裂。南賓舊屬楚，山上有遺塔。應是奉佛人，恐子就淪滅。」陸宣公墓。在玉虚觀南三十步。舊經：「陸宣公嘗藁葬于此。」或曰宣公已歸葬，而忠南特虚塚耳。然杜子美已歸葬偃師，而耒陽之墓自若；李太白已移殯青山，而采石之塚猶存；則敬輿此墓宜封殖之。

【古跡】巴子臺。在臨江縣。白公《登城東古臺》詩：「迢迢東郊上，有土青崔嵬。不知何代物，疑是巴王臺。巴歌久無聲，巴宫没黄埃。」黄葛木、景德觀前有古木，大數十圍，枝柯盤鬱如蓋。山中人云：「此黄葛木，千年物也。」黄心木。白公《木蓮樹詩自序》云：「巴人呼爲———，大者高四五丈，涉冬不凋，身如青楊，葉如桂，花如蓮，香色艷膩皆然，獨房蘂有異。四月初，花自開，迨謝，僅二十日。忠州鳴玉溪生者，穠茂尤異。」又有詩云：「如折芙蓉栽旱地，似抛芍藥掛高枝。雲埋水隔無人識，惟有南賓太守知。」

祝穆、祝洙《方輿勝覽》卷六二《潼川府路・瀘州》【堂樓】衮繡堂。在州治。以趙衛公出鎮于此，改今名。整暇堂、在郡圃之内。西山堂，在寶山。南定樓。在州治，取《出師表》語。陸務觀詩：「行遍梁州到益州，今年又作渡瀘遊。江山重復争供眼，風雨縱横亂入樓。」

【亭觀】四香亭。在州治。淳熙趙公建。自題云：「永嘉何希深之言曰：『荼蘼香春，芙蓉香夏，木犀香秋，梅花香冬。』斯名以之。」偶住亭，在江安縣之對。建中初，魯直自僰道還，過邑宰石諒，同遊此亭，書《琴操》。後改爲渡瀘亭。有范百禄《平蠻碑》在焉。海觀。在州治。侍郎閻蒼舒詩：「雲南之陰大江東，一水奔騰如海衝。誰能具此壯觀眼，南定樓中今卧龍。」

祝穆、祝洙《方輿勝覽》卷六二《潼川府路・潼川府》【堂亭】名世堂。在府治。畫司馬相如、王褒、揚雄、嚴君平、屈原、陳子昂、李太白、蘇子瞻八人。來衮堂，在府治。以趙丞相更名。西郊亭、蒲公規《亭記》云：「蜀相高平公所建。」野亭、在通泉縣東。杜甫《陪王侍御宴通泉東山——》詩：「江水東流去，清樽日復斜。異方同宴賞，何處是京華。亭影臨山水，村煙對浦沙。狂歌遇形勝，得醉即爲家。」山亭、杜甫《登牛頭——》詩云：「路出雙樹外，亭窺萬井中。江城孤照日，山谷遠含紅。兵革身將老，關河信不通。猶殘數行淚，忍對百花叢。」水亭。杜甫《章梓州——》詩：「城晚通雲霧，亭深到芰荷。吏人橋外少，秋水席邊多。」

【館驛】通泉驛。杜甫詩：「溪行衣自濕，亭午氣始散。冬温蚊蚋集，人遠鳧鴨亂。驛樓衰柳側，縣郭輕煙畔。一川何綺麗，盡日窮壯觀。」

【寺觀】慧義寺。杜甫《陪章梓州》詩云：「春日無人境，虛空不住天。鶯花隨世界，樓閣倚山巔。遲暮身何得，登臨意惘然。誰能解金印，瀟灑共安禪。」前人《送王少尹赴成都》詩云：「苒苒谷中寺，娟娟林表峰。欄干上處遠，結構坐來重。騎馬行春徑，衣冠起暮鍾。雲門青寂寂，此別惜相從。」牛頭寺、杜甫詩：「青山意不盡，衮衮上牛頭。無復能拘礙，真成汗漫遊。花濃春寺静，竹細野池幽。何處鶯啼切，移時獨未休。」《望———》詩：「牛頭見鶴林，梯徑繞幽深。春色浮山外，天河宿殿陰。傳燈無白日，布地有黄金。休作狂歌客，回看不住心。」兜率寺、在南山，名長壽。有劉蜕《文冢碑》及蜕三詩刻之石。杜甫詩：「兜率知名寺，真如會法堂。江山有巴、蜀，棟宇自齊、梁。庾信哀雖久，何顒好不忘。白牛連遠近，且欲上慈航。」《望———》詩：「樹密當山徑，江深隔寺門。霏霏雲氣重，閃閃浪花翻。不復知天大，空餘見佛尊。時應清盥罷，隨喜給孤園。」東山寺、名普惠寺，在城東涪江之外，去城三里。寺有蘇公泉、臨川閣，下瞰涪江。香積寺、在涪城縣，有官閣。杜甫詩：「寺下春江深不流，山腰官閣迥添愁。諸天合在藤蘿外，昏黑應須到上頭。」東臺院，在鹽亭縣。郎中任伯傳於山上建亭，讀書十年，而兄弟子孫登科者十餘人。其孫任源有記。玉京觀。在射洪縣北金華山上。東晉陳勳學道山中，白日仙去。梁天監中建觀。有唐明皇所鑄老君像。有陳拾遺讀書堂及盧藏用祭文。

【祠廟】白崖廟。在白崖山。《圖經》云：「神姓陸，諱弼，梁天監中爲瀘州刺史，卒於官，歸舟過此山下，舟皆沉没，後爲立廟。」勾溪廟。在中江縣，即天齊王祠。子瞻有「看畫古叢祠」之句，見後「題詠」。

祝穆、祝洙《方輿勝覽》卷六四《潼川府路・昌州》

【樓閣】三華樓。在東街。郡有——山，差遠莫相領會，太守黄臯創—以挹其勝。五桂樓，在正街西。乾道辛卯，郡五士同奏名外省，太守曹岍創———。香霏堂、《冷齋夜話》載：有人調官都下，踰年始得昌守，已而求易便郡。有淵才者，聞而往見之，曰：「昌，佳郡也。官欲易地，有之乎？」曰：「然。」淵曰：「誤，誤矣。」曰：「俸給優乎？」淵曰：「否。」「訟簡乎？」淵曰：「否。」「然則奚誤？」曰：「海棠患無香，獨静南者有香，非佳郡而何？故昌號『海棠香國』。」土人云：地宜此花，易植易蕃。郡治——— 一老樹，重趺疊萼，每花或二十餘葉，花氣醲郁，餘不能及也。太守品題詩甚多。孔平仲《談苑》載淵才《海棠》詩云：「雨過温泉浴妃子，露濃湯餅試何郎。」挹參閣。詩見「題詠」。

祝穆、祝洙《方輿勝覽》卷六五《潼川府路・叙州》

【亭院】東州道院。在州治之内。荔支廳、在倅廳。名曰萬朵紅，最爲佳品。又一本在尉廳，一株四柯，西南一柯獨肉厚而味甘。黄魯直云。江山偉觀、在郡治。大雅堂。眉人楊素，從黄庭堅謫戎州，嘗曰：「安得一奇士而有力者，盡刻杜子美東、西川及夔州詩，使大雅之音復盈三巴之耳哉。」素聞之，欣然拏舟訪黄於戎，請攻堅珉，募善工，作華堂以宇之。黄偉其言，悉書子美詩遺之，因名其堂曰大雅，且爲記。

【樓亭】西樓。在州治。陸務觀 一畫舡銜雨入戎州，縹緲山横杜若洲。須信時平邊候静，傳烽夜夜到西樓。」東樓，杜甫《宴戎州楊使君東樓》詩：「勝絶驚身老，情忘發興奇。坐從歌妓密，樂任主人爲。重碧拈春酒，輕紅擘荔支。樓高欲愁思，横笛未休吹。」鎖江亭、黄魯直《鎖江亭酌酒》詩：「西來雪浪如炰烹，兩崖一葦乃可横。酒盃未覺浮蟻滑，茶鼎已作蒼蠅鳴。」「山繞樓臺鍾鼓晚，江觸石磯碪杵鳴。鎖江主人能致酒，願渠久住莫終更。」「鎖江亭上一樽酒，山自白雲江自横。」陸務觀詩：「千尋鐵鎖還堪恨，空鎖長江不鎖愁。」味諫軒。《桯史》云：「戎州有蔡次律者，家于近郊，魯直嘗過之，延以飲。有小軒，極華潔。檻外植甘子數株，因乞名焉，題之曰味諫軒。後王子予以橄欖遺之，魯直有詩云：『方懷味諫軒中菓，忽見金盤橄欖來。』」

【寺院】無等院。在州南門外。魯直以元符間寓居，作喬木庵。今猶存其寺額，亦魯直筆蹟。陸務觀詩：「文章何罪觸雷霆，風雨南溪自醉醒。八十年間遺老盡，壞堂無壁草青青。」壽昌院。在城北門外。有浮圖，高二百尺。東坡過戎州，艤舟遊此，壁間有留題。

祝穆、祝洙《方輿勝覽》卷六六《利州東路・興元府》

【堂樓】桂石堂。在府園。文與可詩：「嘗聞陽朔山，萬尺從地起。孤峰立亭下，此石無乃似。」天漢樓。在府治子城上。山川環繞，爲一郡登覽之勝處。

【亭榭】四照亭。在府園。文與可詩云：「蠻嶺附梁山，汀洲隨漢水。秋容上屏障，左右三百里。此景誰能論，殘霞獨憑几。」盤雲塢。在府園。文與可詩：「幾曲上層城，盤盤次文石。」

【館驛】褒城驛。孫樵記：「———天下第一。及得寓目，視其沼則淺混而茅，視其舟則離敗而膠，庭除甚蕪，堂廡甚殘，烏睹其所謂宏麗者。訊於驛吏，則曰：『忠穆公嘗牧梁州，以褒城控二節度治所，龍節虎旗，馳駬奔軺，以去以來，轂交蹄劘，由是崇侈其驛，以示雄大。

蓋當時視他驛爲壯，且一歲賓至者不下數百輩，苟夕得其庇，飢得其飽，皆暮至朝去者，寧有顧惜心耶？至如棹舟，則必折篙破舷碎鷁而後止；魚釣，則必枯泉汨泥盡魚而後止。至有飼馬於軒，宿隼於堂，凡所以汙敗室廬，糜毀器用。官小者，其下雖氣猛可制；官大者，其下益暴橫難禁。由是日益破碎，不與曩類。某曹八九輩，雖以供饋之隙一二力治之，其能補數百人殘暴乎？』語未既，有老甿笑於旁，且曰：『舉今州縣皆驛也。吾聞開元中，天下無金革之聲，而户口日益破；疆埸無侵削之虞，而墾田者益寡，生民日益困，財力日益竭；其故何哉？凡與天子共治天下者，刺史縣令而已。以耳目接於民，而政令速於行也。今朝廷命官，既已輕任刺史縣令，而又促數於變易。且刺史縣令者，三歲再更，故州縣之政，苟有不利於民，可以出意革去者，其在刺史縣令則曰：「我即去，何用如此？」當愁醉醲，當飢飽鮮。囊帛匱金，笑與秩終。嗚呼！州縣者，真驛耶？矧更代之隙，黠吏因緣恣爲奸欺以賣州縣者乎？如此而欲望生民不困，財力不竭，户口不破，墾田不寡，難哉！』予既揖退老甿，條其言，書於褒城驛壁。」

【古跡】嫣墟。《世本》云：「在城固縣西北，舜之居也。」劉禹錫《驛路記》云：「鎮于——。」褒城、胡曾詩：「恃寵驕多得自由，驪山舉火戲諸侯。祇知一笑傾人國，不覺胡人滿玉樓。」八陣圖。在西縣定軍山下。《郡志》：「每陰曀則有鼙鼓之聲。」

祝穆、祝洙《方輿勝覽》卷六七《利州東路·隆慶府》【樓亭】春風樓。在郡圃。重陽亭。在郡東山之陽。唐大中間太守蔣侑創亭，李商隱作《亭銘》。

【古跡】古陰平道。鄧艾所出———在今文州，漢陰平也，其地與江油爲鄰。此陰平縣自晉、宋始置北陰平郡，非鄧艾之陰平也。上亭驛。在梓潼、武連二縣之界。唐明皇幸蜀，聞鈴聲之地，又名琅璫驛。羅隱詩：「山雨霏微宿上亭，雨中應想雨淋鈴。貴爲天子猶魂斷，窮着荷衣好涕零。」楊子方詩：「時平總忽忠臣語，世亂仍遭弄臣侮。至今説到忒琅璫，行路猶能痛千古。」

【祠廟】李杜祠。按劍門題詩以太白、子美爲重，而世未有並祠之者。會從李參預壁得所賜阜陵御書《蜀道難》，又從李左史得趙忠定汝愚大書《劍門》詩，因建祠刻二詩於前，榜其堂曰「文焰」，取韓退之詩語也。靈應廟。即梓潼廟，在梓潼縣北七八里七曲山。按《圖志》，神姓張，諱亞子，其先越嶲人也。因報母仇，遂陷縣邑，徙居是山。僖宗幸蜀，神於利州桔柏津見，護駕甚有禮敬。暨回，封濟順王，親幸其廟。王鐸詩云：「爲報山東諸將相，拄天功業賴陰兵。」

祝穆、祝洙《方輿勝覽》卷六七《利州東路·閬州》【堂舍】整暇堂。在州治。黄魯直記：「無事而使物物得其所，可以折千里之衝，之謂整；有事而以逸待勞，以實擊虛，彼不足而我有餘，之謂暇。夫不素備而應卒，可以徼幸於無患，而其顛沛狼戾者，十常八九也。豈惟人事哉！昔者，晉欒鍼使於楚，楚執政問晉國之勇，對曰：『好以衆整。』又問：『如何？』曰：『好以暇。』雖晉、楚争盟，務以辭相勝。充其情，楚豈能與中國抗衡哉？今之郡守，古諸侯也。提千里之兵以守關要，平居燕安，拙者奉三尺而有餘，至倉卒變故，巧者應事機而不足。此不知整暇故也。」治平園。國朝治平初，太守朱壽昌築東園於牙城東，内有郎官庵，三角、四照、紅藥之亭，清風、明月之臺，錦屏閣、花塢、柳橋、曲池，文與可嘗賦十詠詩。

【樓亭】錦屏樓。在郡治。南樓、閬州江山奇秀聞天下，直前據其會曰——者，唐滕王元嬰所建也。李獻卿《——》詩：「三面江光抱城郭，四圍山勢領煙霞。馬鞍嶺上渾如錦，繖蓋門前半是花。」會景樓；雍子儀建於將相坊，蘇子瞻爲題。滕王亭、即滕王元嬰所建，在玉臺觀。杜甫詩：「君王臺榭沈巴山，萬丈仙梯尚可攀。春日鶯啼脩竹裏，仙家犬吠白雲間。清江碧石傷心麗，嫩蘂濃花滿目班。人到于今歌出牧，來遊此地不知還。」奪錦亭、在西巖。陸務觀詩：「奪錦軒中醉倚欄，錦屏紫翠插雲端。平生不喜言争奪，付與游人自在看。」紫微亭、即三陳布衣時所予交遊之地。後諸陳既貴，鮮于康肅寄詩：「當時未識紫微星，獨到漁陽訪此亭。今日園林爲勝地，好將前事載《圖經》。」鮮于乃子駿之父，嘗期三陳以公輔。捧硯亭。司馬君實侍親游三陳讀書巖，題名，其末云：「司馬光捧硯。」勾龍瞻可請以「捧硯」爲名。

【寺觀】東寺。《丹陽集》云：「元、白齊名，有自來矣。蓋元微之寫白居易詩於閬州——壁，白居易寫元詩百篇合爲屏風，更相傾慕如此。」居易詩云：「憶君無計寫君詩，盡寫千行説向誰。題在閬州東寺壁，幾時知是見君時。」慈光院；寇平仲《過新井———留題海棠》詩：「暄風花雜滿欄香，盡日幽吟嘆異常。翻笑牡丹虚得地，玉階開落對君王。」玉臺觀。在州北七里。唐滕王嘗遊，有亭及墓。杜甫詩：「中天積翠——遥，上帝高居絳節朝。遂有馮夷來擊鼓，始知嬴女善吹簫。江光隱見黿鼉窟，石勢參差烏鵲橋。更有紅顔生羽翼，便應黄髮老漁樵。」

【祠廟】張侯祠。在州治東。蓋張飛爲巴東太守。曾子固記：「侯以智勇爲將，號『萬人敵』。當蜀之初，與魏將張郃相拒於此，能破郃軍，以安此土，可謂功施於人矣。其殁也，又能澤而賜之，則其食於閬人也宜哉。」顔魯公祠。在新政縣。詳見蓬州。馬存撰《祠記》：「雖「上元中，———爲蓬州長史，過新政，作《離堆記》四百餘言，書而刻之石壁上，字徑三寸。崩壞剥裂之餘，而典刑具在，使人見之凛然也。元符三年，余友强叔來尹是邑，始爲公作祠堂於其側，而求文以爲記。余謂仁之勝不仁久矣。然有時乎不勝，而反爲所陷焉，命也。史臣論公『晚節偃蹇，爲奸臣所擠，見殞賊手』，是未必然。公孫丞相以仲舒相膠西，梁冀以張綱守廣陵，李逢吉以韓愈使鎮州，而盧杞以公使希烈，其用意正相類爾。然於數君終不能有所傷，而公獨不免於虎口。由是觀之，士之成敗存亡，豈不有命耶？而小人軒然，自以爲得計，不亦繆乎？且吾聞之，古之尚友者，以友天下善士爲未足。又尚論古之人，誦其詩，讀其書，思見其人而不可得，則方且欲招屈子於江濱，起士會於九原。蓋其志所願，則超然慕之於數千百載之後，而况於公乎？公之功名事業已絶於人，而文學之妙亦不可及，用其書畫之所在而祠之，此昔人尚友之意也。嘗試與强叔登離堆，探石室，觀其遺迹，而有味其平生，則今之精神風采，猶或可以想見也夫！」

祝穆、祝洙《方輿勝覽》卷六八《利州東路・洋州》 【堂軒】襲美堂。在州宅。韓忠憲公億與子縝嘗守是邦，郡人以其父參大政，子居鼎席，故名。 書軒。在州宅。潁濱詩：「緑竹覆清渠，塵心日日疏。使君遺癖在，依舊讀文書。」

【樓閣】望雲樓。在郡圃。文與可詩：「巴山樓之東，秦嶺樓之北。樓上捲簾時，滿樓雲一色。」秦雲閣、在興道縣治北。望秦山雲物變態，皆几案間物也。 天漢臺。文與可詩：「漾水東流見舊經，銀河左界上通靈。此臺試向天文覓，閣道中間第幾星。」

【亭榭】披錦亭。蘇子瞻詩：「煙紅露緑曉風香，燕舞鶯啼春日長。誰道使君貧且老，繡屏錦帳咽笙簧。」擁翠亭；在倅廳。北望叢山，亦一奇觀。 二樂榭、在郡圃。北望秦嶺，一目數萬里。劉光祖詩：「同登——，擬續四賢詩。」郡圃、文同詩：「湖上雙禽泛泛，橋邊細柳垂垂。日永庭中無事，使君來此吟詩。」鮮于子駿詩：「朝陽動湖水，春色入名園。邑人千萬户，日日望朱幡。」篔簹谷。守文與可作。蘇子瞻記：「予詩云：『漢川脩竹賤如蓬，斤斧何曾赦籜龍。料得清貧饞太守，渭濱千畝在胸中。』是日，與可同妻游谷中，燒笋晚食，發函得詩，失笑，噴飯滿桉。」

【館驛】望雲驛。元稹《——》詩云：「駱駝山下斧刃堆，望秦嶺下堆頭石。五六百里真符縣，四十八盤青山驛。」

【寺院】醴泉院。在興道。院又名開化院。和凝《遊——》詩：「萬山嵐靄覆洋城，數處禪齋盡有名。古柏八株堆翠色，靈泉一液逗寒聲。」

《〔景定〕建康志》卷一七《山川志一・山阜》 銅山在江寧縣東南七十里，周迴一十九里，高一百丈。舊志。《事跡》：「昔人採銅於此山，故名。」陳軒《金陵集》載鮑昭《過銅山掘黄精詩》云：「銅山晝深沉，乳竇夜涓滴」，即此也。屬江寧縣。句容縣北、溧水縣西亦各有銅山，皆舊日採銅處。【略】

五碁山在句容縣北五十里，周迴二十里，高二十五丈。銅山在句容縣北六十里，周迴二十里，高八十七丈，以舊出銅，故名。【略】

花碌山在句容縣北五十里，周迴一十七里，高二十六丈，舊有礬坑。【略】

東破山在溧水縣東南五十五里，高二十三丈，周迴一十七里，梁大同二年採銅於此。【略】

馬占山在溧水縣東南三十五里，高一十八丈，周迴一十三里，梁大同二年採銅於此。【略】

銅山在溧水縣西四十里，高二十四丈，周迴一十三里。舊經云昔嘗採銅於此，今爐冶舊址猶存。【略】

銅官山在溧陽縣東南五十八里，高十八丈，周迴十六里，昔嘗出銅，故名。《唐書・地理志》：「溧陽有銅」，此其地也。今土中熒然有銅如麩狀，然堇堇取之，不足以償費。

《〔咸淳〕臨安志》卷二四《山川三・城東北諸山》戎山 在〔餘杭〕縣西南二十四里，高一百丈，周回四十里。舊傳有休村，李波提莊在山側。波提嘗養一戎犬守莊，犬死瘞於山旁，故名戎山。相傳唐乾封二年，波提畊於戎山頂，得碎石，青黄色，以示銅工，工曰：「鑛也，烹之可得銅。」於是百姓競取之，然得銅者尠，因不復采。

舟杭山 在〔餘杭〕縣西北二十五里，高一百七十六丈，周回一十里。山頂有石穴，古老云禹治水，維舟之所。東坡詩云「看山識禹功」，蓋謂是也。相傳其山或有銅鑛，唐文明元年有得鑛者，告於官，將置監，先令百姓同採。年餘，竟無所得，遂寢。《唐地理志》「餘杭有銅」，恐此類。

周密《齊東野語》卷一〇《范公石湖》 文穆范公成大，晚歲卜築於吴江盤門外十里。蓋因闔閭所築越來溪故城之基，隨地勢高下而爲亭榭。所植多名花，而梅尤多。別築農圃堂對楞伽山，臨石湖，蓋太湖之一派，范蠡所從入五湖者也，所謂姑蘇前後臺，相距亦止半里耳。壽皇嘗御書石湖二大字以賜之。公作《上梁文》，所謂「吴波萬頃，偶維風雨之舟；越戍千年，因築湖山之歡」者是也。又有北山堂、千巖觀、天鏡閣、壽樂堂，他亭宇尤多。一時名人勝士，篇章賦詠，莫不極鋪張之美。

乾道壬辰三月上巳，周益公以春官去國，過吴，范公招飲園中。夜分，題名壁間云：「吴臺、趙壘，距門纔十里，而陸沉於荒烟野草者千七百年。紫薇舍人始創別墅，登臨得要，甲於東南。豈鴟夷子成功於此，扁舟去之，天閟絶景，須苗裔之賢者，然後享其樂邪？」爲擊節，而前後所題盡廢焉。

吴自牧《夢粱録》卷七《杭州》 杭城號武林，又曰錢塘，次稱胥山。隋朝特創立此郡城，僅三十六里九十步。後武肅錢王發民丁與十三寨軍卒增築羅城，周圍七十里許；有南城門稱爲龍山；東城門號爲南土、北土、保德；北城門名北關，今在餘杭門外，人家門首有青石墩是也；西城門曰水西關，在雷峰塔前。

城中有門者三：曰朝天門，曰啓化門，曰鹽橋門。宋太平興國年間，錢王納土，口口口口安有，號爲寧海軍。高廟於紹興歲南渡，駐蹕於此，遂稱爲「行在所」。其地襟江抱湖，川湊口口口衍，民物阜蕃，非殊方下郡比也。自歸宋口口口口口易名。旱門僅十有三，水門者五。城南門者一，曰嘉會，城樓絢彩，爲諸門冠，蓋此門爲御道，遇南郊，五輅從此幸郊臺路。城東南門者七，曰北水門；曰南水門，蓋禁中水從此流出，注鐵沙河及横河橋下，其門有鐵窗栅鎖閉，不曾輒開；曰便門；曰候潮門；曰保安水門，河通跨浦橋，與江相隔耳；曰保安門，俗呼小堰門是也；曰新開門。城東門者三：曰崇新門，俗呼薦橋門；曰東青門，俗呼「菜市」；曰艮山門。城北門者三：曰天宗水門；曰餘杭水門；曰餘杭門，舊名「北關」是也。蓋北門浙西、蘇、湖、常、秀，直至江、淮諸道，水陸俱通。城西門者四：曰錢塘門；曰豐豫門，即涌金；曰清波，即俗呼「暗門」也；曰錢湖門。其諸門内，便門、東青、艮山皆瓮城；水門皆平屋；其餘旱門皆造樓閣。諸城壁各高三丈餘，横闊丈餘。禁約嚴切，人不敢登，犯者準條治罪。城内元三門俱廢之，獨朝天門止存兩城壁，杭人猶以門稱之。

吴自牧《夢粱録》卷八《大内》 大内正門曰麗正，其門有三，皆金釘朱户，畫棟雕甍，覆以銅瓦，鎸鏤龍鳳飛驤之狀，巍峨壯麗，光耀溢目。左右列闕，待百官侍班閣子。登聞鼓院、檢院相對，悉皆紅杈子，排列森然，門禁嚴甚，守把鈐束，人無敢輒入仰視。至晡時，各門下青布幕護之。麗正門内正衙，即大慶殿，遇明堂大禮、正朔大朝會，俱御之。如六參起居，百官聽麻，改殿牌爲文德殿；聖節上壽，改名紫宸；進士唱名，易牌集英。明禋爲明堂殿。次曰垂拱殿，常朝四參起居之地。内後門名和寧，在孝仁登平坊巷之中，亦列三門，金碧輝映，與麗正同，把守衛士嚴謹，如人出入，守闔人高唱頭帽號。門外列百僚待班閣子，左右排紅杈子，左設閤門，右立待漏院，客省四方館。入登平坊，沿内城有内門，曰東華，守禁尤嚴。沿内城向南，皆殿司中軍將卒立寨衛護，名之中軍聖下寨。寨門外左右俱置護龍水池。沿寨向南，有便門，謂之東便門。禁庭諸殿更有者十：曰延和，曰崇政，曰福寧，曰復古，曰緝熙，曰勤政，曰嘉明，曰射殿，曰選德，曰奉神。御殿名「欽先孝思之殿」。更有天章諸閣，奉藝祖至理廟神御御書圖製之籍。寶瑞之閣，建於六部山後，供進御膳，即嘉明殿，在勤政殿之前。勤政即木帷寢殿也。嘉明殿相對東廊門樓，乃殿中省六尚局御厨，祗應内侍人員，俱集於此。

吴自牧《夢粱録》卷八《德壽宫》 德壽宫在望仙橋東，元係秦太師賜第，於紹興三十二年六月戊辰，高廟倦勤，不治國事，别創宫庭御之，遂命工建宫殿，匾德壽爲名。後生金芝於左棟，改殿匾曰康壽。其宫中有森然樓閣，匾曰聚遠，屏風大書蘇東坡詩：「賴有高樓能聚遠，一時收拾付閒人」之句。其宫籞四面游玩庭館，皆有名匾。東有梅堂，匾曰香遠。栽菊，間芙蕖、修竹處有榭，匾曰梅坡、松菊三徑。荼蘼亭匾曰新妍。木香堂匾曰清新。芙蕖岡南御宴大堂，匾曰載忻。荷花亭匾曰射廳、臨賦。金林檎亭匾曰燦錦。池上匾曰至樂。郁李花亭匾曰半綻紅。木樨堂匾曰清曠。金魚池匾曰瀉碧。西有古梅，匾曰冷香。牡丹館匾曰文杏，又名静樂。海棠大樓子，匾曰浣溪。北有欏木亭，匾曰絳葉。清香亭前，栽春桃，匾曰倚翠。又有一亭，匾曰盤松。高廟雅愛湖山之勝，於宫中鑿一池沼，引水注入，迭石爲山，以象飛來峰之景，有堂匾曰冷泉。孝廟觀其景，曾賦長篇詠曰：「山中秀色何佳哉，一峰獨立名飛來。參差翠麓儼如畫，石骨蒼潤神所開。忽聞仿象來宫囿，指顧已驚成列岫。規模絶似靈隱前，面勢恍疑天竺後。孰云人力非自然，千岩萬壑藏雲烟。上有峥嶸峌峒之翠壁，下有潺湲漱玉之飛泉。一堂虚敞臨清沼，密蔭交加森羽葆。山頭草木四時春，閱盡歲寒長不老。聖心仁智情幽閒，壺中天地非人間。蓬萊方丈渺空闊，豈若坐對三神山。日長雅趣超塵俗，散步逍遥快心目。山光水色無盡時，長將挹向杯中渌。」高廟覽之，欣然曰：「老眼爲之增明。」後孝廟受禪，議德壽宫改匾曰重華御之。次憲明太皇后欲御，又改爲慈福宫。壽成皇太后亦改宫匾曰壽慈御之。繼後宫室空閑，因而遂廢。咸淳年間，度廟臨政，以地一半營建道宫，匾曰宗陽，以祀感生帝。其時重建，殿廡雄麗，聖真威嚴，宫囿花木，靡不榮茂，裝點景界，又一新耳目；一半改爲民居，圃地改路，自清河坊一直築橋，號爲宗陽宫橋，每遇孟享，車駕臨幸，行燒香典禮，橋之左右，設帥漕二司，起居亭存焉。

吴自牧《夢粱録》卷八《太廟》 太廟在瑞石山，紹興間建，正殿七楹十三室，二車十駕款謁禮後，又幸建康，改爲聖祖殿，復奉神主還杭，仍復奉安於此。禮部太常寺遵典行郊禋禮。前一日，朝饗太廟，仍設七祀板位於殿廡横階之北，又設配饗文武功臣，自韓王趙普以下二十五位於横階之南。後部寺奏請增建廟室，後東西增六楹，通舊十三楹爲一室，東西二楹爲夾室，及增廊廡作西神門，册寶殿祭器庫屋，建齋殿及致齋閣子四十有四楹。咸淳添置一室，奉理廟神主，通爲一十四室，皆正中。又築二成之臺，爲祠宮升下以奉神主出入之地。四祖廟在諸室之西，奉僖、順、翼、宣四祖神主耳。每遇三年，以孟冬袷享，即廟行禮，次詣諸室，恭行祀典。

吴自牧《夢粱録》卷八《景靈宫》 景靈宫在新莊橋，投北坐西，乃韓蘄王世忠元賜宅基，其子獻於朝，改爲宫。向中興初，高廟鑾輿幸此，四孟朝獻，俱於禁中行禮。紹興年間，臣僚奏景靈宫以奉祖宗衣冠之所，即漢亭廟也，今就便殿設位以饗，未副廣孝之意，遂詔臨安府同修内司相度，以蘄王宅基，修蓋宫廟。殿門匾曰恩成，前爲聖祖廟，宣祖至徽宗殿居中，東西廊俱圖配饗功臣像於壁，元天聖后與昭憲太后而下諸后殿居於後。朝家欲再廣殿廡劉氏餘地，其子孫復獻，遂增建前殿五楹，中殿七楹，後殿十七楹，自是齋殿、進膳、更衣、寢殿，次第俱備焉。咸淳年間，再命帥臣重修各殿，度廟親灑匾目，自聖祖、宣祖、太祖至理廟十六殿，曰天興、天元、宣武、大定、熙文、美成、治隆、大明、重光、承元、瑞慶、皇德、系隆、美明、垂光、章熙之匾。自元天聖后至楊太后十五殿，曰保寧、太始、儷極、輝德、衍慶、繼仁、徽音、坤元、柔儀、順承、纘德、順嗣、徽光、順天、體德之匾。宫後有堂，自東齋殿西循廡而右，爲大堂三，臨池上，左右爲明樓，旁有蟠桃亭，堂南爲西齋殿，遇郊禋恭謝，設宴賜花於此；西有流杯堂、跨水堂、梅亭；北爲四並堂，又有桔井修竹，四時花果亭宇，不能備載。宫南建崇禋館，命道流以奉灑掃，晨香夕燈之職。

吴自牧《夢粱録》卷八《萬壽觀》 萬壽觀，在新莊橋西。紹興間建殿觀宇，以太霄殿奉昊天，寶慶殿奉聖祖，長生殿奉長生帝，西則純福殿，奉元命。後殿十二楹，爲二十二室，奉太祖以下。會聖宫、章武殿應天璇運，皆塑像，以存東都遺制。前殿東有真廟室，匾曰延聖，章惠后室匾曰廣愛，温成后室匾曰寧華。四孟廟獻畢，上由御圃詣本觀諸殿行燒香禮。景定改道院齋閣，以奉皇太后，元命觀東建神華館，命羽士焚修。

吴自牧《夢粱録》卷八《御前宫觀・東太乙宫》 御前宫觀，在杭城者六，湖邊者三，多是潛邸改建琳宫，以奉元命，或奉感生帝，屬内侍提舉宫事，設立官司守衛兵士。凡宫中事務，出納金穀日膳，道衆修崇醮款，凡有修整宫宇，及朝家給賜銀帛，殿閣貼齋錢帛，並皆主計給散，羽士俱霑恩甚隆，外觀皆不及也。

東太乙宫，在新莊橋南。元東都祠五福太乙神也。駐蹕於此，以北隅擇地建宫，以奉禮寺討論，宜設位塑像。按十神者，曰五福、君基、大游、小游、天一、地一、四神、臣基、民基、直符。凡行五宫，四十五年一移，所臨之地，歲稔無兵疫。紹興間，命浙漕度地建宫，凡一百七十四區，殿門匾曰崇真，大殿匾曰靈休，挾殿匾曰瓊章寶室，元命殿匾曰介福，三清殿匾曰金闕、寥陽，齋殿匾曰齋明，火德殿匾曰明離。兩廡俱繪三皇五帝、日月星宿、嶽瀆九宫貴神等，與從祀一百九十有五，遵太平興國舊制。每祀用四立日，設籩豆簠簋尊罍，如上帝禮，兩廡以次降殺。車駕遇四孟朝饗，嘗親詣焉。孝廟又建元命殿，匾曰崇禧。淳熙建藏殿，匾曰瓊章寶藏。鐘樓匾曰瓊音之樓。理廟建長生殿，奉南極。度宗建通真殿，以奉右聖；中祐殿，奉元命；順福殿，奉太皇。元命，蓋易長生名，改爲延壽，俱宸翰也。又北辰殿，奉北斗。崇真館在宫南，有齋八，曰觀妙、潛心、泰定、集虚、頤真、集真、洞微、虚白。館有小圃，亭匾武林，山在宫後小坡，山乃杭之主山也。

吴自牧《夢粱録》卷八《西太乙宫》 西太乙宫，在西湖孤山。淳祐間，太史奏太乙臨梁、益分，請用天聖故事，於國城西南別建新宫，以順方向。於是擇八角鎮地，建宫奉安，遂析延祥觀地爲宫，以凉堂建正殿，匾曰黄庭之殿，殿門匾曰景福之門，安奉太乙十神帝像。東有延祥殿，以備臨幸，其外匾曰福祥之門。凡宫之事儀，四立祀典，皆如東太乙例遵行。咸淳間，以德輝堂爲元命殿，明應堂爲太皇元命殿。迎真殿在宫之右，有齋者二，曰通真、養素。宫中舊有陳朝檜，至今七百五十餘年矣。蘇東坡嘗爲僧志詮作詩以記。側有小亭，孝廟宸翰，其詩石刻於亭下曰：「道人手種幾生前，鶴骨龍姿尚宛然。雙榦一先神物化，九朝三見太平年；忽驚華表依巖出，乞與佳名到處傳。此柏未枯君記取，灰心聊伴小乘禪。」

吴自牧《夢粱録》卷八《佑聖觀》 佑聖觀，在端禮坊西，元孝廟舊邸，紹興間以普安外第設立，光廟乾道年間，又開甲觀之祥。淳熙歲，詔改爲道宫，以奉真武。紹定重建觀門，曰佑聖之觀，殿曰佑聖之殿，藏殿匾曰瓊章寶藏，御製《真武贊》及宸翰《黄庭經》，皆刻之石以賜。後殿奉元命，西奉孝廟神御，即明遠樓舊址也。孝廟少年時題杜甫詩曰：「富貴必從窮苦得，男兒須讀五車書。」理廟又書全篇，鋟於東宫廳屏風上曰：「碧山學士焚銀魚，白馬却走深巖居。古人已用三冬足，年少今開萬卷餘；晴雲滿户團傾蓋，秋水浮階溜决渠。富貴必從勤苦得，男兒須讀五車書。」延真館在觀之右，命道流修晨香夕炬之供。館有道紀堂、虚白齋。

吴自牧《夢粱録》卷八《顯應觀》 顯應觀，在豐城門外，聚景園之北，處湖之東，水四面繞觀，觀額宣和所賜。靖康年間，高廟爲康邸，出使至磁州，神馬引而南。建炎初，秀邸妻夢神指一羊謂曰：「以此爲識。」遂誕毓孝廟。由是累朝祠祀彌謹。殿中爲顯應之殿，其神位曰護國顯應興聖普佑真君。高廟爲書殿匾，且揭以御名，昭其敬也。孝廟宸書「瓊章寶藏」之匾，理廟書《洞古經》以賜刻石，寧廟御題觀碑，其額以表功忠。觀之東有崇佑觀。

吴自牧《夢粱録》卷八《四聖延祥觀》 四聖延祥觀，在孤山，舊名四聖堂。道經云：「四聖者，紫微北極大帝之四將，號曰天蓬、天猷、翊聖、真武大元帥真君。」先是顯仁韋太后繪像，奉事甚謹，朝夕不忘香火。高廟爲康邸，出使將行，見四金甲神人，執弓劍以衛。紹興間，慈寧殿出財建觀侍奉，遂於孤山古刹，徙之爲觀。次年，内庭迎四聖聖像，奉安此觀。觀額詔復東都延祥舊名，殿匾曰北極四聖之殿，殿門匾曰會真之門，三清殿匾曰「金闕寥陽」，法堂匾曰「通真」，元命閣匾曰「清寧」，皆理廟奎墨。藏殿匾曰「瓊章寶藏」，孝廟親墨。有堂匾曰「瀛嶼」，元是凉堂匾，建西宫，以堂爲黄庭殿，别創新堂，以此匾奉之。觀有瑞真道館，即延祥觀門也。

吴自牧《夢粱録》卷八《三茆寧壽觀》 三茆寧壽觀，在七寶山，元三茆堂，因東都三茆寧壽之名，賜觀額寧壽觀，殿匾曰太元，奉三茆真君像。觀中有三神御殿。觀中曾蒙賜三古器玩，皆希世之珍：一曰宋鼎，乃宋孝武帝之牛鼎，以祀太室之鼎；二曰唐鐘，係大唐常州澄清觀舊物，内庭出内帑金帛易以賜之，禁中每聽鐘聲，以奉寢興食息之節；三曰褚遂良書小字《陰符經》。此物宜取復賜賈秋壑。觀之外曰東山，爲殿以奉元命。有亭匾曰賓日，俯見日出。又有庵，匾曰仁壽。

吴自牧《夢粱録》卷八《開元宫》 開元宫，在太和坊内秘書省後，元寧廟潛邸，爲道宫。向東都有開元陽德觀，以奉火德。嘉泰年，詔以嘉邸改充開元宫，儀制皆視佑聖觀，匾曰明離之殿，祀以立夏。又詔臨安府即殿左别建皇伯宣明王殿，遂徙大宗正司他所，悉以址爲宫，作寧廟神御殿。又有璇璣殿，奉北斗，易匾曰北辰。衍慶殿以奉真武，順福、神佑二殿奉元命。皆嘉明殿奎畫。宫北建陽德館，以存修真之道侣。

吴自牧《夢粱録》卷八《龍翔宫》 龍翔宫，在後市街，元理廟潛邸，舊沂靖惠王府，詔建道宫，賜名龍翔，以奉感生帝。大門匾曰龍翔之宫，中門匾曰昭符之門，殿匾曰正陽之殿。禮官討論祀典，以正月上辛日，差侍從三獻官等，升爲上祀行禮，備牲牢禮料，用十二籩豆，設祭歌宫架樂舞，受誓戒，望祭齋宫行事，内牲牢依祀天地禮，例用羊豕，所有儀像服色制度，有靈體殿廡下畫像可遵。朝議以龍翔宫奉感生帝，既屬羽流，合用齋醮之法，其正月上辛日望祭，自如其舊，奉旨從之。宫之左曰福慶殿，以待車駕款謁，改爲神御殿。正陽之後殿爲醮殿。宫西奉南真館，門曰南真之館；中門曰啓晨之門，三清殿匾曰「三境儲祥」；後殿匾曰「申佑」，以奉元命；西曰順福殿，以奉太皇元命；壽元殿奉南斗，景緯殿奉十一曜；鐘樓匾曰和應之樓；經樓匾曰凝真之章；藏殿匾曰琅函寶藏；小位次以備車駕宴坐，匾曰仙源；羽士之室，匾曰澄虚；内侍之舍，匾曰泉石。有高士三齋，曰履和、頤正、全真。

吴自牧《夢粱録》卷八《宗陽宫》 宗陽宫在三聖廟橋東，以德壽宫地一半建宫，賜名以奉感生帝。蓋此地前後環建王邸，又建廟毓聖之所，天瑞地符，益大彰顯，詔兩司相度建宫。大門匾曰宗陽之宫，中門匾曰開明之門，正殿匾曰無極妙道之殿，以奉三清；順福殿奉太皇元命；三清殿後爲虚皇之殿，直北有門，匾曰真應之門，中建毓瑞之殿，以奉感生帝，後爲申佑殿，奉元命。通真殿奉佑聖。自開明門内，左有玉籟之樓、景緯之殿、壽元之殿，右有樂簡之樓、瓊章寶書、北辰之殿，規制祀典，並視龍翔宫。行常以原饗回歸，行款謁禮。有降輦殿，曰福臨之殿，門曰福臨殿門，進膳殿曰端拱。後有軒，匾曰勁霜；有圃，建堂二，曰志敬，曰清風。亭匾曰丹邱元圃。亭之北鑿石池，堂匾曰垂福，後曰清境。圃内四時奇花異木，修竹松檜甚盛。宫西有介真館，堂曰大範，觀復、觀妙，齋曰會真、澄妙、常净，俱度廟奎藻。

吴自牧《夢粱録》卷一九《園囿》 杭州苑囿，俯瞰西湖，高挹兩峰，亭館臺榭，藏歌貯舞，四時之景不同，而樂亦無窮矣。然歷年既多，間有廢興，今詳述之，以爲好事者之鑒。在城萬松嶺内貴□王氏富覽園、三茅觀東山梅亭、慶壽庵褚家塘東瓊花園，清湖北慈明殿園、楊府秀芳園、張氏北園。楊府風雲慶會閣，望仙橋下牛羊司側。内侍蔣苑使住宅側築一圃，亭臺花木，最爲富盛，每歲春月，放人游玩，堂宇内頓放買賣關撲，並體内庭規式，如龍船、鬧竿、花籃、花工，用七寶珠翠，奇巧裝結，花朵冠梳，並皆時樣。官窑碗碟，列古玩具，鋪列堂右，仿如關撲，歌叫之聲，清婉可聽，湯茶巧細，車兒排設進呈之器，桃村杏館酒肆，裝成鄉落之景。數畝之地，觀者如市。城東新門外東御園，即富景園，頃孝廟奉憲聖皇太后嘗游幸。五柳園即西園、張府七位曹園。南山長橋慶樂園，舊名南園，隸賜福邸園内，有十様亭榭，工巧無二，俗云：「魯班造者」。射圃、走馬廊、流杯池、山洞，堂宇宏麗，野店村莊，裝點時景，觀者不倦，内有關門，名凌風關，下香山巍然立於關前，非古沉即枯枿木耳。蓋考之志與《聞見録》所載誤矣。净慈寺南翠芳園，舊名屏山園，内有八面亭堂，一片湖山，俱在目前。雷峰塔寺前有張府真珠園，内有高寒堂，極其華麗。塔後謝府新園，即舊甘内侍胡曲園。羅家園、白蓮寺園、霍家園、方家塢劉氏園、北山集芳園。四聖延祥觀御園，此湖山勝景獨爲冠，頃有侍臣周紫芝從駕幸後山亭曾賦詩云：「附山結真祠，朱門照湖水。湖流入中池，秀色歸净几。風簾遝旌旗，神衛森劍履；清芳宿華殿，瑞露蒙王扆。仿佛還神京，想象輪奐美。祈年開新宫，祝厘奉天子。良辰復難會，歲暮得斯喜。況乃清樾中，飛樓見千里。雲車倘可乘，吾事兹已矣。便當賦遠游，未可回屐齒。」園有凉臺，巍然在於山巔，後改爲西太乙宫黄庭殿，向朝臣高似孫曾賦詩曰：「水明一色抱神洲，雨壓輕塵不敢浮。山北山南人唤酒，春前春後客憑樓；射熊館暗花扶扆，下鵠池深柳拂舟。白首都人能道舊，君王曾奉上皇游。」下竺寺園、錢塘門外九曲墻下擇勝園、錢塘正庫側新園，城北隱秀園、菩提寺後謝府玉壺園、四井亭園、昭慶寺後古柳林、楊府雲洞園、西園、楊府具美園、飲緑亭、裴府山濤園、葛嶺水仙廟西秀野園。集芳園，爲賈秋壑賜第耳。趙秀王府水月園、張府凝碧園、孤山路張内侍總宜園、西林橋西水竹院落。里湖内諸内侍園囿樓臺森然，亭館花木，艷色奪錦，白公竹閣，瀟灑清爽。沿堤先賢堂、三賢堂、湖山堂，園林茂盛，妝點湖山。九里松嬉游園、涌金門外堤北一清堂園、顯應觀西齋堂觀南聚景園，孝、光、寧三帝嘗幸此，歲久蕪圮，迨今僅存一堂兩亭耳，堂匾曰鑒遠，亭曰花光，一亭無匾，植紅梅，有兩橋曰柳浪、曰學士，皆粗見大概，惟夾徑老松益婆娑，每盛夏秋首，芙蕖繞堤如錦，游人艤舫賞之，頃有侍從陸游舟過作詩詠曰：「聖主憂民罷露臺，春風側苑晝常開。盡除曼衍魚龍戲，不禁芻蕘雉兔來；魚水避人横翠靄，宫花經雨委蒼苔。殘年自喜身强健，又作清都夢一回。」「水殿西頭起砌臺，緑楊鬧處杏花開。簫韶本與人同樂，羽衛才聞歲一來；鵁首波生涵藻荇，金鋪雨後上莓苔。遠臣侍宴應無日，目斷堯雲到晚回。」高似孫《游園詠》曰：「翠華不向苑中來，可是年年惜露臺。水際春風寒漠漠，宫梅却作野梅開。」張府泳澤環碧園，舊名清暉園，大小漁莊，其餘貴府内官沿堤大小園囿、水閣、凉亭，不計其數。御前宫觀，俱在内苑，以備車駕幸臨憩足之處。内東太乙宫有内苑，後一小山，名曰武林山，即杭城之主山也。宰臣樓鑰曾賦長篇詠云：「易君求賦武林山，身困塵勞無暫閑。我求掛冠欲歸去，念此詩債須當還。武林山出武林水，靈隱後山無乃是。此山亦復用此名，細考其來具有以。天目兩乳到錢塘，一山環湖萬龍翔，扶輿磅礴擁王氣，皇居壯麗環宫墻。湖陰一峰如怒猊，勢臨城北尤瑰奇。吴越大作緇黄廬，爲穿百井以厭之。從來有龍必有珠，此雖培塿千山餘。中興南渡爲行都，崇列原廟太乙廬。曾因祠事來登眺，闤闠塵中有員嶠，熏風時來洗溽暑，緑樹陰陰隱殘照。我得暫來猶醒心，羡君清福住年深。長安信美非吾土，倦翼惟思歸故林。」城南則有玉津園，在嘉會門外南四里，紹興四年金使來賀高宗天中聖節，遂宴射其中。孝廟嘗臨幸游玩，曾命皇太子，宰執、親王、侍從、五品以上官及管軍官講宴射禮，孝廟御製詩賜皇太子以下官曰：「一天秋色破寒烟，别籞連堤壓巨川。欣見歲功成萬寶，因行射禮命群賢；騰騰喜氣隨飛羽，裊裊凄風入控弦。文武從來資並用，酒餘端有侍臣篇。」時光廟在東宫侍駕，恭和曰：「秋深欲曉斂輕烟，翠木森圍萬里川。閶闔啓關開法駕，玉津按武會英賢；皇皇聖父明如日，挺挺良臣直似弦。蹈舞歡呼稱萬歲，未饒天保報恩篇。」宰臣曾懷恭和曰：「名園佳氣靄非烟，冠佩朝宗似百川。五品並令陪宴射，四鍭端欲序賓賢；恩涵春意魚翻藻，威入秋聲雁落弦。竣事更容窺典雅，宸章應陋柏梁篇。」「江山秋日冠輕烟，别苑風光勝輞川。位設虎侯恢盛典，技穿楊葉校名賢；禮均湛露宣飛斝，樂奏鈞天看發弦。聖主經文兼緯武，全勝巡幸射蛟篇。」其餘群臣俱有恭和詩，不得罄竹而載。史魏王彌遠出判寧國府，理廟命宰執侍從於此園設宴餞行，有朝官何銓賦詩曰：「餞行朱邸帝城春，隨例顛忙宴玉津。報國猶勞千一慮，鈞天同聽十三人；金卮宣勸君王重，花露湔愁醉夢真。却憶故人猿鶴在，便思投老乞閑身。」按玉津園乃東都舊名，東坡嘗賦詩，有「紫壇南峙表連岡」之句，蓋亦密邇園壇也。嘉會門外有山，名包家山，内侍張侯壯觀園、王保生園。山上有關，名桃花關，舊扁蒸霞，兩帶皆植桃花，都人春時游者無數，爲城南之勝境也。城北城西門外趙郭園。又有錢塘門外溜水橋東西馬塍諸圃，皆植怪松異檜，四時奇花，精巧窠兒，多爲龍蟠鳳舞飛禽走獸之狀，每日市於都城，好事者多買之，以備觀賞也。

《瓦舍》 瓦舍者，謂其「來時瓦合，去時瓦解」之義，易聚易散也。不知起於何時。頃者京師甚爲士庶放蕩不羈之所，亦爲子弟流連破壞之門。杭城紹興間駐蹕於此，殿巖楊和王因軍士多西北人，是以城內外創立瓦舍，招集妓樂，以爲軍卒暇日娛戲之地。今貴家子弟郎君，因此蕩游，破壞尤甚於汴都也。其杭之瓦舍，城內外合計有十七處，如清泠橋西熙春樓下，謂之南瓦子；市南坊北三元樓前謂之中瓦子；市西坊內三橋巷名大瓦子，舊呼上瓦子；衆安橋南羊棚樓前名下瓦子，舊呼北瓦子；鹽橋下蒲橋東謂之蒲橋瓦子，又名東瓦子，今廢爲民居；東青門外菜市橋側名菜市瓦子；崇新門外章家橋南名薦橋門瓦子；新開門外南名新門瓦子，舊呼四通館；保安門外名小堰門瓦子；候潮門外北首名候潮門瓦子；便門外北謂之便門瓦子；錢湖門外南首省馬院前名錢湖門瓦子，亦廢爲民居；後軍寨前謂之赤山瓦子；靈隱天竺路行春橋側曰行春瓦子；北郭稅務曰北郭瓦子，又名大通店；米市橋下米市橋瓦子；石碑頭北麻綫巷內則曰舊瓦子。

《塌房》 柳永《詠錢塘》詞曰：「參差十萬人家。」此元豐前語也。自高廟車駕由建康幸杭，駐蹕幾近二百餘年，戶口蕃息，近百萬餘家。杭城之外城，南西東北各數十里，人烟生聚，民物阜蕃，市井坊陌，鋪席駢盛，數日經行不盡，各可比外路一州郡，足見杭城繁盛矣。且城郭內北關水門里，有水路周回數里，自梅家橋至白洋湖、方家橋直到法物庫市舶前，有慈元殿及富豪內侍諸司等人家於水次起造塌房數十所，爲屋數千間，專以假賃與市郭間鋪席宅舍、及客旅寄藏貨物，並動具等物，四面皆水，不惟可避風燭；亦可免偷盜，極爲利便，蓋置塌房家，月月取索假賃者管巡廊錢會，顧養人力，遇夜巡警，不致疏虞。其他州郡，如荆南、沙市、太平州、黄池皆客商所聚，雖云浩繁，亦恐無此等穩當房屋矣。

徐松《宋會要輯稿・食貨三四・坑冶雜録》 李煜嘗因唐舊制，於饒州永平監歲鑄錢六萬貫。江南平，增爲七萬貫。常患銅少不克用，張齊賢任轉運使，求得江南舊承旨丁釗，盡知饒、信、處等州山谷出銅，即調發諸縣丁夫採之。

馬端臨《文獻通考》卷一八《征榷考五・坑冶》 寧宗嘉定十四年，臣僚言，産銅之地莫盛於東南，如括蒼之銅廓、南算、孟春、黄渙峯、長拔殿山、爐頭山莊等處，諸暨之天富，永嘉之潮溪，信上之羅桐，浦城之因奬，尤溪之安仁，杜唐、洪面子坑五十餘所，多係銅銀共産，大場月解净銅萬計，小場不下數千，銀各不下千兩，爲利甚博。至今雙瑞、西瑞、十二巖之坑，出銀繁滸。大定、永興等場，銀、鉛並産，興盛日久。又信之鉛山與處之銅廓，皆是膽水，春夏如湯，以鐵投之，銅色立變。浸銅以生鐵煉成薄片，置膽水槽中浸漬數日，上生赤煤，取刮入爐，三煉成銅。大率用鐵二斤四兩，得銅一斤。淳熙元年七月，指揮信州鉛山場浸銅，每發二千斤爲一綱，應副饒州永平監鼓鑄。夫以天地之間，顯畀坑冶，而屬吏貪殘，積成蠹弊。諸處檢踏官吏，大爲民殃。有力之家，悉務辭遜，遂至坑源廢絶，礦條湮閉。間有出備工本爲官開浚，元佃之家方施工用財，未享其利，而譁徒誣脅，甚至黥配估籍，冤無所訴。此坑冶所以失陷也。

馬端臨《文獻通考》卷三三〇《四裔考七・交趾》 交人無貴賤，皆椎髻，跣足。酋平居亦然，但珥金簪，衣黄衫紫裙。餘皆服盤領四裾皂衫，不繫腰，衫下繫皂裙，珥銀鐵簪。曳皮履，執鶴羽扇，戴螺笠。皮履以皮爲底，施小柱，以拇指夾之而行。扇編鶴羽，以辟蛇。螺笠，竹絲縷織，狀如田螺，最爲工緻。婦人多皙，與男子絶異，好着緑寬袖直領，皆以皂裙束之。

酋出入以人挽車。貴僚坐幅布上，掛大竹，兩夫舁之，名「抵鴉」。【略】

土産生金及銀、銅、朱砂、珠貝、犀、象、翠羽、車渠、諸香及鹽、漆、吉貝之屬。【略】

不能造紙筆，求之省地。其人少通文墨，閩人附海舶往者，必厚遇之，因命之官，咨以決事。凡文移詭亂，多自游客出。相傳其祖公蕴，亦本閩人。

又，其國土人極少，半是省民。南州客旅，誘人作婢僕、擔夫，至州洞則縛而賣之，一人取黄金二兩。州洞轉賣入交趾，取黄金三兩。歲不下數百千人，有藝能者金倍之，知文書者又倍。面縛驅行，仰繫其首，俾不省來路。既出其國，各認買主，爲奴終身，皆刺額上爲四五字。婦人刺胸乳至肋。拘繫嚴酷，逃亡必殺。又有秀才、僧、道、伎術及配隸亡命，逃奔之者甚多。

不能鼓鑄泉貨，純用中國小銅錢，皆商旅泄而出者。按：掠賣婢奴，與士人游邊，及透漏錢寶出外界，三者法禁具在，今玩弊如此，蓋安撫、都監、沿邊溪洞司不得人，邊政頹靡，奸宄肆行所致，日滋月長未艾也。及邊吏多無財用植立，窮斗升瘠土，苟活待盡而已，何暇顧邊防國事者，宜痛心疾首焉。

《明太祖實録》卷十四　〔至正二十四年四月丙午〕中書省臣言：「湖廣行省所屬州縣故有鐵冶，方今用武之際，非鐵無以資軍用。請興建爐冶，募工煉鐵。」從之。

《明太祖實録》卷七十二　〔洪武五年二月〕户部言：四川鹽井計一千四百五十六，已開煎三百八十，其未開者一千七十六處。遂命會計各郡邑軍民歲食，及鹽馬司市馬歲額之數煎辦，餘井並塞之。

《明太祖實録》卷一百三十　〔洪武十三年三月癸丑〕，兩浙都轉運鹽使司運使吕本言：「稽之往代，煑海爲鹽，始于管仲、晏嬰。繼之西漢，專其利而禁私鬻。東漢弛其禁，而聽入税。唐劉晏設轉運之法，而鹽利益興。宋仁宗朝給亭户官本，而鹽法愈密。元承宋制，歲給工本。置轉運司，各場置令丞，管勾掌鹽出納。所給工本有多寡，而煎鹽有難易。國初委官稽考，仍依舊額輸官。以四百斤爲一引，官給工本米一石。以米價低昂爲準，兼支錢鈔，以資竈民。然其間有丁産多而額鹽少者，有丁産少而額鹽多者，未經覈實。今與各道分司，即鹽場所屬地方，驗其丁産之多寡，隨其地利之有無，官田草蕩，除額免科；薪鹵得宜，約量增額；分爲等則，逐一詳定。永嘉等二十場，增鹽千四百五十七引；下沙等十一場，增鹽萬七千二百九十引；許村等四場，減鹽六千八百三十七引。損益相較，實增鹽萬一千九百引。約量均平，實爲民便。」詔從之。

《明太祖實録》卷二百六　〔洪武二十三年十二月〕先是，福建延平府尤溪縣銀屏山嘗設場局煎煉銀鑛，置爐冶四十有二座，置爐首二人，歲辦銀二千一百兩。洪武二十年增其額并閏月銀一百八十五兩。二十一年、二十二年又增額銀一十兩。至是，所收銀課凡二千二百九十五兩。

《明太宗實録》卷二十八　〔永樂二年二月〕辛巳，户部言：「四川永通鹽課司金石井竈丁自陳：本井歲額鹽八萬三千七百三十斤。去山遠，難得薪。犍爲縣福全、保通二井，水鹹薪便，一歲可得鹽十萬餘斤，乞就彼開煎爲便。」從之。

《明太宗實録》卷三十六　〔永樂二年十一月己亥〕初，兩浙都轉運鹽使司仁和場鹽課司言：「本場歲額鹽萬一千三百三十八引。原設茶槽倉、中倉、諸經倉、錢塘倉，俱緣江鹹地，曬土烹煎。近各倉爲江潮衝激，而許村場沙地寬廣，乞撥與仁和場立竈開煎。」至是，户部覆寔以聞。從之。

《明太宗實録》卷七十五　〔永樂六年正月甲子〕初，四川叙州府南溪縣民言：嘉定州犍爲縣有四鹽井可以開煎。命户部遣人往驗之。至是，還奏如所言。蓋歲通得鹽十萬九千八百斤。

《明太宗實録》卷一百四十六　〔永樂十一年十二月〕庚申，行在户部臣言：「四川龍州土民言本地不産鹽，乞以潼川等處富石、益軒、永富、青埧、竹溪五井開煎，資土民之用，歲納官鹽十萬斤。今已差官覆實，可行。」從之。

《明宣宗實録》卷七十二　〔宣德五年十一月癸亥〕浙江左布政使黄澤言：「竊見浙江所屬温、處二府，平陽、麗水等七縣銀冶，自永樂間至今，遣官閘辦。七縣歲額銀共八萬七千八百兩。以十年計之，通八十七萬八千兩。而各場所産礦石，有僅足額課者，有不足者，有礦盡絶者。閘辦之官，督令坑首、冶夫陪納，不敢稍失歲額。陪課之民，富者至於貧困，貧者至於逃亡。他處坑冶，其害亦然。伏乞皇上廣愛民之仁，暫停坑冶之役，則民得以遂其生矣。」上覽其言，命行在户部曰：「此弊朕何由知？其遣官往同三司及巡按御史辦銀課官審實其弊，或減額，或罷役，不可重困百姓。」

《明英宗實録》卷十七　〔正統元年五月乙酉〕減湖廣沔陽州景陵縣歲辦。初，洪武、永樂間，景陵編户三十四里，歲辦紵絲三十四疋、弓八十張、箭二萬六千枝、弦四百條。至是以人户消耗，各減三之一。

《明英宗實録》卷四十九　〔正統三年十二月丙寅〕命都察院出榜，禁江西瓷器窑場燒造官樣青花白地瓷器於各處貨賣及饋送官員之家。違者，正犯處死；全家謫戍口外。

《明英宗實録》卷一百四　〔正統八年五月丙辰〕監察御史徐郁言：「直隸、徽州等府，民困於供給。乞如蘇州府知府况鍾所言，例以民户分爲七等，歲出米麥有差，貯均役義倉以給應用。仍通行各處州縣，置立倉庫，每遇豐年，隨其土俗，所有米、麥、錢、布、綿花、羊毛等物，量加收貯。遇有買辦，計價給買，送納轉易，銀解京買納爲便。」事下工部，言：「易銀解京買納，恐物價翔湧，不若就産有處買爲便。」上曰：「朝廷歲用已有，例於存留糧内折納。果有不敷，於産有處給官錢市買。或緊用物件，於在京買者給鈔與之。豈可紛更作弊，擾民如此。」

《明英宗實録》卷一百十九　〔正統九年〕閏七月戊寅朔，命户部右侍郎王質往福建、浙江重開銀場。初，洪武間福建各場歲課銀二千六百七十餘兩，浙江歲課二千八百七十餘兩。永樂間福建增至三萬二千八百餘兩，浙江增至八萬二千七十餘兩。宣德間福建又增至四萬二百七十餘兩，浙江又增至九萬四千四十餘兩。自是地方竭而民不堪矣。上初即位，下詔封坑冶，民大蘇息。至是，有盜礦脉相鬬殺者。御史孫毓、福建參政宋彰、浙江參政俞士悅各言復開銀場，則利歸於上而盜無所容。事下二處三司議，福建三司附言者，浙江按察使軒輗等奏曰：「復開銀場雖一時之利，然凡百器具皆出民間，恐有司横加科歛，人心摇動，其患尤深。爲今之計，莫若擇官典守，嚴加禁捕，則盜息矣。」朝廷是輗言。已而刑科給事中陳傅復請開場，中貴與言利之臣相與附和，乃命質往經理。令福建歲課銀二萬一千一百二十餘兩，浙江歲課四萬一千七十餘兩。蓋雖比宣德時減半，而比洪武時已十倍矣。至於内外官屬供億之費，殆過公税。厥後，民困而盜益衆，至正統十四年王師戡定，民始安戢云。

《明英宗實録》卷一百二十四　〔正統九年十二月癸亥〕福建尤溪縣河泊所官蔡伯達言：「本縣原有山場鐵鑪十九所，常年輸課，人户因致貧窘，流死者多。其所耗鐵課累及見在之人，而無藉之徒又往往私集逋逃軍囚，采礦煎熇，皆不辦課，甚至劫掠人民，及官軍巡捕，因而拒鬬。不禁約之，恐生他變。乞勑該部移文布按司官，蠲其消耗者；其私熇之户，即令補辦課程；所集之人，審其從來，果隱藏軍囚，懲治械發；仍逐年委官點視。如此，則鐵課無虧，民無靠損。」從之。

《明英宗實録》卷一百二十五　〔正統十年正月辛丑〕雲南布政使司奏：「所屬各井鹽課司俱自辦煑鹽柴薪，惟黑鹽井訴告艱難。户部准令歲除鹽三千三百四十餘引貨薪煑鹽，以致官課不足。請移文各司，每竈户添撥餘丁一二人，復其他役，專令採薪。其歲辦鹽課，不得擅除。」從之。

《明英宗實録》卷一百二十八　〔正統十年四月乙巳〕浙江、福建各銀場，先有詔罷之，後遣户部右侍郎焦宏往勘。宏言：「銀場宜復開，但姦弊百出，須遣廉幹御史一員巡閘。」又言：「諸場礦脉多寡不同，消長無時，其少者宜量減，多者宜量增。俱令巡閘及該管官以實具聞。」上命監察御史曹祥往浙江，京衛帶俸都指揮僉事沈轔任浙江都司，同布、按司堂上委官巡閘提督浙江各銀場；監察御史馮傑往福建，調四川都指揮僉事吳剛任福建行都司，同布、按司堂上委官巡閘提督福建各銀場。都御史王文言：「往者銀場不開，諸坑首匠作糾合亡賴千百成羣盜採，甚至相讐殺，劫掠鄉邨，有司捕之輙肆拒，誅之不勝。及聞開銀場，冀復舊役，始忻然退散。若此徒者，使與諸提督官吏通，弊將無不至矣。宜嚴禁之，不許其復舊役。除公用器具給于民，凡提督官吏諸坑首匠作有仍稱課不及額，掊歛民財及侵盜官銀者，一切治之如律。徒、流以福建、浙江易地充驛遞夫；徒如本限，流四年；期滿民寧家，官吏黜爲民。死罪亦易地充沿海邊衛軍。庶姦頑知警，良善獲安。」從之。

《明英宗實録》卷一百三十五　〔正統十年十一月己丑〕雲南八寨長官司地方産有銀礦，而雲南左、臨安等衛官軍家人，不時挾帶兵器，聚衆私採。巡按監察御史以聞。上命總兵官揭榜禁約。仍令都按二司各委堂上官設法撫諭，令各復業，有恃頑者，即擒治之。

《明英宗實録》卷一百五十八　〔正統十二年九月癸卯〕巡按福建監察御史李俊奏：「福州、建寧二府銀場，採煎年遠，礦脈斷絶。去年煎銀課一萬三千餘兩，比原額少一萬四千餘兩。若欲補足額數，未免分派於民，恐逼迫流移，貽患反重，乞量爲減免。」上命户部計議以聞。

《明英宗實録》卷一百六十三　〔正統十三年二月戊寅〕監察御史王珉奏：「奉勑巡視銀場，據福州等府寧德等縣民五千餘人訴：先因侍郎焦宏定歲課銀二萬八千二百五十兩，後御史馮傑會同本處司府縣官從公勘實，准令儘力煎辦，止得銀一萬三千四百兩，已行解官。今復追補宏所定數，緣各坑礦脈微細，各民家道艱難，無從陪納，乞賜分豁，如虚，各甘籍没家産。臣以爲民窘如此，若復追併，恐逃竄爲非。乞依御史馮傑所定數煎辦。」上曰：「銀課數已定，民何得復妄訴！若復不完，并珉執罪之。」

《明英宗實録》一百二十一　〔景泰三年閏九月癸未〕復開浙江處州府松陽等縣銀場。先是，各銀場悉令封閉。然禁網既寬，盜礦之徒復起。至是民乞開煎，以杜其患。鎮守浙江兵部尚書孫原貞以聞，故有是命。

《明英宗實録》卷二百三十七　〔景泰五年正月壬申〕鎮守福建兵部尚書孫原貞等奏：「近勑臣等覆視福州、建寧二府各銀場坑開煎有無便利。臣等親臨各坑，見其坑路深遠，礦脉微細，亦有堅石深泉之處，全無礦脉，實難開煎。況(副)〔福〕建自經兵以來，民心未安。今欲開場，器具工力，悉出于民，聞風警惶，必致逃竄，其患匪輕。伏望皇上軫念生民，曲從其便，仍前封閉，俟歲豐民富，徐議其事。」從之。

《明英宗實録》卷三百十四〔天順二年四月壬戌〕命太監盧永、羅珪，火監馮讓，内使何能閘辦銀課。永閘辦浙江各銀場，銀三萬八千九百三十兩；珪閘辦雲南各銀場，銀十萬二千三百八十兩；讓閘辦福建各銀場，銀二萬八千二百五十兩；能閘辦四川行都司會川衛密勒山銀場，銀一萬三千五百一十七兩。通計三處銀十八萬三千七十七兩。

《明憲宗實録》卷二百十五〔成化十七年五月庚辰〕減浙江泰順縣銀課。初，縣地有新發銀礦，民争採取，提督銀場太監盧永等請官煎煉，以杜民争。至是，礦脈漸微，僅得銀九百九十餘兩，所司乞減原額，自後止以今歲銀數解納。從之。

《明憲宗實録》卷二百四十〔成化十九年五月丁未〕減浙江銀課三分之一。先是有勑處州府七縣銀課准天順六年額數，歲三萬四十八兩。所司奏：礦脉細微，乞寬減以蘇民困。上命姑以成化三年額例辦之，歲爲銀二萬一千二百五十兩。

《明憲宗實録》卷二百四十七〔成化十九年十二月戊辰〕，雲南總兵官黔國公沐琮等以「復開新興黄礦、南安荆山等銀場礦脉微細，而課額近增至十萬二千三百餘兩。況礦洞愈深，中有積水，礦夫採取愈難，因而致斃者不可勝數。官司必欲登其歲額，追迫陪補，破産鬻子，甚至自經而死。況各場簿近交阯，設有邊患，無以控禦。請如天順二年或成化九年例，辦五萬或二萬餘兩，庶人力寬，地方無虞。」户部以琮等所陳宜從。命不必減，如額採辦。

《明憲宗實録》卷二百八十九〔成化二十三年四月乙亥〕復開福建蒲城縣陳伯廢坑。坑初因礦脈絶而塞，銀課令民歲償納。至是礦漸生，而流賊竊取，有司請仍舊開採，以甦民困。從之。

《明孝宗實録》卷一百六十八〔弘治十三年十一月壬戌〕，巡撫雲南都御史李士實奏：「雲南銀場有九，近年礦脉甚微，各衛俱以礦夫口糧陪納，歲折銀三萬四百三十四兩，名曰礦夫口糧。餘丁或三五人朋當一名，歲辦銀二萬一千九百四十五兩，名曰夫丁乾認。今判山、窩村、廣運、寶泉四場礦脉久絶，陪納無已。乞自十二年爲始，將四場銀課暫免，軍丁退還各衛操備，口糧移文有司收（責）〔積〕，以備軍餉。則減者少而增者多矣。」户部覆奏，從之。

《明武宗實録》卷一百九十四〔正德十五年十二月〕己酉，命太監尹輔往饒州燒造磁器。工部議覆：「江西地方屢遭焚劫，復有宸濠之難，所在官民十處九空，優免賑濟尚未蘇息，若再差官燒造，廩給柴薪物料工食，所費不貲，誠恐激成他變。乞炤弘治九年例，暫免差官，令鎮巡三司等官查原欠之數，如式燒造，以次進用，庶官民兩便，供應不誤。」上曰：「業已遣之矣。」已而給事中吴巖、御史楊秉中等亦以爲言。不允。

《明世宗實録》卷一百八十九〔嘉靖十五年七月丙寅〕福建巡按御史白貴言：「建寧境内故有坑礦數處，浙江温、處礦（從）〔徒〕流聚其中盗（鑄）〔採〕，而居民爲之接濟藏匿，以故充斥山谷，有司不能制。請將各小坑歸併大坑，以黄柏、止坪二坑爲之總會，每亢澤指揮二人，更番守護。如前官直日，有流徒盗採，必令驅逐寧靖，方許更代。至于近坑居人，悉編成保甲，分番守視，互相覺察。遇流徒嘯聚，即令協力驅逐，有能擒捕，官爲給賞。如有交通接濟諸弊，責同甲首，不首而覺者，十家連坐。建寧兵備歲遣有司巡視坑傷，稽其功課。仍下温、處兵備，將龍泉諸縣平時採礦居民，亦立保甲之法。即有流入閩中違禁盗採者，建寧兵備移文温、處，一例將所司連坐，以清奸本。」兵部覆奏。報可。

《明神宗實録》卷一百二十一〔萬曆十年二月甲寅〕先是，内承運庫以急缺段疋，奏行浙江、南直等司府動支無礙官銀，織造各色紵、絲、紗、羅、綾、紬、錦、布共十萬七千四百九十五疋。工科都給事中李廷儀争之，言：「萬曆四年，該内織染局題造袍段五萬八千餘疋；八、九兩年，又題造一十三萬餘疋；上用固不缺也。萬曆三、四兩年，該庫坐派段疋一十二萬六千餘疋；七年又坐派三萬六千四百餘疋；供用、賞用又不缺也。且織踰十萬，非銀百五十萬不能辦。錢糧各有正項，庫藏類屬空虚；無礙官銀，何從取給？夫坐派甚易，織造甚難。制用有節，費用無經。如謂九嬪之歲幣當增，虜王之加賞踰額，亦宜酌定數處錢糧，分派各省，似不可頻行坐派，使災民無息肩之期。如謂庫貯已竭，則查歲造拖欠，嚴行催督。蓋加征不如催正供之爲易，新派不如完舊欠之爲速耳。仍望遵祖宗之制，定出納之經，賞賚必省，弊蠹必清，無令至于不可繼。」上納其言。因諭該庫以後酌量撙節，非十分缺乏，無得輒題加派，致累小民。

《明神宗實録》卷二百六十三〔萬曆二十一年八月〕乙未，大學士王錫爵等題：「昨該文書官，口傳催徵蘇、杭織造錢糧之旨。臣等謹按江南財賦，甲於天下。相傳國初，太祖高皇帝憤百姓爲張士誠爲固守抗拒天兵，賊平之日，遂將富民租薄，定爲糧額。累朝二百年來，頭緒轉多，如王府糧、練兵銀之類，但有加增，並無寬減。連年雖因水旱頻仍，每(年)〔下〕蠲緩之令，而蠲租止于存留，已屬虚名；緩徵併于别年，反滋擾累。此小民之所以貧苦無聊，而嗷嗷思亂也。然外亂不生，則内亂或可潛弭；江北稍熟，則江南尚可息肩。今狡倭窺境，剥膚將及，以至沿海地方，無地不增兵，無兵不增餉，其勢不得不取足于民。而徐、揚間方數千里，滔天大水，廬舍、禾稼，蕩然無遺，其勢又不得不取償于江南。此如一息之關性命，其危且急何如者？若不及今將養，有如外倭内盜，乘間交發，其鉅萬供億，更將于何取之？大抵方今國患在於民窮，民窮繇於財盡。其始也，有司猶可行箠楚之威於小民，撫按猶可行參罰之令於有司。今民至困而箠楚無所加，則有司窮；有司窮而奉行不能前，則撫按窮；至於撫按窮，而詔令有格而不行，則部院亦窮矣！然漕糧、金花之類，原係緊要上供，不可以窮爲辭。至於蘇、杭之織造，江西之磁器，雲南之取金，在皇上省之。今春，臣錫爵之母北來，親見道上纍纍賣男女之民，有索銀五七分棄子去者，臣母爲之痛苦，稍施錢周之。近京之民如此，則遠京之民可知；賦輕之地如此，則賦重之地可知。」言甚切摯。不報。

《明神宗實録》卷三百三十一〔萬曆二十七年二月戊辰〕工部題稱：「皇長子婚禮并册立分封在邇，合用各色紵、絲、紗、羅等項，請發花式、長、濶式様，分派常、鎮、徽、寧、揚州及福建等處炤數織造，不許延緩。」上可其奏。仍命各該撫按，嚴督司府織造。

《明神宗實録》卷三百八十〔萬曆三十一年正月丁卯〕江西稅監潘相安信泰和縣民段永壽言本縣斌姥山嶺産石膏，歲採可收萬擔，奏請開之。南贛撫臣李汝華言：「石山開採，鑿傷郡縣來龍，于人文民命所損實多。且每擔價值五六分，所利幾何？而招集亡命，爲憂方大。」不報。

《明熹宗實録》卷二十四〔天啟二年七月壬戌〕户部恭繳聖諭，因言：「帑藏空虚，楚、蜀、東省額餉又各以軍興奏留，臣部多方調劑，心力俱竭。近中外臣子言免派、言蠲徵之牘，紛紛日至。臣非不知民隱當卹，但邊境軍需難繼，虜横兵飢可虞。所望賢有司加意節愛，寓撫字于催科，數百萬惟正之供，未始不可勉辦也。兵工二部向以陵工及募兵與臣部共分帑金事例，今陵工將竣，募兵已停，似宜仍歸臣部。至諸臣所陳金花、織造、十庫改折等項，有可權宜便民者，皇上誠寛一分，海内亦受一分之賜。」得旨：「海内民困，諸臣各念其鄉，奏免加派。朕以天下爲家，視民如子，豈不軫念。但軍興需餉方急，稍平自當擬罷。撫按各官果能嚴禁有司火耗、侵漁、餽遺諸弊，小民何至重困？覽奏具見苦心，兵工二部分用銀兩仍歸爾部。國計日詘，還從前調劑，其袍服、金花、監庫内供錢糧，歷來舊額，不得屢形章奏，歸過朝廷。」

傅維鱗《明書》卷八四《營建製・南京宫殿》 太祖定都金陵，造皇城於都城内之東，鍾山之正陽。南曰洪武門，内曰承天門、端門。端門之北有左闕門、右闕門。洪武之東爲長安左門，西爲長安右門。東近北爲東華門，内曰東上南門、東上北門。西近北爲西華門，内曰西上南門、西上北門。北爲玄武門，内曰北上東門、北上西門。近子城東亦曰左闕門，西曰右闕門。大内六門，正中曰午門，左爲左掖門，右爲右掖門，東爲東安門，西爲西安門，北爲北安門。午門内大殿，前爲奉天殿，左門曰東角，右門曰西角。門東、西隅，有東、西角樓。東角之南有左順門，門之南曰文淵閣。西角之南爲右順門。奉天門之内爲奉天殿，東曰文樓，西曰武樓。殿之左爲中左門，殿之右爲中右門。奉天殿後爲華蓋殿，又後爲謹身殿。由左順門入東曰文華殿，由右順門入西曰武英殿。謹身殿後爲乾清宫，又後爲坤寧宫。又二殿曰柔儀，曰春和。

傅維鱗《明書》卷八四《南京城垣》 明初定都南京，城周圍九十六里。門十三，曰正陽、通濟、聚寶、三山、石城、清凉、定淮、儀鳳、鍾阜、金川、神策、太平、朝陽，後塞鍾阜、儀鳳二門。外城則因山控江，周圍一百八十里。門十六，曰麒麟、仙鶴、姚坊、高橋、滄波、雙橋、夾崗、上方、鳳臺、大馴象、大安德、小安德、江東、佛寧、上元、觀音。

黄訓《皇明名臣經濟録》卷一八《工部・遵化鐵廠志略》 工部分司，在縣東六十里鐵廠中。永樂間俱以各衛指揮領其事，宣德末始委虞衡司官董之。

又邵寶《蕪湖分司題名記略》

工部分司在蕪湖縣者，實自成化七年始，當建議者以漕運舟船之料供應什器之料，民不勝其料，率蓋取諸柴木之榷焉。而蕪湖爲畿輔近地，當川、湖二省下流，商筏所聚，故分司於是乎建。大司空歲請于朝，簡委員外郎若主事一人，主之期月，乃代各衙門。都察院、通政司、大理寺、六科、中書、行人司。

又戴銑《易州山廠志略》

山廠之設，專以燒薪炭，供應内府。宣德五年，置於平山，繼遷沙峪口。景泰間，移置滿城縣西十里。天順元年，移置州城西北二里許，建部堂於中，環以土城，八府五州分治，以次而列，皆南向。部堂總其綱，府州縣佐貳官分理其事。民之執兹役者，歲億萬計，車馬輳集，財貨山積，亦云盛矣！然昔以此州林木蓊鬱，便於燒採，今則數百里内山皆濯濯然。舉八府五州數十縣之財力屯聚於兹，而歲供猶或不足，民之膏脂，日已告竭，在易尤甚。上不虧國用，而下能甦民困，仁人君子，尚有以念之哉！

《（弘治）八閩通志》卷二四《食貨志·坑冶·福州府》　懷安縣：高務坑。《三山舊志》云：「微細，今歇。」

連江縣：蔣洋南北山鐵坑。在縣東嘉賢上里。

福清縣：東窑場，玉據場，俱在江陰里。南匿場，在江陰里高海魚臺。高遠場，在南匿里。上四場俱縣南。　練木嶼場。在縣東南安夷南里，已上五場並鐵沙場，宋紹興、乾道、紹熙間發後俱廢。

古田縣：壠溪場，在舊邵南里。鄭洋場，在舊□里。游老坑，在舊保安。温洋場，錐彎場，俱舊新俗里猿溪等處。莒溪坑，俱舊移風里。保東鐵坑，五羊峰銀坑，在舊崇禮里，已上坑場俱宋崇寧、淳熙間發後并廢。寶興場，在縣北二十九都，宋時發，尋廢。國朝宣德間復發，正統初罷。十四年仍發，景泰二年罷。天順間又發，今照民丁糧歲輸之課，見《財賦志》。鐵場四所，五都、九都各一所，二十一都二所。鐵爐一十四所。油麻坑口一所，在五都。七溪、大山、役保各一所，俱在一十都。白鵰、上洋、後垻、南坑、九溪各一所，俱在二十一都。吟洋一所，在二十三都。蔣園一所，在二十五都。半坑一所，在二十六都。石門一所，在四十都。丘地一所，在四十一都。

永福縣：保德場，初銀後銅。黄洋場，銀銅并輸。五龍場，銀斜場，龍場。俱輸銀。已上坑場，俱宋慶曆、嘉祐、紹聖、政和間發，後並廢。

《（弘治）八閩通志》卷二四《食貨志·坑冶·建寧府》　建安縣：鐵冶八所，鑄冶九所，俱在縣東南才里。

甌寧縣：鐵冶二所。在縣西北西鄉里。

浦城縣：福羅坑，長洋坑，斗潭源坑，俱在縣北鴈塘里。楊梅坑，竹施坑，俱在縣東高泉里。横縫坑，在縣東北大石里。鐵冶二所。在縣南仁風里。

建陽縣：銀場。在縣西北嘉禾里。

松溪縣：上下官坑，東山上下坑，半巘坑，横縫坑，空縫坑，潦頭坑，水壠坑，横闌坑，十八塔坑，後井坑，續增。已上俱遂應場銀坑，舊十一所，新一所，今俱廢。鐵冶二所。一在縣南東關里五都，一在縣西杉溪里之八都。

崇安縣：銀坑。在縣西北周村里舞仙三堡山之後。

政和縣：天壽銀場，吴山銀場，俱在政和南里。温洋銀場，在政和西里青田縣界。已上三場俱廢。　横林銀錫場，在感化下里四都，宋慶元間發，舊有横林局，後鑛絶，以官田場補額。赤石谿銀場，在政和南里十六都，即今石豹坑。官田銀場，在政和里里十三都，有山前、炭山、三七、吴洋、烏巖、鳳頭凡六所。谷洋銀場，在政和西里十六都，有大磨、七寶、鳳尾凡三所。鐵冶。在東平里三十三都。

壽寧縣：大寶坑。在縣東北十一都官臺山下。

《（弘治）八閩通志》卷二四《食貨志·坑冶·漳州府》　龍溪縣：鐵冶。在□□都。

漳浦縣：銀坑。在縣二都金溪山。

龍巖縣：銀坑，在縣鐵石洋東寶山。寶興鉛錫場，在縣西南一百五十三步，宋時廢。鐵場。在龍門、興善、節惠、永福、感化、萬安六里。

《（弘治）八閩通志》卷二四《食貨志·坑冶·汀州府》　上杭縣：鐵冶。在縣東勝運里湖洋山名鐵嶂。

武平縣：鐵場。在縣南留村里，今廢。

清流縣：南山爐。在縣東南夢溪里，今歇。課以均徭户歲辦之。

永定縣：鐵冶。在縣西南溪南里桃杭嶂。

《（弘治）八閩通志》卷二四《食貨志·坑冶·延平府》　尤溪縣：大蔣坑，在縣治七都。魚灘頭坑，在縣東北七八都。三連坑，在縣東南十四都。田溪口坑，在二十四都。王大涪頭坑，苦竹口坑，七里潭坑，俱在二十五都。雙溪口坑，在二十九都。匡口坑，溪仔坂坑，火石坑，俱在三十一都。上一十一坑，俱縣南。蘇坑，在三十六都。楊坪隔坑，在三十七都。汶口坑，官莊潭坑，俱在三十八都。盤古石坑，在四十四都。麻溪坑，在四十七都。上六坑俱在縣西南。長婆坑，在四十八都。藍嶺田坑，谷口坑。上二坑在四十九都。已上三坑，在縣西。通上二十坑俱鐵場。

沙縣：大濟銀場，宋元祐間置。龍泉銅場，上二場在縣西二十九都龍巖縣界。古銅場。在縣東南九都古縣對岸，唐時置。已上三場俱廢。

永安縣：下坑，在四十一都。地坪坑，周坑，火燒橋坑，俱在四十二都。溪南坑，含兜坑。

《〔弘治〕八閩通志》卷二四《食貨志・坑冶・福寧州》　本州：玉林場，初輸銀并鉛，後輸銅。錢馬坑，小葉坑，俱輸銀并銅。師姑洋坑，新豐可段坑，南平北山坑，銅盤等處坑，俱鐵坑。東山小乾鐵砂坑，柄羊埕鐵坑，新南安民二里大溪嶺下等鐵坑，北峯院後坑，牛皮灘瀾灘茶洋溪邊坑，已上俱宋熙寧、淳熙間發，後並廢。黄海銀坑。在州東北十八都，正統十年發，十四年廢。

寧德縣：寶豐場，在縣東十七都。寶瑞場，按《三山志》在郭洋。上二場俱宋元祐間發，歷宣和、靖康、紹興以至淳熙，其間或發或罷，或併而爲一，後並罷。國朝洪武十九年，邑民向安請復之，永樂元年始復發輸課，而寶瑞場以鑛脉斷絶遂不復發。陽護山鐵坑，一作陽陵山，在縣東十四都，宋政和間發，國朝因之。車盂銅場，在二十都，宋元豐間發。林家地龍按嶺等銅坑，宋淳熙間發，後廢。新興坑，在安樂里，銀銅鉛并輸。寶豐場八坑後洋鉛坑。俱宋時發後並廢。

福安縣：劉洋坑銀場，在縣西十六都。上坪坑銀場。在縣北七都。

《〔弘治〕八閩通志》卷二五《食貨志・土産・福州府》　帛之屬：絲，《閩中記》：此地蠶桑差薄，所産者多纇，民間所須織紗帛，皆資於吴航所至。紬，土産之絲麁而纇，僅可爲紬絁耳。絹，綾，緞，紗，羅，往年俱於蘇杭售以充貢，近方有織者，然亦不逮遠矣。吉貝布，長樂、梅花諸處，間有織者。苧布，緝苧爲之，圓紗者曰夏布，有雜絲織之者曰兼絲布，諸邑間有之。又有匾紗者曰綵布，出長樂縣。麻布，連江、福清、永福皆有之，候官甘蔗州出者佳。蕉布，《海物異名記》云，取蕉灰理其皮，績以爲布，舊嘗入貢。葛布。緝葛皮爲布。上二布，諸縣間有之。

貨之屬：銀，古田羅源有銀場。鐵，其品有三，曰生鐵，曰熟鐵，曰鋼鐵，出閩清、福清、古田三縣。鹽，《海物異名記》云，編竹爲盆，熬波出素，其法以竹篾織成，用蠣灰塗縫漓浸之，竹自不燒也。《南越志》所謂織篾爲鼎，和以牡蠣是已，《漢書》牢盆煑鹽用鐵爲之。惟蜀與浙爲，然今閩之鹽皆用日曬而成，亦不復煑矣，福清縣今有鹽埕。紅麯，出古田縣，轉鬻四方。粉，磨緑豆爲之，長樂、福清俱出，然不及建寧者佳。糖，煑蔗爲之，通官甘蔗洲爲盛。蜜，蜂所課也，有巖石間作者，有木枝間作者，皆不若人家畜者蜜濃而味美。蠟，蜜脾底也，煑治乃成。【略】苧，其皮可以績布，一科數十莖，宿根至春自生，歲三四收。麻，有二種，青麻皮可績爲布，黄麻皮僅可絞索耳。紙，竹穰、楮皮、薄藤、厚藤，凡柔韌者皆可以造。舊誌謂，竹紙出古田羅源村落間，楮紙出連江西鄉，薄藤紙出候官赤岸，厚藤紙出永福辜嶺。今皆少造，惟古田杉洋人造極粗厚者，謂之錢紙，即俗祀神楮幣也。茶，諸縣皆有之，閩之方山、鼓山，候官之水西，懷安之鳳岡尤盛。《唐地理志》載，福州貢臘麵茶，蓋建茶未盛前也。油，菜油，菜子所壓者。麻油，脂麻所壓者。桐油，桐子所壓者。柏油，柏子所壓者。諸縣俱出。硝。取故墻鹹土，淋水煎熬而成，凡製火器鍊金銀皆用之，出閩、候、懷三縣。

《〔弘治〕八閩通志》卷二五《食貨志・土産・建寧府》　帛之屬：絲，浦城多。紅緑錦，出建陽，今有濯錦橋。土綾，土紗，土絹，俱出甌寧、浦城二縣。尅絲，凡數種，其厚者可及湖湘間隔織，出建安。腰機布，即綵布，出甌寧、建陽、崇安三縣，而浦城亦有苧布。木綿布。八縣俱出，而出崇安者可及三梭。

貨之屬：書籍，建陽縣麻沙、崇化二坊，舊俱産書，號爲圖書之府。麻沙書坊，元季燬。今書籍之行四方者，皆崇化書坊所刻者也。銀，浦城、松溪、政和三縣出。銅，宋時出建安縣東蕢里吉銅坑，久廢。鉛，宋時出建安縣大挺場，久廢。鐵，建安、甌寧、松溪、政和四縣出。光粉，化鉛爲之，久廢。糖，出建陽、崇安二縣。蜜，八縣皆出，浦城、建陽、崇安三縣尤多。黄蠟，白蠟，取蠟虫種於冬青樹，至秋結蠟纏遶枝上如雪，乃採而爲之。出浦城、崇安二縣。藍澱，八縣俱出。紅花，綿花，出浦城、松溪二縣，亦不多。苧，出建安、甌寧、浦城、松溪、崇安、政和六縣。紙，出建陽、浦城、崇安三縣，又有稻稿紙出松溪。紙被，以楮樹皮爲之。陸放翁詩：紙被圍身度雪天，白於狐腋煖於綿。出甌寧、建陽、松溪、崇安四縣。墨，出甌寧、建陽。茶，八縣皆出，而龍鳳、武夷二山所出者尤號絶品。宋蔡襄有《茶録》。漆，汁黏黑可飾器者。出浦城、建陽、崇安三縣，然亦甚少。油，其品不一，梣油用梣子壓之者即茶油也，出浦城、建陽、崇安三縣；桐油出建陽、崇安二縣；柏油出浦城、松溪、崇安三縣。椶櫚，出建陽縣。椶帽，結椶爲之，出甌寧。草席，出松溪。兔毫琖，出甌寧之水吉。蔡君謨《茶録》云：建安所造黑琖，紋如兔毫，其毫色異者土人謂之毫變琖，價甚高且艱得之。今其窑久廢，不復有矣。鑰瓦，以泥爲器用而燒熟者，出建安、甌寧。甆器。出松溪，又建陽亦有碗窑。

《〔正德〕蘇州府纂修識略》卷一《政事上・諸色蠲免》

一、太倉州上用洗白腰機細布。弘治十三年内朝廷著落提督織造太監韓義，與同巡撫巡按官員，督令蘇州府及太倉州織造前項細布六千疋數内，該造三千疋。于時巡撫南直隸左副都御史彭禮題稱，會同巡按御史袁經議得，前項布疋，祖宗以來百有餘年，一向未曾派到，況此州新立，有此徵科，宜乎民心驚惶，要乞自今之後，就行停止。若或服用有常，難於即已，合無將滸墅鈔關課程，量借助用。疏上，該工部題准，依擬行下。然止是准借課程，而所謂前項布課既未完足，亦未得停免。弘治十六年，禮科左給事中王縝等，以清理屯田到地方，親覩其事，則以爲一州民力不堪，必得停免，方得甦息。亦率同差郎中御史等官連名具題，開稱太倉州新添設州治，營造差科，民累繁重，今又新取細布，不免科擾，民心不安，因引《春秋》書宣公初稅畝，定公新作雉門二事，備言不可創始，乞要停止，再不許貢獻緣由。事下工部，該尚書曾鑑等覆奏，謂鎮等公差到彼，目覩民難，所言不爲無見，緣此布疋，尤在得已，要將未解布疋，除已織在官者令照舊起解，未織之數合無停止。尤乞自今已後，不必再行織造等因。詔可。時本府扣織數內，洗白曬白布三千疋，該銀三千兩已給該州織造，除解過二千四百四十二疋外，其餘未完尚有五百五十八疋。該巡撫都御史魏紳備奉欽依内事理劄府停止，本府遵奉施行。

一、織染局原設大使一員，專管提督人匠織造。其後有特差内臣之命，間遇災荒，或亦取回，然不久復至，故常絡繹於道。巡撫都御史彭禮，嘗於議事内題稱，在先每年科派，俱於秋糧加耗内徵辦計加，每石少則不過三二斗，多不過四五斗，近年因奉南北兩京科派各項料價多端，致使耗米每石加至七八九斗，或至正耗相等者有之。如袍布，大紅一疋用銀七十四兩，玄黃青黑綠一疋用銀六十三兩，鞠衣膝襴一疋用銀六十四兩，不無價值過多，中間仍有別項耗費，要乞裁省等因。未行。弘治十七年爲因災異饑荒，閏四月二十日，詔各衙門言事，該禮部等會題内開先該工部題，續該兵部尚書劉大夏等具題内開，南京、蘇、浙等處，織造過多，民力不堪，除南京内官已蒙取回外，所據蘇、浙差去官員尚在彼處，即今地方饑荒艱難，乞要取回等因。看得先該内織染局遞出印信揭帖，傳行蘇杭等府，織造各色織金粧彩閃色，并花素紵絲紗羅綾紬絹布等件，共三萬七千七百六十四疋副條斤，今該題稱一節，合無將韓義等即日取回，以後止行鎮巡等官織造。緣由本年閏四月二十九日，本部尚書曾鑑等，於奉天門具題，五月初三日蒙欽准行下欽遵施行。由是太監韓義等回京，再不復差。

《（嘉靖）天長縣志》卷四《人事志・物産》　《唐書》載縣出銅，有銅坑。疑銅舊出冶山，今無，但冶山、銅城皆有銅坑遺跡。

祝以豳《詒美堂集》卷二四《開採移牒》　英德縣堯山錫坑，相傳産錫。錫乃五金之蠹，凡金銀遇錫，無不糜鑠。據理，錫礦無産銀之事，而該縣漫謂錫礦之中，或有銀在，蓋亦恐涉阻撓，遷就其說。要之，産錫不産銀，實父老萬口之同辭，而銀不産於錫，乃五金生尅之定理，此英德縣礦山之實也。

胡文煥《華夷風土志》卷一《南直隸・揚州府》　土産：瓊花、一名玉蕋花，在蕃釐觀内，唐所植，天下獨一株。芍藥、莞席、無花果、銅鏡、鶴、鰾膠。

王士性《廣志繹》卷五《西南諸省》　蜀錦、蜀扇、蜀杉古今以爲奇産。錦一縑五十金，厚數分，織作工緻，然不可以衣服，僅充裀褥之用，只王宫可，非民間所宜也。故其製雖存，止蜀府中，而閭閻不傳。扇則爲朝廷、官府取用多，近皆濫惡不堪。

谷泰《博物要覽》卷八《論銀産地》　一産永昌。生山石砂土中，皆成屑，須鑄冶方成。

一産虢州。銀産礦中，惟此爲勝，餘處多帶鉛節，不佳。

一産高麗生礦中，乃銀錑所出國。鑄冶作帖，色青，不[及]虢州者。

一産饒州樂安。産于坑銀錑中，狀如硬錫，紋理粗錯，自然者真。土人鎔傾數次，方可用，乃生銀也。

一産黔南生礦中，自成片塊，色青，如鉛錫狀。生者産石錑中，與銅相雜。土人採取，以鉛再三煎煉，方成，故謂之熟銀也。

一産鄱陽，産山石礦中。如笋牙者色正白，名天生牙，爲銀中之最。今亦不産矣。

一産犍爲朱提縣。四川朱提銀重八兩爲一流，直一千五百八十。它銀一流一千，是爲銀貨。

一産浙江諸處。

一産閩中晉安。

一産湖廣荆州。

一産雲南。

一産貴州。

一産交趾國。

一産波斯國。

《李煦奏摺・請飭地方官合力查拿私鹽摺》　（康熙四十七年三月　日）恭請萬歲萬安。

竊臣煦蒙萬歲殊恩，疊視淮鹺，敢不盡心供職。臣到任以後，查有河南、山東、淮北等處流棍，在揚州興販私鹽，數百成羣，於三江營、西馬鎮、戴橋鎮、章王溝、八港口、南新洲等處，出没不常。目前固爲鹽法大害，將來實屬地方隱憂。臣一面移咨督、撫飭地方官查拿，臣復一面設法偵緝，力爲搜捕。而揚州境内，鹽梟已去八九，但地方遼闊，猶恐濱海沿江之區，不無潛藏。

臣煦於二月初旬，乘公事稍暇，即輕騎巡察三江營等處。據居民稟稱：因查緝甚嚴，大半走回原籍，亦有遁入鳳陽之天長，江寧之句容、六合者。臣復移行督、撫，務期驅趕，靖絶私梟。但三江營等處，久爲藏奸之藪，目下雖去，仍恐復來。且臣衙門差役無多，鞭長不及，其緝私之事，非臣一人所能周徧。無如有司營弁，不知上緊緝私，伏乞萬歲特勅督、撫，嚴行所屬合力查拿，無分彼此，則鹽法既可保全，而地方亦得寧戢矣。

再，臣又歷海邊各場，細爲巡查，沿海竈户，俱前鹽安業。其東臺、何垜、安豐、富安、(拼)[栟]茶、角斜、梁垜、掘港等八場，灶河多有淤淺，鹽運維艱，現在飭商設法挑濬，俾得深通便運。理合奏聞，伏乞睿裁。

硃批：「這是你的職分中正事，即當明本具題。」

《李煦奏摺・商人裴永錫等請代奏開採江寧等山内銅鉛摺（附呈詞）》（康熙六十一年七月十二日）竊奴才近聞江寧、安慶等山内，有出産銅鉛洞口。今因直隸永平、喜峯口等處，現在奉旨開採，是以商人裴永錫等具呈求奴才代奏，叩乞天恩，准其自備工本，照例一體開採。每年所得銅鉛，上可以供鼓鑄，下可以益貧民。奴才未敢冒昧應允，謹先將伊等呈詞一紙，恭呈睿覽。可否允其代奏，伏祈主子批示遵行。

附　呈詞：具呈商人裴永錫、馮世泰等，呈爲懇恩轉奏，循例請旨開採銅鉛，以資鼓鑄，以利貧民事。

竊永錫等世居江南，熟悉江寧、安慶等府所屬地方，舊有出産銅鉛洞口十餘處。若一開採，則利國利民，甚爲有益。前於康熙五十一年，曾具呈户部行文江南督撫兩院轉行司府地方官，查明各口皆係僻地荒山，並非干礙民田風水，咨覆到部在案。

今直隸永平、喜峰口等處，現在奉旨開採，甚益民生。伏乞大人將永錫等下情代爲轉奏，懇求聖恩，一視同仁，照永平等處之例，准令江南一體開採。永錫等情願自備工本，僱募民夫入山採取。每年所得銅鉛，照户部定例抽分，解京交局，以供鼓鑄。如此則上以利國用，下以利貧民，將江南闔省之羣黎皆沾聖恩浩蕩於靡涯矣。爲此上呈。

計開産銅鉛各山共十三處：上元縣玉験山，江寧縣青王山，句容縣洪茂三山，懷寧縣庫嶺黄家榜山，寧國縣石門楊德園河洛塢，績溪縣大障山，涇縣太平沙嶺銅山，貴池縣桐木冲山，銅陵縣羅家冲鷄籠山，當塗縣薛鎮湖頭山，天長縣横冶山，懷遠縣馬廠塗山，滁州萬蕩嶺斗山。

《雍正朝内閣六科史書・户科・總理户部事務怡親王允祥等題議准貴州威寧府白蠟等廠開採銀礦並另委賢能府佐管理本》總理户部事務和碩怡親王臣允祥等謹題爲懇准開廠裕課便民事：「解任貴州巡按何世璂題，前事雍正五年十月初一日題，十一月十一日奉旨：『該部議奏，欽此。』該臣等查得解任貴州巡按何世璂疏稱：『威寧府屬阿都廠附近之白蠟、羊角、柞子等處産有銀礦，前據廠民蔡隆玷、鄧子泰等懇請移硐就課，經臣批司確查，委員採試。今據布政使祖秉圭詳稱，柞子、白蠟二廠出産銀礦，並無干礙民田、廬墓。現據管廠官按察司照磨李曜呈解，柞子廠自雍正五年三月二十五日開採起，白蠟廠自雍正五年閏三月初二日開採起，俱至本年六月終止，共獲正課併鉛斤變價銀一千二百三十七兩三錢。其羊角一廠，所抽課銀無幾，併鉛斤變價銀共四十四兩二錢，俟該廠開挖有效續題，如無成效即行封閉，所收銀兩附入柞子、白蠟册内報銷。至抽收之例，該廠每兩抽收課銀四錢，鉛斤每百斤抽收二十五斤，限一年限滿造册題報等因。臣覆查無異，謹會同雲督鄂爾泰合詞具題。』等因前來。查貴州威寧府屬阿都廠銀礦附近之白蠟、柞子、羊角等廠，解任貴州巡按何世璂疏稱，開採有效，並無妨礙民田、廬墓。羊角一廠所抽課銀無幾，應俟有效續題等語。應將白蠟、柞子二廠准其開採，羊角一廠有無成效，據實確查，即行題報。併將現開新礦所抽課銀按季造報，年終彙題，如有抽多報少，侵隱情弊，即行題參。仍□飭該地方文武官弁不時稽查，毋致生事擾民。其白蠟等廠雍正五年三月二十五日起至六月終止，所獲課銀併鉛斤折價銀共一千二百八十一兩五錢收貯司庫，候文撥餉。至管理廠務關係課税，今以照磨微員專司其事，似屬未便，應令該署檔祖秉圭另委賢能府佐管理可也。謹題請旨。」雍正五年十二月初五日題。本月初七日奉旨：「依議。」

《清世宗實録》卷三十六（雍正六年二月甲午）户部議覆：福建總督高其倬，條奏閩省鹽政事宜：「一、謹産地之收曬。閩省鹽場福清一場最大，其各團所産之鹽，零散難稽。請建設總倉，令各團曬丁，將所曬之鹽，統歸一處封鎖，則稽查自易，且免雨濕水淹之患。莆田一場，各團滷窟，並無遮蔽，應設法修砌，以資防護。至潯美、浯州、惠安、漳浦、南場、金坑、漳南、詔安等場，俱各委員整頓，期有實效。一、嚴銷地之售賣。閩鹽向係商行，後改爲官賣，近復用水客肩販。請暫令水客分認行銷，而以官運接濟，俟行之三年，有辦理無誤者，報部僉爲商人，再請發引以立成法。至存積鹽斤，照例於場鹽多產之時，官動課銀，就場收積，以備接濟。一、定鹽課之額數。閩省鹽課，有額徵、公費二項，共徵銀一十七萬有奇，嗣後俱作正額。其額外溢行之鹽，所獲銀兩，造爲盈餘報查，除支給鹽道暨各場官役公用外，餘俱造入盈餘冊奏銷。所有解部水脚，即於長價等項内撥給。一、酌辦理之人員。閩省舊設辦理鹽務各官，雍正二年悉行裁去。嗣後請於通省佐雜官内，遴選廉幹之員，管理鈐束，仍不時遣員巡查。」均應如所請。從之。

「國立」故宮博物院《宮中檔雍正朝奏摺》第十輯雲南總督鄂爾泰《奏報銅礦生產大旺摺》 雲南總督臣鄂爾泰謹奏爲銅礦大旺等事。竊照滇省各銅廠較前增盛，經臣奏明五年分銅觔可辦獲三百數一餘萬，請發價收銅、賣價還項。奉起扣滿一年，獲銅若干，即行題明，以憑預定曾否足額等因。今查各銅廠自雍正五年正月起至十二月終止，共辦獲銅四百萬零，内除留本省鼓鑄外，運赴湖廣一百一十萬零，江南一百六十萬零，陸續僱脚發運，已將發完。又因廣東洋銅缺少，需銅甚殷，不敢歧視，現議賣給銅二十萬斤，此五年分辦銅運銅之數也。至六年分銅觔，現在督催，上緊辦理，但總數難以預定。且滇處天末，馱脚無多，本省運鹽運米運錢皆所必需，若接連僱運，不但恐有遲悞，兼恐屬員奉行不善或致滋擾。應請將雍正六年所辦銅觔，俟年終核定確數，除留滇省鼓鑄外餘銅若干，咨明户部，於雍正七年分陸續僱覓馱脚運赴湖廣、江南，賣給承辦之員，轉運京局，以供八年鼓鑄。而七年分辦出之銅，則於八年分發運，以供九年京局之用。似此遞年辦運，在銅數既得清楚，而輓運亦可從容。至七年分吳楚應辦銅觔，暫聽其自行採買，辦此一年以後，每年俱有滇銅接濟矣。況現今各省奉文收買黃銅器皿，七年分京局鼓鑄諒可無誤。除另疏具題外，合繕摺奏，伏乞聖主睿鑒俞允施行。臣爾泰謹奏。

雍正六年四月二十六日。

「國立」故宮博物院《宮中檔雍正朝奏摺》第十輯雲南總督鄂爾泰《奏報五年分銅廠息銀數目摺》 雲南總督臣鄂爾泰謹奏爲報明五年分辦獲銅息仰祈睿鑒事。竊查雍正四年分，除銅課額銀九千六百二十餘兩外，辦獲餘息銀四萬五千八百二十餘兩零，較之三年分餘息銀僅多不及三萬。今雍正五年分銅廠課息，例應于六年五月内奏銷。臣查該年分各廠辦獲銅四百一萬三千餘觔，除銅課額銀一萬八百餘兩再扣還原本廠費并供鑄耗銅外，實應獲息銀一十四萬七千三百餘兩。又此項銅觔，係按奏銷定例每百觔價銀九兩二錢合算，今運吳楚銅觔賣銀十三兩，内除正價九兩二錢并脚價銀三兩外，每百觔仍有節省銀八錢。又應獲銀二萬餘兩，是五年分所辦之銅課額餘息約共可獲銀十八萬兩，現在核造細冊，具題送部。而運發吳楚餘銀，應俟變價回日另行報銷。再總理廠務，並無額給公費，惟請領工本係庫平，而收買銅觔則用尋常市平，每百兩約餘銀一兩零，歷來以此爲官役公費。今據總理廠務糧儲道元展成報明，五年分約有平頭銀三千兩，查銅廠既旺，用人更多，是以仍循舊例，留爲總理廠務一切費用。至于各處各廠大小不一，條例各別，頭緒甚多，稽查匪易，臣蒞滇二年以來，既深悉其中情事，不敢以巡撫專政稍有觀望，而總理元展成實心實力，絲毫無欺，且才具足以幹濟，故得漸次調劑，少覩成效，此固視天年亦視人力，在得人不在立法，衰旺多寡皆未可以爲定例者也。合併陳明，伏乞聖主睿鑒。臣爾泰謹奏。

雍正六年五月二十一日。

「國立」故宮博物院《宮中檔雍正朝奏摺》第十一輯廣西巡撫郭鉷《奏陳開採礦砂摺》 廣西巡撫臣郭鉷謹奏爲敬陳開採末議以裕邊民事。欽惟我皇上勤求宵旰，愛養黎元，其所以厚民之生，務期家給而人足者，洵乃無時無事不廑宸衷，薄海内外莫不永慶生成，均沾聖澤矣。乃臣更有請者，竊以足民之事，非止一端，惟因民之所利而利之，斯取之不窮而用之不竭。如五穀之在地中，利本自然，不過用人力以治之，爲利無涯，終古不易也。臣愚竊以爲礦砂之生，雖不可與農事同語，而實可以濟農事之不足，同一産於地中，亦不過資於人力，上而足以充國課，下而足以裕民生，棄之則等於泥塗，取之則皆爲財貨，其在邊徼，尤似造物者憐憫窮荒而故留此生理焉。臣職任粵西，用敢就粵言粵，查粵西一省田少山多，其山之可以布種者，雜糧竹木罔不隨地之宜以盡利，乃有一等不毛之山，頑石犖确，動輒綿亘數十百里，既已農力之難施，復苦材産之有限，獨其下出有礦砂，分金、銀、銅、鐵、錫、鉛數種，實爲天地自然之利不盡之藏。即如桂林府屬臨桂縣之滂江大小江源，義寧縣之牛路山、大玉山等處，平樂府屬恭城縣之蓮花石，賀縣之蕉木山、癩頭嶺等處，以及慶遠府之南丹州廠俱出産礦砂，其精美者間可得銀，壠口舊址，土人猶能識之。而嚴行封禁不許開採者，其意蓋以開採則必聚衆，聚衆則恐爲匪，而且人多則需食，米穀蔬菜之類必至騰貴，謂有利則必有害，是以封禁不開。臣愚以爲立法顧善不善耳，立法不善，則凡有利者何事不有害，立法果善，則第見其利而不見其害也。聞採一事，若濫用遠方輳集之人，則來歷難稽，奸良莫辨，一旦封閉，驅散誠難。今爲先出明示，止用本地窮民刨挖挑運硾洗，概不用外省流民，其應雇者赴本籍地方官查取鄰佑族長甘結，仍令五名互保，地方官給以腰牌，填註年貌，交付各壠口商人給貲工作，是本地之民已入保甲易於稽查，開山則相率傭工，封閉則仍歸邨落，固不致有易聚難散之患，而且本地之民食本地米穀蔬菜，人口不加增，物價何由貴也。而開採之必需商人，不歸官辦理者，臣之愚見有三，一以官辦則需員必多，員多則役多，利之所在，爲官者即能凜遵令，而胥吏家人難保其不需索生事。故不若商人各自爲計，總核壠口若干，爲之設廠納稅，委員巡察而又統委一大員專理其事，計所得之砂十分爲率，以三分歸公充餉，其餘工本利益悉歸商人，如是則輸課有定，人樂赴公而無紛擾之弊矣。一以粵西錢糧甚少，公費亦復無多，歸官辦理則所用浩繁，無項可墊，不若召募商人，各挾其貲本量力開採，即壠口值旺衰之不同，旺則利於商而賦稅日以益，衰則聽其止而國帑亦無所費，官民上下之間均惟所便矣。一以粵西地雜猺獞，言語不同，性情亦異，經官雇覓，必多疑畏不前。惟商人習於貿遷，一切皆所熟悉，如田主之於佃户，如鹽商之於竈丁，彼此相須則呼應必靈矣。緣此三者，臣是以有召募商人之請。而就中惟梧州府屬蒼梧縣之芋荚山一處，獨宜官辦。查芋荚山長僅十有餘里，高一里有餘，寬約一里，地形四達，與平樂府之賀縣、廣東之封川、開建二縣相連，其砂産金，每砂百觔，上等者可煉金三四兩，即下等者亦可煉金五六錢，其數不能預定，就臣所訪聞約略如此。因其地連數府，不無有盜運隱匿之弊，況爲利視他處獨重，商人承辦，誰肯舍重而就輕，則争競在所不免，惟歸官辦理，遴選精明廉潔之員專任其責，則諸弊可除。且其地較平，非如他處之峻嶺重巖，官吏不難於巡緝，且止此一山，費用人工猶易爲力。其餘府州凡有礦山者，俱令商人承辦，舉可即桂平二琶與南丹類推也。臣查粵西全省東西相去近三千里，南北相去一千餘里，幅幀不可謂不廣，而賦稅所入不及江楚十分之二，一琶邑中千金之子不能數家，總以地僻而土瘠，農與商均無所蓄也。如蒙皇上天恩允臣所請，將見數載之中民饒物阜，既富而教，禮義以生，邊末小民益沾樂利於無窮矣。抑臣猶有愚見，不敢遽行陳奏，查粵西所用錢文濫惡不堪，至今猶以故明萬曆錢，雜和行使，甚爲不便。竊謂本省鼓鑄一事，更宜舉行。又查收買黄銅器皿一節，雖嚴飭該地方官竭力收買，終以地方貧瘠，銅器稀少，目今就各屬詳報，止收買黄銅器皿共一千五百餘觔。如開採礦砂，就中得有銅礦，即用價採買，並本省所收銅器以供鼓鑄，則國寶流通，山溪蠻獠之人日用交易無不得所利賴。統俟命旨允行之後再當奏聞。總之開採一事，爲利至溥，其在粵西尤宜。自來爲民聚難散一語格而不行，臣不知地方督撫提鎮諸大臣，職司何事，而顧爲此不必然之慮也。臣爲國計民生起見，不揣愚陋，謬獻蒭蕘，是否可行，伏乞皇上睿斷。臣不勝戰慄恐懼之至，謹奏。

雍正六年八月二十四日。

「國立」故宮博物院《宮中檔雍正朝奏摺》第十四輯廣西巡撫金鉷《奏報粵西採礦情形摺》 廣西巡撫臣金鉷謹奏爲奏聞粵西礦務事。竊臣於雍正六年九月二十二日，爲敬陳開採末議等事，恭懇聖恩，先後經户部九卿兩次議覆，十二月二十日奉旨，依議。本年三月初五日准部咨到粵時，臣已遵旨赴黔，於五月内回署，隨即照依前議事理，分委司道各員督辦，業於六月初四日奏明在案。兹芋荚山官辦之金礦，據蒼梧道張體義報稱，自七月初六日興工至八月底止，計共八十五日，節次春淘金砂共煉毛金三百五十兩零，傾得實金三百四兩零，當經工商人等估，係八成金色。查此八十五日内議定，在山各官役飯食、燈油、紙張暨鎚手工匠人夫工價、木炭以及搭蓋房屋等項，通共支用過銀一千四百二十兩零，約去金一百七十餘兩，尚餘金一百二十餘兩。又據該道口稟，九月分内共得毛金二百十七兩零，除去工本，可餘毛金一百五十餘兩，較前所獲已多。臣備細查核，大約龍口漸開，則金砂愈出，而章程既定，則工料亦減，如搭蓋房屋等項，後此皆可不用矣。總計每日所用工匠官役等項需費毛金二兩有零，其餘皆爲所獲。如遇砂多礦旺之日難以先爲計算，總期儘得若干，據實貯公，不使稍有欺隱。雖目下設施伊始，然一切頗爲嚴密，量無餘漏也。容開至來歲四五月，通算一年所獲，臣再行節次奏聞。其銅礦一節，係委按察使元展成督辦，據該司面稟，目前雖未值旺盛之時，然各處商人已在紛紛趨赴，礦銅成色頗好，但粵西工匠甚拙，開採無術，現在覓人教導，如開採得法，必漸旺盛。而木炭等費，實較多於滇省。今計每銅一石，給官價銀六兩，連水脚盤費到省，約需七兩有零。向來各處購買雲南銅斤，每石需一十三兩，今廣西銅斤酌量開爐鼓鑄數足，即可轉發他省，其所發價值應照依雲南之數，雖粵地較近於滇，但粵西工本比之滇省原多，且粵銅價減則滇銅不能流通，惟兩省均平，而後於官商各便也。至各處銀鉛錫鐵等礦，俱歸藩司衙門，係布政使張元懷督辦，有已經開採者，有現在招商者。其抽收之數，臣原奏三分抽砂，未免仍須人夫工本，今臣等公同酌量，止照銀鉛數目多寡抽收，通長計算，究亦相符，現今陸續解交藩庫。總以各礦利益不齊，得砂贏絀亦異，惟在因地之利，順商之情，務使上無漏課而人樂赴工，俟再開採數月，自當妥議畫一統行奏聞。以上官開金礦暨各處商辦礦山到處寧謐，閭閻有所利賴，盜賊悉各潛蹤，而所委大小各官俱感激皇上天恩，視同己事，不憚勤勞，毫無私弊，又值秋成豐稔，米穀充饒，粤右人民計日可登富庶。總皆皇恩浩蕩，俾同享地利於自然，即凡僻壤窮鄉，莫不祝頌覆載深仁，歡騰鼓舞。所有七月以來粤西開採情形，理合一併具奏外，樣金一匣，礦石一匣，臣謹跪封進呈，伏祈御覽。謹奏。

雍正七年十一月初七日。

《雍正朝内閣六科史書・户科・總理户部事務怡親王允祥等題令滇撫將普毛銅廠抽課數目及大水廠開採年月查明報部本》 總理户部事務和碩怡親王臣允祥等謹題爲欽奉上諭事：「雲南巡撫沈廷正題，前事雍正七年三月二十日題，五月初一日奉旨：『該部議奏。』該臣等查得雲南巡撫沈廷正疏稱，普毛、大水溝二廠所出銅斤，較前頗增。經督臣鄂爾泰題，請照以湯丹事例抽收。准部覆以原題案内並無大水溝一廠，亦無普毛廠暫免抽課字樣，與原題之案不符，行令具題到日再議。臣接准部咨，當即檄行查報去後，兹據布政使張允隨詳稱，東川府新開丹、普二廠，原題案内抽收課銅，雖未載入大水溝廠，而奏報餘息册内已將湯丹抽課，其普毛、大水溝兩廠暫免抽課，分晰造報有案，詳請具題。臣覆查無異，相應會同督臣鄂爾泰合疏具題等因前來。查雍正六年三月内，據原任雲撫朱綱題報以東川府屬丹、普二廠自歸滇之後，初經開採，物貴費多，若不爲廠民留有餘之地，必不肯踴躍急公，請每銅百斤内抽課十斤，餘銅六分一斤收買等因。臣部議覆，奉旨准行在案。續據雲督鄂爾泰咨稱，普毛、大水溝二廠較湯丹廠更遠，每銅百斤給價銀六兩收買，暫免抽課等語。臣部以原題案内並無大水溝一廠，亦無普毛廠暫免抽課字樣，行令查明具題去後，今准該撫疏稱原題案内雖未載入，而奏報餘息册内已將普毛、大水溝兩廠暫免抽課分晰造報在案等語。查普毛廠自東川府歸滇之後，原因物貴費多，題定每銅百斤抽課十斤在案，不應又請暫免抽課。其大水溝一廠自何年開採起，因何原題案内不行題報，及至雍正五年廠課奏銷餘息册内始行造報，應令該撫沈廷正將普毛廠自奉旨抽課起，抽過課銀數目造册報部，併將大水溝開採年月查明，具題到日再議可也。臣等未敢擅便，謹題請旨。」雍正七年七月十一日題。本月十三日奉旨：「依議。」

「國立」故宫博物院《宫中檔雍正朝奏摺》第十五輯廣東總督郝玉麟《奏報粤省辦運銅觔摺》 廣東總督臣郝玉麟署廣東巡撫臣傅泰謹奏爲瀝陳辦銅下情懇祈亟賜籌畫事。雍正八年二月十八日，據廣州府知府吴騫等會詳稱：「竊查運銅鼓鑄，經國之常謨，承辦急公，人臣之職分。卑府等均沐皇上洪恩，叨列郡守，凡分所當爲，靡不竭盡心力，曷敢稍有諉延，自干罪戾。惟是廣東上下兩運銅觔，額辦五十五萬四千三百九十九觔，本省並無開採，近省又不產銅，向來東洋銅觔來粤發賣，近來東洋洋船俱進江浙海關，並無片銅至粤，是以康熙六十年准部文，行令江浙二省分辦而江南承認獨辦五省之銅，追署江蘇撫院何天培以洋銅出產不敷，奏請認辦三省，而福建、廣東於雍正三年仍舊採辦。是時廣東鋪家尚有存貯銅觔可買，繼後歷年承辦之員，每罹參罰，俱赴雲南買運，萬里程途往回躭閣，必經七八月始到廣東，若從廣西以至滇粤接壤之百色，春夏多瘴，人不能行，必俟霜降後方可往來，江河險阻，夫馬舟船之費不可勝計。買回毛銅又須鎔化成條，工匠炭火兼之折耗在在皆須賠墊，部價銅觔每擔一十四兩五錢，加入一切雜費，儘力節省，每擔必需十八九兩至二十兩不等，每運賠墊之數不下一萬餘兩。且自萬里買回，勢不能依限解赴，處分即至，報効心殷，補救無術，種種下情，伏望詳察，亟賜裁畫，庶下吏得以竭蹶辦理」等情。臣等當即批行布政司妥議去後，隨據布政使王士俊詳稱：「看得粤東從前原承辦銅觔，後因無銅可買，蒙大部洞悉情由，於康熙六十年行文江浙二省辦解。迨因江南認辦五省之銅不能如數買解，雍正三年復令廣東循照舊額每年辦銅五十五萬四千三百九十觔有零，分爲上下二運起解。但粤東各屬山場雖多産銅之處，封禁不敢開採，是本省已無可買之銅矣。洋船到粤頗多，銅觔甚少，歷有牙行可詢，是外洋亦無可買之銅矣。廣西現在開礦先供鼓鑄，不容外人購買，是鄰省又無可買之銅矣。故承辦各官赴司領價之後，輙往雲南買銅，運回鎔净，方可解部。自粤東以至雲南間關萬里，往回必須半載，在滇買銅亦費時日，是以五六七等年承辦之員，典産揭借，竭蹶赴買，仍以逾限被參，始猶專委一員獨辦一年上下兩運之銅，後則上下兩運各委一員承辦，甚至每運兩員協辦，究未能按限起運，此實廣東斷難辦銅之明驗也。今廣州等十府備陳苦累，詳奉批司妥議。本司細思銅觔爲鼓鑄所需，豈容推諉不辦，柰粤東並無可買銅觔，勢難責令承辦，惟有詳請咨達大部，可否將粤省額辦銅觔，行令産銅省分辦解。倘必欲本省承辦，恐各府無力支撑，必將遲悮，可否於關羡鹽羡税羡内，每年共津貼銀一萬兩，以爲買銅不敷之用。但不敷之價或可津助，而産銅之滇省路途乃屬遥遠，並請咨明大部，俯將粵東辦銅各員初次准其展限，倘展限既滿之後起運遲延，方照初參議處，庶寬以數月之期，得免革職之議，則承辦之員益圖勉力報効」等語議詳前來。該臣等覆查銅觔關係鼓鑄，承辦之員自當竭力趕辦以濟公務。但採辦有難易之分，購買有遠近之別，有不得不據實陳明者。伏查粵東從前曾經承辦銅觔，後緣艱於購買，已改令江浙二省辦解。雍正三年部議，復令閩粵兩省再行承辦，維時粵東尚有洋銅可買，又有近處銅觔可覓，是以雍正三四五年尚可勉力辦解，縱有賠墊，不致遲悮。至六七兩年銅觔愈少，購買愈難，及屆期不能起解，雖將辦員參處，究於銅觔無益。緣東洋銅觔止赴江、浙、福建，竟不到粵，本省礦場久已封禁，鄰省現供鼓鑄不准賣出，各辦員俱遠赴滇省買運回粵鎔净起解，萬里長途，脚價盤費業已浩繁，再加以鎔銷折耗，其中賠累實多，而且稽遲時日，仍不免於參處，是各辦員並非怠玩不力，實出於無可如何，是以各府知府有備瀝下情之詳。臣等現在目擊情形，誠恐悮公，隨同布政使王士俊詳細斟酌，查部定銅價每觔一錢四分五釐，原止可就近採買，今遠赴買運，實屬不敷。伏思我皇上不惜數十萬金賞給大小臣工作爲養廉，俾其安心辦公，今以銅觔一事及令各辦員有賠墊之名，臣等若不悉心調劑，據以入告，上負聖恩，難以自解，爲此冒昧具奏，應否仰懇皇上每年於部價之外，恩賞協貼銀一萬兩，以爲上下兩運採買不敷之用，此銀應否於關羨鹽羨稅羨内支用以資採辦，至此項協貼銀兩，仍令各辦員加意節省，據實報銷，敢有絲毫浮冒，希圖肥已，即指名嚴參，從重治罪。但事關加增銀兩，臣等未敢擅便，理合據實奏請聖裁，恭候諭旨指示遵行。至粵東距滇隔越三省，買運銅觔，往返動經半年有餘，勢實不能依限起運，仰籲聖恩，俯念粵東去滇遥遠，與江浙等省就近採買者有間，敕命部臣定議，俯將粵東辦銅各員初參准其展限，倘展限既滿之後起運遲延，即照初參例議處，稍寬數月之期，俾得竭力報効，感戴皇仁於億萬斯年矣。又臣等據各府稟稱：「銅觔自滇採買轉復運至粵省，始行鎔化十足銅條，又自粵省起運進京，往往奸匠於鎔銷之時暗中攙假，銅色不足，部驗仍有折耗，轉輾周折，更稽時日，又多賠補，若竟從滇起運進京，設有銅色不足，照例賠補，可免重複虧折」等語。臣等細思此言似亦近理，懇祈皇上併敕部臣議覆，如蒙俞旨准行，臣等於委員給咨赴滇採買時，備足水脚飯食等銀，即填給解部批迴，咨明滇省督撫二臣粵東承辦銅觔買足起運，即從滇省咨部，并咨沿途督撫飭行所屬照例撥兵護送，仍一面移咨臣等查明，若已逾限，即行核參，如此不致往返稽遲，實於鼓鑄有裨。臣等謹具摺恭奏，伏乞皇上睿鑒施行。臣玉麟臣泰謹奏。

雍正八年三月十一日具。

「國立」故宫博物院《宫中檔雍正朝奏摺》第十六輯廣西總督郝玉麟《奏報查驗芋荚山金礦礦砂摺》 廣東總督臣郝玉麟謹奏爲奏聞事。竊粵東各屬銀、銅、錫廠，奉文封禁。臣到任後復檄飭地方文武嚴加防範，毋致匪類聚集，私行偷挖，仍不時差員巡查。上年冬間歷據肇慶府屬開建縣文武員弁稟稱，該縣所屬之芋荚山在東西兩粵交界之處，兩省共此一山，俱産有金砂，粵西現在委官開採，有等游手無籍之徒，遂覬覦粵東界内礦砂，每每三五成群，暗行偷竊。卑職等雖不時各差兵役巡查，究恐不能禁絶，相應稟奪等情。臣隨酌撥弁兵協同分路巡查去後。本年二月内，臣赴省會商公務，隨與撫臣傅泰、布政使王士俊言及此事必須料理安妥，使地方寧謐，而愚民不致妄思偷竊，干犯國法。至所稱礦砂虚實，自應查驗明確始可定議。隨委按察司照磨王湛、肇慶城守營守備胡士儒前往確勘情形並驗礦砂虚實，去後續據該員等稟稱，於四月初二日到開建芋荚山細加查看，果有礦砂。隨僱覓本地村民開一壠口，自初三日起至本月二十七日止，將採出礦砂舂得净金一百餘兩，所費工本銀二百餘兩，該地方因有官兵巡查，匪徒不敢竊取等語。據此，是所驗礦砂委有成效，非他廠可比，致匪類有偷竊之念，巡防益須嚴密。臣隨行令王湛等，將開試之壠口封閉，舂驗礦金一百餘兩飭即解交藩庫，并差弁兵看守去訖，正在會同撫臣具奏間，接准部咨，欽奉上諭，據布政使王士俊奏請，將廣東封川、開建二縣歸入梧州府，將廣西梧州一府改隸廣東，則呼吸可通，形勢相連等語，欽奉皇上諭旨：着鄂爾泰、郝玉麟悉心定議具奏，欽此。欽遵除移咨鄂爾泰會同悉心定議具題外，其開建縣作何分隸，再將該縣所轄之芋荚山金砂礦廠應否開採，并應歸何省管理之處妥議，另行具奏請旨遵行。謹將查驗礦砂情形據實奏聞，伏乞皇上睿鑒。臣玉麟謹奏。

雍正八年五月十一日具。

《雍正朝内閣六科史書·户科·貴州巡撫張廣泗題報猴子膩書等廠爐底鉛斤變價銀數及兩路口丁頭山封閉開採情形本》 巡撫貴州兼理湖北川東等處地方提督軍務都察院右僉都御史加六級紀録一次駐劄貴陽府臣張廣泗謹題爲詳請題明事。該臣看得猴子、膩書等廠，爐底鉛斤變價銀兩，並兩路口、丁頭山封閉開採一案，先據布政司查明具詳，經臣核題在案。嗣准部咨，着令詳悉確查保題，臣隨行查去後，今據布政使鄂彌達詳，據大定府陳悳榮詳稱，猴子、膩書等廠，於康熙五十九年以前所出爐底鉛斤，係交商變價，每兩抽課銀三錢，統入正課報解。至五十九年以後，始令抽爐底變價，分別報解管廠人員，委無侵隱情弊。又據南籠府黄世文詳稱，兩路口礦砂衰薄，前任普安縣姚應鶴禀報，奉文飭查，當據爐户人等請至冬底封閉，是年廠課亦係儘數報解。復於雍正二年正月内據爐户等呈報，丁頭山産有鉛礦，經該縣勘明詳報，爐户砂丁即於詳請之日，搬上丁頭山採試，於九月初二日獲礦抽課，請題開採，所抽課鉛，俱交滇員運收供鑄，變價解黔，年底造册，奏銷在案。是兩路口於雍正元年冬底停爐，丁頭山實於二年九月獲礦，報採抽課，其八個月之内並未獲礦抽課，管廠之員實無侵隱情弊，取具府縣各結，由司加結，詳請保題前來，臣覆核無異，相應會同保題。伏乞皇上睿鑒，勅部核覆施行，謹題請旨。雍正八年六月十七日題。七月二十二日奉旨：「該部議奏。」

「國立」故宫博物院《宫中檔雍正朝奏摺》第十七輯廣西巡撫金鉷《奏報地方開採礦務摺》 廣西巡撫臣金鉷謹奏爲奏聞礦務事。竊廣西梧州府蒼梧縣芋莢山官辦金廠，自雍正七年七月初六日興工起，至本年九月底止，總計所煉實金，除去撒散金九十五兩有零，實收金三千零九十一兩有零。兹據按察使張體義禀報到臣，自本年八月分，所收實金，僅可以敷工本，至九月以後，所有開採之處俱屬砂多金少，以所獲之金計變换之價，已於工本有虧。其十月分未經全報，約略又較減少。據此，礦山事理，自有旺衰不同。臣前此題請開採，原以金砂重利，難免宵小盜運私開之弊，是以獨歸官辦，有金則儘力開挖，無金則隨時停止，既已無金，則宵小覬覦之念自可潛消。今金砂告竭，理宜停止，其壠口應閉者，飭令封閉，工役應遣者，飭令遣回。但芋莢山蔓延十餘里，在在皆可試採，仍令酌留精壯鎚手數十名，使之尋覓，其工費即將撒散之金變换使用，不令動支正項，倘得砂旺盛，再爲加工。已經臣面諭梧州守吴士鯤去訖，如此既不誤工，又不糜費，俟果否得金之後再定行止，理合繕摺具奏。再桂林府臨桂縣滂江銅礦一節，原向商人收買，每石定價六兩，後因商人頻懇增添，節次增至六兩八錢，商人仍求增不已，便按以爐廠額定之工費，恐將來致有不敷。今布政使元展成面禀商酌，委令桂林府領給工本，自行開採，現在頗覺有效，俟開採定日，如有商人情願前來者，仍復聽其採辦，則價之應增應減，臣等既已熟知，即商民之情亦定矣。合並奏聞，謹奏。

雍正八年十一月十五日。

「國立」故宫博物院《宫中檔雍正朝奏摺》第十九輯廣西巡撫金鉷《奏報地方開挖礦産并抽税摺》 廣西巡撫臣金鉷謹奏爲奏聞事。竊照粤西金、銀、銅、鉛等礦廠，自雍正七年開採起，至雍正八年年底止，所有動支工本及採獲抽收各數目，臣已具疏題明，咨部在案。内金山出産原自無多，工力猛鋭，搜採無餘，業經封閉，其採獲共金三千一百四十餘兩，换銀二萬五千二百一十餘兩，除還工本外，計贏餘銀一萬四千六百五十餘兩，及銅廠辦獲課餘銅觔除工本各費外，約餘息銀五千四百七十兩零。又各廠抽收課銀并鉛、錫、雄黄、硃砂等，已未變價，共計銀七千九百四十餘兩，俱現貯藩庫外，今臣復查本年春夏秋三季銅廠官辦及收課餘銅共獲銅十萬三千餘觔，除抵還工本外，約餘息銀五千七百餘兩。又銀、鉛各廠，共抽課銀六千五百餘兩，課鉛十萬餘觔，除遵旨賞給通省兵丁陸續支領演習外，餘剩鉛觔，統俟年底同各廠收除實在各數核算明確，於壬子年造報奏銷之時分晰具題，所有雍正九年春夏秋三季收獲各礦廠銅觔、銀、鉛各數目，謹先繕摺奏聞。再各廠委員，經臣加意慎選，不時訪察，雖各處壠口興旺不齊，稍有辦理未妥之員，臣即時嚴飭，另委换替。至各廠所用錘手爐頭工役人等，俱行地方官已經取具保結，造册稽查，自開採以來，邀蒙聖恩，各屬礦廠及附近窮民，得藉工食以資餬口，地方亦甚寧静。理合奏聞，謹奏。

雍正九年十月初十日。

「國立」故宫博物院《宫中檔雍正朝奏摺》第十九輯重慶總兵馬義《奏報開採硝磺事摺》 四川重慶總兵官臣馬義謹奏爲奏聞事。該臣查得重屬向有硝洞，前歲已奉文封禁。昨因各標營製備火藥，無從購買，先經撫提貳臣會商，暫那耗羨銀壹千兩以作工本，行令署鎮併川東道會委員弁，於重郡附近州縣監管開採，如或工本不足，再設法濟用。及臣接辦其事，慮有未周之處，又再三斟酌，專飭中軍遊擊劉敬細心綜理，移行該汛文武各撥老成兵役，不時在彼稽查，併令在廠員弁將每日煎熬硝觔數目拾日壹報。該遊擊仍密委幹員，常常往看，以杜營私透漏之弊。前議原令各標營所差弁目，執票徑赴硝廠買取，臣恐其往返稽遲且難照察，隨改令監管官，但已熬成貳叁千觔，即運至重城。臣與川東道陸賜書會委員弁，監收固貯，嚴加看守，以待各標營差弁到重。復會委員弁，照其印票内所開觔數發給回營，尤爲省便。查未曾封禁之前，每硝壹百觔原需價銀叁兩貳叁錢不等，今計各廠開採之難易，運送之遠近，每百觔用銀貳兩叁錢至貳兩柒捌錢而止，較前稍減。然使各標營，照各廠銀數買去，則彼此低昂未能畫一，臣隨長短通融，原榷定每百觔俱以貳兩陸錢爲率，嗣因工費不敷，又增至貳兩柒錢，所收價銀仍發各廠應用，臣俱稟明督臣批准遵行在案。除長壽、綦江貳縣先開之硝洞灰已告竭停止外，現在南川、武隆貳邑地方開採。至於硫磺原出在夔州府屬石砫司山内，亦經川東道飭行該管文武監採運至重城，配硝賣與各營，每百觔先賣價銀叁兩陸錢，後因廠旺費輕，已減至叁兩貳錢。現今運到之磺，足供採買，業准川東道移稱已經封禁訖。惟焰硝一項，數猶未足，尚在開採，應俟各標營買足之日，亦一槩報明，嚴加封閉。併將暫那銀兩還項。但臣實愚昧，惟自兢兢辦理，勤加查考，不致悮公滋弊耳。臣謹恭摺奏聞。伏乞皇上睿鑒施行。謹奏。

雍正拾年伍月初陸日四川重慶總兵官臣馬義。

《雍正朝内閣六科史書·户科·大學士管户部尚書事張廷玉題准撥給雲南羅平州屬卑浙塊澤二廠收買運銷鉛斤不敷銀本》 經筵講官少保兼太子太保保和殿大學士仍管吏部户部尚書事臣張廷玉等謹題爲詳請題明借支倭鉛工本事：「雲南巡撫張允隨題，前事雍正十年七月三十日題，九月十一日奉旨：『該部議奏。』該臣等查得雲南巡撫張允隨疏稱，滇省羅平州屬卑浙、塊澤二廠所出鉛斤甚多，委武定府知府朱源淳辦運，除供滇省鼓鑄外，餘鉛前經題明借動司庫捐納銀十萬兩，收買運銷在案。兹據布政使葛森、署糧儲道黄士傑詳稱，自請領工本採買之日起，至雍正九年底，共買鉛四百四十萬七千餘斤，該價銀八萬八千一百餘兩。又發運白色脚價銀一萬五千餘兩，又運楚水脚盤費銀五千兩，除前領銀十萬兩發給外，不敷銀八千餘兩。今年春夏所出鉛約有百餘萬斤，又需銀二萬餘兩，前領之銀難以更番接濟，請仍於司庫捐納銀内動銀二萬兩，發給朱源淳承領收買發運，俟變價回滇，除還工本脚價外，照以每百斤餘息一兩歸公，此外再有贏餘銀兩，據實報出充公等情。臣覆查無異，會同署雲貴廣西總督高其倬合詞具題等因前來。查滇省羅平州屬卑浙、塊澤二廠所出鉛斤，先經該撫張允隨兩次題請於司庫捐納銀内酌借銀十萬兩收買運銷，臣部覆准奉旨依議遵行在案。今該撫疏稱今年春夏二季所出鉛約有百餘萬斤，前領之銀既不敷用，又難更番接濟，請仍於司庫捐納銀内再動銀二萬兩，發給武定府知府朱源淳收買等語。應如所請，於司庫捐納銀内准其再動銀二萬兩收買發運，俟變價回日照數一併歸還原動工本，所獲每百斤餘息銀一兩歸公充用。此外再有贏餘，據實開報，毋得稍有侵隱。如有侵那虧空，該撫張允隨查明題參可也。臣等未敢擅便，謹題請旨。」雍正十年十一月十四日題。本月十六日奉旨：「依議。」

「國立」故宫博物院《宫中檔雍正朝奏摺》第二〇輯廣西巡撫金鉷《奏報開採硝磺事摺》 廣西巡撫革職留任臣金鉷謹奏爲奏聞事。竊臣於雍正十年七月内，接提臣張應宗來札，以粤西處處産硝，稽查頗難，商酌官開官賣之法，已將大意奏聞，蒙皇上硃批：「覽，與撫臣商酌，妥協料理，欽此」。臣查硝磺爲營伍所必需，私煎私販均干嚴禁。前因鎮安府地方試採硫磺，經臣奏明，給發工本，開採煎煉，以資營用，業奉俞旨，欽遵在案。臣於本年三月間，以臣標左右二營循照往例，詳請給牌，開採硝觔，臣恐有奸徒射利，乘機私賣之處，屢經批飭，確查妥議，如可借支工本開採有效，即照鎮安硫磺之例，槩令官開官賣，以杜私硝之弊。嗣於五月間准提臣咨商，隨又檄行查議在案。兹蒙皇上批准提臣所奏，臣仰遵諭旨益復悉心商酌，務期妥協，可以經久無弊，方敢定議題覆。臣查廣西通省各標協營，歲需硝觔不下二十萬觔，向例皆於營中公費銀内自行採買，價值貴賤不等，從無動用公帑。今議官開官賣，必須從長計算，務使價值均平，兵民兩便，庶可永久遵行。前據各屬詳覆議，以每牙硝一百觔給工本銀三兩二錢，每年約需銀六千餘兩，若賣與隣省，則照行户之價，每百觔賣銀三兩八錢，此中稍有餘羡，陸續歸還工本。臣等因所議之價不無浮多，恐營中有限之公費，既難令其加增，而庫項借支之工本，亦難漸次歸補，雖廣東來西採買者，每年亦不下二三十萬觔，然計其餘羡，尚不足以抵補。因令再行確議，并行據各屬州縣申覆暨准提臣咨會，凡係産硝地方，或出産無多，工價太貴，或盤山越嶺，挑運維艱之處，俱經飭行文武各官會同封禁，以嚴私煎私販之弊。現在産硝州縣足供本省隣封之用者原不過數處，臣已面諭該管知府并酌量給價，試令採辦，如果行之有效，再議動支工本，委官設局開採煎煉，定價發賣，以濟營用，否則仍循舊例，歸營採辦。惟不時申飭嚴禁私硝，即於地方有益。況硝磺二物，必需相配成藥，今硫磺已歸官辦，外來私販，價貴難售，勢必阻絶，則民間惟有硝觔，查禁亦易。統容臣試妥定議，再爲具奏。緣奉批到諭旨，恐干稽延之咎，謹先繕摺奏聞。謹奏。

雍正十年十一月十九日。

《雍正朝内閣六科史書·户科·總理户部事務果親王允禮等題令黔撫查明該省格得八地二廠抽税課銅短少情由本》 總理事務兼總理户部事務和碩果親王臣允禮等謹題爲懇請題明開採銅廠等事：「貴州巡撫元展成題，前事雍正十三年五月二十八日題，七月初九日奉旨：『該部察核具奏。』該臣等查得貴州巡撫元展成疏稱，格得、八地二廠抽税課銅，例應按年報銷。今據布政使馮光裕詳，據管理廠務威寧州知州趙世燕册報，自雍正十二年二月十六日起，至雍正十三年二月十五日止，格得廠抽税銅一千五百七十四斤零，八地廠抽課銅三千七百五十斤零，二廠共抽課銅五千三百二十四斤零，每百斤照定價八兩五錢變賣，共計賣獲銀四百五十二兩五錢零。除開銷二廠該年辦事人役工食外，格得廠不敷工食銀一百二十兩六錢零，八地廠不敷工食銀四錢四分零，又上届不敷找給格得廠十年分工食銀一十九兩一錢六分零，三共不敷工食銀一百四十兩二錢零，應於下年抽獲課銅變價銀内找給等情。當查該二廠所抽課銅較之上届抽收之數尚屬短少，其中恐有以多報少情弊，隨飭令威寧州趙世燕確查。兹據管理廠務吏目王步雲呈稱，格得、八地二廠原係礦汁極薄，當廠圯初開，礦多人衆，課項稍饒；及至雍正十一年後，礦汁愈淡，爐户稀少，所有雍正十二年二月十六日起，至雍正十三年二月十五日抽收課銅，委係礦砂淡薄，出銅無幾，並無抽多報少侵隱情弊，出具印結詳報前來。臣覆查無異，會同雲貴總督尹繼善合詞具題等因前來。查黔省格得、八地二廠自雍正十二年二月十六日起，至雍正十三年二月十五日共抽課銅五千三百二十四斤零，每百〔斤〕照定價八兩五錢變賣，共賣獲銀四百五十二兩五錢零，除開銷二廠辦事人役工食外，不敷工食銀一百二十一兩四分零，又上届不敷格得廠工食銀一十九兩一錢六分零，該撫請於下年抽獲課銅變價銀内找給。但前項開銷過工食銀，兩疏内並未開具細數，其中恐有浮冒，應令該撫確查寔在支銷細數，造具清册送部查核。至上届不敷工食銀兩，應於下年抽獲課銅變價銀内照數找給。再開採礦廠原在經管之員善於調劑，俾商民踴躍開採，多獲礦砂，始於國課商民均有裨益。今格得、八地二廠自雍正十二年二月十六日起，至雍正十三年二月十五日抽收課銅五千三百二十四斤零，較之上年所抽九千八百一十一斤零之數甚屬短少，此非經管各官調劑不善，即係廠員抽收課項苛求勒索，苦累商民，以致爐户稀少，抽課無幾。該撫並不查明前項情由，僅以礦砂淡薄爲詞，殊屬未協。應令該撫元展成嚴飭經管各官，加意調劑，督令開採，務期課項盈饒，商有餘息。如有苛求勒索擾累商民情弊，即行據實題參可也。臣等未敢擅便，謹題請旨。」雍正十三年九月二十七日題。本月二十九日奉旨：「依議。」

嵇璜等《清朝文獻通考》卷三〇《征榷五・坑冶》〔雍正〕三年，以江西撫臣奏封禁山事宜，特旨訓示江西巡撫裴𢕟度遵旨摺奏：「廣信府之封禁山相傳産銅，舊名銅塘山，明代即經封禁，其中樹石充塞，荒榛極目，並無沃土可以資生，亦無頑民盤踞在内。此山開則擾累，封則安寧，歷有成案。康熙五十九年，沿山匪類擒獲之後，此山搜查二十餘日，並無藏匿。據實奏聞。」得旨：「當開則不得因循，當禁則不宜依違。但不存貪功圖利之心，實心爲地方興利除弊，何事不可爲也。在秉公相度時宜而酌定之。」【略】

〔乾隆〕八年，定湖北、湖南兩省礦廠開閉事宜。户部議覆：前任湖廣總督孫嘉淦疏稱：原任左副都御史仲永檀條奏，楚省出産銅、鉛等礦一案，查楚省産礦之地頗多，而開有成效之處甚少，若不悉心籌畫，因地制宜，濫請開採，適滋擾累。今除湖南常寧縣屬之龍旺山礦廠先曾刨試，係黑鉛粗砂，且不敷工本，隨經封停在案。又沅陵、辰谿、永順、桑植等縣礦廠，並綏寧縣銅礦，會同縣金礦，宜章縣金礦，及湖北施南、興國、竹山等府州縣礦廠，或屬苗疆，或有妨田園廬墓，或産砂微細，並無成效，無人承採，均應飭令地方官嚴加封禁。他如湖南之邵陽、武岡、慈利、安化、永定等州縣鐵礦，俱係各該居民農隙自刨，以供農器，間有産鐵旺盛之芷江縣，挑往隣邑售賣，應聽商民自便。至於郴、桂二州礦廠，雖係銅、鉛夾雜，然地方既非苗猺，又無妨礙，自應聽其開採，抽得税銅砂價鉛觔，並收買砂銅，於鼓鑄庫帑，洵有裨益。應如所奏，疏上，從之。【略】

〔乾隆〕二十三年，准湖南郴、桂二州廠税，俱歸官辦。湖南巡撫富勒渾奏言：「湖南省郴、桂二州銅、鉛礦廠，從前開採伊始，一切估色設卡等事，官役俱未諳悉，是以必須商辦。邇年以來，官役已經熟練，而税課銅、鉛，較之從前有增無減，是商人力所難辦之事，歸之廠員承辦，實力稽查，既有成效，於廠務自有裨益。應如所請。」從之。【略】

〔乾隆〕三十七年，諭：「滇省各銅廠，前因馬騾短少，柴米價昂，每銅百觔准暫加價銀六錢，俟軍務竣後停止，嗣後展限一二年。今念該省頻歲曾獲有秋，而米糧柴炭等價值仍未即能平減，著再加恩展限二年，俾各資本寬餘，踴躍開採，庶於銅務有裨，而廠民亦得以資寬裕。該撫仍留心體察，俟廠地物價一平，即行奏明停止。」

《清高宗實録》卷二百十九　〔乾隆九年六月己巳〕江西道監察御史衛廷璞奏：「臣見兩廣總督馬爾泰等，議覆布政使託庸奏請『粤東開礦』一摺。查明廣州等府，報出銅鉛及夾雜金銀砂等礦共二百餘處。又稱『山場在叢山疊嶂，人跡罕到之區，現在招商試採」等語。夫以二百餘處之山場，一時並採，臣竊以爲未盡善也。蓋開採必視乎商力，粵東僻處天末，土著之殷富者，通省不過數家。至外來流寓，如洋行、鹽行，雖有數千家，而殷富者亦不過數家，餘皆那移補苴，虛張聲勢，非如兩淮、山右之擁巨貲者，雖經小虧折而無損也。更有一種無藉之徒，典賣現在之産，希圖未然之益，合什伯小分，爲一大股，官驗則有銀，興工則有銀，一或失利坑陷多人，蕩産破家，勢所必有。請飭下督撫，將各府州屬礦山，各擇一二處先行試採，果有成效，方漸次舉行，是有利則異時之利甚長，無益則目前之害尚小也。且粵東山海交錯，形勢異於他省，米價亦復騰貴，雖據稱以本地之土人，應本地之力作，米價似不致貴，然現在山場二百餘處，將來續開者，又不知數十百處，安得如許無業之人，以供其用。其附近隣省者，勢必潛入山場，商方藉其力，誰肯驅之使去，則米價未必不因此致貴也。誠莫如先行試採數處，徐觀後效，使各礦聚集之人亦可以少分其勢。」奏入。諭軍機大臣等：「此摺抄録寄與馬爾泰、策楞，令其議奏。」

楊錫紱《四知堂文集》卷九《遵旨陳明苗疆銅礦毋庸開採疏》 爲欽奉上諭事。乾隆十二年九月初八日，准尚書傅恒字寄内開，八月十八日奉上諭：「據署廣西巡撫鄂昌奏稱，桂林府屬義寧縣龍勝以内之獨車地方與湖南綏寧縣連界，該處有耙冲嶺坐落楚地，銅礦甚旺，應行開採等語。朕思開採一事雖有益於鼓鑄，每易於滋事，而界接苗疆，辦理尤宜慎重。今所奏綏寧一帶既係苗猺地方，必須悉心詳查，徹始徹終細加籌酌，將來開採之後，萬無一失，方可舉行。若於苗疆稍有未便，斷不可因目前之微利，啟將來之患端，不如慎之於始，照常封禁，以杜聚集奸匪之漸。可將此摺抄寄湖南巡撫楊錫紱，令其加意查察，將應否開採之處據實奏聞。欽此。」寄信到臣，臣當將綏寧縣耙冲嶺銅礦情形，臣尚未深悉。現在密札布按二司，委員前赴確加勘驗查察，俟覆到，將應否開採之處據實奏聞緣由，恭摺覆奏。十月二十七日奉到硃批：「知道了。欽此。」今於十一月十五日據布政使温福、按察使周人驥會稟内稱，據委員辰州府同知朱燕會同署綏寧縣知縣明英稟稱，卑職等同至耙冲地方查看得，該地四面俱係苗寨，與廣西義寧、懷遠兩縣苗寨連界，其出礦之處，周圍丈量共止九十五丈，因從前開挖，下截已塌爲平坡，上段亦已破裂，中有仙旺等五洞，係乾隆四年招商開採，後因衆苗紛争，焚卡搶物，審詳咨部封禁有案。乾隆八年，兩廣慶督院咨商開採，經前任知縣董琰查明議詳，仍請封禁。乾隆九年，前任鄂督院飭委湖北安陸府同知岳都查勘刨試，於舊礦左右復開六洞，深至二三丈，因出砂有限，又行封禁，各在案。今卑職等於舊開最旺之新興洞旁，挖深二丈有餘，并無礦砂，又於洞左再挖一洞，获有黑色礦砂，用水淘洗兩次，煎煉費過五十二工，實得淨銅八觔九兩。詢之爐戶砂夫，俱稱從前初開原有綠色好砂，自乾隆四年以後，刨挖便只有黑砂，實銅砂之最下者。又勘得山下即係苗田，詢據苗頭楊仁萬等，僉供從前開採壓壞苗田，現有痕跡可驗，此地糧田數千畝，全仗溪水灌蔭，若開採，必在溪内淘洗礦砂，有礙灌田。再，每逢天雨，水從廠上流下，俱有銅銹氣汁，禾苗被傷，更兼聚集外來多人，柴米俱貴，實多不願等語。本司等查，耙冲礦山既不寬廣，砂又不旺，深在楚粵苗寨之中，聚衆開採，淘砂之水既礙苗田，柴米價昂又礙民食，雖有文武官彈壓，難保不生釁端，似應仍前封禁等情到臣。臣查開採銅礦雖以資鼓鑄，然地在苗疆，即使銅砂果旺，亦應籌畫萬全。今綏寧縣之耙冲地方，經臣委員確勘，出礦之山既不寬廣，刨挖銅砂又屬低下，是目前本無利益，且深處苗穴，於田畝民食俱有所礙。乾隆四年開採，已有苗民焚搶之案，則其地之易於滋事已可槩見，誠如聖諭，斷不可因目前之微利，啟將來之患端也。所有耙冲礦廠，臣悉心詳查，應請仍舊封禁爲便。臣謹據實恭摺覆奏，伏乞皇上睿鑒。

《清高宗實録》卷三百九十七 〔乾隆十六年八月〕甲寅，户部議覆：雲貴總督碩色奏稱：「滇省每年辦解京銅六百三十三萬一千四百餘觔，向來尋甸、東川兩路分運。東川府應運三百十六萬五千七百餘觔，由東川陸運至昭通，計馬程五站半，需脚價銀二萬二千餘兩，雇募民馬二萬餘馱，實屬艱難，既慮遲延，復多賠累。不若安設牛站爲便，并改由東川魯租硝廠河、馬鹿溝、大布戛，以抵昭通，計程二百九十里，馬行止四站半。但須於牛欄江建大橋一，硝廠河、腊溪河各建小橋一，沿途修平道路，車可遄行，並節省一站脚費。應以四十里設一站，共分七站，每站安牛八十隻，車八十輛，約計十個月半，可運銅三百十五萬觔。較前脚價，每年節省五千六百餘兩。」應如所請。其節省銀貯庫，爲辦銅工本。修路建橋，買牛製車銀一萬三百餘兩，先以舊設脚價墊發。工竣，即以每年所省歸補。從之。

《清高宗實録》卷一千三百五十五 〔乾隆五十五年五月丙申〕開採雲南威遠廳屬西薩猛烈鄉鐵廠，從巡撫譚尚忠請也。

《〔乾隆〕梧州府志》卷九《田賦志・鹽榷》 〔蒼梧縣〕金雞山銅廠在東安鄉竹洗閒，乾隆二十七年招商試採，每銅百觔抽課二十觔，運至省城錢局，以供鼓鑄。

祁韻士《己庚編》卷上《議覆銅額運務摺》 大學士王等謹奏爲遵旨會議具奏事：據雲南布政使陳孝昇奏，請將湯丹等廠酌減銅額，并八運京銅改分六運，及管廠各員按照多獲銅數分別議敘一摺，嘉慶四年九月十一日奉硃批：「大學士會同户部妥議具奏。欽此。」欽遵到部，臣等謹按款酌議，敬呈御覽：

一各廠年額銅斤請照現在辦獲數目酌定報銷一款。據稱湯丹、碌碌、大水溝三廠，開採年久，礦少質薄，應請將湯丹廠額辦銅三百一十六萬五千餘斤，酌減八十六萬五千餘斤，以二百三十萬斤爲定額。碌碌廠額辦銅八十二萬三千餘斤，酌減二十萬三千餘斤，以六十二萬斤爲定額。大水溝廠額辦銅五十一萬斤，酌減一十一萬斤，以四十萬斤爲定額。統俟嘉慶四年爲始，按照減定各數，飭令經管之東川府如數辦運。至該三廠酌減額銅，查有新開之得寶坪廠，上年奏明額辦銅一百二十萬斤，兹據該廠具報，嘉慶三年分，實辦獲銅二百萬九千餘斤，較額辦之數多辦銅八十萬餘斤。通計寧臺、大功、香樹坡、得寶坪、茂麓及各小廠現辦銅斤，並湯丹、碌碌、大水溝三廠酌定銅數，通盤核算，較每年應運京銅六百二十九萬餘斤，及帶解買補銅三十七萬餘斤之數，尚屬有盈無絀等語。查滇省各廠額辦銅斤，向來遇有礦砂衰薄、獲銅短缺，例准題請減額，其獲銅豐旺，多於舊額者，亦准據實報增，節年遵照在案。今該藩司以湯丹等三廠礦少質薄，奏請減額，并稱新開之得寶坪廠産銅豐旺，可以多辦銅斤，固爲調劑盈縮起見。但查每年該省額運京銅六百二十九萬餘斤，年額攸關，不容稍有短少。湯丹、碌碌、大水溝三處在各銅廠中爲最大之廠，向因出銅較旺，是以定額較多，已歷年久，今遽請減去一百一十七萬斤，爲數未免過多，恐啟偷漏之弊。即云所減銅數可將得寶坪廠多辦八十萬斤之銅抵補，但較原運之額究屬虧短。且查得寶坪係甫開新廠，若令每年連正額加辦廠銅至二百萬斤，是否出銅可期源源接濟，設有短絀，又將何廠銅斤抵補。得寶坪廠坐落迤西地方，較迤東之湯丹等廠運送瀘州路途遠近是否相等，運脚銀兩果否不致多糜，原奏均未籌及，臣等難以懸擬，相應請旨，飭交該督撫，將各該廠果否應減應增情形，確勘結報，另行核實，奏明辦理，以昭詳慎。

一每年正加八起京銅應請仍改六起，俾運員較少，不致有虚員缺一款。據稱，滇省自乾隆四年起，每年辦運正銅四百四十一萬七千八百斤，分爲八起，乾隆五年改爲四起。乾隆六年，因廣西局停鑄，將原用銅一百八十八萬一千九百餘斤，分爲正運四起、協運四起、加運四起一併運京。自乾隆九年起，至二十三年止，又改爲正運四起、加運兩起。乾隆二十四年，復改爲正運三起、加運一起。乾隆二十六年，定爲正運六起、加運兩起，每起派委丞倅州縣各一員承運。惟是運銅委員往返必須三年之久，甫能回滇，員缺每多虚懸，辦理亦形竭蹶。查乾隆五十八年以前，正運六起，每起運銅七十三萬六千餘斤，連帶解買補銅斤，共計運銅七十五萬餘斤。其加運二起，每起運銅九十四萬餘斤，連帶解買補銅斤，共計九十六萬餘斤。自乾隆五十九年至今，正運六起，每起加運各廠多辦銅二十萬餘斤，共計九十五萬餘斤，與加運銅數約略相同。今各廠多辦銅斤帶解，至本年止，秖有未運銅九萬三千餘斤，應於庚申年分起帶解外，應請將正運六起京銅四百四十一萬餘斤分爲四起，每起委丞倅州縣一員，各承運銅一百一十萬餘斤，凡支銷水腳、養廉各項銀兩，並照六運原給之數均匀分給承領。其加運二起，每起應運京銅，及帶解買補銅斤，並正運六起帶解買補銅斤，分給加運二起帶解，計每起共應運銅一百一十二萬餘斤，核與正運四起委員，應運銅數所增無多，較之黔省每起運鉛一百二三十萬斤之數，尚屬減少，滇省即可少派運官二員，於地方公事不無有裨等語。查滇省辦運京銅正、加四運分爲八起，今該藩司陳孝昇以委運銅差缺多虚懸，並多辦銅斤將及運竣，請將正運六起減爲四起。查京銅重務，頭緒繁多，屢經酌議，未能允協。自乾隆四年起，每年額辦銅四百四十一萬七千餘斤，原定正運八起，計運官八員，嗣因廣西停鑄，於原額之外加運京銅一百八十八萬一千餘斤，爲數較多，另增四起，合前爲十二起，計運官十二員。至乾隆二十六年，經户部錢法堂奏定，分爲正運六起，運官六員，運銅四百四十餘萬斤；加運二起，運官二員，運銅一百八十餘萬斤，仍與乾隆四年原定章程前後相符，久經遵辦在案。自乾隆五十九年後，各廠有多辦銅斤，飭令正運六起帶解，銅多船衆，運官業已極力照應，時懼疏失。今若因多辦已竣，減去正運二起，合加運爲六起，計每員責令承運京銅一百一十餘萬斤，誠恐致滋偷漏情弊，難期妥善。又所稱較之黔省運鉛每起一百二三十萬之數，尚爲減少。查銅、鉛情形各異，鉛係整塊，每塊五十斤，易於稽查。銅大小零星，散碎不等，沿途交替，換船過壩必須較兑過秤，倘數目太多，勢必久延時日，有悞限期，非比鉛斤，容易經理。該藩司所奏於銅務殊無裨益，不過爲節省運官二員起見，以滇省七十餘廳州縣委運八員，本不爲多，且向來官員不敷委用，例准奏請揀發，亦無員缺多虚之虞。所有奏請每年正加八起京銅請改六起之處，應毋庸議。

一各廠較額多辦銅斤議敘之例過優，請酌量變通一款。據稱，從前管廠之員止按年核計功過，至乾隆四十四年，經户部議准，照鹽課之例以十分核計，按其缺額并多辦分數分别議處議敘。今查各廠年辦額銅自數千斤以至數百萬斤不等，多寡懸殊，而一概以十分爲定，在額銅數千斤之小廠，經管廠員秖須多辦銅數千斤，即可援照多辦銅十分以上之例，准加四級。其額銅二三百萬斤之大廠，經管之員必須多辦銅二三十萬斤，始足一分之數，照例紀録一次，未足以昭平允。除各廠短辦銅斤處分，仍照舊例查參外，所有額外多辦銅斤議敘之例，應請毋庸核計分數，統以多獲銅數爲定。凡額銅自數千斤至十萬餘斤之各小廠，多辦銅五萬斤以上者，准其紀録二次；十萬斤以上，紀録三次；十五萬斤以上，加一級；三十萬斤以上，加二級；五十萬斤以上，加三級；七十萬斤以上，加四級。其額銅自二三十萬至二三百萬斤之各大廠，按照額數辦足，即准紀録一次。如多辦銅十萬斤以上，紀録二次；二十萬斤以上，紀録三次；三十萬斤以上，加一級；四十萬斤以上，加二級；五十萬斤以上，加三級；六十萬斤以上，加四級，該管直隸州及府道總理藩司亦照多辦數目分别議敘等語。查滇省銅政考成向止核其一歲獲銅之多寡，並未稽其每月交銅之盈絀，管廠各員因此虧數漸多，不敷供運。是以乾隆十六年，經原任撫臣愛必達並四十三年督臣李侍堯等先後奏請，照鹽課之例，統以十分核計考成，經户部議，令大小各廠俱按出銅數劃分十二股，按月計數勒交。如有缺額，令於一兩月内補足，倘於月額之外多獲銅斤，以及缺額不能補交，即於考成案内分别議處、議敘，奏准遵行在案。是管廠各員按月核計獲銅確數，並在任月日久暫，統以十分計考，畫一辦理，勸懲並用，不使畸重畸輕，立法最爲公允。若如該藩司所請，缺額處分仍照舊按分數計算，而溢額議敘則又按銅數計算，辦理殊屬兩岐。且所稱原額數千斤及十萬餘斤之各小廠，必須多辦銅五萬斤以上，始准紀録二次，恐小廠人員無所鼓勵，勢必催辦不力，漸致廢弛。其額辦二三十萬斤至二三百萬斤之各大廠，照額辦足，即准紀録一次，甄敘過寬，亦不足以昭平允。況考成止論銅數，並不按月核計分數，仍恐漫無稽查，致有採辦虧短之虞，於銅政有礙。該藩司所奏按照銅數核計議敘之處，應毋庸議。以上三款，臣等公同籌酌，是否有當，伏候皇上訓示遵行。再，此摺係户部主稿，合併聲明，爲此謹奏請旨。嘉慶四年十月初二日奏。本日奉旨：「依議。欽此。」

祁韻士《己庚編》卷下《議覆銅廠減額摺》 户部謹奏爲遵旨議奏事：據雲貴總督書麟等覆奏，湯丹等三廠酌減額辦銅數，請令得寶坪廠加辦額銅抵補一摺，嘉慶五年二月二十八日，奉硃批：「户部議奏。欽此。」欽遵於本月二十九日由奏事處鈔出到部。據原奏内稱，接准部咨議覆，雲南布政使陳孝昇條奏，請減湯丹、碌碌、大水溝三廠額辦銅數，加於得寶坪廠一摺，議以湯丹等三廠減去額銅一百一十七萬斤，爲數未免過多，恐啟偷漏之弊，即云所減銅數，可將得寶坪廠多辦銅八十萬斤抵補，但較原運之額究屬虧短。且查得寶坪廠係甫開新廠，若令每年連正額加辦銅至二百萬斤，是否出銅可期源源接濟，設有短絀，又將何廠銅斤抵補。得寶坪廠坐落池西地方，較池東之湯丹等廠運送瀘州路途遠近是否相等，運脚銀兩果否不致多糜，原奏均未籌及，請旨飭交該督撫，將各該廠果否應減應增情形確勘結報，另行核實，奏明辦理，以昭詳慎等因。奉旨：「依議。欽此。」欽遵移咨到臣，臣等當即委員密赴各廠查察出銅情形，並調查近年造報案卷，會同悉心稽核。查滇省每年承辦京銅六百三十三萬一千四百四十斤，而大小各廠原定年額銅八百七萬四千五百一十二斤，較之應運數目，本屬有盈無絀。向來各廠或額外多辦，或辦不足額，每年考成册内據實開列奏銷，將多辦之員照例議敘，辦不足數之員照例議處。而通計各廠一年實辦獲銅總敷應運額數，緣各廠土中取礦，此盈彼絀，衰旺原無一定。今該藩司奏請湯丹廠酌減銅八十六萬五千餘斤，以二百三十萬斤爲定額，大水溝廠酌減銅二十萬三千餘斤，以六十二萬斤爲定額，碌碌廠酌減銅十一萬斤，以四十萬斤爲定額，三廠共請減額銅一百一十七萬斤。臣等覆查滇省大小各廠額辦銅斤，向來遇有礦砂衰薄、獲銅短缺，例准題請減額，其獲銅豐旺多於舊額者，亦准據實報增。今查湯丹、碌碌、大水溝三廠，委因開採年久，硐深礦薄，是以歷年均不足額，廠員照短缺分數開參，均有案據，並無偷漏走私情弊。且歷年係將别廠辦出銅斤撥運，是以於京額並無貽誤，與其虚列名目，莫若將額減除，以昭核實。至得寶坪廠係甫經新開，今請加增額銅八十萬斤，每年連原額共計應辦銅二百萬斤，是否可期源源接濟，雖不可必，但該廠現在出銅委屬豐旺，自當計入額數，給價收買，庶廠民工本有資，從此益可踴躍攻採，出銅自必日漸增多。即或將來年久，礦砂漸不如前，而滇省不乏可開之地，自當隨時廣開子廠，以資腋湊，似不致有誤京運。至該廠加增額銅八十萬斤，較之湯丹等三廠減去銅一百一十七萬斤，計不敷抵補銅三十七萬斤。但通計大小各廠，原定額銅八百零七萬四千五百一十二斤，除去三十七萬斤，尚有七百七十萬斤零，足敷運京額數。至運脚一層，查尋甸州爲各廠京銅匯集之所，湯丹廠坐落迆東，自廠至尋每百斤支銷工本運腳銀七兩九錢二釐。乾隆三十七年，因湯丹廠辦銅短縮，京運積壓，於迆西之大功廠，年辦京銅四十萬斤，每百斤自廠至尋支銷工本運腳銀十兩七錢三分四釐。四十三年，又於迆西之寧臺廠，年辦京銅二百萬斤，自廠至尋每百斤支銷工本運腳銀十一兩九錢六分三釐。今得寶坪廠亦係坐落迆西，自廠至尋，每百斤支銷工本運腳銀十兩四錢七分五釐。嘉慶三年，定額辦銅一百二十萬斤，已將寧臺廠額銅減去一百萬斤。今又請加辦八十萬斤，將湯丹等廠額銅減去一百一十七萬斤，該廠運腳較之湯丹等廠雖屬有增，而較之寧臺廠、大功廠尚有節省。該廠現在出銅既旺，且銅色頗高，自應准其抵補等因前來。臣等伏查滇省各廠額辦銅斤向來遇有礦砂衰薄，獲銅短缺，例准題請減額，其獲銅豐旺多於舊額者，亦准據實報增，節年遵辦在案。上年九月內，據雲南布政使陳孝昇條奏，請將湯丹、碌碌、大水溝三廠額銅減去一百一十七萬斤，新開得寶坪廠加辦銅八十萬斤，經臣部議覆，以各該廠所辦銅數果否應減應增，運腳銀兩果否不致多糜，請旨飭交該督撫確查實在情形，奏明辦理。茲據該督等詳查覆奏，仍請照該藩司原奏分別增減。查滇省大小各廠採辦銅斤多寡不等，各有一定額數，所有湯丹、碌碌、大水溝三廠辦銅原額共四百四十九萬九千七百一十二斤，今於此內請減一百一十七萬斤，經臣部以爲數過多，是否不致偷漏，議令核實查辦。今據該督等聲稱，各廠原定年辦京銅八百七萬四千五百一十二斤，實在每年出運祇需六百三十三萬一千四百四十斤，今湯丹等廠減去一百一十七萬斤，若另於得寶坪廠加辦八十萬斤，共計尚有七百七十萬斤，足敷京運，不致有誤。湯丹等三廠委因開採年久，硐深礦薄，歷年均不足額，並無偷漏走私等弊，應請分別酌減，臣部核與各廠礦砂衰薄准其減額之例相符。惟運腳一項，湯丹等廠每銅百斤，腳費銀二兩九錢零，得寶坪廠每銅百斤，腳費銀六兩零，臣等將歷年報銷通盤核算，若以湯丹等廠酌減銅斤，於得寶坪廠加辦抵補，合計每年多糜腳費二萬四千餘兩，該督等自應將減銅之廠比較增銅之廠運腳相等，方爲允協，何得援迆西至遠之大功、寧臺等廠較量？又稱尚有節省。查得寶坪廠坐落迆西，該督等自宜查明迆西附近應需銅斤省分，將該廠銅斤就近酌撥各省採買並本省鼓鑄之用，庶腳費不致多糜。其湯丹等廠缺額銅斤，應令該督等再行察看附近各廠情形，妥協籌補，務足年額，俾京運既無貽誤，而運腳亦免浮費，統俟該督等覆奏到日，臣部再行核議。謹繕摺具奏，伏候皇上訓示遵行。謹奏請旨。嘉慶五年四月二十六日具奏，本日奉旨：「依議。欽此。」

佚名《銅政便覽·廠地(上)》 滇之産銅，由來久矣。懷陟見於《漢書》，裝采著於後漢。自蒙、段竊據以來，畫江爲界，皆無可考。元、明産銅之所，僅金齒、臨安、曲靖、澂江四處。我朝三迆郡縣，所在多有寶藏之興，軼於往代，而銅亦遂爲滇之要政。按滇省年運京銅六百三十餘萬，局鑄、採買又需千萬。向有四十八廠，以次封閉，現在開採者三十八處。寧台十五廠專供京運，鳳凰八廠兼撥京運、局鑄、採買，迴龍十四廠及寧台、香樹二廠之紫板銅專供局鑄、採買，金釵廠(低)〔底〕銅專撥採買。此各廠産銅供運之大略也。爰列其坐落、經費、程站，而以開減、經管、考成附焉。

寧台廠：以下十五廠專共京運。寧台廠紫板銅局鑄、採買兼撥。附子廠(二)〔四〕。

坐落：

寧台廠坐落順寧府地方，距下關店十二站半，乾隆九年開採。

經費：

本廠每年出銅數十萬、五六百萬斤不等，向未定額。通商亦不抽收公廉捐耗。每辦百斤，抽課銅二十斤，官買餘銅八十斤，每百斤給價銀五兩。所收課餘銅，每百斤加煎耗銅十七斤八兩，廠民補耗銅三斤二兩，不給價銀。共耗銅二十斤十兩，備供局鑄、採買。乾隆二十五年奏准，每辦百斤將抽課銅二十斤改減十斤，另抽公廉捐耗銅四斤二兩。官買餘銅七十五斤十四兩，每百斤給價銀六兩。三十三年奏准，每百斤加銀六錢，連原價共給銀六兩六錢。三十八年奏准，通商每百斤給廠民通商銅十斤，(昭)〔照〕前抽收課銅及公廉捐耗。官買餘銅七十五斤十四兩，每百斤給價銀六兩六錢九分八釐。三十九年停止加價，每額銅百斤，照舊給銀六兩。四十二年奏准，應辦紫板銅外，每年改煎蟹殼銅二百萬斤。每百斤於紫板銅項下准銷鎔煉，折耗銅二十斤七兩七錢。每蟹殼銅一百斤，抽收課銅十斤。官買餘銅九十斤，每百斤給價銀六兩九錢八分七釐。其通商銅准於紫板銅內發給。四十三年奏定，年辦紫板銅九十萬斤，蟹殼銅二百萬斤。嘉慶三年奏准，減辦銅一百萬斤。自四年起，每年辦紫板銅五十萬斤，蟹殼銅一百四十萬斤。十年奏准，照舊每年煎辦紫板銅九十萬斤，蟹殼銅二百萬斤，紫板銅九十萬斤內，應辦底本銅二萬四千五百一十八斤十一兩二錢，遇閏加辦二千四十三斤三兩六錢，應辦官商銅八十七萬五千四百八十一斤四兩八錢，遇閏加辦七萬二千九百五十六斤十二兩四錢。每底本百斤，給價銀五兩一錢五分二釐五毫，並不抽課。通商亦不抽收公廉捐耗，另款造册報銷。其官商銅內，除廠民應得蟹殼、紫板、通商及抽收、課廉等銅外，餘銅給價收買，發下關店轉運。蟹殼銅二百萬斤內，應辦底本銅十萬斤，遇閏加辦八千三百三十三斤五兩四錢。應辦課餘銅(二)〔一〕百九十萬斤，遇閏加辦十五萬八千三百三十三斤五兩一錢。每底本百斤，給價銀六兩二錢八分三毫，並不抽課，通商另款造册報銷。其課餘銅照舊抽課十斤，官買餘銅九十斤，照前給價收買，發下關店轉運。十九年奏准，應辦額銅之外，每年代辦得寶坪廠減額銅六十萬斤。道光七年奏明，每年代辦得寶坪廠減額銅三十萬斤，通計每煎辦蟹殼京銅二百九十萬斤，紫板銅九十萬斤。

自廠至下關店，計程十二站半。每紫板銅百斤，給運脚銀一兩二錢五分二釐一毫二絲五忽，不支筐簍。每蟹殼銅百斤，給運脚銀一兩六錢一分五釐，每一百二十斤，支銷筐簍一對，銀一分七釐。每年准支官役薪工廠費銀一千七十三兩，遇閏加增，小建不除。凡運脚銀兩均於陸運項下報銷，筐簍、廠費銀兩均於廠務項下報銷。准支官役、薪工、廠費銀兩，遇閏加增，小建不除，餘俱倣此。

此廠工本運脚，應赴迤西道庫請領。自廠至大理共十二站半，每千兩每站給馬脚盤費銀一錢三分四釐。餘廠同。如撥運局鑄，自下關至省共十二站，每正耗銅百斤，給運脚銀一兩六錢一分五釐，由迤西道請領給發。如撥運採買，自下關店領運至省，每正耗銅百斤給運脚銀一兩三錢三釐一毫二絲五忽，由委員赴司庫請領該廠銅斤。蟹殼八五䞓色，净煎八三䞓色。

程站：

寧台廠，一站至老牛街，一站至阿荞寨，一站至順德橋，一站至老鷹坡，一站至鴛鴦塘，一站至回子村，一站至阿梅寨，一站至岔路，一站至猓猓寨，一站至橋頭，一站至石坪村，一站至大理府城，半站至下關店；下關店半站至趙州城，一站至紅崖，一站至雲南驛，一站至普淜，一站至沙橋，一站至吕河，一站至楚雄，一站至廣通縣城，一站至捨資，一站至禄豐縣城，一站至老鴉關，一站至安寧州，一站至省城。

〔子廠：〕

底馬褲子廠：乾隆五十一年開採。距寧台廠三站，底馬褲子廠一站至栗樹村，一站至鑾長河，一站至寧台廠。辦獲銅斤，運交寧台廠轉運，每百斤給脚價銀三錢，每年准支廠費銀三百三十五兩。

水泄子廠：乾隆五十四年開採。距寧台廠三(站)〔站〕，水泄子廠一站至阿林寨，一站至鑾長河，一站至寧台廠。辦獲銅斤運交寧台廠轉運，每百斤給脚價銀三錢，每年准支廠費銀三百三十五兩。以上二廠廠費銀兩均遇閏加增，小建不除。凡子廠廠費均倣此。凡子廠運脚脚價及領銀馬脚，均於廠務項下支銷。其辦獲銅斤，悉照老廠事例，通商抽課，給價收買，運交老廠補額，餘俱倣此。

錢蔴嶺子廠：道光三年開採。距寧台老廠九站，每辦獲轉運老廠銅百斤，定給脚銀九錢。

羅漢山子廠：道光四年開採。距老廠七站，每辦獲轉運老廠銅百斤，定給脚銀七錢。

得寶坪廠：

坐落：

得寶坪廠坐落永北廳地方，距下關店十站半，乾隆五十八年開採。

經費：

本廠每年額辦銅十三萬二千斤，每辦百斤給廠民通商銅十斤，抽課銅十斤，官買餘銅八十斤，每百斤給價銀六兩九錢八分七釐。所收餘銅，備供京運及局鑄、採買。嘉慶十三年，加定年辦額銅一百二十萬斤，遇閏加辦十萬斤，照舊通商、抽課，餘銅給價收買，發運下關店轉運。續於十七年減辦額銅六十萬斤。

自廠至下關店共十站半，每百斤給運脚銀一兩三錢五分六釐六毫，每一百二十斤支銷筐簍一對，銀一分七釐，每年准支官役薪工、廠費銀九百兩八錢。內減半，銀四百五十兩四錢。

此廠工本運脚，應赴迤西道庫請領。自廠至大理府共十站，應需馬脚盤費，照例按站支銷。如撥局鑄，每百斤給運脚銀一兩三錢三釐一毫二絲五忽，不支筐簍，由迤西道給發。如撥採買，每百斤給運脚銀一兩二錢五分，由委員赴布政司庫請領，自行僱運。自下關店至省十二站半。見上。

程站：

得寶坪廠，一站至平和，一站至黑烏，一站至滿官村，一站至程海，一站至永北廳，一站至清水驛，一站至金江，一站至沙坪，一站至大理府城，半站至下關店。

大功廠：附子廠二。

坐落：

大功廠坐落雲龍州地方，距下關店十二站半，乾隆三十八年開採。

經費：

本廠每年出銅八十、一百餘萬斤不等，向未定額。每辦百斤，給廠民通商銅十斤，抽課銅十斤，官買餘銅八十斤，每百斤給價銀七兩六錢八分五釐。所收課餘銅，備供京運、採買。乾隆三十九年停止加價，每餘銅百斤，給價銀六兩九錢八分七釐。四十三年奏定，年辦額銅四十萬斤內，應辦底本銅一萬九千九百九十九斤十二兩九錢，遇閏加辦一千六百六十六斤十兩四錢，應辦官商銅三十八萬斤三兩一錢，遇閏加辦三萬一千六百六十六斤十兩九錢。每底本百斤，給價銀六兩二錢八分八釐三毫，並不抽課，通商另款造册報銷。其官商銅斤照舊，通商抽課銅，餘銅給價收買，發下關店轉運。

自廠至下關店共十二站半，每百斤給運脚銀一兩六錢一分五釐，每一百二十斤支銷筐簍一對，銀一分七釐，每年准支官役、薪食、廠費銀八百七十六兩。此廠工本運脚，應赴大理府庫請領。自廠至大理共十二站，應需馬脚盤費，照例按站支銷。如撥採買，自廠至下關店，每百斤給運脚銀二兩三錢五分，不支筐簍，由委員赴司庫請領，自行僱運。該廠銅斤九成色。

程站：

大功廠，一站至白羊廠，一站至獅井，一站至雞村，一站至湯樸，一站至菓榔，一站至雲龍州，一站至關坪，一站至丕邑，一站至江滂，一站至鳳羽，一站至沙坪，一站至大理府城，半站至下關店。

子廠：

樂依山子廠：乾隆五十三年開採，距大功三站半。樂依山子廠，半站至神登，一站至日溪井，一站至炎山，一站至大功廠。辦獲銅斤，運交大功廠轉運，每百斤給運脚銀四錢三分七釐五毫，不支書巡工食。

蠻浪山子廠：乾隆五十八年開採，距大功七站半。蠻浪山子廠，一站至八轉底，一站至景砦，一站至乾海塘，一站至磨外，一站至猛統，一站至雀山哨，一站半至大功廠。辦獲銅斤，運交大功廠轉運，每百斤給運脚銀九錢三分七釐五毫，不支書巡工食。

香樹坡廠：此廠銅斤，專供京運。其紫板銅，局鑄、採買兼撥。

坐落：

香樹坡廠坐落南安州地方，距省城十站半，乾隆九年開採。

經費：

本廠每年出銅一千七八百、二千四五百斤不等，向未定額，通商亦不抽收公廉捐耗。每辦百斤，抽課銅二十斤，官買餘銅八十斤，每百斤給價銀五兩。所收課餘銅斤，備供局鑄、採買。乾隆二十五年奏准，每百斤原抽課銅二十斤改爲抽課十斤，另抽公廉捐耗四斤二兩，官買餘銅八十五斤十四兩，每百斤給價銀六兩。三十三年，每百斤加銀六錢，連原價共給銀六兩六錢九分八釐。三十九年奏准，通商每辦百斤，給廠民通商銅十斤，照前抽收課銅及公廉捐耗，官買餘銅七十五斤十四兩，每百斤給價銀六兩六錢九分八釐。三十九年，停止加價，每餘銅百斤，照舊給價銀六兩。四十三年奏定，年辦額銅七千四百斤。五十三年奏准，於原辦紫板銅七千四百斤外，每年煎辦蟹殼銅十萬斤，遇閏加辦八千一百三十三斤。每百斤於紫板銅項下准銷鎔煉折耗十七斤八兩。每蟹殼銅一百斤抽課十斤，官買餘銅九十斤，每百斤給價銀六兩九錢八分七釐，其通商銅於紫板銅内撥給。所收蟹殼課餘銅，發尋甸店轉運。所有煎辦蟹殼銅斤，應給廠民通商及鎔煉折耗，因不敷開除，係額外加辦，搭同應辦年額紫板銅七千四百斤，並遇閏加辦六百一十六斤，一並照例通商抽收課廉，餘銅給價收買，發運省局或府倉交收。

自廠至尋甸店共十四站半，每百斤給運脚銀一兩八錢七分三釐四毫，每一百二十斤支銷筐簍一對，銀一分七釐。自廠至省共十站半，每百斤給運脚銀一兩五分，不支筐簍，每年准支官役、薪工、廠費銀九百兩八錢，遇閏加增，小建不除。

此廠工本、運脚，應赴楚雄府庫請領。自廠至楚雄共四站半，應需馬脚盤費，照例按站支銷。該廠銅斤，殼八五成色，板八一五成色。

程站：

香樹坡廠，一站至法脯，一站至雨竜，半站至妥甸，一站至南安州城，一站至楚雄府城，六站至雲南省城，一站至板橋，一站至楊林，一站至易隆，一站至尋甸。

雙龍廠：

坐落：

雙龍廠坐落尋甸州地方，距州城二站，乾隆四十六年開採。

經費：

本廠每年出銅九千、一萬餘斤不等，向未定額，每辦百斤，給廠民通商銅二十斤，抽課銅十斤，官買餘銅七十斤，每百斤給價銀六兩九錢八分七釐。所收課餘銅斤，備供京運。乾隆四十八年奏定，年辦額銅一萬三千五百斤，遇閏加辦一千一百二十五斤，照舊通商抽課。餘銅給價收買，發尋甸店轉運。

自廠至尋甸共二站半，每百斤給脚銀二錢，不支筐簍及書巡工食。

此廠工本、運脚應赴迤東道庫請領，所需馬脚盤費，照例按站支銷。該廠銅斤九一成色。

程站：

雙龍廠，一站至紅菓營，一站至尋甸店。

湯丹廠：附子廠五。

坐落：

湯丹廠坐落會澤縣地方，距東川府城二站，原係四川經管，開採年分未詳，雍正四年改歸雲南採辦。

經費：

本廠每年出銅八九十、一二百萬斤不等，向未定額。通商亦不抽收公廉捐耗。每辦百斤，抽課銅十斤，官買餘銅九十斤，每百斤給價銀六兩。所收課餘銅斤，備供局鑄、採買。雍正十二年奏准，每辦百斤，内抽課十斤，另抽公廉捐耗銅四斤二兩，官買餘銅八十五斤十四兩，每百斤給價銀六兩九錢八分七釐。乾隆二十七年奏准，每餘銅百斤，加給銀四錢六分五釐，連原價每百斤共給銀七兩四錢五分二釐。三十三年，每百斤加銀六錢，連原價每百斤共給銀八兩一錢五分一釐。三十八年奏准，每百斤給廠民通商銅十斤，照前抽收課銅及公廉捐耗，官買餘銅七十五斤十四兩，每百斤給銀八兩一錢五分一釐。三十九年，停止加價，每餘銅百斤照舊給銀七兩四錢五分二釐。四十三年奏定，年辦額銅三百一十六萬五千七百二十斤。嘉慶四年奏減銅八十六萬五千七百二十斤。自七年起，每年只辦銅二百三十萬斤，内應辦底本銅十一萬四千九百九十九斤十五兩六錢，遇閏加辦九千五百八十二斤五兩三錢，應辦官商銅二百一十八萬五千斤四錢，遇閏加辦十八萬二千八十三斤五兩四錢。每底本百斤，給價銀六兩四錢，並不抽課，通商亦不抽收公廉捐耗，另款造册報銷。其官商銅斤照舊，通商抽收課廉餘銅，給價收買，發東川店轉運。

自廠至東川店共二站，每百斤給運腳銀二錢五分，每一百二十斤支銷筐簍一對，銀一分七釐。自廠至尋甸店共四站，每百斤給運腳銀四錢五分，不支筐簍，每年准支官役、薪工、廠費銀一千六百六十六兩八錢。

此廠工本、運腳，應赴迤東道庫請領。自廠至尋甸共四站，應需馬腳盤費照例按站支銷，每年准支加添役食銀二百九十九兩六錢。凡加添役食銀兩，均〔於〕搭運節省項下支銷，〔餘〕倣此。該廠銅斤，九三成色。

程站：

湯丹廠，一站至小江，一站至東川府城。

湯丹廠，一站至闖天坡，一站至松毛棚，一站至雙箐，一站至尋甸。

子廠：

九龍箐子廠：乾隆十五年開採。距湯丹一站半，九龍箐子廠，一站至浪泥坪，半站至湯丹老廠。辦獲銅斤，運交湯丹廠轉運，每百斤給運腳銀一錢八分七釐，不支書巡工食。

聚寶山子廠：乾隆十八年開採。距湯丹廠一站，辦獲銅斤運交湯丹廠轉運，每百斤給運腳銀一錢二分五釐，不支書巡工食。

觀音山子廠：乾隆二十年開採。距湯丹一站，辦獲銅斤，運交湯丹廠轉運，每百斤給運腳銀一錢二分五釐，不支書巡工食。

岔河子廠：乾隆六十年開採。距湯丹廠五站，岔河子廠，一站至普毛村，一站至小海子，一站至膏粱地，一站至黄水箐，一站至湯丹廠。辦獲銅斤，運交湯丹廠轉運，每百斤給運腳銀六錢二分五釐，每年准支書巡工食、廠費銀三百一十兩八錢。

大硔子廠：嘉慶二年開採。距湯丹廠五站半，大硔子廠，一站至糯米村，一站至牛泥塘，一站至法卻村，一站至白泥坡，一站至菜子地，半站至湯丹廠。辦獲銅斤，運交湯丹廠轉運，每百斤給運腳銀六錢八分七釐五毫，不支書巡工食。

碌碌廠：附子廠四。

坐落：

碌碌廠，坐落會澤縣地方，距東川府城三站半。原係四川經管，開採年分未詳。雍正四年，改歸雲南採辦。

經費：

本廠每年出銅八九十、一百餘萬斤不等，向未定額。通商亦不抽收公廉捐耗。每辦百斤，抽課銅十斤，官買餘銅九十斤，每百斤給銀六兩。所收課餘銅，備供局鑄、採買。雍正十二年奏准，每辦百斤，抽課十斤，另抽公廉捐耗銅四斤二兩，官買餘銅八十五斤十四兩，每百斤給價銀六兩九錢八分七釐。乾隆二十七年奏准，每餘銅百斤，加給銀四錢六分五釐，連原價共給銀七兩四錢五分二釐。三十三年，每百斤加銀六錢，連原價共給銀八兩一錢五分一釐。三十八年奏准，每辦百斤，給廠民通商銅十斤，照前抽課及公廉捐耗，官買餘銅七十五斤十四兩，每百斤給銀八兩一錢五分一釐。三十九年停止加價，每餘銅百斤，照舊給價銀七兩四錢五分二釐。四十三年奏定，年辦額銅一百二十四萬四千斤。四十九年奏准，自四十六年起，減銅四十二萬餘斤，每年只辦額銅八十二萬三千九百九十二斤。嘉慶四年，奏減銅二十萬三千九百九十二斤。自七年起，每年只辦六十二萬斤，内應辦底本銅三萬九百九十九斤十五兩六錢，遇閏加辦二千五百八十三斤五兩三錢，應辦官商銅五十八萬九千斤四錢，遇閏加辦四萬九千八十三斤五兩四錢。每底本百斤給價銀六兩四錢，並不抽課，通商亦不抽收公廉捐耗，（月）〔另〕款造册報銷。其官商銅照舊通商抽收課廉，餘銅給價收買，發東川店轉運。

自廠至東川店共三站半，每百斤給運脚銀四錢，每一百二十斤支銷筐簍一對，銀二分，每年准支官役薪食廠費等銀四百三十六兩六錢八分，遇閏加增，小建不除。

此廠工本運脚，應赴迤東道庫請領。自廠至尋甸共七站半，應需馬脚盤費，照例按站支銷，每年准支加添役食銀一百三十四兩四錢。該廠銅斤九三成色。

程站：

碌碌廠，半站至黄草坪，一站至小田壩，一站至尖山塘，一站至東川府城。待補一站至大水塘，一站至功山，一站至尋甸州城。

子廠：

興隆子廠：乾隆十九年開採。距碌碌四十餘里，辦獲銅斤，照老廠事例，徑運東店，歸老廠報銷，不支運脚，每年准支書巡工食、廠費銀二百四兩。

龍寶子廠：乾隆十九年開採。距碌碌四十餘里，辦獲銅斤，照老廠事例，徑運東店，歸老廠報銷，不支運脚，每年准支書巡工食、廠費銀二百四兩。

多寶子廠：乾隆六十年開採。距碌碌五站半，多寶子廠，一站至金江渡，一站至野牛坪，一站至一家苗，一站至煙棚了，一站至黄草坪，半站至碌碌廠。辦獲銅斤，運交碌碌廠轉運，每百斤給運脚銀六錢八分七釐五毫，每年准支書巡工食、廠費銀一百二十一兩二錢。

小米山子廠：嘉慶二年開採。距碌碌五站，小米山子廠，一站至卑各村，一站至西卡多，一站至涼山箐，一站至黄泥井，一站至碌碌。辦獲銅斤，運交碌碌廠轉運，每百斤給運脚銀六錢二分五釐，不支書巡工食。

大水溝廠：附子廠一。

坐落：

大水溝廠，坐落會澤縣地方，距東川府城三站半。原係四川經管，開採年分未詳。雍正四年，改歸雲南採辦。

經費：

本廠每年出銅一二十、四五十萬斤不等，向未定額。通商亦不抽收公廉捐耗。每辦百斤，抽課銅十斤，官買餘銅九十斤，每百斤給價銀六兩。所收課餘銅，備供局鑄、採買。雍正十二年奏准，每百斤抽課十斤，另抽公廉捐耗銅四斤二兩，官買餘銅八十五斤十四兩，每百斤給價銀六兩九錢八分七釐。乾隆二十七年奏准，每餘銅百斤，加給銀四錢六分五釐，連原價每百斤共給銀八兩一錢五分一釐。三十八年奏准，通商每百斤給廠民通商銅十斤，照前抽收公廉捐耗，官買餘銅七十五斤十四兩，每百斤給銀八兩一錢五分一釐。三十九年停止加價，每百斤照舊給價銀七兩四錢五分二釐。四十二年奏定，年辦額銅五十一萬斤。嘉靖四年奏准，減銅十一萬斤。自七年起，每年止辦額銅四十萬斤，應辦底本銅一萬九千九百九十九斤十五兩二錢，遇閏加辦一千六百六十九斤九兩九錢，應辦官商銅三十八萬斤八錢，遇閏加辦三萬一千六百六十六斤十兩七錢。每底本銅百斤，給價銀六兩四錢，並不抽課，通商亦不抽收公廉捐耗，另款造册報銷。其官商銅斤，照舊通商抽收課廉，餘銅給價收買，發東川店轉運。

自廠至東川店共三站半，每百斤給運脚銀四錢，每一百二十斤支銷筐簍一對，銀一分七釐，每年(進)〔准〕支官役、薪食、廠費等銀五百九十八兩五錢，遇閏加增，小建不除。

此廠工本、運脚，應赴迤東道庫請領。自廠至尋甸共七站半，所需馬脚盤費，照例按站支銷。該廠銅斤九三成色。

程站：

大水溝廠，半站至黄草坪，一站至小四壩，一站至尖山塘，一站至東川府城。自東至尋同上。

子廠：

聯興子廠：乾隆六十年開採。距大水溝六站〔半〕，聯興子廠，一站至梅子箐，一站至樹結，一站至紅門樓，一站至苗子村，一站至地涼水井，一站至老村子，半站至大水溝廠。辦獲銅斤，運交大水溝廠轉運，每百斤給運脚銀八錢一分二釐五毫，每年准支書巡工食、廠費銀一百五十九兩八錢。

茂麓廠：附子廠一。

坐落：

茂麓廠坐落會澤縣地方，距東川府城七站半，乾隆三十三年開採。

經費：

本廠每年出銅八九萬、十餘萬斤不等，向未定額。通商每辦百斤，抽課銅十斤，公廉捐耗銅四斤二兩，官買餘銅八十五斤十四兩，每百斤給價銀八兩一錢五分一釐，所收課餘、捐耗公廉銅斤，備供京運。乾隆三十八年奏准，通商每百斤，給廠民通商銅十斤，照前抽收課銅及公廉捐耗，官買餘銅七十五斤十四兩，每百斤給銀八兩一錢五分(一)釐。三十九年，停止加價，每餘銅百斤，照舊給銀七兩四錢五分二釐。四十三年奏定，年辦額銅二十八萬斤内，應辦底本銅一萬三千九百九十九斤十二兩八錢，遇閏加辦一千一百六十六斤十兩四錢，應辦官商銅二十六萬六千斤三兩二錢，遇閏加辦二萬二千一百六十六斤十兩九錢。每底本百斤，給銀六兩四錢，並不抽課，通商亦不抽收公廉捐耗，另款造冊報銷。其官商銅斤，照舊抽收課廉。餘銅給價收買，發東川店轉運。

自廠至東川店共七站半，每百斤給運腳銀八錢五分六釐，每一百二十斤支銷筐簍一對，銀二分，每年准支官役薪食、廠費銀七百三十二兩。

此廠工本、運腳，應赴迤東道庫請領。自廠至尋甸共十一站半，應需馬腳盤費，照例按站支銷。該廠銅斤九三成色。

程站：

茂麓廠，一站至桃樹坪，一站至樹結，一站至苗子村，一站至大水溝，半站至黃草坪，一站至小田壩，一站至尖山塘，一站至東川府城。自東至尋同上。

子廠：

普膩子廠，嘉慶三年開採。距茂麓四站半，普膩子廠，一站至魯得村，一站至磨盤卡，一站至竹里箐，一站至青龍寺，半站至茂麓廠。辦獲銅斤，運交茂麓廠轉運，每百斤給運腳銀五錢六分二釐五毫，不支書巡工食。

樂馬廠：

坐落：

樂馬廠，坐落魯甸廳地方，距昭通府城二站，乾隆十八年開採。樂馬廠本係銀廠，因硔內夾有銅氣，乃於煉銀冰燥內復行煎煉，遂爲銅廠。

經費：

本廠每年出銅五六千、二三萬斤不等，向未定額。通商每辦百斤抽課銅十斤，公廉捐耗銅四斤二兩，官買餘銅八十五斤十四兩，每百斤給價銀六兩。所收課餘公廉捐耗銅斤，備供京運。乾隆三十三年，每百斤加銀六錢，連原價共給銀六兩六錢九分八釐。三十八年奏准，通商每百斤給廠民通商銅十斤，照前抽課及公廉捐耗，官買餘銅七十五斤十四兩，每百斤給銀六兩六錢九分八釐。三十九年，停止加價，每餘銅百斤，照舊給價銀六兩。四十三年奏定，年辦額銅三萬六千斤。嘉慶十二年題請減銅二萬六千斤，止辦額銅一萬斤，遇閏加辦八百三十三斤，照舊通商抽收課廉等銅，餘銅給價收買，發昭通店轉運。

自廠至昭通店共二站，每百斤給運腳銀二錢五分，不支筐簍及書巡工食。

此廠工本運腳，應赴迤東道庫請領。自廠至尋甸共八站半，應需馬腳盤費，照例按站支銷。該廠銅斤九五成色。

程站：

樂馬廠，一站至魯甸，一站至昭通。

樂馬廠，一站至雞罩卡，一站至孟姑，一站至三道溝，一站至東川府城。自東至尋同上。

梅子沱廠：

坐落：

梅子沱廠，坐落永善縣地方，距瀘州店六站，乾隆三十六年辦起。此廠並無□硐，自三十六年收買永善縣金沙廠□□冰燥，運至梅子沱地方復行煎煉得銅，遂爲銅廠。

經費：

本廠每年出銅三四萬斤不等，向未定額。通商每辦百斤，抽課銅十斤，公廉捐耗銅四斤二兩，官買餘銅八十五斤十四兩，每百斤給價銀八兩一錢五分一釐，所收課餘公廉捐耗等銅，備供京用。乾隆三十八年奏准，通商每百斤給廠民通商銅十斤，照舊抽收課銅及公廉捐耗，官買餘銅七十五斤十四兩，每百斤給銀八兩一錢五分一釐。三十九年，停止加價，每餘銅百斤照舊給銀七兩四錢五分二釐。四十二年，按照中廠例價，每餘銅百斤，給價銀六兩九錢八分七釐。四十三年奏定，年辦額銅四萬斤。嘉慶十二年題請減銅二萬斤，只辦額銅二萬斤，遇閏加辦一千六百六十六斤十兩七錢，照舊通商抽課、廉等銅，餘銅給價收買，發瀘店轉運。

自廠至瀘店，共水路六百九十里，每百斤給運腳銀一錢六分四釐五毫，每一百斤支銷筐簍一對，銀二分，不支書巡工食。

此廠工本運腳，應赴迤東道庫請領。自廠至尋甸共陸路二十四站半，應需馬腳盤費，照例按站支銷。該廠銅斤八五成色。

程站：

水路：自梅子沱廠二百五十里至安邊，一百里至敘州府城，一百九十里至南溪，一百五十里至瀘店。陸路：自梅子沱廠半站至黑竹箐，一站至羅江岸，一站至副官村，一站至半邊樹，一站至洗沙溪，一站至石版溪，一站至檜溪，一站至腰塘，一站至吞都，一站至那比渡，一站至米貼，一站至黃草坪，半站至(碙)〔碼〕磺溝，一站至新甸子，一站至冷水河，一站至昭通府，一站至大水塘，一站至江底，一站至以扯，一站半至紅石岩，一站至東川府城，四站至尋甸。自東至尋同上。

人老山廠：

坐落：

人老山廠坐落大關廳地方，距瀘州店水(路)〔陸〕九站半，乾隆十七年開採。

經費：

本廠每年出銅二三千、四五千斤不等，向未定額。通商每辦百斤，抽課銅十斤，公廉捐耗銅四斤二兩，官買餘銅八十五斤十四兩，每百斤給價銀六兩。所收課餘、捐耗等銅，備供京運。乾隆三十三年，每百斤加銀六錢，連原價共銀六兩六錢九分八釐。三十八年奏准，通商每百斤給廠民通商銅十斤，照前抽收課銅及公廉捐耗，官買餘銅七十五斤十四兩，每百斤給銀六兩六錢九分八釐。三十九年停止加價，每餘銅百斤，照舊給價銀六兩。四十三年奏定，年辦額銅四千二百斤，遇閏加辦三百五十斤，照舊通商（批）〔抽〕收課、廉等銅，餘銅給價收買，發瀘店轉運。

自廠至瀘店，水陸共九站半，每百斤給運脚、筐簍銀六錢一分八釐，每年准支書巡工食銀六十六兩，遇閏加增，小建不除。

此廠工本運脚，應赴迤東道庫請領。自廠至尋甸共十六站，應需馬脚盤費，照例按站支銷。該廠銅斤九三成色。

程站：

陸路：人老山廠，一站至落水村，一站至核桃壩，半站至廟口。

水路：至廟口，七站至瀘店。

人老山廠，二站至核桃壩，站半至大關廳，一站至一碗水，一站至烏拉舖，一站至昭通府城，五站至東川府城，四站至尋甸。自昭至東、自東至尋，同上。

箭竹塘廠：

坐落：

箭竹塘廠，坐落大關廳地方，距瀘州店水陸十一站半，乾隆十九年開採。

經費：

本廠每年出銅二三千、四五千斤不等，向未定額。通商每百斤抽課銅十斤，公廉捐耗銅四斤二兩，官買餘銅八十五斤十四兩，每百斤給價銀六兩。所收課餘公廉捐耗等銅，備供京運。乾隆三十三年，每百斤加銀六錢，連原價共銀六兩六錢九分八釐。三十八年奏准，通商每百斤給廠民通商銅十斤，照前抽課及公廉捐耗，官買餘銅八十五斤十四兩，每百斤給價銀六兩六錢九分八釐。三十九年，停止加價，每百斤照舊給銀六兩。四十三年奏定，年辦額銅四千二百斤，遇閏加辦三百五十斤，照前通商抽收課廉等銅，餘銅給價收買，發瀘店轉運。

自廠至瀘店，水陸共十一站半，每百斤給運脚、筐簍銀一兩九分九釐，每年准支書巡工食銀六十六兩，遇閏加增，小建不除。

此廠工本運脚，應赴迤東道庫請領。自廠至尋甸，共陸路十九站，應需馬脚盤費，照例按站支銷。該廠銅斤九三成色。

程站：

陸路：箭竹塘，一站至戞補，一站至施施村，一站至豆沙關。

水路：由豆沙關至瀘八站。

箭竹塘廠，一站至戞補，半站至黄水，一站至牛街，一站至二等坡，一站至兩路口，一站至長發坡，一站至林口，一站至奎鄉，一站至落則河，一站至大水塘，一站至江底，一站至以扯，一站半至紅石岩，一站至東川府城，四站至尋甸。自東至尋，同上。

長發坡廠：

坐落：

長發坡廠，坐落鎮雄州地方，距瀘州店十五（站，乾隆）〔十〕年開採。

經費：

本廠每年出銅八九千、一萬一二千斤不等，向未定額。通商每辦百斤，抽課銅十斤，公廉捐耗銅四斤二兩，官買餘銅八十五斤十四兩，每百斤給價銀六兩。所收課餘、捐耗等銅，備供京運。乾隆三十三年加價銀六錢，連原價共銀六兩六錢九分八釐。三十八年奏准，通商每百斤給廠民通商銅十斤，照前抽收課銅及公廉捐耗，官買餘銅七十五斤十四兩，每百斤給銀六兩六錢九分八釐。三十九年，停止加價，每餘銅百斤照舊給價銀六兩。四十三年奏定，年辦額銅一萬三千斤，遇閏加辦一千八十三斤，照舊通商抽收課廉等銅，餘銅給價收買，發瀘店轉運。

自廠至牛街店三站，每百斤給運脚銀三錢。自牛街店至羅星渡共四站，每百斤給運脚銀五錢一分六釐。自羅星渡至瀘店水路八站，每百斤給水脚銀二錢九分。每一百六十八斤支銷筐簍一對，銀一分七釐，不支書巡工食。

此廠工本運脚，應赴昭通府請領。至昭通府城共五站，應需馬脚盤費，照例按站支銷。該廠銅斤九三成色。

程站：

長發坡廠，一站至兩路口，一站至二等坡，一站至牛街店，一站至黄水，一站至花家壩，一站至石竈孔，一站至羅星渡；水路八站至瀘州店。

長發坡廠，一站至林口，一站至奎鄉，一站至落則河，一站至大水塘，一站至昭通府城。

小岩坊廠：

坐落：

小岩坊廠，坐落永善縣地方，距瀘州水陸八站半，乾隆二十四年開採。

經費：

本廠每年出銅一萬三千、二萬餘斤不等，向未定額。通商每辦百斤，抽課銅十斤，公廉捐耗銅四斤二兩，官買餘銅八十五斤十四兩，每百斤給價銀六兩九錢八分七釐。所收課餘、捐耗公廉等項，備供京(通)〔運〕。乾隆三十三年，每百斤加價銀六錢，連原價共給銀七兩六錢八分五釐。三十八年奏准，通商每百斤給廠民通商銅十斤，照前抽收課銅及公廉捐耗，官買餘銅七十五斤十四兩，給價銀七兩六錢八分五釐。三十九年，停止加價，每餘銅百斤，照舊給價銀六兩九錢八分七釐。四十三年奏定，年辦額銅二萬二千斤，遇閏加辦一千八百三十三斤，照舊通商抽收課廉等銅，餘銅給價收買，發瀘店轉運。

自廠至瀘店，水陸共八站半，每百斤給運腳、筐簍銀六錢五分九釐，不支書巡工食。

此廠工本運腳應赴昭通府庫請領。自廠至昭通府城共十一站，應需馬腳盤費，照例按站支銷。該廠銅斤九三成色。

程站：

陸路：小岩坊廠，半站至洗沙溪，一站至江口。

水路：自江口七站至瀘店。

小岩坊廠，半站至洗沙溪，一站至石版溪，一站至檜溪，一站至臨塘，一站至吞都，一站至那比渡，一站至(末)〔米〕貼，一站至黄草坪，半站至碼磺溝，一站至新甸子，一站至冷水河，一站至昭通府城。

吴熊光《伊江筆録》上編 鼓鑄銅斤短少，固由滇省峒老山空，而派運亦辦理不善，蓋運銅本係苦差，其交代時或短缺，倉庫藩司拘泥彌補，又將應領水脚坐扣，遂不免沿途盜賣，甚至未抵百色，無錢雇夫，抛棄不運。予在粤訪聞，百色附近一帶存置未運之銅爲數不少，竟無法調劑，書之以備採訪。

顧禄《桐橋倚棹録》卷一一《工作》 像生絨花，山塘亦一聚處。其店不下十餘家，拈花作葉，各有專工，散在虎丘附近一帶並城中北寺、桃塢等處。多女紅爲之，專做夾瓣、旋絨、裹絨、刮絨等對花並通草、蠟花。千筐百筥，悉售於外府州縣，尤多浙、閩及江西諸省之客，郡人間有過而問者。舒位《像生花》詩云：「剪綵作花花欲語，女紅疑是司花女。有時蘭葉蝕青蟲，或愛梅花作翠羽。」「花能相對葉相當，宛然春色偷東皇。定知有夢迷蝴蝶，不爲無香恨海棠。」「誰家著釧牽衫早，個鏡相宜倚花掃。水精簾捲十分妝，翡翠斜簪一枝好。」「吴儂作事殊等閑，不獨時花棄兩鬟。都將舊曲翻新曲，抛却真山看假山。」「那知相率趨爲僞，金錯錢刀買憔悴。一叢花當十户賦，幾朵雲收數鄉税。」「可憐名字滿頭花，花開花落委泥沙。若爲拈向靈山會，且莫攜來吏部家。」

棕櫚蠅拂作，在虎丘山塘及山門口，並有以棕綫結作花籃、火焰扇、漿刷帚、蠟帚、道冠之屬，厥制甚繁。或有以甘省濺色馬尾鬃爲揮麈、花籃及葫蘆球形者，中亦可安茉莉、夜來香。有結成枕樣或骨牌式、佛手式者，中實花椒，佩衣襟間，可辟道路穢氣，俗呼「花椒枕頭」。錢清履《棕櫚蠅拂》詩云：「横空火傘天炎曦，青蠅附熱營營飛。麾之使去欲借白羽力，棕櫚爲拂拂拂尤稱奇。蓬頭亂髮溽暑祛，鳳尾摇曳香清微。披縈直可資談柄，良朋玉屑聆霏霏。吾聞龍鬚獅尾重豪貴，奇珍不世購者稀。秦嘉氂尾製堪陋，驅塵除垢毋乃高人譏。何如纖羅縈縷翠不絶，樸毋傷雅青松枝。因知薄物亦足重，何來遽集頻頻揮。會須風流捉麈慕王謝，短章老杜長歌韋。」

紫竹器，竹之真者，色紫而純，出浙之富陽及皖省涇縣、滁州一帶。僞者以白竹用火熏黑，色黯而無澤，不入選也。凡几榻、桌椅、厨杌及小兒坐車、摇牀、牀欄、熏籠、桌面，俱輕便可愛，其肆多在半塘普濟橋一帶。沈朝初《憶江南》詞云：「蘇州好，竹器半塘精。卍字欄杆麋竹榻，月彎香几石棋枰。斗室置宜輕。」又，何烱《半塘竹器》詩云：「覓得深林帶葉枝，漫將斤斧共推移。十年勁節終難改，一段虛心苦自支。取向竹樓應更韻，攜來茅屋總相宜。山家供具須如此，不是幽人未許知。」又，錢明霽《竹榻》詩云：「何來巧匠琢琅玕，金鏤牙鑲總未安。似此林間堪坦腹，勝他翠袖倚天寒。」黄莘田《虎丘熏籠》詩云：「斑竹熏籠有舊恩，湘妃節節長情根。吴根酷愛衣香好，個個將錢買泪痕。」

竹刻，顧詒禄《志》云：「從嘉定轉徙於山塘，凡筆筒、棋榼、界方、墨牀之屬，爲文房雅玩，多以鐵筆雕刻書畫。有以竹裏爲之者，名曰『翻黄』。」《柳南隨筆》云：「嘉定竹刻，爲他處所無。始於明朱鶴，三世操其業。」潘士淳《虎丘竹刻》詩云：「筆筒界尺製精幽，竹玩而今滿虎丘。削簡遺風知未替，幾人鳥迹細雕鎪。」

塑真，俗呼「捏相」，其法創於唐時楊惠之，前明王氏竹林亦工於塑作。今虎丘習此藝者不止一家，而山門内項春江稱能手。虎丘有一處泥土最滋潤，俗稱「滋泥」。凡爲上細泥人、大小絹人塑頭，必此處之泥，謂之「虎丘頭」，塑真尤必用此泥。然工之劣者亦如傳神之拙手，不能頰上添毫也。肢體以香樟木爲之，手足皆活動，謂之「落膝骱」，冬夏衣服，可以隨時更换。位置之區謂之「相堂」，多以紅木紫檀鑲嵌玻璃，其中或添設家人婦子，或美婢侍童，其榻椅几杌以及杯茗陳設，大小悉稱。韓崶有《贈捏相項春江》詩云：「傳巖訪夢弼，麟閣圖勛臣。顧張不可作，阿堵半失真。我本山澤癯，頰角撑嶙峋。幾經畫工手，動覺非其人。因思繪畫事，不敵塑作能。繪只一面取，塑乃全體親。百骸與九竅，一一賅而存。顧惟七尺軀，骯髒羞倚門。生前忽作俑，毋乃兒曹驚。所宜就收束，無取誇彭亨。何妨竿木場，著此傀儡身。虎丘有項伯，家與生公鄰。世傳惠之藝，巧思等絶倫。熟視若無睹，談笑忘所營。豈知掌握中，雲夢八九吞。取材片埴足，妙用兩指生。始焉胚胎立，繼配骨肉勻。按捺增損間，不使差毫分。穠纖彩色傳，上下鬚眉承。五官既畢具，最後點其睛。呼之遂欲動，對鏡笑不勝。自憐飯顆瘦，忽訝瓜皮青。周旋我與我，何者爲形神。乃謀置几榻，且復攜兒孫。居然壺公壺，盎如一家春。偉哉造物者，本以大塊稱。我亦塊中塊，萬物土生成。今以塊還塊，總不離本根。他年歸宿處，仍此藏精魂。固宜相印合，不假爐錘煩。情知皆幻質，撒手鴻毛輕。要念此天授，惟聖乃踐形。奈何逐物化，周蝶空紛紜。且寶徑寸珠，任轉萬劫輪。」又，《青溪風雨録》載歌伎雙姬《虎丘竹枝詞》云：「技藝山塘妙莫過，香泥捏像肖偏多。一身自恨同瘤贅，添個愁人做甚麼。」

虎丘耍貨，雖俱爲孩童玩物，然紙泥竹木治之皆成形質，蓋手藝之巧有遷地不能爲良者。外省州縣多販鬻於是，又游人之來虎丘者，亦必買之歸悦兒曹，謂之「土宜」，真名稱其實矣。頭等泥貨在山門以内，其法始於宋時袁遇昌，專做泥美人、泥嬰孩及人物故事，以十六齣爲一堂，高只三五寸，彩畫鮮妍，備居人供神攢盆之用，即顧竹嶠詩所云「明知不是真脂粉，也費游山蕩子錢」是也。他如泥神、泥佛、泥仙、泥鬼、泥花、泥樹、泥果、泥禽、泥獸、泥蟲、泥鱗、泥介、皮毛虎、堆羅漢、蕩鞦韆、游水童，精粗不等。紙貨則有蠡弗倒、跟斗童子、拖鼓童、紡紗女、倒沙孩兒、坐車孩兒、牧牛童、摸魚翁、貓捉老鼠、壁貓、癡官、撮戲法、猢猻撮把戲、鳳陽婆、化緣和尚、琵琶罨子、三星、鍾馗、葫蘆酒仙、再來花甲、聚寶盆、象生百果及顛頭馬、虎、獅、象、麒麟、豹、鹿、牛、狗之屬。出彩則有一本萬利、雙魚吉慶、平升三級，皆取吉祥語。竹木之玩則有腰籃、響魚、花筒、馬桶、脚盆，縮至徑寸。又有摇鼗鼓、馬鞭子、轉盤錘、花棒槌、寶塔、木魚、琵琶、胡琴、洋琴、絃子、笙、笛、皮鼓、諸般兵器，皆具體而微。有以兩銅皮製爲鈸形者，圓如眼鏡大，小兒自擊爲戲，俗呼「津津谷」，蓋有聲無詞也。無名氏《耍貨》詩云：「紅紅白白擺玲瓏，打鼓孩兒放牧童。揀得幾叢思底事，夢回阿妾索熏籠。」又，華鼎奎《泥美人》詩云：「綽約何曾解笑顰，一般工飾粉脂勻。若爲摶作康成婢，屈膝泥中認後身。」

影戲洋畫，其法皆傳自西洋歐邏巴諸國，今虎丘人皆能爲之。燈影之戲，則用高方紙木匣，背後有門，腹貯油燈，燃炷七八莖，其火焰適對正面之孔，其孔與匣突出寸許，作六角式，須用攝光鏡重疊爲之，乃通靈耳。匣之正面近孔處，有耳縫寸許長，左右交通，另以木板長六七寸許、寬寸許，匀作三圈，中嵌玻璃，反繪戲文，俟腹中火焰正明，以木板倒入耳縫之中，從左移右，從右移左，挨次更換，其所繪戲文，適與六角孔相印，將影攝入粉壁，匣愈遠而光愈大。惟室中須盡滅燈火，其影始得分明也。洋畫，亦用紙木匣，尖頭平底，中安升籠，底洋法界畫宮殿故事畫張，上置四方高蓋，内以擺錫鏡，倒懸匣頂，外開圓孔，蒙以顯微鏡，一目窺之，能化小爲大，障淺爲深。餘如萬花筒、六角西洋鏡、天目鏡，皆其遺法。昔虎丘孫雲球以西洋鏡製擴昏眼、近光、童光等鏡，爲七十二種，又有遠鏡、火鏡、端容鏡、攝光鏡、夕陽鏡、顯微鏡、萬花鏡各種，著《鏡史》行世，詳載《府志》。兹之影戲，殆即攝光鏡之遺法，洋畫乃顯微鏡也。彭希鄭《影戲》詩云：「疑有疑無睇粉墻，重重人影露微茫。英雄兒女知多少，留住寰中戲一場。」又，《洋畫》詩云：「世間只説佛來西，何物煙雲障眼低。畢竟人情皆厭故，又從紙上判華夷。」

洋琴，虎丘只半塘吕殿揚一家製造。琴作⏢形，桐面中空，以細銅花絲四十二條，兩頭用銅鐵八角小椿夾釘，架於竹馬之上。宫商既調，始以兩小軟竹槌擊之，其聲淫靡，易動俗耳。顧元熙《洋琴》詩云：「絶異絲聲與竹聲，裁桐一樣作琴形。只因誤受夷人號，遺恨中郎爨下聽。」

牙籌，即酒籌也，亦有以骨爲之者，可以亂真。摘《西厢》詞句鎸於上，有張生訪鶯鶯之戲，又有三藏取經、許宣尋婦等名色。籌置筒中，團坐分掣，照籌上所刻儀注而行，乃飲中濟勝之具。有以天地人和爲籌，長短不齊，俗呼「籌碼」，此爲博局紀勝負之物。竹牌，出於北寺駱駝橋，虎丘人加琢磨之功，而後售於人，其值遂昂，謂之「水磨牌」。今塘岸山街有十餘店，兼賣各色骨牙簪、骨牙飾及消息、耳挖、骨牙杖、骨牙骰、骨牙牌、竹煤筒之屬。蔣賡壎《酒籌》詩云：「誰見西厢識面來，取經訪婦更疑猜。酒人燈下團圞坐，笑當花枝鬬幾回。」朱掄《牌戲》詩云：「角逐文場念已休，群居終日竹林游。用心無所原堪惜，博局消磨到白頭。」

杖，俗呼「拐杖」，山塘亦無專店，只附售於烟筒鋪中。大抵琢取山中榔栗楂樹老幹爲之，亦有以方竹、剡藤爲之者，光潤可喜。袁枚《詠杖》詩云：「剡水雙藤健絶倫，偏於足下最殷勤。年來孤往常無路，海内相扶尚有君。小拄心知深淺雪，横拖身逐往來雲。鄧林豈少狂奔者，可奈虞淵日易曛。」

席，出虎丘者爲佳，見《姑蘇志》。山塘只一二店而已，别有蒲席、篾席兩種。昔年環山居民多種莔草，織席爲業，四方稱「虎鬚席」，極爲工緻，他處所不及也。今種莔草織席者，滸關爲甚，然虎丘地名尚有號席場衖者。

竹藤籃，四方稱「虎丘籃」，見郭《志》。山塘籃作不過三四家，餘則多附售於要貨鋪。小兒摇籃俗呼「兒籃」，上有紫竹架，可施蚊厨，爲盛夏安卧初生嬰兒之便。

竹夫人，亦虎丘人爲之，有藤、竹兩種。董大倫《竹夫人》詞云：「彼美其誰似此君，相偎竹肉竟難分。終宵抱夢西簾下，猶作瀟湘一段雲。」「玲瓏骨相自天然，好向圓通證昔緣。應是前身瑣子骨，要人參透老婆禪。」「也曾瀟灑緑窗前，爲倚身名愛穩便。不似丫鬟柳枝性，日中三起又三眠。」【略】

王培荀《鄉園憶舊録》卷二　某販馬，遇客形狀憔悴，問之，云在雲南攻銅礦折本，慨然贈廿金。客歸理舊業，山開礦露，擁金鉅萬。與販馬者復遇，感激良深。問所欲，某云欲爲官，贈數千金，使入京營謀。某在都，酒樓妓館揮洒罄盡。客以事至京，見之，訝其落漠，復爲捐縣丞，分發山東補缺。後一日，不知所往，乃身推獨輪車至登萊閒，獲巨盜，升知縣，後擢知府。惜傳者忘其姓名，恢闊豪宕，洵奇人哉！

王培荀《聽雨樓隨筆》卷六　蜀之嚴道，舊銅山也。其他採銅之處，亦多商賈，及土人有能識礦苗者。礦苗既現，攻之入山仍需二三十丈或一二百丈，然後得礦，是爲槽硐。槽硐既得，然後招募炭窑等户，建設爐房箱甑，以爲煎煉之具。當時油米食物無一不賤，山林樹木隨處燒炭，故資本少而獲利多。攻採煎煉又各視其人，如甲與乙同赴一山，槽硐相望，甲所獲或數倍，乙所獲無幾。或同一硐，共一爐，遇甲煎銅，每爐或多至四五十觔，遇乙則又少至四五十觔。自廠衰之後，油米食物無不騰貴，山林樹木各有地主，炭窑日遠，供送不易，煎煉愈難，銅廠衰憊，攻採愈艱。百姓開墾既衆，深山老林率歸糧業，居民往往霸距山林，與廠民互相搆釁，故採銅甚不易言也。

凌揚藻《蠡勺編》卷二六《銅政》　王述庵司寇《春融堂集》言：「定興王芥子太岳官雲南布政使，憫銅政之弊，旁搜博訊，指利害所由來，以求補救之術。」大略謂舊時滇銅聽人取攜，自康熙四十四年始，請官爲經理，歲有常課。至雍正初，始開鼓鑄，運京局以疏銷積銅。兹硐路已深，近山林木已盡，夫工炭價皆數倍于前，而又益以課長之掊尅，地保之科派，官役之往來供億，廠民受價六兩四錢之外，尚須貼費一兩八九錢而後足。採辦之難，此其一也。滇銅自乾隆四五年以來，歲産六七百萬觔。乾隆三十八九年，以一千二百數十萬告，此滇銅極盛之時。至今日，而京師之運額既不可缺，而江南、江西以外尚有浙、閩、黔、粤、秦、楚諸路開鑄，求之益衆，責之益急，雲南之銅何時足乎？採辦之難，此其二也。硐民皆無業之人，領本到手，往往私費。亦有開硐無成，虚費工本，懸項累累，名曰廠欠。自頃定議，每歲終責取無欠結狀。然工本不足，廠民不能徒手枵腹而致採，則爲之量借油米、爐炭以資工作，而其欠借不歸之油米、爐炭，亦不下巨萬之值，大廠之逋累積重莫蘇。採辦之難，此其三也。小廠收買，涣散莫紀，合計數十小廠之銅，比二三大廠不能半，則大廠安得不困。採辦之難，此其四也。若夫轉運之難，牛可載八十觔，馬力倍之，一千餘萬之銅，非十萬匹頭不辦。今司運之官既皆增價僱募，然不免以人易畜，里民每羸數日之糧，以應一日之役。喜事之吏驅率老幼，横施鞭打，瘁民生而虧政體，非小故也。嘗竊求前人之論議，其有已效于昔而可試行于今者，曰多籌息錢以益銅價也，通計有無以限買銅也，稍寬考成以舒廠困也，實給工本以廣開採也，預借僱值以集牛馬也。銅政之要，必寬給價，給價足而後廠衆集，廠衆集而後開採廣，廣採則銅多，銅多則用裕。有銅本斯有銅息，有鑄錢斯有鑄息。以廠民之銅鑄錢，即以鑄錢之息與廠費不他籌，澤不泛及，而此數十廠百千萬衆，皆有以蘇困窮而謀飽暖。積其懽呼翔踴之氣，銅即不增，亦斷無減。雲南山高脈厚，到處出産礦砂，但能經理得宜，非惟裨益銅務，而數千萬謀食窮民，亦得藉以資生。由此觀之，小廠非無利也。誠使加以人力，穿峽成堂，則初闢之礦，入不必深，而工不必費。又地僻人少，林木蔚萃，炭亦易得，較大廠攻採之費，有事半而功倍者。誠于廠之近邑招徠土著之民，聯以什伍之籍，又擇其愿樸持重者爲之長，于是假之以底本，益之以油米、薪炭，則涣散之衆皆有所繫屬。然後示以約束，董以課程，作其方振之氣，厚其已集之力，使皆穿石破峽，以求進山之礦，雖有不成者，寡矣。銅運之在滇境者，後先踵接，依次抵瀘，而瀘州旋收旋兑，略不停息，則終無儲備之日。惟寬以半歲之期會，然後瀘州有三四百萬之儲，儲之既多，則兑者方去，而運者既來，是常有餘儲也。如是，而凡運官之至者，皆可以時兑發，次第啟行，在瀘既無坐守之勞，在途亦有催督之令，運何爲而遲哉？

陳康祺《郎潛紀聞二筆》卷一 乾末嘉初，滇省運銅爲最苦之差，一經派出，即身家不保。推原其故，凡全滇屬員中有虧短者，有才具短絀者，有年邁者，本管道府即具報，委令運銅，於承領運脚時，即稟明藩司將所短各數扣留藩庫，以至委員赤手動身，止有賣銅一法，所短過多，或報沈失，或交不足數，至參革而止。此數十年弊政也。自蔣礪堂相國攸銛任滇藩，查得銅廠内有提拉水洩一項，每年應發銀二十萬兩，八成給發，扣存二成，得四萬兩，於四正運每船津貼銀八千兩，副運減半，於起運時給發一半，船至湖北全給之。保舉運員須本管府道加考，以並無虧空、年力正强爲合格，此法行至道光年，尚無更變，人不以爲畏途矣。見崇慶楊襄侯國楨自定年譜。楊亦道光初藩雲南者，今滇銅久不採運，舊章亦必遵行，録此以爲講銅政者之一助。

楊襄侯在滇兩署藩篆，其時各省採銅委員，率羈留至四五年，侯訪知四川烏坡廠銅可以般運，遂陳請大憲，在烏坡採買銅二百萬斤，五省委員咸獲齎運，雖銅價略貴，而運脚節省，合計有盈無絀，此亦留心度支所當知者。

《（同治）蘇州府志》卷一九《田賦八·錢法》 〔康熙〕五十四年，議準江蘇、安慶、湖南、湖北、江西、浙江、福建、廣東八省額辦銅斤，遴選能員出洋採辦，定限於四月完半，十月全完，倘逾限不完，照例議處。【略】〔雍正五年〕是年，覆準江蘇、安徽、浙江、江西、福建等省各遴委道府大員承辦，每年上下兩運銅斤，上運銅斤寬至次年八月起解，下運銅斤寬至次年十二月起解。準令滇、洋並採。滇銅定價每擔不得過十四兩五錢，洋銅每擔十三兩。赴滇者委員至雲南所屬産銅地方價買，出洋者招商給批，至日本國採取。

户部《户部海運新案》卷八《頭二批船册》

蘇州府屬：

長洲縣派裝漕糧船五十隻，白糧船二隻。

元和縣派裝漕糧船四十八隻，白糧船二隻。

吴縣派裝漕糧船三十五隻，白糧船二隻。

吴江縣派裝漕糧船四十九隻，白糧船二隻。

震澤縣派裝漕糧船五十三隻，白糧船二隻。

常熟縣派裝漕糧船五十二隻，白糧船二隻。

昭文縣派裝漕糧船四十五隻，白糧船二隻。

崑山縣派裝漕糧船三十七隻，白糧船二隻。

新陽縣派裝漕糧船三十八隻，白糧船二隻。

松江府屬：

華亭縣派裝漕糧船二十三隻，白糧船二隻。

奉賢縣派裝漕糧船二十七隻，白糧船二隻。

婁縣派裝漕糧船二十七隻，白糧船二隻。

金山縣派裝漕糧船三十四隻，白糧船三隻。

上海縣派裝漕糧船三十八隻，白糧船二隻。

南匯縣派裝漕糧船三十五隻，白糧船三隻。

青浦縣派裝漕糧船三十九隻，白糧船三隻。

川沙廳派裝漕白糧船四隻。

太倉州屬：

太倉州派裝漕糧船三十二隻，白糧船二隻。

嘉定縣派裝漕糧船五隻，白糧船一隻。

鎮洋縣派裝漕糧船三十五隻，白糧船一隻。

寶山縣派裝漕糧船四隻，白糧船二隻。

籌補派裝漕糧船一百隻。

長洲縣：

派裝漕白糧船二十四隻：

第一號上字周孝昌，四月十九日進天津口。

第二號上字沈元順，四月十七日進天津口。

第三號崑字沈協茂，四月十四日進天津口。

第四號崑字沈協隆，四月二十三日進天津口。

第五號吴江奚恒茂，三月二十九日進天津口。

第六號通字姚福隆，四月二十五日進天津口。

第七號崑字沈協貞，四月十五日進天津口。

第八號崑字奚恒慶，四月十五日進天津口。

第九號上字沈協禄，四月二十五日進天津口。

第十號崑字沈協康，四月十五日進天津口。

第十一號贛字胡大來，四月二十二日進天津口。

第十二號贛字蔣源裕，三月二十七日進天津口。

第十三號贛字蔣源增，六月二十四日買補。

第十四號通字郁隆順，三月二十七日進天津口。

第十五號通字郁隆增，四月初一日進天津口。

第十六號元字諸元禎，三月二十七日進天津口。

第十七號寶字沈元泰，四月十九日進天津口。

第十八號元字郭長興，四月二十三日進天津口。

《清德宗實録》卷二十〔光緒元年十月乙卯〕諭軍機大臣等：「沈葆楨奏：『起程赴任』一摺。沈葆楨現赴兩江新任，船政一切事務仍著與丁日昌隨時商辦。至所稱經費萬難，亟應設法支持，著文煜、李鶴年、王凱泰悉心籌商，所有舊欠款項，即行設法補足，其按月協濟之款，亦須如期解濟。丁日昌到閩後，即將應辦事宜，實心經理。所造輪船，務期工堅料實，庶不致徒耗餉需也。將此由五百里各諭令知之。」

《清德宗實録》卷四十三〔光緒二年十一月丙子〕諭軍機大臣等：「丁日昌奏：『臺灣事宜，亟應統籌全局，並省城臺灣勢難兼顧情形，及擬於臺灣舉辦礦務墾務』各摺片。臺灣時勢，今昔懸殊，自宜及早圖維，俾資實濟。丁日昌所擬：『購鐵甲船，練水雷車，造礮臺，練槍礮隊，開鐵路，建電綫，購機器，集公司』各條，亦屬目前應辦之事。惟同時並舉，所費不貲。該撫請於江海等關，各借撥銀二十萬兩，以爲權輿，再由官紳百姓湊集公司數十萬，以期次第舉辦。並稱：『臺灣事事創始，非僅住半年，即能辦有頭緒。省城臺灣，勢難兼顧，須專派重臣督辦數年，方可徐議督撫分住之局。』所陳各節，是否可行，李鴻章於洋務情形，最爲熟悉。沈葆楨從前辦理，臺灣事務，該處一切機宜自必周知。應如何擘畫，盡善之處，著該督等妥密籌商，速議具奏。丁日昌指日赴臺，擬先於北路試辦礦務、墾務，並擬於香港、汕頭、廈門等處，設立招墾局，冀免窮民出洋傭工之苦。所陳不爲無見，但經費必須寬籌，方能有濟。並著李鴻章、沈葆楨通盤籌畫，奏明辦理。原摺片均著鈔給閱看。」

《清德宗實録》卷二百十五〔光緒十一年九月甲辰〕諭軍機大臣等：「張之洞奏：『海防要策』摺内，開地利一條，據稱：『福建穆源等處，皆産善鐵，兼饒煤堅。廣東惠州等處，産鐵亦佳，訪求礦師開採，以製槍礮，實勝洋産』等語。煤鐵爲製器必需之物，如果礦苗暢旺，自應及時開採，以資利用。惟礦本所需甚鉅，亦應先事豫籌，能否招商集股，設法試辦，於地勢民情，兩無妨礙。著楊昌濬、張之洞、倪文蔚，各就地方情形，詳加酌度，奏明辦理。張之洞原摺，著摘鈔給與楊昌濬、倪文蔚閱看。將此由五百里各諭令知之。」

《清德宗實録》卷二百二十〔光緒十一年十一月壬子〕又奏：「黔省礦産極多，煤鐵尤盛，如能開採合法，運銷各省，可免購自外洋。」得旨：「即著該署撫詳細體察，認真籌辦，毋得徒託空言。」

《清德宗實録》卷二百三十七〔光緒十二年十二月辛巳〕雲貴總督岑毓英、貴州巡撫潘霨奏：「置備機器，蓋造鐵廠，擬調撫臣潘霨胞弟候選道潘露興辦貴州礦務。」得旨：「招商開礦，事屬創辦，毋庸拘守迴避常例。著照所請，由該督等咨明曾國荃，派令潘露兼辦貴州礦務，以資得力。」

《清德宗實録》卷二百四十一〔光緒十三年四月辛未〕，諭軍機大臣等：「李鴻章奏：『訪聞山東淄川縣槲木溝等處，素有鉛礦，産苗甚旺，請飭開採』等語，向來京外鼓鑄制錢，皆由貴州湖南運解鉛斤，以資配製。現在該兩省辦解無多，必須另籌接濟，該處礦苗既旺，即著張曜遴委妥員，前往確勘，詳定章程，奏明辦理。原片著鈔給閱看，將此諭令知之。」尋奏：「遵查淄川鉛礦情形，擬先行試辦。」允之。

《清德宗實録》卷三百十六〔光緒十八年九月甲午〕諭軍機大臣等：「御史吴光奎奏：『四川雅州府屬之大穴頭山，寧遠府屬之麻哈母雞溝等處，五金並産，沙質呈露。光緒十六年間曾經主事鄭寶琛集資擬辦，稟由李鴻章咨明四川總督有案，請飭查勘開辦』等語。所奏是否可行，即著李鴻章咨商劉秉璋，遴擇熟習礦務之人前往該處，勘驗礦苗情形。若何集資開採，有無流弊，據實具奏。原摺均著鈔給閱看，將此各諭令知之。」

《清德宗實録》卷三百二十一〔光緒十九年二月〕乙丑，諭軍機大臣等：「前據御史吴光奎奏：『四川雅州、寧遠兩府屬五金並産，請飭查勘開辦。』當經諭令李鴻章咨商劉秉璋派員勘驗，現尚未據覆奏。茲據給事中方汝紹奏稱：『寧遠府屬之鹽源縣等處，銅質極佳，運道尤便，請飭開採』等語。著李鴻章、劉秉璋一併派員確查，迅速覈奏。原摺均著摘鈔給與閱看，將此各諭令知之。」

《清德宗實録》卷四百四〔光緒二十三年四月戊寅〕諭軍機大臣等：「御史陳其璋奏：『火油之礦，與火井、鹽井相連，川省瀘州等處，均有火、鹽二井，是有火油礦之明證。外洋垂涎甚切，四川官紳亦欲開採，議久未成。宜選擇專門精熟之礦師履勘，集股開辦」等語。四川敘州等處，開辦煤礦務，前據鹿傳霖奏明紳士喬樹枏等呈請自行開辦，檢討宋育仁業經該督留辦商務，現在辦理有無就緒，該御史所稱雇用洋礦師履勘之處，是否可行，著該督斟酌情形，妥籌辦理。原片著鈔給閲看，將此諭令知之。」

《清德宗實録》卷四百十三〔光緒二十三年十二月甲戌〕諭軍機大臣等：「左都御史徐樹銘奏：『請特派大員，督辦礦務』一摺。據稱四川金礦之旺，與西藏通，若使治蜀之大臣與西藏聯絡爲一，直將全藏治之，他人不得從而覬覦，則中國之大利可以保全等語。開辦礦務，爲當今要圖，全在地方大吏認真辦理，方有成效。即著恭壽，遴派幹員，確切查勘，實力舉辦。裕禄到任後，該將軍仍著會同辦理。將此各諭令知之。」

《清德宗實録》卷四百七十三〔光緒二十六年十月〕丁酉，江西巡撫松壽奏：「江西試辦製造水旱電雷，並造銅帽槍彈。」下部知之。

《清德宗實録》卷五百六〔光緒二十八年十月〕甲辰，閩浙總督許應騤奏：「閩省當海防衝途，所存軍火無多，亟宜豫備。現已於省城西關外添建製造局廠，購置機器，趕造無煙火藥及新式快槍，以利軍用。」下部知之。

《清德宗實録》卷五百七十三〔光緒三十三年五月戊戌〕又奏：「贛滇礦産豐富，請籌議開採，以挽利權。」下部議。

朱壽朋《光緒朝東華録》卷八八〔光緒十四年二月甲申〕張之洞等奏：「瓊州府昌化縣境内大艷山，《府志》名峻靈山，多産銅及石緑，故亦名爲石緑山，前經香山職員張廷鈞招集股分，購備機器，前往開採，業經奏明在案。查石緑爲銅苗所結，下有銅礦，精華上溢，融爲石緑。每石緑百斤，佳者可鍊銅十餘斤至二十斤不等，其不能鍊銅者，賣作顔料。兹查大艷山地近黎境，道路既遠，瘴癘尤重，出産雖佳，工費甚昂。現在黎境甫通礦務，創始倘無確利可圖，必致觀望自阻，惟有減輕成本，始足以徠商販而惠民黎。兹擬將昌化石緑及銅斤凡販運出瓊州海口者，自光緒十四年起，三年之内所有山税及關税、釐金概行暫免，俟開採所銷大旺，再將税釐酌量抽收，其餘瓊屬五金等礦，如有集資開辦，亦即一律辦理，暫免税釐，庶幾通商惠工，利興而島民裕矣。」下户部知之。

張之洞《張文襄公全集》奏議卷三五《開設繅絲局片》光緒二十年十月初五日

再，爲政以利民爲先，然必將農工商三事合爲一氣，貫通講求，始能阜民興利。湖北土産除茶葉係銷外洋，尚可歲獲巨款，此外殊少暢行之貨。土性素亦産絲，而製造不精，銷流不旺。查絲、茶爲中國出洋土貨大宗，茶則英國於印度仿照種植，然以土性不宜，香味尚遜華産。俄國近年亦欲仿種，而地氣嚴寒，難於成活。絲則義、法等國講求種桑養蠶之法，日精一日，所出之絲既勝，而抽繅專用機器匀净精細，即絲質不佳，一經繅出，無不精好。近十年來，上海、廣東等處商人多有仿照西法用機器繅絲者，較之人工所繅，其價頓增至三倍，專售外洋，行銷頗旺。於光緒十二年，曾經海軍衙門咨行粤省勸導商民，廣爲興辦在案。湖北産絲甚多，惟民間素未經見機器繅絲之法，無從下手。臣將湖北蠶繭寄至上海，用機器繅出，質性甚佳，與江浙之絲相去不遠，亟應官開其端，民效其法，庶可以漸開利源。惟經費不易籌措，創辦尤須有諳習之人。查有候選同知黄晉荃，家道殷實，綜核精明，久居上海，其家開設機器繅絲廠有年，且在漢口設有絲行，情形極爲熟悉。當飭委員與之籌商，由該職員承辦。先酌借公款試辦，以後由該職員湊集商股辦理。將來或將官本附入商股，或令商人承領繳回官本，統俟開辦後察看成本經費實需若干，銷路如何，公項有無閒款可添，再由善後局與該職員籌議辦理。計購機建廠及買繭試辦，成本需費尚不甚鉅，查善後局尚存有揚州紳士嚴作霖善捐存款銀三萬兩，又提鹽道庫外銷款銀一萬兩，共銀四萬兩，先訂購繅絲二百盆之機器，酌買蠶繭，於湖北省城望山門外購地設廠，並派工匠赴滬學習，先行試辦。其廠地廠屋及馬力汽機可供三百盆之用，俟將來機工熟習以後再行擴充。即委黄晉荃辦理該局監製事宜，一切司事工匠，俱令該職員選用。計十二月内廠機俱可造竣，安齊開工繅製。該廠購繭烘繭，督課工匠，用款行銷，俱責成該職員一手經理。將來如有成效，民間習知辦法，共覩利益，自能聞風仿效。養蠶愈多，種桑愈旺，似於鄂省商民生計不無裨益。【略】

《礦務檔·一般礦政·勘開安徽繁昌等縣各礦請折》 照録清摺。謹將各屬礦商填註表譜，抄録清摺，呈送鑒核。計開：

繁昌縣屬現開各礦：

晉康公司，屬太平府繁昌縣。出繁昌縣南門外十五里，五華山東西二山，約占地面四方里。光緒二十四年二月，稟奉安徽撫部院鄧批准。係商辦，係安慶府太湖縣監生王希仲。礦師無，工人約四五十名不等，洋人無。柴煤之質。官款無，親友五人，共集銀五千兩，未招外股，已經收齊，利息八厘。借款無。土法開採，窿口四處，局廠四處，每日約出柴煤二百餘石。旱路十五里至鄭家渡河口，用船駁運出江，附近無城鎮。蕪湖總棧日售煤二三十担，鎮江分銷日售煤四五十担。山廠日支本洋約十二元，鄭家渡堆棧日支洋二元，又馱力日約支洋十五元，蕪湖總棧日支洋三元，鎮江分棧日支約四元。本省坐厘，每石完錢十文。由蕪湖新關出口，每噸完稅銀一錢。試辦未及一年，尚無比較。

已勘未開各礦，晉康公司屬繁昌縣仍有七處，屬廣德州礦山三處，屬寧國府宣城縣礦山三處，屬池州貴池縣一處。

商人慶成領辦，未立公司名目。屬太平府繁昌縣，在繁昌北門外繆家銅山，該商已租山田約四畝餘。光緒二十五年二月，奉蕪湖商務分局委員會縣勘驗明確開辦。係商辦，商名孫謀。礦師無，工人約三四十名，洋人無。柴煤之質。官款無，據稟邀集親友，集銀二千兩，尚無利息。借款無。土法開採，窿口一處，局廠一處，每日約出柴煤二十餘石不等。離水口五里，用船駁運出江，附近無城鎮。運至蕪湖銷售，每日多寡不等。每日用款二百餘千不等。本省坐厘，每石完錢十文。由蕪湖新關出口，每噸完稅銀一錢。試辦未及一年，尚無比較。

商人益太合義領辦，未立公司名目。屬太平府繁昌縣，在繁昌縣東門外小信冲山，該商已租山地約九畝餘。光緒二十五年三月，奉蕪湖商務分局委員會縣勘驗明確開採。係商辦，商名李允蘭。礦師無，工人約四五十名，洋人無。柴煤之質。官款無，據稟邀集親友，集銀二千兩，尚無利息。借款無，土法開採，窿口二處，局廠二處，每日約出柴煤三十餘石不等。離水口十里，用船駁運出江，附近無城鎮。運至蕪湖銷售，每日多寡不等。每日用款二百餘千不等。本省坐厘，每石完錢十文。由蕪湖新關出口，每噸完稅銀一錢。試辦未及一年。尚無比較。

商人烈登領辦，未立公司名目。屬太平府繁昌縣，在繁昌縣南門外大朱冲山，該商已租山地約六畝。光緒二十五年三月，奉蕪湖商務分局委員會縣勘驗明確開採。係商辦，商名樊貞金。礦師無，工人約四五十名，洋人無。柴煤之質。官款無，據稟邀集親友，集銀一千兩，尚無利息。借款無。土法開採，窿口一處，局廠一處，每日約出柴煤三十餘石不等。離水口三里，用船駁運出江，附近無城鎮。運至蕪湖銷售，每日多寡不等。每日用款一百餘千不等。本省坐厘，每石完錢十文。由蕪湖新關出口，每噸完稅銀一錢。試辦未及一年，尚無比較。

銅陵縣屬現開各礦：

商人利康合記領辦，未立公司名目。屬池州府銅陵縣，在銅陵縣東門外鐘鳴耆羅家冲山，該商已租山地約十餘畝。光緒二十五年三月，奉蕪湖商務分局委員會縣勘驗明確開採。係商辦，商名利康合記。礦師無，工人約四五十名，洋人無。柴煤之質。官款無，據稟邀集親友，集銀三千兩，尚無利息。借款無。土法開採，窿口二處，局廠二處，每日約出柴煤四十餘石不等。離水口七里，用船駁運出江，附近無城鎮。運至大通銷售，每日多寡不等。每日用款三百餘千不等。本省坐厘，每石完錢十文。由蕪湖新關出口，每噸完稅銀一錢。試辦未及一年，尚無比較。

宣城縣屬現開各礦：

商人安平福記領辦，未立公司名目。屬寧國府宣城縣，在宣城縣東門外東冲團狗毛頭山，該商已租山地約七畝。光緒二十五年三月，奉蕪湖商務分局委員會縣勘驗明確開辦。係商辦，商名吴德輝。礦師無，工人約三十五名，洋人無。柴煤之質。官款無，據稟邀集親友，集銀一千兩，尚無利息。借款無。土法開採，窿口一處，局廠一處，每日約出柴煤十餘石不等。離水口十餘里，用船駁運至蕪湖，附近無城鎮。運至蕪湖銷售，每日多寡不等。每日用款一百餘千不等。本省坐厘，每石完錢十文。由蕪湖新關出口，每噸完稅銀一錢。試辦未及一年，尚無比較。

商人來源領辦，未立公司名目。屬寧國府宣城縣，在宣城縣北門外馬山團大牛山，該商已租山田約五畝。光緒二十五年四月，奉蕪湖商務分局委員會縣勘驗明確開採。係商辦，商名洪鎣。礦師無，工人約二十名，洋人無。柴煤之質。官款無，據稟邀集親友，集銀一千兩，尚無利息。借款無。土法開採，窿口一處，局廠一處，每日約出柴煤十餘石不等。離水口三里，用船駁運至蕪湖，附近無城鎮。運至蕪湖銷售，每日多寡不等。每日用款一百餘千不等。本省坐厘，每石完錢十文。由蕪湖新關出口，每噸完稅銀一銀。試辦未及一年，尚無比較。

商人義生廣記領辦，未立公司名目。屬寧國府宣城縣，在宣城縣北門外西覺團鳳凰山，該商已租山田約五畝。光緒二十五年四月，奉蕪湖商務分局委員會縣勘驗明確開採。係商辦，商名胡炳成。礦師無，工人約三十名，洋人無。柴煤之質。官款無，據稟邀集親友，集銀一千兩。尚無利息。借款無。土法開採，窿口一處，局廠一處，每日約出柴煤二十餘石不等。離水口四里，用船駁運至蕪湖，附近無城鎮。運至蕪湖銷售，每日多寡不等。每日用款一百餘千不等。本省坐厘，每石完錢十文。由蕪湖新關出口，每噸完稅銀一錢。試辦未及一年，尚無比較。

商人利生領辦，未立公司名目。屬寧國府宣城縣，在宣城縣南門外九里團灣路口山，該商已租山田約八畝。光緒二十五年四月，奉蕪湖商務分局委員會縣勘驗明確開採。係商辦，商名張世德。礦師無，工人約二十名，洋人無。柴煤之質。官款無，據稟邀集親友，集銀一千兩，尚無利息。借款無。土法開採，窿口一處，局廠一處，每日約出柴煤十餘石不等。離水口十里，用船駁運至蕪湖，附近無城鎮。運至蕪湖銷售，每日多寡不等。每日用款一百千不等。本省坐厘，每石完錢十文。由蕪湖新關出口，每噸完稅銀一錢。試辦未及一年，尚無比較。

商人恒茂領辦，未立公司名目。屬寧國府宣城縣，在宣城縣南門外花田團陳家邊山，該商已租山田約十餘畝。光緒二十五年四月，奉蕪湖商務分局委員會縣勘驗明確開採。係商辦，商名張克亨。礦師無，工人約一百名，洋人無。柴煤之質。官款無，據稟邀集親友，集銀五千兩，尚無利息。借款無。土法開採，窿口二處，局廠二處，每日約出柴煤一百餘石不等。離水口五里，用船駁運至蕪湖，附近無城鎮。運至蕪湖銷售，每日多寡不等。每日用款五百餘千不等。本省坐厘，每石完錢十文。由蕪湖新關出口，每噸完稅銀一錢。試辦未及一年，尚無比較。

巢縣屬現開各礦：

商人王步森領辦，未立公司名目。屬廬州府巢縣，在巢縣南門外開門山口被囊塲，該商已租山田約十畝。光緒二十五年五月，奉蕪湖商務分局委員會縣勘驗明確開採。係商辦，商名王步森。礦師無，工人約二十名，洋人無。柴煤之質。官款無，據稟邀集親友，集銀一千兩，尚無利息。借款無。土法開採，窿口一處，局廠一處，每日約出柴煤三十石不等。離水口五里，至巢縣，用船駁出江，附近無城鎮。運至裕溪口銷售，每日多寡不等。每日用款一百餘千不等。本省坐厘，每石完錢十文。由蕪湖新關出口，每噸完稅銀一錢。試辦未及一年，尚無比較。

商人周行敬領辦，未立公司名目。屬廬州府巢縣，在巢縣南門外董家山靜土庵，該商已租山田約九畝。光緒二十五年六月，奉蕪湖商務分局委員會縣勘驗明確開採。係商辦，商名周行敬。礦師無，工人約十餘名，洋人無。柴煤之質。官款無，據稟邀集親友，集銀一千兩，尚無利息。借款無。土法開採，窿口一處，局廠一處，每日約出柴煤十餘石不等。離水口三里，至巢縣，用船駁運，附近無城鎮。運至裕溪口銷，每日多寡不等。每日用款一百餘千不等。本省坐厘，每石完錢十文。由蕪湖新關出口，每噸完稅銀一錢。試辦未及一年，尚無比較。

商人鍾鴻賓領辦，未立公司名目。屬廬州府巢縣，在巢縣南門外胡家山具興廠，該商已租山田約八畝。光緒二十五年六月，奉蕪湖商務分局委員會縣勘驗明確開採。係商辦，商名鍾鴻賓。礦師無，工人約二十名，洋人無。柴煤之質。官款無，據稟邀集親友，集銀一千兩，尚無利息。借款無。土法開採，窿口一處，局廠一處，每日約出柴煤十餘石不等。離水口三里，至巢縣，用船駁運，附近無城鎮。運至裕溪口銷售，每日多寡不等。每日用款一百餘千不等。本省坐厘，每石完錢十文。由蕪湖新關出口，每噸完稅銀一錢。試辦未及一年，尚無比較。

朱壽朋《光緒朝東華録》卷一五七 〔光緒二十五年十二月〕戊寅，唐炯奏：「雲南辦廠全恃春秋冬三季，冬季每月可得銅十一二萬，春秋兩季每月可得銅七八萬不等，夏季地氣上升，硐積水，難於攻採，民間至時停歇，公司則不惜工本另開，通風洩水，以便攻採，每月尚可得銅四萬，常年廠情大率如此。本年自四月至五月杪，連月大雨，中間晴霽不過數日，公司所辦巧家、永北、宣威、威寧各廠礌硐悉被水淹，甚或坍塌不能採礦。辦廠以柴炭爲第一要需，各廠在萬山中柴炭皆購之三四百里外，雨多路險，轉運迺難，遂爾缺乏，不能煎鍊。又爐座爲濕氣浸潰，火力不順，礦砂往往不能團結，煎鍊十爐只成四五，總計夏秋兩季每月得銅二萬餘斤，多止三萬，較之往年短缺過甚，而公司賠累因之亦鉅。臣每接公司稟報，午夜焦灼，現在天氣晴霽，已飭公司設法趕辦。惟修理硐、爐座，開通水洩，轉運柴炭，展轉躭延，煎鍊尚需時日。本年銅斤實不能辦足二批，此則天時所致，非公司人力有未盡，亦臣意料所不及。理合據實縷陳，仰求聖慈垂鑒。」得旨：「知道了，即著督飭公司設法趕辦，儘數起運。」

《礦務檔・一般礦政・咨送四川省路礦案件》 〔光緒二十七年〕九月十八日，四川總督奎文稱，據礦務總局存記道陳光弼，補用道李壽田、韓銑、曹穗會詳稱，案奉總督部堂札開，光緒二十七年五月十一日，准欽命全權大臣便宜行事管理總理各國事務衙門事務慶親王咨開，京城自上年猝遭兵燹，所有鐵路礦務局檔案，全行遺失。遇有應辦事件，無從稽核。相應咨行貴督，將有關鐵路礦務來往奏咨文件，以及表譜合同，一律補送，以憑核辦。務於文到兩箇月內，迅速咨送本衙門可也等因。承准此，除行藩司知照外，合行札飭該局，即便分晰查明，造具清册，詳請咨送。如局案不全，即開清單，呈院檢發，毋稍遺漏等因。奉此，職道等遵即查明有關鐵路、礦務往來奏咨文件，以及表譜、合同。業已一律分晰照抄，造具清册，理合具文申送，詳請察核轉咨外務部暨鐵路礦務總局等情。據此，除分咨外，相應咨送。爲此合咨貴局，請煩查核施行。

《礦務檔・一般礦政・移送貴州巡撫咨送黔省路礦案件》〔光緒二十七年〕十月二十五日，行在外務部文稱，光緒二十七年十月十一日，准貴州巡撫咨送黔省近年有關鐵路、礦務往來奏咨文件，以及表譜格式，相應將原咨并各鈔件，移送京城本部查照可也。

照録原咨。貴州巡撫鄧華熙爲咨呈事。據善後兼礦務總局藩司邵積誠、臬司林紹年、糧儲道黄元善詳稱，光緒二十七年五月十六日，案奉院行，光緒二十七年五月初十日，承准欽命全權大臣便宜行事管理各國事務衙門和碩慶親王咨開，將有關鐵路、礦務來往奏咨文件，以及表譜、合同，一律補送，以憑核辦。務於文到兩箇月內，迅速咨送等因到院。承准此，行局迅速查明，鈔録詳送，以憑核咨等因。奉此，查黔省並未開辦鐵路，亦無合同之案。惟礦務來往奏咨文件，除早年辦結各陳案，遵照前次部咨「將來本部如有查核，再行隨時咨取」，此次仍免鈔録外，所有近年來往奏咨文件，以及光緒二十四年十二月奉准欽命統轄礦務鐵路總局咨送礦務鐵路表譜格式，均已由局鈔訂成册，理合具文詳送。伏候查核轉咨等情，到本部院。據此，除批示外，相應咨呈。爲此咨呈總理各國事務衙門，謹請查照施行。須至咨呈者。右咨呈總理各國事務衙門。光緒二十七年七月二十六日。

《礦務檔・一般礦政・移送雲貴總督等咨送滇省路礦案件》〔光緒二十七年〕十月二十五日，行在外務部文稱，光緒二十七年十月十五日，准雲貴總督、雲南巡撫咨送滇省近年路礦檔册。相應將原咨并各鈔件，移送京城本部查照可也。

照録原咨。總督雲貴、巡撫雲南等處地方魏、李爲咨呈事。案准貴王大臣咨，京城自上年猝遭兵燹，所有鐵路礦務局檔案，全行遺失。遇有應辦事件，無從稽核。行令將有關鐵路、礦務來往奏咨文件，以及表譜、合同，一律補送，以憑核辦。務於文到兩箇月內，迅速咨送本衙門可也等因咨滇，當經分別轉行司局遵辦去後。茲據雲南布政使林紹年會同鐵路金銀礦務各局司道詳稱，查滇省鐵路，自光緒二十三年夏間法員吉理默等來滇勘辦起，所有中國派員會勘一切情形，均經先後奏咨在案。嗣將鐵路經過地方，分段勘畢。尚未定章開辦，亦未訂立合同。適值北直拳匪事起，法總領事方蘇雅率同修路法員回越，路工停辦。現在方總領事等回滇，鐵路事宜，仍未議定。彌領事來滇辦礦，現雖照會商議，亦未訂定章程。茲奉前因，理合將從前鐵路及礦務來往奏咨一切文件，並各屬申送鉛鐵各廠礦表，暨礦務總表，鐵路、礦務章程，分別鈔齊呈送前來，本部堂、院覆查無異。除銅廠礦表及來往奏咨文件，應由礦務大臣鈔送外，所有鐵路、礦務檔册，相應咨呈。爲此咨呈貴王大臣，謹請查核備案施行，須至咨呈者。

計咨呈照鈔鐵路檔册一本，礦表二十九本，鈔刷奏咨五分，鐵路、礦務章程一本，礦務總表一本。右咨呈欽命全權大臣總理外務部事務慶親王。

《礦務檔・一般礦政・抄送四川省路礦案件》〔光緒二十七年〕十月二十八日，四川總督奎俊文稱，據布政使員鳳林詳稱，案奉督部堂札開，准欽命全權大臣便宜行事管理總理各國事務衙門慶親王咨開，京城自上年猝遭兵燹，所有鐵路礦務局檔案，全行遺失，遇有應辦事件，無從稽核。相應咨行貴督，將有關鐵路、礦務來往奏咨文件，以及表譜、合同，一律補送，以憑核辦。務於文到兩箇月内，迅速咨送本衙門可也等因。奉此，當經附入清查部册局，請發憲卷，核明鈔録。茲據該委員等查出礦務、鐵路五十二案，照卷抄齊，呈請申送等情。據此，本司復查無異，理合將所抄各案，分晰開具案由，造册賫呈，具文詳請查核咨送等情。據此，相應咨呈貴部，請煩查照。

《礦務檔・一般礦政・咨送廣西省礦務案件》〔光緒二十七年〕十二月二十三日，廣西巡撫丁文稱，據廣西善後總局司道詳稱，光緒二十七年五月十八日，奉前撫部院札開，光緒二十七年五月十一日，承准欽命全權大臣和碩慶親王咨開，京城自上年猝遭兵燹，所有鐵路礦務局檔案，全行遺失，遇有應辦事件，無從稽核。相應咨行貴撫，將有關鐵路、礦務來往奏咨文件，以及表譜、合同，一律補送，以憑核辦。務於文到兩個月，迅速咨送本衙門可也等因，到本部院。承准此，合行札飭。札到該局，即便遵照，迅將有關鐵路、礦務來往奏咨文件，以及表譜、合同，一律抄録，刻日詳院，以憑咨送等因。奉此，遵即由局檢查檔案，凡有關礦務往來奏咨文件，逐一查檢，共有十一件，彙鈔成册。其開礦表譜，未據各屬繳報完竣，容俟報到之日，再行彙報。至鐵路奏咨文件、合同、表譜，局中無案可稽。應請咨明督辦蘇軍門查明，抄録咨送。奉札前因，理合將彙録礦務清册一本，具文詳請察核咨送等情，到本部院。據此，查鐵路奏咨文件，該局無案可稽。除咨請蘇督辦查明抄録徑行咨送查核外，兹據繳到礦務清册，相應咨送。爲此咨呈貴總局，謹請查核施行。

《大清新法令》卷二《外交・合同・外務部奏華法和成公司合辦四川巴萬油礦改定合同章程折並章程》 竊臣部於光緒二十八年二月二十三日準四川總督奎俊咨稱，據（德）[法]商戴瑪德到礦務局稱，欲與保富公司設立華法和成公司，合辦川省煤油礦務，所擬合同經該局司道公同商酌。惟購地公司宜加詳慎，因查光緒二十五年六月間，礦務局詳請仿照華益公司章程，設立保富公司承集中外商人合辦礦務，凡有來川開礦者無論何國商人皆歸保富公司借本購地，轉給承辦，庶事有專責，在我足操保地之權，在彼亦可杜争端之漸。現在法商議定，仍照奏準之保富公司購地，另設華法和成公司開辦煤油礦務。據保富公司總辦劉慶汾、嚴翽昌、和成公司華商總辦李佑、洋商總辦戴瑪德訂立合辦草約，經會辦礦務候補五品京堂陳光弼、駐渝法領事哈士，與該公司總辦等同時畫押，蓋用礦務局關防，給予保富、和成兩公司分執，並將草合同一分咨送核辦前來。臣等查，川省煤油礦産素稱富厚，光緒二十二年間土人鍾毓靈私串法人雷達利訂立合同，擅行勘辦，經地方官查明禁止。嗣於二十五年間法領事哈士以雷達利情願不辦，讓與法商戴瑪德招集華洋各股開取富順、巴、萬三處煤油，屢向川局索辦，經四川總督以富順鹽井爲全川命脈所關，該處紳民斷不準其開採煤油，遵與哈領事商允緩辦。至巴、萬兩縣如查無鹽井、田園廬墓窒礙情形，自可由保富公司向業主購地轉租承辦，當經飭局先繕草據給與哈領事收執，並電咨總理衙門在案。此次法商戴瑪德請辦煤油原係重申前議，既據川省礦務局與該商訂立合同咨送到部，經臣等逐條覆核内有應行增損之處，當即咨行川督飭局與法商妥爲厘訂。適該商戴瑪德偕同川省派出之道員林怡游先期赴京向臣部前來面議，當將所改各款細與磋商並指出第三款所載，富順之地有礙鹽務無論何國均不得前往開採煤油，如將來中國官民皆有願開採之意，應盡法公司照合同議辦等語，詰以富順有礙鹽井，早經商允緩辦，何以合同内復行列入。該商以富順爲著名産油之區，只冀興辦有期，商情樂於從事，並非現時即求開辦。臣等終以該處既多窒礙未便列入合同，預留地步，議令將此款删除，以免再三辯詰。該商始允照删，其餘各款字句稍有增減，大致尚無出入。迭經臣部將先後商改各節，電據川督復稱較爲周密，是彼此意見均屬相同。現法國使臣屢催奏請批準以便該商集股開辦，臣等公同商酌此項合同既經與川督往返商定，未便久懸，致滋異議，相應將改訂合同繕具清單恭呈御覽，如蒙允準，即由臣部咨行四川總督轉飭礦務局員，與法領事等會同畫押，以示憑信。謹奏。光緒二十八年八月二十四日奉朱批：「依議。欽此。」

謹將四川和成公司辦理巴萬油礦章程恭呈御覽

一 照此合同章程，如果蒙北京外務部路礦總局及各衙門核定，奏奉批准，辦川省煤油礦務，和成公司即派礦師來川查勘巴縣萬縣兩處地方。如驗勘後實在可以開採，和成公司立即興工開辦。

二 如巴、萬兩縣經礦師履勘後實無油礦或不足開採，準該公司在川省另擇兩處勘定後立即興工開辦。其另擇之限除意外不測等情不計外，從北京外務部批準移文至法京交華利總公司認允刊報之日始，以一年爲限，自批準至刊報不得逾五個月之限。倘逾十七個月限期仍不開工，合同作爲廢紙。

三 和成公司應俟礦師按第二條勘定礦地後，該公司與川省礦務總局商定開採事宜，及運油所用之快路若干長，繪圖貼説，由和成公司呈川省礦務總局，咨報外務部核准後，電知川省照辦。

四 和成公司開辦煤油因地方相距太遠，未能兼顧，應於總公司外設分公司一處或數處，均照合同辦理不得增改。

五 和成公司内應有華法兩總辦，華總辦由制臺札委；法總辦由和成公司揀派。所有買賣並與保富公司商量事件均由兩總辦和同辦理，所用各帳目用華、法兩文註册以便彼此核算。每月繕成一分由華總辦送川省礦務總局核查。至於工程各事並擇用洋人及採買機器材料皆歸法總辦秉公經理，先行通知華總辦並將所議之定貨單鈔交華總辦存查。

六 所有與地方各官商辦交涉事件，皆歸和成公司華總辦經理。

七 川省礦務總局設立保富公司，總辦出本二百萬以備各國公司在川辦礦購地之用。所有和成公司開礦之地，俟礦師查勘指定後無論公地私業稟請兩位總辦然後再議定奪。除有礙田園廬墓外，由保富公司設法或買或租借與和成公司試採，先由保富公司向地主商明酌定試辦租價。如試採地段開辦不成，和成公司即照酌定之價付給。倘兩公司有爲難要緊之事，應由川省礦務總局總辦與華利公司中國總辦戴瑪德調停。

八　保富公司將地借與和成公司開採煤油，該公司應照所出之油按價值百抽五給保富公司作爲地租。

九　和成公司願備足所有開採煤油礦應用之費以供開採之用。

十　和成公司開辦煤油之股本應先明白議定，或中國銀號或買賣商家皆可買票入股，無論初定之本並後添之本均以百分之五十爲限，中國股友與外國股友利益同沾無稍歧視。中國如欲派人在法京巴黎代理股票之事，即由川省制臺委員前往。其薪水川資由和成公司給發。至所派委員應有專辦和成公司中國股票各事宜之權與西國股票之例同。

十一　和成公司無論華法各股本或初定或後添，均由付錢之日起，在公司所進利內，每年結算，股息七厘。

十二　和成公司應將所出礦産按值價百分之五作爲井口税，報繳國家，其出口税仍照關章完納，所餘之利除開銷各費並七厘股息外，再將餘利以百分之五還股本及辦事各人。花紅若干分至多不得過八厘，其餘净利按照成本計算。如得百分之三十分或不及三十分，均將此净利分百分之二十分報效中國國家。百分之四十分報效二十五分；百分之五十分報效三十分；百分之六十分報效三十五分；百分之七十分報效四十分；百分之八十分報效四十五分；一百分報效五十分；以上是公平均分之法。如果公司格外興旺，將來中國國家亦多得净利，爲此望中國地方官極力保護俾得同獲利息。

十三　和成公司所開之礦自開工日起限五十年爲期，如期滿後經礦師查勘還能有益可採，和成公司與保富公司商議彼此均能獲利方可接辦。

十四　所有未詳盡之語俱在外務部路礦總局以及四川礦務總局所定華洋合辦並保富公司各章程内，和成公司中人均宜遵守，不得異詞。所有章程黏附於後。

十五　如華法定約後倘彼此有不合之時，應按西洋調處商務章程辦理。其法係由兩總辦各請公正人理斷。如所請之人意見亦不合，即由此兩人再請第三人公斷，兩家不得異詞。

十六　此合同用華法文字由北京各衙門核准奉批後，並由駐京法使館詳細核對。如翻譯不錯，嗣後遇有意見不同，應以華文爲憑。

十七　彼此議明訂爲合同繕具華洋合璧共八分，保富公司總辦劉慶汾、嚴翽昌、和成公司華商總辦李佑、洋商總辦戴瑪德同時畫押，蓋用四川礦務總辦關防，分呈統轄鐵路礦務總局、外務部衙門、户部衙門及四川總督部堂、布政使各衙門，各一分備案。餘三分川省礦務總局存一分；保富公司與和成公司各執一分爲憑，此係草約，須俟奏咨批准後，方爲允辦之據。

《大清新法令》卷二《外交・合同・外務部與英商訂立安徽開礦合同光緒三十年四月》　安徽商務總局前於光緒二十八年四月間與英人凱爵約翰代倫華公司議訂勘驗礦務合同，指明歙縣、銅陵、大通、寧國、廣德、潛山等六處，准凱爵約翰派人前往勘驗。現經勘明願將歙縣、大通、寧國、廣德、潛山等五處删除，專辦銅陵縣屬之銅官山一處。彼此議訂開辦合同列於後：

第一款　此次所開銅官山之礦名爲安裕公司，該公司舉凱爵約翰爲總董經理其事。

第二款　合同議訂後如奉旨批准，即按第五條知照安徽巡撫准凱爵約翰於銅官山之礦派人前往開辦。

第三款　安裕公司前經先糾資本英金六千磅經已用去，現再行糾集資本英金六千磅。此資本隨後酌加以不出七百萬兩爲額，約合英金一百萬磅，照開礦應需銀兩之數而定。所糾之股俟議定每股若干，登列報章，華洋兼收。公司應設華總辦一員、英總辦一員，互相稽查賬目。凡與中國官紳商民交涉歸華總辦管理，凡開礦工程銀錢進出歸英總辦管理。廠内除管理機器或須聘用洋人外，其一切工作執事人等均應多用華人，該公司從優給與工價。礦廠相近應設華分局，派華人勘租地畝、隨時稽查完納税餉等事，各員薪水開支均由該公司按月支送。

第四款　開礦地段應於未動工以前詳備圖説，將開洞、蓋廠、挖溝處所逐一標注明白，知照商務總局，派員會同地方官查明果無窒礙，即向民間議購或租。俟有成説，該公司即備款交商務總局購租承受或交地方官覆實發給，不得私相授受。如地面上有房屋、樹木、水井池、墙，凡以人工成本造成産業，無論拆毁留存，應於地價外照市價酌加。其地段劃定界址以足敷造廠挖洞，各項礦工所需爲限，不得任意多占。該公司礦洞外之餘地未經租購者與公司無涉，仍由原業主造屋，種植，作各項正用。惟除已開在先之礦外，不准再在界址内開採礦質。

第五款　此合同自奏准簽字後，即由外務部知照商部發給開礦執照，並知照安徽巡撫按照第三、第四兩條派員會同辦理一切。凱爵約翰代倫華公司接到准辦執照，即將報效銀兩限一禮拜内照數交付現銀，此報效銀兩照目下已糾集之資本英金一萬二千磅百分之一計算，俟此本隨後增加，則隨時仍按所加之數呈繳報效銀百分之一。倘資本陸續增添過一百萬磅，報效之款亦應陸續添繳。其開辦限期自奏准簽字之日起限十二個月，如逾限期不開即將合同作廢，報效銀兩亦不得索還。

第六款　該處礦質一經出洞按賣價照以下抽税：煤斤、鐵、銻砂、白礬、硼砂等類值百抽五；煤、油、硫礦、朱砂暨銅鉛錫等類值百抽十；金、銀、白鉛、水銀等值百抽十五；鑽石水晶等物值百抽二十五；均作爲落地税。其餘出口銷售經過洋關應遵章納税不在此列。至落地税一項如將來改訂新章有增減之處，他處公司均照新章完納，該公司亦一律照辦。

第七款　倘須築造鐵路以便轉運礦產，應准造至最近水口爲止，所造之鐵路不准載客運貨。

第八款　附近開礦處應設礦務學堂，一切薪水經費均由公司籌給。

第九款　凡開辦所需機器材料等件除運自外洋照章歸海關收税外，内地厘金概不重征。如在内地採買材料經過關卡停船聽候查驗，如查明實係運往開礦處所准給執照，免厘放行。如有夾帶别貨走漏，一經查出照章罰辦。

第十款　該公司開辦之後每年除支銷各項費用並納完租税外，所獲净利照公司成本實數先提出股利一成即值百抽十。倘除外仍有餘利，再以二成五報效中國國家，解交安徽藩庫。

第十一款　所指礦地界内如有華民已開之礦，該業主自願或租或賣請將已用成本换給股票作爲股本，各聽其便。惟須由商務總局三面商允，不得私相授受。該公司亦不得勉强侵奪。至定界之後敢有在界内私挖者，應即由地方官禁止。所有雇工夫役人等倘有損傷致命，由該公司給資從優撫恤。

第十二款　該公司所開礦場，地方官應保護，如有需兵力彈壓者，中國只代就地招募華兵，其餉械各費均由該公司自認，不得借端自行請本國兵或請别國兵挾制。

第十三款　該礦以六十年爲限，限滿之後即將所有礦廠房屋基地機器料件一切全行報效中國，交商務總局管理。如六十年期滿時彼此情願展限則可展限，惟所展之限不得逾二十五年之久。至開辦以後每年進出賬目須於年終繕寫四季清册四分：先經華英總辦覆明畫押，一分送交商務總局；三分送由安徽巡撫分咨商外户三部備核。中國國家只按所出礦産征收租税，該公司如有虧折，與中國國家及商務總局無涉。

第十四款　該礦所需地畝如係民地則照市值購買，官地則備價承租，惟民地雖購買過户執業，仍須照中國所定田則完納錢糧。

第十五款　公司所應用地畝或租或購自應公平給價，不得强占抑勒，地主亦不得抬價居奇並不准以有礙風水借詞撓阻。如實有關礙，該公司應和平妥商優給遷移資費，或設法繞越以期融洽，不得勉强。如該地主不願領價願入股分，即按照原值給予股票爲憑。

第十六款　如將來安徽巡撫在皖省給予别商採礦利益，所訂合同不得優於此合同。至定限交款開辦日期已於第五條内言明，一經逾限即作廢無用。

第十七款　此合同訂立係遵照光緒二十八年二月初八日：西曆一千九百零二年三月十七號外務部奏，奉旨批准礦務新章酌定，倘有未盡事宜、合同内未及備載者，亦均遵此項奏定礦務章程辦理。

第十八款　該公司承辦礦務總期與居民利便，願報效現銀一萬元交地方官作爲本地善舉義舉之用，以便愜洽輿情，並遵照凱爵約翰代倫華公司與安徽商務總局於一千九百零三年三月三十一號簽訂合同，呈繳勘礦展限報效銀四萬元。

第十九款　該公司專辦銅官山一處礦産，其下礦路四面邊綫各二十華里，應於圖内畫定界綫，附此合同存案。無論界内開挖礦洞若干處，所用礦路總不得逾此圖畫定界綫之外。其地面上餘地仍照第四條准原業主作别項正用，惟原業主及他人均不在界内開採别礦致礙該公司礦利。倘該公司開挖礦路損傷地面以致坍塌房屋壓斃人口牲畜，該公司均應從優償恤。

第二十款　該公司在該礦所獲利益願以除去股息並報效中國國家二成五外之餘利，每年酌助該處學堂、積穀，經費，由地方官轉給，以聯情誼。但此項經費須俟餘利之多寡由公司酌定，地方官紳不得勉强。

第二十一款　該公司既在中國境内開礦，如有華人犯事應交地方官照中國律辦理，該公司毋得干預。倘有與外國人交涉事照約章辦理。

第二十二款　此合同自奏准簽字後發給執照即作爲批准開辦之據。所有光緒二十八年該公司與安徽商務總局議訂勘驗合同並光緒二十九年三月初三日，即西曆一千九百零三年三月三十一號之續合同，一並即行作廢。

第二十三款　此項合同分繕華英文各五分：一存安徽巡撫衙門；一交該

公司收執；三分存商外户部衙門備案。

大清欽命外務部右侍郎伍押

大英男爵安裕公司總董凱押

光緒三十年四月二十二日　西曆一千九百四年六月五號

朱壽朋《光緒朝東華録》卷二〇八　（光緒三十三年秋七月）甲寅，度支部奏：「考查銅幣大臣郵傳部尚書陳璧奏籌議開採銅礦一片，光緒三十三年五月初八日奉旨：『該部議奏。欽此。』欽遵由軍機處鈔交前來。據原奏内稱，各省鑄造銅幣購用洋銅實爲絶大漏卮，近年銅價奇昂，大利尤多外溢。查中國各省礦産甚饒，即如江西、雲南所産之銅前經度支部總廠鎔化試驗，頗合造幣之用，銅質提鍊未淨，鎔鑄工耗稍多，若能廣行開採，精加提鍊，嗣後造幣需用即無須取給外洋。臣此次奉命考查銅幣，贛、滇兩省均經奏明派員前往，即飭順道採訪銅礦。兹據赴贛考查司員呈稱，贛礦苗旺質佳。又據赴滇考查司員電稱，東川等處銅礦尚旺各等語。贛、滇礦産豐富，銅質亦佳，足供鑄造，擬請飭部切實調查，籌議開採。此外如有佳礦，亦宜推廣籌辦，實於幣制、礦務均有裨益等語。臣等伏查中國銅礦，滇省最富，歷經分批辦運，以供京師鼓鑄之需。臣部近設總廠，亦經提取滇銅鎔化試驗，但能提鍊加精，即可用以鑄幣，徒以銅本艱窘，該省歲辦京運時虞竭蹶，而各廠造幣轉須購買洋銅，以致利權外溢。臣部爲收回利權起見，亟思振興礦務，以塞漏卮。近聞贛省發見銅礦苗旺質佳，又經電提二千斤交總廠試驗，頗合造幣之用。贛省既有此佳礦，尤宜亟籌開採，冀於滇礦而外，增一利源，業於上年十二月間議覆。御史徐定超奏請興復滇礦摺内，奏請飭下雲貴總督體察籌辦，俟得切實辦法，由臣部寬籌資本，力與維持。並聲明江西礦産甚佳，乞飭切實調查，迅圖興舉，以挽利權，而恢銅政等因，奏準行知在案。嗣於本年五月，據兩江督臣端方、江西撫臣瑞良奏報，江西贛縣隴下及長排嶺銅礦苗脈豐厚，銅質甚良，實爲上等佳礦，採法宜用機器，兼築小枝鐵路輸運，經營試辦，約需經費四十萬兩，寧、贛各認銀二十萬兩，核撥開辦等語。該督撫等合兩省之力，開濬利源，一俟辦有成效，則各廠鑄造銅幣均可赴贛訂購，毋庸仰給外洋，漏卮杜塞，利莫大焉。至雲南銅礦，本年四月間，因臣部所派丁憂主事余晉芳至滇考查造幣分廠事宜，該廠尚未開辦，電飭就近調查礦務，並電知雲貴總督派員會同往勘。嗣準雲貴督臣錫良電稱，派道員劉孝祚偕往東川，據報礦旺民貧，恃官接濟。查滇銅每百斤給價銀二十兩，用以造幣，雖須改鍊，小有折耗，現在洋銅日貴，以四十餘兩之重價購之外人，不若加價興辦滇礦，免致利權外溢，擬照官價每百斤酌加價銀，較用洋銅仍屬合算，且能保我廠利，冀圖擴充。該員等現赴昭通等處查勘，容再籌酌電聞等語。臣部當以滇銅困於例價，出産日衰，至爲可惜，現各省鑄幣用銅甚多，如提鍊純淨，足合造幣之用，自當酌加價值。惟礦産是否豐旺，仍令轉飭詳細調查，如果確有把握，集資之事自當内外合力通籌，闢此利源，飭籌議覆等因。電覆去後，現尚未據聲覆應，俟該督續報到日察核情形，應如何内外協力籌集資本，從事開採之處，再由臣部奏明辦理。」農工商部：「查銅礦事關幣政，自應及時開採，以塞漏卮，至一切辦事章程應仍按照臣部奏定礦章辦理，以歸劃一。」得旨：「如所議行。」

《（同治）上海縣志》卷八《物産》　棉花，【略】閩、廣、川、陝皆有之，李時珍謂有草、木二種，南中多木本，名古貝，亦名吉貝。《南越志》稱：桂州出古終藤，則藤本亦有之。而江南、淮北皆草本。他處雖有，然土地之宜，種植之勤，紡織之精，運售之廣，吾邑獨甲於天下。每歲當八、九月，郭東南隅幾於比户列肆，捆載通海市，往萊陽者爲子花，售洋商及閩、廣、漢陽、關東諸口者皆棉花，歲不下數萬云。

《（光緒）湖南通志》卷五八《食貨志四・礦廠・銅礦》　乾隆三年，議奏衡州府常寧縣之銅盆嶺、銅盆嶺，即宋茭源銀場。桂陽州之石壁下、靖州綏寧縣之抱衡，現出銅砂，把衡砂礦尤旺。此外尚有永順府桑植縣之水獺鋪、郴州桂東縣之東芒江等處亦屬産銅之所，俟開有成效另議辦理。四年，覆準綏寧縣把衡銅礦試行開采。嗣因苗衆紛爭，咨部封禁。

《（光緒）南匯縣志》卷一《疆域志・邑鎮》　黄家樓下鎮，邑北三十二里，即在王家行西，依虹橋港列肆，今存二十餘家。高行人黄雲師，得華氏鳳梧堂，添建樓房廛舍，遂成市鎮。

陳家橋鎮，邑西北二十八里，因橋成鎮，故以橋名，跨北八竈港，港南北環列廛肆三十餘家。

北蔡鎮，邑西北六十六里，相傳宋蔡功徒居於此，築園鑿池，以娱晚景。本有南、北二蔡，如華亭之南、北錢雲。今民居列肆百餘家。虹橋在鎮中市，其下東西通河，爲白蓮涇。【略】

坦石橋鎮，又名坦直橋，邑西北二十四里，明饒州府知府陸文旺富豐莊故址，相傳陸氏世居此，曾建大石橋，環而高后圮乃平之，遂呼爲坦石橋。橋跨北

四竈港，市廛相接，東西綿亘約二里許，市中貿易較就近各小鎮爲盛。【略】

閘港鎮，邑西六十里，十六保之東境，出港爲黄浦轉角處，俗稱鄒家嘴，候潮船多泊此。向惟居民數家，今市較稠密矣。【略】

魯家匯，邑西四十八里，明舉人魯道昆居此。閘港至此稍折而南，每八月浦潮由港入，遇折騰涌，士女輒競聚觀濤。同治間，邑紳徐氏捐田，倡建觀濤書院。商舶輻輳，廛肆日增矣。【略】

一團鎮，即大團鎮，邑南二十里，下沙頭場鹽大使署建此。鎮依舊護塘，東爲上塘，西爲下塘，向惟南北一街，約五里許。南二竈港從中西流，當市心盤轉處謂之盤門口。粤匪踞擾，焚燬幾空，今漸復舊。蟠龍橋西塊下，西新街約十餘店，老街、中市、東新街較完整，皆同治年間添設。沿海一帶沙土開拓，民居稠密，市中貿易日興，大户亦多，殷實以盛氏爲巨擘，稱雄鎮矣。【略】

五團竹橋鎮俗誤祝家橋，邑北二十四里。市中衆濟橋，舊爲竹橋，乾隆時易石。邑城人金其章建廛於此，創開牙行，招集商賈。今街道盤曲，市舍日盛，居民百數十家。

《〔光緒〕南匯縣志》卷一《疆域志·邑鎮》　横沔鎮，邑西北四十二里，依横沔港，北爲虹橋港，四圍衺廣各里許。乾隆初，華氏增建市房，廛舍相對，街路盤曲；匪擾後未復舊觀。

《〔光緒〕南匯縣志》卷二〇《風俗志》　傍浦種秔稻者十之三，種木棉者十之七。婦女饁餉外，耘獲車灌，與男子共作苦。盛夏赤日中，耘草棉田，俗謂脱花，汗雨交流，熱極就塘掬水飲之，甚或和衣入水浸片時，不特貧家婦女爲然，即温飽家亦必躬親操作，俗謂領脱花。【略】土俗向不解蠶桑，粤寇之亂，浙西及江寧避難者多至浦東，遂開其端。前令羅嘉杰、金福曾先後官斯土，始課民藝桑，並導以育蠶之利。近日周浦、新場、六竈各鎮已樹桑遍地，而蠶利猶未溥焉。

《〔光緒〕青浦縣志》卷二《疆域下·鎮市》　崧宅市，在四十六保三區一四圖，縣治東十二里，一名松澤。宋免解進士盛時賦稱：「章廟高塔，重固崧宅，親臣巨室，鄰燭輝赫。」今皆蕭條，惟市廛日辟，商販交通耳。

新場鎮，邑西南二十四里，一名石箇灘。宋建炎間，有兩浙鹽運司署，后遷鹽場於此，故得今名。北橋税司亦來此收税，歌樓酒肆，商賈輻輳，鄉人有賽蘇州之謡。南北街長四、五里，東西各二里許。科第兩朝稱盛，後毁連旺三橋，稍替矣。匪擾後，廛舍焚燬，名迹就湮，今雖復成市，寥落處猶多。

《商務官報》光緒元年一月二十五日第四期楊志洵《閩省鐵産》　其地之製造廠，凡用外國機器製造者，曰襪、曰絲辮線、曰膠灰、曰玻璃，其出貨俱稱爲大宗，此外用機器製成之貨，尚絡繹不絶，將來九廣火車大通，而貿易自必日愈旺，需要省工機器，亦必日愈盛。英國機器製造廠已派有代理商，坐探該地需要何種機器，並示廣商以各機價目及圖樣，以冀大獲行銷機器之利，各國製造廠，亦籌備一切，從而步其後塵。

外人所最震驚者，莫如我國人富于工藝性質，凡裝配機器及關于機器諸工作，俱能與外人彷彿，而南方人爲最，南方人中，又以廣人爲最，故天津、上海、漢口、廣州，並稱爲製造家薈萃之中心地，而廣州製造家，尤推爲冠絶，此該地商務之所以日見發廣也。茲更詳述如左。

貿易總額，年來頗有增長，歲不下值價亘餘兆圓。

船舶，進口及卸載之載重噸，共計歲約二兆餘噸，貨值七八十兆餘圓。其中載重噸及貨值之巨，以英汽船爲最，我國汽船次之，法、德汽船又次之，哪喊、日本美、俄汽船又次之，荷蘭、高麗汽船，則瞠乎其後矣。

進口貨，其大宗曰鴉片、棉紗、棉織物、羢織物、煤油、藥品、葡萄酒、白色酒、鹿角。

鴉片，分本國、外國兩種，年來進口頗見減縮。

棉紗、棉織物，銷路日旺，進口愈多，白色休丁布，行銷尤暢。

羢織物，其地天氣和暖，居民需要羢織物之力自然薄弱，銷路安得暢旺。

煤油，進口歲見增加，美洲煤油最見暢銷，般鳥煤油銷路亦殊不惡，蘇門荅臘煤油則頗有遜色。

藥品，外國藥品進口，歲值三十餘萬圓，幾占本國藥品進口貨值三分之一有奇。

葡萄酒、白色酒，進口日旺，銷路頗佳，其故由于鴉片進口之減少，蓋二者迭相消長也。

鹿角，其貨來自北方，分尋常、老、嫩三種。其尋常者價廉，祇合製膠之用；其老者價昂，約二百圓一擔，則供製藥之用；其嫩者尤爲藥品上選，價尤昂，每對須百十餘圓。

出口貨，其大宗曰生絲、屑絲、絲貨、蓆、肉桂、茶葉。

生絲，行銷歐美，銷路頗不惡。

屑絲，亦行銷歐美及大陸，時得善價。

絲貨，出口歲見增旺，併絲棉合織物並計，值價不下六十餘兆元。

蓆，品質殊佳，歐美人率樂購之，如再能力求進步，銷路必日見其廣。

肉桂，年來雖出口頗旺，然欲保持此項貿易，非講求選製力圖改良不可。

茶葉，其行銷于倫敦者，歲見退縮，幾有一落千丈之勢，惟澳洲、美洲需要廣茶之力大見發達，凡經華商手運銷該兩處者，頗形踴躍。

此外近出口雜貨，向歸德人之手，近則英國亦有兩大商號與之相争，即僅就外國進口雜貨而論，歲值價已不下數兆圓。

《澳門憲報中文資料輯録（一八五〇——一九一一）·一千八百九〇年正月二十三日（第四號）》 大西洋澳門西洋政務廳叭之咕爲出示曉諭事。

照得據入西洋籍人曹善業稟稱，現欲在白馬行街第三號屋設立織造匹綢廠，其廠内用機床一百張至一百五十張，該機床係用水氣機轉動。查按照一千八百六十三年十月廿一日之上諭，此項廠應入第二等之單内，該廠所有不便之處，惟恐有喧鬧之聲及防火機轟爆之險，緣該廠有水氣機轉動。今按上諭第六款曉諭所有各官員、各廠司事及董事，並所有關涉人等知悉，如有欲稟求不准開此廠者，限十五日内，照澳門督憲一千八百八十二年六月十九日第四十九號札諭章程，前來稟訴。其所稟之由，祇許有礙於本身之平安，或有妨於物業危險，或因不便於鄰舍等事，方准稟明，其餘不准混稟。爲此特示。　己丑年十二月廿五日示。

《澳門憲報中文資料輯録（一八五〇——一九一一）·一八九〇年正月二十三日（第四號）》 何連旺告白啟者：余現欲在荷蘭園内東邊開設織造匹綢廠，即原日悅和昌繅絲廠。余已經稟請西洋官准開在案，如有關涉人等，欲稟求不准余開此廠者，宜照例限期内赴案稟明。其所稟之由，祇許有礙於本身之平安，或有防於物業之危險，或因不便於鄰舍等事，方可稟明。特此佈聞。　己丑年十二月三十日，何連旺謹啟。

大西洋澳門西洋政務廳叭之咕爲示諭事。

照得其祥公司入西洋籍人何連旺稟稱，現欲在荷蘭園内東邊設立織造匹綢廠，此廠即原日悅和昌繅絲廠。該廠北向茶行，南向西洋墳之街，東向二龍喉街，西向街。其廠内用機床，係用水氣機轉動。查按照一千八百六十三年十月廿一日之上諭，此項廠應入第二等之單内，該廠所有不便之處，惟恐有喧鬧之聲，及防火機轟爆之險，緣該廠有水氣機轉動。今按上諭第六款，曉諭所有各官員、各廠司事及董事，並所有關涉人等知悉，如欲稟求不准開此廠者，限十五日内，照澳門督憲一千八百八十二年六月十九日第四十九號札諭章程，前來稟訴。其所稟之由，祇許有礙於本身之平安，或有妨於物業之危險，或因不便於鄰舍等事，方准稟明，其餘不准混稟。爲此特示。　己丑年十二月三十日示。

《澳門憲報中文資料輯録（一八五〇——一九一一）·一八九〇年六月十二日（第二十四號）》 大西洋欽賜佩帶忠勇勳勞劍閣頭等寶星暨聖奔多亞飛斯頭等寶星、署澳門、地捫總督陸路總兵費爲給照事。

照得：據其祥號大東主司事人郭貴志、李玉林稟求，在荷蘭園内東便開設織造匹綢廠一間，該廠原日係繅絲廠，所用織床，係以水氣運動者。該廠北向茶行，南向西洋墳路，東向二龍喉街，西向街。經飭政務廳詳查稟覆，並無人來具稟阻礙，可准其在此設廠等語。並經詢明督理工程官，查該廠歸入第二等之單，該廠所有不便之處，按照一千八百六十三年十月廿一日第二款附款一所載，惟恐有喧鬧之聲，及防有火爐轟爆之險。且該廠係在城之一隅，查其情形，無可猜度有危險情事可損害人身，或害人物業，及礙鄰舍方便等情。兹經與總督公會商議，准華人郭貴志、李玉林在荷蘭園開設織造匹綢廠。所有章程列後：（略，參閲1881年12月10日第50號）　庚寅年四月十三日諭。

錫良《錫良遺稿·奏稿》卷五《奏設川漢鐵路公司摺》（光緒二十九年閏五月十四日） 奏爲自設川漢鐵路公司，以闢利源而保主權，懇請敕部立案，恭摺仰祈聖鑒事：

竊維各國互争雄長，鐵路所至之地，即勢力所及之地，從未有讓人修築，自失其利而自削其權者也。中國處此時局，欲變法自强，政固多端，而鐵路尤不可緩。

四川天府奥區，物産殷富，祇以艱於轉運，百貨不能暢通。外人久已垂涎，羣思攬辦；中人亦多假名集股，而暗勾外人，計取强求，百端紛擾。若不及早主張，官設公司，招集華股，自保利權，遲之日久，勢不容已，或息借洋款，或許人興修，必至喧賓奪主，退處無權；尤恐各國因此稍啓争端，轉多饒舌。況川省西通衛、藏，南接滇、黔，高踞長江上游，儻路權屬之他人，藩籬盡撤，且將建瓴而下，沿江數省，頓失險要；是川漢鐵路關繫川省猶小，關繫全局實大，爲今之計，非速籌自辦不可。

奴才雖極迂拙，而職司守土，責無旁貸，不敢不竭力綢繆。再四思維，擬仿京張鐵路章程，由川省設立川漢鐵路公司，先儘華股招集試辦，但不准影射矇混；一面延訪工師，會同委員，確切查勘，分別枝幹各路，照章興修。各國和睦友邦，皆望中國自强，斷無不爲相諒。其詳細辦法，俟奴才到任後，再行核定妥章，具奏請旨遵行。

所有自設川漢鐵路公司以闢利源而保主權緣由，理合恭摺具陳，伏乞皇太后、皇上聖鑒訓示，敕部立案。

再，此摺係借用直隸正定府印信拜發，合併聲明。謹奏。

硃批：「外務部議奏。」

錫良《錫良遺稿・奏稿》卷五《委道員沈秉堃總辦商礦片》(光緒二十九年八月初二日) 再，四川商務、礦務，亟宜振興，前署督臣岑春煊，又奏設勸工局，以興工藝而化游惰，尤爲切要之圖；惟須經理得人，方免有名無實。查有成綿龍茂道沈秉堃，明體達用，素著勤能。此次差赴日本，於工商一切事宜細心考究，具知要領。現經奴才委令督辦商礦總局暨勸工局，會同原辦員紳，切實講求，以期逐漸擴充，用收實效。

再，總辦武備學堂、候補道羅崇齡，現擬派赴日本看操，該學堂事務並飭沈秉堃暫行代辦。除檄飭遵照外，理合附片陳明，伏乞聖鑒訓示。謹奏。

九月二十一日奉到硃批：「知道了。」

(日)國府犀東著、趙必振譯《最近揚子江之大勢・沿岸産業之概觀》 比也，其綿花决鮮栽培，任其野生，雖略施種植，其培養法之幼稚，程度太遠，實足令人失笑者，亦人功之不盡，非土地之罪也。耕作最盛者，以江蘇、浙江、安徽各地方，則多使用水牛。江西、湖北之東部，水牛、陸牛則混用之。湖北西部地方，混用驢、馬，其耕作亦幼稚，故收穫甚少。以湖北西部之例，則地租一畝，日本則爲七十餘坪。四百文，日本四十錢。及貢米前後約納五百文，其餘之地方税、所得税、登記税、印紙税及公私之義捐，名目繁瑣，而胥吏又從而魚肉之，一朝凶歉，則家人離散，漂流他鄉，而爲餓莩與流氓者，不知其幾，又或賣其子女，成爲風俗，恬不爲怪。言之酸鼻，此其一般農民之常態也。耕於天與豐饒之沃土，而其富裕則實反之，幾有令人不解者，而不知皆由其耕作之幼稚，故其收穫之少也。又有揚子江之影響所及，不容忽者。夫天與之沃土，固推揚子江爲第一矣。而江水氾濫，亦受其殃，享其賜而不禦其殃。惟利用其天然之賜數千年來，築隄防鑿溝洫，皆依賴舊式，是治者與被治者亦竭人事之罪也。若夫善教其民，完其設施，其農事更加進步，耕地之廣闊愈漸豐饒，安有凶歉之慘。目之爲拿伊爾河流域，夫豈遜之，以天然之大沃野，進步之業，非可混之。於其流域將來産業之發達，姑置勿論，姑論其物産之致盛見於現在者，亦中國之全部無有其比例者也。農産於米麥之外，其餘之雜穀、綿花、茶、煙草、麻等，若蠶、桑、蠟、木、油，若牧畜，若飼鳥，若養魚者，皆極其盛。至於鑛物，則鐵坑、金銀坑、天然曹達、石炭、山鹽、錫、鉛、曼支摩尼。在工藝品，則四川之錦，荆州之鍛，漢口之天鵞絨與紗，南京之絲與緞，四川、湖北之竹與繩，湖南之茶、紙、竹、木，漢口之吸烟器，九江之錫銀器，景德鎮之陶器，南京之裝飾品等，亦甚多。凡長江之流域，於中國固有之物産工藝，仰於他方者甚少，而供給他方者則更多，即就此點，亦足以見其膏腴富饒也。其耕作，則幼稚而不完全，收穫不過割合之多，茶業、蠶業亦不免於雜亂蒙蔽。惟其工藝品，則各國有之，特長輸出海外者良不少。現時彼等奬勵輸出之法，生(系)〔絲〕之製絲所之在上海附近者已數十所，又力防遏海外之輸入，於是紡績之紡績所在上海附近者亦有十六所，而武昌亦有一所，其餘之織物工場，在蘇州、杭州者亦不少，此産業工業之勃興於該流域者之實事也，其將來之殷阜富饒雖可諒哉。

夫物産之多，産業工業之勃興，固其流域當然之結果也。而隨伴其生産力，同時又有鉅大之購買力，可豫測而知也。長江本流之所貫流於重慶、上海之間，既跨四川、湖北、湖南、江西、安徽之五省，合其面積，得日本之八百萬一千十方哩，當日本全面積之三倍三割餘。其人口一億七千九百六十一萬七千有餘，當日本人口之四倍。人民如此其多也，每五年間以一人使用洋布一匹，亦要三千五百九十二萬三千四百匹，換算五十匹之洋箱，共計七十一萬八千四百六十八箱，而此五省者，必爲將來印度、日本及中國之江蘇、浙江諸紡績之競争場，以其三分之一供給日本，每年應輸入二十三萬九千四百九十六箱，其餘供給多數人民之物品，而互爲競争者，其鉅額更在意外也。

將來其流域更有增進中國人生計之程度者，若洋布之要需，達其高等程度之日，我日本之諸紡績會社，必賴其三分之一以爲供給，而於中國之要需所應準備者，果何以支障而圖進步乎。彼等之開化，雖覺遲遲，而我日本對之，仍瞠乎居於列國之後，以方今之狀態，不能不存希望者，亦理之所然也。該流域將來之開發，其生計程度，日進高等，亦講求實業者最急之務也。

依中國海關之報告，於其流域之諸港，其貿易發達，每年皆有進步之傾向。即入港貨物之增加，尤甚著者，其航程汽船之噸數，亦相伴而增加，其流域之航路，固足以雄視全邦。凡船舶之噸數，其輸送貨物數，有剩餘於塲合者，運賃者則下落之，若有不足，則運貨必騰貴，若該航路之船舶剩餘頗優，故運賃亦隨之而低廉。而其航路之所使用，多有侵入中國形帆船之區域，貨物亦多載搭者。今日中國之帆形船，其數雖夥，然將來汽船之數日增，而侵入此等之營業區，將無餘地，其航路他日汽船之運送業前途之所希望者，可推而知也。

不獨其航路，他日汽船之運送業前途多所希望也。其枝流及湖水之汽船運送業，亦莫不同一理由，將來船數益益加增。方今我日本之從事於該航路者，除大阪商船會社之長江航路外，但述其蘇州、杭州、上海之間從事於運河航路如大東汽船會社者是也，至於今年，湖南汽船會社之設立，將航於漢口、岳州、長沙、湘潭之間，是所謂洞庭航路之開始，而揚子江本流及其連續水路之漕運，漸見其盛，至若揚州之運河，鄱陽湖之水路，漢江之水路，太平之運河，其餘注入洞庭之沅、澧二水等，我日本之航路線，漸次延長於揚子江之流域，我日本之水上經營者，稍臻完備之域而得進達也。至其流域於日本之貿易，亦伴汽船運送業而發達，而中國人生計之程度，亦伴之而漸高，其將來如何之昌隆，亦可豫測也。

（日）國府犀東著、趙必振譯《最近揚子江之大勢・沿岸之諸港》於長江沿岸所有之開港塲、停船塲及其附近之都會，即爲其流域之主要地，而將來殷阜繁盛之各中心也。

滬漢區

開港塲，七港：

上海、吴淞、鎮江、南京、蕪湖、九江、漢口。

停船塲，十港：

通州、天星橋、江陰、儀徵、大通、安慶、武穴、蘄州、黄石港、黄州。

沿岸附近之都會，約四府、二州、十五縣：

寶山、泰興、靖江、瓜州、揚州府、六合、江浦、和州、太平府、寧國府、繁昌、銅陵、桐城、池州府、泌紅、東流、望江、鼓澤、湖口、大冶、武等。

宜漢區

開港塲，三港：

岳州、沙市、宜昌。

停船塲，二港：

新堤，荊河口。

沿岸附近之都會，約二府、一州、六縣：

武昌府、漢陽府、嘉魚州、臨湘、監利、石首、松滋、枝江、宜都等。

宜渝區

開港塲，一港：

重慶。

停船塲，無。

沿岸附近之都會，約一府、三州、六縣：

歸州、巴東、巫山、夔州府、雲陽、萬、忠州、酆都、涪州、長壽等。

所謂停船塲者，停止汽船以待船客之上下也。

今就該航路之最主要而有干繫者，試就各地開港塲之梗概而略述之。

一　上海

上海港者，在北緯三十一度十四分，東經百二十一度二十八分，屬江蘇省松江府上海縣，人口約五十八萬六千人。

輸入品之主要者：

綿布、綿系、石炭、石油、鋼、鐵、銅、錫、砂糖、米荳、荳餅、機械、鴉片、藥材、木材等。

輸出品之主要者：

綿布、綿系、綿花、陶器、茶、麥稈、紐、皮革、紙、油、苧麻、生系等。

招商局、麥邊洋行、鴻安公司等之輪船主並置本店，太古洋行、怡和洋行，則有經理支那航海會社、印度支那會社等，名義上則爲本店在英國，而實事上之本店皆在本埠，大（版）〔阪〕商船會社之支店，亦在此。其餘外國行之汽船，外國行者即言行走外國之意也，凡言某某行者准此。自日本郵船會社之支店始，比阿沃耶北美之各汽船會社，北德意志汽船會社等，亦皆經理店，若船渠、鐵工所、倉庫、棧橋、紡績所，及其附近上海者合算之，共十有六。其餘製絲所，大小約數十。又若水道、瓦斯電氣燈，及蘇杭之曳船航路，崇明島之海門航路，吴淞航路等。至小汽船之航通曳船會社，水先人組合，百般之設備，一無所缺也。

二　鎮江

鎮江港者，在北緯三十二度十二分，東經百十九度二十七分，位置於江蘇省鎮江府丹徒縣，人口約十四萬人，輸入品以上海爲主。招商局太古、怡和、麥邊、鴻安、大阪商船會社，及瓊港丸之取扱店與外國店，居留地皆在焉。此地經長江而達揚州、淮安、清江浦，又期節而入運河，以達常州、無錫、蘇州，皆有小蒸汽船航路，爲船客之上下者必要之港也。何以故，蓋此地爲自浙江省之杭州經揚州，通北京之大運河，位置於與長江之會流點也。又爲中國之第一産鹽地，自淮安輸出之鹽，送致於該運河者，當其主要之市場，其商業逐日殷盛，有由來矣。

輸入品之主要者，外國並日本雜貨爲最：

金巾、西洋品。手巾、浴巾、洋燈、洋傘、海産物、以上日本品。石炭、綿布、綿系、鐵、石油、砂糖、煙草、鴉片等。

輸出品之主要者：

米、荳、雜穀、落花生、油、山羊皮、牛骨、草筵、鎮江綢、紋綾。

就中産額最多者，綢、縮緬。紋綾，與南京所産者，其盛名冠於全國。今舉其貿易之額如左：

一八九六年，二二、九五〇、二〇九兩。

一八九七年，二四、二四五、三四一。

一八九八年，二三、一四三、五四八。

其税關總收入額：

一八九六年，八五五、〇〇四兩。

一八九七年，八一〇、九七七。

一八九八年，七一四、二八一。

三　南京

南京港者，位置約在北緯三十二度五分，東經百十八度四十五分，屬於江蘇省江寧府江寧縣，在長江之南岸。其通商碼頭稱爲下關，沿長江一帶之地是也。合本部之内外，人口約四十萬人。南京者，對北京之名稱也。中國人舉其古雅者曰金陵，其地勢據邱陵，臨大江，在長江之沿岸，不亞於江陰形勝之地，城郭周圍二十餘哩，逶迤相連，舊爲六朝以來之首都，城内外名勝古跡甚多，南京總督駐於此，現任總督，劉坤一是也。

現時南京寄港之汽船，載卸貨物於該地者，以招商局爲最。其餘外國之汽船會社，爲他日之設備，多購入土地，以先位置者，而比之招商局汽船所載搭輪出入之貨物及其人口，則不及遠甚矣。蓋因開港日淺，購買力未能發達，自來外國品之輸入，以鎮江爲主，即由中國之形帆船轉而輸入，此其習慣也，直輸出入之道初開，故未能膨脹云。南京自太平天國陷落以來，概歸荒廢，至於今日，漸有回復之機，其商人概爲絹物商，其計算細微，酷似我日本西京之商人，然該地之輸入頗少，實有未足計較之域。所輸入，有在上海者，有在鎮江者，今其大部分尚在鎮江也。

輸入品之主要者：

綿布、綿絲、鴉片、石油、砂糖、海産物等。

輸出品之主要者：

綢、縮緬。緞、紋綾、天鵞絨、藥材、皮革、羊毛、鴨毛、麥、胡麻類等。

其最著者，在輸出品中則爲綢、緞、紋綾。南京緞子之名，久已震於日本，其盛名可想而知。且該地之貿易額，雖不在計較之程度，然自大河口，經六合、瓜州至鎮江皆有小蒸汽船之航通，其於鎮江之交通，益益頻繁，凡經鎮江之外國品，皆爲南京需要之習慣，所依賴者甚重也。要而論之，南京之貿易，將來較之於他港，若何殷盛，此固不容疑問者。

四　蕪湖

蕪湖港，在北緯三十一度二十分，東經百十八度二十一分，屬安徽省太平府蕪湖縣，在揚子江之南岸，港灣適在彎際易避風波，爲安徽省中惟一之港場。然不在河川合流之要地，且於商業上之地位亦非要樞。人口併縣城之内外，約八萬七百五十人。

惟其非在商業上之地位與河川合流之諸港，故該地居留地之外國人僅見二軒，該地搭汽船之船客，有多數皆乘筏者，乘筏之船客，有遠至四川而來者，以木材組爲大筏，其大筏之上，多建六七户之假家屋，家鷄、家鴨、猪、猫、狗之類，皆飼養之，儼然一小部落，自長江下降，至沿岸之都會，皆隨處碇泊焉。及至賣卻其一部分，以蕪湖爲終點，此地之搭汽船者，多上長江，以就歸鄉之途，比比皆然。近來蘇杭之曳船最殷盛者，稱戴生昌，以當地爲根據，經梁山、太平府、和州、烏江，而達南京之下關，近聞其計畫小蒸〔汽〕船之航運，其後之着手與否，尚未可知也。

輸入品之主要者：

綿布、綿絲、砂糖、石油、鴉片等。

輸出品之主要者：

米、荳、生絲、綢、緞、煙草、麻、綿、鷄卵、鳥毛等。

就中之米穀，以附近該地之安徽省，爲中國産米地之一，南北兩岸地方，皆多直接使用汽船以運送者。

五　九江

九江港，在北緯二十九度四十四分，東經百十六度八分，屬江西省九江府德化縣之附郭，人口約五萬五千。擁鄱陽、潯陽之二大湖水，負匡廬山，扼其鄱陽河口，兼控制揚子江之中堅，長江以南，江西全省及江西福建之境貨物，皆集合於此。凡輸送於上游下游者，該地適當其要衝，鄱陽湖以此地爲根據，湖内之姑塘、吴城、南昌間，皆有小蒸汽船航運者。居留地外國人之居住者，僅埠頭之一小街，該地置設領事館，督勵商業者，獨英國一所，别有磚茶製造所三所，闗係俄人所經營者。該地後負匡廬山，故風景佳絶，匡廬山之谿間，尤宜避暑，沿岸居住之外人，多營别莊，以爲夏日避暑者不少。

輸入品之主要者：

綿布、綿絲、鴉片、石油、砂糖、人參、海草等。

輸出品之主要者：

茶、紙、麻布、水藍、煙草、綿、扇子，及景德鎮之陶磁器等。

茶貿易者，在當地商業之第一位，其貿易額最多。其次者爲紙，江西省之萬載、新昌、奉新、萬安四縣之所産，供給中國全國所用之半，以九江爲輸送之中心點，其額極大。景德鎮之陶器，獨有盛名於中國，更有輸出於歐洲諸國者，北京政府每特派人監督斯業，爲貢産云。

六　漢口

漢口港，在北緯三十度三十二分，東經百十四度十九分，屬湖北省漢陽府漢陽縣漢口鎮，人口約八十萬人。隔長江遥對武昌府，是爲湖北之省城，湖廣總督之所駐也，人口約二十五萬人。又隔漢水則爲漢陽府，人口約十五萬人。三者有鼎足之勢，占長江沿岸最樞要之地，商況之殷盛，亦冠於沿岸之諸港。

（一）漢口之商業

漢口之位置，在長江、漢水合併之會流點。又上游即濱於洞庭湖口，舟楫之輻輳，貨物之集散，其盛不亞於上海，其餘則尚未能比類也。

一　米、粟、石炭，自南省而來者，集於洞庭，經岳州出長江而達漢口。

二　茶、鴉片，其餘之藥草，自四川而來者，沿長江而下達漢口。

三　茶、獸皮、藥材，自陝西、河南，更有遠自甘肅來者，自襄陽、樊城而下漢水。

四　藥材、綿布、海産物日本品。人參、樟腦等，經上海而來者，溯長江而集漢口。

世之指漢口爲九省之會者，决非溢美可知也。其貿易之年額，除上海外，長江沿岸之諸港，無有出漢口之上者。

輸入品之主要者：

綿布、綿絲、綿花日本品。織布、銅、海産物以上皆同上。石油、砂糖、紙、煙草、人參及其餘藥材、樟腦、洋傘、磁器、漆器、玻璃器、雜貨等。

輸出品之主要者：

緑茶、紅茶、皮革、油、漆、荳、荳餅、生絲、麻布、鴉片、綿布、綿絲、苧、五倍子、白蠟、藥材、銅、鐵、石炭等。

以上貿易品中者，

茶，其業最盛，利益最多。每年四五月之時，市價每日變動，日甚一日，有二三次相場之昇降。中國人與外人之業投機者，凡在此間者，皆博巨利云。

藥材，其業稱中。四川省所出之麝香、人參，其餘多自山西、河南、陝西、貴州來者。

織物，又稱花邊欄杆，日本所稱女帶地繻子是也。其出四川者不少，中國人用以緣飾婦女之衣裳。

竹木，自湖南、貴州來者爲最多，自四川來者亦不少。

海産物，自外來者以日本爲主。自本國者，則廣東、福建、浙江之諸省。

砂糖，來自廣東。亦有自印度經香港而來者，稱爲最品。

煙草，自甘肅經陝西、河南之境輸入者。

桐油、米、木炭、石炭，皆自湖南來者。

漆，自雲南、貴州、四川而來。

紙，自江南九江而來。

帽子，自蘇州而來。

靴，自北京而來。

水陸並集於漢口，更散布於各地，其商勢之盛，固云至矣。千八百九十八年，其貿易全額五千三百七十七萬一千四百四十五萬兩。該地稅關所收之總收入，輸入、輸出及沿岸之貿易，以上三者除鴉片稅。合鴉片稅、噸稅、長江航路船舶、沿岸貿易、通過稅、鴉片釐金等之諸稅，在二百十九萬四千四百十二萬兩餘以上，中國全貿易港中，除上海之六百九十餘萬兩之外，更無其匹云。

（二）漢口之工業

關於工業者，則漢口不及漢陽、武昌之有大製造場。但該地竹木金銀之細工，頗極精巧，聲價亦甚嘖嘖，是不獨其工業也，而工業已可見之。漢口之工業，在磚茶製造所、燐寸即火柴。製造所之二者，並共漢口隔水之漢陽、武昌相近接者，若漢陽之鐵政局、槍砲局，武昌之紡紗局，一併詳之。

一　磚茶製造所

漢口之磚茶製造所，其數凡六，皆協同俄國官民所設立者，其旺盛足以雄視全漢口，皆在俄國之居留地。

磚茶者有紅綠之二種，用紅茶之粉末以造者，爲紅磚茶，用綠茶之麤葉並用莖者，爲綠磚茶。多供俄人之需用者，蓋住北部寒帶之俄國人，深好磚茶，亦猶中國人之於鴉片，同視爲與衣食皆爲必要之品。俄國之經營該製造塲者，亦爲之也。而此等六所製磚茶之「磚茶工塲」，其輸出中國內地諸港之外，或以俄國義勇艦隊輸出浦鹽，或經海路而輸出於歐羅巴之俄羅斯，或經天津、恰克圖，由西比利亞而送於俄都，或自漢口溯漢水而至樊城，由陸路而經陝西，自蒙古西比利亞以送致俄國。磚茶工塲之使役與工人，大約二千餘人，晝夜不休其業。

二　燐寸製造所

漢口之燐寸製造所，爲上海燮昌燐寸製造所之分工塲。在日本居留地北隣之地續，以千八百九十八年一月其業開始，資本金約十萬兩，係由中國商人之起業。製出之燐寸，無論其銷於何部分者，頗爲擴張。且燐寸亦易於發火，燐製紅頭者，與軸木小函用材者，經由上海以供給於日本。其藥料則取之於中國各地，調藥亦中國人自當之，其調合秘密，日日之製出者益高，有入七千二百箱者。若五十與六十箱者。使用之男工，約百五十人，匣張之女工，凡五百人。製造所一日之經費，約銀九十兩餘。凡雙獅印、人魚印之燐寸，即該處所製造也。

三　鐵政局　槍砲局

於漢陽有鐵政、槍砲二局，共在大別山下，沿漢水之右岸而建設，爲政府所管屬。資本金一千萬兩。製造之高者，一日銑鐵六十噸，銖鐵四十二噸，銅鐵三十噸。鐵政局者，蓋造鐵板、鐵軌，以備船具者也。

槍砲局者，大砲小銃其製造皆倣德意志最新式銃，以供給總督部下步工兵諸隊之用者。其規模頗大，較之日本若松製造所，尚過其半。以原料之鐵鑛爲主，資於湖北之大冶鑛山，並山西之鐵鑛。其石炭則以用日本産者爲主，而去武昌之十哩馬鞍山之石炭次之。

四　紡紗局

於武昌之紡紗局，在文昌門外，長江之南岸，亦政府之所經營，所製出紡績並絹織物。所用之石炭，亦仰之於日本，三菱之船舶，爲此等之供給，其上下於長江者不絶也。機數一千一，每一臺以二日織成一匹。紡績之錘數三萬六千，每錘一晝夜製緯系六十匁。男女兩工，晝夜併計，約三千六百餘人之多。其技倆，與鐵政、槍砲二局皆用歐人，以比較的未見其優。近日將約日本安田善次郎氏協同以經營該局，安田氏試往協商，爲調理其約款，卒以議不合而中止。

（三）漢口之居留地

歐羅巴人以漢口爲通商港，占最多利益之地點。其唱道最早者，首推法人熙沃打氏。既而中國政府爲白人所迫，竟以千八百六十一年開放爲貿易港，是該地通商之始也。英國先占其街市之南端，在長江之沿岸，劃定其租界，俄、法順次並占其北東，德意志又次之，二十七八年之役，三國以干涉之報酬，更於北東之沿岸，又獲其租界。日本亦以最後馬關條約之結果，於最東北之塲末，亦得居留地焉。

一　英租界，沿江岸二千五百尺，奥行亦二千五百尺，一里千八百尺，較之我日本五町十六間六八。於各租界中占最廣大良好之地位。其道路平坦堅牢，於江岸之兩側列植樹木，並附鐵欄，以護岸基，澆以鐵鎖，庭園屋宇，無不整備。

二　俄租界，沿江岸二千尺，奥行千二百尺，連英租界之北東。六所之製茶塲、領事館等，在樹林之外，枕其江岸，亦有鐵欄以護岸。屋宇頗多，道路亦竟其工事，惟諸般之設備，則多未完。

三　法租界，沿江岸與俄租界同，隣於俄租界之東北江岸。其道路亦整然，街衢頗多，屋宇亦整潔。他勒鐸破離路法蘭西銀行支店，皆突立於江岸，日本領事館、郵便局，共遠在法租界江岸之塲末，借賃法人所有之家屋而居也。

四 德租界，沿江岸與俄法租界同，毁通濟門以開街路，其街路亦平坦。其中央街路，兩側列植梧樹八千株，其通江岸者，列植櫻樹八千株，蒼緑映塗，以鐵欄護之，遥連江上之護岸。築造之家屋，有三分之一。其中央道路，蓋爲將來位置蘆漢鐵路之要樞。

五 日本租界，沿江岸僅二千尺，奥行千二百尺，盡德租界之護岸，而隣其東北江岸，並無護岸，且無爲居留地之設備者。凡德租界所逐下等無賴之中國人，並不潔之矮屋，皆在於是焉。

統其全體而觀之，惟英租界獨形整備，其餘皆有不完備之狀。但日本租界地，位置最近於蘆漢鐵道之假車店，苟能經營，將來之繁榮，未可量云。

（四）漢口之日本人

日本人在漢口營商業者，僅大阪商船會社之支店及東肥洋行二者。大阪商船之支店，在中國街之江岸馬王廟，於各國汽船社會中，居最西端，與招商局汽船會社相隣，占最樞要之地位，三層樓之建築，翼然有壓江岸之勢。江岸之石壇，通之以棧橋，設備躉船Hulk一通。東肥洋行，在漢口河街，對於英租界，販賣日本雜貨。其主要者：

陶器、磁器、日本捲煙草、英大小衣類、毛布、玩具、紙，其餘諸種雜貨類，以卸賣類爲主。

日本人之在漢口者，除大阪商船會社支店之事務員、東肥洋行之管理者之外，於法租界之日本領事館、郵政局，領事、郵政局長以下之事務官及其家族，其數不過三十餘人。

（五）航路接續地

於商業上，漢口本爲重要之地，正當上海、漢口之航路線，與漢口、宜昌縣之接續地。凡從事長江航路者，其汽船會社，皆置支店於此地，所屬之汽船，亦皆以此地爲接續點。自上海來者，凡船客貨物，皆接裝於別汽船。別汽船者，更以此地爲起點，向宜昌以發程。大阪商船會社未置支店於上海以前，已置設支店於此地，故於航運上得占接續點之樞要也。大阪商船會社以下諸外國之汽船會社，則不贅焉。

（六）蘆漢鐵道

蘆漢鐵道之名，膾炙於人口。該鐵道自北京城外蘆溝橋，横斷中國之中原，以漢口爲終點，是爲一大幹線。今日彼之工事，尚未著手，將來自武昌之南，而出廣東省，與漢粤鐵道相接續，是爲白耳義之俄質加度與俄清銀行之財主所經營，北京、保定間之工事，早已竣工，因中國義和團之亂，爲所破壞，至今繕修工事，漸漸回復其半，又爲匪徒所襲，故此間之工事，尚未全通也。

自漢口起點開始之工事，爾來着着漸收其效，於信陽地方，架設之材料，運搬用之列車，往復不絶，其出河南而與保定接續，已不遠也。

該鐵道之用材，其置場置於漢口日本居留地之東北隣，假車站所設之處也。鐵道之廣軌，與列車之大小，亦遵之，假車站至德國居留地，與法、俄兩居留地之北，其基礎道路，既已築造，惟鐵軌尚未敷設耳。漢口之大車站，置於俄、法兩租界之北，其停車場尚未築造，而大車站則早晚將見竣工也。漢口除長江水路要衝之外，更扼陸路之咽喉，實爲中國第一位之要地也。

七 岳州 附城陵皐

岳州港，位置約在北緯二十九度三十分，東經百十三度零二分，屬湖南省岳州府巴陵縣，人口未詳，約二萬人。其貿易碼頭，隔岳州府四海里，在揚子江、洞庭之合流點，城陵皐共岳州府，皆在洞庭入江處之東岸。

岳州之開港，在光緒二十五年，即我日本明治三十二年十一月十二日。爲日尚淺，諸般之設備皆未完全，税關已置設在城陵皐，其餘亦有築造之洋館。若大阪商船會社，亦以三十四年明治。買入該地地所。當洞庭、長江之合流點，爲將來湖南各地方之交通運輸重要之地點，可毋庸疑。凡貿易品以經由漢口爲習慣，如於南京之必由鎮江，其一例也。而欲一朝一夕而改之，直轉移於岳州，殊不容易。即就現時經由漢口之輸出入品，可測而知也。

輸入品之主要者：

綿布、綿系、海帶、石油、砂糖等。

輸出品之主要者：

鴉片、油、漆、紙等。

其輸出品，概由他方之接續者，於該地未有要重之商業地。湖南汽船會社既已設立於此，則將來爲湖南貿易之中心點，亦不容疑。然其詳細，則就別册説明之。

八 沙市

沙市港，約在北緯三十度二十分，東經百二十度十分，屬湖北省荆州府江陵縣，在長江之北岸，人口約七萬三千人。有日本領事館及日本之郵政局，其距荆州不過一哩許，本荆州之附庸也。

荆州爲古來之要害，四通八達，難守易侵之地，又古來稱荆州爲用武之地，特置重鎭，於兵略上誠爲要害之最著者。而於貿易上，不失爲樞要之地。隔江爲太平運河，便河。經常德而通洞庭，四川、雲南、貴州、陝西、湖南之貿易，皆集合於此地。英國夙著眼於該地，屢屢逼清國政府，促之開港，未果。既而馬關條約，漸漸結果，始允該地之開港。而附近人心一時摇動，不免有暴動之舉。爾來開港場，漸漸占其重要之地位，如上經宜昌至重慶、下達漢口之中心點。

輸入品之主要者：

綿布、綿絲、毛織物、染料、胡椒、以上外國品。海産物、棉、銅、洋傘、雜貨類、以上日本品。石油、砂糖等。

輸出品之主要者：

皮革、白蠟、五倍子、棉花、鷄卵、胡麻油、漆、黄絲、荆州錦、綢、緞等。

荆州錦者，著名於中國各地方，其産額頗多，然究不如綢緞等。該地爲棉産出地之中樞，綿織物等之工業，將來之所希望者不淺，不識何人承認也。

九　宜昌

宜昌港，在北緯三十度四十四分，東經百十一度十八分，屬湖北省宜昌(廟)〔府〕東湖縣，在長江之北岸，人口約三萬四千人。

(一) 蜀楚之境

四川、湖北兩省於長江上流之分界處，更在宜昌之上流，巴東縣、巫山縣之中間。四川出入之船舶，自重慶而下者，自長江而上者，皆於此上游，以經三峽之險，故必以此地爲寄港。至於以貿易港而論，而非重要也。不過爲四川輸出貨物之變裝地，船舶之繼替所，爲通四川船舶輳輻之要衝。於航路上，此地爲四川、湖北之分界點，凡出入四川之貨物，必於此地一停頓，而覔船舶之繼替者焉。若三峽之上，得以直下長江，則楚蜀之境，洋洋順下，此點亦爲無用之地矣。

(二) 漢宜航路線之終點

從事長江航路者，凡汽船會社，皆以宜昌爲漢宜線之終航點，於其上游，爲超三峽之險，汽船之購造使用皆異，故不能不至此而止。凡貨物之搭置四川船者，由重慶而送致於此，自宜昌下流而來者，則於此地貨物上陸。故無論何國之汽船會社，從事於漢口、宜昌間之航路者，無不以此地爲其終點。即從事長江航路者，實際雖不以宜昌爲終點，而隨帆(帕)〔舶〕湊幅於此地者亦極多。各汽船會社所有之汽船，漢口以上之開航路者，亦皆以此地爲寄港。舉凡小蒸汽船、支那形帆船所出入四川者，亦無不以此地爲寄港。其終航點之集於地，大概皆然。則該地不獨漢宜航路線之終航點，又長江航路之終航點，亦無不可。若宜昌以上至重慶之航路，今日始開，苟極其盛，則長江航路之終點，又移於是矣。

十　重慶

重慶港，在北緯二十八度三十三分，東經百零七度零二分，屬四川省重慶府巴縣，在揚子江之西岸，涪江之合流點，人口約三十萬人。

(一) 小蒸汽船

現時小蒸汽船之至重慶者，除英人里玆多叔氏之利川號外，不過同氏築造之輪船一隻，其後英國之港波多二隻，武朶也玆枯武朶已夥枯上下於重慶、宜昌間，以輸送郵便物；德國船一隻，以三十三年明治。上下於該航路，觸礁破損，爾來大加修理，今尚航行於重慶、宜昌間；其餘法人之小蒸汽船，從事於此航路者，亦嘗上下於其間，又於曳船並搭載貨物之船舶，是爲該航路之開始。

(二) 重慶貿易之範圍

外國人着眼於四川之貿易，其設施於重慶者，其貿易範圍極其廣大。現將重慶之輸出入者，單就重慶地方，不過其附近之合州、定遠、遂寧之幾部地方，於四川省之貿易，其狹隘不至於此，蓋初開之始則然耳。以重慶爲中心，則全省十一府，九直隸州，十一州，百十二縣，二十七部落，皆包括於其範圍内。又於長江之本流，與利用支流之時，更可以擴張貿易於雲南、貴州之幾部，甘肅、陝西之幾部，此外國人所以重置於重慶也。

重慶者，以馬關條約始開爲貿易港。置日本領事館以專管居留地，以三十四年明治。所劃定，而日本人之在該地者，領事以下，不過十數人。又如日本之海産物，輸送至如此之遠，其所望必奢固無容疑。以三十三年明治四川提督丁鴻臣受總督奎俊之命，東渡日本，於日本之干繫，乃有應接，將來四川省與日本之交通，漸次日盛，固不待言。四川者，在中國十八省之中，人口最多，其物産之豐饒，逈非各省所能及，外人之留意於此，固所當然，日本人之不敢輕視重慶，亦有由也。

輸入品之主要者：

綿布、綿絲、海産物等。

輸出品之主要者：

鴉片、白蠟、羊毛、猪毛、鳥毛、皮革、黄絲、野繭絲、絹布、四川綢、麻、漆、藥材、香料、砂糖、煙草、五倍子、蜀錦，及雲南之錫、鉛等。

（日）國府犀東著，趙必振譯《最近揚子江之大勢・長江之汽船》（一）汽船開航之沿革

長江汽船航運之開始，頗未能詳，自占據上海爲根據，傍及天津、廣東等之航海，進而爲長江之汽船。咸豐七年之頃，以美商公正洋行開其始，次之者則置根據於上海，以從事海運者，則爲英商廣隆洋行，其營業孰永，及其船數船名等，今則無由知之。其後同治七年之頃，美商旗昌洋行《上海物語》：千八百六十二年所創立。以「快也堅」、「俾物樂」、「飛似海馬」、「杭州」、「河南」、「氣拉度」等之輪船，開長江、天津、廣東等之航路。當時自上海至漢口，下等艙之船客，甲板客悉房艙故云。運賃五十兩。綿一包之運賃，三兩。南京之孵船賃，三串文。旗昌洋行，一時乃大發達。招商局當其事業擴張之時，迄收買之，遂稱極盛云。

次之者，同治十年之頃，英商太古洋行，以「北京」、「漢口」、「上海」、「宜昌」以上皆輪船名。等之輪船，從事於長江之航運，創立於同治十三年，至光緒元年始開業。至若招商局，其同局當時之資本，實皆官吏數人之放資，其額三十萬兩，又自政府借入三十萬兩，以都合六十萬兩之資金，購「洞庭」、「漢陽」、「永寧」、「福星」、「永德」、「富有」、「利運」、「日新」以上亦輪船名。等八輪船，開天津、長江、廣東之航路。光緒十年前後之頃，旗昌洋行之船舶全部收購之時，又於其翌年增加資本金二百萬兩，此近來之事，是招商局成立之概況。次招商局而起者，則爲麥邊洋行，光緒二年之頃。次麥邊洋行而起，則爲怡和洋行，光緒三四年之頃。又有鴻安公司，光緒十七年即千八百九十一年十月。之創立，原稱和興公司，至光緒十九年一月，乃改稱鴻安公司。

上文所述者，滬漢區之航運也。漢宜區之進輪船者，爲英商立德洋行，其開始在光緒四年，有輪船號「彝陵」。其翌年招商局之輪船號「江通」者回航，乃借「彝陵」爲招商局之借船，其借貨料即租金。每月六百兩，然不過小形船，其昂如此。至光緒十二年，上海道某氏其所有船號「廣濟」者，又回航，亦招商局之取扱。

其翌年，號「寶華」者，又回航，乃謀上溯於重慶，大起四川人民之激昂，竟起交涉，其翌年，遂爲中國政府所購買，以其輪船，付之於招商局。光緒十五年，怡和洋行之輪船號「公和」者，十六年，太古洋行之輪船號「沙市」者，怡和洋行之輪船號「昌和」者，皆回航，招商局之號「快利」者，亦於光緒十九年回航。大阪商船會社之「大元丸」，於明治三十二年即光緒二十五年。亦回航。怡和洋行之號「福和」者，是年八月又回航，是爲長江輪船開始沿革之大概。

二　現在之汽船

（一）滬漢區

滬漢區之航運，其現在之汽船，録之於左：

招商局，江裕、江孚、江永、江寬。

怡和洋行，元和、瑞和、吉和。

太古洋行，鄱陽、大通、安慶。

鴻安公司，德興、長安、益和、寶華。

麥邊洋行，華利、萃利。

大阪商船會社，大貞、大利、大亨。

橋本喜造，瓊港。

瑞記洋行，美有、美利、美大、美順。

美最時洋行，瑞安、瑞泰等是也。

滬漢區於明治三十二年以來，汽船之增加，德商美最時洋行亞諾爾德卡巴之汽船二艘，瑞記洋行蔑利支耶士之汽船四艘，大阪商船會社之新造船三艘，當時之「天龍川」、「大井川」。亦並航行焉。

自來二年之間，外國諸會社之新造船亦無增加者，其餘亦未有增加船舶者。

（二）漢宜區

漢宜區之航運，其現在之汽船，録之於左：

招商局，快利、固陵。

怡和洋行，昌和、福和。

太古洋行，沙市。

大阪商船會社，大元、大吉。

瑞記洋行、美最時洋行，共通一隻，噸數未審。

漢宜區於明治三十二年以來，汽船更迭增加，德商美最時洋行蔑利支耶斯之汽船一隻，與瑞記洋行亞諾爾德卡巴一隻，共通供用，其航通於滬漢區者，未審其爲何艘。又加大阪商船之大吉丸，其外有怡和洋行之號德和者，太古洋行之號新隄者，既已落成，乃交换昌和、沙市之二隻，以昌和、沙市，爲使用廣東省

之西江云。

（三）宜渝區

宜渝區現在航通之汽船，唯光緒二十三年英國立德洋行之小輪船號利川者，溯航於重慶。於急灘，則加用人力以曳揚之，當時之航通宜渝者，惟此一艘。既而英國長江專用砲艦號烏德曲克者，於明治三十二年初夏，溯航至途中之新灘而止。是年晚秋，又溯航至於歸州。爾來烏德曲克、烏德支亞克兩砲艦，航於此間，往來不絶，尋而德國之砲艦繼之，而法人亦從事於此。

現時專以中國之形帆船以營航運者，其數三千隻左右，有各幫（各幫者，各自組合之意。）之區別。重慶幫大紅旗船七百餘隻，萬幫大白旗船六百餘隻，忠州幫紅旗船三百餘隻，歸州幫船（旗色不詳。）三百餘隻，黄陵廟幫蜈蚣旗船八百餘隻，宜昌幫蜈蚣旗白帶船一百餘隻，各幫船約三千餘隻，一年往復之數，約五千次云。

宜渝區於明治三十二年以來，航行之汽船，英商立德洋行之汽船，載貨一百噸，速力十五浬，長百八十呎，幅三十呎，深十呎，喫水最輕六呎六吋之一隻，立德之計設，頗有效。德商蔑支耶士，其形相同，亦築造一隻，今之航行者。此外英國砲艦二隻，常上下於此間。法國砲艦，亦聞有航行此間者。

（四）各汽船會社汽船表

從事長江航路者，就各汽船會社使用之船舶，記其梗概，並及其英語對照之船名及登録噸數，列爲一覽表於左：

上海漢口線：

大阪商船會社，日章旗。
大利丸，二、二四七噸。
大亨丸，二、二四三噸。
大貞丸，二、七一二噸。

招商局，黄龍旗，
江裕，二、二二七噸。
江孚，一、四六八噸。
江永，一、〇三七噸。
江寛，一、〇三〇噸。

怡和洋行，英國國旗。
吉和，二、二〇〇噸。
瑞和，一、九三一噸。
元和，一、三三一噸。

太古洋行，英國國旗。
鄱陽，一、八九二噸。
大通，一、八八二噸。
安慶，一、七一九噸。

鴻安公司，英國國旗。
德興，九三七噸。
長安，七八九噸。
益和，五一九噸。
寶華，四三四噸。

麥邊洋行，英國國旗。
華利，七八二噸。
萃利，六七二噸。

美最時洋行，德國國旗。
美有，噸數未詳。
美利，同上。
美大，同上。
美順，同上。

瑞記洋行，德國國旗。
瑞泰，同上。
瑞安，同上。

橋本喜造，
瓊港丸，二八九噸。

漢口宜昌間：

大阪商船會社，
大吉丸，二、二〇〇噸。
大元丸，一、六九五噸。

招商局，
快利，八七九噸。

固陵，約三五〇噸。

怡和洋行，

昌和，六九六噸。

福和，七六四噸。

太古洋行，

沙市，八一一噸。

洞庭，約二〇〇噸。

三 長江汽船之特質

（一）長江汽船之構造

諸汽船會社長江使用之汽船，大抵（摸）〔模〕倣歐美之河蒸汽船式。使用於香港、澳門、廣東間，及西江之梧州航路，並上海，寧波之航路者，皆爲同一之式。或鐵或鋼製，其外形與日本之利根川淀川之河蒸汽船酷似。然其外輪船者絶少，大抵雙暗車船，其容積總噸數不過三千噸。喫水量甚淺，若使用於滬漢區者，普通喫水量，最深者十一呎。使用漢宜區者，普通喫水量，最深者七呎。其喫水量之淺既已如此，在減水之候，江幅之大者，如鄱陽湖口，動遭淺擱。而宜漢區中如荆河口之上流，在減水之候，日中之航運者，遇江幅闊大水底平淺之所，每用小汽艇前行，以探澪筋，徐進而過。而淺擱之事，仍不能免。

船内之式，其最下層與第二層，多爲荷物艙，即貨艙也。第三層爲客艙。其配置之法，於船首設爲洋人上等式，其次則中國上等式，即所謂官艙也。又其次則爲中國中等式，即所謂房艙也。於船尾則爲中國下等式，即所謂統艙也。現稱大艙。乘組士官即船主。室，多設於第四層。然洋人上室，又間有設於第四層者。又房艙亦或設於第四層，無有一定。但招商局之船，房艙之數頗多，蓋中國之婦人，除家族之外，不與他人同室，欲望船客之多數者，惟以婦人之搭載者愈多爲愈，蓋婦人多一人一房艙，而隨從之人又多故也。

（二）船内食事

長江之汽船中，頗極混雜。有賄食務者，其食事分洋食與中國食二種，洋食者，賄長之所關，中國食者，買辦之所關，乘組船員，各自辦之，分二種類。

賄長所關之洋食，供洋人與上等船客及洋人水先人與乘組一等士官以上之所用者。船客賄者，日三食，三元乃至二元。乘組船員，就船客同桌者，一月一人三十元。就二等食桌之乘組士官，一月一人二十五元。

關於買辦之賄，以供官艙、房艙、統艙之船客，其賄費請負其運賃之一割，部下之賄，由買辦之支給。

其外乘組船員之自炊者，水夫賄，火夫、炭夫賄，油差、水番賄，舵手、水夫長、木匠、燈番賄，中國水先人賄等，各自依其給料之高低，其賄之程度相違。與之等。其賄所即厨房也。之混雜，幾不可片刻立於其地。

供給上等船客之賄，記其概略，朝則波列西、魚、皿物三品，冷肉二品，果物、咖啡、茶，晝則斯敷、魚、皿物三品，冷肉二三品，菓子、菓物、咖啡、茶等。曹達水、希里泊，無論何等船，皆無其料，即如太古洋行之船，而葡萄酒亦無其料。此外朝則燒麵包、茶、咖啡，午後三四時頃，又供果子及茶、咖啡等，是其例也。

中國食者，有普通之二食，除官艙房艙者，此外則供粥。食事之皿數，官艙五六品，房艙四五品，統艙者，則除鹽菜之外，或二三品。據所聞者，統艙一食之價，尚不足三十文云。

四 長江航業之必要

（一）長江章程

長江之汽船營航運之業者，別定長江之章程，經由領事之手，必受免狀，此其大略也。

（二）船渠

對於長江航運業所必要者，船渠、鐵工、石炭、油脂、食料、飲料、水夫、火夫、給仕等之供給。

船渠，製鐵於上海，有三所，舊船渠、新船渠、東洋船渠等。其長大概三百七十四尺，乃至三百八十五尺。其幅五十二尺，乃至七十五尺。其深十四尺，乃至二十一尺。其料三日間二千噸以下者，一噸付七十七仙位。鐵工之業，造船、造機、造鑵等，皆備之。

《商務官報》光緒三十二年八月初五日第十六期《安徽農工商情形記略》

舒城縣同益沙鐵公司

地址 設於廬州府舒城縣西鄉之曉天鎮。

貲本 議定五十股，每股一百兩，就地集股銀三千四百兩，又由潛太公棧原本項下撥銀一千五百兩，官利週年八厘計算。

程功 設爐在山河等處，用土法鎔鍊，將沙鐵鎔汁，出爐範成瓦形，是爲生鐵，土人名瓦子鐵，售入冶坊，又有熟鐵，可作農器及各項器具。每爐壹座，常年自九月開爐，至次年三月停工，約出鐵八百担。

提要　舒邑沙鐵公司係官督商辦，以開闢利源裕餉便商爲宗旨，此項沙鐵，無論運至何處，與湖廣鐵及外洋各鐵一體行銷。

《商務官報》光緒三十二年八月初五日第十六期節録安徽巡撫咨報《安徽農工商情形記略》　同益沙鐵公司

地址　堆棧設於懷寧縣之石牌鎮，收棧設於潛山縣之石吼嶺鎮，及太湖縣之店前河，及潛山縣之下湝山鎮。

貲本　銀一萬五千兩，計二百五十股，每股銀一百兩。

程功　鐵質精美，較湖北大冶等屬所産，柔韌過之，皖江南北，農器是賴，並轉運湖北、江西、江蘇、浙江等省，暢行無滯。

提要　公司宗旨在儲備費本，□濟爐户，以開山澤之利源，且各爐出鐵，歸棧完納税釐，藉得稽考。【略】

錦裕織布廠

地址　設於蕪湖下水門外，占地三畝半，暫租民房試辦，嗣後推廣再建廠屋。

貲本　自籌成本銀一萬兩，先行試辦，一俟辦有成效，再爲推廣。

程功　已經租屋購機。

提要　以抵制洋貨、創興工藝爲宗旨。

《蘇州商會檔案叢編》第一輯《蘇州頤和罐食公司章程光緒三十三年三月》

蓋食物爲人生所必需，罐裝則耐久。而使用其法，創始於外洋，近今仿行於粵、浙。吾蘇品物繁多，果能如法置造，運銷各省，獲利既可不訾，商業定有起色。爰集同志，鳩款萬元，試辦罐裝食物，訂購合用機器，延聘製造工師，兼招學習藝徒，設廠所於齊門外西匯，定名曰「頤和罐食有限公司」。稟準商務局詳請立案保護，並由總商會呈部註册給照。繪雙塔爲商標。集同人以定議，謹訂章程如左：

一　議先集資本洋一萬元，分作二百股，每股計洋五十元，填寫股票息折，分十股、五股兩項，匀兩期收款。於　月　日收第一期股款，認十股者先收二百五十元，認五股者先收一百二十五元，給付收條，俟　月　日收第二期股款訖，填發股票息折。日后公司發達，擴充廠務，公議添加資本，再集若干股，先儘老股承認，餘多始招新股補之。

一　議官利以常年八厘起息，按年不計閏。於年終截止結算，明年三月照付官利，不得遲欠，亦不得預支透付。

一　議各廠均有預算表，本公司創辦伊始，且食物品類繁多，勢難預算，總以進貨精核、開支簡省爲主。年終結算，除官利開銷之外，得有贏餘，匀作十五股，以十股爲各股東紅利，以二股提存公積，以一股爲總經理酬勞，以半股爲教習酬謝，以半股爲學徒獎勵及各友花紅。惟獎勵、花紅二項，須由總經理考察勤惰酌派，以昭平允。

一　議公司事務繁重，應訂總經理一人，副經理一人，由各股東公推。凡廠事無論巨細，由總經理主裁，副經理參酌，各股東惟逢期集議。所有公司緊要各事，由總、副經理逐款宣布，以期考證攻良，歸於盡善。

一　議總經理、副經理宜常川或輪流駐廠督察各務，應訂司賬各友幾人，由總經理主裁。一切銀錢出入，年終匯造報銷，分送各股東查核。如有弊竇，惟經理者是問，不得推諉。另由各股東公推查賬員二人，隨時稽查帳目。

一　議本公司只收華股，不收洋股。股票息折由總經理簽字蓋戳爲憑。如有遺失由本人登報聲明，過兩月後方準補給，原票折作廢無用，並須邀股東兩人擔保。如有他人拾取，糾葛由遺失人自行理直。

一　議股東不能保守權利，欲將股票息折轉售或抵押於人，須盡股内人承受，不得私售或抵押於局外無股之人。倘有等情，由本公司贖回。如措不願贖，由本公司存案作廢。

一　議公司成立後擇期先開股東會，公議開辦各務。以後定期每月一期或兩期爲常會。如有緊要事務，須開特别會議，由總經理定期柬訂。如股東逢期有不能到會者，須先時函告，或臨時派代表來會，亦須函告。

以上簡章八則，尚有不全不備，再行公同參酌增删。此外廠中規則及製造師授徒條約，另行詳議。

《商務官報》光緒三十三年三月初五日第五期節録江西商務議員傅春官報告《江西商務情形》續第四册　（六）求江西將來商務之發達

如上所論，江西之商務，誠非一時所能挽回，雖然新舊交嬗之時，舊業誠不能敵新業，儻一旦焕然改變，則江西具有廣大之面積，多數之人口，其發達亦正非難，立乎今日而預測將來，發達之狀況，端從何道，姑暢言其理以爲異日券。

一須俟鐵路告成以後也。商業與道路之關係，歐美恒視爲重要問題，蓋商業原理，在於有無相通，彼此挹注，故運輸爲商家之一大事。道路之發生，即爲通有無彼此而起，上古荆榛甫闢，道路不廣，其後生齒繁，殖産多，人力往來，不足取給，於是有舟楫車馬。今之生齒較前增盛，需用較前增多，而所需者又在千里以外、萬里數萬里以外，若仍守極滯笨之車馬舟楫，水則有風浪之險，陸則有陵阜之阻，轉貨之困難，亦云至矣。如是而欲赴事機，省日力，是猶緣木而求魚也。東西各國，汽船梭行於瀛海，鐵道網織於國中，轉輸靈便，商務熾興。中國三面皆陸，獨東南瀕海，內地惟長江可通汽船，非鐵道徧設，不足以起廢疾而致富强，全國鐵道，尤以南北幹路爲全身脈絡之統宗。江西南極粤東，北達鄂漢，其商務之盛衰，視粤漢軌道之經過與否。今粤漢幹路，議由湖南經過，若粤贛軌道，能成於湘粤之前，是爲上策。否則亦須築一軌道，北接漢口，南接粤東，與湘省軌道平行以分其利。粤漢鐵道，利益最鉅。若湘省路成，而江西無之，一遲一速，一盛一衰，江西商業，將就墜落。以江西地勢計之，先辦九江、南昌、吉安、贛州以達粤界之幹路，次築支路三段，一由吉安、袁州以達湖南，一由廣信達浙，一由撫建達閩，各路成立，粤漢之利，贛與湘省共之。此外閩浙之貨物，運輸至湘、漢、滇、濁、湘、漢之貨物，運輸至閩、浙者，皆將必經江西之道，貨物麕集，户口增繁，户口日增，需用自多，如是而鐵道經過之處，素所衰者可使其盛，廢者可使其興，土貨出口，可使漸多，不出十年，江西之富，可翹足待，故謂江西商務之發達，必俟鐵路告成者此也。

一須設勸業銀行，以流通市面也。商業之功用，略分爲二，一曰發資取利，一曰治業求贏。發資取利者，儲蓄母財，貸之治業之家，以規後利。治業求贏者，專治一業，以取贏餘。治業虧損，發資者之不利，母財短少，治業者之不興。中國錢號規則未立，一號貸放之數，多者逾數百萬，而於實業生財之道，毫無影響。其主義在分利不在勸業，卒之一業失敗，全局受損。漢口爲商務最大之區，而欠債虧資之風亦最甚。江西商人見小而性謹，感受風潮，至不敢發放母財，而治業者亦遂不敢圖遠略矣。且今之治業者，類皆懋遷有無，屬於分利範圍，於生利之舉，渺無與也。今欲令治業者致力於實業，則必先立勸業銀行，以副啟發生財之實。外國銀行之辦法，其使用匯票、鈔票或貸借取息，皆與中國之錢號同，惟資本雄厚，其實本若干，登之報章，人人得而知之，不若中國錢號資本不多，徒以股東股實爲名，遂爲多數之貿易也。其貸借也，祇須有不動産業或重要契據抵押，即可貸放。開公司者，如先集五十萬股本，購置機器，建造房屋，再以機器、房屋押於銀行，又可貸五十萬以爲活本，在公司得轉移之用，在銀行得子息之利，不若今之錢號貸放，專憑意想。其意以此號爲可信也，即貸以巨萬不吝，不計其資本之多少也。其意以此號爲不可信，雖分文亦不肯貸。至於開設公司，創辦實業，尤錢號所不信，欲得其貸借誠難。故欲爲江西振興實業，必先使江西設立銀行，銀行既立，一可以爲小民儲蓄，使人人獲贏利之益，一可以勸集公司，使實業家無資本空乏之憂，市面流通，商務必大，此又江西商務發達之所必需也。

一須廣勸公司，大振農業、工藝、礦産也。江西山地極多，彌望荒蕪；工藝窳陋，毫無新奇之品，機器盛行，曾無開設購機製造公司者。至五金礦産，江西皆有，集股開採，而仿行西法，竟無其事。自今以往，倘能廣興種植如茶葉、苧蔴、甘蔗及竹桐、梓柏、橡漆等樹，相地所宜而種之，參以日本造林之法，十年之後，林業大盛，農物日出不竭，或銷他省，或銷外洋，此大利之所在一。至於製造之物，已有者可以改良，如瓷器一項，可參仿洋瓷，加以精巧之繪造，不特可抵洋瓷入口，且可暢運出洋。又如夏布，俄國最精，可用機器紡織，投其所好，今四川創有織花夏布，亦可仿造。茶葉廣種之後，可購機焙製，開設公司，專選上品裝潢成箱。此外紙料甚多，或以現有之粗紙，提爲上白，或以竹及樹皮、稻草製爲厚白各紙。麻用最廣，外國輸入之洋紗、洋羽綾、洋綢、洋緞，或絲麻參用，若能購機，將苧麻漂細，可以仿造洋綢各項，詎非大利。撫州雕刻竹器，甚爲秀雅，再以識字通文理者，日加研究，馴至開公司，精刻種種細巧之物，銷售外洋，亦一大宗也。江西礦産煤鐵爲多，世界發達，鐵用最廣，若能大開冶鑄，仿鑄洋鐵及鐵軌，尤爲莫大之利。今之商家，見種種商業之無利可圖也，皆束手仰屋而歎，不解所由，不知今日商戰，戰勝洋商，乃謂之勝。苟於農業、工藝、礦産不亟圖振興，而但孜孜於商務之盛衰，亦何益哉。然不先修鐵道以交通運輸，不建立銀行以儲積資本，雖有最富之土貨，亦無從暢銷，雖有公司大商，亦不得流通之益。斯密亞丹常言，邑業興而野業自盛，蓋百貨騰貴而人將致力於地利，銷路闢而資本之商家皆將投資於大工作大礦産之場，此亦循環相生之道。惟鐵路、銀行設，而農、工、礦三者不能發達，則輸入之貨必多於輸出之貨，統籌全局，富源終湮，故商務之發達，尤視乎各業之振興也。

擬切實辦法六條。

江西商業之過去未來，大約具以上所舉各條中，今就現在力所能行，及已行而宜改良者，酌擬辦法，凡六事。

一廣商會以興市政也。商會章程，已奉農工商部頒發，咨行各省舉辦，江西近亦遵設，惟基礎初樹，規模未全。竊謂既設商會，其機關即宜組織完備，方足垂永久而普公益。商會之宗旨凡三，一曰聯絡商情，常會七日一會，有事開特别會，各商時相晤接，可以研究情形，化隔閡之見，生密切之心。一曰保護商政，會議由於衆商，執行出於官吏，凡遇有侵害商政之事，須竭力保護。一曰振興商業，中國商人新知殆少，江西尤甚，脱有在商界上建一事業，關於公益上之問題者，或所舉於商業大有影響者，皆須設法贊助，以襄成之，或用官力補助之。至商會之辦法亦有三，一曰籌款，二曰用人，三曰實行。商界籌款，較學界爲易，與會者擔認創辦捐常年捐，商部所定之註册憑據簿據三項，皆籌款法。江西萬壽宫租息歲入數千金，除本廟支用外，儘可提充商會經費。用人須分二部，一議事之部，一治事之部。議事宜舉商董，治事宜士商兼用。至於會内實行之事，當分評議、調查、編撰、會計、庶務五科，辦法大略如此。今各幫皆有會館，各業皆有公所，由分而合，事正非難，如果辦理核實，商人積困之餘，孰不懽忻鼓舞，即由省會推之各府州縣，皆可行矣。

一開商學商報以濬民智也。實業各學，以商學爲難，實業各學校，以商學校爲難。中國無商學之師，商術商品之書譯本寥寥，宜開設商業學堂，延請外人爲師，選士商之年少聰穎者爲學生。江西已設實業學堂，或從實業學堂内加商學科，或與商會協商籌款，别開一校。學校既立，報館尤重，一省商界之事，可紀者多矣。首論説，次記載，又次譯述，文求淺近以取易曉，其於商務不無裨益。

【略】

一設法勸集開礦也。江西山脈雄厚，礦産所在多有，祗以艱於集股，遂致棄寶於地。今擬分爲兩種辦法，其礦之質苗佳厚者，自宜勸集紳商，招股開採，購機冶鍊，此一法也。然巨股一時難集，欲遽令江西之礦産全行開採，力有未逮，似不如在省會設礦砂轉運局，凡各處礦産，經礦師勘明後，本地紳商無力開採者，即由局購買其地，專採礦砂，轉運銷售，上海、漢口各國洋行，皆收買中國礦砂。夫運礦出售，雖失半利，然較之閉歇不開者，猶爲得半也。況已經開採，一可以杜外人之覬覦，一可以開鄉人之風氣，數年之後，礦産獲利，人人知其裨益，再議集股自鑄，較易爲功。

一建工廠以宏造就也。江西銅元局所購機件，除鑄銅元機件外，尚有引擎、鍋鑪、車牀、刨牀各項機器。今銅元議停，似可即其地改爲大工作廠，添購各種機器，仿鑄洋貨，或收買銅鐵，仿鑄外國各種機器，並可於其内附設製造半日學堂，精聘技師，廣招工匠，研(完)〔究〕製造原理，及各項機械之法門。中國今日欲興工藝，其要在仿鑄外國各種機件，工匠學習既久，心靈手敏，神明變化，自無窮盡。

《商務官報》光緒三十三年四月初五日第八期《商辦江西瓷業有限公司章程並緣起》　瓷器爲我國發明最先之製造品，定、汝、均、哥，古昔所尚。馴至晚近，則中外言陶瓷業者，莫不稱江西之景德鎮所製爲大宗。上自官府，下迄閭巷，日用所需，莫不取給。推及異域，亦所徵求，一盤一盂，其值千百。然古制就湮，功質窳陋，佳品美繪，漸多失傳。至今日而其銷行日滯，工商交困，推原其故，實由於不能合衆而求公益，徒事徇俗而阻進步，自棄其利，思之痛心，此亦我國實業家之大恥也。故前江撫柯遜帥有奏請官立瓷業公司之建設，夏菽帥、胡鼎帥繼任時，亦皆力爲提倡，卒以派員籌款，蹉跎至今。以一公司之成立，歷四年之久，又有大府宏獎而襮宣之，迺幾中輟，亦足見任事之大難，集事之不易矣。瑞徵前領潯關，兼督窑廠，曾於陶瓷之業詳加調查，頗欲以其經驗所得，一相揚榷。今者吴仲帥鑒於前事，議定改歸商辦，更以見督於瑞徵。然備兵海上以來，簿書叢脞，兹事體大，曷敢擔任。惟近來考察中外陶瓷之優劣，與進出口貨之盛衰，慊然感中，不能自(仰)〔抑〕。循念當此工商業競争劇烈之漩渦，非劍及履及，急起直追，則優勝劣敗，斷難逃於天演之公例。況瓷業爲我國特産之物品，固有之利權，失今不圖，後將奚及。思所以補救之術，籌設公司，改良製造，誠不可緩，惓惓之意，既以陳於仲帥，商於熱心實業者，亦多贊成，即往來官紳，道出此間，咸題其議，用特鳩合同志，認集資本，而定其名稱曰：商辦江西瓷業有限公司。所以别於前議官辦之公司也。瑞徵又聞之，西曆一千九百零四年，美國聖路易斯賽會場，我國赴會者所陳列之瓷品，俱得名譽奬牌，其時倣製尚未盡善，猶能若此，又足見華瓷原質之美，洵可戰勝他邦。況瓷質原料，其出産地俱與公司建設之地相近，即爲營業計，亦可持久而不懈。所願海内賢達，相與維持，則挽回利權，關繫非細，常亦同志之所忻願，不僅瑞徵眷懷舊治之所私幸也。謹定章程，列於左方。

第一章　總則

第一條，本公司遵照光緒二十九年閏五月江撫奏請官辦原定之名稱，定名曰商辦江西瓷業有限公司。現既由商集股承辦，自與官辦情形不同，從前所定章程，應一概作廢。

第二條，本公司辦事章程，謹遵欽定商律公司律辦理，惟本公司性質，實與其他營業公司有別，一切辦法，自不得不因地制宜，而有種種特別之規定，其所規定，別具於附說。

第三條，本公司開辦之初，當一面呈請督撫奏明立案，一面由本公司自行呈請農工商部立案註册。

第四條，本公司商標用飛鶴爲記。

第五條，本公司宗旨，原爲改良製造，推廣銷路起見，但事屬創辦，當權其緩急輕重，擇其確有把握者，次第舉行，處處以顧全股東資本爲要義。

第二章　集股

第六條，本公司爲股分有限公司，先議招集股本銀貳拾萬圓，計四萬股，除由發起人認集一萬五千股外，其餘各股，俟批准立案，再行承集，一俟招足，即登報聲明截止。

第七條，本公司股份，每股銀圓五圓，凡願入股者，股銀一次交足，照給股票，即於交銀之次日，按周年七釐起息，作爲正息。

第八條，本公司經收股款處，上海總收股處合盛元票號，分收股處通海實業總帳房，德發洋行，天順祥票號，慎裕號，義昌成號，代爲經理。所有股票息摺，由發起人簽名蓋戳爲記，并有經收股款商號之圖記爲證。外埠經收股款處，後再報告。

第九條，凡願入股者，既經認股後，應照商律第三十五條，遵守本公司所定章程。

第十條，本公司發給股票後，如本人有將股票讓出或轉售者，不得私相授受，須先行報告公司，由公司過户註册，换給摺票，惟不得轉售於非中國人。

第十一條，股票遇有抵押，因而糾葛者，本公司惟票載及册載姓名之人是認，如有遺失股票息摺，准其隨時取同保人證書，報明公司，將遺失號數查銷；登報聲明，再行按號填給。

第三章　資本家之權利

第十二條，本公司股東，無論官紳商民，無有歧視，其應得之利益，按股均沾。

第十三條，凡附本公司股分者，遇有會議決議時，有五十股，即得有一議決之權，如一人有二百五十股，即有五股議決權，多者照此例推，仍照商律不得過二十五議決權。

第十四條，本公司於每年二月初一日舉行會議一次，先由總經理人將上年辦事成績，及詳細帳目報告，俾股東週知。本年預備應辦事由，亦由總理人提出，俾股東決議。一經議決，凡未與議者，不得更翻。如經理人辭職，須更選經理，亦於是日到場之多數股東決定。

第十五條，本公司開辦以後，三年内除付正息外，不分餘利。三年外所有餘利，作二十成攤分，提四成歸公積，以四成作爲在事人花紅，餘十二成歸各股東按股均分。

第十六條，日後擴充股本，先應儘本公司舊股東分認，如不足另招新股。

第四章　任事人之權限

第十七條，本公司開辦伊始，暫由發起人商定聘請熱悉瓷務者二人爲總經理及副經理，試辦一年，如股東多數許爲勝任，自毋庸議，否則由總經理自行辭職，届會議時，另行選舉。

第十八條，本公司辦事分職甚多，一切由總經理量材任用，除副經理外，各股東概不得干預，惟銀錢總帳房一席，應由股東多數選舉。至於調度運動，其權仍聽總經理，執事管帳人不得牽掣。

第十九條，本公司於副經理外，應否添舉董事，須俟衆股東會議時議決，惟檢查員二人，照通行商法，實不可少。其任檢員者，有代表各股東，任稽查公司辦事之責，至少須有股分五百股以上，乃能被選。

第二十條，本公司任事人之薪俸，除總經理、副經理、總帳房、檢查員數人，由股東公訂外，其餘各執事及工匠，悉由總經理人核定。

第二十一條，本公司總經理人，如遇有重大事故，不能長駐公司辦事，則副經理有代理之權。

第五章　製造處

第二十二條，本公司製造處，暫擬設立江西景德鎮，即用官辦原有房屋，如坯房、畫室、客廳、賬房已成者，只好悉仍其舊。至若淘泥處須安放機器，舊有之地，頗不合用。窑屋雖有兩所，皆限於從一方入火，熱力不匀，堆柴處逼近窑門，易於觸火，尤爲可虞，均須改造。其未建築者，如陳列所、堆瓷房、材料所，亟當自行添設。其從前建造費用，當由本公司與原辦事人磋商，從減認繳歸公。至本公司租用之地，每年應交地租銀六十元，悉照原議兑付，若附近景德鎮之處，有轉運靈通募工安妥之利益者，總經理規畫推設，公衆議決。

第六章　銷售處

第二十三條，本公司銷售處，俟製造場可出物品後，即於北京、上海、漢口等處設立三所，其餘中外通商各大埠礙難一時徧設，但先將製造物品拍印成圖，附以中西文説帖，分寄各處商會商務局圖書館，俾遠處得以按圖定貨，函電指購，俟銷售漸旺，再行推廣分銷。

第七章　製造之區别

第二十四條，本公司製造，凡屬用品，必各適其用，凡屬玩品，必各求精雅，品類甚多，不勝枚舉。今所規畫，大别之爲兩部：

甲、内部通行日用品，如軍人學生官吏用者，皆有特别花色，專採古今中外事實可以感發其國民思想者爲圖，各從其類，以示區别。其餘普通用品，概用電器銅版印花，務在價廉而工省。

乙、外部行銷美術品，無論行銷何國，在在務求精美，不惜工資，仿造舊式，惟求新法，必各投其所好，庶足廣傳播而收遠利。

第八章　改良之準備

第二十五條，本公司於製造處，附試驗場一所，先選上等職工，考求本國製造失傳之古品，再證以日本及西洋陶製學説，以發明新法，必於試驗場中試驗有得，再行分傳各工製造。

第二十六條，本國製瓷原料出産，原非一處，當由公司自行採辦，以求真實。至若表面設色諸種顔料，及淘泥之機器與燒窑之熱度表等，當以東西洋各國新發明者爲佳，本公司開辦後，應派精瓷業通外情者，出洋考察購致，以便採用。

第二十七條，先擬就近聘日本陶業職司一人，用之於試驗場，選聰穎職工與之研究陶業學理。將來或派學生出洋學習，或於本地開辦陶業學堂，以造職司職工各種人材，須俟公積餘利稍充，再行酌議。

第八條　附則

第二十八條，本公司所有製造處銷售處及銀號辦法，皆有專章，容俟續訂。

第二十九條，本公司開辦以後，每年當編印説略帳略，以供海内實業家之研究，如有發明陶瓷新法，並當附載於册。

第三十條，此爲本公司初定之章程，如有未盡事宜，及不能通行者，當隨時增删，以期實踐。

附説

甲、對於社會擔負之責任。

景德鎮風氣未開，工商隔閡，先擬邀請本地方官紳，每朔望莅場演説，隨用針筆板印刷説帖，廣爲傳布。俟實力稍充，當再設白話報館一區，其宗旨以通俗之文言，宣正當之事理，報資則格外從廉，用期輸灌智識，改良風俗。

本公司設立後，當邀請本地工商組織陶瓷工商總會一所，其開辦經費，由本公司籌墊，惟永遠繼續之費，當由本地士紳及工商界公認，以期聯絡一氣，講求進步，庶能袪舊習而謀公益，以免生種種之障礙。

景德鎮商務雖盛，而殷實銀號甚少，況復欺妄成習，不時倒閉，資本家遂視爲畏途，是以不敢存放，銀貨不能流通，工商實受其害，而奸商壟斷，取息甚重，遇有市慌，則貸借者雖倍息，亦所甘心。且以銀號不能取信於人，故勞力小民，於日用之外，稍有餘資，未能存儲生息，因其爲數甚微，易致消費，大都飲博爲事，既擲金錢於無用之地，更因忿争而成滋事之端，非别籌一法不足以維持市面。今本公司擬開設銀號一所，以免市面恐慌，並寓儲蓄之義。如有存項，自銀元二角以上皆可存儲，按月予以相當之利，即借貸取息，亦照銀行通行之章，不稍侵溢。

本公司運貨出洋時，本地陶户如有新奇物品，附搭運售，應先將樣品送本公司檢查，如由本公司認可贊成者，其貨品計重在百斤以内，本公司當代爲運往，不取運費，惟應納正税，仍由本人自理。

乙、對於官府特别之請求。

景德鎮工人，如有能自加研究，發明新法，及將舊製之已失傳者，能做造如式，本公司當爲代呈請奬，或請予以專利之利益。

本公司既講求新法製造，所用工人，自不能拘守舊制，如淘泥用機器，日用品用印花之類，恐工人無知，妄生疑阻，業經呈請督撫憲札知地方官加意保護，如因此本公司致有意外之損失，當由保護者擔認其責任。本公司既爲振興磁業起見，一切工人，自當慎選，必擇其尤，按年訂定工價，隨時布告。惟所有本公司已經雇用之工人，窑廠一概不得調用，應先聲明，以免争執。

邇來華瓷比較，銷路日絀，調查此宗税厘，比較輕重此亦一大原因。本公司既爲擴充銷路起見，除銷行内地品物，應照值百抽五之章完税外，其出口之貨，已請倣照湖北機製麻貨，照向章機器製造各貨辦法，完納正税一道後，沿途概免重徵，以便推行而紓商力。若專爲出洋賽會瓷器，届時由本公司先行呈明，應請一概免税。

丙、爲本地工商公共之請求。

景德鎮聚工數十萬，向來不受業主約束，是以積習相沿，動輒滋事。近且時爲遊匪煽誘，屢致釀成鉅變，非急籌消弭捍衛之策不可，則創辦警察，刻不容緩。若但就現在通行巡警辦法，似仍不足以資控御，應呈請民政部量加變通，頒行特别辦法，庶足以保治安而興商業。景德鎮罷市停工，層見疊出，非有特别裁判所之設，不得其平。惟現在裁判所搆成法未定，未便呈請，應請江撫札行地方官，俟陶瓷工商總會成立後，凡有關瓷務訴訟，當先由總會董事評議公允，再由地方官分别嚴寬處斷。

《商務官報》光緒三十三年十月二十五日第二十八期《本部會同郵傳部核議湖北水泥廠援案免税分别辦理摺》 謹奏爲核議湖北水泥廠援案暫免税厘分别辦理情形，恭摺仰祈聖鑒事。光緒三十三年八月初八日，内閣鈔出前湖廣總督張之洞奏，招商承辦湖北大冶水泥廠，援案請暫免税厘，並准在湖北境内專利一片，奉硃批：「該衙門知道。欽此。」查原奏内稱，現在各省舉辦鐵路所用材料，以鋼軌、枕木、水泥爲大宗。鋼軌可取之漢陽鐵廠。水泥一項，外國謂之塞門德土，凡築路、造橋、建廠等事，均所必需。臣查得湖北大冶縣黄石港附近，地名台子灣，所産石質於製造水泥極爲相宜，經化學家考驗，許爲上等合用質料。當經出示招商，如有身家殷實，能集鉅股，呈請承辦者，准即給劄開辦，並予專利十五年，以維商業在案。玆據奏調湖北差委福建存記道程祖福稟稱，向辦河南清華公司稟部有案。玆招集華股三十萬兩，情願承辦大冶縣台子灣水泥廠，請援案專利十五年，並請奏懇暫免税厘以恤商艱等情。臣查該道員曾經創辦清華公司，講求實業已歷多年，以之開辦水泥廠，必能刻期有效，異日行銷各省，足以收回外溢之利，當經臣劄委該道爲水泥廠總辦等語。旋准該前督咨同前因，請予由部立案。前來。伏查臣部於本年三月十八日，會同郵傳部具奏各省商辦鐵路所用材料，請照官辦之路，一律暫行免税一摺，奉旨：「依議。欽此。」又臣部於本年七月初三日具奏華商設立公司製造鐵路材料，援案暫行免税，以勸工業，而挽利權一摺，奉旨：「依議。欽此。」均經先後通行各省，欽遵在案。玆湖北大冶縣台子灣地方創設水泥廠，既係由前湖廣總督張之洞招商承辦，並准予在湖北省境内專利年限，奏懇暫免税厘，原爲維持路政，杜塞漏卮起見，惟事關税項，其有無應行核議之處，自應由税務大臣酌核定奪，以昭鄭重。當經咨行税務處查核，去後，玆准覆稱，查水泥一項，用處甚多，不僅足備鐵路之用，上年唐山洋灰公司所成洋灰，亦係機器製造。經本處核准，無論運銷何處，均完正税一道，值百抽五，沿途概免重徵，咨復北洋大臣有案。今湖北泥廠用機器製造水泥，正與唐山洋灰公司情事相同。惟鐵路所需材料，既奏明暫行免税，則水泥一項，該公司運銷如確係鐵路所用者，自應准照原奏暫行免税。其非鐵路所用者，仍應援照唐山洋灰公司成案，完納正税一道，以重税課而示區别。等因。准此，所有該廠運銷水泥，自應遵照税務處所議，確係鐵路所需材料，准暫援案免税。如非鐵路所用，仍完正税一道，如此分别辦理，似於税課、路工兩有裨益。除所請專利一節，應俟臣部專利章程奏奉允准施行後，再行核辦外，所有核議湖北大冶水泥廠援案暫免税釐，分别辦理緣由，理合恭摺會陳。伏乞皇太后、皇上聖鑒。再，此摺係農工商部主稿，會同郵傳部辦理，合併聲明。謹奏。

光緒三十三年九月二十四日具奏。奉旨：「依議。欽此。」

《政治官報·摺奏類》光緒三十三年十月初五日第十六號《安徽巡撫馮煦奏辦理實業工藝廠情形摺》 奏爲安徽省設立全省工藝廠以挽利權而興實業謹陳辦理情形恭摺仰祈聖鑒事。竊維皖省貧瘠甲於東南，迹其貧瘠之由，則在實業不興，以致外貨充斥，土貨滯銷，國與民交受其病。今欲救皖之貧，非興實業不可，而以興工藝爲入手辦法。查安慶原設習藝一所，專收輕罪，規制未閎，在所者才數十百人，苟且補苴，出貨有限，遂致大利未興，有名無實。現擬建設全省工藝廠一所，凡各屬原有之品，無論生熟土貨，均備一分送廠，精選工師爲之教授，學徒人等凡有商舖的保，均可入廠習藝，學成後分派各屬，上者則另加獎勵。其辦法則就民生日用所必需者逐漸仿行，次則就本省出産所自有者改良製造，以期土貨之流通，總期人有一藝之長，皖無棄地之貨。所需開辦經費，在皖南茶釐加價項下動撥，除飭司核議詳細章程並分咨查照外，所有皖省設立工藝廠緣由，謹會同兩江督臣端方恭摺具陳，伏乞皇太后、皇上聖鑒，敕部立案施行。謹奏。光緒三十三年十月初一日奉硃批：「該部知道，欽此。」

又奏安徽鐵路礦務請飭部分飭安徽官紳舉定總理片。再安徽鐵路、礦務，向歸紳辦，其經費以蕪湖米釐爲大宗，或開彩票，或立公司，集資不可謂不厚，乃經營兩年，迄無成效。其若何度支，若何規畫之處，亦初不以時報聞，采之輿論，頗有異同，甚則詬病及之。查鐵路總理李經方奉使赴英，礦務總理蒯光典本實缺淮揚道員，初未至皖，又奉派監督西洋留學生，續派之李經羲堅辭不受，並無替者，事益糾紛，若不重定規模，亟圖整理，則散無友紀，更何利之可言。且路礦諸物，無一不與地方有連，辦理或非其人，未享路礦之利，先貽地方之害。蓋路礦雖歸紳辦，官不侵其權則可，不與聞其事則似不可也。相應請旨，飭下農工商部、郵傳部，分飭安徽內外官紳，趕緊舉定鐵路、礦務兩總理，及早接辦，共矢血忱，扶持危局，必不圖私利而後有公益，必多歷困難而後有成功，業已後時，未容再悮。苟事權有屬，即臣亦得以所見隨時討論商榷，情形不虞其扞格，款項或不致虛糜。慮始要終，所關蓋巨，謹附片具陳，伏乞聖鑒訓示，謹奏。光緒三十三年十月初二日奉硃批：「該部知道，欽此。」

《政治官報・摺奏類》光緒三十三年十月初六日第十七號《廣西巡撫張鳴岐奏勘實富賀煤礦撥款開辦摺》　奏爲勘實廣西富賀煤礦撥款開辦以資提倡恭摺仰祈聖鑒事。竊查廣西富賀兩縣交界西灣一帶煤礦，前經派委分省補用道周平珍集股專辦，並經前撫臣林紹年奏明在案。嗣以資本短少，純用土法，獲利不厚，據該員稟請辭退。經臣批准並另聘前在巴黎國立礦學堂畢業生張金生前往探勘，旋據稟稱，北自香爐山小狗母嶺大嶺起，南至鷄公洲泗塘止，長約七里許，東自觀音巖老虎沖天堂嶺起，西至寶珠山龍過水止，寬約三里許，場面寬闊，探得煤層五處，苗脈頗爲暢旺，煤格斜下六七十度係屬立槽，寬狹不一，自二三尺至六七尺不等，可以開採。依目下所勘情形布置，兩年後每日出煤三百噸確有把握，約計開辦經費及活動成本實需五十萬金之譜。自西灣以下，沿途煤脈隱現，綿亘數百里，如賀縣以上三十餘里之鷓鴣頭，以下十里之浮山寺地方，河岸一帶，顯露煤苗，場面尤大，俟西灣辦有成效，即可漸次推廣等情前來。臣查廣西地瘠民貧，善後要政首在爲民興利，而利之最豐者莫如開礦。廣東及港澳等處近來輪船鐵路與各項製造廠日益增多，無不需煤，銷路愈廣，煤價愈昂。前閱農工商部官報調查，近年香港進口洋煤約百萬噸，核計時價已千萬兩，誠爲一大漏巵，挽回利權，尤爲急務。既據勘明西灣煤礦苗格豐旺，自應委派專員，先就該處開辦藉立基礎。查有補用知府胡銘槃胸有經緯，守潔才優，現充礦政調查局提調，考求精邃，深資得力，堪以派令總辦其事，工程一切，仍責成張金生一手經理。至所需資本，查廣西上年溢額實官捐款，前經奏請以一百萬兩撥充廣西鐵路、礦務、墾牧專款，經部議覆奏准在案，擬即就此款動撥五十萬兩，發由胡銘槃具領，核實支用。除飭令擬訂章程呈候咨部查照外，所有勘實廣西富賀煤礦撥款開辦以資提倡各緣由，理合繕摺具陳。伏乞皇太后、皇上聖鑒訓示，謹奏。光緒三十三年十月初四日奉硃批：「該部知道，欽此。」

《政治官報・法制章程類》光緒三十三年十月初七日第十八號《貴州農工商局開辦章程》　一、本司局設立糧儲道署東偏蕭曹祠內，曰貴州通省農工商務總局，爲總局辦公之所。二、本局總辦有擔(成)〔承〕農工商一切之責任，局事均歸管轄，設有貽誤，該總辦不得辭責。凡有局務公件，應會商藩學臬三司籌議周妥，詳請飭遵。三、本局仿照部章丞參之意，擬設提調兩員，循照善後釐金局章，一令首府兼理，向章不支薪水。一委候補知府充當，提調局中諸務。另設文牘審議一員，亦委候補知府充當。四、查部章設有四司，本局仿照分設四所，曰農務所、曰工務所、曰商務所、曰庶務所，每所原擬設正副二員，今甫開辦，擬暫派一員，專司本所要務並司本所文牘，一切擇能任事之同通州縣充當。五、設監印兼稽核一員，專司監印，核對文牘，收發文件事務，擇其能任事之佐班充當。六、查部章有顧問官，今本局擬設會議調查員紳四員，以本省公正明達紳士充當，凡關於農工商業等職務派其調查，名曰會議調查員，酌給夫馬，不發薪水。七、本局不用書辦，改用書記生，以杜年滿頂替等積習，招募文理粗通字筆端正者充當，四所每所用書記生二名，庶務所事體煩多，添用一名，將來四所書記生或不敷用，再行隨時加添，但入局之始必由總辦考選，中選者須取具殷實保結，如或當差不勤，或以局事外揚，或藉故招摇，或私行塗改換卷等弊，一經查出，除照例懲辦外，仍惟保人是問，提調及各所委員均有稽查之責不得徇隱。再本局需用局丁雜役人等，由提調稟商總辦，酌定人數，具文一併册報。八、辦事宜清權限，舊設之電報局，仍歸專員辦理。將來開築馬路，亦應遴派專員。舊有之營造興築，如培修城郭、學宮、祀典壇廟、橋梁，採買硝磺製造軍械火藥，仍歸善後局經理。採辦貢品，仍歸藩司首府承辦，以清權限。惟原有之礦政調查局文牘卷宗及各項税課銀兩，均由善後局造册移交本局接收。至本局用項應開列豫算表，請飭善後局按月暫撥。九、農務所專辦農務，如屯墾、樹藝、蠶桑、森林、水產、山利、畜牧、狩獵暨一切整理農政，開拓農業，增殖農產，調查農品，組合農會，改良農具、漁具，整頓絲、茶、麻、棉諸事宜，俟經費充足刊布農務報告。培修堤岸，建設閘壩，疏濬河道溝洫，凡關於農業上之職務均歸專管。十、工務所專辦工務，如陶冶、紡織、金石、水木、機匠、工藝改良、土貨辨别、工作品物組合、工塲考查、工藝物料調查、各項人工造辦、工政、工學、報館、藝徒、學堂、工藝學會、勸工陳列所、繡工料造、紙廠、織布廠、煉鐵廠、化分礦質所、權衡度量局、機器製造局，及凡關於工業上之職務均歸其專管。又礦政調查局既坿入其中，查照部章應歸該所管理，現擬從硃砂入手，凡全省礦産礦務准駁事宜，審定章程，詳請發給勘礦開礦執照，延聘礦師，設立公司局廠事宜，即歸該所兼管。遇有民間呈請勘礦開礦執照及設立公司合股等事，稍有不慎，流弊滋多，該所委員尤宜悉心經理，以保守主權拓開地利爲宗旨，倘有暗通礦痞，於詳文批禀内詭飾其詞，希圖朦准，無論事前事後，一經發覺，即將該員詳請參辦，自提調以下等員亦不能辭責。十一、商務所專辦商務，如商會、賽會、商標、商律、保險、專利註册、保護商人産業，暨一切獎勵、調查、提倡、報告、訴訟、禁令諸事宜。開局後擬先開官銀錢局期於利用，俟經費充足，再設立商務報館、商業銀行、儲蓄銀行、農工商礦各公司，凡關於商業上之職務，歸其專管。十二、庶務所專辦農工商之庶務，暨收支銀錢、報銷經費、承辦局中各項雜務，查察局中書記人役以及農工商三項未賅事宜，監印稽核，歸其所轄。十三、本局辦公人員每日巳集酉散，局中預備茶點並備午飯，仿照學堂，除逢星期休沐一日外，常川到局。設有藉故請假，延擱公事，應由提調禀揭，至雜役人等勤惰，由各所委員隨時稽查禀請革退。十四、局中委員歷久辦事勤慎，毫無貽誤，仿照善後局兩年期滿給予奬叙，酌委優等差缺，如能異常出力有益民生者，亦俟一年期滿後，會同三司，詳請委署優缺一次，以示鼓勵。至會議調查員如能照常出力有益地方者，則叙明勞勣，由總辦會商三司，詳請奬勵。如委員因循敷衍，不知奮勉，由提調隨時禀請撤委。十五、本局承辦農工商總局，自應通飭文武，一體遵辦，俟開局後擬議辦法章程，分條叙明，行知府廳州縣遵照，應將奉到章程詳細查核，逐條禀商，立限一律舉行，分别興革，實事求是，以開利源爲主，固不可以無稽之談虚詞夸大，尤不可以實有能行之事畏難不辦。十六、本司局爲全黔興民利裕財政起見，凡關於農工商礦之事，只認與公正商人交接承辦，以防利權外溢。如有不肖奸徒，庸劣官紳希圖漁利，暗中串合奸商入股，干涉農工商礦等項事務，有礙本局主權者，自開局日起本局概不承認，並將招攬人照例嚴辦。十七、本局經費分兩層辦法，一額支、一活支，額支經費每月有定，可預爲算出立表，活支經費每月無定，不能預算，隨時詳請開支。十八、本局每月會議兩次，總辦以下及會議調查員俱各齊集局中，以初二、十六爲會期，如是日適逢星期，則退後一日再會，研究農工商礦實業。遇有特别事件，專發傳單，開特别議會，公議僉同然後舉辦。十九、礦務官銀錢局事體繁重，應另立專章，詳請咨部立案以資遵守。二十、黔省官款不充，民財亦絀，每辦一事興一利必須通盤合算，參用豫算決算之法，於資本耗費贏利各項權衡至當，然後發行，切勿輕於一擲，致貽有初鮮終之誚。以上二十條就開局情形言之，嗣後如有增修删改之處，隨時會商三司，籌議妥當，詳請飭遵。

《政治官報・摺奏類》光緒三十三年十月初九日第二十號《農工商部會同郵傳部奏核議湖北水泥廠援案免税摺》　奏爲核議湖北水泥廠援案暫免税釐分别辦理情形恭摺仰祈聖鑒事。光緒三十三年八月初八日，内閣抄出前湖廣總督張之洞奏招商承辦湖北大冶水泥廠援案請暫免税釐並准在湖北境内專利一片，奉硃批：「該衙門知道，欽此。」查原奏内稱，現在各省舉辦鐵路，所用材料以鋼軌、枕木、水泥爲大宗。鋼軌可取之漢陽鐵廠。水泥一項外國謂之塞門德土，凡築路、造橋、建廠等事均所必需。臣查得湖北大冶縣黄石港附近地名台子灣所産石質，於製造水泥極爲相宜，經化學家考驗，許爲上等合用質料。當經出示招商，如有身家殷實能集鉅股呈請承辦者，准即給札開辦，並予專利十五年，以維商業在案。兹據奏調湖北差委福建存記道程祖福禀稱，向辦河南清華公司，禀部有案，兹招集華股三十萬兩，情願承辦大冶縣台子灣水泥廠，請援案專利十五年，並請奏懇暫免税釐以恤商艱等情。臣查該道員曾經創辦清華公司，講求實業已歷多年，以之開辦水泥廠，必能刻期有效，異日行銷各省，足以收回外溢之利，當經臣札委該道爲水泥廠總辦等語，旋准該前督咨同前因，請予由部立案前來。伏查臣部於本年三月十八日，會同郵傳部具奏各省商辦鐵路所用材料，請照官辦之路，一律暫行免税一摺，奉旨：「依議，欽此。」又臣部於本年七月初三日具奏華商設立公司製造鐵路材料，援案暫行免税以勸工業而挽利權一摺，奉旨：「依議，欽此。」均經先後通行各省欽遵在案。兹湖北大冶縣台子灣地方剏設水泥廠，既係由前湖廣總督張之洞招商承辦，並准予在湖北省境内專利年限，奏懇暫免税釐，原爲維持路政，杜塞漏卮起見，惟事關税項，其有無應行核議之處，自應由税務大臣酌核定奪，以昭慎重，當經咨行税務處查核去後。兹准復稱，查水泥一項用處甚多，不僅足備鐵路之用，上年唐山洋灰公司所成洋灰亦係機器製造，經本處核准，無論運銷何處，均完正税一道，值百抽五，沿途概免重徵，咨復北洋大臣有案。今湖北水泥廠用機器製造水泥，正與唐山洋灰公司情事相同，惟鐵路所需材料既奏明暫行免税，則水泥一項該公司運銷如確係鐵路所用者，自應准照原奏暫行免税。其非鐵路所用者，仍應援照唐山洋灰公司成案完納正税一道，以重税課而示區别等因。准此，所有該廠運銷水泥，自應遵照税務處所議，確係鐵路所需材料，准暫援案免税，如非鐵路所用，仍完正税一道，如此分别辦理，似於税課、路工兩有裨益。除所請專利一節，應俟臣部專利章程奏奉允准施行後再行核辦外，所有核議湖北大冶水泥廠援案暫免税釐分别辦理緣由，理合恭摺會陳。伏乞皇太后、皇上聖鑒。再此摺係農工商部主稿，會同郵傳部辦理，合併聲明，謹奏。光緒三十三年十月初四日奉旨：「依議，欽此。」

《商務官報》宣統元年六月五日第十七期《本部會同度支部具奏議覆雲南籌辦礦務請派員撥款摺》　謹奏爲遵旨會議，恭摺覆陳仰祈聖鑒事。護理雲貴總督沈秉堃奏陳滇省禁煙情形，並懇籌辦礦務以資抵補一摺，本年三月初十日，奉硃批：「該部議奏。欽此。」欽遵由内閣抄出到部，查原奏所稱各節，大致以滇省禁煙以後，頓失此大宗土税，惟有亟籌辦礦，藉可補苴，其意在廣濬天然之美利，自無須各項雜捐，且力保地面之主權，以隱杜外來窺伺，用意甚屬周密。農工商部查上年六月間，陸軍部代遞補用道崔祥奎雲南要政條陳内速辦礦産一條，即以調查全省礦産，奏派紳商組織礦務公司，並赴南洋各埠勸招商股，藉爲練兵贖路之取資。當於議覆摺内聲明，擬請飭下雲貴總督就礦政調查局延訂礦師，勘驗礦苗，並參照湘、皖等省章程，就本省紳商擇其公正殷富、聲望夙著之人，作爲商辦礦務總理，添設勸業道一缺，督率公司廣招商股，官任保護，商任經營。倘有鉅富紳商於滇省創設公司，辦有成效者，即可援照爵賞章程及獎勵公司章程，從優給獎，以資激勸。並責成勸業道察度滇省土脈情形，認真提倡農業林業，俾與鑛業相輔而行各等因，奏明咨行，欽遵辦理在案。兹據該護督所稱，個舊錫廠，經前督臣錫良派員馳赴南洋購機招股，現已招有股實商人陳泰，遣派鑛師雷燦光集股來滇承辦個舊附近各錫鑛，核與原議大略符合。現在該省勸業道既經添設有人，滇越鐵路並可於年内達省。此後交通利便，正宜督飭該道劉孝祚廣招股富紳商，創設公司，先就礦苗旺厚之處，次第開採，逐漸擴充，以期日進發達。如果辦有成效，應准仍遵上年奏案，援照爵賞章程及獎勵公司章程辦理，似於礦業前途不無裨補。至所請選派外洋卒業精通礦學之人來滇勘辦一節，查農工商部歷經調用外洋卒業人員内，學習鑛業專門者，本屬無幾，且僅祇研究學理，並未親歷産鑛處所，確有經驗，遽令勘辦，仍恐無裨，惟此項人才，既爲滇省所急需，應由部中隨時物色考驗，實能勝任，即行遣派赴滇。一面仍請飭下雲貴總督，留心察看，先行就地取材，以憑勘辦，而免久延。又所請提撥鉅貲一節，度支部查滇省礦産素饒，特以向無公司承辦，資本不豐，則成效難著，此次雲貴督臣派員赴南洋招致股實商人，集股來滇，承辦個舊附近各錫鑛，現在選派鑛師購機開採，倘成效漸著，自不難次第擴充。近日臣部因該省改鍊京銅，添設從緩議。所有議覆雲南籌辦礦務，請派員撥款各緣由，理合會同具陳，伏乞皇上聖鑒。再此摺係農工商部主稿，會同度支部辦理，合併聲明，謹奏。

宣統元年五月二十日具奏。奉旨：「依議。欽此。」

《商務官報》宣統元年六月二十五日第十六期楊志洵《錢塘江上游之調查》

第二節　各地主要物産

一　富陽　物産以紙、絲二者爲大宗。年出毛邊紙值三十萬圓，竹紙值二十萬圓。竹紙原料，取給於近城之南山，製造之户千餘；毛紙原料，取給於距城十餘里之北山，製造户約三千餘。生絲年産約一千包，每包重千兩。其餘若茶與柏油，亦爲鉅産，茶名旗鎗，柏油年産二萬圓。

二　桐廬　山多田少，富於薪炭、紙、柏子、石灰等物。炭之産額約值三十萬圓。紙比富陽爲劣，亦值三十餘萬圓。柏子可以製蠟，約出二萬五千斤。石灰四萬担。茶葉三萬圓。米一萬五千担，米尚不足供本地需要，而賴杭州、金華、蘭溪之補給。繭、絲各值二萬圓。又産煙草，然無幾也。

三　嚴州府　府境山多地少，山地居其七，平原居其三，在浙省各府之中較爲貧乏。山中樹木多松杉，其樟樹值於製腦者無多。開化縣境有煤礦，品質欠佳，運輸不便，故每次試辦，皆歸失敗。桐廬縣境皇甫村煤礦，稍爲上等。又遂安、開化二縣交界之處有碲礦，以資本不充，頗難著效。

四　建德　縣境多山，以木料、薪炭爲要産，木料值二十萬圓，薪炭十萬担。此外則産毛邊三四千塊，每塊千張；雜油五六萬斤。

五　蘭溪　縣城在大雲山之麓，臨婺港、衢港合流之處，交通便利，爲錢塘上流第一要樞。物産以米（一年二十萬圓）、雜糧（一年八九萬圓）、火腿（年産二萬担）、柏油（年産一萬担）、薪炭、茶、漆等爲大宗。

六　金華府　山地居其六，平原居其四，土質饒沃，富於物産。每年産米二十萬担，爲産物之大宗，其次則有赤糖、火腿、柏油、竹木紙、靛青、甘蔗、煙草等。火腿約值三十萬圓，大半係東陽、義烏、浦江縣所産。又所屬八縣，皆有樟樹，東陽、義烏、金華三縣，皆有製腦公司，惟成績殊不足觀，以人民迷信風水之説，不肯採伐，原料難得故也。

七　衢州府　地當閩、贛之通衢，衢港上源之大溪，爲福建浦城縣之通路，而馬金溪可達江西玉山縣。衢府所轄五縣，龍游産林木，南屏紙；西安産紙、木料、樟腦、腦油、柏油、密柑、石榴；江山産竹紙、土布、米、麥、草鞭、靛青、茶葉、樟腦；常山産木料、麻；開化産靛青、茶葉、麻。

四川省民族研究所等《清末川滇邊務檔案史料》中《張以誠稟報查勘礦苗開辦銅礦擬訂試辦章程》宣統二年四月十六日　竊州判於三月十八日率領工匠，携帶器具，前往仁達村地方查勘礦廠。十九日行抵該處，二十一日即赴引道現露之熱塘達地方查勘。該處槽口石鬆，未能成壁，費工甚巨。二十一日復率工匠按引尋覓，在距仁達三十里之作然卡母地方，尋獲結礦之地一區，氣口亦旺，破石查勘，礦質稍粗。復順引尋覓，越嶺數重，又於距仁達十五里之長絨灣内，尋獲結礦之山一區，氣口掛緑，成槽成壁，破石查勘，得粗花白錫臘質。二十二日復往切實查勘，該處山脈豐厚，引苗透露，當督飭工匠開深槽口，採獲正礦，用火試燒，實係紅銅。現擬先就該處設廠試辦，如果獲利較多，再行推廣開採。

惟附近礦尖之山，並無樹木。酌量情形，亟宜移礦就炭，建置爐房於窪然喇嘛寺前面河邊。該處近依絨松，柴炭方便，且地勢亦極平衍。由礦尖修牛車路一站直達該處，轉運銅礦，便利實多。

前擬請領工本銀三千兩，以爲開辦經費。現在統計開支，關外百物昂貴，借材内地，用度浩繁，實不敷分布。合無仰懇憲恩，撥發開辦工本銀五千兩，以資應用。如蒙允準，即由州判備具墨領領回開辦，實爲公便。

計呈試辦章程一扣。

計開：

第一章　總　綱

第一條　川滇邊地礦産豐饒，内地商人向以道路艱險之故，不肯投資開廠。邊地蠻民又惑於神山風水之説，以致棄利於地。仰蒙憲恩，憫念民瘼，撥款興辦礦務，一以開通風氣，一以補救民生，一以廣辟利源，洵所謂一舉而三善備者。然事當創始，地屬極邊，組織機關，要當以和平爲宗旨，以儉約爲目的，參酌商人之規則，泯除官場之習氣。現在係屬官辦，與商辦及官督商辦情形迥異。所訂試辦章程，皆就目前情勢因地制宜，將來礦務發達，成效大著，一切悉遵部頒新章辦理。

第二章　籌　款

第二條　舉辦礦務，資本亟宜先籌。德格所産銅礦，現已採獲正苗試驗，實係紅銅。前次查勘擬請領工本銀三千兩以爲開辦經費。兹統籌全局，邊地苦寒，諸須借材内地。舉凡一切雇工、購器，轉輸貨物及修治道路，建造房屋，置牛車，雇烏拉，募巡勇，招蠻工，移礦就炭，備價買柴暨支發薪水、局費各事，需款實繁，三千兩實不敷分布，擬請撥發工本銀五千兩，以資應用。

第三章　設　廠

第三條　勘得德格之西仁達溝地方，産銅之山有三區：一名長絨灣，一名熱塘達，一名作然卡母。惟長絨灣地方礦脈豐旺，擬先開辦。該處距德格一百二十里，距仁達十里，距産柴炭之絨松六十里，距有林木之矮壩七十里，距金沙江河流一百里，距小河分岔之窪然喇嘛寺四十里。礦硐附近並無林木，是宜移礦就炭，庶幾柴水方便。現擬建廠房於長絨灣，蓋爐房於窪然喇嘛寺前面河溝。該處爲礦炭適中之地，地形水道均屬相宜，即將來推廣開辦作然卡母、熱塘達各礦及開辦絨松之西講達溝之礦山，亦屬相距不遠，皆可次第辦理。

第四章　用　人

第四條　開辦礦務，端賴群策群力，少用一委員，可以多用數司事。擬用司事長一名，稽查礦尖、礦房、炭廠諸事；用監工司事一名，兼管礦尖工匠之勤惰，督擇礦石之優劣；用收支司事一名，經管出入銀錢，收發器具食物之帳務；用司書生一名，經管文卷册報之公件；用秤手一名，經管收礦、收炭、收砂石、粘土、柴薪，並監督爐房工作各項事務；用巡勇四名，巡查礦尖、礦房、炭廠以及押運器具食物，護解銅斤各事，庶可收指臂之助。

第五條　礦尖、爐房、工匠各有專司，擬用欀頭一人，經理槽硐、開礦、架梁、選礦、擇硫各事；用爐頭二人，專司安爐、鍛礦、煉銅、提渣、風箱、水盤各事。庶足以專責成，而收實效。

第六條　礦尖錘手擬招足八名，爐房下手擬招足四名，分爲晝夜兩班輪流工作。將來若用汲水工人，亦擬雇用蠻民，分班晝夜工作。

第七條　漢蠻言語不通，礦務事宜時與蠻民交涉，擬用通事一名，以達夷情而期便利。

第八條　開礦小工人等，專用本地附近蠻民，借得自食其力，且免易聚難散之虞。工食從厚，而約束從嚴，以免滋事。

第九條　開礦工匠人等，如有因開山、鑿石、挖硐、取礦之事致遭危險，或致殞命者，各安天命。除由局稟報酌給恤賞，並移知地方官驗明立案外，其親族人等不得借端滋事。

第十條　工匠人等每月工作，逢朔望日放假一日。由局賚給犒勞一次，以示體恤。

第五章　理　財

第十一條　銀錢出入，工本所關。舉凡員司工匠人等，按其責任之輕重，才具之大小，以定薪工。擬請司事長一名，事務較繁，勞怨兼任，月給薪水銀十六兩；收支司事一名，月給薪水銀十二兩；監工司事一名，月給薪水銀十兩；司書生、秤手各一名，每名月給薪水銀八兩；通事一名，月給工食銀四兩五錢；巡勇四名，每名月給工食銀三兩六錢；雇用蠻民小工，月給工食藏洋十元；其爐頭二名，每名月支銀八兩；欀頭一名，月支銀八兩；錘手工匠八名，每名月支銀六兩；爐房下手四名，每名月支銀四兩。每月酌定日期分兩次核發，雖員司人等，不得借支分厘，以重公款。

第十二條　廠局既設，油、燭、薪紅、筆、墨、紙張，賞需雜用，不能無費，擬請每月籌給廠費十兩，以資應用。

第十三條　廠局需用食物器具，必需開支運費，司事因公他往，必需烏拉脚價，工匠每月每名犒勞酒肉銀八分等項，均擬請由局照章開支，作正報銷。實用實支，不得浮開浪費。如有弊竇者，查出重罰。

第十四條　部定礦章，勿論官辦、官商合辦、官督商辦，各礦均應抽税。惟創辦之初，暢旺不能預定，應請暫免抽收。一俟試辦一年，著有成效，即行酌定税則，稟請咨部立案。

第十五條　銀錢帳目最關緊要。廠中出入，每日應立流水簿一本登記數目，每月應立月結簿一本，造册報銷一次。每年應立總結簿一本，匯造總册報銷一次。若有虧挪侵欺等弊，查出重究不貸。

第六章　行　政

第十六條　礦産爲天財地寶，盈虧本難預決，然又不能不預爲決算。擬請開辦一年後，産銅果旺，獲利愈多，再行推廣。辦理如有虧折情事，或未虧本亦未獲利，即由委員稟請衡奪，以定行止。

第十七條　礦廠既開，廠中公務有應移會附近地方官者，有隨時稟報者，擬請刊發關防一顆，其文曰「德格銅廠委員」。以資信守，而昭慎重。

第十八條　自來辦廠，必借重於地方官提倡保護。擬請飭札德格四區委員，如有附近種地之人阻撓，喇嘛蠱惑，以及廠中挖礦需工，運糧需馬，購器、砍柴各事，一經礦務委員移商請辦，即行妥爲曉諭彈壓，並代爲傳知頭人速爲應雇，不得坐視推諉，致誤事機。

第十九條　礦廠工作人丁既衆，良莠不一，若無刑具以責之，必難約束。擬請援照雲南、四川各礦局例，凡委員所在局所，準設枷、笞兩項刑具。凡在廠工作者，如犯不法之事，或在外借端滋擾欺詐，即由委員查明審辦，量予枷笞。如所犯過重，以及地方野蠻匪徒入廠滋事，即移送地方官衙門照例懲究。

第二十條　廠中需用工人、烏拉，悉皆遵章雇募；需用柴草、青稞、食物等項，亦皆遵章照市給價購買。如有通事舞弊，一經蠻民稟揭，即由委員訊辦。情重者，移送地方官訊辦，以昭公允。

第二十一條　礦務事權，宜歸劃一。開創之初，事事棘手，況屬邊徼，尤爲特甚。德格雖能改流，蠻民頑梗實多。此後廠中如有與蠻民交涉細事，可否即由委員一面相機妥爲辦理，一面稟詳。其或關係重大事件，仍分別移知地方官查辦，並稟請核奪飭遵。

第二十二條　礦廠事務辛苦，人所共知。欲求襄助者之得力，既予豐薪以贍其家，更宜優奬以勵其志。所有理事、司事、爐頭、欀頭人等，擬請俟開辦後，實效昭著，獲利可觀之時，擇其尤爲出力者，照軍營出關勞績匯案咨部保奬功名，以昭激勸，而資觀感。

第七章　附　則

第二十三條　此次所訂章程，係屬試辦草案，現擬暫行照此辦理。

第二十四條　本章程如有未盡事宜，以及尚須變通之處，擬俟隨時酌核情形稟請增改，以期盡善，再爲詳請咨部立案，合併陳明。

《蘇州商會檔案叢編》第一輯《王同愈等條陳經綸絲紗廠沿革文》　兹將蘇經、蘇綸兩廠始末條列於左，以明真相。光緒二十三年馬關訂約通商，蘇州開辟商埠，設立商務官局。奉江督、蘇撫以蘇藩司息借商款五十四萬八千餘兩，奉辦蘇州蘇經、蘇綸絲紗兩廠商務公司。商款不敷，由官籌撥二十三萬五千餘兩，以足建築、購機、開辦經費（於積穀、水利、豐備項下支撥）。其時陸文端公丁憂在籍，即由當道商請爲兩廠總理。嗣即服闋進京，委托祝承桂接辦。連年虧折，一蹶不振。而各股東除年收利息七厘外，於兩廠營業盈虧始終未嘗過問。於是官廳以商務局名義招商租辦，即由費承蔭領租，是爲商股官辦時代。

費商領租後，減折商款股息爲常年三厘，成本較輕，營業漸裕。乃不顧發動機馬力，擅自添加紡紗新機，自圖私利。於是在城股東，見聞較近，探悉就裏，起而與之交涉。並函電農商部。經部派曾少卿查驗調處，議由股東收回。節經當道邀集在城股東，再三磋商，訂定將官中墊款分期攤還，並令出價收買費商新機，計銀五萬五千餘兩。又祝商經辦時，欠繳瑞生洋行機價六萬餘兩，亦一並籌還。是爲股東收回時代。

在城股東墊款收回後，即登報召集各屬股東，開股東大會。經衆集議，大多數皆謂此項投資非爲營業，實爲息借，但願年收股息，不願與共盈虧。於是股東自辦之議以消，而不共盈虧之議以定。然業已收歸商有，勢難返之官廳，不得已由張履謙、吴本善及商等數股東勉力擔負，另集股本，繼續開辦，以維持廠務。老股、新股之名目，實自此始。顧商等數人，雖皆老股中人，於全體老股東無涉。蓋新股立於租户地位，老股立於産主地位，名爲股東自辦，實爲租辦性質。是爲股東租辦時代。

商等租辦後，戊申、己酉、庚戌三年適值花貴紗賤，以致大遭失敗。商等亦不敢輕率再舉，新股名目亦因此消滅。而尤苦於仔肩在身，無從脱卸，不得不暫以經理人名義招商承租，以期官款與股息有着。不意革命事起，擱置將及一年，迨事勢大定，始得着手招商租辦，重行開機，接續招租，以迄於今。是爲招商租辦時代。

溯兩廠開辦時，雖以息借商款爲基金，實以商務官局爲主體，故兩廠名爲公司，並無公司章程，亦無股東真實姓名册籍。兩廠地址由商務局勘定，歲需地租二千九百餘兩。是以兩廠名爲股東收歸自有，實不完全。甲寅年，由經理人墊款，呈請繳價領地，計費銀九千餘兩，股東始有完全之産權。歷年以來，所有各項官款，其計銀十六萬餘兩，均已繳訖。股東始脱離官款之糾葛。計自經理人收管兩廠，以迄於今，代繳祝商瑞生洋行欠款、收買費商新機、撥還官款、呈繳地價，共墊銀二十八萬五千七百餘兩，於逐年租價内提成，歸還墊款。至上年年底止，尚欠還墊款十四萬三千餘兩。此兩廠歷年經過之事實及現在之情形也。

綜以上數端而論，商務局以息借商款强作公司資本，股東並未承認，故公司之權利任意放棄，志在收息。及費租商擅添新機，有出而干涉者，各股東亦從而和之。及收歸商有，各股東又主張不共盈虧。自戊申至今，歷十有五年，其中戊、己、庚三年，營業虧折，其於各項官款依舊照繳，未嘗以收歸商有，損及老股，以符不共盈虧之案。呈領廠基，年省地租二千九百餘兩，商等歷年經理，自問可對於老股東者也。至商等經理名目，自收歸後，仔肩難卸，因而發生，既非自甘擔負，亦非股東選舉，有艱巨之義務，而無絲毫之權利，盡人而知。乃一、二股東，未明就裏，妄自紛呶，某等真不直與之一置喙也。種種情形，具在貴會洞鑒之中，本無庸覼縷瀆聽，惟蘇州商務官局現經變革撤銷，實業廳暨縣署既無檔案可稽，合將兩廠始末情由，撮要録陳，希煩一並函咨廳、縣察復轉呈爲荷。

社會調查所《清代題本·採辦織造及各項工程》 順治三年三月二十七日到

順治三年二月二十一日欽差總督浙江福建等處地方軍務兼理糧餉兵部右侍郎兼都察院右副都御使張存仁揭爲請明歲造段疋歸併監臣專責成以速辦解事。竊照浙省每年例有歲造段疋一項，額定杭、温等十府，年織無閏段共壹萬貳千陸佰陸拾貳疋，計價墊木櫃等銀共伍萬貳千伍佰肆拾壹兩陸錢玖分玖釐，遇閏加織段捌百叁拾捌疋，加銀貳千七百四十六兩八錢三分七厘零，本布政司歲行起解，以供賞用。頃因江東梗化，屬僅杭、嘉、湖三府扣筭，該織段陸千一百六十疋，計價墊等銀該二萬四千四百二十六兩四錢一分三厘零。其順治二年額徵銀兩，業經措借兵餉給發織造，俟容稟數銷筭外，照今順治三年見在開徵前項段疋，雖未准有織造之部行，倘或一時需用，誠恐難以猝辦。若仍循舊例，散之各機匠織造，不惟墮侵蝕逋延之弊，且微臣竊見明朝賞賚，悉屬故套，而藩司解進段疋，皆係油粉稀鬆，濫惡不堪之物，徒費公家數萬金錢，而公家終不得寸絲之用。若我清國賞賚，何等鄭重，豈容仍以不堪塞責。職思欲織好段，必先用能臣，而既用能臣，尤必革陋弊。今織造監臣盧九德見在省城督織上用龍袍，綜核詳明，劃然就理，且各機匠僨織精工，期無愆越，此成效之可稽者，合無即以歲造事務歸併監臣董理，庶冗濫肅清而錢糧不致糜費。職係皇上豢養舊臣，灼知前項情弊，若不據實入告，職罪滋大，然應否歸併監臣盧九德督造，抑或仍聽藩司分令各機匠照舊織解，出自上裁，非職所敢必也。謹會同撫臣蕭、按臣王合詞上請，伏乞勅下該部酌議速覆行職等遵照。職以國家當鼎造之始，且事關貢賦，立法宜善，庶垂經久，而歸併織造之議，實竭愚衷，非敢臆請，統祈聖明鑒察施行。爲此除具題外，須至揭帖者。

社會調查所《清代題本・採辦織造及各項工程》 乾隆二十四年十月初二日硃批

乾隆二十四年十月初二日經筵講官太保保和殿大學士議政大臣領侍衛内大臣兼管吏部户部事務總管内務府大臣管理三庫事務一等忠勇公臣傅恒等謹奏爲奏明請旨事。據蘇州織造安寧呈稱，查乾隆二十年分派辦毛藍布十五萬疋，先經本織造請銷每疋價銀三錢七分，共請銷銀五萬五千五百兩，奉部照乾隆十八九年每疋銷銀三錢三分，共准銷銀四萬九千五百兩，減追銀六千兩，當經本織造嚴飭該商等作速完繳，復又催追去後。茲據該商等呈稱，物價低昂，隨時增長，近年布疋非昔可比，且二十年時遇大災，工料食物無不貴至數倍，人所共知，即照三錢七分之價承辦已屬竭蹶，若照康熙年間賤時價值採買寔屬不敷等情。查復辦此項布疋，爾時遵照舊例三錢七分飭商承辦，該商等已畏縮不前，本織造飭令勉力遵辦，後奉部減，商困既難力支，今二十年分所辦布疋，奉部比照康熙三十五年，頭年給價，次年繳布，機户營運生息之案駁減，切查解部布疋必須揀選上白棉花紡織，加長放澗，又遵照樣布精細緊密，染色鮮明方能解運，寔與民間貿易粗糙短窄市布不同，已蒙部洞悉。至如油敦布價，雍正九年每疋銷銀二錢六分零，至乾隆十六七等年復辦以來，每疋照時價核銷銀自三錢九分并四錢至四錢二分零不等銷結各在案，而油敦布與青藍布同一花紗所織，油敦布現今既照時價銷算，較之雍正九年每疋已增至一錢三四分，今青藍布止照康熙三十四年現領現辦三錢七分之成例給發，寔屬樽節飭辦，屢據該商等以乾隆二十年時遇大災，工料倍騰，請照時價發辦，本織造因限於成例，未便遽准，飭商遵照承辦，今又奉部駁減。伏查動用錢糧，自應核寔，而辦商竭蹶，亦宜憫憐。且查二十年委員辦解之油敦布，已奉部照時價增銷，今該商等所辦布疋，未便獨令向隅之泣，本織造目擊情形，再四籌畫，既難向並無浮揑之商重重減追，又未敢以奉部駁減之案堅執請銷，躊躇計算，寔出萬難。仰請俯念二十年時遇災歉，布疋時價寔屬昂貴，更難採辦，應請照三錢七分之數即賜核銷，寔與據情酌予豁銷之恩旨相符，以甦商困，亦以完案牘等因前來。查乾隆二十年分辦解毛青布十五萬疋，先據該織造每疋請銷銀三錢七分，共請銷銀五萬五千五百兩，經臣部令照十八九等年，每疋准銷銀三錢三分之例核減。嗣據該織造以二十年秋禾被災，花、米價騰倍於往年，屢請照舊准銷，復經臣部以十八九年既照例減銷，未便逾格請增，因以駁減三次，該織造並不遵照追繳，是以援引乾隆十九年正月内欽奉上諭：「外省動用錢糧嗣後報銷之案符例者，該部即具摺聲奏或按例核減，飭交該督撫查明經手官員，照數追賠完款，或據情酌予豁銷，務令尅期速結，欽此。」欽遵在案。所有該織造辦解二十年分毛藍布十五萬疋，應照十八九年每疋准銷銀三錢三分，共准銷銀四萬九千五百兩，應減追銀六千兩，行令追繳報部在案。今該織造復以該年時遇災歉，布疋時價寔屬昂貴，仍請照舊例每疋三錢七分之數給發請銷，但查與從前奏明節省并乾隆十八九年辦解減銷之數均屬浮多，所有核減銀六千兩相應奏明請旨，行令該織造安寧，勒限一年在於各商名下追完報部可也。爲此謹奏請旨。

硃批：「安寧既稱彼處被災，應准其豁銷。」

社會調查所《清代題本・採辦織造及各項工程》 乾隆二十六年二月二十三日内閣下户部

乾隆二十六年二月十七日經筵日講官太子少保東閣大學士仍兼管户部尚書事務兼管翰林院掌院事世襲一等輕車都尉臣蔣溥等題爲移付事。户科抄出浙江巡撫莊有恭題前事内開，據布政使司布政使明山詳稱，案查雍正十一年二月十五日奉准户部咨開，浙江清吏司案呈，准緞疋庫付稱，每年令浙江省辦解絲綿二百斤，白絲八千五百斤，查絲綿庫存無幾，仍行起解，其飯食銀兩照例隨解，白絲一項庫中現存七萬餘斤，每年所用一二千斤不等，今停其辦解，自雍正十一年起停辦，俟將近用完之日再行起解。其所停白絲八千五百斤，每斤價值銀九錢九分二厘，共核銀八千四百三十二兩，扣存藩庫，委員解部。又每年議敘參政道李秉直辦解色絨絹線二項，庫中現有十六萬八千餘斤，每年約用一二千斤至二三百斤不等，理合暫行停解，俟將近用完之日再行辦解等因摺奏。奉旨：「依議，欽此。」應移付轉行該撫，將所停色絨絹線二項價值，并染價等項銀兩毋庸給發等因前來，相應行令該督將停辦色絨絹線價值，并染價銀兩停其給發，再絲綿仍行辦解，與飯食銀兩一併照數解部，所停白絲價銀按數扣存，委員解部可也。爲此合咨前去查照施行等因，咨院行司遵奉在案。所有乾隆二十五年分應辦白綿，遵經飭行湖州府屬照數辦解，并將用過價值詳報去後，今據湖州府知府李堂詳，據安吉、烏程、歸安、長興、德清、武康、孝豐七州縣詳稱，辦解乾隆二十五年分白綿價值，俱係照例採辦，照依各年部定准銷之價，每兩三分九厘六毫，水脚亦照正價加一請銷，並無絲毫浮冒等情到府。卑府覆核無異，詳請核轉等情到司。據此該布政使明山查得浙江省乾隆二十五年分辦解白綿，前經照例動支司庫地丁銀兩，飭令湖州府屬辦解報銷，旋據各州縣辦完白綿二百斤，已經詳委仁和縣縣丞楊兆槐驗收附解，循例轉具司批呈送掛號給解起行訖。所有用過價脚，行據湖州府開報，辦完白綿二百斤，共該三千二百兩，遵照各年部定價值每兩三分九厘六毫，應銷正價銀一百二十六兩七錢二分，水脚隨正加一支給，應銷銀一十二兩六錢七分二厘，二共應銷銀一百三十九兩三錢九分二厘，核與原定正價水脚數目相符，擬合轉造清册，呈送察核具題。其用過價脚銀兩，仍於乾隆二十五年地丁錢糧題銷册内彙報，合併聲明等情到臣。據此該臣看得浙省乾隆二十五年分，湖州府屬奉文辦解白綿已經辦完解部，所有用過價值據布政使明山詳稱，白綿二百斤，計該三千二百兩，每兩正價銀三分九厘六毫，共應銷正價銀一百二十六兩七錢二分，水脚隨正加一支給，應銷銀一十二兩六錢七分二厘，二共應銷銀一百三十九兩三錢九分零，造册請銷，其用過價脚銀兩於乾隆二十五年地丁錢糧題銷册内彙報等情前來，臣覆核無異，除册送部外，理合具題。

【略】

硃批：「依議。」

社會調查所《清代題本·採辦織造及各項工程》 乾隆二十八年四月十三日内閣下工部

乾隆二十八年四月初十日議政大臣暫署工部尚書事刑部尚書鑲紅旗滿洲都統世襲雲騎尉加四級紀録二次臣舒赫德等謹題爲報銷辦差經費錢糧仰祈睿鑒事。工科抄出閩浙總督楊廷璋題前事内開，竊照乾隆二十七年春，恭逢翠華重幸，浙省仰荷聖主廑念民依，親臨海寧閲視塘工，所有一切預備事宜，臣與前任浙江撫臣莊有恭凛遵諭旨，悉從簡樸，所需經費俱核定章程，撙節辦理。如修葺杭城内外行宫各處景亭，并備辦大營尖營及道路橋梁等項人夫匠工器用料物，悉照時值，現銀給辦，於民間絲毫無累。前據各委員將用過經費銀兩造册報銷前來，臣與前任浙江撫臣莊有恭，率同布政使司索琳、按察使司李治、運糧儲道雷暢、鹽驛道袁守侗，逐一覆加核實，共用過經費銀一十二萬三千九百五十七兩零，均係實用實銷，並無浮冒。查乾隆二十二年奏銷用存經費銀六萬二千四百二十六兩零，又原存貼給江省船價餘剩銀二千二百四十四兩，現在商輸經費銀十萬兩，共銀一十六萬四千六百七十兩三錢零，除動用外，尚餘存銀四萬七百一十三兩零，仍飭司收貯，以備將來玉輅時巡之用。所有動用過辦差經費銀兩，分款繕造奏銷黄册，恭摺具奏，於乾隆二十七年八月初一日奉硃批：「該部核議具奏，欽此。」欽遵嗣准工部咨開，銷算一切錢糧，例由該督撫將所修工程用工用料之處，詳細造册送部，照例按册核算，與例相符者准其開銷，與例浮多者即行核減。今浙省用過辦差經費銀兩，未經造册送部查核，難以核銷，相應請旨，行文該督等，將前項用過辦差經費銀兩，速即造具實用正副細册，具題到日，再行查核，乾隆二十七年九月初四日題。本月初九日奉旨：「依議，欽此。」移咨到臣，隨行司查造去後，今據浙江布政使索琳造具實用正副細册詳請具題前來，臣覆查無異，除册送部外，臣謹會同浙江巡撫臣熊學鵬、調任江蘇巡撫臣莊有恭合詞具題，伏乞皇上睿鑒，勅部核銷施行，爲此具本謹題請旨，乾隆二十八年正月二十一日題。三月初五日奉旨：「該部察核具奏，欽此。」欽遵於本日抄出到部，（中略）查浙省乾隆二十七年辦差用過一切經費銀兩，臣部查册開修理各處房屋亭座等項所用木植板片，俱係籠統開報，並不聲明應用處所之長寬丈尺，一切石料亦不將各長寬厚丈尺開明，油飾彩畫均不將應行油畫處所各長寬丈尺以及應用各顔料名色斤重數目聲明，修砌橋閘石路石磡馬頭等項，亦不開明長寬高厚丈尺，一切匠工並未逐款分晰按料計工，修墊道路營尖地面應用夫工，及所用木石磚瓦等項價值，與例甚屬浮多，難以查核，相應將指駁各款，在於副册内註明鈐印，發還該督轉飭，照依駁款，詳細聲明分晰，據實删減，另造正副妥册，具題到日，再行查核可也。臣等未敢擅便，謹題請旨。

硃批：「本内所駁各款雖係籠統開報，例難准銷，但承辦大差一切款項，該督撫等自必節次核定，屢經駁查，稽延時日，其中辦理聲覆，前後必致周章，著加恩即照所請准其報銷。」

社會調查所《清代題本·採辦織造及各項工程》 乾隆三十一年七月初五日内閣下工部

乾隆三十一年七月初三日工部等部經筵講官議政大臣吏部尚書兼管工部尚書事務正黄旗滿洲都統臣託恩多等謹題（樣本）爲遵旨覆奏事。工科抄出調任湖廣總督兼署湖北巡撫印務吴達善題前事内開，據湖北布政使司布政使三寶詳稱，奉前巡撫部院抄案乾隆三十年十一月十八日准户部咨開，捐納房案呈本部奏前事一摺，相應抄録原奏移咨該撫可也。計原奏一紙内開，據直隸總督方觀承等奏稱，本年五月内奉上諭：「據尹繼善奏，各屬城垣，均關緊要，現在江南、江西各屬城工開捐勸輸，陸續興修，已有成效。各省州縣鹽、當各商及殷寔富户，所在俱有，豈無好義急公之人，願出餘資共勷善舉。又如犯事到官或罪有應得而情尚可原，願以金作贖，幫助城工，並可酌量收捐等語。城工所以衛民，出民力以自衛，固屬公私兩便，但各省情形不同，捐輸恐未必盡皆踴躍，或地方官奉行不善，難免滋擾，則又不得不因地制宜。著傳諭各該督撫，將各省寔在情形若何，是否可照江南捐修事例舉行之處，據寔覆奏到日飭部議行。如民情未能一例急公，亦不必勉强從事。所有尹繼善原奏著一并抄寄，欽此。」欽遵各將寔在情形查明，陸續奏報，抄出到部，臣部逐一查核，除安徽省城工業經奏報完竣外，其福建、廣東、雲南三省現在城垣一律堅固，無庸修理。江蘇、江西、河南三省俱經該督撫等籌辦，次第興修，亦無庸另爲籌畫。四川省未修城垣六十一處，現存鼓鑄餘息銀四十萬兩。貴州省未修城垣十四處，請動鉛斤運脚節省銀十七萬一千八百餘兩。湖北省修建城垣十一處，請動加鑄餘息並前撫臣湯聘認修捐銀共十七萬六千九百餘兩。湖南省未修城垣十處，請動鼓鑄砂税餘息銀十九萬餘兩。核算四省修理之費，雖屬尚有不敷，而鼓鑄等項節年原有餘剩，應令該督撫分別緩急，將續收餘息銀兩次第修理，毋庸另爲籌項。其餘各省應修城垣，直隸需銀三百餘萬兩，山東需銀一百五十五萬兩，陝西需銀五十八萬九千餘兩，浙江需銀四十三萬兩零，廣西需銀六萬五千餘兩，山西需銀二十八萬餘兩，此内除直隸現存協撥江南城工餘銀並餘剩水利銀四十萬兩，浙江收存商捐銀二十萬兩外，其餘不敷銀五百三十一萬四千餘兩。該督撫等多有奏請，試令地方官勸捐，聽民分年完納之處。查築城衛民，踴躍輸將亦屬分所當然，但各省風土不齊，物力亦不無盈絀之異。惟山西省奏稱，士民樂輸，而其餘省分俱以情形不及江南，若令其一律勸捐，雖該督撫等留心稽查，未免耳目難周，而不肖官吏難保無夤緣爲奸，誠有如聖諭，地方官奉行不善，難免滋擾，應請將勸捐之處毋庸議。至陝西撫臣和其衷奏請，俟倉儲充足後再行收捐，監穀平糶以資修理，曠日持久，難以責其成效。而甘肅未修城垣三十四處，據該督奏明，需費繁重，請俟水旱不齊之年分別修理，似不必急於舉行。但甘肅地當西陲孔道，所有城垣自應一律修整，以壯觀瞻，惟是該省需銀數目未據查報，無憑核計，應令該督據寔確估，同陝西應修城垣一體查明緩急奏報，次第興修。其需用工料銀兩，令其在該二省應解部庫銀内先行動給，如無解部銀兩，臣部於酌撥案内即於隣省解部銀内撥給。至於直隸、山東、廣西、浙江、山西五省應修城垣，似可稍緩，自應仍體以工代賑之意，或遇該省偶有水旱不齊之年，該督撫酌看地方輕重情形奏請辦理，庶城工民食均爲得濟。所有直隸存銀四十萬兩，浙江存銀二十萬兩，應令收貯備用，如需用之時仍有不敷，臣部再行奏請撥項接濟。如蒙俞允，臣部行文現在奏請勸捐之山西、山東、浙江、湖南、湖北、廣西、四川等省將勸捐之處即行停止，仍出示曉諭，俾窮鄉僻壤咸得聞知，毋許承辦官吏胥役借名侵隱，如有私徵中飽等弊，即行指名嚴參，不得稍存瞻狥可也，爲此謹奏請旨。乾隆三十年十一月初六日奉旨：「户部議奏各省修理城垣事宜，請停止勸捐，其直隸、山東、陝西、浙江、廣西、山西等省估需不敷銀五百三十一萬餘兩，於該省偶遇水旱不齊之年，該督撫照以工代賑之意酌量奏請辦理等語。所議停止勸捐之處頗合朕意，但直隸等六省應修城工甚多，若俟該省水旱不齊之年，再行奏請以工代賑，未免曠日持久，完工無期，而已經損塌之城垣，愈至艱於修整。據摺内所稱直隸等省不敷銀不過五百餘萬兩，現在軍需已罷，各省多報有收，正府庫充盈之際，而朕所念者，庫中所存者多，則外間所用者少，即當動撥官帑，俾得流通，而城工亦藉以整齊。且如户部收捐貢監一項，每年約計可得百餘萬，若以五年爲期，即可敷所需之數。著該部按照各該省需用銀數多寡，每年酌撥銀一百萬兩，統計五年，而各省城工，遂可一律告竣。其如何分別省分酌量派撥之處，仍著該部妥議辦理，餘依議，欽此。」欽遵於初七日抄出到部等因，抄移到院，行司欽此轉行，欽遵在案。【略】乾隆三十一年四月初一日題，本月二十八日奉旨：該部議奏，欽此。欽遵於本日抄出到部。

該臣等會議得調任湖廣總督兼署湖北巡撫印務吴達善疏稱，湖北宜都等十一縣應修應建城垣，准部議覆，動支加鑄餘息並前撫臣湯聘認修等銀共十七萬六千九百餘兩，分別緩急興修，不敷銀兩將續收餘息次第辦理，毋庸另爲籌項，奉旨允准，欽遵在案。今據湖北布政使三寶詳稱，查竹谿、竹山、鄖西、保康四縣應修城垣，宣恩、來鳳、咸豐、建始、利川五縣應建城垣，據各委員勘估册報，應俟該司親詣覆勘確寔，取册另詳。又遠安縣城垣已據荆州道府勘估需用工料銀兩，經該司查勘無異，現在飭令造册另詳請題動項趕修外，所有宜都縣倒塌城垣垜口城樓等項，行據署枝江縣知縣黄元淳前詣宜都縣，會同該縣周文席查勘詳稱，該縣城垣歷年久遠，從未請項修理，乾隆二十六七等年雨雪叠降，先後倒塌城垣垜口並城樓等處，復行勘丈，寔需工料銀五千九十三兩三錢七分零，出具並無浮冒，印結造册，由府加結，經該司帶同諳練工程之試用縣丞朱元龍、胡光祖前往該縣，將倒塌城垣逐段親督，丈量明確，照急工之例，一面在於司庫外收實武局加鑄餘息銀内，先給拾分之八銀四千七十四兩七錢零，飭令該縣刻日具領，上緊購料，由荆州府查驗，即令覓匠趕修，並委荆宜施道金祖静就近驗看物料，董率經理，往來查察，理合據册詳題等情，臣覆核無異，除册結送部外，臣謹具題等因前來。

查宜都縣坍塌城垣，先據該撫彙入竹谿等十一縣，將應修城工銀兩具奏，經户部於籌辦城工修費案内，議令該省動支加鑄餘息並前撫臣湯聘認修捐銀共十七萬六千九百餘兩，分别緩急興修，其不敷銀兩將續收餘息次第辦理，毋庸另爲籌項等因，覆准行知在案。今據該署撫吴達善疏稱，宜都縣城垣委員覆估，實需工料銀五千九十三兩三錢七分零，請於司庫外收實武局加鑄餘息銀内酌給興修等語，應如該署撫所題，准其修理。其所需工料銀兩，應令該撫遵照原奏，在於加鑄餘息銀内動支。仍令該撫酌定限期，轉飭作速撙節辦理，責令道府往來查察，俟工竣之日該撫親自驗收，將實在用過工料銀兩，照例造具册結題銷。至竹谿等十縣城垣，俟布政使覆勘確實，即行造具估册題報可也。再此案係工部主稿，合并聲明。臣等未敢擅便，謹題請旨。

硃批：「依議。」

社會調查所《清代題本・採辦織造及各項工程》　乾隆四十四年八月初五日内閣下户部

乾隆四十四年八月初一日經筵日講起居注官議政大臣協辦大學士事務户部尚書管理三庫事務兼管刑部事務正黄旗滿洲都統掌翰林院事教習庶吉士總管内務府大臣署步軍統領革職留任又從寬免其革任臣英廉等謹題爲欽奉上諭事。户科抄出浙江巡撫王亶望題前事内開，據署布政使事鹽道陳淮詳稱，准杭州織造徵瑞咨開，案准部行，每年新絲甫出之時織造移取銀兩，循照舊例，預行給發採買，無悮織辦。所有乾隆四十五年辦運部派緞疋需備絲斤錢糧，相應循例咨取，希即先移解銀一萬兩，以便及時採買等因到司。准此該署布政使事鹽道陳淮查得，每年織造織辦部派緞疋，向於新絲甫出之時，遵奉部行赴司預領絲斤銀二萬五千兩，動支該年地丁，一面移送，一面詳報請題，節年遵循在案。今准織造徵瑞咨取乾隆四十五年辦運部派緞疋需備絲斤錢糧，先移支銀一萬兩前來，備查乾隆四十四年地丁錢糧，欽奉皇上恩旨蠲免，除經在於司庫乾隆四十三年秋季存庫留協款内動支移解應用外，擬合詳候察核題明等情到臣，據此

〔下略〕

硃批：「依議。」

社會調查所《清代題本・採辦織造及各項工程》　道光二十五年六月初十日奴才明倫奏

爲接收織造兩關庫貯查明交代緣由恭摺奏聞仰祈聖鑒事。竊奴才蒙恩簡放杭州織造，業將到任日期奏報在案。兹准前任織造恩吉，將南北兩關征存税銀實數，及撥解動支各款，造册移交奴才，覆核無異。查南新關本年八月期滿，北新關十月底期滿，例應統年彙核具奏外，其織造庫實存申餘鹽務餘平銀二萬三千七百五十二兩四錢二分，又運司印文應解津貼銀十一萬六千一百五十兩，又存庫單絲六萬五千一百十九兩四錢，一併分款造册移交前來，查對均屬相符。奴才復按册稽核，查得織造應存申餘鹽務餘平銀十二萬七千四百七兩八錢八分五厘，緣向來豫購絲斤例價不敷，在于商綱項下支領津貼，嗣因鹽運滯銷，新舊引目套搭，未能按時移解，是以歷任織造均經奏明，于庫貯申餘等項下先行墊用，以便趕辦新絲，無悮運務，前任織造恩吉接受歷任計墊用銀十萬三千六百五十五兩四錢六分五厘，應以運庫歷年所欠津貼銀兩作抵，奴才咨查運司未解津貼，核與墊用之款數，足敷抵補，應俟積引行銷陸續征解歸還墊款。奴才業經行文咨催鹽運司趕緊籌解，以濟運務。所有接收織造兩關庫貯查明交代緣由，理合恭摺具奏。

社會調查所《清代題本・採辦織造及各項工程》　光緒十五年正月初十日

硃批

光緒　年　月　日臣曾國荃奏

謹將光緒五年修理寶山縣境海神廟，及移建塘工公所房屋用過工料銀兩數目，繕具清單，恭呈御覽。

計開：

一、修理寶山海神廟大殿一座，計房五間；天后宫大殿一座，計房五間；風神殿一座，計房六間；胡公祠一座，計房六間。共計房二十二間。每間面寬一丈二尺，簷高一丈，脊高一丈八尺，進深二丈四尺，七檁硬山成造。各座殿宇俱因修建年遠，無案可稽，歷被風雨吹殘甚致坍塌倒壞，亟應重復修整以昭誠敬。今將各座房屋拆卸重修，地基提高墊平，地面鋪墁方磚，並砌周圍牆垣，通廟硃紅油飾，照舊修復完整。除拆下舊木料磚瓦揀選抵用外，所有新添物料匠

夫用過銀兩數目，按照寶山縣例價造報開列於後，俱係寔用寔銷，並無絲毫浮冒，理合登明。

一、修理寶山海神廟等處工程：

徑一尺八寸、長一丈八尺杉木大柁換新一十四根，每根銀三兩一錢三分，共計銀四十三兩八錢二分。

徑一尺六寸、長一丈杉木二柁換新一十六根，每根銀一兩三錢八分，共計銀二十二兩八分。

徑一尺四寸、長一丈二尺杉木枋子換新一百二十六根，二根折用一根計六十三根，每根銀一兩五分，共計銀六十六兩一錢五分。

徑一尺二寸、長一丈二尺杉木金柱換新三十八根，每根銀一兩一錢一分，共計銀四十二兩一錢八分。

徑一尺、長一丈二尺杉木檩子換新一百一十四根，每根銀六錢四厘，共計銀六十八兩八錢五分六厘。

徑一尺、長一丈杉木簷柱換新四十一根，每根銀五錢四厘，共計銀二十兩六錢六分四厘。

簷椽、花架椽、腦椽各換新八百根，共湊長二千四百八十丈，見方二寸五分計用杉木見方尺一千五百五十尺，每尺銀七分二厘，共計銀一百一十一兩六錢。

長五寸鐵釘七千六百箇，計重三十八斤，每斤銀四分，共計銀一兩五錢二分。

木匠共一千六百二十七工，每工銀五分，共計銀八十一兩三錢五分。

山牆八堵，各長二丈八尺，折平高一丈四尺，厚一尺八寸。簷牆一十六堵，各長一丈一尺，高九尺，厚一尺六寸。俱用牆磚成砌，牆身裏面抹什，外皮拘抿，各折見方丈四十七丈二尺。周圍牆圍牆一道，湊長六十八丈，高一丈二尺，厚一尺八寸。除舊磚揀抵外，添新牆磚一十九萬二千三百塊，每塊長七寸，寬四寸，厚一寸五分，銀六毫，共計銀一百一十五兩三錢八分。

石灰一十七萬六千五百斤，每千斤銀一兩，共計銀一百七十六兩五錢。

紙筋一百九十六斤，每斤銀一分，共計銀一兩九錢六分。

瓦匠二百六十三工，每工銀五分，共計銀一十三兩一錢五分。

壯夫五百二十六名，每名銀四分，共計銀二十一兩四分。

屋頂苫灰，背鋪望磚，蓋宼筒板瓦，各湊面寬二十六丈四尺，兩坡共深三丈六尺，折見方丈九十三丈六尺。除舊望磚、筒板瓦揀抵外，添新筒瓦二萬六千三百箇，每箇長八寸，寬五寸，銀五厘四毫，共計銀一百四十二兩二分。

板瓦六萬七千八百箇，每箇長五寸，寬五寸，銀四毫五絲，共計銀三十兩五錢一分。

石灰一十二萬一千四百斤，每千斤銀一兩，共計銀一百二十一兩四錢。

紙筋三百五十斤，每斤銀一分，共計銀三兩五錢。

望磚九萬一千塊，每塊長七寸，寬三寸二分，銀八毫，共計銀七十二兩八錢。

地面鋪見方二尺，厚二寸方磚一千六百塊，每塊銀五分六厘，共計銀八十九兩六錢。

瓦匠三百三十四工，共計銀一十六兩七錢。

壯夫六百六十八名，共計銀二十六兩七錢二分。

銀硃油飾共計折見方尺一千五百六十尺，計用銀硃二十三斤六兩，每斤銀六錢，共計銀一十四兩二分。

桐油二十四斤七兩，每斤銀三分，共計銀七錢三分二厘。

油匠一十二工四分，每工銀五分，共計銀六錢二分。

以上共用工料銀一千三百四兩八錢七分二厘。

一、移建寶山塘工公所瓦屋一所，共計房一十九間半，計前後三進。第一進五間，中一間面寬一丈四尺，四次間各面寬一丈二尺，簷高一丈四尺五寸，進深一丈，四檩。捲棚成造穿堂一間，面寬一丈四尺，進深二丈五尺，簷高一丈二尺，中高一丈八尺二寸，六檩。捲棚成造第二進五間，中一間面寬一丈四尺，四次間各面寬一丈二尺，脊高一丈八尺，前簷高一丈，後簷高一丈二尺，進深二丈四尺，六檩。前出廊成造第三進四間，中一間面寬一丈四尺，三次間各面寬一丈二尺，進深二丈四尺，前簷高一丈，後簷高一丈二尺，脊高一丈八尺，六檩。前出廊成造東西廂房各兩間，每間面寬一丈二尺，進深一丈六尺，簷高一丈，脊高一丈三尺，五檩。成造披屋半間，寬深各一丈二尺，簷高一丈，脊高一丈三尺，五檩。成造周圍築砌牆垣各寬六丈四尺左右，各長一十一丈二尺，高一丈一尺，厚一尺二寸。除拆卸舊料揀選抵用外，所有添新各項物料工價開列於後，

計開：

徑一尺八寸、長一丈八尺杉木大柁換新十一根，每根銀三兩一錢五分，共計銀三十四兩六錢五分。

徑一尺六寸、長一丈杉木二柁換新十二根，每根銀一兩三錢八分，共計銀一

十六兩五錢六分。

徑一尺四寸，長一丈二尺杉木枋子换新九十六根，二根折用一根，計四十八根，每根銀一兩五分，共計銀五十兩四錢。

徑一尺二寸，長一丈四尺杉木金柱换新三十二根，每根銀一兩二錢六分，共計銀四十兩三錢二分。

徑一尺，長一丈二尺杉木檁子换新六十二根，每根銀六錢四厘，共計銀三十七兩四錢四分八厘。

徑八寸，長一丈二尺杉木簷柱换新一十四根，每根銀四錢一分五厘，共計銀九兩九錢六分。

簷、腦、花架椽各换新六百二十根，湊長二千二百二十丈，見方二寸五分，折用杉木見方尺一千三百八十尺，每尺銀七分三厘，共計銀九十九兩三錢六分。

長五寸鐵釘六千二百箇，計重三百一十斤，每斤銀四分，共計銀一十二兩四錢。

木匠二百八十三工，每工銀五分，共計銀一十四兩一錢五分。

山牆六堵，内二堵各長一丈四尺，折平高一丈三尺，四堵各長二丈九尺，折平高一丈五尺，俱厚一尺八寸。簷牆十一堵，各長一丈一尺，高一丈，厚一尺四寸。俱用牆磚成砌，牆身裏面抹刷，外皮拘抿，各折見方丈三十二丈六尺。周圍磚圍牆，前後各寬六丈四尺左右，各長十一丈二尺，高一丈，厚一尺二寸。除舊料揀抵外，添新牆磚一十五萬一千二百塊，每塊長七寸，寬四寸，厚一寸五分，銀六毫，共計銀九十兩七錢二分。

圍牆下脚填砌塊石，添新見方一丈厚一尺塊石八方六分，每方銀五錢六分二厘，共計銀四兩八錢三分三厘。

石灰一十三萬八千四百斤，每千斤銀一兩，共計銀一百三十八兩四錢。

紙筋一百六十六斤，每斤銀一分，共計銀一兩六錢六分。

瓦匠二百二十六工，每工銀五分，共計銀一十一兩三錢。

壯夫四百五十二名，每名銀四分，共計銀一十八兩八分。

屋頂鋪蓋望磚，苫灰，背宼蓋筒板瓦，各湊面寬二十一丈四尺，兩坡共深三丈八尺，折見方丈八十一丈三尺。除舊望磚、筒板瓦揀抵外，添新望磚七萬二千塊，每塊長七寸，寬三寸二分，厚三分，每塊銀八毫，共計銀五十七兩六錢。

筒瓦一萬三千三百四十五箇，每箇長八寸，寬五寸，銀五厘四毫，共計銀七十二兩六分三厘。

板瓦四萬八千五百三十五箇，每箇長五寸，寬五寸，銀四毫五絲，共計銀二十二兩八錢四分。

石灰八萬六千八百斤，每千斤銀一兩，共計銀八十六兩八錢。

紙筋一百二十三斤，每斤銀一分，共計銀一兩二錢三分。

鋪地尺八方磚，添新見方一尺八寸厚二寸方磚一千二百塊，每塊銀四分五厘，共計銀五十四兩。

階沿石，添新十二丈寬一尺二寸厚八寸青石，每丈銀八分五厘，共計銀一兩二分。

柱頂石墩添新三十二箇，每箇見方二尺，厚一尺，銀三分，共計銀九錢六分。

瓦匠二百四十二工，每工銀五分，共計銀一十二兩一錢。

壯夫四百八十四名，每名銀四分，共計銀一十九兩三錢六分。

以上共用工料銀九百七兩二錢一分四厘。

統共用過工料銀二千二百一十二兩八分六厘。

硃批：「覽，欽此。」

王同愈、王立鰲謹呈

藝文

梅堯臣《宛陵集》卷五《銅坑》　碧鑛不出土，青山鑿不休。青山鑿不休，坐令鬼神愁。

梅堯臣《宛陵集》卷一八《送施屯田提點銅場兼相度嶺外鹽入虔吉》　江西采銅山未竭，南越熬波海將結。主人貪利不畏刑，白日持兵逾盜竊。銅私鑄器鹽奪商，死共吏争蛇鬭穴。姦豪乘勢倚蠻陬，劫掠聚徒成蟻垤。今雖驅翦嶺下平，尚恐根存更生孽。因擇健才通便民，付職與權將有設。秋香亭上共爲賓，却作主人殊少悦。徂東走北十五年，只有山川看不别。

姚瑩《東溟文集》卷一二《文後集・太子少保兵部尚書都察院右都御史雲貴總督諡文恪武趙公行狀》〔道光〕五年九月，調雲貴總督。六年正月，至滇。貴州士瘠民貧，惟黎平府産杉木，松桃廳産茶、桐，獲利資生，餘則彌望皆童山也。近歲大吏勸民種橦樹，放蠶收繭織綢，甚有效，而守令或以爲迂。公過諸府州縣，多未行者，復手教勸之，且捐給工本。滇省荒遠，以靖撫邊夷、督運銅鹽爲大政。公奏陳銅礦情形，其略曰：滇省應運京銅六百五十餘萬，帶補歷年沈失三十餘萬，本省局鑄六十餘萬，各省採買二百七十餘萬，凡用銅一千數十萬斤。昔時銅旺有盈，存貯瀘店，謂之底銅，諸廠或一時未措，輒借兑運京。嗣礦生漸微，歷請封閉，減額銅二百餘萬，近愈縮，年常不敷一二百萬。嘉慶二十二年，底銅已盡，適四川烏坡銅廠驟旺，由滇委員買補。至道光五年，瀘店收銅八百一萬。道光三年，寧臺廠應運京銅改撥各省採買，以瀘店撥補京運，今存底銅二百七十餘萬而已。本年諸廠報獲及已發在途、已買未運之烏坡銅四百數十萬尚可濟乙酉年京運，至本省局鑄與各省採買皆未能裕，由諸廠攻採，年久硐深礦薄，産銅日絀，而炭山漸遠，運腳加增，窑户、砂丁工本價外，餘潤無幾，故採銅日少。欲覓子廠，須預費工本，民皆乏貲，廠官借發恐無成效，遂至虧賠。此滇銅疲滯之情形也。惟有慎選幹員經理調劑攻採，飭令各屬廣覓子廠，嚴緝私鑄，設法整頓，期有起色。

各地部

題解

《尚書·虞夏書·禹貢》 荆及衡陽惟荆州。江、漢朝宗於海，九江孔殷，沱、潛既道，雲夢土作乂。厥土惟涂泥，厥田惟下中，厥賦上下。厥貢羽、毛、齒、革，惟金三品，杶榦栝柏，礪砥砮丹，惟箘簵楛，三邦厎貢厥名，包匭菁茅，厥篚玄纁璣組，九江納錫大龜。浮於江、沱、潛、漢，逾於洛，至於南河。

荆、河惟豫州。伊、洛、瀍、澗既入於河，滎波既豬，導菏澤，被孟豬。厥土惟壤，下土墳壚，厥田惟中上，厥賦錯上中。厥貢漆、枲、絺、紵，厥篚纖纊，錫貢磬錯。浮於洛，達於河。

華陽、黑水惟梁州。岷、嶓既藝，沱、潛既道，蔡、蒙旅平，和夷厎績。厥土青黎，厥田惟下上，厥賦下中三錯。厥貢璆、鐵、銀、鏤、砮、磬，熊、羆、狐、狸織皮。西傾因桓是來，浮於潛，逾於沔，入於渭，亂於河。

崔豹《古今注》上《都邑》 封疆畫界者，封土爲臺，以表識疆境也；畫界者，於二封之間，又爲壝埒，以畫分界域也。

闤，市垣也；闠，市門也。

肆，所以陳貨鬻之物也，肆，陳也；店，所以置貨鬻之物也。店，置也。

長安御溝，謂之楊溝，謂植高楊於其上也。一曰羊溝，謂羊喜抵觸垣牆，故爲溝以隔之，故曰羊溝也。

拘攔，漢成帝顧成廟，有三玉鼎，二真金爐，槐樹悉爲扶老拘攔，畫飛雲龍角於其上也。

廟者，貌也，所以仿佛先人之靈貌也。

罘罳，屏之遺象也。塾，門外之舍也。臣來朝君，至門外當就舍，更詳熟所應對之事也。塾之言，熟也。行至門内屏外，復應思惟。罘罳，復思也。漢西京罘罳，合板爲之，亦築土爲之。每門闕殿舍前皆有焉。於今郡國廳前亦樹之。

城門皆築土爲之，累土曰臺，故亦謂之臺門也。

闕，觀也。古每門樹兩觀於其前，所以摽表宫門也。其上可居，登之則可遠觀，故謂之觀。人臣將至此，則思其所闕，故謂之闕。其上皆丹堊，其下皆畫雲氣仙靈奇禽怪獸，以昭示四方焉。蒼龍闕畫蒼龍，白虎闕畫白虎，玄武闕畫玄武，朱雀闕上有朱雀二枚。

城者，盛也，所以盛受人物也。

隍者，城池之無水者也。

秦築長城，土色皆紫，漢塞亦然，故稱紫塞也。塞者，塞也，所以擁塞戎狄也。

南方徼色赤，故謂之徼者，繞也，所以繞遮蠻夷，使不得侵中國也。

綜述

《漢書》卷二八上《地理志上》 冀州既載，壺口治梁及岐。既脩太原，至于嶽陽。覃懷厎績，至于衡章。厥土惟白壤。厥賦上上錯，厥田中中。恆、衛既從，大陸既作。鳥夷皮服。夾右碣石，入于河。

沸、河惟兖州。九河既道，雷夏既澤，雍、沮會同，桑土既蠶，是降丘宅土。厥土黑墳，屮繇木條。厥田中下，賦貞，作十有三年乃同。厥貢漆絲，厥棐織文。浮于沸、漯，通于河。

海、岱惟青州。嵎夷既略，惟、甾其道。厥土白墳，海瀕廣潟。田上下，賦中上。貢鹽、絺，海物惟錯，岱畎絲、枲、鈆、松、怪石，萊夷作牧，厥棐檿絲。浮于汶，達于沸。

海、岱及淮惟徐州。淮、沂其乂，蒙、羽其藝。大壄既豬，東原厎平。厥土赤埴墳，草木漸包。田上中，賦中中。貢土五色，羽畎夏狄，嶧陽孤桐，泗瀕浮磬，淮夷蠙珠臮魚，厥棐玄纖縞。浮于淮、泗，達于河。

淮、海惟揚州。彭蠡既豬，陽鳥逌居。三江既入，震澤厎定。篠簜既敷，屮夭木喬。厥土塗泥。田下下，賦下上錯。貢金三品，瑶、琨、篠簜，齒、革、羽毛，鳥夷卉服，厥棐織貝，厥包橘、柚，錫貢。均江海，通于淮、泗。

荆及衡陽惟荆州。江、漢朝宗于海。九江孔殷，沱、灊既道，雲夢土作乂。厥土塗泥。田下中，賦上下。貢羽旄、齒、革，金三品，杶、幹、栝、柏，厲、砥、砮、丹，惟箘簵、楛，三國厎貢厥名，包匭菁茅，厥棐玄纁璣組，九江納錫大龜。浮于江、沱、灊、漢，逾于洛，至于南河。

荆、河惟豫州。伊、雒、瀍、澗既入于河，滎、波既豬，道荷澤，被盟豬。厥土惟壤，下土墳壚。田中上，賦錯上中。貢漆、枲、絺、紵、棐纖纊，錫貢磬錯。浮于洛，入于河。

華陽、黑水惟梁州。岷、嶓既藝，沱、灊既道，蔡、蒙旅平，和夷厎績。厥土青黎。田下上，賦下中三錯。貢璆、鐵、銀、鏤、砮、磬，熊、羆、狐、貍、織皮。西傾因桓是倈，浮于灊，逾于沔，入于渭，亂于河。

黑水、西河惟雍州。弱水既西，涇屬渭汭。漆、沮既從，灃水逌同。荆、岐既旅，終南、惇物，至于鳥鼠。原隰厎績，至于豬壄。三危既宅，三苗丕敍。厥土黄壤。田上上，賦中下。貢球、琳、琅玕。浮于積石，至于龍門西河，會于渭汭。織皮昆崘、析支、渠叟，西戎即敍。

桓寬《鹽鐵論》卷一《通有》 大夫曰：燕之涿、薊，趙之邯鄲，魏之温、軹，韓之滎陽，齊之臨淄，楚之宛丘，鄭之陽翟，三川之二周，富冠海内，皆爲天下名都。非有助之耕其野而田其地者也，居五都之衝，跨街衢之路也。故物豐者民衍，宅近市者家富。富在術數，不在勞身；利在勢居，不在力耕也。

文學曰：荆、揚南有桂林之饒，内有江湖之利，左陵陽之金，右蜀、漢之材，伐木而樹穀，燔萊而播粟，火耕而水耨，地廣而饒財；然民鮆窳偷生，好衣甘食，雖白屋草廬，歌謳鼓琴，日給月單，朝歌暮戚。趙、中山帶大河，纂四通神衢，當天下之蹊，商賈錯於路，諸侯交於道；然民淫好末，侈靡而不務本，田疇不修，男女矜飾，家無斗筲，鳴琴在室。是以楚、趙之民，均貧而寡富。宋、衛、韓、梁好本稼穡，編户齊民，無不家衍人給。故利在自惜，不在勢居街衢；富在儉力趣時，不在歲司羽鳩也。

大夫曰：五行，東方木，而丹，章有金銅之山；南方火，而交趾有大海之川；西方金，而蜀、隴有名材之林；北方水，而幽都有積沙之地。此天地所以均有無而通萬物也。今吴、越之竹，隋、唐之材，不可勝用，而曹、衛、梁、宋，采棺轉尸；江湖之魚，萊、黄之鮐，不可勝食，而鄒、魯、周、韓，藜藿蔬食。天地之利無不贍，而山海之貨無不富也；然百姓匱乏，財用不足，多寡不調，而天下財不散也。

文學曰：古者，采椽不斲，茅茨不翦，衣布褐，飯土硎，鑄金爲鋤，埏埴爲器，工不造奇巧，世不寶不可衣食之物。各安其居，樂其俗，甘其食，便其器。是以遠方之物不交，而昆山之玉不至。今世俗壞而競於淫靡，女極纖微，工極技巧，雕素樸而尚珍怪，鑽山石而求金銀，没深淵求珠璣，設機陷求犀象，張網羅求翡翠，求蠻貉之物以眩中國，徙邛、筰之貨致之東海，交萬里之財，曠日費功，無益於用。是以褐夫匹婦，勞疲力屈，而衣食不足也。故王者禁溢利，節漏費。溢利禁則反本，漏費節則民用給。是以生無乏資，死無轉尸也。

大夫曰：古者，宫室有度，輿服以庸；采椽茅茨，非先王之制也。君子節奢刺儉，儉則固。昔孫叔敖相楚，妻不衣帛，馬不秣粟。孔子曰：「不可，大儉極下。」此《蟋蟀》所爲作也。《管子》曰：「不飾宫室，則材木不可勝用，不充庖厨，則禽獸不損其壽。無末利，則本業無所出，無黼黻，則女工不施。」故工商梓匠，邦國之用，器械之備也。自古有之，非獨於此。弦高販牛於周，五羖賃車入秦，公輸子以規矩，歐冶以熔鑄。《語》曰：「百工居肆，以致其事。」農商交易，以利本末。山居澤處，蓬蒿墝埆，財物流通，有以均之。是以多者不獨衍，少者不獨饉。若各居其處，食其食，則是橘柚不鬻，朐鹵之鹽不出，旃罽不市，而吴、唐之材不用也。

文學曰：孟子云：「不違農時，穀不可勝食。蠶麻以時，布帛不可勝衣也。斧斤以時入，材木不可勝用。田漁地時，魚肉不可勝食。」若則飾宫室，增臺榭，梓匠斫巨爲小，以圓爲方，上成雲氣，下成山林，則材木不足用也。男子去本爲末，雕文刻鏤，以象禽獸，窮物究變，則穀不足食也。婦女飾微治細，以成文章，極伎盡巧，則絲布不足衣也。庖宰烹殺胎卵，煎炙齊和，窮極五味，則魚肉不足食也。當今世，非患禽獸不損，材木不勝，患僭侈之無窮也；非患無旃罽橘柚，患無狹廬糠糟也。

東方朔《神異經·中荒經》 東方有宫，青石爲牆，高三仞，左右闕高百尺。畫以五色，門有銀榜，以青石碧鏤，題曰：天地長男之宫。西方有宫，白石爲牆，五色玄黄，門有金榜而銀鏤，題曰天地少女之宫。中央有宫，以金爲牆，門有金榜以銀鏤，題曰：天皇之宫。南方有宫，以赤石爲牆，赤銅爲門闕，有銀榜，曰：天皇中女之宫。北方有宫，以黑石爲牆，題曰：天地中男之宫。東南有宫，黄石爲牆，黄榜碧鏤，題曰：天地少男之宫。西北有宫，黄銅爲牆，題曰：地皇之宫。

東方裔外有東明山，以青石爲牆。西方裔外有大夏山，以金爲牆。南方裔外有岡明山，以赤石爲牆。西南裔外老壽山，以黄銅爲牆。東南裔外闐清山，以青石爲牆。西北裔外西明山，以白石爲牆。皆有宫。蓋神仙之宅也。東北有鬼星石室，三百户共一門，石榜，題曰：鬼門。西南銅關夾榜，題曰：人往門。東北銅闕夾門榜，題曰：人來門。

《宋史》卷一七五《食貨志上三·布帛》 宋承前代之制，調絹、紬、布、絲、綿以供軍須，又就所産折科、和市。其纖麗之物，則在京有綾錦院，西京、真定、青益梓州場院主織錦綺、鹿胎、透背，江寧府、潤州有織羅務，梓州有綾綺場，亳州市縐紗，大名府織縐縠，青、齊、鄆、濮、淄、濰、沂、密、登、萊、衡、永、全州市平絁。東京榷貨務歲入中平羅、小綾各萬匹，以供服用及歲時賜與。諸州折科、和市，皆無常數，唯内庫所須，則有司下其數供足。自周顯德中，令公私織造並須幅廣二尺五分，民所輸絹匹重十二兩，疎薄短狹、塗粉入藥者禁之；河北諸州軍重十兩，各長四十二尺。宋因其舊。

《宋史》卷一八五《食貨志下七·阬冶》 凡金、銀、銅、鐵、鉛、錫監冶場務二百有一：金産商、饒、歙、撫四州，南安軍。銀産鳳、建、桂陽三州，有三監；饒、信、虔、越、衢、處、道、福、汀、漳、南劍、韶、廣、英、連、恩、春十七州，建昌、邵武、南安三軍，有五十一場；秦、隴、興元三州，有三務。銅産饒、處、建、英、信、汀、漳、南劍八州，南安、邵武二軍，有三十五場；梓州有一務。鐵産徐、兗、相三州，有四監，河南、鳳翔、同、虢、儀、蘄、黄、袁、英九州，興國軍，有十二冶；晉、磁、鳳、澧、道、渠、合、梅、陝、耀、坊、虔、汀、吉十四州，有二十務；信、鄂、連、建、南劍五州，邵武軍，有二十五場。鉛産越、建、連、英、春、韶、衢、汀、漳、南劍十州，南安、邵武二軍，有三十六場、務。錫産河南、南康、虔、道、賀、潮、循七州，南安軍，有九場。水銀産秦、階、商、鳳四州，有四場。朱砂産商宜二州，富順監，有三場。

楊億《楊文公談苑·諸監爐鑄錢》 江南因唐舊制，饒州置永平監鑄錢，歲六萬貫。江南平，增爲七萬貫，常患銅少。張齊賢任轉運使，求得江南舊承旨丁釗，盡知信、建等州各銅鉛處，齊賢即調發丁夫采之。初年增十數倍，明年得銅鉛八十五萬斤，錫六十萬斤，因雜爲鉛錫錢鑄三十六萬貫，以釗爲殿前承旨，領三州銅山。先是永平監所鑄錢，用開通元寶錢法，肉好周郭精好。至是雜用鉛錫，兼失古制，數雖增而錢惡。其後信州鉛山縣出銅無筭，常十餘萬人采鑿，無賴不逞之徒，萃於淵藪。官所市銅錢數千餘萬斤，大有餘羨，而銅山所出益多，有司議減銅價，鑿山者稍稍引去。饒州官市薪炭不能給鼓鑄，分於池州置永寧監，建州置永豐監，并歲鑄錢二十萬貫，以鉛山銅給之。既有所泄，價乃復舊，而工徒并集。杭州置保興監，凡四監，歲鑄百餘萬貫，爲極盛矣。唐天寶之制，絳、揚、潤、宣、鄂、蔚、益、郴十州，共置九十九爐鑄錢，一爐役丁匠三十人。每年六七月停，餘十月作十一番。爐約用銅二萬一千二百二十斤，白鑞三千七百九十斤，黑錫五百四十斤，每爐鑄錢三千三百貫，計一工日可鑄錢三百餘。國家之制，一工日千餘，用銅鉛鑞之法亦異於古，其數雖倍，而錢稍惡，每係擲亦多缺。予在史局，因録唐制與今王丞相，後數月，有詔暑月諸監減半工，蓋主上勤恤之至也。《類苑》卷二十一

劉弇《龍雲集》卷二八《策問中·第九》 問：錢弊之在天下，什伍穀帛而子母之，則有國者資之以擅開闔與？夫閭閻細民取以利用厚生，而阜其財，求必是物也。然則冶鑄之繫縣官，利害輕重，斷可識矣。皇祐中，舉天下歲入銅以斤計，得五百一十萬八百三十四，而爲冶鑄之州有五：曰饒、曰池、曰江、曰建、曰韶；歲入錢以緡計者，得一百四十六萬五千六百六十二。方是時，雖富民之錢，其饒殆可編埒，曾不以匱乏聞也。自嘉祐、治平已還，銅額則夥矣，冶監則增矣。侵尋數十年間，蠹弊四出，未有如渴錢之今日也。爾來歲額至號十二萬以上，而地産銅者日益加少，且天地之寶藏，豈誠有限耶？冶未即其處耶？殺額以趨者，豈工不比耶？殆有司過耶？若乃銅日弊於鍥鏤之末飾，一旦悟而摧之，則將已晚矣，其尚可及耶？方開元盛時，歲之入緡纔三十三萬七千，不能當吾皇祐二十分之六，而唐錢至布滿天下。何今日額倍而反匱耶？其試言之，將語吾子乎使者。

朱弁《曲洧舊聞》卷七《張次賢記天下酒名》 張次賢，名能臣，官至奉議郎。文懿公諸孫，朝奉大夫德鄰之子也。好學，喜綴文，有《鄖鄉》、《涪江》二集，嘗記天下酒名，今著於此。

后妃家，高太皇香泉，向太后天醇，張温成皇后醽醁，朱太妃瓊酥，劉明達皇后瑶池，鄭皇后坤儀，曹太皇瀛玉。

宰相，蔡太師慶會，王太傅膏露，何太宰親賢。

親王家，鄆王瓊腴，蕭王蘭芷，五王位椿齡，嘉王琬醑，濮安懿王重醞，建安郡王玉瀝。

戚里，李和文駙馬獻卿金波，王晉卿碧香，張駙馬敦禮醽醁，曹駙馬詩字公雅成春，郭駙馬獻卿香瓊，大王駙馬瑶琮，錢駙馬清醇。

内臣家，童貫家宣撫褒功，又光忠，梁開府嘉義，楊開府美誠。

府寺，開封府瑶泉。

市店，豐樂樓眉壽，又和旨，即白礬樓也。忻樂樓仙醪，即任店也。和樂樓瓊漿，即莊樓也。遇仙樓玉液，王樓玉醖，鐵薛樓瑶醽，仁和樓瓊漿，高陽店流霞，清風樓玉髓，會仙樓玉酯，八仙樓仙醪，時樓碧光，班樓瓊波，潘樓瓊液，千春樓仙醇。今廢爲鋪。

中山園子正店千日春，今廢爲邸。銀正店延壽，蠻王園子正店玉漿，朱宅園子正店瑶光，邵宅園子正店法清，大桶，張宅園子正店仙醁，方宅園子正店瓊酥，姜宅園子正店羊羔，梁宅園子正店美禄，郭小齊園子正店瓊波，楊皇后宅園子正店法清。

三京，北京香桂，又法酒；南京桂香，又北庫；西京玉液，又酴醾香。

四輔，澶州，中和堂；許州，潩泉；鄭州，金泉。

河北真定府銀光，河間府金波，又玉醖；保定軍知訓堂，又杏仁；定州中山堂，又九醖；保州巡邊銀條，又錯著水；德州碧琳；濱州石門，又宜城；博州宜城，又蓮花；衛州柏泉；棣州延相堂；恩州揀米，又細酒；洺州玉瑞堂、夷白堂，又玉友；邢州沙醅金波；磁州風麴法酒；深州玉醅；趙州瑶波；相州銀光；懷州宜城，又香桂；又定州瓜麴，又錯著水。

河東太原府玉液，又静制堂；汾州甘露堂；隰州瓊漿；代州金波，又瓊酥。

陜西鳳翔府橐泉；河中府天禄，又舜泉；陜府蒙泉；華州蓮花；又冰堂上尊也。邠州静照堂，又玉泉；慶州江漢堂，又瑶泉；同州清洛，又清心堂。

淮南揚州百桃；廬州金城，又金斗城，又杏仁。

江南東西宣州琳腴，又雙溪；江寧府芙蓉，又百桃，又清心堂；虔州谷簾；洪州雙泉，又金波；杭州竹葉清，又碧香，又白酒；蘇州木蘭堂，又白雲泉；明州金波；越州蓬萊；潤州蒜山堂；湖州碧瀾堂，又霅溪；秀州月波。

三川成都府忠臣堂，又玉髓，又錦江春，又浣花堂；梓州瓊波，又竹葉清；劍州東溪；漢州簾泉；合州金波，又長春；渠州蒲萄；果州香桂，又銀液；閬州仙醇；峽州重麋，至喜泉；夔州法醽，又法醖。

荆湖南北荆南金蓮堂；鼎州白玉泉；辰州法酒；歸州瑶光，又香桂。

福建泉州竹葉。

廣南廣州十八仙；韶州換骨玉泉。

京東青州揀米；齊州舜泉，近泉，又清燕堂，又真珠泉；第一也。兖州蓮花清；曹州銀光，又三酘，又白羊，又荷花；鄆州風麴、白佛泉，又香桂；濰州重醖；登州朝霞；萊州玉液；徐州壽泉；濟州宜城；濮州宜城，又細波；單州宜城，又杏仁。

京西汝州揀米；滑州風麴，又冰堂；金州清虚堂；郢州漢泉，又香桂；隨州白雲樓；唐州淮源，又泌泉；蔡州銀光香桂；房州瓊酥；襄州金沙，又宜城，又檀溪，又竹葉清；鄧州香泉，又寒泉，又香菊，又甘露；潁州銀條清，又風麴；均州仙醇。

河外府州歲寒堂。

《明熹宗實録》卷二十 〔天啓二年三月甲子〕南京吏科給事中姜習孔請停不急之務。言：「今之時，東西交訌，海内騷然，窮民有竭澤之憂，危邊有焦釜之慮，司農無點金之術，内帑非不涸之倉。但望皇上節得一分，便濟一分之用；緩得一件，便應一件之急。諸臣皆勸暫停大工，誠救時之苦心也。臣承乏巡視庫藏，恭奉傳造，雖節縮估計，不敢冒破，然費約二萬矣；鹵簿大駕，約費五千矣；鐵葉氊襖，約費六萬矣；諸王袍服，約費三萬矣；文武誥軸，約費四萬矣。業已岌岌不支，又傳造門殿陳設物料。雖未估計，大約不下五六十萬。往例，此項始借工部以應採辦，既派應天十四府以補庫。今工部以遼餉括盡，而應天加派遼餉。百姓嗷嗷，已無可派，況大工既已暫停，陳設之物，尤屬可緩。且間取太多，不無冒濫。伏乞皇上暫行停止，并勅重加裁減，無使有益之金錢，空填無厭之壑也。」上命該部分别具奏。

柯維騏《宋史新編》卷四三《食貨四》 茶，宋制擇要會地，曰江陵府，曰真州，曰海州，曰漢陽軍，曰無爲軍，曰蘄州之蘄口，爲榷貨務六。在淮南則蘄、黄、廬、舒、光、壽六州，官自置場謂之山場者十三，六州采茶民皆隸焉，謂之園户，歲課作茶輸租，餘則官悉市之。其售於官者，先受錢而後入茶，謂之本錢。又民歲輸税願折茶者，謂之折税。在江南則宣、歙、江、池、饒、信、洪、撫、筠、袁十州，廣德、興國、臨江、建昌、南康五軍。兩浙則蘇、杭、明、越、婺、處、温、台、湖、常、衢、睦十二州。荆湖則江陵府、潭、澧、鼎、鄂、岳、歸、峽七州，荆門軍。福建則建、劍二州。歲如山場輸租折税，悉送六榷貨務鬻之。茶有二類，曰片茶，曰散茶。片茶蒸造，實捲模中串之。唯建、劍則既蒸而研，編竹爲格，置焙室中，最爲精潔，有龍鳳、石乳、白乳之類十二等充歲貢。其出虔、袁、饒、池、光、歙、潭、岳、辰、澧州，江陵府，興國、臨江軍有仙芝、玉津、先春、緑芽之類二十六等。兩浙及宣、江、鼎州又以上中下，或第一至第五爲號。散茶出淮南、歸州、江南、荆湖，有龍溪、雨前、雨後之類十一等。江浙又有以上中下，或第一至第五爲號者。民之欲茶者，售於官，給其日用者，謂之食茶。出境則給券，商賈貿易，入錢若金帛京師榷貨務，以射六務十三場茶，給券隨所射與之。至道末鬻錢二百八十五萬二千九百餘貫，天禧末增四十五萬，天下茶皆禁，唯川峽、廣南聽民自買賣，禁其出境。茶爲利甚博，商賈轉致西北，常至數倍。雍熙後用兵，令商入芻糧塞下，酌地遠近而爲其直，取市價厚增之，授以要券，謂之交引，至京師給緡錢，（入）〔又〕移文江、淮、荆湖給茶鹽。及罷兵，邊儲緩而物價減，交引虛錢未改，官私俱無利。景德二年，命林特、李溥等詳定舊制，召茶商論議，別爲新法，議奏，三司皆以爲便，以溥爲淮南制置發運副使，委成其事。大中祥符二年，特、溥等上編成茶法條貫并課利總數二十三策。天禧二年，左諫議大夫孫奭言：茶法屢改，商人不便，望重定經久之制。詔奭與三司詳定，務從寬簡。未幾，奭出知河陽，事遂止。乾興以來，西北兵費不足，募商人入中芻粟，如雍熙法給券，以茶償之。後又益以東南緡錢、香藥、犀齒，謂之三說。而塞下急於兵食，欲廣儲偫，不愛虛估，入中者以虛錢得（寶）〔實〕利，人競趨焉。及其法既弊，則虛估日益高，茶日益賤，入實錢金帛日益寡，而入中者非盡行商，多其上人，既不知茶利厚薄，且急於售錢，得券則轉鬻茶商或京師交引鋪，獲利無幾，茶商及交引鋪或以券取茶，或收蓄貿易，以射厚利，由是虛估之利皆入豪商巨賈，券之滯積，雖二三年茶不足以償，而入中者以利薄不趨，邊備自匱，茶法大壞。初，景德中丁謂爲三司使，嘗計其得失，以謂邊糴纔及五十萬，而東南三百六十餘萬茶利盡歸商賈，當時以爲至論。厥後雖屢變法捄之，終不能亡敝。天聖元年，命三司使李諮等較茶鹽礬稅歲入登耗，更定其法。遂置計置司，以張士遜、吕夷簡、魯宗道總之。首考茶法利害，請罷三說，行貼射法。其法以十三場茶買賣本息併計其數，罷官給本錢，使商人與園户自相交易，一切定爲中估，而官收其息。如鬻舒州羅源場茶，斤售錢五十有六，其本錢二十有五，官不復給，但使商人輸息錢三十有一而已，然必輦茶入官，隨商人所指予之，給券爲驗，故名貼射。若歲課貼射不盡，或無人貼射，則官市之。其入錢以射六務茶者如舊制。又立見錢法，使茶與邊糴，各以實錢出納，不得相爲輕重，以絶虛估之敝。行之期年，豪商大賈無所利，論者謂邊糴償以見錢，恐京師府藏不足以繼，争言其不便。朝廷下書責計置司，諮等因條上利害，謂積年侵蠹之源一朝閉塞，商賈利於復故，欲有以動摇，而論者不察其實，助爲游説，願毋爲流言所易。於是詔有司榜諭商賈以推行不變之意，賜典吏銀絹有差，論者猶不已。天聖三年，以孫奭言罷貼射法，河北入中復用三説法，奭等議既用，益以李諮等變法爲非。明年，詔令嘗典議官張士遜等條析，遂被罰，諮罷三司使。然自奭等改制，而茶法寖壞。景祐中，三司吏孫居中等請復行見錢法，時諮已執政矣。三年，河北轉運使楊偕亦陳三説法十二害，見錢法十二利，諮與蔡齊等合議，請罷河北入中虛估，以實錢償芻粟，實錢售茶，皆如天聖元年之制，所議甚悉，事皆施行。久之，上書者復言非便，稍有更革。慶曆初，三説稍復用。八年，三司鹽鐵判官董沔又請復三説法，三司以爲然，請如沔議，有茶、鹽、香藥、緡錢四物，於是有四説之法，二法並行於河北。不數年間，茶法復壞，芻粟之直，大約虛估居十之八，米斗七百錢，甚者千錢。券至京師，爲南商所抑，茶每直十萬，止售錢三千，富人乘時收蓄，轉取厚利。三司患之，請行貼買法，然亦不足以平其直。久之北商無利，入中者寡，公私大弊。皇祐二年，知定州韓琦及河北轉運司皆以爲言，三司奏請復行見錢法，一用景祐三年約束。然自此並邊虛估之弊復起。至和三年，河北提舉糴便糧草薛向建議，請罷並邊入粟，自京輦錢帛至河北，專以見錢和糴。時楊察爲三司使，請用其説。行未數年，論者謂虛估益高，茶價益賤。詔翰林學士韓絳等經度，自是茶法不復爲邊糴所須，而通商之議起矣。景祐中葉，清臣上疏謂，不費度支之本，秖收商賈稅錢，自及數倍。三司以爲不可行。至嘉祐中，著作佐郎何鬲、三班奉職王嘉麟，又皆上書如清臣議，嘉麟爲《登平致頌書》十卷、《隆衍視成策》二卷上之，淮南轉運副使沈立，亦集《茶法利害》爲十卷，陳通商之利，時富弼、韓琦、曾公亮執政，決意嚮之，力言於帝。四年，乃詔行之。初所遣官既議弛禁，因以三司歲課均賦茶户，凡爲緡錢六十八萬有奇，使歲輸縣官。比輸茶時，其出幾倍，朝廷難之，爲損其半，歲輸緡錢三十三萬八千有奇，謂之租錢，與諸路本錢悉儲以待邊糴。自是惟臘茶禁如舊，餘茶肆行天下矣。論者猶謂朝廷志於恤人，欲省刑罰，其意良善，然茶户困於輸錢，而商賈利薄，販鬻者少，州縣征稅日蹙，經費不充，學士劉敞、歐陽脩頗論其事。時朝廷方排衆論而行之，敞等雖言，不聽也。熙寧四年，神宗與大臣論茶法之弊，竟未有所變。及王韶建開湟之策，委以經略。七年，始遣三司幹當公事李杞入蜀經畫買茶，於秦鳳、熙河博馬，以著作佐郎蒲宗閔同領其事。諸州創設官場，歲增息爲四十萬，而重禁榷之令。自是蜀茶盡榷，至李稷加息爲五十萬，陸師閔又加爲百萬。元祐元年，侍御史劉摯奏疏曰：「蜀茶之出，不過數十州，人賴以爲生，茶司盡榷而市之，園户有茶一本，而官市之額至數十斤，所給錢，靡耗於公者名色不一，給借保任、輸入視驗皆牙儈主之，故費於牙儈者又不知幾何，是官於園户名爲平市而實奪之，園户有逃而免者，有投水以免者，而其害猶及鄰伍，欲伐茶則存禁，欲增植則加市，故其俗論謂，地非生茶也，實生禍也。願選使者考茶法之弊，以蘇蜀民。」右司諫蘇轍繼言：「造立茶法，皆傾險小人，不識事體。」且備陳五害。呂陶亦條上利害。既而摯又言陸師閔恣爲不法，不宜仍任事。師閔坐罷。未幾，蒲宗(孟)〔閔〕亦以附會李稷罷。紹聖元年，復以師閔都大提舉成都等路茶事，凡茶法並用元豐舊條。初，神宗時熙河運司以歲計不足，乞以官茶博糴，每茶三斤，易粟一斛。朝廷謂茶馬司本以博馬，不可以博糴，於茶馬司歲額外，增買川茶兩倍茶，朝廷別出錢二百萬給之，令提刑司封樁，又令茶馬司兼領轉運使，由是數歲邊用粗足。及徽宗時，趙挺之爲相，熙河運司屢申以軍糧不足爲急，乃令更支兩倍茶一百萬馱，張康國密檢元豐以來，茶惟用博馬指揮以進，然康國不知兩倍茶，自非博馬之數，而何執中、鄧洵武雜然和之，由是兩倍茶更不支給，而鄯湟兵費不繼矣。茶之在諸路者，神宗、哲宗朝無大更革。崇寧元年，宰相蔡京，援祖宗禁榷之法，議其事宜，又定諸路措置茶事官。四年，京復議更革，罷官置場。大觀元年，重定諸路茶息。政和二年，又增損茶法，置合同場，茶事益加密矣。大抵茶鹽之法，主於蔡京，務巧掊利，變改法度，前後相踰，民聽眩惑。茶貨不通，酒重扇摇之令，吏既争以贏羡爲功，朝廷亦嚴立比較之法，莫有言者，獨邠州通判張益謙奏陝西非産茶地，徒令豪商坐享大利，言竟不行。然自茶法更張，至政和六年，收息一千萬緡。及方臘竊發，乃詔權罷比較。臘誅，有司議招集園户，借貸優恤，止於文具，姦臣仍用事，蠹國害民，又慮人言，扇摇之令復出矣。初，元豐中宋用臣都提舉汴河隄岸，刱奏修置水磨，凡在京茶户，擅磨末茶者有禁。元祐初，劉摯、蘇轍等相繼論奏遂罷。紹聖初，章惇等用事，首議修復水磨，其後諸路皆行之。政和二年，以課入不登，商賈留滯，詔以其事歸尚書省，於是尚書省奏依元豐舊法，(上)〔止〕行於京城，仍通行客販，餘路水磨並罷，從之。四年，收息比舊三倍，遂刱月進。高宗南渡，於真州印鈔，給賣東南茶鹽，當是時，茶之産於東南者凡十路，霅川顧渚生石上者謂之紫笋，毗陵之陽羨，紹興之日鑄，婺源之謝源，隆興之黄龍、雙井皆絶品也。建炎三年，置行在都茶場，罷合同場十有八。二十一年，秦檜等始進茶鹽法，先是臣僚或因事建明，朝廷亦因時損益，至是，審訂成書上之。建寧臘茶，北苑爲第一，其最佳者曰社前，次曰火前，又曰雨前，太平興國始置，大觀以後製愈精，數愈多，式屢變，而品不一。蜀茶之細者，其品視南方已下，惟廣漢之趙坡，合州之水南，峨眉之白牙，雅安之蒙頂，土人亦珍之，但所産甚微，非江、建比也。建炎元年，成都轉運判官趙開言榷茶買馬五害，請用嘉祐故事，盡罷榷茶而令漕司買馬，或未能，然亦當減額以蘇園户，輕價以惠行商，如此則私販衰而盜賊息。遂以開主管秦川茶馬。二年，開大更茶法，語在開傳。宋初，經理蜀茶，置互市于原、渭、德順三郡，以市蕃夷之馬。熙寧間，又置場于熙河。南渡以來，文、黎、珍、敘、南平、長寧、階、和凡八場，盧甘、洮、疊皆良馬也，其他諸蕃馬多駑，大率皆以互市爲利，朝廷曲示懷遠之恩，亦以是羈縻之。

酒，宋榷酤之法，諸州城内皆置務釀酒，縣鎮鄉閭或許氏釀而定其歲課。三京官造麴，聽民納直以取。川峽承舊制，賣麴價重，開寶二年，詔減十之二。既而頗興榷酤，言事者多陳其非便。太平興國十年罷，仍舊賣麴。自是惟夔、達、開、施、瀘、黔、涪、黎、威州，梁山雲安軍，及河東之麟、府州，荆湖之辰州，福建之福、泉、汀、漳州，興化軍，廣南東西路不禁。時天下承平既久，户口寖蕃，爲酒醪以靡穀者益衆。乾興初，言者謂諸路酒課，月比歲增，無有藝極，非古者禁羣飲，教節用之義，遂詔(鄰)〔鄉〕村毋得增置酒場。熙寧四年，更定京師麴法，後多不能償。元豐初，命畢仲衍與周直孺講求利病，乃損額增直，令(日)〔月〕輸錢，周歲而足，月輸不及數，計所負倍罰。元祐元年，創監司鬻酒及三路饋遺條。靖康元年，兩浙路酒價屢增，較熙、豐幾倍，而歲稔米麴直賤，民規利輕冒法，遂令罷所增價。渡江後屈於養兵，隨時增課，名目雜出，或主於提刑，或領於漕司，或分隸於經總制司，惟恐軍資有所未裕。建炎三年，總領四川財賦趙開遂大變酒法，自成都始，先罷公帑(實)〔賣〕供給酒，即舊撲買坊場所置隔釀，設官主之，民以米入官自釀，斛輸錢三十，頭子錢二十二。明年徧下其法於四路，歲遞增至六百九十餘萬緡，凡官糟四百所，私店不預焉，於是東南之酒額亦日增矣。國家贍兵，郡縣經費，率取給於此。其後雖罷行增減不一，而其法卒不可廢去。

阬冶，凡金銀銅鐵鉛錫監冶場務二百有一。開寶三年，詔減桂陽監歲輸課三之一。民鑄銅爲佛像、浮圖及人物之無用者禁之，銅鐵不得闌出蕃界及化外。至道二年，有司言定州山多銀礦，鳳州山銅礦復出，採鍊大獲皆精良，請置官署掌之。太宗曰：「地不愛寶，當與衆庶共。」不許。天聖中，登、萊採金，歲益數千兩，仁宗命獎官吏，宰相王會曰：「採金多則背本趨末者衆，不宜誘之。」景祐中，登、萊饑，詔弛禁，聽民採取，俟歲豐復故。大率山澤之利有限，暴發輒竭，採取歲久，得不償費，有司督誤惟責主者取盈。帝與英宗每降赦書，輒驗冶之不發者或廢之，或蠲主者負課，有司有請，亦輒從無所吝，故冶興廢不常，而歲課增損隨之。至治平中，諸州阬冶，或增或復，凡二百七十一。熙寧元年，詔天下寶貨阬冶不發，而負歲課者蠲之。元豐七年，户部尚書王存等，請復開銅禁，是歲阬冶凡一百三十六所領於虞部。紹聖元年，户部尚書蔡京奏，岑水場銅額寖虧，而商號間苗脉多，陜民不習烹採，久廢不發。請募南方善工，詣陜西經畫，擇地興冶。於是以許天啓同管幹陜西阬冶事。元符三年，天啓罷領阬冶，以其事歸提刑司。

王可大《國憲家猷》卷四八《方技一》 酒有若下，謂烏程也。九醖，謂宜城也。千日，中山也。蒲桃，西涼也。竹葉，豫北也。土窟春，滎陽也。石凍春，雷平也。燒春，劍南也。桑落，陜右也。

王圻《續文獻通考》卷二三《征榷考·坑冶》 銀之所産，在腹裏曰大都、真定、保定、雲州、般陽、晉寧、懷孟、濟南、寧海，遼陽省曰大寧，江浙省曰處州、建寧、延平，江西省曰撫、瑞、韶，湖廣省曰興國、郴州，河南省曰汴梁、安豐、汝寧，陜西省曰商州，雲南省曰威楚、大理、金齒、臨安、元江。

申時行《明會典》卷三三《户部二十·課程二·鹽法二》 福建

福建都轉運鹽使司洪武初置。

上里場鹽課司、海口場鹽課司、浯州場鹽課司、牛田場鹽課司、惠安場鹽課司、洒州場鹽課司、潯美場鹽課司。

鹽課數目

洪武間歲辦

鹽場七處，歲辦鹽一十萬四千五百七十二引三百斤零。

弘治間歲辦

每歲辦大引鹽一十萬五千三百四十引二百六十五斤八兩九錢，内本色鹽四萬七千四百五十六引二百七十八斤四兩九錢，折色鹽五萬七千八百八十三引三百八十七斤四兩。

萬曆六年歲辦

大引鹽一十萬四千三百四十引二百六十四斤。

歲解太倉銀二萬二千二百兩一錢，泉州軍餉銀二千三百四十四兩二錢。

行鹽地方：

福州府、興化府、泉州府、汀州府、漳州府、邵武府、建寧府、延平府。

正統十三年奏准：將潯、洒、浯三場鹽課共五萬六千八百八十三引，俱准全折，每引折米一斗，派納泉州府附近永寧衛，并福全、金門等所倉，聽給官軍月糧。○弘治十六年題准：將惠安場鹽七千三百五十二引，每引徵銀七分解部。各場竈户濱海諳煎曬者，陸續輸官。其依山不諳者，官爲收買，付總催。給散諳煎者，代納鹽斤。○正德四年議准：該省報中人少，今後依山價銀不必支商，將附海本色逐年變賣解部。○十一年，令依山鹽課如遇商人報中，每一小引折銀一錢二分五釐，與附海本色鹽課相兼支給。○十二年題准：將上里、海口、牛田三場附海鹽課六千六百五十引餘，每一引折二小引，每引二百斤，就於本處召商，照例每引納銀三錢解部。○又題准：附海鹽課不必邊方開中，就於本省召商中賣。○十四年，令福建鹽場商人，中到引鹽以十分爲率，五分派與福、興、泉、漳四府一州，五分派與延、建、邵、汀四府各地方行賣。○嘉靖九年奏准：將潯美場鹽課米，每石折銀五錢，加耗修倉銀三分追解泉州，貯庫支放。○十年題准：福建官鹽，仍以二百五斤爲一引。每引一道照包正鹽一引，并割出餘鹽若干，不必給以小票。每包許帶餘鹽二引，正鹽照原價三錢，餘鹽定價四錢。○十三年題准：福建運司引鹽，照舊例每引二百斤爲一袋，帶耗五斤，不許以進貢、修城等項名色濫加耗鹽四十五斤。其正鹽一引，止許帶餘鹽二引，不許給與小票縱令多帶。○十九年題准：浯州、洒州二場鹽米，每石俱銀五錢。○萬曆二年，設運判一員，駐劄黄崎分司，將黄崎分司運副移駐水口，運同移駐泉州，專理泉、漳二府鹽務。給票抽税，每鹽三千斤，定税一錢五分。潯、浯、洒、惠四場除竈户原曬鹽場不課，其新漲海灘民間開曬者，通行計坵徵課，惠安場歲徵課銀仍舊解部。其潯、浯、洒每引復加二分，與給票抽税。及漳浦、詔安等縣潯、浯等場新設坵税，俱作該省常餉，待海上撤兵，起解濟邊。○三年題准：將上里、海口、牛田附海本色每引納銀三錢，差官解部。○八年，裁革福建添設運判一員，同知仍駐水口，副使駐劄黄崎各分司管理鹽法。

河東

河東都轉運鹽使司洪武二年置。

解鹽東場分司、解鹽西場分司、解鹽中場分司。弘治二年增置。

鹽課數目

洪武間歲辦

歲辦鹽六千八十萬斤。

弘治間歲辦

每歲辦鹽四十二萬引，內常股鹽二十九萬四千引，存積鹽一十二萬六千引。

萬曆六年歲辦

小引鹽六十二萬引。

歲解太倉銀四千三百九十五兩九錢，宣府鎮銀七萬六千七百七十八兩五錢六分，大同代府祿糧銀四萬三千一百十三兩，山西布政司抵補民糧銀七萬四千二百五十九兩。

行鹽地方

西安府、漢中府、延安府、隆慶四年改食池鹽。鳳翔府、歸德府、懷慶府、河南府、汝寧府、南陽府、嘉靖二十七年議准：惟汝州并所屬四縣行本司鹽，其餘十三州縣兼行本司并淮北鹽。汝州、平陽府、潞安府、澤州、沁州、遼州。

成化十年，修築河東鹽池垣牆，置東門以爲出入。設解鹽東場分司於安邑縣路村地界，撈辦東場鹽課。設解鹽西場分司於解州，撈辦西場鹽課。每歲運司輪委佐貳官一員，各領該分司印信駐彼，量帶官攢秤斗及提督巡檢司官兵人等巡視，兼捕獲鹽徒，修理牆垣。○二十二年，增河東歲辦鹽課一十一萬六千引，共爲四十二萬引。○弘治二年奏准：添設解鹽中場分司，并給印信。○正德八年題准：將本運司鹽課額辦四十二萬引外，另撈二十萬引。召商於偏頭等關中納糧草，將原派倉場糧草照數扣除，以補拖欠祿糧之數。○又奏准：河東運司將見在引目，不拘年分，挨次領給。欠少鹽課，從宜帶撈補完。其每年額辦鹽課，未開中者，除該解宣府年例銀八萬兩外，餘剩鹽候補足各年商人所中之數，方許另開。仍行山西、陝西，今後不許指以户鹽名目，不候户部奏有明文，輒便開中，如違，聽本部并巡鹽御史奏治。○嘉靖十年，令河東巡鹽御史，變賣在場新舊鹽課，補還借欠户部及拖欠宣府年例。并山西布政司易換民糧之數，每引定價四錢。不許倡爲餘鹽之説，朦朧奏討。○二十七年議准：河東運司正鹽四十二萬引，該銀一十三萬四千四百兩。除解宣府年例八萬兩外，剩餘五萬四千四百兩并餘鹽二十萬引折銀六萬四千兩，共銀一十一萬八千四百兩。內除四萬三千一百一十六兩八錢，徑解大同府補給代府祿糧，其餘七萬五千二百八十三兩二錢，俱解布政司，抵補民糧及通融處補祿糧。各王府不得另行奏討，徑自支取。○三十一年議准：河東鹽法引目，增入太原大同字樣，行令二府一例行鹽。併行巡鹽御史將王府三司食鹽，查照彼中鹽價，定與折色，於贓罰銀內解送。不許仍前撥給本色，滋生弊端。○三十二年題准：河東鹽引革去餘鹽名目，定以六十二萬爲額。除宣、大二鎮及各項食鹽照舊起解，其餘撥補先年額欠消折等鹽。所中銀兩，一體解部，聽解宣、大、山西專備主客兵年例支用。運司文册，正餘鹽通行歸併。○隆慶四年，令河南南陽府所屬鄧、唐十二州縣改鑄銅版，仍屬河東行鹽地方。○又令山西太原府所屬陽曲等十州縣，并汾州及所屬三縣共十四州縣，以後通食票鹽，每票抽税銀六分。責令屯鹽道督理完解運司，每年終巡鹽御史題解户部濟邊。其關防稽考之法，悉照鹽法則例舉行。其原派陽曲等十四州縣引目，准令均攤河東運司行鹽地方。○又奏准：河東鹽運司開墾解州陸小等池，照太汾事例，印給小票發賣。其撈辦入官鹽課，當校三年內實收之數，酌爲定額，接補東池額欠。有餘一併補給大同，并布政司年例之數。仍令運司各官遵照舊制，運副駐劄安邑專管東場，運同駐劄池南專管南場，運判駐劄解州專管西場各鹽。該州掌印官協理女鹽等池北岸。中場責令運使帶領，分守河東道移駐解州，監理東西兩池事務。將該道原領勑書，添載監理解州鹽法字樣換給，巡鹽御史亦照長蘆兩淮巡鹽，并陝西巡茶事例，就便巡歷該管行鹽地方。續以設立南場不便，尋罷。○又議准：河東運司，將延安府地方改食池鹽，邠、永、汧、隴、麟遊五處，仍食解鹽。

陝西

靈州鹽課司洪武二年置。

漳縣鹽井、西和縣鹽井。

鹽課數目

洪武間歲辦

西和縣歲辦鹽一十三萬一千五百二十斤零。

漳縣歲辦鹽五十一萬五千六百七十斤零。

靈州歲辦鹽二百八十六萬七千四百七斤。

弘治間歲辦

靈州西和縣漳縣歲辦鹽共三百五十一萬四千六百七斤零。

萬曆六年歲辦

鹽一千二百五十七萬七千六百六十八斤，歲解寧夏鎮年例銀一萬三千二百四十二兩。延綏鎮年例銀一萬三千七百一十四兩二錢四分，固原鎮客兵銀二千五十九兩，固原軍門犒賞銀七千一百二十兩四錢四分。

行鹽地方

鞏昌府、臨洮府、河州、延安府。舊行河東鹽，隆慶四年改屬。

正統三年議准：將靈州官鹽召人中納寧夏馬匹，凡上馬一匹，鹽一百引，中馬一匹，鹽八十引，送總兵官收用。○成化二十三年，移萌城批驗所於紅德城堡。令黑城、乾溝二路鹽車俱抵慶陽府城市關廂卸載，商人同卸載店主，賫執引目，赴府驗過，赴行鹽地方貨賣畢，引目付店主銷繳。○弘治二年，令靈州鹽課司行鹽地方，仍舊於平涼、静寧、隆德、政平、慶陽、環縣等處。○九年題准：將靈州引鹽止收銀給軍自行買馬，每引一百道，折價銀二十五兩。○十五年題准：一池鹽引，每引增定價銀四錢五分，載鹽六石。東路鹽價，發慶陽府，西路鹽價，發固原州，各收貯分解各邊買馬。○正德元年奏准：靈州大池，每年增課一萬五千引，并舊課二萬六千二百三十二引。小池增三萬引，并舊三萬三千一百五十引，共五萬九千三百八十二引。每引納銀二錢五分，照鹽一車，以六石爲則，運至鹽場卸所，仍收臥引銀一錢，共銀三錢五分，俱送慶陽、固原官庫收貯買馬。○十二年，令革去臥引錢，及車户上納門鹽等項。慶陽、固原各給批一張或三十二十引，填註行鹽地方，各赴兵備掛號立限截角，按季解繳。○嘉靖八年議准：大池增三萬三千六百二十六引，小池增二萬二千四百一十七引。每引二錢五分，臥引銀一錢，共一萬九千六百一十五兩。送平涼府收貯，專備禄糧。○十四年題准：靈州小鹽池額鹽三千一百零五引，專供花馬池一帶修邊支用。其加增鹽三萬引，召商開中三邊輪流買馬，或接濟軍餉支用。如遇虜賊臨邊，車腳阻礙，照舊停止。○三十四年奏准：陝西行鹽地方，每鹽二百斤爲一引，每引收銀四錢五分。每十引，西鹽二分，搭配漳鹽八分。一切掛號截角支放禁約巡緝事宜，俱聽分守隴右道監理。其收貯銀兩，於年終解送花馬池管糧衙門交收，專備防秋兵馬支用。○三十五年題准：將二池鹽每引定價四錢，鹽八石。額課新增，三七掣支，餘鹽銀二錢五分收納。○隆慶元年題准：將大小二池納價餘鹽等銀五錢二分，以四錢作引價，一錢二分作臥引。商人上納准浙鹽一千引，准配池鹽一百引。小池鹽于西路發賣者，仍照舊例納斗底銀一錢五分，解固原州，聽軍門犒賞，其餘引價解慶陽府聽延寧二鎮客兵支用。○又議准：西和縣原開鹽井一眼，漳縣舊開鹽井四眼，又有新井，各商獲利争報，令每百斤納銀二錢九分。○四年題准：將西、漳二縣課銀每年二千餘兩改解蘭州收貯，專備臨鞏兵備固原二道客兵支用。○五年題准：花馬池大小二池鹽，每引照鹽八石，四倍河東，令各商報納。每引增銀一錢二分，共五錢二分，其臥引銀一錢二分，西路斗底銀一錢五分，共增課銀七千有奇。○萬曆五年題准：將定邊道庫貯鹽，大池者解延綏，小池者解寧夏。其新增延安府課銀三千二百二十一兩，原議解河東運司，就近改解延綏，即將該鎮應發主兵銀，扣補宣府，抵河東額課。

廣東

廣東鹽課提舉司洪武初置。

小江場鹽課司、石橋場鹽課司、東莞場鹽課司、招收場鹽課司、靖康場鹽課司、矬峒場鹽課司、隆井場鹽課司、淡水場鹽課司、雙恩場鹽課司、鹹水場鹽課司、歸德場鹽課司、海晏場鹽課司、香山場鹽課司、黄田場鹽課司。

海北鹽課提舉司洪武二年置。

博茂場鹽課司、新安場鹽課司、武郎場鹽課司、茂暉場鹽課司、白石場鹽課司、白沙場鹽課司、臨川場鹽課司、東海場鹽課司、大小英感恩場鹽課司、三村馬裊場鹽課司、官寨丹兜場鹽課司、博頓蘭馨場鹽課司、西鹽白皮場鹽課司、蠶村調樓場鹽課司、陳村樂曾場鹽課司。

鹽課數目

洪武間歲辦

廣東鹽場一十四處，歲辦鹽四萬六千八百五十五引一百斤零。

海北鹽場一十五處，歲辦鹽二萬七千四十引二百斤零。

弘治間歲辦

廣東與洪武間舊額同。

海北歲辦鹽一萬九千四百八十三引四百九十斤，内本色鹽一萬三千三百八十引一百斤，折色鹽六千一百三引九十斤。

萬曆六年歲辦

廣東小引生鹽三萬二百二十九引，小引熟鹽三萬四千六百一引。

海北小引正耗鹽一萬二千四百八十六引。

歲解太倉銀一萬一千一百七十八兩，存留本處備用銀四千七百九十兩九錢四分。

行鹽地方

廣東

廣州府、肇慶府、惠州府、韶州府、南雄府、潮州府、南安府、此下三府行淮鹽，後改。贛州府、吉安府。

海北

雷州府、高州府、廉州府、瓊州府、永州府、郴州府、桂陽州、桂林府、柳州府、梧州府、潯州府、慶遠府、南寧府、平樂府、太平府、思明府、鎮安府、思州、龍州、泗城州、奉議州、利州。

正統七年奏准：廣東海北提舉司所屬臨川等六場鹽課，每一大引，折米一石，運赴府倉，聽支衛所官軍俸糧。〇景泰五年，令廣東、海北二鹽課司竈丁有私煎餘鹽者送本司，每引官給米四斗。〇正德五年奏准：廣東鹽商引目通收在官，候下場載鹽給發。酌量地方遠近，定與限期，俱以載鹽出場爲始。廣、惠二府，限三個月；肇慶、韶州二府，限四箇月；南雄、梧州二府，限六箇月；高、廉等府，限八箇月；廣西、湖廣衡、永二府，江西南、贛二府，限十箇月以裏各將引目，赴巡鹽御史銷繳。違限者，坐以故將舊引影射私鹽罪。〇又題准：靖康等二十三場照量鹽場生熟貴賤，和中徵價。熟鹽場分，有徵，每一小引，徵銀二錢三分。無徵，收銀一錢。生鹽場分，有徵，每一小引徵銀一錢七分。無徵，亦收銀一錢。責令各官攢照數徵完，解提舉司。〇嘉靖三年議准：廣西梧州府所貯鹽利銀，每年動支一萬五千兩，解本司預備軍餉。有餘，通融給散王府祿米及官軍人等俸糧。〇隆慶四年題准：舊例凡行鹽地方，各立鹽場，廣西則梧州，廣東則肇慶、南雄、清遠，商人投税者每正鹽一引，收銀五分，餘鹽每引收銀一錢。後每正引一道准照餘鹽四引，納軍餉銀四錢五分。後又准照餘鹽六引，納銀六錢五分。再有夾帶謂之自首，每引抽銀二錢。商價通融足支兵餉，令該省巡撫查理疏通。有勢豪阻撓，奸商作弊，參奏處治。〇萬曆二年題准：廣西雇募水手人夫，改造中船，赴廣東買鹽，仍添設梧州鹽運司副提舉二員，常輪一員齎銀督船往來，管理公私諸費，悉如商販之例。買完運梧州，候桂林船到轉發。〇八年題准：廣西每年于廣東運鹽五萬四千四百五十四包，每包用工價銀四錢一分九釐。湖廣衡、永二府價銀隨時高下，每發官鹽一包，許搭商鹽一包同賣，一歲一運，可得鹽利銀一萬五千餘兩，著爲定例。

四川

四川鹽課提舉司洪武初置。

廣福等三井鹽課司、僊泉井鹽課司、郁山井鹽課司、涂甘井鹽課司、華池等三井鹽課司、通海等三井鹽課司、永通等七井鹽課司、羅泉等五井鹽課司、黄市等二井鹽課司、上流等九井鹽課司、大寧縣大寧場鹽課司、福興等六井鹽課司、新羅等二井鹽課司、雲安場等五井鹽課司、富義等十三井鹽課司。

鹽井衛

黑鹽井鹽課司、白鹽井鹽課司。

鹽課數目

洪武間歲辦

上流等九井鹽課司，歲辦鹽一百九十一萬九千五百七十斤零。

永通等七井鹽課司，歲辦鹽八十四萬四千七百七十斤。

郁山井鹽課司，歲辦鹽三十二萬六千八百斤。

涂甘井鹽課司，歲辦鹽一十六萬四千二百斤零。

雲安場等五井鹽課司，歲辦鹽二百一十二萬四千六百二十斤。

通海等三井鹽課司，歲辦鹽二十四萬四千三百三十斤零。

福興等六井鹽課司，歲辦鹽四十九萬七百七十斤。

廣福等三井鹽課司，歲辦鹽二十二萬四千四百七十斤零。

華池等三井鹽課司，歲辦鹽二十二萬四千二百二十斤。

新羅等二井鹽課司，歲辦鹽七十二萬五千五百斤。

富義等一十三井鹽課司，歲辦鹽一百八十八萬八千斤。

羅泉等五井鹽課司，歲辦鹽三十二萬一千三百斤零。

黄市等二井鹽課司，歲辦鹽六十九萬四千斤。

僊泉井鹽課司，歲辦鹽三萬八千八百五十斤。

弘治間歲辦

上流等井鹽課司，歲辦鹽二百七十九萬四千四十五斤零。

永通等井鹽課司，歲辦鹽二百六十一萬八千八百四十一斤零。

郁山井鹽課司，歲辦鹽七十三萬二千二百八斤零。

涂甘井鹽課司，歲辦鹽二十八萬七千八百一十五斤。

雲安場等井鹽課司，歲辦鹽二百四十九萬八千四百九十一斤零。

通海等井鹽課司，歲辦鹽九十二萬一千三百三十斤零。

廣福等井鹽課司，歲辦鹽五十五萬六千三百二十五斤。

華池等井鹽課司，歲辦鹽六十三萬四千五百三十二斤零。

新羅等井鹽課司，歲辦鹽九十九萬五千八百七十八斤零。

富義等井鹽課司，歲辦鹽三百六十七萬九千二百七十二斤零。

羅泉等井鹽課司，歲辦鹽一百二十四萬四千一百二十七斤零。

黄市等井鹽課司，歲辦鹽一百七萬五千六百一斤零。

僊泉井鹽課司，歲辦鹽二百一十三萬七千六百一十五斤零。

福興等井鹽課司，見辦如舊額。

萬曆六年歲辦

鹽九百八十六萬一千一百四十斤。

歲解陜四鎮鹽課銀七萬一千四百六十四兩。

成都府、敘州府、順慶府、保寧府、夔州府、潼川州、嘉定州、雅州。

行鹽地方

景泰四年，令四川鹽課提舉司於每年三月以前，具上、中、下三等鹽課司并商名引鹽數目，挨次挨號扣課均派，開報布按二司并巡鹽官處。定於三月初一日會同照引，唱名給散，以引目連各商通帖，散帖封發各鹽課司收貯。分派各井逐月支鹽，隨時批訖。退引給付各商，限次年三月終送提舉司，類總轉達布按二司并巡鹽官，比對相同照數完造歲報。若遇急用邊糧，開中，務亦先年出榜，次年三月唱名支鹽。○正德元年奏准：四川大寧課少場分，不拘年月久近，俱徵銀二兩。其餘井場，定立上、中、下三等。年分遠近，亦作二等。弘治十五年至十八年未開中者，每引，上場徵銀一兩五錢，中場一兩二錢，下場九錢。弘治十四年以前未開中者，上場徵銀一兩二錢，中場一兩，下場六錢。商人有願爲代納，陸續支鹽者，照井場年分，就於數內，每錢減去三分，以作商人之利。竈户還鹽或銀，不許過所定之數，商人亦不得自行選擇。其有乾淡、坍塌等項，許以私開小井幫補煎辦，不再徵課。○四年奏准：四川大寧場竈丁止令辦納原課，其逃民私煎加增之數，另行召人并各竈餘丁頂補，毋致負累人難。○嘉靖四年議准：將四川鹽井衛實在旗軍一千二百名，分爲四班，二年一換。每班撥軍三百名同民竈五十名，各與官房住坐，日逐煎辦鹽斤，聽其自行貿易，以爲衣糧之資。每軍該支月糧扣留在倉，准前項鹽課。各軍有事，仍聽調用。拘各餘丁更替煎燒，無事隨班操練。其民竈該納鹽課，仍舊收倉，每年給作合衛官員折俸鈔貫，并旗軍三等人户九月醃菜鹽斤。止委指揮一員，管領煎辦。○十年題准：四川大寧、安雲等一十五場，額辦鹽課，俱照弘治十五年則例，徵銀存留本省，以備接濟松茂運糧腳價之費，每年按季徵收，與秋種一體起解。其小民邊糧本色，止徵正米價銀，不許重派腳價。○三十七年議准：四川鹽課，從引定銀。大寧等場照舊，每引折銀二兩。雲安等一十四場，每引折銀七錢五分四釐三毫五絲。綿州等三十四州縣，丁井漸添，量爲增額。仁壽等九縣丁井亡耗，量爲減額。簡州一十六州縣丁井額課照舊。通計五十七州縣一所一場，共鹽八萬九千二百六十三引一斤，實徵銀六萬九千一百七十二兩四分六釐，尚少額鹽三千三十九引一百一十九斤，該銀二千二百九十一兩九錢五分四釐。查有布政司歲收商鹽小票税銀抵補，候查新井新丁，照額派補。其閏課原非部額，逋負尚多，各場暫免派徵。所少王府食鹽，亦於鹽税銀內支補。其有餘剩，與正課一同解部。○隆慶二年題准：許竈丁多開小井，以補塌井，逃丁之數不必加增。其保寧、重、夔、嘉、潼等處窵遠商人赴提舉司告給小票不便，亦令增加引票，酌定張數，分發五府州縣，就近告給。

雲南

黑鹽井鹽課提舉司洪武十五年置。

黑鹽井鹽課司、阿陋猴井鹽課司、琅井鹽課司。

白鹽井鹽課提舉司

白鹽井鹽課司。

安寧鹽井鹽課提舉司

安寧鹽井鹽課司。

五井鹽課提舉司

諾鄧鹽井鹽課司、山井鹽井鹽課司、師井鹽課司、大井鹽井鹽課司、順盪鹽井鹽課司、鶴慶軍民府劍川州彌沙井鹽課司、麗江軍民府蘭州井鹽課司。

武定軍民府和曲州只舊井河頭井草起河尾井。

鹽課數目

洪武間歲辦

五井鹽課提舉司，歲辦鹽二十七萬二千一百三十七斤零，又折綿布七百二十段。布每段長一丈一尺，闊八寸。

黑鹽井鹽課提舉司，歲辦鹽五十七萬二千三百四十斤零。

安寧鹽井鹽課提舉司，歲辦鹽七十七萬二千六百八十斤零。

白鹽井鹽課提舉司，歲辦鹽二十一萬七千七百二十斤零。

弘治間歲辦

五井鹽課司、安寧井鹽課司。以上二司，歲辦無定數。

黑鹽井鹽課司，歲辦鹽六十一萬六千三百七十斤。

白鹽井鹽課司，歲辦鹽三十三萬四千三百一十四斤。

萬曆六年歲辦

鹽一百八十二萬七千八百七十七斤，五井提舉司綿布，每段折銀四分五釐。

歲解太倉鹽課銀三萬五千五百四十七兩三錢七分。遇閏，該銀三萬八千五百二十八兩九錢七分。

行鹽地方

本省十二府各州縣。

正統九年，令雲南各鹽課司每竈户添撥餘丁二人，免其差役，專一採薪煎鹽，鹽課不許擅除。○正德八年議准：雲南安寧鹽井鹽課提舉司折色課銀，每引徵銀九錢貯庫，以備邊軍支用。○嘉靖八年題准：雲南鹽引合置流通簿一本，每年差人赴部齎領仍赴南京户部印編。歲額無閏五萬六千九百六十五引，召商開中。巡撫酌量井鹽美惡，定擬價銀，收布政司聽户部支用。以後倒换文簿并印編引目，率以爲常。一切批文小票，悉革不用。○三十三年題准：將黑、白、安、五、彌沙、蘭州、舊河尾等井鹽課革去成色虚數，盡折紋銀。其五井提舉司額辦布疋，原解大理府，搭放官吏俸鈔。今將折俸另處補給。其漂布每段折銀四分五釐，每銀一兩折鹽一引，俱作正課。及續增、新增、加辦、加閏、復開河頭等井，每歲共該銀四萬三千三百三十四兩六錢零。無閏，止該銀四萬五兩六錢零，著爲定額。○三十五年題准：將雲南安寧井原額引鹽，摘發琅井帶辦八十七竈鹽，每引折銀七錢三分，輪撥三十六竈。每竈每月領滷二百一十桶，折納銀一兩六錢八分零。安寧井實在鹽每引減折徵銀四錢五分，順盪井給商本色鹽，每引徵銀八錢備邊，折色鹽每引徵銀一兩。實徵鹽課，無閏該鹽四萬七千三百八十二引一百四十九斤一十四兩九錢，共銀三萬五千七百十九兩一錢三分零。通閏該鹽五萬一千三百三十一引六十二斤六兩零，共銀三萬八千七百六十兩七錢零，俱解太倉。其山井并新開石門關三井鹽課，本提舉司照舊徵納。

胡應麟《少室山房筆叢》卷四《經籍會通四》　凡刻之地有三，吴也，越也，閩也。蜀本，宋最稱善，近世甚希。燕、粤、秦、楚，今皆有刻，類自可觀，而不若三方之盛。其精，吴爲最；其多，閩爲最；越皆次之。其直重，吴爲最；其直輕，閩爲最；越皆次之。

凡印書，永豐綿紙上，常山柬紙次之，順昌書紙又次之，福建竹紙爲下。綿貴其白且堅，柬貴其潤且厚。順昌堅不如綿，厚不如柬，直以價廉取稱。閩中紙短窄黧脆，刻又舛譌，品最下而直最廉，余筐篋所收，什九此物，即稍有力者弗屑也。近閩中則不然，以素所造法，演而精之。其厚不異於常，而其堅數倍於昔，其邊幅寬廣，亦遠勝之。價直既廉，而卷帙輕省，海内利之，順昌廢不售矣。餘他省各有産紙，余弗能備知。大率閩、越、燕、吴，所用刷書，不出此數者。燕中自有一種紙，理粗龐、質擁腫而最弱，久則魚爛，尤在順昌下，惟燕中刷書則用之。惟滇中紙最堅。家君宦滇，得張愈光、楊用修等集，其堅乃與絹素敵，而色理疏慢蒼雜，遠不如越中。高麗璽絶佳，純白滑膩，如舒雪，如匀粉，如鋪玉，惟印記用之。

凡書之直之等差，視其本，視其刻，視其紙，視其裝，視其刷，視其緩急，視其有無。本視其鈔刻，鈔視其譌正，刻視其精粗，紙視其美惡，裝視其工拙，印視其初終，緩急視其時，又視其用，遠近視其代，又視其方，合此七者，參伍而錯綜之，天下之書之直之等定矣。

凡本，刻者十不當鈔一，鈔者十不當宋一。三者之中，自相較，則又以精粗久近，紙之美惡，用之緩急爲差。

凡刻，閩中十不當越中七，越中七不當吴中五，吴中五不當燕中三。此以地論。即吴、越、閩書之至燕者。非燕中刻也。燕中三不當内府一。五者之中，自相較，則又以其紙、其印、其裝爲差。

凡印，有朱者，有墨者，有靛者。有雙印者，有單印者。雙印與朱，必貴重用之。凡板漶滅，則以初印之本爲優。凡裝，有綾者，有錦者，有絹者，有護以函者，有標以號者。吴裝最善，他處無及焉，閩多不裝。

有裝印紙刻絶精，而十不當凡本一者，則不適於用，或用而不適於時也。有摧殘斷裂，而直倍於全者。有模糊漶滅，而價增於善者。必代之所無，與地之遠也。夫不適於時者遇，遇則重。不適於用而精焉，亦遇也。噫！

葉少藴云：唐以前，凡書籍皆寫本，未有模印之法，人以藏書爲貴，人不多有，而藏書者精於讎對，故往往皆有善本。學者以傳録之艱，故其誦讀亦精詳。五代時，馮道始奏請官鏤板印行。國朝淳化中，復以《史記》、前後漢，付有司摹印。自是書籍刊鏤者益多，士大夫不復以藏書爲意，學者易於得書，其誦讀亦因滅裂。然板本初不是正，不無譌誤，世既一以板本爲正，而藏本日亡，其譌謬者，遂不可正，甚可惜也。此論宋世誠然。在今則甚相反，蓋當代板本盛行，刻者工直重鉅，必精加讎校，始付梓人，即未必皆善，尚得十之六七。而鈔録之本，往往非讀者所急，好事家以備多聞，束之高閣而已，以故謬誤相仍，大非刻本之比。凡書市之中，無刻本則鈔本價十倍。刻本一出，則鈔本咸廢不售矣。今書貴宋本，以無譌字故。觀葉氏論，則宋之刻本患正在此。或今之刻本當又譌於宋邪。余所見宋本譌者不少，以非所習，不論。

葉又云：天下印書，以杭爲上，蜀次之，閩最下。余所見當今刻本，蘇常爲上，金陵次之，杭又次之。近湖刻、歙刻驟精，遂與蘇、常爭價。蜀本行世甚寡，閩本最下，諸方與宋世同。葉以閩本多用柔木，故易就而不精。今杭本雕刻時義，亦用白楊木，他方或以烏柏板，皆易就之故也。【略】

偏綜前論，則雕本肇自隋時，行於唐世，擴於五代，精於宋人。此余參酌諸家，確然可信者也。然宋盛時，刻本尚希。蘇長公《李氏山房記》，謂國初薦紳，即史、漢二書不人有，《揮麈録》謂當時仕宦多傳録諸書，他可見矣。

今世欲急於印行者，有活字。然自宋已兆端，《筆談》云：板印書籍，唐人尚未盛爲之。自馮瀛王始印五經，已後典籍皆爲板本。慶曆中，有布衣畢昇，又爲活板。其法用膠泥刻字，薄如錢脣，每字爲一印，火燒令堅。先設一鐵板，其上以松脂蠟和紙灰之類冒之。欲印則以一鐵範置鐵板上，乃密布字印，滿鐵範爲一板，待就火煬之，藥稍鎔，則以一平板案其面，則字平如砥。若止印三二本，未爲簡易，若印數十百千本，則極爲神速。常作二鐵板，一板印刷，一板已自布字，此印者纔畢，則第二板已具，更互用之，瞬息可就。每一字皆有數印，如之也等字，每字有二十餘印，以備一板内有重複者，不用則以紙貼之，每韻爲一貼，木格貯之。有奇字素無備者，旋刻之，以草火燒，瞬息可成。不以木爲之者，木理有疏密，沾水則高下不平，兼與藥相黏，不可取。不若燔土，用訖再火，令藥鎔，以手拂之，其印自落，殊不沾污。昇死後，藥印爲其羣從所得，至寶藏之。右俱《筆談》所載。今無以藥泥爲之者，惟用木稱活字云。

沈沉《酒概》卷二《七之出》 古名酒所出：

若下出烏程。九醖出宜城。蒲桃出西京。崔家酒出武陵。竹葉出豫北。燒春出劍南。石凍春出富平。土窟春出滎陽。桑落出陝西。郫筒出蜀。西市出汴京。渌水出康樂。醽醁出洛陽。富水出郢。雲液出揚州。黄羊酒出關右。梨花春出杭州。五骰出乾和。千日酒出中山。千里酒出程鄉。鄜水出湘東。麯米春出雲安。紅泥出汀州。溢承出潯陽。穀溪春出蘭溪。豐和春出温州。白薄出關中。錦波春出錦江。浮玉春亦錦江。春泉出蔡邸。秦淮春出建康。洞庭春出吴會。浮春出濟邸。皇都春出武林。留都春出江閫。宜春出安城。十洲春出海閫。海嶽春出西總。若空出秀州。麻姑酒出建昌。秋露白出新城。燒酒出潞州。菉豆酒出淮安。明星酒出洛陽。玉膏出瀛州。醽酒出衡陽。蓬萊春出越州。桂醑出博羅。金盤露出處州。

新豐、蘭陵、荆南、靈溪、象洞、曲阿、蒲東、嶺南，其地皆出名酒，以下宋時酒名。

三京出：

北京香桂，又沄酒。南京桂香，又北亶。西京玉液，又荼蘼香。

四輔出：

澶州中和堂。許州瀑泉。鄭州金泉。

河南出：

真定府銀光。河間府金波，又玉醖。德州碧琳。保定府軍知訓堂杏仁。定州中山堂，又九醖。保定巡邊銀滁，又著泉。賔州石閟，又宣城。博州宜城，又蓮花。衛州柏泉。棣州延和堂。思州揀米，又細酒。洺州玉瑞，又夷白堂玉友。邢州沙涪金波。磁州風麴法酒。深州玉醅。趙州瓊波。相州銀光，又碎玉。懷州宜醒，又香桂。定州瓜曲，又著液。

河東出：

太原玉液静制堂。汾州甘露。隰州瓊漿。代州金波，又瓊波。

陝西出：

鳳翔府橐泉。河中府天禄，又舜泉。陝西蒙泉。華州蓮花，又承恩堂上尊。邠州静照堂玉泉。瓊州江漢堂瑶泉。同州清洛清心堂。

淮南出：

楊州百桃。廬州金斗城，又杏仁。

江南西、東出：

宣州琳腴，又雙溪。江寧府芙蓉，又百桃清心堂。處州谷廉。洪州雙泉，又金波。杭州碧香，又白酒。蘇州木蘭堂，又白雲泉。明州金波。越州蓬萊。潤州蒜山堂。湖州碧瀾堂，又霅溪。秀州月波。

四川出：

成都府忠臣堂玉髓，又錦江春，又浣花堂。梓州瓊波竹葉清。劒州東溪。漢州廉泉。合州金波，又長春。渠州蒲萄。果州香桂，又銀液。閬州仙醇。峽州重醲，又喜泉。夔州法醹，又法醞。

荆湖南、北出：

荆南金蓮堂。鼎州白玉泉。辰州法酒。歸州瑶光，又香桂。

福建出：

泉州竹葉青。

廣南出：

廣州仙泉。韶州换骨玉泉。

廣東出：

青州揀米。高州舜泉，又清燕堂，又真珠泉。曹州銀光，又三酥，又白羊酥，又荷花。兖州蓮花香。鄆州光泉。濟州風麴佛泉，又香桂。濰州重醞。登州朝霞。萊州玉液。徐州壽泉。濟州宜酥，又細波。單州宜醪杏仁。

京西出：

汝州揀米。滑州風麴，又泉堂。金州清醽。郢州溪泉，又香桂。隨州白雲樓。唐州懷原泌泉。蔡州銀液。房州瓊酥。襄州金波。鄧州香泉。寒泉香菊甘露。潁州銀滌風麯。均州仙醇。河外府州歲寒堂。

市店出：

豐樂樓眉壽，又和旨。即白樊樓也。忻樂樓仙醪。即任店也。和樂樓瓊漿。即莊樓也。遇仙樓玉醞。鐵仙樓瑶醽。仁和樓瑶漿。高陽樓流霞。清風樓玉髓。會仙樓玉醑。八仙樓仙醪。四時樓碧光。列仙樓瓊液。千金樓仙醇。中山園子正店千日春。銀王店延壽。蠻王園子正店瑶光。邵宅園子王店法清大桶。張宅園子正店仙醁。方宅園子正店瓊酥。萬宅園子正店羊羔。梁宅園子正店美緑。小齊園子正店瓊波。楊皇后宅園子正店法清。

外國出：

西域葡萄酒。烏孫青田核酒。烏丸東牆酒。劒南生春酒。高麗林盧漿。訶陵柳花椰子酒。椰子本出伽盧國，其地熱衢，植椰子木爲蔭。剖其實，中有酒能醉人。波斯沸菻肉汁酒。北虜馬湩酒。蘇緑國蔗酒，又梁人作著蔗酒。南蠻檳榔酒。扶南安石榴酒。《扶南傳》南海頓遜國有酒樹，似安石榴，採其花汁，停瓮中，數日成美酒。又甘蔗王瓜根酒。辰溪鈞藤酒。赤土國甘蔗酒。真臘朋芽肉酒，又美人酒。《風土記》：美人酒，於美人口中含而造之，一宿而成，尤異。渤泥國樹心酒，名已尾樹。波斯三勒漿酒，謂庵摩勒、毗梨勒也。胡人采陀得花造酒，名之。南荒女酒，女數歲釀醩，置壺於水中。候女嫁，決水取，味甚美。今四夷酒，以暹羅爲第一。元人酒哈刺基，又□答刺見。草木子即打辣酥。瑶琨去玉門九萬里，有碧草如麥，割之以釀酒，則味如醇酎，飲三合三旬不醒。飲甜溪水，隨飲而醒。《神異記》

劉若愚《酌中志》卷二〇《飲食好尚紀略》〔正月〕斯時所尚珍味，則冬笋、銀魚、鴿蛋、麻辣活兔，塞外之黄鼠、半翅鶡鷄，江南之密羅柑、鳳尾橘、漳州橘、橄欖、小金橘、風菱、脆藕，西山之蘋果、軟子石榴之屬，水下活蝦之類，不可勝計。本地則燒鵝、鷄、鴨、猪肉，冷片羊尾，爆炒羊肚，猪灌腸，大小套腸，帶油腰子，羊雙腸，猪膂肉，黄顙管兒，脆團子，燒笋鵝，醃臘鵝、鷄、鴨，炸魚，柳蒸煎燴魚，炸鐵脚雀，滷煮鵪鶉，鷄醢湯，米爛湯，八寶攢湯，羊肉、猪肉包，棗泥卷，糊油蒸餅，乳餅，奶皮，燴羊頭，糟腌猪蹄、尾、耳、舌，鷄、肫掌。素蔬則滇南之鷄㙡，五臺之天花羊肚菜、鷄腿銀盤等蘑菇，東海之石花海白菜、龍須、海帶、鹿角、紫菜，江南烏笋、糟笋、香蕈，遼東之松子，薊北之黄花、金針，都中之山藥、土豆，南都之薹菜、糟笋，武當之鷹嘴笋、黄精、黑精，北山之榛、栗、梨、棗、核桃、黄連、芽木蘭、芽蕨菜、蔓菁，不可勝數也。茶則六安松蘿、天池，紹興岕茶，徑山茶，虎丘茶也。凡遇雪，則暖室賞梅，吃炙羊肉、羊肉包、渾酒、牛乳。先帝最喜用炙蛤蜊，炒鮮蝦，田鷄腿及笋鷄脯，又海參、鰒魚、鯊魚筋、肥鷄、猪蹄筋共燴一處，恒喜用焉。

傅維鱗《明書》卷八二《食貨志二》 窑冶：窑冶之設，經制浩繁，隸工部營繕都水，凡鼓鑄、陶甓、灰煤、礦洞、鐵爐鑄器皆屬焉。除錢爲國家經費之權，而礦務關民間利害之鉅，别爲論著。凡陶器，起洪武，皆取土及匠赴京師造。而成化中，始命陶其地儀真、瓜州則應酒器具一十一萬餘，河南、真定則應缸瓶之屬計五萬餘，江西浮梁則造五色龍鳳諸器用計四十四萬三千餘。初委官專理之，後第責撫按以下官督解。凡鑄符印、鐘漏、法馬、金牌之屬，皆需銅，多召買之。而銅砂採無時，或開或閉，不啻數焉。若江西之南昌府進賢，臨江府新喻，袁州府分宜，山東之濟南府萊蕪，湖廣之興國、蘄州、黄梅，陝西之鞏昌，山西之平陽府吉州，太原府潞州、澤州，廣東之廣州府陽山，四川之龍州，順天之遵化，皆設鐵治，置鐵官，歲課鐵一千八百四十七萬五千斤有奇。而浙江、福建諸省，皆有折色。採樵燒炭，則薊州、遵化、豐潤、玉田、灤州、遷安，共山場四千五百六十一畝有奇。肥饒者聽民耕種，畝二十斤，瘠半之。煤洞則開于西山，凡百三十餘處，而陵旁及邊隘皆有厲禁。若水銀，則開場于貴州思邛江及婺州。礬則取辦于廬州、崑山、安慶、桐城，歲課二十二萬七百斤有奇。每三斤爲一引，官給工本百五十文，役民成之。先是，國初洪武中，廣平判王久道言，磁州地産鐵，元嘗置鐵冶，都提舉司開八冶，爐丁萬五千户，歲收鐵百餘萬，請復之。上曰：「朕聞治天下當使無遺賢，不聞使天下無遺利也。且利不在官，則在民。民得其利，則利源溥，而有益于官。官專其利，則利源狹，而必損于民。今各鐵冶數多，軍非乏而設之，是驅萬五千家陷之冶中也。」杖之流海外。宣德中，工部奏，造軍器需鐵，請買之江南，又以遵化有鐵砂可得鐵。上曰：「遵化既有鐵，何用遠買。況鐵重滯，遠運尤更勞民，恐妨農功。」命取于遵化，足二十萬斤已之。其時江西燒造太監張善，貪黷酷虐，上聞之，命斬于陶市以狥。正統中，有司請發江西造九龍九鳳諸器。上曰：「加造擾民，勿遺。」成化中，陶器大興，内官督于浮梁肆横暴，巡撫王恕以爲言，上不聽。嘉靖，復燒磁器，給事中陳皇謨諫，不報。隆慶，詔減十之四。至崇禎中，國用大匱，命各處有銅洞銅砂皆採鍊，以資鼓鑄，而不産銅地召買之，百姓絡繹于道，皆爲銅瘁矣。

陳元龍《格致鏡原》卷三四《珍寶類三・銀・名類》 《爾雅》：白金謂之銀，其美者謂之鐐。《穆天子傳》：天子之寶，璿珠銀燭。郭璞注：銀有精光如燭也。《寶藏論》：銀有十七種。天生牙出銀坑内石縫中，狀如亂絲，色紅者上，入火紫白如草根者次之。生樂平鄱陽産鉛之山，一名龍牙，一名龍鬚，生銀出石丌中，成片塊，大小不定，狀如錫。母砂銀生五溪丹砂穴中，色理赤光。黑鉛銀得子母之氣。此四種爲真銀。有水銀銀、草砂銀、曾青銀、石緑銀、雄黄銀、雌黄銀、硫黄銀、膽礬銀、靈草銀，藥制成者；丹陽銀、銅銀、鐵銀、白錫銀，藥點化者；皆假銀也。外國四種：新羅銀，波斯銀，林邑，雲南銀，並精好。《山海經》：少陽之山，赤銀酸水出焉。《本草》：陳藏器曰：「烏銀，今人用硫黄熏銀，再宿瀉之，則色黑，工人用爲器，養生家以器煮藥可辟惡。」《山海經》：「臯塗山多銀、黄金。」《禮斗威儀》：「君乘金而王，則黄銀見。」《北史》：隋辛公義爲并州刺史，山出黄銀，獲之以獻。方勺《泊宅編》：黄銀，蜀中人罕識。朝散郎顔京監在京抵當庫，有以十釵質銀者，其色與上金無異，試之則正白。【略】《格古要論》：金花銀第一，細花松紋第二，纚絲松紋第三，兩頭絲曰纚絲第四，細絲松紋臉白光第五。《漢書》：朱提銀重八兩爲一流，直一千五百八十。他銀一流直一千，是爲銀貨。注：朱提，縣名，屬犍爲。王韶之《始興記》：宋元嘉元年夏霖雨，小首山崩，自巔及麓崩處有光輝。居人往觀，皆是銀礫，鑄之成銀。《廣州記》：廣州市司用銀米。遂成縣任山銀穴有銀砂。《長編》：「至道二年，有司言定州出銀鉚，請置官掌其事。上曰：『地不愛寶，當與衆庶共之。』不許。」《溪蠻叢笑》：「西溪接靖州境出鉛，鉛中有銀，銀體差黑，未經坯銷，名出山銀。」《博物要覽》：「官估十一等，有金漆花銀、濃稠花銀、茶花銀、大胡花銀、薄花銀、薄花細滲銀、紙花銀、細滲銀、兼滲銀、斷滲銀、無滲銀。【略】又假銀名一見九，紅銅煮就，出北直。頓罐銅，出南直。白爊雞，白銅及水銀點就，不可煉冶，出廣東。灰白眼，出山東。快活三，出河南。鋼猫銅，出湖南。飛天白、鵓鴿青、閩絲綽、邊油紋，皆方士爐火烹點銅鉛而成，出江西。荔子紅，出廣西。」《格古要論》：「銀出閩、浙、兩廣、雲南、貴州、交阯等處山中。足色成錠者，面有金花，次者緑花，又次者黑花，故謂之花銀。蜂窩中有倒滴而光澤，火燒色不改者，又次之。松紋假金花，以蜜陀僧爲之。若面有黑斑而不光澤者，必有黑鉛在内，有八成色，謂之狗蚤斑。九成色者，火燒後死，白邊灰色，謂之吹松紋。雪白者有九六成色。僞銀有鼎銀，一燒則烟起，飛去水銀，卻有六分好銀。《五代史》：慕容彦超爲泰寧節度，性好聚斂，嘗得奸民爲僞銀者，寘之深室，使教十餘人爲之，皆鐵爲質，而包以銀，號『鐵胎銀』。」

王慶雲《石渠餘紀》卷四《紀庫》 凡帑藏之在京師者曰内務府銀庫，曰户部銀庫。内府銀庫國初沿明制，隸於御用監。順治十六年改爲廣儲司，兼領緞庫、皮庫、衣庫。康熙間增茶庫、磁庫，是爲六庫。户部銀庫各省歲輸、田賦、鹽課、關税、雜賦皆納焉。乾隆二十六年定解部關税、鹽課，每千兩加十五兩；漕項每千兩加五兩。四十一年定庫放買辦物料及凡應用市平者，每庫平千兩扣平餘三十六兩。兼設顔料庫、緞匹庫，是爲三庫，屬於户部總理，以王大臣設以官役。康熙四十五年以銀庫所貯甚多，盤查不易，詔將新收别貯，而挨用舊銀。四十八年盤查部庫多餘銀二十餘萬。外則東三省、盛京，户部、各將軍、副都統及城守尉皆有庫，以待其用。直省布政司庫以貯田賦爲一省出納收支之總匯。按察司庫貯贓罰，歲輸之刑部。及驛站錢糧之收發，鹽糧驛河各道皆貯其所入以待用。關税貯以解部。分巡道及各府州之地居衝要者，則撥司庫分貯焉。州縣之庫，惟存留者貯焉。此内外設庫之大略也。直省司庫備用之額，謂之留貯，定於雍正五年。令督撫於春秋二撥時酌留分貯，用則預期報聞，擅動者論斬。以直隸近京，無留貯。乾隆閒封貯三萬二千四百萬兩。各省自三十萬至十萬爲三等。江蘇、安徽、江西、浙江、湖南、甘肅、四川、廣西、貴州皆留貯三十萬，福建三十萬有奇，山西、河南、湖北、西安、廣東、雲南均二十萬，山東十萬。乾隆三十六年增貯江寧、蘇州兩司庫各三十萬。是爲各省司庫封貯之款。自後增減不一。至乾隆四十一年户部奏各藩司封貯：直隸三萬有奇，山東二十五萬，山西三十一萬，河南三十五萬，江寧、蘇州皆四十八萬，安徽、福建、湖北皆四十萬，江西三十七萬，浙江三十萬有奇，湖南三十二萬有奇，陝西三十一萬，甘肅三十八萬，四川一百五萬，廣東二十萬，廣西三十八萬有奇，雲南四十八萬有奇，貴州四十五萬有奇。見事例。其直省各府州縣之備用者，初照京縣例，撥貯於繁劇州縣而未定額。雍正八年定直隸各省亦自三十萬至十萬約爲四等，直隸、山東、山西、河南、廣西各十五萬，江蘇、安徽、江西、浙江、湖北、湖南、廣東各十萬，福建、雲、貴各二十萬，陝西、甘肅、四川各三十萬。分貯各府直隸州。是爲分貯之款。乾隆五年增定分貯之額，其貯於道庫者，直隸十一萬，江蘇六萬；其貯於各府州庫者，陝西十萬，甘肅二十二萬，四川二十萬，餘皆數萬，以原貯所餘者，酌留司庫。惟福建、浙江、湖南、廣東仍以雍正八年原額分貯，此直省庫貯之大略也。三十四年定駐防官兵備借銀數，就近分貯各衙門。盛京六萬兩，餘視駐防多少爲差。是爲備借之款。

鄭觀應《易言·開礦》 五金之產，原以供人世之需。居今日而策富强，其惟開礦一事乎！查英、美版圖之廣不及中國數省，顧能富甲天下者，有礦師能知五金之礦，按法開采，必底於成，有機器以代人力，有鐵路以資轉運，故能普美利於無窮也。

中國五金之礦：雲南出銅，年來洋人收取最大制錢，出洋熔銷，故錢價日昂，宜設法禁止，并就雲南等處開礦鼓鑄。山西出鐵，湖南、江西出錫，齊魯、荆襄出鉛，臺灣出硝，是數處者，人皆知之。其實五金煤鐵等礦，各處皆有，特以地產之深淺，體質之純雜，層次之厚薄，礦穴之狹寬，人不得而盡知，且多封禁未開。推原其故，皆由向時礦務或以探穴未真，開硐未善；或以總辦位尊望重，不能躬親相度，委任親昵，薄待礦夫，衆工不悦，遂捏報礦硐將塌，請示填封；或妄稱礦産已空，無從開取。上下相蒙，虧本停工，率坐此弊。此雲南所以常有硐老山空之説也。

宜專請西國頭等礦師設法探試。確有把握，則或議民采官收，或由部給照，仿牙帖之例，准民開采，或竟由官辦，或撥防勇、營兵一體開采。果其官辦也，總辦宜躬親探確，因地制宜，或專用西法，或專用中法，或參法中西。視其水口之遠近，審其挖礦之井道，核其成本，籌其銷場。毋任用私人，毋刻求礦役，毋鋪張局面，毋厚給薪資。開礦之初，用款有出無入。除礦夫等照給工食外，其各執事，均宜薄給辛資。出礦後即行截止。按年核計售銷實數，除提出成本利息及納税開銷之外，所贏餘利，宜以若干歸廠主，若干匀分各執事以抵辛金，若干給各礦夫以充犒賞。每年將進支數目張貼工廠，使外内共知共見。庶幾在廠諸人均有後望，上下一氣，無怠無荒。西人謂一國盛衰，可以所産各礦定之，豈欺我哉？

方今海宇升平，勵精圖治。凡有益於國計民生者，莫不次第舉行，參仿西法。然但學西人之制器，而不學西國之理財。非富無以保邦，非强并無以保富，相需爲用乃能相濟有成。聞泰西各處之礦開采幾盡，見中國礦産饒富，無不垂涎。與其拘泥因循，致生西人之羨，何如變通辦理，藉充國用也哉！

全國圖書館文獻縮微複製中心《中國早期展覽會資料彙編》第三册《李家禎意見書》 附記

考水泥一物，中國設廠製造已有三處。如廣東之廣州，乃官辦。直隸之唐山，先借官本，由商開辦。尚有香港青州牌爲最上之貨，乃洋商開辦。本廠擇地大冶，先將原料延請德國頭等最著名工程師貝恩特，化煉考察，據稱製造有成，當在英國拍特蘭德水門汀之上。由是，奏准由商招股開辦。係屬完全商辦股分有限公司。今幸經營兩年，開機出貨，所出之貨，果如貝恩特所許。而本廠現又發明用水泥製成電桿，又鐵路軌道之枕木，暨各種物件，其性質堅硬，歷久不壞，以上各物，均在會場陳列。惟水泥所製各物，本廠係委托華工程師姚新記，上海人承辦，合併附記。

紀事

《漢書》卷三六《楚元王傳》

逮至吴王闔閭，違禮厚葬，十有餘年，越人發之。及秦惠文、武、昭、嚴襄五王，皆大作丘隴，多其瘞臧，咸盡發掘暴露，甚足悲也。秦始皇帝葬於驪山之阿，下錮三泉，上崇山墳，其高五十餘丈，周回五里有餘；石椁爲游館，人膏爲燈燭，水銀爲江海，黄金爲鳧雁。珍寶之臧，機械之變，棺槨之麗，宫館之盛，不可勝原。又多殺宫人，生薶工匠，計以萬數。天下苦其役而反之，驪山之作未成，而周章百萬之師至其下矣。項籍燔其宫室營宇，往者咸見發掘。其後牧兒亡羊，羊入其鑿，牧者持火照求羊，失火燒其臧槨。自古至今，葬未有盛如始皇者也，數年之間，外被項籍之災，内離牧豎之禍，豈不哀哉！

莊綽《鷄肋編》卷上　定州織刻絲，不用大機，以熟色絲經於木杼上，隨所欲作花草禽獸狀，以小梭織緯時，先留其處，方以雜色綫綴於經緯之上，合以成文，若不相連。承空視之，如雕鏤之象，故名「刻絲」。如婦人一衣，終歲可就。雖作百花，使不相類亦可，蓋緯綫非通梭所織也。單州成武縣織薄縑，修廣合於官度，而重才百銖，望之如霧著，故浣之亦不紕疏。鄢陵有一種絹，幅甚狹而光密，蠶出獨早，舊嘗端午充貢。涇州雖小兒皆能拈茸毛爲綫，織方勝花，一匹重只十四兩者，宣和間，一匹鐵錢至四百千。又出嵌鍮石、鐵石之類，甚工巧，尺一對至五六千，番鑷子每枚兩貫。邠、寧州出綿綢。鳳翔出鞍瓦，其天生曲材者，亦直數十緡。原州善造鐵銜鐙、水繩、隱花皮，作鞍之華好者，用七寶鎖厠，飾以馬價珠，多者費直數千緡。西夏興州出良弓，中國購得，云每張數百千。時邊將有以十數獻童貫者。河間善造篦刀子，以水精、美玉爲靶，鈒鏤如絲髮。陳起宗爲詹度機宜，罷官至有數百副。衢州開化山僻，人極粗魯，而製茶籠、鐵鎖亦佳。蘇州以黄草心織布，色白而細，幾若羅縠。越州尼皆善織，謂之「寺綾」者，乃北方「陷織」耳，名著天下。婺州紅邊貢羅，東陽花羅，皆不減東北，但絲縷中細，不可與無極、臨棣等比也。

《明太祖實録》卷七十七　〔洪武五年十二月庚子〕中書省計湖廣、廣西、江西、山東、陝西、山西、河南七行省是歲鐵課凡八百五萬六千四百五斤。池州府銅課一十八萬斤。

《明神宗實録》卷四百一十七　〔萬曆三十四年正月甲申〕直隸御史喬應甲言：「國家該鹽課以實軍需，課辦于灶，依于蕩，蕩之關于鹽灶至爲喫緊。法久弊滋，奸豪侵占，不肖官吏，聽其賄囑，遂將蕩地擅墾，視爲己物，無復顧忌。今查揚州蕩地廟灣一場，開至九萬九千二百餘畝。一場如此，其三十場可知，況延袤千有餘里，即可比擬。三十郡縣，論地，當分等，則應否納價，作何分種。論租，當有多寡，誰爲徵收，作何支銷。查得海防兵備副使張鳴鴞、泰州知州李(有)〔存〕信、興化知縣楊潤接壤海濱，素知灶情。可令鳴鴞總理于上，存信、潤分理于下，沿坵踏勘，以清弊端。事完移咨吏部，紀録優陞〔。〕」報可。

《明神宗實録》卷四百八十九　〔萬曆三十九年十一月己酉〕工科右給事中張鳳彩言：「内承運庫坐派浙直紵絲、紗、羅、綾、紬、絹、帛，山西潞紬，共四萬三千三百(三)九十餘疋段。南京供應機房，原備不時。織造工料，取之南工部。如必欲派之浙直，責之撫按，國家原無此項錢糧。近年借及户部，借及漕庫，一經那移，吏書爲姦，不肖有司，因緣染指。名雖云借，幾時辦還？究歸朘削閭閻，此殃民之大者也。舊制長以三丈五尺爲度，嘉靖中改造猶然。今改爲四丈二尺以上。除上用可遵近例，賞賜非内外臣工則夷人耳，何必加數糜費！若山西土瘠民貧，舊時傳織甚稀，近年罷織未久，應免以甦災地孑遺之民。又歲造、改造，原屬有司，撫按之法得以加之，故漁獵之弊少。自三十一年歸内監魯保，更多一番須索之苦。乞仍歸有司便。」給事中馬從龍繼言：「潞紬供(供)億之苦，一紬之費，官價之外，不啻三倍，而勞擾鞭朴不與焉。山西糧餉，盡解三邊，歲以拖欠爲憂；加以連歲旱荒，搜剔殆盡。如萬不得已，照先年召買事例，令工部行之便。」俱不報。

楊錫紱《漕運則例纂》卷二《通漕運艘・僉造漕船》全書工料則例併入此冊。

漕船料價，向例各省多寡不一，除通、津各衛係旗丁自備漕船外，其山東、江南、江西、浙江等衛所，每船原給料價銀二百八十三兩二錢七分零。順治十七年，題准山東各衛，并江南之江、興、廬、鳳、淮、揚、徐、滁各衛，減銀四十八兩五錢；康熙十一年，題准又減銀十兩四錢；康熙十七年，題准又減銀一十五兩六錢；康熙十九年，題准又減銀三十一兩六錢一分。其安、新、宣、建、蘇、太、鎮、金各衛，康熙十七年減銀七十四兩五錢零；康熙十九年減銀三十一兩六錢一分零。浙江各衛所，康熙十七年減銀二十二兩二錢四分零；康熙十九年減銀三十九兩五錢四分零。江西各衛，康熙十九年減銀四十二兩九錢零。湖廣各衛，原給料價銀二百五十兩，康熙十九年減銀七十二兩八錢四分零。康熙二十二年定例，將各省漕船，統給料價銀一百七十七兩一錢五分零。康熙二十六年，因船小載重，遲滯難行，漕運總督慕天顏題定通漕一例，每船給料價銀二百八兩七錢七分三厘，其船式量加寬大成造。所有裁減增定料價數目并載於後：

清江廠裁減料價數目：照舊例開載。成造漕船，每隻原定大小料什物人工銀二百三十四兩七錢七分三厘八毫一絲六忽，每船減大料銀九兩，小料頭大桅、艣木銀一兩四錢，實共大小料物人工銀二百二十四兩三錢七分三厘八毫一絲六忽。

內每船大料銀一百八兩，今減去銀九兩，實該銀九十九兩。

每船桐油一百五十斤，價銀十五兩。黃麻三百斤，價銀七兩八錢。共該銀二十二兩八錢。

每船頭大桅、櫓木、桅夾、面樑、舵桿、草鞋底、篾纜、白麻、風篷、乾灰、鐵葉什物等件，共銀三十六兩六錢一分八厘八毫一絲六忽，今頭大桅、櫓木減銀一兩四錢，實該銀三十五兩二錢一分八厘八毫一絲六忽。

每船合用人匠工食，該銀二十九兩四錢二分五厘。

每船釘鋦九百斤，該銀三十二兩四錢。

每船煊釘煤工銀五兩五錢三分。

康熙二十六年改定料價數目，每船大料木植銀九十四兩九錢一分。

每船小料釘鋦九百斤銀三十一兩五分。

每船黃麻銀五兩七錢六分。

每船煊釘鋦、鐵葉、小釘煊打鐵葉、煤炭、工食銀五兩三錢。

每船桐油一百五十斤銀十兩五分。

每船石灰、白麻、大桅、頭桅、櫓木、桅夾、西樑、舵桿、草鞋底、大小篾纜、頭篷、大篷，共銀三十三兩四錢六分三厘。

每船合用人匠工食銀二十八兩二錢四分。

一各省造船料價，舊隸船政同知管理，除動支額編軍三民七銀兩外，倘有不敷，或動關稅、或動減存并支剩行月銀兩、或動輕賫及蘆課銀兩，均係漕督臨時題請撥補。雍正二年題定，船政同知已經裁革，統歸糧道管理，所有不敷料價，即於道庫減存銀內動支，其蕪湖、淮安、杭州等關額供造船銀兩，飭令解部。

一江淮興武，并廬州、鳳陽、滁州、徐州、淮安、大河、揚州、儀徵等衛船隻，舊例於江寧、清江等廠成造，令船政同知管理。康熙二十八年題准，將江、清二廠，裁去給發各丁料價，自行成造。康熙三十三年題准，復設江、清二廠。雍正二年，將二廠船政同知一併裁去，統歸糧道管理。

一安慶、新安、宣州、建陽、金山、鎮江、鎮海、蘇州、太倉等衛，并江西省各衛所船隻，定例給各丁料價，令該丁在本地方設廠成造。議單舊本。

一浙江省各衛所船隻，例於錢塘、仁和二廠成造。康熙三十四年題准，添設船政同知，專理歲造。雍正二年，裁去同知，統歸糧道管理，給發各丁銀兩，自行成造。

一湖廣省各衛所船隻，定例糧道將料價分發武昌、漢陽二糧廳，在於武、漢二廠均分成造。議單舊本。

一湖北省糧船，將届歲造之期，該撫預將解部漕項銀兩留貯道庫按限查盤，仍先期備料，以資成造。雍正十二年例。

一山東省不產桱木，每年應造船隻，先期造册送部，一面給價，令老成旗丁二三名并委員，預往南省採辦木植。回日，按船計給。各衛備親督監造，如有不肖官丁將木價高擡，扣尅銀兩者，將該糧道并同往購買之官丁一體題參。造竣，呈報出廠，登水之日，候總漕親加查驗，倘不合式及木料不堅者，着糧道賠造濟運，并將該衛所等官查明題叅，交部議處。

一徐州衛河南後幇船五十三隻，向在清江廠成造。乾隆十四年題准，在臨清塢成造，每届償造之年，委候運千總一員，督同各丁赴南省採辦木料，將所買數目呈報糧道，給發關文執照，以便關津閘座驗放前行。其料價銀兩，仍在江安糧道庫內給發，照例委出運員弁赴臨清監工，再委衛備督催，一經工竣報完，仍呈請河南糧道照例驗烙。乾隆十四年例。

一徐州衛河南前幇軍船五十餘隻，乾隆十六年題准在夏鎮戚城地方成造，其各丁預行領銀辦料，并督造驗看印烙，俱照後幇之例行。

一江、興二衛，因無屯田幇貼，順治十二年題准，給鑽夫銀五十兩，底料銀五十二兩。鑽夫銀兩並無增減，底料銀兩係十分計算，每分銀五兩一錢，若無底料者，全給銀五十一兩零。或有底料不足，則照不足分數補給。康熙二十二年，部議將鑽夫銀兩停其支給。康熙二十六年題准，復給。康熙四十二年題明，駁追。雍正九年，奉旨復給。其銀兩在於徵收餘丁協濟銀內動支，糧道當堂給發，取結送部。

一山東省及江南之廬、鳳等衛成造漕船，定例將舊船解廠充作底料。如並無底板解廠，勒交銀五十兩。雍正八年例。

一漕船造完，將委官匠作姓名及打造年月刻鑿船尾，漕院衙門驗烙。倘先期損壞者，追治監造員役。議單舊本。

一漕船料價，令糧道親身如數給發。如有侵尅等弊，總漕將糧道等官題叅議處，侵扣銀兩嚴追入官。雍正三年例。

一各省應造漕艘，務將料價照數給發，毋許需索使費陋規。如造不如式，將監造官叅處。至空船南下，漕臣逐加查驗，諭令歸次速領三修銀兩，上緊加修，接濟新運。如旂丁有以朽腐漕艘撞觸民船，藉端勒詐者，即將該幇弁丁究處。

一各省漕船十年滿號，舊例照額船數目，凡運船十隻，每年成造一隻。康熙十三年，部議再令加修出運。康熙二十六年定例，仍按各衛所現運船隻，每年加一成造。雍正四年題定，湖南、湖北現運漕船，俟運滿十年，一律請造。其餘各省，仍每年照十分之一，咨部請造。

一湖廣省糧艘，向例通幇限滿，一齊修造，工料草率，易致朽腐。乾隆六年題准，嚴飭衛備旗丁，遵例按式成造，并飭糧道查驗，總漕於過淮時復加詳查，如有造不堅固，出運七八年便朽腐者，據實題叅。

一各省漕船十年限滿，康熙四年定例，嗣後必需嚴查，確實應打造者打造，應修艌者修艌，仍將每年修造船隻若干造册題報。再各項船隻，總漕親身查驗，委實不堪者，方准改造。倘有可用舊船，不行驗明駕運，該督撫查明題叅。其有過號旗船自行造買赴廠領銀者，概行禁止。康熙七年題准，漕船改造，司造之官親身查驗，如有仍可加修再運者，即於歲徵造船料價銀內，量給加修之費，仍令再行駕駛，照年扣算。

一各省停運漕船，雖係十年限滿，然未經駕駛出運，仍令加修兑運。康熙十九年例。

一乾隆二十四年，部行嗣後各省滿號漕船不堪修整者，即行造報，如驗明實堪加修者，即取具保固出運各結送部，毋得違例，率行詳請成造。

一漕船當滿號之年，不照例請造，混請朋併減存以致缺少者，將督造不力及擅減各職名，查叅議處。乾隆八年例。

一各省滿號漕船，令糧道先期詳請成造，預備料物。一俟原船回次，即刻興工。倘隱匿不造及請造遲延，將衛備叅革。如將舊船掩飾及造不如式，將監造官、衛備、旗丁究擬賠造。其該省糧道不親身赴次查驗，及狥隱不揭報者，一併叅處。雍正十一年例。

一官員奉委修造漕船，或謊報朽爛，或修造未竣報稱已完，或將朽爛船隻册報掩飾者，俱降二級調用。承造船隻推諉不行監造，或不能依限完竣者，各降一級調用。該管官督催不力者，罰俸一年。如朽爛船隻不估價申報者，亦罰俸一年。議單舊本。

一湖廣省漕船，例用樟、桯等木，如十年滿號之船混用柏木成造者，將所造之柏木船隻，本年暫令出運，責令下年賠造，將違例之衛備降二級調用。乾隆十二年例。

一造船係衛備專責，而湖南船隻水次俱在岳州，止岳州一衛駐劄其地，其荆州三衛、沔陽一衛俱在湖北，因有徵收屯餉之責，並不赴次，又不委員監視，多有草率。乾隆二十四年奏准，責成各幇千總監造，如有不能堅固合式者，幇弁、衛備一并叅處。

一各省漕船僉造遲延至開兑之時，尚無丁無船者，經僉之員降一級調用，同知罰俸一年。乾隆十七年例。

一乾隆二十一年咨准，各省滿號船隻，減存之日，即令概行拆卸，聽候配造，以免風濤漂失之患。

一雍正十三年題定，凡漕船年限不足致朽壞者，並遇有事故者，賠造、買補、雇募，分別年分，三項並行。如出廠新船至五、六年及未至五、六年而有風火事故者，責令賠造；七、八年而有事故者責令買補；九年而有風火事故及朽腐不堪者，責令雇募賠造。則照式成造買補之船，倉場仍給限單，運回水次；雇募之船，倉場不給限單，船不回次。

一向例各省漕船五運、六運及未至五、六運者，遇有風火事故，責令賠造。如違例雇募兑運，將衛所官弁查叅。惟湖廣漕船程途較遠，乾隆六年題准，如五、六運及未至五、六運之船，已經過淮失事，回次即届受兑新漕，賠造不及，將該船暫減一年，從容賠造堅固，糧米准其洒帶。其未經過淮失事者，仍勒令本年賠造兑運。

一乾隆二十四年題准，各省漕船失風，米石係責本丁賠補。沉溺漕船如運至五、六年者，亦應本丁賠造。賠米、賠船，責之數月之内，丁力難支，嗣後凡難丁應行賠造之船，本年新漕，暫准雇募一次，俟次年配造，以恤窮丁。

一乾隆二十三年咨准，各省成造漕船，有已滿出廠年分，因減歇未足十運之數，而木植朽爛，萬難修理，必資成造者，取具衛所各印結，糧道加結，送部隨咨一併聲明。仍飭糧道，不得混行詳請。

一各省減歇漕船，不及時詳請僉造，致逾限年久者，糧道罰俸九個月。乾隆十七年例。

一杭州頭二兩幇、紹興前後兩幇、海寧所幇，乾隆十七年漕糧截留船全減歇者，俱緩至下年成造。有出運有減存者，分別應出運者，本年成造；不出運者，仍緩至下年。

一湖北省滿號船隻，遇截留漕糧之年内應出運京糧者，如數配造；其應減各船，緩至下年配造。乾隆八年例。

一賠造之船應照軍船式樣成造，倘有短窄及板木不堅厚者，照例將監造官弁及糧道一併題參。雍正八年例。

一漕船遭風漂没，因候部覆未到，新漕已届，賠造不及，漕米准其暫行洒帶通幫。漂没船隻，令於回次時賠造。

中國第一歷史檔案館、兵器工業總公司等《中國近代兵器工業檔案史料》第一輯《丁日昌爲請將天津上海福建三廠聯絡一氣事致總理衙門函（節録）同治七年四月十三日》至前商預備天津開設機器廠，現已分別采訪，擬有成説，再行繪圖貼説呈請核奪。此時經費艱難，雖不必造端宏大，而逐漸擴充，局員履而後知，必更能步步踏實。至洋匠目前不能不用，但當由我指揮，方免太阿倒持之患。將來天津、上海、福建三廠似可聯絡一氣，不分畛域，不獨京營軍火固當源源運解，即外省如有所需，亦可分別緩急隨時應付。其各廠現辦何料，製造何物，亦宜彼此相互知會，如此廠多製開花炮，則彼廠可以多製洋槍，權衡多寡，庶不致有余、不足之弊。匠人工食，以及購料價值，亦復隨時比較，則洋匠不致把持，而經手人等亦免浮濫。總之，自各省而言之，則各廠爲各家；合天下而言之，則各廠仍爲一家也。至洋火藥爲開花炮、洋槍相爲表裏之物，猶之水母目蝦，缺一則不能行，擬即商之曾侯相，籌款購辦洋藥機器，設廠製造，以備不虞。即使彼族閉關絶市，而我亦可取携如意，無虞掣肘矣。再能於北洋、中洋、南洋建設三闔，專練輪船水師，不惟其多，惟其精，如常山之蛇，擊首則尾應，不獨可以靖内奸，御外侮，而且可以協運漕糧，均平米價，使首善之地永無水旱之虞。惟將才難得，須重其任而精其選耳。管見所及，是否有當，載請鈞裁！

發展演變總部

《發展演變總部》提要

《發展演變總部》是《綜合分典》的五個總部之一，包括《總論部》《先秦秦漢部》《魏晉南北朝隋唐五代部》《宋遼金元部》和《明清部》，即根據時間先後對歷史上工業發展變化的資料進行梳理。

各部一般下設題解、綜述、傳記、紀事、藝文、雜録等緯目。在具體編纂過程中，對於緯目不强求一致，有則設，無則不設，視資料情況而定。每個緯目録文均按朝代先後順序排列，具體編排主要依據被引用材料的作者的生卒時間而定。

目録

總論部

綜述

《尚書・虞夏書・堯典》 允釐百工，庶績咸熙。帝曰：「疇咨若時登庸？」放齊曰：「胤子朱啓明。」帝曰：「吁！嚚訟可乎？」帝曰：「疇咨若予采？」驩兜曰：「都！共工方鳩僝功。」帝曰：「吁！静言庸違，象恭滔天。」

《尚書・虞夏書・舜典》 歲二月，東巡守，至於岱宗，柴。望秩於山川，肆覲東後。協時月、正日，同律、度、量、衡。修五禮、五玉、三帛、二生、一死贄，如五器。卒乃復。

《道德經》第一章 道可道，非常「道」；名可名，非常「名」。「無」，名天地之始；「有」，名萬物之母。故常「無」，欲以觀其妙；常「有」，欲以觀其徼。此兩者，同出而異名，同謂之玄。玄之又玄，衆妙之門。

《道德經》第二章 天下皆知美之爲美，斯惡已；皆知善之爲善，斯不善已。有無相生，難易相成，長短相形，高下相盈，音聲相和，前後相隨。是以聖人處無爲之事，行不言之教；萬物作而不爲始，生而不有，爲而不恃，功成而弗居。夫唯弗居，是以不去。

《道德經》第七十七章 天之道，其猶張弓與？高者抑之，下者舉之；有餘者損之，不足者補之。天之道，損有餘而補不足。人之道，則不然，損不足以奉有餘。孰能有餘以奉天下，唯有道者。是以聖人爲而不恃，功成而不處，其不欲見賢。

《道德經》第八十章 小國寡民。使有什伯人之器而不用；使民重死而不遠徙。雖有舟輿，無所乘之；雖有甲兵，無所陳之。使民復結繩而用之。甘其食，美其服，安其居，樂其俗。鄰國相望，鷄犬之聲相聞，民至老死，不相往來。

《晏子春秋》卷四《内篇問》下 晏子聘於晉，叔向從之宴，相與語。

叔向曰：「齊其如何？」

晏子曰：「此季世也，吾弗知，齊其爲田氏乎！」

叔向曰：「何謂也？」

晏子曰：「公棄其民，而歸於田氏。齊舊四量：豆、區、釜、鐘。四升爲豆，各自其四，以登於釜，釜十則鐘。田氏三量皆登一焉，鐘乃巨矣。以家量貸，以公量收之。山木如市，弗加於山；魚鹽蜃蛤，弗加於海。民參其力，二入於公，而衣食其一。公積朽蠹，則老少凍餒。國都之市，屨賤而踊貴。民人痛疾，或燠休之。昔者殷人誅殺不當，僇民無時。文王慈惠殷衆，收恤無主，是故天下歸之。民無私與，維德之授。今公室驕暴，而田氏慈惠，其愛之如父母，而歸之如流水。欲無獲民，將焉避？箕伯、直柄、虞遂、伯戲，其相胡公、太姬，已在齊矣。」

《國語》卷一《周語上》 厲王虐，國人謗王。邵公告曰：「民不堪命矣！」王怒，得衛巫，使監謗者，以告，則殺之。國人莫敢言，道路以目。王喜，告邵公曰：「吾能弭謗矣，乃不敢言。」邵公曰：「是障之也。防民之口，甚於防川。川壅而潰，傷人必多，民亦如之。是故爲川者決之使導，爲民者宣之使言。故天子聽政，使公卿至於列士獻詩，瞽獻曲，史獻書，師箴，瞍賦，矇誦，百工諫，庶人傳語，近臣盡規，親戚補察，瞽、史教誨，耆、艾修之，而後王斟酌焉，是以事行而不悖。民之有口，猶土之有山川也，財用於是乎出；猶其有原隰衍沃也，衣食於是乎生。口之宣言也，善敗於是乎興，行善而備敗，其所以阜財用、衣食者也。夫民慮之於心而宣之於口，成而行之，胡可壅也？若壅其口，其與能幾何？」王不聽，於是國莫敢出言，三年，乃流王於彘。

《國語》卷一《周語上》 襄王使邵公過及内史過賜晉惠公命，吕甥、郤芮相晉侯，不敬，晉侯執玉卑，拜不稽首。内史過歸，以告王曰：【略】古者，先王既有天下，又崇立上帝、明神而敬事之，於是乎有朝日、夕月以教民事君。諸侯春秋受職於王以臨其民，大夫、士日恪位著以儆其官，庶人、工、商各守其業以共其上。猶恐其有墜失也，故爲車服、旗章以旌之，爲贄幣、瑞節以鎮之，爲班爵、貴賤以列之，爲令聞嘉譽以聲之。猶有散、遷、懈慢而著在刑辟，流在裔土，於是乎有蠻、夷之國，有斧鉞、刀墨之民，而況可以淫縱其身乎？」

《孟子》卷六《滕文公下》 周霄問曰：「古之君子仕乎？」

孟子曰：「仕。《傳》曰：『孔子三月無君，則皇皇如也，出疆必載質。』公明儀曰：『古之人三月無君，則吊。』」

「三月無君則吊，不以急乎？」

曰：「士之失位也，猶諸侯之失國家也。《禮》曰：『諸侯耕助，以供粢盛；夫人蠶繅，以爲衣服。犧牲不成，粢盛不絜，衣服不備，不敢以祭。惟士無田，則亦不祭。」牲殺、器皿、衣服不備，不敢以祭，則不敢以宴，亦不足吊乎？」

「出疆必載質，何也？」

曰：「士之仕也，猶農夫之耕也。農夫豈爲出疆舍其耒耜哉？」

曰：「晉國亦仕國也，未嘗聞仕如此其急。仕如此其急也，君子之難仕，何也？」

曰：「丈夫生而願爲之有室，女子生而願爲之有家。父母之心，人皆有之。不待父母之命、媒妁之言，鑽穴隙相窺，逾牆相從，則父母國人皆賤之。古之人未嘗不欲仕也，又惡不由其道。不由其道而往者，與鑽穴隙之類也。」

《墨子》卷一《辭過》 子墨子曰：古之民未知爲宮室時，就陵阜而居，穴而處。下潤濕傷民，故聖王作爲宮室，爲宮室之法，曰：高足以辟潤濕，邊足以圉風寒，上足以待雪霜雨露，宮牆之高，足以别男女之禮。謹此則止，凡費財勞力不加利者，不爲也。是故聖王作爲宮室，便於生，不以爲觀樂也；作爲衣服帶履，便於身，不以爲辟怪也。故節於身，誨於民，是以天下之民可得而治，財用可得而足。

當今之主，其爲宮室則與此異矣。必厚作斂於百姓，暴奪民衣食之財，以爲宮室臺榭曲直之望，青黄刻鏤之飾。爲宮室若此，故左右皆法象之，是以其財不足以待凶饑、振孤寡，故國貧而民難治也。君實欲天下之治而惡其亂也，當爲宮室不可不節。

古之民未知爲衣服時，衣皮帶茭，冬則不輕而温，夏則不輕而清。聖王以爲不中人之情，故作誨婦人治絲麻、捆布絹，以爲民衣。爲衣服之法：冬則練帛之中，足以爲輕且煖；夏則絺綌之中，足以爲輕且清。謹此則止。故聖人爲衣服，適身體、和肌膚而足矣；非榮耳目而觀愚民也。當是之時，堅車良馬不知貴也，刻鏤文采不知喜也。何則？其所道之然。故民衣食之財，家足以待旱水凶饑者，何也？得其所以自養之情，而不感於外也。是以其民儉而易治，其君用財節而易贍也。府庫實滿，足以待不然；兵革不頓，士民不勞，足以征不服，故霸王之業可行於天下矣。

當今之王，其爲衣服則與此異矣。冬則輕煗，夏則輕清，皆已具矣。必厚作斂於百姓，暴奪民衣食之財，以爲錦繡文采靡曼之衣。鑄金以爲鉤，珠玉以爲珮，女工作文采，田工作刻鏤，以爲身服。此非云益煗之情也，單財勞力，畢歸之於無用也。以此觀之，其爲衣服，非爲身體，皆爲觀好。是以其民淫僻而難治，其君奢侈而難諫也。夫以奢侈之君御好淫僻之民，欲用無亂，不可得也。君實欲天下之治而惡其亂，當爲衣服不可不節。

古之民未知爲飲食時，素食而分處。故聖人作誨男耕稼樹藝，以爲民食。其爲食也，足以增氣充虛、彊體適腹而已矣。故其用財節，其自養儉，民富國治。今則不然，厚作斂於百姓，以爲美食芻豢，蒸炙魚鼈，大國累百器，小國累十器，前方丈，目不能徧視，手不能徧操，口不能徧味，冬則凍冰，夏則餲饐。人君爲飲食如此，故左右象之，是以富貴者奢侈，孤寡者凍餒，雖欲無亂，不可得也。君實欲天下之治而惡其亂，當爲食飲不可不節。

古之民未知爲舟車時，重任不移，遠道不至。故聖王作爲舟車，以便民之事。其爲舟車也，完固輕利，可以任重致遠。其爲用財少，而爲利多，是以民樂而利之。故法令不急而行，民不勞而上足用，故民歸之。當今之主，其爲舟車與此異矣。完固輕利皆已具，必厚作斂於百姓，以飾舟車，飾車以文采，飾舟以刻鏤。女子廢其紡織而脩文采，故民寒；男子離其耕稼而脩刻鏤，故民飢。人君爲舟車若此，故左右象之，是以其民飢寒並至，故爲姦衺。姦衺多則刑罰深，刑罰深則國亂。君實欲天下之治而惡其亂，當爲舟車不可不節。

凡回於天地之閒，包於四海之内，天壤之情，陰陽之和，莫不有也，雖至聖不能更也。何以知其然？聖人有傳：天地也，則曰上下；四時也，則曰陰陽；人情也，則曰男女；禽獸也，則曰牡牝雄雌也。真天壤之情，雖有先王，不能更也。雖上世至聖，必蓄私不以傷行，故民無怨。宮無拘女，故天下無寡夫。内無拘女，外無寡夫，故天下之民衆。當今之君，其蓄私也，大國拘女累千，小國累百，是以天下之男多寡無妻，女多拘無夫。男女失時，故民少。君實欲民之衆而惡其寡，當蓄私不可不節。

凡此五者，聖人之所儉節也，小人之所淫佚也。儉節則昌，淫佚則亡。此五者不可不節，夫婦節而天地和，風雨節而五穀孰，衣服節而肌膚和。

《禮記·曲禮下》 君子將營宮室，宗廟爲先，廄庫爲次，居室爲後。凡家造，祭器爲先，犧賦爲次，養器爲後。無田禄者不設祭器，有田禄者先爲祭服。君子雖貧，不鬻祭器；雖寒，不衣祭服。爲宮室，不斬於丘木。

大夫、士去國，祭器不逾竟。大夫寓祭器於大夫，士寓祭器於士。大夫去國，逾竟，爲壇位，鄉國而哭，素衣，素裳，素冠，徹緣，鞮屨，素簚，乘髦馬，不蚤鬋，不祭食，不説人以無罪，婦人不當御，三月而復服。

《孝經·喪親章》 子曰：孝子之喪親也，哭不偯，禮無容，言不文，服美不安，聞樂不樂，食旨不甘，此哀戚之情也。三日而食，教民無以死傷生。毀不滅性，此聖人之政也。喪不過三年，示民有終也。爲之棺、椁、衣、衾而舉之；陳其簠、簋而哀戚之；擗踴哭泣，哀以送之；卜其宅兆，而安措之；爲之宗廟，以鬼享之；春秋祭祀，以時思之。生事愛敬，死事哀戚，生民之本盡矣，死生之義備矣，孝子之事親終矣。

劉安等《淮南子》卷二《俶真訓》 若然者，偃其聰明，而抱其太素，以利害爲塵垢，以死生爲晝夜。是故目觀玉輅琬象之狀，耳聽《白雪》清角之聲，不能以亂其神；登千仞之溪，臨蝯眩之岸，不足以滑其和。譬若鐘山之玉，炊以爐炭，三日三夜而色澤不變。則至德天地之精也。

劉安等《淮南子》卷二〇《泰族訓》 失本則亂，得本則治；其美在調，其失在權。水火金木土谷，異物而皆任；規矩權衡准繩，異形而皆施；丹青膠漆，不同而皆用。各有所適，物各有宜。輪圓輿方，轅從衡横：勢施便也；驂欲馳，服欲步；帶不厭新，鉤不厭故：處地宜也。《關雎》興於鳥，而君子美之，爲其雌雄之不乖居也；《鹿鳴》興於獸，君子大之，取其見食而相呼也；泓之戰，軍敗君獲，而《春秋》大之，取其不鼓不成列也；宋伯姬坐燒而死，《春秋》大之，取其不逾禮而行也。成功立事，豈足多哉？方指所言，而取一概焉爾！

鄭觀應《易言・論機器》 泰西所制鐵艦、輪船、槍炮、機器，一切皆格物致知，匠心獨運，盡泄世上不傳之秘，而操軍中必勝之權。今行於中國者，輪船、槍炮之外，如鐘錶、音盒、玩好等物皆有損無益者，而華人愛之購之；如電綫、火車、耕織、開礦諸機器，皆有益無損者，而華人惡之詆之。以故振作難期，漏卮莫塞，識者傷之。

或謂：「中國生齒日繁，小民藉各藝以謀衣食。若改用新法，必致奪其舊業，轉以病民，故不爲也。」不知創行新法，非盡除其舊業，亦漸有以遷之焉耳。試以百人論之，以七十人守舊業，以三十人改新法。此三十人功程較速，工價必豐，彼守舊業者見其所獲之多，亦必日趨於新法。用新法者日衆，則所出之物日多，而所售之價亦日賤，銷路愈暢，販運愈宏。然則機器之行，何嘗有礙於各藝哉！況開礦則取地中所産，以供人所需，而洋布、羽呢本係外洋運來，仿之可興民利，此二者皆致富之要道也。且中國之最重者，農事也。其中沃壤數倍泰西，而地氣和煦，敏於生物，惟僅用人畜之力，未能因地利之宜。若用西國機器，以之耕種，可使土膏深透，地力騰達，物類易於發生，收成亦當倍蓰。若猶未深信，何不先購一小機器，以沃壤數畝試而行之。如果異常，然後購其大者，推行盡利，是地不加廣，而農已倍收矣。洋布、羽呢，每年進口值銀二三千萬，是亦中國一漏卮也。亟宜招商集款，購辦機器，自行織造，擅其利權。試思英人在滬采辦棉花、羊毛，越五萬里重洋運回本國，迨織成布匹、羽呢，又歷五萬里，售於中華，其價猶減於土布者，謂非省工之明驗乎？如其各項機器，果適於用，相應如法，自行製造，精思專力，不惜工本，又何難媲美於泰西哉！

今英、美、普、法各邦，皆恃器利船堅，兵精餉足，勢力相當，得以稱雄於海外耳。嘗查萬國公法：凡兩國構釁，所需輪船、槍炮、火器，皆不得購諸局外之國，更宜備於平時。若泰西凡遇用兵，其輪船雇之於商，其軍械助之於民，民間所設製造等廠，與公局相埒。即旬日之内，需用洋槍數萬杆，各廠分制，克日可成，此實自强之要着也。且泰西官與商合，欲創造機器等局，官商會辦，集款無難；中國官與商離，雖明知獲利甚豐，而商俱畏官，不敢承辦。惟姦商劣紳乃謀經始，不求實際，專務虛聲，事縱有成，功不補過。皆因官商聲氣不洽，以致舉措失宜耳。今中國雖設立船政、製造等局，然須得通中西之學、明製造之事者，派爲總辦，而後所請洋匠，不敢欺蒙，精益求精，互相討論。各廠洋匠，我不能以誠相待，彼或不肯盡藝相傳。計惟厚給薪水，獎以虛銜，優禮牢籠，使之悦服。然後人皆用命，各奏爾能，利何如也。至於泰西定例：凡能别出新裁，制一奇器，有益於國計民生者，則必賞以職銜，照會各邦，載於和約，限以年數，准其獨法，期滿之後，别人乃得仿傚。故創始者既獲美名，又收厚利。無怪其苦心孤詣，斗巧争奇。中國能踵而行之，未始非振作人材之道也。

世有拘迂之士，以傚法西人爲耻，從而非笑之。夫人之耻莫耻於不若人。我不過欲效其技藝，臻於富强，而於世道人心曾無少損。惟在執政者審其利弊，握其樞機，開誠佈公，因勢利導，洵救時之要務，保國之良模矣！

紀事

《魏書》卷一一〇《食貨志》 世宗延昌三年春，有司奏長安驪山有銀鑛，二石得銀七兩。其年秋，恒州又上言，白登山有銀鑛，八石得銀七兩，錫三百餘斤，其色潔白，有踰上品。詔並置銀官，常令採鑄。又漢中舊有金户千餘家，常於漢水沙淘金，年終總輸。後臨淮王彧爲梁州刺史，奏罷之。其鑄鐵爲農器、兵刃，在所有之，然以相州牽口冶爲工，故常鍊鍛爲刀，送於武庫。【略】

河東郡有鹽池，舊立官司以收税利，是時罷之，而民有富强者專擅其用，貧弱者不得資益。延興末，復立監司，量其貴賤，節其賦入，於是公私兼利。世宗即位，政存寬簡，復罷其禁，與百姓共之。其國用所須，別爲條制，取足而已。自後豪貴之家復乘勢占奪，近池之民，又輒障吝。强弱相陵，聞於遠近。神龜初，太師、高陽王雍，太傅、清河王懌等奏：「鹽池天藏，資育羣生。仰惟先朝限者，亦不苟與細民競兹贏利。但利起天池，取用無法，或豪貴封護，或近者吝守，卑賤遠來，超然絶望。是以因置主司，令其裁察，强弱相兼，務令得所。且十一之税，自古及今，取輒以次，所濟爲廣。自爾霑洽，遠近齊平，公私兩宜，儲益不少。及鼓吹主簿王後興等詞稱請供百官食鹽二萬斛之外，歲求輸馬千匹、牛五百頭。以此而推，非可稍計。後中尉甄琛啓求罷禁，被敕付議。尚書執奏，稱琛啓坐談則理高，行之則事闕，請依常禁爲允。詔依琛計。乃爲繞池之民尉保光等擅自固護，語其障禁，倍於官司，取與自由，貴賤任口。若無大宥，罪合推斷。詳度二三，深乖王法。臣等商量，請依先朝之詔，禁之爲便。防姦息暴，斷遣輕重，亦準前旨。所置監司，一同往式。」於是復置監官以監檢焉。其後更罷更立，以至於永熙。

自遷鄴後，於滄、瀛、幽、青四州之境，傍海煑鹽。滄州置竈一千四百八十四，瀛州置竈四百五十二，幽州置竈一百八十，青州置竈五百四十六，又於邯鄲置竈四，計終歲合收鹽二十萬九千七百二斛四升。軍國所資，得以周贍矣。

《新唐書》卷五四《食貨志四》 凡銀、銅、鐵、錫之冶一百六十八。陝、宣、潤、饒、衢、信五州，銀冶五十八，銅冶九十六，鐵山五，錫山二，鉛山四。汾州礬山七。麟德二年，廢陝州銅冶四十八。

開元十五年，初税伊陽五重山銀、錫。德宗時户部侍郎韓洄建議，山澤之利宜歸王者，自是皆隸鹽鐵使。

元和初，天下銀冶廢者四十，歲采銀萬二千兩，銅二十六萬六千斤，鐵二百七萬斤，錫五萬斤，鉛無常數。

開成元年，復以山澤之利歸州縣，刺史選吏主之。其後諸州牟利以自殖，舉天下不過七萬餘緡，不能當一縣之茶税。及宣宗增河湟戍兵衣絹五十二萬餘匹，鹽鐵轉運使裴休請復歸鹽鐵使以供國用，增銀冶二、鐵山七十一，廢銅冶二十七、鉛山一。天下歲率銀二萬五千兩、銅六十五萬五千斤、鉛十一萬四千斤、錫萬七千斤、鐵五十三萬二千斤。【略】

〔開元〕二十六年，宣、潤等州初置錢監，兩京用錢稍善，米粟價益下。其後錢又漸惡，詔出銅所在置監，鑄開元通寶錢，京師庫藏皆滿。天下盜鑄益起，廣陵、丹楊、宣城尤甚。京師權豪，歲歲取之，舟車相屬。江淮偏鑪錢數十種，雜以鐵錫，輕漫無復錢形。公鑄者號官鑪錢，一以當偏鑪錢七八，富商往往藏之，以易江淮私鑄者。兩京錢有鵝眼、古文、綫環之別，每貫重不過三四斤，至翦鐵而緡之。

宰相李林甫請出絹布三百萬匹，平估收錢，物價踊貴，訴者日萬人。兵部侍郎楊國忠欲招權以市恩，揚鞭市門曰：「行當復之。」明日，詔復行舊錢。天寶十一載，又出錢三十萬緡易兩市惡錢，出左藏庫排斗錢，許民易之。國忠又言錢非鐵錫、銅沙、穿穴、古文，皆得用之。

是時增調農人鑄錢，既非所習，皆不聊生。內作判官韋倫請厚價募工，繇是役用減而鼓鑄多。天下鑪九十九：絳州三十，揚、潤、宣、鄂、蔚皆十，益、郴皆五，洋州三，定州一。每鑪歲鑄錢三千三百緡，役丁匠三十，費銅二萬一千二百斤、鑞三千七百斤、錫五百斤。每千錢費錢七百五十。天下歲鑄三十二萬七千緡。

肅宗乾元元年，經費不給，鑄錢使第五琦鑄「乾元重寶」錢，徑一寸，每緡重十斤，與開元通寶參用，以一當十，亦號「乾元十當錢」。先是諸鑪鑄錢窳薄，鎔破錢及佛像，謂之「盤陀」，皆鑄爲私錢，犯者杖死。第五琦爲相，復命絳州諸鑪鑄重輪乾元錢，徑一寸二分，其文亦曰「乾元重寶」，背之外郭爲重輪，每緡重十二斤，與開元通寶錢並行，以一當五十。是時民間行三錢，大而重稜者亦號「重稜錢」。法既屢易，物價騰踊，米斗錢至七千，餓死者滿道。初有「虛錢」，京師人人私鑄，併小錢，壞鍾、像，犯禁者愈衆。鄭叔清爲京兆尹，數月榜死者八百餘人。肅宗以新錢不便，命百官集議，不能改。上元元年，減重輪錢以一當三十，開元舊錢與乾元十當錢，皆以一當十，碾磑鬻受，得爲實錢，虛錢交易皆用十當錢，由是錢有虛實之名。

史思明據東都，亦鑄「得一元寶」錢，徑一寸四分，以一當開元通寶之百。既而惡「得一」非長祚之兆，改其文曰「順天元寶」。

代宗即位，乾元重寶錢以一當二，重輪錢以一當三，凡三日而大小錢皆以一當一。自第五琦更鑄，犯法者日數百，州縣不能禁止，至是人甚便之。其後民間乾元、重稜二錢鑄爲器，不復出矣。

當時議者以爲「自天寶至今，户九百餘萬。《王制》：上農夫食九人，中農夫七人。以中農夫計之，爲六千三百萬人。少壯相均，人食米二升，日費米百二十六萬斛，歲費四萬五千三百六十萬斛，而衣倍之，吉凶之禮再倍，餘三年之儲以備水旱凶災，當米十三萬六千八十萬斛，以貴賤豐儉相當，則米之直與錢鈞也。田以高下肥瘠豐耗爲率，一頃出米五十餘斛，當田二千七百二十一萬六千頃。而錢亦歲毀於棺瓶埋藏焚溺，其間銅貴錢賤，有鑄以爲器者，不出十年錢幾盡，不足周當世之用」。諸道鹽鐵轉運使劉晏以江、嶺諸州，任土所出，皆重粗賤弱之貨，輸京師不足以供道路之直。於是積之江淮，易銅鉛薪炭，廣鑄錢，歲得十餘萬緡，輸京師及荆、揚二州，自是錢日增矣。

大曆七年，禁天下鑄銅器。建中初，户部侍郎韓洄以商州紅崖冶銅多，請復洛源廢監，起十鑪，歲鑄錢七萬二千緡，每千錢費九百。德宗從之。

江淮多鉛錫錢，以銅盪外，不盈斤兩，帛價益貴。銷千錢爲銅六斤，鑄器則斤得錢六百，故銷鑄者多，而錢益耗。判度支趙贊採連州白銅鑄大錢，一當十，以權輕重。貞元初，駱谷、散關禁行人以一錢出者。諸道鹽鐵使張滂奏禁江淮鑄銅爲器，惟鑄鑑而已。十年，詔天下鑄銅器，每器一斤，其直不得過百六十，銷錢者以盜鑄論。然而民間錢益少，繒帛價輕，州縣禁錢不出境，商賈皆絶。浙西觀察使李若初請通錢往來，而京師商賈齎錢四方貿易者，不可勝計。詔復禁之。二十年，命市井交易，以綾、羅、絹、布、雜貨與錢兼用。憲宗以錢少，復禁用銅器。

時商賈至京師，委錢諸道進奏院及諸軍、諸使富家，以輕裝趨四方，合券乃取之，號「飛錢」。京兆尹裴武請禁與商賈飛錢者，廋索諸坊，十人爲保。

監鐵使李巽以郴州平陽銅坑二百八十餘，復置桂陽監，以兩鑪日鑄錢二十萬。天下歲鑄錢十三萬五千緡。

命商賈蓄錢者，皆出以市貨；天下有銀之山必有銅，唯銀無益於人，五嶺以北，採銀一兩者流他州，官吏論罪。元和四年，京師用錢緡少二十及有鉛錫錢者，捕之；非交易而錢行衢路者，不問。復詔采五嶺銀坑，禁錢出嶺。六年，貿易錢十緡以上者，參用布帛。

蔚州三河冶距飛狐故監二十里而近，河東節度使王鍔置鑪，疏拒馬河水鑄錢，工費尤省，以刺史李聽爲使，以五鑪鑄，每鑪月鑄錢三十萬，自是河東錫錢皆廢。

自京師禁飛錢，家有滯藏，物價寖輕。判度支盧坦、兵部尚書判户部事王紹、鹽鐵使王播請許商人於户部、度支、鹽鐵三司飛錢，每千錢增給百錢，然商人無至者。復許與商人敵貫而易之，然錢重帛輕如故。憲宗爲之出内庫錢五十萬緡市布帛，每匹加舊估十之一。

會吴元濟、王承宗連衡拒命，以七道兵討之，經費屈竭。皇甫鎛建議，内外用錢每緡墊二十外，復抽五十送度支以贍軍。十二年，復給京兆府錢五十萬緡市布帛，而富家錢過五千貫者死，王公重貶，没入於官，以五之一賞告者。京師區肆所積，皆方鎮錢，少亦五十萬緡，乃争市第宅。然富賈倚左右神策軍官錢爲名，府縣不敢劾問。民間墊陌有至七十者，鉛錫錢益多，吏捕犯者，多屬諸軍、諸使，譁集市人彊奪，毆傷吏卒。京兆尹崔元略請犯者本軍、本使涖決，帝不能用，詔送本軍、本使，而京兆府遣人涖決。穆宗即位，京師鬻金銀十兩亦墊一兩，糴米鹽百錢墊七八。京兆尹柳公綽以嚴法禁止之。尋以所在用錢墊陌不一，詔從俗所宜，内外給用，每緡墊八十。

寶曆初，河南尹王起請銷錢爲佛像者以盜鑄錢論。太和三年，詔佛像以鉛、錫、土、木爲之，飾帶以金銀、鍮石、烏油、藍鐵，唯鑑、磬、釘、鐶、鈕得用銅，餘皆禁之，盜鑄者死。是時峻鉛錫錢之禁，告千錢者賞以五千。

四年，詔積錢以七千緡爲率，十萬緡者期以一年出之，二十萬以二年。凡交易百緡以上者，匹帛米粟居半。河南府、揚州、江陵府以都會之劇，約束如京師。未幾皆罷。

八年，河東錫錢復起，鹽鐵使王涯置飛狐鑄錢院於蔚州，天下歲鑄錢不及十萬緡。文宗病幣輕錢重，詔方鎮縱錢穀交易。時雖禁銅爲器，而江淮、嶺南列肆鬻之，鑄千錢爲器，售利數倍。宰相李珏請加鑪鑄錢，於是禁銅器，官一切爲市之。天下銅坑五十，歲采銅二十六萬六千斤。

及武宗廢浮屠法，永平監官李郁彦請以銅像、鍾、磬、鑪、鐸皆歸巡院，州縣銅益多矣。鹽鐵使以工有常力，不足以加鑄，許諸道觀察使皆得置錢坊。淮南節度使李紳請天下以州名鑄錢，京師爲京錢，大小徑寸，如開元通寶，交易禁用舊錢。

會宣宗即位，盡黜會昌之政，新錢以字可辨，復鑄爲像。

昭宗末，京師用錢八百五十爲貫，每百纔八十五，河南府以八十爲百云。

《敦煌社會經濟文獻真蹟釋録》第四輯《表狀書·謹撰龍泉神劍歌一首》

謹撰龍泉神劍歌一首。

大宰相江東吏部尚書張某乙撰進。

龍泉寶劍出豐城，彩氣衝天上接辰。不獨漢朝今亦有，[金]鞍山下是長津。天符下降到龍沙，便有明君膺紫霞。天子猶來是天補，横截河西作一家。堂堂美貌實天顔，□德昂藏鎮玉關。國號金山白衣帝，應須早築拜天壇。日月雙旌耀虎旗，御樓寶砌建丹墀。

出警從兹排法駕，每行青道要先知。我帝金懷海量□，目似流星鼻筆端。相好與堯同一體，應知天分數千般。一從登極未逾年，德比陶唐初受禪。百靈効祉賀鴻壽，足踏坤維手握乾。明明聖日出當時，上膺星辰下有期。神劍新磨須使用，定疆廣宇未爲遲。東取賀蘭廣武城，西取天山瀚海軍。北定掃燕然□嶺鎮，南盡戎羌邏莎。采耀軍莊甲馬興，萬里横行河漢清。結親只爲圖長國，□永霸龍沙截海鯨。我帝威雄人未知，叱咤風雲自有時。祁連山下留名迹，破却甘州必□遲。金風初動虜兵來，點齪干戈會柏臺。戰馬鐵衣鋪雁翅，金河東岸陣雲開。慕良將，揀人才，出天入地選良牧。先鋒委付渾鶻子，須向將軍劍下摧，左右衝□搏虜塵。疋馬單槍陰舍人，前衝虜陣渾穿透，一殞英雄遠近聞。前日城東出戰場，馬步相兼一萬强。□□親换黄金甲，周遭盡布陸沉槍。着甲匈奴活捉得，送去□□劍下亡。千渠三堡鐵衣明，左撓無窮授四城。宜秋下尾摧凶醜，當鋒入陣宋中丞。內臣更有張舍人，小小年內久伏勤。自從戰伐先登陣，不懼危亡□□身。

今年迴鶻數侵疆，直到便橋列戰場。當鋒直入陰仁貴，不使戈鋋解用槍。堪賞給，早商量，寵拜金吾超上將。急要名聲續帝鄉。軍郡日日更英雄，□□東行大漠中。短兵自有張西豹，遮收遏後與羅公。蕃漢精兵一萬强，打却甘州坐五涼。東取黄河第三曲，南取胡(武)威及朔方。通同一個金山國，子孫分付坐敦煌。[吐]蕃從此永歸投，撲滅狼星壯斗牛。北庭今載和□□，兼獲瀚海以西州。改年號，掛龍衣，築壇拜却南郊後，始號沙州作高戴。

嗣祖考，繼宗枝，七廟不封何饗拜，祖父尤切故尚書。册□□□尊姻，北堂永見傳金尊，天子猶來重二親，咸獻弦歌流萬古，金山繚繞起秦雲。今朝明日羅公至，拗起紅旌紅躍西土。今□收復甘州後，百寮舞蹈賀明君。超捷首取呂萬盈，部署韜鈐按五兵。有心不怕忘身首，願盡微軀留一名。

鄭塢采子兩堡兵，義部神祐選能精。壓背西衝迴鶻陣，毅勇番生羅俊誠。

匈奴初到繞原泉，白馬將軍最出先。慕容膽壯拔山刀，突出生擒□事奇。問情款説由緣然，低□□□三段，發使西奔上進牋。

葉向高《綸扉奏草》卷一掌春坊《請止礦税疏》 臣惟人臣之事君也，當官有專職，苟事關宗社，不得避出位之誅，納諫有婉辭，苟情迫號呼，不得逃危言之罪。今日宗社安危之機，萬口同聲，欲號呼于君父之前者，則礦店是已，臣等儒臣也。觸事危言，情非得已。臣惟徃者礦砂之採，僅在北方，店税之興，止於近地，中外人情已洶洶不安，謂亂在旦夕。今日四封之中，五嶺之外，更無一處山川得完其面目，更無一處人民得安其生理。試觀從古至今，有如此世界而不亂者乎？有如此召亂而可容易收拾者乎？

陛下神聖之資，無幽不燭，此明明之事，有何難曉，而聖意堅欲爲之，羣言不能争，羣怨不能動，度陛下之心，必曰：國家之威靈甚張，小民之力量甚微，即有狂圖，何渠能逞。不知三代以還，危亡之禍接踵見矣。創謀發難，豈伊異人，盡蚩蚩之氓也。東漢之季，西邸聚錢，中璫肆虐，其君至蒙被詬聲，然尚未至鑿山張肆，與小民争尺寸之利，而四海已糜沸矣。況今日事勢，十百危此者哉！武弁負恩，貪圖徼倖，誑瀆聖明，至于市井無賴假捏礦山枉辱褒奬，此等小人，得志横行，既幸陛下爲其所中，復笑陛下爲其所愚，無禮無義，一至于此，臣等私心實懷痛憤。積無用之財，基無窮之禍，蒙無端之欺，受無根之謗，陛下何利于此而必欲爲之也？且明旨屢下，皆云：協濟大工。今宫中之一瓦一椽，有取自礦砂者乎？有取自店税者乎？耳目昭彰，誰人可掩。而陛下必云然者。得非聖心于此亦有所不安而姑爲之辭歟？如其不安，何如勿爲。明旨又云：不許擾害地方。夫中官承命，奉宣德意，或亦有人。然而前後左右，盡皆豺虎，業已予之牙距，歆之腥穢，而復禁其搏噬，責其馴伏，即有賢者，猶難約束，況于暴戾恣睢如陳增、李道之流者哉！掘人墳墓，壞人田廬，奪人貨財，姦人妻子，此等景象，羣臣知之而不敢盡言，即言之而陛下不信也。今上自公卿大夫，下至輿臺賤隸，無有一人不云：朝廷如此舉動，天下必亂，宗社必危。

陛下方紹明大業，垂有道之長，柰何使祖宗列聖艱難創守之天下，爲此饑不可食，寒不可衣之長物，遂聽徂儈謬言，而棄置弗恤耶？臣目擊危難，披瀝上陳，伏願聖明急行省改，毋爲羣小所中，以隳萬世之基，宗社幸甚，臣愚幸甚。

黄道周《博物典彙》卷一四《錢幣》

總論錢幣：

黄氏曰：「生民所資，曰衣與食。物之無關於衣食，而實適於用者，珠玉五金。」先王以爲衣食之具，未足以周民用也。於是以適用之物，作爲貨幣以權之。故上古之世，以珠玉爲上幣，黄金爲中幣，刀布爲下幣。然珠玉黄金，爲世難得之貨，至若權輕重，通貧富，而可以通行者，惟銅而已。故九府圜法，自周以來，未之有改也。然古者俗朴而用簡，故錢有餘；後世俗侈而用靡，故錢不足。於是錢之直日輕，錢之數日多。數多而直輕，則其致遠也難。自唐以來，始制爲飛券鈔引之屬，以通商賈之厚齎貿易者。其法蓋執券引以取錢；而非以券引爲錢也。宋慶曆以來，蜀始有交子。建炎以來，東南始有會子。自交會既行，而始直以楮爲錢矣。夫珠玉黄金，可貴之物也。銅雖無足貴，而適用之物也。以其可貴且適用者，製幣而通行，古人之意也。至於以楮爲幣，則始以無用爲用矣。舉方尺腐敗之券，而足以奔走一世，寒藉以衣，貧藉以富，蓋未之有。然銅重而楮輕，鼓鑄繁難，而印造簡易，今捨其重且難者，而用其輕且易者，而又下免犯銅之禁，上無搜銅之苛，亦便也。

銅幣之始：以下論錢。

《管子》曰：「湯七年旱，禹五年水，人之無糧，有賣子者。湯以莊山之金，鑄幣而贖人之無糧賣子者，禹以歷山之金，鑄幣以教人之出。」又曰：「以珠玉爲上幣，以黄金爲中幣，以刀布爲下幣。三幣握之，則非有補於煖也，食之則非有補於飽也。先王以守賜物以御人事，而平天下也。是以命之曰衡，衡者，使物一高一下，不得有調也。」

九府圜法：

太公立九府圜法，黄金方寸而重一斤，錢圜函方，輕重以銖，布帛廣二尺二寸爲幅，長四丈爲疋，故貨寶於金，利於刀，流於泉，布於布，束於帛。

成周錢布之官：

司市以商賈，阜貨而行布。國凶荒札喪，則市無征而作布。鄭玄曰：「金銅無荒年，因物貴，大鑄錢以饒民。」外府掌邦布之入出，以共百物，而待邦之用。凡祭祀、賓客、喪紀、會同、軍旅。共其財用之幣，齎賜御之財用。凡邦之小用皆受焉。泉府掌以市之征布，斂市之不售，貨之滯於民用者。

子母相權之説：

周景王時患錢輕，將更鑄大錢，單穆公曰：「古者天降災戾，於是乎量資幣，權輕重，以賑救民。民患輕，則爲之作重幣以行之，於是乎有母權子而行，民皆便焉。若不堪重，則多作輕而行之，亦不廢重，於是乎有子權母而行，小大利之。今王廢輕而作重，民失其資，能無匱乎？若匱，王用將有所乏，乏則將厚取於民，民不給，將有遠志，是離民也！」王弗聽，卒鑄大錢，文曰：「寶貨」，内外皆有周郭，以勸農贍不足，百姓蒙利焉。丘氏曰：錢有文，始此。

半兩錢：

秦兼天下，幣爲二等，黄金爲上幣。銅錢質如周錢，名曰：「半兩」，重如其文，爲下幣。而珠玉龜貝銀錫之屬爲器飾寶藏，不爲幣。

八銖錢　莢錢：

漢高后三年，行「八銖」錢，即秦半兩錢也。六年行「五分」錢，即「莢」錢。

除盜鑄錢令　四銖錢　五銖錢　當千錢：

漢文帝五年，爲錢益多而輕，乃更鑄「四銖」，其文爲「半兩」，除盜鑄錢令，使民自鑄。丘氏曰：「後世弛私錢禁，始此。」是時，吴王濞即山鑄錢，富埒天下，後即叛逆。鄧通以鑄錢，財過王者。故吴、鄧錢，布天下。漢武帝時，有司言：「『三銖』錢輕，輕錢易作姦詐，乃更請郡國鑄五銖錢，周郭共質，令不得磨錢取鋊。」丘氏曰：「秦世八錢，失之太重，漢凡榆莢，失之太輕，武帝罷『三銖』錢，鑄『五銖』錢，最得輕重之宜。」吴孫權始鑄「當千」錢，既太貴，但有空名，人間患之。丘氏曰：「後世鑄大錢，始此」。

開元通寶錢：

唐高祖武德四年，廢「五銖」錢，鑄「開元通寶」。每錢十錢，重一兩，計一千重六斤四兩，得輕重大小之中。丘氏曰：「太公《九府圜法》：凡錢輕重以銖。今之一兩，即古之二十四銖，計一錢，則重二銖半以下，古秤比今秤三之一，則今之一錢，爲古之七銖以上。」

宋錢：

宋初錢文曰：「宋元通寶」，太平興國後，又鑄「太平通寶」。自後改元，必更鑄，以年號爲文。自王安石爲政，始罷銅禁，姦民日銷錢爲器，邊關海船，不復譏錢之出，國用日耗。

本朝錢：

聖祖未建極之前，師創「大中通寶」。既登基之後。又鑄「洪武通寶」，暨太宗鑄「永樂通寶」，宣宗鑄「宣德通寶」，百年之間，僅此四鑄錢。迨弘嘉以後，則每更一號，必鑄一錢矣。

鑄錢之弊：

南齊高帝時，奉朝請孔顗上書曰：「鑄錢之弊，在於輕重屢更，重錢之患，在於難用，而難用爲無累。輕錢之弊，在於盜鑄，而盜鑄爲禍矣。人所以盜鑄而嚴法不能禁者，由上鑄錢惜銅愛工也。所以惜銅愛工者，謂錢無用之器，以通交易。務欲令銅輕而數多，使省工而易成，不詳慮其患也。」自漢鑄「五銖」錢，至宋文帝四百餘年，制度有廢興，而不變五銖者，其輕重可得貨之宜也。以爲開置錢府，大興鎔鑄，錢重五銖，一依漢法，則府庫以實，國用有餘。黄氏曰：自《太府圜法》以來，以銅爲錢，或爲「半兩」，或爲「榆莢」，或爲「八銖」，或爲「四銖」，不知幾變矣。惟漢之「五銖」，爲得其中。「五銖」之後，或爲「赤仄」，或爲「當千」，或爲「鵝眼」，「綖鐶」，或爲「荇葉」，又不知其幾變矣！惟唐之開元，爲得其中。二者之外，或以一當三，或以一當十，或以一當百，然皆行之不久而遽變。惟其質制如開元者，則至今通行焉。惜乎！世道降而巧僞滋，古錢之存于世者無幾，凡市肆流行而通使者，皆盜鑄之僞物耳！其文雖舊，其器則新。律非無明禁也，彼視之若無，作之者無忌，用之者無疑，銷古以爲今，廢真而售贋，滔滔皆然，卒莫如之何也！已矣，爲今之計，莫若拘盜鑄之徒以爲工，收新造之錢以爲銅，本孔顗之説，別爲一種新錢，以新天下之耳目，通天下之物貨，革天下之宿弊，利天下之人民！

楮弊之始：以下論鈔。

《周禮》：「以官府之八成經邦治，四曰聽稱責以傳別」。丘氏曰：「傳別，謂券書也。稱，謂貸之以物，責，謂責其所償，此乃後世契券文約之始，特民間私相以爲符驗耳，非以交易也。然用券書以通貨物之有無，與後世交會楮鈔，其用雖不同，而其以空文質實貨，其原皆兆於是矣。」

白鹿皮幣：

漢武帝元狩四年，有司言：「縣官用度大空，而富商大賈財或累萬金，不佐國家之急。請更錢造幣以贍用，而摧浮淫并兼之徒」。乃以白鹿皮方尺，緣以藻繢爲皮幣，直四十萬，王侯宗室朝覲聘享，必以皮幣薦璧，然後得行。丘氏曰：後世楮幣肇端于此，然其用皮爲幣，用之以薦璧，以朝覲聘享爾，非以此爲用也。其制雖與後世楮鈔不同，然不用金銀銅錫爲幣，而以他物代之，則權輿于此也。

飛錢：

唐憲宗時，令商賈至京師，委錢諸路進奏院，及諸軍諸使，富家以輕裝趨四方，合券乃取之，號「飛錢」。丘氏曰：「此楮法所由起也。然委錢而合券以取，而錢與券猶是二物，非若今之鈔，即以鈔爲錢而用之也。」宋太祖時，許商人入錢左藏庫，以諸州錢給之，而商旅先經三司投牒，乃輸於庫，所由司計一緡，私刻錢二十。尋置便錢務。丘氏曰：「此即唐人飛錢之法。」

交子會子之法：

真宗時，張詠鎮蜀，患蜀人鐵錢重，不便貿易。設質劑之法，一交一緡，以三年爲一界而換之，六十五年爲二十二界，謂之「交子」。富足十六户主之。其後富民金貲稍衰，不能償所負，爭訟數起。寇瑊守蜀，乞禁「交子」。轉運使薛田張若谷議：「廢『交子』，則貿易不便，請官爲置務，禁民私造。」詔從其請，置益州「交子」務。丘氏曰：自古之幣，皆以金若銅，未有用他物者，用楮爲幣，始于此。天聖中，界以百二十五萬六千三百四十緡爲額。至神宗時，改「交子務」爲「錢引務」。丘氏曰：「交子每三年一換，謂之界，更換之際，新舊相易，上下相關，不免勞擾。我朝鈔法，一定而不更，可謂便矣。」高宗紹興三十年，户部侍郎錢端禮被旨造會子，内外流轉，其合叢官錢，並許兑會子，輸左藏庫。丘氏曰：「宋朝『交子』，至是更名會子。不特此也。又謂之錢引，又謂之關子，又謂之關會，其實一而已矣。考夫唐之飛錢合券，特以通商賈之厚齎貿易者，蓋執券以取錢，而非以券爲錢也。宋自真宗以後，蜀始有交子。高宗以□，東南始有會子。而始直以紙爲錢矣。」

平準稱提之法：

宋高宗論「交子」之獘曰：「如沈該稱提之説，但官中常有百萬緡，遇『交子』減價，自買之，即無獘矣。」戴《註》曰：自物貨難於阜通，於是假圜法以流轉，故言錢則曰平準，所以見有是錢，必有是物，而後可準平也。錢多易得，則物價貴踊，此漢唐以後議論也。自商賈憚於般挈，於是利「交子」之兑換，故言楮則曰稱提，所以見有是楮，必有是錢，以稱提之也。楮多易得，則金錢貴重，其宋紹興以後議論也。平準稱提，皆以權衡取義。而低昂有在，於重輕明矣。陸贄謂錢多則輕，必作法以斂之。趙開謂楮多則輕，必作錢以收之。丘氏曰：今世鈔法，遇有不行，亦有準此稱提之法，出内帑錢以收之，則流行矣。

金元交鈔之法：

金循宋四川「交子」法，置「交鈔」，自一貫至十貫五等，謂之「大鈔」，自一百至七百五等，謂之「小鈔」。以七年爲限，納舊易新。其後罷七年釐革之限，字有昏者方换之。丘氏曰：「鈔之名，始於此。」元世祖始造「交鈔」，以絲爲本，每銀五十兩，易絲鈔一千兩，諸物之直，並從絲例。其後又造「中統元寶鈔」，以十計者四等，以百計者三等，以實計者二等。每一貫同交鈔一兩，兩貫同白銀一兩。元寶交鈔，行之既久，物重鈔輕。

本朝鈔法：

本朝制，銅錢寶鈔相兼行使，百年于兹，未之或改。然行之既久，意外弊生。錢之弊在於僞，鈔之弊在於多，是以至今日，錢在天下，有行有不行，而鈔，則絶不以之貿易也。

阮葵生《茶餘客話》卷二〇《古籍所載器物創始者》 秦文公作旄頭，見《列異傳》。黃帝作旗幟，又作冕旒；魯昭公作弁，見《世本》。燧人氏作髻，女媧氏作竹笄，赫胥氏作木梳，堯以銅爲笄，周文王加珠翠，又名步摇笄，唐高祖作反綰髻，黃帝作几，見李尤銘。舜作五明扇，又作漆器，見《古今注》、《褚遂良傳》。舜造漆器，禹雕其俎，《困學記聞》云出《韓子》。又《徐賢妃傳》云：「漆器非延叛之方，桀造之而人叛。」少康子興作甲，桀造瓦，見《世本》。蚩尤作戈戟，見《吕氏春秋》。又作劍鎧，見《管子》。鑿齒作楯，見《山海經》。黃帝臣揮于作弓，夷牟作矢，見《世説》。荀卿云：「倕作弓，浮游作矢。」見《山海經》。少皞生般，是作弓矢，黃帝又作弩，鯀作城郭，禹作宫室，伯益作井，見《世本》及《博物志》。神農作市，伶倫作權度量，胡曹作衣裳，見《吕氏春秋》。太公作九府錢，見《漢書》。神農作耒耜，或云倕作，皇甫陰作樓及犁，見《魏略》。夙沙氏作鹽，帝女儀狄造酒，見《戰國策》。鯀服牛，又作城，相土乘馬，臘作駕，三人皆堯臣，見《世本》。韓哀侯作御，舜造筆，見《博物志》。又曰蒙恬造筆，蔡倫造紙，堯作圍棋，烏曹作博，見《世本》。齊夷陵王曄作側楸棋局，見馮鑒《續事始》。老子作摴蒱，黃帝作蹴鞠，見《博物志》。劉向作彈棋，見《西京雜志》。曹植作長行局，即雙陸也，見後魏李邵序。漢武帝作藏鉤，晉摯衛尉作四維戲紙局木棋，見李秀賦。周武帝作象戲，見《後周書》。紂作粉，見《博物志》。尹壽作鏡，見《天中記》。岐伯作鼓吹，見蔡邕《初志》。帝俊八子作歌舞，見《山海經》。又云陰康氏作舞，《吕氏春秋》云舞是陶唐氏作。神農作琴，伏羲作瑟，蒙恬作箏，師延作箜篌，帝嚳作鼓鞞，又云倕作，女媧作簫，見《禮記》。《風俗通》云舜作簫，《山海經》云炎帝伯陵作鐘，黃帝作清角，女媧氏作笙簧。隨作竽，女媧氏臣，見《世本》。商辛作塤，蘇成公作篪，見《世本》。漢時邱仲作笛，見《風俗通》。黃帝作釜甑，見古史。神農作釜，見《周書》。孟莊子作鋸鑿，見古史。夏少康作箕帚，見古史。夏昆吾氏作瓦，烏曹氏作磚，俱見古史。公輸般作石磑，倕作銚，見《世本》。蚩尤作冶，見《尹子》。黃帝臣雍文作舂，見《世本》。赤翼作杵，見《吕氏春秋》。伏羲作網，見古史。詹何作綸鈎及餌，舜作瓦棺、土槨，禹作伺風烏，即相竿，見《古今注》。黃帝作斧鉞，見《輿服志》。黃帝作刀，見《洞冥記》。赫連氏造梳，見《炙轂子》。明太祖見道人作網巾，頒其式於天下，又《謝宗可集》有《咏網巾》詩，則不始太祖矣。黃帝臣作扉履，見《世本》。舜妹嫘作畫，見《説文》。岐伯作鼓吹，見蔡邕《禮樂志》。陸機賦云：「原鼓吹之所始，蓋稟命於軒皇。」

先秦秦漢部

題解

《道德經》第二十五章　有物混成，先天地生。寂兮寥兮，獨立而不改，周行而不殆，可以爲天下母。吾不知其名，强字之曰「道」，强爲之名曰「大」。大曰逝，逝曰遠，遠曰反。故道大，天大，地大，人亦大。域中有四大，而人居其一焉。人法地，地法天，天法道，道法自然。

《道德經》第二十七章　善行無轍迹；善言無瑕讁；善數不用籌策；善閉無關楗而不可開；善結無繩約而不可解。是以聖人常善救人，故無棄人；常善救物，故無棄物。是謂襲明。故善人者，不善人之師；不善人者，善人之資。不貴其師，不愛其資，雖智大迷，是謂要妙。

《鬼谷子》卷上《捭闔》　粤若稽古，聖人之在天地間也，爲衆生之先。觀陰陽之開闔以命物，知存亡之門户，籌策萬類之終始，達人心之理，見變化之朕焉，而守司其門户。故聖人之在天下也，自古至今，其道一也。

變化無窮，各有所歸。或陰或陽，或柔或剛，或開或閉，或弛或張。是故聖人一守司其門户，審察其所先後，度權量能，校其伎巧短長。夫賢、不肖、智愚、勇怯有差，乃可捭，乃可闔；乃可進，乃可退；乃可賤，乃可貴；無爲以牧之。審定有無與其實虚，隨其嗜慾以見其志意，微排其所言而捭反之，以求其實，實得其指；闔而捭之，以求其利。或開而示之，或闔而閉之。開而示之者，同其情也；闔而閉之者，異其誠也。可與不可，明審其計謀，以原其同異。離合有守，先從其志。

即欲捭之貴周，即欲闔之貴密。周密之貴微，而與道相追。捭之者，料其情也；闔之者，結其誠也。皆見其權衡輕重，乃爲之度數，聖人因而爲之慮。其不中權衡度數，聖人因而自爲之慮。故捭者，或闔而出之，或闔而納之；闔者，或闔而取之，或闔而去之。捭闔者，天地之道。捭闔者，以變動陰陽，四時開閉，以化萬物。縱横、反出、反覆、反忤，必由此矣。捭闔者，道之大化。説之變也，必豫審其變化。口者，心之門户也；心者，神之主也。志意、喜欲、思慮、智謀，此皆由門户出入，故關之以捭闔，制之以出入。捭之者，開也，言也，陽也；闔之者，閉也，默也，陰也。陰陽其和，終始其義。故言長生、安樂、富貴、尊榮、顯名、愛好、財利、得意、喜欲爲陽，曰「始」。故言死亡、憂患、貧賤、苦辱、棄損、亡利、失意、有害、刑戮、誅罰爲陰，曰「終」。諸言法陽之類者，皆曰「始」，言善以始其事；諸言法陰之類者，皆曰「終」，言惡以終其謀。

捭闔之道，以陰陽試之，故與陽言者依崇高，與陰言者依卑小。以下求小，以高求大。由此言之，無所不出，無所不入，無所不可。可以説人，可以説家，可以説國，可以説天下。爲小無内，爲大無外。益損、去就、倍反，皆以陰陽御其事。陽動而行，陰止而藏；陽動而出，陰隨而入。陽還終始，陰極反陽。以陽動者，德相生也；以陰静者，形相成也。以陽求陰，苞以德也；以陰結陽，施以力也；陰陽相求，由捭闔也。此天地陰陽之道，而説人之法也，爲萬事之先，是謂「圓方之門户」。

《大學》第三章　湯之《盤銘》曰：「苟日新，日日新，又日新。」《康誥》曰：「作新民。」《詩》曰：「周雖舊邦，其命惟新。」是故君子無所不用其極。

陸賈《新語》卷上《道基》　天下人民，野居穴處，未有室屋，則與禽獸同域。於是黄帝乃伐木搆材，築作宫室，上棟下宇，以避風雨。

劉向《説苑》卷一九《修文》　是故皋陶爲大理，平民各服得其實；伯夷主禮，上下皆讓；倕爲工師，百工致功。益主虞，山澤辟成。棄主稷，百穀時茂。契主司徒，百姓親和。龍主賓客，遠人至；十二牧行，而九州莫敢辟違。禹陂九澤，通九道，定九州，各以其職來貢，不失厥宜，方五千里，至于荒服，南撫交趾、大發，西析支、渠搜、氐、羌，北至山戎、肅慎，東至長夷、島夷。四海之内，皆戴帝舜之功。於是禹乃興九韶之樂，致異物，鳳凰來翔，天下明德也。

綜述

《墨子》卷六《節葬下》　何以知其然也？今天下之士君子，將猶多皆疑惑厚葬久喪之爲中是非利害也。故子墨子言曰：然則姑嘗稽之，今雖毋法執厚葬久喪者言，以爲事乎國家。此存乎王公大人有喪者，曰棺椁必重，葬埋必厚，衣衾必多，文繡必繁，丘隴必巨。存乎匹夫賤人死者，殆竭家室。存乎諸侯死者，虚車府，然後金玉珠璣比乎身，綸組節約，車馬藏乎壙，又必多爲屋幕，鼎鼓几梃壺濫，戈劍羽旄齒革，寢而埋之，滿意，若送從，曰天子殺殉，衆者數百，寡者數十。將軍大夫殺殉，衆者數十，寡者數人。

處喪之法將奈何哉？曰哭泣不秩聲，翁縗絰垂涕，處倚廬，寢苫枕塊，又相率强不食而爲饑，薄衣而爲寒，使面目陷陬，顔色黧黑，耳目不聰明，手足不勁强，不可用也。又曰上士之操喪也，必扶而能起，杖而能行，以此共三年。若法若言，行若道，使王公大人行此，則必不能蚤朝。治五官六府，辟草木，實倉廩。使農夫行此，則必不能蚤出夜入，耕稼樹藝。使百工行此，則必不能修舟車、爲器皿矣。使婦人行此，則必不能夙興夜寐，紡績織紝，細布縿。計厚葬爲多埋賦財者也。計久喪爲久禁從事者也。財以成者，扶而埋之；後得生者，而久禁之。以此求富，此譬猶禁耕而求獲也，富之説無可得焉。

是故求以富家而既已不可矣，欲以衆人民，意者可邪？其説又不可矣。今唯無以厚葬久喪者爲政，君死，喪之三年；父母死，喪之三年；妻與後子死者，五皆喪之三年。然後伯父叔父兄弟孽子其；族人五月；姑姊甥舅皆有月數。則毁瘠必有制矣，使面目陷陬，顔色黧黑，耳目不聰明，手足不勁强，不可用也。又曰上士操喪也，必扶而能起，杖而能行，以此共三年。若法若言，行若道，苟其饑約，又若此矣。是故百姓冬不仞寒，夏不仞暑，作疾病死者，不可勝計也。此其爲敗男女之交多矣。以此求衆，譬猶使人負劍，而求其壽也。衆之説無可得焉。【略】

故古聖王制爲葬埋之法，曰：棺三寸，足以朽體；衣衾三領，足以覆惡。以及其葬也，下毋及泉，上毋通臭，壟若參耕之畝，則止矣。死則既以葬矣，生者必無久哭，而疾而從事，人爲其所能，以交相利也。此聖王之法也。

今執厚葬久喪者之言曰：厚葬久喪雖使不可以富貧衆寡，定危治亂，然此聖王之道也。子墨子曰：不然。昔者堯北教乎八狄，道死，葬蛩山之陰，衣衾三領，穀木之棺，葛以緘之。既氾而後哭，滿埳無封，已葬，而牛馬乘之。舜西教乎七戎，道死，葬南己之市，衣衾三領，穀木之棺，葛以緘之，已葬，而市人乘之。禹東教乎九夷，道死，葬會稽之山，衣衾三領，桐棺三寸，葛以緘之，絞之不合，道之不埳，土地之深，下毋及泉，上毋通臭。既葬，收餘壤其上，壟若參耕之畝，則止矣。若以此若三聖王者觀之，則厚葬久喪果非聖王之道。故三王者，皆貴爲天子，富有天下，豈憂財用之不足哉？以爲如此葬埋之法。

今王公大人之爲葬埋，則異於此。必大棺中棺，革闠三操，璧玉即具，戈劍鼎鼓壺濫，文繡素練，大鞅萬領，輿馬女樂皆具。曰必捶垛差通，壟雖兄山陵。此爲輟民之事，靡民之財，不可勝計也，其爲毋用若此矣。

是故子墨子曰：鄉者，吾本言曰，意亦使法其言，用其謀，計厚葬久喪，請可以富貧衆寡，定危治亂乎，則仁也，義也，孝子之事也。爲人謀者，不可不勸也。意亦使法其言，用其謀，若人厚葬久喪，實不可以富貧衆寡，定危治亂乎，則非仁也，非義也，非孝子之事也。爲人謀者，不可不沮也。是故求以富國家，甚得貧焉；欲以衆人民，甚得寡焉；欲以治刑政，甚得亂焉；求以禁止大國之攻小國也，而既已不可矣；欲以干上帝鬼神之福，又得禍焉。上稽之堯舜禹湯文武之道而政逆之，下稽之桀紂幽厲之事，猶合節也。若以此觀，則厚葬久喪，其非聖王之道也。

今執厚葬久喪者言曰：厚葬久喪，果非聖王之道，夫胡説中國之君子，爲而不已，操而不擇哉？子墨子曰：此所謂便其習而義其俗者也。昔者越之東有輆沐之國者，其長子生，則解而食之，謂之宜弟。其大父死，負其大母而棄之，曰鬼妻不可與居處。此上以爲政，下以爲俗，爲而不已，操而不擇，則此豈實仁義之道哉？此所謂便其習而義其俗者也。楚之南有炎人國者，其親戚死，朽其肉而棄之，然後埋其骨，乃成爲孝子。秦之西有儀渠之國者，其親戚死，聚柴薪而焚之，熏上，謂之登遐，然後成爲孝子。此上以爲政，下以爲俗，爲而不已，操而不擇，則此豈實仁義之道哉？此所謂便其習而義其俗者也。若以此若三國者觀之，則亦猶薄矣。若以中國之君子觀之，則亦猶厚矣。如彼則大厚，如此則大薄，然則葬埋之有節矣。故衣食者，人之生利也，然且猶尚有節；葬埋者，人之死利也，夫何獨無節於此乎。子墨子制爲葬埋之法曰：棺三寸，足以朽骨；衣三領，足以朽肉；掘地之深，下無菹漏，氣無發泄於上，壟足以期其所，則止矣。哭往哭來，反從事乎衣食之財，佴乎祭祀，以致孝於親。故曰：子墨子之法，不失死生之利者，此也。

《墨子》卷八《非樂上》 子墨子言曰：仁之事者，必務求興天下之利，除天下之害。將以爲法乎天下：利人乎，即爲；不利人乎，即止。且夫仁者之爲天下度也，非爲其目之所美，耳之所樂，口之所甘，身體之所安。以此虧奪民衣食之財，仁者弗爲也。

是故子墨子之所以非樂者，非以大鐘、鳴鼓、琴瑟、竽笙之聲，以爲不樂也；非以刻鏤華文章之色，以爲不美也；非以犓豢煎炙之味，以爲不甘也；非以高臺厚榭邃野之居，以爲不安也。雖身知其安也，口知其甘也，目知其美也，耳知其樂也，然上考之不中聖王之事，下度之不中萬民之利。是故子墨子曰：「爲樂非也。」

今王公大人雖無造爲樂器，以爲事乎國家，非直掊潦水、拆壞垣而爲之也，將必厚措斂乎萬民，以爲大鐘、鳴鼓、琴瑟、竽笙之聲。然則當用樂器，譬之若聖王之爲舟車也，即我弗敢非也。古者聖王亦嘗厚措斂乎萬民，以爲舟車。既已成矣，曰：「吾將惡許用之？」曰：「舟用之水，車用之陸，君子息其足焉，小人休其肩背焉。」故萬民出財賫而予之，不敢以爲慼恨者，何也？以其反中民之利也。然則樂器反中民之利亦若此，即我弗敢非也。

《孟子》卷一《梁惠王上》　梁惠王曰：「寡人之於國也，盡心焉耳矣。河内凶，則移其民於河東，移其粟於河内。河東凶亦然。察鄰國之政，無如寡人之用心者。鄰國之民不加少，寡人之民不加多，何也？」

孟子對曰：「王好戰，請以戰喻。填然鼓之，兵刃既接，棄甲曳兵而走。或百步而後止，或五十步而後止。以五十步笑百步，則何如？」

曰：「不可，直不百步耳，是亦走也。」

曰：「王如知此，則無望民之多於鄰國也。

「不違農時，谷不可勝食也；數罟不入洿池，魚鱉不可勝食也；斧斤以時入山林，材木不可勝用也。谷與魚鱉不可勝食，材木不可勝用，是使民養生喪死無憾也。養生喪死無憾，王道之始也。

「五畝之宅，樹之以桑，五十者可以衣帛矣。鷄豚狗彘之畜，無失其時，七十者可以食肉矣。百畝之田，勿奪其時，數口之家可以無饑矣。謹庠序之教，申之以孝悌之義，頒白者不負戴於道路矣。七十者衣帛食肉，黎民不饑不寒，然而不王者，未之有也。

「狗彘食人食而不知檢，涂有餓莩而不知發；人死，則曰：『非我也，歲也。』是何異於刺人而殺之，曰：『非我也，兵也。』王無罪歲，斯天下之民至焉。」

《孟子》卷四《公孫丑下》　孟子曰：「天時不如地利，地利不如人和。三里之城，七里之郭，環而攻之而不勝。夫環而攻之，必有得天時者矣；然而不勝者，是天時不如地利也。城非不高也，池非不深也，兵革非不堅利也，米粟非不多也；委而去之，是地利不如人和也。故曰：域民不以封疆之界，固國不以山谿之險，威天下不以兵革之利。得道者多助，失道者寡助。寡助之至，親戚畔之；多助之至，天下順之。以天下之所順，攻親戚之所畔；故君子有不戰，戰必勝矣。」

《孟子》卷五《滕文公上》　有爲神農之言者許行，自楚之滕，踵門而告文公曰：「遠方之人聞君行仁政，願受一廛而爲氓。」文公與之處。其徒數十人，皆衣褐，捆屨、織席以爲食。

陳良之徒陳相與其弟辛負耒耜而自宋之滕，曰：「聞君行聖人之政，是亦聖人也，願爲聖人氓。」

陳相見許行而大悦，盡棄其學而學焉。

陳相見孟子，道許行之言曰：「滕君則誠賢君也。雖然，未聞道也。賢者與民并耕而食，饔飧而治。今也滕有倉廩府庫，則是厲民而以自養也，惡得賢？」

孟子曰：「許子必種粟而後食乎？」

曰：「然。」

「許子必織布而後衣乎？」

曰：「否。許子衣褐。」

「許子冠乎？」

曰：「冠。」

曰：「奚冠？」

曰：「冠素。」

曰：「自織之與？」

曰：「否。以粟易之。」

曰：「許子奚爲不自織？」

曰：「害於耕。」

曰：「許子以釜甑爨，以鐵耕乎？」

曰：「然。」

「自爲之與？」

曰：「否。以粟易之。」

「以粟易械器者，不爲厲陶冶；陶冶亦以其械器易粟者，豈爲厲農夫哉？且許子何不爲陶冶，舍皆取諸其宮中而用之？何爲紛紛然與百工交易？何許子之不憚煩？」

曰：「百工之事，固不可耕且爲也。」

「然則治天下獨可耕且爲與？有大人之事，有小人之事。且一人之身，而百工之所爲備，如必自爲而後用之，是率天下而路也。故曰或勞心，或勞力；勞心者治人，勞力者治於人；治於人者食人，治人者食於人，天下之通義也。

「當堯之時，天下猶未平，洪水横流，氾濫於天下，草木暢茂，禽獸繁殖，五谷不登，禽獸偪人，獸蹄鳥迹之道交於中國。堯獨憂之，舉舜而敷治焉。舜使益掌火，益烈山澤而焚之，禽獸逃匿。禹疏九河，瀹濟、漯而注諸海，決汝、漢，排淮、泗而注之江，然後中國可得而食也。當是時也，禹八年於外，三過其門而不入，雖欲耕，得乎？

「后稷教民稼穡，樹藝五谷。五谷熟而民人育。人之有道也，飽食、暖衣、逸居而無教，則近於禽獸。聖人有憂之，使契爲司徒，教以人倫：父子有親，君臣有義，夫婦有别，長幼有叙，朋友有信。放勛曰：『勞之來之，匡之直之，輔之翼之，使自得之，又從而振德之。』聖人之憂民如此，而暇耕乎？

「堯以不得舜爲己憂，舜以不得禹、皋陶爲己憂。夫以百畝之不易爲己憂者，農夫也。分人以財謂之惠，教人以善謂之忠，爲天下得人者謂之仁。是故以天下與人易，爲天下得人難。孔子曰：『大哉堯之爲君！惟天爲大，惟堯則之，蕩蕩乎民無能名焉！君哉舜也！巍巍乎有天下而不與焉！』堯、舜之治天下，豈無所用其心哉？亦不用於耕耳。

「吾聞用夏變夷者，未聞變於夷者也。陳良，楚産也，悦周公、仲尼之道，北學於中國。北方之學者，未能或之先也。彼所謂豪杰之士也。子之兄弟事之數十年，師死而遂倍之！昔者孔子没，三年之外，門人治任將歸，入揖於子貢，相向而哭，皆失聲，然後歸。子貢反，築室於場，獨居三年，然後歸。他日，子夏、子張，子游以有若似聖人，欲以所事孔子事之，强曾子。曾子曰：『不可，江漢以濯之，秋陽以暴之，皜皜乎不可尚已。』今也南蠻鴃舌之人，非先王之道，子倍子之師而學之，亦異於曾子矣。吾聞出於幽谷遷於喬木者，未聞下喬木而入於幽谷者。《魯頌》曰：『戎狄是膺，荆舒是懲。』周公方且膺之，子是之學，亦爲不善變矣。」

「從許子之道，則市賈不貳，國中無僞。雖使五尺之童適市，莫之或欺。布帛長短同，則賈相若；麻縷絲絮輕重同，則賈相若；五谷多寡同，則賈相若；屨大小同，則賈相若。」

曰：「夫物之不齊，物之情也。或相倍蓰，或相什百，或相千萬。子比而同之，是亂天下也。巨屨小屨同賈，人豈爲之哉？從許子之道，相率而爲僞者也，惡能治國家？」

《鬼谷子》卷下《本經陰符七篇》 盛神法五龍。盛神中有五氣，神爲之長，心爲之舍，德爲之人。養神之所，歸諸道。道者，天地之始，一其紀也，物之所造，天之所生，包容無形化氣，先天地而成，莫見其形，莫知其名，謂之「神靈」。故道者，神明之源，一其化端。是以德養五氣，心能得一，乃有其術。

術者，心氣之道所由舍者，神乃爲之使。九竅、十二舍者，氣之門户、心之總攝也。生受之天，謂之真人。真人者，與天爲一。而知之者，内修練而知之，謂之聖人。聖人者，以類知之。故人與生一，出於化物。知類在竅，有所疑惑，通於心術，術必有不通。其通也，五氣得養，務在舍神。此之謂化。化有五氣者，志也、思也、神也、心也、德也，神其一長也。静和者養氣，養氣得其知。四者不衰，四邊威勢，無不爲，存而舍之，是謂神化歸於身，謂之真人。真人者，同天而合道，執一而養産萬類，懷天心、施德養，無爲以包志慮、思意，而行威勢者也。士者，通達之，神盛乃能養志。

《大學》第一章 古之欲明明德於天下者，先治其國；欲治其國者，先齊其家；欲齊其家者，先修其身；欲修其身者，先正其心；欲正其心者，先誠其意；欲誠其意者，先致其知；致知在格物。物格而後知至，知至而後意誠，意誠而後心正，心正而後身修，身修而後家齊，家齊而後國治，國治而後天下平。自天子以至於庶人，壹是皆以修身爲本。其本亂，而末治者否矣。其所厚者薄，而其所薄者厚，未之有也。此謂知本，此謂知之至也。

傳記

《後漢書》卷七八《宦者・蔡倫傳》 蔡倫字敬仲，桂陽人也。以永平末始給事宫掖，建初中，爲小黄門。及和帝即位，轉中常侍，豫參帷幄。倫有才學，盡心敦慎，數犯嚴顔，匡弼得失。每至休沐，輒閉門絶賓，暴體田野。後加位尚方令。永元九年，監作秘劍及諸器械，莫不精工堅密，爲後世法。

自古書契多編以竹簡，其用縑帛者謂之爲紙。縑貴而簡重，並不便於人。倫乃造意，用樹膚、麻頭及敝布、魚網以爲紙。元興元年奏上之，帝善其能，自是莫不從用焉，故天下咸稱「蔡侯紙」。

許慎《説文解字·序》 古者包羲氏之王天下也，仰則觀象於天，俯則觀法於地，視鳥獸之文與地之宜，近取諸身，遠取諸物，於是始作《易》八卦，以垂憲象。及神農氏結繩爲治而統其事，庶業其繁，飾僞萌生。黄帝之史倉頡，見鳥獸蹏迒之迹，知分理之可相别異也，初造書契。「百工以乂，萬品以察，蓋取諸夬」；「夬揚於王庭」。言文者宣教明化於王者朝廷，君子所以施禄及下，居德則忌也。倉頡之初作書，蓋依類象形，故謂之文。其後形聲相益，即謂之字。文者，物象之本；字者，言孳乳而浸多也。著於竹帛謂之書，書者如也。以迄五帝三王之世，改易殊體。封於泰山者七十有二代，靡有同焉。

《周禮》：八歲入小學，保氏教國子，先以六書。一曰指事。指事者，視而可識，察而見意，上下是也；二曰象形。象形者，畫成其物，隨體詰詘，日月是也；三曰形聲。形聲者，以事爲名，取譬相成，江河是也；四曰會意。會意者，比類合誼，以見指撝，武信是也；五曰轉注。轉注者，建類一首，同意相受，考老是也；六曰假借。假借者，本無其字，依聲託事，令長是也。及宣王太史籀著《大篆》十五篇，與古文或異。至孔子書《六經》，左丘明述《春秋傳》，皆以古文，厥意可得而説。其後諸侯力政，不統於王，惡禮樂之害己，而皆去其典籍。分爲七國，田疇異畝，車途異軌，律令異法，衣冠異制，言語異聲，文字異形。秦始皇初兼天下，丞相李斯乃奏同之，罷其不與秦文合者。斯作《倉頡篇》，中車府令趙高作《爰歷篇》，太史令胡毋敬作《博學篇》，皆取史籀大篆，或頗省改，所謂小篆者也。是時秦燒滅經書，滌除舊典，大發隸卒，興役戍，官獄職務繁，初有隸書，以趣約易，而古文由此絶矣。自爾秦書有八體：一曰大篆，二曰小篆，三曰刻符，四曰蟲書，五曰摹印，六曰署書，七曰殳書，八曰隸書。

漢興有草書。尉律：學童十七以上始試，諷籀書九千字，乃得爲吏；又以八體試之。郡移大史并課，最者以爲尚書史。書或不正，輒舉劾之。今雖有尉律不課，小學不修，莫達其説久矣。

孝宣皇帝時，召通倉頡讀者，張敞從受之；涼州刺史杜業、沛人爰禮、講學大夫秦近，亦能言之。孝平皇帝時，征禮等百餘人，令説文字未央廷中，以禮爲小學元士，黄門侍郎揚雄采以作《訓纂篇》。凡《倉頡》以下十四篇，凡五千三百四十字，羣書所載，略存之矣。及亡新居攝，使大司空甄豐等校文書之部，自以爲應製作，頗改定古文。時有六書：一曰古文，孔子壁中書也；二曰奇字，即古文而異者也；三曰篆書，即小篆，秦始皇帝使下杜人程邈所作也；四曰左書，即秦隸書；五曰繆篆，所以摹印也；六曰鳥蟲書，所以書幡信也。

壁中書者，魯恭王壞孔子宅而得《禮記》、《尚書》、《春秋》、《論語》、《孝經》。又北平侯張蒼獻《春秋左氏傳》，郡國亦往往於山川得鼎彝，其銘即前代之古文，皆自相似。雖叵復見遠流，其詳可得略説也。而世人大共非訾，以爲好奇者也，故詭更正文，向壁虚造不可知之書，變亂常行，以耀於世。諸生競逐説字解經誼，稱秦之隸書爲倉頡時書，云：父子相傳，何得改易？乃猥曰：馬頭人爲長，人持十爲斗，蟲者屈中也。廷尉説律，至以字斷法，「苛人受錢」，「荷」之字「止句」也。若此者甚衆，皆不合孔氏古文，謬於史籀。俗儒啚夫玩其所習，蔽所希聞，不見通學，未嘗睹字例之條，怪舊藝而善野言，以其所知爲秘妙，究洞聖人之微恉。又見《倉頡》篇中「幼子承詔」，因曰古帝之所作也，其辭有神仙之術焉。其迷誤不諭，豈不悖哉！

《書》曰：「予欲觀古人之象。」言必遵修舊文而不穿鑿。孔子曰：「吾猶及史之闕文，今亡也夫！」蓋非其不知而不問，人用己私，是非無正，巧説衺辭，使天下學者疑。蓋文字者，經藝之本，王政之始，前人所以垂後，後人所以識古。故曰：「本立而道生」，「知天下之至嘖而不可亂也」。今叙篆文，合以古籀，博采通人，至於小大，信而有證。稽撰其説，將以理羣類，解謬誤，曉學者，達神恉。分别部居，不相雜厠也。萬物咸睹，靡不兼載。厥誼不昭，爰明以諭。其稱《易》孟氏、《書》孔氏、《詩》毛氏、《禮》、《周官》、《春秋》、《左氏》、《論語》、《孝經》，皆古文也。其於所不知，蓋闕如也。

紀事

《國語》卷三《周語下·單穆公諫景王鑄大錢》 景王二十一年，將鑄大錢。單穆公曰：「不可。古者，天災降戾，於是乎量資幣，權輕重，以振救民。民患輕，則爲作重幣以行之，於是乎有母權子而行，民皆得焉。若不堪重，則多作輕而行之，亦不廢重，於是乎有子權母而行，小大利之。今王廢輕而作重，民失其資，能無匱乎？若匱，王用將有所乏，乏則將厚取於民。民不給，將有遠志，是離民也。且夫備有未至而設之，有至而後救之，是不相入也。可先而不備，謂之怠；可後而先之，謂之召災。周固羸國也，天未厭禍焉，而又離民以佐災，無乃不可乎？將民之與處而離之，將災是備禦而召之，則何以經國？國無經，何以出令？令之不從，上之患也，故聖人樹德於民以除之。《夏書》有之曰：『關石、和鈞，王府則有。』《詩》亦有之曰：『瞻彼旱麓，榛楛濟濟。愷悌君子，干禄愷悌。』夫旱麓之榛楛殖，故君子得以易樂干禄焉。若夫山林匱竭，林麓散亡，藪澤肆既，民力雕盡，田疇荒蕪，資用乏匱，君子將險哀之不暇，而何易樂之有焉？且絶民用以實王府，猶塞川原而爲潢汙也，其竭也無日矣。若民離而財匱，災至而備亡，王其若之何？吾周官之於災備也，其所怠棄者多矣，而又奪之資，以益其災，是去其藏而翳其人也。王其圖之！」

王弗聽，卒鑄大錢。

《國語》卷三《周語下・單穆公伶州鳩諫鑄大鐘》 二十三年，王將鑄無射，而爲之大林。單穆公曰：「不可。作重幣以絶民資，又鑄大鍾以鮮其繼。若積聚既喪，又鮮其繼，生何以殖？且夫鍾不過以動聲，若無射有林，耳弗及也。夫鍾聲以爲耳也，耳所不及，非鍾聲也。猶目所不見，不可以爲目也。夫目之察度也，不過步武尺寸之閒；其察色也，不過墨丈尋常之閒。耳之察和也，在清濁之閒；其察清濁也，不過一人之所勝。是故先王之制鍾也，大不出鈞，重不過石。律度量衡於是乎生，小大器用於是乎出，故聖人慎之。今王作鍾也，聽之弗及，比之不度，鍾聲不可以知和，制度不可以出節，無益於樂，而鮮民財，將焉用之！夫樂不過以聽耳，而美不過以觀目。若聽樂而震，觀美而眩，患莫甚焉。夫耳目，心之樞機也，故必聽和而視正。聽和則聰，視正則明。聰則言聽，明則德昭。聽言昭德，則能思慮純固。以言德於民，民歆而德之，則歸心焉。上得民心，以殖義方，是以作無不濟，求無不獲，然則能樂。夫耳内和聲，而口出美言，以爲憲令，而布諸民，正之以度量，民以心力，從之不倦。成事不貳，樂之至也。口内味而耳内聲，聲味生氣。氣在口爲言，在目爲明。言以信名，明以時動。名以成政，動以殖生。政成生殖，樂之至也。若視聽不和，而有震眩，則味入不精，不精則氣佚，氣佚則不和。於是乎有狂悖之言，有眩惑之明，有轉易之名，有過慝之度。出令不信，刑政放紛，動不順時，民無據依，不知所力，各有離心。上失其民，作則不濟，求則不獲，其何以能樂？三年之中，而有離民之器二焉，國其危哉！」

王弗聽，問之伶州鳩。對曰：「臣之守官弗及也。臣聞之，琴瑟尚宫，鍾尚羽，石尚角，匏竹利制，大不踰宫，細不過羽。夫宫，音之主也。第以及羽，聖人保樂而愛財，財以備器，樂以殖財。故樂器重者從細，輕者從大。是以金尚羽，石尚角，瓦絲尚宫，匏竹尚議，革木一聲。夫政象樂，樂從和，和從平。聲以和樂，律以平聲。金石以動之，絲竹以行之，詩以道之，歌以詠之，匏以宣之，瓦以贊之，革木以節之。物得其常曰樂極，極之所集曰聲，聲應相保曰和，細大不踰曰平。如是，而鑄之金，磨之石，繫之絲木，越之匏竹，節之鼓而行之，以遂八風。於是乎氣無滯陰，亦無散陽，陰陽序次，風雨時至，嘉生繁祉，人民龢利，物備而樂成，上下不罷，故曰樂正。今細過其主妨於正，用物過度妨於財，正害財匱妨於樂。細抑大陵，不容於耳，非和也。聽聲越遠，非平也。妨正匱財，聲不和平，非宗官之所司也。夫有和平之聲，則有蕃殖之財。於是乎道之以中德，詠之以中音，德音不愆，以合神人，神是以寧，民是以聽。若夫匱財用，罷民力，以逞淫心，聽之不和，比之不度，無益於教，而離民怒神，非臣之所聞也。」

王不聽，卒鑄大鍾。二十四年，鍾成，伶人告和。王謂伶州鳩曰：「鍾果和矣。」對曰：「未可知也。」王曰：「何故？」對曰：「上作器，民備樂之，則爲和。今財亡民罷，莫不怨恨，臣不知其和也。且民所曹好，鮮其不濟也。其所曹惡，鮮其不廢也。故諺曰：『衆心成城，衆口鑠金。』三年之中，而害金再興焉，懼一之廢也。」王曰：「爾老耄矣！何知？」二十五年，王崩，鍾不和。

《史記》卷三〇《平準書》 漢興，接秦之弊，丈夫從軍旅，老弱轉糧饟，作業劇而財匱，自天子不能具鈞駟，而將相或乘牛車，齊民無藏蓋。於是爲秦錢重難用，更令民鑄錢，一黄金一斤，約法省禁。而不軌逐利之民，蓄積餘業以稽市物，物踊騰糶，米至石萬錢，馬一匹則百金。【略】

至孝文時，莢錢益多，輕，乃更鑄四銖錢，其文爲「半兩」，令民縱得自鑄錢。故吴，諸侯也，以即山鑄錢，富埒天子，其後卒以叛逆。鄧通，大夫也，以鑄錢財過王者。故吴、鄧氏錢布天下，而鑄錢之禁生焉。【略】

其明年，山東被水菑，民多饑乏【略】於是縣官大空，而富商大賈或蹛財役貧，轉轂百數，廢居居邑，封君皆低首仰給。冶鑄煮鹽，財或累萬金，而不佐國家之急，黎民重困。於是天子與公卿議，更錢造幣以贍用，而摧浮淫并兼之徒。是時禁苑有白鹿而少府多銀錫。自孝文更造四銖錢，至是歲四十餘年，從建元以來，用少，縣官往往即多銅山而鑄錢，民亦閒盜鑄錢，不可勝數。錢益多而輕，物益少而貴。有司言曰：「古者皮幣，諸侯以聘享。金有三等，黃金爲上，白金爲中，赤金爲下。今半兩錢法重四銖，而姦或盜摩錢裏取鋊，錢益輕薄而物貴，則遠方用幣煩費不省。」乃以白鹿皮方尺，緣以藻繢，爲皮幣，直四十萬。王侯宗室朝覲聘享，必以皮幣薦璧，然後得行。

又造銀錫爲白金。以爲天用莫如龍，地用莫如馬，人用莫如龜，故白金三品：其一曰重八兩，圜之，其文龍，名曰「白選」，直三千；二曰以重差小，方之，其文馬，直五百；三曰復小，撱之，其文龜，直三百。令縣官銷半兩錢，更鑄三銖錢，文如其重。盜鑄諸金錢罪皆死，而吏民之盜鑄白金者不可勝數。

於是以東郭咸陽、孔僅爲大農丞，領鹽鐵事，桑弘羊以計算用事侍中。咸陽，齊之大煑鹽，孔僅，南陽大冶，皆致生累千金，故鄭當時進言之。弘羊，雒陽賈人子，以心計，年十三侍中。故三人言利事析秋豪矣。

法既益嚴，吏多廢免。兵革數動，民多買復及五大夫，徵發之士益鮮。於是除千夫五大夫爲吏，不欲者出馬；故吏皆(通)適令伐棘上林，作昆明池。【略】

有司言三銖錢輕，易姦詐，乃更請諸郡國鑄五銖錢，周郭其下，令不可磨取鋊焉。

大農上鹽鐵丞孔僅、咸陽言：「山海，天地之藏也，皆宜屬少府，陛下不私，以屬大農佐賦。願募民自給費，因官器作煑鹽，官與牢盆。浮食奇民欲擅管山海之貨，以致富羨，役利細民。其沮事之議，不可勝聽。敢私鑄鐵器煑鹽者，釱左趾，没入其器物。郡不出鐵者，置小鐵官，便屬在所縣。」使孔僅、東郭咸陽乘傳舉行天下鹽鐵，作官府，除故鹽鐵家富者爲吏。吏道益雜不選，而多賈人矣。

商賈以幣之變，多積貨逐利。於是公卿言：「郡國頗被菑害，貧民無産業者，募徙廣饒之地。陛下損膳省用，出禁錢以振元元，寬貸賦，而民不齊出於南畝，商賈滋衆。貧者畜積無有，皆仰縣官。異時算軺車賈人緡錢皆有差，請算如故。諸賈人末作貰貸賣買，居邑稽諸物，及商以取利者，雖無市籍，各以其物自占，率緡錢二千而一算。諸作有租及鑄，率緡錢四千一算。非吏比者三老、北邊騎士，軺車以一算；商賈人軺車二算；船五丈以上一算。匿不自占，占不悉，戍邊一歲，没入緡錢。有能告者，以其半畀之。賈人有市籍者，及其家屬，皆無得籍名田，以便農。敢犯令，没入田僮。」【略】

而孔僅之使天下鑄作器，三年中拜爲大農，列於九卿。而桑弘羊爲大農丞，筦諸會計事，稍稍置均輸以通貨物矣。

始令吏得入穀補官，郎至六百石。

自造白金五銖錢後五歲，赦吏民之坐盜鑄金錢死者數十萬人。其不發覺相殺者，不可勝計。赦自出者百餘萬人。然不能半自出，天下大抵無慮皆鑄金錢矣。犯者衆，吏不能盡誅取，於是遣博士褚大、徐偃等分曹循行郡國，舉兼并之徒守相爲(吏)〔利〕者。而御史大夫張湯方隆貴用事，減宣、杜周等爲中丞，義縱、尹齊、王温舒等用慘急刻深爲九卿，而直指夏蘭之屬始出矣。

而大農顔異誅。初，異爲濟南亭長，以廉直稍遷至九卿。上與張湯既造白鹿皮幣，問異。異曰：「今王侯朝賀以蒼璧，直數千，而其皮薦反四十萬，本末不相稱。」天子不説。張湯又與異有郤，及有人告異以它議，事下張湯治異。異與客語，客語初令下有不便者，異不應，微反脣。湯奏當異九卿見令不便，不入言而腹誹，論死。自是之後，有腹誹之法(以此)〔比〕，而公卿大夫多諂諛取容矣。

天子既下緡錢令而尊卜式，百姓終莫分財佐縣官，於是(楊可)告緡錢縱矣。

郡國多姦鑄錢，錢多輕，而公卿請令京師鑄鍾官赤側，一當五，賦官用非赤側不得行。白金稍賤，民不寶用，縣官以令禁之，無益。歲餘，白金終廢不行。

【略】

其後二歲，赤側錢賤，民巧法用之，不便，又廢。於是悉禁郡國無鑄錢，專令上林三官鑄。錢既多，而令天下非三官錢不得行，諸郡國所前鑄錢皆廢銷之，輸其銅三官。而民之鑄錢益少，計其費不能相當，唯真工大姦乃盜爲之。

卜式相齊，而楊可告緡徧天下，中家以上大抵皆遇告。杜周治之，獄少反者。乃分遣御史廷尉正監分曹往，即治郡國緡錢，得民財物以億計，奴婢以千萬數，田大縣數百頃，小縣百餘頃，宅亦如之。於是商賈中家以上大率破，民偷甘食好衣，不事畜藏之産業，而縣官有鹽鐵緡錢之故，用益饒矣。

徐天麟《西漢會要》卷一一《禮五・明堂》 元封二年，作明堂于泰山下。初，天子封泰山，泰山東北阯，古時有明堂處，處險不敞。上欲治明堂奉高旁，未曉其制度。濟南人公玉帶上黃帝時明堂圖。明堂中有一殿，四面無壁，以茅蓋，通水，水圜宫垣，爲復道，上有樓，從西南入，名曰昆侖，天子從之入，以拜祀上帝焉。於是上令奉高作明堂汶上，如帶圖。及是歲修封，則祠泰一、五帝於明堂上坐，合高皇帝祠坐對之。祠后土於下房，以二十太牢。天子從昆侖道入，始拜明堂如郊禮。畢，尞堂下而上。以《本紀》及《郊祀志》修。

太初元年，行幸泰山，以十一月甲子朔旦冬至日祀上帝於明堂，毋修封。其贊饗曰：「天增授皇帝泰元神策，周而復始。皇帝敬拜泰一。」《郊祀志》。

天漢三年三月，行幸泰山，祀明堂，因受計還。《本紀》。

太始四年三月，行幸泰山。壬午，祀高宗於明堂，以配上帝，因受計。癸未，祀孝景皇帝于明堂。《本紀》。

平帝元始四年正月，宗祀孝文以配上帝。二月，王莽奏立明堂。《本紀》。應劭曰：「明堂所以正四時，出教化。明堂上圜下方，八窗四達，布政之宮，在國之陽。上八窗法八風，四達法四時，九室法九州，十二重法十二月，三十六户法三十六旬，七十二牖法七十二侯。《孝經》曰：『宗祀文王於明堂，以配上帝。』上帝謂五時帝太昊之屬。黄帝曰合宮，有虞曰總章，商曰陽館，周曰明堂。」

五年正月，祫祭明堂。諸侯王二十八人、列侯百二十人、宗室子九百餘人召助祭。禮畢，皆益户，賜爵及金帛，增秩補吏，各有差。羲和劉歆等四人使治明堂、辟廱，令漢與文王靈臺、周公作洛同符。皆封爲列侯。《本紀》。按《功臣表》，平晏、劉歆、孔永、孫建使治明堂、辟廱，得萬國驩心，侯各千户。

徐天麟《西漢會要》卷五二《食貨三・鹽鐵》　秦田租口賦，鹽鐵之利，二十倍於古。漢興，循而未改。《食貨志》。

孝惠、高后時，吴有豫章郡銅山，即招致天下亡命者盜鑄錢，東煮海水爲鹽，以故無賦，國用饒足。《吴王濞傳》。

班固贊曰：吴王擅山海之利，能薄斂以使其衆，逆亂之萌，自其子興。古者諸侯不過百里，山海不以封，蓋防此矣。

文帝後六年，弛山澤。《本紀》。

董仲舒説武帝曰：「宜少近古，鹽鐵皆歸於民，然後可善治也。」《食貨志》。

元狩中，兵連不解，縣官大空，富商大賈，冶鑄鬻鹽，財或累萬金，而不佐公家之急。於是以東郭咸陽、孔僅爲大農丞，領鹽鐵事。以上元狩四年事。五年，大農上鹽鐵丞孔僅、咸陽言：「山海，天地之藏，宜屬少府，陛下弗私，以屬大農佐賦。願募民自給費，因官器作鬻鹽，官與牢盆。蘇林曰：「牢，價直也。今世人言顧手牢。」如淳曰：「牢，廩食也。古者名廩曰牢。盆，鬻鹽盆也。」師古曰：「牢，蘇説是。」浮食奇民欲擅斡山海之貨，以致富羨，役利細民。其沮事之議，不可勝聽。敢私鑄鐵器鬻鹽者，釱左趾，沒入其器物。郡不出鐵者，置小鐵官，鑄故鐵。使屬在所縣。」使僅、咸陽乘傳舉行天下鹽鐵，作官府，除故鹽鐵家富者爲吏。吏益多賈人矣。孔僅使天下鑄作器，三年中拜爲大農，列於九卿。而縣官以鹽鐵緡錢之故，用少饒矣。少，《史》作益。益廣關，置左右輔。初，大農斡鹽鐵官布多，置水衡，欲以主鹽鐵；及楊可告緡，上林財物衆，乃令水衡主上林。上林既充滿，益廣。《食貨志》。

元鼎六年，拜卜式爲御史大夫。式既在位，見郡國多不便縣官作鹽鐵，器苦惡，鹽味苦，器脆惡。賈貴，或强令民買之。乃因孔僅言事，上不説。漢連出兵三歲，費仰大農，以均輸調鹽鐵助賦，故能澹之。《食貨志》。

元鼎中，博士徐偃使行風俗。偃矯制，使膠東、魯國鼓鑄鹽鐵。還，奏事，徙爲太常丞。御史大夫張湯劾偃矯制大害，法至死。偃以爲《春秋》之義，大夫出疆，有可以安社稷，存萬民，顓之可也。湯以致其法，不能詘其義。有詔下終軍問狀。軍詰偃曰：「古者諸侯國異俗分，百里不通，時有聘會之事，安危之勢，呼吸成變，故有不受辭造命顓己之宜；今天下爲一，萬里同風，故《春秋》『王者無外』。偃巡封域之中，稱以出疆，何也？且鹽鐵，郡有餘臧，正二國廢，國家不足以爲利害，而以安社稷存萬民爲辭，何也？」又詰偃：「膠東南近琅邪，北接北海，魯國西枕泰山，東有東海，受其鹽鐵。偃度四郡口數田地，率其用器食鹽，不足以并給二郡邪？將勢宜有餘，而吏不能也。何以言之？偃矯制而鼓鑄者，欲及春耕種贍民器也。今魯國之鼓，當先具其備，至秋乃能舉火。此言與實反者非，偃已前三奏，無詔，不惟所爲不許，而直矯作威福，以從民望，干名采譽，此明聖所必加誅也。『枉尺直尋』，孟子稱其不可；今所犯罪重，所就者小，偃自予必死而爲之邪？將幸誅不加，欲以采名也？」偃窮詘，服罪當死。軍奏：「偃矯制顓行，非奉使體，請下御史徵偃即罪。」奏可。上善其詰，有詔示御史大夫。《終軍傳》。

元封元年，桑弘羊爲治粟都尉，領大農，盡代僅斡天下鹽鐵，乃請置大農部丞數十人，分部主郡國，各往往置均輸鹽鐵官。《食貨志》。

昭帝即位六年，詔郡國舉賢良文學之士，問以民所疾苦，教化之要。皆對願罷鹽鐵酒榷均輸官，毋與天下争利，視以儉節。弘羊難，以爲國家大業，所以制四夷，安邊足用之本，不可廢也。《食貨志》。

所謂鹽鐵議者，起始元中，召文學賢良問以治亂，皆對願罷郡國鹽鐵酒榷均輸，毋與天下争利。御史大夫弘羊以爲此乃所以安邊竟，制四夷，國家大業，不可廢也。當時相詰難，頗有其議文。至宣帝時，汝南桓寬次公推衍鹽鐵之議，增廣條目，極其論難，著數萬言，亦欲以究治亂，成一家之法焉。其辭曰：「觀公卿賢良文學之議，『異乎吾所聞』。聞汝南朱生言，當此之時，英俊并進，賢良茂陵唐生、文學魯國萬生之徒六十有餘人，咸聚闕庭，舒六藝之風，陳治平之原，知者贊其慮，仁者明其施，勇者見其斷，辯者騁其辭，齗齗焉，行行焉，雖未詳備，斯可略觀矣。中山劉子推言王道，矯當世，反諸正，彬彬然宏博君子也。九江祝生奮史魚之節，發憤懣，譏公卿，介然直而不撓，可謂不畏强圉矣。桑大夫據當世，合時變，上權利之略，雖非正法，鉅儒宿學不能自解，博物通達之士也。然攝公卿之柄，不師古始，放於末利，處非其位，行非其道，果隕其性，以及厥宗。車丞相履伊、呂之列，當軸處中，括囊不言，容身而去，彼哉！彼哉！若夫丞相、御史兩府之士，不能正議以輔宰相，成同類，長同行，阿意苟合，以説其上，斗筲之徒，何足選也！」《車千秋贊》。

宣帝地節四年，詔：「鹽，民之食，而賈咸貴。其減天下鹽賈。」《本紀》。

元帝初元五年，罷鹽鐵官。《本紀》。

永光三年，復鹽鐵官。《元紀》。《食貨志》云，元帝罷鹽鐵官，三年而復之。

成帝綏和二年，賜翟方進册曰：「百僚用度，各有數。君增益鹽鐵，變更無常，朕既不明，隨奏許可」云云。方進自殺。《翟方進傳》。

倚頓用鹽鐵起。

邯鄲郭縱以鑄冶成業，與王者埒富。

蜀卓氏用鐵冶富。

程鄭亦冶鑄，賈魋結民，富埒卓氏。羅裒擅鹽井之利，期年所得自倍，遂殖其貨。

宛孔氏用鐵冶爲業，大鼓鑄，家致數千金。

丙氏以鐵冶起，富至鉅萬。並《貨殖傳》。

徐天麟《西漢會要》卷五三《食貨四・錢幣》 秦兼天下，幣爲二等：黄金以溢爲名，上幣；銅錢質如周錢，文曰「半兩」，重如其文。而珠玉龜貝銀錫之屬爲器飾寶藏，不爲幣，然各隨時而輕重無常。漢興，以爲秦錢重難用，更令民鑄莢錢。黄金一斤。而不軌逐利之民蓄積贏餘以稽市場，痛騰躍，米至石萬錢，馬至匹百金。《食貨志》。

高后二年，行八銖錢。《本紀》。應劭曰：「本秦錢，質如周錢，文曰『半兩』，重如其文。漢更鑄莢錢，民患其太輕，至此復行八銖錢。」

六年，行五分錢。《本紀》。即謂莢錢。

文帝五年四月，除盜鑄錢令。應劭曰：「聽民放鑄也。」更四銖錢。《本紀》。文帝以五分錢太輕小，更作四銖錢，文亦曰「半兩」。

武帝建元元年，行三銖錢。《本紀》。壞四銖造此也，重如其文。

五年，罷三銖錢，行半兩錢。《本紀》。

自孝文更造四銖錢，至元狩四年四十餘年，從建元以來，用少，縣官往往即多銅山而鑄錢，民益盜鑄，不可勝數。錢益多而輕，物益少而貴。有司言曰：「今半兩錢法重四銖，而奸或盜摩錢質而取鋊，鋊，銅屑也。錢益輕薄而物貴，則遠方用幣煩費不省。」乃令縣官銷半兩錢，更鑄三銖錢，重如其文。其明年，有司言三銖錢輕，輕錢易作奸詐，乃更請郡國鑄五銖，周郭其質，令不得磨錢取鋊。《食貨志》。按《本紀》，元狩五年，罷半兩錢，行五銖錢。今以《食貨志》考之，乃罷三銖，非罷半兩。《通鑑考異》亦云《紀》誤。

元鼎二年，郡國鑄錢，民多奸鑄，錢多輕，而公卿請令京師鑄官赤仄，應劭曰：「所謂子紺錢也。」如淳曰：「以赤銅爲其郭。」一當五，賦官用非赤仄不得行。其後二歲，赤仄錢賤，民巧法用之，不便，又廢。於是悉禁郡國毋鑄錢，專令上林三官鑄。錢既多，而令天下非三官錢不得行，諸郡國前所鑄錢皆廢銷之，輸入其銅三官。而民之鑄錢益少，計其費不能相當，唯真工大奸乃盜爲之。《食貨志》。下同。

自孝武元狩五年三官初鑄五銖錢，至平帝元始中，成錢二百八十億萬餘。

宣、元、成、哀、平五世，亡所變改。

王莽居攝，變漢制，以周錢有子母相權，於是更造大錢，徑寸二分，重十二銖，文曰「大錢五十」。又造契刀、錯刀。契刀，其環如大錢，身形如刀，長二寸，文曰「契刀五百」。錯刀，以黄金錯其文，曰「一刀直五千」。與五銖錢凡四品，並行。此以後乃莽即真後事，不復録。

又《雜録》 元帝時，貢禹言：「古者不以金錢爲幣，專意于農，故一夫不耕，必有受其饑者。今漢家鑄錢，及諸鐵官皆置吏卒徒，攻山取銅錢，一歲功十萬人已上，中農食七人，是七十萬人常受其饑也。鑿地數百丈，銷陰氣之精，地臧空虚，不能含氣出雲，斬伐林木亡有時禁，水旱之災未必不繇此也。自五銖錢起已來七十餘年，民坐盜鑄錢被刑者衆，富人積錢滿室，猶亡厭足。民心動摇，商賈求利，東西南北，各用智巧，好衣美食，歲有十二之利，而不出租税。農夫父子暴露中野，不避寒暑，捽屮杷土，手足胼胝，已奉穀租，又出槀税，鄉部私求，不可勝供。故民棄本逐末，耕者不能半。貧民雖賜之田，猶賤賣以賈，窮則起爲盜賊。何者？末利深而惑于錢也。是以姦邪不可禁，其原皆起于錢也。疾其末者絶其本，宜罷採珠玉金銀鑄錢之官，亡復以爲幣。市井勿得販賣，除其租銖之律，租税禄賜皆以布帛及穀。使百姓壹歸于農，復古道便。」議者以爲交易待錢，布帛不可尺寸分裂。禹議亦寢。《貢禹傳》及《食貨志》。

有上書言：「古者以龜貝爲貨，今以錢易之，民以故貧，宜可改幣。」上以問師丹，丹對言可改。章下有司議，皆以爲行錢以來久，難卒變易。丹老人，忘其前語，後從公卿議。《師丹傳》。

又《錢禁》 孝文五年，除盜鑄錢令，使民放鑄。賈誼諫曰：「法使天下公得顧租鑄銅錫爲錢，敢雜以鉛鐵爲它巧者，其罪黥。然鑄錢之情，非殽雜爲巧，則不可得贏；而殽之甚微，爲利甚厚。夫事有召禍而法有起姦，今令細民人操造幣之勢，各隱屏而鑄作，因欲禁其厚利微姦，雖黥罪日報，其勢不止。乃者民人抵罪，多者一縣百數，及吏之所疑，榜笞奔走者甚衆。夫縣法以誘民，使入陷阱，孰積于此！曩禁鑄錢，死罪積下；今公鑄錢，黥罪積下。爲法若此，上何賴焉？又民用錢，郡縣不同：或用輕錢，百加若干；或用重錢，平稱不受。法錢不立，吏急而壹之乎，則大爲煩苛，而力不能勝；縱而弗呵乎，則市肆異用，錢文大亂。苟非其術，何鄉而可哉！今農事棄捐，而采銅者日蕃，釋其耒耨，冶鎔炊炭，姦錢日多，五穀不爲多。善人怵而爲姦邪，愿民陷而之刑戮，刑戮將甚不詳，奈何而忽！國知患此，吏議必曰禁之。禁之不得其術，其傷必大。令禁鑄錢，則錢必重；重則其利深，盜鑄如雲而起，棄市之罪又不足以禁矣。姦數不勝而法禁數潰，銅使之然也。故銅布于天下，其爲禍博矣。今博禍可除，而七福可致也。何謂七福？上收銅勿令布，則民不鑄錢，黥罪不積，一矣。僞錢不蕃，民不相疑，二矣。采銅鑄作者反于耕田，三矣。銅畢歸于上，上挾銅積以御輕重，錢輕則以術斂之，重則以術散之，貨物必平，四矣。以作兵器，以假貴臣，多少有制，用别貴賤，五矣。以臨萬貨，以調盈虚，以收奇羨，則官富貴而末民困，六矣。制吾棄財，以與匈奴逐争其民，則敵必懷，七矣。故善爲天下者，因禍而爲福，轉敗而爲功。今久退七福而行博禍，臣誠傷之。」上不聽。是時，吴以諸侯即山鑄錢，富埒天子，後卒叛逆。鄧通，大夫也，以鑄錢財過王者。故吴、鄧錢布天下。《食貨志》。

文帝除盜鑄錢令，賈山上書諫，以爲變先帝法，非是。章下詰責，對以爲：「錢者，亡用器也，而可以易富貴。富貴者，人主之操柄也，令民爲之，是與人主共操柄，不可長也。」其後，復禁鑄錢。《賈山傳》。

景帝立，人有告鄧通盜出徼外鑄錢，下吏驗問，頗有，遂竟案，盡没入之。《本傳》。

中六年，定鑄錢僞黄金棄市律。《本紀》。

武帝元狩中，盜鑄諸金錢罪皆死，而民之犯者不可勝數。《食貨志》。

自造白金五銖錢後五歲，而赦吏民坐盜鑄金錢死者數十萬人。其不自發覺相殺者，不可勝計。赦自出者百餘萬人。然不能半自出，天下大氐無慮皆鑄金錢矣。同上。

又《白金皮幣》 武帝元狩中，縣官大空。而富商賈或墆財役貧，轉轂百數，冶鑄鬻鹽，財或累萬金，而不佐公家之急，黎民重困。于是天子與公卿議，更造錢幣以澹用。是時，禁苑有白鹿而少府多銀錫。有司言曰：「古者皮幣，諸侯以聘享。金有三等，黄金爲上，白金爲中，赤金爲下。今半兩錢法重四銖，而姦或盜摩錢質而取鋊，錢益輕薄而物貴，則遠方用幣煩費不省。」乃以白鹿皮方尺，緣以繢，爲皮幣，按《本紀》，元狩四年，造白金及皮幣。直四十萬。王侯宗室朝覲聘享，必以皮幣薦璧，然後得行。

又造銀錫白金。以爲天用莫如龍，地用莫如馬，人用莫如龜，故白金三品：其一曰重八兩，圜之，其文龍，名「白撰」，直三千；二曰以重差小，方之，其文馬，直五百；三曰復小，橢之，其文龜，直三百。其後，官鑄赤仄，白金稍賤，民弗寶用，縣官以令禁之，無益；歲餘終廢不行。《食貨志》。

元鼎二年，罷白金。《武紀》。

徐天麟《東漢會要》卷三一《食貨·鹽鐵》 郡有鹽官、鐵官者，隨事廣狹置令、長及丞。本注曰：「凡郡縣出鹽多者置鹽官，主鹽税。出鐵多者置鐵官，主鼓鑄。」《百官志》。

肅宗建初中，議復鹽鐵官，鄭衆諫以爲不可。詔數切責，至被奏劾。衆執之不移，帝不從。《傳》。

元和三年，帝幸安邑，觀鹽池。《紀》。

時穀貴，縣官經用不足，朝廷憂之。尚書張林上言：「鹽，食之急者，雖貴，人不得不須，官可自鬻。」於是詔諸尚書通議。朱暉奏據林言不可施行，事遂寢。後陳事者復重述林前議，以爲於國誠便，帝然之，有詔施行。暉復獨奏曰：「鹽利歸官，則下人窮怨，誠非明主所當宜行。」帝卒以林等言爲然。《朱暉傳》。

和帝即位，詔曰：「昔孝武皇帝致誅胡、越，故權收鹽鐵之利，以奉師旅之費。自中興以來，匈奴未賓，永平末年，復修征伐。先帝即位，務休力役，然猶深思遠慮，安不忘危，探觀舊典，復收鹽鐵，欲以防備不虞，寧安邊境。而吏多不良，動失其便，以違上意。先帝恨之，故遺戒郡國罷鹽鐵之禁，縱民煮鑄，入税縣官如故事。其申敕刺史、二千石，奉順聖旨，勉弘德化，布告天下，使明知朕意。」《紀》。

永元十五年，復置涿郡故鹽鐵官。《紀》。

魏晉南北朝隋唐五代部

綜述

《三國志》卷四八《吴書・孫皓傳》注引 太康三年地記曰：吴有太初宫，方三百丈，權所起也。昭明宫方五百丈，皓所作也。避晉諱，故曰顯明。《吴歷》云：顯明在太初之東。

《江表傳》曰：皓營新宫，二千石以下皆自入山督攝伐木。又破壞諸營，大開園囿，起土山樓觀，窮極伎巧，功役之費以億萬計。陸凱固諫，不從。

《宋書》卷七五《顔竣傳》 先是元嘉中，鑄四銖錢，輪郭形制，與五銖同，用費損，無利，故百姓不盜鑄。及世祖即位，又鑄孝建四銖。三年，尚書右丞徐爰議曰：「貴貨利民，載自五政，開鑄流圜，法成九府，民富國實，教立化光。及時移俗易，則通變適用，是以周、漢俶遷，隨世輕重。降及後代，財豐用足，因循前貫，無復改創。年歷既遠，喪亂屢經，堙焚剪毁，日月銷減，貨薄民貧，公私俱困，不有革造，將至大乏。謂應氏遵古典，收銅繕鑄，納贖刊刑，著在往策，今宜以銅贖刑，隨罰爲品。」詔可。所鑄錢形式薄小，輪郭不成就。於是民間盜鑄者雲起，雜以鉛錫，並不牢固。又剪鑿古錢，以取其銅，錢轉薄小，稍違官式。雖重制嚴刑，民吏官長坐死免者相係，而盜鑄彌甚，百物踊貴，民人患苦之。乃立品格，薄小無輪郭者，悉加禁斷。

始興郡公沈慶之立議曰：「昔秦幣過重，高祖是患，普令民鑄，改造榆莢，而貨輕物重，又復乖時。太宗放鑄，賈誼致譏，誠以采山術存，銅多利重，耕戰之器，曩時所用，四民競造，爲害或多。而孝文弗納，民鑄遂行，故能朽貫盈府，天下殷富。况今耕戰不用，采鑄廢久，鎔冶所資，多因成器，功艱利薄，絶吴、鄧之資，農民不習，無釋耒之患。方今中興開運，聖化惟新，雖復偃甲銷戈，而倉庫未實，公私所乏，唯錢而已。愚謂宜聽民鑄錢，郡縣開置錢署，樂鑄之家，皆居署内，平其准式，去其雜僞，官斂輪郭，藏之以爲永寶。去春所禁新品，一時施用，今鑄悉依此格。萬税三千，嚴檢盜鑄，并禁剪鑿。數年之間，公私豐贍，銅盡事息，姦僞自止。且禁鑄則銅轉成器，開鑄則器化爲財，翦華利用，於事爲益。」

上下其事公卿，太宰江夏王義恭議曰：「伏見沈慶之議，『聽民私鑄，樂鑄之室，皆入署居。平其準式，去其雜僞』。愚謂百姓不樂與官相關，由來甚久，又多是人士，蓋不願入署。凡盜鑄爲利，利在僞雜，僞雜既禁，樂入必寡。云『斂取輪郭，藏爲永寶』。愚謂上之所貴，下必從之，百姓聞官斂輪郭，輪郭之價百倍，大小對易，誰肯爲之。强制使换，則狀似逼奪。又『去春所禁新品，一時施用』。愚謂此條在可開許。又云『今鑄宜依此格，萬税三千』。又云『嚴檢盜鑄，不得更造』。愚謂禁制之設，非惟一旦，昧利犯憲，羣庶常情，不患制輕，患在冒犯。今入署必萬輪三千，私鑄無十三之税，逐利犯禁，居然不斷。又云『銅盡事息，姦僞自禁』。愚謂赤縣内銅，非可卒盡，比及銅盡，姦僞已積。又云『禁鑄則銅轉成器，開鑄則器化爲財』。然頃所患，患於形式不均，加以剪鑿，又鉛錫衆雜止於盜鑄銅者，亦無須苦禁。」

竣議曰：「泉貨利用，近古所同，輕重之議，定於漢世，魏、晉以降，未之能改。誠以物貨既均，改之僞生故也。世代漸久，弊運頓至，因革之道，宜有其術。今云開署放鑄，誠所欣同。但慮採山事絶，器用日耗，銅既轉少，器亦彌貴。設器直一千，則鑄之減半，爲之無利，雖令不行。又云『去春所禁，一時施用』。是欲使天下豐財。若細物必行，而不從公鑄，利已既深，情僞無極，私鑄剪鑿，盡不可禁，五銖半兩之屬，不盈一年，必至於盡。財貨未贍，大錢已竭，數歲之間，悉爲塵土，豈可令取弊之道，基於皇代。今百姓之貨，雖爲轉少，而市井之民，未有嗟怨，此新禁初行，品式未一，須臾自止，不足以垂聖慮。唯府藏空匱，實爲重憂。今縱行細錢，官無益賦之理，百姓雖贍，無解官乏。唯簡費去華，設在節儉，求贍之道，莫此爲貴。然錢有定限，而消失無方，剪鑄雖息，終致窮盡者，亡應官開取銅之署，絶器用之塗，定其品式，日月漸鑄，歲久之後，不爲世益耳。」

時議者又以銅轉難得，欲鑄二銖錢。竣又議曰：「議者將爲官藏空虚，宜更改鑄，天下銅少，宜減錢式，以救交弊，賑國紓民。愚以爲不然。今鑄二銖，恣行新細，於官無解於乏，而民姦巧大興，天下之貨，將靡碎至盡。空立嚴禁，而利深難絶，不過一二年間，其弊不可復救。其甚不可一也。今鎔鑄獲利，不見有頓得一二億之理，縱復得此，必待彌年。歲暮税登，財幣暫革，日用之費，不贍數月，雖權徵助，何解乏邪，徒使姦民意騁，而貽厥愆謀。此又甚不可二也。民懲大錢之改，兼畏近日新禁，市井之間，必生喧擾，遠利未聞，切患猥及，富商得志，貧民困窘。此又甚不可三也。若使交益深重，尚不可行，况又未見其利，而衆弊如此，失算當時，取誚百代乎。」

前廢帝即位，鑄二銖錢，形式轉細。官錢每出，民間即模効之，而大小厚薄，皆不及也。無輪郭，不磨鑢，如今之剪鑿者，謂之耒子。景和元年，沈慶之啓通私鑄，由是錢貨亂敗，一千錢長不盈三寸，大小稱此，謂之鵝眼錢。劣於此者，謂之綖環錢。入水不沉，隨手破碎，市井不復料數，十萬錢不盈一掬，斗米一萬，商貨不行。太宗初，唯禁鵝眼、綖環，其餘皆通用。復禁民鑄，官署亦廢工，尋復並斷，唯用古錢。

《魏書》卷六九《袁翻傳》 是時修明堂辟雍，翻議曰：

謹案明堂之義，今古諸儒論之備矣，異端競構，莫適所歸，故不復遠引經傳、傍採紀籍以爲之證，且論意之所同，以訓詔旨耳。蓋唐虞已上，事難該悉；夏殷已降，校可知之。謂典章之極，莫如三代，郁郁之盛，從周斯美。制禮作樂，典刑在焉，遺風餘烈，垂之不朽。

案《周官·考工》所記，皆記其時事，具論夏殷名制，豈其紕繆？是知明堂五室，三代同焉，配帝象行，義則明矣。及《淮南》、《呂氏》與《月令》同文，雖布政班時，有堂、个之别，然推其體例，則無九室之證。既而世衰禮壞，法度淆弛，正義殘隱，妄說斐然。明堂九室，著自《戴禮》，探緒求源，罔知所出，而漢氏因之，自欲爲一代之法。故鄭玄云：「周人明堂五室，是帝一室也，合於五行之數。《周禮》依數以爲之室。德行於今，雖有不同，時說昞然，本制著存，而言無明文，欲復何責。」本制著存，是周五室也；於今不同，是漢異周也。漢爲九室，略可知矣。但就其此制，猶竊有懵焉。何者？張衡《東京賦》云：「乃營三宮，布教班常，複廟重屋，八達九房。」此乃明堂之文也。而薛綜注云：「房，室也，謂堂後有九室。」堂後九室之制，非巨異乎？裴頠文云：「漢氏作四維之个，不能令各處其辰，就使其像不圖，莫能通其居用之禮，此爲設虚器也。」甚知漢世徒欲削滅周典，捐棄舊章，改物創制，故不復拘於載籍。且鄭玄之詁訓《三禮》，及釋《五經異義》，並盡思窮神，故得之遠矣。覽其明堂圖義，皆有悟人意，察察著明，確乎難奪，諒足以扶微闡幽，不墜周公之舊法也。伯喈損益漢制，章句繁雜，既違古背新，又不能易玄之妙矣。魏晉書紀，亦有明堂祀五帝之文，而不記其經始之制，又無坦然可準。觀夫今之基址，猶或髣髴，高卑廣狹，頗與《戴禮》不同，何得以意抑必，便謂九室可明？且三雍異所，復乖盧、蔡之義，進退亡據，何用經通？晉朝亦以穿鑿難明，故有一屋之論，並非經典正義，皆以意妄作，茲爲曲學家常談，不足以範時軌世。

皇代既乘乾統曆，得一馭宸，自宜稽古則天，憲章文武，追蹤周孔，述而不作，四彼三代，使百世可知。豈容虚追子氏放篇之浮說，徒損經紀《雅誥》之遺訓，而欲以支離横議，指畫妄圖，儀刑宇宙而貽來葉者也。

又北京制置，未皆允帖，繕修草創，以意良多。事移禮變，所存者無幾，理苟宜革，何必仍舊。且遷都之始，日不遑給，先朝規度，每事循古，是以數年之中，悛換非一，良以永法爲難，數改爲易。何爲宫室府庫多因故迹，而明堂辟雍獨遵此制，建立之辰，復未可知矣。既猥班訪逮，輒輕率瞽言。明堂五室，請同周制；郊建三雍，求依故所。庶有會經誥，無失典刑。識偏學疏，退慚謬浪。

《魏書》卷七二《賈思伯傳》 于時議建明堂，多有同異。思伯上議曰：「按《周禮·考工記》云：夏后氏世室，殷重屋，周明堂，皆五室。鄭注云：『此三者，或舉宗廟，或舉王寢，或舉明堂，互言之，以明其制同也。』若然，則夏殷之世已有明堂矣。唐虞以前，其事未聞。戴德《禮記》云：明堂凡九室、十二堂。蔡邕云：『明堂者，天子太廟，饗功養老，教學選士，皆於其中，九室十二堂。』按戴德撰《記》，世所不行。且九室十二堂，其於規制，恐難得厥衷。《周禮》營國，左祖右社，明堂在國之陽，則非天子太廟明矣。然則《禮記·月令》，四堂及太室皆謂之廟者，當以天子暫配享五帝故耳。又《王制》云：『周人養國老於東膠。』鄭注云：東膠即辟雍，在王宫之東。又《詩·大雅》云：『邕邕在宫，肅肅在廟。』鄭注云：『宫，謂辟雍宫也，所以助王。養老則尚和，助祭則尚敬。』又不在明堂之驗矣。按《孟子》云：『齊宣王謂孟子曰，吾欲毁明堂。』若明堂是廟，則不應有毁之問。且蔡邕論明堂之制云：『堂方一百四十尺，象坤之策；屋圓徑二百一十六尺，象乾之策；方六丈，徑九丈，象陽陰九六之數；九室以象九州；屋高八十一尺，象黄鍾九九之數；二十八柱以象宿；外廣二十四丈以象氣。』按此皆以天地陰陽氣數爲法，而室獨象九州，何也？若立五室以象五行，豈不快也？如此，蔡氏之論非爲通典，九室之言或未可從。竊尋《考工記》雖是補闕之書，相承已久，諸儒注述無言非者，方之後作，不亦優乎？且《孝經援神契》、《五經要義》、舊《禮圖》，皆作五室，及徐劉之論，同《考工》者多矣。朝廷若獨絶今古，自爲一代制作者，則所願也。若猶祖述舊章，規摹前事，不應捨殷周成法，襲近代妄作。且損益之極，極於三王，後來疑議，難可準信。鄭玄云：『周人明堂五室，是帝各有一室也，合於五行之數，《周禮》依數以爲之室。施行于今，雖有不同，時說然耳。』

尋鄭此論，非爲無當。按《月令》亦無九室之文，原其制置，不乖五室。其青陽右个即明堂左个，明堂右个即總章左个，總章右个即玄堂左个，玄堂右个即青陽左个。如此，則室猶是五，而布政十二。五室之理，謂爲可安。其方圓高廣，自依時量。戴氏九室之言，蔡子廟學之議，子幹靈臺之説，裴逸一屋之論，及諸家紛紜，並無取焉。」學者善其議。

《魏書》卷七七《高崇傳附高謙之傳》 於時朝議鑄錢，以謙之爲鑄錢都將長史。乃上表求鑄三銖錢曰：

蓋錢貨之立，本以通有無，便交易。故錢之輕重，世代不同。太公爲周置九府圜法，至景王時更鑄大錢。秦兼海内，錢重半兩。漢興，以秦錢重，改鑄榆莢錢。至文帝五年，復爲四銖。孝武時，悉復銷壞，更鑄三銖，至元狩中，變爲五銖。又造赤仄之錢，以一當五。王莽攝政，錢有六等，大錢重十二銖，次九銖，次七銖，次五銖，次三銖，次一錢。魏文帝罷五銖錢，至明帝復立。孫權江左，鑄大錢，一當五百。權赤烏年，復鑄大錢，一當千。輕重大小，莫不隨時而變。

李泰等著、賀次君輯校《括地志輯校》卷首《序略》 魏武輔正，吴、蜀三方鼎峙，疆埸不定，漢建安中置郡十二，新興、樂平、西平、新平、略陽、陰平、帶方、譙郡、樂陵、章武、南(陽)〔鄉〕、襄(陵)〔陽〕是也。又省上郡、朔方、五原、雲中、定襄、漁陽、廬江等七郡。

文帝受禪，又置七郡，朝歌、陽平、弋陽、魏興、新城、義陽、安豐是也。明帝置六郡，平公孫(度)〔淵〕得遼西、遼東、帶方、玄菟、樂浪，又置上庸一郡。少帝又置平陽一郡，並得漢郡國五十四。平蜀得二十郡。劉備初置郡九，巴東、巴西、梓潼、江陽、(文)〔汶〕山、漢嘉、朱提、(雲南)〔宕渠〕、涪陵，並得漢舊巴郡、廣漢、犍爲、牂柯、越巂、益州、漢中、永昌、南安、武都、〔蜀郡〕是也。

晉太康平吴之後，天下一統。平吴得四州，交、廣、荆、揚也；郡四十三，孫權置臨賀、武昌、朱崖、新安、廬陵五郡，孫亮又置臨川、臨海、衡陽、湘東四郡，孫休置天門、建平、建安、合浦四郡，孫皓置始安、始興、邵陵、安成、新昌、武平、九德、吴興、東陽、桂林、滎陽等十一郡，因立宜(陽)〔都〕一郡，並漢十八郡，合四十三郡。凡十六州，《太康地記》曰司、冀、兖、豫、荆、揚、徐、青、幽、并、雍、凉、梁、益、交、廣是也。晉自蕩陰敗後，羌、羯交侵，至于劉曜陷洛陽，於是司、冀、雍、凉、青、并、兖、豫、幽、平、秦、(營)〔寧〕十二州，並淪没矣。

後魏孝文帝都洛陽，開拓土宇，明帝熙平元年凡州四十六，鎮十二，郡國二百八十九矣。天平年凡州六十八，至武定年凡州一百一十一，郡五百一十九。周明帝受魏禪，至大象二年，凡州二百一十一。隋文帝受周禪，至開皇三年罷天下郡，其縣但隸州而已。九年平陳已後，四海一家，大業三年罷州爲郡，四年大簿，凡郡國一百八十三。

貞觀十三年大簿，凡州三百五十八。雍、華、同、宜、岐、隴、豳、涇、寧、鄜州都督府、坊、延、原〔州〕都督府、靈州都督府、丹、夏〔州〕都督府、銀、鹽、勝州都督府、綏、慶、(家)〔豐〕、蒲、虞、汾、絳、泰、晉、隰、慈、吕、石、潞州都督府、沁、韓、澤、代州都督府、忻、朔、蔚、雲、并州都督府、箕、嵐、懷、相州都督府、魏、黎、衛、洺、邢、(霸)〔貝〕、博、冀、德、觀、深、瀛、滄、定、恒、(并)〔井〕、幽、易、嬀、檀、平、(明)〔趙〕、營州都督府、(遼)〔燕〕、師、昌、崇、慎、威、號、陝、穀、唐、兖、陳、潁、徐州都督府、滑、泗、譙、豫、亳、密、青、濟、濮、萊、齊州都督府、淄、宋、鄆、許、戴、曹、海、沂、洛州都督府、鄭、汴、汝、襄、夔州都督府、萬、開、隨、硤、蓬、鳳、忠、渠、通、集、興、利、温、復、合、鄧、歸、荆州都督府、梁州都督府、均、静、金、巴、商、洋、渝、房、壁、(閬)〔隆〕、始、梓、資、嘉、陵、果、遂州都督府、益州都督府、綿、(大)〔炎〕、榮、眉、雅、普、翼、茂州都督府、簡、向、塗、戎州都督府、瀘州都督府、巂州都督府、冉、笮、維、徹、穹、郎、協、曲、褒、靡、徽、姚、髳、(州)〔邛〕、匡、宗、尹、曾(州)、槃、鈎、昆、陽、光、蘄、申、壽、昌、濠、廬、沔、(荆)〔舒〕、揚州都督府、滁、楚、和、安州都督府、黄、秦州都督府、成、武、渭、蘭州都督府、河、鄯、廓、岷、儒、洮、宕、臺、橋、涼州都督府、肅、甘、瓜、沙、伊、芳、文、松州都督府、扶、崌、嚴、奉、雅、叢、遠、其、生、諾、直、都、闊、出、嵯、懿、可、湊、般、鐘、匐、厥、器、調、流、邇、率、序、淳、軌州都督府、嶂、(津)〔肆〕、(立)〔位〕、玉、彭、祐、蛾、疊州都督府、龍、會、潭州都督府、費、江、涪、鄂、郢、潤、施、(郎)〔朗〕、岳、黔州都督府、睦、括、常、撫、郴、台、饒、虔、衡、永、邵、連、婺、道、吉、越州都督府、洪州都督府、袁、杭、宣、湖、蘇、歙、辰、巫、南、夷、應、琰、莊、牂、充、播、牢、(恩)〔思〕、高州都督府、循、建、振、昭、韶、廣州都督府、羅、(崖)〔邕〕州都督府、繡、(辨)〔辯〕、端、新、春、潘、竇、(邕)〔富〕、潮、賀、封、梧、蒙、(即)〔柳〕、瀧、桂州都督府、廉、賓、藥、泉、欽、横、貴、藤、象、交州都督府、儋、雷、峯、融、容、愛、龔州都督府、鸞、澄、(濱)〔演〕、白、景、林、義、智、驩州都督府、(儋)〔瓊〕、崖州是也。凡縣一千五百五十一，至十四年西克高昌，又置西州都護府及庭州並六縣，通前凡三百六十州，依叙之爲十道也。

王溥《五代會要》卷八《喪葬上》 〔後唐天成〕二年六月三十日，御史中丞盧文紀奏：

奉四月十四日敕：「喪葬之儀，本防踰僭，若用錦繡，難抑奢豪。但人情皆重於送終，格令當存於通理，宜令御史臺除錦繡外，并庶人喪葬，更檢詳前後敕格，仔細一一條件，分析奏聞。冀合人情，永著常令者。」令臺司再舉令文及故實條件如後。凡銘旌，三品已上長九尺，五品已上長八尺，六品已上長七尺。諸輀車，三品已上許使油幰，施禩，兩廂畫龍虎；七品已上祇許使油幰，施禩，兩廂畫雲氣。男子幰、禩、旒蘇皆使素，婦人使綵。又諸官五品已上許使三梁六柱轝車，轝上有結絡；三品已上帶將相者有鳳臺。自諸品官及郡守升朝官者，羚羊山華，餘平幰。諸棺槨不得雕鏤彩畫，施户牕欄檻，棺内不得有金寶珠玉。諸喪葬不得備禮者，貴得同賤，賤不得同貴。

准元和六年十二月刑部兼京兆尹鄭元狀奏：「條流，文武官及庶人喪葬，三品已上明器九十事，四神十二時在内，不得過二尺五寸，餘人物並不得過一尺，園宅方五尺，下帳高方三尺，共置五十舁，輓歌三十六人。輀車使開轍車，油幰，朱絲絡網，兩廂畫龍虎。幰竿朱末，垂旒蘇縎幃襯幕及額帶等，其幰竿長二丈六尺，帶五重，旒蘇十八道，並不得使綾羅、錦繡、泥銀、帖金、彩畫及結鳥獸、香囊等物。使四引、四披，六鐸、六翣。輓歌並練布深衣。輴車、誌石車任畫雲氣，不得置幰竿、額帶等。方相車除載方相外，及魂車除幰、網、裙簾外，皆不得更別加裝飾，並使合轍車。纛竿長九尺，不得安大朱、帖金銀、立鳥獸旗旛等。五品已上明器六十事，四神十二時在内，園宅方四尺，下帳高方二尺，共置三十舁，減誌石車、輴車。幰竿減四尺，長二丈二尺。旒蘇減二道，使十六道。帶減一重，使四重。披、引、鐸、翣各減二，使四。輓歌一十六人。並無朱絲網絡、方相。使魌頭車，纛竿減一尺，使八尺。幃額、魂車准前。九品已上明器四十事，四神十二時在内，園宅方三尺，下帳高方一尺，共置二十舁，減輴車、輀車。幰竿減三尺，使一丈九尺。旒蘇減二道，使十四道。披、引、鐸、翣各減二，使二。帶減一重，使三重。輓歌一十六人。纛竿減一尺，使七尺。其幃額、魌頭、魂車准前。明器並使瓦木爲之，四神不得過一尺，餘人物等不得過七寸，並不得用金銀雕鏤、帖毛髮裝飾。内侍省品秩高者，各隨本品秩。未有章服者，紫同三品，緋同五品已上，緑及應官並同九品已上。命婦及文武官母、妻並邑號命婦，各准本品；如夫、子官高，聽從夫、子，無邑號者各准夫、子品秩。輀車，准令命使緑及紫色。有品蔭家子孫未有官者，三品已上降三等，五品已上降二等，八品已上降一等，九品不降。所使品蔭，並須以祖、父官爲升降。内、外官同。庶人明器一十五事，共置三舁。喪車使合轍車。幰竿減三尺，使一丈六尺。木珠減十道，使三十五道。帶減一重，使二重。幃額、魌頭、魂車准前。輓歌、鐸、翣、四神十二時、下帳，並請不置。所造明器，合使瓦木，不得過七寸。若仵作、工匠之徒，輒敢踰越，捉獲之後，自合准前後敕文科斷，所司不得更至孝喪之家。若衢路捉獲，只坐工人，亦不得拘留行李，令過時日。工商諸色人吏無官者、諸人無職掌者，喪車、幃額、魂車並無，合轍車不使油幰、旒蘇等飾，兼不得以繪綵結絡及金銀裝飾。其輓歌、鐸、翣，並不得置喪車之前，不得以鞍馬爲儀，其明器任以瓦木爲之，不得過二十五事，四神十二時並在内，每事不得過七寸，舁止十人。」【略】長興元年十月十九日敕：「太常禮院例，凡賻匹帛，言段不言端匹，每二丈爲段，四丈爲匹，五丈爲端。近日三司支遣，每段全支端匹，此後凡支賻贈匹帛，祇言合支多少段，庫司臨時併蹙丈尺給付，不得剩有支破。」

王溥《五代會要》卷二六《鹽》 後唐周光三年二月敕：「魏府每年所徵隨絲鹽錢，每兩與減放五文，逐年俵賣蠶鹽、食鹽、大鹽、甜次冷鹽，每斗與減五十，欒鹽與減三十。」

天成元年四月敕：「諸州府百姓合散蠶鹽，今後每年祇二月内一度俵散，依夏税限納錢。」

晉天福元年十一月敕節文：「洛京管内逐年所配人户食鹽，起來年每斗減放十文。」

七年十一月，宣旨下三司：「應有往來鹽貨悉税之，過税每斤七文，住税每斤十文。其諸道應有係屬州府鹽務，並令省司差人勾當。」先是，諸州府除俵散蠶鹽徵錢外，每年末鹽界分場務，約糶錢一十七萬貫有餘。言事者稱，雖得此錢，百姓多犯鹽法，請將上件食鹽錢于諸道州府計户，每户一貫至二百，爲五等配之。然後任人逐便興販，既不虧官，又益百姓。朝廷行之，諸處場務且仍舊。俄而鹽貨頓賤，去出鹽遠處州縣，每斤不過二十文，近處不過一十文，掌事者又難驟改其法，奏請重置税焉。蓋欲絕其興販，歸利于官，場院糶鹽雖多，人户鹽錢又不放免，民甚苦之。

周廣順二年三月敕：「青、白池務，素有定規，祇自近年，頗乖循守。比來青鹽一石，抽税錢八百，鹽一斗；白鹽一石，抽税錢五百，鹽五升。訪聞改法以來，不便商販，宜令慶州榷鹽務，今後每青鹽一石，依舊抽税八百、八十五陌，鹽一斗；白鹽一石，抽税錢五百、八十五陌，鹽五升。此外更不得別有邀求。」青、白鹽池在鹽州北。唐朝元管四池：曰烏池、白池、瓦窑池、紐頂池。今出税置吏，惟有青、白二池。

三年十二月敕：「諸州府并外縣鎮城内，其居人屋税鹽，今後不俵，其鹽錢亦不徵納。所有鄉村人户合請蠶鹽，所在州縣城鎮嚴切檢校，不得放入城門。」

顯德元年十二月，上謂侍臣曰：「朕覽食末鹽州郡，犯私鹽多於顆鹽界分。況末鹽煎煉，般運費用，倍于顆鹽。今宜分割十餘州，令食顆鹽，不惟輦運省力，兼亦少人犯禁。」自是曹、宋已西十餘州，皆食顆鹽。

三年十月敕：「漳河已北州府管界，元是官場糶鹽，今後除城郭草市内，仍舊禁法，其鄉村並不有鹽貨通商。逐處有鹹滷之地，一任人户煎煉，興販則不得踰越漳河，入不通商界。」

王溥《五代會要》卷二六《麴》　梁開平三年十一月敕：「聽諸道州府百姓自造麴，官中不禁。」

後唐天成三年七月十三日敕：「應三京、鄴都、諸道州府鄉村人户，自今年七月後，于是秋田苗上，每畝納麴錢五文、足陌。一任百姓造麴，醖酒供家，其錢隨夏秋徵納，並不折色，其京都及諸道州府縣鎮坊界及關城草市内，應逐年買官麴酒户，便許自造麴，醖酒貨賣，仍取天成二年正月至年終，一年逐户計算，都買麴錢數内十分祇納二分，以充榷酒錢，便從今年七月後，管數徵納。榷酒户外，其餘諸色人亦許私造酒麴供家，即不得衷私賣酒。如有故違，便仰糾察，勒依中等酒户納榷。其坊村一任沽賣，不在納榷之限。其麴敕命到後，任便踏造。如賣麴酒户中，有去年曾買官麴，今年因事不便買麴任開店者，則與出落。如覩新敕，有情願開店投榷者，則不許舊户、新户，便令依見納錢等户例出榷。此後酒户中有無力開店賣酒者，亦許隨處陳狀，其舊納錢並宜停廢。應諸處麴務，亦仰十分減八分價錢出賣，不得更請官本踏造。」

長興元年二月赦節文：「諸道州府人户，每秋苗一畝上，元徵麴錢五文，今後特放二文，祇徵三文。」

二年五月敕：「應三京、諸道州府，苗畝上所徵麴錢，便從今年夏並放。其麴官中自造，委逐州減舊價一半，於在城撲斷貨賣。除在城居人，不得私造外，鄉村人户，或要供家，一任自造。」敕既下，人甚便之。其年七月，三司奏：「諸道州府申論，先有敕命，許百姓造麴，不來官場收買。伏慮課額不迫，請准前麴法，鄉村百姓與在城條法，一例指揮。」從之。仍據百姓已造到麴，務令送納入官，量支還麥本。

周顯德四年七月敕：「諸道州府麴務，今後一依往例，官中禁法賣麴，逐處先置都務處，候敕到日，並仰停罷。據見在麴數，准備貨賣，兼據年計合使麴數，依時踏造，候人户將到價錢，據數給麴，不得賒賣抑配於人。其外酒場務，一切仍舊。應鄉村人户，今後並許自造米醋，及買糟造醋供食。仍許于本州縣界，就精美處酤賣，其酒麴條法依舊施行。」先是，晉、漢已來，諸道州府皆榷計麴額，置都務以沽酒。民間酒醋皆漓薄，上知其弊，故命改法。

王溥《五代會要》卷二七《泉貨》　後唐同光二年三月敕：「泉布之弊，雜以鉛錫，惟是江、湖之外，盜鑄尤多，市肆之間，公行無畏。因是綱商夾帶，舟載往來，換易好錢，藏貯富室，實爲蠹弊，須有條流。宜令京城及諸道，於行市行使錢内點檢，雜惡鉛錫，並宜禁斷。沿江州縣，每有舟船到岸，嚴加覺察，若私載往來，並宜收納。」

天成元年八月，中書門下奏：「訪聞近日諸道州府所買賣銅器價貴，多是銷鎔見錢，以邀厚利。」敕：「宜便行曉告，如原舊破損銅器及碎銅，即許鑄造器物；如生銅器物，每斤價定二百；熟銅器物，每斤四百。如違省價，買賣之人，依盜鑄錢律文科斷。」其年十一月六日敕：「諸道州府約勒見錢，素有條制，若全禁斷，實匪通規。宜令遍指揮三司及諸道州府，其諸城門所出見錢，如五百已上，不得放出。如稍違犯，即准舊條指揮。其沿淮諸州縣鎮，亦准元降敕命處分。」其年十二月敕：「行使銅錢之内，如聞夾帶鐵鑞，若不嚴設條流，轉恐私家鑄造。應中外所使銅錢内，鐵鑞錢即宜毁棄，不得輒更有行使。如違，其所使錢，不計多少，並納入官，仍科深罪。」

二年七月十二日，度支奏：「三京、鄴都並諸道州府，市肆買賣，所使見錢等，每有條章，每陌八十文。近訪聞在京及諸道街坊市肆人户，不顧條章，皆將短陌轉换長錢，但恣欺罔，殊無畏忌。若不條約，轉啓倖門。請更嚴降指揮，及榜示管界州府縣鎮軍人、百姓、南旅等，凡有買賣，並須使八十陌錢。兼令巡司、廂界節級，所由點檢覺察。如有無知之輩，依前故違，輒將短錢興販，便仰收捉，委逐州府枷項收禁勘責。所犯人，准條奏處斷訖申奏。其錢盡底没納入官。」奉敕：「宜依度支所奏。」

四年九月敕：「先條流三京、諸道州府，不得於市使錢内夾帶鉛鐵錢，雖已約束，仍聞公然行使。今後有人於錢陌内捉到一文至兩文，所使錢不計多少，並納入官，所犯人准條流科罪。」

清泰二年十二月敕：「御史臺宜曉告中外，不得使用鉛錢。如違犯者，准條流處分。」

晉天福三年三月敕：「歷代鑄錢，濟時爲寶，久無監務，已絶增添。近來趨利之人，違法甚衆，銷鎔不已，毁蠹日滋。禁制未嚴，奸弊莫止，須行重法，以息濫源。宜令鹽鐵使禁止私下行造鑄寫銅器。」其年十一月詔曰：「國家所資，泉貨爲重，銷蠹則甚，添鑄無聞。爰降條章，俾臻富庶。宜令三京、鄴都、諸道州府，無問公私，應有銅者，並許鑄錢。仍以『天福元寶』爲文，左環讀之。委鹽鐵司鑄樣頒下諸道，令每一錢重二銖四參，十錢重一兩。或慮諸色人接便將鉛鐵鑄造，雜亂銅錢，仍令三京、鄴都、諸道州府，依舊禁斷。尚慮逐處銅數不多，宜令諸道應有久廢銅冶處，許百姓取便開鍊，永遠爲主，官中不取課利。其有生熟銅，仍許所在中賣入官，或任自鑄錢行用。其餘許鑄外，不得接便别鑄銅器。如有違犯者，並准三年三月敕條處分。」其年十二月敕：「先許鑄錢，仍每一錢重二銖四參，十錢重一兩。切慮逐處缺銅，難依先定銖兩，宜令天下無問公私，應有銅處，有鑄錢者，一任取便酌量輕重鑄造。因茲不得入鉛并鐵，及缺漏不堪久遠流行。仍委鹽鐵使明行曉示，餘准元敕指揮。仍付所司。」

四年七月敕：「先令天下州府公私鑄錢，近聞以鉛錫相參，缺薄小弱，有違條制，不可久行。今後祇官鑄錢，私鑄錢下禁依舊法。」

周廣順元年三月二十八日敕：「銅法今後官中更不禁斷，一任興販。所有錢一色即不得銷鑄爲銅器貨賣。如有犯者，有人糾告捉獲，所犯人不計多少斤兩，並處死。其地分所由節級，徒一年，鄰保人杖七十，其告事人給與賞錢一百貫。」

顯德二年九月一日敕：「國家之利，泉貨爲先，近朝已來，久絶鑄造，至於私下，不禁銷鎔，歲月漸深，奸弊尤甚。今採銅興冶，立監鑄錢，冀便公私，宜行條制。起今後，除朝廷法物、軍器、官物及鏡，并寺觀内鐘、磬、鈸、相輪、火珠、鈴鐸外，其餘銅器，一切禁斷。應兩京、諸道州府銅象器物，諸色裝鉸所用銅，限敕到五十日内，並須毁廢送官。其私下所納到銅，據斤兩給付價錢。如出限及有隱藏及埋窖使用者，一兩至一斤，所犯人及知情人徒二年，所由節級、四鄰杖七十，捉事、告事人賞錢十貫；一斤至五斤，所犯及知情人各徒三年，所由節級、四鄰杖九十，捉事、告事人賞錢二十貫；五斤已上，不計多少，所犯人處死，知情人徒三年，配役一年，所由節級、四鄰杖一百，捉事、告事人賞錢三十貫。其人户若納到熟銅，每斤官中給錢一百五十，生銅每斤一百。其銅鏡令官中鑄造，於東京置場貨賣，許人收買，於諸處興販。其朝廷及諸州見管法物、軍器、官物，舊用銅製造并裝飾者，候經使用破壞，即時改造，仍令後不得更使銅。内有合使銅者，奏取進止。」

四年二月十一日，宣命指揮：「限外有人將銅器及銅於官場貨賣，支給價錢，如是隱藏及使用者，並准元敕科斷。其熟銅令每斤添及二百、生銅每斤添及一百五十收買。所有諸處山場野務採鍊淘沙到，舊例銅每二十兩爲一斤，今特與一十六兩爲一斤，給錢一百三十收買。」

朱銘盤《南朝宋會要·輿服·冠服》

天子冠服

天子禮郊廟，則黑介幘，平冕，今所謂平天冠也。皁表朱緑裏，廣七寸，長尺二寸，垂珠十二旒。以朱組爲纓，衣皁上絳下，前三幅，後四幅，衣畫而裳繡，爲日、月、星辰、山、龍、華、蟲、藻、火、粉米、黼、黻之象，凡十二章也。素帶廣四寸，朱裏，以朱緣裨飾其側。中衣以絳緣其領袖。赤皮蔽膝。蔽膝，古之韍也。絳袴，絳襪，赤舄。未加元服者，空頂介幘。其釋奠先聖，則皁紗裙，絳緣中衣，絳袴襪，黑舄。其臨軒亦衮冕也。其朝服，通天冠，高九寸，金博山顔，黑介幘，絳紗裙，皁緣中衣。其拜陵，黑介幘，菱單衣。其雜服，有青赤黄白緗黑色介幘，五色紗裙，五梁進賢冠，遠遊冠，平上幘，武冠。其素服，白帢單衣。《禮志》五。

壽寂之等殞廢帝於後堂。建安王休仁便稱臣奉迎明帝升西堂，登御坐，召見諸大臣。于時事起倉卒，上失履，跣至西堂，猶著烏帽。坐定，休仁呼主衣以白帽代之。《明紀》。

南郊，致齋之朝，御著絳紗袍，黑介幘，通天金博山冠。郊之日，御服龍衮，平天冠。《禮志》一。

南郊親奉儀注，皇帝初著平天冠，火龍黼黻之服。還，變通天冠，絳紗袍。廟祠親奉，舊儀，皇帝初服與郊不異，而還變著黑介幘，單衣即事，乖體。謂宜同郊還，亦變著通天冠，絳紗袍。《禮志》五。

殷祠，致齋之日，御著絳紗袍，黑介幘，通天金博山冠。祠之日，著平冕龍衮之服。《禮志》一。

耕籍，御著通天冠，青幘，朝服青衮，帶佩蒼玉。《禮志》一。

《籍田儀注》：「皇帝冠通天冠，朱紘，青介幘，衣青紗袍。」大明四年，荀萬秋奏，宜冠冕，璪十二旒，朱紘，黑介幘，衣青紗袍。《禮志》五。

校獵，皇帝著黑介幘單衣。若躬親射禽，變御戎服。三嚴後二刻，仍著黑介幘單衣。《禮志》一。

大明七年二月甲寅，輿駕巡南豫、兗二州，冕服，御玉路，辭二廟。改服通天冠。《禮志》五。

文帝元嘉六年，奉朝請徐道娛表：御讀令「不應素幘」。詔門下詳議，帝執宜如舊。緗幘遂不改。《禮志》五。

泰始四年八月甲寅，詔曰：「朕以大冕純玉繅，玄衣黃裳，乘玉輅，郊祀天，宗祀明堂。又以法冕五綵繅，玄衣絳裳，乘金輅，祀太廟。又以飾冠冕四綵繅，紫衣紅裳，乘象輅，小會宴饗，餞送諸侯，臨軒會王公。又以繡冕三綵繅，朱衣裳，乘革輅，征伐不賓，講武校獵。又以紘冕二綵繅，青衣裳，乘木輅，耕稼，饗國子。又以通天冠，朱紗袍，爲聽政之服。」《禮志》五。

皇太子冠服

泰始六年，皇太子出東宮。又制太子元正朝賀，服袞冕九章衣。《後廢帝紀》。

六年正月戊辰，有司奏：「被敕皇太子正冬朝賀，合著袞冕九章衣不？」儀曹郎丘仲起議：「案《周禮》，公自袞冕以下。鄭注：『袞冕以至卿大夫之玄冕，皆其朝聘天子之服也。』伏尋古之上公，尚得服袞以朝。皇太子以儲副之尊，率土瞻仰。愚謂宜式遵盛典，服袞冕九旒以朝賀。」兼左丞陸澄議：「服冕以朝，實著經典。秦除六冕之制，至漢明帝始與諸儒還備古章。自魏、晉以來，宗廟行禮之外，不欲令臣下服袞冕，故位公者，每加侍官。今皇太子承乾作副，禮絶羣后，宜遵聖王之盛典，革近代之陋制。臣等參議，依禮，皇太子元正朝賀，應服袞冕九章衣。以仲起議爲允。撰載儀注。」詔可。《禮志》五。

皇太子，給五時朝服，遠遊冠，亦有三梁進賢冠。佩瑜玉。《禮志》五。

王公百官冠服

耕籍，藩王以下至六百石皆衣青。唯三臺武衛不耕，不改服章。《禮志》一。下同。

校獵之官著袴褶。有帶武冠者。脱冠者上纓。

百官非校獵之官著朱衣。皇帝若親射禽，變御戎服，內外從官以及虎賁悉變服，如校獵儀。奏嚴，從官還著朱衣。

宫臣見至尊，皆著朱衣。《禮志》二。

武冠，侍臣則加貂蟬。侍中左貂，常侍右貂。《禮志》五。下同。

法冠。

謁者高山冠。

樊噲冠。

乘輿鼓吹，黑幘武冠。

畋獵巡幸，唯從官戎服，帶鞶革；文官不下纓，武官脱冠。文帝元嘉中，巡幸蒐狩皆如之；救宫廟水火，亦如之。

南譙王司空長史、南郡太守張暢出射堂簡人，著黃韋袴褶。《本傳》。

內外戒嚴，普著袴褶。《巴陵王休若傳》。

劉湛被收之夕，上開門召殿中將軍沈慶之，慶之戎服履靺縛袴入，上見而驚曰：「卿何意乃爾急裝？」慶之曰：「夜半喚隊主，不容緩服。」《沈慶之傳》。

舊制車駕出行，衛尉丞直門，常戎服。孝武時，沈伯玉遷衛尉丞，上特聽直門服玄衣。《自序》。

諸王，給五時朝服，遠遊冠，亦有三梁進賢冠。佩山玄玉。《禮志》五。下同。

郡公，給五時朝服，進賢三梁冠。佩山玄玉。太宰、太傅、太保、丞相、司徒、司空，給五時朝服，進賢三梁冠。佩山玄玉。相國、大司馬、大將軍、太尉、凡將軍位從公者，給五時朝服，武冠。佩山玄玉。郡侯，給五時朝服，進賢三梁冠。佩水蒼玉。驃騎、車騎衛將軍、凡諸將軍加大者，征、鎮、安、平、中軍、鎮軍、撫軍、前、左、右、後將軍，征虜、冠軍、輔國、龍驤將軍，給五時朝服，武冠。佩水蒼玉。

諸王世子，五時朝服，進賢兩梁冠。佩山玄玉。

郡公侯世子，給五時朝服，進賢兩梁冠。佩水蒼玉。

侍中、散騎常侍及中常侍，給五時朝服，武冠。貂蟬，侍中左，常侍右。皆佩水蒼玉。

尚書令、僕射、尚書，給五時朝服，納言幘，進賢兩梁冠。佩水蒼玉。

中書監令、秘書監、光禄大夫、卿、尹、太子保、傅、大長秋、太子詹事，給五時朝服，進賢兩梁冠。佩水蒼玉。

衛尉，則武冠。衛尉，江左不置。孝武孝建初始置，不檢晉服制，止以九卿皆文冠及進賢兩梁冠，非舊也。

司隸校尉、武尉、左右衛、中堅、中壘、驍騎、游擊、前軍、左軍、右軍、後軍、寧朔、建威、振威、奮威、揚威、廣威、建武、振武、奮武、揚武、廣武、左右積弩、强弩諸將軍、監軍、領軍、護軍、城門五營校尉、東南西北中郎將，給五時朝服，武冠。佩水蒼玉。

縣、鄉、亭侯，朝服，進賢三梁冠。

鷹揚、折衝、輕車、揚烈、威遠、寧遠、虎威、材官、伏波、淩江諸將軍，奮武護軍、安夷撫軍、護軍、軍州郡國都尉、奉車、駙馬、騎都尉、諸護軍將兵助郡都尉、水衡、典虞、牧官、典牧都尉、度支中郎將、校尉、都尉、司鹽都尉、材官校尉、王國中尉、宜禾尹吾都尉、監淮南津都尉，五時朝服，武冠。

州刺史，給絳朝服，進賢兩梁冠。

御史中丞、都水使者，給五時朝服，進賢兩梁冠。佩水蒼玉。

謁者僕射，給四時朝服，高山冠。佩水蒼玉。

諸軍司馬，朝服，武冠。

給事中、黄門侍郎、散騎侍郎、太子中庶子、庶子，給五時朝服，武冠。

中書侍郎，給五時朝服，進賢一梁冠。

冗從僕射、太子衛率，給五時朝服，武冠。

虎賁中郎將、羽林監，給四時朝服，武冠。其在陛列及備鹵簿，鶡尾，絳紗縠單衣。

北軍中侯、殿中監，給四時朝服，武冠。

護匈奴中郎將、護羌夷戎蠻越烏丸西域戊己校尉，朝服，武冠。

郡國太守、相、内史，朝服，進賢兩梁冠。江左止單衣幘。其加中二千石者，依卿、尹。

牙門將、騎都督、守，朝服，武冠。

尚書左右丞、秘書丞、尚書秘書郎、太子中舍人、洗馬、舍人，朝服，進賢一梁冠。

黄沙治書侍御史、侍御史，朝服，法冠。

關内、關中名號侯，朝服，進賢兩梁冠。

諸博士，給皁朝服，進賢兩梁冠。佩水蒼玉。

公府長史、諸卿尹丞、諸縣署令秩千石者，朝服，進賢兩梁冠。江左公府長史無朝服，縣令止單衣幘。後廢帝元徽四年，司徒右長史王儉議公府長史應服朝服。曰：「《春秋國語》云：『貌者情之華，服者心之文。』巖廊盛禮，衣冠爲大。是故軍國異容，内外殊序。而自頃承用，每有乖違。府職掌人，教四方是則。臣居眦佐，志在當官，永言先典，載懷夕惕。按晉令，公府長史，官品第六，銅印，墨綬，朝服，進賢兩梁冠。掾、屬，官品第七，朝服，進賢一梁冠。晉官表注，亦與《令》同。而今長史、掾、屬，但著朱服而已，此則公違明文，積習成謬。謂宜依舊制，長史兩梁冠，掾、屬一梁冠，並同備朝服。中單韋舄，率由舊章。若所上蒙允，并請班司徒二府及諸儀同三府，通爲永準。又尋舊事，司徒公府領步兵者職僚悉同降朝不領兵者。主簿祭酒，中單韋舄並備，令史以下，唯著玄衣。今府既開公，謹遵此制。其或有署臺位者，玄服爲疑。按《令》稱諸有兼官，皆從重官之例。尋内官爲重，其署臺位者，悉宜著位之服，不在玄服之例。若署諸卿寺位兼府職者，雖三品，而卿寺爲卑，則宜依公府玄衣之制。服章事重，禮儀所先，請臺詳服。」儀曹郎中沈俣之議曰：「制珪象德，損替因時；裁服象功，施用隨代。車旗變於商、周，冠佩革於秦、漢，豈必殊代襲容，改尚沿物哉。夫邊貂假幸侍之首，賤幘登尊極之顔，一適時用，便隆後制。況朱裳以朝，緬傾百祀，韋舄不加，浩然惟舊。服爲定章，事成永則。其儉之所秉，會非古訓。青素相因，代有損益，何事棄盛宋之興法，追往晉之頽典。變改空煩，謂不宜革。」儉又上議曰：「自頃服章多闕，有違前準，近議依令文，被報不宜改革，又稱左丞劉議『按令文，凡有朝服，今多闕亡。然則文存服損，非唯鉉佐，用捨既久，即爲舊章。』如下旨。伏尋皇宋受終，每因晉舊制，律令條章，同規在昔。若事有宜，必合懲改，則當上關詔書，下由朝議，縣諸日月，垂則後昆。豈得因外府之乖謬，以爲盛宋之興典，用晉氏之律令，而謂其儀爲頽法哉。順違從失，非所望於高議；申明舊典，何改革之可論。又左丞引令史之闕服，以爲鉉佐之明比。夫名位不同，禮數異等，令史從省，或有權宜；達官簡略，爲失彌重。又主簿、祭酒，備服於王庭，長史、掾、屬，朱衣以就列。於是倫比，自成矛盾。此而可忍，孰不可安。將引令以遵舊，臺據失以爲例，研詳符旨，良所未譬。當官而行，何强之有，制令昭然，守以無貳。」俣之又議：「雲火從物，沿損異儀，帝樂五殊，王禮三變，豈獨大宋造命，必咸仍於晉舊哉！夫宗社疑文，庭廟闕典，或上降制書，下協朝議，何乃鉉府佐屬裳黻，稍改白虎之詔，斷宣室之疇咨乎。又許令史之從省，明達官之簡略。律苟可遵，固無辨於貴賤；規若必等，亦何關於權宜。一用一舍，彌增其滯。且佐非韋舄之職，吏本朝服之官，凡在班列，罔不如一，此蓋前令違而遂改，今制允而長用也。爵異服殊，寧會矛盾之譬；討論疑制，焉取强弱之辨。府執既革之餘文，臺據永行之成典，良有期於無固，非所望於行迷。」參詳並同僉，議遂寢。

諸軍長史、諸卿尹丞、獄丞、太子保傅詹事丞、郡國太守相内史、丞、長史、諸縣署令長相、關谷長、王公侯諸署令、長、司理、治書、公主家僕，朝服，進賢一梁冠。

公車司馬、太史、太醫、太官、御府、内省令、太子諸署令、僕、門大夫、陵令，朝服，進賢一梁冠。太子率更、家令、僕，給五時朝服，進賢兩梁冠。

黄門諸署令、僕、長，四時朝服，進賢一梁冠。

黄門冗從僕射監、太子寺人監，給四時朝服，武冠。

公府司馬、諸軍城門五營校尉司馬、護匈奴中郎將護羌戎夷蠻越烏丸戊己校尉長史、司馬，朝服，武冠。

廷尉正、監、平，給皁零辟朝服，法冠。

王郡公侯郎中令、大農，朝服，進賢兩梁冠。

北軍中侯丞，朝服，進賢一梁冠。

太子常從虎賁督、千人督、校督、司馬虎賁督，朝服，武冠。

殿中將軍，四時朝服，武冠。

水衡、典虞、牧官、典牧、材官、州郡國都尉、司馬，朝服，武冠。

諸謁者，朝服，高山冠。

門下中書通事舍人令史、門下主事令史，給四時朝服，武冠。

尚書典事、都水使者參事、散騎集書中書尚書令史、録尚書中書監令僕省事史、秘書著作治書、主書、主璽、主譜令史、蘭臺殿中蘭臺謁者都水使者令史、書令史，朝服，進賢一梁冠。

節騎郎，朝服，武冠。其在陛列及備鹵簿，著鶡尾，絳紗縠單衣。

殿中中郎將校尉、都尉、黄門中郎將校尉、殿中太醫校尉、都尉，四時朝服，武冠。

關外侯，朝服，進賢兩梁冠。

左右都侯、閶闔司馬、城門侯、王郡公侯中尉，朝服，武冠。

部曲督護、司馬史、部曲將，朝服，武冠。

太中中散諫議大夫、議郎、郎中、舍人，朝服，進賢一梁冠。秩千石者，兩梁。

城門令史，朝服，武冠。

諸門僕射佐史、東宮門吏，皁零辟朝服。僕射東宮門吏，卻非冠。佐史，進賢冠。

宫内游徼、亭長，皁零辟朝服，武冠。

太醫校尉、都尉、總章協律中郎將校尉、都尉，朝服，武冠。

小黄門，給四時朝服，武冠。

黄門謁者，給四時朝服，進賢一梁冠。朝賀通謁時，著高山冠。

黄門諸署史，給四時朝服，武冠。

中黄門黄門諸署從官寺人，給四時科單衣，武冠。

殿中司馬、及守陵者、殿中太醫司馬，給四時朝服，武冠。

太醫司馬，朝服，武冠。

總章監鼓吹監司律司馬，朝服。鼓吹監總章協律司馬，武冠。總章監司律司馬，進賢一梁冠。

諸縣署丞、太子諸署丞、王公侯諸署及公主家丞、太醫丞，朝服，進賢一梁冠。

黄門諸署丞，給四時朝服，進賢一梁冠。

黄門稱長、園監，給四時朝服，武冠。

諸縣尉、關谷塞護道尉，朝服，武冠。

洛陽卿有秩，朝服，進賢一梁冠。

宣威將軍以下至裨將軍、平虜武猛中郎將、校尉、都尉、別部司馬、軍假司馬、圖像都匠行水中郎將、校尉、都尉、羽林長郎，佩武猛都尉以上印者，別部司馬以下，朝服，武冠。其長郎壯士，武弁冠。在陛列及鹵簿，服絳縠單衣。

陛下甲僕射主事吏將騎、廷上五牛旗假使虎賁，在陛列及備鹵簿，服錦文衣，武冠，鶡尾。陛長，旄頭。

羽林在陛列及備鹵簿，服絳科單衣，上著韋畫要襦。假旄頭。

舉輦跡禽前驅由基强弩司馬、守陵虎賁，佩武猛都尉以上印者，別部司馬以下，守陵虎賁，給絳科單衣，武冠。

殿中冗從虎賁、殿中虎賁、及守陵者持鈒戟冗從虎賁，佩武猛都尉以下印者，別部司馬以下，給絳科單衣，武冠。

持椎斧武騎虎賁、五騎傳詔虎賁、殿中羽林及守陵者太官尚食虎賁、稱飯宰人、諸宫尚食虎賁，佩武猛都尉以上印者，別部司馬以下，給絳褠，武冠。其在陛列及備鹵簿，五騎虎賁，服錦文衣，鶡尾。宰人服離支衣。

黄門鼓吹、及釘官僕射、黄門鼓吹史主事、諸官鼓吹、尚書廊下都坐門下守閤、殿中威儀騶、虎賁常直殿黄雲龍門者、門下左右部虎賁羽林騶、給傳事者諸導騶，門下中書守閤，給絳褠，武冠。南書門下虎賁羽林騶、蘭臺五曹節藏射廊下守閤、威儀、發符騶、都水使者黄沙廊下守閤、謁者、録事、威儀騶、河隄謁者騶、諸官謁者騶，絳褠，武冠。給其衣服，自如故事。大誰士卓科單衣，樊噲冠。衛士墨布褠，却敵冠。凡此前衆職，江左多不備，又多闕朝服。

諸應給朝服珮玉，而不在京都者給朝服，非護烏丸羌夷戎蠻諸校尉以上及刺史、西域戊己校尉，皆不給珮玉。其來朝會，權時假給，會罷輸還。凡應朝服者，而官不給，聽自具之。

尊卑共服

武帝諸子旦問起居，入閤脱公服，止著裙帽。《本紀》。

皇后至二千石命婦服

皇后謁廟服袿襹大衣，謂之褘衣。公主三夫人大手髻，七鏌，蔽髻。九嬪及公夫人五鏌。世婦三鏌。公主會見，大手髻。其長公主得有步摇。公主封君以上皆帶綬，以采組爲緄帶，各如其綬色。公特進列侯夫人、卿校世婦、二千石命婦年長者，紺繒幗。佐祭則卓絹上下。助蠶則青絹上下。自皇后至二千石命婦，皆以蠶衣爲朝服。《禮志》五。下同。

貴嬪、夫人、貴人，佩于闐玉。

淑妃、淑媛、淑儀、修華、修容、修儀、婕妤、容華、充華，佩五采瓊玉。

皇太子妃，佩瑜玉。

諸王太妃、妃、諸長公主、公主、封君，佩山玄玉。

郡公侯太夫人、夫人，佩水蒼玉。

黄羅襹，乳母服也。《南史·褚彦回傳》。

紀事

酈道元《水經注》卷八《濟水》　焦氏山東即金鄉山也，有冢，謂之秦王陵。山上二百步得冢口，塹深十丈，兩壁峻峭，廣二丈，入行七十步，得埏門，門外左右皆有空，可容五六十人，謂之白馬空，埏門内二丈，得外堂，外堂之後，又得内堂，觀者皆執燭而行，雖無他雕鏤，然治石甚精，或云是漢昌邑哀王冢，所未詳也。

《隋書》卷一《高祖紀上》　〔開皇二年六月〕丙申，詔曰：「朕祗奉上玄，君臨萬國，屬生人之敝，處前代之宫。常以爲作之者勞，居之者逸，改創之事，心未遑也。而王公大臣陳謀獻策，咸云羲、農以降，至于姬、劉，有當代而屢遷，無革命而不徙。曹、馬之後，時見因循，乃末代之宴安，非往聖之宏義。此城從漢，彫殘日久，屢爲戰場，舊經喪亂。今之宫室，事近權宜，又非謀筮從龜，瞻星揆日，不足建皇王之邑，合大衆所聚。論變通之數，具幽顯之情，同心固請，詞情深切。然則京師百官之府，四海歸向，非朕一人之所獨有。苟利於物，其可違乎！且殷之五遷，恐人盡死，是則以吉凶之土，制長短之命。謀新去故，如農望秋，雖暫劬勞，其究安宅。今區宇寧一，陰陽順序，安安以遷，勿懷胥怨。龍首山川原秀麗，卉物滋阜，卜食相土，宜建都邑，定鼎之基永固，無窮之業在斯。公私府宅，規模遠近，營構資費，隨事條奏。」仍詔左僕射高熲、將作大匠劉龍、鉅鹿郡公賀幹、太府少卿高龍叉等創造新都。

《隋書》卷三《煬帝紀上》　〔大業〕二年春正月辛酉，東京成，賜監督者各有差。

〔大業二年〕二月丙戌，詔尚書令楊素、吏部尚書牛弘、大將軍宇文愷、内史侍郎虞世基、禮部侍郎許善心制定輿服。始備輦路及五時副車。上常服，皮弁十有二琪，文官弁服，珮玉。五品已上給犢車、通幰，三公親王加油絡，武官平巾幘，袴褶，三品已上給瓟槊。下至胥吏，服色皆有差。非庶人不得戎服。戊戌，置都尉官。

《隋書》卷六八《宇文愷傳》　自永嘉之亂，明堂廢絶，隋有天下，將復古制，議者紛然，皆不能決。愷博考羣籍，奏《明堂議表》曰：

臣聞在天成象，房心爲布政之宫，在地成形，丙午居正陽之位。觀雲告月，順生殺之序，五室九宫，統人神之際。金口木舌，發令兆民，玉瓚黄琮，式嚴宗祀。何嘗不矜莊宸宇，盡妙思於規摹，凝晬冕旒，致子來於矩矱。

伏惟皇帝陛下，提衡握契，御辯乘乾，減五登三，復上皇之化，流凶去暴，丕下武之緒。用百姓之異心，驅一代以同域，康哉康哉，民無能而名矣。故使天符地寶，吐醴飛甘，造物資生，澄源反朴。九圍清謐，四表削平，襲我衣冠，齊其文軌。茫茫上玄，陳珪璧之敬，肅肅清廟，感霜露之誠。正金奏《九韶》、《六莖》之樂，定石渠五官，三雍之禮。乃卜瀍西，爰謀洛食，辨方面勢，仰稟神謀，敷土濬川，爲民立極。兼聿遵先言，表置明堂，爰詔下臣，占星揆日。於是採崧山之祕簡，披汶水之靈圖，訪《通議》於殘亡，購《冬官》於散逸。總集衆論，勒成一家。昔張衡渾象，以三分爲一度，裴秀輿地，以二寸爲千里。臣之此圖，用一分爲一尺，推而演之，冀輪奐有序。而經構之旨，議者殊途，或以綺井爲重屋，或以圓楣爲隆棟，各以臆説，事不經見。今録其疑難，爲之通釋，皆出證據，以相發明。議曰：

臣愷謹案《淮南子》曰：「昔者神農之治天下也，甘雨以時，五穀蕃植，春生夏長，秋收冬藏，月省時考，終歲獻貢，以時嘗穀，祀于明堂。明堂之制，有蓋而無四方，風雨不能襲，燥濕不能傷，遷延而入之。」臣愷以爲上古朴略，創立典刑。《尚書帝命驗》曰：「帝者承天立五府，以尊天重象。赤曰文祖，黄曰神斗，白曰顯紀，黑曰玄矩，蒼曰靈府。」注云：「唐、虞之天府，夏之世室，殷之重屋，周之明堂，皆同矣。」《尸子》曰：「有虞氏曰總章。」《周官・考工記》曰：「夏后氏世室，堂脩二七，博四脩一。」注云：「脩，南北之深也。夏度以步，今堂脩十四步，其博益以四分脩之一，則明堂博十七步半也。」臣愷按，三王之世，夏最爲古，從質尚文，理應漸就寬大，何因夏室乃大殷堂？相形爲論，理恐不爾。《記》云「堂脩七，博四脩一」，若夏度以步，則應脩七步。注云「今堂脩十四步」，乃是增益《記》文。殷、周二堂獨無加字，便是其義，類例不同。山東《禮》本輒加二七之字，何得殷無加尋之文，周闕增筵之義？研覈其趣，或是不然。讎校古書，並無「二」字，此乃桑間俗儒信情加減。《黄圖議》云：「夏后氏益其堂之大一百四十四尺，周人明堂以爲兩杼間。」馬宫之言，止論堂之一面，據此爲準，則三代堂基並方，得爲上圓之制。諸書所説，並云下方，鄭注《周官》，獨爲此義，非直與古違異，亦乃乖背禮文。尋文求理，深恐未愜。

《尸子》曰：「殷人陽館。」《考工記》曰：「殷人重屋，堂脩七尋，堂崇三尺，四阿重屋。」注云：「其脩七尋，五丈六尺，放夏周則其博九尋，七丈二尺。」又曰：「周人明堂，度九尺之筵，東西九筵，南北七筵。堂崇一筵。五室，凡室二筵。」《禮記・明堂位》曰：「天子之廟，複廟重檐。」鄭注云：「複廟，重屋也。」注《玉藻》云：「天子廟及露寢，皆如明堂制。」《禮圖》云：「於内室之上，起通天之觀，觀八十一尺，得宫之數，其聲濁，君之象也。」《大戴禮》曰：「明堂者，古有之。凡九室，一室有四户八牖。以茅蓋，上圓下方，外水曰璧雝。赤綴户，白綴牖。堂高三尺，東西九仞，南北七筵。其宫方三百步。凡人民疾，六畜疫，五穀災，生於天道不順。天道不順，生於明堂不飾。故有天災，則飾明堂。」《周書・明堂》曰：「堂方百一十二尺，高四尺，階博六尺三寸。室居内，方百尺，室内方六十尺。户高八尺，博四尺。」《作洛》曰：「明堂太廟露寢，咸有四阿，重亢重廊。」孔氏注云：「重亢累棟，重廊累屋也。」《禮圖》曰：「秦明堂九室十二階，各有所居。」《呂氏春秋》曰：「有十二堂。」與《月令》同，並不論尺丈。臣愷案，十二階雖不與《禮》合，一月一階，非無理思。

《黄圖》曰：「堂方百四十四尺，法坤之策也，方象地。屋圓楣徑二百一十六尺，法乾之策也，圓象天。太室九宫，法九州。太室方六丈，法陰之變數。十二堂法十二月，三十六户法極陰之變數，七十二牖法五行所行日數。八達象八風，法八卦。通天臺徑九尺，法乾以九覆六。高八十一尺，法黄鍾九九之數。二十八柱象二十八宿。堂高三尺，土階三等，法三統。堂四向五色，法四時五行。殿門去殿七十二步，法五行所行。門堂長四丈，取太室三之二。垣高無蔽目之照，牖六尺，其外倍之。殿垣方，在水内，法地陰也。水四周於外，象四海，圓法陽也。水闊二十四丈，象二十四氣。水内徑三丈，應《覲禮經》。」武帝元封二年，立明堂汶上，無室。其外略依此制。《泰山通議》今亡，不可得而辨也。

元始四年八月，起明堂、辟雍長安城南門，制度如儀。一殿，垣四面，門八觀，水外周，堤壤高四尺，和會築作三旬。五年正月六日辛未，始郊太祖高皇帝以配天，二十二日丁亥，宗祀孝文皇帝於明堂以配上帝，及先賢、百辟、卿士有益者，於是秩而祭之。親扶三老五更，袒而割牲，跪而進之。因班時令，宣恩澤。諸侯王、宗室、四夷君長、匈奴、西國侍子，悉奉貢助祭。

《禮圖》曰：「建武三十年作明堂，明堂上圓下方，上圓法天，下方法地，十二堂法日辰，九室法九州。室八牕，八九七十二，法一時之王。室有二户，二九十八户，法土王十八日。内堂正壇高三尺，土階三等。」胡伯始注《漢官》云：「古清廟蓋以茅，今蓋以瓦，瓦下藉茅，以存古制。」《東京賦》曰：「乃營三宫，布政頒常。複廟重屋，八達九房。造舟清池，惟水泱泱。」薛綜注云：「複重廇覆，謂屋平覆重棟也。」《續漢書・祭祀志》云：「明帝永平二年，祀五帝於明堂，五帝坐各處其方，黄帝在未，皆如南郊之位。光武位在青帝之南，少退西面，各一犢，奏樂如南郊。」臣愷按《詩》云，《我將》祀文王於明堂，「我將我享，維牛維羊」。據此則備太牢之祭。今云一犢，恐與古殊。

自晉以前，未有鴟尾，其圓牆璧水，一依本圖。《晉起居注》裴頠議曰：「尊祖配天，其義明著，廟宇之制，理據未分。直可爲一殿，以崇嚴祀，其餘雜碎，一皆除之。」臣愷案，天垂象，聖人則之。辟雍之星，既有圖狀，晉堂方構，不合天文。既闕重樓，又無璧水，空堂乖五室之義，直殿違九階之文。非古欺天，一何過甚！

後魏於北臺城南造圓牆，在璧水外，門在水内迥立，不與牆相連。其堂上九室，三三相重，不依古制，室間通巷，違舛處多。其室皆用墼累，極成褊陋。後魏《樂志》曰：「孝昌二年立明堂，議者或言九室，或言五室，詔斷從五室。後元叉執政，復改爲九室，遭亂不成。」

《宋起居注》曰：「孝武帝大明五年立明堂，其牆宇規範，擬則太廟，唯十二間，以應朞數。依漢《汶上圖儀》，設五帝位。太祖文皇帝對饗，鼎俎簠簋，一依廟禮。」梁武即位之後，移宋時太極殿以爲明堂。無室，十二間。《禮疑義》云：「祭用純漆俎瓦樽，文於郊，質於廟。止一獻，用清酒。」平陳之後，臣得目觀，遂量步數，記其尺丈。猶見基内有焚燒殘柱，毁斫之餘，入地一丈，儼然如舊。柱下以樟木爲跗，長丈餘，闊四尺許，兩兩相並。凡安數重。宫城處所，乃在郭内。雖湫隘卑陋，未合規摹，祖宗之靈，得崇嚴祀。周、齊二代，闕而不修，大饗之典，於焉靡託。

自古明堂圖惟有二本，一是宗周，劉熙、阮諶、劉昌宗等作，三圖略同。一是後漢建武三十年作，《禮圖》有本，不詳撰人。臣遠尋經傳，傍求子史，研究衆説，總撰今圖。

其樣以木爲之，下爲方堂，堂有五室，上爲圓觀，觀有四門。

帝可其奏。會遼東之役，事不果行。

《舊唐書》卷一八三《外戚傳・薛懷義》 垂拱初，説則天於故洛陽城西修故白馬寺，懷義自護作，寺成，自爲寺主。頗恃恩狂蹶，其下犯法，人不敢言。右臺御史馮思勗屢以法劾之，懷義遇勗於途，令從者毆之，幾死。又於建春門内敬愛寺別造殿宇，改名佛授記寺。垂拱四年，拆乾元殿，於其地造明堂，懷義充使督作。凡役數萬人，曳一大木千人，置號頭，頭一嘯，千人齊和。明堂大屋凡三層，計高三百尺。又於明堂北起天堂，廣袤亞於明堂。

《舊五代史》卷一四二《禮志上》 晉天福二年正月，中書門下奏：「皇帝到京，未立宗廟，望令所司速具制度典禮以聞。」從之。二月，太常博士段顒議曰：

夫宗廟之制，歷代爲難，須考禮經，以求故事。謹按《尚書・舜典》曰：「正月上日，受終於文祖。」此是堯之廟也，猶未載其數。又按《郊祀録》曰：「夏立五廟，商立六廟，周立七廟。漢初立祖宗廟於郡國，共計一百六十七所。後漢光武中興後，別立六廟。魏明帝初立親廟四，後重議依周法立七廟。晉武帝受禪，初立六廟，後復立七廟。宋武帝初立六廟，齊朝亦立六廟。隋文帝受命，初立親廟四，至大業元年，煬帝欲遵周法，議立七廟。次屬傳禪於唐，武德元年六月四日，始立四廟於長安，至貞觀九年，命有司詳議廟制，遂立七廟，至開元十一年後，創立九廟。」又按《禮記・喪服小記》曰：「王者禘其祖之所自出，以其祖配之，而立四廟。」鄭玄注云：高祖以下至禰四世，即親盡也，更立始祖爲不遷之廟，共五廟也。又按《禮記・祭法》及《王制》、《孔子家語》、《春秋穀梁傳》並云：天子七廟，諸侯五廟，大夫三廟，士一廟。此是降殺以兩之義。又按《尚書・咸有一德》曰：「七世之廟，可以觀德。」又按《疑義》云：天子立七廟，或四廟，蓋有其義也。如四廟者，從禰至高祖已上親盡，故有四廟之理。又立七廟者，緣自古聖王，祖有功，宗有德，更封立始祖，即於四親廟之外，或祖功宗德，不拘定數，所以有五廟、六廟，或七廟、九廟，欲後代子孫觀其功德，故《尚書》云「七世之廟，可以觀德」矣。又按周捨（案原本訛「周拾」，今據《新唐書・禮志》改正。（《舊五代史考異》））論云：「自江左已來，晉、宋、齊、梁相承，多立七廟。」今臣等參詳，唯立七廟，即並通其理。伏緣宗廟事大，不敢執以一理定之，故檢七廟、四廟二件之文，俱得其宜，他所論者，並皆勿取。伏請下三省集百官詳議。

勅旨宜依。左僕射劉昫等議曰：

臣等今月八日，伏奉勅命於尚書省集議太常博士段顒所議宗廟事。伏以將敷至化，以達萬方，克致平和，必先宗廟。故《禮記・王制》云：「天子七廟，諸侯五廟，大夫三廟。」疏云：「周制之七者，太祖廟及文王、武王之祧，與親廟四。太祖，后稷也。商六廟，契及湯與二昭、二穆。夏則五廟，無太祖，禹與二昭、二穆而已。自夏及周，少不減五，多不過七。」又云：「天子七廟，皆據周也。有其人則七，無其人則五。若諸侯廟制，雖有其人，則不過五。此則天子、諸侯七、五之異明矣。」至於三代已後，魏、晉、宋、齊、隋及唐初，多立六廟或四廟，蓋於建國之始，不盈七廟之數也。今欲請立自高祖已下四親廟，其始祖一廟，未敢輕議，伏俟聖裁。

御史中丞張昭遠奏議曰：

臣前月中預都省集議宗廟事，伏見議狀於親廟之外，請別立始祖一廟，近奉中書門下牒，再令百官於都省議定聞奏者。

臣讀十四代史書，見二千年故事，觀諸家宗廟，都無始祖之稱，唯商、周二代，以稷、契爲太祖。《禮記》曰：「天子七廟，三昭、三穆，與太祖之廟而七。」鄭玄注：「此周制也。七者，太祖后稷及文王、武王與四親廟。」又曰：「商人六廟，契及成湯與二昭、二穆也。夏后氏立五廟，不立太祖，唯禹與二昭、二穆而已。」據《王制》鄭玄所釋，即商、周以稷、契爲太祖，夏后無太祖，亦無追謚之廟。自商、周以來，時更十代，皆於親廟之中，以有功者爲太祖，無追崇始祖之例。具引今古，即恐詞繁，事要證明，須陳梗概。漢以高祖父太上皇執嘉無社稷功，不立廟號，高帝自爲高祖。魏以曹公相漢，垂三十年，始封於魏，故爲太祖。晉以宣王輔魏有功，立爲高祖，以景帝始封晉，始封，原本作「始討」，今據文改正。（影庫本粘籤）故爲太祖。宋氏先世，官閥卑微，雖追崇帝號，劉裕自爲高祖。南齊高帝之父，位至右將軍，生無封爵，不得爲太祖，高帝自爲太祖。梁武帝父順之，佐佑齊室，封侯，位至領軍、丹陽尹，雖不受封於梁，亦爲太祖。陳武帝父文讚，生無名位，以武帝功，梁室贈侍中，封義興公，義興原本作「漾興」，今從《陳書》改正。（影庫本粘籤）及武帝即位，亦追爲太祖。周閔帝以父泰相西魏，經營王業，始封於周，故爲太祖。隋文帝父忠，輔周室有大功，始封於隋，故爲太祖。唐高祖神堯祖父虎爲周八柱國，隋代追封唐公，故爲太祖。唐末梁室朱氏有帝位，亦立四廟，朱公先世無名位，雖追册四廟，不立太祖，朱公自爲太祖。此則前代追册太祖，不出親廟之成例也。

王者祖有功而宗有德，漢、魏之制，非有功德不得立爲祖宗，商、周受命，以稷、契有大功於唐、虞之際，故追尊爲太祖。自秦、漢之後，其禮不然，雖祖有功，仍須親廟。今亦粗言往例，以取證明。秦稱造父之後，不以造父爲始祖；漢稱唐堯、劉累案：原本作「劉里」，今據《漢書》改正。（舊五代史考異）之後，不以堯、累爲始祖；魏稱曹參之後，不以參爲始祖；晉稱趙將司馬卬之後，不以卬爲始祖；宋稱漢楚元王之後，不以元王爲始祖；齊、梁皆稱蕭何之後，不以蕭何爲始祖；陳稱太丘長陳寔之後，不以寔爲始祖；元魏稱李陵之後，不以陵爲始祖；後周稱神農之後，不以神農爲始祖；隋稱楊震之後，不以楊震爲始祖；唐稱皐陶、老子之後，不以皐陶、老子爲始祖。唯唐高宗則天武后臨朝，革唐稱周，又立七廟，仍追册周文王姬昌爲始祖，此蓋當時附麗之徒，不諳故實，武立姬廟，乖越已甚，曲臺之人，到今嗤誚。臣遠觀秦、漢，下至周、隋，禮樂衣冠，聲明文物，未有如唐室之盛。武德議廟之初，英才間出，如温、魏、顔、虞通今古，封、蕭、薛、杜達禮儀，制度憲章，必有師法。

夫追崇先王、先母之儀，起於周代，據《史記》及禮經云：「武王纘太王、王季、文王之緒，一戎衣而有天下，尊爲天子，宗廟饗之。周公成文、武之德，追王太王、王季，祀先公以天子之禮。」又曰：「郊祀后稷以配天。」據此言之，周武雖祀七世，追爲王號者，但四世而已。故自東漢以來，有國之初，多崇四廟，從周制也。況商因夏禮，漢習秦儀，無勞博訪之文，宜約已成之制。請依隋、唐有國之初，創立四廟，推四世之中名位高者爲太祖。謹議以聞。

勑：宜令尚書省集百官，將前議狀與張昭遠所陳，速定奪聞奏。左僕射劉昫等再奏議曰：

臣等今月十三日，再於尚書省集百官詳議。夫王者祖武宗文，郊天祀地，故有追崇之典，以申配饗之儀。切詳太常禮院議狀，唯立七廟四廟，即並通其理，其他所論，並皆勿取。七廟者，按《禮記・王制》曰：「天子七廟，三昭、三穆與太祖之廟而七。」鄭玄注云：「此周制也。」詳其禮經，即是周家七廟之定數。四廟者，謂高、曾、祖、禰四世也。按《周本紀》及《禮記・大傳》皆曰：「武王即位，追王太王、王季、文王。」以后稷爲堯稷官，故追尊爲太祖。此即周武王初有天下追尊四廟之明文也。故自漢、魏已降，迄於周、隋，創業之君，追謚不過四世，約周制也。此禮行之已久，事在不疑。今參詳都省前議狀，請立四廟外，別引始祖，取裁未爲定議。續准勑據御史中丞張昭遠奏，請創立四廟之外，無別封始祖之文。況國家禮樂刑名，皆依唐典，宗廟之制，須約舊章，請依唐朝追尊獻祖宣皇帝、懿祖光皇帝、案：原本作「義祖」，今從《新唐書》改正。（《舊五代史考異》）太祖景皇帝、代祖元皇帝故事，追尊四廟爲定。

從之。

七年七月，太常禮院奏：「國朝見饗四廟：靖祖、肅祖、睿祖、憲祖。今大行皇帝將行升祔，按《會要》：唐武德元年，立四廟於長安；貞觀九年，高祖神堯皇帝崩，命有司詳議廟制，議以高祖神主并舊四室祔廟。今先帝神主，請同唐高祖升祔。」從之。

漢天福十二年閏七月，時漢高祖已即位，尚仍天福之號，太常博士段顒奏議曰：「伏以宗廟之制，歷代爲難，須按禮經，旁求故實，又緣禮貴隨時，損益不定。

今參詳歷代故事，立高、曾、祖、禰四廟，更上追遠祖光武皇帝爲始祖百代不遷之廟，居東向之位，共爲五廟，庶符往例，又合禮經。」詔尚書省集百官議。吏部尚書竇貞固等議云：「按《禮記·王制》云：『天子七廟，諸侯五廟，大夫三廟。』疏云：『周制之七廟者，太祖及文王、武王之祧，與親廟四。太祖，后稷也。』又云：『天子七廟，皆據周也。有其人則七，無其人則五。』至於光武中興及歷代多立六廟或四廟，蓋建國之始，未盈七廟之數。又按《郊祀録》王肅云：『德厚者流澤廣，天子可以事六代之義也。』今欲請立高祖已下四親廟。又自古聖王，祖有功，宗有德，即於四親廟之外，祖功宗德，不拘定數。今除四親廟外，更請上追高皇帝、光武皇帝，共立六廟。」從之。案《文獻通考》：莊宗、明宗既捨其祖而祖唐之祖矣，及敬瑭、知遠崛起而登帝位，俱欲以華胄自詭，故於四親之外，必求所謂始祖而祖之。張昭之言，議正而詞偉矣。至漢初，則段顒、竇貞固之徒，曲爲諂附，乃至上祖高、光，以爲六廟云。

周廣順元年正月，中書門下奏：「太常禮院議，合立太廟室數。若守文繼體，則魏、晉有七廟之文；若創業開基，則隋、唐有四廟之議。聖朝請依近禮，追謚四廟。伏恐所議未同，請下百官集議。」太子太傅和凝等議：「請據禮官議，立四親廟。」從之。案《五代會要》：和凝議曰：「恭以肇啓洪圖，惟新黄屋。左宗廟而右社稷，率由舊章；崇祖禰而辨尊卑，載於前史。雖質文互變，義趣各殊，或觀損益之規，或繫興隆之始。陛下體元立極，本義祖仁，開變家成國之基，遵奉先思孝之道，合據禮官議，立四親廟，以叶前文。」從之。

其年四月，中書門下奏：「太常禮院申，七月一日，皇帝御崇元殿，命使奉册四廟。准舊儀，服袞冕即座，太尉引册案入，皇帝降座，引立於御座前南向，中書令奉册案進，皇帝搢珪捧授，册使跪受，轉授舁册官，其進寶授寶儀如册案。臣等參詳，至時請皇帝降階授册。」從之。

三年九月，將有事於南郊，議於東京別建太廟。時太常禮院言：「准洛京廟室一十五間，分爲四室，東西有夾室，四神門，每方屋一間，各三門，戟二十四，別有齋宫神廚屋宇。准禮，左宗廟，右社稷，在國城内，請下所司修奉。」從之。

其月，太常禮院奏：「迎太廟社稷神主到京，其日未審皇帝親出郊外迎奉否。檢討故事，元無禮例，伏請召三省官集議。」勅：「宜令尚書省四品已上、中書門下五品已上同參議。」司徒竇貞固、司空蘇禹珪等議：「按吴主孫休即位，迎祖父神主於吴郡，入祔太廟，前一日出城野次，明日常服奉迎，此其例也。」遂署狀言車駕出城奉迎爲是，請下禮儀使草定儀注。至十月，禮儀使禮儀使，原本作「禮俊使」，今從《五代會要》改正。（影庫本粘籤）奏：「太祖神主將至，前一日儀仗出城掌次，於西御莊東北設神主行廟幄幕，面南。其日放朝，羣臣早出西門，皇帝常服出城詣行宫，羣臣起居畢，就次。神主將至，羣臣班定，皇帝立於班前。神主至，太常卿請皇帝再拜，羣臣俱拜。神主就行廟幄幕座，設常饌，羣臣班於神幄前。侍中就次，請皇帝謁神主。既至，羣臣再拜，皇帝進酒畢再拜，羣臣俱拜。皇帝還幄，羣臣先赴太廟門外立班，俟皇帝至起居。俟神主至，羣臣班於廟門外，皇帝立於班前，太常卿請皇帝再拜，羣臣俱拜。皇帝還幄，羣臣就次，宫闈令安神主於本室訖，羣臣班於廟庭。太常卿請皇帝於四室奠饗，逐室皇帝再拜，羣臣俱拜。四室祔饗畢，皇帝還宫。前件儀注，望付中書門下宣下。」從之。

顯德六年七月，詔以大行皇帝山陵有期，神主將祔太廟，其廟殿室宇合添修否？國子司業兼太常博士聶崇義奏議曰：「奉勅，爲大行皇帝山陵有期，神主祔廟，恐殿室間數少，合重添修。今詣廟中相度，若是添修廟殿一間至兩間，並須移動諸神門及角樓宫牆仗舍，及堂殿正面檐栿階道，亦須東省牲立班位，直至齋宫，漸近迫窄。今重拆廟殿，續更添修，不唯重勞，兼恐未便。竊見廟殿見虚東西二夾室，況未有祧遷之主，欲請不拆廟殿，更添間數，即便將夾室重安排六室位次。所有動移神主，若准舊禮，於殿庭權設行廟幕殿，即恐雨水猶多，難於陳設。伏請權於太廟齋宫内奉安神主，至修奉畢日，庶爲宜稱。又，按《禮記》云：廟成則於中屋封羊封羊，原本作「刘羊」，今據經文改正。（影庫本粘籤）以釁之，夾室則用雞。又，《大戴禮》及《通典》亦有夾室，察文觀義，乃是備廟之制。況新主祔廟，諸經有遷易之文，考古沿今，庶合通禮。伏請遞遷諸室奉安大行皇帝神主，以符禮意。」勅依典禮。《永樂大典》卷一萬七千五十二。

王溥《唐會要》卷四八《寺》　開業寺　豐樂坊。本隋仙都宫。武德元年，高祖爲尼明照廢宫置證果寺。貞觀九年，廢寺，立爲高祖別廟，號静安宫。儀鳳元年十一月十五日，勅廢宫立開業寺，其宫中内人移就獻陵。

會昌寺　金城坊。本隋海陵公賀若誼宅。義寧元年，義師入關，太宗頓兵於此，武德元年，因置爲寺。

崇義寺　長壽坊。本隋延陵公于銓宅。武德三年，桂陽公主爲駙馬趙慈景所立。

楚國寺　晉昌坊。本隋廢興道寺。高祖起義太原，第五子智雲在京，爲留守陰世師所害，後追封楚王，因立寺。

興聖寺　通義坊。本高祖潛龍舊宅。武德元年，以爲通義宫。貞觀元年，立爲尼寺。

龍興寺　頒政坊。貞觀五年，太子承乾立爲並光寺，神龍元年改名。

興福寺　修德坊。本王君廓宅。貞觀八年，太宗爲太穆皇后追福，立爲弘福寺，神龍元年改名。

西明寺　延康坊。本隋越國公楊素宅。武德初，萬春公主居住，貞觀中，賜濮王泰，泰死，乃立爲寺。

慈恩寺　晉昌坊。隋無漏廢寺。貞觀二十二年十二月二十四日，高宗在春宮，爲文德皇后立爲寺，故以慈恩爲名。寺内浮圖，永徽三年，沙門玄奘所立。

青龍寺　新昌坊。本隋廢靈感寺。龍朔二年，新城公主奏立爲觀音寺，景雲二年改名。

崇敬寺　靜安坊。本隋廢寺。高祖爲長安公主立爲尼寺，高祖崩後，改爲宮，以爲別廟，後又爲寺。

資聖寺　崇仁坊。本太尉長孫無忌宅。龍朔三年，爲文德皇后追福，立爲尼寺，咸亨四年，復爲僧寺。

招福寺　崇義坊。本乾封二年睿宗在藩所立，其地本隋正覺廢寺，南北門額並睿宗親題之。

崇福寺　林祥坊。本侍中楊恭仁宅。咸亨二年九月二日，以武后外氏宅立太原寺。垂拱三年十二月，改爲魏國寺。載初元年五月六日，改爲崇福寺。

光宅寺　光宅坊。儀鳳二年，望氣者言此坊有異氣，勒令掘，得石盌，得舍利萬粒，遂於此地立爲寺。

薦福寺　開化坊。半以東，隋煬帝在藩舊宅。武德中，賜尚書右僕射蕭瑀爲園。後瑀子銳尚襄城公主，不欲與姑異居，遂於園後地造宅。公主卒後，官市爲英王宅。文明元年三月十二日，勅爲高宗立爲獻福寺。至六年十一月，賜額改爲薦福寺也。

興唐寺　太寧坊。神龍元年三月十二日，勅太平公主爲天后立爲罔極寺。開元二十年六月七日，改爲興唐寺。

永壽寺　永安坊。景龍三年，爲永壽公主所立。

安國寺　長樂坊。景雲元年九月十一日，勅捨龍潛舊宅爲寺，便以本封安國爲名。

章敬寺　通化門外。大曆二年七月十九日，内侍魚朝恩請以城東莊爲章敬皇后立爲寺，因拆哥舒翰宅，及曲江百司看屋及觀風樓造焉。

寶應寺　道政坊。大曆四年正月二十九日，門下侍郎王縉捨宅，奏爲寺，以年號爲名。

龍興寺　寧仁坊。貞觀七年，立爲衆香寺，至神龍元年二月，改爲中興寺，右補闕張景源上疏曰：「伏見天下諸州，各置一大唐『中興』寺觀，固以式標昌運，光贊鴻名。竊有未安，芻言是獻。至于永昌、登封創之爲縣名者，是先聖受圖勒名之所，陛下思而奉之，不令更改。今『聖善報慈』題之爲寺閣者，是陛下深仁至孝之德，古先帝代未之前聞。況唐運自崇，周親撫政，母子成業，周替唐興，雖紹三朝，而化侔一統，況承顧復，非謂中興。夫言中興者，中有阻間，不承統曆。既奉成周之業，實揚先聖之資。君親臨之，厚莫之重，中興立號，未益前規。以臣愚見，所置大唐『中興』寺觀及圖史，並出制誥，咸請除『中興』之字，直以『唐龍興』爲名。庶望前後君親，但承正統；周唐寶曆，共叶神聰。」上納之，因降勅曰：「文叔之起春陵，少康之因陶正，中興之號，理異於茲。思革前非，以歸事實。自今已後，不得言『中興』之號，其天下大唐『中興』寺觀，宜改爲『龍興』寺觀。諸如此例，並即令改。」

天宫寺　觀善坊。高祖龍潛舊宅，貞觀六年立爲寺。

天女寺　敦業坊。貞觀九年，置爲景福寺，武太后改爲天女寺。

敬愛寺　懷仁坊。顯慶二年，孝敬在春宫，爲高宗、武太后立之，以敬愛寺爲名，制度與西明寺同。天授二年，改爲佛授記寺，其後又改爲敬愛寺。

福先寺　遊藝坊。武太后母楊氏宅。上元二年，立爲太原寺。垂拱三年二月，改爲魏國寺。天授二年，改爲福先寺。

長壽寺　嘉善坊。長壽元年，武后稱齒生髮變，大赦改元，仍置長壽寺。

崇先寺　證聖元年正月十八日，以崇先府爲寺，開元二十四年九月一日，改爲廣福寺。

聖善寺　章善坊。神龍元年二月，立爲中興，二年，中宗爲武太后追福，改爲聖善寺。寺内報慈閣，中宗爲武后所立。景龍四年正月二十八日制：「東都所造聖善寺，更開拓五十餘步，以廣僧房。」計破百姓數十家，監察御史宋務光上疏諫曰：「陛下孝思罔極，崇建佛寺，土木之功，莊嚴斯畢。僧房精舍，宴坐有餘，禪宇道場，經行已足。更事開拓，奪人便利。貧者有溝壑之憂，富者無安堵之所，行非急切，何至于斯。況陽和發生，播植伊始，興役丁匠，廢棄農功。一夫不耕，必有飢者，三時之務，安可奪焉。臣聞失鬼神之心，可因巫祝而謝；失君長之心，可因左右而謝；失父母之心，可因親戚而謝；唯失百姓之心，不可解也。陛下以萬邦爲念，何用傷一物之心？應須拓寺，請俟農隙。」疏奏，上不納。

安國寺　宣教坊。本節愍太子宅。神龍二年，立爲崇恩寺，後改爲衞國寺。景雲元年十二月六日，改爲安國寺。

荷澤寺　宜人坊。太極元年二月十七日，睿宗在藩，爲武太后追福所立。初名慈澤寺，神龍二年，改爲荷澤寺。其時於西京亦立荷恩寺。

奉國寺　修行坊。本張易之宅，未成而易之敗，後賜太平公主乳母奉國夫人，尋奏爲寺。

昭成寺　道光坊。本沙苑監之地。景龍元年，韋庶人立爲安樂寺，韋氏誅，改爲景雲寺，尋又爲昭成皇后追福，改爲昭成寺。

華嚴寺　景行坊。景雲三年立爲寺，開元二十一年，改爲同德寺。

唐興寺　貞觀三年十二月一日詔：「有隋失道，九服沸騰，朕親總元戎，致兹明伐。誓牧登陑，曾無寧歲，思所以樹立福田，濟其營魄。可於建義以來交兵之處，爲義士凶徒隕身戎陣者，各建寺刹，招延勝侣。法鼓所振，變炎火于青蓮；清梵所聞，易苦海于甘露。所司宜量定處所，並立寺名，支配僧徒及修院宇，具爲事條以聞。」仍命虞世南、李百藥、褚遂良、顔師古、岑文本、許敬宗、朱子奢等，爲碑記銘功業。破劉武周于汾州，立宏濟寺，宗正卿李百藥爲碑銘；破宋老生于吕州，立普濟寺，著作郎許敬宗爲碑銘；破宋金剛于晉州，立慈雲寺，起居郎褚遂良爲碑銘；破王世充于邙山，立昭覺寺，著作郎虞世南爲碑銘；破竇建德于汜水，立等慈寺，秘書監顔師古爲碑銘；破劉黑闥于洺州，立昭福寺，中書侍郎岑文本爲碑銘。已上並貞觀四年五月建造畢。

慈德寺　京兆府武功縣慶善宮西百步。貞觀五年，爲太穆皇后故置，以慈德名之。

永徽六年正月三日，昭陵側置一寺，尚書右僕射褚遂良諫曰：「關中既是陛下所都，自長安而制四海，其間衞士已上，悉是陛下爪牙。陛下必欲乘鑾滅遼，若不役關中人，不能濟事。由此言之，理須愛惜。今者昭陵建造佛寺，唯欲早成其功，雖云和雇，皆是催迫發遣。豳州已北，岐州已西，或一百里，或二百里，皆來赴作。遂積時月，豈其所願。陛下昔嘗語弘福寺僧云：『我義活蒼生，最爲功德。』且又今者所造，制度準禪定寺，則大弘福，寺自不可大於弘福。既有東道征役，此寺亦宜漸次修營，三二年得成，亦未爲遲。」

乾封元年正月十七日，兖州置觀、寺各三所，觀以紫雲、僊鶴、萬歲爲稱，寺以封岳、非煙、重輪爲名，各度二七人。

天授元年十月二十九日，兩京及天下諸州，各置大雲寺一所。至開元二十六年六月一日，並改爲開元寺。

景雲二年七月，左拾遺辛替否疏諫曰：「夫釋教以清浄爲本，慈悲爲主，故恒體道以濟物，不爲利欲以損人，故恒忘己以全真，不爲營身以害教。三時之月，掘山穿地，損命也；殫府虚帑，損人也；廣殿長廊，營身也。損命則不慈悲，損人則不濟物，營身則不清浄，豈大聖大神之心乎！臣以爲非崇教也。自像王西下，佛教東傳，青螺不入于周前，白馬方行于漢後。風流雨散，千帝百王，飾彌盛而國彌空，役彌重而禍彌大。覆車繼軌，曾不改途。晉臣以奉佛取譏，梁王以捨身搆隙。若以造寺必期爲治體，養人不足爲經邦，則殷周已往皆暗亂，漢魏已降皆聖明；殷周已往爲不長，漢魏已降爲不短。臣聞夏爲天子二十餘代而殷受之，殷爲天子二十餘代而周受之，周爲天子三十餘代而秦受之，自漢以後，歷代可知也。何者？有道之長，無道之短，豈因其窮金玉、修塔廟，方見享祚乎！臣以爲減琢雕之費以賑貧人，是有如來之德；息穿掘之苦以全昆蟲，是有如來之仁；罷營構之直以給邊陲，是有湯武之功；減不急之禄以購廉清，是有唐虞之治。陛下緩其所急，急其所緩，親未來而疏見在，失真實而冀虚無，重俗人之所爲，輕天子之功業，臣切痛之矣。當今出財依勢者盡度爲沙彌，避役姦訛者盡度爲沙彌；其所未度，惟貧人與善人耳。將何以作範乎？將何以租賦乎？將何以力役乎？臣以爲出家者，捨塵俗，離朋黨，無私愛。今殖貨營生，仗親樹黨，畜妻養子，是致人以毁道，非廣道以求人。伏見今之宫觀臺榭，唯京師之與洛陽，不增修飾，猶恐奢麗。陛下嘗欲填池塹，捐苑囿，以贍貧人無産業者。今天下佛寺蓋無其數，一寺堂殿倍陛下一宫，壯麗甚矣！用度過矣！是十分天下之財而佛有其七八，陛下何有之矣！百姓何食之矣！臣竊痛之。」

景龍二年九月，并州清源縣尉吕元太上疏曰：「陛下六合爲家，萬邦作主，布慈悲于沙界，樹功業于玄劫。蜺旌寶蓋，接影都畿，鳳刹龍宫，相望都邑。然釋氏真教，平等爲宗，本之以慈悲，加之以布施。伏願陛下廣平施之德，成育養之恩。回營構之資，充疆場之費，則如來布施之法也；賜之縠帛，惠及饑寒，則如來慈悲之化也；絲綸既行，中外胥悦，則如來平等之教也。臣謹按《金剛般若經》云：『若以色見我，以音聲求我，是人行邪道，不能見如來。』是知大乘之宗，聲色不見，豈釋迦之意，在雕琢之功？今之作者，臣所未喻。」三年正月二十七日，宴侍臣近親于梨園，因問以時政得失。絳州刺史成珏對曰：「夫釋教之設，以慈悲爲主，蓋欲饒益萬姓，濟牧羣生。若乃邃宇珍臺，層軒寶塔，耗竭府庫，勞役生人，懼非菩薩善利之心，或異如來大悲之旨。臣備職方岳，叨膺洪運，敢陳芻蕘，狂妄死罪。」中書令蕭至忠奏曰：「方今百姓貧乏，邊境未寧，府藏內空，倉廩不實，誠宜節財用之費，省土木之功，務存農事，愛惜人力。寺、觀之役，實可且停。成珏之言，伏希採納。」兵部尚書，同中書門下三品韋嗣立上疏曰：「臣竊見比者營造寺、觀，其數極多，皆務宏博，競崇瓌麗。大則費一二十萬，小則尚用三五萬餘，略計都用資財，動至千萬已上。運轉木石，人牛不停，廢人功，害農務，事既非急，時多怨咨。故曰：『不作無益害有益，功乃成；不貴異物賤用物，人乃足。』誠哉此言。且玄象秘妙，歸于寂滅，苟非修心定慧，諸法皆涉有爲。至如土木雕刻等，惟是殫竭人力，但學互相誇麗，豈關降伏身心。凡所興功，皆須掘鑿，蟄蟲在土，種類最多，每日殺傷，動即萬計，連年如此，損害可知。于至道既有乖，在生人極爲損，陛下豈不深思之！」

貞元十三年四月勅：「曲江南彌勒閣宜賜名貞元普濟寺。」

元和二年九月勅：「成都府宜置聖壽、南平二佛寺。」

十二年二月，置元和聖壽佛寺于右神策軍。

長慶元年三月，劉總請以幽州私第爲佛寺，詔以「報恩」名，仍遣中官焦僊晟以寺額賜之。

大和二年十月，河中觀察使薛苹奏：「中條山蘭若營建之初，有兩泉湧出，請賜額爲大和寺。」從之。

會昌五年七月，中書門下奏：「天下諸州府寺，據令式，上州以上並合國忌日集官吏行香。臣等商量，上州已上合行香州，各留寺一所，充國忌日行香。列聖真容，便移入合留寺中。其下州寺並合廢毁。」勅旨：「所合留寺，如舍宇精華者，即留；如是廢壞不堪者，亦宜毁除。但國忌日當州宮觀內行香，不必定取寺名。餘依。」其月又奏：「請兩街合留寺十所，每寺留僧十人。」勅旨：「宜每街各留寺兩所，每寺各留三十人。」

六年正月，左右街功德使奏：「准今月五日赦書節文，上都兩街先各留寺兩所，依前委功德使收管，其所添寺，於廢寺中揀擇堪修建者。臣今左街謹具揀擇置寺八所及數內回改名額，分析如後。兩所依前名額：興唐寺、保壽寺。六所改名舊額，僧寺四所：寶應寺改爲資聖寺，青龍寺改爲護國寺，菩提寺改爲保唐寺，清禪寺改爲安國寺；緣間架數少，取華陽寺連接充數。尼寺二所：法雲寺改爲唐安寺，崇敬寺改爲唐昌寺。右街置八所，二所先准敕留，西明寺請改爲福壽寺，莊嚴寺改爲聖壽寺。八所添置二所，請依舊名額：僧寺一所，千福寺；尼寺一所，興元寺。六所請改名：僧寺五所，化度寺改爲崇福寺，永泰寺改爲萬壽寺，溫國寺改爲崇聖寺，經行寺改爲龍興寺，奉恩寺改爲興福寺；尼寺一所，萬善寺改爲延唐寺。謹定揀擇添置及改名額分析如前。」勅旨：「宜依。」

大中元年閏三月勅：「會昌季年，並省寺宇。雖云異方之教，無損爲政之源。中國之人，久行其道，釐革過當，事體未弘。其靈山勝景，天下州府，會昌五年四月所廢寺宇，有宿舊名僧，復能修創，一任住持，所司不得禁止。」二年正月三日勅節文：「上都除元置寺外，每街更各添置寺五所，僧寺三所，尼寺二所。仍每寺度五十人。益、荆、揚、潤、汴、并、蒲、襄等八道，除元置寺五所外，更添置僧寺一所，尼寺一所。諸道節度刺史州，除元置寺外，更添置寺一所。其所置僧寺合度三十人。諸道管內州未置寺處，宜置僧、尼寺各一所，每寺度三十人。五臺山宜置僧寺四所，尼寺一所，如有見存者，便令修飾，每寺度五十人。其僧尼年幾限約並諸條流，並准會昌六年五月五日條例處分。」

五年正月詔：「京畿及郡縣士庶，要建寺宇村邑，勿禁，兼許度僧尼住持營造。」其年七月，宰臣奏：「陛下崇奉釋教，臣子皆願奔走。慮士庶等物力不逮，擾人生事，望令兩畿及州府長吏，與審度事宜撙節聞奏，不必廣爲建造，驅役黎甿。其所請度僧尼，亦須選有道行爲州縣所稱信者，不得容隱凶惡之流，卻非敬道，望委長吏，精加揀擇。其村邑佛堂，望且待兵罷建置爲便。」十月十七日，宰臣等上言：「近有勅許罷兵役後建置佛堂、蘭若，若今邊事寧息，必恐奏請繼來，若不先議條流，臨事恐難止約。伏以釋門之教，本貴正真，奉之精嚴，則人用加敬。今諸州府寺宇新添，功悉未畢，百姓等若志願崇奉，則宜並力同修。自今已後，有請置佛堂、蘭若者，望所在長吏分明曉示。待一切畢後，或有云州府遠處大縣，即許量事建置一所，其餘村坊不在更置佛堂、蘭若限。」制可。

王溥《唐會要》卷六六《大府寺》 開元九年勅格，《權衡度量并函腳雜令》諸度，以北方秬黍中者一黍之廣爲分，十分爲寸，十寸爲尺，三尺爲大尺。諸量，以秬黍中者容一千二百粒爲龠，十龠爲合，十合爲升，十升爲斗，三斗爲大斗，十斗爲斛。諸權衡，以秬黍中者百黍之重爲銖，二十四銖爲兩，三兩爲大兩，十六兩爲斤。諸積秬黍爲度量權衡者，調鐘律，測晷景，合湯藥，及冕服制用之外，官私悉用大者。京諸司及諸州，各給秤尺，及五尺度斗升合等樣，皆銅爲之。《關市令》：諸官私斗尺秤度，每年八月，詣金部、太府寺平較。不在京者，詣所在州縣平較，並印署，然後聽用。

十二年九月二十五日勅：「左右藏官典，職在出納，不得判攝外事及帖諸司。」

天寶九載二月十四日勅：「自今以後，麪皆以三斤四兩爲斗，鹽並勒斗量。其車軸長七尺二寸，除陌錢每貫二十文。餘麪等同。」

大曆十年三月二十二日勅：「自今以後，應付行用斗秤尺度，准式取太府寺較印，然後行用。」至十一年十月十八日，太府少卿韋光輔奏稱：「今以上黨羊頭山黍，依《漢書・律歷志》，較兩市時用斗，每斗小較八合三勺七撮；今所用秤，每斤小較一兩八銖一分六黍。今請改造銅斗斛尺秤等行用。」制曰：「可。」至十二年二月二十九日，勅：「公私所用舊斗秤，行用已久，宜依舊。其新較斗秤宜停。」

大和五年八月，太府奏：「斗秤舊印，本是真書。近日已來，假僞轉甚。今請省寺各撰新印，改篆文。」勅旨：「宜依。」

六年四月勅：「金部所奏，條流諸州府斗秤等，諸州皆有太府寺先頒下銅升斗及秤見在，每年較勘，合守成規。今若忽重條流，又須別有徵斂。無益於事，徒爲擾人，宜並仍舊。但令所在長吏，切加點檢，不得致有差殊。」

又《少府監》 武德初，以兵革未定，置軍器監，廢少府監。貞觀元年正月，分太府中尚方、左尚方、右尚方、織染方、掌冶方五署，置少府監，通將作、國子爲三監。龍朔二年，改爲內府監。咸亨元年，復爲少府監。光宅元年，改爲尚方監。神龍元年，復爲少府監。其令、少，隨監名改復也。

少監，本一員，太極元年二月十八日，加一員，以孔仲思爲之。至開元十一年，罷軍器監，隸入少府監，爲甲弩坊，更置少監一員統之，以馮紹貞爲之。十四年八月二十八日，省一員。

中尚署，本中尚方，天后時去「方」字，避「監」號。開元已來，別置中尚使，以檢校進奉雜作，多以少府監及諸司高品爲之。

永徽六年十一月，詔曰：「少府監非軍國所須，宗廟之用，並不須飾以珠玉。」

顯慶六年二月十六日勅：「南中有諸國舶，宜令所司，每年四月以前，預支應須市物。委本道長史，舶到十日內，依數交付價值。市了，任百姓交易。其官市物，送少府監簡擇進內。」

景龍二年四月十四日勅：「少府季別先出錢二千貫，別庫貯。每別勅索物，庫內無者，即令市進。皆須對主付值，不得且令供物，於後還錢。其錢兼以絹布絲緜充數，其祠進明衣及布，亦用此物充。」

王溥《唐會要》卷八六《城郭》 永徽五年十一月十一日，和雇雍州夫四萬一千人，修京羅城郭，三十日畢。九門各施觀，明德觀正門，以工部尚書閻立德爲始。

顯慶五年九月，改東明門爲賓耀門，西明門爲宣耀門。

長壽元年九月，神都改造文昌臺，及造定鼎、上東等城門，修築外郭，並鳳閣侍郎李昭德所制，時人以爲能。

開元十八年四月一日，築京城，九十日畢。

二十三年七月勅：「兩京城皇城及諸門，并助鋪及京城守把捉兵之處，有城牆若門樓舍屋破壞須修理者，皆與所司相知，并量抽當處職掌衞士，以漸修營。若須登高臨內，即聞奏之。」

二十八年，都畿採訪使、御史中丞張倚請整齊都城侵街牆宇。

天寶二年正月二十八日，築神都羅城，號曰「金城」。

六載十二月二十一日，築會昌城于湯所，置百司及公卿邸第。

十三載十月十七日，和雇華陰、扶風、馮翊三郡丁匠，及京城人夫一萬三千五百人，築興慶宮城，並起樓，四十九日畢。

至德二載正月二十七日，改丹鳳門爲明鳳門，安化門爲達禮門，安上門爲先天門，及坊名有「安」者悉改之，尋並卻如故。

建中元年五月，築奉天城。

四年十月，上避難于奉天。初，術士桑道茂奏請城奉天，爲王者之居，至是方驗。

貞元八年，新作玄武門。

九年二月，詔復築鹽州城。先是，貞元三年，城爲吐蕃所壞，自後塞外無保障，犬戎入寇。既城之後，邊患頓息。

元和三年，涇原節度使段佑請修臨涇城，在涇州北八十里，以扼犬戎之衝，詔從之。

八年，河東節度使張弘靖奏修古舜城，從之。

長慶四年三月，夏州節度使李祐奏于塞外築烏延、宥州、臨塞、陰河、陶子等五城，以備蕃寇。

大和元年四月，鳳翔府築臨汧城于汧陽縣西北八十里。

會昌六年正月，閑廄宫苑使奏：「苑内諸面苑子等門，共九十四所，今伏緣大禮日近，準例鑾駕赴郊廟後，並請鏁閉，匙鑰各令進入，候還宫日，即便請卻開。「應赴郊廟一物以上，請宣下事件前，並須搬載出盡。其留司官健等，令併支糧料，鑾駕赴郊廟後，不得出入。」勑旨依奏。

咸通六年四月，西川節度使牛藂奏于蠻界築新安城、遏戎州，功畢。時南詔蠻入寇姚、雋，陳許大將顔復戍雋州，奏築二城。其年秋，六姓蠻攻遏戎州，爲復所敗，退去。

王溥《唐會要》卷八九《泉貨》 武德四年七月十日，廢五銖錢，行「開元通寶」錢，徑八分，重二銖四絫，十文重一兩，一千文重六觔四兩。以輕重大小，最爲折衷，遠近甚便之。其錢文，給事中歐陽詢製詞及書，時稱其工。其字含八分及篆、隸三體。其詞先上後下，次左後右讀之。自上及左，迴環讀之，其義亦通，流俗謂之「開通元寶」錢。鄭虔《會稡》云：「詢初進蠟樣，自文德皇后掐一甲跡，故錢上有掐文。」十八日，置錢監於洛、并、幽、益等諸州，秦王、齊王賜三鑪鑄錢，裴寂賜一鑪。敢有盜鑄者，身死，家口籍没。至五年三月二十四日，桂州置錢監。

顯慶五年九月，以天下惡錢多，令官私以五惡錢酬一好錢贖取。至十月，以好錢一文博惡錢兩文。至儀鳳四年四月，以天下惡錢甚多，令東都出遠年糙米及粟，就市糶，斗别納惡錢百文。其惡錢令少府、司農相知，即令鑄破，其厚重徑合觔兩者，任將行用。至先天元年九月二十七日，京中用錢惡，貨物踴貴，諫議大夫楊虚受上疏曰：「伏見市井用錢，不勝濫惡，有加鐵錫，即非公鑄，虧損正道，惑亂平民。銅錫亂雜，僞錢豐多，正刑漸失於科條，明罰未加於守長。帝京三市，人雜五方，淫巧競馳，侈僞成俗。至於商賈積滯，富豪藏鏹，兼并之人，歲增儲蓄，貧素之士，日有空虚。公錢未益於時須，禁法不當於世要。其惡錢臣望官爲博取，納鑄錢州，京城並以好錢爲用。」書奏，付中書門下詳議，以爲擾政，不行。至開元六年正月十八日，勑禁斷惡錢，行三銖四絫已上舊錢，更收人間惡錢，鎔破復鑄，準樣式錢。勑禁出之後，百姓喧然，物價摇動，商人不甘交易。宰相宋璟、蘇頲奏請出太府錢五萬貫，分於南、北兩市平價買百姓間所賣之物堪貯掌官須者，庶得好錢散行人間，從之。又降勑：「近斷惡錢，恐人少錢行用，其兩京文武官夏季防閤、庶僕，宜即先給錢，待後季任取所配物貨賣，準數還官。」

七年二月詔：「天下惡錢，並令禁斷，錢令初下，或恐艱辛，宜量出米十萬石，令府縣及太府寺選交易穩便處所分置，依時價糶與百姓，收取惡錢，便送少府監搥碎。」

乾封元年五月二十三日，盜鑄轉多，遂改鑄新文，曰「乾封泉寶」。錢徑寸，重二銖六分，其「開元通寶」必蓄錢並行用。其新錢一文，當舊錢之十。周年之後，舊錢並廢。其後悟錢文之誤，米、帛增價，乃議卻用舊錢。至二年正月二十九日，詔：「比以僞濫斯起，所以採乾封之號，改鑄新錢，静而思之，將爲未可。高祖撥亂反正，爰創軌模；太宗立極承天，無所改作。今廢舊造新，恐乖先旨。其『開元通寶』宜依舊施行，爲萬世法。乾封新鑄錢令所司貯納，更不須鑄。仍令天下置鑄之處，並鑄『開元通寶』錢。」至乾元元年七月十六日，詔：「錢貨之興，其來久矣。蓋代有沿革，時爲重輕。周興九府，實啓流泉之利；漢造五銖，亦弘改鑄之法。必令大小兼適，母子相權，事有益於公私，理宜循於通變。但以干戈未息，帑藏猶虚，卜式獻軍之誠，弘羊興國之算，静言立法，諒在便民。御史中丞第五琦奏請改錢，以一當十，别爲新鑄，不廢舊錢，冀實三官之資，用收十倍之利。所爲於民不擾，從古有經。宜聽於諸監别鑄一當十錢，其文曰『乾元重寶』。」而重其輪以别之，一當五十，以二十斤成貫，仍令鑄錢使即勾當起鑄。至三年十二月，詔：「頃屬權臣，變法非良，遂使貨物相沿，穀帛騰踴，求之輿議，弊實由斯。今欲仍從舊貫，漸罷新錢，又慮權行，轉資艱急。如或猶循所務，未塞其源，實恐物價虚騰，黎元失業。静言體要，用藉良圖。宜令文武百官九品以上，並於尚書省集議，委中書門下詳議聞奏。」至上元元年六月七日，詔：「其『重稜五十價』錢，宜減作三十文行用。其『開元』舊錢，宜一錢十文行用。『乾元當十』錢，宜依前行用。仍令京中及畿縣内依此處分，諸州待後進止。」至七月二十五日，勑：「先造『重稜五十價』錢，先令畿内減三十價行，其天下諸州，並宜準此。」至十二月二十九日，詔：「應典貼莊宅、店鋪、田地、碨碾等，先爲『實錢』典貼者，令還以『實錢』價。先以『虚錢』典貼者，令以『虚錢』贖。其餘交關，並依前用「當十」錢。」由是錢有虛、實之稱。至寶應元年五月十九日，赦文：「集『開元』、『乾元重稜』錢，並宜準一文用，不須計以虛數。」

開元二十二年三月二十一日勅：「布帛不可以尺寸爲交易，菽粟不可以秒忽貿有無。古之爲錢，以通貨幣，豈無變通？往者漢文之時，已有放鑄之令，雖見非於賈誼，亦無費於賢君。古往今來，時移事異，亦欲不禁私鑄，其理如何？公卿百寮詳議可否。」秘書監崔沔議曰：「夫國之有錢，時所通用，若許私鑄，人必競爲。各循所求，小如有利，漸忘本業，大計斯貧。是以賈生之陳七福，規于更漢令；太公之創九府，將以殷貧人。況依法則不成，違法則有利，謹按《漢書》，文帝雖除盜鑄錢令，而不得雜以鉛鐵爲他巧者。然則雖許私鑄，不容奸錢；錢不容奸，則鑄者無利；鑄者無利，則私鑄自息。斯則除之與不除，爲法正等。能謹於法而節其用，則令行而詐不起，事變而奸不生，斯所以稱賢君也。今若聽其私鑄，嚴斷惡錢，官必得人，人皆知禁誡，則漢政可侔，猶恐未若皇唐之舊也。今若税銅折役，則官冶可成，計估度庸，則私錢無利。易而可久，簡而難誣，謹守舊章，無越制度。且錢之爲物，貴以通貨，利不在多，何待私鑄然後足用也。」左監門録事參軍劉秩議曰：「古者以珠玉爲上幣，黄金爲中幣，刀布爲下幣。管子曰：『夫三幣，握之則非有補于煖也，捨之則非有損于飽也。先王以守財物，以御人事，而平天下也。』是以命之曰衡。衡者，使物一高一下，不得有常。故與之在君，奪之在君。是以民戴君如日月，親君如父母，用此術也，是爲人主之權。今之錢，即古之下幣也。陛下若捨之任人，則上無以御下，下無以事上，其不可一也。夫物賤則傷農，錢輕則傷賈。故善爲國者，觀物之貴賤，錢之輕重。夫物重則錢輕，錢輕由乎物多，多則作法收之使少，少則錢重，重則作法布之使輕。輕重之本，必由乎是，奈何而假於人？其不可二也。夫鑄錢不雜以鉛鐵則無利，雜以鉛鐵則惡，不重禁不足以懲惡。方今塞其私鑄之路，人猶冒死以犯之，況啓其源而欲人之從令乎？是設陷穽而誘之入，其不可三也。夫許人鑄錢，無利則人不鑄，有利則人去南畝者衆；去南畝者衆，則草萊不墾，草萊不墾，又鄰於寒餒，其不可四也。夫人富溢則不可以賞勸，貧餒則不可以威禁，故法令不行，民之不治，皆由貧富之不齊也。若許其鑄錢，則貧者必不能爲。臣恐貧者彌貧而服役於富室，富室乘之則益恣。昔漢文之時，吴濞，諸侯也，富埒天子；鄧通，大夫也，財侔王者。此皆鑄錢所致也。必欲許其私鑄，是與人利權而捨其柄，其不可五也。陛下必以錢重而傷本，工費而利寡，則臣願言其失，以效愚計。夫錢重者，猶人鑄日滋於前，而爐不加於舊。又公錢重，與銅之價頗等，故盜鑄者破重錢爲輕錢。禁寬則行，禁嚴則止，止則棄矣，此錢之所以少也。夫鑄錢用不贍者，在乎銅貴；銅貴之由，在於採用者衆矣。夫銅以爲兵則不如鐵，以爲器則不如錫，禁之無害，陛下何不禁於人？禁於人，則銅無所用；銅無所用，則銅益賤；銅賤則錢之用給矣。夫銅不布下，則盜鑄者無因而鑄；無因而鑄，則公錢不破，公錢不破，則人不犯死刑，錢又日增，末復利矣。是一舉而四善兼也，伏維陛下熟察之。」

其年十月六日勅：「貨物兼通，將以利用，而布帛爲本，錢刀是末，賤本貴末，爲弊則深，法教之間，宜有變革。自今已後，所有莊宅，以馬交易，並先用絹、布、綾、羅、絲、綿等，其餘市價至一千以上，亦令錢物兼用，違者科罪。」

二十六年，於宣、潤等州置錢監。

乾元元年七月，户部侍郎第五琦以國用未足，幣重貨輕，乃先鑄「乾元重寶」錢，以一當十用，行之。及作相，請更鑄「重輪乾元」錢，以一當五十，與「乾元」、「開元」寶錢三品並行。既而物價騰貴，餓迫死亡，枕籍道路。又盜鑄争起，中外皆以爲琦變法之弊，封奏日聞，遂貶忠州長史。

建中元年九月，户部侍郎韓洄上言：「江淮錢監，歲出錢四萬五千貫，輸於京師。度工用轉送之費，每貫計錢二千，是本倍利也。今商州紅崖冶出銅益多，又有洛源監，久廢不治。請增工鑿山以取銅，洛源故監置十鑪鑄之，歲計出錢七萬二千貫，度工用轉送之費，貫計錢九百，則利浮本矣。其江淮七監請皆停罷。」從之。

二年八月，諸道鹽鐵使包佶奏：「江淮百姓近日市肆交易錢，交下粗惡，揀擇納官者，三分纔有二分，餘並鉛錫銅盪，不敷斤兩，致使絹價騰貴，惡錢漸多。訪聞諸州山野地窖，皆有私錢，轉相貨易，奸濫漸深。今委本道觀察使明立賞罰，切加禁斷。」

四年六月，判度支、侍郎趙贊以常賦不足用，乃請採連州白銅鑄大錢，以一當十，權其輕重。

貞元九年正月，張滂奏：「諸州府公私諸色鑄造銅器雜物等，伏以國家錢少，損失多門。興販之徒，潛將銷鑄。每銷錢一千，爲銅六斤，造寫雜物器物，則斤直六千餘。其利既厚，銷鑄遂多，江淮之間，錢實減耗。伏請準從前勅文，除鑄鏡外，一切禁斷。」

十年六月勅：「今後天下鑄造買賣銅器，並不須禁止。其器物約每斤價值，不得過一百六十文，委所在長吏及巡院同勾當訪察。如有銷錢爲銅，以盜鑄錢罪論。」

十四年十二月，鹽鐵使李若初奏請：「諸道州府，多以近日泉貨數少，繒帛價輕，禁止見錢，不令出界，致使課利有缺，商賈不通，請指揮見錢，任其往來，勿使禁止。」從之。

元和元年二月，以錢少，禁用銅器。

二年二月，詔曰：「錢貴物賤，傷農害工，權其輕重，須有通變。比者鉛錫無禁，鼓鑄有妨，其江淮諸州府收市鉛銅等，先已令諸道知院官勾當，緣令初出，未各頒行，宜委諸道觀察使等與知院官專切勾當，事畢日，仍委鹽鐵使據所得數類會聞奏。」四月，禁鉛錫錢。

三年五月，鹽鐵使李巽上言：「得湖南院申：郴州平陽、高亭兩縣界，有平陽冶及馬跡、曲木等古銅坑，約二百八十餘井，差官檢覆，實有銅錫。今請郴州舊桂陽監置鑪兩所，採銅鑄錢，每日約二十貫，計一年鑄成七千貫，有益於民。」從之。

其年六月，詔曰：「泉貨之法，義在通流。若錢有所壅，貨當益賤，故藏錢者得乘人之急，居貨者必損己之資。今欲著錢令以出滯藏，加鼓鑄以資流布，使商旅知禁，農桑獲安，義切救時，情非欲利。若革之無漸，恐人或相驚。應天下商賈先蓄見錢者，委所在長吏，令收市貨物，官中不得輒有程限，逼迫商人，任其貨易，以求便利。計周歲之後，此法遍行，朕當別立新規，設蓄錢之禁。所以先有告示，許其方圓，意在他時，行法不貸。又天下有銀之山，必有銅鑛。銅者可資於鼓鑄，銀者無益於生民，權其重輕，使務專一。天下自五嶺以北，見採銀坑，並宜禁斷。恐所在坑户，不免失業，各委本州府長吏勸課，令其採銅，助官中鑄作。仍委鹽鐵使作法條流聞奏。」

四年閏三月，京城時用錢，每貫頭除二十文，陌内欠錢及有鉛錫錢，准貞元九年三月二十六日勅：「陌内欠錢，法當禁斷，慮因捉搦，或亦生奸，使人易從，切於不擾。自今以後，有因交關用欠陌錢者，宜但令本行頭及居停主人、牙人等檢察送官。如有容隱，兼許賣物領錢人糾告，其行頭主人、牙人，重加科罪。府縣所由祗承人等，並不須干擾。若非因買賣，自將錢於街衢行者，一切勿問。」

其年六月勅：「五嶺已北所有銀坑，依前任百姓開採，禁見錢出嶺。」

六年二月制：「公私交易十貫錢已上，即須兼用疋段。委度支、鹽鐵使及京兆尹即具作分數，條流聞奏。茶商等公私使換見錢，並須禁斷。」

其年三月，河東節度使王鍔奏請於當管蔚州界加置爐鑄銅錢，廢管内錫錢。詔許之，仍令加至五爐。

七年五月，兵部尚書、判户部事王紹，户部侍郎、判度支盧坦，鹽鐵使王播等奏：「伏以京都時用，多重見錢，官中支計，近日殊少。蓋緣比來不許商人便换，因茲家有滯藏，所以物價轉輕，錢多不出。臣等今商量，伏請許令商人于户部、度支、鹽鐵三司，任便換見錢，一切依舊禁約。伏以比來諸司諸使等，或有便商人錢，多留城中，逐時收貯，積藏私室，無復流通。伏請自今以後，嚴加禁約。」從之。

八年四月，勅以錢重貨輕，出内庫錢五十萬貫，令兩常平收市布帛，每疋段估加十之一。

十一年九月，勅：「今後應内外支用錢，宜每貫除墊一陌外，量抽五十文，仍委本道、本司、本使據數逐季收計。其諸道錢便差綱部送度支收管，以備軍需。」時以淮西用兵，從有司之請也。

十二年正月勅：「泉貨之設，古有常規，將使重輕得宜，是資斂散有節，必通其變，以利於人。今繒帛轉賤，公私俱弊。宜出見錢五十萬貫，令京兆府揀擇要便處開場，依市價交易，選擇清強官吏，專切勾當。仍各委本司先作處置條件聞奏，必使事堪經久，法可通行。」又勅：「近日布帛轉輕，見錢漸少，皆緣所在壅塞，不得通流。宜令京城内自文武官寮，不問品秩高下，並公、郡、縣主，中使等已下，至士庶商旅等，寺觀坊市，所有私貯見錢，並不得過五十貫。如有過此，許從勅出後，限一月内任將別物收貯。如錢數校多，處置未了，其任便於限内於地界州縣陳狀，更請限。縱有此色，亦不得過兩月。若一家内別有宅舍店鋪等，所貯錢並須計同此數。其兄弟本來異居曾經分析者，不在此限。如限滿後有違犯者，白身人等，宜付所司，痛杖一頓處死；其文武官及公主等，並委有司聞奏，當重科貶；戚屬中使，亦具名銜聞奏。其贓貯錢不限多少，並勒納官。數内五分取一分充賞錢數，其賞錢止於五千貫。此外察獲，及有人論告，亦重科處，並量給告者。」時京師里閭區肆所積，多方鎮錢，如王鍔、韓弘、李惟簡，少者不下五十萬貫。於是競買第屋，以變其錢，多者竟里巷傭僦，以歸其直。而高貲大賈者，多依倚左右軍官錢爲名，府縣不得窮驗，法竟不行。

十四年六月勅：「應屬諸軍諸使，更有犯時用錢每貫除二十文，足陌内欠錢及有鉛錫錢者，宜令京兆府枷項收禁，牒報本軍本使府司，差人就軍及看決二十。如情狀難容，復有違拒者，仍令府司聞奏。」

十五年八月，中書門下奏：「伏準羣官所議鑄錢，或請收市民間銅物，令州郡鑄錢。當開元以前，鹽鐵使未置，亦令州郡勾當鑄造。今若兩税納疋段，或慮兼要通用見錢。欲令諸道公私銅器，各納所在節度、團練、防禦、經略使，便據元勅給與價直，並折兩税。仍令本處軍民鎔鑄。其鑄本請以留州、留使年支未用物充，所鑄錢便充軍府州縣公用。當處軍人，自有糧賜，亦校省本，所資衆力，並收衆銅，天下併功，速濟時用。待一年後，鑄器物盡則停。其州府有出銅鉛可以開爐鑄處，具申有司，便令同諸監冶例，每年與本充鑄。其收市銅器期限，並禁鑄造買賣銅物等，待議定，便令有司條流聞奏。其上都鑄錢及收銅器，請各處分。將欲頒行，尚資周慮，請令中書門下兩省、尚書省、御史臺並諸司長官商量，重議聞奏。」從之。

寶曆元年八月勅令：「銷鑄見錢爲佛像者，同盜鑄錢論。」

長慶元年九月勅：「泉貨之義，所貴流通。如聞比來用錢，所在除陌不一。與其禁人之必犯，未若從俗之所宜，交易往來，務令可守。其内外公私給用錢，從今以後，宜每貫一例除墊八十，以九百二十文成貫，不得更有加除及陌内少欠。」

大和三年六月，中書門下奏：「準元和四年閏三月勅，應有鉛錫錢，並合納官，如有人糾得一錢，賞百錢者。當時勅條，貴在峻切，今詳事實，必不可行。祇如告一錢賞百錢，則有告一百貫錫錢，須賞一萬貫銅錢，執此而行，事無畔際。昨因任清等犯罪，施行不得，遂參酌事理，量情科賞。或恐已後民間更有犯者，宜立節文，令可遵守。臣等商量，自今已後，有用鉛錫錢交易者，一貫已下，以州府常行杖決脊杖二十；十貫以下，決六十，徒三年；過十貫以上，所在集衆決殺。其受鉛錫錢交易者，亦準此處分。其所用鉛錫錢，仍納官。其能糾告者，每貫賞錢五千文，不滿一貫，準此例，累賞至於三百千，仍且取當處官錢給付。其所犯人罪不至死者，徵納家資，充填賞錢。其元和四年閏三月勅，便望删去。」可之。

四年十一月勅：「應私貯見錢家，除合貯數外，一萬貫至十萬貫，限一周年内處置畢；十萬貫至二十萬貫以下者，限二周年内處置畢。如有不守期限，安然蓄積，過本限，即任人糾告，及所由覺察，其所犯家錢，並準元和十二年勅納官。據數五分取一分，充賞糾告人賞錢，數止於五千貫。應犯錢法人色目決斷科貶，並準元和十二年勅處分。其所由覺察，亦量賞一半。」事竟不行。

五年二月，鹽鐵使奏：「湖南管内諸州百姓，私鑄『造到』錢，伏緣衡、道數州，連接嶺南，山洞深邃，百姓依模監司錢樣，競鑄『造到』脆惡奸錢，轉將賤價博易，與好錢相和行用。其江西、鄂岳、桂管、嶺南等道，應有出銅錫之處，亦慮私鑄濫錢，並請委本道觀察使條流禁絶。」勅旨：「宜依。」

會昌六年二月勅：「緣諸道鼓鑄佛像鐘磬等，新錢已有次第，須令舊錢流布，絹價稍增。文武百僚俸料，宜起三月一日，並給見錢。其一半先給虚估疋段，對估價支給。」勅：「比緣錢重幣輕，生民坐困，今加鼓鑄，必在流行，通變救時，莫切於此。宜申先甲之令，以戒居貨之徒。京城及諸道起今年十月以後，公私行用，並取新錢，其舊錢權停三數年。如有違犯，同用鉛錫惡錢例科斷，其舊錢並納官。」事竟不行。

天祐二年四月勅：「準向來事例，每貫抽除外，以八百五十文爲貫，每陌八十五文。如聞坊市之中，多以八十爲陌，更有除折，今後委河南府指揮市肆交易，並須以八十五文爲陌，不得更有改移。」

朱銘盤《南朝宋會要·輿服·御雜物》 天子坐漆牀，居朱屋。《禮志》五。下同。

殿屋爲圓淵方井，並兼植荷華。

武帝財帛皆在外府，内無私藏。宋臺既建，有司奏東西堂施局脚牀、銀塗釘，上不許；使用直脚牀，釘用鐵。常著連齒木屐。《本紀》。

後廢帝元徽二年五月戊戌，詔「其供奉服御，悉就減撤，雕文靡麗，廢而勿修。凡諸游費，一皆禁斷，外可詳爲科格」。《本紀》。

三年閏月戊戌，詔「御府麗服，一皆減撤，可詳爲其格」。《本紀》。

仁壽殿東阿氈幄。《南史·後廢帝紀》。

雜録

《敦煌社會經濟文獻真蹟釋録》第五輯《李「明振」氏再修功德記》 源夫天垂

万像，以遵中極之官；四輔匡持，翼一人於元首。固有承乾御宇，繼玉葉之貞芳；贊佐金門，必維城之可尚。所以帝室千房，宗城万里。（因）〔固〕本根而枝葉遂繁，承皇族而圖藉縻廣。乃有故府君諱明振，字九皐，即西涼武昭王之系也。曾祖顥顥等，英髦驤駟，河岳粹靈。皆以稽古微言，留心儒素。或登華第，更高拔粹之名；文戰都堂，每中甲科之的。雖云流陷，居戎而不墜弓裘；暫冠蕃朝，猶自將軍之列。子既承恩鳳闕，父乃擢處貂蟬。朱門不媿於五侯，竪戟崇隆於貴簇。至而源分特秀，門繼簪裾，家承九錫之枝，流派祥雲之胤。時遭西陲汨没，洎于至德年中，十郡土崩，殄絶玉關之路。凡二甲子，運偶大中之初，中興啟途，是金星曜芒之歲。皇化迨？洽，通于八宏；遐占雪山，綿邈万里。府君春秋纔方弱冠，文藝卓犖，進止規常，迥然獨秀。時則妻父河西十一州節度使張公，慕公之高望，籍公之文武。於是乃慕秦晉，遂申伉儷之儀；將奉承祧，世乍潘陽之美。公其時也，始蒙表薦，因依獻捷，親拜彤廷。宣宗臨軒，問其所以。公〔具〕家諜，面奏玉階。上亦冲融破顔，群公愕視。乃從别勑授涼州司馬，錫金銀寶貝。詔命陪臣，乃歸戎幕；二十餘載，河右麾戈；拔幟抉囊，龍韜盡展；克復神烏，而一戎衣。殄勍冠於河蘭，馘獯戎於瀚海。加以隴頭霧卷，金河泯湍瀨之波；蒲海梟鯨，流沙弛列烽之患。復天寶之子孫，致唐堯之壽域，晏如也。百〔城〕無拜井之虞，十郡豐登，吏士賀來蘇之政。此乃三槐神異，百辟稀功；英雄半千，名流万古。公又累蒙朝奬，恩渥日深，方佩隼旟，用堅磐石。勳猷未萃，俄已云亡。享齡五十有二，終于敦煌之私第。亡叔僧妙弁，在蕃以行高才俊，遠邇瞻依，名達戎王。贊普追召，特留在内，兼假臨壇供奉之號，師以檀持談柄，海辯吞流；恩洽敦煌，庇庥家井。高僧寶月，取以爲儔。僧叡餘蹤，扇于河隴。亡毗氾氏夫人，龍沙鼎鼒，盛族孤標。庭訓而保子謀孫，軌範而清資不乏。承家建業，薦累代而揚名；閥閲綿長，緒帝王之室。今乃逝矣，佳譽存焉。故府君贈右散騎常侍，生前遇三邊無警，四人有暇於東皐。命駕（項）〔傾〕城，謁先人之寶刹；迴顧粉壁，念疇昔之建蹤；瞻禮玉豪，嘆鴻樓之半側。豈使臨風透闥，（哀陳）〔埃塵〕寶坐之前；危嶺陽烏，抱曝露荼毗之所。嶝道之南，伏有當家三窟，今亦重修。泥金華石，篆籀存焉。於是乃慕良工，放其杞梓；貿材運斫，百堵俄成。魯國班輸，親臨昇境。雲霞大豁，寶砌崇墉。未及星環，斯構矗立。雕簷化出，巍峨不讓於龍宮；懸閣重軒，曉万層於日（濟）〔際〕。其（公乃以）〔功大矣〕，筆何宣哉。亡兄天譽孤貞，松筠比節。懷文挾武，有張賓之策謀；破虜構奸，每得玉堂之術。曾朝絳闕，敷奏金鑾。指畫山川，就縱横於天險。兄明得，操持吏理，六曹無阿黨之言。深避回知，切慕承鷗之詠。兄明詮，敦煌處士，今古滿懷，灑落輕雲之彩；仁先効義，光騰喬露之文；五柳閑居，慕逍遥於莊老。夫人南陽郡君張氏，温和雅暢，淑德令聞，深遵陶母之（人）〔仁〕，至切齊眉之操。先君歸覲，不得同赴於京華；外族留連，各分飛於南北。於是先兄亡弟喪社稷之傾淪，假手托孤，庶幾辛勤於苟免。所賴太保神靈，辜恩勦斃；重光嗣子，再整遺孫。手創大功，而心全棄致。見機取勝，不以爲懷。乃義立侄男，秉持旌鉞。總兵戎於舊府，樹新勳於新墀。内外肅清，秋毫屏迹。慶豐山踴，呈瑞色於朱軒；陳霸動容，歎高梁於壯室。四方響義，信結鄰羌。運籌不媿於梓橦，貞列豈慚於世婦。間生祁異，誠太保之徽猷。雖處閨門，是謂丈夫。然〔栖〕心悟道，併棄樊籠，巡禮仙巖，願圖繚於瑞象。于時頓捨青鳧，市紫金於上國。解瓔珞，棄珠珍，銷金鈿於廊廡，運噓橐於庭際。乃得玉毫浪曜，光徹有頂之峰；寶相發輝，直抵大羅之所。長男洪願（貟）〔輔〕唐憂國，正立祥風。忠孝頗懇於君親，禮讓靡望於伯玉。六條布化，千里隨車。人歌來慕之謡，永續龔黄之績。次男瓜州刺史，文武全材，英雄賈勇。晉昌要嶮，能補頗牧之威；巨野大荒，屏蕩凶奴之跡。挾彍有憂於士卒，泯燧不媿襄陽。都河自注，神知有道之君；積貯万箱，東郡著雕金之好。次男間子飛馳拔拒，唯慶忌而難儔；七札穿楊，非由基而莫比。洎分符

《敦煌社會經濟文獻真蹟釋録》第五輯《沙州釋門索法律窟銘》

沙州釋門索法律窟銘。　唐和尚作。

蓋乾運三光，羅太虚著象；坤爲八極，溝川岳以爲形。若乃至道幽玄，理出輪迴之表；性相無相，叵乏凡聖而無觀。然則拯拔煩籠，如來以如來出現；隨機誘迪，降法宇於大千。是以能寂之應西旋，騰蘭之風東扇。故邪山匿曜，佛日舒光。人天莫仗歸依，率土咸知戒定。玉塞敦煌，鎮神沙而白净；三危黑秀，刺石壁而泉飛。一帶長河，汎經波而派潤；渥洼小海，獻天驥之龍媒。瑞草秀七净之蓮臺，形雲逞五色之佳氣。人馴儉約，風俗儒流；性惡工商，好生氣煞；躭修十善，篤信三乘。惟忠孝而兩全，兼文武而雙美。多聞龍像，繼迹繁興。（德）〔得〕道高僧，傳燈相次。（忽）〔總〕斯具善美者，其惟鉅鹿索和尚矣。和尚俗香號其先商王帝甲之後，封子丹於京索間，因而氏焉。遠祖前漢太中大夫武撫，直

諫飛龍，既犯逆鱗之勢，趙同下獄，撫恐被誅，以元鼎六年自鉅鹿南和徙居于流沙，子孫因家焉，遂爲敦煌人也。皇祖左金吾衛會州黄石府折衝都尉、諱奉珍。屬天(保)(寶)之末，逆胡内侵，土蕃承危，敢犯邊境。洎大曆以漸猖狂，積日相持，連營不散。公誓雄心而禦捍，鐵石之志不移。全孤壘於三危，解重圍於百戰。策功茂實，賜信牒而光榮。好爵自縻，上帝聞其雅譽。皇考頓大乘賢者，諱定國，英旄雋彦，早慕幽貞。悟世榮之不堅，了浮生而走電。耕田鑿井，業南畝而投簪；鼓腹逍遥，力東皐而守分。詎謂白駒落西山之隙，青龍洗東注之波。懸蛇之疾俄侵，風樹之悲奄及，山莊林野，無復徑行之蹤；淡水親交，永阻平生之會。春秋五十有六，以元和七年歲次甲辰三月十八日(于終)(終于)釋教坊之□(私)第也，以其月廿五日葬於洪潤鄉員埣圖渠東老師烽南源之(□)禮也。亡兄前任沙州防城使，諱清寧，高情直節，毓著公名；權職蕃時，昇榮曩日；剋勤忠烈，管轄有方；警候烽烟，嚴更威宿。故得邊方晏晏，郛郭厭厭；玉塞旁連，人稱緩帶。何圖晡西萱草，拒豁淪悲；異畝嘉禾，傷歧碎蕙；美角先折，今夜即亡，春秋六十有三矣。故弟清貞，禮樂名家，温恭素質。一城領袖，六郡提綱。鏘鏘契君子之儀，濟濟有江泉之譽。共被之慈播美，同飡之惠馳芳。在原之德未申，陟崗之望俄軫。對其桃李，悲手足之長辭；念懷橘之年，痛連枝而莫返。和尚天倫有三，和尚即常中子也，前沙州釋門都法律。應法披緇，智不虧於七覺；弱冠進具，精五百之修持。行孤峻而竹風清寒，戒月明而雪山皎净。神閑心寂，言簡氣和。雲乘百川之陰，日照千江之水。白硅無玷，心印密傳。窮七祖之幽宗，示三乘之淳粹。趨庭(則)半城緇衆，近訓乃數百俗徒，競寸陰以滂籠，爇三明於闇室。設無遮之數供，味列八珍；惠難捨之資身，慇勤三寶。寫大(集)(乘)之教藏，法施無窮；建寶刹於家隅，莊成紫磨。增修不倦，片善無遺。更鑿仙巖，鐫龕一所。召良工而朴琢，憑郢人匠以崇成。竭房資而賞勞，罄三衣而務就。内素龕並小龕□□周遍。於是無勝慈尊，擬兜率而下降；多聞歡喜，對金色以熙怡。大士陵虚，排彩雲而務集；神通護世，威振懾於邪魔。千佛分身，蓮花捧足。恩報則報四恩之至德。法華讚一乘之(正真)(真正)，十六觀門，對十二之上願。净天啟問，調御答以除疑。無垢圬便現白衣而助揚真化。雲樓駕迥，聳頭峥嶸；磴道聯綿，勢侵雲漢；朱欄赫弈，環拱彫楹。紺窗映焜煌之寶扉，繡柱鏤盤龍而霞錯。溪芳忍草，林秀覺花。貞松垂万歲之藤蘿，桂樹吐千春之媚色。多功既就，慶讚未容。示疾數旬，醫明無術。春秋七十有六，終于金光明寺。門人躃踴，一郡綴春；宗族悲哀，痛丁酷罰。其日葬于漠高窟之(□)，禮也。其前亡兄子有三，次子押牙忠顗，勇冠三軍，射穿七札；助收六郡，毗贊司空。爲前矛之爪牙，作後殿之耳目。飄風鳥陣，決勝先行；虎擲盤蛇，死無旋踵。誓腸絹於緑草，而不願生還。許國之稱已彰，攻五涼而尅獲。駐軍神鳥，鎮守涼城；積祀累齡，長衝白刃。俄然(抛)(枕)疾，殂殞武威。呼嗚，小年不永(其)壽。小子有功將士押牙忠信，天資秀異，神假英靈；孝悌於家，忠盡於國；登鋒(利)(履)刃，猛氣超群；鐵壁鑽槍，先衝八陣；提戈從事，每立殊勳。葵心向陽，兢兢使主。奉元戎而歸闕，臣子之禮無虧。迴駕朔方，被羈孤而日久。願投桑梓，未遂本情。歎四鳥之分飛，嗟手足而長旅。長子僧常振，天資爽悟，道(經)(鏡)逾明；欽念三乘，(疑)(凝)修四諦。上交下接，解營構而多方；倜儻出群，孝敬之懷罔極。助叔僧而修建，自始及終。愴失履而孤惸，早虧恃怙，嗣隆古叔之願，誓畢殘功。尅意崇誠，忻然果就。求蒙彩筆，願勒碑銘。誠罕免固辭，粗云而記述。其詞曰：乾運三光，坤維八荒。含隆万像，覆載無疆。生死擾擾，九土茫茫。能人出現，拔濟獐猖。教興西域，流化東方。率土歸依，宙宇禎祥。競崇修兮浩浩、注法水兮滂滂。地善人純，厥土敦煌。將星文昌，越跨五涼。碩德高僧，接踵連行。有鉅鹿兮貴簇，則法兮當陽。宗枝濟濟，花萼昌昌。三空在念，四攝(愧)(恢)張。欲度愛河，預設浮囊。密傳心印，定慧界香。遍修諸善，列道名强。鐫龕造窟，福祐皇王。千尊璨璨，百福穰穰。功成果就，侵疾宇床。醫明窮術，遷神坐亡。門人酷罰，宗簇悽傷。厥有侄僧，能柔能剛。(超)(紹)隆殘誓，孝道名彰。繼(誠)(成)福(粗)(祚)，慶讚逾揚。(智)(志)求珠綴，尅石爲堂。既名蹤兮糟泊，是地久兮天長。

《敦煌社會經濟文獻真蹟釋録》第五輯《張淮深造窟記》

(前缺)再出龍城之外；騰雲嘉氣，遍滿山川，鼓樂絃歌，共奏蕭歆之曲。纔拜貂貚之秩，續加曳履之榮。五稔三遷，增封萬户。寵遇祖先之上，威加大漠之中。亞夫未比於當年，忠勇有同於紀信。六州萬里，風化大開。懸魚兼兼(衍)去獸之歌，合蒲致見珠之詠。西戎北狄，不呼而自歸；南域吐渾，擢雄風而請誓。此乃公之長策之所致。呼，時屬有故，華土不寧，公乃以河西襟帶，戎漢交馳，謀静六蕃，以爲軍勢。若乃隍中輯晏，劫虜失狼顧之心；渭水便橋，庶無登樓之患。軍食豐泰，不憂寇斅。此乃公之德政，其在斯焉。加以河西異族校雜，羌龍、嗢末、退渾數十萬衆，馳城奉質，願効軍鋒。四時通欵塞之文，八節繼野人之獻。不勞振旅，軍無〔□〕竈之徭；偃甲休戈，但有接飛之象。此乃公之威感，人皆具瞻。時因景泰，五稼豐登。深募良緣，克誠建福。宕泉金地，方擬鐫龕。公乃海量宏博，胸納百川；洞遖擇幽微，不爲兒戲。遂於北大像之北，欲建龍龕。公以山峻崔嵬，有妨鐫鑿，遍問諸下，無敢枝梧。公乃喟然歎曰：移山覆海，其非聖人乎！哥舒决海，貳師劈山，吾當効焉。即日興工，横開山面。公以虔誠注意，上感天神，前驅滄海之龍，後擁雨師之卒。黄雲四合，盤旋宕谷之中；掣電明光，直上碧巖之上。纔當夜半，地吼鼇聲：未及晨鷄，山摧一面。谷風凛烈，盪石吹沙。猛獸奔竄於嵾岑，飛鳥搏空而戢翼。須臾，隕石大若盤陁，積壘堆阜於東，終截斷澗，流於西渚。既平㟊嵲，然後施工。攢鐵鎚以扣石，架鋼鏨以傍通。日往月來，俄成廣室竿。連雲聳出，不異鷲嶺之峰；峭狀烟霞，有似育王之室。門當屺崿，鑿成香積之宫。再换星霜，化出蓬萊之頂。金樓玉序，徘徊多奉壁之仙。靉靆祥雲，每覩瓊瑶之什。班輪妙盡，構天匠以濟功。紫殿龍軒，對鳳樓而青翠。釋迦金象，趺寶坐以垂衣。少分玉豪，想延王之初教。疑從刀利，下降人間。八部奉寶蓋之珍，四王獻純陁之供。暉光赫弈，玉步金連，侍從龍天，悉周旋而邈塑裝間衆人盡擔依體掛六殊疑聞四諦。龕内諸壁，圖繢真容。或則淨居方丈，芥納須彌。或則九會華嚴，化出百千之界。或則擊珠貧子，乘諭三車。或乃流水濟魚，共讚醫王之妙。楞伽山上，萃百億之神仙。如意寶珠，溥施群生於有截。十二上願，定國安人。能隨喜於所求，必鑑心於至信。大悲慈氏，誕聖跡於儴伽佉，鷄山足間，捧舍蘭而作禮。寶臺指歎，致群迷於一如。無去無來，導有緣於五蓋。西宫極樂，池多菡萏之蓮。寶馬叢臺，共讚本生之曲。文殊助化，鉢下降龍。大聖普賢，來自上王之國。勸持勸發，能堅護念之心。誓伏魔恐，直止無依之地。四王帝主，奉以瓊花。梵釋之天，來供妙果。虚空側塞，塞（衍）梵響玲玲。螺見凝空，珊瑚玉葉。階鋪異錦，滿砌紅蓮。百和旃檀，氛氳寶室。龕内丹雘，盡用真沙。駱驛長安，賀茲寶貨。家財撒施，工假兼多。慶窟設齋，數千人供。（慶）（度）僧薦福，已報國恩。散絲緗與工人，用酬勞苦。巍巍乎大矣哉！勝司斯畢，功將就焉。夫人潁川郡陳氏，柔容美德，淑行兼仁。閨門處治理之心，撫下施貞明之愛；居尊不棄於蠶桑，在貴不忘於

（後缺）

《敦煌社會經濟文獻真蹟釋録》第五輯《張淮深造窟記》

（前缺）□續加曳履之□大漠之中，亞夫未里，風化大開，懸魚兼詠，西戎北狄不呼而乃公之長策之所致，呼□□襟帶，戎漢交馳，謀静六□（蕃）劫虜失狼顧之心，渭水便橋泰，不憂寇□，此乃公之德校雜，羌龍嗢末退渾數四時通欵塞之文，八節繼野徭，偃甲休戈，但有接飛之象景泰，五稼豐登，深募良鐫龕，公乃海量宏博，胸納兒戲，遂於北大像之北，欲建鐫鑿，遍問諸下，無敢枝梧聖人乎，哥臂决海，貳師劈山面，公以虔誠注意，上感雨師之卒，黄雲四合，盤旋宕碧巖之上，纔當夜半，地吼鼇凛烈，盪石吹沙，猛獸奔竄翼，須臾，隕石大如盤陁，積流於西渚，既平㟊嵲，然後施以傍通，日往月來，俄成廣室宇之峰，峭拔烟霞，有似育積之宫，再换星霜，化出蓬萊奉壁之仙，靉靆祥雲，每覩匠以濟功，紫殿龍軒，對鳳坐以垂衣，少分玉豪，想延王之八部奉寶蓋之珍，四王獻純陁連，侍從龍天，悉周旋而邈塑掛六殊，疑聞四諦，龕内諸壁芥納須彌，或則九會華嚴，洙貧子，乘諭三車，或乃楞伽山上，萃百億之神於有截，十二上願，定國安人，能信，大悲慈氏，誕聖跡於儴而作禮，寶臺指歎，致群緣於五蓋，西宫極樂，池叢臺，共讚本生之曲，文殊助來自上王之國，勸持勸發，能直止無依之地，四王帝主，奉以果，虚空側塞，梵響玲玲鋪異錦，滿砌紅蓮，百和梅臒，盡用真沙，駱驛長安，賀價兼多，慶窟設齋，數千國恩，散缣緗與工人，用酬司斯畢，功將就焉。夫人德，淑行兼仁，閨門處治，理尊，不棄於蠶桑，在貴不忘□受寵花牒，出降於虔誠奉託，共建蓮宫，遠延暉、次延禮、次延思、次延嗣、次謂龍駒，學通九部之書，更堪柱石，他年俸錢，永德繼擒龍之族，宗人敦煌釋門□三年之内，實効驅馳，成吾（後缺）

《敦煌社會經濟文獻真蹟釋録》第五輯《大唐隴西李氏莫高窟修功德記》

大唐隴西李氏莫高窟修功德記。

節度留後使朝議大夫尚書刑部郎中兼侍御史楊綬述。

敦煌之東南，有山曰三危。結積陰之氣，坤爲德；成凝質之形，艮爲象。峻嶒千峰，磅礴萬里。呀豁中絶，坱圠相欽。鑿爲靈龕，上下雲矗。構以飛閣，南北霞連。依然地居，杳出人境。聖燈時照，一川星懸。神鍾乍鳴，四山雷發。靈仙貴物，往往而在。屬以賊臣干紀，勍寇幸災。磔裂地維，暴殄天物。東自隴坻，舊陌走狐兔之群；西盡陽關，遺邑聚豺狼之窟。枯木夜驚，和門晝扃；塔中委塵，禪處生草。時有住信士朝散大夫鄭王府諮議參軍隴西李大賓，其先指樹命氏，紫氣度流沙之西；刺山騰芳，鴻名感懸泉之下。時高射虎，人望登龍。開土西涼，稱藩東晉。諮議即興聖皇帝十三代孫。遠派天分，世濟其美。靈根地植，代不乏賢。六代祖寶，隨使持節侍中、西垂諸軍事、鎮西大將軍、領護西戎校

尉、開府議(儀)同三司、沙州敦煌公玉門西封邑三千户。曾王父達，皇敦煌司馬，其後因家焉。王父操，皇大黄府車騎將軍。烈考奉國，皇照武校尉、甘州和平鎮將。早逢昌運，得展雄材。一命是淩雲之姿，百齡捧日下之慶。垂條布潁，業繼弓裘。築室連閎，里成冠蓋。難兄令弟，卓然履道之賢；翼子謀身，宛爾保家之主。諮議，天授淳粹，神假正直；交遊迎其信，鄉黨稱其仁；義泉深沉，酌而不渴；道氣靈遠，感而遂通。嘗以揖江海者，莫測其深淺；望乾坤者，不究其方圓。況色空皆空，性相無相，豈可以名言悟，豈可以文字知。夫然，故方大小室，默然入不二之妙；智度大道，法爾表無念之真。以其虚谷騰聲，洪鍾應物。所以魔宫山坼，佛日天開；愛水朝清，昏衢夜曉；一音演法，四衆隨緣；直解髻珠，密傳心印；凡依有相，即是所依；若住無爲，還成有住。由是巡山作禮，歷險經行；盤迴未周，軒檻屹斷；劖削有地，梯構無人。遂千金貿工，百堵興役。奮鎚聾壑，揭石聒山。素涅槃像一鋪，如意輪菩薩、不空罥索菩薩各一鋪，畫西方浄土、東方藥師、彌勒上生下生、天請問、涅槃、報恩、如意輪、不空罥索、千手千眼觀世音菩薩等變各一鋪，賢劫千佛一千軀，文殊師利菩薩、普賢菩薩各一軀。初坯土塗，旋布錯彩。豁開石壁，儼現金容。本自不生，示生於千界；今則無滅，示滅於雙林。考經尋源，備物象設。梵王奔世，佛母下天。如意聖輪，圓轉三有。不空妙索，維持四生。人其報恩，天則請問。六牙象寶，摇紫珮以栖真；五色獸王，戴青蓮而捧聖。十二上願，列於浄剎；十六觀門，開於樂土。大悲來儀於鷲嶺，慈氏降跡於龍花，丕〔哉〕休哉，千佛分身，聚成沙界；八部敷衆，重圍鐵山。希夷無聲，悉窣欲動。爾其簷飛雁翅，砌盤龍鱗；雲霧生於户牖，雷霆走於階陛。左豁平陸，目極遠山。前流長河，波映重閣。風鳴道樹，每韻苦空之聲；露滴禪池，更澄清浄之趣。時節度觀察處置使開府儀同三司御史大夫蔡國公周公，道洽生知，才膺命世；清明内照，英華外敷；氣邁風雲，心懸日月。文物居執憲之重，武威當杖鉞之雄。括囊九流，住持十信。爰因蒐錬之暇，以申禮敬之誠。揭竿操矛，闟戟以從；蓬頭胼脅，傍車而趨；熊羆啟行，鵷鸞陪乘；隱隱軫軫，蕩谷摇川，而至於斯窟也。層軒九空，複道一帶。前引簫唱，上干雲霓。雖以身容身，投跡無地；而舉足下足，登天有階。目窮二儀，心出三界。有若僧政沙門釋靈悟法師，即諮議之愛弟也。戒珠圓明，心境朗徹；學探万偈，辯折千人。出火宅於一乘，破空遺相；指化成於四坐，虚往實歸。於是引兄大賓、弟朝英、侄子良、子液、子望、子羽等，拜手於階下。法師及侄僧志融斂袂於堂上曰：主君恤人求瘼，戢難濟時，井税且均，家財自給。是得傍開虚洞，横敞危樓。將以翼大化，將以福先烈。休庇一郡，光照六親。況祖孫五支，圖素四刹，堂構免墜，詒厥無慙。非石無以表其貞，非文何以記其遠。且登高能賦，古或無遺；遇物斯銘，今其遐棄。紛然遞進，來以求蒙。蔡公乃指精廬而謂愚曰：操斧伐柯，取則不遠；屬詞比事，固可當仁。仰恭指歸，俯就誠懇。敢朴略其狂簡，庶髣髴於真宗。時大唐大歷十一年龍集景辰八月旬有十五日辛未建。

《敦煌社會經濟文獻真蹟釋録》第五輯《於當居創造佛刹功德記》

於當居創造佛刹功德記。

夫三界玄虚，久流曠遠；不憑奥旨，無以窮其原，浩浩烟波，非庸輩而可竭；隱靈雄粹，不越代而降神；歷寶英姿，遇清平而誕德。然則十地虚廓，六趣交横；仰之者不測其淺深，演之者罕窮其理。故知發智生芽，難量叵測。厥今有清信弟子押衙兼當府都宅務、知樂營使張某乙，清河流派，塞外名家，文武不下於人倫，忠孝兩全而盡節。故得志謀廣博，能懷辨捷之功；得衆寬弘，乃獲怡和之性。善閑六律，調八音能降天神；不失宫商，合五好而陳教禮。故得陪府主而降此郡，縱恣異常，受恩蔭下，不闕晨昏，寧惭報得。所以割捨家産，欽慕良公，謹於所居西南之隅，建立佛刹一所。内於西壁畫釋迦牟尼佛一鋪，南壁畫如意輪，北壁畫不空羂索，東壁畫文殊普賢兼藥師佛變相，門外兩頰畫護法神二軀並二執金剛，莊飾並已功畢。若夫釋迦相好，項背圓光；如意輪王，有求必遂；不空絹索，濟養衆生；文殊普賢，救愚拔厄；藥師發十二上願，無苦不除；護法善神，殄除災沴；金剛二執，衛守釋風；大戒聲聞，助宣妙法。願使諸佛擁護，府主壽福於千年；賢聖照臨，百福應時如合會；災央殄滅，邊方無爟火之憂；神理加持，長見年豐歲稔；亡過二親幽識承斯生浄土連宫；已躬及見在宗親得壽，年長命遠。良功告罷之日，略記單行，用表後傳，流名繼跡。簷楹攢集，冥世比浄土□宫。架鏤分明，似龍宫之内樣。樑棟檀旃，地砌磐陁，焚香早朝，然燈續夜。

于時天成三年歲次戊子九月壬申朔十五日丙戌題記。

《敦煌社會經濟文獻真蹟釋録》第五輯《唐沙州龍興寺上座德勝宕泉創修功德記》

唐沙州龍興寺上座沙門俗姓馬氏香號德勝，宕泉創修功德記。

行敦煌縣慰兼管内都支計使御史中丞濟北氾唐　述。

竊以釋門龕闢法偈，勸勵萌芽：二鼠來侵，四蛇定其昇降。然則十地塵廊，六道交横。仰之者莫測其源，演之者罕窮其理。說空空之理，體幻無實；定有爲之宗，亦同芭葉。足知日不駐時，非覺靡勵。亡父敦煌縣耆壽諱太平，字時清，孝悌承家，閑居得志。履謙恭於鄉閭，慕直道於前賢。風響許由，不趨名利。亡伯僧前三窟教授，法號法堅，可爲緇林碩德，頓悟若空，棄捨囂塵，住持居淍。弟僧龍興寺臨壇大德法真，威儀冰操，不若纖塵；戒護鵝珠，澄清轉潔。沙門德勝，精閑六禮，明達藏經；談演多機，偉貌清肅。想五蘊之皆空，頓除煩惱；悟六道之輪迴，慮逢漂溺。遂因修行之暇，憩步宕泉。仰萬窟之峥嶸，覩千龕而龕。因念前賢往哲，由知身幻而樹福。曰：貧道忝厠緇流，不可蹉跎度世。遂捨房資，於北大像南邊創造新龕一所，内素釋迦如來並諸侍從，四壁繪諸經變相，門冈頰畫神冈軀，窟簷頂畫千佛，北壁畫千手千眼菩薩。内外莊嚴，並以功畢。夫大覺圓光滿室照耀恒沙，眉相白毫，騰飛有頂。三十二相，以朱紫而發輝；八十希容，簡丹青而仿佛。大乘緣義，表若行之徽猷；護法二神，揮寶杵而摧魔網。慈悲菩薩，廣大圓明，心懇所求，無有不剋。今生種植，是過去之津樑。若海停波，定爲舟職；刹那若悟，花會非遥；未達真空，沉淪沙界；門道素邈，傳爾後昆。然願邊軍諿太，裔表時康。四塞無戰争之聲，海波定而鯨鯢息浪。七世眷屬，託質西方。同悟之流，咸登覺路。余退鵡小鷁，多慙荒拙，立奉雅旨，走筆題記。乃爲辭曰：

奇哉宕谷，石化紅蓮。薩訶受記，引錫成泉。千佛净土，瑞氣盤旋。後爾鐫窟，數滿百年。萬株林藪，靉靆香烟。地皆玉砌，七寶莊嚴。大身金像，疑（凝）見無邊。恒沙刧佛，空裏連綿。護法大將，侍衛諸天。久曾游歷，宇宙無先。後乃法真，悟道紹然。捨彼衣鉢，而樹金田。崇飾悉堵，道引有緣。竭力功畢，處净離喧。龍花三會，必子於仙。離生死若，香風引前。辭不獲免，立走片言。

時唐乾寧三年丙辰歲四月八日畢功記。

《敦煌社會經濟文獻真蹟釋録》第五輯《李克讓修莫高窟佛龕碑》

（以下爲碑陽）大□□□□□□校尉上柱國李君修慈悲佛龕碑並序。首望宿衛上柱國敦煌張大忠書。弟應制舉□□□□。原夫容万物者，天地也；容天地者，太虚焉。星辰日月天之文，卉木山河地之理。推之律吕，寒暑之節□□□□□□ □□□可□。然而三家不定，四術猶迷。□申臆斷之辭，競起異端之論，矧乎正覺冲邃，法身常住，凝功昌冥，湛然無□□□□□□□□鶩一乘，絶有爲而□無爲，獨尊三界，若乃非相示相，總權實以運慈悲，非身是身，苞真應而開方便，不言作言，□□□□□□□□爲有象之宗，神儀廣現。至若吉祥菩薩，寶應真人，效靈於太古之初，啟聖於上皇之始，或練石而斷鼇足，立□□□□□□□□而察龜文，調五行而建八節，復有儒童嘆風，生震旦而郁玄雲，迦葉猶龍，下閻浮而騰紫氣。或因山起號，或□□□□□□□□風，删詩書而立訓，莫不分條共貫，異派同源。是知法有千門，咸歸一姓，等碧空之含万像，均滄海之納百川。其道□□□□□□□能使三千國界，悉奉賷而輪琛；百億人天，並承風而偃化。拔衆生之毒箭，作群品之良醫。恚龍屏氣於盂中，狂象亡□□□□□□□感，灑法雨而隨根。無願不從，皦慈光而逐物；豐功厚利，誠無得而稱焉。我大周之馭宇也，轉金輪之千輻，運□□□□□□□諦於心田，皎三尹於智藏。慈雲共舜雲交映，慧日與堯日分暉。德被四天，不言而自信；恩隆十地，不化而自行。蓂莢生□□□□。物不召而自至，瑞無名而畢臻。川嶽精靈，列韜鈐而受職，風雲秀氣，儼槐棘以承榮，傑侏兜離，韵偕韶護，蠻夷戎狄，飾□□□□更紹真乘，初隆正法，大雲遍布，寶雨傍流，闡無内之至言，恢無外之宏唱，談空有而闡寂，括宇宙以通同。蕩蕩乎，巍巍乎，不可□而名言者也。莫高窟者，厥初秦建元二年，有沙門樂傳，戒行清虚，執心恬静，嘗杖錫林野，行止此山，勿見金光，狀有千佛，遂架空鑿□，造窟一龕。次有法良禪師，從東屆此，又於尊師龕側，更即營建。伽藍之起，濫觴於二僧。復有刺史建平公、東陽王等各修一大窟，而後合州梨庶造作相仍，實神秀之幽宕，靈奇之净域也。西連九隴坂，鳴沙飛井擅其名；東接三危峰，泫露翔雲騰其美。左右形勝，前後顯敞，川原麗，物色新。仙禽瑞獸育其阿，班羽毛而百彩；珍木嘉卉生其谷，絢花葉而千光。爾其鐫崿開基，植端桔而概日；礑山爲塔，構層臺以笐天。刻石窮阿育之工，雕檀極優闐之妙。每至景躔丹陛，節啟朱明，四海士人，八方緇素，雲趨兮艶赫，波委兮佛騰，如歸鷄足之山，似赴鷲頭之嶺。升其欄檻，疑絶累於人間；窺其宫闕，似游神乎天上。豈異夫龍王散馥，化作金臺，梵王飛花，□成雲蓋，幢幡五色而焕爛，鐘磬八音鏗鏘。香積之餅俱臻，純陀之供齊至。極於無極，共喜芬馨，人及非人，咸歆晟饌。遥自秦建元之日，迄大周聖曆之辰，樂傳、法良發其宗，建平、東陽弘其迹，推甲子四百他歲，計窟室一千餘龕，今見置僧徒，即爲崇教寺也。君諱義，字克讓，敦煌人也。高陽頊之裔，太尉頎之苗。李廣以猿臂操奇，李固以龜文表相。長源淼淼，既浴日而涵星，層構峨峨，亦織雲而穤漢。曾祖穆，周敦煌郡司馬，使持節張掖郡諸軍事、張掖太守兼河右道諸軍事、檢校永興、酒泉二郡大中正、蕩寇將軍。祖□，隋大黃府上大都督、車騎將軍。並多藝多能，謀身謀國。文由德進，武以功升。爲將有御遠之方，作牧得安邊之術。庭抽孝□□□□□□□泉竭誠而奉上，謙光下物，不自驕矜，流令譽於常年，鍾餘慶於身後。考達，左玉鈐衛效穀府旅帥，上護軍，□□□□□□□□□倜儻之姿，夙負不羈之節。荆山紅玉，不能比其玉潤，宋國驪珠，無以方其外朗。行能雙美，文武兼優。臨池擅□輸之工，射□□□□之妙。嘗嘆息而言曰：夫人生一代，難保百齡，修短久定於遭隨，窮通已賦於冥兆。假令手能拉日，力可拔山，□□□□□□□□□條之露，何用區碌榮利，棄擲光陰者哉！於是滌胸襟，疏耳目，坦心智之所滯，開視聽之所疑，遂誦金言□□□□□□□□歸正舍邪，遇善恭虔，必能尊重贊嘆。乃於斯勝岫造窟一龕，藻飾圓周，莊嚴具備，妙宫建四廬之觀，寧□□□□□□□□□□

（以下爲碑陰）

□不謝華嚴之説。其上寥廓，其下峥嶸，懸日月於□□，吐風雲於澗曲，岹嶢而郁律，查穿而穹□□□□□□□□□□□□静。每年盛夏，奉謁尊容，就窟設齋，燔香作禮。爰居茲日，斯道載弘，接武歸依，信報逾固者矣。亡兄感，昭武校尉、甘州禾平鎮將、上柱國，譽表髫初，名揚綺際，材稱刈楚，器是拔茅。澗松以磊落見尋，岩菊以芳菲入用。其□□□□□□□□□□□而風寒，因與昆季閑居，論空苦之理，乃相謂曰：是身無常，生死不息，既如幻如化，亦隨起隨滅。前尊考先有規，今小子□□□放習。乃齊聲□和，應諾風從。復於窟側更造佛刹，穿鑿向畢，而兄遂亡。公任左玉鈐衛效穀府校尉、上柱國。弟懷操，昭武校尉、行紫金鎮將、上柱國，並奇才卓犖，逸調昂莊。泰初之曉月團團，玄度之清風肅肅，羽垂天□□□□□□□□之後必昌，象賢之縱無絶。乃召巧匠，選工師，窮天下之譎詭，盡人間之麗飾，馳心八解脱，締想六神通。□□□□滅之樂，後起·〔涅〕槃之變；中浮寶刹，匝四面以環；旁列金姿，儼千靈而侍衛。璿題留月，玉牖來風，露滴砌而飛珠，霞映梁而散錦，既似龍宫之表，還同鹿苑之遊。粤以聖曆元年五月十四日修葺功畢，設供塔前，陳桂饌以薰空，尊藍羞而味野。伏願一人有慶，九域無虞，萬邦銷僞末之萌，群品沐淳源之始。拂輕衣而石盡，釋教長流；去纖芥而城空、法輪恒轉。且夫立功立事，尚光揚於竹素，何況大慈大悲，不宣暢於金册。輒課庸淺，敬勒豐碑，合掌曲躬，乃爲詞曰：法身常住，佛性難原。形色化應，亦顯真權。無爲卓爾，寂滅凝玄。乘機逐果，示度隨緣。大周廣運，普濟含靈。金輪啟聖，玉册延禎。長離入閣，屈軼抽庭。四夷偃化，重譯輸誠。爰有名窟，實爲妙境。雁塔浮空，蜂臺架回。珠箔星綴，璿題月鋈。自秦創興，於周轉盛。西連九隴，東接三危。川恒綺錯，物産瑰奇，花開德水，鳥弄禪枝。十方會合，四輩交馳。雕甍跂鳳，鏤檻盤龍。錦披石砌，綉點山葱。雲縈寶蓋，日灼金幢。芳羞味野，香氣浮空。粤惟信士，披誠迴向。脱屣塵勞，拂衣高尚。旁求巧妙，廣選名匠。陳彼鈎繩，鑿斯岩嶂。代修七覺，門襄三歸。取與有信，仁義無違。雕鎸寶刹，絢飾金暉。真儀若在，靈衛若飛。營葺兮既終，丹青兮已畢。相好備畢圓滿，福祥臻兮貞吉。百劫千劫兮作年，青蓮赤蓮兮爲日。著如來之衣，入如來之室，佛道兮曠蕩，法源兮迤溢。勒豐碑兮塔前，度後昆兮可悉。

維大周聖曆元年歲次戊戌伍月庚申朔拾四日癸酉敬造。李氏之先，出自帝顓頊高陽氏之苗裔。其後咎繇，身佐唐虞，代爲大理。既命爲理官，因而以錫其姓。洎殷之季年，有理微，字德靈，得罪於紂，其子理貞違難，避地居殷，食李以全其壽，因改爲李。其後漢武開拓四郡，辟李翔持節爲破羌將軍督西戎都護，建功狄道，名高四海，殞命寇場，追贈太尉，遂葬此縣，因而家焉。其後爲隴西之人。逮涼昭食邑敦煌，又爲敦煌人也。

（以下爲李氏世系名職銜位，碑中分上、中、下三列）

（上列）

遠祖顧，漢太尉公，曆幽豫二州刺史，食邑赤園岩□。

顯祖昭，魏使持節武、張、酒、瓜等四州諸軍事，四州刺史，河右道大中正，輔國大將軍。

曾祖穆，周敦煌郡司馬使持節張掖郡諸軍事，張掖太守兼河右道諸軍事、檢校永興、酒泉二郡大中正、蕩寇將軍。

（祖）□□隋大黄府上都督、車騎將軍。

考達，左玉鈐衛效穀府旅帥、上護軍□□□□軍（中缺）

亡兄感，昭武校尉、甘州禾平鎮將，上柱國。弟懷節，上柱國。弟懷忠，騎都尉。弟懷恩，昭武校尉、行西州白水鎮將，上柱國。弟懷操，昭武校尉，行紫金鎮將，上柱國。侄奉基，翊麾副尉、行庭州鹽池戍主、上騎都尉。侄奉逸，翊衛、上柱國。男奉誠，翊衛。侄奉國，翊衛。孔令秀，翊衛。（下缺）

造碑僧寥廓，上柱國。鎸字索洪亮。

宋遼金元部

綜述

《宋史》卷一二七《樂志二》〔皇佑三年〕十二月，召兩府及侍臣觀新樂于紫宸殿，凡鑄鍾十二：黄鍾高二尺二寸半，于廣一尺二寸，鼓六，鉦四，舞六，甬、衡并旋蟲高八寸四分，遂徑二寸二分，深一寸二釐，篆帶每面縱者四、横者四，枚景挾鼓與舞，四處各有九，每面共三十六，兩欒間一尺四寸，容九斗九升五合，重一百六斤；大吕以下十一鍾並與黄鍾同制，而兩欒間遞減半分；至應鍾容九斗三升五合，而其重加至應鍾重一百四十八斤：並中新律本律。特磬十二：黄鍾、大吕股長二尺，博一尺，鼓三尺，博六寸九分寸之六，絃三尺七寸五分；太簇以下股長尺八寸，博九寸，鼓二尺七寸，博六寸，絃三尺三寸七分半，其聲各中本律。黄鍾厚二寸一分，大吕以下遞加其厚，至應鍾厚三寸五分。詔以其圖送中書。議者以爲《周禮》：「大鍾十分其鼓間，以其一爲之厚；小鍾十分其鉦間，以其一爲之厚。」則是大鍾宜厚，小鍾宜薄。今大鍾重一百六斤，小鍾乃重一百四十八斤，則小鍾厚，非也。又：「磬氏爲磬，倨句一矩有半，博爲一，股爲二，鼓爲三。參分其股博，去其一以爲鼓博；三分其鼓博，以其一爲之厚。」今磬無博厚、無長短，亦非也。

五年四月，命參知政事劉沆、梁適監議大樂。是月，知制誥王洙奏：「黄鍾爲宮最尊者，但聲有尊卑耳，不必在其形體也。言鍾磬依律數爲大小之制者，經典無正文，惟鄭康成立意言之，亦自云假設之法。孔穎達作疏，因而述之。據歷代史籍，亦無鍾磬依律數大小之説；其康成、穎達等即非身曾制作樂器。至如言『磬前長三律，二尺七寸；後長二律，一尺八寸，是磬有大小之制』者，據此以黄鍾爲律。臣曾依此法造黄鍾特磬者，止得林鍾律聲。若隨律長短爲鍾磬大小之制，則黄鍾長二尺二寸半，減至應鍾，則形制大小比黄鍾才四分之一。又九月、十月以無射、應鍾爲宮，即黄鍾、大吕反爲商聲，宮小而商大，是君弱臣彊之象。今參酌其鑄鍾、特磬制度，欲且各依律數，算定長短、大小、容受之數，仍以皇祐中黍尺爲法，鑄大吕、應鍾鍾磬各一，即見形制、聲韻所歸。」奏可。

五月，翰林學士承旨王拱辰言：「奉詔詳定大樂，比臣至局，鍾磬已成。竊緣律有長短，磬有大小，黄鍾九寸最長，其氣陽，其象土，其正聲爲宮，爲諸律之首，蓋君德之象，不可並也。今十二鍾磬，一以黄鍾爲率，與古爲異。臣等亦嘗詢逸、瑗等，皆言『依律大小，則聲不能諧』。故臣竊有疑，請下詳定大樂所，更稽古義參定之。」是月，知諫院李兑言：「曩者紫宸殿閱太常新樂，議者以鍾之形制未中律度，遂斥而不用，復詔近臣詳定。竊聞崇文院聚議，而王拱辰欲更前史之義，王洙不從，議論喧嘖。夫樂之道，廣大微妙，非知音入神，豈可輕議？西漢去聖尚近，有制氏世典大樂，但能紀其鏗鏘，而不能言其義。況今又千餘年，而欲求三代之音，不亦難乎？且阮逸罪廢之人，安能通聖明述作之事？務爲異説，欲規恩賞。朝廷制樂數年，當國財匱乏之時，煩費甚廣。器既成矣，又欲改爲，雖命兩府大臣監議，然未能裁定其當。請以新成鍾磬與祖宗舊樂參校其聲，但取諧和近雅者合用之。」

六月，帝御紫宸殿奏太常新定《大安之樂》，召輔臣至省府、館閣預觀焉，賜詳定官器幣有差。八月，詔：「南郊姑用舊樂，其新定《大安之樂》，常祀及朝會用之。」翰林學士胡宿上言：「自古無並用二樂之理，今舊樂高，新樂下，相去一律，難並用。且新樂未施郊廟，先用之朝會，非先王薦上帝、配祖考之意。」帝以爲然。九月，御崇政殿，召近臣、宗室、臺諫、省府推判官觀新樂并新作晉鼓。乃以瑗爲大理寺丞，逸復尚書屯田員外郎，保信領榮州防禦使，入内東頭供奉官賈宣吉爲内殿承制，並以制鍾律成，特遷之。

至和元年，言者多以陰陽不和由大樂未定。帝曰：「樂之不合於古，久矣。水旱之來，繫時政得失，豈樂所召哉？」二年，潭州上瀏陽縣所得古鍾，送太常。初，李照斥王朴樂音高，乃作新樂，下其聲。太常歌工病其太濁，歌不成聲，私賂鑄工，使減銅齊，而聲稍清，歌乃協。然照卒莫之辨。又朴所制編鍾皆側垂，照、瑗皆非之。及照將鑄鍾，給銅於鑄瀉務，得古編鍾一，工人不敢毁，乃藏於太常。鍾不知何代所作，其銘云：「粤朕皇祖寶龢鍾，粤斯萬年，子子孫孫永寶用。」叩其聲，與朴鍾夷則清聲合，而其形側垂。瑗後改鑄，正其鈕，使下垂，叩之弇鬱而不揚。其鑄鍾又長甬而震掉，聲不和。著作佐郎劉羲叟謂人曰：「此與周景王無射鍾無異，上將有眩惑之疾。」嘉祐元年正月，帝御大慶殿受朝，前一夕，殿庭設仗衛，既具而大雨雪，至壓宮架折，帝於禁中跣而告天，遂暴感風眩，人以羲叟之言爲驗。八月，御製恭謝樂章。是月，詔恭謝用舊樂。

《宋史》卷一四八《儀衛志六》　鹵簿儀服。自漢鹵簿，象最在前。晉平吴後，南越獻馴象，作大車駕之，以載黄門鼓吹數十人，使越人騎之以試橋梁。宋鹵簿，以象居先，設木蓮花坐，金蕉盤，紫羅繡襜絡腦，當胸、後鞦並設銅鈴杏葉，紅犛牛尾拂，跋塵。每象，南越軍一人跨其上，四人引，並花脚幞頭、緋繡窄衣、銀帶。太宗太平興國六年，兩莊養象所奏：詔以象十於南郊引駕，開寶九年南郊時，其象止在六引前排列。詔鹵簿使領其事。

旗，皆錯采爲之，漆竿，錔首，纛頭，錦帶腰，火燄脚。白澤、攝提、金鸞、金鳳、師子、苣文、天下太平、君王萬歲、仙童、騰蛇、神龜，及在步甲前後隊、後馬隊三隊、六軍儀仗內，並以赤。日、月及合璧、連珠、風、雨、雷、電、五星、二十八宿、祥雲，並以青。北斗以黑。五岳、四瀆、五方、四神、十二辰、五龍、五鳳、龍虎君，並以方色。天王以赤、黄二色。排攔以黄、紫、赤三色。

元豐三年，詳定郊廟奉祀禮文所言：「鹵簿，前用二十八宿、五星、攝提旗，有司乃取方士之說，繪爲人形，於禮無據。伏請改製，各著其象，以則天文。」從之。元祐七年，太常寺言：「二十八宿旗，五星、攝提旗，按《鹵簿圖》畫人形及牛虎頭、婦人、小兒之類，於禮無據。元豐三年，禮文所上言乞改製，各著其象，以則天文。後有司循舊儀，未曾改正，今欲改造。」從之。

元符二年，徽宗即位，兵部侍郎黄裳言：「南郊大駕諸旗名物，除用典故制號外，餘因時事取名。伏見近者璽授元符，茅山之上日有重輪，太上老君眉間發紅光，武夷君廟有仙鶴，臣請制爲旗號，曰寶符，曰重輪，曰祥光，曰瑞鶴。」從之。

政和四年，禮制局言：「鹵簿，大黄龍負圖旗畫八卦，乞改畫九、一、三、七、二、四、六、八、五之數。仙童、網子、大神三旗無所經見，乞除去。」從之。初，大觀三年，西京潁陽縣大慶觀聖祖殿東，有嘉禾、芝草並生。其嘉禾一本四穗，芝草葉圓而重起。至是，詔製芝禾並秀旗。又以是年二月，日上生青、赤、黄戴氣；後，日下生青、赤、黄承氣，詔製日有戴承旗。又以元符二年武夷君廟有仙鶴迎詔，政和二年延福宫宴輔臣，有羣鶴自西北來，盤旋於睿謨殿上，及奏大晟樂而翔鶴屢至，詔製瑞鶴旗。

八年，禮部侍郎張邦昌奏：「太祖時，甘露降於江陵者十日，瑞麥秀於濮陽者六歧，獲金鸚鵡於隴坻，得三玉兔於鄆封，馴象至而五嶺平，瓊管族而白鹿出，皆命製爲旗章陳之。望詔有司取自崇、觀至今，凡中外所上瑞應，悉掇其尤殊者，增製旗物，上以丕承天貺，下以聳動民瞻。」從之。

初，宋制旗物尤盛，中興後惟務簡約，雖參用舊制，然亦不無因革。其太常，青質夾羅，惟繡日、月、星而無龍，下有網鬚謂之茀，而竿頭爲龍首，銜青結綬，垂青旒綫十二，謂之旒。蓋幅下無斿，而竿首垂旒，抑又取古者「注旄及羽於竿首」之遺制。竿用椆木，護以剖竹，膠以髹，飾以藻，玉輅建之。大旆，黄質九幅，每幅繡升龍一，側幅二，下垂黄絲網綫九，金輅建之。大赤，朱質七幅，每幅繡鳥隼二，側幅如之，下垂朱絲網綫七，象輅建之。大白，素質五幅，每幅繡熊一、虎一，側幅如之，下垂淺黄絲網綫五，革輅建之。大麾，皂質四幅，每幅繡五采龜蛇一，側幅繡龜二，下垂皂絲網綫四，木輅建之。

其黄龍負圖旗，建隆初創爲大制。有架，旗力重，以百九十人維之，今用七十人。其君王萬歲、天下太平、日月、五星、北斗、招摇、青龍、朱雀、白虎、玄武等十旗，皆以十七人維之。其祥瑞旗八，紹興二十五年所制也。是歲，適當郊祀，而太廟生靈芝九莖，贛州進太平瑞木，道州連理木，遂寧府嘉禾，鎮江府瑞瓜，南安軍雙蓮花，嚴州兜率寺、信州玉山芝草，黎州甘露，禮部侍郎王珉等請繪之華旗，以紀盛美焉。

五牛旗，依方色，皆小輿上刻木爲牛，背插旗，錯采爲牛，旗竿上有小盤，盤衣及輿衣，亦並繡牛形。輿士各四人，服繡五色牛衣。自太祖時詔用之。神宗熙寧七年，太常寺言：「大駕鹵簿羊車，本前代宫中所乘；五牛旗，蓋古之五時副車也，以木牛載旗，用人輿之，失其本制，宜省去。」從之。

牙門旗，古者，天子出建大牙。今制，赤質，錯采爲神人象，中道前後各一門，左右道五門，門二旗，蓋取周制「樹旗表門」及「天子五門」之制。

駕頭，一名寶床，正衙法坐也。香木爲之，四足瑑山，以龍卷之。坐面用藤織雲龍，四圍錯采，繪走龍形，微曲。上加緋羅繡褥，裹以緋羅繡帕。每車駕出幸，則使老内臣馬上擁之，爲前驅焉。不設，則以朱匣韜之。

幡，本幟也，貌幡幡然。有告止、傳教、信幡，皆絳帛，錯采爲字，上有朱緑小蓋，四角垂羅文佩，繫龍頭竿上。其錯采字下，告止爲雙鳳，傳教爲雙白虎，信幡爲雙龍。又有絳引幡，制頗同此，作五色間暈，無字，兩角垂佩。中興爲六角蓋，垂珠佩，下有横木板，作碾玉文。三幡，亦以錯采篆書「告止」、「傳教」、「信幡」。

幢，制如節而五層，韜以袋，繡四神，隨方色，朱漆柄。取《曲禮》「行前朱雀而後玄武，左青龍而右白虎」之義。王公所給幢，黑漆柄，紫綾袋。中興，用生色袋。

皁纛，本後魏纛頭之制。唐衛尉器用，纛居其一，蓋旄頭之遺象。制同旗，無文采，去鋸首六脚。《後志》云：「今制，皁邊皁斿，斿爲火焰之形。」金吾仗主之，每纛一人持，一人拓之。乘輿行，則陳於鹵簿，左右各六。

絳麾，如幢，止三層，紫羅囊蒙之。王公麾，以紫綾袋。

黃麾，古有黃、朱、纁三色，所以指麾也。漢鹵簿有前黃麾護駕御史。宋制，絳帛爲之，如幡，錯采成「黃麾」字，下繡交龍；朱漆竿，金龍首，上垂朱綠小蓋。神宗元豐二年，詳定朝會御殿儀注所言：

按《周禮》「木輅建大麾，以田」。鄭氏曰：「大麾不在九旗之中。以正色言之，則黑，夏后氏所建。」《禮記》曰：「有虞氏之旂，夏后氏綏。」鄭氏曰：「綏，謂注旄牛尾於杠首。所謂大麾，《書》曰『王右秉白旄以麾』。」孔穎達曰：「虞世但注旄，夏世始加旒縿。」《西京雜記》，漢大駕有前黃麾。崔豹《古今注》：「麾，所以指麾，乘輿以黃，諸公以朱，刺史二千石以纁。」《開元禮義纂》曰：「唐太宗法夏后之前制，取中方之正色，故制大麾，色黃。」

今禮有黃麾，其制十二幅。《開寶通禮義纂》曰：「黃，中央之色。此仗最近車輅，故以應象，取其居中，導達四方，含光大也。」今鹵簿黃麾，以夏制言之，則狀不類旗；以漢制言之，則色又不黃。伏請製大麾一：注麾於竿首，則法夏后氏之制；其色正黃，則用漢制；以十二幅爲旗，則取唐制；以一旒爲之，則取今龍墀旗之制。當元會陳仗衛，建大黃麾一於當御厢之前，以爲表識。其當御厢之後，則建黃麾幡二。

并上大黃麾、黃麾旛制度。神宗批曰：「黃麾制度，考詳前志，終是可疑。今鑿而爲之，植於大庭中外共瞻之地，或爲博聞多識者所譏。宜且闕之，更俟討求，黃麾幡仍舊。」

氅，本緝鳥毛爲之。唐有六色、孔雀、大小鵝毛、雞毛之制。《後志》云：「今制有青、緋、皁、白、黃五色，上有朱蓋，下垂帶，帶繡禽羽，末綴金鈴。青則繡以孔雀，五角蓋；緋則繡以鳳，六角蓋；皁則繡以鵝，六角蓋；白亦以鵝，四角蓋；黃則以雞，四角蓋。每角綴垂佩，揭以朱竿，上如戟，加横木龍首以繫之。」

金節，隋制也。黑漆竿，上施圓盤，周綴紅絲拂八層，黃繡龍袋籠之。王公以下皆有節，制同金節，韜以碧油。

繖，古張帛避雨之制。今有方繖、大繖，皆赤質，紫表朱裏，四角銅螭首。六引內者，其制差小。哲宗元祐七年，太常寺言：《開元禮》大駕八角紫繖，王公已下四角青繖。今《鹵簿圖》但引紫繖，而無青繖之文。詔改用。紹興十三年將郊，詔繖、扇如舊制，拂扇等不以珠飾。

蓋，本黃帝時有雲氣爲花葩之象，因而作也。宋有花蓋、導蓋，皆赤質，如繖而圓，瀝水繡花龍。又有曲蓋，差小，惟乘輿用之。人臣則親王或賜之，而以青繒繡瑞草焉。

睥睨，如華蓋而小。

扇筤，緋羅繡扇二，緋羅繡曲蓋一，並內臣馬上執之。駕頭在細仗前，扇筤在乘輿後。大駕、法駕、鸞駕，常出並用之。扇圓，徑四尺二寸，柄長八尺三寸，黃茸繡團龍，仍用金塗銅飾。扇有朱團及雉尾四等。朱團繡雲鳳或雜花，黑漆柄，金銅飾。雉尾皆方，繡雉尾之狀，有三等：大雉扇長五尺二寸，闊三尺七寸；中扇、小扇遞減二寸。下方上殺，以緋羅繡雉尾之狀，中有雙孔雀雜花，下施黑漆横木長柄，以金塗銅飾。乘輿出入，必以前持鄣蔽。凡朔望朝賀、行册禮，皇帝升御坐，必合扇，坐定去扇，禮畢駕退，又索扇如初。蓋謂天子升降俯仰，衆人皆得見之，非肅穆之容，故必合扇以鄣焉。

罕、罼，象「畢、昴爲天堦」，故爲前引，皆赤質，金銅飾，朱藤結網，金獸面。罕方，上有二螭首銜紅絲拂；罼圓，如扇。

香鐙，唐制也。朱漆案，緋繡花龍衣，上設金塗香爐、燭臺。長竿二，輿士八人。金塗銀火鐐、香匙副之。

大角，黑漆畫龍，紫繡龍袋。

長鳴、次鳴、大小横吹，五色衣旛，緋掌畫交龍。《樂令》，三品已上，緋掌畫蹲豹。

犦矟。犦，擊聲也。一云象犦牛，善鬬，字從牛。唐金吾將軍執之。宋制，如節有袋，上加碧油。常置朝堂，車駕鹵簿出，則八枚前導；又四枚夾大將軍者，名衛司犦矟。

矟，長矛也。木刃，黑質，畫雲氣。又有細矟，制同而差小。

戟，有枝兵也。木爲刃，赤質，畫雲氣，上垂交龍掌、五色帶，帶末綴銅鈴。又鈒戟，無掌，而有小横木；鈒，插也，制本插車旁。又小戟與鈒戟同。

殳、叉，戟之類。殳，無刃而短，黑飾兩末。叉，青飾兩末。並中白，畫雲氣，各綴朱絲拂。

槍，矟也。唐羽林所執，制同矟而鐵刃，上綴朱絲拂。

儀鍠，鉞屬也，秦、漢有之。唐用爲儀仗，刻木如斧，塗以青，柄以黃，上綴小錦幡、五色帶。

班劍，本漢朝服帶劍。晉以木代之，亦曰「象劍」，取裝飾斑斕之義。鞘以黃質，紫斑文，金銅飾，紫絲絛帉錯。

御刀，晉、宋以來有之。黑鞘，金花銀飾，靶軛，紫絲絛帉錯。又儀刀，制同此，悉以銀飾，王公亦給之。

刀盾。刀，本容刀也；盾，旁排也。一人分持。刀以木爲之，無鞘，有環，紫絲絛帉錯。盾，赤質，畫異獸。又朱藤絡盾，制悉同，唯緑藤緑質，皆持執之。

𢖍弩，漢京尹、司隸前驅，持弓以射窺者。宋制，每弩加箭二，有韜，畫雲氣，仗內弩皆同。

弓箭，每弓加箭二，有韜，同𢖍弩。

車輻，棒也，形如車輪輻。宋制，朱漆八稜白幹。

柯舒，黑漆棒也，制同車輻，以金銅釘飾。

鐙杖，黑漆弩柄也。以金銅爲鐙及飾，其末紫絲絛繫之。

鳴鞭，唐及五代有之。《周官》條狼氏執鞭趨辟之遺法也。內侍二人執之，鞭鞘用紅絲而漬以蠟。行幸，則前騎而鳴之，大祀禮畢還宮，亦用焉；視朝、宴會，則用於殿庭。

誕馬，散馬也。加金塗銀鬧裝鞍勒。乘輿以紅繡韉，六鞘，王公以下用紫繡及剜花韉。哲宗元祐七年，太常寺言：「誕馬，按《鹵簿圖》曰：舊並施鞍韉。景祐五年去之。昨納后，誕馬猶施鞍韉，今欲乞除去，仍依《鹵簿圖》，用纓、轡、緋屜。」

御馬鞍勒之制，有金、玉、水晶、金塗四等鬧裝，鞊鞢促結爲坐龍，碾鈒鏤塵沙面、平面、窪面、方團、寸節、卷荷校具，皆垂六鞘，金銀裹鞍橋、銜鐙，朱黃絲絛轡鞦，緋黃織繡或素圜韉，𧝑襆用金銀綫織或緋黃絁，鞭用紫竹，紅、黃絲鞘，纓以紅、黃犛牛尾，金爲鈌。每日，馬五匹供奉，鞍用玉及金塗，𧝑襆皆素。行幸則十四匹，加真金、水晶之飾。太宗至道二年詔：「先是，御馬以織成帊覆鞍勒，今後以廣絹代之。」

馬珂之制，銅面，鵰翎鼻拂，攀胸，上綴銅杏葉、紅絲拂。又胸前及腹下，皆有攀，綴銅鈴；後有跋塵，錦包尾。獨鹵簿中金吾衛將軍導駕者，皆有之。

甲騎具裝，甲，人鎧也；具裝，馬鎧也。甲以布爲裏，黃絁表之，青緑畫爲甲文，紅錦緣，青絁爲下帬，絳韋爲絡，金銅鈌，長短至膝。前膺爲人面二，自背連膺，纏以錦騰蛇。具裝，如常馬甲，加珂拂於前膺及後鞦。

毬杖，金塗銀裹，以供奉官騎執之，分左右前導。大禮，用百人，花脚幞頭、紫繡袴袍襖。常出，三十人，公服，皆騎導。

鷄竿，附竿爲鷄形，金飾，首銜絳旛，承以綵盤，維以絳索，揭以長竿。募衛士先登，爭得鷄者，官給以纈襖子，或取絳旛而已。大禮畢，麗正門肆赦則設之。其義則鷄爲巽神，巽主號令，故宣號令則象之。陽用事則鷄鳴，故布宣陽澤則象之。一曰「天鷄星動爲有赦」，故王者以天鷄爲度。金鷄事，六朝已有之，或謂起于西京。南渡後，則自紹興十三年始也。

大駕鹵簿巾服之制：金吾上將軍、將軍、六統軍、千牛、中郎將，服花脚幞頭、抹額、紫繡袍，佩牙刀，珂馬。諸衛大將軍、將軍、中郎將、折衝、果毅、散手翊衛，服平巾幘、紫繡袍、大口袴、錦螣蛇、銀帶，佩橫刀，執弓箭。千牛將軍，服平巾幘、紫繡袍、大口袴、銀帶、韡鞠，橫刀，執弓箭，珂馬。千牛，服花脚幞頭、緋繡袍、抹額、大口袴、銀帶、韡鞠。前馬隊內折衝及執矟者，服錦帽、緋繡袍、銀帶。監門校尉、六軍押仗，服幞頭、紫繡裲襠。隊正，服平巾幘、緋繡袍、大口袴。諸衛主率都尉，引駕騎，持鈒隊內校尉、旅帥，執衛司殳仗㩧矟，金吾十六騎，班劍、儀刀隊，親勳翊衛，執大角人，並服平巾幘、緋繡裲襠、大口袴，佩橫刀，執弓箭。金吾押牙，服金鵝帽、紫繡袍、銀帶，儀刀。金吾持纛者，服烏紗帽、皂衣、袴、鞢韄。金吾押纛，服幞頭、皂繡衫、大口袴、銀帶、烏皮鞾。執金吾㩧矟，服錦袍帽、臂韝、銀帶、烏皮鞾。

清遊隊、佽飛，執副仗矟，服甲騎具裝，錦臂韝，橫刀，執弓箭，白袴。朱雀隊執旗及執牙門旗，執絳引旛、黃麾旛者，並服緋繡衫、抹額、大口袴、銀帶。執殳仗，前後步隊、真武隊執旗，前後部黃麾，執日月合璧等旗，青龍白虎隊、金吾細仗內執旗者，並服五色繡袍、抹額、行縢、銀帶；執白榦棒人，加銀褐捍腰。執龍旗及前馬隊內執旗人，服五色繡袍、銀帶、行縢、大口袴。執弓箭、執龍旗副竿人，服錦帽、五色繡袍、大口袴、銀帶。執弩、弓箭人，服錦帽、青繡袍、銀帶。前後步隊人，服五色甃甲、錦臂韝、鞢韄、袴、銀帶。朱雀隊內執弓箭、弩、矟，虞候佽飛，執長壽幢、寶輿法物人，並服平巾幘、緋繡袍、大口袴、銀帶。援寶，執絳麾、真武幢叉人，並服武弁、紫繡衫。持鈒隊、殿中黃麾、繖、扇、腰輿、香鐙、華蓋，指南、進賢等車駕士，相風、鍾漏等輿輿士，並服武弁、緋繡衫。駕羊車童子，服垂耳髻、青頭帑、青繡大袖衫、袴、勒帛、青耳履。執引駕龍墀旗、六軍旗者，服錦帽、五色繡衫、錦臂韝、銀帶。引夾旗及執柯舒、鐙仗者，服帖金帽，餘同上。執花鳳、飛黄、吉利旗者，服銀褐繡衣、抹額、銀帶。夾轂隊，服五色質鍪、鎧、錦臂韝、白行縢、紫帶、鞣韈。驍衛翊衛三隊，服平巾幘、緋繡袍、大口袴、錦螣蛇。五輅、副輅、耕根車駕士，服平巾幘、青繡衫、青履韈。教馬官，服幞頭、紅繡抹額、紫繡衫、白袴、銀帶。掌輦、主輦，服武弁、黄繡衫、紫繡誕帶。攏御馬者，服帖金帽、紫繡大袖衫、銀帶。執真武幢者，服武弁、皂繡衫、紫繡誕帶。五牛旗輿士，服武弁、五色繡衫、大口袴、銀帶。掩後隊，服黑鍪甲、錦臂韝、行縢。

鼓吹令、丞，服緑袴褶冠、銀褐裙、金銅革帶、緋白大帶、履韈。太常寺府史、典事、司天令史，服幞頭、緑衫、黄半臂。太常主帥摑鼓、金鉦、節鼓人，服平巾幘、緋繡袍、大口袴、抹帶、錦螣蛇；歌、拱宸管、簫、笳、笛、觱栗，無螣蛇。太常大鼓、長鳴、小鼓、中鳴，服黄雷花袍、袴、抹額、抹帶。太常鐃、大横吹，服緋苣文袍、袴、抹額、抹帶。太常羽葆鼓、小横吹，服青苣文袍、袴、抹額、抹帶。排列官、令史、府史，服黑介幘、緋衫、白袴、白勒帛。司辰、典事、漏刻生，服青袴褶冠、革帶。殿中少監、奉御、供奉、排列官，引駕仗内排列承直官、大將、金吾引駕、押仗、押旗，服幞頭、紫公服、烏皮鞾。尚輦奉御、直長、乘黄令丞、千牛長史、進馬四色官，服幞頭、緑公服、白袴、金銅帶、烏皮鞾。殿中職掌執繖扇人，服幞頭、碧襴、金銅帶、烏皮鞾。舊衣黄，太平興國六年，并內侍省並改服以碧。

凡繡文：金吾衛以辟邪，左右衛以瑞馬，驍衛以雕虎，屯衛以赤豹，武衛以瑞鷹，領軍衛以白澤，監門衛以師子，千牛衛以犀牛，六軍以孔雀，樂工以鸞，耕根車駕士以鳳銜嘉禾，進賢車以瑞麟，明遠車以對鳳，羊車以瑞羊，指南車以孔雀，記里鼓、黄鉞車以對鵝，白鷺車以翔鷺，鸞旗車以瑞鸞，崇德車以辟邪，皮軒車以虎，屬車以雲鶴，豹尾車以立豹，相風烏輿以烏，五牛旗以五色牛，餘皆以寶相花。

六引內巾服之制：清道官，服武弁、緋繡衫、革帶。持幰弩、車輻棒者，服平巾赤幘、緋繡衫、赤袴、銀帶。青衣，服平巾青幘、青袴褶。持戟、繖、扇、刀盾者，服黄繡衫、抹額、行縢、銀帶。持幡蓋者，服繡衫、抹額、大口袴、銀帶。內告止幡、曲蓋以緋，傳教幡、信幡、絳引幡以黄。執誕馬轡、儀刀、麾、幢、節、夾矟、大角者，服平巾幘、緋繡衫、大口袴、銀帶。大駕鹵簿內，執轡，並錦絡衫帽。持弓箭、矟者，服武弁、緋繡衫、白袴。駕士，服錦帽、繡戎服大袍、銀帶。弓箭以青，矟以紫。持摑鼓者，服平巾幘、緋繡對鳳袍、大口袴、白抹帶、錦螣蛇。鐃吹部內，服平巾幘、緋繡袍、白抹帶、白袴，餘悉同大駕前後部。

其繡衣文：清道以雲鶴，幰弩以辟邪，車輻以白澤，駕士司徒以瑞馬，牧以隼，御史大夫以獬豸，兵部尚書以虎，太常卿以鳳，縣令以雉，樂工以鶯，餘悉以寶相花。

太祖建隆四年，范質議：按《開元禮》，武官陪立大仗，加螣蛇裲襠，如袖無身，以覆其髆胳，蓋掖下縫也。從肩領覆臂髆，共一尺二寸。又按《釋文》、《玉篇》相傳云：其一當胸，其一當背，謂之「兩當」。今詳裲襠之制，其領連所覆髆胳，其一當左髆，其一當右髆，故謂之「起髆」。今請兼存兩説擇而用之，造裲襠，用當胸、當背之制。宣和元年，禮制局言：鼓吹令、丞冠，又名「袴褶冠」。今鹵簿既除袴褶，冠名不當仍舊，請依舊記如《三禮圖》「委貌冠」製。從之。

《宋史》卷一五〇《輿服志二》 門戟。木爲之而無刃，門設架而列之，謂之棨戟。天子宮殿門左右各十二，應天數也。宗廟門亦如之。國學、文宣王廟、武成王廟亦賜焉，惟武成王廟左右各八。臣下則諸州公門設焉，私門則府第恩賜者許之。太宗淳化二年，詔諸道州、府、軍、監奏乞鼓角戟矟，如令文合賜，即下三司指揮。仁宗天聖四年，太常禮院言：「準批狀，詳定知廣安軍范宗古奏，本軍乞降矟。檢會令文，京兆河南太原府、大都督府、都護門十四戟，若中都督、上都護門十二戟，下都督、諸州門各十戟，並官給。所有軍、監門不載，伏請不行。」神宗元豐之制，凡門列戟者，官司則開封、河南、應天、大名、大都督府皆十四，中都督皆十二，下都督皆十。品官恩賜者，正一品十六，二品以上十四。中興仍舊制。

旌節。唐天寶中置，節度使受命日賜之，得以專制軍事，行即建節，府樹六纛。宋凡命節度使，有司給門旗二，龍、虎各一，旌一，節一，麾槍二，豹尾二。旗以紅繒九幅，上設耀篦、鐵鑽、髹杠、緋纛。旌用塗金銅螭頭，髹杠，綢以紅繒，畫白虎，頂設髹木盤，周用塗金飾。節亦用髹杠，飾以金塗銅葉，上設髹圓盤三層，以紅緑裝釘爲旄，並綢以紫綾複囊，又加碧油絹袋。麾槍設髹木盤，綢以紫繒複囊，又加碧油絹袋。豹尾，製以赤黄布，畫豹文，並髹杠。

神宗熙寧五年，詔新建節并移鎮，並降敕太常寺排比旌節，下左右金吾街仗司、騏驥院，給執擎人員、鞍馬。中興因之。建炎三年，表韓世忠之旗曰「忠勇」。紹興三年，表岳飛之旗曰「精忠」。孝宗詔以其藩邸旌節，迎置天章閣。淳熙中，光宗亦詔奉東宮旌節。其後，寧宗踐祚，有司言安奉皇帝藩邸旌節，宜有推飾。今用朱漆青地金字牌二：其一題曰「太上皇帝藩邸旌節」，其一曰「今上皇帝藩邸旌節」。蓋襲用元豐延安故事云。

《宋史》卷一五二《輿服志四》 諸臣祭服。唐制，有衮冕九旒，鷩冕八旒，毳冕七旒，絺冕六旒，玄冕五旒。宋初，省八旒、六旒冕。九旒冕：塗金銀花額，犀、玳瑁簪導，青羅衣綉山、龍、雉、火、虎蜼五章，緋羅裳繡藻、粉米、黼、黻四章，緋蔽膝繡山、火二章，白花羅中單，玉裝劍、佩，革帶，暈錦綬，二玉環，緋白羅大帶，緋羅韈、履，親王、中書門下奉祀則服之。其冕無額花者，玄衣纁裳，悉畫，小白綾中單，師子錦綬，二銀環，餘同上，三公奉祀則服之。七旒冕：犀角簪導，衣畫虎蜼、藻、粉米三章，裳畫黼、黻二章，銀裝佩、劍，革帶，餘同九旒冕，九卿奉祀則服之。五旒冕：青羅衣裳，無章，銅裝佩、劍，革帶，餘同七旒冕，四品、五品爲獻官則服之；六品以下無劍、佩、綬；紫檀衣，朱裳，羅爲之，皁大綾綬，銅裝劍、佩，御史、博士服之。平冕無旒，青衣纁裳，無劍、佩、綬，餘同五旒冕，太祝、奉禮服之。

慶曆三年，太常博士余靖言：「《周禮》司服之職，掌王之吉服，大裘而冕無旒，以祀昊天上帝，祀五帝亦如之。衮冕十有二旒，其服十有二章，以享先王。鷩冕八旒，其服七章，以享先公，亦以饗射。毳冕七旒，其服五章，以祀四望、山川。絺冕六旒，其服三章，以祭社稷、五祀。玄冕五旒，其服無章，以祭小祀。此皆天子親行祠事所服，冕服悉因所祀大小神鬼以爲制度。今大祠、中祠所遣獻官並用上公九旒、九章冕服，以爲初獻，其餘公卿亦皆七旒冕服，全無等降；小祠則公服行事，乖戾舊典。宜詳《周禮》，因所祭鬼神，以爲獻官冕服之制。」詔下禮官議，奏曰：「聖朝之制，唯皇帝親祠郊廟及朝會大禮服衮冕外，餘冕皆不設。其每歲常祀，遣官行事，攝公則服一品九旒冕，攝卿則服三品七旒冕，自從品制爲服，不以祠之大小爲差。至于小祠獻官，舊以公服行事，則有違典禮。案《衣服令》，五旒冕，衣裳無章，皁綾綬，銅裝劍、佩，四品以下爲獻官則服之。今小祠獻官，既不攝公、卿，則盡屬四品以下，當有祭服。請除公、卿祭服仍舊從本品外，小祠所遣獻官，並依令文祭服行事。若非時告祭，用香幣禮器行事之處，亦皆準此。」詔施行焉。

皇祐四年，同知太常禮院邵必言：「伏見監祭使、監禮各冠五旒冕，衣裳無章，色以紫檀。案《周禮》六冕之制，凡有旒者，衣裳皆有章，惟大裘冕無旒，衣裳無章。一命大夫之冕無旒，衣裳亦無章。今監祭、監禮所服冕五旒，侯伯之冕也，而衣無章，深所不稱；色以紫檀，又無經據。竊詳監祭、監禮既非祠官，則御史、博士爾，而服用五等，蓋非所宜，而且有旒無章。況國家南郊大禮，太常卿止服朝服，前導皇帝，明非祠官也。今後監祭者請冠獬豸、監禮者冠進賢爲稱。」詔不允。

元豐元年，詳定禮文所言：「國家服章，視唐尤爲不備。於令文，祀儀有九旒冕、七旒冕、五旒冕，今既無冕名，而有司仍不制七旒冕，乃有四旒冕，其非禮尤甚。又服之者不以官秩上下，故分獻四品官皆服四旒冕，博士、御史則冕五旒而衣紫檀，太祝、奉禮則服平冕而無佩玉，此因循不講之失也。且古者朝、祭異服，所以別事神與事君之禮。今皇帝冬至及正旦御殿，服通天冠、絳紗袍，則百官皆服朝服，乃禮之稱。至親祠郊、廟，皇帝嚴裘冕以事神，而侍祠之官止以朝服，豈禮之稱哉。至於景靈宮分獻官，皆服朝服，尤爲失禮。伏請親祠郊、廟、景靈宮，除導駕、贊引、扶侍、宿衛之官，其侍祠及分獻者，並服祭服。如所考制度，修製五冕及爵弁服，各正冕弁之名。又國朝祀儀，祭社稷、朝日、夕月、風師、雨師皆服衮冕，其蜡祭、先蠶、五龍亦如之；祭司命、户、竈、門、厲、行皆服鷩冕，壽星、靈星、司中、司寒、中霤、馬祭皆服毳冕，皆非是。今天子六服，自鷩冕而下，既不親祠，廢而不用，則諸臣攝事，自當從王所祭之服。伏請依《周禮》，凡祀四望、山川則以毳冕，祭社稷、五祀則以絺冕，朝夕日月、風師、雨師、司命、司中則以玄冕。若七祀、蜡祭百神、先蠶、五龍、靈星、壽星、司寒、馬祭，蓋皆羣小祀之比，當服玄冕。」從之。

哲宗元祐元年，太常寺言：「舊制，大禮行事、執事官並服祭服，餘服朝服。至元豐七年，呂升卿始有行事及陪祠官並服祭服之議。今欲令行事、執事官並服祭服，其贊引、行事、禮儀使、太常卿、太常博士、閤門使、樞密院官進接圭，殿中監止供奉皇帝，其陪位官止導駕、押宿及主管事務，并他處行事官仍服朝服。」從之。

徽宗大觀元年，議禮局言：「太社、太學獻官祝禮，皆以法服奉祠，至郡邑則用常服，乞降祭服。」詔頒制度於州郡，然未明使製造。後政和間，始詔：州縣冠服，形制詭異，令禮制局造樣頒下轉運司，轉運司製以給州縣焉。

二年，議禮局檢討官俞㮚言：「玄以象道，纁以象事，故凡冕皆玄衣纁裳，今太常寺祭服，則衣色青矣。前三幅以象陽，後四幅以象陰，故裳制不相連屬，今之裳則爲六幅而不殊矣。冕玄表而朱裏，今乃青羅爲覆，以金銀飾之。佩用綬以貫玉，今既有玉佩矣，又有錦綬以銀、銅二環，飾之以玉。宗彝，宗廟之彝也，乃爲虎蜼之狀，而不作虎彝、蜼彝。粉米，散利以養人也，乃分爲二章，而以五色圓花爲藉。其餘不合古者甚多。乞下禮局，博考古制，畫太常寺及古者祭服樣二本以進。至於損益裁成，斷自聖學。」詔令議禮局詳議。

四年，議禮局官宇文粹中議改衣服制度曰：「凡冕皆玄衣纁裳，衣則繪而章數皆奇，裳則繡而章數皆偶，陰陽之義也。今衣用深青，非是。欲乞視冕之等，衣色用玄，裳色用纁，以應典禮。古者蔽前而已，芾存此象，以韋爲之。今蔽膝自一品以下，並以緋羅爲表緣，緋絹爲裏，無復上下廣狹及會、紕、純、紃之制，又有山、火、龍章。案《明堂位》：『有虞氏服韍，夏后氏山，商火，周龍章。』韍者乃韍冕之韍，非赤芾之芾也。且芾在下體，與裳同用，而山、龍、火者，衣之章也。周既績於上衣，不應又績於芾。請改芾制，去山、龍、火章，以破諸儒之惑。又祭服有革帶，今不用皮革，而通裹以緋羅，又以銅爲飾。其綬或錦或皁，環或銀或銅，尤無經據，宜依古制除去。至佩玉、中單、赤舄之制，則全取元豐中詳定官所議行之。」

粹中又上所編《祭服制度》曰：

古者，冕以木版爲中，廣八寸，長尺六寸，後方前圓，後仰前低，染三十升之布，玄表朱裏。後方者不變之體，前圓者無方之用；仰而玄者，升而辨於物，俛而朱者，降而與萬物相見。後世以繒易布，故純儉。今羣臣冕版長一尺二寸，闊六寸二分，非古廣尺之制；以青羅爲覆，以金塗銀稜爲飾，非古玄表朱裏之制，乞下有司改正。古者，冕之名雖有五，而繅就、旒玉則視其命數以爲等差。合綵絲爲繩，用以貫玉，謂之「繅」。以一玉爲一成，結之使不相并，謂之「就」。就間相去一寸，則九玉者九寸，七玉者七寸，各以旒數長短爲差。今羣臣之冕，用藥玉、青珠、五色茸線，非藻玉三采、二采之義；每旒之長各八寸，非旒數長短爲差之義；又獻官冕服，雜以諸侯之制，而一品服衮冕，臣竊以爲非宜。

元豐中，禮官建言，請資政殿大學士以上侍祠服鷩冕，觀察使以上服毳冕，監察御史以上服絺冕，朝官以上服玄冕，選人以上爵弁。詔許之，而不用爵弁。供奉官以下至選人，盡服玄冕無旒。臣竊謂依此參定，乃合禮制。古者，三公一命衮，則三公在朝，其服當鷩冕。蓋出封則遠君而伸，在朝則近君而屈。今之攝事及侍祠皆在朝之臣也，在朝之臣乃與古之出封者同命數，非先王之意。乞下有司制鷩冕八旒、毳冕六旒、絺冕四旒、玄冕三旒，其次二旒，又其次無旒。依元豐詔旨，參酌等降，爲侍祠及攝祭之服，長短之度、采色之別，皆乞依古制施行。

又案《周禮》，諸侯爵有五等，而服則三，所謂「公之服自衮冕而下，侯、伯自鷩冕而下，子、男自毳冕而下」是也。古者，諸侯有君之道，故其服以五、七、九爲節。今之郡守，雖曰猶古之侯、伯，其實皆王臣也。欲乞只用羣臣之服，自鷩冕而下，分爲三等：三都、四輔爲一等，初獻鷩冕八旒；經略、安撫、鈐轄爲一等，初獻毳冕六旒，亞獻並玄冕二旒，終獻無旒；節鎮、防、團、軍事爲一等，初獻絺冕四旒，亞、終獻並玄冕無旒。其衣服之制，則各從其冕之等。

又曰：「今之紘組，仍綴兩繒帶而結於頤，冕旁仍垂青纊而不以瑱，以犀爲簪而不以玉笄、象笄，並非古制，乞下有司改正。」從之。

政和議禮局言：「大觀中，所上羣臣祭服制度，已依所奏修定，乞付有司依圖畫製造。」既又上羣臣祭服之制：正一品，九旒冕，金塗銀稜，有額花，犀簪，青衣畫降龍，朱裳，蔽膝，白羅中單，大帶，革帶，玉佩，錦綬，青絲網玉環，朱韈、履。革帶以金塗銀，玉佩以金塗銀裝，綬以天下樂暈。親祠大禮使、亞獻、終獻、太宰、少宰、左丞，每歲大祠宰臣、親王、執政官、郡王充初獻服之。奏告官並依本品服，已下准此。從一品，九旒冕，無額花，白綾中單，紅錦綬，銀環，金塗銀佩，餘如正一品服。親祠吏部、户部、禮部、兵部、工部尚書，太廟進受幣爵、奉幣爵宗室，每歲大祠捧俎官、大祠中祠初獻官服之。二品，七旒冕，角簪，青衣無降龍，餘如從一品服。親祠吏部侍郎、殿中監、大司樂、光禄卿、讀册官，太廟薦俎、贊進飲福宗室，七祀、配享功臣分獻官，每歲大祀，謂用宫架者，大司樂、大祠中祠亞終獻、大祠禮官、小祠獻官，朔祭太常卿服之。三品，五旒冕，皁綾綬，銅環，金塗銅革帶，佩，餘如二品服。親祠舉册官、大樂令、光禄丞、奉俎饌籩豆簠簋官，分獻官分獻壇壝從祀，太廟奉瓚盤、薦香燈、安奉神主、奉毛血槃、蕭蒿篚、肝膋豆宗室，每歲祭祠大樂令、大中祠分獻官服之。無旒冕，素青衣，朱裳，蔽膝，無佩綬，餘如三品服。奉禮協律郎、郊社令、太祝太官令、親祠擡鼎官、進摶黍官、太廟供亞終獻金斝、供七祀獻官、執爵官服之。五旒冕，紫檀絁衣，餘如三品服，監察御史服之。

州郡祭服：三都初獻，八旒冕；經略、安撫、鈐轄初獻，六旒冕；亞獻並二旒冕，終獻無旒；節鎮、防、團、軍事初獻四旒冕，亞、終獻並無旒冕。

中興之後，省九旒、七旒、五旒冕，定爲四等：一曰鷩冕，八旒；二曰毳冕，六旒；三曰絺冕，四旒；四曰玄冕，無旒。其義以公、卿、大夫、士皆北面爲臣，又近尊者而屈，故其節以八、以六、以四，從陰數也。先是，紹興四年五月，國子監丞王普奏言：

臣嘗攷諸經傳，具得冕服之制。蓋王之三公八命，鷩冕八旒，衣裳七章，其章各八。孤卿六命，毳冕六旒，衣裳五章，其章各六。大夫四命，絺冕四旒，衣裳三章，其章各四。上士三命，玄冕三旒；中士再命，玄冕二旒；下士一命，玄冕無旒；衣皆無章。裳、韍視其命數，自三而下。其繅至笄、衡、紘、紞、瑱、纊、帶、佩、芾、舄、中衣，皆有等差。

近世冕服制度，沿襲失真，多不如古。夫後方而前圓，後昂而前俛，玄表而朱裏，此冕之制也；今則方圓俛仰，幾於無辨，且以青爲表，而飾以金銀矣。其衣皆玄，其裳皆纁，裳前三而後四幅，此衣裳之制也；今則衣色以青，裳色以緋，且以六幅而不殊矣。山以章也，今則以墮。火以圜也，今則以鋭。宗彝，宗廟虎蜼之彝也，乃畫虎蜼之狀，而不爲虎蜼彝。粉米，米而粉之者也，乃分爲二章，而以五色圓花爲藉。佩有衡、璜、琚、瑀、衝牙而已，乃加以雙滴，而重設二衡。綬以貫佩玉而已，乃别爲錦綬，而間以雙環。以至帶無紐約，芾無肩頸，舄無絇繶，中衣無連裳。

臣伏讀《國朝會要》郊廟奉祀禮文，祖宗以來，屢嘗講究，第以舊服無有存者。欲乞因兹改作，是正訛繆，一從周制，以合先聖之言。

尋禮部契勘，奏言：

衣服之制，或因時王而爲之損益，事雖變古，要皆一時制作，不無因革。或考之先王而有繆戾者，雖行之已久，不應承誤襲非，憚於改正。案《周官》，自上公服衮，王之三公服鷩，以至士服玄冕，凡五等。唐制自一品服衮冕九旒，至五品服玄冕無旒，亦五等。國家承唐之舊，初有五旒之名，其後去三公衮冕及絺冕，但存七旒鷩冕、五旒毳冕與無旒玄冕，凡三等而已。衮服非三公所服，去之可也，乃併絺冕去之，自尚書服毳冕，以至光禄丞亦服焉，貴賤幾無差等。此皆一時制作，不無因革。

今合增鷩冕爲八旒，增毳冕爲六旒，復置絺冕爲四旒，并及無旒玄冕，共四等，庶幾稍合周制。若冕之方圓低昂至於無辨，則制造之差也。以青爲表，非不用玄也，爲玄而不至者也。以緋爲裳，非不用纁也，爲纁而太過者也。山止而静者也，今象其墮，是得山之勢而不知其性。火圜而神者也，今象其鋭，是得火之形而不得其神也。至於宗彝、粉米、佩綬、帶紐、芾屨之屬，皆宜改正施行。

是時，諸臣奏請討論雖詳，然終以承襲之久，未能盡革也。

鷩冕：八旒，每旒八玉，三采，朱、白、蒼，角笄，青纊，以三色紞垂之，紘以紫羅，屬於武。衣以青黑羅，三章，華蟲、火、虎蜼彝；裳以纁表羅裏，繒七幅，繡四章，藻、粉、黼、黻。大帶，中單，佩以珉，貫以藥珠，綬以絳錦、銀環。韍上紕下純，繪二章，山、火。革帶，緋羅表，金塗銀裝。韈、舄並如舊制。宰相、亞終獻、大禮使服之；前期，景靈宫、太廟亞終獻，明堂滌濯、進玉爵酒官亦如之。

毳冕：六玉，三采，衣三章，繪虎蜼彝、藻、粉米；裳二章，繡黼、黻。佩藥珠、衡、璜等，以金塗銅帶，韍繪以山。革帶以金塗銅。餘如鷩冕。六部侍郎以上服之；前期，景靈宫、太廟進爵酒幣官、奉幣官、受爵酒幣官、薦俎官，明堂受玉爵、受玉幣、奉徹籩豆、進飲福酒、徹俎祝腥、贊引、亞終獻，禮儀使、亞終獻爵并盥洗官四員，並如之；前二日奏告初獻，社壇九宫壇分祭初獻、亞獻亦如之。

絺冕：四玉，二采，朱、緑。衣一章，繪粉米；裳二章，繡黼、黻。綬以皁綾，銅環。餘如毳冕。光禄卿、監察御史、讀册官、舉册官、分獻官以上服之；前期，景靈宫、太廟奏奉神主官，明堂太府卿、光禄卿、沃水舉册官、讀册官、押樂太常卿、東朵殿三員、西朵殿二員、東廊二十八員、西廊二十五員、南廊二十七員、軷門祭獻官，前二日奏告亞獻終獻官、監察御史，並如之；社壇九宫壇分祭終獻官、監察御史、兵工部、光禄卿丞亦如之。【略】

紫檀冕：四旒，服紫檀衣，博士、御史服之。

外州軍祭服：鷩冕，八旒，三都初獻服之；毳冕，六旒，經略、安撫、鈐轄初獻服之；絺冕，四旒，經略、安撫、鈐轄亞獻服之，節鎮、防、團、軍事初獻亦如之；玄冕，無旒，節鎮、防、團、軍事亞終獻服之。

朝服：一曰進賢冠，二曰貂蟬冠，三曰獬豸冠，皆朱衣朱裳。宋初之制，進賢五梁冠：塗金銀花額，犀、玳瑁簪導，立筆。緋羅袍，白花羅中單，緋羅裙，緋羅蔽膝，並皁縹襈，白羅大帶，白羅方心曲領，玉劍、佩，銀革帶，暈錦綬，二玉環，白綾韈，皁皮履。一品、二品侍祠朝會則服之，中書門下則冠加籠巾貂蟬。三梁冠：犀角簪導，無中單，銀劍、佩，師子錦綬，銀環，餘同五梁冠。諸司三品、御史臺四品、兩省五品侍祠朝會則服之。御史大夫、中丞則冠有獬豸角，衣有中單。兩梁冠：犀角簪導，銅劍、佩，練鵲錦綬，銅環，餘同三梁冠。四品、五品侍祠朝會則服之。六品以下無中單，無劍、佩、綬。御史則冠有獬豸角，衣有中單。袴褶紫、緋、緑，各從本服色，白綾中單，白綾袴，白羅方心曲領，本品官導駕，則騎而服之。

袴褶之制，建隆四年，范質與禮官議：「袴褶制度，先儒無説，惟《開元雜禮》有五品以上用細綾及羅，六品以下用小綾之制。注：褶衣，複衣也。又案令文，武弁，金飾平巾幘，簪導，紫褶白袴，玉梁珠寶鈿帶，鞾，騎馬服之。金飾，即附蟬也。詳此，即是二品、三品所配弁之制也。附蟬之數，蓋一品九，二品八，三品七，四品六，五品五。又侍中、中書令、散騎加貂蟬，侍左者左珥，侍右者右珥。又《開元禮》導駕官並朱衣，冠履依本品。朱衣，今朝服也。故令文三品以上紫褶，五品以上緋褶，七品以上緑褶，九品以上碧褶，並白大口袴，起梁帶，烏皮鞾。今請造袴褶如令文之制，其起梁帶形制，檢尋未是，望以革帶代之。」奏可。是歲，造成而未用。乾德六年，郊禋始服，而冠未造，乃取朝服進賢冠、帶、韈、履參用焉。【略】

其後，又詔冬正朝會，諸軍所服衣冠，廂都軍都指揮使、都虞候、領團練使、刺史服第五等，軍都指揮使、都虞候服第六等，指揮使、副指揮使服第七等，並班於庭。副都頭以上常服，班殿門外。其朝會，執事高品以下，並服介幘，絳服，大帶，革帶，韈，履，方心曲領。

政和議禮局更上羣臣朝服之制：七梁冠，金塗銀稜，貂蟬籠巾，犀簪導，銀立筆，朱衣裳，白羅中單，並皁褾、襈，蔽膝隨裳色，方心曲領，緋白羅大帶，金塗銀革帶，金塗銀裝玉佩，天下樂暈錦綬，青絲網間施三玉環，白韈，黑履；三公，左輔，右弼，三少，太宰，少宰，親王，開府儀同三司服之。七梁冠，無貂蟬籠巾，銀裝玉佩，雜花暈錦綬，餘同三公以下服；執政官，東宮三師服之。六梁冠，白紗中單，銀革帶，佩，方勝宜男錦綬，銀環，餘同七梁冠服；大學士，學士，直學士，東宮三少，御史大夫、中丞，六曹尚書、侍郎，殿中監，大司成，散騎常侍，特進，金紫、銀青光禄大夫，光禄大夫，太尉，節度使，左右金吾衛、左右衛上將軍服之。五梁冠，翠毛錦綬，餘同六梁冠服；太子賓客、詹事，給事中，中書舍人，諫議大夫，待制，九寺卿，大司樂，祕書監，殿中少監，國子祭酒，宣奉、正奉、通奉、通議、太中、中大夫，中奉、中散大夫，上將軍，節度觀察留後，觀察使，通侍大夫，樞密都承旨服之。四梁冠，簇四盤鵰錦綬，餘同五梁冠服；九寺少卿，大晟典樂，祕書少監，國子、辟廱司業，少府、將作、軍器監，都水使者，起居舍人，侍御史，太子左右庶子、少詹事、諭德，尚書左右司郎中、員外，六曹諸司郎中，朝議、奉直、朝請、朝散、朝奉大夫，防禦、團練使，刺史，大將軍，正侍、中侍、中亮、中衛、拱衛、左武、右武大夫，駙馬都尉，帶遥郡武功大夫以下，樞密副都承旨服之。三梁冠，金塗銅革帶，佩，黄獅子錦綬，鍮石環，餘同四梁冠服；殿中侍御史，監察御史，司諫，正言，尚書六曹員外郎，外符寶郎，少府、將作、軍器少監，太子侍讀、侍講，中書舍人，親王府翊善、侍讀、侍講，九寺、祕書、殿中監，辟廱丞，大晟樂令，兩赤縣令，大理正、司直、評事，著作郎，祕書郎，著作佐郎，太常、宗學、國子、辟廱博士，太史局令、正、丞，五官正，朝請、朝散、朝奉、承議、奉議、通直郎，中亮、中衛、拱衛、左武、右武郎，諸衛將軍，衛率府率，武功、武德、武顯、武節、武略、武經、武義、武翼大夫郎，醫職翰林醫正以上，内符寶郎，閤門通事舍人，敦武郎，修武郎服之。二梁冠，角簪，方勝練鵲錦綬，餘同三梁冠服；在京職事官，閤門祇候，看班祇候，率府副率，升輦輅立侍内臣服之。御史大夫、中丞，刑部尚書、侍郎，大理卿、少卿，侍御史，刑部郎中，大理寺正、丞、司直、評事並冠獬豸冠，服青荷蓮綬。詔悉頒行。六年，詔導駕官朝服結佩。七年，詔夏祭百官朝、祭服用紗。

中興，仍舊制。行事、執事官則服祭服，導引、陪祠官則服朝服，從紹興三年太常寺請也。祠畢駕回，若服通天、絳紗袍，乘大輦，則百官從駕服朝服，或服履袍；乘平輦，則百官從駕服常服，自隆興二年洪适請始也。

進賢冠以漆布爲之，上縷紙爲額花，金塗銀銅飾，後有納言。以梁數爲差，凡七等，以羅爲纓結之：第一等七梁，加貂蟬籠巾、貂鼠尾、立筆；第二等無貂蟬籠巾；第三等六梁，第四等五梁，第五等四梁，第六等三梁，第七等二梁，並如舊制，服同。貂蟬冠一名籠巾，織藤漆之，形正方，如平巾幘。飾以銀，前有銀花，上綴玳瑁蟬，左右爲三小蟬，銜玉鼻，左插貂尾。三公、親王侍祠大朝會，則加于進賢冠而服之。獬豸冠即進賢冠，其梁上刻木爲獬豸角，碧粉塗之，梁數從本品。立筆，古人臣簪筆之遺象。其制削竹爲幹，裹以緋羅，以黄絲爲毫，拓以銀縷葉，插於冠後。舊令，文官七品以上服朝服者，簪白筆，武官則否，今文武皆簪焉。

《宋史》卷一五四《輿服志六》 寶。秦制，天子有六璽，又有傳國璽，歷代因之。唐改爲寶，其制有八。五代亂離，或多亡失。周廣順中，始造二寶：其一曰「皇帝承天受命之寶」，一曰「皇帝神寶」。太祖受禪，傳此二寶，又製「大宋受命之寶」。至太宗，又別製「承天受命之寶」。是後，諸帝嗣服，皆自爲一寶，以「皇帝恭膺天命之寶」爲文。凡上尊號，有司製玉寶，則以所上尊號爲文。

寶用玉，篆文，廣四寸九分，厚一寸二分。填以金盤龍鈕，係以暈錦大綬，赤小綬，連玉環；玉檢高七寸，廣二寸四分，厚四分；玉斗方二寸四分，厚一寸二分：皆飾以紅錦，金裝，裏以紅絲，加紅羅泥金夾帊，納於小盝。盝以金裝，內設金牀，暈錦褥，飾以雜色玻黎、碧石、珊瑚、金精石、瑪瑙。又盝二重，皆裝以金，覆以紅羅繡帊，載以腰輿及行馬，並飾以金。又有香爐、寶子、香匙、灰匙、火箸、燭臺、燭刀，皆以金爲之，是所謂緣寶法物也。

別有三印：一曰「天下合同之印」，中書奏覆狀、流内銓歷任三代狀用之；二曰「御前之印」，樞密院宣命及諸司奏狀内用之；三曰「書詔之印」，翰林詔敕用之。皆鑄以金，又以鍮石各鑄其一。雍熙三年，並改爲寶，别鑄以金，舊六印皆毁之。

真宗即位，作皇帝受命寶，文曰「皇帝恭膺天命之寶」。大中祥符元年五月，詳定所言：「按玉牒、玉册，用皇帝受命寶印之，納玉匱於石礠，以天下同文之印封之。今封禪泰山，請依舊制，别造玉寶一枚，方寸二分，文同受命寶。其封石礠，用天下同文之印，舊史元無制度，今請用金鑄，大小同御前之寶，以『天下同文之寶』爲文。所有緣寶法物，亦請依式製造。」從之。天禧元年十二月，召輔臣於滋福殿，觀新刻「五嶽聖帝玉寶」及「皇帝昭受乾符之寶」，命擇日迎導赴會靈觀奉安。其寶並金柙玉鈕，製作精妙。真宗以奏章上帝，承前皆用御前之寶，以理未順，故改用昭受乾符之寶。

乾興元年，仁宗即位，作受命寶，文同真宗。天聖元年，詔以宮城火，重製受命寶及尊號册寶。慶曆八年十一月，詔刻「皇帝欽崇國祀之寶」。先是，天禧中，真宗刻昭受乾符之寶，而於醮祠表章用之。後經大内火，寶焚，乃用御前之寶。至是，下學士院定其文，命宰臣陳執中書之。皇祐五年七月，詔作「鎮國神實」。先是，奉宸庫有良玉，廣尺，厚半之。仁宗以爲希代之珍，不欲爲服玩，因作是寶，命宰臣龐籍篆文。寶成，太常禮院引《唐六典》次序曰：「一神寶，二受命寶，冬至祀南郊，大駕儀仗，請以鎮國神寶先受命寶爲前導。」自是爲定式。至和二年，初，太宗以玉寶二鈕賜太祖之子德芳，其文曰「皇帝信寶」，至是，德芳孫左屯衛大將軍從式上之。

嘉祐八年，仁宗崩，英宗立，翰林學士范鎮言：「伏聞大行皇帝受命寶及緣寶法物，與平生衣冠器用，皆欲舉而葬之，恐非所以稱先帝恭儉之意。其受命寶，伏乞陛下自寶用之，且示有所傳付。若衣冠器玩，則請陳於陵寢及神御殿，歲時展視，以慰思慕。」詔檢討官考索典故，及命兩制、禮官詳議。翰林學士王珪等奏曰：「受命寶者，猶昔傳國璽也，宜爲天子傳器，不當改作。古者藏先王衣服於廟寢，至於平生器玩，則前世既不皆納於方中，亦不盡陳於陵寢。謂今宜從省約，以稱先帝恭儉之實。」帝不用其議，乃别造受命寶，命參知政事歐陽脩篆文八字。至哲宗立，亦作焉，其文並同。

《宋史》卷一七五《食貨志上三》 開寶三年，令天下諸州凡絲、綿、紬、絹、麻布等物，所在約支二年之用，不得廣科市以煩民。初，蓬州請以租絲配民織綾，給其工直，太祖不許。太宗太平興國中，停湖州織綾務，女工五十八人悉縱之。詔川峽市買場、織造院，自今非供軍布帛，其錦綺、鹿胎、透背、六銖、欹正、龜殼等段匹，不須買織，民間有織賣者勿禁。馬元方爲三司判官，建言：「方春乏絶時，預給庫錢貸民，至夏秋令輸絹於官。」大中祥符三年，河北轉運使李士衡又言：「本路歲給諸軍帛七十萬，民間罕有緡錢，常預假於豪民，出倍稱之息，至期則輸賦之外，先償逋欠，以是工機之利愈薄。請預給帛錢，俾及時輸送，則民獲利而官亦足用。」詔優予其直。自是諸路亦如之。或蠶事不登，許以大小麥折納，仍免倉耗及頭子錢。

天聖中，詔減兩蜀歲輸錦綺、鹿胎、透背、欹正之半，罷作綾花紗。明道中，又減兩蜀歲輸錦綺、綾羅、透背、花紗三之二，命改織紬、絹以助軍。景祐初，遂詔罷輸錦背、繡背、遍地密花透背段，自掖庭以及閭巷皆禁用。其後歲輒增益梓路紅錦、鹿胎，慶曆四年復減半。既而又減梓路歲輸絹三之一，紅錦、鹿胎半之。先是，咸平初，廣南西路轉運使陳堯叟言：「準詔課植桑棗，嶺外唯産苧麻，許令折數，仍聽織布赴官場博市，匹爲錢百五十至二百。」至是，三司請以布償芻直，登、萊端布爲錢千三百六十，沂布千一百，仁宗以取直過厚，命差減其數。自西邊用兵，軍須紬絹，多出益、梓、利三路，歲增所輸之數；兵罷，其費乃減。嘉祐三年，始詔寬三路所輸數。治平中，歲織十五萬三千五百餘匹。

神宗即位，京師米有餘蓄，命發運司損和糴數五十萬石，市金帛上京，儲之榷貨務，備三路軍須。京東轉運司請以錢三十萬二千二百貫給貸於民，令次年輸絹，匹爲錢千，隨夏税初限督之。詔運其錢于河北，聽商人入中。

《宋史》卷一八一《食貨志下三》 高宗紹興元年，有司因婺州屯兵，請椿辦合用錢，而路不通舟，錢重難致。乃造關子付婺州，召商人入中，執關於榷貨務請錢,願得茶、鹽、香貨鈔引者聽。於是州縣以關子充糴本,未免抑配,而榷貨務又止以日輸三分之一償之,人皆嗟怨。六年,詔置行在交子務。臣僚言:「朝廷措置見錢關子,有司寖失本意,改爲交子,官無本錢,民何以信?」於是罷交子務,令榷貨務儲見錢印造關子。二十九年,印公據、關子,付三路總領所:淮西、湖廣關子各八十萬緡,淮東公據四十萬緡,皆自十千至百千,凡五等。内關子作三年行使,公據二年,許錢銀中半入納。

三十年,户部侍郎錢端禮被旨造會子,儲見錢,於城内外流轉,其合發官錢,並許兑會子輸左藏庫。明年,詔會子務隸都茶場。三十二年,定僞造會子法。犯人處斬,賞錢千貫,不願受者補進義校尉。若徒中及庇匿者能告首,免罪受賞,願補官者聽。當時會紙取於徽、池,續造於成都,又造於臨安。會子初行,止於兩浙,後通行於淮、浙、湖北、京西。除亭户鹽本用錢,其路不通舟處上供等錢,許盡輸會子;其沿流州軍,錢、會中半;民間典賣田宅、馬牛、舟車等如之,全用會子者聽。

孝宗隆興元年,詔會子以「隆興尚書户部官印會子之印」爲文,更造五百文會,又造二百、三百文會。置江州會子務。乾道二年,以會子之弊,出内庫及南庫銀一百萬收之。三年,以民間會子破損,别造五百萬换給。又詔損會貫百錢數可驗者,並作上供錢入輸,巨室以低價收者坐之。四年,以取到舊會毁抹付會子局重造,三年立爲一界,界以一千萬貫爲額,隨界造新换舊。以户部尚書曾懷同共措置,鑄「提領措置會子庫」印。每道收靡費錢二十足,零百半之,凡舊會破損,貫百字存、印文可驗者,即與兑换。五年,令行在榷貨務、都茶場將請算茶、鹽、香、礬鈔引,權許收换第一界,自後每界收换如之。其州縣諸色綱錢,以七分收錢,三分收會。九年,定捕造僞會之賞。

淳熙元年,詔左藏南上庫給會子二十五萬,收買臨安、平江、紹興、明、秀州額外浮鹽,其齎到鈔錢,令榷貨務月終輸封樁庫,以備循環换易會子。三年,詔第三界、四界各展限三年,令都茶場會子庫以第四界續印會子二百萬貯南庫。當時户部歲入一千二百萬,其半爲會子,而南庫以金銀换收者四百萬,流行於外者纔二百萬耳。光宗紹熙元年,詔第七、第八界會子各展三年。臣僚言:「會子界以三年爲限,今展至再,則爲九年,何以示信?」於是詔造第十界立定年限。

慶元元年,詔會子界以三千萬爲額。嘉定二年,以三界會子數多,稱提無策,會十一界除已收换,尚有一千三百六十萬餘貫,十二界、十三界除燒毁尚有一萬二百餘萬貫。十二界四千七百萬餘貫,十三界五千五百萬餘貫。詔封樁庫撥金一十五萬兩,兩爲錢四十貫。度牒七千道,每道爲錢一千貫。官告綾紙、乳香,乳香每套一貫六百文。湊成二千餘,添貼臨安府官局,收易舊會,品搭入輸。十一界會子二分,十二、十三界會子各四分。以舊會之二,易新會之一。泉州守臣宋均、南劍州守臣趙崇亢、陳宓,皆以稱提失職,責降有差。

紹定五年,兩界會子已及二億二千九百餘萬。端平二年,臣僚言:「兩界會子,遠者曾未數載,近者甫及朞年,非有破壞塗汙之弊,今當以所收之會付封樁庫貯之,脱有緩急,或可濟事。」有旨從之。淳祐二年,宗正丞韓祥奏:「壞楮幣者只緣變更,救楮幣者無如收減。自去年至今,楮價粗定,不至折閲者,不變更之力也。今已罷諸造紙局及諸州科買楮皮,更多方收減,則楮價有可增之理。」上曰:「善。」三年,臣僚言:「今官印之數雖損,而僞造之券愈增;且以十五、十六界會子言之,其所入之數,宜減於所出之數。今收换之際,元額既溢,來者未已,若非僞造,其何能致多如是?大抵前之二界,盡用川紙,物料既精,工製不苟,民欲爲僞,尚或難之。迨十七界之更印,已雜用川、杜之紙,至十八界則全杜紙矣。紙既可以自造,價且五倍於前,故昔之爲僞者難,今之爲僞者易。人心循利,甚於畏法,況利可立致,而刑未即加者乎?臣愚以爲抄撩之際,增添紙料,寬假工程,務極精緻,使人不能爲僞者,上也;禁捕之法,厚爲之勸,厲爲之防,使人不敢爲僞者,次也。」七年,以十八界與十七界會子更不立限,永遠行使。十一年,以會價增減課其官吏。景定四年,以收買逾限之田,復日增印會子一十五萬貫。

咸淳四年,以近頒見錢關子,貫作七百七十文足,十八界每道作二百五十七文足,三道準關子一貫,同見錢轉使,公私擅減者,官以贓論,吏則配籍。五年,復申嚴關子減落之禁。七年,以行在紙局所造關子紙不精,命四川制司抄造輸送,每歲以二千萬作四綱。

川引自張浚開宣府,趙開爲總餉,以供糴本,以給軍需,增印日多,莫能禁止。七年,川、陝副帥吴玠請置銀會於河池,不許。蓋前宋時,蜀交出放兩界,每界一百二十餘萬。今三界通行,爲三千七百八十餘萬,至紹興末,積至四千一百四十七萬餘貫;所貯鐵錢,僅及七十萬貫,以鹽酒等陰爲稱提。是以餉臣王之望亦謂添印錢引以救目前,不得不爲朝廷遠慮。詔添印三百萬,之望止添印一百萬。孝宗隆興二年,餉臣趙沂添印二百萬。淳熙五年,以蜀引增至四千五百餘萬，立額不令再增。光宗紹熙二年，詔川引展界行使。寧宗嘉泰末，兩界出放凡五千三百餘萬緡，通三界出放益多矣。

開禧末，餉臣陳咸以歲用不足，嘗爲小會，卒不能行。嘉定初，每緡止直鐵錢四百以下，咸乃出金銀、度牒一千三百萬，收回半界，期似歲終不用。然四川諸州，去總所遠者千數百里，期限已逼，受給之際，吏復爲姦。於是商賈不行，民皆嗟怨，一引之直，僅售百錢。制司乃諭人除易一千三百萬引，三界依舊通行，又檄總所取金銀就成都置場收兑，民心稍定。自後引直鐵錢五百有奇，若關外用銅錢，引直百七十錢而已。

嘉定三年春，制、總司收換九十一界二千九百餘萬緡；其千二百萬緡，以茶馬司羨餘錢及制司空名官告，總所椿金銀、度牒對鑿，餘以九十三界錢引收兑；又造九十四界錢引五百萬緡，以收前宣撫程松所增之數；凡民間輸者，每引百貼八千。其金銀品搭，率用新引七分，金銀三分，其金銀品色官稱，不無少虧，每舊引百，貼納二十引。蓋自元年，三年兩收舊引，而引直遂復如故。昔高宗因論四川交子，最善沈該稱提之説，謂官中常有錢百萬緡，如交子價減，官用錢買之，方得無弊。

九年，四川安撫制置大使司言：「川引每界舊例三年一易。自開禧軍興以後，用度不給，展年收兑，遂至兩界、三界通使；然率以三年界滿，方出令展界，以致民聽惶惑。今欲以十年爲一界，著爲定令，則民旅不復懷疑。」從之。

寶祐四年臺臣奏：「川引、銀會之弊，皆因自印自用，有出無收。今當拘其印造之權，歸之朝廷，倣十八界會子造四川會子，視淳祐之令，作七百七十陌，於四川州縣公私行使。兩料川引並毀，見在銀會姑存。舊引既清，新會有限，則楮價不損，物價自平，公私俱便矣。」有旨從之。咸淳五年，復以會板發下成都運司掌之，從制司抄紙發往運司印造畢功，發回制司，用總所印行使，歲以五百萬爲額。

紹興末，會子未有兩淮、湖廣之分，其後會子太多而本錢不足，遂致有弊。乾道二年，詔別印二百、三百、五百、一貫交子三百萬，止行用於兩淮，其舊會聽對易。凡入輸買賣，並以交子及錢中半。如往來不便，詔給交子、會子各二十萬，付鎮江、建康府榷貨務，使淮人之過江、江南人之渡淮者，皆得對易循環以用。然自紹興末年，銅錢禁用於淮而易以鐵錢，會子既用於淮而易以交子，於是商賈不行，淮民以困。右司諫陳良祐言交子不便，詔兩淮郡守、漕臣條其利害，皆謂所降交子數多，而銅錢并會子不過江，是致民旅未便。於是詔銅錢并會子依舊過江行用，民間交子許作見錢輸官，凡官交，盡數輸行在左藏庫。

三年，詔造新交子一百三十萬，付淮南漕司分給州軍對換行使，不限以年；其運司見儲交子，先付南庫交收。紹熙三年，詔新造交子三百萬貫，以二百萬付淮東，一百萬付淮西，每貫準鐵錢七百七十文足，以三年爲界。慶元四年，詔兩淮第二界會子限滿，明年六月，更展一界。嘉定十一年，造兩淮交子二百萬，增印三百萬。十三年，印二百萬，增印一百五十萬。十四年、十五年，皆及三百萬。自是其數日增，價亦日損，稱提無術，但屢與展界而已。

初，襄、郢等處大軍支請，以錢銀品搭。孝宗隆興元年，始措置於大軍庫儲見錢，印造五百并一貫直便會子，發赴軍前，並當見錢流轉。印造之權既專，印造之數日益；且總所所給止行於本路，而荆南水陸要衝，商賈必由之地，流通不便。乾道三年，收其會子印板。四年，以淮西總所關子二十萬，都茶場鈔引八十萬，付湖北漕司收換，輸左藏庫，又命降銀錢收之。五年，詔户部給行在會子五十萬，付荆南府兑換。淳熙七年，詔會子庫先造會子一百萬，降付湖廣總所收換破會。十一年，臣僚言：「湖北會子創於隆興初，迄今二十二年，不曾兑易，稱提不行。」詔湖廣總領同帥、漕議經久利便。帥、漕、總領言：「乞印給一貫、五百例湖北會子二百萬貫，收換舊會，庶幾流轉通快，經久可行。」從之。

十三年，詔湖廣會子仍以三年爲界。紹熙元年，詔湖廣總所將見行及椿貯新舊會取數，倣行在例立界收換。餉臣梁總奏：「自來不曾立界，但破損者即行換易，除累易外，尚有五百四十餘萬，見在民間行用。乞別樣制作兩界，印造收換。」從之。

嘉定五年，湖廣餉臣王釜，請以度牒、茶引兑第五界舊會，每度牒一道，價千五百緡，又貼搭茶引一千五百緡，方許收買，期以一月。然京湖二十一州止置三場，不便。制臣劉光祖乃會總所以第六界新會五萬緡，令軍民以舊楮二而易其一；繼又令軍民以一楮半而易其一；又請于朝添給新楮十萬，軍民賴之。十四年，造湖廣會子三十萬易破會。十七年，造湖廣第六界會子二百萬。嘉熙二年，撥第七界湖會九百萬付督視參政行府。寶祐二年，撥第八界湖會三百萬貫付湖廣總所，易兩界破會，自後因仍行之。

鹽之類有二：引池而成者，曰顆鹽，《周官》所謂盬鹽也；鬻海、鬻井、鬻鹻而成者，曰末鹽，《周官》所謂散鹽也。宋自削平諸國，天下鹽利皆歸縣官。官鬻、通商，隨州郡所宜，然亦變革不常，而尤重私販之禁。

引池爲鹽，曰解州解縣、安邑兩池。墾地爲畦，引池水沃之，謂之種鹽，水耗則鹽成。籍民户爲畦夫，官廩給之，復其家。募巡邏之兵百人，目爲護寶都。歲二月一日墾畦，四月始種，八月乃止。安邑池每歲歲種鹽千席，解池減二十席，以給本州及三京，京東之濟兗曹濮單鄆州、廣濟軍，京西之滑、鄭、陳、潁、汝、許、孟州，陝西之河中府、陝虢州、慶成軍，河東之晉、絳、慈、隰州，淮南之宿、亳州，河北之懷州及澶州諸縣之在河南者。凡禁榷之地，官立標識、候望以曉民。其通商之地，京西則蔡襄鄧隨唐金房均郢州、光化信陽軍，陝西則京兆鳳翔府、同華耀乾商涇原邠寧儀渭鄜坊丹延環慶秦隴鳳階成州、保安鎮戎軍，及澶州諸縣之在河北者。顆、末鹽皆以五斤爲斗，顆鹽之直每斤自四十四至三十四錢，有三等。至道二年，兩池得鹽三十七萬三千五百四十五席，席一百一十六斤半。三年，鬻錢七十二萬八千餘貫。

咸平中，度支使梁鼎言：「陝西沿邊解鹽請勿通商，官自鬻之。」詔以鼎爲陝西制置使，又以内殿崇班杜承睿同制置陝西青白鹽事。承睿言：「鄜、延、環、慶、儀、渭等州洎禁青鹽之後，令商人入芻粟，運解鹽於邊貨鬻，其直與青鹽不至相懸，是以民食賤鹽，須至畏法，而蕃部青鹽難售。今聞運解鹽於邊，欲與内地同價，邊民必冒法圖利，卻入蕃界私販青鹽，是助寇資而結民怨矣。」繼又有上疏言其不便者，鼎請候至邊部幹運，及乘傳至解池即禁止商販。旋運鹽赴邊，公私大有煩費，而邊民頓無入中，物論紛擾。於是命判鹽鐵勾院林特、知永興軍張詠詳議，以爲公私非便，請復舊商販。詔切責鼎，罷度支使。大中祥符九年，陝西轉運使張象中言：「兩池所貯鹽計直二千一百七十六萬一千八十貫，慮尚有遺利，望行條約。」真宗曰：「地利之阜，此亦至矣，過求增羨，慮有時而闕。」不許。

先是，五代時鹽法太峻。建隆二年，始定官鹽闌入法，禁地貿易至十斤、鬻鹻鹽至三斤者乃坐死，民所受蠶鹽以入城市三十斤以上者，上請。三年，增闌入至三十斤、鬻鹻至十斤坐死，蠶鹽入城市百斤以上，奏裁。自乾德四年後，每詔優寬。太平興國二年，乃詔闌入至二百斤以上，鬻鹻及主吏盜販至百斤以上，蠶鹽入城市五百斤以上，並黥面送闕下。至淳化五年，改前所犯者止配本州牢城。代州寶興軍之民私市契丹骨堆渡及桃山鹽，雍熙四年，詔犯者自一斤論罪有差，五十斤加役流，百斤以上部送闕下。

天聖以來，兩池畦户總三百八十，以本州及旁州之民爲之，户歲出夫二人，人給米日二升，歲給户錢四萬。爲鹽歲百五十二萬六千四百二十九石，石五十斤，以席計，爲六十五萬五千一百二十席，席百一十六斤。禁榷之地，皆官役鄉户衙前及民夫，謂之帖頭，水陸漕運。而通商州軍並邊秦、延、環、慶、渭、原、保安、鎮戎、德順，又募人入中芻粟，以鹽償之。

凡通商州軍，在京西者爲南鹽，在陝西者爲西鹽，若禁鹽地則爲東鹽，各有經界，以防侵越。天聖初，計置司議茶鹽利害，因言：「兩池舊募商人售南鹽者，入錢京師榷貨務。乾興元年，歲入纔二十三萬緡，視天禧三年數損十四萬。請一切罷之，專令入中並邊芻粟，及爲之增約束、申防禁，以絶私販之弊。」久之，復詔入錢京師，從商人所便。

三京、二十八州軍，官自輦鹽，百姓困於轉輸。天聖八年，上書者言：「縣官禁鹽，得利微而爲害博，兩池積鹽爲阜，其上生木合抱，數莫可較。宜聽通商，平估以售，可以寬民力。」詔翰林學士盛度、御史中丞王隨議更其制度。因畫通商五利上之曰：「方禁商時，伐木造船輦運，兵民不勝疲勞，今去其弊，一利也；陸運既差帖頭，又役車户，貧人懼役，連歲逋逃，今悉罷之，二利也；船運有沉溺之患，綱吏侵盜，雜以泥沙硝石，其味苦惡，疾生重膇，今皆得食真鹽，三利也；錢幣國之貨泉，欲使通流，富家多藏鏹不出，民用益蹙，今歲得商人出緡錢六十餘萬助經費，四利也；歲減監官、兵卒、畦夫傭作之給，五利也。」十月，詔罷三京、二十八州軍榷法，聽商人入錢若金銀京師榷貨務，受鹽兩池。行之一年，視天聖七年，增緡錢十五萬。其後歲課減耗，命翰林學士宋庠等以天聖九年至寶元二年新法較之，視乾興至天聖八年舊法，歲課損二百三十六萬緡。康定元年，詔京師、南京及京東州軍，淮南宿、亳州，皆禁如舊。未幾，復弛京師榷法，并詔三司議通淮南鹽給京東等八州，於是兗、鄆、宿、亳皆食淮南鹽矣。

自元昊反，聚兵西鄙，並邊入中芻粟者寡。縣官急於兵食，調發不足，因聽入中芻粟，予券趨京師榷貨務受錢若金銀；入中它貨，予券償以池鹽。繇是羽毛、筋角、膠漆、鐵炭、瓦木之類，一切以鹽易之。猾商貪吏，表裏爲姦，至入椽木二，估錢千，給鹽一大席，爲鹽二百二十斤。虚費池鹽，不可勝計，鹽直益賤，販者不行，公私無利。慶曆二年，復京師榷法，凡商人虚估受券及已受鹽未鬻者，皆計直輸虧官錢。内地州軍民間鹽，悉收市入官，官爲置場增價出之。復禁永興同、華、耀、河中、陝、虢、解、晉、絳、慶、成十一州軍商鹽，官自輦運，以衙前主之。又禁商鹽私入蜀，置折博務於永興、鳳翔，聽人入錢若蜀貨，易鹽趨蜀中以售。久之，東、南鹽地悉復禁榷，兵民輦運，不勝其苦，州郡騷然。所得鹽利，不足以佐縣官之急。並邊務誘人入中芻粟，皆爲虛估，騰踴至數倍，大耗京師錢幣，帑藏益虛。

太常博士范祥，關中人也，熟其利害，常謂兩池之利甚博，而不能少助邊計者，公私侵漁之害也；儻一變法，歲可省度支緡錢數十百萬。乃畫策以獻。是時韓琦爲樞密副使，與知制誥田況皆請用祥策。四年，詔祥馳傳與陝西都轉運使程戡議之，而戡議與祥不合，祥尋亦遭喪去。八年，祥復申其説，乃以爲陝西提點刑獄兼制置解鹽事，使推行之。其法：舊禁鹽地一切通商，聽鹽入蜀；罷九州軍入中芻粟，令入實錢，償以鹽，視入錢州軍遠近及所指東、西、南鹽，第優其直；東、南鹽又聽入錢永興、鳳翔、河中；歲課入錢總爲鹽三十七萬五千大席，授以要券，即池驗券，按數而出，盡弛兵民輦運之役。又以延、慶、環、渭、原、保安、鎮戎、德順地近烏、白池，姦人私以青白鹽入塞，侵利亂法。乃募人入中池鹽，予券優其估，還，以池鹽償之；以所入鹽官自出鬻，禁人私售，峻青白鹽之禁。並邊舊令入中鐵、炭、瓦、木之類，皆重爲法以絶之。其先以虛估受券及已受鹽未鬻者，悉計直使輸虧官錢。又令三京及河中、河陽、陝、虢、解、晉、絳、濮、慶、成、廣濟官仍鬻鹽，須商賈流通乃止。以所入緡錢市並邊九州軍芻粟，悉留榷貨務錢幣以實中都。行之數年，黠商貪賈，無所僥倖，關内之民，得安其業，公私便之。

皇祐元年，侍御史知雜何郯復言改法非是。明年，遣三司户部副使包拯馳視，還言行之便，第請商人入錢及延、環等八州軍鬻鹽，皆重損其直，即人鹽八州軍者，增直以售，三京及河中等處禁官鬻鹽。而三司謂京師商賈罕至則鹽貴，請得公私並貿，餘禁止。皆聽之。田況爲三司使，請久任祥，俾專其事。擢祥權陝西轉運使，賜金紫服。祥初言歲入緡錢可得二百三十萬，皇祐三年，入緡錢二百二十一萬；四年，一百一十五萬。以四年數視慶曆六年，增六十八萬；視七年，增二十萬。又舊歲出榷貨務緡錢，慶曆二年，六百四十七萬；六年，四百八十萬。至是，榷貨務錢不復出。其後，歲入雖贏縮不常，至五年，猶及百七十八萬；至和元年，百六十九萬。時祥已坐它罪貶，命轉運使李參代之。三年，遂以元年入錢爲歲課定率，量入計出，可助邊費十分之八。

久之，並邊復聽入芻粟以當實錢，而虛估之弊滋長，券直亦從而賤，歲損官課，無慮百萬。嘉祐三年，三司使張方平及包拯請復用祥，於是復以祥總鹽事。祥請重禁入芻粟者，其券在嘉祐三年已前，每券別請輸錢一千，然後予鹽。又言商人持券若鹽鬻京師，皆虧失本錢。請置官京師，蓄錢二十萬緡，以待商人至者，券若鹽估賤，則官爲售之。券紙六千，鹽席十千，毋輒增損，所以平其市估，使不得爲輕重。詔以都鹽院監官兼領，自是稍復舊。未幾祥卒，以轉運副使薛向繼之。治平二年，歲入百六十七萬。

初，祥以法既通商，恐失州縣征算，乃計所歷所至合輸算錢，併率以爲入中之數。自後州縣猶算如舊。嘉祐六年，向悉罷之，并奏減八州軍鬻鹽價。兩池畦户，歲役解、河中、陝、虢、慶、成之民，官司旁緣侵剥，民以爲苦，乃詔三歲一代。嘗積逋課鹽至三百三十七萬餘席，遂蠲其半。中間以積鹽多，特罷種鹽一歲或二歲三歲，以寬其力。後又減畦户之半，稍以傭夫代之，五州之民始安。

青白鹽出烏、白兩池，西羌擅其利。自李繼遷叛，禁毋入塞，未幾罷，已而復禁。乾興初，嘗詔河東邊人犯青白鹽禁者如陝西法。慶曆中，元昊納款，請歲入十萬石售縣官，仁宗以其亂法，不許。自范祥議禁八州軍商鹽，重青白鹽禁，而官鹽估貴，土人及蕃部販青白鹽者益衆，往往犯法抵死而莫肯止。至和中，詔蕃部販青白鹽抵死者，止投海島，羣黨爲民害者，上請。嘉祐赦書，稍遷配徒者於近地，自是禁法稍寬。熙寧初，詔淮南轉運使張靖究陝西鹽、馬得失。靖指向欺隱狀，王安石右向，靖竟得罪，擢向爲江、淮等路發運使。諫官范純仁言賞罰失當，因數向五罪，向任如初。乃請即永興軍置賣鹽場，又以邊費錢十萬緡，儲永興軍爲鹽鈔本，繼又增二十萬。

四年，詔陝西行蜀交子法，罷市鈔；或論其不便，復舊。七年，中書議陝西鹽鈔，出多虛鈔，而鹽益輕，以鈔折兑糧草，有虛擡邊糴之患。請用交子法，使其數與見錢相當，可濟緩急。詔以皮公弼、熊本、宋迪分領其事，趙瞻制置。又以内藏錢二百萬緡假三司，遣市易吏行四路請買鹽引，仍令秦鳳、永興鹽鈔，歲以百八十萬爲額。八年，中書奏陝西鹽鈔利害及立法八事，大抵謂買鈔本錢有限，而出鈔過多，買不盡則鈔賤而糴貴，故出鈔不可無限。然商人欲變易見錢，而官不爲買，即爲兼并所抑，則鈔價益賤；而邊境有急，鈔未免多出，故當置場以市價平之。今當定買兩路實賣鹽二百二十萬緡，以當用鈔數立額，永興路八十一萬五千，秦鳳路一百三十八萬五千，内熙河路五十三萬七千；永興軍遣官買鈔，歲支轉運司錢十萬緡買西鹽鈔，又用市易務賒請法募人賒鈔變易，即民間鈔多而滯，則送解池毀之。詔從其請，然有司給鈔溢額，猶視其故。九年，乃詔御史劾陝西官吏，止三司額外出鈔。

十年，三司言：「鹽法之弊，由熙河鈔溢額，故價賤而芻糧貴。又東、西、南三路通商郡邑榷賣官鹽，故商旅不行。今鹽法當改，官賣當罷。請先收舊鈔，印識之舊鹽，行加納之法。官盡買舊鈔，其已出鹽，約期聽商人自言，準新價增之，印鹽席，給符驗。東、南舊法鹽鈔，席纔三千五百，西鹽鈔席減一千，官盡買。先令解州場院驗商人鈔書之，乃許賣。已請鹽，立限告賞，聽商人自陳，東、南鹽席加錢二千五百，西鹽席加三千，爲易舊符，立期令賣。罷兩處禁榷官賣，提舉司賣鹽並用新價，錢承買舊鈔，商人願對行算請者聽，官爲印識如法。應通商地各舉官一員，其鹽席限十日自言，乃令加納錢，爲印識，給新引，聽以舊鈔當加納錢。」皆行之。而別定官賣鹽地，市易司已買鹽，亦加納錢。

舊制，河南北曹、濮以西，秦、鳳以東，皆食解鹽。自仁宗時，解鹽通商，官不復榷；熙寧中，市易司始榷開封、曹濮等州。八年，大理寺丞張景温提舉出賣解鹽，於是開封府界陽武、酸棗、封丘、考城、東明、白馬、中牟、陳留、長垣、胙城、韋城，曹濮澶懷濟單解州、河中府等州縣，皆官自賣。未幾，復用商人議，以唐鄧襄均房商蔡郢隨金晉絳虢陳許汝潁隰州、西京、信陽軍通商，畿縣及澶、曹、濮、懷、衞、濟、單、解、同、華、陝、河中府、南京、河陽，令提舉解鹽司運鹽貨鬻，仍詔三司講求利害。

鹽價既增，民不肯買，乃課民買官鹽，隨貧富作業爲多少之差。買賣私鹽，聽人告，重給賞，以犯人家財給之。買官鹽食不盡，留經宿者，同私鹽法。於是民間騷怨。鹽鈔舊法每席六緡，至是二緡有餘，商不入粟，邊儲失備。召陝西轉運使皮公弼入議，公弼極言官賣不便，沈括爲三司使，不能奪。王安石主景温，括希安石意，言通商歲失官賣緡錢二十餘萬。安石去位，括在三司，乃言官賣當罷。於是河陽、同華解州、河中、陝府、陳留、雍丘、襄邑、中牟、管城、尉氏、鄢陵、扶溝、太康、咸平、新鄭聽通商，其入不及官賣者，官復自賣；澶、濮、濟、單、曹、懷州，南京，陽武、酸棗、封丘、考城、東明、白馬、長垣、胙城、韋城九縣，官賣如故。詔商鹽入京，悉賣之市易務，每席毋得減千；民鹽皆買之市易務，私與商人爲市，許告，没其鹽。

皮公弼鹽法，酌前後兩池所支鹽數，歲以二百三十萬緡爲額。又令京師置七場，買東、南鹽鈔，市易務計爲錢五十九萬三千餘緡，三司闕錢，請頗還其鈔，令賣之於西，買者其三給錢，其七準沿邊價給新引；庶得民間舊鈔，而新引易於變易。詔用其議。公弼請復范祥舊法平市價，詔假三司錢三十萬緡，市鈔於京師。先是，解鹽分東西，西鹽賣有分域；又並邊州軍市芻糧，給鈔過多，故鈔及鹽甚賤，官價自分爲二。於是增西鹽價比東鹽，以平鈔法，歲約增十二萬緡，毋復分東西，悉廢西鹽約束。解池鹽鈔舊以二百二十萬緡爲額，轉運使皮公弼請增十萬，以助邊糴，至是，又爲二百四十二萬。商人已請西鹽，令加納錢，使與新法價平。元豐三年，三司舉張景温賣解鹽息羨，進官賜帛。

明年，權陝西轉運使李稷言：「自新法未行，鈔之貴賤，視有司出之多寡。新法已後，鈔有定數，起熙寧十年冬，盡元豐三年，通印給一百七十七萬餘席，而鹽池所出纔一百一十七萬五千餘席，餘鈔五十九萬有餘，流布官私，其勢不得不賤。」遂下三司住給。五年，户部猶以鈔多難售，歲給陝西軍儲鈔二百萬，裁其半，然鈔多，卒不能平價。

元祐元年，户部及制置解鹽司議：「延、慶、渭、原、環、鎮戎、保安、德順等八州軍，皆官自鬻，以萬五千五百席爲額，聽商旅入納於八州軍折博務，算給交引，如范祥舊法。鹽價錢應償者，以轉運司年額鹽鈔給之，所鬻鹽錢，以待轉運司糴買。仍舉承務郎以上一員，於在京置場，以鹽鈔鬻見錢而輸之都鹽院庫，遇給解鹽額鈔盡歸之本司，毋更給轉運司。他司皆毋得販易，雖有專旨，聽執奏。其已買鈔，自本司拘之，若民間鈔少或給本路緡錢，即上户部議鬻其鈔。」詔皆從之。既而又以商人入納解鹽減年額賣鹽費錢二萬七千餘緡，增在京買鈔之本。入中解鹽，並劾熙河鈔，而價隨事增損以折，澶懷滑州、陽武鹽價，定爲錢八千二百。時，陝西民多以朴硝私煉成顆，謂之倒硝，頗與解鹽相亂。紹聖三年，制置使孫路以聞，詔犯者減私鹽法一等坐之。

初，神宗時，官賣解鹽，京西則通商。有沈希顏者爲轉運使，更爲榷法，請假常平錢二十萬緡，自買解鹽，賣之本路，民已買解鹽盡買入官，掊克牟利，商旅苦之。哲宗即位，殿中侍御史黄降劾希顏罪，元祐元年，京西始復舊制通商，然猶官賣，元符元年乃罷之。永興軍渭河北高陵、櫟陽、涇陽等縣，如同、華等六州軍，官仍自賣鹽，而禁官司於折博務買解鹽販易規利。俄以水壞解池，聽河中府解州小池鹽、同華等州私土鹽、階州石鹽、通遠軍岷州官井鹽鬻於本路，而京東、河北鹽亦通行焉。三年，詔陝西轉運副使兼制置解鹽使馬城，提舉措置催促陝西、河東木栰薛嗣昌，提舉開修解州鹽池。

崇寧元年，解州賈瓦南北圓池修治畦眼，拍磨布種，通得鹽百七十八萬二千七百餘斤。初，解梁東有大鹽澤，綿亘百餘里，歲得億萬計。自元符初，霖潦池壞，至是，乃議修復；四年，池成。凡開二千四百餘畦，百官皆賀。內侍王仲千者董其役，以課額敷溢爲功。然議者謂解池灌水盈尺，暴以烈日，鼓以南風，須臾成鹽，其利固博；苟欲溢額，不俟風日之便，厚灌以水，積水而成，味苦不適口。

崇寧初，言事者以鈔法屢變，民聽疑惑，公家失輕重之權，商旅困往來之費，乞復范祥舊法，謹守而力行之，無庸輕改。雖可其請，未幾，蔡京建言：「河北、京東末鹽，客運至京及京西，袋輸官錢六千，而鹽本不及一千，施行未久，收息及二百萬緡。如通至陝西，其利必倍。」議遣韓敦立等分路提舉。及鹽池已復，京仍欲舊解鹽地客算東北末鹽，令榷貨務入納見緡無窮，以收己功，乃令解鹽新鈔止行陝西。五年，詔：「鈔法用之，民信已久，飛錢裕國，其利甚大，比考前後法度，頗究利害，其別爲號驗，給解鹽換請新鈔。先以五百萬緡赴陝西、河東，止給糴買，聽商旅赴榷貨務換請東南鹽鈔。貼輸見緡四分者在舊三分之上，五分者在四分之上。且帶行舊鈔，輸四分者帶五分，輸五分者帶六分；若不願貼輸錢者，依舊鈔價減二分。」先是，患豪商擅利源輕重之柄，率減鈔直，使並邊糴價增高，乃裁限之。崇寧四年，以鈔價雖裁，其入中州郡，復增糴價，客持鈔算請，坐牟大利。乃詔陝西舊鈔易東南末鹽，每百緡用見錢三分，舊鈔七分。後又詔減落鈔價踰五千者，論以法。

及大觀四年，張商英爲相，議復通行解鹽如舊法，而東北鹽毋得與解鹽地相亂。繼而有司議解池已復，依舊法印鈔請。商旅已買東北鹽，隨處官司期三日盡籍，輸官償其價，隱匿者如私鹽法。解鹽未到，官鬻所得東北鹽，解鹽到即止。已請鈔已支者悉毀，已支未請者聽別議。在京仍通行，其經由州縣鄭州、中牟、開封府祥符、陽武縣境內，亦許通放。而王仲千所請通入京西北路陳潁蔡州、信陽軍，權止之。商旅已算請東北鹽，元指定東京，未至者，止令所至州軍批引；其已入京未貨者，都鹽院全袋拘買鬻之，許坐賈請買碎賣。

政和元年，詔陝西鈔依鈔面實價，輒增減者，以違制論。未幾，復以陝西通行鹽鈔，舊雖約以銅錢六千爲鈔面，然鈔貴則入粟增多，鈔平則入穀減少。若限以六千，陝西唯行鐵錢，是鹽鈔一席得六千鐵錢斛斗矣，深損公家，其隨時增減聽之。二年，蔡京復用事，法仍變改，鈔不可用者悉同敗楮。六年，兩池漫生鹽，募人倍力採取，且議加賞；繼生紅鹽，百官皆賀，制置解鹽使李百禄等第賞有差。七年，議復行解鹽，時童貫宣撫關、河，實主之。詔解鹽地見行東北鹽，復盡收入官，官給其直，在京於平貨、在外於市易務樁管，如解鹽法鬻之；不自陳，如私鹽法。重和元年，詔復行解鹽舊法。踰年，榷貨歲虧數百萬貫，又鈔價減落，糴買不行，三省趣講畫以聞，貫遂請罷領解鹽。俄而三省條奏：舊東北鹽地客販解鹽，立限盡鬻，限竟鬻未盡者，運往解鹽地，踰者論如私鹽法。京畿、京西復置官提舉。初，崇寧中，以鹽各利一方，故解鹽止行本路，東南鬻海利博，行於數路。既復行解鹽，商旅苦於折閱，即改如舊，慮商旅疑惑，遂詔諭諸路，鈔法更不改易，扇搖者論如法，仍倍之。

靖康元年，解鹽鈔入納算請，並參照熙寧、元豐以前舊法，又增改解鹽及東北鹽地，即商旅不願鹽，則用鈔面請錢如舊法。繼定每席鈔爲八貫省，盡收入鈔面，其入納糧草者，許直赴池請鹽，省復入京批鈔之擾。

鬻海爲鹽，曰京東、河北、兩浙、淮南、福建、廣南，凡六路。其鬻鹽之地曰亭場，民曰亭户，或謂之竈户。户有鹽丁，歲課入官，受錢或折租賦，皆無常數，兩浙又役軍士定課鬻焉。諸路鹽場廢置，皆視其利之厚薄，價之贏縮，亦未嘗有一定之制。末鹽之直，斤自四十七至八錢，有二十一等。至道三年，鬻錢總一百六十三萬三千餘貫。

其在京東曰密州濤洛場，一歲鬻三萬二千餘石，以給本州及沂、濰州，唯登、萊州則通商，後增登州四場。舊南京及曹、濮、濟、兖、單、鄆、廣濟七州軍食池鹽，餘皆食二州鹽，官自鬻之。慶曆元年冬，以淄、濰、青、齊、沂、密、徐、淮陽八州軍仍歲凶葘，乃詔弛禁，聽人貿易，官收其算，而罷密、登歲課，第令户輸租錢。其後兖、鄆皆以壤地相接，罷食池鹽，得通海鹽，收算如淄、濰等州。自是諸州官不貯鹽，而百姓鬻鹽歲皆罷給，然使輸錢如故。至和中，始詔百姓輸錢以十分爲率，聽減三分。

元豐三年，京東轉運副使李察言：「南京、濟、濮、曹、單行解鹽；餘十有二州行海鹽，請用今税法置買賣鹽場。」其法，盡竈户所鬻鹽而官自賣，重禁私爲市者，歲收錢二十七萬三千餘緡，而息幾半之。吴居厚爲轉運判官，承察後治鹽法，利入益多。六年，較本路及河北買賣鹽場，自改法抵今一年有半，得息錢三十六萬緡。察、居厚皆進官，加賜居厚三品服。詔運賣鹽錢儲之北京，令河北都轉運使蹇周輔、判官李南公受法于居厚，行之河北。

其在河北曰濱州場，一歲鬻二萬一千餘石，以給本州及棣、祁州雜支，并京東之青、淄、齊州，若大名、真定府，貝、冀、相、衛、邢、洺、深、趙、滄、磁、德、博、濱、棣、祁、定、保、瀛、莫、雄、霸州，德清、通利、永靜、乾寧、定遠、保定、廣信、永定、安肅軍則通商。後濱州分四務，又增滄州三務，歲課九千一百四十五石，以給一路，而京東之淄、青、齊既通商，乃不復給。

自開寶以來，河北鹽聽人貿易，官收其算，歲額爲錢十五萬緡。上封者嘗請禁榷以收遺利，余靖時爲諫官，亟言：「前歲軍興，河北點義勇強壯及諸科率，數年之間，未得休息。臣嘗痛燕薊之地，陷入契丹幾百年，而民忘南顧心者，大率契丹之法簡易，鹽麴俱賤，科役不煩故也。昔太祖推恩河朔，故許通商，今若榷之，價必騰踊，民苟懷怨，悔將何及。河朔土多鹽鹵，小民税地不生五穀，惟刮鹻煎鹽以納二税，禁之必至逃亡。鹽價若高，犯法亦衆，邊民怨望，非國之福，乞且仍舊通商。」其議遂寢。

慶曆六年，三司使王拱辰復建議悉榷二州鹽入官，以專其利。都轉運使魚周詢以爲不可，且言：「商人販鹽，與所過州縣吏交通爲弊，所算十無二三。請敕州縣以十分算之，聽商人至所鬻州軍并輸算錢，歲可得緡錢七十餘萬。」三司奏用其策，仁宗曰：「使人頓食貴鹽，豈朕意哉？」於是三司更立榷法而未下，張方平見上問曰：「河北再榷鹽何也？」上曰：「始議立法，非再榷。」方平曰：「周世宗榷河北鹽，犯輒處死。世宗北伐，父老遮道泣訴，願以鹽課均之兩税，而弛其禁，許之，今兩税鹽錢是也。豈非再榷乎？且今未榷，而契丹盜販不已，若榷則鹽貴，契丹之鹽益售，是爲我斂怨而使契丹獲福也。契丹鹽入益多，非用兵莫能禁，邊隙一開，所得鹽利能補用兵之費乎？」上大悟曰：「其語宰相立罷之。」方平曰：「法雖未下，民已户知之，當直以手詔罷，不可自下出也。」上喜，命方平密撰手詔下之。河朔父老相率拜迎，於澶州爲佛老會七日，以報上恩，且刻詔北京。後父老過其下，必稽首流涕。

久之，緡錢所入益耗，皇祐中，視舊額幾亡其半。陝州録事參軍王伯瑜監滄州鹽山務，獻議商人受鹽滄、濱二州，以囊貯之，囊毋過三石三斗，斗爲鹽六斤，除三斗爲耗勿算，餘算其半。予券爲驗，州縣驗券縱之，聽至所鬻州軍并輸算錢；即所貯過數，予及受者皆罰，商人私挾它鹽，并没其貲。時知滄州田京，與伯瑜合議上聞，詔試行之，踰年，歲課增三萬餘緡，遂以爲定制。熙寧八年，三司使章惇又請榷河北鹽，召提舉河北、京東鹽税周革入議，將施行焉。文彦博論其不便，乃詔仍舊。

《宋史》卷一八二《食貨志下四》 元豐七年，知滄州趙瞻請自大名府、澶、恩、信安、雄、霸、瀛、莫、冀等州盡榷賣以增其利，纔半歲，獲息錢十有六萬七千緡。哲宗即位，監察御史王巖叟言：「河北二年以來新行鹽法，所在價增一倍，既奪商賈之利，又增居民之價以爲息，聞貧家至以鹽比藥。伏惟河朔天下根本，祖宗推此爲惠，願陛下不以損民爲利，而以益民爲利，復鹽法如故，以爲河北數百萬生靈無窮之賜。」會河北轉運使范子奇奏，鹽税欲收以十分，遣范鍔商度。巖叟復言：「臣在河北，亦知商賈有自請於官，乞罷榷買，願輸倍税。主計者但知於商賈倍得税緡以爲利，不知商賈將於民間復增賣價以爲害也。慶曆六年，既不行三司榷買之法，又不從轉運司增税之請，仁宗直謂朕慮河北軍民驟食貴鹽，可令依舊。是時計歲增幾六十萬緡，仁宗豈不知爲公家之利？意謂藏之宫不若藏之民。今陛下即位之始，宜法仁宗之意，不宜以小利失人心也。」明年，遂罷河北榷法，仍舊通商。六年，提舉河北鹽税司請令商賈販鹽，於場務輸税，以及等户保任，給小引，量道里爲限，即非官監鎮店，聽以便鬻之，鹽税舊額五分者，增爲七分。則鹽税蓋已行焉。

紹聖中，河北官復賣鹽，繼詔如京東法。元符三年，崇儀使林豫言：「河北榷鹽，未必敷前日税額，且契丹鹽益售，慮啓邊隙。」明年，給事中上官均亦以爲言，皆不果行。宣和元年，京畿、四輔及滑州、河陽所産鹻地，悉墾爲田，革盜刮煎鹽之弊，知河陽王序以勸誘推賞。三年，大改鹽法，舊税鹽並易爲鈔鹽。凡未賣税鹽鈔引及已請算或到倉已投暨未投者，並赴榷貨務改給新法鈔引，許通販；已請舊法税鹽貨賣者，自陳，更買新鈔帶賣，已請鈔引，毋得帶支。初，茶鹽用换鈔對帶之法，民旅皆病，然河北猶未及也；至是，并河北、京東行之。

其在兩浙曰杭州場，歲鬻七萬七千餘石，明州昌國東、西兩監二十萬一千餘石，秀州場二十萬八千餘石，温州天富南北監、密鸚永嘉二場，七萬四千餘石，台州黄巖監一萬五千餘石，以給本州及越、處、衢、婺州。天聖中，杭、秀、温、台、明各監一，温州又領場三，而一路歲課視舊減六萬八千石，以給本路及江東之歙州。

慶曆初，制置司言：比年河流淺涸，漕運艱阻，靡費益甚，請量增江、淮、兩浙、荆湖六路糶鹽錢。下三司議，三司奏荆湖已嘗增錢，餘四路三十八州軍，請斤增二錢或四錢。詔俟河流通運復故。既而江州置轉般倉，益置漕船及傭客舟以運，制置司因請六路五十一州軍斤增五錢。民苦官鹽估高，無以爲食，諸路皆言其不便。久之，韓絳安撫江南還，亦極言之。其後兩浙轉運使沈立、李肅之奏：「本路鹽課緡錢歲七十九萬，嘉祐三年，纔及五十三萬，而一歲之內，私販坐罪者三千九十九人，弊在於官鹽估高，故私販不止，而官課益虧。請裁官估，罷鹽綱，令鋪户衙前自趨山場取鹽，如此則鹽善而估平，人不肯冒禁私售，官課必溢。」發運司難之，立、肅之固請試用其法二三年，可見利害，詔可。

立嘗論東鹽利害，條亭户、倉場、漕運之弊，謂：「愛恤亭户使不至困窮，休息漕卒使有以爲生，防制倉場使不爲掊克率斂，絶私販，減官估，果能行此五者，歲可增緡錢一二百萬。」集《鹽策》二十卷以進，其言亭户困乏尤甚。然自皇祐以來，屢下詔書輒及之，命給亭户官本，皆以實錢；其售額外鹽者，給粟帛必良；亭户逋歲課久不能輸者，悉蠲之。所以存恤之意甚厚，而有司罕有承順焉。

熙寧以來，杭、秀、温、台、明五州共領監六、場十有四，然鹽價苦高，私販者衆，轉爲盗賊，課額大失。二年，有萬奇者獻言欲撲兩浙鹽而與民，乃遣奇從發運使薛向詢度利害。神宗以問王安石，對曰：「趙抃言衢州撲鹽，所收課敵兩浙路，抃但見衢、湖可撲，不知衢鹽侵饒、信，湖鹽侵廣德、昇州，故課可增，如蘇、常則難比衢、湖。今宜制置煎鹽亭户及差鹽地人户督捕私販，般運以時，嚴察拌和，則鹽法自舉，毋事改制。」

五年，以盧秉權發遣兩浙提點刑獄，仍專提舉鹽事。秉前與著作佐郎曾默行淮南、兩浙，詢究利害。異時竈户鬻鹽，與官爲市，鹽場不時償其直，竈户益困。秉先請儲發運司錢及雜錢百萬緡以待償，而諸場皆定分數：錢塘縣楊村場上接睦、歙等州，與越州錢清場等，水勢稍淡，以六分爲額；楊村下接仁和之湯村爲七分，鹽官場爲八分；並海而東爲越州餘姚縣石堰場、明州慈溪縣鳴鶴場皆九分；至岱山、昌國，又東南爲温州雙穗、南天富、北天富場爲十分；蓋其分數約得鹽多寡而爲之節。自岱山以及二天富煉以海水，所得爲最多。由鳴鶴西南及湯村則刮鹻淋鹵，十得六七。鹽官、湯村用鐵盤，故鹽色青白；楊村及錢清場織竹爲盤，塗以石灰，故色少黄；石堰以東近海水鹹，故雖用竹盤，而鹽色尤白。秉因定伏火盤數以絶私鬻，自三竈至十竈爲一甲，而鬻鹽地什伍其民，以相幾察；及募酒坊户願占課額，取鹽於官賣之，月以錢輸官，毋得越所酤地；而又嚴捕盗販者，罪不至配，雖杖者皆同妻子遷五百里。仍益開封府界、京東兵各五百人防捕。

時惟杭、越、湖三州格新法不行，發運司劾奏虧課，皆獄治。王安石爲神宗言捕鹽法急，可以止刑。久之，乃詔兩浙提舉鹽事司，諸州虧課者未得遽劾，以增虧及違法輕重分三等以聞。七年，以盧秉鹽課雖增，刑獄實繁，慮無辜即罪者衆，徙其職淮南，以江東漕臣張靚代之，且體量其事。靚言秉在事，越州監催鹽償至有母殺子者，詔劾其罪，然竟免，仍以增課擢太常博士，升一資。歲餘，三司言兩浙漕司寬弛，鹽息大虧，命著作佐郎翁仲通更議措置。元祐初，言者論秉推行浙西鹽法，務誅利以增課，所配流者至一萬二千餘人，秉坐降職。兩浙鹽亭户計丁輸鹽，逋負滋廣，二年，詔蠲之。後更積負無以償，元符初，察訪使以狀聞，有司乃以朝旨不行，右正言鄒浩嘗極疏其害。

明州鳴鶴場鹽課弗登，撥隸越州。宣和元年，樓异爲明州，請仍舊，且於接近台州給舊鹽五七萬囊。詔曰：「明州鹽場三，昨以施置不善，以鳴鶴一場隸越，客始輻湊。猶有二場積鹽以百萬計，未見功緒，此而不圖，東欲取於越，西欲取於台，改令害法，動摇衆情。」令狀析以聞。

其在淮南曰楚州鹽城監，歲鬻四十一萬七千餘石，通州利豐監四十八萬九千餘石，泰州海陵監如皋倉小海場六十五萬六千餘石，各給本州及淮南之廬和舒蘄黄州、無爲軍，江南之江寧府、宣洪袁吉筠江池太平饒信歙撫州、廣德臨江軍，兩浙之常、潤、湖、睦州，荆湖之江陵府、安復潭鼎鄂岳衡永州、漢陽軍。海州板浦、惠澤、洛要三場歲鬻四十七萬七千餘石，漣水軍海口場十一萬五千餘石，各給本州軍及京東之徐州，淮南之光、泗、濠、壽州，兩浙之杭蘇湖常潤州、江陰軍。天聖中，通、楚州場各七，泰州場八，海州場二，漣水軍場一，歲鬻視舊減六十九萬七千五百四十餘石，以給本路及江南東西、荆湖南北四路，舊并給兩浙路，天聖七年始罷。

凡鹽之入，置倉以受之，通、楚州各一，泰州三，以受三州鹽。又置轉般倉二，一於真州，以受通、泰、楚五倉鹽；一於漣水軍，以受海州漣水鹽。江南、荆湖歲漕米至淮南，受鹽以歸。東南鹽利，視天下爲最厚。鹽之入官，淮南、福建、兩浙之温台明斤爲錢四，杭秀爲錢六，廣南爲錢五。其出，視去鹽道里遠近而上下其估，利有至十倍者。

咸平四年，祕書丞直史館孫冕請：「令江南、荆湖通商賣鹽，緣邊折中糧草，在京入納金銀錢帛，則公私皆便，爲利實多。設慮淮南因江南、荆湖通商，或至年額稍虧，則國家折中糧草，足贍邊兵，中納金銀，實之官庫，且免和雇車乘，差擾民户，冒寒涉遠。借如荆湖運錢萬貫，淮南運米千石，以地里脚力送至窮邊，則官費民勞，何啻數倍。」詔吏部侍郎陳恕等議。恕等謂：「江、湖官賣鹽，蓋近鬻海之地，欲息犯禁之人，今若通商，住賣官鹽，立乏一年課額。」冕議遂寢。至天禧初，始募人入緡錢粟帛京師及淮、浙、江南、荆湖州軍易鹽。乾興元年，入錢貨京師總爲緡錢一百十四萬。會通、泰鬻鹽歲損，所在貯積無幾，因罷入粟帛，第令入錢，久之，積鹽復多。

明道二年，參知政事王隨建言：「淮南鹽初甚善。自通、泰、楚運至真州，自真州運至江、浙、荆湖，綱吏舟卒，侵盜販鬻，從而雜以沙土。涉道愈遠，雜惡殆不可食，吏卒坐鞭笞，徒配相繼而莫能止。比歲運河淺涸，漕輓不行，遠州村民，頓乏鹽食，而淮南所積一千五百萬石，至無屋以貯，則露積苫覆，歲以損耗。又亭户輸鹽，應得本錢或無以給，故亭户貧困，往往起爲盜賊，其害如此。願權聽通商三五年，使商人入錢京師，又置折博務於揚州，使輸錢及粟帛，計直予鹽。鹽一石約售錢二千，則一千五百萬石可得緡錢三千萬以資國用，一利也；江、湖遠近皆食白鹽，二利也；歲罷漕運糜費，風水覆溺，舟人不陷刑辟，三利也；昔時漕鹽舟可移以漕米，四利也；商人入錢，可取以償亭户，五利也。」

時范仲淹安撫江、淮，亦以疏通鹽利爲言，即詔知制誥丁度等與三司使、江淮制置使同議。皆謂聽通商恐私販肆行，侵蠹縣官，請敕制置司益漕船運至諸路，使皆有二三年之蓄；復天禧元年制，聽商人入錢粟京師及淮、浙、江南、荆湖州軍易鹽；在通、楚、泰、海、真、揚、漣水、高郵貿易者毋得出城，餘州聽詣縣鎮，毋至鄉村；其入錢京師者增鹽予之，并敕轉運司經畫本錢以償亭户。詔皆施行。景祐二年，諸路博易無利，遂罷，而入錢京師如故。

康定元年，詔商人入芻粟陝西並邊，願受東南鹽者加數與之。會河北穀賤，三司因請内地諸州行三説法，亦以鹽代京師所給緡錢，糴二十萬石止。慶曆二年，又詔：「入中陝西、河東者持券至京師，償以錢及金帛各半之，不願受金帛者予茶鹽、香藥，惟其所欲。」而東南鹽利厚，商旅皆願得鹽。八年，河北行四説法，鹽居其一，而並邊芻粟，皆有虚估，騰踴至數倍。券至京師，反爲蓄賈所抑，鹽百八斤舊售錢十萬，至是六萬，商人以賤估售券取鹽，不復入錢京師，帑藏益乏。皇祐二年，復入錢京師法，視舊錢數稍增予鹽，而並邊入中先得券受鹽者，河東、陝西入芻粟直錢十萬，止給鹽直七萬，河北又損爲六萬五千，且令入錢十萬於京師，乃聽兼給，謂之對貼，自是入錢京師稍復故。

初，天聖九年，三司請榷貨務入錢售東南鹽，以百八十萬三千緡爲額，後增至四百萬緡。嘉祐中，諸路漕運不足，榷貨務課益不登，於是即發運司置官專領運鹽公事。治平中，京師入緡錢二百二十七萬，而淮南、兩浙、福建、江南、荆湖、廣南六路歲售緡錢，皇祐中二百七十三萬，治平中三百二十九萬。

江、湖運鹽既雜惡，官估復高，故百姓利食私鹽，而並海民以魚鹽爲業，用工省而得利厚。繇是不逞無賴盜販者衆，捕之急則起爲盜賊，江、淮間雖衣冠士人，狃於厚利，或以販鹽爲事。江西則虔州地連廣南，而福建之汀州亦與虔接，虔鹽弗善，汀故不産鹽，二州民多盜販廣南鹽以射利。每歲秋冬，田事纔畢，恒數十百爲羣，持甲兵旗鼓，往來虔、汀、漳、潮、循、梅、惠、廣八州之地。所至劫人穀帛，掠人婦女，與巡捕吏卒鬥格，至殺傷吏卒，則起爲盜，依阻險要，捕不能得，或赦其罪招之。歲月浸淫滋多，而虔州官糶鹽歲纔及百萬斤。

慶曆中，廣東轉運使李敷、王繇請運廣州鹽於南雄州，以給虔、吉，未報，即運四百餘萬斤於南雄，而江西轉運司不以爲便，不往取。後三司户部判官周湛等八人復請運廣鹽入虔州，江西亦請自具本錢取之。詔尚書屯田員外郎施元長等會議，皆請如湛等議，而發運使許元以爲不可，遂止。

嘉祐以來，或請商販廣南鹽入虔、汀，所過州縣收算；或請放虔、汀、漳、循、梅、潮、惠七州鹽通商；或謂第歲運淮南鹽七百萬斤至虔，二百萬斤至汀，民間足鹽，寇盜自息；或請官自置鋪役兵卒，運廣南、福建鹽至虔、汀州，論者不一。先嘗遣職方員外郎黄炳乘傳會所屬監司及知州、通判議，謂虔州食淮南鹽已久，不可改，第損近歲所增官估，斤爲錢四十，以十縣五等户夏秋税率百錢令糴鹽二斤，隨夏税入錢償官。繼命提點鑄錢沈扶覆視可否，扶等請選江西漕船團爲十綱，以三班使臣部之，直取通、泰、楚都倉鹽。詔用炳等策，然歲纔增糴六十餘萬斤。

江西提點刑獄蔡挺制置鹽事，乃令民首納私藏兵械給巡捕吏卒，而販黄魚籠挾鹽不及二十斤、徒不及五人、不以甲兵自隨者，止輸算勿捕。淮南既團新綱漕鹽，挺增爲十二綱，綱二十五艘，鏁栿至州乃發。輸官有餘，以畀漕舟吏卒，官復以半賈取之，繇是減侵盜之弊，鹽遂差善。又損糶價，歲課視舊增至三百餘萬斤，乃罷炳等議所率糴鹽錢。異時，汀州人欲販鹽，輒先伐鼓山谷中，召願從者與期日，率常得數十百人已上，與俱行。至是，州縣督責耆保，有伐鼓者輒捕送，盜販者稍稍畏縮。朝廷以挺爲能，留之江西，積數年乃徙。久之，江西鹽皆團綱運致如虔州焉。

初，荆湖亦病鹽惡，且歲漕常不足，治平二年，纔及二十五萬餘石。三年，撥淮西二十四綱及傭客舟載鹽以往，是歲運及四十萬石。四年，至五十三萬餘石。

慶曆初，判户部勾院王琪言：「天禧初，嘗以荆湖鹽估高，詔斤減三錢或二錢，自後利入寖損。請復舊估，可歲增緡錢四萬。」許之。治平中，淮南轉運使李復圭、張芻、蘇頌，三司度支判官韓縝，相繼請減淮南鹽價，然卒不果行。

熙寧初，江西鹽課不登，三年，提點刑獄張頡言：「虔州官鹽鹵濕雜惡，輕不及斤，而價至四十七錢。嶺南盜販入虔，以斤半當一斤，純白不雜，賣錢二十，以故虔人盡食嶺南鹽。乃議稍減虔鹽價，更擇壯舟，團爲十綱，以使臣部押。後蔡挺以贛江道險，議令鹽船三歲一易，仍以鹽純雜增虧爲綱官、舟人殿最，鹽課遂敷，盜販衰止。自挺去，法十廢五六，請復之便。」詔從之。仍定歲運淮鹽十二綱至虔州。及章惇察訪湖南，符本路提點刑獄朱初平措置般運廣鹽，添額出賣，然未及行。元豐三年，惇既參政，有郟亶者，邪險鋭進，素爲惇所喜，迎合惇意，推倣湖南之法，乞運廣鹽於江西。即遣蹇周輔往江西相度。周輔承望惇意，奏言：「虔州運路險遠，淮鹽至者不能多，人苦淡食，廣東鹽不得輒通，盜販公行。淮鹽官以九錢致一斤，若運廣鹽，盡會其費，減淮鹽一錢，而其鹽更善，運路無阻。請罷運淮鹽，通般廣鹽一千萬斤於江西虔州、南安軍，復均淮鹽六百一十六萬斤於洪、吉、筠、袁、撫、臨江、建昌、興國軍，以補舊額。」詔周輔立法以聞。周輔具鹽法并總目條上，大率峻剥於民，民被其害。舊，江西鹽場許民買撲，周輔悉籍於官賣之。遂以周輔遥領提舉江西、廣東鹽事，即司農寺置局。

四年，周輔改漕河北。明年，提舉常平劉誼言道途洶洶，以賣鹽爲患。詔江東提點刑獄范峋體量，未報，誼坐言役法等事罷。及峋奏至，但以州縣違法塞詔，竟無更張。未幾，周輔奏：「虔州、南安軍推行鹽法方半年，已收息十四萬緡。」自以爲功。詔命發運副使李琮體訪利害，琮知周輔方被獎用，止謂鹽法宜變通而已，不敢斥言其害。六年，周輔爲户部侍郎，復奏湖南郴、道州隣接韶、連，可以通運廣鹽數百萬，卻均舊賣淮鹽於潭、衡、永、全、邵等州，並準江西、廣東見法，仍舉郟亶初議，郴、全、道三州亦賣廣鹽。詔委提舉常平張士澄、轉運判官陳偲措置。明年，士澄等具條約來上，詔施行之，額利增加，一方騷然。于時淮西亦推行周輔鹽法，發運使蔣之奇奏立知州、通判、鹽事官賞罰，下户部著爲令。

紹聖三年，發運司言淮南亭户貧瘠，官賦本錢六十四萬緡，皆倚辦諸路，以故不時至，民無所得錢，必舉倍稱之息。欲以糴本錢十萬緡給之，不足，畀以憑由，即欲質於官，與平之七，而蠲其息，鹽本集，復給其三分，憑由毀棄。

崇寧元年，蔡京議更鹽法，乃言東南鹽本或闕，滯於客販，請增給度牒及給封樁坊場錢通三十萬緡。并列七條：一、許容用私船運致，仍嚴立輒踰疆至夾帶私鹽之禁；二、鹽場官吏槩量不平或支鹽失倫次者，論以徒；三、鹽商所繇官司、場務、堰牐、津渡等輒加苛留者，如上法；四、禁命吏、廕家、貢士、胥史爲賈區請鹽；五、議貸亭户；六、鹽價太低者議增之；七、令措置官博盡利害以聞。明年，詔鹽舟力勝錢勿輸，用絶阻遏，且許舟行越次取疾，官綱等舟輒攔阻者坐之。遂變鈔法，置買鈔所於榷貨務。凡以鈔至者，並以末鹽、乳香、茶鈔并東北一分及官告、度牒、雜物等换給。末鹽鈔换易五分，餘以雜物，而舊鈔止許易末鹽、官告。仍以十分率之，止聽算三分，其七分兼新鈔。定民間買鈔之價，以抑豪強，以平邊糴。在河北買者，率百緡毋得下五千，東南末鹽鈔毋得下十千，陝西鹽鈔毋得下五千五百，私減者坐徒之罪，官吏留難、文鈔展限等條皆備。

四年，又以算請鹽價輕重不等，載定六路鹽價，舊價二十錢以上皆遞增以十錢，四十五者如舊；算請東南末鹽，願折以金銀、物帛者聽其便。而亭户貸錢，舊輸息二分者蠲之。五年，詔算請不貼納見錢，以十分率之，毋過二分。大觀元年，乃令算請東南末鹽貼輸及帶舊鈔如見條外，更許帶日前貼輸三分錢鈔，輸四分者帶二分，五分者帶三分。後又貼輸四分者帶三分，五分者帶四分，而東南鹽並收見緡換請新鈔者，如四分五分法貼輸。其換請新鈔及見錢算東南末鹽，如不帶六等舊鈔者，聽先給；如止帶五等舊鈔，其給鹽之敍，在崇寧四年十月前所帶不貼輸舊鈔之上。六等者，謂貼三、貼四、貼五、當十鈔、并河北公據、免貼納錢是也。

時鈔法紛易，公私交弊。四年，侍御史毛注言：「崇寧以來，鹽法頓易元豐舊制，不許諸路以官船迴載爲轉運司之利，許人任便用鈔請鹽，般載於所指州縣販易，而出賣州縣用爲課額。提舉鹽事司苛責郡縣，以賣鹽多寡爲官吏殿最，一有循職養民不忍侵克，則指爲沮法，必重奏劾譴黜，州縣孰不望風畏威，競爲刻虐？由是東南諸州每縣三等以上户，俱以物産高下，勒認鹽數之多寡。上户歲限有至千緡，第三等末户不下三五十貫，籍爲定數，使依數販易，以足歲額；稍或愆期，鞭撻隨之。一縣歲額有三五萬緡，今用爲常額，實爲害之大者。」

又言：

朝廷自昔謹三路之備，糧儲豐溢，其術非他，惟鈔法流通，上下交信。東南末鹽錢爲河北之備，東北鹽爲河東之備，解池鹽爲陝西之備，其錢並積於京師，隨所積多寡給鈔於三路。如河北糧草鈔至京，並支見錢，號飛錢法；河東三路至京，半支見錢，半支銀、紬、絹；陝西解鹽鈔則支請解鹽，或有泛給鈔，亦以京師錢支給。惟錢積於京師，鈔行於三路，至則給錢，不復滯留。當時商旅皆悦，争運糧草，入於邊郡。商賈既通，物價亦平，官司上下，無有二價，斗米止百餘錢，束草不過三十，邊境倉廩，所在盈滿。

自崇寧來鈔法屢更，人不敢信，京師無見錢之積，而給鈔數倍於昔年。鈔至京師，無錢可給，遂至鈔直十不得一，邊郡無人入中，糴買不敷，乃以銀絹、見錢品搭文鈔，爲糴買之直。民間中糴，不復會算鈔直，惟計銀絹、見錢，須至高擡糧草之價，以就虚數。致使官價幾倍於民間，斗米有至四百，束草不下百三十餘錢，軍儲不得不闕，財用不得不匱。如解鹽鈔每紙六千，今可直三千，商旅凡入東南末鹽鈔，乃以見錢四分、鹽引六分，榷貨務惟得七十千之入，而東南支鹽，官直百千，則鹽本已暗有所損矣。

臣謂鈔法不循復熙、豐，則物價無由可平，邊儲無由可積，方今大計，無急於此。薛向昔講究於嘉祐中，行之未幾，穀價遽損，邊備有餘，逮及熙、豐，其法始備。比年榷貨務不顧鈔法屢變，有誤邊計，惟冀貼納見錢，專買東南鹽鈔，圖增錢數，以僥冒榮賞。前鈔方行，而後鈔又復變易，特令先次支鹽，則前鈔遂爲廢紙，罔人攘利，商旅怨嗟。臣願明詔執政大臣，精擇能吏，推明鈔法，無以見行爲有妨，無以既往爲不可復，如薛向之法已效於昔者，可舉而行之。

今之練政事、通鈔法，不患無人；在京三庫之積，皆四方郡縣所入，不患無備。如以三四百萬緡樁留京師，隨數以給鈔引，使鈔至給錢，不復邀阻，上下交信，則人以鈔引爲輕齎，轉相貿易。或支請多，惟轉廊就給東南末鹽鈔或度牒之類，如東南末鹽鈔或度牒敕牒唯許以鈔引就給外，餘並令在京以見錢入易，樁留以爲鈔引之資，亦計之得者。若舊出文鈔，亦當體究立法，量爲分數，支鹽償之。自昔立法之難，非特造始，修復既廢，亦爲非易。欲與經久之利，則目前微害，宜亦可略，惟詳酌可否施行之。

未幾，張商英爲相，乃議變通損益，復熙、豐之舊，令内府錢别樁一千五百萬緡，餘悉移用，以革錢、鈔、物三等偏重之弊。陝西給鈔五百萬緡，江、淮發運司給見錢文據或截兑上供錢三百萬緡。以左司員外郎張察措置東南鹽事，提舉江西常平張根管幹運淮鹽於江西，罷提舉鹽香，諸路鹽事各歸提刑司。議定五等舊鈔，商旅已换請新鈔及見錢鈔不對帶，聽先給東南末鹽諸路貨易。仍下淮、浙鹽場，以鹽十分率之，樁留五分，以待支發官綱，備三路商旅轉廊算請，餘五分以待算請新鈔及見錢鈔與不帶舊鈔當先給者。於是推行舊法，以商旅五色舊鈔若用换請新鈔對帶，方許支鹽，慮伺候歲月，欲給無由，乃立增納之法。貼三鈔許於榷貨務更貼見緡七分，貼四鈔更貼六分，貼五、當十鈔貼七分，河北見錢文據貼五分算請。

有司議，三路鈔法如熙、豐舊法，全仰東南末鹽爲本，若許將舊鈔貼納算請，正與推行三路熙、豐鈔法相戾；即不令貼納算還，又鈔無所歸。議將河北見錢文據減增納二分，餘各減二分，以告敕、度牒、香藥、雜物、東南鹽算請給償。帝詔：「東南六路元豐年額賣鹽錢，以緡計之，諸路各不下數十萬。自行鈔鹽，漕計窘匱，以江西言之，和、豫買欠民價不少，何以副仁民愛物之意？」令東南諸路轉運司協力措置般運。

政和元年，詔商旅願依熙、豐法轉廊者，許先次用三路新鈔算請，往他所定價給賣。優存兩浙亭户額外中鹽，斤增價三分。已而張察均定鹽價，視紹聖斤增二錢，詔從其説，仍斤增一錢。議者謂：「異時鹽商於榷貨務入納轉廊，惟視東南諸郡積鹽多寡，鹽多則請鈔者衆，所入亦倍，其闕鹽地，客不肯住。在元豐時遠地須豫備二年或三年，次遠一年至二年，最近亦半年及一年，謂之準備鹽，而後鈔法乃通。紹聖間遵用舊制，廣有準備，故均價之後，課利增倍。謂宜嚴責轉運司般運準備鹽外，更及元豐準備之數，則鈔法始通，課利且羡。亭户煎鹽，官爲買納，比舊既增矣，止用元豐舊價自可，況用新價，而有本錢，復加借貸，何慮不增？若斤更增一錢，虚費亦大。」詔施行之。六路通置提舉鹽事官，置司於揚州，未幾能。

議者復謂：「客人在京榷貨務買東南末鹽者，其法有二：一曰見錢入納，二曰鈔面轉廊。今既許三路文鈔得以轉廊，若更循舊制，許以見錢入納，則客旅之錢，當入於榷貨，而不入於兼并，見錢留於京師，客旅走於東南。」詔采用焉。又有謂：「舊法聽以物貨及官鈔引抵當，所以扶持鈔價，不大減損，昨禁之非是。其舊轉廊鹽鈔，販致東南，轉運司乃專以見錢爲務，致多壅閼。」於是復鈔引抵當，一如其舊。末鹽以十分率之，限以八分給末鈔，二分許鬻見緡，後又增見緡爲三分。

二年，江寧府、廣德軍、太平州斤更增錢二，宣、歙、饒、信州斤增錢三，池江州、南康軍斤增錢四，各以去産鹽地遠近爲差。是歲，蔡京復用事，大變鹽法。五月，罷官般賣，令商旅赴場請販，已般鹽并封椿。商旅赴榷貨務算請，先至者增支鹽以示勸。前轉廊已算鈔未支者，率百緡别輸見緡三分，仍用新鈔帶給舊鈔三分；已算支者，所在抄數别輸帶賣如上法。其算請悉用見緡，而給鹽倫次，以全用見緡不帶舊鹽者爲上，帶舊鹽者次之，帶舊鈔者又次之。三路糴買文鈔，算給七分東南末鹽者，聽對見緡支算二分，東北鹽亦如之。自餘文鈔，毋得一例對算。復置諸路提舉官。於是詔書褒美京功，然商旅終以法令不信爲疑，算請者少，乃申扇搖之令，增賞錢五百緡。

三年，以商人承前先即諸州投勾，乃請鹽於場，留滯，罷之。若請鹽大帶斤重者，官爲秤驗，乃輸錢給鈔。時法既屢變，蔡京更欲巧籠商賈之利，乃議措置十六條，裁定買官鹽價，囊以三百斤，價以十千，其鬻者聽增損隨時，舊加饒脚耗並罷。客鹽舊止船貯，改依東北鹽用囊，官製鬻之，書印及私造貼補，並如茶籠篰法，仍禁再用。受鹽，支鹽官司，析而二之，受於場者管秤盤囊封，納於倉者管察視引據，合同號簿。囊二十，則以一拆驗合同遞牒給商人外，東南末鹽諸場，仍給鈔引號簿，有欲改指别場者，並批銷號簿及鈔引，仍用合同遞牒報所指處給隨鹽引，即已支鹽，關所指處籍記。中路改指者倣此。其引繳納，限以一年，有故展毋得踰半年，限竟，鹽未全售者毁引，以見鹽籍于官，止聽鬻其處，毋得翻改。大抵皆視茶法而多爲節目，欺奪民利，故以免究盜販、私煎、大帶斤重爲名，而專用對帶之法。客負鈔請鹽，往往阨不即畀，必對元數再買新鈔，方聽帶給舊鈔之半。慮令之不行也，嚴避免之禁，申沮壞之制，重扇搖之法，季輒比較，務峻督責以取辦。

四年，以遠地商販者稀，鹽倉以地遠近爲敍，先給遠者。繼令大搭帶正鹽，期一月不買新鈔，没官，而剩鹽即没納。五年，僞造引者並依川錢引定罪。六年，以産鹽州軍大商弗肯止留，其用小袋住賣者聽輸錢二十給鈔，毋得輒出州界。

宣和二年，詔六路封椿舊鹽數踰億萬，其聽商旅般販，與淮、浙鹽倉即今鹽鈔對算。四年，榷貨務建議：「古有斗米斤鹽之説，熙、豐以前，米石不過六七百，時鹽價斤爲錢六七十，今米價石兩千五百至三千，而鹽仍舊六十。崇寧曾定鹽價，買鈔折算，酌以中價，斤爲錢四十，今一斤三十七錢，虧公稍多。欲囊增爲十三千入納，而亭户所輸並增價，庶克自贍，盜販衰止。」於是舊鹽盡禁住賣，而籍記、貼輸、帶賣之令復用焉。

初，鹽鈔法之行，積鹽于解池，積錢于京師榷貨務，積鈔于陝西沿邊諸郡，商賈以物斛至邊入中，請鈔以歸。物斛至邊有數倍之息，惟患無回貨，故極利於得鈔，徑請鹽於解池，而解鹽通行地甚寬；或請錢于京師，每鈔六千二百，登時給與，但輸頭子等錢數十而已。以此所由州縣，貿易者甚衆。崇寧間，蔡京始變法，俾商人先輸錢請鈔，赴産鹽郡授鹽，欲囊括四方之錢，盡入中都，以進羨要寵，鈔法遂廢，商賈不通，邊儲失備；東南鹽禁加密，犯法被罪者多，民間食鹽雜以灰土，解池天産美利，乃與糞壤俱積矣。大概常使見行之法售給才通，輒復變易，名對帶法，季年又變對帶爲循環。循環者，已賣鈔，未授鹽，復更鈔；已更鈔，鹽未給，復貼輸錢，凡三輸錢，始獲一直之貨。民無貲更鈔，已輸錢悉乾没，數十萬券一夕廢棄，朝爲豪商，夕儕流丐，有赴水投繯而死者。

時有魏伯芻者，本省大胥，蔡京委信之，專主榷貨務。政和六年，鹽課通及四千萬緡，官吏皆進秩。七年，又以課羨第賞。伯芻年除歲遷，積官通議大夫、徽猷閣待制，既而黨附王黼，京惡而黜之。伯芻非有心計，但與交引户關通，凡商旅算請，率尅留十分之四以充入納之數，務入納數多，以昧人主而張虚最。初，政和再更鹽法，伯芻方爲蔡京所倚信，建言：「朝廷所以開闔利柄，馳走商賈，不煩號令，億萬之錢輻湊而至，御府須索，百司支費，歲用之外沛然有餘，則榷鹽之入可謂厚矣。頃年，鹽法未有一定之制，隨時變革以便公私，防閑未定，姦弊百出。自政和立法之後，頓絶弊源，公私兼利。異時一日所收不過二萬緡，則已詫其太多，今日之納乃常及四五萬貫。以歲計之，有一郡而客鈔錢及五十餘萬貫者，處州是也；有一州倉而客人請鹽及四十萬袋者，泰州是也。新法於今纔二年，而所收已及四千萬貫，雖傳記所載貫朽錢流者，實未足爲今日道也。伏乞以通收四千萬貫之數，宣付史館，以示富國裕民之政。」小人得時騁志，無所顧忌，遂至於此。

于時御府用度日廣，課入欲豐，再申歲較季比之令，在職而暫取告，其月日皆毋得計折，害法者不以官廕並處極坐，微至於鹽袋鯗鹽，莫不有禁，州縣惟務歲增課以避罪法，上下程督加厲。七年，乃詔：「昨改鹽法，立賞至重，抑配者多，計口敷及嬰孩，廣數下逮駝畜，使良民受弊，比屋愁嘆。悉從初令，以利百姓。三省其申嚴近制，改奉新鈔。」然有司不能承守，故比較已罷而復用，抄劄既免而復行，鹽囊既增而復止，一囊之價裁爲十一千，既又復爲十三千，民力因以擾匱，而盜賊滋焉。

靖康元年，詔未降新鈔前已給見錢公據文鈔，並給還商賈，以示大信。時鹽盡給新鈔，亦用帶賣舊鹽立限之法。言者論：「王黼當國，循用蔡京弊法，改行新鈔，舊鹽貼錢對帶，方許出賣，初限兩月，再限一月。是時黼方用事，專務害民，剥下益上，改易鈔法，甚於盜賊。然今不改覆車之轍，又促限止半月，反不及王黼之時，商賈豈得不怨？」詔申限焉。

南渡，淮、浙亭户，官給本錢。諸州置倉，令商人買鈔，五十斤爲石，六石爲袋，輸鈔錢十八千。紹興元年，詔臨安府、秀州亭户二稅，依皇祐法輸鹽，立監官不察亭户私煎及巡捕漏泄之法。二年九月，詔淮、浙鹽令商人袋貼輸通貨錢三千，已算請而未售者亦如之，十日不自陳，如私鹽律。時呂頤浩用提轄張純議，峻更鹽法。十有一月，詔淮、浙鹽以十分爲率，四分支今降旨符以後文鈔，四分支建炎渡江以後文鈔。先是呂頤浩以對帶法不可用，令商人貼輸錢，至是復以分數如對帶法，於是始加嚴酷矣。三年，減民間蠶鹽錢。四年正月，詔淮、浙鹽鈔錢每袋增貼輸錢三貫，並計綱輸行在，尋命廣鹽亦如之。九月，以入輸遲細，減所添錢。然自建炎三年改鈔法，及今所改，凡五變，而建炎舊鈔支尚未絶，乃命以先後併支焉。

孝宗乾道六年，户部侍郎葉衡奏：「今日財賦，鬻海之利居其半，年來課入不增，商賈不行，皆私販害之也。且以淮東、二浙鹽出入之數言之，淮東鹽竈四百一十二所，歲額鹽二百六十八萬三千餘石，去年兩務場賣淮鹽六十七萬二千三百餘袋，收錢二千一百九十六萬三千餘貫；二浙課額一百九十七萬餘石，去年兩務場賣浙鹽二十萬二千餘袋，收錢五百一萬二千餘貫，而鹽竈乃計二千四百餘所。以鹽額論之，淮東之數多於二浙五之一，以去歲賣鹽錢數論之，淮東多於二浙三之二，及以竈之多寡論之，兩浙反多淮東四之三，蓋二浙無非私販故也。欲望遣官分路措置。」

淳熙八年，詔住賣帶賣積鹽，以朝廷徒有帶賣之名，總所未免有借撥之弊故也。十年，先是湖北鹽商吴傳言：「國家鬻海之利，以三分爲率，淮東居其二。通、泰、楚隸買鹽場十六，催煎場十二，竈四百十二。紹興初，竈煎鹽多止十一籌，籌爲鹽一百斤；淳熙初，亭户得嘗試鹵水之法，竈煎至二十五籌至三十籌，增舊額之半。緣此，鹽場買亭户鹽，籌增稱鹽二十斤至三十斤爲浮鹽。日買鹽一萬餘籌，其浮鹽止以二十斤爲則，有二十萬斤，爲二千籌，籌爲錢一貫八百三十文，内除船脚錢二百文，有一貫六百三十文。其鹽並再中入官，爲鈔錢四百五十一萬七千五百餘緡。又綱取鹽一袋并諸窠名等，及賣又多稱斤兩，亭户饑寒，不免私賣。若朝廷嚴究，還其本錢，而後可以盡革私賣之弊。」至是，詔還通、泰等州諸鹽場欠亭户鹽本錢一百二十萬貫。

寧宗慶元初，詔罷循環鹽鈔，改增剩鈔名爲正支文鈔給算，與已投倉者通理先後支散。以淮東提舉陳損之言循環鈔多弊，故有是命，於是富商巨賈有頓爲貧民者矣。開禧二年，詔自今新鈔一袋，搭支舊鈔一袋，如新鈔多於舊鈔，或願全以新鈔支鹽，及無舊鈔而願全買新鈔者聽，以新鈔理資次。嘉定二年，詔淮東貼輸鹽錢免二分交子，止用錢會中半。三年詔：「停塌鈔引之家，增長舊鈔價直，袋賣官會百貫以上。自今令到日，鹽鈔官錢袋增收會子二十貫，三務場朱印於鈔面，作『某年某月新鈔』，俟通賣及一百萬袋，即免增收。其日前已未支鹽鈔並爲舊鈔，期以一年持赴倉場支鹽，袋貼輸官會一十貫，出限更不行用。」此淮、浙鹽之大略也。

唐乾元初，第五琦爲鹽鐵使，變鹽法，劉晏代之，當時舉天下鹽利，歲纔四十萬緡。至大曆，增至六百餘萬緡，天下之賦，鹽利居半。元祐間，淮鹽與解池等歲四百萬緡，比唐舉天下之賦已三分之二。紹興末年以來，泰州海陵一監，支鹽三十餘萬席，爲錢六七百萬緡，則是一州之數，過唐舉天下之數矣。

寶慶二年，監察御史趙至道言：「夫産鹽固藉於鹽户，鬻鹽實賴於鹽商，故鹽户所當存恤，鹽商所當優潤。慶元之初，歲爲錢九百九十萬八千有奇，寶慶元年，止七百四十九萬九千有奇，乃知鹽課之虧，實鹽商之無所贏利。爲今之計，莫若寬商旅，減征稅，庶幾慶元鹽課之盛，復見於今日矣。」從之。紹定元年，以侍御史李知孝言，罷上虞、餘姚海塗地創立鹽竈。端平二年，都省言：「淮、浙歲額鹽九十七萬四千餘袋，近二三年積虧一百餘萬袋，民食貴鹽，公私俱病。」有旨，「三路提舉茶鹽司各置主管文字一員，專以興復鹽額、收買散鹽爲務，歲終尚書省課其殿最。淳祐元年，臣僚奏：「南渡立國，專仰鹽鈔，紹興、淳熙，率享其利。嘉定以來，二三十年之間，鈔法或行或罷，而浮鹽之説牢不可破，其害有不可勝言者。望付有司集議，孰爲可行，孰爲可罷，天地之藏與官民共之，豈不甚盛？」從之。五年，申嚴私販苛征之禁。

寶祐元年，都省言：「行在榷貨務都茶場上本務場淳祐十二年收趁到茶鹽等錢一萬一千八百一十五萬六千八百三十三貫有奇，比今新額四千萬貫增一倍以上，合視淳祐九年、十年、十一年例倍賞之，以勵其後。」有旨依所上推賞。四年五月，以行在務場比新額增九千一百七十三萬五千九百一十二貫有奇，本務場并三省、户部、太府寺、交引庫，凡通管三務場職事之人，視例推賞，後以爲常。十有二月，殿中侍御史朱熠言：「近者課額頓虧，日甚一日，姑以真州分司言之，見虧二千餘萬，皆由臺閫及諸軍帥興販規利之由。」於是復申嚴私販之禁。

五年，朱熠復言：「鹽之爲利博矣。以蜀、廣、浙數路言之，皆不及淮鹽額之半。蓋以斥鹵彌望，可以供煎烹，蘆葦阜繁，可以備燔燎。故環海之湄，有亭户，有鍋户，有正鹽，有浮鹽。正鹽出於亭户，歸之公上者也；浮鹽出於鍋户，鬻之商販者也，正鹽居其四，浮鹽居其一。端平之初，朝廷不欲使浮鹽之利散而歸之於下，於是分置十局，以收買浮鹽，以歲額計之，二千七百九十三萬斤。十數年來，鈔法屢更，公私俱困，真、揚、通、泰四州六十五萬袋之正鹽，視昔猶不及額，尚何暇爲浮鹽計邪？是以貪墨無恥之士大夫，知朝廷住買浮鹽，龍斷而籠其利；纍纍竈户，列處沙洲，日藉銖兩之鹽，以延旦夕之命，今商賈既不得私販，朝廷又不與收買，則是絶其衣食之源矣。爲今之計，莫若遵端平之舊式，收鍋户之浮鹽。所給鹽本，當過於正鹽之價，則人皆與官爲市，卻以此鹽售於上江，所得鹽息，徑輸朝廷，一則可以絶戎閫争利之風，二則可以續鍋户烹煎之利。」有旨從之。

《宋史》卷一八三《食貨志下五》 其在福建曰福州長清場，歲鬻十萬三百石，以給本路。天聖以來，福漳泉州、興化軍皆鬻鹽，歲視舊額增四萬八千九百八石。

熙寧十年，有廖恩者起爲盜，聚黨掠州郡。恩既平，御史中丞鄧潤甫言：「閩越山林險阻，連亘數千里，無賴姦民比他路爲多，大抵盜販鹽耳。恩平，遂不爲備，安知無躡恩之跡而起者？」乃詔福建路蹇周輔度利害，周輔言：「建劍汀州、邵武軍官賣鹽價苦高，漳泉福州、興化軍鬻鹽價賤，故盜多販賣於鹽貴之地。異時建州嘗計民産賦錢買鹽，而民憚求有司，徒出錢或不得鹽。今請罷去，頗減建、劍、汀、邵武鹽價，募上户爲鋪户，官給券，定月所賣，從官場買之，如是則民易得鹽，盜販不能規厚利。又稍興復舊倉，選吏增兵。立法，若盜販、知情囊橐之者，不以赦原；三犯，杖、編管鄰州；已編管復犯者，杖、配犯處本城。」皆行之，歲增賣二十三萬餘斤，而鹽官數外售者不預焉。

元豐二年，提舉鹽事賈青請自諸州改法酌三年之中數立額。又請捕盜官獲私鹽多者，論賞不限常法。三年，青上所部賣鹽官吏歲課，比舊額增羨。詔曰：「周輔承命創法，青相繼奉行，期年有成，課增盜止，東南賴之。」時周輔已擢三司副使，監司已次被賞者凡二十人。

哲宗即位，御史中丞黄履奏福建多以鹽抑民，詔：「去歲先帝已立分遣御史、郎官察舉監司之法，福建遣御史黄降，江西遣御史陳次升按之。」繼又以命吏部郎中張汝賢併察舉周輔所立鹽法。降言：「福州緣王氏之舊，每産錢一當餘州之十，其科納以此爲率，餘隨均定，鹽額亦當五倍，而實減半焉。昨王子京奏立産鹽法，失於詳究，遂概以額增，多寡之間，遼遠絶殊，遠民久無以伸。」詔付汝賢。明年，按察司盡以所察事狀聞，於是福建轉運副使賈青、王子京皆坐掊克，謫監湖南鹽酒税；刑部侍郎蹇周輔坐議江西鹽法，掊克誕謾，削職知和州；郟亶坐倡議運廣鹽江西，張士澄坐附會推行周輔之法，肆志抑擾，並黜官；閩清縣尹徐壽獨用鹽法初行，能守官不撓，民以故不多受課，言於朝加賞焉。汝賢請定福建産賣鹽額，詔從其請；凡抑民爲鹽户及願退不爲行者，以徒一年坐之，提舉鹽事官知而不舉，論如其罪。

已而殿中侍御史吕陶奏：「朝廷以福建、江西、湖南等路鹽法之弊，流毒生靈，遣使按視，譴黜聚斂之吏，以慰困窮之民，天下皆知公議之不可廢也。然湖南、江西運賣廣鹽添額之害，京東、河北榷鹽，皆章惇所倡，願付有司根治其罪，使賊民罔上之臣，少知所畏。」監察御史孫升繼言：「江西、湖南鹽法之害，兩路之民，殘虐塗炭，甚於兵火，獨提舉官劉誼乃能上言極其利害，誼坐奪官勒停。」詔復誼官，起守韶州。

崇寧以後，蔡京用事，鹽法屢變，獨福建鹽於政和初斤增錢七，用熙寧法聽商人轉廊算請，依六路所算末鹽錢每百千留十之一，輸請鹽處爲鹽本錢。

建炎間，淮、浙之商不通，而閩、廣之鈔法行；未幾，淮、浙之商既通，而閩、廣之鈔法遂罷。舊法，閩之上四州建、劍、汀、邵行官賣鹽法，閩之下四州福、泉、漳、化行産鹽法。隨税輸鹽也。官賣之法既革，産鹽之法亦弊，鈔法一行，弊若可革，而民俗又有不便。故當時轉運、提舉司請上四州依上法，下四州且令從舊。及鈔法既罷，歲令漕司認鈔錢二十萬緡輸行在所榷貨務，自後或減或增，卒爲二十二萬緡。

二十七年，常平提舉張汝楫復申明鈔法，上以問宰執。陳誠之奏曰：「建、劍山溪之險，細民冒法私販，雖官賣鹽猶不能革，若使民自賣，其能免私販乎？私販既多，鈔額必虧。」上曰：「中間曾用鈔法，未幾復罷，若可行，祖宗已行之矣。大抵法貴從俗，不然不可經久。」淳熙五年，詔泰寧、尤溪兩縣計産買鹽之令，更不施行。

八年，福建市舶陳峴言：「福建自元豐二年轉運使王子京建運鹽之法，不免有侵盜科擾之弊，且天下州縣皆行鈔法，獨福建膺運鹽之害。紹興初，趙不已嘗措置鈔法，而終不可行者，蓋漕司則藉鹽綱爲增鹽錢，州縣則藉鹽綱以爲歲計，官員則有賣鹽食錢、縻費錢，胥吏則有發遣交納常例錢，公私齟齬，無怪乎不可行也。鈔法未成倫序，而綱運遽罷，百姓率無食鹽，故漕運乘此以爲不便，請抱引錢而罷鈔法。鈔法罷而綱運興，官價高，私價賤，民多食私鹽而官不售，科抑之弊生矣。」於是詔峴措置。峴請從榷貨務自五千斤至百斤，分爲五等，造大小鈔給買，仍預措置賣鈔，先以本錢界三倉買鹽，以備商旅請買。九年正月，以福建鹽自來運賣，近爲鈔法敷擾害民，於是詔福建轉運司，諸州鹽綱依舊官般官賣。三月，詔轉運傅自得、楊由義廉察官賣鹽未便者，措置以聞。

淳熙十三年，四川安撫制置趙汝愚言：「汀州民貧，而官鹽抑配視他州尤甚，乞以汀州爲客鈔。」事下提舉應孟明及汀州守臣議，孟明等言：「上四州軍有去産鹽之地甚邇者，官不賣鹽則私禁不嚴，民食私鹽則客鈔不售，既無翻鈔之地則客賣銷折，所以鈔法屢行而屢罷。四川闊遠，猶不可翻鈔，汀州將何所往？故鈔法雖良，不可行於汀州，惟裁減本州并諸縣合輸内錢，而嚴科鹽之禁，庶幾汀民有瘳矣。」復下轉運趙彦操等措置裁減，以歲運二百萬四千斤會之，總減三萬九千三十八緡有奇，又免其分隸諸司，則汀州六邑歲減於民者三萬九千緡有奇，減於官者一萬緡有奇，所補州用又在外。蓋上四州財賦絶少，所恃者官賣鹽耳。

又瀕海諸郡計産輸錢，官給之鹽以供食，其後遂爲常賦，而民不復請鹽矣，此又下四州産鹽之弊也。寧宗嘉定六年，臣僚嘗極言之，於是下轉運司，將福之下四州軍凡二十文産以下合輸鹽五斤之家盡免，其析户産錢僅及二十文者不輸鹽錢。

寶慶二年，監察御史梁成大言：「福建州縣半係瀕海産鹽之地，利權專屬漕臣，乃其職也。鹽産於福州、興化，而運於劍、建、汀、邵，四郡二十二縣之民食焉。福建提舉司主常平茶事而鹽不預，漕司與認浄鏹以助用，近來越職營利，多取綱運，分委屬縣。縣邑既爲漕司措辦鹽課，今又增提舉司之額，其勢必盡敷於民，殆甚於青苗之害。望將運鹽盡歸漕司，提舉司不得越職，庶幾事權歸一，民瘼少蘇矣。」從之。

景定元年九月，明堂赦曰：「福建上四州縣倚鹽爲課，其間有招趁失時，月解拖欠，其欠在寶祐五年以前者，並與除放，尚敢違法計口科抑者，監司按劾以聞。」三年，臣僚言：「福建上四州山多田少，税賦不足，州縣上供等錢銀、官吏宗子官兵支遣，悉取辦於賣鹽，轉運司雖拘榷鹽綱，實不自賣。近年創例自運鹽兩綱，後或歲運十綱至二十綱，與上四州縣所運歲額相妨，而綱吏搭帶之數不預焉。州縣被其攙奪，發泄不行，上供常賦，無從趁辦，不免敷及民户，其害有不可勝言者。」有旨：「福建轉運司視自來鹽法，毋致違戾；建寧府、南劍州、汀州、邵武軍依此施行。」

廣州東莞静康等十三場，歲鬻二萬四千餘石，以給本路及西路之昭桂州、江南之南安軍。廉州白石、石康二場，歲鬻三萬石，以給本州及容、白、欽、化、蒙、龔、藤、象、宜、柳、邕、潯、貴、賓、梧、横、南儀、鬱林州。又高、竇、春、雷、融、瓊、崖、儋、萬安州各鬻以給本州，無定額。天聖以後，東、西海場十三皆領於廣州，歲鬻五十一萬三千六百八十六石，以給東、西二路。而瓊、崖諸州，其地荒阻，賣鹽不售，類抑配衙前。前後官此者，或擅增鹽數，煎鹽户力不給，有破産者。元豐三年，朱初平奏蠲鹽之不售者，又約所賣數定爲煎額，以惠遠民。久之，廣西漕司奏民户逋鹽税，其縣令監官雖已代，並住奉勒催，須足乃罷。而廣東漕臣復奏嶺外依六路法，以逐州管幹官爲鹽官，提點刑獄兼提舉鹽事，考較賞罰如之。瓊、崖等州復請賦鹽於民，斤重視其户等，而民滋困矣。南渡，二廣之鹽皆屬於漕司，量諸州歲用而給之鹽。然廣東俗富，猶可通商；廣西地廣莫而彫瘵，食鹽有限，商賈難行。自東廣而出，乘大水無灘磧，其勢甚易；自西廣而出，水小多灘磧，其勢甚難。建炎末鬻鈔，未幾復止，然官般、客鈔，亦屢有更革，東、西兩漕，屢有分合。

紹興元年三月，南恩州陽江縣土生鹹，募民墾之，置竈六十七，産鹽七十萬八千四百斤，收息錢三萬餘緡。十有二月，復置廣西茶鹽司。八年，詔廣西鹽歲以十分爲率，二分令欽、廉、雷、化、高五州官賣，餘八分行鈔法。尋又詔廣東鹽九分行鈔法，一分産鹽州縣出賣。廣南去中州絶遠，土曠民貧，賦入不給，故漕司鬻鹽，以其息什四爲州用，可以粗給，而民無加賦。昭州歲收買鹽錢三萬六千緡，以七千緡代潯、貴州上供赴經略司買馬，餘爲州用。及罷官賣，遂科七千緡於民户，謂之縻費錢焉。九年，罷廣東官賣，行客鈔法，以其錢助鄂兵之費。

孝宗乾道四年，罷鹽鈔，令廣西漕司自認漕錢二十萬。且廣西之鹽乃漕司出賣，自乾道元年因曾連請併歸廣東，於是度支唐琢言：「廣西鹽引錢欠幾八千萬緡，緣向來二廣鹽事分東西兩司，而西路鹽常爲東路所侵，昔廣西自作一司，故鹽課不至於虧減，今既罷西司併入東路，則廣東之鹽無復禁止，廣西坐失一路所入。」故有是命。既而宰執進蔣芾之奏：「鹽利舊屬漕司，給諸州歲計，自賣鈔鹽之後，漕司遂以苗米高價折錢。今朝廷更不降鹽鈔，只令漕司認發歲額，則漕司自獲鹽息，折米招糴之弊皆去矣。」九年，詔廣州復行官般官賣法。

淳熙三年，詔廣西轉運司歲收官鹽息錢三分撥諸州，七分充漕計，從經略張栻請也。栻去而漕臣趙公漸增鹽直斤百錢爲百六十，欽州歲賣鹽千斛而五增之。六年，侍御史江溥以爲言，上黜公漸，詔閩、廣賣鹽自有舊額定直，自今毋得擅增。

九年，詔遣浙西撫幹胡庭直訪求利害，與帥、漕、提舉詳議以聞。使還，尋以庭直提舉廣東同措置廣西鹽事。十年，詔曰：「廣南在數千里外，疾痛艱於上聞，朕憫之尤切。蓋鹽者，民資以食，向也官利其贏，轉而自鬻，久爲民疾。朕爲之更令，俾通販而杜官鬻，民固以爲利矣。然利於民者官不便焉，必胥動以浮言，且朕知恤民而已，浮言奚恤？矧置監司、守令以爲民，朕有美意，弗廣其推，顧撓而壞之，可乎？自今如或有此，必寘之法。」於是命詹儀之知静江府，併廣東、西鹽事爲一司，其兩路賣鹽，歲以十六萬五千籮爲額。儀之等言：「兩路鹽且以十萬籮爲額，俟三數年，視其增虧，乃增其額。所有客鈔東西路通貨錢與免，以便商販。」

十六年，經略應孟明言：「廣中自行鈔法，五六年間，州縣率以鈔抑售於民，其害有甚於官般。」詔孟明、朱晞顔與提舉廣南鹽事王光祖從長措置經久利便，毋致再有科抑之弊。寶慶元年，以廣州安撫司水軍大爲興販，罷其統領尹椿、統轄黄受，各降一官。

鬻鹻爲鹽，曰并州永利監，歲鬻十二萬五千餘石，以給本州及忻、代、石、嵐、憲、遼、澤、潞、麟、府州，威勝、岢嵐、火山、平定、寧化、保德軍，許商人販鬻，不得出境。仁宗時，分永利東、西兩監，東隸并州，西隸汾州。籍州民之有鹻土者爲鐺户，户歲輸鹽於官，謂之課鹽，餘則官以錢售之，謂之中賣。鹽法亦與海鹽同，歲鬻視舊額減三千四百三十七石。河東唯晉、絳、慈、隰食池鹽，餘皆食永利鹽。其入官，斤爲八錢或六錢，出爲錢三十六，歲課緡錢十八萬九千有奇。

自咸平以來，聽商人輦鹽過河西麟府州、濁輪砦貿易，官爲下其價予之。後積鹽益多，康定初，罷東監鬻鹽三年。皇祐中，又榷罷西監鬻鹽，俟鹽少復故。時議者請募商人入芻粟麟府州、火山軍，予券償以鹽，從之。既而芻粟虚估高，券直千錢，爲鹽商所抑，纔售錢四百有餘，而出官鹽五十斤，蠹耗縣官。或請罷入芻粟，第令入實錢，轉運司議以爲非便而止。大抵鹻土或厚或薄，薄則利微，鐺户破産不能足其課。至和初，韓琦請户滿三歲，地利盡，得自言，摘他户代之。明年，又詔鐺户輸歲課以分數爲率，蠲復有差，遇水災，又聽摘他户代役，百姓便之。河北、陝西亦有鬻鹻爲鹽者，然其利薄。明道初，嘗詔廢河中府、慶成軍鹻場，禁民鬻鹽以侵池鹽之利。

熙寧八年，三司使章惇言：「兩監舊額歲課二十五萬餘緡，自許商人並邊入中糧草，增饒給鈔支鹽，商人得鈔千錢，售價半之，縣官陰有所亡，坐賈獲利不貲。又私鹽不禁，歲課日減，今纔十萬四千餘緡，若計糧草虚估，官纔得實錢五萬餘緡，視舊虧十之八。請如解鹽例，募商人入錢請買，或官自運，鬻於本路，重私販之禁，歲課且大增，並邊市糧草，一用見錢。」詔如所奏，官自運鬻於本路。

元豐元年，三司户部副使陳安石言：「永利東、西監鹽，請如慶曆前商人輸錢於麟、府、豐、代、嵐、憲、忻、岢嵐、寧化、保德、火山等州軍，本州軍給券於東、西監請鹽，以除加饒折糴之弊。仍令商人自占所賣地，即鹽已運至場務者，商人買之加運費。如是則官鹽價平而商販通。」遂行其説，用安石爲河東都轉運使。安石請犯西北青白鹽者，以皇祐敕論罪，首從皆編配；又青白入河東，犯者罪至流，所歷官司不察者罪之。四年，安石自言治鹽歲有羨餘，及增收忻州鹻地鐺户，馬城池鹽課，詔安石遷官，賞其屬。

元祐元年，右司諫蘇轍言：「異時河東除食解鹽，餘仰東、西永利鹽，未嘗闕。元豐三年後，前宰相蔡確、兄碩等始議創增河東忻州馬城池鹽，夾硝味苦，民不願買。乞下轉運司，苟無妨闕，即止勿收。」詔從之。

四年，陳安石坐爲河東轉運使附會時論，興置鹽井，害及一路，降知鄭州。先是，熙寧中，議收熙河蕃部包順鹽井，或以爲非宜，王安石謂邊將苟自以情得之，何害？議者不能奪焉。

六年，詔代州賣鹽年額酌以中數，以八十五萬斤爲額，部内多少均裁之。紹聖元年，河東復行官賣法。崇寧三年，以河東三路鈔無定估，本路尤賤，害於糴買，罷給三路鈔，止給見錢鈔，他如河北新降鈔法。四年，詔河東永利兩監土鹽仍官收，見緡鬻之，聽商人入納算請，定往河東州軍，罷客販東北鹽入河東者。

鬻井爲鹽，曰益、梓、夔、利，凡四路。益州路一監九十八井，歲鬻八萬四千五百二十二石，梓州路二監三百八十五井，十四萬一千七百八十石；夔州路三監二十井，八萬四千八百八十石；利州路一百二十九井，一萬二千二百石：各以給本路。大爲監，小爲井，監則官掌，井則土民幹鬻，如其數輸課，聽往旁境販賣，唯不得出川峽。初，川峽承舊制，官自鬻鹽。開寶七年，詔斤減十錢，令幹鬻者有羨利但輸十之九。

太平興國二年，右拾遺郭泌上言：「劍南諸州官糶鹽，斤爲錢七十。鹽井濬深，鬻鹽極苦，樵薪益貴，輦之甚艱，加之風水之虞，或至漂喪；豪民黠吏，相與爲姦，賤市於官，貴糶於民，至有斤獲錢數百，官虧歲額，民食貴鹽。望稍增舊價爲百五十文，則豪猾無以規利，民有以給食。」從之。有司言：「昌州歲收虛額鹽萬八千五百餘斤，乃開寶中知州李佩掊斂以希課最，廢諸井薪錢，歲額外課部民鬻鹽，民不習其事，甚以爲苦，至破產不能償其數，多流入他部，而積年之征不可免。」詔悉除之，其舊額二萬七千六十斤如故。端拱元年七月，西川食鹽不足，許商販階、文州青白鹽、峽路井鹽、永康軍崖鹽，勿收算。

川峽諸州自李順叛後，增屯兵，乃募人入粟，以鹽償之。景德二年，權三司使丁謂言：「川峽糧儲充足，請以鹽易絲帛。」詔諸州軍食及二年、近溪洞州三年者，從其請。大中祥符元年，詔瀘州南井竈户遇正、至、寒食各給假三日，所收日額，仍與除放。三年，減瀘州淯井監課鹽三之一。

仁宗時，成都、梓、夔三路六監與宋初同，而成都增井三十九，歲課減五萬六千五百九十七石；梓州路增井二十八，歲課減十一萬一十九石；利州路井增十四，歲課減四百九十二石三斗有奇；夔州路井增十五，歲課減三千一百八十四石。各以給一路，夔州則并給諸蠻，計所入鹽直，歲輸緡錢五分，銀、紬絹五分。又募人入錢貨諸州，即產鹽厚處取鹽，而施、黔並邊諸州，并募人入米。

康定元年，淮南提點刑獄郭維言：「川峽素不產銀，而募人以銀易鹽，又鹽酒場主者亦以銀折歲課，故販者趨京師及陝西市銀以歸，而官得銀復輦置京師，公私勞費。請聽入銀京師榷貨務或陝西並邊州軍，給券受鹽於川峽，或以折鹽酒歲課，願入錢，二千當銀一兩。」詔行之。既而入銀陝西者少，議鹽百斤加二十斤予之，并募入中鳳翔、永興。會西方用兵，軍食不足，又詔入芻粟並邊，俟有備而止。芻粟虛估高，鹽直賤，商賈利之，西方既無事，猶入中如故。夔州轉運使蔣貢以爲入中十餘年，虛費夔鹽計直二十餘萬緡，今陝西用池鹽之利，軍儲有備，請如初。詔許之。

先是，益、利鹽入最薄，故并食大寧監、解池鹽，商賈轉販給之。慶曆中，令商人入錢貨益州以射大寧監鹽者，萬斤增小錢千緡，小錢十當大錢一。販者滋少，蜀中鹽踊貴，斤爲小錢二千二百，知益州文彥博以爲言，詔皆復故。

四路鹽課，縣官之所仰給，然井源或發或微，而積課如舊，任事者多務增課爲功，往往貽患後人。時方切於除民疾苦，尤以遠人爲意，有司上言，輒爲蠲減。初，鹽課聽以五分折銀、紬、絹，鹽一斤計錢二十至三十，銀一兩、紬絹一匹折錢六百至一千二百，後詔以課利折金帛者從時估。荆湖之歸、峽二州，州二井，歲課二千八百二十石，亦各以給本州。

熙寧中，蜀鹽私販者衆，禁不能止。欲盡實私井，運解鹽以足之，議未決。神宗以問修起居注沈括，對曰：「私井既容其撲買，則不得無私易，一切實之而運解鹽，使一出於官售，此亦省刑罰籠遺利之一端；然忠、萬、戎、瀘間夷界小井尤多，止之實難，若列候加警，恐所得不酬所費。」議遂寢。九年，劉佐入蜀經度茶事，嘗歲運解鹽十萬席。侍御史周尹奏：「成都府路素仰東川產鹽，昨轉運司商度賣陵井場，遂止東鹽及閉卓筒井，失業者衆，言利之臣，復運解鹽，道險續運甚艱；成都鹽踊貴，東川鹽賤，驅民冒法。乞東鹽仍入成都，勿閉卓筒井，罷官運解鹽。」詔商販仍舊，賣解鹽依客商例，禁抑配於民。未幾，官運解鹽竟罷。

元祐元年，詔委成都提點刑獄郭槩體量鹽事。右司諫蘇轍劾槩觀望阿附，奏不以實，且言：「四川數州賣邛州蒲江井官鹽，斤爲錢百二十，近歲鹹泉減耗，多雜沙土，而梓、夔路客鹽及民間販小井白鹽，價止七八十，官司遂至抑配，槩不念民朝夕食此貴鹽。」詔遂罷槩，令黃廉體量以聞。上封事者言：「有司於稅課外，歲令井輸五十緡，謂之官溪錢。」詔付廉悉蠲之。詔自今溪有鹽井輸課利鹽稅外，毋得更增以租。

崇寧二年，川峽利、洋、興、劍、蓬、閬、巴、綿、漢、興元府等州，並通行東北鹽。四年，梓、遂、夔、綿、漢州、大寧監等鹽仍鬻於蜀，惟禁侵解鹽地。

紹興二年，四川總領趙開初變鹽法，倣大觀法置合同場，收引稅錢，大抵與茶法相類，而嚴密過之。斤輸引錢二十有五，土產稅及增添約九錢四分，所過稅錢七分，住稅一錢有半，引別輸提勘錢六十，其後又增貼輸等錢。凡四川四千九百餘井，歲產鹽約六千餘萬斤，引法初行，百斤爲一檐，又許增十斤勿算以優之，其後遞增至四百餘萬緡。二十九年，減西和州賣鹽直之半。

孝宗淳熙六年，四川制置胡元質、總領程价言：「推排四路鹽井二千三百七十五、場四百五，除井一千一百七十四、場一百五十依舊額煎輸，其自陳或糾決增額者井一百二十五、場二十四，并今渲淘舊井亦願入籍者四百七十九，其無鹽之井，即與剗除，不敷而抱輸者，即與量減，共減錢引四十萬九千八百八十八道，而增收錢引十三萬七千三百四十九道，庶井户免困重額。」七年，元質又言：「鹽井推排，所以增有餘減不足，有司務求贏餘，盈者過取，涸者略減，盡出私心。今後凡遇推排，以增補虧，不得踰已減之數。」十一年，以京西轉運副使江溥言金州帥司置場拘買商鹽，高價科賣，致商旅坐困，民食貴鹽，詔金州依法聽商人從便買賣，不得置場拘催。

初，趙開之立榷法也，令商人入錢請引，井户但如額鬻鹽，輸土產稅而已。然鹹脈有盈縮，月額有登耗，間以虛鈔付之，而收其算，引法由是大壞。井户既爲商人所要，因增其斤重予之，每檐有增至百六十斤者。又逃絕之井，許增額承認，小民利於得井，界增其額，而不能售，其引息土產之輸，無所從出，由是刎縊相尋，公私病之。

光宗紹熙三年，吏部尚書趙汝愚言：「紹興間趙開所議鹽法，諸井皆不立額，惟禁私賣，而諸州縣鎮皆置合同場，以招商販，其鹽之斤重，遠近皆平準之，使彼此均一而無相傾奪，貴賤以時而爲之翕張。今其法盡廢，宜下四川總所視舊法施行。」時楊輔爲總計，去虛額，閉廢井，申嚴合同場法，禁斤重之踰格者，而重私販之罰，鹽直於是頓昂。輔又請罷利州東路安撫司所置鹽店六，及津渡所收鹽錢，與西路興州鹽店。後總領陳曄又盡除官井所增之額焉。

五年，户部言：「潼川府鹽、酒爲蜀重害。鹽既收其土產錢給賣官引，又從而征之，矧州縣額外收稅，如買酒錢、到岸錢、榻地錢之類，皆是創增。」於是申禁成都、潼川、利路諸司。寧宗嘉定七年，詔四川鹽井專隸總所，既而宣撫使安丙言防秋藉此以助軍興，乃復奪之。

《宋史》卷一八五《食貨志下七》

開寶三年，詔曰：「古者不貴難得之貨，後代賦及山澤，上加侵削，下益彫弊。每念茲事，深疚于懷，未能捐金於山，豈忍奪人之利。自今桂陽監歲輸課銀，宜減三分之一。」民鑄銅爲佛像、浮圖及人物之無用者禁之，銅鐵不得闌出蕃界及化外。

至道二年，有司言：「定州諸山多銀礦，而鳳州山銅礦復出，採鍊大獲，而皆良焉。請置官署掌其事。」太宗曰：「地不愛寶，當與衆庶共之。」不許。東、西川鹽酒商稅課半輸銀帛外，有司請令二分入金。景德三年，詔以非土產罷之。

天聖中，登、萊採金，歲益數千兩。仁宗命奬勸官吏，宰相王曾曰：「採金多則背本趨末者衆，不宜誘之。」景祐中，登、萊饑，詔弛金禁，聽民採取，俟歲豐復故。然是時海内承平已久，民間習俗日漸侈靡，糜金以飾服器者不可勝數，重禁莫能止焉。景祐、慶曆中，屢下詔申敕之，語在《輿服志》。大率山澤之利有限，或暴發輒竭，或採取歲久，所得不償其費，而歲課不足，有司必責主者取盈。仁宗、英宗每降赦書，輒委所在視冶之不發者，或廢之，或蠲主者所負歲課，率以爲常；而有司有請，亦輒從之，無所吝。故冶之興廢不常，而歲課增損隨之。

皇祐中，歲得金萬五千九十五兩，銀二十一萬九千八百二十九兩，銅五百一十萬八百三十四斤，鐵七百二十四萬一千斤，鉛九萬八千一百五十一斤，錫三十三萬六百九十五斤，水銀二千二百斤。

其後，以赦書從事或有司所請，廢冶百餘。既而山澤興發，至治平中，或增冶或復故者六十有八，而諸州坑冶總二百七十一：登、萊、商、饒、汀、南恩六州，金之冶十一；登、虢、秦、鳳、商、隴、越、衢、饒、信、虔、郴、衡、漳、汀、泉、建、福、南劍、英、韶、連、春二十三州，南安、建昌、邵武三軍，桂陽監，銀之冶八十四；饒、信、虔、建、漳、汀、南劍、泉、韶、英、梓十一州，邵武軍，銅之冶四十六；登、萊、徐、兗、鳳翔、陝、儀、邢、虢、磁、虔、吉、袁、信、澧、汀、泉、建、南劍、英、韶、渠、合、資二十四州，興國、邵武二軍，鐵之冶七十七；越、衢、信、汀、南劍、英、韶、春、連九州，邵武軍，鉛之冶三十；商、虢、虔、道、賀、潮、循七州，錫之冶十六；而水銀、丹砂州冶，與至道、天禧之時則一，皆置吏主之。是歲，視皇祐金減九千六百五十六，銀增九萬五千三百八十四，銅增一百八十七萬，鐵、錫增百餘萬，鉛增二百萬，又得丹砂二千八百餘斤，獨水銀無增損焉。

熙寧元年，詔：「天下寶貨坑冶，不發而負歲課者蠲之。」八年，令近坑冶坊郭鄉村并淘採烹鍊，人並相爲保；保内及於坑冶有犯，知而不糾或停盜不覺者，論如保甲法。

元豐元年，諸坑冶金總收萬七百一十兩，銀二十一萬五千三百八十五兩，銅千四百六十萬五千九百六十九斤，鐵五百五十萬一千九十七斤，鉛九百十九萬七千三百三十五斤，錫二百三十二萬一千八百九十八斤，水銀三千三百五十六斤，朱砂三千六百四十六斤十四兩有奇。

先是，熙寧七年，廣西經略司言：「邕州右江填乃洞産金，請以鄧闢監金場。」後五年，凡得金爲錢二十五萬緡，闢遷官者再焉。元豐四年，始以所産薄罷貢，而虔、吉州界鉛悉禁之。七年，户部尚書王存等請復開銅禁，各展磨勘年有差。是歲，阬冶凡一百三十六所，領於虞部。

紹聖元年，户部尚書蔡京奏：「岑水場銅額寖虧，而商、虢間苗脉多，陝民不習烹採，久廢不發。請募南方善工詣陝西經畫，擇地興冶。」於是以許天啓同管幹陝西阬冶事。元符三年，天啓罷領阬冶，以其事歸之提刑司。初，新舊阬冶合爲一司，而漕司兼領。天啓爲同管幹，欲專其事，慮有所牽制，乃請川、陝、京西路阬冶自爲一司，許檢束州縣，剌舉官吏，而漕司不復兼阬冶。至是，中書奏天啓所領，首末六歲，總新舊銅止收二百六萬餘斤，而兵匠等費繁多，故罷之。

崇寧元年，提舉江、淮等路銅事游經言：「信州膽銅古阬二：一爲膽水浸銅，工少利多，其水有限；一爲膽土煎銅，土無窮而爲利寡。計置之初，宜增本損息，浸銅斤以錢五十爲本，煎銅以八十。」詔用其言。諸路阬冶，自川、陝、京西之外，並令常平司同管幹。所收息薄而煩官監者，如元符、紹聖敕立額，許民封狀承買。四年，湖北旺溪金場，以歲收金千兩，乃置監官。廣東漕臣王覺自言嘗領常平，講求山澤之利，岑水一場去年收銅，比祖額增三萬九千一百斤，較之常年亦增六十六萬一千斤。遂增其秩。是歲，山澤阬冶名數，令監司置籍，非所當收者別籍之，若弛興、廢置、移併，亦令具注，上於虞部。

大觀二年，詔：「金銀阬發，雖告言而方檢視，私開淘取者以盜論。阬冶舊不隸知縣、縣丞者，並令兼監，賞罰減正官一等。」有冶地，知縣月一行點閲。言者論其職在宣導德澤，平征賦獄訟，不宜爲課利走山谷間，遂已之。八月，提舉陝西阬冶司改併入轉運司。

政和元年，張商英言：「湖北産金，非止辰、沅、靖溪峒，其峽州夷陵、宜都縣，荆南府枝江、江陵縣赤湖城至鼎州，皆商人淘採之地。漕司既乏本錢，提舉司買止千兩，且無專司定額。請置專切提舉買金司，有金苗無官監者，許遣部内州縣官及使臣掌幹。」詔提舉官措畫以聞，仍於荆南置司。廣東漕司復奏：「端州高明、惠州信上立溪場皆宜停閉；韶州曹峒場、英州銀岡場皆併入英之清溪場，惟黄阬場欲權存，俟歲終會所入別奏；惠州楊梅東阬、康州雲烈、潮州豐政、連州元魚銅阬黄田白寶、廣州大利宜禄、韶州伍注岑水銅岡、循州大佐羅翊、英州鍾峒凡十六場，請並如舊；循之夜明、英之竹溪、韶之思溪、連之同安請更遣攝官。」從之。

三年，尚書省言：「陝西路阬冶已遣官提轄措置，川路金銀阬冶興發，慮失利源。」詔：「令陝西措置官兼行川路事。阬冶所收金、銀、銅、鉛、錫、鐵、水銀、朱砂物數，令工部置籍籤注，歲半消補，上之尚書省。」自是，户工部、尚書省皆有籍鉤考，然所憑唯帳狀，至有有額而無收，有收而無額，乃責之縣丞、監官及曹部奉行者，而更督遞年違負之數。九月，措置陝西阬冶蔣彝奏：本路阬冶收金千六百兩，他物有差。詔輸大觀西庫，彝增秩，官屬各減磨勘年。四年，令監司遣官同諸縣丞遍視阬冶之利，爲圖籍籤注，監司覆實保奏，議遣官再覆，酌重輕加賞，異同、脱漏者罪之。六年，川、陝路各置提轄措置。阬冶官劉芑計置萬、永州産金，一歲收二千四百餘兩，特與增秩。十二月，廣東漕司言：「本路鐵場阬冶九十二所，歲額收鐵二百八十九萬餘斤，浸銅之餘無他用。」詔令官悉市以廣浸，仍以諸司及常平錢給本。尚書省奏：「五路阬冶已有提轄措置專司，淮南、湖北、廣東西亦監司兼領，其餘路請並令監司領之。」於是江東西、福建、兩浙漕臣皆領阬冶。

七年，提舉東南九路阬冶徐禋奏：「太平瑞應，史不絶書。今部内山澤、阬冶，若獲希世珍物及古寶器，請赴書藝局上進。」蓋自政和初，京西漕臣王璹奏太和山産水精，知桂州王覺奏枕門等處産金及生花金田，提轄京西阬冶王景文奏汝州青嶺鎮界産瑪瑙，其後湟州界蕃官結彪地内金阬千餘，收生熟金四等，凡百三十四兩有奇。蔡京請宣付史館，帥百官表賀，故禋復有是請焉。是時，河北、京東西及徐禋所領九路興修阬冶，類鑿空擾下，抑州縣承額，於是降黜河北提轄官，遣廉訪使者鄭諶并諸路廉訪悉究陳利病真僞。八月，中書奏阬冶寖已即緒，詔京東西、河北路并提舉東南九路阬冶並罷。十一月，尚書省言：「徐禋以東南黑鉛留給鼓鑄之餘，悉造丹粉，鬻以濟用。」詔諸路常平司以三十萬輸大觀西庫，餘從所請。

明年，令諸路鐵倣茶鹽法榷鬻，置鑪冶收鐵，給引召人通市。苗脉微者聽民出息承買，以所收中賣於官，私相貿易者禁之。先是，元豐六年，京東漕臣吴居厚奏：「徐、鄆、青等州歲製軍器及上供簡鐵之類數多，而利國、萊蕪二監鐵少不能給。請鐵從官興煽，所獲可多數倍。」自是，官榷鐵造器用以鬻於民，至元祐罷之。其後大觀初，入内皇城使裴絢爲涇原幹當，奏上渭州通判苗沖淑之言：「石河鐵冶既令民自採鍊，中賣於官，請禁民私相貿易。農具、器用之類，悉官爲鑄造，其冶坊已成之物，皆以輸官而償其直。」乃禁毋得私相貿易，農具、器用勿禁，官自賣鐵唯許鑄瀉户市之。

政和初，臣僚言：「鹽鐵利均，今鹽筴推行已備，而鐵貨尚未講畫。請即冶户未償之錢，收其已鍊之鐵，爲器鬻之。兼京東二監所出尤多，河北固鎮等冶並官監，其利不貲，而河東鐵、炭最盛，若官榷爲器，以贍一路，旁及陝、雍，利入甚廣，且以銷盜鑄之弊。又夏人茶山鐵冶既入中國，乏鐵爲器，聞以鹽易鐵錢於邊，若官自爲器，則鐵與錢俱重，可伐其謀。請榷諸路鐵，擇其最盛者，可置監設官總之，概諸路不越數十處，餘止爲鑄瀉之地，屬之都監或監當官兼領。凡農具、器用皆官鑄造，表以字號，官本之餘，取息二分以上，仍置鐵引以通諸路，儲其錢助三路鈔本。」詔户部下諸路漕臣詳度。會次年，廣東路請以可監之地如舊法收其浄利，苗脉微者召人承買，官不榷取，遂并諸路詳度之旨不行。至是，臣僚復以爲言，故嚴貿易之禁，而鐵利盡榷於官，然農具、器用從民鑄造，卒如舊法。

四月，廣東廉訪黄烈等言：「廣惠英康韶州、興慶府，政和中，寶貨司立阬冶金銀等歲額，或苗脉微，或無人承買，而浮冗之人虚託其名，發毁民田，騷動邀略。」詔：「政和六年所立額並罷，舊有苗脉可給歲課者如故。」十一月，復諸路元罷提舉阬冶官，其江南路仍令江西漕臣劉蒙同措置。

宣和元年，石泉軍江溪沙磧麩金，許民隨金脉淘採：立課額，或以分數取之。十月，復置相州安陽縣銅冶村監官。先是，詔留邢州綦村、磁州固鎮兩冶，餘創置冶並罷，而常平司謂銅冶村近在河北，得利多，故有是命。六年，詔：「阬冶之利，二廣爲最，比歲所入，稽之熙、豐，十不逮一。令漕臣鄭良提舉經畫，分任官屬典掌計置，取元豐以來歲入多數立額，定爲常賦，阬冶司毋預焉。」時江、淮、荆、浙等九路，阬冶凡二百四十五，鑄錢院監十八，歲額三百餘萬緡。五月，詔：「阬冶舊隸轉運司者，如熙、豐、紹聖法；崇寧以後隸常平司者，如崇寧法；其江、淮等路阬冶官屬，如熙、豐員數，餘路官屬並罷，仍令中書選提點官。」

靖康元年，諸路阬冶苗礦既微，或舊有今無，悉令蠲損，凡民承買金場並罷。宋初，舊有阬冶，官置場監，或民承買以分數中賣於官。初隸諸路轉運司，本錢亦資焉，其物悉歸之内帑。崇寧已後，廣搜利穴，榷賦益備。凡屬之提舉司者，謂之新阬冶，用常平息錢與剩利錢爲本，金銀等物往往皆積之大觀庫，自蔡京始。政和間數罷數復，然告發之地多壞民田，承買者立額重，或舊有今無，而額不爲損。欽宗即位，詔悉罷之。

南渡，阬冶廢興不常，歲入多寡不同。今以紹興三十二年金、銀、銅、鐵、鉛、錫之冶廢興之數一千一百七十，及乾道二年鑄錢司比較所入之數附之：

湖南、廣東、江東西金冶二百六十七，廢者一百四十二；湖南、廣東、福建、浙東、廣西、江東西銀冶一百七十四，廢者八十四；潼川、湖南、利州、廣東、浙東、廣西、江東西、福建銅冶一百九，廢者四十五。舊額歲七百五萬七千二百六十斤有奇，乾道歲入二十六萬三千一百六十斤有奇。

淮西、夔州、成都、利州、廣東、福建、浙東、廣西、江東西鐵冶六百三十八，廢者二百五十一，舊額歲二百一十六萬二千一百四十斤有奇，乾道歲入八十八萬三百斤有奇。

淮西、湖南、廣東、福建、浙東、江西鉛冶五十二，廢者一十五，舊額歲三百二十一萬三千六百二十斤有奇，乾道歲入一十九萬一千二百四十斤有奇。

湖南、廣東、江西錫冶一百一十八，廢者四十四，舊額歲七十六萬一千二百斤有奇，乾道歲入二萬四百五十斤有奇。

宋初，諸冶外隸轉運司，内隸金部；崇寧二年，始隸右曹；建炎元年，復隸金部、轉運司。隆興二年，阬冶監官歲收買金及四千兩、銀及十萬兩、銅錫及四十萬斤、鉛及一百二十萬斤者，轉一官；守倅部内歲比祖額增金一萬兩、銀十萬兩、銅一百萬斤，亦轉一官；令丞歲收買及監官格内之數，減半推賞。

慶元二年，宰執言：「封樁銀數比淳熙末年虧額幾百五十萬。今務場所入歲不滿三十萬，而歲奉三宫及册寶費約四十萬，恐愈侵銀額。欲權以三分爲率，一分支銀，二分支會子。」上曰：「善。」

端平三年，赦曰：「諸路州縣阬冶興發，在觀寺、祠廟、公宇、居民墳地及近墳園林地者，在法不許人告，亦不得受理。訪聞官司利於告發，更不究實，多致擾害。自今許人户越訴，官吏并訟者重寘典憲。及有阬冶停閉、苗脉不發之所，州縣勒令阬户虚認歲額，提點鑄錢司覈實追正。」

洪邁《容齋三筆》卷一三《政和宮室》 自漢以來，宫室土木之盛，如漢武之甘泉、建章，陳後主之臨春、結綺，隋煬帝之洛陽、江都，唐明皇之華清、連昌，已載史册。國朝祥符中，姦臣導諛，爲玉清昭應、會靈、祥源諸宫，議者固以崇侈勞費爲戒，然未有若政和蔡京所爲也。京既固位，竊國政，招大璫童貫、楊戩、賈詳、藍從熙、何訢五人，分任其事。於是始作延福宫，有穆清、成平、會寧、睿謨、凝和、崑玉、羣玉七殿，東邊有蕙馥、報瓊、蟠桃、春錦、疊瓊、芬芳、麗玉、寒香、拂雲、偃蓋、翠葆、鉛英、雲錦、蘭薰、摘金十五閣，西邊有繁英、雪香、披芳、鉛華、瓊華、文綺、絳萼、穠華、綠綺、瑶碧、清音、秋香、叢玉、扶玉、絳雲，亦十五閣。又疊石爲山，建明春閣，其高十一丈，宴春閣，廣十二丈。鑿圓池爲海，横四百尺，縱二百六十七尺。鶴莊、鹿砦、孔翠諸栅，蹄尾以數千計。五人者各自爲制度，不相沿襲，争以華靡相誇勝，故名「延福五位」。其後復營萬歲山、艮嶽山，周十餘里，最高一峯九十尺，亭堂樓館，不可殫記。徽宗初亦喜之，已而悟其過，有厭惡語，由是力役稍息。靖康遭變，詔取山禽水鳥十餘萬投諸汴渠，拆屋爲薪，翦石爲砲，伐竹爲笓籬，大鹿數千頭，悉殺之以啗衛士。

《遼史》卷三七《地理志一·上京道》　上京，太祖創業之地。負山抱海，天險足以爲固。地沃宜耕植，水草便畜牧。金齪一箭，二百年之基，壯矣。天顯元年，平渤海歸，乃展郛郭，建宫室，名以天贊。起三大殿：曰開皇、安德、五鸞。中有歷代帝王御容，每月朔望、節辰、忌日，在京文武百官並赴致祭。又於内城東南隅建天雄寺，奉安烈考宣簡皇帝遺像。是歲太祖崩，應天皇后於義節寺斷腕，置太祖陵。即寺建斷腕樓，樹碑焉。太宗援立晉，遣宰相馮道、劉昫等持節，具鹵簿、法服至此，册上太宗及應天皇后尊號。太宗詔蕃部並依漢制，御開皇殿，闢承天門受禮，因改皇都爲上京。

城高二丈，不設敵樓，幅員二十七里。門，東曰迎春，曰雁兒；南曰順陽，曰南福；西曰金鳳，曰西雁兒。其北謂之皇城，高三丈，有樓櫓。門，東曰安東，南曰大順，西曰乾德，北曰拱辰。中有大内。内南門曰承天，有樓閣；東門曰東華，西曰西華。此通内出入之所。正南街東，留守司衙，次鹽鐵司，次南門，龍寺街。南曰臨潢府，其側臨潢縣。縣西南崇孝寺，承天皇后建。寺西長泰縣，又西天長觀。西南國子監，監北孔子廟，廟東節義寺。又西北安國寺，太宗所建。寺東齊天皇后故宅，宅東有元妃宅，即法天皇后所建也。其南貝聖尼寺，綾錦院、内省司、麴院，贍國，省司二倉，皆在大内西南，八作司與天雄寺對。南城謂之漢城，南當横街，各有樓對峙，下列井肆。東門之北潞縣，又東南興仁縣。南門之東回鶻營，回鶻商販留居上京，置營居之。西南同文驛，諸國信使居之。驛西南臨潢驛，以待夏國使。驛西福先寺。寺西宣化縣，西南定霸縣，縣西保和縣。西門之北易俗縣，縣東遷遼縣。

周廣順中，胡嶠《記》曰：上京西樓，有邑屋市肆，交易無錢而用布。有綾錦諸工作、宦者、翰林、伎術、教坊、角觝、儒、僧尼、道士。中國人并、汾、幽、薊爲多。

宋大中祥符九年，薛映《記》曰：上京者，中京正北八十里至松山館，七十里至崇信館，九十里至廣寧館，五十里至姚家寨館，五十里至咸寧館，三十里度潢水石橋，旁有饒州，唐於契丹嘗置饒樂州，今渤海人居之。五十里保和館，度黑水河，七十里宣化館，五十里長泰館。館西二十里有佛舍、民居，即祖州。又四十里至臨潢府。自過崇信館乃契丹舊境，其南奚地也。入西門，門曰金德，内有臨潢館。子城東門曰順陽。北行至景福門，又至承天門，内有昭德、宣政二殿與氊廬，皆東向。臨潢西北二百餘里號涼淀，在饅頭山南，避暑之處。多豐草，掘地丈餘即有堅冰。

《遼史》卷三九《地理志三·中京道》　中京大定府，虞爲營州，夏屬冀州，周在幽州之分。秦郡天下，是爲遼西。漢爲新安平縣。漢末步奚居之，幅員千里，多大山深谷，阻險足以自固。魏武北征，縱兵大戰，降者二十餘萬，去之松漠。其後拓拔氏乘遼建牙於此，當饒樂河水之南，温渝河水之北。唐太宗伐高麗，駐蹕於此。部帥蘇支從征有功。奚長可度率衆内附，爲置饒樂都督府。咸通以後，契丹始大，奚族不敢復抗。太祖建國，舉族臣屬。聖宗嘗過七金山土河之濱，南望雲氣，有郛郭樓闕之狀，因議建都。擇良工於燕、薊，董役二歲，郛郭、宫掖、樓閣、府庫、市肆、廊廡，擬神都之制。統和二十四年，五帳院進故奚王牙帳地。二十五年，城之，實以漢户，號曰中京，府曰大定。

皇城中有祖廟，景宗、承天皇后御容殿。城池湫濕，多鑿井泄之，人以爲便。大同驛以待宋使，朝天館待新羅使，來賓館待夏使。有七金山、馬盂山、雙山、松山、土河。

《遼史》卷四〇《地理志四·南京道》　南京析津府，本古冀州之地。高陽氏謂之幽陵，陶唐曰幽都，有虞析爲幽州。商併幽於冀。周分并爲幽。《職方》，東北幽州，山鎮醫巫閭，澤藪貕養，川河、泲，浸菑、時。其利魚、鹽，其畜馬、牛、豕，其穀黍、稷、稻。武王封太保奭于燕。秦以其地爲漁陽、上谷、右北平、遼西、遼東五郡。漢爲燕國，歷封臧荼、盧綰、劉建、劉澤、劉旦，嘗置涿郡廣陽國。後漢爲廣平國廣陽郡；或合于上谷，復置幽州。後周置燕及范陽郡，隋爲幽州總管。

唐置大都督府，改范陽節度使。安禄山、史思明、李懷仙、朱滔、劉怦、劉濟相繼割據。劉總歸唐。至張仲武、張允仲，以正得民。劉仁恭父子僭争，遂入五代。自唐而晉，高祖以遼有援立之勞，割幽州等十六州以獻。太宗升爲南京，又曰燕京。

城方三十六里，崇三丈，衡廣一丈五尺。敵樓、戰櫓具。八門：東曰安東、迎春，南曰開陽、丹鳳，西曰顯西、清晉，北曰通天、拱辰。大内在西南隅。皇城内有景宗、聖宗御容殿二，東曰宣和，南曰大内。内門曰宣教，改元和；外三門曰南端、左掖、右掖。左掖改萬春，右掖改千秋。門有樓閣，毬場在其南，東爲永平館。皇城西門曰顯西，設而不開；北曰子北。西城巔有涼殿，東北隅有燕角樓。坊市、廨舍、寺觀，蓋不勝書。其外，有居庸、松亭、榆林之關，古北之口，桑乾河、高梁河、石子河、大安山、燕山——中有瑶嶼。府曰幽都，軍號盧龍，開泰元年落軍額。

《遼史》卷六〇《食貨志下》 鹽筴之法，則自太祖以所得漢民數多，即八部中分古漢城別爲一部治之。城在炭山南，有鹽池之利，即後魏滑鹽縣也，八部皆取食之。及征幽、薊還，次于鶴刺濼，命取鹽給軍。自後濼中鹽益多，上下足用。會同初，太宗有大造於晉，晉獻十六州地，而瀛、莫在焉，始得河間煮海之利，置榷鹽院於香河縣，於是燕、雲迤北暫食滄鹽。一時産鹽之地如渤海、鎮城、海陽、豐州、陽洛城、廣濟湖等處，五京計司各以其地領之。其煎取之制，歲出之額，不可得而詳矣。

《金史》卷二五《地理志中》 南京路，國初曰汴京，貞元元年更號南京。府三，領節鎮三，防禦八，刺史郡八，縣一百五。都城門十四，曰開陽，曰宣仁，曰安利，曰平化，曰通遠，曰宜照，曰利川，曰崇德，曰迎秋，曰廣澤，曰順義，曰迎朔，曰順常，曰廣智。宫城門，南外門曰南薰，南薰北新城門曰豐宜，橋曰龍津橋，北門曰丹鳳，其門三。丹鳳北曰舟橋，橋少北曰文武樓，遵御路而北横街也。東曰太廟，西曰郊社，正北曰承天門，其門五，雙闕前引，東曰登聞檢院，西曰登聞鼓院。檢院東曰左掖門，門南曰待漏院。鼓院西曰右掖門，門南曰都堂。直承天門北曰大慶門，門東曰日精門，又東曰左昇平門。大慶門西曰月華門，又西曰右昇平門。正殿曰大慶殿，前有龍墀，又南有丹墀，又南曰沙墀，東廡曰嘉福樓，西廡曰嘉瑞樓。大慶後曰德儀殿。殿東曰左昇龍門，西曰右昇龍門。正門曰隆德，内有隆德殿，有蕭牆，有丹墀。隆德殿左曰東上閤門，右曰西上閤門，皆南向。鼓樓在東，鐘樓在西。隆德之次曰仁安門、仁安殿，東則内侍局，又東曰近侍局，又東則嚴祗門，宫中則稱曰撒合門，少南曰東樓，則授除樓也。西曰西樓。仁安之次曰純和殿，正寢也。純和西曰雪香亭，亭北則后妃位也，有樓，樓西曰瓊香亭，亭西曰涼位，有樓，樓北少西曰玉清殿。純和之次曰福寧殿，殿後曰苑門，内曰仁智殿，有二太湖石，左曰敷錫神運萬歲峰，右曰玉京獨秀太平巖，殿曰山莊，其西南曰翠微閣。苑門東曰僊韶院，院北曰翠峯，峯之洞曰大滌湧翠，東連長生殿，又東曰湧金殿，又東曰蓬萊殿。長生西曰浮玉殿，又西曰瀛洲殿。長生殿南曰閲武殿，又南曰内藏庫。嚴祗門東曰尚食局，又東曰宣徽院，院北曰御藥院，又北右藏庫，東則左藏庫。宣徽院東曰點檢司，司北曰祕書監，又北曰學士院，又北曰諫院，又北曰武器署。點檢司南曰儀鸞局，又南曰尚輦局。宣徽院南曰拱衛司，又南曰尚衣局。其南爲繁禧門，又南曰安泰門，門與左昇龍門相直。東則壽聖宫，兩宫太后位也，本明俊殿，試進士之所。宫北曰徽音院，又北曰燕壽殿，殿垣後少西曰振肅衛司，東曰中衛尉司。儀鸞局東曰小東華門，更漏在焉。中衛尉司東曰祗肅門，少東南曰將軍司。徽音、壽聖東曰太后苑，苑殿曰慶春，與燕壽殿並。小東華與正東華門對。東華門内正北尚廄局，其西北曰臨武殿。左掖門北，尚食局南曰宫苑司。其西北尚醖局、湯藥局。侍儀司少西曰符寶局、器物局，又西則撒合門也。嘉瑞樓西曰三廟，正殿曰德昌，東曰文昭，西曰光興。德昌後，宣宗廟也。宫西門曰西華，與東華相直，北門曰安貞。

《金史》卷二八《禮志一》 南郊壇，在豐宜門外，當闕之巳地。圓壇三成，成十二陛，各按辰位。壝牆三匝，四面各三門。齋宫東北，厨庫在南。壇、壝皆以赤土圬之。

北郊方丘，在通玄門外，當闕之亥地。方壇三成，成爲子午卯酉四正陛。方壝三周，四面亦三門。

朝日壇曰大明，在施仁門外之東南，當闕之卯地，門壝之制皆同方丘。

夕月壇曰夜明，在彰義門外之西北，當闕之西地，掘地汙之，爲壇其中。

《金史》卷三〇《禮志三》 汴京之廟，在宫南馳道之東。殿規，一屋四注，限其北爲神室，其前爲通廊。東西二十六楹，爲間二十有五，每間爲一室。廟端各虚一間爲夾室，中二十三間爲十一室。從西三間爲一室，爲始祖廟，祔德帝、安帝、獻祖、昭祖、景祖祧主五，餘皆兩間爲一室。或曰：「惟第二、第三室兩間，餘止一間爲一室，總十有七間。」世祖室祔肅宗，穆宗室祔康宗，餘皆無祔。每室門一、牖一，門在左，牖在右，皆南向。石室之龕於各室之西壁，東向。其始祖之龕六，南向者五、東向者一，其二其三俱二龕，餘皆一室一龕，總十八龕。祭日出主於北墉下，南向。禘祫則並出主，始祖東向，羣主依昭穆南北相向，東西序列。室户外之通廊，殿階二級，列陛三，前井亭二。外作重垣四繚，南東西皆有門。内垣之隅有樓，南門五闥，餘皆三。中垣之外東北，册寶殿也，太常官一人季視其封緘，謂之點寶。内垣之南曰大次，東南爲神庖。廟門翼兩廡，各二十有五楹，爲齋郎執事之次。西南垣外，則廟署也。神門列戟各二十有四，植以木錡。戟下以板爲掌形，畫二青龍，下垂五色帶長五尺，享前一日則縣戟上，祭畢藏之。

室次。大定十二年，議建閔宗別廟，禮官援晉惠、懷、唐中宗、後唐莊宗升祔故事，若依此典，武靈皇帝無嗣亦合升祔。然中宗之祔，始則爲虚室，終則增至九室。惠、懷之祔乃遷豫章、潁川二廟，莊宗之祔乃祧懿祖一室。今太廟之制，除祧廟外，爲七世十一室，如當升祔武靈，即須別祧一廟。《荀子》曰：「有天下者事七世」，若旁容兄弟，上毁祖考，則天子有不得事七世者矣。伏覩宗廟世次，自睿宗上至始祖，凡七世，别無可祧之廟。《晉史》云：「廟以容主爲限，無拘常數。」東晉與唐皆用此制，遂增至十一室。康帝承統，以兄弟爲一室，故不遷遠廟而祔成帝。唐以敬、文、武三宗同爲一代，於太廟東間增置兩室，定爲九代十一室。今太廟已滿此數，如用不拘常數之説，增至十二室，可也。然廟制已定，復議增展，其事甚重，又與睿宗皇帝祏室昭穆亦恐更改。《春秋》之義不以親親害尊尊，《漢志》云：「父子不並坐，而孫可從王父。」若武靈升祔，太廟增作十二室，依《春秋》尊尊之典，武靈當在十一室，禘祫合食。依孫從王父之典，當在太宗之下，而居昭位，又當稱宗。然前升祔睿宗已在第十一室，累遇祫享，睿宗在穆位，與太宗昭位相對，若更改祏室及昭穆序，非有司所敢輕議，宜取聖裁。十九年四月，禘祔閔宗，遂增展太廟爲十二室。

二十九年，世宗將祔廟，有司言：「太廟十二室，自始祖至熙宗雖係八世，然世宗與熙宗爲兄弟，不相爲後，用晉成帝故事，止係七世，若特升世宗、顯宗即係九世。」於是五月遂祧獻祖、昭祖，陞祔世宗、明德皇后、顯宗于廟。

貞祐二年，宣宗南遷，廟社諸祀並委中都，自抹撚盡忠棄城南奔，時謂之禮盡廢。四年，禮官言：「廟社國之大事，今主上駐蹕陪京，列聖神主已遷于此，宜重修太廟社稷，以奉歲時之祭。按中都廟制，自始祖至章宗凡十二室，而今廟室止十一，若增建恐難卒成。況時方多故，禮宜從變，今擬權祔肅宗主世祖室，始祖以下諸神主于隨室奉安。」

主用栗，依唐制，皇統九年所定也。

祏室，旁及上下皆石，門東向，以木爲闔，髹以朱。室中有褥，奠主訖，帝主居左，覆以黄羅帕，后主居右，覆以紅羅帕。

黼扆以紙，木爲筐，兩足如立屏狀。覆以紅羅三幅，繡金斧五十四，裏以紅絹，覆於屏上，其半無文者垂於其後。置北墉下，南向，前設几筵以坐神主。

五席，各長五尺五寸，闊二尺五寸。莞筵，粉純。以藺爲席，緣以紅羅，以白繡蕙文及雲氣之狀，復以紅絹裏之。每位二。繅席，畫純。以五色絨織青蒲爲之，緣以紅羅，畫藻文及雲氣狀，亦以紅絹裏之。每位二，在莞上。次席，黼純。以輕筠爲之，亦曰桃枝席，緣以紅綃，繡鐵色斧，裏以紅絹。每位二，在繅席上。虎席二，大者長同，惟闊增一尺。以虎皮爲褥，有緼，以紅羅繡金色斧緣之。又有小虎皮褥，制同三席。時暄則用桃枝次席，時寒則去桃枝加虎皮褥。夏、秋享，則用桃枝次席。二冬，則去桃枝加小虎皮褥於繅席上。臘冬，則又添大虎皮褥二於繅席上，遷小虎皮褥二在大褥之上。

曲几三足，直几二足，各長尺五寸，以丹漆之。帝主前設曲几，後設直几。

【略】

《金史》卷三三《禮志六》　太宗天會二年，立大聖皇帝廟于西京。熙宗天眷二年九月，又以上京慶元宫爲太祖皇帝原廟。皇統七年，有司奏「慶元宫門舊曰景暉，殿曰辰居，似非廟中之名，今宜改殿名曰世德」。是歲，東京御容殿成。世宗大定二年十二月，詔以「會寧府國家興王之地，宜就慶元宫址建正殿九間，仍其舊號，以時薦享」。

海陵天德四年，有司言：「燕京興建太廟，復立原廟。三代以前無原廟制，至漢惠帝始置廟於長安渭北，薦以時果，其後又置於豐、沛，不聞享薦之禮。今兩都告享宜止於燕京所建原廟行事。」於是，名其宫曰衍慶，殿曰聖武，門曰崇聖。

紀事

宋祁《景文集》卷二九《奏疏・直言對》　翰林侍讀學士兼龍圖閣學士宋某昧死言：【略】臣又聞南方鑛冶地寶不乏，但轉運司與州縣莫適爲謀，昔之本錢數十萬，慶歷以來爲官司侵耗略盡矣。今既無糧貨，不能聚人，上下掩閉，止以坑穴不發爲解，采鑿烹煉反爲奸人所盗，利奪于下，貨失于官，禁帑之錢日朘月削。今若留數十萬緡置于饒、信，權爲本錢，精擇材臣，委之經度，自令舉吏，專建官司，庶幾銅溢於山，錢流於府，此可以責數年之效，未可以驗于目前也。銅足錢多，此亦富國之一助耳。臣智識庸暗，不足上當清問，輕率狂狷，惟陛下裁貸其誅。

王辟之《澠水燕談録・事誌》　青州城西南皆山，中貫洋水，限爲二城。先時，跨水植柱爲橋，每至六七月間，山水暴漲，水與柱鬭，率常壞橋，州以爲患。

明道中，夏英公守青，思有以捍之，會得牢城廢卒，有智思，疊巨石固其岸，取大木數十相貫，架爲飛橋，無柱。至今五十餘年，橋不壞。慶歷中，陳希亮守宿，以汴橋屢壞，率嘗損官舟、害人，乃命法青州所作飛橋。至今沿汴皆飛橋，爲往來之利，俗曰虹橋。

李燾《續資治通鑑長編》卷二六〇《神宗·熙寧八年》〔二月甲子〕永興軍等路轉運司言：「見管私鐵錢，轉運司九萬餘緡、常平司十一萬餘緡，并買民間私鐵錢數十萬斤，并當改鑄省樣錢。欲除永興、華、河中、陝銅錢監添匠鼓鑄外，更於商、虢、洛南增置三監，耀、鄜權置兩監，共九監改鑄。永興、鄜、耀、河中、陝去鐵冶遠，第改鑄僞錢一年可畢；商州、洛南、華、虢最近鐵冶，可以久行。鄜州等五處，候改鑄罷，工匠併入商州等四監，然後專鑄大錢。」從之，仍委皮公弼總制營辦。先是，安撫、轉運司出牓收買四等私錢，一切禁斷舊通用錢，而以銅錢易之，以官庫見管并換到通用私小鐵錢重行鼓鑄。而熊本以爲如此則公私未便，乃下逐司申明前後條約，推揀闕薄漏貫、字樣不明等私錢，犯者依法施行，入官銷毁。應自來通用錢，並令行使如故。其官庫不堪用鐵錢等，即別置錢監，增圓物料，比省樣微加別異，鑄「熙寧重寶」封樁，俟向去豐熟，奏取指揮。乃詔逐司具官司合改造錢數各計若干及如何措置以聞。至是，轉運司條具來上，故有是詔。熊本奏請，墨史見七年九月二十七日壬戌，朱史并入八年二月二日甲子，今兩存之。七年十二月十一日，熊本體量吳中復等。八年正月二十四日皮公弼云云，又三月四日云云，可考。《新紀》書：增陝西鐵官，改鑄大錢。《食貨志》第六卷：八年，皮公弼又言：「今已得私鑄大錢二十餘萬緡，并買民間私錢亦數十萬斤，皆應以省樣改鑄，請商、虢、洛南增三監，耀、鄜權置兩監，通永興、華、河中、陝舊監爲九，以給改鑄。永興、鄜、耀、河中、陝去鐵冶遠，請改鑄一年罷之；商、洛南、華、虢最近鐵冶，可久行。五監罷，並其工作歸四監，專鑄大錢。」皆公弼首議，命專領之，而詔鑄大鐵錢才令補所廢僞錢，及可以待交子所用即止。《志》所稱私鑄大錢二十餘萬緡，與《實録》不同，《實録》但稱九萬餘緡，當考，或用《志》，即削去《實録》所書，更詳之。

李燾《續資治通鑑長編》卷二六二《神宗·熙寧八年》〔四月己丑〕上批：「斬馬刀局役人匠不少，所造皆兵刃。舊東、西作坊未遷日，有上禁軍數百人設鋪守宿。可差百人爲兩鋪，以潛火爲名，分地守宿。」先是，斬馬刀局有殺作頭、監官者，以其役苦，又禁軍節級强被指射就役，非其情願，故不勝忿而作難。王安石常與同列白上，以爲宜稍寬之。至是，僉爲上言其事，上以不可，因此遽輟，亦且了矣。安石曰：「凡使人從事，須其情願，乃可長久。」上曰：「若依市價，即費錢多，那得許錢給與？」安石曰：「餼廩稱事，所以來百工。餼廩稱事，來之則無彊役之理。且以天下之財，給天下之用，苟知所以理之，何憂不足，而於此靳惜！若以京師傭直太重，則如信州等處鐵極好，匠極工，向見所作器極精，而問得傭直至賤，何不下信州置造也。」此據《目録》四月十七日，今附見。安石前在相位時，亦屢言此，當檢附。六年五月一日，始置斬馬刀局。蔡承禧二章，附此年五月十七日。

李燾《續資治通鑑長編》卷四九四《哲宗·元符元年》〔二月庚子〕户、工部言：「江、淮、荆、浙等路發運副使兼制置鹽、礬、茶事吕仲甫奏，五指山銅礦饒衍，堪任鑄錢，欲官自興置場冶，委官監轄。乞下河東路提點刑獄司檢踏施行，如堪置場，即關報轉運司相度保明聞奏。」詔令河東路轉運使相度措置。

江少虞《宋朝事實類苑·書畫伎藝·板印書籍》 板印書籍，唐人尚未盛爲之，自馮瀛王始印五經。已後典籍，皆爲板本。原作「木」，據明抄本及筆談改。慶曆中，有布衣畢昇，又爲活板，其法用膠泥刻字，薄如錢唇，每字爲一印，火燒令堅。先設一鐵板，其上以松柏臈和紙灰之類冒之。欲印則以一鐵範置鐵板上，乃密布字印，滿鐵範爲一板，持就火煬之。藥稍鎔，則以一平板按其面，則字平如砥。若止印三二本，未爲簡易，若印數十百千本，則極爲神速。常作二鐵板，一板印刷，一板已自布字，此印者纔畢，則第二板已具，更互用之，瞬息可就。每一字皆有數印，如之也等字，每字有二十餘印，以備一板内有重複者。不用，則以紙貼之，每韻爲一貼，木格貯之，有奇字素無備者，旋刻之，以草火燒，瞬息可成。不以木爲之者，木理有疎密，沾水則高下不平，兼與藥相粘不可取。不若燔土，用訖再火，令藥鎔，以手拂之，其印自落，殊不沾污。昇死，其印爲予羣從所得，至今保藏。

王明清《揮麈余話》卷二 紹興壬戌夏，顯仁皇后歸就九重之養，伯氏仲信，年十八，作《慈寧殿賦》以進，云：「【略】乃命群工，擇基之隆，儲祥之勝，坼建問安之上宫。列辟肅然而赴職，百執槍然而效忠。爰即行闕，以成厥功。於是上高擬天，下蟠法地，削甘泉之繁縟，屏含元之侈麗，揆太極之宸模，就坤靈之寶勢。乃諏龜筮，龜筮協從；乃稽萬物，萬物無異。帝曰欽哉，乃彰鴻名。慈以覆育於天下，寧以鎮服於寰瀛。蓋將昭徽音於太姒，而表思齊於周京者也。有嚴有憑，或降或升。揆之以日，築之登登。經始勿亟，百堵皆興，伎者獻其伎，能者精其能。否往兮泰來，闔決兮垠開。倉昊馳耀兮，黄祇助培。運郢碩之斤斧，攻杞梓之良材。萬杵散雨兮，千鑱轉雷；離婁督繩兮，而公輸削墨；夏育治礫兮，孟賁掇荄。聲隆隆兮伐喬枚，勢轞轞兮豁層厓。長林巨植兮，千年之産而萬年之材。輾如闖、直如矗兮，崔嵬於時。山壤獻靈，川流效祉。陸架水浮，風屯雲委。輻凑鱗集，衡行櫛比，以萃於殿之址也。於是匠氏經營，百藝駢並。礪焉而礪，硎焉而硎。高下曲折，涂塈丹青。此興造之本意，而動作之形容也。既而四周凌天而岌嶪，九門參空而伶俜。闞百常兮屋十尋，皆棟爵兮建瓴。儋儋千楠，閑閑旅楹。岫綺對砌，窗霞翼櫺。彤墀洋洋，金碧煌煌。神鴟展吻而呀呀，文犀厭牖而赫張。寶排象拱，列星間棵。撩桶欒楶，黼藻鉛黄。玫瑰玳瑁，翡翠明璫。方疏圓井，瑣連門扛。枅櫰上承，柱石下當。騰雙猊兮盤礎，刻怒兕兮伏相。其蟠也顔九淵之虬屈，其翥也若千仞之鳳翔。或倒文漆於衛社，或薦孤桐於嶧陽。烏桕横截，緗蘖交相。第栲栵與椅榎，積梗栅兮豫章。蓋天下之奇干，盡羽粲而國櫰。夫然未足以比其制，未足以形其雄。轇轕巃嵸，飛雲架空。出入兮日月，吸呼兮雨風。開重軒兮累玉，鱗萬瓦兮游龍。高下發直，左右翼從。西八東九，金礫珉鎔。平寫三山之景，坐移群玉之峰。喜泄泄兮樂融融，入如遇兮出如逢。映斗杓而瞳曨，挹天漢兮春容。觀其巨鎮在南，長江在東，前擁後顧，盤錯窪隆。占皇圖之奕奕，鬱佳氣之葱葱。天海相際，造化溟濛。雕題貫胷，大艑舸艨。尋撞戴鬥兮航浮，索援皆馳驅而致恭。採肅慎之楛矢，職夷黔之布賨。上則天目、於潛之山，鳳凰南北之巔，巉巖巀嶭，窈窕迴旋。狀群羽之集麓，若萬馬之奔川。海門之潮，滄溟之淵，濠汹奔放，勢如朝焉。皆足以小崤、函而吞涇、渭，等河、雒而隘隴、岍。夫以此而駐蹕，實一制而萬全。然而不以爲離宫，不以爲别宇，而獨以奉長樂之安，而爲承顔之所，故能遠邁漢唐，夸歷三五，則雖兼天下之奉，極天下之貴，亦人所樂而天所與也！」

祝穆《古今事文類聚外集》卷九《諸提舉部》洪邁《論岑水場事宜劄子》　臣前日進對，伏蒙聖慈垂問坑冶利害，及韶州岑水場興廢曲折。頃歲，先臣謫處嶺外，臣隨侍往來，數至其處，問父老所談，見石刻題識。方其盛時，場所居民至八九千家，歲採銅、鉛以斤計者至數百萬。自建炎以來，湖湘多盜，浸淫及於英、韶，焚掠死徙無有寧歲。今所存坑户不能滿百，利入既鮮，饑寒切身，無由盡力，爲國興利。地不愛寶，銅山固自若也。今陛下留意泉貨，方大興鼓鑄，非多得銅不可。雖使提點一司朝暮趣辦，然必州縣有之，乃能副急，故其要莫若博議復興此場，興之之要在於多得坑户。而瘴癘之地黄茅極目，人不樂居，其勢不可徙民，又不可徙兵，是豈終無策乎？臣竊見諸路所治兇惡强盜，及枉法受贓、殺人可愍而特旨貸命者，大抵皆配廣南，終身不得歸，一歲之間亡慮數百輩，日月益久，多復沈命。若使自今以往，一切配此場爲兵，俾之鑿山採銅，隨所得中分之，以其半入官，其半與之，而官以平直就買，仍與之約。若至場以後不逃佚，不犯罪者，量其元犯輕重，所入多寡，分爲三等，各立配役年限，限滿則爲給公據，還鄉爲民。此等雖惡黠不逞，知有自新之路，又有半直可以贍生，必將欣然樂於赴役，萬萬不疑。所患獨盜賊，而此曹之力自足扞禦，不與異時平日比也。至於養兵、築室、器用之費，非韶州所能給，當仰轉運司。轉運司亦或不繼，獨廣東鹽事司有所當賣鹽寬剩錢貯於都倉，其數不鮮，取而用之，未足爲損，但亡命羣聚，意外不可無防，事須官軍彈壓。韶州舊屯殿前左翼軍數百人，有統領官一員，可以就付節制，而令上隸提點刑獄司，使之察軍中刻剥侵牟，及非理役使之過，蓋提刑司實同共評議，上其所當行者，及别下坑冶司治其條目，俟其奏至，却令刑部立所謂配役及放還之法。苟如此策行之三年，當有日新之利。臣區區管見，未詢於衆，所懷如此，不敢不盡，乞賜聖察進止。

留正《宋中興兩朝聖政》卷四八《孝宗皇帝八》〔乾道六年夏四月〕乙未，校書郎劉焞奏：「蜀中毀錢以爲銅，而乃欲榷其銅以鑄錢。」上問：「蜀中有出銅處否？」焞對：「蜀中銅山但有名耳，祖宗時嘗榷其銅，額不過三百六七十斤。」上曰：「元來所出止如此。」焞奏：「不但止如此，亦自元無之。沈該嘗作相，建議令榷銅山之銅，時王之望爲轉運使，風采震動一路，然竟不能榷，後但科敷民間，以應朝廷之令而已。」上曰：「如此豈可？」

袁褧《楓窗小牘》卷上　汴京故宫躡雲蔽日，常在夢寐，稍能記憶，條載於此。宫城本五代周舊都，宋因之。建隆三年，廣皇城東北隅，命有司畫洛陽宫殿，按圖修之。周圍五里，南三門，中曰「乾元」，東曰「左掖」，西曰「右掖」，東、西面門曰「東華」、「西華」，北一門曰「拱宸」。乾元門内正南門曰「大慶」，東、西横門曰左、右「昇龍」。左右北門内各一門，曰左、右「銀臺」。東華門内一門，曰「左承天」，祥符西華門内一門，曰「右承天」。左承天門内，道北門曰「宣祐」，正南門内正殿曰「大慶」，東、西門曰左、右「太和」，正衙殿曰「文德」，兩掖門曰東、西「上閤」，東、西門曰左、右「嘉福」。大慶殿北有紫宸殿，視朝之前殿也。西有垂拱殿，常日視朝之所也。次西有皇儀殿，又次西有集英殿，宴殿也。殿後有需雲殿，東有昇平樓，宫中觀宴之所也。宫後有崇政殿，閱事之所也。殿後有景福殿，殿西有殿，北向，曰「延和便坐殿」。凡殿有門者，皆隨殿名。宫中有延慶、安福、觀文、清景、慶雲、玉京等殿，壽寧堂、延春閣、福寧殿，東、西有門，曰左、右「昭慶」。觀文殿西門曰「延真」，其東真君殿，曰「積慶」。前建感真閣，又有龍圖閣，下有資政、崇和、宣德、述古四殿。天章閣下有群玉、蕊珠二殿，有寶文閣，閣東、西有嘉德、延康二殿，前有景輝門。後苑東門曰「寧陽」，苑内有崇聖殿、太清樓，其西又有宣聖、化成、金華、西凉、清心等殿，翔鸞、儀鳳二閣，華景、翠芳、瑶津三亭。延福宫有穆清殿，延慶殿北有柔儀殿，崇徽殿北有欽明殿。延福宫北有廣聖宫，内有太清、玉清、冲和、集福、會祥五殿，建流杯殿於後苑。又有慈德殿、觀稼殿、延曦閣、邇英殿、隆儒閣、慈壽殿、慶壽宫、保慈宫、玉華殿、基春殿、睿思殿、承極殿，崇慶、隆祐二宫，睿成宫、宣和殿、聖瑞宫、顯謨閣、玉虚殿、玉華閣、親蠶宫、燕寧殿、延福宫。政和三年春，作新宫始南向，殿因宫名，曰「延福」，次曰「蕊珠」。有亭曰「碧琅玕」，其東門曰「晨暉」，其西門曰「麗澤」。宫左復列二位，其殿有穆清、成平、會寧、睿謨、凝和、昆玉、群玉。其東閣則有蕙馥、報瓊、蟠桃、春錦、疊瓊、芬芳、麗玉、寒香、拂雲、偃蓋、翠葆、鉛英、雲錦、蘭薰、摘金，其西閣有繁英、雪香、披芳、鉛華、瓊華、文綺、絳萼、穠華、緑綺、瑶碧、清陰、秋香、叢玉、扶玉、絳雲。會寧之北，疊石爲山。山上有殿曰「翠微」，旁爲二亭，曰「雲巋」，曰「層巘」。凝和之次閣曰「明春」，其高逾一百一十尺。閣之側爲殿二，曰「玉英」，曰「玉潤」。其背附城，築土植杏，名「杏岡」。覆茅爲亭，修竹萬竿，引流其下。宫之右，爲佐二閣，曰「晏春」，廣十有二丈，舞臺四列，山亭三峙。鑿圓池爲海，跨海爲亭，架石樑以昇山亭，曰「飛華」。橫度之四百尺，有畸縱，數之二百六十有七尺。又流泉爲湖，湖中作堤以接亭，堤中作樑以通湖。樑之上，又爲茅亭、鶴莊、鹿砦、孔翠諸栅，蹄尾動數千。嘉花名木，類聚區别，幽勝宛若生成。西抵麗澤，不類塵境。其東直景龍門，西抵天波門。宫東、西二横門皆視禁門法，所謂晨暉、麗澤者也。而晨暉門出入最多。其後又跨舊城修築，號「延福第六」，位跨城之外浚壕，深者水三尺。東景龍門橋，西天波門橋，二橋之下，疊石爲固，引舟相通，而橋上人物外自通行不覺也，名曰「景龍江」。其後又辟之，東過景龍門，至封丘門。此特大概耳，其雄勝不能盡也。

《遼史》卷三八《地理志二》　城名天福，高三丈，有樓櫓，幅員三十里。八門：東曰迎陽，東南曰韶陽，南曰龍原，西南曰顯德，西曰大順，西北曰大遼，北曰懷遠，東北曰安遠。宫城在東北隅，高三丈，具敵樓，南爲三門，壯以樓觀，四隅有角樓，相去各二里。宫牆北有讓國皇帝御容殿。大内建二殿，不置宫嬪，唯以内省使副、判官守之。《大東丹國新建南京碑銘》，在宫門之南。外城謂之漢城，分南北市，中爲看樓；晨集南市，夕集北市。街西有金德寺；大悲寺；駙馬寺，鐵幡竿在焉；趙頭陀寺；留守衙；户部司；軍巡院，歸化營軍千餘人，河、朔亡命，皆籍于此。東至北烏魯虎克四百里，南至海邊鐵山八百六十里，西至望平縣海口三百六十里，北至挹婁縣、范河二百七十里。東、西、南三面抱海。遼河出東北山口爲范河，西南流爲大口，入于海；東梁河自東山西流，與渾河合爲小口，會遼河入于海，又名太子河，亦曰大梁水；渾河在東梁、范河之間；沙河出東南山西北流，徑蓋州入于海。有蒲河；清河；浿水，亦曰泥河，又曰蓒芋濼，水多蓒芋之草；駐蹕山，唐太宗征高麗，駐蹕其巔數日，勒石紀功焉，俗稱手山，山巔平石之上有掌指之狀，泉出其中，取之不竭。又有明王山、白石山——亦曰横山。天顯十三年，改南京爲東京，府曰遼陽。

雜録

王黼《重修宣和博古圖》卷一　總説

《周易》六十四卦莫不有象，而獨於鼎言象者，聖人蓋有以見天下之賾而擬諸形容，象其物宜是，故謂之象。至於近取諸身，遠取諸物，仰以觀於天，俯以察於地，擬而象之，百物咸備，以通神明之德，以類萬物之情，故圜以象乎陽，方以象乎陰，三足以象三公，四足以象四輔，黄耳以象才之中，金弦以象才之斷，象饕餮以戒其貪，象蜼形以寓其智，作雲雷以象澤物之功，著夔龍以象不測之變。至於牛鼎、羊鼎、豕鼎，又各取其象而飾焉。則鼎之爲器，衆體具矣，不特以木巽火，得養人之象而已。故聖人惟以鼎爲象。

然鼎大者謂之鼐，圜弇上謂之鼒，附耳外謂之釴。曰崇曰貫，則名其國也；曰讒曰刑，則著其事也；曰牢曰陪，則設之異也；曰神曰寶，則重之極也。士以鐵，大夫以銅，諸侯以白金，天子以黄金，飾之辨也。天子九，諸侯七，大夫五，士三，數之别也。牛羊豕魚，臘腸胃膚，鮮魚鮮臘，用之殊也。然歷代之鼎形制不一，有腹著饕餮而間以雷紋者，父乙鼎、父癸鼎之類是也。有煉色如金著飾簡美者，辛鼎、癸鼎之類是也。有緣飾旋花奇古可愛者，象形鼎、横戈父癸鼎之類是也。有密佈花雲或作雲雷迅疾之狀者，晉姜鼎、雲雷鼎之類是也。有隱起饕餮間以夔龍或作細乳者，亞虎父丁鼎、文王鼎、王伯鼎之類是也。或如孟鼎之侈口，中鼎之無文，伯碩史頊鼎之至大，金銀錯鼒之絶小，或自方如簠，或分底如鬲，或設蓋如敦，有大小不同而製作一體，有款識雖異而形制不殊，或造於一時，或沿於異代，按而求之，若辨黑白。大抵古人用意，皆有規模，豈特爲觀美哉？

若乃款識名氏，雖曰夏商從高陽之質，以名爲號，配以十干，而加之以「父」。然齊有丁公、乙公、癸公，幽公之弟曰乙，齊悼之子曰壬，則十干之配，未必皆夏商也。周大夫有嘉父，宋大夫有孔父，齊頃之臣有丑父，召公之後有父乙，則加之以「父」，未必皆夏商也。至于形之圜者，如父癸、季娟，形之方者，如文王、單景，其銘乃曰「作尊彝」、「作從彝」，何也？蓋先王之時，作奇技奇器者，罪不容誅；用器不中度者，不鬻於市。戒在於作爲淫巧，以法度爲繩約，要使其器可尊，其度可法而後已。是以沈子作盉而銘曰寶尊，孟金父作敦而銘曰尊敦，父己作彝而銘曰尊彝，虢叔作鬲而銘曰尊鬲，則於鼎曰尊者，爲其器可尊耳，非六尊之尊也。雁婦作鬲而銘之曰彝，父辛作卣而銘亦曰彝，仛所作者，舟也，鬲也，甗也，皆以彝銘之。單所作者，舟也，彝也，盉也，亦皆以彝銘之。則於鼎曰彝者，爲其度可法耳，非六彝之彝也。故左丘明外傳稱法度之器曰彝器，邢昺疏《爾雅》亦謂彝爲法，則尊彝者，禮器之總名，猶戈矛劍戟，其用不同而總謂之兵；匏土革木，其音不一而總謂之樂爾。

然則器非尊彝而以尊彝爲銘者，又不可不辨也。夫牛首之鑄，泗水之亡，雖不復見，然歷代所寶爲時而出者，莫知其極。惟考核製作，參稽字畫，推原時審訂之，則物象之多，名氏所疑，與夫無款識者，將大判於今日矣。

又卷六

總説

在昔三代盛時，凡酌獻、祼將，通用於人神之際，故酌獻用於人，亦用於神。祼將所以禮神，亦所以禮人。是以尊罍彝舟，相爲先後而行之。然周官冪人先尊，以尊尊而彝卑，小宗伯先彝，以言其用則先彝耳，彝用以祼，既祼則已，尊用以飲，飲則必有繼之者，故繼之必資諸罍，此《詩》所謂「瓶之罄矣，維罍之恥」之義也。於司尊彝之職有六尊，言其數，復言其名。酒正之職有八尊，言其數，不言其名者，蓋八尊所以廣六尊之數也。至於罍，則一種而已。有六罍，所以副六尊耳。夫尊有六，而在周則設官以司之，辨其用與其實，故有謂之獻，謂之象，則凡春祀、夏禴，其朝踐、再獻之所用也；謂之著，謂之壺，則凡秋嘗、冬烝，其朝獻、饋獻之所用也；謂之泰，謂之山，則凡追享、朝享，其朝踐、再獻之所用也。若夫《爾雅》不言尊，而曰彝、卣、罍器也者，謂彝、卣、罍，皆盛酒尊，意其尊必有罍，亦猶彝之有舟。此又一家之説也。且尊之用於世久矣。泰尊，虞氏之尊也；山罍，夏后氏之尊也；著，商尊也；犧象，周尊也。合而言之，總謂之尊彝。以周兼四代之禮，故皆有之。周官言六尊者，兼得而用之也。舍周官而見於他傳，則分而言之，故有所謂上尊曰彝，中尊曰卣，下尊曰壺。凡以彝之爲常也，故曰上尊而已。在商之世，以質爲尚，而法度之所在，故器之所載，皆曰彝。至周之文武，製作未備，商制尚或存者，則尊彝之名，間未易焉。今召公尊、文考尊，皆周時器，而亦謂之彝，蓋本諸此。

又卷七

右高九寸二分，深八寸，口徑七寸八分，腹徑七寸五分，容六升，重七斤十有二兩。銘三字。是尊狀觚形，而所容則倍之。設飾雖華，而字畫極古。銘之「父癸」，癸者，成湯之父號，且銘者自名，自名以稱揚其先祖之美，而明著之後世者也。故於父癸而言孫者，亦自名之而已，所謂身比焉順也者是歟。

右高一尺一寸三分，深八寸，口徑七寸二分，腹徑二寸三分，容二升，重四斤三兩。銘二字。此器銘曰「乙舉」，按，王安石《字説》「舉」字从手从與，以手致而與人之意，獻酬之義也。記禮者言杜蕢洗而揚觶，以飲晉平公，而公曰毋廢斯爵，至於今謂之杜舉，然則觶亦謂之舉，寔基於此。昔蔡出龜而謂之蔡，冀出馬而謂之驥，琴張謂其善琴，巫咸謂其善巫，皆相因而得名也。是知舉之爲器，其義亦爾。

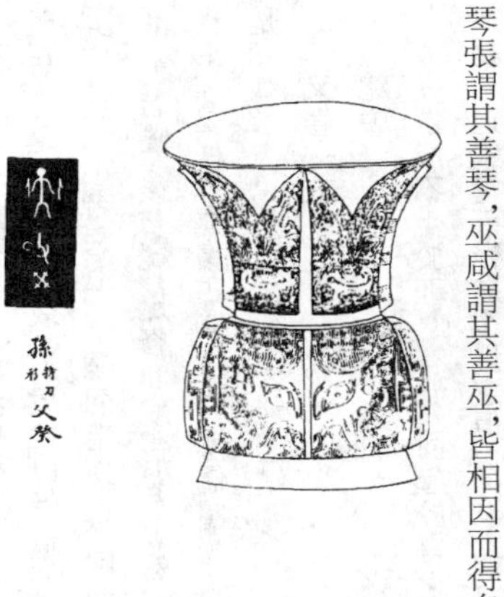

商持刀父癸尊

周乙舉尊

又卷九

總説

卣之爲器，中尊也。夏商之世，總謂之彝。至周，則鬱鬯之尊獨謂之卣。蓋

《周官》尊彝皆有司所以辨其用與其實，所謂六彝者，鷄、鳥、斝、黄、蜼、虎也；六尊者，獻、象、著、壺、泰、山也。而祫祭則合諸神而祭之者也，故用五齊三酒，通鬱鬯各二尊，而尊之數合十有八。禘祭則禘祖之所自出者也，故用四齊三酒，闕二尊，而尊之數合十有六。是則通於鬱鬯二尊者，其所以爲卣也。何以言之？成王寧周公之功，而錫之以秬鬯二卣；平王命文侯之德，而錫之以秬鬯一卣，皆實以鬱鬯，知其爲卣明矣。蓋秬者，取其一稃二米，和氣所生，鬯則取芬香條達，而和暢發於外。卣之所以爲中者，惟其備天地中和之氣，非有事於形器之末而已。凡所以錫有功、賞有德，是亦使其强不過中，怠不鞭後，不失夫至中之道故爾。然彝也，尊也，卣也，皆盛酒之器，用有所宜，則名有所不同。賈公彦以謂上尊曰彝，中尊曰卣，下尊曰壺，《爾雅》亦曰「卣，中尊也」，故取其中。中也者，天下之大本，以其德足以成天地而配之者也，故卣所以實之鬱鬯者，義在兹歟。

又卷一二

總説

禮器之設，壺居一焉。在夏商之時，總曰尊彝。逮於周監二代，則損益大備。故烝嘗饋獻，凡用兩壺，次於尊彝，用於門内。然壺用雖一，而方圜有異，故燕禮與夫大射卿大夫，則皆用圜壺，以其大夫尊之所有事示爲臣者，有直方之義，故用方；以其士旅食卑之所有事示爲士者，以順命爲宜，故用圜。壺之方圜，蓋見於此。至於聘禮，梁在北而八壺南陳，梁在西而六壺東陳，蓋東蠢以動出而有接，南假以大顯而文明，乃動而應物，以相見之時也，以壺爲設，豈不宜哉！且《詩》言「韓侯取妻」，亦曰「清酒百壺」，壺非特宗廟之器，凡燕射、昏聘，無適而不用焉，故其制度銘刻不一。蓋自三代以來，禮不相襲，迄於秦漢，去古既久，而製作愈失，故有刻木繪漆，皆出諸儒一時之臆論。夫尊以壺爲下，蓋盛酒之器，而瓶者亦用之以盛酒者也。此周人「有瓶之罄矣」之詩，然後知瓶亦古人之所用者。然其字从瓦，所以貴其質。而此皆以銅，復作螭、麟、鸚鵡之飾，蓋古人大體至漢益雕鏤矣。然賈至稱漢雜三代之政，而王通亦謂舍兩漢安之，則製作有出於此者，宜亦可觀也已。

又卷一四

總説

凡彝器，有取於物者小，而在禮實大。其爲器也至微，而其所以設施也至廣。若爵之爲器是也，蓋爵於飲器爲特小，然主飲必自爵始，故曰在禮實大。爵於彝器是爲至微，然而禮天地，交鬼神，和賓客，以至冠昏、喪祭、朝聘、鄉射，無所不用，則其爲設施也至廣矣。考之前世，凡觴一升曰爵，二升曰觚，三升曰觶，四升曰角，五升曰散，則爵之所取者小，又其爲器至微也，信然。然周鑒前古，禮文大成，而特以爵名其一代之器，則豈不有謂？蓋以在夏曰琖，在商曰斝，在周曰爵，名雖殊而用則一，則其取象各具一妙理耳，故其形制大抵皆近似之。琖从戔，故三足象戈；斝戒喧，故二口作喧；爵則又取其雀之象，蓋「爵」之字通於「雀」。雀，小者之道，下順而上逆也，俯而啄，仰而四顧，其慮患也深。今考諸爵，前若噣，後若尾，足修而鋭，形若戈然，兩柱爲耳。及求之《禮圖》，則刻木作雀形，背負琖，無復古制，是皆漢儒臆説之學也。使夫觀此三代之器，則豈復有是陋哉？

又卷一五

總説

夫告戒不生於理之有餘，而起於言之不足，大道之世，天下爲公，何嘗切切於是？迨夫禮義修於後世之僞，法度立於至情之衰，故創一器則必有名，指一名則必有戒。異代因襲，不一而足。自三王以來各名其一代之器，至周則又復推廣，然皆所以示丁寧告戒之意，若曰斝，曰觚，曰鬥，曰卮，曰觶，曰角之類是也。嘗讀《詩》，至《賓之初筵》，有曰「賓既醉止，載號載奴」，其終也，至於「由醉之言，俾出童羖」，然後知酒之敗常有如此者。敗常若是，安得而不喧哉？先王制斝，所以戒其喧也。又曰「側弁之俄，屢舞傞傞」，而繼之以「醉而不出，是謂伐德」，然後知酒之敗德有如此者。敗德若是，安得而不孤哉？先王制觚，所以戒其孤也。至於斗，亦法度之所在，昔人固有酌以大斗者，若成王養老乞言而載於《行葦》之詩者也。惟卮不見於禮經，而莊周謂卮言日出者，以其言猶卮之用有反復而無窮焉。且玉卮上壽，見於漢祖，而樊將軍亦有卮酒之賜，則知卮之爲器相來尚矣。若夫觶與角，則以類相從，故昔之禮學者謂諸觴其形惟一，特於所實之數多少，則名自是而判焉。故三升則爲觶，四升則爲角。及其飲也，尊者舉觶，卑者舉角，如是而已耳。然禮失於古遠之後，而尊爵飲器之類，往往變而用木，形制既陋，而復加以髹漆，内赤外黑，綵繪華絢，悉乖所傳，是非莫得而考正。殊不知三代範金，以寓典法，敻然不同。及觀此器一出，非徒足以取證其謬，而亦悟先儒之可笑矣。【略】

右高六寸五分，深四寸二分，口徑四寸，容六合，重一十三兩有半。無銘。

凡觚之形，必爲觚棱狀，或飾以山形，以至作黄目、雷紋種種之異。然是器則自純緣而下通體皆純素，足間兩旁又有竅，略相通貫，莫知其何所用也。

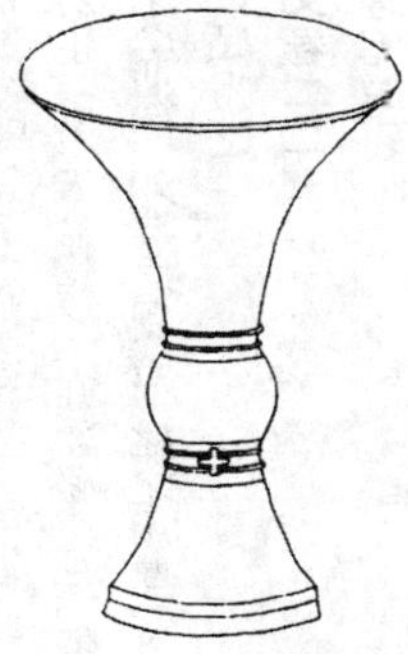
周素觚

又卷一七

高六寸四分，深四寸二分，口徑六寸八分，腹徑八寸，容八升，重十斤四兩。兩耳有珥。三足。闕蓋。銘二十八字。

周剌公敦二

又卷十九

鬲鍑總説

周官三百六十，各有司存。陶人之職所司之物，而鬲居其一。夫鬲與鼎致用則同，然祀天地、禮鬼神、交賓客、修異饌必以鼎，至於常飪則以鬲。是以語夫食之盛，則必曰鼎盛，語夫事之革，則必曰鼎新；而鬲則特言其器而無義焉，亦猶簠所盛者稻粱，簋所盛者黍稷而已。故王安石以鼎鬲之字爲一類，釋之以謂鼎取其鼎盛，而鬲言其常飪，其名稱、其字畫莫不有也。今考其器，信然。且《爾雅》以鼎款足者謂之鬲，而《博雅》復以融鏤鬲鍑鬵鬻皆爲鬴，則鬲鼎屬，又鬴類也。然而五方之民言語不通，則名亦隨異，故北燕、朝鮮之間謂之錪，或謂不鉼；江淮陳楚之間謂之錡，或謂之鏤；惟吴揚之間乃謂之鬲，名稱雖異，其實一也。《漢志》謂空足曰鬲，以象三德，蓋自腹所容通於三足，其制取夫爨火則氣由是而易以通也。若鍑之爲器，則資以熟物，而許慎謂似釜而大口，蓋是器特適時所用，非以載禮。今考其所存，則鎔範以成者，似異乎許氏之説。豈非不必拘於形制，徒取諸適用而然乎？

又卷二〇

盦鐎斗瓿罌冰鑒冰斗總説

器爲天下之用而有合於禮者，有適時而便於事者，合於禮則若尊罍、醆斝、籩豆、簠簋之屬是也。其或燕私之所奉，滋味之所養，寒暑之所宜，則處尊履貴而肉食者，固異乎藿食卑賤之等倫，又安得無供承之備以致其用乎？故有鐎斗焉以待斟酌，有瓿焉以具醯醢齏醬。方其寒則資諸温而御彼重陰凝冱之氣，方其暑則資諸朝覲所出之冰而祛其煩燠之憚，由是湯罌、冰鑒、冰斗各順時而出焉。雖然，尊彝之器，考諸漢唐，曾無一二，而鐎斗、冰鑒復不睹商周之製作者，何也？嘗試議之。夫無見於今者，未必皆無也，但禮隨世變，所用有異耳。蓋自周而上以禮爲實用，故禮器之末者或略焉，而於本特致詳；自周而下以禮爲虚文，故禮器之大者或略焉，而於末爲曲盡。惟其本末詳略之有殊，所以見於世者多寡有無之或異也。

周交虬盦

右高三寸，深二寸九分，口徑五寸六分，腹徑五寸五分，容二升五合，重一斤九兩。無銘。是器純緣外著以交虬，兩耳作連環，所以便於提携，以圈爲足，而器之中純素，略無文彩，大概與周伯戔盦相肖，特闕其蓋耳。【略】

漢冰鬥

右高一寸六分，深一寸五分，闊六寸二分，重一斤九兩。有柄。無銘。三旁掩上，其柄可持，其底鏤空，實冰斗也。古人制器，皆因時而爲之，若夏則有冰鑒，於此器略相似，而有見於《周官》。今冰斗雖不得而考，要之後世所作也。

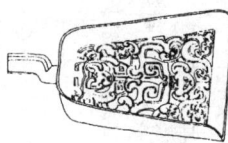

匜匜盤洗盆鋗杅總説

《公食大夫禮》曰：「小臣具盤匜。」鄭玄謂君尊不就洗，賈公彦又援《郊特牲》「不就洗」之文，以謂設盤匜所以爲君，聶崇義從而和之，且陳《開元禮》謂皇帝，皇后、太后行事皆有盤匜，而亞獻已下與攝事者皆不設，以顯君尊不就洗之義。是皆執泥不通之説，殊不知《内則》論事父母舅姑之禮，而曰「枚履衹欽之勿敢近，敦牟卮匜非餕莫敢用」。夫論事父母舅姑而言及於匜，則是亦衆人之所用耳，豈人君獨享者哉？若或不然，則季加、亞伯安得而作之也？雖非人君所獨享，然惟餕乃用，則其用亦未嘗改易也。觀其鋈皆作牛甲脊尾狀，按《易》以坤卦爲牛，而坤以順承爲事，故物以柔順者莫甚於牛，蓋匜爲盥手澮水之具，而義取於順乃其理也。若夫盥之棄水，必有洗以承之，《禮圖》所謂「承盥洗棄水之器」者是也。惟以承棄水，故其形若盤。抑嘗見有底間飾以雙魚者，爲其爲承水之具故也。然古人稱之有曰匜盤，而不謂之洗，蓋盤以言其形，洗以言其用。而聶崇義乃以盤、洗爲二器，所謂盤者，正與此洗相類，而洗复若壺形而無足，又以菱花及魚畫其腹外，與此頗不相侔。然承棄水者宜莫若盤，則作壺形者疑非古制矣。崇義《圖説》稽之於器，其乖戾不合者非特如此。按圖而考者，不可不辨也。若夫盆銷者，亦盥滌之具，但洗淺而銷深，惟盆居中焉。又有所謂杅者，特大而深，如洗之用盥，盤之用奠，舟之承彝，皆其類也，故附諸匜洗之末，識者當以類得之。

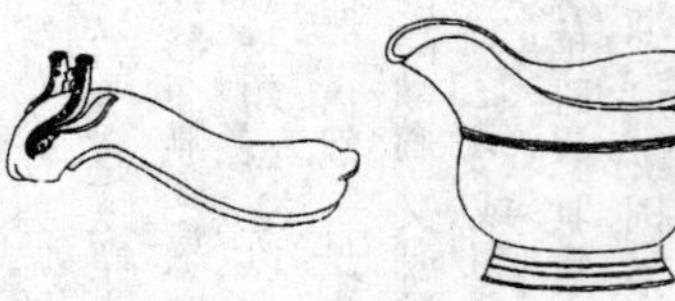
商啓匜

又卷二二

鐘總説

聖人之作樂也，文之以五聲，播之以八音，而八音之始，必原於律吕。律吕之氣肇於黄鐘，黄鐘之生而卒於中正，則鑄之金，磨之石，係之絲木，越之匏竹。其大不過宫，其細不過羽，或戛或擊，或搏或拊，一合焉，一止焉，而樂由此以成矣。然八音之器，語其製作，即肇於黄鐘之數，而上下相生，月律互間，周一歲之月十二數，而金奏舉其餘。絲竹之類，必因鐘律以求協，而同歸於和者，爲備樂。然則鐘固樂之始也，其大者爲特鐘，則獨垂其一，是律倍黄鐘之數而成者也。其小者爲編鐘，是律數不倍，十有六枚而同一簴者也。有鎛焉，則大於編鐘而減於特鐘者也。考之周官鳧氏，所以鎔範者有兩欒而爲銑，銑間則有於，而鼓鉦舞與之相次，其上爲衡甬，旋蟲以屬於簴，而體備枚篆攡隧之飾焉。且特鐘、編鐘至於鎛之爲器，小大雖殊，凡兹致飾惟一而已。此先王之法也。由漢以來，浸失其傳。枚所以以節聲，而長短异狀。衡甬旋蟲所就以固結，而易之爲係以下垂，枚短則聲不能節而有降殺，易之爲係以下垂，則動摇而有餘韵，參雜相紊，雅正或乖，而能知之者，夔、襄不世出，良可嘆夫。今之所獲，上追商周，下逮秦漢，古法具存，固可因器以考其聲，因聲以爲其樂，將見《濩》、《武》之遺音，可復傳於斯日矣，顧不美歟？

又卷二六

磬總説

古之爲樂者，有黄鐘之磬，則特垂其一而爲一簴，若特鐘焉。凡十有二數，以爲律之正聲而應月者也。至於編磬，則每簴所垂之數十六，蓋倍八音而成數者也。夫作磬之始，記禮者謂叔之離磬，蓋出於上古，莫知其時。而《古史考》又以帝堯之世有所謂無句者爲之也，後代相因，而周官則磬氏出焉。其制則中高而上大者，爲股；其下而小者，於所當擊則爲鼓；上股下鼓，分爲倨句之勢，以成磬，而屬之於簨簴。凡特磬、編磬，小大雖殊，其制一也。然《書》曰「泗濱浮磬」，則磬以石爲之，必取諸泗水之濱者。其見於堯舜之時然也。《春秋傳》謂「魯饑，而臧文仲以玉磬告糴於齊」，則又知其用玉矣。厥後逮於隋唐間，凡設於天地之神則用石，其在宗廟、朝廷則用玉。考其器之製作與夫所用，如是而已矣。今兹之磬非玉非石，乃鑄金而爲之，或成象如獸之形，或又加以雲雷之紋。及觀其勢，則無倨句、磬氏之法。以謂先王之製作耶，則求諸經傳而無所考證；以謂非先王之製作耶，則煎金鎔範，精緻莫及，固非漢氏以來所能爲也。扣之鏗然，非以立辨在八音之内。去石與玉而取此，是未可知也。姑歸諸磬，以待夫博識之士。噫，夫豈典籍焚於秦氏而泯滅其説者歟？

第一器高一尺三寸五分，上徑長九寸六分，闊八寸；下口徑長六寸三分，闊五寸七分；鈕高三寸一分，闊一寸；重十有一斤二兩。無銘。

第二器高一尺一寸五分，上徑長七寸六分，闊六寸四分；下口徑長五寸八分，闊四寸九分；鈕高一寸八分，闊一寸三分；重八斤十有二兩。無銘。

第三器高一尺六寸，上徑長九寸八分，闊八寸六分；下口徑長七寸，闊六寸五分；鈕蝕剥不完，重二十斤。無銘。

第四器高一尺三寸五分，上徑長一尺一寸，闊八寸五分；下口徑長八寸三分，闊六寸八分；鈕高三寸一分，闊一寸六分；重二十一斤。無銘

右四器皆以蜼爲鈕，蜼用鼻御雨，智獸也。《周官・司服》宗彝謂虎蜼，蓋以

飾之於宗廟彝器之間，以爲法焉。錞之爲用，其鳴必以時，智者之道也。

鐸鉦鐃戚總説

凡樂之作，皆所以象成者也。若昔王業之興，自湯武已來，蓋未嘗不先於以武定天下之亂也。方其定亂之初，總兵之事咸掌於司馬，而軍旅之行與夫臨陣對敵，則有坐作進退之方。進退坐作者，必齊之以金鼓，鳴鼓以進，鳴金而退，由是有鐸、鉦、鐲、鐃之用焉。及其叛者服，暴者亡，櫜弓束矢，戢干戈而散馬牛，則功成矣。斯有象成之樂，則取彼所以成功之事而形於歌咏，由是鐸、鉦、鐲、鐃復施於作樂之際也。夫鐘磬必調於律吕，而合奏則係之絲木，越之匏竹，小大清濁，雜比而爲和。凡此所主者，樂之均也。若夫鐸、鉦、鐲、鐃，則非假調乎律吕，鏘然並作，特用以爲節檢，而與鼓相間，故周官鼓人之職以金鐸通鼓是也。執而振之舞者，視而爲容焉，如鐲之用，乃其一類耳。鐲即鉦也，特器同而名異。對若鐃，則又爲止鼓之器，《樂記》曰「復亂以武」，武即鐃也，以其舞畢，而鳴鐃以治理之爲亂也。且舞有文舞焉，干羽所以象文；有武舞焉，干戚所以象武。《詩》稱「值其鷺羽」者，謂析其羽而持之以舞，乃文舞也；其謂「朱干玉戚」，則武舞也。武舞執戚，用示其威故耳。凡茲數器，原其始，要其終，合爲一類，故宜兼收，以備古人之制可考而知其法。

又卷二七

弩機鐓奩錢硯滴托轅承轅輿輅飾表座刀筆杖頭等總説

百工之事，皆聖人作，故凝土鑠金，載諸傳記，莫不由夫智者創，巧者述，後世因之以爲天下用，而取法以成焉。不然，則兑之戈，和之弓，垂之竹矢，藏乎王府，時出而陳之，復何意耶？夫弩生於弓，謂夫出自於越，與吴讎敵而爲之則爾。然在《商書》固已有曰「若虞機張，往省括於度則釋」之語，足見弩機之設，其來久矣。今此則有機焉，《詩》所謂「厹矛鋈鐓」，則已嘗見於成周之世矣。今此則有鐓焉。古之貴老，爲其近於親也。老者，其食多噎，而鳩爲不噎之鳥，則賜之鳩杖，今此鳩杖乃其遺制也。奩者，閨房脂澤之器，自漢蓋有之矣。錢則或鑄厭勝，藕心之异，硯滴則或具龜蛇之形，各出一時之巧制也。且一器而百工備焉者，車爲多，

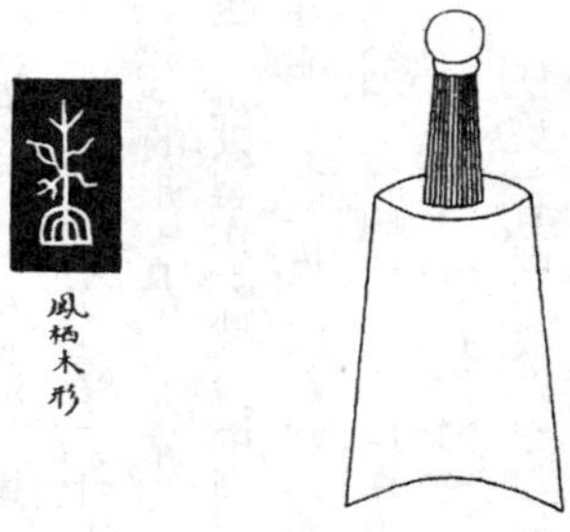

周柄鳳鐸

則托轅、承轅與夫致飾之物猶可觀也。立表以測影，則表之遺座猶足用也。旂則有鈴在上，刀則與筆相副，杖若靈壽而以龍首冠之，以至蹲龍充乘輿之物，鳩車戲兒童之樂，銅梁備提挈之要，事雖末務，器則精工。凡此諸物，煎煉鎔範，涂金錯銀，雕鏤詰曲，若蛟螭蟲魚之紋與夫奇葩异卉，雲盤而水折者，細若馬氂，縈如蛛絲，極天下之妙，而爲其觀美焉。是雖异夫鐘鼎禮樂之器，亦或可以取法，故宜繼其後者也。

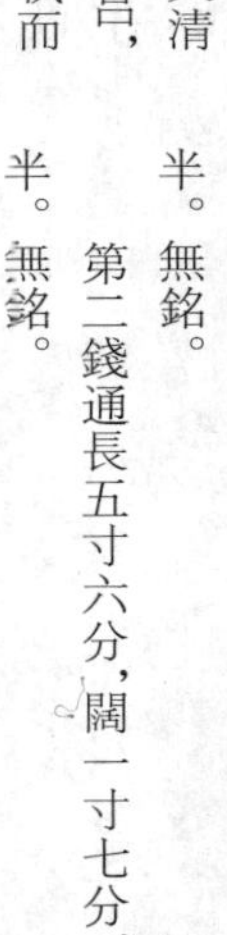
漢厭勝錢五

第一錢通長六寸八分，闊二寸一分，重六兩有半。無銘。

第二錢通長五寸六分，闊一寸七分，重三兩有半。無銘。

第三錢通長五寸七分，闊一寸七分，重三兩有半。無銘。

第四錢通長五寸七分，闊一寸八分，重三兩有半。無銘。

第五錢通長五寸七分，闊一寸八分，重三兩有半。無銘。

右按，封演《錢譜》：漢武造銅、錫、白金爲三品，一曰其文龍，二曰其文馬，三曰其文龜，而小橢之謂其圜而長也。今此錢一體之間，龍馬並著，形長而方，意有類於此。然下體蟠屈，隱起粟文，似非漢武之制者。又李孝美《圖譜》有永安五男錢，體勢雖圜，輪郭皆著粟文，與此少類。然孝美號之曰厭勝錢，則是錢殆亦用之爲厭勝者邪？且錢謂之泉布，則取其流行無窮之義，而此著龍馬者，蓋行天莫如龍，行地莫如馬，亦泉布流行之謂歟。

又卷二八

鑒總説

昔黄帝氏液金以作神物，於是爲鑒，凡十有五。採陰陽之精，以取乾坤五五之數，故能與日月合其明，與鬼神通其意，以防魑魅，以整疾苦，歷萬斯年而獨常存。今也去古既遠，不可盡考，世有得其一者，載其制度，則以四靈位四方，以八卦定八極，十有二辰以環其外，二十四氣以布其中，而妙萬物、運至神者，蓋托於形數之表。故其爲器，雖囿於有形而不隨形盡，雖拘於有數而不與數終。且能變化不測，與造物者爲友也。其在有周，冶鑒之數亦十有三，蓋體諸閏月，以其十二則投十二野，其一則爲鎮於中州。世言其象，亦雲列五嶽，布七神，爲十五獸，間十四方。而方有四篆字，且不載其所以施設之方。獨《周官》之書以謂鑒

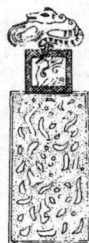

取明水於月，以其足以感格者然也。唐開元間，李太者進水心鑑，揹負蟠龍，蜿蜒舌生，太仍表其鑑曰龍護所作，真龍托於是焉。久之，歲大旱，明皇引葉法善即鑑祈禱，而雲生鑑龍之口，於是甘霈七日而足，不其神哉！西漢高祖受命之初，入咸陽得方鑑，洞燭腸胃，此帝王之世神物護持，其不誣之典，足以信後世者。今所藏特漢唐之器，然其規模大抵皆法遠古，是以圜者規天，方者法地，六出所以象諸物，八方所以定其位，左右上下則有四靈，錯綜經緯則有五星；具一日之數則載之以十有二辰，具一歲之數則載之以十有二月；周其天者有二十八宿，拱其位者有三神八衛。或象玉女之起舞，或肖五嶽之真形。凡九天之上，九地之下，所主治者莫不咸在，則其取象未嘗不有法也。是以製作之妙，或中虚而謂之夾鑑，或形蜕而名以浮水；以龍蟠其上者，取諸龍護之象也；以鳳飾其後者，取諸舞鸞之説也。以至或爲异花奇卉、海獸天馬、羽毛鱗甲之屬，或爲嘉禾合璧、比目連理瑞世之珍，或乳如鐘，或華如菱。至於銘其背，則又有作國史語而爲四字，有效柏梁體而爲七言；或單言之不足，或長言之有餘；或以紀其姓名，或以識其歲月。如言尚方玉堂者，用於奉御也；如言宜官宜侯王者，用之百執也；如言宜子孫者，用以藏家也。若千秋萬歲之語，則所以美頌者如此；作十六符篆，則所以闢邪者如此。然則雖曰漢唐之物，其稽古必自此始耳。於是列序其次，而録之於後焉。凡五金之序，黄金爲上，白金次之，銅又次之，而鐵錫爲下，故斯鑑以銅先焉，鐵次之。若夫造化之本，莫先於天地，故首之以「乾象」。乾象者，百神之主，故以百神附之。夫參造化，主百神，則可以造形器，故次之以异質之物，如蜕形浮水者是也。爲器如是，夫然後可以歌頌其美，故次之以「詩辭」；可以被聲詩，則必享多宜，故次之以「善頌」；頌者有致養之道，故次之以「枚乳」。而乳者，養人之道也。有所養，則鳥獸草木莫不咸若而來儀，爲瑞者有之，故又次之以龍鳳、花鳥、海獸也。然而大巧者若拙，繪事者後素，則純素者其本也，於是又以純素終焉。此其序也。

明清部

題解

宋應星《天工開物・序》 天覆地載，物數號萬，而事亦因之，曲成而不遺，豈人力也哉。事物而既萬矣，必待口授目成而後識之，其與幾何？萬事萬物之中，其無益生人與有益者，各載其半。世有聰明博物者，稠人推焉。乃棗梨之花未賞，而臆度「楚萍」；釜鬵之範鮮經，而侈談「莒鼎」；畫工好圖鬼魅而惡犬馬，即鄭僑、晉華豈足爲烈哉？

幸生聖明極盛之世，滇南車馬縱貫遼陽，嶺徼宦商横游薊北。爲方萬里中，何事何物不可見見聞聞！若爲士而生東晉之初、南宋之季，其視燕、秦、晉、豫方物已成夷產，從互市而得裘帽，何殊肅慎之矢也。且夫王孫帝子生長深宮，御厨玉粒正香而欲觀耒耜，尚宫錦衣方剪而想象機絲。當斯時也，披圖一觀，如獲重寶矣。

年來著書一種，名曰《天工開物》卷。傷哉貧也，欲購奇考證，而乏洛下之資；欲招致同人商略贋真，而缺陳思之館。隨其孤陋見聞，藏諸方寸而寫之，豈有當哉？吾友涂伯聚先生，誠意動天，心靈格物。凡古今一言之嘉，寸長可取，必勤勤懇懇而契合焉。昨歲《畫音歸正》，由先生而授梓。兹有後命，復取此卷而繼起爲之，其亦夙緣之所召哉。

卷分前後，乃「貴五穀而賤金玉」之義。《觀象》、《樂律》二卷，其道太精，自揣非吾事，故臨梓删去。丐大業文人棄擲案頭，此書與功名進取毫不相關也。

時崇禎丁丑孟夏月，奉新宋應星書於家食之問堂。

黄宗羲《明夷待訪録・財計一》 後之聖王而欲天下安富，其必廢金銀乎？古之征貴，征賤，以粟帛爲俯仰。故公上賦税，有粟米之征、布縷之征是也。民間市易，《詩》言「握粟出卜」，《孟子》言「通工易事，男粟女布」是也。其時之金銀，與珠玉無异，爲饋問、器飾之用而已。

三代以下，用者粟帛而衡之以錢，故錢與粟帛相爲輕重。漢章帝時，谷帛價貴，張林言：「此錢多故也，宜令天下悉以布帛爲租，市賈皆用之，封錢勿出，物皆賤矣。」魏明帝時，廢錢用谷。桓玄輔晉，亦欲廢錢。孔琳之曰：「先王制無用之貨，以通有用之財，此錢之所以嗣功龜貝也。谷帛本充衣食，分以爲貨，勞毁於商販之手，耗棄於割截之用，此之爲弊者，著自於曩。」然則昔之有天下者，雖錢與谷帛雜用，猶不欲使其重在錢也。梁初唯京師及三吴、荆、郢、江、湘、梁、益用錢，其餘州郡雜以谷帛，交、廣之域全以金銀爲貨。陳用錢兼以錫、鐵、粟、帛，嶺南多以鹽、米、布，交易不用錢。北齊冀州之北，錢皆不行，交貿者皆絹布。後周河西諸郡，或用西域金銀錢，而官不禁。

唐時民間用布帛處多，用錢處少。大曆以前，嶺南用錢之外，雜以金、銀、丹砂、象齒。貞元二十年，命市井交易，以綾羅、絹布、雜貨與錢兼用。憲宗詔天下：有銀之山必有銅，唯銀無益於人，五嶺以北，採銀一兩者流他州，官吏論罪。元和六年，貿易錢十緡以上參布帛。太和三年，飾佛像許以金銀，唯不得用銅。四年，交易百緡以上者，粟帛居半。按唐以前，自交、廣外，上而賦税，下而市易，一切無事於金銀，其可考彰彰若是。

宋元豐十二年，蔡京當國，凡以金銀絲帛等貿易，勿受夾錫錢者，以法懲治。蓋其時有以金銀爲用者矣。然重和之令，命官之家，留見錢二萬貫，民庶半之，餘限二年聽易金銀之類，則是市易之在下者，未始不以錢爲重也。紹興以來，歲額金一百二十八兩，銀無額，七分入内庫，三分歸有司，則是賦税之在上者，亦未始以金銀爲正供，爲有司之經費也。及元起北方，錢法不行，於是以金銀爲母，鈔爲子，子母相權而行，而金銀遂爲流通之貨矣。

邵廷采《思復堂文集》卷九《户役略》 古者井田之世，死徙不出鄉，是以風俗淳樸，上下親安。自井田制壞，始無定居。六國既滅，海内悉爲郡縣，民由此大遷，秦戍長城，漢徙豪傑實關中。其後水旱踣流，盜賊寇鈔，元元嚣然喪其所依。惟刺史縣令賢，則户口倍增。故曰：民猶水也，得土則安。君爲之土，民不移矣。

其使之也有道。《春秋》，非時而作，必書。《周禮》，使民任老事，食壯食。公旬豐年無過三日。父母待養，復其子孫。蓋於用民之際慎矣哉！

漢制，算、更二賦及口錢。武帝時，役民歲三日，受役者年不出五十，雖征伐四荒，猶爲輕平。自長安王莽、赤眉之禍，重以凉州董卓、傕、汜，天下分崩，民生其間無所鳩屬。三國甫定，迄於典午而大亂。

晉元遷國，江表民之從而南者謂之僑人，並取舊壤之名，僑立州縣。往往散居，無有土著，多爲王公貴人左右佃客，率無課役。桓温秉政，以人無定本，傷理爲甚。乃以二月庚戌大閲户口，令所在土斷，謂之庚戌制。時役使無節，牽曳離遷，人人易處。方鎮去官，皆割兵仗爲送，多者至千餘家。力入私門，復資官廪布。兵役既竭，枉抑良人以相充補。故以十六爲全丁，十三爲半丁，咸備成人之役。後義熙中，劉裕亦表依界土斷，流寓多被並省。

元嘉時，至課米人六十斛。及蕭齊初，民避力役，生不長髮，便謂道人。抱子並居，竟不編户，公違土斷，流亡不歸。永明北伐頻仍，揚、徐皆丁三取二，遠州悉令上米準行，人五十斛，而就役如故。民生之困未有甚於六朝者。

唐制，民年二十爲丁，十六爲中，六十爲老。太宗生聚，至永徽垂三十年，户口才三百八十萬。又百年天寶，始如隋氏之數。元和遂止户百四十四萬，什失其八。又自開元政玩，死邊戍者，貫籍不除。王鉷以其隱課按籍，責三十年租庸。至德後，富人丁多者多方規避，獨貧人丁在。是以天下殘瘁，蕩爲浮人，地著者百不四五。楊炎並租、庸、調爲兩税，庸錢已在税中。至宣宗大中九年，復立差役簿，是既税之，又役之。民鋌走險，其何足怪？

宋制，以衙前主官物，里正督租賦。或輦運官物，往往破産。治平中，京東有父子二丁將爲衙前役者，其父告其子曰：「吾當求死，使汝曹免寒餓。」遂自縊而死。又江南有嫁其祖母、與母析居避役者，又有粥田減户等者。神宗閲内藏庫奏，有衙前越千里輸金七錢，庫吏邀求，逾年不得歸，重傷之。

王安石倡議：「古者斂民賦以禄在田，民不苦役，而官得人爲用。漢世宰相之子然且戍邊，故苦樂齊而役均。今鄉户憚差，不願保田畝，一夫執役，舉家失業，品官家皆得賜復，而細民重困。宜總州縣應用雇直多少之數，隨人户貲産高下，以差次出錢，雇充役者在官，名『免役錢』。其坊郭及未成丁、單丁、女户、寺觀、品官之家，舊無役而出錢者，名『助役錢』。取足用雇直，而頗寬其數，增三分，爲水旱缺乏之備，名『免役寬剩錢』。如此，則官有錢以雇役，而民輸錢訖即弛然退，自力於爲生。吏無所施其巧舞，其法便。」詔行之。令下之日，開封罷遣衙前數百人，民皆相慶。第不正用雇直爲額，而展斂三分，備吏禄、水旱之用，有司乘此掊克，群臣每以爲言。

元祐初，司馬光爲相，欲罷其法。蘇軾言於光曰：「差役、免役，各有利害。免役之害，聚斂於上，而下有錢荒之患；差役之害，民不得力農，而吏胥緣爲姦。三代之法，兵農爲一，至秦始分爲二，及唐中葉，盡變府兵爲長征卒。自是農出穀帛以養兵，兵出性命以衛農，天下便之。雖聖人復起，不能易也。今免役之法，實大類此。公欲驟罷免役而復差役，正如罷長征而復民兵，蓋未易也。」光以農民出錢難於出力，著令定差，不願身充者聽自雇代。而衙前重難如舊。尅期五日，而免役之法竟罷。

迨章惇作相，復行免役。馴至南渡，差雇雜用，役愈不均。

乾道中，金華松陽民汪灌等首倡義，度其時里正一歲之役，長短相覆，費可三十萬。自實其貲三等，差定役籍，衆割田公之，以其粟佐當役者。役先後視籍，田多寡視等，他日户昇降，則告於衆而進退之。歲三月，衆畢會，擊羊釃酒，舊里正以授新里正，名之曰「義役」。約成，頗爲有司所持，灌任以爲必可行。竟三十年，俗大歡洽。時葉適爲令，愧之曰：「民誠義。吾有司之不義，甚矣。」自是所在推行，而御史謝諤言：「當從民便，不願者差役如故。」朱熹亦謂義役固善，恐踵之者不能皆善人，則豪强把權，役户反不得以安其業矣。然則法無全善，存乎其人，即户役一事可見也。

明初，人户以籍爲定。户三等，曰民，曰軍，曰匠。民兄弟出分及贅婿、養子歸宗，聽異籍。惟軍、匠有清勾，以異籍爲規避。年十六曰成丁，丁成而役，六十而免。婦女若不成丁，不役。役三等：以户計曰里甲，以丁計曰均徭，上命非時徭曰雜泛。凡役法以一里百户分十户，各值一歲，承徭役。又五年，充里長、甲首。其明年爲經催，後遂用爲糧長，皆起於役，與田賦不相及。祇應、禁子、弓兵等，俱以市民僉充，不役富人。凡額外科率錢一文，擅役夫一名，則上罪配流。

已而法中弛，專論丁糧，通計差役難易輕重之適，自極大至極小，造鼠尾册。按丁糧多寡以次填編，不論里而單下户得寬。其後公私百費，官不能辦。乃復計直年里甲户丁，分爲十二總，按月祗應，曰值月。府州縣官下至簿尉，各以坊長值其衙。凡官司外出、賓旅經由，夫馬供帳飲食，畢取給百姓，於是里甲與十甲均病矣。其均徭，部解上供金銀庫，倉户收支，皆有留難，本境有驛站、水夫、馬匹，而均徭病矣。糧長兑糧，本色有斛面，折色有火耗。初值役，有拜見；初出江，有銅鑼花鼓；既部運，有馬匹鋪張。餘吏胥需索不在是。而糧長又病矣。

於是議行一條鞭法，以爲輪甲十年一差，出多易困，不如條鞭每年續辦，出少易輸，均輕重，通苦樂。於一縣十甲中，民如限輸錢訖，諸部運上金銀庫，倉户斗給，糧長秤頭斛面。凡百役所供及諸遞運夫馬俱官自支辦，略仿宋免役意。嘉靖末，都御史龐尚鵬奏革天下郡邑庫子。而都御史周如斗撫江西，力主條鞭議以上，制可之。乃通計里甲、均徭、驛傳、民兵，以隆慶初盡六年爲率總合，用銀派之，名四差。輸銀於官，官給銀募人。

法初行，民釋重負。行之十餘年而法又弊。前所役坊里長、糧長，獨其名罷，其籍故在。里長之值年經催之部運，實有不可已者。其初法嚴令具時，上下約嗇，精神振勵，後稍怠矣。銀錢入官，非篤廉之吏不無消蝕。卒有部派軍興，必且陰陽其術，别爲名項。又山谷之民畏官憚事，雖條鞭行，坊里祗應如異時，獨易十二總稱八班，改值月爲值日爾。

萬曆十年後，里甲廢業，與嘉靖中葉無異。益以礦使四出，閭里騷然，西北窮民，依食驛站。崇禎初裁之，以致盜起，節小費而釀大患。雖禍敗之原不盡由是，然涓涓不絶，流爲江河。其始也節所不當節，其究也自增所不當增。事勢各殊，而歸於斂財悖入之意同，以知通達國體難矣。固諸臣謀國之不詳，亦不能爲賢主諱也。

邵廷采《思復堂文集》卷九《國計略》 漢初接秦之敝，丈夫從軍旅，老弱轉糧饟，作業劇而財匱，自天子不能具鈞駟，而將相或乘牛車，齊民無蓋藏。高祖於是量吏禄、度官用，以賦於民，田租十五税一。漕轉山東粟以給中都官，歲不過數十萬石。

孝文在位二十三年，宫室苑囿、車騎服御無所增益，屢赦天下田租，三十税一。武帝患幣之輕，始鑄白金，造皮幣。患商賈之重而算舟車，告緡錢，費用無制。

昭帝詔郡國舉賢良文學，問民所疾苦。皆對願罷鹽鐵酒榷均輸官。桑弘羊難之，以爲此國家大業，所以安邊足用之本，不可廢。於是乃僅罷榷酤。

元帝用貢禹言，詔太僕減食穀馬，水衡減食肉獸，省宜春下苑予貧民，罷角抵諸戲。量減宫衛，以寬徭役。免諸官奴婢，廪食乘塞，代關東戍卒。

成帝時，天下亡兵革之事，然俗靡侈，不以蓄聚爲意。至於哀、平，百姓貲富雖不及文、景，户口滋盛矣。

光武有見於昆陽之勝，故兵以少而精；有監於武帝之奢，故官以簡而當；有徵於新莽之碎，故賦以薄而贍。當軍興艱費之後，而身致富庶。

明帝即位，民無横徭。於時東方既明，百官詣闕，戚裏侯家自相馳鶩，車如流水，馬如飛龍。章、和惠養相仍，壤土日闢。

及至桓、靈，營作盛於內，西羌畔於外，阿母常侍，賞賜不貲。遂開西邸賣官，每郡國貢獻，先輸中府，名爲「導行費」。又作列肆於後宫，使采女販賣，帝親着商賈服，從宴飲爲樂。

昭烈入蜀，約事定，府庫百物，悉與士衆。及拔成都，軍用不足，劉巴請鑄大錢，令吏爲官市。數月之間，府庫充實。

晉武不節，物流倉庫，女德無厭，服玩相輝，於是王武子、石崇等役財誇尚。物盛則衰，固其宜也。永寧初，蜀中尚有錦四百萬匹、寶珠金銀百餘斛。蕩陰返駕，寒桃在御，隻鷄以獻。用布衾兩幅，囊錢三千，以爲車駕之資。

元帝渡江，兵難屢作。蘇峻既平，庫中惟有練數千端，粥之不售，王導患之。乃與朝賢俱製練帛中單，人士競服，練遂頓貴。令主者出賣，端至一金。其乏空如此。

宋、齊、梁、陳開國，皆務省嗇。隋文供御，有故敝者隨令補用，更不改作。江南初定，給復十年。又均田土，立義倉。海内皆饒於財。楊廣反之，民乃重困，盜賊雲起，然所在倉庫猶大充仞。吏懼法，莫肯出賑。李密食洛口之粟以圍東都，而長安、永豐適爲唐興。鉅橋之散在德厚薄，不在貧富，如隋者可以鑒矣。

唐之授田以口分、世業，取之以租庸調之法，至近古也。自太宗力行仁義，至開元始政清明，海内富安，行千裏不賫糧、持尺兵。其后妃御承恩，賞賜無限，視金帛如糞壤。命姚思藝檢校進食，一飧珍羞，費中人十家之産。由是禄山首畔，京室空矣。

肅宗行率貸，籍富商右族，十取其一。諸道亦税商賈贍軍。第五琦請於江淮置租庸使，凡吴鹽、蜀麻、銅冶皆有税市，輕貸由江陵、襄陽上津路轉至鳳翔。裴冕建議給空名告身，召人納錢。兩京平，又於關輔諸州納錢，度道士僧尼萬人，詔能賑貧乏者寵爵秩。故事，財賦歸左藏，而是時京師豪將，假取不可禁。琦爲度支，請皆歸大盈庫，主以中官。是時天下之財爲人主私藏，有司不得程量多少。

德宗時，天下户口什亡七八，所在宿重兵費廣，悉倚辦劉晏。晏有精力，多機智，變通有無，曲盡其妙。常以厚直募善走者，置遞相望，覘報四方物價，不數日皆達。食貨輕重之權，悉制掌握，國家獲利，而天下無甚貴甚賤之憂。晏以爲辦集衆務，在於得人，必擇通敏廉善之器司之。具檢簿書，出納錢穀，事雖至細，必委之士類。吏惟書符牒，不得出一言。其官屬雖數千里外，奉教令如在前，無敢嬉紿。又以爲丁口多則賦税自廣，故其理財常以養民爲先。諸道各置知院官，每旬雨雪豐歉之狀以告，豐則貴糴，歉則賤糴。或以穀易雜貨供官用，而於豐處賣之。知院官端見不稔，先申至某月須若干蠲助，及期，晏不俟州縣申請，即奏行之。由是人户蓄息。始爲轉運使時，天下見户不過一百萬，季年乃三百餘萬；初財賦歲入不過四百萬緡，季年乃千餘萬緡。及楊炎變立兩税法，民力未及寬，而朱滔、田悦等叛，用益不給。借商茶算之令出，晏亦爲炎所譖害，議者冤焉。德宗初年厲精，楊炎請出大盈内庫歸有司，即日下詔從之。生日不受四方貢獻，李正己、田悦各獻縑三萬疋，悉歸之度支。天下欣然，迨後轉務吝刻。涇原兵反，倉卒幸奉天，猶於行宫廡下貯諸道貢物，榜曰瓊林、大盈庫。陸贄請盡出賜有功，散小儲而成大儲，不能用也。及朱泚既平，益屬意聚斂，竟進裴延齡退贄，末年至爲宫市置白望。終唐之世，民窮斂繁，馴至亡國。

宋祖懲方鎮私擅財賦，詔諸州金帛送闕下，以文臣通判州事，益置諸路轉運使，利歸公上。然聚兵京師，外州無留財，天下支用悉出三司。初承吳、蜀、江南、南漢平附，因其蓄藏，守以恭儉，用度給足。後户口歲增，兵吏倍多，百姓亦稍縱侈，上下始困於財。祥符天書一出，宫觀賞賚無厭，宋政於是少怠。

仁宗明恕，節道家之奉，省土木之役，約己以先天下。西邊兵起，議裁冗費，首自掖庭。減皇后及宗婦郊祀半賜，罷左藏月進一千二百緡。會元昊稱臣，屈意撫納，歲賜繒、茶，及增契丹歲遺，共至八十萬。乃稍徙邊兵還内地，命包拯行河北，汰軍士之不任役者。范鎮上言：「古冢宰制國用，今中書主民，樞密主兵，三司主財，各不相知，是以天下事卒不可爲。願令中書、樞密通知兵、民、財利大計，與三司量其出入。」有司不能承上意，卒無所建明。神宗嗣位，執政以河朔旱傷，乞南郊勿賜金帛。司馬光言：「救災節用，當始貴近，可從。」王安石引常衮辭堂饌折之，以爲「國用不足，未得善理財者耳。善理財者，不加賦而國用足。周置泉府之官，以均變天下之財，後世惟桑羊、劉晏粗合此意。今欲理財，當修泉府之法，以收利權。」帝納其説，立制置三司條例司，而農田、水利、青苗、均輸、保甲、免役、市易、保馬、方田諸役並作，號爲新法。古陂廢堰，悉務修復。又令民封狀，增價以買坊場，增茶鹽之額。設措置河北便糴司，多積糧穀於臨流州縣，以備饋運。天下騷然。而安石持冢宰掌邦計之説，一以《周禮》行新法，與三司分權。凡歲賦常貢，方歸三司；其摘山、煎海、坑冶、榷貨、户絶没入之財，皆歸朝廷。外則分建二司：民間常賦酒税，以歸轉運；而免役、坊場、河渡、禁軍缺額、地利之資，悉歸常平，別號朝廷封樁。運入京師，更立庫貯之，三司不得與焉。於是天下之財始分爲二。建炎軍興，東南歲入不滿千萬。吕頤浩始創經制錢，孟庾又創總制錢，朱勝非增月樁錢，又有板帳錢。紹興末年，合茶鹽、酒算、坑冶、榷貨、糴本、和買之入，凡六千餘萬緡，半歸内藏。而於時兩浙、福建苦板帳，江、湖苦月樁。葉適條奏前言其弊，迄於宋亡曾莫之改。於乎！鹽鐵取之山澤，酒酤、均輸，舟車取之商賈。稍奪以助經賦，亦貴農摧末遺意。後世既各設各額取之，是紛紛者復何爲哉？然則安石之法，固桑羊、劉晏所不道；而月樁、經制，又安石所不道。使剥民奉君，汙吏利其便己也，而不去其籍，曰「吾有所受之也」，是誰階厲也？

有明宗祿、養兵、蔭子之費最鉅，至郊賚歲幣，視宋省矣。洪武初，山西惟晉府一王禄米萬石，嘉靖中至八十萬石，他藩可知也。初時天下武職二萬八千餘員，成化中至八萬一千餘員，錦衣衛官八倍之。文職又可知也。

昔太祖閲内藏，慨然謂侍臣曰：「此皆民力所供。蓄積爲天下用，國家無事，封賞之外，宜儉約以省浮費。」

成祖、仁、宣躬慎儉德，國用有餘。至英宗，邊患漸興，用兵南方，疲耗中國，内帑故儲金十窖爲邊備。景泰頗事浮浪，以金荳、金錢擲賜近侍，取其閧笑。英宗居南内，聞之，嘆曰：「累朝之積，其盡乎！」甫復位往觀，則金具存，唯缺一角，旋節他費補之。及成化中，太監梁芳、韋興用事，十窖俱罄。上以責二豎，已而不悦，起曰：「吾不與汝計，後之人必有與汝計者。」蓋指東宫言也。

孝宗初立，馬文昇首疏，言愛民節用必自内廷始，請罷營造，裁冗食，革濫賜，以蘇民困。上躬親庶務，勤於講學，優接下之禮。户部尚書韓文悉心釐畫，滌除成化敝政。是時天下十三布政司、兩直隸府州縣實在官民田土，共四百二十二萬八千頃有奇，户九百一十一萬有奇，丁口五千三百三十三萬有奇，實征夏税、秋糧二千六百六十九萬有奇，自古罕盛焉。

正德逆瑾用事，政由賄成。其後佞幸益雜，增造軍器，加織蘇綺。豹房、僧寺、鎮國、延壽、凝翠、太素之飾，窮極工麗。又遍置皇莊，跨州連邑。於是中原盜起，村落丘墟。自出師，賞犒費太倉銀二百餘萬。而上巡遊無度，不以國事爲意，户口、賦税由此減耗，孝宗之業衰矣。

世宗繼統，天下拭目觀新政。然喜崇道教，宫觀、齋醮，費出無經。重以北備俺答，南拒倭人，時宰貪揞，虚凋日甚。

穆宗即位，問户部：「京帑貯金幾何？足備幾何年？」尚書馬森奏：「太倉見存銀以今數抵算，僅足三月，見存糧支二年。請崇儉約。」復奏：「祖宗舊制，河、淮以南以四百萬供京師，以北八百萬供邊境。一歲之入，可供一歲用。後因邊庭多事，一變有客兵年例，再變有土兵年例，累增至二百三十餘萬。屯田十虧七八，鹽法十折四五，民運十逋二三，悉以年例補之。在各邊，則士馬不加昔，而所費幾倍於先，在太倉，則輸納不益前，而所出幾倍於舊。邊境安得不告急？京師安得不告匱？請乘朝覲廣集衆思，條議經久之策。」報可，乃遣御史分行直省清查糧課。御史亦無所施爲，惟將各省官儲，悉行催解，致天下庫藏空竭，荒饑無備，徒滋搜擾。大學士張居正疏曰：「是國用未充，而元氣已先耗矣。昔漢昭承奢敝之後，與民休息，行之數年，國用遂足。然則與其設法徵求，索之於有限之數以病民，孰若加意省節，取之於自足之中以厚下乎？伏望敦崇儉樸爲天下先，敕吏部慎選守令，牧養小民。以守身端潔、實心愛民者爲考成最，才能幹局爲中，而殿其貪污暴著者，追贓發邊使自行輸。非獨懲貪，亦實邊之一助也。又天下官民服舍俱無限制，外之豪强兼併，賦役虐民；內之宫府造作，侵欺冒破，各部寺在官錢糧漫無稽考。凡此皆耗財病民之大者，亟期釐正。所遣御史，宜令回京。屯鹽之務，但責成撫按。以後唯務清心省事，安静不擾，庶民生可遂而邦本獲寧也。」自居正没後，政歸叢脞。礦税之使四出，風俗日益靡壞，邊兵額增，驕惰不任戰。於是初加遼餉，又加練餉，上下困敝。崇禎末年，爲户部者束手無策，以至於敗。

綜述

《明史》卷八二《食貨志六》 明制，兩京織染，内外皆置局。内局以應上供，外局以備公用。南京有神帛堂、供應機房，蘇、杭等府亦各有織染局，歲造有定數。

洪武時，置四川、山西諸行省，浙江紹興織染局。又置藍靛所於儀真、六合，種青藍以供染事。未幾悉罷。又罷天下有司歲織緞匹。有賞賚，給以絹帛，於後湖置局織造。永樂中，復設歙縣織染局。令陝西織造駝毼。正統時，置泉州織造局。天順四年遣中官往蘇、松、杭、嘉、湖五府，於常額外，增造綵緞七千匹。工部侍郎翁世資請減之，下錦衣獄，謫衡洲知府。增造坐派於此始。孝宗初立，停免蘇、杭、嘉、湖、應天織造。其後復設，乃給中官鹽引，鬻於淮以供費。

正德元年，尚衣監言：「内庫所貯諸色紵絲、紗羅、織金、閃色，蟒龍、斗牛、飛魚、麒麟、獅子通袖、膝襴，並胸背斗牛、飛仙、天鹿，俱天順間所織，欽賞已盡。乞令應天、蘇、杭諸府依式織造。」帝可之。乃造萬七千餘匹。蓋成、弘時，頒賜甚謹。自劉瑾用事，倖璫陳乞漸廣，有未束髮而僭冒章服者，濫賞日增。中官乞鹽引、關鈔無已，監督織造，威劫官吏。至世宗時，其禍未訖。即位未幾，即令中官監織於南京、蘇、杭、陝西。穆宗登極，詔撤中官，已而復遣。

萬曆七年，蘇、松水災，給事中顧九思等請取回織造内臣，帝不聽。大學士張居正力陳年饑民疲，不堪催督，乃許之。未幾復遣中官。居正卒，添織漸多。蘇、杭、松、嘉、湖五府歲造之外，又令浙江、福建，常、鎮、徽、寧、揚、廣德諸府州分造，增萬餘匹。陝西織造羊絨七萬四千有奇，南直、浙江紵絲、紗羅、綾紬、絹帛，山西潞紬，皆視舊制加丈尺。二三年間，費至百萬，取給户、工二部，搜括庫藏，扣留軍國之需。部臣科臣屢争，皆不聽。末年，復令税監兼司，姦弊日滋矣。

明初設南北織染局，南京供應機房，各省直歲造供用，蘇、杭織造，間行間止。自萬曆中，頻數派造，歲至十五萬匹，相沿日久，遂以爲常。陝西織造絨袍，弘、正間偶行，嘉、隆時復遣，亦遂沿爲常例。

燒造之事，在外臨清甎廠，京師琉璃、黑窑廠，皆造甎瓦，以供營繕。宣宗始遣中官張善之饒州，造奉先殿几筵龍鳳文白瓷祭器，磁州造趙府祭器。踰年，善以罪誅，罷其役。正統元年，浮梁民進瓷器五萬餘，償以鈔。禁私造黄、紫、紅、緑、青、藍、白地青花諸瓷器，違者罪死。宫殿告成，命造九龍九鳳膳案諸器，既又造青龍白地花缸。王振以爲有璺，遣錦衣指揮杖提督官，敕中官往督更造。成化間，遣中官之浮梁景德鎮，燒造御用瓷器，最多且久，費不貲。孝宗初，撤回中官，尋復遣。弘治十五年復撤。正德末復遣。

自弘治以來，燒造未完者三十餘萬器。嘉靖初，遣中官督之。給事中陳皋謨言其大爲民害，請罷之。帝不聽。十六年新作七陵祭器。三十七年遣官之江西，造内殿醮壇瓷器三萬，後添設饒州通判，專管御器廠燒造。是時營建最繁，近京及蘇州皆有甎廠。隆慶時，詔江西燒造瓷器十餘萬。萬曆十九年命造十五萬九千，既而復增八萬，至三十八年未畢工。自後役亦漸寢。

《明太宗實録》卷二百五十 〔永樂二〇年八月己亥〕〔八月〕己亥户部尚書郭資言：「天下郡縣所上永樂十七年至十九年實徵之數，分豁本色折色，内存留本處軍衛，有司等倉米九百七十六萬二千三百五十三石有奇，其輸運南北二京及交阯等處倉米一千二百七十七萬一千四百二十石有奇。絲二萬斤，折米二萬石。苧布八萬九千二百八十二疋，折米六萬二千八百四十七石。綿布壹百七萬五千九百七十疋，每疋折米一石。鈔五百七十萬三千一百一十六錠，折米九十五萬五百一十九石有奇。白三梭布五千疋，折米七千五百石。棉花絨六十萬斤，折米六萬石。率未完，宜差官催徵。」皇太子從之。

謝肇淛《五雜俎》卷四《地部二》 古今幅員户口，莫盛於隋之大業，唐之開元。考之《隋書》，户八百九十萬七千五百四十六，口四千六百一萬九千九百五十六。唐開元時，户八百四十一萬二千八百七十一，口四千八百一十四萬三千六百九。二主富盛亦略相當，然盛未幾而禍敗即隨之矣。宋慶曆間，户至一千九十萬四千四百三十四。國朝嘉、隆之時，户共一千一百一十三萬四千，口共五千五百七十八萬三千，而熟夷不與焉，視隋、唐、宋盛時固已過之矣。使東勝不徙，安南不棄，金甌尚無缺也。抱杞人之憂者，能無戒於衣袽乎？

謝肇淛《五雜俎》卷五《人部一》 璇璣玉衡，以齊七政，萬世巧藝之祖，無出歷山老農矣。黄帝之指南車，周公之欹器，其次也。公輸之雲梯，武侯之木牛流馬，又其次也。棘猴玉楮，非不絶人倫，侔化工，幾於淫矣，然亦聰慧天縱，非可以智力學而至者。大約百工技藝，俱有至極，造其極者謂之聖，不可知者謂之神。雖曰無益，不猶愈於飽食終日，無所用心者哉？

北齊胡太后使沙門靈昭造七寶鏡臺，三十六户各有婦人，手各執鎖。才下一關，三十六户一時自閉；若抽此關，諸門皆啓，婦人皆出户前。唐馬登封爲皇后制妝臺，進退開合，皆不須人，巾櫛香粉，次第迭進，見者以爲鬼工，誠絶代之技也。然運機發縱，可以意推，葭琯渾儀，遞相祖述，在能擴而演之耳。元順帝自製宫漏，藏壺匱中，運水上下。匱上設三聖殿，腰立玉女，按時捧籌，二金甲神擊鼓撞鍾，分毫無爽。鍾鼓鳴時，獅鳳在側，飛舞應節。匱兩旁日月宫，宫前飛仙六人，子午之交，仙自耦進，度橋進三聖殿；已，復退立如常。神工巧思，千古一人而已。近代外國琍瑪竇有自鳴鍾，亦其遺意也。

今人語工程之巧者，必曰魯班所造，然魯班之後，世固未乏巧工，而班之製造傳於世者，未數見也。漢之胡寬，丁緩、李菊，唐之毛順，俱載史册。宋時木工喻皓，以工巧蓋一時，爲都料匠，著有《木經》三卷，識者謂宋三百年一人而已。國朝徐杲以木匠起家，官至大司空，其巧侔前代而不動聲色。嘗爲内殿易一棟，審視良久，於外另作一棟。至日斷舊易新，分毫不差，都不聞斧鑿聲也。又魏國公大第傾斜，欲正之，計非數百金不可。徐令人囊沙千餘石置兩旁，而自與主人對飲。酒闌而出，則第已正矣。亦近代之公輸也，以伎倆致位九列，固不偶然。

喻皓最工制塔。在汴起開寶寺塔，極高且精，而頗傾西北，人多惑之。不百年，平正如一。蓋汴地平無山，西北風高，常吹之故也。其精如此。錢氏在杭州建一木塔，方兩三級，登之輒動，匠云：「未瓦上輕，故然。」及瓦布而動如故，匠不知所出，走汴，賂皓之妻，使問之。皓笑曰：「此易耳。但逐層布板訖，便實釘之，必不動矣。」如其言，乃定。皓無子，有女十餘歲，卧則交手於胸，爲結構狀。或云《木經》，女所著也。

國朝徐杲之外，又有蒯義、蒯剛、蔡信、郭文英，俱以木工官至工部侍郎，而能名不甚著。

梓匠輪輿，能與人規矩，不能使人巧。然巧一也，至於窮妙入神，在人自悟。分量有限，即幾希之間，難於登天。若曹元理、趙達算術，再傳之後，漸失玄妙，非不傳也，後人聰明無企及之故也。它如管輅之卜，華佗之醫，郭璞之地，一行之天，積薪之弈，僧繇之畫，莫不皆然。後人失其分數，思議不及，遂加傳會，以爲神授。此政不可知之謂神耳，豈真有鬼神哉？

諸葛武侯在隆中時，客至，屬妻治面，坐未温而面具。侯怪其速，後密覘之，見數木人斫麥運磨如飛，因求其術，演爲木牛流馬云。蓋莊子所謂「不龜手之藥，或以封，或不免於洴澼絖」者也。自武侯有此制，而後世有巧幻之器，如自沸鐺、報時枕之類，皆托之諸葛，有無不可知也。

南齊祖沖之因武侯有木牛流馬，乃造一器，不因風水，施機自運，不勞人力。又造千里船，於新亭江試之，日行百里。及欹器、指南車之屬，皆能製造。此其巧思，孔明之後一人而已。其論鍾律曆法，尤極精辨，而喪亂之世不見施行，惜哉！

唐文宗時有正塔僧，履險若平地，換塔杪一柱，不假人力，傾都奔走，皆以爲神。宋時真定木浮圖十三級，勢尤孤絶，久而中級大柱壞欲傾，衆工不知所爲。有僧懷丙，度短長别作柱，命衆維而上。已而却衆工，以一介自隨，閉户良久，易柱下，不聞斧鑿聲也，亦神矣。國朝姑蘇虎丘寺塔傾側，議欲正之，非萬緡不可。一游僧見之，曰：「無煩也，我能正之。」每日獨携木楔百餘片，閉户而入，但聞丁丁聲。不月餘塔正如初，覓其補綻痕迹，了不可得也。三事極相類，而皆出遊僧，尤奇。

謝肇淛《五雜俎》卷一二《物部四》 《太公筆銘》云：「毫毛茂茂，陷水可脫，陷文不活。」則周初已有筆矣。《衛詩》稱「彤管有煒」，《援神契》「孔子作《孝經》，簪縹筆」，又「絕筆於獲麟」，《莊子》「畫者吮筆和墨」。則謂筆始蒙恬，非也。崔豹《古今注》謂：「恬始作秦筆，以枯木爲管，鹿毛爲柱，羊毛爲被。所謂蒼毫，非兔毫，竹管也。」果爾，則退之《毛穎傳》謂中山人蒙恬賜以湯沐者，亦誤矣。

古人書鳥文小篆，似不用筆亦可，自真草八分興，而筆之權逾重矣。鍾繇、張芝、王右軍皆用鼠須，歐陽通用狸毛爲心，蕭祭酒用胎髮爲柱，張華用鹿毛，嶺南郡牧用人須，陶景行用羊須。鄭虔謂：「麝毛一管可書四十張，狸毛八十張。」又有用豐狐、蝌蛉、龍筋、虎僕及猩猩毛、狼毫、鴨毛、雀雉毛者，恐皆好奇之過，要其純正得宜，剛柔相濟，終不及中山之兔。下此則羊毫耳，然羊毫柔而無鋒，終非上乘。

王右軍嘗嘆江東下濕，兔毛不及中山，然唐、宋推宣城，自元以來，造筆之工即屬吳興，北地作者不敢望也。吳興自兔毫外，有鼠毫、羊毫二種，近乃以兔毫爲柱，羊毫輔之，剛柔適宜，名曰「巨細」，其價直百錢。然行書可用，楷非所宜。草書筆須柔，然過柔無鋒，近墨豬矣。皇象謂草書欲得精毫蒄筆，委曲宛轉不叛散者，非神手不能道此筆中事也。

巨細筆直柔耳，若要楷書，正鋒須是純毫，大約鋒欲其長，管欲其小，頭欲其牢，柱欲其細。吳興作家多不辦此也。

南北異宜，兔毫入北地，一經霜風即脆，故長安多用水筆，然不過宜於傭胥輩耳。今書家賣字爲活者，大率羊毫，不但柔便耐書，亦賤而易置耳。古人退筆成冢，倘有百錢之直，貧士安所辦此？

漢揚子云把三寸弱翰，賣白素三尺，問異語。弱翰，柔毛筆也，故今人相沿，動稱柔翰。然則筆之尚柔，其來久矣。

相傳宣州陳氏世能作筆，有右軍與其祖《求筆帖》藏於家。至唐柳公權求筆，老工先與二管，語其子曰：「柳學士如能書，當留此筆。若退還，可以常筆與之。」既進，柳果以爲不堪用，遂與常筆，乃大稱佳。陳退嘆曰：「古今人不相及，信遠矣！」余謂柳書與王所以異者，剛柔之分耳。右軍用鼠須筆，想當苦勁，非神手不能用也。歐、虞尚用剛筆，蘭臺漸失故步，至魯公、誠懸，雖有筋肉之別，其取態一也，宜其不能用右軍之筆耳。公權又有《謝筆帖》云：「蒙寄筆，出鋒太短，傷於勁硬。所要優柔，出鋒須長，擇毫須細，管不在大，副切須齊。副齊則波撇有憑，管小則運動省力，毛細則點畫無失，鋒長則洪潤自由。」即此數語，公權之用筆可知矣。

筆之所貴者毫中用耳，然古今談咏多及鏤飾。劉婕妤折琉璃筆管，晉武賜張茂先麟角爲管，袁象贈庾廙象牙筆管，南朝筆工鐵頭者能瑩管如玉，湘州守贈李德裕斑竹管，段成式寄温飛卿葫蘆筆管。《西京雜記》：「天子筆管以錯寶爲跗，雜寶爲匣，厠以玉璧、翠羽。」漢末一筆之匣，雕以黃金，飾以和璧，綴以隋珠，文以翡翠。湘東王筆有三等，金玉爲上，銀竹次之。至於王使君以鼠牙刻筆管，作《從軍行》，人馬毛髮、屋宇山川，無不畢具。噫，精則極矣，於筆何與？譬之擇姝者，不觀其貌而惟衣飾之是尚也，惑亦甚矣！

歐陽通，能書者也，猶以象牙、犀角爲筆管，況庸人乎？右軍謂：「人有以琉璃、象牙爲筆管者，麗飾則有之，然筆須輕便，重則躓矣，惟有綠沉、漆竹及鏤管可愛。」余謂筆苟中書，即綠沉、漆鏤亦不必可也。

蔡君謨云：「宣州諸葛高造鼠須及長心筆絕佳，常州許頔所造二品亦不減之。」則君謨尚用鼠須筆也。今吳興作者間用鼠狼毫。臧晉叔以貂鼠令工制之，曾寄餘數枝，圓勁殊甚，然稍覺肥笨，用之亦苦不能自由，政不知右軍、端明所用法度若何耳。

鼠須苦勁，何以中書？陸佃《埤雅》云：「栗鼠蒼黑而小，取其毫於尾，可以制筆，世所謂鼠須栗尾者也，其鋒乃健於兔。」然則實尾而名以須耳。栗鼠若今竹鼬之類，亦非家鼠也。

僞唐宜王從謙喜用宣城諸葛氏筆，名爲翹軒寶帚。君謨所謂諸葛高者，想其子孫也。吳興元時馮應科筆，至與子昂、舜舉擅名三絕，可謂幸矣。今之工者急於射利而不顧敗名，上之取者虧其價值而不擇好醜，故湖筆雖滿天下，而真足當臨池之用者，千百中一二也。

硯則端石尚矣，不但質潤發墨，即其體裁渾素大雅，亦與文館相宜。無論琉璃、金玉靡俗可憎，即龍尾、紅絲見之亦當爽然自失，政似邢夫人衣故衣，時能令尹夫人自痛不如也。

皇象論草書宜得精毫蒄筆，委曲婉轉不叛散者，紙欲滑密不沾污者，墨欲多膠紺黝者。梁竟陵云：「子邑之紙，妍妙輝光；仲將之墨，一點如漆；仲英之筆，窮神盡意。」獨於硯無稱焉。蓋硯視三者稍可緩耳。今人知寶數十百金之硯，而不知精擇紙筆，以觀美則可耳，非求實用者也。子邑，左伯字。仲英，當作伯英，張芝字。考章誕奏魏公書可見。

柳公權論硯，以青州爲第一，絳州次之，殊不及端。今青州所出石即紅絲硯也。唐彦猷亦謂紅絲石爲天下第一，蔡君謨問其故，曰：「墨，黑物也，施於紫石則暖昧不明，在紅黄則色自現，一也。斫墨如漆，石有脂脉，能助墨光，二也。」其言甚辨，然余習於用端，有解有未解耳。

唐李咸用《端溪硯》詩有「着指痕猶濕，經旬水未低。鴝眼工諳謬，羊肝土乍封。捧受同交印，矜持過秉珪」等語。劉夢得《謝人惠端州石硯》詩：「端州石硯人間重。」李賀《青花石硯歌》云：「端州匠者巧如神，露天磨劍割紫雲。」則知唐人原重端硯。朱新仲《猗覺寮雜記》又載柳公權論硯云：「端溪石爲硯至妙，益墨，青紫色者可直千金。」則非不知貴也，難得故耳。

蔡君謨云：「東州可謂多奇石，自紅絲出後，有鵲金黑玉研最爲佳物。新得黄玉硯，正如蒸栗。續又有紫金研，又得褐石黑角石，尤精。向者但知有端岩、龍尾，求之不已，遂極品類。余之所好有異於人乎。」近代莆田參知蔡一槐酷好研石，足迹半天下，凡遇片石佳者，必收行囊中，常有數十百枚。蔡氏可謂世有研癖矣。

端研雖有活眼、死眼之别，然石之有眼，猶人之有斑痣，其貴原不在此。但端石多有眼，以此别其爲端耳。宋高宗謂端研如一段紫玉，瑩潤無瑕乃佳，不必以眼爲貴。余謂石誠佳，即新者自可，亦不必以舊爲貴也。

今之端研，池皆如綫，無受水處，亦無蓄墨瀋處，其旁必置筆池，若大書必置碗盛墨，亦頗不便。間有斗槽者，便爲減價。此但論工拙耳，非擇硯者也。余蓄研多擇有池者，吾取其適用耳，豈以賣研爲事哉？及考宋晁以道藏研必取玉斗樣，每曰：「硯石無池受墨，但可作枕耳。」乃知千古之上，亦有與余同好者。

宋時供御大内，無非端石。航海之難，舟覆於莆之涵頭，禁中之硯盡落民間，然其始人尚未知貴重。其後吴人有知之者，微行以賤直購之，久而漸覺，價遂騰涌，高者直百金，低亦不下一二十金。而莆人耳目既熟，轉市新石，妙加鐫琢，視之宋硯毫髮不殊，散之四方，於是吴人轉爲所欺矣。

銅雀瓦雖奇品，然終燥烈易干，乃其發墨倍於端矣。洮河緑石貞潤堅致，其價在端上，以不易得也。江南李氏有澄泥硯，堅膩如石，其實陶也。有方者六角者，旁刻花鳥甚精，四周有羅箋紋，較之銅雀又爲良矣。

馬肝龍卵，色之正也；月暈星涵，姿之奇也；魚躍雲興，石之怪也；結鄰璧友，名之佳也；稠桑栗岡，地之僻也；金月雲峰，制之巧也；芝生虹飲，器之瑞也；青鐵浮楂，質之詭也；頗黎玉函，用之靡也；磨穴腹窪，業之篤也；盧擲陶碎，道之窮也。

楊雄、桑維翰皆用鐵硯，東魏孝静帝用銅硯，景龍文館用銀硯。今天下官署皆用錫硯，俗陋甚矣。

一日呵得一擔水，才直二錢，廉者之言也，然亦殺風景矣。質潤生水，自是硯之上乘，譬之禾生合穎，麥秀兩岐，可謂多得一石谷，才直一二百錢乎？蕭穎士謂石有三災，當並此爲四也。

韓退之《毛穎傳》，名硯爲陶泓。鄭畋、盧携擲硯相詬，王鐸嘆曰：「不意中書有瓦解之事。」則唐人硯尚多用瓦也。

袁彖贈庾翼以蚌硯，蔣道支取水上浮查爲硯，則硯之不用石，蓋多矣。

古人書之用墨，不過欲其黑而已，故凡烟煤皆可爲也。後世欲其發光，欲其香，又欲其堅，故造作百端，淫巧沓出，價侔金玉，所謂趨其末而忘其本者也。

三代之墨，其法似不可知，然《周書》有涅墨之刑，晉襄有墨縗之制，又古人灼龜，先以墨畫龜，則謂古人皆以漆書者，亦不然也。又云古有黑石，可磨汁而書。然黑石僅出延安，晉陸雲與兄書謂三臺上有藏者，則亦稀奇之物，安得人人而用之。況墨之爲字，從黑從土，其爲煤土所制無疑，但世遠不可考耳。至漢始有隃麋之名，至唐始有松煙之制。然三國時皇象論墨，已有多膠黝黑之説，則謂魏、晉以前皆用漆而不用膠者，亦誤也。至於用珠則自李廷珪始，用腦麝、金箔則自宋張遇始，自此而競爲淫巧矣。按太白詩有「蘭麝疑珍墨」之語，則唐墨已用麝。

李廷珪，唐僖宗時人，其墨在宋時如王平甫、石昌言、秦少游、蔡君謨輩皆有藏者。國朝馬愈《日抄》言，在英國府中曾一見之。今又百五十年矣，大内不可知，人間恐不可復得，即張遇、陳朗、潘谷，皆無存者，以今之墨不下往昔故也。

廷珪自易徙歙，遂爲歙人，則歙墨源流，其來久矣。廷珪弟廷寬，寬子承宴，宴子文用，皆世其業而漸不逮。又有柴珣、朱君德小墨，皆唐末三代知名者。張遇、王迪、葉茂實、潘谷、陳朗、陳惟達、李仲宣，宋墨之良者也。元有朱萬初，純用松煙。國朝方正、羅小華、邵格之，皆擅名一時。近代方於魯始臻其妙，其三十前所作九玄三極，前無古人。最後程君房與爲讎敵，制玄元靈氣以壓之，二家各爭其價，紛挐不定。然君房大駔亡命，不齒倫輩，故士論迄歸方焉。

李廷珪墨每料用真珠三兩，搗十萬杵，故堅如金石。羅小華墨亦用黃金、珍珠雜搗之，水浸數宿不能壞也。羅墨今尚有存者，亦將與金同價矣。宋徽宗以蘇合油搜煙爲墨，雜以百寶，至金章宗購之，每兩直黃金一斤。大墨苟適用，藉金珠何爲？淫巧奓靡，此爲甚矣。今方、程二家墨，上者亦須白金一斤易墨三斤，聞亦有珍珠、麝香云。余同年方承鬱爲歙令，自造青麟髓，價又倍之。近日潘方凱造開天容墨，又倍之，蓋復用黃金矣。然以爲觀美則外視未必佳，以爲適用則亦無以甚異也，此又余之所不解也。

墨太陳則膠氣盡而字不發光，太新則膠氣重而筆多纏滯，惟三五十年後最宜合用。方正墨，今用之已作煤土色矣，不知仲將何以一點如漆。或曰古墨用漆，故堅而亮；今只用膠，故數經霉濕則敗矣。余家藏歙墨之極佳者，携至京師，冬月皆碎裂如礫，而廷珪當時政在易水得名，恐用漆之説不誣耳。

徐常侍得李超墨一挺，長近尺餘，兄弟日書五千字，凡用十年乃盡。宋元嘉墨，每丸作二十萬字。乃知昔墨不獨堅而耐磨，亦挺質長大。羅小華墨雖貴重，每挺皆二兩餘，規者五兩餘。近來方、程墨苦於太小，大僅如指，用之易盡。而青麟髓、開天容尤小，家居無事，每遇乞書狼籍時，不一月輒盡，且亦不便於磨也。

方於魯有《墨譜》，其紋式精巧，細入毫髮，一時傳玩，紙爲涌貴。程君房作《墨苑》以勝之，其末繪《中山狼傳》以詆方之負義。蓋方微時曾受造墨法於程，迨其後也有出藍之譽，而君房坐殺人擬大辟，疑方所爲，故恨之入骨。二家各求海内詞林縉紳爲之游揚，軒輊不一，然論墨品人品，恐程終不勝方耳。

于魯近來所造墨亦不逮前。萬曆戊戌秋，余親至于魯家，令制長大挺，每一挺四兩者，然求昔年九玄三極料已不可得。又十年，于魯死，子孫急於取售，其所制益復不逮矣。大率上人之求取無厭，而市者之賞鑒難得，自非巨富而護名，何苦而居難售之貨？此亦天下之通弊也。

唐陶雅爲歙州刺史，責李超云：「爾近所造墨殊不及吾初至郡時，何也？」對曰：「公初臨郡，歲取墨不過十挺，今數百挺未已，何暇精好爲？」噫，今之守令取墨，豈直數百挺而已耶！

古人養墨以豹皮囊，欲遠其濕。又云宜以漆匣密藏之，欲滋其潤。

今人謂紙始造於蔡倫，非也。西漢《趙飛燕傳》：「篋中有赫蹏書。」應劭云：「薄小紙也。」孟康曰：「染紙令赤而書，若今黃紙也。」則當時已有紙矣。但倫始煮穀皮、麻頭及敝布、魚網搗以成紙，故紙始多耳。

澄心堂紙今尚有存者，然余見之不多，未敢辨其真僞也，宋箋差可辨耳。陳後山云：「澄心堂乃南唐烈祖節度金陵之燕居也，世以爲元宗書殿，誤矣。」蔡端明云：「其物出江南池、歙二郡，今世不復作。蜀箋不耐久，其餘皆非佳品。」宋時去南唐不遠，此紙散落人間尚多，今則絶無而僅有。梅聖俞有詩謝歐公送澄心堂紙云：「江南李氏有國日，百金不許市一枚。當時國破何所有，帑藏空竭生莓苔。但存圖書及此紙，棄置大屋墻角堆。幅狹不堪作詔令，聊備粗使供鸞臺。」可見宋時此紙之多。宋子京作《唐書》，皆以澄心堂紙起草，歐公作《五代史》亦然。而今五百年間，貴如金玉，可爲短氣。

今世苦無佳紙，柬帖腐爛不必言，綿料白紙頗耐，然澀而滯筆。古人筆多砑光，取其不留也。華亭粉箋歲久模糊，愈不可堪。蜀薛濤箋亦澀，然着墨即干，但價太高，尋常豈能多得耶？高麗繭紙膩粉可喜，差易購於薛濤，然歲久則蛀。自此而下，灰者竹者，非胥曹之羔雉，即剞劂之芻狗耳，不意剡溪子孫不振乃爾。

宋之諸帝留心翰墨，故文房所制率皆精品，澄心堂紙之外，蜀有玉版，有貢餘，有經屑，有表光，歙有墨光，有冰翼，有白滑，有凝光，又越中有竹紙，江南有楮皮紙，温州有蠲紙，廣都有竹絲紙，循州有藤紙，常州有雲母紙，又有香皮紙、苔紙、桑皮紙、芨皮紙。蔡君謨言：「績溪、烏田、古田、由拳、惠州紙皆知名。」今試觀宋人書畫，紙無一不佳者，可知其製造之工且多也。

蔡君謨嘗禁所部不得用竹紙，蓋有獄訟未決而案牘已零落者。至於今時，有剛連、連七、毛邊之目，尤極腐爛，入手即碎，而人喜用之者，價直輕爾。毛邊之用，上自奏牘，下至柬帖短札，遍於天下，稍濕即腐，稍藏即蠹，紙中第一劣品，而世用之不改者，光滑便於書也。

印書紙有太史、老連之目，薄而不蛀，然皆竹料也。若印好板書，須用綿料白紙無灰者，閩、浙皆有之，而楚、蜀、滇中綿紙瑩薄，尤宜於收藏也。

作字，高麗、薛濤不可常得矣，綿紙砑光，差宜於筆墨。余在山東爲魯藩作書，内中有香箋數幅，甚貴重之，然亦是毛邊之極厚者，加以香料而打極緊滑，書不留手，甚覺可喜，但未知耐藏否耳。初書行草二幅，俱不當意，最後書《赤壁賦》，計格截然，上下整齊，乃大稱善，尤可笑也。

歐陽率更不擇紙筆，無不如意，而蔡中郎非紈素不下筆。然既能書，亦須自愛重。魏、晉人墨迹，類是第一等褚先生，即宋、元猶然。今人不擇紙而書者多矣，亦由請乞太濫，粗惡競進，却之則重拂其意，易之則責人以難，故往往以了酬應耳。

饒州有鄱陽白，長如一疋絹。元李氏藏古紙，長二丈餘。今世有一種碧紙亦長丈餘，不知何處所造，甚爲巨麗，但爛澀不中書耳。

紙須白而厚，堅而滑，筆須健而圓，長而輕，墨須黑而有光，硯須寬而發墨。置之明窗净几，時書一二段《文選》、小説，亦人間至樂也。

陶器，柴窑最古，今人得其碎片，亦與金翠同價矣。蓋色既鮮碧而質復瑩薄，可以妝飾玩具，而成器者杳不可復見矣。世傳柴世宗時燒造，所司請其色，御批云：「雨過青天雲破處，這般顔色做將來。」然唐時已有秘色，陸龜蒙詩：「九天風露越窑開，奪得千峰秘色來。」惜今人無見之耳。余謂洛中人有掘得漢、唐時墓者，其中多有陶器，色但净白而形質甚粗，蓋至宋而後，其制始精也。柴窑之外，有定、汝、官、哥四種，皆宋器也。流傳至今者，惟哥窑稍易得，蓋其質厚，頗耐藏耳。定、汝白如玉，難於完璧，而宋時宫中所用率銅鈐其口，以是損價。

今龍泉窑世不復重，惟饒州景德鎮所造遍行天下。每歲内府頒一式度，紀年號於下。然惟宣德款制最精，距迄百五十年，其價幾與宋器埒矣。嘉靖次之，成化又次之。世宗末年所造金籙大醮壇用者，又其次也。

宣窑不獨款式端正，色澤細潤，即其字畫亦皆精絶。余見御用一茶盞，乃畫「輕羅小扇撲流螢」者，其人物毫發具備，儼然一幅李思訓畫也。外一皮函，亦作盞樣盛之，小銅屈戌、小鎖尤精，蓋人間所藏宣窑又不及也。

蔡君謨云：「茶色白，故宜於黑盞，以建安所造者爲上。」此説余殊不解。茶色自宜帶緑，豈有純白者？即以白茶注之黑盞，亦渾然一色耳，何由辨其濃淡？今景德鎮所造小壇盞，仿大醮壇爲之者，白而堅厚，最宜注茶。建安黑窑間有藏者，時作紅碧色，但免俗爾，未當於用也。

今俗語窑器謂之磁器者，蓋河南磁州窑最多，故相沿名之，如銀稱朱提，墨稱隃麋之類也。

景德鎮所造常有窑變，云不依造式，忽爲變成，或現魚形，或浮果影。傳聞初開窑時，必用童男女各一人，活取其血祭之，故精氣所結，凝爲怪耳。近來禁不用人祭，故無復窑變。一云恐禁中得知不時宣索，人多碎之。

茶注，君謨欲以黄金爲之，此爲進御言耳。人間文房中，即銀者亦覺俗，且

誨盜矣。嶺南錫至佳，而制多不典。吴中造者，紫檀爲柄，圓玉爲紐，置几案間，足稱大雅。宜興時大彬所制瓦瓶，一時傳尚，價遂踊貴，吾亦不知其解也。

范蜀公與温公游嵩山，以黑木合盛茶，温公見之驚曰：「景仁乃有茶具耶？」夫一木合盛茶，何損清介而至驚駭，宋人腐爛乃爾。

昔人云：「凡銅物入土千年而青，入水千年而緑。」在人間者紫褐而朱斑，其色有蠟茶者，有漆黑者。」然古墓中鏡，硃砂、青緑皆有，不必入水也。古人棺内多灌水銀，遂有「水銀古」者，然亦視其款制何如耳，未必古者盡佳也。

古玉器物亦有紅如血者，謂之「血古」，又謂之「屍古」，蓋冢中爲血肉所蝕也。又有「黑漆古」，有「渠古」，有「甎古」。然古人比德於玉，但取其温潤色澤及當於用耳，今乃必以古色爲佳，此俗見之不可解者也。

玉惟黄紅二色難得，其餘世間皆有之，即羊脂玉亦常見也。

唐太宗賜房玄齡黄銀帶，欲賜如晦，時如晦已死，帝泣曰：「世傳黄銀，鬼神畏之。」更取金帶送其家。則黄銀非金明矣。《漢武帝紀》：「收銀錫造白金。」則白金非銀亦明矣。

龍珠在頷，鮫珠在皮，蛇珠在口，鱉珠在足，魚珠在目，蚌珠在腹。又蜘蛛、蜈蚣極大者皆有珠，故多爲雷震者，龍取其珠也。凡珠龍爲上，蚌次之，今海南所出者皆蚌珠也。海中諸物，蜃蛤、蜆蠣之屬皆有珠，但不恒有耳。萬曆初，吾郡連江人剖蛤得珠，不識也，烹之，珠在釜中跳躍不定，火光燭天，鄰里驚而救之。問知其故，啓視，已半枯矣，徑一寸許。此真夜光、明月之質也，而厄於俗子，悲夫！

魏惠王徑寸之珠，前後照車各十二乘者十枚。隋煬帝殿内房中不然膏火，懸大珠一百二十以照之。江南寵姬宫中每夜綴大珠十數，照耀如同白日。張説路九公主夜明簾。古人不貴異物，而珍寶充牣若此。今時隋珠、趙璧，毋論民間，即天府亦不可多得也。蓋經一番兵火便消耗一番，而金、元之變，中國之物輦入夷狄者，又不知其數也。漢梁孝王薨，庫中黄金至四十萬斤，今之禁中有是乎？糜竺助先主黄金十萬斤，今之富室有是乎？

今世之所寶者，有猫兒眼、祖母緑、顛不剌、蜜臘、金鴉、鶻石、蠟子等類，然皆鑲嵌首飾之用，惟琥珀、瑪瑙盛行於時，皆滇中産也。犀則多矣，而通天、臥魚、辟水、駭鷄皆未之見也。祖母緑云是金翅鳥所成，出回回國，有紅刺，一顆重一兩以上即值錢千緡，然亦不可多得。滇中又有緬鈴，大如龍眼核，得熱氣則自

動不休。緬甸男子嵌之於勢，以佐房中之術。惟殺緬夷時活取之者良，其市之中國者皆僞也。彼中名曰太極丸，官屬饋遺，公然見之箋牒矣。

昔人謂松脂墮地千年爲琥珀，又云是楓木之精液多年所化，恐皆未必然。中國松、楓二木不乏，何處得有琥珀？而夷中産琥珀者，豈皆松嶺楓林之下乎？此自是天地所生一種珍寶。即他物所變化，孰得而見之？又如水晶，云千年老冰所化，果爾則宜出於北方沍寒之地，而南方無冰，却有水精，可知其説之無稽矣。琥珀，血珀爲上，金珀次之，蠟珀最下。人以拾芥辯其真僞，非也。僞者傅之以藥，其拾更捷。

邵廷采《思復堂文集》卷九《鹽法略》 錢，取之山者也。鹽，取之澤者也。山、澤通氣，錢、鹽表裏，故齊桓有官府之利，漢帝置鹽鐵之官。

天一生水，潤下作鹹，而鹽出矣。鹽生於水而能生物，一日不食鹽則不下實。

其成之也以火。有曝鹽焉，日火之尤烈者也。水溢則患無鹽，母之壯者子不蕃。

銅，金也；其母，土也。坤爲土，寄於艮，是生金。故銅多在山，母不姤與。不得火不成，鎔而後成質，天地之美具焉。是物也，饑不可以爲食，然而化居通貨，利溥矣。

聖人制爲鹽以佐民之食，而用在焉；制爲錢以佐民之用，而食亦在焉。其佐之者也，非主之者也。主之者曰穀，得五行之尅而生，食之，則仁壽而康寧。

聖人無事不惠民也，曷有鹽鐵之禁？利不可散在下也。散在下，則民争；轄在上，則民寧。聖人之治鹽鐵也，非私其利於己也，以寧民而衣食之也。

善鹽者，其劉晏乎？商受鹽，任其所之而不問也，悉奏罷諸道榷鹽錢。去鹽鄉遠者，轉官鹽於所在貯之；值商之絶，減價以糶，利歸官而民不知貴，名曰常平鹽。晏之初年，鹽利歲四十萬緡，季年乃六百餘萬緡，世不以聚斂之名尤晏。其智優也，有恤民之心。

鹽院之設，第五琦始也。禁粥私鹽也，東郭咸陽、孔僅始也。自賢良文學數十人對策，不能奪御史大夫之議，而鹽禁遂與古今終始矣。雖以孝昭、霍光爲主臣，與民休息，而不改父之臣與父之政也，勢也。

鹽之品有四：刮於地而得，其味苦，謂之苦鹽；熬其波而出，其質散，謂之散鹽；風其水而成，其味甘，謂之飴鹽；有積鹵而結形似虎，築於人，謂之形鹽。祭祀之加用苦鹽，賓客之加用形鹽，王后、世子之膳羞用飴鹽。形鹽與菖歜同用，其用尊矣。

鹽之有開中也，邊政之大者也。以鹽爲穀矣，屯於邊而輸穀，民不能也，而商又樂之。商之大者耦數百人，小亦數十人，車、馬、牛、器械稱是，皆足以資戰守也。其扞邊也，扞其身家。千商之在邊，率數萬人不費糧，爲天子守御焉。葉淇變爲改折，是鹽而已矣，明成化中始也。葉淇，長户部者也。

牢盆之制有二：一曰鐵盆，一曰竹盆。鐵盆之鹽常不及竹盆，甘苦異焉。木曲直作酸，酸之轉也爲甘；金從革作辛，辛之轉也爲苦。其要歸於鹹，水不變也。

利不可使不在商，利不可使獨在商。私販横，則利不在商，引之阻也上受之，故禁强徒，不禁老少。老少，天民之無告者也，瓷其所取而力微，弛以惠焉。若是者，不可使獨在商。

以鹽課均入兩税中，輸官而弛禁，周世宗之仁也。河北之人請之，世宗許之，故宋初河北不榷鹽。慶曆中，張方平引其事以告仁宗也。時余靖亦言：「臣嘗痛幽、薊之地，入契丹幾百年，而民無南顧心者，以契丹之法簡易，鹽麴俱賤，科條不煩故也。今榷之，鹽必騾騰，民怨矣。」其後章惇領三司而榷鹽，遂爲河北患。蘇軾争之不得也。

蘇軾言：「臣在餘杭時，見兩浙以鹽獲罪者，歲至萬七千人。盜販以兵仗護送，率數百人爲羣，吏士不敢近。今東北之人悍於淮、浙，一旦榷鹽，恐禍未涯。然則强徒亦何可强禁乎？」

解州有二池，廣袤數十里，得南風水化而鹽熟，名曰顆鹽，《周官》所謂盬鹽也。宋世，令商人運解鹽於陝西沿邊，而禁民食蕃部青鹽，重邊防也。商運則價廉，青鹽之禁行小人，知其一也。請改爲官粥，民冒法與蕃市矣，徒使青鹽得行而以爲彼利也，防自此弛矣。

皇親、王府及内臣奏討之弊，未有如明世者也，憲、孝、武三朝其甚者也。奏討莊田，而民病矣；奏討鹽窩，而商病矣。鹽窩者，一名賈窩，中商處之以屯於邊。招遊民，墾荒土，築墩臺，立保伍，皆商財也。其令甲始於永樂，迄天順、成化間，三邊粟石直銀纔二錢，邊儲大盈。自勳戚權倖占窩，商人藉手中納，費多而利分，屯之氣怠矣。葉淇，乘怠氣者也，壞法則貴近始也。

孝宗納李東陽之説，禁占窩，敕巡撫、糧儲官毋阿徇。正德改元，遂大放決。

有貧竈之困，有商人之困。有小商之困，有食户之困。有竈户之餘鹽，有總催之私鹽。

隆冬汲海，酷暑熬盆，墨面灰頭，人形盡變，窮窑半菽，無復生氣。此貧竈之困也。

洪武中每引納銀八分。永樂中，每引輸邊粟二斗五升。自罷邊屯，每引納銀三錢五分，累增至八錢五分，並餘費約用銀二兩有奇。法一引鹽二百五十觔，賄場官，私加至三百觔。其後納銀於官，聽買竈户餘鹽，通五百五十觔。嘉靖末，復嚴夾帶、割没之令，歲上割没課銀，多至百萬。此商人之困也。

商力不能遍致，小賈買引代行，至批驗所，鹽院不以時掣，必俟商舟齊至，有守半年不得掣者。輕重不如册，以盗販夾帶論。此小商之困也。

初年，命運司以掣下餘鹽，分給州縣人户，計口納鈔。其後鹽不復給，鈔仍不蠲。又行鹽之方，去鹽鄉或千百里水陸回遠，勢不能待官鹽後食。而官司所在徼察，必責食其逮而價重者，不聽食其近而價輕者。山谷貧敝之區，有數月無鹽以爲常。此食户之困也。

竈，田於鹽者也。給之鹵地與草場，猶口分、世業也。令甲以官鈔收餘鹽，比之農夫辛苦餘粒，今禁其餘鹽使不得賣，則有窮而死爾。總催之氣力足以役諸竈，諸竈，總催之家傭而已矣。場蕩歸其兼併，鹽課爲其乾没，總催饒厚，甚有羅窮竈之餘鹽爲己鹽而罔利。故近場私鹽，多出總催。窮竈之餘鹽，乃以私鹽抑之；總催之私鹽，公與官鹽賣之。非恤貧弱、鋤豪姦義也。必弛竈户餘鹽之禁，嚴總催私鹽之禁，則出鹽之地清矣。

至若商人之私鹽，其弊也何？商中鹽者也，販私鹽者即商也。自鹽院、自運司以至於場官，皆督鹽官也，縱私鹽者即官也。官之取於商者厚，則商不得不販私鹽；上之責於官者以羡餘，則官不得不縱私鹽。官與商交，以私籠受，而法不得行矣。故峻法不如省官，省官不如省心。

省官則省吏矣，省心則省利矣，省利則天下之利出矣。故曰：利之權不可不在上也，利之心不可或在上也。

嚴私鹽之罰，自富商始；救窮商之敝，亦自禁富商私鹽始。蓋富商與窮商，其勢常相低昂。富商行賂場官，鹽多溢額。入江又買私鹽而行，所過輒賂關津，不照引截角，往復再三，以前引影射。私鹽行，則額鹽愈壅，而窮商困。此所謂商人之私鹽也。

弘治初，鹽法阻壞，敕刑部郎彭韶往兩淮清理。還奏，繪瀕海窮民淋煎、負戴、折閲、朋償之苦，各爲圖詩以獻。時祭酒章懋亦疏鹽弊五端，末言：「游手無賴，什伍爲羣，以小舟載私鹽，多置篙楫，沿江上下而强賣之。伺間椎劫，跳身疾掉，瞬息不可跡。唐末之王仙芝、黄巢，元末之張士誠皆出鹽徒，願敕巡江，嚴固江防。」嘉靖初，尚書梁材、詹事霍韜、主事李夢陽等具言：「兩淮鹽課，歲辦小引七十萬有奇。除正額外，産鹽猶餘三百萬有奇。今正額不得多取，餘鹽又不得私賣，則此三百萬鹽將安所洩？此爲官自蔽其耳目，徒令私鹽横溢而國恩不下逮也。且淮鹽之行，西達荆、湖、郥、鄧，東盡海壖。地方數千里，丁口億百萬，獨仰給七十萬引之鹽，果足食乎？法愈嚴則利愈大，民見利不見法。淮安豪猾數千室，並海負險，多招亡命，專販私鹽。良兵勁弩，高檣大舶，千萬爲伍。行則鳥飛，至則狼踞。官司熟視，莫敢誰何。此横不除，必貽大患。今淮安官兵受利而護之出境矣，山東官兵且就之丐鹽充食矣。形兆既萌，可不爲寒心哉？」按有明諸臣之言，通國體，究時變，本爲鹽發，不止於鹽，即以當賈、董之疏對可也。

邵廷采《思復堂文集》卷九《錢幣略》　《洪範》八政，一曰食，二曰貨。貨以懋遷有無，而錢爲重。穀猶可以升斗離也，布不可以寸尺而裂也，故言專用布穀者，闊矣。井田封建之世，民不遠徙，農人可用布穀。若商旅，必變輕貨，是以九府圜法不可廢也。

錢之爲制也，外圓函方，文鐫年號，其兼天、地、君三者之道乎？然常有壅而不行：輕重失宜，司市不爲平物價，壅一矣。錢自上流，不能反歸於上，民以此輸課，官弗收也，壅二矣。方行而銅匱，寶源、寶泉之出不可繼，以乏而輒成，壅三矣。上收私鑄，京局之制錢，不能即布，小民朝夕望食，則以私鑄錢三，當京錢一，尚不肯受，而食貨交，壅四矣。

有古人權以濟時不可式者，昭烈之直百錢是也。六朝之荇葉、鵝眼、綖環，薄小濫惡，隨出隨壞，此衰運亡足論矣。若夫吴濞之即山鑄錢，是天子與諸侯共操柄也。鄧通以鑄錢財過王公，與嬖臣共操柄也。錢，無用器也，而可以易富貴。故人主之操柄不可共，漢二賈之言至矣。

其出銅也當奈何？禹鑄歷山、湯鑄莊山之金，皆自山出之者也。顧獨不見葉宗留之事乎？齊太公、桓公煮海鑄山，豪民大俠，私暱中貴，莫敢與焉。明萬曆之礦使，生厲階也。

聚數萬人於空山而出銅，可虞也；聚數萬人於海壖而作鹽，可虞也；聚數十萬人於河、淮之衝而築堤，可虞也。利百而害一，明者不爲。

聖主知其然也，故陶匏以爲器，不用金銀銅飾，則民無敢僭矣。從薄葬，不以錢幣納壙，民無敢濫矣。屏棄老、佛之教，更像爲主，或斵木、摶土，去金，民不以無用毀有用矣。三者非爲錢謀也，錢之源裕於此矣。

後世巧僞滋萌也。諸鈔關以銅觔解京者，就京採買省運，京師遂有銷錢爲銅規利者。本欲益錢，反以耗錢。誠責督撫驗明起解，而五城巡坊，察銷錢之奸民，痛其罰，使銅必自外省輸京師，而銅裕十五矣。

劉秩言，銅以爲兵，不如錢，以爲器，不如漆，宜令民間銅器一切禁絶，悉送舊器應毀者詣官，稍厚其直收之，銅裕十八矣。周世宗言：「銅像豈所謂佛，無以毀佛爲疑。」此亦裕銅之一端也。

其鑄之也不惜銅，不愛工，仿漢五銖、唐「開元通寶」之制，則輕重均而可久行。

其致遠也實難。唐憲宗時，商賈至京師，委錢諸路進奏院及諸軍使家，而輕裝走四方，合券取償，名曰「飛錢」。宋時，蜀人患鐵錢重，不便遠賫，使爲券貿易，謂之「交子」。後貲衰不能償負，蜀以多訟。官爲交子務，私造者禁，而交楮始屬官，即唐飛錢之制。然非積錢爲本，固不能以自行也。紹興初造關子，召商入中以給軍。而商人執關子詣榷貨務請錢，止日輸三分之一，道路嗟怨。至元人用鈔而法愈敝，此錢之窮也。錢爲母，鈔爲子則行，鈔爲母，錢爲子則不行。

錢尚有窮，而況鈔乎！明洪武初用鈔，鈔爲主而佐以錢，收受艱滯，終廢不行。而天下皆用白金，國家經賦獨受花文銀，並錢法亦且輕矣。銀，實也；鈔，虚也。質虚不如質實。銀，約也；錢，奢也。操約易於操奢。至於銀錢並用，上下遠近齊同，以致百物，以並輕任，聖人復起不能易矣。

錢銀各有得失，略相等焉。銅性融液，月鑠歲化，此錢之失也。鑱白金而用之，易耗而難復，銷白金而鎔之，易淆而難行，此銀之失也。二者散之則流通，藏之皆無用。梁臺城之圍，以銀錢易布穀，不得矣；隋東都之圍，至以布易穀，亦不得矣。聖人去食而存信，則本計也。

隆慶初，侍郎譚綸陳言：「足國富民，必重布帛菽粟而賤銀；欲賤銀，必行錢法以濟銀之不及。夫錢，泉也，謂其流行而不息。今惟欲布之下，而不聽輸之上，故其權在市井而不在朝廷。又識以紀年，亦有壅而不通之患。請歲出工銀一百二十萬發兩京、各省開局設官，專督其事。所鑄錢，即以備明年官軍俸糧兼支折色之用。每制錢十文直銀一分，俱以國號通寶爲識，期可行萬世。從前制錢及先代錢，悉從民便。新錢盛行，舊錢自止。又令民得以錢輸官，如税糧起運折色，文銀六，錢四。存留折色，及官軍俸糧、罪贖紙錢，俱從中半取錢。如此，則百姓皆以錢爲便，雖欲强其用銀，不可矣。」從之。萬曆初行天下直省，一體開局鼓鑄，與在所舊錢兼行。且嚴私鑄之禁，頒錢式，每百文重十有三兩，每文錢有三分。擇銅必精，選工必良，輪郭周正，文字深明，使私鑄者無利，不禁而自止。於是民間鼓舞争用錢，銀入錢出，銀出錢入，銀錢互相子母，上下交爲灌輸。明世錢政之善，萬曆稱最焉。

漢武帝始鑄白金。時征伐四出，工作煩浩，議更錢幣以贍用，而禁苑有白鹿，少府多銀錫。於是有司言：「古者皮幣，諸侯以聘享。而金有三等，黄金爲上，白金爲中，赤金爲下。今半兩錢法重四銖，而姦或盜磨錢裏取鎔，錢轉薄而物貴，遠方用幣煩費不省。請以白鹿皮方尺，緣以藻繢，爲皮幣，直四十萬。王侯宗室朝覲，必以皮幣薦璧。」又造銀錫爲白金。以爲天用莫如龍，地用莫如馬，人用莫如龜，故白金三品：一曰白選，重八兩，圜之，其文龍，直三千；二曰重差小，方之，其文馬，直五百；三曰復小，撱音妥之，其文龜，直三百。令縣官銷半兩錢，更鑄三銖錢。盜鑄諸金錢罪皆死，而盜鑄白金者不可勝數。又以三銖輕，易姦詐，乃更鑄五銖錢，周郭其下，令不可磨取鎔焉。自造白金五銖錢後五歲，赦吏民之坐盜鑄金錢死者數十萬人。

議革鼓鑄錢法始自貢禹。元帝時，禹言：「古者不以金錢爲幣。今漢鑄錢，及諸鐵官攻山取銅鐵，一歲功十萬人。以上中農食七人計之，是七十萬人常受其饑也。鑿地數百丈，銷陰氣之精，地藏空虚，不能含氣出雲，水旱之災未必不由此。自五銖錢起以來，民坐盜鑄被刑者衆，而富人積錢滿室，猶無厭足。商賈各用巧智，東西南北，冀什二之利，而不出租税。農人捽草把土，已奉穀租，又出豪税。故民棄本逐末，雖賜之田猶賤賣以賈，窮則起爲盜賊。何者？末利深而惑於錢也。宜罷採珠玉金銀鑄錢之官，亡復以爲幣，勿販賣。租税禄賜，皆用布帛穀，使百姓一意於農桑便。」議者以爲，交易待錢後通，禹雖志古近本，然膠而難行。魏黄初二年，採禹議，罷五銖，以穀帛爲市。至時帝時錢廢，而民競濕穀以充貨，作薄絹以抵貴，嚴刑不能禁。本重穀帛，適以輕之，乃更立五銖。漢之五銖，晉世猶用之也。

邵廷采《思復堂文集》卷九《關市略》 使天下無甚貧甚富之民者，井地之均也；使天下無甚貴甚賤之貨者，關市之平也。自井制湮，民去一富矣；關市苛，民又去一富矣。迨富民盡，而貧民亦并盡，天下事尚忍言哉？

夫自有生民，其不能不趨於兼併者，勢也。雖以聖人爲之君相，無可如何。在上者封建併於郡縣，在下者八家之世業併於豪强，雖皆上之失道致然，然而此固自然之理也。故封建非聖人意，當此之時，其勢不得不分。郡縣亦豈秦意？當此之時，其勢不得不合。孟子曰：「天下定於一。」此時封建未盡亡，已知天下之不歸於郡縣而不止矣。然郡縣之利，不能復公之爲列國；豪强之利，有時還散之於貧民。以其地近體親，緩急資賴。故明王常養富民有餘之力以及貧民，此政之平也。

《易》曰：「重門擊柝，以待暴客。」古之爲關者如是止耳。聚天下之民，致天下之貨，交易而退，古之爲市者如是止耳。固未嘗設一格以困商也。或稍示抑末之權，則如漢初禁市井子孫無得仕宦爲吏。迨其末世，禁網愈煩，征商彌甚，而所謂抑末之意則無矣。自開西邸賣官，沿而行之，謂之事例。爲吏者多市井子孫，以故富商驕侈，氣陵公卿。非平日果周於德，鮮不爲邪世所亂。而稽古考文之下，亦遂沾沾焉轉有市心，是朝而市、士而商也，庸獨咎商人兼併農人乎？

夫取民秕政，莫刻於元封之告緡，莫陋於貞元之白望。若事例之開，則避告緡之名，用告緡之實。直令天下斗粟尺帛，皆聚於人主之内府；驅一世農民學士，羣習爲商賈之行。吾見貧民賤而富商皆貴，貧商空而富商亦空。欲民之不窮而盜，人心稍知有耻而不爲者，決無此也。是以氣節盡，則荀彧、賈詡之徒出矣；風俗狂，則夷甫、平叔之誕崇矣。此古今升降之機，雖不盡由關市，而關市亦揚波餔糟之一端也。

昔唐天后時，鳳閣舍人崔融有言：「税市則人散，税關則暴興。關市不安，天下之人心摇。故以秦政之雄圖，捨而不用；漢武之伯略，棄而勿取。」彼誠審於大勢，不欲禁末流、規細利也。然則今之制關市而資國課，使貨無甚貴甚賤之憂則奈何？曰：師古者懋遷有無，而參以唐劉晏之術，周知四方物價，而制食貨輕重之權，無多設官峻法，以滋紛擾，庶幾猶三代養民遺意也哉！夫晏之才非軌於道，要亦救將之良吏也。若乃賤買貴賣，人主自爲商賈而牟利；放錢收息，人主自爲豪强以貧民：是武帝之所悔，而章惇、蔡京之爭於護法，以取靖康之禍者也。奈何而不鑒於此也！

法式善《陶廬雜録》卷一　順治元年行鹽七十一萬九千五百五十引，徵課銀一十五萬八千九百七十三兩有奇，鑄錢七千一百六十六萬三千九百有奇。二年行鹽一百七十一萬六千六百二十五引，徵課銀五十六萬三千三百十兩六錢有奇，鑄錢四萬四千三百七十五萬一千七百六十有奇。順治八年十二月，舊鑄銅錢二十一萬三千三百七十有奇，鈔一十二萬八千一百七十二貫四百七十有奇。九年舊鑄銅錢二十萬一千二百一十有奇，鈔一十二萬八千一百七十二貫四百七十有奇。十七年舊鑄銅錢二千萬一千二百一十有奇，鈔一十二萬八千一百七十二貫四百七十有奇。

康熙元年人丁户口一千九百二十萬三千二百三十三，田地山蕩畦地五百三十一萬一千三百八十八頃一十四畝，徵銀二千五百七十六萬九千三百八十七兩有奇，米豆麥六百一十二萬一千六百一十三石五斗有奇，草二百二十六萬五千七百三十四束，茶一十五萬七千九百二十八引，行鹽四百二十萬四千五百九十八引，徵課銀二百七十三萬三千五百七十八兩六錢，鑄錢二萬九千七百八十九萬六千三百八十有奇。

雍正元年人丁户口二千五百三十二萬六千三百七，又永不加賦，滋生人丁四十萬八千五百五十七，田地山蕩畦地八百九十萬一千八百七十九頃六十二畝有奇，徵銀三千二十二萬三千九百四十三兩有奇，米豆麥四百一十二萬八千六百五十七石有奇，草四百八十二萬七千八百六十一束，茶四十九萬五千六百三十引，行鹽五百二萬四千一百三十八引，徵課銀四百二十六萬一千九百三十三兩有奇，鑄錢四十九萬九千二百有奇。

【略】國朝天下民數一千六十三萬，迄今一百四十餘年以來，已增至二萬七八千萬，幾至二十倍之多，承平日久，休養生息，户口日益繁滋，用穀既多，其價安能不日加昂貴耶。

乾隆五十八年十一月戊午諭：朕恭閲聖祖仁皇帝實録，康熙四十九年民數二千三百三十一萬二千二百餘名口，因查上年各省奏報民數，共三萬七百四十六萬七千二百餘名口，較之康熙年間，計增十五倍有奇。我國家承天眷佑，百餘年太平天下，化澤涵濡，休養生息，承平日久，版籍益增，天下户口之數，視昔多至十餘倍。以一人耕種而供十數人之食，蓋藏已不能如前充裕。且民户既日益繁多，則廬舍所占田土，不啻倍蓰，生之者寡，食之者衆，於閭閻生計，誠有關係。若再因歲事屢豐，粒米狼戾，民情遊惰，田畝荒蕪，勢必至日食不繼，益形拮據，朕甚憂之。猶幸朕臨御以來，闢土開疆，幅員日廓，小民皆得開墾邊外地土，藉以暫謀口食。然爲之計及久遠，總須野無曠土，家有贏糧，方可户慶盈寧，收耕九餘三之效。各省督撫及有牧民之職者，務當隨時勸諭，剴切化導，俾皆儉樸成風，服勤稼穡，惜物力而盡地利，共享昇平之福，毋得相競奢靡，習於怠惰，用副朕愛養黎元，諄諄教戒至意，將此通諭知之。

乾隆六十年各省通共大小男婦二萬九千六百九十六萬八千九百六十八名口。

自康熙年間起，至乾隆三十九年止，户部銀庫每年積存銀數，按年查明進呈，至康熙年間檔册霉爛不全，未能按年開載。康熙六年實在銀二百四十八萬八千四百九十二兩，十一年實在銀一千八百九萬六千八百五十兩，十二年實在銀二千一百三十五萬八千六兩，十六年實在銀五百三十萬七千二百十六兩，十七年實在銀三百三十三萬九千九百二十兩，二十五年實在銀二千六百五萬二千七百三十五兩，二十六年實在銀二千八百九十六萬四千四百九十九兩，三十年實在銀三千一百八十四萬九千七百一十九兩，三十一年實在銀三千四百二十五萬五千二百八十五兩，三十二年實在銀二千七百六十萬六百六十三兩，三十三年實在銀四千一百萬七千七百九十兩，三十四年實在銀四千二百二十六萬三千五百一十六兩，三十五年實在銀四千二百六十二萬八千九百八十九兩，三十六年實在銀四千六十三萬九千九百二十兩，三十七年實在銀四千五十四萬二千九百六十六兩，四十二年實在銀三千八百三十六萬八千一百五兩，四十三年實在銀三千九百九十八萬五千三百六兩，四十七年實在銀四千七百十八萬四千七百八十八兩，四十八年實在銀四千三百七十六萬七千九十四兩，四十九年實在銀四千五百八十八萬一千七十二兩，五十二年實在銀四千三百九萬四千一百三十九兩，五十三年實在銀四千七十三萬四千八百二十五兩，五十七年實在銀四千四百三十一萬九千三十三兩，五十八年實在銀四千七百三十六萬八千六百四十五兩，五十九年實在銀三千九百三十二萬七千一百三兩，六十年實在銀三千二百六十二萬二千四百二十一兩。雍正元年實在銀二千三百七十一萬一千九百二十兩，二年實在銀三千一百六十二萬七千六百八兩，三年實在銀四千四十三萬四千七百四十四兩，四年實在銀四千七百四十萬九千七百八十兩，五年實在銀五千五百二十五萬二千九百三十三兩，六年實在銀五千八百二十三萬五千七百八十兩，七年實在銀六千二十四萬八千七百四十七兩，八年實在銀六千二百十八萬三千三百四十九兩，九年實在銀五千三十七萬三千九百五十三兩，十年實在銀四千四百三十九萬二千八百四十八兩，十一年實在銀三千七百九十三萬三千七百四十三兩，十二年實在銀三千二百五十萬三千四百二十八兩，十三年實在銀三千四百五十三萬四百八十五兩。乾隆元年實在銀三千三百九十五萬九千六百二十四兩，二年實在銀三千四百三十八萬五千一百三十八兩，三年實在銀三千四百八十五萬八千四百七十八兩，四年實在銀三千二百五十八萬二千九百七十六兩，五年實在銀三千四十八萬五千八百七十六兩，六年實在銀三千一百四十六萬三千五百三十九兩，七年實在銀三千二百七十四萬六千七百五十二兩，八年實在銀二千九百十二萬一千一百四兩，九年實在銀三千一百九十萬二千五百十八兩，十年實在銀三千三百十七萬六百五十五兩，十一年實在銀三千四百六十三萬三千一百七十七兩，十二年實在銀三千二百三十六萬三千四百四兩，十三年實在銀二千七百四十六萬三千六百四十五兩，十四年實在銀二千八百七萬三千四十三兩，十五年實在銀三千七十九萬六千一百七十七兩，十六年實在銀三千二百四十九萬三千七百八十六兩，十七年實在銀三千八百六十三萬二百八十七兩，十八年實在銀三千九百八十七萬三百九十四兩，十九年實在銀三千七百六十萬五千四百二十二兩，二十年實在銀四千二百九十九萬七千四十八兩，二十一年實在銀四千三百二十二萬二千三十兩，二十二年實在銀四千十五萬二千二百五十四兩，二十三年實在銀三千六百三十八萬八百九兩，二十四年實在銀三千六百七十三萬二千六百六十五兩，二十五年實在銀三千五百四十九萬六千九百二兩，二十六年實在銀三千六百六十三萬八千五百七十二兩，二十七年實在銀四千一百九十二萬七千九百二十四兩，二十八年實在銀四千七百六萬三千六百十兩，二十九年實在銀五千四百二十七萬三千八百十四兩，三十年實在銀六千三十三萬六千三百七十五兩，三十一年實在銀六千六百六十一萬三千一百二十七兩，三十二年實在銀六千六百五十萬一千五十二兩，三十三年實在銀七千一百八十二萬三千八百八十八兩，三十四年實在銀七千六百二十二萬二千八百七十七兩，三十五年實在銀七千七百二十九萬九千七百三十六兩，三十六年實在銀七千八百九十四萬一兩，三十七年實在銀七千八百七十四萬二百六十二兩，三十八年實在銀六千九百六十七萬七千七十一兩，三十九年實在銀七千三百九十萬五千六百十兩。

藍浦、鄭廷桂《景德鎮陶録》卷一《圖説・景德鎮圖》 景德鎮屬浮梁之興西鄉，去城二十五里，在昌江之南，故稱昌南鎮。其自觀音閣、江南雄鎮坊，至小港嘴前後街，計十三里，故又有「陶陽十三里」之稱。水土宜陶，陳以來土人多業此。至宋景德年，始置鎮，奉御董造，因改名景德鎮。元置本路總管，監鎮陶。明洪武二年就鎮之珠山設御窑廠，置官監督燒造解京。國朝因之，沿舊名。

又《圖説・御窑廠圖》　廠跨珠山，周圍約三里許。中爲大堂，堂後爲軒，爲寢。寢北有小阜，即珠山所由名，舊建亭其上。堂兩旁爲東西序。又東迤南，名有門。又東爲官署，爲東西大庫房，爲儀門，爲鼓亭，爲督工亭，爲獄房，今廢。爲陶務作二十有三：曰大器作，曰小器作，曰倣古作，曰雕鑲作，曰印作，曰畫作，曰創新作，曰錐龍作，曰寫字作，曰色彩作，曰漆作，曰匣作，曰染作，曰泥水作，曰大木作，曰小木作，曰船作，曰鐵作，曰竹作，曰索作，曰桶作，曰東碓作，曰西碓作。爲窑式六：曰青窑，曰龍缸窑，曰風火窑，曰色窑，曰爁熿窑，曰匣窑。又前後甃井二，柴房二，窑役歇房二。廠内神祠三，曰「佑陶靈祠」，曰「真武殿」，曰「關帝廟」。廠外神祠一，曰「師主廟」。廠之西爲公館，東爲饒九南巡道行署。頭門外，樹屏墻一，有東西二甬道，通市街。

桂案邑志：廠大堂舊題曰「秉成」，儀門外爲廠場。左右四門：東曰「熙春」，旋改爲「迎曦」，南曰「阜安」，西曰「澄川」，北曰「待詔」。又阜安門外有秉節制度坊。珠山上有朝天閣，有冰立堂，有環翠亭。今並改替，惟廠署規制如舊，環翠亭猶存。

廠供應《舊志》：撥浮梁縣十三里，鄱陽縣三十五里，附廠供應正派。後鄱陽縣知縣徐俊以廠役合派七縣，申請還縣，惟在鎮十三里中供役；其七邑惟聽事人答應。

管廠總事一名，副管事一名，檔子房聽事一名，聽事吏一名，書手一名，機兵十六名，門役二名，庫役二名，上班衆匠役。

桂案，此皆舊制，國朝沿革謹詳二卷。

藍浦、鄭廷桂《景德鎮陶録》卷五《景德鎮歷代窑考》

陳，至德元年，詔鎮以陶礎貢建康。

唐

陶窑：

唐初器也。土惟白壤，體稍薄，色素潤。鎮鍾秀里人陶氏所燒造。《邑志》云：唐武德中，鎮民陶玉者載瓷入關中，稱爲「假玉器」，且貢於朝，於是昌南鎮瓷名天下。

霍窑：

窑瓷色亦素，土墡膩質薄，佳者瑩縝如玉。爲東山里人霍仲初所作，當時呼爲「霍器」。《邑志》載：唐武德四年，詔新平民霍仲初等制器進御。

宋

景德窑：

宋景德年間燒造，土白壤而埴質薄膩，色滋潤。真宗命進御，瓷器底書「景德年制」四字。其器尤光致茂美，當時則效，著行海内，於是天下咸稱景德鎮瓷器，而昌南之名遂微。

附湘湖窑：

鎮東南二十里外，有湘湖市，宋時亦陶。土墡埴，其體亦薄，有米色，粉青二色。蔣《記》云：器雅而澤，在當時不足珍。然唐公《陶成記事》則曰：廠仿米色、粉青宋釉二種，得於湘湖故窑款色。蓋其地村市尚寥落，有存窑址，自明已圮。

元

改宋監鎮官爲提領。至泰定後，又以本路總管監陶。皆有命則供，否則止，税課而已，故惟民窑著盛，然亦無多傳名者。蔣《記》云：「景德鎮埏埴之器，潔白不疵。」據此，則元瓷尚白可知。又云：「江、湖、川、廣器用青白，出於鎮之窑者也。」據此，則元瓷俱有青白色。又云：「印花、畫花、雕花之有其技。」據此，則元瓷已工巧畫鏤矣。又云：「窑有尺籍，私之者刑。」據此，又非税課之一證乎？蔣公，名祈，元人也。

樞府窑：

元之進御器，民所供造者，有命則陶。土必細白埴膩，質尚薄，式多小足印花，亦有戧金五色花者。其大足器則瑩素。又有高足盌，薄唇，弄弦等碟，馬蹄盤，耍角盂各式，器内皆作「樞府」字號。當時民亦仿造，然所貢者，俱千中選十，百中選一，終非民器可逮。

附湖田窑：

鎮河南岸口，有湖田市，元初亦陶。土埴壚，質粗，多黄黑色。即澆白者，亦微帶黄黑。當時浙東西行之，器頗古雅。蔣《記》云：浙東西之器尚黄黑，則出於昌水南之湖田窑者也。今窑市已墟，湖田村落尚在，其窑器猶有見者。

明

洪窑：

洪武二年設廠於鎮之珠山麓，制陶供上方，稱官瓷，以別民窑。除大龍缸窑外，有青窑、色窑、風火窑、匣窑、爁熿窑，共二十座。至宣德中，將龍缸窑之半，改作青窑廠，官窑遂增至五十八座。多散見廠外民間。迨正德始稱御器廠。

洪器，土骨細膩，體薄，有青、黑二色，以純素爲佳。其制器，必坯干經年，童用車碾薄，上釉，候干入火。釉漏者，碾去再上釉，更燒之，故汁水瑩如堆脂，不易茅篾，此民窑所不得同者。若顔色器中，惟青黑戧金壺、琖甚好。

永窑：

永樂年廠器也。土埴細，質尚厚，然有甚薄者如脱胎，素白器彩錐拱樣始此。唐氏《肆考》云：永器有壓手盃，中心畫雙獅滚球爲上品，鴛鴦心者次之，花心又次之。盃外青花深翠，式樣精妙，若後來仿制者殊差。永器鮮紅最貴。

宣窑：

宣德間廠窑所燒，土赤埴壤，質骨如硃砂。諸料悉精，青花最貴。色尚淡，彩尚深厚，以甜白棕眼爲常，以鮮紅爲寶。器皆膩實，不易茅篾。唐氏《肆考》云：宣廠造祭紅紅魚靶盃，以西紅寶石爲末入釉，魚形自骨内燒出，凸起寶光，汁水瑩厚。有竹節靶罩蓋鹵壺、小壺，甚佳，寶燒霽翠尤妙。又白茶琖光瑩如玉，内有絶細龍鳳暗花，花底有暗款「大明宣德年制」，隱隱鷄、橘皮紋。又有冰裂鱔血紋者，幾與官汝窑敵。他如蟋蟀澄泥盆，最爲精絶。按宣窑器無物不佳，小巧尤妙，此明窑極盛時也！祭紅有兩種，一爲鮮紅，一寶石紅。唐氏所記乃寶石紅，概以祭紅言之，似誤。宣青是蘇泥勃青，故佳。成化時已絶，皆見閩温處叔《陶紀》，今宣窑瓷尚有存者。

成窑：

成化廠窑燒造者。土膩埴，質尚薄，以五彩爲上。青用平等青料，不及宣器，惟畫彩尚軼前後，以畫平高，彩料精也。郭子章《豫章陶志》云：成窑有鷄缸盃，爲酒器之最，上繪牡丹，下畫子母鷄，躍躍欲動。五彩蒲萄撇口扁肚靶盃，式較宣盃妙甚。次若人物蓮子酒琖、草蟲小琖、青花紙薄酒琖，名式不一，色深淺瑩潔而質堅。五采齊箸、小碟、香盒、小罐，皆精妙可人。唐氏《肆考》云：神宗尚食，御前有成盃一雙，直錢十萬，明末已貴重如此。按昔論明瓷者，首宣，次成，次永，次嘉，然宣彩未若成彩，其點染生動，有非丹青家所能及也。

正窑：

正德中廠器。土埴細，質厚薄不一，色亦分青、彩，惟霽紅尤佳。嗣有大璫鎮雲南，得外國回青，價倍黄金，知其可燒窑器，命用之，其色古菁。故正窑青花，多有佳品。按回青以重色爲貴，當日廠工，恣爲奸利，出售民陶。迨嘉靖間邑令朱景賢設法調劑，其弊稍息。霽紅即鮮紅、寶石紅兩種。

嘉窑：

嘉靖中廠器。土墡埴，質膩薄。時鮮紅土絶，燒法亦不如前，僅可造礬紅色。惟回青盛作，幽菁可愛。故嘉器青花亦著。五彩略備，然體制較之宣、成器則遠甚。郭《紀》云：世宗經籙醮壇用器，有小白甌，名曰壇琖，正白如玉，絶佳。唐氏《肆考》亦載：嘉窑青尚濃，其廠器如壇琖、魚扁琖、紅鉛小花盒子，足爲世玩。

隆、萬窑：

穆宗、神宗年間廠器也。土埴墳，質有厚薄，色兼青、彩。製作益巧，無物不有。汁水瑩厚如堆脂，有粟起若鷄皮者，有發棕眼若橘紋者，亦可玩。唐氏《肆考》云：明瓷至隆、萬時回青已絶，不及嘉窑青花。麻倉上亦告竭，饒土漸惡，器質較前多遜，又以淫巧爲務。其祕戲器一種，殊非雅品，鎮陶作俑自此。惟祭紅器尚有佳者，然亦非鮮紅、寶石紅之祭紅矣。

龍缸窑：

明廠有龍缸窑，稱大龍缸窑，亦曰缸窑。窑制前寬六尺，後如前，饒五寸，入身六尺，頂圓。魚缸大樣，二樣者，止燒一口，瓷缸三樣者，一窑給砌二臺，則燒二口。缸多畫雲龍，或青花，故統以龍缸窑名之。燒時，溜火七日夜。溜，緩小也，如小滴流，緩緩起火，使水氣漸干漸熟，然後緊火二日夜。缸匣既紅，而復白色，前後通明亮，方止火封門。又十日窑冷，方開。每窑約用柴百三十杠，遇陰雨或有所加。有燒過青雙雲龍寶相花缸、青雙雲龍缸、青雙雲龍蓮瓣大缸、青花白瓷缸、青龍四環戲潮水大缸、青花魚缸、豆青色瓷缸等式。

崔公窑：

嘉隆間人，善治陶，多仿宣、成窑遺法制器，當時以爲勝，號其器曰「崔公窑瓷」，四方争售。諸器中惟盞式較宣、成兩窑差大，精好則一。餘青、彩花色悉同，爲民陶之冠。

周窑：

隆、萬中人，名丹泉，本吴門籍，來昌南造器，爲當時名手，尤精仿古器。每一名品出，四方競重購之，周亦居奇自喜。恒携至蘇、松、常、鎮間，售於博古家。

雖善鑒别者，亦爲所感。有手仿定鼎及定器文王鼎爐，與獸面戟耳彝，皆逼真無雙。千金争市，迄今猶傳述云。

壺公窑：

神廟時燒造者，號壺隱道人。其色料精美，諸器皆佳。有流霞盞、卵幕盃兩種最著。盞色明如朱砂；盃極瑩白可愛，一枚才重半銖。四方不惜重價求之，亦雅制。壺類色淡青，如官哥器，無冰紋。其紫金壺，帶朱色，皆仿宜興時陳樣，壺底款爲「壺隱老人」四字，相傳爲昊十九，而籍不可知矣。李日華贈詩云，「爲覓丹砂斗市廛，松聲雲影自壺天，恁君點出流霞琖，去泛蘭亭九曲泉。」

附：小南窑：

鎮有小南街，明末燒造。窑獨小，制如蛙伏，當時呼「蝦蟆窑」。器粗整，土埴黄，體頗薄而堅，惟小盌一式，色白帶青，有青花，花止蘭朵、竹葉二種。其不畫花，惟盌口周描一二青圈者，稱「白飯器」。又有撆坦而淺，全白者，仿宋盌，皆盛行一時，國初猶然。

國朝

陶至今日，器則美備，工則良巧，色則精全，仿古法先，花樣品式，咸月異歲不同矣。而御窑監造，尤爲超越前古，謹録其特著者。

康熙年臧窑：

廠器也，爲督理官臧應選所造。土埴膩，質瑩薄，諸色兼備，有蛇皮緑、鱔魚黄、吉翠、黄斑點四種尤佳。其澆黄、澆紫、澆緑、吹紅、吹青者亦美。迨後有唐窑，猶仿其釉色。唐公《風火神傳》載：臧公督陶，每見神指畫呵護於窑火中，則其器宜精矣。

雍正年年窑：

廠器也，督理淮安板閘關年希堯管鎮廠窑務，選料奉造，極其精雅。駐廠協理官每月於初二、十六兩期解送色樣至關，呈清歲領關帑。琢器多卵色，圓類瑩素如銀，皆兼青彩，或描錐、暗花、玲瓏諸巧樣，仿古創新，實基於此。《文房肆考》云：雍正初，楚撫嚴公希堯燒造廠器。以年爲嚴，又稱楚撫，殆誤。《邑志》載年公《重修風火神廟碑記》，碑尚存。

乾隆年唐窑：

廠器也，内務府員外郎唐英督造者。唐公以雍正戊申來駐廠協理，佐年著美。迄乾隆初榷淮，八年移理九江鈔關，皆仍管陶務。公深諳土脉火性，慎選諸料，所造俱精瑩純全。又仿肖古名窑諸器，無不媲美。仿各種名釉，無不巧合。萃工呈能，無不盛備。又新制洋紫、法青、抹銀、彩水墨、洋烏金、珐琅畫法洋彩、烏金、墨地白花、黑地描金、天藍窑變等釉色器皿。土則白壤而埴，體則厚薄惟膩，廠窑至此，集大成矣。既復奉旨恭編《陶冶圖》二十頁，次第作圖説進呈，臨川李巨來先生序公集云：「獨斟酌華實，間有得於心，而龍缸均窑，追絶業，復古制，翡翠玫瑰，更出新奇，是公之陶，即公之心爲之也。」

藍浦、鄭廷桂《景德鎮陶録》卷六《鎮仿古窑考》

定窑

宋時所燒，出直隸定州。有南定器、北定器。土脉細膩，質薄，有光素凸花、劃花、印花、綉花諸種，多牡丹、萱草、飛鳳花式。以白色而滋潤爲正，白骨而加以釉水有如泪痕者佳，俗呼粉定，又稱白定。其質粗而微黄者低，俗呼土定。東坡《試院煎茶詩》云，定州花瓷琢紅玉。蔣《記》云，景德鎮陶器有饒玉之稱，視真定紅瓷足相競。則定器又有紅者，間造紫定、黑定，然惟紅白二種，當時尚之。唐氏《肆考》云：古定器以政和、宣和間窑爲最好，色有竹絲刷紋。其出南渡後者爲南定，北貴於南，劃花最佳，光素亦好。昌南窑仿定器，用青田石粉爲骨，質粗理鬆，亦曰粉定。其紫定色紫，黑定色若漆，無足重也。

汝窑

汝亦汴京所轄，宋以定州白器有芒不堪用，遂命汝州建青器窑。土細潤如銅，體有厚薄，色近雨過天青，汁水瑩厚若堆脂，有銅骨無紋、銅骨魚子紋二種。《格古要論》云：汁中棕眼隱若蟹爪者尤佳。《輟耕録》云：河北唐、鄧、耀州悉效之，而汝窑爲魁。底有芝蔴花細小挣釘，當時珍尚。唐氏《肆考》云：汝器土脉質制，較官窑尤滋潤，薄者爲貴。屑瑪瑙爲油，如哥而深，微似卵白，真所謂淡青色也，然無紋者尤好。

官窑

宋大觀、政和間，汴京自置窑燒造，命曰官窑。土脉細潤，體薄，色青帶粉紅，濃淡不一。有蟹爪紋，紫口鐵足。大觀中，釉尚月白、粉青、大緑三種。政和以後，惟青分濃淡耳。

案南渡時，有邵成章，提舉後苑，襲舊京遺制，置窑於修内司燒造，曰内窑，亦名官窑。澄泥爲範，極其精制，釉色亦瑩澈，爲當時所珍〔重〕。後郊壇下别立新窑，亦曰官窑，式制不殊。比之舊窑、内窑，大不侔矣。

唐氏《肆考》云：古官器，其妙處當在體質油色。色帶白而薄如紙者，頗亞於汝。僞者，皆龍泉所造，無紋路。南宋餘姚秘色瓷，今人率以官窑目之，不能別白，間見亂真。

東窑

北宋東京民窑也，即今開封府陳留等處。土脉黎細，質頗粗厚。淡青色，亦有淺深。多紫口鐵足，無紋，比官窑器少紅潤。唐氏《肆考》誤以爲董窑，又云，核之董窑似官，其不同者，質粗欠滋潤。蓋東、董聲相近，唐氏半採《格古要論》，乃傳聞之訛也。

案古東器雖有紫口鐵足，無蟹爪紋，不逮官窑多矣，唐氏何得云似？《陶成記事》亦稱東窑，載東青有淺深二種。唐氏於東青色則書冬青，何不自知東之訛董也？且今所仿東青器，並無紫口鐵足，或更加彩矣。

龍泉窑

宋初處州府龍泉縣琉田市所燒，土細埴，質頗粗厚，色甚葱翠，亦分淺深，無紋片。有一等盆，底有雙魚，盆外有銅掇環。器質厚實者，耐摩弄，不易茅蔑，第工匠稍拙，制法不甚古雅耳。景德鎮唐窑有仿龍泉寶燒一種，尤佳。《格古要論》以爲亦有薄式。

唐氏《肆考》云：古龍泉器，色甚葱翠，妙者可與官、哥争艷，但少紋片，紫骨鐵足耳。

哥窑

宋代所燒，本龍泉琉田窑，處州人章姓兄弟分造。兄名生一，當時别其所陶曰哥窑。土脉細紫，質頗薄，色青，濃淡不一。有紫口鐵足，多斷紋，隱裂如魚子。釉惟米色、粉青二種，汁純粹者貴。

唐氏《肆考》云：古哥窑器質之隱紋如魚子，古官窑質之隱紋如蟹爪，碎器紋則大小塊碎。古哥器色好者類官，亦號「百圾碎」，今但辨隱紋耳。又云汁油究不如官窑。案哥窑在元末新燒，土脉粗燥，色亦不好，見《格古要論》，舊呼哥哥窑，亦取土於杭。

章龍泉窑

即生一之弟章生二所陶者，仍龍泉之舊，又號章窑，或曰處器、青器。土脉細膩，質薄，亦有粉青色、翠青色，深淺不一。足亦鐵色，但少紋片。較古龍泉制度，更覺細巧精緻，至今溫、處人尤稱爲章窑。

唐氏《肆考》云：兄弟二窑，其色皆青，有濃淡，皆鐵足。舊聞有紫足，少見。惟哥窑有紋，弟章窑無紋爲别。《春風堂隨筆》云：章窑所坳青器，純粹如美玉，爲世所貴，即官窑之類。案白壤所造，外涂釉水，翠淺露白痕者真。明初窑移處州，青器，土垩火候，漸不及前矣。

均窑

亦宋初所燒，出鈞臺，鈞臺宋亦稱鈞州，即今河南之禹州也。土脉細，釉具五色，有兔絲紋，紅若胭脂硃砂爲最，青若葱翠，紫若墨者，次之。三者，色純無少變雜者爲上，底有一二數目字號爲記者佳。若青黑錯雜如垂涎，皆三色之燒不足者，非别有此樣。俗取梅子青、茄皮紫、海棠紅、猪肝、騾肺、鼻涕、天藍等名。蔣《記》云，近年新燒，皆砂土爲骨，釉水微似，制有佳者，俱不耐久。

唐氏《肆考》云：均窑始禹州，禹州昔號鈞臺。均合書鈞，今通作均，沿寫已久。此窑惟種菖蒲盆，底佳甚。他如坐墩、缶、合、方瓶、罐子，多黄沙泥坯，則器質不佳。案唐説特就古均器言之耳，若今鎮陶所仿均器，土質既佳，瓶爐尤多美者。

碎器窑

南京時所燒造者，本吉安之廬邑永和鎮另一種窑，土粗堅，體厚，質重，亦具米色、粉青樣。用滑石配釉，走紋如塊碎，以低墨土赭搽薰，既成之器，然後揩净，遂隱含紅黑紋痕，冰碎可觀，亦有碎紋，素地加青花者。

唐氏《肆考》云：吉州，宋末有碎器亦佳。今世俗訛呼哥窑，其實假哥窑雖有碎紋，不同魚子，且不能得鐵足。若鐵足，則不能有聲，惟仍呼碎器爲稱。案所謂紫口鐵足，今鎮陶多可僞設，即魚子紋亦不必定屬汝、哥類，凡圓琢小件，皆有精仿者矣。

藍浦、鄭廷桂《景德鎮陶録》卷七《古窑考》

東甌陶

甌，越也，昔屬閩地，今爲浙之温州府。自晉已陶，其瓷青，當時著尚，杜毓《荈賦》所謂「器擇陶揀，出自東甌」者，是也。陸羽《茶經》云：「甌越器青，上口唇不卷，底卷而淺，受半斤以下。」

關中窑

元魏時所燒，出關中，即今西安府咸陽等處。陶以供御。

洛京陶

亦元魏燒造，即今河南洛陽縣也。初都雲中，後遷都此，故亦曰洛京。所陶皆供御物。

壽窑

唐代所燒，江南之壽州也。瓷色黄，《茶經》以壽瓷爲最下，云黄則茶色紫，不相宜。

洪州窑

洪州燒造者，亦見唐代洪州，今南昌府。《格古要論》云：江右洪州器，黄黑色。《茶經》云，洪州瓷褐，令茶色黑，品更次壽州。陸佃曰：(瓷)褐(茶)色黑。

越窑

越州所燒，始唐代，即今浙江紹興府，在隋、唐曰越州。瓷色青，著美一時。《茶經》云，盌，越州爲上。其瓷類玉，類冰。青而益茶，茶色緑，邢瓷不如也。陸龜蒙詩云，九秋風露越窑開，奪得千峰翠色來；孟郊詩云，越甌荷葉空；顧況《茶賦》云，越泥如玉之甌。觀此，越窑亦唐時韵物矣。

唐氏《肆考》云，越窑實爲錢氏秘色窑之所自始。

鼎窑

唐代鼎州燒造，即今西安府之涇陽縣也。陸羽《茶經》推鼎州瓷盌，次於越器，勝於壽、洪所陶。

婺窑

亦唐時婺州所燒者，今之金華府是。《茶經》又以婺器次於鼎瓷，非壽、洪器所能及。

岳窑

湖南岳州府，唐代亦陶。瓷皆青，《茶經》謂又次於婺州。然青固宜茶，茶作白紅之色，悉勝於壽州、洪州者。

蜀窑

唐時四川邛州之大邑所燒。體薄而堅致，色白聲清，爲當時珍重。《杜少陵集·韋處乞大邑瓷盌》詩云：大邑燒瓷輕且堅，扣如哀玉錦城傳。君家白盌勝雪盌，急送茅齋也可憐。」首句美其質，次句美其聲，三句美其色，蜀窑之佳，已可想見。案《南邨輟耕録》引《坦齋筆衡》載有續窑，疑「續」即「蜀」誤。唐氏又以大邑瓷隸越窑下，說尤誤矣。

秘色窑

吴越燒造者。錢氏有國時，命於越州燒進爲供奉之物，臣庶不得用，故云秘色。其式似越窑器，而清亮過之。唐氏《肆考》云「蜀王建報朱梁信物，有金稜椀。致語云，金稜含寶椀之光，秘色抱背瓷之響。則秘色乃是當時瓷器之名，不然，吴越專以此燒進，何蜀王反取之以報梁耶？」案《垣〔坦〕齋筆衡》謂，秘色唐世已有，非始於錢氏。大抵至錢氏始以專供進耳，豈王蜀遂無唐之舊器哉？又徐寅有《貢餘秘色茶盞》七律詩，可見唐有之，辨非謬。特《輟耕録》疑爲即越窑，亦誤。南宋時秘色窑已移餘姚，迄明初遂絶。

秦窑

唐代燒造，今甘肅之秦州也。相傳器皆碗盃之屬，多純素，亦有凸魚水紋者。

柴窑

五代周顯德初所燒，出北地河南之鄭州。其地本宜於陶，以世宗姓柴，故名，然當時亦稱御窑。入宋，始以柴窑别之。其瓷青如天，明如鏡，薄如紙，聲如磬。滋潤細媚，有細紋。制精色異，爲古來諸窑之冠，但足多粗黄土耳。

唐氏《肆考》云：柴窑起於汴，相傳當日清器式，世宗批其狀曰，雨過天青雲破處，者般顔色作將來。今論窑器者，必曰柴、汝、官、哥、定，而柴久不可得矣。得殘器碎片，制爲冠飾、絛環、玩具，亦足珍貴。世傳柴瓷片，寶瑩射目，光可却矢。寶瑩則有之，却矢未必然，蓋難得而重言之也。

唐邑窑

宋時燒造，即今南陽府唐縣。昔稱青瓷，質釉不及汝器。

鄧州窑

亦宋所燒，即南陽府之鄧州。皆青瓷，未若汝器滋潤。

耀州窑

耀州，今屬西安府。亦宋燒青器，色質俱不逮汝窑。後燒白器，頗勝。然陶成皆不堅致，易茅損，所謂黄浦鎮窑也。

烏泥窑

建寧府建安所燒，始於宋。厥土黑墳，質粗不潤，釉水燥暴，色面亦青。《瓶花譜》以烏泥與龍泉、均、章諸窑並重，《博古要覽》則謂當差肩象、東。《留青日札》云：建安烏泥窑器，品最下，未可傳信。抑今昔之不同耶？

餘杭窑

亦宋時燒造，乃杭州府之餘杭縣也。色同官瓷，無紋，不瑩潤。

葉(垣)[坦]齋《筆衡》云：郊壇下新窑，已比舊官内窑大不侔。他如烏泥窑、餘杭窑，更非官窑比。

麗水窑

亦宋所燒，即處州麗水縣，亦曰處窑。質粗厚，色如龍泉，有濃淡，工式尤拙。

蕭窑

出徐州府蕭縣之白土鎮，一曰白土窑，亦宋代燒造。厥土白壤，質頗薄澤，皆白器，制式規範頗佳。

《夷堅志》云：蕭縣白土鎮造白器，凡三十餘窑。窑户多鄒姓，有總首，其陶匠約數百人。製作頗佳。

吉州窑

宋時吉州永和市窑，即今之吉安府廬陵縣。昔有五窑，具白色、紫色。紫有與紫定相類者。五窑中，惟舒姓燒者頗佳。舒翁工爲玩具，翁之女，名舒嬌，尤善陶，其爐、瓮諸色，幾與哥窑等價。花瓶大者值數金，小者有花。《格古要論》云，體厚，質粗，不甚足品。

唐氏《肆考》云：吉窑頗似定器，出今吉安之永和鎮。相傳陶工作器入窑，宋文丞相過時盡變成玉。工懼，事聞於上，遂封穴不燒，逃之饒，故景德鎮初多永和陶工。按此亦元初事，若明陶以後，則皆昌南土著。

建窑

古建州窑也，出宋代，爲今之建寧府建陽縣。始於建安，後遷建陽，入元猶盛。盌，琖多是擎口，體稍薄，色淺黑而滋潤。有黄兔斑，滴珠大者真。宋時茶尚擎盌，以建安兔毫琖爲上。

唐氏《肆考》云：舊建瓷有薄者，絶類宋器。

象窑

宋南渡後所燒，出處未詳。有蟹爪紋，以色白滋潤爲貴。其黄而質粗者，品低。

唐氏《肆考》云：或言象器出今寧波府象山縣，核之象窑，似定，但多質粗。其滋潤者，亦終遜定器，且次於霍州鎮之彭窑。

榆次窑

此西窑也，即太原府榆次縣。自唐已陶，土粗質厚，厥器古樸。

平陽窑

亦西窑也，平陽府所燒。唐宋皆陶，有磚窑，大而容器多。有土窑，小而容器少。土壤白，汁水欠純，故器色無可傳者。

宿州窑

宋代燒造，爲今鳳陽府之宿州也。器仿定色，當時行尚頗廣。自定窑器減後，而北地且多市充定器，然固不及真定瓷也。

泗州窑

江南之泗州，宋代亦陶。悉仿定窑器色，但不著於時。貪其值賤者，多市充定器。或云，泗器實與宿窑相埒。

彭窑

元時彭均寶於霍州燒造。土脉細白，埴膩體薄，尚素。仿古定器，製折腰樣甚整齊，當時以彭窑稱焉。其佳者與定相埒，因亦呼新定器。

《格古要論》云：元彭均寶效古定窑制器，創折腰樣。其土脉細白，絶類真定，往往爲牙行指作定器。以燒於霍州，又名霍窑。

唐氏《肆考》云：元之戧金匠户彭均寶燒仿定器，與白定相似，但比青口欠滋潤，極脆，難以傳久。市肆賣古瓷，多充爲定器，非真賞家莫辨。

宣州窑

元、明燒造，出宣州。土埴質頗薄，色白。

臨川窑

元初燒造，即今撫州府之臨川縣。土埴細質薄，色多白微黄，有粗花者。

南豐窑

出盱江之南豐縣，元代燒造。土埴細，質稍厚，器多青花，有如土定等色。

蔣《記》云：夫何昔之課斯陶者日舉，今則州家多挂欠？原其故有五，臨川、建陽、南豐産有所奪，三也。按此是説鎮陶之利爲三邑陶所奪。可見臨窑、南窑，在元時亦盛。

隴上窑

隴東所陶，始於明，即平涼府華亭縣等處。或稱白器，或曰類西窑。大抵質粗工拙，不足貴。蔡九霞《志》云：平涼華亭之間，明産瓷器，古隴東地也。

歐窑

明代燒造，爲江南常州府宜興人，以其姓歐，皆呼爲歐窑。有仿哥窑紋片者，有仿官、均窑色者，彩色甚多，俱花盤、奩架諸器。其紅藍紋釉二種尤佳，昌南唐窑曾仿之。

唐氏《肆考》云：宜興窑又有專造紫砂壺一式。《陽羡茗壺録》云，壺品著名大家，有時大賓、李仲芳、徐友泉、陳仲美、陳俊卿等。按宜興壺窑雖屬陶成，然不類瓷器，此編只紀瓷，陶故不列入。

横峰窑

横峰，今廣信府興安，昔屬弋陽縣之大平鄉。明處州人瞿志高，來創造窑器。嘉靖間，因民饑亂，乃即横峰窑鎮地，改立興安縣，移窑於弋之湖西馬坑，俗猶呼横峰窑，亦曰弋器。所造瓶、罐、缸、瓮、盤、盌之類，甚粗。

以上古陶，惟自晉紀起。東甌、關、洛諸作，在當時原只泛稱陶器，故仍以陶紀之，餘悉稱窑。蓋陶至唐而盛，始有窑名也。

附各郡縣窑考

邢窑

出直隸之順德府邢臺縣，自唐已燒造、土細質膩，色尚素，昔稱白瓷，今亦有描青雜式者。《茶經》云，世以邢州瓷處越器上。然邢瓷類銀，類雪，邢瓷白而茶色丹似不如越。按《茶經》第就品茶言瓷耳，邢器亦足觀。

磁州窑

始磁州，昔屬河南彰德府，今屬北直隸廣平府。稱磁器者，蓋此又本磁石制泥爲坯陶成，所以名也。器之佳者，與定相似，但無泪痕，亦有劃花、綉花。其素者，價高於定，在宋代固著。今人訛以陶窑瓷品概呼爲磁器，不知另有是種窑。

德化窑

自明燒造，本泉州府德化縣。德化，今改屬永春州。盌，琖亦多撆口，稱白瓷，頗滋潤，但體極厚，間有薄者，惟佛像殊佳。今之建窑在此，蓋不類舊建瓷矣。

處窑

浙之處州府，自明初移章龍泉窑於此燒造，至今遂呼處器。土粗，埴、火候、汁水，皆不得法。或猶有以龍泉稱者，要非古章窑比也。

許州窑

明河南許州燒造，制磁石爲之，亦瓷器也。色樣皆有，花素較磁州新近者爲優。或曰窑始於宋。

河北窑

燒造由宋始，青瓷也，即今河南衛輝府，昔稱河北地。器同汝制，而色質不及，只可與唐、鄧、耀等窑爲伍。

懷慶窑

出河南懷慶府，自明迄今尚燒造。

宜陽窑

明陶，即河南宜陽縣，今尚燒造。

登封窑

亦自明始，即河南府登封縣，今尚陶。

陝州窑

河南之陝州也，燒造始於明，今尚陶。

兖州窑

明以來燒造者，即兖州府鄒、峄等處，今尚陶。

平定窑

今之西窑也，自宋已陶。土黎質粗，而色白微黑。器皆厚大，盆盌殊無可觀，人呼之偈器，即平定州燒者。

霍州窑

亦今之西窑，始於唐、宋。土細壤質膩，體薄，色多白，比平陽所造爲佳，當時別之曰霍器。

廣窑

始於廣東肇慶府陽江縣所造，蓋仿洋磁燒者，故《志》云廣之陽江縣産磁器。嘗見爐、瓶、琖、碟、碗、盤、壺、盒之屬，甚絢彩華麗，惟精細雅潤，不及瓷器，未免有刻眉露骨相可厭。然景德鎮唐窑曾仿之，雅潤足觀，勝於廣窑。此與磁州、許州等器，皆非瓷土所成者也。

《陶成紀事》云，一仿廣窑釉色及青點釉一種。按此亦唐廠所仿。

附，外譯窑考

高麗窑

即高麗國所燒造者，不知起於何代。質頗細薄，釉色與景德鎮微類。有粉青者，似龍泉器。有細花者，仿佛北定器。若上有白花朵兒者，彼國不甚值錢，大約與越窑、秘色窑、汝窑諸式相類，惟瓜尊、狻猊罏頗著異。

大食窑

大食國所造，以銅作骨，用藥燒成，五色華絢。有見其碗、盞、壺、盒者，謂與佛郎嵌器頗相似，不知著始何代。

佛郎嵌窑

亦呼鬼國窑，即今所謂發藍也，又訛法琅。其窑甚狹小，制如爐器，亦以銅作胎，用色藥嵌燒，頗絢采可玩。

唐氏《肆考》云：今雲南人在京多作酒琖，仿佛郎嵌，俗謂之鬼國嵌。

洋磁窑

西洋古裏國造，始者著代莫考。亦以銅爲器，骨甚薄，嵌磁粉燒成。有五色，繢彩可觀。推之作銅聲，世稱洋磁。澤雅鮮美實不及瓷器也。今廣中多倣造。

唐氏《肆考》曰：洋磁等器，雖甚絢采華麗，而欠雅潤精細，僅可供閨閣之用，非士大夫文房清玩也。

藍浦、鄭廷桂《景德鎮陶録》卷八《陶説雜編上》 浮於饒稱望邑，景德一鎮，屹然東南一雄觀，業陶者於斯，貿陶者聚於斯。天下之大，受陶之利而舉以景鎮名。王澤洪《記》

浮處萬山之中，而景德一鎮，則固邑南一大都會也。殖陶之利，五方雜居，百貨具陳，熙熙乎稱盛觀矣。陳湆《集》

昌南鎮陶器，行於九域，施及外洋。事陶之人，動以數萬計。海樽山俎，咸萃於斯。蓋以山國之險，兼都會之雄也。沈懷清《記》

景德江右一巨鎮也，隸於浮。業制陶器，利濟天下。四方遠近，挾其技能以食力者，莫不趨之如鶩。謝旻《外紀》

昌江之南，有鎮曰陶陽，距城二十里，而俗與邑鄉異。列市受廛，延袤十三里許，烟火逾十萬家，陶户與市肆當十之七八，土著居民十之二三。凡食貨之所需求，無不便五方，藉陶以利者甚衆。黄墨舫《雜志》

浮梁提封僅百里，土宜於陶，以致陶之業、陶之人、及陶中所有之事，幾皆半於浮。則景德一鎮，洵浮之要區矣。楊竹亭《集》

唐褚綬，字玉衡，晉州人。景（隆）〔龍〕初爲新平司務。會洪州督府奉詔需獻陵祭器甚迫，綬馳戟門，力陳歲歉，户力凋殘，競獲止。《襄陵名宦志》

窑之長短，率有甓數籍税，而火堂、火棧、火尾、火眼之屬，則不入於籍。燒時，窑牌火照，迭相出試，謂之報火。蔣祈《陶略》

凡窑家作輟，與時年豐兇相爲表裏。聞鎮之巨户，今不如意者十八九。同上

進坑石制泥精細，湖坑、嶺背、界田之所産，已爲次矣。比壬坑、高砂、馬鞍山厫土赤，石僅可作匣。攸山石垩燒灰，雜以槎葉木柿，火而加煉之，必劑以釉泥而後用。同上

彭器資《尚書文集》有《送許屯田詩序》云：「浮梁父老言，自來作知縣不買瓷器者一人，君是也；作饒州不買瓷器者一人，今程少卿嗣宗是也。」惜乎，不載許君之名。《容齋隨筆》

吾聞陶之爲道也，擣金石之屑，拔草木之精，埏之坯之，皖之繪之，釉之煆之，别土脉火色，尋蟹爪魚子。自霍、景、柴、汝、定、官、哥、均以來，至今日而其器益精。謝濟世《叙》

宣窑，冰裂鱔血紋者，與官、哥同。隱紋如橘皮、紅花、青花者，俱鮮彩奪目，堆垛可愛。永窑細款青花杯，成窑五彩葡萄杯及純白薄如琉璃者，今皆極貴。又有元代「樞府」字號窑者，亦可取。文震亨《長物記》

宣窑，有魚藻洗、葵瓣洗、磬口洗、鼓樣洗、五彩桃注、石榴注、雙瓜注、雙鴛注、暗花白香櫞盤、蘇麻泥青香櫞盤、硃砂紅香櫞盤諸件。又香合之小者，有饒窑蔗段、串鈴二式。同上

宣廟有尖足茶盞，料精式雅，質厚難冷，潔白如玉，可試茶色，盞中第一。世廟有壇盞，中有「茶」、「湯」、「果」、「酒」，後有金籙「大醮壇用」等字者，亦佳。又一種名崔公窑，差大，可置果實。同上

玩好之物，以古爲貴，惟今代則不然。永樂之剔紅，宣德之銅，成化之窑器，其價遂與古敵。先是宣窑品最貴，近日又重成窑。蓋兩朝天縱留意曲藝，宜其精工如此。花樣皆作八吉祥、五供養、一串金、西番蓮，以至鬥鷄、百鳥及人物故事。至嘉靖窑，則又仿宣、成二種而稍勝之。惟崔公窑加貴，然其值亦第宣、成之什一耳。明、沈氏《敝帚齋餘談》

幼曾於二三中貴家見隆慶窑酒杯茗碗，俱繪男女私褻之狀。蓋穆宗好内，以故奉造此種。然春畫之起，始於漢廣川王畫屋。又書載，漢時發冢，則甓磚畫壁，俱有此種。杯、碗，正不足怪也。同上

宣德時最嫻蟋蟀戲，因命造蟋蟀盆。今宣窑蟋蟀盆猶甚珍重，其價不減宋

宣和盆也。同上

吳門周丹泉，巧思過人，交於唐太常。每詣江西之景德鎮仿古式制器，以眩耳食者。紋款色澤，咄咄逼真，非精於鑒别，鮮不爲魚目所混。一日，從金閶買舟往江右，道經昆陵，晉謁太常，請閲古定鼎。以手度其分寸，仍將片楮摹鼎紋，袖之遂别。之鎮，半載而旋，仍謁唐。袖出一鼎，云：「君家白定爐鼎，我又得其二矣。」唐大駭，以所藏鼎較之，無纖毫疑。又盛以舊爐底蓋，宛如輯瑞之合也。詢何所自來？周云：「余疇昔借觀，以手度者再，蓋審其大小輕重耳。實仿爲之，不相欺也。」太常嘆服，售以四十金，蓄爲副本，並藏於家。神廟末年，淮安杜九如浮，慕唐之古定鼎，形諸夢寐，從太常孫君俞，强納於金，得周之仿鼎以去。《韵石齋筆談》

陶辨器足。永樂窑壓手杯，滑底沙足。宣窑壇盞，釜底綫足。嘉靖窑魚扁盞，鏝心圓足。凡陶器出窑，底足可驗火法。《拾青日札》

饒州景德鎮，陶器所自出。大觀間有窑變，色紅如硃砂，僉謂熒惑纏度臨照而然。物反常爲妖，窑户亟碎之。時有玉牒防禦使仲戢，年八十餘，居於饒，得數種出以相視云，比之定州紅瓷，色尤鮮明。《清波雜志》

鬃漆螺蜔嵌器垢舊，若洗拭，法用無糨軟絹包香蛤粉滿揲過，另將軟絹細細揩抹。其黑處白光如鏡，而所嵌物則明顯。《雲谷臥餘》

成化間朱元佐監陶，《登朝天閣冰立堂觀陶火詩》云：「來典陶工簡命膺，火林環視一欄憑。朱門近與千峰接，丹闕遥從萬里登。霞起赤城春錦列，日生紫海瑞光騰。四封富焰連朝夕，誰識朝臣獨立冰？」《愛日堂抄》

明有吳十九者，浮梁人，能吟，工書畫；隱於陶輪間。所制精瓷雅壺，俱妙絶人巧，自號壺隱老人。《紫桃軒雜綴》

鎮瓷無色不備，惟明廠有鮮紅。其純白器，或畫青花，或加五彩。永窑亦足貴，多厚；成窑薄；宣窑青淡；嘉窑青濃。前後規制殊異。永在宣、成之下，嘉之上。南村謂「宣青成彩」，以宣窑五彩深厚堆垛，不若成彩用色淺深，殊有畫意也。惟宣花是蘇泥勃青，至成化其青已盡，只用平等青料，則論青花，宣爲勝。總之，明瓷然正、嘉用回青，亦足品。但宣窑選料制樣，繪畫題款，無一不佳耳。總之，明瓷無能過宣、成者。《明瓷合評》

凡用佳瓷，不先制之，遇熱湯水，無有不損裂。必須先以米泔水温温漸煮，出再以生薑汁及醬涂器底下，入火稍煨頓，可保。《墨娥小録》

粘碗盞法，用未蒸熟麵筋，入篩净細石灰少許，杵數百下，忽化開如水，以之粘定縛牢，陰乾。自不脱，勝於釘鉗。但不可水内久浸。又凡瓷器破損，或用糯米粥和鷄子青，研極膠粘，入粉少許，再研。以粘瓷損處，亦固。同上

陶器貢自京師，歲從部降式造特多，以龍鳳爲辨。王宗沐《陶書記》

江陰周高起曰：明有陳仲美，婺源人，初造瓷於景德鎮。尤善諸玩，類鬼工。以業之者多，不足成其名，棄之而來陽羨。好配壺土，心思殫竭，可列神器。《陽羨茗壺係》

水盞子者，樂器也，古猶瓦缶爲之。明姑蘇樂工，謀易以鐵，不成，乃購食器之能聲者。得内府監製成化瓷器若干，則水淺深，分上下、清濁，叩以犀匙。凡器八，而音周絶，勝古之擊缶者，因强名曰水盞子。毛奇齡《水盞子記》

陶器以青爲貴，彩品次之。瓷之青花、霽青、粉青，悉藉青料。其仿汝窑、官窑、哥窑、龍泉窑，其色青者，亦資青料。唐氏《肆考》

宣窑青花，一名蘇麻離青，成化時已少。正德間得回青，嘉窑御器遂用之。搥碎，有硃砂斑者爲上，銀星次也。純用回青，則色散不收。必用石青和之，或什之一，或四之六，設色則筆路分明，混水則顔色明亮。同上

窑變，一説火之幻化所成，非徒釉色改變，實有器異成奇者。《東坡集》載《瓶笙詩引》云：劉仲幾飲餞，聞笙簫聲，察之出於爐上雙瓶。明詔景德鎮燒屏風，變其二爲狀船。余家有鎮瓷宋盌一，暑天盛腥物不臭腐。若官、均、哥窑，於本色釉外，變而爲淡黄或灰紫錯雜，類諸物態，此不足異，時亦有之。同上

磁，瓷字，不可通。瓷，乃陶之堅致者，其土埴壤。磁，實石名，出古邯鄲地，今磁州。州有陶，以磁石制泥爲坯。燒成，故曰磁器。非是處陶瓷皆稱磁也。聞景德鎮俗概從磁字書稱。余所見商侶，亦多以瓷爲磁，真可一噱。磁州今尚燒造。同上

自鎮有陶，而凡戧金、鏤銀、琢石、鬃漆、螺甸、竹木、匏蠡諸作，今無不以陶爲之。或字或畫，仿嵌維肖。同上

洪熙間，少監張善始祀祐陶之神，建廟廠内，曰師主者，姓趙，名慨，字叔朋，嘗仕晉朝。道通仙秘，法濟生靈，故秩封萬碩，爵視侯王，以其神異以顯赫今古也。成化中，太監鄧賢而知書，謂鎮民多陶，悉資神佑，乃徙廟於廠東門外之通衢東北百武許，即今所也。詹珊《記》

唐光啓中有靈官華光者，神明赫著，民居横田社者奉之。嘉靖辛酉部使者以驗器至，改廟爲公署。越歲，兵憲涂任齋公涖鎮，宿公署，夜寐若有牖其衷者。明日，進太府觀海顧公節推城山饒公，議更創之。於是，議以廠東曠地建署，而廟地仍歸民，聽復建奉如舊。隆慶五年，陶務日急，禱於神，得寬牒，民乃請於明府，協更新之，上竣，耆老來告余，余曰：陶範型於土，人力可爲。既入冶中，煙燎變幻，不可豫測，造化甄陶，有默司焉。匪神之爲靈至是耶？厥功亦與有力，宜永祀志。曹天祐《記》

唐公英《中秋後三日詩》云：「慚愧甄陶漢使槎，幾番佳節在天涯，西風一夜吹鄉夢，寒雨連朝濕桂花。」又《留别陶署詩》云：「半野半官棲八載，誰賓誰主寄孤情，梁間燕壘分辛苦，檻外花枝負約盟。」又云「西江八載賦皇華，淮海乘春又放槎。」又云：「古亭翠擷心裁句，珠阜香留手植花。」《陶人心語》

佑陶靈祠堂西側，有青龍缸一，徑三尺，高二尺强。環以青龍，四下作潮水紋。墻口俱全，惟底脱「明萬曆造」。先是累造弗成，督者益力，神童公憫同役之苦，獨捨生殉火，缸乃成。此則成中落選之損器也，久棄寺隅，余見之，遣兩輿夫舁至神祠之堂側，飾高臺以薦焉。此器之成，沾溢者，神膏血也；團結者，神骨肉也；清白翠璨者，神精忱猛氣也。唐英《龍缸記》

年公希堯云：「予自雍正丁未之歲，曾按行至鎮。越明年，而員外郎唐侯來偕董其事，工益舉而制日精，予仍長其任。一歲之成，選擇包匭，由江達淮，咸萃予之使院，轉而貢諸内廷焉。」《風火神廟碑記》

從鎮東南去二十里餘，地名湘湖，有故宋窑址。嘗覓得瓷礫舊器不完者，質頗薄，却是米色、粉青二式。《陶成示諭稿》

陶固細事，而物料、火候與五行丹永（疑當作「汞」）同其功。兼之摹古酌今，侈弇崇庳之式，抽添變通之理，今可出其意旨，唯諾夫工匠矣。《示諭稿序》

釉水謂之堊澤。昔出新正都長嶺者，作青黄釉。出義坑者，作澆白釉。二處皆有柏葉斑。又出桃花塢者，青花白器通用之。《陶成紀事》

神廟時詔景德鎮燒造屏風，不成，變而爲床，長六尺，高一尺。變爲船一只，長三尺，舟中什物，無一不具。郡縣官皆見之，乃椎碎，不敢以進也。《豫章大事記》

瓷器以宣窑爲佳，中有窑變者極奇，非人力所可致。人多毁藏，不傳。同上

琢器之式，有方、圓、稜角之殊。制畫之方，别采繪、鏤雕之異。仿舊須宗其典雅（《陶説》作「雅則」），肇新務審其淵源。器自陶成，規矩實遵古制。花同錦簇，彩色勝上春臺。觀、哥、汝、定、均抔汗之儀則非遠，水、火、金、木、土洪鈞之調劑維神。或相物以賦形，亦範質而施采。功必藉夫埏埴，出自林泉。制不越夫罇、罍、重均彝鼎，爐煙焕色，雖瓦缶亦參橐籥之權，彩筆生花，即窑瓷可驗文明之象。唐雋公《陶冶圖説》

陶土，出浮梁新正都麻倉山，以千户坑、龍坑塢、高路坡、低路坡四處爲上。其土埴壚匀（《陶説》卷三作「均」），有青黑縫，糖點，白玉、金星色。石末，出湖田一二圖。釉土出新正都，最上爲長嶺，爲義坑。長嶺作青黄釉，義坑作澆白釉，俱有柏葉斑。《江西大志》

明神宗十一年，管廠同知張化美，報麻倉老坑土膏漸竭。《邑志》

嘉靖二十六年，上取鮮紅器，造難成，御史徐紳奏以礬紅代。隆慶五年詔造裏外鮮紅器，都御史徐栻疏請轉查，改礬紅例（光緒、美術二本均作「器」）。同上

明神宗十一年給事王敬民奏罷燒造燭臺、屏風、棋盤、毛管等件。同上

康熙十六年，邑令張齊仲，陽城人，禁鎮户瓷器書年號及聖賢字迹，以免破殘。同上

沈懷清《窑民行》詩云：「景德産佳瓷，産器不産手。工匠來八方，器成天下走。陶業活多人，産不與時偶。」又云：「食指萬家煙，中外賈客藪。坯房蟻垤多，埳火觸牛鬥。都會可比雄，浮邑抵一拇。」同上

鎮南有馬鞍山，舊取土作燒瓷匣，後以景鎮來脉，禁止。山之西麓，唐有雲門教院。同上

顔魯公建中時守郡，行部新平。陸士修與公友善，來游新平，同止雲門教院數日。中霄茗飲聯咏，有「素瓷傳静夜，芳氣滿閑軒」之句，載雲門斷碑。《昌南記》

廠内珠山，獨起一峰巒，府視四境。相傳秦時番君登此，謂立馬山。至唐，因地繞五龍脉，目爲珠山。元末，于光據之，爲行臺，號蟠龍山。明稱纛山。後以爲御器廠鎮山。同上

唐有監務廳，宋設司務廳。宋、元皆置湘湖務。元有湖田市。同上

以上皆鎮陶舊説，概未編次書名前後。

藍浦、鄭廷桂《景德鎮陶録》卷九《陶説雜編下》 虞閼文爲周初陶正，武王賴其利器用與其神明之後，妻而封於陳。《左傳》

文彩纂組者，燔功之窑也。《管子》

寧封子爲黄帝陶正，有一人過之，請爲之掌火，能出五色煙。久則以教封子，封子積火自燒，遂能隨煙氣上下。《列仙傳》

《何稠傳》：稠博覽古圖，多識舊物。時中國久絶琉璃之作，匠人無敢措意，稠以緑瓷爲之，與真無異。《隋書》

李洪山人博知，嘗謂成式：瓷器壘者，可以棄。昔遇道，流言雷蟲鬼魅，多遯其中。《酉陽雜俎》

天寶内庫，有青瓷酒盃，紋有亂絲，其薄如紙，以酒注之温温然有氣相次如沸湯，乃名「自煖盃」。《雲仙雜記》

徐寅《貢餘秘色茶盞詩》云：巧剜明月染春水，輕旋薄冰盛緑雲。古鏡破苔當席上，嫩荷涵露别江濆。《唐咏物詩選》

秦觀詩，月團新碾瀹花瓷。陳師道詩，價重十冰瓷。孫抃詩，花瓷旋封裹。王世貞詩，瀉向宣州雪白瓷。《詩選》

巴東下岩院僧，偶於水際得一青瓷碗，式若斗，磬折，花及米其中皆滿，以金銀與錢試之，亦然，僧寶之。後年老，乃擲此碗江中，不欲以累法衆。《韵府羣玉》

南人習鼻飲，有陶器如盃盌，旁植一小管若瓶嘴，以鼻就管吸酒漿。暑月以飲水，謂之「鼻飲盃」。云水自鼻入咽，快不可言。邕州人已如此，記之以發一胡盧。《桂海虞衡志》

花腔腰鼓，陶鼓也，出臨桂職田鄉。其土特宜鼓腔，村人專作窑燒之，腔上油畫紅花紋以爲飾。同上

袁宏道曰：嘗見江南人家所藏舊觚，青翠入骨，砂斑垤起，可謂之金屋。其次官、哥、象、定等窑佳瓶，皆細媚滋潤，尤花神之精舍也。《瓶史》

《史考》：堯飯於土簋，飲於土硎。《漢書》南山有漢武舊匋。潘岳賦：傾縹瓷以酌醽醁（光緒及美術二本均作「醲」）。《齊職儀》曰：左有甄官署，掌瓦缶之作。《正字通》

會昌元年，渤海貢紫瓷盆，容量半斛。内外通瑩，其色純紫。厚可寸許，舉之又甚輕，如拈鴻毛然。《杜陽雜編》

馬祖常詩：貢篚銀貂金作藉，官窑瓷盞玉爲泥。蘇軾詩：劉生望都門，病羸寄空窑。王令詩：大匠陶百窑，不問履下泥。張耒詩：碧玉琢成器，知是東窑瓷。吴澄詩：登閣望芙蓉，麻煙起蒸窑。《韵藻》

孟銑小敏悟，見劉禕之金椀，驚曰，此藥金燒，其上有五色氣。《朝野僉載》

高麗陶器色青者，國人謂之翡色。近年已來，製作之巧，色澤尤佳。酒尊之狀如瓜，上有小蓋，而爲荷花伏鴨之形。復能作盌、碟、桮、甌、花瓶、湯琖，皆竊仿定器制度，故略而不圖，惟酒尊著異耳。《宣和奉使高麗圖經》

高麗燕飲器皿，多塗金或銀，而以青陶器爲貴。有狻猊香爐，亦翡色也，上蹲獸，下爲仰蓮以承之。諸器惟此物最精絶。其餘則越州古秘色、汝州新窑器，大概相類。徐兢《高麗圖經》

麗人陶器，又有大水瓮，廣腹斂頸，其口差小敞，高約六尺，闊四尺五寸，容三石二升。凡山島海道來，舟中水或缺，則用此載水售之。同上

元載飲食，冷物用硫黄碗，熱物則用泛水瓷器。器有三千事，皆邢雪、越冰之類。《樞要録》

張謙德云：凡插花，先須擇瓶。若夏秋用瓷瓶，堂厦宜大，書屋宜小。忌其環，忌其對。貴瓷，賤金銀，尚清雅也。口欲小，而足欲厚，取其安穩而不泄氣也。《瓶花譜》

東坡詩云，病貪賜茗浮銅葉。案今御前賜茶，皆不用建窑盞，用火湯甆，其樣似銅葉湯甆耳。銅葉色，黄褐色也。《演繁露》

諸名窑古瓷，如爐欠耳足，瓶損口稜，有以舊補舊，加以釉藥，一火燒成，與舊制無二，但補處色渾。然得此更勝新者。若用吹釉之法補舊，補處更可無迹。如有茅者，聞蘇州虎邱有能修者，名之曰緊。《拾青日札》

定窑釉滋潤，汝窑釉厚如堆脂，官窑釉色瑩澈，舊器釉厚故也。同上

王棫曰：余友劉君，幕游潁州。聞邑紳劉吏部家藏古瓷碗四，内繪彩碟。貯以水，碟即浮水面，栩栩欲活。索觀者衆，遂秘不示。《凝齋叢話》

品茶用甌白瓷爲良，所謂「素瓷傳静夜，芳氣滿閒軒」也。《茶經》重青瓷，云：盌，越州上，鼎州次，婺州次，岳州次，壽州、洪州又次，邢亦不如越。抑何所尚不同耶？《陽羡茗壺係》

凡窑皆有變相，匪夷所思，若宜興砂壺亦然。如傾湯貯茶，則雲霞綺閃，直是神之所爲，此億千或一見耳。同上

柴窑器最貴，世不一見。聞其制，青如天，明如鏡，薄如紙，聲如磬。官、哥、汝等密，以粉青色爲上，淡白次之，油灰則下。紋取冰裂、鱔血爲上，梅花片、墨紋次之，細粹紋最下。均窑色如胭脂爲上，青若葱翠，紫若墨者次之。雜色不

貴。又官窑隱紋如蟹爪，哥窑隱紋如魚子，龍泉窑器甚厚，工稍拙。文震亨《長物志》

花瓶須用官、哥、定等窑古膽瓶、一枝瓶、小蓍草瓶、紙槌瓶，餘如暗花、青花、茄袋、葫蘆、細口、扁肚、瘦足藥罈及新建窑等瓶，俱不入清供。其鵝頸壁瓶尤不雅。《長物志》

龍泉窑、均州窑之瓶，有極大二、三尺者，以插古梅最相稱。凡花瓶用錫膽，皆可免冬月凍裂之患。同上

白定筆格，有三山、五山及卧花娃等式。筆筒之制，古白定窑竹節者最貴，然難得。大者，東青細花式亦可用。若鼓樣，中有孔插筆及墨者，雖舊物不雅。官、哥窑筆洗，有葵花洗、磬口洗、四捲荷葉洗、捲口蔗段洗諸式。定窑筆洗，有三箍洗、梅花洗、方池洗諸式。龍泉窑筆洗，有雙魚洗、菊花洗、百折洗諸式。官、哥、白定等窑水注，有方圓、立瓜、卧瓜、雙桃、蓮房、蒂葉、茄壺諸式。印池，以官窑、哥窑方式爲貴，定窑及八角、委角者次之，青花白地有蓋、長樣者，俱不雅。同上

水中丞用銅。銅性猛，貯水則有毒，易脆筆，故以陶瓷爲佳。陶瓷水中丞，有官窑、哥窑之瓮肚、小口、鉢盂諸式。筆覘，定窑、龍泉窑之小淺碟，俱佳。糊斗，定窑有蒜蒲長罐式，哥窑有方斗如斛，中置一梁者。同上

國初有發隗囂墓者，官覺而追之，得陶器數十。見一酒琖於京師，色如龍泉窑之淡黄者，外皆自然蕉紋，内有團花。砂底，豐上斂下，口徑三寸許。劉體仁《識小録》

柴窑無完器，近復稍稍出。馬布庵見示一洗，圓而橢，面徑七寸。黝然深沉，光色不定，雨後青天，尚未足形容。布庵曰，余目之爲絳霄，蓋實罕覯云。《七頌堂識小録》

官窑螭耳洗，宋修内司窑盃，直如筒，色如猪肝，皆北海物。浮月盃，陶盃也，口微缺，以金錮之；酒滿，則一月皛皛浮灑面。先朝中州王邸物，後不知所歸。同上

越窑矮足爵，栗殻浮青，轉側皆翡翠。吴越王錢氏取供後，當時民間禁不敢用，故今存者極少。同上

李鳳鳴，字時可，家富，事侈靡。楊廉夫聞其名訪之，時可爲設荷花宴。有水晶几十二，上列器皆官窑瓷，一時毫麗，罕有其比。《都公譚纂》

輝出疆時，見燕中所用定器，色瑩净可愛。近年所用，乃宿、泗近處所出，非真定也。越上秘色器，始錢氏有國日。供奉之物，不得臣下用，故曰秘色。《清波雜志》

嘗見北客言：耀州黄浦鎮燒瓷，名耀器，白者爲上，河朔用以分茶。出窑一有破碎，即棄於河，一夕化爲泥。同上

汝窑，宫禁中燒者，内有瑪瑙末爲油，惟供御。揀退方許出賣，近尤艱得。同上

哥窑，宋時舊物，留傳雖久，真贋相雜。人間頗多，求其真宋而精美者絶少。秀之嘉善鉅族曹瓊獲一香爐，高可二寸餘，闊稱是，以美玉鏤海東青捉天鵝爲蓋，真絶美者也。漸聞於鎮守麥太監，麥囚瓊索之，其子不得已遂獻焉，後爲司禮監之有力者奪去。正德間，盗竊而貨於吴下，上海淀山張信夫以二百金易之歸，復重貨於好事者，而内府竟亦不追。此真古哥器矣。《北窗瑣語》

鞏縣有瓷偶人，號「陸鴻漸」，買十茶器，必得一「鴻漸」。市人沽茗不利，輒灌注之。鴻漸昔嗜茶，而此遭困辱。《梁溪漫志》

先子主長葛簿時，與李屏山、張仲杰會飲。座中有定瓷酒甌，同爲聯句。先子首唱云：定州花瓷甌，顔色天下白。屏山則曰：輕浮妾玻璃，顔鈍奴琥珀。張乃曰：器質至堅脆，膚理還悦澤。云云。《歸潛志》

官窑，燒於宋修内司中，爲官家所造也，窑在杭之鳳凰山下。其土紫，故足色若鐵，時云「紫口鐵足」。其哥窑，燒於私家，取土亦俱在此地。官質隱紋如蟹爪，哥質隱紋如魚子，但汁料不如官器佳耳。《文房清玩》

定窑器，北宋定州始也。其色白，間有黑、紫，然俱白骨質胎加之，釉水有如泪痕者爲上。又有南渡定器。同上

汝窑器，其色卵白，汁水瑩厚若堆脂，底有芝麻細小掙釘。同上

汝窑，出汝州。宋時燒者淡青色，有蟹爪紋者真，無紋者尤好。土脉細潤，薄甚難得。柴窑，出北地鄭州，周世宗姓柴，故名。天青色，細紋，器滋潤細膩，惟是粗黄土足。古龍泉窑，土脉細且薄者貴，今曰處器、青器。《格古要論》

成弘間，吾邑河莊孫氏曲水山房藏定窑鼎一，乃宋器之最精者。體圓而足三，有耳，有李西涯篆銘鐫於爐座。嘉靖倭變，玆鼎爲京口靳尚賓所得，毗陵唐太常凝庵，從靳購之，遂歸唐。唐雖奇窑器多，此鼎一至，諸品避席。自是海内評窑器者，必首推唐之白定窑鼎云。唐不輕示人。《韵石齋筆談》

萬延之趙銓都下，以十錢市一瓷缶沃盥，既傾，有餘水留缶。時寒凝冰，視之則桃花一枝也，明日成奴頭牡丹，次日又成水村斷鴻，翹鷺滿缶，宛如寒林圖畫。因什襲珍藏，遇寒則約客賞觀。此窰之至幻者乎？《春渚紀聞》

宋葉寘《坦齋筆衡》云：陶器自舜時便有，三代迄於秦漢，所謂甓器是也。此必葉公僅依《周禮·考工記》有虞氏上陶，《禮記·明堂位》泰，有虞氏之尊也；《韓非子》虞、舜作食器；《史記·五帝本紀》舜陶河濱，作什器於壽邱。諸書等句而云然耳。予嘗閲《汲塚周書》有云，神農作瓦器；《路史》有云，燧人爲釜；《物原》有云，神農作甕，軒轅作盌、碟；《紺珠》有云，瓶、缾同，神農制；《呂氏春秋》有云，黄帝有陶正，昆吾作陶；《説文》，昆吾作陶；《春秋正義》少皥有五工正，摶埴之工曰鶻雉之文。則陶窰上古已有，不自舜始也。意《考工》、《禮記》、《韓非》、《史記》皆稱有虞氏者，蓋以上古太樸，陶器只知今黄沙土之質，至舜而制度略備，精粗有别，故有泰尊食器之作爾。其稱上陶者，上與尚通，謂舜至質，貴陶器也，當訓好尚之尚，不作上下之上解。唐氏《肆考》

稽唐、虞，三代以迄秦、漢、魏晉六朝，著於經、史、子、集者，惟曰缶，曰土塯，曰土刑，曰泰尊，曰甒、大瓦棺，曰甑盆，曰瓦旗之類，名凡數十，而窰無所考，至唐始著窰名。同上

宋時，宫中所有定、汝器，率銅鈐其口，以是損價。而今之求定汝者，即以銅鈐口爲真。骨董家論古，往往如此。

唐秉鈞曰：古瓷柴、汝最重。柴周之外，次及官、定，蓋定、汝、官、哥，皆宋器也。然柴汝之器，傳世絶少，而官、定猶有者。非官、定易得也，以定有北定、南定，而霍州鎮彭窰，亦曰新定；官有舊京、修内司之别，而郊壇下新窰，亦曰官窰。新定不如南定，南定不如北定。舊京官窰，著時未久，當以修内司所造爲上，新窰爲下，其時已有差等。後有新仿定器，有不減定人制法者。有製作極工，不入清賞者。好事者指某器曰定，某器曰官，安知其不爲贋鼎所惑耶？今流傳者，惟哥窑稍易得，蓋緣質厚耐藏。定、汝體薄，難於完留故也。《古瓷合評》

闞洛聞有人耕地，常掘出古瓷器盃、棬、錠、柎之屬，千形萬變，並是采繪秘戲之狀。耆老相傳，是五湖亂華時，元魏懼其地有王氣，瘞此爲壓勝之具；皆供御物也。《獪園（雜記）》

宋臬使荔裳，康熙中分巡秦州時，城北寺基，忽裂丈餘，得古瓷一窑，同人索取殆盡。癸卯入都，僅餘碗二、盃一。一碗闊五寸，内外純素；一碗差小，波紋動蕩，似吴道子畫。杯貯水可一合許，有魚四頭，亦凸起，游泳宛然。商邱宋中丞牧仲見之，嘆爲異物，載入説部。此真古器，足貴者矣。《凝齋叢話》

粘官窑器皿法：用鷄子清勻糝石灰，捉清另放，以青竹燒取竹瀝，將鷄子清與竹瀝對停，熬和成膏，粘官瓷破處，用繩縛緊，放湯内煮一二沸，置陰處。三、五日，去繩索，其牢固異常，且無損痕。《墨娥小録》

金溪鄆路亭胡姓，有甲乙入山，見白兔，追而射之，兔不見，乃志其處。發之，則古塚也。旁有大缸，中貯素瓷瓶二，古硯一。甲碎其一瓶，乙止之，取以爲養花器。硯乃澄泥硯。瓶置几上，數日，黨有氣自内浮出，氤氳若雲氣之蒸，不測其故。試折花木貯其中，無水而花卉不萎，且抽芽結實，若附土盤根者然。始訝瓶蓋窑變類也。一日，風雨大作，忽霹靂一聲，瓶竟震碎，乙甚惋惜。《耳食録》

定窑器皿有破損者，可用楮樹汁濃涂破處，紮縛十分緊，俟陰干，永不解。《雲谷臥餘》

高從海時，荆南尚使磁器，皆高其足，而公私競置用之，謂之「高足盌」。《三楚新録》

耀州陶匠，創造一等平底深椀，狀簡古，號「小海鷗」。《清異録》

破椀上下作兩截，斷而齊者，名無底碗，大吉。往往以上截書古語於其中，懸東壁，謂祥瑞也。《田家雜占》

印色池，官哥窑方者，尚有八角、委角者，最難得。定窑方池外，有印花紋，甚佳，此亦少者。諸玩器，玉當較勝於磁，唯印色池以磁爲佳，而玉亦未能勝也，故今官、哥、定窑者貴甚。近日新燒，有蓋白定長方印池，並青花白地、純白者此古未有，當多蓄之，且有長六七寸者，甚佳。《考槃餘事》

印章，有哥窑、官窑、東青窑者，其製作之巧，紐式之妙，不可盡述。同上

吴門周丹泉，能燒陶印文，或辟邪、龜、象、連環、瓦紐，皆由火範而成，色如白定，而文亦古。《妮古録》

窑器，方爲難，今制方窑器爲盛。《事物紺珠》

余秀州買得白定瓶，口有四紐，斜燒成「仁和館」三字，字如米氏父子所書。《妮古録》

余於項元度家見哥窑一枝瓶，哥窑八角把杯，哥窑乳爐。項希憲言司馬公

哥窑合卺雙桃杯，一合一開，即有哥窑盤承之，盤中一坎，正相容，亦奇物也。後入劉錦衣家。同上

官、哥二窑，時有窑變，狀類蝴蝶、禽鳥、麟豹等像。於本色釉外，變色或黄或紅紫，肖形可愛，乃火之幻化，理不可曉。《博物要覽》

古人吃茶多用擎，取其易干，不留滓。飲酒用琖，故無勸盤。今所見定器勸盤，乃古之洗也。古人用湯瓶、酒注，不用壺瓶及有嘴折盂、臺盤，用始元朝，古定、官窑，俱無此器。《格古要論》

金花定碗，用大蒜汁調金描畫，然後再入窑燒，永不復脱。同上

賣花顧媪，持一舊瓷器求售。似筆洗而略淺，四周内外及底皆有釉，色似哥窑而無紋，中平如硯，獨露瓷骨，邊綫界畫甚明，不出入毫髮，殊非剥落，不知何器，以無用還之。後見《廣異記》《逸史》等所載，乃悟。唐以前無朱硯，凡點勘文籍，則研朱於盃琖，大筆濡染貯朱於鉢。盃盞略小而口哆，以便掭筆。鉢稍大而口斂，以便多注濃瀋也。顧媪所持，蓋即朱盞，向來賞鑒家未及見耳。急呼之來，問此瓷器何往？曰，本以三十錢買得，云出自井中，今以無用，二十錢賣諸雜物攤上，久不能復問所在矣。余深爲惋惜。世多以高價市贋器，而真古瓷反往往見擯如此。《槐西雜志》

平陽，陶唐氏之故都也，其俗勤儉，舊多窑居，新安趙給諫吉士竹枝詞咏之云：三月山田長麥苗，村莊生計日蕭條，羨他豪富城中户，住得磚窑勝土窑。其鎮署三堂後，尚有磚窑五圈。《霽園夜譚録》

自古陶重青品，晉曰縹瓷，唐曰千峰翠色，柴周曰雨過天青，吴越曰秘色。其後宋器雖具諸色，而汝瓷在宋燒者，淡青色；官窑、哥窑以粉青爲上；東窑、龍泉，其色皆青。至明而秘色始絶。《愛日堂抄》

有客携柴窑片瓷，索數百金，云嵌於胄，臨陣可以辟火器，然無由知確否。余曰，何不繩懸此物，以銃發鉛丸擊之？如果辟爲不碎，價數百金不爲多；如碎，則辟火之説不確，理不能索價也。客不肯，曰，公於賞鑒非當行，殊煞風景。急懷之去。後聞鬻於貴家，竟得百金。夫君子可欺以其方，難罔以非其道。砲火横冲，如雷霆下去，豈區區瓷片所能御？且雨過天青，不過釉色精妙耳，究由人造，非出神功，何破裂之餘片，尚有靈如是耶？《如是我聞》

以上皆陶事舊説，或全篇，或一二語，悉撮録，以資聞見。

藍浦、鄭廷桂《景德鎮陶録》卷一〇《陶録餘論》 陶有遥，逃二者，燒進摶埴，皆可稱也。《正字通》陶與匋同，又陶即窑字，通作窑、坰、匋等字。《説文》，匋，瓦器，从缶，包省聲。蓋古字雙音並義，後始陶、窑分稱。

舜陶河濱，《類書纂要注》，河濱，即今定陶縣西北；《輿圖直指》則謂在館陶、陶邱之間。考陶邱，即定陶，然定陶與館陶相去甚遠。又作什器於壽邱，《輿圖直指》言壽邱在兖州府東，則館陶、定陶皆於兖甚遠，未知河濱所在。近考《括地志》云：陶城，在蒲州河東縣北三十里，爲舜所都，南去歷山不遠。按此或即其地。

閩温處叔《陶制序》深得陶事三昧，其略云：淘先濯之，使定淪矣，尤必澄也，擾之欲調，而掔之欲堅，不然，恐其宛也。此數句蓋言淘練泥釉之工。又云：作之力須均，扶欲嗇，弗均則側，弗嗇則泐也。此是言拉坯之難。又云：入范而摶之疏數，須得其平也，力欲轉而滑，滯則裂，按之而實斯痕也。此是言印模不易。又云：浣之，括之，拭之，必詳悉求其類，不則疵也。此是言鏇坯過釉之艱。又云：裏堅白而表凝素者，上也，雖加之以繪佳也。此言陶成器質貴精潔。又云：表容青，雖繪事弗及，次也。此言器品質虧，非所貴。又云：筆紋期如絲，紋豐而診，亦次也。此言畫描之工。又云：一品爲之功數易，一弗善，不能良也。此總言陶作之難。蓋觀於温《序》所言，從可知陶事曲折矣。

鎮瓷，在唐、宋不聞有彩器，元、明來則多青花，或仿他處青瓷矣，然非今之所謂青也。今俗又以器之上品者爲青，如呼頭青、提青、三色青之類，昔只以上色、次色、三色分之。

在鎮官窑瓷器有三：一廠官器，一仿宋代汴、杭官窑器，其一則居俗所稱官古器也。廠官器非民間所有，官古器則盛行於今，宋官器仿制不多矣。

陶瓷有所謂口者，即器上圍。(員)〔圓〕口俗呼盤口、盌口，盤堧、盌堧是也。所謂足者，即器底圈邊，俗呼椀垠，盃垠是也。所謂骨子，即器具土質，俗呼泥胎兒是也。

陶瓷有以圾稱者，自五圾起，以至百圾、五百圾、千圾，如尊、罍、盆、缸之類。按字(美術本誤作「子」)書：圾與岌通，危也。則以圾稱，謂其危而成難也，故圾數愈增，則愈難陶成。

陶瓷有茶托、酒托，疑即古禮器之舟也。《周禮》祼用鳥彝、黄彝，皆有舟。鄭注：舟，樽下臺，若今承盤子。由是考之，舟、托非一物乎？

均紅器古作者，土質粗疏，微黄，釉色雖肖，究非佳品。今鎮陶選用净細白

填土，範胎爲之，再上均紅釉，故紅色襯出，愈滋潤，所謂玫瑰、海棠、騾肝、馬肺等樣，皆勝於往古所造。

一霽紅也，《肆考》紀明廠窑作祭紅，沈陽唐公記今廠器作霽紅，而陶俗皆作濟紅，其實祭紅爲是。蓋宣窑造此，初爲祭郊日壇用也。唐窑紀霽紅，由宣窑霽青推寫耳。

龍缸大窑，明廠原係三十二座，後因青窑數少，龍缸窑空閒，將大龍缸窑改砌青窑十六座，仍存龍缸大窑十六座。自國初燒造龍缸未成，至唐窑始復其制，搭民窑燒。廠東街有龍缸同，相傳爲舊搭燒龍缸處。按隆、萬時廠器，除廠内自燒官窑若干座外，餘者已散搭民窑燒。《邑志》載有賞給銀兩定燒、賠造等語。然今則廠器盡搭燒民窑，照數給值，無役派賠累也。

鎮在唐代瓷陶之外，又有琉璃窑，爲市埠橋盛姓所業。有盛鴻者，登乾元第，爲利州司馬，擢行人。其族人以勅造不稱獲罪，鴻疏辨免，不欲族裔承匠籍，遂廢其業，見《昌南記》。

《責備餘談》云：汪、黄爲相，宦官邵成章劾其誤國被斥，欽宗思其忠直，召赴行在。或復沮之，乃命止於洪州，及洪州陷，金人授以職，堅不從。金曰，忠臣也，不可殺之。按欽宗時汪、黄未爲相，當是高宗之僞。然邵成章當南渡時，實嘗提舉修内司官窑，足爲陶中生色矣。

《正字通》載：景德鎮瓷器，用苧麻灰淋汁涂之。黄色者，赤土汁涂坯燒之。用芝麻稭淋汁染色，則成紫。此言非也。按今配青白釉，止用煉灰。黄色、紫色，本有是種，配釉亦不用芝麻稭汁。若赤土所配，乃紫金釉稍黄一種，非黄色者。

《正字通》又載：婺源縣界麻倉窑有土可釉。按麻倉爲邑東村名，或訛麻村，或呼梅村，窑出官土，只可作不，非釉也。

《正字通》又載：廬陵新建産黑赭石，磨水畫瓷坯，初無色，燒之成天藍，蓋今青料也。按赭乃赤色，雲黑，又雲赭，則不得名青料，且新建從未聞産料。

《正字通》又載：景德鎮取婺源所産料，名畫燒青，一曰無名子。按鎮所用，乃浙料，廣料，或雲南料。昔則蘇泥勃青、回青、樂平陂塘青、瑞州石青，從未聞取用婺邑料。凡料之佳者，名老圓子、韭菜邊，亦無畫燒青、無名子之稱，廖公蓋以傳聞誤注耳。

景德鎮自明設御器廠，因有廠官窑，今仍其舊稱。《格古要論》載：古饒器，出今饒州浮梁之御土窑，體潤而薄。訛御器廠爲御土窑。且景德鎮所産而必曰饒器，即云饒州所轄，豈饒器盡爲御土窑燒造者？是又不知有民窑、官窑之分也。

劉言史《咏茶詩》云，湘瓷浮輕花，此湘瓷不知即岳州器歟？抑爲本鎮附紀之湘湖窑器歟？當俟考定。

陶庵老人《夢憶》云，嘉興王二之漆行，洪漆之漆，張銅之銅，徽州吴明官之窑，皆以一工與器而名家起家，其人且與搢紳先生列坐抗禮。按徽州距景德鎮甚近，吴明官或亦嘗陶吾鎮，著名當時者歟？不然，徽地無窑也，然莫可詳確，亦俟考。

《長物志》載，舊窑枕有長二尺五寸，闊六寸者可用。是昔尚瓷枕，暑月用之必佳。今鎮只有孩兒枕。

《邑乘》載繆宗周《兀然亭詩》云，陶舍重重倚岸開，舟帆日日蔽江來，工人莫惜天機巧，此器能輸郡國材。《志》，兀然亭在鞍山，爲祖無擇所題云，亭近河濱。然鞍山附近無陶，實去河甚遠。按兀然亭有二，當是題肇建之兀然亭耳。肇地濱河，建中昔多世陶，有峰曰肇山。舊傳有兀然亭，其址猶存。繆詩殆非泛指也。

明末又有陳仲美、周丹泉俱工仿古窑器，携售遠方，鎮人罕獲，周窑甚傳。若陳來去無定，仿造亦不多，今罕有知之者矣。

真古窑器，得之無價。嘗記少時見有人持湖田窑大方爐一，色素而古雅可愛，云家世珍藏，可驗晴雨，請鬻於里淳富宅。富家不辨，數争價往反，忽失手墮碎，深爲可惜。

古瓷尚青，宜品茗酒耳，若肴饌，則素瓷、青花白質瓷爲佳。鄒陽《賦》，醪醸既成，緑瓷是啓；陸羽《經》，越瓷青而茶色緑；《七啓》，盛以翠樽；季南金詩，聽得松風並澗水，急呼縹色緑瓷杯；東坡詩，青浮卵盌香。觀數公句，可知尚青止盃盞之類，亦非如柴、汝之青色也。

同一青瓷也，而柴窑、汝窑云青，其青則近淺藍色；官窑、内窑、歌窑、東窑、湘窑等云青，其青則近淡碧色；龍泉、章窑云青，其青則近翠色；越窑、岳窑云青，則近縹色。古人説陶，但通稱青色耳。

景德鎮諸窑，稱青亦不同。有云青者，乃白地青花也。淡描青，亦然。其青皆近藍，色分濃淡。有仿古窑稱青者，則亦如古窑之青。若霽青之青，亦近深藍色。

汝窑瓷色，鎮廠所仿者，色青而淡帶藍光，非近碧之粉青也。《肆考》謂汝窑瓷，色如哥而深，則誤認青爲近碧解矣，不知汝瓷所謂淡青色，實今之好月藍色。鎮廠蓋内發真汝器所仿，俗亦呼爲雨過天青。又仿粉定有甚佳者，亦不聞是青田石。

《肆考》又以大邑瓷注於越窑下，未考大邑爲邛州屬縣，竟以爲越瓷，是不知有蜀窑也。又以東甌爲越窑，未考東甌地屬温州，是不知别有東甌陶也。《廣輿記》載温州城外尚有東甌王墓。

舊越窑自宋末已不復見，《輟耕録》載葉坦齋引陸詩，疑爲秘色。而《肆考》越窑實另見，謂第爲秘色之所自始，殆其然乎。

秘色，古作祕色，《肆考》疑爲瓷名，《輟耕録》以爲即越窑，引葉寘「唐已有此語」。不思葉據陸詩，並無祕色字也。按祕色特指當時瓷色而言耳，另是一窑，固不始於錢氏，而特貢或始於錢氏，以禁臣庶用，故唐氏又謂蜀王不當有。不知祕字，亦不必因貢御而言。若以錢貢爲祕，則徐寅《祕盞詩》亦標貢字，是唐亦嘗貢，何不指唐所進御云祕，豈以唐雖貢不禁臣庶用，而吴越有禁，故稱祕耶？《肆考》又載祕色至明始絶，可見以瓷色言爲是。

《高齋漫録》亦載祕色瓷器，也言錢氏有國日越州燒造，爲供奉物，臣庶不得用。似祕色窑又實起於吴越矣。

雨後天青，止柴窑器色如是，汝窑所仿，已不類。宋長白誤以爲祕色窑器，且稱雨後晴天色，訛青爲晴。又注《茶經》所云，越州爲上，是指龍泉窑器。皆載其《柳亭詩話》中。按祕色窑青色，近縹碧，與越窑同，即越窑亦非龍泉窑。一是紹興，一屬處州，地亦相殊也。宋又云，祕色晴天，柴皇氏重之。是並不知世傳五窑之自來矣。

《格古要論》謂舊哥哥窑色青，濃淡不一，好者類董窑。今亦少有成羣隊者，是元末新燒，欠佳。按東窑色淡青，亦有紫口鐵足，未聞董窑何昉，殆東董音相近，各操土音，遂以東訛董，而《肆考》亦誤沿董字也。

魚子紋，《格古要論》以爲哥器紋，而《陶成記》載汝釉亦有魚子紋，合之無紋汝釉，蟹爪紋汝釉，可知汝器古有三種釉式。

《陶成記》：仿宋器有銅骨無紋汝釉猫食盤，係人面洗色澤。今鎮所仿汝器，並未聞此名式，即銅骨泥絶少，不見有人面洗色澤者，此種真汝式，想尤佳妙。

大觀，北宋年號，即有官窑時也。宋本稱「官」字，唐雋公不書「官」紀觀稱「大觀釉」。蓋以鎮陶有丁官器，民俗有官古器，故用觀字以别之。其實大觀即宋官釉，或疑官、觀爲二，皆謬。

霍器有三：一爲宋霍州本來窑；一爲元彭君寶仿造窑；其一則唐昌南鎮霍仲初窑也。彭爲上，仲品次之，霍州本來者又次之。

窑變之器有三，一爲天工，一爲人巧。其由天工者，火性幻化，天然而成，如昔傳屏風變爲床、舟，冰缶凍爲花卉村景，宋盌經暑不腐腥物，乃世不多覯者也；又如均、哥本色釉，經燒忽退變他色，及成諸物狀，是所時有者也。其由人巧者，則工故以釉作幻色物態，直名之曰窑變，殊數見不鮮耳。

陶處多者，自來莫過於汴，其次爲浙。然汴自柴、東、汝、官、均而外，著名者少。越窑、秘色、官内、龍泉、哥、章及東甌，今亦莫繼其美。

江西窑器，昔亦多處，惟景德鎮著久。《肆考》：饒州窑亦注浮梁鎮器，而不列景德鎮名，何耶？又云：江西窑器，唐在洪州，宋時出吉州，明見弋陽，何以既注鎮器，尚言江西窑器，某代止在某處乎？

磁石制泥爲器，非吸鐵引針之磁石，亦非燒料爲磁粉之類，乃别一種石。其色光滑而白，其性埴而鬆，其器美而不致，實與瓷土異，惟磁州、許州有之。

楚之長沙屬，有醴陵土椀。器質甚粗，體甚厚，釉色淡黄而糙，或微黑，椀中心及底足，皆無釉，蓋其入窑時必數椀叠裝一匣燒，故也。此乃鄉土窑，所在多有，正如吾昌南在漢時只供邇俗粗用也。

「素瓷傳静夜」，本王修詩，《昌南記》以爲顔、陸二公聯句，殊誤。《陽羨茗壺係》引之，謂品茶尚素瓷，然亦不載誰句，而尚素又與《茶經》相反。

《廣輿記》止載登封宜陽産瓷器，而不知洛陽已陶於元魏時；止載平涼、華亭産瓷器，而不知秦州已陶於唐代。《肆考》載秘戲器作俑於隆、萬，而不知元魏之闕、洛窑，已有此種。

蘸釉之法，欲其瑩匀，大抵貴手輕快，《肆考》謂不急能匀，重復蘸之則瑩厚，謬矣。按當蘸濕時，若不急起，縱使釉周，不幾酥破乎？瑩厚亦不必重復，如重蘸，色反不匀。今惟大琢器、大圓器用吹釉法，有重復多遍者。餘小器及常粗器蘸釉，則不然。

《肆考》説定器出定州，即真定。按定州係直隸州，在真定之西南，非真定也。真定爲常山，定州爲中山。宋蘇東坡知定州，其時即爲邊郡，真定固屬遼，不屬宋也。

《肆考》謂古人以足載器，器足多取沉重，柴窑足每粗黄土，官、哥、龍泉，皆鐵足，此非也。按周之柴窑，其時鮮佳木，故胎質用黄土，足亦黄土，非另造續成者。即鐵足亦因鐵骨泥作質，故坯足露鐵色，非另造鐵足安上。唐氏不知坯裝匣燒，匣内尚有渣餅，砂渣墊足，只疑另有器足承載器燒，故有古取沉重之説。

《通志》曰：造坯彩畫，始條理也。入窑火候，終條理也。即以火候言之，火有前、中、後之分，有緊、潤之候。或對曰，或一晝夜，大器或溜七日夜，緊二日夜。火弱則窳麬，俗呼糟坯；火猛則僨暴。溜者欲習於火而無贏緊者，如燎於原而無縮。若倦睡不應機，神昏莫辨火色，有破壘走焰之失，所燒器必多舒壑、陰礨、黑黄之患矣。則所謂條理者，正須縷析也。

錢儀吉《三國會要》卷一三《樂一・度量》 魏杜夔制律吕以之候氣，灰悉不飛。晉光禄大夫荀勖得古銅管校夔所制，長古四分，方知不調事由其誤。《隋書》述毛爽《律譜》。 夔所用調律尺，此勖新尺，得一尺四分七氂。魏景元四年，劉徽注《九章》云：王莽時劉歆斛尺弱於今尺四分五氂，比魏尺其斛深九寸五分五氂；即荀勖所謂今尺長四分半是也。徽注《九章》《商功》曰：「當今大司農斛，圓徑一尺三寸五分五氂，深一尺，積一千四百四十一寸十分寸之三。王莽銅斛，於今尺爲深九寸五分五氂，徑一尺三寸六分八氂七豪，以徽術計之，於今斛爲容九斗七升四合有奇。」魏斛大而尺長，王莽斛小而尺短也。《晉書律志》。

杜夔造斛，即《周禮》所謂嘉量也。深尺，六尺，實一鬴臂一寸，實一豆耳。三寸實一升。重一鈞，聲中黄鍾。晉氏播遷，亡其彝量。《通典》。

錢儀吉《三國會要》卷二七《食貨二・國用》 明帝時，百姓凋匱而役務方殷，衛覬上疏曰：「武皇帝之時，後宫食不過一肉，衣不用錦繡，茵褥不緣飾，器物無丹漆，用能平定天下，遺福子孫。此皆陛下之所親覽也。當今之務，宜君臣上下，並用籌策，計校府庫，量入爲出。深思勾踐滋民之術，由恐不及，而尚方所造金銀之物，漸更增廣，工役不輟，侈靡日崇，帑藏日竭。昔漢武信求神仙之道，謂當得雲表之露以餐玉屑，故立僊掌以承高露。陛下通明，每所非笑。漢武有求於露，而由尚見非，陛下無求於露而空設之；不益於好而糜費功夫，誠皆聖慮所宜裁制也。」《衛覬傳》。

景初間，王肅陳「諸鳥獸無用之物，而有芻穀人徒之費，皆可蠲除」。《王肅傳》。

齊王正始元年秋七月，詔曰：「《易》稱損上益下，節以制度，不傷財，不害民。方今百姓不足而御府多作金銀雜物，將奚以爲？今出黄金銀物百五十種，千八百餘斤，銷冶以供軍用。」

高貴鄉公即位，減乘輿服御，後宫用度，及罷尚方御府百工技巧靡麗無益之物。均《三少帝紀》。

王慶雲《石渠餘紀》卷三《紀丁隨地起》 康熙十一年以浙江鹽鈔銀均入地丁。三十六年以浙江匠班銀七千餘兩派入地丁。後湖北於三十九年，山東於四十一年，均照浙江例，匠班歸入地丁。

案：匠丁沿自故明，歷久籍存丁絶。至是始派入地丁。地丁之名，已見於此，後乃定制通行耳。

五十五年户部議編審人丁，除向例照地派丁外，其按人派丁者，一户之内開除與新添互抵，不足以親族丁多者抵補，又不足以同甲糧多者頂補。有餘歸入滋生册内造報。

案：照地派丁，即丁隨地起之法。其法但以黄册與魚鱗册相爲乘除，即得其實。顧以一丁言之，不能以數十年而無故；合一縣數千丁言之，即不能以一日而無事。立法抵補，誠爲至公。乃晉省有丁倒累户，户倒累甲之謡，意者親族不必丁多，同甲亦不必糧多。在官謂之補，在民則謂之累，其故可深思哉。

是年定賣買地畝。其丁銀有從地起者，隨地徵丁。倘有地賣丁留，與受同辜。

案：明天啓元年給事中甄淑請均户丁等銀言：「小民所最苦者，無田之糧，無米之丁。田賣富室，産去糧存，而猶輸丁賦。宜取額丁、額米，兩衡而定其數。米若干即帶丁若干。買田者，收米便收丁，則縣册不失丁額，貧丁不至賠累。」史稱當時行之。案此即丁隨地起之法，特其時政荒賦重，故不久輒罷。

是年准廣東所屬丁銀就各州縣地畝攤徵，每地銀一兩，攤丁銀一錢六氂四豪不等。

案：丁隨地起見於明文者，自廣東始。

雍正元年，直隸巡撫李維鈞請丁銀隨地起徵，部議允之。每地賦一兩，攤入丁銀二錢七氂。六年以長蘆竈丁攤入竈地，每畝六釐至一分不等。

黄以周《禮書通故》卷三八《錢幣通故》圩市糴 《管子》云：「珠玉爲上幣，

黄金爲中幣，刀布爲下幣。」太公爲周立九府圜法，黄金方寸而重一觔；錢圜函方，輕重以銖；布帛廣二尺二寸爲幅，長四丈爲匹。故貨寶于金，利于刀，流于泉，布于布，束于帛。賈逵云：「虞夏商周金幣三等，或赤，或白，或黄。黄爲上幣，銅鐵爲下幣。」鄭玄云：「《外府》『掌邦布之出入』。布，泉也。其藏曰泉，其行曰布。泉始蓋一品，周景王鑄大泉而有二品。至漢，惟有五銖久行。王莽改貨，多至十品。」韋昭云：「單穆公言古者有母平子、子權母而行，則二品之來古而然矣，鄭君省之不詳耳。」以周案：幣有三品，《管子》爲備。錢有二品，韋説爲長。

李奇云：「九府圜法，圜即錢也。圜一寸而重九兩。」顔師古云：「此説非也。《周官》太府、玉府、内府、外府、泉府、天府、職内、職金、職幣，皆掌財幣之官，故云九府。圜謂均而通也。」王應麟説，九府即《爾雅》八方之八材，中原之五穀魚鹽。惠士奇説，《周官》夫布、里布、緻布、總布、質布、罰布、廛布、儳布，是爲布貨九品。

《漢食貨志》云：「周景王時患錢輕，更鑄大錢，文曰『寶貨』，肉好皆有周郭。」唐固云：「景王鑄大錢，重十二銖，文曰『大泉五十』。」韋昭云：「鄭後司農説《周禮》云：『王莽時錢有十品，今存于民多者，有貨布、大泉、貨泉。大泉，徑寸二分，重十二銖，文曰大泉五十。』則唐君所謂大泉者，乃莽時泉，非景王所鑄明矣。或曰文曰寶貨，皆非事實。」以周案：《漢志》又言莽即真，更作金銀龜貝錢布之品，名曰寶貨；小錢、幺錢、幼錢、中錢、壯錢，因前「大錢五十」，是謂錢貨六品。則寶貨、大錢五十，俱係莽制明矣。韋氏説是。

鄭玄云：「王莽改貨作泉布。貨布重二十五銖，直貨泉二十五；大泉重十二銖，直十五貨泉；貨泉重五銖，直一。」賈公彦云：「《食貨志》『大泉直五十』。言十五者，誤。」以周案：《周語》景王將鑄大錢，韋注引後司農説，正作「大泉五十」，唐固舊注亦云「大錢重十二銖，文曰大泉五十」。

鄭衆云：「『泉府』，故書泉或作錢。」韋昭云：「古曰泉，後轉曰錢。」鄭樵云：「錢字作泉，言其形如泉文。」王聘珍云：「故書者，古文先秦書也。作錢，乃《周禮》之本字。其作泉者，後人所改。太公立九府圜法，錢圜函方，輕重以銖。周景王更鑄大錢，文曰『寶貨』，或曰『大泉五十』，其形仍是外圜函方，並未嘗爲泉字形也。其爲泉形者，乃王莽所作之貨布。聞制字象物之形，不聞制物象字之形也。」以周案：指其物曰錢，曰布帛；語其通行謂之泉布。泉府之泉不必改作錢。其象泉文之貨，自是莽作也。

《漢食貨志》云：「王莽所定：大貝四寸八分以上，二枚爲一朋，直二百一十六。壯貝三寸六分以上，二枚爲一朋，直五十。幺貝二寸四分以上，二枚爲一朋，直三十。小貝寸二分以上，二枚爲一朋，直十。不盈寸二分，不得爲朋，直錢三。」鄭《詩箋》云：「古者貨貝，五貝爲朋。」孔穎達云：「鄭因經廣解之，言有五種之貝，貝中以相與爲朋，非總五貝爲一朋。」以周案：孔疏據王莽制以言，殊非鄭義。《淮南子·道應訓》注、《廣韵》「朋」字注，並曰「五貝爲一朋」。

《司市》：「國凶荒札喪，則市無征而作布。」鄭玄云：「有災害，物貴。金銅無凶年，因物貴，大鑄泉以饒民。」以周案：凶荒鑄錢，讀者多疑之。先君子曰：「《國語》單穆公云：『古者天降災戾，于是乎量資幣，權輕重，以振救民。』《管子》云：『湯七年旱，禹五年水。湯以莊山之金鑄幣，而贖人之無饘賣子者；禹以歷山之金鑄幣，救人之困。』以是知年凶鑄錢，三代同之矣。凶年穀貴錢賤，因大鑄錢，俾糴者得儲錢，糶穀者不窘于錢。其非凶歲，則舊所行之錢自給民用也。後世或歲鑄錢，民間錢不加多，則銷錢爲器者衆。議救此弊者有二，曰平銅價，曰禁銅器。」

「泉府掌市之征布，斂市之不售、貨之滯于民用者，以其賈買之，物楬而書之，以待不時而買者，買者各從其抵」。鄭衆云：「物楬而書之，物物爲楬書，書其賈，楬著其物也。抵，故賈也。」鄭玄云：「抵實柢字，柢，本也，本謂所屬吏主有司是也。」賈公彦云：「先鄭抵故賈，後鄭不從。假令官前買時貴，後或賤，今依故賈與之即損民，故不得依故賈以解抵也。」馬端臨云：「買之于方滯之時，賣之于欲買之際，此與常平賤糴貴糶之意同。泉府則以錢易貨，常平則以錢易粟，其本意皆以利民，非謀利也。然後世常平之法，轉而爲和糴，且以其儲供它用而不以濟民，失其本意矣。」以周案：「各從其柢」，即下文從主、從有司，後鄭之説自確。據先鄭意，貨至不售而官斂之，其價必賤，故令買者從其抵，不忍因貨之乏，貴其價以病民也。其説亦通。先君子曰：「管仲、李悝之法，糴糶斂散祇行于穀甚賤傷農、穀甚貴傷民之時，觀時弊而行，非常法也。法有可暫行者，不宜執爲一定而概以施之。後世行此術者，定爲歲例，糴不于賤之時，糶不于貴之時，糴則抑價，糶則昂價。《泉府》言貨滯則買之，後世非滯而買之矣。《泉府》言待不時之買，後世定之以時，抑勒分配矣。」

《泉府》「凡賖者，祭祀無過旬日，喪紀無過三月。凡民之貸者，與其有司辨而授之，以國服爲之息」。鄭衆云：「貸者，謂從官借本賈也。故有息，使民弗利，以其所賈之國所出爲息也。假令其國出絲絮，則以絲絮償；其國出絺葛，則以絺葛償。」鄭玄云：「以國服爲之息，以其于國服事之税爲息也。于國事受園廛之田而貸萬泉者，則朞出息五百。王莽時，民貸以治産業者，但計贏所得受息，無過歲什一。」陳傅良云：「還本之後，計日服國事以爲息。」一説，令國服役以償所貸。息，即保息之息。一説，國服即《管子》之「國軌」，亦曰「國準」。軌爲法，準爲平。以穀與幣相權，振其不贍，斂其有餘，自有什倍之息。一説，上文「凡賒者」，謂賒于官；下云「凡民之貸者」，謂民自相貸。民貸于民，泉府必與其有司辨其貨物，定價而後授之，其息之多寡，各有舊俗，不得增加，故曰以國服爲之息。服，字書訓習，訓行。國所習行，謂舊俗也。以周案：據先鄭注，貸謂借官本以貿易，國服謂其國所出之物。據後鄭注，貸謂借官本以治産，國服謂受國園廛之事。《載師》云「國宅無征，園廛二十而一」，故曰貸萬泉出息五百。陳君舉以國服爲服國役，不言所貸何事。先君子曰：「《泉府》所言，祇因祭祀喪紀之乏，權以賒之，以役事償之。下云『凡國事之財用取具』，謂貨入于泉府，用之者取于泉府，非謂取于所賒之息也。《周官》本經，其義甚憭。《熙寧》貸收之法，行之通國貧富等户，歲有常例，此謀利之術，不得援《周官》以自解。」以周復合羣説考之，後一説以上文「凡賒者」爲賒于官，此云「凡民之貸者」爲民自相貸，其解甚正；而以國服爲舊俗，仍未得也。茲可據《秋官·朝士》文解之。《朝士》云：「凡有責者，有判書以治，則聽。」注：「故書判爲辨。」即此所謂與有司辨而授之也。又云：「凡民同貨財者，令以國法行之，犯令者刑罰之。」即此所謂以國服爲之息也。服，古之𠬝字，治也，法也。从又从卩，會意。卩，事之制也。國服國法一義。以國服爲之息，明取息不得浮于國法也。浮于國法即是犯令。國服之息，今謂之官利，歲無過什一。林樾亭云：「漢時加責取息，坐贓。如旁光侯殷坐取息過律免，陵鄉侯訢坐貸穀息過律免之類，皆有程限。大抵歲取什一，如國取民之事，不得有逾。」考旁光侯殷之免，在元鼎元年，則國服爲息之法，漢初猶行。但周定此制爲民自相貸之法，漢初行之于官長，至王莽又取而行之于國也。

《旅師》「掌聚野之耡粟、屋粟、閒粟而用之，凡用粟，春頒而秋斂之」。鄭玄云：「耡粟，民相助作，一井之中所出九夫之税粟也。屋粟，民有田不耕，所罰三夫之税粟。閒粟，閒民無職事者所出一夫之征粟。用之以賙，以國服爲之息。」江永云：「耡粟，農民合出之，因合耦于助，故名耡粟。猶隋唐社倉、義倉，每歲出粟少許，儲之當社，以待年飢之用者也。旅師所聚，以耡粟爲主。耡粟無多，恐不足以給，又以載師之屋粟、閒粟益之。『而用之』連上爲一句。此粟可不收息。」以周案：王介甫青苗法引此文爲證。朱子社倉與青苗法不甚異，行之得其人，青苗猶社倉也。介甫爲鄞令，行之無大弊矣。行之失其人，社倉亦青苗也。魏元履建社倉不收息，朱子憂其難久，魏氏亦病朱子祖介甫聚斂之餘謀矣。司馬君實言青苗之弊云：「富者不願取，使者以多散爲功，一切抑配，恐其逋負，必令貧富相保。春算秋計，展轉日滋，貧者既盡，富者亦貧，十年之後，百姓無復存者。」先君子言朱子社倉之法云：「朱子議社倉，不願置立之處，官司不得抑勒；置立之處，人户不願請貸，不得抑勒。其給之也以穀不以金，其行之也必以惨怛忠利之心，不用聚斂亟疾之謀。議固甚善。然熙寧創立青苗之法亦已言及此矣，卒至抑勒也，給以金也，聚斂亟疾也。法立而弊生，弊漸流而漸大，法之所不能盡絶。使人主舉社倉之法，强天下以通行之，其弊亦然。産錢六百文以上、衣食不闕者，不得請貸，則請貸者皆極貧下户，而收納之時，不鞭扑而能得之邪？如謂同十人結爲一保，逃亡物故，同保均備納足，如貸者皆貧户，其何以堪之。如謂同保中有富者，則十人中貧富相閒矣。令富者貸粟而出二分之息，又令其償逃亡物故之穀，非抑勒之，而富者甘爲之邪？朱子集中所載《社倉記》，建昌軍南城縣之社倉，吴伸、吴倫發私粟四千斛爲之；婺州金華縣之社倉，潘叔度出穀五百斛爲之。是倉主之富而好義者，意在濟人，不求肥己，無各户之勒貸，無逃亡物故之索償，少倉穀出入之費，省官吏監察之資，事之所益者大，而行之可久。不能出此，而以官吏强行之，則弊百出矣。」

《周官·司市》「辟布」，故書辟作辭。鄭衆云：「辭訟泉物也。」鄭玄云：「辟布，謂市之羣吏考實諸泉入，及有遺忘。」惠士奇云：「辭布，辭之言貲也，猶漢之貲錢。或説辟，法也，辟布猶法錢。」

《周官·廛人》「掌斂市絘布、總布、質布、罰布、廛布，而入于泉府」。鄭衆云：「絘布，列肆之税布。」杜子春云：「總當爲儳，謂無肆立持者之税也。」鄭玄云：「總讀如租穗之穗。穗布，謂守斗斛銓衡者之税也。質布者，質人之所罰犯質劑者之泉也。罰布者，犯市令者之泉也。廛布者，貨賄諸物邸舍之税。」惠士奇云：「絘布，市中思次、介次之布也。質布，質劑賣價之布。罰布，質人所罰犯禁者之布。廛布，門關征廛之布。儳布者，無肆立持之布。《集韵》：『儳，蹔也。』

徐邈讀。」《詩》云『抱布』，抱此。《管子》云『握路』，握此也。」江永云：「總布，謂肆長總斂在肆諸物之布，此商賈之正賦，猶農之九穀，工之器物，《大宰》所謂市賦，《閭師》所謂任商以市事，貢貨賄也。質布，謂償質劑之布。古大券小券皆以帛爲之，質劑蓋官作之，其上當有璽印，是以量取買賣者之泉以償其費，猶後世契紙有錢也。」

《職内》「凡受財者，受其貳令而書之」。鄭玄云：「受財，受于職内以給公用者。貳令，若今御史所寫下本奏，王所可者書之。」王與之説，職内掌入不掌出，鄭注與職歲相亂。所謂受財者，受財之入也。以周案：有入必有出，有出必有入。職内掌入，非不出也。職歲掌出，非無入也。知職歲掌出必有所入，可無疑于職内掌入非終不出矣。王氏駁注，殊悖。

《職幣》「掌式法以斂官府都鄙與凡用邦財者之幣，振掌事者之餘財」。鄭玄云：「幣謂給公用之餘。凡用邦財者，謂軍旅。振猶抍也，檢也。掌事，謂以王命有所作爲。先言斂幣，後言振財，互之。」賈公彦云：「以財與之謂之抍，知其足剩謂之檢。上文直言斂，亦振之；下言振財有餘，亦斂之，故言互之。」以周案：職幣掌式法，而聽均節于大宰、司會。其所斂官府都鄙之幣，即斂司會所貳之官府、郊野、縣都之百物財用；其所「與凡用邦財者之幣」，即予大宰九式之祭祀、賓客、喪荒、羞服、工事、幣帛、芻秣、匪頒、好用之幣也。「掌事」承上「用邦財者」爲言，以所斂之幣，予掌事之邦用，而掌事者有餘財，亦振而收之。《記》「振河海而不洩」，注：「振猶收也。」此注訓抍、檢。《廣雅》：「抍，收也。」《孟子注》：「檢，斂也。」惠半農以巾車毀折之所入，泉府賖貸之所納，爲掌事者之餘財，其説固偏；又謂凶荒無征，以其餘供法用，與《經》「詔王小用賜予」之文亦悖。

《周官·大府》「頒其貨于受藏之府，頒其賄于受用之府」。鄭玄云：「受藏之府，若内府也。受用之府，若職内也。凡貨賄皆藏以給用耳。良者以給王之用，其餘以給國之用。受藏受用貨賄，皆互文。」以周案：鄭意固是，然皆屬互文，《經》何必别白言之。貨賄本通文，此云「頒其貨」，據其良者言，「受藏之府」，即下玉府、内府是也。玉府、内府皆藏貨賄之良，以待王之大用。大用不常有，故謂之受藏之府，明不遽出也。「受用之府」，即下之外府是也。外府所受爲邦布，布取流行，隨入隨出，故謂之受用之府爾。

鄭玄云：「内府，主良貨賄藏在内者。外府，主泉藏在外者。」以周案：内府藏良貨賄，以待邦之大用；外府藏泉布，以待邦之小用。内外府以地言，無分于公私也。鄭注甚明。胡王峯以漢唐之季置私庫疑之，何不察經注之意邪？但内府之大用，謂祭祀、賓客、喪紀、會同、軍旅之大財用也。鄭注專以朝覲之頒賜言，似偏。

《司會》：「掌國之官府、郊野、縣都之百物財用凡在書契版圖者之貳，以逆羣吏之治，而聽其會計。」賈公彦云：「舉官府以表邦中，其實官府不出賦也。」曾釗説，此職不掌賦，掌其百物財用之在書契版圖者之貳耳。上二句當連讀。書契謂官府之書契，版圖謂郊野縣都之版圖，百物財用謂官府郊野縣都之出入。賈疏讀「財用」絶句，誤矣。以周案：曾氏説是。

《司會》「以參互考日戌，以月要考月成，以歲會考歲戌」。鄭玄云：「參互，謂司書之要貳與職内之入、職歲之出。故書互爲巨。」王昭禹云：「以三考之爲參，以兩考之爲互。以職内考其入，以職歲考其出，以職幣考其餘，是所謂參也。以職内及會以逆職歲，職歲以式法贊逆會，是所謂互也。」薛季宣云：「二説皆不通。《周官》三百六十，分職任事，皆有日成，何獨于三官言之。蓋以凡考目，以目考數，以數考凡，是謂參。凡與數相考，數與目相考，是謂互。」以周案：《宰夫職》「正以治要，師以治凡，司以治目，旅以治數」。數以日計，目與凡，數之參參相積者也。參而互之，又以旬計日謂十日。日成謂旬日之成，猶浹旬謂之浹日也。《宰夫職》又云「歲終令正歲會，月終令正月要，旬終令正日成」，文義與此相同，則日成爲十日之成可知也。日爲之數，參其數爲之目，又參其目而互治之爲之凡，時在旬終，故曰「旬終令正日成」。參互以考日成，所以正其旬内之數目也。又參其旬爲之要，時在月終，故曰「月終令正月要」，考月成所以正月要也。至十二月又爲之會，故曰「歲終令正歲會」，考歲成所以正歲會也。王氏訓互爲兩，無據。薛氏沿其説，于參兩尤膠轕。

《周官·玉府》：「凡王之獻金玉、兵器、文織、良貨賄之物，受而藏之。」鄭玄云：「謂百工爲王所作，可以獻遺諸侯。古者致物于人，尊之則曰獻。《春秋》曰：『齊侯來獻戎捷。』」林喬蔭云：「此王字，《國語》所謂『荒服終王』者。凡四方之幣獻，入之于内府。其九州之外，謂之蕃國，世一見，各以其所寶貴爲摯。此所謂世一見，即《國語》之所謂王。鄭氏箋《詩》云『世見曰王』是也。因來王而以其寶貴爲摯，故曰王之獻。以非常有之物，故入于玉府而藏之。」以周案：鄭以「凡王之獻」與下文「凡王之好賜」對文，獻字句絶。林以「凡王之獻」與《内府》

「凡四方之幣獻」對文，獻字下屬爲義。玩「受而藏之」文，林説爲長。

《周官・内宰》「凡建國，佐后立市」。鄭玄云：「王立朝而后立市，陰陽相承之義。」或説，周制，國君、夫人、世子、命夫、命婦過市，皆有罰，而内宰佐后與市井之事，其義何居？以周案：古者后親蠶躬桑，又獻種以佐王耕，凡宫中布帛菽粟之事，皆后主之，所以知其衣食之艱難也。市中之事，以布帛菽粟爲最大，而布帛之度，菽粟之量，皆準諸后，故后出其度量淳制以平之，此后立市之義也。設次、置敘、正肆、陳貨賄，内宰佐之；出度量淳制，祭以陰禮，后自主也。

吴大徵《論古雜識》 古玉與古金同，在土中曆數千百年而不毁。嘗論三代鼎彝，有文字可考者，顯有商周之别。今日所謂商器者，安知無夏器雜其中。又安知古玉中無夏商之玉？但無文字可證，不敢臆斷耳。

天地之菁華，至後世而發洩殆盡。三代時白玉不可多得，故天子佩白玉而諸侯以下皆不得佩也。余所藏大璧大琮大圭，青玉多而元玉黄玉亦閒有之。白玉則絶無大者，此可以覘世變矣。

余於京師購得二大璧，玉質多帶石理，製作古朴，皆有刀切文，所謂昆吾刀切玉如泥者。於此可信其不誣。此大璧中之最古者，疑爲夏商時物，尚文之世無此古制矣。

今世所傳古銅瞿，其制在戈矛以前，好古者多目爲商器，因其鑄文。兩面有目形，合之則爲瞿字。説文䀠左右視也，兵器名䀠。當亦取左右視之意，䀠瞿古今字。余所藏商尊作立瞿形□正與器合，近又得一玉瞿，土花斑駁，其爲商器無疑。特古兵用玉則不可解，或古之舞器，亦未可知。朱干玉戚大武之遺制也，玉瞿則古於玉戚矣。

牙璋之大者，其長三尺，旁有三孔，似平列而可縣者。又有似璋非璋似刀非刀者，旁亦三孔，尚以爲古笏也。今以牙璋之制揆之其縣繩之三孔，適相類，特無鉏牙之飾。豈即周禮之所謂邊歟。

古玉刻文曰瑑曰駔，瑑文則垠堮墳起，即今之所謂陽文也。駔文則細畫淺刻，今之所謂陰文也。又有陽文中間刻陰文者，皆極工雅，皆非後世俗工之所爲也。

《周禮》玉人之事，士大夫之職也，制度文爲不盡委之工匠。後世則以玉爲玩物，大都出工匠之手，縱工巧，未能免俗。余所得古琮古璧，有刻畫似不甚工，而古雅可愛，無庸俗氣者，可以雅俗定古今之别。書畫一理也，金文與玉文，亦一理也。會心人當自得之。

古玉有與虎符相類者，形似豕而非豕，當即《周禮》所謂山國用虎節也，許氏以琥爲發兵瑞玉，以其形制與漢虎符相近，其實非發兵所用。余藏三琥，刻文簡古，制作尺寸皆同，似有一定之制度，非虎節而何。古玉有象人形者，首有一孔，通至兩袖，刀法亦甚簡古，似有一定之制度，當即《周禮》所謂土國用人節也。俗以翁仲名之，殆不知其所用耳。或曰節者出使之瑞節，以玉人爲人節，毋乃太小乎。余曰，貨賄用璽節，即今所傳古玉鉥古銅鉥也，以此類推，人節固大於璽節矣。

關中出土古玉，有刻龍文者，制作大小皆相等，俗名爲飛龍佩，當即《周禮》所謂澤國用龍節也。《周禮》珠槃玉敦並稱。余所得古器有玉敦而無珠槃，若以朱璣飾於玉銅槃，必無是理，竊古朱字有从土旁者，遂誤爲珠玉之珠，玉敦所以備歃血之用，而盛之以朱槃玉敦，亦猶舞器之言朱干玉戚也。

古者執圭有垂繅，故圭必有孔，今世所傳古圭，其抒上終葵首者益有孔，閒有二孔者，惟剡上之圭多無孔，以其時考之。圜首方首之圭必古於剡上之圭，然許氏所云。剡上爲圭，半圭爲璋，似亦周制也。兩京去古未遠，或因周制而損益之耳。

古金有文字，古玉多無文字，曾見有刻桓圭及赤刀等字者，皆後人僞作。惟張尗憲度所藏玉虎有午十三字，似非僞刻，與薛尚功法帖所載玉琥同。

圭文有刻星斗八卦山海形及劍形蛇形者，皆漢以後物。古壓勝錢如貨布大泉五十，背有星劍文，永通萬國錢背有星劍龜蛇文，疑壓勝之制。始於王莽，以蛇劍刻之圭，尤屬無理。

《左傳》工尹路請曰：君王命剥圭以爲戚柲，敢請命，蓋杼上終葵首之圭，其制與戚本相近。或圭有殘缺，改琢爲戚，圭下有穿可安戚柲，非以圭玉飾於戚柲也。

璧之制不一，圭之制亦不一，大抵無文者最古。周末文勝六國異制，彫鏤愈工，尺寸亦與古制不合，璧本圜也。有於圜之外，加刻龍文者，琮本方也，有毁方以象圜者，亦猶敦之有足。而類鼎觚之無稜而不方矣。琬圭以結好，故取其無鋒鋩者。琰圭以除慝，故取其有鋒鋩者，古聖制物，各有命意之所在。牙璋以起軍旅，故其形制與兵器相類，乃閲數千年沈没於荒煙蔓草中，而無人顧問，庸夫俗賈妄加以雷公鍊天符之名，可慨也夫。

關中友人楊實齋云：長安出土之古琮，賈人利其色澤之温潤，大半截而改爲手鐲，其尺寸小而不可改者。幸而僅存耳。

余得古玉敦五，古玉觶四，古玉尊三，古玉觚三，皆與古銅器製作無異。玉觶即璧角，玉尊即璧散，可與禮記明堂位相證，三代瓌寶，聚於一室。秦漢以來，無此鉅觀也。

古玉有五色斑爛者，皆土中所受之色，俗稱紅者爲血浸，黄者爲松者浸。黑者爲水銀浸，皆賈人臆造之詞。其實土性不同，故玉色亦不一也。惟純黑者爲元玉。非土中所受之色，或云夏尚黑，禹治水時得元玉，琢以爲圭，夏后氏以水德王，故以元玉爲瑞，理或然與。

圭璋璧琮，三代並重，何以今日璋獨罕見，則不可解。

《白虎通》曰：外圓内方曰璧，外方内圓曰琮。余於大梁得一古璧，中作方孔，與《白虎通》合，然非璧之當制也。劍鼻有用銅者，有用玉者，其形制皆同，一日有鄉民攜一古劍求售，云洛陽土中掘得者，中有玉鼻，完好無缺，惟銅質朽爛，觸手即折，不可把玩矣。物主居奇，尚索重值，故未之得也。刀珌飾於刀削之末，入土既久，削毁而珌存，然有珌必有琫，何以珌多而琫獨罕見。且古戈古矛古劍皆習見之器，而古之佩刀從未之見。何與。

佩玉之飾上有雙衡，下有變璜，蠙珠琚瑀衡牙以納其間。今所流傳小玉□刻文似駔琮者，疑即琚瑀之屬。以字義引伸之，琚聲近鋸，瑀聲近齵，當有刻畫與鋸齒相類者，聞宫子行大令於歷下購得數十枚，大小刻文皆同，當即佩玉所用之鋸瑀也。

衡牙與充耳相似，竊以爲大而長者即衡牙，小而短者爲充耳，世俗統以雷籤名之，謬矣。

濰縣王西泉布衣石經攜書畫金石録印泉幣數百種，過訪於大梁節署，余邀丁少山待詔艮善與之共飲，酒酣，袖出所藏古玉璜，白質而滿身璜斑，温潤而澤。兩面皆有穀文，曰藏之三十年矣，臨淄出土時，本有二璜。其一角微缺，爲友人所藏。近年售之都中貴人矣。余曰都中一琮，鄙人已購得之。西泉詫爲異事。遂舉以爲贈，其兩美復合，亦一時佳話也，因作圖以紀其事。

内則左佩小觿，右佩大觿，注謂小觿解小結，大觿解大結，然皆以角爲之，故字从角从嶲。余得玉觿小者二、大者一，同時得銅觿二，制作皆相似，則未之前聞也。

決拾之決，古皆用角，而玉者不經見。南陽太守濮青士文暹，好藏古玉珮，有一決，形如馬蹏，一面口窄而斜如殘缺者，與今之所謂搬指異矣，適徐君翰卿來汴，佩有白玉古決，與此正同，余愛之，遂解以贈余，厥後翰卿自揚州購寄一決，質白而有璊點，余在大梁亦得一決，青玉而有水銀浸，皆世俗所謂馬蹏決也。此亦足以存古制也。

世之好古玉者，多玩弄其色澤，以璊斑深厚者爲上，方寸之玉，不惜數百金購得之，争相夸炫，並不思古人制器之原，流俗相以圭爲藥鏟，以琮爲釭頭，以珩璜爲壓鬚，以飾弁之璂爲壓臍，以琥爲夾肘，以衡牙爲雷籤，以刀珌爲琴拂柄，自關以西，自江以南，自齊魯以北，衆口一詞，卒莫能考其制度，而正其名，今一旦羅而致之，稽諸經典而證玥之，亦求古之士所樂聞也。

古玉帶有金點者，與今之所謂金星瑪瑙似，余得二器焉。一爲六寸之珽，一爲八寸之琮，好古者多未之見。亦異品也。

古之玉決，既與今之搬指不同，乃有與搬指相類而口徑略小者，關中出土甚多，相傳以爲笛頭，無可考證，姑仍其説存之。

曩在都門，見廠肆有古玉，長約二尺許，旁有三孔，玉色純赤，匣蓋玻璃上，刻有純廟御製赤刀詩七律一首。越數年復訪之，不可得見，不知今歸何所矣。

關中故家藏有玉爵，楊實齋以拓本寄示，有柱有流，與銅爵無異，惟四足甚短，刻文古樸，類三代器，殆即《周禮》所謂瑶爵與。

古之玉有文字者，玉鉥玉印玉押外，惟漢之剛卯，唐之玉魚符，皆有時代可考。余亦得玉魚二，色澤甚古，刻工與魚符相類，款亦唐物，或當時有以玉魚爲佩者，杜少陵諸將詩，可爲一證。

余所得白玉律琯，適容千二百黍，定爲古黄鐘律，楊實齋來書云，得之咸陽，尚有一蒼色者出土，爲鄉民掘碎。余屬實齋再訪之，不知尚可得否。案是琯餘杭大師定爲夾鍾八倍律。以之稽徵古權度量衡，殆無不吻合，王謇附誌。

康有爲《康南海自編年譜》（光緒二十四年）三月初一日【略】

今統籌大局，非大籌五六萬萬之款，以二萬萬築全國鐵路，限三年成之，練兵百萬，購鐵艦百艘，徧立各省各府縣各等各種學堂，沿海分立船塢，武備水師學堂，開銀行，行紙幣，如此全力並舉，庶幾或可補救。以全國礦作抵，英美必樂任之，其有不能，則鬻邊外無用之地，務在籌得此巨款，以立全局。既與常熟言，薦容純甫熟悉美事，忠信可任借款。又草摺二份，交御史宋伯魯、陳其璋上之。

樞垣疑其不能行，留中，真可惜也。

紀事

《明史》卷四〇《地理志一》　順天府元大都路，直隸中書省。洪武元年八月改爲北平府。十月屬山東行省。二年三月改屬北平。三年四月建燕王府。永樂元年正月升爲北京，改府爲順天府。永樂四年閏七月詔建北京宫殿，修城垣。十九年正月告成。宫城周六里一十六步，亦曰紫禁城。門八：正南第一重曰承天，第二重曰端門，第三重曰午門，東曰東華，西曰西華，北曰玄武。宫城之外爲皇城，周一十八里有奇。門六：正南曰大明，東曰東安，西曰西安，北曰北安，大明門東轉曰長安左，西轉曰長安右。皇城之外曰京城，周四十五里。門九：正南曰麗正，正統初改曰正陽；南之左曰文明，後曰崇文；南之右曰順城，後曰宣武；東之南曰齊化，後曰朝陽；東之北曰東直；西之南曰平則，後曰阜成；西之北曰彰儀，後曰西直；北之東曰安定；北之西曰德勝。嘉靖三十二年築重城，包京城之南，轉抱東西角樓，長二十八里。門七：正南曰永定，南之左爲左安，南之右爲右安，東曰廣渠，東之北曰東便，西曰廣寧，西之北曰西便。領州五，縣二十二。【略】

應天府元集慶路，屬江浙行省。太祖丙申年三月曰應天府。洪武元年八月建都，曰南京。十一年曰京師。永樂元年仍曰南京。洪武二年九月始建新城，六年八月成。內爲宫城，亦曰紫禁城，門六：正南曰午門，左曰左掖，右曰右掖，東曰東安，西曰西安，北曰北安。宫城之外門六：正南曰洪武，東曰長安左，西曰長安右，東之北曰東華，西之北曰西華，北曰玄武。皇城之外曰京城，周九十六里，門十三：南曰正陽，南之西曰通濟，又西曰聚寶，西南曰三山，曰石城，北曰太平，北之西曰神策，曰金川，曰鍾阜，東曰朝陽，西曰清涼，西之北曰定淮，曰儀鳳。後塞鍾阜、儀鳳二門，存十一門。其外郭，洪武二十三年四月建，周一百八十里，門十有六：東曰姚坊、仙鶴、麒麟、滄波、高橋、雙橋，南曰上方、夾岡、鳳臺、大馴象、大安德、小安德，西曰江東，北曰佛寧、上元、觀音。領縣八。

《明史》卷四七《禮志一・壇壝之制》　明初，建圜丘於正陽門外，鍾山之陽，方丘於太平門外，鍾山之陰。圜丘壇二成。上成廣七丈，高八尺一寸，四出陛，各九級，正南廣九尺五寸，東、西、北八尺一寸。下成周圍壇面，縱横皆廣五丈，高視上成，陛皆九級，正南廣一丈二尺五寸，東、西、北殺五寸五分。甃磚闌楯，皆以琉璃爲之。壝去壇十五丈，高八尺一寸，四面靈星門，南三門，東、西、北各一。外垣去壝十五丈，門制同。天下神祇壇在東門外。神庫五楹，在外垣北，南向。廚房五楹，在外壇東北，西向。庫房五楹，南向。宰牲房三楹，天池一，又在外庫房之北。執事齋舍，在壇外垣之東南。坊二，在外門外横甬道之東西。燎壇在內壝外東南丙地，高九尺，廣七尺，開上南出户。方丘壇二成。上成，廣六丈，高六尺，四出陛，南一丈，東、西、北八尺，皆八級。下成，四面各廣二丈四尺，高六尺，四出陛，南丈二尺，東、西、北一丈，皆八級。壝去壇十五丈，高六尺。外垣四面各六十四丈，餘制同。南郊有浴室，瘞坎在內壝外壬地。

洪武四年改築圜丘。上成廣四丈五尺，高五尺二寸。下成每面廣一丈六尺五寸，高四尺九寸。二成通徑七丈八尺。壇至內壝牆，四面各九丈八尺五寸。內壝牆至外壝牆，南十三丈九尺四寸，北十一丈，東、西各十一丈七尺。方丘，上成廣三丈九尺四寸，高三尺九寸。下成每面廣丈五尺五寸，高三尺八寸，通徑七丈四寸。壇至內壝牆，四面皆八丈九尺五寸。內壝牆至外壝牆，四面各八丈二尺。

十年改定合祀之典。即圜丘舊制，而以屋覆之，名曰大祀殿，凡十二楹。中石臺設上帝、皇地祇座。東、西廣三十二楹。正南大祀門六楹，接以步廊，與殿廡通。殿後天庫六楹。瓦皆黄琉璃。廚庫在殿東北，宰牲亭井在廚東北，皆以步廊通殿兩廡，後繚以圍牆。南爲石門三洞以達大祀門，謂之內壇。外周垣九里三十步，石門三洞南爲甬道三，中神道，左御道，右王道。道兩旁稍低，爲從官之地。齋宫在外垣內西南，東向。其後殿瓦易青琉璃。二十一年增修壇壝，壇後樹松柏，外壝東南鑿池二十區，冬月伐冰藏凌陰，以供夏秋祭祀之用。成祖遷都北京，如其制。

嘉靖九年復改分祀。建圜丘壇於正陽門外五里許，大祀殿之南，方澤壇於安定門外之東。圜丘二成，壇面及欄俱青琉璃，邊角用白玉石，高廣尺寸皆遵祖制，而神路轉遠。內門四。南門外燎爐毛血池，西南望燎臺。外門亦四。南門外左具服臺，東門外神庫、神廚、祭器庫、宰牲亭，北門外正北泰神殿。正殿以藏上帝、太祖之主，配殿以藏從祀諸神之主。外建四天門。東曰泰元，南曰昭亨，西曰廣利。又西鑾駕庫，又西犧牲所，其北神樂觀。北曰成貞。北門外西北爲齋宫，迤西爲壇門。壇北，舊天地壇，即大祀殿也。十七年撤之，又改泰神殿曰皇穹宇。二十四年又即故大祀殿之址，建大享殿。方澤亦二成，壇面黄琉璃，陛增爲九級，用白石圍以方坎。內，北門外西瘞位，東燈臺，南門外皇祇室。外，西門外迤西神庫、神廚、宰牲亭、祭器庫，北門外西北齋宫。又外建四天門，西門外北爲鑾駕庫、遣官房、內陪祀官房。又外爲壇門，門外爲泰折街牌坊，護壇地千四百餘畝。

太社稷壇，在宮城西南，東西峙，明初建。廣五丈，高五尺，四出陛，皆五級。壇土五色隨其方，黃土覆之。壇相去五丈，壇南皆樹松。二壇同一壝，方廣三十丈，高五尺，甃磚，四門飾色隨其方。周垣四門，南靈星門三，北戟門五，東西戟門三。戟門各列戟二十四。洪武十年改壇午門右，社稷共一壇，爲二成。上成廣五丈，下成庚五丈三尺，崇五尺。外壝崇五尺，四面各十九丈有奇。外垣東西六十六丈有奇，南北八十六丈有奇。垣北三門，門外爲祭殿，其北爲拜殿。外復爲三門，垣東、西、南門各一。永樂中，建壇北京，如其制。帝社稷壇在西苑，壇址高六寸，方廣二丈五尺，甃細磚，實以浄土。壇北樹二坊，曰社街。王國社稷壇，高廣殺太社稷十之三。府、州、縣社稷壇，廣殺十之五，高殺十之四，陛三級。後皆定同壇合祭，如京師。

朝日、夕月壇，洪武三年建。朝日壇高八尺，夕月壇高六尺，俱方廣四丈。兩壝，壝各二十五步。二十一年罷。嘉靖九年復建，壇各一成。朝日壇紅琉璃，夕月壇用白。朝日壇陛九級，夕月壇六級，俱白石。各建天門二。

先農壇，高五尺，廣五丈，四出陛。御耕耤位，高三尺，廣二丈五尺，四出陛。

山川壇，洪武九年建。正殿、拜殿各八楹，東西廡二十四楹。西南先農壇，東南具服殿，殿南耤田壇，東旗纛廟，後爲神倉。周垣七百餘丈，垣內地歲種穀蔬，供祀事。嘉靖十年，改名天神地祇壇，分列左右。

太歲壇與嶽瀆同。嶽鎮海瀆山川城隍壇，據高阜，南向，高二尺五寸，方廣十倍，四出陛，南向五級，東西北三級。王國山川壇，高四尺，四出陛，方三丈五尺。天下山川所在壇，高三尺，四出陛，三級，方二丈五尺。

《明史》卷八〇《食貨志四・鹽法》 煮海之利，歷代皆官領之。太祖初起，即立鹽法，置局設官，令商人販鬻，二十取一，以資軍餉。既而倍征之，用胡深言，復初制。丙午歲，始置兩淮鹽官。吴元年置兩浙。洪武初，諸産鹽地次第設官。都轉運鹽使司六：曰兩淮，曰兩浙，曰長蘆，曰山東，曰福建，曰河東。鹽課提舉司七：曰廣東，曰海北，曰四川，曰雲南；雲南提舉司凡四，曰黑鹽井，白鹽井，安寧鹽井，五井。又陝西靈州鹽課司一。

兩淮所轄分司三，曰泰州，曰淮安，曰通州；批驗所二，曰儀真，曰淮安；鹽場三十，各鹽課司一。洪武時，歲辦大引鹽三十五萬二千餘引。弘治時，改辦小引鹽，倍之。萬曆時同。鹽行直隸之應天、寧國、太平、揚州、鳳陽、廬州、安慶、池州、淮安九府，滁、和二州，江西、湖廣二布政司，河南之河南、汝寧、南陽三府及陳州。正統中，貴州亦食淮鹽。成化十八年，湖廣衡州、永州改行海北鹽。正德二年，江西贛州、南安、吉安改行廣東鹽。所輸邊，甘肅、延綏、寧夏、宣府、大同、遼東、固原、山西神池諸堡。上供光禄寺、神宫監、内官監。歲入太倉餘鹽銀六十萬兩。

兩浙所轄分司四，曰嘉興，曰松江，曰寧紹，曰温台；批驗所四，曰杭州，曰紹興，曰嘉興，曰温州；鹽場三十五，各鹽課司一。洪武時，歲辦大引鹽二十二萬四百餘引。弘治時，改辦小引鹽，倍之。萬曆時同。鹽行浙江，直隸之松江、蘇州、常州、鎮江、徽州五府及廣德州，江西之廣信府。所輸邊，甘肅、延綏、寧夏、固原、山西神池諸堡。歲入太倉餘鹽銀十四萬兩。

明初，置北平河間鹽運司，後改稱河間長蘆。所轄分司二，曰滄州，曰青州；批驗所二，曰長蘆，曰小直沽；鹽場二十四，各鹽課司一。洪武時，歲辦大引鹽六萬三千一百餘引。弘治時，改辦小引鹽十八萬八百餘引。萬曆時同。鹽行北直隸，河南之彰德、衛輝二府。所輸邊，宣府、大同、薊州。上供郊廟百神祭祀、内府羞膳及給百官有司。歲入太倉餘鹽銀十二萬兩。

山東所轄分司二，曰膠萊，曰濱樂；批驗所一，曰濼口；鹽場十九，各鹽課司一。洪武時，歲辦大引鹽十四萬三千三百餘引。弘治時，改辦小引鹽，倍之。萬曆時，九萬六千一百餘引。鹽行山東，直隸徐、邳、宿三州，河南開封府，後開封改食河東鹽。所輸邊，遼東及山西神池諸堡。歲入太倉餘鹽銀五萬兩。

福建所轄鹽場七，各鹽課司一。洪武時，歲辦大引鹽十萬四千五百餘引。弘治時，增七百餘引。萬曆時，減千引。其引曰依山，曰附海。依山納折色。附海行本色，神宗時亦改折色。鹽行境內。歲入太倉銀二萬二千餘兩。

河東所轄解鹽，初設東場分司於安邑，成祖時，增設西場於解州，尋復并於東。正統六年復置西場分司。弘治二年增置中場分司。洪武時，歲辦小引鹽三十萬四千引。弘治時，增八萬引。萬曆中，又增二十萬引。鹽行陝西之西安、漢中、延安、鳳翔四府，河南之歸德、懷慶、河南、汝寧、南陽五府及汝州，山西之平陽、潞安二府，澤、沁、遼三州。地有兩見者，鹽得兼行。隆慶中，延安改食靈州池鹽。崇禎中，鳳翔、漢中二府亦改食靈州鹽。歲入太倉銀四千餘兩，給宣府鎮及大同代府禄糧，抵補山西民糧銀，共十九萬兩有奇。

陝西靈州有大小鹽池，又有漳縣鹽井、西和鹽井。洪武時，歲辦鹽，西和十三萬一千五百斤有奇，漳縣五十一萬五千六百斤有奇，靈州二百八十六萬七千四百斤有奇。弘治時同。萬曆時，三處共辦千二百五十三萬七千六百餘斤。鹽行陝西之鞏昌、臨洮二府及河州。歲解寧夏、延綏、固原餉銀三萬六千餘兩。

廣東所轄鹽場十四，海北所轄鹽場十五，各鹽課司一。洪武時，歲辦大引鹽，廣東四萬六千八百餘引，海北二萬七千餘引。弘治時，廣東如舊，海北萬九千四百餘引。萬曆時，廣東小引生鹽三萬二百餘引，小引熟鹽三萬四千六百餘引；海北小引正耗鹽一萬二千四百餘引。鹽有生有熟，熟貴生賤。廣東鹽行廣州、肇慶、惠州、韶州、南雄、潮州六府。海北鹽行廣東之雷州、高州、廉州、瓊州四府，湖廣之桂陽、郴二州，廣西之桂林、柳州、梧州、潯州、慶遠、南寧、平樂、太平、思明、鎮安十府，田、龍、泗城、奉議、利五州。歲入太倉鹽課銀萬一千餘兩。

四川鹽井轄鹽課司十七。洪武時，歲辦鹽一千一十二萬七千餘斤。弘治時，辦二千一十七萬六千餘斤。萬曆中，九百八十六萬一千餘斤。鹽行四川之成都、敘州、順慶、保寧、夔州五府，潼川、嘉定、廣安、雅、廣元五州縣。歲解陝西鎮鹽課銀七萬一千餘兩。

雲南黑鹽井轄鹽課司三，白鹽井、安寧鹽井各轄鹽課司一，五井轄鹽課司七。洪武時，歲辦大引鹽萬七千八百餘引。弘治時，各井多寡不一。萬曆時與洪武同。鹽行境內。歲入太倉鹽課銀三萬五千餘兩。

成祖時，嘗設交阯提舉司，其後交阯失，乃罷。遼東鹽場不設官，軍餘煎辦，召商易粟以給軍。凡大引四百斤，小引二百斤。

鹽所產不同。解州之鹽，風水所結。寧夏之鹽，刮地得之。淮、浙之鹽，熬波。川、滇之鹽，汲井。閩、粵之鹽，積鹵。淮南之鹽，煎。淮北之鹽，曬。山東之鹽，有煎有曬。此其大較也。

有明鹽法，莫善於開中。洪武三年，山西行省言：「大同糧儲，自陵縣運至太和嶺，路遠費煩。請令商人於大同倉入米一石，太原倉入米一石三斗，給淮鹽一小引。商人鬻畢，即以原給引目赴所在官司繳之。如此則轉運費省而邊儲充。」帝從之。召商輸糧而與之鹽，謂之開中。其後各行省邊境，多召商中鹽以爲軍儲。鹽法邊計，相輔而行。

四年定中鹽例，輸米臨濠、開封、陳橋、襄陽、安陸、荆州、歸州、大同、太原、孟津、北平、河南府、陳州、北通州諸倉，計道里近遠，自五石至一石有差。先後增減，則例不一，率視時緩急，米直高下，中納者利否。道遠地險，則減而輕之。編置勘合及底簿，發各布政司及都司、衛所。商納糧畢，書所納糧及應支鹽數，齎赴各轉運提舉司照數支鹽。轉運諸司亦有底簿比照，勘合相符，則如數給與。鬻鹽有定所，刊諸銅版，犯私鹽者罪至死，僞造引者如之，鹽與引離，即以私鹽論。

成祖即位，以北京諸衛糧乏，悉停天下中鹽，專於京衛開中。惟雲南金齒衛、楚雄府，四川鹽井衛，陝西甘州衛，開中如故。不數年，京衛糧米充羨，而大軍征安南多費，甘肅軍糧不敷，百姓疲轉運。迨安南新附，餉益難繼，於是諸所復召商中鹽，他邊地復以次及矣。

仁宗立，以鈔法不通，議所以斂之之道。户部尚書夏原吉請令有鈔之家中鹽，遂定各鹽司中鹽則例，滄州引三百貫，河東、山東半之，福建、廣東百貫。宣德元年停中鈔例。三年，原吉以北京官吏、軍、匠糧餉不支，條上預備策，言：「中鹽舊則太重，商賈少至，請更定之。」乃定每引自二斗五升至一斗五升有差，召商納米北京。户部尚書郭敦言：「中鹽則例已減，而商來者少，請以十分爲率，六分支與納米京倉者，四分支與遼東、永平、山海、甘肅、大同、宣府、萬全已納米者。他處中納悉停之。」又言：「洪武中，中鹽客商年久物故，代支者多虚冒，請按引給鈔十錠。」帝皆從之，而命倍給其鈔。甘肅、寧夏、大同、宣府、獨石、永平道險遠，趨中者少，許寓居官員及軍餘有糧之家納米豆中鹽。

正統三年，寧夏總兵官史昭以邊軍缺馬，而延慶、平涼官吏軍民多養馬，乃奏請納馬中鹽。上馬一匹與鹽百引，次馬八十引。既而定邊諸衛遞增二十引。其後河州中納者，上馬二十五引，中減五引；松潘中納者，上馬三十五引，中減五引。久之，復如初制。中馬之始，驗馬乃掣鹽，既而納銀於官以市馬，銀入布政司，宗祿、屯糧、修邊、振濟展轉支銷，銀盡而馬不至，而邊儲亦自此告匱矣。於是召商中淮、浙、長蘆鹽以納之，令甘肅中鹽者，淮鹽十七，浙鹽十三。淮鹽惟納米麥，浙鹽兼收豌豆、青稞。因淮鹽直貴，商多趨之，故令淮、浙兼中也。

明初仍宋、元舊制，所以優恤竈户者甚厚，給草場以供樵採，堪耕者許開墾，仍免其雜役，又給工本米，引一石。置倉於場，歲撥附近州縣倉儲及兑軍餘米以待給，兼支錢鈔，以米價爲準。尋定鈔數，淮、浙引二貫五百文，河間、廣東、海北、山東、福建、四川引二貫。竈户雜犯死罪以上止予杖，計日煎鹽以贖。後設總催，多朘削竈户。至正統時，竈户貧困，逋逃者多，松江所負課六十餘萬。民訴於朝，命直隸巡撫周忱兼理鹽課。忱條上鑄鐵釜、恤鹵丁、選總催、嚴私販四事，且請於每年正課外，帶徵逋課。帝從其請。命分逋課爲六，以六載畢徵。

當是時，商人有自永樂中候支鹽，祖孫相代不得者。乃議倣洪武中例，而加鈔錠以償之，願守支者聽。又以商人守支年久，雖減輕開中，少有上納者，議他鹽司如舊制，而淮、浙、長蘆以十分爲率，八分給守支商，曰常股，二分收貯於官，曰存積，遇邊警，始召商中納。常股、存積之名由此始。凡中常股者價輕，中存積者價重，然人甚苦守支，争趨存積，而常股壅矣。景帝時，邊圉多故，存積增至六分。中納邊糧，兼納穀草、秋青草，秋青草三當穀草二。

廣東之鹽，例不出境，商人率市守關吏，越市廣西。巡撫葉盛以爲任之則廢法，禁之則病商，請令入米餉邊，乃許出境，公私交利焉。成化初，歲洊災，京儲不足，召商於淮、徐、德州水次倉中鹽。

舊例中鹽，户部出榜召商，無徑奏者。富人吕銘等託勢要奏中兩淮存積鹽。中旨允之。户部尚書馬昂不能執正。鹽法之壞自此始。勢豪多攙中，商人既失利，江南、北軍民因造遮洋大船，列械販鹽。乃爲重法，私販、窩隱俱論死，家屬徙邊衛，夾帶越境者充軍。然不能遏止也。十九年頒減存積之數，常股七分，而存積三分。然商人樂有見鹽，報中存積者争至，遂仍增至六分。淮、浙鹽猶不能給，乃配支長蘆、山東以給之。一人兼支數處，道遠不及親赴，邊商輒貿引於近地富人。自是有邊商、内商之分。内商之鹽不能速獲，邊商之引又不賤售，報中寖怠，存積之滯遂與常股等。憲宗末年，閹宦竊勢，奏討淮、浙鹽無算，兩淮積欠至五百餘萬引，商引壅滯。

至孝宗時，而買補餘鹽之議興矣。餘鹽者，竈户正課外所餘之鹽也。洪武初制，商支鹽有定場，毋許越場買補；勤竈有餘鹽送場司，二百斤爲一引，給米一石。其鹽召商開中，不拘資次給與。成化後，令商收買，而勸借米麥以振貧竈。至是清理兩淮鹽法，侍郎李嗣請令商人買餘鹽補官引，而免其勸借，且停各邊開中，俟逋課完日，官爲賣鹽，三分價直，二充邊儲，而留其一以補商人未交鹽價。由是以餘鹽補充正課，而鹽法一小變。

明初，各邊開中商人，招民墾種，築臺堡自相保聚，邊方菽粟無甚貴之時。成化間，始有折納銀者，然未嘗著爲令也。弘治五年，商人困守支，户部尚書葉淇請召商納銀運司，類解太倉，分給各邊。每引輸銀三四錢有差，視國初中米直加倍，而商無守支之苦，一時太倉銀累至百餘萬。然赴邊開中之法廢，商屯撤業，菽粟翔貴，邊儲日虚矣。

武宗之初，以鹽法日壞，令大臣王瓊、張憲等分道清理，而慶雲侯周壽、壽寧侯張鶴齡各令家人奏買長蘆、兩淮鹽引。户部尚書韓文執不可。中旨許之。織造太監崔杲又奏乞長蘆鹽一萬二千引。户部以半予之。帝欲全予。大學士劉健等力争，李東陽語尤切。帝不悦。健等復疏争，乃從部議。權要開中既多，又許買餘鹽，一引有用至十餘年者。正德二年始申截舊引角之令，立限追繳，而每引增納紙價及振濟米麥。引價重而課壅如故矣。

先是成化初，都御史韓雍於肇慶、梧州、清遠、南雄立抽鹽廠，官鹽一引，抽銀五分，許帶餘鹽四引，引抽銀一錢。都御史秦紘許增帶餘鹽六引，抽銀六錢。及是增至九錢，而不復抽官引。引目積滯，私鹽通行，乃用户部郎中丁致祥請，復紘舊法。而他處商人夾帶餘鹽，掣割納價，惟多至三百斤者始罪之。

淮、浙、長蘆引鹽，常股四分，以給各邊主兵及工役振濟之需；存積六分，非國家大事，邊境有警，未嘗妄開。開必邊臣奏討，經部覆允，未有商人擅請及專請淮鹽者。弘治間，存積鹽甚多。正德時，權倖遂奏開殘鹽，改存積、常股皆爲正課，且皆折銀。邊臣緩急無備，而勢要占中賣窩，便增數倍。商人引納銀八錢，無所獲利，多不願中，課日耗絀。姦黠者夾帶影射，弊端百出。鹽臣承中璫風旨，復列零鹽、所鹽諸目以假之。世宗登極詔，首命裁革。未幾，商人逯俊等夤緣近倖，以增價爲名，奏買殘餘等鹽。户部尚書秦金執不允。帝特令中兩淮額鹽三十萬引於宣府。金言：「姦人占中淮鹽，賣窩罔利，使山東、長蘆等鹽別無搭配，積之無用。虧國用，誤邊儲，莫此爲甚。」御史高世魁亦争之。詔減淮引十萬，分兩浙、長蘆鹽給之。金復言：「宣、大俱重鎮，不宜令姦商自擇便利，但中宣府。」帝可之。已而俊等請以十六人中宣府，十一人中大同，竟從其請。

嘉靖五年從給事中管律奏，乃復常股存積四六分之制。然是時，餘鹽盛行，正鹽守支日久，願中者少；餘鹽第領勘合，即時支賣，願中者多。自弘治時以餘鹽補正課，初以償逋課，後令商人納價輸部濟邊。至嘉靖時，延綏用兵，遼左缺餉，盡發兩淮餘鹽七萬九千餘引於二邊開中。自是餘鹽行。其始尚無定額，未幾，兩淮增引一百四十餘萬，每引增餘鹽二百六十五斤。引價，淮南納銀一兩九錢，淮北一兩五錢，又設處置、科罰名色，以苛斂商財。於是正鹽未派，先估餘鹽，商竈俱困。姦黠者藉口官買餘鹽，夾販私煎。法禁無所施，鹽法大壞。

十三年，給事中管懷理言：「鹽法之壞，其弊有六。開中不時，米價騰貴，召糴之難也。勢豪大家，專擅利權，報中之難也。官司科罰，吏胥侵索，輸納之難也。下場挨掣，動以數年，守支之難也。定價太昂，息不償本，取贏之難也。私鹽四出，官鹽不行，市易之難也。有此六難，正課壅矣，而司計者因設餘鹽以佐之。餘鹽利厚，商固樂從，然不以開邊而以解部，雖歲入距萬，無益軍需。嘗考祖宗時，商人中鹽納價甚輕，而竈户煎鹽工本甚厚，今鹽價十倍於前，而工本不能十一，何以禁私鹽使不行也？故欲通鹽法，必先處餘鹽，欲處餘鹽，必多減正價。大抵正鹽賤，則私販自息。今宜定價，每引正鹽銀五錢，餘鹽二錢五分，不必解赴太倉，俱令開中關支，餘鹽以盡收爲度。正鹽價輕，既利於商；餘鹽收盡，又利於竈。未有商竈俱利，而國課不充者也。」事下所司，户部覆，以爲餘鹽銀仍解部如故，而邊餉益虚矣。至二十年，帝以變亂鹽法由餘鹽，敕罷之。淮、浙、長蘆悉復舊法，夾帶者割没入官，應變賣者以時估爲準。御史吴瓊又請各邊中鹽者皆輸本色。然令甫下，吏部尚書許讚即請復開餘鹽以足邊用。户部覆從之，餘鹽復行矣。

先是，十六年令兩浙僻邑，官商不行之處，山商每百斤納銀八分，給票行鹽。其後多侵奪正引，官商課缺，引壅二百萬，候掣必五六載。於是有預徵、執抵、季掣之法。預徵者，先期輸課，不得私爲去留。執抵者，執現在運鹽水程，復持一引以抵一引。季掣，則以納課先後爲序，春不得遲於夏，夏不得超於春也。然票商納税即掣賣，預徵諸法徒厲引商而已。

靈州鹽池，自史昭中馬之議行，邊餉虧缺，甘肅米直石銀五兩，户部因奏停中馬，召商納米中鹽。

二十七年令開中者止納本色糧草。三十二年令河東以六十二萬引爲額，合正餘鹽爲一，而革餘鹽名。時都御史王紳、御史黄國用議：兩淮竈户餘鹽，每引官給銀二錢，以充工本，增收三十五萬引，名爲工本鹽。令商人中額鹽二引，帶中工本鹽一引，抵主兵年例十七萬六千兩有奇。從其請。

初，淮鹽歲課七十萬五千引，開邊報中爲正鹽，後益餘鹽納銀解部。至是通前額凡一百五萬引，額增三之一。行之數年，積滯無所售，鹽法壅不行。言事者屢陳工本爲鹽贅疣。户部以國用方絀，年例無所出，因之不變。江西故行淮鹽三十九萬引，後南安、贛州、吉安改行廣鹽，惟南昌諸府行淮鹽二十七萬引。既而私販盛行，袁州、臨江、瑞州則私食廣鹽，撫州、建昌私食福鹽。於是淮鹽僅行十六萬引。數年之間，國計大絀。巡撫馬森疏其害，請於峽江縣建橋設關，扼閩、廣要津，盡復淮鹽額，稍增至四十七萬引。未久橋毁，增額二十萬引復除矣。

三十九年，帝欲整鹽法，乃命副都御史鄢懋卿總理淮、浙、山東、長蘆鹽法。懋卿，嚴嵩黨也，苞苴無虚日。兩淮額鹽銀六十一萬有奇，自設工本鹽，增九十萬，懋卿復增之，遂滿百萬。半年一解。又搜括四司殘鹽，共得銀幾二百萬。一時詡爲奇功。乃立剋限法，每卒一人，季限獲私鹽有定數，不及數，輒削其傭役錢。邏卒經歲有不得支一錢者，乃共爲私販，以牟大利，甚至劫估舶，誣以鹽盗而執之，流毒遍海濱矣。嵩失勢，巡鹽御史徐爌言：「兩淮鹽法，曰常股，曰存積，曰水鄉，共七十萬引有奇。引二百斤，納銀八分。永樂以後，引納粟二斗五升，下場關支，四散發賣，商人之利亦什五焉。近年，正鹽之外，加以餘鹽；餘鹽之外，又加工本；工本不足，乃有添單；添單不足，又加添引。懋卿趨利目前，不顧其後，是誤國亂政之尤者。方今災荒疊告，鹽場淹没，若欲取盈百萬，必至逃亡。弦急欲絶，不棘於此。」於是悉罷懋卿所增者。

四十四年，巡鹽御史朱炳如奏罷兩淮工本鹽。自葉淇變法，邊儲多缺。嘉靖八年以後，稍復開中，邊商中引，内商守支。末年，工本鹽行，内商有數年不得掣者，於是不樂買引，而邊商困，因營求告掣河鹽。河鹽者，不上廩困，在河徑自超掣，易支而獲利捷。河鹽行，則守支存積者愈久，而内商亦困，引價彌賤。於是姦人專以收買邊引爲事，名曰囤户，告掣河鹽，坐規厚利。時復議於正鹽外附帶餘鹽，以抵工本之數，囤户因得賤買餘鹽而貴售之，邊商與内商愈困矣。隆慶二年，屯鹽都御史龐尚鵬疏言：「邊商報中，内商守支，事本相須。但内商安坐，邊商遠輸，勞逸不均，故掣河鹽者以惠邊商也。然河鹽既行，淮鹽必滯，内商無所得利，則邊商之引不售。今宜停掣河鹽，但別邊商引價，自見引及起紙關引到司勘合，別爲三等，定銀若干。邊商倉鈔已到，内商不得留難。蓋河鹽停則淮鹽速行，引價定則開中自多，邊商内商各得其願矣。」帝從之。四年，御史李學詩議罷官買餘鹽。報可。

是時廣西古田平，巡撫都御史殷正茂請官出資本買廣東鹽，至桂林發賣，七萬餘包可獲利二萬二千有奇。從之。

自嘉靖初，復常股四分，存積六分之制。後因各邊多故，常股、存積並開，淮額歲課七十萬五千餘引，又增各邊新引歲二十萬。萬曆時，以大工搜遠年違没廢引六十餘萬，胥出課額之外，無正鹽，止令商買補餘鹽。餘鹽久盡，惟計引重科，加煎飛派而已。時兩淮引價餘銀百二十餘萬增至百四十五萬，新引日益，正引日壅。千户尹英請配賣没官鹽，可得銀六萬兩。大學士張位等爭之。二十六年，以鴻臚寺主簿田應璧奏，命中官魯保鬻兩淮没官餘鹽。給事中包見捷極陳利害。不聽。保既視事，遂議開存積鹽。户部尚書楊俊民言：「明旨鬻没官鹽，而存積非没官也。額外加增，必虧正課。保奏不可從。」御史馬從聘亦争之。俱不聽。保乃開存積八萬引，引重五百七十斤，越次超掣，壓正鹽不行。商民大擾，而姦人蠭起。董璉、吴應麒等争言鹽利。山西、福建諸税監皆領鹽課矣。百户高時夏奏浙，閩餘鹽歲可變價三十萬兩，巡撫金學曾勘奏皆罔。疏入不省。於是福建解銀萬三千兩有奇，浙江解三萬七千兩有奇，借名苛斂，商困引壅。户部尚書趙世卿指其害由保，因言：「額外多取一分，則正課少一分，而國計愈絀，請悉罷無名浮課。」不報。三十四年夏至明年春，正額逋百餘萬，保亦惶懼，請罷存積引鹽。保尋死。有旨罷之，而引斤不能減矣。

李太后薨，帝用遺誥蠲各運司浮課，商困稍甦，而舊引壅滯。户部上鹽法十議，正行見引，附銷積引，以疏通之。巡鹽御史龍遇奇立鹽政綱法，以舊引附見引行，淮南編爲十綱，淮北編爲十四綱，計十餘年，則舊引盡行。從之。天啓時，言利者恣搜括，務增引超掣。魏忠賢黨郭興治、崔呈秀等，巧立名目以取之，所入無算。論者比之絶流而漁。崇禎中，給事中黄承昊條上鹽政，頗欲有所釐革。是時兵餉方大絀，不能行也。

初，諸王府則就近地支鹽，官民户口食鹽皆計口納鈔，自行關支。而官吏食鹽多冒增口數，有一官支二千餘斤，一吏支五百餘斤者。乃限吏典不得過十口，文武官不過三十口；大口鈔十二貫支鹽十二斤，小口半之。景泰三年始以鹽折給官吏俸糧，以百四十斤當米一石。京官歲遣吏下場，恣爲姦利。錦衣吏益暴，率聯巨艦私販，有司不能詰。巡鹽御史乃定百司食鹽數，攟束以給吏，禁毋下場。納鈔、僦輓，費無所出，吏多亡。嘉靖中，吏部郎中陸光祖言於尚書嚴訥，疏請革之。自後百司停支食鹽，惟户部及十三道御史歲支如故。軍民計口納鈔者，浙江月納米三升，買鹽一斤，而商賈持鹽赴官，官爲斂散，追徵之急過於租賦。正統時，從給事中鮑輝言，令民自買食鹽於商，罷納米令，且鬻十斤以下者勿以私鹽論，而鹽鈔不除。後條鞭法行，遂編入正賦。

巡鹽之官，洪、永時，嘗一再命御史視鹽課。正統元年始命侍郎何文淵、王佐，副都御史朱與言提督兩淮、長蘆、兩浙鹽課，命中官御史同往。未幾，以鹽法已清，下敕召還。後遂令御史視鹺，依巡按例，歲更代以爲常。十一年以山東諸鹽場隸長蘆巡鹽御史。十四年命副都御史耿九疇清理兩淮鹽法。成化中，特遣中官王允中、僉都御史高明整治兩淮鹽法。明請增設副使一人，判官二人。孝宗初，鹽法壞，户部尚書李敏請簡風憲大臣清理，乃命户部侍郎李嗣於兩淮，刑部侍郎彭韶於兩浙，俱兼都御史，賜敕遣之。弘治十四年，僉都御史王璟督理兩淮鹽法。正德二年，兩淮則僉都御史王瓊，閩、浙則僉都御史張憲。後惟兩淮賦重，時遣大臣。十年，則刑部侍郎藍章。嘉靖七年，則副都御史黄臣。三十二年，則副都御史王紳。至三十九年，特命副都御史鄢懋卿總理四運司，事權尤重。自隆慶二年，副都御史龐尚鵬總理兩淮、長蘆、山東三運司後，遂無特遣大臣之事。

《明史》卷八一《食貨志五・錢鈔》 錢幣之興，自九府圜法，歷代遵用。鈔始於唐之飛錢，宋之交會，金之交鈔。元世始終用鈔，錢幾廢矣。

太祖初置寶源局於應天，鑄「大中通寶」錢，與歷代錢兼行。以四百文爲一貫，四十文爲一兩，四文爲一錢。及平陳友諒，命江西行省置貨泉局，頒大中通寶錢，大小五等錢式。即位，頒「洪武通寶」錢，其制凡五等：曰「當十」、「當五」、「當三」、「當二」、「當一」。「當十」錢重一兩，餘遞降至重一錢止。各行省皆設寶泉局，與寶源局並鑄，而嚴私鑄之禁。洪武四年改鑄大中、洪武通寶大錢爲小錢。初，寶源局錢鑄「京」字於背，後多不鑄，民間無「京」字者不行，故改鑄小錢以便之。尋令私鑄錢作廢銅送官，償以錢。是時有司責民出銅，民毁器皿輸官，頗以爲苦。而商賈沿元之舊習用鈔，多不便用錢。

七年，帝乃設寶鈔提舉司。明年始詔中書省造大明寶鈔，命民間通行。以桑穰爲料，其制方，高一尺，廣六寸，質青色，外爲龍文花欄。横題其額曰「大明通行寶鈔」。其内上兩旁，復爲篆文八字，曰「大明寶鈔，天下通行」。中圖錢貫，十串爲一貫。其下云：「中書省奏準印造大明寶鈔與銅錢通行使用，僞造者斬，告捕者賞銀二十五兩，仍給犯人財産。」若五百文則畫錢文爲五串，餘如其制而遞減之。其等凡六：曰一貫，曰五百文、四百文、三百文、二百文、一百文。每鈔一貫，準錢千文，銀一兩；四貫準黄金一兩。禁民間不得以金銀物貨交易，違者罪之；以金銀易鈔者聽。遂罷寶源、寶泉局。越二年，復設寶泉局，鑄小錢與鈔兼行，百文以下止用錢。商税兼收錢鈔，錢三鈔七。十三年，以鈔用久昏爛，立倒鈔法，令所在置行用庫，許軍民商賈以昏鈔納庫易新鈔，量收工墨直。會中書省廢，乃以造鈔屬户部，鑄錢屬工部，而改寶鈔文「中書省」爲「户部」，與舊鈔兼行。十六年，置户部寶鈔廣源庫、廣惠庫；入則廣源掌之，出則廣惠掌之。在外衛所軍士，月鹽皆給鈔，各鹽場給工本鈔。十八年，天下有司官祿米皆給鈔，二貫五百文準米一石。

二十二年詔更定錢式：生銅一斤，鑄小錢百六十，折二錢半之，「當三」至「當十」，準是爲差。更造小鈔，自十文至五十文。二十四年諭榷税官吏，凡鈔有字貫可辨者，不問爛損，即收受解京，抑勒與僞充者罪之。二十五年設寶鈔行用庫於東市，凡三庫，各給鈔三萬錠爲鈔本，倒收舊鈔送内府。令大明寶鈔與歷代錢兼行，鈔一貫準錢千文，提舉司於三月内印造，十月内止，所造鈔送内府充賞賚。明年罷行用庫，又罷寶泉局。時兩浙、江西、閩、廣民重錢輕鈔，有以錢百六十文折鈔一貫者，由是物價翔貴，而鈔法益壞不行。三十年乃更申交易用金銀之禁。

成祖初，犯者以姦惡論，惟置造首飾器皿，不在禁例。永樂二年詔犯者免死，徙家戍興州。陝西都司僉事張豫，坐抵易官鈔論戍。江夏民父死，以銀營葬具，當戍邊。帝以其迫於治葬，非玩法，特矜宥之。都御史陳瑛言：「比歲鈔法不通，皆緣朝廷出鈔太多，收斂無法，以致物重鈔輕。莫若暫行户口食鹽法。天下人民不下千萬户，官軍不下二百萬家，誠令計口納鈔食鹽，可收五千餘萬錠。」帝令户部會羣臣議。大口月食鹽一斤，納鈔一貫，小口半之。從其議。設北京寶鈔提舉司，税糧課程贓罰俱折收鈔，其直視洪武初減十之九。後又令鹽官納舊鈔支鹽，發南京抽分場積薪、龍江提舉司竹木鬻之軍民，收其鈔。應天歲辦蘆柴，徵鈔十之八。帝初即位，户部尚書夏原吉請更鈔板篆文爲「永樂」。帝命仍其舊。自後終明世皆用洪武年號云。

仁宗監國，令犯笞杖者輸鈔。及即位，以鈔不行詢原吉。原吉言：「鈔多則輕，少則重。民間鈔不行，緣散多斂少，宜爲法斂之。請市肆門攤諸税，度量輕重，加其課程。鈔入官，官取昏軟者悉燬之。自今官鈔宜少出，民間得鈔難，則自然重矣。」乃下令曰：「所增門攤課程，鈔法通，即復舊。金銀布帛交易者，亦暫禁止。」然是時，民卒輕鈔。至宣德初，米一石用鈔五十貫，乃弛布帛米麥交易之禁。凡以金銀交易及匿貨增直者罰鈔，府縣衛所倉糧積至十年以上者，鹽糧悉收鈔，秋糧亦折鈔三分，門攤課鈔增五倍，塌房、店舍月納鈔五百貫，果園、驘車並令納鈔。户部言民間交易，惟用金銀，鈔滯不行。乃益嚴其禁，交易用銀一錢者，罰鈔千貫，贓吏受銀一兩者，追鈔萬貫，更追免罪鈔如之。

英宗即位，收賦有米麥折銀之令，遂減諸納鈔者，而以米銀錢當鈔，弛用銀之禁。朝野率皆用銀，其小者乃用錢，惟折官俸用鈔，鈔壅不行。十三年復申禁令，阻鈔者追一萬貫，全家戍邊。天順中，始弛其禁。憲宗令内外課程錢鈔兼收，官俸軍餉亦兼支錢鈔。是時鈔一貫不能直錢一文，而計鈔徵之民，則每貫徵銀二分五釐，民以大困。

弘治元年，京城税課司，順天、山東、河南户口食鹽，俱收鈔，各鈔關俱錢鈔兼收。其後乃皆改折用銀。而洪武、永樂、宣德錢積不用，詔發之，令與歷代錢兼用。户部請鼓鑄，乃復開局鑄錢。凡納贖收税，歷代錢、制錢各收其半；無制錢即收舊錢，二以當一。制錢者，國朝錢也。舊制，工部所鑄錢入太倉、司鑰二庫；諸關税錢亦入司鑰庫。共貯錢數千百萬，中官掌之，京衛軍秋糧取給焉，每七百當銀一兩。武宗之初，部臣請察覈侵蝕；又以錢當俸糧者，僅及銀數三之一，請於承運庫給銀。時中官方用事，皆不聽。已而司鑰庫太監龐瑮言：「自弘治間榷關折銀入承運庫，錢鈔缺乏，支放不給，請遵成化舊制，錢鈔兼收。」從之。正德三年，以太倉積錢給官俸，十分爲率，錢一銀九。又從太監張永言，發天財庫及户部布政司庫錢，關給徵收，每七十文徵銀一錢，且申私鑄之禁。嘉靖四年，令宣課分司收税，鈔一貫折銀三釐，錢七文折銀一分。是時鈔久不行，錢亦大壅，益專用銀矣。

明初鑄洪武錢。成祖九年鑄永樂錢。宣德九年鑄宣德錢。弘治十六年以後，鑄弘治錢。至世宗嘉靖六年，大鑄嘉靖錢。每文重一錢三分，且補鑄累朝未鑄者。三十二年鑄洪武至正德九號錢，每號百萬錠，嘉靖錢千萬錠，一錠五千文。而税課抽分諸廠，專收嘉靖錢。民患錢少，乃發内庫新舊錢八千一百萬文折給俸糧。又令通行歷代錢，有銷新舊錢及以銅造像製器者，罪比盜鑄。先是，民間行濫惡錢，率以三四十錢當銀一分。後益雜鉛錫，薄劣無形製，至以六七十文當銀一分。翦楮夾其中，不可辨。用給事中李用敬言，以制錢與前代雜錢相兼行，上品者俱七文當銀一分，餘視錢高下爲三等，下者二十一文當銀一分；私造濫惡錢悉禁不行，犯者置之法。小錢行久，驟革之，民頗不便。又出内庫錢給文武官俸，不論新舊美惡，悉以七文折算。諸以俸錢市易者，亦悉以七文抑勒予民，民亦騷然。

屬連歲大侵，四方流民就食京師，死者相枕藉。論者謂錢法不通使然。於是御史何廷鈺條奏，請許民用小錢，以六十文當銀一分。户部執不從。廷鈺訐奏尚書方鈍及郎中劉爾牧。帝怒，斥爾牧，採廷鈺議，命從民便。且定嘉靖錢七文，洪武諸錢十文，前代錢三十文，當銀一分。然諸濫惡小錢，以初禁之嚴，雖奉旨間行，竟不復用，而民間競私鑄嘉靖通寶錢，與官錢並行焉。

給事中殷正茂言：「兩京銅價大高，鑄錢得不償費。宜採雲南銅，運至岳州鼓鑄，費工本銀三十九萬，可得錢六萬五千萬文，直銀九十三萬餘兩，足以少佐國家之急。」户部覆言：「雲南地僻事簡，即山鼓鑄爲便。」乃敕巡撫以鹽課銀二萬兩爲工本。未幾，巡撫王昺言費多入少，乞罷鑄。帝以小費不當惜，仍命行之。越數年，巡按王諍復言宜罷鑄。部議：「錢法壅滯者，由宣課司收稅以七文當一分。姦民乘機阻撓，錢多則惡濫相欺，錢少則增直罔利，故禁愈繁而錢愈滯。自今準折聽民便，不必定文數，而課稅及官俸且俱用銀。」乃罷雲南鑄錢，而從户部議。

時所鑄錢有金背，有火漆，有鏇邊。議者以鑄錢艱難，工匠勞費，革鏇車用鑪鍚。於是鑄工競雜鉛錫便剉治，而輪郭粗糲，色澤黯黲。姦僞倣傚，盜鑄日滋，金背錢反阻不行。死罪日報，終不能止。帝患之，問大學士徐階。階陳五害，請停寶源局鑄錢，應支給錢者悉予銀。帝乃鞫治工匠侵料減工罪，而停鼓鑄。自後稅課徵銀而不徵錢。且民間止用制錢，不用古錢，而私鑄者多。

隆慶初，錢法不行，兵部侍郎譚綸言：「欲富民，必重布帛菽粟而賤銀；欲賤銀，必制錢法以濟銀之不足。今錢惟布於天下，而不以輸於上，故其權在市井。請令民得以錢輸官，則錢法自通。」於是課稅銀三兩以下復收錢，民間交易一錢以下止許用錢。時錢八文折銀一分，禁民毋得任意低昂。直隸巡按楊家相請鑄大明通寶錢，不識年號。部議格不行。高拱再相，言：「錢法朝議夕更，迄無成説。小民恐今日得錢，而明日不用，是以愈更愈亂，愈禁愈疑。請一從民便，勿多爲制以亂人耳目。」帝深然之。錢法復稍稍通矣。寶鈔不用垂百餘年，課程亦鮮有收鈔者，惟俸錢獨支鈔如故。四年始以新鑄隆慶錢給京官俸云。

萬曆四年命户工二部，準嘉靖錢式鑄「萬曆通寶」金背及火漆錢，一文重一錢二分五釐，又鑄鏇邊錢，一文重一錢三分，頒行天下，俸糧皆銀錢兼給。雲南巡按郭庭梧言：「國初京師有寶源局，各省有寶泉局，自嘉靖間省局停廢，民用告匱。滇中産銅，不行鼓鑄，而反以重價購海肥，非利也。」遂開局鑄錢。尋命十三布政司皆開局。採工部言，以五銖錢爲準，用四火黃銅鑄金背，二火黃銅鑄火漆，粗惡者罪之。蓋以費多利少則私鑄自息也。久之，户部言：「錢之輕重不常，輕則斂，重則散，故無壅閼匱乏之患。初鑄時，金背十文直銀一分，今萬曆金背五文，嘉靖金背四文，各直銀一分，火漆鏇邊亦如之。僅踰十年，而輕重不啻相半，錢重而物價騰踴，宜發庫貯以平其直。」從之。時王府皆鑄造私錢，吏不敢詰。古錢阻滯不行，國用不足，乃命南北寶源局拓地增爐鼓鑄。而北錢視南錢昂直三之一，南鑄大抵輕薄。然各循其舊，並行不廢。

天啓元年鑄泰昌錢。兵部尚書王象乾，請鑄當十、當百、當千三等大錢，用龍文，略倣白金三品之制，於是兩京皆鑄大錢。後有言大錢之弊者，詔兩京停鑄大錢，收大錢發局改鑄。當是時，開局遍天下，重課錢息。

崇禎元年，南京鑄本七萬九千餘兩，獲息銀三萬九千有奇；户部鑄錢獲息銀二萬六千有奇。其所鑄錢，皆以五十五文當銀一錢，計息取盈，工匠之賠補，行使之折閲，不堪命矣。寶泉司銅本四十萬兩，舊例錢成還本太倉，次年再借，至是令永作鑄本。三年，御史饒京言：「鑄錢開局，本通行天下，今乃苦於無息，旋開旋罷，自南北兩局外，僅存湖廣、陝西、四川、雲南及宣、密二鎮。而所鑄之息，不盡歸朝廷，復苦無鑄本，蓋以買銅而非採銅也。乞遵洪武初及永樂九年、嘉靖六年例，遣官各省鑄錢，採銅於産銅之地，置官吏駐兵，倣銀礦法，十取其三。銅山之利，朝廷擅之，小民所採，仍予直以市。」帝從之。是時鑄廠並開，用銅益多，銅至益少。南京户部尚書鄭三俊請專官買銅。户部議原籍産銅之人駐鎮遠、荆、常銅鉛會集處，所謂採銅於産銅之地也。帝俱從之。既，又採絳、孟、垣曲、聞喜諸州縣銅鉛。荆州抽分主事朱大受言：「荆州上接黔、蜀，下聯江、廣，商販銅鉛畢集，一年可以四鑄。四鑄之息，兩倍於南，三倍於北。」因陳便宜四事，即命大受專督之。遂定錢式，每文重一錢，每千直銀一兩。南都錢輕薄，屢旨嚴飭，乃定每文重八分。初，嘉靖錢最工，隆、萬錢加重半銖，自啓、禎新鑄出，舊錢悉棄置。然日以惡薄，大半雜鉛砂，百不盈寸，捽擲輒破碎。末年敕鑄當五錢，不及鑄而明亡。

初制，歷代錢與制錢通行。自神宗初，從僉都御史龐尚鵬議，古錢止許行民間，輸稅贖罪俱用制錢。啓、禎時廣鑄錢，始括古錢以充廢銅，民間市易亦擯不用矣。莊烈帝初即位，御平臺召對，給事中黃承昊疏有銷古錢之語。大學士劉鴻訓言：「北方皆用古錢，若驟廢之，於民不便。」帝以爲然。既而以御史王燮言，收銷舊錢，但行新錢，於是古錢銷毀頓盡。蓋自隋世盡銷古錢，至是凡再見云。

鈔法自弘、正間廢，天啓時，給事中惠世揚復請造行。崇禎末，有蔣臣者申其説，擢爲户部司務。倪元璐方掌部事，力主之，然終不可行而止。

又《坑冶附鐵冶銅場》 鐵冶所，洪武六年置。江西進賢、新喻、分宜，湖廣興國、黄梅，山東萊蕪，廣東陽山，陝西鞏昌，山西吉州二，太原、澤、潞各一，凡十三所，歲輸鐵七百四十六萬餘斤。河南、四川亦有鐵冶。十二年益以茶陵。十五年，廣平吏王允道言：「磁州産鐵，元時置官，歲收百餘萬斤，請如舊。」帝以民生甫定，復設必重擾，杖而流之海外。十八年罷各布政司鐵冶。既而工部言：「山西交城産雲子鐵，舊貢十萬斤，繕治兵器，他處無有。」乃復設。已而武昌、吉州以次復焉。末年，以工部言，復盡開，令民得自採鍊，每三十分取其二。永樂時，設四川龍州、遼東都司三萬衛鐵冶。景帝時，辦事吏請復陝西、寧遠鐵礦，工部劾其違法，下獄。給事中張文質以爲不宜塞言路，乃釋之。弘治十七年，廣東歸善縣請開鐵冶，有司課外索賂，唐大鬢等因作亂，都御史劉大夏討平之。正德十四年，廣州置鐵廠，以鹽課提舉司領之，禁私販如鹽法。嘉靖三十四年開建寧、延平諸府鐵冶。隆、萬以後，率因舊制，未嘗特開云。

銅場，明初，惟江西德興、鉛山。其後四川梁山，山西五臺，陝西寧羌、略陽及雲南皆採水銀、青緑。太祖時，廉州巡檢言：「階州界西戎，有水銀坑冶及青緑、紫泥，願得兵取其地。」帝不許。惟貴州大萬山長官司有水銀、硃砂場局，而四川東川府會川衛山産青緑、銀、銅，以與外番接境，虞軍民潛取生事，特禁飭之。成化十七年封閉雲南路南州銅坑。弘治十八年裁革板場坑水銀場局。正德九年，軍士周達請開雲南諸銀礦，因及銅、錫、青緑。詔可，遂次第開採。嘉靖、隆、萬間，因鼓鑄，屢開雲南諸處銅場，久之所獲漸少。崇禎時，遂括古錢以供爐冶焉。

《明史》卷九二《兵志四・火器》 明置兵仗、軍器二局，分造火器。號將軍者自大至五。又有奪門將軍大小二樣、神機礮、襄陽礮、盞口礮、椀口礮、旋風礮、流星礮、虎尾礮、石榴礮、龍虎礮、毒火飛礮、連珠佛郎機礮、信礮、神礮、礮裏礮、十眼銅礮、三出連珠礮、百出先鋒礮、鐵捧雷飛礮、火獸布地雷礮、椀口銅鐵銃、手把銅鐵銃、神銃、斬馬銃、一窩鋒神機箭銃、大中小佛郎機銅銃、佛郎機鐵銃、木厢銅銃、筋繳樺皮鐵銃、無敵手銃、鳥嘴銃、七眼銅銃、千里銃、四眼鐵鎗、各號雙頭鐵鎗、夾把鐵手鎗、快鎗以及火車、火傘、九龍筒之屬，凡數十種。正德、嘉靖間造最多。又各邊自造，自正統十四年四川始。其他刀牌、弓箭、槍弩、狼筅、蒺藜、甲冑、戰襖，在内有兵仗、軍器、鍼工、鞍轡諸局，屬内庫，掌於中官；在外有盔甲廠，屬兵部，掌以郎官。京省諸司衛所，又俱有雜造局。軍資器械名目繁夥，不具載，惟火器前代所少，故特詳焉。

又《車船》 中原用車戰，而東南利舟楫，二者於兵事爲最要。自騎兵起，車制漸廢。

洪武五年造獨轅車，北平、山東千輛，山西、河南八百輛。永樂八年北征，用武剛車三萬輛，皆惟以供餽運。

至正統十二年始從總兵官朱冕議，用火車備戰。自是言車戰者相繼。十四年，給事中李侃請以贏車千輛，鐵索聯絡，騎卒處中，每車翼以刀牌手五人，賊犯陣，刀牌手擊之，賊退則開索縱騎。帝命造成祭而後用。下車式於邊境，用七馬駕。寧夏多溝塹，總兵官張泰請用獨馬小車，時以爲便。箭工周四章言，神機鎗一發難繼，請以車載鎗二十，箭六百，車首置五鎗架，一人推，二人扶，一人執爨。試可，乃造。

景泰元年，定襄伯郭登請倣古制爲偏箱車。轅長丈三尺，闊九尺，高七尺五寸，箱用薄板，置銃。出則左右相連，前後相接，鈎環牽互。車載衣糧、器械并鹿角二。屯處，十五步外設爲藩。每車鎗礮、弓弩、刀牌甲士共十人，無事輪番推挽。外以長車二十，載大小將軍銃，每方五輛，轉輪樵採，皆在圍中。又用四輪車一，列五色旗，視敵指揮。廷議此可以守，難於攻戰，命登酌行。蘭州守備李進請造獨輪小車，上施皮屋，前用木板，畫獸面，鑿口，置椀口銃四，鎗四，神機箭十四，樹旗一。行爲陣，止爲營。二年，吏部郎中李賢請造戰車，長丈五尺，高六尺四寸，四圍箱板，穴孔置銃，上闢小牕，每車前後占地五步。以千輛計，四方可十六里，芻糧、器械輜重咸取給焉。帝令亟行。

成化二年從郭登言，製軍隊小車。每隊六輛，輛九人，二人挽，七人番代，車前置牌畫猊首，遠望若城壘然。八年，寧都諸生何京上禦敵車式，上施鐵網，網穴發鎗弩，行則斂之。五十車爲一隊，用士三百七十五人。十二年，左都御史李賓請造偏箱車，與鹿角參用。兵部尚書項忠請驗閱，以登高涉險不便，已之。十三年從甘肅總兵官王璽奏，造雷火車，中立樞軸，旋轉發礮。二十年，宣大總督余子俊以車五百輛爲一軍，每輛卒十人，車隙補以鹿角。既成，而遲重不可用，時人請之鷓鴣軍。

弘治十五年，陝西總制秦紘請用隻輪車，名曰全勝，長丈四尺，上下共六人，可衝敵陣。十六年，間住知府范吉獻先鋒霹靂車。

嘉靖十一年，南京給事中王希文請倣郭固、韓琦之制，造車，前銳後方，上置七鎗，爲櫓三層，各置九牛神弩，傍翼以卒。行載甲兵，止爲營陣。下邊鎮酌行。十五年，總制劉天和復言全勝車之便，而稍爲損益，用四人推挽，所載火器、弓弩、刀牌以百五十斤爲準。箱前畫狻猊，旁列虎盾以護騎士。命從其制。四十三年，有司奏准，京營教演兵車，共四千輛，每輛步卒五人，神鎗、夾靶鎗各二。自正統以來，言車戰者如此，然未嘗一當敵。

至隆慶中，戚繼光守薊門，奏練兵車七營：以東西路副總兵及撫督標共四營，分駐建昌、遵化、石匣、密雲；薊、遼總兵二營，駐三屯；昌平總兵一營，駐昌平。每營重車百五十有六，輕車加百，步兵四千，騎兵三千。十二路二千里間，車騎相兼，可禦敵數萬。穆宗韙之，命給造費。然特以遏衝突，施火器，亦未嘗以戰也。是後，遼東巡撫魏學曾請設戰車營，倣偏箱之制，上設佛郎機二，下置雷飛礮、快鎗六，每車步卒二十五人。萬曆末，經略熊廷弼請造雙輪戰車，每車火礮二，翼以十卒，皆持火鎗。天啓中，直隸巡按御史易應昌進户部主事曹履吉所製鋼輪車、小衝車等式，以禦敵，皆罕得其用。大約邊地險阻，不利車戰。而舟楫之用，則東南所宜。

舟之制，江海各異。太祖於新江口設船四百。永樂初，命福建都司造海船百三十七，又命江、楚、兩浙及鎮江諸府衛造海風船。成化初，濟川衛楊渠獻《槳舟圖》，皆江舟也。

海舟以舟山之烏槽爲首。福船耐風濤，且禦火。浙之十裝標號軟風、蒼山，亦利追逐。廣東船，鐵栗木爲之，視福船尤巨而堅。其利用者二，可發佛郎機，可擲火毬。大福船亦然，能容百人。底尖上闊，首昂尾高，柁樓三重，帆桅二，傍護以板，上設木女牆及礮牀。中爲四層：最下實土石；次寢息所；次左右六門，中置水櫃，揚帆炊爨皆在是；最上如露臺，穴梯而登，傍設翼板，可憑以戰。矢石火器皆俯發，可順風行。海蒼視福船稍小。開浪船能容三五十人，頭銳，四槳一櫓，其行如飛，不拘風潮順逆。艟䑠船視海蒼又小。蒼山船首尾皆闊，帆櫓並用。櫓設船傍近後，每傍五枝，每枝五跳，跳二人，以板閘跳上，露首於外。其制上下三層，下實土石，上爲戰場，中寢處。其張帆下椗，皆在上層。戚繼光云：「倭舟甚小，一入裏海，大福、海蒼不能入，必用蒼船逐之，衝敵便捷，溫人謂之蒼山鐵也。」沙、鷹二船，相胥成用。沙船可接戰，然無翼蔽。鷹船兩端銳，進退如飛。傍釘大茅竹，竹間䆗可發銃箭，䆗內舷外隱人以盪槳。先駕此入賊隊，沙船隨進，短兵接戰，無不勝。漁船至小，每舟三人，一執布帆，一執槳，一執鳥嘴銃。隨波上下，可掩賊不備。網梭船，定海、臨海、象山俱有之，形如梭。竹桅布帆，僅容二三人，遇風濤輒舁入山麓，可哨探。蜈蚣船，象形也，能駕佛朗機銃，底尖面闊，兩傍楫數十，行如飛。兩頭船，旋轉在舵，因風四馳，諸船無逾其速。蓋自嘉靖以來，東南日備倭，故海舟之制，特詳備云。

《明太祖實録》卷八十五 （洪武六年九月丙辰）工部奏：今年各省鐵冶之數凡八百五十萬三千八百二十斤有奇。

《明太祖實録》卷一百七十六 （洪武十八年十二月）罷各布政使司煎煉鐵冶，以其勞民故也。

《明太祖實録》卷二百五十二 （洪武三十年四月）丁酉，詔革所在鐵冶所。山西交城縣大通冶、吉州豐國冶、富國冶、江西臨江府新喻冶、袁州府分宜冶、湖廣武昌府興國冶、河南鈞州冶、新安冶、四川蒲江縣新市冶凡九所。以其採煉病民，故罷之。

《明太宗實録》卷一百五十一 （永樂十二年五月乙酉）四川羅泉井灶丁言：「各户幼丁，今皆長成，而蓬州睦壩里舊有小竹筒盤李、意興二井，可以開煎。盤里井歲可得鹽萬一千八百八十斤；意興井歲可得鹽萬三千三百二十斤。乞令羅泉等五井鹽課司提督煎辦。」皇太子命户部遣官覆視。如實，即從所言。

《明太宗實録》卷一百七十二 （永樂十四年正月）癸亥，四川鹽課提舉司言：「潼川、蓬州、西充、南部、安岳、射洪、蓬溪等州縣高馬等九十五鹽井，洪武中以囚徒煎辦，歲得鹽二十五萬九千八百斤。自三十五年放遣囚徒，各井至今封閉，乞仍開煎。」從之。

《明憲宗實録》卷二百二十八 （成化十八年六月辛酉）巡撫雲南右副都御史吳誠奏：「雲南楚雄等七衛銀課自永樂三年開至宣德十年止。天順三年復開，辦銀五萬二千三百餘兩，次年增至十一萬二千三百八十兩，因採不足，延至六年方足，七年奉例停止。成化三年又復天順三年之數，第年久礦微，額恒不足，官司撥摘軍餘以爲礦夫，月追人銀一兩二錢，通計一年該銀十有四兩四錢；不足則又扣賣軍糧，以益其數。比因得請，損爲二萬六千一百餘兩，困苦方得少紓。迺者仍有天順六年之徵，歲該辦銀十萬二千三百兩。夫雲南去京萬里，地力磽瘠，五穀不備，雖有銀礦，採取已盡。則雖二萬六千之數，尚爾告急，今又加倍徵納，人何以堪？況麗江前歲山移，大理鶴慶比年地震，而交賊又萌窺覘之謀，人心頗摇，若非安內，何以攘外？伏乞仍依上年額數，以甦人困。」事下户部，以爲銀課取足固國計所急，而疆土失寧尤安危所繫，吴誠之言誠爲切當。伏望俯念邊方多事，暫損爲二萬之數。上曰：「銀課乃國家重務，無容停止，歲辦之數，止如天順六年。」

《明世宗實録》卷三十四 〔嘉靖二年十二月〕庚戌，先是，禮科給事中章僑言：「道路傳聞，鎮守浙江太監梁瑶遣人挾貲營管織造。事有無雖不可知，臣竊爲天下慮此舉動。蓋自兩浙等處添設内臣專管織造，正德年間，或萬金而傳一人，或數人而守一缺。恭隨狼虎，名色繁多。初任有拜見，歲時有節禮，各行有分例，科派有扛解，樣段動以數千，帶造多逾本數。稍不稱意，輒遭毁裂。故有變産鬻子抵賠者。諸凡苦狀，不可勝言。幸明詔停革，與天下更始，甫及二載，豈宜復有此舉？矧四方災變，報無虚日，窮民九死一生，不宜重困。乞勑下司禮監移文梁瑶，戒無生事。」疏入，下所司知之。已而，内織染局太監刁永等果稱上用袍服及四宫等服御織造不給，乞依成化、弘治年間例，差本局官二員，請勑往蘇、杭等五府提督織造。事下工部議，工部覆言不可。而吏科給事中曹懷、兵科給事中張原亦以爲言。章俱下所司。工部覆言：「宜如言官所奏，無累聖德。無已，可出示袍服花様令鎮巡、三司官如式織造以進，無煩内臣提督。」弗(充)〔允〕。於是大學士楊廷和等乃疏曰：「今年直隸、浙江等府，水旱異常。額徵税糧尚冀蠲免，若更差官織造，一切物料工役，何能措辦？非惟逼勒逃亡，抑恐激成他變。況經過淮、揚、邳諸州府，見今水旱非常，高低遠近，一望皆水。軍民房屋田土，槩被渰没，百里之内，寂無爨煙，死徙流亡，難以數計。所在白骨成堆，幼男稚(安)〔女〕稱斤而賣，十餘歲者，止可〔得錢〕數十。母子相視痛哭，投水而死。官已議爲賑貸，而錢糧無從措置。日夜憂惶，不知所出。自今抵麥熟時尚數月，各處饑民豈能垂首枵腹，坐以待斃？勢必起爲盜賊。近傳鳳陽、泗州、洪澤飢民嘯聚者，不下二千餘人，劫掠過客商舡，無敢誰何。未知何日勦平。況將來事勢，尚有不可預料者。臣等職叨輔導，實切驚懼。所有勅書，決不敢撰寫。」疏入，上曰：「織造自是累朝事例。矧兩宫進用及朕常用袍服，一切缺乏。管業已差，即撰寫勑來，無具擾執拗。」時九卿尚書喬宇等、六科給事中解一貫等、十三道御彭占祺等又皆極陳其不可。廷和等復上疏曰：「臣等備員大臣，素蒙體貌。不意聖明一旦有此。臣等固當引身求避，以明不可則止之義。但展轉思惟，不無庶幾改之之望。臣等所爲惓惓，非敢瀆擾陛下，誠恐災傷窮民，不堪織造之擾，千百成羣，起而爲盜，以優天下也。亦非敢固執己見，違拗不通。所執者祖宗之法，望陛下遵而行之，以保宗社，勿與天下公議大相違拗，以取議後世也。今臣等言之不聽，九卿言之不聽，六科、十三道言之不聽，獨二三邪佞之言，聽之不疑。陛下獨能與二三邪佞之臣，共治祖宗天下哉！陛下謂織造是累朝事例。臣等考諸洪武、永樂，下迨天順，並無有此。惟成化、弘治間行之。憲宗、孝考恤民節財，聖德美政非止一端，此蓋非其美者。陛下他皆不之法，獨取此不美之政以爲事例乎？方陛下登極之初，諸所傳設鎮守、市舶及看守珠池等官，臣等先後具題，俱蒙俞允，勑書免撰。海内之人，方傳頌聖政之美，聖量之寬，何意今日乃獨不蒙嘉納。且特降前旨，雖出御批，不知撰寫進呈果出左右何人之手？我祖宗朝諸所批答，俱由内閣擬進。惟正德年間，權奸亂政，始有擅自改擬，瞀求御批，以濟其私者。新政以來，不曾明正其罪，遂令此輩小人，敢於今日復蹈覆轍。陛下何忍墮其奸計，壞祖宗之法度哉！祖宗天下，至正德間幾傾覆矣，賴陛下再造，轉危爲安，中外軍民，始獲甦醒。然國勢民力，比之成化、弘治年間，百不及一二，今日豈堪更自敗壞耶？興言及此，可爲流涕。臣等實不敢撰寫勑書，以重誤國殃民之罪。伏望俯采廷議，停止差遣。仍將前項蒙蔽蠱惑邪佞小人遠斥，不許仍待左右，以杜後來亂政懷事之漸，允爲宗社無疆之慶。」報曰：「卿等所言，具見忠誠愛君恤民至意，朕已知之，宜安心治事。但此事業已差官，其寫勑遣行，第令安静無擾可矣。」後給事中張翀等、御史謝汝儀等、主事黄一道等各疏言宜信任大臣，停止織造，以□聖德，保盛治。俱報有旨。

《明世宗實録》卷九十三 〔嘉靖七年十月甲寅〕先是，工部尚書劉麟議將天下歲派、題派工料銀兩，不論已未徵解，置文簿二，循環催徵，照款備查，俟報有次第，會官詳議，奏免明年歲派一年。工科左給事中張潤身等奏曰：「臣等頃奉明詔，蒙各處起存錢糧，盡行蠲免。而該部所奏則與詔旨若相背馳。夫起存錢糧，軍國經常之需，各項工料修造，一時之費。輕重緩急，固自不倫。今起存既得停免，工料獨不可停免乎？詔書所載，自嘉靖元年以前積欠及起解中途損失者停免，則元年以後猶在所寬。今該部議將嘉靖四年以前積欠者即行逮問，五年以後坐派者嚴限追徵。是綸音輕于部劄，而皇上失大信于天下也。況各項料銀未必盡徵在官，茲欲一舉，而完十餘年之負，雖豐年不可，況凶年乎！伏望皇上勅下廷臣會議，務遵明詔，將工部積欠工料等項一槩停止。」麟等議曰：「臣等職有司，存固當清覈要，非得已而然也。潤身欲將本部工料，比之户部起存，謂起存而工料不免，其論未析也。臣等請以户部與本部所取於天下者言之。户部錢糧，一年兩徵，夏税秋糧是也。計畝起科，原額本重，間遇凶荒，故可免也。工部銀料或十年一次，或三年一編，里甲均徭是也。輪流派辦，其額本輕，如大興工賞，即百方移借，别無餘積，雖凶荒不可盡蠲也。若令天下財賦，户部取之，工部又取之，所謂用其三用其二也。今户部免之，工部徵之，所謂裒其多益其寡也。若以所用言之，户部所用，非臣等所敢與知。若工部所用，自宫殿、陵寢、大婚、大葬以至征（代）〔伐〕、燕賞之需，無不取之。至於歲額，承運等庫，巾帽等局又取之。萬工並作，歲無虚日。徵納未到，借支過半。其初也，以丙應丁，而今也，借丁于乙，勢將盡甲，國何以堪！且此等派辦，係十年一辦，一年災中有九年熟；係三年一辦者，一年災中有二年熟。故此，工料之辦，非盡災年也。夫秋收災而夏麥不災，地畝災而舟車不災，農夫災而工匠不災。銀取於本，料取於末，其源大不同也。若其末也，豪右負之，官解侵之，污吏又從而染之，是以小民雖已供納，而公家不獲其入也。況臣等置立循環文簿，其法與户部循環大約相同。本年將盡，此外又與水程，水程之外，又與寬限。計文移到日，近者已是明年麥熟之候，遠者已近秋收，其起徵又踰年事也。即在小民亦易辦矣。況已收已解者乎！爲潤身者，能推廣皇仁，當以嘉靖八年之數上請，儻蒙寬免，上未派行，下難租擾，於民得沾實惠。今當已徵已解之日，但欲停止，直足以惠養姦欺而已。」上曰：「寬征恤民，朝廷恩典。工作銀料等物，歲用之數，皆不可缺。且小民逋負，固所當寬。若姦人侵盜，豈宜容縱。但恐官不得人，查覈未明。還行各撫按嚴督所屬，查先年遇革係小民逋負者，照例寬免。若已徵已解，侵費不納者，部運、大户、收頭人等務嚴行追賠，毋得姑息。前所奏置立循環文簿稽考從實舉行。其餘事宜，盡心區處。應奏請者，奏請定奪，勿以人言，輒生避忌。」潤身等疏内有擦抹字樣，檯頭不齊，下禮部參看。得旨：「潤身等姑各奪俸二月。」

勞堪《憲章類編》卷三二《鐵冶》

洪武七年夏四月，命置鐵冶凡一十三所，每所置大使副使各一員。

洪武十五年五月，廣平府吏王久道言：「磁州臨水鎮地産鐵，元時嘗於此置鐵冶，都提舉司總轄沙窩等八冶，爐丁萬五千户，歲收鐵百餘萬斤。請如舊置爐冶鐵。」上曰：「朕聞治世天下無遺賢，不聞天下無遺利。且利不在官則在民，民得其利則利源通，而有益於官。官專其利則利源塞，而必損於民。今各鐵冶數尚多，軍需不乏，而民之生業已定，若復設此，必重擾民，是又欲驅萬五千家於鐵冶之中也。」杖之，流海外。

洪武二十年三月，復設太原府交城縣大通鐵冶所。初，大通置冶，歲貢雲子生熟鐵十萬斤，後罷之，聽民採取。至是朝廷繕治兵器，當用雲子鐵，而他所不産，工部以爲言，故命復設之。

宣德元年二月，工部尚書吴中奏：造軍器熟鐵，請於江南諸處收買，道遠恐不及期，今擬發民往遵化鐵冶，先運鐵二十萬斤備用。上曰：「遵化既有鐵，何用買於江南？況鐵重滯，遠運尤更勞民，今當農時，而有此役，官吏里胥逼迫，民必妨廢農功。止取於遵化足矣。」

又《銅場》

宣德三年十月，詔蠲免江西德興鉛山銅場。

又《易州廠》

按，易州廠，自宣德間設於平山，繼遷沙峪口，景泰間移滿城西，天順間移易州，執此役者，歲糜億萬計，近周數百里内採斫一空，車馬輳集，欲重其權勢？是以有部堂之差，八府五州官環集，今止差郎中一員督理，官省則費省矣。

申時行《明會典》卷一八七《工部七・營造五・城垣》

凡京師城垣。洪武二十六年定：皇城京城墻垣，遇有損壞，即便丈量明白，見數計料，所有磚灰行下聚寶山黑窑等處關支；其合用人工咨呈都府行移留守五衛，差撥軍士修理。若在外藩鎮府州城隍，但有損壞係干緊要去處者，隨即度量彼處軍民工料多少，入奏修理。如係腹裏去處，於農隙之時興工。天順六年，令後軍都督府并守門官軍巡視，如有損壞低窪，該門官軍隨即填補修理。

皇城

皇城起大明門，長安左右門，歷東安、西安、北安三門，周圍三千二百二十五丈九尺四寸。内紫禁城起午門，歷東華、西華、玄武三門，南北各二百三十六丈二尺，東西各三百二丈九尺五寸。城高二丈，垜口四尺五寸五分，基厚二丈五尺，頂收二丈一尺二寸五分。

京城

國初定都南京，城周圍九十六里。門十三，曰正陽、通濟、聚寶、三山、石城、清凉、定淮、儀鳳、鍾阜、金川、神策、太平、朝陽，後塞鍾阜、儀鳳二門。外城周圍一百八十里，門十六，曰麒麟、仙鶴、姚坊、高橋、滄波、雙橋、夾岡、上方、鳳臺、大馴象、大安德、小安德、江東、佛寧、上元、觀音。永樂中，定都北京，建築京城周圍四十里，爲九門，南曰麗正、文明、順成；東曰齊化、東直；西曰平則、西直；北曰安定、德勝。正統初，更名麗正爲正陽，文明爲崇文，順成爲宣武，齊化爲朝陽，平則爲阜成，餘四門仍舊。城南一面長一千二百九十五丈九尺三寸，北二千二百三十二丈四尺五寸，東一千七百八十六丈九尺三寸，西一千五百六十四丈五尺二寸，高三丈五尺五寸，垛口五尺八寸，基厚六丈二尺，頂收五丈。嘉靖二十三年，築重城包京城，南一面轉抱東西角樓止，長二十八里，爲七門，南曰永定、左安、右安；東曰廣渠、東便；西曰廣寧、西便。城南一面長二千四百五十四丈四尺七寸，東一千八十五丈一尺，西一千九十三丈二尺，各高二丈，垛口四尺，基厚二丈，頂收一丈四尺，四十二年增修各門甕城。

凡皇城紅鋪。弘治六年奏准：巡視城垣，委官時常點視比較，應修理者，隨即具呈修理。其直宿官軍不行用心看守，致有損失，應參究者，徑自參究。嘉靖三十一年題准：兵部點軍司官，工部街道官，各城巡視御史俱要不時巡閲，查點各該官軍，嚴督看守，遇有遺失損壞，輕則責治，重則參提，俱責修陪，仍行錦衣衛街道官一體巡緝禁治。

凡城垣禁約。成化十年，令都城外四圍沿河居住軍民人等，越入墻垣，偷魚割草，竊取甎石等項，輕則量情懲治，重則參奏拏問枷號示衆。若該城徇情縱容不理及四隣知而不首者，皆治以罪。其守門官軍，亦不許於城外河邊栽種牧放，因而引惹外人入内作踐，違者一體治罪。

凡各處城樓窩鋪。洪武元年，令腹裏有軍城池每二十丈置一鋪，邊境城每十丈一鋪，其總兵官隨機應變增置者，不在此限。無軍處所有司，自行設置，常加點視，毋致疎漏損壞。提調官任滿得代相沿交割，違者治罪。

又《壇場》

凡修理壇場。洪武二十六年定：天地壇場，若有損壞去處合修理者，督工計料修整。合漆飭者，行下營繕所差工漆飭。所用木石甎灰顔料等項，行下抽分竹木局等衙門照數關支。嘉靖十二年題准：祈穀壇并犧牲所，每年太常寺呈工部，支取石灰一萬斤，工食銀二十兩，給付各該人員修飾。萬曆四年題准：先農壇每年春秋二季，行太常寺委官，摘撥壇户，將瓦上甎地内草木芟除，墻垣行管理重城司官巡視，如有剥裂處所，量取甎石雇募匠作修補。

圜丘壇吳元年，建圜丘于京城之南。洪武十一年，即其地建大祀殿，合祀天地，是爲天地壇。嘉靖九年，復初制，仍爲圜丘在正陽門南。

圜丘三成壇，一成面徑五丈九尺，高八尺一寸；二成面徑九丈，高八尺一寸；三成面徑十二丈，高八尺一寸。各成面甎，用一九七五陽數。及周圍欄板柱子，皆青色琉璃。四出陛各九級，白石爲之。内壝圓墻九十七丈七尺五寸，高八尺一寸，厚二尺七寸五分。靈星石門六，正南三；東、西、北各一。外壝方墻二百四丈八尺五寸，高九尺一寸，厚二尺七寸。靈星門如前。高用周尺，餘今尺，下同。又外圍方墻爲門四，南曰昭亨、東曰泰元、西曰廣利、北曰成貞。

方澤壇吳元年，建方丘于鐘山之北。洪武十一年，改建天地壇，遂廢。嘉靖九年，復初制，爲方澤，在安定門外。

方澤二城壇，一成面方六丈，高六尺；二成面方十丈六寸，高六尺。各成面甎用六八陰數，皆黄色琉璃，青白石包砌。四出陛各八級。周圍水渠一道，長四十九丈四尺四寸，深八尺六寸，闊六尺。内壝方墻二十七丈一尺，高六尺，厚二尺。靈星門六，正北三；東、西、南各一。外壝方墻四十二丈，高八尺，厚二尺四寸。靈星門如前。又外圍方墻二重，内重北門三，東、西、南門各一。最外惟西向三門，又西有石坊，曰泰折街。

朝日壇嘉靖九年建，在朝陽門外。

壇方廣五丈，高五尺九寸。壇面甎青色琉璃，四出陛九級。圍壝墻七十五丈，高八尺一寸，厚二尺三寸。靈星門六，正西三；南、東、北各一。外圍墻前方後圓。西北各三，門墻之西北有石坊，曰禮神街。

夕月壇嘉靖九年建，在阜城門外。

壇方廣四丈，高四尺六寸。壇面甎白色琉璃，四出陛六級。方壝墻二十四丈，高八尺，厚二尺二寸八分，靈星門六，正東三；南、北、西各一。外圍方墻。東、北各三門，墻之東、北有石坊，亦曰禮神街。

雩壇嘉靖中建。

壇在泰元門外，圓廣五丈，高七尺五寸，四出陛各九級。内壝圓墻徑二十七丈，高四尺九寸五分，厚二尺五寸。靈星門六，正南三；東、西、北各一。外圍方墻四十五丈，高八尺一寸，厚二尺七寸。正南三門，曰崇雩門。共爲一區，在南郊之西，外圍墻，東西面闊八十一丈五尺，南北進，深五十六丈九尺，高九尺，厚三尺。

神祇壇國初建山川壇于天地壇之西，永樂中，北京山川壇成。嘉靖十一年，即其地爲天神地祇壇。

神壇方廣五丈，高四尺五寸五分，四出陛各九級。壝墻方二十四丈，高五尺五寸，厚二尺五寸。靈星門六，正南三，東、西、北各一。内設雲形青白石龕四於壇北，各高九尺二寸五分。

祇壇面闊十丈，進深六丈，高四尺，四出陛各六級。壝墻方二十四丈，高五尺五寸，厚二尺四寸。靈星門亦如神壇。内設青白石龕，山形三，水形二於壇北。先擬設於壇南北向，後改。各高八尺二寸，左從位山水形各一於壇東，右從位山水形各一於壇西，各高七尺六寸。

先農壇洪武二年，建先農壇于山川壇西南，永樂中，建壇如南京。

壇在神祇壇後，石包甎砌，方廣四丈七尺，高四尺五寸，四出陛。壇東爲觀耕臺，用木，方五丈，高五尺，南、東、西三出陛。

先蠶壇嘉靖中始建，在安定外，後改于西苑。

壇石包甎砌，方廣二丈六尺，高二尺六寸，四出陛。壇東爲採桑臺，用甎石，方一丈四寸，高一尺四寸，南、東、西三出陛。

太社稷壇吴元年，建社稷壇于宫城之西南，北向異壇，同壝。洪武十年，建同壇，同壝。永樂中，建壇如南京，在午門右。

同壇同壝，壇二成，上成方五丈，次成方五丈三尺，高五尺，四出陛，用五色土隨方築之。壝垣四面開靈星門，垣之色亦各如其方。

凡壇場禁約。弘治十三年奏准：天地山川壇内，縱放牲畜作踐及私種耤田外餘地，并奪取耤田禾把者俱問罪，牲畜入官，犯人枷號一箇月發落。嘉靖十年，令南郊近墻田地，不許縱人葬埋。行該城御史并差給事中，及錦衣衛堂上官各一員，會同相勘，但有墳域附近一二里内，無分大小有力者，聽令自行遷葬。無力者，工部於空遠去處設立義塚，限兩月以裏盡行遷移。其先農壇并東西郊，一併查勘，從宜處置。仍出榜曉諭，有故違者，重治不宥。萬曆四年題准：先農壇内墻垣，兵部行令巡捕官兵常用巡緝，作踐墻垣者拏究。壇内耕種地土離墻二丈外，方許鋤犂。

又《廟宇》

太廟建置詳見「禮部·祠祭司」。

太廟，一座九間，左右兩廡，各十五間。廟門一座，五間，左右門二座，有神庫神廚。

寢廟，一座九間，左右兩廡，各五間。

祧廟，一座九間，左右兩廡，各五間。

世廟今名玉芝宫，建置詳「禮部·祠祭司」。

官門五間，曰芝祥門；前殿七間，曰寶慶殿，兩廡各五間，後寢五間，曰大德殿，兩廡各三間。

歷代帝王廟國初建于南京，嘉靖中，後建于京師。

廟在阜成門内街北，前爲廟門，中爲景德門。門内爲景德崇聖之殿，殿九間，重簷五出陛，東西兩廡各七間。殿之後爲庫，前門内左有神庫神廚，宰牲亭門外。

文廟

正殿七間，舊稱大成殿，今題曰先師廟。殿之東掖爲祭器庫十一間，西掖爲樂器庫十一間，東西廡各十九間。兩廡之南，折而北向爲東西序，各十一間，門各一，兩序之中爲大成門，今題曰廟門，五間。中門三，東西各列戟十二。

祀典神祇廟宇詳「禮部·祠祭司」。

凡修建廟宇。洪武二十六年定：歷代聖帝明王，忠臣烈士及名山嶽鎮，應合祭祀神祇廟宇，務要時常整理，如遇新創及奉旨起造功臣享堂，須要委官督工計料，依制建造。正統八年勅：凡嶽、鎮、海、瀆、祠、廟屋宇墻垣，或有損壞，及府、州、縣、社稷、山川、文廟、城隍一應祀典神祇，壇廟頹廢者，即令各該官司修理。合用物料，酌量所在官錢内支給收買，或分派所屬殷實人户備辦，於秋成時月，起倩夫匠修理，不許指此多派，虚費民財，及修蓋淫祠妄用民力。若嶽、鎮、海、瀆廟宇焚燬不存，用工多者，布按二司同該府官斟酌民力量宜起蓋，仍先畫圖奏來定奪。凡修完應祀壇廟，皆選誠實之人看守，所司時加提督，遇有損壞，即依例修整，不許廢壞，仍令巡按御史，按察司官按臨巡視。成化十五年，令天下祀典神祇祠廟應修理者，務要申達合干上司，勘實斟酌定奪。弘治十二年，曲阜孔廟火，題准取旁近各省及各抽分廠銀重修。嘉靖三十八年，以先牧廟建自永樂，歲久頹敝，題准重修。

又《公廨》

凡修理公廨。洪武二十六年定：凡在京文武衙門公廨，如遇起蓋及修理者，所用竹、木、甎、瓦、灰、石、人匠等項，或官爲出辦，或移咨刑部都察院差撥囚徒，著令自辦物料，人工修造，果有係干動衆，奏聞施行。永樂二年奏准：今後大小衙門，小有損壞，許令隸兵人等隨即修葺。果房屋倒塌，用工浩大，務要委官相料計用夫工物料數目，官吏人等，保勘申部，定奪修理。弘治元年奏准：今後各衙門，但有門窗等項損壞，原物見在者，官爲出料修理。原物不在者，就令經該官吏及看守之人，出料自陪修理。嘉靖二十三年題准：各衙門應修理者，小修用銀一百兩以下，大修五百兩以下，估計到部動支節慎庫官銀，上緊修理。又議以工完日爲始，小修以三年爲限，大修以五年爲限，不得先期輒便議修。又議定：各有錢糧衙門損壞，工部委官估計物料，轉行動支無礙銀兩，徑自修理。惟原無錢糧者，工部議估興工。

李詡《戒庵老人漫筆》卷三《測影臺考》 邵文莊公寶《測影臺考》：按《周禮》，以土圭之法測日影，凡立五表，其中表在陽城，即今登封東南告縣舊治是也。予至其地，有二臺存焉。其南一臺，琢大石爲之，上狹下闊，高丈餘，廣半於高。中樹一石碑，刻曰「周公測影臺」。臺北三丈所，復有一臺，約高三丈餘，壘磚爲之。其北之中爲缺道，深廣二尺許，下列石爲道，直達於北，約五丈許。石上爲二小渠，渠側刻尺寸甚精密，最北一石爲二小竅以出水。詢其土人，云故老相傳爲量天尺，又以爲銅壺滴漏。考之縣志，此名觀星臺，亦周公所築。然予見其刻尺寸，所書特今文耳，恐非出於周公。況歷代曆書言尺度者，亦未嘗言及陽城測星臺尺，蓋不可信。恐惟石臺乃周公遺跡，所謂觀星臺者，則後人因而建耳。且其地嘗置金昌府治，又嘗置告縣治，建斯臺者，豈其時耶？又按《禮》疏，四方之表，各去中表千里。予以《禹跡圖》考之，南表當在郢之北，東表當在遼之東，北表當在肅之北，西表當在華之西南終南山之東。今其地不知亦有遺跡在否。

余繼登《典故紀聞》卷九 宣宗聞廣東都司言：番禺民有私取礦砂，煮之可得白金鉛錫，請官開治。命巡按御史同三司官開驗，每砂百斤，煉銀四錢、鉛二十斤。因謂尚書夏原吉曰：「朕料鉛砂之烹，所得無幾，若果有銀利，置冶烹煉，豈待今日？彼小民或竊取以求毫末之利，無足怪，朕已宥之不問。其令有司悉填坑洞，國家之利不藉此，民亦免逐末之弊。」

王圻《三才圖會》器用卷一二

油榨，取油具也。用堅大四木，各圍可五寸，長可丈餘，疊作臥枋於地。其上作槽，其下用厚板嵌作底槃。槃上圓鑿小溝，下通槽口，以備注油於器。凡欲造油，先用大鑊爨炒芝麻。既熟，即用碓舂或輾，碾令爛，上甑蒸過。理草爲衣，貯之圈内，累積在槽。橫用枋桯相柲，復竪插長楔，高處舉碓或椎擊，擗之極緊，則油從槽出。此橫榨謂之臥槽。立木爲之者，謂之立槽。傍用擊楔，或上用壓楔，得油甚速。

油榨

陳仁錫《皇明世法録》卷三三《錢鈔》

鈔法國初寶鈔通行民間，與銅錢兼使，立法甚嚴。其後鈔賤不行，而法尚存，今具列于此。其折禄折俸罪贖及各項則例，輕重不等，詳見各部。

洪武八年，令中書省造大明寶鈔，取桑穰爲鈔料，其制方高一尺，闊六寸許，以青色爲質，外爲龍文花欄，横題其額曰：大明通行寶鈔。内上兩旁復爲篆文八字，曰大明寶鈔，天下通行。中圖鈔貫狀，十串則爲一貫，其下曰：户部奏准印造大明寶鈔，與銅錢通行使用，僞造者斬，告捕者賞銀二百五十兩，仍給犯人財産。若五百文，則畫鈔文爲五串，餘如其制而遞減之。每鈔一貫，折銅錢一千文，銀一兩，其餘以是爲差。其等凡六，曰一貫、五百文、四百文、三百文、二百文、一百文。每鈔四貫，易赤金一兩。禁民間不得以金銀物貨交易，違者治罪，告發者就以其物給賞。若有以金銀易鈔者聽。凡商税課，錢鈔兼收，錢十之三，鈔十之七，一百文以下，則止用銅錢。十三年，令在京在外各置行用庫，凡軍民倒鈔，令軍分衛所、民分坊廂，輪日收换，鄉民商旅則以户帖路引爲驗，其鈔務貫伯、昏爛，方許入庫易换，量收工墨價直。二十四年，榜諭各處商税衙門河泊所官吏，每遇收辦課程，不許勒要料鈔，但有字貫可辨真僞者，不問破爛油污水跡紙補，即與收受解京。若官吏巡攔刁蹬不收，及因而以不堪辨驗真僞鈔解京者，俱罪之。二十五年，設寶鈔行用庫於東市，凡三庫，庫給鈔三萬錠爲鈔本，倒收舊鈔送内府。二十六年，定凡印造大明寶鈔，與歷代銅錢相兼行使，每鈔一貫，准銅錢一千文。其寶鈔提舉司，每歲於三月内興工印造，十月内住工。其所造鈔錠，本司具印信長單及關領勘合，將實進鈔錠照數填寫，送赴内府庫收貯，以備賞賜支用。其民間行使，及税課司局、河泊所收受課鈔，除挑描僞鈔外，其餘不分油污水跡破爛，務要收受，如有阻壞，照依户部原給鈔法榜文内事例治罪。其合用桑穰數目，本部每歲預爲會計，行移浙江、山東、河南、北平及直隸、淮安等府出産去處，依例官給價鈔收買，所在官司，應付脚力，差人起解赴京，仍申達本部，本部將來文立案，劄付寶鈔提舉司交收，及出給印信長單，具手本赴内府關領勘合填寫付差來人，於承天門照進赴提舉司交收，取獲實收回部入卷備照。二十七年，罷寶鈔行用庫，令軍民商賈所有銅錢，有司收歸官，依數换鈔，不許行使。

永樂元年，以鈔法不通，禁用金銀交易，犯者准奸惡論。有能首捕者，以所交易金銀充賞。其兩相交易，而一人自首者免坐，賞與首捕同。若置造首餙器皿，不在禁例。五年，奏准於京城設官庫一所，凡官員軍民人等，但有以金銀易鈔者，不拘多寡，聽於本庫收數，各驗成色，照時值倒换官鈔行使。在外，於府州縣倒换。令各處税糧課程贜罰，俱准折收鈔。米每石三十貫，小麥、豆每石二十五貫，大麥每石一十五貫，青稞、蕎麥每石一十貫，絲每斤四十貫，綿每斤二十五貫，大絹每疋五十貫，小絹每疋三十貫，小苧布每疋二十貫，大苧布每疋二十五貫，大綿布每疋三十貫，小綿布每疋二十五貫。金每兩四百貫，銀每兩八十貫。茶每斤一貫，鹽每大引一百貫，蘆柴每束三貫。其有□□不盡之物，俱照彼中時價折收。七年，設北京寶鈔提舉司。八年，令内外税課司局河泊所等衙門，該收課程鈔，不問一十文至五十文，一百文至五百文，皆照舊收，其買賣行使，亦不許沮滯。二十年，令河東、山東、福建、長蘆四運司，并廣東鹽課提舉司鹽課，許軍民人等於京庫報納舊鈔，填給勘合，赴各運司提舉司，不拘資次支鹽。

宣德元年，令各處贜罰俱折收鈔，不分新舊昏軟悉收，不願納鈔者，聽納本色。又令商賈以金銀交易，及藏匿貨物，高增價值者，皆罰鈔。四年，令順天應天、蘇、松、鎮江、淮安、常州、揚州、儀真，浙江杭州、嘉興、湖州，福建福州、建寧，湖廣武昌、荆州，江西南昌、吉安、臨江、清江，廣東廣州，河南開封，山東濟南、濟寧、德州、臨清，廣西桂林，山西太原、平陽、蒲州，四川成都、重慶、盧州，其三十三府州縣，市鎮店肆、門攤，税課加五倍，候鈔法通止。又令榜諭兩京軍民官員人等，菜園、果園、及塌房、車房、店舍停塌客商貨物者，不分給賜自置，凡菜地每畝月納舊鈔三百貫，果樹每十株歲納鈔一百貫，房舍每間月納鈔五百貫，差御史同户部官各一員，按月催收送庫，如有隱瞞不報，及不納鈔者，地畝樹株房舍没官，犯人治罪。其園地自種食用，非發賣取利者，不在納鈔之例。又令民間行使驢贏車裝載物貨者，每輛納鈔二百貫，牛車五十貫。又令受雇裝載船，自南京至淮安，淮安至徐州，徐州至濟寧，濟寧至臨清，臨清至通州，俱每百料納鈔一百貫。其北京直抵南京，南京直抵北京者，每百料納鈔五百貫。若止載柴草糧米及空舡回還者，不在納鈔之例。又令兩京及各處買賣之家，門攤課鈔，按月於都税宣課司税課司局交納，給與繇帖執照，每月一次點視查考。如違期不納，及隱瞞不報者，依律治罪，仍罰鈔一千貫。裱褙鋪月納鈔三十貫，□院店月納鈔二千貫。又令油房、磨房，每座逐月連納門攤鈔五百貫。堆賣木植，燒造甎瓦，逐月連納門攤鈔四百貫。牛車受雇裝載貨物者，納鈔五十貫，小車十貫。又令浙江、江西、山東、山西、河南、陝西等都司，并直隸衛所軍職官，及各處鎮守内外官家下開墾田土，每畝歲納舊鈔三十貫，菜地每畝、果樹每十株，歲納舊鈔五十貫，候鈔法通止。六年，令各處地畝菜園鈔皆減半，每畝止納鈔一百五十貫。八年，令在京在外見收車船等項一應課鈔，除舊額與先欠減免者不動，但係新增之數，皆以三分爲率減一分。九年奏准，凡兩京各庫所收鈔，不分軟爛破損油污水跡，但有一貫二字可辨真僞者，俱不揀退，其各司府州税課司局等衙門，及沿河監收船料鈔官亦如之。若有挑描僞鈔無一貫二字，及幾十文幾百文，不成張片破碎之數，年終本庫類奏燒燬，在各布政司府州縣者，奏報差官燒燬。令各處見收税課及船車門攤地畝果木等項一應鈔，除正額，但爲鈔法加增之數，以十分爲率減四分。又令各處諸色課程舊折收，金銀皆照例折鈔。又令各處抄没官房，及没官牛隻，每年倒塌及倒死者，所納房鈔及牛租即與除豁。

正統三年，令京城内外菜地、果園税鈔。四年，令塌房及車輛鈔，皆減半徵收。其自己房屋，與人寄筐櫃者免納鈔。六年，令兩京果樹、菜園、小車免納鈔。七年，定在京都税宣課二司收鈔例，每季段子鋪納鈔一百二十貫，油磨糖機粉茶食木植剪裁繡作等鋪三十六貫，餘量貨物取息，及工藝受直多寡取之。十二年，令驢（嬴）〔贏〕車每輛納鈔二十貫，牛車每輛納鈔八貫。十三年，禁京城各處街市交易行使銅錢，阻壞鈔法。在外按察司並巡按御史一體禁約。

景泰三年，題准驢（嬴）〔贏〕車每輛納鈔八貫，牛車每輛納鈔四貫，單牛車每輛納鈔二貫，馱煤等項驢（嬴）〔贏〕每頭各納鈔一貫。四年，奏准錢鈔聽民相兼行使。五年，令兩京户部都察院委官，各將地方自置塌房、庫房、店房、菜園果株并大小鋪行，但係發賣取利者，通行取勘，該收鈔貫，不分輭爛，徑汭内府天財庫交納，堪中好鈔，在收備用，不堪之數，照例年終，會官燒燬。

弘治二年，令勢要之家，賣鈔事覺，依律論罪，鈔没官，司府州縣官受囑聽從者，以枉法論。

錢法

洪武初置寶源局於應天府，鑄大中通寶錢，與歷代錢兼行。以四百爲一貫，四十爲一兩，四文爲一錢，設官專管。江西等行省，各置貨泉局。大中通寶大小五等錢，設官鑄造。令户部及各行省鑄洪武通寶錢，其制凡五等，當十錢重一兩，當五錢重五錢，當三當二，重皆如其當之數，小錢重一錢。六年，禁民間私鑄銅錢，凡私鑄者，許作廢銅送官，每斤給官錢一百九十文。諸税課内，如有私錢，亦爲更鑄。八年，罷寶源局鑄錢。九年，罷各布政司寶源局。十年，令各布政局復設寶泉局，鑄小錢與鈔兼行。二十二年，令造小錢一十文至五十文，以便民用。每生銅一斤，鑄小錢一百六十，折二錢八十，當三錢五十四，當五錢三十二，當十錢一十六。二十三年，復定錢制，每小錢一文，用銅一分，其餘四等錢，依小錢制遞增。凡鈔一貫，准錢一千文。二十六年，復罷各布政司寶泉局。

永樂九年，令差官於浙江、江西、廣東、福建四布政司鑄永樂通寶錢。

宣德九年，令南京工部并浙江等布政司鑄宣德通寶錢。

景泰四年，令民間將銅錢折鈔，阻壞鈔法者，依律究治。

天順四年，令民間除假錢錫錢外，凡歷代并洪武、永樂、宣德銅錢，及折二當三，依數准使，不許挑揀。成化三年，令内外課程，俱錢鈔中半兼收。如該納一貫者，止納鈔一貫，不在兼收之例。商税課程船料等項鈔，一體兼收銅錢，該起運或支給者，相兼撥付，每一貫收錢四文，除破碎并錫錢，其餘不拘新舊，盡數驗收。十三年，奏准私鑄銅錢，爲首并匠人依律論罪。爲從者問罪，用一百斤枷，枷號一箇月。民匠舍餘，發附近充軍。旗軍調發邊衛食糧差操。若販賣行使者，亦枷號一箇月，照常發落。十六年，奏准京城衙門及都税宣課司等衙門收錢，照律除破碎并僞造錫錢不使外，其餘不拘年代遠近，但係圝圇錢，即便行使，不許刁難挑揀，阻滯錢法。仍出榜禁約，及令兩廠并巡城御史等官，用心緝訪，如有揀錢并僞造之人，拏送法司，枷號滿日究問。十七年，令京城内外軍民人等，買賣交易，止許行使歷代及洪武、永樂、宣德舊錢，每錢八文，折銀一分，八十文折銀一錢，不許將私造新錢攙和，阻壞錢法。如違及販賣并私造之人枷號，依律照常發落。有能告捕者，官爲給賞。鄰里人等知情不首者，事發連坐。仍行南北直隸及河南、山東等布政司府行錢地方，通爲禁約。

弘治元年，令京城九門都税宣課司、順天等八府，并山東、河南二布政司，户口食鹽，全收鈔貫。淮安、臨清、揚州、蘇州、杭州、九江等板閘船料鈔關，俱令鈔錢兼收，送庫支用。十八年，令兩京内府司鑰等庫，及南北直隸府州，并十三布政司，查盤洪武、永樂、宣德等錢，并鑄完弘治通寶，發與太常寺等衙門買辦等項支領，及折與軍衛有司衙門官吏旗軍准作俸糧，并柴薪皂隸等項之數。不許留難刁蹬，至悮街市行使。仍行内外問刑衙門，及税課司等衙門，照例一半收歷代舊錢，一半收洪武等錢。如無洪武等錢者，折收舊錢二文，以示懲罰。在内緝事衙門，并巡城御史兵馬司，在外巡按官，務要嚴加訪察，有擅自阻當及私自鑄造，并知情買使者，照律例施行。

正德五年，題准將新鑄鉛錫薄小低錢，倒好皮棍等項名色盡革，將洪武、永樂、洪熙、宣德、弘治通寶，及歷代真正大様舊錢，相兼行使。七年，令職官折色俸給以十分爲率，一分折錢，九分關銀。及在京九門税課，在外各鈔關，并官府買辦估價，里甲收受錢糧，俱收舊錢與國朝銅錢，相兼使用。

嘉靖三年，令户部出給榜文，曉諭京城内外買賣人等，今後只用好錢，每銀一錢七十文，低錢每銀一錢一百四十文，著緝事衙門及五城御史緝訪違犯之人，發人煙去處，枷號示衆。四年，令宣課分司收税，每鈔一貫，折銀三釐，每錢七文，折銀一分，查照應納課程，收送内承運庫，以備光禄寺等衙門買辦應用。六年，奏准鑄造嘉靖通寶一千八百八十三萬四百文，南京寶源局鑄造二千二百六十六萬八百文，每文重一錢三分。又議准各鹽局官吏，今後解到錢鈔，准兼收洪武、永樂等錢，遇光禄寺買辦物料，行令順天府各鋪行，支給使用。户部仍通行兩京及各司府，轉行所屬州縣衙門，將一應起運户口鹽糧，并船料商税門攤等項，兼收洪武、永樂、宣德、弘治銅錢進納。民間交易，一體遵行，敢有把持行市，不遵行使者，問以違例罪名，枷號示衆。又令曉諭京城内外商賈及鋪行人等，但有收積新錢，限一月内，盡數赴府縣并各城兵馬司出首，具呈户部，照銅價給與價銀，免其私販之罪。例後敢有隱藏不出首者，事發，比照私鑄銅錢爲從者例問罪，枷號發遣。其大小鋪行，仍前盗買販賣，一體究治。收過新錢即與銷化貯庫，聽候鑄造大明通寶取用。又令曉諭京城内外行户人等，今後除私鑄新破鉛鐵等項，首官易買不用外，但係圝圇中様舊錢，每一百四十文，准銀一錢，與洪武、永樂等錢隨便行使。又令工部查照永樂、宣德年間事例，差官於直隸并河南、閩、廣鑄造嘉靖通寶，解京貯內府司鑰庫，給軍官折俸并給光祿寺買辦物料，每錢七百文，准銀一兩。十九年，題准量發制錢數百萬文，給大同鎮官軍折俸。二十八年，議准軍民交易，將洪武、永樂、宣德、弘治、嘉靖制錢，并歷代銅錢相兼行使，敢有私鑄鉛錫假錢，并客商解人販賣解納者，照例問發。三十二年，議准洪武通寶有當十、當五、當三、當二之制，見今堪用者，復有一錢七十文、一錢一百四十文、一錢二百一十文三等，任從民便，相兼行使。又題准錢法行使，悉依歷代年號，隨錢高下，咸得通行。但有銷鎔舊錢及今鑄錢造作銅像銅器等項者，比盜鑄律科斷。四十三年，以私鑄盛行，錢法阻滯，令內外各衙門嚴加訪治，寶源局匠役人等，侵料減工，致輕小濫惡不堪行使者，該部拏送法司，從重問罪，以後該局鑄造，暫行停止。户部每年將南京、雲南及税課司解收好錢一千萬文，送部轉送司鑰庫，以備賞賜之用。

隆慶元年，令買賣貨物，值銀一錢以上者，銀錢兼使。一錢以下者，止許用錢。國朝制錢及先代舊錢每八文折銀一分，不許任意低昂。其崇文門税錢并太倉收貯南京解錢，給與在京各衙門官吏，爲折俸之用，以後按季銀錢兼支。崇文門課鈔，除該銀三兩以上者收銀，其三兩以下者及九門各城房號行户，俱令收錢行使。四年，令以新鑄隆慶通寶送户部，發太倉庫，量放京官折俸。

萬曆四年，題准行雲南布政司，督令所屬開局鑄錢，遵照新制萬曆通寶，與國朝制錢相兼行使，以佐海肥之用。又題准通行天下開鑄制錢，與本地方舊錢相兼行使，著各撫按官設法經理，務在便民，毋致勞擾。五年，令崇文門收税，除二兩以下者盡數收錢，二兩以上者亦銀錢中半上納。京城各門税課，五城兵馬司房號等項，盡數收錢。其文武官員支俸，照例銀錢關給外，餘各項商人應領料價，量擬銀八分錢二分并行支給。六年，覆准將嘉靖、隆慶、萬曆制錢，遵照前奉欽依每金背八文准銀一分，火漆鏇邊各十文准銀一分。洪武等項與前代舊錢，各十二文准銀一分，相兼行使。又令崇文門税銀，自三兩以下，盡數收錢，三兩以上，銀錢中半兼收。八年，題准雲南地方既不用錢，不必鑄造，其在庫錢，著貴州差人於該省搬取，以充兵餉。十年，詔各處開局鑄錢地方，暫行停止，如錢法疏通，願仍前鼓鑄者，聽從其便。

傅維鱗《明書》卷八一《食貨志一》　錢法：洪武初置寶源局于應天，鑄大中通寶錢，與歷代古錢兼行。以四百爲一貫，四文爲一錢。其貨錢相貿，從民便，設官以主其事，已勑户部及各行省鑄洪武通寶錢當十、當五、當三、折二、若小錢凡五等，當十錢重一兩，餘各如其當之數。而小錢以一錢爲率，嚴私鑄之禁。工侍郎秦逵請，令郡縣收民間廢銅，以資鼓鑄。上曰：鑄錢本以便民，今欲取民廢銅，朕思天下廢銅有限，斯令一出，有司急於奉行，小民迫于誅責，勢必至毁器物以輸，其爲民害甚矣。其已之八年罷寶源局。九年罷行省錢局。十年令各布政司設寶泉局，專鑄小錢，二十年復停。二十三年復定錢制，小錢一文，用銅一錢二分，餘折當者遞增之。凡鈔一貫，准錢一千文。二十六年，獨户部鑄，而各省之罏復罷。永樂九年，令差官於浙江、江西、廣東、福建鑄永樂通寶錢，嗣後，凡改元，鑄其年號，錢皆與古錢兼行。天順中，令民間餘假錢錫錢外，凡古今錢，依數折行，不許挑揀。正德中，嚴錢禁，令職官折俸，以十分爲率，一分給錢。里甲收受錢糧，准收銅錢。嘉靖中，議以洪武通寶有當十、當五諸制，見今堪用，復有一錢七十文及一百四十、二百一十之異三等，任從民便，而嚴銷鎔舊錢，造作佛像及器用之禁，犯者比盜鑄錢律。十九年，以鑄錢得不償費，停止之。二十三年復鑄，時御史閻隣上言，國朝所用錢幣有二，曰制錢，則列聖所鑄，如洪武、永樂等通寶是也。次曰舊錢，如開元、祥符等錢是也。二錢並用，民咸利之。雖僞造不過竊真售贋，其於原制尤不甚相遠也。邇者京師之錢輕裂薄小，觸手可碎，字文雖存，而點畫莫辨，甚則不用銅而用鉛鐵，不以鑄而以剪裁，麤具肉好，即名曰錢，每三百文才值銀一錢，作之者無忌，用之者不疑，而制錢反爲壅遏。乞敕下緝捕衙門，許以制舊二錢通行，其僞造私藏者，期以半月自行銷毁，犯者論如律。因以所獲僞錢進呈，上惡其濫惡詭異，命牓示如章。已南京吏部司務朱希皐復上言，納例開礦以濟用，不若倣採銅充賦，設官鑄錢，及禁其僞，行其真，新錢既成，貿易轉輸，賜予俸給，皆于此取之甚便。上曰：今天下郡縣則壤成，賦以籍爲定，若復採銅充賦，未免紛紜。且兩京俱有寶源局，未嘗廢，可特令補鑄制錢數及盜鑄者。後以錢法不通，户部言，由輕重二弊，未能迭相爲用，請以新舊二錢爲則，官司收税，亦准此例，不得輒有增損，有阻壞者治之。上命以七十文爲一錢，舊錢倍之。復諭工部鑄洪武至正德紀元錢，每號歲百萬，嘉靖錢歲一千萬。先是民間行用濫惡錢，無復形製，名之曰皮棍，倒好，至以六七十文易銀一分，狡僞者或剪楮夾其中。因給事中李用敬言，乃詔公私用錢如洪武例，而嘉靖錢以七文准一分。洪武等及古錢上品者如制錢，餘不過二十文准一分，其濫惡者禁止之，犯者如律。是時小錢行用久，驟革之，小民頗稱不便。又以大學士嵩請，出內庫錢八千一百萬，給官俸并軍糧，尋令不論年號，悉以七文折筭，由是市易者官及軍匠，悉以七文抑勒予民，民益騷然。屬連歲大祲，四方流民就食京師，死者相枕藉。議者謂錢法不通所致，於是御史何廷鈺上言，乞許民以小錢六十當一分，其庫貯諸錢仍以七文行。而户部駁以爲濫錢，法所當禁，若官令用之，見開私鑄之門，以王者利柄假盗賊也。且方下厲禁，未期月，輙更法令不信格之，小錢雖不復用，而民間競私鑄嘉靖通寶錢，與制錢通行。四十三年，罷寶源局。初，上以廷議，命寶源局及南京、雲南造制錢，發民間貿易，既而所鑄不一，有金背火漆旋邊諸名，民行久之，言官建議鑄錢艱難，工匠勞費，請革其鏇車，以鑢盪代之，從之。於是鑄工競雜鉛錫便琢治，而輪廓粗糲，色澤昏暗，與前所造大不侔，由是姦僞之徒益多盗鑄，滋濫惡，貿易不通，至有朝入手而即廢棄者，商民悔忿，并佳者皆不受授，閭閻大困，其盗鑄者立斬，終不能止。上憂之，召大學士階問弊源，階奏言，臣惟濫僞諸錢既不能强民通行，而寶源局仍鑄不已，有五害焉，户、工二部每歲以二萬八千餘金投諸無用之地，一、中奸猾之計，開私賄之門；二、朝廷以此給賞中外臣工，而蒙賞者受而無用，虚皇上之恩；三、官府以此給與商民，而領受者有虧苦之怨；四、局中之人，坐享其利，而朝廷之錢法日阻，禁嚴之令，因之不行，虧損國體；五、臣以爲不若停止寶源局鑄造，其應給錢者，即以錢本銀代之。上從之。已上諭工部，日近來錢法阻滯，由于私鑄盛行，其宜法嚴治，而寶源局向所鑄錢輕小，蓋由于官匠侵料減工所致，爾部究懲之。乃逮作官及爐頭工匠，送法司謫遣有差。穆宗即位，令貿易貨物，一錢以上者，銀錢兼用，以下者止許用錢，而以制錢及舊錢皆以八文爲一分，勿低昂，乃鑄隆慶通寶，每文重一錢三分。尋以京城内外錢法不通，命廷臣議，于是户部奏，錢法之弊，其説有三，當嘉靖初年崇文門等處税課，皆徵錢，官吏俸給，小民貿易皆資于錢，故錢之用廣，其後鋪户濫受惡錢，以充俸鈔，錢稍不售，及税課專徵銀，又民間止用制錢，不用古錢，故錢法始壅，一也。又法令踈闊，私鑄者多真僞混淆，則煩揀擇，揀擇太精，則礙行使，二也。又無知小民聽信訛言，轉相煽惑，謂制錢且罷，遂格不行，三也。臣等以爲，僞錢濫惡者可禁，其洪武以來制錢及古錢，俱宜聽民間兼行，其税課房號諸銀，俱令收錢，如僞造及低昂價直者重罪之。詔從其議。已總督薊遼侍郎譚綸言，足國必先富民，欲富民必重布帛菽粟而賤銀，欲賤銀必行錢法，以濟銀之不及。今之議錢法者，皆曰鑄錢之費，與銀相當，朝廷何利焉，臣以爲歲鑄錢一萬金，則國家增一萬金之錢流佈海內，鑄錢愈多則增銀亦愈多，是藏富之術也。又謂錢雖鑄，民不可强，夫錢者泉也，謂其流行而不息也。今之錢惟欲布之於下，而不惟輸之於上，故其權在市井而不在朝廷。又識以年號，亦不免有壅而不通之患。臣請朝廷歲出工銀一百二十萬，發兩京户、工部及各省開局，設官專任其事，其所鑄錢，即以備次年官軍俸糧兼支折色之用。以後鑄錢益多，則工本當益省。錢制必輕重適均，定以十文值銀一分，不足則稍重其制，以五文爲一分。其錢俱以大明通寶爲識，期可行之萬世。從前制錢及古錢，悉聽民便，新錢盛行則舊錢自止。又令民得以錢輸官，如税糧折色則銀六錢四，存留及俸廪軍糧，俱從中半收錢。如此皆以行錢爲便，雖欲强其用銀不可得矣。上如綸言，而大明通寶錢終不鑄。萬曆四年，令南北直隸及十三布政司俱開局鑄錢，每處發錢式，詔雲南留前鑄佐海肥之用。十年，停各布政鑄局。二十六年，給事中郝敬陳錢事甚悉曰，責專官，定規則，廣鑄局，鑄大錢，採礦銅，處工本，嚴稽筭，禁盗鑄，筭歲息，重賞罰，曉愚夫，聽販賣。上善其言而不行。已户部奏錢法，上曰：今公帑匱乏，制錢宜多鑄濟用，不但餉軍給商，亦可供俸禄賞賚，須如法鼓鑄，務期上下通行，不得隨時低昂，以滋阻壞。監局司官若能殫心任事，効有勞績者優叙之。天啓初，以光宗在值不久，未遑鑄錢，命鑄泰昌通寶錢一年，以存一代之號。崇禎中，内帑大竭，命各鎮有兵馬處皆開爐鼓鑄，以資軍餉，而錢式不一，盗鑄孔繁，末年每銀一兩，易錢五六千文，錢有煞兒大眼賊、短命官諸號，因兆李自成之亂，洪武時天下共開錢鑪三百二十五座，歲鑄錢一萬八千九百四十一萬四千八百文，後多盈縮，不可得而考云。

鈔法：洪武初，中書省及在外行省各置局鑄錢。有司責民出銅，民間皆毁銅器，輸官鼓鑄甚勞，姦民多盗鑄，又商賈貿易，錢重道遠不便，上以宋有交會法，而元時亦嘗造交鈔，及中統至元寶鈔易於流轉，可以去鼓鑄害。遂詔中書省行工部造大明寶鈔。工部造鈔屢不就，太祖一夕夢神告以當用秀才心肝爲之，既寤，未得其計，因語孝慈皇后曰，神豈殺士而爲之耶？后曰：不然，士子苦心程業，其文課即心肝也。太祖喜，曰：得之矣。明日取太學生課簿搗而製之，遂成。以皇太子董其事，仍嚴僞造之禁，以桑穰爲料，制方高一尺，闊六寸許色青黑，外爲龍文，闌横題其額曰：大明通行寶鈔。闌中爲三方，上方爲篆文，即題額，中、上兩旁復篆文八字曰：大明寶鈔天下通行，中圖錢貫狀十串，則爲一貫，其下楷書曰：户部奏准，印造大明寶鈔，與銅錢通行使用，僞造者斬，告捕者賞銀二百五十兩，仍給犯人財産。若五百文，則畫鈔文爲五串，餘如其制而遞減之。每鈔一貫，折銅錢一千文，銀一兩，其餘以是爲差。其等凡六，曰一貫、五百文、四百文、三百文、二百文、一百文。每鈔四貫，易赤金一兩。禁民間不得以金銀貨物貿易，違者罪之。告發者，即以其物充賞。若有以金銀易鈔者，聽。凡商稅課，錢鈔兼收，錢三銀七。一百文以下則用錢。十三年，在京在外各置行用庫，令軍民倒鈔貫，百昏爛者，許入庫易換，收工墨價。已復諭天下不許取鈔料，但有字貫可辨真僞者，不問破爛油污紙補，即收解京。抑勒者及不堪辨驗真僞解京者，罪。太宗即位，言鈔板歲久，篆文磨滅，且皆洪武年號，令改元，宜併更之。太宗曰：板歲久則當易，但不必改洪武爲永樂，蓋朕所遵用皆太祖成憲，雖永用洪武可也。故鈔終皆洪武年號。尋以鈔法不通，令諸有以金銀貿易者，以奸惡論，告捕者以所易金銀充賞。鈔昏爛，仍許入庫換易，收工墨直。蓋國家欲以寶鈔統天下利權，而銅錢佐爲使通行之制甚設，然鈔易昏爛難久藏，雖有倒換之令，然收受艱難，終廢不行也。宣德中，令于順天、應天、蘇、松、鎮、常、揚、儀真、杭州、嘉興、湖州、福州、建寧、武昌、荊州、南昌、吉安、臨江、清江、廣州、開封、濟南、濟寧、德州、臨清、桂林、太原、平陽、蒲州、成都、重慶、盧，計三十三處，皆立署曰鈔關。又諭令天下凡菜果園，及塌房車房店舍停商賈者，菜地月納舊鈔三百貫，果樹十株百貫，房舍每間五百貫，差御史同户部官催劾之。又令凡以車載貨物者，每輛納鈔二百貫至五十貫，以大小爲差。船如之。若油房、磨房之類，皆納鈔。久之，民嗟怨，上命之減三之一。正統中，復申行之。先是，永樂中令大口月食鹽一斤，納一貫，小口月食鹽半斤，納百文，而笞罪以下，准以鈔贖，至是亦復申其制。成化中，令天下稅糧，皆錢鈔兼收。及弘治六年，令各鈔關，每鈔一貫，折銀三釐，每錢七文，折銀一分，至是，鈔漸微而錢行。計太祖時，賜鈔千貫，則爲銀千兩，金二百五十兩。而永樂中，千貫猶作銀十二兩，金止二兩五錢矣。及弘治時，賜錢三千貫，僅銀四兩餘矣，而鈔愈難行。于是上議者以爲，諸倣古三幣之法，以銀爲上幣，鈔爲中幣，錢爲下幣，以中下二幣爲公私通用之具，而一准上幣以權之焉。蓋自國初以來有銀禁，恐其或閡錢鈔也。而錢之用，不出于閩、廣，宣德以來，錢始行于西北。自天順來，鈔之用益微，必欲如寶鈔屬鏹之形，一貫准錢一千，銀一兩，復初製之舊，非用嚴刑不可也。然嚴刑非盛世所宜有，竊以爲今日制用之法，莫若以銀與錢鈔相權而行，每銀一分，易錢十文。新鈔每貫亦十文。四角完全未甚折者，每貫五文。中折者三文。昏爛而有一貫字者一文。通詔天下，以爲定制，而嚴立擅自加減之罪。雖物生有豐斂，貨值有貴賤。而銀與錢鈔交易之數一定，而永不可易矣。上不聽。先是，成化中，南京鎮守言鈔法圯不行，遣御史鄺埜往按之，衆以爲非，起大獄申著令法不可得而行也，埜念著令已峻，非法意，往獨捕一二市豪以獻，曰市人聞令下皆震懼，令鈔法通矣，事遂已。孝宗知其難行，不嚴督，聽民便。正德中，以内庫鈔匱乏，無以給賜，令天下鈔關徵解本色，從之。嘉靖中，御史魏有本上言，國初關稅全徵鈔貫，嗣後改令錢鈔兼收。邇年以來，鈔法不通，錢法亦弊，而關稅仍收錢鈔，無益于國，有損于民。以收鈔言之，每鈔一張爲一貫，每千張爲一塊，時價每塊值銀八錢，官價每塊准銀三兩，是官以三兩之銀，反易八錢之鈔，此則上損國用。以收錢言之，各處低錢盛行，好錢難得，官價銀一錢，值好錢七十文，時價每銀一錢，易好錢不過二十文，是小民費銀二錢以上，充一錢之數，此則不損民財。每銀約一万兩，内五千收鈔，該鈔將二千塊，計用大櫃五百方。又五千兩收錢，該錢四千串，用櫃四百方，而水陸脚價進納猶難計議。疏入，上命錢鈔留各地方，而内庫用銀，則錢鈔皆不入矣。厥後鈔益無用，而各關皆徵銀，雖朝廷賜予終用鈔，得之者爲無用之物，置之而已。懷宗時以國用匱缺，議鑄銅鈔，製樣已具，而未及行。

傅維鱗《明書》卷八四《營建志》 史官論曰：昔者聖人作室而上方中攻洛而先相宅，非以競民力亟土功也。蓋天隨王者所居而饗之風雨陰陽萬靈宅焉。民之聚曰都，前朝後市，四方大和會焉。且以賓諸侯納奠壞燥濕之不時而辟在館人筦簟之既安，而君子攸躋，故上棟下宇，易取諸大壯，大者壯也。王者廓九有爲家集勢既大不得不示其巍巍也。周廬合宮之異，其制左祖右社之別，其位皐門應門之亢，其户赤墀青鎖之昭，其物路寢涼室之定，其居若格之茅茨，其固已甚，然瑶臺瓊宮，階之厲矣。絶漢抵營，表南山爲闕，築斯怨矣，千門萬户，壁帶黄金，塗侈無藝矣。乃至太液承露，離宮漸臺，迷樓甲帳，爲土木之妖者，何可紀極。蓋心雄則草菅民力，意遠則幕席天地，人主鮮不始于儉勤，而終逸欲。漢營未央，高祖始怒蕭何，而終喜其子孫無加之語。隋成仁壽，文帝始怒楊素，而終惑于獨孤安樂之言，二君皆造邦之主，喜怒如出一轍，蓋侈生于業謝，情佚于懷安，所固然也。而帝室皇居之大，亦從可考，爲明興，太祖肇基江左，定鼎于龍蟠虎踞之宅，始建南内，克崇儉約，惟事堅固，不務雕華，允可爲後世法。太宗起自北藩，仍元故都爲京師，凡所建置，皆倣留都。蓋有文王宅豐，武王遷鎬之意焉。其制度詳細，掌於工部營繕司及内官監，而國變後圖籍散失，莫可稽考，今特摭其大略，作營建志。

吴元年丁未，立宗廟社稷宫闕，時典營繕者以圖進，有雕琢奇麗者，上皆令去之。謂中書省臣曰：宫室第取完固，何必過爲雕琢。昔帝堯茅茨土階，采椽不斲，可爲極陋矣，然千古稱聖者必首堯，後世競爲奢侈，極土木之盛，欲心一縱，卒不可遏，亂由是起，夫上崇節儉，則下無奢靡。吾常謂珠玉非寶，節儉是寶。有所締構，一歸樸素。何必誇示雕巧，以殫民力。已中書省議親王宫飾彩，上曰：惟儉養德，惟侈蕩心。居上能儉，可以導俗，居上而侈，必至厲民。諸子方及冠年，去朕左右，豈可使靡麗蕩其心耶。後於大内建觀心亭，其時宋濂來朝，上召語之，曰：人心易放，操存爲難，朕酬應庶務，罔敢自暇自逸，況有事於天地宗廟神祇，朕作是亭，爲致齋之所，端居其中，身在是心即在，是却慮凝神，精一不二，庶幾無悔。改建大内，上命儒臣熊□編類古人行事可爲鑒戒者，書於壁，又命書大學衍義於廡，曰：前代宫室，多施繪畫，予用此以備朝夕觀覽，豈不愈於丹青耶。上嘗退居，皇太子諸王侍，上指宫中隙地謂之曰：此非不可起亭館臺榭爲游觀之所，今但令内使種蔬，不忍傷民之財，勞民之力耳。上曾破陳友諒於獅子山，命建閲江樓，先命廷臣爲記，即日文成者數人，上覽之嘆曰：乏人矣，昔唐太宗繁工役，好戰鬭，宫人徐充容猶上疏曰，地廣非久安之道，人勞乃易亂之源。東戍遼海，西役崑丘，誠不可也。今既多順欲之詞，媿婦人矣。後樓成，自爲記。八年作晷影堂，上以大内成制度不甚宏侈，喜謂侍臣曰：人主嗜好，所繫甚重，躬行節儉，方能養性，崇尚侈靡，必至喪德。朕恒念少居淮右，頻年饑饉，艱於衣食，今富有四海，何求不遂，然撿制此心，惟恐驕盈，夙夜競惕，弗遑底寧，故凡有興作，必量度再三，不獲已而後爲之。宫壺之間，皇后亦服浣濯，皆非故爲矯飾，實恐暴殄天物，剥傷民財，不敢不謹。且節儉非徒治天下者當守之，爾等治家，更宜三復。時有獻言瑞州文石可甃地，上輒斥之曰：爾不以節儉之道事予，乃導予以侈麗乎。言者大慙。十二年，議建周府，以九月興工，上曰：九月正民種麥之時，俟農隙營之。二十七年，罷建岷府，上諭工部曰：土木之工，必度時量力，順民情而後爲之，時可爲而財力不足不爲也，財有餘而民不欲不爲也，必有其時有其財，而民樂於趨事，然後爲之，則事易舉。今雲南土曠民稀，軍餉轉輸，勞苦百姓，若復加興造之役，非惟時力未可，於民大有所不欲，岷府姑爲棕亭以居，俟十五年後，民富力紓，作之未晚，爾即馳諭之。三十年，上以諸王在外，多非時興繕，乃諭工部曰：各王宜各守定制，勿得擅自興造，勞吾民匠。若有必不可已者，須奏請方許可。移文切責之，其不以營建苦民若此。

建文即位，命建省躬殿於乾清坤寧二宫之間，以爲退朝燕息之所，置古經聖訓其中，以尚父丹書之旨，夏書聲色宫室之戒，命方孝孺爲銘。太宗即位，改作奉天殿。四年，命建北京宫殿備巡幸，乃勑泰寧侯陳珪、刑部侍郎張思恭督造磚瓦，五年勑宋禮、金純古、杜師逵、劉觀等分督北京大工，十四年上至北京，命撤西宫而新之。十五年，建北京郊廟。初，營建北京，凡規制悉如南京，而高敞壯麗過之。後於皇城東南建皇太孫宫，東安門外建十三邸，通爲屋八千三百五十楹，五年乃成。以木瓦諸匠金珩等二十三人爲工部營繕所丞督工，文武及夫匠賚有差。十九年，三殿災，仁宗即位，垂意舊京，乃諭南工臣曰：朕以來春還京，今遣工匠人等命爾督率，凡各宫殿有滲漏處，隨宜修葺，但可居足矣，不必過爲粉飾，重勞人力。宣德八年，又復詔修南京宫殿。正統元年，重修奉天、華蓋、謹身三殿。天順三年，作南内離宫。弘治中，修清寧宫，尚書馬文升請發内帑，免征派，停四川採木之擾，時議調山東民七千爲役户，尚書經曰：山東歲歉民貧，不可輒動，請以户部羨銀顧役營之。上曰：可。正德中，乾清宫災，詔重建及新營凝翠、大素諸殿，工尚書李燧奏，以爲乾清宫災，蓋非常之災，必有非常之應，乃土木叢興，如修建鎮國府與新寺豹房，凝翠、大素諸役皆不經，而勞民傷財，宜少貶損，以荅天戒。不聽。十六年，乾清宫成，世宗入纘大統，適與會期，御史鄭本公疏言，皇上運亨盈成，因居安之日，亦當思危之時，周陳事之可思者六，而願以武宗爲戒，上嘉納之。三年營龍虎殿於顯靈宫，御史張韶奏諫停止，不報。四年，詔營仁壽宫，規模宏偉，工役重大，廷臣會奏，待世廟工完營之，上怒，切責。已而大學士費宏，以災異修省，請停工役，而工尚書趙璜等，亦乞停玉德等殿工，但併力世廟，上命暫寬之。五年，復詔修仁壽宫及玉德、安喜、景福諸殿，給事中張嵩等上言，民困財絀宜暫停止，不聽。七年，建敬一亭。十年，作西苑無逸殿豳風亭修興邸。十三年，建九五齋諸處。十四年，建端凝等殿，又建啓祥宫，及清虚、欽安等殿。十五年，建慈慶宫、慈寧宫。十八年，建永天、陽春諸門。十九年，大營興邸，計用銀四十六萬有奇。連歲併營建雷壇、景陽宫、皇穹宇、麗譙僂、諸陵壽宫、沙河離宫六聖亭，及諸王諸妃營域。工尚書温和仁等上言，近年大江浸廣，爲費不貲，共用過白金六百三十四萬有奇，夫歲入無幾而尚可支吾者，以往時節慎庫猶有存積，且開納初行，應之者衆耳。近來帑藏已竭，工費無紀，雖分省辦料，什去六七，而顯陵之役，復坐派數省矣。況開納久而應者稀，帑中累月不及萬計，而商人待給無慮數十萬，乃欲一切盡出本部，此何異掬蹄涔而沃甌拆也。況承天近請又百七十餘萬，各處修建日來督發，不知將何以應，乞暫停止。」上曰：「悉心區畫，自可支應，殊過慮也。」而給事中朱憲章等亦上言，「慈慶經始於十六年，爲六百餘萬，一號等三殿經始於十七年，爲工三百餘萬，皇穹宇經始於十八年，爲工二百餘萬，而物料運價之費不與焉，尚未就緒而仁壽、西苑之工復興，恐愈煩難。」上怒曰：「祖宗建言官爲耳目，各工何無一言，而仁壽所費幾何，輒瀆擾。」二十年，宗廟災，而翊國公郭勛言，自廟災以來，理應重建，而所司未聞會計，恐不可緩。上曰：「卿言是，命會官議。」於是禮尚書嚴嵩等議，言七廟之災，中外臣民咸謂復不可已，臣等竊惟成大事者，必順天道協人情，方今大戒當畏，而修省之念方新，民窮當軫，而寬恤之詔初下，故廟建雖不可緩，而勢亦不容亟也。典舉大役，財力爲先，天子以天下爲家，豈憂力之不足，惟在調度有徑，不至妄費耳，故財力非所慮也。各廟規制稍因舊址而拓之，興工尚遠，徐可恣圖，故規制非所急也。今獨材木爲難，巨産楚蜀窮崖絶壑，水陸轉運，難計歲月，此當預爲之所，須推舉才力大臣專督其事，待其報完，然後舉事，而物料則工部爲之區畫營辦之，庶用力於休養之餘，度材於充積之後，一舉而輪奐新矣。」上於是命工侍郎潘鑑等往採木。二十一年，命作祐康雷殿及泰亨大高玄等殿，工員外郎劉魁切諫之，上怒，下魁詔獄。三十六年，奉天等殿復災，命重建之，給事中劉贄等，請宜令藩王及文武羣臣各捐助，以成大工，從之。於是以進多者爲忠，每手勑獎諭，計四十一萬四千兩有奇。四十年，營萬壽宮，明年成，中有壽源、太玄、仙禧、萬春等殿，極其宏麗，上大悦，陞匠師徐杲等爲工部尚書，及侍郎通政等官，餘賚有差，題改奉天等殿名爲皇極等殿。四十三年三月，營玄熙、惠熙等殿，四月營寶月殿，八月建洪壇、太素等殿。四十四年，作玉芝宮。四十五年二月，建極憩殿、大道殿，九月建紫極殿，七月作浄蓎殿，九月新宮成，復毁，作乾光洪慶諸殿，是月更建紫宸宮，十月詔新承天飛龍宮，既而上崩。穆宗即位，元年四月，詔毁紫極殿紫宸宮，於南内建翔鳳殿，給事中馮成能等上言，「紫極諸宮乃先帝因齋事暫居，原非舊制，今遵遺詔悔停止之言，折而去之，誠繼述之大孝，然西城之與南城，俱非天子之所宜居，今西城之存者既所當毁，而南城之久廢者顧當復興耶，舊事方鑑而新宮復萌，臣切以爲非宜。」上納其言，遂罷之。仍命毁諸宮殿，材收貯需用。未幾作隆道堂，命建瑞祥閣於長信門，南給事中龍光諫，不聽。工尚書朱衡復奏言，「地宜静不宜動，今隆道之工甫峻，皇上正宜凝神淵默，導迎和氣，若再興大役，非惟禁地不安，亦恐有勢聖慮。」上悟，乃止。神宗初年，大内災，命修復之，後三殿災，時務静攝，終未重建。至天啓六年，三殿工成，而大璫魏忠賢叙封東安伯，一時督工者皆進階陞廕，重修弘政、宣治二門。及懷宗敦崇儉約，軍興之費不貲，帑藏空虚，則全無營建之事矣。

《清高宗實録》卷一千六十〔乾隆四十三年閏六月〕庚申，諭軍機大臣曰：「勒爾謹奏『蘭州府屬金縣之濱臨黄河旱地，岸高河低，難資引灌。請設水車十五具，引水溉田。計需銀三千兩，懇借項興修，分作六年徵還』等因一摺。所辦未爲妥協，甘省山高土厚，水利最宜加意講求。今既查明什川堡等處，可以成造水車，引河灌溉，實係地方急應興舉之事。至所稱動借帑銀令民間按年扣繳殊屬非是。製車引灌利民，自宜官爲經理，豈可復以所費，累及閭閻。府縣官各有養廉，理應捐辦，以盡牧民之責。即或守令力難獨辦，而總督歲入俸廉豐厚，尤宜捐貲濟公，方無忝封疆重寄。乃勒爾謹既知事屬應辦，復請借項應用，令民繳還，吝已貲而罔卹民隱，實屬見小。若費至數萬之事，朕即賞給矣。此項工費銀不過三千兩，即著勒爾謹，於養廉内全行捐出，上緊成造，以利民用，不得復令小民扣繳滋累。將此傳諭知之。仍著將捐辦完竣情形，即行覆奏。」

《清高宗實録》卷一千二百四十二〔乾隆五十年十一月庚戌〕軍機大臣等議覆：直隸總督劉峩等會議：「備造剥船事宜。一、剥船一千二百隻，交沿河州縣，召募船户，於空閒時准其攬載營生。剥漕期近，不許遠行。一、各船編列字號，以示區别，不得攬載出境。仍知照山東臨清關，到時即令起卸，毋許南下。一、剥船原爲濟運，倘南漕與銅、鉛等項同時需剥，以一千一百號專剥漕糧，一百號分剥銅、鉛。一、漕運既有剥船，一切民船不許封雇。一、船户、舵工、水手人等，平時即以水腳爲工食，其剥運漕糧，自楊村至通州，除給飯米一石二斗外，向例腳價六千文，減半發給，餘一千文爲歲修，二千文給還旗丁。一、歲修每船油艌銀五兩，三年小修銀二十兩，即於扣存剥價動用。一、剥船到壩後，限三日兑收，即令回空輪運。一、剥船責成船户照管，以期經久。至十年排造時，即在直隸艌修，分三年折造。」均應如所請。從之。

《清高宗實録》卷一千三百三十〔乾隆五十四年閏五月丁亥〕軍機大臣議覆：烏嚕木齊都統尚安奏「鐵廠之設，原以濟屯田農具之用，舊例於遣犯内，擇年力精壯者二百名，以一百五十人挖鐵，五十名種地，供挖鐵人犯口糧。至一切雜費，於遣犯内，酌募有力者，每年損貲三十兩，以供廠費。定以年限，與挖鐵種地各犯，一體咨部，分別爲民回籍。惟是開廠之初，損貲人犯約有百餘人或七八十人，每年除用外，尚有贏餘。至四十八年後，其能捐銀者僅十餘人或七八人不等，不敷所用。嗣後請不必拘定三十兩之數，或二十兩，或十餘兩，俱准其呈報。並揀派効力廢員一人，明白勤慎者，令專管廠務二年，所有遣犯捐貲不敷，責令該員捐墊。如辦理妥協，年滿時將其出力之處，具奏請旨」等語。臣等公酌，遣犯損貲或二十兩，或十餘兩之處，必須酌定章程，以示區別。其三十兩者，仍照向例年限外，其二十兩、十餘兩者，量加年限，方爲平允。仍交該都統酌議具奏。至所稱於効力廢員中揀派一人管廠，二年後具奏請旨，應如所奏行。從之。

《清穆宗實録》卷一百一〔同治三年四月戊戌〕又諭：「總理各國事務衙門奏：『請派京營弁兵，學製火器』一摺。據稱：『練兵之要，製器爲先。洋人所製炸礮炸彈等項，尤爲行軍利器。現在李鴻章軍營製造此項火器，已有成效。擬請飭火器營，於曾經學製軍火弁兵內，揀派武弁八名，兵丁四十名，發往江蘇，一體學習』等語。所奏自係爲思患豫防起見，本日業經諭令火器營，照該衙門所請派撥矣。此起弁兵，俟抵江蘇後，即交李鴻章差委，專令學習炸礮炸彈，及各種軍火機器。如能留心學習，著有成效者，准該撫從優奏請奬勵。其有怠惰偷安，不遵約束者，即照軍法治罪。該撫務當明定勸懲，俾該弁兵等盡心講求，以期備得西人之妙。該弁兵等到蘇後，該撫務須加意稽察，妥爲防閑，俾祕妙之傳，不致稍有漏洩，方爲妥善。所有應給薪水等項，即由江蘇酌定支發，准其作正開銷。原摺著鈔給閲看，將此諭令知之。」

《清穆宗實録》卷一百五十〔同治四年八月壬寅〕署兩江總督李鴻章奏：「遵籌御史陳廷經奏請整頓緑營製造軍火各節。現在置辦外國鐵廠機器，併局製造。並飭派京營弁兵學習，以修武備。」下所司知之。

《清穆宗實録》卷二百五十五〔同治八年三月壬辰〕，兵部等部，議覆調任兩江總督曾國藩酌改江蘇水師營制事宜。【略】續造輪船四號，分撥提督及蘇松各鎮，專巡外海內洋。一。江寧設立船廠，按年輪修戰船。輪船應由上海船塢整理。

《清穆宗實録》卷二百九十二〔同治九年十月甲午〕，諭軍機大臣等：「崇厚等奏：『天津機器局告成，動用經費各款，開單奏報』一摺。天津設立機器局，經崇厚督飭在事人員度地庀材，隨時監視密妥士等認真經理，現已一律告成。所用款項，既據崇厚等聲稱事由創舉，難以例價相繩，所有單開用過銀數，即著准其開銷。至密妥士所稱再添研藥機器三分，每年所出火藥可增三倍，而人工所加有限。較之採買，即可節省，尚屬久遠之計。崇厚現在出差，應如何斟酌添製開拓之處，著交李鴻章妥爲籌畫，奏明辦理。該督於此事講求有素，務當督飭津局委員，事事悉心研究，務將此中機巧，竟委窮源，庶可有裨實用，不至徒託空言。將此各諭令知之。」

《清穆宗實録》卷三百二十九〔同治十一年二月甲申〕諭軍機大臣等：「前因內閣學士宋晉奏：『製造輪船，糜費太重，請暫行停止。』當諭文煜、王凱泰，斟酌情形，奏明辦理。茲據奏：『閩省製造輪船，原議製造十六號，定以鐵廠開工之日起，立限五年，經費不逾三百萬兩。現計先後造成下水者六號，具報開工者三號，其撥解經費，截至上年十二月止，已撥過正款銀三百十五萬兩，另解過養船經費銀二十五萬兩，用款已較原估有增。造成各號輪船，雖均靈捷，較之外洋兵船，尚多不及。其第七八號船隻，計本年夏間方克蕆工，第九號出洋尚無準期。應否即將輪船局暫行停止，請旨遵行』等語。左宗棠前議創造輪船，用意深遠。惟造未及半，用數已過原估，且禦侮仍無把握。其未成之船三號，續需經費尚多，當此用款支絀之時，暫行停止，固節省帑金之一道。惟天下事創始甚難，即裁撤亦不可草率從事。且當時設局，意主自强。此時所造輪船，既據奏稱較之外洋兵船尚多不及，自應力求制勝之法，若遽從節用起見，恐失當日經營締造之苦心。著李鴻章、左宗棠、沈葆楨，通盤籌畫，現在究竟應否裁撤，或不能即時裁撤，並將局內浮費如何減省以節經費，輪船如何製造方可以禦外侮各節，悉心酌議具奏。如船局暫可停止，左宗棠原議五年限內，應給洋員洋匠辛工，並回國盤費加奬銀兩，及定買外洋物料勢難退回應給價值者，即著會商文煜、王凱泰，酌量籌撥。該局除造輪船外，洋槍、洋礮、火藥等件，是否尚須製造，及船廠裁撤後，局中機器物料，應如何安置存儲之處，並著妥籌辦理。已經造成船隻，文煜等以撥給殷商駕駛，殊爲可惜。擬將洋藥票税一款，仍作爲養船經費，酌留兩號出洋訓練，即著照所議辦理。其餘各船，俟各省咨調時，分別派往。將此由五百里各密諭知之。」

《清德宗實録》卷三十五〔光緒二年六月戊午〕督辦福建船政候補三品京堂吳贊誠奏：「船工情形，及鐵脅廠布置，並自置輪機，酌改省煤新式。」又奏：「派總兵吳世忠，帶同各船出洋操練。」均報聞。

《清德宗實録》卷六十七〔光緒四年二月辛巳〕四川總督丁寶楨奏：「籌款

興修成都府都江堰。」又奏：「省城設立機器總局。」均下所司知之。

《清德宗實録》卷六十七〔光緒四年二月甲午〕又諭：【略】至外省仿製外洋軍火，上海天津，均經設立機器局，應否於兩局内會同遴派得力專員，統令隨時酌覈畫一辦理，著該大臣等，一併妥議籌辦，該局用款奏銷。嗣後並著將每年每款需費若干，逐細登明，按年造報一次。其每年成造各件，暨撥用存留各數目，亦即按件造報，以照覈實。山東湖南各設局廠，用款最省。四川現已設局，所奏應令一律詳細造報，著依議行。即由該衙門咨行該督撫查照辦理。」

《清德宗實録》卷一百七〔光緒六年正月己巳〕諭軍機大臣等：「劉坤一、裕寬奏：『籌備蚊子輪船擬由粵省自行試辦，並請飭講求製造兵輪船』各摺片。籌辦海防船械，自應切實圖維，未可蹈常襲故。劉坤一等擬照蚊子船改用木殼，將前膛礮改用後膛洋礮，即由粵省自行仿造船隻，變通辦理。局員温子紹捐置一號，業已興工，覈計工價，約銀僅二萬餘兩。並另籌銀兩，添造一號各節。此項船隻造成，果能與外洋蚊子船相爲頡頏，既可節省餉需，又能迅速蔵事，自係兩得之計，即著照所請，先行試辦。惟事屬創始，能否合用，究竟尚無把握。前經諭令各省籌解經費，交李鴻章訂購蚊子船，分布各口，仍著一面遵照辦理。張樹聲、裕寬即陸續解款，俾資應用。製造戰艦，必須精益求精，以期攻守得力。著劉坤一、吴元炳、何璟、勒方錡、黎兆棠飭令各局，加意講求，務須於成法之中，自出心裁，益臻精利。以期一船得一船之用，尤當覈實辦理，毋稍虚糜餉項。將此由四百里諭知劉坤一、何璟、張樹聲、吴元炳、勒方錡、裕寬，並傳諭黎兆棠知之。」

《清德宗實録》卷一百九十二〔光緒十年八月丁酉〕又諭：「前據提督劉銘傳奏：『船政局機器局宜加整頓。』主事余思詒、教職陳麟圖奏：『請整飭機器局。』編修朱一新奏：『請於湖北江西近水之處，添置機器局』各等語。福建船政局，自被轟後，機器尚未損壞，自應一面修理，逐漸整頓。其天津上海等處機器局，開設有年，不惜多費帑金，原期製造精良，乃可適用。現在海疆有事，軍火槍礮，尤應寬籌備用，以應急需。著李鴻章、曾國荃、楊昌濬、衛榮光、張佩綸，按照該提督等所陳各節，實力整頓，釐剔弊端。並將軍火等項，多爲儲備。其湖北江西，應否添置機器局，並軍火公司是否可行，著總理各國事務衙門、曾國荃、卞寶第、彭祖賢、潘霨妥籌具奏。此外設有機器局各省，並著總理各國事務衙門，咨行各該督撫一律整頓。原摺單均著摘鈔給與閲看。將此諭知總理各國事務衙門，並由四百里諭令李鴻章、曾國荃、楊昌濬、卞寶第、衛榮光、彭祖賢、潘霨、張佩綸知之。」

《清德宗實録》卷三百四十七〔光緒二十年八月庚午〕湖廣總督張之洞奏：漢陽鐵廠著有成效，出力人員請奬。得旨：「准其擇尤酌保，數員毋許冒濫。」又奏：「湖北鐵廠實兼采鐵鍊鋼開煤三大端爲一事，用款繁鉅，經費不足，請於釐金鹽釐項下，每年撥銀十萬兩。」下户部議行。

《清德宗實録》卷三百六十〔光緒二十一年正月癸巳〕又諭：「譚繼洵奏：『洋械購運維艱，擬製造平礮等械』一摺。據稱中國火器製辦，成法具存，命中及遠，亦能制勝。該護督飭匠試造平礮擡槍綫槍等械，如法演放，尚屬靈便，且能攻堅致遠等語。擡槍綫槍，向有成式，至平礮如何式樣，著李秉衡查明丁魂軍營及山東機器局，如有此項礮式，即行派員運解一二具，交神機營查驗，以備仿造。將此諭令知之。」

《清德宗實録》卷四百十五〔光緒二十四年二月壬午〕福州將軍兼船政大臣裕禄奏：「船廠製造魚雷快艇，現已開辦。工需緊要，懇匀款接濟。」下户部議。

《清德宗實録》卷四百二十一〔光緒二十四年六月壬辰〕諭軍機大臣等：「國家講求武備，非添設海軍，籌造兵輪，無以爲自强之計。兹經召見裕禄，詢以福州船廠情形，據奏：『工匠機器一切，均足以資興造。惟所需款項較鉅，必須於原撥常年經費外，另籌的款，按年撥解，庶足備製造船礮之用。』著各將軍督撫，遵照單開指撥數目，妥籌辦理。方今時勢艱難，朕宵旰焦勞，力求振作，思禦外侮，則整軍經武，難再視爲緩圖。各該督撫受恩深重，蒿目時艱，亦當仰體朕懷，協力同心，急其所急。當此度支匱乏，艱於挹注，惟於無可設法之中，力籌撥濟。如釐金之剔除中飽，局務之酌量歸併，皆當破除情面，實力籌維。儻指款實有不敷，除應解各項京餉，暨應還洋款，不准擅動外，其餘無論何款，准其移緩就急，如數撥解，不准託詞延宕。國計安危所繫，我君臣相感以誠，同維大局，用副朕殷殷訓誥之至意。仍將遵辦緣由，於接奉此旨十日内，先行電奏，以慰廑系。原單著鈔給閲看，將此各諭令知之。」

《清德宗實録》卷四百二十五〔光緒二十四年七月丙子〕又諭：「胡燏棻奏：『請造京西運煤鐵路』一摺。西山一帶，所産煙煤，專備京城炊爨之用。向歸馱運，費重價昂，該府尹現擬將盧溝橋鐵路，展造至門頭溝，路既非遥，需款亦不過鉅，即著該府尹督飭洋工程司趕緊履勘估計，籌款興辦。」

《清德宗實録》卷四百四十一（光緒二十五年三月癸亥）又諭：「電寄各省督撫，近年各省多有創設機器製造槍礮彈藥並紡紗織布各項工廠商務等局，由官開辦者，著各督撫查明該省各局所共有幾處，即將現辦情形詳晰電奏。」

《清德宗實録》卷四百六十一（光緒二十六年三月癸卯）直隸總督裕禄奏：「北洋機器局增設快礮快槍及子彈無煙藥等廠，歲需經費十五萬兩，請籌撥的款，以資製造。」下所司議。

《清德宗實録》卷五百四十二（光緒三十一年二月甲辰）商部奏：「華商創辦電鐙，所需機器材料，請免稅釐。」從之。又奏：「丹鳳火柴公司，請發給官股，予以專辦年限。」報聞。

《清德宗實録》卷五百四十八（光緒三十一年八月甲辰）雲貴總督丁振鐸奏：「滇省箇舊錫廠，爲滇民生計所在，實出口土貨大宗。現在官商糾集股本，設立公司專辦，先發公款爲之提倡，以保自有之利。」下部知之。

《清德宗實録》卷五百五十二（光緒三十一年十二月癸卯）給事中劉學謙奏：「洋貨進口日增，請飭多設局廠，仿造機器，推廣紡織，以挽利權。」

《清德宗實録》卷五百五十四（光緒三十二年正月丙子）福州將軍兼船政大臣崇善奏：「廠製第一號江船下水，穩捷適用。請飭南北洋籌辦海軍，需用兵艦，閩廠能代製者，毋庸遠向外洋訂購，早日商由船政定造，即著該省酌協鑲項，以資挹注。」下練兵處議。尋奏：「請飭將該廠力加整頓，一面飭南北洋大臣按所奏情形。會籌辦法，以重海權而維大局。」依議行。

《清德宗實録》卷五百五十四（光緒三十二年正月庚寅）又奏：籌議在粵擴充製造。前向德商訂購新式造槍造彈及無煙藥各種機器，已陸續運到。所有新槍口徑，俟練兵處酌定遵辦，請飭部立案。」下練兵處議。尋奏：「該省舊廠請准暫勿裁撤，一俟三廠成立，將該廠停辦改爲別用。」依議行。

社會調查所《清代題本·採辦織造及各項工程》

順治十三年八月十一日內閣下

順治十三年八月初十日少傅兼太子太傅內翰林祕書院大學士管户部尚書事臣車克等謹題

爲清追織造錢糧以充採買之用事。江南清吏司案呈，奉本部送户科抄出欽差總理糧儲提督軍務巡撫江寧等處地方都察院右僉都御史張中元題前事內開，順治十三年五月二十九日准户部咨文前事內開，江南清吏司案呈，照得蘇州府屬黃白絹一項，明季俱解本色。自順治四年題准，改折充織造之用，八年以前，俱全完無欠。自織造歸工部之後，此項銀兩收入正項之內銷筭，拖欠遂多。查節年册報九年至十二年止，除災荒并徵解本色外，共該改折銀五萬七千四百九十四兩九錢四分零，內已完僅四千五百三十一兩七錢九分，未完銀共五萬二千九百六十三兩一錢四分，此皆府州縣官玩視正供，以致積欠如許，目今採買段疋，需用正殷，此項絹折錢糧亟應勒追抵用。又江寧府每年原充織造銀七萬三百三十七兩零，節年有無未完，未據册報，如有拖欠，亟應追用，相應移咨江南督撫并照會藩司，嚴督道府州縣各官勒限速追應用銷筭，限文到一月之內報完，如有怠玩，即指名題參以憑議處，庶積欠早完採買有濟，等因呈堂，奉批照行送司，案呈到部，備咨到臣，准此隨行布政司復頻檄嚴催去後，續據該司左布政使劉漢祚呈稱，江寧織造銀兩原無額定項款，向係動支蘆課關稅并南工屬機房等銀共三千九百餘兩，續奉部文，行令於布政司額賦取用，此時織造總歸户部耑掌，本司遵於户部額賦銀內不拘何項扣留，原數移解江寧户部餉庫收貯，聽候支放織造之用，從未分晰某款某款留充織造也。即查車太監原題敬陳協濟錢糧一疏內開，江寧織造歲用錢糧七萬有奇，前在户部時，需用料工在於户部項下動支，原未扣定數目，亦未坐定款項，俱係通融給銀織造等語，則該太監原題亦未分有定款也。嗣因織造歸還工部，是以工部隨將蘇州并浙江原留織造本屬銀內，分撥江寧、蘇州、杭州三處織造，其先前動户屬銀七萬三百餘兩，仍歸還户部作户部項下支銷，是此七萬三百餘兩，原係撥動之銀，非專供織造額設也。前織造停止，即歲留工部銀兩亦不動支，今織造復舉，所有應用料工，仍應於工部正賦錢糧內留用，其户部錢糧原無定額，伏乞咨明户、工二部等因。據此又據該司呈稱，蘇州府黃白絲絹改折一項，額載正賦京邊項下徵解，節年奏銷考成，册報在案，九、十兩年分，見有滿洲大人守催解京，十一、十二年分，節奉部撥解充楚粵等餉。經年已來，差役守提，三日一催，不遺餘力，該府屬任催不完，今奉部文清追此項絹折以抵採買段疋之用，隨該署司事馮右布政於五月二十六日遵將此項摘出勒限差提，又經本司節催，延今部限已逾，仍未據完解分釐，事干抵充採買急用錢糧，萬難遲悞，合將九年至十二年分經徵職名，完欠數目，造册呈報，伏乞查核指參等因到臣。據此除江寧府織造錢糧原係正賦撥用並無額設項款外，今該臣看得蘇州府屬九、十、十一、十二年分絲絹改折一項，臣准户部咨文催抵採買段疋之用，且以一月爲期，何等緊迫，乃臣嚴檄頻催，業已逾限，猶未即應，急需何賴，府州縣各官怠玩之咎洵難辭矣。惟是蘇州府造報完欠，因有本色絹疋料價舊額未敷，於折色内通融扣辦，致與藩司完欠互異，然臣以絹照時估計之價，未經報部，難以擅除，除另文咨部外，兹據布政司將經徵職名，完欠分數，造册前來送户部查核外，謹遵指名題參之部文，會同督臣馬鳴珮合詞具題，伏乞勅部議處，并將江寧府織造銀兩察核明白施行等因，順治十三年六月二十九日題，七月二十三日奉旨：著察核議處具奏，户部知道，欽此。欽遵於七月二十四日抄出到部送司，奉此相應議覆，安呈到部，該臣等看得蘇州府絹折銀自順治四年題准改折充織造之用，八年以前俱全完無欠，自織造歸還工部之後，此項銀兩收入正項内銷筭，九年至十二年止，共該銀五萬七千四百九十四兩九錢四分，僅完過銀四千五百三十一兩七錢九分，未完銀五萬二千九百六十三兩一錢四分。臣部因採買緞疋需用殷繁，移咨江南督撫嚴限追完濟用去後，今據江寧巡撫張中元將完欠數目并經徵各官職名造册題參前來，臣等備查册開數目止續完銀三千三百九十七兩四錢三分，尚欠銀四萬九千五百六十五兩七錢二分，内有吴縣、崑山、嘉定三縣節年全無完解，其餘州縣完解無幾，經徵各官何辭怠玩之罪，但册開各官未經分晰十一年十一月内，赦前赦後，難以懸議。應請勅該撫確查分註赦前赦後已未完分數，造册咨報臣部以憑核議，其未完銀兩，請勅該督撫責成見任各官嚴限追解，以濟軍需可也。相應具覆，恭候命下，臣部轉行遵奉施行。臣等未敢擅便，謹題請旨。

硃批：依議行。

《雍正朝内閣六科史書·户科·署貴州巡撫元展成題爲查報大興大鷄倭鉛二廠實係硐老山空並無以旺報衰情弊本》 署理貴州巡撫印務廣西布政使司布政使加三級紀録五次駐劄貴陽府臣元展成謹題爲詳請封閉鉛廠事：「該臣看得大興、大雞倭鉛二廠，前因硐老山空，礦砂無出，先經前撫臣張廣泗據詳題明，封禁在案。續准部咨，行令委員確查，如無以旺報衰情弊，保題到日再議等因，檄司遴委能員確查詳報去後。今據布政司常安詳，據大定府知府陳悳榮行據平遠州知州蘇松畢節縣知縣李曜詳稱，遵查大興、大鷄二鉛廠實係硐老山空，礦砂無出，爐民早散，並無以旺報衰情弊。該府、州、縣加具印結，由該司詳請會核保題前來。臣覆察無異，除結送部外，相應會題。伏乞皇上睿鑒，勅部議覆施行，謹題請旨。」雍正十年十月十三日題。十一月二十日奉旨：「該部議奏。」

趙翼《廿二史劄記》卷二七《明南北京營建》 明祖創造南京，規制雄壯，今四百餘年，城郭之崇，街衢之闊，一一可想見締造之迹。蓋盡舉前代官民房舍掃除而更張之，而工作皆出於民力。《水東日記》云：洪武門外至中和橋六七里長街，乃富民沈萬三家絡絲石所砌。以此類推，是物料皆取之民間也。《明史·嚴震直傳》：時方事營造，集天下工匠二十萬户於京師，震直請户役一人，各書其姓名術業，按籍更番役之。是工匠悉取之民間也。《朱煦傳》：洪武十八年，詔盡逮天下官吏之爲民害者，赴京師築城。《葉伯巨傳》亦言：居官一有蹉跌，苟免誅戮，則必在屯田工築之科。是工築并及於官吏也。當開國之初，勞民動衆，固非得已。至成祖遷都北京，自可仍元都之舊，乃宫殿多移在元舊城東三四里。蓋自徐武寧平燕，廢元都，已縮其地爲北平府，今德勝門外八里有土城，尚是元健德門故址。可見武寧已割舊都西北一帶於城外也。蕭雲龍鎮北平，建燕邸，改築北平城。雲龍傳。劉侗《帝京景物略》亦謂徐達命雲龍新築城垣，南北取徑直，是城郭已另築也。《姚廣孝傳》：成祖初封於燕，其邸即元故宫。《景物略》亦謂燕邸因元故宫，即今之西苑，開朝門於前，永樂登極後，即故宫受朝。至十五年，改建皇城於東，去舊宫里許，悉如金陵之制云云。是宫殿亦另建也。今以明史各列傳參考之，當時大工大役，亦不減洪武之創南京矣。自永樂五年實始營建，九年，譚廣以大寧都指揮使董建北京。廣傳。十五年，薛禄以後軍都督董北京營造。禄傳。宦官阮安有巧思，奉命董北京城池宫殿及百司府舍，目量意揣，悉中規制。工部受成而已。宦官傳。是董役者固不一其人。鄺埜以北京執役者鉅萬，奉命稽省病者。埜傳。葉宗人爲錢唐令，督工匠往營北京，宗人傳。是工匠亦役及各省也。鄒緝疏言建造北京，幾二十年，工大費繁，調度甚廣，工作之夫，動以百萬，終歲供役，不得耕作。工匠小人，又假託威勢，逼民移徙。移徙甫定，又令他徙，至有三四徙者。緝傳。永樂十九年，詔云：賴天下臣民殫竭心力，冒寒暑，涉風霜，趨事赴功，勤勞匪懈。景物略。是可見當時城池宫闕皆非因元之舊。其擾民肆害，有記載所不能盡者。本朝定鼎，明宫殿已爲流賊李自成所燬。流賊傳。宜乎大有改建，乃初定鼎，僅在武英殿朝賀，後次第修葺，不肯興大役以病民。直至康熙八年十一月，太和殿乾清宫始告成。則開國之初，固已仁及天下矣。

朱竹垞日下舊聞序云：唐之幽州，其址半在新城即今南城。之西。金展其南，元拓其東北。徐達定北平，毁故都城縮而小之，昊天、憫忠、延壽、竹林、仙露諸寺，皆限於城外。及嘉靖築新城，此數寺又圍入城内。梁園以東，至於神木廠，亦舊時郊外地也。元之宮闕，當在今安定門北。明初即南城故宮爲燕邸，而非因大內之舊云，此可以參證。

王慶雲《石渠餘紀》卷五《紀制錢品式》 聖清太祖肇基東土，丙辰建元，鑄「天命通寶」錢，分滿漢文二品。天聰紀元，鑄錢如舊制。世祖奄有天下，置寶泉局於户部，寶源局於工部，明直省局皆稱泉源。鑄「順治通寶」錢，頒行各省開爐鼓鑄。自後列聖改元，沿爲故事。惟純廟行授受大典，嘗令乾隆、嘉慶各半分鑄。後改乾隆二成，六年乃全鑄嘉慶。順治之錢有數品，初有一錢、一錢二分、一錢二分五釐三品，其幕初無文。十年增鑄漢文一釐於幕之左，其右京局鑄户工，各省鑄局名，亦有單鑄一字者。十四年更鑄重錢，重一錢四分。圜函輝潤，近古罕比。凡錢圜徑十分寸之八。凡鑄錢先槧鑿塊銅曰祖錢，乃鑄無文而圜者，曰母錢。然後印鑄函方而成制錢。凡鑄治之工八，曰看火、翻沙、刷灰、雜作、剉邊、滾邊、磨錢、洗眼，治之各以其序。於是始兼用滿漢文。京局曰源若泉，直省則以局名。江寧曰寧，一釐錢曰江。江西曰江，一釐錢曰昌。浙江曰浙。福建曰福。湖廣曰昌，一釐錢曰武。河南曰河。山東曰東。山西曰原。陝西曰陝。雲南曰雲。其密雲、薊鎮、宣府、臨清、大同，則用密、薊、宣、臨、同字。大同局先設陽和，文亦曰陽。以辨良楛，而殿最之。各省有分局。各府、各鎮者，旋開旋停。康熙初年增設各省局，其文湖南曰南，江蘇曰蘇，甘肅曰鞏。時布政司駐鞏昌，此局旋罷。四川曰川，廣東曰廣，廣西曰桂，貴州曰貴，後開福建臺灣、漳州兩局，文曰臺，曰漳。二十三年定鑄錢之齊以銅六鉛四，蓋銅性燥烈，必和以鉛。唐宋以來皆用之。明之四火黃銅、二火黃銅，即紅銅與白鉛相和而成者。先是，各局鼓鑄，或闕差採辦銅鉛，或官收廢銅舊器，分生熟銅配鑄。大率以銅七鉛三爲準，至是始定分數遵行。是年鑄輕錢。四十一年復重錢。故康熙錢有輕重二品。輕錢重一錢，重錢重一錢四分。雍正錢亦二品，元年令各省錢幕用滿文鑄局名二字，是爲後此遵行之定式。五年改錢齊爲銅、鉛各半。七年更定各省錢文。直隸曰寶直，江西曰寶昌，湖北曰寶武，山東曰寶濟，山西曰寶晉，雲南東川曰寶東。旋開江蘇、安徽錢局，文曰寶蘇、寶安。十二年改錢重爲一錢二分。乾隆五年以私燬者多，改鑄青錢。浙江布政使張若震奏，言錢價之貴，由於私燬。訪之爐匠，咸云配合銅鉛，加入點錫，即成青錢。唐謂之白錢。銷燬無利，山藪之奸可不禁自止。令户部試鑄百分，其齊紅銅仍五十分，減白鉛爲四十一分有半，用黑鉛六分有半，加點錫二分。所鑄青錢，試鎔爲銅，錘擊即碎，不能更造器具。時再試以接爐提銅之法，每串僅復原銅二十二兩。廷議以可杜私銷，照式頒行。歷代黃錢之法，至是一變。雖暫免銷燬，然質雜而脆，其易於消磨則一也。自雍正改爲一錢二分，輕重適中。後雖錢齊不同，而品式無改，惟供用內廷者爲樣錢，樣錢百重一斤，其齊仍銅六鉛四。又案：見行則例，京局配鑄凡百斤，用紅銅五十四斤，白鉛四十二斤又四分斤之三，黑鉛三斤又四分斤之一。各省局或純用白鉛，或雜黑鉛，而皆不用點錫云。

又《紀户部局鑄》 國初，户部年鑄三十卯，以萬二千八百八十串爲一卯。遇閏加三。康熙、雍正兩朝各增十卯，乾隆六年增二十卯，次年增勤爐十座，年鑄六十一卯，得錢六十九萬餘串。十六年以後因餘銅加鑄，至三十八年定爲七十五卯，歲得錢九十三萬串有奇。末年裁勤爐，復銅六鉛四之制，仍爲三十卯。嘉慶初年漸復，五年設俸爐，鑄搭京俸。後銅鉛不敷，亦旋減旋復。自國初以來，皆户部鑄二，工部鑄一，今則例寶泉局正爐之外，有勤爐、俸爐加鑄，歲出錢百十三萬串，閏加四萬串。寶源局有勤爐，歲出錢五十三萬串，閏加四萬串，各有奇。案近日鑄錢之數，多於往時，而公私均無朽貫之積。一由生齒日繁，多一人即多一人之用，且昔之食時用禮者，今或踵事增華，流轉之數愈多，則錢愈見少；一由銀貴，市票盛行，一兩之銀可以易兩串之票，市肆雖以票易銀，不得不蓄錢以待用，而冒禁私銷者，尚不在此數。此所以鼓鑄日多，而流通日少也。

《通考》案鑄錢之期曰卯，宋以後始有畫卯、點卯之名，蓋取其時之早，相沿既久，遂以一期爲一卯。

案今則例，各省局出錢歲額，除山東、河南、安徽、甘肅久已停爐，餘省歲其出錢一百一十一萬餘串，自銀價愈昂，錢本愈貴，大半皆停爐減卯。民用不足，私鑄能無起乎！

鄭觀應《易言・論電報》 夫世之至神至速，倏去倏來者，蓋莫如電。藉電以傳信，則其捷也可知。昔有美國之士好學深思，精於格致，得引電之法，以利世用。此電綫之所由昉焉。今泰西各邦皆設電報，無論隔山阻海，頃刻通音，誠啓古今未有之奇，泄造化莫名之秘。誠以兩國構釁，賴電報以傳遞軍機，則有者多勝，而無者多敗。商賈貿易，藉電報以通達市價，則無者常絀，而有者常贏。强富之功基於此矣。即以英國而論，其電報設於王家，商民欲通電報者收回工費。每年所入，除電綫局開銷，餘資藉充國用。至本國有軍機密事，分文不費。其利豈不溥哉？然此猶言承平時耳。若兩國交戰，出奇制勝，則電報更爲要圖。昔年普、法構兵，普人於行軍之處俱設電綫，而法人所設之電綫悉爲普人所毁。是以法敗而普勝也。

夫中國建都北方，至極南之地相距萬里，其他多距數千里。燃烽置戍，僅能告警而弗克通言；設卒傳號，輾轉問關而多舛悮。即令沿海要害，有砲臺而無戰船，則砲臺亦孤立無徒，有戰船而無電綫，則戰船亦應援莫及。若敵人偵知我戰船之所在，合兵圍擊，無電綫以通傳，各省何能倍道來援。一船有失，費固不貲，而各處又爲之奪氣。查津、沽爲水道入京門户，宜先由海底建一電綫，通兩江、吴淞等處。由是而閩、浙、粤東，凡屬海疆悉敕下大吏，揆度地勢，次第舉行，則宸居雖遥，儼如咫尺矣。

或謂：「設立電報誠有益處，然經費過巨，恐不易籌，奈何？」余曰：安設電報之處，在海底則難，其價頗重；在地面較易，其價亦輕。雖明知創始維艱，而大局攸關，實受其利。前者傳報電信猶用外國字樣，必待翻譯而知；今輯有電報新書，改用華文，較前更便。如傳秘密要事，即經理電綫者尚且不知，何況他人？既無漏泄之虞，又無延擱之弊。今西人更創有爹釐風一種，傳音更異尋常。若中國毅然舉行，推廣其用，更與商民傳信，酌費照收，則一二年間必能填還創設款項。嗣後所入源源不絶，利賴無窮，誠益國便民之要務也。夫輪船、槍砲等物，中國用之有年，損益猶爲參半，至電報則有益無損矣，何不舉而試之哉？

曾國藩《曾國藩全集・奏稿》卷二三《長江水師事宜》【略】

第八條，營制船數。副將營制，戰船四十三號：内長龍船二號，舢板船四十號，督陣大舢板船一號。參將營制，戰船三十三號：内長龍船二號，舢板船三十號，督陣大舢板船一號。游擊營制，戰船二十三號：内長龍船二號，舢板船二十號，督陣大舢板船一號。其雖係游擊營制，而用船三十三號者，唯岳州、漢陽二營。凡專立之營，皆以都司二員管駕長龍爲領哨，其各散哨員弁，均受約束。左領哨專管本營錢糧，右領哨專管本營船砲軍裝及一切差遣巡查諸務。其舢板之以守備充哨官者爲副領哨，每守備率領船十號。

第九條，戰船人數。長江水師額兵，副將營督陣舢板船一號，兵二十名；長龍船二號，每船二十五人，共兵五十名；舢板船四十號，每船十四人，共兵五百六十名：共額兵六百三十名，共哨官四十三員。參將營督陣舢板船一號，兵二十名；長龍船二號，每船二十五人，共兵五十名；舢板船三十號，每船十四人，共兵四百二十名：共額兵四百九十名，共哨官三十三員。游擊營督陣舢板船一號，兵二十名；長龍船二號，每船二十五人，共兵五十名；舢板船二十號，每船十四人，共兵二百八十名：共額兵三百五十名，共哨官二十三員。其游擊營亦有用三十三船者，全仿參將營之例，稿書、書識均不在内。

第十條，都司於本船之外另有打仗舢板。領哨都司除長龍戰船一號有兵外，另給無兵之舢板船一號。如遇出兵入小河港汊，恐長龍遲滯，則由長龍撥兵歸此舢板乘坐。領哨出隊，以期便捷。【略】

第十四條，另給座船。長江水師提督給座船四號。總兵給座船三號。副、參、游給座船二號。各營哨官都司、守備以下直至外委皆無衙署，每哨各給座船一號，以抵陸營衙署馬匹之費。提督，每座船月支價銀十六兩。總兵、副、參、游每座船，月支價銀十四兩。都司以下，每座船月支價銀十二兩。【略】

第十七條，三處設藥彈局。長江水師砲位，大者千餘斤，次者亦數百斤。所需子藥最多，須常設子藥局，以資操演，而備不虞。查湖北省城、安徽省城造藥均有牛碾，最爲穩便。該二省應各設火藥局，常川製造。江蘇、江西應辦硝斤，協濟安徽藥局。湖南應辦硝斤，協濟湖北藥局。至生鐵産於湖南，應在長沙設立子彈局，常川製造封門大子，熟鐵羣子，分解湖北、安徽兩省。所有楚境各營，均赴武昌請領子藥。江境各營，均赴安徽請領子藥，至三局造辦子藥之費，由武昌、江寧兩鹽道庫，於釐金項下撥給。

第十八條，三處設立船廠。長江戰船，大砲震驚，最易朽壞。定每届三年，修理一次，十二年即行更换。應於湖北之漢陽、江西之吴城、江南之草鞋夾三處，各設船廠，排定子丑寅卯等年，某年應修整某營某哨之船，某年應更换某營某哨之船，輪流興工。江境兩廠，由兩江總督暨長江提督委員監修。楚境一廠，由湖廣總督暨長江提督委員監修。所有船廠經費，亦由江寧鹽道、武昌鹽道兩庫撥給。其風篷一件，三年即須更换一次。杆索纜繂等物，每届修整之年，亦須酌量添换。均準在於船廠請領。

第十九條，雨篷旗幟等費。長江戰船，並無竹篷木艕，唯以布棚遮避雨露霜雪，名曰雨棚，最易朽腐。又如錨木、腦索、砲繩、旗幟、紅油、白油等項，均須時常修换。不能待三年之期，亦不能赴船廠請領。此五者名曰雜費，酌定長龍戰船每年發銀六十兩，舢板戰船每年發四十兩，交該哨官採辦修飭，以壯軍容。江境之船，由江寧鹽道發給。楚境之船，由武昌鹽道發給。【略】

第二十四條，不准私借戰船。長江水師，各有汛地，不得私離。且長龍舢板均係官物，非同私物可以借用。凡各省文武出差人員，雖有緊急公務，非奉有長江提督及五省督撫專札派坐戰船者，不得私借戰船乘坐，以圖便易。違者照不應馳驛、妄行馳驛例議處。各營哨官，非奉有專札，而以戰船私借客官及朋友乘坐者，照私離汛地例議處。

第二十五條，船式砲數。長江水師修造戰船式樣：長龍底長四丈一尺，底中寬五尺四寸；舢板底長二丈九尺，底中寬三尺二寸；督陣舢板略加長大。長龍設大砲前後左右六位。舢板設大砲前後兩位，左右設車轉小砲兩位，小槍、短刀、長矛、噴筒，隨宜配用。

第二十六條，海口添造大船。狼山鎮總兵，現改歸長江提督管轄。該處江寬百餘里，洪濤浩瀚，海風不測。長龍、舢板船身太小，有風即不能出港。狼鎮所轄，均係洋面。近來寧釣沙船，帶有砲位槍械，每以捕盗爲名，趁風行劫。擬每營造大舢板二十號，並造大船數號，如紅單、拖罟式樣，多安砲位，巡緝内洋，以壯聲威。又擬造輪船數號，分佈狼山、崇明等處，於江海防務，更資得力。

第二十七條，不准私設砲船，亦不准水師干預鹽務。砲船爲江中利器，然可以御暴，亦可以爲暴。如准商民私造砲船，則强盗亦可造船以行劫，鹽梟亦可造砲船以護私。假名僞旗，萬難稽查。此後既立長江經制水師，應將民間私造砲船一概禁革。雖文武官員亦不准私設砲船，以杜奸民影射，難於查察。如有私立砲船不立時禀報者，唯該汛之水師是問。至巡緝私鹽，本以砲船爲最便，然亦只准於瓜州、漢陽兩鎮標下，奏派戰船若干號，巡緝某處。某未經奏派之戰船，概不准干預鹽務，尤不准包庇私鹽。如有包庇者，由兩江總督、湖廣總督嚴行參辦。

第二十八條，建衙經費。長江水師提鎮暨副、參、游駐紥之處，均須設立衙署。軍裝即取諸酌留釐卡。一俟部議覆准，即由臣等會同江、楚總督、長江提督派員勘估，次第建造，事竣核實報銷。

第二十九條，沿江舊日水師改隸長江提督。江南之京口、狼山等營，江西之湖口營，湖北之漢陽營，湖南之岳州等營，凡向有水師之名，而無砲船之實者，今各該處均立標營改從新章，應悉歸長江水師節制，以昭畫一。其向無水師名目者，不必更改。【略】

沈□□《宣爐小志·敘爐略旨》 稽古無煉爐之説，今案頭置香爐焚香外，亦無他用。好事者以火煉之，朝夕佛拭，辨質、辨色、辨款式、辨工夫，羣相矜尚，趣耶？癖耶？蓋古玩中，如書畫、玉石及銅窑各器，有甚美不易得者，必其爲物寶貴，世所罕覯。若爐，則易得而難美，易得，則用之者多，好之者少。難美，故好之者即多，好之而實愜，所好者甚少，愜所好者少，則焚香適用足矣。胡以好爲，又胡以煉爲？而吾謂古翫中之足以愜，所好者惟此物爲最。何也？夫人爲其事而無其驗，則心厭爲其事，有其驗而不足以賞心，則又厭。即以銅器論，尚青緑者，尊、彝、鼎、鬲、錞、壺、匜、卣、盤、鑑等物，千百年沉埋深山大澤，一旦入人手摩弄，斑駁陸離，青緑蟠結，間雜以水銀褐色、硃砂斑，價值不貲。置之高齋，洵可貴也。然一見輒了，無甚深意。若爐以火候計，萬不敵青緑之歷年久遠，而日新月異，變幻百出。煉爐者，視爐之小大、輕重。放火得法，其色或日漸以深，或日漸以淡。深有深妙，淡有淡妙，皆能如意而償。亦或奇光，迫出意外，此所謂爲其事有其驗者也。而賞鑒家相率把玩，亦得以不厭而愜心，大抵青緑藉水土之氣而成，此得於天也。爐火專恃人功，人功不到，雖如青緑沉埋之久，求其光彩澄徹，必不得也。故愜心者，人功也。則吾向所謂難美者，難其功也，夫固未嘗無真美者也。前人論宣爐，首重款，次及色，惜言之不詳，而地火候絶無發明，則色之真僞新舊殊難立辨。高子清《賞諸論》盛稱宣廟銅器制度古雅，而火功及銅之質色不載。《帝京景物略》載宣爐色五等：栗色、茄皮色、棠梨色、褐色，而以藏經紙色爲最，此不過大概言之。蓋銅有本質，以對鉛多寡爲別。俗云：上古無黄銅，以古所用皆出山銅，未經對鉛者也。出山銅即今紅銅，對鉛則黄，鉛重則青，爐之發光如水瑩徹者，鉛力也。紅銅鑄物，汁水不能外現，故爐不取紅銅，獨青緑器。尚紅銅者，正謂古無黄銅也。有紅色爐，亦汁水如溢者，非生紅銅也，對鉛視黄銅較少耳。爐色備青、黄、赤、白、黑，實則銅質止有青、黄、赤，而無黑白。其有純黑，俗名黑漆，古者此青紅二色久煉所結。白則本屬黄色，愈燒愈淡，望之深穆，非二三百年物不能有此諸色，各極其妙，不可一格拘。世人或專喜深色，或專喜淡色，皆偏也。又或以深色爲大火，淡色爲小火，尤謬。蓋色繫乎銅之本質，不以火之小大而分，爐厚且重者，如施家北鑄，豈無一二淡白色，諒非盡微火可以成功。甘鑄多薄，宜於緩火，而紅黑各色俱備，故知其謬也。間有一種放火踰度，火力倍於爐身，烈而成黑，其色黯而無光，燥而欠潤，此欲速之，誤與真舊色之空空洞洞者迥別。何得執以概論也？夫物聚於所好，亦物爭於所羣好。質有美惡，色有高下，款式有雅俗，工夫有淺深。好尚相持，則考較互異，非貴耳。而賤目即是己而非人，其實好其所好，而於此道所以然，究未深知而得其趣也。賈人顛倒真贋，原以射利，左論鄙説，不足爲怪。若收藏家以訛傳訛，終身不悟，甚至不堪之物視爲奇貨，未免鑒家所笑。而原其始，則又未有不誤於賈人之顛倒者也。予癖愛有年矣，收蓄無幾，而所見不可勝紀。讀書之暇，輒以此自娱，間與同好評論，亦以余言爲然，但事非真好，兼閲歷之多且久，其原委難以言盡，用是不嫌猥瑣，序其大略，以見小物之中有至理，人事之中有天趣，癖而非癖，至於質色、款式、工夫，具詳後論。或廣前人所已言，或發前人所未發，世波流轉，不盡目見，而耳聞古物摩娑，或幸得心而應手，則兹編非謂有當識者採擇，亦聊以存吾好云爾。

陳寶箴《陳寶箴集》卷二〇《湘省自設鋼廠片》附三《光緒二十四年六月十三日上諭》 兩江總督劉坤一奏：「遵旨籌議上海製造局及煉鋼廠遷移湖南，繁重難行，據實復陳。」報聞。

附四《光緒二十四年六月十八日上諭》 諭軍機大臣等：「陳寶箴奏《設立製造槍、彈兩廠，擬籌常年經費，並請改撥款項》一摺。據稱：『滬局暫難移設，擬於湘省購機建廠，製造快槍、彈子，從速開辦，以圖擴充』等語。現當整頓武備之際，預籌軍儲必以自造槍砲爲急務，開辦伊始，購機建廠暨應需工料，自應籌撥款項並常年經費，方可無誤要需。所稱『擬仿照鹽斤加價成案，每斤折收加價銀一釐四毫，每年約銀十餘萬兩，以供制造槍、彈兩廠常年的款』，又『上海機器製造局原議定購機器税款，現在尚未撥解，請飭於此項增撥未解款内迅籌銀三十萬兩，改撥湖南，盡本年内悉數兑交，以爲購制機器之費』各節，著陳寶箴咨商劉坤一，斟酌情形，迅速籌辦。另片奏『擬會商湘紳，認息借銀購辦機器，仿用西法煉鋼，由該公司自辦，照湖北鐵廠商辦章程，寬免歲課』等語，著照所請。陳寶箴摺、片著鈔給閲看。將此各諭令知之。」

附五《光緒二十四年九月廿三日上諭》 劉坤一奏：「遵旨籌議湖南設立製造槍、彈兩廠，委屬無款可籌，請免撥解。」得旨：「如所請行。」

《北洋公牘類纂》卷一七《工藝總局詳報考工廠開辦情形文並批》 爲詳報事。竊照職局所管之考工廠，自職道等接辦以來，督飭華洋員司夙夜興辦，幸漸就緒，已於八月初一日開廠。半月以來，觀者甚衆，購票入覽者日千數百人、二千餘人不等，購買貨品亦時有之，似此民智可期逐漸開通。而月餘之間，力籌開辦情形以及擬訂各項條規章程，謹爲我憲台縷晰陳之。查考工廠初設之宗旨，原爲開通民智，提倡工商業之進步，必須羅列多品，啓人智慧。乃職道等接手，原領開辦經費祇剩一千餘兩，勢難再請開辦經費，故前陳由銀元局餘利項下，按月籌撥經費銀一千兩，飭令格外撙節勤支，必令有餘，藉充開辦添置櫃架，刊印票册及一切創始各事之需，其由毛道經購貨物三千餘金，俱是習見零什僅千餘品，實不足以供陳設。因編訂寄售章程，刊報布告，又慮官民隔閡，上下之情不通，遂詳請選派在籍候選知府甯紳世福爲考工廠總董，隨同開導聯絡鼓舞，未及一月，寄售貨物至三千餘品，值價至三萬餘金，誠非初意所及。而辦事必有一定時限，方能久持，守護必有一定責任，始無推諉，故既訂辦事規則，又訂看護條規，無非戒其怠惰，勗以慎勤。復念廠屋無多，毛道前賃民房相距尚遠，員司人役難資照料，因查該廠近依龍亭，呈蒙憲台批由該廠員司守護，用昭妥敬，既可隨時照應，亦可就近辦公。又因廠中陳設品物率多珍貴，稟蒙憲飭南段巡警撥派巡兵晝夜輪流守護，而廠内無員司值宿，設有意外之變，必致内外不能呼應，復擬訂值宿條規，每晚輪派司事二人值宿，此固足以昭慎重，而猶恐商人妄生疑怯，因復向洋商保險行議定保火險，計現時貨品傢具房屋值銀四萬五千兩，歲需保費銀五百六兩有奇，將來中外貨品咸集，保費再隨時量加。惟當此款項支絀，採取商品，當擇其要，必本國所産之易於改良易於行銷，且能與外洋物品競争，而擴張本國工業者始爲録取，故又編訂採取商品略則六條，遍行本省各州縣官查照，並函致外省商務局代爲採辦。至開廠之先，復擬訂遊覽章程，刊載華洋各報，使中外遊人知所適從。又因風氣初開，男女同遊不便，特定每星期内，以第五日專爲中國婦女入廠遊覽之期，以示區别。並製優待縱覽票，特别入覽票，分送在津各局署及各領事，以及中外大商業家，藉資考證，其通行入覽票，則於入門時每票取制錢十文。恐因遊覽人衆，良莠不齊，所以示限制而便稽核，復招選學生十三名，分派售票、驗票、收票各一人，收管携帶品二人，陳列室四號，每號看護二人。又選派司事，因庋設司須聯絡商情兼代售商貨，酌用司事二名，其餘會計司一名，庶務司二名，考察圖書兩司事簡，祇用一名，文牘司仍照章由提調兼辦。凡此布置，既不敢稍涉鋪張，亦不敢苟簡廢事。提調周牧家鼎、藝長鹽田真，均能勤奮出力，是以一月有餘，克觀厥成。職道等仍當隨時督率該廠華洋員司切實考求，以期仰副憲台振興工業之至意。除將用過款項核實造報外，所有考工廠開辦情形，理合繕呈各項條規章程清摺，詳請憲台察核批示祇遵。

督憲袁批：詳摺均悉，該局興辦考工廠佈置甚善，仰仍督率員司廣搜商品，以爲博覽會之初階，并候咨明商部查照。至摺開值宿看護兩條規，似是日本人譯漢之文，不甚明晰，已代爲點竄鈔送矣，并即知照。繳。

《大清新法令》卷二《外交·合同·江西萍鄉煤礦商借借禮和洋款合同》光緒二十八年》 訂立合同人：

萍鄉煤礦公司合同中稱煤礦公司

輪船招商局漢陽鐵廠及督辦鐵路兼漢陽鐵廠輪船招商局盛宮保合同中稱擔保者

上海等處禮和洋行合同中稱禮和

茲因煤礦公司向禮和借馬克三百萬，禮和應允，故立下開各款：

一　此合同畫押之後煤礦公司與禮和彼此合意，由禮和借與煤礦公司馬克三百萬，係現款，由公司總辦或漢陽鐵廠總辦出票簽字聲明。何用任聽隨時陸續取用，而煤礦公司於此項借款允准禮和九五扣用。

二　馬克三百萬常年七釐起息，自出期票日起照所借全款不折不扣，計息照後黏本息期單每半年一付。至所借全款之本亦照上不折不扣應於八年內勻攤還清，亦照後黏本息期單每半年一付。第一次攤還禮和借本係在一千九百零五年正月一號。

三　還本付息均須繕具期票蓋用煤礦公司關防，並由擔保者批行加蓋關防。

四　期票所載之數均用馬克按期在上海交付，照該日之德國馬克電報匯價核算。

五　期票所載借款全數作爲煤礦公司存款由禮和流水登記基煤礦公司未支之款給回息常年四釐。

六　一千八百九十九年四月八號彼此漢陽鐵廠不在其內所訂合同內載，倘煤礦公司不能付款允給禮和利益及所有擔保允許之事，准其得行於此合同與載入此合同無異。

七　漢陽鐵廠允保禮和凡期票未曾付清以前不得將該廠地基廠屋機器等交割出售與人，或向人借錢或抵押與人，設使於合同期內欲將以上所指廠業抵押與他人，則應先酌提若干按照格式抵押與禮和或禮和之替人足敷保實該時尚欠禮和墊款息本之數。又盛大臣允保倘煤礦公司至還款之期無以應付，則以大冶售與日本礦石之價抵還借款。該礦石合同尚有十二年期限。至煤礦公司所出期票倘有一次逾期三個月不付，則所有已經煤礦公司及擔保者批行蓋印之還本期票無論係何年月均作到期之票。同時向煤礦公司索還本款，其息則仍長年七釐計算至還本爲止。又凡遇此種情事除照一千八百九十九年四月八號所訂合同內載，禮和所得利益外，並准禮和代管漢陽鋼鐵全廠及產業遵照中國政府現在或將來所給該鋼鐵廠之利益辦事。俟期票還清後再行將漢陽鋼鐵廠交還。惟合同雖載此款仍不干礙禮和向擔保者索償，與合同未載此款一樣。而倘至禮和收執煤礦公司之礦及或漢陽鋼鐵廠地步應用礦石白石由盛大臣擇最佳者供給，其價即照與日本人所訂之合同數目相同。又禮和應用公司煤焦價值照便宜賣價核算，禮和所用礦石白石及煤焦一概不付現款，均登禮和帳上作爲煤礦公司存款以便抵還欠款。

八　倘一千八百九十九年四月八號合同或有所行或有所不行，均不得藉口廢此合同。若此合同或有所行或有所不行，亦不得藉口廢一千八百九十九年四月八號合同。

九　煤礦公司准禮和將此合同呈由德國駐京大臣報明外務部存案。此合同共繕五分：盛宫保執一分；漢陽鐵廠執一分；萍鄉煤礦公司執一分；禮和執兩分。

督辦鐵路總公司漢陽鐵廠太子少保工部左堂盛

總辦漢陽鐵廠事宜三品銜湖北候補道盛

會辦漢陽鐵廠事宜三品銜候補正郎李

總辦萍鄉煤礦事宜湖北候補道張

德商禮和洋行

大清光緒二十八年七月初四日　西曆一千九百零二年八月七號

《大清新法令》卷二《外交·合同·江西萍鄉煤礦續借禮和洋款合同》光緒二十八年

訂立合同人：

萍鄉煤礦公司合同中稱煤礦公司；

輪船招商局漢陽鐵廠及督辦鐵路兼漢陽鐵廠輪船招商局盛宮保合同中稱擔保者；

上海等處禮和洋行合同中稱禮和。

茲因立此合同之前已有合同，禮和允借與煤礦公司馬克三百萬。其前合同年月日及立合同人即與此合同所載相同。又，因議該合同時此後稱正合同議定禮和須照此合同所載條款再借與煤礦公司馬克一百萬爲購辦機器等用，故立條款如下：

一　煤礦公司與禮和彼此合意，此合同畫押之後，由禮和借與煤礦公司馬克一百萬，任聽隨時陸續取用。

二　還本付息均須繕具期票蓋用煤礦公司關防，並由擔保者批行加蓋關防。

三　期票所載之數均用馬克按期在上海交付，照該日之德國馬克電報匯價核算。

四　期票所載借款全數作爲煤礦公司存款由禮和流水登記，其煤礦公司未支之款給回息常年四釐。

五　馬克一百萬常年七釐起息自出期票日起，照借本全款不折不扣計息，並照後黏本息期單，每半年一付，至借本全款亦不折不扣，於八年内勻攤還清並照後黏本息期單每半年一付，其第一次攤還禮和借本係在一千九百零六年正月一號。

六　此項款禮和付法如下煤礦公司或擔保者於購辦機器等件須付款項隨時，可請禮和照發票付交承造。此項機器等件之廠禮和即應照付而發票上所開此項機器等件裝運保險均歸禮和，經理費從最廉。所有經理此事應用之費及照中國交貨價九五扣用之費，禮和均可在煤礦公司存款内照劃見第四條。

七　一千八百九十九年四月八號彼此漢陽鐵廠不在其内所訂合同内載，倘煤礦公司不能付款允給禮和利益及所有擔保允許之事，准其得行於此合同，與載入此合同無異。再漢陽鐵廠允保禮和凡期票未曾付清以前，不得將該廠地基廠房機器等交割出售與人，或向人借錢或抵押與人。設使於合同期内欲將以上所指廠業抵押與他人，則除盡正合同外，應先酌提若干按照格式抵押與禮和或禮和之替人足敷保實，該時尚欠禮和墊款息本之數。又盛大臣允保，倘煤礦公司至還款之期無以應付，則以大冶售與日本礦石之價除盡正合同外抵還借款。該礦石合同尚有十二年期限。至煤礦公司所出期票倘有一次逾期三個月不付，則所有已經煤礦公司及擔保者批行蓋印之還本期票無論係何年月，均作到期之票。同時向煤礦公司索還本款其息，則仍長年七釐計算至還本爲止。又凡遇此種情事，除照一千八百九十九年四月八號所訂合同内載禮和所得利益外，並准禮和代管漢陽鋼鐵全廠及產業遵照中國政府現在或將來所給該鋼鐵廠之利益辦事。俟期票還清後再行將漢陽鋼鐵廠交還。惟合同雖載此款仍不干礙禮和向擔保者索償，與合同未載此款一樣。而倘至禮和收執煤礦公司之礦及或漢陽鐵廠地步應用礦石白石，由盛大臣擇最佳者供給，其價即照與日本人所訂之合同數目相同。又禮和應用公司煤焦價值照便宜賣價核算。禮和所用礦石白石及煤焦一概不付現款，均登禮和帳上作爲煤礦公司存款以便抵還欠款。

八　倘一千八百九十九年四月八號合同及正合同或有所行或有所不行，均不得藉口廢此合同。若此合同或有所行或有所不行，亦不得藉口廢一千八百九十九年四月八號合同及正合同。

九　煤礦公司准禮和將此合同呈由德國駐京大臣報明外務部存案。此合同共繕五分：盛宫保執一分；漢陽鐵廠執一分；萍鄉煤礦公司執一分；禮和執兩分。

督辦鐵路總公司漢陽鐵廠太子少保工部左堂盛
總辦漢陽鐵廠事宜湖北候補道盛
會辦漢陽鐵廠事宜候補正郎李
總辦萍鄉煤礦事宜湖北候補道張
德商禮和洋行
大清光緒二十八年七月初四日
西曆一千九百零二年八月七號

按以上兩項合同業經商務大臣咨明外務部立案

《大清新法令》卷二《外交・合同・天津浦口鐵路借款合同》 光緒三十三年十二月初十日奏准

此合同係光緒三十三年十二月初十日，即西曆一千九百零八年正月十三日在北京訂立。其訂立合同之人，一係署外務部右侍郎梁敦彥，已奉旨允准訂立合同，一係上海德華銀行倫敦華中鐵路有限公司（此後名爲公司）。兹議訂條款如下：

第一款　中國國家准銀行等辦五釐利息，金鎊借款數目係英金五百萬鎊。此借款係光緒三十三年十二月初十日訂定名爲中國國家天津浦口鐵路五釐利息借款。

第二款　此借款指明係爲建造官鐵路之資本，其路由天津或附近天津接連津榆官鐵路經過德州濟南府至附近山東南界之嶧縣，此後條款均稱天津浦口鐵路。北段再由嶧縣至或附近揚子江南京對岸之浦口，此後條款均稱天津浦口鐵路。南段此二段共長約一千八十五啓羅邁，當合中國約二千一百七十里，其勘量路綫可由督辦大臣核辦。

第三款　所備之資本專爲建造鐵路購辦地段車輛及一切應配物料並經營行車。又於造路期内付還借款利息均在其内其建造，工程自實在開工之日起估計約需四年造竣，其開工日期於此合同畫押後不得延至六個月外。該公司亦於此期内預備五十萬鎊知會督辦大臣聽其或在歐洲或在中國提用，作爲銀行等代墊第一期出售債票進款。此五十萬鎊全數或經實在提用之數並其利息，均由第一期出售債票進款扣除，其利息常年不得過六釐。

第四款　此借款利息按虛數常年五釐由中國國家交付，或由借款進項或由別款交付。嗣後先由該鐵路進款交付，次由中國國家以爲合宜之別項進款交付。每半年按照此合同附表數目日期於十四日前交付一次。

第五款　此借款除後開之第六款詳載外以三十年爲期，自訂定借款之日起至第十一年起還本。每年應付還銀數由該鐵路進項或由中國國家以爲合宜之別項進款交付。每半年按照此合同附表數目日期於十四日前交付銀行等一次。

第六款　由訂定借款之日起至第十年後無論何時，若中國國家欲將借款全數清還或欲先還合同附表所載未到期之數若干，均可照辦至第二十年内照債票上數目加價二鎊半，即係每一百鎊債票一張還一百零二鎊半；第二十年後無須加價。惟每次預還若干，中國國家應六個月之前用公文知會公司其預還之數，照借款招帖内載拈鬮日期多加拈鬮次數。

第七款　德華銀行、匯豐銀行既經德英兩公司派爲經理借款代表，其每年應還本利除第四款詳載外，照此合同附表數目日期由督辦大臣或在上海或在天津，以上海或天津紋銀交付該銀行，足敷在泰西交還金鎊。其鎊價與該銀行同日訂定，又可於還本利期前六個月内無論何時，皆可隨便訂定，此所還之本利可以交付金鎊。若中國國家遇有金鎊實在存在歐洲，欲提用交還本利，亦可用金付還，但不得爲此故由中國匯去。每年付還借款之本利，德華銀行、匯豐銀行於每百兩計收用銀二錢五分作爲經理費用。

第八款　此借款本利中國國家承認全還。若鐵路進項(及或)借款進款不敷全還本利之數，督辦大臣奏明，由中國國家設法以別項款項補足按期交付銀行清還本利。

第九款　此借款以下列之款作保：直隸省釐税每年關平銀一百二十萬兩、山東省釐税每年關平銀一百六十萬兩、江寧釐金局釐税每年關平銀九十萬兩、江蘇省淮安關釐税每年關平銀十萬兩。以上釐税不得牽連他項進款。若本利照常交付不得干預各該省之釐税。倘若到期本利欠付除展緩公道時日外，即應於各該省釐金及合宜税項内撥足上開數目交與海關辦理以保執債票人之利權。嗣後若再有抵該三省之釐税，總以此次借款本銀利息盡先償還。此借款或全未還或未還清之先，倘有用該三省釐税借抵他款用付本利一切事宜，不得訂明在此次借款之前，亦不得訂明與此借款平行辦理並總不得令此借款以該三省釐税逐年抵還之質保有所窒礙減色。將來若再訂立抵以上所言該三省釐税之借款，務於合同内載明所有應付還本利等事俱在此次借款之後辦理等語。此借款未還清以先不得將此鐵路及其收款抵押他款。此借款未還清以前，倘遇中國國家議定修改海關税，則減免釐税現在議明，不得因此借款係釐税抵押而阻止修改，減免釐税。但若擬將此次所指釐税減免，則應先向銀行等商明務於新增洋税内如數撥足補抵借款。

第十款　此借款全數准銀行等印發債票，其數目由銀行等酌定其式樣由銀行等商同督辦大臣，或中國駐德英出使大臣酌定債票，或用中英文或用中德文刊雕，均隨其便，督辦大臣簽字之名及其關防均摹刻於上，以省其親自畫押之煩。惟中國駐德或駐英出使大臣於債票發售之前，須逐張蓋印，並其簽字之名摹仿於上，以示中國國家允准及承認發售此項債票，該公司駐倫敦或柏林代表人亦在債票上簽押作爲發售債票經理人。倘此借款發出之債票或遺失或被竊或經焚燬，銀行等隨即知會督辦大臣或中國駐德駐英出使大臣，由該大臣飭知銀行等在新聞紙上刊登告白，聲明已失之票不能憑以取銀，並設法按各該國例章辦理。倘所失之票已過銀行等限期仍未覓回，督辦大臣或中國駐德駐英出使大臣照原數重發副票，加蓋印信交，該銀行等收領。所有一切費用均由銀行自備。

第十一款　所有此借款之債票息票以及收付各款在借款期内，不納中國各樣釐税。

第十二款　所有借款招帖以及付利還本一切詳細辦法，未經本合同詳載者，由銀行等會商中國駐柏林或倫敦出使大臣酌定。俟此合同簽字後即准銀行等出此借款招帖。中國國家飭知駐柏林或倫敦出使大臣遇有應會同辦理之事，與銀行等協同酌辦，並將此借款招帖簽字。

第十三款　此借款分兩次或數次出售債票，俟此合同簽字後將頭次債票三百萬鎊之數從速出售不得延過十二個月外，其價值係按照虛數九三折(即每百鎊實交九十三鎊)交付中國國家；其第二次及後次出售債票之期總以不誤建造鐵路工程爲準，其數目由督辦大臣酌定，其價值將來係按照售出之實數交付中國國家銀行，等於每百分扣留用銀五分半(即每一百鎊債票扣留用銀五鎊半)，銀行等在歐洲及在中國招人購買中國人與歐洲人一律照章辦理。若中國國家定購，自應盡先照給但須於未發出借款招帖之前定購。

第十四款　借款進項或在中國或在英國或在德國交付，德華銀行暨匯豐銀行收存，歸入天津浦口官鐵路項下，至交付此款係按照購票章程内所載，購票人交付銀兩之日期辦理。其在倫敦在柏林所存之鐵路款項按常年四釐給發利息，在中國所存之鐵路款項或作來往或作定期存放，其利息嗣後酌定。借款進項暨生發之利息除造路期内交付借款利息並經手用銀外，銀行等將此款存放聽候督辦大臣提用。督辦大臣提用款項若過二萬鎊之數，應於用款前十日知照銀行等。借款進項按照建造鐵路工程所需隨時提用，由鐵路總辦或其代辦出支取憑單，向匯豐銀行暨德華銀行支取，並須將所提用之款另單聲明緣由及給發工程所需之價值，在中國所需款項開支費用可由總辦自定，向匯豐銀行暨德華銀行匯至上海，所匯之款存放該銀行，聽候爲鐵路事提用。鐵路帳目，用中英文字登記，按照妥善新法辦理，並佐以收支憑單爲據。於造路期内該帳目並收支憑單，隨時任由銀行等自給薪水雇用之稽查帳目人查看，該稽查帳目人之職，只專爲公司查察此項借款是否按照本合同第三款所載提用開支，並爲公司查明按照第十八款内載鐵路總局每月所購外洋材料帳目而已。該查帳人可與鐵路總局商訂驗看帳目日期以便辦理上開職事，鐵路總局每年年終結帳後，將鐵路支收帳目及行車進款，用中英文刊印，以便任人取閱。

第十五款　設若建造鐵路時借款進項並生發之利息，除付借款利息外不敷修造鐵路以及裝配所需其不敷之數，先由中國款項提付，以免延誤建造工程。如仍有不敷之數，則向銀行等續借洋款其利息並條款仍照現時之合同辦理，其價值則照此次借款之第二次及後次出售債票訂定。若鐵路造成後鐵路項下尚有存款，將此未用之款移入後，詳第二十一款内載借款利息公積項下，以備中國國家撥還此合同承認應還之款。

第十六款　此借款出售債票招帖未發之先，如有關係大局或銀市格外之事致中國國家現在市面之債票價值有礙，以致此次借款未能按章辦理，銀行等准展期緩辦，惟所展之期由立此合同之日起不得過十八個月。若在限内第一次債票仍未售出將此合同作廢，所有第三款内載銀行等付過之款並其利息，由中國國家付還，但概不給別項酬金。

第十七款　此鐵路建造工程以及管理一切之權全歸中國國家辦理。建造南北段工程之時，中國國家選用公司認可之德英總工程司各一人。若銀行等以所選之總工程司爲不合宜，須將其不合之緣由聲明。此兩總工程司須聽命於總辦或其代辦。所有繪圖造路各事須遵照總局之意辦理，其平日行爲須敬重督辦大臣與總辦其聘用。該兩總工程司合同由督辦大臣自行獨訂。至鐵路上派用專門人員分派各該員應辦各事以及辭退各該員總辦或其代辦，與該段總工程司商酌辦理，遇有彼此意見不合，稟請督辦大臣判斷，判定後彼此均不得異言。工程造竣後，中國國家即將南北兩段合爲一官辦鐵路，派一總工程司料理，此總工程司在借款期内須用歐洲人，但不須與銀行等商酌。

第十八款　此鐵路南北兩段於造路期内，德華銀行暨華中鐵路有限公司作爲此鐵路經理購買須由外洋運來各材料機器什物之人，所有購買此項緊要材料由總辦招人投票。若所購之材料貨物係購由外洋者，該經理須以鐵路最合宜之價購買按照原買實價每百兩加用銀五兩，惟定購材料及支取費用非經總辦核准不能照行。德華銀行暨華中鐵路有限公司既得上文所詳之用銀，自應各在其段内代爲監購鐵路所需建造裝配各外洋材料。此等材料須在於公共市場擇價值最廉而質料最佳者購買。若材料運至中國有與原單不符者，鐵路總局有權退收德英所制貨物；若質料及價值與他國所制者相同，南北段應先儘由德英購買。鐵路總局如欲在中國或在外國招他人經理購買各項外洋材料以爲更覺合宜者，可以有權照辦，惟用銀仍照上文所詳給該經理人所有買貨單及驗單均呈總辦查核。所有各項回用扣頭均歸還入鐵路項下。所有該經理人購買各材料須有製造廠原賣單並驗單爲據。該經理人除得上文所詳用銀外不再給用銀，惟遇有雇用工程顧問人員總局須由鐵路項下提給薪水。中國材料及經在中國製造之貨物若質料價值與德英或他外洋材料相同，自應先儘購買以鼓勵中國工藝。購買中國材料不給用銀。全路造竣後鐵路總局若爲南北段内購買外洋材料，應先儘向德華銀行暨華中鐵路有限公司經理購買，其辦法章程嗣後彼此商酌辦理。

第十九款　本合同内所言之鐵路將來或以爲有益或以爲必需，建造枝路由中國國家以中國款項自行修造。如須用外國資本則先儘公司商辦。

第二十款　遵奉上諭訂立之草合同内載，提餘利十分之二給銀行等作擔任酬勞，今免提給餘利改由頭次發售。此借款債票項内提留二十萬鎊給銀行等以代之其提留之法，按照借款招帖所登買票人交付銀數日期照攤核算辦理。所有此借款後次發售債票或續辦借款不再給予抵換餘利之款。

第二十一款　歷年除付借款本利外，鐵路總局將本年鐵路净進款盈餘足敷交付來年到期借款利息之數，在天津或在上海存放銀行等，所存放之款按照市面情形給發最優之利息。

第二十二款　德華銀行暨華中鐵路有限公司，可將本合同應有之權利及責任，全行或分別交與他德國公司或他英國公司接辦，或再交代理人代辦，其接辦代辦應商請督辦大臣核准。

第二十三款　本合同係遵光緒三十三年十二月初十日上諭簽定，已由外務部用公文照會英德駐北京出使大臣。

第二十四款　本合同繕寫華英文各五分，中國國家存三分，銀行等存二分。如有翻譯文字可疑之處，以英文爲準。

光緒三十三年十二月初十日

西曆一千九百零八年正月十三號在北京簽定

《大清新法令》卷二《外交・合同・**滬杭甬鐵路借款合同**光緒三十四年二月》　此合同係光緒三十四年二月初四日，即西曆一千九百零八年三月六號在北京訂立，其訂立合同之人一係外務部，郵傳部已奉旨允准；一係中英公司（下文即稱爲公司），兹議訂條款如下：

第一款　中國國家准公司辦五釐利息金磅，借款數目以英金一百五十萬磅。此借款自出售債票之日起算名爲中國國家滬杭甬鐵路五釐利息借款。

第二款　此借款指明係爲建造滬杭甬鐵路（下文即稱此路），此路由上海或附近上海接連滬寧鐵路至杭州寧波兩城。此路綫須由上海經過楓涇鎮、嘉興府湖墅、杭州府江干至寧波，惟此路有數段工程經中國國家允准，已由本處地方建築，將來勘量路綫須由郵傳部核定。

第三款　中國國家擔保此次所備之資本專爲建造此路連購辦車輛及一切應配物料並造路期内經營行車在内，其購買地段及造路期内付還借款利息均不得提用，此項借款應由中國國家另行籌補。此路自本合同簽押之日起三年造竣，公司於此合同畫押後六個月期内知會郵傳部已代預備一十萬磅聽候提用。此一十萬磅全作爲出售債票第一次進款或存歐洲或匯至中國，均聽該部命令。此一十萬磅全數或無論實墊若干並其利息均由出售債票進款扣除，其利息不得過常年六釐。

第四款　此借款利息自出售債票之日起算，按虛數常年五釐，每半年交付一次，造路期内由中國國家自行籌備，此後先由所收此路進款交付，倘若不足則由關内外鐵路（新奉至遼河以東一段不在其内）餘利項下撥付，如仍不足可由中國國家以爲合宜之别項進款交付，以出售債票之日，按西曆計算每半年交付一次，按照此合同附表數目於十四日前交款。

第五款　此借款以三十年爲期，除後開之第六款詳載辦法外，自借款之日起十年後即按年還本，由所收此路進項交付。倘若不足則由關内外鐵路（遼河以東新奉一段不在其内）餘利項下撥付，如仍不足可由中國國家以爲合宜之别項進款交付。以出售債票之日按西曆計算每半年交付一次，按照此合同附表數目於十四日前交付匯豐銀行。

第六款　由借款之日起十年後無論何時，若中國國家欲將合同附表所載未到期之借款全數清還，或欲還，無論若干，均可照辦。惟在第二十年以前須照債票上數目加價二磅半，即係每一百磅債票一張還一百零二磅半；第二十年後無須加價，惟每次預還若干。若逾於附表原則之數，則中國國家應於六個月之前，用公文知會公司將此數照借款招帖，内載拈鬮日期多加拈鬮次數。

第七款　匯豐銀行既經中英公司派爲經理借款代表其第四款、第五款所載每半年應還本利，須照此合同附表數目由郵傳部或郵傳部所派之人按該兩款所訂日期於十四日前在上海以上海紋銀交付。該行足敷在倫敦交還金鎊，其鎊價與該銀行訂定，然亦可於還本利期前六個月内無論何時皆可向銀行訂定。若中國國家遇有金款實在存歐洲，若非由中國爲此匯去者，欲用以付還本利亦可。用金款交付每年付還借款本利，郵傳部按百鎊給與匯豐銀行五先令用銀作爲經理費用。

第八款　此借款本利中國國家承認全還，若所收此路進款並關内外鐵路（新奉至遼河以東一段不在基内）餘利不敷全還本利之數，郵傳部奏明，由中國國家設法以别項款項補足，按期交付銀行清還本利。

第九款　此借款以關内外鐵路（新奉至遼河以東一段不在其内）餘利作保，此項餘利内先提付光緒二十四年八月二十五日（西曆一千八百九十八年十月十號）所訂借款合同内載應還本利之數，次即用以付還此項借款本利。除付還光緒二十四年八月二十五日（西曆一千八百九十八年十月十號）借款本利外，須俟提出若干撥存匯豐銀行足敷此次借款下期付還半年本利之用，始准將此項餘利提作他用。

第十款　此借款全數准公司印發債票其數目由公司酌定其式樣，由公司商同郵傳部或其所委之人或中國駐英公使大臣酌定債票，用中英文刊雕郵傳部所派之人所簽之押及其關防，均摹刻於上，以省其逐張親自畫押之煩，惟中國駐英出使大臣於債票發售之前，須逐張蓋印並其所簽之押摹刊於其上，以示中國國家允准及承認發售此項債票。該公司駐倫敦代表人亦在債票上簽押作爲發售債票經理人。如債票遺失或被損壞即按照原數補發，惟須先由失票人向公司並中國駐英公使大臣證明立案，並須由公司向失票人取其切實擔保。凡補發債票之費均由請補發票者付給。如中國國家及或公司因補發債票受損，請發債票者須按照保結即行賠補。

第十一款　所有此借款之債票息票以及收付各款，在借款期内不納中國各樣釐税。

第十二款　所有借款招帖以及付利還本一切詳細辦法，未經本合同詳載者，由公司會商中國駐倫敦出使大臣酌定。俟此合同簽字後即准公司出此借款招帖。中國國家飭知駐倫敦出使大臣遇有應會同辦理之事，與公司協同酌辦，並將此借款招帖簽字。

第十三款　此借款分兩次或數次出售債票，俟此合同簽字後將頭次債票三百萬鎊之數，從速出售，不得延過十二個月外，其價值係按照虚數九三折（即每百磅實交九十三磅）交付中國國家。此項債票由公司在英國及在中國招人購買，中國人與歐洲人一律辦理。若中國國家定購自應儘先照給，但須於未發出借款招帖之前定購。

第十四款　借款進項或在中國或在倫敦交付匯豐銀行歸入郵傳部存款項下，至交付此款，係按照購票章程内所載購票人交付銀數日期辦理。其在倫敦所存之款按常年四釐給發利息，在中國所存之款按照該銀行之息率給息或作來往或作定期嗣後酌定。銀行將借款所進凈數暨生發之利息存放聽候郵傳部或其所派之人提用。凡提用款項若過二萬磅之數，應於用款前十日知照銀行。借款進項按照建造鐵路工程所需隨時提用，由郵傳部或其所派之人出支取憑單向匯豐銀行支取並須將所提用之款另單聲明緣由。及給發工程所需之價值在中國所需款項開支費用，可由郵傳部自定向匯豐銀行由倫敦匯至上海。所匯之款存放該銀行聽候爲鐵路事提用，每年年終結帳後郵傳部將鐵路支收帳目及行車進款用中英文刊印以便任人取閲。

第十五款　設若建造鐵路時借款所進凈數並生發之利息不敷造至完備以及裝配所需，其不敷之數先由中國可提之款提付，以免延誤建造。工程如仍有不敷之數則向公司續借洋款，其利息並條款仍照現時之合同辦理。公司由售出債票之實價内扣留五釐半售票費用（即每百磅扣留五磅十先令），其餘盡數交與中國國家。若鐵路造成後借款項下尚有餘存此項未用之款，聽候郵傳部提用或用以付還此借款之利息，或用以裝配，或用以建造並裝配於此路有益之枝路均可。

第十六款　此借款出售債票招帖未經發刊之先，如有關係政治或銀市意外之事，中國國家現在市面之債票價值因之有礙以致此次借款未能按章辦理，准公司展期緩辦，惟所展之期由立此合同之日起不得過十八個月。若在限内債票仍未售完，即將此合同作廢。所有按照第三款内載公司所墊之款並其利息由中國國家付還，但概不給别項酬金。

第十七款　比鐵路建造工程以及管理一切之權全歸中國國家辦理。建造工程之時，郵傳部或令此路總辦選派英總工程司一人，此人須素有名望之工程專家或在英國選擇該總工程司，須聽命於總辦。或總辦他往所派之代辦，其平日行爲須敬重總辦。其聘用總工程司合同條款由郵傳部或令此路總辦訂定。至鐵路上派用專門人員分派各該員應辦各事以及辭退各該員，應由總辦或總辦他往所派之代辦與總工程司商酌辦理，遇有彼此意見不合由郵傳部判斷，判定後彼此均不得異言。工程造竣後，中國國家用一總工程司料理，此總工程司在借款期内須爲英國籍之人。

第十八款　造路期内公司作爲此鐵路經理購買，須由外洋運來各材料機器什物之人，所有購買此項緊要材料由總辦招人投票。若所購之材料貨物係來自外洋者，無論或投票或定單該經理人須以鐵路最相宜之價購買。惟定購材料及支取費用非經總辦核准不能照行。造路期内公司既爲此路經理之人應得三萬五千磅作爲酬勞。此路造成一半時，付給一半。惟自簽押之日起不得逾十八個月之期。其餘一半俟全路告竣即行付給。按照此借款公司及其經理人所有應當代此路盡力各事，如建造此路裝配此路所辦各種物件應得一切用銀均包括此項酬費之内。倘按照第十五款續辦借款，仍應按照續借之數目比照上列辦理，另給公司用銀以爲料理造路一切酬費，公司既得此項用銀自應代爲監購鐵路所需建造裝配各外洋材料，此等材料須在於公共市場擇其價值最廉質料佳善合用者購買。英國所制貨物若質料及價值與他國所制者相同應先儘由英國購買。總辦如欲在中國或在外國招他人經理購買各項外洋材料以爲更覺合宜者，可以有權照辦，惟用銀仍照上文所詳包用給，該經理人所有買貨單及驗單均呈總辦查核，所有各項回用扣頭均歸還入鐵路項下。所有該經理人購買各材料須有製造廠原賣單並驗單爲據。該經理除得上文所詳用銀外不再給用銀，惟遇有雇用工程顧問人員待顧問或在外洋考驗材料之時，郵傳部或其所委之人，須由餘路項下提給薪水。中國貨物及經在中國製造之材料若質料價值與英國或他國材料相同，自應先儘購買以鼓勵中國工藝。購買中國材料不給用銀。全路造竣後借款未還清之前如購買外洋材料，應先儘向公司經理購買，其辦法章程嗣後彼此商酌辦理。

第十九款　本合同内所言之鐵路將來或以爲有益或以爲必需建造枝路，由中國國家以中國款項自行修造。如須用外國資本，則先儘公司商辦。

第二十款　按照光緒二十四年九月初一日（西曆一千八百九十八年十月十五號）訂立之草合同内載，提餘利十分之二給公司作擔任酬勞，今免提給餘利，改由發售此借款債票項内提六萬七千五百磅給公司以代之。其提留之法按照借款招帖所登買票人交付銀數日期照攤核算辦理，如續辦借款即不再給抵換餘利之款。

第二十一款　每年除付借款本利外，郵傳部將本年所收鐵路浄進款盈餘足敷交付來年到期借款利息之數，在上海存放匯豐銀行，所存放之款按照市面情形，隨時與銀行商定利息。

第二十二款　公司可將本合同應有之權利及責任全行或分別交與他英國公司或總辦或代理人接辦或再轉交代辦，其接辦代辦均須郵傳部核准。

第二十三款　本合同係遵光緒　年　月　日　上諭簽定已由外務部用公文照會英國駐北京出使大臣。

第二十四款　本合同繕寫華英文各五分，中國國家存三分，公司存二分。如有翻譯文字可疑之處以英文爲準。

《大清新法令》卷二《外交·合同·**中日新奉鐵路續約條款**光緒三十四年十月十九日》

中日兩國政府按照明治四十年四月十五日，即光緒三十三年三月初三日所訂新奉及吉長鐵路協約第四款，應由兩國訂立各該鐵路借款合同，惟訂立該合同以前兩國政府擬除該協約所定事項外，特復訂定續約。茲將所訂條約列下：

第一款　中國政府按照新奉及吉長鐵路協約（下文稱協約）第一款及第二款，允將京奉鐵路遼河以東路段需款項之半數，即日本貨幣三十二萬元及吉長鐵路所需款項之半數，即日本貨幣二百十五萬元，向南滿洲鐵路公司籌借。

第二款　借款利息常年付息五釐。

第三款　借款實收價值按照協約第六款每百按九三扣付。

第四款　中國政府按照協約第三款在借款期内，京奉鐵路遼河以東路工總工程司應用日本人則開辦。伊始可即以現在京奉鐵路所用之日本工程司充之，其事權仍照現在辦法歸京奉鐵路總辦與總工程司管轄。倘將來有時須更換該工程司，應按協約與南滿洲鐵路公司商明派定。其事權仍照上開辦法一律。

第五款　中國政府因京奉鐵路遼河以東路之帳目難以分開，日本國政府可允諾在該路司帳人不另派日本人。又日本政府照允中國政府按該路借款總數算出按年應還本息數額，再算出按月應還本息若干，以此按月應還本息數額抵，作爲遼河以東路之餘利，按每月初一日由中國政府存放南滿洲鐵路公司指定在中國之日本國銀行，以爲届期付還本息之用。將來届期如何付還本息及銀行給回存款息率若干，俟訂立借款細目合同時另行商定。又中國政府允將京奉鐵路全綫之月底帳目大綱及年底決算帳目之英文徵信册，按月按年送交南滿洲鐵路公司閲看。

第六款　吉長鐵路總工程司及司帳人均按協約第三款應用日本人，其任用法總工程司應由中國政府選擇幹練人材商明南滿鐵路公司後，由中國政府派委。司帳人應由南滿鐵路公司選舉商明中國政府後由中政府派委。倘將來有時須更換該總工程司及司帳人應按協約商明，南滿洲鐵路公司亦按上開辦法派委。

第七款　關於借款細目合同應遵照協約及本續約滿洲鐵路公司與中國郵傳部委員另行商訂。本續約應由各本國政府允認施行。

光緒三十四年十月十九日在北京訂立

日本使館一等書記官阿部守太郎

郵傳部鐵路總局局長梁士詒

附農工商部咨南洋中日商辦瀋陽馬車鐵道股分有限公司條規文附條規光緒三十三年四月

光緒三十三年三月二十二日接准盛京將軍咨稱，據交涉總局呈准日本總領事照會内開，奉天火車站經小西關至小西門分歧左右，圍繞内城墻外邊之馬車鐵道實爲緊要，正在修築時候，加以此項工事修築則鐵軌當速爲安設，此事由本館辦理等因，應請核示示行等情前來。查此案屢由日本軍政官聲請合辦，特仿各國頒行各種營業特別法之意，先發布條規，照會日總領事，特飭該日商遵照並飭巡警總局訂定行車管理章程以咨遵守。現在各省與外人合辦各項公司頗多，應否將此項條規咨行各省酌量情形仿辦，漸趨一律，希酌核辦理，等因到部，相應刷印原送條規，咨行貴督查照可也。

計開

中日商辦瀋陽馬車鐵道股分有限公司條規

本軍督部因謀交通之便，特准中日兩國商人設立公司，於奉天省城外指定處所興辦馬車鐵道乘載往來行客，兹特發布條規如下：

第一條　該公司應爲股分有限公司，由中日兩國承辦商人爲創辦人，遵照中國商律及本條規組織之。

第二條　該公司定名曰中日商辦瀋陽馬車鐵道股分有限公司。

第三條　該公司營業範圍應以馬車鐵道一項爲限，不得兼營他業及與他商號合併營業。

第四條　該公司運行馬車時只准乘載往來行客，不得搭載手携物件外之貨物。

第五條　該公司布設鐵道軌綫以自奉天車站起，入小西邊門至小西關繞城外一周，回至小西關爲限，其繞行綫路應由巡警總局勘定，呈請奉天軍督部堂核准。

前項綫路自小門西邊起至奉天車站止得設雙軌，其餘除避車綫外只安設單軌。

第六條　該公司自成立之日起按照中曆計算扣至十五個年爲限，應由中國政府買收或令之解散。

第七條　該公司於前條年限内如有違背各項法律條規命令及公司章程並妨害公益之行爲時，奉天軍督部堂得隨時令其解散。

第八條　該公司無論因何事故解散時，其所建設之橋梁土方等不動産概應無償歸中國政府所有。

第九條　該公司除因中國政府或奉天公共團體收買外，其他各種解散均應將舊日因營業而生損壞及變更之土地修復其原狀。

第十條　凡遇災異軍事及緊急事件發生時，奉天軍督部堂得臨時令該公司停止其營業之一部或全部。

第十一條　該公司之事務所應設立於所設鐵道附近，不得在外國租界以内。

第十二條　該公司之股本只准招募中日兩國商人分擔：中國商人應允股分全額十分之六；日本商人應設股分全額十分之四。

第十三條　該公司股分應爲記名式，凡中國人所認之股分不得售給或抵押於他國人。

第十四條　中日兩國創辦人於本條規實施後一個月内，應即照商律及本條規協訂公司章程、營業預計清單及招股章程呈請奉天農工商務局，轉呈奉天軍督部堂核定，始得成立開辦。

前項核定章程清單均由奉天軍督部堂咨請中國農工商部及郵傳部注册存案，該公司不得逕行呈請。

該公司修改章程時亦得適用前兩項之規定。

第十五條　該公司核定之股本中途遇有不足時得呈請農工商務局轉呈軍督部堂核准，照第十二條所定分認股數增募股本，但不得借公司債。

第十六條　該公司除第十三條規定外不得以其所有財産之全部或一部出賣抵押借貸或讓與，但出賣廢棄物品不在此限。

第十七條　該公司之股本及營業收支概應使用奉天官用銀幣並照其價格計算。

第十八條　該公司無論何時，得將其所有財産給中國政府或奉天地方公共團體，中國政府或公共團體收買該公司財産時應照該公司現存動産憑公估價。其橋梁土方等一切不動産概應無償歸收買者所有。

第十九條　該公司核定之鐵道綫路如須經過民有或公有之土地，或須拆毁房屋墻垣及其他建設物之一部或全部，應與該所有者公平議價，呈請巡警總局審查許可後照價繳納，始得收用。

因收用前項土地致該所有者有損失時，該公司應照賠償，關於前項土地之應有租税由該公司照數繼續繳納。

第二十一條　該公司因須使官有土地，遇有官有營造物時，應呈請巡警總局，得其許可後，始拆毁更動。

第二十二條　該公司用布設鐵道須填塞水道溝渠時，應呈請巡警總局許可，由該公司設法蓄泄。

第二十三條　該公司布設鐵軌及行車方法不得妨礙來往馬車行人。

第二十四條　嗣後中國因修築他種或同種鐵道須與該公司軌綫聯絡或横過時，該公司不得阻礙。

第二十五條　凡關於該公司之營業及財産事須應受農工商務局之監督稽查，農工商務局認爲必要時得派員檢查其收支帳目或監視其工事。

該公司遇有各項會議時，當知照農工商務局派員與議，但該公司不得列入決議之數。

第二十六條　該公司總理應由奉天軍督部堂委任以中國官商或該公司中有股分一萬元以上之中國股東充之，所有薪水由公司按數發給，其他各職員應遵照商律公舉。

第二十七條　該公司除技師外，凡雇用運轉手及其他員役均以中國人爲限。

第二十八條　該公司應納各項税捐由奉天財政總局定章收所。

第二十九條　凡關於該公司行車一切事項，均應受奉天地方官吏及巡警總局之指揮監督。巡警總局得訂定行車管理章程及罰則令其遵守。

第三十條　奉天軍督部堂認爲必要時得發有他項條規，或以中國政府所定關於公司及鐵道章程，使該公司遵守。

第三十一條　本條規於公司解散時作廢。

第三十二條　條規由發布之日起實施之。

大清光緒三十三年二月二十七日奉天軍督部堂趙

《大清新法令》卷二《外交・合同・**續訂京漢全路完工應用小借款合同**》

中國督辦鐵路總公司事務大臣盛奉中國國家特派比國合股公司代辦人沙多奉該公司特派訂定各款如下：

第一款　今因估計足以如期趕完，京漢及其各支路工程之用，並足以還借款利息，至全路行車之日止，特彼此商定續借五釐九扣，金款票面總數一千二百五十萬佛郎克，作爲二萬五千號借票，每號五百佛郎克。

第二款　此次借款一切章程，均係按照西曆一千八百九十八年六月二十六號所定五釐大借款合同，並行車合同辦理，其利息期限並抽號撥還等等，均屬相同。

第三款　此次借款一如大借款均係中國國家批准，言明北京至漢口及其各支路合計在内，所有行車進款餘利除先付一千八百九十八年借款利息外，其餘亦作爲擔保。

第四款　此次續借之款乃爲完竣全路工程起見，自應竭力撙節無逾比數爲第一要義。一千九百五年底全路完工之後除修路養路各費及提還本息並提大修小修經費一成，悉照行車合同第四款所載，均應在行車正款項下開銷各款外，或有工尾未完或將來應行添購新機器車輛以及推廣各工程悉照行車合同第二款所載。並照鐵路大衆認許之公例，應歸路工成本開支者，即在總公司應得行車餘利項下支用。如此項餘利再有不敷，自當按照行車合同由總公司籌款彌補，但所有支用各款必須預請督辦大臣或其所派之員商定而後行。

第五款　全路告竣後行車尤爲喫重，總公司所派華員監督事，應得會同欽遵委派比公司所選派之妥員，悉照行車合同第二款所訂者，切實整頓，預先商榷，認真辦理。

第六款　將來中國如欲添造支路，其款項或在總公司餘利項下，或另行籌備，均聽中國總公司自籌。

第七款　本合同照繕四分：一呈中國政府；一存中國總公司；一送駐京比使署；一存比公司。倘本合同有疑惑或歧異之處，以本合同法文爲憑，藉資剖解。

第八款　本合同應經中國國家核准後，由外務部電咨中國駐比大臣以便簽印借票，並請外務部將本合同奉准日期及電咨中國駐比公使各節，照會比國駐京大臣，並由比國駐京大臣，請外務部照會分售借票之國之駐京大臣。

大清國光緒三十一年七月十三日

大比國西曆一千九百五年八月十三號見證翻譯柯鴻年

大清國督辦鐵路總公司大臣盛

大比國合股公司代辦人沙多

附郵傳部咨外務部請轉知比使准將京漢鐵路借款定期全還文光緒三十四年九月

鐵路總局案呈京漢鐵路前借比款修造，按照光緒二十四年五月初八日即西曆一千八百九十八年六月二十六號所訂借款合同第五款，西曆一千九百零七年以後，中國總公司無論何時，可將借款還清，一經全還，所有合同即時作廢。又行車合同第五款如該款不及三十年之限先行全數還清，則行車合同亦即於還清之日銷廢等語。現本部擬將該路正續借款共法金一萬二千五百萬伏郎於一千九百零九年正月一號以前，即一千九百零八年十二月三十號全數還清。除由鐵路總局長梁士詒預先函知，京漢借款公司屆時按照合同，將光緒二十三年四月二十六日，又光緒二十四年六月二十八日，又光緒二十四年五月初八日，又光緒三十一年七月十三日所訂借款合同四件，及其附件，又光緒二十四年五月初八日所訂行車合同一件，一並作廢外，相應咨呈貴部，查照知會比國駐京公使，並希見覆可也。

《大清新法令》卷二《外交·合同·鐵路總公司與福公司商訂河南道清鐵路借款合同》 第一款 光緒二十四年四月初二日，即西曆一千八百九十八年五月二十一號，山西商務局與福公司訂立晉省之盂縣、平定州、潞安府、澤州府、平陽府五處煤鐵合同。又光緒二十四年五月初三日，即西曆一千八百九十八年六月二十一號，豫豐公司復與福公司訂立豫省懷慶左右黄河以北諸山各礦合同。該兩合同均經遵照光緒二十四年閏三月二十七日諭旨由總理衙門簽約，准行在案。查該兩合同第十七條云，應准福公司禀明巡撫，由礦地建造鐵路接至幹路，或即逕達水口，福公司前於一千九百零二年開辦豫省修武縣煤礦，並曾禀明豫撫准，由礦地建造鐵路至衛河之水口，曰道口鎮。現經英國駐京大臣請將該路歸中國鐵路總公司辦理，與外務部商明由督辦大大與福公司商訂合同。

澤道鐵路現分兩段：一由道口至清化鎮左近計長九十零半英里；一由清化鎮至山西澤州左近約長三十八英里左右。其道口一段由福公司承辦現已將交完工，現在商訂合同專爲辦理此段鐵路起見。至由清化至澤州一段現經商定且待福公司在澤州一帶定期開辦礦務後，再由督辦大臣與福公司另行續訂合同籌款建造，一切按照此次所立道口至清化鎮鐵路章程及正太鐵路合同參酌辦理。道口至清化鎮一段，價值連車輛以及福公司已用之款，悉照華工程司所估之價，並查照憑單應付之款，係英金六十一萬四千六百鎊。現爲寬籌款項，俾於車務尚未暢行之時作爲辦理行車各事經費及借款利息，經督辦大臣訂爲七十萬鎊即借票七千張每張一百鎊，每年按五釐行息，名曰一千九百零五年中國國家河南鐵路五釐借款。

第二款 由以上之七十萬鎊内發票六千八百二十九張，每張一百鎊，照票面之數按九扣核算合英金六十一萬四千六百鎊，以還上云已用之資本。此票即於鐵路交與中國之日交福公司，其利息由發票之日起算，福公司當時將起初行車至交路之日止。所有未經載入估單内之創辦行車及預備陸續一切行車需用經費開呈單據，請總公司核算。其行車經費除將行車進款扣抵外，如有不敷之數，彼此議定各認一半。又，由一千九百零五年正月一號至交路之日止，其資本應得利息共計若干一並由餘剩之票一百七十一張内仍照票面之數按九扣核算付還福公司。以上指説二款之數後如尚有餘剩，則歸總公司備用。倘交路之後行車進項不敷按期發還本息，亦可向福公司續借。

借票内應刊之文附録本合同第一專條，由出使英國大臣代中國國家簽押，息票應按票面所載數目核算，訂於每年西七月一號正月一號在倫敦用金錢核付。

所有到期已付息票應由福公司按照號數次序匯齊，交中國出使大臣點收，其費由福公司認出。

第三款 此項借款應計賣票之第十年起分二十年贖還。每年由倫敦福公司按照本合同所附之表作爲附件抽號拔還章程辦理。抽號之期應在每年正月之第二個禮拜二日，第一次抽號之期應在一千九百一十六年。

每次所有抽出票號應刊佈於四種日報中，由福公司出費。

第四款 凡抽出借票應照票面數目在下次應付利期上如數以金錢還清。

應還借票當黏繳所有未到期之息票。倘有短缺，則即核計短缺者所值之數在應還之票本内如數扣除，借票利息即於所指還本之日停止計算。

已還借票應由福公司按序匯齊交中國出使大臣點收，其費由該公司認出。

第五款 在一千九百十六年以前，中國國家不得擅增每年贖還借票之數或將借款全數還清或改借款之名。在一千九百十六年以後中國無論何時可將借款全數還清福公司。礦務期限未滿之前不得將運載礦産之鐵路脚價苛增以致福公司礦務生意有損。而福公司於總公司按照他路運脚公平議定以後亦不得藉詞貶抑致總公司拔付本利有礙。

第六款 所有應付息票及應還借票當以英金核計由倫敦福公司或該公司所派經理之銀行付給。

第七款 本合同所訂借款之付利還本，乃由中國國家自應以所有之進款擔保外，又經中國國家准中國鐵路公司言明，以此段已成之鐵路進款除一切辦公費用及行車各費外其净餘者，當首先留備本借款付利還本之用，且此節辦法已另載於中國鐵路總公司與福公司所訂之行車合同内，此合同與本合同聯合爲一。

以上申明留備進款乃專指息本一項之用，不得更改，至借款全數清還爲止。

第八款　行車所得之實在餘利由中國鐵路總公司點驗登記後，准福公司兑換金錢，務令中國國家及中國鐵路總公司大得便宜，所兑换者以足敷下半年應付之款爲度。此餘利仍接續提存倫敦福公司總行至借款全數還清爲止。所有每下半年之付款事宜至少可於三個月前即有把握。凡各銀行代存此等款項務必代爲生息俾於中國鐵路總公司極有利益。按照合同每半年付利還本或運費用錢各所需之數，當先期二十天於各銀行代存餘利之款內劃出開支。

第九款　中國鐵路總公司欲於此項借款表其結實可靠之意，願將此段已成之鐵路作爲頭次抵押給，與本合同所訂借款之借票，即該鐵路及車輛料件行車進款是也。此等專行之抵押是給與福公司，由該公司代爲購執，借票之人允受。如果中國鐵路總公司未能按照本合同所定條款辦理，福公司得在上文所指之鐵路及物業照行其一切應有之事權。

第十款　前條所載與中國國家原有責成，如第七款內所載云云，不相妨礙，設此段鐵路行車所得之實在餘利由中國鐵路總公司付交福公司，於每次到期之三個月前兑换金錢。如有不敷應付借款本利，中國國家即應設法彌補以足換金錢付還借款本利。倘有以上不敷情事，一經該公司知會，中國國家應於下半年付款之期前十四日按照所需之數以現款或他款付給福公司，俾得兑換金錢以湊應付之數。

第十一款　福公司於中國鐵路總公司或中國國家所補湊款內及時按照前期所付之款如數劃撥，以備下期應付之數。

第十二款　福公司並分任此項借款之銀行，中國國家按所付利息之數酬以用費每百之二毫半，即每萬金鎊給以二十五鎊。又借票抽出還本或因增還票數而提前還本，亦按所還之數酬以每百之二毫半，此項酬費係在行車之餘利內劃撥。如有不敷，即由中國國家設法彌補。

第十三款　中國國家允認保全並設法保全本合同所載借票應享利益，並永准借票及息票以及因此項借款所有進出之事，概行豁免捐税。

第十四款　到期息票如五年內不來支取，其款則爲中國國家所得。至已經抽出應還借票則以三十年爲限，凡執此借款借票之人身故後，該票即按其人本國繼業之例由繼業者承受。付利還本之事不論時局和戰均當照常辦理，並不論執票者爲友國或敵國之民，均當一律照付。

本借款借票倘有遺失被竊被毁等事，即須呈出憑據，中國國家如查得憑據可信呈請者確係失票之人，即當允准福公司另印借票補給。其費由該公司出。

第十五款　中國國家應飭駐英京出使大臣咨請並移送案據於倫敦之銀錢公會，使此次借款得在該處銀錢公會估價賣買。

第十六款　鐵路所用之地基由借款項下付價所購之地，先由福公司將地主正契交總公司核查，總公司即照正契抄册由該地管轄之地方官蓋印存留總公司備案，仍將正契由總公司送交福公司收執，並於正契上面加蓋不得售賣抵押戳記。因合同期滿或借票贖完之後須由福公司將原業交還總公司執業，是以合同期内福公司不得將地契轉售或轉押轉抵與人。

第十七款　此路利權及合同係與英國人福公司訂立，該公司務當按照本合同應允各款辦理，並不論明暗均不得讓售别國人民。其辦理該路事務亦不得假手别國人民，如違犯此條即由中國總公司另招他公司接辦並辭退福公司，福公司亦無索賠補之事。

以上所云不關礙他國人民購執福公司股分票，或此次鐵路借款票其轉相售賣與否任執票者之便。

第十八款　此次核算已用各款內有創辦測繪經費並第二段，亦已由福公司略勘，將來勘定如何報明督辦大臣，其費用已付入第一段帳目之內。

第十九款　所有修理該路及行車需用機件材料皆歸福公司代爲定購，但該公司自當盡心辦理並須極其公道，當先開單商准總公司督辦大臣，乃得發單往購。並經約明，凡中國自能製造機件材料一律料質價值不向外國定購，其盛督辦所管轄之工廠礦局更得應享儘先承購之利益，其質料價值按照在外國所購運到中國者一律核計。所謂價值者，是外洋廠價之外，加運脚並保險是也。

一切定購材料進口並經入中國內地，均准免税免釐。

第二十款　中國國家或中國鐵路總公司與福公司倘有爭執情事，由中國外務部大臣一員與英國駐京大臣評斷。倘以上兩位亦有意見不同，則由中國外務部大臣並駐京英國大臣公同另請一公正人斷定。

第二十一款　本約照繕兩分：一存中國鐵路總公司；一存福公司。倘有疑難之處查對本約，以英文爲憑。

本約應經合例之人奏請中國國家批准，俟批准後由中國外務部照會英國駐京大臣存案，以便福公司遵照上訂各款切實施行。以上應行各事於畫押一個月內均須照辦。

大清督辦鐵路大臣太子少保尚書銜前工部左堂盛押

大英前駐滬總領事官三等寶星福公司總理兼總代理人哲美森押

光緒三十一年六月初一日西曆一千九百五年七月三號訂於北京

道清鐵路借款合同附件

致福公司董事哲美森函光緒三十一年五月三十日

敬啓者，本年五月十八日二十七日，貴董兩次在本大臣京師公寓會商道清鐵路合同第二款，倘交路之後行車進款不敷按期發還本息，亦可向福公司續借等語，本大臣已准外務部商定將來如果不敷，以不逾十萬鎊爲限，其票存在鐵路總公司，不拘何時需用若干，於一月之前知照福公司，隨時分次發票收款，由總公司交存通商銀行以便應用。將來如不需用亦可任便減少，用特布函聲明，即希查照見復以便作爲合同附件，一並存照，順頌日祉。

福公司哲美森來函光緒三十一年五月三十日

敬覆者，接准西七月一號來函，內載借款合同第二款，續借一事已准，外務部商定以不逾十萬鎊爲限，其票存在鐵路總公司，不拘何時，需用若干，於一月之前知照福公司，隨時分次發票收款等語。爲此作函奉覆，允照辦理，並聲明此項續款專備道清鐵路之用，其票仍照面載數目一律九扣付價。順頌日祉。

《大清新法令》卷二《外交·合同·鐵路總公司與福公司商訂河南道清鐵路行車合同》 中國鐵路總公司督辦大臣盛系，奉國家特派福公司總董兼總代理人哲美森訂定各款如下：

第一款　中國鐵路總公司奉中國國家允准委派福公司，由福公司派一行車總理，將道口至清化已成鐵路工總公司調度經理行車生利，所派之人福公司應先知照督辦大臣查核。

第二款　此段路工完成由福公司稟請中國鐵路總公司督辦大臣驗收後，將行車事宜妥爲經理。所有行車應需車輛並種種工器傢具以及日常周轉之資本均預先備齊，福公司遵照本合同第一款選派之人代爲布置招雇人員，並於此等人員有撤革或遣散之權，及其薪水若干，當預先開單知照總公司督辦大臣，乃行核定，嗣後如有更動或增減薪水，亦須稟准督辦大臣。並定購行車養路修路應用之物，又按照承辦鐵路條款以定載運客貨價值，並收各項進款支發行車應用經費並中國鐵路總公司因此段鐵路公費，以上種種修路行車各事宜，當預先由福公司或所派之代理人員稟商總公司督辦大臣酌奪而後行。中國鐵路總公司有稽查出入款項極大之權，並委派監督收支核算翻譯各人員會各洋員辦理以行上項所云稽查之事權。此監督支各委員薪費應在澤道車務局開支。監督應會簽所有支發各項憑單帳據行車帳目呈報總公司一月一報，文各一分由華洋各員簽字爲憑。

行車總管及修路工程並各項人員無論何國之人，如辦理不妥或有品行不端不遵約束或侮慢地方官長，國鐵路總公司可以飭令斥革，於雇用洋人訂立合同時即行聲明。

所有應用中國人員或辦修路工程或充他項差使，應由中國鐵路總公司督辦大臣所派監督代選派定送交行車總管照用，未奉大臣允准，無何等中國員員永不得擅行聘用。

中國上海總公司之經費自應在此段鐵路項下開支，一如盧漢鐵路辦法。

此段已成路工辦理行車之後，凡有添購車輛機器或改良推廣軌道車站工程應用之款均應在澤道車務局開支。至修養路工應行購定物件當設法先儘中國工廠承辦，盛督辦所管轄之工廠礦局更得享較外國工廠礦局盡先承辦之利益，其價值章程應按照外國所辦運到中國者核計。

第三款　遇有軍務，無論外侮內亂，此鐵路須先儘載運中國兵丁餉械及軍營用物，然後方及商家。此項載運車價應行減半並聽總公司督辦大臣專命而行。

凡與中國國家有損之物件皆不得用此鐵路，如遇災異賑濟之物准給半價運載。

凡中國政府或地方官長緊要差事，應由火車往來，車務處與總公司督辦大臣所派之監督妥商辦理，至應發各項免收車價之票亦應由該監督會同簽字。

第四款　在行車所得實在餘利之內除行車各項開銷外，福公司提款若干以備每半年至少三個月前應付中國國家本借款利息與本銀之用。此項提款須至本借款全數清還後方行停止，每月所提之款即交福公司或該公司所指派之銀行。由該公司或該銀行將交來之款以最好之匯價兑換金錢以備付利還本之用，仍須隨時稟報督辦大臣。倘所交此項提款已足換金備付利息本銀，福公司即在盈餘項下提出十成之一作爲公積，以備大修小修借保行車一無阻礙。其所餘之款即由福公司統交中國鐵路總公司。本借款如按下列之款清還，則福公司或其經理之人即當將全路以及機器一切車輛完全妥善照常行駛，點交中國鐵路總公司督辦大臣所派之監督收管。

第五款　本行車合同自簽押之日起以三十年爲期。惟期限已屆而本借款尚未全數清還自應再行展緩。全數借款一日未清則期限須接連展緩。如未到限滿之前借款即已清還，則本行車合同即於借款全數清還之日銷廢。

第六款　在福公司代辦行車期内，中國鐵路總公司准將此段鐵路所得餘利於每年公同結帳之時提十成之二以酬福公司。此餘利係指除攤還各借款利息本銀應需之款以外而言。

第七款　中國國家或中國鐵路總公司與福公司有爭執情事，仍按照借款合同第二十款辦理。

第八款　設遇行車進款不敷開銷中國鐵路總公司自應籌款彌補俾得照常行車，但此彌補之款應作爲中國鐵路總公司暫墊，一俟行車進款除經費外得有贏餘，即當清還中國鐵路總公司。

第九款　此段鐵路所需行車及修養路工之一切料物如從外國運來當免其完納關税釐金。

第十款　本合同照繕兩分：一存中國鐵路總公司；一存福公司。遇有疑惑或歧異之處當以英文爲憑藉資剖解本合同應由合例之人請中國國家批准，既蒙批準即由中國外務部備文照會英國駐京大臣。

大清督辦鐵路大臣太子少保尚書銜前工部左堂盛　押

大英前駐滬總領事官三等寶星福公司總董兼總代理人哲美森　押

光緒三十一年六月初一日西曆一千九百五年七月三號訂於北京

道清鐵路行車合同附件

福公司哲美森來函光緒三十一年五月三十日

敬啓者，查行車合同第二款，所有鐵路聘用人員應於合同内訂明，如辦事不謹或品行不端或侮慢地方官長，均可撤退等情，今請俟後日訂立合同時一律照辦，現在布發傳單通知在事各員告以此條照行可也。彼等合同早經訂定未便更改，好在其年限長者不過二三年耳。此頌日祉。

附外務部咨盛大臣文道清合同附録一

光緒三十一年正月二十六日

案查，澤道鐵路前經本部督同詹守與福公司總董哲美森照原送帳册詳加查核，將借款數目彼此訂明，飭詹守回滬銷差，鈔録問答，咨復並聲明其餘各款按照簽出各條，逐一磋議，一俟議妥再行續達，等因在案。經本部迭次與哲美森詳細磋商，所有此項合同並熔化廠條款應行商改之處均已磋議就緒，相應抄録迭次問答并合同底稿暨熔化廠條款咨行貴大臣查核，即行奏明辦理可也。

附盛大臣奏訂澤道鐵路條款折道清合同附録二

竊查光緒二十四年六月，英寶使向總理衙門堅索英商承造鐵路五條以證和好。其末條渾言山西河南至長江經王大臣照覆，應俟福公司晉豫開辦礦工再與妥商，該使覆稱原訂礦務合同本准修築鐵路由礦山運送礦産至河口，此河口即在襄陽，可以通達長江，是爲澤襄鐵路。初議之緣起二十五年，英寶使又以勘查襄陽至漢口水道不能通暢商請改道澤州，鐵路欲在河南懷慶府與盧漢銜接，渡河後折入安徽正陽關以達江蘇江浦縣之浦口，改名懷浦鐵路。時有御史張荀鶴條奏鐵道改道辦法亦以由懷至浦爲便。總理衙門覆奏謂遠跨豫皖名爲緯路實已斜亘南北，隱然增一干路，殊屬窒礙難行，請旨飭臣妥籌辦理。二十八年拳匪事定，英使在外務部重申前議，福公司代理人哲美森來滬述其駐使之意堅請商辦，臣以盧漢應還本息擔任甚重設穿裂幹路，斜行至浦，則長江下游客貨，勢必攬奪净盡，盧漢無以自養，争折數十次，哲美森知不可奪願。在懷慶銜接後多走幹路從許州郾城縣另造一路，向南仍至浦口，告以英使所争五路中已有信陽至浦口一路爲英商怡和匯豐銀公司承辦，既願至郾相接不如仍循幹路而東由信陽直至浦口。福公司與銀公司同是英商，當可合辦。詎英使仍堅執商議懷浦鐵路，或使中國任借洋款數百萬鎊，或由彼自造，奪我權利，將來轉運，兩省礦産彼可自便，實係專顧英商之利益，不顧華債之艱鉅，外務部與臣往返電商，總以有礙盧漢，力持不允。逮二十九年五月，英使重向外務部聲請，將已定之澤道鐵路由福公司代爲借款，仿照正太鐵路章程辦理，即在衛輝府與盧漢幹路接聯。臣初猶堅執原合同福公司應自備款項造路，不應請中國借款收路，山西撫臣張曾揚悉心籌計，有不可許者八端，派道員志森赴滬協商冀同駁阻。河南撫臣陳夔龍乘道口至清化，將次告成派，道員韓國鈞與訂行車章程，禁止攬載礦産以外之貨物悉未就範，在英使總以澤州至襄陽鐵路先經允准。今既不允其另辟一路直至長江，已屬萬分爲難，向部饒舌，並以躭延過久迭次函部電滬，催訂合同。臣思山西商務局既誤給礦利於前，鐵路總公司復代擔路債於後，卒之路成礦成皆屬英商之利。福公司且以晉礦合同標題載明開礦制鐵以及轉運各色礦産字様，執定欲在鐵路合同載明准其運鐵意在就礦設爐制鐵運售，此意尤惡。夫環球各國類以煤鐵之豐歉，卜國勢之强弱，中國官商協力，現以機爐煉鐵者只漢陽一廠，然大冶鐵砂不及山西之富厚，一與接通幹路，即照條約禁止内地設廠，而就礦開爐制鐵轉運生鐵以及分運鐵石煤焦運往江海商埠鍛煉争銷，皆足損礙中國鐵政。較正太之僅許修路者情形不同，且澤道經行之處，俱係瘠區，貨客稀少，工築艱鉅，必致養修之外，不敷本息，仍將以上利病與哲美森痛切指駁。彼既因礦而及路，我即就路以制礦，羈軛之法議就原訂之盂平澤路四屬内，所有鐵礦暨煉鐵合同之煤並煉焦爐，統由中國合股開辦，仍由國家自設熔化廠。凡各礦所出鐵砂均須官廠冶煉成鐵，方準由火車裝運。並聲明所指各處煤礦如亦願意合辦，由山西商務局與福公司再行商議，挽晉省已失之利，防鐵路溢運之權，内外協力，前後争持已及三載，實已無可再争，此澤道鐵路合同未議條目以前，先與修改礦章之曲折情形也。查福公司道口至清化鎮九十英里有奇，爲已成之路，借款收回，給價多少，應派員核實估工以爲斷，清化至澤州三十八英里爲未造之路，應俟礦務開辦實有把握另再續訂合同，不應於此時預籌借票多擔本息，故名謂澤道鐵路合同，實則現議借款，只敷收回道口至清化爲止。半年以來派華工程司候選知府詹天佑赴豫查帳勘工，一一確實，飭令賫册赴京，由外務部加派左參議臣雷補同邀同哲美森，按照滬議節略，逐款磋商就緒咨行，臣奏明辦理。伏查現議借款合同二十一款，又行車合同十款，議借英金七十萬鎊，五釐行息，九扣交付，實得英金六十三萬鎊，約合華銀五百萬兩左右，國家作保，鐵路作抵，除福公司已用工費並息銀鎊虧查照帳册，應於售票項下撥還六十一萬四千六百鎊，將道口至清化鐵路收回歸併外，餘剩之款盡數留備行車經費，此項借票簽字後第十年起，分二十年贖還代辦。行車期内餘利提給二成，合同期滿歸總公司自行管理用人，行政督辦大臣有准駁稽核之權，機件材料先儘中國工廠承辦，福公司無論明暗，不得讓售别國人民，亦不得假手别國之人辦理該路事務，設有違犯，總公司有權另招他公司接辦，福公司亦得索償。此外條款悉係參酌正太鐵路合同辦法，另訂擬設山西熔化廠并合辦礦務合同，與此約同時定議，一並簽押，礦路兼顧之中，實寓權利並收之意，合將現擬合同分别繕具清單恭呈御覽，俟奉旨批准由部咨行到，臣再行會同簽押，謹奏。光緒三十一年三月十九日奉旨：依議。欽此。

《大清新法令》卷二《外交·合同·中葡廣澳鐵路合同》 案查光緒二十八年九月十四日，大清國外務部照會大西洋國欽差駐紮北京便宜行事全權大臣聲明，大清國政府允許所請准在澳門地方設一中葡鐵路公司安造由澳門至廣東省城之鐵路在案。今將前項照會鈔附本合同後，現由大清國欽差督辦鐵路大臣太子少保前工部左侍郎盛，與大西洋國駐京便宜行事欽差大臣白在滬，將中葡鐵路公司應辦事宜，並中葡商董均股平權合辦宗旨，往復商酌，意見相同，並飭令中董林德遠、葡董伯多禄於此合同由兩大臣簽押後，再行會商，訂立公司創辦合同，呈請中國鐵路大臣酌核。今先將大清國政府允願招商議立中葡廣澳鐵路公司各事宜開列於後：

一 所有由廣東省城至澳門之鐵路，准歸中葡商人招集股份設立公司，均股平權合辦承築此項鐵路，經理行車事宜應在澳門設立公司總號並在廣東地方設立局所，其公司名曰中葡廣澳鐵路公司。該公司既係中葡商人合辦，則凡關係該鐵路公司事宜，葡國國家即不得藉詞干預。

二 該公司只常准中葡兩國人會同管理，如違此款中國可將准築此項鐵路合同作廢。

三 造築此項鐵路所需用之資本中葡均平，各任華商得一半股份，澳商得一半股份。惟葡股之一半有僑寓澳門之華商並華商之隸他國籍者在内，該公司須訂立創辦合同以憑治理。該公司各項事宜該創辦合同内必須訂明，華商、葡商股本權利均平無異，因公司股份華人爲多所經地方廣東居多。凡有關係該公司股份及股東權利董事人查帳人及各股東會議等事之各章程，必遵守光緒二十九年十二月初五日之欽定大清公司商律，與所訂立之創辦合同不相違背，即可照行。

四 該鐵路應經地方尚未勘定，今應延請工程師前往查勘由廣東省垣往澳門之地勢，方可定奪。

五 該鐵路查勘之後繪圖指明此路所應行經過地方，當在何處設立車站，並應用房屋廠棧等處一一繪明，呈送大清國欽差督辦鐵路大臣鑒核，俟核准後方可開工築造。此項繪圖應備四份，以一份呈送督辦鐵路大臣，其三份由督辦大臣分咨外務部、商部、兩廣總督分别存案。

六 所有查勘地勢經費並築造資本悉歸中葡廣澳公司支理。

七 所有中葡廣澳公司所造鐵路其左右兩面各十英里以内，中國政府不能准他人或別公司築造平行同綫之鐵路。

八　工程司起首查勘地方及以後起造開工，皆必須由中國督辦鐵路大臣暨大西洋駐紮廣東省城總領事官預先咨照兩廣總督知悉，分別發給護照與工程司及查勘築路之各等人，由中國各該地方官隨地一體保護。

九　所有築此項鐵路之時及工竣之後，彼此如有辨論之事須先歸大西洋駐紮廣東省城之總領事官與兩廣總督會商妥定。倘仍不能商妥，方可上稟北京大寧暨大西洋欽差辦理。

十　凡鐵路所經之地並機器各廠貨倉爲該鐵路所應用之各房屋地段，其應如何爲該公司所購用之辦法開列如左：

一　如該地係屬官產，應由公司報明地方官丈量昇科撥用。至此鐵路滿期之日爲止，每年應繳納地租。

二　該地如係民産或係該處紳士公局之地，公司必須與業主商酌定價彼此合意妥購。如有應納租稅，公司仍照常完納。

三　如該地不能合意議妥，即由公司就最近之地方官稟請理妥購買。查照該處民間買賣時價由公司照數向購。

四　如該地上有廬舍、樹木、池井等項凡用工本造成者，除地價外必須另給價值。其價如不能定妥即照上款所言辦理。

五　如該地上有墳塋必須設法繞越，如零星小墳無法繞越除地價外必須從優另給遷葬之費。

六　該公司在鐵路經過地方與該地方人民交易必須公平，並力免有損害地方傷情等事，該地方人亦不得藉詞阻撓謠言惑衆，如有違犯由該公司稟請地方官出示諭禁，聲明築造鐵路原爲推廣商務振興閭閻起見，百姓人等務必各安本分勿滋事端，共保平安，否則定必從嚴懲辦。

十一　所有開地挖泥挑泥墊土扛挑材料需用工人，應就工程所至地方隨地雇用，其雇工之法應向該處公局紳士商囑，定價資雇。

十二　該公司應雇用巡捕更夫守護鐵路並鐵路所應用之各房屋，其巡捕更夫係用華人，其夫頭由官選派。

十三　鐵路公司願允自行籌款，在總車站毗連處建造房屋一所，以便在該處所有鐵路轉運，出入華境之各項貨物，由中國海關查驗征抽稅項。

十四　築造鐵路或全工告竣或一段完工，該公司應稟由中國督辦鐵路大臣暨駐紮廣東省城大西洋總領事官咨照兩廣總督聲明該全工或一段築成，起首開車行駛。

十五　全路或一段完工，兩廣總督與澳門總督可商酌在何處地方及如何設法抽收，該鐵路車運入口出口貨物之稅，俟稅務議妥始可行車。

十六　該鐵路所有載人運貨之價目則例，應由公司議定。

十七　該鐵路寬闊之數一切與廣東省城已造鐵路之闊相同。

十八　公司載運材料可任便在公街經過，不得阻撓惟不得損傷人民房屋物件，如有損傷，公司應照價認賠。如需搭棚爲起造房屋或爲工人居住以及材料棧房，果係查無窒礙均可搭蓋。該地如係官産，不必給價，倘係民地必與業主酌定租價，完工之後將地交還。

十九　築此鐵路所需用之石與沙如係官地所産，中國查無妨礙，應准公司即在該地採取應用，毋庸給價。如係民業，必須與地主商訂。惟該地主倘有勒索重價與時價相懸過巨，該地方官查明該處情形爲之設法妥定，俾兩面免致受虧。

二十　公司築此鐵路，中國政府並不給地應用，亦不擔保資本之利息，惟有准此鐵路公司之事三項開列如左：

一　准該公司在近路地方設立水池積水，以便接管引水入該鐵路應用。

二　准該公司在香山縣地方設立養身衛生院、避暑所各一處。

三　准該公司設立學堂，以葡文教中國幼童，備爲翻譯，並教鐵路所需工藝，以便學成後由鐵路雇用。其學堂應設在何處必先與該地方官商擇。

以上各款所記各等房屋院所之地，如係民業當與地主商訂；如係官地昇科納稅。

二十一　倘該鐵路進項可支各項費用，及資本銀每百元每年六元之息，並可支每年一次，於每百元內至多提出三元以資積儲，供還本銀，此外再有盈餘，則作爲浄利以三成歸中國國家，其餘按股分給，其每年一次所扣還資本之銀，須扣至資本全清後爲止，至於估計本銀之法，可將該公司帳簿及該公司給股份人觀覽之年結總數爲憑。

二十二　若該鐵路從行車日起至滿五十年，其二十一款所定積儲供還資本銀款足資清還之數，可將該鐵路及其所應用之各房屋歸之中國，毋庸議價。倘其所積儲之銀不足供還資本之數，中國政府必須先與該公司彼此妥商補償如數交清，方將此鐵路歸之中國。至於估計本銀之法，可將該公司之帳簿及該公司給股份人觀覽之年結總數爲憑。

二十三　該公司如有倒欠及帳目糾葛，兩國國家均無干涉並無賠償。

二十四　除本公司所用巡捕更夫以守此鐵路外，中國政府務須保護鐵路並鐵路所應用之各房屋，以及公司所有地方官准設之別等房院，以免爲歹人毀壞攻劫。

二十五　該公司如須裝設電綫及德律風可依此鐵路之路綫任便設立，惟只能供該鐵路之用不得收發他人電報。

二十六　如遇有交戰作亂饑荒之事，中國政府如欲用此鐵路載運兵丁軍器軍裝糧餉並救濟物件，此項鐵路必須儘先應用所有載人運物，車價可減半給付，平常之日不得減少。如遇戰事該公司亦不得接濟中國之仇敵。

二十七　所有官員文書及中國郵政局信札包裹，該鐵路可代運載不受價值並按照郵局所定章程辦理所有章程八條如左：

一　鐵路只允中國郵政官局運送包件，其民局及別國官局郵件概不准行運送至各國軍隊。按合同應送各件應由中國郵政局隨同日行郵件代爲由火車寄投。

二　火車搭客行李郵政局不願擾及，惟若風聞或確知有夾帶郵件之弊致違禁令，應如何辦理之處亦須預訂妥章。

三　火車往來各處每次開行均應備有合同專欄以便郵政局員運送。尋常郵件火車開行時刻倘有改易，須於前二日向郵局聲明以便早諭衆知。

四　郵政局運送尋常郵件備用專欄鐵路應不收費。至遇有另用專車之時，其專車之費照各國向例必須格外從廉，此項照各國從廉之費尚須另行酌訂。

五　郵政員役因公上下火車聽其自便不得攔阻，惟須携有免票爲憑，倘無免票即照常人一律看待，其免票由各郵政司向鐵路局員聲領轉發。

六　火車各站准租蔓屋若干間照納租費並於各站設立信箱，係歸郵政局自行經理其蔓屋租費尚須另行酌訂。

七　所有此章内載郵政局應交鐵路各費，均按每年結清。

八　嗣後倘有更改之處，須由外務部商部准定方可施行。

二十八　澳門郵政官局信札包件該鐵路應代運載至中國境内所設之第一處中國郵政官局，該鐵路亦不受價值。

二十九　該鐵路所用工程師各工藝人及各式專長之人，可參用洋人。其餘工人均用中國人充當。凡鐵路所派所雇之各等人應由公司專權派雇。

三十　凡該鐵路所用之機器及一切材料至中國境内應照納關税。

三十一　本合同用漢文葡文英文繕寫各四份共十二份，語意均屬相同。倘遇有辨論之事，葡文漢文或有未妥協之處，以英文解明所有之疑。今先在上海訂立畫押以昭信守。

光緒三十年十月初五日西曆一千九百四年十一月十一號

附抄外務部復葡使照會

爲照復事。昨准照稱，前者本大臣與貴親王所商爲振興商務起見，請大清國允許在大西洋國地方内，欲設之中葡鐵路公司安造由澳門至廣東省城之鐵路一事，既經彼此酌議妥善，今特請將該事叙明照復以爲妥善之據，俾本大臣轉行奏明本國政府等因，均經閲悉，本王大臣應允貴大臣所請，許在大西洋國地方欲設之中葡鐵路公司安造由澳門至廣東省城之鐵路，但所有一切辦法須另行議立合同辦理，該合同須由貴國特派之大臣，與本國駐滬督辦鐵路盛大臣商訂辦理。此照復貴大臣查照可也。上照會。

大西洋國欽差北京便宜行事全權大臣白

光緒二十八年九月十四日

附盛大臣奏中葡會訂商辦廣澳鐵路合同折　竊臣疊次承准外務部咨，中葡鐵路公司建造由澳門至廣東省城鐵路，業於增改中葡條約案内准其訂辦，飭臣與該公司議立合同並函示訓條，以華洋合辦之局必須扼定商辦，不與兩國國家相涉爲第一要義，行令妥商籌辦前來。時葡使白朗谷來滬會議商約，帶同葡商伯多祿並議鐵路所遞條款應駁甚多，臣以路屬商辦，由商部遴招華商與議方合體格，旋接部電仍責臣籌議。適有粵商林德遠呈請讓集華股與葡商平權合辦，當即查照部示與該使逐款磋議。計廣澳鐵路應需資本華商葡商各認一半，公司權利悉遵欽定商律，葡國國家不能干預，應築軌路繪圖呈候核准，方可開工。每段工竣由兩廣督臣與澳門總督議定該段抽收税則，方可開車，按照商路機器材料照納官税，官地民産概給租值。鐵路進項除養修費用分給商息外，每年另提公積百分之三拔還本銀，再有盈餘以三成歸中國國家。本銀逐年清還，中國即可收路毋庸議價。造路工程司參用西人，餘均華籍，總以不越中葡兩國人爲斷。聲明中國不代擔保本息，該公司設有倒欠及帳目糾葛，兩國國家均不干涉亦無賠償。所有議訂合同各條飭由隨辦商約候補四品京堂李經方、鐵路參贊候補道陳善言等與白朗谷數月磋磨，並由臣逐款酌審，電請外務部詳加核改。因葡使堅執與商約一同簽字，接准部電修改各條，尚屬妥協，飭臣先與簽字，隨後專折奏請訓示，綜計細目三十一條，凡扼定商辦宗旨不與兩國國家相涉之要義，似尚足以預杜枝節，自保利權，除將簽印合同咨送外務部並分咨商部兩廣督撫臣查照外，理合將遵訂中葡公司廣澳鐵路合同底稿繕具清單恭呈御覽。俟奉旨批准，再飭由華商林德遠、葡商伯多禄另訂公司創辦章程，呈候酌核，再行開辦。謹奏。光緒三十一年正月初七日奉硃批：外務部知道，單並發。欽此。

《大清新法令》卷二《外交·合同·中國電報總局大東水綫公司會訂川石南臺借綫合同光緒二十八年**》** 中國電報局下文即稱電局大東水綫有限公司下文即稱公司今因川石山至南臺來往外洋電報欲期傳遞便易起見，於光緒二十八年九月二十二日彼此訂立合同，電局由電報總局駐滬總辦朱寶奎幫辦周萬鵬，大東由蒲勒德主政，彼此皆有全權，互相簽押議定條款如下：

第一款　一俟本合同核准，電局准由川石山至南臺借綫一條歸公司專用下文即稱借綫，俾得該公司將川石山之水綫局與南臺局接通，以便傳遞。該兩處往返之水綫電報，並准該公司在川石山南臺兩處傳遞報務。

第二款　電局允自備經費將川石山至南臺電綫整頓完善，並再加掛一綫。合同期内借用之綫電局應盡力保護，俾使暢通，設或損阻應由電局從速修理。如因電局大意竟置之不理，由公司知會後仍不能及時修理完好，公司可以有權自往代修，修費由電局承認。

第三款　如借綫損阻而電局之綫完好無恙，則川石山至南臺來往水綫電報當由電局代爲傳遞。如電局綫斷而借綫通暢則電局交公司各報公司亦須一律在借綫代遞。

第四款　此合同至一千九百二十五年十二月三十一號爲止。如電局與公司於光緒二十八年九月二十一日所訂之大沽北京陸綫合同展期至一千九百三十年十二月三十一號，此合同亦一律照展。

第五款　除本合同各條款有更易之處外，所有一千八百八十四年十月十七號電局與公司所訂之合同，及一千八百九十七年五月十三號電局與公司續加之專條，均經彼此簽定，仍當照行。

第六款　本合同應由外務部暨英國駐京大臣於本合同簽押後六個月內核准，現於光緒二十八年九月二十二日即西曆一千九百二年十月二十三號用華英文在於上海訂立，各立三分，俱經核對無訛，彼此畫押簽定，以昭信守。

大清光緒二十八年九月二十二日

西曆一千九百二年十月二十三號

幫辦電報總局候選同知周

總辦電報總局直隸候補道朱

總辦大東水綫公司蒲勒德

《大清新法令》卷二《外交·合同·中國電報總局大東水綫公司會訂北京大沽借綫合同光緒二十八年**》** 中國電報局下文即稱電局大東電綫有限公司下文即稱公司，查一千九百年十月二十六號電局與大北古本海根電綫有限公司下文即稱大北訂立合同，電局允將大沽至買賣城即恰克圖之電綫借給一條，與大北使用，並將指明走恰克圖陸綫或沽滬水綫之外洋電報，交與京津恰三處大北傳遞。嗣電局與大北允將該合同酌改，於光緒二十八年九月二十一日重行訂一合同下文即稱合同第三，該合同當與本合同同時呈請外務部核准。今議定大沽至北京電綫電局允借與大東一條傳遞，京津來往指明由大東公司水綫傳遞之外，洋報並允借給局房，均按照借與大北公司一律辦理。今於光緒二十八年九月二十一日即西曆一千九百二年十月二十二號，電局由電報泱局駐滬總辦朱寶奎幫辦周萬鵬大東由駐滬總辦蒲勒德主政，彼此授有全權互相簽押所議條款開列於後：

第一款　一俟本合同核准，電局即將大沽至北京電綫撥出一條中達天津局者借與公司，一切不計價值。如日後電局與公司均以爲報費旺溢一綫實不敷用，電局允再借一綫以應公司之用，辦法均照本合同一律。此項電綫用鍍鉛鐵綫與通行電報條例所載相符，借用之綫電局應盡力保護俾使暢達設或損阻應由電局從速修理。如因電局大意或竟置之不理應由公司知會電局。如知會後仍不能及時修理完好，公司可以有權自往代修，修費由電局承認。公司借用之綫設有損阻而同杆電局自用之綫通暢無故，電局如可即酌量借與公司傳用至借綫修好爲止。若電局自用之綫損阻而公司借綫完好無恙，公司亦當將電局各報在借綫代爲傳遞。公司不能徑與外間商家往來。若以後將此權利許與別國電局或公司，則當一體許與大東公司。

第二款　電局當於天津北京兩局内各讓出房屋兩間專歸公司辦理，公事須與電局報房隔開。所有辦理借綫一切局用均由電局承認，公司當選派西人於京津兩局辦事，薪水一切歸公司承認自給。至所需華人報生辦理此條借綫，則准由公司選用發給薪水歸電局撥還此項。報生亦悉歸公司經理人節制，所有本合同第一並此款内應還公司經墊之費由電局於每西月底給還。

第三款　凡英國外洋電報及他處外洋電報由寄報人指明走大東者電局應交與以上所指兩處地方公司傳遞。又，中國各口岸有水綫之處香港亦在内凡電局所收外洋電報，由寄報人指明由該公司水綫傳遞者，亦應隨時交該公司傳遞，並准公司在此陸綫傳遞局務綫務之免費公報。

第四條　公司借用電局之綫應認爲電局之産電局與別家水綫公司或別電局訂立合同不能將此意廢去。

第五條　凡經遞中國各報俄國與各處來往之報不在内惟香港來往之報在内不論經過何綫以上所指之借綫亦在内，電局應收報費總數應照一千八百九十六年七月十一號所訂合同攤派。

第六款　本合同自訂立之日起，至一千九百二十五年十二月三十一號止，當信守遵行。届期電局如願展期至一千九百三十年十二月三十一號止，悉聽其便，但須至少先期二年知照英國駐京大臣查照。届時若電局於光緒二十八年九月二十一日與大北所訂之合同展期，此合同本黏於該合同之後則本合同亦當一律照行至同日爲止。

第七款　本合同應由中英兩政府於本日簽字後六個月内在北京批准。

大清光緒二十八年九月二十一日

西曆一千九百二年十月二十二號

幫辦電報總局候選同知周

總辦電報總局直隸候補道朱

總辦大東水綫公司蒲勒德

《大清新法令》卷二《外交・合同・中國電報總局大北水綫公司修訂沽津京恰借綫合同光緒二十八年**》**　中國電報局下文即稱電局大北古本海根水綫有限公司下文即稱公司今因電局以鉅款設立北京至買賣城旱綫，現擬將電局之上海至大沽水綫與大沽至買賣城之陸綫接通，力爲整頓，俾得另成一美備之路，傳遞俄國及歐洲並歐洲過去各國之外洋電報。是以中國電報局由電報總局駐滬總辦朱寶奎幫辦周萬鵬，大北公司由駐華總辦白伊尹主政，彼此皆有全權，特於一千九百二年十月二十二日，議定辦法，互相簽押所議條款開列於下：

第一款　電局今將大沽至買賣城即恰克圖陸綫内借綫一條與公司專用，毋庸給價，並在京津兩處設立傳報處。如日後電局與公司均以爲報務繁忙，電局允再借一綫以應公司之用，辦法俱照本合同一律。此項電綫用鍍鉛鐵綫與通行電報條例所載相符，公司可在烏得或京恰中間之別局内，酌宜安設助電機器，並派總管駐局辦事，借用之綫，電局應盡力保護俾使暢達，設或損阻應由電局從速修理。如因電局大意或竟置之不理，應由公司知會電局，如知照後仍不能及時修理完好，公司可以有權自往代修，修費由電局承認。公司借用之綫設有損阻而同杆電局自用之綫通暢無故，可酌量借與公司傳用，至借綫修好爲止。若電局自用之綫損阻而公司借綫完好無恙，公司亦當將電局各報在借綫代爲傳遞。公司不能徑與外間商家往來，若以後將此權利許與別國電局或公司，則當一律許與大北。

第二款　電局當於天津、北京、買賣城三處每局讓出房屋兩間，不取租費以便公司辦公。所有辦理借綫一切局用，均由電局承認。此項房間須與電局報房隔開，如電綫由大沽局辦起即由該局内撥房兩間歸該公司專用，惟以上各局所用西人其薪水一切當由公司自給。所需華人報生辦理此條借綫，准由公司選用，發給薪水，由電局撥還。此項報生悉歸公司經理人節制，所有第一第二款内應還公司經墊之費，由電局於每西月底給還。

第三款　電局所收外洋各報指明走恰克圖陸綫，或沽滬水綫，均應隨時隨地交與以上各局公司借綫處傳遞。又各口岸有水綫公司之處香港亦在内，凡電局所收外洋電報指明由水綫並走恰克圖陸綫者，亦應隨時交與公司傳遞，並准公司在於陸綫傳遞局務綫務之免費公報。

第四款　公司借用電局之綫，總當認爲電局之産，電局與別家水綫公司或別電局訂立合同，不能將此意廢去。

第五款　公司借用之綫沿途凡有電局結帳，各處公司可派稽察執事人員，惟別電局別公司皆不能派人。

第六款　電局借與公司之綫，俄國電局如欲與大北公司彼此直達，可以照行，即凡由借綫傳遞之報或遞至俄電局或由俄電局遞至公司，電局不得在中間阻撓。既如此辦法，則凡由借綫經恰克圖傳遞之報，其報費帳目應由俄電局與公司彼此經行結算，惟電局可在於華界內，凡公司設有結帳各處專派稽察執事人員或華人或丹人皆可，惟別電局或別公司皆不能派人。

第七款　凡由借綫傳遞中國與俄國來往電報，中國應將報費總數照一千八百九十七年五月十三號所訂合同攤派。又中國各處香港不在内由借綫傳遞與歐洲俄國不在内及歐洲過去各國來往電報，中國應將報費總數照一千八百九十六年七月十一號所訂合同攤派。其俄國與各處往來經過中國水陸電綫各報不論經過中國何綫以上所指之綫亦在内，又其餘各處香港亦在内經過中國水陸電綫各報不論經過中國何綫以上所指之綫亦在内，中國應將報費照以上所指之兩合同辦法一律攤派。

第八款　按滬煙沽並京恰新綫路原備與海參崴一路並行不悖，所取報價總數兩路當不相上下。

第九款　本合同自訂立之日起至一千九百二十五年十二月三十一號止，當信守遵行。屆時電局如願展期至一千九百三十年十二月三十一號止，悉聽其便，但須先期二年知照俄丹駐京大臣並公司查照。屆時若電局於一千九百二年十月二十二號與大東公司所訂之合同展期，其稿黏於本合同之後，則本合同亦當一律照行至同日爲止，惟須先由俄國政府核准。

第十款　此合同内各款彼此如有意未料到各處：一、應查照各國通行電報條例；二、應查照一千八百九十二年八月十三號所訂之中俄接綫合同並續行添訂各條款辦理。

第十一款　雖本合同第三第五兩款載明，一切電局仍可由大沽至北京陸綫内以一綫借與大東公司，俾可傳遞寄報人指明走大東水綫之外洋電報，並准該公司在以上兩處派駐稽查執事人員，悉照電局與大東公司於一千九百二年十月二十二號所訂合同辦理，惟此權不得准別電局或別公司也。

第十二款　本合同應由中國外務部暨俄丹駐京大臣核准施行，現於光緒二十八年九月二十一日即西曆一千九百二年十月二十二號，用華法英三文在於上海訂立，彼此畫押簽定，以昭信守，各立三分，俱經校對無誤。

大清光緒二十八年九月二十一日
西曆一千九百二年十月二十二號
幫辦電報總局候選同知周
總辦電報總局直隸候補道朱
總辦大北水綫公司白伊尹

《大清新法令》卷二《外交・合同・外務部奏英法隆興公司承辦雲南七屬礦務改定合同章程折附章程光緒二十八年**》**　光緒二十八年二月初五日，准軍機處鈔交雲貴總督魏光燾等會奏法員來滇礦現與議定章程一折，奉硃批：外務部議奏。單一件、片二件並發，欽此。當經臣等查照該督等原奏，先將辦礦章程悉心查核。仍俟該省勘定礦廠奏報到日，再行一並議覆等因，於本年二月二十六日附片奏明，奉硃批：知道了。欽此。欽遵各在案。臣等伏查，滇省原訂章程，經魏光燾等與法員彌樂石磋磨數月始克定議。如原奏内縷陳商議情形，競競焉以防患保權均利三事爲滇省所必争，洵爲扼要之論，以全滇礦産允給英法公司專辦，恐他國有所藉口，勢必相率傚尤。臣等詳核章程，正擬咨商駁改，適法員彌樂石由滇入京，向臣部催訂合同，當告以礦地未定，未便先議章程，應俟礦師在滇勘明礦廠，由滇省開單奏咨到日再行核辦。彌樂石則謂全滇礦地非一二年所能勘遍，未經定章以前，該公司豈肯輕擲鉅資，聘請礦師往勘。臣等堅持初議，不准攬辦全省，迭次磋磨，彌樂石始允，指澄江、臨安、開化、雲南楚雄等府及元江州永北廳凡七處，載入章程第一款内。將原議嗣後別國公司概不准來滇辦礦，改爲嗣後別國公司概不准在該公司所指之地勘採，以清界限。彌樂石又恐所指地段未必均有礦産，如無礦可辦，仍請另擇一處互抵，並將來辦有成效，應請逐漸推廣。臣等核其所擬辦法，尚屬可行，故於第一款内叙明准其互抵，惟先後統計仍以不得逾七處爲率。除此之外，俟各礦開辦有效，税數報效並無短絀，方可推廣辦理。蓋既破其專利之計，自不得不量予擴充，彌樂石又以原議包辦全省礦利較豐，故願歲繳京銅二百五十萬斤，並津貼員弁兵勇護廠銀二萬兩。現既改爲七處，應請減去京銅三分之二並免繳津貼銀兩，臣等以京銅係解部要需保護礦廠，亦在在需費，未便遽議減除，再四磋商，彌樂石仍以體恤商情爲請，始與議定歲繳京銅一百萬斤，護廠費用由公司給發，不拘定二萬兩之數，電商滇督等，均無異議，即將原議第六款第二十款照此改定。又於十八款内添叙弁勇費用由公司給發，惟該款原議公司可在附近地方招募土勇，遴選中西武官各一員，會同管帶，現改爲公司可稟請地方官在附近地方招募土勇，遴選武官一員管帶，以杜争競干預之弊。其餘均已逐款推敲以期妥洽，謹照録章程，恭呈御覽。如蒙俞允，即由臣等派員與彌樂石畫押並咨行雲貴總督等遵照辦理。謹奏。先緒二十八年五月初十日具奏，奉硃批：依議。欽此。

附録雲南隆興公司承辦七屬礦務章程

查滇省開礦之法不精不全，未能推廣，現法英兩國設立隆興公司擬糾集資本采用善法，借工程公司機器及一應專家從事開採，由雲貴總督雲南巡撫及礦務大臣與隆興公司所派之總辦法國總領事官彌樂石，議訂辦礦章程如下：

第一款　雲貴總督雲南巡撫會同督辦雲南礦務大臣允奏請國家，准隆興公司尋採各項礦産如下：一　公家現在荒廢之銅礦並公司尋出之銅礦；一　曾經開採現在荒廢之金、銀、煤、鐵等礦；一　公司尋出之金、銀、煤、鐵、白金、白銅、錫及火油、寶石、朱砂，如雲南府、澄江府、臨安府、開化府、楚雄府、元江直隸州、永北廳七處礦産，雲南大吏允奏請國家給該公司承辦，嗣後別國公司概不准在隆興公司所指之地勘採。惟中國官民增開各項新礦應聽照舊辦理，隨處可以開採。再中國自立公司籌集中國股本呈請開礦，若比較隆興公司分別完稅章程不再輕減，應仍准與采辦。設或以上所列各府州縣境内無礦可辦，則應由中國國家以隆興公司另指他州縣相爲互抵。惟先後統計仍不得逾七處爲率，除此之外俟在上開各府州縣境内尋獲各礦均已開辦，有效税數報效並無短絀。彼時隆興公司如欲推廣再向雲南大吏商訂後方可推廣辦理。

第二款　除開採官礦外凡民間未開及荒廢各礦在公司所指之地内，如公司願開可呈報雲南大吏飭查。如無窒礙地方官應向業主商議租山租、地其，租價由公司認給。惟公司不得徑向民間租賃，亦不得購買山地永爲業主。無論山地何時起租均不得逾此章二十一款所定年限。凡礦山奉准開辦後倘三年之内公司未能開工，應將礦山及租券交滇官歸還業主。

第三款　公司在指定地段内查有可開之礦注明界址繪圖呈報大吏飭查，果無礙然後將地租定擬交公司開辦。

第四款　隆興公司可在礦廠附近荒地酌修必需之鐵路，並開水陸各道以便工人來往及轉運器具礦質等用，如此項道路占用民地，應呈請大吏查無窒礙飭知地方官，向業主公平議租，其租價由公司認給。至於修築鐵路以接幹路，係爲運銷礦質及轉運器具人工益臻利便起見，應俟幹路告成商議專章奏奉中國國家核准，然後開辦。惟公司永不得攬載客貨。

第五款　開礦需用工人公司應在雲南省内覓雇，不敷則由鄰省招補。凡招用工人視其勤能無分民教。如工人爲工作受傷殘廢殞命，公司可公平償恤。廠地詞訟命盜爭毆等案，均查照章分別辦理。

第六款　公司開辦銅礦倘有起色，應歲繳京銅一百萬斤以表感忱。如下開辦銅礦三年期滿，即按年繳交京銅六十萬斤；再二年期滿按年加繳京銅四十萬斤；以後即以歲繳銅一百萬斤爲定額。公司應交之銅含净質八成半，每百斤給價庫平銀二十兩。每歲所出之銅除按照以上年限交足京銅外，公司可以餘銅照市價先售與滇省官用並中國各省採買，再有餘銅轉運出口。京銅免完税課，其餘售與雲南及各省並轉運出口之銅應按本質每百抽五完落地税。

第七款　公司勘指礦山道路凡有礙房屋田地墳墓風俗及中國國家商民現仍開辦原有利益，各礦産公司概不開辦侵占，永杜驚擾。

第八款　公司願創學堂一所或數所教授華人，以造就開礦及百工之材。嗣後公用需用之工程師及專門各工頭等，應先儘學成諸生中酌量選用。

第九款　查礦地廣闊轉運艱難，中國國家爲推廣礦務溥開利源起見，准隆興公司在所指境内分設開礦公司將所得之權利，交託承辦或讓與自辦，惟各該公司無論代辦自辦務須遵守現定之章程，中國國家既不擔任虧折，則每礦應分立賬目不得以此礦之盈餘抵彼礦之短耗，年終按股分利應各歸各礦核算。公司將來發售各礦股票時應將竭力設法廣招華股，凡官紳工商均可與公司合伙生理與外國股東一律看待。出售股票應在歐洲及中國各大埠同時舉行。

第十款　隆興公司開礦之股本不過關平銀五千萬兩，將來倘需加增可商允雲南大吏酌添股本。

第十一款　公司進款除去下開各項即爲净利。

一　各項費用及應完税課租地價值。

一　按股本銀數提付八釐利息。

一　按所購器件原價並修造學堂棧房等原價提還一成，提足停止。

一　按所餘之款提出一成作爲公積以備公司要需，此項公積日後提分應照第十二款所定股分公平均沾。

第十二款　除去上開各項所餘之款即爲净利，應攤分如下：

一　中國國家得百之三十五，内百之十雲南省留用；

一　公司各股東得百之六十五。每届年終，雲南大吏及公司各派一員查核，每礦各賬，分領應得之款。

第十三款　公司事業虧累自行擔任，與中國國家、雲南大吏毫不干涉。

第十四款　公司開辦諸礦，所出各項礦産，分別出爐出井，均按本色每百抽五，繳交雲南省作爲落地稅，由駐廠委員隨時查記礦産出爐出井賬目核對廠内出數賬簿，每屆三個月計數抽收。公司辦運進口之開礦器具及出口之礦質均照海關稅則分别完稅，以司進口之辦礦器具及出口之礦質，只完關稅而概免内地常稅釐金。惟公司應遵守中國定章，不得違背條約，夾帶應完稅釐常貨及私運禁物。

第十五款　倘此章程講解有異及照辦時或有爭執，應由中國國家、雲南大吏、法國公使、英國公使各一員會議剖斷，一俟斷定即用明文分别知照遵行。

第十六款　中國國家既分公司餘利，則公司之礦務關係國課，自應盡力保持，俾收實效。所有章程各款，皆應令地方官切實遵行。

第十七款　公司應與地方官敦好修睦，誠信相孚。如執事人等有失敬傷誼情事，經地方官指告後查明屬實，即行撤退，二年之内不得録用。倘公司此後仍需此人，亦永不令在原廠辦事。

第十八款　開礦處所人類甚雜，公司可禀請地方官在附近地方招募土勇遴選武官一員管帶，駐紮保護彈壓，俾中西執事人等均得安居，免滋事端。其弁勇費用由公司給發，倘遇事故土勇不敷彈壓，雲南大吏酌派官兵，公司永遠不得借故招調洋兵入境。

第十九款　公司之礦師人等來滇查勘礦苗，或從事開礦，或由廠行往各處，應先期知照地方官派兵保護。倘未預知而生意外之事，則雲南官員不任其咎。

第二十款　滇省派員赴廠動支薪水火食由該公司給發，至礦師人等尋勘礦地滇省派後隨護公司可酌給賞資。

第二十一款　此章程從畫押日起以六十年爲期限，期限屆滿所有已開礦無論新舊及成效如何均連同公司名下之田地房屋器具鐵路並水陸各道等，概由公司經理人移交雲南大吏，無庸給價。倘限滿後礦務興旺公司願意接辦，中國可允准展限，所展至多不得過二十五年。

第二十二款　雲南爲中國行省，如中國與歐美亞諸國有開戰情事，該公司應聽中國號令，不能接濟敵人。

第二十三款　此章程由外務部奏請國家批准畫押後，作爲允辦之據。

第二十四款　此章程繕備華文法文各三分，如講解有異以法文爲正。

《大清新法令》卷二《外交·合同·正太鐵路借款合同光緒二十八年九月**》**

中國督辦鐵路總公司大臣盛係奉國家特派

華俄銀行總辦佛威郎係秉承該銀行全權訂定各款如下：

第一款　山西巡撫督同商務局總辦，遵照光緒二十三年六月初九日，即西曆一千八百九十七年七月八號，並光緒二十四年閏三月二十七日，即西曆一千八百九十八年五月十七號諭旨與華俄銀行簽訂正定府至太原府鐵路借款合同。該路約計長五百華里合二百五十基羅迷達，爲盧漢鐵路之枝路。旋於光緒二十八年五月十八日經山西巡撫岑奏請，將該鐵路歸併鐵路總公司辦理，會經奉准在案，又於光緒二十八年八月初六日外務部會同路礦大臣覆奏，奉旨：依議，欽此。欽遵。即由督辦鐵路總公司大臣盛與華俄銀行重行商訂正太鐵路借款合同。此合同未簽押之前，先經督辦大臣將該合同奏請核准，於光緒二十八年九月十二日奉旨批准，此諭旨恭録於本合同内，作爲附件第一專條。督辦大臣准照前因定計爲中國國家外借五釐金款計總數四千萬佛郎克，名曰一千九百二年中國國家鐵路五釐借款。

本合同簽定之後，所有山西巡撫督同商務局與華俄銀行前訂正定府至太原府鐵路各合同概行作廢。

第二款　此項借款計分借票八萬號，每號值金錢五百佛郎克。該借票内應刊之文附録本合同後作爲附件第二專條，由出使法國大臣代中國國家蓋印。

此借票每張或作一號或作五號，應如何分出由華俄銀行酌定。所有印刷票費由華俄銀行認付。每年按照票面所載數目以五釐計息用金錢核付。此息應自繳付票價之日起算，每年定西九月一號並西三月一號給付。所有到期已付息票應由華俄銀行按照號數次序匯齊，其費華俄銀行認出。

第三款　此項借款應計賣票之第十年起，分二十年勻還。每年由巴黎華俄銀行按照本合同所附之表作爲附件第三專條抽號拔還。抽號之期應在每年正月之第二個禮拜二日，第一次抽號之期應在賣票之第十年。每次所有抽出票號應刊佈於四種日報中，即由華俄銀行出費。

第四款　凡抽出借票應照票面數目在付利期上如數以金錢還清，應還借票當黏繳所有未到期之息票。倘有短缺，則核計短缺者所值之數在應還之票本内如數扣除。借票利息即於所指還本之日停止計算。

已還借票應由華俄銀行按序匯齊，其費由該行認出。

第五款　在一千九百十一年以前，中國國家不得擅增每年勻還借票之數或將借款全數還清或改借款之名。在一千九百十一年以後中國無論何時可將借款全數還清，一經全數還清所有合同即時作廢。

第六款　所有應付息票及應還借票，當以法金佛朗克核計，由巴黎華俄銀行或該行所派經理之銀行給付。

第七款　本合同所訂借款之付利還本，除中國國家自應以所有之進款擔保外，又經中國國家准中國鐵路公司言明，以正太鐵路之進款除一切辦公費用及行車各費外，其凈餘者當首先留備本借款付利還本之用。且此節辦法已另載於中國鐵路總公司並華俄銀行所訂之行車合同内，此合同與本合同聯合爲一。以上申明留備進款乃專指息本一項之用不得更改，至借款全數還清爲止。

第八款　行車所得之實在餘利由中國鐵路總公司點驗登記後，托華俄銀行兑换金錢。務令中國國家及中國鐵路總公司大得便宜所兑换者，以足敷下半年應付之款爲度。此餘利仍接續提存巴黎道勝分行至借款全數還清爲止。所有每下半年之付款事宜至少可於三個月前即有把握。凡各銀行代存此等款項，務必代爲生息，俾與中國鐵路總公司極有利益。每次附利還本並匯費以及本合同所指之用費所需之數，當先期二十天於各銀行代存餘利之款内刊出開支。

第九款　華俄銀行於造路時無須另請允准，可在於該行所存款内提付利息，只須隨時知照中國總公司督辦大臣。

第十款　中國鐵路總公司欲於此項借款表其結實可靠之意，願將正太鐵路作爲頭等擔保給與本合同所訂之借票，即該鐵路及車輛料件行車進款是也。此等擔保當由華俄銀行代爲購執借票之人應允。如果中國鐵路總公司未能按照本合同所定條款辦理，華俄銀行得在上交所指之物業照行其一切應有之事權。

第十一款　前條所載與中國國家原有責成，如第七款内所載云云不相妨礙。設正太鐵路行車所得之實在餘利，由中國鐵路總公司付交華俄銀行並托該行於每次到期之三個期前兑换金錢。如有不敷應付借款本利，中國國家即應設法彌補以足换金錢付還借款本利。倘有以上不敷情事一經該銀行知會，中國國家應於下半年付款之期前六十日按照所需之數以現款或他款付給華俄銀行，俾得兑换金錢以湊應付之數。

第十二款　華俄銀行於中國鐵路總公司或中國國家所補湊款内及時按照前期所付之款如數劃撥，以備下期應付之數。

第十三款　巴黎華俄分行並分任此項借款之銀行，中國國家按所付利息之數，酬以用費每百之二毫半即每萬佛郎克給以二十五佛郎克。又各項股票因借票抽出還本，或因增還票數而提前還本，亦按所還之數酬以每百之二毫半。此項酬費係在每半年行車之餘利内劃撥，如有不敷，即由中國國家設法彌補。

第十四款　中國國家允認保全並設法保全本合同第九款所載借票應享利益，並永准借票並息票以及因此項借款所有進出之事，概行豁免捐税。

第十五款　到期息如五年内不來支取，其款則爲中國國家所得。至已經抽出應還借款，則以三十年爲限。

凡執此借款借票之人身故後，該票即按其人本國繼業之例由繼業者承受。付利還本之事不論時局和戰，均當照常辦理。並不論執票者爲友國或敵國之民，均當一律照附。

本借款借票倘有遺失被竊被毁等事，即須呈出憑據，中國國家如查得憑據可信，呈請者確係失票之人，即當允准華俄銀行另印借票補給，其費由該行出。

第十六款　中國國家應飭出使大臣咨請並移送案據於聖彼德堡並巴黎之銀錢公會，務獲允准。此次借款得在該兩處銀錢公會估價賣買。

第十七款　在本借款票面全數四千萬佛郎克内，華俄銀行先行即刻認購二千二百萬佛郎克，計購借票四萬四千號，每號五百佛郎克。此票應自繳款至巴黎華俄分行之日起，利以九扣付價，實共價一千九百八十萬佛郎克。

第十八款　所有購票之價，由華俄銀行估計應用數目，商明中國鐵路總公司，或匯存巴黎華俄分行或即付中國上海華俄分行，聽候中國鐵路總公司支用。

當經約明華俄銀行只得按照下文第二十款所載各節撥付各項用款。

並當經約明計購票之現款，至少須以五分之一兑换銀兩，寄在中國通商銀行。此存款乃備金鎊價大跌之時，總公司不合以金鎊换銀。即用以撥付工程用款，然仍須按照以下第二十款所載各節撥付。倘路工已竣行車已辦而借款尚有餘剩，則所剩之款應交中國總公司繳還中國國家。

第十九款　自本合同簽定之後，中國鐵路總公司即托華俄銀行代爲遴聘諳練工程之總工程司一員以便督造路工並詳擬各工程圖樣底稿、測勘路綫並估計全路工價，惟統須呈請總公司督辦大臣核准施行。此總工程司應由華俄銀行引薦請督辦大臣委派歸其一人節制，該總工程司薪水亦由督辦大臣與華俄銀行商定。

所有營造路工應需外國人員，當先期由總工程司開列職事薪水清單呈請總公司督辦大臣批準後，托華俄銀行代爲遴聘，歸總工程司調度。

至應需中國人員或辦工程或充他項差使，總公司督辦大臣應有專權選派，交總工程司差遣。無論何等中國人員若未奉督辦大臣允準，永不得聘用。當經約明凡中國人曾學有造指或曾經熟練者，由督辦大臣指送總工程司，即得充當工程差使。

所有路工華洋人員凡屬於工程之事，均聽總工程司號令。凡有品行不端不遵約束或侮慢地方官長，一經督辦大臣察出，即可知照總工程司立時斥革。

中國總公司督辦大臣可以派員到路工之處委以全權代辦一切事宜。此委員之薪費並上海總局之經費自應在正太鐵路項下開支，一如盧漢鐵路辦法。

凡購辦路工並行車應用機器料件均須先期由總工程司呈請中國總公司督辦大臣核準。其在工上應購以上機器料件並招攬工程，總工程司應與總公司督辦大臣所派代理之員會同商定。

凡在外國應付購料並一切用費之款，其細帳應於每三個月造送中國鐵路總工司查核。中國應用之款每月由總工程司稟請總公司督辦大臣向華俄銀行請其由華俄北京分行撥付，下一月路工應需各款，交中國總公司督辦大臣所派之收支委員，但此委員只得查照總工程司並總公司督辦大臣所派代理大員會同簽字憑單給發。

凡屬於工程並行車之事，華俄銀行絕無自行籌付之款，華俄銀行應極力設法期於三年之內全路告竣。

第二十款　正定府至太原府各段路工，由華俄銀行於借款未用之款內每月劃付中國鐵路總公司下一月敷用之款，此應用之款乃憑總工程司預先約估用數之表所載數目。

華俄銀行所付購票之款係專爲營造正定府至太原府鐵路之用，倘華俄銀行查出遞次所付之款內有一款作爲別用，或中國鐵路總公司有以致華俄銀行不能接續辦理路工，則銀行有停止付款之權。

第二十一款　中國國家允準華俄銀行得以盡一千九百零五年十二月三十一號之內續購所餘未購之借款壹千八百萬佛郎克，按九扣付價。續購之法可作一次或分作數次購之，續購之票亦一律抽號拔還不分先後。續購之票仍在巴黎之華俄分行付價兌領所有票價，華俄銀行只得按照本約第二十款所定章程撥付。

第二十二款　華俄銀行既得陸續承購借票，每次承購時與中國鐵路總公司妥商將此續購借票之款辦理何段鐵路。

第二十三款　自本合同簽押之日起所需勘路之費應由中國鐵路總公司付給全路應分兩大段修造：第一段由正定至平定州屬迤北之灘水河左岸平潭地方止；第二段由平潭至太原府止；

目下議定首次購票之款即先用以營造正定至平潭一段，即於本合同簽定年內開辦勘路工程。

在本合同簽定兩月之內華俄銀行即須備便法金一百萬佛郎克聽候中國鐵路總公司取用。此款即作爲提墊借款專備正太鐵路勘路並工程用費，此墊款不折不扣全年以六釐計息。首次認購之二千二百萬佛郎克應在本合同簽定一年內辦理，首先歸還六釐墊款。

第二十四款　華俄銀行即刻承購之借票或續購之借票均可作爲一次或分數次招人承購或以他法售賣，所有招人承購之費自應由該行認出。

第二十五款　所有營造正太全路及行車需用機件材料皆歸華俄銀行代爲定購，但該行自當盡心辦理並須極其公道。當經約明凡中國自能製造機件材料，照一律章程價值不向外國定購。其盛督辦所管轄之工廠礦局更得應享盡先承購之利益，其章程價值按照在外國所購運到中國者一律核計，一切定購材料進口並所經中國地方，均準免完釐稅。

倘華俄銀行承準俄政府知照已接中國照會，如第二十八款內云云者一月內未得免稅字樣，則華俄銀行可將本約作廢。再此一月內倘遇不測之事如軍興或法國國債大跌價值至百佛郎克以下，華俄銀行亦可將本約作廢。

倘華俄銀行未能按照本合同應允各款辦理，則合同即時作廢。中國鐵路總公司可與他國另訂合同並辭退華俄銀行。

第二十六款　中國國家或中國鐵路總公司與華俄銀行或其所派經理人倘有爭執情事，由中國外務部大臣一員與俄國駐京大臣評斷。倘以上兩位亦有意見不同，則由中國外務部大臣並駐京俄國大臣公同另請一公正人斷定。

第二十七款　倘華俄銀行稟請中國外務部將稟樣照會分賣借票之國，則中國外務部即當照會該國駐京大臣。

第二十八款　本約照繕兩分：一存中國鐵路總公司；一存華俄銀行。倘有疑難之處，查封本約以法文爲憑。

本約應經合例之人奏請中國國家核準。俟核準後。由中國外務部照會俄國駐京大臣或由該駐京大臣請照會曾經照會票樣之他國駐京大臣。以上應行各事於畫押一個月內均須照辦。

《大清新法令》卷二《外交・合同・汴洛鐵路借款合同》

中國督辦鐵路總公司大臣盛，係奉國家特派

比國鐵路合股公司由該公司董事盧法爾秉承該公司全權代理，訂定各款如下：

第一款　中國督辦鐵路總公司大臣盛前經奏請蘆漢幹路南岸係在滎澤過河查滎澤縣：東至開封府，約計一百七十里；西至河南府約計二百五十里，應請歸入總公司作爲蘆漢枝路，即令比商籌款勘估一氣趲造等因。光緒二十五年十月三十日奉上諭：著照所請，該衙門知道，欽此。旋據比國合股公司代理人盧法爾函請承辦並經派員伴護往勘聲明營造經費，其開封府至河南府約估借款一百萬鎊約合二千五百萬佛郎克，所有章程按照蘆漢正續合同辦理等語。又於光緒二十八年十二月二十九日盛大臣接準外務部來咨，此項合同應與盧法爾磋商就緒，迅即辦理。盧法爾亦秉承比國合股公司全權來華代理商辦此事。茲由中國鐵路總公司大臣與比國合股公司代理董事議訂借款專爲營造開封府至河南府鐵路。

此合同未簽押之前，先經督辦大臣將該合同奏請核準，於光緒二十九年　月　日奉旨批準，此諭旨恭録於本合同內作爲附件。第一專條督辦大臣準照前因定計爲中國國家外借五釐金款，計總數二千五百萬佛郎克即英金一百萬鎊，名曰一千九百零三年中國國家鐵路五釐借款。

第二款　此項借款計分借票五萬號，每號值金錢五百佛郎克。該借票內應刊之文附録本合同後作爲附件，第二專條由出使比國大臣代中國國家蓋印。

每張借票或作一號或作五號應各分出若干，届時由比公司酌定，總以不逾全數五萬號爲準，所有印刷票費由比公司認付。

每年按照票面所載數目每年以五釐計息用金錢核付此利息。自繳付票價之日起算，每年定西曆正月一號七月一號兩日給付。

到期已付息票應由比公司按照號數次序匯齊寄交上海中國總公司作廢，其費由比公司認付。如寄交之時中途或有遺失，比公司應將已付遺失息票號數刊佈四種日報並出字據與總公司爲憑。

第三款　此項借款應計賣票之第十年起分二十年勻還，每年由比公司按照本合同所附之表作爲附件第三專條在比公司之各局所抽號拔還。

抽號之期應在每年四月第三個禮拜三日。首次抽號之期應在賣票之第十年之是日。每次所有抽出票號應刊佈於四種日報中，其費由比公司認付。

第四款　凡抽出借票，應照票面數目在付息之期如數以金錢還清。該借票所有未到期之息票不得裁割，須與借票一律繳銷。倘有短缺，則即核計短缺者所值之數在應還之票本内如數扣除。借票利息即於所指還本之日停止。

已還借票應由比公司按照號數匯齊寄交上海中國總公司作廢，其費由比公司認付。如寄交之時中途或有遺失，比公司應將已還借票號數刊佈四種日報中並出字據與總公司爲憑。

第五款　在首次拔還借票期内，中國國家不得加增每年勻還借票之數或將借款全數還清或改借款之名在首次拔還借票。以後中國國家無論何時在未到期以前，可將借款全數還清，一經全數還清，所有合同即時作廢。

第六款　所有應付息票及應還借票由經理此項付款之銀行或經理借款之銀行以佛郎克付給。

第七款　本合同所訂借款之付息還本，除中國國家自應以所有之進款擔保外，又經中國國家準中國鐵路總公司言明以開封府至河間府鐵路之進款除一切辦公費用及行車各費外，其净餘者當首先留備本借款付息還本之用。且此節辦法已另載於中國總公司與比公司所訂之行車章程內，此章程與本合同係合而爲一。

以上辦法當專切不移至借款全數清還爲止。

第八款　行車進款除開銷外，所有餘款由中國總公司查驗登記後托比公司移交中國總公司與比公司公同指定之銀行。

該銀行即當按照中國總公司並比公司與該銀行所訂章程，將比公司移交之款兑換金錢，務令中國總公司大得便宜，所兑換者以備下半年應付之款爲度，此餘款當接續移交以足敷下半年應付之金款爲度。而每半年之付款至少須於三個月前即有把握，凡指定代存此等款項之銀行務必代爲生息俾與中國總公司極有利益。

每次付利還本並匯費貼水以及本合同所指之用費所需之數，當先期二十天於該銀行代存餘利之款内劃出開支。

第九款　經收寄存借款之銀行於造路時不必另請允準，可在此項存款内提付利息，只須隨時知照中國總公司督辦大臣。

第十款　中國鐵路總公司欲於此項借款表其結實可靠之意，願將開封河南府鐵路作爲頭等擔保給與本合同所訂借款之借票，即該鐵路及車輛料件行車進款是也。

此等擔保當由比公司代購執借票之人允受。惟如果中國鐵路總公司未能按照合同所定付利還本條款辦理，比公司得在上文所指之物産照行其一切應有之事權，其行車合同各款仍當按照切實辦理。

第十一款　前條所載與中國國家於本借款原有責成，如第七款内所載云云不得妨礙設開封府河南府鐵路行車，所得之實在餘利由中國總公司托比公司移交。所指之銀行於每半年利期之三個月前兑换金錢後不敷應付借款本利，則中國國家即應設法彌補。

倘有以上不敷情事一經知會，中國國家應於下半年利期之六十日前按照所需之數以現款或他款給付比公司，俾得兑换金錢以凑應付之數。

第十二款　比公司於中國鐵路總公司所托其移交銀行之款，或中國國家所補凑之款應及時按照前數劃付經理借款各銀行，以備下期應付各款之用。

第十三款　凡分任此項借款之各銀行，中國國家按所付利息之數酬以用費二毫半即每萬佛郎克給二十五佛郎克。又，各借票因抽出號頭還本或因增還票數提前還本亦按所還之數酬以用費二毫半，此項酬費係在每半年之行車餘款内劃撥。如有不敷，即由中國國家設法彌補。

第十四款　中國國家應行保全並設法保全本合同第九款所載借票應享利益，並永準借票並息票以及此項借款所有進出，概行豁免中國捐税。

以上指借票息票及此項借款進出概免捐税而言。至在中國今日所有課税如地税或日後中國國家所設各項税捐如印花等税，中國商務一律概行征收者，則此項鐵路及鐵路生意亦一律征收。惟言明不能於此項鐵路特創格外之例，應照中國各鐵路一律通行章程辦理。

第十五款　到期息票如五年内不來支息，其款則爲中國國家所得。至已經抽出應還之借票，則以三十年爲限。

凡執本借款借票之人身故後，該票即按其人本國繼業之例由繼業者承受。

付利還本之事不論時局和戰，均當照常辦理，並不論執票者爲友國或敵國之民，均當一律照付。

本借款借票倘有遺失被竊被毁等事，即須呈出憑據，中國國家如查得憑據可信呈請者確係失票之人，即當允準比公司另印借票補給，其費由比公司出。

第十六款　中國國家應飭出使大臣移送案據於歐洲各京城之各銀錢公會，務獲允准此次借款得在該各銀錢公會估價買賣。

第十七款　本借款票面全數二千五百萬佛郎，計有五百佛郎克之借票五萬號即由比公司認購以九扣付價，實共價二千二百五十萬佛郎克，該借票應自繳價之日起計息。

倘購買借票時，盧漢幹路借票價值跌至四百八十二佛郎克五十生丁以下者，如不因才付利息以致票本跌賤，則兩造均可將本合同作廢。

第十八款　比公司俟接到五萬號之借票後，即將購票之款全數交彼此公指之各銀行，估計築辦何段鐵路需款若干，由比京匯存上海公指之銀行，收入中國鐵路總公司帳上，隨時禀明督辦大臣照時價兑换銀兩，並當經約明計購票之現款至少須以十分之一兑换銀兩，寄存督辦鐵路總公司大臣所指定之中國銀行。並由督辦鐵路總公司大臣擔保此存款乃備鎊價大跌之時，總公司不合以金鎊换銀即用以撥付工程用款，以上存款各銀行付款仍當按照下文第二十款辦理。

該銀行收存借款未用之先按期生息，比京所存未用者亦一律生息務令與中國總公司極有裨益。

第十九款　營造全路工程應由中國總公司責成比國公司代雇之總工程司，代中國總公司監造並代測勘路綫，詳擬各工程圖樣、估計全路工價、監造工程、訂購材料器具以備行車之用。凡一切工程底稿，購辦材料統須先由督辦鐵路大臣核準。此項開封河南鐵路係盧漢幹路之分枝，所有軌道尺寸行車法度，悉與盧漢一律。除在歐洲購辦材料並各項用費呈請督辦大臣核準簽字，在比京劃撥外，其所有工程費用並所有比公司代雇辦工員匠薪工川費以及各雜費，統由中國總公司於借款項下劃付開銷，但皆須督辦大臣所派之代理人員簽字核發。

自本合同簽定之後，中國鐵路總公司即托比公司代爲遴聘諳練工程之總工程司一員以便監造路工，詳擬各工程圖樣底稿、測勘路綫並估計全路工價，惟統須呈請總公司督辦大臣核準施行。此總工程司應由比公司引薦請督辦大臣委派歸督辦大臣節制，該總工程司薪水亦由督辦大臣與比公司商定。

所有營造路工應需外國人員，由總工程司開列職事薪水清單，呈請中國總公司督辦大臣核準後，托比公司代爲遴聘，歸總工程司調度。凡應需中國人員或辦工程或充他項差使，總公司督辦大臣應有專權選派，交總工程司差遣。無論何等中國人員或外國人員若未稟督辦大臣允準，不得聘用。

當經約明，凡中國人曾學有造詣或曾經熟練者，由督辦大臣指送總工程司，即得按照外國人員一律充當差使。

所有路工，華洋人員凡屬於工程之事均聽總工程司號令，但無論華員及比公司遴聘之洋員遇有犯事，一經督辦大臣察出，可將犯事情由知會總工程司立時斥革。

中國總公司督辦大臣可以派員到路工之處，畀以全權代辦一切事宜，此委員之薪費並上海總局之經費，自應在於開封河南鐵路項下開支。

凡購辦路工並行車應用之機器料件，均須由總工程司呈請中國總公司督辦大臣核準。其應購以上機器料件並招攬工程總工程司應與總公司督辦大臣所派代理之員會同商定，凡在外國應付購辦機器料件價值並一切用費其細帳，應黏同各項發票收據，於每三個月造送中國鐵路總公司核查。

每月由總工程司與中國總公司商定，請寄存借款之銀行撥付下一月路工應需之款，交中國總公司督辦大臣所派之收支委員收管，一切責成應由鐵路總公司承當並取回收據，但此收支委員只行查照總工程司並總公司督辦大臣所派代理大員，會同簽字憑單給發。

凡屬於工程或行車各事比公司絕無自行籌付之款，比公司應極力設法期於二年之内全路告竣。其二年期限應自盧漢幹路行車至黄河南岸之日起算以便轉運物料。

約明比公司駐紮比京工程處，只能將擬圖購辦驗收並訂聘洋員應需各款向中國總公司開支。至於董事公會並各董事赴會應需各費，以及别項用費，則由比公司自行籌付。

第二十款　比公司所付購票之款係專爲營造開封至河南鐵路之用。倘比公司或其經理銀行察出迭次所付之款内有一款作爲别用，或中國總公司不能使比公司所派之員督率監造，則比公司或其經理銀行均有停止付款之權。倘購票之款於營造工程外尚有餘剩，則仍全交中國總公司。

倘路工已竣行車已辦而購票之款尚有剩餘，則所剩之款全交中國總公司繳還中國國家。

倘借款不敷營造路工或辦理行車，可以准予比公司添借應凑之款，一切照此合同辦理不必另訂合同。

第二十一款　此合同五萬號購票之價比公司應於合同簽字九個月内即行先購壹千貳百五十萬佛郎克，按九扣價值以充第一段工程經費，其餘壹千貳百五十萬佛郎克，應照前價於承造第二段工程之前，或作一次招購或分數次招購。

所有轉招大衆認購之費自應由比公司認出。

第二十二款　自本合同簽押之日起所需勘路之費，即由中國總公司給付其款，於借款項下開支。全路應分兩段建造由開封府至與盧漢幹路交點處作爲第一段先行測勘開辦；由盧漢幹路交點處至河南府作爲第二段接續測勘開辦。目下議定首次購票之款即先用以營造開封至盧漢交點處一段，即於本合同簽訂九個月内開辦勘路工程。

在合同簽定兩個月之内，比公司即須備便法金壹百萬佛郎克，聽中國鐵路總公司取用此款，即作爲提墊借款專備汴洛鐵路勘路用費寄存。此款銀行仍照本合同第二十款付給，此墊款不折不扣全年以六釐計息。首此認購之壹千貳百五十萬佛郎克應在本合同簽定九個月内辦理，首先歸還六釐墊款。

第二十三款　倘日後比公司確能一一遵照本合同所訂各條款，將開封河南鐵路工程辦理完妥，毫無閑言，中國總公司如奉國家準由河南府接展至西安府，督辦大臣可以應允先儘比公司按照本合同章程妥商議辦。倘中國國家自行籌款或招集華商股本接展此路，比國公司不得爭執。

第二十四款　凡開封河南全路路工並行車應需一切機器料件除中國自能製造之件，即可在華按照外購章程購辦。不計之外皆歸比公司代爲定購，但該公司自當盡心辦理並須極其公道。將來每段開工中國總公司自當按照此款辦理以昭徵信。

比公司所辦材料進口或入内地均準其免完釐稅。

倘一月之内未得免税字樣，則比公司可以不將本約照辦。其一月之期係自比國政府知照比公司已接中國照會如第二十八款内云云者之日起算。

倘有非常之事如軍興或借票實賣不出，則比公司亦可將本約作廢。倘比公司未能按照本合同應允各款及時辦理，則合同即時作廢。中國總公司有權與他國另訂合同並撤去比國總工程司。

約明凡本合同所訂鐵路之路工並行車所需機器材料應由盛督辦所管轄之工廠礦局盡先承辦，其章程價值按照在外國所購運到中國者一律，應需運脚亦當核計在內。一切定購中國材料所經中國地方均準免完釐稅。

第二十五款　中國國家或中國總公司與比公司或其所派經理人倘有爭執情事，由中國外務部大臣一員與比國駐京大臣評斷。倘以上兩大臣亦有意見不同，則由駐京各國公使領袖斷定。

第二十六款　倘比國公使請外務部將票樣照會分賣借票之國之駐京大臣，則外務部即當照辦。

第二十七款　本合同照繕三分：一呈中國外務部；一存中國總公司；一存比國公司。倘本合同有疑惑或歧異之處，當以本合同法文爲憑藉資剖解。

本合同於簽押後應由合例之人請中國國家核準，俟核準後由外務部照會比國駐京大臣。倘事在必需亦一並由比國大臣請外務部照會分賣借票之國之駐京大臣。

第二十八款　比國合股公司係在比京於一千九百年三月二十六號設立按照比國章程並全用比款，中國鐵路總公司只認此比國公司而比國公司不得將此合同轉於他國及他國之人民。

第二十九款　本合同並準建造開封府至河南府沿路招徠生意有益之小枝路，但此小枝路須由督辦大臣會商河南巡撫酌定核準圖式，方可興辦。

《大清新法令》卷二《外交·合同·汴洛鐵路行車合同》

督辦鐵路大臣盛

比國在華鐵路及街車合股公司代理人盧法爾訂立各款如下：

第一款　中國國家準中國鐵路總公司派委比公司，由比公司派委妥人將中國總公司承辦之開封河南鐵路代爲調度經理行車生利。

第二款　比公司俟每段工成由中國總公司驗收後陸續將各段之路經理行車事宜，每段已成之路所有行車應需車輛並種種工器傢具以及日常周轉之資本均當預先齊備。

遵照本合同第一款比公司或其選派之人代爲布置各事招雇人員，並於此等人員有撤革或遣散之權，其薪水若干當預先開單知照總公司督辦大臣再行核定。並定購行車養路修路應用之物又按照承辦鐵路條款以定載運客貨價值，並收各項進款支發行車應用經費，並中國總公司公費。以上種種行車事宜當預先稟商中國總公司督辦大臣酌奪而後行。中國總公司有稽查出入款項及材料等極大之權並委派監督及收支核算審繹。各人員會同行車洋總管及各洋員辦理

站長由監督會同洋總管委派以行上文所云稽查之事權，此監督並各委員薪費應在路局開支而監督應會簽所有支發各項憑單。

凡行車人員，無論比公司代雇何國之人如有品行不端不遵約束或損傷華人或侮慢官長一經查出知會，比公司即須立時斥革。

所有應用中國人員應由中國總公司所派監督代選派定送交總工程司委用。

每段已成路工辦理行車之後，凡有添購車輛或改良推廣軌道車站工程應用之款均應在此路局開支。養路修路所需各項材料務必設法盡向督辦大臣所屬工廠礦局購辦，更得向較外國工廠礦局盡先承辦之利益，其價值章程應按照外國所辦運到中國者核計。

第三款　遇有軍務無論與何國戰爭及內地亂事，此鐵路均須先儘載運中國兵丁餉械及軍營用物然後方及商家，此項載運車價應行減半並專聽總公司督辦大臣命令。凡與中國國家有損礙者，皆不得用此鐵路。

凡中國政府或地方官長緊要差使，應由車務處與總公司督辦大臣所派之監督妥商辦法，至應發各項免收車價之票亦應由該監督會同簽字。

第四款　行車所得之款除行車各項開銷外實在餘款，比公司提款若干以備每半年至少三個月前，應付中國國家所訂開封河南鐵路之借款利息本銀之用，此項提款須至本借款全數清還後方行停止。每月所提之款當移交比公司或其所指之銀行應隨時掣取收單，由監督將提款銀數稟報督辦大臣登帳。

該銀行即以所交來之款善爲兑換金錢以備付利還本之用，其兑換金錢數目隨時由監督稟報督辦大臣查核。

如此陸續提款一俟足敷應付本息，即在提款後盈餘項下提出十成之一作爲公積以備小修大修借保行車一無阻礙，此外實在餘款當盡數統交中國總公司。

本借款如按下列之款清還，則比公司或其經理之人即當將全路以及機器車輛一切完全妥善照常行駛點交中國總公司自行經理。

第五款　本行車合同自簽押之日起以三十年爲限，惟期限已届而借款尚未全數清還，自應再行展緩全數。借款一日未清，則期限須接連展緩。如未到限滿之前借款全數即已清還，則本行車合同即於借款全數還清之日銷廢。

第六款　在比公司代辦行車期內，中國總公司準於開封河南鐵路行車每年公同結帳時除去行車各項經費並攤還借款利息本銀並公積一切應需之款，核得實在餘利之數內，提出十成之二以酬比公司。

第七款　中國國家或中國鐵路總公司與比國公司有爭執情事，仍按照借款合同第二十五款辦理。

第八款　設遇行車進款不敷開銷，中國總公司自應籌款彌補俾得照常行車，但此添補之款應作爲暫墊之款。一俟行車進款除經費外，得有贏餘即當盡先清還。

第九款　凡比公司所需行車及養路修路之一切料物當免其完納關税釐金。中國郵政局由此鐵路寄送各郵件應可特備專車，又沿途各站皆須備給房屋以設郵局，均照中國各鐵路通行章程辦理，沿途並不得由承辦之國另設郵局。

第十款　本合同照繕三分：一呈中國國家；一存中國鐵路總公司；一存比國公司。設有疑惑及歧異之處當以法文爲憑藉資剖解。

本合同應由合例之人請中國國家核準，既蒙核準即由中國外務部備文照會比國駐京大臣。倘事在必需亦可並由比國駐京大臣，請外務部照會分賣借票之他國駐京大臣。

附盛大臣奏開封河南鐵路議訂合同折汴洛合同附録一　竊查盧漢鐵路係貸借比國公司洋款造辦，前因豫籌幹路還款保全枝路利益，臣宣懷於光緒二十五年十月奏請將開封河南兩府枝路統歸總公司籌款接造，欽奉硃批：著照所請，該衙門知道。欽此。欽遵在案。先據比國公司代理人盧法爾函請承辦當經派員伴護勘測大概，旋因拳匪事起暫行停議。去冬盧法爾來滬重申前請並承準外務部咨催辦理自應從速興辦。查盧漢鐵路在滎澤左近渡河，該處東至開封府約一百七十里；西至河南府約二百五十里。現由盧法爾估計應借工款一百萬鎊約合法金二千五百萬佛郎克議明利息期限，悉照盧漢章程，俟合同簽定後九個月内開辦。所有議訂合同各條飭由總公司法文參贊候選道柯鴻年等，與盧法爾數月磋磨，並經臣宣懷逐條斟審，照盧漢合同量爲删汰。閏五月間臣夔龍入都過滬，互相商榷，復經函呈外務部詳加增改，旋準電復酌添二節，計訂定細目二十九條又行車合同十條，要以保持權利不令旁生枝節爲斷。此次所訂合同大致以盧漢幹路辦法爲基址，而酌量增删，鈎勒較爲嚴緊，除咨呈外務部外，理合將所擬比國公司合同底稿繕具清單，恭呈御覽。俟奉旨批準再行簽印開辦。謹奏。光緒二十九年八月二十一日奉硃批：外務部覆議具奏，單二件並發。欽此。

附外務部議復開封河南鐵路合同折汴洛合同附録二　光緒二十九年八月二十日準軍機處鈔交河南巡撫陳夔龍、督辦鐵路大臣盛宣懷會奏展造開封河南兩府枝路與比國公司議定合同一折，奉硃批外務部核議具奏單二件並發，欽此。原奏内稱盧漢鐵路係貸借比國公司洋款造辦前因預籌幹路還款保全枝路利益，臣宣懷於光緒二十五年十月奏請將開封河南兩府枝路歸總公司籌款接造，欽奉硃批著照所請該衙門知道，欽此。欽遵在案。先據比國公司代理人盧法爾函請承辦當經派員伴護勘測大概，旋因拳匪事起停議。去冬盧法爾來滬重申前請並準外務部咨催辦理，自應從速興辦。查盧漢幹路在滎澤左近渡河，該處東至開封府約一百七十里；西至河南府約二百五十里。現由盧法爾估計應借工款一百萬鎊，約合法金二千五百萬佛郎克，議明利息期限，悉照盧漢章程，俟合同簽定後九個月内開辦。所有議訂合同各條飭由總公司法文參贊候選道柯鴻年等與盧法爾數月磋磨，並經臣宣懷逐款斟審，照盧漢合同量爲删汰。閏五月間臣夔龍過滬，互相商榷，復經函呈外務部詳加增改，計訂定細目二十九條又行車合同十條，要以保持權利不令旁生枝節爲斷。大致以盧漢幹路辦法爲基址，而鈎勒較爲嚴緊等因，臣等查盧漢分枝開封河南兩路既經盛宣懷奏蒙俞允，自應準其展造。本年六月間盛宣懷先將合同底稿函送臣部酌核，臣詳加復核其還本付息用人購器一切辦法均與盧漢合同相符而意義較爲周密。惟合同第二十三款内載倘日後中國國家準由河南府接長至西安府，督辦大臣可以應允先儘比公司按照本合同章程妥商議辦等語，查二十五年十月盛宣懷原奏雖經聲明自洛以通秦隴應歸總公司籌款接造，而此段枝路地勢綿長，將來如議用華款自辦，亦不可不預留地步。當令添叙倘中國國家自行籌款或招集華商股本接展此路，比國公司不能爭執，又令於行車合同第九款添叙中國郵政局由此鐵路寄送各郵件，應特備專車沿途各站皆須備給房屋以設郵局，均照中國各鐵路通行章程辦理，沿途並不得由承辦之國另設郵局等語，以保權利，現訂合同均已一一載明。其餘各款盧漢幹路既經照行應請準如所議辦理。如蒙俞允，即由臣部咨行盛宣懷與比公司公同簽押，並咨行陳夔龍一體遵照。謹奏。光緒二十九年九月初十日具奏，奉硃批：依議。欽此。

《大清新法令》卷二《外交・合同・滇越鐵路章程並附件》　光緒二十四年三月十九二十等日，即西曆一千八百九十八年四月初九初十等日，經駐紮北洋法國署使臣吕班，與總理衙門互相同文照會所載，中國國家允準法國國家或所指法國公司自越南邊界至雲南省城修造鐵路一道，中國國家所應備者，惟有該路所經過之地與路旁應用地段而已。鐵路所經之道現經查看，嗣後應由兩國國家酌商指定並應行定立章程。按照總署文稱，意向原係鞏固兩國邦交來往更形親密以免永無争論各事，現法國國家揀選越滇鐵路法國公司爲修造開辦東京至雲南省城鐵路，該公司係法國最爲殷實銀行合股設立。其鐵路經過各地方先由法國國家查看，再由該公司覆勘，以總署王大臣及法國使臣互相同文照會爲據，彼此商酌，以免永無争論各事，並修造鐵路及管理鐵路各事宜，諸臻妥洽，兩相合意，爰訂立章程如下：

一　東京邊界至雲南省城鐵路自河口起，抵蒙自，或於蒙自附近，以至雲南省城，設若嗣後法國國家查看有略改此路之處，應由駐紮雲南省法國總領事官照會滇省大吏，會同監工詳加查看。所擬改之處果無妨礙，滇省大吏應行即速備文照復，法國總領事允準，始能改修。倘法國總領事官與滇省大吏意見不合，則應由駐京法國使臣與外務部商定一切。

二　鐵路監工查看鐵路各事完竣後，自應詳細繪畫地圖，將鐵路起止經過何處應設站廠，一一載明圖上，其修造車站、廠房、機器、鐵廠存貨棧房，總之於鐵路所屬各地均應備有地段聽用，應先指明各地段寬窄及作何用項。此項地段專歸鐵路應用以足敷其用爲止，不可多使，務當預先設法使用官地，亦應竭力設法不用廟宇墳墓民房菜園等項。經監工逐層查看後即當繪圖二分，其二分由法國總領事官送交滇省大吏查閱後，應將所用地段預爲購買，然後將圖樣一分蓋用滇督印信送交領事，一分存留備案。一面按照第三款限期交地辦法陸續撥交地段，俟地撥交清楚方可開工。

三　法國總領事逐層將應用地段照會滇省大吏，此地係屬鐵路及鐵路所屬應用，各項地段已由監工查看定準。按照第二款所載若所用地段係屬官地應即交給鐵路公司收領；若係民業應由滇省大吏購買。每次於至多六個月期限内撥交公司，此期限以總領事照會大吏請交給之日起算。所購地段契紙應有二分，其一分由滇省大吏交給公司收存，契内應載明業主租主自行聲明因修造鐵路所受虧累均已補償清楚等語，以免鐵路公司與賣地業主有所争論，其契式樣應由滇省大吏與總領事酌商定立。鐵路公司人員於交給地段之時，應行刨挖溝渠以爲界址。

四　鐵路軌道之旁可以修造二三邁當寬之工程運路，以便查看修造工程工役人夫行走，預備工程及運送機器傢伙各項物料之用，此道暫可安設鐵軌。若與民地相連，必設法以免損毁各事。修造鐵路公司人員，自可修造工程運路，以抵石礦開挖運送石塊物料，並抵鐵路及鐵路所屬廠房，所有修造此項運路應用地段，亦由該省有司交給公司。其辦法仍遵照鐵路及鐵路所屬地段一律辦理，惟該運路地段如係租賃民業，其價均由鐵路公司發給。一俟工程完竣，其地仍退還業主管理。

五　此條鐵路先由河口開工，惟現在議明經監工查看指明應在何處修造廠房。若造橋開挖山洞開通山路填平地段設立車站，當在該處監造各項廠棧，亦當同時開工。

六　鐵軌寬窄在兩軌之間計一邁當寬。

七　鐵路經過地方概不得損壞城垣公署及緊要防務砲壘，遇有農民灌地溝渠河道必須籌設善法，或造橋梁或架筒軌，水仍流通與農民田畝無礙，此項修造均係鐵路公司備款經理。

八　鐵路工程需用物料必須先儘多用本地出産，地方官理應相助。工司人員亦可請地方官會同酌定物料隨市價值，亦可自向賣主商購物料。其所購物料價值清單亦可呈送地方官鈔録立案，以免誆騙之弊，亦可免賣主臨時不給物料争論之事，價值若干自必由公司如數交給。倘在本地購買物料或賣主不照市價高抬價值甚昂，或本地實無此項料件，則公司始可向中國他處採買。

九　開挖石礦沙礦及砍伐樹林木料，公司預爲達知地方官查看有無妨礙。若沙石各礦係在官地之内，即行交給公司開採。其林木一項雖係官産亦應向地方官議買，議定始能砍伐。若石沙礦産樹林等項在民人地内或預向地方官商買或自向業主購買，所定價值均由公司給發。

十　修造鐵路所用各地段如廠房貨物棧房、運送物料之道、抵廠抵沙石礦積土、各道挖土地段、修造人員匠役暫時住房，總之於興作工程之内所用各地俟鐵路逐層告蕆，即將以上無用各項地段交還滇省地方官，於接收地段之時即行發還業主管理。

十一　干路造成之後，如果彼此視爲有利益，與滇省大吏商定辦法之後，再由法國駐京公使與外務部議妥，方可在幹路上接修支路。

十二　鐵路監工副監工匠目及各色執事，均須有專門學業者，可招用外國人。其餘各色人夫均須先儘招募本省人民充當。設若本省工匠人數不足或索費甚昂，亦可招募他省人民充當。所有他省工匠及本省工匠應由地方官查看編立姓名册籍，以免匪徒潛來。滇省其各項工資或按日或包工應由公司公道商定，至發給此項工資或每日或有一定期限，應由公司人員預向工匠人等商定。倘該工人等或高抬工價齊行罷市，應請地方官設法盡力相助，與公司人員公平定立工資以安民心。如果地方官酌中定價，中國工匠人等仍不肯應募，由地方官查明確有此等情形，方允公司另募外國工人。

十三　所有鐵路中國執事工匠人夫等自必優待，或有病症應由公司濟以醫藥；或有在工程之内傷損殘廢者，應行給與撫恤之資。若有傷亡者，亦應給予其人親屬撫恤之資。

十四　所有廠内公司執事人員工匠人夫等均歸總監工管理，或總監工所派之人經理不準苛待中國工匠人等；或有詞訟争論，人命偷竊吵鬧鬥毆等事，均應由所管地方官查看，按律辦理；或有犯事罪人經地方官達知公司，該公司人員當將其人送交地方官辦理，不得庇護阻撓，干預其事。如中國執事人等向鐵路所用外國人有偷竊毆戕情事，一經公司知照，地方官即應查拿該犯，按律辦理。所用外國執事有違犯禮法或犯章程者，應按條約辦理。凡中外各色匠役執事人等無論何國人，均不準擅入民房滋事，一經違犯，即行按律重辦。無論購買何物並購糧食，均應按照隨時行市公道交易。

十五　該公司亦可會商駐蒙大員自行出資，招募本地土民充當巡丁，以保護各廠平安，並可延請中國人或外國人充當巡捕長管帶擇要駐紮，以資彈壓。如遇事故本地巡丁不能彈壓，一經該公司人員禀請滇省大吏即當遣派官兵前往彈壓保護該公司。所招募本地巡丁責任但爲巡查各廠彈壓工匠人夫，一俟路成後，此起巡丁自可用以隨時修補道路，其費亦由公司發給。倘有民情不平之事，保護鐵路工程乃係地方官專責，無論出有何事，該公司總不得請派西國兵丁。

十六　鐵路公司洋員一抵滇境，即由駐紮河口副領事官達知該處專辦邊界事務中國副統帶，於三日内即發給暫時護照，以便執持前進，一經行抵蒙自，即由海關道於三日内换給正照，將前領副統帶暫時護照繳銷。該洋員既領有此項護照，無論前往何處地方官自當照章妥爲保護。但不論何人如無此項護照，地方官不認保護之責。

十七　鐵路公司洋員一抵滇省，應由該省領事官將該洋員姓名審譯漢文，開列清單達知滇省大吏，彼此應行各立册簿，將公司人員譯出姓名各注於册。所有已經注册姓名不能任便更改，如或遷調他處，亦當立即達知中國地方官，俾隨時隨地易於稽查。公司洋員在所領護照内繕寫譯漢姓名，當與所存册簿姓名一律，不可稍有差别。

十八　公司人員欲在鐵路附近處所租賃房屋居住，應先知會地方官向業主商租。所訂租房合同即鈔送地方官存案。

十九　鐵路公司人員暨匠役人等辦理工程均不準擾及民人産業，設若損壞民人房屋或其莊稼，應由公司會同地方官查看，公平議價賠償以示體恤。

二十　按照海關章程，凡火藥炸藥不準運入中國境内，惟係造路所需應通融准其入境。惟須隨時將運來火藥炸藥數目報關驗明後，一面會同地方官尋有妥善地方修造棧房存儲，以免意外之虞。倘就地製造較爲便利，由公司報知滇省大吏查無妨礙允准設立專廠，派員會同監製，以爲稽查。此項火藥炸藥無論在本地製造或係購運該公司應用若干以足敷用爲止，並設立專簿詳載存用數目，每月由地方官查驗報明所有存儲之火藥。炸藥專爲鐵路工程之用，不准售賣。該公司務須加意防範以免危險，設或誤傷人畜物産應行查看情形斟酌賠償撫恤之款。

二十一　路成開車後，凡經此鐵路出入之貨物，均照通商税則交納進出口正税，若運往内地已經交納子口半税，凡過關卡概不重征。若未完子税，則逢關納税遇卡抽釐。中國將來應酌量添設關税以便稽查，再日後彼此另訂加税章程。該路運送貨物税，則亦應一律遵照完納。

二十二　修造鐵路及開辦鐵路應用機器物料等件，概免進口各色税項，惟此項機器物料於進口時應在第一海關報明。因其物係在此地使用該公司不必將其物運往他處報明，海關清單將運進各色物料一一詳細載明。

二十三　客位貨物運送價值均係公司自行核定，凡有大吏文件及中國郵政局各種信包及局役一名由定例日行火車運送者，一概不收運費。中國郵政局可向公司包艙運信或自備專車令公司隨同拖帶或不拘時刻專開帶信車一輛，惟包艙應照搭客價減半不得别有折扣。至專開帶信車一輛須有滇省大吏憑據方准開駛運。價格外減讓每一啓羅邁當只取運資一佛郎半，如用兩車頭每一啓羅邁當價二佛郎半。言明此外均照中國通行郵政章程辦理，凡有運送中國各色兵丁以及兵丁所用槍械火藥糧餉並中國賑撫各處偏災之糧，均盡先運送，其運費均減半。如果運送兵丁欲用四等車，其價不能減少。

二十四　此項鐵路專爲治理商務，路成開車後不准載運私鹽及運送西國兵丁，或西國兵丁所用軍火糧餉，並不得裝運中國例禁之物。萬一中國與他國失和，遇有戰事該鐵路不守局外之例，悉聽中國調度。

二十五　鐵路公司以補償中國查看費用每年每一啓羅邁，當或係開辦及尚未造竣之鐵路給與二十佛郎。

二十六　鐵路造成後該公司須設法專用中國人民充當梭巡人夫及修補道路之工匠，惟須在各本地選托公正老成紳董令其代雇，俾所雇之人均係良善，並每人均須由該紳稟由地方官發給憑單，以便稽查。

二十七　鐵路開車以後設或有損壞民人産業抑或傷害人民，此乃公司未曾留意必須酌量補償撫恤其人之款。設若工程尚未完竣因來往火車經營機器不善致有損害民人之處，亦當照前辦理。

二十八　公司將來出資可以設立專門學堂，以便華人學習翻譯及鐵路專門之業，嗣後該公司隨時應用人員應先由該學堂選拔。

二十九　以後該公司逐段設立廠房可在沿途安設應用之電綫或德律風專爲鐵路之用，不准收發平人電報。

三十　凡有鐵路應會同滇省大吏商辦之事，均由法國總領事官商辦，惟應聲明所有專門事宜須由鐵路監工定奪。

三十一　鐵路開工之始，須由總領事官照會滇省大吏即派位尊大員，與沿途鐵路公司人員將鐵路工程事務按照滇省大吏及總領事官所定章程妥商辦理，滇省大吏亦允選派官員數位，其職任係襄助鐵路公司人員辦理事務。遇有公司與地方人民爲難之事，該委員應即會同地方官從中調處以免彼此誤會疑忌，並免其争論之事。倘事關重大未能就地商妥了結，應稟報滇省大吏會同總領事官妥爲辦竣，如事非大吏權力所能及，則報由中國政府與駐京法國使臣會同商辦。

三十二　造路時每月由鐵路公司兑交滇省大吏銀四千四百五十兩，係補償各員來往照料薪水火食之費。

駐紮蒙自大員一員。

駐紮蒙自管理地段官員一員。

駐蒙自提調官兼發審一員。

駐省城辦理往來事件提調官一員。

幫造路事差遣委員十二員。

巡捕武官十員。

護衛士勇二百四十名。

翻譯一員並各屬員。

三十三　此項章程經中國國家批准作爲定章，凡修造鐵路開辦鐵路各事務均須遵守此一定專章辦理。

三十四　中國國家於八十年期限將滿，可與法國國家商議收回地段鐵路及鐵路一切産業，其應須償還所造花費並專門各色手工之資及法國所保代爲給發公司股本利息。凡所有此項鐵路各色經費俟到期限均在此路進款内歸清，則鐵路及一切産業自可歸還滇省大吏收管無庸給價。如欲核算各項製造等費當以彼時開議法國所結歷年出入帳目爲憑，則預知中國應否給費以收回此項鐵路及一切産業。

附件

大法欽差全權大臣駐紮中國京都總理本國事務吕爲照會事。照得雲南鐵路一事，章程已經定議，現在言明中國國家及中國人民如欲在法國銀市購買該省鐵路股票，或現在或將來出售，均准任便購買，法國國家盡力襄助，務使價值公允，一年之内但照原價，嗣後股票如有漲落按照時價購買。爲此備文聲明，列入章程之後作爲附件，相應照會貴爵查照可也。須至照會者。上照會

大清欽命總理外務部事務和碩慶親王

光緒二十九年九月初九日西曆一千九百三年十月二十八日

《大清新法令》卷二《外交・合同・滬寧鐵路籌借英款詳細合同》　中國鐵路總公司與英國銀公司訂立築造滬寧鐵路借款末次實約，此合同於光緒二十九年　月　日即西曆一千九百零三年　月　日在上海訂立，一係中國督辦鐵路公司大臣盛欽奉諭旨辦理下文稱督辦大臣，一係英國怡和洋行及匯豐銀行即英國銀公司之聯同代理人下文稱銀公司。因於光緒二十四年閏三月二十三日，即西曆一千八百九十八年五月十三日，由中國總理各國事務衙門咨明督辦大臣盛與英商怡和洋行在滬曾訂立草合同，此時怡和洋行亦代匯豐銀行行事者作爲英國某公司之聯同代理人。又於光緒二十八年十一月十四日欽奉上諭：前因各處開辦鐵路關係重大，曾降旨將應辦各事分任責成，嗣後鐵路用款報銷應由盛宣懷先行造册咨送鐵路經過省分各督撫詳細核明，會銜具奏。其應造鐵路地段勘定後，著繪圖貼説，移送該管督撫派員查明，如無窒礙，始可開工。盛宣懷如與他國公司議立各項合同條款，亦著先由各督撫核定始可簽押，仍將該合同鈔録會

奏以期周密而免疏誤，欽此。

又因查前草約有應更改之處，故今特此訂允，將前草約作廢，而以此末次實約代之。

第一款　英國銀公司允願代中國鐵路總公司出售金鎊借款，其數不逾三百二十五萬鎊金錢，按照下列章程辦理，即照總數印發中國國家金鎊小票，仿照北洋鐵路借款小票以鐵路作爲頭次抵押。所有借款小票分作兩次或多分數次發售，每次所售多少應由督辦大臣與英國銀公司，飭令總工程司估計，按工程所需而定，以免中國吃虧利息。

借款實價茲訂允，按照虛數上定着九折即每百鎊虛數實收九十鎊。此小票出售之價如有盈虧，是銀公司之事，其利息按虛數周年五釐算，每半年給付一次。

借款以五十年爲期由簽約之日起，倘有小票按照下列之章程由中國贖回或注銷之後，利息即行停止。

每張小票之上，須書明面上原價英金一百鎊或合數張爲一張，書列別樣數目則由中國出使駐英大臣會商英公司允准。如有小票或下文所言之餘利憑票，或遭遺失或遭銷燬，可照原票數目補給票紙，惟須照通用格式繕具失毀之實據，交銀公司及中國出使駐英大臣查核存案，並由銀公司向報失之人取具保單。

第二款　此借款應用以建造鐵路及行駛火車所需備置各項之用，並於建造鐵路之時，用以支付借款之利息。

銀公司須按照現在最善最省之法，建築滬寧全路及行駛火車，而總公司允爲備置全路雙軌所需之地畝，並覓備建造及行車別項方便之事。

工竣之日如售賣小票所得之項尚有多餘，應聽候中國國家王意或用以贖還小票若干，或交總公司轉存銀行生息備撥，應給小票之利息或添辦有益滬寧鐵路之事，均由督辦大臣與銀公司隨時商定。

倘中國人民自行築造枝路爲幹路之輔助者，其興築及走車法則應湊合幹路以期行車易於接貫。

銀公司人員建造工程及行駛車務，一切均須格外慎重，順洽華人意見風俗民情。又如華人有可充當鐵路要缺者，管理處須盡録用。至於墊路土工以及中國人能辦之工，可招中國人承造，先由督辦大臣或督辦大臣委派之人核準。惟須照總工程司所定圖樣説帖辦理，由其監造。至於末次勘量，無論是幹路何段或續路或枝路或更改道路之處，其詳細路圖及估計工價均須呈由管理處轉稟督辦大臣核準。

第三款　此項借款須得抵押按照公平律例辦理，並須隨即立一的實合例之券據將淞滬已成之鐵路作爲頭次抵押與銀公司，並本約所指將來營造鐵路所用已購及擬購各地基，與夫物料車輛房屋各項産業及他日造成之鐵路，該路本身及該路各項進款亦一律作爲抵押。

此款所載抵保各事，即照英國通例解説以鐵路産業抵押保借款及保小票照例立交受託人之據一律辦理。

第四款　此約第一款所載借款按工程進境如何隨時分次交納，現議定此約簽字核準後八個月内銀公司交納第一次造工應用之款。無論出自售賣或揭押小票之款或自行籌墊之款，但所應交若干係須照每次交出售押之小票若干之數交繳。

如此約核準後十二個月不興工築造幹路，則此約作爲廢紙。此項借款除存在英國以備購買機料給價及合約付支實用外，總工程司即估量繕據，交此約中後列所言之總管理處聲明，爲築辦何段幹路需款若干，由總管理處核定後，則劃匯至上海存匯豐銀行，或彼此公指之銀行，收入總公司鐵路工程帳内，須隨時稟明督辦大臣照時價兑銀。未用之先按期生息，倫敦所存借款未用者，亦一律生息，專爲在中國築辦合同内所指之鐵路之用，由總管理處核察。

在英國陸續用出各帳以及匯交中國工程所用各帳，均應按三個月爲一次，呈繳總管理處覆核，稟明督辦大臣核準簽字，方能作准，並轉咨外務部户部統轄鐵路礦務總局存案。

第五款　第一款所指之小票並第十二款所指之餘利，憑票日期應與此約日期一律刊發，利息則由賣售小票給交買主之日起算。其初次息票期内所應得利息多寡當由買主算扣，按日期核給。是以一月之内其賣票之日期較近於初一者，則算初一日；起息較近於十五者，則算十五日起息。解説，譬如一月分作初一、十五兩截，其買票之日近於初一日如初三者，則由初一日起息，初八九則上半月無息；近於十五日如二十者，則由十五日起息，二十三四則全月無息。

凡息票其於賣小票時經已過期者，即行注銷翦出交中國出使駐英大臣寄回總公司。

至小票應如何格式，當與督辦大臣或中國出使駐英大臣與銀公司於簽訂此約時同時酌定。但日後或因在倫敦京城銀市或別國銀市出售起見，須將票式略爲更改者。除借款數目利息年限及中國國家一切責任不准更動外，其餘無關緊要之處可以酌量稍爲參改以適銀市之用。應准銀公司商請中國出使駐英大臣稍爲參改，其如何參改之處銀公司立即知會督辦大臣以便轉達外務部核准。此項小票及第十二款所指之餘利憑票全用英字刊雕，督辦大臣所簽字之名及所蓋之圖記，均摹仿刊雕於上，以省親自簽押之煩。惟中國出使駐英大臣於需用之時，隨時逐張簽押蓋印，以示中國國家允准及承認售發此項借款小票並餘利憑票。

該小票及餘利憑票每張須編列貫串號數各共需若干張，届時由銀公司刊雕妥當此小票。一俟刊雕，由中國出使駐英大臣簽印後由銀公司加簽。

此小票由中國出使駐英大臣與銀公司會同揀選倫敦之妥當存儲公司收存，以便銀公司需票之日，由中國出使駐英大臣簽押，隨時取用，於工程期内分次出售或抵押籌墊款項撥作築造鐵路，或經督辦大臣核准之枝路之用。第二交以及下餘各次小票將發售之時，倘督辦大臣預先告知銀公司中國人民願購買小票若干，銀公司應照數留與華人小票若干張，照在倫敦發售者一律章程價值售賣。倘有法可設，應設法在中國發售此項小票，給還此項小票利息均照是日鎊價折合。此借款定作英金三百二十五萬鎊以便築造及辦理滬寧幹路所需，均照總工程司所測量及估價經督辦大臣核準者而行。第一次鐵路工程估計需款若干即照數在倫敦發售小票。其第二次以及下餘各次小票於未發售之先，銀公司須預先知照中國出使駐英大臣，俾中國國家遇有款項可以撥交總公司歸入鐵路帳内，與售賣小票之借款一律支用。如中國國家果有撥款，則三百二十五萬鎊之數即照撥款若干扣減。

其存儲小票之小費由鐵路帳内撥給，此外刊雕及賣票等費均由銀公司支給。於提取或交給小票之時，存儲公司須即知會中國出使駐英大臣。

第六款　此鐵路預備開築之時，督辦大臣即設立管理造路行車事務處名之曰滬寧鐵路總管理處，其總局即設在上海，共辦事人員五名：内中國人員兩員，一由督辦大臣選派，一由鐵路經過省分督撫會同督辦大臣選派。除總工程司外，英員兩名由銀公司選派。以上五人薪水均由督辦大臣與銀公司核定由鐵路總帳項下支給。至於總管理處辦事章程隨後由督辦大臣會商銀公司代理人訂定。如遇中英人員有意見不合，則由督辦大臣與銀公司之駐華代理人會同和衷商酌辦理。鐵路中西辦事人員及其執事除總工程司由銀公司所選派督辦大臣所核準外，其餘人員及其薪水並各下段所載大員之薪水統由總管理處擬定稟告督辦大臣。至重要職司應由總管理處之華員預先稟商督辦大臣辦理。除總管理處各員外，南洋大臣可另派一員官階與總管理處之華員相等，其職任係爲稽查帳目工程辦事各情形稟報本省大憲總。管理處應予以一切便宜以便稽查稟報。所有上海總局案卷準其隨時查閲，惟不可干預總管理處辦事之權，其薪水與總管理處華員一律由鐵路總帳項下發給。鐵路辦至何省，必須由督辦大臣於該省奏派大員一人，以期省内地方一切事宜，能與地方官接洽商辦。

能管理建造行車以及辦理鐵路相干之事。所有鐵路上所用洋人不准不尊敬中國官員或干預地方上事，倘有滋生事端或損傷華人，一經督辦大臣告知即行開辭。

如鐵路辦事華員須有職銜並才幹合宜者，可由總管理處之華員稟請督辦大臣札派。

辦理鐵路重要之事須有才幹練達之西人，乃可雇用。至工程車務各事熟悉合宜之華人，亦可派充。無論中西辦事人員或因本領欠佳或因行爲不妥，總管理處可隨時開辭並將開辭之事稟知督辦大臣。其總管理處中英人員或因疾病或因公外出，准將應辦各事托能就近到場之人代理。惟代華員之人，須由督辦大臣核準。代英員之人須由銀公司核準。

鐵路學堂教授華人工程行車事務，如查明應要辦理即由總管理處舉辦稟由督辦大臣核定。

鐵路進支數目均歸總帳房登記簿籍，隨時由總管理處閲核。

鐵路建造行駛所用各帳悉用上海規銀核算帳目華英並記，華員、英員一同簽字。帳房辦事人員中西並用務必妥實可靠。

第七款　本約第三款載明此約現定之頭次抵押物業，係包連鐵路及鐵路車輛産業等項應照例繕具契據，按照該款所擬辦理。惟除係頭次抵押並除係中國國家認保外，茲特聲明此鐵路實係中國産業。所需各地將爲滬寧雙軌鐵路及雙軌義道傍路各地基與夫車站修理廠停車廠，均由總工程司前後詳細所繪之圖呈請督辦大臣核準之後，即由中國鐵路總公司於其款項所及全數籌足。抑籌多少購備應用悉照實價核算，總以不過英金十五萬鎊爲度，其地基及各地契券務須毫無轇轕統行寫入鐵路名下，隨買隨寫。中國鐵路總公司所自備之資本購買鐵路地基，應由鐵路進款提付利息，於繳費養路費及小票五釐年息付給之後，乃給地價年息六釐核算。買地隨時報知各件及各地契，由督辦大臣隨時飭總公司轉送銀公司駐滬之代理人收執，以爲頭次抵押之據照，此約下文所載掌管鐵路及鐵路地基之法一律辦理。合約期滿時仍將一切地契交還總公司收回。

凡總公司自籌款項購地於勘界之外預備日後必需之地，則是總公司自辦之事，其價銀並不付給利息。鐵路總公司於標界内購地所需地價總數，銀公司可以借墊不得逾英金十五萬鎊。此款應得年息六釐由鐵路進款支付。

又議定如果銀公司須代籌付地價，不論由售賣小票之項或另行別法籌墊，中國國家允承購備並保護路軌所需各地。

凡地契存儲銀公司充作借款頭次抵押者，如未經中國鐵路總公司字據允準，則其地基無論作何用處，一概不得租批或轉售別人。又議定所購各項地基不論由總公司或銀公司籌款，務須斬斷葛藤並盡去遷移墳墓及風水各窒礙，按照華例所應有各項契劵案據切實辦妥，由銀公司代理人在滬局注册收執照，此約作爲小票頭次抵押候小票本利及各項欠款清還後即繳還中國總公司。爲保實頭次抵押起見，中國國家俯準，如小票未贖年息未付餘利憑票尚欠應分未分之利，不得將抵押之地畝鐵路及鐵路産業出售移交轉讓與他人，亦不得稍有損礙頭次抵押之權利。

又議定倘借款本利以及各項欠款清還以前，除銀公司繕據明白允准外，中國國家或鐵路總公司均不得將前項各産業再行抵押與他人。無論是華人或西人，此合同年限期内鐵路及鐵路所有暨鐵路所獲餘利，中國國家不收專税。惟今日所有課税如地税或日後中國國家所設各項税捐如印花等税，中國商務一律概行征收者，則鐵路及鐵路生意亦一律征收。

購地係造路第一先用之款，一經測勘即須由銀公司先行墊款撥付總公司以爲購地之用，此墊款以淞滬鐵路及該路各産業作爲頭次抵押，年息六釐算。一俟頭批小票售出，則由售款撥還。

因地主或有不願將其管業之地剖割出售，則鐵路總公司或須多買地畝有逾築路所實需者，鐵路總公司盡可照買以備後用，惟須聲明凡用墊款購地於勘界之外者概是總公司之事。各地購完後查明共用過款項若干則另續出小票。連此款上文所言之英金十五萬磅合計不逾英金二十五萬磅以便付還購地之款。此項小票是仿照第一款所言之小票，其擔保及抵押並一切看待之處，均同一律。惟所不同者，乃無論何時如預先六個月通知可以照本價贖回並年息即以六釐算給。凡由此借款用以購標界外之地者，其借款利息須先由中國面份所占之鐵路餘利項下撥付，如不能，則由鐵路進款付給。鐵路總公司之用意乃欲鐵路各地基均仍屬中國産業，故此項續出借款須從速清還。惟此項續出小票雖經掃數贖回其餘勘界内鐵路所用之地，仍照本合同章程作爲抵押無所更動。

第八款　如照約所訂日期不付小票每半年之利息或期滿本款不還，所有鐵路以及全路産業抵押於購執小票人所授托之銀公司者統交銀公司管業，遵照通例辦理，以便實在保護購執小票人之利益。一俟全款及所欠之息並各項欠款清還，則將鐵路及全路産業固好合用如常交還華人管理，照此約各節所載而行。

第九款　建路所用各項材料銀公司每百得五作爲酬勞之費。所用各式材料必須明場購買價值最低而質佳及妥當者，均有廠單及考驗憑據送交總公司查核。兹爲培養中國工藝起見，湖北鐵廠所出之材料以及中國所出之料物必須盡先購用，但價值總以合宜爲度。所買材料除上開酬勞費外，別無扣用。如按貿易行規其例有回頭用或扣用者，悉歸造路總帳。

第十款　築造鐵路行駛輪車以及與鐵路相關各項之事業，中國人外國人均不得干預，藉詞阻撓。中國國家設備保護，現在築造或已經行車各鐵路並鐵路産業中英合辦各事辦公中西人等，悉應由經過各省文武官員隨時竭力保護，而於匪徒鬧事及土人阻撓各端尤屬緊要。

總管理處並准隨時練養鐵路華巡捕一隊，其弁目專用華人藉以保護鐵路。鐵路巡捕不得干預鐵路以外之事，其工費概歸鐵路發給。如鐵路另要國家或各省派兵保護之處，由督辦大臣咨請即派其由火車運兵到場鐵路，概不收費，惟兵餉由官發給。

第十一款　與鐵路相連須設有德律風及電綫並別樣傳號令之機，以爲沿途鐵路及調動行車及辦理鐵路各事之用，惟此等德律風及電綫不得用以侵礙電報局之權利。

又按近法辦理鐵路所需各種附用之件如修補廠、製造廠、火輪船、渡船、棧房等類，如查於養全鐵路有利益相需，則準由銀公司與督辦大臣隨時商酌設法請辦。

第十二款　除支付各項經費並别樣費用如下文所開列者外，鐵路所得餘利以五分之一即每百分抽二十分歸銀公司所得，即照鐵路成本價值總數五分之一之數發給餘利憑票。此餘利憑票不給年息，以五十年爲期，注明票價每張英金一百鎊，與借款小票同時按次發給，每次多少係按小票發給多少而定，以至總數五分之一爲度。兹並言明如所發售之借款小票有逾於造路所需而須收回注銷者，則此項餘利憑票亦須如數收回。

五十年期限之内中國總公司可照憑票面寫原價隨時取贖。五十年期滿，此憑票作廢，毋庸給價取贖。惟取贖以前或年限未滿以前，鐵路已獲照章應分之餘利均須分給，乃能注銷。

總公司亦可發給並享受此項餘利憑票之益，其格式須合用於中國。但不載年限又無取贖字樣，其總公司名分所著多寡乃按借款小票全數五分之四。其應全數刊發或刊發多少由督辦大臣隨時核定，又按沾分之多寡所得之餘利，總公司可留作公積用以還借款。小票按此隨時可取贖者或用以隨時隨地還輕或清償所有中國鐵路所負之項。又，或此項中國餘利憑票可用以抵給總公司購買鐵路所必需之地價，蓋因有地非給餘利憑票不能買進也。

此鐵路每年進款除提付各項經費及養路修路並添換機器車輛與辦公一切費用，又除借款小票年息五釐及中國總公司自辦或另借銀公司購買地價之年息六釐外，所剩是爲餘利，當提五分之一給交銀公司聽其分派。又訂允此項餘利憑票可任由總公司酌量從早贖回，若借款小票按照約中定章全行贖回，而餘利小票既未贖回又未滿期，則銀公司準派一代表人駐紮總公司查閲帳目，其薪水由總公司支給。

此代表人之職司與帳房無異藉以保護掌執外國餘利憑票人之利權，一俟餘利憑票全數贖回或滿期作廢，此人即行停歇。

第十三款　銀公司即作爲執掌小票及餘利憑票人之受託人，此後凡總公司與銀公司有借款交涉之事及有關涉借款别事者，銀公司即算爲執掌小票及餘利憑票人之代理人並有權代彼等行事。

第十四款　築造及行駛幹路枝路所需各種材料，無論由外洋進口或由别省運至工次，照北洋鐵路章程辦法準免關税釐金。又此項借款小票息票餘利憑票以及鐵路進項，中國概免各項捐税。鐵路經過各省所運之貨物搭客等應繳税釐，督辦大臣應商統轄鐵路礦務總局户部妥籌善法實力保護鐵路及借鐵路運貨客商免受横征需索諸弊。如中國别條鐵路辦理釐金更優於此約所指之鐵路，則此鐵路及借此鐵路運貨客商應得一體均沾。

第十五款　造路期内應付常年五釐之利息及買地款六釐之利息，議定應由借款本銀内交付。如有造路期内未用到之借款轉存生息之息以及造成一段行車後所得之款，皆可用以湊付利息，其尚不足之數總歸借本内提付。

鐵路全工告竣後，小票利息及地價利息均由鐵路進款交付，按半年一付即係六月一號及十二月一號。

每次攤還借本及利息之數目並代理人即上海匯豐銀行經理清還借款，其應得用錢每百磅著一磅之四分之一者即每萬磅得二十五磅，一並如數於十四日前在上海用上海規元兑交該銀行，足以備購金鎊，匯至英京支發，其匯水當照付銀之日當時所定之行價與匯豐銀行算定此借款本息，中國國家應允按期清還，如有鐵路進款或借款不敷還利之時，應由中國總公司設法補還。如總公司無法湊補，應由督辦大臣奏明設法以别項補足還清，以便於每次付利期前至少十四日，按照所需之數付給上海匯豐銀行查收。

第十六款　鐵路經過之處，如匯豐銀行未有開設分行或將來亦無意開設，則自當與就地之中國通商銀行妥議銀錢往來辦法。蓋銀公司之意原欲借中國通商銀行以爲銀錢往來匯兑之便，總之能與交易之處即與交易。

第十七款　銀公司可將此合同之權利權柄及辦事操縱之權，准交其繼後之人接辦或代理人代辦，惟約内所應肩任之事仍須一律照辦。但銀公司乃遵英國律例所設之公司不能將此合同之利益及此鐵路辦事之權轉與他國及他國之人民，惟中國及英國人民均可接受。總公司亦須照樣不得將其按此合同所有之利權轉授他國人民。

兹再議允，除由督辦大臣與銀公司互繕憑據允准外，滬寧幹路及枝路經通界内他人，不得建造争奪生意之鐵路並不准築造與滬寧鐵路同向並行之鐵路，致損利益。

第十八款　倘銀公司擬出招貼籌辦款項於籌借大款之前猝遇戰事，或在中國或他國政務有極大變動之舉，以致外洋銀市震動，或鐵路因有阻礙不能開工，係意難料及之事者，非銀公司所能挽回者，準該公司於籌款開辦完工之期，略爲展限以昭公道。如果小票已出借款已經起利除上列情節準展限外，其工程不能停緩。

此合同奉旨批准後即應趕緊興工，如督辦大臣願意每段工程應盡力趕造，自批準之日起除以工本款所言意外事不在此例外，全路限五年竣工。倘有逾此期限，若非商允督辦大臣，則所有五年内銀公司已得五分之一之餘利全行扣罰。

須俟全路告竣後，銀公司方能分此項餘利。

第十九款　鐵路行車應收脚價若干，由車務總管議列清單交總管理處按查中國已興鐵路之車脚則例，從廉核定。又由總管理處核準後，準與別處接連之路商訂彼此過境運價。

倘遇軍務，無論外侮内亂，中國調遣兵丁轉運糧械及軍火用物，又中國因賑饑災異運糧等事奉有督辦大臣命令，此鐵路須盡先載運，車價減半。倘與中國有損之事，不得用此鐵路運載，其有礙於中國國家者，皆不得用此鐵路。

第二十款　於光緒二十四年閏三月二十三日，即西曆一千八百九十八年五月十三號所立之草約，有載鐵路公司有權於十二年半之後將小票取贖，每張給價一百零二磅半；若在二十五年後取贖，則照每張一百磅原價取贖。兹訂明若於十二年半之後由發給小票之日起計，中國總公司秉命中國國家，將小票贖回注銷，或餘利小票贖回注銷。督辦大臣即當於贖票期前至少六個月繕函聲明，擬贖小票若干或餘利憑票若干，知會銀公司駐滬之代理人。

銀公司駐滬之代理人接到知會之函，立即設法辦理。屆期在倫敦照平常拈鬮之法，及行所應行之事抽提小票若干，或餘利憑票若干足敷擬贖之數，一俟總公司秉命中國國家匯交所訂明贖取小票之價及餘利憑票之價並小票應得之息與餘利憑票應分之餘利，即在倫敦及别處銀市之最有名望之日報每處兩紙，與中國出使駐英大臣酌定將贖票告白按期刊登四個禮拜之後，所擬贖票之期既屆，銀公司即將拈鬮抽出之小票及餘利憑票付價取贖注銷，寄交督辦大臣或繳交中國出使駐英大臣轉寄督辦大臣。所有頭次借款小票及餘利憑票概須刊明，準照上列辦法隨時可以取贖並聲明拈鬮抽出之小票之息及餘利憑票之餘利均於銀公司所登告白内訂定取贖之日期。俟取贖之日起，一概停止。惟贖票款項須照以上所擬預先交存匯豐備，便如法取贖。

借款小票若於前十二年半之前取贖，則每百加二釐半是，則每票面上所寫價一百磅須交一百零二鎊半。自十二年半以後直至滿期取贖，則毋庸加值。惟取贖時，小票應得未付之息須照數付清至餘利憑票在期内隨時照原價取贖，滿期作廢毋須付價，亦毋庸取贖。惟所有應分未付之餘利，當如數派給，乃能注銷。

第二十一款　售小票所得之款築造鐵路尚未用到者，隨時生發利息劃入中國鐵路總公司之帳務，令總公司盡受其益。

又議定如果銀公司於未售小票之前須預先借墊款項，其借款費用連利息總不得逾長年六釐之數。若有已售未用之票價存放生息所得之息，則用以抵償此種借墊款息或由工程項下支給亦可。

又議定此種借墊之款應以頭次售得小票之款歸還以節經費。

第二十二款　五十年期將屆滿而小票尚未贖完，督辦大臣於未到期兩年之前可與銀公司函商展期。如函商六個月仍無成議，則中國國家自行設法向别處籌款歸還借項，俾小票贖清抵押注銷。

第二十三款　現有之淞滬鐵路接授之價值一經議定銀已備交總公司之時，該鐵路應即行轉交歸入滬寧鐵路管理，淞滬鐵路之進款及管理之權即視同滬寧鐵路一律辦理。兹議定淞滬鐵路之價值係作上海規銀一百萬兩，此項由借款項下撥交總公司查收。

第二十四款　此約一經簽定之後在刊發告白將借款布告於衆之前，督辦大臣須奏明請旨允准此約，所奉之上諭隨即由外務部鈔稿用公文咨照駐北京英國大臣。

第二十五款　此約繕寫中英文五分：其一分送交總公司，一分送呈外務部，一分送交北京路礦總局，一分送交駐北京英國大臣，一分送存銀公司，如有文字可疑之處以英文爲準。

滬寧鐵路借款合同附件

中國滬寧鐵路五釐金鎊借款小票

中國國家擔保五釐借票，每票發出定一百鎊，由一號至三萬二千五百號，合計借款三百二十五萬鎊，於　年　月　日　上諭批准並由外務部照會英國駐北京公使。其借款及利息均由中國國家擔保，並以現有之淞滬鐵路全路産業與其入息及將建之滬寧鐵路作爲借款之頭次抵押，其周年之五釐利息由英京匯豐銀行按息票每半年一付即以西六月一號與十二月一號爲付息之期。凡借息於十二年半後至二十五年内取贖，則每百加二釐半；如二十五年後取贖，則無庸加值，所有借票及息票均免納税。中國滬寧鐵路留有餘權可再出借票至二十五萬鎊之數，周息六釐，其擔保與抵押悉照現出之借票一樣。

一百鎊值之借票

執票人準由當任之督辦鐵路大臣以下稱督辦收取英金一百鎊並周息五釐，自月一號起至贖票之日止。其利息按半年一付即以六月一號與十二月一號爲期，並定月一號付給頭次利息。

此票如中國國家於十二年半後至二十五年内取贖，則付給一百零二鎊半之價；如二十五年後至滿期時，則照原價取贖。其取贖之法由中國國家預先六個月函知英京匯豐銀行欲取贖借票多少，然後在銀行内拈鬮將票取贖，屆期還本則各息一律停止。因取贖之價經已籌備是以該票到來收銀與否其銀亦早已預備，領息之時須將所附貼之息票脱繳及於到期之日或期後將借票繳還，即可領回。借本無論借本利息均由英京匯豐銀行以英金付給。

中國國家按照　年　月　日　上諭，聲明擔保清還所借之款及其利息，並特著出使英京大臣蓋印於借票之上，以昭信實，此票乃上文所稱發出借票之一並聲明，有現在之淞滬鐵路全路産業與入息及將建之滬寧鐵路作爲借款初次抵押。此票之發出悉照　月　日所訂之合同而行訂合同人，一爲督辦鐵路大臣盛奉中國國家之命而訂者，一爲怡和洋行與匯豐銀行爲英國有限公司聯同代理人而訂者。此票所載不能減少或限制上文所表明之責任，兹並附載合同所指付息還本及借款抵押各節撮刊於此票面上。各借票未清贖時，中國國家不得將抵押之地基鐵路及鐵路産業交授或轉給别人，及除得英國公司繕據明白允准外，不得將上列各業再行抵押與他人。

此借票之上刊雕摹板，督辦大臣所蓋之印，與所簽之字及中國出使駐英大臣蓋印簽字以示中國國家允准及承認此項借票。

此借票如未經英國公司或其後人簽押票尾，則不能作爲發出而公司並不承認各等責任，中國出使駐英大臣於　年　月　日簽押，英國公司簽押以爲認票之據。

借票内附載摘録合同各節

一　此項借款須得抵押，按照公平律例辦理，並須隨即立一的實合例之券據，將淞滬已成之鐵路作爲頭次抵押與銀公司，並本約所指將來營造鐵路所用已購及擬購各地基，與夫物料、車輛、房屋各項産業，及他日造成之鐵路該路本身及該路各項進款，亦一律作爲抵押。

二　造路期内應付常年五釐之利息，議定應由借款本銀内交付。

三　鐵路全工告竣後，小票利息均由鐵路進款交付按半年一付，即係六月一號及十二月一號。

四　如照約所訂日期不付小票每半年之利息或期滿本款不還，所有鐵路以及全路産業抵押於購執小票人所授托之銀公司者，統交銀公司管業遵照通例辦理。

五　此借款本息中國國家應允按期清還，如有鐵路進款或借款不敷還利之時，應由中國總公司設法補還。如總公司無法湊補，應由督辦大臣奏明設法以别項補足還清。

六　兹再議允，除由督辦大臣與銀公司互繕憑據允准外，滬寧幹路及枝路經通界内他人不得建造争奪生意之鐵路，並不准築造與滬寧鐵路同向並行之鐵路，致損利益。

七　銀公司即作爲執掌小票及餘利憑票之受託人，此後凡總公司與銀公司有借款交涉之事及有關涉借款别事者，銀公司即算爲執掌小票及餘利憑票人之代理人並有權代彼等行事。

息票

中國滬寧鐵路五釐金鎊借款共三百四十五萬金鎊第　號

借票本銀一百鎊

息票第　號

執票人憑票在英京匯豐銀行於　月一號收取借票半年息銀英金二鎊十司零内須扣除入息税，此借款由中國國家擔保者。

滬寧鐵路餘利憑票　每票虚數一百鎊

第　號　月　日

此等餘利憑票共應得中國滬寧鐵路進款餘利五分之一，其每票應占幾何乃按總數核計其發出，悉遵一千九百零三年　月　日之滬寧鐵路借款合同所載中國國家批准之命，而行者執此餘利憑票之人如注册則票面書明注册人姓名自領票日起五十年止。除此票於期内取贖及注銷外，每年應得滬寧鐵路進款項下餘利五分一之總數，每張按總數核算所得之數均沾。

餘利二字解釋，乃指鐵路所得毛數進款應除支鐵路經費養路修路費用添置機器及車輛之費並一切鐵路開銷與滬寧鐵路借款合同内所指借款五釐周息鐵路地價六釐周息支付外，若尚有盈餘方稱餘利。

執票人或該票注册之人於五十年内應得餘利，每張照相因之數給領。惟期内中國總公司如照票面上所寫之英金一百鎊及期内應分未分之餘利如數付足，則可隨時將票取贖注銷。凡票一經鬮定取贖之後，即行停支餘利。此等憑票若行至五十年期滿之時，則作廢紙無庸給價取贖。

此等憑票均經中國國家聲明免納中國各項税捐。又，票上刊雕摹板督辦大臣所蓋之印及所簽之字據，並蓋中國出使駐英大臣之印及其簽字，以示此等憑票係中國國家允準及承認之據。

中國出使駐英大臣　於　年　月　日　簽押蓋印

附録滬寧鐵路借款合同第十二三等款

除支付各項經費並別樣費用如下文所開列者外，鐵路所得餘利以五分之一歸銀公司所得，即照鐵路成本價值總數五分之一之數發給餘利憑票。此餘利憑票不給年息以五十年爲期注明票價每張英金一百鎊，於借款小票同時按次發給。每次多少係按小票發給多少而定以至總數五分之一爲度。兹並言明如所發售之借款小票有逾於造路所需而須收回注銷者，則此項餘利憑票亦應如數收回。

五十年期限之内中國總公司隨時可照憑票面寫原價取贖，五十年期滿此憑票作廢毋庸給價取贖。惟取贖以前或年限未滿以前，鐵路已獲照章應分之餘利均須分給，乃能注銷。

此鐵路每年進款除提付各項經費及養路修路並添换機器車輛與辦公一切費用又除借款小票年息五釐及中國總公司自備或另借銀公司購買地價之年息六釐外，所勝是爲餘利，當提五分之一給交銀公司聽其分派。

又訂允此項餘利憑票可任由總公司酌量從早贖回。若借款小票按照約中定章全行贖回而餘利憑票既未贖回又未滿期，則銀公司準派一代表人駐紮總公司查閲帳目，其薪水由總公司支給。

銀公司即作爲執掌小票及餘利憑票人之受託人，此後凡總公司與銀公司有借款交涉之事及有關涉借款別事者，銀公司即算爲執掌小票及餘利憑票人之代理人並有權代彼等行事。

附盛大臣奏滬寧鐵路借款訂定合同折滬寧借款合同附録一　光緒二十四年閏三月初四日承准，總理衙門支電英使述其政府之意，自滬至寧鐵路必欲令怡和承辦，勢難峻拒，飭由總公司相機籌辦。臣宣懷遵與怡和兼代匯豐之英國銀公司磋議草約二十五條，聲明設與地方窒礙，隨時更正，仍俟簽定正約會同督撫具奏，電經總理衙門核準。於是年閏三月二十三日，先將草約簽印，即派員伴護英工司瑪禮孫等勘測軌道估計工費。適英以特戰，我以拳亂，彼此遷延未議正約。上年七月，銀公司公舉前駐上海領事官璧利南來議詳細合同，時局甫定，所遞條款多所要挾，臣等嚴詞駁飭，並令仿照粤漢幹路美款辦法，仍先電請外務部核奪，旋接覆電飭，與逐款妥商並將酌改之處電部。該辦開議以來，磋磨五六月，易稿六七次，間有争持未允者，臣宣懷復屬璧利南携稿來寧，經臣之洞覆加考核，凡可以取益防損保持中國權利之處，派員與之按款磋商，分別駁改增删，幸皆妥商就範，計訂詳細合同二十五條。議借英金三百二十五萬鎊虚數九扣年息五釐五十年爲期準，其分次印售全鎊小票。如中國國家有款撥給，或中國紳富集資願購借款總數，便應照減撥還淞滬鐵路工價，後即將已成車路暨備造滬寧全路作爲借款抵押，所獲餘利，銀公司得五分之一，即照售票應分之數另給餘利憑票。十二年半後，每百鎊加給二鎊半隨時可將小票贖還；二十五年後，便照一百鎊原價取贖，毋庸加給。至餘利憑票年期届滿分給，餘利即時作廢毋庸取贖。造路期内就本付息，路成以後，贖票撥本，悉在鐵路進款支給，全路訂定五年全竣，設無事故，逾此期限，銀公司五年内應得餘利全行扣罰。上海設立總管理處一所，本省督撫與督辦大臣會派總辦兩員會同英員專理工程，另由南洋大臣加派一員職銜相當隨時查閲帳目，禀報督撫稽核。洋工司只管工程不能干預地方公事，凡所建築悉應順洽華人意見，尊敬中國官員。借款期内不收專税，如日後中國推設各項税捐如印花税之類別項商務一律征收，則滬寧鐵路亦應照征。全路雙軌地畝總公司自備，仍由銀公司墊款。另須購地於標界之外，預備日後推展商務所必需。一並加售小票綜計不得逾英金二十五萬鎊，年息六釐。在中國應得餘利項下支給不能，仍由鐵路進款支付。此項加售購地小票並無年限，隨時可以取贖。造路購用中外材料按照西例每百給五，此外別無絲毫扣用。漢陽鐵廠自造料件訂明盡先購用。凡遇調兵運械振饑各事，照核定車價減半給發盡先載運，侵礙中國主權概不得經由此路。正約簽定，草約作廢，十二個月不興工即將正約注銷。中國只認英國銀公司不準轉與他國及他國之人民各等語。臣等伏查江省沃衍饒富，物産豐腴，雖借江海以轉輸，究慮外氛之阻遏。自盧漢、粤漢、津鎮各路相繼定議，西北供億取給東南，察度軍政商情，滬寧接軫，勢難再緩。此次磋議借款，雖以粤漢美款辦法爲基址，其自保權利之處實較已定各路爲尤多，殫竭衆思，無可再議，璧利南電致英京一切俱已允協，理合先繕具清單，恭呈御覽，俟奉旨批准，再行簽印，即由臣之洞臣恩壽等會同臣宣懷，遴派大員，切實興辦，以冀仰副朝廷眷懷南服、慎重路工之至意，謹奏。　光緒二十九年二月二十七日奉硃批：外務部議奏，單並發。欽此。

附外務部議復滬寧鐵路借款合同折滬寧借款合同附録二 光緒二十九年二月二十八日准軍機處抄交署兩江總督張之洞、江蘇巡撫恩壽、督辦鐵路大臣盛宣懷會奏滬寧鐵路籌借英款訂立詳細合同一折。奉硃批：外務部議奏，單並發。欽此。查原奏内稱光緒二十四年閏三月初四日承准總理衙門來電，英使述其政府之意：自滬至寧鐵路必欲令怡和承辦，勢難峻拒，飭由總公司相機籌辦。臣宣懷遵與怡和兼代匯豐之英國銀公司磋議草約二十五條，聲明設與地方窒礙隨時更正，仍俟簽定正約，會同督撫具奏。電經總理衙門核準於是年閏三月二十三日先將草約簽印，即派員伴護英公司瑪禮孫等測勘軌道估計工費，適英以特戰，我以拳亂，彼此遷延未議正約。上年七月銀公司公舉上海領事官璧利南來議詳細合同，開議以來磋磨五六月，易稿六七次，間有争持未允者。臣宣懷復屬璧利南携稿來寧，經臣之洞覆加考核，派員與之按款磋商，分别駁改增删，幸皆妥商就範，計訂詳細合同二十五條，以粤漢美款辦法爲基址，其自保權利之處，實較已定各路爲允多。璧利南電致英京一切俱已允協理合，先繕具清單恭呈御覽，俟奉旨批准再行簽印等語。臣等將該督等所訂合同詳加查核，如訂借英金三百二十五萬鎊虛數九扣年息五釐，以英公司出售小票先後爲起息日期，並訂明備付息款取贖小票辦法。他如需用材料先儘漢陽鐵廠承辦，遇調兵運械振饑諸要務減收車價，盡先載運，以及自購地基以固根本，遴派總辦以重事權，皆爲取益防損之端，核與粤漢鐵路合同用意相符，而於禁止洋工程師干預地方事宜及預訂將來征收税捐各節，則尤爲詳密，其餘各條均屬可行，應請准如所擬辦理。如蒙俞允，即由臣部咨行遵照會同簽印，並照會英國駐京使臣，飭令該公司按照合同妥速開辦，謹奏。光緒二十九年五月十四日奉硃批：依議，欽此。

《**大清新法令**》**卷二《外交・合同・電政大臣袁等咨外務部中俄接綫續約内有舛誤請爲更正文**光緒三十年》 據電報總局朱道寶奎等稟稱，竊職道等案奉光緒三十年正月十四日憲臺札開，光緒二十九年十二月二十六日准外務部咨開：光緒二十九年十二月十七日準俄國雷使照稱，光緒二十八年十月二十八日在北京訂立電綫續約第二款内開，將來應照倫敦萬國公會所訂者再行商改。又第三款内開，中俄兩國專遞來往電報之資應同時跌減由兩國國家訂定，兹準本國政府來文内開倫敦公會已將各章商定。凡西歐與中國來往各報及經過亞俄等處報資均各有跌減，由西曆一千九百四年七月初一日施行，已經於本年西曆七月十五日通行等因。本大臣請貴政府亦應按照本國辦法，將與俄往來各報，每字取一法郎克作爲中國報資。此跌減之報資應於簽字續約之後立刻施行並抄附續約底稿，等因前來，相應照録原照會並續約底稿，咨行貴大臣查照酌核辦理。即行咨覆本部，以便照覆該使可也。等因，到本大臣准此除咨吴大臣外，合行札飭札到該局即便查照迅速核辦具覆，以憑轉咨，切切。此札計抄單等因，奉此，職道等遵即詳細覆核，當以俄使所咨華文合同一稿譯辭不達，未易指實，事關中外接綫，未便含糊允行，先後由函電稟明憲臺索閲該合同法文全稿在案。昨據駐京洋總管何倫案稿郵寄來滬，職道等即與洋參贊宋納悉心校核，始知第一款内甲乙減價數條尚有舛誤之處。緣去年倫敦萬國電報公會會議中美來往報費每字七法郎克並未減跌，該稿所列誤會減價自應亟爲更正，俾美國與中國來往報費庶與去年公會會議價目相符，且於兩國報費互有利益，應請憲臺咨明外務部照會俄使查照辦理。俟其覆文到日，自可將全稿定議，擇期繕正簽行。所有中俄接綫續約合同來稿減價數條内，查有舛誤應請咨會更正緣由，會商楊京卿意見相同，理合肅稟具陳，並將增改各條另清手折附呈憲閲，伏乞鑒核施行。再前項情節誠恐稟牘郵寄往返需時，業已先電駐京洋總管何倫飭其預函知會俄使接洽，合併聲明等情，到本大臣，據此除批據稟核議中俄接綫續約合同來稿減價數條内有舛誤請咨更正，候將呈送所擬增改各條抄單，咨呈外務部照會俄使查照辦理繳等因印發外，相應增改各條抄單咨呈大部，謹請查照辦理，見覆施行。

《**大清新法令**》**卷二《外交・合同・中俄增改接綫傳遞電報續約合同**光緒三十年》 原一 俄國

改一 俄國應得報資

甲 來往電報

原一 歐洲之俄國每字取一法郎克

改甲一 歐洲之俄國與中國來往各報每字取一法郎克

原一 亞細亞洲之俄國每字取五十生丁

改甲二 亞細亞洲之俄國與中國來往各報每字取五十生丁

乙 經過電報

原所有各報每字取一法郎克七十五生丁

增乙一 美國與中國及中國過去諸國往來各報，每字取二法郎克二十五生丁

改乙二　其餘各報每字取一法郎克七十五生丁

原二中國

改二中國應得報資

甲　來往電報

原一與歐洲各處及歐洲外諸國來往各報，每字取三法郎克七十五生丁，俄國不在此例。

改甲一與歐洲各處及歐洲外諸國來往各報美國不在內，每字取三法郎克七十五生丁，俄國不在此例。

增甲二與美國來往各報每字取四法郎克七十五生丁

原二所有各報及與俄國來往各報每字取一法郎克

改曰三其餘各報及與俄國來往各報每字取一法郎克

乙　經過電報

原一歐洲及歐洲外諸國除俄國外與中國外諸國來往，各報每字取三法郎克七十五生丁。

改乙一歐洲及歐洲外諸國除俄國外與中國外諸國來往各報美國不在內，每字取三法郎克七十五生丁。

增乙二美國與中國過去諸國來往各報每字取四法郎克七十五生丁

原二所有各報及俄國與中國外諸國亦在此例，每字取一法郎克五十生丁。

改乙三其餘各報及俄國與中國外諸國亦在此例，每字取一法郎克五十生丁。

原所有應給歐洲各國報費按照各國通行電報章程及電則內所開之數目，均由中國甲乙兩段所開三法郎克七十五生丁內撥給。

改所有應給歐洲各國報費按照各國通行電報章程及電則內所開之數目，均由中國甲乙兩段所開三法郎克七十五生丁並四法郎克七十五生丁內撥給。

原凡有經過中國並由中俄相接電綫傳遞電報，中國應與大北電綫公司商訂，其總價不得比以上各款。由海參崴傳遞者所取報資過多，所有應給該公司之上海至長崎及上海至香港各水綫報費，按照中國與大北公司所定之數目，均由中國乙一乙二兩段所開三法郎克七十五生丁及一法郎克五十生丁內撥給。

改凡有經過中國並由中俄相接電綫傳遞電報，中國應與大北電綫公司商訂，其總價不得比以上各款。由海參崴傳遞者所取報資過多，所有應給該公司之上海至長崎及上海至香港各水綫報費按照中國與大北公司所定之數目，均由中國乙一乙二乙三三段所開三法郎克七十五生丁並四法郎克七十五生丁及一法郎克五十生丁內撥給。

《大清新法令》卷二《外交·合同·直隸臨城礦務局與比公司訂立借款辦礦合同》由北洋大臣袁奏准光緒三十一年二月十一日　津海關道奉北洋大臣袁札，委辦臨城內邱高邑境內煤脉相接之礦，茲因該局應辦一切事宜轉與建造盧漢鐵路總工程司即比京之辦理，中華鐵路公司代理人沙多訂立合同如下：

該辦理中華鐵路公司係駐比京代理將來新設之直隸臨城礦務借款公司一切事宜。此合同內所有臨城礦局稱爲直隸臨城礦務局，比國代理直隸臨城礦務借款公司稱爲盧漢公司。

第一款　一、直隸臨城礦務局議定籌借款項以足敷購置新式機器爲擴充臨城礦務之用，且因該礦附近鐵路所出煤斤可借盧漢鐵路轉運以便銷售起見。

第二款　一、直隸臨城礦務局議定籌借法金三百萬佛郎約合銀九十二萬三千兩，由盧漢公司承認籌備全數借與直隸臨城礦務局。

第三款　一、此項借款並借款應納之七釐利息，將直隸臨城礦務局所有新舊產業作第一次抵押，以上產業直隸臨城礦務局承認並無另押與他人情事。

第四款　一、直隸臨城礦務局與盧漢公司彼此議定，俟需款之時由盧漢公司將所借之全數分四期交清，按十成計算，每次交足二成五撥入彼此互允之銀行以便應支。

第五款　一、在此合同期內所有該礦一切事宜，應由直隸臨城礦務局與盧漢公司合辦。直隸臨城礦務局應派華總辦一員、華工程司一員及各華員，盧漢公司應派洋工程總辦一員及各洋員，均須彼此會商妥洽後方能委派。所有該礦公事並添置機器購買材料以及各項賬目每事須華洋總辦互相商妥方可舉行，遇有應行公事亦須由華洋總辦商定後，用直隸臨城礦務局出名公同樹押。

第六款

一　直隸臨城礦務局本有之利益，以及各項產業房屋礦井機器連勘驗費在內，共值實銀五十萬兩，此五十萬兩內以四十八萬兩作爲直隸臨城礦務局本有之利益，以及現有各項產業房屋礦井機器之價值，其餘之二萬兩作爲中國地方官勘辦經費。此二萬兩應交還中國地方官收回。其盧漢公司從前細勘該礦之費用各款現訂定撥十三萬佛郎作爲盧漢公司名下之款。

二　直隸臨城礦務局所有利益產業共值五十萬兩之數，盧漢公司承認在借款之内先撥十五萬兩，交還直隸臨城礦務局收回，分三期交清。第一期俟奉政府批准合辦時即交銀五萬兩。其本款第一段内所載應交還中國地方官之勘辦費銀二萬兩即在此第一期所交五萬兩之内，無須另交。第二期俟華洋總辦到局開辦時再交銀五萬兩。第三期於第二期付清兩個月之後即再交銀五萬兩。至所餘之款三十五萬兩不交現銀作爲直隸臨城礦務局股本按第七款内照股分息。蘆漢公司名下所有之十三萬佛郎當於華洋總辦到局接辦時交還現銀六萬五千佛郎與蘆漢公司收回。下餘之六萬五千佛郎作爲蘆漢公司之股本亦按第七款内照股分息。

三　奉政府批准核辦之後，直隸臨城礦務局暨蘆漢公司須即接收臨城舊局所有産業房屋礦井機器，立即從善辦理。

第七款　一　合辦後每年所得利息照後開辦章程辦理。甲　先付佛郎借款利息，按常年七釐計算，每年一付即借款每百兩息銀七兩。乙　既付借款利息之後，須交第六款兩局所出三十五萬兩暨六萬兩五千佛郎股本之利息，亦按常年七釐計算，每年一付即股本每百兩息銀七兩。丙　既支以上兩項利息之後，所餘之款每百兩撥交直隸臨城礦務局十兩作爲直隸臨城礦務局公積之款，與蘆漢公司無涉。丁　再有餘款歸直隸臨城礦務局暨蘆漢公司，公同均分，各得一半。

第八款　一　建造新式機器約計至遲不得過二年之期，其建造新式機器未完以前，所有舊機器所得利益如不敷支借款以及股本之利息，凡不足之款當由借本内撥出交付。至借款利息只按已交之款若干於交款日行息，其兩局訂定之股本利息應視已交之借款若干按照借款全數彼此分成折算。如借款只交一成，則兩局所有股本亦按一成行息，至新式機器造成開用以後兩局所有之股本即按三十五萬兩暨六萬五千佛郎之數行息。

第九款　一　此項借款由中國政府批准之日起以三十年爲期。前十五年按借款交到實數照第七款付利，自第十六年起分年還本將借款三百萬佛郎每年付還全本十五分之一，即每年付二十萬佛郎。應付之七釐借息隨本遞減，既將第七款丁字項下蘆漢公司名下應得之一半餘款。自第十六年至二十年其所餘之款仍按第七款丁字項下均分一半。自二十一年至三十年蘆漢公司僅得所有餘款四成也。至第三十年本利全清並將蘆漢公司名下之股本銀二萬兩每兩按三佛郎二五計算於期滿時一並付足後，所有直隸臨城礦務局利益産業即與蘆漢公司無涉，此項合同即行作廢。

第十款　一　此借款至十五年之後直隸臨城礦務局可以將此合同停辦，惟直隸臨城礦務局欲將此合同停辦時須在一年之前先行知會蘆漢公司。屆期由直隸臨城礦務局將借款九十二萬三千兩全數付足，並將第六款蘆漢公司名下之股本六萬五千佛郎一並交還，加以十五倍一年之利益。所謂十五倍一年之利益者，即按第七款丁字項下最近五年蘆漢公司所得之利總共之數，按五分均分後，將所得之一分加足十五倍計算，至此項應得十五倍一年之利益，按全數借款計算不得過九成之多，方能照給；如過九成之外亦只按九成照給。如至十五年之後蘆漢公司欲將此合同停辦，須在一年之前先行知會直隸臨城礦務局，如是則臨城礦務局只還全數借款暨蘆漢公司名下股本計六萬五千佛郎，即無須另加利益。倘至五十年之後直隸臨城礦務局與蘆漢公司均不欲即行停辦。則按照第九款所載辦理。

第十一款　一　現訂明本合同之借款，止以直隸臨城礦務局産業暨股本作第一次抵押，倘該産業及股本將來不足以償此項借款或此項借款利息其下欠之款與中國國家及官府無涉，即與該局股友除以其應得該礦利益抵完外亦不再干涉。

第十二款　一　在此合同未經作廢及停辦以前，直隸臨城礦務局未經蘆漢公司允准不得擅與他人另立合同。倘至第十五年之時直隸臨城礦務局欲借洋債以還蘆漢公司全數借款，其時直隸臨城礦務局欲給他人利息須照擬給他人之章程，先讓蘆漢公司承辦。如蘆漢公司不願承辦，方能另讓他人，此係指擬借洋債而言。至或十五年以後，中國官商自行籌款接辦，則照第十款清還欠款後，蘆漢公司只可退出，不得有異言。至蘆漢公司未經直隸臨城礦務局允准，亦不得將其合辦利權並股分轉讓他人承辦。

第十三款　一　蘆漢公司承運直隸臨城礦務局所出之煤，所有運費須按每次各車滿載煤斤不拘遠近每噸應交運費不得過洋一角五分。再按每英里計算，每一英里從廉加給，運費每噸不得過洋一分，以上價則係按每洋合二佛郎以上計算。倘每洋合二佛郎以下，其價應另行遞加。至蘆漢自用之煤其煤價，可照本處公平市價按七五折算給。

第十四款　一　該局報效中國國家並本省官款須按煤斤出礦之價，每值銀一兩内，以五分作爲報效即每百兩五兩。所征税釐按照開平礦局章程辦理，每噸納釐金净錢八十四文另納税銀一錢。鐵路官局暨凡他官所用煤斤只納報效之費，除以上税釐並應納之地税外，並無他税。倘别項煤斤在直隸省有納税較低者，直隸臨城礦務局所出之煤亦當援照完納以歸一律。

第十五款　一　該局應用一切礦務材料物件只完海關例税，至其餘釐金各捐一概豁免。

第十六款　一　凡有該礦一切事宜全仗北洋大臣維持保護，自應歸北洋大臣節制。所有事宜由其所委之直隸臨城礦務局督辦總辦並蘆漢公司所派之洋工程總辦等，遵照北洋大臣指示辦理，倘非有實礙該礦利益者，均應遵辦。

第十七款　一　倘兩局遇有爭執，直隸臨城礦務局暨蘆漢公司各請一秉公人判斷，如所請之秉公人不能判斷，則由二秉公人另公舉一人以決之。

第十八款　一　以上各款章程繕就六套，每套華英文各一紙，華英文字均已詳對兩局，均認無訛。嗣後遇有爭執，華英文均可作準。此合同六套均由兩局所委之員畫押後，呈送北洋大臣核準蓋印，轉請政府批准。其合同六套以一套存北洋大臣衙門備案；一套存津海關道署備案；以二套存直隸臨城礦務局備案；二套存蘆漢公司備查。

《大清新法令》卷二《外交·合同·擬設山西熔化廠并合辦盂平潞澤礦務合同道清合同附録四，鐵路總公司與福公司商訂》　一　山西商務局將批准專辦之盂縣平定州潞安澤州與平陽府煤鐵礦，光緒二十四年商務局與福公司訂立合同轉請福公司辦理，限六十年爲期。現經議定中國願與福公司合辦以上盂平等五處鐵礦以及化鐵需用之煤與煉焦爐，福公司應允中國合股開辦，以五成爲度，自給憑單之日起六十年爲限，其限期之内中英董事人數相同平權辦理。合辦派股之時，所有福公司創始已用經費如實有單據可憑確係爲鐵礦事宜所用，准其分派核算撥入股本項内，其詳細合同另行會訂。至以上所指各處煤礦如亦願意合辦，届時由山西商務局與福公司再行商議。

二　中國國家自籌資本，准在晉省設立熔化廠，允將中國與福公司合辦鐵礦之鐵砂交由國家熔化廠煉成鐵磚，以便易於火車裝運。此熔化廠或設在就近産鐵之處，或在就近鐵路之處，由彼此商定相宜地段安置，其化鐵爐式樣自必選取各國最新最精之圖樣估算辦理。届時福公司如有圖樣價值亦可一並呈送由督辦大臣，擇其極相宜者辦理，以期工速費省。如果礦務興旺推廣辦理實多裨益，應准商量中國國家推廣辦法，以期盡善，而保廠礦彼此利益。

三　熔化之費彼此商訂公道之價。該廠如實係自己需用之煤及焦炭倘欲在第一款所指各處之煤礦購買，須訂一額外價值比外賣之價略減，該公司盡先供用。該廠既設之後，國家須時常保全妥當合用。而該公司除國家允准外，不得將鐵砂寄往别處熔化或别法銷用，該廠亦不得於該公司交煉鐵砂有所躭延。

四　該廠及日後推廣之廠，均係中國國家物産，該廠督辦大臣應自遴用合式化鐵工師。如届時中國尚無稱職之人應向英國選聘，由督辦大臣與該工師另訂聘用合同。

原合同所載各節，除經以上四款所更改並將來另訂詳細合同外，餘均照舊辦理。以上條款用華英文各繕兩分簽押後，各執華、英文一分爲憑。

大清督辦鐵路大臣太子少保尚書銜前工部左堂盛押

大英前駐滬總領事官三等寶星福公司總董兼總代理人哲美森押

光緒三十一年六月初一日

西曆一千九百五年七月三號訂於北京

《大清新法令》卷二《外交·合同·收買新奉暨自造長吉鐵路條款光緒三十三年**》**

瞿

大清國欽命外務部大臣那　唐

大日本國欽差全權大臣林

各奉其本國政府之委任茲協定條款如下：

第一款　中國政府現因收買日本國所造由新民府至奉天省城鐵路，議定售價日本金圓壹百陸拾陸萬圓，在天津交付正金銀行兑收。此鐵路由中國政府改爲自造鐵路，允將遼河以東所需款項向南滿洲鐵路公司籌借一半之數。

第二款　現中國政府自辦吉林省城至長春府鐵路，允將所需款項之半數亦向前開公司籌借。

第三款　第一款及第二款所載借款之條件除還清期限外，其餘一切仿照山海關内外鐵路借款合同辦理。其主要事項開列於左，至鐵路一切辦事章程應按照現在山海關内外鐵路總局之辦法辦理。

甲　借款還清期限關於新奉鐵路遼河以東者定爲十八年，吉長鐵路定爲二十五年，在各期限未滿以前均不得還清全款。

乙　新奉鐵路遼河以東向南滿洲鐵路公司所借之款，即以該段鐵路産業及進款作保。

吉長鐵路局自籌之商股及向南滿洲鐵路公司所借之款，均以該鐵路産業及進款作保。

中國政府於借款未清以前，凡他項借款均不得以以上所指鐵路産業及進款作保。

中國政府於借款期内應將遼河以東之鐵路，及吉長鐵路房屋工廠車輛地段物産等經理妥善，並隨時增添車輛，務令運載等事敷用無缺。倘嗣後於吉長鐵路添造枝路或再接展其建造之事，應歸中國政府自辦，如有不敷之款項應向公司籌措。除所指之鐵路外，如中國自行籌款建造他路與南滿洲鐵路公司無所關涉。

丙 借款本息均由中國政府作保，如付息還本到期爽約公司即知照中國政府應按所需之數代還公司，倘中國政府於公司知照後未能照所短本息籌，還應將所指之路及一切産業交公司暫代管理，俟本息還清仍交還鐵路局管理。倘所欠本息爲數無多可通融展期，惟不得逾三個月之久。

丁 在借款期内總工程師應用日本人，至鐵路辦事人員，倘華人不敷用，亦可參用日本人。倘有時須更换總工程師，應與公司商明方可派委，並添派鐵路帳房一員，須具幹練之才，於鐵路各帳務均有全責布置督理。其監督收發事宜應商同鐵路總辦辦理。

戊 所指各路係屬中國政府官路，如遇軍務帳務政府在各路運送兵丁糧食均不給價。

己 指明各路所有一切進款應存日本國銀行，至如何存儲俟訂立借款合同時彼此商定。

第四款　中國政府收買現有之新奉鐵路後，應從速與南滿洲鐵路公司訂立關於遼河以東之借款合同，又派令中國工程師會同日本工程師履勘吉長鐵路，以憑估計該路需款，完畢後應於六個月内與公司訂立借款合同。

第五款　中國所辦之新奉及吉長鐵路均應與南滿洲鐵路聯絡，至其一切章程，由津榆鐵路局與南滿洲鐵路公司另派委員商訂。

第六款　第一款第二款所載借款之實收價值應照中國最近與他國借款公平酌定。

第七款　新奉鐵路售價交付後限一個月應即由中國鐵路局派員接收經管。

光緒三十三年月日

明治四十年月日

《蘇州商會檔案叢編》第一輯《商部爲諭批設立鐵路公司札蘇商總會文》光緒三十二年閏四月初四日》

商部爲札飭事。光緒三十二年閏四月初三日准軍機處片交本部具奏江蘇紳士籌辦本省鐵路公舉總、協理應准先予立案折。奉旨：依議。欽此。欽遵。傳知到部。除分行外，相應恭録諭旨，鈔録原奏，札飭該商會總、協理等欽遵辦理可也。須至札者。（附粘）抄件。

右札蘇州總商會尤、倪紳先甲、思九准此。

附：商部奏摺

謹奏。爲江蘇紳士籌築本省鐵路，設立公司，公舉總、協理，應准先予立案，恭折仰祈聖鑒事。

竊臣部於光緒三十二年四月間接據江蘇通省京官暨在籍紳士，日講起居注官、翰林院侍讀學士惲毓鼎等二百五十六人公同呈稱：竊維近年風氣漸開，鐵路關係之重盡人皆知，若皖、贛、川、粤、閩、浙等省類皆由全省紳商合力籌辦均邀奏奉諭旨允准在案。江蘇處江海要沖，爲東南綰轂之區，現在滬寧業已借款開造，此外幹枝各綫，大概自江以南由上海經松江以達於浙，自江以北由海州經徐州以達於豫，貫輸銜接，亟應首先籌築以握利權。其餘各綫亦宜陸續測勘，次第開築。現經在籍紳商屢次集議，擬先集股款一千萬元，設立蘇省鐵路有限公司，由創辦諸人先行認定百餘萬元，以爲勘路興工之用。路未告成以前之股息，擬就地方情形酌量另行籌補。惟造端宏大，風聲所樹，首在得人，非資深望重、爲全省紳商所信任者，不足以膺兹巨任。查有商部右丞王清穆學識宏通，思慮周密，擬公舉爲鐵路總理。商部頭等顧問官、翰林院修撰張謇才具恢宏，辦事練達，擬公舉爲協理。以之主持公司一應事宜，必能措置裕如，爲蘇省力謀公益。毓鼎等或服官京師，或散處鄉里，往覆電商，意見相同。除將勘路、集款、招股、興工各詳細事宜，公同妥訂章程，再行呈請核奪外，謹將設立蘇省鐵路公司、公舉總協理繕具大概辦法，公懇據情奏明立案，請旨遵行。

又準工部尚書陸潤庠、都察院左都御史兼署禮部尚書陸寶忠、内閣學士兼禮部侍郎銜吴鬱生、宗人府府丞陳名侃、外務部左丞鄒嘉來、署外務部右丞雷補同等，函同前因。並稱江蘇鐵路亟宜籌築，潤庠等事關桑梓，允宜力贊其成。王清穆、張謇熟諳時政，鄉望夙孚，令其規劃路務，必有可觀，公懇準如所請，各等語。臣等伏查蘇省物産富饒，地勢形便，外環大海，中亘長江，與山東、河南、安徽、浙江各界毗連，商貨往來極形繁盛，實爲東南沖要之區。現在路政日見發達，所有安徽、浙江兩省鐵路業由該省紳士先後自籌建築，呈由臣部奏奉諭旨允準在案。

今江蘇紳士惲毓鼎等呈請援案辦理，將來與安徽、浙江等省接軌合撤，以冀商運便捷，力保利權，洵爲扼要之圖。其公舉臣部右丞王清穆、翰林院修撰張謇辦理鐵路事宜，查右丞王清穆才大心細，規模宏遠，夙在臣部辦事，動中竅要。上年奉命考察商務暨會查路礦款項，周歷沿江沿海各埠，於鐵路各項辦法均曾研究。兹雖在京供職，而函電商榷遥爲控制，於路務自有裨益。既經該省紳商等合詞公舉前來，可否仰懇天恩，俯念路政重要，準將臣部右丞王清穆派令總理江蘇鐵路，以順輿情。修撰張謇才具開展，辦事結實，向能整理實業，究心商務，於鐵路事宜亦所熟悉，既爲鄉望所推，應請派爲協理，所有招股、勘路、購地、興工各要端，均應由該紳等妥慎籌劃，隨時稟呈臣部詳核奏明，切實興辦，以一事權而聯衆志。至該省路綫除滬寧業已借款建築，欽派大臣辦理外，該紳等所稱自江以南由上海經松江以達於浙，自江以北由海州經徐州以達於豫，首先籌築，以收貫輸銜接之利，意在使内地土貨灌輸商埠，爲利便運途、收回利權起見。籌畫至爲允當，應準先予立案。俟股本集有成數，即由臣部飭令趕速興工，一切遵照臣部奏定章程辦理。除俟該紳等擬具詳細章程，勘定路綫，繪圖貼説，呈由臣部再行奏明外，所有江蘇紳士籌築本省鐵路，設立公司，公舉總協理，應準先予立案各緣由，理合恭折具陳，伏乞皇太后、皇上聖鑒訓示。謹奏。

《清代稿鈔本》第四九册《廣東諮議局第二次常年會議報告書·籌辦惠潮鐵路案》

議草　　議員陳炯明提出

鐵路之鉅益，盡人皆知，毋庸贅述。粤省自粤漢鐵路讓成風潮之後，幾於因噎廢食，路業無人過問，誠爲憾事。現年本局臨時會監於粤杭路綫之關係，嘗籌議三省議局發起集資築路案，經呈准，咨會閩江兩督，惟事體重大，資本亦鉅，未易集事。近日疆吏視築路爲救國之要圖，國庫空虚，猶擬借外債以代之，若國民有資可集，朝政方重勸業，當得於全國鐵道幹綫外，各就地方交通要路，籌集的款，呈請予限承築，以助地方之發達。就粤省而論，各屬應造之路，其於運費收入最有利益，一省之實業軍政最有關係，而集股與造路，又均不甚難者，莫如惠潮鐵路是也。查惠潮鐵路自惠州府博羅縣屬之石灣墟起，直達歸善、海豐、陸豐，潮州府屬之惠來普寧、揭陽等縣，至潮州府城止，計長二百四十六英里，約估需銀二千萬元，當可完築。今將各項理由略爲説明，並擬訂商辦惠潮鐵路有限公司章程草案一本，作爲本省應興事件一併議決。

（甲）各項理由之説明

一、收入最利益之理由。查此路雖屬惠潮，而實上接廣九及粤漢展築之路，下通潮汕及閩浙將造之路，本路適貫其中，吸取兩端之利益，而所過又皆繁盛著邑，人口既多，物産亦富，其收入之倍蓰可知，據日本小川資源氏所調查，以本路在杭廣綫中爲最有利益之綫，信不虚也。

二、實業最關係之理由。惠潮嘉各屬，爲粤省物産最富，供求最大之區，觀歲中進出口貨物，爲數甚鉅，已可概見，徒以運輸未便，以致農工商業不能充分發達。若此路築成，聯廣九潮汕爲一氣，各屬富有實業沿之以振興，而廣東生産力之增加爲不少矣。

三、軍政最關係之理由。粤省東路以惠潮沿岸爲門户，而海岸綫最長，海軍設防之處亦當最多，駐陸提於惠城，實爲省垣之左臂，若此路築成，一遇事變，頃刻調兵，立可保全腦部，而東路有事，亦得立行鎮壓，永無東顧之憂。故此路成，其有資於軍政海陸防俱然矣。

四、路股易集之理由。粤省近雖窮困，而民間資本家，尚爲他省之冠。徒以粤路鑒爲前車，故却而退步耳。今若設法完善，防弊周密，藉以發展，其信用未始不可以集事。查惠潮嘉各屬内地及南洋資本家不乏其人，向來受粤路之影響尚淺，路綫屬其鄉梓，集資當自踴躍。況本路集股，公諸全粤及全國，而分期收股，又全憑信用與成效爲期約，（如第一期收股指定銀行，第二期收股視本公司銀行成立，第三期收股視第一段路工告竣，第四期收股視第二段路工告竣之類，詳公司章程股份章。）自無意外恐慌之事，而招股可得其信用也。

五、路工易造之理由。惠潮路綫悉屬平原，其中祇海豐楓門坳與五指嶺須用隧道，據日人所調查，五指嶺海拔千三百尺，隧道要數千尺，用四十分之一急勾配，除此嶺外，勾配皆緩，布署尚容易。至於橋工，亦屬無多，此路綫之易築也。若仿廣九路工辦法分頭築接，獲利挹注，其程功尤爲易事也。

六、請歸商辦之理由。現在粤省財政支絀，已無此項鉅款可撥湊，官股即有所籌，亦屬儘先抵賭，故官營及官商合營已無可言。而監督鐵路事宜，郵傳部既專職掌，地方官亦與有責成，自無庸另立官督商辦，此其純歸商辦之理由也。

（乙）擬訂商辦惠潮鐵路有限公司章程草案

第一章　總則

第一條　本公司遵照現行商律，呈由督憲奏咨，准歸商辦立案發鈐，定名爲商辦惠潮鐵路股份有限公司。

第二條　本公司建築惠潮鐵路幹綫，自惠州府博羅縣石灣地方起，經歸善、海豐、陸豐、惠來、普寧、揭陽，至潮州府城止，計長二百四十六英里。

前項幹路築成後，并得展築一切必要之支路，但限於惠、潮、嘉三屬區域内。

第三條　路線所經必要之支路，除由嘉應州屬至潮州府城之支線外，得由該本屬地方自治團體，按照本公司章程籌款承築，但須經本公司許可並酌定其利益，呈由郵傳部核准存案。

第四條　本公司商辦期限，由郵傳部酌量劃定，奏准立案。限内悉係完全商辦，不受變更。

第五條　沿路需用車站路線地方，如係官荒，應由本公司向地方官升科作爲本公司物業。

第六條　本公司係完全商辦，一切用人理財，不受地方官干涉。

第七條　凡本公司鐵路經由之處，所有一切事件，應請地方官實力維持，悉照奏定重訂鐵路簡明章程第四條第十四條辦理。

第八條　本公司勘定路線，其左右兩面各十英里以内，他人及别公司不得築造平行綫之鐵路，以保本公司路利而杜争端。

第九條　本公司收第一期股本後，即以全股本二十份之一設立銀行，爲本公司收支總滙之所，以保股本安全確實，免滋侵混之弊。

前項銀行未設立以前收第一期股本，應指定一確實銀行爲存放銀兩之所。

第十條　本公司總辦事處，設在潮州府城，未建設以前，暫設在廣東省城潮州八邑會館。將來若築支路，其分設各處者則稱辦事分所，冠以本公司名及地方名，歸總辦事處統轄。

第二章　股份

第十一條　本公司實業集股本二千萬元，分爲二百萬股，每股銀十元。

第十二條　本公司股份在二百萬股内，先入之一百萬股作爲優先股，其代本公司招股招滿千股者，加給三十股作爲紅股。

第十三條　股銀分四期交足，第一期每股交銀一元作爲認股，第二期視本公司銀行成立再交銀三元，第三期視第一段路工告竣再交銀三元，第四期視第二段路工告竣再交銀三元，股銀交清，换給股票息摺。

第十四條　本公司第一期收股，指定確實銀行，由股東或招股之人自行交存暫作自己預金，一俟截收時期，查核經交股本之人認爲股東，並計實收股本總數報告股東，股本權利移轉公司設立銀行，第二期以後統由本公司銀行收股。

前項第一期所收股本，倘本公司遇有確不能成立事件發生，得由股東會議決，權利不移轉，各自支回，但限於公司銀行未設立以前。

第十五條　如在第一期將四期股銀一次併交者，公司予以特别利益，交銀九元五角作爲十元。如在第一期以後全交者，不得同享此利益。

第十六條　第一期收股截止時尚未招足二百萬股，得於第二、三、四期續招，以招足爲止。但在第二、三、四期入股者，應將前期股銀一併交付。

第十七條　本公司如欲添招新股，應集股東會議，其議決方法按照公司律第一百十五條辦理。

第十八條　本公司得設不買賣讓與股份。

（附説）凡購本公司股份，如有來本公司報明，願將祠堂蒸嘗股份及自己姓名股份欲永傳子孫，不准子孫變賣讓與者，本公司應爲之另立不動股份號簿登記，並於原股票註明永傳子孫，不准變賣讓與及轉按轉揭字樣，加蓋關防保護，並由本人登報聲明。

第十九條　凡附本公司股份者，當守本公司呈部奏定之章程。

第二十條　本公司收入支出均以雙龍毫爲本位，金錢、銀元、紙幣，照此伸算。

（但日後部定各省通行貨幣是否便利作爲本位，由股東會議決）。

第二十一條　本公司股本，週年六釐計息，閏月不計，股銀交到次日起息。

第二十二條　每届年終，各項賬目結清楚，應付官利餘利，先期登報布告，統於次年三月初一日起一律發給。

第二十四條　凡紅股須俟全幹路告成後一律給與官利餘利，全幹路未告成時不給官利。

第二十五條　本公司股票以股銀交清之日掣付併附息摺，其股銀未清以前，先掣收條爲據。

第二十六條　於股東應繳之股銀不能如期繳納時，應由本公司登報催告，約定期限，二次仍不照繳，即失其股東之權利，但股東有對抗之理由時不在此限。

關於前項之理由，以股東總會議決之。

第二十七條　本公司股票應按照公司律第二十八條辦理。

第二十八條　本公司設有股東名册，所記各項如左：

一、記股東姓名籍貫，並現在所住及遞信住址。

二、記各股東股份數及股票號數。

三、記各股東分附入與轉買後附入之年月日。

第二十九條　本公司係華商自集華股，不收外國人股份，惟原係中國人而曾入外國籍者，本公司仍認爲中國人得以附股。惟附股後即與中國人無異，仍須遵守中國商律及本公司章程，如有用外國籍名及牽引外國人干預本公司之事，本公司得將原發收單股票息摺注銷作廢，削去其股東權利。

第三十條　本公司股份不得轉售或抵押與外國人，違者其股票作廢。

第三十一條　公司每年結賬，所有贏餘分作二十成，以一成爲公積，以一成報効國家，以二成爲董事局暨在事人員花紅。以十六成化作二十成，内以三成作爲優先股酬報，以十七成按股攤給各股東。

第三十二條　優先股報酬以實行分給餘利之日起十年爲限，限滿取銷。所有餘利仍照十六成之數按股攤派。

第三十三條　公積遵照商律，以滿資本總額四份之一爲止，非經股東會之議決不得動用。

第三十四條　如無違背本章程第二十四條之規定，願將股票轉售者，可向本公司索取印就之售股券，填寫明晰，由售主及中證人簽字，與股票易摺同交本公司收支所代爲過户。

第三十五條　股票息摺如有遺失毁廢，得覓二倍其股數之股東作保證人，向本公司填具請補書，一面登二種以上新聞廣告，滿二月無人争論，即填給新股票息摺。

第三十六條　股東息摺遺失轉買、分開、合併或更名號須换股票息摺者，應由該股東按繳本公司所定相當之費。

（附説）分開者指一票數股分開爲一股一票也，合併者指數股合爲一票也。

第三十七條　本公司不得自己收回或抵押所出股票。

第三章　股東會議

第三十八條　股東會議分尋常會議特别會議兩種。

第三十九條　尋常會議每年二月招集，即議決前一年終所結股分、銀錢、地畝、材料、工程支銷，及開車後客貨之運脚利息之分派各項賬目，并爲次年董事查賬員之選舉。

第四十條　尋常會議時，應將董事局提出之書類及查賬員報告之情形調查而議決之。

第四十一條　前條之調查，得由股東會選任臨時檢查員。

第四十二條　特别會議由董事局認爲緊要事件，或由本公司股本十份之一之股東説明事由請求開會時招集之。

第四十三條　有前條第二項之請求，董事局不於一月内照辦，各股東得禀由本管長官核准，自行招集股東會議。

第四十四條　股東會之會期會場並所議事件，距會三十日前由本公司先行登報通知。

第四十五條　無論尋常會議特别會議，各股東有五股者得一議決權，十股以上者每加十股得一議決權，百股以上者每加五十股得一議決權，一千股以上者每加百股得一議決權，一萬股以上者每加至五百股得一議決權。

第四十六條　有不滿五股之股東，得聯合五股推舉一股東，或託其他股東代表到會議事，亦得一議決權。

第四十七條　股東會委託代表人所出憑證，應於三日前繳本公司查核。

第四十八條　凡非本公司股東，不得爲股東代表人。

第四十九條　凡赴會之股東，應先將股票呈驗號數份數，以便照給各種票券。

第五十條　非領有入座券者不得入座，發議行使議決權選舉權亦如之。

第五十一條　股東會議時，由股東公舉主席一人，此主席本人姓名所占本公司股份，至少須有一百股以上，議決後即銷除主席之名。

第五十二條　凡於股東會之議決，有特别之利害關係者，不得行其議決權，但得到場會議。

第五十三條　尋常會議之議決，按照公司律第一百一條辦理，特别會之議決，按照公司律第一百三條辦理。

第五十四條　股東會議時，如股東臨時有他事提議，須得衆股東十人以上之贊成並主席之許可，方可列入議案。

第五十五條　股東會議時有一議決權之股東，將賬目簽注者，即應將所簽之賬目交出會場澈查之。

第五十六條　股東會議無論尋常特別，均得展長會期。

第五十七條　股東會議由書記登録，主席簽字，議決之事董事局必須遵行。

第五十八條　股東會議招集及議決方法，如有違背現行商律及本章程之規定者，各股東得於議決一月内請本管長官宣告其無效。

第四章　職員之選任及薪給

第五十九條　本公司置董事七人，查賬四人，總協理各一人。

第六十條　董事查賬員由股東總會選任，總協理由董事局公舉，呈由股東可決，不得其可決時，須另舉再決之。

（附説）按公司以董事爲綱領，應有進退總協理之權，公司律七十六條之規定亦即此意，但股東心理，深妨串舉爲弊，恒有推重股東權之趨向，查公司律五十二條，股東議決之事，董事必須遵行，是總協理如不孚衆望，股東議決開除，董事在必遵行，然與其事後否決，不如事前可決之便，移而易之精神一貫，毫無抵觸，本草案爲此調和，一以保董事局之特權，使之由幹生枝，得收一氣聯絡之益，一以慎重選任，杜串舉之弊，而釋股東之疑慮也。

第六十一條　凡本公司十股以上之股東，具有左開資格之一者，得被舉爲董事及查賬員。

（一）一人姓名占滿本公司五千份以上者。

（二）鐵路學堂畢業得有憑照者。

（三）襄理路事確有經驗者。

第六十二條　凡具有左開資格之一者，得被舉爲總協理。

（一）辦理路事確有成績者。

（二）鐵路學堂畢業得有憑照者。

第六十三條　董事查賬員總協理及司事人員，有左開各項之一者不得充任。

（一）現任印官及監督本公司之權責者。

（説明）本公司係完全商辦，如以印官充任職員，揆之本旨不合。至以有監督本公司權責者充任，尤爲權限混撓，致本公司失其監督之機關。

（二）曾被人控否吞蝕款項（無論公款私款及營業款），查有確據者。

（三）曾被人控告棍騙錢財，查有確據者。

（四）恃洋教洋籍爲護符，欺壓良懦稟控有案者。

第六十四條　董事任期三年，每年留三分之二，按舉輪替，但得連舉連任。

（附説）查公司律，董事任期一年，每年留三分之二，按舉輪替。依此規定，則實際上每年輪替三分之一，除初年掣籤外，董事任期無非三年，故本草案就實際上三年爲言，非與公司律抵觸也。

第六十五條　查賬員任期一年，總協理任期三年，但各任期滿後，均得再選任之。

第六十六條　董事查賬員於任期内有怠於職務，或違背定章及股東會之議決時，得由股東辭退之。

第六十七條　總協理於任期内有怠於職務，或違背定章及股東會董事局之議決時，由董事局商承股東會辭退之，但不得其可決時，董事局對於本事件不負責任。

第六十八條　選舉權數之計算，與議決權數同。

第六十九條　各所所長，由董事局在五股以上之股東内公推聘用，其自所長以下一切辦事人員，得於股東外僱用之。

第七十條　總協理、各董事、查賬員薪水，均由股東會議定，其所長以下職員薪水，由董事局議定。

第七十一條　本公司大小職員俱實力辦事，無掛名乾脩等名目。

第五章　董事局之權責

第七十二條　董事局爲公司執行機關之總綱，以董事組織之。

第七十三條　董事局之會議，按照公司律第八十五條至九十七條辦理。

第七十四條　本公司所發公文函電票據及與人訂立合同等件，均由董事局署名，其往來文件底稿董事局須保全之。

第七十五條　董事局有指揮監督總協理及以下一切職員之權。

第七十六條　董事局視工程營業之必要，得分設各所或合併之，每所置所長一人。

第七十七條　各所辦事規則，款目簿計及購地章程，材料購買規則，工程管理法，行車管理法，及客貨車價一切條規，均由董事局核定之。

第七十八條　董事局有措置動用銀錢之權，但不得違背公司律第七十五條之規定。

第七十九條　董事局關於前條之事項，如係惡意或過失，致銀錢有虧損時，董事局當負其責任。

第八十條　凡包工購料及承載客貨確有情弊致公司受損失時，董事局應賠償其損失。

第八十一條　董事局於開會一月前，應將本公司股份、銀數、地畝、材料、工程支銷、開車後客貨之運脚、利息之分派，并預算次年工築程限及其費目，分別列表提出於股東會議。

第八十二條　前條列表，須經股東會允許後方准實行。

第八十三條　董事局所提出之賬目，非經股東會承認之後不能卸責，但有不正行爲時，不問股東會業經承認與否，察出後仍當負其責任。

第八十四條　董事不得兼充查賬員。

第八十五條　董事應逐日在公司專心業務，其辦事規則由董事局自定。

第八十六條　董事局執行業務，不得違背定章及股東會之決議。

第六章　查賬人權責

第八十七條　查賬員有監查公司營業之狀況及糾正賬目虛僞之責，并有質問總協理之權。

第八十八條　凡工程營業所到之地，查賬員有分投查察之責。

第八十九條　查賬員察出各所所長、司事及工程司等確有情弊時，應據實報告董事局處分之。

第九十條　於董事局確有情弊，或董事局於各職員之情弊顯有偏袒時，查賬員應隨時登報布告股東，由股東請求開會核議，其報告費由公司支之。

（附説）查賬員爲監查機關，董事局有弊時，應有總會請求權，惟公司律八十四條不認之，本條規定登報布告，其請求之權仍歸股東，所以救未備而不至抵觸也。

第九十一條　查賬員不得兼充董事暨各所所長。

第九十二條　查賬員不得侵董事局及總協理之權限。

第九十三條　股東對於公司有疑慮時可詢問查賬員，查賬員有據實答覆之義務。

第九十四條　公司賬目應按照公司律第一百九條所載各項，每年由所分類，造具清賬，經稽核所之核定，由查賬員覆核無訛，簽名册上交董事局，刊印報告於各股東。

第九十五條　每年股東會議宣布賬目時，查賬員應證明賬目無誤，並負其其責任。

第七章　辦工

第九十六條　工程師應聘用本國人，但須聘用外國人時，按照部定鐵路僱用洋員合同格式禀報核准然後聘用之。

第九十七條　本公司購地悉照商部訂定鐵路購地章程辦理。

第九十八條　本公司全路各段建築程式辦法，及工程成本暨竣工驗工日期，應由總協理督同總工程司製造詳細圖表，交由董事局核定，宣布於衆股東。

第九十九條　本公司全幹路工程，分兩頭起築，先由石灣及潮州同時開工，築至中途接合。

前項工竣期限，届時由工程司酌定宣布，依期趕築，不得逾限。

第一百條　各段工程應分段招包工料，如期開築，其招包辦法以投票法行之。

第一百一條　招工包辦各種工程，應先繳交押款，其合同内應載明建築辦法、竣工期限及包工之一切章程。

第一百二條　鐵路例得附設電報德律風，本公司俟援辦時另訂詳章。

第一百三條　本公司路線有與他公司聯接者，當隨時商訂共同行車章程。

第八章　會計

第一百四條　本公司賬目，自開辦日起，每月終一結，每年終一總結，所有股份、銀錢、地畝、材料、工程支銷、開車後客貨之運脚、利息之分派，隨時分派，隨時分別登諸報章，俾衆週知。並於次年分送年結，無論一人自占或數人合成，均以滿五十股送年結一份。

第一百五條　本公司經管賬目各員遇有替補時，須由替補人交代清楚並負其責任。

第一百六條　本公司俟全路告成之日，各處開車所入運費，除去各項應支外如有贏餘，按照三十一條第辦理，但不得移本分派。

第一百七條　本公司係准歸商辦，所有出入賬目，無庸造册報銷。

第一百八條　本公司除遵章預算決算外，另於每季分別門類，刊發營業報告書一次，其支配分送，照送年結辦法。

第九章　罰則

第一百九條　本公司總協理、董事、司事人等違背商律及本章程者，凡屬股東，得稟請本管官處罰之。

第一百一十條　本公司自董事以下一切職員，非執行其職務，不得串爲關於本公司營業之事項，違者罰以百元至五千元之數。

第一百十一條　除按照商律罰例辦理外，其於本公司營業及財産確有弊混侵蝕情事，應照郵傳部訂定鐵路章程五倍處罰。

第一百十二條　經被控實及處罰之職員人等，須開除其職任，並所有本公司之權利概行銷滅。

第一百十三條　本罰則對於本公司有過各人員，無論何時均得發見其確證而處罰之。

第十章　附則

第一百十四條　本章程呈由督憲咨部核准立案，永資遵守。

第一百十五條　除本章程特定外，悉依商律辦理。

第一百十六條　本章程各條應辦事件，本公司另訂施行細則，由股東總會議決呈部存案。

第一百十七條　本章程以後續添更改，須開股東會，按照公司律一百十五條辦理，一面呈部核准存案。

呈文

爲呈報事。竊本局議員提出籌辦惠潮鐵路一案，開列章程並具議草，公司會議各議員以築路之事，本屬公益，招商承辦，亦合路章，當經多數可決，理合録案，呈請察核，爲此具呈，伏祈督部堂俯准，布公施行。須至呈者。

劄覆

爲劄覆事。宣統二年十月二十九日，接廣東諮議局呈，竊本局（同呈文云云）附呈議案一扣等由前來，當經交會議廳審查科開會審查。兹據會議廳審查科呈稱，遵即公同審查，僉以建築鐵道爲現今要政，諮議局議籌辦惠潮鐵路，應即贊成公布，惟將來組織公司，籌有的款，應先稟候核明，奏咨立案，所有一切事宜，均應遵照定章辦理，擬請如議照行。勸業道並劄覆諮議局，查照是否有當，伏候核奪等由到本兼署，督部堂覆核無異，應如所議辦理，除札廣東勸業道遵照辦理外，合就劄覆廣東諮議局查照。須至劄者。

佚名《聞稟底稿・滇稟底稿》　督憲崧

敬稟者，竊於二十日肅呈第二號稟函，計已仰邀憲鑒，辰下恭維大人褆躬豫泰，偉績晉豐，翹首仁輝，傾心忭頌。兹查淞滬鐵路，刻已勘定地址，仍由從前洋人所築，由中國購回之鐵路舊基第六號界石起，至江灣鎮止，先築一段試辦，一俟工竣，再行築至吴淞，已擇於本月二十六日開工。又西報載，外洋織蓆，向用機器，人工既省，出蓆更多，運銷各國，獲利甚廣。寧波出口貨，以蓆爲大宗，該業以現在織布、繅絲、磨麪、製燭等項，皆用機器，遂探悉外洋本有織蓆機器，已稟奉地方官批准招集股份，創建公司，向外洋購定，將次可以運到，此亦生利之一端也。又倫敦華英西報載，現在德國派有董事十數人，專心查察中日通商之事，内有六人派至中國，所需川資及各項費用，均由商民供給。又英國船業公所，現造第十九年船隻墩數清册，計一千八百九十六年英國進出口之貨，共八千三百十五萬三千墩，較九十五年多四十九萬五千四百六十五墩，較九十四年多百之十一。輪船售與他國者隻數不少，近二年間，日本一國在英購買輪船四十八艘，各該船註册墩數共合八萬四千六百三十四墩。又英國水陸軍報載，日本將派伊藤美久治到英商辦大東大事，查伊藤，即日相伊藤博文之子，年約三旬以外，於造艦之事，素極留心，大抵到英後，即往英艦聚泊之兩海口審視一周。近日英有新造之兩鐵艦，將次下水試行，亦必往觀等語。説者謂，英居西海，日處東瀛，道路迢遥，正如風馬牛之不相及。至於東方商務，英人居其大半，豈容日人越俎而謀得？毋以俄人逼處遼瀋，經營西伯里部，一旦有事，亞洲之地難免蠶食。而印度爲英之膏腴，印而稍折於俄，英即傷其元氣。朝鮮爲日本唇齒之依，朝若淪亡，日亦難於高枕。則大東大事，關繫於日者，即關繫於英，故日人欲約英禦俄，特簡重臣，冀得聯輔車而資臂助。或曰：英久爲歐洲智慧之邦，深知俄之於印度，旦夕未嘗去懷，英人前以中國整軍經武，以爲能掣俄人之肘，冀與中國聯絡爲將伯之助。洎乎中東一役，情現勢絀，則又見異思遷，雖各國齊動公憤，而英仍作壁上觀，始終緘默不發一言，謂非袒日，其誰信之。乃事平論定，英之臣民僉謂，日本勝由徼倖，非戰之功，英政府不宜結好，此後不可知之，小國致有噬臍之悔，而英廷初心於以變易，英國各報迭有記載。今日本雖特派伊藤欲商大東大事，英廷其能許之乎？恐未能也。或又曰：英國雄長諸邦，鐵艦則堅固快捷，鎗炮則美善精工，兵弁則有勇知方，技純紀肅，工商則藝精器利，操奇計，贏用能，遠駕五洲之上，故日廷特派幹員往爲游歷，探其精詣，採厥規模，異日師其所長，得以頡頏兩洲，陵鑠東土，此又一説也。竊維東而曰大，則必合亞細亞洲，言之事而曰大，則不特關繫日本一國，可知矣。夫日本在東方，僅一鳥國耳，而輙謂與英人商辦大東大事，殆故作此語，以動英人之聽，蓋有此一言，使英人不能峻拒，若英而許與之商，則彼之計固得，若商之而英不允，則彼亦得潛窺其秘，於彼之計亦得。日人謀慮若此，則洽比其隣者，尚宜預爲之提防，不可徒恃立有和約以爲信守不渝，而竟無後患也。兹寄呈二十一月至二十九日申報九張，統乞賜覽爲叩。

正月二十九日第三號。

藝文

徐光啓《徐光啓集》卷一《論説策議·擬緩舉三殿及朝門工程疏》 臣竊聞：聖王制世，事舉其中。事者興造工役之類皆是也；中之爲言，則是量度於國計民命之間，權衡其贏詘多寡之數。即體統所關，勢不獲已，而其間事期緩急，不可不斟酌調劑。故自古工役之事謂之經營；經營者度其時則宜，計其用則備，不如是不輕舉也。伏覩三殿未建，於今有年，鳩工營造，已有期日，臣子之心豈不願即日成功，以快瞻黼御？顧度以方今時勢，實有萬難速就，似宜以從緩爲便者，蓋工程估計數至千萬，部寺儲蓄業已罄懸。自兩宫告成，所未發商人工役輩金錢以百萬計，目前補苴尚不免捉衿之苦；大工繼起，豈能爲無米之炊？且一木一石動至千金，川貴湖湘道經萬里，兵燹之餘，採取既難，河未安流，綱運多阻。其他即素稱易辦，亦未免出自商人，前價既未放支，後料何由上納？且一時鼎建，萬世基圖，若物力既虚，又求速就，一切物料所需，未免得寸則寸，豈能一一精好？臣之愚見，欲望少寛其期，以待諸司庫藏稍有存積，諸色材料稍有次第，然後興工，一舉而就。於事既便，於費亦省，比之作而不繼，終致遷延，其爲利益，相去甚遠，此臣以國計度之，謂未宜速就者也。又《春秋傳》有言：「民勤於力則工築罕，民勤於食則百事廢」，自去歲至今，天災流行，民窮無告，仰荷皇恩賑恤，幸獲更生。然麥秋尚遠，物價騰湧，道多餓殍，野多棄子，古聖王遇之，則是大禹卑宫室而盡力溝洫，成湯宫室崇與六事自責之日也。今三輔愚民迫於窮餓，往往攘奪，苟延旦夕，縱之漸不可長，急之慮有煽誘。皇上誠下明詔，謂長民者振救撫循，且明示以殿門大工，萬不容緩，亦緣天災民困，未即繕完，用見今日君臣上下，一意以民命爲重。而又深詔大小臣工，共圖實政，凡可以利濟目前、豫備將來者，悉心講求，畢力興舉。即大小臣工見我皇上不遑居處，合符禹湯，所不捐頂踵以願効者非人也；小民聞之，所不安心戢志引領而思見德化者，亦非情也。如是而今日意外之變可以坐消，他日樂利之風可以立致。民樂生則貢賦完而帑藏實，材用備而工役勸。昔文王西周之侯伯耳，靈臺之作，庶民子來，則以其不遑暇食，即康功田功故也。皇上誠加意民艱，稍寛工作，他日子來之風，方於西周，當亘倍過之。且大工宜舉，已及八年，但以財計匱乏，寛容至今。伏念天慈能緩於八年民危未甚之時，而何難緩於當今大祲極困之日。臣愚以爲皇上臨御，乞暫於文華殿廷行禮；其殿門大工，懇祈俯念國計民命，兩難措處，少紓期日，如臣前議，則一時弛役，與天覆同仁；異日工完，與坤維永固矣！臣愚不勝惓惓。

陳康祺《郎潛紀聞初筆》卷四《減糧賦》 雍正初年，用怡賢親王言，減蘇松一道地丁銀四十五萬兩，南昌一道十七萬兩。乾隆二年，又減江、浙兩省地丁銀二十萬兩。乾隆一朝，凡蠲七省漕米者三，普蠲天下地丁銀者亦三，前史未有也。且今制，丁統於地，非計丁出賦，有漕省分，並地丁計爲什一，無漕省分，只計地丁，尚未及三十分之一。頃同治三年，東南大定，江蘇巡撫李肅毅伯又奏減江蘇蘇、松、太三屬漕米五十四萬餘石，浙江巡撫左恪靖伯又奏減浙江杭、嘉、湖漕糧三分之一，兩宫太后立允所請。滂恩大愷，溢久溢深，等百世而溯三古，莫與比仁矣。

雜録

《明太祖實録》卷一百四十 〔洪武十四年〕是歲，計天下人户一千六十五萬四千三百六十二，口五千九百八十七萬三千三百。五直隸應天、松江、常州、池州、廬州、安慶、淮安、鳳陽、徽州、太平、鎮江、揚州、蘇州、寧國十四府，徐州、和州、廣德州、滁州四州，計户一百九十三萬五千四十六，口一千二十四萬一千二。

浙江布政使司户二百一十五萬四百一十二，口一千五十五萬二百三十八。山西布政使司户五十九萬六千二百四十，口四百三萬四百五十四。陝西布政使司户二十八萬五千三百五十五，口二百一十五萬五千一。河南布政使司户三十一萬四千七百八十五，口一百八十九萬一千八十七。廣西布政使司户二十一萬二百六十七，口一百四十六萬三千一百三十九。山東布政使司户七十五萬二千三百六十五，口五百一十九萬六千七百一十五。北平布政使司户三十三萬八千五百一十七，口一百八十九萬三千四百三。四川布政使司户二十一萬四千九百，口一百四十六萬四千五百一十五。江西布政使司户一百五十五萬三千九百二十四，口八百九十八萬二千四百八十一。湖廣布政使司户七十八萬五千五百四十九，口四百五十九萬三千七十。廣東布政使司户七十萬五千六百三十三，口三百一十七萬一千九百五十。福建布政使司户八十一萬二千三百六十九，口三百八十四萬二百五十。天下官民田計三百六十六萬七千七百一十五頃四十九畝。歲徵麥米豆穀二千六百一十萬五千二百五十一石，錢鈔二十二萬二千三十六貫，絲綿、棉花、藍靛一百三萬六百二十九斤。

《明太祖實録》卷二百六 〔洪武二十三年十二月〕收天下税糧米麥豆穀三千一百六十萬七千六百餘石，紬、絹、布七十三萬五千八百三十餘匹，絲綿、綿花、絨、茶、礬、鉛、鐵、硃砂、水銀等物一百三十六萬三千八百九十餘斤，錢鈔四百七萬六千五百九十八錠，黄金二百兩，白金二萬九千八百三十餘兩。

《明太祖實録》卷二百十四 〔洪武二十四年〕是歲，計天下官民田地三百八十七萬四千七百四十六頃七十三畝。米麥豆粟三千二百二十七萬八千九百八十三石，紬、絹、布六十四萬六千八百七十匹，絲綿、棉花、漆、礬、鐵、硃砂、水銀諸物凡三百六十六萬五千三百九十斤，鈔四百五萬二千七百六十四錠，白金二萬四千七百四十兩，鹽百一十五萬五千六百引。天下羣縣更造賦役黄册成。計人户一千六十八萬四千四百三十五，口五千六百七十七萬四千五百六十一。直隷應天、鎮江、太平、蘇州、松江、鳳陽、常州、徽州、安慶、廬州、寧國、淮安、池州、揚州等十四府，廣德、和州、徐州、滁州等四州，計户一百八十七萬六千六百三十八，口一千六萬一千八百七十三。浙江布政使司户二百一十八萬二千四百四，口八百六十六萬一千六百四十。山東布政使司户七十二萬二百八十二，口五百六十七萬二千五百四十三。北平布政使司户三十四萬五百二十三，口一百九十八萬八百九十五。河南布政使司户三十三萬二百九十四，口二百一十萬六千九百九十一。陝西布政使司户二十九萬四千五百三，口二百四十八萬九千八百五。山西布政使司户五十九萬三千六十五，口四百四十一萬三千四百三十七。廣東布政使司户六十萬七千二百四十一，口二百五十八萬一千七百一十九。江西布政使司户一百五十六萬六千六百一十三，口八百一十萬五千六百一十。湖廣布政使司户七十三萬九千四百七十八，口四百九萬一千九百五。廣西布政使司户二十萬八千四十，口一百三十九萬二千二百四十八。福建布政使司户八十一萬六千八百三十，口三百二十九萬三千四百四十四。四川布政使司户二十三萬二千八百五十四，口一百五十六萬七千六百五十四。雲南布政使司户七萬五千六百九十，口三十五萬四千七百九十七。

《明太宗實録》卷八十六 〔永樂六年〕是歲，罷處州、温州銀坑冶六十處。天下户九百(九百)四十四萬三千八百七十六，口五千一百五十萬二千七十七。賦税：糧三千四十六萬九千二百九十三石，布帛一百七十萬七千九百三匹，絲綿二十五萬七千八百一十一斤，綿花絨二十二萬九百八十一斤。課：鈔六百六十五萬四千一百七十三錠，金五千兩，銀一十七萬二千六百七十兩，銅二千五百三十斤，鐵七萬九千七百九斤，鉛九十四萬九千四百三十七斤，硃砂二千八十兩，海肥三十四萬四百六十五索，茶二百九十九萬七百三十八斤，鹽一百三十九萬六千七十五引。屯田子粒一千三百七十一萬八千四百石。馬八萬一千九百七匹。

《明憲宗實録》卷二百五十九 〔成化二十年〕是歲，天下户九百二十萬五千七百一十一，口六千二百八十八萬五千八百二十九口。田地四百八十六萬一千四百九十八頃一十畝有奇。田賦米二千二百一十五萬七千二百六十三石，麥四百六十二萬一千九百九十八石，絲九萬六千四百四十斤有奇，綿一十萬五千兩，絹二十八萬八千四百四十六匹，布五十七萬一千六百六十三匹，綿花二十五萬八千二百四十八斤，折色鈔五十一萬四千三百六十八錠。雜課：鈔二千八百三十六萬二千二百二十六錠，米三萬一千九百八十石有奇，麥二千三百八十六石，布七百三十八匹。鹽課：鹽三百七十七萬九千二百六十八引，米五千七百八十七石，布三萬三千五十六匹。茶課：茶五十三萬九千一百八十九斤。屯田子粒三百六十九萬九千九百四十石有奇。採納：銀八萬九千九百六十九兩，水銀二百四十七斤。漕運京師儧運糧三百七十(萬)石，各處運納糧四百一十八萬三千六百九十九石。減免天下官田等項税糧五十六萬九千二十八石有奇。

《明孝宗實録》卷一百九十二　（弘治十五年十月辛酉）戶部以今歲天下災傷，糧稅減損，而國家〔費〕出無經。乃會計其贏縮之數上之。謂：「每歲天下稅糧存留一千一百七十六萬四千八百六十五石有奇，起運一千五百三萬四千四百七十六石有奇；馬草存留四百九萬三千五百六十四束，起運二千一百八十五萬二千七百四十八束；絹二十七萬八千二百八十七疋；布五十七萬六百三十七疋；綿絨三十七萬四千九百三十五斤；戶口食鹽鈔存留七千三百五十三萬三千三百七十九貫，起運四千四百七萬四千七十九貫；鈔關船料鈔大約三千七百十九萬三千六百一十一貫；各運司額辦鹽課一百九十五萬四千三百五十五引；屯糧大約三百七十七萬六千二百九十三石有奇。比年有遇事故停減，而歲入不及原額者；有逐年加添而歲支過于原額者；至有一歲所入，不足以供一歲支用者。其停減者如漕運米四百萬石，除天津、薊州歲收三十萬石，京、通二倉歲收三百七十萬石，每歲該放支三百三十八萬石。成化二十一年，因腹裏災傷，并延綏等處缺儲，將額內米糶二百二十五萬石。弘治七年，因張秋河決，寄收臨清倉八十九萬石。後因運船遲悮，寄收天津倉四十萬餘石。加河南、山東、山西起運京邊糧料，歲有定額。八年，因地方災傷，山東少起八千九十八石，河南少起三萬八千三十九石，山西少起一十三萬七千二百石。人如內府供用庫、內官鹽、光祿寺、酒醋麵局，歲收粳糯米十三萬四百五十石，僅足用。十二年，奉詔蠲米五千二百二十三石，旋告不足，而復徵補，此停減之　略也。其加添者，如軍官折俸銀，景泰六年，一季支一萬三千餘兩；弘治十四年，一季支十三萬九千九十餘兩，多十二萬七千兩。軍士冬衣布花，成化十三年，支十九萬六千八百餘疋；弘治四年，支二十三萬三百餘疋，多三萬三千四百五十七疋。錦衣衛官軍月糧，成化五年，月糧支二萬六千九百餘石；弘治十五年，月支四萬五千六百餘石，多一萬八千七百餘石。武驤右衛勇士月糧，成化八年，月支一千五百九十餘石；弘治十五年，月支三千一百五十石，多一千五百六十石。象馬等房料豆，弘治四年，歲支二十三萬九千四百餘石；十四年，歲支二十九萬六百餘石，多五萬一千二百石。草束，四年歲支七百七十一萬五百二十八束；十四年支九百四萬五千四百一十六束，多一百一萬九千八百六十三束。他如外承運庫，十四年收絹二十七萬八千二百八十七疋，本年放支三十一萬二千三百七十二疋，多支絹三萬四千七十五疋。又如內承運庫，先年進金，止備成造金冊支用；銀，止備軍官折俸及兵荒支給。近年累稱不足，金則以稅糧折納，及于京市買過八千三百八十六兩有奇，五次取太倉銀共一百九十五萬兩，甚至將河西務鈔關船料改擬折銀進納。光祿寺先年曾派廚料、牲口合有定數，俱足一歲供用，近來數次借太倉銀共十萬三千四百三十兩。又如各邊先年除原派料草外，歲該送銀四千八萬兩，自弘治十三年用兵以來，大同、宣府、〔巡〕〔延〕綏類解過銀四百二十五萬二百餘兩，開中鹽六百六十一萬三千一百餘引，茶九百萬斤，舉行納官等例三十餘件。又如各運司歲辦鹽課，初止備兵荒之用。近各至府歲支食鹽價銀一千二百八十兩。織造近支過鹽六萬引，銀六萬兩。此加添之大略也。此皆在內者。在外如河南歲存稅糧一百二萬七千二百四十餘石，本處諸司并各王府歲支一百一十六萬五千三百九十餘石，少糧一十四萬餘石。山西歲存稅糧五十萬一千四百七十二石，本處諸司各王府歲支一百七十九萬八千七百六十六石，少糧二十九萬石。雖各有折色，數亦不多。湖廣等處大率類此，是官用已不足矣。在民者如山東、河南、北直隸解邊折糧，先年榆林每石不過一錢五分，宣府不過八錢五分。近因邊方多事，故徵本色，每石用銀至一兩八九錢。各處開地，先年許民開種，幫貼糧差。近爲王府勳戚乞請至一萬餘頃。又如內府供用等庫，速香、黃臘，歲輸有定額。近令廣東添買速香至四萬五千斤；各司府添買黃臘至十一萬斤；順天府人買速香三千斤，黃臘八萬斤。是民財已一耗盡矣。支常入之賦，或以停減而不足；常用之數，又以加添而過多。則知在外在內，一歲所入，俱不足以供一歲所出，況以災傷迭見，供億頻繁乎！我朝洪武間建都金陵，當時供給南京爲重，各邊次之。自永樂中定蹕燕都，其後供給京師爲重，南京次之，各邊又次之。然洪武時，供給南京，〔上〕〔止〕于湖廣、江西、浙江、應天、寧國、太平及蘇、松、常鎮等處；供給各邊，止于山西、陝西及河南、山東及北直隸等處。今天下惟陝西、山西、雲南、貴州、廣東、廣西、四川、福建及隆慶、保安二州錢糧俱在本處存留，起運邊方。內福建、廣東止有起運京庫折糧銀。其湖廣、江西、浙江及蘇、松、常、鎮、廬、鳳、淮揚，既供南京，又供京師。北直隸、河南、山東，既供京師，又供各邊。又正統以前，國家費用減省，民之輸納，不出常額之外。自景泰至今，供應日盛，往往于額外加徵。如山東、河南之增納邊糧，浙江、雲、廣之添買香、蠟，皆昔所無者。若計近日之用，以逆將來之費，誠有可憂者矣。往者時歲豐登，運河易達，邊方無調發，州縣無流徙，有司得以籍先年之積，制一歲之用。今太倉無數年之積，而冗食日加于前，內帑缺見年之用，而給費日加于後，郡縣旱潦之不時，邊方請給之不已，萬一漕運遲悮，邊郡有警，則京儲求歲入三百七十萬之數，邊餉邊須四百萬兩之銀，亦已難矣。不幸復加數千里之水旱，連十數萬之軍旅，又將何所取給哉！伏望皇上憫天下民物凋弊之甚，念財賦需用之急，特勑府、部、院、寺大臣并科道官，輸忱畫策，疏列奏請，以候採擇。」命會官議處以聞。

《明武宗實録》卷七十 （正德四年十二月丙辰）是歲，天下户共九百一十四萬四千九十五户，口共五千九百四十九萬九千七百五十九名口。田四百六十九萬七千二百三十三頃一十六畝九分二釐七毫五絲四忽九微五纖。田賦：（米）二千二百一十六萬七千三百七十六石九斗八升一合四勺五撮五圭三粟三粒七微，麥四百六十二萬六千六百四十八石七斗三升九合一勺八抄二撮七圭七粟九粒四微五纖，絲三萬一千五百五十三斤一兩三釐一忽四微五塵，綿一十六萬九千六百斤一兩九錢八分八釐七毫七絲，絹一十二萬六千七百六十七匹三丈六寸六分二釐一毫八絲三忽，布一百六十六萬六千四百六十匹四尺四分，綿花一十一萬二千八百九十四斤一十一兩二錢二分二釐四毫三絲三忽，草二千五百九十四萬四千二百四束包六斤五兩二錢八分九釐三毫三絲九忽七微六纖。户口鈔八千七百九十七萬六千六十七貫七百七十八文五分六釐。雜課：鈔七千三百九十二萬七千一十九貫，折米三萬三千三百三十六石七斗四升七合三勺。鹽課：（鹽）二百一十八萬二百四引九十一斤九兩三錢三分六釐，折米五千七百八十七石四斗，折布四萬六千六十三匹一丈八尺五寸五分八釐。茶課：一十一萬三千三百一十一斤九錢七分。屯田一十六萬一千三百二十七頃一十八畝四分四釐四毫七絲一忽，糧一百四萬一百五十八石三斗九升一合五勺八抄九撮。金銀課：三萬二千九百二十兩，水銀二百二十九斤，硃砂四十六斤八兩。儹運四百萬石，各處運納一千一百七萬五十六百一十九石八斗四升一合三勺三抄三撮七粟六粒。減免糧六十一萬八千一百七十八石三斗二升一合八勺六撮三圭。

《明穆宗實録》卷六十四 （隆慶五年十二月丁巳）是歲，天下户口田賦之數：户一千萬八千八百五，口六千二百五十三萬七千四百一十九，田地四百六十七萬七千七百五十頃一十一畝有奇，米二千二百一十九萬七千二百一十九石六斗有奇，麥四百六十二萬六百二十六石有奇，農桑絲七萬三千八百八十六斤有奇，綿三十八萬五千八百七十四兩有奇，絹三十二萬三百九十八疋，綿花絨二十四萬六千六百二十八斤有奇，布六十二萬五千六百九十疋有奇，折色鈔九百五十九萬六千二錠有奇。雜課：鈔五十八萬六千七百七十三錠有奇，米六萬一千三百四十四石有奇，銀二萬九千二百九十五兩五錢有奇。鹽課：鹽二百三十二萬七千二百九引有奇，鹽鈔折銀六萬八千四百四十一兩三錢有奇，鹽課銀一百二十六萬八千四百三十五兩九錢有奇。茶課：茶五十八萬三千六百一十七斤有奇。屯田子粒三百七十二萬八千七百三十九石有奇，屯、牧地銀四萬八千八百八十三兩二錢。年例：金二千兩，水銀二百二十九斤，硃砂四十六斤八兩。漕運米四百萬石，内除舊例併災傷改折二十九萬二千九百三十四石七斗，實運米三百七十萬二百六十五石三斗，各處運納米一千三十六萬六千四十三石有奇。

王罃《羣書類編故事》卷一九《宫室類・履癸瑶臺》 履癸，夏桀名。得有施氏妹喜，有寵。所言皆從，爲傾宫瑶臺。殫百姓之財，肉山、脯林、酒池、糟堤。池可運船，堤可十里一鼓，而牛飲者三千人。殷伐之，遂已其國。（《史記・新序》）

又《升之過奢》 宋陳升之爲相，治第于潤州，極爲閎壯，綿亘數百步。宅成，公已疾甚，唯肩輿一登西樓而已。人謂之三不得：「居不得，賣不得，修不得。」（《筆談》）

又《高大門閭》 于公，東海郯人，爲縣獄吏。門閭壞，父老爲治其門。曰：少高大門閭，令容駟馬高蓋車，我治獄多陰德，未嘗有所冤滚，子孫必有興者。至子定國，事漢宣帝爲丞相，孫永爲御史大夫，皆封侯。（《本傳》）

王鏊《姑蘇志》卷一四《造作》 飲饌之屬二十有二：酒，唐有五酘酒，宋有木蘭堂、洞庭春，今其法不傳，惟煮酒以臘月釀，貯小缾，旋賣，名生泔。蒸過泥封爲煮酒，可以經歲或入木香、荳蔻、金橘諸品，則各以其類名之。香洌超勝，轉販四方，謂蘇州酒。別有白酒，名秋露白、蓮花白、杜茅柴。【略】

李詡《戒庵老人漫筆》卷七《筆墨》 筆墨二事，士人日與周旋，不可茫然莫識其梗概也。曩時買墨於金閶，吴山泉餉余以文衡山帖一，中乃記墨法也。余邑孫大雅《滄螺集》有《贈筆生張蒙序》，二文論筆墨大略具矣，並存之。

《序》曰：「昌黎韓子傳毛穎爲中山人，中山非晉，乃唐宣州中山也。宣州自唐來多擅名筆，而諸葛氏尤精。諸葛嘗遣其子授筆柳誠懸，且語其子曰：『柳學士善書，當留此筆，不爾即以常筆與之。』既而柳果以不入用，別求他筆。其子不能知，諸葛語之曰：『前所進者，非二王不能用也。』柳爲一代法書，而不知諸葛之用意，諸葛之藝，乃能過誠懸之書，信乎千里馬常有，而伯樂不常有也。

國初，此法流吴興，自馮應科、陸穎輩首被趙文敏賞識，而宣州之筆殆無聞焉。余嘗以筆何勝於宣、湖，筆工有不能言，此蓋未見韋續論筆之過。其法取崇山絶仞中兔毛，八九月收之，毫長一寸，管長五寸，鋒齊腰强爲善。大抵巖石陟絶，其兔下上奔突，舉身之力皆聚於毫；至八九月霜降竹枯，聳身曲脊以耐寒栗，則其力愈勁。宣、湖又山郡，兔材易集，故家有其業，業有其人。至於用意之妙，齊鋒不難，而腰强爲難，鋒齊者類不能强，腰强者有不能齊，雖趙文敏用馮陸筆，亦僅得其齊，而罕得其强。余雖不善書，然私識其故，而有以知韋説之不謬。

吳興陸用之精於爲筆，不在馮穎之下。徙居婁江，授其甥顧秀巖，秀巖又授其甥張蒙，世傳筆法，如出一手。自漳泉廣海賈舶來吳，艤舟岸下，百金易之，殆無虛歲。雖淞之士大夫求筆，有不待遠走百里而取之几席之下矣。

生論筆之利病，辯析至到，始余識之吳郡學宫，數求余言，時造次欲書未暇也。後余還淞，其請益堅，故序以廣士君子之知，而歎識者之稀也。」

記曰：「昔人雅重文房之選，余學書五十年，頗留意兹事。近時陶穎之外，惟楮墨最爲敝濫，古紙不復可見矣。墨出歙州者差强人意，蓋其地去李氏雖遠，而製法猶存。其取煙、入膠、和材、擣錬、收貯之類，極爲煩瑣，故其成甚難，而其直亦甚昂。數十年來不勝售者之衆，其直之下曾不及所費百分之一，若是而求其不濫，何可得哉！

余往歲喜用水晶宫墨，蓋歙人汪廷器所製，廷器自號水晶宫客，家富而好文雅，與中朝士大夫遊，歲製善墨遺之，然所製僅僅數十挺，特供士大夫之能書者，而不以售人，故其製特精。嘗爲余言製法之妙，謂所燃燈心必染茜用之，嘗一歲失染，墨成，精光頓減，其不可忽如此。

近有吳山泉者，廷器之甥，實得其法。居吳中，製墨亦精，余亦喜用之。恐其欲易售而忽其法也，故爲説廷器之用心不苟如此。

按古法，用好純松煙，乾擣細篩，每煙一斤用膠五兩，浸梣皮汁中，梣皮即江南石檀木皮也。其皮入水綠色，又解膠，并益墨色。雞子白五枚，真珠麝香各一兩，皆別治合調，鐵臼中擣三萬杵，可過不可少。一法，松煙二兩，丁麝香乾漆各少許，入紫草色紫，入梣皮色碧，皆助墨光。

大凡墨以堅爲上，古墨以上黨松心爲煙，以代郡鹿角膠煎爲膏而和之，其堅如石。惟易水人祖氏得其法，祖蓋唐之墨官也。其後有奚超者，亦易水人，唐末與其子廷珪來歙，而唐時賜姓李氏。父子皆善製墨，而超尤精。論者言超墨其堅如玉，其紋如犀，徐常侍鉉嘗得李超墨，長不過尺，細如箸，用十年乃盡，其磨處邊際似刀，可以截紙。又言其墨書版牘，歲久牘朽而字不動；皆言其堅也。當時但知廷珪善墨，而不知超之尤精如此。陶雅爲歙州刺史，謂超曰：『爾近製墨，甚不及吾初至郡時。』超曰：『公初臨郡，歲取墨不過十挺，今數百挺未已，何能精好？』夫超之能，猶以多不得精爲患，今之製者，動以數千，嗚呼，是尚得爲墨乎？嘉靖乙未仲冬衡山文徵明書。」

朱國禎《涌幢小品》卷六《橋》　嘉靖三十二年春，方士陶仲文奏：「濟南府齊河縣有道士張演昇，建大清橋，臣已募銀一萬三千兩助功。近聞浚河得龍骨一，重十斤，又突出石沙一脈，長數丈，若有神助，迄今尚未報完。乞捐内帑，以終大工。」上令給銀一萬四千兩。

琉璃河建橋，乃嘉靖二十年事，費各處帑銀三十餘萬兩，欽助又九萬三千餘兩。胡良河建橋，並□□橋，乃神廟二年事。慈寧宫發銀一萬五千兩，欽發又五萬兩。盧溝橋建於先朝，後時加修築，比琉璃橋費又且十倍多矣。

蔡忠惠創洛陽橋，横亘江中，撰時揆日，畫基所向，鍥趾所立，皆豫移檄江神。神得其吉告之。至鑿石伐木，激浪以漲舟，懸機以弦縴。每有危險，神則來相。趾石所累，蠣輒封之，至今泉州人能言。而公自作橋記，直言丈尺，費金錢成數，與年、月、時、日。首尾不及百字。噫！若在今日，不知許多夸張，並及神異夢寐已。

俗本傳端明造橋，移檄海神，一卒應募，得「醋」字而還。解曰：酉月廿一日。此事亦奇，然實國朝蔡錫之事。端明既有神助建此橋，後復圮，錫以泉州知府修之。發石，有刻文云：「石頭腐爛，蔡公再來。」遂改名萬安云。錫字廷予，鄞縣人，官大理卿，有清操。兩事合爲一，前後二蔡，殆其再世乎？

石橋易敗，易以木而得久者，我明姜昂之於瀘水也。昂太倉人。木橋易敗，易以石而得久者，唐李昭德之於洛陽也。累石爲柱，鋭其前殺水，濤不爲怒，亦昭德也。

吳江長橋，乃慶曆三年尉王廷堅所造，錢公輔有記。

趙州石橋，成唐大足間。默啜破定州，南奔石橋，馬伏地不進，見橋上青龍，獰攫奮怒，虜恐，遁去。

天橋，在雲南府城南三十五里，觀音大士鑿洞山骨，使洱河水下趨處也。初未鑿時，蒼洱之間，水據十之七；鑿後，水存十之三矣。古人謂之石河。下斷上連，絶壑深塹，石梁跨之，憑虛陵空，可度一人，故名天橋。橋邊激水濺珠，宛如梅樹，人呼曰『不謝梅』，亦奇觀也。橋之北有沓嶂，又名一綫天，水故道也。石有古色，可吹洞簫。

朱國禎《涌幢小品》卷七《雁塔》 塔乃咸陽慈恩寺西浮圖院也，沙門玄奘先起五層，永徽中，武后與王公舍錢重加營造，至七層。四周有纏腰，唐新進士同榜，題名於塔上，有行次之列。唐韋、杜、裴、柳之家，兄弟同登，亦有雁行之列，故名雁塔。唐自禄山兵後，龍池水涸，庚子辛丑歲，始引龍首渠水灌池，許人占修亭榭。至壬寅，池水泓澄，四無映帶，唯見雁塔影倒蘸於池中，游觀者無數。我明因之，中鄉試者，仍題名於上。

徐光啓《徐光啓集》卷一二《雜文·重修天津衛學宮記》 余曩僑寓津門，有事畚鍤之役，與津之諸士紳遊，詢知津故無學。學於正統改元初，朱揮使勝捐舍基建之，嗣倪揮使寬請增廣生二十名，僅與邑額埒，道化翔洽，人才浸盛，科第蟬聯，津成文明勝區。至萬曆四十六年間，廪生張希載援潼關例，間闕伏臘者三，始獲奏允廪貢如州制，淹滯頓疏，青衫輩益争淬勵矣！余猶記學宫偏設東關，歲歷滋久，諸圜垣、射圃、異井、種種亭榭，咸就頹廢，墜址多爲左右侵占，水道湮塞，淫霖爲浸，無歲不苦傾圮。諸生曾聚愬力争之，近稍稍釐正，猶以未盡復規制爲快。迨王涵一憲長真心惠愛士民，改圖重修，雖以直道難容，調去不果，臨發仍留二百四十金貯司帑，踰歲藉此略一墐漏廢頹，差足觀美。數禩來風雨侵凌，蟲蠹毁剥，自殿廡以至祠齋堂舍，所在頹檐破壁，納日星，浥霜露，甚者垣垝唐汙，棖欹扉壞，幾不可俎豆臯比矣！

客歲，閩南石使君奉敕兵備於兹，甫下車，謁廟周覽，慨然興嗟，直以崇修鼎新爲己任。旋值羽檄旁午，猝猝未遑。戊辰春，聖天子龍飛啓運，鯨波不揚，政通人和，使君亟檄清戎王郡丞專董厥役，郡丞饒材幹，毅然承之，朝夕以爨舍爲署，分任弁吏，程其功而廪之食，井如也。經始於初夏，落成於季夏，蓋不踰一季，廢者增，敝者新，髹黝丹雘，軒翔炳燿，翼翼乎改觀矣。工甫竣，使君復捐十萬餘緡錢，爲津創置雍陽邑腴田二百畝，用資寒生之弗能舉火婚葬者，恩更渥也，是皆從來未有之舉，津人士抑何幸獲此厚遭哉！博士吴君道行韓君自立廪生馮生天澤張生希載張生夢辰趙生念祖，慶其不世之遇，懷其興造之功，向余問記而鐫之石。余聞之，不覺欣欣是役之數善備而厥成茂也。

余思今之當官者率諱言土木之役，慮夫宫室至百楹，勢必役衆費鉅，奈何以其身爲怨府，爲耗蠹？又虞任一弗稱，僅飾故爲新，刻楪爲麗，虛耗金錢而無裨。況時值三空四盡，田賦無正額，帑藏無餘羨，舉何容易！乃使君以節縮八百餘金，不以自用而用以修學，更以俸贖佐之，此其善善在不傷財。亦不忍驅役閭閻，藉伍卒餘力，日加犒下慰勞焉，並梓匠瓦墁之徒，俱予以厚值，子趨不倦，此其善善在不勞力。堅欲竹苞，密欲松茂，丹堊欲翬飛，至水道浸没民間者，督濬如故，此其善善在以誠。不以文較興廢，與當道相倚伏，人文盛衰，又與學校相倚伏。津學久苦圮而俄美輪奂，久缺田而俄創膏腴，起廢衰爲興盛，至今日爲極美，非《剥》《復》之一會耶？

使君振作既什倍於前，則英才蔚奮濟濟，亦什倍於前。往者津門先達，策高第仕爲國華，竪爲國楨，如世廟時建制府中丞之纛者，勳名爛然史册，諸士典型具在也，代興者豈異伊人任乎？此其功妥聖靈，興人文於無斁，尤彰彰也。嗟嗟！善者一時，而覩記在吾人，吾將持書符之輿論，功垂不朽；而仰承在多士，多士勉矣！使君善政豐功，纍纍不具論，兹興學其最鉅者。

使君諱聲諧，號鳳亭，陝西成固人。登癸丑進士。王君諱秉衡，陝西平凉人，躬督底績。別駕蘇君諱鴻踰，四川蓬溪人，新涖兹土，例得並書。崇禎二年歲己巳孟夏穀旦賜進士第詹事府協理府事經筵日講太子賓客禮部右侍郎兼翰林院侍讀學士吴淞徐光啓撰。

張岱《陶庵夢憶》卷一《報恩塔》 中國之大古董，永樂之大窑器，則報恩塔是也。報恩塔成於永樂初年，非成祖開國之精神、開國之物力、開國之功令，其膽智才略足以吞吐此塔者，不能成焉。塔上下金剛佛像千百億金身。一金身，琉璃磚十數塊湊砌成之，其衣折不爽分，其面目不爽毫，其鬚眉不爽忽，斗笋合縫，信屬鬼工。

聞燒成時，具三塔相，成其一，埋其二，編號識之。今塔上損磚一塊，以字號報工部，發一磚補之，如生成焉。夜必燈，歲費油若干斛。天日高霽，霏霏靄靄，摇摇曳曳，有光怪出其上，如香煙燎繞，半日方散。永樂時，海外夷蠻重譯至者百有餘國，見報恩塔必頂禮讚嘆而去，謂四大部洲所無也。

藍鼎元《鹿洲初集》卷一四《考·錢幣考》 欲將滇銅購運，則慮道遠費繁，似當於湖南特設錢官，開爐鼓鑄，以銷滇南之銅，裕江浙等省之用。廣東銅礦亦可開採，即于閩廣之交，命官開爐，併買洋銅鼓鑄，以裕沿海各省之用。部頒錢文體式無使參差，選方正清望之臣領之，如第五倫爲督錢掾，長安無奸巧；劉晏、第五琦領鑄錢使，而江淮政平。任得其人，何奸弊之足患？民殷國富，海宇蒙樂利之休，其爲利也溥矣。

張燕昌《羽扇譜・序》 扇之繇來見於《周禮巾車》重翟注「重翟，重翟雉之羽也。」崔豹《古今注》謂殷高宗有雉雊之徵，服章多用翟，羽扇亦始於殷宗。然於經典未聞焉。周時亦僅在儀衛，至三國諸葛忠武捉白羽扇指揮三軍，晉顧榮攻陳敏麾以羽扇，於是羽扇通上下用矣。傅元云：摇鵉鳥翼者，吴楚也。嵇含云：執鶴翼，楚之士也。其物莫盛於東南，至於今獨擅於湖。鄭元慶《湖録》云：羽毛，外來之物，吾郡中溪水刷之，則潤澤而有光采。湖之所以獨擅羽扇之美者，元慶已言之，顧於造作品類之詳未遑及焉。考之紀載於羽扇之品類，稱翟羽古矣。其他如鵲翅、鳳羽、孔雀翠羽、白鷺、鵉鳥、鵰羽、雀翼散見諸書，亦不詳其製作。《晉書》云：羽扇柄刻木象鶻形，列羽用十，至王敦改爲長柄，下出可捉，而減羽用八。近時羽扇製作可於此想見初規，而後又無踵而紀者。芑空客湖僅期月，而譜之極詳，用心可謂勤矣。雖然，扇之利用在袪暑，不必羽也，嵇含賦序稱羽扇之用亦不過云遏陽隔暑，其所長無加於他扇，此或夸飾之一端耳。抑知古人制器因其自然，即如芭蕉、蒲葵有形以用，亦取其自然耳。而鳥翼乘風，插柄象之，亦此意也。況乎用扇之初起於列羽，不更近於古耶？抑又有説。袁達德《禽蟲述》云：鵰羽辟蚊。利用之餘兼有利益。且不獨鵰也，湖人有黑鷹毛扇，對汗揮之，多温風而不傷腠理。余聞之苕中友人陳無軒云，芑堂客湖，主無軒家，宜其言之獨詳也。昔謝安捉蒲葵扇可以助鄉人之資，王羲之書六角扇可以長老姥之價，芑堂能如古人耶？因爲之序而戲及之。樊桐山人朱炎序。

粤自塗修納貴，排鵲翅以迎風，婆利搜奇，集翠毛而暈目，六宫金粉。李夫人之鳳羽蹁躚，八陣雲雷，諸葛公之鶴翎瀟灑。肇嘉名於姬室，仄景虧光，考土俗於吴都，遏陽隔暑。既外觀而有耀，亦利用之咸宜。迨至典午清流，永嘉名士，西園北府，羽衣玉麈之間，東墅南樓，紗帽隱囊之致。爰斟今而酌古，益踵事而增華。取材在春夏之交，制物有盈虧之别，或團團一鏡，捧出繞圓，或偪仄半輪，擎餘未滿，或按圖立數，義規十翼之文，或設卦觀形，用象八風之舞。重英並粲，採將朱鳥之衣，一柄孤撑，鏤得烏鳶之骨。凡兹寶重，彌播遐荒。孔雀本交趾之珍，蚊母亦嶺南所産。三軍旗鼓，顧榮麾衆而來，萬里煙濤，吴猛劃江而渡。及今沿襲，自昔流傳。佐清談於詞苑，劇有風姿，備賦物於騷壇，豈無典故？於是東都貴胄，西鄂才人，結廬金粟之顛，小隱柘湖之浦，偶抽秘册，自輯叢編，資好事之冥搜，命鄙人而弁語。僕非庾亮，休嫌污以緇塵；卿是張融，便賡遺之鷺羽。吴江史善長赤霞序。

乾隆庚辰，予因吾師瓜田徵君來謁吴興李太守於墨妙亭，始與無軒陳君定交，於是吴興道中或歲一至，或間歲至。即太守歸田後，而予之書畫船常往來於白蘋紅蓼間也。越十年，庚寅春，陳君將北上，館予於湘管齋，予時過市上，見羽扇鮮明，欲集舊説譜之。適莘君芹圃遺子白鶴扇，詢之爲述、製扇家二月出門采羽，三月製扇，長衢夾巷，春風比户，名流韻士，競握招凉。或載至都會，利市三倍。至秋風振林，人情棄捐，復理故業。予深嘉其風土之美，民率安居樂業，乃摭拾源流，條分之得若干，則他日李公與陳君見是譜必笑相謂曰：張生能譜太平風景矣。惜乎！吾師不及見也。張燕昌自序。

昭槤《嘯亭續録》卷三《服飾沿革》 國初尚沿明制，套褂有用紅緑組繡者，先良親王有月白繡花褂，先恭王少時猶及見之。今吉服用紺，素服用青，無他色矣。花樣，陳熙朝有「富貴不斷」「江山萬代」「歷元五福」諸名目。又有暗紋蟒服，如宫制蟒袍而卻組繡者，余少時猶服之。袍褂皆用密線縫紉，行列如繪，謂之實行，袖間皆用熨摺如線，隨名爲「赫特赫」。今惟蟒袍尚用之，他服則無矣。又燕居無著行衣者，自傅文忠征金川歸，喜其便捷，名「得勝褂」，今無論男女燕服皆著之矣。色料初尚天藍，乾隆中尚玫瑰紫，末年福文襄王好著深絳色，人争效之，謂之「福色」。近年尚泥金色，又尚淺灰色。夏日紗服皆尚棕色，無貴賤皆服之。褻服初尚白色，近日尚玉色。又有油緑色，國初皆衣之，尚沿前代緑袍之義。純皇帝惡其黯然近青色，禁之，近世無知者矣。近日優伶輩皆用青色倭緞、漳絨等緣衣邊間，如古深衣然，以爲美飾。奴隸輩皆以紅白鹿革爲背子，士大夫尚無服者，皆一時所尚之不同也。

奕賡《括談》 崇禎末年鑄跑馬錢，幕文好下鑄一馬形，乃古者地行莫如馬之意也。或附會曰門下一馬是爲闖字，乃李自成之兆也。又曰福王以用馬士英而敗，乃真兆也。此錢當時鑄亦無多，今流傳甚少，市賈居奇，價亦甚昂。黄銅質薄寬緣者爲真，配銅質重工拙者贗造也，一望可知。或曰崇禎馬錢燒紅水淬，可治産難。

崇禎錢幕有文字者二十餘品，惟清忠者、太平者、奉制者，及穿上一新字、右一錢二字、左一分二字者，最爲稀見。【略】

唐會昌開元錢幕文有字二十八品，春煦亭筆政倣「同、福、臨、東、江」之意作爲開元二十八字歌，曰：「洪、昌、京、洛、益、荆、襄、蜀、閩、丹、宣、并、桂、陽、福、潤、梓、藍、興、兗、鄂、廣、平、潭、永、越、幽、深。」

石砮出混同江，相傳松脂入水千年所化，其色青紺，紋理如木，其堅似鐵。土人以之礪刃，云可殺毒獸，即古肅慎砮矢之遺意也。今有携至京師者，呼爲木變石，且有制爲錯形者。清語曰海蘭察，言榆木入水千年化爲石，可磨刀劍。鐵力木，俗呼鐵梨木，因其與花梨木音相近也。閂柏楠，言其木紋如柏枝相閂也，俗呼豆辨楠，音訛也。

文天祥過吉州，窑器變而爲玉，封其窑不復燒。永樂中，尚有土中掘出玉杯盞等器，皆當時窑變也。

周世宗廢天下佛寺三千三百三十六，毁銅佛鑄錢，文曰周通元寶。於後殿設巨爐數十，親視鼓鑄。其文又讀爲周元通寶，蓋迴環皆可成文也。今流傳之周元通寶，其楷書工整者尚似周時之物，至銅質薄、色赤、字帶行草者，私鑄也，亦有鐵者。今之周元通寶、開元通寶、宋元通寶、漢元通寶，皆當環讀爲是，惟會昌、開元不可環讀。

顧録《清嘉録》卷一二《年市》 年夜已來，市肆販置南北雜貨，備居民歲晚人事之需，俗稱「六十日頭店」。熟食鋪，豚蹄、雞、鴨較常貨買有加。紙馬香燭鋪，預印路頭財馬，紙糊元寶，緞疋，多澆巨蠟，束名香。街坊吟賣篝燈、燈草、掛錠、竈牌、竈簾，及箪瓢、箕帚、竹筐、磁器、缶器、鮮魚、果蔬諸品不絶。鍛磨、磨刀、殺雞諸色工人，亦應時而出，喧於城市。酒肆、藥鋪，各以酒糟、蒼朮、辟瘟丹之屬餽遺於主顧家。總謂之「年市」。蔡雲《吳歈》云：「送竈柴枝束束齊，照廚竹掛雙雙提。燂湯礪刃獨何業，慘聽連聲叫殺雞。」

《蘇州商會檔案叢編》第一輯《商部通飭調查商情來札》光緒三十二年五月十六日》 商部爲通飭事。

案據江寧商務總會總埋本部議員劉世珩申稱：竊查江寧爲省會之區，市廛櫛比，商賈雲興，凡欲實行保商之政，非將各行業詳細調查，編列商册，不足以便稽查而周保護。是以議員於光緒三十年曾將省城内外大小各宗行業牌號調查實數，計行業一百零八類，鋪户五千三百三十二家，即經繕具清册，呈送在案。嗣遵章舉辦商會，凡在寧垣大小各宗商業，復經議員飭由各商董將前項商册復行挨次查對明確，以昭核實。類如錢業一項，前册將錢土、錢米附於其中，今則錢業、土業、米業分別查編，各歸各董經理，尤覺一目了然，絲毫不紊。茲届光緒三十一年終應行申報之期，所有寧垣内外大小各宗商業計查有一百十七類，共計鋪户五千四百十七家。據各業商董分門别類具報到會，理合彙齊造具總册，備文申報，伏乞鑒核立案等情前來。本部綜持商政，於各省各埠商務情形，調查一切，不厭求詳。茲閲該議員劉世珩所造册報，門分類别，包括靡遺，至爲詳備。除照準立案外，爲此刊刻式樣札發。札到，該總會等仿照成式，於各該埠城、鎮、街、市大小行業，切實調查，遵式填寫，編訂成册，按年匯報本部備案，以資考核。幸勿延擱，切切。特札。

右札蘇州商務總會總理尤先甲、協理倪思九准此。

《蘇州商會檔案叢編》第一輯《南洋第一次勸業會簡章》光緒三十四年十一月》

一、本會設於江寧省城，招致各省出産工藝復品，以資研究，定名曰南洋第一次勸業會。

一 本會籌集股本五十萬元，作十萬股，每股洋五元，官商各半，按照部定有限公司章程辦理。

一 本會應辦事宜，由認股官商互擔責任，互相考察。

一 本會擇定南京北極閣以北、紫竹林以南購地七百畝爲會場。設董事會事務所於上海，設坐辦事務所於南京。

一 職員

正會長一人。南洋大臣任之。

副會長五人。寧藩司、金陵關道、江海關道，餘由在股紳商公舉紳商學界之有名望者兩人。

董事十三人。在股紳商公舉。

董事會事務所聘用總幹事一人、書記一人、庶務兩人。

會計員兩人。即由董事會内公舉。

坐辦一人，董事公舉。幫辦一人，以及會内應用各員，隨時酌定。

會場幹事員，每部一二人。

查帳員二人。

以上職員，自董事以下，均須公舉，惟坐辦一人，董事舉定後，稟請南洋大臣奏派委用。

一 本會集股、陳賽、建築、轉運各項章程，均須由董事會議決。

一 本會股本俟每届會事告竣，總揭盈虧。如獲贏餘，除提取官利、花紅、獎勵等項外，其餘若干按作十萬股勻攤分給。萬一設有虧耗，議定在官股二十五萬中照數填撥，作爲補助，務使商股本利二項不至有虧，以昭信用。

一　本會開辦自宣統二年四月起開會，以九月止閉會，作爲一届。届期總核收支全數，次算盈虛，揭帳時聲明由坐辦會同董事局，開股東特別大會公決第二届之辦法。

一　開辦之後，萬一各省陳賽之品一時未能踴躍，須憑董事局議決，由本會派員設法采辦陳列之品。其行運資本如有不敷，須由坐辦禀請正會長撥借官款補助，俾資成立。

一　官商股本劃集後，存放上海、南京二處殷實行號，如欲動支款項，須由坐辦協同會計員簽字方準撥付。

一　各省赴賽物品，凡由出産處運至南京，請南洋大臣奏定概免釐稅，輪船、火車、水脚減半。並請農工商部通知各省督撫，另由部頒三聯運單發給南京，由坐辦加用關防，再有由上海董事會簽字爲憑。遇有各省商人前來報告，由某處轉運某貨若干件來會陳賽，則給以三聯運單一紙，沿途所過關卡，驗有此項運單，毋得留難阻滯。

一　陳賽之品如有陳賽處售出者，概用印花稅，此項印花稅歸入本會，收款另有章程，由正會長奏明照辦。

一　第一會未成立之前，商股官息應請南洋大臣另撥的款填付，不在五十萬資本内動支，以固會本。

一　部類。本會陳列品大别有九部，其細目别定之。

第一部，農業、林業及園藝。第二部，水産。第三部，工業。第四部，採礦及冶金。第五部，機械。第六部，教育品。第七部，通運。第八部，圖書。第九部，美術品。

一　建築。會場建設左列各館舍，陳列各部物品。其願另建别館者，但無背會章約，聽其自行辦理，或由本會代辦。其需地若干畝數，均須於三十五年四月以前報告本會事務所，以便酌留地位。（一）農業院，第一部陳列品附植物園。（二）水産館，第二部陳列品。（三）工業院，第三部兼第四部陳列品。（四）機械館，第五部兼第六部陳列品。（五）教育館，第七部兼第八部陳列品。（六）美術館，第九部陳列品。

參考館，華僑陳列所，勸業商場。

一　範圍。本會先就南洋試辦，其他各省赴會陳賽，一律看待。惟外國出産製造之品，雖工場設在中國地方，仍列入參考院。

一　觀覽開會期内，每日午前九鐘至午後六鐘得縱人觀覽。除左列諸人及别有常券外，須照章購有本會觀覽券，方得入内。

（一）本會職員。（二）陳列人代表。（三）陳列人及其會場内合例之使用人。（四）赴賽協會之職員。（五）新聞記者。

一　審查。陳列物品除左列諸種外，均須受本會審查員三人以上審查，暗記分數，平均計算。惟審查[員]不得自審查其所陳之物品：（一）在本會所定門類之外者；（二）於九月初一日以後赴會陳列。

一　褒獎。陳列物品經本會審查員審查認爲優等者，按照平均分數，由南洋大臣分别咨請，按等獎給文憑功牌及金銀等牌，分六等。其舉行褒獎贈予式日期，臨時酌定。（一）奏獎。（二）超等文憑。（三）優等文憑。（四）功牌。（五）金牌。（六）銀牌。

一、印刷。本會陳列品目及各項章程圖式應於開會期内匯録成書，以供衆覽，其版權歸本會所有。至場内景物，非經本會管理員允許，不得描畫及拍照。

一　本會開會後收入各款，如地租、房租、印花稅、售物稅、搬運費、公車費及入場券費等項，約計必有贏餘，會竣核收總數，即以此項先行提還股本五十萬元及各股本八釐官息外，其餘作爲紅利，以二十成分派。股東十四成，公積二成，辦事職員共四成。

一　本會告竣後，除已收款提還股本外，所有房屋地基一律估價變賣，多少盡數作爲餘利，照數勻攤分給。其有願在場内置産業者，仍可以公估之價收入。

一　本會會竣後，除將房屋地基公同勘估變價外，仍議酌留若干改爲公園遊憩之地，凡此等房屋，即仍照公估價目填換公園股票，每股五元，即交各股東收執。此後即征收公園入場費及地租等，以給股息。公園集股章程另詳。惟此事仍聽各股東自主，如有不願改充公園股本者，亦可將原股退還，由本會另覓受者。

本章程有疎漏窒礙之處，隨時由事務所決議酌量變通，仍不得大相違背，以符奏案。其餘各項細章，均别定之。

《蘇州商會檔案叢編》第一輯

《商辦蘇省鐵路股份有限公司修正章程》光緒三十四年十一月

第一章　總綱

第一條　本公司奉商部奏準商辦，定名爲「商辦蘇省鐵路股份有限公司」。

第二條　本公司承造路綫：南由上海至嘉興曰滬嘉綫，由蘇州至嘉興曰蘇嘉綫，北由清江至徐州曰清徐綫，清江至瓜州曰清瓜綫，清江至海州曰清海綫，以次籌築。

第三條　本公司增築或改築路綫，非得在場股東議決權四分之三之同意不得爲之。

第四條　本公司對於滬杭甬局有一部分監督之權利，對於郵傳部存款有保存及如期返還之義務。

第五條　本公司在上海設立總公司，但工程營業所到得增設事務所。

第二章　股份及利息

第六條　本公司股本銀先定爲二千萬元，分作四百萬股，每股五元。

第七條　本公司營業資本有不足時得添招新股。

第八條　本公司股份在四百萬股内以先入之二百萬股爲優先股。

第九條　代本公司招滿一千股者，酬以五十股之股票，是爲紅股。

第十條　本公司股票息單以股銀交清之日掣付。

第十一條　本公司股份銀每元須合規元七錢三分。依納股時市價，每一元多於七錢三分則扣算，不足則補納。

第十二條　本公司招股悉照招股章程辦理（章程附後）。

第十三條　本公司股份限於中國人，其有將股票轉售抵押與非中國人者，其股票作廢。

第十四條　本公司股份利息爲常年七釐，以納股之次日爲始。

第十五條　本公司營業所得，除官利及各項開支外，所有贏餘名爲餘利，作二十成開拆，其配當之法如左：

甲、以一成報效國家。

乙、以三成提作公積。

丙、以四成爲董事局及各所長司事酬勞，其配當方法由應分之人臨時協定。

丁、以十二成化作二十成，内以三成作爲優先股報酬，餘十七成不論優先非優先按股分配。

第十六條　公積無截止期，專備擴充本省路綫及與路務相關之營業。

第十七條　優先股之特別利益，以分給餘利之日起，經過十年限。

第十八條　本公司每年付息一次，以三月一日爲始，先期登報布告。

第十九條　發息時爲便利遠起股東起見，得設臨時發息處，先期指定場所，登報布告。

第二十條　紅股須俟路成開車得有餘利後起息，並照非優先股按派紅利。

第二十一條　紅股無議決權及選舉權、被選舉權。

第二十二條　納股人已交第一期或第二、三、四期股銀，至第五期限滿時尚不交足者，由本公司登報催告，視道里遠近酌定期限展限，二次不繳即失其股東之權利。

第二十三條　本公司股票式樣定爲一律，優先股載明優先股字樣，紅股載明紅股字樣。股票載股東姓名、籍貫、住地、號數及年月日，加蓋本公司關防，並由總協理簽名蓋印。

第二十四條　本公司股票不論自買轉買，以載於股票名册者爲憑。

第二十五條　股票遇有抵押因而糾葛者，本公司惟票載及册載姓名之人是認。

第二十六條　轉售股票如無違背本章程第十三條之規定，可由本公司代爲過户。但須向本公司索取印就之售股券填明，由售主及中證人簽字，與股票息單一併交本公司收支所核對。

第二十七條　股票息單如有遺失毁廢，由本人邀同保證人填具失票請補書，並簽字報告公司，一面照本公司所定廣告格式登二種以上之新聞紙。登報後兩個月無人出頭干涉，即填給新股票息單。

第二十八條　凡股東欲更名過户及補票或分開合併須换給股票息單者，應納本公司所定相當之費，此項費額應視股票紙張印費之價值，及辦事手續之繁簡而定。

第三章　股東會議

第二十九條　本公司每年二月下旬開股東通常會一次，由董事局招集之。

第三十條　通常會議須先期一月通知並登報廣告。

第三十一條　通常會議時應將董事局提出之意見及監查員報告之情形，及擬派利息、花紅、公積之數，調查而議決之，前項之調查得由股東選任臨時檢查員。

第三十二條　本公司如有重大事件如左開各項，得開臨時會，先期一月由董事局通知並登報廣告。

一、增加股本。

二、與他公司合併。

三、與他公司訂共同營業之合同。

四、添築或改築路綫。

五、營業有大變動。

六、變賣公司不動産業。

七、撥動公積。

八、撥動公司財産作與鐵路相關之事業。

九、更改公司章程。

第三十三條　除前條所定外，有現在股本十分之一以上之股東，一人或二人以上提出意見於董事局請求開會，董事局當招集之。

第三十四條　凡招集股東會，無論通常會、臨時會，其通知書皆當載明開會之本旨及應決議之事項。

第三十五條　非通知書載明之事項，股東臨時提出意見，須在應議事件完結之後再行提議公決。

第三十六條　股東會議決權不論若干股，但交足百元者得有一議決權，二十權以上每二百元加一權，三十權以上每四百元加一權，四十權以上每六百元加一權，每人至多不得逾五十權。

第三十七條　股東因事不能到會，可出具憑證托其他股東代表。

第三十八條　不滿百元之股東得與他股東合成百元，推舉一人取得一議決權，並可托其他股東代表。

第三十九條　凡非公司股東不得爲股東代表人。

第四十條　股東會應臨時公推議長。

第四十一條　股東會之決議依在場股東議決權過半數決之。

第四十二條　股東會議畢，即將議案刊登日報，通知未到會股東。

第四十三條　股東會議有必要時得延長會期五日以内。

第四十四條　股東會議案由議長及總協理簽字存本公司。

第四章　職員之選舉及俸給

第四十五條　本公司置總理一人，協理三人，董事五人，監查員三人，均由股東中選舉。

第四十六條　總協理任期四年，董事任期三年，每年更選三分之一。監查員每一年更選一次。前項之更選，續被選者得續任。

第四十七條　凡選舉於股東常會時行之。

第四十八條　選舉權數與議決權數同。

第四十九條　有本公司股份五百股以上者得被舉爲總協理、董事，三百股以上者得被舉與爲監查員。

第五十條　董事、監查員未滿任期，有失其被選舉之資格或因他事故而解職者，各以股東會所舉之次多數推補。

第五十一條　總協理、董事、監查員之薪水，由股東會議定之。

第五章　董事局

第五十二條　董事局以總協理、董事組織之。

第五十三條　董事局以總理爲局長，總理有事故以協理代之，協理有事故由總理或協理委托董事一人代之。

第五十四條　本公司所發公文、函電、票據及與人訂立合同等，均由總協理署名。

第五十五條　凡總協理署名發出之公文、函電、票據及訂立合同等，依董事局決議。

第五十六條　董事局議決事件以過半數決之。

第五十七條　董事局得酌量南北綫工程、營業事情之煩簡，分設各所。每所署所長一人，其餘司事無定員。

第五十八條　所長不論股東非股東均由聘任。

第五十九條　董事局之職權如左：

有進退所長、司事、工程司、幫工程司之權。

有酌定各所長、司事及工程司、幫工程司薪水之權。

有核定各所辦事規則及購料包工事宜，及各段工程布置、各路購地章程、行車時刻，管理方法、客貨車價一切條規之權。

有裁併增設各所之權。

有措置動用銀錢之權。

第六十條　本公司存放銀錢，以銀行或殷實錢莊爲限，不得以之出借或存放他公司行號。

第六十一條　董事局每年終應將本公司股份銀數、地畝材料、工程支銷、開車後客貨之運脚、利息之分派，於通常會期半月前分别列表登報，並於開會時分送各股東。

第六十二條　董事不得兼充監查員及所長。

第六十三條　總協理、董事應常在公司專心執行業務，其辦事時間及一切細則，由董事局自行酌定。

第六十四條　總協理、董事於執行業務，有應遵守章程及股東會議決案之義務。

第六十五條　董事局、所長不得營與本公司營業部利益相反之事業。

第六十六條　總協理、董事有怠於職務、違背章程及股東會議決案情事，因監查員之報告，由股東會議決解免之。

第六章　監查員

第六十七條　監查員監查董事局及各所。

第六十八條　監查員應常在公司專心職務。

第六十九條　凡工程營業所到之地，監查員有分投查察之職任。

第七十條　監查員查得各所長、司事及工程司等確有情弊時，應據實報告董事局處分之。

第七十一條　監查員查得董事局確有情弊不受糾正時，應招集股東臨時會據實報告。

第七十二條　監查員不得兼充董事暨各所長。

第七十三條　凡銀錢帳目、工程物料、營業有弊竇，監查員不能糾正發覺時，應與董事局同負賠償之責。

第七十四條　股東對於公司有疑慮時可詢問，監查員有據實答覆之義務。

第七章　更改章程

第七十五條　本公司如欲更改章程，須開股東會，以到會股東議決權過半數決之。

第七十六條　有現在股份十分之一以上之股東提議修改章程，應於常會前兩月提出意見於董事局，由董事局載入常會通知書，俟會議時決之。

附件一：商辦蘇省鐵路股份有限公司續招新股簡章光緒三十四年十一月

一、本公司續招新股酌分四期繳足，第一期以己酉年二月底截止，餘遞推。

一、二、三期各繳一元，第四期繳兩元。

一、本公司股本銀先定爲二千萬元，分作四百萬股，每股五元。

一、本公司股份在四百萬股内，以先入之一百萬股爲優先股。

一、凡有將四期股銀一時躉交者，本公司仍照舊章先扣回息，每股收銀四元五角即代爲五元。

一、凡在第二期或第三、四期内入股者應將前期股銀一併交付。

一、本公司股份銀每元須合規元七錢三分，依納股時市價核算。

一、本公司股份利息爲常年七釐，以收到股銀之次日爲始。

一、本公司每年付息一次，以三月一日爲始，先期登報布告。

一、凡老股未交足者，雖逾限期，其應得之息仍暫爲存記，俟交足後仍行算還。

一、代本公司招滿一千股者，酬以五十股之股票，是爲紅股。

一、紅股須俟路成開車得有餘利後起息，並照非優先股按派紅利。

案，此次續招新股，專備北綫清徐及瓜清、海清以次籌築之用。清徐經呂大臣奏定四年造成，但測勘、調查輾轉濡遲，瞬將一年，路工計長三百餘里，必須刻期興築，冀免貽誤。所願我股東顧念路事關係之重，廣爲提倡，厚集資本，俾任事者得一意督促營造，是所望於熱忱諸公。伏乞垂鑒。

附件二：蘇省鐵路股份權數遞加表

二百以内　△二十股一權

二百以外　△三十股加一權

五百以外　△四十股加一權

七百以外　△五十股加一權

一千九百以外　△一百股加一權

二十股	一權	四十股	二權
六十股	三權	八十股	四權
一百股	五權	一百二十股	六權
一百四十股	七權	一百六十股	八權

（續表）

一百八十股	九權	二百股	十權
二百三十股	十一權	二百六十股	十二權
二百九十股	十三權	三百二十股	十四權
三百五十股	十五權	三百八十股	十六權
四百十股	十七權	四百四十股	十八權
四百七十股	十九權	五百股	二十權
五百四十股	二十一權	五百八十股	二十二權
六百二十股	二十三權	六百六十股	二十四權
七百股	二十五權		
七百五十股	二十六權	八百股	二十七權
八百五十股	二十八權	九百股	二十九權
九百五十股	三十權	一千股	三十一權
一千〇五十股	三十二權	一千一百股	三十三權
一千一百五十股	三十四權	一千二百股	三十五權
一千二百五十股	三十六權	一千三百股	三十七權
一千三百五十股	三十八權	一千四百股	三十九權
一千四百五十股	四十權	一千五百股	四十一權
一千五百五十股	四十二權	一千六百股	四十三權
一千六百五十股	四十四權	一千七百股	四十五權
一千七百五十股	四十六權	一千八百股	四十七權
一千八百五十股	四十八權	一千九百股	四十九權
二千股	五十權　以下每百股加一權		

《蘇州商會檔案叢編》第一輯《饒陽大尹鎮天祥益錢鋪鋪東王萬峰招工徒五十名創辦益記織布工廠並擬訂章程請予註册文及部批》宣統二年正月二十九日

饒陽縣商務分會總理韓樹昀　爲呈請轉詳立案事：

竊維保守利權，必以振興實業爲要，而振興實業尤以改良工藝爲先。

饒邑自宣統元年六月間設立商務分會，以地面實業窳敗，極力提倡，嗣有饒城東北大尹村天祥益錢鋪執事王萬峰，自去歲八月間，創立益記鐵輪機織布工廠一所，招工徒五十人，聘高明工師四人，又派管理齊玉琢往天津各工廠學習參觀，購買北洋鐵工廠鐵輪機四十架，較從前木機不但靈活，而且所製之布，精緻緘密，試辦數月，銷路日見暢達，外貨日形困滯，且於地方貧民生計，大有裨益。似此辦法逐漸推廣，利權庶不致外溢，實業亦由此振興。

謹繕具辦法章程，呈請總會憲大人轉詳農工商部立案，實爲公便，須至牒者。

附呈辦法章程一扣

右牒天津商務總會

附件一：

益記工廠辦法簡章十五條如左，計開：

第一章　名稱：益記工廠

第二章　宗旨　以提倡工藝，改良織紡，抵制洋貨，補塞漏卮爲宗旨。

第三章　地址　工廠設在饒陽縣城東北十八里大尹村。

第四章　廠舍　暫租民房四十八間。

第五章　款項　開辦資本五千元，係天祥益錢鋪獨資成立，並無官款，俟有成效，再爲擴充。

第六章　員數　總經理一人，管理一人，稽查一人，監工一人，總收支一人，副收支一人。治綫所監工一人，治綫所收發二人。織科工師二人，染科工師二人。

第七章　資格　工徒以十六歲至二十五歲，體壯性純，粗知書算者爲合格。

第八章　課程　每月每機織花布者，以一百三十丈爲及程，織合股袍料者，以五十四丈爲及程。

第九章　學科　機織科、輪綫科、染科。

第十章　額數　現招織科工徒五十名，俟辦有成效，再爲擴充添招。

第十一章　學期　無論織科、染科，均以三年爲期滿。

第十二章　假期　一、年假，臘月二十二日放假，正月十八日開工。一、特別假期，婚喪給假五日，至親疾病給假三日，己身患病者不在此例。

第十三章　禁止

一、工徒入廠，不準携違禁器具，如有銀錢要件，逐〈隨〉時報明，交帳房代存。

一、工徒無故不準擅出大門，如有事外出，必須報明帳房，限時回廠。

一、工徒親友來廠，須由帳房引至接晤室相見，以二刻爲度。不得擅入宿舍。作工時，不準閒談嬉謔，任意唾溺，抛置器具。

一、無論何時，不準歌唱、賭博、飲酒、吸煙。

第十四條　規則

一、各工徒須取具親族或鋪户保結。

一、各工徒如有不遵本廠條規或任情懶惰，實不堪造就者，當隨時革退。

一、各工徒未經期滿，而私往它處工作，或故意犯規被革者，均須追繳飯資。以上(工)之日起，按日計算，每日京錢一百五十文，如本人不能繳，應向原保人追賠。

第十五章　獎勵

每月考查一次。及程者，獎京錢二百文。

織花布，每過程十丈，加獎京錢二百文，寸〈過〉程五十丈，加獎京錢一吊五百文。

織合股袍料，每過程一丈四尺，加獎京錢一百文，過程七丈者，加獎京錢一吊文。

每届年終，大考一次，按一年合計，每日織布若干尺，過程者，酌量格外加獎。

以上各條，倘有不妥，隨時酌量變通，以期漸臻完善。

附件二：益記工廠總理及工師清單：

總理　監生王萬峰，年四十三歲，獻縣人。
管理　從九品齊玉琢，年四十二歲，肅寧人。
稽查　從九品馬松岳，年三十七歲，武强人。
監工　索良棟，年三十五歲，饒陽縣人。
總收支　王慶長，年二十五歲，獻縣人。
副收支　李瑞興，年二十三歲，肅寧縣人。
治綫所監工　魏繼增，年三十六歲，蠡縣人。
治綫所收發　王鴻賓，年二十三歲，獻縣人。
　高丙戌　年十八歲，饒陽縣人。
織科工師　王瑞林，年二十五歲，肅寧縣人。
　何生祥，年二十六歲，饒陽縣人。
染科工師　王宴清，年三十歲，肅寧縣人。
　苑　倭，年十八歲，饒陽縣人。

《蘇州商會檔案叢編》第一輯《饒陽大尹鎮協成元錢鋪李夢祥集資三萬元創設協成元織布工廠請註册文並部批宣統二年二月十日、三月十三日**》**

饒陽縣商務分會總理韓樹昫　爲牒請轉詳註册事：

竊工藝爲商業之本，商業爲富國之源，憶自海禁大開，各國通商，迨至今日，洋貨日多，中貨日滯，漏卮日巨，國脉日衰。揆厥由來，只以中國工藝不興，抵制無方，以致莫大利源，任人侵奪。即如布匹一項，誠爲銷路最大之貨。中國産棉地廣，織户本多，無如拘守舊法，不思改良，所織之布，與外貨相形見絀，幾至無人過問，遂使民間織户，失業漸多，日就飢寒，將難挽救。時勢至此，若不設法改良，遠則無以挽外溢之利源，近則無以保貧民之生路，是則非多設工廠不可，非改良織布不可。

兹有敝會錢行行董李夢祥，係饒陽縣城東北大尹鎮協成元錢鋪執事，以資本三萬元創立織布勸業工廠，購有鐵輪織機六十張，木輪織機五百四十張。其辦法並無多修廠舍之費，較多修廠舍者，其收效更速。以創辦伊始，倘大興土木，耗財過巨，致人生畏縮，而風氣暗受影響。且廠舍之多寡有限，即容人之多寡有限，即織布之多寡亦有限。躊躇再四，不若暫租民房，將機廠分立四鄉，聘工師教授，陸續招徒，則織機可隨勢加增，分廠可逐漸推廣。就本地情形而論，擴充工藝，未有如此辦法之善者。且此廠專購中國所紡之綫，織寬面土布、斜文褡褳兩種，在張家口、熱河、京津各地，均設有發售處。惟張家口銷路最暢，自去年正月開辦，查年終共出寬面土布六萬(匹)，褡褳二千餘匹，均各銷盡。似此辦法，再繼之以擴充，不獨開民生路，保我利權，並可以抵制外貨。惟是開辦之始，恐市儈姦商，垂涎壟斷，牙紀書吏，節外生枝，於工藝前途，大有妨害。

惟此懇請轉詳農工商部立案，並飭縣保護，優免税用，則銷路益暢，於無形中，風氣大開，工藝振興，更爲今之所求不得也。

敝會爲擴充實業，謀挽利權起見，所有爲協成元工廠請轉詳立案飭縣保護各緣由，理合具文牒呈總會憲大人鑒察施行，實爲公便，須至牒者。

右牒天津商務總會

附呈簡章一扣

附件：

饒陽縣協成元織布工廠簡章十二條：

第一條　名稱

本廠定名爲饒陽縣協成元織布勸業工廠。

第二條　宗旨

以開通風氣，振興實業，添民生路，挽回利權爲宗旨。

第三條　地址

本廠設在饒陽縣城東北十八里大尹鎮，另有分收發處，設在蠡縣東南三十里劉家佐村。

第四條　廠舍

本廠以開辦之始，倘多修廠舍，不但需款甚巨，且更以房舍之多寡，容人反形限制。除有辦公帳房及存綫室、存布室、辦事人員齋舍外，機廠分設四鄉，暫租民房。該分廠管理稽查，俱有常員，較在一處多修廠舍，不但節費，更覺活便，易於擴充。

第五條　規則

共織機六百張，工徒六百人。

擬定織土布一匹，發給工徒錢一千二百文。織褡褳一匹，發給錢二千文。如有格外優劣之處，當即隨時奬罰，以資勸懲。

第六條　辦法

本廠專爲挽回利權起見，所用條綫，專購中國紡紗各廠所出之綫，外國洋綫概不購用。

第七條

本廠開辦資本銀洋三萬元，商人李夢祥自行籌措，不用官款，不招股分，獨資成立，所有資本金三萬元，由商務分會查悉屬實。

第八條　職務

總理一人，綜理全廠一切事宜。

監理二人，監察全廠一切，照料收發布綫存貨銷貨等事。

稽查二人，稽查總廠及分廠一切事，並考察工徒勤惰。

收支二人，掌理出入款項，核算簿記等事。

庶務五人，承辦全廠雜務，兼有采辦運貨之責。

第九條　防弊

本廠分廠既多，工徒亦伙，必須以斤發綫，按綫收布，不準使水調漿，以期久遠實在。並將所織之布，按上中下三等分印，將號不使絲毫冒濫。

第十條　銷路

除本地銷售外，北京、天津、北口、熱河、張家口俱有發售處，以張家口銷貨最多，以多輸入俄境故也。

第十一條　牌號

寬面土布，標印中華富貴牌號。斜紋褡褳，標印獨占鰲頭牌號。

第十二條　附則

本廠所擬章程，因試辦之初，殊多簡略，所有應行改良之處，容俟隨時更正，以期達於完善。

分廠坐落機數，照録如下：

饒陽北岐河村分廠，機百張；曲閭村分廠，機四十張；寺岡村分廠，(機)三十張；獻邑路賈莊分廠，機十張；臨河村分廠，機三十張；石家疃村分廠，機二十張；肅邑寺上村分廠，機十張；西南莊村分廠，機三十張；博野縣東陽村分廠，機六十張；蠡縣仉村分廠，機三十張；七器村分廠，機百張；洪善保村分廠，機三十張；符家左村分廠，機七十張；劉家佐村分廠，機四十張；

員司姓名籍貫，照録如下：

總理　李夢祥　蠡吾縣人
監理　趙薄源　饒陽縣人
　　　王繼和　肅寧縣人
稽查　王箴甫　饒陽縣人
　　　王化軒　蠡吾縣人
收支　張漢章　獻縣人
　　　趙應樵　獻縣人
庶務　許鑒鱗　饒陽縣人
　　　陳熙和　饒陽縣人
　　　袁瑞林　安平縣人
　　　尹鳳華　饒陽縣人
　　　苗松延　肅寧縣人

農工商部批

據轉稟饒陽商會牒稱：商人李夢祥出資本金三萬元，開設協成元織布勸業工廠，繕具簡單〈章〉十二條，稟請查核立案等情。

查該商人獨資開設織布勸業工廠，係爲振興實業起見，所呈簡章十二條，大致均尚妥協，准予立案。一俟辦有成效，遵章到部註冊，一體保護可也。此批。

右批　天津總商會准此

《蘇州商會檔案叢編》第一輯《南洋勸業會事務所詳訂各屬物産會簡章》宣統元年

一、緣起　本所因南洋第一次勸業會業經奏定，以宣統二年四月朔日爲開會期，而事屬創行，吾國各處物産工藝向無集會陳賽專法，深慮一旦臨事搜集，必有掛漏參差、未能詳備之患。用特參仿日本昔年市府物産共進會辦法，詳請南洋商憲通行各屬，於開會期前一年，各將本地所出産物、工藝，一切詳細徵集，定期分地舉行産會一次，爲次年勸業會之基礎。

二、區域　此項物産會既係爲南洋勸業會基礎而設，則凡南洋各屬爲物産匯聚、交通便利之地點，均宜各就所産組織立會，以期詳備。兹僅就南洋商憲轄治之蘇、皖、贛三省，分定設會區域若干處，具列如左：

江蘇省

（一）江寧府屬會場設省城。
（二）蘇州府屬會場設省垣。
（三）太倉州屬會場設州城。
（四）松江府屬會場設上海。
（五）常州府屬會場設府城。
（六）鎮江府屬會場設鎮江。
（七）淮安府屬會場設清江。
（八）海州屬會場設州城。
（九）揚州府屬會場設府城。
（十）海門廳屬會場設海門鎮。
（十一）通州屬會場設州城。
（十二）徐州府屬會場設府城。

安徽省

（一）安慶府屬會場設府城。
（二）徽州府屬會場設屯溪鎮。
（三）寧國府屬會場設府城。
（四）池州府屬會場設大通鎮。
（五）太平府屬會場設芜湖。
（六）廬州府屬會場設府城。
（七）鳳陽府屬會場設正陽關。
（八）潁州府屬會場設府城。
（九）廣德州屬會場設州城。
（十）滁州屬會場設州城。
（十一）和州屬會場設州城。
（十二）六安州屬會場設州城。
（十三）泗州屬會場設州城。

江西省

（一）南昌府屬會場設府城。
（二）饒州府屬會場設府城。
（三）廣信府屬會場設府城。
（四）南康府屬會場設府城。
（五）九江府屬會場設九江。
（六）建昌府屬會場設府城。
（七）撫州府屬會場設府城。
（八）臨江府屬會場設府城。
（九）瑞州府屬會場設府城。
（十）袁州府屬會場設府城。
（十一）吉安府屬會場設府城。
（十二）贛州府屬會場設府城。
（十三）寧都府屬會場設府城。
（十四）南安府屬會場設府城。

此外，各省商品另訂有出品協會章程，咨行各省照辦。

三、組織　吾國内地農工商各業，向者絶無統轄畫一之機關，今一旦組立此會，克期期成，則所有主任之機關與監督之責任，以暨組織一切之職務，所宜預爲之計者。本所兹特先期呈請南洋商憲，於應設斯會之各屬地方，每屬札委一二人爲該會之創辦人，會同地方官籌備一切。並令該地方長官即充該會監督，以期機關有屬，責任較專。至該會以下應設各職員，並録如下：（一）文牘科，（二）會計科，（三）陳列科，（四）庶務科，（五）評議科。凡各科人員之多寡，以事務之繁簡定之。

四、會場　凡各屬設立此會，至實行開會時，由創辦人會同地方官，勘借該地方所有公所、廟、宇、祠堂寬廣之地，以爲物産陳列之所，不必另行建築，以省煩費。

五、會用　凡各屬設立此會，關於籌辦實行種種應用之費，本所特酌定每會定額爲〇〇，各會無論如何不得過於定額之外。至此費全額半數，除應由各該地方官量籌補助外，其餘額費半數，本所並代訂籌集之法，分舉如左：

（一）就各地賽會演劇各公項中酌量提撥。（二）募集本地紳富捐款。（三）開會時可酌收入場費、小販租地費等以資補助。

六、類別　該會徵集本地所出物産、工藝各種置入會場，統須審别各物之原料與制法，一切區分部類，並各部依類次序布署陳列，不得羼聚雜陳，以致不便於研究參考。本所兹擬物産分類之法具述如左：

甲、天産品

（一）農業部：五穀、園蔬、樹藝、儲藏、器具、肥料、水利、益蟲害蟲標本。

（二）桑蠶部：蠶絲、桑種標本、蠶種標本、器具、場室模型。

（三）水産部：鱗鬐（鱗鰭）、介甲、兩栖、腔囊、植物、儲藏、器具、舟船模型。

（四）藥材部：植物、動物、金石、制合器具、儲藏器具。

（五）礦採部：五金、石炭、雜礦、採礦器具、煉冶器具、山場模型。

（六）狩獵部：皮革、牙角、毛羽、器械、各種標本。

乙、工藝品

（一）染織部：漂染、機織、機器、場合模型。

（二）服裝部：衣服、冠履、帶佩、陳設、裝飾、各種製造之器具。

（三）陶磁部：陶器、磁器、土器、製造器具、窑廠模型。

（四）髹漆部：雕填、磨甸、采繪、八寶、器具、工場模型。

（五）琉璃珐瑯部：琉璃、珐瑯、景泰藍、盪磁。

（六）五金部：金、銀、銅、鐵、錫、鉛、鋼、器用、工場模型。

（七）竹木部：木器、竹器、藤器、柳條器、竹簧器、器具。

（八）玉石部：玉器、石器、器具、工場模型。

（九）牙角部：牙器、角器、骨器、馬尾器、器具。

（十）鞣革部：牛革器、馬革器、羊革器、鹿革器、器具標本。

（十一）箋扇部：箋紙、扇畫紙、造紙器具、槽舍模型、紙料標本。

（十二）化學制造部：蒸釀、化煉、器具、模型。

丙、美術品

（一）綉織部：刺綉、織綿、器具。

（二）繪畫部：水墨畫、油畫、鉛筆畫、器具、調色。

（三）雕塑部：雕鎸、粘土、塑石、膏塑、器具。

（四）鍛冶部：五金、鑲鍍、器具。

（五）陶燒部：紫砂器、磁器、珐瑯、寶燒、器具、順序標本。

（六）手工編織部：編織、像生花果、器具、順序標本。

丁、教育品

（一）教授用具部：筆墨、器具、時計、規表、量器。

（二）理化器械部：電學、化學、聲學、光學、力學、水學、汽學。

（三）圖畫部：木版、鉛版、石版、銅版、電胎、器具、印刷機、工場模型。

（四）成績部：普通、專門、實業、女學、校舍模型。

（五）標本模型部：動物、植物、礦物、水産、器具、原料。

按：此表僅列各種物産分部大綱，至詳細類别之法，另以清單説明。

七、標注陳列　會場物産各種，既各區分部類，依類陳列，並須各於該物之次附粘浮籤，標名該物品名、量數、價值、産地等項，以資研覽參考之用。該籤特由本所訂定專式，刊印頒發各會，以便填注陳列。兹將標籤正背兩面格式附録如下：

正面　　背面

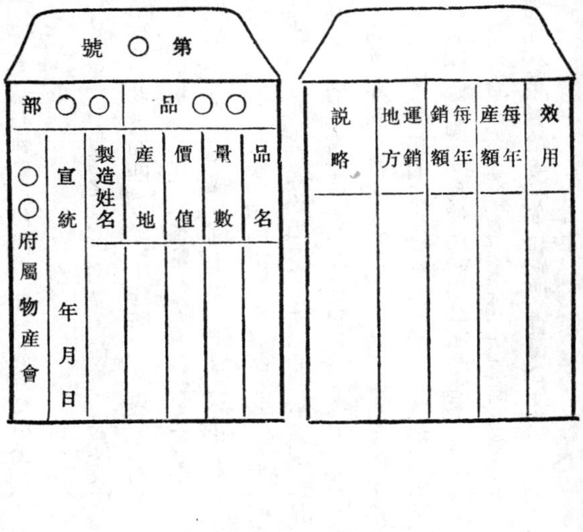

八、開會期　本所現特詳准南洋商憲定以本年〇月朔日爲各屬物產會開賽之期。會期一月，期滿閉會。凡如蘇寧等屬交通便利之地，應各克期開會，不得稍有延違。至此外內地各屬應須設會地方，一經奉到此項章程，亦須一律趕緊籌辦，次第成立開會，至遲不得逾本年十一月朔日。倘有因循玩忽，致逾此期而未成立者，本所接報告後，定將應任該會監督之地方官詳請撤參，以資儆戒。

九、審查報告　本所頒發此章後，並於詳定各屬物產會開會前一月，詳請商督憲派委該會審查員〇〇人周歷應設該會之各地方，凡於各屬會場之布置、物產之良楛，以暨辦法之合否，均責成該員詳細報告本所轉呈商憲。

十、獎勵　凡各屬物產會由本所調查員審查報告後，本所當選擇各會物產，呈請南洋商憲施以獎勵，其獎勵法計分三級：

（一）金牌，（二）銀牌，（三）銅牌。

十一、運賽　各屬物產會既爲預備南洋勸業會而設，則凡各會物產由本所調查員審查報告以後，本所即當甄擇其品質精美、銷額廣鉅、暨堪以改良擴張之出產等，通知該調查員，另填清册，轉呈本所；責成監督該地方官等，克期轉飭，送來省，以便列入勸業會場各館陳賽之用。

十二、附則　以上各條，係由本所酌定各屬開設物產會之大略辦法。至各屬地方物產情形，一切有難盡同者，俟實行時，不妨斟酌各地所宜變通而增損之。此外，所並另訂物產會通用細則，發布各屬以資依據。

《天津商會檔案彙編》上《商人朱文翰爲集股十二萬兩開設福昌機器造紙有限公司請予立案事稟天津商會文》光緒三十二年八月二十九日到　具稟商人朱文翰，年四十歲，係天津縣人，居住河北獅子林，稟請創辦改良機器造紙公司，以收利源，而興商業事：竊商因近年以來，中國所用各項紙張，多由外洋進口，充塞寰區，頗覺物精，亦堪適用，因此內地紙槽，製造無利，日見蕭疏，以致紙業不興，竟使利權外溢，無復曩時，深爲浩嘆。商等邀集同志，訂成股本銀十二萬兩整，招募英國工師，購辦改良機器，仿照西法，精研製造，擬在天津適用之處，購買地基，起蓋機房及一應房屋，以期鳩工開辦，顏其名曰福昌造紙有限公司。所有創辦造紙公司一切事宜，悉遵商律定章辦理。是否有當，伏乞商務總會憲臺大人恩准，聽候批示，展限一月，俟股本備齊，及一切詳細章程另行稟請商部立案給照，祇遵施行，實爲公便。

《天津商會檔案匯編》《監生武金鐸爲自製改良紡紗機並自設紡紗公司請予專利事稟津商會文》光緒三十二年十二月五日到　具稟監生武金鐸，年三十二歲，係天津縣人，住二局四區，爲獨自創造紡紗機器，由商設立紡紗公司，廣興商務，以彌漏卮，而挽利權事：

竊查自織工廠林立以來，爲富國之計，可謂盡美盡善。無如我中國不能創造紡紗機器，以致棉紗價值，勝於布匹。故我中國所織之貨不能暢銷。擬於外洋購買機器，自行紡造，非係粗不適用，即係離其價值，左右使我中國於織工掣肘，並使終受其棉紗之制。此外洋獨操其利權也。生有鑒於此，本十數年研究之功，費盡腦力有年餘之久，改良數次，始創出紡紗機器，或用人力，或用汽機，均見靈便。若用汽機引擎，每頭每點鐘約出六丈之譜，並由十六碼起算，及三五十碼之細，均能紡造，將來如織漂布洋紗等，亦甚易易。不第不受其限制，且亦見我中國有人，實廣興商務，挽回利權之大宗也。刻已有專利成例，故將紡紗機器照成小片，呈請鈞驗，擬請商家集股設立紡紗公司，用汽機鍋爐引掣，先以棉紗爲正宗，然後再將合股綫次第製造，務使用綫用紗隨心應手，或粗或細各便其宜，並請專利五十年。是否有當，除經呈稟道憲外，伏乞商務總會大人鈞驗俯允，並懇轉詳各大憲詳部立案，賞給專利如年執照，實爲公便施行。

商會批語：

查工藝爲近今要務，該商能獨出心裁，創造紡紗機器，擬請商家集股創設紗廠，深堪獎許。惟既徑稟道憲考查，應俟試驗明確，再行核議。

十二月初五日

《天津商會檔案彙編》上《井陘礦務局爲該礦照臨城煤礦辦法與德商漢納根擬就合辦合同事咨會津商會並附原奏及稟批》光緒三十四年十月二十日　井陘礦務局爲咨會事：

光緒三十四年七月二十二日接奉北洋大臣直隸總督總堂楊札開：本大臣於光緒三十四年七月初六日，在天津行轅專差具奏，井陘煤礦照臨城煤礦辦法與德商井陘公司訂立合辦合同，繕單具陳一折，業經鈔録折稿並清單行知在案。茲於本月初十日差弁賫回原折，奉硃批：「該部知道。單並發。」欽此。合行恭録札飭，札到，該道等即便欽遵查照等因。敝道等遵即於八月十八日稟請督憲刊發關防，以便設局辦事。嗣於八月二十九日接奉督憲批示：如稟刊給關防一顆，隨批並發，仰即祇領啓用等因。奉此，並奉發木質關防一顆，文曰：「直隸井陘礦務局之關防」。遵於十月二十日在天津北洋洋務局內分撥房屋，設局啓用。並在紫竹林海大道暫賃第八號房屋，設立商局，以辦該礦工程及發售等事。

所有設局啓用關防日期，除已申報督憲外，相應備文並抄録原折及稟批，咨會貴會，請煩查照施行。須至咨者。

計咨送原折及稟批一紙

右咨　天津商務總會

照録原折

奏爲井陘煤礦照臨城煤礦辦法與德商井陘公司訂立合辦合同，繕單具陳，恭折仰祈聖鑒事：

竊查正定府屬井陘縣境横西村等處煤礦，自光緒二十五年德商漢納根與文生張鳳起訂立合同，稟由德使照送總理衙門，二十八年外務部核準咨行各在案。嗣經升任督臣袁世凱飭行該管地方官勘明四至，繪送詳圖，並就所訂合同查照定章，核飭更正。復因張鳳起與漢納根改議條款仍多未妥，遂議參照臨城煤礦辦法，改歸官局收回合辦。迭飭升任津海關道梁敦彦、梁如浩暨礦政調查局總勘礦師道員鄺榮光與漢納根另議合同，嗣梁敦彦、梁如浩先後去津，臣復委礦務議員現任津海關道蔡紹基爲該礦督辦，道員李德順爲該礦總辦，接續前議，往復辯論，核訂合同十七條，經漢納根承認遵守。臣查此項合同，悉本臨城煤礦合同而定，磋議數年，今始就緒，於中國主權地方治理華民生計三者均無侵損，業經鈔録合同咨商外務部、農工商部，均已咨復照準立案。除飭蔡紹基等將華洋文合同詳細校對，會同該德商畫押，仍咨請農工商部發給開礦執照外，謹將合同暨附件録具清單，恭呈御覽。理合繕折具奏，伏乞皇太后、皇上聖鑒訓示。謹奏。

照録稟批

敬稟者：竊查井陘礦務，前奉憲臺札委職道紹基爲該礦督辦、職道德順爲總辦，遵經議定華洋合辦合同，詳蒙憲臺分别奏咨在案。惟查井陘煤礦現已設局開辦，其一切稟詳文件以及與各處往還公牘，必須鈐用關防，以資信守。合無仰懇憲恩俯準刊給直隸井陘礦務局關防一顆，賞發祇領，俾咨鈐用，實爲公便。云云。本年八月二十九日接奉督憲批示：如稟刊給關防一顆，隨批並發，仰即祇領啓用。繳。云云。

（《天津商會檔案彙編》上）

《溥利機器鐵廠廣告》（宣統元年九月七日）　竊維商業以振興爲要，製造以利器爲先。方今工廠林立，争執利權，特創設未精，斯利源莫浚耳。每見人由外洋購來各種機器，臨時試用往往未能合宜，甚至百度俱廢，罔費工資。本廠不敢率爾操觚，特聘法國高等工師斲輪老手，並由外洋購到最新式機器，專造電力火力各種機器以及魚雷艇、橋梁、自來水管、電燈機器並樓閣所需鐵環、零用等類，無一不備，精益求精，中外合法，隨時變通。即局外有不合用之機器，請送至本廠均能參酌改良，不誤急用。倘荷官商光顧，請駕臨法租界五號路第十三號門牌本機器廠會商可也。是幸。此布。

經理人　曹際雲啓

（宣統元年九月初七日《忠言報》第一版）

《清代稿鈔本》第五〇册《廣東諮議局第一期會議速記録·酌提嘗産舉辦家族工藝廠第二讀會》（宣統元年）十月初八日第八次議事情形

一點三十分鐘開議。

議長宣布，本日議案三件，一酌提嘗産舉辦家族工藝廠第二讀會；二請收回單龍毫改鑄正色；三請設農林學堂。

第一件，酌提嘗産舉辦家族工藝廠第二讀會。

議長使書記長朗讀審查會報告書，謂：竊維議草所注意者，在於安置游民，消弭械鬬，而爲此提嘗産辦工藝之説，誠如所云，興利除弊，二善咸備。然械鬬之鄉依賴祖嘗者固屬有之，而苛派丁口者實居多數。推其故，雖由於民間之好事，而實因裁判之遲延，一遇訟事，經年不決，鄉愚難於越訴，即逞一時血氣之暴，悍然求決死鬬以洩忿，事後則罰款封祠，已至不可收拾。若論治本之法，莫如慎選廉明牧令，遇有訟事，準情按法，隨到隨結，民情已達，民冤已伸，小民雖愚，亦何樂及身而試鋒刃哉。至舉辦家族工藝，無論是否械鬬，鄉族皆爲目前要圖。但管理工匠，均難得人，一族失敗，他族觀望。徵合多數意見，謂宜由勸業道趕辦工藝局，附設家族工藝模範傳習所，分普通、美術兩科，額定各州縣應派學徒若干人，畢業後聽其各回本屬興辦工藝，以開風氣。又分設工藝陳列轉運所，俾各族採購機器原料，并代銷製成品物，以便交通。至提款之法，似不必拘定成數，因粵民嘗産分蒸，嘗留祭名目，情形不同，支配各别，提撥難得公平，辦理必多窒礙，擬請由地方官督同勸業員及公正紳士，分鄉勸導，無論嘗款之多寡，聽其自籌自辦，或房族分辦，或數姓合辦，款多者大辦，款少者小辦，逐漸擴充，共圖發達。粵民富有營業思想，已有工匠之可靠，而購料銷貨又皆利便，自無不聞風興起，争先籌辦，如此則工業日興，小民之生計已寬，外溢之利權可挽矣。是否有當，請會議公決云云。

第六十號議員謂：由勸業道趕辦工藝局附設家族工藝模範傳習所，下一句，宜改以俟省工藝局辦有端緒，即將籌辦章程，分札各府廳州縣上緊一律舉辦工藝模範傳習所，俾得就近派人學習，畢業歸辦家族工藝，以省學徒費用而資普及。蓋因原報告謂附設家族工藝模範傳習所，額定各州縣應派學徒，然其費用動需二三百金，籌之官恐未必實行，籌之民恐力量不足，總之，欲興工藝省爲之倡，府廳州縣踵其後，或者學徒就近學習，畢業歸辦家族工藝，稍易爲功，謹請修正云云。

第二十九號議員謂：提嘗產以辦工藝，最爲良好之政策。因我廣東工藝不發達之故，至人民游手者多，盜賊因而滋熾，故辦工藝以安插游民，實爲不容緩之圖。但我國之習慣聚族而居者，其嘗產多爲族紳所盤據，若不調查而實行干涉之，則如原報告所謂，聽其自籌自辦者，實敢決其必無實效，至嫌原議草第一條，嘗款歲入千元以上者，留四提六，辦法未善，則改爲累進法，而不用比例法未爲不可。其餘二、三、四、五條自是正當辦法，若能實行干涉政策，官督紳辦，將見工藝興，游民少，盜賊自稀，巡防亦可酌裁，實省無數之經費。至家族速成工藝模範傳習所、工藝陳列轉運所，自是要辦之事，但家族工藝不先籌及應如何辦法，則家庭工藝不能成立前，二者雖開辦亦無所用云云。

第一號議員謂：于報告書分鄉勸導句下，删去無論嘗款之多寡，添改爲視其鄉之大小，核其數之多寡，酌限以開辦時期。又於款少者小辦句下，加入到時不辦，官得干涉之。由此逐漸擴充，發達自速，似較爲妙云云。

第五十五號議員謂：工藝性質，一爲救貧，一爲營業。而本草案則似屬於救貧組合之一種，似不若于各府州縣由善堂先設工藝模範，辦有成效，以粵人營業思想發達，各家族必能踴躍興辦。否則不先預爲完全之籌劃，則前者虧本，後者視爲畏途，則欲促工藝發達，反致阻工藝發達，大不可也云云。

第三十九號議員謂：欲解決此問題，必在經驗上，根本上研究之而後可。歷來辦工藝者最難得是良匠師，匠師不良，無望其能發達。至六十號議員謂各府州縣亦須分設工藝模範所，是又不然，觀於法政警察師範各學堂，何一非在省城設立，是今日問題先解決設工藝模範傳習所工藝陳列轉運所，而後興辦工藝，始有把握云云。

第二十九號議員謂：辦理兩種工所，由家族工藝而來，故今日須先討論家族工藝，如何干涉使其成立，而後兩種工所開辦始有所用，不致空無實際云云。

族副議長謂：此事須先解決辦理家族工藝提嘗之方法。

第二十九號議員謂：無工藝則無所用，兩種工所報告書，聽其自籌自辦，而所謂工藝者何在。

正議長謂：現辦工藝，苦難得良師，誠如三十九號議員所謂且親自經歷而來，故宜先決定辦兩種工所方法。

第六十二號議員謂：事必有其次序，此事應先解決酌提嘗款以辦家族工藝廠，而後解決辦理工藝模範傳習所，工藝陳列轉運所。因督部堂交議之案，係酌提嘗款以辦家族工藝故也，否則須先將此問題另改名目而後可云云。

第二十一號議員謂：干涉主義恐啓劣紳提款虛縻之弊。

第二十四號議員謂此議案已經第一讀會交審查會審查，則今日須先取決審查報告書如何，再及他議，始爲合例云云。

第二十九號議員謂：報告書原不合，不過聽其自籌自辦一句，全無實際。

議長宣布，贊成將審查會報告書聽其自籌自辦句修正者，起立。不起立者十九人，遂決定將報告書聽其自籌自辦句另行修正。

第三十九號議員謂：酌提嘗產辦家族工藝廠，已決定將報告書修正，則本日主管官在坐，應將辦理家族工藝模範傳習所，工藝陳列轉運所，有無窒礙，先行質問。

陳勸業道謂：二者之辦理，有一意見書，敢請各議員先爲解決。遂將意見書交書記長朗讀。

廣東勸業道意見書：查廣東工藝局，先經擬在增步製造舊局建設，稟准有案。現議附設家族速成工藝模範傳習所，自屬可行。惟事關全省籌畫，宜周規模，亦不宜過狹，茲將應行商議各事列左：

一、工藝局附設家族速成工藝模範傳習所，組織務求完備，應用經費原係出自地方公款，本屬無分畛域。惟事繁費鉅，實業經費有限，亟應并顧兼籌，除稟明督部堂先行撥款開辦以爲之倡外，應如何妥議補助，俾資經久。

一、製造舊局，地面寬大，房舍亦多，且旁有民田三十餘畝，亦易擴充。局門濱河，貨物轉卸更便，於此改建工藝局并附家族速成工藝模範傳習所，形勢適宜，惟該處離城有十餘里之遙，不嫌遠隔否。

一、工藝局及家族工藝速成工藝模範傳習所之組織，以選舉總司理人爲最要，現在有無能勝此任之人。

一、各項教習，非有專門之學，難於精進，應如何選用。

一、家族速成工藝模範傳習所所有藝徒，由各縣於各族中挑送，應以若干名爲額，其學費、膳費、寄宿費，應如何酌令籌繳。

一、現議工藝陳列轉運所，係爲出品銷場及轉運工藝原料起見，惟前經按照部章稟設勸工品物陳列所，應否俟前項經費籌定開辦有期，再將此項工藝陳列轉運所附設。

一、工藝以能仿造洋貨改良土貨，而不與向有手工争利爲要義。照粵省情形而論，應習種類若干，以某項爲主，並應博訪周諮，預爲籌及。

第三十九號議員謂：陳觀察所言，似皆易于措辦，此事請審議會審議後再行答覆云云。

第三十九號、三十三號議員謂：修正報告書亦宜一律付審議會云云。

議長宣布，贊成將陳觀察意見書及修正報告書付審議會者起立，全體起立。

又《酌提嘗産舉辦家族工藝廠第二讀書》 宣統元年十月十八日第十四次議事情形

一點二十分鐘開議。

議長因事告假，以邱副議長代理。

邱副議長宣布，本日議案十二件，一、酌提嘗産舉辦家族工藝廠第二讀會。二、訴訟保釋條例第二讀會。三、籌禁械鬬第二讀會。四、聯合教育會勸學所第三讀會。五、籌擬粵省禁煙第二讀會。六、革除差役第二讀會。七、振興女子小學第二讀會。八、保護内河航路第二讀會。九、選舉勸學所總董第二讀會。十、清查絶户不準籍差訛索第二讀會。十一、籌辦簡易識字貧兒院第二讀會。十二、恩平改隸室礙第二讀會。

第一件酌提嘗産舉辦家族工藝廠。

三十三號議員謂：家族工藝問題其簡章尚未完備，擬於原章第一條内，兹擬嘗款歲入之下，擬請改爲在一千元以下者免其提撥，下加注如願提者聽，一千元以上者，除族中定例開支外，留四提六，以下不改。蓋一千元及留四提六，皆略舉標準之詞，以准其變通辦理，故非拘定成數添入，除族中開支外，則所提者居有餘之數，斷非勉强。至留四提六亦不爲多，蓋不如是，則工藝廠不能辦也。原章第二條無礙唯此下，請添入二條，一、提撥嘗款由承辦之紳預估開辦費若干，分年提出，逐漸擴充，以廠成立爲止，俟工藝熟習，沽出製品，除開銷費用外，所得餘利以四成撥歸嘗款，以四成預備擴充，以二成爲在事人出力酬勞。一、各族嘗款確有可提，而爲頑固紳耆把持者，准該族人呈報地方官，勸令公遷賢能舉辦。如或藉端滋擾，辦撫成效，而侵吞有據者，按照侵吞之數倍罰，並從嚴革究。原章第三條無礙不必改，唯應推爲第五條此下，又請添入二條，一、開辦工藝，工匠爲先，今先由勸業道趕辦工藝局，附設家族工藝模範傳習所，准各家族選定學徒，備具保證金，呈請地方官申送入局，肄習畢業後各回本屬興辦工藝。又分設陳列轉運所，俾便於採購器械及原料並代銷製成物品。一、各族紳士承辦此項工藝廠，係延用傳習所畢業得有優等文憑之工匠者，倘有意外虧本，承辦之紳如無侵吞，不負責任。原章第四條内如有抗不遵辦者以下，請改爲須將實在不能舉辦事由，呈明地方官察核，此條應推爲第八條此下，請添入一條，一、此項模範傳習所，先就省城開辦，以爲之倡，如各府廳州縣官紳能照章仿辦或實力勸辦得多數家族工藝廠成立者，核計提撥嘗款在二萬兩以上者照尋常勞績獎勵，四萬兩以上照異常勞績獎勵。原章第五條無礙，應推爲第十條云云。

五十二號議員謂：原章第四條謂限一年一律成立，其加入之案則謂呈請地方官申送入局，肄習畢業後始回屬辦理。如此，恐二者文意相抵觸，可否改正云云。

二十九號議員謂：此議案前已議決，若加入三十三號議員之各條，未免不合云云。

議長問審議長，此議案前付審議會審議如何結果，望報告。

審議長報告謂：昨日開議後，人數不足，審議無效云云。

三十三號議員謂：審議長報告審議無效，惟鄙見以提嘗方法尚須研究，其交來原草仍尚簡略，故爲設法增補，若再有不完善者及應加入者可於第三讀會行之云云。

議長宣布承認原議草應添加入三十三號議員意者起立，不起立者十二人。

議長宣布勸業道質問之條答及審議會如何情形。

六十三號議員謂：審議會於條答事有討論而無結果，應交審議會再審議。

七號議員謂：此條答係爲本案之附，似不須多加討論。

二十九號議員謂：條答須加討論，因甚多不合處，保證金即其一也。

三十九號議員謂：即將條答中保證金提出即議修正如何云云。

二十四號議員謂：條答中不合處甚多，不能單提出保證金修改而止須交審議會審議。

議長宣布贊成交審議會者起立，不起立者五人。

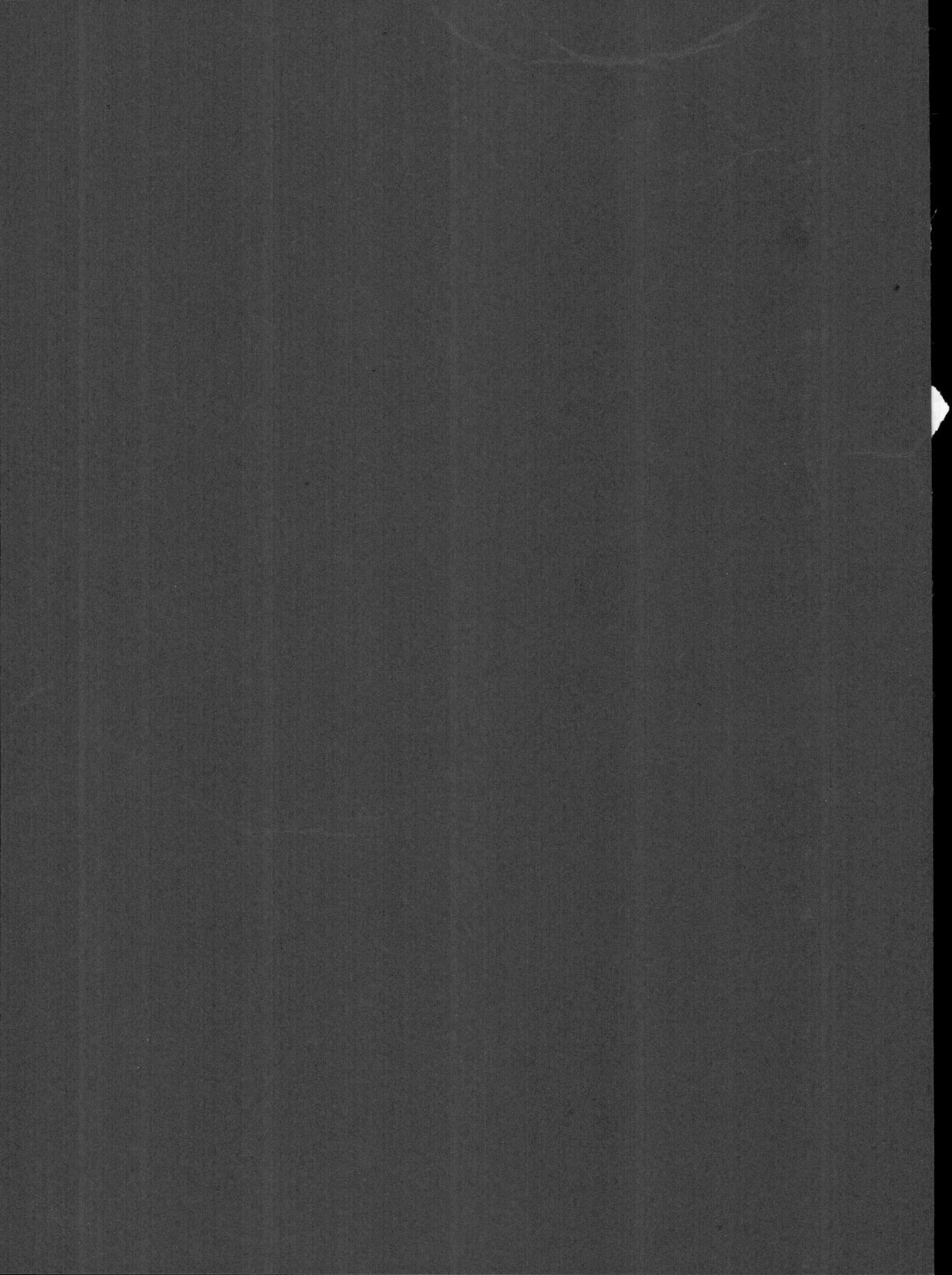

商品流通總部

《商品流通總部》提要

《商品流通總部》是《綜合分典》的五個總部之一，包括《流通部》《交流部》和《物價部》。通過這三個部，可以看出當時工業生産除了滿足官府的需求，以及自給自足外，也有相當部分是作爲商品而進入流通領域的。這對於深入認識我國傳統社會是不可或缺的。

本總部儘可能地收録一九一一年以前的有關商品流通方面的材料。

各部一般下設題解、綜述、紀事、藝文、雜録、圖録等緯目。在具體編纂過程中，對於緯目不强求一致，有則設，無則不設。每個緯目録文均按朝代先後順序排列，具體編排主要依據被引用材料的作者的生卒時間而定。

目録

流通部

題解

《六韜・文韜・六守》 文王曰：「敢問三寶。」

太公曰：「大農、大工、大商，謂之三寶。農一其鄉，則穀足；工一其鄉，則器足；商一其鄉，則貨足。三寶各安其處，民乃不慮。無亂其鄉，無亂其族。臣無富於君，都無大於國。六守長，則君昌。三寶全，則國安。」

劉安撰、高誘注《淮南鴻烈解》卷一一 治世之體易守也，其事易爲也，其禮易行也，其責易償也。是以人不兼官，官不兼事，士農工商，鄉別州異。是故，農與農言力，士與士言行，工與工言巧，商與商言數。是以士無遺行，農無廢功，工無苦事，商無折貨，各安其性，不得相干。

佚名《銅政便覽・京運》 《文獻通考》：禹鑄歷山之金。《禹貢》：荆、揚二州皆貢金三品。此爲輸金鑄錢之始。我朝德協坤維，地不愛寶，滇銅之盛，亘古未有。而運至京，路遥任重，條例紛繁，其原委有可歷數者。按京銅向係楚粵赴滇採運，雍正間始令在滇鑄錢解京，行至乾隆元年而止。嗣後洋銅兼採，旋復專取滇銅，初爲他省委員，即令歸滇運銅五十萬斤，其滇省應辦銅二百萬斤。內除鼓鑄解京錢文動用銅一百六十六萬四千斤外，尚應運銅三十三萬六千斤。派委正印一員、佐雜一員，於東川店兑領，運至四川永寧縣下船，由瀘州、重慶、漢口、儀徵、通州運京交收。四年，奉部行令，將江、安、浙、閩四省應辦滇銅二百萬斤，併歸滇省辦解，滇省連原運銅三十三萬六斤千，共辦運銅二百萬斤，二共辦運銅四百萬斤。每百斤加耗餘銅十一斤，其時數共四百四十一萬餘斤，運分十二。乾隆七年，監井渡水路開通，設店瀘州，運員即由瀘領運。九年併八爲四，合四爲二。二十四年，改四正爲三，易兩加爲一。二十六年，又分正運爲六、加運爲二。嘉慶十二年又併正六爲四，仍加運爲兩。專委丞倅牧令水運京銅六百二十九萬九千飯斤，遂爲定例。爰志京運，而以運員之自領運以至報銷，而以所歷之灘次各條附焉。

運員限期：

凡解運京銅，滇省每年派委正運四員、加運二員，於通省丞倅州縣內，由該管府道採選，出具考語保結，移送布政司衙門，詳明督撫，派委領運，按限起程，如有遲延，即應議處。

正運一起，委員五月到省，六月三十日自省起程，限二十三日抵瀘受兑，限四十日，九月初十日自瀘開行。

正運二起，委員七月到省，八月初十日自省起程，九月初三日抵瀘受兑，限四十日，十月二十日自瀘開行。

正運三起，委員八月到省，九月二十日自省起程，十月十三日抵瀘受兑，限四十日，十一月三十日自瀘開行。

正運四起，委員九月到省，十月三十日自省起程，十一月二十三日抵瀘受兑，限四十日，次年正月初十日自瀘開行。

加運一起，委員十一月到省，十二月初十日自省起程，次年正月初三日抵瀘受兑，限三十日，二月初十日自瀘開行。

加運二起，委員十二月到省，次年正月初十日自省起程，二月初三日抵瀘受兑，限三十日，三月初十日自瀘開行。《户部則例》内載，自瀘掃幫各日期，仍係正加八起原期。

凡正、加委員，自瀘州至重慶限二十日，在重慶换船過載限二十五日，自重慶至漢口限四十日，在漢口换簍過載限三十日，自漢口至儀徵限二十八日，自儀徵至山東魚台縣限四十四日五時，自山東魚台縣至直隸景州限四十一日三時，自直隸景州至通州限三十六日，共定限九個月二十五日。

凡運員沿途遇有患病、守風、守水、阻凍、讓漕、起剥、過壩、修船等事，均應報明地方官取結，出結咨部咨滇，方准扣除。至沿途守風不過四日，守水不得過八日。倘江水泛漲，實不能依八日之限者，所在道府查驗實情取結，具結報准其扣除。如有地方官弁徇情代爲捏飾，及道府督催不力，一併嚴參議處。

凡運京銅斤，如正限之外逾限不及一月者，降一級留任，委解上司罰俸一年；逾限一月以上者，降一級調用；兩月以上者，降二級調用；三月以上者，降三級調用；四月以上者，降四級調用；至五月以上者，革職。委解上司，仍各降三級留任。

領用砝碼：

凡運員起程時，遵照部頒砝碼，製給鉛碼一副。計四個，每個重二十五斤，共重一百斤。較準畫一，上鐫明照依部頒製給運員字樣。先與瀘店砝碼較準，再兑銅斤。

沿運盤驗過秤打包，到京部局交銅。如分兩不齊，准其較兑，銅斤到部交收。交竣即將砝碼呈繳工部銷燬，不准私行帶回。《户部則例》無。

領批掣批：

凡運員赴部交銅，每起本省發給户部科、工部科咨批各一件，自行呈投。如所運銅斤照額全數交足者，由部印批發，交運員回滇送布政司衙門備案。如有沉失逾折掛欠者，部中將原批扣留，俟沉失掛欠銅斤買補帶解清楚，部中始將批迴印發，咨滇備案。其所領餘銅，原備沿途盤剥折耗派補局秤之需，並不具批解部。

凡運員應解户部司務廳銅批飯食銀兩，係運員到京交銅時自行具批，完解掣批回滇，送布政司衙門備案。

請領銀兩：

凡正運，每起在四川瀘州店領運正耗餘銅一百一十萬四千四百五十斤，應領銀兩共十處：

一、應領自瀘至漢水脚銀三千六十三兩六錢。

一、應領裸費銀一千四百三十七兩三錢。

一、應領湖北歸州新灘剥費銀一百八十二兩三錢一釐。

一、應領新增自重至漢舵水工食銀二百七十三兩六錢。

一、應領新增裸費銀一十九兩五錢。

一、應領一年養廉銀一千二百二十六兩二錢四分八釐五毫。共應領銀六千二百二兩五錢四分九釐五毫，係由滇省解交四川永寧道查收存貯，俟運員抵瀘查明瀘州、重慶兩處應給銀數，分別給發運員承領。

一、在湖北藩庫請領自漢口至儀徵水脚銀二千六百八兩五錢。

一、在江寧藩庫請領自儀徵至通州水脚銀四千五十一兩五錢。以上二項由滇省詳請發給咨文並領銀執照，交運員赴楚江二省呈投請領。連在四川請領共銀一萬二千八百六十二兩五錢四分九釐五毫，俟銅斤運抵京局交收完竣，由滇將支過銀兩，按款分晰造册報銷。

一、每起在滇請領幫費銀二千五百兩。

一、在通州請領幫費銀一千五百兩。二(其)〔共〕四千兩，係於各廠請領工本銀内每百兩扣收銀一兩四錢，每員發給銀一千五百兩，又於各官養廉銀内捐扣每員發給銀一千五百兩，又於正額節省銀内每員給予銀一千兩，共合四千兩，俱不入册報銷。

凡加運，每起在四川瀘州店領運正耗餘銅九十四萬九百九十一斤六兩四錢，應領銀兩共九處：

一、應領自瀘至漢水脚銀二千六百一十兩一錢八分七釐。

一、應領裸費銀一千二百六十三兩五錢一分五釐。

一、應領湖北歸州新灘剥費銀一百五十五兩三錢七分八釐。

一、應領新增自重至漢舵水工食銀二百三十四兩四錢。

一、應領新增裸費銀一十六兩二錢五分。

一、應領酌添起剥僱縴銀五百兩。

一、應領一年養廉銀八百一十七兩四錢九分九釐。共應領銀五千五百九十七兩二錢二分九釐，係由滇省解交四川永寧道查收存貯，俟運員抵瀘查明瀘州、重慶兩處應給銀數，分別給發承領。其自漢口至儀徵係由湖北江南撥給，站船不給水脚。其前項領過銀兩，俟銅斤運抵京局交收完竣，回滇將支用過銀兩，按款分晰造册報銷。正、加運員應領各款銀兩，《户部則例》(内)〔内〕未載。

一、每起在滇請領幫費銀一千八百兩。

一、在通州請領幫費銀一千二百兩。以上二項共領銀三千兩。係於各廠請領工(木)〔本〕銀内每百兩扣收銀一兩四錢，每員發給銀一千兩，又於各官養廉銀内捐扣每員發給銀一千兩，又於正額節省銀内每員給予銀一千兩，共銀三千兩，俱不入册報銷。

凡正、加各員帶解節年沉失掛欠買補銅斤多寡無定，應需自瀘至京水脚按銅核明，正運委員帶解銅斤需銀二百兩，加運委員需銀一百兩。解交永寧道存貯，俟運員抵瀘查明瀘州、重慶兩處應給銀數，分別發給，回滇造册報銷。

撥兵護送：

凡運員承運銅斤，起程時詳請督撫簽給兵牌，正運每起派撥弁兵十九名，健役十名；加運每起派撥弁兵十六名、健役八名護送。沿途各省督撫將藩臬大員開單請旨，每省酌派一員經理，銅船到境，各派(勒)〔勤〕幹道府一員，會同委員押送出境，遞相交替。仍通飭沿途護送，並照催漕之例，會同營員派撥兵役防護，經過川江險灘，地方文武員弁，預帶兵役、水手、灘師在灘候送。值(門)〔閘〕河行漕之時，責成巡漕御史查催。

運員兵牌，俟銅斤到京交收後，呈送兵部查銷。換給照票回滇咨部查銷。

兑銅盤驗：

凡運員在四川瀘州店領運銅斤，責成永寧道，督同瀘州知州、瀘店委員，先將運員所領鉛碼與瀘店砝碼較準，然後秤兑。全數兑竣，取具運員鈐領、店員鈐結，一面申送滇省，詳咨沿途督撫轉飭驗兑，一面催令運員開行，申報四川總督飭川東道，俟銅到渝，委江北廳過秤出結，川東道另飭夔關查驗，出結具報。自夔關以下，令上站之員開具細數，遞交下游按數查驗，如無短少，具結放行。運抵漢口，儀徵，換船通載，湖北江南督撫飭令護送大員，眼同運員盤查過秤，具結申報。如銅斤交局虧短，將運員奏明，先交吏部議處。如有沿途盜賣沉失，惟沿途派出之員是問。如係瀘店短發，(印)〔即〕將在瀘各員照例參辦。

運銅船隻：

凡正運委員在瀘領運銅斤所需船隻，責成永寧道督同瀘州知州僱募小船裝應。至重慶，應需大船，責成川東道督同江北同知僱募夾舭中船裝運。至漢口，責成漢黄德道督同漢陽府同知僱募川槳船裝運。至儀徵，責成江寧巡道督同儀徵縣僱募駱駝船裝運。所僱船隻，驗明船身堅固結實，船户水手頭舵，務擇熟諳水性、風色、路徑，身家殷實之人方准僱募。凡加運委員，自瀘至漢同正運。其運抵漢口，湖北撥給站船，並委佐襍一員，協同運至江南儀徵交卸，委員押船回楚。儀徵(月)〔另〕撥站船，委員協運至通州交卸，委員即押船回江。撥給裝運之船，如沿途遭風打壞，由原省查明製價，除撈獲板片變抵外，應賠銀兩，咨部在船頭(各)〔名〕下分賠一半，該省協運委員分賠一半中十分之二，滇省運員分賠一半中十分之八。咨滇在運員名下著(追)〔追〕俟追獲，詳咨原省作正開銷，滇省留爲辦銅工本，每年題撥銅本時扣除。

帶解沉銅：

凡運員在途沉溺銅斤，例准在灘打撈，定限十日。如限内撈獲，即僱船裝載歸幫。如十日内不能全獲，將所獲者裝運前進，未獲者酌留親信家人在灘，協同地方官打撈。如有撈獲，交地方官存貯，咨滇委員帶解。

凡沉失銅斤，係正運之銅，即委正運之員帶解，加運之銅，即委加運之員帶解。其正運銅斤應需自漢口至儀徵每百斤水脚銀二錢三分六釐一毫八絲九微一塵二(渺)五末，自儀徵至通州每百斤水脚銀三錢六分六釐八毫三絲四忽一微七纖八渺。按照帶解銅數多寡，核計應領銀數，填入詳咨文内，發給運員領銀執照聲明，在扣存原運委員沉銅水脚銀内發給，承辦其原扣沉銅水脚銀兩，統俟沉銅辦理完結，除發給帶解各員外，如有餘剩，聽楚、江二省核實報銷。其加運銅斤，係湖北、江南發給。站船不給水脚，所有帶解水脚，俱係帶解之員自行墊給，回滇報銷，找發給領。此條《户部則例》無。

整圓碎銅：

凡運員領運整圓銅斤，不拘百斤或百斤以外或不足百斤，均准捆作一包，由瀘店委員編列字號，造册申司，詳請咨送户、工二部，並户、工部錢法堂查核。其零星碎小之銅，仿照解餉之式，改用木桶裝盛，每百斤裝爲一桶。將塊數、斤兩註明桶面，内繞鐵箍，裝釘堅固，於運員掃幫後，瀘店委員將兑發每起碎銅裝桶數目，造具桶數清册申送，詳咨沿途各督撫，四川、湖南、湖北、江西、安徽、江南、山東、直隸。轉飭查驗，並咨送户、工二部錢法堂查核兑收。《户部則例》無。

沿途(借)〔借〕支：

凡運員在途遭風沉銅，及起剥、僱縴、守凍，原領水脚襍費不敷，例准報明，所在地方官查明屬實，出結申報各本省上司，酌量借給，咨部咨滇。俟運員回滇，在該員名下照數着追完解，詳咨備銀省分，作正開銷。滇省將追獲銀兩，留爲辦銅工本，於每年題撥銅本銀兩案内扣除。如運員事故，力不能完，查明任籍並無財産隱寄，取結詳咨原派各上司(各)〔名〕下，按十股攤賠，詳咨報撥清款。

起剥僱縴：

凡運員經過各省，例准起剥處所計十二處：

湖北歸州新灘，定例全行起剥，自新灘剥至黑岩子，歸載計程四十里，每百斤准銷水脚銀三分。

江南寶應縣白田鋪，例准起六存四，剥至黄浦，歸載計程二十里，每百斤准銷水脚銀二分七釐。

清河縣清江閘，例准起六存四，剥至海神廟，歸載計程二十五里，每百斤准銷水脚銀二分五釐。

清河縣福興閘，例准起六存四，剥至豆(辦)〔瓣〕集，歸載計程三十五里，每百斤准銷水脚銀三分五釐。

桃源縣衆興集，例准起六存四，剥至宿遷縣，歸載計程一百里，每百斤准銷水脚銀四分。

宿遷縣關口，例准起六存四，剥至邳州猫兒窩，歸載計程一百二十里，每百斤准銷水脚銀七分五釐。

邳州猫兒窩，例准起六存四，剥至山東嶧縣台莊，歸載計程九十里，每百斤准銷水脚銀五分二釐。

由東嶧縣台莊，例准起五存五，剥至滕縣朱姬莊，歸載計程一百四里，每百斤准銷水脚銀六分。

滕縣十字河，例准起四存六，剥至夏鎮，歸載計程十六里，每百斤准銷水脚銀五釐九毫。

濟寧州棗林閘，例准起五存五，剥至南旺，歸載計程一百四里，每百斤准銷水脚銀六分四釐。

臨清州板閘口，例准起六存四，剥至唐官屯，歸載計程七百二十里，每百斤准銷水脚銀六分五釐。

直隸天津縣，例准全行起剥至通州，每百斤准銷水脚銀六分九釐。以上起剥共十三處，凡正運各起委員在山東臨清以上各處起剥銅斤支用水脚銀兩，均准照數報銷，並不在原給水脚銀内扣除。惟在天津全剥銅斤至通州，每百斤支用水脚銀六分九釐，應在原給自儀徵至通州每百斤例給水脚銀五錢四分内扣除。自天津至通州銀三分七釐六忽八微，只准銷銀三分二釐九毫九絲三忽二微。如在天津起剥，係起六存四，所有起六銅斤，每百斤支用水脚銀六分九釐，准其如數報銷，毋庸在原給水脚内扣繳。加運委員在儀徵换船運至通州，係用江寧站船裝運，所有在天津全剥銅斤，至通州每百斤支用水脚銀六分九釐，亦准照數報銷。至起剥各處内，有前運在此起剥而後運又不起者，又有前運不在此起剥，而後運又起剥者，原無一定。惟隨時查勘水勢情形，聽運員酌量辦理，會同地方官僱募給發，取結回滇報銷。《户部則例》只在歸州、天津二處剥費，其餘各處無。

凡運員經過各省，例准僱縴處所計四處：

江南儀徵縣，每船添僱縴十名，拉至天妃閘止，計程三百七十里，每名准銷夫價銀一兩零七分。

甘泉縣洋子橋，每船添僱縴十名，拉至天妃閘止，計程三百六十里，每名准銷夫價銀九錢六分。

清川縣豆（辦）〔瓣〕集，每船添僱縴十二名，拉至山東分水龍王廟止，計程七百九十里，每名准銷夫價銀一兩四錢四分八釐。

桃源縣古城，例准僱縴十二名，拉至山東汶（七）〔上〕縣南旺，歸載計程七百三十里，每名准銷夫價銀一兩四錢。以上四處，運員會同地方官僱募給發取結，（同）〔回〕滇將支用銀兩造册報銷。僱縴一條，《户部則例》無。

守凍開銷：

凡運員自四川瀘州店領銅，開行運抵江南儀徵以北内河一帶，如時值冬令，河水凍結，船隻不能前進，報明所在地方官出結轉報，准其守凍租房，堆貯銅斤，每月准銷房租銀五兩，僱夫背銅上岸下船，每百斤准銷夫價銀六釐，每船准銷看船頭舵二名，每名日給鹽菜銀二分，打冰水手二名，每名日給鹽菜銀二分，文武衙門派撥兵役四名，協同看守銅斤，每名日給燈油木炭銀二分五釐，運員准支一半養廉。凍解開行，更换繩索，每根准銷繩價銀六釐，僱夫捆銅，每包准銷夫價銀五釐。加運銅斤如遇守凍，均不准支銷。此條《户部則例》未載。

沉銅撈費：

凡運員在途沉失銅斤，查明水深丈尺，分别辦理。如水深三尺以外者，每百斤准銷撈費銀三錢，水摸飯食銀四分；如水深四丈以外者，每百斤准銷撈費銀四錢，水摸飯食銀四分。俟運員回滇分晰報銷，銀兩在銅息銀内動支，扣抵沿途（偕）〔借〕支一項，如有不敷，飭追完解。如無借支，即發給承領。如沉銅打撈無獲或撈不足數者，其撈費工食，一概不准報銷。

應納關税：

凡運員領售餘銅，經過各省應納關税銀兩計十處：

四川夔關税例：紅銅每百斤應徵銀三錢六分。

江西九江關例：不徵收貨税，只徵紅料。運員備帶餘銅，如係同正銅裝載，其船料銀兩業據船户完納，毋庸另徵。

安徽蕪湖關税例：每銅百斤，應完户關正税銀一錢六分，加一六銅斤銀二分五釐六毫，加（五四）〔三〕水脚銀四分八釐，又應完工關正耗銅斤水脚銀一分三釐八毫六絲，合每百斤應徵銀二錢四分八釐。

江南龍江關税例：每百斤應完工關正税銀七分五釐二毫四絲，又另徵加一飯食銀七釐五毫二絲四忽，合每百斤應徵銀八分三釐。

由閘關則例：每銅百斤，應徵正耗鋭銀一錢一分。

揚州關則例：每銅百斤，應徵正税銀一錢，加一耗銀一分，合每百斤應徵銀一錢一分。

淮安關則例：每銅百斤，應徵正税銀一錢二分，耗銀一分二釐，合每百斤應徵銀一錢三分二釐。

宿遷關則例：每銅百斤，應徵正税銀二錢五分，耗銀二分五釐，合每百斤應徵銀二錢七分五釐。

山東臨清關則例：每銅百斤，應徵正税銀二錢一分三釐，加一耗銀二分一釐三毫，補兑銀二錢一釐，單料銀一釐，合每百斤應徵銀四錢三分七釐。

直隸天津關則例：每銅百斤，應徵税銀六錢七分。

通州關税則例：每銅百斤，徵正税銀三分六釐，加一火耗銀三釐六毫，合每百斤應徵銀四分。以上自四川夔關起至直隸通州止，每銅百斤共應徵税耗等銀二兩四錢六分五釐。凡運銅各員到京，將應交户工部銅斤，按額交收足數。如有下剩餘銅，准其領售。

其應完各關稅料銀兩，照前核算。遵照定例，每完納關稅銀一百兩，隨解部庫飯食銀一兩五錢。又每完關稅飯食銀一百兩，應解添平銀二兩，共計應完關稅飯食添平等銀若干，於運員回滇報銷後造册咨部，俟核覆咨滇，在運員名下追繳，留爲滇省辦銅工本，於題撥銅本銀兩時扣除撥解清款。其應納崇文門稅銀，均係運員在京自赴崇文門完納。《户部則例》：交局後下剩銅，准運官領售，由部核咨崇文門照例科稅。其應納沿途關稅，雲南巡撫於運官回滇日，在應領養廉等銀内按例扣存彙解。各關應徵稅銀數目未載。

劃分餘銅：

凡運員在途事故，即由該處委員按運，正運每起例給餘銅二萬四千四百五十斤，按照省分遠近劃給。自四川瀘州店領銅運至重慶交替者，分給原運員餘銅一千五百斤。自瀘州由重慶運至湖北漢口交替者，分給原運員餘銅三(十)〔千〕斤。自瀘州由重慶、漢口運至江南儀徵縣交替者，分給原運員餘銅四千五百斤。自瀘州由重慶、漢口、儀徵運至(由)〔山〕東台兒莊交替者，分給原運員餘銅六千斤。自瀘州由重慶、漢口、儀徵、台兒莊運至德州衛交替者，分給原運員餘銅七千五百斤。惟按運省分，地方無定，不拘在(向)〔何〕省接替，除按段劃給外，仍劃給盤交折耗銅一千五百斤。其劃剩餘銅(金)〔全〕數給與按運之員，以爲沿途折耗及到部添補秤頭。加運每起例給餘銅二萬八百三十一斤六兩四錢。自瀘至重慶交替者，分給餘銅一千(三)〔二〕百斤。自瀘州由重慶運至漢口交替者，分給餘銅二千四百斤。自瀘州由重慶、漢口運至儀徵交替者，分給餘銅三千六百斤。自瀘州由重慶、漢口、儀徵運至台兒莊交替者，分給餘銅四千八百斤。自瀘州由重慶、漢口、儀徵、台兒莊運至德州衛交替者，應分給餘銅六千斤。不拘在何處交替，除按股劃給外，仍劃給盤交折耗銅一千二百斤，其劃剩餘銅，全數給與接運之員，以爲沿途折耗及到部添補秤頭。如該員等有帶解掛欠沉失豁免各款銅斤，所結餘銅，均照前核算劃給。此條《户部則例》未載。

運員引見：

凡運員承領京銅，起程時由布政司出具考語，督撫發給咨文，運員領賫。赴部各員所運銅斤照額交足，户部即奏明帶領引見，知照(更)〔吏〕部。如係實授同通州縣任内並無事故，與卓異之例相符者，准其入於卓異班内，按照引見日期，與各項人員較先後陞用。題署人員，俟題准實授後，任内並無事故，亦准其入於卓異班内，以實授奉旨之日，比較先後陞用。如所(通)〔運〕銅斤有沉失逾折掛欠短少者，均不准帶領引見。

運員報銷：

凡正運委員領運正耗餘銅一百一十萬四千四百五十斤。交户部正耗銅七十二萬斤，交工部正耗銅三十六萬斤。自滇起程赴瀘領銅運至京局，按銅按船計算，共合每百斤准銷水脚、起剥、夫價、襍費、養廉銀一兩三錢六分七釐五毫一絲三微。内除天津全剥銅斤每百斤應扣原給自津至通水脚銀三分七釐六忽八微外，實合每百斤准銷銀一兩三錢三分五毫三忽五微。

正運銅斤，在瀘顧夫背銅下船，每百斤准銷夫價銀三釐，自瀘顧船裝運至重慶，每百斤准銷水脚銀六分五釐。

在重慶僱夫提包過載，每百斤准銷夫價銀三釐。

自重慶僱船裝運至漢口，每百斤准銷水脚銀二錢一分四釐七毫七絲。《户部則例》：自重至漢，每百斤水脚銀一錢九分，與滇省每百斤准銷銀二(銀)〔錢〕一分四釐七毫七絲之數不符。

在漢口僱夫背銅上岸下舡，每百斤准銷夫價銀六釐。

自漢口僱船裝運至儀徵，每百斤准銷水脚銀一錢八分。

在儀徵僱夫提包過載，每百斤准銷夫價銀三釐。

自儀徵僱船裝運至通州，每百斤准銷水脚銀三錢四分。

在湖北歸州新灘，每船添僱頭舵二名，每名准銷工價銀五錢。

東湖縣雀兒尾灘，每船添僱灘師二名，每名准銷工價銀五錢。按以僱用船十二隻算。

天妃閘設立絞關四副，每副用夫六十名，每名准銷工價銀六分。

過黄河，每船一隻僱帶船一隻，每隻准銷銀一兩。

過黄河入口出口，每船僱提溜夫二十五名，每名准銷夫價銀六分。

過雙金閘，每船僱提溜夫二十五名，每名准銷夫價銀六分。按以僱用船十二隻核算。

銅船運抵台兒莊，過侯新屯、莊丁廟、萬年、巨樑橋、新莊、韓莊等八閘，每閘僱拉閘夫六十名，每名准銷夫價銀六分。

經由棗林閘、施家莊、仲城閘、新莊、石佛、趙村、在城、天井、草橋、通濟、寺前、柳林等十三閘，每閘僱拉閘夫五十名，每名准銷夫價銀六分。

銅斤交局，每百斤准銷扛銅堆銅夫價小制錢八(交)〔文〕看守銅斤租搭窩舖，准銷燈油木炭小制錢五千三百文。以每錢一千八百文作銀一兩計算。添僱頭舵及提溜拉閘扛銅夫價等款，《户部則例》未載。

自滇起程赴瀘領銅，由瀘州、重慶、漢口、儀徵、天津、通州運至京局，每百斤准銷簍繩、夫價、房租、燈籠、油蠟、酌江犒賞員等項襍費銀一錢二分九釐。如遇守凍，支銷銀兩，准其(月)〔另〕行入册報銷，不在定例。准銷一錢二分九釐之内。查襍費一款，《户部則例》未載。

自滇至瀘至京，並自京回滇，准支十七箇月七日，每月養廉銀一百一兩一錢九分九釐。如在途守凍，例准按月減半支銷養廉。《户部則例》：每月准支養廉銀六十八兩一錢二分四釐，與滇省改運案内每月准支銀一百一兩一錢九分九釐之數不符。

運員起剥地方及次數多寡，原無一定，總以每運不得過八次。除天津一次另行核計外，其餘用銀不得過一千八百兩。每運在天津全剥銅斤，每百斤准銷銀六分九釐。嘉慶十四年案，《户部則例》無。

每運僱縴工價，不得過一百六十兩。嘉慶十三年案，《户部則例》無。

凡加運委員運領正耗餘銅九十四萬九百九十一斤六兩四錢。交户部正耗銅六十一萬三千四百四十二斤，交工部正耗銅三十萬六千七百二十斤。自滇起程赴瀘領銅運至京局，按銅按船計算，合每百斤准銷水脚、起剥、夫價、褓費、養廉等項銀八錢二分六釐八絲八忽一纖。

加運銅斤在瀘州僱夫背銅下船，每百斤准銷水脚銀六分五釐。

自瀘州僱船裝運至重慶，每百斤准銷夫價銀三釐。

在重慶僱夫提包過載，每百斤准銷夫價銀三釐。

自重慶僱船裝運至漢口，每百斤准銷水脚銀二錢一分四釐九毫九忽八微八纖。《户部則例》：自重至漢每百斤水脚銀一錢九分，與滇省每百斤准銷銀二錢一分四釐九毫九忽八微之數不符。

在漢口僱夫背銅上岸下船，每百斤准銷夫價銀六釐。

在儀徵僱夫提包過載，每百斤准銷夫價銀三釐。(共)〔其〕自漢至儀、自儀至通應需船隻，係由湖北、江南撥給站船，並不支銷水脚銀兩。

在湖北歸州新灘，每船添僱頭舵二名，每名准銷工價銀五錢。

東湖縣雀兒尾灘，每船添僱灘師二名，每名准銷工價銀五錢。按以用船十八隻計算。

天妃閘設立絞關四副，每副用夫六十名，共用夫二百四十名，每名准銷工價銀六分。

過黄河，每原船一隻僱帶船一隻，每隻准銷銀一兩。過黄河入口出口，每船僱提溜夫二十五名，每名准銷工價銀六分。按以用船十五隻計算。

過雙金閘，每船僱提溜夫二十五名，每名准銷工價銀六分。

銅船運抵台兒莊，過侯新屯、丁廟、萬年、巨梁橋、新莊、韓莊等八閘，每閘僱拉閘夫六十名，每名准銷工價銀六分。

經由棗林閘、施家莊、仲城閘、新莊、石佛、趙村、在城、天井、草橋、通濟、寺前、柳林等十三閘，每閘僱拉閘夫五十名，每名准銷工價銀六分。

銅斤交局，每百斤准銷扛銅、堆銅夫價小制錢八文。看守銅斤租搭窩舖，准銷燈油木炭等項共給小制錢五千三百文。以每錢一千八百文作銀一兩算。添僱頭舵及提溜拉閘扛銅夫價等款，《户部則例》俱未載。

自滇起程赴瀘領銅，由瀘州、重慶、漢口、儀徵、天津、通州運至京局，每百斤准銷簍繩、夫價、房租、燈籠、油蠟、酧江犒賞等項褓費銀一錢二分九釐。如遇守凍，例准按月減半支銷養廉。

起剥地方及次數多寡，原無一定，總以每運不得過八次。除天津一次(月)〔另〕行核計外，其餘用銀不得過〔二〕千六百兩。

每運在天津全剥銅斤，每百斤准銷銀六分九釐。嘉慶十四年。按《户部則例》無。

每運僱縴工價，不得過一百六十兩。嘉慶十三年。按《户部則例》無。

報銷限期：

凡運員赴部交收掣獲寔收回滇，户部發給執照，定限九十九日。如在途患病，應報明所在地方官具結，申報本省督撫咨部咨滇，仍取具地方官驗病印結，同户部執照到滇申送布政司衙門，扣明限期，詳咨户部查銷。如有逾限，即查開職名，送部查議。

凡運員回滇造册報銷，以運員到滇之日起，定限一月造册申司，布政司覆核亦限一月詳題。如有遲延，即將職名於文内聲明，咨部議處。

凡運員交銅事竣，有丁憂事故者，呈明户部，遣屬赴滇報銷。照運員回滇之例，户部填給執照，定限九十九日。如有托故逗留、私行回籍、逾違定限者，於呈繳户部執照案内查明。本員如已病故，免其查議。如本員係丁憂告病者，將本員職名送部，聽候查議。將遲延之該家屬，發縣嚴行懲治。如該家屬實因患病，報明地方官取有印結呈送者，准其將耽延日期扣除，免其懲處。

運員短銅：

凡運員解部銅斤，有較額運之數交收短少者，除沉失外，所短銅斤由户、工二部核明具奏，將該員先行革職，咨滇將應賠銅價及水陸運脚銀兩查照定例，按以每短銅一百斤，應繳銀一十三兩一錢三分七釐七毫九絲九忽，應添買餘銅三斤，於尋甸店撥賣，每百斤應繳價銀九兩二錢，正餘銅斤共應繳價銀九兩四錢七分六釐。自尋甸至威寧車站十五站，應繳正餘銅斤運脚銀九錢六分一釐三毫三絲三忽。自尋甸至威寧，例准折耗銅五兩四錢九分三釐外，應繳自威寧至鎮雄陸路五站正餘（第）〔銅〕一百二斤十兩五錢七釐，運脚銀六錢六分三釐一毫六絲二忽。又應繳筐簍木牌銀九釐一毫六絲五忽。自威寧至鎮雄例准折耗銅一兩二分七釐外，應繳自鎮雄至羅星渡陸路五站正餘銅一百二斤九兩四錢八分，運脚銀六錢六分二釐七毫四絲七忽。自羅星渡至瀘州店水路八站，應繳正餘銅斤水脚銀二錢九分七釐五毫一絲八忽。又應繳筐簍木牌銀三釐五絲。自鎮雄至瀘州例准折耗銅一兩七錢九釐，自瀘州至通州應繳正餘銅一百二斤七兩七錢七分一釐，水脚銀八錢九分七釐七毫七絲七忽。沿途襍費銀八分五釐六絲三忽。又應繳自通州至京局車脚銀八分一釐九毫八絲八忽。按照所短銅數，核明應賠銀兩。俟運員回滇報銷，將應賠銀兩以到滇之日起，限銀數在一千兩以下者，限半年完繳。一千兩以上至三千兩者，限一年完繳。三千兩以上至五（十）〔千〕兩者，限二年完繳。五千兩以上至一萬兩者，限三年完繳。一萬兩以上至二萬兩以内者，限四年完繳。依限全完，准其開復。如逾限不完，題叅（草）〔革〕任將應完短銅價脚，並沿途借支銀兩一併咨籍着追。如原籍無可追繳，飭查歷過任所，如無隱寄，取結詳咨。在原派各上司名下，按以十股攤賠。內出結保送之該管府州應賠四股，巡道加考移司應賠三股，藩司據結詳委應賠一股，督撫據詳批准，各應賠一股。至直隸廳州並無該管之府應賠銀兩，則巡道應賠四股；藩司應賠二股。督撫各賠二股。俟各該員賠補全完，買銅補運清款。此條《户部則例》未載。

凡運員回滇丁憂，應賠短少部局銅斤價脚銀兩，俟服闋回滇之（口）〔日〕，按照原限追繳。如該員初限已完二三，兩限尚未屆限即丁憂回籍者，亦俟該員服闋回滇之日，按照原限追繳完解。嘉慶九年。案《户部則例》無。

凡運員在途丁憂回籍，守制服滿，銓選他省，應賠短少部局銅斤價脚銀兩，照新例分限完繳。嘉慶元年，四川。案《户部則例》無。

險灘沉銅豁免：

凡運員在極險之灘沉失銀斤者，勒限一年打撈。限滿無獲，由沉銅省分查明，取具水摸甘結，地方文武員弁印結，由道府加結，咨部咨滇，會疏保題豁免銅斤，照例買銅補運清款。其自儀徵以下並無險灘，從無豁免之案。按沉銅每百斤添買餘銅三斤，於尋甸店撥賣，每百斤價銀七兩四錢五分二釐，計正餘銅一百三斤，應需價銀七兩六錢七分五釐五毫六絲。自尋甸至威寧十五站，正餘銅一百三斤，運脚銀九錢六分一釐三毫三絲二忽。前項正餘銅一百三斤，除自尋甸至威寧例准折耗銅五兩四錢九分三釐外，應需自威寧至鎮雄五站正餘銅一百二斤十兩五錢七釐，運脚銀六錢六分三釐一毫六絲二忽。筐簍、（未）〔木〕牌銀九釐一毫六絲五忽。自威寧至（簍）〔鎮〕雄五站，例准折耗銅一兩二分七釐外，自鎮雄至羅星渡五站，正餘銅一百二斤九兩四錢八分，運脚銀六錢六分二釐七毫四絲七忽。自羅星渡至瀘州店八站，正餘銅斤水脚銀二錢九分七釐五毫一絲八忽，筐簍、木牌銀三釐五絲。自鎮雄至瀘州水陸十三站，除例准折耗銅一兩七錢九釐，實自瀘州（登）〔發〕運銅一百二斤七兩七錢七分一釐，如截至漢口止，每百斤應需正餘銅水脚銀二錢八分四釐二毫八絲，襍費銀八分五釐六絲五忽二（徵）〔微〕。共計每百斤應需銅價、水陸運脚、雜費等銀十兩六錢四分一釐八毫七絲九忽二（徵）〔微〕。如截至儀徵止，每百斤應需水脚銀一錢九分，襍費銀一分五釐，共應需銀十兩八錢四分六釐八毫七絲九忽二微。總按沉銅處所核計，應需銅價水脚詳咨在銅息銀內動支。（具）〔其〕動支銀兩，分別收入廠務陸運京銅項下。

次險灘沉銅分賠：

凡運員運在次險之灘沉失銅斤者，勒限一年打撈。限應無獲，由沉銅省分查明，取具印甘各結，咨部咨滇。所沉銅斤，照例在沉銅處所之地方官名下分賠十分之三，運員名下分賠十分之七。所有地方官應賠銀兩，俟追獲咨滇至日，在京銅項下，動放搭同追獲運員應賠銀兩，分別收入廠務、陸運、京銅項下，買銅補運清款。如運員應賠銀兩產盡無追、任所亦無隱寄，即將所少銀兩，按在原派各上司名下分賠，內出結保送之。該管府州應賠四股，巡道加考移司應賠三股，藩司據結詳委應賠一股，督撫據詳批准各應賠一股。直隸廳州並無該管知府，則巡道應賠四股，藩司應賠二股；督撫各賠二股。俟各該員賠補完全，買銅補運清款。按沉銅每百斤添買餘銅三斤，於尋甸店撥賣，每百斤價銀九兩二錢，計正餘銅一百三斤，應繳價銀九兩四錢七分六釐。又應繳自尋甸至威寧十五站，正餘銅一百三斤，運脚銀九錢六分一釐三毫三絲二忽。又前項正餘銅一百三斤，除自尋甸至威寧例准折耗銅五兩四錢九分五釐外，應繳自威寧至鎮雄五站，正餘銅一百二斤十兩五錢七釐，運脚銀四錢六分二釐一毫六絲五忽。又自威寧至鎮雄五站，例准折耗銅一兩二分七釐外，應繳自鎮雄至羅星渡五站，正餘（銀）〔銅〕一百二斤九兩四（銀）〔錢〕八分，運脚銀六錢六分二釐七毫四絲七忽。自羅星渡至瀘州店八站，正餘銅斤水脚銀二錢九分七釐五毫一絲八忽，筐簍、木牌銀三釐五絲。自鎮雄至瀘州水陸十三站，除例准折耗銅一兩七錢九釐，寔自瀘州發運銅一百二斤七兩七錢七分一釐。如截至漢口止，每百斤應繳正餘水脚銀二錢八分四釐二毫八絲，襍費銀八分五釐六絲五忽二微，共計每百斤應繳銅價、水陸運脚、襍費等銀十二兩四錢四分二釐三毫一絲九忽二微。如截至儀徵止，每百斤應繳水脚銀一錢九分，襍費銀一分五釐，共應繳銀十二兩六錢四分七釐三毫一絲九忽二微。如截至通州止，每百斤應繳水脚銀三錢四分六釐，襍費銀二分，共應繳銅價、水陸運脚、襍費等銀一十三兩一分三釐三毫一絲九忽二微。總按沉銅處所

核計應繳銅價、水陸運脚等銀，詳咨在沉銅地方官及運員名下分賠。【略】

綜述

徐天麟《西漢會要》卷五四《食貨五・大司農錢》 孝武之世，開玉門，通西域，師旅之費，不可勝計。至於用度不足，乃榷酒酤，筦鹽鐵，鑄白金，造皮幣，算至車船，租及六畜。《西域傳贊》。

元帝温恭少欲，都内錢四十萬萬。《王嘉傳》。

吴自牧《夢粱録》卷一三《鋪席》 杭州大街，自和寧門杈子外，一直至朝天門外清河坊，南至南瓦子，北謂之「界北」。中瓦子前，謂之「五花兒中心」。自五間樓北，至官巷南街，兩行多是金銀鹽鈔引交易鋪，前列金銀器皿及現錢，謂之「看垜錢」，此錢備準榷貨務算清鹽鈔引，並諸作分打鈒爐鞴，紛紜無數。自融和坊北，至市南坊，謂之「珠子市」，如遇買賣，動以萬數。又有府第富豪之家質庫，城内外不下數十處，收解以千萬計。向者杭城市肆名家有名者，如中瓦前皂兒水，雜貨場前甘豆湯，戈家蜜棗兒，官巷口光家羹，大瓦子水果子，壽慈宫前熟肉，錢塘門外宋五嫂魚羹，涌金門灌肺，中瓦前職家羊飯，彭家油靴，南瓦子宣家臺衣，張家元子，候潮門顧四笛，大瓦子邱家篳篥。自淳祐年有名相傳者，如猫兒橋魏大刀熟肉，潘節幹熟藥鋪，壩頭榜亭安撫司惠民坊熟藥局，市西坊南和劑惠民藥局，局前沈家、張家金銀交引鋪，劉家、吕家、陳家彩帛鋪，舒家紙扎鋪，五間樓前周五郎蜜煎鋪，童家柏燭鋪，張家生藥鋪，獅子巷口徐家紙扎鋪，凌家刷牙鋪，觀復丹室，保佑坊前孔家頭巾鋪，張賣食面店，張官人諸史子文籍鋪，訥庵丹砂熟藥鋪，俞家七寶鋪，張家元子鋪，中瓦子前徐茂之家扇子鋪，陳直翁藥鋪，梁道實藥鋪，張家豆兒水，錢家乾果鋪，金子巷口陳花脚麵食店，傅官人刷牙鋪，楊將領藥鋪，市南坊沈家白衣鋪，徐官人幞頭鋪，鈕家腰帶鋪，市西坊北鈕家彩帛鋪，張家鐵器鋪，修義坊北張古老胭脂鋪，水巷口戚百乙郎顔色鋪，徐家絨綫鋪，阮家京果鋪，俞家冠子鋪，官巷前仁愛堂熟藥鋪，修義坊三不欺藥鋪，官巷北金藥臼樓太丞藥鋪，胡家、馮家粉心鋪，染紅王家胭脂鋪，淮嶺傾錫鋪，清河坊顧家彩帛鋪，蔣檢閱茶湯鋪，升陽宫前仲家光牌鋪，季家雲梯絲鞋鋪，太平坊南倪没門面食店，南瓦子北卓道王賣麵店，腰棚前菜麵店，熙春樓下雙條兒劃子店，太平坊大街東南角蝦蟆眼酒店，漆器墻下李官人雙行解毒丸，抱劍營街吴家、夏家，馬家香燭裹頭鋪，李家絲鞋鋪，許家槐簡鋪，沙皮巷孔八郎頭巾鋪，陳家綠結鋪，朝天門戴家鏖肉鋪，外沙皮巷口雙葫蘆眼藥鋪，朝天門裡大石版朱家裱褙鋪，朱家元子糖蜜糕鋪，太廟前尹家文字鋪，陳媽媽泥面具風藥鋪，大佛寺疳藥鋪，保和大師烏梅藥鋪，三橋街毛家生藥鋪，柴家絨綫鋪，姚家海鮮鋪，壩橋榜亭側朱家饅頭鋪，石榴園倪家犯鮓鋪，張省幹金馬杓小兒藥鋪，三橋河下楊三郎頭巾鋪，清湖河下戚家犀皮鋪，里仁坊口游家漆鋪，李博士橋鄧家金銀鋪，汪家金紙鋪，炭橋河下青篦扇子鋪，水巷橋河下針鋪，彭家温州漆器鋪，沿橋下生帛鋪，郭醫産藥鋪，住大樹下橘園亭文籍書房，平津橋沿河布鋪，黄草鋪温州漆器，青白磁器，鐵綫巷籠子鋪，生絹一紅鋪，薦橋新開巷元子鋪，官巷内飛家牙梳鋪，齊家、歸家花朵鋪，盛家珠子鋪，劉家翠鋪，馬家、宋家領抹銷金鋪，沈家枕冠鋪，小市里舒家體真頭面鋪，周家摺揲扇鋪，陳家畫團扇鋪。自大街及諸坊巷，大小鋪席，連門俱是，即無虚空之屋。每日清晨，兩街巷門，浮鋪上行，百市買賣，熱鬧至飯前，市罷而收。蓋杭城乃四方輻輳之地，即與外郡不同。所以客販往來，旁午於道，曾無虚日。至於故楮羽毛，皆有鋪席發客，其他鋪可知矣。其餘坊巷橋道，院落縱横，城内外數十萬户口，莫知其數。處處各有茶坊、酒肆、面店、果子、彩帛、絨綫、香燭、油醬、食米、下飯魚肉鯗臘等鋪。蓋經紀市井之家，往往多於店舍，旋買見成飲食，此爲快便耳。

李虹若《朝市叢載》卷三《會館》 文昌會館：書行公立，以爲酬神議事之所。在琉璃廠沙土園口内路西。

長春會館：玉器行公立。在琉璃廠沙土園南口路西。

顔料會館：顔料行公立。在前門外蘆草園西頭路北。

藥行會館：藥行公立。在前門外興隆街東頭路北。

仙城會館：廣行公立。在前門外王皮胡同東頭路北。

烟行會館：在彰儀門大街中間路南。

安平公所：在琉璃廠廠甸内路北。

正乙祠：銀號公立。在前門外西河沿中間路南。

直隸：

直隸老館：在宣武門外大街路西。

直隸新館：在騾馬市路北。

奉天會館：在西珠市口路南。
河間會館：在驢駒胡同西頭路北。
正定會館：在繖家坑北頭路西。
津南試館：在西珠市口路北。
深州會館：在報國寺對過路南。
唐縣會館：在冰窖胡同路北。
天津試館：在東珠市口東路北。
大宛試館：在西河沿東頭路南。
遵化試館：在崇文門外上二條胡同。
直隸鄉祠：在宣武門外下斜街路東。
河南：
河南會館：在粉房琉璃街中間路東。
中州新館：在繩匠胡同路東小胡同。
中州老館：在騾馬市路北。
中州南館：在米市胡同路西。
歸德會館：在草廠頭條胡同。
又：在賈家胡同中間路東。
懷慶會館：在潘家河沿路西。
光州老館：在米市胡同中間路東。
光州新館：在官菜園上街路西。
孟縣會館：在宣武門外大街路西。
開封會館：在賈家胡同南頭路西。
中州鄉祠：在土地廟上斜街路北。
岳忠武王祠：在宣武門外炸子橋路北。
濮陽會館：在崇興寺。
山西：
山西會館：在崇文門外鞭子巷路西。
又：在前門外明因寺街。
又：在前門外東小市。
三晉會館：在騾馬市路北。

三晉外館：在東延旺廟街。
晉太會館：在前門外百順胡同。
晉翼會館：在前門外小蔣家胡同。
臨汾會館：在前門外打磨廠。
汾陽會館：在王廣福斜街路東。
平陽會館：在小蔣家胡同路東。
平介會館：在鷂兒胡同路南。
平定會館：在前門外板章胡同。
浮山會館：在前門外鷂兒胡同。
絳縣會館：在椿樹下三條胡同路北。
聞喜會館：在宣武門外趕驢市路南。
洪洞會館：在彰儀門大街路南。
河東會館：在前門外小蔣家胡同。
河東烟行館：在彰儀門大街路南。
曲沃會館：在前門外虎坊橋路北。
又：在新開路路西
襄陵會館：在前門外虎坊橋。
解梁會館：在粉房琉璃街路西。
靈石會館：在宣武門大街路西。
永濟會館：在宣武門大街。
趙城會館：在紫竹林。
孟縣會館：在同上。
又：在石頭胡同南口。
介休會館：在北官園中間路北。
代州會館：在西河沿粗旗杆廟路南。
翼城會館：在虎坊橋路南。
潞安會館：在西珠市口路北。
澤郡會館：在花兒市四條胡同。
三忠祠：在土地廟上斜街。
西晉會館：在彰儀門大街路南。

太原會館：在宣武門外皮庫營路北。
忻定會館：在前門外南御河橋路北。
山東：
山左會館：在教場頭條胡同路西。
又：在鐵香爐。
齊魯會館：在手帕胡同路南。
濟南會館：在爛面胡同路西。
壽張會館：在閻旺廟街。
汶水會館：在粉房琉璃街。
武定會館：在東交民巷路北。
青州會館：在門樓胡同中間路西。
陝甘：
關中會館：在宣武門外大街。
漢中會館：在宣武門外青廠。
渭南會館：在八角琉璃井。
渭南新館：在臧家橋路南。
渭南老館：在宣武門外潘家河沿路西。
渭南會館：在西河沿路南。
韓城會館：在宣武門外大街。
甘肅會館：在宣武門外轎子胡同。
甘肅北館：在宣武門外山西街。
咸長會館：在宣武門外大街路西。

甘厚慈《北洋公牘類纂》卷一七《工藝二(研究)・直隸工藝總局詳考工廠擬採購各省商品運津陳列酌定章程呈請立案文並批》　爲詳報事。竊查職局遵奉憲台諭飭，創設考工廠，上年曾函致各省官商，採購工業製品運津分類陳列，計自開辦以來，各處運到物品固已不少，而隨時銷售，所存無多，兼以創辦採票，銷路更暢，亟應隨時採運，方能周轉不竭，以資觀覽。現酌擬採購各省工業製品章程，分致各省商務局代爲採購，並經電商上海總理輪電事宜楊京堂，分飭沿江、沿海各大埠輪電分局代爲購運。接准覆電允爲代辦，除分別函致並俟物品寄到隨時付價外，理合將所擬採購章程照録清摺，具文詳請憲台察核，批示立案，實爲公便。爲此備由具詳，伏乞照詳施行，須至詳者。計詳送照録章程清摺一扣。

謹將酌定天津考工廠，採購本國各省工業製品章程九條，照録清摺，恭呈憲鑒。計開：一、採取商品以手工製品爲主。凡一類之中，擇其最精者購之。或非精品，而爲居常所適用，行銷最廣者，及價值格外便宜者，均可酌購以備參考。二、平常貨物而某處有一家獨馳名者，縱價值稍昂，亦當購取，以察其製作精良之處究竟安在。三、以本國材料仿外洋式樣所製者宜取之，如能絲毫不遜外洋固妙，即或稍差而價較廉亦須酌購，藉可考求改良，以期進步，而杜漏卮。四、凡不仿外洋而足以與外洋物品競美，或較尤利用者皆當取之。五、凡採購商品須詳記其地名、字號、住址、零售批售價目，及每年大概產額並行銷處所，又應完稅捐與外運水脚、保險等費，凡可以考察者，當採辦時，均望一一詳記。六、凡購取商品，輸運兑價均費周轉，應註明以後如有續購，應將信遥寄至何處，將來商品由何處寄津爲妥，以及到津後如何匯還價款，種種辦法，均望於第一次購取時聲明，以後照辦。七、凡教育品物，須擇其精美特出者購取之，藉資考鏡，以便仿製，或更設法求精，俾得進而愈上。其餘一切普通教育品，則只須記録出產情形，不必購運，以期省便。八、應採商品種類如左：美術品［凡書畫雕刻等品］、製造品［凡陶磁器、玻璃器、玉石器、金銀器、鐘表、竹木器、漆器、紙革、牙角等器，各項機器］、機織品［凡織染刺繡等品］、教育品［凡書籍、文房具、照相具、度量衡測量用具、樂器具、天文地理及聲光電水氣各等學與理化等學各種儀器］。九、各省官商製造，凡有合於上各採購之條例者，無論何時，均可遥寄至天津交直隸工藝總局查收，零星者可將物品先寄，大宗者可將名目價格開單函知，候回信再寄物品。

督憲袁批：如詳立案。摺存。此繳。

甘厚慈《北洋公牘類纂》卷一七《工藝二(研究)・直隸工藝總局酌擬教育品陳列館試辦章程並約估經費詳文並批》　爲詳請示遵事。竊維學堂爲人材根本，工藝爲民生至計，二者固宜並重，而講求之道亦屬和資。工藝非學不興，學非工藝不顯。查外國學校各科課程皆有教育物品，各種儀器具備，以供指授，故學堂工廠日新月異，競出心裁。伏思天津爲總匯之區，已立蒙小學堂、中學堂、高等專門各學堂，似宜設立教育品陳列館，購置儀器、圖畫，任人縱觀，以資啟發。前經職道學熙，繕具手摺，擬就玉皇閣廟屋，修葺布置，設立教育品陳列館，事易費省，呈蒙憲台諭准試辦在案。現職道等與學務處嚴編修等會商，體察情形，酌擬試辦章程，並約估開辦及常年經費數目，繕摺恭呈憲鑒，至所需經費，擬即在銀元局銅元餘利一成五項下撥領。所有職道等酌擬教育品陳列館試辦章程，並約估經費緣由，理合詳請憲台核示祇遵。謹將估計教育品陳列館開辦經費，及常年額支、活支款項，繕摺恭呈憲鑒。計開：開辦項下：一、擬派兩人赴日本選辦陳列品，往返川資旅費共約銀五百兩。一、陳列品價約銀七千兩。一、玉皇閣現住日本人退房費銀三百兩。一、修理添蓋陳列室樓房等共約銀六千兩。一、製買玻璃木架等件共約銀一千五百兩。一、製買客廳及事務室木器等件共約銀二百兩。一、製買零用各器，刻印圖章票册板戳等件共約銀一百兩。一、調查鈔録各學校表册章程等件工費共約銀一百兩。以上開辦共約銀一萬五千七百兩。常年額支項下：一、員司每月薪火共約銀九十兩每年一千八十兩。一、學徒每月薪火共約銀六十兩每年七百二十兩。一、夫役每月工食共約銀十七兩每年二百四兩。一、辦公筆墨紙張帳册共約銀每年一百二十兩。一、各種籤牌簿册共約銀每年二百四十兩。一、添製零星什物共約銀每年一百五十兩。一、夏日篷簾共約銀八十兩。一、冬日煤炭共約銀九十兩。一、津貼廟祝香資每年共約銀一百兩。一、三節酒席並賞犒每年共約銀九十兩。一、辦公室燈燭雜費每月約銀十兩，每年共銀一百二十兩。以上共約銀每年二千九百九十四兩。常年活支項下銷遇有特別用款，臨時另案禀請。以上常年額支、活支兩項，每年共約銀五千九百九十四兩，每月匀計五百兩。

督憲袁批：據詳。設立教育品陳列館，爲文明進化最要關鍵。日本各學校暨會社工場出品日新月異。一每年添購陳列品，一修補房舍，一添製函架，以上均難預計，擬每年以三千金爲度，實用實。其中有本國可自仿造者，即由局摹製，以恢學界而杜漏卮。仰即照章試辦，隨時改良。至所需經費，准在銀元局餘利一成五項下撥領，並移銀元局及學務處查照。摺存核。此繳。

甘厚慈《北洋公牘類纂》卷一七《工藝二（研究）・直隸工藝局摘録土産名色請飭各州縣購送陳列考驗文並批》　爲詳請事。竊照職局前經禀請憲台札飭各府州縣將該處土産及製造之物開列表摺，酌選樣件解交考工廠陳列考驗，又由職局函致各屬教官，并發交徵訪土産表目各在案。茲查各州縣牧令及各教職申到表册中所載物産，儘有可采之件而未經購送者頗多，現已由職局摘録名色，分別函致各該州縣照購寄津，所需物價及運費，俟采辦到後由職局照付。惟恐各州縣視爲具文，任意延緩，擬懇憲台札飭各該州縣遵照，按單開各件，迅速采辦專差送津，並逐件註明價值、店號、住址，以憑考驗而資提倡，殊于工業大有裨益。所有職局摘録土産名色，請飭各州縣購送陳列考驗緣由，理合詳請憲台察核飭遵實爲公便。計詳送清摺一扣，謹將各屬土産表目所載物産，摘録恭呈憲鑒。計開：宣化府宣化縣，煙草、白礬、青礬、硫磺〔出西溝窑，現在開採〕、磁石〔出龍門縣〕、石粉〔漿衣用〕、硝、口堿〔白色〕、水堿、包金土〔出蔚州中有金星〕、煤礦〔府南雞鳴山〕西窑溝礦〔未開〕、煤炸〔燒鐵用，又名藍炭〕、山羊皮、羔羊皮、毛氈、絨氈。宣化府龍門縣，羊毛氈、羊毛。順天府香河縣，棉花、白布、洋絨手巾〔每張約津錢三百文，該縣工藝廠自造〕。順天府涿州，棉花〔以三斤去子可得一斤，值制錢五百文長絨者尤佳每斤值七八百文〕、猪鬃〔以上二種行銷外洋〕。順天府霸州，靛、火硝〔每斤值制錢百文左右，年銷十餘萬斤〕、棉花〔長絨白細而佳出亦甚多〕、羊毛氈、龍鬚草、蒲葦蓆。順天府寶坻縣，烟葉。順天府東安、固安、武清等縣，柳杆〔可製爲槍砲藥〕。永平府灤州，紅色牛毛織毯〔最好最大者每張約制錢五百文，出長凝鎮等村莊〕、桑抄紙〔安各莊等村多桑，即以桑皮抄紙〕、桑條編筐、長絨棉花。永平府臨榆縣，煤礦〔礦産之煤本地名之曰砟，有亮砟、黑砟、立砟之分，本縣石門塞黑山窑煤質極佳，蓄藏亦富，惟洞路深遠，車水不易〕。永平府撫寧縣，桑皮紙〔産遷安縣〕。承德府，鉛礦〔産平泉境内〕、銅礦〔在八溝南二十里小四溝〕、金銀礦〔已開採〕、魚兒石〔産朝陽、建昌各縣，山中石不甚堅，層層可剥，各有魚形，隨剥隨異，無相同者〕、鹿角器、皮茵褥、槫欏繭〔産建昌縣〕、繭、綿綢。承德府朝陽縣，金礦：萊毛子溝礦距縣治一百十里，向有商人承辦，以水旺停工，現已添股購吸水鍋爐。又沙金溝礦距縣治北一百二十里，苗線尚好。又小塔子東南溝礦，距縣治東北二百九十里，現經商人禀請開採，尚未奉批。又大黑山礦距縣治北二百十里，苗線尚好。又八家子一帶河内向産金沙，在縣治東北二百數十里。煤礦：三寶札蘭營子礦，在縣北一百十里，苗線尚佳，前經土人採挖，以水深而止。又灰通礦，在縣東北二百八十里，苗線尚旺，現有土人採挖。又大楊樹溝礦，在縣東四十里，有土人開採。又札蘭營子礦，在縣北三十里，有土人採挖。又岳家營子礦，在縣北八十里，有土人挖採。又興隆溝礦，在縣北六十里，土人開採，以水深而止。又刺梅花溝礦，在縣南一百七十里，現有土人挖採。又南音子礦，在縣治南一百七十里，現有土人挖採。又葦子溝礦，在縣南一百八十里，苗線甚旺，曾經土人挖採，現有英商打鑽。保定府祁州，硝鹽、棉花。保定府束鹿縣，各色皮貨〔出新集應酌擇精細者每種采購一件〕。河間府景州，鹻蓬〔其物可熬城，故曰鹻蓬〕，城土〔蓬下土可熬爲小鹽，惟稍苦土下多硝〕。天津府滄州，鹻、蠟、硝。正定府晉州，棉花、花生、黄緑琉璃盆、荆條編造筐簍，柳條造筐籮。正定府靈壽縣，藍靛、葦蓆、荆筐、柳箱。正定府平山縣，粗布〔每疋制錢千文左右，每年行銷至二十五六萬餘疋〕。正定府贊皇縣，煤井〔縣東南王俄村，于光緒二十八年掘得此井，今歸臨城縣境〕。正定府藁城縣，絨花布。深州，土綢、蠶繭、蠶絲〔細絲二絲胡絲〕。深州饒陽縣，饒綢〔堅緻光華，勝于杭紡，惟織此者少〕。趙州柏鄉縣，芝麻油〔土人以芝麻磨成香油製造尚爲得法味極清香行銷北京天津諸地〕。趙州臨城縣，漆樹〔深山之中多漆，鍊熟後光明如鏡〕、煤〔城西山中以産煤爲大宗，近鈕郎中秉臣設局開採，銷售頗旺，山石中又多生鐵〕。趙州高邑縣，淮藍靛〔土性最宜，獲利頗厚，芒種後種子，霜降後熟，每斤數十文至三百文不等，以色之濃淡爲差〕、小藍靛〔每斤一百至四百文不定，以色之濃淡爲差〕、乾子土〔出縣城西南十八里岡嶺之西，土人穿地六七尺深便得之，土有黄、黑、白三色，每筐八十餘斤，值大錢十七八文，爲甕窑諸物之質，冀州南宫新河等燒瓦盆亦用之，其白色者可以粉墻並去衣上油污〕、棉花〔每斤二十四兩，價值六十至百文〕〔以上四種均由商人躉販〕。冀州棗强縣，羊皮〔可做真珠皮，毛洋商時來購運〕。大名府南樂縣，鹽土、城土、硝土〔以上三種漉而煑之，以化學加精製造可以暢銷，惜現以鹽硝係禁物，未辦〕、草辮、明流酒〔法用黍米作粥，加麥麵釀成，味香而不烈，能解暑禦寒，治血鬱氣鬱之症，可入藥品〕、明黄酒〔法用黍米作粥，和明流酒釀成，味極甜美。有加薑棗製者能養老善入血分〕、汴綢、汴縐〔聞該縣已興辦織綢〕。大名府開州，楊木、柳木〔開來價值每株四五百文，其長短粗細應再詢明〕。大名府東明縣，黑片綾、黑腰帶。順德府廣宗縣，粗布、帶。順德府内邱縣，橡子〔染青色布最佳〕、接骨石〔接骨妙品〕、煤礦〔西邵明村磁窑溝二處煤富質佳，惜未開採〕、氈毯、蜂蜜。順德府鉅鹿縣，線帶。順德府南和縣，藍靛〔東韓河郭辛寨等村皆産，此色勝于河南〕、火硝〔城内之土皆出火硝，其下即硝鹽〕、皮硝〔城土能作皮硝，挖地爲坎，歛城土於其中，以水浸之，硝即浮于水面〕、羅底絹、棉絲線、首帕〔有縐紋平面二種，亦出郝鎮〕、帶〔有縐紋腰帶，其線對合而織，故紋甚深，出城東郝橋鎮〕。順德府邢台縣，雞皮縐、駝毛毯、汴綾、山綢。順德府，橡樹、漆樹、煙草、火硝、茶樹〔其木堅細白如象牙故名木牙〕、沙河南界土〔加陀僧入土可燒窑器〕、山羊皮、綿羊皮、汴綢、線毯〔出褡連店界在沙河南界〕、栗樹〔製器絶美〕、雞皮絲帶〔可久用不敝，亦有用棉花線爲之者〕。廣平府雞澤縣，藍靛、烟葉、白布〔每年約數萬疋，每疋值京錢八九百文〕。廣平府磁州，火硝、粗磁器〔出彭城鎮窑〕、藍靛、烟葉。天津府青縣，草帽〔馬連坡〕。宣化府西寧縣，西寧石〔前已申送，均係小件，請飭再申送大件十數種〕。

督憲袁批：據詳，各屬申到表册，儘有可采之物，而未經購送者頗多，皆由各該地方官畏難苟安，不知振興實業爲何事，仰候摘録清單，嚴札飭催各該府州縣，按照單開土産及製造之物迅速采辦，專差遝送考工廠驗收陳列。所需物價運費，統由該局照付，並逐件註明價值、店號、住址，以憑考驗而資提倡，不得延玩。此繳。

《大清新法令》卷六**《農工商部京師勸工陳列所章程總綱**宣統元年五月》 **第一條** 本所宗旨在調取全國工藝出品及天産物分類庋設，比較參觀，以期工業之改良而圖商業之進步。

第二條 本所自管理總理幫辦以下，分設庶務、文牘、試驗、調查、會計、庋設六課，每課設課長一員，并視其事之繁簡，酌設課員。

第三條 本所庋設課長、課員外，招募執事學生看護庋設物品，并分班授以科學智識。一切課程由各課長、課員擔任。

第四條 本所陳列品分項如下：

甲 〔調取〕凡由各省將軍、督撫咨送及商會與商務議員等呈送，或由本所派員赴各省采購者；

乙 〔寄售〕凡各省公司、局、廠寄交本所代售者，由本所代爲妥實經理；

丙 〔寄贈〕凡各省公司、局、廠願將所製工藝品贈與本所永遠陳列者，由本所代爲登報延譽；

丁 〔寄陳〕凡有堪爲工業上仿造之品，寄交本所陳列若干日仍擬取回者，由本所給與存取執照并代爲登報延譽。

以上各項約分十部：

一 農業附園藝；

二 林業；

三 水産；

四 礦産及冶金；

五　化學工業；

六　染織工業；

七　製造工業；

八　機器及器具；

九　圖繪寫真及印刷；

十　專利品及參考品。

第五條　本所每年匯集各處工藝出品，分别等第加擬評語呈請本部，查與奏定奬給商勛商牌章程相符者，或奏奬以一、二、三、四、五等之商勛，或酌奬以七、八、九品之奬牌。

第六條　凡爆發物、發火性物，只得陳列其裝潢模型。至有害風俗衛生之物，概不准陳列。

第七條　本所設圖書室，搜集關於工商業各項圖書報告及統計表并商標雜志、新聞等項，以供衆覽。

第八條　本所設參考室，選取中外物産可供研究者，特别陳列，以資參考。

中國産：

甲　重要之輸出品及認定將來之輸出品；

乙　凡可與輸入品抵制及競争之物品；

丙　凡可爲製造原料之物品。

外國産：

丁　凡可爲中國製造之模範或商業上參考之物品；

戊　凡外國彼此輸出競争之物品及認定將來與中國競争之物品；

己　外國市場由他國輸入各貨而爲中國所能製造之物品；

庚　輸入中國之重要品及可供製造原料之物品。

第九條　本章程如有未盡事宜及續行增改之處，仍得隨時修訂。

《商務官報》光緒三十四年十一月二十五日第三十一期楊志洵《中國羊毛》

此篇所論以甘肅所産之羊毛爲主，内蒙古所産，邦人考查者既所在多有，故從畧。

各生産地之情形

【一】生産地　主要之生産地，畧舉如左：

新疆省　哈密、鎮西州、吐魯番、喀喇西爾、迪化府、伊黎。

甘肅省　西寧府、河州、鞏昌府、涇州、固源州、蘭州府、寧夏府、凉州府、甘州府、肅州、安西州。

陝西省　延安府、綏德州、榆林府。

山西省　歸化城、翔平府、大同府、保德州。

直隸省　承德府、熱河、宣化府。

此外如蒙古一帶及青海東北一帶，皆生産之要地也。以上各地所産，惟(清)〔青〕海西寧府，寧夏府，甘肅甘州、凉州及西北與内蒙古之毛，其産額及品質較爲優越。此篇所考，專在甘凉青海西寧寧夏，至於外蒙古及新疆所産，其輸出不經中國地方，乃直運由俄境出售者，兹不贅。

【二】青海及西寧

西寧位於甘省之西部，西接青海，東達省城蘭州，地廣六百餘里，距京四千七百里。光緒二十年前府城人口十萬，回匪亂後，物産雕敝，現人口僅及二萬耳。商業亦不若從前之盛。地勢高出海面七千呎，土壤乾燥，氣候沍寒。惟沿湟河、大通河兩岸，田畝少許，餘則山岳重叠。回民從事放牧，羊毛長細而質優美，産額亦多。

青海即唐古忒族游牧之地，人烟稀薄，地勢險峻，濱海之地，尚高出海面八千呎，每一年中其不雨雪者僅六、七兩月耳。居民毳幕逐水草移徙，馬足絶駿，牛體肥碩，羊毛深厚，其羊毛每年僅剪取一次。數年以前，洋商買辦，始則西寧左近收貨，居民以羊皮市食物，恒在噶爾城。

【三】凉州甘州肅州安西州

凉州去蘭州西北五百餘里，人口四萬，土壤肥沃，冠絶甘省。甘州更在凉州西北，人口三十萬，商業頗有可觀，利用黑水以爲灌溉，種稻之田，所在皆是，産米絶美。肅州人口三萬，與嘉峪關相距僅七十里。安西即古爪州，地居栅外七百里，隔蘇來河而與戈壁相接，南臨祁連，西北界流砂，人口三千，蓋栅外之重鎮也。與祁連山中之青海蒙古及州北之阿拉善蒙古互相交易，其毛皮大抵即祁連山之蒙古所産者也，品質遜於青海所産，而産額特多，爲今日主要之羊毛産地。

【四】寧夏府

黄河北上多大灘，其西岸水利絶便，前與西寧同被回亂，今元氣尚未大復，人口四萬，西接阿拉善，北連戈壁，在隔沙而臨郭爾特斯蒙古，舟楫直達包頭鎮。

【五】包頭鎮

包頭鎮雖屬内蒙古地，今已設廳治，改歸山西省轄，爲蒙古貿易一大都市，人口四萬，行棧櫛比，商業殷盛，其與寧夏府之間，有船運之便，貨物之由山而達西方蒙古者，以此地爲其要衝，凡甘肅一帶所産羊毛，其由寧夏裝船者及駝運者，一皆彙集於此，再行轉送，故其本地産毛無幾，而顧以羊毛産地得名。

〔六〕歸化城

在殺虎口外，爲蒙古貿易之要地，人口五萬，與綏遠城相隔五里，雅蘇臺之軍臺，即由此起點，近時發見駝路，直通新疆之古城，當地之商業範圍，乃愈以擴張，自北京經張家口至此，普通十五日，若經殺虎口，則需十三日，由此抵包頭鎮，二百六十里三日程耳。

〔七〕張家口

在北京西北三百八十里，直通庫倫及多倫諾爾，人口五萬，商業殷盛，又熱河喇嘛廟等，亦素號羊毛産地。

〔八〕交通

以上各地之交通運送，概恃車與駱駝，轎車一輛，載重五六百斤，大車一輛，載重二千斤，今按各地間之車價如左：

肅州蘭州間轎車二十五兩。大車三十五兩。

涼州西寧間轎車七、八兩。大車十二兩。

涼州寧夏間轎車十七、八兩。大車二十五六兩。

包頭北京間由歸化城經殺虎口　轎車二十三、四兩。大車三十六、七兩。

包頭北京間由歸化城經張家口　轎車二十六、七兩。大車四十兩前後。

蘭州西安間轎車二十五、六兩。大車三十七、八兩。

又由蘭州至西寧普通皆用馱馬，若用車載，須迂迴三四日程，而經平番縣，且轎車之外，無可用者，其運費普通十兩前後，若用馱馬每一頭二三兩足矣。

凡羊毛用駱駝搬運，每一頭普通能負二百六十斤，能行數十日之遠路。其各地間運費，譬由西寧附近及甘涼州至寧夏，需費六兩，至包頭鎮需費十兩。若直至北京豐台火車站，需費十八兩。凡(安)西(安)、肅州、甘州、涼州、蘭州、寧夏皆有電信可達西安，由西安轉達北京或上海。

羊毛採取季節及其方法

〔一〕採取分春秋二季，春季在三四月間採取，謂之春毛，春毛自前秋以來，過冬歷春，故長細而多絨，比秋季較爲貴重。秋季採取者謂之秋毛，約在八九月間，毛經過夏，故其質粗短而絨少。

上記之採取季節，亦按各地氣候而微有不同。春季早暖之地，秋季早寒之地，其採取之季節，亦必較早於他處。

〔二〕採取羊毛，普通將羊綑卧於地，用鐵剪取，而以鐵刷取者，其毛最良，謂之刷毛，刷毛大半皆絨毛也。然經過一次刷取之後，必再用剪取，是爲常法，採取之前，大概先加水洗，以去砂土而後施鋏。

羊毛之種類

羊毛因於所産之地而名稱亦有不同，有由毛質而分者，有由形狀而分者，今從其分類而記其名稱如左：

一　其名之由採取而分者

春毛、秋毛。

二　其名之由品質而分者

綿羊毛、山羊毛、青羊毛，即野生之青羊之毛。黄羊毛，即野生之黄羊之毛。以上各種之内，春毛最爲貴重，其餘不過以供雜用。至於青黄二種，更爲市所稀見。

三　其名之由形狀而分者

毬毛，將毛毬合而成繩形者。

塊毛，未經裝包而塊然堆集者。此外尚有稱爲雜毛者，即綿羊山羊之毛，互相混合，或春毛之中，雜以秋毛，此商賈之狡術也。山羊與青羊毛長而質粗，不能用以織物，黄羊毛粗而短，祇能供製刷及製筆之用，且産額無多，天津市面貿易之大宗，則綿羊毛之毬毛也。

羊毛在内地之用途

以上各産地，其需用羊毛之處亦甚多，大概用以製絨毯者，通甘肅、新疆、蒙古各地，此等絨毯，尤爲居家所必要，蒙古人之帳幕，大都用毯成之。又寧夏府所産之上等花毯，以及各地所産，皆貴品也。甘肅更有一種毛製之土布，因其質拙劣，故不甚知名，而羽綢之行銷頗廣。

羊毛貿易

羊毛貿易之情形，可分爲收買、受納、輸送三大端，而詳言之：

甲收買　收買之法，又各不同，有往遊牧地收買者，有向普通養羊家收買者。遊牧地者，指青海及蒙古等地而言，凡向蒙古收買，其收買人與蒙古人牽在歸化或包頭互市，亦有商人自往蒙古內地開設分鋪，向各幕預先定貨，先交其價之三成或其半數，屆期則收納之者。

向青海收毛，頗爲不易，以其地居民悉皆慓悍掠奪不重信義也，蓋祁連山畔青海蒙古所居蒙王，十有八各治其族，土人呼爲十八番王而盡歸西寧辦事大臣節制，王居其地，例不得越境遠出購買，食用各物，有一定之市場，即丹噶爾城也。此外若歸德石硤門臺等，皆出山通路，只許零售，而不得爲躉賣市場，且蒙漢不能隨意貿易，蒙民須由蒙官爲之經手，漢商亦須有西寧辦事大臣之許可而後得從事貿易，商號中主人，率身有官階，並恃西寧辦事大臣之特別保護，否則恐被掠奪也。又蒙民貿易，別有頭目爲之，掮客頭目三十六家，俗稱爲謝家，其地所產之羊毛、牛皮、馬皮、牛毛、麝香、大黃、硼砂、丹噶爾西方之地所產枸杞、藥材硇砂、虎皮、鹿茸等，欲出賣者，必由蒙官紹介而賣於頭目，頭目則從其人之所欲而給之以麪粉，或其餘貨物。

現丹噶爾城有德洋商之代辦店十四家，皆用天津商人爲之經理，若仁記、新泰興、怡和、高林、瑞記、太古、禮記、禮和、信隆等，其尤爲著名者也。此等代辦之店，平時皆對各頭目結特別之交誼，至三四月間，則依其所需之額數，托頭目代收或先付半價，或如數全付，頭目則托其所交好之蒙官，蒙官乃邀其該管之士民交貨於頭目，頭目再納之洋商之代辦店。

其向普通養羊家收貨，即向回漢人等之養羊家收貨是也，各代辦店於收貨之時，預先派遣使用人分往各地訂買貨之契約，其契有以斤論者，亦有指定全家所養之頭數而包買之者，以斤論者，往往須經普通掮客之手，而包買者則往往本於數年來之信用，永遠互相買賣，此爲收買羊毛最確當之方法，但與各户定有預約，亦先付半價或全價，屆時則收納之可耳。

受納

羊毛之種類既多，故受納之際，更須檢點其貨之品質與契約相符與否，蓋土人及掮客等恒以秋毛混入春毛，或以羊毛混入絨毛，或浸以泥砂而加其重量，果有其弊，可照預約而科以重罰。

輸送

搬運羊毛，大概用駱駝，駝之通路，不由車道，率尋曲徑逐水草而行，趕駝之夫，夜則張幕而露宿，故所需經費，省於騾馬。駝之卸貨，盡在豐台車站，故洋商皆在豐台設有分局，以管理其搬運之駝，由西寧左近行達豐台，約須二月之久，此內蒙古一帶羊毛之搬運法也。至如甘肅、青海之毛，其由寧夏以達包頭，有黃河水運之便。西寧所產，則包以牛革，由湟水順流而下，至寧夏裝船，至包頭上岸，更依駝背而向豐台。黃河水運，惟夏季可以利用，冬季冰結及春秋冰減，則不通舟楫。又由西寧至蘭州一段，惟牛革袋及筏可以通行，蘭州至寧夏雖可行小舟，然急流奔湍，有岩石衝突之恐，惟寧夏以南百八十里，即由中衛縣以迄於包頭，河水貫穿平野之中，船艘上下頗爲利便，船載羊毛，由寧北正羅縣石嘴子至包頭，十五日即達，盛夏水漲，祇須七日耳，夏時風少水多，船載二萬五千斤，運費不滿四十金，晚秋水少風多，且航至包頭，恒值冰結，不及回航，故運費騰貴，多至百金。

羊毛在天津之市價

羊毛到天津，其價格固因原產地而各有不同，大概甘肅所產，普通每百斤值十兩或二十兩，五六年前百斤祇值五六兩，近因買者益多，故年年騰貴，以至於是耳，內蒙古產亦因產地而異，其價值西寧毛較甘肅產爲貴，每百斤值五十兩，夫西寧毛果應得此價值否，試研究之。

夏季由寧夏至包頭船運，每船之價四十兩，能裝二萬五千斤，是每百斤需運費一錢六分，由包頭至歸化牛車百斤，合需運費六七百文耳，由歸化至豐台駝運三兩五錢，再加以由涼州至石嘴子之駝價，每百斤二兩者合計，運至豐台，需費九兩左右，再加以至天津之車價，亦不足十兩，然有時由原產地至天津，祇需運費五兩耳，以運費與收買價值每百斤十二兩實際有賤至七八兩者合計，到津時出售二十兩，每百斤實贏三兩，即使黃河無水，全恃駝運至豐台，每百斤需費九兩，加以運津之車費，亦不過十兩左右耳，在津售二十二三兩已頗能獲利，且西寧毛由湟水至寧夏，不必用駝，可用革袋，每袋裝二百五十斤，計至石嘴子，比駝運之費，更可節省四兩矣，然而市價在五十兩左右，則收買人所得之報酬，不已大乎。

《申報》宣統元年五月初九日第二版《農工商部京師勸工陳列所章程》

總綱

第一條　本所宗旨在調取全國工藝出品及天產物，分類庋設，比較參觀，以期工業之改良，而圖商業之進步。

第二條　本所自管理總理、幫辦以下，分設庶務、文牘、試驗、調查、會計、庋設六課，每課設課長一員，并視其事之繁簡，酌設課員。

第三條　本所庋設課長、課員外，招募執事學生，看護庋設物品，並分班授以科學智識，一切課程由各課長、課員擔任。

第四條　本所陳列品分項如左：

甲(調取)凡由各省將軍督撫咨送，及商會與商務議員等呈送，或由本所派員赴各省采購者。

乙(寄售)凡各省公司局廠寄交本所代售者，由本所代爲妥實經理，另有細章。

丙(寄贈)凡各省公司局廠願將所製工藝品，贈與本所永遠陳列者，由本所代爲登報延譽。

丁(寄陳)凡有堪爲工業上仿造之品，寄交本所陳列若干日，仍擬取回者，由本所給與存取執照，並代爲登報延譽。

以上各項約分十部：

一農業附園藝，二林業，三水産，四礦産及冶金，五化學工業，六染織工業，七製造工業，八機器及器具，九繪圖寫真及印刷，十專利品及參考品。

第五條　本所每年彙集各處工藝出品，分別等第，加擬評語，呈請本部，查與奏定獎給商勳商牌，章程相符者，或奏獎以一二三四五等之商勳，或酌獎以七八九品之獎牌。

第六條　凡爆發物、發火性物，只得陳列其裝潢模型，至有害風俗衛生之物，概不准陳列。

第七條　本所設圖書室，搜集關於工商業各項圖書、報告、及統計表，並商標、雜誌、新聞等項，以供衆覽。

第八條　本所設參考室，選取中外物産，可供研究者，特別陳列，以資參考。

中國産

(甲)重要之輸出品及認定將來之輸出品。

(乙)凡可與輸入品抵制及競争之物品。

(丙)凡可爲製造原料之物品。

外國産

(丁)凡可爲中國製造之模範，或商業上參考之物品。

(戊)凡外國彼此輸出競争之物品，及認定將來與中國競争之物品。

(己)外國市場，由他國輸入各貨，而爲中國所能製造之物品。

(庚)輸入中國之重要品，及可供製造原料之物品。

第九條　本章程如有未盡事宜及續行增改之處，仍得隨時修訂。

職任總則

第一條　本所管理及總理，均由本部選派，主持全所事宜。

第二條　本所員司之任免，由管理及總理規定之。

第三條　各課員司俱各專責，不得推諉。

第四條　本所辦公，每日以七小時爲限，其遲早按晷刻之長短酌定。

第五條　凡在辦公時限内，各課員司皆應遵照規則，不得擅離。

第六條　本所每日應派員司一人，輪班值宿。

第七條　凡關於本所改良事宜，各課員司如有所見，皆可隨時提議，會同研究。

執事學生規則

第一條　本所執事學生，以看護庋設物品爲職務，凡庋設品與庋設架廚，均須隨時檢點拂拭。

第二條　凡執事學生，對於入覽人，無論男婦老幼及東西國人士，均須致敬，有問必答。

第三條　凡執事學生，皆分區派定，非换班時，不准擅離。如查有損失物品，接班者即時聲明，以免推諉。

第四條　凡執事學生，對於庋設物品拂拭或移動時，務須加意慎重，毋令顛倒位次，淆亂標籤。

第五條　入覽人於庋設物品如有任意觸動者，執事學生須登時勸阻。

第六條　入覽人如有損壞物品及廚格時，執事學生報知庋設課，酌令賠償。

第七條　本所庋設物品損失時，執事學生如有意蒙蔽，經庋設課查知，惟讓值班學生是問。

第八條　入覽人如有瘋癲被酒，或喧譁詬争，擾亂秩序者，由執事學生阻止，並報知課長。

第九條　入覽人或故意違反路綫，及不遵守遊覽規則者，執事學生可從旁指示，惟不得急言遽色。

第十條　本所備有水龍，執事學生及本所夫役，須時常演習。

《申報》宣統元年五月十一日第二版《農工商部京師勸工陳列所章程》　入覽規則

第一條　本所開門售票，俱有定時。
第二條　入覽時，須購入覽券，凡軍人及學生，券價減半。
第三條　本所特製優待券，持此券入覽者，特別優待。
第四條　凡入覽者如携有傘棍等件，須交携帶品收管處，覽畢赴該處領取。
第五條　入覽時須遵依路綫而行，不得任意違越，並止喧譁。
第六條　入覽人不得携帶犬畜等類。
第七條　瘋顛及酒醉者，不得入覽。
第八條　入覽人不得吸烟。
第九條　入覽人不得撫摩庋設物品，儻有觸損，按原價賠償。
第十條　入覽人摹繪庋設物品，或撮影者，須由庋設課課長許可。
第十一條　本所於星期一休息一日，停止售票。
第十二條　本所如有特別事故，停止遊覽時，先期登報廣告。
第十三條　本所門前置有鐵篦棕墊，以便入覽人去除履下泥土。

庶務課細則

第一條　本所一切事宜，統由庶務課稽查。
第二條　經理本所房屋器具及購置修理等事。
第三條　約束本所各項夫役及其任免分派等事。
第四條　點收各項陳列品，登記總簿，於陳列時，點交庋設課。
第五條　接待各項參觀員，如遇工商家有諮問之事，當爲介紹，該管課答復。
第六條　稽查每日收發入覽券數目，列表詳記。
第七條　按照四季晷刻長短，酌擬入覽時限。
第八條　凡遇本所開研究會及發給獎牌等事，由庶務課先時布置。
第九條　掌管本所關防、各項鑰鎖、簿籍。
第十條　凡各課添購物件，應寫聯票，交庶務課，送總理核定。
第十一條　凡不屬於他課之事，統由庶務課經理。

文牘課細則

第一條　掌管一切文牘，並撰擬繕寫文件各事宜。
第二條　凡有收發文件，隨時列號摘由，分別登簿。
第三條　凡啓用關防，應由本課躬親鈐印。
第四條　掌管一切圖書、商標、雜誌、報章，編列號數，妥存備查。
第五條　凡遇講演工商要理及理化研究，由文牘課同試驗課員司擇要登録報章，編列雜誌。
第六條　經理本所執事學生考試表册，核訂分數，及繕擬講堂牌示。
第七條　凡每年考驗商品時，應擬議一切規則報告。
第八條　聯絡各省商會陳列所，勸工場，□集各項册籍、章程、物産一覽表、統計表、出入口貨調查表等。

試驗課細則

第一條　本課考驗關於工業上應用原料及鑒定商品，以資工業改良發達。
第二條　施行考驗，分爲二部，其一、本所自行考驗，其一、京師及各省工業界請求考驗。
第三條　考驗各物，無論自行與請求，以期得效果爲度，但不能限以時日。
第四條　自行考驗之物，於工業製造上有重要關係尚未興辦者，隨時設法提倡興辦。
第五條　請求考驗之物，每種應附以請求書，但其式悉照本所規定。
第六條　請求考驗之物，得有效果，本所將考驗法則及效果，作報告書二分，一與請求者，一存本所。
第七條　本所宗旨在提倡工業，凡來請求考驗者，酌收藥料費。
第八條　凡於自行與請求考驗各物，所得成績，登載工業雜誌發行，以資提倡。

調查課細則

第一條　本課於各省物産及工藝品，皆當詳細調查，並編纂各項報告。
第二條　凡各省所産原料及貨品，經外人購運出口，或其貨來自外洋而暢銷某省者，均須酌量采購，以便公同研究。
第三條　凡一應物品，中外習用，不同南北，風尚亦異，當調查其地方習慣之所宜。
第四條　各省有原料精良而製法未善，或製法雖善而原料不佳者，應一併調查。
第五條　如須派員調查各省物産時，應呈請本部酌給劄文護照。
第六條　遇有各省新出製品，實係物美價廉，未經寄送本所者，由調查員提議，呈請本部調取。
第七條　如有實業家或各處公司工場諮詢事件，其業經調查明晰者，即由本課逐條答復。
第八條　調查員應於本所開會時，演説工商要理。

《申報》宣統元年五月十三日第二版《農工商部京師勸工陳列所章程》

會計課細則

第一條　職掌各項銀錢出入、簿記，及每月月終，造具詳細清册報部。並於年終，編列銀錢出入總表，以備參考。
第二條　設立流水分款各帳簿，流水簿每日逐款登載，十日一結，由總理查核，呈管理檢閲。其分款簿，每五日一爲謄寫，每月結算，存所備查。
第三條　凡員司人等每月薪水及夫役辛工等，於領到部款之第二日給發。
第四條　凡員司每月支領薪水，另立專簿。如員司支領後，自蓋戳記，月終由總理查核，呈送管理檢閲。
第五條　本課應支各款，均須經庶務課開單蓋戳，方能支領。如無庶務課單戳，不得發給。
第六條　凡活支各款，在十兩以内者，商承總理酌發。若款項稍鉅，須呈候管理核准，方能發給。
第七條　本課出款，不能一律用銀，其用銀圓、用錢之處，案照當時市價，折合銀項，造册報部。
第八條　每日入覽券售價，須另款存儲。
第九條　凡各員司挪借銀項各事，概不得支給，以重公款。
第十條　本課職司銀錢，關係最重，儻帳目不清，或私挪公款，一經查出，惟本課員司是問。

庋設課細則

第一條　掌管庋設物品，按類分區而庋設之。
第二條　分派執事學生，各照指定之區，看護庋設品，並查其勤惰。
第三條　庋設之品，由執事學生，按類記簿，並照標籤定式，註明漢英文字，便人觀覽。庋設課長，應查其所標記者有無遺誤。
第四條　庋設品之數目、種類有無增減，庋設課長按照簿簿，隨時查點，每屆月杪，分別列表。
第五條　庋設品之有自然損耗者如須補換，由庋設課長陳明總理酌核。其寄陳寄售各品，並須知照原主。
第六條　庋設之品，如有借貸參考，先出具貸與書，由庋設課長商承總理，以定可否。若貴重之品，應照交原價，以爲質，俟送回原物時，仍將質金繳還。
第七條　庋設之品，如有借貸參考者，除具貸與書外，仍與商定貸期，酌納貸品費。逾期酌加，以昭信用。若因公益擬貸者，果非假託，亦可酌免貸費金。惟查有損害處，概應賠償，其堪修補者，應令納修補費。
第八條　庋設之品，其寄售者，如須特別裝飾，應由品主自製，如須特別之庋設架，應按照所占容積，每立方尺先納三個月之寄售金。
第九條　庋設之品，凡本所購入或寄贈者，均擬由本所出費，保定火險。其寄陳寄售者，應由品主酌定保險費，照繳庋設課長，轉交本所代辦，否則儻有意外，本所概不負責任。
第十條　凡由庋設課承收以上各項之費金，分款記簿，隨時交與本所會計課。

寄售規則

第一條　本所爲擴充土産銷路起見，設有寄售一門，無論京内外工廠商號物品，皆可寄樣陳列，由本所介紹售銷。
第二條　凡寄售品送到時，須按本所調取物品表格填寫，並將每件之運費、税金及該品有應説明之處，皆須詳註，遇有購者，以便答告。
第三條　凡本所收到寄售品，付以收條，如欲取回者，即以此條爲據，但往返運費及税金等項，皆由寄售者擔任。
第四條　凡欲在本所寄售物品者，須將出品者之住址，詳細書明，遇有購者，以便通信。
第五條　寄售品價值如有漲落，應即函告本所，可按照原價增減改正。
第六條　凡寄售品樣，本所自當加意保護，若該貨日久糟舊，應知照出品者更換，儻有人力所不及之變動，致有損壞，本所不任賠償。
第七條　凡寄售品，如認爲工業上足供參考者，准由本所價買，以備永久陳列。
第八條　凡欲購寄售品者，如照原様訂購若干，本所代爲通函介紹，俾令直接交易，以期便捷。至運交貨品，撥滙貨價，本所概不經理。

第九條　凡寄售品，如有銷路不旺者，由本所將因何滯銷情形，隨時告知出品者，以便改良。

第十條　凡寄售品，如由本所考驗，有應改良之處，即將應改之法告知出品者，以圖工業之進步。

紀事

《南齊書》卷五七《魏虜傳》　僞太子宮在城東，亦開四門，瓦屋，四角起樓。妃妾住皆土屋。婢使千餘人，織綾錦販賣，酤酒，養猪羊，牧牛馬，種菜逐利。

《南史》卷七八《夷貊上·海南諸國·林邑國傳》　古貝者，樹名也，其華成時如鵝毳，抽其緒紡之以作布，布與紵布不殊。亦染成五色，織爲斑布。

《南史》卷七九《夷貊下·西域諸國·高昌國傳》　著長身小袖袍，縵襠袴。女子頭髮，辮而不垂，著錦纈纓絡環釧。昏姻有六禮。其地高燥，築土爲城，架木爲屋，土覆其上。寒暑與益州相似，備植九穀，人多噉麨及牛羊肉。出良馬、蒲桃酒、石鹽。多草木，有草實如繭，繭中絲如細纑，名曰白疊子，國人取織以爲布。布甚軟白，交市用焉。有朝烏者，旦旦集王殿前，爲行列，不畏人，日出然後散去。

梁大同中，子堅遣使獻鳴鹽枕、蒲桃、良馬、氍毹等物。

韓愈《韓昌黎全集》卷四〇《表狀三·論變鹽法事宜狀》　張平叔所奏鹽法條件

右奉勑將變鹽法，事貴精詳，宜令臣等各陳利害可否聞奏者。平叔所上變法條件，臣終始詳度，恐不可施行，各隨本條分析利害如後：

一件，平叔請令州府。差人自糶官鹽，收實估匹段，省司準舊例支用，自然獲利一倍已上者。臣今通計，所在百姓，貧多富少，除城郭外，有見錢糴鹽者，十無二三。多用雜物及米穀博易，鹽商利歸於己，無物不取。或從賒貸升斗，約以時熟填還，用此取濟，兩得利便。今令州縣人吏，坐鋪自糶，利不關己，罪則加身。不得見錢及頭段物，恐失官利，必不敢糶。變法之後，百姓貧者，無從得鹽而食矣。求利未得，斂怨已多，自然坐失鹽利常數，所云獲利一倍，臣所未見。

一件，平叔又請鄉村去州縣遠處，令所由將鹽就村糶易，不得令百姓闕鹽者。臣以爲鄉村遠處，或三家五家，山谷居住，不可令人吏將鹽家至户到。多將則糴貨不盡，少將則得錢無多。計其往來，自充糧食不足。比來商人，或自負檐斗石，往與百姓博易，所冀平價之上，利得三錢兩錢。不比所由爲官所使，到村之後，必索百姓供應。所利至少，爲弊則多，此又不可行者也。

一件，平叔云：所務至重，須令廟堂宰相充使臣，以爲若法可行，不假令宰相充使。若不可行。雖宰相爲使，無益也。又宰相者，所以臨察百司，考其殿最。若自爲使。縱有敗闕。遣誰舉之，此又不可者也。

一件，平叔又云：法行之後，停減鹽司所由糧課，年可收錢十萬貫。臣以爲變法之後，弊隨事生，尚恐不登常數，安得更望贏利。

一件，平叔欲令府縣糶鹽，每月更加京兆尹料錢百千，司録及兩縣令，每月各加五十千，其餘觀察及諸州刺史縣令録事參軍，多至每月五十千，少至五千三千者。臣今計此用錢已多，其餘官典及巡察手力所由等糧課，仍不在此數，通計所給，每歲不下十萬貫。未見其利，所費已廣。平叔又云：停鹽司諸色所由糧課，約每歲合減得十萬貫錢。今臣計其新法，亦用十萬。不啻減得十萬，卻用十萬，所亡所得，一無贏餘也。平叔又請。以糶鹽多少爲刺史縣令殿最。多者遷轉，不拘常例，如闕課利依條科責者。刺史職令，職在分憂，今惟以鹽利多少爲之升黜，不復考其治行，非唐虞三載考績黜陟幽明之義也。

一件，平叔請定鹽價，每斤三十文。又每二百里，每斤價加收二文，以充脚價，量地遠近險易，加至六文脚價，不足官與出。名爲每斤三十文，其實已三十六文也。今鹽賈京師每斤四十，諸州則六十。變法之後，祗校數文，於百姓未有厚利也。脚價用五文者，官與出二文，用十文者，官與出四文。是鹽一斤，官糶得錢，名爲三十，其實斤多得二十八，少得二十六文，折長補短，每斤收錢，不過二十六七。百姓折長補短，每斤用錢三十四，則是公私之間，每斤常失七八文也。下不及百姓，上不歸官家，積數至多，不可遽算，以此言之，不爲有益。平叔又請，令所在及農隙時，併召車牛。般鹽送納都倉，不得令有闕絶者。州縣和雇車牛，百姓必無情願，事須差配。然付脚錢，百姓將車載鹽，所由先皆無檢，齊集之後，始得載鹽，及至院監請受，又須待其輪次，不用門户，皆被停留。輸納之時，人事又別，凡是和雇無不皆然。百姓寧爲私家載物，取錢五文，不爲官家載物，取十文錢也。不和雇則無可載鹽，和雇則害及百姓，此又不可也。

一件，平叔稱停減鹽務所由，收其糧課，一歲尚得十萬貫文。今又稱既有巡院，請量閑劇，留官吏於倉場勾當，要害守捉，少置人數，優恤糧料，嚴加把捉，如有漏失私糶等，並準條處分者。平叔所管鹽務所由，人數有幾，量留之外，收其糧課，一歲尚得十萬貫，此又不近理也。比來要害守捉，人數至多，尚有漏失私糶之弊，今又減置人數，謂能私鹽斷絶，此又於理不可也。

一件，平叔云：變法之後，歲計必有所餘。日用還恐不足，謂一年已來，且未責以課利，後必數倍校多者，此又不可。方今國用，常言不足，若一歲頓闕課利，爲害已深，雖云明年校多，豈可懸保，此又非公私蓄積尚少之時可行者也。

一件，平叔又云：浮寄姦猾者轉富，土著守業者日貧，若官自糶鹽，不問貴賤貧富，士農工商，道士僧尼，并兼遊惰，因其所食，盡輸官錢。并諸道軍諸使家口親族，遞相影占，不曾輸稅。若官自糶鹽，此輩無一人遺漏者。臣以此數色人等，官未自糶鹽之時，從來糴鹽而食，不待官自糶，然後食鹽也。若官不自糶鹽，此色人等，不糴鹽而食，官自糶鹽。即糴而食之，則信如平叔所言矣。若官自糶與不自糶，皆常糴鹽而食，則今官自糶亦無利也。所謂知其一而不知其二，見其近而不見其遠也。國家榷鹽，糶與商人，商人納榷，糶與百姓，則是天下百姓，無貧富貴賤，皆已輸錢於官矣，不必與國家交手付錢，然後爲輸錢於官也。

一件，平叔云：初定兩税時，絹一匹直錢三千，今絹一匹，直錢八百。百姓貧虚，或先取粟麥價，及至收穫，悉以還債，又充官税，顆粒不殘。若官中糶鹽，一家五口，所食鹽價，不過十錢，隨日而輸，不勞驅遣，則必無舉債逃亡之患者。臣以爲百姓困弊，不皆爲鹽價貴也。今官自糶鹽，與依舊令商人糶，其價貴賤，所校無多。通計一家五口，所食之鹽，平叔所計，一日以十錢爲率，一月當用錢三百，是則三日食鹽一斤，一月率當十斤。新法實價，與舊每斤不校三四錢以下，通計五口之家，以平叔所約之法計之，賤於舊價。日校一錢，月校三十，不滿五口之家，所校更少。然則改用新法，百姓亦未免窮困流散也。初定税時，一匹絹三千，今只八百。假如特變鹽法，絹價亦未肯貴。五口之家，因變鹽法，日得一錢之利，豈能便免作債。收穫之時，不被徵索，輸官税後，有贏餘也。以臣所見，百姓困弊日久，不以事擾之，自然漸校不在變鹽法也。今絹一匹八百，百姓尚多寒無衣者，若使匹直三千，則無衣者必更衆多。況絹之貴賤，皆不緣鹽法，以此言之，鹽法未要變也。

一件，平叔云：每州糶鹽不少，長吏或有不親公事所由，浮詞云：當界無人糴鹽。臣即請差清强巡官檢責所在，實户據口，團保給一年鹽，使其四季輸納鹽價。口多糶少，及鹽價遲違，請停觀察使見任改散慢官，其剌史已下貶與上佐，其餘官貶遠處者。平叔本請官自糶鹽，以寬百姓，令其蘇息，免更流亡。今令責實户口，團保給鹽，令其隨季輸納鹽價，所能爲也，人之非前意也。百姓貧家，食鹽至少，或有淡食，動經旬月。若據口給鹽，依時徵價，辨與不辨，並須納錢，遲違及違條件，觀察使已下，各加罪譴。官吏畏罪，必用威刑，臣恐因此所在不安，百姓轉致流散，此又不可之大者也。

一件，平叔請限商人鹽納官後，不者輒於諸軍諸使，覓職掌，把錢捉店，看守莊磑。以求影庇。請令所在官吏，嚴加防察，如有違犯，應有資財，並令納官，仍牒送府縣充所由者。臣以爲鹽商納榷，爲官糶鹽，子父相承，坐受厚利，比之百姓，實則校優。今既奪其業，又禁不得求覓職事，及爲人把錢捉店，看守莊磑，不知何罪，一朝窮蹙之也。若必此行，則富商大賈，必生怨恨，或收市重寶，逃入反側之地，以資寇盜，此又不可不慮者。

一件，平叔云：行此策後，兩市軍人，富商大賈，或行財賄，邀截喧訴，請令所由，切加收捉。如獲頭首，所在決殺，連狀聚衆人等，各決脊杖二十。檢責軍司軍户，鹽如有隱漏，並準府縣例科決，并賞所由告人者。此一件若果行之，不惟大失人心，兼亦驚動遠近，不知糶鹽所獲幾何，而害人蠹政，其弊實甚。

以前件狀，奉今月九日勑，令臣等各陳利害者，謹録奏聞，伏聽勑旨。

《敦煌社會經濟文獻真蹟釋録》第二輯《丙辰年十二月十八日氾流□賣鐺契》 丙辰年十二月十八日，神沙鄉百姓兵馬使氾流（中缺）斗伍升鐺壹口，出賣與赤心鄉百姓吕員作鐺價麥粟叁拾碩。其鐺沽魯客（中缺）鐺價償還叁歲牸牛壹頭。其牸（中缺）員住麥兩碩，兩共對（中缺）先悔者罰（後缺）

《敦煌社會經濟文獻真蹟釋録》第二輯《寅年氾英振承造佛堂契》 寅年八月七日，僧慈燈於東河莊造佛堂一所，爲無博士，遂共悉東薩部落百姓氾英振平章造前佛堂，斷作麥捌漢碩。其佛堂外面壹丈肆尺，一仰氾英振壘，並細泥一遍。其佛堂從八月十五日起首。其麥平章日付布壹疋，折麥肆碩貳斗，又折先負慈燈麥兩碩壹斗，餘欠氾英振壹碩柒斗，畢功日分付。一定已後，不許休悔。如先悔者，罰麥叁馱，入不悔人。恐人無信，故立此契。兩共平章，書紙爲記。

博士氾英振年卅二

見人僧海德

《敦煌社會經濟文獻真蹟釋録》第二輯《癸未年三月二十八日王㺃敦貸生絹契》　癸未年三月二十八日立契，王㺃敦力□□□遂於押衙沈弘禮面上貸生絹壹疋，長四十尺，幅濶壹尺八寸二分。伊州使到來之日，限十五日便須(田)〔填〕還，不許推延。絹利白氈一令，長捌尺，横五尺。入了，便須還納，更無容面悉。㺃敦身東西不在，一仰口承人丈白面上顧爲本絹。恐・無・立此文書，故勒同契，用爲後驗。

（後缺）

《敦煌社會經濟文獻真蹟釋録》第二輯《癸未年四月十五日沈延慶貸布契》

癸未年四月十五日立契，平康鄉百姓沈延慶，欠闕緤布，遂於張修造面上貸緤一疋，長二丈七。黑頭還羊皮壹(章)〔張〕。其緤限八月末還於本緤。於月還不得者，每月於鄉元生利。共對到面平章，更不許(先)〔休〕悔。〔先悔〕者，罰麥伍斗，充入不悔人。恐人無信，故(立)此契，用唯後驗，書紙爲憑。

（後缺）

《敦煌社會經濟文獻真蹟釋録》第二輯《辛丑年四月三日羅賢信貸生絹契》

辛丑年四月三日立契，押衙羅賢信入奏充使，欠闕疋帛，遂於押衙范慶住面上貸生絹壹疋，長叁(杖)〔丈〕玖尺，幅闊壹尺玖寸。其押衙迴來之日還納於疋數本利兩疋。若身東西不善者，一仰口承弟兵馬使羅恒恒祇當。恐後無憑，故立私契。

貸絹人押衙羅賢信(押)

口承弟兵馬使羅恒恒(押)

見人兵馬使何

送路次玉要帶一呈細紙一帖。

《敦煌社會經濟文獻真蹟釋録》第二輯《壬寅年龍鉢略貸生絹契(抄)》　壬寅年，貳月十五日，莫高鄉百姓龍鉢略，欠闕疋帛，遂於押衙王萬端面上貸生絹一疋，長三丈六尺，(福)〔幅〕闊壹尺八寸。其絹利頭立機(牒)〔緤〕一疋。其鉢略任意博買。若平善到日，限至壹月，便取於尺數絹。若鉢略身不平善者，仰(者)口承人兄定奴面上取於尺數絹。若於鄉慢絹主掣奪家資用憑充絹(買)〔價〕。兩共對面平章，不許悔壬寅年貳月十五日，莫高鄉百姓龍鉢略欠疋帛，遂於兄定面

（後缺）

《敦煌社會經濟文獻真蹟釋録》第二輯《乙巳年徐福通欠絹契》　乙巳年六月五日立契，龍興寺上座深善先於　官中有恩(擇)〔澤〕絹柒疋，當便兵馬使徐富通，招將覓職。見便填還，得諸雜絹價兩疋半，更殘肆疋半絹諸雜斷當更限五年填還者。其絹壹疋，斷價貳拾貳碩已來，自後更不許道少説多者。兩共面對平章，恐後無憑，故立此契，押字爲定

還絹人兵馬使徐富通知

還人徐富慶同知

還絹人弟徐盈達知

見人索流住十

丁未年三月十三日，還得帛三疋半，麥粟拾碩。通。

《敦煌社會經濟文獻真蹟釋録》第二輯《甲子年氾懷通兄弟貸生絹契》　甲子年三月一日立契，當巷氾懷通兄弟等，家内欠少疋(白)〔帛〕，遂於李法律面上貸白生絹壹疋，長叁(仗)〔丈〕捌尺，(福)〔幅〕闊貳尺半寸。其絹貸後，到秋還利麥粟肆石，比至來年二月末填還本絹。如若於時不還者，於看鄉元逐月生利。兩共對面，貸絹爲定，不許(謂)〔違〕格者

貸絹人文達(押)

貸絹人懷達

貸絹人懷住

貸絹人兄懷通

《敦煌社會經濟文獻真蹟釋録》第二輯《辛亥年正月二十九日善因願通等柒人將物色折債抄録》　辛亥年正月廿九日，先把物團善因、願通等柒人，欠常住斛斗，見將物色折債抄録謹具如後。

善因入布柒拾捌尺，准麥粟柒碩捌斗，折黄麻叁碩玖斗。

願通入褐布柒拾伍尺，准麥粟捌碩，折黄麻肆碩。願威入榆木兩根，准麥粟陸碩；入昌褐肆拾尺，准麥粟肆碩；木及褐價折黄麻伍碩。保瑞入昌褐叁丈貳尺，准麥粟叁碩貳斗，折黄麻壹碩陸斗。保端替老宿入白方氈壹領，准麥粟肆碩，折黄麻兩碩。又入人上典物銅鐺子壹口。上件物色等對衆僧分付，領入庫内。領褐布人王上座，後要破數。

又六月九日，保遂入斜褐壹段，准麥粟　還物人保瑞

肆碩伍斗，折黄麻兩碩貳斗伍升。又紫綿綾衫表壹領，准麥粟玖碩，折黄麻

還物人保端（押）

肆　還物人願威（押）

碩伍斗。又白羊毛氈壹領，折麥粟兩碩伍斗。故僧願住入昌褐肆拾尺，折麥粟碩捌斗。還物人願通（押）肆碩，又願通入布叁丈捌尺，折　粟叁　還物人善因（押）其布僧政貸還入。善因褐袋壹口，折麥粟肆碩。保端替故張老宿入布壹丈伍尺，折麥粟壹碩伍斗。又昌褐貳丈肆尺，折麥粟兩碩肆斗。其文書内物於李法律算時總入破了，更無詞理。

其文書内黄麻及麥粟並入　僧願通知

願通交歷及李法律交歷。僧善因

癸丑年正月廿日衆僧齊坐領得諸團折債物色抄録如後。（後缺）

《敦煌社會經濟文獻真蹟釋録》第二輯《官布籍》

（前缺）張定長拾捌畝，萊丑奴捌拾伍畝，張王三叁拾畝，張迴德貳拾（中缺）拾捌畝，楊千子拾陸畝半，張保定肆拾貳畝，計地貳傾伍拾（畝，共布壹疋。）

（布）頭索員宗陸畝，曹閏成柒拾叁畝，陰彦思捌拾玖畝，張閏國柒拾叁畝□保定壹拾壹畝，計地貳傾伍拾畝，共布壹疋。

（前缺）索安住肆拾陸畝半，王再盈拾柒畝，武願昌叁拾肆畝半，張會興（中缺）拾畝，索鐵子叁拾畝，張再住肆畝半，計地壹傾五十二畝半（中缺）有，馮都官安校棟伍傾叁拾捌畝，曹都頭玖拾畝，鄧長慶陸拾伍（中缺）鄧家郎君叁傾貳拾壹畝，趙安住壹傾玖畝半，梁保通壹傾（中缺）宋再昇叁傾拾畝，李永受陸拾壹畝，張迴通壹傾叁拾畝，張（中缺）畝，吴員俊壹傾，王安吉壹傾貳拾捌畝。音聲王安君貳拾畝（中缺）畝。吹角氾富德貳拾畝，索再住貳拾畝，牧子李富德貳拾畝，張（中缺）畝，趙阿朵貳拾畝，張憨兒貳拾畝，鄧富通貳拾畝，張員松貳拾畝（中缺）貳拾畝。打窟陰骨子叁拾貳畝，索阿朵子叁拾肆畝，有□張□陸畝半。

已前都頭及音聲、牧子、打窟、吹角都共并地貳拾叁傾貳拾伍畝半。（後缺）

《吐魯番出土文書》第八册《唐西州請北館坊採車材文書》（一）

（前缺）［昌縣］□［者得申稱］被符得北館（中缺）望請北館坊採車材，具與赤亭坊貯備（中缺）共辦前［件縣界］（後缺）

（二）

（前缺）案諮聽處（後缺）

具數牒赤［亭］（後缺）

都督判母（後缺）

此商量既（後缺）

《新五代史》卷二九《晉臣傳·景延廣》　天福八年秋，出帝幸大年莊還，置酒延廣第。延廣所進器服、鞍馬、茶牀、椅榻皆裹金銀，飾以龍鳳。又進帛五千匹，綿一千四百兩，馬二十二匹，玉鞍、衣襲、犀玉、金帶等，請賜從官，自皇弟重睿，下至伴食刺史、重睿從者各有差。帝亦賜延廣及其母、妻、從事、押衙、孔目官等稱是。時天下旱、蝗，民餓死者歲十數萬，而君臣窮極奢侈以相誇尚如此。

周去非《嶺外代答》卷五《財計門·廣右漕計》　今日廣右漕計，在鹽而已。鹽場濱海，以舟運於廉州石康倉。客販西鹽者，自廉州陸運至鬱林州，而後可以舟運。斤兩重於東鹽，而商人猶艱之。自改行官賣，運使姚孝資頤重，實當是任。乃置十萬倉於鬱林州，官以牛車自廉州石康倉運鹽貯之，庶一水可散於諸州。凡請鹽之州，曰静江府、融、宜、邕、賓、横、柳、象、貴、鬱林、昭、賀、梧、藤、潯、容州，各以歲額來請。静江歲額八千籮，融二千七百籮，宜四千三百九十，邕七千五百，賓二千五百，柳三千五百有奇，象三千，横二千七百，貴三千一百有奇，鬱林三千，昭三千九百，賀五千，梧二千，藤二千五百，潯三千，容三千。凡五萬八千二百籮有奇。取其息，以八分歸漕司，二分歸本州。又海南四州軍及欽、廉、雷、化、高，皆産鹽州軍，昔賣漕司二分鹽，亦以八分息歸漕司。通前十六州請鹽於十萬倉者，凡七萬餘籮。絶長補短，漕司歲得錢六十五萬五千六百餘緡，而歲支錢七十三萬二千餘緡，又以向者存留鹽本錢充之，每籮八百足，七萬餘籮，當得七萬餘緡省，以補漕計。厥後張南軒爲帥，乃請于朝，以三分鹽息予諸州，而免諸州民户苗米每一石取二斗之耗。後以諸郡實賣數奏請，其額稍減。

周去非《嶺外代答》卷五《財計門·廣西鹽法》　廣西土瘠民貧，並邊多寇。自儂智高平，朝廷歲賜湖北衣絹四萬二千匹，湖南絁一萬五千匹，綿一萬兩，廣東米一萬二千石，提鹽司鹽一千五百萬斤，韶州涔水場銅五十萬斤，付本路鑄錢一十五萬緡，總計諸處贍給廣西，凡一百一十餘萬緡。祖宗蓋以廣右西南二邊，接近化外，養兵積威，不可不素具，故使常有餘力也。自南渡以來，廣西以鹽自給。宣和五年，已詔廣東、西路，各置提舉官，歲賣鹽固無定額，至是漕司乃得取其贏餘。紹興八年，詔二廣鹽，通行客鈔，專置提舉一員於廣州，盡領兩路鹽事。又以西路遠闊，又令廣西提刑兼領西路鹽事。時楊么擾洞庭，淮鹽不通於湖湘，故廣西鹽得以越界，一歲賣及八萬籮，每籮一百斤，朝廷遂爲歲額。每一籮鈔錢五緡，歲得四十萬緡，歸於大農。內有八萬四千四百緡付廣西經略司買馬，三萬緡應副湖北靖州，十萬緡以贍鄂州大軍，餘悉上供。於是漕計大絀，無以備邊，乃取諸郡民間税米，等第撥往邊州輸納，別以錢和糴，充諸郡歲計，每一石爲錢五百足。邊州宿兵，歲餉二十三萬二千餘石，而邊州止管税米一十一萬九千餘石，故不免科撥他郡。至紹興十一年，民以病告，乞將支移邊州米，就本州納錢。漕司上請，從之。每石折錢四緡足，盡貯於漕司辛字庫，用以支付邊州，漕計大優。議者謂邊郡米一石，價止數百錢，遂裁減至二緡，而漕計猶有餘也。時淮鹽已通於湖湘，客鈔遂不登額，提刑兼司，極力招誘，歲止賣及五萬籮。言事者又謂客鈔既不登額，不若復令漕司自賣官鹽，而除民折米和糴之擾。於是廣西漕臣復領本路鹽事，而東鹽不得入西路矣。廣東鹽額大虧，屢請於朝，乞復通客鈔。以爲廣東産鹽多而食鹽少，廣西産鹽少而食鹽多，東鹽入西，散往諸州，有一水之便。西路産鹽之州，水陸不便，異時西路客人，樂請東鹽，占額爲多。今西路以鹽利自專，則東鹽坐虧課額。朝廷從其請。又爲廣西畫所以爲歲計者曰，舊額廣東十萬籮，廣西八萬籮，增收鈔錢一緡省，可得一十八萬緡省，謂之漕計錢。舊法，廣西鹽户納鹽一籮，官支本錢一千八百足，後爲官吏侵刻，止支二三百，今實支一千足，官截取八百足，謂之存留鹽本錢。計西路八萬籮，又得八萬二千緡省，而西路元額八萬籮，客人入納四十萬緡省，如是則通可得六十六萬二千緡，盡付廣西漕司。內取二十餘萬緡充買馬并鄂、靖州之費，餘四十五萬餘緡，以之充廣西歲計。廣西舊額八萬籮，止及五萬，今遂指爲實賣之數，又於上收增鈔錢，減刻鹽本錢，是以虛數較之實數，歲當虧錢二十一萬六千緡，此豈細事也哉？范石湖作帥，抗疏請復官賣，其説曰：「官自賣鹽，不過奪商人之利以利官，而民無折米之患。往日西路賣及八萬籮，今爲虛數矣。只以實賣及五萬籮爲率，而權以廣西鹽價，每一斤以一百四十文足爲率，歲可得七十餘萬緡足，計九十餘萬緡省，需乎其有餘矣。」其道約而易行，其説簡而易明，嚴抑配之法，杜侵欺之弊，俾法久而不壞，誠長利也。朝廷始疑而後從之。廣東申乞不已，又爲東路歲認發東鹽入界鈔錢之數二萬四千六百餘緡，其議遂定。然漕計優裕，實范公之力也。

周去非《嶺外代答》卷五《財計門・邕州永平寨博易場》 邕州左江永平寨，與交阯爲境，隔一澗耳。其北有交阯驛，其南有宣和亭，就爲博易場。永平知寨主管博易。交人日以名香、犀象、金銀、鹽、錢，與吾商易綾、錦、羅、布而去。凡來永平者，皆峒落交人，遵陸而來，所齎必貴細，惟鹽粗重。然鹽止可易布爾。以二十五斤爲一籮，布以邕州武緣縣爲産狹幅者。其人亦淳朴，非若永安州交人至欽者之狡。若左江又有滴江柵，與交阯蘇茂州爲鄰，亦時有少博易，則滴江巡防主之。

周去非《嶺外代答》卷五《財計門・欽州博易場》 凡交阯生生之具，悉仰於欽，舟楫往來不絶也。博易場在城外江東驛。其以魚蚌來易斗米尺布者，謂之交阯蜑。其國富商來博易者，必自其邊永安州移牒于欽，謂之小綱。其國遣使來欽，因以博易，謂之大綱。所齎乃金銀、銅錢、沉香、光香、熟香、生香、真珠、象齒、犀角。吾之小商近販紙筆、米布之屬，日與交人少少博易，亦無足言。唯富商自蜀販錦至欽，自欽易香至蜀，歲一往返，每博易動數千緡，各以其貨互緘，踰時而價始定。既緘之後，不得與他商議。其始議價，天地之不相侔。吾之富商，又日遣其徒爲小商以自給，而築室反耕以老之。彼之富商，頑然不動，亦以持久困我。二商相遇，相與爲杯酒歡。久而降心相從，儈者乃左右漸加抑揚，其價相去不遠，然後兩平焉。官爲之秤香交錦，以成其事。既博易，官止收吾商之征。其征之也，約貨爲錢，多爲虛數，謂之綱錢。每綱錢一千，爲實錢四百，即以實錢一緡征三十焉。交人本淳朴，吾人詐之於權衡低昂之間。其後至三遣使，較定博易場秤。邇年永安州人狡特甚，吾商之詐彼也，率以生藥之僞，彼則以金銀雜以銅，至不可辨，香則漬以鹽，使之能沉水，或鑄鉛于香竅以沉之，商人率墮其術中矣。

吳自牧《夢粱録》卷一三《天曉諸人出市》 每日交四更，諸山寺觀已鳴鐘，庵舍行者頭陀，打鐵板兒或木魚兒沿街報曉，各分地方。若晴則曰「天色晴明」，或報「大參」，或報「四參」，或報「常朝」，或言「後殿坐」；陰則曰「天色陰晦」；雨則言「雨」。蓋報令諸百官聽公上番虞候上名衙兵等人，及諸司上番人知之，趕趁往諸處服役耳。雖風雨霜雪，不敢缺此。每月朔望及遇節序，則沿門求乞齋糧。最是大街一兩處麵食店及市西坊西食麵店，通宵買賣，交曉不絶。緣金吾不禁，公私營幹，夜食于此故也。御街鋪店，聞鐘而起，賣早市點心，如煎白腸、羊鵝事件、糕、粥、血臟羹、羊血、粉羹之類。冬天賣五味肉粥、七寶素粥，夏天賣義粥、饊子、豆子粥。又有浴堂門賣麵湯者，有浮鋪早賣湯藥二陳湯，及調氣降氣并丸劑安養元氣者。有賣燒餅、蒸餅、糍糕、雪糕等點心者。以趕早市，直至飯前方罷。及諸行鋪席，皆往都處，侵晨行販。和寧門紅杈子前買賣細色異品菜蔬，諸般嗄飯，及酒醋時新果子，進納海鮮品件等物，填塞街市，吟叫百端，如汴京氣象，殊可人意。孝仁坊口，水晶紅白燒酒，曾經宣唤，其味香軟，入口便消。六部前丁香餛飩，此味精細尤佳。早市供膳諸色物件甚多，不能盡舉。自内後門至觀橋下，大街小巷，在在有之，不論晴雨霜雪皆然也。

吴自牧《夢粱録》卷一三《夜市》 杭城大街，買賣晝夜不絶，夜交三四鼓，遊人始稀；五鼓鐘鳴，賣早市者又開店矣。大街關撲，如糖蜜糕、灌藕、時新果子、象生花果、魚鮮猪羊蹄肉，及細畫絹扇、細色紙扇、漏塵扇柄、異色影花扇、銷金裙、段背心、段小兒、銷金帽兒、逍遥巾、四時玩具、沙戲兒。春冬撲賣玉柵小球燈、奇巧玉柵屏風、捧燈球、快行胡女兒沙戲、走馬燈、鬧蛾兒、玉梅花、元子槌拍、金桔數珠、糖水、魚龍船兒、梭球、香鼓兒等物。夏秋多撲青紗、黄草帳子、挑金紗、異巧香袋兒、木犀香數珠、梧桐數珠、藏香、細扇、茉莉盛盆兒、帶朵茉莉花朵、挑紗荷花、滿池嬌、背心兒、細巧籠仗、促織籠兒、金桃、陳公梨、炒栗子、諸般果子及四時景物，預行撲賣，以爲賞心樂事之需耳。衣市有李濟賣酸文，崔官人相字攤，梅竹扇面兒，張人畫山水扇。并在五間樓前大街坐鋪中瓦前，有帶三朵花點茶婆婆，敲響盞，掇頭兒拍板，大街遊人看了，無不哂笑。又有蝦須賣糖，福公個背張婆賣糖，洪進唱曲兒賣糖。又有擔水斛兒，内魚龜頂傀儡面兒舞賣糖。有白須老兒看親箭撥鬧盤賣糖。有標竿十樣賣糖，效學京師古本十般糖。賞新樓前仙姑賣食藥。又有經紀人擔瑜石釘鉸金裝架兒，共十架，在孝仁坊紅杈子賣皂兒膏、澄沙團子、乳糖澆。壽安坊賣十色沙團。衆安橋賣澄沙膏、十色花花糖。市西坊賣蚫螺滴酥，觀橋大街賣豆兒糕、一作「膏」輕餳。太平坊賣麝香糖、蜜糕、金鋌裹蒸兒。廟巷口賣楊梅糖、杏仁膏、薄荷膏、十般膏子糖。内前杈子里賣五色法豆，使五色紙袋兒盛之。通江橋賣雪泡豆兒、水荔枝膏。中瓦子前賣十色糖。更有瑜石車子賣糖糜乳糕澆，亦俱曾經宣唤，皆效京師叫聲。日市亦買賣。又有夜市物件，中瓦前車子賣香茶異湯，獅子巷口煎耍魚，罐里燒鷄絲粉，七寳科頭，中瓦子武林園前煎白腸，焀腸，灌肺嶺賣輕餳，五間樓前賣餘甘子、新荔枝，木檐市西坊賣焦酸餡，千層兒，又有沿街頭盤叫賣薑豉、膘皮膿子、炙椒、酸犯兒、羊脂韭餅、糟羊蹄、糟蟹，又有擔架子賣香辣灌肺、香辣素粉羹、臘肉、細粉科頭、薑蝦、海蜇鮓、清汁田螺羹、羊血湯、胡漥、海蜇、螺頭漥、餶飿兒、漥面等，各有叫聲。大街更有夜市賣卦：蔣星堂、玉蓮相、花字青、霄三命、玉壺五星、草窗五星、沈南天五星、簡堂石鼓、野庵五星、泰來星、鑒三命。中瓦子浮鋪有西山神女賣卦，灌肺嶺曹德明易課。又有盤街賣卦人，如心鑒及甘羅次、北算子者。更有叫「時運來時，買莊田，取老婆」賣卦者。有在新街融和坊賣卦，名「桃花三月放」者。其餘橋道坊巷，亦有夜市撲賣果子糖等物，亦有賣卦人盤街叫賣，如頂盤擔架賣市食，至三更不絶。冬月雖大雨雪，亦有夜市盤賣。至三更後，方有提瓶賣茶。冬間，擔架子賣茶，饊子慈茶始過。蓋都人公私營幹，深夜方歸故也。

吴自牧《夢粱録》卷一三《諸色雜貨》 凡宅舍養馬，則每日有人供草料。養犬，則供餳糠。養猫，則供魚鰍。養魚，則供蟣蝦兒。若欲唤錮路釘鉸，修補鍋銚、箍桶，修鞋，修幞頭帽子，補修魫冠，接梳兒，染紅緑牙梳，穿結珠子，修洗鹿胎冠子，修磨刀剪，磨鏡，時時有盤街者，便可唤之。且如供香印盤者，各管定鋪席人家，每日印香而去，遇月支請香錢而已。供人家食用水者，各有主顧供之。亦有每日掃街盤垃圾者，每支錢犒之。其巷陌街市，常有使漆修舊人，荷大斧斫柴間，早修扇子，打鑞器，修竈，提漏，供香餅炭墼，并挑擔賣油，賣油苕，掃帚，竹帚、筅帚、鷄籠擔、聖堂拂子、竹柴、茹紙、生薑、薑芽、新薑、瓜、茄、菜蔬等物，賣泥風爐、小缸竈兒、天窗砧頭、馬杓，銅鐵器如銅銚、湯餅、銅罐、熨斗、火鍬、火箸、火夾、鐵物、漏杓、銅沙鑼、銅匙箸、銅瓶、香爐、銅火爐、簾鈎，鑞器如樽榼、果盆、果盒、酒盞、注子、偏提、盤、盂、杓，酒市急需馬盂、屈卮、滓斗、箸瓶，家生動事如桌、凳、涼床、交椅、兀子、長桃、繩床、竹椅、柎笄、裙厨、衣架、棋盤、面桶、項桶、脚桶、浴桶、大小提桶、馬子、桶架、木杓、研槌、食托、青白瓷器、甌、碗、碟、茶盞、菜盆、油杆杖、榾轆、鞋楦、棒槌、烘盤、鷄籠、蟲蟻籠、竹笊籬、蒸籠、畚箕、甑箄、紅簾、斑竹簾、酒絡、酒籠、筲箕、瓷甏、炒銼、砂盆、水缸、烏盆、三脚罐、枕頭、豆袋、竹夫人、懶架、涼簟、藁薦、蒲合、席子，及文具物件如硯子、筆、墨、書架、書攀、裁刀、書剪、簿子、連紙，又有鐃子、木梳、篦子、刷子、刷牙子、減裝、墨洗、漱盂子、冠梳、領抹、針綫，與各色麻綫，鞋面、領子、脚帶、粉心、合粉、胭脂、膠煤、托葉墜紙等物，又有挑擔抬盤架，買賣江魚、石首、鯺魚、時魚、鯧魚、鰻魚、鱘魚、鯽魚、白鰤魚、白蟹、河蟹、河蝦、田鷄等物，及生熟猪羊肉、鷄、鵝、鴨，及下飯海臘、羞膘、鴨子、炙鰍、糟藏大魚鮓、乾菜、乾蘿卜、菜蔬、葱姜等物，又有早間賣煎二陳湯、飯了提瓶點茶，飯前有賣饊子，小蒸糕，日午賣糖粥、燒餅、炙焦饅頭、炊餅、辣菜餅、春餅、點心之屬。四時有撲帶朵花，亦有賣成窠時花，插瓶把花、柏桂、羅漢葉，春撲帶朵桃花、四香、瑞香、木香等花，夏撲金燈花、茉莉、葵花、榴花、梔子花，秋則撲茉莉、蘭花、木樨、秋茶花，冬則撲木春花、梅花、瑞香、蘭花、水仙花、臘梅花，更有羅帛脱蠟象生四時小枝花朵，沿街市吟叫撲賣。及買賣品物最多，不能盡述。及小兒戲耍家事兒，如戲劇糖果之類：行嬌惜、宜娘子、秋千稠糖、葫蘆、火齋郎果子、吹糖麻婆子孩兒等，糕粉孩兒鳥獸、象生花朵、風糖餅、十般糖、花花糖、荔枝膏、縮砂糖、五色糖、綫天戲耍孩兒，鷄頭擔兒、罐兒、碟兒、鐵小酒器、鼓兒、板兒、刀兒、鑼兒、槍兒、旗兒、馬兒、鬧竿兒、花籃、龍船、黄胖兒、麻婆子、橋兒、棒槌兒，及影戲綫索、傀儡兒、獅子、猫兒。又沿街叫賣小兒諸般食件：麻糖、錘子糖、鼓兒餳、鐵麻糖、芝麻糖、小麻糖、破麻酥、沙團、箕豆、法豆、山黄、褐青豆、鹽豆兒、豆兒黄糖、楊梅糖、荆芥糖、榧子、蒸梨兒、棗兒、米食羊兒、狗兒、蹄兒、繭兒、栗粽、豆團、糍糕、麻團、湯團、水團、湯丸、餶飿兒、炊餅、槌栗、炒槌、山里棗、山里果子、蓮肉、數珠、苦槌、荻蔗、甘蔗、茅洋、跳山婆、栗茅、蜜屈律等物，并於小街後巷叫賣。遇新春，街道巷陌，官府差顧淘渠人沿門通渠；道路污泥，差顧船隻搬載鄉落空閒處。人家有泔漿，自有日掠者來討去。杭城户口繁夥，街巷小民之家，多無坑厠，只用馬桶，每日自有出糞人瀽去，謂之「傾脚頭」，各有主顧，不敢侵奪；或有侵奪，糞主必與之争，甚者經府大訟，勝而後已。

吴自牧《夢粱録》卷一八《物産》 穀之品

粳：早占城，紅蓮，礌泥烏，雪里盆，赤稻，黄籼米，杜糯，光頭糯，蠻糯。麥：大麥，小麥。麻：赤，白，烏，黄。豆：大黑，大紫，大白，大黄，大青，白扁，黑扁，白小，赤小，緑荳，小紅，樓子紅，青豌，白眼，羊眼，白缸，白豌，刀豆。粟：狗尾，金罌。

絲之品

綾：柿蒂，狗蹄。羅：花素，結羅，熟羅。綫住。錦：内司街坊以絨背爲佳。克絲：花，素二種。杜緙，又名「起綫」。鹿胎：次名「透背」，皆花紋特起，色樣織造不一。

紵絲：染絲所織諸顔色者，有織金、閃褐、間道等類。紗：素紗，天净，三法暗花紗，粟地紗，茸紗。絹：官機，杜村唐絹，幅闊者密，畫家多用之。綿以臨安於潜白而細密者佳。綢有綿綫織者，土人貴之。

枲之品

枲。柘。麻。苧。

貨之品

茶：寶雲茶，香林茶，白雲茶。又寶嚴院垂雲亭亦産。東坡以詩戲云：「妙供來香積，珍烹具大官。揀芽分雀舌，賜茗出龍團。」蓋南北兩山、七邑諸山皆産。徑山採穀雨前茗，以小缶貯饋之。

鹽：湯鎮，仁和村，鹽官，浮山，新興，下管，上管，蜀山，岩門。南路茶槽等場，常産之地。漢置鹽官，吴王濞煮海爲鹽之地。

蜜。蠟。紙，餘杭由拳村出藤紙，富陽有小井紙，赤亭山有赤亭紙。

吴自牧《夢粱録》卷一九《閑人》 閑人本食客人。孟嘗君門下，有三千人，皆客矣。姑以今時府第宅舍言之，食客者：有訓導蒙童子弟者，謂之「館客」。又有講古論今、吟詩和曲、圍棋撫琴、投壺打馬、撇竹寫蘭，名曰「食客」，此之謂閑人也。更有一等不著業藝，食於人家者，此是無成子弟，能文、知書、寫字、善音樂，今則百藝不通，專精陪侍涉富豪子弟郎君，游宴執役，甘爲下流，及相伴外方官員財主，到都營幹。又有猥下之徒，與妓館家書寫柬帖取送之類。更專以參隨服役資生，舊有百業皆通者，如紐元子，學象生叫聲，教蟲蟻，動音樂，雜手藝，唱詞白話，打令商謎，弄水使拳，及善能取復供過，傳言送語。又有專爲棚頭，鬥黄頭，養百蟲蟻，促織兒。又謂之「閑漢」，凡擎鷹、架鷂、調鵓鴿，鬥鵪鶉、鬥鷄、賭撲落生之類。又有一等手作人，專攻刀鑷，出入宅院，趨奉郎君子弟，專爲幹當雜事，插花挂畫，説合交易，幫涉妄作，謂之「涉兒」，蓋取過水之意。更有一等不本色業藝，專爲探聽妓家賓客，趕趁唱喏，買物供過，及游湖酒樓飲宴所在，以獻香送歡爲由，乞覓瞻家財，謂之「廝波」。大抵此輩，若顧之則貪婪不已，不顧之則强顔取奉，必滿其意而後已。但看賞花宴飲君子，出著發放何如耳。

吴自牧《夢粱録》卷一九《顧覓人力》 凡顧倩人力及幹當人，如解庫掌事，貼窗鋪席，主管酒肆食店博士、鐺頭，行菜、過買、外出鬙兒，酒家人師公、大伯等人，又有府第宅舍内諸司都知，太尉直殿御藥、御帶，内監寺廳分，顧覓大夫、書表，司廳子、虞候、押番、門子、直頭，轎番小廝兒、厨子、火頭、直香燈道人、園丁等人，更有六房院府判提點，五房院承直太尉，諸内司殿管判司幕士，六部朝奉顧倩私身轎番安童等人，或藥鋪要當鋪郎中、前後作、藥生作，下及門面鋪席要當鋪里主管後作，上門下番當直安童，俱各有行老引領。如有逃閃，將帶東西，有元地脚保識人前去跟尋。如府宅官員，豪富人家，欲買寵妾、歌童、舞女、厨娘、針綫供過、粗細婢妮，亦有官私牙嫂，及引置等人，但指揮便行踏逐下來。或官員士夫等人，欲出路、還鄉、上官、赴任、遊學，亦有出陸行老，顧倩脚夫脚從，承攬在途服役，無有失節。

《金史》卷四九《食貨志四》 〔泰和〕五年春，罷造茶之坊。三月，上諭省臣曰：「今雖不造茶，其勿伐其樹，其地則恣民耕樵。」六年，河南茶樹槁者，命補植之。十一月，尚書省奏：「茶，飲食之餘，非必用之物。比歲上下競啜，農民尤甚，市井茶肆相屬。商旅多以絲絹易茶，歲費不下百萬，是以有用之物而易無用之物也。若不禁，恐耗財彌甚。」遂命七品以上官，其家方許食茶，仍不得賣及饋獻。不應留者，以斤兩立罪賞。

陳邦瞻《元史紀事本末》卷九《阿合馬桑盧之奸》 至元元年，又以太原民煮小鹽，越境販賣，民貪其價廉，競買食之。解鹽以故不售。

《明代宗實録》卷二百三十六 〔景泰四年十二月辛亥〕提督大同軍務左副都御史年富奏：「山西、河南、真定、保定、臨清等處軍民客商，往大同宣府輸納糧草、軍裝及販馬牛、布絹、香茶、器皿、果品。先是，從紫荆、倒馬二關入，後因過紫荆關者，須赴後府給勘合，以此俱從倒馬關入。近守關者又請如紫荆關例，間有復回真定井陘逸過太原，却從鴈門關入者，迂迴千五百里，費用過當，客商稍稍不至，由是大同物貨湧貴不便。宜令如舊，止持文引驗視，不必赴府給勘合。」從之。

《明武宗實録》卷五 〔弘治十八年九月甲申〕户部覆議：「南京給事中戴銑言：各處歲辦，多非土産，勞費不堪。宜令各處實開土産有無，造册送部。會派之時，有者仍納本色。其非土産及兵荒事變，令通融酌量齎價赴京收買。」從之。

《明世宗實録》卷二十五 〔嘉靖二年四月庚寅〕給事中汪應軫等，請革京城鋪户。言：「古者從豪傑，以實京師，我朝亦有富户，皆重根本。至于和買之法，則自宋南渡始，殊非善政。今和買不給直，獨累京城，以戕根本，其不善尤甚焉。臣以爲革之便如不可，革則宜照例給價，務在兩平。」事下户部覆言：「累朝舊規及《會典》所載，和買必多其直。正德以來，始取物于市。而令領價于官，使民損貲失業，困極生怨。今鋪户卒未可革，請令户工二部，凡辦物納科，皆當先給以價。」從之。

《明穆宗實録》卷四十三 〔隆慶四年三月辛卯〕初，上用都御史庞尚鵬議，將河東行鹽地方南陽、鎮平、唐、鄧、泌陽、桐柏六縣改行淮鹽。南京户科給事中張應治、河東巡鹽御史郜永春言：南陽、汝寧二府，據銅板則兼行淮鹽，據《會典》則專行解鹽。往年鄢懋卿建言，將汝寧、舞陽分屬淮北，已非兼行初意，乃又中分南陽，是續淮商之一指，而斷解商之肩背，失平甚矣！夫利不百者不變法。今法一變，而解商告急者相屬于道，鹽引日壅，額課日損，豈國之利乎？尚鵬議不便請罷之。」上以爲然。令南陽所屬州縣，仍隸河東行鹽，以後不得紛更。

《清實録・世宗實録》卷九〇 〔雍正八年正月戊寅〕諭内閣：雍正六年内，湖南布政使趙城摺奏湖南現貯倉穀共計六十餘萬石之多，又有收捐穀石，本省可云有備。但楚南地勢卑溼，積貯既久，不無霉爛之虞，請分撥別省，令其來楚運往，以免霉變等語。朕將此摺撥與户部議奏，經户部議稱，應行文江浙督撫，令其詳酌，如有應需穀石之處，即委員往楚轉運，朕降旨俞允。隨據兩淮巡鹽御史噶爾泰摺奏據兩淮商人黄光德等具呈，情願出資將湖南積穀三十餘萬石照依原買之價交納湖南藩庫領運，隨地隨時售賣，仍將所售價銀交納運庫等語。隨經王國棟題明，將雍正三年動帑所買穀一十六萬二千餘石照原價每石三錢四分九釐給商交價運售。此湖南巡撫布政使及兩淮巡鹽御史前後具摺辦理之案也。今據湖廣總督邁柱奏稱今年湖南岳、常二府之臨湘、武陵等十州縣微欠雨澤，臣等豫爲綢繆，動用公項銀二萬兩買米備糶。而貯倉之現穀與其照原價以給商，不若留俟來年春夏照原價平糶，以濟本地之民食。似應飭商暫停領賣，俟明年無需用之處，仍聽該商領運等語。朕思向因湖南撫藩皆言地方積穀甚多，難以久貯，奏請分撥別省運售，以免霉變，是以兩淮商人有赴楚領運効力急公之請。今商人既已交價，而邁柱又稱楚南需米備糶，應請飭商暫停領賣，是湖廣督撫藩司前後自相矛盾也。湖南現貯穀六十餘萬石之多，欲分撥別省以免霉變，則本省府縣有需米之處，正可將此奏聞平糶，以濟民食，而邁柱乃雲正在動用公項銀一萬兩買米備糶，是邁柱之奏又自相矛盾也。且邁柱又稱此時飭商停運，俟楚省不需米穀之時，仍聽該商領運等語。是米貴之時則令商人停運，而米賤之時則令商人領賣，亦甚非情理之平。朕意此米穀中必有虧空情弊。至於噶爾泰既代商人具奏，而又不爲伊等行催楚省，歸結其事，亦屬不合。查從前噶爾泰代衆商具奏領運之時，原有隨時隨地售賣之語，今江浙具獲豐收，米價甚賤，湖南既有需米之州縣，著該商仍照前議領米，即於湖南需米之處照時價糶賣，不許地方官抑勒商人，亦不許商人高抬價值。儻商人獲有餘利，聽其自取，不許交官。如此則淮商領米得以貿易，而楚省積穀仍得流通，於商民均有裨益。湖廣督撫等即遵諭行。

《**清實録・高宗實録**》**卷五**（雍正十三年十月癸未）總理事務王大臣議覆：内大臣海望奏：現今大兵駐防鄂爾昆，所有軍營官駝數萬别無所用。若以給臺站蒙古運米，則運價大省，於蒙古生計有裨。請自歸化城至鄂爾昆編臺站三十二，每臺給官駝一百五十隻，三班更代，日以駝五十隻運米一百石，每年計八閱月，可運米二萬四千石。臺兵原額六十名，今增丁役二十，以四十名輪班運米，其運米之月加給銀一兩，在臺參領章京驍騎校等各加銀三兩，領催加銀二兩，牽駝往來，每臺給官馬三十四。統計每年運米需費及增給蒙古官兵錢糧、添補駝馬等費共需銀十二萬九千餘兩，較商人范敏翻之運價可省銀十八萬有奇，較都統丹津等之運價可省銀十二萬有奇。其臺站應如何移置，令總管五十四辦理。尋經五十四奏言，自歸化城至鄂爾昆設臺站三十二，用丁役八十，駝二百隻；自張家口至歸化城設臺站八，用丁役四十，駝一百隻。其原設腰站應徹者，悉行裁徹。從之。

《**清實録・仁宗實録**》**卷四十五**（嘉慶四年五月甲戌）軍機王大臣議覆：奇豐額等奏：「辦理葉爾羌和闐販賣玉石，請照舊例」一摺。查葉爾羌和闐等處出産玉石，向聽民間自行售買，並無例禁。後經高樸奏請，間年一次官爲開採，名爲嚴禁偷漏，實陰便其營私肥橐之心。應如該大臣所奏，嗣後回子得有玉石，准其自行賣與民人，無庸官爲經手，致滋紛擾。惟民人起票進關時，仍應照向例，於票内註明，造册移付嘉峪關，以憑查覈。再乾隆四十三年禁止私玉之後，於密爾岱巴爾楚克地方，各添設卡倫一處，原以防私採及夾帶之事，今業奉恩旨「新疆玉石，無論已未成器者，概免治罪。」是民間玉料既准流通，該處卡倫即成虚設，亦應如所請，一併裁汰。報可。

社會調查所《清代題本・採辦織造及各項工程》

順治十二年八月初七日禮部尚書臣恩國泰等謹題

爲進貢貂皮事。照得索倫馬魯凱牛录等十六牛录進貢本年分貂皮一千一百八十三張，新歸服布代牛录等六牛录進貢貂皮二百二十九張，撒哈連吴賴齊把等進貢貂皮二百二十五張，達古兒烘科等屯十八屯進貢貂皮四百八十二張，使鹿年喇烏兒等進貢貂皮一百二十七張。以上進貢貂皮數目通共二千二百四十六張，爲此具本謹具題知。

硃批：該衙門察收。

《**李煦奏摺・鹽課奏銷請展限摺**》（康熙四十五年五月　日）恭請皇上萬安。

臣煦到任數月，管理鹽差，遵奉聖諭，不敢少懈。幸值新例森嚴之際，臣煦督率該管各官實力奉行，大夥私販，皆斂跡消散，間有負鹽覓食之流，不過一二窮苦小民，在所不禁。皆由皇上恩威所致，非臣下之力所能及也。

兩淮商人，節蒙皇上殊恩，蠲免贏餘加觔，又借帑帶徵，目今江廣鹽價漸轉，將來必是大好。私鹽緝而官引疏，商業饒而國課裕，此理之必然者。惟是鹽法成規，納課在先，行鹽在後，故定例六月奏銷，爲期甚迫，商鹽尚未運售，奏報已是届限，而課銀完數，究竟仍未足額。向來鹽臣顧瞻定例，多屬權宜虚報，目下商力初紓之日，必令依限全完，則過于急迫，恐違皇上愛恤商人至意。若仍前虚報，欺罔皇上，臣煦之心實所難安。再四思維，不顧冒昧，伏乞俞旨，准將奏銷寛至十月，著爲定例，則商人利於轉輸，臣煦等亦易于催科，而在國課原無虧損，奏期展限，實於鹽法有裨。與其六月中循例虚報，以欺皇上，不如代爲乞恩於皇上也。臣煦恭候御批可否，然後敢行題請，爲此具摺奏聞，伏祈睿鑒施行。

硃批：去歲曹寅不曾展限，爾同曹寅商定，再摺請旨。

《**李煦奏摺・鹽餘處理情況并經解費請賞作養廉摺**》（康熙五十五年十一月十八日）竊鹽差一年餘銀，除發織造錢糧二十一萬兩公項外，應得餘銀三十一萬七千兩。奴才當以二十八萬八千餘兩補完積欠，其所剩二萬九千餘兩，解部充餉。但奴才得以餘銀清楚未完積欠，皆由我萬歲格外之天恩，而奴才與曹頫，雖世世犬馬，未足以云報也。

奴才再有奏聞者，凡商人向年捆鹽出場，皆起於五月，以暑天捆鹽，不至出滷消耗。但五月方開手捆運，未免時日已遲，一年額運之鹽，恐不能趕完。李陳常欲挽遲爲速，即改爲正二月開捆，然流滷消耗，難免虧折。而商人衆議每一引多帶五斤，以備消耗，情願於正項錢糧之外，每引另出五分。奴才反覆思量，於衆商原爲有益，而公務又得早完，此事可以不革除。淮北商人資本微薄，與江都、山清八縣食鹽商人，俱不出外。查淮南一百三十三萬官引，每引五分，約計六萬六千兩零。奴才不敢私自入己，容差滿之日，親齎進呈，以備公項之用。

再，鹽臣衙門另有經解費一萬六千兩，求恩賞奴才與曹頫兩處，爲養廉之資。奴才未敢擅便，伏候批示遵行。

硃批：是。

《**雍正朝内閣六科史書・户科・大學士管户部尚書事張廷玉等題准撥給天**

津水師營都統衙門歲需心紅及應添傘扇等銀本》 户部等部經筵講官少保兼太子太保保和殿大學士仍管吏部户部尚書事臣張廷玉等謹題爲知會事:「署理直隸總督印務都察院左都御史唐執玉題,前事雍正七年閏七月十六日題,本月二十八日奉旨:『該部議奏。』該臣等會議,得署理直隸總督印務都察院左都御史唐執玉疏稱:『天津水師營都統衙門,應照寧夏將軍之例,每歲撥心紅六斤,價銀一十二兩,紙三千七百張,價銀三兩七錢,共銀十五兩七錢。此項銀兩,寧夏將軍衙門係隨滿兵俸餉請撥。今水師營本年兵餉業已豫估撥給,所有雍正七年應需心紅紙張價銀,在於司庫地糧銀内動支,嗣後照例隨同俸餉豫估册内請撥。又應添設傘扇轎夫十二名,舖兵二名,每名歲需工食銀六兩,共銀八十四兩,遇閏每名加銀五錢,共加閏銀七兩,照依寧夏之例,飭令理事同知三保查明各役投充日期,在於津鎮扣存建曠銀内動支,造入兵馬錢糧奏册内報銷。又應添設東西科房,廂房,正房共十三間,應需銀五百六十兩。又大門外八字墻,轅門内甬路,鼓亭等項,連工帶料共銀三十六兩二錢五分一釐三毫。又旗杆併油飾物料夫匠等項需銀二百四兩四錢二分九釐,獅子轅門栅欄等項需銀一百二十六兩三錢四分,共應需銀九百貳十七兩貳分三毫,在於原存水師營建造房屋案内節省餘剩銀内照數動撥建造。俟事竣之日,據實造册報銷,如有餘剩,按數繳還。』等因具題前來。查水師營都統衙門歲需心紅六斤,紙三千七百張,與寧夏將軍所撥之例相符,所需價銀十五兩七錢,應令該署督唐執玉在於司庫地糧銀内照數撥給。嗣後仍隨官兵俸餉,造入豫估册内請撥。所添傘扇轎夫十貳名,舖兵二名,每名工食銀六兩,共銀八十四兩,遇閏每名加閏銀五錢,共加閏銀七兩,與寧夏駐防將軍衙門所設之例相符,應令照例在於建曠銀内撥給,仍將投充起支日期,造册報部。此二項用過銀兩,造入兵馬奏銷册内具題查核。再該督疏稱添設東西科房,廂房,正房共十三間,應需銀五百六十兩;又大門外兩邊看墻,轅門内甬路,鼓亭等項,連工帶料,共銀三十六兩貳錢伍分一釐三毫;又旗桿併油飾物料夫匠等項需銀貳百四兩四錢貳分九釐;獅子轅門栅欄等項需銀一百貳十六兩三錢四分; 共應需銀九百貳十七兩貳分叁毫,在於原存水師營建造房屋案内,節省餘剩銀内,照數動撥建造。俟事竣之日,據實造册報銷。如有餘剩,按數繳還等語。應如該署督所請,准其動用,堅固蓋造。俟工竣之日,將所需工料銀兩造册題銷。如有餘剩,照數繳還司庫可也。臣等未敢擅便,謹題請旨」。雍正七年十一月初四日題。本月初六日奉旨:「依議。」

《雍正朝内閣六科史書・户科・總理户部事務怡親王允祥等題報江寧織造隋赫德等管理西新關一年徵收銀兩數目相符本》 總理户部事務和碩怡親王臣允祥等謹題爲考核任内錢糧事:「該臣等查得西新關每年額徵税銀三萬三千六百八十四兩,銅斤水脚銀七千六百九十二兩三錢一分二釐五毫。江寧織造隋赫德等管理一年應徵額税銅斤水脚銀共四萬一千三百七十六兩三錢一分二釐五毫,今徵收過銀四萬一千三百七十六兩三錢二分五釐,又盈餘銀一萬四千八百一十五兩四錢七分七釐,俱經解部查收,與該織造隋赫德所送册檔查對數目相符,應毋庸議。臣等未敢擅便,謹題請旨。」雍正八年正月二十一日題。本月二十三日奉旨:「依議。」

《雍正朝内閣六科史書・户科・貴州巡撫張廣泗等題爲造報本省雍正七年丁頭山馬鬃嶺等船丁抽課數目本》 巡撫貴州兼理湖北川東等處地方提督軍務都察院右僉都御史加六級紀録一次駐劄貴陽府臣張廣泗等題爲詳請開採等事:「該臣看得黔省丁頭山、馬鬃嶺等鉛廠抽收課鉛,例應按年題報。兹據布政使常安詳據委管丁頭山廠務普安縣鄧瀾、接管馬鬃嶺廠務大定府陳悳榮各册報:『自雍正七年九月初一日起,至雍正八年八月底,一年共抽收課鉛三十一萬三千三百七十四斤一十四兩四錢。内除賣過課鉛一十六萬七千七百三十斤七兩,共賣獲價銀二千六百一十一兩一錢七分零。除去開銷廠内人役工食銀一千一百一十兩外,寔解司庫銀一千五百零一兩一錢七分零,尚存馬鬃嶺廠課鉛一十四萬五千六百四十四斤零,照該廠定價計算,該課價銀二千零三十九零二分零。俟賣獲解庫之日,另詳題報造具煎抽課鉛細數。』由該司彙册詳送前來,臣覆加查核無異,除册送部外,臣謹會題,伏乞皇上睿鑒,勅部核覆施行,謹題請旨。」雍正九年九月十三日題。十一月初七日奉旨:「該部察核具奏。」

《雍正朝内閣六科史書・户科・雲南巡撫張允隨題爲覆查雍正六年鼓鑄錢文所需工料銅鉛用過銀兩及息銀數目本》 巡撫雲南兼建昌畢節等處地方贊理軍務兼督川貴兵餉都察院右副都御史加四級紀録六次駐劄雲南府臣張允隨謹題爲遵旨敬陳鼓鑄等事:「該臣看得滇省雍正六年分鼓鑄錢文,所需工料、銅、鉛,用過銀兩,所獲息錢數目,經陞任撫臣沈廷正查核具題接准,部覆行查,當即檄行查造并屢催去後,兹據布政使葛森詳准糧儲道黄士傑移稱:『奉部行查新收項下支領銀一萬二千六百九十八兩一分,查此領過工本銀兩,係雍正四年鑄出錢文内,發運廣西省易回銀二萬兩内動支。又奉查發運錢文脚價動支節省銀兩造册題銷，查運過廣西省錢五萬串，易回銀五萬兩，又運四川省錢四萬串，易回銀四萬兩，俱經解交司庫，其所需脚價造册移送。又奉查存局銀錢二十二萬三千六百二十六兩零，除存留鼓鑄工本，如有餘存，解交司庫歸還原借工本，查存局銀兩已經採買節年外耗銅鉛并雍正七年分應鑄銅鉛，至于存局錢文，業已搭同雍正七年分放剩錢文，發運四川省錢三萬串，廣西省錢六萬二千串，廣東省錢三萬串，俟易銀回日還庫外，通共只存局正額息錢并帶鑄外耗工本錢五萬六千七百四十七串七百四十文存俟搭放兵餉。又奉查雍正六年分有無外耗銅、鉛給發本工以及鑄出錢文數目，查節年外耗銅鉛，係于存局工本銀內通融給發，所有雍正元年十二月二十日開鑄起，至雍正六年十二月底，止鑄出外耗錢文，分晰造册移司，本司覆查，發運四川省錢四萬串，易銀四萬兩，已于詳籌錢法等事案內歸還原款，咨明內部，再此四萬兩并運廣西錢五萬串，易銀五萬兩，俱于雍正七年地丁收支册內造報，至六年分預借工本銀四萬兩，業經收歸司庫正款項下，所有移送清册，詳請查核具題。』等情前來，臣覆查無異，除册送部查核外，臣謹會題請旨。」雍正九年十月十六日題。十二月初四日奉旨：「該部察核具奏。」

《雍正朝內閣六科史書・户科・雲南巡撫張允隨題爲核查糧儲道黃士傑管理銅廠錢局任內鑄出錢文及用過工本銀本》 巡撫雲南兼建昌畢節等處地方贊理軍務兼督川貴兵餉都察院右副都御史加四級紀録六次駐劄雲南府臣張允隨謹題爲遵旨敬陳鼓鑄等事：「該臣看得滇省銅廠錢局事務，例應按年奏銷。前緣糧儲道黃士傑染患瘡病，暫委陞任驛鹽道馮光裕管理，後因黃士傑瘡疾已痊，馮光裕又經題陞本省按察司，當將銅廠錢局事務，仍詳歸糧道黃士傑管理，因交代未清，難以依限奏銷，當經據詳具題展限在案。兹據布政司葛森詳准，糧儲道黃士傑移准，按察使馮光裕移交滇省鼓鑄：『雍正八年分舊管存局正額帶鑄、外耗本息共錢五萬六千七百四十七串七百四十文，存局工本銀一十三萬二千九兩五錢零。新收自雍正元年十二月二十日開鑄起，至雍正六年十二月底止，外耗工本共錢四萬九千八百五串三百一十六文。支領工本銀四萬七千一十八兩六錢零，舊管新收共工本銀一十七萬九千二十八兩一錢三分零。省臨二局共鑄銅、鉛除折耗外，鑄出錢一十三萬四千七百八十四串文，舊管新收共錢二十四萬一千三百三十七串五十六文。開除自雍正元年十二月二十日開鑄起，至雍正六年十二月底止，共採買外耗銅、鉛動支節年留存工本銀四萬九千八百五兩三錢零，搭放兵餉、驛站等錢外，寔存錢九萬五千六百一十五串六百七十二文。又詳籌錢法等事案內，帶鑄錢共鑄銅、鉛除折耗外，鑄出錢一萬三千四百七十八串四百文，內除息錢三千七百六串五百六十文作發運制錢脚價另册報銷，寔鑄出工本錢九千七百七十一串八百四十文，放給爐卯物料錢八百零三串五百二十文，存外耗錢文，共鑄銅、鉛鑄出錢一萬三千三百三十串二百八十六文，內除息錢五千二百五十八串七百九十八文作局內官役養廉工食另册報銷，存局工本錢八千七十一串四百八十八文。以上通共存正額息錢、帶鑄、外耗工本錢一十一萬二千六百五十五串四百八十文，內正額息錢五萬四千六百一十七串五百四十八文，帶鑄工本錢八千九百六十八串三百二十文，外耗工本錢四萬九千六十九串六百一十二文，存局工本銀一萬七千三百一十五兩八錢零。再詳籌錢法等事案內，節省倭鉛銀五千一百八十四兩，作運錢脚價，另册報銷，造具清册，轉請查核。』具題，前來，臣覆核無異，除册送部查核外，相應會題請旨。」雍正九年十月十九日題。十二月初五日奉旨：「該部察核具奏。這本貼黃內，『愈』字訛寫『逾』字不合，著飭行。」

《雍正朝內閣六科史書・户科・甘肅巡撫許容題爲查覈鞏寧二府屬雇覓船夫匠役用過銀兩本》 巡撫甘肅寧夏臨鞏等處地方贊理軍務兼理茶馬都察院右副都御史加五級紀録一次臣許容謹題爲欽奉上諭事：「該臣看得西路一應軍需用過錢糧，欽奉上諭：『令陸續報銷，欽此。』行據陞任布政使孔毓璞、西安驛傳道趙挺元詳稱：『奉文飭派鞏昌、寧夏二府屬，雇覓船夫，渡送馬、駝、牛、羊、糧車，并雇覓木、鐵匠役，補修糧車用過銀兩一案，舊管無新收西安公項銀三百五十四兩三錢二分，開除共銀三百五十四兩三錢二分。內鞏昌府屬之靖遠廳，雇覓渡送糧車船夫共二千一百六十名，每名日給工食銀四分，共用銀八十六兩四錢。又雇覓補修糧車木、鐵匠役七百八十名，每名日給工食銀四分，共用銀三十一兩二錢。寧夏府屬之寧夏、寧朔、中衛三縣，并靈州雇覓渡送馬、駝、牛、羊船夫共五千九百一十八名，每名日給工食銀四分，共用銀二百三十六兩七錢二分。實在無。』等情造具各册前來。臣覆核無異，除原册分送部科外，會同署督臣查郎阿謹題請旨。」雍正十年五月二十四日題。閏五月十八日奉旨：「該部察核具奏。」

《雍正朝內閣六科史書・户科・杭州漢軍右翼副都統兼管織造隆昇題報織造辦解棉甲用過工料等項銀兩數目本》 杭州漢軍右翼副都統仍兼管織造臣隆

昇謹題爲遵旨查議事：「該臣看得户部行文，造辦綿甲内開所用工價銀兩，照依從前成造之例造册報銷。遵即按照雍正六年用過工料原估每副綿甲銀七兩二錢一分九釐内每副節省銀二兩二錢四分之數核算，移文兩淮巡鹽支取，餘銀製辦綿甲三千三百三十三件，每件料工銀四兩九錢七分九釐，共銀一萬六千五百九十五兩七釐；繡補子三千三百三十三副，每副料工銀一錢五分，共銀四百九十九兩九錢五分；裝盛竹簍、油紙、布袋并水六脚費等項共銀八百五十一兩六錢九分三釐；通共用過兩淮巡鹽餘銀一萬七千九百四十六兩六錢五分。業經將前項辦解過細數，造册送部，今遵照部文分晰具題。伏乞皇上睿鑒，勅部核覆施行。謹題請旨。」雍正十一年七月十一日題。八月初七日奉旨：「該部察核具奏。」

「國立」故宫博物院《宫中檔雍正朝奏摺》第九輯河南總督田文鏡《奏報收買銅器勅數摺》 河南總督臣田文鏡謹奏爲遵旨奏聞事。竊照收買黄銅，以爲鼓鑄之基，充盈國寳，以利民生之用。我皇上籌畫精詳，無微不至。復頒諭旨：着各省督撫設立公所，於屬員中揀擇廉謹老成之人專司其事，在司庫先撥數千金以爲價值，將所買銅器觔兩每年歲底奏聞，其所發價值報部奏銷等因，欽此。臣遵即檄行布政司，於省城設立公所，動撥庫銀，遴委署理事同知事内閣侍讀董自超分别收買其外，府州縣不便設立耑員，即令地方官動用正項，照部定價值，公平收買解省去後，今據布政使費金吾報稱，雍正伍年分，省城共收買過黄銅壹萬貳百陸拾陸觔貳兩外，州縣共報收買過黄銅伍萬壹千玖百肆觔叁兩柒錢，貳共陸萬貳千壹百柒拾觔伍兩柒錢，業經臣陸續咨部在案。除將動用過銀兩於該年奏銷册内造送户部查核外，所有雍正伍年歲終止，收買過銅器觔兩數目，理合遵旨奏聞，仰祈聖鑒。爲此謹奏。

雍正陸年叁月初肆日河南總督臣田文鏡。

「國立」故宫博物院《宫中檔雍正朝奏摺》第十輯兩廣總督孔毓珣《奏報收買黄銅器皿摺》 兩廣總督臣孔毓珣謹奏爲奏覆事。雍正陸年貳月貳拾貳日，接和碩怡親王允祥、大學士張廷玉、尚書蔣廷錫字開，雍正陸年正月拾壹日奉上諭：朕屢降諭旨禁用黄銅器皿者，蓋欲杜燬錢製器之弊。至于銅器之中有海洋日晷儀器之類則造自外國，有古銅香爐花瓶之類則造自前代，並非近日民間鑄成之物，若將此等物件亦令銷燬實屬可惜，民間亦覺滋擾，大非禁用黄銅器皿之本意。又如鎖鑰及櫃箱上事件之類，其物甚微，用銅亦有限，只令其不販賣而已，人家現有之物，若悉令禁止搜察，民間甚爲不便。且或胥吏借端生事，總之奉行此事，務須該督撫等，督率有司，悉心酌量，權衡合宜，行之有法，則銅斤充盈而民間無禁銅之累，方能永遠奉行也。今觀直省督撫，一切禁約，非過則不及，奈何朕若明降諭旨，恐不肖之人藉此又玩法而督撫難於奉行矣。爾等可寄信與各督撫知之。欽此。遵旨寄信前來，總督可仰體皇上便民利用之聖心，督率司道飭令地方官善于奉行，務期寬嚴得宜，使民間有禁銅之益，而無禁銅之擾，斯爲盡善至切至切等因。准此，欽惟我皇上至聖至仁，體恤民隱，無一不周。今以日晷儀器之類來自外國，古銅香爐花瓶造自前代，鎖鑰櫃箱上事件用銅無多，只令其不販賣，不令搜察民間，又恐臣等奉行不善，特諭寄信前來，臣等欽遵酌量，據司道會議，收銅事宜，已在于不寬不嚴，民間並無苦累。查廣東省據糧驛道何師儉二次具報，共收買過黄銅器皿陸千玖伯貳拾伍斤拾兩，廣西省據布按二司申報收買過黄銅器皿柒伯貳拾斤，俱于撫臣衙門造册報部，我皇上便民利用之聖心，臣等自當敬凛欽遵仰體。所有接奉寄知諭旨緣由，合行奉覆，謹奏。

雍正陸年肆月　拾壹日。

「國立」故宫博物院《宫中檔雍正朝奏摺》第十一輯兩廣總督孔毓珣《奏報收買黄銅器皿摺》 兩廣總督臣孔毓珣謹奏爲遵旨奏覆事。雍正陸年陸月初玖日，欽奉皇上批回臣奏覆收買黄銅器皿一摺，奉硃批：覽銅斤爲何如此收得少，欽此。臣查廣東收買銅器，省城設立公所，委糧驛道何師儉專管，其各州縣俱于司庫領銀自行收買，按季彙解省城。今臣詢問糧驛道何師儉銅斤收少之故，據該道禀稱，省城自肆月起至今，所收之銅未滿伍千斤，各州縣止有樂昌縣解到銅器捌伯斤，其餘尚未解到。廣東係銅錫並用之地，收買價值並不短少，而收解實屬寥寥，推原其故，因未曾立限嚴查，民間以現成器皿仍然藏匿私用，不肯繳官之故，必得立限嚴查，將地方官加以處分，庶幾官民仰遵功令等語。臣查粤省收買銅器之少，實在民間隱匿不肯繳官。我皇上體恤民隱，不令滋擾，臣不敢過嚴。然聽其自繳，終屬無多，臣今復通行示諭，愷切勸導，令民間速繳領價，如再隱匿不遵，治之于法。并飭各府州縣實力奉行，以期寬嚴並用，理合奏覆，謹奏。

「國立」故宫博物院《宫中檔雍正朝奏摺》第十二輯許夢閎《奏報解運織造衙門之御用緞疋摺》 奴才許夢閎謹奏爲悉陳運務等事。奴才於雍正六年十二月二十二日准户部照會前事内開，據江寧織造隋赫德條奏，上用緞疋仍由陸路解送，其督運官亦僱騾乘騎，凡廣儲司陸續緊要緞疋，均自僱騾脚解京。至官用部派緞疋，仍由水運。再江寧袍船二隻，歲支修船及工食銀一千兩，請自雍正己酉年爲始裁去一隻，節省銀五伯兩等因具奏，經部議覆，奉旨依議，欽遵在案。至蘇州、杭州二處織造解運緞疋可否照例遵行之處，應行令李秉忠、許夢閎據實詳查，具奏到日再議等因，除蘇州織造李秉忠自行陳奏外，奴才伏查得高斌條奏歸併水運，原恐擾累驛遞，今隋赫德請將上用緞疋仍由陸路運送，均係自僱騾脚，概行停用驛馬，自應照隋赫德所奏一體遵行。再隋赫德所奏裁減袍船節省銀兩，奴才查得杭州水運船隻，係於康熙二十四年十一月內奉旨，每年在於江寧驛鹽道處移取聽差黄快船二隻裝送進京，杭州織造處從無歲支修船銀兩。今上用緞疋既自僱騾脚仍由陸運，則水運二船儘可歸併一船，奴才亦減用一隻可也。爲此具摺謹奏。

雍正七年三月　初一日。

「國立」故宮博物院《宮中檔雍正朝奏摺》第十九輯山東巡撫岳濬《奏陳嚴禁地方私售硝磺摺》　山東巡撫臣岳濬謹奏爲遵旨覆奏仰祈聖鑒事。雍正玖年陸月拾貳日，接大學士公臣馬爾賽等字寄到臣，内開雍正玖年陸月初伍日，奉上諭：硝磺之禁甚嚴，聞得山東各鎮集，多有私藏售賣，以圖取利者，如南陽鎮孔家集即有之，此皆地方有司平日不能訪察禁約之故，爾等可寄信與巡撫岳濬作何留心稽察，嚴行禁止之法，務使私藏私販之弊屏除，以杜生事之漸。欽此。遵旨寄信前來。等因。臣跪讀之下，伏思硝磺，例有嚴禁，而各州縣稽察不力，仍有私藏私販等弊。臣凛遵諭旨，嚴加誡飭，委員協同地方官，在於各鎮集加謹查拿。旋據魚臺縣濟寧州拿獲私磺，經臣批飭按察司嚴審究擬外，至細加訪察，査由硝磺貳項，東省僅產熖硝，其硫磺則出自晉省之陽曲、陽城等處，各省俱走彼採買，内有私販來東者，因東省漕河每年回空糧船，運丁水手偷買硝磺夾帶南下，以圖厚利。販磺之徒俱在捌玖月間，自晉省販至東省之沿河鎮集，與糧船私相授受，實爲積弊，經臣訪明，正值糧船將過，臣預於私磺入境之處，飭令地方官弁分路巡查，竭力防範，而本省之熖硝，亦多方稽察，不許偷販河干，奸徒聞風，稍知斂息。至查東省所產之熖硝，如濟南、東昌、兖州、青州、萊州等府，高唐、曹州、東平等州所屬俱有產硝州縣，小民刮土煎成，隨處售賣，向無禁約成例，私囤者得以零星買貯，官採者得以額外多收，由此滋弊。今立法稽查，必須首嚴出產之地，請將產硝州縣，於四鄉鎮集處所設立硝行，擇殷實老成之人取結充應，給以司帖，抽用完課，凡煎硝之家俱赴行發賣，無論官採民買，俱由行家經手，槩不許私相授受。仍令地方官設立循環貳簿，壹付行家，壹存内署，令行家將賣硝買硝姓名籍貫登入簿内，每月朔赴官繳換，以備查考。地方官仍差幹役四路巡查，並許各行家訪察報官，如有私賣私囤之家，立即拿究。又查定例内開凡販賣硝磺者，俱令呈明出產地方，取領府州縣印票，經過府州縣關津隘口，將印票呈明各官填註驗訖字樣，用關防印記放行等語。今各省來東買硝者員弁舖户人等，俱由督撫提鎮衙門給與批文，填數定限，且由彼省知會東省，買足之日，地方官將起程日期具報咨覆。但出產地方未定有查驗稱掣之例，經過州縣亦不照例驗放，影射夾帶究所不免。嗣後，凡外省採買硝觔員弁舖户，持批到境，先將印批呈明地方官掛號，地方官將批填數目，諭知行家節次收買，按日登簿，買足之日，報明地方官親加稱驗，不許額外多帶，仍將買足觔數，起程日期，填註批上用印截角，一面報明上司，咨覆彼省立催起程，仍差役跟送出境，以防別處寄頓窩藏之弊，並即知會前途州縣關隘照例查驗，於批内註明驗訖字樣，用印鈐蓋放行。倘一州一縣買不足數，先將現買數目於批内填註鈐印，另指定產硝州縣，由先到之地方官移文關送彼處，辦買完日，一體稱驗具報。如員弁舖户等不服盤驗，許地方官詳明督撫，分別究治其民間銀匠藥舖人等。零星需用之硝，均令赴行購買，店户買硝每次不得過拾觔，民人買硝每次不得過貳觔，倘有額外多買者，即以私囤論罪。如此則外來採買者不敢影射夾帶，而本處買用者亦無私囤轉販之弊矣。至若硫磺壹項，較熖硝更爲緊要，但産非東省，不能備訪弊端，竊思硫磺產於山中，非如熖硝之隨地生發可比，某山有磺，地方官素所知悉，似亦易於稽察，平日作何開採，臨時作何交易，晉省自有成例，懇請皇上勅下山西撫臣，於成例之外，再行查酌一切稱掣驗放等法，因事制宜，倍加周密，確議具奏請旨遵行，庶幾晉省之私磺與東省之私硝，皆於出產處所，畫一嚴禁。仍飭水陸各路州縣營汛，選差兵役不時巡查，并諭令埠頭坊店，凡遇往來車馱，留心稽察，探係私硝私磺，立拿稟究，照硝磺價值給賞。至糧船經行之時，著令催儹員弁督同兵役挨船訪察，獲有偷販，亦照硝磺價值給賞。兵役如有知情受賄輕縱者，嚴加治罪。臣復思稽查之法固貴詳明，而懲治之條尤宜嚴重，除私自販賣硝磺與外國邊海及商漁船内夾帶硝磺定例治罪甚嚴無庸另議外，查内地私販硝磺例載，硫磺伍拾觔，熖硝壹百觔以上者俱問罪，硝磺入官等語，其作何問罪之處，未經指明，往往止以違制律問擬滿杖，未免太輕，以臣愚見，内地私販硫磺伍拾觔以下，熖硝壹百觔以下者，應照廢鐵出邊境及海洋貨賣例，杖壹百徒叁年。硫磺伍拾觔以上，焰硝壹百觔以上者，照硝磺合成火藥賣與鹽徒例，問發邊衛充軍，窩藏之家與犯人同罪。鄉地保甲隣佑知情不首者，杖壹百。受財者，計贓以枉法從重論。不知情者，杖捌拾。仍究問買自何處行家，將該行亦照窩藏私販例治罪。又查硝磺既令赴行買賣，如有私賣私買者，均照買食私鹽律，各杖壹百。若知情賣與興販之人者，與犯人同罪。如有私自囤積，未曾興販者，照寄囤私鹽律杖玖拾，徒貳年。如囤積之家，賣與私販之人者，亦照私販例治罪。鄉地保甲隣佑首報拿獲者，除免罪外，仍照硝磺價值賞給，將硝磺留充營伍之用。查定例内開，腹内地方私販硝磺，其出產地方印捕各官，不曾察出者，各降一級留任，不行查拿經過地方印捕各官，罰俸一年等語，但文武均有巡查之責，私販硝磺事發武職專汛，亦當與文職一例處分，俾知上緊查緝。再沿河一帶雖有地方文武官弁協同查拿，而糧船夾帶尤須責之押運官弁，嗣後糧船夾帶硝磺，押運官弁不行查出，别經發覺，將押運官弁照糧船夾帶私鹽例議處。以上各條，俱係稽查禁止之法，期於杜偷漏之根源，絶轉運之徑竇，庶私藏私販之弊可以漸次屏除矣。臣不揣愚陋，備悉置議，如臣言可採，容臣會同督臣田文鏡合疏具題，爲此繕摺具奏。伏祈皇上聖鑒，批示遵行。臣謹奏。

雍正玖年拾貳月貳拾壹日具。

「國立」故宫博物院《宫中檔雍正朝奏摺》第十九輯廣西巡撫金鉷《奏報採煉硝磺以備營用摺》　廣西巡撫革職留任臣金鉷謹奏爲奏聞採煉過磺礦以備營用以節帑項事。竊照火藥爲營伍之先資，硫磺有奉禁之嚴例。邊地需用既多，一時購買維艱，粤西界近安南山多礦竇，應有出產硫磺之處，臣先經密查，知有鎮安府屬衛村剥噲塘之黄泥坡，可以挖採煎煉，因飭該管之知府與同城之武員監同開挖，煎煉試驗出磺之多寡，確算需費之工本，可備各營緩急之需，兼杜苗民私挖之弊，業經飭行。去後，嗣准部咨，令各省督撫提鎮酌量每年應用火藥之數分别預備。臣咨商督臣鄂爾泰、提臣張溥，以廣西地極潮濕，量備二年，亦可足用。伏查通省預備二年火藥，需用硫磺四萬五千餘觔，臣思本省既有可採煉之礦磺，應即以供預備之火藥，因委鎮安府知府孔傳堂在司庫支領工本銀兩，監督採煉，按月據實造報。臣細加查核，春夏雨多，採獲有限，秋冬晴燥，人力易施，每月辦獲净磺自一二千觔至六七千觔不等，計所費工本，每净磺一百觔，約用銀三兩有零，較之報部定價每一百觔可節省銀十兩有零。臣將辦獲磺觔，咨明提臣行令各標協營陸續赴領，於雍正九年十二月内，已足二年所用四萬五千餘觔之數，約共節省銀五千餘兩。臣已飭該府將磺礦即行封禁，並實力稽查，以防私挖等弊。除另行造册咨部外，所有先經採煉今已足用緣由理合奏聞，再照本省各營。嗣後每年常用磺觔，應令呈明提鎮移咨到臣，聽其自備工本前往開採足數，仍令該管官嚴行封禁。其隣省營伍需用磺觔，可否亦聽其自備工本，註定觔數，移咨到臣，轉飭該管官監同開採。如有射利之徒乘機夾帶及該管官稽查不力，有私挖偷賣等弊，察出即行題參，庶各營可省購買之艱難，而邊地可資緩急之實用矣。但臣未敢擅便，伏乞皇上睿鑒，勅部議行。謹奏。

雍正十年正月十二日。

「國立」故宫博物院《宫中檔雍正朝奏摺》第十九輯福州將軍陸路提督阿爾賽《奏報軍營買置火藥鉛彈摺》　福州將軍署理陸路提督印務臣阿爾賽謹奏爲覆奏事。竊照臣軍標雍正七八兩年節省馬價銀兩，經臣於九年正月二十四日奏請視九年馬匹安穩，臣即動買藥鉛，仍將置備銀數奏聞等因在案，奉御批，是臣隨飭行協領彭珠等查明各旗營鎗砲每百出需用藥鉛確數，分别原貯藥鉛通計估報去後，先據覆稱，四旗兩營共鳥鎗二千一百零一桿，每鎗百出用火藥一觔八兩，鉛子一百個。子母砲六尊，每砲百出，用火藥十二觔八兩，鉛彈一百個。發貢砲八尊，每砲百出，用火藥一百二十五觔，鐵彈一百個。威遠砲十六尊，每砲百出，用火藥六十二觔八兩，鐵彈一百個。通計每鎗砲各一百出，除原貯火藥鉛子鉛彈外，尚應買製火藥三千五百二十六觔八兩，製造鐵彈重三千二百觔，鉛子二千零四十五觔，并修庫及製造藥鉛雜項，共應用銀三百五十五兩九錢零，等因前來。臣查福省九年分仰賴皇上鴻庇，倒斃馬匹不多，復照數發銀，飭行協領彭珠等備辦。兹於九年十二月二十六日續據報稱，遵檄四旗兩營每鎗砲各一百出，應買置火藥、鐵彈、鉛子俱已照數製造，現於十二月初二日貯庫訖，合將買置藥鉛等項以及用過銀數造具細數清册呈送察核，等因到臣。臣覆核無異，除批飭加謹收貯，仍不時看驗，如有潮潤，立即呈請借給兵丁，令其陸續還項册存案外，臣查七八兩年節省銀一千九百一十八兩六錢零，九年節省銀八百七十一兩七錢零，二共銀二千七百九十兩三錢零。今買製藥鉛等項用銀三百五十五兩九錢零，實存銀二千四百三十四兩四錢零。臣查軍標兩營兵丁盔甲舊敝，難壯軍容，現在飭令中軍蕭生岱查辦，俟查辦到日，其動用銀數另行繕摺奏報。所有動買藥鉛及置備銀數理合繕摺，並將原摺一同奏繳。伏乞皇上睿鑒，謹奏。

壹千名其餘存營兵丁實在不敷應差可否照豫省南北兩鎮之例增募守兵伍百名分撥緊要營汛與現在存營之兵一體操演務使技藝純熟以供差防之用于營伍不無裨益臣不揣冒昧據實奏請伏乞皇上睿鑒批示施行爲此謹奏

雍正拾年貳月拾陸日河東總督臣田文鏡

「國立」故宫博物院《宫中檔雍正朝奏摺》第十九輯河東總督田文鏡《奏陳嚴禁硝磺販賣事摺》 河東總督臣田文鏡謹奏爲會同酌議覆奏仰祈睿鑒事。雍正拾年正月拾肆日，准山東撫臣岳濬抄送查禁硝磺奏摺壹扣，雍正拾年正月初壹日，奉皇上硃批：與田文鏡詳細商酌妥協，意見相同再行題奏。等因到臣，欽此臣伏思硝磺例有嚴禁，固當加謹查拏，以杜私相藏販。臣於河東兩省屢加嚴飭，各屬實心訪察禁約。無如地方遼闊，各州縣遵行不力，仍有私藏私販情弊。雍正玖年陸月初伍日，撫臣岳濬奉有留心稽察嚴行禁止之法之上諭，是以奏請定例設法稽查。奉旨，與臣詳細商酌妥協，臣敢不悉心籌度，以求萬全。臣查硝磺貳項，而硫磺更爲緊要。除東省素不産磺，應照撫臣岳濬條奏請，皇上勅下山西撫臣確議具奏毋庸酌議外，東省所産焰硝，不過小民刮土煎成，必候至數日方得淘煎，壹次少則貳叁拾斤，多則肆伍拾斤，在民間自行隨處售賣。若積聚成多，即不敢公行售賣，尚難叢弊，是以向無例禁。例載内地私販焰硝壹百斤以上者問罪等語，必至壹百斤以上而後問罪，蓋惡其囤收而私販也。今撫臣岳濬條奏請將産硝州縣設立硝行，凡煎硝之家俱赴行發賣，無論官採民買，俱由行家經手，不許私相授受等語，是官爲立一硝行，即官爲立一囤户也。充當牙行之人，素係市井狡獪，殷實老成者少，貪利罔法者多，必至當官囤販，假公濟私，更難查察。如云官給循環朔望繳換，亦不過填報官收官賣之數，其囤販私硝，豈肯入簿，何從稽查，終屬無益。再差役巡查，必多賄縱，並許各行家訪察報官拏，究更滋擾害，此皆紛紜繁瑣之事，並非盡善無弊之法。臣以硝斤壹項只宜散之民間，不宜聚之一處。散則硝少，即玩法之奸徒，難於囤收。聚則硝多，彼官立之行家即能作弊。惟飭令地方官弁嚴行查拏藏硝之囤户，則私硝不聚而私販自少矣。又撫臣岳濬條奏産硝地方，請定查驗稱掣之例。伏查定例，凡販賣硝磺者，俱令呈明出産地方，取領府州縣印票，經過府州縣關津隘口，將印票呈明各官，填註驗訖字樣，用關防印記放行等語，此指賣硝者而言也。又查定例，各省督撫於屬員申請買硝之時，於批内註定限期，倘有違限，官役參究，併令於府州佐貳官員内遴選委辦，仍將辦硝數目以及起程日期并運回日期聲明報部查核等語，此指買硝者而言也。又雍正玖年准江南督臣高其倬咨會各撫提鎮所買藥硝及匠舖所用硝斤俱有定額等因亦在案則，凡賣硝買硝，均有定例，均有限期斤數，起程回運均有日期，往返經由則又有沿途鈔關查驗放行，事竣又經聲明報部查核，豈容額外多帶，俱應請仍各照定例遵行。其各省來東買硝已經止令遴委府州佐貳舖户人等業已停止領批採辦止須行令出産之地方官一俟委官到境查明批填硝數按照買足立催起程，止將買足起程日期報明本省督撫，知會前途關隘驗掣放行。買硝之督撫提鎮照批查收報部已不能於別處寄頓窩藏夾帶影射，似毋庸再令出産之地方官稱掣經過之州縣驗放，以致繁瑣稽遲，致滋藉口。倘一州一縣買不足數，應如撫臣岳濬所請，先將現買數目於批内填註鈐印，另指定産硝州縣，由先到之地方官移文關送彼處，辦買完日一體具報。其本省銀匠藥舖人等需用之硝，每次不得過拾斤，令其呈明地方官批限，叁日内即于本境市集買完繳批查銷。如過叁日，即不准買。倘有逾限多買者，即以私囤論罪。其民人無用硝之處，一槩不准收買，以杜私囤之弊。至於查捕之處，應如撫臣岳濬所請，晉省之私磺與東省之私硝，皆於出産處所畫一嚴禁，仍飭水陸各路州縣營汛選差兵役不時巡查，併諭令埠頭坊店，凡遇往來車馱，留心稽察，探係私硝私磺，立拏稟究，照硝磺價值給賞。再東省漕河每年回空糧船，運丁水手偷買硝磺，夾帶南下，多由於沿河鎮集村莊奸徒預爲收囤。如江省之私鹽，亦有風客爲之交通，俟糧船到時，暗地運送入船。應如撫臣岳濬所奏，值糧船將過之時，預于晉省私磺入境之處，飭令地方官弁分路巡查，竭力防範。而本省之焰硝，亦多方稽察，不許偷販河干。臣查糧船夾帶私鹽定例，總漕分派漕標營副參遊擊貳員，一在德州桑園鎮協同德州衛守備搜查，一在揚州儀正協同揚儀營汛併地方官搜查。又雍正肆年定例，更於瓜洲江口派委瓜洲營協同廳員搜查，至仍有私鹽事發，遵照定例，究明買何場竈，是何月日，在於何處裝運上船，即將該管各官失察職名題參。等因。在案。臣請將糧船夾帶私硝，一併責令原派搜查私鹽之文武各官帶查，如查出私硝，亦請照私鹽定例，究明買何鎮集，是何月日在於何處裝運上船，查參失察文武職名，則水陸並嚴，糧船夾帶私硝之弊自必斂跡。似毋庸著令催儹員弁督同兵役挨船訪察，致滋借故逗遛，遲悞到次修艌日期。并可免於與囤硝販硝之人私相交易。至於内地私販硝磺作何治罪之處，若將内地私賣硫磺伍拾斤，焰硝壹百斤以下者，遽照廢鐵出邊滿徒未免過重，且統言伍拾斤壹百斤以下，則壹貳斤者，並無分別，亦當照此治罪矣，必致無人敢於煎賣，似屬難行。應請仍照定例，硫磺伍拾斤，焰硝壹百斤以上者問罪，照犯無引私鹽律杖壹百徒叁年，窩藏之家及知情賣與興販之人者俱與犯人同罪，鄉地保甲鄰佑知情不首者杖壹百，受贓者計贓以枉法從重論，不知情者杖捌拾。餘應如撫臣岳濬所請，如有私自囤積未曾興販者，照寄囤私鹽律，杖玖拾徒貳年半。如囤積之家賣與私販之人者，亦照私販例治罪。鄉地保甲鄰佑首報拏獲者，除免罪外，仍照硝磺價值賞給，將硝磺留充營伍公用。再查定例內開腹內地方私販硝磺，其出産地方印捕各官不曾察出者，各降壹級留任。不行查拏經過地方印捕各官罰俸壹年等語，但文武均有巡查之責，私販硫磺伍拾斤，焰硝壹百斤以上，事發武職專汛亦當與文職一例處分。再糧船夾帶硝磺，押運官弁不行查出，別經發覺，將押運官弁照糧船夾帶私鹽例議處。以上各條，庶於稽查禁止之法不致繁瑣，亦不致遺漏，而私藏私販之徒稍知屏跡。河南亦有産硝地方，臣請一例嚴禁。經臣詳晰寄字與撫臣岳濬密商，據覆亦無異詞，令臣主稿會題。臣敬查硃批諭旨，意見相同再行題奏。今於撫臣原奏尚有酌易互異之處，理合仍行具摺奏請。伏乞皇上睿鑒，批示遵行。爲此謹奏。

雍正拾年貳月拾陸日河東總督臣田文鏡。

「國立」故宫博物院《宫中檔雍正朝奏摺》第二十輯廣東布政使甘汝來《奏請禁止私運硫磺摺》 署廣東布政使司布政使臣甘汝來謹奏爲慎嚴硫磺重禁仰祈睿鑒事。竊照硫磺關係軍需，例禁綦嚴，邊海重地，逼近番彝，尤當慎密，毋少疎漏。廣東向有原任貴州撫臣金世揚抵帑水硍二千七百擔發粤變價，尚餘未賣水硍一百三十一擔，貯粤日久，從前任事諸臣慮恐一時不能變賣，遂將前項水硍向彝商榮貽觀易換硫磺八百擔，計重九萬三千二百七十四觔，原議以水硍得彝商銷售所換磺觔貯存省會，令各標營伍及省會南海縣佛山一切藤帽顔料行匠等舖店交銀收買，使之易於變價，歸回帑項，誠屬兩便。但臣自到粤以來稽查前項硫磺自本年三月起至七月底，通省各營止買運一千二百餘觔，而南海一縣之行匠舖店買運至一萬三千觔之多。又稽查前項硫磺原貯廣州府庫，舊例凡行匠店舖需用硫磺買運，由南海縣徑詳布政司，即由布政司衙門發給運磺印文牌照，註明沿途關津不得留難阻滯字様，直判直行，從無經由督撫衙門，亦從不用詳請督撫，由督撫發給照票放行之例。是廣東當日以水硍易磺，而以磺變賣銷售之處，雖爲急於抵帑起見，而立法似猶未爲允協。臣伏思邊海硫磺，原不應多散諸民間。至各行匠開張顔料藤帽等舖，止係工匠粉飾薰洗器物之具，一歲所需硫磺通計不過數百觔可以足用，即倍而多之，亦不過千觔，再多至二三千觔爲止。今南海一縣顔料等舖所買硫磺未及半載，即已買運過一萬三千觔，若以此計算，則歲需硫磺三萬餘觔，民間顔料等舖何至用硫磺如許之多，似不便過爲濫應，以啓奸徒販運通私之弊。且硫磺一項，向有奸徒販私，原屬偷運竊行，尚多顧忌，乃自有此磺可以交價得票，不無借官票千觔之磺，夾帶數千觔之私磺恣行運賣，是官是私盤察甚難。查營伍舊例，配製火藥每硝萬觔，止須配磺一千觔，是萬觔之磺，便可配火藥十萬觔。邊海重地，以軍禁之物，而多多散賣民間至數萬觔已屬不便，設若更有透運沿海奸匪，關係匪輕。況歷由布政司衙門徑行印給運磺照票，不由逐案詳請督撫衙門票行，則事非文武節制統綱，沿途關津盤詰，亦未必甚力，夾帶誠恐更多。臣因慎重籌思，竊以爲廣東此項抵帑硫磺，既有本省各標營歲需配製火藥之用，再加咨行鄰省之福建、江西等各標營差員來粤買運，則一二年之内已足變價，補帑甚易，其南海縣之顔料藤帽等舖店承票買銷之處，現在已買運過多，似可槩行停止。嗣後凡舖店工匠應需磺觔粉造器具者，查照各銀匠買硝之例，覈定觔兩數不過二千觔准其買運，以便民用，不得多行濫給。至買運磺觔所有印文照票，查係通飭沿途關津隘口盤驗有無夾帶字様，應請照各省通例，均由督撫臣發給照票放行。其從前由布政司衙門發給照票之處，似應亦行停止。如此則政有統綱，海邦重禁之物愈加嚴慎，而變價抵帑之項仍不致久懸矣。臣於此事業經請商督撫臣現在酌覈尚未有定議，但事關地方舊例，臣本愚昧，誠恐臣所見未當，理合恭摺具奏請旨。伏乞皇上聖訓指示，以便遵行。臣謹奏。

雍正十年九月初三日。

尹會一《健餘奏議》卷二《河南上疏壹・運硝便民疏》 都察院左僉都御史署理河南巡撫臣尹會一謹奏爲酌請通商運硝以裨民生以杜私販事。乾隆二年二月初八日，准工部咨開，總理事務和碩莊親王等議奏，請除商收硝斤一案，以豫省開歸陳汝四府濱河斥鹵之地，不生五穀，出産硝斤，貧民藉以煎熬，易米度日，向有硝行收買，以備採辦解部及隣省購買之用。原督臣王士俊請歸鹽商收買，利歸商人，累貽百姓，行令河南撫臣，仍聽民間設立行户，自相交易，其隣省需用，應聽賫批赴買，仍嚴飭留心籍查，不許私販出境等因。奉硃批依議，欽此。欽遵在案。臣查豫省硝斤歸商收賣，實爲小民隱累，自蒙恩允仍聽民間交易以來，殊於貧民有益。臣細察民情，竊欲推廣皇仁，酌量變通行運，以杜私販之源，不揣冒昧，敬陳聖聽。查貧民原係逐日煎熬，隨時售賣以資糊口。而本省奉部採買，乃偶然之事，隣省又係約計應用數目彙齊，委員購買，當其辦買之時，數至累萬之多，一時不易足額，及至買畢之後，則又硝多無從發賣，向來雖有硝行收買，貲本原屬無多，非能常川收積，本完貨足，即截然不受，更有晒知委員已去，度其爲時尚早，恐積久虧折，搆勒不收，貧民因而生計難資，此産硝地方之情形也。硝斤一項，營中合製火藥而外，各處銀匠、藥舖需用甚廣，隣省委員購買，盤費水脚計算，硝價過重，匠舖向官買用，其費更多，兼之隣省硝局多在省城，一省之内地廣路遠，焉能盡赴硝局，悉費重價買用，價昂則利倍，利倍則私販者自多，此隣省之大概也。本地之硝行既不能常川多收，煎硝之貧民又不能枵腹緩待，於是貧民利私販之濟急，私販利貧民之暗售，而隣省匠舖又利私販之價賤。即收硝行，户亦因官買無期，潛結私販，故販硝之禁嚴，而私販愈不能除，猶之從前銅禁愈嚴，而銷燬制錢者愈多，其勢然也。臣愚以爲，硝斤雖可合製火藥，但非硫磺不能成造，而舖户之用硝既廣且多，利之所在，法固難止。況江浙湖廣等處均屬内地，又與邊境不同，嗣後應請酌量變通，所有産硝地方收硝行客，欲運往某處售賣者，聽其禀明州縣，官將硝斤數目，運往處所，關會彼處地方官員，并給與印照，以備沿途查驗，按其程途，計其往返，定限繳銷。彼處地方官，仍將運到日關覆備案。如無文照，即以私販論罪，若州縣官吏藉端需索，察出參究。如此則收硝行客既得持照行運，即可陸續收買，貧民不致阻抑生計，暗售私販而隣省地方硝斤通行，無奇可居，私販將不禁而自除矣。營伍合製火藥，即可就近買用，無須隔省遠購，多費價直，兵丁亦屬有益，各省又免委員之繁，省無益之費。其邊境沿海地方，仍照常查禁，毋許運往。此臣昏昧之見，是否可採，伏乞皇上睿鑒施行。謹奏。乾隆二年六月十八日奉硃批：總理事務王大臣會同該部議奏。欽此。

查慎行《人海記》卷上《各省貢茶》 各省歲貢芽茶，共四千二十二斤。内江南宜興縣百斤，六安州三百斤，廣德州七十二斤，建平縣二十五斤，浙江長興縣三十五斤，即岕茶，納南京。嵊縣十八斤，會稽三十斤，永嘉十斤，臨安二十斤，富陽二十斤，龍游等縣共二十斤，慈溪二百六十斤，宋置茶局進貢，元明因之。麗水二十斤，金華十二斤，臨海等縣共十五斤，建德五斤，淳安五斤，遂安、壽昌二縣共六斤，桐廬二斤，分水一斤，江西南昌府七十五斤，南康府二十五斤，贛州府十一斤，袁州府十八斤，臨江府四十七斤，九江府百二十斤，瑞州府三十斤，建昌府二十三斤，撫州府二十四斤，吉安府十八斤，廣信府二十二斤，饒州府二十七斤，南安府南康縣十斤，湖廣武昌府六十斤，岳州府湘陰縣六十斤，寶慶府邵陽縣二十斤，武岡州二十四斤，新化縣十八斤，長沙府安化縣二十二斤，寧鄉縣二十斤，益陽縣二十斤，福建建寧府建安縣一千三百六十斤：内探春二十一斤，先春六百四十三斤，次春二百六十三斤，紫筍二百二十七斤，薦新二百一斤；崇安縣九百四十一斤：内探春三十三斤，先春三百八十斤，次春一百五十斤，薦新四百二十八斤。淮南宋時蘇州茶額六千五百斤。元無額。明納錢三百十九萬三千有奇。成化三年，南户部奏准供用庫歲用芽茶：坐派池州府三千斤，徽州府三千斤；茶葉：徽州府三千斤，蘇州府三千斤，滁州府三百斤，徐州二百斤，和州三百斤，廣德州三百斤。四川茶園，十株取一，徵茶二兩。茶四十斤，易蕃馬一匹。李文忠以茶五十餘萬斤，易馬一萬三千五十八匹。今茶課：本色十五萬八千八百五十九斤，係石泉、建始、長寧等縣，並建昌、天全、烏蒙、鎮雄、永寧九姓土司辦納。陝西茶課：今五萬一千三百八十四斤，係興安、紫陽、石泉、漢陰、西鄉歲辦。宋元時貢芽茶，以建安爲上。明朝不貢閩茶，即貢亦備宫中浣濯甌盞之用。貢使率齎銀抵京買納。間有采辦，亦取諸延平，非武彝也。延平人呼製茶者曰碧豎。

明亮、納蘇泰等《欽定中樞政考》卷二《稽察鐵鍋出洋》 雍正九年十二月内奉上諭：「據廣東布政使楊永斌奏稱：『鐵器一項，所關甚重，不許出境貨賣，律有明禁。乃粤東地方，出境鐵鍋，凡洋船貨賣，歷年並未禁止。臣到任後，檢查案册，見雍正七、八、九年，造報夷船出口册内，每船所買鐵鍋，少者自一百連至二、三百連不等，多者買至五百連并有至一千連者。查鐵鍋一連大者二個，小者四、五、六個不等，每連約重二十斤不等，百連約重二千餘斤，如一船帶至五百連，約重一萬斤，帶至一千連，約重二萬斤計算，每年出洋之鐵，爲數甚多，誠有關繫。臣請嗣後此項鐵鍋，應照廢鐵之例，一體嚴禁。無論漢、夷船隻，概不許貨賣出洋。違者，該商船户人等，即照綑載廢鐵出洋之例治罪，官役通同徇縱，亦照徇縱廢鐵例議處。凡遇洋船出口，仍交與海關監督，一體稽察。至於商船每日煮食之鍋，仍照舊置用，官役不得藉端勒索滋擾。如此則外洋之鐵，不致日積日多，於防奸杜弊之道似有裨益。至煮食器具，銅鍋、沙鍋，俱屬可用，非必盡需鐵鍋，亦無不便外夷之處，於朝廷柔懷遠人之德，意原無違礙。』等語。鐵斤不許出洋，例有明禁，而廣東夷船每年收買鐵鍋甚多，則與出洋之功令不符矣。楊永斌所奏甚是，嗣後稽察禁止，及官員處分、商人船户治罪之處，悉照楊永斌所請行。倘地方官弁視爲具文，奉行不力，經朕訪出或別經發覺，定行從重議處。粵東既行查禁，則他省洋船出口之處，亦當一體遵行。著該部通行曉諭，永著爲例，特諭，欽此。」

姚元之《竹葉亭雜記》卷二 各關征税，國初定有正額。後貨盛商多，遂有贏餘，而司榷者競苛取以求勝，於是贏餘一項，更有比較上三屆最多年分之例。見好者固日漸加增，缺數者亦時多賠累。上洞悉其弊，嘉慶己未三月分别核減，著爲定額。其三年比較之例永停。而是年有德御史新以山海關減數較每年所解少至二萬五千餘兩，請再增二萬兩，其餘仿此酌增。上擲還原折，切諭其非。然自減後，九江關猶虧缺二十六萬餘兩。任觀察蘭佑革任。後其任者遂於木料過時多報其數，厚征以補其缺。國家之税量貨而征，加則不可，於是以少爲多，商雖怨而無如之何。余過九江關，船户言此船向報税銀五兩，今當七兩有餘。蓋本一丈者量爲一丈數尺，以此取盈焉。

嘉慶四年核減工關贏餘數目：

辰關三千八百兩　武元城二兩

臨清關三千八百兩　宿遷關七千八百兩

蕪湖關四萬七千兩　龍江關五萬五千兩

荆關一萬三千兩　通永道三千九百兩

渝關、由閘關、南新關、潘桃口、潘家口、古北口、殺虎口，以上木税，正額之外向無盈餘。

嘉慶四年核減户關贏餘數目：

太平關七萬五千五百兩額税四萬六千八百二十九兩零

粵海關八十五萬五千五百兩

九江關三十六萬七千兩

淮安關十三萬一千兩

海關廟灣口三千八百四十兩

閩海關一十一萬三千兩

蕪湖關十二萬兩

揚州關七萬一千兩

滸墅關二十五萬兩

西新關八萬八千兩

鳳陽關一萬七千兩

江海關四萬二千兩

贛關三萬八千兩

北新關六萬五千兩額税銀十萬七千六百六十九兩

浙海關四萬四千兩

天津關二萬兩

臨清關一萬一千兩

坐糧廳六千兩

崇文門盈餘十七萬三千二百兩

左翼盈餘一萬八千兩

右翼盈餘七千三百二十兩

夔關十一萬兩

武昌關一萬二千兩

歸化城一千六百兩

梧州廠七千五百兩

潯州廠五千二百兩

打箭爐向無例額，照例盡收盡解。

山海關四萬九千四百八十七兩零

殺虎口一萬五千四百一十四兩零

張家口四萬五百六十一兩零

乾隆朝江南地方黄河漫口次數：

乾隆七年七月銅山縣石林口等處漫口，本年十二月合龍。

乾隆十年七月阜寧縣陳家浦漫口，本年十月合龍。

乾隆十五年六月清河縣豆班集漫口，本年七月合龍。

乾隆十八年八月張家馬路漫口，本年十二月合龍。

乾隆十九年八月孫家集漫口，二十一年十月合龍。

乾隆三十一年八月韓家堂漫口，本年十月合龍。

乾隆三十八年八月陳家道口漫口，本年十月合龍。

乾隆三十九年八月老壩口漫口，本年九月合龍。

乾隆四十五年六月睢寧縣郭家渡漫口，本年九月合龍。

乾隆四十六年六月魏家莊漫口，本年八月合龍。

乾隆五十一年七月李家莊等處漫口，本年十月合龍。

河南地方黃河漫口次數：

乾隆十六年六月陽武十三堡漫口，十七年正月合龍。

乾隆二十六年七月楊橋等處漫口，本年十一月合龍。

乾隆四十三年七月儀封等處漫口，四十五年二月合龍。

乾隆四十五年七月考城五堡、芝麻莊等處漫口，本年八月合龍。

乾隆四十五年七月張家油房漫口，本年十二月合龍。

乾隆四十六年七月焦橋漫口，本年本月合龍。

乾隆四十六年七月青龍崗漫口，四十八年三月合龍。

乾隆四十九年八月睢州漫口，本年十一月合龍。

乾隆五十二年六月睢州十三堡漫口，本年十月合龍。

《（同治）上海縣志》卷一《疆域・鎮市》 縣之東，舊載鎮、市凡八，今增者七：塘橋鎮（縣東南五里），洋涇市（縣東十里），楊師橋市（縣東南十四里），三林塘鎮（縣東南十八里，昔有大姓林居此，距東三里有東塘，今已寥落），李家宅市（縣東十六里），新木橋市（縣東十八里），永寧橋市（俗呼南張家樓，近年始成市），楊家弄市（縣東二十里），東溝市（縣東二十二里），陸家行市（縣東二十四里），高行市（縣東北三十里，分南行、中行、北行，南行屬川沙，中行與川沙接境；明時有奚家行者在市東，今廢），高橋鎮（縣東北三十六里，北半屬寶山），塘口市（縣東南三十六里，爲周浦塘出口，與南匯接鏡），橋頭市（塘口東三里，即裕伯趙橋），陳家行鎮（橋頭市東三里）。

縣之西，舊載鎮、市凡六，今增者一：法華鎮（縣西十二里，以法華寺名，吴淞巡檢司駐此），徐家匯市（法華南三里，徐文定公墓在焉，其裔多居此，近年始成市），虹橋市（縣西南二十里），北新涇市（縣西二十一里），杠柵橋市（縣西北二十二里），華漕市（縣西三十里），諸翟鎮（縣西四十里，其西屬青浦、嘉定，以二姓得名，一名紫隄，有嘉定、諸翟巡檢司駐此）。

縣之南，舊載鎮、市凡十四，今增者二：龍華鎮（縣西南十四里，以龍華古刹得名），漕河涇鎮（縣西南十八里），張家塘市（縣西南二十二里），梅家弄市（張家塘西二里），朱家行市（縣西南二十四里，西半屬華亭），長橋市（縣西南二十四里，南半屬華亭），華涇市（縣西南二十七里），曹家行市（縣西南三十四里，明副使曹閔宅在焉，故名），塘灣市（縣西南四十里，以俞塘之灣得名），顓橋市（縣西南四十四里，西半屬華亭），北橋鎮（縣西南四十八里，以古鶴鳴橋得名），馬橋鎮（縣西南五十四里），閔行鎮（縣西南陸路六十三里，水路七十二里，以姓得名，《明史・張經傳》作閔港，亦名敏航，南枕黃浦，橫瀝貫之，正德間大水，橫瀝、沙竹二岡獨稔，灾鄉多從貿易，鎮始知名；倭寇時，嘗屯兵爲府城，捍衛稱要地，黃浦巡檢司駐此），吴會鎮（縣西南七十二里，顔《志》云本名吴匯，後人取指「吴會於雲間」語，易今名，元置鄒城巡檢，今廢，有塔廟，即净土寺也，宋置酒庫於此，地中往往得缾礫，今已亡，鎮亦僅數户），荷巷橋市（縣西南八十里，西半屬華亭），語兒涇橋市（鎮西南七十八里，俗呼中渡橋）。

縣之北，舊載鎮、市凡三，今增者四：老牌市（城北三里），新牌市（城西北五里），静安寺市（縣西北八里，近年始成市），內外虹口市（縣東北五里，道光間漸成市，多聚客民，易藏奸宄），虹安鎮（縣東北九里，今已寥落），引翔港市（縣東北二十里，舊《志》稱近海口警防要地，實則去吴淞口尚有十六里），沈家行市（引翔港市東北九里，東接寶山縣境）。

附舊鎮、市：烏泥涇鎮（在縣西南二十六里，亦名賓賢里，宋季張百五居之，富甲一鄉。元至元間，張瑄以海運貴顯，治第於此，後又有張、有錢居之，繁富盛於他鎮。元於此置巡司及太平倉、蘆子税課局。明洪武間仍置，税課局尋廢，嘉靖間，倭寇焚掠無遺，今惟存張氏宅後廳鶯橋，其南俗呼關上），梅源市（在縣西北三十六里，俗名王庵），鶴坡市（在縣治南）。

震鈞《天咫偶聞》卷七《外城西》 光緒初，京師有陳寅生之刻銅，周樂元之畫鼻煙壺，均稱絶技。陳之刻銅，用刀如筆。入銅極深，而底如仰瓦。所刻墨盒、鎮紙之屬，每件需潤資數金。周之煙壺畫，於玻璃之裏面，山水、花果仿名人卷册，極棘猴貫蝨之巧。周年不永，一生所畫不及百枚。殊未幾，一枚已直數十金。

自國初罷鐙市，而歲朝之游攸集於廠甸。其地在玻璃廠之中，窑廠大門外，百貨競陳，香車櫛比。自初二日至十六日，凡半月。午前遊人已集，而勾闌中人輒於此炫客，必竟日始歸。蕩子輩絡驛車前，至夾轂問君家，亦所弗禁。門東有吕祖祠，燒香者尤衆。晚歸必於車畔插相生紙蜨，以及串鼓，或連至二三十枚。或以山查穿爲糖壺盧，亦數十，以爲游幟。明日往，又如之。

近來廠肆之習，凡物之時愈近者，直愈昂。如四王吴惲之畫，每幅直皆三五百金，卷册有至千金者。古人惟元四家尚有此直，若明之文、沈、仇、唐，每幀數十金，卷册百餘金。宋之馬、夏視此，董、巨稍昂，亦僅視四王而已。書則最貴成邸及張天瓶，一聯三四十金，一幀踰百金，卷册屏條倍之。劉文清、王夢樓少次，翁蘇齋、鐵梅菴又少次，陳玉方、李春湖、何子貞又次，陳香泉、汪退谷、何義門、姜西溟貴於南而賤於北。宋之四家最昂，然亦僅倍成邸，松雪次之，思白正書次之，然亦不及成、張。行書則不及劉、王。若衡山、希哲、履吉、覺斯等，諸自鄶此，皆時下賞鑒，而賈人隨之。至於瓷器，康熙十倍宣、成，雍、乾又倍康熙，而道光之「慎德堂」一瓶，至數百金。又有「古月軒」一種，以料石爲胎，畫折枝花卉，絶無巨者。瓶高三寸，索直五百金，真瓷妖矣。因憶「野獲編」云：玩好之物，以古爲貴。惟本朝則不然，永樂之剔紅、宣德之銅、成化之窑，其價遂與古敵。蓋北宋以雕漆名，今已不可多得。而三代尊彝法物，又日少一日。五代迄宋，所謂柴、汝、官、哥、定諸窑，尤脆易損。故以近出者當之。又云：沈、唐之畫，上等荆、關。文、祝之書，上參蘇、米。則明人已有此風，然不過方駕古人耳。未如今之超乘而上也。

廠肆之習，尋常之物，有數人出價則其直頓增。往往有數人争購一物，終不能得，别有好事者出重價得之。亦有衆人共争，賈人居奇不售，遂終不售者。亦有買者明知不直，而故增其聲價，以博具眼者。大抵士夫與賈人中分其權，而互爲勝負。

京師士夫好藏金石，舊本日貴。看法亦各有訣，如某碑以某字完爲某時拓，某帖以某處不斷爲最初本，價之軒輊因之。然黠賈亦即因而作僞，大抵此事須以神遇，未可存舟劍之見也。

《蘇州商會檔案叢編》第一輯《**農工商部勸令仿照湖北機織麻貨札**光緒三十二年十月初七日》　農工商部爲札行事。

案准税務大臣咨稱，本處會同户部核議湖北機制麻貨案，於光緒三十二年九月二十日具奏，奉旨：依議。欽此。欽遵。相應刷印原奏，恭録諭旨，咨行到部。查税務大臣原奏内開，湖廣總督張之洞，考求制麻，招商興辦，據稱已著成效。洵足振興大利，杜塞漏巵，至請飭各省酌仿湖北辦法，再行考究東西洋新式設立局廠，廣爲製造。自系爲便民興利起見，應俟奏旨後咨行商部，通咨各省遵照辦理，等語。

查麻制各貨，爲民服用大宗，中國各省皆有，惟制法粗疏，未盡其用。今湖北用機器織造，既已卓著成效，各省自應仿照辦理，化粗爲精，化賤爲貴，於農工生計，裨益實非淺鮮。相應鈔録原奏，札行該商會查照，無論官商，如願仿照辦理，即逕向鄂省查取章程，迅籌開辦，以廣利源，并報明本部備案可也。此札。

右札蘇州商務總會總、協理尤先甲、倪思九准此

附：税務處會同户部具奏（光緒三十二年九月二十日）

奏爲核覆湖北機制麻貨請免税釐，應仍查照向章辦理，以重税項，恭折仰祈聖鑒事。

内閣鈔出湖廣總督張之洞奏湖北機器制麻局製造有效，援案請暫免税釐一折。光緒三十二年七月二十日奉硃批：該部知道。欽此欽遵。據原奏内稱：麻之爲物，中國各省皆有之，惟種類略有區别，而製法粗疏，未盡其用。臣到鄂以來，思爲製麻之策，考求多年，籌撥外銷公款，配合機器，建造廠屋，漸次試辦。光緒二十八年招商承租，仍委監司大員督飭製造，循序講求，日有進境。近日該局所織緞紗并各色麻布，均系質地白細，染色鮮明。擬援照上海阜豐麵粉公司一案，所有機器麵粉各廠一律准其暫免税釐之例，請將該局運銷麻貨，暫免完納税釐，以紓商力，而廣銷路等語。

查麻制各貨爲民生服用大宗，該督臣於湖北招商興辦，於漚浸洗涑之法，繅絲染色之宜，逐加考究。現在所出之貨，據稱已著成效，洵足振興大利，杜塞漏巵。惟原奏擬請援照阜豐麵粉公司成案，暫免税釐一節，查阜豐公司一案，前外務部以各國麵粉進口免税載在税則，而華商所製麵粉轉不能免，似華商未免向隅，是以於該公司機制麵粉核准免税在案。至麻類進口向系納税，與各國麵粉進口之概准免税者不同，此項機制麻貨，未便援阜豐麵粉公司辦法以爲比例。且湖北織布局亦經奏明遵章納税。制麻與織布情事相等，自應一律辦理。所有該省機制麻貨應請飭下該督臣轉飭該局仍照向章機器製造各貨辦法，於運銷出口時完納正税一道後，沿途概免重征，以重税課，而昭劃一。

至該督臣原奏内請飭各省酌仿湖北辦法，再行考究東西洋新式設立局廠，廣爲製造，自系爲便民起見，應俟奉旨後，由臣等咨行商部，通咨各省遵照辦理。所有核覆湖北機器製造麻局請免税釐緣由，謹恭折具陳，伏乞皇太后、皇上聖鑒。

再，此折係税務處主稿，會同户部辦理，合併聲明。謹奏。

《天津商會檔案彙編》上《**奏辦北洋織絨硝皮廠設立批發處廣告**光緒三十二年三月二日》　本廠自蒙北洋大臣袁宫保奏辦以來，自硝牛羊各皮，純熟堅固，製造

軍裝，各式皮件、靴鞋、馬車套馬鞍等物，業蒙中外官商各國軍隊購辦合用。唯本廠在天津河北賈家大橋東首，進出道路不便，中外官商專向本廠定貨，不易招尋。是以本廠現在添設批發處一所，開設在天津金華橋北大胡同路西第十號樓房，門市零售貨物俱全，躉數定貨訂期不誤，如蒙官商賜顧，請至本廠批發處面議可也。近聞外面有冒硝皮廠牌面，欺蒙中外官商，又傷本廠名譽，以後務望中外官商有願定本廠貨物者，須認明本廠批發處牌號，庶勿有誤。此布。

天津代售處估衣街聚源長　北京代售處蓋記

賈家大橋本總廠謹啓

《天津商會檔案彙編》上《鴻興汽水公司禀控六十五家華洋商號假冒鴻興牌號請按律禁止文光緒三十三年三月十七日、五月二日》

具禀鴻興汽水公司

禀爲假冒字號混淆商標，懇恩送案嚴究以保實業而肅商律事：

竊敝公司去歲查獲河東得利汽水公司竊用鴻興寶瓶裝水，假冒鴻興字號，曾禀蒙巡警總局議罰在案。又長利順竊用敝公司水瓶，禀由貴商會函請巡警總局出示嚴禁，敝公司并將前後各情登諸報紙俾衆周知。近聞又有假冒者，隨即派人各處搜查，查有零販六十家，用敝公司水瓶裝伊劣水，共汽水一百七十七瓶，并寫有字據六十份爲証。係由何人或何處購來，皆詳載字據之内。其何字號最多，另有清單，并各家之字據隨禀附呈。並查北門内大街衛生公司及英界海大道春和順汽水廠，仿印敝公司雙龍朝日之商標希圖魚混，各家商標籤四紙一并附呈。雖其商標各有字號或顔色稍有不同之處，究竟雙龍朝日之商標系敝公司所創，伊之仿印其有心混淆可知。伏思商部提倡商業，凡假冒字號混淆商標者律有專條。伊等竊用敝公司之瓶裝彼劣水，又仿敝公司之商標，以僞亂真，其破壞敝公司之商業猶小，其干犯國家之法禁實大。敝公司爲維持商界保衛商律起見，惟有仍懇商務會憲大人恩准查核，并函請榷憲、巡憲大人傳案究懲，實爲德便。上禀。

附呈：

出售假冒汽水各家住址清折一扣，零販六十家之字據六十份，由各家查獲假冒汽水一百七十七瓶，仿印假商標籤四張。

清折

謹將出售假冒汽水各家住址繕清恭呈憲鑒。

計開水廠五家：衛生公司，北門内大街；福康汽水廠，日界四面鐘後；春和順水廠，英界海大道；日商城井春水廠，日界提督衙門對過胡同；日商大坪水廠，英界海大道。

零販六十家（商號清單略）

函致巡警局：

（上略）查鴻興公司曾經赴部註册，具有商標，現既查有假冒混淆各家，似應按照商律辦理，以示維持之意。兹特將呈到清單并字據録呈，即請局憲大人查核，分别傳究以保商業是叩。專肅敬請升安。附抄單一紙，字據六十紙。

總理　王竹林
天津商務總會
協理　寧世福

逕復者：現接來函，以據鴻興汽水公司禀控衛生公司等水廠，將該公司空瓶裝賣劣水等情一案，囑即分别傳案等因，并將假冒各家開折同據送局。敝局查華民與外人争訟，應赴該管領事衙門控告，迭准各國領事來文辯駁有案，自應循照辦理。今鴻興公司所控之水廠五家内城井、大坪均屬日商，敝局未便傳案。其衛生、福康、春和順等三家是否外國商人原控未經聲叙，亦未便率傳，除折據暫存外，合先函詢，即請貴商會查明衛生等家是否外商，詳晰見復，再行核辦可也。此頌升祺。

天津巡警總局

光緒三十三年四月十八日到

具禀鴻興汽水公司　爲遵諭查明據實禀復事：

竊敝公司原禀内所禀城井春水廠坐落日本租界提署對過。大坪水廠共兩家，一在英界海大道，一在古樓北大街。以上三家系日商，時常竊用敝公司之空瓶裝伊之劣水，假冒鴻興字號。查福康水廠係華商所開，鋪掌吴春魁，坐落日本租界四面鐘後，亦時常竊用鴻興空瓶裝水冒充。衛生公司開設在北門内路東，係華商，鋪掌李潤田。春和順水廠開設在英界海大道，係華商，鋪掌翟富卿、馮春甫二人。以上之衛生及春和順兩家，不但時常竊用敝公司之空瓶裝其劣水冒充販賣，而竟敢模仿敝公司雙龍朝日之商標以圖魚混。以上情弊，歷年呈控有案可查，并蒙巡警總局懲辦出示嚴禁在案。而伊等竟敢藐法假作陷人利己，實爲商界之蟊賊。此次若不設法嚴懲，則敝公司將受無窮之患害。惟有禀懇商務會憲大人恩准，分别函請榷憲、巡憲大人傳案嚴究，并照會日本領事，嚴行懲禁日商假冒之罪，實爲德便。上禀。

光緒三十三年四月二十三日到

津海關道蔡（紹基）批：

據稟已悉。仰候摘抄清折函致日本領事嚴行禁止，以維商律。俟復到再行飭知。繳。

天津商務總會

《天津商會檔案彙編》上《唐山洋灰公司爲將産品廣告遍發商會各分會事致津商會文并附廣告函》光緒三十三年四月二十日

總辦 唐山洋灰公司 會辦

長蘆鹽運使司周
候選道徐　爲移送事：

案查敝公司前奉督憲袁札飭收回自辦，原爲挽回利權起見，當於唐山舊廠迤東購地添建新廠，電訂外洋新式機器，借圖擴充。嗣因天津水陸要隘，爲通商大埠，遂在紫竹林法租界三號路設立總經理處，派委華洋員司經理，以便與各商接洽，推廣銷路，以免利源外溢，均經詳蒙督憲批准照辦在案。茲查洋灰爲用極廣，凡建造各工莫不視爲必需之料，與其購自外洋漏卮莫塞，孰若用歸本國，權利可收。況唐山洋灰實係天然質料製造而成，經洋工師考驗，比之外洋更勝一籌。其餘凡洋灰矸子土製造各貨，無不精美，價值尤廉。用特編印廣告遍行傳播，以廣招徠。凡我華人自應購中國之灰爲中國之用，庶幾事順理直，上不負愛國之心，下無背合群之義。因思各省遇有工程，諒必需用孔殷，務宜廣爲勸導購用，以顧大局而防外溢。如有大宗躉售，敝公司必予以特別利益。除分移外，所有前項廣告，相應備文移送貴商會請煩查照。即將編印廣告轉發各分會，以廣流傳。并希見復，望切施行。須至移者。

計移送廣告二十本

右移天津府商務總會

附件：

敬啓者：本公司自創辦以來，不惜工本，精選最上質料造成高等洋灰，凡鐵路、礦局、河工以及機器工廠等處無不合用。其製法精妙，永保堅固，極力研究，已無遺藴。屢蒙華洋紳商獎勵，并經洋工師考驗勁力，較之外洋所製尤勝，久已膾炙人口。倘蒙賜顧，請向天津法租界唐山洋灰公司總理處面商抑或函訂，均可接洽。計每桶净重三百七十五磅，每包净重一百八十七磅半，并監製各種新式洋灰花磚，質潔色新，或平面或凸紋，花樣極多，難以枚舉。況此磚不惟堅固華麗，而且能免火燭之虞，較用木板鋪地者遠勝，真可爲亞東第一佳品。其原料係揀選上等净潔洋灰所造，顔色係用一種專磨磨勻，與洋灰如法配合，再用機器壓造，吃壓力至一百四十噸之重，故其質堅而料實也。凡各種凸花之磚皆能改造平面，隨買客自便。惟平面較凸花者加價百分之五，至買客欲裁成三角或小塊或另出新樣，均可按照來圖備辦。但定購新式之貨均須先期商定，方能照辦不誤。再常年存備各種頭等花磚并有一寸至六寸之邊磚，如邊縫有不足一寸者可用合色洋灰填補。其洋灰大磚、房頂瓦、水管各件以及矸子土燒成大小各種缸磚等貨無不全備。

光顧諸君欲取看各種貨樣，祈向天津本公司總理處接洽可也。

《天津商會檔案彙編》上《天津芝蘭香牙粉公司稟述已開設一年懇請加入商會文并附廣告》宣統元年四月二十六日

敬啓者：聞商家附入貴會得蒙保護。敝公司於去年九月間，集有股本洋四千元，開設在北馬路白衣庵胡同，專造牙粉、香水、粉、蜜水等。茲擬附入貴會，俾得保護之益，而廣見聞。謹此前來挂號，務乞俯允。其一切章程俱隨各商家。如何之處，伏望示悉，以便恪遵。專此。恭請商務總會老爺升安。

天津芝蘭香牙粉公司經理人何瑞林謹啓

四月二十六日

敬啓者：昨蒙俯准入會，即得保護之益，殊深感激。至於納會費若干，諭敝公司自行酌辦，伏思此項生意暫爲試辦，勝負尚未可定，謹遵三等應納會費十二元，今隨函奉上，即乞查收賜據，並賞給執照木牌等件爲禱。再請發給救災照三、四枚，俾遇警往救之便。敬請商務總會老爺察鑒，並頌升安。

天津芝蘭香牙粉公司謹啓　四月二十八日

附件　芝蘭香廣告

本公司爲抵制外貨挽回利權起見，專心研究，揀選妙料，純用化學製造各種化妝品，其盡美盡善之處，早蒙紳商所嘉許。本埠各洋廣貨家來本公司發躉者固已爭先恐後，即此，亦足見我同胞熱心愛國之一斑。然猶恐外埠城鎮未能周知，故宣諸報端以免各界欲覓不得之憾。倘蒙賜顧，價亦格外從廉，並將各貨名色開列於後：

都香花麝香水粉　虎牌香蕉牙粉　玫瑰潤面蜜水　芙蓉潤面膏

總批發處：北馬路白衣庵胡同内本公司啓

摘自宣統元年九月初七日《忠言報》第一版

《天津商會檔案彙編》上《麟記烟卷公司紀巨汾稟陳内地關卡如林該公司産品累計納税額高達百分之十四文宣統元年七月十日、九月五日》 具稟麟記烟卷有限公司縣丞職銜紀巨汾

稟爲懇請轉詳，仍准發給運單以免重征而廣銷路事：（上略）惟事有未能已於言者，不得不再覼縷陳之。誠以際此競争時代，各國皆由工商戰勝而富强，中國獨因不講工商致貧弱，於是國家設立農工商部，各省設立商會，直隸設立工藝總局，而督憲端又在南洋設立勸業會場，足見提倡工業無微不至。然中國風氣初開，熱心實業者尚少，即偶有之亦多力與心違，集資不易，設一公司，少則數萬金，多則數十萬金，一經賠累人即視爲畏途，利權外溢驟難挽回。即以紙烟一物而論，天津一口每年洋貨輸入其價，不下三百餘萬元，若以全國計之爲數更鉅，如此絶大漏卮豈可不思補苴。是以前督憲袁曾立北洋官商合辦烟草公司，借資抵制，只以製造不精，未能暢銷，以致賠累停歇。北京農工商部所辦大象公司，亦所造無多。其餘北京工藝商局、牛莊、烟台、上海、漢口、廣東商辦共有十餘家，均以製造不精，成本太重，先後賠累停辦。人言嘖嘖，咸謂我國徒有提倡之名，而無扶持之實，雖工商竭力經營，終無效果。此實業成立之難也。今敝公司之烟尚蒙各處歡迎，然銷路不能推廣，何以抵制洋貨？有奉諭飭不准用工藝局護照後，在鈔關納税起出口近地尚可，遠則重征。南路京漢鐵路，西路正太鐵路，北路京張鐵路，均皆路過京西之豐臺，則須重征；東路京奉鐵路，山海關則須重征。水路運河雖運直隸南境，路過山東德州亦須重征，再遠税卡尚多。南洋勸業會開會時，令各工商赴會比賽售賣，此誠提倡之意。然不過爲權宜一時，至閉會後若無運單，則關卡林立依然不能流通。税務大臣言洋貨值百抽五，中國製造准照土貨烟絲，每百斤納税四錢五分，輕重懸殊。但中國製造原料多取自外洋，其物已完值百抽五之税，職商所用中國烟葉，平均每百斤不過值銀七兩，直隸烟酒印花税每百兩銀一兩四錢，另外新海關正半税二錢二分五釐，已有如此之多。以烟卷一箱共計五萬枝，計重九十四斤，按第一關完納正税銀每百斤四錢五分合計四錢二分三釐；以烟葉百七十斤始能造烟卷一箱，此百七十斤新海關正半税二錢二分五釐，合三錢八分二釐五毫；烟酒印花税銀一兩四錢，合二兩三錢八分；統共三兩一錢八分五釐五毫。敝公司所造之烟，平均每箱五萬枝，不過值銀三十五兩，除紙盒香料進口已完值百抽五外，净烟已完三兩一錢八分五釐五毫，已有值百抽九之多。尚不能遠行，焉能與洋貨相抗。若再值百抽五共有值百抽十四之多。職商以事出萬不得已，惟有懇求貴會轉詳督憲，俯念工商業尚在萌芽，奏請恩准只納第一關每百斤正税四錢五分即發運單，遠近概免重征，以資保護。爲此稟請商務總會總理大人恩准轉詳，實爲公便。上稟。

津海關道蔡（紹基）爲札飭事：

現蒙北洋大臣端札開：准税務大臣咨開：（上略）本處查中國機制紙烟，前經外務部援機器仿造洋貨成案，無論華洋廠概令照值百抽五完一出口正税，免征沿途税釐。嗣後准如各商所請，改爲一律照土貨烟絲例於出口時按每百斤完正税銀四錢五分；如復進他口，再完一復進口半税；如再運入内地，并當逢關納税遇卡抽釐等因，通行遵辦在案。是以本處於前次該公司所請，照土貨烟絲例完一正税，遠近概免重征一案，即本此意核駁。今該公司仍以税項過重，不能抵抗洋貨爲詞，復申前請。查外洋紙烟卷進口上等者，每千枝征正税銀五錢，下等者每千枝征正税銀九分，即以該公司所稱，紙烟卷一箱裝五萬枝，照下等烟卷計算，每箱亦須納正税銀四兩五錢，如入内地應再完半税二兩二錢五分，共計應徵正半税銀六兩七錢五分。現在土制紙烟卷税則，每百斤征正税銀四錢五分，以每箱裝九十四斤計算，每箱只完出口正税及復進口半税，共銀六錢三分五釐，如入内地雖尚有沿途税釐，然較諸外洋紙烟卷進口税則已屬格外輕減。該公司果能製造精良，尚何不能抵抗之有？至所稱净烟所完税項，已有值百抽九之多一節。查税率輕重之比例，應以本貨輸納之數爲衡，其原料所納之税已計在成本之内，自不得再行牽連並計。所有該公司製造紙烟卷完納税項，仍應查照本處前咨辦理，以符定章。所請照土貨烟絲例，在第一關完一正税銀四錢五分，給予運單沿途概免重征之處，實屬礙難照准。相應咨復查照飭遵可也等因。到本大臣准此。合行札飭，札到該道即便轉行遵照。此札等因。蒙此，合行札飭，札到，該商會即便轉飭遵照。切切。此札。

《天津商會檔案彙編》上《天津造胰公司産品欲向南方各省推銷請新關速定納税辦法文宣統二年九月十七日》 直隸勸業道孫（多森）爲照會事：

案照宣統二年九月初七日據天津造胰公司董事宋壽恒、嚴智怡、王錫瑜等稟稱：

竊天津各公司用機器仿造之胰燭，蒙前直隸工藝總局憲及天津商務總會與鈔關議定估價章程運售内地，即照議定估價照税務處新例，納值百抽五正税一

道，發給運單，他處概不重征，數年以來，歷經照辦。現在公司所製胰燭，尚須運銷南省，而新關尚無成案可稽。惟有叩懇查照前案，稟請督憲行知新關照例立案，並遵照税務處機器仿造新例給與運單，以免紛歧，而昭劃一，實爲公便。附呈公司所製各種胰燭估價數目清單一紙等情。據此，查此案敝道無案可稽，既據該董事等稟稱：前經天津商務總會與鈔關議定估價章程有案，自應移查明晰，方可核辦。除稟批示外，相應抄單備文照會，爲此照會貴總會，請煩查照文內事理，迅即見復，以憑核辦，望切施行。須至照會者。

計抄單一紙

右照會天津商務總會

計開：

十五兩洋燭每箱估價二兩

十二兩洋燭每箱估價一兩五錢八分

九兩洋燭每箱估價一兩二錢

八支車燭每箱估價一兩三錢二分

六支車燭每箱估價一兩二錢

五十磅條胰每箱估價一兩二錢

五十磅方胰每箱估價一兩二錢

香胰每打估價三錢

《天津商會檔案彙編》上《北洋灤州官礦有限公司售煤廣告》宣統三年六月十九日》 北洋灤州官礦有限公司售煤廣告

本公司自採烟煤，質高價廉，銷路日廣，兹定塊煤每噸七元三角，一號末煤每噸四元五角，二號焦炭每噸八元五角，頭號焦炭每噸十二元，凡大宗批訂者另行面訂合同。賜顧諸君，請到後開各處均可接洽，總批發處計三處，一在日本租界河沿武齋洋行，一在老車站西閘樓對過，一在辛莊鹽碼頭。

宣統三年六月十九日

北洋灤州官礦有限公司謹啓［法租界五號路，電話一千二百四十七號］

《天津商會檔案彙編》上《北洋火柴公司陳述開辦經過及產品銷售情況文》宣統三年七月十五日》 敬啓者：兹准來札，領悉各商赴東考察實業團前奉上海實業團事務所調查各機關開創歷史各等因，相應遵示開呈敝公司創辦人高振鏞、李寶恒，總理人伊廷璽，協理人楊書田，查察人姜文選、石光斗，董事長羅文華，董事人紀巨汾、王成林、姚祖光、陳寶彝。由宣統元年七月初五日開辦，至本年七月共造火柴一萬五千五百箱，行銷本埠及西御河等處。曾於宣統二年蒙勸業道憲第一次考工，賞給直隸全省超等第一金獎牌一面，專此抄呈貴會，以便匯寄備查。敬請大安。

北洋火柴有限公司　七月十五日

《政治官報・摺奏類・光緒三十三年十月二十一日第三十二號・陝甘總督升允奏解呈工藝廠貨品摺》 奏爲甘肅工藝廠製成貨品選擇委解呈進恭摺仰祈聖鑒事。竊查近年屢奉明詔，飭各直省振興工節，講求實業，仰見朝廷阜財利民，殷殷圖治，跪聆之下，感奮莫名。甘肅僻處西陲，局於聞見，百工窳惰，故步自封，尤非設法圖維，無由整齊利導。奴才自抵任後，焦思詳察，當於上年督飭農工商礦局總辦蘭州道彭英甲籌議創設勸工廠，選募匠徒，分科製造，期於提倡土貨以開民智而濬利源，曾將製成各物暨採煉膽礬硫磺各礦質，於本年三月咨送農工商部陳列考驗在案。嗣經隨時督率整頓，凡事關工業未辦者擇要營造，已辦者力圖擴充，精益求精，成效漸著。復就各科中，切於民用行銷較廣之琉璃、絲綢二宗各設一廠，並體察甘省應興之工藝，添設織布、栽絨二廠。查各廠製出之品如木器、銅器、皮製包帶、鹵漆什物以及寧綢、經絲絨、布疋、絨毯、玻璃等類，較前俱有進步。其五金礦產，甘省本自富饒，現在訂購機器尚未運到，暫用土法開採金礦，所收課金已有成數。又如涼州水磨欖、寧夏灘羊皮以及翎綫、青狐金綫絨等類，皆係著名甘貨，較他處所産爲良，亦經推廣銷場，藉資抵制。兹謹就該廠製成貨品，選其可用者共一百種，派委大挑知縣張金驤解京，交內務府恭進，冀上紓利用厚生之宸廑，即稍盡貢獻方物之微忱。所有進呈物件，謹繕清單，恭呈御覽，仰懇天恩賞收，奴才。不勝悚惶，企幸之至。除分咨查照外，理合恭摺具陳，伏乞皇太后、皇上聖鑒，謹奏。光緒三十三年十月十九日奉硃批：該衙門知道，單留覽，欽此。

藝文

王肅《孔子家語》卷七《刑政》 仲弓曰：「古之聽訟，尤罰麗於事，不以其心，可得聞乎？」

孔子曰：「凡聽五刑之訟，必原父子之情，立君臣之義以權之。意論輕重之序，慎測淺深之量以別之。悉其聰明，正其忠愛以盡之。大司寇正刑明辟以察獄，獄必三訊焉。有指無簡，則不聽也。附從輕，赦從重。疑獄則泛與衆共之，疑則赦之。皆以小大之比成也。是故爵人必於朝，與衆共之也；刑人必於市，與衆棄之也。古者公家不畜刑人，大夫弗養也。士遇之涂，以弗與之言。屏諸四方，唯其所之，不及與政，弗欲生之也。」

仲弓曰：「聽獄，獄之成，成何官？」

孔子曰：「成獄成於吏，吏以獄成告於正。正既聽之，乃告大司寇。大司寇聽之，乃奉於王。王命三公卿士參聽棘木之下，然後乃以獄之成疑於王。王三宥之以聽命，而制刑焉。所以重之也。」

仲弓曰：「其禁何禁？」

孔子曰：「巧言破律，遁名改作，執左道與亂政者，殺。作淫聲，造異服，設伎奇器以蕩上心者，殺。行僞而堅，言詐而辯，學非而博，順非而澤，以惑衆者，殺。假於鬼神，時日卜筮，以疑衆者，殺。此四誅者不以聽。」

仲弓曰：「其禁盡於此而已？」

孔子曰：「此其急者。其餘禁者十有四焉：命服命車不粥於市，圭璋璧琮不粥於市，宗廟之器不粥於市，兵車旍旗不粥於市，犧牲秬鬯不粥於市，戎器兵甲不粥於市，用器不中度不粥於市，布帛精麤不中數、廣狹不中量不粥於市，姦色亂正色不粥於市，文錦珠玉之器雕飾靡麗不粥於市，衣服飲食不粥於市，果實不時不粥於市，五木不中伐不粥於市，鳥獸魚鱉不中殺不粥於市。凡執此禁以齊衆者，不赦過也。」

楊維楨《鐵崖樂府補》卷四《賣鹽婦》 賣鹽婦，百結青裙走風雨。雨花灑鹽鹽作鹵，背負空筐淚如縷。三日破鐺無粟煮，老姑飢寒更愁苦。道旁行人因問之，拭淚吞聲爲君語：「妾身家本住山東，夫家名在兵籍中。荷戈崎嶇戍閩越，妾亦萬里來相從。年來海上風塵起，樓船百戰秋濤裏。良人賈勇身先死，白骨誰知填海水。前年大兒征饒州，饒州未復軍尚留。去年小兒攻高郵，可憐血作淮河流。中原音訊絶，官倉不開口糧缺。空營木落煙火稀，夜雨殘燈泣嗚咽。東鄰西舍夫不歸，今年嫁作商人妻。繡羅裁衣春日低，落花飛絮愁深閨。妾心如水甘貧賤，辛苦賣鹽終不怨。得錢糴米供老姑，泉下無慚見夫面。君不見繡衣使者浙河東，采詩正欲觀民風。莫棄吾儂賣鹽婦，歸朝先奏明光宫。」

佚名《交易須知・序》卷一 一買一賣，名爲交易。交易者，懋遷有無也。至于《周官》曰：聽買賣以質劑。故凡做生意，俱要立合同、賬目，爲永遠之據。出入借貸，必須立發帖、借約；遠處兑使銀兩，必有會票；出外兑發貨物，陸路必立車脚之契，水路務立船契。買賣米粟，必立批帖爲妥，以及銀色雜糧之類，與夫水陸二路各處斗斛平頭，俱要打聽明白。若夫往來書札，雖非商賈之急務，亦不可不知其大略。每見人當幼年初學之時，讀書不多，凡遇合同賬目等項，往往書寫不清，此須少年自不留心，而亦當事者之不示以準繩之故。予非多讀書者，然自經營以來，凡遇明公即細心請教，故將平生所聞於老成先輩者，草寫此本，雖足以取有識者之笑，而未必非初學者之一助云爾。道光八年歲在戊子，嘉平之吉。

圖録

《蘇州商會檔案叢編》第一輯《蘇商總會戊申庚戌年刊印題名表統計》

行業	戊申年統計	庚戌年統計
錢業	24户	19户
珠寶業	11户	11户
綢緞業	14户	14户
湖縐業	10户	10户
蘇緞業	10户	6户
杭綢業	13户	
綉貨業	14户	14户
綢綾業	21户	
紗緞業	95户	90户
緶綫業	29户	26户
經緯業	78户	73户

（續表）

行業	戊申年統計	庚戌年統計
洋貨業	14户	13户
廣貨業	11户	20户
衣業	13户	18户
布業	45户	44户
絲業	12户	11户
婁齊葑木業	16户	8户
閶胥木業	12户	11户
醬業	63户	63户
南貨業	16户	10户
米業	74户	61户
蘆墟鎮米業	8户	
茶業	45户	44户
藥鋪	44户	51户
藥行	9户	10户
酒業	69户	74户
燒酒業	5户	5户
烟業	18户	12户
桐油業	15户	5户
猪業	10户	
水果業	14户	
典業	66户	65户
玉器業	12户	12户
漁業	10户	10户
肉業	46户	46户
花樹業	5户	4户

（續表）

行業	戊申年統計	庚戌年統計
肥壅業	25户	19户
履業	15户	
蓆業	1户	
染業		58户
煤炭業		17户
公司		1户
車坊鎮各業	9户	
公益幫各業	23户	27户
集賢幫各業	14户	12户
散幫各業	31户	56户
周莊各業		28户
總計	1 099户	1 078户

交流部

紀事

《後漢書》卷八八《西域傳・大秦國》 土多金銀奇寶，有夜光璧、明月珠、駭雞犀、珊瑚、虎魄、琉璃、琅玕、朱丹、青碧。刺金縷繡，織成金縷罽，雜色綾。作黄金塗、火浣布。又有細布，或言水羊毳，野蠶繭所作也。合會諸香，煎其汁以爲蘇合。凡外國諸珍異皆出焉。

劉歆《西京雜記》卷一 武帝時，西域獻吉光裘，入水不濡。上時服此裘以聽朝。

劉歆《西京雜記》卷二 武帝時，身毒國獻連環羈，皆以白玉作之，瑪瑙石爲勒，白光琉璃爲鞍。鞍在闇室中，常照十餘丈，如晝日。自是長安始盛飾鞍馬，競加雕鏤。或一馬之飾直百金，皆以南海白蜃爲珂，紫金爲花，以飾其上。猶以不鳴爲患，或加以鈴鑷，飾以流蘇，走則如撞鐘磬，動若飛幡葆。後得貳師天馬，帝以玟瑰石爲鞍，鏤以金銀鍮石，以緑地五色錦爲蔽泥，後稍以熊羆皮爲之。熊羆毛有緑光，皆長二尺者，直百金。卓王孫有百餘雙，詔使獻二十枚。

《三國志》卷四《魏書・少帝紀》 （景初三年）二月，西域重譯獻火浣布，詔大將軍、太尉臨試以示百寮。

《三國志》卷四《魏書・陳留王》 （景元三年）夏四月，遼東郡言肅慎國遣使重譯入貢，獻其國弓三十張，長三尺五寸，楛矢長一尺八寸，石弩三百枚，皮骨鐵雜鎧二十領，貂皮四百枚。

《三國志》卷三〇《魏書・烏丸傳》注引《魏書》曰：烏丸者，東胡也。漢初，匈奴冒頓滅其國，餘類保烏丸山，因以爲號焉。俗善騎射，隨水草放牧，居無常處，以穹廬爲宅，皆東向。日弋獵禽獸，食肉飲酪，以毛毳爲衣。貴少賤老，其性悍驁，怒則殺父兄，而終不害其母，以母有族類，父兄以己爲種，無復報者故也。常推募勇健能理決鬬訟相侵犯者爲大人，邑落各有小帥，不世繼也。數百千落自爲一部，大人有所召呼，刻木爲信，邑落傳行，無文字，而部衆莫敢違犯。氏姓無常，以大人健者名字爲姓。大人已下，各自畜牧治産，不相徭役。其嫁娶皆先私通，略將女去，或半歲百日，然後遣媒人送馬牛羊以爲聘娶之禮。壻隨妻歸，見妻家無尊卑，旦起皆拜，而不自拜其父母。爲妻家僕役二年，妻家乃厚遣送女，居處財物，一出妻家。故其俗從婦人計，至戰鬬時，乃自決之。父子男女，相對蹲踞，悉髡頭以爲輕便。婦人至嫁時乃養髮，分爲髻，著句決，飾以金碧，猶中國有冠步揺也。父兄死，妻後母執嫂；若無執嫂者，則己子以親之次妻伯叔焉，死則歸其故夫。俗識鳥獸孕乳，時以四節，耕種常用布穀鳴爲候。地宜青穄、東墻，東墻似蓬草，實如葵子，至十月熟。能作白酒，而不知作麴蘖。米常仰中國。大人能作弓矢鞍勒，鍛金鐵爲兵器，能刺韋作文繡，織縷氈毼。

《晉書》卷九七《四夷・大秦國傳》 大秦國一名犂鞬，在西海之西，其地東西南北各數千里。有城邑，其城周迴百餘里。屋宇皆以珊瑚爲棁栭，琉璃爲墻壁，水精爲柱礎。其王有五宫，其宫相去各十里，每旦於一宫聽事，終而復始。若國有災異，輒更立賢人，放其舊王，被放者亦不敢怨。有官曹簿領，而文字習胡，亦有白蓋小車、旌旗之屬，及郵驛制置，一如中州。其人長大，貌類中國人而胡服。其土多出金玉寶物，明珠、大貝，有夜光璧、駭雞犀及火浣布，又能刺金縷繡及織錦縷罽。以金銀爲錢，銀錢十當金錢之一。安息、天竺人與之交市於海中，其利百倍。

《魏書》卷一〇三《高車傳》 後世祖征蠕蠕，破之而還，至漠南，聞高車東部在巳尼陂，人畜甚衆，去官軍千餘里，將遣左僕射安原等討之。司徒長孫翰、尚書令劉絜等諫，世祖不聽，乃遣原等并發新附高車合萬騎，至于巳尼陂，高車諸部望軍而降者數十萬落，獲馬牛羊亦百餘萬，皆徙置漠南千里之地。乘高車，逐水草，畜牧蕃息，數年之後，漸知粒食，歲致獻貢，由是國家馬及牛羊遂至于賤，氈皮委積。高宗時，五部高車合聚祭天，衆至數萬。大會，走馬殺牲，遊遶歌吟忻忻，其俗稱自前世以來無盛於此。

《梁書》卷五四《諸夷・扶南國傳》 其市，東西交會，日有萬餘人。珍物寶貨，無所不有。又有酒樹，似安石榴，采其花汁停甕中，數日成酒。

《南齊書》卷五八《東南夷・扶南國傳》 扶南人黠惠知巧，攻略傍邑不賓之民爲奴婢，貨易金銀彩帛。大家男子截錦爲橫幅，女爲貫頭，貧者以布自蔽。鍛金鐶鏁銀食器。伐木起屋，國王居重閣，以木柵爲城。海邊生大箬葉，長八九尺，編其葉以覆屋。人民亦爲閣居。爲船八九丈，廣裁六七尺，頭尾似魚。國王行乘象，婦人亦能乘象。鬬雞及豨爲樂。無牢獄，有訟者，則以金指鐶若雞子投沸湯中，令探之，又燒鎖令赤，著手上捧行七步，有罪者手皆燋爛，無罪者不傷。又令没水，直者入即不沈，不直者即沈也。有甘蔗、諸蔗、安石榴及橘，多檳榔，鳥獸如中國。人性善，不便戰，常爲林邑所侵擊，不得與交州通，故其使罕至。

《南齊書》卷五八《東南夷·林邑國》 林邑有金山，金汁流出於浦。事尼乾道，鑄金銀人像，大十圍。元嘉二十二年，交州刺史檀和之伐林邑，楊邁欲輸金萬斤，銀十萬斤，銅三十萬斤，還日南地。大臣蕃僧達諫，不聽。和之進兵破其北界犬戎區栗城，獲金寶無筭，毁其金人，得黄金數萬斤，餘物稱是。和之後病死，見胡神爲祟。孝建二年，始以林邑長史范龍跋爲揚武將軍。

《南齊書》卷五九《芮芮虜傳》 芮芮王求醫工等物，世祖詔報曰：「知須醫及織成錦工、指南車、漏刻，並非所愛。南方治疾，與北土不同。織成錦工，並女人，不堪涉遠。指南車、漏刻，此雖有其器，工匠久不復存，不副爲恨。」

（日本）真人開元《唐大和上東征傳》 端州太守迎引送至廣州，盧都督率諸道俗出迎城外，恭敬承事，其事無量。引入大雲寺，四事供養，登壇受戒。此寺有訶梨勒樹二株，子如大棗。又開元寺有胡人造白檀華嚴經九會，率工匠六十人，三十年造畢，用物卅萬貫錢，欲(將往)天竺；採訪使劉(巨鱗)奏狀，勅留開元寺供養，七寶莊嚴，不可思議。又有婆羅門寺三所，並梵僧居住。池有青蓮花，花、葉(莖)、根並芬馥奇異。江中有婆羅門、波斯、崑崙等舶，不知其數；並載香藥、珍寶，積載如山。其舶深六、七丈。師子國、大石國、骨唐國、白蠻、赤蠻等往來居(住)，種類極多。州城三重，都督執六纛，一纛一軍，威嚴不異天子；紫緋滿城，邑居逼側。大和上住此一春，發向韶州，傾城遠送；乘江七百餘里，至韶州禪居寺，留住三日。韶州官人又迎引入法泉寺，乃是則天爲慧能禪師造寺也，禪師影像今現在。後移開元寺，普照師從此辭和上向嶺北去，(至)明州阿育王寺。是歲，天寶九載也。時，和上執普照(師)手，悲泣而曰：「爲傳戒律，發願過海，遂不至日本國，本願不遂。」於是分手，感念無喻。時和上頻經炎熱，眼光暗昧，爰有胡人言能治目，遂加療治，眼遂失明。

蘇鶚《杜陽雜編》卷中(元和) 八年，大軫國貢重明枕、神錦衾、碧麥、紫米。云其國在海東南三萬里，當軫宿之位，故曰大軫國，經合丘禹槁之山。合丘禹槁山見《山海經》。重明枕，長一尺二寸，高六寸，潔白逾於水精。中有樓台之狀，四方有十道士，持香執簡，循環無已，謂之行道真人。其樓臺瓦木丹青、真人衣服簪帔無不悉具，通瑩焉如水睹物。神錦衾，水蠶絲所織也。方二丈，厚一寸，其上龍文鳳彩殆非人工。其國以五色彩石甃池塘，採大拓葉飼蠶於池中，始生如蚊睫，游泳於其間，及老可五六寸。池中有挺荷，雖驚風疾吹，不能傾動，大者可闊三四尺。而蠶經十五月即跳入荷中以成其繭，形如斗，自然五色。國人繰之，以織神錦，亦謂之靈泉絲。上始覽錦衾，與嬪御大笑曰：「此不足以爲嬰兒繃𥿠，曷能爲我被耶？」使者曰：「此錦之絲，水蠶也，得水則舒，水火相反，遇火則縮。」遂於上前令四官張之，以水一噴，即方二丈，五色煥爛，逾於向時。上乃嘆曰：「本乎天者親上，本乎地者親下，不亦然哉！」則却令以火逼之，須臾如故，上益異之【略】。

飛龍衛士韓志和，本倭國人也。善雕木作鸞鶴鴉鵲之狀，飲啄動静，與真無異。以關戾置於腹内，發之則凌雲奮飛，可高三尺，至一二百步外方始却下。兼刻木作猫兒以捕鼠雀。飛龍使異其機巧，遂以事奏，上睹而悦之。志和更雕踏床，高數尺，其上飾之以金銀綵繪，謂之見龍床。置之則不見龍形，踏之則鱗鬣爪牙俱出。及始進，上以足履之，而龍夭矯若得雲雨，上怖畏，遂令撤去。

蘇鶚《杜陽雜編》卷中 敬宗皇帝寶曆元年，南昌國獻玳瑁盆、浮光裘、夜明犀。其國有酒山、紫海。蓋山有泉，其味如酒，飲之甚美，醉則經月不醒。紫海，水色如爛椹，可以染衣。其龍魚龜鱉砂石草木無不紫焉。玳瑁盆可容十斛，外以金玉飾之。及盛夏，上置於殿内，貯水令滿，遣嬪御持金銀杓酌水相沃以爲嬉戲，不竭焉。浮光裘，即海水染其色也，以五彩蹙成龍鳳，各一千三百，絡以九色真珠。上衣之以獵北苑，爲朝日所照，而光彩動摇，觀者皆眩其目，上亦不爲之貴。一日馳馬從禽，忽值暴雨，而浮光裘略無霑潤，上方嘆爲異物也。夜明犀，其狀類通天，夜則光明可照百步，覆繒千重終不能掩其輝煥。上令解爲腰帶，每遊獵，夜則不施蠟炬，有如晝日。

寶曆二年，浙東國貢舞女二人：一曰飛鸞，二曰輕鳳。修眉黟首，蘭氣融冶，終不纊衣，夏不汗體。所食多荔枝榧實、金屑龍腦之類。衣軿羅之衣，戴輕金之冠，表異國所貢也。軿羅衣無縫而成，其紋巧織，人未之識焉。輕金冠以金絲結之爲鸞鶴狀，仍飾以五彩細珠，玲瓏相續，可高一尺，秤之無二三分。上更琢玉芙蓉以爲二女歌舞臺，每歌聲一發，如鸞鳳之音，百鳥莫不翔集其上。【略】

蘇鶚《杜陽雜編》卷下 武宗皇帝會昌元年，夫餘國貢火玉三斗及松風石。夫餘國見《漢·東夷傳》。火玉色赤，長半寸，上尖下圓。光照數十步，積之可以燃鼎，置之室内則不復挾纊。才人常用煎澄明酒。其酒亦異方所貢也，色紫如膏，飲之令人骨香。松風石方一丈，瑩徹如玉，其中有樹，形若古松偃蓋，颯颯焉而涼飈生於其間。至盛夏，上令置諸殿内，稍秋風颼颼，即令撤去。上好神仙術，遂起望仙臺以崇朝禮。復修降真臺，舂百寶屑以涂其地，瑶楹金栱，銀檻玉砌，晶熒炫燿，看之不定。内設玳瑁帳，火齊床，焚龍火香，薦無憂酒。此皆他國所獻也。亡其國名。上每齋戒沐浴，召道士趙歸真已下共探希夷之理。由是室内生靈芝二株，皆如紅玉。又渤海貢馬腦樻、紫瓷盆。馬腦樻方三尺，深色如茜所製，工巧無比，用貯神仙之書，置之帳側。紫瓷盆量容半斛，内外通瑩，其色純紫，厚可寸餘，舉之則若鴻毛。上嘉其光潔，遂處於仙臺秘府，以和藥餌。后王才人擲玉環，誤缺其半菽，上猶嘆息久之。傳於濮州刺史楊坦。

《舊五代史》卷一一六《周書七·世宗紀三》（顯德三年二月）壬午，江南國主李景遣其臣僞翰林學士户部侍郎鍾謨、僞工部侍郎文理院學士李德明等，奉表來上，敍願依大國稱臣納貢之意，仍進金器千兩，錦綺綾羅二千匹及御衣、犀帶、茶茗、藥物等，又進犒軍牛五百頭，酒二千石。是日，賜謨等錦綺綾羅二百匹，銀器一百兩，襲衣、金帶、鞍馬等。

《宋史》卷四八九《外國傳五·蒲甘》 蒲甘國，崇寧五年，遣使入貢，詔禮秩視注輦。尚書省言：「注輦役屬三佛齊，故熙寧中敕書以大背紙，緘以匣襆，今蒲甘乃大國王，不可下視附庸小國。欲如大食、交阯諸國禮，凡制詔並書以白背金花綾紙，貯以間金鍍管籥，用錦絹夾襆緘封以往。」從之。

《宋史》卷四九〇《外國六·大食》 大食國本波斯之别種。隋大業中，波斯有桀黠者探穴得文石，以爲瑞，乃糾合其衆，剽略資貨，聚徒浸盛，遂自立爲王，據有波斯國之西境。唐永徽以後，屢來朝貢。其王盆泥末换之前謂之白衣大食，阿蒲羅拔之後謂之黑衣大食。

乾德四年，僧行勤遊西域，因賜其王書以招懷之。開寶元年，遣使來朝貢。四年，又貢方物，以其使李訶末爲懷化將軍，特以金花五色綾紙寫官告以賜。是年，本國及占城、闍婆又致禮物于李煜，煜不敢受，遣使來上，因詔自今勿以爲獻。六年，遣使來貢方物。七年，國王訶黎佛又遣使不囉海，九年又遣使蒲希密，皆以方物來貢。

太平興國二年，遣使蒲思那、副使摩訶末、判官蒲囉等貢方物。其從者目深體黑，謂之崑崙奴。詔賜其使襲衣、器幣，從者縑帛有差。四年，復有朝貢使至。雍熙元年，國人花茶來獻花錦、越諾、揀香、白龍腦、白沙糖、薔薇水、琉璃器。

淳化四年，又遣其副酋長李亞勿來貢。其國舶主蒲希密至南海，以老病不能詣闕，乃以方物附亞勿來獻。

陳均《九朝編年備要》卷二六《徽宗皇帝》（崇寧元年十二月）更茶法從蔡京之請也。江淮等七路，自乾德二年立榷法，嘉祐初罷之。京言：十三山場茶，慶歷以前歲取五百餘萬，嘉祐通商，今歲入不過八十餘萬，欲復行禁榷，仍給緡錢三百萬充本，官自置場市之。令客人於在京榷貨入納，請長短引赴諸場受茶販易。仍命遣官四員往諸路措置，他日就緒，即總以都大提舉一員，餘並罷。明年，置淮浙路茶場。四年，罷茶場，并入市易務，令客人赴官請引，自以園户買茶赴官，盤稱納息批引販賣。重和元年，御筆買茶引限滿，并令拘收別買新引，增私販法。

張邦基《墨莊漫録》卷三《玫瑰油》 玫瑰油出北虜，其色瑩白，其香芬馥，不可名狀，用爲試粧。法用衆香煎煉，北人貴重之。每報聘禮物中，只一合，奉使者例獲一小罌，其法秘不傳也。

宣和間，周武仲憲之使虜，過磁州，時葉著宣遠爲守，祝周云：「回日願以此油分餉。」既反命，以油贈之。葉云：「今不須矣。近禁中厚賂虜使，遂得其法，煎成賜近臣，色香勝北來者。婦翁蔡京新寄數合。」且云：「公還朝必有取者，今反獻一合。」周亦不受也。

北人方物不過一合，貴惜如此，而貴近之家，贈遺若此之多，足知其侈靡之甚也。

范坰、林禹《吴越備史·補遺》 自國初供奉之數無復文案，今不得而書，唯太祖、太宗兩朝入貢，記之頗備，謂之《貢奉録》。今取其大者，如赭黄犀帶、龍鳳龜魚、仙人鰲山、寶樹等通犀帶，凡七十餘條，皆世希之寶也。玉帶二十四，紫金獅子帶一，黄金九萬五千餘兩，銀一百一十萬二千餘兩，綾、羅、錦、綺二十八萬餘疋，色絹七十九萬七千餘疋，金飾玳瑁器一千五百餘事，水晶碼碯玉器凡四千餘事，珊瑚樹一，高三尺五寸，金銀飾陶器一十四萬事，金銀飾龍鳳船舫二百艘，銀裝器械七十萬事，白龍磁二百餘斤。王自入朝，至歸國，復入朝，太祖、太宗所賜金器并金物六萬四千七百餘兩，銀器四十萬八千八百餘兩，玉石器皿一萬七千事，寶玉帶四十二條，錦綺羅紈一十六萬六千三百餘疋，御衣并袍襖衣等，金盔六頂，甲六副，金玉鞍轡御馬一十六疋，細馬四十八疋，駞三百餘疋，散馬二千七百二十疋，金印四顆，玉册二，御劍三口，法酒三千餘瓶，銜墜腰帶三千事，鳳冠四頂，他物稱是。

倪思《重明節館伴語録》（紹熙二年七月）初六日早，思等與完顔兖等互相傳語萬福。同行馬赴朝見。出都亭驛，至嘉會門，思顧兖云：「連日陰雨，今早喜得稍霽。」兖云：「雲漸開。」思又顧兖云：「同簽庚甲多少？」兖云：「年四十二歲。」次至南宫門外，思等下馬，至南宫門内隔門裏，兖等下馬相揖訖，次入客省幕次。報班赴朝見訖，出殿各歸幕次。思等令通事請兖等同赴客省茶酒，兖等告各就幕，次供食，思等循例從之。供酒食畢，次報班赴垂拱殿茶酒訖，歸幕次對立，思顧兖等云：「朝見禮成，伏惟歡慶。」兖應喏。路伯達云：「極感台念。」昴顧兖等云：「朝見禮成，伏惟歡慶，侍宴良勞。」兖等應喏。次相揖，各於元下馬處上馬。同行出麗正門，近都亭驛，思顧兖云：「館中有所闕，望見諭。」兖云：「極感。」次至都亭驛中門裏，對立馬相揖，分位下馬。思等令通事轉送朝見所賜衣帶例物入位，承受劉信之等傳旨賜茶器，兖銀絲、竹絲茶匣各一副，伯達竹絲茶匣一副，荔枝圓，荔枝各二十斤。思等令通事傳語轉送入位，兖等起身祗受訖，云：「感皇帝恩。」次天使王師雄賜内中酒菓，兖等受賜訖。思等令通事請兖等以下過位排當，兖等告免，思等循例從之。次思等循例送兖等第一次私覿，各紫羅、纈羅、木綿、虔布各一十疋，龍團、鳳團茶各一斤。兖等令北引接傳語思等致謝受訖。次兖等回答思等第一次土物：各透背五段、毛子二段、徐吕皮一張，鹿頂合兒一箇，面油二樑、蓯蓉一斤、紅乾肉二脚，思等先辭而後循例受之，遣通事傳語致謝。至晚互相傳語安止。

初七日早，思等與完顔兖等互相傳語萬福。同行馬赴上壽，出驛，至便門，思顧兖云：「館中諸事穩便麽？」兖云：「穩便。」又云：「尚書謂思貴壽。」思云：「四十五歲。」兖云：「精神煞好。」思應喏。至南宫門外，思等下馬，至南宫門内隔門裏，兖等下馬。相揖同行，入客省幕，次分位，次報班赴上壽酒畢，歸幕，次思等令通事請兖等赴客省茶酒，兖等告免，思等循例從之。次對立，思顧兖等云：「趨班上壽，伏喜禮成。」兖應喏。路伯達云：「極感台念。」昴顧兖等云：「侍宴良勞台用。」兖應喏。伯達云：「煞感。」次相揖，各於元下馬處上馬，同行出麗正門，至都亭驛，相揖分位下馬。次兖等令北引接傳語，泛送思等各間道紵絲一段、大紵絲二段、紫紵絲一段、大透背一段、紫茸一段、白細毛子一段、毛綾一段、紫皂花羅一段、鹿頂合兒六箇、箆兒三十箇、徐吕皮三張、斜皮二張、紫紗大藥袋一枚、小藥袋二枚、便袋一箇、貂鼠尾帽一頂、氈帽一頂、皮手衣二副，氈手衣二副、奪玉石鍬轡一副、面油六樑、蓯蓉二斤、五味子二斤、紅乾肉四脚、松子一十斤、棗一斟、林禽旋二裹、活羊一口。左都管泛送思大紵絲二疋、大透背一疋、紫茸一疋、紫羅二疋、黄細毛子一疋、貂鼠帽一頂、活羊一口、紫羅藥袋二箇、手衣二副、面油五樑、鹿頂合兒三箇、便袋二箇、徐吕皮二張、箆兒三十條、松子四斤。右都管泛送昴大紵絲一疋、皂花綾二疋、大透背二疋、貂鼠帽一頂、紵絲氈帽二頂、紵絲便袋八箇、棗二盤、紫羅藥袋四箇、徐吕皮六張、箆兒八十箇、鹿頂合兒三箇、面油一十合、松子二斤、紅乾肉五脚、羊粑半箇。思等先辭而後循例受之。遣通事傳語致謝。書表引接押遞五人共送思等毛子一十段、細毛子一十段、毛羅二十段、紫皂花羅四段、青絲綾四段、徐吕皮一十張、氈帽四頂、青絲綾帽兒四箇、皮袋兒一十箇、皮手衣四副、鹿頂合兒一十箇、便袋一十箇、紅乾肉四脚、面油三十合。思等循例受之。次押伴胡樞密到驛，與兖等互傳名銜。天使宋晚賜御筵，李鼎賜酒菓，思等令通事請兖等以下受賜御筵。少頃，兖等以下過位受賜訖。兖等與天使互展起居狀，樞密同思等謝坐，次兖等謝坐畢，樞密與兖等互展起居狀，同陞廳就坐喫茶訖，離位。三節人謝坐畢，復就坐，酒行至第一盞，樞密令通事傳語兖等云：「被旨伴筵，幸得相陪。館中可煞倦跼？」兖等復令北引接回傳語云：「謝差人傳示，幸得瞻際。」至第三盞，承受劉信之等押賜到酒菓食味。樞密同思等并兖等各少立，樞密與兖等各稍前，樞密傳旨宣勸兖等以下酒各一盞。兖等云：「感皇帝恩。」躬身飲酒訖，其賜到酒菓食味轉送入位。至第七盞，樞密令通事傳語兖等云：「聖恩賜宴，禮意隆厚，望體聖意，多喫酒食。」兖等復令北引接回傳語云：「感皇帝恩，煞多吃酒食。」至第九盞，樞密通事傳語兖等云：「止有此盞，且望飲盡。」兖等復令北引接回傳語云：「疊承傳誨，酒已飲盡。」御筵畢，兖等循例支散三司人例物。喫湯畢，離位立，三節人謝恩訖。各降堦，樞密同思等謝恩，次兖等謝恩，及拜表訖。兖等循例送天使土物畢，相揖分位，樞密送兖等私覿，入位，次兖等回答樞密土物，出位，至晚互相傳語安止。

初八日早，思等互相傳語萬福訖。次思等循例送兖等第一次私覿，各沉香一斤、箋香一斤、建茶盞一十隻、黑漆四星茶合一副、茶托子一十隻、走馬椀鉢一副、香疊子一副、椰子香疊子一副、犀皮四星茶合一副、減粧一副、茶筅子一十箇，分茶五十夸、建茶一百夸。兖等令北引接傳語思等致謝受訖。次兖等回答思等第二次土物，各透背一段、絨紗一段、蓯蓉二斤、斜皮二張、徐吕皮一張、鹿頂合兒一箇、面油二樑、羊粑半箇。兖等又泛送思等各大紵絲一段、大透背一段、毛綾一段、紫皂花羅一段、鹿頂合兒五箇、篦兒三十箇、徐呂皮三張、斜皮二張、紫紗大藥袋一箇、小藥袋二箇、便袋二箇、貂鼠帽子一頂、皮手衣二副、面油一十合、蓯蓉二斤、五味子二斤、紅乾肉四脚、松子一十斤、棗一㪷、林檎旋二裹、白糧米一石、西瓜二十箇。左都管泛送思等各徐呂皮二張、松子二斤、五味子一裹、便袋三箇、篦兒三十箇、皮手衣二副、面油五合、鹿頂合兒二箇、紫紗藥袋一箇、氈帽一頂、紅乾肉三脚、白毛子一段、大透背一段、紫羅一段、皂花綾一段。右都管泛送思大紫羅四段、大紫皂花羅一段；泛送昴大紵絲一段、大透背二段、大花綿紬一段、紫茸三段、毛子三段，思等先辭而後循例受之。遣通事傳語致謝。書表押遞五人共送思等毛子一十六段、毛羅四段、徐呂皮二張、皮袋兒四箇、便袋二箇、鹿頂合兒二箇、面油四合，思等亦循例受之。至晚互相傳語安止。

倪思《重明節館伴語録》〔紹熙二年七月〕十一日早，思等與完顏兗等互相傳語萬福。同行馬赴大宴山驛，至南宫門外，思等下馬，至南宫門内隔門裏，兗等下馬，同行至客省幕次。報班赴宴，中歇，各歸幕次。承受劉信之等押賜到菓子，思等令通事轉送過位，兗等起身祗受云：「感皇帝恩。」次客省供白肉、胡餅等，兗等告各就位喫食。思循例從之。供食訖，報班再坐，宴畢，歸幕次。對立，思顧兗等云：「侍宴良勞。」兗云：「極感。」路伯達云：「彼此。」昴顧兗等云：「適間侍宴甚勞，莫煞飲酒。」兗等云：「煞感。」次相揖，各於元下馬處上馬，同行出麗正門，至都亭驛，相揖分位，下馬，天使任邦俊賜兗等以下生餼，依例折博，兗等受賜訖。思等令通事請兗等以下過位排當，兗等告免，思等循例從之。次思回答兗等泛送第一次土物，生白暗花羅二疋、生白木錦二疋、白紡絲一疋、生白大公服羅二疋、生白大縠紗二疋、生桃皮絹二疋、上等建茶二百夸、花夸茶四夸、密雲龍茶一十餅、清馥香二貼、琴絃二副、阮絃二副、打馬盤一副、黄串香二兩、心字香二兩、黑篤耨二兩、紅字香五兩、木栖面油一十合、華撥一十兩、華澄茄一十兩、南鵬砂五兩、南粉三十兩、紅帶鞓二副、異樣茶一十夸。昴回答伯達泛送第一次土物，生白暗花羅二疋、生白木錦二疋、白紡絲一疋、生白大公服羅二疋、生白大縠紗二疋、生桃皮絹二疋、上等建茶二百夸、花夸茶四夸、密雲龍茶一十餅、清馥香二貼、琴絃二副、阮絃二副、打馬盤一副、黄串香二兩、心字香二兩、黑篤耨二兩、木栖面油一十合、紅帶鞓二副、異樣茶三十夸。思等回答左右都管泛送土物，各生白暗花羅一疋、生白素羅一疋、生白春羅一疋、生白縠紗二疋、龍團勝雪四夸、花夸茶二夸、建茶三十夸、黄串香二兩、紅軟香二兩、黑軟香二兩、龍涎香二十餅、心字香二兩、拂手佩帶二箇、木栖面油一十合、紅鞓二副、阮絃二副。兗等令北引接傳語思等致謝受訖。至晚，互相傳語安止。

十二日早，思等與完顏兗等互相傳語萬福。天使陳洵禮賜内中酒菓，兗等受賜訖。思與兗等各上馬同行，赴浙江亭觀潮。出驛，思顧兗等云：「昨日宴回歸館，得歇麽？」兗應喏。兗又云：「館伴尚書不勞困麽？」思云：「不覺困倦。」思又云：「連日陰晴不常，適來又有數點雨，且喜得晴。」兗應喏。次至浙江亭，下馬分位，兗等告各位茶酒，從便看潮。思等循例從之。次換窄衫出位。承受劉信之等押賜到酒菓，思等與兗等對立，各稍前，思等傳旨：爲使人觀潮，賜到御前酒菓，令使、副多飲，仍免謝恩祗受。兗等躬身祗受，云：「感皇帝恩。」分位供酒食訖。兗等循例支散弄潮人例物畢。換公裳，出位上馬間，昴顧路伯達云：「江潮可觀麽？」伯達云：「煞可觀。」昴又云：「連日蒙惠土物，已遣人致謝。」伯達云：「甚感彼此。」行至候潮門外，思顧兗云：「適來看潮得子細否？甚壯觀。」兗云：「煞好看。又得晴明，看得子細。」思答云：「晴色甚佳。」至都亭驛中門裏，對立馬相揖，分位下馬。思等循例送兗等第三次私覿。各纈羅、纈絹、木綿、虔布各一十疋，龍團、鳳團茶各一斤，建茶五十夸。兗等令北引接傳語思等致謝受訖。次兗等回答思等第三次土物，各紵絲一段、透背二段、絨紗二段、斜皮二張、徐呂皮一張、蓯蓉二斤、鹿項合兒一箇、面油二楪、松子一裹、紅乾肉二脚。思等先辭而後循例受之，遣通事傳語致謝。次思等回答兗等第二次泛送土物，各生白暗花羅二疋、生白紅邊羅二疋、生白中春羅二疋、生白貢縠紗四疋、建茶一百夸、龍團勝雪六夸、紅鞓二副、紅軟香二兩、黑篤耨二兩、黄串香二兩、上品龍涎香三十餅、建茶盞一十隻、黑漆茶托子一十隻、茶筅子四箇、錦圓荔枝五百顆、荔枝五百顆、琴絃五副、阮絃五副、細扇一十柄、聚扇一十柄。思回答左都管泛送第二次，生白樗蒲綾三疋、生白春羅一疋、生白貢縠紗一疋、建茶一十夸、小龍茶三餅、薰衣香一貼、黄串香一兩、心字香一兩。昴回答左都管泛送生白暗花羅三疋、生白春羅一疋、生白貢縠紗一疋、建茶一十夸、小龍茶三餅、薰衣香一貼、黄串香一兩、心字香一兩。思回答右都管泛送生白樗蒲綾一疋、生白暗花羅一疋、生白縠紗一疋、生白蓮花紗一疋、小龍茶三餅、建茶一十夸、薰衣香一貼、黄串香一兩、心字香一兩。昴回答右都管第二次泛送，生白樗蒲綾一疋、生白暗花羅二疋、生白春羅二疋、生白素羅二疋、生白貢縠紗二疋、蓮花紗二疋、小龍茶三餅、建茶一十夸、薰衣香一貼、黄串香一兩、心字香一兩。兗等令北引接傳語思等致謝受訖。繼而思等回答北書表押遞，共生白樗蒲綾五疋、中紅邊羅一十疋、生白暗花羅五疋、貢春羅一十疋、貢縠紗一十疋、蓮花紗一十疋、小龍團茶一十餅、上等建茶一百夸、聚扇一十柄、心字香五兩、紅鞓五副，逐人到謝受訖。至晚互相傳語安止。

十三日早，思等與完顏兗等互相傳語萬福。同行馬赴朝辭。出驛，至南宮門外，思等下馬至南宮門内隔門裏，兗等下馬，同行入客省幕次。報班朝辭訖，各歸幕次。思等令通事傳語請兗等赴客省茶酒，兗等告免，思等循例從之。次引就幕次，對立相揖，思顧兗等云：「使事已畢，伏惟歡慶。」兗云：「甚感。」路伯達云：「相別有期。」昴顧兗等云：「朝辭已畢，成禮而歸，可以爲慶。」兗應喏。伯達云：「皆自台庇，相別有期。」次相揖訖。各於元下馬處上馬，同行出南宮門，至都亭驛，相揖分位，下馬，思等令通事轉送朝辭衣帶等，入位。臨安府書送兗等却回臨安府土物，出位。監廚王德謙密賜兗等大銀器，兗等受賜訖。次押伴葛知院到驛，與兗等互傳名銜。天使王德謙賜御筵，符澄賜酒菓，思等令通事請兗等受賜御筵。少頃，兗等以下過位受賜訖，與天使互展起居狀，相揖畢，知院同思等謝坐，次兗等謝坐訖。

周去非《嶺外代答》卷二《外國門上・安南國》 紹興二十六年乙入貢，許之。乃遣使由欽[州]入。正使，安南右武大夫李義；副，安南武翼郎郭應。以五象充常進綱外，更進昇平綱，以安南太平州刺史李國爲使。所獻方物甚盛，表章皆金字。貢金器凡一千二百餘兩，以珠寶飾之者居半。貢珍珠，大者三顆如茄子，次六顆如波羅蜜核，次二十四顆如桃核，次十七顆如李核，次五十顆如棗核，凡一百顆，以金瓶盛之。貢沉香一千斤，翠羽五十隻，深黃盤龍段子八百五十匹，御馬六匹，鞍轡副之，常進馬八匹，馴象五頭。

周去非《嶺外代答》卷五《財計門・邕州橫山寨博易場》 蠻馬之來，他貨亦至。蠻之所齎，麝香、胡羊、長鳴雞、披氈、雲南刀及諸藥物。吾商賈所齎，錦繒、豹皮、文書及諸奇巧之物。於是譯者平價交市。招馬官乃私置場于家，盡攬蠻市而輕其征，其入官場者，什纔一二耳。隆興甲申，滕膺子昭爲邕守，有智數，多遣邏卒於私路口邀截商人越州，輕其税而留其貨，爲之品定諸貨之價，列賈區於官場。至開場之日，羣商請貨于官，依官所定價，與蠻爲市，不許減價先售，悉驅譯者導蠻恣買。遇夜則次日再市。其有不售，許執覆監官，減價博易。諸商之事既畢，官乃抽解，併收税錢。賞信罰必，官吏不敢乞取，商亦無他縻費，且無冒禁之險。時邕州寬裕，而人皆便之。

趙彦衛《雲麓漫鈔》卷五 福建市舶司常到諸國舶船，大食、嘉令、麻辣、新條、甘秠、三佛齊國則有真珠、象牙、犀角、腦子、乳香、沉香、煎香、珊瑚、琉璃、瑪瑙、玳瑁、龜筒、梔子香、薔薇水、龍涎等。真臘亦名真里富，三泊、綠洋、登流眉、西棚、羅斛、蒲甘國則有金顔香等。渤泥國則有腦版。闍婆國多藥物。占城、目麗、木力千、賓達、儂、胡麻巴洞、新洲國則有夾煎。佛囉安、朋豐、達囉啼、達磨國則有木香。波斯蘭、麻逸、三嶼、蒲哩喚、白蒲邇國則有吉貝布、貝紗。高麗國則有人參、銀、銅、水銀、綾布等物。大抵諸國産香畧同。以上舶船候南風則回，惟高麗北風方回。凡乳香有揀香、缾香、分三等。袋香、分三等。榻香、黑榻、水溼黑榻、纏末。如上諸國，多不見史傳，惟市舶司有之。

趙彦衛《雲麓漫鈔》卷六 金國每年賀正旦生辰遣使，所過州縣，日有頓，盱眙、鎮江、平江、赤岸有宴。平江排辦司數：

捧船、當直、防護、鎗旗、棹手、火臺、火把、岸棹、燈籠，共用五千三百一十四人。

防護禁軍一百三十二人，鄰州替。

捧船人二千六人。

使副當直一百六十人。

准備阻風添捧船一百五十人。

旗鎗隊一百二十人。

運使捧船二百九十六人。

盱眙、鎮江、平江三押宴，防護、當直、捧船一百五十人，使船捧手六十人。

押進馬至鄰州十三人。

沿流五巡尉，火臺、火把、岸棹三千一百七十六人。火臺一千八百六十二座。

燈籠四百七十一碗。

火把船九十八隻。

接伴使副當直五十人。

捧船二百四十人。

遞馬船十隻。

每程用帶毛角羊二千斤，四程計八千斤。

北果錢五百貫。

御筵果卓十行，行十二楪。

食十三琖並雙下。

頓食使副每分：

羊五斤、猪五斤、麪四斤、粳米五升、雞一隻、鴨一隻、鯉四斤、油半斤、柴三十斤、炭二秤、四兩燭一對、酒一斗、果三十楪、蜜煎十楪，油鹽醬菜料物各有數。

點心

粟一升、羊一斤半、猪腰子一對、麪一斤半。

上中下節各有降暰，若折錢，使副折銀三兩三錢、都管九錢一分、上中節七錢六分、下節四錢五分半。

御筵不坐折金七錢。

姑蘇館批支一千五十六貫八百十五文。

公使庫一千六百一十九貫四百五十八文。

軍資庫八千七百六十七貫一百五十九文。

凡賀正生辰來回程，御筵、頓食等，每次用二萬貫，共四萬貫，他州亦不減此。

趙汝适《諸蕃志》卷上《志國・交趾國》 交趾，古交州。東南薄海，接占城。西通白衣蠻。北抵欽州。歷代置守不絶，賦入至薄，守禦甚勞。皇朝重武愛人，不欲宿兵瘴癘之區，以守無用之土。因其獻款，從而羈縻之。王係唐姓。服色飲食略與中國同，但男女皆跣足差異耳。每歲正月四日，椎牛饗其屬。以七月十五日爲大節，家相問遺，官寮以生口獻其酋。十六日開宴酬之。歲時供佛，不祭先。病不服藥。夜不燃燈。樂以蚺蛇皮爲前列。不能造紙筆，求之省地。土産沉香、蓬萊香、生金、銀、鐵、朱砂、珠、貝、犀、象、翠羽、車渠、鹽、漆、木綿、吉貝之屬。歲有進貢。其國不通商。以此首題，言自近者始也。舟行約十餘程抵占城國。

趙汝适《諸蕃志》卷上《志國・占城國》 土地所出，象牙、箋、沉速香、黄蠟、烏樠木、白藤、吉貝、花布、絲絞布、白氎簟、孔雀、犀角、紅鸚鵡等物。官監民入山斫香輸官，謂之身丁香，如中國身丁鹽税之類，納足聽民貿易。不以錢爲貨，惟博米酒及諸食物，以此充歲計。【略】商船到其國，即差官摺黑皮爲策，書白字，抄物數，監盤上岸，十取其二，外聽交易，如有隱瞞，籍没入官。番商興販用腦、麝、檀香、草席、涼傘、絹、扇、漆器、甆器、鉛、錫、酒、糖等博易。【略】周顯德中，始遣使入貢。皇朝建隆、乾德間，各貢方物。太平興國六年，交趾黎桓上言，欲以其國俘九十三人獻于京師，太宗令廣州止其俘，存撫之。自是貢獻不絶，輒以器幣優賜，嘉其嚮慕聖化也。

趙汝适《諸蕃志》卷上《志國・三佛齊國》 番商興販用金、銀、甆器、錦綾、纈絹、糖、鐵、酒、米、乾良薑、大黄、樟腦等物博易。其國在海中，扼諸番舟車往來之咽喉，古用鐵索爲限，以備他盜，操縱有機，若商舶至則縱之。比年寧謐，撤而不用，堆積水次，土人敬之如佛，舶至則祠焉，沃之以油則光焰如新，鱷魚不敢踰爲患。若商舶過不入，即出船合戰，期以必死，故國之舟輻凑焉。【略】其國自唐天祐始通中國。皇朝建隆間凡三遣貢。淳化三年告爲闍婆所侵，乞降詔諭本國，從之。咸平六年上言，本國建佛寺以祝聖壽，願賜名及鐘，上嘉其意，詔以「承天萬壽」爲額，并以鐘賜焉。

趙汝适《諸蕃志》卷上《志國・天竺國》 天竺國隸大秦國，所立國主悉由大秦選擇。俗皆辮髮，垂下兩鬢及頂，以帛纏頭。所居以石灰代瓦，有城郭居民。王服錦罽，爲螺髻於頂，餘髮剪之使短。晨出坐毾皮，毾乃獸名。用朱蠟飾之，畫雜物於其上，羣下皆禮拜祝壽。出則騎馬，鞍轡皆以烏金銀鬧裝，從者三百人，執矛劍之屬。妃衣大袖鏤金紅衣，歲一出，多所賑施。國有聖水，能止風濤，番商用琉璃缾盛貯，猝遇海皺波，以水灑之則止。後魏宣武時，嘗遣使獻駿馬，云其國出獅子、貂、豹、橐、犀、象、瑇瑁、金、銅、鐵、鉛、錫、金縷織成金罽、白疊、毾㲪，有石如雲母而色紫，裂之則薄如蟬翼，積之則如紗，縠有金剛石，似紫石英，百鍊不銷，可以切玉，又有旃檀等香，甘蔗、石蜜諸果。歲與大秦、扶南貿易，以齒貝爲貨。俗工幻化。有弓箭甲矟飛梯地道及木牛流馬之法，而怯於戰鬪。善天文算曆之術，皆學《悉曇章》書。以貝多樹葉爲紙。唐貞觀、天授中，嘗遣使入貢。雍熙間有僧囉護哪航海而至，自言天竺國人，番商以其胡僧，競持金繒珍寶以施，僧一不有，買隙地建佛刹于泉之城南，今寶林院是也。

葉隆禮《契丹國志》卷之二一《南北朝餽獻禮物・契丹賀宋朝生日禮物》

宋朝皇帝生日，北朝所獻：刻絲花羅御樣透背御衣七襲或五襲，七件紫青貂鼠翻披或銀鼠鵝項鴨頭納子，塗金銀裝箱，金龍水晶帶，銀匣副之，錦緣帛皺皮鞾，金玦束皂白熟皮鞾鞢，細錦透背清平內製御樣，合線摟機綾共三百匹，金銀龍鳳鞍勒，紅羅匣金線綉方韉二具，白楮皮黑銀鞍勒毡韉二具，緑褐楮皮鞍勒海豹皮韉二具，白楮皮裹筋鞭一條，紅羅金銀線綉雲龍紅錦器仗一副，黄樺皮纏楮皮弓一口，紅錦袋皂雕翎羱角骲頭箭上，青黄雕翎箭十八，法漬法曲麵麴酒二十壺，蜜曬山菓十束欞椀，蜜漬山菓十束欞，疋列山梨柿四束欞，榛栗、松子、郁李子、黑郁李子，面棗，楞梨，棠梨二十箱，麵秔糜梨粆十椀，蕪荑白鹽十椀，青鹽十椀，牛、羊、野猪、魚、鹿臘二十二箱，御馬六匹，散馬二百匹。

正旦，御衣三襲，鞍勒馬二匹，散馬一百匹。國母又致御衣綴珠貂裘、細錦刻絲透背，合線御綾羅綺紗縠御樣，果實，雜粆，腊肉凡百品，水晶鞍勒，新羅酒，青白鹽。國主或致戎器賓鐵刀，鷙禽曰海東青之類。

承天節，又遣庖人持本國異味，前一日就禁中造食以進御云。

王栐《燕翼詒謀録》卷二　國初沿江置務收茶，名曰榷貨務，給賣客旅如鹽貨，然人不以爲便。淳化四年二月癸亥，詔廢沿江八處，應茶商並許於出茶處市之。未幾，有司恐課額有虧，復請于上。六月戊戌，詔復舊制。六飛南渡後，官不能運致茶貨，而榷貨務只賣茶引矣。

葉隆禮《契丹國志》卷之二一《南北朝饋獻禮物·宋朝賀契丹生辰禮物》

契丹帝生日，南宋遺金酒食茶器三十七件，衣五襲，金玉帶二條，烏皮、白皮韡二量，紅牙笙笛，觱栗，拍板，鞍勒馬二匹，纓複鞭副之，金花銀器三十件，銀器二十件，錦綺透背，雜色羅紗綾縠絹二千匹，雜彩二千匹，法酒三十壺，的乳茶十斤，岳麓茶五斤，鹽蜜菓三十罐，乾菓三十籠。其國母生日，約此數焉。

正旦，則遺以金花銀器、白銀器各三十件，雜色羅紗綾縠絹二千匹，雜彩二千匹。

《金史》卷四九《食貨志四》　〔泰和〕八年七月，言事者以茶乃宋土草芽，而易中國絲綿錦絹有益之物，不可也。國家之鹽貨出於鹵水，歲取不竭，可令易茶。省臣以謂所易不廣，遂奏令兼以雜物博易。

周致中《異域志》卷下《吉慈尼國》　盤山爲城，尚胡教禮拜堂百餘所，出金銀、金絲錦。富民居住七層樓閣，多畜牧駝馬，地極寒，春夏雪不消，有雪蛆可食。

《明太祖實録》卷五十六　〔洪武三年九月乙卯〕西洋國王别里提遣其臣亦迭納瓦里沙等來朝進金葉表文。貢黑虎一，兜羅綿被四幅，漫折的花被八幅，皮剔布四匹，槅尼布三匹，沙馬打里布二匹。先是嘗遣劉叔勉等頒即位詔于西洋等國，至是遣其臣偕叔勉入貢。上以其涉海道遠，賜織金文綺、紗、羅甚厚。仍賜以大統曆，使者賞綺、帛有差。

《明太祖實録》卷七十一　〔洪武五年正月壬子〕瑣里國王卜納的遣其臣撒馬牙茶嘉兒、斡的亦剌丹八兒山奉金葉表，貢馬一匹，紅撒哈剌一連，紅八者藍布四疋，紅番布二疋，覬木里布四疋，白苾布四疋，珠子項串一副。并繪其土地山川以獻。先是三年六月遣塔海帖木兒持詔諭其國，至是始與俱來。上謂中書省臣曰：「西洋瑣里，世稱遠番，涉海而來，難計年月，其朝貢無論疏數，厚往而薄來可也。」於是賜卜納的大統曆及織金文綺、紗、羅各四疋，斡的亦剌丹八兒山等文綺、紗、羅各二疋，傔從高麗布各二疋。

《明太祖實録》卷八十五　〔洪武六年十月庚寅〕真臘國巴山王忽兒那遣其臣柰亦吉郎等，暹羅斛國遣昭委直等各進表，貢方物。命皆賜明年大統曆及織金文綺、紗、羅；使臣各賜綺、羅及靴韈。

《明太祖實録》卷九十三　〔洪武七年九月庚寅〕三佛齊國王麻那答實林邦遣其臣没那遐噔等進表，貢方物。命賜其國王大統曆，織金文綺、羅共四十匹；正使綺、羅各二匹，衣一襲；副使綺、羅各一匹；通事文綺一〔匹〕；從人高麗布各一〔匹〕。

《明太祖實録》〔洪武十九年九月甲寅〕朔占城國王阿答阿者遣其子寶部領詩那日勿等來朝賀天壽聖節，獻象五十四隻及象牙、犀角、胡椒、烏木、降香、花絲布并貢皇太子象牙等物。詔賜其國王冠帶、織金文綺襲衣。王子寶部領詩那日勿金二百兩，銀一千兩，織金青羅衣二襲，紅羅衣二襲，繡金文青綺衣二襲，紅綺衣二襲。王孫寶圭詩離班織金青羅衣二襲，紅羅衣二襲，紅緑文綺衣各二襲，綺段六匹，銀一百五十兩。副使、頭目、通事等賜鈔及羅綺衣段有差。并賜養象軍士百五十人衣服。

《明太祖實録》卷一百八十五　〔洪武二十年九月乙未〕高麗國王王禑遣門下評理偰長壽、密直副使尹就等貢金龍雙臺盞一、金盂一、金銀鍾二、銀罐一、玳瑁筆鞘十，黄白黑布六十。安南國王陳煒遣使進馬三十匹。真臘國王參烈寶毘耶甘菩者遣使進象及方物。賜高麗、真臘、安南等國使臣金織文綺衣鈔各有差。

《明太祖實録》卷二百五　〔洪武二十三年十月乙酉〕詔户部申嚴交通外番之禁。上以中國金、銀、銅錢、段疋、兵器等物，自前代以來不許出番。今兩廣、浙江、福建愚民無知，往往交通外番，私易貨物，故嚴禁之。沿海軍民官司縱令私相交易者，悉治以罪。

《明太祖實録》卷二百三十一　〔洪武二十七年正月甲寅〕禁民間用番香番貨。先是上以海外諸夷多詐，絶其往來。唯琉球、真臘、暹羅許入貢。而緣海之人，往往私下諸番貿易香貨，因誘蠻夷爲盗。命禮部嚴禁絶之，敢有私下諸番互市者必寘之重法。凡番香、番貨皆不許販鬻，其見有者，限以三月銷盡。民間禱祀止用松、柏、楓、桃諸香，違者罪之。其兩廣所産香木，聽土人自用，亦不許越嶺貨賣。蓋慮其雜市番香，故併及之。

《明太宗實録》卷二十三　〔永樂元年九月己亥〕禮部尚書李至剛奏：「日本國遣使入貢，已至寧波府。凡番使入中國，不得私載兵器刀槊之類鬻於民，具其禁令。宜命有司會檢，番舶中有兵器刀槊之類，籍封送京師。」上曰：「外夷向慕中國，來修朝貢，危踏海波，跋涉萬里，道路既遠，貲費亦多。其各有貲，以助路費，亦人情也，豈當一切拘之禁令！」至剛復奏：「刀槊之類在民間不許私有，則亦無所鬻，惟當籍封送官。」上曰：「無所鬻則官爲準中國之直市之，毋拘法禁以失朝廷寬大之意，且阻遠人歸慕之心。」

《明宣宗實録》卷二十二　〔宣德元年十一月庚子〕上御右順門諭行在禮部尚書胡濙曰：「昨日御馬監言，西番國師剌麻所進爲各有高下，賞賜亦宜分等第。此言亦可採，若高下同價，則彼將謂朝廷混然無別，所進下者固喜，高者心必不平。卿等宜斟酌適中。」於是禮部定議：中馬一，給鈔二百五十錠，紵絲一匹；下馬一，鈔二百錠，紵絲一匹；下下馬一，鈔八十錠，紵絲一匹；有疾瘦小不堪者，每一馬鈔六十錠，絹二匹。

《明英宗實録》卷二百三十六　〔景泰四年十二月甲申〕禮部奏：「日本國王有附進物及使臣自進附進物，俱例應給直。考之宣德八年賜例，蘇木、硫黄每斤鈔一貫，紅銅每斤三百文，刀劍每把十貫，鎗每條三貫，扇每把、火筯每雙俱三百文，抹金銅銚每箇六貫，花硯每箇、小帶刀每把、印花鹿皮每張俱五百文，黑漆泥金灑金嵌螺甸花大小方圓籍盒并香(疊)〔疊〕等器皿每箇八百文，貼金灑金硯匣并硯銅水滴每副二貫，折支絹布每鈔一百貫，絹一疋五十貫，布一疋。當時所貢以斤計者，硫黄僅二萬二千，蘇木僅一萬六百，生紅銅僅四千三百；以把計者，衮刀僅二，腰刀僅三千五十耳。今所貢硫黄三十六萬四千四百，蘇木一十萬六千，生紅銅一十五萬二千有奇，衮刀四百一十七，腰刀九千四百八十三，其餘紙扇、箱盒等物比舊俱增數十倍。蓋緣舊日獲利而去，故今倍數而來。若如前例給直，除折絹、布外，其銅錢總二十一萬七千七百三十二貫一百文，時直銀二十一萬七千七百三十二兩有奇。計其貢物，時直甚廉，給之太厚。雖曰厚往簿來，然民間供納有限，況今北虜及各處進貢者衆，正宜撙節財用。議令有司估時直給之。已得旨從議。有司言：『時直生紅銅每斤銀六分，蘇木大者銀八分，小者五分，硫黄熟者銀五分，生者三分。』臣等議，蘇木不分大小俱給銀七分，硫黄不分生熟俱五分，生紅銅六分，共銀三萬四千七百九十兩，直銅錢三萬四千七百九十貫。刀劍今每把給鈔六貫，鎗每條二貫，抹金銅銚每箇四貫，漆器皿每箇六百文，硯匣每副一貫五百文，通計折鈔絹二百二十九疋，折鈔布四百五十九疋，錢五萬一百一十八貫。其馬二匹，如瓦剌下等馬例給紵絲一疋，絹九疋。」悉從之。

《明孝宗實録》卷一百五十　〔弘治十二年五月甲申〕初，四川布政司歲運米于貴州者八萬石。内以五萬石折銀，每石銀三錢；三萬石折納布匹，每石布二匹。自成化十六年至弘治十一年，積欠銀、布已多。至是，從貴州巡撫官之奏，每布二匹，暫准徵銀四錢，解補前欠之數；十二年以後，仍銀、布兼納。

《明武宗實録》卷一百三十九　〔正德十一年七月己丑〕初，鎮守河南太監廖堂附逆瑾勢，假以進貢，無名之徵百出。其後繼之者，率以爲常。於是河南巡撫都御史李充嗣言：「近時鎮守太監進貢有古銅器、窑變盆、黄鷹、角鷹、錦鷄、獵犬、羔羊皮之類，皆假名科斂，自爲取財之計。此外又有拜見銀、須知銀、圖本銀、税課司銀、出辦椿草銀、扣除驛傳銀、馬價銀、甲首夫銀、快手月錢銀、河夫歇役銀，動以數十萬計。而左右用事之人，私於下屬賣馬、賣布、賣紙、賣鈔、賣鋪陳，又於沿河抽索客貨，其弊甚多。乞行禁止，以甦民困。」詔：「進貢如舊，其下人科取者禁之。」

陳子龍《明經世文編》卷四二二　李化龍《李襄毅公撫遼奏稿·議義州木市疏》　本年四月内，據通事胡以平於禮稟稱西夷酋首小歹青，要赴廣寧關市買賣領賞，仍采取木植用車裝運。因山阻赴關市不便，要從大凌河順水放至義州大康堡邊墻開市場，與軍民交易等情。隨經備行分巡道會同錦義將領查議去後，令據分巡遼海東寧道、兼理廣寧等處兵備、右參政王邦俊呈稱行準管義州參將事副總兵李如梅手本開稱，行據義州備御盧得功會同本營中軍楊應元呈稱，查得嘉靖三十年間，小歹青伊祖柏哥帶領達賊二千餘騎，在千大康、太平二堡邊外住牧年久，以爲地方屬夷，上邊講易木植買賣。當有前任參將王重禄因柏哥原系屬夷，本城尚有三千精健兵馬，足堪防禦，准令軍民人等各馱米糧與柏哥止换木植二三次。原無設立關口市圈，亦無請動官錢，後前夷被大虜達賊頭日得知，怒其內向，帶領衆賊將柏哥等殺回，至今再無買賣。

今照小歹青既要從大康堡凌河放木買賣，似亦舊例，但諸夷入市，不當散亂，須有一定關口。其關口應設大康堡久安臺迤西風口嶺地方，亦當有木場馬圈，應設本堡正西門河東岸。其駕馭官應添提調官一員，即駐本堡專管木市事務。防範兵馬，本城育馬官軍家丁，除公差塘砲等項外，見在不滿八百，委屬不足，請乞合無於別營量撥勁兵一枝以防不虞。每歲春秋二季，每季按月三五次，准其出入交易，以復先年舊例等因。

又准錦州前任遊擊劉仲文手本，開稱查得錦州嘉靖初年夷人互市，在於大鎮堡鎮邊山大福堡、卧佛寺二處，通夷買賣。後遇年荒，大虜屢犯，屯民十室九空，夷市禁止。及查錦州各邊山險陡峻，樹木稠密，兵馬單弱，防護不便，似難開市等因，各回復到道，並將緣由回報到臣。

又經移文鎮守總兵董一元查議相同，及稱撫賞酒肉等物，責令守堡官備辦，不必另設提調緣由。回復前來，該臣會同總督薊遼保定等處軍務兼理糧餉經略御倭都察院右都御史兼兵部右侍郎孫鑛，鎮守總兵官太子太保左都督董一元，巡按山東監察御史宋興祖，議照環遼而穴者皆虜也。迤北土蠻種類多不可數勿論，即近邊者，直寧前則長昂，直錦義則小歹青，直廣寧、遼沈則把兔兒粆、花花大諸酋，直開鐵則伯言兒、煖兔諸酋；其在東邊海西，則猛骨孛羅、那林孛羅、卜寨諸酋，建州則奴兒哈赤、速兒哈赤諸酋。以上酋虜無慮數萬，凡皆與遼地相錯如綉，人項昔相望，并墻圍獵則刁斗劍戟之聲相聞。蓋肘腋腹心之憂也。

自那卜二酋被剿，奴速兩兒受撫，數年來東垂無事。去歲把兔伯言兒戰死，粆花花大一敗涂地，今年伯言之子宰賽受罰，入市廣寧，遼、沈、開、鐵間警報漸希，所未馴伏者惟有長昂小歹青耳。而小歹青者素以凶狡雄長諸酋，且其巢穴當衆虜之中，北結土酋，爲其心腹耳目，西助長昂，東助粆花諸虜。大舉動以數萬，無所不窺，小竊則飛騎出没於錦、義之間，如鬼如風，不可踪迹。該地將領自周之望、柏朝翠戰殁，繼之者摇手相戒，無敢以一矢相加遺。年來凌河上下方數百里，野多暴骨，民無寧宇，連阡沃壤，棄爲甌脱。遠慮者每以河西不保爲虞。

臣化龍在事以來，數爲之輟食而嘆，謂「小歹青不死，遼左之憂，且未艾也。」

乃自今歲入春以來，此酋數數遣使叩頭求市，每來則獻人口二三十名，最後以其喇嘛僧送被虜生員薛天成來。臣與鎮臣庭詰其僧，僧言歹青厭兵矣，今且從佛教，願不復爲賊，第求兩家一家耳。臣等未敢信，復陰詢其生員，言「歹青自去冬遣使啗東虜歸，而言東虜帳半空，多寡婦，日携其胡兒啼，遠近聲相聞也。其妻心動，懼且爲穹廬嫠，日夜垂涕泣而道之和。歹青亦心怦怦怔怔然，進則虞有高平之辱，居恐復有搗巢之舉，日夜馳遊騎四出偵我，若旦夕加兵者。然其所爲求款者，即將來不可知，目前似無他矣。」於是臣等乃問喇嘛虜所願者何，曰：「願無出兵搗其巢；願夷人來降者，留其馬；願漢人回鄉者留其人，歸其馬；願得於凌河賣木以養窮夷之不搶則無以爲生者。」臣等謂爾無入則我無出，誰復搗爾巢，廣寧降夷多不可勝用矣。且內地所不足非馬也，惟回鄉而歸其馬則無利，恐流人遂不復回鄉。自後降夷來入馬皆無受回鄉，而有馬者馬給其人，不復歸爾。凌河賣木事至重需後命，虜使唯唯。

臣等因謂：「我亦有所願，願自關門以西錦義沿邊十五堡，爾無以一人一騎入。若他虜從此入者爾拒之；拒之不得，則以實報，俾得早爲備。大虜來爾止之，不得亦以實報，俾得早爲備。願爾無陰隨諸虜入犯，而陽爲報以匿其名；願爾無勾連大虜且爲之向導，冀以大舉償零竊。」虜使亦唯唯。因令之赴關，關將吏監之，殺馬牛鑽刀説誓盟於天。因報箭入市，賣馬以去。無何，而關西報長昂聚兵三千謀犯寧前，居久之，歹青遣使來報，長昂且犯錦、義。既而長昂果犯錦義，以先知副總兵李如梅待之於邊，擊却之。半日而出，陰遣邏者尾之。至嘗向西南去，果長昂賊也。於是，臣等始信此酋之求款者。將來不可知，目前果無他矣。

始爲行查賣木事，據鎮道將領，皆謂有利無害，可行無疑。臣等猶未敢信，復召彼地居民之有知者，及士人之習邊事者，遍問之，皆曰：「可。」大約謂其便有五：河西無木，木皆在邊外。自屬夷叛亂以來，遼人無敢出邊一步者。材木之費，止仰給河東。道遠又時有虜警。不時至，至亦不多，故河西之材木貴於玉。自市通而河西材木不可勝用也，一。所疑於虜者，犬羊無信耳。第虜重市以爲金路，當市之時，多不肯搶。一日市則一日不搶，一處市則一處不搶。即今日市而明日搶，搶非有加於往日也，而我已收今日不搶之利；即今年市而明年搶，搶非有加於往年也，而我已收今年不搶之利，二。遼東馬市，成祖文皇帝所開也。無他賞，賞即以市税。無他市本，聽商民與之交易，官第爲之治其爭而防其變。故虜以市爲命，而民亦以市爲利。木市與馬市等耳，有利於民，不費於官，三。大舉之害酷而希，零竊之害輕而數。小歹青不搶錦義之零竊少矣，而又西不助長昂，東不助粆花，則虜勢漸分，即寧前、廣寧之患亦漸減。且大舉先報，又得以預爲之備，四。所惡於和戎者，微獨以多費也，蓋亦弛備之害大焉。今大舉不絶，必不至弛備而零竊頓希，益得以修備，五。此五者利害較然如白黑。一二可指數也。於是，臣等乃知木市果可行無疑也。

臣等又恐此特其酋長畏死求和，或未必能戢其下，姑少延之。自夏及秋，果無零賊内入者。又恐夷人或假入市有他舉，或即於市中生事，亦未可知。因以便宜與約市期，匿盛兵待之，而令副總兵李如梅、通判俞方策與之爲市，且令虜不許多至，致生他虞。至九月二十日，虜果以百餘放木三百五十零至堡前臨河與軍民交易，不終日而畢。即以市税、市酒、食量賞之，市夷與居民各大歡悦而退。於是，臣等益信此酋目前果無他，而木市果可行無疑也。

其地宜在義州大康堡以近凌河，且先年故處也。其期歲春秋各一，春以三四月，秋以七八月。水方盛，便放木。且非大舉之時，無他變也。每季市不過三五次，人不過五六百，便防閑也。守堡官即加以提調銜，聽臣等劄委，不必銓除。既便彈壓又省事，且省官也。屆市期仍發正兵營勁兵一千防護，畢市而歸去鎮城，遠不盛兵不足以待變也。市夷止犒以酒食，不必他賞。賞在馬市，不重山。且木税無多，難浮費也。庶幾乎制馭有完策，而木市無他虞乎！

臣等又惟遼左事體，與他鎮不同。他鎮皆貢虜也，市必不搶，搶必不市。蓋其費内帑金錢以數萬，計明以此爲餌釣之，彼亦中吾之餌而不敢變，亦不肯變，勢則然也。若遼之馬市，止可當他鎮之民市耳。民以爲利，故虜雖有順有逆，市終不爲之罷。費不在官，故市之或開或塞，官亦不任其責。蓋犬羊之性，喜則人，怒則獸。而制馭之法，來不拒，去不追，戰守和交發而互用。成祖文皇帝所爲經理遼左，法至善也。

今之木市與馬市等，偶爾虜慴於戰勝之餘威，耳就籠絡，故臣等亦啗以交易之微利，暫與休息。今而後其以爲香餌一吞而不復吐乎？所不敢知。其以爲鷄肋，暫食而旋復棄乎？所不敢知。自山、陝諸邊撫賞數萬，不能保其終不渝盟，臣等以郊丘一市欲其守空約而長無後患，一何其所持者狹，所欲者奢乎！惟是其市也，利可牧於目前；其不市也，害不加於往日。擇福於重，擇禍於輕，臣等固已言之矣。是故自今以後，虜情少變，則當罷。罷而虜復輸款，則又當開。開而或陽順陰逆，或東市西搶，則不直罷，或剿其衆，或搗其巢。當惟其所爲而不得謂之啓釁。總之防撫者惟盛兵爲備，不必以市否爲弛張綜核者，惟隨事考成，不必以市否課功罪。一切制馭機宜，皆聽臣等督撫鎮道竟自主張，不必瑣瑣瀆聞。一如馬市故事。庶邊臣得以展意設施，無所疑慮，虜雖悍且黠，當不復出吾籠絡中矣。

伏乞勅下兵部查議覆請行臣遵奉施行，地方幸甚！

吴從先《小窗自紀》卷一《雜著》 賣賦之金多不爲貪，連城之璧售不爲炫。蓋千金可賣一字，而一字關人榮辱，即千金不能酬；十五城可换一璧，而一璧系國重輕，即十五城不能抵。

葉珍《明紀編遺》卷一《市馬大略》 按《會典》馬政，太僕寺苑馬寺專理，衛所屬太僕監苑屬苑馬，而統於兵部，其見於諸司職掌 者有四，曰廄牧，曰關换，曰折糧，曰收買。廄牧有民間孳牧，軍衛孳牧，京府寄牧，營衛放牧諸條。關换，凡官軍關撥馬匹操練，該衛官吏保結關領，有騍馬與兒馬願换者聽。折糧乃各土官秋糧，願折納馬匹起解到部，令獸醫辨驗明白，送御馬監交收，馬或不堪，責令差來土官陪納收買。凡官給價鈔於各處收買，并茶易到馬匹，或就彼處給軍騎坐，或起解赴京交納各記其數，事例詳矣。若夫互市之法《會典》不載，故略言之。太祖南征北討，兵力有餘，惟以馬爲急，江北雖孳養民間，立羣頭羣牧，免其地丁而取之，歲月未能數馬以對，故分遣使臣，以財貨於各邊市馬。而降服土目來朝，及正元萬壽之節，内外藩屏將帥，皆用馬爲幣，自是馬漸充實矣。時兵部奏定永寧茶馬司以茶易馬之價，宜如河州茶馬司例，凡上馬，每匹給茶四十觔，中馬三十觔，下馬二十觔，從之。又敕諭松州衛指揮僉事耿忠曰：西番之民歸附已久，而未嘗責其貢賦，聞其地多馬，宜計其地之多寡以出賦，如三千户則三户共出馬一匹，四千户則四户共出馬一匹，定爲常賦，使其知尊君親上奉朝廷之禮也。高家奴等市馬高麗，還言高麗王表請不受馬直，上諭禮部曰：朕待諸番，務以誠信，彼前聽約束，許其互市，故遣人市馬。今彼言不敢受直，豈其本心，蓋畏勢而已。以勢逼人，朕所不爲。爾其以朕意，洛其國王知之。仍諭延安侯唐勝宗，俟高麗馬至，擇其可用者以直償之，駑弱不堪者，量減其直。敕至遼東，適高麗送馬三千四十四至，勝宗如敕償直。既而耽羅國亦以馬來貢，詔如高麗償之。四川巖州衛奏，每歲長河西等番商，以馬於雅州茶馬司易茶，其路由本衛經黎州始達茶馬司，往復路遠，今宜移置茶馬司於巖州，定價上馬一匹與茶一百二十觔，中馬七十觔，駒馬五十觔，從之。永樂之初，兀良哈頭目哈兒兀歹，遣其部屬脱忽思貢馬，命賜鈔幣襲衣并償其馬直。又立遼東開原廣寧馬市，定價上上馬絹八疋、布十二疋，上馬絹四疋、布六疋，中馬絹三疋、布五疋，下馬絹二疋、布四疋，駒絹一疋、布三疋。未幾，兀良哈等處告饑，願以馬易米，命所司議直，亦以馬上中下，給米絹多寡之數。正統，增定邊等中鹽納馬則例，每上馬一匹鹽一百二十引，中馬一匹鹽一百引。先是户部定上馬一百引，中馬八十引，鹽商以道路險遠，中納者少，總兵黄直以爲言，故增之。時京師有警，選取馬匹，養於順天府近京屬縣，謂寄馬騎操馬。及京師無事，寄養之馬，不復散去，養馬之家，雖云量免糧差，而賠補餘累不鮮。夫國以民爲本，若因馬而疲民非善政也。嘉靖年間兵部言，祖制養馬在順天，所屬論地派養，此外更無別科，種馬在應天，所屬論丁派種，此外別無他役，因有司怠玩，漫不檢覈，或地歸豪右，而養馬害及細民，或丁多逃移，而種馬漸至損耗，内地馬政之廢，實繇於此。夫善言馬者，宜復洪永，牧馬之政，而仇鸞不知也，密遣家丁時義，結俺答義子脱脱，使貢馬互市，又令史道主市，不以前代馬直，先期議定，而彼部曲以羸馬索厚直，弗與，輒譁。大同市則寇宣府，宣府市則寇大同，甚者朝市暮寇，并羸馬亦掠去，而彼常往來，動稱互市垣堡踐踏，難以固圉，關外馬政之廢，實繇於此。萬曆、天啓時，邊臣緘口不敢言互市，而苑馬寺奉裁太僕，又不修馬政，中原安得有戰馬哉。

葉珍《明紀編遺》卷二《諸番朝貢大略》 海外諸番，元以前多有未通中國，自洪武即位，各番邦皆用金葉表文，遣官朝賀貢獻。雖僻處海外，介爲屏藩天使，常齎詔往返，始知其山水里俗詳矣。如南番澹巴國，在西南海中，景秀地廣，泉香水清，石城瓦屋。王乘輿，官跨馬，有威儀，國人勤生種藝，男女織縷抱布，市平物情，野無争奪，上下相親相遜，稱樂土焉。如南番彭亨國，在東南海島中，與百花國唇齒，倚山爲國，山傍多平原，猛獸稀少，草木暢茂，沃土肥饒，五穀蔬果滋實，其俗爾我親狎，寇盗絶跡，男女椎髻，好誦佛經，煑海收鹽，釀榆作酒。國中有奇花嘉樹，異鳥靈禽，而甘旨更多殊味。時國王剌丁剌者望沙，遣八智亞壇表貢白鹿、紅猴、龜筒、玳瑁、孔雀、鸚鵡、倒掛鳥及胡椒、香臘等物，詔賜金幣還。如爪哇國即古闍婆國，又名蒲家龍，其國分東西二王，所屬有蘇吉丹打板打網底忽諸小國，國王宫磚墉壙高三丈餘，方三十里，屋高四丈，地覆扳，蒙藤花蓆，跏趺而坐，王蓬頭，頂金葉冠，胷縈嵌絲帨，腰束錦綺佩短刀，跣足跨象或乘牛出入。民居茅茨磚庫，男蓬頭，女椎結，上衣下帨，男必腰刀，刀極精巧。刑無鞭朴，罪不問輕重，藤繫刃殺之。市用中國古錢，衡量倍於中國。人有名無姓，尚氣好鬬，顔色黝黑，啖蛇蟲蟻蚓，亦快意也。如真臘本扶南屬國，一名占臘，在東海中，宋宣和初，封爲真臘國，王慶元中破占城，立其國人爲占城王，占城遂爲屬國。又有參半真里登流眉蒲甘諸番，皆屬真臘，人衆地闢，俗尚侈華，東向爲上，右手爲潔，王二日一視朝。婚娶然燈不息，勤力耕種，山産金、銀、銅諸品，奇香及象，林木多翠羽，沼水多異魚。時國王正黎列保昆耶甘苦者，遣使貢象及香，每歲不絶，上優禮報之。若夫大琉球國，在海東南，自福建梅花所開洋，順飆利舶，七日可至，漢魏迄唐宋不服中國，元命大臣招諭亦不從，洪武初，國分爲三，中山王察度，山南王承宗，山北王怕死芝，皆遣使朝貢。其俗以盈虚爲晦朔，以草木爲冬夏，人悉去髭黥手，羽冠毛衣，無禮義，好剽掠，至是委子弟來朝，請入國學奉正朔，設官職，服冠裳，陳俎豆，變蠻夷之習，而有進於中華風氣，太祖喜，賜金銀印并織金文綺帛，送其使臣歸國，而小琉球亦與焉。乃若三佛齊國王馬哈剌孔八剌卜，遣其臣王的力馬罕亦里牙思，奉表來朝，貢黑熊、火鷄、孔雀、五色鸚鵡及諸香、兠羅、綿被、苾布等物。暹羅斛國王參烈昭昆牙，遣其臣柰思俚儕剌識悉替等，奉表來朝，貢馴象，六足大龜及方物，并賀明年正旦，兩國使還，各加賜賚。更若安南，唐虞時南交也，秦爲象郡，漢爲南越所據，梁爲曲承美所據，至宋爲陳日煚取以自王。日煚福州長樂人謝升卿也，識詩書，美姿貌，而落拓不事家人産尚豪俠，殺人變姓名，入安南見國相，會應試，遂得冠軍，時國王昊昷無子，一女名昭盛，女從窗隙窺日煚而悦之，白之王，納爲壻，未幾王死，女主國事，因以與升卿，柄安南政爲國王。及元破蜀後，輕兵下大理，而使使招之，日煚拒使者，元將怒，率精騎萬餘，破其國都，焚其宫廟，日煚跳匿海島，弱不能支，乃貢獻歸附，還國數年而卒，元封其子兆昺爲安南國王，兆昺死，子日烜自立，會元末亂，不相往來。明興二年入賀，仍封爲安南國王，賜駝紐塗金銀印。五年，陳叔明遣人朝貢，却之。當是時煒嗣王位，叔明者煒兄也，專國政，太祖惡其强悍，詔責之，厥後叔明悔過，克盡人臣禮，上恕之，勅封朝貢如初。其俗夷獠雜居，稼穡怠惰，椎髻剪髮，好浴善水，製美酒，善飲。其産金、珠、珊瑚、玳瑁、名香、蘇合油、胡椒、羚羊角、犀、象兕、白鹿、猩猩、佛佛、白雉、翡翠、蚺蛇、蟻子、鹽，鹽波羅密、烏木、蘇木，境内有越王城，天使館，越者取超越各番王之義，天使館所以尊天使之禮也。昔朝鮮亦有焉。攷箕子封朝鮮，傳祚一千一百二十八年，三代受命，未有若斯之多歷者，迄兹箕子祠如故，城郭臨江，絶壁如削，上有層樓出雲表，題曰：朝鮮第一江山。登江舟，狀如亭，上覆重茅，下布紋席，棟梁榱桷，丹青炳曜，四面皆蔽江，且畫船如屋。又以屋作船，凡十餘里，江水中五色石，大小文魚歷歷可數，江上浮碧樓，風月樓，與牡丹諸峯，蒼鬱交翠，映動江心，名勝果無雙也。高麗今之朝鮮也，權臣李仁人之子成桂，竊國柄請更國號，上以外國有文獻者，朝鮮爲最，故賜名之。先是高麗王顓，遣符璽郎，表賀太祖一統建元，願世世備外藩，詔賜大統曆并幣物還。又遣尚書成惟德、將軍金甲良，貢方物賀天壽節，上賜駞紐金印并冠服樂器，及六經、四書、《通鑑》、《漢書》，令中使護使臣歸。明年又遣貢使洪師範、鄭夢周百五十二人來朝，師範等三十九人失風溺死。夢周與百十三人抵都表賀，請以子弟入太學，略曰秉彝好德無古，今愚知之，殊用夏變夷，在禮樂詩書之教，臣國雖僻陋，偏處東隅，自昔皆遣子弟入學於中國，豈惟習君臣父子之倫，抑亦仰聲名文物之盛，伏望皇上察臣向化之誠，使互鄉之童，得齒虞庠之胄，不勝慶幸。上深喜而許之，第憐涉海艱，虞一歲再至，顧謂中書省臣曰：夢周輩幸免胥溺，能歸具述其故，不然遂啓疑端矣。厚宴使臣，給道里費，詔慰國王顓遵三年朝聘禮。是時，徙歸德侯陳理、歸義侯明昇於高麗，賜國王顓金帛羅綺，俾善待之以終天年，則是顓有大造於二侯也。無何，顓爲李仁人所弑，上聞怒，欲討弑賊，適貢使又至，詭曰：嬖臣洪倫弑顓，仁人誅倫立禑也。乃賜顓謚曰：恭愍封禑爲高麗國王。至如車里之外，曰八百媳婦國及烏思藏西天八剌國，去中國甚遠，亦來朝，其遵洪武正朔也，至矣。惟日本國，暗通胡惟庸，故上絶之。至永樂後，朝貢如初，其俗更富麗。他若西洋三十餘國，及滿剌加國各入貢，各受詔封。渤泥國率妃子陪臣來朝，賜宴賜金幣，遣內官送還本國。自永樂六年始也，西域火州國，即唐之高昌西域哈烈國，即漢之大宛，皆來朝受封爵，自永樂七年始也，稽古封止中國山川，永樂封日本山曰壽安鎮國山，又封滿剌加國亦名鎮國，山各立御碑，以示中外大一統之勢，二祖聲教如天地，無不覆幬矣。

社會調查所《清代題本・採辦織造及各項工程》 順治十一年　月　日

順治十一年二月十八日　禮部尚書臣郎丘等謹題

爲進貢水牛角事主客清吏司案呈奉本部送禮科抄出先該臣部題前事。准朝鮮國王咨開議政府狀啓該户曹牒呈節，該歲貢水牛角元數二百面，而所據角面本非該國所産，例就南邊商舶貿得充備去後，近來商舶絶無所特，貿辦路絶，稀貴至此，目今貢使之行雖以僅得充備好歹不等，誠極可慮，而逐年進貢厥數頗敷前頭之事好生渴悶等因具呈。得此，臣等竊照小邦享上之誠靡所不用其極，而角面難辦之狀，果如該曹所稱，則角面不齊果出於事勢之悶迫，而此後例貢准數亦難預必，合無備將前因移咨該部等因具啓，據此合行移咨，煩乞貴部查照咨內辭意，恕諒施行等因到部，該臣等議得朝鮮國今年進到牛角，已經照例察收，以後仍應照定例恭進，容臣部咨覆等因，順治十一年正月二十日奉聖旨：朝鮮國王咨稱貢角每係轉貿，果否非該國所産，還再詳察確議具奏，欽此。欽遵抄部送司案呈到部，該臣部詳查會典開載朝鮮國進貢方物數內原無水牛角，又查得正統年間朝鮮國奏請弓材牛角，准歲買五十枝，又准歲買弓面二百，不得過數，至於水牛角果否該國所産，會典無載。該臣等議得在盛京自丑年定進貢牛角之例見存户部，伏乞勅下臣部會同户部確議具奏等因，順治十一年正月二十五日奉聖旨：著會同户部確議具奏，欽此。欽遵抄部送司案呈到部，臣部隨會同户部詳查，户部案內開載，崇德四年朝鮮國恭進歲貢禮物數目黃金一百兩，白銀一千兩，白苧布二百疋，紅綿紬二百五十疋，緑綿紬二百五十疋，白綿紬一千五百疋，細轆轆裏四百疋布一千四百疋，紅木綿五百疋，藍木綿五百疋，鴉青木綿四百疋，白木綿一千四百疋，木綿七千二百疋，五爪龍簾四張，各樣花簾四十張，豹皮一百張，鹿皮一百張，獺皮四百張，青黍皮三百張，水牛角弓面二百副，好腰刀二十六把，順刀二十把，蘇木二百觔，胡椒十斗，茶一千包，好大紙一千卷，小紙一千五百卷，米一萬包。崇德七年以前俱照前數查收，八年內緑綿紬五十疋，白綿紬五百疋，細轆轆裏三百疋，粗布二百疋，好腰刀六把，五爪龍簾二張，各樣花簾二十張。減免崇德八年黃金一百兩，白銀一千兩，白苧布二百疋，紅綿紬二百疋，緑綿紬二百疋，白綿紬一千疋，細轆轆裏一百疋，布一千四百疋，紅木綿五百疋，藍木綿五百疋，鴉青木綿四百疋，白木綿一千四百疋，木綿七千疋，五爪龍簾二張，各樣花簾二十張，豹皮一百張，鹿皮一百張，獺皮四百張，青黍皮三百張，水牛角弓面二百副，好腰刀二十把，順刀二十把，蘇木二百觔，胡椒十斗，茶一千包，好大紙一千卷，小紙一千五百卷。順治元年照八年數收訖。內順治二年紅綿紬一百疋，緑綿紬一百疋，白綿紬五百疋，紅木綿二百五十疋，藍木綿二百五十疋，鴉青木綿二百疋，木綿二千疋，好腰刀十把，順刀十把，蘇木二百觔，茶一千包，米九千包減免。二年查收數目，黃金一百兩，白銀一千兩，紅綿紬一百疋，緑綿紬一百疋，白綿紬五百疋，白苧布二百疋，紅木綿二百五十疋，藍木綿二百五十疋，鴉青木綿二百疋，白細木綿一千四百疋，木綿五千疋，五爪龍簾二張，各樣花簾二十張，豹皮一百張，鹿皮一百張，獺皮四百張，青黍皮三百張，水牛角弓面二百副，好腰刀十把，好順刀十把，好大紙一千卷，好小紙一千五百卷，胡椒十斗，米一千包查收訖。三年照二年數目查收。內四年白細木綿四百疋，藍木綿五十疋，紅木綿五十疋，木綿一千六百疋，白綿紬二百疋，好順刀十把，水牛角弓面一百副，胡椒十斗，米九百包，折金黄轍轍裏之白苧布二十疋減免。四年查收數目，黄金一百兩，白銀一千兩，白苧布二百疋，紅綿紬一百疋，緑綿紬二百疋，白綿紬三百疋，紅木綿二百疋，藍木綿二百疋，鴉青木綿二百疋，白木綿一千疋，木綿三千四百疋，五爪龍簾二張，各樣花簾二十張，豹皮一百張，鹿皮一百張，獺皮四百張，青黍皮三百張，水牛角弓面一百副，好腰刀十把，好大紙一千卷，好小紙一千五百卷，米一百包查收。七年已上俱照前數查收訖。内八年白綿紬一百疋，木綿六百疋減免。今該收黄金一百兩，白銀一千兩，白苧布二百疋，紅綿紬一百疋，緑綿紬一百疋，白綿紬二百疋，紅木綿二百疋，鴉青木綿二百疋，藍木綿二百疋，白木綿一千疋，木綿二千八百疋，五爪龍簾二張，各樣花簾二十張，豹皮一百張，鹿皮一百張，獺皮四百張，青黍皮三百張，水牛角弓面一百副，好腰刀一十把，好大紙一千卷，好小紙一千五百卷，米一百包等因在案。該臣等二部議得朝鮮進貢數目已 經減免數次，比原額甚少，水牛角雖非該國所産，相應折貢土産。現今各部院需用高麗紙張甚多，一時缺乏，皆係户部買用，所有水牛角應行免進，折好大紙二千卷，小紙一千五百卷筭入原進貢物紙數内，共好大紙二千卷，小紙三千卷。爲此具本謹題請旨。

社會調查所《清代題本·採辦織造及各項工程》 順治 年 月 日

順治十一年三月二十八日，禮部尚書臣胡世安等謹題爲進貢事。主客清吏司案呈，該臣部查得會典開載琉球國進貢年分，永樂年以來諭令二年一貢，進貢方物數目：馬刀、金、銀酒、海金銀粉，厘、瑪瑙、象牙、螺殼、海巴、擢子扇、泥金扇、生紅銅、錫、生熟夏布、牛皮、降香、木香、速香、丁香、檀香、黄熟香、蘇木、烏木、胡椒、琉黄、磨刀石在案。該臣等議得琉球進貢方物數目及二年一貢，俱應照會典例移咨該國中山王永爲定例，欽遵施行，謹題請旨。

硃批：是，依議行。

周煌《琉球國志略》卷一四《物産》 糖，碾小蔗汁熬成，亦有冰糖、白霜，聞天使館開時，國人設廠，造糖其中。

梁章鉅《浪跡叢談》卷四《日本》 日本，古倭奴國，唐咸亨初更號日本，以近日出而名也。其國有官名關白者，猶云宰輔之職，代相更替，專國政。國習中華文字而讀以倭音，俗尊佛，尚中國僧，敬祖先，得名花佳果非敬僧即上祖墓。立法嚴，人無争鬭，有犯法者，事覺即自殺。氣候與江、浙、齊，産金磁器、漆器、金文紙、馬，出薩峒馬者良。薩峒馬即薩摩州也，其地山高水寒，刀最利，故倭人好以爲佩。所統屬國，北爲對馬島，與朝鮮接，南爲薩峒馬，與琉球接。對馬島與登州直，薩峒馬與温、台直，長崎與普陀東、西對峙，水程四十更。厦門至長崎，北風由五島入，南風由天堂入，水程七十二更。海道以更計里，一晝夜爲十更云。其與中國貿易者，長崎島爲百貨所聚，商旅通焉。國尤饒銅，我朝經制，鼓鑄所資，滇銅而外，兼市日本銅，謂之洋銅，安徽、江蘇、浙江、江西等省，歲額市四百四十三萬餘斤。商辦銅斤，有倭照以爲憑信，攜帶綢緞、絲斤、糖、藥等物往日本，市銅分解各省。乾隆二十四年禁止絲斤出洋，又兩廣總督請將綢緞、緜、絹一併禁止，嗣據江蘇巡撫奏請，仍許洋商酌量攜帶，每船皆有定額，非辦銅商船，不得援以爲例，從之。前明關白興帥蹂躪朝鮮，八道幾没，後朝鮮内附本朝，而侵淩始息。崇德四年日本島主及對馬州太平守平義成致書朝鮮，脅取土産，朝鮮國王懼，以二書來告，然日本究不敢興兵，則震讋天威之所致也。前明日本使者嗹哩嘛哈上表入貢，明太祖因詢其國風俗，奏答五言詩一首云：「國比中原國，人同上古人。衣冠唐制度，禮樂漢君臣。銀甕蒭清酒，金刀膾素鱗。年年二三月，桃李自成春。」帝惡其不恭，絶其貢獻，示欲征之意。考日本疆域分八道、六十六州、一百二十三郡、八十八浦，宜其不知漢大而云「國比中原國」也。然其人多壽，就國王論，如神武天皇一百二十七歲，孝靈天皇一百十五歲，孝元天皇一百十七歲，昭孝天皇一百十八歲，孝昭天皇一百三十七歲，開化天皇一百十五歲，崇神天皇一百二十歲，垂仁天皇一百四十歲，景行天皇一百有六歲，成務天皇一百有七歲，神功天皇百歲，應神天皇、仁德天皇俱百有十歲，雄略天皇百有四歲，降年之永，中土所希，所云「人同上古人」，蓋言雖大而非誇矣。

江蘇省博物館編《江蘇省明清以來碑刻資料選集·蘇州府爲首飾包金與專做軍裝銅物包金判然兩途應仍各歸各業永禁攙奪立行霸擾碑記》 奉憲勒石永禁

欽加鹽運使銜盡先題補道特調江南蘇州府正堂李，爲給示永禁事。據長洲縣詳，據顔鴻福、陸仁生、郭宗良、周春稟稱：身等首飾店業開設三憲境轄，置造飾物，并包鍍法藍，均屬銀飾包金，向有舊議，賊擾廢弛。現在次第集議，仍整舊章，建立公所，俟辦有端倪，再行陳求立案外，緣被銅器包金之戴玉廷等自立行頭，勒令入行，索擾滋訟，邀荷訊明戴等包金，專做軍裝腰刀器械銅頂，與業本屬兩途。諭令以後各歸各業，毋許紊争，將戴玉廷枷示具結完案，并奉出示禁止。

凡在同業，莫不感激。惟銅器包金一業，動輒集衆妄爲，與身業店民强弱懸殊，斯時幸仗恩威，渠等稍知斂迹，誠恐日久，故智復萌，安分業懦，畏累堪虞。再求查案給示，詳請府憲，移會元吴兩憲一體示諭，俾得勒石永禁，分立三境，庶不致日永漸萌等情，到縣。查前據顔榮三，戴玉廷等先後互控争奪包金手藝業，經卑縣暨元和縣先後訊明顔榮三等飾店首飾包金，與戴玉廷等專做軍裝銅物包金，判然兩途，應仍各歸各業，不准攙奪立行霸業，取結在案。據禀前情，除先録案詳復，一面移會元吴兩縣一體出示永禁外，詳祈立案示禁，勒石遵守等情，到府。據此，合行給示永禁，爲此示仰各該地保及三邑境内首飾店業，軍裝銅物包金各業人等知悉，爾等須知手藝營生，安分爲上，自示之後，務各遵照縣斷，循守舊議，各管各業，勿再攙越牽纏，立行霸擾，自取訟累。如敢故違，一經訪聞，或被告發，定即拿究懲辦，決不寬貸。地保狗縱，察出并懲，各宜凛遵毋違，特示遵。

同治六年三月初七日示

江蘇省博物館編《江蘇省明清以來碑刻資料選集·蘇州銀樓業成立公所各銀樓捐款數目碑記》 竊惟蘇城各業，咸立公所，以作辦公之地，吾業銀樓，向無此舉。年來諸同人均興起好義之心，慷慨解囊，業在此紫蘭巷置屋以爲公所，將來整頓行規，興辦善舉，得以垂久遵循，誠美事也。爰將各號捐數勒石。古語云：莫爲之前，雖美弗彰，莫爲之後，雖盛弗傳，惟望踴躍奮興，同心協力，務使始終如一，永遠奉行。願吾同人其各勉旃。

萬年　恒孚　各助洋十元

榮華　助洋八元

寶慶　恒吉祥　天興祥　九芝

各助洋六元

天寶　萬興　趙泰元　各助洋五元

元裕　助洋四元

鳳祥　泰豐　大華　萬祥　各助洋三元

樊祥　張萬源　汪立成　陸源順　何寶和　蔣東源　鴻寶　文寶和

李正興　吉昌祥　萬福　黄懷遠　景福　榮興　張順泰　福興源

文寶源　曹成泰　陳慶雲　文星

以上各助洋二元

寶泰和　李恒和　符景福　顔鴻福　潘萬春　萬生　錢慶雲　瑞新

德和　莊天保　劉文華　趙萬泰　郭茂椿　泰和　汪源盛　戴祥興

蔣萬全　金聚和　文興　恒和　文元　乾生春　九華　彩雲　陳天元　劉錦泰　郭寶興　沈慶和　信源　鴻祥　慶和興　張萬興　潘順成

萬和　顧永和　源盛祥　鳳和　張萬源　萬順　周天興　徐兆泰

文和祥　榮森　鏶萬華　嚴恒吉　祥興　顧鴻吉　耿椿源　蔣寶盛　吴永和　瑞寶　永和椿　邵天生　王晉元　寶山　寶和　慶盛　趙洪慶　萬順春　陸寶華　萬盛　老至公　椿和　寶和祥　鄭天生　王乾吉　吉祥　徐泰源　三順

以上各助洋一元

光福香山　顧協隆　顧恒隆　各助洋二元

周慶雲　顧一元　朱宏源　朱洪茂　朱洪順　顧恒順　范恒協　范三元

顧源生　鍾志成　王協源　鍾恒利

以上各助洋一元

同治七年小春月　司事敬立

江蘇省博物館編《江蘇省明清以來碑刻資料選集·銀樓業安懷公所向各銀樓募捐銀數碑記》 吾幫銀樓，置産作公所，前已向各寶號勸助，因生意甚微，不能足數，暫會本洋貳百元，襄成其事。今已隔二載，而會款無從措歸，爲此仍向各寶號勸助。已蒙諸君解囊樂輸，總共書洋貳百十七元。已將會款二百元歸楚，彙册報銷，尚該利金洋六十餘元，俟公所得有盈餘，再行補償。

兹將各寶號捐數，開列於左：

恒孚助洋十五元　萬年助洋十二元　方萬利助洋十元　馬榮華助洋八元

東

景福助洋七元　九芝　恒吉祥　天興祥　老泰元　各助洋六元　黄寶

西　新

慶助洋五元　元裕　萬興　徐大華　天寶　李正興　各助洋四元　泰豐　趙萬祥　各助洋三元五角　寶祥　通和　樊祥　張萬源　中市　文寶和　恒裕　郭榮興　以上各助洋三元　鳳祥　張順泰　曹成泰　文星　文寶源　莊天寶　錢慶雲　趙萬泰　寶和祥　雲華　開泰　復泰和

陳天源　陳萬生　以上各助洋二元　彩雲　陸源順　浦寶華　黄懷遠

吴信源　王順　瑞新　瑞寶　慶和興　萬福　李恒和　陳萬順　李

榮森　金聚和　以上各助洋一元五角　張萬源　鳳　和　湯景豐　徐兆泰
鴻　祥　程天興　顧永和　協和成　恒源鑫　陳生茂　祁物華　吴永和　椿
和　乾　吉　劉錦泰　徐泰源　章寶盛　福　星　萬　寶　鴻　寶　寶
和　王鼎茂　咸　泰　蔣東源　乾生春　郭茂椿　九　華　符景福　鄭天生
文　華　文　元　耿春源　蔣寶源　張萬興　戴祥興　魏泰和　德　興
章永和　德　和　以上各助洋一元

以上總共捐助洋貳百十七元

同治九年八月　日　安懷公所謹啓

江蘇省博物館編《江蘇省明清以來碑刻資料選集・銀樓業安懷公所議定簡章十則》　簡章十則

一　此次之所以修復公所者，誠欲聯群情，結團體，互啓新知，勿私小利，使吾業於商戰界上，占進步而操勝算也。凡吾同業，在長元吴境内開張貿易，務宜一體聯絡，恪守定章，以圖公益。

二　銀串漲落，統歸一致，隨時憑衆，酌定平價，由公所派單布告，不得歧異。

三　興利之道，先事革弊，如有以低貨假冒，或影射他家牌號，混蒙銷售易兑者，最足誣壞名譽，擾害營謀，一經查悉，輕則酌罰，重則稟官請究。

四　公所常年經費，公議由各號量力自認，按月收取。一切開支，分四季報銷，以昭信實。

五　如遇來歷不明之物，至各號兑换銀錢貨物，一時失察，誤與交易，迨後案發吊贓，原物尚在，照典當成例，備價取贖。

六　如有新創鋪號，須酌量成本，捐助公所經費。

七　櫃作伙友，或有虧欠，以及他項糾葛，因而借端自歇，非將前項情事理楚後，首不得雇用。若情節較重者，公議出業，或稟官請究。

八　櫃作伙徒如有私取貨料，至他家兑换者，宜互相糾察，不得貪圖便宜，隨手收買。

九　將來經費敷餘，首宜籌備各項善舉，暨普通小學堂，教授同業子弟，次第舉行。

十　所擬各條，均系公決，暫行簡章。如有增改，仍宜由衆公定。

光緒三十二年　月　日

江蘇省博物館編《江蘇省明清以來碑刻資料選集・長元吴三縣爲安懷公所修復銀樓同業應遵守定章禁止有意紊亂碑》　憲諭遵守

江南蘇州府元和長洲吴縣正堂孫陳張爲會銜給示曉諭事。奉本府正堂許札開，據職商吴世昌、吴松熊、陸承勛稟稱，竊蘇郡城鄉銀樓一業，專制金銀飾物，於同治七年，分經葛萬年、程恒孚等稟蒙前憲批准立案，由同業捐資，剏建公所於吴邑南元一圖之紫蘭巷，名曰安懷。嗣以經理不得其人，旋致廢弛，殊堪惋惜。方今朝廷特設商部，并著各直省興辦商會，借以維實業而導利源，其爲全國商界，保持公益，芟除積弊，俾得與東西各國互相争勝者，深且厚矣。商等幸逢其際，敢不急自濯磨，有利興之，有弊革之，以仰副萬一乎。因念公所，爲全業同人整頓規例磋商事務之處，故特邀集同業，一再會議，即於故處修葺而重新之，仍顔以安懷之名，使復舊觀，并擬簡章十則，業中咸樂贊成。惟是修復公所，重整業規，誠爲同業要圖，而經辦伊始，務宜審慎，非求恩准立案，給示遵守，不足以昭鄭重而垂久遠。抄章環請立案給示，并飭三首縣會銜示諭等情，到府。據此，除批示并給示曉諭外，合亟札飭札縣即便遵照一體會銜示諭具復等因，到縣。奉此，合行會銜給示曉諭，爲此示仰銀樓同業人等知悉，須知職商吴世昌等修復公所，系爲重整業規起見，自示之後，該同業等務宜遵守定章，不得有意紊亂。如敢故違，一經指稟，定即提究不貸，其各懍遵毋違，特示遵。

光緒三十二年三月　日示

《邵之棠《皇朝經世文統編》（佚名）中國宜興博覽會説》　博覽會盛行於泰西各國，其制始於英京倫敦。繼之者爲法京巴黎，斯由是而奥京維也吶，美國斐刺鐵斐城，日本東京。三十餘年來踵事增華，無美不備。英、法、奥未知其詳細，美則創於西曆一千八百七十六年，即我聖清同治二年。

先是華盛頓於乾隆乙未年創立美邦，至此已歷百年，故設會以志慶。卒預期擬就章程二十五則，傳佈各國，請將各項人工物巧郵致會中，品其等倫，交相比賽。其意一爲敦好篤誼，二爲鼓勵才能，三爲國與國相親，民與民相睦，各臻富强之業，永息譏慝之風。

是役也，入會者計麥西哥、土耳其、瑞典、哪喊、日本、俄羅斯、比利時、日斯巴尼雅、奥斯地利雅、英屬格羅巴、美之舊金山、英屬新金山、英吉利、法蘭西、義大利、瑞士、德意志、巴西、丹墨、巴爾多格、埃及、美屬火奴魯羅、智利、卑魯、荷蘭、墨西哥，各輪貨物以襄盛事。而我中國亦派江海新關李君小池航海而往，所賫之貨爲雕漆嵌金銀絲象牙螺鈿屏風、扇子、花瓶、顧綉、刻絲、木器，要皆窮工極巧，刻意講求，爲諸西人所未見者。會事既畢，李君襟拔而歸，撮其大略情形，著爲《環游地球新録》，具意謂會建於城西北隅飛莽園內，基廣三千五百餘畝，陳物之院五。一各物總院、一機器院、一繪畫石刻院、一耕種院、一花果草木院，約計每日遊歷五十六里，須兩月始游遍。斯真可謂萃萬寶之菁華，極天人之能事矣。

日本博覽會自維新以後已三次開賽，第一次爲彼國明治十年，即我中國光緒三年。越四年重復舉行，至明治二十三年又舉行第三次，承副總裁農商務大五岩村君以海外招往券郵贈，又得友人岸田氏具賫秣資，乃得附船而往，一縱奇觀。曾設於東京之上野，所陳者皆國內之産，故謂之内國勸業博覽會。計爲本館者七，爲美術館、水産館、農林館、機械館者各一。此外，又有牛馬舍、家禽舍、參考館，共占地四萬三千九百五十坪。會中執事官，除總攝之親王及農商務大臣外，多至一百七十七員，合通國二十九縣及北海道廳之物産，一一臚列其間。入觀者，每日每人征錢七十文，禮拜六減收三十文，禮拜日增收一百五十文。總而計之，每日有一萬人入觀。雖其費不貲，而但計游貲已可日得錢七百千之譜。況諸物一經入會，即有人預期購定，約以閉會日携回會外。更商店如林，五色陸離，任人選購。此其生財之道，不亦超越尋常與！

雖然，予嘗聞之西友矣，各國之設博覽會，非以收游貲爲務，亦非恃乎貨物暢銷，誠以農商百工之流，囿於一隅，平日見聞不廣，自以爲是，則不肯刻意求工；自以爲非，則或且怠於振作，故必使之入會，比較優劣，顯呈優者可獲賞牌，劣者競遭屏棄。而後精神各奮，工益求工，互相觀摩，以臻夫善。且貨棄於地，人或未知，自經博覽會之品評而後知。園廛漆林、山邱墳衍，無一處不蕴美質，即無一處不可擴利源用能，使智慧日開，權利日辟。他日者兵强國富，無不於此會基矣。善夫！

李君之言曰：「僕初觀美國之創是會，似乎徒費。今而知志在聯交誼，獎人材，廣物産，并藉以通有無。蓋一家所需，非僅左右前後所能備，而況一國乎？是會也，舉天下之奇技異能與夫萬物之有益於國計民生者，畢萃於是。舉數十國之交誼好尚、人材之衆寡、物産之美惡，瞭然於前，然後益求其交誼何以敦而固，人材何以用而效，物産何以聚而備，並己國之人材亦因以淬礪，物産亦因以富庶。然則，博覽會之設非謀國之要圖乎？至於日本，則嘗與執政者互相諮詢，僉言「初設博覽會時，器物類多粗窳，未免貽笑於外邦。洎第二次時，粗者漸以精，窳者漸以美。第三次而盡美盡善，外邦人皆讚嘆而稱揚矣。」然則，博覽會固豈徒侈美觀哉！亦商務中所必不可少者耳。

中國自與泰西通道，一切製作往往倣法泰西，開礦也，行船也，製造槍炮軍艦也，凡泰西之所恃爲長技者，中國皆能仿而行之。雖未能與之并駕齊驅，而得其皮毛，亦足以稍免外人之侮。所惜者，西人日以洋貨運至中土，大而軍器，小而食物，凡百奇技淫巧，皆所以耗我貲財，每年銀錢之流出外洋者，無可勝數。我中國地大物博，各省土産取之不窮，而出洋者惟以絲、茶二者爲大宗。近且日本、錫蘭皆産茶，法、義諸國皆産絲，而絲茶乃日漸疲敝。此外如磁器、藥材、草帽、邊鷄鴨毛之類，雖有西人購之回國者，然出口之貨還不敵進口之貨，以致漏卮難塞，國日以貧。有心人蒿目時艱，蓋不勝江河日下之嘆矣。

愚以爲欲期商務振興，當自開設博覽會始。且不必開設萬國博覽會，惟須效日本之内國勸業博覽會。何則？萬國博覽會所以望各國之貨源源而來，俾工商效其所長，乘其所短。中土則瑰奇之貨來自各邦者，耳目之前早已五光十色。我既不能如日本之用心仿造，轉販出洋，徒令人厭故喜新。踴躍購取，是非以富國，反以耗財矣。惟是將各省内地之菁華，陳列會中，使泰西人之見之者，知我中國百貨雲集，精粗畢具，而又堅栗耐久，突過泰西。庶幾日後將合用者，遂漸購歸，商路從此旁通曲暢，則向之銀錢流出者數年、數十年之後，不可一一收回乎！且西人既喜購土貨以歸，則凡制貨之人見其中有利可圖，自必細心研究。此既求其精巧，彼更欲其堅牢，斗角鈎心，無微不至。而賈者勤於賈，農者勤於農，不特通國無棄材，亦且通國無遊民。然則，博覽會之獲益豈淺鮮哉！或謂與其土貨使之出洋，曷若我之仿造洋貨，舉外洋之珍奇瑰異，一一自我而造之，亦可以浚利源而阜國計，不知日本惟土産寥寥無幾，故欲仿洋貨以遏來源。我中國山川之精英，雖千萬年而不竭，但能地不愛寶，已足裕富。國之良國，必欲舍本計而取資於他人，已落禪家所謂「第二義」，則何若擴張物産，使斯民各有恒業之爲佳哉！因論博覽會而縱言及之。不識衮衮諸公，其以鯫生爲迂遠而不切事理否也？

鄭觀應《南游日記・西貢抽收新舊華人身税章程》 第一等大商，每年每名身税正款銀五十六元二角，癸未年加抽銀每名十一元二角三分，公所紙費銀五毫。

第二等鋪家，每年每名身税正款銀十八元七角，癸未年加抽銀每名三元七角四分，公所紙費銀五毫。

第三等手藝鋪傭工，每年每名身税正款銀四元七角，癸未年加抽銀每名九毫四分，公所紙費銀五毫。

華人搭船到埠，船主不得私任搭客登岸，須俟華民政務河面差官到船，將搭客大小男女點名，先給小牌照一紙，方得登岸。其行李盡送入鴉片烟税務總局查搜訖，隨送華民政務署，分開福建幫、廣肇幫、潮州幫、客家幫、海南幫，按幫撥交各幫長，分還本人領去。搭客新到，每名身税由正月一號起至六月底止，作上半年算，每年納税銀二元，公所費銀五毫，艇子銀一毫。由七月一號起至十二月底止，作下半年算，每名納税銀一元，公所費銀五毫，艇子銀一毫。如舊客往他埠復回本埠，憑出口原票換回原日身税紙，照常納税。在埠男子若無身税紙在身，被番役查獲，監禁三個月，若仍無銀繳納，即勒令該幫自備川資解回原籍，不准再到。

老人六十歲以上，童子十四歲以下，及婦女等，無論新舊均免身税，仍每年各領護身紙一張。

鄭觀應《南游日記・西貢出入口貨物抽收釐金章程》　穀米出口，每百斤抽釐金十五仙士。

黄牛、水牛出口，每頭抽釐金二十仙士。

中國無論何酒入口，每唎即華一斤十兩抽釐金十五仙士。

炮竹、銃炮、鳥銃、火藥入口，照本錢單價值每百元抽釐金十元，該貨主先須報官註册，以後出賣逐日登記，逐月報官。未領炮火紙之人不得買賣。

鴉片烟一項歸公司承充，設局煮膏出售，不准私帶烟膏入口，如違從重究辦。如各商帶成箱者，只准借路經過，不得買賣，仍於入口時到鴉片烟局報明，或起棧轉寄鄰國屬地，須將該烟交與烟局互相加封鈐印，出口之日烟局派差監送。

姚瑩《康輶紀行》卷一一　異域諸國産金銀者，班書言：罽賓國有金、銀、銅、錫，以金銀爲錢文，爲騎馬，幕爲人面烏弋山離國錢貨金珠皆與罽賓同。其錢獨文爲人頭，幕爲騎馬。以金銀飾仗。安息國亦以銀爲錢，文獨爲王面，幕爲夫人面。王死輒更鑄錢。大月支國錢貨同安息。范書言：大秦國在海西，多金、銀奇寶，以金、銀爲錢，銀錢十當金錢一。與安息、天竺交市於海中，利有十倍。天竺國土出金、銀、銅、鐵、鉛、錫。趙汝适《諸蕃志》言：闍婆國領兵者歲給金二十兩，勝兵三萬，歲亦給金有差。婚無媒妁，但納黄金女家。罰罪者隨輕重罰金以贖。以銅、銀錫雜鑄爲錢，錢六十準金一兩。蘇吉丹國民閒貿易用雜白銀爲幣，狀如骰子，上鏤蕃官印記六十四隻，準金一兩，名曰闍婆金。大食國巨富金銀以量爲秤。層拔國産生金。蘆眉國金銀爲錢。宴陀蠻國有大山，有井，每歲兩次水溢，流入於海，所過沙石經此水浸，皆成金。合山人常祭井，如銅、鐵、鉛、錫用火燒紅，取水沃之，輒變成金。《坤輿圖》説：言熱爾瑪尼亞之屬國波夜米亞生金塊有重十餘斤者，河底常有金如豆粒。諸而忽惹亞國，歐羅巴稱第一富庶，多五金財貨，貿易不以金、銀，以物相抵。莫諸木大彼亞國黄金最多，地無寸鐵，特貴重之。百爾西亞國一塔以黄金鑄成。亞喇北亞國土産金、銀。以西把尼亞國産五金。有名城曰巴未利亞，近地中海，爲亞墨利加諸舶所聚，金、銀如土。歐羅巴州大小七十餘國出五金，以金、銀、銅鑄錢爲幣。伯西爾國有銀河，水味甘美，湧溢平地，水退布地皆銀沙、銀粒。金加西臘國地出金、銀，天下稱首。其鑛有四坑，深者二百丈，役者常三萬人，所得金、銀，國王什取其一。其山麓有城名曰銀城，百物俱貴，獨銀至賤。貿易用銀錢五等，大者八錢，小至五分。金錢四等，大者十兩，小者一兩。歐羅巴自通道以來，歲歲交易，獲金銀甚多。白露大小數十國廣袤萬餘里，出金鑛，取時金土互溷，别之，金多於土，故金銀甚多。國王宫殿皆黄金爲板飾之，獨不産鐵。兵器用燒木銛石，今漸知用鐵，然至貴。餘器物皆金、銀、銅三種爲之。右凡海外異域諸國産金、銀者，略見於此。以余所聞見，蜀滇諸土司境内及打箭爐外，至前後藏及阿里，其産金之地尤多，而土司夷人皆愛惜之，甚恐漢人開採，大吏亦體盛代示禁之意，恐生邊釁，皆寘之，不復事採取，故邊境稍安。此豈外夷貪利所能仰企萬一者哉？

《澳門憲報中文資料輯録（一八五〇——一九一一）・一八八二年六月初六日（二十二號第二附報）》　澳門丞仔、過路灣賣鹽合同：

一、獨准承充人及承充者所許之人，方能在澳散賣零碎之鹽，爲澳門人民所用。

二、不論澳門各行，或別人，俱可著人由别處載鹽來澳，或有船搬鹽來澳，無論何人，均可到船買鹽，但買鹽不論爲醃魚抑或轉賣，惟賣鹽至少賣銀十元方可；十元以下，不准發賣。

三、如有照第二款准由别處帶鹽來澳，或係在澳門買鹽，俱要帶鹽入口之人先報承充人知，蓋該船無論是本國外國船，一抛錠之後，即要報承充人知，並於未交易買賣之前，即行先報。

四、以補已上前款所准，是以議定所有著人由別處帶鹽來澳者，或有船載鹽來澳發賣貿易，有人到該船買鹽者，該承充人均可於鹽價銀每百元抽收銀五元。該銀係起貨上岸後交納，其規銀不論載鹽來澳，或在船賣鹽，皆係何人前往與承充人問准帶鹽來澳，或問准賣鹽之人係歸此人交納。附款：倘有人載鹽來澳，經已上岸，爲本處所用，後復將鹽載出外，應按鹽價每百元納規銀二元半，交與承充人收，爲出口規銀。

五、凡有鹽入澳，不論由中國産鹽之埠，或安南埠，或別埠載來者，仍復由原船還出口去，或盤過別船運出，俱要於一船内成載之鹽，每鹽價銀一百元，交納承充人規銀二元半。惟如在澳發賣之後，方載出口，必須每百元納足規銀五元。附款訂明，如將鹽船過別船，分載一船之多，即算該鹽經已發賣。

六、如有人運鹽入氹仔、過路灣，亦係照本合同第三第四款所辦。如由澳裝鹽往氹仔、過路灣，每百元納銀一元半。如係由氹仔、過路灣運鹽來澳，亦照每百元納多一元半無異。附款訂明，如有運鹽往氹仔、過路灣，獨爲該地方日中食用，或爲醃魚用，則嚴禁不准由該二埠出口。

七、該承充人不得向帶鹽入澳之人强定價錢，逼勒將鹽賣歸承充人，因鹽價錢應由彼此商量，照時價行情而定。如違此款，初次罰承充人銀廿元，歸公物會。倘後再違，則每次雙倍加罰。

八、所有帶來澳之鹽，其應交承充人之銀，均照本合同定章，該承充人不得向運鹽來澳之人勒索多收，如有多收，照收多之數，首次加罰五倍，以歸公物會，仍要將收多之銀交還本人。

九、該承充人及承充所准之人賣鹽，均要照依街市上行情時價，不得勒高價錢。如有違此款，罰銀自十元至三十元，按所犯輕重而罰，歸公物會收。至其勒高之價，仍要加倍交還買鹽之人。

十、前西紀一千八百六十二年二月初五日曾出示，要氹仔、過路灣漁船交納規銀。今已免此，不用輸納。

十一、所有裝載鹹魚各船有醃用過之鹽載來，惟自用方得，不能作別用。

十二、如有人違犯第二、第三、第十一等款，罰銀五十元，另將其鹽充公。所罰之銀及充公之鹽，一半歸公物會，一半歸承充人收。澳門西紀一千八百八十二年五月十五日，壬午年三月廿八日。由澳門公物會書記房發出。

《澳門憲報中文資料輯録(一八五〇—一九一一)・一八八三年八月二十五日(第三十四號)》 大西洋澳門公物會書記亞宋生奉公物會命。

照得所有承充抽收澳門、氹仔、過路灣賣鹽之規銀合同，係自西紀一千八百八十三年八月廿二日，即華七月念日起，至一千八百八十四年八月廿一日，即光緒十年七月初二日，茲照依西曆一千八百八十二年四月十九日第卅一號之札諭所定章程，今將此合同所有内寫明嚴禁或罰銀等款式，與別人有關涉，開列於左。

四、所有帶來澳之鹽，其應交承充人規銀每百若干，均照合同定章。該承充人不得向運鹽來澳之人勒索多收，如有多收，按照收多之數加罰承充人交出五倍，以歸公物會，仍要將收多之銀交還本人。

五、該承充人不得向帶鹽入澳之人强定賣鹽之價錢，因該價錢須要彼此商量，照街市行情而定。如違犯此款，首次罰承充人銀二十元，歸公物會收；倘後再違此款，則第二次罰銀四十元；如仍再有違犯，將合同銷廢，即將該鹽生意另行出投。如所投之價不及原價之數，要承充人及擔保人補足。另，如有關涉之人受虧，可照律例控追承充人賠補受虧之銀。

六、不論何人，可以著人帶鹽來澳氹仔、過路灣，或到運鹽來之船上買鹽爲醃魚，或轉賣，但轉賣之鹽至少須值銀十元；如不值十元者，不得轉賣。

七、不論商人行口，或別人，著人由別處帶鹽入口，或在澳門、氹仔、過路灣有人將鹽交托其發賣，應分於鹽價每百元交銀五元與承充人收。該鹽價無論人交托之鹽，或係在船上賤買之鹽，均要照交該銀。或該鹽全盤上岸之後方交納，或該船有一分鹽上岸之時交納亦可。該規銀不論何樣交納，皆係何人前往與承充人問取上岸之票，則要由該人交納。

八、有船裝鹽來澳、氹仔、過路灣，尚未將鹽上岸之時，仍復由原船還出口，或將鹽搬過別船運出，俱要於一船全載之鹽價每百元交承充人銀二元半；如將出口之鹽盤過別船，分載不止一船者，即算該鹽經已發賣，則每百元價銀交納第七款所定規銀五元，此規銀係要該船未出口之先交納。

九、倘有人載鹽入口，經已上岸爲本處所用，後復將鹽載出口，應分照第七款所定每百元交納五元之規外，按鹽價每百元納規銀二元半，交與承充人，爲出口規銀，此規銀要該船未出口之先交納。附款壹：如有鹽已經賣過，爲本處所用，但未曾上岸，倘要將該鹽運出口，不須交納本款所定每百元交納二元半之規，惟要納每百元交納銀五元。照第七款所定，此規銀要該船未出澳門、氹仔、過路灣口之先須要交清。附款二：如由澳門載鹽往氹仔、過路灣或由氹仔、過路灣載鹽來澳，或由氹仔、過路灣彼此往來，一概不算運出口之鹽，故不須納此款所定之規銀，但載此項鹽之船必須向承充人領票，並將該票存在船上，以便不論在澳門、氹仔、過路灣，任由承充人到船查明該鹽從何處來。

十一、有船載鹽來澳、氹仔、過路灣，一經拋錨之時，即要報承充人知。該承充人要給票，准將該船所載之鹽任從交易。不論何時，要將船上之鹽搬上岸入棧，或搬過別船，要即報承充人知。附款一：承充人可以按例查緝，以便查明所報各事真否。附款二：載鹽入澳門、氹仔、過路灣之船，任在該三埠不論何處灣泊亦可。

十二、所有本合同條款所定發票，俱要録寫爲憑，並准承充人用其字號發出。附款：不論何時，有人向承充人領票，准在澳門、氹仔、過路灣交易，應分給票。如違本款，首次罰銀二十元；倘再有違犯，則每次罰銀四十元。

十三、零碎散賣鹽，獨係承充人或承充人所許之人，方可發賣。附款一：如賣鹽，其價值未至十元者，是爲零碎散賣。附款二：如查明有實據指明，有兩人或過兩人不等，各人分出銀兩，湊足十元之數，向承充人或向承充人所許賣鹽之人買鹽，違犯第六款之章程，應按照本款而罰。

十四、所有裝載鹹魚各船，有醃用過之鹽載來，准其自己用則可，但不准發賣。

十五、所有按照本合同條款向承充人報知，或問取票，俱要録寫爲憑。如有違犯，罰銀二十元，一半歸公物會，一半歸承充人收。

十六、自本合同所行之日起，所有各行口，或別人有鹽交易之事，其應分交納之規銀，全歸新承充人收。不論前時載來之鹽，亦要照給新承充人收取。附款：如有鹽上岸，在澳門、氹仔、過路灣入棧者，並經有納每百元之五元規銀，該鹽不須再交納第七款所定每百元納五元之規銀。

十七、嚴禁由關閘陸路運鹽入澳，惟承充人或承充人所許之人可以由關閘運來。如有違犯此款，則照十八款罰銀。

十八、如有違犯第六、第七、第八、第九、第十一、第十三、第十四、第十六、第十七等款，應罰銀五十元，另將其鹽充公。其所罰之銀並充公之鹽，一半歸公物會，一半歸承充人。

十九、西紀一千八百六十二年二月初五日告示内所定之規銀，今議氹仔、過路灣之魚船，免納承充人。

二十、承充人及擔保人應承遵守本合同所有關涉該承充人及擔保人之條款而行。

廿一、論此合同條款之意，如有爭執之舉，應歸公物會解明定斷。

廿二、如按本合同，或有人控告承充人，或承充人控告別人者，此案均應歸該管衙門辦理。

西紀一千八百八十三年八月二十日。公物會書記亞宋生畫押。

《澳門憲報中文資料輯録（一八五〇—一九一一）》

（第九號附報）大西洋澳門公物會代書記管數官巴波沙奉公物會命爲通知事。**一八八七年三月初七日**

照得前於一千八百八十六年八月廿一日，准何連旺承充澳門、氹仔、過路灣賣鹽生意。玆據何連旺稟求，是以准得該承充賣鹽生意合同在本日銷廢，自今以後，所有賣鹽之規銀係歸公物會收。所有章程列後，各宜遵守。如載鹽之船在澳門灣泊，歸船政廳水師巡捕辦理；如在氹仔、過路灣灣泊，則歸氹仔政務廳辦理。該章程須俟再有新章出示，方爲停止。計開：

一、無論何人均可在澳門、氹仔、過路灣及所屬之地方賣鹽，任從其載鹽入口及載鹽出口，或大單發賣，或零碎發賣，但必須遵守後列之章程：所有鹽載入已上所列之埠，則要照其價納規銀，每百元五元算，該規銀應歸公物會銀庫收，或在氹仔公鈔銀庫收亦可。其鹽之價須照賣出之時價若干則照數納規，但有載鹽之船入澳門、氹仔、過路灣及所屬之地方，必即須該船之行或船主船户頭人到船政廳報知，或赴氹仔政務廳報知，所報須要繕寫一單，該單内要寫明鹽約若干擔。

二、如有載鹽入澳門、氹仔、過路灣及所屬之地方，未經報明船政廳或氹仔政務廳，擅將鹽發賣，或在該埠灣泊過廿四點鐘之久，尚未報明，船政廳水師巡捕或氹仔政務廳則算爲違犯章程而辦。

三、無論何船載鹽到埠，如欲起貨，必須先照第二款報知，該報單要寫明約有鹽若干發賣，起貨上岸，並寫明何日起貨賣出，價銀若干。

四、如有載鹽之船由澳門前往氹仔、過路灣及所屬之地方灣泊，或由該埠來澳灣泊，免再納規銀，但必須呈出經有納規之實據，方可得免。

五、所有載鹽之船，一經入埠，必須先納清規銀，方准放出。

六、所有漁船如有用過醃魚之鹽，祇准在船上存貯爲自己所用，無論何故，均不准發賣。

七、嚴禁由關閘挑鹽入口。

八、如有犯已上之章程條款，則罰銀五十元，並將鹽充公。

九、所有入澳之鹽，各規應由船政廳水師巡捕統領，繕立驗單，以便憑單赴公物會銀庫納規。至於所入氹仔、過路灣及所屬地方之鹽，則由氹仔政務廳繕立驗單，以便憑單赴氹仔公鈔銀庫納規。該鹽規必須先納清後方得起貨。

十、查緝辦理鹽規之事務，皆歸公物會及已上所定之官辦理，或自己或派人辦理亦可。丁亥年二月十一日示。

大西洋澳門公物會代書記管數官巴波沙奉公物會命。

定於本月二十五日兩點鐘，在公物會大堂當大憲面前招人承充澳門、氹仔、過路灣賣鹽生意，以一年爲期，係自本年西紀三月廿一日，即華二月廿七日起計，至一千八百八十八年三月二十日爲止，誰出價高者得。如欲喊價，必須先交出銀三百元貯在公物會銀庫，方准喊價。如係投成，應交出銀三千元貯在公物會銀庫，以爲擔保遵守合同，或交出殷實人擔保亦可。如所出之價不合公物會意者，不准其承充亦得。所有合同款式存在管數寫字房，除安息日外，每日十點鐘至三點鐘均可到看。特此周知。丁亥年二月十一日示。

《澳門憲報中文資料輯録（一八五〇—一九一一）·一八九三年七月二十二日（第二十九號）》大西洋澳門督理國課官巴爲曉諭事。

照得葉瑞卿、姚順等承充澳門、氹仔、過路灣等處賣鹽生意，其日期係自本日起至西紀一千八百九十六年六月卅日止。茲將所有承充實合同內關涉外人之事各條款列左：

第二款之甲：所有澳門、氹仔、過路灣及附近屬地入口之鹽，概准該承充人收規，其規銀按照本合同所定額數。乙：如在氹仔、過路灣欲覓地方貯鹽，澳官定必准給，不用棧租，惟要該承充人與氹仔政務廳擇地妥商。丙：獨歸承充人准與不准別人在本合同期内做鹽生意，即是載鹽入口，載鹽出口，或大單發賣，或零碎發賣之生意。但該生意必須遵照第三款附款已所定之限製而行，並准獨在已上所定之埠交易。今本款附款丁有定鹽額規銀，祇准承充人向領牌店收。本款附款丁所定之規銀，毋得多收。丁：已上所定之各埠，所有鹽入口，該承充人可向賣鹽之人每百元價銀收規銀五元，其價銀視賣出之鹽價而計。第三款之附款乙：應承照第二款附款丁所定之額規抽收，不得多收。附款丙：如有鹽由澳門載往氹仔、過路灣及附近屬埠，或由彼處載來澳門，承充人不得再收規銀。但載鹽之人須向承充人領取憑單，或請承充人發一人同往，而所發之憑單，不得索取分文，惟要携憑單連鹽一併前往。附款丁：如滿合同期有新承充人，則舊承充人應列一單，將貯鹽棧房現存鹽若干擔聲明，如過一千擔，則要納規與新承充人。再附款：滿合同期之後，如新承充人不肯發牌與舊承充人或舊領牌之人，其舊承充人可有三月之期，將該鹽出口，不得零碎發賣，至少有價銀十元方准。但於未交易之先，須將賣鹽若干擔，價銀若干，寫單報與承充人知，以便抽收規銀。至滿三個月之期，如新承充人未有發牌，則不得做鹽生意。附款戊：自日出至日入之時，無論何時有人前來領本款附款丙字所定之憑單，即要發給。附款已：該承充

《澳門洸報中文資料輯録（一八五〇—一九一一）·一八九四年六月初二日（第二十二號）》大西洋欽命澳門督理國課官巴爲曉諭事。

照得所有澳門、氹仔、過路灣及其屬地出入口製賣火藥硝及硫磺生意，經准華人葉瑞卿承充，其期係由西一千八百九十四年七月初一日起，至一千八百九十六年六月三十日止。茲特將該合同内一切關涉外人之各件預爲節録，詳佈於後，俾衆咸知，以便照章辦理。

第一款：本合同所訂承充限期之内，所有澳門、氹仔、過路灣及其屬地製賣出入口火藥硝及硫磺等生意，總歸承充者一人獨自發賣，或由承充人出牌照與別人發賣亦可。附款：該牌照須以字繕寫者爲憑，無論何時，遇有官員查看，即須呈驗。

第二款：除列下各件不入上款所定之内者：A、任本澳官憲在合同所訂各街市之外購買火藥，無庸納規。B、惟現在本澳經已開設之炮竹煙火等手藝各店，仍准照舊製造，但要遵照從前所准章程，於本章毫無相背，或無更改者之各事而行。附款一：其製炮仗火藥各廠地，要在各憲所指定之處方准。附款二：所製此等火藥，任由本合同承充人隨時查驗，其所未報者，一經承充人問及，即須將其所製貨項多少，以及斤兩輕重，列單報明。附款三：所製成之火藥，每日必按章程所准之數，交在炮仗廠。如或存貯在國家火藥局，則須照火藥

局章程，輸納使費。附款四：各廠所存火藥，不能過五百磅外，亦不准并存在製炮仗之處，必須另貯一所，陸續取出，隨製隨用。附款五：所有製火藥各廠，夜晚嚴禁不准做工。

第三款：該承充人應允事宜列下：三號、該承充人須應允於澳門、氹仔、過路灣各種，常有香港市所賣之火藥硝磺等出賣，務够需用。四號、製火藥之處，國家必預先將所准之地指明，至其廠要按式蓋造，務必合宜。五號、所入口之火藥及每日所製之火藥，如過所准之限數，即須照章入國家火藥局存貯。六號、本合同起辦之日，所有澳門、氹仔、過路灣及其屬地現存之火藥硝磺等，該承充人必須盡行承買，其價按照香港是日時價，每百元減一十五元。七號、所有發賣火藥之各鋪店，或所發牌照之各鋪店，必須稟知華政務廳查照，至各船隻載有出入口火藥者，亦須稟報船政廳。

第四款：准承充人或其特用工人查緝火藥。附款一：查緝火藥之工人，該承充人應每人發給中西文憑照一紙，該照必由國課官經驗簽名，蓋用國課官印爲准。附款二：查緝火藥之人，如有事報求政務廳及巡捕援助者，即須援助，以保其所享之利益。

第六款：該合同滿期後一月內，准舊承充人照常開設該鋪店，俾得清理數目，但限期不能過三十日外。而此三十日之内，不准做販賣火藥及硝磺等生意。

第七款：准承充人及其所用工人，入生意工藝各行店及船上，查緝火藥硝磺，以免受虧。附款：凡入生意工藝各行店查緝火藥硝磺之時，必須稟請政務廳同到方准入查。若係船隻，則須偕水師巡捕同往。

第八款：該承充人如有實據，確知住家有私存火藥硝磺，亦可按照上附款，稟報政務廳，同入查緝。

第十一款：上款所擬各號章程，專指製造炮仗所用之火藥，存在火藥局者而言，並要照下所列更改事例而行。A、此等火藥貯在火藥局，如未有已交使費憑據，或無人擔保交納者，不准將火藥搬出。B、所派管理火藥局之員，宜設簿一本，登記此等火藥出入數目，每到月之初三日，將上月各處鋪廠等出入火藥數目，詳細開列清單，彙呈國課官查驗。

第十二款：凡有船隻經過澳門、氹仔、過路灣及其屬地海面下椗者，如載有火藥硝入硫磺等貨，不論多少，即刻要報知該處船政廳。該處船政廳驗其所載火藥，若過於一千八百九十二年六月十六日所定火藥章程之額，並該船係要停泊在十二點鐘外者，即須搬進國家火藥局存貯。附款一：此火藥照第十一款B號所定事例而行，但出火藥時，必要呈驗國課衙門已收使費憑單，方准交回。附款二：此火藥必要交回原船，仍須在該船未出口之先交清。附款三：凡來往各船隻載有火藥硝及硫磺等貨，不能在澳門、氹仔、過路灣及其屬地内買賣交易，亦不能在海面遷過別船，惟承充人允准方可。

第十三款：准新承充人於舊人期滿之末一個月内，可將火藥硝及硫磺等入口，仍要貯在國家火藥局。惟此一個月内不能做發賣生意，必到新承充之合同期内方得。

第十四款：如舊承充人置有製造火藥廠與及硝磺，並所存材料，願頂與新承充人者，該新承充人即應與其頂受。附款一：如有本款頂受之事，須於未滿合同先期卅日，赴國課衙門稟明。附款二：倘稟明國課衙門後八日内，彼此爭價，尚未定決，則須照例各請秉公定價，一經秉公定妥，該新舊承充人均須聽從，毋得上控。附款三：其頂受者由立新合同日或秉公定斷日計起，八日内即須交銀與頂出者收，其業則歸頂受者管理，如無銀交，以致頂出者稟控不願，依該秉公所斷，本官即可將新立合同銷廢。

第十五款：該合同期滿後，如舊承充人有按照第五款限存之火藥硝磺等，即須頂與新承充人，該新承充人必須按照第三款第六號所定之價，與其承買。

第十六款：不論何項船隻，除一千八百九十二年六月十六日所定限製外，一概不准多存火藥，即屬備以自用者亦不准。附款：本款所議之例，各戰船不在其内。

第十七款：本章程所云火藥一語，凡各樣槍炮逼碼及大小彈子並紙卷火藥筒等，均視爲火藥，一律照計。

第十八款：凡各寓所，不准存火藥過五磅之外。

第十九款：承充人及所發牌照之各鋪店存賣火藥，必須按照一千八百九十二年六月十六日所定之限製而行，不能逾額。附款：本章程所准承充人製賣之各項彈子、火藥、硝磺等貨物，除該承充人發給牌照鋪店外，不准別行生意各鋪店製造售賣。

第二十款：其火藥存在國家火藥局，所有使費應照該局章程輸納。

第廿一款：其在澳門、氹仔、過路灣各處所賣之火藥硝及硫磺等，其價准照香港價值，加入運費發賣，但所加之運費，每百元不得過十五元以外。本款所議，無論承充人鋪店及所發牌照各鋪店等，均要照行，倘有違犯，悉惟向承充人是問。是以本款將事例特爲詳明。

第廿二款：所有澳門、氹仔、過路灣及其屬地各鋪店，現存有火藥硝及硫磺者，須照本章程第三款第六號事理，於合同起辦之日上午八點鐘，將其所存之各項貨物多少，以及斤兩輕重數目，開列清單，交與承充人。如敢抗違，即照違犯第十九款章程辦理。附款：該承充人由是日起，計三日内，即須前往各鋪店，照單查對收貨，核價交銀。

第廿三款：如有違犯第一款及第二款之附款一、二、三、四、五，第三款之第四、第五等號款，第十二款並附款二、三，第十三、十六、十八等款及第十九款之附款者，罰銀五十元至二百元不等，並將火藥硝磺等，一概盡行充公。

第廿五款：如有違犯第三款之第三號並第十九款、第廿一款者，罰銀二百元。

第廿六款：如有違犯第三款之第七號者，罰銀五十元。

第廿八款：如有違犯第六款者，罰銀二百元，半歸國課，半歸新承充人。

第三十款：如該承充人不依第廿二款之附款所訂而行者，即不准照第三款之第六號減價承買。

第卅三款：其火藥貯頓在國家火藥局，如過一年之後，即作爲棄物，歸入國課衙門。

第卅四款：如有火藥硝及硫磺，不拘在海面岸上，倘非承充人及領有牌照人之貨物，或非本章程所准者，一概盡行充公。

第卅五款：倘所獲之貨物及所罰之銀兩，係因有違第二款各附款等而查緝者，則均歸國課。其餘關涉外人所獲所罰之銀貨，半歸國課，半歸承充人。至歸國課之所獲貨物，承充人必須與國家承買，其價按照承充人賣出之價，每百元減二十元。甲午年四月廿四日。

《澳門憲報中文資料輯録（一八五〇—一九一一）》·一八九九年十二月初二日（第四十八號）》 大西洋欽命澳門正督理國課官巴爲通知事。

茲定於西十二月初七日，即華十一月初五日一點鐘，在本衙門將下列各酒明喊出投招人承買。如欲知酒辦者，可於每辦公日自十點鐘至三點鐘到支應局閲看，特此通知。計開：料本酒一百零四埕，雙蒸酒十三埕，白茅根酒四埕，金英子酒十二埕，糯米酒十二埕，冬瓜酒一埕，紅棗酒一埕。己亥年十月二十六日。

王韜《漫遊隨録圖記》卷一《巴黎勝概》 法京巴黎爲歐洲一大都會，其人物之殷闐，宫室之壯麗，居處之繁華，園林之美勝，甲於一時，殆無與儷。居民百餘萬，防守陸兵三十萬，按街巡視，鵠立道左，無不威儀嚴肅，寂静無嘩，此外亦設巡丁，密同梭織。

寓舍宏敞，悉六七層，畫棟雕甍，金碧輝耀。馬達蘭街、義大廉街加非館星羅棋佈，每日由戌初至丑正，男子咸來飲酌，妓女亦結隊成群聯翩入肆，游詞嘲謔，亦所不拒，客意有屬，即可問津，舍一金錢，不僅如吴市之看西施也。

道途坦潔，凡遇石塊煤滓稍有不平，石匠隨時修補，車聲轔轔，徹夜不絶。

都中以宫殿最爲巨麗，宫門外臨街有樓翼然，其下可建十丈之旗，車馬皆由此而過。入内，樹木蓊然鬱茂，一望青葱。再進，環之以池，鐵欄之内則爲禁地，人不得入。如國王駐蹕宫中，上懸一旗，出幸則否。凡欲游王宫者，俟王他出，先謁其國之駐紮公使，乞其名柬爲先容，例得入而瞻仰焉。王宫左右，悉系大商巨鋪，格局堂皇，酒樓食肆，亦復櫛比，客至呼肴，咄嗟立辦。

市廛之中，大道廣衢四通八達，每相距若干里，必有隙地間之，圍以鐵欄，廣約百畝，盡栽樹木，樾蔭扶疏，游者亦得入而小憩，蓋藉以疏通清淑之氣，俾居人少疾病焉。

至於藏書之所、博物之院，咸甲於他國。法國最重讀書，收藏之富，殆所未有，計凡藏書大庫三十五所，名帙奇編，不可勝數，皆泰西文字也。惟波素拿書庫則藏中國典籍三萬册，經史子集略備，余友博士儒蓮司其事。儒蓮足迹雖未至中土，而在其國中鑽研文義，翻譯儒釋各經，風行於世，人皆仰之爲宗師，奉爲圭臬。博物院中分數門，曰生物，曰植物，曰製造，曰機器，曰寶玩，曰名畫，廣搜博採，務求其全。都中非止一所，尤著名者曰嚕哇，棟宇巍峨，樓閣壯麗，殊耀外觀。余至畫苑，見有數女子入而臨畫，或調鉛握槧，僅成粉本，或已施彩色，渲染生新，余近視之，真覺與之畢肖。有一女子年僅十五六，所畫已得六七幅，皆山水也，悉著青緑色，濃淡遠近，意趣天然。余偶贊之，女子與導余入者固相識，特持一幅以轉贈余，殊可感也。

一夕，導者偕余觀影戲，時不期而集者千數百人。余座頗近，觀最明晰，所有山水人物、樓台屋宇，彈指即現，生新靈動，不可思議。其中有各國京城，園亭綺麗，花木娟妍，以及沿海景象，蒼茫畢肖，更有各國衙署，峥嶸聳峙，恍若身臨。

法京水晶宫殿尤爲閎敞巨麗，光怪陸離，幾於不可逼視，他若巍峨之樓觀，華煥之亭臺，明窗綺牖，纖毫透徹，咫尺如在目前。尤奇者爲羅馬國亞喇伯之古高山，層巒叠嶂，居天下之至峻，洵屬大觀。此外所影飛禽走獸，奇形詭狀者，或生自上古，或産於異地，均莫能名。見之者，真不啻環行歐洲一周矣。

王韜《漫遊隨録圖記》卷二《玻璃巨室》 余自香港啓行，由新嘉坡而檳榔嶼，而錫蘭，而亞丁，而蘇彝士，至此始覺景象一新，居民面色漸黄，天氣亦稍寒，睛髮俱黑，無異華人，士女亦多清秀，古稱埃及爲文明之國，洵不誣也。復歷基改羅，經亞勒山大，渡地中海，而泊墨西拿，惜未及登岸。其地多火山，産琉磺。既抵法埠馬塞里，眼界頓開，幾若别一世宙，若里昂，若巴黎，名勝之區幾不勝紀。逮至倫敦，又似别一洞天，其爲繁華之淵藪，游觀之壇場，則未有若玻璃鉅室者也。

談者謂倫敦人民之盛，都城中三百萬有奇，地形四面環海，陸兵十餘萬，水師不過六萬人，足敷防守，若徵調則一時數十萬可集也。都會廣四五十里，人烟稠密，樓宇整齊，多五六層，衢路坦潔，車轂擊，人肩摩，爲泰西極大都城。巡街弁兵，持仗鵠立道左，不憚風雨，率皆紅衣黑褌，服飾新鮮。

玻璃鉅室，士人亦呼爲水晶宫，在倫敦之南二十有五里，乘輪車頃刻可至。地勢高峻，望之巍然若岡阜，廣厦崇旃建於其上，迤迤聯屬，霧閣雲窗，縹緲天外，南北各峙一塔，高矗霄漢。北塔凡十一級，高四十丈，磚瓦榱桷，窗牖欄檻，悉玻璃也，日光注射，一片精瑩。其中臺觀亭榭，園囿池沼，花卉草木，鳥獸禽蟲，無不畢備。四周隙地數百畝，設肆鬻物者麇集，酒樓茗寮，隨意所詣。有一樂院，其大可容數千人，彈琴唱歌，諸樂畢奏，幾於響遏雲而聲裂帛。有一處魚龍曼衍，百戲並作，凡一切緣繩擊橦，吞刀吐火，舞盤穿梯，搬演變化，光怪陸離，奇幻不測，能令觀者目眩神迷。

宫之中央有一觀劇所最大，所演多英國古時事，戰陣亦用甲胄刀矛，貴官出巡亦坐輿轎，儀從仿佛中華。最奇者，室宇可以霎時變易，洵如空中樓閣，彈指即現。有一女子，年僅十五六，短衣蔽膝，下綴金穗，上皆鑽石，寶光璀璨，不可逼視，容色艷麗，一笑華城，長於跳舞，應節合度，進退疾徐，無不有法。

有一樓多設珍奇之物，火齊木難，翡翠珊瑚，悉充牣焉，又儲各國寶器，罩以玻璃。樓下有獅虎共争一羊，獅腹破而虎亦殞。樓梯旁有一印度女子，向西而立，手執連環，姿態絶美，云系古時王妃，聰慧異常，以非命死。有一石築方室，高與樓齊，乃澳大利亞積年所掘之金已有此數。有一處悉造各國宫室、人物、禽獸，皆肖其國之象。登其樓，目及數十里外。

宫内遊人雖衆，無喧囂雜沓之形，凡入者，畀銀錢二。余遊覽四日，尚未能遍。每游必遇一男一女，晨去暮返，亦必先後同車，彼此相稔，疑其必系夫婦，詢之，則曰非也，乃相悦而未成婚者，約同游一月後始告諸親而合卺焉。

都中屋宇鱗次而櫛比，高至數層者，干霄入雲，憑欄遠眺，幾疑爲天際真人，可望而不可即。最下一層，入地數尺，開漏天一綫以取光明，通接氤氲清淑之氣，亦頗爽朗。每層四周圍以欄杆，排列花卉盆玩，以娱觀眺。數街中輒有小園，萌以花木，鑄鐵爲椅，以便游者憩息，惜少亭榭可蔽驕陽。地由富室公建，特爲居人晨夕往游。蓋所居層樓叠閣，無空院，少呼吸通天氣處，恐致鬱而生疾，故辟此園，俾人散步舒懷，藉以宣暢其氣焉。

王韜《漫遊隨録圖記》卷二《博物大院》 倫敦都會稱泰西巨擘，街衢寬廣有至六七丈者，兩旁砌以平石，街中或鋪木柱，以便車轂往來，無轔轔隆隆之喧。每日清晨，有水車灑掃沙塵，纖垢不留，雜污務盡。地中亦設有長渠，以消污水。至於汲道，不事穿井，自然利便，各街地中皆範鉛鐵爲筒，長短曲折，遠近流通，互相接引。各家壁中咸有泉管，有塞以司啓閉，用時噴流如注，不患不足，無穿鑿綆汲之勞，亦無泛濫缺乏之慮。每夕燈火，不專假膏燭，亦以鐵筒貫於各家壁内，收取煤氣，由筒而管，吐達於室，以火引之即燃，朗耀光明，徹宵達曙，較燈燭之光十倍。晚游闤闠，幾如不夜之天、長明之國。肆中各物，類皆精巧絶倫，列置玻璃窗中，表裡透徹，歷歷如繪。市中必留隙地以相間隔，約寬百畝，闢爲園囿，園以回欄，環植樹木，氣既疏通，蔭亦清涼，無逼窄叢雜之虞。每日園丁灑掃灌溉，左右鄰皆有管鑰，出入自便。

都城所立公會，凡一百九十餘所，類皆講學行善者居多。余初至倫敦，往游密聖公會，即傳教總所也。總司其事者爲韋廉遜，其人藹然可親，導觀各處，珍奇物玩羅列几案，大抵得自中華者居其半。所有前往四方播教者，悉由此處資遣。

午後，理君雅各至，同游博物院。院建於一千七百五十三年，其地廣袤數百畝，構屋千楹，高敞鞏固，鐵作間架，鉛代陶瓦，磚石爲壁，皆以防火患也。院中藏書最富，所有五大洲輿圖、古今歷代書籍不下五十二萬部，其地堂室相連，重閣叠架，自顛至址，節節度書。錦帙牙籤，鱗次櫛比。各國皆按槅架分列，不紊分毫。其司華書者爲德格樂，能操華語，曾旅天津五年。其前爲廣堂，排列几椅，可坐數百人，几上筆墨俱備，四面環以鐵闌。男女觀書者日有百數十人，晨入暮歸，書任檢讀，惟不令携去。

旁一所，儲各國圖畫珍玩。歷代璽印之式，璽圓如璧，金石爲之，各肖其君貌於上，印以紅蠟，周約五寸。由此逶迤前行，又數十楹，羅列古迹，零銅斷瓦，雜沓兼收，其大者如石碑、石柱、石像、石棺，皆麥西、猶太、羅馬、希臘諸國二千年前之物。石棺自土掘出，叩之淵淵作金石聲，棺蓋繪畫人像，顔色未改。有棺之前後户俱脱者，窺其骸骨尚未朽壞，所衣布帛，紋縷猶可指數。

出此，降階復升，重門洞達，街接百數十楹，舉凡天地間所有之鳥獸鱗介，草木谷果，山岳之精英，淵海之怪異，博物志所不及載，珍玩考所不及辨，格古論所不及詳，莫不棋布星羅，各呈其本然之體質。有犀牛一，大異尋常，云是開闢初生之物。有一鯨魚，其鉅幾蔽屋數十椽，長約二百餘尺。動物則取已死者，存其骨殖，被以全體皮毛，實以紙棉藥料，屹立無異於生。人之骸骨亦數十具，用銅綫聯綴焉。他如上古銀錢，近今礦産，無不搜羅及之。再進，又十數楹，爲古今天下各國日用器物與刀矛弓矢，而本國之新制繼之。

此院各國皆有，英之爲此，非徒令人炫奇好異、悦目怡情也。蓋人限於方域，阻於時代，足迹不能遍歷五洲，見聞不能追及千古，雖讀書知有是物，究未得一睹形象，故有遇之於目而仍不知爲何名者。今博採旁搜，綜括萬匯，悉備一廬，於禮拜一、三、五日啓門，縱令士庶往觀，所以佐讀書之不逮，而廣其識也，用意不亦深哉？

王韜《漫遊隨録圖記》卷二《保羅聖堂》 倫敦禮拜堂林立，新舊大小凡七百三十所，而以望保羅會堂爲最鉅。此堂落成於一千七百十年，經營締構，前後凡閲三十五年，其工始竣。建堂模式，其圖爲多華玲所繪，固創作也。堂之東西，俱四百九十三尺，深二百四十六尺，兩旁有樓，彎環若半月形，十字架由地至巔，高三百九十八尺，墻垣均用青石築成，堅致精好。計用金錢七十四萬七千九百五十四鎊，合之中華銀數凡二百六十五萬六千七百三十三兩，亦可謂時久而費鉅矣。

余嘗與理君雅各攬衣陟其巔，憑欄遠眺，則都中宫殿樓臺、園林景物歷歷在目，惜其日風力太猛，駐立稍出，身幾爲掣去。堂之頂有圓球，上置十字架，球空其中，可容三五人。繼往半月樓小憩，余坐於東，理君雅各坐於西，兩面遥對，約距五丈許，而出言問答猶在耳際，亦奇矣哉。堂之正中，其上有自鳴鐘，式制甚鉅，高約丈有二尺，鐘聲洪亮，響徹十餘里。出入辟三門，以白石雕琢古賢哲像，鐫刻工麗，非爲美觀，蓋以銘功德而樹儀表也。堂中多韶年童子咏歌誦詩，琴人奏樂以諧其聲，和音雅節，清韵悠揚，聽者忘倦。

此外禮拜堂，多至指不勝屈，大約每大街通衢各建一所，而推選一教師爲之主持。其堂規模不一，類皆典麗矞皇，高華宏敞，垣庭棟宇，製作瑰奇。建堂之費，多由街民捐集。每逢禮拜安息日，街内居民群至堂中，祝禱如儀，凡婚娶喜喪等事亦至堂中，率循成例，蓋通國宗教嚴敬，畫一如此。聖保羅禮拜堂之外，即爲冢墓，多葬昔年名將、名臣、名師。

其次曰綿式達，華麗稱爲都城巨擘，建造日月之久，凡經兩王乃始蕆事。東院爲顯理第七所建，深三百五十五尺，廣約一百九十二尺。英國王即位踐阼，即於此堂受朝賀焉；既没，陵寢即在此堂之南，將相師儒亦多陪葬焉。

有圓室曰哥羅西雍，規制與禮拜堂相仿佛，層樓高聳，構造精華，四周垣墻，砌以白石，雕琢諸石像，刻畫精緻。最上一層於四壁繪畫英都全圖，宫室園囿，街衢城市，歷歷備載，其頂皆嵌玻璃，明净亮徹。堂中亦有童子謳歌作樂，風韵娱人。通國士民，無論遐邇貧富，皆得入而縱觀焉。

有地球亭，式制亦圓，中分三層，盤旋而登，外則垣墻四周渾圓如鷄卵，人入其中，即如置身地球之上。壁繪五大洲輿圖，名山大川，雄城小島，燦若列眉，誠爲奇制偉觀也。墻外多設市肆，貿易各物，有鬻小地球者，可以挈携細閲，亦極細緻精巧。有繪圖所，製亦如圓球，中分上下二層，登者必宛轉曲折以升。上層繪古昔君王宫室園囿，山水樹石，渲染流動。下層繪歷代戰伐之迹，殊功偉業，分列而備載焉。所以資考鏡而垂無窮，非徒供遊玩而已也。

國人多信奉耶穌，而辟天主教爲謬，故以耶穌教爲新教，而以天主教爲舊教，然新教中亦分民教、國教。都中所有禮拜堂，大抵崇敬耶穌。向有古天主堂一所，千餘年前舊物也，其高一百二十尺，四周皆石柱，穹窿數十仞，極爲工細，惟閲歲既多，漸形剥蝕矣。古君主大臣皆葬其上，刻石肖其形，而立碑志紀勛伐焉。

李圭《環遊地球新録》卷一《美會紀略·美國設會緣起》 光緒二年，爲有國百年慶期(西國百年，與中國六十年爲甲子一周、十二年爲一紀之義同)。其官民先期聚議曰：「當華盛頓開國時，爲省僅十有三，人民亦稀少。今則拓地日

(英文曰「哀克司西比得」)。至各國動用帑金，我中國酌撥之數，已足敷用，毋庸贅述。如英、法等國，尚有用洋錢十數萬、數十萬者。賽會之物，幾於無物不有，無美不具。逐件位置妥當，須六閱月工夫，始能齊備。遊人欲盡覽諸物，每日周歷各處，曲折計算得五十六里，兩日始遍。誠可謂萃萬寶之精英，極天人之能事矣！

陳物之地，美國最大，約居十之五六；次則英；次則法、德、俄、奥；至小莫若智利、秘魯。會例：凡送物來會，須於未開會之先，各將貨物名目、件數、價值，編號報明會內稅關，然後入院排列。欲就會售賣者，隨時售賣，先給憑單，其物仍列原處。俟會期滿日，各買主來會，持單付銀，亦有先付定銀者。其關鋭，或由物主，或由買主，赴關報納。若未經賣出，原貨帶回者免。

李圭《環游地球新録》卷一《美會紀略・各物總院》 院在會基之南，正門東向，而西、南、北三面亦建大門，各高八十尺。偏門差小，約三十處，遍插各國旗幟，五采奪目。屋長一千八百八十尺，寬四百六十四尺，悉以精鐵爲梁柱，鉅塊玻璃爲墻壁，高敞潔淨，表裏洞明。上起層樓杰閣十三座。居中四座，各高一百三十五尺。登臨一覽，各國之物，了然若指上螺紋。院內東西走道七，南北走道十有五。地面平鋪木板。鑿水池數處，或圓，或方，或八角，各盡其妙。中立銅柱，起重臺，設機管。水由柱端瀉入池，若噴珠濺雪，沁人心脾。走道空處多設長椅，休息遊人。南北兩門內設飯館四處，可就近飲食。會院之大，斯爲第一。南門外復添建平屋，基廣六畝，共用洋錢一百六十萬元。

所列之物，生成者爲各種礦塊、珠玉寶石、草木藥料、男女骸骨、鳥獸蟲魚之質，以及海底各物，無所不有。人工所成者：古玩、五金器、石器、瓷器、木器、雕刻像、書畫、圖籍、呢、羽、絲、布，下至草履、竹筐，亦無所不有。某國之物，即用其國式樣之屋宇、亭臺、橱櫃，分類排列，齊整可觀。各有公事房，爲就近辦公之所。

遊覽者欲將各國陳物之地次第言之，當以正中縱横二大道爲綱領焉。進南門至中道止，東首皆美國地，西首德、奥二國地最大，日本次之，日斯巴尼亞國、丹國、葡萄牙、埃及、土耳其、檀香山與中國及智利、秘魯又次之。進北門至中道止，東首法國地最大，瑞司、比利時、巴西、荷蘭、墨西哥次之，餘約四分之一又爲美國地；西首英國地最大，約居十之六，俄國次之，瑞典、哪威、義大利又次之。【略】

廣，共有三十九省，人數多至四千萬。此雖由外來入籍者衆，而能驟增若此，亦正以見我國政治之善也。歐洲諸大國所以稱雄者，以地大兵强，民安物阜耳，今我國豈出其下哉？且以大勢觀之，又安知將來不能駕乎其上耶？兹屆慶期，宜舉一極盛事以志不朽。」因擇噴夕爾費尼阿省費里地費城，建屋設會，廣致天下物産，互相比賽。美其名曰「百年大會」，又曰「賽奇公會」焉。

李圭《環遊地球新録》卷一《美會紀略・會院總略》 光緒二年，即西曆一千八百七十六年，美國費里地費城仿歐洲賽會例，創設大會。先期布告各國，廣集天下寶物、古器、奇技、異材，互相比賽，以志其開國百年之慶。藉以敦好篤誼，奬才勵能焉。

會建於城西北隅飛莽園內，基廣三千五百餘畝。圈以木城，爲門十七。內建陳物之院五所：一爲各物總院，一爲機器院，一爲繪畫石刻院，一爲耕種院，一爲花果草木院。基址之廣闊，營構之奇崛，局度之恢宏，陳物之美備，五大洲中，古今無兩。五院計用洋錢四百五十萬元。此外另造大小房屋一百五十餘處，則有美國公家各物院、女工院、各式馬車房、總理會務官公署、幫辦公事房、各國管理會務官公所，則各國預先定地自建者。會內稅關、銀行、電報局、書信館、給照所(專給執照者)、巡捕房，與夫照相館、酒樓、飯店，并各項店鋪咸備。此皆賃與民間，設以便遊客者。又建輪車鐵路二條，長三十三里，專備會內遊人所乘。每人周歷一遍，取資五分。各院另有人力小車，步履不便者坐之。晚燃煤氣燈，列若繁星，無微不照。自來水亦由地內機管吸取，隨處皆有，用之不竭。以上又共用洋錢四百萬元。統計築地建屋一切費用，共洋錢八百五十萬元。除由國家動撥正帑一百五十萬元及富商樂捐外，餘仿商人糾股法，由商民購股給票湊足。待事後會內入款(即遊人入院觀覽每人納資五角，并會內各店鋪地租等項)，集有成數派還。人皆踴躍購股，總期事在必行，還款能否滿數不計也。

西曆一千八百七十四年七月初四日(是日爲華盛頓有國首日)興工，一千八百七十六年正月初一日告成。公舉總理會務官一員，幫辦三十二員。另選宏博之士二百人，考察各物優劣，就以别其才藝，會畢奬給寶星(即功牌)。巡捕八百名，專司巡察。至各處司閽、司事、工人，則難更僕數焉。每日俸薪、工食、雜費，另需洋錢約八千元。送物赴會者計三十七國。管理會務官共四十六員(不計官之大小，英文皆稱曰「企府格梅升納」)。此外仍有官紳二三百人(英文曰「格梅升納」)，選派赴會公幹人員約二千人(英文曰「格梅升」)，送物工商等約六萬人中國赴會之物，計七百二十箱，值銀約二十萬兩。陳物之地，小於日本，頗不敷用。此非會内與地不均，蓋我國原定僅八千正方尺，初不意來物若是之多也。地居院之西門内，左爲智利、秘魯，右爲日本、埃及、土耳其，對面爲義大利、哪威、瑞典等國。北向建木質大牌樓一座，上面大書「大清國」三字。横額曰：「物華天寶」。聯曰：「集十八省大觀，天工可奪；慶一百年盛會，友誼斯敦。」此爲德君囑圭所擬者。兩旁有東西轅門，上插黄地青龍旗，與官衙一式，極形嚴肅。

進牌樓，正中置橱櫃數事，高八九尺，仿廟宇式，亦以木制涂金采，四面嵌大塊玻璃，儲各省綢緞、雕牙、玩物、銀器及貴重之品。左列武林胡觀察景泰窑器。右列粤省漆器、綉貨，鏡屏。後列各式烏木椅榻。再後爲寧波雕木器，海關經辦瓷器，及粤人何於臣各種古玩。再後臨窗，則爲公事房。地方雖形挨擠，而佈置有法，愈覺華美可觀。物件悉遵華式，專爲手工製造，無一借力機器。即陳物之木架，橱櫃，以及桌椅鋪墊，公事房之陳設字畫，亦無一外洋款式者，悉爲他國遊覽官民目未經見，無不讚嘆其美。且云：今而後，知華人之心思靈敏，甚有過於西人者矣！

南門外平屋，列各省絲、茶、六谷、藥材，亦皆海關經辦，由總院分列於此。藥材不下七百種，絲、茶亦各種俱備。洋人謂深得賽會本意，願以他物相易。蓋皆爲有用之品，可以增識見，得實益，非若玩好，僅圖悦目者也。物産以絲、茶、瓷器，綢貨、雕花器、景泰器，在各國中推爲第一。銅器、漆器、銀器、藤竹器次之。若玉石器，幾無過問者。因憶從前法、奥之會，我國雖亦送物比賽，而未獲貿易之益，以無華人往也。今則已得工商十餘人，逐日在會，與西人相處，深知其愛憎。聞一二年後，法國又興大會。則將來赴會者，置貨必有把握，非若前時之憑空揣擬矣。

李圭《環游地球新録》卷二《游覽隨筆·美國華盛頓京城》 郵政局，亦以白石建築，爲樓四層，約五百間。設郵政大臣，職與部臣等，故又稱信部。各項總管數十人，司事不下千人，女多於男。國内各省、各城、各鄉鎮皆設局，復由局擇衝要處與官府商民萃集所在，遍設郵筒。筒以鐵爲之，高尺許，方廣六寸，謹鎖其蓋，蓋開一縫。無論官民書簡欲寄者，隨時隨地置筒内，每半時局内專人往取一次，即行分遞，而皆以此局爲主腦。凡信一封，重五銖以内者，送本省各城鄉，取資一分；外省無論遠近，取資五分。若重逾五銖，須加信資，有一定規制。其信資乃由局用機器刷印小票，方廣七分許，使官民購買貼封面。收信後，局内登號簿，票上加蓋圖書，以杜復用原票之弊。

圖書刊年、月、日、地名，倘遞達遲誤，可報局請查究。至寄帶貨包輕重大小，亦有定制，取資亦甚廉。應税之物，先交税銀，由局代報。蓋郵政局與税關同爲國家公事，相輔而行也。若信中有匯票、銀單者，則必須驗明登册，另給收照，以保無虞，而取資稍厚，亦有定制。大都事簡而嚴，是以易行。

聞西國往昔，亦若我中華驛站之制，專遞公文，不遞民間書信。至乾隆初年，始議：以民爲邦本，國無民不立。此制雖便於國，未便於民。各於通國地方，遍設郵局，派員經理，轄以大臣。無論公文、書信，一體傳遞，民大稱便。積年來講求辦法，已歸盡善。所得信資，用爲各項經費，年終計算，頗有盈餘解部，從無入不敷出之虞。誠以信資既廉，遞送又速而無錯誤，人皆樂從之也。前數年各國議定，凡郵政一切辦法，舉地球各國，同爲一制，互相馳遞。東瀛日本，亦在列焉。夫郵驛爲政治大端，歷來講求損益，代不勝數。獨泰西於百年來，竟合公私而一之。其一切經制，有欲採而施諸中國，以爲裕國便民計。或以爲未可，而不知是誠可爲也。蓋其事本是省費而未嘗省人，故夫役仍有所倚賴也。然則費省，恐多人仰事俯蓄有不足。曰：有民間信資以補之也。夫公文一角，人馬並行，需費當若干？私信一函，由郵局匯寄，路僅百餘里，費必數十文。是上下糜費，不亦太甚乎？使合而一之，可無是病，則裕國便民，已在其中。故以爲未可，蓋非宜也。

姚元之《竹葉亭雜記》卷一 高麗例貢。崇德八年九月，文皇帝遣諭朝鮮王曰：「寬温仁聖皇帝敕諭朝鮮國王李倧：歲貢方物，悉出於民。夫民皆吾民，朕恐重致疲困，今將歲貢緑綿綢二百五十匹、紅綿綢二百五十匹，各減五十匹；白綿綢一千五百匹，減五百匹；細紵絲四百匹，減三百匹；粗布七千二百匹，減二百匹。上等腰刀二十六口，減六口；五爪龍席四領，減二領；雜色花席四十領，減二十領；其餘仍舊。」順治元年十一月，額進紵布四百匹、蘇木二百斤、茶一千包，俱蠲免。再各色綿綢二千匹，減一千匹；各色細布一萬匹，減五千匹；布一千四百匹，減四百匹；粗布七千匹，減二千匹；順刀二十把，減十把；刀二十把，減十把；餘如舊。自列祖恤藩以來，蓋屢減矣。

朝鮮國遣使年貢，有例賞，由禮部具奏。新正宴紫光閣，又例有加賞。及該使臣在圓明園獻詩，復有加賞。國王及使臣物件，俱由軍機具奏，在「山高水長」

頒給。

賞國王物件：

龍緞二匹、福字箋二百幅、雕漆器四件、大小絹箋四卷、墨四匣、筆四匣、硯二方、玻璃器四件。

賞獻詩使臣物件：

大緞各一匹、筆各二匣、墨各二匣、箋紙各二卷。

紫光閣筵宴加賞物件：

正使錦各三匹、漳絨各三匹、大卷八絲緞各四匹、大卷五絲緞各四匹、大荷包各一對、小荷包各四個。副使錦各二匹、漳絨各二匹、大卷八絲緞各三匹、大卷五絲緞各三匹、大荷包各一對、小荷包各四個。

嘉慶丙辰，緬甸王以恭逢國慶，遣使叩闕朝貢。雲南勒總督保以該使臣上年進京叩祝甫回，將原賫表文貢物令來使帶回。上以該國地居炎徼，遣使遠來，致徒勞跋涉，嚮化未伸，因命軍機代擬巡撫江蘭檄諭開導之。檄曰：「雲南巡撫爲檄知事：照得該國王以今歲恭逢國慶，遣令頭目人等叩闕賫到表文貢物，懇求朝貢進京。經總督部堂勒以該國貢使甫經回國，將此次原賫表文仍交來使帶回，令該國王俟嘉慶五年再行遣使赴京祝嘏具奏。蒙大皇帝俯鑒該國王抒忱效順，實出至誠，而總督部堂勒新任雲、貴，不能仰體大皇帝懷柔至意，率將賫到表文貢物仍令來使帶回，辦理錯謬。已欽奉諭旨，將勒保革去總督，并交部嚴加治罪。仍命將辦理錯誤原由傳諭該國王知悉。至該國使臣業經遣回，若又令進京朝貢，長途跋涉，未免來往煩勞。特令本撫諭知該國王，應俟嘉慶五年，太上皇帝九旬萬萬壽，再遣使來京祝嘏，以遂瞻就之枕。並特賞該國王綉蟒袍料一件、織金蟒緞一匹、大紅片金一匹、大紅妝緞一匹，以昭恩賫而示體恤。爲此知會該國王敬謹遵照祗領，須至檄者。」

喀什噶爾伯克等年班進京，定例每伯克一名，准帶跟役一人。其行李斤兩，三品伯克准四千斤，四品准三千斤，五品准二千斤，六品准一千五百斤。回子王照三品伯克加一倍，准八千斤。貝勒六千斤，貝子四千斤，公三千斤。各伯克子弟六百斤。行李斤兩較多，跟役名數較少，回子等每於例外多帶跟役，於是驛站被滋擾矣。嘉慶二年閏六月，大學士議回子公及伯克子弟行李尚不甚多，照例准帶。其回子王、貝勒各減行李二千斤，貝子至五品伯克各減行李五百斤，六品伯克減三百斤。有於例外多携跟役者，多一人則再減行李二百斤，多二人則減四百，以次遞核。時長牧庵相國麟爲喀什噶爾參贊大臣，從其請也。

陳寶箴《陳寶箴集》卷一六《奏議・蔡灝元代購礦機請飭總署知照片光緒二十三年》 再，留粵插補水師千總改捐分省試用同知蔡灝元，前奉總理各國事務衙門派往德國監造快船，經臣函致出使俄德大臣工部左侍郎許景澄，委令就近代購湖南開採金礦機器，訂於明年正二月間交外國商船附運至滬。惟蔡灝元係總理各國事務衙門派往之員，相應奏明，懇恩飭知該衙門知照。又，該員已由湘省新海防捐局改捐分省試用同知，并懇天恩，飭部將該員前保武職千總原官註銷，以分省試用同知註册。除咨吏、兵二部外，爲此附片具陳，伏乞聖鑒。謹奏。

硃批：「該部知道。」

《政治官報・咨劄類・二月初一日第一百二十三號・外務部咨農工商部比國設立賽會應飭各商赴賽文光緒三十四年》 爲咨行事。前准比國柯使照稱，接准本國外部文開，西曆一千九百十年在本國京城設立萬國賽會，本國國家，允爲照拂。嗣後該賽會局遇有各項公文章程寄來，再當送請收閱。茲又准照稱，本國京城設立萬國賽會事，今將賽會廠內商人租用房間地段價目，備文知會，祈轉飭貴國前往賽會各商，俾有遵循。其會場内房間如用一方密達者價金二十五個佛郎，如在會場院內用地一分者價金十個佛郎。各等因前來，相應咨行貴部查照辦理可也。須至咨者。

又《咨農工商部日本開設博覽會應飭各商徵送物品供覽文》 爲咨行事。光緒三十三年十一月二十八日，准日本林使照稱，竊敝國政府定明治四十五年開日本大博覽會於東京，務望各國官民如期光降，業經廣徵物品，如學藝及工業中之機械并電氣各品，政府特設陳列館以便整列，俾衆周觀。該會雖僅有日本大博覽會之名，而所有物品實欲兼有萬國博覽會之實，總期世界各地觀覽人士陸續齊集，俾帝國產業之發達得以表章於天下，并欲藉各地所出之物品，以啓發敝國人實業上之智識。爲此仰望貴國政府惠臨該會，並勸諭各省官民廣出物品，送會供覽，是所至盼。茲遵本國政府訓令，謹將該博覽會開設要旨，漢譯另紙呈覽。此外尚有關於該會出品及審査各章程，容續訂奉達不悞等因，相應照録日本博覽會開設要旨，咨行貴部查照辦理可也。須至咨者。

**《政治官報・示諭報告類・二月二十日第一百四十二號・長崎正領事張鴻

報告長崎華商貿易情形光緒三十四年》 竊維中國物産之多甲於地球，而近日商務衰頽者無他，輸出之貨皆爲生料，無製造之工使之變賤爲貴也。近日大部設立商品陳列所，始於京師，漸推各省，工業之興，基礎已立。雖然愚者千慮必有一得，敢陳管見，以備采擇。夫商品陳列所，以搜集本國物産，欲以改良工藝爲宗旨者也。中國閉關數千年，其相傳之工藝，專以銷用於本國爲目的，自汽機發明，萬里瞬息，吾國所嗜好適用之品，彼族日取而揣摩之。且以其新發明之學術，從而改良之，優勝劣敗，而吾國之製造品，不僅不能銷用於歐美，且并不足適用於本國，所幸者地大民衆，物産饒多，於是商界僅藉天産之物，以相維持數十年耳，至今日而捉襟肘見矣，絲茶覆轍其明証也。補救之法以振興工藝爲要，而工藝之振興，必由教育普及，方足爲根本之改革，然其事無速效，爲今之計必籌一速成之法與根本之策，相攜並進，方可以挽目前之危局。夫科學之速成，其貽譏於通人者，以國民於此等學術未識毫末，淺嘗自足，宜爲笑談，若工藝一端，吾國雖無新學術，然其相傳之舊法尚未泯也。鄙意擬由大部提倡，飭令各省商會籌款，於各業繁盛之所，設立外國商品陳列所，如浙、蘇之織業，徽、湘之茶業，景德鎮之磁業，(略舉一二，不勝枚數)擇其交通便利而於一業有大關係者先行設立，凡各國從事於此業者，無不購其機器之模型，工藝之標本，品不厭詳，物必求備，且於商會派人專司之，説明之書，加以詳圖，以公款印刷分送，使從事此業者，無不瞭然於天下同業者之情形。即以織業一端言之，吾國蠶絲價格低下，品質優美究勝各國，然觀歐美需用之品，如衣服鋪設各品，無有純絲爲之者無他，以價貴也。西婦衣裳專求華美，然絲中雜以麻棉者居多，非不知純絲之品品質優美，然以其價格極昂，不得不舍彼取此，故西國之麻布，其價貴於吾國之綢緞羅縐，然吾國之綢緞羅縐，雖以價賤質美之品，終不能銷行於各國無他，一在顔色之不合，一在尺寸之不合，一在花様之陳舊，一在質地之太堅固，其弊近來業絲者未嘗不知，卒以商無團力，諸多扞阻，不能改良，如能由商會於上海、浙江、蘇州出絲地方設立各國織物陳列所，并附送各品説明圖書，俾各商知各國之嗜好需用，然後從而改良之，一商有利，衆商從風，然後設立公司，改用機器，派員以察各國之風尚，用學堂卒業者以備各業之改良，織業既然衆業同之，務使吾國之天産物，不入於外人之手，而以製造品爲輸出物，則吾國商務自可振興，大部提倡之效，亦昭然若揭矣。愚昧之見，伏候 采擇。

一、長崎商務情形：竊查長崎港與門司港之關係，夏季報告既已言之，惟欲究其消長之故，不得不溯其本原而查其地勢，茲將長崎 歷年商務消長逐段論之，次及長崎與門司貿易之比較而附以神户焉。

一日本維新前之長崎貿易：長崎一港，自日本元龜元年葡商要求互市，實爲貿易之始。嗣後荷人繼至，貿易漸興，而天主、耶蘇二教乘間而入，適豐臣秀吉掌握政柄，征討九州，出令禁止，嚴爲約束，德川氏繼之，奉行政策，蕭規曹隨，是時英人亦至通商，至寬永十二年指定此港與華人貿易，是歐洲及中國之貿易實以長崎港爲肇始。寬永十四年有天草之亂，政府極力禁壓外教，只許荷蘭人互市，并限制貨額劃定地址(即出島町)，不許於市中自由往來，由此長崎一港，只有華商、荷商前來互市。元禄寶永間，長崎人口有六萬五千之數，遂與江户並稱繁盛，厥後荷蘭貿易衰頽，長崎商務亦隨之而衰。安政六年文明漸起，横濱、函館均開爲外國貿易港，而長崎獨佔之貿易分而爲三，是爲長崎港第一期貿易時代，其輸入之重要品有藥類、布匹、銀米、鮫皮、皮革、古董、珍器、陶磁、玉石、毛氈及地氈等物，其輸出之重要品有銅、海參、干鮑、魚翅、螺殼、淡菜、海帶、大菜、人參、花布等物，其輸入之價額，常超過於輸出，貨幣流出，幕府苦之，此長崎第一期貿易之大概情形也。

二、明治初代之長崎貿易：明治維新後至明治六年，只有全國貿易總額，各港尚無統計，故長崎港貿易之價額無從而知。自明治六年設立税關，即六年前所謂長崎運上所屬於地方廳之一部而已。

三、自明治六年至二十五年長崎貿易：茲將明治六年至二十五年長崎輸出入價值表列左

年分	輸出價額 元	輸入價額 元	合計 元	占全國貿易總額之分
六年	二、〇九四、二四五	一、九七四、一九一	四、〇二三、四三六	、〇八〇
七年	一、九四二、七二八	一、六〇〇、三七六	三、五四二、二〇四	、〇八一
八年	二、一六六、二一一	一、四一七、四九二	三、五八三、七〇三	、〇七三
九年	一、八六六、三一一	八二三、九四七	二、六九〇、一六一	、〇五二
十年	二、〇八六、九二〇	一、五九七、八三四	三、六八四、七五四	、〇七二
十一年	二、四三六、七九七	一、五〇四、二四八	三、九四一、〇四五	、〇六六
十二年	二、〇七三、二四三	一、七二六、六七八	三、七九七、九二一	、〇六一
十三年	三、五三二、五一八	一、二九九、七九二	四、八三三、一一〇	、〇五八
十四年	二、五五〇、一八八	一、〇〇一、八二三	三、五五二、〇一一	、〇五七

十五年	三、五七七、八八八	一、一六六、七一六	四、五二四、六〇四	、〇六七
十六年	三、一四九、四三七	八九六、九五七	四、〇四六、三九四	、〇六二
十七年	四、〇二二、五三七	一、一〇五、六六一	五、一二八、一九八	、〇八〇
十八年	三、九三二、二八九	一、五七五、二五三	五、五〇七、五四二	、〇八二
十九年	五、二四三、九二三	一、四二四、三六五	六、六六八、二八八	、〇八二
二十年	四、三六四、七六二	一、四五一、五六八	五、八一六、三二九	、〇六〇
二十一年	五、六二五、二九七	二、一七三、三二〇	七、七九八、六一九	、〇五九
二十二年	六、一九三、〇六三	二、九一二、八四三	九、一〇五、九〇六	、〇六九
二十三年	四、三一四、三九一	三、四一〇、九五二	七、七二五、三四三	、〇五六
二十四年	三、八四二、二二二	二、九三二、一三三	六、七七四、三五五	
二十五年	三、三三七、三三六	二、九三一、七六五	六、二六八、一〇一	、〇三八

觀上列之表，長崎貿易之輸出額以二十二年爲最多，至六百萬圓。以九年爲最少，至一百八十萬圓。更觀六年時其輸出額有二百萬圓，隨後進退高低，狀態百變，至十五年有三百三十五萬圓之數，至二十一年漸增至五百六十二萬圓，二十二年增至六百萬圓，二十五年仍爲三百三十萬圓。

其輸入額自六年至二十年約在一百萬圓之間，二十一年爲二百萬圓，二十三年爲三百四十萬圓，二十五年爲百九十萬圓。輸入額之增減與輸出額不相符合，但輸出之狀態，常超過輸入而已。以輸出入合計之，由六年至十六年在三四百萬圓之間，由十七年至二十五年在四五百萬圓至六七百萬圓之間，但二十二年有九百萬圓之膨脹，於二十五年仍爲六百萬圓，此二十年間輸出常超過輸入者其原因有二：一、人民程度尚未進步，起居服用不甚需用西洋文明物品。二、百物價賤求銷售於外國，故輸出之額常增加於輸入也。其間有一可注意者，從前外國貨物只由長崎輸入，自安政六年横濱、神户開作通商港後，此二港附近中央市場，故輸入貨物大半爲其所奪，故長崎港之貿易不能隨全國之發達而進步，其理顯而易明，實因地理之關係以至於此，其最甚者二十三年八月九州内之門司口之津唐津等港均開爲煤炭特别輸出港，以致該年輸出額大爲減退，直至三十二年始得復六百萬圓之輸出額，其影響亦云大矣。

四、自明治二十六年至明治三十九年長崎之貿易：明治二十六年以後之貿易及變遷之情狀，先列一輸出入統計表，以示其大概。

《大清新法令》卷六《農工商部會奏議覆南洋籌設勸業會及賽物免税等折》

宣統元年四月二十五日，内閣鈔出兩江總督端方奏縷陳南洋勸業會籌備情形吁請明降諭旨、宣示綱要、明定責成一折，附奏赴賽物品請概免税釐一片，奉硃批：「該衙門議奏。」欽此。欽遵。鈔交前來。臣等伏查賽會一事，爲開通商智、獎進實業之要，圖東西各國展轉仿行，雖規模、名目各有不同，而借以勸勵農工、推廣商業收效。則一中國佳種名材、良工精品隨處有之，只以囿於方隅，局於故步内地之知識，且未能互换外商之技術，更難與競争。非借賽會以廣見聞，交通國内以開風氣，不能收舍舊謀新之益，爲改良競進之圖。兩江民物殷繁，交通利便，且風氣早開，天産、人工均臻優勝。該督請就是處設立南洋勸業會，以動列邦之觀，聽樹各省之模型，誠爲當務之急。原奏派舉員董設所分科分期進行各節，條理秩然，洵稱詳密。至會場能否繁盛，全視各處運致賽品之多寡爲衡。原奏所陳各省會、商埠設立出品協會及聯合紳商、學界設立協贊會，所以羅致新奇，協籌通運，時期既迫，未容視爲緩圖，自應由各省督撫協力通籌，督飭勸導，俾得克期成立，并由農工商部隨時咨催、通飭，從速辦成，以襄盛舉。至賽物免税、免釐一節，税務處查各國通例，凡賽會物品進口時，均准其免税運進會場陳列，如有沽售者，則於給價時按值抽税，是於所賽物品，仍視其沽售與否，以定征免。今兩江總督籌設南洋勸業會場，所有各省赴賽物品，自可仿照通例，准其以三聯單報運，沿途免征。於出口時，在經過第一關出具保結限期，運入會場，中途不得私卸、私售，違者倍罰。該賽品陳列後，凡在場沽售與轉運他處銷售者，照章補征税釐。其仍將原物運回本處暨留場備覽者，則概免補征。似此分别辦理，實於提倡實業之中，寓有防範影射之意。至聯單報運以及在會場内征免辦法各章程，恭俟命下，即由臣處詳晰擬訂，咨行該督轉飭，遵照辦理。總之，賽會之裨益民生國計，彰彰在人耳目，無待贅言。惟此舉事屬創行造端，既宏圖成尤速，既經公佈，中外周知，民間方以爲創聞友邦且借以覘國，所以誘掖而獎成之者，自不能不稍示優隆，以資鼓舞。查各國舉行賽會，皆先由其國君主頒佈命令，宣告宗旨，其詳章細目，始由部臣核擬通行該督。所請明降諭旨宣示開會綱要，係援引各國成例，中國現當百度維新之會，不妨與列邦有風同道一之規，且下之應上捷於影響。如果朝廷於此事特頒明詔，俾天下知聖主關懷，本計必能於實業益勵推行，挽貧弱而進富强。其機未始，不由於此應請。如該督所奏明降諭旨宣示綱要，飭下各省督撫籌辦協會出品各事，將賽品分别豁免税釐，并即派南洋大臣爲該會正會長，就近督飭經理，庶易觀成。至原奏請派審查總長，則須至開會之日，萃天下之事事物物，陳之一隅，以第其美惡，别其良楛。除徵集外人最新製作，取其少數另館陳列專供參考外，均由審查總長選擇學有專門、精於鑒別者，分類評定，細核等差，由農工商部發給憑照標牌，推行獎勵實業之政權，拓興全國人民之教養。比賽之效，全係乎此。應俟本年年底確定開會日期，由農工商部奏請簡派大臣爲審查總長，届時莅場開會，以昭鄭重。再，此折係農工商部主稿，會同度支部、税務處辦理，合併聲明。謹奏。宣統元年七月十三日，奉上諭已録卷首。

《天津商會檔案彙編》上《麟記烟卷公司紀巨汾禀陳華商産品一貨數税而洋貨一貨一税之後果及海關道批文宣統元年四月二十三日到**》** 具禀麟記烟卷有限公司縣丞職銜紀巨汾

禀爲懇請轉詳榷憲，飭關發給運單事：

竊職商糾合同志集資創設公司，機器製造紙烟，早蒙貴會詳請農工商部註册，並列憲立案。承蒙列憲提倡保護，感戴莫名。去年公司出品先以直隸工藝總局護照，免納税捐，運往各處銷售。繼而諭飭不准再用直隸工藝總局護照，必須納税等因。奉此，職商即令外客商販在鈔關起單，每百斤完半税銀二錢二分五釐，運往各處銷售，近地尚可，遠處仍須重征。而商販因中國之貨，遠處仍須重征，洋貨子口遠近概免重征，是各商販雖存愛國之心，然商人不能不慮延遲賠累之害。故不得已仍買洋貨，取其遠近概免重征，沿途方便。因此中國製造之貨大受影響，種種困難爲憲臺瀝晳陳之：一切材料進口均已上税，勿庸計算。即專以烟葉而論，造成烟卷一箱重九十四斤，須用烟葉一百七十斤始能造成，每百斤進口正半税二錢二分五釐，共應三錢八分二釐五毫；烟酒捐印花每百斤一兩四錢，共應二兩三錢八分；造成紙烟鈔關起單，出口重九十四斤，每百斤半税二錢二分五釐，共應二錢一分一釐五毫。紙烟一箱統計烟葉税銀二兩九錢七分四釐。已經一物三税。若按憲定章程，中國紙烟每百斤正税四錢五分，鈔關半税二錢二分五釐，已屬格外體恤，扶持中國工業。然連進口税餉，烟酒印花，鈔關出口統共已比洋貨值百抽五尤多，尚不能遠處流通。似此困難，萬難與洋貨相抗，工業更難發達，利權焉能挽回！？不得不懇請轉詳榷憲格外體恤，飭關照憲定中國紙烟章程，每百斤納正税銀四錢五分，發給運單遠近概免重征，則感大德無既矣。爲此叩懇商會總理大人恩准轉詳，實爲德便。上禀。

津海關道蔡(紹基)爲札飭事：

現蒙北洋大臣那札開，准税務大臣咨開：(中略)查烟税並上等紙烟由外洋進口，照值百抽五税則每千只征正税銀五錢，下等紙烟每千只征正税銀九分，運入内地須另納子口半税，較之各商埠機器仿造烟卷准照土貨烟絲每百斤納正税銀四錢五分者，輕重懸殊。故歷定辦法中國境内機制烟卷如照土貨烟絲納税，既不能沾概免重征之利益。如照洋貨税則，在經過第一關完納值百抽五之税，則沿途概免重征，均係爲維持在華各廠機制洋貨起見。以上兩項辦法原聽商人自擇，今天津麟記烟卷公司所制烟卷既照土貨烟絲每百斤納正税銀四錢五分，又請發給運單，遠近概免重征。查無此等辦法，未便照准。咨復查照飭遵可也等因。到本署閣大臣准此。令行札飭，札到該道即便查照飭遵。此札等因。蒙此，合行札飭，札到，該商會即便查照飭遵。此札。

宣統元年六月十四日

明亮、納蘇等《欽定中樞政考》卷二二《失察銅斤出口》 商販將銅斤鐵斤並銅鐵器出洋私賣，該海口防守官失於查察，或知情故縱不行查拏者，均照例分别議處。例載《處分則例·海禁門》賣放者交刑部治罪，自行盤獲者免議。

明亮、納蘇等《欽定中樞政要》卷二二《攜帶軍器》 文武官員出差、赴任、歸旗，及兵役因公差遣，除鳥鎗不許攜帶外，如有攜帶弓箭、腰刀、長把刀、長鎗等項軍器途中防護者，在京由兵部給票，在外取該差遣上司及該管地方官印票，將所帶件數，於票内註明，以備出城沿途照驗。俟到日，將原票繳官，轉送各該處查銷。如無票私帶，及票外多帶並隱匿原票，一月以外不繳者，係官，照例分别議處；無職人，照例分别鞭責。例載《處分則例·關禁門》

明亮、納蘇等《欽定中樞政要》卷二二《蒙古帶軍器出口》 蒙古進口，守口官兵查明人數，軍器記檔。出口時，查對原檔，多帶者不許放出。其喀爾喀額魯特及各扎薩克等，如有添丁新編佐領，初次置買軍器，或將年久破損軍器隨時修補者，該扎薩克將置買及修補數目開明，出具印結，呈送理藩院查明軍器等物，數目多者，具奏請旨，再令購買。如所買物件無多，係尋常帶去應用者，移咨兵部給與口票，該守口官，驗明部票放行。若比票内之數多帶，或比原進口之數多帶者，報明理藩院議罪。其官員、民人，將軍器賣給蒙古，及守口官兵知情故縱者，俱交刑部議罪。不知情放出者，守口官及該管上司并將軍、都統、副都統，均照例分别議處。例載《處分則例·關禁門》如守口官拏獲究辦者均免議。

奕賡《管見所及》 乾隆五十八年，大西洋英吉利國遣使入貢，貢物：西洋布嚨尼大利翁大架一座，坐鍾一架，天球全圖、地球全圖、雜樣器具十一合，試探氣候架一座，銅炮、西瓜炮，奇巧椅子、隨人意向自動家用器自然火一架，雜樣印畫圖像影燈一對，金線毯、大絨毯，馬鞍一副，温涼車二輛，軍器十件，益力架子一座，大小金銀船，哆囉呢羽紗洋布等件。又據貢使云：前歲大將軍率兵至西藏西南之的密部落時，彼國兵船亦曾相助，倘嗣後有用西洋兵者，情願効力等語。朝廷始知前此廓爾喀之役其南界亦有邊警也。迨道光二十年英吉利入寇粤浙，廓爾喀遣人禀駐藏大臣言：小國與底里所屬之地相鄰，每受其侮，今聞底里與京屬構兵，京屬屢勝，臣願率所部往攻底里屬地，以助天討。是時駐藏大臣不知所稱底里即英吉利，所稱京屬即廣東省，所稱底里屬地即印度國也，乃以蠻觸相争，天朝向不過問之詞以答之，遺笑不淺。蓋廓爾喀與英吉利世相讐敵，故我攻廓，英助之；我攻英，廓亦願助焉。

物價部

題解

《錢譜》古錢：《管子》曰：湯七年之旱，禹五年之水，湯以莊山之金，禹以歷山之金，並鑄幣以救人之困也。至周始以金銀爲錢，太公立九府圜法，始名爲錢。錢之形，以圓含方，輕重以銖。國語《注》云：古曰泉，後轉而曰錢。《食貨志》曰：禹湯始用金鑄錢。周立九府圜法，貨寶於金，利於刀，流於泉，布於布，束於帛，言錢之流佈，通於泉流。秦鑄「半兩」錢，漢高祖鑄「八銖」錢，文帝鑄「四銖」錢，武帝鑄「五銖」錢，又鑄「半兩」錢，又鑄「赤側」錢，一當五。漢興有「榆莢」錢。以前錢難用，更鑄「榆莢」小錢，以一當百，狀如榆莢。王莽鑄「貨泉」，徑六分，重一銖，曰「小錢」，一當一；三銖，曰「么錢」，一當十；五銖曰「幼錢」，一當二十；七銖曰「中錢」，一當三十；九銖曰「壯錢」，一當四十；并大錢，一當五十，立爲九品。漢公孫述鑄鐵錢，梁王鑄鵝眼錢。《食貨志》曰：貯藏曰泉，流行曰布。古文錢「半兩」。《漢志》曰：秦始皇鑄質如周，錢重如之。其文曰「半兩」。漢呂后鑄重八銖，文帝鑄重四銖。應劭曰：今民間「半兩」中，最小輕者是「四銖」錢也。漢武帝建元元年，鑄重三銖如錢，文曰：「三銖」。封演曰：三銖又有別銖，穿下有三竪文，恐以此三畫爲三銖之別。銖重三銖，文曰「半兩」，今有折二小錢，共六樣，皆篆文「五銖」。漢武帝元狩五年罷半兩錢，行五銖錢。王莽廢。光武復興。魏帝黄初二年鑄，西晉、南朝宋武帝亦鑄小五銖錢，謂之「帷」。文帝後，魏宣帝、魏文帝又有「鷄目五銖」。隋文帝鑄小五銖，其制輕小，八九萬纔滿半斛。唐高祖武德四年，廢「五銖」錢，行「開元」錢，今以篆文推之，有七樣大五銖錢。今有內廓者，小五銖錢亦有內廓者，而前文之面後有點兩星，大五銖錢無內廓者，錢之背有點四星者。昔人《錢譜》引錢合曰：五銖又有穿上一星，五字上下各一星，南朝梁、宋名「兩柱錢」，鏝面傍一星至三星者，五字之內上下各一星，上或有小星字，或有五字，穿上橫文，穿下橫文。外四角缺文，有廓無廓闊，緣不可窮盡，疑皆當時工人之意，非有別於年代。今考於古四角缺之有廓，無廓，自是一種，總未嘗考也。又封演曰：別有最小五銖，文字輕薄未見。《晉志》曰：吴興沈充又鑄小五銖錢，謂之「沈郎錢」是也。四道五銖，後漢靈帝鑄，背內廓四角有路抵於外輪。《漢書》云：靈帝中平三年鑄四出文錢，流佈四海。

《錢譜》曰：五銖錢有四出道於邊緣，俗謂之「角錢」，或謂豈非，此錢既成，京師將壞，而出流佈四海乎！至董卓焚宫，乃劫鑾輿西幸長安，悉壞五銖錢矣。傳形五銖，封演曰：傳形「五銖」，劉備所鑄，文字、輕重、大小，與五銖無別。但以五字在左，銖字在右，謂之傳形。今考古蜀嘗鑄矣，但不言傳形耳。

「貨泉」，王莽所鑄，徑一寸，重五銖。今又有內廓者，有重廓者，其後光武起春陵泉鄉，文成白水真人，是驗其讖也。「大泉五十」，國語《注》云：王莽鑄大錢五十，徑一寸二分，重「十二銖」，直如其文。今有折二錢，又有小鑄，亦不多見。今見鏝有斗劒龜蛇之文者，未之考也。

「大泉五百」，吴王孫權嘉禾五年鑄，一當五百文。

「大泉二千」，未詳所鑄年代，一當二千。

「大泉當千」，吴孫權赤烏元年鑄，一當千。

「太平百錢」，未詳所鑄年代，一當百。

「四銖」，南朝宋文帝鑄，又宋世祖鑄，比重四銖。

「直百五銖」，南朝梁武帝鑄，一當百。

布泉，陳文帝天嘉二年鑄，錢文曰：「布泉。」一當百，與五銖並行。後周武帝保定元年亦鑄布泉，以一當五。今有玉筯篆者，有柳葉篆文，有重廓者，董逌《錢譜》云：藏曰泉，流曰布。又引石氏曰：錢徑一寸，重四銖。懸針書者，自梁武帝以來有之。文曰：「布泉」世謂之男錢。《梁書》曰：布泉，徑一寸，重四銖。半婦人佩之，即生男也。天子頻下詔：非勑鑄之錢，並不許用敦素。疑王莽時鑄，亦無所據。後周布泉字皆玉筯，與此甚異。

「大貨六銖」，《陳書·宣帝紀》曰：大建十一年七月辛卯，初用「大貨六銖」，《隋志》曰：陳宣帝鑄大貨六銖，以一當五銖之十，與五銖並行。後復當一人皆不從，乃相與訛言，六銖錢有不利縣官之象。徐氏曰：謡言大貨六銖，有類人義腰哭。未幾，宣帝崩，竟至陳亡。嶺南諸州多以鹽米布交易，俱不用此錢矣。

「五行大布」，後周《武帝紀》曰：建德三年六月壬子，更鑄五行大布錢，以一當十，與布泉並行。四年七月，又以邊境之人多盜鑄，乃禁「五行大布」錢，不得入四關。張台曰：小者至徑八分，舊錢之文，上「五」、下「行」，又有上「大」、下「布」者，皆古篆文。「永通萬國」，後周《宣帝紀》：曰大象元年十一月初鑄，文曰

「永通萬國」徑一寸三分，重十二銖，背而肉好。又有徑一寸二分半，重八銖，皆一當十。「永通泉貨」，後周宣帝鑄，「永通泉貨」以一當十。南唐李璟亦鑄大錢，以一當十。《大定録》曰：顯德五年七月，江南李氏鑄「永通泉貨永安五銖。」

五銖：「大和五銖」後魏獻文帝皇興年中鑄，其文曰：「大和五銖」，徑一寸，重五銖。「常平五銖」，北齊文帝天保三年改鑄，其文曰「常平五銖」，徑八分，重五銖，皆篆文。

以上古錢計二十一樣，自秦至隋，所鑄之錢，其錢之大小，文之篆籀，廓之有無，推之共五十三樣。董逌曰：又有所謂異錢，雖不見於傳記，然製作之近古者今録之，如：李唐鑄撒帳錢，其文有曰「長命富貴」、「金玉滿堂」，又有「忠孝傳家」、「五男二女」、「天下太平」、「封侯拜相」之類。又博戲之錢背有字皆鏝者，不及録。

平錢：

「開元通寶」，《唐會要》曰：唐高祖武德四年七月十七日鑄，歐陽詢制詞及書，字含八分篆隷二體，俗謂之「開元通寶」，其錢徑八分，重十二銖，積十錢，僅重一兩，得重輕大小之中。今「開元通寶」錢縵有文如初月者，《談賓録》曰：武德初，行「開元通寶」錢，初進樣時，文德皇后掐一粉甲痕，因不復改。鄭虔《會粹》云：熙寧中劉斧攢青瑣，高議且曰：事由明皇貴妃，彼徒見錢文有開元字，便乃謂明皇亦不考實之過。又有左挑開元錢，雙挑開元錢，篆字開元錢。封演曰：武宗會昌五年，鑄開元錢時，廢天下佛寺，宰相李德裕請以廢寺銅鐘佛像，及僧瓶碗等物，命所在鑄錢。楊州節度使李紳，乃以所廢寺品鑄錢，背加昌字，以表年號。又有勑令鑄錢所，各加本郡州號名爲背文：京，京兆。洛，河南。興，鳳翔。梁，汴梁。荆，江陵。桂，廣西。潭，湖南。廣，廣東。福，福州。越，浙東。洪，江西。潤，鎮江。昌，成都。鄂，湖廣。兖，兖州。梓，東川。襄，襄州。丹，河北。益，西川。宣，宣州。平，燕山。楊，楊州。藍。藍田。共貳拾叁件。

「乾封泉寶」《唐會要》高宗祀昊天上帝於泰山，改乾封年，鑄徑一寸，重十二銖六分，以一當十。其年凡舊錢皆廢，明年因穀價湧貴，商賈不行。又明年，詔罷之。仍行開元錢。洎「乾封泉寶」，唐肅宗乾元二年，第五琦請鑄小錢，徑寸，每緡重十斤，與「開元通寶」參用，以一當十，今有折二錢，又有小錢，第五琦復爲相，命鑄「重輪乾元」錢，徑一寸四分，重十二銖，其文「承目」，背之外廓爲之「重輪」，又爲之「重稜」，每緡重十二斤，以一當五十。法既屢易，物貨騰湧，米斗錢至七十，餓死者滿道。上元元年，減「重輪」錢一當二十。開元舊錢與乾元錢皆以一當十。代宗即位，乾元小錢一當二，重輪大錢一當三。元載作相，凡大小錢皆以一當一。唐書謂之「重窺錢」。今有當三折二小錢。

「大曆元寶」，唐代宗鑄。

「建中通寶」，唐德宗鑄。

「天成元寶」，後唐明宗年號，至德年間安慶緒亦改元天成，未知鑄錢否。

「天福鎮寶」，晉氏舊史，以爲趙石晉所鑄。

「漢元通寶」，後漢劉知遠年號。

「周元通寶」，後周世宗，毁天下銅佛鑄。

以上錢係大唐至於五代末所鑄，共四十二樣。

僭僞錢：

「得一元通寶」，《唐史》思明僭鑄。

「順天元寶」，見上。

「保大元寶」，江南王璟鑄。

「唐國通寶」。

「大唐通寶」，南唐世家鑄。《五代史》不載，又有錢子。

「天感元寶」，未詳所鑄之地。

「壽昌元寶」，遼道宗壽昌年鑄。

「大興平寶」，錢之鏝有丁字，疑五代僭僞錢也。

「天德重寶」，僞殷王建所鑄之，鏝有殷字者。

「乾亨重寶」，僞漢劉儼所鑄。

「永平元寶」，前僞蜀王建鑄。

「通政元寶」。

「天漢元寶」。

「光天元寶」，俱同上。

「乾德通寶」，前僞蜀王衍鑄。

「咸康元寶」，前僞蜀王衍鑄。

「廣政通寶」，前僞蜀孟昶改元。

以上係唐末并五代間僭僞所鑄，共二十四樣。

北地錢：

「乾亨通寶」，宋太平興國七年，耶律隆序鑄。

「統和元寶」，宋太平興國八年，耶律隆序鑄。

「太平元寶」，宋天禧五年，耶律隆序鑄。

「清寧通寶」，宋至和二年，耶律隆序鑄。

「咸雍通寶」，宋治平二年，耶律洪基鑄。

「大康元寶」，宋寧熙七年，耶律洪基鑄。

「大康通寶」，同上。

「大安元寶」，宋神宗元豐七年，洪基鑄。

「乾統元寶」，徽宗崇寧元年，延禧鑄。

「天慶元寶」，宋政和二年，契丹國主在燕山府鑄。

「阜昌重寶」，宋高宗建炎四年，知濟南府劉豫，叛降金金人，以山東、河南、陝西爲濟國，立豫僭號，以元阜昌。

以上並載于《聖政録》及見《紀年通譜》。

「大定元寶」，金世宗鑄，鏝有申酉字。

「正隆元寶」，金海陵王鑄於大元府。

以上係北地錢，共一十三樣。

「三韓重寶」，楷書一樣。「東國通寶」，楷書篆二樣。「東國重寶」。「海東通寶」。「海東重寶」。「朝鮮通寶」。《貢書》

以上係海東番錢，共八樣。董逌《錢譜》引徐氏曰：又有屋駝國錢，徑七分，厚薄肉好，不異中夏。敦素曰：字文若梵書，凡十樣。

宋朝錢：

「聖宋元寶」，宋太祖鑄。「宋元通寶」，同上。「太平通寶」，宋太宗鑄。「至道元寶」，宋真宗鑄。「淳化元寶」，「咸平元寶」，「景德元寶」，「大中通寶」，「祥符通寶」，「天禧通寶」，已上宋真宗鑄。「天聖元寶」，「景祐元寶」，「皇宋通寶」，「慶曆重寶」，「明道元寶」，「至和元寶」，「至和通寶」，「至和重寶」，「嘉祐元寶」，「嘉祐通寶」，已上宋仁宗鑄。「治平元寶」，「治平通寶」，英宗鑄。「熙寧元寶」，「熙寧重寶」。

綜述

申時行《明會典》卷三一《户部十八・庫藏二・鈔法》 洪武八年令：中書省，造大明寶鈔，取桑穰爲鈔料。其制：方高一尺，闊六寸許，以青色爲質，外爲龍文花欄，橫題其額曰：「大明通行寶鈔」。內上兩旁復爲篆文八字，曰：「大明寶鈔天下通行。」中圖鈔貫狀，十串則爲一貫。其下曰：「户部奏准：印造大明寶鈔，與銅錢通行使用。僞造者斬，告捕者賞銀二百五十兩，仍給犯人財産。」若五百文，則畫鈔文爲五串。餘如其制，而遞減之。每鈔一貫，折銅錢一千文，銀一兩。其餘以是爲差。其等凡六，曰：一貫、五百文、四百文、三百文、二百文、一百文。每鈔四貫，易赤金一兩。禁民間不得以金銀物貨交易，違者治罪。告發者，就以其物給賞。若有以金銀易鈔者聽。凡商税課，錢鈔兼收。錢，十之三；鈔，十之七。一百文以下，則止用銅錢。【略】令各處税糧課程贓罰，俱准折收鈔。米每石三十貫；小麥、豆每石二十五貫；大麥每石一十五貫；青稞、蕎麥每石一十貫；絲每斤四十貫；綿每斤二十五貫；大絹每疋五十貫；小絹每疋三十貫；小苧布每疋二十貫；大苧布每疋二十五貫；大綿布每疋三十貫；小綿布每疋二十五貫；金每兩四百貫；銀每兩八十貫；茶每斤一貫；鹽每大引一百貫；蘆柴每束三貫。其有該載不盡之物，俱照彼中時價折收。

紀事

《漢書》卷九九上《王莽傳上》[居攝]二年春，竇況等擊破西羌。五月，更造貨：錯刀，一直五千；契刀，一直五百；大錢，一直五十，與五銖錢並行。民多盜鑄者。禁列侯以下不得挾黃金，輸御府受直，然卒不與直。

《南齊書》卷二六《王敬則傳》 昔晉氏初遷，江左草創，絹布所直，十倍於今，賦調多少，因時增減。永初中，官布一匹，直錢一千，而民間所輸，聽爲九百。漸及元嘉，物價轉賤，私貨則束直六千，官受則匹准五百，所以每欲優民，必爲降落。今入官好布，匹堪百餘，其四民所送，猶依舊制。昔爲刻上，今爲刻下，氓庶空儉，豈不由之。

《南齊書》卷五三《良政・李珪之傳》 先是，（永明）四年，滎陽毛惠素爲少府卿，吏才强而治事清刻。敕市銅官碧青一千二百斤供御畫，用錢六十萬。有讒惠素納利者，世祖怒，敕尚書評賈，貴二十八萬餘，有司奏之，伏誅。死後家徒四壁，上甚悔恨。

《舊五代史》卷一四六《食貨志》　唐同光二年二月，詔曰：「會計之重，鹹鹺居先，矧彼兩池，實有豐利。頃自兵戈擾攘，民庶流離，既場務以隳殘，致程課之虧失。重兹葺理，須仗規模，將立事以成功，在從長而就便。宜令河中節度使冀王李繼麟兼充制置度支安邑、解縣兩池榷鹽使，便可制一一條貫。」按《五代會要》：同光三年二月，勅：「魏府每年所徵隨絲鹽錢，每兩與減放五文；逐年俵賣蠶鹽、食鹽、大鹽、甜次冷鹽，每斗與減五十；樂鹽與減三十。」天成元年四月，勅：「諸州府百姓合散蠶鹽，今後每年祇二月内一度俵散，依夏税限納錢。」長興四年五月七日，諸道鹽鐵轉運使奏：「諸道州府鹽法條流元末一概定奪，謹具如後：應食顆鹽州府，省司各置榷糶折博場院。應是鄉村，並通私商興販。所有折博并每年人户蠶鹽，並不許將帶一斤一兩入城，侵奪榷糶課利。如違犯者，一兩已上至一斤，買賣人各杖六十；一斤已上至三斤，買賣人各杖七十；三斤已上至五斤，買賣人各杖八十；五斤已上至十斤，買賣人各徒二年；十斤已上，不計多少，買賣人各決脊杖二十，處死。所有犯鹽人隨行錢物、驢畜等，並納入官。所有元本家業莊田，如是全家逃走者，即行點納。仍許般載脚户、經過店主并脚下人力等糾告，等第支與優給。如知情不告，與賣鹽人同罪。其犯鹽人經過處，地分門司、廂界巡檢、節級所由并諸色關連人等，不專覺察，委本州臨時斷訖報省。如是門司關津口鋪，捉獲私鹽，即依下項等第，支給一半賞錢：一斤以上至十斤，支賞錢二十千；五十斤已上至一百斤，支賞錢三十千；一百斤已上，支賞錢五十千。應食末鹽地界，州府縣鎮並有榷糶場院，久來内外禁法，即未一概條流。應刮鹹煎鹽，不計多少斤兩，並處極法，兼許四鄰及諸色人等陳告，等第支給賞錢。欲指揮此後犯一兩已上至一斤，買賣人各杖六十；一斤已上至二斤，買賣人各杖七十；二斤以上至三斤，買賣人各徒一年；三斤以上至五斤，買賣人各徒二年；五斤已上，買賣人各決脊杖二十，處死。如是收到鹹土鹽水，即委本處煎鍊鹽數，准條科斷。或有已曾違犯，不至死刑，經斷後公然不懼條流再犯者，不計斤兩多少，所犯人並處極法。其有榷糶場院員僚節級人力、煎鹽池客竈户、般鹽船綱，押綱軍將衙官梢工等，具知鹽法，如有公然偷盜官鹽，或將貨賣，其買賣人及窩盤主人知情不告，並依前項刮鹹例，五斤已上處死。其諸色關連人等，并合支賞錢，即准洛京、邢、鎮條流事例指揮。顆、末、青、白等鹽，元不許界分參雜。其顆鹽先許通商之時指揮，不得將帶入末鹽地界。如有違犯，一斤一兩，並處極法，所有隨行物色，除鹽外，一半納官，一半與捉事人充賞。其餘鹽色，未有畫一條流。其洛京并鎮、定、邢州管内，多北京末鹽入界，捉獲並依洛京條流科斷。欲指揮此後但是顆、末、青、白諸色鹽侵界參雜，捉獲並准洛京條流施行。」「一應諸道，今後若捉獲犯私鹽麴人，罪犯分明，正該條法，便仰斷遣訖奏。若稍涉疑誤，祇須申奏取裁。」

晉天福中，河南、河北諸州，除俵散蠶鹽徵錢外，每年末鹽界分場務，約糶錢一十七萬貫有餘。言事者稱，雖得此錢，百姓多犯鹽池，請將上件食鹽錢於諸道州府計户，每户一貫至二百，爲五等配之，然後任人逐便興販，既不虧官，又益百姓。朝廷行之，諸處場務亦且仍舊。俄而鹽貨頓賤，去出鹽遠處州縣，每斤不過二十文，近處不過一十文，掌事者又難驟改其法，奏請重制鹽場税，蓋欲絶其興販，歸利於官也。

七年十二月，宣旨下三司：應有往來鹽貨悉税之，過税每斤七文，住税每斤十文。其諸道州府，應有屬州鹽務，並令省司差人勾當。既而糶鹽雖多，而人户鹽錢又不放免，至今民甚苦之。按《五代會要》：晉天福元年十一月，赦節文：「洛京管内逐年所配人户食鹽，起來年每斗減放十文。」

周廣順元年九月，詔改鹽法，凡犯五斤已上者處死，煎鹹鹽犯一斤已上者處死。先是漢法不計斤兩多少，並處極刑，至是始革之。

三年三月，詔曰：「青白池務，素有定規，祇自近年，頗乖循守。比來青鹽一石，抽税錢八百文足陌，鹽一斗；白鹽一石，抽税錢五百文、鹽五升。其後青鹽一石，抽錢一千、鹽一斗。訪問更改已來，不便商販，蕃人漢户，求利艱難，宜與優饒，庶令存濟。今後每青鹽一石，依舊抽税錢八百文，以八十五爲陌，鹽一斗；白鹽一石，抽税錢五百，鹽五升。此外更不得别有邀求。訪聞邊上鎮鋪，於蕃漢户市易糶糴，私有抽税，今後一切止絶。」按《五代會要》：周廣順二年九月十八日，勅：「條流禁私鹽麴法如後：一、諸色犯鹽麴，所犯一斤已下至一兩，杖八十，配役；五斤以下一斤以上，徒三年，配役；五斤以上，並決重杖一頓，處死。一、應所犯鹽麴，關津門司、廂巡門保，如有透漏，並行勘斷。一、刮鹹煎鍊私鹽，所犯一斤已下，徒三年，配役；一斤以上，並決重杖一頓，處死。犯私鹽若捉到鹻水，祇煎成鹽，秤盤定罪。逐處凡有鹻鹵之地，所在官吏節級所由，常須巡檢，村坊鄰保，遞相覺察，若有所犯處彰露，並行勘斷。一、所犯顆末鹽各有界分，若將本地分鹽侵越疆界，同諸色犯鹽例科斷。一、鄉村人户，所請蠶鹽，祇得將歸零躉供食，不得别將博易貨賣、投託與人。如違，並同諸色犯鹽例科斷。若是所請蠶鹽，道路津濟須經過州府縣鎮，委三司明行指揮。一、凡買鹽麴，並須於官場務内買，若衷私投託興販，其買賣人並同諸色犯鹽麴例科斷。一、諸官場官務，如有羨餘出剩鹽麴，並許盡底報官。如衷私貨賣者，買賣人並同諸色犯鹽例科斷。若鹽鋪酒店户及諸色人與場院衷私貨賣者，並同罪科斷。一、所犯私鹽麴，有同情共犯者，若是骨肉卑幼奴婢同犯，祇罪家長主首。如家長主首不知情，祇罪造意者，餘減等科斷。若是他人同犯，並同罪斷。若與他人同犯，據逐人脚下所犯斤兩，依輕重斷遣。一、州城縣鎮郭下人户，係屋税合請鹽者，若是州府，並於城内請給，若是外縣鎮郭下人户，亦許將鹽歸家供食。仰本縣預取逐户合請鹽數目，攢定文賬，部領人户請拔，勒本處官吏及所在場務，同點檢入城。若縣鎮郭下人户，城外别有莊田，亦仰本縣預先分擘開坐，勿令一處分給供使。」三年十二月，勅：「諸州府并外縣鎮城內，其居人屋稅鹽，今後不俵，其鹽錢亦不徵納。所有鄉村人户合請蠶鹽，所在州城縣鎮嚴切檢校，不得放入城門。」

顯德元年十二月，世宗謂侍臣曰：「朕覽食末鹽州郡，犯私鹽多於顆鹽界分，蓋卑濕之地，易爲刮鹹煎造，豈唯違我榷法，兼又污我好鹽。況末鹽煎錬，般運費用，倍於顆鹽。今宜分割十餘州，令食顆鹽，不唯輦運省力，兼且少人犯禁。」自是曹、宋已西十餘州，皆盡食顆鹽。按《五代會要》：顯德二年八月二十四日，宣頭節文：「改立鹽法如後：一、瞻國軍堂場務、邢洺州鹽務，應有見垛貯鹽貨處，并煎鹽場竈及應是鹻地，並須四面脩置墻塹。如是地里遥遠，難爲修置墻塹，即作壕籬爲規隔。如是人於壕籬內偷盜，夾帶官鹽，兼於壕籬外煎造鹽貨，便仰收捉，及許諸色人陳告。所犯不計多少斤兩，並決重杖一頓，處死。其經歷地分及門司節級人員，併當量罪勘斷。所有捉事、告事人賞錢，一兩以上至一斤，賞錢二十千；一斤已上至十斤，賞錢三十千；一十斤已上，賞錢五十千。一、應有不係官中煎鹽處鹻地，並須標識，委本州府差公幹職員與巡鹽節級、村保、地主、鄰人，同共巡檢。若諸色人偷刮鹵地，便仰收捉，及許人陳告。若勘逐不虛，捉事人每獲一人，賞絹一十匹；獲二人，賞絹二十匹；獲三人已上，不計人數，賞絹五十匹。刮鹻煎鹽人并知情人，所犯不計多少斤兩，並決重杖一頓，處死。其刮鹻處地分，并刮鹻人住處巡檢、節級、所由、村保等，各徒二年半，令衆一月，依舊勾當。刮鹻處地主，不切檢校，徒二年，令衆一月。一、顆鹽地分界內，有人刮鹻煎錬鹽貨，所犯並依前法。一、今緣改價賣鹽，慮有別界分鹽貨遞相侵犯，及將鹽入城，諸色犯鹽人，令下三司，依下項條流科斷：其犯鹽人隨行物色，給與本家，其鹽没納入官。所經歷地分節級人員，並行勘斷。一兩至一斤，決臀杖十五，令衆半月，捉事、告事人賞錢五千；一斤已上至一十斤，徒一年半，令衆一月，捉事、告事人賞錢七千；十斤已上，不計多少，徒二年，配發運務役一年，捉事、告事人賞錢十千。一、諸州府人户所請蠶鹽，不得於鄉村衷私貨賣，及信團頭、脚户、縣司、請鹽節級、所由等尅折糶賣，如有犯者，依諸色犯鹽例科斷。一、如有人於河東界將鹽過來，及自家界內有人往彼興販鹽貨，所犯者並處斬。其犯鹽人隨行驢畜資財，並與捉事人充賞。」「慶州青白榷稅院，元有透稅條流，所有隨行驢畜物色，一半支與捉事人充賞，其餘一半并鹽，並納入官。欲并且依舊一斗已上至三斗杖七十，三斗已上至五斗徒一年，五斗已上處死。安邑、解縣兩池榷鹽院，河府節度使兼判之時申到畫一事件條流等，准勅牒，兩池所出鹽，舊日若無文榜，如擅將一斤一兩，准元勅條，並處極法。其犯鹽人應有錢物，並與捉事人充賞者。切以兩池禁棘峻阻，不通人行，四面各置場門弓射，分擘鹽池地分居住，並在棘圍裏面，更不別有差遣，祇令巡護鹽池。如此後有人偷盜官鹽一斤一兩出池，其犯鹽人並准元勅條流處分，應有隨行錢物，並納入官，其捉事人依下項定支優給。若是巡檢、弓射、池場門子，自不專切巡察，致有透漏到棘圍外，被别人捉獲，及有糾告，兼同行反告，官中更不坐罪，陳告人亦依捉事人支賞。應有知情偷盜官鹽之人，亦依犯鹽人一例處斷。其不知情關連人，臨時酌情定罪。所有透漏地分弓射及池場門子，如是透漏出鹽一十斤已下，徒一年半。一十斤已上至二十斤，支賞錢一十千；二十斤已上至五十斤，支賞錢二十千；五十斤已上至一百斤，支賞錢三十千；一百斤已上，支賞錢五十斤。前項所定奪到鹽法條流，其應屬州府捉獲抵犯之人，便委本州府檢條流科斷訖申奏，別報省司。其屬省院捉到犯鹽之人，干死刑者，即勘情罪申上，候省司指揮。不至極刑者，便委務司准條流決放訖申報。」從之。

三年十月，勑：「漳河已北州府管界，元是官場糶鹽，今後除城郭草市內，仍舊禁法，其鄉村並許鹽貨通商。逐處有鹹鹵之地，一任人户煎錬，興販則不得踰越漳河，入不通商地界。」按《文獻通考》：五年，既取江北諸州，唐主奉表入貢，因白帝以江南無鹵田，願得海陵鹽監南屬以贍軍。帝曰：「海陵在江北，難以交居，當別有處分。」乃詔歲支鹽三十萬斛以給江南，士卒稍稍歸之。

周顯德二年正月，世宗謂侍臣曰：「轉輸之物，向來皆給斗耗，自晉、漢已來，不與支破。倉廪所納新物，尚除省耗，況水路所般，豈無損折，起今後每石宜與耗一斗。」

後唐天成三年七月，詔曰：「應三京、鄴都、諸道州府鄉村人户，自今年七月後，於是秋田苗上，每畝納麴錢五文足陌，一任百姓自造私麴，醖酒供家，其錢隨夏秋徵納。其京都及諸道州府縣鎮坊界內，應逐年買官麴酒户，便許自造麴，醖酒貨賣。仍取天成二年正月至年終一年逐户計算都買麴錢數內，十分只納二分，以充榷酒錢，便從今年七月後，管數徵納。榷酒户外，其餘諸色人亦許私造酒麴供家，即不得衷私賣酒，如有故違，便即糾察，勒依中等酒户納榷。其坊村一任沽賣，不在納榷之限。」時孔循以麴法殺一家於洛陽，或獻此議，以爲愛其人，便於國，故行之。

長興元年二月，赦書節文：「諸道州府人户，每秋苗一畝上，元徵麴錢五文，今後特放二文，只徵三文。」

二年，詔曰：「酒醴所重，麴糵是須，緣賣價太高，禁條頗峻，士庶因斯而抵犯，刑名由是以滋彰。爰行改革之文，庶息煩苛之政，各隨苗畝，量定稅錢。訪聞數年已來，雖犯法者稀，而傷民則甚。蓋以亂離日久，貧下户多，纔遇纔遇，原本作「纔過」，今據文改正。（影庫本粘簽）昇平，便勤稼穡，各務耕田鑿井，孰能枕麴藉糟，既隨例以均攤，遂抱虛而輸納，漸成雕敝，深可憫傷。況欲致豐財，必除時病，有利之事，方切施行，無名之求，尤宜廢罷，但得日新之理，何辭夕改之嫌。應在京諸道苗畝上所徵麴錢等，便從今年夏並放。其麴官中自造，委逐州減舊價一半，於在城撲斷貨賣。除在城居人不得私造外，鄉村人户或要供家，一任私造。」勑下之日，人甚悦之。《永樂大典》卷四千六百八十一。

周顯德四年七月，詔曰：「諸道州府麯務，今後一依往例，官中禁法賣麯，逐處先置都務，候勑到日，並仰停罷。據見在麯數，准備貨賣，兼據年計合，使麯數依時蹋造，候人户將到價錢，據數給麯，不得賒賣抑配與人。」《永樂大典》卷一萬四千九百八十。

黄震《黄氏日鈔》卷六七《讀文集・范石湖文》 廣西無酒税、商船所入，祖宗撥諸路錢物助之。湖北軍衣絹四萬二千匹，湖南絁一萬五千疋，綿一萬兩，廣東米一萬二千石，提鹽司鹽一千五百萬斤，韶州岑水場銅伍十二萬斤，付本路鑄錢一十五萬貫，總計一百一十餘萬貫，並充廣西支遣。

《明英宗實録》卷十四 〔正統元年二月丁未〕行在户部言：先因布賤米貴，奏准於秋糧内每米一石折布二匹。今廣西等布政司奏稱，折重虧民，宜仍舊米一石折布一匹。從之。

《明英宗實録》卷三十三 〔正統二年八月乙亥〕巡撫陝西行在工部右侍郎羅汝敬奏：「臣見寧夏地濱黄河，資其灌溉，旱澇俱收，米賤而物貴。以此從宜定例：大布一疋，折糧八斗；中布一匹，折糧六斗；大絹一匹，折糧一石五斗；中絹一匹，折糧一石；綿花一斤，折糧二斗五升。行之四年，民以爲便，而所積倉糧亦足寧夏軍馬三年之用。今户部委官主事張添賜欲依宣德間陝西所定例，增米價，減物價折收，恐有損於民。」事下行在户部議：「陝西宜仍用舊例折收，惟寧夏宜用汝敬所定新例折收。」從之。

《明英宗實録》卷一百五十一 〔正統十二年三月丁亥〕巡按山西監察御史白圭奏：「朔州歲辦税課鈔一萬三千二十六貫，羊皮三十二張。近户部移文，鈔增三分之二，皮增四分之三，民實不堪。」事下户部，言：「洪武中定税額，隨物價輕重，每三十分而取其一。請行朔州，隨其物價，仍行三十税一之制。」從之。

《明英宗實録》卷一百五十二 〔正統十二年四月壬辰〕福建銀場進去年課銀一萬三千四百兩。先是，福建銀課二萬一千一百二十餘兩，後遣户部侍郎焦宏踏，勘回奏云約可辦二萬八千二百五十兩。至是，上以所進之數不及宏約之半，仍命各場補辦。

《明英宗實録》卷一百五十二 〔正統十二年四月辛亥〕監察御史柳華奏：「浙江處州山多田少，民無以爲生，往往於福建、江西諸銀鐵鉛場盜採。 皇上屢諭復業。不聽，始移師討之。而巡坑右參議竺淵、吴昇專事擒殺，以致各賊懼不敢歸，日□滋蔓。臣今多方立法，漸消弭之。沿途榜朝廷恩意，歷陳禍福，開其自新之路，嚴窩藏給餉之禁；每村置鑼鼓燈竿，懸擊相應；其諸處坑場俱埋以鋭竹片，布以鐵蒺藜，毁其私置之具，窒其私採之穴，塞其私往來之徑，申明私用兵器之律。由是猖獗之勢消，良善之生安。其已降服賊黨嚴開三等二千五百餘人，如詔令復業，人給以花欄牌面爲驗。其政和縣官田場賊徒亦俱嚮化。願皇上勑府縣善存卹之，蠲其傜役一二年，不得懷其舊惡，仍肆酷害，及縱豪强責其逋負。如此則賊徒感恩思過，相勉爲善，庶無虞矣。」上從之。

《明英宗實録》卷二百九 〔景泰二年十月丙子〕太醫院醫士張驛奏：「京師萬方會同，日用百物不免資於商旅。朝廷設立官店，輕收税課，買賣有所負欠，常令御史督責，蓋所以招徠之也。近者理財之官不知大體，唯務刻剥。如紵絲一匹税鈔至三百五十貫，可值銀七錢；三梭布每十匹亦至三百五十貫；他物皆然。以本物計之，税鈔先取四分之一。臣恐日久商旅畏避税重，不肯來京，致使百物騰貴。」事下户部，太子太保兼户部尚書金濂等言：「臣等初以京師多故，奏令加税，所取不許過三十之一。令郎中徐敬、順天府治中劉實重定時估，致有過重。臣等未及酌量，即命行之。今驛奏如此，宜治敬、實等罪。」從之。遂奏更物價店税，上等紵絲每匹不得過七十五貫，他物稱是。

《明憲宗實録》卷九十七 〔成化七年十月丁丑〕户部請以布一匹，准支文武官員俸米二十石。舊兩京文武官折色俸糧，上半年給鈔，下半年給蘇木、胡椒。至是，户部尚書楊鼎奏：「京庫椒、木不足，甲字庫多積綿布。以時估計之，闊白布一匹，可准鈔二百貫。請以布折米。仍視折鈔例，每十貫一石。」先是，折俸鈔，米一石，鈔二十五貫，漸減至十貫。至是鈔法不行。鈔貫值二三錢，已是米一石僅值錢二三十文。至是又折以布，布一匹時估不過二三百錢，而折米二十石，則是米一石僅值十四五錢也。自古百官俸禄之薄，未有如此者。有司朦朧奏請，遂爲常例。

《明憲宗實録》卷二百五 〔成化十六年七月丙申〕定文武官吏俸糧折布例。時官吏折俸，自成化十一年至十三年皆未支。户部尚書陳鉞請如例十一年者於太倉折支銀，十二年者於天財庫折支銅錢，十三年者於甲字庫折支潤白三梭布。但布一疋該米四十石，折算太重，物議未平，宜量准三十石。詔如議。然三梭一疋，極細者不過直銀二兩，而米價遇貴則有一石直銀一兩者。今布一疋折米三十石，輕重已自懸絶。後乃至以粗濶綿布直銀三四錢者，亦折米至三十石，則是粗布一疋而價銀直三十兩，自古所無也。

《明神宗實録》卷四百十九 （萬曆三十四年三月庚寅初）永樂間設銀魚廠於寶坻縣，隆慶二年停革。惟令光禄寺估計時價，以供廟享上用，而止未有差官坐採又徵其税者。自萬曆二十八年，始命税監王虎徵收税課。其後又以張燁、馬堂兩監，割分津灣疆界。張燁猶止抽徵寶坻；馬堂貪縱特甚，聽委官康寧併税，及武清等不産銀魚地面，又增葦網等税目二萬餘兩。既詔歸有司堂聽，康寧謀奏，廟享至重，有司不得越俎。又增入清縣、天津二處，一並徵收。寧旨即於各處竪旗設廠，恣行剽奪，遠近騷然。

余繼登《典故紀聞》卷一五 官吏折俸布舊於甲字庫折支者，每闊白布一匹折米四十石。成化十六年，户部以爲言，始改折三十石。然布極細者不過值銀二兩，而米遇貴，石值銀一兩，已有懸絶。後又以粗縣布值銀三四錢者支與，是粗布一匹，準價銀三十兩矣，從古所未有也。

箭價高抬：

一青鶴翎配：頭等弓者，每把箭五枝，原價銀一兩伍錢，不得過一兩八錢。二等者，原價銀一兩四錢，不得過一兩六錢。三等者，原價銀一兩二錢，不得過一兩四錢。蟬鵝翎配：頭等弓者原，價銀一兩四錢，不得過一兩七錢。二等者，原價銀一兩三錢，不得過一兩五錢。三等者，原價銀一兩二錢，不得過一兩三錢。鵁鶄翎：頭等者，原價銀一兩二錢，不得過一兩四錢。二等者，原價銀一兩一錢，不得過一兩三錢。三等者，原價銀八錢，不得過一兩。鸛翎：頭等者，原價銀九錢，不得過一兩。二等者，原價銀七錢，不得過八錢。鵰翎：頭等者，原價銀六錢，不得過七錢。三等者，原價銀五錢，不得過六錢。芝蔴雕戰箭，每百枝原價銀六兩五錢，不得過八兩。鴈雜等翎，每百枝原價銀四兩，不得過五兩。定價之後，倘舖户任意高擡時價者，許兵丁首告，照把持行市賣物以賤爲貴□□一律治罪。

城門堆撥弓箭價值：

一八旗修製各城門堆撥處所懸掛弓箭。製造角弓，每張價銀一兩八錢四分。製造戰箭，每枝價銀四分。修理角弓，每張價銀一兩一錢。修理戰箭，每枝價銀二分四釐。

張家口賽勒烏蘇軍臺修理弓箭價值：

一張家口軍臺二十三座，賽勒烏蘇軍臺二十一座，共軍臺四十四座。每屆三年，將蒙古包帳房、弓箭，檢其實有損壞者，報部修理一次。兵部將修理弓一張，准銷銀二錢。修理箭一枝，准銷銀一分。其蒙古包帳房需用工料，移咨工部覈銷。

《李煦奏摺・請預發採辦青藍布疋價銀摺》（康熙三十四年九月　日） 恭請皇上萬安。

切煦庸愚下賤，荷蒙皇上簡用，濫膺織造之任，已經三載，每思報効無由，惟矢勤犬馬，仰酬聖恩於萬一。

查今年四月内，奉户部行文，着令織造衙門採辦青藍布三十萬疋，遵照定價已經如數辦足解交户部外。但此項布疋出在上海一縣，民間於秋成之後，家家紡織，賴此營生，上完國課，下養老幼。若於歲内預將價銀發給，則百姓樂有貲本，比臨時採買可賤數分。今必俟春間採辦，正值農忙，則價又高騰。且從前有司採辦，三月方奉部文發買，臨期急迫，必需牙行經紀四散收買，所以價貴。今年織造衙門於四月内始奉承辦，只得仍照舊規採買，以致相沿成例，不能稍減。

臣細加體訪，再四思維，來年應辦之布，先於今年十月後，農務空閒，不用牙行經紀，預將價銀給與織布之家，從容辦料，乘暇紡織，待至春間陸續收染，則民力餘裕，徧沐皇恩。於部定價值，每疋可省六分有餘，合三十萬計之，可省二萬有奇。以臣鄙見，明年採辦布疋，不必候至三十五年春間始行知照，即於今冬撥給錢糧，預爲採辦，甚屬妥便，國計民生，均有裨益。然臣未敢冒昧咨部，謹奏請皇上睿裁旨示，以便遵行。臣不勝惶悚之至。

硃批：知道了。

《李煦奏摺・蘇州絲價米價摺》（康熙五十八年六月二十四日） 竊新絲價值，線經絲每兩八分，單經絲每兩七分四釐，緯絲每兩七分。至於目下米價，上號八錢七分，次號七錢三分。蘇州雨水調匀，民田甚好，又有豐收之象。理合奏聞，伏乞聖鑒。

《雍正朝内閣六科史書・户科・督京省錢法户部右侍郎托時等題報寶泉局上年鼓鑄錢文及用過銅鉛等項數目本》 督理京省錢法户部右侍郎臣托時等謹題爲年終奏銷報事。該臣等查得寶泉局監督雙德、史大倫造册奏銷呈報前來，查監收督雙德、王機任内康熙六十一年奏銷後，原存庫銅二百三十四萬六千九百八斤令，鉛一百二十六萬六千一百一十斤令，不計價鐵銅一千一百七十三斤一兩，不計價法馬銅一千一百五十斤，新收銅一百八十五萬八千六百三十四斤令，鉛二百五十一萬九千一百六十九斤令。共鑄錢四十卯，用銅二百八十八萬斤，鉛二百九十二萬斤，内除耗銅耗鉛外，共鑄每文一錢四分重錢四十九萬九千二百串文。内除爐匠工料錢九萬四千七百五十二串文，净餉錢四十萬四千四百四十八串文外，補串繩錢七百二十串文。以上餉錢併串繩錢共四十萬五千一百六十八串文。再查爐頭徐宗禮等虧欠借領四項案内，每月應扣錢七百五十串文，自雍正元年正月起，至十二月止計十二個月，共扣過錢九千串文，以上餉工二項共錢四十一萬四千一百六十八串文，俱經解部訖。又給發鑄造茶引銅版銅一十三斤三兩零，除不計價鐵銅一千一百七十三斤令，不計價法馬銅一千一百五十斤存庫外，實在銅一百三十二萬五千五百三十斤令，鉛一百八十六萬五千二百七十斤令，交與該監督雙德史大倫于雍正二年自正月起給發爐匠鼓鑄仍俟年終奏銷可也。除寶泉局細數文册送部查覈外，謹題請旨。雍正二年三月二十九日題。四月初三日奉旨：該部察核具奏。

《雍正朝内閣六科史書·户科·總理户部事務怡親王允祥等題令浙江巡撫照數支給織造採買絲斤需用銀兩本》 總理户部事務和碩怡親王臣允祥等謹題爲欽奉上諭事：「該臣等查得浙撫法海以織造年辦段疋等項需用絲斤，先經部行於新絲甫出之時將價值預爲給發採買，仍將支過銀數報查在案。今織造將雍正四年需用絲斤，照題減之數移取價銀二萬五千兩，應於三年地丁銀内動支移送應用，具題前來。查前項銀兩係應給之項，應令該撫照數給發，仍令該織造造入該年奏銷册内，報部查核可也。謹題請旨。」雍正三年六月十四日題。本月十六日奉旨：「依議。」

《雍正朝内閣六科史書·户科·總理户部事務怡親王允祥等題核銷江寧織造上用官用部派織緞紗等銀及支過匠銀米石本》 總理户部事務和碩怡親王臣允祥等謹題爲報銷織造錢人匠食米事：「該臣等查得，管理江寧織造内務府員外郎曹頫，將解過雍正元年、二年分，上用、官用户工二部派織段紗併駕衣，奉先制帛，誥勅等項用過價值銀兩數目，並康熙六十一年、雍正元年支給過匠糧米石，造册具題前來。據册開：

一解過雍正元年分上用段紗、倭段九百二十六疋件，段紗領袖七十付，又寧紬、粧段一百五十五疋件，紕纓絨線共五百七十斤，共用過工料、箱槓等項銀一萬五千九兩二錢三分零。又官用段紗共八百二十疋，大小手帕八百個，通章片五十斤，氣風燈一百五十個，共用料工等銀六千一百十八兩四錢七分零。又江寧、蘇州、杭州三處公解祁陽等葛布共二百疋，五彩經袱十四個，經蓋一百四十塊，連四等紙二萬三千張，内江寧織造用過工料銀共五百九十四兩六錢四分零。又江寧、杭州二處八辦粧段五十二幅，綉段粧十四塊，内江寧織造用過工料銀二千八百七錢四分零。又陸路解過上用阿哥段紗袍褂共一千三百十二疋件，又鮮紅紕纓五十斤，併大紅折纓絨等項，併修理機張等項，共用過料工銀一萬八千八百十兩二錢三分零等語。

查先經内務府將收過段紗等項數目並銀兩細款開單，移送臣部在案，今與該織造所送册内查對均屬相符，應准開銷。又解過養心殿匠役工食銀二千一百七十兩等因。臣部以前項工食銀兩曾否解交之處移查内務府，回稱已據江寧織造曹頫解送查收等語，亦毋容議。

一解過内務府廣儲司歷年存貯段紗九百八十五疋，共料工銀一萬六千九百九十九兩二錢四分零。解過户部歷年存貯段紗三千八百八十八疋，共料工等銀二萬捌千八十二兩五錢七分等語。查先經該織造于據寔陳明事案目聲明，此項段疋，原因派單甚遲，恐悞解期，每年預備絲斤顔料，先爲織辦存貯，其顔色花樣不符者即存留套搭。今庫内現存段疋合銀四萬五千八十一兩八錢二分零，仰祈行令解部，以抵虧空歷年餘剩銀兩之數等因。臣部以前項段疋亦係應用之物，行令該織造盡行解部，酌量以抵部派之用。仍將用過工料細數，造册核銷，等因具題奉旨依議欽遵行文在案。今據該織造解過内務府歷年存貯上用段紗九百八十五疋件，准内務府收過數目咨覆。又解過臣部歷年存貯段紗三千八百八十八疋，俱經付庫查收。應該料工銀四萬五千八十一兩八錢二分零，與上年册内核對相符，應准開銷。

一工部派織雍正二年分駕衣一百八十八件，奉先制帛四百段，線羅四十五疋，誥勅二千道，共用過料工、箱損等項銀七千二百三十一兩五錢九分零。又養匠銀二千七百兩等因，隨經移查工部去後，今准工部咨稱，制帛、線羅、誥勅等項，俱已照數解交，用過料工價值並給發養匠銀兩，與册開數目相符。其雍正二年七月内駕衣一百八十八件因分兩不符，駁令核減等語。查制帛、線羅、誥勅等項，工部既稱與册内數目相符，應毋容議。其駕衣一百八十八件，應俟工部准銷之日報部查核。又給修理袍缸水手工食銀一千兩，據該織造疏稱現在咨部撥款等語。查前項修理袍缸銀兩，已據該織造咨請撥補，臣部查係歷年應給之項，已經行文安撫于司庫現存銀内動給在案，應毋容議。再該織造疏稱，解過上用、官用段紗併廣儲司、户部段紗等項共銀八萬八千四百十五兩一錢五分零，遵炤于織造虧空餘剩銀内動用除銷等語。查據寔陳明事案内應存餘剩銀十九萬兩，今除銷過八萬八千四百十五兩零外，尚餘銀十萬一千五百八十餘兩，應俟雍正二年上用、官用段疋題銷之日查核。

一支給過康熙六十一年併雍正元年匠役口糧九經該織造題銷，康熙六十一年段疋案内並未將匠役口糧造入，業經臣部行令該織造另繕黄册具題在案。今據該織造將康熙六十一年四月起，至雍正元年三月終止，共各項匠役二千六百八十三名，又新添匠役一百八十名支過米共九千六百八十六石八斗七升；又雍正元年四月起，至雍正二年三月終止，共各項匠役二千七百七十六名支過米共九千七百六十八石六斗七升；俱係按款動給等語。查歷年題銷匠糧案内，各項匠役俱係二千六百八十三名。今康熙六十一年分除舊數之外多匠役一百八十名，雍正元年分多匠役九十三名，其多添匠役之處，從前並未報明，事關動支錢糧，不便核銷。應令該織造聲明到日再議可也。謹題請旨。」雍正三年九月二十七日題。本月二十九日奉旨：「依議。」

《雍正朝内閣六科史書·户科·湖北巡撫憲德題造送各屬所建忠孝節義祠宇間架進深丈尺及各項工料價銀清册本》湖廣巡撫臣憲德謹題爲欽奉恩詔事：「該臣看得欽奉俞旨，令各省府、州、縣、衛建造忠孝節義祠宇碑坊一案。先經前撫臣納齊喀行據布政使鄭任鑰查明湖北各州縣衛，共計應建祠一百二十二所，石碑六十一通，木坊六十一座，共需銀七千六百五十六兩九錢零，造册題請，將需用銀兩撥項動用。准工部咨，覆動艮之處，事隸户部，移咨户部撥給。但册載所建祠宇，並未開明間架、檁數、簷高，而闊進深丈尺，以及各項工料價值細數。行令于工竣之日，逐一分晰，備造細册具題。又准户部咨，建祠艮兩，今在于雍正二年各項存庫艮内動支，隨飭司給發領造。去後，嗣因各屬具工告竣，尚需時日，不能以原准部咨之日計限。又經前撫臣法敏咨明工部准令遵照原題，于工竣之日造册具題等因在案。今據武昌布政使王克莊詳稱，各屬所建祠宇，俱已完工，開造原奉部撥給領銀兩并祠宇間架、檁數、簷高、面濶、進深丈尺以及各項工料價值細數清册，詳請題達前來。經臣覆覈無異。除册送部外，謹題請旨。」雍正五年二月十六日題。三月十五日奉旨：「該部察核具奏。」

《雍正朝内閣六科史書·户科·總理户部事務怡親王允祥等題令浙江巡撫照數給發織造年辦緞匹等項需用絲斤價銀本》總理户部事務和碩怡親王臣允祥等謹題爲欽奉上諭事：「浙江巡撫李衛題，前事雍正五年四月初六日題，本月二十九日奉旨：『該部議奏，欽此。』該臣等查得浙江巡撫李衛以織造年辦緞疋紬綾等項需用系斤，先經部行於新系甫出之時，將價值預爲給發採買，仍將支過銀數報查在案。今織造將雍正六年需用系斤，照題減之數，移取價銀二萬五千兩，應於雍正五年地丁銀内動支，移送應用等因具題前來。查織造緞疋系價銀兩，係應給之項，應令該撫李衛照數給發。仍令該織造孫文成造入該年織造緞疋錢糧題銷册内報部查核可也。謹題請旨。」雍正五年五月二十二日題。本月二十五日奉旨：「依議」

《雍正朝内閣六科史書·户科·總理户部事務怡親王允祥等題爲直隸萬全等州縣上交羊毛數目短少將各官交部議處本》户部等衙門總理户部事務和碩怡親王臣允祥等謹題爲據實請旨事：該臣等會查得原任直督李紱咨，開、萬全等州縣衛運送皮毛，慶豐司將文書駁回，致令往返换批守候。又收投文飯銀二兩四錢。及交收羊毛，不用地方官所帶工部官秤，以致秤短羊毛并加秤羊毛共二萬六千七十八斤。又將揀出黄羊毛留貯庫内，不發補交羊毛折收艮兩等語。訊據慶豐司郎中吴保多錦等供稱，投文飯艮，並無給銀人姓名，無憑稽查。雍正三年投交羊毛印文封簡上寫的是武備院，並不是慶豐司的文書，故未接，他這月日也没有記着等語。訊據武備院員外郎馬保住、司庫塞勒等供稱，我等收交羊毛，將地方官帶來的秤，同慶豐司員外郎明淑主事八格等，將官秤較準一樣，纔交收羊毛。及交羊毛時，毛包斤兩不對，塞勒同解官夏世榮查出改换斤兩木牌一百十八個，夏世榮詳明，他上司現有他親筆花押可據，並没有用大秤之處等語。又據馬保住供稱，雍正二年分短少羊毛，已據各州縣衛補交全完。雍正三年分牛羊群總管所報羊毛八萬四千二百餘斤，加秤羊毛八千四百二十餘斤，照慶豐司印交數目，前後共收過羊毛七萬一千八百七十餘斤，其所欠羊毛一萬二千三百六十餘斤，並文内所開加秤羊毛八千四百餘斤，俱裝在催文内行過是實。這揀出黄羊毛三千二百三十七斤，原係解官吏目張奇勳説，此項黄羊毛，目今無車裝回，暫貯庫内，俟七站分賠完日，各自領回，現有他親筆花押存據。現在萬全縣的黄羊毛已經領回，並非留貯不發等語。訊據司庫占拜、催總王應科等供稱，各州縣衛補交羊毛，解役高興。盛世偉等向我們説認不得羊毛好歹，央認得羊毛的人同去看毛，我等因趕造氈子急用，差氈匠劉二格、王國治等同伊等驗看羊毛，買了交與司庫塞勒、陶格等秤收入庫等語。訊據司庫塞勒、陶格、占拜等同供稱，俱經眼同收庫是實等語。訊據氊匠劉二格、王國治等供稱，我等奉差去驗看羊毛，他們自買羊毛交庫，我們並未經手艮兩等語。查萬全等州縣衛運送羊毛，武備院員外郎馬保住既供雍正二年分短少羊毛已據各州縣補交全完雍正三年分牛羊群總管印文所報羊毛八萬四千二百餘斤，加秤羊毛八千四百餘斤共九萬二千六百餘斤，只收過羊毛七萬一千八百七十餘斤，下欠羊毛二萬七百八十餘斤。應行該署督宜兆熊等飭令經手各員，將短少羊毛速行如數補交，其原任直督李紱咨内總稱萬全等州縣衛所投印文慶豐司駁回守侯，勒要艮兩，並無差役姓名駁回月日實據。至運送羊毛，不用地方官所帶官秤，以致秤短羊毛之處，查驗慶豐司原秤有銅釘工部字樣，即以此秤與解役所帶之秤秤收，並無私用大秤之弊，明係解役私改木牌，以致毛斤短少。庫内存貯黄羊毛，係該解官張奇勳等呈明暫貯，萬全縣補交羊毛時，已將本站原存黄羊毛領回，並非留貯不發，是李紱祇據各州縣衛申詳之詞，並未確查，實在混行，率覆不合，應將原任總督李紱交部察議。其各州縣衛差役赴京補交短少羊毛，該庫官理應如數查收，何得聽從差役之言，擅差氊匠同往買交，殊屬不合，應將氊庫司庫占拜、催總王應科二員，交與該部嚴加議處可也。謹題請旨。」雍正五年五月二十九日題。六月初一日奉旨：「依議。」

《雍正朝内閣六科史書・户科・管理蘇州織造郎中高斌題報奉部派織緞匹及户部應撥價銀數目造册進呈御覽本》 管理蘇州織造郎中臣高斌謹題爲呈明事：「該臣看得奉部派織金線蟒等緞共二千三百三十三疋，照依杭州價值，該銀一萬六千八百九十九兩，呈明户部撥款，于上年九月初十日准蘇州布政使張坦麟照數移解，遵即按數織辦，解部查收，所有前項緞疋工料等項，相應繕造黄册，恭呈聖覽併造清册送部察核外臣謹具疏題銷。謹題請旨。」雍正六年二月二十二日題。三月十七日奉旨：「該部察核具奏册併發。」

《雍正朝内閣六科史書・户科・署雲南巡撫楊名時題報滇省雍正四年鼓鑄錢所需工料銅鉛等各項需用銀兩細數本》 解任吏部尚書仍署 理雲南巡撫臣楊名時謹題爲遵旨敬陳鼓鑄等事：「該臣看得滇省奉文鼓鑄錢文所需工料銅鉛等項案准部咨，令將各項需用銀兩，統於年終奏銷等因。茲據布政使常德壽詳，據總理寶雲錢局麗江府知府元展成詳稱，省城、霑益、臨安、大理分設四局，雍正四年分舊管新收共銀一十八萬二千四百二十五兩。自雍正四年正月起，至十二月三十日止，計三十六卯，鑄銅、鉛共工本銀一十二萬三千八百五十四兩四錢，共鑄銅、鉛一百六十九萬二千斤，内除耗折外，實鑄銅鉛一百五十三萬九千七百二十斤，鑄出本息錢一十七萬五千九百六十八串。内放兵餉驛站四局物料外，實存本息錢九萬九千八百八十八串三百八十三文，存工本銀五萬八千五百七十兩六錢。又續領放給雍正四年分兵餉驛站等項錢，共易出銀八萬五千九百七十六兩，共實存各局工本銀一十四萬四千五百四十四兩六錢，留作雍正五年工本。再查鑄過倭鉛應節省銀兩，已爲發運廣東、廣西兩省制錢脚價之用，詳司覆核，據册轉請，具題前來，臣覆查無異。除送部外，臣謹會題，伏乞勅部核覆施行，爲此謹題請旨。」雍正五年六月十七日題。七月二十九日奉旨：「該部察核具奏。」

《雍正朝内閣六科史書・户科・總理户部事務怡親王允祥等題議准雲南東川府丹普二銅廠每百斤銅抽課十斤本》 總理户部事務和碩怡親王臣允祥等謹題爲欽奉上諭事：「調任雲南巡撫朱綱題，前事雍正五年十二月二十日題，六年二月初二日奉旨：『該部議奏。欽此。』該臣等查得調任雲南巡撫朱綱疏稱：『東川府屬丹普二廠前准部文將作何開採抽收查報一案，據前任病故布政使富貴詳稱，向係四川所開，自歸滇之後，廠民星散，厥後招集商民開採，漸有成效，應請每銅百斤内抽課十斤，餘銅以六分一斤收買。自雍正四年十月内開採起，至五年年終止，約可辦銅八九十萬，現在發運鎮江、漢口銷變價銀九兩二錢，除歸原本脚價等項外，統計正課餘息約可獲銀二萬餘萬等因。臣以滇省從前新開之廠，每銅百斤抽課二十斤，餘銅八十斤，每斤給價五分收買，今此廠抽課十斤，較前少抽十斤，以六分一斤給價收買，又比新廠多給一分，檄司確議詳報。茲據署布政司事駟鹽道劉業長詳稱，丹普二廠初經開採，物貴費多，若不爲廠民留有餘之地，勢必不肯踴躍急公。嗣後廠務定規，商民雲集，如有可以增抽減價之據，據實題報，倘有虚捏侵冒情弊，從重究參等因。臣覆查無異，相應會同雲南總督鄂爾太合疏具題。』等因前來。查銅廠定例，向係二八抽收，所剩餘銅歷年來每斤給與五分收買。今丹普二處銅廠，該撫朱綱既稱自歸滇之後初經開採，物貴費多，若不爲廠民留有餘之地，勢必不肯踴躍急公，請每銅百斤内抽課十斤，餘銅以六分一斤收買。嗣廠務定規，商民雲集，如有可以增抽減價之處，據實題報，倘有虚捏侵冒情弊，從重究參等語。應如該撫所請，將東川府丹普二銅廠每年辦獲銅斤，每百斤抽課十斤，所剩餘銅每斤以六分收買，一俟廠務定規，商民雲集之日，即令該撫據實題明，仍照定例抽買。倘有虚捏侵冒情弊，立即查參。

其雍正四年開採起，至五年年終止，所獲銅斤造具細册報部查核可也。謹題請旨。」雍正六年三月十二日題。本月十四日奉旨：「依議。」

《雍正朝内閣六科史書·户科·總理户部事務怡親王允祥等題爲核銷雍正五年分江寧織造衙門官役支過俸廪銀米本》 總理户部事務和碩怡親王臣允祥等謹題爲奏銷織造支過俸廪糧料事：「安慶巡撫魏廷珍題，前事雍正六年五月二十九日題，六月二十三日奉旨：『該部察核具奏。册併發，欽此。』該臣等查得安慶巡撫魏廷珍將雍正五年分支給過江寧織造衙門官役俸廪銀二百七十九兩四錢，本色白米二十七石二斗五升，每石折銀八錢五分，折色倉米一百四石八斗九升，每石折銀七錢五分，折色豆一百五十六石四斗八升，每石折銀七錢，草一萬三千八百八十束，每束折銀七釐，以上除支本色米豆外，共支米、豆、草折銀二百九十一兩五錢等因造册具題前來。查前項折給米、豆、草束價值，與歷年具題准銷數目相符。至支給過俸廪等銀共五百七十兩九錢，本色白米二十七石二斗五升，倉米五十石，豆一十九石三斗二升，係應給之項，應准開銷可也。謹題請旨。雍正六年七月十一日題。本月十三日奉旨：「依議。」

《雍正朝内閣六科史書·户科·山西巡撫石麟題報晉省雍正六年分收買銅斤並應用價銀細數本》 巡撫山西太原等處地方提督鴈門等關軍務兼理雲鎮都察院右副都御史加一級臣覺羅石麟謹題爲遵旨查奏事：「該臣看得晉省雍正六年分收買銅器，准部咨，令將四季所收數目造册題報等因。行據署布政司印按察使蔣泂詳稱，雍正六年分各屬收買黄銅計共一十九萬三千九百八十五斤七錢，内解貯司庫熟銅一十萬六千七百三十六斤三兩七錢，應給價銀一萬二千八百兩八錢七分零。解貯司庫生銅七萬六千九百二十八斤六兩，應給價銀七千三百八十兩八錢一分零，以上生、熟銅斤共應給價銀二萬二百八十一兩六錢九分零。内各屬已經領過銀一萬九千七百五十六兩一錢零，尚未領銀四百二十五兩五錢零，現在催領，俱應在於司庫收貯雍正四年地丁銀内動給。

各州縣未解銅一萬三百二十斤七兩，應俟解貯司庫造報雍正七年收買銅斤之日，一併報銷等情，造册呈詳前來。經臣覆核無異，除册送部查核，未解銅斤飭令速催解貯外，相應具題。謹題請旨。」雍正七年三月初十日題。本月二十五日奉旨：「該部察核具奏。」

《雍正朝内閣六科史書·户科·署浙江巡撫蔡仕舢題報委員稽查收買黄銅器開爐鼓鑄錢文所需工料銀本》 署理浙江巡撫事務浙江等處觀風整俗使都察院僉都御史紀録一次臣蔡仕舢謹題爲遵旨行文事：「該臣看得浙省收買黄銅器皿開爐鼓鑄事宜，咨准部覆，所需炭罐工料、爐局地價、爐房工料銀兩，確查具題再議等因。據布政使高斌詳稱，基地建局爐房等項、炭罐工料共需銀二萬九千三百四十五兩零。將來陸續收買銅器，源源添鑄。炭罐工料難以預定，請酌撥雍正六年地丁銀五萬兩濟用，有餘仍歸充餉，不敷再行續請，俟扣還錢本歸款。至耗銅一項，奉部以每百斤准銷九斤，但京局係買銅鼓鑄，耗銅無多，浙省以銅器鎔化鑄錢尚有渣沫，應每秤用銅一百七十五斤外，加耗銅一十八斤十二兩，庶不致有虧缺等因到臣。查局基建房造爐銀兩，炭罐工料，應俟動用之後，核寔報銷。續收之銅，所需添鑄炭罐工料錢糧，自應預爲酌撥濟用。每錢一秤加耗銅一十八斤十二兩，與浙省康熙七年鼓鑄折耗之例相符。再鼓鑄關係重務，宜專委在省道員稽察總理，並遴佐貳賢員，在局監督。據高斌將鹽驛道王鈞、杭捕同知魏大德請委前來，臣查王鈞前經委護南北兩關榷務，辦理無誤，今錢局事務可令就近稽察；魏大德年力精壯，頗具幹才，委令在局監督，亦可望奮勉効力，惟其帶管錢塘縣事，勢難兼顧。業經另疏，請將試用舉人李惺署事。倘蒙俞允，則魏大德更可專司辦理。合具題，伏乞皇上睿鑒，勅部議覆施行，謹題請旨。」雍正七年六月十五日題。七月初八日奉旨：「該部議奏。」

《雍正朝内閣六科史書·户科·雲南巡撫沈廷正題報雍正六年銅錫各場抽獲課銀數目本》 巡撫雲南兼建昌畢節等處地方贊理軍務兼督川貴兵餉都察院右副都御史加一級紀録三次降二級留任又降一級留任又加二級駐劄雲南府臣沈廷正謹題爲題明事。該臣看得滇省金、銀、銅、錫各廠課銀，例應按年奏銷。茲據布政使張允隨詳稱，雍正六年分共該課銀八萬一千三百九兩四錢零，内有銅斤錫斤未變價銀，俟變價完解，另于下年收造抽收不足之石羊等廠缺額課銀照依原奏將鹽規撥補，但六年尚未撥補銀八千四百四十四兩六錢零，已于司庫鹽餘銀内暫抵敷額，俟催獲還款，另于下年收造。又收欽奉上諭事案内，追獲原任按察使江芑署布政司任内錫斤餘銀二千五百八十九兩，共銀八萬三千八百九十八兩四錢零，内實收銀七萬一千四百五十二兩七錢零，課金五十九兩五錢六分，各商錫票共收穫銀三千一百八十六兩，調任臬司元展成通共辦獲銅二百七十一萬二千四百七十二斤半，内留供鼓鑄除去折耗寔獲銅二百六十萬八千五百九十三斤半，共變獲銀二十三萬九千九百九十兩六錢零，除去廠本運脚等項，又抽獲各廠課白銅顔色青碌變價共獲銀六萬五千四十七兩七錢零，俟永寧各處銅價回滇解司清款，另于下年收支册内開造分晰，造册詳題前來，臣覆核無異，除册送部查核外，相應會題，謹題請旨。雍正七年六月十三日題，七月二十四日奉旨：該部察核具奏。

《雍正朝内閣六科史書·户科·雲南巡撫沈廷正題請動借藩庫銀兩以爲買銅運銅工本脚價本》 巡撫雲南兼建昌畢節等處地方贊理軍務兼督川貴兵餉都察院右副都御史加一級紀録三次降一級留任又降一級留任又降一級留任又加三級駐劄雲南府臣沈廷正謹題爲詳請題明發給工本銀兩等事：「該臣看得滇省銅廠，每年所辦課息，全賴工本接濟。兹據糧儲道黄士傑詳稱：『查雍正七年分所領鼓鑄銅價，業已分發各廠承領無餘。所有雍正五年分運吴、楚銅斤所獲價值尚未解到，俟解到日，應抵還原借庫款，不便動用。今現在收買銅斤及發運廠銅前赴吴楚銷變，所需工本脚價無項可動，詳請題明，借動藩庫銀十萬兩，以作買銅運銅工本脚價，俟變獲價銀回滇，查照原數清還庫項。再查現今發運吴、楚銅斤脚價以及各廠收買銅斤工本，勢難緩待，請於藩庫預發銀四萬兩以資支用。』等情前來。臣覆查無異，除行布政司借動庫銀四萬兩，預給該道黄士傑接濟外，臣謹會題，伏乞勅部議覆施行，謹題請旨。」雍正七年九月十二日題。十月二十三日奉旨：「該部議奏。」

「國立」故宫博物院《宫中檔雍正朝奏摺》第十三輯寧遠大將軍岳鍾琪《奏報陝甘採辦軍需物品摺》 寧遠大將軍臣岳鍾琪謹奏爲遵旨查奏事。竊查西路承辦現案軍需採買各項物料價值并輓運糧草脚價，臣於上年十月間以内部遵例核減，於奏銷之日似轉令外吏預萌浮冒於承辦之時等因繕摺陳奏，經部議，令臣將所用各項價值，照折中之例，核定時價，將某項約計需用若干，預行密報，發部存案，將來奏銷時，倘時價可減，即爲節省，或定價不敷，亦可據實奏加。至於輓運脚費，亦令臣查明口内口外，平坦險僻，每石每百里定價若干預報存案，將來奏銷，照此計算，則部臣自不得刻意核減等因，奉旨依議速行，欽此。欽遵在案。臣隨即遵旨將採辦軍需各項物料，比照折中之例，約估價值并酌定口内口外各運價，於上年十二月彙陳軍需條目摺内分晰聲明奏報。經部議以詳閲岳鍾琪彙陳軍需二十六條，俱妥協周備，應悉如所奏，户部抄録存案，俟奏銷之時按款查核。惟派撥晉省兵丁應令再議，并餵養馬匹，每日應以草料銀五分支給長行餵養等因，奉旨：所奏是，著即行文，欽此。行文到臣，當即欽遵。將原派晉豫坐臺官兵改於陝甘派撥，并行令各標營。餵養馬匹，俱自本年二月按每馬每日支草料銀五分。隨於二月内一面繕摺奏明在案。伏查原奏二十六條内各項價值，既係遵照折中之例約估奏報，即二十六條内一應事宜俱係去冬約畧梗概擬議陳奏。而今年春夏逐條確辦其間，因時因地，增減物料，酌改事宜之處甚多，若隨改隨奏，恐上瀆天聽，下涉紛煩，轉難查核，統俟臣抵甘、凉督察，一應軍需辦理齊全，於出口之時再將二十六條以内酌改事宜，增除物料，統核陳奏外，今查得陝、甘採辦軍需各項價值并運價各數目，在原奏摺中約估以内，節省者十之八九，不敷者十之一二。除節省各細數應俟奏銷時逐條確核題報。所有原奏摺中估價不敷之處，經臣遵旨屢檄行查，凡地有衝偏大小之殊者，雖同一府，而其州縣之價不妨互異。其時有夏秋冬春之辨者，雖同一縣，而其前後之價不妨頓殊，務令俱照實在時價給發採買，不許絲毫短尅累及官民等因去後，臣仍不時分遣確人密訪各處各項時價消長實數，兹據各該司道查據承辦各官開報實在時價内有折中定價不敷之處，與臣所訪無異，擬合遵旨據實奏加。爲此逐條縷悉敬陳於後：【略】

一、蘭州製造夾布口袋二萬二千六百七十四條，每條據報實價銀一錢九分八釐五毫三絲，照原估折中定價一錢七分之數，每條實不敷銀二分八釐五毫三絲，臣覆核無異，應據實奏加。

一、凉州府之平番、武威二縣製造夾布口袋一萬二千條，每條據報實價銀一錢七分五釐。又凉屬之永昌縣製造夾布口袋三千條，每條據報實價銀一錢八分八釐五毫，照原估折中定價一錢(一錢)七分之數，平番、武威二縣每條實不敷銀五釐，永昌縣每條實不敷銀一分八釐五毫，臣覆核無異，應據實奏加。

以上因蘭州并凉州之屬縣不産布疋，是以夾布口袋價值較貴，其陝屬州縣製造夾布口袋，每條在原估一錢七分之内俱有節省，合併聲明。

一、加護炒麵之羊毛口袋，行令甘肅司道分派州縣採辦，因去冬羊隻多染水癀，各處羊毛缺乏，價值太昂，經該司道詳請兼買麻布口袋牽搭價值，均適包護之用等因，經臣批允去後，今查慶陽府之合水、正寧二縣採買毛麻口袋二千五百條，每條據報實價銀一錢五分。又慶屬之寧州、安化縣二處採買毛麻口袋六千五百條，每條據報實價銀一錢六分。又凉州府屬之平番縣、鞏昌府屬之西和縣採買毛麻口袋二千一十五條，每條據報實價銀一錢七分。照原估折中定價一錢二分之數，合水、正寧二縣每條實不敷銀三分，寧州、安化二處每條實不敷銀四分，平番、西和二縣實不敷銀五分，臣覆核無異，應據實奏加。

一、西寧、平凉、寧夏、臨洮四府所屬之州縣，并慶陽府屬之環縣，鞏昌府屬之隴西縣，凉州府屬之永昌、武威二縣，以及直隸秦州，通共採買毛麻口袋六萬五千三百六十九條，每條俱報實價銀一錢四分，照原估定價一錢二分之數，每條實俱不敷銀二分，臣覆核無異，應據實奏加。

一、戰車三千輛，每車二騾，一駕轅、一長套，共騾六千頭，需鞍屉六千副，以備拉車、馱糧兩事適用，是以每鞍屉一副原估奏價銀八錢，每一車需用二鞍，共價銀一兩六錢，今據甘肅司道分派各屬製造連駕轅、長套，各有皮搭腰、坐鞦等項，每車一輛製鞍屉二副，共用銀二兩，照原估之價每二副不敷銀四錢，臣覆核無異，應據實奏加。

以上各條臣既經確查實價，照原估折中定價，各有不敷，擬合將應行奏加數目分晰陳明，俟該督臣撫臣奏銷之日，以便照此按款查核。臣現在仍不時察訪，如果再有定價不敷之項，容臣查察明確，另行繕摺奏加，必不敢存節省之習見苛刻官民，致負聖主體恤臣民之恩意。爲此先將遵旨查確各實價具摺恭奏，伏乞皇上睿鑒，勅部存案施行。謹奏。

雍正七年七月十六日具。

《雍正朝内閣六科史書·户科·總理户部事務怡親王允祥等題議廣東收買生熟銅器給過價銀數目相符應准動給本》 總理户部事務和碩怡親王臣允祥等謹題爲欽奉上諭事。署理廣東巡撫印務户部右侍郎傅泰題，前事雍正七年五月二十九日題，七月十一日奉旨，該部察核具奏。該臣等查得署理廣東巡撫印務户部右侍郎傅泰疏稱，收買黄銅器皿一案，據署理布政使僉事道王士俊詳稱，准糧驛道造報雍正六年夏秋冬三季共收生熟銅器五萬二千七百一十三斤五兩，内扣净紅銅二萬六千五百八十六斤零，鉛二萬六千一百二十六斤零，除前撫楊文乾捐繳銅三百五十一斤不給價外，實支過價銀五千三百九十一兩六錢四分零，係動司庫雍正六年地丁銀兩等因，臣覆核無異，相應具題等因前來。查前項所收生熟銅器五萬二千七百一十三斤零内，除原任巡撫楊文乾捐繳銅三百五十一斤不給價外，净銅鉛五萬二千三百六十二斤零，給過價錢五千三百九十一兩六錢四分零，臣部按册核算，數目相符，應准動給。仍令該署撫傅泰嚴飭各屬，上緊收買，俟可開鑄之日即行具題，將前項給過銀兩造入該年地丁奏銷册内報部查核可也。臣等未敢擅便，謹題請旨。雍正七年閏七月二十一日題，本月二十三日奉旨：依議。

《雍正朝内閣六科史書·户科·大學士管户部尚書事張廷玉等題令署江西巡撫將雍正七年收買黄銅器皿支過價銀報部本》 經筵講官少保兼太子太保保和殿大學士仍管吏部户部尚書事臣張廷玉等謹題爲欽奉上諭事：「署理江西巡撫印務太常寺卿謝旻題，前事雍正八年三月十六日題，四月十三日奉旨：『該部察核具奏。』該臣等查得署理江西巡撫印務太常寺卿謝旻疏稱，收買黄銅器皿一案。據布政使李蘭詳稱，雍正七年春季起至歲底止，共收買黄銅器皿二萬八千一百六十五斤零，内除各官所交生、熟銅二百八十三斤零不領價值外，實收買熟銅一萬九千二百一十六斤零。照部價每斤一錢一分九釐九毫三絲，共銀二千三百四兩六錢一分五釐零。生銅八千六百六十五斤零，每斤九分五釐九毫四絲四忽，共銀八百三十一兩四錢三分二釐零。二共計算生熟銅價銀三千一百三十六兩四分八釐零，係動支司庫雍正五年地丁錢等情。臣覆無異，會同原署督臣范時繹合詞具題等因前來。查江西省雍正七年分共收買生、熟黄銅二萬八千一百六十五斤零，内除各官交出自用生、熟黄銅二百八十三斤零不領價值外，實給過價銀三千一百三十六兩四分零。臣部按依册開生、熟價值核算，數目相符，應准動給。仍令該署撫謝旻將前項給過價值銀兩，造入該年地奏銷册内，送部查核。其續收銅器併所給價銀，照例按季造報，歲底具題可也。臣等未敢擅便，謹題請旨。」雍正八年六月初一日題。六月初三日奉旨：「依議。」

《雍正朝内閣六科史書·户科·大學士管户部尚書事張廷玉等題准管理雲南銅廠錢局驛鹽道所請展限奏銷錢銅課息銀本》 經筵講官少保兼太子太保保和殿大學士仍管吏部户部尚書事臣張廷玉等謹題爲轉請具題展限事：「雲南巡撫沈廷正題，前事雍正八年五月二十七日題，七月初八日奉旨：『該部議奏。』該臣等查得雲南巡撫沈廷正疏稱，滇省銅廠錢局，欽奉上諭，交與糧道黄士傑辦理在案。近緣士傑因患瘡病，銅廠錢局事務，所關匪細，經督臣鄂爾泰同臣暫委驛鹽道馮光裕管理，據報於雍正八年五月十一日接管視事另疏題明外，兹據布政使張允隨詳，准驛鹽道馮光裕移稱：錢銅課息，例應於五月内造册奏銷。但接管未及經旬，盤查均需時日，今交代尚未清楚，安敢造册奏銷。且定例，交代錢糧至十萬兩以上者准展限二個月。兹銅廠錢局支領工本、辦出餘息並各項收發數目，約共數十萬兩，一時未能查清，不克如期奏報，轉詳具題展限，一有清緒，當即造册補行奏銷等情。轉詳具題，除批飭速催造册查核外，臣謹會同雲貴廣西總督鄂爾泰，合疏具題等因前來。查滇省辦理銅廠錢局，該撫沈廷正既稱黃士傑今因患瘡，銅廠錢局事務暫委驛鹽道馮光裕管理。併稱錢銅課息例應五月内奏銷，今交代尚未清楚，不克如期奏報。請具題展限，一有清緒，當即造册奏銷等語。應照例准其展限兩個月，轉飭該委員作速於限内查明造册具題。如遲報參可也。臣等未敢擅便，謹題請旨。」雍正八年八月十七日題。本月十九日奉旨：「依議。」

《雍正朝内閣六科史書·户科·大學士兼管户部尚書事張廷玉等題銷前蘇州織造辦解上用官用緞紗用過工料工食銀米本》 經筵講官少保兼太子太保保和殿大學士仍管吏部户部尚書事臣張廷玉等謹題爲恭報用存實數以清錢糧事：「管理蘇州織造郎中海保題，前事雍正八年十二月初三日題，九年二月初一日奉旨：『該部察核具奏。』該臣等查得管理蘇州織造郎中海保，將前任織造李秉忠任内織解過雍正八年分上用官用緞紗等項用過工料價值并放給過匠役口糧造册具題前來。據册開：一織解内務府上用緞紗七百二十九疋件，葛布一百疋，共用過料工箱損等銀一萬四千五百兩九錢四分一釐九毫。又官用緞紗二千九百三十三疋件，各色絲線四百五十斤，各色尤墩青藍等布三萬疋，共用過料工、箱損等銀二萬八千八百三十二兩三錢八分八釐一毫。以上共銀四萬三千三百三十三兩三錢三分等語。查前項上用官用緞紗等項用過料工銀兩，與内務府知會文開收過緞紗用過銀兩等項數目相符，應准開銷。

一織解部派緞紗二千一百六十四疋，用過料工、箱損等銀一萬九千七百八十兩等語。查臣部派織緞紗，已據該織造解到查收在案，用過料工等銀，與歷年題銷價值相符，應准開銷。又修理袍船并水脚銀五百兩等語。查係應給之項，應准開銷。再該織造海保疏稱，遵例於江蘇藩庫支領銀六萬四千五百兩，今通共用過料工等銀六萬三千六百一十三兩三錢三分，餘剩銀八百八十陸兩六錢七分，現貯在庫，應俟雍正九年辦織另報。至修理機房銀五百兩，已捐貲稍葺，此項節省，毋庸報銷等語。應令該織造海保將餘剩銀八百八十六兩六錢七分存貯在庫，爲雍正九年織辦緞紗之用，仍令蘇州巡撫尹繼善於該織造應領該年料工銀内扣除銀八百八十六兩六錢七分，存貯藩庫彙行解部。至修理機房銀五百兩，該織造既稱捐貲稍葺等語，應毋庸議。

一收蘇、松、太三府州屬雍正七年分米一萬二千一百九十六石三斗一升零，給發雍正八年正月起至九月止各匠役口糧八千四百二十八石六斗五升零，又補給雍正七年閏七月分各匠役口糧九百五十石六斗，存米二千八百一十七石六升零等語。查放給并補給匠役口糧係應給之項，應准開銷，餘剩米石應令該織造海保造入下年匠糧册内報銷。又續收震澤縣完解雍正六年分米一千五百二十五石五斗八升零，雍正七年題報存剩米一千四百七十七石七斗四升零，通共米三千三石三升零，内補放雍正七年冬季分三個月各匠役口糧二千七百八十八石四斗二升零，餘剩米二百一十四石九斗零存，俟放給之日，另册題銷等語。查補放雍正七年冬季分匠役口糧，亦係應給之項，應准開銷。其存剩米石，應仍令該織造海保，俟放給之日，造入下年匠糧册内一併題銷可也。臣等未敢擅便，謹題請旨。」雍正九年三月十六日題。本月二十日奉旨：「依議。」

《雍正朝内閣六科史書·户科·江西巡撫謝旻題報復核雍正八年分鑄錢用過銅本工料等項數目清册無異本》 巡撫江西等處地方兼理軍務都察院右副都御史紀録六次臣謝旻謹題爲欽奉上諭事：「該臣看得江西省收買黄銅器皿、設爐鼓鑄錢文，搭配兵餉一案。自雍正七年十一月初八日開鑄起，至雍正八年歲底止，鑄出制錢，用過銅本工料各數，例應題請覈銷。兹據布政使降三級調用仍暫管司事李蘭詳稱：『准總理鑄務驛鹽兼巡瑞袁臨、道副使魏錫祚查造清册移送，查册開：鑄錢共用銅本物料價值工匠工食銀四千九百三十五兩七錢零，生熟銅三萬九千斤，内除折耗外寔用净銅三萬五千四百九十斤，鑄過錢共四百一十六萬文。查與各季册報數目相符。至前項錢文内搭放過兵餉錢二百七十九萬八千文，易出銀二千七百九十八兩歸還原款外，尚存錢一百三十六萬二千文，現在遵照陸續搭放兵餉，易銀另報。又驛鹽道領發司庫銀共一千兩，内除動用料價、工食併修理錢局買備爐具等項，共用銀六百二十二兩八錢二分零，亦已先後造册報銷，尚餘銀三百七十七兩一錢七分零。仍存，俟動用另報。等情造册詳繳前來，臣覆覈無異，相應具題聽部覈銷，除將清册送部外，臣謹會疏請旨。」雍正九年四月十九日題。五月十四日奉旨：「該部察核具奏。」

《雍正朝内閣六科史書·户科·江寧巡撫尹繼善題報雍正八年分收繳生熟銅斤及給過價銀數目本》 總理糧儲提督軍務巡撫江寧等處地方都察院右僉都御史恊理河工事務加三級臣尹繼善謹題爲欽奉上諭事：「該臣看得江蘇等屬收繳黄銅器皿，併私鑄錢文，行據布政使高斌會同蘇松巡道副使王澄慧詳稱：『各屬雍正八年春季起至歲底，共收生熟銅一十八萬二千二百九十二斤零。内除刨出前司趙向奎黄銅手爐四個，發廠稱收，共生熟銅一十一斤十二兩不給價外，寔該給價銀二萬三百七十三兩零。內動雍正五年地丁銀七百七十八兩零，雍正六年地丁銀三千一百二十七兩零，雍正七年地丁銀一萬四千二百七十一兩零，雍正八年地丁銀二千一百九十五兩零。又收繳私錢一百八十八千五百九十八文，共給銀六十二兩零，內動雍正四年地丁銀三兩零，雍正七年地丁銀五十九兩零。』分別造册呈詳前來，臣覆核無異。除册送部外，臣謹會題旨。」雍正九年四月二十三日題。五月十五日奉旨：「該部察核具奏。」

《雍正朝內閣六科史書・户科・大學士管户部尚書事張廷玉題令貴州巡撫將威寧州屬礦廠所抽礦課及課鉛變價銀貯庫本》 經筵講官少保兼太子太保保和殿大學士仍管吏部户部尚書事臣張廷玉等謹題爲懇准開廠裕課便民事：「貴州巡撫張廣泗題，前事雍正八年十一月十六日題，十二月十九日奉旨：『該部察核具奏。』該臣等查得貴州巡撫張廣泗疏稱：『威寧州屬柞子、白蠟、羊角三廠所抽課銀，據署布政司事糧驛道參議王廷琬詳稱：自雍正七年四月初一日起，至八年三月底止一年限滿，據大定府知府陳悳榮册報，抽獲柞子廠課銀二萬四千三百二十八兩四錢零，課鉛變價銀二千一百八十九兩六錢，存廠未變課鉛三十萬三千八百六十二斤零。又白蠟廠課銀二百一十二兩零，存廠未變課鉛一萬四千三百九十三斤。又羊角廠課銀三百一兩四錢零，爐底課毛鉛變價銀一十二兩七錢零，存廠未變爐底課毛鉛一萬七千五百七斤。以上正課並鉛課爐底變價銀二萬七千四十四兩二錢零，存廠未變課鉛共三十一萬八千二百五十五斤零，爐底毛鉛一萬七千五百零七斤，俟變價解收之日另詳諮報。再羊角廠所出鉛斤原係毛鉛，上届各爐户以毛鉛百斤，重復回爐，燒煉净鉛三十餘斤，抽課亦係净鉛每百斤變價銀一兩四錢。雍正七年春季以後柴炭騰貴，各爐户止就所出毛鉛交售，是以扣課亦係毛鉛每百斤祇值時價銀五錢，故與上届造報不同等情。臣覆核無異，會同雲貴廣西總督鄂爾泰合詞具題。』等因前來。應令該撫張廣泗將前項所抽課銀併課鉛變價銀共二萬七千四十四兩二錢零照數收貯司庫，候文撥餉。存廠未變課鉛三十一萬八千二百五十五斤零，作速變價報部。再羊角廠所出鉛斤，該撫既稱上届各爐户以毛鉛重復回爐，每百斤煉净鉛三十餘斤抽課，亦係净鉛每百斤變價銀一兩四錢，七年春季以後柴炭騰貴，各爐户止就所出鉛斤交售，是以抽課亦係毛鉛每百斤祇值時價銀五錢等語。應令該撫張廣泗轉飭管廠之員，將羊角廠未變毛課鉛一萬七千五百七斤照依時價折變報部查核，如有侵隱情弊，即行指參可也。臣等未擅便，謹題請旨。」雍正九年二月初九日題。本月十一日奉旨：「依議。」

《雍正朝內閣六科史書・户科・湖北巡撫魏廷珍題請嗣後增給各錢爐銅料並補足物料工食銀兩本》 巡撫湖北等處地方兼提督軍務兵部右侍郎兼都察院右副都御史降三級留任臣魏廷珍謹題爲欽奉上諭事：「該臣看得湖北收買銅器鼓鑄錢文，前經署撫臣徐鼎題准開鑄在案。今據爐頭徐適中等以泣陳下情等詞，再三環籲以湖北舊例，每爐物料工食共用四千六百七十二文零，今止三千一百九十三文，實有賠累等情，當批行布政使查報去後，今據署湖北布政使事糧儲道張廷樞詳稱：『查鼓鑄一案，當日止議生、熟銅各半配鑄，原未計及民間銅器生少而熟多。本年三月開鑄以來，生銅僅足七卯之用，其餘純用熟銅，熟銅價貴不特餘息全無，且每卯每爐虧折銅本銀二兩一錢七分零。再匠役工食計算，每名一日僅得錢二十文零，糊口、養家不能兩顧。而煤炭、物料等項，亦屬不敷。且每爐鑄銅二百五十六斤十二兩，數目零星牽混。今請嗣後每爐給銅三百斤，整數易於核算。再每月二卯，工匠多暇，應照例每月三卯，其工食物料請仍照湖北前例核算，每百斤給錢一千五百五十七文零。查各屬所辦銅斤，低潮有九成色及八成、七成者，通盤合算止有八成色，三百斤熟銅於耗銅內除歸作銅本，每爐寔用銅本三十兩二錢一分二釐零，以三百斤熟銅鑄錢，內除工料仍餘二十千六百一十二文，以一千作一兩，寔每爐虧銅本六錢一分零。每爐用三百斤，又比前每爐多鑄銅四十三斤零，其每爐所虧銅本六錢一分零，請在三分羡耗銀內補足。又原議生、熟各半配鑄，其自七卯以後純用熟銅，每爐所虧銅本銀二兩一錢七分零，亦請於羡耗銀內動補。再查從前鑄過一十二卯，係連牌串稱，因令補牌串錢五十二千六百六十三文，今應一併歸作正錢搭放兵餉，嗣後令去牌串稱收。又查各屬解局銅斤係零收總兑，共有積餘，亦應歸作正銅發爐鼓鑄。至各屬交銅有不足八成色者，統俟年底彙算，以補從前虧缺之項。臣等未敢擅便，謹題請旨。」雍正八年十二月初九日題。九年二月初七日奉旨：「該部議奏。」

《雍正朝內閣六科史書・户科・大學士兼户部尚書事張廷玉等題議准貴州猓木果銅廠照滇省湯丹銅廠抽收課銅本》 經筵講官少保兼太子太保保和殿大學士仍管吏部户部尚書事臣張廷玉等謹題爲詳請題明開採等事：「貴州巡撫張廣泗題，前事雍正八年十一月二十八日題，九年二月初四日奉旨：『該部議奏。』該臣等查得貴州巡撫張廣泗疏稱：『威寧州屬猓木果銅廠開採尚未旺發，且遠處僻隅，一切煤炭、鹽米騰貴，請照滇省湯丹廠之例，每百斤抽課十斤，庶爲廠民留有餘之地。咨部在案，復准部咨，以銅廠二八抽課，係照定例，議覆奉旨遵行之案，不便據咨，遽議行令具題到日再議。今據署布政司事糧驛道參議王廷琬詳稱，猓木果銅廠，處在僻遠，所需煤炭、鹽米食物價值俱屬騰貴，兼遇礦沙堅硬，所費工本尤多，若照二八抽收，餘利無幾，廠民不能存住。請照滇省湯丹銅廠定例，每百斤抽課十斤，俾廠民工本無虧，自必踴躍開採而鼓鑄事務亦有資賴，詳請題達。臣覆核無異，會同少保雲貴廣西總督鄂爾泰合詞具題。再該廠雍正五、六、七等年抽課數目，現在造册題報，其抽課季册，請照猴子等廠之例，按年彙造核題。』等因前來。查黔省威寧州屬猓木果銅廠，先經該撫張廣泗咨稱開採尚未旺發，且遠處僻隅，一切煤炭、鹽米騰貴，請照滇省湯丹廠之例，每百斤抽課十斤。臣部以銅廠税課定例二八抽收，且前題請開採案内已經行令照依定例，每百斤抽課二十斤等因奉旨依議遵行在案。臣部不便據咨，遽議行令該撫具題到日再議，去後今該撫疏稱猓木果銅廠處在僻遠，所需煤炭、鹽米食物價值俱屬騰貴，若照二八抽收餘利無幾，請照滇省湯丹銅廠定例每百斤抽課十斤等語。應如所請，將猓木果銅廠照滇省湯丹銅廠之例，每百斤抽課十斤，仍嚴飭管廠各官據實抽收造報，如有隱匿即行題參。再該廠自雍正五年十月開採起，至今已歷三載有餘，所抽課銅尚未造報，應令該撫張廣泗將該廠雍正五、六、七等年所抽税課，作速確查，據實造册題報。至嗣後抽收課銅數目，應照例准於歲底彙册具題可也。臣等未敢擅便，謹題請旨。」雍正九年三月初四日題。本月初六日奉旨：「依議。」

《雍正朝内閣六科史書・户科・大學士兼管户部尚書事張廷玉等題請令户部發給八旗五城錢局制錢收兑銀兩以平錢價本》　户部等衙門經筵講官少保兼太子太保保和殿大學士仍管吏部户部尚書事臣張廷玉等謹題爲遵旨議奏事：「該臣等會議得國家設制錢，以利濟民生，必價值輕重得宜，而後便於日用。查京城錢鋪每日定錢價之低昂，必以經紀之錢盤爲準，大抵錢多則價減，錢少則價增。其間錢牙、經紀或任意作奸；又米鋪、茶行、雜貨等鋪囤錢不出；種種弊竇，皆足致錢價之高昂。臣等前議于按月一九、二八搭放兵餉之外，再行糶米錢文添入搭放。今皇上以糶米既多，錢價或致漸長，特命八旗五城以搭放兵餉之錢開設錢局，照鋪户之數多換數十文，以銀一兩換錢千文爲率，使京城錢價不待嚴禁而自平，潛移默運，轉輾流通，尤爲便民利用之至計。臣等伏查户部庫内現存錢六萬餘串，寶泉局現存錢八萬餘串，又五城十廠自正月至三月所賣米錢除雇車運送米廠脚價外，實存錢六萬二千六百餘串，相應遵旨於八旗五城各設一局，交與該旗及都察院衙門委員管理其鋪面揀選官房開設妥協即將寶泉局部庫儲備搭放兵餉之錢文，令户部每鋪先發五千串，俟兑換將完，再發五千串。俟寶泉局鑄出卯錢併五城賣米之錢陸續交鋪兑換，則民間錢鋪必遵照官鋪價值錢數，以漸增加至銀一兩換錢一千文，即屬平價，不必更增。再查各城錢鋪俱用市平，而市平較庫平每兩輕三分六釐，今民間以九九色銀一兩兑換清錢九百五十文，若以庫平足色相較，則與銀一兩换錢千文相去無幾。臣等愚見照市平換錢，即以市平交庫，則換錢者倍加踴躍而經管者亦無瞻顧。如有奸牙及雜貨等鋪囤積錢文不行發賣，或用車裝載數十百串出城遠販者，步軍統領、府尹等官查拿究治，則各行鋪得錢隨賣，不敢囤積，錢牙、經紀不能任意輕重。況有官鋪以爲標準，價值無從高昂，於小民大有裨益矣。臣等未敢擅便，謹題請旨。」雍正九年四月初十日題。本月十三日奉旨：「依議。但八旗各設錢局，若不得實心管理之人於民生無益。現今八旗開設米局，皆係揀選人員董司其事。應否將兑換錢文一併交與米局辦理之處，著八旗大臣議奏。」

《雍正朝内閣六科史書・户科・大學士兼管户部尚書事張廷玉等題議准銷浙省雍正八年分辦解石門絲斤支過各項銀兩本》　經筵講官少保兼太子太保保和殿大學士仍管吏部户部尚書事臣張廷玉等謹題爲題銷絲價事：「浙江總督管巡撫事李衛題前事雍正九年二月二十七日題，三月二十一日奉旨：『該部察核具奏。』該臣等查得浙江總督管巡撫事李衛疏稱：『雍正八年分採辦石門絲一千斤，每兩價銀六分五釐，該銀一千四十兩又七釐。絲五百斤，每兩價銀八分五釐，該銀六百八十兩，應給水脚銀一百七十二兩，通共應銷銀一千八百九十二兩，於雍正八年地丁銀内動支辦解，理合題銷。』等因，前來查前項絲斤，内務府已經收明，知會臣部在案，所有動支價脚銀兩，均與歷年准銷數目相符，應准開銷。仍令該督李衛將前項用過銀兩數目，造入該年地丁錢糧題銷册内報部查核可也。臣等未敢擅便，謹題請旨。」雍正九年四月十一日題。本月十三日奉旨：「依議。」

《雍正朝内閣六科史書・户科・甘肅巡撫許容題請開銷雍正六年各屬修建壇廟房屋等用過工料價銀數目本》　巡撫甘肅寧夏臨鞏等處地方贊理軍務兼理茶馬都察院右副都御史加四級紀録一次臣許容謹題爲欽奉上諭事：「該臣看得甘屬建立先農壇宇耤田用過工料價銀并雍正五年所收糧數，經前護撫孔毓璞具題，奉部議覆，令將各處應需籩豆并地畝、耕牛各項價銀准其開銷，其建造壇廟房屋所用工料，因並未開載木植丈尺徑寸，無憑查核。行令逐一分晰，核減造報等因行司減造，并令將雍正六年所收糧石查報。去後，兹據署 布政使趙挺元詳稱：『甘屬廳州縣衛所建立壇廟用過工料，俱係照依蘭州省會價值，減定畫一造報之價。內建修正廟三間，側房二間，大門一座并週圍墻垣。所費每處，僅造報銀五十五兩二錢零，實屬節省無浮，委難再減。其木植丈尺徑寸，今已造有細册，逐一開明。所有用過工料銀三千四百七十九兩六錢零，應請准銷。至籩豆、地價、牛價，前准部覆，已准銷銀七百九兩八錢。查安西、沙州、柳溝三衛耤田，原報俱係民地，今據報稱，於新墾官地內建設。每處應繳還地價銀一兩九錢六分，三衛共繳銀五兩八錢八分見在催解還項外，實該准銷銀七百三兩九錢零，連建立壇廟工料，共應准銷銀四千一百八十三兩五錢零。應照部議，統在司庫扣貯康熙五十九年預給兵丁半年餉銀内動撥還項。至收穫耤田糧石及支用數目，已據各屬報稱，雍正六年分共收穫耤田糧二百七十石七斗零，并造有雍正五六兩年動支祭祀糶賣價銀用存各册。』等情呈齎前來，臣覆核無異，除原册送部外，會同署督臣查郎阿謹題請旨。」雍正九年九月二十三日題。十月十九日奉旨：「該部察核具奏。」

《雍正朝内閣六科史書・户科・大學士管户部尚書事張廷玉題查覈寶泉局上年用過銅鉛鑄過錢文及收買廢銅領過銀兩本》經筵講官少保兼太子太保保和殿大學士仍管吏部户部尚書事臣張廷玉等謹題爲按年奏報事：「督理京省錢法户部右侍郎長有等題，前事雍正十年七月二十六日題，本月二十八日奉旨：『著察核，該部知道。』該臣等查得督理京省錢法户部右侍郎長有等以寶泉司監督齊士齊等呈報雍正九年分用過銅、鉛，鑄過錢文以及收買廢銅領過銀兩數目一併造册具題前來。據册開：

一舊管銅五鉛五配搭銅一百四十九萬九千八百七十斤零，銅五五鉛四五配搭銅三十五萬二千六百一十四斤零，銅六鉛四配搭銅五萬七千九十三斤零，銅六五鉛三五配搭銅二萬三千四百九十八斤零，鉛二十六萬九千四百二十九斤零，舊器皿等銅五萬七千九百四十斤零，不計價鐵銅一千一百七十三斤零，不計價法馬銅一千一百五十斤，收買廢 銅下剩銀八百兩五錢四分八釐零等語。查與雍正八年奏銷册内寔在存庫數目相符，應毋庸議。

一新收銅五鉛五配搭銅二百二十九萬二百五十二斤零，銅五五鉛四五配搭銅一百三萬一千一百九十七斤零，銅六鉛四配搭銅七十四萬七千三十三斤零，銅六五鉛三五配搭銅九萬八百五十七斤零，鉛三百九十二萬三千五百六十七斤零，又收買廢銅九萬九千七百五十七斤零等語。查前項收過銅、鉛、廢銅，臣部照册核算，數目相符，應毋庸議。」

一開除鑄錢四十八卯，内銅五鉛五配搭三十卯，銅五五鉛四五配搭十一卯，銅六鉛四配搭六卯，又廢銅加鑄一卯。共用過銅、鉛、舊器皿五百七十六萬斤，内除每百斤折耗九斤，共折耗五十一萬八千四百斤，净銅、鉛五百二十四萬一千六百斤。共鑄錢五十九萬九千四十串文，除給四十七卯工料錢一十一萬一千三百三十三串六百文，净餉錢四十八萬五千三百三十七串六百文，又捐出一卯工料錢二千三百六十八串八百文，外補串繩錢八百六十四串文，以上共餉錢四十八萬八千五百七十串四百文，俱經解部等語。查前項鑄過錢文，用過銅、鉛併折耗等項，與歷年奏銷數目相符，所給工料錢文係應給之項，其解部錢文俱經解到，付庫查收掣批在案，應毋庸議。

一實在存庫銅五鉛五配搭銅一百九十九萬一百二十二斤零，銅五五鉛四五配搭銅六十五萬七千八百十一斤零，銅六鉛四配搭銅十三萬二千四百八十七斤零，銅六五鉛三五配搭銅十六萬四千一百七十六斤零，鉛一百五十一萬九百九十六斤零，舊器皿銅三萬七千六百九十七斤零，不計價鐵銅一千一百七十三斤零，不計價法馬銅一千一百五十斤。雍正九年所領庫銀一萬三千兩併舊存銀八百兩五錢四分八釐零，二共銀一萬三千八百兩五錢四分八釐零。收買五成舊器皿銅七萬五百八十八斤，每斤給銀一錢三釐七毫五絲，共銀七千三百二十三兩五錢五釐。四成舊器皿銅二萬四百三十七斤零，每斤給銀九分五釐五毫，共銀一千九百五十一兩八錢五釐一毫零。寔存庫銀四千五百二十五兩二錢三分八釐零等語。查前項銅五鉛五配搭之十成銅斤毋庸議減外，銅五五鉛四五配搭之九五銅每斤應減價銀七釐五毫，銅六鉛四配搭之九成銅每斤減價一分三釐七毫五絲，銅六五鉛三五配搭之八五銅每斤減價一分九釐三絲八忽零，臣部已經行文各該撫，於每斤原價一錢四分五釐内照數扣減報銷(在銷)在案。所有不計價鐵銅法馬銅，仍令該監督收貯在庫。至存庫銅、鉛併舊器皿銅，應令該監督同新收銅鉛一併鼓鑄。下剩銀兩仍照例收買銅器，造入雍正十年鼓鑄奏銷册内送部查核可也。臣等未敢擅便，謹題請旨。」雍正十年九月十七日題。本月十九日奉旨：「依議。」

「國立」故宮博物院《宮中檔雍正朝奏摺》第二〇輯福建總督郝玉麟《奏報赴蘇州買銅委員請先回閩摺》　福建總督臣郝玉麟 福建巡撫臣趙國麟　謹

奏爲買銅之洋船回棹有期委員之在蘇守候無益謹爲酌量變通恭請睿鑒事。竊查閩省承辦銅觔，每年上下兩運，共該銅五十五萬四千三百九十九觔，例應先期輪委道府，前往蘇州採辦洋銅交解。第辦洋銅必須先購倭照，選商給價置貨出口，而倭照每年有自一番起至三十七八番不等，必挨順輪番給買，不能越次先得，且本年倭照務至本年正月初一日，方許船進東洋交界，更因近年彼國産銅不敷，多有上年倭照銅船在彼守候，必待其依次買足，方許本年倭照之船採買。惟是本年倭照，每爲江浙等本省買去，閩省辦員無可如何，只得覓買下年之照；按其年分番數，再候上年倭照銅船買足纔得銅觔，計其出洋回棹之期，約須二十餘月，若該委員照已買就，商已招成，將價給領之後，即在蘇守候亦屬無益，自應回任料理地方事務。乃查閩省向例，委辦銅員印務，即另委員署理，必將銅觔交運起解清楚，方許回任，故該員等往往藉此逗遛，雖有時回閩，因銅未起解，亦不得接印視事。臣等查福建通省内地五道八府一州，共計二十四員，内除鹽驛汀、漳兩道有鹽務承修戰船之責福、漳、泉三府，係省會及沿海要地，汀州府知府亦係辦理鹽務之員，例不委辦外，其餘八員今已委去五員。如福寧州知州張秉輪承辦九年分下運銅觔，購買壬子年倭照，已在蘇二十二箇月，尚未起解，仍在守候，業經咨參遲延在案。又興泉道朱叔權承辦十年分上運銅觔，係上年六月内往蘇購買壬子年倭照，至今已十八箇月。延平府知府王畧承辦十年分下運銅觔，係上年十月内往蘇購買壬子年倭照，至今已十四箇月以上，銅船雖俱出口，因倭照有前後之分，尚未回棹。興化府知府蘇本潔承辦癸丑年上運銅觔，係本年四月内往蘇購買癸丑年倭照，至今已八箇月。延建邵道莊令翼承辦癸丑年下運銅觔，係本年閏五月内往蘇購買癸丑年倭照，至今已六箇月以上，二員雖已招商發價，銅船尚未出洋，仍俱坐守蘇州。自下甲寅年上運銅觔又應委員采辦，現在道府無幾，實屬不敷差委。且查道府俱蒙皇上酌量，纔可勝任，方行補授之員，今辦銅各員因守候洋船在蘇閒坐，不特有曠職守，亦且貽悞地方，即遴選委署，亦甚難得人地相宜之人。臣等悉心思維，若委員承辦，止遴員代理印務，俟該委員到蘇買就倭照，招商給價之後，即令回任，其在蘇設有未完首尾，即一面報明，在蘇辦理，若無可辦之事，不得藉端逗遛，回任之後或探聽回棹信息，止着親信家屬併妥當家人在彼守候，俟洋船回棹，或仍令再往收銅交押運官起解，前後往返每次屈指不過數月，銅觔既得照例辦解，地方亦得正員料理，似爲兩有裨益。況查江蘇承辦人員，原在本省固無庸離任委署，浙江委員采辦，亦止委佐貳暫行協理，辦員到蘇招商發價後即回本任，從無委署之例。即粤省採辦滇銅，亦係委令佐貳，協同辦員家人前往採買。福建與浙省接壤，所爭不過旬日路程，自可倣照而行。除飭查明買照招商給價出口，在蘇無事之員着令回任外，臣等爲地方現乏道府大員辦事，辦銅人員在蘇閒住，所有酌量變通，令其回閩任事緣由，理合具摺奏聞，伏乞睿鑒。臣玉麟臣國麟謹奏。

雍正十年十月二十一日具。

《雍正朝内閣六科史書·户科·管理蘇州織造事海保題報織解金黄亮花漢府等緞錠用過工料等銀數黄册恭呈御覽本》　管理蘇州織造郎中世襲拜他喇布勒哈番加一級臣海保謹題爲奏明辦解事：「該臣看得奉部派織金黄、亮花、漢府等緞共三千疋，隨移蘇州布政司支領銀兩置備絲斤物料，即經按數織辦，解赴户部查收在案。所有前項緞疋工料等項共銀二萬四千兩，内遵照部文循例加三節省，寔在動用銀一萬六千八百兩。其箱扛、包封紙張、烘摺絨炭等銀，俱臣自行捐備。相應繕造黄册，恭呈御覽併造清册送部察核外，謹具疏題銷。臣未敢擅便，謹題請旨。」雍正十年十二月初七日題。十一年二月十四日奉旨：「該部察核具奏册併發。」

《雍正朝内閣六科史書·户科·管理蘇州織造事海保題報辦解上用官用緞紗等項用過料工銀數黄册恭呈御覽本》　管理蘇州織造郎中世襲拜他喇布勒哈番加一級臣海保謹題爲恭報用存實數等事：「該臣看得織造錢糧遵照部文，例於蘇州藩庫支領銀六萬四千五百兩，爲織辦等項之用。於雍正九年十月二十日准内務府派造上用、官用緞紗等項辦解，共用料工銀四萬三千三百三十三兩三錢三分，又部派緞紗等項共用料工銀一萬七千三百二十五兩，又給修理袍船併水脚銀五百兩，通共寔該銀六萬一千一百五十八兩三錢三分。臣逐一查核，俱照例辦用寔數。餘存銀三千三百四十一兩六錢七分，見貯在庫，候雍正癸丑年歸款辦料織解另報核銷。至南北兩局機房向例每歲動用修理銀五百兩，臣已捐貲稍葺，此項節省毋庸報銷。今將雍正十年分運解過緞紗等項料工支用錢糧，理合細繕黄册，恭呈御覽並造清册送部察核外，相應具疏題銷。臣未敢擅便，謹題請旨。」雍正十年十二月初七日題。十一年二月十四日奉旨：「該部察核具奏册併發。」

《雍正朝内閣六科史書・户科・浙江總督程元章題請照例支給織造雍正十二年辦買緞錠綢綾需用絲斤價銀本》　總督浙江等處地方軍務兼理糧餉管理巡撫事務兵部右侍郎兼都察院右副都御史加二級駐紮杭州臣程元章謹題爲欽奉上諭事：「該臣看得織造年辦緞疋、紬、綾需用絲斤，先經部行于新絲甫出之時，將價銀預爲給發採買，仍將支過銀數報查等因，歷年遵行在案。今據布政使王紘詳稱，准織造隆昇移取雍正甲寅年需用預買絲斤價銀二萬五千兩，相應循例在于雍正十一年地丁銀内動支移送應用等因前來。理合題明。伏乞皇上睿鑒，勅部查照施行，謹題請旨。」雍正十一年四月二十二日題。五月十七日奉旨：「該部議奏。」

《雍正朝内閣六科史書・户科・河東總督王士俊題請撥給山東德州臨清二倉添建新倉並加倍廠座應需工料銀兩本》　總督河南山東等處地方軍務督理營田兼理河道兵部右侍郎兼都察院右副都御史紀録六次仍帶降一級留任降職一級臣王士俊謹題爲欽奉上諭事：「該臣看得德州臨清二處應建新倉截漕收貯併估計加倍厫座一案，據布政使鄭禪寶、署督糧道廣壽詳稱，德州、臨清二處添建新倉，奉准部咨，隨將原估銀兩飭發辦料興工，併飭將加倍厫座確估造報。今據德州續估加倍倉厫六座，共計六十間，需銀一萬四千五百一十一兩三錢零；又據臨清州續估加倍倉厫六座，共計六十間，需銀一萬四千五百二十一兩三錢零，添築圍墻需銀一千一百八兩七錢零；二處共需工料銀三萬一百三十一兩五錢零，應於雍正十一年丁地銀内動支辦料建造，工完報銷等情，取其册圖前來。臣謹會同山東巡撫臣岳濬合詞具題，謹會題請旨。」雍正十一年五月十一日題。本月二十六日奉旨：「該部議奏。」

《雍正朝内閣六科史書・户科・大學士管户部尚書事張廷玉等題議准支給陝西雍正十年收買銅器用過價銀數目本》　經筵講官少保兼太子太保保和殿大學士仍管吏部户部尚書事臣張廷玉等謹題爲欽奉上諭事：「兵部尚書署理陝西巡撫印務史貽直疏稱，陝省雍正十年四季，共收荒銅一千一十九斤十二兩，折浄銅四百七十六斤十一兩二錢，共給價銀五十一兩四錢三釐零。前事該臣等查得署理陝西巡撫印務史貽直題，自奉文日起至雍正十年冬底，共收折浄銅六萬九千一百九十二斤零，私錢一百六十六千三百二十九文，共給價銀七千四百一兩四錢三分七釐零，爲數無幾，不足議請鼓鑄，會同署督臣劉於義合詞具題等因前來。查陝省雍正十年分共收荒銅一千一十九斤零，折浄銅四百七十六斤零，共給價銀五十一兩四錢三釐零。臣部按依生、熟價值核算，數目相符，應准動給。至歷年所收銅器，該署撫史貽直既稱爲數無幾，不足議請鼓鑄等語，應俟續收銅器足供鼓鑄之日，即行具題開鑄。仍飭該屬上緊收買，照例按季造册送部查核可也。臣等未敢擅便，謹題請旨。」雍正十一年六月初一日題。本月初三日奉旨：「依議。」

《雍正朝内閣六科史書・户科・甘肅巡撫許容題報覆核飭派雇覓趕駕糧車夫役及匠役並護運官兵支過銀糧數目本》　巡撫甘肅寧夏臨鞏等處地方贊理軍務兼理茶馬都察院右副都御史加五級紀録一次臣許容謹題爲欽奉上諭事：「該臣看得雍正七、八兩年西路一應軍需用過錢糧，欽奉上諭：『令陸續報銷，欽此。』行據陞任布政使孔毓璞、西安驛傳道趙挺元詳稱，奉文飭派雇覓趕駕糧車長短夫役及隨車木、鐵匠役、獸醫、牽夫并護送車輛官兵、接趕車輛餘丁支過銀糧一案，舊管無新收部撥軍需銀六萬二百五十兩零，西安公項銀二千三百三十五兩零，各案京斗粟米八百二石零，炒麵九萬七千三百九十二斤。開除軍需銀四萬七千四百五十二兩零，公項銀二千三百二十九兩零，京斗粟米七百六十七石零，炒麵九萬三千一百六十九斤零。内糧車長短夫役支軍需銀三萬八千九百八十六兩零，木、鐵匠役支軍需銀三百六十六兩，獸醫支軍需銀五百六十二兩零，牽夫支軍銀六千一百五兩零，餘丁支軍需銀一千四百三十一兩零，長短夫役支公項銀五百四十二兩零，官兵支公項銀一千七百八十七兩零，長短夫役支粟米七百六十一石零，炒麵九萬二千五百三十三斤零，獸醫支粟米五石零，炒麵六百三十六斤，實在下剩軍需銀一萬二千七百九十八兩零，内已解還司庫銀二百九十六兩，尚該未解銀一萬二千五百二兩零。又下剩公項銀五兩零，京斗粟米三十五石零，炒麵四千二百二十二零，俱見在催解追補還項等情，造具各册呈齎前來。臣覆核無異，除原册分送部科外，會同署督臣劉於義謹題請旨。」雍正十一年五月十二日題。六月初六日奉旨：「該部察核具奏。」

《雍正朝内閣六科史書・户科・大學士管户部尚書事張廷玉等題爲查覈貴州鼓鑄錢文用過銅鉛工料及搭放兵餉等各款本》　經筵講官少保兼太子太保保和殿大學士仍管吏部户部尚書事臣張廷玉等謹題爲遵旨查奏事：貴州巡撫元展成題，前事雍正十一年三月三十日題，五月初六日奉旨：「該部察核具奏。」該臣等查得貴州巡撫元展成，將黔省自雍正八年十月初一日起至九年十二月底鼓鑄錢文，用過銅、鉛、工料以及搭放兵餉等項數目，逐一造册，會同署雲貴廣西總督高其倬合詞具題前來。查册開：

一動支司庫捐納銀共五萬九千二百九兩五錢九分六毫零，又收買銅器動發司庫銀五百六十九兩一錢二分七釐零，通共銀五萬九千七百七十八兩七錢一分七釐零。自雍正八年十月初一日起，至九年十二月底，共鑄四十五卯，共用滇黔廠銅二十九萬三千七百六斤，炒成净銅二十六萬四千六百斤。內用黔銅八萬七千六百一斤零，每銅百斤外加耗銅一十一斤，每百斤時價八兩，連耗銅共銀八兩八錢八分，再加脚價、筐繩等費銀二兩四錢六分六釐零，每銅一百一十一斤，炒成净銅一百斤，共該銀一十兩三錢四分六釐零，計净銅八萬七千六百一斤零，寔用銀九千六十三兩八錢二分一釐零。又買滇銅，每百斤亦用耗銅一十一斤，每百斤價銀九兩二錢，連耗銅共銀十兩二錢一分二釐，再加脚價、筐繩等費銀一兩八錢五分五釐零，每銅一百一十一斤，炒成净銅一百斤，共該銀十二兩六分七釐零，計用滇省净銅一十七萬六千九百九十八斤零，寔用銀二萬一千三百五十八兩五錢六分一釐零。二共銅價銀三萬四百二十二兩三錢八分三釐零。共用净鉛一十七萬六千四百斤，每净鉛百斤價銀一兩五錢，脚價銀七錢五分，運費四分，共銀二兩二錢九分，共該鉛價銀四千三十九兩五錢六分。又收買銅器九千斤，運交鑄局用脚價銀九十兩。又鼓鑄需用工料銀八千八十八兩七錢五分。以上銅、鉛、工料共用銀四萬三千二百九兩八錢二分零。共用銅、鉛四十七萬九千一百六斤，炒成净銅、鉛四十五萬斤，內除每百斤折耗九斤外，寔用銅、鉛四十萬九千五百斤。每錢一文重一錢四分，共鑄錢四萬六千八百串文。除還工本外，寔獲息錢三千五百九十串一百七十九文零等語。查前項鑄出錢文，用過銅、鉛數目，臣部按册核算，俱與京局鼓鑄之例相符，應毋庸議。其所需工匠、物料銀八千八十八兩七錢五分，係應給之項，應准支給。至每銅百斤需用水脚銀二兩八錢有零，每鉛百斤需用水脚銀七錢九分，先於題請開鑄案內，臣部以滇省與貴州相去匪遥，且本省亦開銅礦，而所需鉛斤又係本省出産，即有脚費等項，何致每百斤有二兩八錢以及七錢九分之多，其中恐有浮冒，是以行令據寔查報；今册報銅斤脚價等項每百斤仍開二兩八錢有零，鉛斤脚價仍開七錢九分，爲數甚多，不便准銷，應令該撫元展成將前項需用銅、鉛脚費，嚴飭經管人員另行核寔報銷，不得任其浮冒。且鼓鑄定例每百斤止准折耗九斤，今於九斤之外另加耗銅一十一斤，不特糜費工本，且與定例不符，應將每百斤多用耗銅一十一斤，共多用耗銅二萬九千一百六斤所需價銀、脚費照數追還報部。

一鑄出錢四萬六千八百串文內，放給闔省官役養廉俸薪工食等項動支工本錢一萬二百三十六串四百七十二文，又工料銀內搭放錢四千六百七十二串三百七十四文等語。應令該撫將前項搭放錢文，易出銀兩，照數歸還原動工本，仍將歸還數目報部查核。

一寔存工本錢二萬七千七百三十一串八百四十七文零，內存司庫錢九千三百七十串三百二十八文，存局錢一萬八千三百六十一串五百一十九文零，又存扣還黄銅器皿工本錢五百六十九串一百二十七文零，又存局息錢三千五百九十串一百七十九文零等語。應令該撫將前項存局錢文，轉飭經管人員，照數解交司庫，候搭兵餉。其扣還收買黄銅器皿價值錢五百六十九串一百二十七文零，候易出銀兩之日，即行歸還原動工本。

一帶鑄錢文共用滇銅二萬五千二百斤，每百斤用銀十二兩六分七釐零，共該銅價銀三千四十兩九錢一分一釐零。用鉛一萬六千八百斤，每百斤用銀二兩二錢九分，共該鉛價銀三百八十四兩七錢二分。共物料銀二百五十兩九錢五分。通共工本銀三千六百七十六兩五錢八分一釐零。共鑄得錢四千三百六十八串文，內除還工本外，獲息錢六百九十一串四百一十八文零。應給物料動支工本錢二百五十串九百五十文，又給押運交錢書役工食盤費動支息錢四十四串文，寔存工本錢三千四百二十五串六百三十一文零，息錢六百四十七串四百一十八文零等語。應令該撫將前項寔存帶鑄工本併所獲餘息彙同額鑄錢文，照數解貯司庫，搭放兵餉。其所給物料併押運交錢工食盤費等項共錢二百九十四串九百五十文，係應給之項，應准支給。至所需銅、鉛脚費銀兩，應照額鑄銅、鉛價脚核寔開銷，報部定議。

一外耗錢文共用滇銅二萬一千六百斤，每百斤用銀一十二兩六分七釐零，共該銀二千六百六兩四錢九分五釐零；共用净鉛一萬四千四百斤，每百斤用銀二兩二錢九分，共該銀三百二十九兩七錢六分；共該物料銀二百三十九兩；通共工本銀三千一百七十五兩二錢五分五釐零。共鑄得錢四千一百一十四串文，內除還工本外獲息錢九百三十八串七百四十四文零。應給物料動支工本錢二百三十九串文。至所獲息錢已經題明，准作局內爐役食米、添補燈油、器具以及官役養廉等項之用等語。應令該撫將前項鑄存外耗工本錢文，照數解交司庫，彙入額鑄錢文數內，一併搭放兵餉。所給物料錢二百三十九串文，係應給之項，應准支給。其所獲息錢，先經題明，准作局内爐役食米、添補燈油器具以及官役養廉等項之用，應照原題准其動給。至所需銅、鉛脚費銀兩，亦應照額鑄銅、鉛價脚核寔，開銷報部定議。

一運錢赴省脚價，原議帶鑄息錢項下開銷，自局運省計程八站，共運錢一萬九千六百六串八百文，用馬九百八十匹零，筬筐一千九百六十一個，棕繩一千九百六十一根，共該脚價銀一千四百九兩七錢二分八釐零。因開局伊始，故動用司庫銀兩作運錢脚價，候下年將息錢搭放，易銀還項等語。應令該撫將前項運錢脚價銀一千四百九兩七錢二分八釐零，於本年帶鑄所獲息銀數内照數易銀還項，仍候歸還之日報部查核。

一正額、帶鑄、外耗三項，共存原本銀一萬九百一十兩一錢二分九釐零，又存雍正九年搭放俸工等項易出銀一萬二百三十六兩四錢七分二釐；共存錢三萬八千九百串四百五十九文零等語。應令該撫將前項存局銀兩併搭放俸工等項易出銀兩，照數收貯局庫，留充下年採買銅、鉛，鼓鑄工本之用，仍造入該年鼓鑄奏銷册内送部查核。所存錢文，一併解貯司庫，搭放兵餉。易出銀兩，逐一歸項。如有侵那虧缺，查明題參。

一學習錢文，自雍正八年五月初一日起，至九月底，於原領工本銀内撥出銀一萬二百四十兩七錢五分六釐零。用黔銅五萬八千七百二十一斤零，用銀六千七十五兩七錢五釐零；用鉛三萬九千一百四十七斤零，用銀八百九十六兩四錢八分四釐零；共該工料銀一千七百五十九兩二錢三釐零；通共工本銀八千七百三十一兩三錢九分三釐零。共鑄得錢一萬一百七十八串四百二十八文，除還工本外獲息錢一千四百四十七串三十四文。給爐役食米一百五十六石八斗七升，該銀一百五十六兩八錢七分，又給書辦匠工各項夫役併祭祀、節賞、醫藥、紙筆等費共銀二百二十兩，二共銀三百七十六兩八錢七分，俱應於外耗息錢項下開報。緣初試學習，未能兼鑄外耗，故動支銀兩應於學習息錢内扣抵。寔存工本錢八千七百三十一串三百九十三文零，寔獲息錢一千七十串一百一十四文零，寔存工本銀一千一百三十二兩四錢九分二釐零，内多製爐房十座併製器具且等項，共支銀一千一百三十二兩四錢九分二釐零。原議開爐二十座業已興工，嗣因黔銅無幾，所以題明只開爐十座。其多建爐房工雖未竣，而工料業已動支，應據寔開報，用過銀兩即於學習息錢内扣抵補項，除將前項息錢一千七十串一百六十四文零扣抵外，尚不敷銀六十二兩三錢二分八釐零，已於局内設法彌補，寔存工本錢八千七百三十一串三百九十三文零。又存匠役食米公費等項扣存息錢三百七十六串八百七十文，又存多製爐房器具扣存息錢一千七十串一百六十四文零，又存彌補不敷銀六十二兩三錢二分八釐零，以上共存銀錢一萬二百四十兩七錢五分六釐零等語。查雍正八年十月初一日以前所鑄錢文從前並未題明，今既稱係學習試鑄，且所需工本即係原領額鑄工本銀内撥給，應准開報。所需銅鉛價脚銀兩，均候額鑄准銷之日一併核議。至所給爐役食米併一切公費，定例並無支給，今該撫雖稱緣初試學習，未能兼鑄外耗，故另動銀兩於所獲息錢内抵扣等語，但鼓鑄外耗銅斤不給工食，其所需爐役食米等項，准在於息錢項下支給，今學習試鑄既無外耗，則此項食米等項不便於息錢項下動支，且每鑄銅、鉛一百斤，已給有工食銀一兩二錢，不便再於工食之外又支食米，應令該撫元展成將前項動給食米等項銀三百七十六兩八錢七分照數扣追完報，其扣存各項錢文均令解貯司庫，一併搭放兵餉，易銀還項。再多製爐房器具需銀一千一百三十二兩四錢九分二釐零，既係多製，即應照數變價還項，應令該撫元展成轉飭原經手人員，作速照數變繳完報可也。臣等未敢擅便，謹題請旨。」雍正十一年八月初七日題。本月初九日奉旨：「依議。」

《雍正朝内閣六科史書・户科・山西巡撫石麟題報本省雍正七年收買銅器皿應給價銀數目本》 巡撫山西太原等處地方提督鴈門等關軍務兼理雲鎮都察院右副都御史紀録一次臣覺羅石麟謹題遵旨查奏事：「該臣看得晉省雍正七年分收買黄銅器皿，經臣具題，部覆將未領銀兩速催給發，未解銅器催解錢局，分別生熟給價等因。行據署布政使温而遜詳稱，查雍正七年分原題報各屬未解銅三千五十三斤零，嗣催據各屬陸續解交過熟銅一千七百九十九斤零，共應給價銀二百一十五兩零，解交過生銅一千二百五十三斤零，共應給價銀一百二十兩零，以上生熟銅斤二項共應給價銀三百三十六兩零。已據各州縣具領並從前解過銅斤未領銀二十五兩零，俱在於司庫收貯雍正四年地丁銀内動給訖等情造册呈詳前來。臣覆核無異，除册送部查核外，謹題請旨。」雍正十一年九月初六日題。本月十九日奉旨：「該部察核具奏。」

《雍正朝内閣六科史書・户科・貴州巡撫元展成題報丁頭山馬鬃嶺等鉛廠抽收課鉛并該鉛價銀數目本》 巡撫貴州兼理湖北川東等處地方提督軍務都察院右副都御史加三級紀録五次駐紮貴陽府臣元展成謹題爲詳請開採等事：「該臣看得黔省丁頭山、馬鬃嶺等鉛廠抽收課鉛，例應按年具題。茲據布政使常安詳，據接管丁頭山鉛廠普安縣沈遴册報，該廠自雍正九年九月初一日起，連閏扣至雍正十年八月底，共抽獲課鉛七萬九千二百八十八斤一十二兩八錢，每百斤照原定一兩六錢之價，共獲價銀一千二百六十八兩六錢零，內除開銷廠內人役工食銀四百八十兩零六錢外，寔存銀七百八十兩。此項鉛斤俱經運交糧驛道運售在案，俟獲價解庫之日另文詳報。又據管理馬鬃嶺鉛廠大定府陳悳榮册報，該廠自雍正九年九月初一日起，連閏扣至雍正十年八月底，共抽獲課鉛一十九萬二千零七十二斤一十二兩八錢，照原定一兩四錢之價計算，共銀二千六百八十九兩零，內除開銷廠內人役工食銀五百零七兩六錢外，寔存銀二千一百八十一兩四錢零。此項課鉛俟鑄出錢文易銀撥項課項。以上丁頭山、馬鬃嶺二廠一年共抽獲課鉛二十七萬一千三百六十一斤零，每百斤照原定價一兩六錢、一兩四錢計算，共該鉛價銀三千九百五十七兩六錢零，內除開銷二廠人役工食銀九百八十八兩二錢外，應解課鉛價銀二千九百六十九兩四錢零。此項課銀俟運售完日解庫，另詳題報，造具前抽課鉛細數，由該司彙册詳送前來。臣覆加查核無異，除册送部外，謹會題請旨。」雍正十一年八月二十六日題。十月初二日奉旨：「該部察核具奏。」

《雍正朝內閣六科史書·户科·總理户部事務果親王允禮等題爲清查上年滇省金銀銅錫各廠辦獲課息並銅本脚價銀本》　總理户部事務和碩果親王臣允禮等謹題爲題明事：「雲南巡撫張允隨題，前事雍正十一年六月三十日題，八月初十日奉旨：『該部察核具奏。』該臣等查得雲南巡撫張允隨疏稱，滇省金、銀、銅、錫各廠雍正十年分連閏共該課銀八萬九千二百九十八兩一分零，內有青龍、丹普等廠十年分該課息銀一萬八百二十五兩七錢九釐零，又龍樹脚等廠十年分底母餘息銀二千四百三十八兩九錢五分零，又募迺廠十年分課銀三百兩，又十年分抽獲錫斤變價銀四千兩，俱已收庫。又武定府抽獲十分課鉛未變價銀四千八百九十六兩一錢八分零，現有鉛斤抵項，又收各銀廠課銀四萬一千七百五兩三錢四分零，又石羊、個舊等廠缺額銀二萬五千一百三十一兩八錢二分零。查有雍正十年分收穫個舊廠抽收錫斤票税盈餘銀一萬九百九十兩四錢二釐，又十年分金廠餘出金八十四兩一錢九分折變銀六百三十一兩四錢二分五釐，以上二項照數撥補外，仍缺額銀一萬三千五百九兩九錢七分零，照原奏於雍正十年鹽規盈餘銀内照數撥補。但雍正十年鹽餘銀兩，只准鹽道移解銀五千四百二十六兩三錢八分零已收司庫，尚未解銀八千八十三兩六錢一分零，照例已於司庫收存節年鹽餘銀兩內，照數暫行借動撥抵，以敷額課，應俟鹽道催獲之日，再爲補還原項，另於下年收支册内造報。以上寔收銀、銅、錫等廠十年分連閏課銀八萬四千四百一兩八錢二分零，内除底母餘息銀二千四百三十八兩九錢五分零收貯司庫以充公用，其廠課項下，寔收銀八萬一千九百六十二兩八錢七分零，寔收課金六十二兩四錢九分四釐，未變課鉛價銀四千八百九十六兩一〔錢〕八分零，俟發運漢口銷售回滇解司收庫之日照數收歸款項，另於下年收支册内造報。又雍正十年給過各商錫票，共收稅銀三千一百八十六兩。再遵旨查奏銅斤利弊事案内，一年辦獲銅二百四十四萬二千六百七十五斤六兩，内除耗銅一十五萬九千五百一斤四兩外，寔獲凈銅二百二十八萬三千一百七十七斤二兩，照例以每百斤變價銀九兩二錢，共該變價銀一萬五十二兩一分零，内除銅本脚價等項外，約可獲息銀六萬二千三十二兩八錢五分零。内除全年額課銀一萬三百四十二兩三錢七分零，又除供鑄正額銅斤、炒煉人工、炭火等費銀三千七兩三錢六分零外，寔約獲餘息銀四萬八千六百八十三兩一錢八釐零。又永、威二店共賣過銅二百三十一萬六千三百九十五斤九兩，共獲銀二十九萬三千八十九兩三錢八分零，内除九兩二錢原本以及運脚支銷店費等項外，約該獲息銀三萬九千一百一十一兩六錢一釐零。又抽獲各廠課白銅併顏色青碌變價約獲息銀三千三百四十五兩八錢五分零，連前辦獲銅斤餘息併發賣銅斤餘銀，共寔約獲餘銀九萬一千一百四十兩五錢六分零，統俟銅斤變價完日，一併起解司庫清款。又丹普等廠自雍正十年八月初一日起，至年底止，辦獲銅一百二萬八千九百七十斤，以每百斤九兩二錢計算，該價銀九萬四千六百六十五兩二錢四分，内除銅本脚價廠費廠欠等項外，約獲餘息銀三萬四千三百一十九兩七錢七分零。又除額課銀四百八十三兩三錢三分零外，寔獲餘息銀三萬三千八百三十六兩四錢四分零。又發運永寧店賣過銅三萬七千一百一十八斤一兩，每百斤變銀一十三兩，共該變獲銀四千八百二十五兩三錢四分零，内除九兩二錢原本以及運脚支銷店費等項外，約獲餘息銀八百七十二兩一錢七分零，連前辦獲銅斤餘息，通共約獲餘息銀三萬四千七百八兩七錢一分零，統俟銅斤變價完日，一併起解司庫清款。又雍正八年應獲餘息銀三萬三百六兩九錢八分零，内除猓賊搶失銀七千三十七兩二錢經陞任雲督鄂爾泰於特參庸劣等事案内具題奉准部覆免其賠補外，寔該銀二萬三千二百六十九兩七錢八分零，業經解交司庫。又九年分應獲餘息銀八萬七千三百二十八兩三錢四分零，應俟銅斤變價完日，另行造報。相應會同雲貴督

臣尹繼善合疏具題等因前來。應令該撫張允隨將雍正十年分給過各商錫票收
穫課銀三千一百八十六兩，造入季報册内，咨部酌撥。借動司庫節年鹽課餘銀
兩，速催補還原項。已完課金同未變課鉛價銀四千八百九十六兩一錢八分零，
作速變價報部查核。底母餘息銀二千四百三十八兩九錢五分零，照數貯庫以充
公用。至遵旨查奏銅斤利弊事案内十年分辦獲銅斤價息併白銅、顔色青碌變價
等項，速催變價；完日，報部查核。其雍(正)八年分應獲餘息銀三萬三千三百六兩
九錢八分零，内除猓賊搶失銀七千三百三十七兩二錢外，寔該銀二萬三千三百六十
九兩七錢八分零，業經解交司庫，應令造入季報册内，咨部酌撥。雍正九年分應
獲餘息銀兩，應令速催銅斤變價；完日，造入下年收支册内具題查核。再查雍
正九年分辦獲銅二百二十八萬七千二百九十九斤四兩，共變價銀二十一萬四百
三十一兩五錢三分一釐，内除銅本脚價等項外可獲息銀七萬一千九十八兩九錢
五分五釐零；今雍正十年分辦獲銅二百二十八萬三千一百七十四斤二兩，共變
價銀二十一萬五十二兩一分，内除銅本脚價外止獲息銀六萬二千三十二兩八錢
五分；所辦銅斤數目與上年不相上下，而所獲餘息較之雍正九年分少獲息銀九
千六十六兩零，且查該撫奏銷册内只將總數開造，並不將銅本脚價廠費廠欠人
工炭火等項細數造報，臣部難以查核，應令該撫將雍正十年分金、銀、銅、錫各廠
辦獲課息數目據寔查明，併將銅本、脚價各款逐一分晰，細數造册，具題核銷可
也。臣等未敢擅便，謹題請旨。」雍正十一年十一月二十三日題。本月二十五日
奉旨：「依議。」

《雍正朝内閣六科史書·户科·廣東總督鄂彌達題報潮州鎮標左營移駐遊擊兵丁應建官署兵房共需工料銀數目本》 總督廣東等處地方軍務兼理糧餉兵部右侍郎兼都察院右副都御史加四級紀録十五次駐劄肇慶府臣鄂彌達謹題爲酌請改設州牧移駐遊擊等事：「該臣看得潮州府程鄉縣改爲直隸嘉應州統轄興長平鎮四縣，并將潮州鎮標左營遊擊移駐州城，抽撥兵丁添資防守一案，經臣會疏題准部覆，移駐官兵所需官署、兵房，准其動項建造。仍將需用工料銀兩據實估計造册具題等因，業經轉行遵照估計造册詳報去後。茲據廣東布政使甘汝來詳稱，行據潮州府知府龍爲霖轉，據原署程鄉縣知縣劉企峻估報，嘉應州移駐遊擊兵丁應建官署、兵房，共需工料銀一千九百九十四兩七錢七分九釐零，查核數目相符，並無浮冒，造册詳繳核題，請俟部覆到日，在于雍正十二年地丁錢糧銀内照數撥給建造，工竣核實，另造細册報銷等由，連繳需用工料款項册前來。臣覆核無異，除册送部查核外，理合據詳具題，撥給銀兩建造，臣謹合詞具題。伏乞皇上睿鑒，勅部核覆施行，謹會題請旨。」雍正十一年十二月二十一日題。十二年二月初九日奉旨：「該部議奏。」

《雍正朝内閣六科史書·户科·陝西巡撫史貽直等題報陝省雍正十一年收貯銅斤及支給價銀數目本》 經筵講官户部尚書仍暫留西安總理巡撫並一切軍需事務加四級臣史貽直等謹題爲欽奉上諭事：「該臣等看得各省收貯銅斤數目，奉旨：『於每年冬底奏報。』欽遵在案。今據布政使楊馝詳稱，陝省雍正十一年收貯生、熟共荒銅三千九百三十一斤四兩，折净銅一千七百六十一斤六兩四錢，給價銀一百七十七兩九錢五分四釐零。查陝省自奉文日起，至十一年冬底止，通共公所收貯各屬交到折净銅七萬九百五十四斤三兩一錢，私錢一百六十六千三百二十九文，共給價銀七千五百七十九兩三錢九分一釐零。爲數無幾，不足議請鼓鑄，合併聲明等情詳報前來。臣等謹會同署督臣劉於義合詞具題，伏祈皇上睿鑒勅部施行。爲此謹具題聞。」雍正十二年四月初九日題。本月二十六日奉旨：「該部察核具奏。」

《雍正朝内閣六科史書·户科·總理户部事務果親王允禮等題議嗣後湖北歲造漕船價銀令該撫豫爲酌定數目登明留備本》 總理户部事務和碩果親王臣允禮謹題爲大造漕舡請定撥價之限期以速工程事：「湖北巡撫德齡題，前事雍正十二年二月十二日題，三月初三日奉旨：『該部議奏。』該臣等查得湖北巡撫德齡疏稱，漕舡輓運天庾玉粒，涉歷江河，所關綦重。是以定例十年滿號，准其折造，每舡應給料價銀二百八兩零。今部臣議請滿號之舡，令糧道先期請造，豫備物料，原舡到次，即刻委員興工，毋悞冬兑冬開等語。但滿號之舡固當先期請造，而所需料價亦應早爲撥給。查湖北漕舡先於雍正元年届當大造，咨部請造，户部以各舡有無可以加修再運之處駁查，迨漕臣咨覆，至雍正二年五月内始准。前糧道郭維新恐悞運限，于部駁之時，先請給發半價，令各旂丁墊造，以副新運，其中不無草率從事。雍正十一年，前項舡隻又當大造，共計料價銀三萬九千四百五十餘兩，糧道于伍月間具詳漕臣咨部撥項，迨十月内漕舡陸續到次，十一月始准部文，晝夜儧造，以濟重運。而臨時急切辦理，舡丁未免周章。臣請嗣後漕舡次年輪運大造，即于頭年冬兑之時，該管衛備造册，申送糧道確驗，將寔在不可加修或猶可加修再運之處，併應給料價請撥何項錢糧，於文册内分別開造，漕舡兑竣開行，即行通賫令漕臣于次年舡隻過淮時親加驗看，幫舡過淮之後具題

撥價請造，部覆務于八月以前到楚，如此查驗定立限期，則應造之舡自無隱匿冒濫，而豫撥料價可令早備物料，原舡到次，立刻委員嚴督興工，如式堅造，亦不致有草率遲悞之虞，寔于漕運有裨等因前來。查漕舡十年滿號，例應成造。凡屬應造舡隻，總漕造册咨部，臣部按册核對清楚，依限議覆，配造濟運。至動用料價，各省俱於漕項銀兩季報册內登明留備先行報部，俟動用之後，造入該年奏銷案內核題。惟是湖北漕舡十年大造一次，約需銀四萬餘兩，而該省每年道庫季報解部銀約二萬餘兩，不敷放給，每需咨部動撥與各省造舡銀兩于漕項銀內動支之例未能畫一，今該撫疏稱輪造漕舡，于頭年冬兑時該管衛備造册申送漕臣，于過淮時驗，看具題撥價，部覆務于八月以前到楚等語。查歲造漕舡銀兩，例動漕項錢糧，今湖北漕項銀兩既不敷放給，一遇大造必須臨時借動，如元年請造，臣部以造册未清駁查兩次，于二年始准登答清楚，十一年請造咨文總漕直至九月內到部，臣部按限議覆，而冬兑之期已迫，是另題請撥終不免臨事周章，且致收支各款錢糧轉滋牽混難爲歷久遵行之例。臣等酌議，請嗣後湖北漕舡將届歲造之期，該撫豫將解部漕項銀兩，先于頭年季報册內酌定數目登明，留備暫貯道庫，該撫按限盤查。至漕舡輪造之年，該糧道于頭年冬兑時將各季報册內存留數目彙繕清册，同該年應造丁名清册一併申送總漕，該總漕于重運漕舡過淮驗看後速即核明送部，臣部按依咨文定限即行核覆，毋庸豫定八月之期，該撫接准部覆之後，將所需物料先期完備，原舡到次，立即興工配造濟運，其動用銀兩仍造入各該年漕項奏銷册內具題查核，庶歲需料價既免請撥於臨時，而動用錢糧無庸借支于别款，該省物料既得豫備，而奏銷案內款項亦便清查，且與各省造舡動用漕項銀兩之例畫一。至接奉部覆之後，如物料未經豫備，成造不能堅固，該督即將承造各官照例題參可也。臣等未敢擅便，謹題請旨。」雍正十二年五月十二日題。本月十四日奉旨：「依議。」

《雍正朝內閣六科史書·户科·總理户部事務果親王允禮等題爲核銷黔省發運鉛斤用過工本並獲餘息銀兩數目本》 總理户部事務和碩果親王臣允禮等謹題爲詳明籌辦廠務並懇題請借帑買運餘舡以便廠民以濟公項事：「貴州巡撫元展成題，前事雍正十一年十二月十一日題，十二年二月初十日奉旨：『該部察核具奏。』該臣等查得貴州巡撫元展成，將黔省發運鉛斤，用過工本並獲餘息銀兩數目，會同雲貴廣西總督尹繼善合詞具題前來。

一疏稱，據署糧驛道事按察使方顯將接准前署（前署）道大定府丁艱知府陳惠榮移交革職糧道王廷琬任內經管馬鬃嶺等五廠自雍正九年四月起，及小洪關廠自雍正八年十二月起，均至雍正十年三月底原領庫銀八萬兩。又册稱，借動餘息銀一千一百五十八兩二錢八分七釐零，舊存砂硃廠虧折鉛斤賠還工本銀一百三十一兩二分零。又存馬鬃嶺等廠收買未運並已運未售及已運未買課餘鉛三百四十九萬五千九百四十五斤零，原用工本脚費銀六萬一千一百二十七兩二錢六分零。內課鉛六百八十五斤零，係上年運永未買，今已買入新收課鉛項內。又收買馬鬃嶺等六廠餘鉛六百九十五萬一千一百八十八斤零，價值不等，共用工本銀八萬七千九百六十五兩三錢二分零。又收買新舊課鉛一百一十六萬一千八百三十一斤零，每百斤照各廠報部價值一兩四五錢不等，共用工本銀一萬七千二百一兩三錢二分零。自廠發運永寧等處鉛七百七十七萬三千七百二斤零，內有轉用鎮遠又自鎮遠轉運漢口共用舡脚等費銀五萬八千三百八十一兩五錢五分零，總計脚價等項共用工本銀二十二萬四千五百七十五兩四錢六分零。除原動工本等項銀八萬一千二百五十八兩二錢八分零外，不敷銀十四萬三千三百一十七兩一錢八分零，於永寧等處賣過鉛六百五十九萬三千六百一十三斤，各處價值不等，共賣獲銀二十五萬四千九百七十兩，除還原用價脚等銀一十三萬六千六百八十二兩七錢五分零外，共獲息銀一十一萬八千二百八十七兩二錢五分零。但脚價等項共有不敷銀一十四萬三千三百一十七兩一錢八分零，今將所賣鉛斤工本銀一十三萬六千六百八十二兩七錢五分零歸還外，尚不敷銀六千六百三十四兩四錢三分零，于餘息銀內動支接濟，俟下〔年〕銷售歸還外，寔存餘息銀一十二萬一千六百五十二兩八錢二分零等語。查前項舊存鉛斤併賠還工本銀兩，查與上年存剩數目相符，應毋庸議。仍令該撫元展成將所賣鉛價銀二十五萬四千九百七十兩零內歸還原用價脚銀一十三萬六千六百八十二兩七錢五分零外，不足銀兩准于餘息銀內動支補足，仍俟下年銷售鉛價銀內，即將此項銀兩照數撥還貯庫。倘有侵那虧缺情弊，該撫即行指名題參。其寔存餘息銀一十一萬一千六百五十兩八錢二分零，轉飭經管人員作速解交司庫留充公用，仍將動用數目，報部查核。再查册開用鉛脚等費銀五萬八千二百八十一兩五錢五分零，不敷銀六千六百三十四兩四錢三分零，共用工本銀二十二萬四千五百七十五兩四錢六分（需）〔零〕，而疏內開需用舡脚等盤費銀五萬八千三百八十一兩五錢五分零，不敷銀六千六百三十四兩四錢三分零，共用工本銀二十二萬四千五百七十五兩四錢六分零，文册數目錯悞，應令該撫查明報部。

一疏稱，存廠收

買共鉛一千一百六十萬八千二百八十斤，内除賣過六百五十九萬三千六百一十三斤，又除革職糧驛道王廷琬加補商人去鉛二萬二千三百五十三斤，原用工本銀四百五十四兩三錢九分零，業經題參，俟著追完日歸還外，寔存收買未運及已運未售鉛四百九十九萬二千三百一十四斤零，原用工本銀八萬七千四百三十八兩三錢二分零，又存廠未買課鉛一百七十二萬八千八百四十一斤零等語。應令該撫將前項存廠未運及已運未運鉛片，嚴飭經管人員作速發運銷售，所變價銀除還原動工本外，獲息若干據寔造報，毋致侵隱。其革職糧驛道王廷琬加補商人鉛斤原用工本銀四百五十四兩三錢九分零，作速着追，歸還原用工本。至所存未買課(舡)〔鉛〕亦即照價收買運銷，變價回日，將用過價值銀兩，據寔造册送部查核。

一疏稱，正課餘鉛之外有爐底零星所積及灰渣鎔成黑鉛，並陸續拿獲私販黑白鉛斤首出秤頭等項，除雍正九年三月底所收各項鉛斤銷售外，尚存收買未運及已運未售黑渣等項鉛九萬五千三百六十一斤零，原用工本銀九百四十七兩五分零。又存各廠首出秤頭鉛一十九萬七百五十六斤。又馬鬃嶺等廠自雍正九年四月起，及小洪關自八年十二月起，均至雍正十年三月底，共收買小菜等項鉛四十萬五十六斤零，共用工本銀三千八百四十九兩五錢零。又各廠首出秤頭鉛七萬二千八百八斤零，總計發運過小菜等項鉛共五十三萬一千九十三斤。内自省轉運鎮遠黑鉛二萬五千斤，共用過脚價銀三千七百四十一兩零，通共用過價脚等項銀八千五百三十七兩五錢七分零。内銷售小菜黑白私鉛三十九萬一千五百七十九斤零，價值不等，賣獲銀一萬四千七百五十六兩一錢三分零，除還原用工本脚費銀六千六百二兩四錢九分零外，獲息銀八千一百五十三兩六錢四分零。又銷售秤頭鉛六萬一百四十七斤，每百斤照賣價三兩八錢，公費銀一錢一分零，共賣獲銀二千三百五十四兩一錢五分零，除還原用脚費銀二百九十七兩六錢六分零外，獲息銀一千五十六兩四錢八分零。此項秤頭鉛斤，經王廷琬加補商人，並未收有銀兩，現奉行追，俟追完日，分晰歸還外，又收首出未報鉛斤及盈餘秤頭等銀二百二兩二錢四分零，二共餘息銀八千三百五十五兩八錢八分零。因(因)存貯已收未運、已運未售黑白鉛三十萬七千二百五十六斤，借動餘息銀一千六百三十七兩四錢一分零，俟銷售歸還外，寔存息銀六千七百一十八兩四錢六分零等語。查前項舊存黑渣等項鉛併秤頭鉛斤，查與上年存剩數目相符，應毋庸議。仍令該撫將前項賣過各項鉛斤，寔存餘息銀六千七百一十八兩四錢六分零，轉飭經管人員，作速解交司庫，候文撥用。其王廷琬加補商人鉛斤原用脚費併獲息銀共二千三百五十四兩一錢五分三釐零，作速着追，完日分晰歸還原項。至存貯未售黑白鉛三十萬七千二百五十六斤，即行發運銷售，所獲價銀仍歸此項餘息銀内報部候撥。再所開各項價脚銀兩，如有侵那冒銷，該撫即行據寔題參。

一疏稱，各商承買鉛斤，革職糧道王廷琬因客販漸集，議加公費，雍正九年四月起至十年三月底，除王廷琬私免銀兩外，共收公費銀五千八百五十八兩六錢六分零，二共寔存公費銀五千九百九十一兩六錢五分零。總計正課餘鉛等項共獲餘息銀一十二萬四千三百六十兩九錢四分零。内除王廷琬解交司庫銀一萬七千七百八十六兩八分零，又支給奏銷飯食及辦事官役養廉、工食、夫馬、盤費、鎮廠弁兵鹽菜並本省零星公事等項銀六千二百四十八兩二錢五分零外，寔存餘息銀一十萬三百二十八兩六錢一釐零。因廷琬奉旨解任，清查未經解交司庫，俟下年解交時該年册内登報等語。查前項存公費銀兩，查與上年存剩之數相符，應毋庸議。其支過各項工費銀六千二百四十八兩二錢五分零，照册核算，數目相符，應准支給。如有冒銷侵隱重複支領，查明題參。其寔存餘息銀一十萬三百二十八兩六錢一釐零，該撫既稱俟下年解交時於該年册内登報等語，應于下年造報册内查核。

一疏稱，王廷琬名下應追加補鉛斤私讓公費等銀六千三百七兩九錢六分四釐，又各廠員首出多開未報及私那節省等銀二千一百一十九兩六錢六分六釐，又首出秤頭鉛二十六萬三千五百六十四斤零，又參革倉大使王定銘侵冒秤頭等項銀三百二十一兩四錢三分六釐零。内除各廠首出多開未報，私那節省等項，應入工本項下、銷算者，仍歸入工本項下；應入餘息充公者，俱收入餘息項内解充公用。其王廷琬以及參革倉大使王定銘各名下應追銀兩，俟著追完日分晰還項等語。應令該撫將廷琬、王定銘各名下應追銀兩，作速勒限照數着追完報，如限滿無完，即將承追未完各員照例報參。其各廠首銀二千七百一十九兩六錢六分六釐，該撫既稱應入工本項下銷算者，仍歸入工本項下，應入餘息充公者，俱收入餘息項内解充公用等語，應毋庸議。至首出秤頭鉛斤，已于收買小菜等項鉛斤款内，行令作速發運銷售，應俟銷售報部之日查核。以上各項銀兩如有那移虧缺併侵隱冒銷情弊，該撫元展成即行據寔題參可也。臣等未便擅便，謹題請旨。」雍正十二年四月三十日題。五月初二日奉旨：「依議。」

《雍正朝内閣六科史書·户科·雲南巡撫張允隨題爲查覈滇省添鑄運陝錢

文應需銅鉛物料工本等項數目本》巡撫雲南兼建昌畢節等處地方贊理軍務兼督川貴兵餉都察院右副都御史加四級紀録八次駐劄雲南府臣張允隨謹題爲欽奉上諭事：「該臣看得滇省添鑄運陝錢文一案，應需銅、鉛、物料工本等項，前據陞任布政使葛森等查照省局現鑄事例具詳，經臣會題，接准部覆在案。臣查陝省錢文昂貴，兵民未便，於滇省添鑄接濟，而合計工本、運脚與陝省現價相去不遠。臣檄行司道再爲籌畫節省去後，兹據布政司陳弘謀會詳，東川府就近湯丹銅廠查驗灰沙水邑相宜，試鑄樣錢合式。請就東川建局鼓鑄，每銅百斤應以九兩二錢報銷，運脚八錢毋庸。另加運錢由東川運至永寧止十八站，較省城運至永寧每百斤可節省銀四錢五分。查原題自雲南省城運至陝西，每錢一串，連工本運銅、運錢脚價約共需銀一兩一錢九分一釐零，今減去運銅脚價五千七百五十七兩六錢九分零，又節省運錢脚價三千九百三十七兩五錢。但東川一切油米食物等項貴於省城，每爐每卯議添爐役錢四串文，每年共該錢四千三十二串文，應請於前項核減内扣存銀二千兩。再原題炒費銀二千一百五十九兩零，今查湯丹銅斤甚少，此項炒費似應一併節省，同扣存之二千兩添給爐役以足四千三十二串之數，餘銀另行報銷，則總計每錢一串，自東川運至陝省實共需工本運脚銀一兩一錢一分六釐零，較陝省現價每錢一串可省銀一錢三釐零，每銀一兩可多得錢八十餘文。至東川建局添鑄，必須另委能員總理，查東川府知府崔乃鏞堪以專委。所有建蓋爐局、置備器具、動用工本數目以及開鑄日期，俟建蓋完備，開役工食等項，統俟鑄足一年核定細數，有無節省盈餘造册詳請奏銷。再自滇至漢口所需脚價細數，較總數不符之處，係前詳少開，聲明詳請查核，具題前來。臣覆查無異。再查滇省鑄局銅、鉛等廠，業經臣會同督臣尹繼善行委布政司陳弘謀稽查督催題明在案，今東川錢局，亦應一併委令稽察督催，合併聲明。相應會題請旨。」雍正十壹年十二月二十二日題。十二年二月十六日奉旨：「九卿一併議奏。」

《雍正朝内閣六科史書・户科・總理户部事務和碩果親王允禮等題令滇撫將金銀銅錫各廠未變價課鉛變價報部核查本》總理户部事務和碩果親王臣允禮等謹題爲題明事：「雲南巡撫張允隨題前事，該臣等查得雲南巡撫張允隨疏稱，據布政使陳弘謀詳稱，滇省金、銀、銅、錫各廠雍正十一年分共該課銀八萬八千五百六十五兩一分零，課金五十九兩五錢六分。實收司庫銀八萬三千七百八十一兩一錢三分零，内除底母餘銀二千一百七十一兩七錢二分零收貯司庫以充公用外，實只收銀八萬一千六百九兩四錢一分零，課金五十九兩五錢六分。未變課鉛四千七百八十三兩八錢七分零，俟發運銷售回日，照數收歸款項，另於下年收支册内造報，併將給過各商錫票七百零八合共收穫課銀三千一百八十六兩，一併造册詳請具題等情。臣覆查無異，相應會同雲貴廣西督臣尹繼善合疏具題等因前來。

查前項司庫實收課銀八萬一千六百九十兩四錢一分零，課金五十九兩五錢六分併收穫各商錫票銀三千一百八十六兩，已據該撫造入雍正十一年分地丁奏銷册内，應於該年奏銷册内查核具題。其未變課鉛四千七百八十三兩八錢七分零，應令作速變價報部，仍造入下年收支册内送部查核。底母餘銀二千一百七十壹兩七錢二分零，照數存貯司庫以充公用，俟動用之日，報部查核可也。臣等未敢擅便，謹題請旨。」雍正十二年九月初三日題。本月初五日奉旨：「依議。」

《雍正朝内閣六科史書・户科・貴州巡撫元展成題請將水銀變價盈餘銀作爲收買水銀工本所獲息銀充公用本》巡撫貴州兼理湖北川東等處地方都察院右副都御史加三級紀録五次臣元展成謹題爲詳請題明事：「該臣看得前撫臣金世揚，動帑收買水銀五千三百三十五擔，係作抵虧空庫項銀一十五萬九千六百六十兩四錢六分零。嗣經前署撫臣石禮哈題請，將存庫水銀二千七百擔，委運粤省發賣，業准廣東巡撫楊永斌册報，將水銀全數變價並節省水脚，一共銀九萬六百三十八兩四錢零，内除撥抵前撫臣金世揚虧空一半庫銀七萬九千八百三十兩二錢三分零，又除盤費銀一千八百一十四兩一錢外，粤省尚存盈餘銀八千九百九十三兩四錢六分零。今據布政使馮光裕詳稱，查司庫存貯水銀二千六百三十五擔，應抵一半庫項，先經陞任布政使常安招商賣過五百九十擔五十斤，又運楚省賣過七百五十四擔五十斤。又經陞任布政使常安一面詳請咨達，一面陸續發賣，嗣准部咨，行令加謹收貯。但查普安縣屬迴隆灣地方現産水銀，業經詳題開採，抽課收買，並將修文縣屬紅白二岩水銀廠定價收買在案。是黔省已開有水銀廠可以收貯備用，今將存貯水銀一千二百九十四擔五十斤，連前賣過一千三百四十擔五十斤，一共賣獲庫平銀九萬二千九百六十二兩八錢，除抵完前撫金世揚虧空一半庫項銀七萬九千八百三十兩二錢三分零，俟文撥充兵餉外，尚盈餘銀一萬三千一百三十二兩五錢零。查普安縣迴隆灣並修文縣紅白二岩水銀廠所出水銀，已經委員收買，留備内部取用，所需工本司庫無庫可動，請將前項盈餘銀兩，以爲收買水銀工本，除候部示存貯若干，其餘水銀仍行變價歸還工本外，所獲息銀留充公用。並將賣獲水銀價值，歸清庫帑，留撥兵餉。及盈餘銀兩，以作新收水銀工本等情造册前來。臣覆核無異，除册送部外，相應會題請旨。」雍正十二年十二月十六日題。十二月二十一日奉旨：「該部議奏。」

《雍正朝内閣六科史書·户科·貴州巡撫元展成題爲將各場課銅餘銅均作八兩劃一報銷本》 巡撫貴州兼理湖北川東等處地方提督軍務都察院右副都御史紀録五次駐劄貴陽府臣元展成謹題爲遵旨查奏事：「該臣看得黔省猓木果等廠開採之初，所抽課銅，定價八兩五錢，變賣充餉。迨雍正八年設局鼓鑄，經陞任督臣鄂爾泰具題，將各廠餘銅定價八兩，歸官收買，連課銅一併運局供鑄，統作八兩開報。至雍正十年護撫臣常安題報，開採格得、八地等廠，亦未將課銅在廠地變價，原值八兩五錢，而運局鑄價止作八兩報銷之處聲明，是以自雍正八年五月内開鑄起，至雍正十年歲底止，共用過課銅二萬七千三百斤有奇，於雍正九、十兩年鼓鑄奏銷册内俱作八兩開銷。按照銅廠原定八兩五錢之價計算，每百斤較錢局鑄價實多銀五錢，共計多銀一百三十六兩零，除已經具報者飭令局員照數賠補外，其未經報銷者實屬賠補無已，因咨請部示，或照鑄價俱作八兩開銷，或仍照廠價作八兩五錢開報，接准部覆，令臣具題，臣隨行司妥議詳報去後，今據布政使馮光裕行據管理錢局鑄務畢節縣知縣李曜詳稱，課銅餘銅既經一槩運局供鑄，則課銅餘銅價值亦應一體報銷，若將課銅仍照從前廠價八兩五錢，而餘銅又照錢局定價八兩，不特鑄價多寡互異，且課銅每百斤多價銀五錢，則除歸還鼓鑄工本之外，所有息錢即少獲五錢，應將課銅餘銅均作八兩，畫一報銷等情前來。臣覆核無異，臣謹會題請旨。」雍正十三年閏四月十八日題。六月十二日奉旨：「該部議奏。」

《雍正朝内閣六科史書·户科·大學士管户部尚書事務張廷玉題議准動給安慶府雍正十一年分收買黄銅器皿價銀本》 經筵講官少保兼太子太保保和殿大學士仍管吏部户部尚書事加六級臣張廷玉等謹題爲欽奉上諭事：「陞任安慶巡撫王紘題，前事雍正十二年十二月十五日題，十三年二月初三日奉旨：『該部察核具奏。』該臣等查得陞任安慶巡撫王紘疏稱，收買黄銅器皿一案，據布政使李蘭詳稱，雍正十一年正月初一日起至歲底止，共收買生、熟黄銅器皿一萬五千一百三十五斤零，共動用價值銀一千六百八十八兩七錢五分三釐零。所有雍正十一年分收買生、熟黄銅器皿數目並動給價值各銀款數造册呈送等情。臣覆核無異。會同江南江西總督趙弘恩合詞具題等因前來。查安慶雍正十一年分共收買生、熟黄銅器皿一萬五千一百三十五斤零，共給過價銀一千六百八十八兩七錢五分三釐零，内熟黄銅器皿九千八百六十二斤零，該價銀一千一百八十二兩七錢七分九釐零，生黄銅器皿五千二百七十三斤零，該價銀五百五兩九錢七分三釐零。臣部照依生、熟黄銅價值，按册核算，數目相符，應准動給。仍令該撫將前項動用價值銀兩，造入各該年地丁奏銷册内送部查核可也。臣等未敢擅便，謹題請旨。」雍正十三年三月二十三日題。本月二十五日奉旨：「依議。」

《雍正朝内閣六科史書·户科·直隸總督李衛題爲查覈静海縣建造倉厫工料銀内核減銀無浮本》 太子少保兵部尚書兼理糧餉加十級紀録二十三次又軍功紀録一次駐劄保定府臣李衛謹題爲仰體皇仁以籌積貯事：「該臣查得雍正六年静海縣建造倉厫工料銀兩，據布政司張鳴鈞呈稱，查該縣建倉二十五間，共用過銀三千七百六十四兩七錢二分零，造册報銷，屢經駁飭核減。據該府縣覆稱，此倉建於雍正六年，工程緩急，價值係雍正十年估報，相隔數載，時價不同。静邑地處窪下，接連海濱河淀，實爲斥鹵之區，倉厫墻垣，非高大堅厚工料，不足防上漏下濕之患。所開物料，俱係從前實用市價，所用本係木植，並非料木，事在定例以前，難以開列徑寸折方。自雍正六年十月完工，屢奉委員勘明如式，今已陸載，保固之限久逾，仍然堅固，則當日之據實報銷可知。况原估六千七百餘兩，屢次核減至三千七百餘兩，始行具題，工料俱已核實，今又屢蒙駁，減於無可減之中，再減去一百三十九兩七錢一分五釐零，實請銷銀三千六百二十五兩八釐零，該司確核無浮，造具册結，呈送核題并聲明核減銀一百三十九兩六錢九分零，現在催解等因前來。臣覆核無異，除册結咨部外，謹題請旨。」雍正十三年五月二十六日題。六月十三日奉旨：「該部察核具奏。」

《雍正朝内閣六科史書·户科·雲南巡撫張允隨題廣西建局鼓鑄運京錢文所用銅鉛工本脚費銀兩並委員接管錢局本》 巡撫雲南兼建昌畢節等處地方贊理軍務兼督川貴兵餉都察院右副都御史加四級紀録十次駐劄雲南府臣張允隨謹題爲欽奉上諭事：「該臣看得滇省欽奉上諭鼓鑄京局錢文，接准部咨檄行司道去後，兹據布政使陳弘謀等會詳：遵查省、臨貳局，止可供本省鼓鑄。東川米糧騰貴，亦難添鑄。廣西府炭介木植俱屬便宜，又附近彌勒等處米糧易買，鉛、銅脚費甚省，建局鼓鑄亦多，捷便計算，運道自府城起，至飛塘、八達、土黄、百色、直達漢口。但飛塘以及土黄河道每年夏秋水漲不免守候，運京錢文勢難刻緩。查廣西由豆温鄉等處陸路抵八達，與水路相沿，業已委勘興修，將來水路俱可分運，相機辦理，即可常川無阻。至鼓鑄銅、鉛，滇省沙水遠遜京師，應仍照滇省銅陸鉛肆配鑄。今鑄京局錢文，應建爐九十四座，每年共用銅二百七萬一千七斤零，鉛一百三十八萬六百七十一斤零，每文鑄重一錢二分，共應鑄錢四十二萬一千九百三十六串零，内除工料并外耗息錢照例存作局内，食米及官役養廉工食等項錢七萬七千三百四串零外，寔獲凈錢三十四萬四千六百三十二串零。今議水陸分運，全在因時通融，必俟試運一年，將一應水陸脚費等項核定確數，統於奏銷案内據寔造報。今暫照部定運脚核算，共需脚費銀六萬四千四十九兩九錢零，内除自通抵京脚費於楚省動支報銷外，滇省運至漢口應需脚費銀六萬七百四十一兩零。今就滇省鼓鑄共辦出節省餘息銀二十六萬九千五百九十二兩零，總計每錢一串，自廣西府起鑄至京共合銀八錢三分零，年額共需銅、鉛工本、脚費該銀二十八萬五千七百九十兩九錢零，滇省無項可動，請照協餉之例按年酌撥，今於司庫封存銀内暫爲借動，預先採辦，俟撥解到滇還款。爐役業經陸續招募學習，又設爐座等房，業經委員確估興工。另報建局器具銀兩，請於鹽餘銀内動支，俟製備完日詳請題撥還項。又暫借預買爐役食米物料，俟開鑄後扣還。滇省各廠銅色不一，沙土粗燥，務期磨鑢精工，如有缺漏色暗，輕重參差，借名浮〔 〕等弊，即將管理之員揭參，相應分晰會詳。再運京制錢，或篆『寶雲』字樣，或『寶源』、『寶泉』字樣分半篆鑄之處，應請一并題明，聽候部覆。并聲明奉部覆，運京錢文，定限每年八、九月内委員悉行解至漢鎮，交貯漢陽縣庫，轉運至京等語。將來鑄出錢文，應委員按限運交漢陽縣，聽楚省接運解部等因前來。臣與督臣復悉心籌酌無異。再廣西建局鼓鑄運京錢文，必須大員管理，臣等查署迤東道王廷琬才具細密，辦事明敏，且新開運送錢文之水陸道路并鼓鑄局基，皆係王廷琬經手，堪委管理。令布政使陳弘謀稽察督催，其監鑄各官隨時酌委。至管廠之員兼管錢局，恐日久牽混，業經題明在案。查王廷琬現管昭東廠務，今既委管鼓鑄，昭東廠務應俟部覆至日，容臣等另行遴委接辦。合并陳明，相應會題請旨。」雍正十三年四月二十九日題。五月二十六日奉旨：「該部議奏。」

《雍正朝内閣六科史書·户科·廣東巡撫楊永斌題爲查覈本省雍正十二年收買黄銅器皿價值銀兩本》 巡撫廣東等處地方提督軍務兼理糧餉都察院右副都御史加二級紀録二十八次又軍功紀録三次駐劄廣州府臣楊永斌謹題爲欽奉上諭事：該臣看得廣東省收買黄銅器皿，業經陸續按季咨報并於年底具題在案。兹據廣東布政使薩哈諒詳稱：雍正十二年分准糧驛送造送册開，舊管於雍正六年間該公所起，至雍正十一年底止，收買連捐繳共銅器八萬二百一十二斤四兩六錢。新收雍正十二年分除春秋各三季無收外，尚夏季公所各縣解貯各色黄銅器皿二百六十六斤内扣凈紅銅七十三斤八兩八錢，凈給九十二斤七兩二錢。各縣給過價銀一十五兩二錢九分一釐零，開除無寔在共銅八萬三百七十八斤四兩六錢内除捐繳未經領價及拿獲銅器不值價值外，寔共支給過價銀八千一百三十一兩八錢四分八釐，係動支雍正六年分地丁銀兩等因，過司查收買黄銅價值銀兩，先於司庫雍正六年分地丁銀内共發銀一萬三千一百八十一兩三錢五分六釐零内支過銀八千一百三十一兩三錢四分八釐，尚餘銀兩現在催令收買等因造册呈詳前來。臣覆核無異，除册除送户部工部查核外，臣謹題。伏乞皇上睿鑒，勅部查議施行，謹題請旨。」雍正十三年六月初九日題。七月二十一日奉旨：「該部察核具奏。」

《雍正朝内閣六科史書·户科·大學士管户部尚書事務張廷玉等題令各典舖將所收銅器交官驗明生熟成色照價減半給發本》 户部等衙門經筵講官少保兼太子太保保和殿大學士仍管吏部户部尚書事加六級臣張廷玉等謹題爲遵旨議奏事：「該臣等會議得古銅舖户，貨買遠代銅器，例所不禁。但愚民貪利，不無假造。臣等前議，不令鄰保出結，恐兹擾累，然不將古銅器皿是正是假分別查明，恐開張舖户之人竟將黄銅粧飾，捏稱古時銅器，公然貨買，誠如聖諭亦此黄銅隱匿之一路也。伏查民間所開古銅舖户，較之各項貿易，爲數無多，易於查察。即如京師爲五方輻輳之區，五城之貨買古銅者歷歷可數，今若寛其禁約，則現在已成之假古銅器不無隱匿，而將來之攙買時銅，充作古銅貨賣者亦無底止。臣等請將各處所開之古銅舖，京師責令五司坊等官；各省責令州、縣各官；先嚴行出示曉諭，除寔在遠代銅器及紅白銅打造者不禁外，其有將黄銅粧飾捏稱古銅器皿貨賣射利者，令各舖户自行呈首，定限於一年内徹底交官，照例給價；如一年限滿抗匿不交，一經察出，照私賣黄銅器皿例，加等治罪。如地官不能訪察，别經發覺，將失察之員照例議處。并嚴飭胥役，亦不得將寔在遠代銅器止作時銅，借端需索。再飭令地方官時加訪查嚴禁，嗣後不許私行假造，倘有仍前假造者，察出一體治罪。如此則寔在古銅器皿仍可流傳於世，而時銅之捏稱古銅者，自不敢隱匿於目前，併不敢再造於日後，寔爲嚴禁黄銅之一路。抑臣等更有請者，從前未禁黄銅之時，民間以銅器典當爲常，及至禁用黄銅，遂陸續交官領價不敢典當。近聞收買稍疎之省分，民間仍將未經交官之銅器，暗行典質，典舖亦希圖取利，私行收當者有之，今既議令各該省辦銅官員購買廢銅，併開捐銅事例，民間事無不爭先交納。惟典舖之收當者恐不能一時交出，蓋因民間所當之物，歲月未滿，不便即交，以致藏匿轉深。殊不知小民一聞廣收銅器，向之已經典質者，斷不肯將本利贖出，交官領價，而典舖雖明知原主不來取贖，未嘗不情願交官，但係他人之物，典而未滿，一經交出，訛詐頓生，只得躊躕觀望，是此項銅器積聚甚多，在民間既不取贖，在舖又不敢交，即收銅官員，恐亦無從查察也。臣等〔情〕〔請〕先令地方官出示曉諭，凡有典當銅器者，不必令本人取贖，即令各典舖自行交官給價，但各典舖係將違禁之物收當，且當價甚微，若照官價給於，較之所當，本利轉有贏餘，相應驗明生熟成色，照依定價減半給發。如一票之中有別項物件及寔在遠代銅器、紅白銅器同當者，許典舖單取黃銅器皿交官，領價若干，當官註明原當底册，俟取贖時，照官價扣算所收之銀，後不起利。如此則典舖之銅無不交官，而收買者更易矣。雖現在兼購廢銅交官，該督撫議奏，而典質之銅，不妨豫行出示飭令交官，以備解京之用。恭候命下，行文各省，督撫轉飭各該州、縣遵照施行。臣等未敢擅便，謹題請旨。」雍正十三年七月十七日題。本月十九日奉旨：「依議。」

邁柱等《九卿議定物料價值》卷一《金銀》 戶部例：頭等赤金，每兩銀玖兩壹錢伍分，今核定銀拾兩。

貳等赤金，每兩銀捌兩捌錢伍分，今核定銀玖兩。

銀器無舊例：

銀累絲鍍金帶束，每對重貳錢伍分，今核定銀陸錢貳分伍釐。

邁柱等《九卿議定物料價值》卷一《銅器》 大銅香爐，每個重壹斤，照舊例。今核定銀伍錢。

小銅香爐，每個重半斤，舊例銀叁錢。今核定銀貳錢伍分。

銅爐壹個，重壹斤，花梨木座全，舊例銀壹兩。今核定銀陸錢伍分。

銅匙筯瓶全，每副重肆兩，照舊例。今核定銀壹錢伍分。

銅香匙筯，長壹尺，每副舊例銀叁錢。今核定銀貳錢。

銅鏡，徑捌寸，每面舊例銀貳錢伍分。今核定銀肆錢。

銅鏡，徑叁寸，每面舊例銀壹錢貳分。今核定銀壹錢伍分。

銅鎖，重壹觔，每把舊例銀壹錢伍分。今核定銀肆錢。

銅鎖，重拾兩，每把舊例銀捌分。今核定銀貳錢伍分。

銅鎖，重陸兩，每把舊例銀伍分，今核定銀壹錢伍分。

大銅馬杓，每個舊例銀叁錢，今核定口徑壹尺，重壹觔，銀叁錢叁分。

小銅馬杓，每個舊例銀壹錢伍分，今核定口徑伍、陸寸，重捌兩，銀壹錢陸分伍釐。

紅銅鍋，每觔係鐵口耳環，舊例銀叁錢伍分，今核定銀貳錢叁分。

紅銅銱子，每觔舊例銀叁錢伍分，今核定銀叁錢叁分。

銅燭剪，每把重貳兩，照舊例，今核定銀伍分。

銅燭礶，每個重陸兩，舊例銀柒分。今核定銀壹錢伍分。

銅匙子，長壹尺，重肆兩，每個舊例銀捌分柒釐伍毫。今核定銀壹錢。

銅火捏子，長捌寸，重壹兩伍錢，每把舊例銀肆分。今核定銀叁分陸釐。

銅滑車拖爐，每觔舊例銀叁錢。今核定銀貳錢柒分。

大小銅法馬，每觔照舊例。今核定銀貳錢柒分。

銅手爐脚爐，每觔舊例銀肆錢叁分。今核定銀肆錢。

銅炙硯，每個重壹觔叁兩，舊例銀伍錢。今核定銀肆錢。

銅角硯，每個重肆兩，舊例銀壹錢貳分。今核定銀壹錢。

大銅水錘，每個重貳兩，照舊例。今核定銀伍分。

核桃剪，每把重貳兩，舊例銀叁分。今核定銀伍分。

銅模子，每個重肆兩，照舊例。今核定銀壹錢。

銅燈盞頭，每個重壹兩，舊例銀叁分。今核定銀貳分壹釐。

銅界尺，長柒寸，重叁兩，每根照舊例。今核定銀捌分。

銅鎮紙，每個重貳兩，舊例銀陸分。今核定銀伍分。

銅匙，每個重壹兩，舊例銀肆分，今核定銀貳分伍釐。

銅鈕，每百個舊例銀肆分伍釐。今核定銀柒分。

紅銅帽頂，重陸錢，每個舊例銀壹分肆釐。今核定銀壹分捌釐。

銅筷，長柒寸，每雙照舊例。今核定銀伍分。

打造熟銅器皿銅本工料，每觔舊例銀肆錢叁分。今核定銀叁錢捌分。

古銅香爐，高壹尺叁寸，每個重玖觔，照舊例。今核定銀陸兩。

古銅燭臺，高壹尺貳寸，每對重玖觔，照舊例。今核定銀陸兩。

古銅花瓶，高壹尺伍寸，每對重柒觔半，照舊例。今核定銀伍兩。

古銅大鼎罏壹個，蓋座全，重拾貳觔，照舊例。今核定銀捌兩。
古銅大燭臺，高壹尺伍寸，每對重玖觔，照舊例。今核定銀陸兩。
以上古銅器皿，現今成造，每觔工料銀陸錢叁分肆釐。
銅器無舊例：
銅茶匙，每拾個，今核定銀叁分伍釐。
畫皮鎗帽，長九寸，銅托，圓徑陸寸陸分，每個今核定銀陸分。
鏨銅鍍金帶環，每副，今核定銀玖錢。
鍍金銅鈕，每個，今核定銀貳分肆釐。
銅制子，長肆寸，重貳兩，每個，今核定銀伍分。
鑄造銅器，每凈銅壹百觔，連工料，今核定工料銀貳拾伍兩陸錢玖釐。

邁柱等《九卿議定物料價值》卷一《鐵器》 板沿鍋口徑叁尺肆寸，每口舊例銀貳兩伍錢伍分。今核定銀貳兩貳錢玖分伍釐。
板沿鍋，口徑叁尺，每口照舊例。今核定銀貳兩貳分伍釐。
板沿鍋，口徑貳尺肆寸，每口舊例銀壹兩捌錢。今核定銀壹兩陸錢貳分。
大西鐵鍋，口徑叁尺，每口舊例銀壹兩壹錢。今核定銀壹兩伍分。
大廣鍋，口徑貳尺，每口照舊例。今核定銀壹兩伍錢。
小廣鍋，口徑壹尺柒寸，每口照舊例。今核定銀陸錢。
淮潞鍋，口徑貳尺肆寸，每口照舊例。今核定銀陸錢伍分。
大無錫鍋，口徑貳尺叁寸，每口照舊例。今核定銀捌錢。
小無錫鍋，每口舊例銀叁錢伍分。今核定口徑壹尺貳、叁寸，銀貳錢伍分。
小鐵鍋，口徑壹尺貳、叁寸，每口舊例銀叁錢伍分。今核定銀叁錢壹分伍釐。
大鐵燒杓，每把照舊例。今核定口徑壹尺銀貳錢捌分。
大鐵馬杓，口徑捌寸，重壹觔，每個舊例銀壹錢叁分。今核定銀壹錢壹分。
小鐵燒杓，每把舊例銀壹錢肆分。今核定口徑陸、柒寸，銀壹錢壹分柒釐。
貳號鐵馬杓，每個照舊例。今核定口徑伍、陸寸，銀捌分。
小鐵馬杓，每個照舊例。今核定口徑叁、肆寸，銀壹分伍釐。
伍腿大鐵火盆，重肆拾觔，每個舊例銀壹兩。今核定銀玖錢。
大鐵火盆，重貳拾貳觔，每個舊例銀伍錢，今核定銀肆錢九分伍釐。
小鐵火盆，每個舊例銀壹錢陸分。今核定三腿，重拾觔，銀貳錢貳分伍釐。
生鐵拖罏，每個重壹觔，舊例銀肆分。今核定銀叁分陸釐。
熟鐵釘鐝等項，每觔舊例銀柒分。今核定銀肆分伍釐。
鐵火摺子，每把舊例銀肆分。今核定長壹尺銀肆分。
鐵火筷，長捌寸，每雙舊例銀肆分。今核定銀三分。
裁刀，長壹尺叁寸，寬壹尺，每把照舊例。今核定銀肆錢。
灣刀，長壹尺肆寸，寬貳寸伍分，每把舊例銀壹錢貳分。今核定銀壹錢捌分。
鐵鎖，長肆寸，每把照舊例。今核定銀捌分。
鐵鎖，長叁寸，每把照舊例。今核定銀陸分。
鐵鎖，長貳寸，每把照舊例。今核定銀貳分捌釐叁毫伍絲。
貳號鐵笊籬，圓徑玖寸，每把照舊例。今核定銀壹錢伍分。
大鍘刀，連床長叁尺，每副舊例銀玖錢。今核定銀壹兩貳錢。
小鍘刀，連床長貳尺伍寸，每副照舊例。今核定銀柒錢柒分。
雙鐵絲大燈籠，高壹尺肆寸，徑壹尺貳寸，每個舊例銀伍錢。今核定銀肆錢伍分。
雙鐵絲小燈籠，高捌寸，徑伍寸，每個舊例銀肆錢。今核定銀壹錢捌分。
單鐵絲大燈籠，每個舊例銀肆錢伍分。今核定銀貳錢伍分。
單鐵絲小燈籠，每個舊例銀貳錢。今核定銀柒分。
大鐵燈盞頭，每個舊例銀貳分。今核定口徑肆寸，銀壹分貳釐。
小鐵燈盞頭，每個照舊例。今核定口徑叁寸銀壹分。
金椎，重壹觔肆兩，每把照舊例。今核定銀壹錢。
金鉦，每面舊例銀叁兩。今核定每觔銀貳分。
大斧子，每把重壹觔，舊例銀壹錢貳分。今核定銀壹錢捌釐。
小斧子，每把重拾兩，舊例銀捌分。今核定銀柒分貳釐。
大鐵提罏，長壹尺伍寸，高柒寸，寬玖寸，每個舊例銀柒錢。今核定銀陸錢。
小鐵提罏，長壹尺，高陸寸，寬柒寸，每個舊例銀伍錢。今核定銀肆錢伍分。
有樓鐵炙硯重壹觔陸兩每個舊例銀壹錢捌分今核定銀壹錢伍分
無樓鐵炙硯重壹觔每個舊例銀壹錢貳分今核定銀壹錢
庫刀每把重壹觔舊例銀捌分今核定銀壹錢
菜刀每把重壹觔舊例銀柒分今核定銀壹錢

剪羊毛剪子每把重拾貳兩舊例銀叁錢今核定銀貳錢
鐵燭剪每把長肆寸舊例銀肆分今核定銀叁分
鐮刀每把舊例銀玖分今核定重拾貳兩銀柒分
燒鐵壽釘每個舊例銀壹分柒釐今核定銀壹分伍釐叁毫
鐵悶燈每個重貳觔肆兩舊例銀柒錢陸分今核定銀貳錢柒分。
鐵方鎖，長叁寸貳分，每把照舊例。今核定銀肆分。
鳥鎗鐵砂，每觔照舊例。今核定銀壹錢肆分。
大摺叠鐵絲燈籠，每個舊例銀貳兩。今核定銀壹兩捌錢。
冰鑹，每個重柒兩，舊例銀伍分。今核定銀肆分伍釐。
鐵鍋鏟，每把舊例銀壹分。今核定重陸兩，銀貳分。
貳號鐵鍵，每塊照舊例。今核定銀陸釐。
小鐵火柱，每根重拾兩，舊例銀叁分。今核定銀貳分柒釐。
刮麵有鞘刀，每把重拾貳兩，照舊例。今核定銀捌分。
鐵鈎叉，每把重壹觔半，舊例銀壹錢。今核定銀玖分。
鋼剪，每把舊例銀叁錢。今核定銀貳錢。

鐵器無舊例：

板沿鍋，口徑貳尺，每口今核定銀壹兩叁錢伍分。
西鐵鍋，口徑叁尺伍寸，每口今核定銀壹兩貳錢貳分伍釐。
西鐵鍋，口徑貳尺伍寸，每口今核定銀捌錢柒分伍釐。
鏂，每觔今核定銀八分伍釐。
鋼鈴，徑伍分，每個今核定銀陸釐叁毫。
鋼銼，長壹尺，寬捌分，每把今核定銀捌分。
小鋼銼，長伍寸，寬肆分，每把今核定銀肆分。
骨銼，長壹尺貳寸，寬壹寸，每把今核定銀壹錢。
火漆提鑪掛鈎，每把今核定銀叁分。
火鈎，重拾兩，每把今核定銀叁分陸釐。
大鐵鈎頭，重壹觔半，每把今核定銀陸分柒釐伍毫。
鐵花絲，每觔今核定銀貳錢肆分。
鐵條，長叁尺，徑伍分，每根今核定銀壹錢柒分。
鐵索，長壹尺，重壹觔，每條今核定銀肆分伍釐。
鐵索，長伍尺，每條今核定銀壹錢貳分。
鐵漏杓，徑肆寸，每把今核定銀柒分貳釐。
小鐵鏟，重叁兩，每把今核定銀玖釐。
鐵錘，重捌兩，每把今核定銀貳分柒釐。
鐵鉗，重壹觔拾肆兩，每把今核定銀貳錢。
鐵鬼臉，長伍寸，寬陸寸，重貳觔，每個今核定銀玖分。
鐵滑車，徑貳寸，連鐵圈，每副今核定銀貳分伍釐。
小旗鐵頂，徑貳寸，高貳寸貳分，重壹觔貳兩，每個今核定銀玖分。
挫白鐵料，每觔今核定銀柒分。
鐵砧子，每個重伍觔半，今核定銀壹錢叁分伍釐。
鋼鏨子，每把重陸兩，今核定銀陸分叁釐。
鏨子，每個重捌兩，今核定銀玖分。
鐵拍子，每個今核定銀肆分伍釐。
鐵馬蹄，每副今核定銀壹錢捌釐伍毫。
鋄銀圈子，徑伍分，每個今核定銀伍分。
徽鎖，長貳寸，每把今核定銀肆分。
有鞘小刀，長捌寸，每把今核定銀貳錢柒分。
馬蹄鋼刀，重叁觔，每把今核定銀陸錢叁分。
頭號鐵笊籬，徑壹尺壹寸，每把今核定銀貳錢。
叁號鐵爪籬，徑柒寸，每把今核定銀壹錢貳分。
鐵犂，重叁觔，每個今核定銀玖分。
鐵鏵，重叁觔，每個今核定銀玖分。
壹錢銀模子，每個今核定銀肆分伍釐。
貳錢銀模子，每個今核定銀柒分貳釐。
叁錢銀模子，每個今核定銀玖分。
伍錢銀模子，每個今核定銀壹錢壹分柒釐。
壹兩銀模子，每個今核定銀壹錢叁分伍釐。
肆兩銀模子，每個今核定銀壹錢捌分。
拾兩銀模子，每個今核定銀貳錢柒分。
伍拾兩銀模子，每個今核定銀陸錢叁分。

鐵剪子，每把今核定銀肆分伍釐。

打造鐵料，每百觔今核定工料銀肆兩伍錢。

鑄造鐵器如簷鈴壽山福海細小物件，每百觔今核定工料銀貳兩。

鐵鍊手脚鐐，每觔今核定銀伍分。

鑄造鐵器，如貳百觔以上鐵鼎、鐵鍋、並鍋海、閘檽、杦框，每百觔今核定工料銀叁兩伍錢。

邁柱等《九卿議定物料價值》卷一《錫器》 頭等高錫，每觔照舊例。今核定銀貳錢。

中等錫器皿，每觔舊例銀壹錢伍分。今核定，粗器皿銀壹錢肆分伍釐，細器皿銀壹錢捌分。

錫器無舊例：

錫鈕子，每百個今核定銀肆分伍釐。

碗錫，每觔今核定銀壹錢捌釐。

鑄造鉛子，每百觔今核定工料銀玖兩貳錢伍分柒釐。

鑄造鉛炮子，每百觔今核定工料銀捌兩陸錢貳分柒釐玖毫叁絲肆忽柒微。

邁柱等《九卿議定物料價值》卷一《磁器》 大白口缸，高叁尺壹寸，口徑貳尺陸寸，每口舊例銀貳兩。今核定口徑貳尺捌、玖寸，銀壹兩伍錢。

大缸，高貳尺捌寸，口徑貳尺，每口照舊例。今核定口徑貳尺伍寸，銀玖錢。

貳號缸并矮缸，每口舊例銀陸錢。今核定口徑壹尺捌、玖寸，銀伍錢肆分。

小缸，每口舊例銀叁錢。今核定口徑壹尺貳、叁寸，銀貳錢柒分。

緑磁盆，口徑貳尺，每個舊例銀伍錢。今核定銀肆錢伍分。

大磁盆，每個舊例銀壹錢捌分。今核定口徑壹尺捌、玖寸大缸盆，銀壹錢陸分貳釐。

貳號盆并斗盆，每個舊例銀捌分。今核定口徑壹尺肆伍寸，銀壹錢。

小盆，每個照舊例。今核定口徑壹尺缸盆，銀肆分。

花磁盆，徑柒寸，每個照舊例。今核定銀柒分。

種花瓦盆，每個高壹尺貳寸，徑壹尺貳寸，舊例銀貳錢。今核定銀玖分。

大磁罈，每個舊例銀捌兩。今核定高叁尺伍寸，圍圓柒尺，口面玖寸，銀柒兩。

小磁罈，每個舊例銀肆兩。今核定高壹尺玖寸，圍圓肆尺，口面陸寸，銀叁兩。

磁罈，高壹尺伍寸，肚徑壹尺，每個舊例銀貳錢伍分。今核定銀叁錢。

砂罈，每個舊例銀貳錢伍分。今核定銀壹錢陸分。

磁花瓶，高壹尺，每對舊例銀壹兩。今核定銀陸錢。

粗磁瓶，高陸寸，每個舊例銀陸分。今核定銀伍分肆釐。

花磁罐，高貳尺，徑玖寸，每個舊例銀壹兩。今核定銀玖錢。

化銅罐，每個徑貳寸捌分，高叁寸柒分，舊例銀叁分。今核定銀伍分貳釐。

乳鉢，徑叁寸，每個舊例銀肆分伍釐。今核定銀叁分陸釐。

粗擂鉢，每個徑叁寸，舊例銀柒釐。今核定銀貳分。

細磁盤，口徑壹尺，每個舊例銀叁錢。今核定銀壹錢捌分。

細磁盤，口徑柒寸，每個舊例銀貳錢貳分。今核定銀陸分伍釐。

粗磁盤，口徑柒寸，每個舊例銀肆分。今核定銀叁分。

細磁碗，口徑壹尺，每個舊例銀捌錢。今核定銀四錢。

細磁碗，口徑捌寸，每個舊例銀壹錢伍分。今核定銀貳錢伍分。

磁蓋碗，徑陸寸，每個舊例銀壹錢。今核定銀壹錢伍分。

汳沿細磁大菜碗，每個舊例銀柒分貳釐。今核定銀陸分。

點翠大花細磁碗，每個照舊例。今核定銀捌分。

金磁碗，每個舊例銀伍錢。今核定銀叁錢。

細白宫碗，每個舊例銀捌分。今核定銀陸分。

大磁梨花碗，每個舊例銀陸分。今核定銀叁分。

花細磁飯碗，每個舊例銀肆分。今核定銀叁分陸釐。

細磁茶碗，每個舊例銀叁分。今核定銀貳分柒釐。

湯碗，每個係常用，舊例銀貳分。今核定銀壹分伍釐。

飯碗，每個係常用，舊例銀貳分。今核定銀壹分捌釐。

黑磁碗，每個舊例銀柒釐。今核定銀陸釐叁毫。

茶鐘，每個照舊例。今核定銀壹分。

細磁酒鐘，每個舊例銀陸分。今核定銀叁分。

洋碟，每個舊例銀肆分，今核定銀叁分陸釐。

小菜碟，每個照舊例。今核定銀壹分。

大梨花磁碗，纓絡欄杆全，每個舊例銀壹兩伍錢。今核定銀壹兩。

細磁青花白地寶瓶，高叁尺，腰徑貳尺，每個舊例銀柒兩伍錢。今核定銀陸兩柒錢伍分。

盛酒花磁瓶，高壹尺叁寸，徑捌寸，每個舊例銀柒錢。今核定銀陸錢叁分。

花磁盤，口徑捌寸，每個舊例銀肆錢。今核定銀壹錢。

醬色碗，口徑陸寸肆分，每個舊例銀貳錢。今核定銀壹錢捌分。

醬色碟，口徑捌寸，每個舊例銀叁錢。今核定銀壹錢。

醬色碟，口徑陸寸伍分，每個舊例銀貳錢。今核定銀陸分陸釐。

醬色秋色冰盤，口徑壹尺肆、伍寸，每個舊例銀玖錢。今核定銀捌錢壹分。

醬色秋色冰盤，口徑壹尺貳、叁寸，每個舊例銀陸錢。今核定銀伍錢。

花磁盒，徑叁寸，高壹寸伍分，每個舊例銀柒分。今核定銀陸分叁釐。

大砂鈷，徑捌寸，每個舊例銀貳分。今核定銀貳分伍釐。

砂鍋子，徑肆寸，每個舊例銀壹分伍釐。今核定銀壹分叁釐。

磁器無舊例：

倣官窑磁盤，每個今核定銀肆分伍釐。

倣官窑藍花磁碗，每個今核定銀壹錢。

貳號伍簋撇碗，每個今核定銀伍分貳釐。

細白羮碗，口徑陸寸，每個今核定銀壹錢。

花宫碗，每個今核定銀肆分。

磁盤，徑伍寸，每個今核定銀叁分。

大磁冰盤，徑壹尺壹寸，每個今核定銀貳錢。

品級湯飯碗，每個今核定銀柒分貳釐。

官窑磁供碗，每個今核定銀伍分。

摺邊花碗，每個今核定銀貳分陸釐。

磁盆，口徑壹尺，每個今核定銀壹錢貳分。

毛血盤，徑壹尺貳寸，每個今核定銀伍錢肆分。

白磁碗，每個今核定銀壹分。

粗大磁碗，每個今核定銀貳分。

緑花黄地茶碗，每個今核定銀肆分伍釐。

醬色茶碗，每個今核定銀肆分伍釐。

點翠磁碗，每個今核定銀肆分伍釐。

大花磁罐，高壹尺伍寸，每個今核定銀叁錢壹分伍釐。

小花磁罐，高壹尺叁寸，每個今核定銀貳錢柒分。

有耳磁罐，每個今核定銀伍分肆釐。

粗酒鍾，每個今核定銀肆釐伍毫。

羮匙，每拾個今核定銀叁分伍釐。

有蓋磁罎，高壹尺叁寸，每個今核定銀貳錢柒分。

粗磁瓶，盛拾伍觔拾貳兩酒，每個今核定銀貳錢陸分柒釐。

粗砂瓶，盛拾伍觔酒，每個今核定銀貳錢叁分。

砂鈷，每套計伍個，今核定銀壹錢。

邁柱等《九卿議定物料價值》卷一《樂器》 箏，每架照舊例。今核定銀壹兩伍錢。

琵琶，每面照舊例。今核定銀捌錢。

絃子，每張照舊例。今核定銀壹兩。

笙，每攢舊例銀貳兩捌錢。今核定銀貳兩伍錢貳分。

簫，每枝照舊例。今核定銀伍錢。

管子，每枝照舊例。今核定銀叁錢。

笛，每枝照舊例。今核定銀伍錢。

管哨，每個舊例銀壹分。今核定銀玖釐。

雲鑼，每架舊例銀叁兩伍錢。今核定銀叁兩。

小響銅鑼，每面照舊例。今核定銀貳錢。

雲鑼碗子，每個照舊例。今核定銀叁錢。

戲鼓，每面舊例銀壹兩，今核定銀玖錢。

銅鐃銅鈸，每觔舊例銀伍錢貳分。今核定銀肆錢陸分捌釐。

銅鑼，每觔舊例銀肆錢。今核定銀叁錢捌分。

雲鑼搥，每個舊例銀伍分。今核定銀叁分。

琵琶絃，每兩照舊例。今核定銀壹錢柒分。

樂器無舊例：

大銅號，長壹尺柒寸伍分，徑陸寸叁分，每對今核定銀陸兩。

大銅喇叭，長貳尺捌寸伍分，徑肆寸貳分，每對今核定銀叁兩貳錢。

花梨嗩吶，每對今核定銀壹兩陸錢。

大銅鼓，徑壹尺陸寸，每對今核定銀拾兩。
大銅鑼，徑壹尺捌寸，每面今核定銀叁兩。
銅點子，每個重拾肆兩，每對今核定銀壹兩。
箭鼓，每面今核定銀陸錢。
銅小鈸，徑肆寸，每對今核定銀伍銀。
大洋笙，壹攢今核定銀叁兩。
烏木管子，每枝今核定銀伍錢。
必兒他庫，每個今核定銀叁分。
笙簧片，每片今核定銀壹分叁釐。
笙末，每桶今核定銀玖釐。
箏絃，長陸尺，每根今核定銀壹分肆釐。
秧歌應用物件無舊例：
宫衣，每件今核定銀陸兩叁錢。
宫裙，每條今核定銀壹兩捌錢玖分。
錦緞廠衣，每件今核定銀貳兩柒錢。
大紅金梗壹樹梅道袍，每件今核定銀肆兩伍錢。
平綉大紅金梗壹樹梅道袍，每件今核定銀叁兩陸錢。
緣緞道袍，每件今核定銀叁兩伍錢。
石青雲緞棉褂，每件今核定銀貳兩貳錢壹分。
石青雲緞棉袍，每件今核定銀肆兩貳錢陸分。
鑲領袖雜色夾緞襖，每件今核定銀壹兩伍錢柒分。
松緑紬道袍，每件今核定銀叁兩貳錢。
藍紬道袍，每件今核定銀叁兩貳錢。
藍紬衫，每件今核定銀貳兩貳錢。
松緑紬衫，每件今核定銀貳兩貳錢。
雜色紬小棉襖，每件今核定銀玖錢肆分伍釐。
大紅紬棉小襖，每件今核定銀玖錢肆分伍釐。
五色紬裙，每條今核定銀壹兩捌錢。
裙連帶，每條今核定銀壹兩壹錢貳分伍釐。
松緑紬棉褲，每條今核定銀玖錢。
印花布棉襖，每件今核定銀伍錢肆分。
公子巾，每頂今核定銀叁錢壹分。
高方巾，每頂今核定銀貳錢伍分。
紫絨紮花和尚帽，每頂今核定銀叁錢壹分伍釐。
紫絨紮花氊帽，每頂今核定銀貳錢伍分。
烏綾包頭，每個今核定銀壹錢貳分。
縐紗包頭，每個今核定銀壹錢。
印花布腦包，每個今核定銀壹分捌釐。
印花布包頭，每個今核定銀玖分。
漢套頭，每個今核定銀壹兩。
翠頭髻，每個今核定銀陸分叁釐。
月牙金箍，每個今核定銀玖分。
箍子冠子，每個今核定銀壹分伍釐。
銅餅子簪，每根今核定銀叁釐陸毫。
銅萬卷書，每根今核定銀肆釐伍毫。
銅耳挖，每根今核定銀貳釐柒毫。
翠抹眉蘇，每個今核定銀玖分。
白吊搭鬍子，每口今核定銀肆分伍釐。
頭髮，每觔今核定銀壹兩伍錢。
白綾護領，每個今核定銀壹錢叁分伍釐。
粧緞紮袖，每副今核定銀貳錢貳分伍釐。
紬鑾帶，每條今核定銀肆錢。
絲線帶，每副今核定銀貳錢。
大紅紡絲帶，每條今核定銀壹錢貳分。
紅絲線帶，每副今核定銀貳錢。
藍絲線帶，每條今核定銀貳錢。
絲線縧，每條今核定銀貳錢肆釐。
絹線腰帶，每條今核定銀肆錢伍分。
五色綾手巾，長柒尺，每條今核定銀肆錢。
紬汗巾，每條今核定銀壹錢叁分伍釐。

扇子，每把今核定銀肆分伍釐。

蟒襪，每雙今核定銀壹兩。

粧緞棉襪，每雙今核定銀柒錢。

白綾襪，每雙今核定銀貳錢伍分貳釐。

緞皂靴，每雙今核定銀玖錢。

大紅緞彩鞋，每雙今核定銀叁錢壹分伍釐。

雜色緞彩鞋，每雙今核定銀叁錢。

滿幫花鞋，每雙今核定銀伍錢。

五色紬傘，連幌每頂今核定銀壹兩捌分。

腰子小絡斗，連幌每個今核定銀壹錢捌分。

豆兒幌子，每個今核定銀壹錢叁分伍釐。

紅漆元龍，每個今核定銀壹兩捌錢。

五色串枝花鼓，每面今核定銀柒錢貳分。

鑼，壹面，五色絲線繐全，今核定銀叁錢柒分捌釐。

五色絲線繐，用線壹錢伍分，每個今核定銀壹分叁釐伍毫。

花鼓搥，連繐，每副今核定銀壹分叁釐伍毫。

花鑼搥，每個今核定銀壹分捌釐。

花棒搥，每個今核定銀貳分柒釐。

鵞黄細布包袱，見方陸尺，每個今核定銀叁錢陸分。

邁柱等《九卿議定物料價值》卷一《松木》 徑貳尺貳寸：長叁丈伍尺，舊例銀玖拾陸兩。今核定，黄松銀捌拾陸兩肆錢，紅松銀柒拾陸兩捌錢。

長叁丈肆尺，舊例銀玖拾壹兩叁錢伍分伍釐。今核定，黄松銀捌拾貳兩貳錢壹分玖釐，紅松銀柒拾叁兩捌分肆釐。

長叁丈叁尺，舊例銀捌拾陸兩捌錢貳分肆釐。今核定，黄松銀柒拾捌兩壹錢肆分壹釐，紅松銀陸拾玖兩肆錢伍分玖釐。

長叁丈貳尺，舊例銀捌拾貳兩肆錢陸釐。今核定，黄松銀柒拾肆兩壹錢陸分伍釐。紅松銀陸拾伍兩玖錢貳分伍釐。

長叁丈壹尺，舊例銀柒拾捌兩壹錢。今核定，黄松銀柒拾兩貳錢玖分，紅松銀陸拾貳兩肆錢捌分。

長叁丈，舊例銀柒拾叁兩玖錢肆釐。今核定，黄松銀陸拾陸兩伍錢壹分叁釐，紅松銀伍拾玖兩壹錢貳分叁釐。

長貳丈玖尺，舊例銀陸拾玖兩捌錢貳分。今核定，黄松銀陸拾貳兩捌錢叁分捌釐，紅松銀伍拾伍兩捌錢伍分陸釐。

長貳丈捌尺，舊例銀陸拾伍兩捌錢肆分玖釐。今核定，黄松銀伍拾玖兩柒錢陸分肆釐，紅松銀伍拾貳兩□錢柒分玖釐。

長貳丈柒尺，舊例銀陸拾壹兩玖錢捌分玖釐。今核定，黄松銀伍拾伍兩柒錢玖分，紅松銀肆拾玖兩伍錢玖分壹釐。

長貳丈陸尺，舊例銀伍拾捌兩貳錢肆分。今核定，黄松銀伍拾貳兩肆錢壹分陸釐，紅松銀肆拾陸兩五錢玖分貳釐。

長貳丈伍尺，舊例銀伍拾肆兩陸錢肆釐。今核定，黄松銀肆拾玖兩壹錢肆分叁釐，紅松銀肆拾叁兩陸錢捌分叁釐。

長貳丈肆尺，舊例銀伍拾壹兩柒分玖釐。今核定，黄松銀肆拾伍兩玖錢柒分壹釐，紅松銀肆拾兩捌錢陸分叁釐。

長貳丈叁尺，舊例銀肆拾柒兩玖錢柒分玖釐。今核定，黄松銀肆拾叁兩壹錢捌分壹釐，紅松銀叁拾捌兩叁錢捌分叁釐。

長貳丈貳尺，舊例銀肆拾肆兩玖錢陸分貳釐。今核定，黄松銀肆拾兩肆錢陸分陸釐，紅松銀叁拾伍兩玖錢陸分玖釐。

長貳丈壹尺，舊例銀肆拾貳兩叁分壹釐。今核定，黄松銀叁拾柒兩捌錢貳分捌釐，紅松銀叁拾叁兩陸錢貳分伍釐。

長貳丈，舊例銀叁拾玖兩壹錢捌分肆釐。今核定，黄松銀叁拾伍兩貳錢陸分伍釐，紅松銀叁拾壹兩叁錢肆分柒釐。

長壹丈玖尺，舊例銀叁拾陸兩肆錢貳分壹釐。今核定，黄松銀叁拾貳兩柒錢柒分玖釐，紅松銀貳拾玖兩壹錢叁分柒釐。

長壹丈捌尺，舊例銀叁拾叁兩柒錢肆分肆釐。今核定，黄松銀叁拾兩叁錢陸分玖釐，紅松銀貳拾陸兩玖錢玖分伍釐。

長壹丈柒尺，舊例銀叁拾壹兩壹錢伍分。今核定，黄松銀貳拾捌兩叁分伍釐，紅松銀貳拾肆兩玖錢貳分。

長壹丈陸尺，舊例銀貳拾捌兩陸錢肆分壹釐。今核定，黄松銀貳拾伍兩柒錢柒分柒釐，紅松銀貳拾貳兩玖錢壹分叁釐。

長壹丈伍尺，舊例銀貳拾陸兩貳錢壹分柒釐。今核定，黄松銀貳拾叁兩伍錢玖分伍釐，紅松銀貳拾兩玖錢柒分叁釐。

長壹丈肆尺，舊例銀貳拾叁兩捌錢柒分柒釐。今核定，黄松銀貳拾壹兩肆錢捌分玖釐，紅松銀拾玖兩壹錢壹釐。

長壹丈叁尺，舊例銀貳拾壹兩陸錢貳分貳釐。今核定，黃松銀拾玖兩肆錢陸分，紅松銀拾柒兩貳錢玖分柒釐。

長壹丈貳尺，舊例銀拾玖兩肆錢伍分貳釐。今核定，黃松銀拾柒兩伍錢柒釐，紅松銀拾伍兩伍錢陸分壹釐。

長壹丈壹尺，舊例銀拾柒兩叁錢陸分伍釐。今核定，黃松銀拾伍兩陸錢貳分捌釐，紅松銀拾叁兩捌錢玖分貳釐。

徑貳尺壹寸：

長叁丈伍尺，舊例銀捌拾玖兩柒錢陸分柒釐。今核定，黃松銀捌拾兩柒錢玖分，紅松銀柒拾壹兩捌錢壹分叁釐。

長叁丈肆尺，舊例銀捌拾伍兩叁錢捌分玖釐。今核定，黃松銀柒拾陸兩捌錢伍分，紅松銀陸拾捌兩叁錢壹分壹釐。

長叁丈叁尺，舊例銀捌拾壹兩壹錢壹分捌釐。今核定，黃松銀柒拾叁兩陸釐，紅松銀陸拾肆兩捌錢玖分肆釐。

長叁丈貳尺，舊例銀柒拾陸兩玖錢伍分肆釐。今核定，黃松銀陸拾玖兩貳錢伍分捌釐，紅松銀陸拾壹兩伍錢陸分叁釐。

長叁丈壹尺，舊例銀柒拾貳兩捌錢玖分陸釐。今核定，黃松銀陸拾伍兩陸錢陸釐，紅松銀伍拾捌兩叁錢壹分柒釐。

長叁丈，舊例銀陸拾捌兩玖錢肆分捌釐。今核定，黃松銀陸拾貳兩伍分叁釐，紅松銀伍拾伍兩壹錢伍分捌釐。

長貳丈玖尺，舊例銀陸拾伍兩壹錢。今核定，黃松銀伍拾捌兩伍錢玖分，紅松銀伍拾貳兩捌分。

長貳丈捌尺，舊例銀陸拾壹兩叁錢陸分貳釐。今核定，黃松銀伍拾伍兩貳錢貳分陸釐，紅松銀肆拾玖兩捌分玖釐。

長貳丈柒尺，舊例銀伍拾柒兩柒錢叁分壹釐。今核定，黃松銀伍拾壹兩玖錢伍分捌釐，紅松銀肆拾陸兩壹錢捌分伍釐。

長貳丈陸尺，舊例銀伍拾肆兩貳錢柒釐。今核定，黃松銀肆拾捌兩柒錢捌分伍釐，紅松銀肆拾叁兩叁錢陸分伍釐。

長貳丈伍尺，舊例銀伍拾兩柒錢捌分捌釐。今核定，黃松銀肆拾伍兩柒錢玖釐，紅松銀肆拾兩陸錢叁分。

長貳丈肆尺，舊例銀肆拾柒兩肆錢柒分柒釐。今核定，黃松銀肆拾貳兩柒錢貳分玖釐，紅松銀叁拾柒兩玖錢捌分壹釐。

長貳丈叁尺，舊例銀肆拾肆兩伍錢玖分肆釐。今核定，黃松銀肆拾兩壹錢叁分肆釐，紅松銀叁拾伍兩陸錢柒分伍釐。

長貳丈貳尺，舊例銀肆拾壹兩柒錢捌分玖釐。今核定，黃松銀叁拾柒兩陸錢壹分，紅松銀叁拾叁兩肆錢叁分壹釐。

長貳丈壹尺，舊例銀叁拾玖兩陸分肆釐。今核定，黃松銀叁拾伍兩壹錢伍分柒釐，紅松銀叁拾壹兩貳錢伍分壹釐。

長貳丈，舊例銀叁拾陸兩肆錢壹分陸釐。今核定，黃松銀叁拾貳兩柒錢柒分肆釐，紅松銀貳拾玖兩壹錢叁分叁釐。

長壹丈玖尺，舊例銀叁拾叁兩捌錢肆分。今核定，黃松銀叁拾兩肆錢伍分陸釐，紅松銀貳拾柒兩柒分貳釐。

長壹丈捌尺，舊例銀叁拾壹兩叁錢伍分柒釐。今核定，黃松銀貳拾捌兩貳錢貳分壹釐，紅松銀貳拾伍兩捌分伍釐。

長壹丈柒尺，舊例銀貳拾捌兩玖錢肆分陸釐。今核定，黃松銀貳拾陸兩伍分壹釐，紅松銀貳拾叁兩壹錢伍分柒釐。

長壹丈陸尺，舊例銀貳拾陸兩陸錢壹分肆釐。今核定，黃松銀貳拾叁兩玖錢伍分貳釐，紅松銀貳拾壹兩貳錢玖分壹釐。

長壹丈伍尺，舊例銀貳拾肆兩叁錢陸分。今核定，黃松銀貳拾壹兩玖錢貳分肆釐，紅松銀拾玖兩肆錢捌分捌釐。

長壹丈肆尺，舊例銀貳拾貳兩壹錢捌分伍釐。今核定，黃松銀拾玖兩玖錢陸分陸釐，紅松銀拾柒兩柒錢肆分捌釐。

長壹丈叁尺，舊例銀貳拾兩捌分捌釐。今核定，黃松銀拾捌兩柒分玖釐，紅松銀拾陸兩柒分。

長壹丈貳尺，舊例銀拾捌兩柒分壹釐。今核定，黃松銀拾陸兩貳錢陸分肆釐，紅松銀拾肆兩肆錢伍分柒釐。

長壹丈壹尺，舊例銀拾陸兩壹錢叁分貳釐。今核定，黃松銀拾肆兩伍錢壹分玖釐，紅松銀拾貳兩玖錢伍釐。

徑貳尺：

長叁丈伍尺，舊例銀柒拾柒兩陸錢陸分叁釐。今核定，黃松銀陸拾玖兩捌錢玖分柒釐，紅松銀陸拾貳兩壹錢叁分。

長叁丈肆尺，舊例銀柒拾肆兩貳錢伍分貳釐。今核定，黃松銀陸拾陸兩捌錢貳分柒釐，紅松銀伍拾玖兩肆錢壹釐。

長叁丈叁尺，舊例銀柒拾兩玖錢壹分壹釐。今核定，黃松銀陸拾叁兩捌錢貳分，紅松銀伍拾陸兩柒錢貳分玖釐。

長叁丈貳尺，舊例銀陸拾柒兩陸錢肆分。今核定，黃松銀陸拾兩捌錢柒分陸釐，紅松銀伍拾肆兩壹錢壹分貳釐。

長叁丈壹尺，舊例銀陸拾肆兩肆錢肆分。今核定，黃松銀伍拾柒兩玖錢玖分陸釐，紅松銀伍拾壹兩伍錢伍分貳釐。

長叁丈，舊例銀陸拾壹兩叁錢捌釐。今核定，黃松銀伍拾伍兩壹錢柒分柒釐，紅松銀肆拾玖兩肆分陸釐。

長貳丈玖尺，舊例銀伍拾捌兩貳錢肆分捌釐。今核定，黃松銀伍拾貳兩肆錢貳分叁釐，紅松銀肆拾陸兩伍錢玖分捌釐。

長貳丈捌尺，舊例銀伍拾伍兩貳錢伍分捌釐。今核定，黃松銀肆拾玖兩柒錢叁分貳釐，紅松銀肆拾肆兩貳錢陸釐。

長貳丈柒尺，舊例銀伍拾貳兩叁錢叁分捌釐。今核定，黃松銀肆拾柒兩壹錢肆釐，紅松銀肆拾壹兩捌錢柒分。

長貳丈陸尺，舊例銀肆拾玖兩肆錢捌分捌釐。今核定，黃松銀肆拾肆兩伍錢叁分玖釐，紅松銀叁拾玖兩伍錢玖分。

長貳丈伍尺，舊例銀肆拾陸兩柒錢捌釐。今核定，黃松銀肆拾貳兩叁分柒釐，紅松銀叁拾柒兩叁錢陸分陸釐。

長貳丈肆尺，舊例銀肆拾肆兩。今核定，黃松銀叁拾玖兩陸錢，紅松銀叁拾伍兩貳錢。

長貳丈叁尺，舊例銀肆拾壹兩叁錢貳分捌釐。今核定，黃松銀叁拾柒兩壹錢玖分伍釐，紅松銀叁拾叁兩陸分貳釐。

長貳丈貳尺，舊例銀叁拾捌兩柒錢叁分壹釐。今核定，黃松銀叁拾肆兩捌錢伍分捌釐，紅松銀叁拾兩玖錢捌分伍釐。

長貳丈壹尺，舊例銀叁拾陸兩貳錢柒釐。今核定，黃松銀叁拾貳兩伍錢捌分陸釐，紅松銀貳拾捌兩玖錢陸分伍釐。

長貳丈，舊例銀叁拾叁兩柒錢伍分伍釐。今核定，黃松銀叁拾兩叁錢柒分玖釐，紅松銀貳拾柒兩肆釐。

長壹丈玖尺，舊例銀叁拾壹兩叁錢柒分陸釐。今核定，黃松銀貳拾捌兩貳錢叁分捌釐，紅松銀貳拾伍兩壹錢壹釐。

長壹丈捌尺，舊例銀貳拾玖兩柒分。今核定，黃松銀貳拾陸兩壹錢陸分叁釐，紅松銀貳拾叁兩貳錢伍分陸釐。

長壹丈柒尺，舊例銀貳拾陸兩捌錢叁分陸釐。今核定，黃松銀貳拾肆兩壹錢伍分貳釐，紅松銀貳拾壹兩肆錢陸分玖釐。

長壹丈陸尺，舊例銀貳拾肆兩陸錢柒分陸釐。今核定，黃松銀貳拾貳兩貳錢捌釐，紅松銀拾玖兩柒錢肆分壹釐。

邁柱編《九卿議定物料價值》卷三《繩觔蔴棕》 紅黃線蔴繩，每觔舊例銀玖分。今核定銀捌分。

紅黃蒜蔴連繩，叁股繩，每觔舊例銀肆分肆釐。今核定銀貳分柒釐。

紅黃蒜蔴紮繩，每觔舊例銀肆分。今核定銀貳分陸釐。

紅黃錢串，每觔舊例銀柒分，今核定銀伍分。

鳥鎗火繩，長貳丈，每條舊例銀叁分。今核定銀壹分捌釐。

線蔴繩，每觔照舊例。今核定銀柒分。

細線蔴繩，每觔舊例銀柒分。今核定銀壹錢陸分。

苧蔴，每觔舊例銀壹錢陸分貳釐。今核定銀壹錢肆分伍釐捌毫。

蒜蔴，每觔舊例銀叁分。今核定銀貳分。

細棕繩，每觔舊例銀壹錢伍分。今核定銀壹錢貳分。

毛緶繩，長肆丈，每根舊例銀肆錢伍分。今核定銀貳錢伍分。

曹振鏞等《欽定工部續增則例》卷七《營繕司・臨清甎尺寸價直》 山東省造辦臨清甎，每塊長壹尺伍寸，寬柒寸伍分，厚伍寸。

聲音響亮甎，每塊核准甎價銀貳分柒釐。

啞聲甎，每塊核准甎價銀壹分柒釐。

破碎不堪用甎，每塊核准甎價銀壹釐柒毫。

京係糧船搭解，並無運價，如遇工程緊急，雇覓民船，每塊核准水脚銀貳分陸釐。

曹振鏞等《欽定工部續增則例》卷七《營繕司・金甎尺寸價直》 蘇省造辦見方貳尺貳寸金甎，正甎每塊核准甎價銀玖錢壹分，廠具稻草蒲包草索銀玖分陸釐。副甎每塊核准甎價銀陸錢叁分柒釐，廠具稻草蒲包草索銀捌分肆釐。

見方貳尺金甎，正甎每塊核准甎價銀肆錢玖分肆釐捌毫，廠具稻草蒲包草索銀捌分陸釐。

副甎每塊核准甎價銀叁錢叁分叁釐捌毫捌絲，廠具稻草蒲包草索銀柒分肆釐。

見方壹尺柒寸金甎，正甎每塊核准甎價銀肆錢捌釐柒毫，廠具稻草蒲包草索銀柒分肆釐，副甎每塊核准甎價銀貳錢柒分柒釐，廠具稻草蒲包草索銀陸分貳釐。

造辦金甎，如長寬尺寸有不同之處，將所造甎塊折賣，見方尺寸比照相倣各項金甎尺寸正副科則折算以上各項金甎奏准每正甎拾塊備副甎叁塊。

金甎到通，每塊核給上岸雇夫賃房墊槓壓甎銀壹錢貳分叁釐陸毫肆絲肆忽伍微，原係糧船搭解，並無運價，如遇工程緊急，雇覓民船自蘇省運至通州，見方貳尺金甎每塊運價銀叁錢柒分。

自通州運送至京，見方貳尺金甎每塊運價銀壹錢叁分玖釐伍毫叁絲肆忽。

如自通州運至圓明園，計程柒拾里照通州運京例計程核給。如遇甎塊長寬尺寸不同，將長寬折定見方尺寸，照各本條科則折算。

曹振鏞《欽定工部續增則例》卷九《營繕司・玻璃料價直》　天青色玻璃每觔料價銀肆錢捌分，翡翠色玻璃每觔料價銀貳錢貳分，紫色玻璃每觔料價銀貳錢肆分，白色玻璃每觔料價貳錢玖分。

成造前項各色玻璃瓦料，每件減去例載鉛觔外加木柴銀貳分，成造素白瓦料，每件減去例載鉛觔，不加木柴，因係本色，亦無料價。

用舊琉璃色釉脱落，重新掛釉，照定例價直鉛觔，俱柒折核給。

曹振鏞等《欽定工部續增則例》卷一七《營繕司・平墊街道器具》　步軍統領衙門咨換皇城内打掃街道潑水器具，按年照例更換壹次，其回殘器具送交工部查收。

水桶每副核給價銀壹錢伍分肆釐，扁擔鉤子全每條核給價銀壹錢，水瓢每箇核給價銀貳分，柳罐每箇核給價銀叁分，筐子每箇核給價銀肆分，木杴每把核給價銀叁分陸釐，木槓每根核給價銀陸分叁釐，竹掃箒每把核給價銀肆分，大繩每條重捌觔核給價銀壹錢柒分貳釐捌毫，拴筐繩每條重壹觔陸兩核給價銀叁分玖毫肆絲，柳籮繩每條重壹觔陸兩核給價銀叁分玖毫肆絲。

曹振鏞等《欽定工部續增則例》卷一三四《製造庫・雜項價直》　無面粗羊皮襖每件核定銀壹兩叁錢，頭長伍寸有鞘帶皮條雙小刀每把核定銀肆錢伍釐，牛皮火扇每把核定銀壹兩叁錢，長伍尺寬陸寸帶子熟牛皮每塊核定銀肆錢伍分，長貳寸貳分貳號鐵南鎖每把連匙核定銀肆分伍釐，長伍尺寬肆尺熟牛皮每張核定銀壹兩肆錢。

曹振鏞等《欽定工部續增則例》卷一三四《製造庫・染價》　本色西生絹加染：

大紅色每丈銀壹錢陸分，桃紅色每丈銀壹錢，綠色每丈銀叁分，紫色每丈銀貳分柒釐伍毫，玉色每丈銀叁分伍釐，藍色每丈銀肆分伍釐捌毫，石青色每丈銀柒分，元青色每丈銀肆分柒釐伍毫，明黄色每丈銀肆分叁釐捌毫，秋香色每丈銀肆分叁釐捌毫，金黄色每丈銀肆分，練白每丈銀柒釐伍毫。

本色紬綾加染：

大紅色每丈銀壹錢貳分捌釐，桃紅色每丈銀捌分，綠色每丈銀貳分肆釐，紫色每丈銀貳分貳釐，藍色每丈銀叁分伍釐，石青色每丈銀伍分陸釐貳毫伍忽，元青色每丈銀叁分捌釐，玉色每丈銀貳分捌釐，明黄色每丈銀叁分伍釐肆毫，秋香色每丈銀叁分伍釐肆毫，金黄色每丈銀叁分叁釐肆毫。

本色三線布加染：

紅色每丈銀肆分陸釐捌毫柒絲伍忽，綠色每丈銀貳分肆釐，紫色每丈銀貳分捌釐貳毫，翠藍色每丈銀貳分壹釐叁毫，藍色每丈銀肆分貳釐柒毫，元青色每丈銀伍分伍釐，明黄色每丈銀肆分貳釐柒毫，金黄色每丈銀貳分捌釐貳毫，秋香色每丈銀肆分貳釐柒毫，紫花色每丈銀肆分貳釐柒毫。

本色油墩三梭布加染：

紅色每丈銀肆分，綠色每丈銀壹分陸釐伍毫，紫色每丈銀壹分玖釐，翠藍色每丈銀壹分肆釐柒毫，藍色每丈銀貳分玖釐肆毫，元青色每丈銀叁分捌釐，明黄色每丈銀貳分玖釐肆毫，金黄色每丈銀壹分玖釐，秋香色每丈銀貳分玖釐肆毫，紫花色每丈銀貳分玖釐肆毫，本色河南布加染各色照油墩三梭布加染例加倍核給。

藍綾加染：

石青色每丈銀貳分捌釐壹毫。

紅布加染：

深紅色每丈銀壹分貳釐。

《銅政便覽・採買》　滇銅供京運局鑄之外，其亟於籌撥催儧者，凡以供採買而已。今天下十八省仰給於滇者，凡十運員，歷萬里之遠，水陸轉輸，動易年歲。嚴之以限期，核之以報銷，爲法至(寧)[密]，而爲例至周。充是役者，固常隨時隨地循例奉行，以期無忝厥職者也。因志採買，始例限，終報銷，而各省辦過之次數亦備載焉。

採買例限：

凡各省委員赴滇採買銅斤者，以委員到滇兑收銅價之日起，限布政司撥給銅斤一月，委員辦理文件請領運脚一月，招僱牛馬十萬斤者一月，二十萬斤者一月十日，三十萬斤者一月二十日，四十萬斤至五十萬者二月。

凡各廠店兑銅一二千斤及八九千斤者限一日，三四萬及十萬餘斤者，照瀘店每日兑發京銅一萬四千七百餘斤之例核扣。

凡委員自省赴下關店領運，計十二站半，限十三日。由下關運回省一萬斤以上者十二日半，五萬斤以上至十萬斤者加十二日半，如中途雨水阻滯寬限六日。

凡委員赴易門縣領運義都、萬寶二廠銅斤，計六站，限六日。由廠運回省一萬斤以上者六日，五萬斤以上者加六日，中途雨水阻滯寬限四日。

凡委員在省改煎寧台廠銅斤，建蓋爐房，打造爐座限六十日，改煎銅一萬斤限十日。

凡九省江蘇、浙江、廣西、廣東、江西、陝西、福建、湖南、湖北委員領運上游各廠銅斤，由省城轉運剥隘計二十四站，自省至竹園村計八站，馬運。由竹園村至剥隘計十六站，牛運。十萬斤者，定限九十日。馬運八日，牛運三十日，往返轉運加二十日，雨水阻滯、牛馬倒斃，限六日。二十萬斤者一百二十日，三十萬斤者一百五十日，四十萬斤者一百八十(口)〔日〕。如撥路南各廠銅斤，則由竹園村赴鳳凰坡、紅石岩廠領運，計二站，限二日。由廠運回竹園村限二日。赴紅坡、大興二廠領運計三站，限三日。由廠運銅回竹園村限三日。赴發古廠領運計十五站，限十五日。(串)〔由〕廠運回竹匽村限十五日。由剥隘走文山縣領逭竜邑、者囊二廠銅斤，自剥隘至開化府城計十三站，限十三日。自開化至者囊計四站，限四日。由廠運回開化，牛運，限八日。自開化至竜邑計二站，限二日。由竜邑運回開化，牛運，限四日。由開化轉運至剥隘，牛運，限二十六日。由剥隘赴蒙自縣店領運金釵廠銅斤，計十七站，限十七日。由蒙自縣店運回剥隘，牛運，十萬斤者，限七十五日，自蒙自至剥隘三十四日，往返轉運加限三十四日，(再)〔雨〕水阻滯、牛隻倒斃，寬限七日。二十萬斤者限一百日，三十萬斤者限一百二十五日，四十萬斤者限一百五十日。

凡貴州委員領運上游各廠銅斤，由省城轉運平彝計七站，牛運，十萬斤者限三十四日，自省至平彝十四日，往返轉運加限十四日，雨水阻滯、牛隻倒斃，寬限六日。二十萬斤者四十五日，三十萬斤者五十六日。如撥路南各廠銅斤，由平彝赴鳳凰坡領運計七站，限七日。由廠運回平彝，牛運，限十四日。赴紅石岩領運計八站，限八日。由廠運回平彝限十六日。赴紅坡、大興領運計六站，限六日。由廠運回平彝限十二日。赴發古領運計八站，限八日。由廠運回平彝限十六日。由平彝赴蒙自店(店)領運金釵廠銅斤計十五站半，限十五日半。由縣店運回平彝絲十萬斤者，限六十九日。自縣店至平彝限三十一日，往返轉運加限三十一日，雨水阻滯、牛隻倒斃，寬限七日。二十萬斤者九十二日。

凡運員限期，均按廠分銅數遠近多寡核扣，如值五六月脚户歸耕、八九月收穫之時，不能趲運前進，例由地方官查明結報，展限兩月。如運員中途患病，亦由地方官查明取結，加給申報，將病痊日期於掃幫文内(串)〔申〕明扣除。

運員逾限處分：

凡各省委員赴滇採辦銅斤，逾限不及一月者免議，一月以上者罰俸一年，兩月以上者降一級留任，三月以上者降一級調用，四月以上者降二級調用，五月以上者降三級調用，半年以上者革職。乾隆四十年吏部奏准。

撥銅章程：

凡撥各省採買銅斤，例於委員到滇之日，將應買銅斤指定廠所，一面開明斤數、成色，咨會各省；一面飭令廠買按照部定成色秤兑，仍取其委員實收及並無低潮夾雜鈐結。如委員濫收，至本省交銅時驗有不足成色者，即令委員賠補，照例查參。凡撥給銅斤，係按委員到滇之先後，挨次輪撥，有同時並到者，按各省程途之遠近，先撥遠省，後及近省。

僱募夫馬：

凡各省委員採辦銅斤應需夫馬，責令地方官協同僱募，按起具詳巡撫衙門，發給協僱夫馬牌一張，交委員辦運。仍飭地方官會同僱募，如有勒掯刁難貽誤遄行者，將協僱不力之地方官，照運員無故躭延例附參。乾隆三十七年案。

寄存運脚：

凡各省委員採辦銅斤，備帶運脚雜費銀兩，解貯雲南布政司庫，俟撥給銅斤之後，核明需用銀數，陸續具領辦運。乾隆三十七年案。

借支運脚：

凡各省委員採辦銅斤，原帶運脚不敷，例得(共)〔具〕文借領。滇省按照銅數之多寡、程站之遠近，自一千兩以至二千兩爲度，此外不准多借。乾隆五十五年案。

凡各省辦銅委員在滇借支運脚，查明原咨，如已全發，在滇撥銅亦無耽延者，概不准其借給。如本省未經發足，滇省撥銅雖在限内，而不敷辦運必應借支者，務須核明程站遠近、銅數多寡，及各省歷運准銷成例，核計找領銀數，切實借給。各省即於委員辦竣報銷時，將所借銀兩照數扣抵。倘有未完，勒限三月，如有遲延，即行查參。所借銀兩，在各上司名下攤完。如本省運脚即未發足，滇省撥銅又遲逾例限，因而運脚不敷，不得不借或致無着者，滇省與本省各半分賠。嘉慶三年案。

報銷運脚：

凡滇省大美、大寶、香樹、馬龍、寨子箐等廠銅斤，零碎各廠員運省交雲南府收存，轉發各省委員領運。其白羊、寧台等廠銅斤運至下關收存，轉發各省委員領運。至附近省城之義都、萬寶、青龍及下游各廠銅斤，仍令各省委員，自行僱脚赴廠領運。乾隆四十年案。

凡各省委員領運上游銅斤，自下關至省並義萬等廠，自廠至省所需運脚銀兩，由布政司庫發給。

委員僱運，歸入滇省銅廠奏銷案内報銷。其下游自省並自廠至剥隘所需運脚銀兩，聽委員於備帶運脚内支用，歸各本省報銷。

江蘇：

乾隆五年，委員採買高銅三十萬斤，每百斤加餘銅一斤，每正銅百斤收價銀一十一兩。

七年，委員採買金釵廠低銅三十萬斤，每百斤加耗銅二十三斤，餘銅一斤，每正銅百斤收價銀九兩。

十二年，委員採買高銅十萬斤，低銅十萬斤。

二十七年，委員採買高銅三十萬斤，低銅三十萬斤。

三十一年，委員採買高銅三十萬斤，低銅三十萬斤。

四十二年，委員採買金釵廠低銅四十萬斤。

四十五年，委員採買金釵廠低銅四十萬斤。照前每百斤加餘銅一斤，並不加給耗銅。

嘉慶五年，委員採買高銅五十萬斤。《户部則例》每百斤加耗四斤，與滇省咨報兑發之數不符。

八年，委員採買金釵廠低銅五十萬斤。

十三年，委員採買金釵廠低銅六十五萬斤。照前加給耗餘銅斤，收價撥運。

江西：

乾隆七年，在九江地方截留滇省解運京銅五十四萬九千五百四斤，每百斤加餘銅一斤，運回江省供鑄，每正銅百斤，繳價銀一十一兩。

十年，委員採買高銅二十八萬八千斤，每百斤加餘銅一斤。

十一年及十八年，委員採買二次，每次買高銅二十八萬八千斤，均照前收價。

十九年，委員採買金釵廠低銅二十八萬八千斤，每百斤加耗銅二十三斤、餘銅一斤，每正銅百斤收價銀九兩。

二十年及二十六年，委員採買二次，每次買金釵廠低銅二十八萬八千斤。

二十七年，委員採買高銅十萬斤，每百斤加耗銅四斤、餘銅一斤。又買金釵廠低銅二十八萬八千斤。

二十八年，委員採買高銅四萬斤，低銅二十八萬八千斤。

二十九年，委員採買高銅八萬斤，低銅二十三萬八千斤。

三十年，委員採買高銅十六萬斤，低銅十二萬八千斤。

三十一年，委員採買高銅十萬斤，低銅一十八萬八千斤。

三十二年，委員採買高銅十萬斤，低銅一十八萬八千斤。

三十三年，委員採買高銅二十萬斤，低銅八萬八千斤。

四十二年，委員採買高銅二十萬斤，低銅八萬八千斤。

四十七年，委員採買高銅十萬三千六百八十斤，低銅十八萬四千三百二十斤。

四十八年，委員採買高銅十萬三千六百八十斤，低銅十八萬四千三百二十斤。

嘉慶元年，委員採買高銅十萬三千六百八十斤，低銅十八萬四千三百二十斤。

二年，委員採買高銅五萬三千六百八十斤，低銅二十三萬四千三百二十斤。

三年及十三年，委員採買二次，每次高銅五萬三千六百八十斤，低銅二十三萬四千三百二十斤。均照前加給耗餘銅斤，收價撥運。

浙江：

乾隆五年，委員採買高銅六十萬斤，每百斤加〔餘〕銅一斤，每正銅百斤收價銀一十一兩。

十年，委員採買高銅四十七萬八千三百七十〔斤〕，收價銀九兩二錢。

十四年，委員採買高銅四十萬斤，收價銀一十一兩。

二十四年，委員採買高銅二十萬斤，照前收價。又買金釵廠低銅二十萬斤，每百斤加耗銅二十三斤、餘銅一斤，每正銅百斤收價銀九兩。

二十六年，委員採買低銅四十萬斤。

二十七年，委員採買高銅三十萬斤，每百斤加耗銅四斤六兩，《户部則例》加耗銅四斤六兩三錢七分三釐，與滇省加給銅四斤六兩之數不符。餘銅一斤。又買金釵廠低銅十萬斤。

三十一年，委員採買高銅十一萬斤，低銅十一萬斤。

三十三年，委員採買高銅十一萬斤，低銅十萬斤。

三十四年，委員採買高銅二十萬斤。

三十七年至四十二年，委員採買四次，每次買高銅十萬斤，低銅十萬斤。

四十五年至四十九年，委員採買四次，每次買高銅十四萬斤，低銅十四萬斤。

五十一年，委員採買高銅十九萬斤、低銅十四萬斤。

五十三年，委員採買高銅十四萬斤，低銅十四萬斤。自五十三年至嘉慶二年，共買高銅十四萬斤、低銅十四萬斤。

嘉慶二年，委員採買高銅十四萬斤，低銅十四萬斤。

三年至五年，委員採買三次，每次買高銅二十六萬斤，低銅十四萬斤。

六年，委員採買高銅十四萬斤，低銅二十六萬斤。比後按年委員赴滇采買一次，每次買高銅二十萬斤，低銅二十萬斤。均照前加給耗餘銅斤，收價撥運。

福建：

乾隆五年，委正副運官(名)〔各〕一員赴滇，採買高銅二十萬斤，每百斤加餘銅一斤，每正銅百斤收價銀一十一兩。

七年，委員採買金釵廠低銅二十五萬斤，每百斤加耗銅二十三斤、餘銅一斤，每正銅百斤收價銀九兩。

九年，委員採買高銅五十萬斤。

十四年，委員採買高銅五十萬斤，低銅十萬斤。

二十二年，委員採買高銅三十萬斤，每百斤加耗銅四斤六兩，低銅三十萬斤。

二十五年，委員採買高銅三十萬斤，低銅三十萬斤。

二十八年，委員採買高銅四十萬斤，低銅二十萬斤。此後每三年，委正副運官各一員，赴滇採買一次，正運每次買高銅四十萬斤，副運每次買低銅二十萬斤。均照前加給耗餘銅斤，收價撥運。

湖北：

乾隆七年，〔委〕員採買金釵廠低銅二十五萬八千九百八十四斤，每百斤加耗銅二十三斤，餘銅一斤，每正銅百斤收價銀九兩。

十三年，委員採買高銅三十萬斤，每百斤加耗銅八斤、餘銅一斤，每正銅百斤收價銀一十一兩。

十五年，委員採買高銅二十萬斤，每百斤加耗銅三斤，餘銅一斤。

十七年，委員採買高銅三十萬斤。

十八年，委員採買高銅二十萬斤。

十九年，委員採買高銅五十萬斤。

二十年，委員採買高銅七萬五千斤，低銅七萬五千斤。

二十一年，委員採買高銅十七萬五千斤，低銅十七萬五千斤。

二十四年，委員採買高銅二十萬斤，低銅二十萬斤。

二十七年，委員採買高銅十五萬斤。

二十八年，委員採買高銅二十五萬斤。

二十九年，委員採買高銅二十六萬一千五十八斤。

三十年，委員採買高銅三十萬斤，低銅二十四萬斤。

三十二年，委員採買高銅三十萬斤，低銅二十萬斤。

三十三年，委員採買高銅三十萬斤。

三十五年，委員採買高銅十萬斤。

三十六年，委員採買高銅十萬斤，低銅十萬斤。

三十九年，委員採買高銅三萬六千八百六十一斤八兩六錢，低銅十八萬斤。

四十年，委員採買高銅九萬六千六百九十七斤一兩八錢，低銅十八萬斤。

四十一年，委員採買高銅七萬二千三百八十斤十二兩三錢，低銅十八萬斤。

四十二年，委員採買高銅十二萬斤、低銅二十八萬斤。

四十六年，委員採買低銅二十二萬二千一百一十六斤。

四十九年，委員採買高銅二十萬斤。

五十年至五十七年，委員採買七次，每次買高銅二十萬斤。

嘉慶四年，委員採買高銅二十七萬一百九十斤。

六年，委員採買高銅二十八萬一百九十斤。

八年至十年，委員採買高銅二十一萬四千三十八斤。

十三年，委員採買高銅二十五萬四千三十八斤。

十五年，委員採買高銅二十五萬四千三十八斤。照前加給耗餘銅斤，收價撥運。

湖南：

乾隆七年，委員採買金釵廠低銅十五萬八千九百八十四斤，每百斤加耗銅二十三斤、餘銅一斤，每正銅百斤收價銀九兩。

十六年，委員採買高銅十萬斤，每百斤加餘銅一斤，每正銅百斤收價銀一十一兩。

嘉慶五年，委員採買高銅十萬斤，每百斤加耗銅三斤、餘銅一斤，又買金釵廠低銅五萬斤。

七年，委員採買高銅三十萬一千斤，低銅十七萬六千斤。

十二年，委員採買高銅二十八萬斤，低銅十六萬斤。

十三年，委員採買高銅十三萬五千斤，低銅六萬五千斤。均照前加給耗餘銅斤，收價撥運。湖南省採買銅斤，《户部則例》未載。

陝西：

乾隆十四年，委員採買高銅二十萬斤，每百斤加餘銅一斤，每正銅百斤收價銀一十一兩。

二十九年，委員採買高銅三十五萬斤。

三十年，委員採買高銅十五萬斤，照前收價撥運。又買金釵廠低銅十五萬斤，每百斤加耗銅二十三斤、餘銅一斤，每正銅百斤收價銀九兩。

三十一年，委員採買高銅二十萬斤、低銅二十萬斤。

三十五年至三十七年，委員採買三次，每次買高銅二十萬斤，低銅十五萬斤。

三十八年至四十二年，委員採買三次，每次買高銅二十一萬斤，低銅十四萬斤。

四十三年至五十五年，委員採買六次，每次買高銅二十四萬五千斤，低銅十萬五千斤。

五十六年，委員採買高銅二十一萬七千一十七斤，低銅十三萬二千九百八十三斤。

五十九年，委員採買高銅二十四萬五千斤，低銅一十萬五千斤。

嘉慶四年，委員採買高銅二十四萬五千斤，低銅十萬五千斤。此後按年委員赴滇採買一次，每次買高銅二十四萬五千斤，低銅十萬五千斤。均照前加給耗餘銅斤，收價撥運。

廣東：

乾隆十年，委員採買高銅七萬八千六百九斤，每百斤加耗銅十斤四兩、餘銅一斤，每正銅百斤收價銀一十一兩。又買金釵廠低銅七萬五千斤，每百斤加耗銅二十三斤、餘銅一斤，每正銅百斤收價銀九兩。

十二年，委員採買高銅二十四萬九十九斤，每百斤加耗銅五斤、餘銅一斤，照前收價撥運。又買低銅十五萬九千九百斤。

十六年，委員採買高銅四十萬斤。

十九年，滇粵兩省銅鹽互易，遞年輪委，粵省委員辦運則鹽來銅去，滇省委員辦運則銅去鹽來。自十九年至二十五年，粵省委員來滇辦運過三次，滇省委員辦運過二次，共五次，每次辦運高銅十萬斤。又自二十六年至五十八年，滇省委員辦運過十次，粵省辦運過十七次，共二十七次，每次合計辦運高銅十萬斤，低銅五萬斤。

嘉慶四年至六年，滇粵兩省各委員辦運過一次，辦運高銅十一萬六千八百斤，低銅五萬八千四百斤。此後滇粵兩省按年輪委辦運，每年辦運高銅十萬一千二百二十七斤，低銅五萬六百一十三斤。均照前加給耗餘銅斤，收價撥運。

廣西：

乾隆十一年至十三年，委員採買三次，每次買高銅十五萬斤，每百斤加餘銅一斤，每正銅百斤收價銀一十一兩。

十四年，委員採買高銅二十五萬三千四百二十五斤，每百斤加耗銅五斤、餘銅一斤，帶運前三次買過銅四十五萬斤，應補耗銅二萬二千五百斤。

十五年，委員採買高銅一十五萬三千四百二十五斤。

十六年，委員採買高銅三十五萬三千一百六十斤。

十七、十八兩年，委員採買二次，每次買高銅三十九萬二千四百斤。

十九年，委員採買高銅三十五萬三千一百六十斤。

二十年，委員採買高銅一十四萬二千四百斤，照前收價撥運。又買金釵廠低銅二十五萬斤，每百斤加耗銅二十三斤、餘銅一斤，每正銅百斤收價銀九兩。

二十一年，委員採買高銅二十五萬斤，低銅十四萬二千四百斤。

二十二年至二十七年，委員採買六次，每次買高銅十九萬六千二百斤，低銅十九萬六千二百斤。

二十八年，委員採買高銅十九萬六千二百斤，低銅二十二萬六千五百七十九斤零。

二十九年至三十三年，委員採買五次，每次買高銅十九萬六千二百斤，低銅二十萬九千八百七十斤零。

三十四年，委員採買高銅三十九萬二千四百斤。

三十六年，委員採買高銅十五萬五千三百二十五斤，低銅二十萬九千八百七十斤九兩。

三十九年，委員採買高銅十二萬四千二百六十斤，低銅十九萬三千一百七十斤零。

四十年，委員採買高銅九萬四千二十七斤零，低銅十九萬三千一百七十斤零。

四十二年，委員採買高銅十二萬五千五百六十七斤零，低銅二十萬四千七百五十六斤。

四十四年，委員採買高銅八萬九千六百五十斤零，低(銀)〔銅〕十三萬七千九百一十三斤零。

四十五年，委員採買高銅八萬四千五百七十六斤，低銅十三萬七千九百一十三斤零。

四十六年，委員採買高銅九萬二千四百二十四斤，低銅十五萬七百十斤零。

四十七、八兩年，委員採買二次，每次買高銅八萬四千三百七十六斤，低銅十三萬七千九百十三斤零。

四十九年，委員採買高銅九萬二千四百二十四斤，低銅十五萬七百十斤零，又買五十年分高銅八萬四千五百七十六斤，低銅十三萬七千九百十三斤零。

五十一年，委員採買高銅九萬二千四百二十四斤，低銅十五萬七百十斤零。

五十二、五十三兩年，委員採買二次，每次買高銅八萬四千五百七十六斤，低銅十三萬七千九百一十三斤零。

五十四年，委員採買高銅九萬二千四百二十四斤，低銅十五萬七十一斤零。

五十五、六兩年，委員採買二次，每次買高銅八萬四千五百七十六斤，低銅十三萬七千九百十三斤零。

五十七年，委員採買高銅九萬二千四百二十四斤，低銅十五萬七十一斤零。

五十九年，委員採買高銅八萬四千五百七十六斤，低銅十三萬七千九百一十三斤零。

嘉慶二年，委員採買高銅十一萬三千一十斤零，低銅十八萬四千二百八十一斤零。

五年，委員採買高銅四萬八百九斤零，低銅六萬六千五百四十五斤零。

七年，委員採買高銅二十一萬二千五百五十斤。

九年至十二年，委員採買二次，每次買高銅二十一萬四千四十八斤。

十三年至十五年，委員採買二次，每次買高銅二十一萬二千五百五十斤。

均照前加給耗餘銅斤，撥賣領運。

貴州：

雍正八年，委員採買高銅五萬八千餘斤，每百斤收價銀九兩八錢。

九、十兩年，委員採買二次，每次買高銅二十五萬一千三百十四斤，每百斤收價銀九兩八錢。

十一年，委員採買高銅三十三萬五千八十五斤。

十二年，委員採買高銅十六萬七千五百四十三斤，每百斤收價銀九兩二錢。自十二年至乾隆元年共買二次，每次皆高銅十六萬七千五百四十三斤。

乾隆二年，委員採買高銅十六萬七千五百四十三斤。

三、四兩年，委員採買二次，高銅二十五萬一千三百一十四斤。

五年，委員採買高銅三十七萬三千八百一十四斤。

六、七兩年，委員採買二次，每次買高銅四十九萬六千斤。

八年，委員採買高銅三十萬斤。

九年，委員採買高銅三十七萬八千四百斤。

十年，委員採買高銅四十萬斤。

十一年，委員採買高銅五十四萬斤。

十二年，委員採買高銅四十六萬六千五百五十一斤，每百斤加耗餘銅一十一斤，每正銅百斤收價銀九兩二錢。

十三年，委員採買高銅五十萬二千五百斤。

十四年、十五年，委員採買高銅四十六萬六千五百五十斤。

十六年至二十年，委員採買五次，每次買高銅四十五萬四百五十斤。

二十六年，委員採買高銅二十二萬斤，照前收價撥運。又買金釵廠低銅二十二萬斤，每百斤加耗二十三斤、餘銅一斤，每正銅百斤收價銀九兩。

二十七年，委員採買高銅四十四萬斤。

二十八年，委員採買高銅二十二萬斤。

二十九年至三十一年，委員採買三次，每次買高銅四十四萬斤。

三十二年，委員採買高銅四十八萬斤。

三十三年，委員採買高銅四十萬斤。

三十四年，委員採買高銅十七萬斤，低銅十七萬斤。

三十五年，委員採買高銅四十四萬斤。

三十六年，委員採買高銅四十七萬六千斤，低銅二十萬四千斤。

三十七年，委員採買高銅二十三萬八千斤。

四十一、二兩年，委員採買二次，每次買高銅三十一萬三千四百五斤零，低銅九萬一千四百五十九斤零。

四十三年，委員採買高銅三十萬八千斤，低銅一十三萬二千斤。

四十四、五兩年，委員採買二次，每次買高銅二十一萬三千四百五斤零，低銅九萬一千四百五十九斤。

四十六年，委員採買高銅二十三萬一千一百八十九斤零，低銅九萬九千八十一斤零。

四十七、八兩年，委員採買二次，每次買高銅二十一萬三千四百五斤零，低銅九萬一千四百五十九斤零。

四十九年，委員採買高銅二十三萬一千一百八十九斤零，低銅九萬九千八十一斤零。

五十年，委員採買高銅二十一萬三千四百五斤零，低銅九萬一千四百五十九斤零。

五十一年，委員採買高銅二十三萬一千一百八十九斤零，低銅九萬九千八十一斤零。

五十二、三兩年，委員採買二次，每次買高銅二十一萬三千四百五斤零，低銅九萬一千四百五十九斤零。

五十四年，委員採買高銅二十三萬一千一百八十九斤零，低銅九萬九千八十一斤零。

五十五、六兩年，委員採買二次，每次買高銅二十一萬三千四百五斤零，低銅九萬一千四百五十九斤零。

五十七年，委員採買高銅二十三萬一千一百八十九斤零，低銅九萬九千八十一斤零。

五十八年，委員採買高銅二十一萬三千四百五斤零，低銅九萬一千四百五十九斤零。

嘉慶二年，委員採買高銅二十七萬一千八十七斤零，低銅一十四萬三千二百七斤零。

三、四兩年，委員採買二次，每次買高銅二十九萬四百二十八斤零，低銅十三萬二千一百九十一斤零。

五年，委員採買高銅三十一萬六千一百三十二斤零，低銅十四萬三千三百七斤零。

六年，委員採買高銅二十九萬四百二十八斤零，低銅十三萬二千一百九十一斤零。

七年，委員採買高銅二十五萬九千五百八十三斤零，低銅一十一萬八千九百七十二斤零。

八年，委員採買高銅二十八萬二千七百一十七斤零，低銅一十二萬八千八百八十六斤零。

九年，委員採買高銅二十五萬九千五百八十三斤零，低銅一十一萬八千九百七十二斤零。

十年，委員採買高銅二十八萬二千七百一十七斤零，低銅一十二萬八千八百八十六斤零。

十一年、十二年，委員採買二次，每次買高銅二十五萬九千五百八十三斤零，低銅一十一萬八千九百七十二斤零。

十三年，委員採買高銅二十八萬二千七百一十七斤，低銅十二萬八千八百八十六斤零。

十四、十五兩年，委員採買二次，每次買高銅二十五萬九千五百八十三斤零，低銅一十一萬八千九百七十二斤零。

十六年，委員採買高銅二十八萬二千七百一十七斤零，低銅十二萬八千八百八十六斤零。均照前加給耗餘銅斤，收價撥運。

林則徐《林文忠公政書·江蘇奏稿》卷四《會奏官銅商辦運洋銅請復舊章摺》 奏爲蘇省辦銅，官商賠累難支，懇請酌復舊章，以全銅運而垂經久，仰祈聖鑒事。竊照蘇省官商承辦直隸、陝西、湖北、江西、浙江、江蘇六省鼓鑄洋銅，前於嘉慶二年，僉商王履階承辦，奏定每百斤例給價銀十三兩五錢九分三釐，每年額辦六省洋銅共五十萬五千九百六斤，歷給價銀六萬八千七百七十八兩七錢八分，豫給一年帑本。嗣王履階之弟王日桂接辦十有餘年，銅帑兩清，從無貽誤。迨嘉慶十三年，程洪然投充官商，自願減價，每百斤祇請價銀十二兩，並願先繳銅斤，後領帑項。其意祇圖邀准，未計虧賠。自此更改舊章不久，即因力乏告退。後商汪永增接辦，僅止四年，亦即乏退。復舉舊商王日桂之子王宇安，奏充以資熟手。當據該商稟請，復還舊制，未經准行，仍照減價後帑之例辦理。王宇安連年賠累。屢次求退。因無人愿充。著令勉力承辦。嗣據蘇州府詳據，現商王宇安以前商程洪然率請改易章程，減價後帑，以致連年虧累，資本全空，稟求循復舊章，仍領十三兩五錢九分三釐之價，豫請一年帑本，俾得源源辦運等情，當經藩司批飭，確查疲乏情形果否屬實，覈議詳辦去後。旋據蘇州府知府沈兆澐、寶蘇局監督榮匯覆稱，官商承辦洋銅，從前原定章程本屬妥善，是以銅帑均得清完。嗣因前商程洪然呈請投充，自願減價，先銅後帑，承辦未久即行乏退，以後各商遺累虧賠，旋充旋退。該商王宇安接手之始，即稟復舊章，未經批准，歷年疲乏求退。曾僉殷户分辦，又皆畏縮不前，惟有懇復前奏舊章，俾銅運得以經久等情，由藩司陳鑾覆查屬實，詳請具奏前來。臣等伏查，蘇省官商辦銅，從前奏定章程照發帑採辦價值之例，每百斤給價銀十三兩五錢九分三釐，並豫給一年帑本。王履階等弟兄相繼歷辦十有餘年，尚能支持無誤。後商程洪然於嘉慶十三年自願減價接充，頓改舊章，並未計及辦公掣肘，以致虧乏退商。迨嘉慶二十二年，以現商王宇安奏充，該商接辦之初，即據稟請復舊，未經批准，嗣以無力賠累，節次稟退。經升任撫臣程矞采查，僉殷户承充，均各視爲畏途，僉名莫應，只得責令王宇安勉力辦理，不准退歇。近年以來，銅船屢次遭風，倍形苦累，經該司府飭查至再，臣等復加察該，委係實在情形。查蘇局洋銅爲六省鼓鑄要需，若不酌復舊章，必致缺誤；並查程洪然減價後帑之案，雖經奏明，實出自該商一時遷就之見。今據請，仍復嘉慶十三年以前舊制，覈與原案相符，非另改新章之比。但豫給一年帑本，設有轉運遲誤，帑項未免虛懸，應不准行，惟每百斤給價銀十三兩五錢九分三釐，本係從前奏定章程，並非格外加增。合無仰懇皇上天恩，俯念商力疲乏，准予循復舊章，以敷辦運其價。六省分銷贏縮亦尚有限，如蒙俞允，應請即從道光十五年爲始，飭令遵照妥辦，俾免藉口求退，無人接充，致誤六省鼓鑄重務。除飭司另覈章程細册詳請咨部，外臣等謹合詞恭摺具奏，伏乞皇上聖鑒訓示。謹奏。

奕賡《括談》卷上 《北史》言：「太武時大月氏國人商販京師，自云能鑄石爲五色琉璃。於採礦山中，於京師鑄之，既成，光澤乃美於西方來者。乃詔爲行殿，容百餘人，光色映徹，觀者見之莫不驚駭，以爲神明所作。自此中國琉璃遂賤，人不復珍之」。右見《格致鏡原》所引，據此則中國久無真琉璃矣。

挨火瓶一隻，高二尺許，硃龍綠水，龍具金鱗，磁質甚新，云係數百年物。黑暗處以雞毛掃之，龍之鱗甲火星亂研，試之果然，亦異物也。索值千八百金，余因手傖，謝而卻之，後聞以八百金售于海樵十一弟處。弟遇事從軍東海，以此瓶自隨，後因衣食急需，令人帶回京師轉售，今不知所向矣。

王世襄編《清代匠作則例彙編·（王問等）造修銀兩則例》 南京兵部車駕清吏司爲造修船隻事，照得造撥兩廠先年遇船造修，俱係幫甲承認，完工合用各色匠作幫工算識工食，未曾立有定規，以致浪費。今該本司已經造修樣船覈實酌擬稟堂裁定，發廠遵守施行。須至揭帖者。

計開

每折造船壹隻：

一領楠木玖根，共圍圓肆拾玖尺，共長叁拾伍丈。此准頭圍給領以原木見單板共七百片二尺八寸，每一片折銀一錢三分二釐，共該折銀玖拾貳兩四錢三分七釐，□以三折圍減折及鋸線癱角摽皮斲削折板俱在內。

一領杉木叁根。

一領釘陸百斤。

一領錫壹百斤。

一領桐油叁百捌拾斤。

一領黃蔴肆百伍拾斤。本船舊繩在內。

一領綠蔴壹百柒拾斤。

一買石灰捌百斤。

議定各匠作工食：

一大木匠工銀捌兩，食銀叁兩。

一艌匠快船工銀柒兩，平船工銀陸兩伍錢，食銀貳兩□□相同。

一細木匠快船工銀叁兩，食銀壹兩伍錢。平船工銀壹兩伍錢，食銀陸錢。

一鋸匠工銀叁兩，食銀壹兩伍錢。

一打灰匠工銀壹兩貳錢，食銀陸錢。

一熗釘匠熗浄釘壹百斤，工食銀叁錢，煤炭本匠自備。熗□浄□工食銀三釐五毫□□□□食銀一釐。

一打繩匠打過通船繩索，工食銀叁錢叁分。

一畫匠工食銀貳錢，桐油官給，顔料本匠自備。

一油漆匠工食銀叁錢，桐油官給，顔料本匠自備。

一搭蓬匠每日工食銀叁分。

一風蓬匠，大小風蓬貳扇，價銀叁兩。

一做泥水拽船工食銀肆錢。

一小工每日工食銀叁分。

一書寫官簿識字官驗給食銀壹分伍釐，雇覓者叁分伍釐。

此係拆造有底船議定釘鍋數目，如遇接駕拆卸回還船隻臨時驗看，釘板多寡，另行稟請定奪。

每大修船壹隻：

一領楠木照船身損壞大小計，合用板片，開單領木，送鋸木官照單鋸板給用。算價俱以原木見單板法計用，過板數見銀兩數目。

一領杉木貳根，如大桅稍頭桅損壞者領用，堪可者不領。

一領釘貳百斤。

一領鍋肆拾斤。

一領桐油叁百柒拾斤。

一領黄蔴伍百斤。本船舊繩在内。

一領綠蔴壹百柒拾斤。

一買石灰壹千斤。

議定各匠作工食：

一大木匠計工給銀，每日工食銀五分。

一艌匠計工給銀，每日工食銀肆分。

一細木匠計工給銀，每日工食銀肆分。

一鈕匠計工給銀，每日工食銀叁分伍釐。

一打灰匠計工給銀，每日工食銀肆分。

一熗釘匠熗浄釘壹百斤，工食銀叁錢。煤炭本匠自備。熗小浄釘一斤，工食銀三釐五毫，接舊鍋一箇，工食銀一釐。

一打繩匠打過通船繩索用蔴肆百叁拾斤，工食銀叁錢叁分，外打絞船慢繩用蔴壹百伍拾斤，工食銀捌分。

一畫匠工食銀貳錢，桐油官給，顔料本匠自備。

一油漆匠工食銀貳錢伍分，桐油官給，顔料本匠自備。

一搭蓬匠每日工食銀叁分。

一風蓬匠，大小風蓬貳扇，係舊船，蓬大，價銀叁兩伍錢。係新船，蓬小，價銀叁兩。修換大蓬壹葉，價銀捌分。頭蓬壹葉，價銀肆分。

一車船上岸起底落墩下水，共工食銀壹兩貳錢。

一小工每日工食銀叁分。

一本蓬本廠書寫官簿公文并鋸木識字，係官驗者，每日給飯食銀壹分伍釐，雇覓者，每日工食銀叁分伍釐。

每中修船壹隻：

一領楠木，照船身損壞大小計，合用板片，開單領木，送鋸木官照單鋸板給用。算價俱以原木見單板法計用，過板數見銀兩數目。

一領杉木貳根，如大桅稍頭桅損壞者領用，堪可者不領。

一領釘壹百伍拾斤。

一領鍋叁拾斤。

一領桐油叁百貳拾斤。

一領黄蔴肆百捌拾斤。本船舊繩在内。

一領綠蔴壹百柒拾斤。

一買石灰壹千斤。

議定各匠作工食與大修船同。

已上俱照造修上等立則，其原勘造修中下貳等工料差少，因有扣剩銀兩，照數解司貯庫。

嘉靖貳拾伍年四月十九日，郎中王，員外郎李，主事龍。

社會調查所《清代題本・采辦織造及各項工程》 雍正二年二月初九日内閣下户部

雍正元年十二月十七日巡撫浙江等處地方提督軍務都察院右副都御史加三級紀録一次臣李馥謹題爲咨取絲斤事。 據署布政司事按察使王之麟詳稱，奉案驗内開，雍正元年三月初五日准户部咨開，浙江清吏司案呈准内務府咨稱，據織染局呈稱，雍正二年分織造緞紗等項，需用七里絲五百斤，石門絲九百斤，照例咨部，轉行該省揀選上好絲斤，每束鈐蓋印信，作速解送應用等因前來，應令該撫作速辦買，差委能員照限解部，以便轉送内務府可也等因呈堂，奉批照咨送司，案呈到部，咨院行司奉行嘉、湖二府屬採辦去後，催據石、桐、歸、烏四縣辦解石門七里絲斤到司，隨經前司委令金華縣典史□□逐一揀選，稱足裝箱，于雍正元年七月初八日起具批文，詳奉給發咨牌起解在案。 今據護理嘉興府事石門縣知縣王以和詳稱，查得石、桐二縣承辦石門絲斤，每兩部定價值六分五釐，雖歲有豐歉，毋庸增減，所有本年分辦過前項絲價，據該二縣循照定價每兩六分五釐詳報前來，卑護府覆核無異，相應轉詳請銷等情。 又據湖州府知府吴簡民詳稱，查得奉部行取七里絲斤一項，已據歸、烏二縣辦解在案，所有價值，據該二縣詳稱，前項絲斤止産七里小鄉，每於絲成之日，商賈咸集採買，每兩價至一錢之外，緣奉定價不敢請益，止照歷年允銷每絲一兩核定價銀八分五釐請銷前來，卑府覆核無異，相應轉詳核銷等情各到司。 據此該署布政司事按察使王之麟查得，雍正元年分，奉准部行採辦石門絲九百斤，七里絲五百斤，行據嘉、湖二府屬之石、桐、歸、烏四縣辦完解司，已經前司詳奉給發咨牌，委官起解在案，所有辦過價值據嘉、湖二府詳稱，辦完石門絲九百斤，共重一萬四千四百兩，每絲一兩核定價銀六分五釐，該銀九百三十六兩七釐。 絲五百斤，共重八千兩，每絲一兩核定價銀八分五釐，該銀六百八十兩。 遵照歷年内部允銷之價開報，委無浮冒。 又遵照部定每絲一斤給車脚長途路費銀一錢三分五釐，計絲一千四百斤，應給銀一百八十九兩。 以上通共應銷銀一千八百五兩，于雍正元年地丁銀内動支給發辦解，合將銀數照例造册，詳請題銷等因到臣。 據此該臣看得浙省雍正元年分部行採辦石門七里絲斤已經辦完解部，所有價值據署布政司事按察使王之麟詳稱，石門絲九百斤，該銀九百三十六兩七(百)釐，絲五百斤，該銀六百八十兩，應給水脚銀一百八十九兩，通共應銷銀一千八百五兩，于雍正元年地丁銀内動支辦解造册請銷前來，臣覆查無異，除册送部外，理合題銷，伏乞皇上睿鑒，勅部核覆施行。臣未敢擅便，謹題請旨。

硃批：該部察核具奏。

社會調查所《清代題本・采辦織造及各項工程》 乾隆三十六年七月十八日内閣下户部

乾隆三十六年七月十七日經筵講官議政大臣户部尚書鑲白旗滿洲都統革職留任又從寬免其革任臣素爾訥等謹題

（上略）乾隆三十六年四月二十九日題，六月初三日奉旨：該部察核具奏册併發，欽此。欽遵於本日抄出到部。

該臣等查得蘇州織造舒文疏稱，陝甘總督奏請勅辦乾隆庚寅年新疆各城應需貿易紬緞，經前任織造臣薩載查照來文，分派蘇州織辦各項紬緞三千七百六十六疋，所需料工價值及解員盤費等項，按照從前撙節核實之數，共該銀一萬五千八百六十二兩七錢六分，循例在於蘇州藩庫動支銀兩，照數織辦齊全，咨明江蘇巡撫，委員解送甘肅收明應用，並將實在成本以及運費等項造册，咨送陝甘總督查照合算交易，所需料工價值等項，查照原報册開價值核計，共支過銀一萬五千八百六十二兩七錢六分内，據陝甘總督臣明山聲明，揚緞三疋輕短分兩共應核減銀二兩四錢三分九釐，實應請銷銀一萬五千八百六十兩三錢二分一釐，其所減銀兩，遵即照數賠補，移還藩庫歸款在案。 臣查前項錢糧例應具題所有辦解過乾隆三十五年貿易紬緞等項動用錢糧除核減外，與原報册開價值數目核對相符，理合造册題報等因前來。 查先據蘇州織造將乾隆二十五、二十六、二十七等年辦解甘肅省貿易紬緞等項造册題銷，經臣部核與章程案内定價數目無浮者准其開銷，其浮於章程定價者議令按數核減等因具奏，奉旨：俱准其開銷，欽此。欽遵在案。 今據該織造將乾隆三十五年分辦解甘肅省貿易緞紬等項用過料工價值，及解員盤費等項銀兩造册題銷，臣部逐一核對，與歷年准銷數目無浮，所有用過價脚等項銀一萬五千八百六十兩三錢二分一釐，俱應准其開銷。至核減銀二兩四錢三分九釐，既經照數歸還地丁原款，應令該撫於地丁奏銷登覆案内報部查核可也。 臣等未敢擅便，謹題請旨。

硃批：依議。

社會調查所《清代題本・采辦織造及各項工程》 乾隆四十二年七月初九

蚋閣下户部

乾隆四十二年七月初七日經筵日講起居注官太子太保文華殿大學士文淵閣領閣事掌翰林院事管理户部事務世襲一等輕車都尉革職留任臣于敏中等謹題

(上畧)乾隆四十二年四月二十日題，六月初一日奉旨：該部察核具奏册併發，欽此。欽遵於本日抄出到部。

該臣等查得蘇州織造舒文疏稱，陝甘總督勒爾謹奏准織辦乾隆四十一年新疆各城應需貿易緞紬，分派蘇州應辦各項緞紬四千七百三十三疋，所需料工價值及解員盤費等項，查照從前撙節核定之數，共該銀一萬八千六百八十一兩一分，循例在於蘇州藩庫支銀，照數織辦齊全，咨明江蘇巡撫，委員解送甘肅收明應用，並將實在成本以及運費等項造册，咨送陝甘總督查照合算交易在案。臣查前項錢糧例應具題所有辦解過乾隆四十一年分貿易緞紬等項動用錢糧與原報册開價值數目核對相符，理合造册具題等因前來。查先據蘇州織造將乾隆二十五、二十六、二十七等年辦解甘肅省貿易緞紬等項造册題銷，經臣部核與章程案内定價數目無浮者准其開銷，其浮於章程定價者議令按數核減等因具奏，乾隆三十年正月二十日奉旨：俱准其開銷，欽此。欽遵在案。今據該織造將乾隆四十一年分辦解甘肅省貿易紬緞等項支過料工，及解員盤費共銀一萬八千六百八十一兩一分造具册結題銷，臣部按册逐一核對，與歷年准銷數目相符，其解甘緞疋等項亦據陝甘總督照數查收咨部在案，所有前項用過料工等項銀兩，應准其照數開銷可也。臣等未敢擅便，謹題請旨。

硃批：依議。

社會調查所《清代題本・採辦織造及各項工程》 道光九年三月初八日奴才松齡奏

再杭州織造購買絲斤，因例價不敷，於道光元年經欽差大臣松筠奏准，在運庫商綱項下，每引劃出五分，約銀四萬兩，作爲津貼織造絲斤不敷之用。因行銷引目，向係新舊套搭，未能按時應用運司按月移交，每年總在三萬餘兩不足四萬兩之數。歷年奉派辦綢緞較多，津貼尚有不敷，數在四萬兩以内者，歷任織造均於申餘項下借款墊用，趁時購買。數在四萬兩以外者，織造自行賠補。間有餘剩，作爲織造衙門辦公之用，向不報銷。本年奉派各項綢緞較往年減少，通盤約計，津貼項下尚有盈餘，現在尚未及新絲上市之時，絲價長落不一，是以未能定數。此項餘剩銀兩雖向不報銷，但未經奏明，奴才未敢擅便，相應奏明，仍作爲織造衙門辦公之用，出自天恩。爲此附片奏聞，伏乞皇上聖鑒，謹奏。

硃批

社會調查所《清代題本・採辦織造及各項工程》 咸豐八年六月十五日

咸豐八年五月二十四日蘇州織造奴才文煜奏

爲織造大運緞紬所需銀款通盤籌畫短少寔多恭摺請旨飭撥仰祈聖鑒事。

竊查蘇州織造衙門，每年奉内務府暨户部派辦大運緞紬絲線布疋等項，例於蘇州藩庫支銀六萬四千五百兩，以爲料工之用。嗣因逆氛不靖，軍餉浩繁，自咸豐四年以來，均經奏明藩關兩庫通融提辦在案。但藩庫支應軍需頗形支絀，滸墅關税又因長江兵阻，商販率皆繞越，征收甚屬寥寥，是以籌辦大運，萬分竭蹶，間有不能辦全。奴才到任後查悉寔情，不勝焦灼，伏思大運各項均關内庫所需，必當設法籌辦，不敢不通盤籌畫，以期無悞。查内務府暨户部派辦各項約計需銀七萬數千兩，近年滸墅關所征正雜各款年歲稔不過十一二萬兩，除將年例應支辦差並解京各款及經費養廉等項八萬數千兩，所餘僅有三萬餘兩，堪以提辦大運。即如前任織造毓祺在任，經征連閏十三個月多，征正雜各款計有萬金，又於藩庫撥銀一萬四千兩，尚且諸形掣肘，不能辦全。而奴才將來一年任滿，經征關税止有十二個月，況當浙省用兵需餉之際，蘇州藩庫又須籌款協濟，能否撥辦運務更無把握。奴才五内焦勞，難安寢食，若不早爲籌備，勢必不能辦濟，萬不得已，惟有仰懇聖恩，俯念辦運無款，除將所餘關税提辦外，約計尚短銀四萬兩，可否飭下户部指款撥給，抑或仍令江蘇撫臣於藩庫設法抽提移解，以備趕緊織辦解京，庶免貽悞之處，恭候諭旨，欽遵辦理。至稽征關税亦係奴才專責，現在竭力設法整頓，冀杜繞越弊端，倘將來能有多征，辦運之外或有餘多，自當隨時咨會撫臣以濟軍餉。所有通盤籌畫大運亟須撥款緣由，理合據實恭摺請旨，伏乞皇上聖鑒。

御批

社會調查所《清代題本・採辦織造及各項工程》 光緒三年十月十七日

光緒三年十月初四日蘇州織造奴才萬順奏

爲本年運務及另傳活計亟需織辦所用絲斤物料籲懇天恩准照杭州展緩一年暫照市價恭摺仰乞聖鑒事。竊查内務府暨户部派織丁丑年趕運大運綢緞等項，奴才於到任後，遵即查照飭催，慎選經緯絨絲趕緊織辦，無如例價較市價相去懸殊，正切焦灼難於措手，准杭州織造舒麟咨稱，現因絲斤物料等項，今昔情形不同，未能統歸舊制，奏請暫照市價一抝，奉旨：著照所請，户部知道，欽此。旋經部議，不能漫無限制，請將杭州織辦物料各項價值，暫准展緩一年，仍照市價辦理等因具奏，奉旨：依議，欽此。欽遵移行前來。奴才伏查本年蘇州奉派織辦各項，均屬攸關緊要，爲時既迫無容刻緩，且與杭州應辦織務事同一律，合無仰懇天恩，俯准奴才衙門按照杭州所需絲斤物料等項，一體展緩一年，仍照市價辦理，俾運務及另傳活計，得以趕速開辦而免遲誤之處，出自高厚鴻慈所有，請將織務絲斤物料等項，按照杭州展緩一年，暫照市價緣由，恭摺具奏，伏乞皇太后皇上聖鑒，謹奏。

軍機大臣奉旨：著照所請，户部知道，欽此。

社會調查所《清代題本・採辦織造及各項工程》　光緒十一年十二月初十日御批

光緒十一年十一月十九日蘇州織造奴才世勳奏

爲織務絲價户部仍援浙江撫臣七成之説議減三成委實難以造辦謹再瀝陳下情籲懇天恩俯准暫照江蘇撫臣議減之價辦理以免貽誤要工恭摺仰祈聖鑒事。竊查織務需用經緯絲觔，向按以生煉熟七五折耗申算，並加九分平餘，爲裝盛解費之用。自同治四年開辦織務以來，即經前任撫臣劉郇膏、丁日昌等先後奏明，奉部覆准有案。以經絲一項而論，同治年間奏明，生絲每兩銀二錢七、八分，按照煉耗平餘申算，計銀四錢二分有奇，迨後絲價稍平，遞有核減。至光緒六年以後，遵奉部文，按照浙江巡撫臣查報經緯價值奏明辦理，經絲每兩已減至二錢有奇，原期絲價漸平，徐圖遞減，詎意光緒九年部臣於核銷杭州織造七年分款項見織造呈文内，銀升任浙江撫臣譚鍾麟咨稱，此項工料大約七成，已足之數遽照七年分奏准價值，將上用核減三成，官用核減四成，奏令未辦者照辦，未銷者照銷。奴才等以所減既多，且驟萬難遵辦，一再陳奏，未蒙核准，不得已於無可核減之中力求撙節，將經絲減爲二錢八分，緯絲減爲二錢六分，絨絲染金等項一律酌減，開單具奏。部臣又以一面之詞，未便即行照准奏明，行令江浙督撫臣將譚鍾麟所稱七成可辦情形，確查具覆，詎浙江撫臣劉秉璋奉到部文，即將杭城肥細絲價開報，且謂七成銀餘，奴才初聞之，以杭城絲價，何至懸殊若此，甚爲不解。迨經江蘇撫臣衛榮光，行司委員赴浙湖一帶確查七、八、九、十等年絲價，則市間生絲價值與浙江撫臣報價不相懸殊，按照煉耗平餘成案申算，則與各年奏定經緯市價不相上下，於是始悟譚鍾麟、劉秉璋先後七成之説，皆以生絲核計，不惟未計煉耗，即平餘亦未計及之，誤也。當經撫臣將所查生絲市價及應申煉耗平餘奏明，奉部覆准各成案，聲明浙江撫臣報價，未經計及煉耗各緣由詳晰咨覆户部，並聊體部臣之意，議以自光緒十年分起照七年分奏准經緯市價減一成，作爲上用定價，減一成五釐，作爲官用定價，絨絲照緯絲價值減一成二釐作爲上用，減一成七釐作爲官用，咨請户部暫照辦理，以重織務。並咨奴才衙門查照奴才詳加核算，比較目前生絲煉熟之價，短絀甚鉅，辦理實形棘手，正深焦慮，詎昨接奉部文，以江浙督撫臣查報絲價未能一律，仍當援照浙江撫臣七成之説，自光緒十年分起，按照七年分奏准市價，不論上用官用絲觔，統減三成，十年以前已辦未銷款項亦應照此報銷，較初次議減三成四成已屬格外從寬，不得再行瀆請等語，於光緒十一年十月十七日具奏，奉旨：依議，欽此。行令遵辦前來。接閲之餘，倍深焦急，奴才竊以江浙督撫臣查報之價，除督臣所報是生是熟奴才未敢懸斷外，但就江蘇、浙江兩撫臣報價論之，則生絲之價固無懸殊，特浙江未經計及煉耗平餘以致歧異，並非絲價之不一律也。夫生絲之不經提煉，不能製爲經緯以供緞綢之用，人盡知之，提煉而有折耗，理所必然，况煉耗按七五折申算，自開辦織務之初，即經前任撫臣奏明有案，非奴才今日之飾詞，撫臣之瞻徇情面，自屬可信，且奴才聞諸老年織匠云，七五申耗係按民間尋常經緯定擬，若如上用緞綢之經緯，重提重煉，折耗尤多，此中情形，固如深歷其境者不能盡悉，今部臣以督撫查報不同，而仍泥於七成可辦之説，議以統減三成，在部臣以官用較初議已加一成，係屬格外從寬，在奴才計之，僅合生絲之價煉耗，平餘均歸無著，何能遵辦，此奴才不得不再行瀆請之苦衷也。伏念奴才世受國恩，天良具在，當此時事多艱之際，斷不敢不力圖撙節，藉報涓埃。無如部減之價，相去懸殊，委實無從措手，再四籌思，惟有將撫臣議減各項絲價，照繕清單，恭呈御覽，籲懇皇太后皇上逾格鴻慈，特沛恩旨，俯准自光緒十年分起暫行照辦，以免貽誤要工。仍請敕下撫臣，以後按年查報，如絲價稍平，再行議減，漸圖復舊。至光緒七、八、九年未銷款項，既在部臣未經議減之前，且各年絲價，均係奏奉特旨照准，先後遵照動用無存，礙難一體核減，應懇天恩俯准，照案造報，以免棘手，奴才不勝感激悚惶之至。所有織務絲價户部議減三成，委實難以遵辦，懇請暫照撫臣議減之價辦理緣由，理合恭摺具奏，伏乞皇太后皇上聖鑒訓示，謹奏請旨。

軍機大臣奉旨：户部議奏，單併發，欽此。

社會調查所《清代題本・採辦織造及各項工程》　光緒十一年十二月初十

日御批

光緒十一年十一月十九日蘇州織造奴才世勳奏

謹將江蘇撫臣原咨户部議減之經緯絨絲價值，照繕清單，恭呈御覽。

計開：

查織造衙門光緒七年分，按照浙江巡撫查報之價奏准，經絲每兩銀二錢九分四釐八毫，緯絲每兩銀二錢七分四釐二毫。今擬自光緒十年分起，按照此價減一成作爲上用定價，減一成半作爲官用定價，計上用經絲減一成，合九折扣，實每兩該銀二錢六分五釐三毫，内應扣九分平銀二分三釐九毫，實該銀二錢四分一釐四毫。

上用緯絲減一成合九折扣實每兩該銀二錢四分六釐八毫，内應扣九分平銀二分二釐二毫，實該銀二錢二分四釐六毫。

官用經絲減一成半，合八五折扣，實每兩該銀二錢五分零六毫，内應扣九分平銀二分二釐六毫，實該銀二錢二分八釐。官用緯絲減一成半，合八五折扣，實每兩該銀二錢三分三釐一毫，内應扣九分平銀二分一釐，實該銀二錢一分二釐一毫。

查織造衙門所用絲觔尚有絨絲一項，向係按照緯絲價值報銷，今查絨絲比較緯絲價值，尚可稍從末減，擬請按照七年分緯絲價值減一成二釐作爲上用絨絲定價，減一成七釐作爲官用絨絲定價，計上用絨絲減一成二釐，合八八折扣，實每兩該銀二錢四分一釐三毫，内應扣九分平銀二分一釐七毫，實該銀二錢一分九釐六毫。

官用絨絲減一成七釐，合八三折扣，實每兩該銀二錢二分七釐六毫，内應扣九分平銀二分零五毫，實該銀二錢零七釐一毫。

軍機大臣奉旨：覽，欽此。

社會調查所《清代題本·採辦織造及各項工程》 光緒十一年十二月初十日御批

光緒十一年十一月十九日江南織造奴才貴存奏

爲織務報銷絲價各處情形不同實難遵奉部議瀝陳下情懇恩暫准前減數目辦理恭摺仰祈聖鑒事。本年十月内奉户部行咨本部具奏三織造絲斤價值，江浙督撫查報未能一律，擬請仍照光緒七年奏定市價，統減三成織辦等因鈔奏，恭録諭旨飛劄欽遵辦理前來，奴才曷敢再行瀆請。惟是江浙織務，因時因地，各有不同，與其貽誤要工隕越於後，莫若早爲陳請瀝訴於先。查部臣所奏，祇以前浙江撫臣譚鍾麟七折可辦之言爲據，前經奴才等所減甚鉅，實難遵辦，是以勉力議減，自光緒十年爲始，會銜開單具奏，後經部臣以一面之詞，未便照准，奏令江浙督撫確查奏報，迨分別查伏到部。而江省所報與浙省不同，部臣以定例絲價向無岐異，仍令三織造照浙江撫臣七成之説一律統減三成，雖較初次議減官用絲斤價值少減一成，較之織造報銷絲價仍屬大相逕庭，反復思維，所以懸殊若此者，敬爲我皇太后皇上縷細陳之。查奴才衙門歷年會奏摺内聲明，需用經緯，均按查報市價辦理，是織造銷價原係按照出糙成熟之經緯開報，非土產生絲價目可比，加以採辦物料每銀一兩例扣九分平餘，以爲辦解活計經費及部府飯銀一切公費之用，不另開支正款。至江寧織織辦上官用活計需用絲斤，非就地向絲商加價選提，即赴浙湖收買，長江遥隔，往返兩千餘里，沿途盤運捐耗一應需費及釐捐行税等用，均無另款開支，至若鄉產生絲價值雖平，糙毛較甚，業經兩江督臣查明，伏部不能與奴才衙門所用經緯相提並論，浙江撫臣雖與杭州織造同城而居，究未能深悉織務情形，遂以杭城土產生絲實價爲可辦，殊不知織造係按出糙成熟之經緯核銷，並將例扣九分平餘等款申算，核計於絲價之内，故較浙省查報價值似多，實則不相上下之寔在情形也。即如部臣原奏内稱，各督撫等查報情形不同，一言可見，已知兩江督臣所查寧城市價原難强合七折之説，而仍令同爲核減者，固屬慎重度支，嚴核報銷起見。惟奴才身膺織務，受恩深重，當此庫藏支絀，解省一分款項，即盡一分報效，無如寧城市價本較蘇浙增昂，部定之價以致萬難遵辦。且七、八、九等年奉傳已辦各項活計所用絲價，均皆遵特照奏奉特旨允准之案辦理，各工款項均已照案支放無存，固難遵照核減價值造報，而奉傳未辦活計又復迭奉嚴催，當兹進退維谷之時實逼處此，惟有仰懇聖明洞鑒，出自逾格鴻慈，俯准暫照光緒十年奴才前奏核減絲價辦理，俾織造工程得以償辦，其十年以前奉傳已辦未銷各款，核與已銷各案事同一體，應請仍按奏定各年市價造報核銷以清款目。嗣後絲價如能平減，奴才等自當體察情形，奏明核減，斷不敢稍爲姑息，致負高厚。所有報銷絲價各處情形不同，實難遵奉部議緣由，恭摺具奏。

軍機大臣奉旨：户部議奏，欽此。

《澳門憲報中文資料輯録（一八五〇—一九一一）·一八八九年三月二十一日（第十二號）》 大西洋澳門華政衙門寫字事罷爲通知事。

案據林李氏控告郭成茂欠銀一案，茲定於本月廿四日十二點鐘，在本衙將船政廳所編列第四百九十一號之船，該船係兩枝桅，船身長六丈，寬一丈六尺六寸，深六尺，有錨二枝，攬鏡盤一個，魚網一張，並船上所用各物，概行出投發賣，誰出價高於估價銀八百元者得。並傳所有知名及不知名各債主攜憑赴案，訴明誰應先得此銀。特此通知。己丑年二月十七日。理事官何查明真實在案。

送上

《蘇州商會檔案叢編》第一輯《萬豐載呈送賽品清單》宣統元年六月十七日

雪月閃 雪青 元青 洋薔薇泰西緞 一匹 每尺一元一角五分
品蘭金絲羅文海竹梅庫緞 一匹 每尺一元
品月閃 雪青 竹炭 十景洋花芙蓉緞 一匹 每尺一元八角
雪白星文杜鵑玉蘭紗 一件 每尺七角五分
藺雪青實洋桃西紗 一件 每尺五角
湖色淮一支梅玉蘭紗長衫 一件 每件十七元
葵花五采薔薇内局庫緞旗襯 一件 每件三十八元
竹灰五采枝竹梅内局庫緞女襖 一件 每件二十元
竹灰五采大匹蘭内局庫緞馬甲 一件 每件八元五角
天青一枝大春秋特別泰西緞馬褂 一件 每件十五元
共計十卷
上商務總會臺照
己酉年六月十七日
萬豐載書柬

又《江震分會報送參賽工藝品清單》

布類	價值（每尺大洋）	出品者
杜中布	二分七釐	吳江縣黎里鎮附近鄉人
瓦楞布	三分六釐	同上
窗格布	三分五釐	同上
珠柳條	三分六釐	同上
白柳條	三分九釐	同上
花柳條	四分五釐	吳江縣同里鎮金仲禹家
柳紋柳條	四分五釐	同上
旗蒂柳條	四分五釐	同上
調紋柳條	五分五釐	同上
白柳條	四分	同上

《天津商會檔案彙編》上《津商會爲各工廠產品統按八扣納稅事致鈔關函及鈔關復函》宣統元年二月八日至二月十五日

致鈔關稅司

敬啓者：現准天津勸工陳列所函開：案云云之至等因。查各工場、公司製造土貨，亟待運銷。若俟奉到稅務大臣回咨，再行起運，未免有誤工藝。擬仍照原值價銀，統按八扣納稅註明單内，先准運銷。此後如奉稅務大臣不准核減，即由敝會督飭各工場、公司，將原扣稅銀，照數補足，庶於稅課、工藝兩有裨益。所議如以爲可，即請速賜復示，以便轉飭遵辦是荷。肅此敬請勛安。

總理 天津商務總會 王
協理 寧

敬復者：前准來函内開：據各工廠稟請，將所製貨品暫按八扣納稅，先准運銷，如後稅務大臣不准核減，再行補納等情。請賜復飭遵等因。查原稟二十碼愛國布，每匹值銀一兩三錢。五碼愛國布，每匹值銀三錢二分五釐。手巾每打值銀三錢。香皂每打值銀一錢五分。四十至五十磅洗衣皂，每箱值銀一兩。二百四十包小箱火柴，每箱值銀三兩。七百二十包大箱火柴，每箱值銀九兩。其中價值，皆與市價不符。本關調查市價，其二十碼愛國布，現值行平化寶銀二兩五錢。折成關平白寶後，再按海關章程，照原值減一成二估價征稅，尚應按關平白寶二兩八分估價，今准作爲一兩估價。五碼愛國布，每匹現值行化銀六錢二分五釐。折平減成，尚應估銀五錢一分九釐，今准作爲五錢估價。各香皂均值，每打行化銀四錢，折平減成，尚應作銀三錢三分二釐六，今准作爲三錢估價。四五十磅洗衣皂均值，每箱行化銀一兩五錢，折平減成，尚應估銀一兩二錢四分，今准作爲一兩二錢估價。小箱火柴，每箱現值行化銀四兩四錢，折平減成，尚應估銀三兩六錢六分，今准作爲三兩五錢估價。大箱火柴，每箱現值行化銀十三兩二錢，折平減成，尚應估銀十兩九錢六分，今准作爲十兩五錢估價。手巾每打現值行化銀五錢，折平減成，尚應估銀四錢一分五釐，今准作爲四錢估價。如此辦理，係照市價減而又減，已極從寬。所請暫按原價八扣作估一節，本關無此章程。且原稟價值，亦與市價不符，礙難准如所請。相應函復即希貴總會查照，轉飭遵照爲荷。此頌升祺。

管理鈔關費妥瑪敬啓

二月十五日

江蘇省博物館編《江蘇省明清以來碑刻資料選集·長元吴三縣爲煤炭業整頓行規創建公所准予備案碑》 奉憲勒石：

江南蘇州府長洲縣正堂趙爲給示曉諭事。據長吴元煤炭業各號潤豐昌萬昌盛乾元盛德興泰同和昌東升恒廣生泰日升昌義和仁振泰順和協元興仁萬茂元恒盛隆公泰致中和慶和協大洽興順茂義德生福興恒升豐新記仁等禀稱：竊經商營業，首重公平，故各業皆有社會、創立公所、由董事組織，評定甲乙價目，公道貿易，庶幾有條不紊，進行發達之端，關乎商業興旺之一大宗旨也。惟吾業煤炭，皆係籍隸寧紹，在蘇開張者多，因同業行規之舉未成，致多失敗，揆情實由同業參差，因無公定規則，售價不一，甚有巧計營生，或跌價放秤，抖攬生意；或次貨混冲，欺謊買客。種種技巧，奸僞百出。貪圖目前之小利，不顧永遠之大局，信實全失，致買客疑竇叢生，外負重利之虚名，內受虧蝕之實害。況來源貨價日增，近時銷路日減，似此互相傾軋，受耗無窮，以致虧本倒閉者。年有所見，睹此現象，大有江河日下之勢。若不亟爲整頓，受害伊于胡底，不得已爰集同人，從長計議。決定公平規則，同業皆願遵守，立有範圍，可絶奸巧，使買客知而見信，吾業方免負累，正當貿易，兩有裨益。今集同人，公共一心，決定同行規則，并議各店售煤炭，每擔提錢貳文，集數建立公所，籌備同業公益善舉之用。及公舉聲望素信之同鄉在蘇候補巡檢司馬芑爲總董，組織其事，方爲妥善，衆議僉同，各相允洽，抄呈公議規則，禀乞立案，并會銜給示曉諭等情到縣。據此，除批示并准予立案外，合行給示曉諭。爲此示仰煤炭業東伙及居民地保人等知悉，須知該業潤豐昌等整頓行規，創建公所，係爲維持商務及籌備同業善舉起見。自示之後，務各一體遵守現議規則辦理毋違。特示遵。

元和 吴 吴 陳

宣統元年十二月二十六日示。

江蘇省博物館編《江蘇省明清以來碑刻資料選集·江蘇農工商務總局爲煤炭業設立坤震公所并議定規則准予備案碑》 奉憲立石：

督辦江蘇農工商務總局司道，爲給示曉諭事，案查前據煤炭業東升恒等二十四家聯名禀稱，竊吾煤炭一業，向無行規。同行參差售價不一，甚有巧計營生，將次貨欺謊買客，跌價濫售，致買客疑竇叢生。因此行市坍塌，外負利名，內實虧耗，似此互相傾軋，喪失甚巨。若不設法整頓，爲害實深。是以爰集同人從長計議，組織公所，名曰坤震，妥定規則，價須公定，秤須公砝，貨真價實，以昭劃一。立此營業範圍，以杜鑽謀之奸巧，須同行永守成規，公益俾可均沾，并議各店所售煤炭等貨，每擔提錢二文，作爲公所開支及辦善舉之用。衆議僉同，各相允洽等情，粘抄公議規則，曾經禀請長元吴三縣憲給示在案。茲因公所成立，同行議規，業已照行，理合粘呈行規單一紙，據實禀陳，公叩鑒賜恩准立案，給示曉諭，保衛商業，以杜奸巧，俾得共守成規，方全信實，不致紊亂，庶免敗壞規則等情到局。據此，當查同業設立公所，整頓行規，事原關乎公益，設或辦理不善，則把持壟斷之弊生焉。據禀因該業同業參差，行市坍塌，合議設立坤震公所，舉董經理，以資整頓。自無不可，惟所議條規，是否衆意僉同，有無抑勒情弊。批候照會　蘇州商務總會查明復局，再予立案保護，并將原刊規則，照送復核去後，昨准復稱，當即傳知該業東升恒等到會，將大照指詢各節，并圈出規則各條，逐一宣示，飭再妥議。茲據該公所訂定公同續議章程，并具司年司月章程，係照前定規則，補苴罅漏，詳加解釋。既稱衆意僉同，應將送到章程清折連原刊規則移局核奪前來。本局查該公所此次續議章程，既准　商務總會稱系查照前定規則，詳加解釋，衆意僉同，所請立案，自可照准。除將司董姓名清折備查并照會　商會查照飭遵外，合行給示曉諭，爲此示仰煤炭業商人等知悉，須知東升恒等禀設坤震公所，舉董經理，并無把持情事。係爲整頓行規起見，該業等務各和衷共濟，查照規則章程辦理，毋得各存意氣，自行紊亂，是爲至要，切切特示遵。

宣統二年十二月十三日示。

江蘇省博物館編《江蘇省明清以來碑刻資料選集·蘇州府永禁燭業行頭名目借端科派碑》 特調江南蘇州府正堂加十級紀録十次額，爲違斷科派，懇求給示飭禁事。據舉人周振泰，職員方聚昌，監生陳同泰，陶永新等聯名赴府詞稱：切職等籍隸浙紹山會，在長元吴三縣開張燭店生理，去年因張大即張炳捏充燭業行頭，每逢春秋祭祀，以及萬壽頌祝，率衆硬派各店錢文，明爲折燭辦差，實則斂錢肥己。控蒙長邑訊明，將張大枷責，革除冒捏行頭，毋許再事派錢干究在案。今年春祭，張大復捏吴邑假票，在各燭店勒令保舉行頭，并派出春祭折燭錢文。各店人等已知其假，未敢給與。今張大膽敢誆新任吳縣小票，協同三縣方保，向各店勒令保舉行頭并索未給春祭折燭錢文。縣主未知其科派撞騙，張大實屬玩法之至，職等何堪時被擾累，環叩給示禁止，以便勒碑，并求飭知三縣，毋許張大再事撞騙科派，永遠革除等情到府。據此，除呈批示并行長元吳三縣一體禁止，仍飭吳邑將張大嚴究具報外，查春秋祭祀及萬壽令節，習儀拜舞，應需供燭，例銷經費，張大輒冒充行頭，借端科派，殊屬違例。且經長邑訊明斥革，張大復赴吳邑誆票，飭舉行頭，并借派折燭錢文。如果屬實，大屬玩法，據呈前情，准給示禁，爲此示諭該鋪知悉，所有飭舉行頭名目，并折燭錢文，業經飭縣永行革除。嗣後再有匪徒，串同差保，借端科派，許該鋪户指名禀解地方官，從嚴究辦，其各凛遵毋違。特示遵。

道光二年五月十七日示。

江蘇省博物館編《江蘇省明清以來碑刻資料選集・蘇州府爲燭業東越會館規定各店按月捐款以作春秋祭費准予備案碑》 永禁碑文：

欽加道銜江南蘇州府正堂加十級紀録十次額，爲給示遵守事。據附長洲等縣鋪户陶宗德，陶綱，潘炎，陶思孝，陶介亭，葉學禮，尉夔，潘玉堂，屠宏章，鄭有章等赴府詞稱：切鋪均隸浙紹，在長元吳三邑各處，開張澆造燭鋪，城鄉共計一百餘家。道光二年九月，公同捐資，於吳邑十一都三十四圖，建立東越會館，供奉關聖大帝，逢誕恭祝，春秋設筵，朔望香供，并爲同業公定時價，毋許私加私扣，如遇不公不正等事，邀集董司，詣會館整理，議立條規，借以約束。惟歲需甚非輕易，議以各店捐釐，店多地廣難周，鋪等因思各店憑行進貨，茲向衆行稽察歲銷桕油各貨多寡，議令每擔扣存元銀二分，按月向行對簿核收，交存會館，釐屬店捐，銀歸行扣，各相允議，永遠遵行，從此成款有着，則神祀得以永安。誠恐同業私將捐項侵蝕，抑或衆行日久更張，遺漏滋弊，必致敬神各款章程，廢弛玩忽，不得預爲防杜，爲此公叩恩賜給示刊石遵守，以垂久遠等情到府。據此，除批榜示外，合行給示勒石遵循，爲此示仰該各行户及店鋪人等知悉。嗣後各店進貨，應憑行按銷貨多寡，務各照議捐輸，實心經理，毋得私將捐項侵蝕，致擾公端，該經手行户等，亦不得遺漏滋弊。各宜永遠遵守，凛遵毋違。特示遵。

道光六年八月初七日示。

江蘇省博物館編《江蘇明清以來碑刻資料選集・長元吳三縣永禁燭匠霸停工作聚衆斂錢逞凶滋事碑》 特調江南蘇州府元和長洲吳、縣正堂加十級紀録十何 李 次王，爲會同出示勒石永禁事。據職員汪聲聞、尉大成、及民人魯太初等先後赴本長洲縣呈稱：職等原籍浙紹，在蘇開張燭店，突有匪棍邵賢昭、林士昌、馮文錫等趕至職等各店，將澆燭各伙拉出，結黨霸停工作，向各店斂錢逞凶。并有楊宏達等聲稱私澆蠟燭，勒要罰錢各等情。當查各匠手藝營生，均應安分守業，豈容結黨詐擾，霸停工作。況上年有踹匠蔣淋雲等訛詐各坊户，散發傳單，勒令各匠停工毀物，業經本三縣按名拿獲，分别擬以軍徒杖責發配遞籍在案。前車可鑒，乃敢效尤滋事，實屬愍不畏法。即經飭差先後獲到林士昌、馮文錫等訊供管押，勒拿在逃之邵賢昭等質究，一面示諭各匠開工。嗣據周士俊、嚴道存，以各匠已遵奉示諭，一律開工，林士昌等自悔前非，汪聲聞等情亦輸服，具有切結，請將林士昌等從寬發落等情。隨傳同汪聲聞等訊供無異。查林士昌等霸停工作，究由不法之徒，煽惑逼脅所致，當將林士昌等從寬發落在案。茲又據汪聲聞等呈稱：各匠素非循良之輩，況邵賢昭等在逃無獲，誠恐日後故智復萌，仍蹈前轍，職等受害何底，伏乞勒石永禁等情前來。查蘇城内外燭店，係本三縣所轄，除再勒拿在逃之邵賢昭等，務獲究辦外，合行會同出示勒石永禁，爲此碑，仰蘇城内外燭匠人等知悉。嗣後爾等安分守業，毋再聽人煽惑，霸停工作，聚衆斂錢，逞凶滋事。倘敢復萌故智，仍蹈前轍，一經訪聞，或被告發，定即差拿到案，從嚴究辦，斷不再爲寬貸。各宜凛遵毋違。特示遵。

道光六年十二月二十五日示。

江蘇省博物館編《江蘇明清以來碑刻資料選集・元和縣規定燭業伙友聽憑店主自行擇用不得倡議把持煽衆斂錢碑》 奉憲給示勒碑永禁：

欽加州銜江南蘇州府元和縣正堂加十級紀録十次隨帶加一級卓異候升孫，爲給示永禁事。案據教諭劉式金、職監周思棣、汪錦川、陶馥、孫宗札、周維新、王階平、劉坤一、潘學成、王悦先等禀控張國安、周晉山、徐鴻賓、王永盛等倡議把持，煽衆歇業挾制，斂錢反己，叩求究辦等情，業經提集兩造到案查訊，當以蘇城内外燭業倩用店伙，向由店主選擇，歷久相安，本不准把持挾制，今張國安、徐鴻賓、周晉山、王永盛等輒敢創立行頭名目，刊送議單。勒派斂錢，希圖把持，實屬有干例禁。本應從重究治，姑寬將呈到規版當堂劈碎，簿據一并銷燬貯庫，諭令嗣後悉照舊章，所議各款一概不准，取結附卷，并諭限周晉山等交出爲首之張國安到案究辦外，合行給示諭禁。爲此示仰各店主及櫃伙人等知悉，嗣後爾等遵照舊章，安分守業，店用伙友，聽憑店主自行擇用，其張國安等創議歲終加增忙金及月加零費一切等款，概不准行。如敢再行倡議把持，煽衆斂錢，復蹈故轍，滋生事端，許各該店主扭解稟縣，以憑從嚴究辦。地保徇隱，察出并處，各宜凛遵毋違。特示遵。

道光二十七年六月初五日示。

江蘇省博物館編《江蘇省明清以來碑刻資料選集・長元吴三縣永禁燭業行頭名目碑》 奉憲永禁燭業行頭名目：

元和　厲
吴　田

江南蘇州府長洲縣正堂加十級紀録十次蒯，爲給示勒石永禁事。據蘇城燭鋪紹成春陽同泰祥豐通源同升紹泰南紹成成泰大成同泰源泰和恒隆洪泰源乾泰祥和同裕永興等稟稱：燭鋪一業，每被陳老七、邵阿二、張庭顯、陶步云、孟大松、沈阿念、王瑞之、張老炳、吴鳳三、宋紹錦、阮寶、王阿五等借稱行頭名目，擾索店鋪做工，聚衆勒詐。幸蒙提訊禁革，枷責遞籍，出示諭禁。惟蘇城内外同業，坐落三邑界轄，匪黨時聚時散，第恐日久玩生，復萌故態，另生波端。叩乞會同給示勒石永禁，并詳府立案等情到縣。據此，查前據燭業做工杜季魁等喊控陳老七等自稱行頭，向身等做手索貼錢文，供伊食用，一不遂意，即肆凶詐駭。今向身等每人索錢一千四百文，身等不允，并糾多人來店凶索，叩求究辦，并據各燭業紹成春陽等及各做工俞余發等，以革素燭業行頭陳老七邵阿二等，向各店作工勒詐未遂，糾衆凶毆。伊等俱屬無業匪類，借行頭名目，苛斂肥己，深受其累，環求究辦各等情。據即差提陳老七、邵阿二，并傳各燭業做工到案，訊明屬實，當查無業遊民，巧立行頭名目，把持勒詐，最爲可惡，節經禁革。今陳老七等故智復萌，自稱行頭，向同業勒詐錢文，實爲地方之害，亟應嚴行究革，以安貿易，當將陳老七枷責，同邵阿二遞籍管束。并因未到之張庭顯等，誠恐依然在外，混稱行頭名目，向各店索擾，即出示曉諭永禁在案。兹據前情，除詳明府憲立案外，合行給示勒石永禁，爲此仰革素燭業并店伙做工人等知悉，所有該業行頭名目，現已永遠禁革。嗣後如再有人混稱，仍向該燭業并工伙人等勒索凶擾，許即指名具稟，或扭獲解縣，以憑分別嚴究，決不寬貸，其各遵照毋違。特示遵。

同治六年十二月十九日示。

藝文

《戰國策》卷二《西周・司寇布爲周最謂周君》 司寇布爲周最謂周君曰：「君使人告齊王以周最不肯爲太子也，臣爲君不取也。函冶氏爲齊太公買良劍，公不知善，歸其劍而責之金。越人請買之千金，折而不賣。將死，而屬其子曰：『必無獨知。』今君之使最爲太子，獨知之契也，天下未有信之者也。臣恐齊王之爲君實立果而讓之於最，以嫁之齊也。君爲多巧，最爲多詐，君何不買信貨哉？奉養無有愛於最也，使天下見之。」

《戰國策》卷七《秦》五《濮陽人吕不韋賈於邯鄲》 濮陽人吕不韋賈於邯鄲，見秦質子異人，歸而謂父曰：「耕田之利幾倍？」曰：「十倍。」「珠玉之贏幾倍？」曰：「百倍。」「立國家之主贏幾倍？」曰：「無數。」曰：「今力田疾作，不得煖衣餘食；今建國立君，澤可以遺世。願往事之。」

鄭觀應《易言》卷上《論鑄銀》 洋銀之入中華也，自乾隆年間始，名曰洋錢。但制度不同，式樣各異，初亦不甚通行。立約通商以來，凡洋人履迹所至，無論通邑窮鄉，通用洋錢，而中國紋銀，反形窒礙。非以其便於携帶，易於辨僞乎？

今中國所行洋錢，不敷市廛之用，是以西國每年陸續運來，總在百萬圓以外。西人知中國一時不能自鑄，又稟請其國，開局鑄造，以濟中國之用，蓋深知鑄造洋錢大可獲利耳。請以鷹洋論之：鷹洋每元計重七錢二分，運入中國，其極貴時，可抵規銀八錢，即平常市價亦總在七錢四五分之間。是其利至厚，其用至便，了然可睹矣。

夫錢有金、銀、銅三品，其行於世也，統爲國寶。自應一國有一國之寶，不應悉用他國之寶也。中國何不自行鼓鑄，列年號於其上，名正言順，獨擅利權。若購自外洋，每圓加銀多則七八分，少則亦三四分，不亦失其厚利乎？

或謂：「自行鑄造，經費過多。」不知每圓所加之銀，其息已厚；且銀由外洋鑄造，尚有銅、鉛攙和其中，以攙和所餘之數，移作鑄造之費，已綽然有餘裕。是所昂之價，即所溢之利也。但西人好利而守信，故成色均歸一律；華人嗜利而寡信，故流弊遂至百端。道光中，言官陳洋錢之害，廷旨飭籌平准之法。時侯官林文忠公撫江蘇，見民間洋價日增，遂鑄七錢三分銀餅以代之。初亦甚便於用，未幾而僞者、低者日出，遂使美意良法廢而不行，可爲太息。

竊意：中國如鑄銀錢，須仿寶泉局事例，嚴定章程，僅准户部設一專局，功罪攸歸，非但不許民間鑄銀，并不許各省官員開鑄。迨户部鑄成之後，頒行天下，令其可繳錢糧，可作捐款。凡上之取於下者，此項銀錢不加平、不扣色，悉照市價。則流通必暢，而洋銀之利，自不外溢。如申江錢業之做空盤，暗貼西商之利，其害更甚，往往欲將市上銀洋，一氣收盡，抬價居奇，以致坐賈行商，莫不暗貼重利，以補彼封閉銀行之費。倘銀由中國自鑄，其弊必不至此。試觀直隸藩庫之錢糧銀錁，每以二兩爲率，銀色甚佳，江西之方寶亦然，他省均不能及。可見事有專責，則弊無由生。舉而行之，誠裕國便民之大計也。

雜録

《九章算術》卷三　今有絲一斤，價直二百四十。今有錢一千三百二十八，問：得絲幾何？

答曰：五斤八兩一十二銖五分銖之四。

術曰：以一斤價數爲法，以一斤乘今有錢數爲實，實如法得絲數。按：此術今有之義。以一斤價爲所有率，一斤爲所求率，今有錢爲所有數，而今有之，即得。

今有絲一斤，價直三百四十五。今有絲七兩一十二銖，問：得錢幾何？

答曰：一百六十一錢三十二分錢之二十三。

術曰：以一斤銖數爲法，以一斤價數乘七兩一十二銖爲實。實如法得錢數。臣淳風等謹按：此術亦今有之義。以絲一斤銖數爲所有率，價錢爲所求率，今有絲爲所有數，而今有之，即得。

今有縑一丈，價直一百二十八。今有縑一匹九尺五寸，問：得錢幾何？

答曰：六百三十三錢五分錢之三。

術曰：以一丈寸數爲法，以價錢數乘今有縑寸數爲實。實如法得錢數。臣淳風等謹按：此術亦今有之義。以縑一丈寸數爲所有率，價錢爲所求率，今有縑寸數爲所有數，而今有之，即得。

今有布一匹，價直一百二十五。今有布二丈七尺，問：得錢幾何？

答曰：八十四錢八分錢之三。

術曰：以一匹尺數爲法，今有布尺數乘價錢爲實，實如法得錢數。臣淳風等謹按：此術亦今有之義。以一匹尺數爲所有率，價錢爲所求率，今有布爲所有數，今有之，即得。

今有素一匹一丈，價直六百二十五。今有錢五百，問：得素幾何？

答曰：得素一匹。

術曰：以價直爲法，以一匹一丈尺數乘今有錢數爲實。實如法得素數。臣淳風等謹按：此術亦今有之義。以價錢爲所有率，五丈尺數爲所求率，今有錢爲所有數，今有之，即得。

今有與人絲一十四斤，約得縑一十斤。今與人絲四十五斤八兩，問：得縑幾何？

答曰：三十二斤八兩。

術曰：以一十四斤兩數爲法，以一十斤乘今有絲兩數爲實。實如法得縑數。臣淳風等謹按：此術亦今有之義。以一十四斤兩數爲所有率，一十斤爲所求率，今有絲爲所有數，今有之，即得。

今有絲一斤，耗七兩。今有絲二十三斤五兩，問：耗幾何？

答曰：一百六十三兩四銖半。

術曰：以一斤展十六兩爲法，以七兩乘今有絲兩數爲實。實如法得耗數。臣淳風等謹按：此術亦今有之義。以一斤爲十六兩爲所有率，七兩爲所求率，今有絲爲所有數，而今有之，即得。

《九章算術》卷六　今有絡絲一斤爲練絲一十二兩，練絲一斤爲青絲一斤一十二銖。今有青絲一斤，問：本絡絲幾何？

答曰：一斤四兩一十六銖三十三分銖之一十六。

術曰：以練絲十二兩乘青絲一斤一十二銖爲法。以青絲一斤銖數乘練絲一斤兩數，又以絡絲一斤乘，爲實。實如法得一斤。按：練絲一斤爲青絲一斤十二銖，此練率三百八十四，青率三百九十六也。又，絡絲一斤爲練絲十二兩，此絡率十六，練率十二也。置今有青絲一斤，以練率三百八十四乘之，爲實，實如青絲率三百九十六而一。所得，青絲一斤，練絲之數也。又以絡率十六乘之，所得爲實，以練率十二爲法，所得，即練絲用絡絲之數也。是謂重今有也。雖各有率，不問中間。故令後實乘前實，後法乘前法而并除也。故以練絲兩數爲實，青絲銖數爲法。一曰：又置絡絲一斤兩數與練絲十二兩，約之，絡得四，練得三，此其相與之率。又置練絲一斤銖數與青絲一斤一十二銖，約之，練得三十二，青得三十三，亦其相與之率。齊其青絲、絡絲，同其二練，絡得一百二十八，青得九十九，練得九十六，即三率悉通矣。今有青絲一斤爲所有數，絡絲一百二十八爲所求率，青絲九十九爲所有率。爲率之意猶此，但不先約諸率耳。凡率錯互不通者，皆積齊同用之。放此，雖四五轉不異也。言「同其二練」者，以明三率之相與通耳，於術無以異也。又一術：今有青絲一斤銖數乘練絲一斤兩數，爲實，以青絲一斤一十二銖爲法，所得，即用練絲兩數。以絡絲一斤乘，所得爲實，以練絲十二兩爲法，所得即用絡絲斤數也。

《蘇州商會檔案叢編》第一輯《蘇城行情調查表》光緒三十二年七八月間　金銀類：

赤金	每兩	標金	每兩
金箔	每兩		
英洋	每元	本洋	每元
龍元	每元	小洋	每元
銅元	每斤	拆息	每百兩
匯水	每百兩		

絲繭類：

白細絲	每百兩	白粗絲	每百兩
黃絲	每百兩	經絲	每百兩
緯絲	每百兩	絲錢	每斤
絲綿	每斤	綿綢	每尺
干繭	每斤	鮮繭	每斤
蠶種	每□	桑葉	每擔

【略】

政策、法規與思想總部

《政策、法規與思想總部》提要

《政策、法規與思想總部》是《綜合分典》的五個總部之一，包括《政策部》《法規部》和《思想部》，主要搜集有關政府（包括地方政府）對於工業的法律規定和條例，搜集有關傳統工業思想的材料。

本總部儘可能地收録一九一一年以前的有關政策、法規、思想等方面的材料。

各部一般下設題解、綜述、傳記、紀事、藝文、雜録、圖録等緯目。在具體編纂過程中，對於緯目不强求一致，有則設，無則不設。每個緯目録文均按朝代先後順序排列，具體編排主要依據被引用材料的作者的生卒時間而定。

目録

政策部

題解

余繼登《典故紀聞》卷五　太祖嘗命儒臣歷考舊章，上自朝廷，下至臣庶，冠婚喪祭之儀，服舍器用之制，各有等差，著爲條格。書成，賜名《禮制集要》。其目十有三，曰冠服、房屋、器皿、傘蓋、床帳、弓矢、鞍轡、儀從、奴婢、俸禄、奏啟本式、署押體式，頒佈中外，使各遵守。

《清德宗實録》卷三百八十五　〔光緒二十二年二月甲戌〕諭軍機大臣等：「開礦爲方今最要之圖，疊經諭令各直省督撫等設法開辦，兹據御史陳其璋奏『奥國博物院謂中國煤産以江西樂平、浙江江山等處爲最，而莫多於山西。比利時議院謂中華金銀銅錫四金之礦，所在多有。外洋《時事新編》謂山西煤鐵之礦，品居上上，多至十三萬餘英方里。見於西人稱述者如此，其見諸臣工奏報者，如前兩江總督沈葆楨覆陳洋務事宜疏内，謂福建古田等處産鐵甚旺。前福建巡撫丁日昌海防條議内，稱磁州、平陸、大同、太原、米脂等處，皆煤多而佳，鎮江之東南山，煤鐵五金，皆有可採。浙江之金華、福建之永定，皆有煤井』各等語。覽該御史所奏，所採自西歐各國紀聞，或考自從前疆臣奏疏，所指有礦處所，歷歷可數，斷不至一無影響。著王文韶、劉坤一、邊寶泉、趙舒翹、德壽、廖壽豐、胡聘之、張汝梅，揀派熟悉礦務、辦事實心之員，按照所指各地名，逐一認真履勘，擬定辦法，據實具奏至該御史。另片所稱『官辦不如商辦，凡各省産礦之處，准由本地人民自行呈請開採，地方官專事監管彈壓，其一切資本多寡，生計盈虧，官不與聞，俾商民無所疑沮』等語。所奏亦頗中窾要，並著各該督撫酌度情形辦理。又據翰林院侍讀學士文廷式奏『各省開辦礦務，疆臣任意遷延，或藉端阻撓，推原其故，皆由畏難』等語。當此國用匱乏，非大興礦務，别無開源良策。疊寄諭旨，業已剴切詳明，各該督撫身膺重寄，與國家休戚相關。儻狃於故見，仍以空言搪塞，捫心自問，其何以仰對朝廷耶。將此由四百里諭知王文韶、劉坤一、邊寶泉、趙舒翹、德壽、廖壽豐、胡聘之，並傳諭張汝梅知之。」又諭：「前據給事中吳光奎奏請開辦四川礦務，並請飭招商承辦，疊經諭令鹿傳霖設法開採，以濬利源。兹據奏稱『川省礦産，皆在番夷土司之地所有，天全州穆坪土司轄境烏苞林等處，暨天全、邛州交界大川廠一處，皆距省較近，土司馴良之區，即著派員詳細履勘，認真舉辦。此外腹地各屬，礦苗暢旺，所在多有，官辦商辦，以何者爲宜，著鹿傳霖各就地方情形，分别辦理。至打箭鑪毗連藏地，甫經開導土司試辦，即有糾衆鬨鬧之事，可見番情獷悍，曉諭爲難。其前後兩藏，大小金川，更非沿邊各屬可比，是否可以酌量開採之處，著鹿傳霖體察情形奏明請旨定奪。又上年七月閒，王文韶代奏直隸知府李肇南稟請開辦四川礦産開單呈覽，其單内所開如會理州等處産礦處所，言之鑿鑿，原單著鈔給閱看。昨據翰林院侍讀學士文廷式奏各省開辦礦務，疆臣任意遷延，或藉端阻撓，推原其故，皆由畏難』等語。當此國用匱乏，非大興礦務别無開源良策。川省地大物博，五金並産，人所共知。誠能因勢利導，俾成效昭然，萬目共覩，自無不樂於從事。是在該督之實事求是，無待朝廷諄諄告誡也。將此由四百里諭令知之。」又諭：「前據御史陳其璋奏：『山東寧海礦務不宜停止，請飭派賢員實力開辦。』當諭令李秉衡督飭李興鋭詳細查勘，擇要興辦。旋據該撫覆陳東省礦務情形，是尚未奉到上月三十日寄諭，故仍以緩辦爲請。第居今日而議理財，舍開礦實無善策，且天下事得人則理。從前礦務，迄無成效，雖係李宗岱等之辦理不善，亦未始非歷任該管上司之不能加意維持也。李秉衡到任以來整頓一切，均能不避嫌怨，力任其難，何獨於開礦一事，轉多疑沮耶。此事朝廷定議，務在必行。著仍遵前旨督飭李興鋭詳細查勘，擇要興辦。至謂倭兵屯駐威海，招集多人深恐滋事，陳其璋謂封禁後礦丁散處，適足貽患。雖持論彼此互異，但能處置得宜，自不至有所窒礙。覽該撫摺内所叙平度之三座山、酒店雙山等處，卒以出金不旺棄之，可見東省産礦處所，人言非盡子虛。他如奧國博物院，謂中國煤産以山東萊州等處爲最，前福建巡撫丁日昌海防條議内，稱山東濰縣、萊蕪等處皆有煤礦，則是東省産礦之處，更不一而足，均宜逐漸開採，以廣利源。兹據翰林院侍讀學士文廷式奏『各省開辦礦務，疆臣任意遷延，或藉端阻撓，推原其故，皆由畏難』等語。李秉衡向來辦事認真，乃亦因噎廢食，坐視庫儲難窘，一籌莫展，殊非朝廷平日期許該撫之心。至官辦不如商辦，凡各省産礦之處，准由本地人民自行呈請開採，地方官專事監管彈壓，其一切資本多寡，生計盈虧，官不與聞，俾商民便於行事。廷臣條奏，多持此論，著該撫體察情形斟酌辦理。將此由四百里諭令知之。」又諭：「新疆和闐金礦，前據陶模覆奏業已派員前往查勘。兹據御史陳其璋奏『近日出使大臣許景澄所譯俄圖，稱和闐至羅布淖爾一帶，共有金礦十七處，皆經俄人測繪可憑。又光緒六年西報稱西伯利亞與中國接壤，每座界石相距三百里，界間有二水，直注俄境，而發源則在中國境内。近得金礦之總脈，亦在江水發源之處，如界綫作弓背形，則江水之源應歸俄國。又英人卞卜登議云，中俄之隔僅界一綫，提封迆邐而南，五金之礦，偏於地中」各等語。際此庫儲匱乏，全在廣開礦産以濟急需。俄國現與中朝倍敦睦誼，亦未可因開礦一事，致礙邦交。和闐金礦係屬内地，俄人自無可藉口。俟查勘之員回省，如果礦産實係暢旺，即著饒應祺酌度情形，官辦商辦，究以何者爲宜，迅速定議具奏。至所稱中俄界閒二水發源之處，及提封以南之五金各礦，著長庚、饒應祺密派妥實可靠之員前往確切查明，究竟如何情形，再行奏明請旨辦理。將此由四百里各諭令知之。」

綜述

《禮記》卷四《王制》 析言破律，亂名改作，執左道以亂政，殺。作淫聲、異服、奇技、奇器以疑衆，殺。行僞而堅，言僞而辯，學非而博，順非而澤以疑衆，殺。假於鬼神、時日、卜筮以疑衆，殺。此四誅者，不以聽。凡執禁以齊衆，不赦過。

有圭璧金璋，不粥於市。命服命車，不粥於市。宗廟之器，不粥於市。犧牲不粥於市。戎器不粥於市。用器不中度，不粥於市。兵車不中度，不粥於市。布帛精粗不中數，幅廣狹不中量，不粥於市。姦色亂正色，不粥於市。錦文、珠玉成器，不粥於市。衣服飲食，不粥於市。五穀不時，果實未熟，不粥於市。木不中伐，不粥於市。禽獸魚鱉不中殺，不粥於市。關執禁以譏，禁異服，識異言。

《禮記》卷四《王制》 六禮：冠、昏、喪、祭、鄉、相見。七教：父子、兄弟、夫婦、君臣、長幼、朋友、賓客。八政：飲食、衣服、事爲、異別、度、量、數、制。

黄以周《禮書通故》卷三五《井田通故》 《孟子》云：「夏后氏五十而貢，殷人七十而助，周人百畝而徹。」以周案：禹平洪水，于溝洫盡力爲之，非一手一足之功，殷周亦當承而不改，先儒嘗論此矣。《孟子》云爾者，異在步尺，不在井疆也。蔡氏《獨斷》云：「夏以十寸爲尺，殷以九寸爲尺，周以八寸爲尺。」是三代有異尺矣。周以六尺爲步，見《司馬法》，而《王制》云「古者以周尺八尺爲步，今以周尺六尺四寸爲步」，與《司馬法》又異，是三代有異步矣。皇侃説，夏之民多，家五十畝而貢；商之民稀，周之民尤稀，故家受田多。熊安生説，夏政寬簡，一夫之地税五十畝；商政稍急，一夫之地税七十畝；周政極煩，一夫之地盡税焉。賈公彦説，夏據一易之地，家二百畝，其佃百畝税之，二百畝税百畝，爲五十而貢；殷據上地百畝，萊五十畝，而税七十五畝；周據不易之地，百畝全税之。皆謬説也。

《白虎通義》云：「夏法日，日數十也，故以十寸爲尺。殷法十二月，故以十二寸爲尺。周據地而生，地者陰也，以婦人爲法，婦人大率奄八寸，故以八寸爲尺。」蔡邕云：「夏十寸爲尺，殷九寸爲尺，周八寸爲尺。」以周案：《賈子·六術》、《説苑·辨物》、《漢書·律曆志》、許君《説文》、高氏《淮南注》皆云十寸爲尺。蔡云殷九寸、周八寸者，謂殷之一尺當夏九寸，周之一尺當夏八寸，非徑以九寸、八寸爲一尺也。《孟子》言三代井田，夏五十畝當殷之十七、周之百，是周尺短于殷，殷短于夏。《白虎通》云殷以十二寸爲尺，反大于夏，似不足信。又云「奄八寸」，段氏云：「奄疑手字之誤。」

許慎云：「尺，十寸也。人手卻十分動脈爲寸口。十寸爲尺，尺，所以指尺段云當作「指斥」。規榘事也。从尸从乙。乙，所識也。周制，寸尺咫尋常仞諸度量，皆以人之體爲法。」又云：「中婦人手長八寸，謂之咫，周尺也。」鄭玄云：「周尺之數未詳聞也。按禮制，周猶以十寸爲尺。蓋六國時多變亂法度，或言周尺八寸，則步更爲八八六十四寸。」段玉裁云：「《説文》咫及夫字下云『周制八寸爲尺』，别周制之異于古也。鄭意八寸爲尺，周末始有之，與許説異。」以周案：段説非也。《説文》云「尺，十寸也」，又云「十寸爲尺」，明尺必十寸也。又云「八寸周尺」，明周尺十寸當古之八寸也。鄭所斥或言，指《王制》「今以周尺六尺四寸爲步」而説，非斥許。許説與鄭無異。

《王制》云：「古者以周尺八尺爲步，今以周尺六尺四寸爲步。」《司馬法》云：「六尺爲步，步百爲畝。」以周案：《王制》舉周以别古今，則古者爲殷，今乃斥言周末之制。鄭注今指周末，或指漢説。周一夫之田，開方得六百尺，以步六尺、畝百步除之，縱横各百步，得十畝者十，而田首之遂徑在其内焉。殷步横亦六尺，縱則《王制》所謂八尺是也。一夫之田，以殷步除之，縱七十五步，横百步。以步百爲畝除之，得横十畝，縱七畝有五步，而五步當田首之遂徑也。夏之步不可考。《司馬法》六尺爲步，步百爲畝，以横數言。《王制》言步有八尺、六尺之異，以縱數言。橫數在周尺並六尺，歷世不改，而縱則隨時而異，故《孟子》有夏五十、殷七十、周百畝之分。古人度物，多橫縱異數，如軌廣八尺，度高則三尺三寸；仞長八尺，度深則爲七尺；雉高一丈，度廣則爲三丈：皆同此例。步以無定尺而分長短，畝以有定步而分多少。夏殷之尺大于周，故步長，步長而畝少；周之尺小于夏殷，故步短，步短而畝多：此定數也。「今以周尺六尺四寸爲步」，似當作「六尺六寸」，《考工記》曰「六尺有六寸與步相中」是也。《考工記》與《王制》同作于周秦之間，見孔疏。其語當同。

黄懷信等《逸周書彙校集注》卷六《明堂解》 九夷之國，東門之外，西面北上。

八蠻之國，南門之外，北面東上。

六戎之國，西門之外，東面南上。

五狄之國，北門之外，南面東上。

四塞九□之國，世告至者，應門之外，北面東上。

宗周明堂之位也。

明堂，明諸侯之尊卑也，故周公建焉，而明諸侯於明堂之位。

制禮作樂，頒度、量，而天下大服，萬國各致其方賄。

《國語》卷五《魯語下》 公父文伯退朝，朝其母，其母方績。文伯曰：「以歜之家而主猶績，懼干季孫之怒也，其以歜爲不能事主乎！」

其母嘆曰：「魯其亡乎！使僮子備官而未之聞邪？居，吾語女。昔聖王之處民也，擇瘠土而處之，勞其民而用之，故長王天下。夫民勞則思，思則善心生；逸則淫，淫則忘善，忘善則惡心生。沃土之民不材，淫也；瘠土之民莫不向義，勞也。是故天子大採朝日，與三公、九卿祖識地德；日中考政，與百官之政事，師尹惟旅、牧、相宣序民事；少採夕月，與太史、司載糾虔天刑；日入監九御，使潔奉禘、郊之粢盛，而後即安。諸侯朝修天子之業命，晝考其國職，夕省其典刑，夜儆百工，使無慆淫，而後即安。卿大夫朝考其職，晝講其庶政，夕序其業，夜庀其家事，而後即安。」

《孫子》卷上《作戰篇》 孫子曰：凡用兵之法，馳車千駟，革車千乘，帶甲十萬，千里饋糧；則內外之費，賓客之用，膠漆之材，車甲之奉，日費千金，然後十萬之師舉矣。

《漢書》卷五《景帝紀》 〔後二年〕夏四月，詔曰：「雕文刻鏤，傷農事者也；錦繡纂組，害女紅者也。」

徐天麟《西漢會要》卷二三《輿服上・天子車旗》 王車，黄屋左纛。《高紀》。李斐曰：「天子車以黄繒爲蓋裏。纛，毛羽幢也，在乘輿車衡左方上注之。蔡邕曰，以犛牛尾爲之，如斗，或在騑頭，或在衡。」

文帝初立，奉天子法駕迎代邸。本《紀》。案《三輔黄圖》云：天子出，車駕次第，謂之鹵簿。有大駕，有法駕，有小駕。大駕則公卿奉引，大將軍參乘，太僕御，屬車八十一乘，作三行，尚書御史乘之，最後一乘垂豹尾，豹尾以前皆爲省中，備千乘萬騎出長安。出祠天於甘泉備之。百官有其儀注，名曰甘泉鹵簿。法駕，京兆尹奉引，侍中參乘，奉車郎御，屬車三十六乘。

宣帝初立，太僕以軨獵車奉迎曾孫。《宣紀》。文穎曰：「軨獵，小車，前有曲輿，不衣也。」李奇曰：「藺輿，輕車也。」師古曰：「時未備天子車駕，故且取其輕便耳。」

乘輿副車。《張良傳》。

輜車。《霍光傳》。上雖疾，强載輜車，卧而護之。

鸞旗在前，屬車在後。《賈捐之傳》。師古曰：「鸞旗編以羽毛，列繫幢旁，載於車上。大駕出，則陳於道而先行。」

屬車間豹尾中。《揚雄傳》。《服虔》曰：「大駕屬車八十一乘，作三行，尚書御史乘之，最後一乘縣豹尾，豹尾以前皆爲省中。」

屬車之清塵。應劭曰：「古者諸侯貳車九乘，秦滅九國，兼其車服，漢依秦制，故大駕屬車八十一乘。」師古曰：「屬者，言相連續而不絶也。塵謂行而起塵也。言清者，尊貴之意也。」見《司馬相如傳》。

甘泉法從。《揚雄傳注》云：「從法駕也。」

翠鳳之駕。《揚雄傳》。師古曰：「天子乘車，爲鳳形而飾以翠羽也。」

千乘雷亂，萬騎屈橋。《揚雄傳》。

乘鏤象，六玉虬，張揖曰：「鏤象，象路也，以象牙疏鏤其車輅。六玉虬，謂駕六馬以玉飾其鑣勒，有似玉虬。龍子有角曰虬。」拖蜺旌，析羽毛，染以五采，綴以縷爲旌，有似虹蜺之氣也。靡雲旗，畫熊虎於旒爲旗，似雲氣。前皮軒，後道游。皮軒之上以赤皮爲重蓋。天子將出，道車五乘，游車九乘。言皮軒最居前，而道游次皮軒之後。《司馬相如傳》。

乘輿乃登夫鳳凰兮翳華芝，師古曰：「鳳凰者，車以鳳凰爲飾也。翳，蔽也。以華芝爲蔽也。」駟蒼螭兮六素虬。四、六，駕數也。螭似龍，一名地螻。流星旄以電燭兮，咸翠蓋而鸞旗。屯萬騎于中營兮，方玉車之千乘。《揚雄傳》。方，並也。

張耀日之玄旄，揚左纛，被雲梢。「梢」與「旓」同。奮電鞭，驂雷輜，鳴洪鐘，建五旗。《揚雄傳》。《漢書儀》云皇帝車駕建五旗。蓋謂五色之旗也。以木牛承其下，取其負重致遠。

建九旒，六白虎，載靈輿。立歷天之旂，曳捎星之旃。同上。

舉洪頤，植靈旗。同上。洪頤，旗名也。

建翠華之旗。《司馬相如傳》。師古曰：「以翠羽爲旗，上葆也。」

羽葆。《韓延壽傳》。

皇太后御小馬車。《霍光傳》。張晏曰：「皇太后所駕遊宮中輦車也。漢廏有果下馬，高三尺，以駕輦。」師古曰：「小馬可於果樹下乘之，故號果下馬。」

緑車。《金日磾傳》。晉灼曰：「《漢注》，緑車名皇孫車，太子有子乘以從。」

徐天麟《西漢會要》卷二四《輿服下·百官冠服》 爵非公乘以上，毋得冠劉氏冠。見上。

景帝中六年，詔曰：「吏者，民之師也，車駕衣服宜稱。亡度者或不吏服，出入閭里，與民無異。令長吏車騎從者不稱其官衣服，下吏出入閭巷亡吏體者，二千石上其官屬，三輔舉不如法令者。」《本紀》。

皁衣。《谷永傳》曰：「陛下擢之皁衣之吏。」蕭望之曰：「張敞備皁衣二十餘年。」如淳曰：「雖有五時服，至朝皆著皁衣。」

直指使者衣繡衣持斧。《武紀》。

柱後惠文。《張敞傳》，當以柱後惠文彈治之耳。晉灼曰：「《漢注》，法冠也，一號柱後惠文，以纚裹鐵柱卷。秦制執法服，今御史服之，謂之獬廌，一角。今冠兩角，以獬廌爲名耳。」師古曰：「纚，即今方目紗也，山爾反。卷，去權反。」

郎侍中皆鵕鸃冠，貝帶。《佞幸傳》。師古曰：「以鵕鸃毛羽飾冠。」《司馬相如傳》。師古曰：「鵕鸃，鷩鳥也，似山鷄而小。鵕背毛黃，腹下赤，項緑色，其尾毛紅赤，光彩鮮明，今俗呼爲山鷄，其實非也。」

貂羽，黃金附蟬。《燕王旦傳注》云：「侍中之飾。」

司隸冠，進賢冠。《百官表》。

仄注冠。《五行志》。李奇注云：「仄注冠曰高山冠，齊冠也，謁者服。」

皮弁素績。《孝平王后傳》，劉歆以下四十九人，賜皮弁素績。師古曰：「皮弁，以鹿皮爲冠，形如人手之弁合也。素績謂素裳也。朱衣而素裳。字或作積。積謂襞積之，若今之襈爲也。」

方山冠。《五行志》。鄧展曰：「方山冠以五采縠爲之，樂舞人所服。」

徐天麟《西漢會要》卷五二《食貨三·榷酤》

文帝後元年，詔曰：「以口量地，其於古猶有餘，而食之甚不足者，其咎安在？無乃爲酒醪以靡穀者多與？」《本紀》。下同。

景帝中三年夏，旱，禁酤酒。

後元年夏，民得酤酒。

武帝天漢三年，初榷酒酤。《本紀》。韋昭曰：「以木渡水曰榷。謂禁民酤釀，獨官開置，如道路設木爲榷，獨取利也。」師古曰：「榷者，步渡橋，今略彴是。」

昭帝始元六年二月，詔有司問郡國所舉賢良文學民所疾苦，議罷鹽鐵榷酤。

秋七月，罷榷酤官，賣酒升四錢。《本紀》。按《食貨志》云，弘羊與丞相千秋共奏罷酒酤。

《後漢書》卷三〇下《郎顗傳》 陵園至重，聖神攸馮，而災火炎赫，迫近寢殿，魂而有靈，猶將驚動。尋宮殿官府，近始永平，歲時未積，便更修造。又西苑之設，禽畜是處，離房別觀，本不常居，而皆務精土木，營建無已，消功單賄，巨億爲計。《易内傳》曰：「人君奢侈，多飾宮室，其時旱，其災火。」是故魯僖遭旱，修政自勅，下鐘鼓之縣，休繕治之官，雖則不寧，而時雨自降。由此言之，天之應人，敏於景響。今月十七日戊午，徵日也，日加申，風從寅來，丑時而止。丑、寅、申皆徵也，不有火災，必當爲旱。願陛下校計繕修之費，永念百姓之勞，罷將作之官，減雕文之飾，損庖廚之饌，退宴私之樂。《易中孚傳》曰：「陽感天，不旋日。」如是，則景雲降集，眚沴息矣。

崔寔《四民月令輯釋·正月》 命典饋釀春酒，必躬親潔敬，以供夏正、初伏之祀。可作諸醬。上旬䉽豆，中旬煮之。以碎豆作末都至六七月之交，分以藏瓜。可以作魚醬、肉醬、清醬。

王肅《孔子家語》卷七《刑政》 其餘禁者十有四焉：命服命車不粥於市，粥，賣。珪璋璧琮不粥於市，宗廟之器不粥於市，兵車旍旗不粥於市，犧牲秬鬯不粥於市，戎器兵甲不粥於市，用器不中度不粥於市，布帛精麤不中數、廣狹不中量不粥於市，姦色亂正色不粥於市，文錦、珠玉之器雕飾靡麗不粥於市，衣服、飲食不粥於市，賣成衣服非侈必僞，故禁之；禁賣熟食，所以厲恥也。菓食不時不粥於市，五木不中伐不粥於市，鳥獸魚鼈不中殺不粥於市。凡執此禁，以齊衆者，不赦過也。

《三國志》卷一《魏書·武帝紀》注引《魏書》 《魏書》曰：太祖【略】造作宮室，繕治器械，無不爲之法則，皆盡其意。雅性節儉，不好華麗，後宮衣不錦繡，侍御履不二采，帷帳屏風，壞則補納，茵蓐取温，無有緣飾。攻城拔邑，得美麗之物，則悉以賜有功，勳勞宜賞，不吝千金，無功望施，分毫不與，四方獻御，與羣下共之。常以送終之制，襲稱之數，繁而無益，俗又過之，故預自製終亡衣服，四篋而已。

錢儀吉《三國會要》卷二六《食貨一·積貯》 吴時倉廩無儲，世俗滋侈，華覈上疏曰：「今寇虜充斥，征伐未已，居無積年之儲，出無應敵之畜，此乃有國者所宜深憂也。夫財穀所生，當出於民，趨時務農，國之上急。而都下諸官，所掌別異，各自下調，不計民力，輒與近期。長吏畏罪，晝夜催民，委舍佃事，遑赴會日，定送到都，或蘊積不用，而徒使百姓消力失時。到秋收月，督其限入，奪其播殖之時，而責其今年之税，如有逋懸，則籍没財物，故家户貧困，衣食不足。宜暫息衆役，專心農桑，古人稱一夫不耕，或受其飢，一女不織，或受其寒，是以先王治國，惟農是務。軍興以來，已向百載，農人廢南畝之務，女工停機杼之業。推此揆之，則蔬食而長飢，薄衣而履冰者，固不少矣。臣聞主之所求于民者二，民之所望於主者三。二謂求其爲己勞也，求其爲己死也。三謂飢者能食之，勞者能息之，有功者能賞之。民以致其二事而主失其三望者，則怨心生而功不建。今帑藏不實，民勞役猥，主之二求已備，民之三望未報。且飢者不待美饌而後飽，寒者不俟狐貉而後温，爲味者口之奇，文繡者身之飾也。今事多而役繁，民貧而俗奢，百工作無用之器，婦人爲綺靡之飾，不勤麻枲，並繡文黼黻，轉相倣效，恥獨無有。兵民之家，猶復逐俗，内無擔石之儲，而出有綾綺之服，至於富賈商販之家，重以金銀，奢恣尤甚。天下未平，百姓不贍，宜一生民之原，豐穀帛之業，而棄功於浮華之巧，妨日於侈靡之事，上無尊卑等級之差，下有耗財費力之損。今吏士之家，少無子女，多者三四，少者一二，通令户有一女，十萬家則十萬人，人織績一歲一束，則十萬束矣。使四疆之内同心戮力，數年之間，布帛必積。恣民五色，惟所服用，但禁綺繡無益之飾。且美貌者不待華采以崇好，豔恣者不待文綺以致愛，五采之飾，足以麗矣。若極粉黛，窮盛服，未必無醜婦；廢華采，去文繡，未必無美人也。若實如論，有之無益，廢之無損者，何愛而不暫禁以充府藏之急乎？此救乏之上務，富國之本業也。使管、晏復生，無以易此。漢之文、景，承平繼統，天下已定，四方無虞，猶以雕文之傷農事，錦繡之害女工，開富國之利，杜飢寒之本。况今六合分乖，豺狼充路，兵不離疆，甲不解帶，而可以不廣生財之原，充府藏之積哉？」《華覈傳》

錢儀吉《三國會要》卷二七《食貨二·鹽鐵》 蜀先主定益州，置鹽府校尉，較鹽鐵之利。《吕乂傳》

王連遷司鹽校尉，較鹽鐵之利，利入甚多，有裨國用，遷蜀郡太守、興業將軍，領鹽府如故。《王連傳》

蜀先主以張裔爲司金中郎將，典作農戰之器。《張裔傳》

張嶷爲越巂太守。定莋、臺登、卑音班。水三縣去郡三百餘里，舊出鹽鐵及漆，而夷徼久自固食。嶷率所領奪取，署長吏焉。嶷之到定莋，定莋率豪狼岑，槃木王舅，甚爲蠻夷所信任，忿嶷自侵，不自來詣。嶷使壯士數十直往收致，撻而殺之，持尸還種，厚加賞賜，喻以狼岑之惡，且曰：「無得妄動，動即殄矣！」種類咸面縛謝過。嶷殺牛饗宴，重申恩信，遂獲鹽鐵，器用周贍。《張嶷傳》

魏王脩爲司金中郎將，陳黄白異議，太祖甚然之，乃與脩書曰：「昔孤初立司金之官，念非屈君，餘無可者。故與君教曰：『昔遏父陶正，民賴其器用，及子嬀滿，建侯於陳；近桑弘羊，位至三公。此君元龜之兆先告者也』，是孤用君之本言也。自是以來，在朝之士，每得一顯選，常舉君爲首，及聞袁軍師案：此袁渙也。渙自軍祭酒遷郎中令。衆賢之議，以爲不宜越君。然孤執心將有所底，以軍師之職，閑於司金，至於建功，重於軍師。但恐傍人淺見，將言前後百選，輒不用之，而使此君沉滯冶官。假有斯事，亦庶鍾期不失聽也。」《王脩傳》注引《魏略》

韓暨徙監冶謁者。舊時冶，作馬排，本注：蒲拜反。爲排以吹炭。每一熟石用馬百匹；更作人排，又費功力；暨乃因長流爲水排，計其利益，三倍於前。在職七年，器用充實。制書褒歎，就加司金都尉，班亞九卿。《韓暨傳》此在太祖時。

衛覬鎮關中。時四方大有還民，關中諸將多引爲部曲，覬書與荀彧曰：「關中膏腴之地，頃遭荒亂，人民流入荆州者十萬餘家，聞本土安寧，皆企望思歸。而歸者無以自業，諸將各競招懷，以爲部曲。郡縣貧弱，不能與争，兵家遂彊。一旦變動，必有後憂。夫鹽，國之大寶也，自亂來放散，宜如舊置使者監賣，以其直益市犂牛。若有歸民，以供給之。勤耕積粟，以豐殖關中。遠民聞之，必日夜競還。又使司隸校尉留治關中以爲之主，則諸將日削，官民日盛，此彊本弱敵之利也。」或以白太祖。太祖從之，始遣謁者僕射監鹽官，司隸校尉治弘農。《衛覬傳》

明帝以徐邈爲涼州刺史。河右少雨，常苦乏穀，邈上脩武威、酒泉鹽池以收虜穀。《徐邈傳》

嘉平四年，關中饑。宣帝表徙冀州農夫五千人佃上邽，興京兆、天水、南安鹽池，以益軍實。《晉書·食貨志》

建安初，關中百姓流入荆州者十餘萬家，及聞本土安定，皆企望思歸而無以自業。於是衛覬議：以爲鹽者，國之大寶，喪亂以來放散，今宜如舊，置使者監賣，以其直益市犂牛，百姓歸者以供給之，勤耕積粟以殖關中，遠者聞之必多競還。魏武乃遣謁者僕射監鹽官，移司隸居弘農，流人果還，關中豐實。《晉志》。〔楊〕

鹽鐵官本屬司農，中興皆屬郡縣，至曹公置司金中郎將，利權悉歸於上。《續漢書·百官志》注。〔楊〕

太和四年，興京兆、天水、南安監冶，《晉書·宣帝紀》。按《明帝紀》監冶作鹽池。每一熟石用馬百匹，更作人排，又費功力。韓暨乃因長流爲水排，計其利益三倍於前。在職七年，器用充實，制書褒歎，就加司金都尉，班亞九卿。〔楊〕

《水經·穀水注》：白超壘側有塢，冶官所在。魏、晉之日，引穀水爲水冶以經國用，遺迹尚存。〔楊〕

先主定益州，置鹽府校尉，《王連傳》作司鹽校尉。較鹽鐵之利，《呂乂傳》。利入甚多，有裨國用。《王連傳》。又置司金中郎將，典作農戰之器。《張裔傳》。〔楊〕

《張嶷傳》：定莋、臺登、卑水三縣，舊出鹽鐵及漆，夷徼久自固食，嶷奪取，署長吏焉，器用周贍。《華陽國志》：鹽井水取井火煮之，一斛水得五斗鹽；家火煮之，得無幾也。山有石鑛，大如蒜子，火燒合之，成流支鐵甚剛，因置鐵官。〔楊〕

漢嘉金，朱提銀，采之不足以自食。《三國·文紀》引《南中志》。〔楊〕

今民貧國虚，決戰之資，唯仰錦耳。《御覽》引《諸葛集》。〔楊〕

江南諸郡有鐵者，或置冶令或丞，皆吴時置。《唐六典》。〔楊〕

錢儀吉《三國會要》卷二七《食貨二·禁酒》　蜀時天旱禁酒，釀者有刑。《簡雍傳》。

太祖時科禁酒。《徐邈傳》。案：《後漢書》云：時年饑，兵興，操，表制酒禁。

吴吕壹、秦博，造作榷酤障管之利。《顧雍傳》。

魏國初建，時科禁酒。《册府榷酤》。〔楊〕

《魏名臣傳》：中書監劉放言：官販苦酒，與百姓争錐刀之末，請停之。《通考》。《北堂書鈔》作販胡粉。〔楊〕

蜀先主時，以天旱禁酒，釀者有刑。《册府》。〔楊〕

《顧雍傳》：吕壹爲中書，造作榷酤障管之利。孫權時。〔楊〕

《魏書》卷一〇七上《律曆志上》　景明四年，并州獲古銅權，詔付崇以爲鍾律之準。永平中，崇更造新尺，以一黍之長，累爲寸法。尋太常卿劉芳受詔修樂，以秬黍中者一黍之廣即爲一分，而中尉元匡以一黍之廣度黍二縫，以取一分。三家紛競，久不能決。太和十九年，高祖詔，以一黍之廣，用成分體，九十黍之長，以定銅尺。有司奏從前詔，而芳尺同高祖所制，故遂典修金石。迄武定末，未有諳律者。

《魏書》卷一〇八之一《禮志一》　〔太和十五年八月〕戊午詔曰：「國家自先朝以來，饗祀諸神，凡有一千二百餘處。今欲減省羣祀，務從簡約。昔漢高之初，所祀衆神及寢廟不少今日。至于元、成之際，匡衡執論，乃得減省。後至光武之世，禮儀始備，饗祀有序。凡祭不欲數，數則黷，黷則不敬。神聰明正直，不待煩祀也。」又詔曰：「明堂、太廟，並祀祖宗，配祭配享，於斯備矣。白登、崞山、雞鳴山廟唯遺有司行事。馮宣王誕生先后，復因在官長安，立廟宜異常等。可敕雍州，以時供祭。」又詔曰：「先恒有水火之神四十餘名，及城北星神。今圓丘之下，既祭風伯、雨師、司中、司命，明堂祭門、户、井、竈、中霤，每神皆有。此四十神計不須立，悉可罷之。」

《魏書》卷一〇八之二《禮志二》　武定六年二月，將營齊獻武王廟，議定室數、形制。兼度支尚書崔昂、司農卿盧元明、祕書監王元景、散騎常侍裴獻伯、國子祭酒李渾、御史中尉陸操、黄門侍郎李騫、中書侍郎陽休之、前南青州刺史鄭伯猷、祕書丞崔劼、國子博士邢峙、國子博士宗惠振、太學博士張毓、太學博士高元壽、國子助教王顯季等議：「案《禮》，諸侯五廟，太祖及親廟四。今獻武王始封之君，便是太祖，既通親廟，不容立五室。且帝王親廟，亦不過四。今宜四室二間，兩頭各一頰室，夏頭徘徊鵄尾。又案《禮圖》，諸侯止開南門，而《二王後祔祭儀法》，執事列於廟東門之外。既有東門，明非一門。獻武禮數既隆，備物殊等。準據今廟，宜開四門。內院南面開三門，餘面及外院，四面皆一門。其內院墻，四面皆架爲步廊。南出夾門，各置一屋，以置禮器及祭服。內外門墻，並用赭堊。廟東門道南置齋坊；道北置二坊，西爲典祠廨并厨宰，東爲廟長廨并置車輅；其北爲養犧牲之所。」詔從之。

《魏書》卷一〇八之四《禮志四》　輿服之制，秦漢已降，損益可知矣。魏氏居百王之末，接分崩之後，典禮之用，故有闕焉。太祖世所制車輦，雖參采古式，多違舊章。今案而書之，以存一代之迹。

乘輿輦輅：龍輈十六，四衡，轂朱班，繡輪，有雕虬、文虎、盤螭之飾。龍首衡扼，鸞爵立衡，圓蓋華蟲，金雞樹羽，蛟龍游蘇。建太常十有二斿，畫日月升龍。郊天祭廟則乘之。

乾象輦：羽葆，圓蓋華蟲，金雞樹羽，二十八宿，天階雲罕，山林雲氣、仙聖賢明、忠孝節義、遊龍、飛鳳、朱雀、玄武、白虎、青龍、奇禽異獸可以爲飾者皆亦圖焉。太皇太后、皇太后、皇后助祭郊廟則乘之。

大樓輦：輈十二，加以玉飾，衡輪雕綵，與輦輅同，駕牛十二。

小樓輦：輈八，衡輪色數與大樓輦同，駕牛十二。天子、太皇太后、皇太后郊廟，亦乘之。

象輦：左右鳳凰，白馬，仙人前却飛行，駕二象。羽葆旒蘇，龍旂旌麾，其飾與乾象同。太皇太后、皇太后助祭郊廟之副乘也。

馬輦：重級，其飾皆如之。纁漆直輈六，左右騑駕。天子籍田、小祀時，則乘之。

卧輦：其飾亦如之。丹漆，駕六馬。

遊觀輦：其飾皆如之。駕馬十五匹，皆白馬朱髦尾。天子法駕行幸、巡狩、小祀時，則乘之。

七寶旃檀刻鏤輦：金薄隱起。

馬輦：天子三駕所乘，或爲副乘。

緇漆蜀馬車：金薄華蟲隱起。

軺軒：駕駟，金銀隱起。出挽解合。

步挽：天子小駕遊宴所乘，亦爲副乘。

金根車：羽葆，旒，畫輈輪，華首，彩軒交落，左右騑。太皇太后、皇太后、皇后助祭郊廟，籍田先蠶，則乘之。長公主、大貴、公主、封君、諸王妃皆得乘，但右騑而已。

太祖初，皇太子、皇子皆鸞輅立乘，畫輈龍首，朱輪繡轂，彩蓋朱裏，龍旂九斿，畫雲棖。皇子封則賜之，皆駕駟。

又有軺車：緇漆，紫幰朱裏，駕一馬，爲副乘。

公安車：緇漆，紫蓋朱裏，畫輈，朱雀、青龍、白虎，龍旂八斿，駕三馬。軺車與王同。

侯車：與公同。七斿，紫蓋青裏，駕二馬。副車亦如之。

子車：緇漆，草蟲文，六斿，皂蓋青裏，駕一馬。副車亦如之。

闕及公、侯、子陪列郊天，則乘之。宗廟小祀，乘軺軒而已。至高祖太和中，詔儀曹令李韶監造車輅，一遵古式焉。

太祖天興二年，命禮官捃採古事，制三駕鹵簿。一曰大駕，設五輅，建太常，屬車八十一乘。平城令、代尹、司隸校尉、丞相奉引，太尉陪乘，太僕御從。輕車介士，千乘萬騎，魚麗雁行。前驅，皮軒、闟戟、芝蓋、雲罕、指南；後殿，豹尾。鳴葭唱，上下作鼓吹。軍戎、大祠則設之。二曰法駕，屬車三十六乘。平城令、代尹、太尉奉引，侍中陪乘，奉車都尉御。巡狩、小祠則設之。三曰小駕，屬車十二乘。平城令、太僕奉引，常侍陪乘，奉車郎御。遊宴離宮則設之。二至郊天地，四節祠五帝，或公卿行事，唯四月郊天，帝常親行，樂加鍾懸，以爲迎送之節焉。

天賜二年初，改大駕魚麗雁行，更爲方陳鹵簿。列步騎，内外爲四重，列標建旌，通門四達，五色車旗各處其方。諸王導從在鉀騎内，公在幢内，侯在步矟内，子在刀盾内，五品朝臣使列乘輿前兩廂，官卑者先引。王公侯子車旒麾蓋、信幡及散官構服，一皆純黑。

肅宗熙平元年六月，中侍中劉騰等奏：「中宫僕射列車輿朽敗。自昔舊都，禮物頗異，還京已來，未復更造。請集禮官，以裁其制。」靈太后令曰：「付尚書量議。」太常卿穆紹，少卿元端，博士鄭六、劉臺龍等議：「案《周禮》王后之五輅：重翟錫面朱總，厭翟勒面繢總，安車雕面鷖總，皆有容蓋；翟車貝面組總，有握；輦車，組輓，有翣，羽蓋。重翟，后從王祭祀所乘；厭翟，后從王賓饗諸侯所乘；安車，后朝見於王所乘；翟車，后出桑則乘；輦車，后宫中所乘。謹以《周禮》聖制，不刊之典，其禮文尤備。孔子云『其或繼周者，雖百世可知也』，以其法不可踰。以此言之，後王輿服典章，多放周式。雖文質時變，輅名宜存，雕飾雖異，理無全捨。當今聖后臨朝，親覽庶政，輿駕之式，宜備典禮。臣等學缺通經，叨參議末，輒率短見，宜準《周禮》備造五輅，雕飾之制，隨時增減。」

太學博士王延業議：「案《周禮》，王后有五輅，重翟以從王祠，厭翟以從王饗賓客，安車以朝見于王，翟車以親桑，輦車宫中所乘。又《漢・輿服志》云：秦并天下，閲三代之禮，或曰殷瑞山車，金根之色，殷人以爲大輅，於是始皇作金根之車。漢承秦制，御爲乘輿。太皇太后、皇太后皆御金根車，加交絡、帷裳，非法駕則乘紫罽輧車，雲虡文畫輈，黄金塗五末，蓋爪，左右騑，駕三馬。阮諶《禮圖》并載秦漢已來輿服，亦云：金根輅，皇后法駕乘之，以禮婚見廟；桑輅，后法駕乘之以親桑；安車，后小駕乘之以助祭；山軿車，后小行則乘之，以哭公主、邑君、王妃、公侯夫人；入閤輿，后出入閤、宮中小遊則乘之。晉《先蠶儀注》：皇后乘雲母安車，駕六騩。案周、秦、漢、晉車輿儀式，互見圖書，雖名號小異，其大較略相依擬。金根車雖起自秦造，即殷之遺制，今之乘輿五輅，是其象也，華飾典麗，容觀壯美。司馬彪以爲孔子所謂乘殷之輅，即此之謂也。案《阮氏圖》，桑車亦飾以雲母，晉之雲母車即是，一與周之翟車其用正同。安車既名同周制，又用同重翟。山軿車，案《圖》飾之以紫。紺罽軿車，雖制用異於厭翟，而實同用。於今入閤輿與輦，其用又同。案《圖》，今之黑漆畫扇輦，與周之輦車其形相似。竊以爲秦滅周制，百事創革，官名軌式，莫不殊異。漢魏因循，繼踵仍舊，雖時有損益，而莫能反古。良由去聖久遠，典儀殊缺，時移俗易，物隨事變。雖經賢哲，祖襲無改。伏惟皇太后叡聖淵凝，照臨萬物，動循典故，貽則後王。今輒竭管見，稽之《周禮》，考之漢晉，採諸圖史，驗之時事，以爲宜依漢晉：法駕，則御金根車，駕四馬，加交絡帷裳；御雲母車，駕四馬，以親桑；其非法駕則御紫罽軿車，駕三馬；小駕則御安車，駕三馬，以助祭；小行則御紺罽軿車，駕三馬，以哭公主、王妃、公侯夫人；宮中出入，則御畫扇輦車。案舊事，比之《周禮》，唯闕從王饗賓客及朝見於王之乘。竊以爲古者諸侯有朝會之禮，故有從饗之儀。今無其事，宜從省略。又今之皇居，宮掖相逼，就有朝見，理無結駟，即事考實，亦宜闕廢。又哭公主及王妃，《周禮》所無，施之於今，實合事要。損益不同，用捨隨時，三代異制，其道然也。又金根及雲母，駕馬或三或六，訪之《經禮》，無駕六之文。今之乘輿，又皆駕四，義符古典，宜仍駕四。其餘小駕，宜從駕三。其制用形飾，備見圖志。」

司空領尚書令任城王澄、尚書左僕射元暉、尚書右僕射李平、尚書齊王蕭寶夤、尚書元欽、尚書元昭、尚書左丞盧同、右丞元洪超、考功郎中劉懋、北主客郎中源子恭、南主客郎中游思進、三公郎中崔鴻、長兼駕部郎中薛悦、起部郎中杜遇、左主客郎中元韡、騎兵郎中房景先、外兵郎中石士基、長兼右外兵郎中鄭幼儒、都官郎中李秀之、兼尚書左士郎中朱元旭、度支郎中谷穎、左民郎中張均、金部郎中李仲東、庫部郎中賈思同、國子博士薛禎、邢晏、高諒、奚延、太學博士邢湛、崔瓚、韋朏、鄭季明、國子助教韓神固、四門博士楊那羅、唐荆寶、王令儁、吳珍之、宋婆羅、劉燮、高顯邕、杜靈儁、張文和、陳智顯、楊渴侯、趙安慶、賈天度、艾僧樹、吕太保、王當百、槐貴等五十人，議以爲：「皇太后稱制臨朝，躬親庶政，郊天祭地，宗廟之禮，所乘之車，宜同至尊，不應更有製造。《周禮》，魏晉雖有文辭，不辨形制，假令欲作，恐未合古制，而不可以爲一代典。臣以太常、國子二議爲疑，重集羣官，並從今議，唯恩裁決。」靈太后令曰：「羣官以後議折中者，便可如奏。」

太祖天興元年冬，詔儀曹郎董謐撰朝覲、饗宴、郊廟、社稷之儀。六年，又詔有司制冠服，隨品秩各有差，時事未暇，多失古禮。世祖經營四方，未能留意，仍世以武力爲事，取於便習而已。至高祖太和中，始考舊典，以制冠服，百僚六宮，各有差次。早世升遐，猶未周洽。肅宗時，又詔侍中崔光、安豐王延明及在朝名學更議之，條章粗備焉。

熙平元年九月，侍中、儀同三司崔光表：「奉詔定五時朝服，案北京及遷都以來，未有斯制，輒勒禮官詳據。」太學博士崔瓚議云：「《周禮》及《禮記》，三冠六冕，承用區分，瑱玉五彩，配飾亦別，都無隨氣春夏之異。唯《月令》有青旂、赤玉、黑衣、白輅，隨四時而變，復不列弁冕改用之玄黄。以此而推，五時之冠，《禮》既無文，若求諸正典，難以經證。案司馬彪《續漢書輿服》及《祭祀志》云：迎氣五郊，自永平中以《禮讖》并《月令》迎氣服色，因采元始故事，兆五郊於洛陽。又云五郊衣幘，各如方色。又《續漢·禮儀志》：立春，京都百官，皆著青衣，闕服青幘。秋夏悉如其色。自漢逮于魏晉，迎氣五郊，用幘從服，改色隨氣。斯制因循，相承不革，冠冕仍舊，未聞有變。今皇魏憲章前代，損益從宜。五時之冠，愚謂如漢晉用幘爲允。」靈太后令曰：「太傅博學洽通，多識前載，既綜朝儀，彌悉其事。便可諮訪，以決所疑。」二年九月，太傅、清河王懌、給事黄門侍郎韋延詳奏：「謹案前敕，制五時朝服，嘗訪國子議其舊式。太學博士崔瓚等議：『自漢逮于魏晉，迎氣五郊，用幘從服，改色隨氣。斯制因循，相承不革，冠冕仍舊，未聞有變。今皇魏憲章前代，損益從宜。五時之冠，謂如漢晉用幘爲允。』尚書以禮式不經，請訪議事，奉敕付臣，令加考決。臣以爲帝王服章，方爲萬世則，不可輕裁。請更集禮官下省定議，蒙敕聽許。謹集門下及學官以上四十三人，尋考史傳，量古校今，一同國子前議。幘隨服變，冠冕弗改。又四門博士臣王僧奇、蔣雅哲二人，以爲五時冠冕，宜從衣變。臣等謂從國子前議爲允。」靈太后令曰：「依議。」

《魏書》卷一一〇《食貨志》　舊制，民間所織絹、布，皆幅廣二尺二寸，長四十尺爲一匹，六十尺爲一端，令任服用。後乃漸至濫惡，不依尺度。高祖延興三年秋七月，更立嚴制，令一準前式，違者罪各有差，有司不檢察與同罪。

《魏書》卷一一〇《食貨志》　太和八年，始準古班百官之禄，以品第各有差。先是，天下户以九品混通，户調帛二匹、絮二斤、絲一斤、粟二十石；又入帛一匹二丈，委之州庫，以供調外之費。至是，户增帛三匹，粟二石九斗，以爲官司之禄。後增調外帛滿二匹。所調各隨其土所出。其司、冀、雍、華、定、相、泰、洛、豫、懷、兖、陝、徐、青、齊、濟、南豫、東兖、東徐十九州，貢綿絹及絲；幽、平、并、肆、岐、涇、荆、涼、梁、汾、秦、安、營、豳、夏、光、郢、東秦，司州萬年、雁門、上谷、靈丘、廣寧、平涼郡，懷州邵上郡之長平、白水縣，青州北海郡之膠東縣，平昌郡之東武平昌縣，高密郡之昌安高密夷安黔陬縣，泰州河東之蒲坂、汾陰縣，東徐州東莞郡之莒、諸、東莞縣，雍州馮翊郡之蓮芍縣，咸陽郡之寧夷縣，北地郡之三原雲陽銅官宜君縣，華州華山郡之夏陽縣，徐州北濟陰郡之離狐豐縣，東海郡之贛榆襄賁縣，皆以麻布充稅。

《魏書》卷一一〇《食貨志》　〔太和〕九年，下詔均給天下民田：

諸男夫十五以上，受露田四十畝，婦人二十畝，奴婢依良。丁牛一頭受田三十畝，限四牛。所授之田率倍之，三易之田再倍之，以供耕作及還受之盈縮。

諸民年及課則受田，老免及身没則還田。奴婢、牛隨有無以還受。

諸桑田不在還受之限，但通入倍田分。於分雖盈，没則還田，不得以充露田之數。不足者以露田充倍。

諸初受田者，男夫一人給田二十畝，課蒔餘，種桑五十樹，棗五株，榆三根。非桑之土，夫給一畝，依法課蒔榆、棗。奴各依良。限三年種畢，不畢，奪其不畢之地。於桑榆地分雜蒔餘果及多種桑榆者不禁。

諸應還之田，不得種桑榆棗果，種者以違令論，地入還分。

諸桑田皆爲世業，身終不還，恒從見口。有盈者無受無還，不足者受種如法。盈者得賣其盈，不足者得買所不足。不得賣其分，亦不得買過所足。

諸麻布之土，男夫及課，别給麻田十畝，婦人五畝，奴婢依良。皆從還受之法。

諸有舉户老小癃殘無授田者，年十一已上及癃者各授以半夫田，年踰七十者不還所受，寡婦守志者雖免課亦授婦田。

諸還受民田，恒以正月。若始受田而身亡，及賣買奴婢牛者，皆至明年正月乃得還受。

諸土廣民稀之處，隨力所及，官借民種蒔。役有土居者，依法封授。

諸地狹之處，有進丁受田而不樂遷者，則以其家桑田爲正田分，又不足不給倍田，又不足家内人别減分。無桑之鄉准此爲法。樂遷者聽逐空荒，不限異州他郡，唯不聽避勞就逸。其地足之處，不得無故而移。

諸民有新居者，三口給地一畝，以爲居室，奴婢五口給一畝。男女十五以上，因其地分，口課種菜五分畝之一。

諸一人之分，正從正，倍從倍，不得隔越他畔。進丁受田者恒從所近。若同時俱受，先貧後富。再倍之田，放此爲法。

諸遠流配謫、無子孫、及户絶者，墟宅、桑榆盡爲公田，以供授受。授受之次，給其所親；未給之間，亦借其所親。

諸宰民之官，各隨地給公田，刺史十五頃，太守十頃，治中别駕各八頃，縣令、郡丞六頃。更代相付。賣者坐如律。

《魏書》卷一一〇《食貨志》　魏初不立三長，故民多蔭附。蔭附者皆無官役，豪强徵斂，倍於公賦。十年，給事中李冲上言：「宜準古，五家立一鄰長，五鄰立一里長，五里立一黨長，長取鄉人强謹者。鄰長復一夫，里長二，黨長三。所復復征戍，餘若民。三載亡愆則陟用，陟之一等。」其民調，一夫一婦帛一匹，粟二石。民年十五以上未娶者，四人出一夫一婦之調；奴任耕，婢任績者，八口當未娶者四；耕牛二十頭當奴婢八。其麻布之鄉，一夫一婦布一匹，下至牛，以此爲降。大率十匹爲公調，二匹爲調外費，三匹爲内外百官俸，此外雜調。民年八十已上，聽一子不從役。孤獨癃老篤疾貧窮不能自存者，三長内迭養食之。」

《魏書》卷一一〇《食貨志》　魏初至於太和，錢貨無所周流，高祖始詔天下用錢焉。十九年，冶鑄粗備，文曰「太和五銖」，詔京師及諸州鎮皆通行之。内外百官禄皆準絹給錢，絹匹爲錢二百。在所遣錢工備爐冶，民有欲鑄，聽就鑄之，銅必精練，無所和雜。世宗永平三年冬，又鑄五銖錢。肅宗初，京師及諸州鎮或鑄或否，或有止用古錢，不行新鑄，致商貨不通，貿遷頗隔。

熙平初，尚書令、任城王澄上言：「臣聞《洪範》八政，貨居二焉。《易》稱：『天地之大德曰生，聖人之大寶曰位，何以守位曰仁，何以聚人曰財。』財者，帝王所以聚人守位，成養羣生，奉順天德，治國安民之本也。夏殷之政，九州貢金，以定五品。周仍其舊。太公立九府之法，於是圜貨始行，定銖兩之楷。齊桓循用，以霸諸侯。降及秦始、漢文，遂有輕重之異。吴濞、鄧通之錢，收利遍於天下，河南之地，猶甚多焉。逮于孝武，乃更造五銖，其中毁鑄，隨利改易，故使錢有小大之品。竊尋太和之錢，高祖留心創制，後與五銖並行，此乃不刊之式。但臣竊聞之，君子行禮，不求變俗，因其所宜，順而致用。『太和五銖』雖利於京邑之肆，而不入徐揚之市。土貨既殊，貿鬻亦異，便於荆郢之邦者，則礙於兗豫之域。致使貧民有重困之切，王道貽隔化之訟。去永平三年，都座奏斷天下用錢不依準式者，時被敕云：『不行之錢，雖有常禁，其先用之處，權可聽行，至年末悉令斷之。』延昌二年，徐州民儉，刺史啓奏求行土錢，旨聽權依舊用。謹尋不行之錢，律有明式，指謂雞眼、鐶鑿，更無餘禁。計河南諸州，今所行者，悉非制限。昔來緪禁，愚竊惑焉。又河北州鎮，既無新造五銖，設有舊者，而復禁斷，並不得行，專以單絲之縑，疏縷之布，狹幅促度，不中常式，裂匹爲尺，以濟有無。至今徒成杼軸之勞，不免飢寒之苦，良由分截布帛，壅塞錢貨。實非救恤凍餒，子育黎元。謹惟自古以來，錢品不一，前後累代，易變無常。且錢之爲名，欲泉流不已。愚意謂今之太和與新鑄五銖，及諸古錢方俗所便用者，雖有大小之異，並得通行。貴賤之差，自依鄉價。庶貨環海內，公私無壅。其不行之錢，及盗鑄毁大爲小，巧僞不如法者，據律罪之。」詔曰：「錢行已久，今東尚有事，且依舊用。」

澄又奏：「臣猥屬樞衡，庶罄心力，常願貨物均通，書軌一範。謹詳《周禮》，外府掌邦布之入出。布猶泉也，其藏曰泉，其流曰布。然則錢之興也始於一品，欲令世匠均同，圜流無極。爰曁周景，降逮亡新，易鑄相尋，參差百品，遂令接境乖商，連邦隔貿。臣比奏求宣下海内，依式行錢。登被旨敕『錢行已久，且可依舊』。謹重參量，以爲『太和五銖』乃大魏之通貨，不朽之恒模，寧可專貿於京邑，不行於天下！但今戎馬在郊，江疆未一，東南之州，依舊爲便。至於京西、京北域内州鎮未用錢處，行之則不足爲難，塞之則有乖通典。何者？布帛不可尺寸而裂，五穀則有負檐之難，錢之爲用，貫繦相屬，不假斗斛之器，不勞秤尺之平，濟世之宜，謂爲深允。請並下諸方州鎮，其太和及新鑄五銖并古錢内外全好者，不限大小，悉聽行之。雞眼、鐶鑿，依律而禁。河南州鎮先用錢者，既聽依舊，不在斷限。唯太和、五銖二錢得用公造新者，其餘雜種，一用古錢，生新之類，普同禁約。諸方之錢，通用京師，其聽依舊之處，與太和錢及新造五銖並行，若盗鑄者罪重常憲。既欲均齊物品，廛井斯和，若不繩以嚴法，無以肅兹違犯。符旨一宣，仍不遵用者，刺史守令依律治罪。」詔從之。而河北諸州，舊少錢貨，猶以他物交易，錢略不入市也。

二年冬，尚書崔亮奏：「恒農郡銅青谷有銅鑛，計一斗得銅五兩四銖；葦池谷鑛，計一斗得銅五兩；鸞帳山鑛，計一斗得銅四兩；河内郡王屋山鑛，計一斗得銅八兩；南青州苑燭山、齊州商山並是往昔銅官，舊迹見在。謹按鑄錢方興，用銅處廣，既有冶利，並宜開鑄。」詔從之。自後所行之錢，民多私鑄，稍就小薄，價用彌賤。

建義初，重盗鑄之禁，開糾賞之格。至永安二年秋，詔更改鑄，文曰「永安五銖」，官自立爐，起自九月至三年正月而止。官欲貴錢，乃出藏絹，分遣使人於二市賣之，絹匹止錢二百，而私市者猶三百。利之所在，盗鑄彌衆，巧僞既多，輕重非一，四方州鎮，用各不同。

遷鄴之後，輕濫尤多。武定初，齊文襄王奏革其弊。於是詔遣使人詣諸州鎮，收銅及錢，悉更改鑄，其文仍舊。然姦僥之徒，越法趨利，未幾之間，漸復細薄。六年，文襄王以錢文五銖，名須稱實，宜稱錢一文重五銖者，聽入市用。計百錢重一斤四兩二十銖，自餘皆准此爲數。其京邑二市、天下州鎮郡縣之市，各置二稱，懸於市門，私民所用之稱，皆準市稱以定輕重。凡有私鑄，悉不禁斷，但重五銖，然後聽用。若入市之錢，重不五銖，或雖重五銖而多雜鉛鑞，並不聽用。若有輒以小薄雜錢入市，有人糾獲，其錢悉入告者。其小薄之錢，若即禁斷，恐人交乏絶。畿内五十日，外州百日爲限。羣官參議，咸以時穀頗貴，請待有年。上從之而止。

《魏書》卷一一一《刑罰志》 太安四年，始設酒禁。是時年穀屢登，士民多因酒致酗訟，或議主政。帝惡其若此，故一切禁之，釀、沽飲皆斬之，吉凶賓親，則開禁，有日程。

《魏書》卷一一一《刑罰志》 永平元年秋七月，詔尚書檢枷杖大小違制之由，科其罪失。尚書令高肇，尚書僕射、清河王懌，尚書邢巒，尚書李平，尚書、江陽王繼等奏曰：「臣等聞王者繼天子物，爲民父母，導之以德化，齊之以刑法，小大必以情，哀矜而勿喜，務於三訊五聽，不以木石定獄。伏惟陛下子愛蒼生，恩侔天地，疏網改祝，仁過商后。以枷杖之非度，愍民命之或傷，爰降慈旨，廣垂昭恤。雖有虞慎獄之深，漢文惻隱之至，亦未可共日而言矣。謹案《獄官令》：諸察獄，先備五聽之理，盡求情之意，又驗諸證信，事多疑似，猶不首實者，然後加以拷掠；諸犯□年刑已上枷鎖，流徙已上，增以杻械。迭用不俱。非大逆外叛之罪，皆不大枷、高杻、重械，又無用石之文。而法官州郡，因緣增加，遂爲恒法。

進乖五聽，退違令文，誠宜案劾，依旨科處，但踵行已久，計不推坐。檢杖之小大，鞭之長短，令有定式，但枷之輕重，先無成制。臣等參量，造大枷長一丈三尺，喉下長一丈，通頰木各方五寸，以擬大逆外叛；杻械以掌流刑已上。諸臺、寺、州、郡大枷，請悉焚之。枷本掌囚，非拷訊所用。從今斷獄，皆依令盡聽訊之理，量人强弱，加之拷掠，不聽非法拷人，兼以拷石。」自是枷杖之制，頗有定準。未幾，獄官肆虐，稍復重大。

朱銘盤《南朝宋會要·刑·雜禁令》 武帝制嶺南禁作入蘭細布。《南史》本紀。

武帝永初二年正月丙寅，斷金銀塗。己卯，禁喪事用銅釘。本紀。【略】

文帝元嘉四年三月壬寅，採富陽令諸葛闡之之議，禁斷夏至日五絲命縷之屬。《南史》本紀。【略】

〔元嘉〕三十年七月辛酉，詔雕文靡巧，金銀塗飾，事不關實，嚴爲之禁。又貴戚競利，悉皆禁絶。本紀。

孝武孝建三年四月甲子，初禁人車及酒肆器用銅。《南史》本紀。

大明六年十月丁巳，上林苑内民庶丘墓欲還合葬者，勿禁。本紀。【略】

明帝泰始二年十一月壬辰，詔雕華靡麗，奇器異技，並嚴加裁斷。本紀。

三年八月丁酉，詔：「自今鱗介羽毛，肴核衆品，非時月可採，器味所須，可一皆禁斷，嚴爲料制。」本紀。

順帝昇明元年七月丙申，詔凡工麗雕鏤，一皆禁斷。

《新唐書》卷五四《食貨志四》 唐初無酒禁。乾元元年，京師酒貴，肅宗以稟食方屈，乃禁京城酤酒，期以麥熟如初。二年，饑，復禁酤，非光禄祭祀、燕蕃客，不御酒。

廣德二年，定天下酤户以月收税。建中元年，罷之。三年，復禁民酤，以佐軍費，置肆釀酒，斛收直三千，州縣總領，醨薄私釀者論其罪。尋以京師四方所湊，罷榷。貞元二年，復禁京城、畿縣酒，天下置肆以酤者，斗錢百五十，免其傜役，獨淮南、忠武、宣武、河東榷麴而已。元和六年，罷京師酤肆，以榷酒錢隨兩税青苗斂之。大和八年，遂罷京師榷酤。凡天下榷酒爲錢百五十六萬餘緡，而釀費居三之一，貧户逃酤不在焉。昭宗世，以用度不足，易京畿近鎮麴法，復榷酒以贍軍，鳳翔節度使李茂貞方顓其利，按兵請入奏利害，天子遽罷之。

李燾《續資治通鑑長編》卷二 〔建隆二年夏四月乙卯〕漢初，犯私麴者並棄市，周祖始令至五斤死。上以周法尚峻，壬戌，詔民犯私麴十五斤，以私酒入城至三斗者，始處極典，其餘論罪有差；私市酒麴，減造者之半。

謝深甫《慶元條法事類》卷一七《文書門》二《雕印文書勅令格》 勅

雜勅

諸雕印御書、本朝《會要》及言時政、邊機文書者，杖八十，並許人告。即傳寫《國史》、《實録》者，罪亦如之。

諸私雕或盜印《律》、《勅》、《令》、《格》、《式》、《刑統》、《續降條制》、《曆日》者，各杖一百，增添事件，撰造大小本《曆日》雕印販賣者准此，仍千里編管。許人告。即節略《曆日》雕印者，杖八十。止雕印月分大小及節氣、國忌者非。

諸舉人程文輒雕印者，杖八十，詩賦、經義、論曾經所屬詳定者非。事及敵情者，流三千里，内試策事干邊防及時務者准此。並許人告。

詐僞勅

諸私雕印文書，不納所屬詳定輒印賣者，杖一百，印而未賣，減三等。

諸糾合人共犯私雕或盜印《曆日》而首告以規賞者，徒二年。

令

賞令

諸告獲私雕或盜印《律》、《勅》、《令》、《格》、《式》、《刑統》，已給賞錢，並具數申尚書禮部。

諸告獲私雕或盜印《曆日》應賞而犯人無財産或不足，以官錢代支者，不得過三十貫。

雜令

諸私雕印文書，先納所屬，申轉運司選官詳定，有益學者，聽印行。仍以印本具詳定官姓名，送秘書省、國子監。

關市令

諸在京官印《曆日》許人買，赴指定路分出賣。

謝深甫《慶元條法事類》卷二八《榷禁門》一《酒麯勅令格》 勅

衛禁勅

諸禁地内謂去東京城二十五里，州二十里，縣鎮寨十里内。餘條酒麴稱「禁地」者准此。私造酒一升，笞四十，五升加一等，五斗徒一年，五斗加一等，五石不刺面配本城。禁地内私有，禁地外私造，各減一等。以上再犯至罪止者，各不以禁地内外並配本城。兩犯禁地外私有至罪止者，不刺面。其造者，酒匠爲從。下條麴匠准此。即將外來官酒入禁地，一升笞四十，二升加一等，一石五斗徒一年，一石五斗加一等，罪止徒三年。禁地外及鄉村酒自相浸越沽賣，減一等。

諸以所得官酒入別州界賣者，依外來官酒入禁地法。

諸酒户知情放酒入禁地販賣者，減犯人罪三等，罪止杖一百。

諸私有麴，謂小麥麴。其連麩麴二斤，大麥、米、豆麴二斤半，雜物造成，但可造酒者，三斤並比一斤。禁地内一兩笞四十，二斤加一等，十斤徒一年，十斤加一等，百斤不刺面配本城。禁地外一兩笞四十，二斤加一等，二十斤徒一年，二十斤加一等，一百五十斤不刺面配本城。酒户賣與界内不應造酒人者，杖八十，自將入禁地及賣與別界不應造酒人，減私有一等。其買人係禁地内，同私有法；禁地外，減一等。

諸犯榷貨私有者，許人告，外來官酒入禁地者亦許告。販私有者，許捕。

諸巡捕人失覺察本界内停藏，謂經日者。貨易若透漏外來官酒而被他人告捕獲者，犯人杖罪，笞四十；徒罪，杖八十；流罪，杖一百。堰閘應搜檢人透漏，各減二等。由笞罪減者，再犯乃坐。

鬥訟勑

諸私造酒、麴沽賣並舍鄰人知而不糾，論如《五保》律。

廄庫勑

諸命官以錢物就公使庫或場務醞造酒者，論如私醞酒法加一等。已入，以自盜論，長貳、當職官加二等。監司知而不舉，與同罪；不知，減三等。

令

賞令

諸備賞應以犯人財産充而無或不足者，禁地内犯私有酒麴及外來官酒，責知情干繫人及鄰保、買酒户；酒麴販，責知情酒户均備。

諸告獲禁地内私有酒麴及外來官酒者，給賞外，仍據見獲酒麴、糟酵及造販之具，估價以官錢全給。

捕亡令

諸官司捕獲或透漏私有酒麴，估酒麴及鹽價，比鹽計斤重理賞罰，係禁地内及外來官酒入禁地，仍一兩比二兩。

斷獄令

諸販私有榷貨，其船車畜産之類，知情借賃運致者，没官。即獲販私有酒麴，犯人隨行已物給賞有餘，准此。

場務令

諸酒户知情放酒入禁地販賣者，計犯人應出賞錢數追罰。應均備者，仍依本條。即自將酒入禁地沽賣者，計一界買撲價錢追罰二分，並入官，隸轉運司，雖遇恩亦理納。

雜令

諸品官有官酒者，不限數。其非品官而於官司得官酒者，亦不禁。

格

賞格

諸色人

告獲禁地内私有酒麴及外來官酒者：當收領時棄毁其物不在者，准笞罪給。禁地外酒麴准此。笞罪，錢五貫；杖六十，錢六貫，每等加一貫；徒一年，錢二十貫，每等加十貫；流二千里，錢七十貫，每等加一十貫。

告獲禁地外私有酒麴者：笞、罪杖，錢三貫；徒一年，錢五貫，每等加五貫。

謝深甫《慶元條法事類》卷二八《榷禁門》一《銅鍮石鉛錫銅礦勑令格》 勑

衛禁勑

諸私有銅及鍮石者，銅礦及夾雜銅並烹煉净銅計數。其盜人許存留之物者，免烹煉，每兩除豁三錢。一兩杖八十，一斤加一等，十五斤不刺面配鄰州本城。爲人造作器物者，與物主同罪，配亦如之，作具没官。自造者准此。

諸私有鉛夾雜者，並黄丹、砂子，並烹煉净鉛計數。一斤，笞五十，二十斤加一等，過杖一百，三十斤加一等，罪止徒三年。出産地分私烹煉加一等。

諸犯榷貨非販者，銅、鉛、銅礦、鍮石非。二分得一分之罪，罪止徒三年，仍免編配。

諸巡捕官任内透漏銅出界及失覺察私置爐烹煉或買賣不入官，以捕得斤數折除外，五十斤展磨勘半年，縣尉殿三月參選；百斤展一年，縣尉殿半年；二百斤展二年，縣尉殿一年。如係所産去處各遞加一等。磨勘、殿選並以一季爲一等，專差巡捕使臣透漏失覺察至二百斤，仍降等差遣。其銅礦、鉛、錫十斤，或銅垢以烹煉到净銅五斤，各比銅一斤。

諸巡捕人失覺察本界内停藏，謂經日者。貨易若透漏私有榷貨而被他人告捕獲者，犯人杖罪，笞四十；徒罪，杖八十；流罪，杖一百。若係産銅界内巡捕人透漏失覺察私賣銅或私輒鑄造銅器出賣者，各加一等。

諸出産銅、鉛、錫界內耆長失覺察私置爐烹煉而爲他人告捕獲，並同保父保正長知而不糾者，並依界內停藏、貨易透漏榷貨法。

擅興敕

諸私有銅鑼，謂堪充軍用者。杖一百，許人告。村鄉保伍曾經鐫記及官給者非。

雜敕

諸守令任內失覺察銼銷錢寶、私鑄銅器，提點刑獄司具申尚書省取旨。

令

職制令

諸巡捕官獲私造銅、鍮石之物，所屬監司歲終比較，謂私造銅、鍮石，係提點刑獄司比較之類。其最多、最少之人，最少，謂地分內透漏及犯者數多而獲到數少者。每路各二員以聞。

賞令

諸産銅、鉛、錫界巡捕官，任內親獲私置爐烹煉若賣買不入官應賞者，未獲犯人，二斤比一斤；遣人獲者，各一斤半比一斤。

諸獲販私有銅、鉛、錫、鍮石、銅礦五斤以上者，犯人隨行已物全給。其賞錢及物價仍准格。

捕亡令

諸巡捕榷貨人各給印紙，具録所捕獲物數。若失覺察本地分停藏、貨易、透漏若私置爐烹煉者，聽以所獲犯人刑名等第互相准折，刑名不等，許通計。並謂已獲犯人者，笞罪二折杖罪一，杖罪二折徒罪一，徒罪二折流或配罪一。其以重罪折輕罪者准此。能於三十日內別獲犯人、榷貨人，亦聽依此折除。

關市令

諸應用銅及鍮石之物不可闕者，謂鐘磬、鐃鈸、鈴、杵、照子、鏁、鑻之類。文思院鑄造鐫鑿，發赴雜賣場立價請買，仍給憑由照會。寺觀闕大鍾，聽經所在州陳乞，勘會詣實，保明申尚書省，候得指揮，聽鑄。若諸軍合用銅鑼，申降指揮下軍器所造給。

諸買官造銅器、鍮石之物者，出賣官司具數給引。

諸錫非出産界而官賣者，聽。商販及造器用貨易仍並免税。

諸産錫界內寺觀及私家，所有功德像之屬聽留。仍官給文憑，遇損壞，賣入官。下條錫器物損壞准此。其寺觀仍具名件，置籍及榜示。

諸産錫界內民間所用錫器物，聽於通商處收買，諸當處税務驗實，具數給公憑，賚詣所居州縣税務覆驗。亦聽貨易。貨易者，仍於本務俟憑貨訖限次日納毀。

雜令

諸私造銅、鍮石器物及買販罪賞條禁，於要鬧處曉示。

諸私鑄銅器物，守臣月具有無違戾聞奏，並申提點刑獄司，仍從本司檢察類奏。如有違戾，具當職官奏裁。

諸舊有銅、鍮石鑄道釋功德像、鐘磬、鐃鈸、鈴、杵、相輪、照子、鏁、鑻、銅鑼，謂已籍定數目及曾經鐫記給憑由，或元經官給買到者。並許存留。

諸格令許有榷貨，謂非販賣者。銅、鍮石物，謂曾經鐫記及官給賣者。

諸以鉛造鏁、鑻、婦人首飾、釵、釧及稜道泥畫者聽。

軍器令

諸造銅鑼及弩牙發之類，闕銅及無工匠者，轉運司就近使州造成支付。

格

賞格

諸色人

告獲私有銅及鍮石者：杖罪，錢五貫；徒一年，錢一十五貫，每等加一十貫；流二千里，錢六十五貫，每等加一十貫。

告獲私有鉛者，准價全給。五十貫止。

告獲私有銅鑼，謂堪充軍用者。計斤兩准銅價倍給。

謝深甫《慶元條法事類》卷二九《榷禁門》二《銅錢金銀出界勅令格申明》 諸以銅錢出中國界者，徒三年，五百文流二千里，五百文加一等。徒罪配三千里，從者配二千里；流罪配廣南，從者配三千里；三貫配遠惡州，從者配廣南；五貫絞，從者配遠惡州。知情引領、停藏、負載人減犯人罪一等，仍各依從者配法。以上並奏裁，各不以赦降原減。許徒伴及諸色人捕，依格支賞外，隨行應干錢物並全給捕人。其犯人並知情引領、停藏、負載人名下家産，並籍没入官。如已裝發候回日，亦許徒伴及諸色人捕，盡以犯人回貨給賞外，仍依格推賞。

諸以銅錢與蕃商博易者，徒二年，五百文加一等，過徒三年一貫加一等。徒罪配二千里，從者配千里；流罪配三千里，從者配二千里；五貫配廣南，從者配三千里；十貫配遠惡州，從者配廣南。知情引領、停藏、負載人減犯人罪一等，仍依從者配法。以上並化外人有犯者，並奏裁，各不以赦降原減。許徒伴及諸色人捕，除依格支賞外，隨行錢物並給捕人，其犯人並知情引領、停藏、負載人名下家産並籍没入官。

諸不覺察錢銅出中國界或以銅錢與蕃商博易者，市舶司當職官吏、謂置司州。巡捕官、巡防人以違制論。州知、通，縣令、丞，鎮寨官並經由透漏去處巡捕官、巡防人杖一百。故縱者，與犯人同罪，至死，減一等。

雜勑

諸川、陝路鐵錢與陝西、河東路鐵錢侵越行用者，論如博易私錢法。將鐵錢入銅錢界行用者，減二等，並許人告，錢没官。下二條「許告」「没官」准此。

諸將銅錢入川、陝界者，杖六十，二百文杖七十，二百文加一等，二貫徒一年，二貫加一等，過徒三年十貫加一等。

諸於陝西路用銅錢者，徒二年，配千里。

令

關市令

諸禁銅錢出中國條制，州縣每半年一曉示。

格

賞格

命官

獲以銅錢出中國界者：知情引領、停藏、負載人並減半。徒罪，減磨勘二年半；流罪，減磨勘三年半；配遠惡州，轉一官，減磨勘一年；死罪，轉兩官。

獲以銅錢與蕃商博易者：知情引領、停藏、負載人並減半。徒罪，減磨勘一年半；流罪，減磨勘二年半；配遠惡州，轉一官。

諸色人

獲以銅錢出中國界者：知情引領、停藏、負載人並減半。徒罪，錢三百貫；流罪，錢三百五十貫；配遠惡州，錢四百貫；死罪，錢五百貫。獲三百貫以上者奏裁。

獲以銅錢與蕃商博易者：知情引領、停藏、負載人並減半。徒罪，錢二百五十貫；流罪，錢三百貫；配遠惡州，錢三百五十貫。獲五百貫以上者奏裁。

告獲川、陝路鐵錢與陝西、河東路鐵錢侵越行用及將鐵錢入銅錢界行用者：杖罪，錢一十貫；徒罪，錢二十貫；流罪，錢三十貫；編管，錢四十貫；配，錢五十貫。

獲將銅錢入川、陝界者：杖罪，錢五貫；徒罪，錢一十貫；流罪，錢二十貫。

告獲於陝西路用銅錢者，錢二百貫。

申明

隨勑申明

衛禁

乾道九年五月十八日勑：將帶銅錢過淮，比附以《銅錢出中國界》條法斷罪、推賞。仍令淮、江帥漕司，沿江、淮州縣並榷場官常切覺察。如州縣並榷場官違戾，仰帥、漕司舉劾，申奏朝廷，重行停降。若帥、漕司失於覺察舉劾，或因人告首及别事彰露，亦與州縣並榷場官一等科罪。

乾道九年九月三日勑：藏帶金銀過淮及過北界，其犯人及知情引領、停藏、負載人並透漏不覺察地分合干官吏，並以所藏帶金銀估計價直，依銅錢出中國界條格斷罪、推賞。所是榷場官吏不覺察者，比附《市舶司當職官吏不覺察銅錢出中國界》或以《銅錢與蕃商博易》斷罪施行。

淳熙元年五月十五日勑令所看詳：盱眙軍榷場發客，先令所委搜檢官就西門下搜檢，如無藏帶金、銀、銅、錢並違禁等物，方許通放。若經由搜檢之後，於本軍西門外未至淮河渡口搜獲，即係元意欲藏帶過界，比附《餘條未過減一等》斷遣。

淳熙元年十二月十五日樞密院劄子：盱眙軍申乞今後有蔭贖人並不許通放過淮博易。其有蔭贖人若隱匿蔭贖，通放過淮博易，如偷傳銀、錢事發到官，並不許引用蔭贖。奉聖旨「依」。

淳熙五年五月十八日勑：今後如有蕃商海船等船往來興販，夾帶銅錢五百文，隨行離岸五里，便依出界條法。

紹熙元年十一月十四日勑：刑、户部看詳，信陽軍取淮河灘淺處二十里内捕獲到銅錢，比附《餘條未過減一等》斷遣。如已裝成馬馱，於淮河一里内捕獲者，比附《沿淮地分已裝載下船未離岸依已渡法》指揮斷罪。若取淮河二十里之外，但本軍内捕獲，亦《比附餘條未過減一等》上又減一等定斷。内有蔭人不用蔭贖。

紹熙二年三月二十五日勑：盱眙軍申乞日後遇有諸色人打奪到銅錢、銀兩不即告官，自行分受之人，依條施行外，所有元般販銅錢、銀兩人，不許引用犯禁物被盜致彰露同首原條法，止於正犯刑名上減等斷罪。户、刑部看詳，欲從所乞。

施行。奉聖旨「依户、刑部看詳到事理施行」。

淳熙六年十二月十一日勅：告獲僞造會子賞錢，依指揮於所在有管經總制錢内先次支給。官吏非理阻抑者，許經朝省越訴，取旨責罰。所有告獲錢寶將出界外，依格合給賞錢，亦依此一體施行。

旁照法

名例勅

諸稱「不以赦降原減」，除緣奸細事或傳習妖教、托幻變之術及故決、盗決江河堤堰已決外，餘犯若遇非次赦或再遇大禮赦者，聽從原免。

雜勅

諸博易私錢以規利者，杖一百，一百文加一等，過徒三年，一貫加一等，十貫配本城，三犯徒，鄰州編管。

謝深甫《慶元條法事類》卷二九《榷禁門》二《銅錢下海勅令》 勅

衛禁勅

諸將銅錢入海船者，杖八十，一貫杖一百；三貫杖一百，編管五百里；五貫徒一年，從者杖一百；七貫徒二年，從者徒一年；十貫流二千里，從者徒三年。知情引領、停藏、負載人依從者法。若化外有犯者，並奏裁，不以赦降原減。許徒伴及諸色人捕，其隨行錢物，並全給捕人。

諸打造海船，先經所屬請給《禁納銅錢入海條令》，雕注船梁，違者杖八十。

令

職制令

諸沿海巡檢、縣尉透漏銅錢入海者，所屬具申尚書省。

謝深甫《慶元條法事類》卷二九《榷禁門》二《鐵錢過江南申明》 申明

隨勅申明

衛禁

淳熙二年十月五日勅：自淮南將帶鐵錢過江之人，依乾道九年五月十八日銅錢罪賞減二等斷罪，罪止徒一年。

乾道九年五月十八日勅：將帶銅錢過江北比附銅錢入川、陝界斷罪，許人告。其所告錢數並全給充賞。仍令江淮帥漕司、沿江淮州縣並榷場官常切覺察。如州縣並榷場官違戾，仰帥、漕司舉劾，申奏朝廷，重行停降。若帥、漕司失於覺察舉劾，或因人告首及別事彰露，亦與州縣並榷場官一等科罪。

淳熙四年十二月二十三日勅：禁止鐵錢過江南前後措置非不嚴切，訪聞尚有民旅冒犯法禁，令江淮帥漕司約束所部，沿江守令嚴行禁戢，仍督責巡尉緝捉，毋令透漏，月具有無違犯之人申尚書省。其銅錢界不許行使鐵錢。

謝深甫《慶元條法事類》卷二九《榷禁門》二《錢銀過江北申明》 申明

隨勅申明

衛禁

乾道九年五月十八日勅：將帶銅錢過江北，比附銅錢入川、陝界斷罪，許人告。其所告錢數並全給充賞，仍令江淮帥漕司、沿江淮州縣並榷場官常切覺察。如州縣並榷場官違戾，仰帥、漕司舉劾，申奏朝廷，重行停降。若帥、漕司失於覺察舉劾，或因人告首及別事彰露，亦與州縣並榷場官一等科罪。

乾道九年八月十五日勅：今後如有藏帶銀兩銅錢至緣邊州軍榷場及沿淮地分，已裝載下船，捉獲，雖未離岸，並依已渡法，許人告，捕人一半充賞，一半没官。

紹熙元年十一月十四日勅：刑、户部看詳，信陽軍取淮河灘淺處二十里内捕獲到銅錢，比附「餘條未過減一等」斷遣。如已裝成馬馱，於淮河一里内捕獲者，比附「沿淮地分已裝載下船未離岸依已渡法」指揮斷罪。若取淮河二十里之外，但本軍内捕獲，亦比附「餘條未過減一等」上又減一等定斷。内有蔭人不用蔭贖。

紹熙二年二月二十五日勅：盱眙軍申乞日後遇有諸色人打奪到銅錢銀兩，不即告官，自行分受之人，依條施行外，所有元般販銅錢銀兩人，不許引用犯禁物被盗致彰露同首原條法，止於正犯刑名上減等斷罪。户、刑部看詳，欲從所乞施行。奉聖旨「依户、刑部看詳到事理施行」。

淳熙四年十二月二十三日勅：禁止銅錢過江北前後關防措置非不嚴切，訪聞尚有民旅冒犯法禁，令江淮帥漕司約束所部，沿江守令嚴行禁戢。仍督責巡、尉緝捉，毋令透漏，月具有無違犯之人申尚書省。

謝深甫《慶元條法事類》卷二九《榷禁門》二《私鑄錢勅令格式申明》 勅

雜勅

諸私鑄錢者，絞，謂私鑄當三、當二小平或鐵錢及夾錫錢。餘條稱「私鑄錢」者准此。未成百，減一等；指教人及工匠爲從，死罪從及罪至流者，配千里；以渣垢夾鑄罪至死者，奏裁；以雜物私造，以銅淬鐵錢，以鐵錢染爲銅色者亦是。可亂俗者，減私鑄法一等，不及百文又減一等，並許人捕。厢耆巡察人失覺察私鑄錢，徒一年，巡檢、縣尉、都監減一等，縣令、州城内知州、通判各又減一等；若雜物私造者，各又遞減一等。以上知而不舉或故縱者，減罪人罪二等，内厢耆巡察人故縱犯人應配者，仍配五百里；鄰保知而不糾，加五保不糾罪一等。若雜物私造止依「五保知而不糾」律。即保内如能糾舉，免罪；獲者，給賞如法。

諸製造、賣、借若與人鑄錢作具者，減犯人罪一等，買、借及受之者，與同罪，已造而未成者，減三等，許人告。

盜賊敕

諸有私鑄錢不搥毀而輒行使者，杖一百，許人告。

名例敕

諸私鑄錢者，不以蔭論，命官不在議、請、減之例。

諸官司受納諸色人錢，專庫揀捏之類，以私鑄混雜換易，罪輕者，杖一百，仍勒停，許人捕。

令

捕亡令

諸巡捕官，州給印曆，應失覺若獲私鑄錢者，並計火數，見情犯者，當日取曆，依式批書。

雜令

斷獄令

諸錢私鑄私造者，若渣垢夾鑄者，毀訖没官。

諸私鑄錢應配者，計地里配鑄錢監。本處無監者，配以次監。已成而不勀該配者，謂家人共犯於法不坐及因首告減等之類。刺充錢監工匠。本路無監，刺以次路分監。犯人應贖者非。

賞令

諸給賞者，以犯人財産充，無或不足者，以官錢支。即獲私鑄錢，製造、賣、借若與人鑄錢作具同。如事狀明白，當日以官錢借支。

諸備賞應以犯人財産充而無或不足者，私鑄錢，製造、賣、借若與人鑄錢作具同。責停止知情人，又不足，責鄰保、厢耆；以雜物造錢，責鄰保人均備。

格

賞格

命官

親獲私鑄錢：未成，減磨勘一年。已成，減磨勘二年，所獲錢五百貫以上，減三年；三千貫以上，轉一官，選人循兩資。

知州、通判、都監、縣令、巡檢、縣尉任滿獲私鑄錢：謂以任内親獲或他人獲火數互相比折失覺察已斷火數外，計其餘親獲數理。一火以上，減磨勘一年；三火以上，減磨勘二年；五火以上，減磨勘三年；十火以上，轉一官，選人循兩資。

諸色人

獲私鑄錢：未成，錢一百五十貫。已成，錢三百貫。所獲錢一百貫以上，仍轉一資；五百貫以上，百姓願充進議副尉，公人願充進武副尉者，聽；一萬貫以上，與承信郎。

獲私以雜物造錢，雖未成者，不及一百文減半。錢一百貫。

告獲製造、賣、借若與人鑄錢作具者，買、借及受之者同。錢一百貫。

告獲有私鑄錢不搥毀而輒行使者，不滿一百文，錢三十貫；五十文以下減半。一百文以上，錢四十貫；一貫文以上，錢五十貫；十貫以上，錢七十貫。每十貫文增五貫文，三百貫止。

獲官司受納諸色人錢，謂小平當三並官鑄者。專庫揀捏之類以私鑄錢混雜換易者，錢一百貫。

式

賞式

保明命官任滿獲私鑄錢酬賞狀

某處

勘會某官姓名，昨於某年月日到任，至某年月日替罷。任内有獲到私鑄錢，依條折除失覺火數外，有親獲火數合該推賞，尋行取會，並是詣實。謹具如後：

一、任内私鑄錢失覺共若干火。無，則稱無。

一、火。具元鑄錢去處、犯人姓名、事發月日、因依、獲者，開結斷刑名。餘火依前開。

一、任内躬親或差人捕獲私鑄共若干火。一火數各依前開。

一、將某人躬親或差人捕獲私鑄錢若干火比折失覺火數外，尚有親獲到若干火。

一、檢坐合用條格開。

右謹件如前，勘會某官姓名，准令格該某酬奬，保明並是詣實。謹録奏聞，伏候勅旨。

年月　日依常式

考課式

批書巡捕官任内失覺察及獲私鑄錢

某處

據某處報某地分巡捕官某人，失覺察若獲私鑄錢，今合批書者：

一、某年月日於某地分内失覺察某人私鑄錢若干，獲犯人者，仍具已若何結斷。

一、某年月日於某地分内躬親或差人獲到某人私鑄錢若干。

右批上本官印紙照會。

年月　日依常式

申明

隨勅申明

雜勅

淳熙四年二月八日勅：州縣鄉村市井買賣交易及輸納官錢等公然將私鑄砂毛錢混雜行使，悉因關津税務不曾搜檢，商旅等人得以循習，博易般傳，更無畏憚。劄下江東西、福建、浙東西、湖南路諸州，行下所管關津、税場，嚴行關防，搜檢拘收，將犯人依法斷罪追賞。其監官依巡、尉有無透漏茶鹽賞法，及滿考罷任，批上印紙。

淳熙十六年正月十九日勅：諸路守臣嚴切督責巡捕官司，所部私鑄及見使砂毛錢，禁戢摧毁，日後尚或違犯，盡法施行。若有故縱，奉行滅裂，因致彰露，其守臣並巡捕官並取旨責罰。仰提刑司常切覺察。

紹熙三年五月一日尚書省劄子：兩淮私鐵錢多是江南州縣深山窮谷間所鑄，雖與兩淮一例督責官吏禁止，而江南以非行用鐵錢地分奉行不嚴。如日後兩淮敗獲，鞫勘得是江南所鑄，即將界分官吏、鄰保重行責罰，並不以去官原免。奉聖旨「依」。

謝深甫《慶元條法事類》卷二九《榷禁門》二《私錢博易勅令格》　勅

雜勅

諸博易私錢以規利者，杖一百，一百文加一等，過徒三年，一貫加一等，十貫配本城，三犯徒鄰州編管。即將私錢博易官錢者，加二等，罪止配鄰近錢監。鄰近無錢監，即配鄰近牢城，各不得過五百里。引領博易人准此。以上許人告。

諸巡檢、縣尉、都監，任内失覺察鋞銷及磨錯、翦鑿錢取銅以求利，以私錢博易同。或私造銅器，謂以任内失覺察，除親獲或他人獲已斷數互相比折外，計其餘數理。一斤以上，展磨勘半年，十斤以上，展磨勘一年，五十斤以上，展磨勘二年，百斤以上，奏裁。廂耆巡察人杖一百。

賊盗勅

諸錢綱押綱人、部綱兵級本船梢工同。以私錢貿易所運錢，雖應計其等，依監主自盗法，罪至死者，減一等配千里。本舡軍人及和雇人犯者，亦以盗所運官物論。

諸以私錢貿易綱運所般錢監上供錢者，許人捕。

令

賞令

諸備賞應以犯人財産充而無或不足者，博易私錢責停止知情人，又不足，責鄰保廂耆均備。

格

賞格

諸色人

告獲博易私錢規利者：杖罪，錢五十貫；徒罪，錢七十貫；流罪，錢一百貫；編管，錢一百二十貫；配，錢一百五十貫。

獲以私錢貿易綱運所般錢監上供錢者，錢三百貫。

命官

巡檢、縣尉、都監任滿獲鋞銷及磨錯、翦鑿錢取銅以求利以私錢博易同。或私造銅器者：謂以任内親獲，除失覺察或他人獲已斷數互相比折外，計其餘親獲數理。一斤以上，減磨勘半年；十斤以上，減磨勘一年；五十斤以上，減磨勘二年；百斤以上，奏裁。

旁照法

賊盗勅

諸梢工盗本船所運官物者，依主守法，徒罪勒充牽駕，流罪配五百里。本船軍人及和雇人盗者，減一等，流罪，軍人配本州，和雇人不刺面配本城。

諸竊盗得財，杖六十，四百文杖七十，四百文加一等，二貫徒一年，二貫加一等，過徒三年三貫加一等，二十貫配本州。

諸監臨主守自盗財物，罪至流，配本州，謂非除免者。三十五匹，絞。

謝深甫《慶元條法事類》卷二九《榷禁門》二《銔鑿錢寶勅令格 申明》 勅

雜勅

諸銔銷及磨錯、翦鑿錢取銅以求利，或鑄造器物，夾雜鉛、錫打造，計銅斤重科罪。已銔銷，雖未成器物亦是。若工匠及賣買興販之者，一兩杖一百，一斤加一等，工匠送鑄錢監充役。八斤皆配本城，十斤皆配五百里。命官及有蔭人奏裁，並許人捕。廂耆巡察人及地分官吏州都監、縣鎮巡尉各分認地分界至。知而不糾，以違制論，仍放罷，吏人勒停。犯人罪輕者，與同罪。鄰保知而不糾，杖一百。即保內能糾舉或工匠能首告者，免罪，給賞如法。官司不即給賞，許告捕人經監司越訴。

諸巡檢、縣尉、都監，任內失覺察銔銷及磨錯、翦鑿錢取銅以求利或私造銅器，謂以任内失覺察，除親獲或他人獲已斷數互相比折外，計其餘數理。一斤以上展磨勘半年，十斤以上展磨勘一年，五十斤以上展磨勘二年，百斤以上奏裁。廂耆巡察人杖一百。

令

諸守令任內失覺察銔銷錢寶、私鑄銅器，提點刑獄司具申尚書省取旨。

雜令

諸私造銅、鍮石器物若銔銷、磨錯、翦鑿錢取銅以求利及買販罪賞條禁，於要鬧處曉示。

諸私鑄銅器物，守臣月具有無違戾聞奏，並申提點刑獄司，仍從本司檢察類奏。如有違戾，具當職官奏裁。

賞令

諸獲銔銷及磨錯、翦鑿錢、鑄造器物及販賣者，依格給賞外，仍將所獲器物估價以錢給之。其器物捶毀，解赴所屬官司，充鑄錢使用。

諸備賞應以犯人財産充而無或不足者，若銔銷、磨錯、翦鑿錢寶，私造銅器，責停止知情人，又不足，責鄰保廂耆均備。

格

賞格

命官

巡檢、縣慰、都監任滿，獲銔銷及磨錯、翦鑿錢取銅以求利或私造銅器者：謂以任內親獲，除失覺察或他人獲已斷數互相比折外，計其餘親獲數理。一斤以上，減磨勘半年；十斤以上，減磨勘一年；五十斤以上，減磨勘二年；百斤以上，奏裁。

諸色人

告獲銔銷及磨錯、翦鑿錢取銅以求利或鑄造器物，已銔銷，雖未成器物亦是。若工匠及賣買興販之者：杖罪，錢五十貫；徒一年，錢七十貫，每等加一十貫；流二千里，錢一百貫，每等加一十貫。

申明

隨勅申明

衛禁

淳熙六年十二月十一日勅：告獲僞造會子賞錢，依指揮於所在有管經總制錢內先次支給。官吏非理阻抑者，許經朝省越訴，取旨責罰。所有告獲私造銅器、銔銷錢寶，依格合給賞錢，亦依此一體施行。

謝深甫《慶元條法事類》卷二九《榷禁門》二《私造金箔銷金勅令格》 勅

雜勅

諸私造金箔者以金箔裝飾神像、圖畫供具之類同。及工匠，各徒三年，並許人告。

令

諸以銷金爲服飾及賣或興販若爲人造者，各徒二年，並許人告。

賞令

諸備賞應以犯人財産充而無或不足者，以銷金爲服飾及賣或興販，若爲人造、私造金箔以金箔裝飾神像、圖畫供具之類同。及工匠，責知情得罪人均備。

格

賞格

諸色人

告獲私造金箔以金箔裝飾神像、圖畫供具之類同。及工匠，錢三百貫。

告獲以銷金爲服飾及賣或興販，若爲人造者，錢三百貫。

勅

興販軍須勅、格、申明

衛禁勅

諸將堪造軍器物謂弓弩、竹木材、槍杆、箭笴、筋角、鰾膠、白蠟、牛皮、皮單鞔及皮鞋底。餘條堪造軍器物准此。入三路緣邊及河北、京東路緣海州界者，徒一年，物價據見獲物估。及二貫加一等，過徒三年五貫加一等，物没官，許人告。關津稅務官司失覺察，杖一百。

諸以堪造軍器物賣與化外人及引領者，並徒二年，計贓一尺，徒三年，一匹加一等，徒罪皆配千里，流罪皆配二千里，三十匹皆配遠惡州，物没官，知情、停藏、負載人減犯人一等，仍依犯人配法。熟鐵造成器物同。與外國使人非使人同。交易，罪輕者，徒三年，配千里，許人告。非使人，許捕。

格

賞格

諸色人

告獲將堪造軍器物入三路緣邊及河北、京東路緣海州界：杖罪，錢五十貫；徒罪，錢一百貫；流罪，錢一百五十貫。

獲以堪造軍器物賣與化外人者：告獲引領或知情、停藏、負載人，減半。徒罪，錢二百貫；流罪，錢三百貫。

獲以熟鐵造成器物同。與外國使人或非使人交易者，告獲知情引領、停藏、負載人，減半。錢三百貫。

申明

隨勅申明

衛禁

紹興二十九年二月四日勅：私渡淮人並依軍法，其津發載渡及巡防人故縱，與同罪；失覺察，減一等。所有海商私自興販及以給到他處公憑，假託風潮輒至北界，可並依私渡淮法施行。許諸色人告捕，本船貨物盡數充賞。發載渡及巡防人，並依上條。令緣海州縣嚴切禁止，監司帥臣常切覺察。如違，重置典憲。

謝深甫《慶元條法事類》卷三二《財用門》三《鼓鑄勅令格式》 勅

擅興勅

諸鑄錢抑勒於功限外鼓鑄及令夜作者，以違制論。

厩庫勅

諸鑄錢虧額，依課利場務虧欠法，因闕功料致虧者，除其數，即揀退錢滿一釐，監官衝替。額外增鑄應保奏者，聽折免。

諸納到新鑄上供錢，有揀退者，元看揀官與監鑄官同罪。

諸鑄錢司錢物，州縣輒侵借支使者，依擅支封樁錢物法。

諸酒務，監專應宿不宿者，杖一百，錢監監官、監門官准此。

令

職制令

諸轉運司奉行鑄錢職事，謂舊鑄錢司併入者。比元額鼓鑄增虧分數，歲終委提點刑獄司分兩路者，每歲互輪。取索，具職位姓名，限次年三月終保明申尚書工部。

場務令

諸鑄錢監所鑄錢，每貫熟重四斤五兩。轉運、提點鑄錢司巡歷所至，依樣校驗。

倉庫令

諸受納新鑄錢而粗怯不如樣者，退換，若數多即申所屬。

諸錢監鑄上供錢，並依元樣，州差官看揀訖方得起發，內抽取一貫申納尚書省。

諸裝發錢監上供錢，每綱於所裝錢內取樣，不得揀選，監專與綱梢管押人同封書印，一百文入急脚遞，傳送至交納處，一貫隨綱，仍於裝發錢數外取別同樣錢，一貫留本州作住樣，以備照驗。轉般者，裝發日將元隨綱樣錢重加封印。以樣比驗交納。若不如樣者，申所屬驗實，據數發回元鑄錢監驗認，送所屬究治。

諸入錢監點檢官，除隨行吏人外，聽留從人二人，餘即時押出。

諸錢監監官與監門官互宿。

賞令

諸監鑄錢官，以敷祖額理賞者，不分大小銅鐵，仍不用折數，若不滿任而敷及三年額者，依任滿推賞；在任二年以上者，以監過年額對比。

諸監鑄錢官額外增鑄者，一百萬貫增一分，餘及五萬貫，並具數保明奏裁。

營繕令

諸鑄錢監每月具鑄過錢數，限次月五日以前申尚書工部。

諸錢監工匠收全功，節級減半，即不得貪償功程，軍頭、十將、都作頭、大小作頭並免。

諸錢監小作頭闕，於工匠內選試精巧人充，大作頭於小作頭，都作頭於大作頭内選尤精者充。若工匠造作不如法及工程不敷，即時註籍，大小作頭每季，都作頭每半年，比較分數，最多者並降充別作工匠。

吏卒令

諸錢監係工人，謂作匠、兵級、將校、專典、貼司、揀掏庫子之類。每五人爲一保。不及者附保。

格

賞格

命官

監鑄錢三年任滿敷祖額：

三十萬貫以上，不滿任，對比敷額有退欠者，退，謂有揀退粗弱滿半釐；欠，謂少欠官物直不滿一百貫。下文稱「退欠」，各准此。陞半年名次。

三十萬貫以上有退欠，及不滿任，對比敷額或六十萬貫以上不滿任，對比敷額有退欠者，免試。

三十萬貫以上或六十萬貫以上有退欠，及不滿任，對比敷額，或一百萬貫以上，不滿任，對比敷額有退欠者，減磨勘一年，仍陞一年名次。

六十萬貫以上或一百萬貫以上，有退欠及不滿任，對比敷額，減磨勘二年；

一百萬貫以上減磨勘三年。

式

賞式

保明鑄錢監官酬賞狀

某州

據某官姓名狀，監某處鑄錢監，任内鑄錢敷額，乞酬賞，今勘會下項：

一、某官姓名，自某年月日到任，至某年月日滿罷，係理某資序。

一、本監年額合鑄若干貫萬。

一、幹辦鑄到若干，某年月日至年終鑄到若干，餘年月日依此。

以上對比祖額年月日共計若干，本官前項年月日鑄到若干，敷及額。如有增剩，計若干貫百。

一、下項係補填閏月差出、在假月日，閏月鑄到若干，如無，即聲説無。餘依此。差出若干月日，鑄到若干；在假若干月日，鑄到若干；補填月日，鑄到若干。

以上逐項仍指定合與不合作任内鑄到錢比較推賞，如合作任内比較錢數，亦紐算合趁祖額若干。

一、有無闕工料住功月日。如有，即開某年月日至某年月日，計若干年月日。

一、有無揀退粗弱並交欠少官物。如有揀退粗弱，滿與不滿半釐，所少物直計若干。

一、有無監淘野料鑄錢。如有，即具若干貫萬。

一、不曾犯贓並私罪重、曾犯私罪稍重者，具元犯事因。公罪降官，或因本職坐罪而事理重，及不係因體量過犯離任。

一、檢准令格云云。

右件狀如前，勘會某官姓名，監某處鑄錢敷額，准令格該某酬賞，保明並是詣實。如有額外增鑄錢及得貫萬，即聲説已奏聞。謹具申尚書工部。謹狀

年月　日依常式

場務式

轉運司申鑄錢計帳

某路轉運司

今具某年某州某監《鑄錢計帳》：

一、前帳應在見管數，已在今帳應在項内作舊管聲説。

一、前帳見在，只撮計都數。某色若干，餘色依此。

一、收物料只具銅鉛錫，餘項准此。銅若干，鉛、錫依此。錢若干：若干銅、鉛、錫本脚錢，若干諸色糜費錢，若干轉運司錢，若干某處錢。

一、支如係支前帳見數，亦依或開破。物料銅若干，鉛、錫依此；錢若干。

一、應在，舊管，謂前帳見管名數撮計逐色都數。如今帳開破不盡，即併入見管項内收。新收，開破，並前帳見管。如今帳開破，亦如此項。見管。

一、見在。並前帳見在。如今帳開破不盡，並併入此項。

右件狀如前，今攢造到某年某州某監《鑄錢物料計帳》一道，謹具申尚書某部。謹狀

年月　日依常式

諸州鑄錢監申鑄錢物料帳

某州某監

今供某年《鑄錢物料帳》：

一、年額若干。

一、前帳應在見管數，已在今帳應在項内作舊管聲説。

一、前帳見在，只撮計都數。某色若干，餘色依此。

一、新收，每色撮計都數，支破應在、見在項准此，所收各開請納未處名因事色、耗剩、鏖頭，零頭子數。錢若干，若干某名色，若干餘名色，餘色依此。

一、支破，則例，鑄錢每貫料例銅若干，餘色合使物料依此；率分錢每貫合支若干，内破若干分充公使，若干分收買動使，若干分與人匠等；實支，數内賣買物開説價例、色數。如係支前帳見在數，亦依此開破。下項物料，鑄到錢若干：銅若干，餘色若干。尚書户部銅、鉛、錫本脚錢若干，轉運司諸色糜費錢若干。

率分錢若干，若干充公使，細具破使。若干收買動使，已於某年月日附本監什物簿收係訖，具件色名件並價錢。若干人匠等工錢。

上供並支赴別場務，別州如未送納，即説已在新收項内管係。錢若干，支赴某處作何支使，附某處某年某色帳收，餘色依此。直使破帖除破者，即説名色事因。

一、應在，舊管，謂前帳見管名數撮計逐色都數。如今帳開破不盡，即併入見管帳内收。新收，具所支名數、未破事因。開破，具名數，附帳歸着或憑由除破並前帳見管，如今帳開破，亦入此項。見管。每色撮計都數。

一、見在，並前帳見在，如今帳開破不盡，並併入此項。錢若干，餘色依此。

右件狀如前。今攢造到某年《鑄錢物料帳》一道，謹具申轉運司。謹狀

年月 日依常式

旁照法

厩庫勅

諸課利場務年終比較祖額，監專公人管兩務以上，若州縣鎮寨當職官各隨所部場務，並通比。虧二釐，酒匠攔頭之類同。笞五十，專副減一等，並聽贖；滿五釐各加一等，監官罰俸半月，每一分收各加一等，至三分五釐止，添差者減正官二等，令佐、都監，添差都監減正都監二等。

謝深甫《慶元條法事類》卷三六《庫務門》一《場務勅令格式申明》 諸課利場務比祖額閏月以祖額所附月爲准，無月額處，比五年内本月分酌中者。併增虧各五年，並初置官監及五年者，本場務限次年正月上旬申州，增者取酌中，虧者取最高，初置者取次高，各以一年數立爲新額，限二月内保奏，仍申轉運司及尚書户部。

諸官監場務無要便官舍者，許以本處頭子錢賃充。

諸買官酒、礬、銅、鉛、錫，許以金錢或匹帛絲綿之類充抵當，鋪户買鹽同。不得過所直六分，經一年不贖，勒元當人典賣償納，過二年不贖者，没官。

諸官物零沽賣者，印曆内具注逐會都數。沽賣不盡，據數回納。

諸酒務聽加料造細酒，增價沽賣准常料，不得虧官。其祠祭旬設及致仕官應請者給之。

諸官監酒務，監專同立界主管若遇欠折，監官均備一分，餘欠，依干繫人專副均備法。

諸酒務監官、同監官、專匠親戚，不得拍酒沽賣。

諸造麴酒務官，日輪一員同專匠、麴院官監造，獨員者，兼監官在務，正官赴，無兼監官者，止輪專副。

諸酒務、麴院並館驛無倉場者，預約歲計就近科撥税租，不足即糴買並別差官，仍以本驛院務專副主管，糴買若無官可差，聽差本驛院務監官。盤量訖交受，不得別曆收支。

諸酒醋務、麴院應支轉運司錢而有文案及踏麴應僱人者，並以轉運司錢充。

諸官監酒務糟酵，若公使庫及人户不承買者，官自造醋賣。

謝深甫《慶元條法事類》卷三七《庫務門》二《給納勅令格式申明》 轉運司申錢帛計帳

某路轉運司

今具某年諸州《錢帛計帳》：

某州，管下金銀錢帛之類併入本州項。餘帳管下物色准此。

一、前帳應在見管數，已在今帳應在項内作舊管聲説。

一、前帳見在，只撮計都數。某色若干。餘色依此。

一、收錢若干，若干本州收到，若干自京支到，若干別路州般到。

金、銀、珠玉、寶貨、布帛、絲、綿、朱砂、水銀、香、礬、銅、鉛、錫、鐵之類依此。

一、支如係支前帳見在數，亦依式開破。錢若干，若干本州支用，若干上供，若干支與別路州。

金、銀、珠玉、寶貨、布帛、絲、綿、朱砂、水銀、香、礬、銅、鉛、錫、鐵之類依此。

一、應在。每項各具名色都數見在並餘帳准此。

舊管。謂前帳見管名數，撮計逐色都數，如今帳開破不盡，即併入見管項内收。

新收。

開破。並前帳見管，如今帳開破，亦入此項。

見管。

一、見在。内朝廷及尚書户部封樁錢物、別項樁坐糧草准此，並前帳見在，如今帳開破不盡，並併入此項。

餘州依此。

右件狀如前，今攢造到某年諸州《錢帛計帳》一道，謹具申尚書某部。謹狀

年月　日依常式

雜物帳應錢帛帳内官物，除正收金、銀、錢、帛、絲、綿、布、珠、玉、寶貨、朱砂、水銀、香、礬、銅、鉛、錫、鐵之類在錢帛帳管係外，餘名色併入此帳。

某州

今供軍資庫某年《雜物帳》：

正管：

一、前帳應在見管數，已在今帳應在項内作舊管聲説。

一、前帳見在，只撮計都數。某色若干，餘色依此。

一、新收每色撮計都數。支破應在、見在項准此。所收各開請納來處名數。某色若干，若干某名色，若干餘名色。餘色依此。

一、支破各具支使名色、事因。有帳管係者，具附帳名目、年分，内賞過物，具價例。如係支前帳見在數，亦依式開破。某色若干，若干某名色，若干餘名色。餘色依此。

【略】

謝深甫《慶元條法事類》卷四八《賦役門》二《預買紬絹》敕令格式　　敕

職制敕

諸給預買紬絹價錢，不以見錢而以他物，不以正月而以他月，或低立價直，以違制論。提點刑獄司具奏有無違戾不實者，准此。即應榜示曉諭之類，於令有違及輒差公人下鄉，若均定數目失當者，各杖一百。吏有情弊者，仍勒停，受贓重者，加本罪二等。

户婚敕

諸攬納税租，和預買紬絹錢物，謂非係公之人。本限内不納，杖六十，二十匹加一等，罪止徒二年。

諸州縣輒預借人户税租，和預買紬絹、錢物同。徒一年，若公吏於人户處私輒借者，准盗論，五十匹配本城。仍許被借人户越訴。

諸縣受人户已納税租鈔，和預買紬絹、錢物之類同。不依限對簿朱銷者，杖一百，吏人仍勒停。其人户自賫户鈔或憑由出官，不爲照使，抑令重疊輸納者，以違制論。委知、通檢察，知情容庇者，與同罪，並許人户經監司越訴。

詐僞敕

諸假名及卑幼擅請預買紬絹、錢者，杖一百。官司知情與同罪，保人減二等。

令

給賜令

諸縣散預買紬絹價錢，前期録應用條制，及以鄉村排定應給日分曉示，於正月十五日以前給散，本保三户以上爲一保，官户減半。令、佐親臨，各限當日畢，不得尅納欠負。

諸給預買紬絹價錢，本縣以一縣都數及逐等合均人户並每户匹數，於前期一月曉諭榜示。其排定應給日分，仍於城寨鄉村要會處曉諭，令人户赴官請領，即不得差公人下鄉。

倉庫令

諸税租，只得於指定處送納；即錢、布帛、絲綿無指定處者，許就本州縣納。和預買物帛准此。其應納地里脚錢者，別曆收支。官司遇起催，前期録法榜示。即不依元指定處而已納者，勒元犯並知情干繫人運赴應納處。

賦役令

諸税租鈔，倉庫封送縣，令、佐即日監勒分授鄉書手，各置曆，當官收上，日別爲號，計數，以五日通轉，每受鈔，即時注入，鈔數多者，量責近限。當職官對簿銷押訖，封印，置櫃收掌。本縣受納，亦准此。至納畢，於簿末結計正數及合零就整。若每色剩納到數並畸零殘欠，畫一朱書，限三十日，二萬户以上限五十日，官吏保明具鈔數同簿送州磨勘。若限滿尚有欠者，令、佐勒書手録所欠户名，責狀二本，一留縣催納，一隨簿送州。即磨勘有虧失，及於所責狀外又有欠者，本州置簿，勒干繫吏人、書手、私名人均備。

[原闕]

匹給，錢一貫。

式

[原闕]

請預買紬絹錢保狀

某鄉某村小保長姓名等

今具保内逐等人户請某年分預買紬或絹等錢如後：開本保内逐等人户姓名及合請匹數。其逐等所請錢數多少及綢、絹、布之類，自依本縣久例均敷。

右某等遞相委保，各無假名及卑幼蒙昧尊長承請，兼無夾帶州縣吏人在内。如有逃亡，同保人甘當填納不詞。謹具申聞。謹狀

年月　日依常式

江少虞《宋朝事實類苑》卷二一《官政治績・諸監鑪鑄錢》　江南因唐舊制，饒州置永平監鑄錢，歲六萬貫，江南平，增爲七萬貫，常患銅少。張齊賢任轉運使，求得江南舊承旨丁釗，盡知信、建等州谷銅鉛處，齊賢即調發丁夫采之。初年增十數倍，明年得銅鉛八十五萬斤，錫六十萬斤，因雜爲銅錫錢鑄三十六萬貫，以釗爲殿前承旨，領三州銅山。先是永平監所鑄錢，用開通元寶錢法，肉好，周郭精好。至是雜用鉛錫，兼失古制，數雖增而錢惡。其後信州鉛山縣出銅無算，常十餘萬人采鑿，無賴不逞之徒，萃於淵藪。官所市銅錢數千餘萬斤，大有餘羨，而銅山所出益多，有司議減銅價，鑿山者稍稍引去。饒州官市薪炭不能給，鼓鑄分於池州，置永寧監，建州永豐監，並歲鑄錢二十萬貫，以鉛山銅給之。既有所泄，價乃復舊，而工徒並集。杭州置保興監，凡四監，歲鑄百餘萬貫，爲極盛矣。唐天寶之制，絳、揚、潤、宣、鄂、蔚、益、柳十州，共置九十九鑪鑄錢，一鑪役丁匠三十人。每年六七月停，餘十月作十番。一鑪約用銅二萬一千二百三十斤、白鑞三千七百九十斤、黑錫五百四十斤，每鑪鑄錢三千三百貫，計一工日可鑄錢三百餘。國家之制，一工日千餘，用銅鉛鑞之法亦異於古，其數雖倍，而錢稍惡，每繫擲亦多缺。予在史局，因録唐制與今王丞相，後數月，有詔署月諸監減半工，蓋主上勤恤之至也。談苑。

陳亮《陳亮集》卷一一《策・量度權衡》　昔伏羲氏始畫八卦，因象以明理，雖天地之正數，而未嘗以語人也。制器者尚其象，而豈數之云乎！象一示，而數存乎其間矣。當是時，風氣未開，人物尚朴，觀象之妙，蓋不必推數而後知也。故言數者歸之律曆之學。而更閲羣聖，皆以觀象爲窮天地之藴。雖孔子既知之矣，而不以爲常言也。

漢至建元、元狩之間，而數家之學始盛。其説以爲數始於一，成於三，三而積之得八十一，而黄鍾之律生焉。度，起於黄鍾之長者也；量，起於黄鍾之龠者也；權，起於黄鍾之重者也。演而爲曆，推而尚象，合而爲春秋、三統、四時，列而爲皇極、三德、五事，以五乘十，而爲大衍之數。道，數之宗也。而道據其一，所以别道於數也。數，固四者之宗也。而列而爲五，所以偶數於器也。苟非道以主之，則天下之數何能生生而不窮，天下之器何能分别而爲用！言數而不知道者，真星官曆翁之學耳。寸極於九，以爲黄鍾之管；三微成著，以别度之分；上三下二，以示量之狀；寸爲十八，以極權之數。是皆數也，而有理焉。數可演而理亦可闡也，洛下閎諸人推其數，揚子雲獨因其數而闡其理。顔師古之釋，釋其數耳。不明其理而釋其數，庸詎知其數之果不悖乎！學者當於《太玄》而求之。先儒以爲五十有五乃天地之正數，陰無一，陽無十，陰縮陽赢，或乘或除以盡數之變。故參天兩地而倚數，是非數之正，而所以盡其變也。律生而爲度量權衡，制器以盡天下之變，是豈可以常法而論其相生相成之義乎！姑以謝明問而已。

趙彦衛《雲麓漫鈔》卷一二　國朝州郡役人之制：

衙前入役，曰鄉户，曰押録，曰長名；職次曰客司，曰通引；官優者曰衙職。建隆以來，並召募，惟鄉户、押録主持管押官物，必以有物力者，其産業估可二百緡，許收繫，更重難日久有勞，至都知兵馬使試驗其才，遣赴闕與補官。如衙前闕，即抽差年滿押録，里正，押録三年，里正二年替，限内各管重難一次，諸州各有額。熙寧四年，行募法，令民出免役錢。元祐初，罷募法，改招税户投充鄉户衙前，别立法優之，如公使庫等上京綱運之類，並别差使臣將校，其高强户許出役錢，免得重難分數。紹聖初，復熙寧法。建炎元年，減三分之一，仍召募，下諸色公人皆用此雇，與差保正不同。今人不知，云既差作保正，又令出雇錢。

吏人。建隆四年，使院人吏員闕，並募有田産諳公事人充，不足則據數均於屬縣曹司正員内差補。開寶六年，諸州主户三萬以上者，使院書表司□院共五十人，州司三十人。熙寧中，吏額頗增，許投名。元祐行差法，復損如舊。紹聖復差法，建炎減三之一。

趙彦衛《雲麓漫鈔》卷二　國初，里正、户長掌課輸，鄉書手隸里正。里正於第一、户長於第二等差。鄉書手，天聖以來，以上户多占色役，於第四等差。耆長掌盗賊烟火之事，其屬有壯丁；耆長差第一、第二等户，壯丁差第四、第五等户。至和元年，罷里正，增差户長。熙寧二年，募耆長、壯丁。四年，仍舊於本等人户輪差。五年，罷户長。六年，行保甲法，始置保正副、大小保長，譏察盗賊，别召承帖人隸其下。七年，輪保丁充甲頭催税。紹聖元年，耆户長、壯丁復雇募

法，不許以保正長、保丁充代。尋復保正長法，既又罷甲頭，以大保長催税。其保正長不願就雇者，仍舊法募税户充耆户長、壯丁。建炎元年，罷户長催税，復甲頭。紹興初，拘取耆户長錢，尋罷。七年，大保長仍舊催科。九年，令保正長專管烟火盜賊，不得承受文帖及課輸事。十年，以耆户長雇錢充總制窠名。又明年，復拘壯丁錢充。三十一年，令保甲催税。乾道二年，罷。四年，復。八年，罷。

趙彦衛《雲麓漫鈔》卷八　長安圖，元豐三年正月五日，龍圖閣待制、知永興軍府事汲郡吕公大防，命户曹劉景陽按視，邠州觀察推官吕大臨檢定，其法以隋都城大明宮，並以二寸折一里，城外取容，不用折法。大率以舊圖及韋述《西京記》爲本，參以諸書及遺迹考定。太極、大明、興慶三宮，用折地法不能盡容諸殿，又爲別圖。漢都城縱廣各十五里，周六十五里，十二門，八街九陌，城之南北曲折，有南斗、北斗之象。未央、長樂宮在其中。未央在西直便門，長樂在東直社門。隋都城，外郭縱十五里一百七十五步，廣十八里百十五步，周六十七里，高一丈八尺。東西南北各三門，縱十一街，横十四街，當皇城朱雀門南北九里一百七十五步。縱十一街，各廣百步；皇城之南横街十，各廣四十七步；皇城左右各横街四，三街各六十步；一街直安福延喜門，廣百步；朱雀街之東，市一，坊五十五，萬年治之；街之西，市一，坊五十五，長安治之。坊之制，皇城之南三十六坊，各東西二門，縱各三百五十步；中十八坊，廣各三百五十步；外十八坊，廣各四百五十步。皇城之内共七十四坊，各四門，廣各六百五十步；皇城左右之南六坊，縱各五百五十步；北六坊縱各四百步；市居二坊之地，方各六百步；四面街各廣百步，面各二門。皇城縱三里一百四十步，廣五里一百一十五步，周十七里一百五十步，縱五街，横七街，百司居之；北附宮城，南直朱雀門，皆有大街，各廣百步；東西各二門，南三門。太極宮城廣四里，縱二里四十步，周十三里一百八十步，高三丈五尺，東一門，西二門，南六門，北三門，宮城之西有大安宮。唐大明宮城在苑内，廣二里一百四十八步，縱四里九十五步，東北各一門，南五門，西二門。禁苑廣二十七里，縱三十里，東一門，南二門，北五門。西内苑廣四里，縱二里，四面各一門。東内苑廣二百五十步，縱四里九十五步，東一門。以渠道水入城者三：一曰龍首渠，自城東南導滻至長樂坡，釃爲二渠，一北流入苑，一經通化門興慶宮，由皇城入太極宮；二曰永安渠，導交水自大安坊西街入城，北流入苑，注渭；三曰清明渠，導坑水自大安坊東街入城，由皇城入太極宮。城内有六高岡，横列如《乾》之六爻。初，隋建都以九二置宮室，九三處百司，九五不欲令民居，乃置玄都觀、興善寺。右漢、隋、唐宮禁城邑之制，而《西京記》云：「街東西各五十四坊。」《六典注》：「兩市居其中，四坊之地凡一百一十坊。」今除市居二坊外，各五十五坊，當以《六典注》爲正。又《六典注》：「土閣之西延英。」李庚賦：「東則延英耽耽。」當以庚賦爲正。又《西京記》：「大興城南直子午谷。」今據子午谷乃漢城所直，隋城南直石鼈谷西。又《唐志》：「大明宮縱一千八百步，廣一千八十步。」今寔計縱一千一百一十八步，廣一千五百三十五步，此舊説之誤也。唐高宗始營大明宮于丹鳳後，南開翊善、永昌二坊，各爲二外郭，東北隅永福一坊築入苑，先天以後爲十六王内宅，又高宗以隆慶坊爲興慶宮，附外郭爲複道，自大明宮經過通化門，磴道潛通，以達此宮，謂之夾城。又制永嘉坊，西百步入宮。外郭東南隅一坊，始建都城，以地高不便，隔在郭外，爲芙蓉園；引黄渠水注之，號曲江；明皇增築興慶宮夾城，直至芙蓉園。又武宗於宣政殿東北築臺曰望仙，今人誤以爲蓬萊山。武宗又修未央宮爲通光亭；宣宗修憲宗遺迹，於夾城中開便門，自芙蓉園北入至青龍寺，俗號新開門自門至寺，開敦化以北四坊各爲二，此遷改之異也。大抵唐多仍隋舊，故吕公愛其制度之密，而傷唐人冒襲，史氏没其寔，遂刻而爲圖，故誌之。

《明史》卷四七《禮志一》　祭器

南郊。洪武元年定，正位，登一，籩豆各十二，簠簋各二，爵三；壇上，太尊二，著尊、犧尊、山罍各一；壇下，太尊一，山罍二。從祀位，登一，籩豆各十，簠簋各二，東西各設著尊二，犧尊二。北郊同。七年增圜丘從祀，共設酒尊六於壇西，大明、夜明位各三。天下神祇，鉶三，籩豆各八，簠簋各二，壝内外東西各設酒尊三，每位爵三。方丘，嶽鎮，各設酒尊三，壝内東西各設酒尊三，壝外東西各設酒尊三，每位爵三。神祇與圜丘同。八年，圜丘從祀，更設登一、鉶二。每位增酒罍，星辰、天下神祇各三十，太歲、風雲雷雨、嶽鎮、海瀆各十五。方丘，從祀同。十年定合祀之典，各壇陳設如舊，惟太歲、風雲雷雨酒盞各十，東西廡俱共設酒尊三，爵十八於壇南。

二十一年更定，正殿上三壇，每壇，登一，籩豆各十二，簠簋各二，共設酒尊六，爵九於殿東南，西向。丹墀内四壇，大明、夜明各登一，籩豆十，簠簋二，酒尊三，爵三。星辰二壇，各登一，鉶二，酒盞三十，餘與大明同。壝外二十壇，各登一，鉶二，籩豆各十，簠簋各二，酒盞十，酒尊三，爵三。神祇壇，鉶三，籩豆各八、帝王、山川、四瀆、中嶽、風雲雷雨神祇壇，酒盞各三十，餘並同嶽鎮。

太廟時享。洪武元年定，每廟登一，鉶三，籩豆各十二，簠簋各二，共酒尊三，金爵八，瓷爵十六於殿東西向。二十一年更定，每廟登一，鉶二。弘治時，九廟通設酒尊九，袷祭加一，金爵十七，袷祭加二，瓷爵三十四，袷祭加四。親王配享，洪武三年定，登鉶各三，籩豆各十二，簠簋各二，酒尊三，酒注二。二十一年更定，登鉶各一，爵各三，籩豆各十，簠簋各二，共用酒尊三於殿東。功臣配享，洪武二年定，每位籩豆各二，簠簋各二。三年增定，共用酒尊二，酒注二。二十一年更定，十壇，每壇鉶一，籩豆各二，簠簋各一，爵三，共用酒尊三於殿西。

太社稷。洪武元年定，鉶三，籩豆各十，簠簋各二，配位同。正配位皆設酒尊三於壇東。十一年更定，每位登一，鉶二，籩豆十二，正配位共設酒尊三，爵九。後太祖、成祖並配時，增酒尊一，爵三。府、州、縣社稷，鉶一，籩豆四，簠簋二。

朝日、夕月。洪武三年定，太尊、著尊、山罍各二，在壇上東南隅，北面。象尊、壺尊、山罍各二，在壇下。籩豆各十，簠簋各二，登鉶各三。

先農，與社稷同，加登一，籩豆減二。

神祇。洪武二年定，每壇籩豆各四，簠簋登爵各一。九年更定，正殿共設酒尊三，爵七，兩廡各設酒尊三，爵三，餘如舊。二十一年更定，每壇登一，鉶二，籩豆各十，簠簋各二，酒盞三十。星辰，正殿中登二，鉶二。餘九壇，鉶二。每壇籩豆十，簠簋各一，酒盞三十，爵一，共設酒尊三。太歲諸神，籩豆各八，簠簋各二，酒尊三。嶽瀆山川同。

歷代帝王。洪武四年定，登一，鉶二，籩豆各八，簠簋各一，俎一，爵三，尊三。七年更定，登、鉶、簠簋各一，籩豆各十，爵各三，共設酒尊五於殿西階，酒尊三於殿東階。二十一年增定，每位鉶二，簠簋各二，五室共設酒尊三，爵四十八。配位每壇籩豆各二，簠簋各一，饋盤一，每位鉶一，酒盞三。三皇，籩豆各八，簠簋各二，登、鉶各二，爵三，犧尊、象尊、山罍各一。配位，籩豆各四，簠簋各二，鉶一，爵三，犧尊、象尊各一。

至聖先師。洪武元年定，籩豆各六，簠簋各二，登一，鉶二，犧尊、象尊、山罍各一。四配位，籩豆各四，簠簋各一，登一。十哲，兩廡，籩豆二。四年更定，正位，籩豆各十，酒尊三，爵三，餘如舊。四配，每位酒尊一，餘同正位。十哲，東西各爵一，每位籩豆各四，簠簋各一，鉶一，酒盞一。兩廡，東西各十三壇，東西各爵一，每壇籩豆各四，簠簋各一，酒盞四。十五年更定，正位，酒尊一，爵三，登一，鉶二，籩豆各八，簠簋各二。四配位，共酒尊一，各爵三，登一，鉶二，籩豆各六，簠簋各一。十哲，共酒尊一，東西各爵五，鉶一，籩豆各四，簠簋各一。東西廡，每四位爵四，籩豆各二，簠簋各一。景泰六年增兩廡籩豆各二，簠簋各一。成化十二年，增正位籩豆爲十二。嘉靖九年仍減爲十。

旗纛，與先農同。馬神，籩豆各四，簠簋、登、象尊、壺尊各一。

《明史》卷六〇《禮志一四》 初，洪武二年敕葬開平王常遇春於鍾山之陰，給明器九十事，納之墓中。鉦二，鼓四，紅旗、拂子各二，紅羅蓋、鞍、籠各一，弓二，箭三，竈、釜、火爐各一，俱以木爲之。水罐、甲、頭盔、臺盞、杓、壺、瓶、酒甕、唾壺、水盆、香爐各一，燭臺二，香盒、香匙各一，香筯二，香匙筯瓶、茶鍾、茶盞各一，筯二，匙二，匙筯瓶一，椀二，楪十二，槖二，俱以錫造，金裹之。班劍、牙仗各一，金裹立瓜、骨朵戟、響節各二，交椅、脚踏、馬杌各一，誕馬六，槍、劍、斧、弩、食桌、牀、屏風、拄杖、箱、交牀、香桌各一，凳二，俱以木爲之。樂工十六，執儀仗二十四，控士六，女使十，青龍、白虎、朱雀、玄武神四，門神二，武士十，并以木造，各高一尺。雜物，翣六，璧一，筐、笥、楎、椸、衿、鞶各一，苞二，筲二，糧漿瓶二，油瓶一，紗廚、煖帳各一。束帛青三段，纁二段，每段長一丈八尺。後定制，公、侯九十事者准此行之。餘以次減殺。

《明史》卷六一《樂志一》 其樂器之制，郊丘廟社，洪武元年定。樂工六十二人，編鐘、編磬各十六，琴十，瑟四，搏拊四，柷敔各一，壎四，篪四，簫八，笙八，笛四，應鼓一；歌工十二；協律郎一人執麾以引之。七年復增簫四，鳳笙四，壎用六，搏拊用二，共七十二人。舞則武舞生六十二人，引舞二人，各執干戚；文舞生六十二人，引舞二人，各執羽籥；舞師二人執節以引之。共一百三十人。惟文廟樂生六十人，編鐘、編磬各十六，琴十，瑟四，搏拊四，柷敔各一，壎四，篪四，簫八，笙八，笛四，大鼓一；歌工十。六年鑄太和鐘。其制，倣宋景鐘。以九九爲數，高八尺一寸。拱以九龍，柱以龍簴，建樓於圜丘齋宫之東北，懸之。郊祀，駕動則鐘聲作。升壇，鐘止，衆音作。禮畢，升輦，鐘聲作。俟導駕樂作，乃止。十七年改鑄，減其尺十之四焉。

朝賀。洪武三年定丹陛大樂：簫四，笙四，箜篌四，方響四，頭管四，龍笛四，琵琶四，箏六，杖鼓二十四，大鼓二，板二。二十六年又定殿中韶樂：簫十二，笙十二，排簫四，横笛十二，壎四，篪四，琴十，瑟四，編鐘二，編磬二，應鼓二，柷一，敔一，搏拊二。丹陛大樂：戲竹二，簫十二，笙十二，笛十二，頭管十二，纂八，琵琶八，二十弦八，方響二，鼓二，拍板八，杖鼓十二。命婦朝賀中宮，設女樂：戲竹二，簫十四，笙十四，笛十四，頭管十四，纂十，琵琶八，二十弦八，方響六，鼓五，拍板八，杖鼓十二。正旦、冬至、千秋凡三節。其後太皇太后、皇太后並用之。朔望朝參。戲竹二，簫四，笙四，笛四，頭管四，纂二，琵琶二，二十弦二，方響一，鼓一，拍板二，杖鼓六。

大宴。洪武元年定殿内侑食樂：簫六，笙六，歌工四。丹陛大樂：戲竹二，簫四，笙四，琵琶六，纂六，箜篌四，方響四，頭管四，龍笛四，杖鼓二十四，大鼓二，板二。文武二舞樂器：笙二，横管二，纂二，杖鼓二，大鼓一，板一。四夷舞樂：腰鼓二，琵琶二，胡琴二，箜篌二，頭管二，羌笛二，纂二，水盞一，板一。二十六年又定殿内侑食樂：柷一，敔一，搏拊一，琴四，瑟二，簫四，笙四，笛四，壎二，篪二，排簫一，鐘一，磬一，應鼓一。丹陛大樂：戲竹二，簫四，笙四，笛二，頭管二，琵琶二，纂二，二十弦二，方響二，杖鼓八，鼓一，板一。迎膳樂：戲竹二，笙二，笛四，頭管二，纂二，杖鼓十，鼓一，板一。進膳樂：笙二，笛二，杖鼓八，鼓一，板一。太平清樂：笙四，笛四，頭管二，纂四，方響一，杖鼓八，小鼓一，板一。

《明史》卷六四《儀衛志》 皇帝儀仗。吴元年十二月辛酉，中書左相國李善長率禮官以即位禮儀進。是日清晨，拱衛司陳設鹵簿，列甲士於午門外之東西，列旗仗於奉天門外之東西。龍旗十二，分左右，用甲士十二人。北斗旗一，纛一居前，豹尾一居後，俱用甲士三人。虎豹各二，馴象六，分左右。左右布旗六十四：門旗、日旗、月旗，青龍、白虎、風、雲、雷、雨、江、河、淮、濟旗，天馬、天禄、白澤、朱雀、玄武等旗，木、火、土、金、水五星旗，五嶽旗，熊旗，鸞旗及二十八宿旗，各六行；每旗用甲士五人，一人執旗，四人執弓弩。設五輅於奉天門外：玉輅居中，左金輅，次革輅，右象輅，次木輅，俱並列。丹墀左右布黄麾仗，黄蓋、華蓋，曲蓋，紫方傘，紅方傘，雉扇，朱團扇，羽葆幢，豹尾，龍頭竿，信旛，傳教旛，告止旛，絳引旛，戟氅，戈氅，儀鍠氅等，各三行。丹陛左右陳幢節，響節，金節，燭籠，青龍白虎幢，班劍，吾杖，立瓜，卧瓜，儀刀，鐙杖，戟，骨朵，朱雀玄武幢等，各三行。殿門左右設圓蓋一，金交椅，金脚踏，水盆，水罐，團黄扇，紅扇。皆校尉擎執。

洪武元年十月定元旦朝賀儀。金吾衛於奉天門外分設旗幟。宿衛於午門外分設兵仗。衛尉寺於奉天殿門及丹陛，丹墀設黄麾仗。内使監擎執於殿上。

凡遇冬至、聖節、册拜、親王及蕃使來朝，儀俱同。其宣詔赦、降香，則惟設奉天殿門及丹陛儀仗，殿上擎執云。

其陳布次第，午門外，刀、盾、殳、叉各置於東西，甲士用赤。奉天門外中道，金吾、宿衛二衛設龍旗十二，分左右，用青甲士十二人。北斗旗一，纛一居前，豹尾一居後，俱用黑甲士三人。虎豹各二，馴象六，分左右。

左右布旗六十四。左前第一行，門旗二，每旗用紅甲士五人，内一人執旗，旗下四人執弓箭。第二行，月旗一，用白甲士五人，内一人執旗，旗下四人執弩；青龍旗一，用青甲士五人，内一人執旗，旗下四人執弩。第三行，風、雲、雷、雨旗各一，每旗用黑甲士五人，内一人執旗，旗下四人執弓箭；天馬、白澤、朱雀旗各一，每旗用紅甲士五人，内一人執旗，旗下四人執弓箭。第四行，木、火、土、金、水五星旗各一，隨其方色，每旗用甲士五人，内一人執旗，旗下四人執弩，其甲木青、火紅、土黄、金白、水黑；熊旗、鸞旗各一，每旗用紅甲士五人，内一人執旗，旗下四人執弩。第五行角、亢、氐、房、心、尾、箕旗各一，每旗用青甲士五人，内一人執旗，旗下四人執弓箭。第六行斗、牛、女、虚、危、室、壁旗各一，每旗用青甲士五人，内一人執旗，旗下四人執弩。

右前第一行，門旗二，每旗用紅甲士五人，内一人執旗，旗下四人執弓箭。第二行，日旗一，用紅甲士五人，内一人執旗，旗下四人執弩；白虎旗一，用白甲士五人，内一人執旗，旗下四人執弩。第三行，江、河、淮、濟旗各一，隨其方色，每旗用甲士五人，内一人執旗，旗下四人執弓箭，其甲江紅、河白、淮青、濟黑；天禄、白澤、玄武旗各一，每旗用甲士五人，内一人執旗，旗下四人執弓箭，天禄、白澤紅甲，玄武黑甲。第四行，東、南、中、西、北五嶽旗各一，隨其方色，每旗用甲士五人，内一人執旗，旗下四人執弩，其甲東嶽青、南嶽紅、中嶽黄、西嶽白、北嶽黑；熊旗、麟旗各一，每旗用紅甲士五人，内一人執旗，旗下四人執弩。第五行，奎、婁、胃、昴、畢、觜、參旗各一，每旗用青甲士五人，内一人執旗，旗下四人執弓箭。第六行，井、鬼、柳、星、張、翼、軫旗各一，每旗用青甲士五人，内一人執旗，旗下四人執弩。

奉天門外，拱衛司設五輅。玉輅居中；左金輅，次革輅；右象輅，次木輅。俱並列。典牧所設乘馬於文武樓之南，各三，東西相向。

丹墀左右布黄麾仗凡九十，分左右，各三行。

左前第一行，十五：黄蓋一，紅大傘二，華蓋一，曲蓋一，紫方傘一，紅方傘一，雉扇四，朱團扇四。第二行，十五：羽葆幢二，豹尾二，龍頭竿二，信旛二，傳教旛二，告止旛二，絳引旛二，黄麾一。第三行，十五：戟氅五，戈氅五，儀鍠氅五。

右前第一行，十五：黄蓋一，紅大傘二，華蓋一，曲蓋一，紫方傘一，紅方傘一，雉扇四，朱團扇四。第二行，十五：羽葆幢二，豹尾二，龍頭竿二，信旛二，傳教旛二，告止旛二，絳引旛二，黄麾一。第三行，十五：戟氅五，戈氅五，儀鍠氅五。皆校尉擎執。

丹陛左右，拱衛司陳幢節等仗九十，分左右，爲四行。左前第一行，響節十二，金節三，燭籠三。第二行，青龍幢一，班劍三，吾杖三，立瓜三，卧瓜三，儀刀三，鐙杖三，戟三，骨朵三，朱雀幢一。右前第一行，響節十二，金節三，燭籠三。第二行，白虎幢一，班劍三，吾杖三，立瓜三，卧瓜三，儀刀三，鐙杖三，戟三，骨朵三，玄武幢一。皆校尉擎執。

奉天殿門左右，拱衛司陳設：左行，圓蓋一，金脚踏一，金水盆一，團黄扇三，紅扇三；右行，圓蓋一，金交椅一，金水罐一，團黄扇三，紅扇三。皆校尉擎執。殿上左右内使監陳設：左，拂子二，金唾壺一，金香合一；右，拂子二，金唾盂一，金香爐一。皆内使擎執。和聲郎陳樂於丹墀文武官拜位之南，其器數詳見《樂志》内。

三年命製郊丘祭祀拜褥，郊丘用席表蒲裏爲褥，宗廟、社稷、先農、山川用紅文綺表紅木棉布裏爲褥。十二年命禮部增設丹墀儀仗，黄傘、華蓋、曲蓋、紫方傘、紅方傘各二，雉扇、紅團扇各四，羽葆幢、龍頭竿、絳引、傳教、告止、信旛各六，戟氅、戈氅、儀鍠氅各十。

永樂元年，禮部言鹵簿中宜有九龍車一乘，請增置。帝曰：「禮貴得中，過爲奢，不及爲儉，先朝審之精矣。當遵用舊章，豈可輒有增益，以啓後世之奢哉？九龍車既先朝所無，其仍舊便。」宣德元年更造鹵簿儀仗，有具服幄殿一座，金交椅一，金脚踏一，金盆一，金罐二，金馬杌一，鞍籠一，金香爐一，金香合一，金唾盂一，金唾壺一，御杖二，擺錫明甲一百副，盔一百，弓一百，箭三千，刀一百。其執事校尉，每人鵝帽，只孫衣，銅帶鞾履鞋一副。常朝，各色羅掌扇四十，各色羅絹傘十，萬壽傘一，黄雙龍扇二。筵宴，銷金羅傘四，銷金雨傘四，金龍響節二十四。

皇后儀仗，洪武元年定。丹陛儀仗三十六人：黄麾二，戟五色繡旛六，戈五色繡旛六，鍠五色錦旛六，小雉扇四，紅雜花團扇四，錦曲蓋二，紫方傘二，紅大傘四。丹墀儀仗五十八人：班劍四，金吾杖四，立瓜四，卧瓜四，儀刀四，鐙杖四，骨朵四，斧四，響節十二，錦花蓋二，金交椅一，金脚踏一，金水盆一，金水罐一，方扇八。宫中常用儀衛二十人：内使八人，色繡旛二，金斧二，金骨朵二，金交椅一，金脚踏一；宫女十二人，金水盆一，金水罐一，金香爐一，金香合一，金唾壺一，金唾盂一，拂子二，方扇四。永樂元年增製紅杖一對。

太皇太后、皇太后儀仗與皇后同。

皇太子儀仗，洪武元年定。門外中道設龍旗六，其執龍旗者並戎服。黄旗一居中，左前青旗一，右前赤旗一，左後黑旗一，右後白旗一，每旗執弓弩軍士六人，服各隨旗色。殿下設三十六人：絳引旛二，戟氅六，戈氅六，儀鍠氅六，羽葆幢六，青方傘二，青小方扇四，青雜花團扇四，皆校尉擎執。殿前設四十八人：班劍四，吾杖四，立瓜四，卧瓜四，儀刀四，鐙杖四，骨朵四，斧四，響節十二，金節四，皆校尉擎執。殿門設十二人：金交椅一，金脚踏一，金水罐一，金水盆一，青羅團扇六，紅圓蓋二，皆校尉擎執。殿上設六人：金香爐一，香合一，唾盂一，唾壺一，拂子二，皆内使擎執。永樂二年，禮部言，東宫儀仗，有司失紀載，視親王差少，宜增製金香爐、金香合各一，殳二，叉二，傳教、告止、信旛各二，節一，幢二，夾矟二，矟、刀、盾各二十，戟八，紅紙油燈籠六，紅羅銷金邊圓傘、紅羅繡圓傘各一，紅羅曲蓋繡傘、紅羅素圓傘、紅羅素方傘、青羅素方傘各二，紅羅繡孔雀方扇、紅羅繡四季花團扇各四，拂子二，唾盂、唾壺各一，鞍籠一，誕馬八，紅令旗二，清道旗四，幰弩一，白澤旗二，弓箭二十副。從之。

親王儀仗，洪武六年定。宫門外設方色旗二，青色白澤旗二，執人服隨旗色，並戎服。殿下，絳引旛二，戟氅二，戈氅二，儀鍠氅二，皆校尉執。殿前，班劍二，吾杖二，立瓜二，卧瓜二，儀刀二，鐙杖二，骨朵二，斧二，響節八，皆校尉執。殿門，交椅一，脚踏一，水罐一，水盆一，團扇四，蓋二，皆校尉執。殿上，拂子二，香爐一，香合一，唾壺一，唾盂一。十六年詔，親王儀仗内交椅、盆、罐用銀者，悉改用金。建文四年，禮部言，親王儀仗合增紅油絹銷金雨傘一，紅紗燈籠、紅油紙燈籠各四，魫燈二，大小銅角四。從之。永樂三年命工部，親王儀仗内紅銷金華，仍用寶珠龍文。凡世子儀仗同。

郡王儀仗。令旗二，清道旗二，幰弩一，刀盾十六，弓箭十八副，絳引、傳教、告止、信旛各二，吾杖、儀刀、立瓜、臥瓜、骨朵、斧各二，戟十六，稍十六，麾一，幢一，節一，響節六，紅銷金圓傘一，紅圓傘一，紅曲柄傘二，紅方傘二，青圓扇四，紅圓扇四，誕馬四，鞍籠一，馬杌一，拂子二，交椅一，脚踏一，水盆一，水罐一，香爐一，紅紗燈籠二，魫燈二，帳房一座。

皇妃儀仗。紅杖二，清道旗二，絳引旛二，戈氅、戟氅、儀鍠氅、吾杖、儀刀、班劍、立瓜、臥瓜、鐙杖、骨朵、金鉞各二，響節四，青方傘四，紅繡圓傘一，繡方扇四，紅花圓扇四，青繡圓扇四，交椅一，脚踏一，拂子二，水盆一，水罐一，香爐一，香合一，唾盂一，唾壺一，紅紗燈籠四。

東宮妃儀仗。紅杖二，清道旗二，絳引旛二，儀鍠氅、戈氅、戟氅、吾杖、儀刀、班劍、立瓜、臥瓜、鐙杖、骨朵、金鉞各二，響節四，青方傘二，紅素圓傘二，紅繡圓傘一，紅繡方扇四，紅繡花圓扇四，青繡圓扇四，交椅一，脚踏一，拂子二，水盆一，水罐一，香爐一，香合一，紅紗燈籠四。永樂二年，禮部言，東宮妃儀仗如親王妃，惟香爐，香合如中宮，但亦不用金，其水盆、水罐皆用銀，從之。

親王妃儀仗。紅杖二，清道旗二，絳引旛二，戟氅、吾杖、儀刀、班劍立瓜、臥瓜、骨朵、鐙杖各二，響節四，青方傘二，紅彩畫雲鳳傘一，青孔雀圓扇四，紅花扇四，交椅一，脚踏一，水盆一，水罐一，紅紗燈籠四，拂子二。公主、世子妃儀仗俱同。

郡王妃儀仗。紅杖二，清道旗二，絳引旛二，戟氅、吾杖、班劍、立瓜、骨朵各二，響節二，青方傘二，紅圓傘一，青圓扇二，紅圓扇二，交椅一，脚踏一，拂子二，紅紗燈籠二，水盆一，水罐一。

郡主儀仗。紅杖二，清道旗二，班劍、吾杖、立瓜、骨朵各二，響節二，青方傘一，紅圓傘一，青圓扇二，紅圓扇二，交椅一，脚踏一，水盆一，水罐一，紅紗燈籠二，拂子二。

舊例，郡王儀仗有交椅、馬杌，皆木質銀裹；水盆、水罐及香爐、香合，皆銀質抹金；量折銀三百二十兩。郡王妃儀仗，有交椅等大器，量折銀一百六十兩。餘皆自備充用。嘉靖四十四年定，除親王及親王妃初封儀仗照例頒給外，其初封郡王及郡王妃折銀等項，併停止。萬曆十年定，郡王初封係帝孫者，儀仗照例全給，係王孫者免。蓋宗室分封漸多，勢難徧給也。

《明史》卷六五《輿服志一》 天子車輅。明初大朝會，則拱衛司設五輅於奉天門，玉居中，左金，次革，右象，次木。駕出，則乘玉輅，後有腰輿，以八人載之。其後太祖考《周禮》五輅，以詢儒臣，曰：「玉輅太侈，何若祇用木輅？」博士詹同對曰：「孔子云『乘殷之輅』，即木輅也。」太祖曰：「以玉飾車，古惟祀天用之，常乘宜用殷輅。然祀天之際，玉輅未備，木輅亦未爲不可。」參政張昶曰：「木輅，戎輅也，不可以祀天。」太祖曰：「孔子斟酌四代禮樂，以爲萬世法，木輅寧不可祀？祀在誠敬，豈泥儀文。」

洪武元年，有司奏乘輿服御，應以金飾，詔用銅。有司言費小不足惜。太祖曰：「朕富有四海，豈吝乎此。第儉約非身先無以率下。且奢泰之習未有不由小而至大者也。」

六年命禮官考五輅制，爲木輅二乘。一以丹漆，祭祀用之；一以皮鞔，行幸用之。是冬，大輅成。命更造大輅一，象輅十，中宮輅一，後宮車十，飾俱以鳳。以將幸中立府，故造之，非常制也。

二十六年始定鹵簿大駕之制。玉輅一，大輅一，九龍車一，步輦一。後罷九龍車。永樂三年更定鹵簿大駕，有大輅、玉輅、大馬輦、小馬輦、步輦、大涼步輦、板轎各一，具服、幄殿各一。

大輅，高一丈三尺九寸五分，廣八尺二寸五分。輅座高四尺一寸有奇，上平盤。前後車櫺並雁翅及四垂如意滴珠板。轅長二丈二尺九寸有奇，紅髹。鍍金銅龍頭、龍尾、龍鱗葉片裝釘。平盤下方箱，四周紅髹，匡俱十二槅。內飾綠地描金，繪獸六，麟、狻猊、犀、象、天馬、天祿；禽六，鸞、鳳、孔雀、朱雀、翟、鶴。盤左右下有護泥板及車輪二，貫軸一。每輪輻十有八，其輞皆紅髹，抹金銅鈒花葉片裝釘。輪內車心，用抹金銅鈒蓮花瓣輪盤裝釘，軸中纏黃絨駕轅諸索。

輅亭高六尺七寸九分，四柱長五尺八寸四分。檻座皆紅髹。前二柱戧金，柱首寶相花，中雲龍文，下龜文錦。前左右有門，高五尺一寸九分，廣二尺四寸九分，四周裝雕木沉香色描金香草板十二片。門旁槅各二及明栿，俱紅髹，以抹金銅鈒花葉片裝釘，槅編以黃線條。後紅髹屏風，上雕描金雲龍五，紅髹板戧金雲龍一。屏後地沉香色，上四槅雕描金雲龍四，其次雲板如之。下三槅雕描金雲龍三，其次雲板亦如之。俱抹金銅鈒花葉片裝釘。

亭內黃線條編紅髹匡軟座，下蓮花墜石，上施花毯、紅錦褥席、紅髹坐椅。靠背上雕描金雲龍一，下雕雲板一，紅髹福壽板一，并褥。椅中黃織金椅靠坐褥，四圍椅裙，施黃綺帷幔。亭外青綺緣邊紅簾十扇。輅頂并圓盤高三尺有奇，鍍金銅蹲龍頂，帶仰覆蓮座，垂攀頂黃線圓條。盤上以紅髹，其下外四面地沉香色，描金雲；內四角地青，繪五彩雲。以青飾輅蓋，亭內貼金斗栱，承紅髹匡寶蓋，闌以八頂，冒以黃綺，謂之黃屋；中并四周繡五彩雲龍九。天輪三層，皆紅髹，上安雕木貼金邊耀葉板八十一片，內綠地雕木貼金雲龍文三層，間繪五彩雲襯板八十一片。盤下四周，黃銅釘裝，施黃綺瀝水三層，每層八十一摺，間繡五彩雲龍文。四角垂青綺絡帶，各繡五彩雲升龍。圓盤四角連輅坐板，用攀頂黃線圓條，并貼金木魚。輅亭前有左右轉角闌干二扇，後一字帶左右轉角闌干一扇，皆紅髹，內嵌雕木貼金龍，間以五彩雲。三扇共十二柱，柱首雕木貼金蹲龍及線金五彩蓮花抱柱。闌干內四周布花毯。

亭後樹太常旂二，以黃線羅爲之，皆十有二斿，每斿內外繡升龍一。左旂腰繡日月北斗，竿首用鍍金銅龍首。右旂腰繡黻字，竿首用鍍金銅戟。各綴抹金銅鈴二，垂紅纓十二，纓上施抹金銅寶蓋，下垂青線紛錔。踏梯一，紅髹，以抹金銅鈒花葉片裝釘。行馬架二，紅髹，上有黃絨匾條，用抹金銅葉片裝釘。有黃絹幰衣，即遮塵。油絹雨衣、青氈衣及紅油合扇梯、紅油托叉各一。輅以二象駕之。

玉輅，亦駕以二象，制如大輅，而無平盤下十二楅之飾。輅亭前二柱，飾以搏換貼金升龍。屏風後無上四楅雲龍及雲板之飾。天輪內用青地雕木飾玉色雲龍文。而太常旗及踏梯、行馬之類，悉與大輅同。

大馬輦，古者輦以人輓之。《周禮·巾車》后五輅，其一「輦車，組輓」。然《縣師》有「車輦之稽」，《黍苗》詩云「我任我輦」，則臣民所乘亦名輦。至秦始去其輪，而制乃尊。明諸輦有輪者駕以馬，以別於步輦焉。

其制：高一丈二尺五寸九分，廣八尺九寸五分，轅長二丈五寸有奇，輦座高三尺四寸有奇，餘同大輅。輦亭，高六尺四寸有奇，紅髹四柱，長五尺四寸有奇，檻座，高與輅同，四周紅髹條環板。前左右有門，高五尺有奇，廣二尺四寸有奇。門旁楅各二，後楅三及明栿，皆紅髹，抹金銅鈒花葉片裝釘。楅心編以黃線條。亭內制與大輅同，第軟座上不用花毯，而用紅毯。亭外用紅簾十二扇。輦頂并圓盤高二尺六寸有奇，上下俱紅髹，以青飾輦蓋。其銅龍、蓮座、寶蓋、黃屋及天輪、輦亭，制悉與大輅同。太常旗、踏梯、行馬之屬，亦同大輅。駕以八馬，備鞍韉、鞦轡、鈴纓之飾。

小馬輦，視大馬輦高廣皆減一尺，轅長一丈九尺有奇，餘同大馬輦。輦亭高五尺五寸有奇，紅髹四柱，長五尺四寸有奇。檻座，紅髹，四周條環板，前左右有門，高五尺，廣二尺二寸有奇。門旁楅各二及明栿，後屏風壁板，俱紅髹，用抹金銅鈒花葉片裝釘。亭底紅髹，上施紅花毯、紅錦褥席。外用紅簾四扇，駕以四馬。餘同大馬輦。

步輦者，古之步輓。明制，高一丈三尺二寸有奇，廣八尺二寸有奇。輦座高三尺二寸有奇，四周雕木五彩雲渾貼金龍板十二片，間以渾貼金仰覆蓮座，下雕木線金五彩雲板十二片。轅四，紅髹。中二轅長三丈五尺九寸，左右二轅長二丈九尺五寸有奇，俱以鍍金銅龍頭、龍尾裝釘。輦亭高六尺三寸有奇，四柱長六尺二寸有奇。檻座，紅髹，四周雕木沉香色描金香草板十二片，抹金銅鈒花葉片裝釘。前左右有門，高五尺七寸有奇，廣二尺四寸有奇。門旁紅髹十字楅各二扇，雕飾沉香色描金雲龍板八片，下雲板如其數。後紅髹屏風，上雕沉香色描金雲龍五。屏後雕沉香色描金雲龍板三片，又雲板如其數，俱用抹金銅鈒花葉片裝釘。餘同馬輦，惟紅簾用十扇。輦頂并圓盤高二尺六寸有奇，其蓮座、輦蓋、天輪、幰衣之屬，俱同馬輦。

大涼步輦，高一丈二尺五寸有奇，廣一丈二尺五寸有奇。四面紅髹匡，裝雕木五彩雲板二十片，間以貼金仰覆蓮座，下紅髹如意條環板，如其數。紅髹轅六：中二轅長四丈三尺五寸有奇，左右二轅長四丈有奇，外二轅長三丈六尺五寸有奇，前後俱飾以雕木貼金龍頭、龍尾。

輦亭高六尺五寸有奇，廣八尺五寸有奇，四柱紅髹。前左右有門，高五尺八寸有奇，廣二尺五寸有奇，四周描金香草板十二片。門旁楅各二，後楅三及明栿皆紅髹，編以黃線條。亭底上施墊氈，加紅錦褥并席。紅髹坐椅一，四周雕木沉香色，描金寶相花，靠背、褥、裙、帷幔與馬輦同。內設紅髹桌二；紅髹闌干香桌一，闌干四，柱首俱雕木貼金蹲龍；鍍金銅龍蓋香爐一，并香匙、箸、瓶；紅錦墩二。外紅簾三扇。輦頂高二尺七寸有奇，又鍍金銅寶珠頂，帶仰覆蓮座，高一尺三寸有奇；垂攀頂黃線圓條四。頂用丹漆，上冒紅氈，四垂以黃氈爲如意雲，黃氈緣條；四周施黃綺瀝水三層，每層百三十二摺，間繡五彩雲龍文。或用大紅羅冒頂，以黃羅爲如意雲緣條，瀝水亦用黃羅。頂下四周以紅氈爲帷，黃氈緣條，四角鍍金銅雲四。亭內寶蓋繡五龍，頂以紅髹木匡，冒以黃綺爲黃屋，頂心四周繡雲龍各一。輦亭四角至輦座，用攀頂黃線圓條四，并貼金木魚。輦亭前左右轉角闌干二扇，後一字帶轉角闌干一扇，皆紅髹，雕木渾貼金龍，間以五彩雲板。闌干內四周布席。其闌干十二柱之飾及踏梯之屬，俱與馬輦同。

轎者，肩行之車。宋中興以後，皇后嘗乘龍肩輿。又以征伐，道路險阻，詔百官乘轎，名曰「竹轎子」，亦曰「竹輿」。元皇帝用象轎，駕以二象。至用紅板轎，則自明始也。

其制，高六尺九寸有奇。頂紅髹。近頂裝圓匡蜊房窗，鍍金銅火焰寶，帶仰覆蓮座，四角鍍金銅雲朵。轎杠二，前後以鍍金銅龍頭、龍尾裝釘，有黃絨墜角索。四周紅髹板，左右門二，用鍍金銅釘鉸。轎内紅髹匡坐椅一，福壽板一并褥。椅内黃織金綺靠坐褥，四周椅裙，下鋪席并踏褥。有黃絹轎衣、油絹雨衣各一，青氈衣，紅氈縧條雲子。

嘉靖十三年謁廟，帝及后妃俱乘肩輿出宮，至奉天門降輿升輅。隆慶四年設郊祀慶成宴，帝乘板輿由歸極門出，入皇極門，至殿上降輿。

車駕之出，有具服幄殿。按《周官》大小次，木架葦障，上下四旁周以幄帟，以象宮室。明鹵簿載具服幄殿，儀仗有黃帳房，仍元制也。帳并帷幕，以黃木棉布爲之。上施獸吻，柱竿紅髹，竿首彩裝蹲獅，氈頂。

耕根車，世宗朝始造。漢有耕車，晉曰耕根車，俱天子親耕所用。嘉靖十年，帝將耕耤田，詔造耕根車。禮官上言：「考《大明集禮》，耕耤用宋制，乘玉輅，以耕根車載耒耜同行。今考儀注，順天府官奉耒耜及穜稑種置彩輿，先於祭前二日而出。今用耕根車以載耒耜，宜令造車，於祭祀日早進呈，置耒耜，先玉輅以行。第稽諸禮書，祇有圖式，而無高廣尺寸。宜依今置車式差小，通用青質。」從之。

皇后輅，一。高一丈一尺三寸有奇，平盤。前後車櫺并雁翅，四垂如意滴珠板。轅長一丈九尺六寸，皆紅髹。轅用抹金銅鳳頭、鳳尾、鳳翎葉片裝釘。平盤左右垂護泥板及輪二，貫軸一。每輪輻十有八，皆紅髹，輞以抹金鈒花銅葉片裝釘。輪内車轂，用抹金銅鈒蓮花瓣輪盤裝釘，軸中纏黃絨駕轅諸索。

輅亭高五尺八寸有奇，紅髹四柱。檻座上沉香色描金香草板十二片。前左右有門，高四尺五寸有奇，廣二尺四寸有奇。門旁沉香色線金菱花槅各二，下條環板，有明栿，抹金銅鈒花葉片裝釘。後紅髹五山屏風，戧金鸞鳳雲文，屏上紅髹板，戧金雲文，中裝雕木渾貼金鳳一。屏後紅髹板，俱用抹金銅鈒花葉片裝釘。亭底紅髹，上施紅花毯、紅錦褥席，紅髹坐椅一。靠背雕木線金五彩裝鳳一，上下香草雲板各一，紅福壽板一并褥。椅中黃織金綺靠坐褥，四周有椅裙，施黃綺帷幔。或黃線羅。外用紅簾十二扇。前二柱，戧金，上寶相花，中鸞鳳雲文，下龜文錦。輅頂并圓盤高二尺有奇，抹金銅立鳳頂，帶仰覆蓮座，垂攀頂黃線圓條四。盤上紅髹，下四周沉香色描金雲文，内青地五彩雲文，以青飾輅蓋。内寶蓋，紅髹匡，鬭以八頂，冒以黃綺；頂心及四周繡鳳九，并五彩雲文。天輪三層，紅髹，上雕木貼金邊耀葉板七十二片，内飾青地雕木五彩雲鸞鳳文三層，間繪五彩雲襯板七十二片。下四周黃銅裝釘，上施黃綺瀝水三層，間繡鸞鳳文。四垂青綺絡帶，繡鸞鳳各一。圓盤四角連輅座板，用攀頂黃線圓條四。

輅亭前後有左右轉角闌干各二扇，内嵌條環板，皆紅髹；計十二柱，柱首雕木紅蓮花，線金青緑裝蓮花抱柱。其踏梯、行馬之屬，與大馬輦同。

宋車，本《周禮》后五輅之一。應劭《漢官鹵簿圖》有五色安車。晉皇后乘雲母安車。唐皇后安車，制如金輅。明皇后安車獨簡素。

其制，高九尺七寸有奇，平盤，前後車櫺并雁翅板。轅二，長一丈六尺七寸有奇，皆紅髹，用抹金銅鳳頭、鳳尾、鳳翎葉片裝釘。平盤左右垂護泥板及輪二，貫軸一。每輪輻十有八，皆紅髹，軸中纏黃絨駕轅諸索。車亭高四尺四寸，紅髹方柱四，上裝五彩花板十二片。前左右有門，高三尺七寸有奇，廣二尺二寸有奇。門旁紅髹十字槅各二。後三山屏風，屏後壁板俱紅髹，用抹金銅鈒花葉片裝釘。亭底紅髹板，上施紅花毯、紅錦褥，四周施黃綺帷幔，外用紅簾四扇。車蓋用紅髹抹金銅寶珠頂，帶蓮座，高六寸，四角抹金銅鳳頭，用攀條四，並紅髹木魚。蓋施黃綺瀝水三層，銷金鸞鳳文，鳳頭下垂紅帉鍇。其踏梯、行馬、幰衣與輅同。

行障、坐障，自唐、宋有之。皇后重翟車後，皆有行障六，坐障三，左右夾車宫人執之。而《唐書》、《宋史》不載其制。《金史》，行障長八尺，高六尺；坐障長七尺，高五尺。明皇后用行障、坐障，皆以紅綾爲之，繪升降鸞鳳雲文；行障繪瑞草於瀝水，坐障繪雲文於頂。

太皇太后、皇太后輅及安車、行障、坐障，制與皇后同。

皇妃車曰鳳轎，與歷代異名。其制，青頂，上抹金銅珠頂，四角抹金銅飛鳳各一，垂銀香圓寶蓋并彩結。轎身，紅髹木匡，三面篾織紋簟，繪以翟文，抹金銅鈒花葉片裝釘。紅髹撊，飾以抹金銅鳳頭、鳳尾。青銷金羅緣邊紅簾并看帶，内紅交牀并坐踏褥。紅銷金羅轎衣一頂，用銷金寶珠文；瀝水，香草文；看帶并幃，皆鳳文。紅油絹雨轎衣一。

自皇后以下，皆用行障二，坐障一，第別以彩繪。皇妃行障、坐障，俱紅綾爲之，繪雲鳳，而行障瀝水繪香草。

皇太子金輅，高一丈二尺二寸有奇，廣八尺九寸。轅長一丈九尺五寸。輅座高三尺二寸有奇。平盤、滴珠板、輪輻、輪輞悉同玉輅。

輅亭高六尺四寸有奇，紅髹四柱，長五尺四寸。檻座上四周綫金五彩香草板。前左右有門，高五尺有奇，廣二尺四寸有奇。門旁槅各二，編紅線條及明栿，皆紅髹。後五山屏風，青地上雕木貼金龍五，間以五彩雲文。屏後紅髹板，皆抹金銅鈒花葉片裝釘。紅髹匡軟座，紅絨墜座，大索四，下垂蓮花墜石，上施紅毯紅錦褥席。紅髹椅一，納板一并褥。椅中紅織金綺靠坐褥，四周有椅裙，施紅羅帷幔，外用青綺緣邊。紅簾十二扇。椅雕貼金龍彩雲，下綫金彩雲板一。

亭內編紅線條。輅頂并圓盤，高二尺五寸有奇，又鍍金銅寶珠頂，帶仰覆蓮座，高九寸，垂攀頂紅線圓條四。盤上丹漆，下內外皆青地繪雲文，以青飾輅蓋。亭內周圍青斗拱，承以丹漆匡，寶蓋鬬以八頂，冒以紅綺，頂心繡雲龍，餘繡五彩雲文。天輪三層皆紅髹，上雕木貼金邊耀葉板七十二片，內飾青地雕木貼金雲龍文三層，間繪五彩雲襯板七十二片，四周黃銅裝釘。上施紅綺瀝水三層，每層七十二摺，間繡五彩雲龍文。四角之飾與大輅同，等圓條用紅線。

輅亭前一字闌干一扇，後一字帶轉角闌干一扇，左右闌干二扇，內嵌五彩雲板，皆丹漆。計十四柱，柱首制與大輅同。亭後建紅旗二，以紅羅爲之，九斿。每斿內外繡升龍一。左旗腰繡日月北斗，竿用抹金銅龍首。右旗腰繡黻字，竿用抹金銅戟。綴抹金銅鈴二，垂紅纓。其踏梯、行馬之屬，與玉輅同。帳房用青木棉布，竿首青緑蹲猊，餘同乘輿帳房。

東宫妃車，亦曰鳳轎、小轎，制同皇妃。行障、坐障之制亦同。

親王象輅，其高視金輅減六寸，其廣減一尺。轅長視大輅減一尺。輅座高三尺有奇，餘飾同金輅。輅亭高五尺二寸有奇，紅髹四柱。檻座上四周紅髹條環板。前左右有門，高四尺五寸有奇，廣二尺二寸有奇。門旁槅各二及明栿，後五山屏風，皆紅髹，用抹金銅鈒花葉片裝釘。亭底紅髹，施紅花毯、紅錦褥席。其椅靠、坐褥、帷幔、紅簾之制，俱同金輅。輅頂并圓盤高二尺四寸有奇，用抹金銅寶珠頂，餘同金輅。天輪三層皆紅髹，上雕木貼金邊耀葉板六十三片，內飾青地雕木五彩雲文三層，間繪五彩雲襯板六十三片，四周黃銅裝釘。上施紅綺瀝水三層，每層八十一摺，繡瑞草文。前垂青綺絡帶二，俱繡升龍五彩雲文。圓盤四角連輅座板，用攀頂紅線圓條四，并紅髹木魚。亭前後闌干同金輅，左右闌干各一扇，內嵌條環板，皆紅髹。計十四柱，柱首雕木紅蓮花，綫金青緑裝蓮花抱柱，前闌干內布花毯。紅旗二，與金輅所樹同，竿上祇垂紅纓五。其踏梯、行馬之屬，亦同金輅。帳房用緑色螭頭，餘與東宫同。

親王妃車，亦曰鳳轎、小轎，制俱同東宫妃。惟鳳轎衣用木紅平羅。小轎衣二：一用礬紅素紵絲，一用木紅平羅。行障、坐障，制同東宫妃。

公主車，宋用厭翟車，明初因之。其後定制，鳳轎、行障、坐障，如親王妃。

皇孫車，永樂中，定皇太孫婚禮儀仗如親王，降皇太子一等，而用象輅。

郡王無輅，祇有帳房，制同親王。

郡王妃及郡主俱用翟轎，制與皇妃鳳轎同，第易鳳爲翟。行障、坐障同親王妃，而繪雲翟文。

百官乘車之制。洪武元年令，凡車不得雕飾龍鳳文。職官一品至三品，用間金飾銀螭繡帶，青縵。四品五品，素獅頭繡帶，青縵。六品至九品，用素雲頭青帶，青縵。轎同車制。庶民車及轎，并用黑油，齊頭平頂，皁縵，禁用雲頭。六年令，凡車轎禁丹漆，五品以上車止用青縵。婦女許坐轎，官民老疾者亦得乘之。

景泰四年令，在京三品以上得乘轎。弘治七年令，文武官例應乘轎者，以四人舁之。其五府管事，內外鎮守，守備及公、侯、伯、都督等，不問老少，皆不得乘轎，違例乘轎及擅用八人者，奏聞。蓋自太祖不欲勳臣廢騎射，雖上公，出必乘馬。永樂元年，駙馬都尉都觀越制乘晉王濟熺朱轅椶轎，爲給事中周景所劾。有詔宥觀而賜濟熺書，切責之。惟文職大臣乘轎，庶官亦乘馬。又文臣皆許乘車，大臣得乘安車。後久廢不用。正德四年，禮部侍郎劉機言，《大明集禮》公卿大臣得乘安車，因請定轎扇傘蓋品級等差。帝以京城內，安車傘蓋久不行，却其請，而命轎扇俱如例行。

嘉靖十五年，禮部尚書霍韜言：「禮儀定式，京官三品以上乘轎，邇者文官皆用肩輿，或乘女轎。乞申明禮制，俾臣下有所遵守。」乃定四品下不許乘轎，亦毋得用肩輿。隆慶二年，給事中徐尚劾應城伯孫文棟等乘轎出入，驕僭無狀。帝命奪文棟等俸。乃諭兩京武職非奉特恩不許乘轎，文官四品以下用帷轎者，禁如例。萬曆三年奏定勳戚及武臣不許用帷轎、肩輿并交牀上馬。至若破格殊典，則宣德中少保黃淮陪遊西苑，嘗乘肩輿入禁中。嘉靖間，嚴嵩奉詔苑直，年及八旬，出入得乘肩輿。武臣則郭勛、朱希忠特命乘肩輿扈南巡蹕，後遂賜常乘焉。皆非制也。

傘蓋之制。洪武元年，令庶民不得用羅絹涼傘，但許用油紙雨傘。三年令京城內一品二品用傘蓋，其餘用雨傘。十六年令尚書、侍郎、左右都御史、通政使、太常卿、應天府尹、國子祭酒、翰林學士許張傘蓋。二十六年定一品、二品傘用銀浮屠頂，三品、四品用紅浮屠頂，俱用黑色茶褐羅表，紅絹裏，三簷；雨傘用紅油絹。五品紅浮屠頂，青羅表，紅絹裏，兩簷；雨傘同。四品、六品至九品，用紅浮屠頂，青絹表，紅絹裏，兩簷；雨傘俱用油紙。三十五年，官員傘蓋不許用金繡，朱丹裝飾。公、侯、駙馬、伯與一品、二品同。成化九年令兩京官遇雨任用油傘，其涼傘不許張於京城。

鞍轡之制。洪武六年令庶民不得描金，惟銅鐵裝飾。二十六年定公、侯、一品、二品用銀鈒，鐵事件，鞊用描銀。三品至五品，用銀鈒，鐵事件，鞊用油畫。六品至九品，用擺錫，鐵事件，鞊用油畫。三十五年，官民人等馬頷下纓并鞦轡俱用黑色，不許紅纓及描金、嵌金、天青、朱紅裝飾。軍民用鐵事件，黑綠油鞊。

《明史》卷六六《輿服志二》　〔洪武〕十六年定袞冕之制。冕，前圓後方，玄表纁裏。前後各十二旒，旒五采玉十二珠，五采繅十有二就，就相去一寸。紅絲組爲纓，黈纊充耳，玉簪導。袞，玄衣黃裳，十二章，日、月、星辰、山、龍、華蟲六章織於衣，宗彝、藻、火、粉米、黼、黻六章繡於裳。白羅大帶，紅裏。蔽膝隨裳色，繡龍、火、山文。玉革帶，玉珮。大綬六采，赤、黃、黑、白、縹、綠，小綬三，色同大綬。間施三玉環。白羅中單，黻領，青緣襈。黃韈，黃舄，金飾。

二十六年更定，袞冕十二章。冕版廣一尺二寸，長二尺四寸。冠上有覆，玄表朱裏，餘如舊制。圭長一尺二寸。袞，玄衣纁裳，十二章如舊制。中單以素紗爲之。紅羅蔽膝，上廣一尺，下廣二尺，長三尺，織火、龍、山三章。革帶珮玉，長三尺三寸。大帶素表朱裏，兩邊用緣，上以朱錦，下以綠錦。大綬，六采黃、白、赤、玄、縹、綠織成，純玄質五百首。凡合單紡爲一系，四系爲一扶，五扶爲一首。小綬三，色同大綬。間織三玉環。朱韈，赤舄。

永樂三年定，冕冠以皁紗爲之，上覆曰綖，桐板爲質，衣之以綺，玄表朱裏，前圓後方。以玉衡維冠，玉簪貫紐，紐與冠式足前體下曰武，綏在冠之下，亦曰武。并繫纓處，皆飾以金。綖以左右垂黈纊充耳，用黃玉。繫以玄紞，承以白玉瑱朱紘。餘如舊制。玉圭長一尺二寸，剡其上，刻山四，以象四鎮之山，蓋周鎮圭之制，異於大圭不瑑者也。以黃綺約其下，別以囊韜之，金龍文。袞服十有二章。玄衣八章，日、月、龍在肩，星辰、山在背，火、華蟲、宗彝在袖，每袖各三。皆織成本色領褾襈裾。褾者袖端。襈者衣緣。纁裳四章，織藻、粉米、黼、黻各二，前三幅，後四幅，前後不相屬，共腰，有辟積，本色綼裼。裳側有純謂之綼，裳下有純謂之裼。純者緣也。中單以素紗爲之。青領褾襈裾，領織黻文十三。蔽膝隨裳色，四章，織藻、粉米、黼、黻各二。本色緣，有紃，施於縫中。玉鉤二。玉珮二，各用玉珩一、瑀一、琚二、衝牙一、璜二；瑀下垂玉花一、玉滴二；瑑飾雲龍文描金。自珩而下繫組五，貫以玉珠。行則衝牙、二滴與璜相觸有聲。金鉤二。有二小綬，六采黃、白、赤、玄、縹、綠。纁質。大綬，六采黃、白、赤、玄、縹、綠。纁質，三小綬色同大綬。間施三玉環，龍文，皆織成。襪舄皆赤色，舄用黑絇純，以黃飾舄首。

嘉靖八年諭閣臣張璁：「袞冕有革帶，今何不用？」璁對曰：「按陳祥道《禮書》古革帶、大帶，皆謂之鞶。革帶以繫佩韍，然後加以大帶，而笏搢於二帶之間。夫革帶前繫韍，後繫綬，左右繫佩，自古冕弁恒用之。今惟不用革帶，以至前後佩服皆無所繫，遂附屬裳要之間，失古制矣。」帝曰：「冕服祀天地，享祖宗，若闕革帶，非齊明盛服之意。及觀《會典》載蔽膝用羅，上織火、山、龍三章，并大帶緣用錦，皆與今所服不合。卿可并革帶繫蔽膝、佩、綬之式，詳考繪圖以進。」又云：「衣裳分上下服，而今衣恒掩裳。裳制如帷，而今兩幅。朕意衣但當與裳要下齊，而露裳之六章，何如？」已又諭璁以變更祖制爲疑。璁對曰：「臣考禮制，衣不掩裳，與聖意允合。夫衣六章，裳六章，義各有取，衣自不容掩裳。《大明集禮》及《會典》與古制不異。今衣八章，裳四章，故衣常掩裳，然於典籍無所準。內閣所藏圖註，蓋因官司織造，循習訛謬。今訂正之，乃復祖制，非有變更。」

帝意乃決。因復諭璁曰：「衣有六章，古以繪，今當以織。朕命織染局考國初冕服，日月各徑五寸，當從之。裳六章，古用繡，亦當從之。古色用玄黃，取象天地。今裳用纁，於義無取，當從古。革帶即束帶，後當用玉，以佩綬繫之於下。蔽膝隨裳色，其繡上龍下火，可不用山。卿與內閣諸臣同考之。」於是楊一清等詳議：「袞冕之服，自黃、虞以來，玄衣黃裳，爲十二章。日、月、星辰、山、龍、華蟲，其序自上而下，爲衣之六章；宗彝、藻、火、粉米、黼、黻，其序自下而上，爲裳之六章。自周以後寖變其制，或八章，或九章，已戾於古矣。我太祖皇帝復定爲十二章之制，司造之官仍習舛訛，非制作之初意。伏乞聖斷不疑。」

帝乃令擇吉更正其制。冠以圓匡烏紗冒之，旒綴七采玉珠十二，青纊充耳，綴玉珠二，餘如舊制。玄衣黃裳，衣裳各六章。洪武間舊制，日月徑五寸，裳前後連屬如帷，六章用繡。蔽膝隨裳色，羅爲之，上繡龍一，下繡火三，繫於革帶。大帶素表朱裏，上緣以朱，下以緑。革帶前用玉，其後無玉，以佩綬繫而掩之。中單及圭，俱如永樂間制。朱韈，赤舄，黄條緣玄纓結。

皇帝通天冠服。洪武元年定，郊廟、省牲，皇太子諸王冠婚、醮戒，則服通天冠、絳紗袍。冠加金博山，附蟬十二，首施珠翠，黑介幘，組纓，玉簪導。絳紗袍，深衣製。白紗内單，皂領褾襈裾。絳紗蔽膝，白假帶，方心曲領。白韈，赤舄。其革帶、佩綬，與衮服同。

皇帝皮弁服。朔望視朝、降詔、降香、進表、四夷朝貢、外官朝覲、策士傳臚皆服之。嘉靖以後，祭太歲山川諸神，亦服之。

其制自洪武二十六年定。皮弁用烏紗冒之，前後各十二縫，每縫綴五采玉十二以爲飾，玉簪導，紅組纓。其服絳紗衣，蔽膝隨衣色。白玉珮革帶。玉鉤艓緋白大帶。白韈，黑舄。

永樂三年定，皮弁如舊制，惟縫衣冠武并貫簪繫纓處，皆飾以金玉。圭長如冕服之圭，有脊并雙植文。絳紗袍，本色領褾襈裾。紅裳，但不織章數。中單，紅領褾襈裾。餘俱如冕服内制。

皇帝武弁服。明初，親征遣將服之。嘉靖八年諭閣臣張璁云：「《會典》紀親征、類禡之祭，皆具武弁服。不可不備。」璁對：「《周禮》有韋弁，謂以韎韋爲弁，又以爲衣裳。國朝視古損益，有皮弁之制。今武弁當如皮弁，但皮弁以黑紗冒之，武弁當以絳紗冒之。」隨具圖以進。帝報曰：「覽圖有韠形，但無繫處。冠制古象上尖，今皮弁則圓。朕惟上鋭取其輕利，當如古制。又衣裳韠舄皆赤色，何謂？且佩綬俱無，於祭用之，可乎？」璁對：「自古服冕弁俱用革帶，以前繫韍，後繫綬。韋弁之韠，正繫於革帶耳。武事尚威烈，故色純用赤。」帝復報璁：「冠服、衣裳、韠舄俱如古制，增革帶，佩綬及圭。」

乃定制，弁上鋭，色用赤，上十二縫，中綴五采玉，落落如星狀。韎衣、韎裳、韎韐，俱赤色。佩、綬、革帶，如常制。佩綬及韎韐，俱上繫於革帶。舄如裳色。玉圭視鎮圭差小，剡上方下，有篆文曰「討罪安民」。

皇帝常服。洪武三年定，烏紗折角向上巾，盤領窄袖袍，束帶間用金、琥珀、透犀。永樂三年更定，冠以烏紗冒之，折角向上，其後名翼善冠。袍黄，盤領，窄袖，前後及兩肩各織金盤龍一。帶用玉，韠以皮爲之。先是，洪武二十四年，帝微行至神樂觀，見有結網巾者。翼日，命取網巾，頒示十三布政使司，人無貴賤，皆裹網巾，於是天子亦常服網巾。又《會典》載皇太孫冠禮有云：「掌冠跪加網巾」，而皇帝、皇太子冠服，俱闕而不載。

嘉靖七年更定燕弁服。初，帝以燕居冠服，尚沿習俗，諭張璁考古帝王燕居法服之制。璁乃采《禮書》「玄端深衣」之文，圖註以進。帝爲參定其制，諭璁詳議。璁言：「古者冕服之外，玄端深衣，其用最廣。玄端自天子達於士，國家之命服也。深衣自天子達於庶人，聖賢之法服也。今以玄端加文飾，不易舊制，深衣易黄色，不離中衣，誠得帝王損益時中之道。」帝因諭禮部曰：「古玄端上下通用，今非古人比，雖燕居，宜辨等威。」因酌古制，更名曰「燕弁」，寓深宮獨處，以燕安爲戒之意。

其制，冠匡如皮弁之制，冒以烏紗，分十有二瓣，各以金線壓之，前飾五采玉雲各一，後列四山，朱條爲組纓，雙玉簪。服如古玄端之制，色玄，邊緣以青，兩肩繡日月，前盤圓龍一，後盤方龍二，邊加龍文八十一，領與兩袪共龍文五九。衽同前後齊，共龍文四九。襯用深衣之制，色黄。袂圓袪方，下齊負繩及踝十二幅。素帶，朱裏青表，緑緣邊，腰圍飾以玉龍九。玄履，朱緣紅纓黄結。白韈。

皇后冠服。洪武三年定，受册、謁廟、朝會，服禮服。其冠，圓匡冒以翡翠，上飾九龍四鳳，大花十二樹，小花數如之。兩博鬢，十二鈿。褘衣，深青繪翟，赤質，五色十二等。素紗中單，黻領，朱羅縠褾襈裾。蔽膝隨衣色，以緅爲領緣，用翟爲章三等。大帶隨衣色，朱裏紕其外，上以朱錦，下以緑錦，紐約用青組。玉革帶。青韈、青舄，以金飾。

永樂三年定制，其冠飾翠龍九，金鳳四，中一龍銜大珠一，上有翠蓋，下垂珠結，餘皆口銜珠滴，珠翠雲四十片，大珠花、小珠花數如舊。三博鬢，飾以金龍、翠雲，皆垂珠滴。翠口圈一副，上飾珠寶鈿花十二，翠鈿如其數。托裏金口圈一副。珠翠面花五事。珠排環一對。皁羅額子一，描金龍文，用珠二十一。

翟衣，深青，織翟文十有二等，間以小輪花。紅領褾襈裾，織金雲龍文。中單，玉色紗爲之，紅領褾襈裾，織黻文十三。蔽膝隨衣色，織翟爲章三等，間以小輪花四，以緅爲領緣，織金雲龍文。玉穀圭，長七寸，剡其上，瑑穀文，黄綺約其下，韜以黄囊，金龍文。

玉革帶，青綺鞓，描金雲龍文，玉事件十，金事件四。大帶，表裏俱青紅相半，末純紅，下垂織金雲龍文，上朱緣，下緑緣，青綺副帶一。綬五采，黄、赤、白、縹、緑，纁質，間施二玉環，皆織成。小綬三，色同大綬。玉珮二，各用玉珩一、瑀

一、琚二、衝牙一、璜二，瑀下垂玉花一、玉滴二；瑑飾雲龍文描金；自珩而下，繫組五，貫以玉珠，行則衝牙二滴與二璜相觸有聲；上有金鉤，有小綬五采以副之，纁質，織成。青韈舄，飾以描金雲龍，皁純，每舄首加珠五顆。

皇后常服。洪武三年定，雙鳳翊龍冠，首飾、釧鐲用金玉、珠寶、翡翠。諸色團衫，金繡龍鳳文，帶用金玉。四年更定，龍鳳珠翠冠，真紅大袖衣霞帔，紅羅長裙，紅褙子。冠制如特髻，上加龍鳳飾，衣用織金龍鳳文，加繡飾。

永樂三年更定，冠用皁縠，附以翠博山，上飾金龍一，翊以珠。翠鳳二，皆口銜珠滴。前後珠牡丹二，花八蕊，翠葉三十六。珠翠穰花鬢二，珠翠雲二十一，翠口圈一。金寶鈿花九，飾以珠。金鳳二，口銜珠結。三博鬢，飾以鸞鳳。金寶鈿二十四，邊垂珠滴。金簪二。珊瑚鳳冠觜一副。

大衫霞帔，衫黄，霞帔深青，織金雲霞龍文，或繡或鋪翠圈金，飾以珠玉墜子，瑑龍文。四褛襖子，即褙子。深青，金繡團龍文。鞠衣紅色，前後織金雲龍文，或繡或鋪翠圈金，飾以珠。大帶紅綫羅爲之，有緣，餘或青或緑，各隨鞠衣色。緣襈襖子，黄色，紅領褾襈裾，皆織金采色雲龍文。緣襈裙，紅色，緑緣襈，織金采色雲龍文。

玉帶，如翟衣内制，第減金事件一。玉花采結綬，以紅緑綫羅爲結，玉綬花一，瑑雲龍文。綬帶玉墜珠六，金垂頭花瓣四，小金葉六。紅綫羅繫帶一。白玉雲樣玎璫二，如佩制，有金鉤，金如意雲蓋一，下懸紅組五貫，金方心雲板一，俱鈒雲龍文，襯以紅綺，下垂金長頭花四，中小金鐘一，末綴白玉雲朵五。青韈舄，與翟衣内制同。

皇妃、皇嬪及内命婦冠服。洪武三年定，皇妃受册、助祭、朝會禮服。冠飾九翬、四鳳花釵九樹，小花數如之。兩博鬢九鈿。翟衣，青質繡翟，編次於衣及裳，重爲九等。青紗中單，黻領，朱縠褾襈裾。蔽膝隨裳色，加文繡重雉，爲章二等，以緅爲領緣。玉革帶。青韈舄，佩綬。常服，鸞鳳冠，首飾、釧鐲用金玉、珠寶、翠。諸色團衫，金繡鸞鳳，不用黄。帶用金、玉、犀。又定，山松特髻，假鬢花鈿，或花釵鳳冠。真紅大袖衣，霞帔，紅羅裙，褙子，衣用織金及繡鳳文。

永樂三年更定，禮服，九翟冠二，以皁縠爲之，附以翠博山，飾大珠翟二，小珠翟三，翠翟四，皆口銜珠滴。冠中寶珠一座，翠頂雲一座，其珠牡丹、翠穰花鬢之屬，俱如雙鳳翊龍冠制，第減翠雲十。又翠牡丹花、穰花各二，面花四，梅花環四，珠環各二。其大衫、霞帔、燕居佩服之飾，俱同中宫，第織金繡瑑，俱雲霞鳳文，不用雲龍文。

九嬪冠服。嘉靖十年始定，冠用九翟，次皇妃之鳳。大衫、鞠衣，如皇妃制。圭用次玉穀文。

内命婦冠服。洪武五年定，三品以上花釵、翟衣，四品、五品山松特髻，大衫爲禮服。貴人視三品，以皇妃燕居冠及大衫、霞帔爲禮服，以珠翠慶雲冠，鞠衣、褙子、緣襈襖裙爲常服。

宫人冠服，制與宋同。紫色，團領，窄袖，徧刺折枝小葵花，以金圈之，珠絡縫金帶紅裙。弓樣鞵，上刺小金花。烏紗帽，飾以花，帽額綴團珠。結珠鬢梳。垂珠耳飾。

皇太子冠服。陪祀天地、社稷、宗廟及大朝會、受册、納妃則服衮冕。洪武二十六年定，衮冕九章，冕九旒，旒九玉，金簪導，紅組纓，兩玉瑱。圭長九寸五分。玄衣纁裳，衣五章，織山、龍、華蟲、宗彝、火；裳四章，織藻、粉米、黼、黻。白紗中單，黻領。蔽膝隨裳色，織火、山二章。革帶，金鉤艓，玉珮。綬五采赤、白、玄、縹、緑，織成，純赤質，三百三十首。小綬三，色同。間織三玉環。大帶，白表朱裏，上緣以紅，下緣以緑。白韈，赤舄。

永樂三年定，冕冠，玄表朱裏，前圓後方，前後各九旒。每旒五采繅九就，貫五采玉九，赤、白、青、黄、黑相次。玉衡金簪，玄紞垂青纊充耳，用青玉。承以白玉瑱，朱紘纓。玉圭長九寸五分，以錦約其下，并韜。衮服九章，玄衣五章，龍在肩，山在背，火、華蟲、宗彝在袖，每袖各三。皆織成。本色領褾襈裾。纁裳四章，織藻、粉米、黼、黻各二，前三幅，後四幅，不相屬，共腰，有襞積，本色綼裼。中單以素紗爲之，青領褾襈裾，領織黻文十一。蔽膝隨裳色，四章，織藻、粉米、黼、黻。本色緣，有紃，施於縫中。上玉鉤二。玉珮二，各用玉珩一、瑀一、琚二、衝牙一、璜二；瑀下垂玉花一、玉滴二。瑑雲龍文，描金。自珩而下，繫組五，貫以玉珠。上有金鉤。小綬四采赤、白、縹、緑，以副之，纁質。大帶，素表朱裏，在腰及垂，皆有綼，上綼以朱，下綼以緑。紐約用青組。大綬四采，赤、白、縹、緑。纁質。小綬三采。間施二玉環，龍文，皆織成。韈舄皆赤色，舄用黑絇純，黑飾舄首。

朔望朝、降詔、降香、進表、外國朝貢、朝覲，則服皮弁。永樂三年定，皮弁，冒以烏紗，前後各九縫，每縫綴五采玉九，縫及冠武并貫簪繫纓處，皆飾以金。金簪朱纓。玉圭，如冕服内制。絳紗袍，本色領褾襈裾。紅裳，如冕服内裳制，但不織章數。中單以素紗爲之，如深衣制。紅領褾襈裾，領織黻文十一。蔽膝隨裳色，本色緣，有紃，施於縫中；其上玉鉤二，玉珮如冕服内制，但無雲龍文；有小綬四采以副之。大帶、大綬、韈舄赤色，皆如冕服内制。

其常服，洪武元年定，烏紗折上巾。永樂三年定，冠烏紗折角向上巾，亦名翼善冠，親王、郡王及世子俱同。袍赤，盤領窄袖，前後及兩肩各金織盤龍一。玉帶、鞾，以皮爲之。

皇太子妃冠服。洪武三年定，禮服與皇妃同。永樂三年更定，九翬四鳳冠，漆竹絲爲匡，冒以翡翠，上飾翠翬九、金鳳四，皆口銜珠滴。珠翠雲四十片，大珠花九樹，小珠花數如之。雙博鬢，飾以鸞鳳，皆垂珠滴。翠口圈一副，上飾珠寶鈿花九，翠鈿如其數。托裏金口圈一副。珠翠面花五事。珠排環一對。珠皁羅額子一，描金鳳文，用珠二十一。翟衣，青質，織翟文九等，間以小輪花。紅領褾襈裾，織金雲龍文。中單，玉色紗爲之。紅領褾襈裾，織金雲鳳文。蔽膝隨衣色，織翟爲章二等，間以小輪花三，以緅爲領緣，織金雲鳳文。其玉圭、帶綬、玉珮、韈舄之制，俱同皇妃。

洪武三年又定常服。犀冠，刻以花鳳。首飾、釧鐲、衫帶俱同皇妃。四年定，冠亦與皇妃同。永樂三年定燕居冠，以皁縠爲之，附以翠博山，上飾寶珠一座，翊以二珠翠鳳，皆口銜珠滴。前後珠牡丹二，花八蕊，翠葉三十六。珠翠穰花鬢二。珠翠雲十六片。翠口圈一副。金寶鈿花九，上飾珠九。金鳳一對，口銜珠結。雙博鬢，飾以鸞鳳。金寶鈿十八，邊垂珠滴。金簪一對。珊瑚鳳冠觜一副。其大衫、霞帔、燕居佩服之飾，俱同皇妃。

親王冠服。助祭、謁廟、朝賀、受册、納妃服衮冕，朔望朝、降詔、降香、進表、四夷朝貢、朝覲服皮弁。洪武二十六年定，冕服俱如東宫，第冕旒用五采，玉圭長九寸二分五釐，青衣纁裳。永樂三年又定冕服、皮弁制，俱與東宫同，其常服亦與東宫同。

嘉靖七年諭禮部：「朕仿古玄端，自爲燕弁冠服，更制忠静冠服，錫於有位，而宗室諸王制猶未備。今酌燕弁及忠静冠之制，復爲式具圖，命曰保和冠服。自郡王長子以上，其式已明。鎮國將軍以下至奉國中尉及長史、審理、紀善、教授、伴讀，俱用忠静冠服，依其品服之。儀賓及餘官不許概服。夫忠静冠服之異式，尊賢之等也。保和冠服之異式，親親之殺也。等殺既明，庶幾乎禮之所保，保斯和，和斯安，此錫名之義也。其以圖說頒示諸王府，如敕遵行。」

保和冠制，以燕弁爲準，用九襊，去簪與五玉，後山一扇，分畫爲四。服，青質青緣，前後方龍補，身用素地，邊用雲。襯用深衣，玉色。帶青表緑裏緑緣。履用皁緑結，白韈。

親王妃冠服。受册、助祭、朝會服禮服。洪武三年定九翬四鳳冠。永樂三年又定九翟冠，制同皇妃。其大衫、霞帔、燕居佩服之飾，同東宫妃，第金事件減一，玉綬花，瑑寶相花文。

公主冠服，與親王妃同，惟不用圭。

親王世子冠服。聖節、千秋節并正旦、冬至、進賀表箋及父王生日諸節慶賀，皆服衮冕。洪武二十六年定，衮冕七章，冕三采玉珠，七旒。圭長九寸。青衣三章，織華蟲、火、宗彝。纁裳四章，織藻、粉米、黼、黻。素紗中單，青領襈，赤韍。革帶，佩白玉，玄組綬。綬紫質，用三采紫、黄、赤。織成，間織三白玉環。白韈，赤舄。

永樂三年更定，冕冠前後各八旒，每旒五采繅八就，貫三采玉珠八，赤、白、青色相次。玉圭長九寸。青衣三章，火在肩，華蟲、宗彝在兩袖，皆織成。本色領褾襈裾。其纁裳、玉珮、帶、綬之制，俱與親王同，第領織黻文減二。皮弁用烏紗冒之，前後各八縫，每縫綴三采玉八，餘制如親王。其圭佩、帶綬、韈舄如冕服内制。常服亦與親王同。

嘉靖七年定保和冠服，以燕弁爲準，用八襊，去簪玉，後山以一扇分畫爲四，服與親王同。

世子妃冠服。永樂三年定，與親王妃同，惟冠用七翟。

郡王冠服。永樂三年定，冕冠前後各七旒，每旒五采繅七就，貫三采玉珠七。圭長九寸。青衣三章，粉米在肩，藻、宗彝在兩袖，皆織成。纁裳二章，織黼、黻各二。中單，領織黻文七，餘與親王世子同。皮弁，前後各七縫，每縫綴三采玉七，餘與親王世子同。其圭佩、帶綬、韈舄如冕服内制。常服亦與親王世子同。嘉靖七年定保和冠服，冠用七襊，服與親王世子同。

郡王妃冠服。永樂三年定，冠用七翟，與親王世子妃同。其大衫、霞帔、燕居佩服之飾，俱同親王妃，第繡雲霞翟文，不用盤鳳文。

郡王長子朝服。七梁冠，大紅素羅衣，白素紗中單，大紅素羅裳及蔽膝，大紅素羅白素紗二色大帶，玉朝帶，丹礬紅花錦，錦雞綬，玉珮，象笏，白絹韈，皁皮雲頭履鞋。公服，皁縐紗幞頭，大紅素紵絲衣，玉革帶。常服，烏紗帽，大紅紵絲織金獅子開襟，圓領，玉束帶，皁皮銅線鞾。其保和冠，如忠靜之制，用五䙓；服與郡王同，補子用織金方龍。

郡主冠服。永樂三年定，與郡王妃同。惟不用圭，減四珠環一對。

郡王長子夫人冠服，珠翠五翟冠，大紅紵絲大衫，深青紵絲金繡翟褙子，青羅金繡翟霞帔，金墜頭。

鎮國將軍冠服，與郡王長子同。鎮國將軍夫人冠服，與郡王長子夫人同。

輔國將軍冠服，與鎮國將軍同；惟冠六梁，帶用犀。輔國將軍夫人冠服，與鎮國將軍夫人同；惟冠用四翟，抹金銀墜頭。奉國將軍冠服，與輔國將軍同；惟冠五梁，帶用金鈒花，常服大紅織金虎豹。奉國將軍淑人冠服，與輔國將軍夫人同；惟褙子、霞帔，金繡孔雀文。鎮國中尉冠服，與奉國將軍同；惟冠四梁，帶用素金，佩用藥玉。鎮國中尉恭人冠服，與奉國將軍淑人同。輔國中尉冠服，與鎮國中尉同；惟冠三梁，帶用銀鈒花，綬用盤雕，公服用深青素羅，常服紅織金熊羆。輔國中尉宜人冠服，與鎮國中尉恭人同；惟冠用三翟，褙子、霞帔，金繡鴛鴦文，銀墜頭。奉國中尉冠服，與輔國中尉同；惟冠二梁，帶用素銀，綬用練鵲，幞頭黑漆，常服紅織金彪。奉國中尉安人冠服，與輔國中尉宜人同；惟大衫用丹礬紅，褙子、霞帔金繡練鵲文。

縣主冠服。珠翠五翟冠，大紅紵絲大衫，深青紵絲金繡孔雀褙子，青羅金繡孔雀霞帔，抹金銀墜頭。郡君冠服，與縣主同；惟冠用四翟，褙子、霞帔金繡鴛鴦文。縣君冠服與郡君同；惟冠用三翟。鄉君冠服與縣君同；惟大衫用丹礬紅，褙子、霞帔金繡練鵲文。

《明史》卷六七《輿服志三》　文武官朝服。洪武二十六年定，凡大祀、慶成、正旦、冬至、聖節及頒詔、開讀、進表、傳制，俱用梁冠，赤羅衣，白紗中單，青飾領緣，赤羅裳，青緣，赤羅蔽膝，大帶赤、白二色絹，革帶，佩綬，白韈黑履。

一品至九品，以冠上梁數爲差。公冠八梁，加籠巾貂蟬，立筆五折，四柱，香草五段，前後玉蟬。侯七梁，籠巾貂蟬，立筆四折，四柱，香草四段，前後金蟬。伯七梁，籠巾貂蟬，立筆二折，四柱，香草二段，前後玳瑁蟬。俱插雉尾。駙馬與侯同，不用雉尾。一品，冠七梁，不用籠巾貂蟬，革帶與佩俱玉，綬用黃、緑、赤、紫織成雲鳳四色花錦，下結青絲網，玉綬環二。二品，六梁，革帶，綬環犀，餘同一品。三品，五梁，革帶金，珮玉，綬用黃、緑、赤、紫織成雲鶴花錦，下結青絲網，金綬環二。四品，四梁，革帶金，佩藥玉，餘同三品。五品，三梁，革帶銀，鈒花，佩藥玉，綬用黃、緑、赤、紫織成盤雕花錦，下結青絲網，銀鍍金綬環二。一品至五品，笏俱象牙。六品、七品，二梁，革帶銀，佩藥玉，綬用黃、緑、赤織成練鵲三色花錦，下結青絲網，銀綬環二。獨御史服獬廌。八品、九品，一梁，革帶烏角，佩藥玉，綬用黃、緑織成鸂鶒二色花錦，下結青絲網，銅綬環二。六品至九品，笏俱槐木。其武官應直守衛者，別有服色。雜職未入流品者，大朝賀、進表行禮止用公服。三十年令視九品官，用朝服。

嘉靖八年更定朝服之制。梁冠如舊式，上衣赤羅青緣，長過腰指七寸，毋掩下裳。中單白紗青緣。下裳七幅，前三後四，每幅三襞積，赤羅青緣。蔽膝綴革帶。綬，各從品級花樣。革帶之後佩綬，繫而掩之。其環亦各從品級，用玉犀金銀銅，不以織於綬。大帶表裏俱素，惟兩耳及下垂緣緑，又以青組約之。革帶俱如舊式。珮玉一如《詩傳》之制，去雙滴及二珩。其三品以上玉，四品以下藥玉，及韈履俱如舊式。萬曆五年令百官正旦朝賀，毋僭躡朱履。故事，十一月百官戴煖耳。是年朝覲外官及舉人、監生，不許戴煖耳入朝。

凡親祀郊廟、社稷，文武官分獻陪祀，則服祭服。洪武二十六年定，一品至九品，青羅衣，白紗中單，俱皁領緣。赤羅裳，皁緣。赤羅蔽膝。方心曲領。其冠帶、佩綬等差，並同朝服。又定品官家用祭服。三品以上，去方心曲領。四品以下，并去珮綬。嘉靖八年更定百官祭服。上衣青羅，皁緣，與朝服同。下裳赤羅，皁緣，與朝服同。蔽膝、綬環、大帶、革帶、珮玉、韈履俱與朝服同。其視牲、朝日夕月、耕耤、祭歷代帝王，獨錦衣衛堂上官，大紅蟒衣，飛魚，烏紗帽，鸞帶，佩繡春刀。祭太廟、社稷，則大紅便服。

文武官公服。洪武二十六年定。每日早晚朝奏事及侍班、謝恩、見辭則服之。在外文武官，每日公座服之。

其制，盤領右衽袍，用紵絲或紗羅絹，袖寬三尺。一品至四品，緋袍；五品至七品，青袍；八品九品，緑袍；未入流雜職官，袍、笏、帶與八品以下同。公服花樣：一品，大獨科花，徑五寸；二品，小獨科花，徑三寸；三品，散答花，無枝葉，徑二寸；四品、五品，小雜花紋，徑一寸五分；六品、七品，小雜花，徑一寸；八品以下無紋。幞頭：漆、紗二等，展角長一尺二寸；雜職官幞頭，垂帶，後復令展角，不用垂帶，與入流官同。笏依朝服爲之。腰帶：一品玉，或花或素；二品犀；三品、四品，金荔枝；五品以下烏角。鞓用青革，仍垂撻尾於下。鞾用皁。

其後，常朝止便服，惟朔望具公服朝參。凡武官應直守衛者，別有服色，不拘此制。公、侯、駙馬、伯服色花樣、腰帶，與一品同。文武官花樣，如無從織造，則用素。百官入朝，雨雪許服雨衣。奉天、華蓋、武英諸殿奏事，必躡履鞾，違者御史糾之。

萬曆五年令常朝俱衣本等錦繡服色，其朝覲官見辭、謝恩，不論已未入流，公服行禮。

文武官常服。洪武三年定，凡常朝視事，以烏紗帽、團領衫、束帶爲公服。其帶，一品玉，二品花犀，三品金鈒花，四品素金，五品銀鈒花，六品、七品素銀，八品、九品烏角。凡致仕及侍親辭閑官，紗帽、束帶。爲事黜降者，服與庶人同。至二十四年，又定公、侯、伯、駙馬束帶與一品同，雜職官與八品、九品同。

朝官常服禮鞾，洪武六年定。先是，百官入朝，遇雨皆躡釘鞾，聲徹殿陛，侍儀司請禁之。太祖曰：「古者入朝有履，自唐始用鞾。其令朝官爲軟底皮鞾，冒於鞾外，出朝則釋之。」

禮部言近奢侈越制。詔申禁之，仍參酌漢、唐之制，頒行遵守。凡職官，一品、二品用雜色文綺、綾羅、彩繡，帽頂、帽珠用玉；三品至五品用雜色文綺、綾羅，帽頂用金，帽珠除玉外，隨所用；六品至九品用雜色文綺、綾羅，帽頂用銀，帽珠瑪瑙、水晶、香木。一品至六品穿四爪龍，以金繡爲之者聽。禮部又議：「品官見尊長，用朝君公服，於理未安。宜別製梁冠、絳衣、絳裳、革帶、大帶、大白襪、烏舄、佩綬，其衣裳去緣襈。三品以上佩綬，三品以下不用。」從之。二十二年令文武官遇雨戴雨帽，公差出外戴帽子，入城不許。二十三年定制，文官衣自領至裔，去地一寸，袖長過手，復回至肘。公、侯、駙馬與文官同。武官去地五寸，袖長過手七寸。二十四年定，公、侯、駙馬、伯服，繡麒麟、白澤。文官一品仙鶴，二品錦雞，三品孔雀，四品雲雁，五品白鷴，六品鷺鷥，七品鸂鶒，八品黃鸝，九品鵪鶉；雜職練鵲；風憲官獬廌。武官一品、二品獅子，三品、四品虎豹，五品熊羆，六品、七品彪，八品犀牛，九品海馬。又令品官常服用雜色紵絲、綾羅、彩繡。官吏衣服、帳幔，不許用玄、黃、紫三色，并織繡龍鳳文，違者罪及染造之人。朝見人員，四時並用色衣，不許純素。三十年令致仕官服色與見任同，若朝賀、謝恩、見辭，一體具服。

景泰四年令錦衣衛指揮侍衛者，得衣麒麟。天順二年定官民衣服不得用蟒龍、飛魚、斗牛、大鵬、像生獅子、四寶相花、大西番蓮、大雲花樣，并玄、黃、紫及玄色、黑、綠、柳黃、薑黃、明黃諸色。弘治十三年奏定，公、侯、伯、文武大臣及鎮守、守備，違例奏請蟒衣、飛魚衣服者，科道糾劾，治以重罪。正德十一年設東、西兩官廳，將士悉衣黃罩甲。中外化之。金緋盛服者，亦必加此於上。都督江彬等承日紅笠之上，綴以靛染天鵝翎，以爲貴飾，貴者飄三英，次者二英。兵部尚書王瓊得賜一英，冠以下教場，自謂殊遇。其後巡狩所經，督餉侍郎、巡撫都御史無不衣罩甲見上者。十三年，車駕還京，傳旨，俾迎候者用曳撒大帽、鸞帶。尋賜羣臣大紅紵絲羅紗各一。其服色，一品斗牛，二品飛魚，三品蟒，四、五品麒麟，六、七品虎、彪；翰林科道不限品級皆與焉；惟部曹五品下不與。時文臣服色亦以走獸，而麒麟之服逮於四品，尤異事也。

十六年，世宗登極詔云：「近來冒濫玉帶，蟒龍、飛魚、斗牛服色，皆庶官雜流并各處將領夤緣奏乞，今俱不許。武職卑官僭用公、侯服色者，亦禁絕之。」嘉靖六年復禁中外官，不許濫服五彩裝花織造違禁顏色。

七年既定燕居法服之制，閣臣張璁因言：「品官燕居之服未有明制，詭異之徒，競爲奇服以亂典章。乞更法古玄端，別爲簡易之制，昭布天下，使貴賤有等。」帝因復製《忠静冠服圖》頒禮部，敕諭之曰：「祖宗稽古定制，品官朝祭之服，各有等差。第常人之情，多謹於明顯，怠於幽獨。古聖王慎之，制玄端以爲燕居之服。比來衣服詭異，上下無辨，民志何由定。朕因酌古玄端之制，更名『忠静』，庶幾乎進思盡忠，退思補過焉。朕已著爲圖說，如式製造。在京許七品以上官及八品以上翰林院、國子監、行人司，在外許方面官及各府堂官、州縣正堂、儒學教官服之。武官止都督以上。其餘不許濫服。」禮部以圖說頒布天下，如敕奉行。

按忠静冠仿古玄冠，冠匡如制，以烏紗冒之，兩山俱列於後。冠頂仍方中微起，三梁各壓以金線，邊以金緣之。四品以下，去金，緣以淺色絲線。忠静服仿古玄端服，色用深青，以紵絲紗羅爲之。三品以上雲，四品以下素，緣以藍青，前後飾本等花樣補子。深衣用玉色。素帶，如古大夫之帶制，青表綠緣邊并裏。素履，青綠絛結。白襪。

十六年，羣臣朝於駐蹕所，兵部尚書張瓚服蟒。帝怒，諭閣臣夏言曰：「尚書二品，何自服蟒？」言對曰：「瓚所服，乃欽賜飛魚服，鮮明類蟒耳。」帝曰：「飛魚何組兩角？其嚴禁之。」於是禮部奏定，文武官不許擅用蟒衣、飛魚、斗牛、違禁華異服色。其大紅紵絲紗羅服，惟四品以上官及在京五品堂上官、經筵講官許服。五品官及經筵不爲講官者，俱服青緑錦繡。遇吉禮，止衣紅布絨褐。品官花様，並依品級。錦衣衛指揮，侍衛者仍得衣麒麟，其帶俸非侍衛，及千百户雖侍衛，不許僭用。

歷朝賜服，文臣有未至一品而賜玉帶者，自洪武中學士羅復仁始。衍聖公秩正二品，服織金麒麟袍、玉帶，則景泰中入朝拜賜。自是以爲常。内閣賜蟒衣，自弘治中劉健、李東陽始。麒麟本公、侯服，而内閣服之，則嘉靖中嚴嵩、徐階皆受賜也。仙鶴，文臣一品服也，嘉靖中成國公朱希忠、都督陸炳服之，皆以玄壇供事。而學士嚴訥、李春芳、董份以五品撰青詞，亦賜仙鶴。尋諭供事壇中乃用，於是尚書皆不敢衣鶴。後敕南京織閃黄補麒麟、仙鶴，賜嚴嵩，閃黄乃上用服色也；又賜徐階教子升天蟒。萬曆中，賜張居正坐蟒；武清侯李偉以太后父，亦受賜。

儀賓朝服、公服、常服，俱視品級，與文武官同，惟笏皆象牙；常服花様視武官。弘治十三年定，郡主儀賓鈒花金帶，胸背獅子。縣主儀賓鈒花金帶，郡君儀賓光素金帶，胸背俱虎豹。縣君儀賓鈒花銀帶，鄉君儀賓光素銀帶，胸背俱彪。有僭用者，革去冠帶，戴平頭巾，於儒學讀書，習禮三年。

狀元及諸進士冠服。狀元冠二梁，緋羅圓領，白絹中單，錦綬，蔽膝，紗帽，槐木笏，光銀帶，藥玉珮，朝鞾，氈襪，皆御前頒賜，上表謝恩日服之。進士巾如烏紗帽，頂微平，展角闊寸餘，長五寸許，系以垂帶，皁紗爲之。深藍羅袍，緣以青羅，袖廣而不殺。槐木笏，革帶，青鞓，飾以黑角，垂撻尾於後。廷試後頒於國子監，傳臚日服之。上表謝恩後，謁先師行釋菜禮畢，始易常服，其巾袍仍送國子監藏之。

命婦冠服。洪武元年定，命婦一品，冠花釵九樹。兩博鬢，九鈿。服用翟衣，繡翟九重。素紗中單，黼領，朱縠褾襈裾。蔽膝隨裳色，以緅爲領緣，加文繡重翟，爲章二等。玉帶。青襪舄，佩綬。二品，冠花釵八樹。兩博鬢，八鈿。服用翟衣八等，犀帶，餘如一品。三品，冠花釵七樹。兩博鬢，七鈿。翟衣七等，金革帶，餘如二品。四品，冠花釵六樹。兩博鬢，六鈿。翟衣六等，金革帶，餘如三品。五品，冠花釵五樹。兩博鬢，五鈿。翟衣五等，烏角帶，餘如四品。六品，冠花釵四樹。兩博鬢，四鈿。翟衣四等，烏角帶，餘如五品。七品，冠花釵三樹。兩博鬢，三鈿。翟衣三等，烏角帶，餘如六品。自一品至五品，衣色隨夫用紫。六品、七品，衣色隨夫用緋。其大帶如衣色。

四年，以古天子諸侯服衮冕，后與夫人亦服褘翟。今羣臣既以梁冠、絳衣爲朝服，不敢用冕，則外命婦亦不當服翟衣以朝。命禮部議之。奏定，命婦以山松特髻、假鬢花鈿、真紅大袖衣、珠翠蹙金霞帔，爲朝服。以朱翠角冠、金珠花釵、闊袖雜色緑緣，爲燕居之服。一品，衣金繡文霞帔，金珠翠妝飾，玉墜。二品，衣金繡雲肩大雜花霞帔，金珠翠妝飾，金墜子。三品，衣金繡大雜花霞帔，珠翠妝飾，金墜子。四品，衣繡小雜花霞帔，翠妝飾，金墜子。五品，衣銷金大雜花霞帔，生色畫絹起花妝飾，金墜子。六品、七品，衣銷金小雜花霞帔，生色畫絹起花妝飾，鍍金銀墜子。八品、九品，衣大紅素羅霞帔，生色畫絹妝飾，銀墜子。首飾，一品、二品，金玉珠翠。三品、四品，金珠翠。五品，金翠。六品以下，金鍍銀間用珠。

五年更定品官命婦冠服。

一品，禮服用山松特髻，翠松五株，金翟八，口銜珠結。正面珠翠翟一，珠翠花四朵，珠翠雲喜花三朵；後鬢珠梭毬一，珠翠飛翟一，珠翠梳四，金雲頭連三釵一，珠簾梳一，金簪二；珠梭環一雙。大袖衫，用真紅色。霞帔、褙子，俱用深青色。紵絲綾羅紗隨用。霞帔上施蹙金繡雲霞翟文，鈒花金墜子。褙子上施金繡雲霞翟文。常服用珠翠慶雲冠，珠翠翟三，金翟一，口銜珠結；鬢邊珠翠花二，小珠翠梳一雙，金雲頭連三釵一，金壓鬢雙頭釵二，金腦梳一，金簪二；金脚珠翠佛面環一雙；鐲釧皆用金。長襖長裙，各色紵絲綾羅紗隨用。長襖緣襈，或紫或緑，上施蹙金繡雲霞翟文。看帶，用紅緑紫，上施蹙金繡雲霞翟文。長裙，横豎金繡纏枝花文。

二品，特髻上金翟七，口銜珠結，餘同一品。常服亦與一品同。

三品，特髻上金孔雀六，口銜珠結。正面珠翠孔雀一，後鬢翠孔雀二。霞帔上施蹙金雲霞孔雀文，鈒花金墜子。褙子上施金繡雲霞孔雀文，餘同二品。常服冠上珠翠孔雀三，金孔雀二，口銜珠結。長襖緣襈。看帶，或紫或緑，並繡雲霞孔雀文。長裙，横豎襴並繡纏枝花文，餘同二品。

四品，特髻上金孔雀五，口銜珠結，餘同三品。常服亦與三品同。

五品，特髻上銀鍍金鴛鴦四，口銜珠結。正面珠翠鴛鴦一，小珠鋪翠雲喜花三朵；後鬢翠鴛鴦一，銀鍍金雲頭連三釵一，小珠簾梳一，鍍金銀簪二；小珠梳環一雙。霞帔上施繡雲霞鴛鴦文，鍍金銀鈒花墜子。褙子上施雲霞鴛鴦文，餘同四品。常服冠上小珠翠鴛鴦三，鍍金銀鴛鴦二，挑珠牌。鬢邊小珠翠花二朵，雲頭連三釵一，梳一，壓鬢雙頭釵二，鍍金簪二；銀脚珠翠佛面環一雙。鐲釧皆用銀鍍金。長襖緣襈，繡雲霞鴛鴦文。長裙，横竪襴繡纏枝花文，餘同四品。

六品，特髻上翠松三株，銀鍍金練鵲四，口銜珠結。正面銀鍍金練鵲一，小珠翠花四朵；後鬢翠梭毬一，翠練鵲二，翠梳四，銀雲頭連三釵一，珠緣翠簾梳一，銀簪二。大袖衫，綾羅紬絹隨所用。霞帔施繡雲霞練鵲文，鈒花銀墜子。褙子上施雲霞練鵲文，餘同五品。常服冠上鍍金銀練鵲三，又鍍金銀練鵲二，挑小珠牌；鐲釧皆用銀。長襖緣襈。看帶，或紫或緑，繡雲霞練鵲文。長裙，横竪襴繡纏枝花文，餘同五品。

七品，禮服、常服，俱同六品。其八品、九品禮服，惟用大袖衫、霞帔、褙子。大衫同七品。霞帔上繡纏枝花，鈒花銀墜子。褙子上繡摘枝團花。通用小珠慶雲冠。常服亦用小珠慶雲冠，銀間鍍金銀練鵲三，又銀間鍍金銀練鵲二，挑小珠牌；銀間鍍金雲頭連三釵一，銀間鍍金壓鬢雙頭釵二，銀間鍍金腦梳一，銀間鍍金簪二。長襖緣襈，看帶並繡纏枝花，餘同七品。

又定命婦團衫之制，以紅羅爲之，繡重雉爲等第。一品九等，二品八等，三品七等，四品六等，五品五等，六品四等，七品三等，其餘不用繡雉。

二十四年定制，命婦朝見君后，在家見舅姑并夫及祭祀則服禮服。公侯伯夫人與一品同。大袖衫，真紅色。一品至五品，紵絲綾羅；六品至九品，綾羅紬絹。霞帔、褙子皆深青段。公侯及一品、二品，金繡雲霞翟文；三品、四品，金繡雲霞孔雀文；五品，繡雲霞鴛鴦文；六品、七品，繡雲霞練鵲文。大袖衫，領闊三寸，兩領直下一尺，間綴紐子三，末綴紐子二，紐在掩紐之下，拜則放之。霞帔二條，各繡禽七，隨品級用，前四後三。墜子中鈒花禽一，四面雲霞文，禽如霞帔，隨品級用。笏以象牙爲之。

二十六年定，一品，冠用金事件，珠翟五，珠牡丹開頭二，珠半開三，翠雲二十四片，翠牡丹葉一十八片，翠口圈一副，上帶金寶鈿花八，金翟二，口銜珠結二。二品至四品，冠用金事件，珠翟四，珠牡丹開頭二，珠半開四，翠雲二十四片，翠牡丹葉一十八片，翠口圈一副，上帶金寶鈿花八，金翟二，口銜珠結二。一品、二品，霞帔、褙子俱雲霞翟文，鈒花金墜子。三品、四品，霞帔、褙子俱雲霞孔雀文，鈒花金墜子。五品、六品，冠用抹金銀事件，珠翟三，珠牡丹開頭二，珠半開五，翠雲二十四片，翠牡丹葉一十八片，翠口圈一副，上帶抹金銀寶鈿花八，抹金銀翟二，口銜珠結子二。五品，霞帔、褙子俱雲霞鴛鴦文，鍍金鈒花銀墜子。六品，霞帔、褙子俱雲霞練鵲文，鈒花銀墜子。七品至九品，冠用抹金銀事件，珠翟二，珠月桂開頭二，珠半開六，翠雲二十四片，翠月桂葉一十八片，翠口圈一副，上帶抹金銀寶鈿花八，抹金銀翟二，口銜珠結子二。七品，霞帔、墜子、褙子，與六品同。八品、九品，霞帔用繡纏枝花，墜子與七品同，褙子繡摘枝團花。

内外官親屬冠服。洪武元年，禮部尚書崔亮奉詔議定。内外官父、兄、伯、叔、子、孫、弟、侄用烏紗帽，軟脚垂帶，圓領衣，烏角帶。品官祖母及母、與子孫同居親弟侄婦女禮服，合以本官所居官職品級，通用漆紗珠翠慶雲冠，本品衫，霞帔、褙子，緣襈襖裙，惟山松特髻子，止許受封誥敕者用之。品官次妻，許用本品珠翠慶雲冠，褙子爲禮服。銷金闊領、長襖長裙爲常服。二十五年，令文武官父兄、伯叔、弟侄、子壻，皆許穿鞾。

内使冠服。明初置内使監，冠烏紗描金曲脚帽，衣胸背花盤領窄袖衫，烏角帶，鞾用紅扇面黑下椿。各宮火者，服與庶人同。洪武三年諭宰臣，内使監未有職名者，當别製冠，以别監官。禮部奏定，内使監凡遇朝會，依品具朝服、公服行禮。其常服，葵花胸背團領衫，不拘顔色；烏紗帽；犀角帶。無品從者，常服團領衫，無胸背花，不拘顔色；烏角帶；烏紗帽，垂軟帶。年十五以下者，惟戴烏紗小頂帽。

按《大政記》，永樂以後，宦官在帝左右，必蟒服，製如曳撒，繡蟒於左右，繫以鸞帶，此燕閑之服也。次則飛魚，惟入侍用之。貴而用事者，賜蟒，文武一品官所不易得也。單蟒面皆斜向，坐蟒則面正向，尤貴。又有膝襴者，亦如曳撒上有蟒補，當膝處横織細雲蟒，蓋南郊及山陵扈從，便於乘馬也。或召對燕見，君臣皆不用袍，而用此；第蟒有五爪、四爪之分，襴有紅、黄之别耳。

弘治元年，都御史邊鏞言：「國朝品官無蟒衣之制。夫蟒無角、無足，今内官多乞蟒衣，殊類龍形，非制也。」乃下詔禁之。十七年諭閣臣劉健曰：「内臣僭妄尤多。」因言服色所宜禁，曰：「蟒、龍、飛魚、斗牛，本在所禁，不合私織。間有賜者，或久而敝，不宜輒自織用。玄、黄、紫、皁乃屬正禁，即柳黄、明黄、薑黄諸色，亦應禁之。」孝宗加意鉗束，故申飭者再，然内官驕恣已久，積習相沿，不能止也。

初，太祖制内臣服，其紗帽與羣臣異，且無朝冠、幞頭，亦無祭服。萬曆初，穆宗主入太廟，大璫冠進賢，服祭服以從，蓋内府祀中霤、竈井之神，例遣中官，因自創爲祭服，非由廷議也。

侍儀舍人冠服。洪武二年，禮官議定。侍儀舍人導禮，依元制，展脚幞頭，窄袖紫衫，塗金束帶，皁紋鞾。常服，烏紗唐帽，諸色盤領衫，烏角束帶，衫不用黄。四年，中書省議定，侍儀舍人併御史臺知班，引禮執事，冠進賢冠，無梁，服絳色衣，其蔽膝、履、襪、帶、笏，與九品同，惟不用中單。

校尉冠服。洪武三年定制，執仗之士，首服皆縷金額交脚幞頭，其服有諸色辟邪、寶相花裙襖，銅葵花束帶，皁紋鞾。六年，令校尉衣只孫，束帶，幞頭，鞾鞋。只孫，一作質孫，本元制，蓋一色衣也。十四年改用金鵝帽，黑漆戧金荔枝銅釘樣，每五釘攢就，四面稍起邊襴，鞓青緊束之。二十二年令將軍、力士、校尉、旂軍，常戴頭巾或榼腦。二十五年令校尉、力士，上直穿鞾，出外不許。

刻期冠服。宋置快行親從官，明初謂之刻期。冠方頂巾，衣胸背鷹鷂，花腰，線襖子，諸色闊匾絲條，大象牙雕花環，行縢八帶鞋。洪武六年，惟用雕刻象牙條環，餘同庶民。

儒士、生員、監生巾服。洪武三年令士人戴四方平定巾。二十三年定儒士、生員衣，自領至裳，去地一寸，袖長過手，復回不及肘三寸。二十四年，以士子巾服，無異吏胥，宜甄別之，命工部制式以進。太祖親視，凡三易乃定。

生員襴衫，用玉色布絹爲之，寬袖皁緣，皁條軟巾垂帶。貢舉入監者，不變所服。洪武末，許戴遮陽帽，後遂私戴之。

洪熙中，帝問衣藍者何人，左右以監生對。帝曰：「著青衣較好。」乃易青圓領。嘉靖二十二年，禮部言士子冠服詭異，有凌雲等巾，甚乖禮制，詔所司禁之。萬曆二年禁舉人、監生、生儒僭用忠靜冠巾，錦綺鑲履及張傘蓋，戴煖耳，違者五城御史送問。

庶人冠服。明初，庶人婚，許假九品服。洪武三年，庶人初戴四帶巾，改四方平定巾，雜色盤領衣，不許用黄。又令男女衣服，不得僭用金繡、錦綺、紵絲、綾羅，止許紬、絹、素紗，其鞾不得裁製花樣、金線裝飾。首飾、釵、鐲不許用金玉、珠翠，止用銀。六年令庶人巾環不得用金玉、瑪瑙、珊瑚、琥珀。未入流品者同。庶人帽，不得用頂，帽珠止許水晶、香木。十四年令農衣紬、紗、絹、布，商賈止衣絹、布。農家有一人爲商賈者，亦不得衣紬、紗。二十二年令農夫戴斗笠、蒲笠，出入市井不禁，不親農業者不許。二十三年令耆民衣制，袖長過手，復回不及肘三寸；庶人衣長，去地五寸，袖長過手六寸，袖椿廣一尺，袖口五寸。二十五年，以民間違禁，鞾巧裁花樣，嵌以金線藍條，詔禮部嚴禁庶人不許穿鞾，止許穿皮札𩋾，惟北地苦寒，許用牛皮直縫鞾。正德元年禁商販、僕役、倡優、下賤不許服用貂裘。十六年禁軍民衣紫花罩甲，或禁門或四外遊走者，緝事人擒之。

士庶妻冠服。洪武三年定制，士庶妻，首飾用銀鍍金，耳環用金珠，釧鐲用銀，服淺色團衫，用紵絲、綾羅、紬絹。五年令民間婦人禮服惟紫絁，不用金繡，袍衫止紫、緑、桃紅及諸淺淡顔色，不許用大紅、鴉青、黄色，帶用藍絹布。女子在室者，作三小髻，金釵，珠頭𩮀，窄袖褙子。凡婢使，高頂髻，絹布狹領長襖，長裙。小婢使，雙髻，長袖短衣，長裙。成化十年禁官民婦女不得僭用渾金衣服，寶石首飾。正德元年令軍民婦女不許用銷金衣服、帳幔，寶石首飾，鐲釧。

協律郎、樂舞生冠服。明初，郊社宗廟用雅樂，協律郎幞頭，紫羅袍，荔枝帶；樂生緋袍，展脚幞頭；舞士幞頭，紅羅袍，荔枝帶，皁鞾；文舞生紅袍，武舞生緋袍，俱展脚幞頭，革帶，皁鞾。

朝會大樂九奏歌工：中華一統巾，紅羅生色大袖衫，畫黄鶯、鸚鵡花樣，紅生絹襯衫，錦領，杏紅絹裙，白絹大口袴，青絲條，白絹襪，茶褐鞋。其和聲郎押樂者：皁羅闊帶巾，青羅大袖衫，紅生絹襯衫，錦領，塗金束帶，皁鞾。

其三舞：

一、武舞，曰《平定天下之舞》。舞士，皆黄金束髮冠，紫絲纓，青羅生色畫舞鶴花樣窄袖衫，白生絹襯衫，錦領，紅羅銷金大袖罩袍，紅羅銷金裙，皁生色畫花緣襈，白羅銷金汗袴，藍青羅銷金緣，紅絹擁項，紅結子，紅絹束腰，塗金束帶，青絲大條錦臂韝，緑雲頭皁鞾。舞師，黄金束髮冠，紫絲纓，青羅大袖衫，白絹襯衫，錦領，塗金束帶，緑雲頭皁鞾。

一、文舞，曰《車書會同之舞》。舞士，皆黑光描金方山冠，青絲纓，紅羅大袖衫，紅生絹襯衫，錦領，紅羅擁項，紅結子，塗金束帶，白絹大口袴，白絹襪，茶褐鞋。舞師冠服與舞士同，惟大袖衫用青羅，不用紅羅擁項、紅結子。

一、文舞，曰《撫安四夷之舞》。舞士，東夷四人，椎髻於後，繫紅銷金頭繩，紅羅銷金抹額，中綴塗金博山，兩傍綴塗金巾環，明金耳環，青羅生色畫花大袖衫，紅生色領袖，紅羅銷金裙，青銷金裙緣，紅生絹襯衫，錦領，塗金束帶，烏皮鞾。西戎四人，間道錦纏頭，明金耳環，紅紵絲細摺襖子，大紅羅生色雲肩，緑生色緣，藍青羅銷金汗袴，紅銷金緣繫腰合鉢，十字泥金數珠，五色銷金羅香囊，紅絹擁項，紅結子，赤皮鞾。南蠻四人，綰朝天髻，繫紅羅生色銀錠，紅銷金抹額，明金耳環，紅織金短襖子，緑織金細摺短裙，絨錦袴，間道紵絲手巾，泥金頂牌，金珠瓔珞綴小金鈴，錦行纏，泥金獅蠻帶，緑銷金擁項，紅結子，赤皮鞾。北翟四人，戴單于冠，貂鼠皮簷，雙垂髻，紅銷金頭繩，紅羅銷金抹額，諸色細摺襖子，藍青生色雲肩，紅結子，紅銷金汗袴，繫腰合鉢，皂皮鞾。其舞師皆戴白捲簷氊帽，塗金帽頂，一撒紅纓，紫羅帽襻，紅緑金繡襖子，白銷金汗袴，藍青銷金緣，塗金束帶，緑擁項，紅結子，赤皮鞾。

凡大樂工及文武二舞樂工，皆曲脚幞頭，紅羅生色畫花大袖衫，塗金束帶，紅絹擁項，紅結子，皂皮鞾。四夷樂工，皆蓮花帽，諸色細摺襖子，白銷金汗袴，紅銷金緣，紅緑絹束腰，紅羅擁項，紅結子，花鞾。

永樂間，定殿内侑食樂。奏《平定天下之舞》，引舞、樂工，皆青羅包巾，青、紅、緑、玉色羅銷金胸背襖子，渾金銅帶，紅羅褡䙞，雲頭皂鞾，青緑羅銷金包臀。舞人服色如之。奏《撫安四夷之舞》：高麗舞四人，皆笠子，青羅銷金胸背襖子，銅帶，皂鞾；琉球舞四人，皆棉布花手巾，青羅大袖襖子，銅帶，白碾光絹間道踢袴，皂皮鞾；北番舞四人，皆狐帽，青紅紵絲銷金襖子，銅帶；伍魯速回回舞四人，皆青羅帽，比里罕棉布花手巾，銅帶，皂鞾。奏《車書會同之舞》，舞人皆皂羅頭巾，青、緑、玉色皂沿邊襴，茶褐線絛皂皮四縫鞾。奏《表正萬邦之舞》，引舞二人，青羅包巾，紅羅銷金項帕，紅生絹錦領中單，紅生絹銷金通袖襖子，青線絛銅帶，織錦臂鞲，雲頭皂鞾，各色銷金包臀，紅絹褡䙞。舞人、樂工服色，與引舞同。奏《天命有德之舞》，引舞二人，青幪紗如意冠，紅生絹錦領中單，紅生絹大袖袍，各色絹采畫直纏，黑角偏帶，藍絹綵雲頭皂鞾，白右襪。舞人、樂工服色，與引舞同。

洪武五年定齋郎，樂生，文、武舞生冠服。齋郎，黑介幘，漆布爲之，無花樣；服紅絹窄袖衫，紅生絹爲裏；皂皮四縫鞾；黑角帶。文舞生及樂生，黑介幘，漆布爲之，上加描金蟬；服紅絹大袖袍，胸背畫纏枝方葵花，紅生絹爲裏，加錦臂鞲二；皂皮四縫鞾；黑角帶。武舞生，武弁，以漆布爲之，上加描金蟬；服飾、鞾、帶，並同文舞生。嘉靖九年定文、武舞生服制：圜丘服青紵絲，方澤服黑緑紗，朝日壇服赤羅，夕月壇服玉色羅。

宫中女樂冠服。洪武三年定制。凡中宫供奉女樂、奉鑾等官妻，本色鬏髻，青羅圓領。提調女樂，黑漆唐巾，大紅羅銷金花圓領，鍍金花帶，皂鞾。歌章女樂，黑漆唐巾，大紅羅銷金裙襖，胸帶，大紅羅抹額，青緑羅彩畫雲肩，描金牡丹花皂鞾。奏樂女樂，服色與歌章同。嘉靖九年祀先蠶，定樂女生冠服。黑緺紗描金蟬冠，黑絲纓，黑素羅銷金葵花胸背大袖女袍，黑生絹襯衫，錦領，塗金束帶，白襪，黑鞵。

教坊司冠服。洪武三年定。教坊司樂藝，青卍字頂巾，繫紅緑褡䙞。樂妓，明角冠，皂褙子，不許與民妻同。御前供奉俳長，鼓吹冠，紅羅胸背小袖袍，紅絹褡䙞，皂鞾。色長，鼓吹冠，紅青羅紵絲彩畫百花袍，紅絹褡䙞。歌工，弁冠，紅羅織金胸背大袖袍，紅生絹錦領中單，黑角帶，紅熟絹錦脚袴，皂皮琴鞵，白棉布夾襪。樂工服色，與歌工同。凡教坊司官常服冠帶，與百官同；至御前供奉，執粉漆笏，服黑漆幞頭，黑緑羅大袖襴袍，黑角偏帶，皂鞾。教坊司伶人，常服緑色巾，以别士庶之服。樂人皆戴鼓吹冠，不用錦絛，惟紅褡䙞，服色不拘紅緑。教坊司婦人，不許戴冠，穿褙子。樂人衣服，止用明緑、桃紅、玉色、水紅、茶褐色。俳、色長，樂工，俱皂頭巾，雜色絛。

王府樂工冠服。洪武十五年定。凡朝賀用大樂宴禮，七奏樂樂工，俱紅絹彩畫胸背方花小袖單袍，有花鼓吹冠，錦臂鞲，皂鞾，抹額以紅羅彩畫，束腰以紅絹。其餘，樂工用緑絹彩畫胸背方花小袖單袍，無花鼓吹冠，抹額以紅絹彩畫，束腰以紅絹。

軍士服。洪武元年令製衣，表裏異色，謂之鴛鴦戰襖，以新軍號。二十一年定旂手衛軍士、力士，俱紅袢襖，其餘衛所，袢襖如之。凡袢襖，長齊膝，窄袖，内實以棉花。二十六年令騎士服對襟衣，便於乘馬也。不應服而服者，罪之。

皂隸公人冠服。洪武三年定，皂隸，圓頂巾，皂衣。四年定，皂隸公使人，皂盤領衫，平頂巾，白褡䙞，帶錫牌。十四年令各衙門祗禁，原服皂衣，改用淡青。二十五年，皂隸伴當，不許着鞾，止用皮札䩺。

外國君臣冠服。洪武二年，高麗入朝，請祭服制度，命製給之。二十七年定蕃國朝貢儀，國王來朝，如嘗賜朝服者，服之以朝。三十一年賜琉球國王併其臣下冠服。永樂中，賜琉球中山王皮弁，玉圭，麟袍，犀帶，視二品秩。宣德三年，朝鮮國王李祹言：「洪武中，蒙賜國王冕服九章，陪臣冠服比朝廷遞降二等，故陪臣一等，比朝臣第三等，得五梁冠服。永樂初，先臣芳遠遣世子禔入朝，蒙賜五梁冠服。臣竊惟世子冠服，何止同陪臣一等，乞爲定制。」乃命製六梁冠賜之。嘉靖六年令外國朝貢人，不許擅用違制衣服。如違，賣者、買者同罪。

僧道服。洪武十四年定，禪僧，茶褐常服，青條玉色袈裟。講僧，玉色常服，綠條淺紅袈裟。教僧，皁常服，黑條淺紅袈裟。僧官如之。惟僧錄司官，袈裟，綠文及環皆飾以金。道士，常服青法服，朝衣皆赤，道官亦如之。惟道錄司官，法服、朝服，綠文飾金。凡在京道官，紅道衣，金襴，木簡。在外道官，紅道衣，木簡，不用金襴。道士，青道服，木簡。

《明史》卷六八《輿服志四》 明初寶璽十七。其大者曰「皇帝奉天之寶」，曰「皇帝之寶」，曰「皇帝行寶」，曰「皇帝信寶」，曰「天子之寶」，曰「天子行寶」，曰「天子信寶」，曰「制誥之寶」，曰「敕命之寶」，曰「廣運之寶」，曰「皇帝尊親之寶」，曰「皇帝親親之寶」，曰「敬天勤民之寶」；又有「御前之寶」、「表章經史之寶」及「欽文之璽」。丹符出驗四方。洪武元年欲制寶璽，有賈胡浮海獻美玉，曰：「此出于闐，祖父相傳，當爲帝王寶璽。」乃命製爲寶，不知十七寶中，此玉製何寶也。成祖又製「皇帝親親之寶」、「皇帝奉天之寶」、「誥命之寶」、「敕命之寶」。

弘治十三年，鄠縣民毛志學於泥河濱得玉璽，其文曰「受命於天，既壽永昌」。色白微青，螭紐。陝西巡撫熊翀以爲秦璽復出，遣人獻之。禮部尚書傅瀚言：「自有秦璽以來，歷代得喪真僞之跡具載史籍。今所進，篆文與《輟耕録》等書摹載魚鳥篆文不同，其螭紐又與史傳所紀文盤五龍、螭缺一角、旁刻魏録者不類。蓋秦璽亡已久，今所進與宋、元所得，疑皆後世摹秦璽而刻之者。竊惟璽之用，以識文書，防詐僞，非以爲寶玩也。自秦始皇得藍田玉以爲璽，漢以後傳用之。自是巧争力取，謂得此乃足以受命，而不知受命以德，不以璽也。故求之不得，則僞造以欺人；得之，則君臣色喜，以誇示於天下。是皆貽笑千載。我高皇帝自製一代之璽，文各有義，隨事而施，真足以爲一代受命之符，而垂法萬世，何藉此璽哉。」帝從其言，却而不用。

嘉靖十八年新製七寶：曰「奉天承運大明天子寶」，「大明受命之寶」，「巡狩天下之寶」，「垂訓之寶」，「命德之寶」，「討罪安民之寶」，「敕正萬民之寶」。與國初寶璽，共爲御寶二十四，尚寶司官掌之。

皇后之册。用金册二片，依周尺長一尺二寸，廣五寸，厚二分五釐。字依數分行，鐫以真書。上下有孔，聯以紅縧，開闔如書帙，藉以紅錦褥。册盝用木，飾以渾金瀝粉蟠龍，紅紵絲襯裹，内以紅羅銷金小袱裹册，外以紅羅銷金夾袱包之，五色小縧縈於外。寶用金，龜紐，篆文曰「皇后之寶」，依周尺方五寸九分，厚一寸七分。寶池用金，闊取容。寶篋二副，一置寶，一置寶池。每副三重：外篋用木，飾以渾金瀝粉蟠龍，紅紵絲襯裹；中篋用金鈒蟠龍；内小篋飾如外篋，内置寶座，四角雕蟠龍，飾以渾金。座上用錦褥，以銷金紅羅小夾袱裹寶，其篋外各用紅羅銷金大夾袱覆之。臨册之日，册寶俱置於紅髹輿案，案頂有紅羅瀝水，用擔牀舉之。

皇貴妃而下，有册無寶而有印。妃册，用鍍金銀册二片，廣長與后册同。册盝飾以渾金瀝粉蟠鳳。其印用金，龜紐，尺寸與諸王寶同，文曰「皇妃之印」。篋飾以蟠鳳。宣德元年，帝以貴妃孫氏有容德，特請於皇太后，製金寶賜之，未幾即誕皇嗣。自是貴妃授寶，遂爲故事。嘉靖十年，立九嬪，册用銀，殺皇妃五分之一，以金飾之。

皇太子册寶。册用金，二片，其制及盝篋之飾與皇后册同。寶用金，龜紐，篆書「皇太子寶」。其制及池篋之飾與后寶同。

皇太子妃册寶。其册用金，兩葉，重百兩，每葉高一尺二寸，廣五寸。藉册以錦，聯册以紅絲條，墊册以錦褥，裹册以紅羅銷金袱。其盝飾以渾金瀝粉雲鳳，内有花銀釘鉸，嵌金絲鐵筦籥；外以紅羅銷金袱覆之。其金寶之制未詳。洪武二十八年更定，止授金册，不用寶。

親王册寶。册制與皇太子同。其寶用金，龜紐，依周尺方五寸二分，厚一寸五分，文曰「某王之寶」。池篋之飾，與皇太子寶同。寶盝之飾，則雕蟠螭。

親王妃册印。其金册，高視太子妃册減一寸，餘制悉同，册文視親王。其金印之制未詳。洪武二十八年更定，止授金册。

公主册印。銀册二片，鐫字鍍金，藉以紅錦褥。册盝飾以渾金瀝粉蟠螭。其印同宋制，用金，龜紐，文曰「某國公主之印」。方五寸二分，厚一寸五分。印池用金，廣取容。印外篋用木，飾以渾金瀝粉盤鳳，中篋用金鈒蟠鳳，内小篋，飾如外篋。

親王世子金册金寶。承襲止授金册，傳用金寶。

世子妃亦用金册。洪武二十三年鑄世子妃印，制視親王妃，金印，龜紐，篆文曰「某世子妃印」。

郡王，鍍金銀册、鍍金銀印，册文視世子。其妃止有鍍金銀册。

功臣鐵券。洪武二年，太祖欲封功臣，議爲鐵券，而未有定制。或言台州民錢允一有家藏吳越王鏐唐賜鐵券，遂遣使取之，因其式而損益焉。其制如瓦，第爲七等。公二等：一高尺，廣一尺六寸五分；一高九寸五分，廣一尺六寸。侯三等：一高九寸，廣一尺五寸五分；一高八寸五分，廣一尺五寸；一高八寸，廣一尺四寸五分。伯二等：一高七寸五分，廣一尺三寸五分；一高六寸五分，廣一尺二寸五分。外刻履歷、恩數之詳，以記其功；中鐫免罪、減禄之數，以防其過。字嵌以金。凡九十七副，各分左右，左頒功臣，右藏內府，有故則合之，以取信焉。

三年大封功臣，公六人，侯二十八人，並賜鐵券。公，李善長、徐達、李文忠、馮勝、鄧愈、常茂。侯，湯和、唐勝宗、陸仲亨、周德興、華雲龍、顧時、耿炳文、陳德、郭子興、王志、鄭遇春、費聚、吴良、吴楨、趙庸、廖永忠、俞通源、華高、楊璟、康鐸、朱亮祖、傅友德、胡美、韓政、黄彬、曹良臣、梅思祖、陸聚。二十五年改製鐵券，賜公傅友德，侯王弼、耿炳文、郭英及故公徐達、李文忠，侯吴傑、沐英，凡八家。永樂初，靖難功臣亦有賜者。

百官印信。洪武初，鑄印局鑄中外諸司印信。正一品，銀印，三臺，方三寸四分，厚一寸。六部、都察院並在外各都司，俱正二品，銀印二臺，方三寸二分，厚八分。其餘正二品、從二品官，銀印二臺，方三寸一分，厚七分。惟衍聖公以正二品，三臺銀印，則景泰三年賜也。順天、應天二府俱正三品，銀印，方二寸九分，厚六分五釐。其餘正三品、從三品官，俱銅印，方二寸七分，厚六分。惟太僕、光禄寺並在外鹽運司，俱從三品，銅印，方減一分，厚減五釐。正四品、從四品，俱銅印，方二寸五分，厚五分。正五品、從五品，俱銅印，方二寸四分，厚四分五釐。惟在外各州從五品，銅印，方減一分，厚減五釐。正六品、從六品，俱銅印，方二寸二分，厚三分五釐。正七品、從七品，銅印，方二寸一分，厚三分。正從八品，俱銅印，方二寸，厚二分五釐。正從九品，俱銅印，方一寸九分，厚二分二釐。未入流者，銅條記，闊一寸三分，長二寸五分，厚二分一釐。以上俱直紐，九疊篆文。初，雜職亦方印，至洪武十三年始改條記。

凡百官之印，惟文淵閣銀印，直紐，方一寸七分，厚六分，玉箸篆文，誠重之也。武臣受重寄者，征西、鎮朔、平蠻諸將軍，銀印，虎紐，方三寸三分，厚九分，柳葉篆文。洪武中，嘗用上公佩將軍印，後以公、侯、伯及都督充總兵官，名曰「掛印將軍」。有事征伐，則命總兵佩印以往，旋師則上所佩印於朝。此外，惟漕運總兵，印同將軍。其在外鎮守總兵、參將掛印，則洪熙元年始也。有文臣掛將軍印者，王驥以兵部尚書征湖、貴苗，掛平蠻將軍印；王越以左都御史守大同，掛征西將軍印。其他文武大臣，有領敕而權重者，或給以銅關防，直紐，廣一寸九分五釐，長二寸九分，厚三分，九疊篆文，雖宰相行邊，與部曹無異。惟正德時，張永征安化王，用金鑄，嘉靖中，顧鼎臣居守，用牙鏤關防，皆特賜也。

初，太祖重御史之職，分河南等十三道，每道鑄二印，文曰「繩愆糾繆」，守院御史掌其一，其一藏內府，有事則受以出，復命則納之。洪武二十三年，都御史袁泰言各道印篆相類。乃命改製某道監察御史，其奉差者，則曰「巡按某處監察御史」，銅印直紐，有眼，方一寸五分，厚三分，八疊篆文。

成祖初幸北京，有一官署二三印者，夏原吉至兼掌九卿印，諸曹並於朝房取裁，其任重矣。

明初，賜高麗金印，龜紐，方三寸，文曰「高麗國王之印」。賜安南鍍金銀印，駝紐，方三寸，文曰「安南國王之印」。賜占城鍍金銀印，駝紐，方三寸，文曰「占城國王之印」。賜吐蕃金印，駝紐，方五寸，文曰「白蘭王印」。

符牌。凡宣召親王，必遣官齎金符以往。親王之藩及鎮守、巡撫諸官奏請符驗，俱從兵部奏，行尚寶司領之。洪武二十六年定制：凡公差，以軍情重務及奉旨差遣給驛者，兵部既給勘合，即赴內府，關領符驗，給驛而去，事竣則繳。嘉靖三十七年定制：南京、鳳陽守備內外官，並各處鎮守總兵、巡撫，及各守一方不受鎮守節制內外守備，並領符驗奏事。凡監鎗、整飭兵備，並一城一堡守備官，不許關領符驗。其制，上織船馬之狀，起馬者用馬字號，起船者水字號，起雙馬者達字號，起單馬者通字號，起站船者信字號。

洪武四年始製用寶金牌。凡軍機文書，自都督府、中書省長官而外，不許擅奏。有詔調軍，中書省同都督府覆奏，乃各出所藏金牌，入請用寶。又造軍中調發符牌，用鐵，長五寸，闊半之，上鈒二飛龍，下鈒二麒麟，首爲圜竅，貫以紅絲條。嘗遣官齎金牌、信符詣西番，以茶易馬。其牌四十一，上號藏內府，下號降各番，篆文曰「皇帝聖旨」，左曰「合當差發」，右曰「不信者斬」。二十二年又頒西番金牌，信符。其後番官款塞，皆齎原降牌符而至。

永樂二年製信符、金字紅牌給雲南諸蠻。凡歷代改元，則所頒外國信符、金牌，必更鑄新年號給之。此符信之達於四裔者也。

其武臣懸帶金牌，則洪武四年所造。闊二寸，長一尺，上鈒雙龍，下鈒二伏虎，牌首尾爲圜竅，貫以紅絲條。指揮佩金牌，雙雲龍，雙虎符。千户佩鍍金銀牌，獨雲龍，獨虎符。百户素雲銀牌符。太祖親爲文鈒之曰：「上天祐民，朕乃率撫。威加華夏，實憑虎臣。賜爾金符，永傳後嗣。」天子祀郊廟，若視學、耤田，勳衛扈從及公侯、駙馬、五府都督日直、錦衣衛當直，及都督率諸衛千百户夜巡内皇城，金吾諸衛各輪官隨朝巡綽，俱給金牌，有龍者、虎者、麒麟者、獅者、雲者，以官爲差。

其扈駕金字銀牌，則洪武六年所造。尋改爲守衛金牌，以銅爲之，塗以金，高一尺，闊三寸，分字號凡五。仁字號，上鈒獨龍蟠雲花，公、侯、伯、都督佩之。義字號，鈒伏虎盤雲花，指揮佩之。禮字號，鈒獬豸蟠雲花，千户、衛鎮撫佩之。智字號，鈒獅子蟠雲花，百户、所鎮撫佩之。信字號，鈒蟠雲花，將軍佩之。牌下鑄「守衛」二篆字，背鑄「凡守衛官軍懸帶此牌」等二十四字，牌首竅貫青絲。鎮撫及將軍隨駕直宿衛者佩之，下直則納之。凡夜巡官，於尚寶司領令牌，禁城各門、金吾等衛指揮、千户，分領申字號牌，午門自一至四，長安左右門、東華門自五至八，西華門自九至十二，玄武門自十三至十六。五城兵馬指揮亦日領令牌，東西南北中城，分領木、金、火、水、土五字號。

留守五衛、巡城官並金吾等衛守衛官，俱領銅符。留守衛指揮所領承字及東西北字號牌，俱左半字陽文，左比。金吾等衛，端門、承天門、東西北安門指揮千户所領承字及東西北字號，俱右半字陰文，右比。銅符字號比對相同，方許巡行。内官、内使之出，亦須守門官比對銅符而後行。皇城九門守衛軍與圍子手，各領勇字號銅牌。錦衣校尉上直及光禄寺吏典廚役，遇大祀，俱佩雙魚銅牌。

永樂六年駕幸北京，扈從官俱帶牙牌；五府、六部、都察院、大理寺、錦衣衛各鑄印信，通政司、鴻臚寺各鑄關防，謂之行在衙門印信關防。其後，命内府印綬監收貯。嘉靖十八年南巡，禮部領出，以給扈從者焉。

凡郊廟諸祭陪祀供事官及執事者，入壇俱領牙牌，洪武八年始也。圓花牌，陪祀官領之。長花牌，供事官領之。長素牌，執事人領之。又謂之祀牌。

凡駕詣陵寢，扈從官俱於尚寶司領小牙牌。嘉靖九年，皇后行親蠶禮，文官四品以上、武官三品以上命婦及使人，俱於尚寶司領牙牌，有雲花圜牌、鳥形長牌之異。

凡文武朝參官、錦衣衛當駕官，亦領牙牌，以防姦僞，洪武十一年始也。其制，以象牙爲之，刻官職於上。不佩則門者却之，私相借者論如律。牙牌字號，公、侯、伯以勳字，駙馬都尉以親字，文官以文字，武官以武字，教坊官以樂字，入内官以官字。正德十六年，禮科邢寰言：「牙牌惟常朝職官得懸。比來權姦侵柄，傳旨升官者輒佩牙牌，宜清核以重名器。」乃命文職不朝參者，毋得濫給牙牌；武官進御侍班、佩刀、執金爐者，給與。嘉靖二十八年，内府供事匠作、武職官，皆帶朝參牙牌，嘗奉旨革奪，旋復給之。給事中陳邦修以爲言，禮部覆奏：「《會典》所載，文武官出入禁門帶牙牌，有執事、供事、朝參之别。執事、供事者，皆届期而領，如期而繳。惟朝參牙牌，得朝夕懸之，非徒爲關防之具，亦以示等威之辨也。虚銜帶俸、供事、執事者，不宜概領。第出入禁闥，若一切革奪，何由譏察？尚寶司所貯舊牌數百，上有『入内府』字號，請以給之。至於衛所武官，掌印、僉書侍衛之外，非屬朝參供役者，盡革奪之。其納粟、填註冒賜牙牌及罷退閑住官舊所關領不繳者，俱逮問。」報可。

洪武十五年製使節，黄色三簷寶蓋，長二尺，黄紗袋籠之。又製丹漆架一，以節置其上。使者受命，則載以行；使歸，則持之以復命。二十三年詔考定使節之制，禮部奏：「漢光武時，以竹爲節，柄長八尺，其毛三重。而黄公紹《韻會》註：漢節柄長三尺，毛三重，以旄牛爲之。」詔從三尺之制。

《明史》卷六八《輿服志四》　宫室之制。吴元年作新内。正殿曰奉天殿，後曰華蓋殿，又後曰謹身殿，皆翼以廊廡。奉天殿之前曰奉天門，殿左曰文樓，右曰武樓。謹身殿之後爲宫，前曰乾清，後曰坤寧，六宫以次列。宫殿之外，周以皇城，城之門，南曰午門，東曰東華，西曰西華，北曰玄武。時有言瑞州文石可甃地者。太祖曰：「敦崇儉樸，猶恐習於奢華，爾乃導予奢麗乎？」言者慚而退。

洪武八年改建大内宫殿，十年告成。闕門曰午門，翼以兩觀。中三門，東西爲左、右掖門。午門内曰奉天門，門内奉天殿，嘗御以受朝賀者也。門左右爲東、西角門，奉天殿左、右門，左曰中左，右曰中右，兩廡之間，左曰文樓，右曰武樓。奉天殿之後曰華蓋殿，華蓋殿之後曰謹身殿，殿後則乾清宫之正門也。奉天門外兩廡間有門，左曰左順，右曰右順。左順門外有殿曰文華，爲東宫視事之所。右順門外有殿曰武英，爲皇帝齋戒時所居。制度如舊，規模益宏。二十五年改建大内金水橋，又建端門、承天門樓各五間，及長安東、西二門。

永樂十五年作西宫於北京。中爲奉天殿，側爲左右二殿，南爲奉天門，左右爲東、西角門。其南爲午門，又南爲承天門。殿北有後殿、凉殿、煖殿及仁壽、景福、仁和、萬春、永壽、長春等宫，凡爲屋千六百三十餘楹。

十八年建北京，凡宫殿、門闕規制，悉如南京，壯麗過之。中朝曰奉天殿，通爲屋八千三百五十楹。殿左曰中左門，右曰中右門。丹墀東曰文樓，西曰武樓，南曰奉天門，常朝所御也。左曰東角門，右曰西角門，東廡曰左順門，西廡曰右順門，正南曰午門。中三門，翼以兩觀，觀各有樓，左曰左掖門，右曰右掖門。午門左稍南，曰闕左門，曰神廚門，內爲太廟。右稍南，曰闕右門，曰社左門，內爲太社稷。又正南曰端門，東曰廟街門，即太廟右門也。西曰社街門，即太社稷壇南左門也。又正南曰承天門，又折而東曰長安左門，折而西曰長安右門。東後曰東安門，西後曰西安門，北後曰北安門。正南曰大明門，中爲馳道，東西長廊各千步。奉天殿之後曰華蓋殿，又後曰謹身殿。謹身殿左曰後左門，右曰後右門。正北曰乾清門，內爲乾清宮，是曰正寢。後曰交泰殿。又後曰坤寧宮，爲中宮所居。東曰仁壽宮，西曰清寧宮，以奉太后。左順門之東曰文華殿。右順門之西曰武英殿。文華殿東南曰東華門，武英殿西南曰西華門。坤寧宮後曰坤寧門，門之後曰玄武門。其他宮殿，名號繁多，不能盡列，所謂千門萬户也。皇城內宮城外，凡十有二門：曰東上門、東上北門、東上南門、東中門、西上門、西上北門、西上南門、西中門、北上門、北上東門、北上西門、北中門。復於皇城東南建皇太孫宮，東安門外東南建十王街。

宣宗留意文雅，建廣寒、清暑二殿，及東、西瓊島，游觀所至，悉置經籍。正統六年重建三殿。嘉靖中，於清寧宮後地建慈慶宮，於仁壽宮故基建慈寧宮。三十六年，三殿門樓災，帝以殿名奉天，非題扁所宜用，敕禮部議之。部臣會議言：「皇祖肇造之初，名曰奉天者，昭揭以示虔爾。既以名，則是昊天監臨，儼然在上，臨御之際，坐以視朝，似未安也。今乃修復之始，宜更定，以答天庥。」明年重建奉天門，更名曰大朝門。四十一年更名奉天殿曰皇極，華蓋殿曰中極，謹身殿曰建極，文樓曰文昭閣，武樓曰武成閣，左順門曰會極，右順門曰歸極，大朝門曰皇極，東角門曰弘政，西角門曰宣治。又改乾清宮右小閣名曰道心，旁左門曰仁蕩，右門曰義平。

世宗初，墾西苑隙地爲田，建殿曰無逸，亭曰豳風，又建亭曰省耕，曰省斂，每歲耕穫，帝輒臨觀。十三年，西苑河東亭榭成，親定名曰天鵝房，北曰飛靄亭，迎翠殿前曰浮香亭，寶月亭前曰秋輝亭，昭和殿前曰澄淵亭，後曰趯臺坡，臨漪亭前曰水雲榭，西苑門外二亭曰左臨海亭、右臨海亭，北閘口曰湧玉亭，河之東曰聚景亭，改呂梁洪之亭曰呂梁，前曰檥金亭，翠玉館前曰擷秀亭。

親王府制。洪武四年定，城高二丈九尺，正殿基高六尺九寸，正門、前後殿、四門城樓，飾以青綠點金，廊房飾以青黛。四城正門，以丹漆，金塗銅釘。宮殿窠栱攢頂，中畫蟠螭，飾以金，邊畫八吉祥花。前後殿座，用紅漆金蟠螭，帳用紅銷金蟠螭。座後壁則畫蟠螭、彩雲，後改爲龍。立山川、社稷、宗廟於王城內。七年定親王所居殿，前曰承運，中曰圜殿，後曰存心；四城門，南曰端禮，北曰廣智，東曰體仁，西曰遵義。太祖曰：「使諸王覩名思義，以藩屏帝室。」九年定親王宮殿、門廡及城門樓，皆覆以青色琉璃瓦。又命中書省臣，惟親王宮得飾朱紅、大青綠，其他居室止飾丹碧。十二年，諸王府告成。其制，中曰承運殿十一間，後爲圜殿，次曰存心殿各九間。承運殿兩廡爲左右二殿，自存心、承運，周迴兩廡，至承運門，爲屋百三十八間。殿後爲前、中、後三宮，各九間。宮門兩廂等室九十九間。王城之外，周垣、四門，堂庫等室在其間，凡爲宮殿室屋八百間有奇。弘治八年更定王府之制，頗有所增損。

郡王府制。天順四年定。門樓、廳廂、廚庫、米倉等，共數十間而已。

公主府第。洪武五年，禮部言：「唐、宋公主視正一品，府第並用正一品制度。今擬公主第，廳堂九間，十一架，施花樣獸脊，梁、棟、斗栱、簷桷彩色繪飾，惟不用金。正門五間，七架。大門，綠油，銅環。石礎、墻甎，鐫鑿玲瓏花樣。」從之。

百官第宅。明初，禁官民房屋，不許雕刻古帝后、聖賢人物及日月、龍鳳、狻猊、麒麟、犀象之形。凡官員任滿致仕，與見任同。其父祖有官，身殁，子孫許居父祖房舍。洪武二十六年定制，官員營造房屋，不許歇山轉角，重簷重栱，及繪藻井，惟樓居重簷不禁。公侯，前廳七間，兩厦，九架。中堂七間，九架。後堂七間，七架。門三間，五架，用金漆及獸面錫環。家廟三間，五架。覆以黑板瓦，脊用花樣瓦獸，梁、棟、斗栱、簷桷綵繪飾。門窗、枋柱金漆飾。廊、廡、庖、庫從屋，不得過五間，七架。一品、二品，廳堂五間，九架，屋脊用瓦獸，梁、棟、斗栱、簷桷青碧繪飾。門三間，五架，綠油，獸面錫環。三品至五品，廳堂五間，七架，屋脊用瓦獸，梁、棟、簷桷青碧繪飾。門三間，三架，黑油，錫環。六品至九品，廳堂三間，七架，梁、棟飾以土黃。門一間，三架，黑門，鐵環。品官房舍，門窗、户牖不得用丹漆。功臣宅舍之後，留空地十丈，左右皆五丈。不許那移軍民居止，更不許於宅前後左右多占地，構亭館，開池塘，以資遊眺。三十五年申明禁制，一品、三品廳堂各七間，六品至九品廳堂梁棟祇用粉青飾之。

庶民廬舍。洪武二十六年定制，不過三間，五架，不許用斗栱，飾彩色。三十五年復申禁飭，不許造九五間數，房屋雖至一二十所，隨其物力，但不許過三間。正統十二年令稍變通之，庶民房屋架多而間少者，不在禁限。

朱元璋《皇明祖訓・內令》 凡自后妃以下，一應大小婦女，及各位下使數人等，凡衣食金銀錢帛，並諸項物件，尚宮先行奏知，然後發遣內官監官。監官覆奏，方許赴庫關支。尚宮若不奏知，朦朧發遣，內官亦不覆奏，輒擅關支，皆處以死。

朱元璋《皇明祖訓・內官》 凡內府飲食常用之物，官府上下行移，不免取辦於民，多致文繁生弊，故設酒醋麵、織染等局於內。既設之後，忽觀《周禮》酒人、漿人、醯人、染人之職，亦用奄人，乃知自古設此等官，其來已久，取其不勞民而便於用也。其他如各監、司、局及各庫，皆設內官職掌，其事甚易辦集。上項職名，設置既定，要在遵守，不可輕改。

凡各衙門內官，各監官職名：太監正四品，左少監從四品，右少監從四品，左監丞正五品，右監丞正五品，典簿正六品。

神宮監：掌灑掃。

尚寶監：掌御寶、敕符、將軍印信。

孝陵神宮監：掌灑掃并栽種一應果木蔬菜等事。

尚膳監：掌供養及膳并宮內食用之物，及催督光禄司造辦宮內一應筵宴茶飯。

尚衣監：掌用冠冕、袍服、履舄、靴襪等事。

司設監：掌御用車輦、床、被褥、帳幔等事。

內官監：掌成造婚禮妝奩、冠舄、傘扇、被褥、帳幔、儀仗等項并內官內使貼黄一應造作，并宮內器用、首飾、食米、土庫、架閣文書、鹽倉、冰窖。

司禮監：掌冠婚喪祭一應禮儀，制帛及御前勘合，賞賜，筆墨、裱褙書畫，管長隨、當差、內使人等出門馬牌等事，并催督光禄司造辦一應筵宴。

御馬監：掌御馬並各處進貢及典牧所關牧馬騾等項。

印綬監：掌誥券、貼黄、印信、選簿、圖畫、勘合、符驗、文册、題本、誥敕、號簿、信符、圖本等項。

直殿監：掌灑掃殿庭樓閣廊廡。　長隨奉御：　正六品。

奉天等門官職名：掌晨昏啓閉，關防出入。門正正四品，門副從四品。

各司官職名：司正正五品，左司副從五品，右司副從五品。

鐘鼓司：掌奉先殿祭樂御樂并宮內筵宴樂及更漏早朝鐘鼓。

惜薪司：掌宮內等處所用柴炭等事。

各局庫官職名：大使正五品，左副使從五品，右副使從五品。

兵仗局：掌御用兵器并提督人匠打造刀甲等項，及宮內所用梳篦、刷牙、針剪等物。

內織染局：掌染造上用并宮內一應段疋。

針工局：掌成造一應婚禮衣服完備，付內官監交收應用，並造內官人等衣服鋪蓋等項。

巾帽局：掌造內官人等紗帽靴襪及預備賞賜巾帽等項。

司苑局：掌宮內等處菜蔬并種田。

酒醋麵局：掌內官人等食用酒醋麵糖等物。

內承運庫：掌一應段疋、金銀、纓玉、象牙等物，并同司鑰庫管鈔。

司鑰庫：掌各門鎖鑰并收支錢鈔等物。

內府供用庫：掌上用香米并內用香燭油米，及內官人等飯食果木等物。

東宮官

典璽局：掌璽寶翰墨之事。局郎正五品，局丞從五品，紀事奉御正六品。

典藥局：掌監同御醫修合藥餌，如法煎調供進。局郎正五品，局丞從五品。

典膳局：掌監造膳食供進。局郎正五品，局丞從五品。

典服局：掌冕弁、冠帽、衮袍、常服、佩帶、靴履等。局郎正五品，局丞從五品。

典兵局：掌甲胄、戈矛、弓矢、刀劍等。局郎正五品，局丞從五品。

典乘局：掌車馬。局郎正五品，局丞從五品。

王府官

承奉司：掌管王府一應雜事，有事呈長史司並護衛指揮司發落，與內官衙門無相統攝。承奉正正六品，承奉副從六品。

典寶所：典寶正正六品，典寶副從六品。

典膳所：典膳正正六品，典膳副從六品。

典服所：典服正正六品，典服副從六品。

內使六名：司冠一名，司衣三名，司佩一名，司履一名。　各門官：　門正正六品，門副從六品。

內使：　司藥二名，司弓矢二名。

公主府：中使司，司正雜職，司副雜職。

孫承澤《天府廣記》卷二一《工部・附載鐵券之制》 洪武二年，制鐵券。初欲封功臣，議爲鐵券以賜之，而未有定制。有言台州民錢允一，吴越忠肅王鏐之裔，家藏唐昭宗所賜鐵券。遂遣使取之，準其式而加損益。其制如瓦，第爲七等。公二等：其一高一尺，廣一尺六寸五分，其二高九寸五分，廣一尺六寸。侯三等：其一高九寸，廣一尺五寸五分；其二高八寸五分，廣一尺五寸；其三高八寸，廣一尺四寸五分。伯二等：其一高七寸五分，廣一尺三寸五分；其二高六寸五分，廣一尺二寸五分。外刻履歷恩數之詳以記其功，中鐫免罪減禄之數以防其過，字嵌以金。爲副九十七，副各二，分爲左右，左頒諸功臣，右藏內府，有故則合之以取信。仍以舊券還允一，賜而遣之。

孫承澤《天府廣記》卷二二《工部·牌符之制》 洪武四年四月，命工部造用寶金牌及軍國發兵走馬符牌，用寶爲小金牌二，中書省、大都督府各藏其一，遇制書發兵，省府以牌入而後內府出寶用之。其走馬符牌，凡有軍國急務，遣使者佩之以行。禮部因以唐宋走馬銀牌之制以進。上令尺寸從唐，其式如宋，務令制作精緻。凡造金字牌二十，銀字牌二十，文曰：「符令所至，即時奉行，違者必刑。」俱以鐵爲之，闊二寸五分，長五寸，上鈒二飛龍，下鈒二麒麟，牌首爲圓竅，貫以紅絲條，藏之內府，遇有調發則出之。

朱國楨《湧幢小品》卷八《官數》 洪武四年正月，中書省上天下府州縣凡一千二百三十九，官五千四百八十八員。是年平蜀，十四年後平雲南，以漸增置，內外官共二萬四千六百八十三人，京師一千四百十六人，南京五百五十八，在外二萬二千七百九人。

朱國楨《湧幢小品》卷八《設官》 周官三百六十，舉六官成數言也。然一官之下，如醫師，中下士，凡廿八人，計天官正數項下。凡大夫、上中下士，共二百九十二人，而府史、奄、女史、御史不與焉。地官更煩，是周家王畿千里之地，設官大小固已不下二千餘人，而宦官皆得自辟，其途甚廣，所以野無遺賢。

漢設官七千五百餘，唐一萬八千餘，宋三萬四千餘。國朝成化五年武職八萬餘，文職如洪武之數。此外又有中書帶俸、譯字生、通事、樂舞生、厨役、勇士、匠人，寫字人，不可勝紀。

《明孝宗實録》卷二 〔成化二十三年九月壬寅〕上即皇帝位，遂頒詔大赦天下。詔曰：『【略】一、文武官吏、監生、知印、承差、旗軍、匠校舍餘人等，有爲事問發立功運甎、運灰、運炭，追罰馬匹做工、納米擺站、煎鹽、炒鐵、瞭哨、發充軍、伴儀從、膳夫等項，悉皆放免，各還職役，寧家隨住。其文職官吏、監生、知印、承差原犯貪淫者，發回原籍爲民。武職原犯侵欺枉法并科斂害軍者，仍於原衛差操，不許管軍管事。一、鹽糧國用所資。近年以來，欽賞數多，及被內外勢要之人奏討奏買，存積常股并盤割私餘鹽斤，攙越支賣，夾帶私販，以致上損國課，下奪民利。詔書到日，各該巡鹽、巡按御史，即查前項鹽課，除已支賣外，其未支掣者俱各住支還官。今後行鹽，各照地方，不許越境販賣。各邊開中引鹽及糴買糧草，俱不許勢要及內外官員之家求討占窩，領價上納，亦不許巡撫管糧等官狗情受囑，違者巡按御史糾舉。【略】一、成化二十一年十二月以前各處拖欠税糧、馬草、秋青草束，屯種子粒，農桑絲絹，門攤商税，户口食鹽米鈔，諸色課程，銀課，魚課，差發金銀，供用廚料，果品，并上林苑監牲口等項并一應歲辦、買辦、採辦物料，藥材，除已徵在官者照舊送納，未徵之數盡行蠲免。一、各處一應歲辦、坐派拖欠生漆、桐油、翠毛、藍靛、烏梅、槐花、梔子、魚油、翎鰾、折納黄白麻、銀硃、生熟銅、鐵、金箔、銅絲、鐵線、紅花、茜草、棕毛、圓藤、杉、楠、檀、椵、榆、槐等木、猫笙等竹、輭篾、荆條、箬葉、綵蔴、連包、芒苗、苕帚、竹掃帚、萄稭、麥穩、稻皮、松香、沙葉、白硝、雜皮、驢皮、前截羊毛、羊角、水牛底皮、黄真牛皮、水和炭煤炸瀛沙土、硝磁末、毛纓、白豬鬃、雲母石、野味、缸、缾、罈、高頭等紙、黑鉛、青碌等項顔料并福建、浙江歲辦課鐵，自成化二十二年十二月以前未徵者，悉皆蠲免。已徵者，照數起解該部，另項收貯，以備别用。敢有將已徵捏作未徵者，治以重罪。其明年歲辦之數，以十分爲率，量免五分，以寬民力。【略】一、成化二十一年十二月以前各處鹽運司、鹽課提舉司拖欠鹽課，悉與除豁。其有被水渰没，鹽課曾經風憲官勘實，及折罰鹽糧年久，追徵未完，客商失落截角退引，亦皆免追。【略】一、各處衛所歲造軍器并有司該造弓、箭、弦條，自成化二十二年十二月以前拖欠未完者，悉免補造。其收過有司物料，准作以後年分該辦之數。敢有因而侵欺者治以重罪。一、易州山廠管工官員，夫頭人等，自成化二十年以前領運柴炭價銀，被攬頭誆拐在逃，本身已死，負累家屬，監追年久，曾經奏告者，查勘明白，悉免追陪。【略】一、各處織造紵、絲、紗、羅、綾、紬等項，除額辦歲造并工部奏派之數照舊解運外，其餘蘇、杭、嘉、湖并應天府等處差人坐守織造者悉皆停免。已織完者照數起解，未完者并已徵物料，交與所在官司准作歲造内支用。差去內外人員，即便回京，違者罪之。【略】一、京營官軍拱護朝廷，所繫甚重。近年多因做工，疲勞已極。合候修陵畢日，專一操練。敢有擅便奏討做工者，聽科道官劾奏。一、騰驤等四衛餘丁，今後不許泛濫投充勇士正軍，虛費糧賞。其各衛所餘丁，止許投本衛所軍，不許妄投。各監局人匠脱免祖軍及内外正軍，不許投充。將軍其舍餘民匠人等投充，將軍試量，身力不及者發回當差，不許收充，校尉違者罪之。一、各衙門住坐軍民人匠，有因事故在逃；并輪班人匠先爲災傷流移及出贅、過繼年幼，紀録埋没并遺失勘合等項，以致拖欠班次者，詔書到日，限三箇月以裏，許於所在官司首告，給與明文赴部，免其問罪。住坐者送原役衙門上工，輪班者自今年八月以前俱免罰班。見當該罰班者，一體寬免，俱止當正工三箇月。【略】一、蘭州臨清鎮守、四川管銀課、江西燒造饒器、廣東新添守珠池内官，悉令回京。提督大嶽太和山潘記、浙江市舶提舉司林槐，并原守珠池内官各照舊，俱不許分守地方兼理海道，勑書繳换。【略】一、近年以來天下軍民財力困竭，各處一應造作，除城垣、墩臺、關隘、倉厫、運河等項，例該修理及有修理未完者所司指實具奏定奪外，其餘内外衙門修建寺塔、庵觀、廟宇、房屋、墻垣等項一應不急之務，悉皆停止，不許擅自移文興工。差去蓋造襄府内外官員著同巡撫官提督布、按二司委官照舊制修蓋，其在外軍衛有司非奉朝廷明文，一夫不許擅役，一錢不許擅科，違者治以重罪。一、慶豐等四閘，事簡官多，今後慶豐閘官吏，止留各一人，通管四閘。其餘送吏部調撥，内懷慶人夫八十名，路遠應役不便，每名一年許辦銀七兩，類解工部交收，雇夫應用。一、内外官員軍民僧道人等，今後不許指以古蹟，輒便奏討修蓋寺觀名額、護勑，因而占奪軍民地土。如有已經奏准未修蓋者，即便停止。違者治以重罪。【略】一、各處帝王陵寢及名臣賢士墳墓，有被人毁發者，所在有司即時修理如舊。令附近民人一丁看護，免其差役。其餘墳墓，但有露棺暴骨者，悉與掩埋。

《明神宗實録》卷一百七十二　〔萬曆十四年三月戊申〕户部尚書畢鏘條陳九事：「一、節財力。缺官存留，祇宜收貯，以備緩急。扣減即可以少蘇窮困。贓罰出于詞訟，不宜併作額派督責。一、覈邊費。欲將諸邊兵糧，詳加覈議，易馬撫賞有額，客餉應否再支，墩臺墻堡有數，修理應否迭舉，酌緩急以爲裒益，稽重覆以慎支銷。一、停召買。物料坐派，皆查據先年舊額與今之應用宜無不敷，或有災疲拖欠，間一買辦足矣，而司庫者乃輒以缺乏爲詞。查召買之數，萬曆元年至十三年，共價銀七十五萬餘兩。諸庫之請發于一時，若少而積之，至于數年則甚多。且貯之太倉者不足三年之蓄，而已竭百姓之力矣。曷若加意節省，停止召買，公用足而民困蘇之爲便哉。一、定催徵。應徵税糧，當查勘緩急，不得一槩追併。一、清冗濫。錦衣衛官較糧册數至一萬七千四百員名有奇，諸監局之匠役不啻一萬六千四百，此冗食之尤者也。宜從公揀選，酌量留用，其倚憑冒功及汎雜厮猥浮于舊時者一切汰革，以杜冒濫之門。一、正風俗。民俗奢侈，富者貧，貧者亂，宜將服色申明紀度，一遵定擬之制，而以大臣撫按爲率。且各處齋供隱伏鄉村，誦經飡素，召集男婦羅拜而師之，十百爲羣，夜聚曉散，不惟導淫，且恐兆亂，是不可不防之于早也。一、戒紛更。治必有法，法期便民。今雲南鑄錢，有採銅募匠之費不償本值；州縣丈田，虚增冒減之奸無裨糧差，官方裁而復置，田欲墾而復罷。若此類者種種，何益之有？請勑撫按，凡土俗相沿，人情習便者，與民遵守，毋許妄作聰明，輕率更改，庶政體畫一，而民受安静之福。一、崇儉德。袍服歲有積餘，段疋奚煩頻織？工役時當浩繁，天燈奚事創爲？匪頒有式，而賞賚不可不裁；器用有常，而淫巧不可不革。寧澹泊是甘，毋好珍奇；寧頻笑是惜，毋狗請乞。一、勤聖學。聖諭曰：君民一體，憂樂相關。臣于此仰見皇上之究心于學者深也。然崇高易來佞幸之口，治安多蒙逸豫之情。强盛而思慮，或踈明察，而窺伺或投，投則墮于其術，踈則懈于其防，逸豫爲能喪德，佞幸爲能導欲。乞業業存心，時時務學，務使古訓有獲，緝熙無間，理皆貫徹，性益渾全，社稷靈長之慶終必賴之矣。」有旨：「召買炤舊行。邊費浩繁，有增無減，國計不支。查先年議定經制，通融裒益，務求長便。錦衣衛官旗，近已清查考察。其餘依議酌行。」

《明神宗實録》卷三百三十四　〔萬曆二十七年閏四月〕是時，礦使四出，人情洶洶。内而勳戚大僚，詞臣科道，外而各省撫按，合詞力諍不能得。於是，辦事進士謝廷讚陳内亂外變之形，詞甚激切；而司禮監太監田義亦言之，俱不報。大學士沈一貫復言：「臣惟羣臣言礦税者，非直以專利爲戒，而實以釀亂爲憂。我國家如金甌，無有傷缺，何可無故因小利貽大害。夫財者民之命也，取民之財是取民之命也。今窮天索産，罄地伐毛，盡宇宙間靡有留利。黄旗相望于郊原，虎冠遍滿于廛市，撤屋據墳，搜藏發窖，無論奸民乘機劫奪，即良民亦寧能拱手而授人以命乎？爲抗爲亂，去爲盗賊，勢所必然。今邊兵枵腹以待哺，司農束手而憂死。若脱巾之徒與滇池之盗所在并發，何以待之？皇上勿以爲天下事必不至此而無憂也。」

《明神宗實録》卷三百四十　〔萬曆二十七年十月壬寅〕吏部等衙門尚書李戴等言：「【略】臣觀天下賦役之額比二十年以前十增其四，天下殷實之户比二十年以前十減其伍。東征西討，蕭然苦兵；自礦使出而百姓之苦更甚于兵；税使出，而百姓之苦更甚于礦。年來遠邇同嗟，貧富交困，貧者家無宿儲，止憑營運，但奪其數錢之利，已扼其一日之喉。至于富民，需求不遂，立見傾家，無地可容，有天難訴。利歸羣小，怨歸朝廷。皇上神聖，洞知今古，自秦漢以來，天下危亂之繇惟有四字，曰『人人嗟怨』而已。天心仁愛，明示咎徵，欲皇上翻然改悟，坐弭倡亂。乃禮部修省之章未蒙批發，而奸民搜括無礙銀兩之奏又見允行矣。此令一下，急如星火，不但指有礙爲無礙，亦將指有銀爲無銀；必將正項公銀俱充進獻，公用無措，又派民間。庫藏既空，閭閻亦敝。有司一有争執，輒謂阻撓，身且不保，何有于官。又如仇世亨奏徐鼒掘墳一節，事之有無，誠難懸斷，然以理論之，豈有一墓而有黄金巨萬之理。即使有之，亦當先下撫臣覈勘虚實，分别首從，先正其窆墳之罪，而後以掘墳之物入官，未有罪狀未明而先没入資財者也。片紙朝入，嚴旨夕傳，不但破此諸族，又將扳及多人。此風一倡，誰不傚尤，何地不可爲金穴，何人不可爲撲滿？已同告緡之令，又開告密之端。臣等方欲陳奏，而高時夏、戴君恩之奏又得旨矣。五日之内，搜取天下公私銀兩已二百萬，傾府庫之藏豈無盡日，窮天下之産寧有足時。臣等前日猶望其日減，今日乃更患其日增，不至民窮財盡，釀成大亂不已。伏望皇上穆然深思，超然遠覽，亟與廷臣共圖修弭，杜中臣攘奪之路，絶羣小窺伺之萌，無令結怨清朝而致干天變也。」疏上不報。

《明神宗實録》卷三百四十二（萬曆二十七年十二月戊寅）南京吏部侍郎署户部事李廷機以鋪行告困，條議軫䘏四款：一曰帶辦之法宜行。謂：如絲綿、紅花、生漆、椶（銅）〔桐〕之類有利者許令帶辦，則賠補可數。一曰可免之役宜蠲。謂：各衙門公費請可自辦者，無累小民。即科場一項，鋪行視爲苦海。議照順天例雇役買辦，有票取借辦者禁之。一曰價銀之給宜速。謂：鋪行所苦固多，而太常、光禄二寺尤甚。蓋二寺本無錢糧，取給户部者十之一二，而取給應天府户口食鹽者十之八九。然或府縣不以時解，即解矣而不以時給，守候終歲，竟不得價，民何以堪？宜嚴行府縣如期徵解，該衙門或用鋪行登時給值，如民間貿易之例。一曰需索之弊宜禁。謂：臣每詢鋪行，皆言官給不虧。無奈衙門吏書與内府羣役之使費，日增月益，不饜不休。今臣等各衙門已見行振刷，而或有窟穴根據，禁約之所未易行，有城社依憑，外廷之所未敢問。乞天語叮嚀永革，庶寬一分，民受一分之賜。」

《明神宗實録》卷三百四十八（萬曆二十八年六月丁丑）鳳陽巡撫李三才上言：「礦稅頓興，萬民失業，朝野囂然，莫知所計。如臣境内，抽稅者，徐州則陳增，儀真則暨禄；理鹽者，揚州則魯保；理蘆政者，沿江則邢隆。千里之途，中使四布，棊置星羅，如捕叛亡。無賴亡命，翼如虎狼，如含山之潘元等，和州之陳所藴等，淮安之馬如壯等，揚州之蔣季柔等，瓜州之鄧奔、紀四，儀真之吴大川、汪三等，泰州之郭寔，宿州之顧其禮、戴環等。假雕印信，公行嚇騙，而程守訓尤爲無忌。近來楚中内使，沿途掘墳，得財方止，毒虐人鬼。且一人之心，千萬人之心也。皇上欲金銀高於北斗，而不使百姓有糠粃升斗之儲；皇上欲爲子孫千萬年之計，而不使百姓有一朝一夕之計。試觀往籍，朝廷有如此政令、天下有如此景象而不亂者哉？昔元政不綱，黷貨無厭，羣小擅命，故高皇帝奮此一劍而取之如摧枯拉朽焉，此殷鑒之不遠者也。且所謂巡撫者，安撫此一方民；巡按者，按察此一方民；知府、知州、知縣，知此府、州、縣之民之事也。今採抽踏勘，俱會撫按，少有異同，動蒙切責；起解徵收，任委有司，駕言阻撓，便被逮繫；是上自皇上，下至撫按有司，無非爲礦稅設也。故謂臣等爲巡撫可也，爲巡害可也，爲知礦、知稅、知鹽可也，豈天所以寄託皇上、與皇上所以命官之意哉？乞亟下明詔停罷礦稅，盡撤内使。其掘墓殺人事有顯蹟者，擒拏正法，傳首四方。繇是郊廟之親、朝講之復，輔臣之點、臺省之補，建言斥（遂）〔逐〕之賜環，無辜被逮之解網，頓然改絃，天下豈不翕然而頌聖德哉。」不報。

《明神宗實録》卷三百四十九（萬曆二十八年七月癸丑）巡撫鳳陽李三才奏言：「頃臣以礦稅殃民，具疏上請，直據見聞，明開禍福。自以皇上得臣此疏，必將慨然太熄市，下明詔，悉罷各役。今既月余矣，未之或聞，豈左右有所壅蔽抑睿覽有所未及。即數日以來，遠近傳聞，凡有章奏但係稅，即束高閣。夫天祐下民，作之君，固民之主也。得乎丘民而爲天子，則民又君之主也。君休戚不關，戚力是憑，孤人之子，寡人之妻，折人之屋，掘人之墳，奸貪殘賊，若近日秦楚所（秦）〔奏〕，即在敵國讐人，猶所不忍，況吾衽席無辜之赤子哉！困苦無聊，呼天叩地，奸雄乘機遂生窺竊，如徐州趙古元之類是矣。夫天下非小也，草澤之人至廣且衆也，所以欲爲趙古元之所爲者何限？獨以朝廷處置得宜，綱紀有道，故俛首頓心，從教從令（再）〔耳〕。今乃驅之使亂，通之令（及）〔反〕，一人皆去，百群遂奔，恐百姓之不肯爲朝廷有也。倘皇上猶謂廷言不寔，乞先斬（目）〔臣〕而後親臨朝宁，果否萬民有水火之害，是否宗社有危亡之憂，各處地方曾否有殺人掘墳之事，賣兒鬻女之擇？大奮乾綱，盡除前令，一應假旨作威，黨煽虐民，嚴行各處撫按查明勘寔，如律究罪，于以報匹夫匹婦之讐，於以洩孝子慈孫之憤。」不報。

《明神宗實録》卷三百五十四〔萬曆二十八年十二月〕庚辰，户科給事中田大益疏諫礦税言：「斂巧必饜。各省直督礦税者穿鑿刦嚇，務寔所報。礦不必洞而税不必商，凡民肌髓髑髏，（兵）〔丘〕隴阡陌皆稱礦砂，而官及四民皆列市販。向所爲軍國正供，盡竭于此，而正供必不能輸。即令有司刀鋸嚴索，祇足驅民而速之亂耳。名僞必敗。皇上自以礦税裕國愛民，名至懿也。然軍餉無給，兵荒莫備，曾不聞以向所進收者給民佐國，而且日夜採榷，增加不止。人皆謂皇上意欲難盈，莫不反脣作色，嗔心詈口，而冀以智計甘言竊天下之譽，可得乎？賄聚必散。方今内帑收貯無虚歲、無虚時、無虚月、無虚日。夫積而不滐，鬼將作祟，不有脱巾揭竿，藉爲鼓噪之資，即恐英雄睥睨，席爲用武之地。此雖家給人散，以見德惠，亦且蹴之覆之而不可反，是天地聚散之必然也。怨極必亂，夫衆心不可傷也。今天下自周親豪右，簪纓韋布，以至耕夫販婦，健兒走卒，莫不茹苦荼毒，扼腕側目，唏嘘而無所訴，已非一日。恐玉崩釁成，決而莫制，家爲讐，人爲敵，衆心齊倡，而海内因以大潰，豈不大可懼乎？禍遲必大，國家全盛二百三十餘年，已屬陽九，加以邇來暴鰲朘削，種種敗道而猶晏然無事，東征西討，所向快意，蓋將前之掩祖德，後之侈主志，外之生衆心，而内之耗兵食，二豎固而扁鵲走，元神索而大命傾，奈之何耳？燕雀而怡堂也，意迷無救。皇上矜奮自賢，沉迷不出，以豪璫姦弁爲心膂，以礦砂税銀爲命脈，雖有苦心藥石之言，聽之猶如蒙耳。即令巫咸治外，倉公治内，龍逢剖心，舜禹籌策，亦安其解其徽纆而救敗亡哉！夫此六事者，稽之往古爲必然，驗之當今而不可易，察之天道行事則已極，關之宗社安危則至大。臣畏死不言，則誤皇上；皇上不疾行，禍如發矢，不可追矣。願皇上亟罷各省直礦税，以消天下禍亂。」疏入，留中。

《明神宗實録》卷三百九十三〔萬曆三十二年二月甲午〕雲南撫按陳用賓、宋興祖等奏：「雲南礦課，原有定議。舊洞礦竭，勢必鑿新補舊。有司方見請詳，而該監即占爲已洞，使有司束手。新洞既不敢鑿，舊洞亦從告閉，礦税全難物力大詘。且本年夏秋二税，臣等已竭盡心力，該監猶求備無已，阻回不收。乞明諭該監，遵旨收解。其原開礦洞歸一有司開抽，免其掣肘推諉。仍照一分充金價，一分充兵餉，庶可支撑萬一。」上允之。

《明神宗實録》卷三百四十六〔萬曆三十八年四月壬午〕直隸巡按牛應元請嚴禁開採孝陵聯絡山場，言之甚悉。

丘濬《大學衍義補》卷三〇《制國平天下之要·制國用·征榷之課》 元史額外之課，凡三十有二。其一曰曆日，二曰契本，三曰河伯，四曰山場，五曰窯冶，六曰房地租，七曰門攤，八曰池塘，九曰蒲葦，十曰食羊，十一曰荻葦，十二曰煤炭，十三曰撞岸，十四曰山査，十五曰麴，十六曰魚，十七曰漆，十八曰酵，十九曰山澤，二十曰蕩，二十一曰柳，二十二曰牙例，二十三曰乳牛，二十四曰抽分，二十五曰蒲，二十六曰魚苗，二十七曰柴，二十八曰羊皮，二十九曰磁，三十曰竹葦，三十一曰薑，三十二曰白藥。

臣按《元史·食貨志》有所謂歲課山林川澤之産，若金、銀、珠、玉、銅、鐵、水銀、朱砂、碧甸子、鉛、錫、礬、鹻、竹、木之類，其利最廣者，鹽法、茶法、商税、市舶四者。外此又有所謂額外課，凡三十二。謂之額外者歲課皆有額，而此課不在其額中也。嗚呼！元有天下其取之民課額之名目乃至如此之多，當時之民其苦可知也。我朝一切削去，十存其一二，亦不聞國用之不足。臣意當時亦徒有此名目以爲姦人之資而已，國家未必賴其用也。史書之以垂戒後世，以見其國脈之所以促有其因耳。嗚呼！其尚永鑒之哉。

朱國楨《湧幢小品》卷二《鈔税》 國初止收商税，未有船鈔。宣德間，始設鈔關，凡七所：河西務，臨清，九江，滸墅，淮安，揚州，杭州，内臨清、杭州兼榷商税。本色歸内庫備賞賜，折色歸太倉備邊儲。或本折輪收，或有增減，累經酌議。後改錢鈔，折銀備船料。初用御史，正統間取回，令原設官收受。嘉靖四年設正陽鈔關，專備高墻庶人供給。八年革。

朱國楨《湧幢小品》卷二《免税》 太祖以應天、鎮江、池州、太平、寧國五郡興王之地，勞民可念，時免糧税。然詔中必云除刁頑不行，倉完備及多料善民，本户糧長，秋糧不免外，其餘云云。嗟乎！今之免者，乃皆刁頑之類，而良民不免，太失初意矣。

朱國楨《湧幢小品》卷二《鹽政》 蜀鹽出於井，井之大僅可如竹，號曰竹井。鑿之五六十丈，得淡水，至百丈，始得鹽。鑿甚艱，入其深，汲甚苦，有鐵釬、漕釺、刮筒、呑筒等制，纖悉俱備，非若池鹽、海鹽之易煮也。

國朝禁私鹽，買官鹽，而又賦民鹽課鈔，想亦謂私鹽之不可盡絶也。聞順天府每歲注皇上課鈔一名，蓋祖制以天子爲百姓榜樣，未知果否。京官原有食鹽，後頗累及充役支解者。陸五臺言於太宰嚴文靖公革去，惟户部如故。據此，當是嘉靖年間事。然考之弘治年間，始革各衙門食鹽，惟十三道如故。而余在京拜一同年官臺中者，見有送到官鹽一引，則前説似未可據。并存之。

宋姚寛監台州杜瀆鹽場日，以蓮子試鹵。擇蓮子重者用之，鹵浮三蓮、四蓮，味重；五蓮，尤重。蓮子取其浮而直，若二蓮直，或一直一横，即味差薄。若鹵更薄，即蓮沉於底，而煎鹽不成。閩中之法，以鷄子、桃仁試之。鹵味重，則正浮在上；鹹淡相半，則二物俱沈。與此相類。

杜中立爲義武節度使，舊徭，車三千乘，歲挽鹽海濱，民苦之。中立置飛雪將數百人，具舟以載，民不勞而軍食足。「飛雪」二字，妙，妙！

陳于廷《寶泉新牘》卷一《酌議補偏救弊疏》督理京省錢法户部右侍郎陳于廷謹題爲衡量鼓鑄事宜酌議補偏救弊，伏乞聖明特賜申敕，以肅錢法，以清財源，少裨軍國涓埃事

臣至迂愚，承乏計部，竊痛民窮財盡，莫能煉石點金，竭蹶局内，而嘗試之初，以爲一錢刀之任耳，無足難者，乃事本直截而文移未免錯綜，時偶乖違而題覆不能歸一。鞭長不及腹，則經年無完報之期，法弛而誨頑，則三窟爲藏奸之府。方輿薪之不見，亦寸木之可高，轉覺慮始之艱，而繼治之不易矣！受事踰月，稍解疑冰，爰據管窺，陳其固陋，如有關於利病，何敢愛此髮膚，條列數端，仰塵乙覽，伏惟聖慈垂察焉。

一、杜借支浮冒之弊。銅鉛來自滇蜀，川塗所隔，不翅萬餘里，原不易致，年來槃人作梗，尤難之難者。故去歲多方督催，僅得八十餘萬斤。計所實借錢糧亦不滿十萬兩，比一歲銀銅之大較也。乃先後題覆那借銅本，每年南京攻折等項十萬兩，兩淮鹽課十萬兩，應天、浙江、江西、湖廣等處各輕齎四萬兩，後俱改爲五萬兩。其他陝西等處之那借，又在數外者也。及查各處買銅十不完一，中間奉欽依而扣留，承委買而侵冒，拖延不了又情弊之必然，是鑄銅之利未尺寸，而那銀之弊將尋丈也！故臣謂初年扣借錢糧，逐一清查，盡數買銅，以收鼓鑄之實，而天啓二年、三年應扣前項銀八十萬兩，所當查明，暫停照常清解，俟初年銅斤盡數報完，臣部另行坐派採買，庶銅與銀不至兩懸而無着也。

一、重部差兼督之法。九江、滸墅、揚州、杭州、淮安等關，係各省襟帶之要會，百貨灌輸之總途，收買銅鉛，其勢易達。原有解部額課移課買銅，其本易辦。以買銅之分數，開除額課之分數，其數易清。簡委員役必躬必親，酌定限期，時稽時比，其欺冒易防。先事而爲瓜代之計，必不至於遷延罔終，其事緒易結。故資鼓鑄於關差有此五便焉。各關俱聽臣部酌量多寡，派買銅斤，照數完解，若曰好逸惡勞，讓而不任，目擊時危，誰敢懷此二心，將急國恤而忘私圖，諸臣自許之謂何，當不其然，惟是紀録參罰，奉有欽依，臣不敢負諸臣以負國，願與諸臣共矢之矣！

一、明兩部分任之責。兩淮額解太倉銀兩，暫借十萬兩買銅，總係邊餉，原議照數扣補，不宜付之子虛。昨年工部分去銅十萬斤，便銷課一萬二千兩，已如逝水之不可收也。頃復移咨臣部索銅，恐十萬額解，原非爲工部而借，而臣部寶泉一局，又不勝舍己耘人之患矣！且臣局有借有還，而工部有借無還。當此邊需告竭，豈能歲損若干萬課，姑應該部無名之求耶？及查舊案，臣部昨年咨行南京户部動支應解太倉事例銀六千二百一十兩給發工部，原差主事就近買銅解送該部，惟時進錢責在工部，故銅價責在臣部。未幾改議兩部各進制錢，則前項事例銀所買銅斤，仍當歸還臣局，無使彼重支而此竭澤也。况臣部議將利錢進上，不費額課分毫，又誰爲設處銅價者想兩部事理亦畧相同耳。

一、清代進制錢之逋。進錢原係工部職掌，頃臣部每季恭進制錢二百五十萬文，既代其勞，又代其費，亦猶户部出銅之典故也。於内每季代南户部進錢一百萬文，料價工食并箱損使費不與焉。自徂秋以至今夏算計可四百萬文，此該部當亟還臣局者也。迄今無意償城，久假烏知非有，以後應將四季代進制錢，查照時估折算六千八百餘兩，併工費若干兩，即作該部所收臣部銅本，責成該司經管官速買高銅，遄解寶泉局收鑄，庶一借一還，扣除明白，臣部即任勞而不賠本矣。否則該部應解制錢作何支銷，狐鼠乾没，恐該經管官亦不願受此名也。

一、酌稽查工匠之法。本局每爐一座，應用工匠七名，每日可鑄銅一百斤，每年每爐可鑄銅三萬五千斤。惟是銅鉛難集，即多方督辦，歲計不滿九十萬斤也。每日只須爐三十座，工匠二百十人，儘足供一歲九萬金鼓鑄之用。今增至一百六十座，工匠輒稱二千餘人，又爐頭一百七十人，盤旋其中，累累冗役，或相倍徙，既廪之不稱事可知矣！及查局内舊厫一百五十餘間，只用其半，足開爐聚匠，餘當謹閉之以清淵藪，不謂又私增小房四百餘間，宛轉難窺，經始未歇，夫乃以磚料爲夾帶錢料之資，借萬間爲神叢托足之徑耶？除檄行所司澄汰禁止外，今議擇殷實者十人常川在局，總理其事，其餘一百六十名分作四班，三月一換，輪值領銅交錢之事，可免一羊十牧之譏矣！而委巷曲房，如城如社，當從三緘，少抑群狐。或銅料多寡無常，工匠隨時增減，則餘房亦隨時啓閉，來百工而防躍治，其在斯乎！若一切領銅、交錢、上班、放假、薪水、米菜之類，定有日期，嚴其扃鑰，無容擅出擅入，亦猶日省月試之遺也。但不使人浮于事，公行其私，而拔本塞源思過半矣。

一、杜拖欠。制錢之弊，夫官局森嚴，上有協督，下有巡邏，爐頭即監守之人，三尺具在，似無所容其侵盜者。乃一歲之間所鑄錢不滿十萬金，所欠錢幾至二萬金，十分而虧其二，借曰不侵不盜，其誰信之。夫錢值二萬金，計數不止千萬件，捆載亦須數百番，暗去明來，日復一日，涓涓不已，流爲江河。彼爐頭者，如飲於不涸之源，而遊於不關之府也。創始已然，後將何極？及查一爐之設，百斤之冶，八口之工，一日之間可得工料三兩八錢四分，取數已太侈矣！猶自攙和零褋，脆削不堪，侵欠正項，屢釁無已，不執三尺隄防之，其有豸乎！除立法追創外，仍著爲令，以後十日一領銅，五日一交錢，遞領遞還，隨完隨給。不使多時停，待爐事如流水而後公私兩情，本息遞轉，軍國獲有接濟，不至求殖而得落也。即若輩身家亦可保全矣。

一、防貿銅私鑄之奸。頗聞銅販到京，鬻於官者什一，鬻於私者什九。私鬻者即私鑄之，藉以爐頭，則鬻則更易，而官鬻愈不可幾矣。乃販者不能越關津而來，則臨清、河西務、崇文門皆其必繇之徑。合行該關司官，置循環文簿，逐一登記，某日某商銅鉛若干起，每起若干斤，開明實數，總撒相同，在臨清、河西務每月一報，在崇文門十日一報，類發協理司官查對，中間倘多舛漏，各關書記難辭其責。其崇文門司官，每日報到銅鉛，查驗明白，以十分之二便民，而以十分之八押送寶泉局，時估平買，寧從其寬，無從其刻，並不許胥儈居間挾騙，庶商販樂爲官鬻，不至盡鬻於奸徒之手，而私鑄亦少杜矣。

一、定清除本息之法。開鑄原以助邊，銅本借自額課。其本須及時還庫，其息當隨時助邊，乃克有濟。倘應還太倉者，而別項開銷應助邊需者，而出納荏苒，浸假浸貸，日遷月延，異時之混冒可虞，此日之額餉反損矣。以後逐季銷算，原借銅本，盡還太倉，所餘利息，湊解兵餉。即每季進上制錢，只宜於利息內扣辦，不宜於額課內開除。蓋開除銅本則虧課，扣解銅息則益課，此不可不早辨也。如是庶不悖原題濟邊之意，且不至子母侵溷，啓無窮之弊事耳。

一、定大小制錢之限。大錢以一當十，工作省而沛澤多，爐匠人等所甚欲也，故多鶩於大而詘於小。然民間行使，畢竟小錢爲常，今定爲限制，每爐鑄錢以十分爲率，小者居其八，大者居其二，即因時裒益，亦秖以三七分爲衡。爐頭人等，敢有故違限制，多鑄大錢者，責革不貸，庶不至積而成壅，亦無須解而更張，工信度以前民用，抑亦可久之道也。

一、慎差委員役之。選各省直糧道奉旨扣課買銅，委任必須佐領。據江西解到銅二十萬斤，銅色黄赤，可稱高等，彼中解官已行獎勵。仍封識銅樣，發司官收貯，俟各爐頭鑄錢完日，比對原封銅色，如有二樣，即係攙和，責究無辭。其他收買褋銅爐頭，藉口爲好之媒，錢色低脆，正坐此耳。及查浙江委官曹士先，領銀三萬兩，買銅未到。南直委官王來詔等，領銀買銅未到。且預報銅價，每斤用過價銀一錢三分九釐，脚價在外，是明擡其直，以爲侵欺地也。至湖廣，則杳然未報。夫若此者，豈盡商貨之不通，蓋亦委官之不効。即今蜀事漸平，銅鉛易集，各省直督糧諸臣，同心急公，再難遲悮。但其差委佐領，須擇年清任淺，饒有吏幹者當之。庶乎前途未艾，文網難干程限，或終不愆臂指可以相使，源源接濟其有冀乎！兼之估報公平，銅色真正，是即大法小廉之一端。臣部當奉功令以從事，叙録賢勞，矜獎冗秩，其又何靳焉？若南京銅商田尚、沈允慶等領價逾年，尚有八萬金之逋，夫亦委任之不慎，以至是策其前，以鞭其後，可曰姑待來日耶。凡此數者，皆臣職掌所關，敢謂報稱難塞，既以窺其梗概，自當立見施行，況值痛心疾首之時，無可避怨辭勞之地。然悠悠世路，泄泄成風，非邀明旨叮嚀，責成嚴切，恐血誠不足動，而錮習未易更也。爲此瑣瀆宸嚴，不勝戰灼待命之至。五月十一日具題，十四日奉聖旨：錢法關係國計，這所奏深悉利病，俱依議，着實行。近來制錢濫惡，不堪行使，顯是經管司官縱容奸弊，不行稽查，着指名參奏處治。該部知道。欽此。

王慶雲《石渠餘紀》卷一《紀節儉》　我朝起自東陲，尊尚樸質。歷傳以來，繼序不忘，用能宫府服御無侈飾，無冗費，昭儉德以示子孫。謹案：順治八年以督催織造官役騷擾驛遞，罷之。停陝西織造羢羯粧蟒，卻江西造進龍盌。十一年以江浙連年水旱，停織造二年。聖祖常論本朝自入關以來，外廷軍國之費，與明代略相仿彿。至宫中服用，則以各宫計之，尚不及當時妃嬪一宫之數。三十六年之間，尚不及當時一年所用之數。康熙二十九年，上以前明宫殿樓亭門名，并慈寧宫、寧壽宫、乾清宫及老媪數目，宣示外廷。諭天旱，欲減宫人及所用器物。因自來未嘗有餘，故不能再減，飭羣臣將故明宫中用度察閲。尋廷臣奏：查故明宫內，每年用金花銀九十六萬餘兩，今悉充餉；光禄寺送內用二十四萬餘兩，今止三萬兩；每年木柴二千六百餘萬斤，今止七八百萬斤；紅螺炭一千二百餘萬斤，今百餘萬斤，各宫牀帳、輿轎、花毯之屬二萬餘兩，俱不用。故明宫殿樓亭門數七百八十六座，今不及十分之三。至各宫殿基址墻垣，甎用臨清，木用楠木，今禁中修造，出於斷不得已，第用常甎松木而已。我皇上撙節儉約，至矣極矣。時光禄寺年用銀十萬兩，工部二三十萬兩，較前朝省十之九。見四十五年諭旨。而上猶以工部每月輒用數萬兩，諭以内廷除賞賜外，一應工作費用，月不及千兩。三十九年九月諭工部。四十九年又諭曰：「萬曆以後内監，有在御前服役者，故明季事蹟知之獨詳。明朝費用甚奢，工作亦廣。宫中脂粉銀四十萬兩，供應數百萬兩。世祖登極，始悉除之。紫禁城内，鋪地甎横竪七層，工作俱派民間；今器用樸素，工作皆見錢雇覓。明季宫人九千人，内監十萬人，飯食不能徧及，日有餓死者；今宫中不過四五百人而已。先是，光禄寺歲用六七十萬，工部百餘萬。聖祖末年，光禄寺年用四五萬，工部十五萬餘，是以部庫有五千餘萬之積。雍正四年諭：朕宫中食餘之物，皆不忍棄，必令人檢貯。數年以來，米粟至數十石之多。五年諭曰：「前織造衙門所進御用繡綫蟒袍，至九件之多。鐙幃加以彩繡，即切加戒諭。近端節，進繡扇，此皆糜費於無益之地，朕所不取。」并諭工匠造物之情，喜新好異。見一靡麗式樣，初則競相慕效，後必出奇鬬勝。雕文纂組，古人所斥爲奇衺，豈可導使爲之而不防其漸？又曰：「器服争尚華巧，必多用工匠。市肆多一工作之人，即田畝少一耕稼之人。且羣趨爲工，則物之製造必多；物多則壅滯，是不但害農，而且害工也。」乾隆初，禁奢之令屢下，尤以旗人蕩費、江浙侈靡爲戒。如旗人喪事，粉飾虚文；吴下風俗，疾病禱賽，皆有特諭。自十六年至四十九年，六度南巡。及幸淀祠、五臺、闕里，或以户口日增，宜敦儉樸；或以清蹕所駐，不過數日，但須埽除潔净，以供憩宿。或禁點綴節景，供備龍舟；或禁增設坐落戲臺排當。蓋翠華所蒞，覲民察吏之外，又以河工海塘，親授方略。雖一遊一豫，常日昃不遑，且惟恐派累民閒。偶見行營以布幕墻，即念及貧民襦袴之用。見三十六年諭旨。皆兢兢以崇實黜華爲念。又案：二十七年南巡，諭曰：「名山勝蹟，以存其舊規，爲得自然之趣。即如浙江龍井，山水自佳，何必更興工作？」此則皇情所屬，更非生長細旃廣厦者所知。而疆吏如三寶王亶望，以添繪屋宇點綴鐙彩爲足以奉承上意，亦適形其鄙俗，自取申飭而已。

乾隆五十六年諭曰：「本朝恭儉相承，惠民益下。偶有行軍征討，即芻秣亦不取之民間。是以拓地開疆，大功屢蔵，雖用兵而民不知兵。至宫中嬪御，以及給使女子，合之皇子皇孫等，乳媪使婢，計不過二百人，實從古宫闈所未有。」

王慶雲《石渠餘紀》卷四《紀採辦》　我朝無均輸和買之政，凡宫府所需，一出時價採辦，而不以累民。又時罷不急之物，三織造物料匠食及各省歲解布絹麻苧，皆定價報銷。順治四年總督佟養甲言：「雷、廉二郡珠池，皆在洪濤巨浸中。蜑户入海採珠，每果鯨鱷之腹。」乃詔撤所差官。時以江蘇機織短薄以售奸巧禁之。罷陝西、直隸皮張。直隸狐皮康熙間停。定山西潞紬物價。九年議將各省應交顏料藥材折銀起解。次年以民間辦解物料，解户賠累難堪，定爲官收官解。康熙初定楚蜀三江採辦楠木，閩、廣採辦香料，藉端累民，河南折解布花，亦減照時價。十四年詔買軍需物料禁州縣里攤。如小民願抵正賦，給與印票。從御史郝浴請也。二十五年停四川楠木，諭以「蜀中屢遭兵燹，豈宜重困？今塞外松木材大可用者，多取充殿材，可支數百年，何必楠木？」二十六年令估計採買物料，皆依時價。雍正二年令木植依民價。旋准巡撫宋犖請，江西竹木發帑採買，禁科派累民。時庫貯物料有餘者，閒令折色解部。用完時或再令解送，或由京購買。次年以四川白蠟道遠運難，令折色撥充兵餉。三十二年令各省解送物料，停不急之用及脚價比京較貴者四十項。時共解送九十九項。五十九年禁河工採買短價多收。雍正六年大軍進藏，岳鍾琪奏參金縣剋扣軍需價直，諭以「承辦軍需剋扣累民者，嗣後一經題參，先動軍需，委賢員傳集百姓補給。該員枷號勒追」。十三年諭「地方官進獻方物，既以將其誠意，則當厚其價直，俾官民歡欣從事，方爲事君盡禮之實心。向聞有發價減少者，以致民間視爲畏途，如榆次不敢種瓜，肅寧畏植好桃，傳爲話柄。近聞福建採買甘果短價累民，則與君臣聯接之本懷大相違背，或交屬員代辦，令暗中賠補，是又假公濟私之巧術，似此食用微物，朕發價市買，何所不得？豈肯絲毫累及地方！著將貢物之數再減一半，倘仍蹈舊轍，必將各省貢獻之例，全行停止。」乾隆三年令懷來縣採辦焚帛長柴，按數報銷。時東、豫二省採買黑豆，禁短價。又以寧夏被災，採買糧草令增價。五年工部請改正各省開報物料，諭曰：「百貨價直，原屬隨時增減，各省不同，一省郡縣亦不畫一，今預定數目，永遠一例，則價賤之年，必有餘貲，以充官吏之私橐，弊在侵漁錢糧，爲害尚小；若價貴之年，採買不敷，勢必科派閭閻，弊在苦累百姓，爲害更大。惟在各督撫訪查綜覈，既不使浮冒國帑，又不至貽累官民，庶爲公平之道。」先是，雍正八年因題銷未有成規，止憑頂案銷算，吏胥高下其手，乃令督撫將市價題明廷議，嗣後時價偶有低昂，必應增減者，據實聲明，部臣確訪時價，酌中辦理，至是復申其令。其採辦銅、鉛、硝、磺，別爲篇。

王慶雲《石渠餘紀》卷五《紀鹽法》 順治二年户部議邊商納粟，原爲邊計。今中外一統，防兵無多，應令運司召商納銀。於是罷邊商中鹽之法。今則例山東商人每引納粟一石，乃前後商接頂互輸，非實納於官也。 康熙七年革陝西州縣按畝銷引徵派累民之弊。九年巡鹽御史席特納、徐旭齡陳淮商六苦、三大弊，乃勒石禁額外私派。時耿、尚二藩私人侵奪鹽利，民大擾；吴藩亦暴增黑井課額。三藩平，乃罷之。二十七年廣東巡撫朱宏祚奏：掣鹽之地，多一盤查，即多一冗費。省城掣定之鹽，至佛山免其重掣。從之。四十三年勒石禁兩淮官胥陋例。雍正初以遞年正項多虧，申其禁於各省，並遏止商人奢靡積習。二年廣西總督孔毓珣請官運官銷，可減鹽價，併得盈餘充地方公用。已議行矣，旋以督臣奏言「福建將鹽院衙門及商人盡行裁革，鹽課均攤各場，州縣照數收納，殊覺簡捷。但閩、粵地方懸殊，若地方官赴場納運，必委之家人衙役，非設鋪分賣，中飽花銷，即分發地里，按户勒派」，乃僅罷場商，委官收鹽，仍留埠商運銷完課。惟無人充商之地州縣領運行銷。是年以鹽差歸併各督撫，諭之曰：「鹽差之弊，飛渡重照，弊之在商者猶少；加派陋規，弊之在官者更多。一引之課，增之數倍。官無大小，按引分肥，商人安得不重困！賠累日深，配引日少，官鹽貴而私鹽横行，皆加派所致。至將耗羨歸正額，恐正額之外，復加耗羨，商民何以堪此！」時以兩淮鹽不敷用，於離場遠處，每引加鹽五十斤。三年巴東地涌鹽泉。是冬河東池鹽獻瑞，「不需人力，滋生七百餘萬斤」。六年福建督臣高其倬奏：「團産零散難稽，請設總倉，統歸收貯，且免水淹雨溼之患。又以閩鹽初係商行，後改官賣，近復用水客肩販。請暫令水客行銷，官運接濟。俟三年無誤，僉商請引。八年令川省産鹽州縣竈户，照商行銷。其不産鹽及出産不敷者，照商行運。免山東青、登、萊票課，攤入地糧。十一年革粵商私收漁户幫餉及場市鹽菜鹽魚私税。十二年令粵省增價收買餘鹽。乾隆四年浙江總督盧焯奏：餘鹽以備平價，乃出易之時，派費甚重，消耗無著，賣價必增。停其收買。七年兩廣總督慶復以沿海鹽場太多，改作稻田，數經雨洗，即可種藝，以絶私販之源。始定閩鹽歸商請引，户部覆准。總督那蘇圖奏：福建額徵正課九萬四千餘兩。嗣照瓊州竈户征課之例，裁革官商。有雜費歸公銀八萬二千餘兩。共十七萬餘兩，定爲正課。又前督郝玉麟以水客承充，酌定盈餘銀十四萬一千餘兩，定爲盈餘課額。夫雜費歸公，以官裁也。至官復設而歸公如故，酌定盈餘，以銷多也；至銷不多而盈餘如故，蓋不獨閩鹽爲然也。初，淮南煎鹽用盤鐵，後添鑄盤角，較鐵煎費省而産多。十二年葺漢口常平倉貯未銷積引。二十年河東鹽歉，借買蘆鹽、蒙古鹽及花馬池鹽接濟，乃修築鹽池。後又開濬原封之六小池。二十四年令粵西土民食鹽雖改設流官，仍責土司運售，不必設引，以免漢奸交通之弊。考本朝鹽法志成於康熙二十二年，尚未大備，謹就所見鈔撮大略，次引課，次私鹽，而歸之卹商，使知征商出於不得已。司國計者，毋徒自顧考成，而壅遏朝廷寬卹之澤，致不下究也。

王慶雲《石渠餘紀》卷五《紀鹽禁》 小民以利扞網者二，曰私鑄，私鹽。私鑄非濫，惡於官錢無所獲利，而私鹽非美，且賤於官鹽，亦無所獲利，特以引課上佐度支，故不得不立之厲禁。世祖入關，威令嚴肅，奸民未敢犯，乃誘滿兵販私，車牛成羣，弓矢入市。詔捕治之。順治十七年，御史李贊元言：糧艘回空，夾帶蘆私，侵淮綱數十萬引之地。且糧艘利速回早赴下運，若夾帶躭延時日，害鹽政亦害漕規。乃令沿途嚴禁，於揚州鈔關，逐船查驗。雍正初稽察漕私於運河口。六年嚴官引私銷之禁。時湖廣鹽貴，姦商以汝寧各縣所行淮鹽，運售湖廣，轉以蘆鹽私售汝寧，所過州縣以爲利，而汝寧終歲不銷一引。謬謂民間不願食官鹽，派銀奏銷爲民累，乃令州縣督銷。時淮鹽南侵，浙引不行，令於鎮江閘口緝私。浙江總督李衛議覆江南請行私鹽連坐十家之法。言兩鄰甲長治罪，已足蔽辜。若因一人株連同甲，罹法者繁，畏罪隱匿，轉恐難於稽查。惟大夥窩囤，聚衆拒捕者，坐及同甲。從之。而兩淮各場，因用保甲法立竈長稽查。又禁竈户私置煎鹽盤鐵，及火候舉伏不以時。乾隆元年禁商人私僱鹽捕及巡船汛兵，以除擾累。旋以總督嵇曾筠請，改爲官役。其貧民易食之鹽，四十斤以下，不在禁例。自國初著令，至今不改。今略舉私鹽數事，以見其類之不一，而令行禁止之不易易。若督銷緝私，則具於各部則例云。

王慶雲《石渠餘紀》卷五《紀河東鹽法篇中》是篇本純廟實録，參用國史列傳 乾隆五十年以後，各省商鹽告疲，江西、山西尤甚。五十六年三月，江西巡撫姚棻奏建昌界連福建，多私鹽。純廟察其弊，飭議酌撥引地，轉移鹽課。旋以兩淮鹽政全德執奏，事寢不行。見實録五十六年三月庚子，五月甲申。 時河東亦以商力疲乏，急須調劑上聞。上以河東引鹽行銷三省，加價派商，久爲民病，乃鋭意整頓，授馮光熊山西巡撫，調甘肅布政使蔣兆奎爲山西布政使。先是，兆奎以河東運使入覲，上問調劑潞鹽之策，以「課歸地丁，便」對。及光熊至京，命與軍機大臣議其事。尋軍機大臣奏：臣等會議課歸地丁，計畝攤徵，富户既免籤商，貧民得食賤鹽，誠屬利便。至池雖民産，須官經理，以免争端。計每年所出鹽，抽税若干，於歸入地丁鹽課内扣除。俟光熊抵任，與兆奎詳勘商辦。五十六年六月庚申實録。議未定而山西署巡撫布政使鄭源璹疏至，謂課歸地丁之議，雖意在恤商，民食諸多未便。惟將疲商抽换，另募殷户承充。上責源璹非實，諭曰：「晉省籤商，向爲富户之累。地方官藉此訛詐，富户畏懼充當，罄貲圖免，百弊叢生。前令馮光熊、蔣兆奎議奏，恐地方官向受鹽規，聞課歸地丁，必紛紛稟阻。今鄭源璹果以爲不便，顯爲官吏留需索地步。該藩司在晉八年，想亦均霑餘潤。今已調任河南，河南亦有行銷河東引地。倘從中阻撓，必一併治罪。」是年六月乙酉實録。於是中外知上志先定，浮言乃息。其年八月光熊體察情形入告，略言河東商力既疲，换商實屬無濟，加價又迄無底。止若課歸地丁，聽其自爲販運，既無官課雜費，又無兵役盤詰，關津留難，更爲便益。至歸課之法，山西省領引餘鹽四十四州縣，有引多而地丁少者，有引少而地丁多者，更有向食土鹽、蒙古鹽，僅領河東引額納税之陽曲等四十四州縣，及陝西鳳翔一府，長武一縣，本屬參差不齊。且以河南、陝西、山西三省比較，河南引多地丁少，二省引少地丁多。或將三省課額四十八萬餘兩，在於三省引地一百七十二屬地丁項下，通計均攤。於是議地丁一兩，攤課九分有餘。而河南引額較重，應酌量增攤。是年八月實録。次年正月，河南巡撫穆和藺奏：豫省正賦外，尚有攤徵河工歲料幫價等款，較他省稍多。所有應攤鹽課，照原議酌增三分有餘。每地丁一兩，攤銀一錢三分。其兩省應徵本省鹽課並代攤河南幫課，每兩攤銀九分九釐，已無缺額。見實録五十七年正月。又案會典事例載：五十六年奏准三省攤徵之數，山西攤徵二十八萬一千一十二兩，陝西攤徵一十四萬六千三十七兩，河南攤徵八萬六千六百三十三兩，各有奇。共攤徵五十一萬三千六百八十三兩有奇。二月光熊以歸課事宜條列具奏曰：課銀應年清年款，各解本省藩庫。雖遇蠲免地丁之年，不在應蠲之列也。曰部引停領免納紙硃銀也；曰無許地方官私收税錢也；曰鹽政運使運同經歷知事庫大使，三場大使俱請裁汰也；曰運城地方移駐河東道，彈壓鹽池周百二十里，請將鹽池、長樂、聖惠三巡檢司分管三場巡緝也；曰鹽池照舊歲修也；曰三場仍立官秤鹽牙，以杜争端也；曰課項内有併餘積餘等銀，應分別攤免也；曰運皁、運儲二倉穀石，應分別歸併存借也；曰鹽政應支各款，各就近省藩庫動支也。如寧夏等處將軍養廉，内閣各衙門飯食，鹽池歲修等款。又言：應解内務府之歸公、節省，河南唐縣、裕州有歸公銀；山西潞州有節省銀。及向解運庫之麥租等銀，安邑縣有麥租蘆課。改解藩庫。惟酌留公用銀，俟册到再議。次第經軍機大臣議覆。並從之。是年二月實録。三月車駕幸五臺，面詢光熊、兆奎，奏言：晉省自弛鹽禁，鹽價俱減。民間無攤課之累，有食賤之利。是月陝西巡撫秦承恩奏報：西安等處鹽價有減無增。逾月穆和藺亦奏：河南自更定章程，各屬鹽斤充斥，價直減落七八文至三四文不等。上得其奏，一批以「嘉悦」，一批以「欣慰」。諭曰：「鹽課改歸地丁，原期商民兩便，利歸於下。自改行以來，價即減落，可見調劑得宜，其效立應。鹽斤爲閭閻日用必需之物，價直既賤，小民每日皆有節省。以日日節省之數，完一年應攤之課，自有贏餘。今所奏相同，洵爲有利無弊。」是年三月乙未，及四月實録。於是賞光熊黄馬褂花翎。國史本傳。閏四月光熊報池産旺盛，諭曰：「向來晉省引課未能辦理裕如，總以池産不旺爲解。自課歸糧輸，鹽歸民運，商販絡繹，較前多至加倍有餘。是池鹽本旺，從前派商勒索，商人視爲畏途，遂藉詞卸責。今販運流通，著該撫隨時稽查，毋任吏胥滋弊。」閏四月己丑實録。又諭：「課歸地丁，效驗甚速。此議實蔣兆奎所倡，今能始終承辦，甚屬可嘉。著加恩賞戴花翎。」是年五月，召光熊入京。十二月擢兆奎山西巡撫。國史本傳。此河東鹽改歸地丁之大略也。至嘉慶十一年，同興爲山西巡撫，金應琦爲藩司，而有河東復引招商之舉。

王慶雲《石渠餘紀》卷五《紀茶引》　國初召商茶與西番易馬，上馬給茶十二篦，中馬九篦，下馬七篦，茶十斤爲一篦，十篦爲一引。所中馬，牡者給邊兵，牝者付所司牧孳。順治十四年七監馬大蕃，以茶馬變價充餉。十六年從達賴喇嘛及千都台吉請，於北勝州以馬易茶。康熙中以蘭城無馬可中，將貯茶配充俸餉。每封抵銀三錢。巡視茶馬之員亦旋罷。五十八年廷臣議覆都統法喇疏言：蒙古及西番人民，皆藉茶養生。今松潘茶價甚賤，青海一路積茶必多，應暫行禁止，俟其懇請，再酌定數目，令其買運至裏塘、巴塘，令營官造具番寨户口，酌量定數，於打箭爐一路，視番情之向背，以爲通禁。蓋外番所不産而必需者，惟茶。操縱之，即可駕馭之。雍正八年定川茶徵税。初，論園論樹，至是乃計斤而略增其税。陝甘商銷茶引領交官茶十三萬餘篦，初以中馬，後乃折徵，於是有腹引、邊引、土引之分，以時增減。其額凡引行銷坐銷與戳截之法，《會典》皆載之。乾隆閒甘省五司茶封日積，乃搭放各營俸餉。洮河二司，地處偏僻，旋即裁汰。二十二年以哈密存茶七萬餘封，與哈薩克互市。二十七年總督楊應琚議官茶壅滯，將商人應交二成課茶折色，俟陳茶將完，再收本色，兼於新疆搭餉。凡茶引各省，有無多寡不等，直隸、奉天、山東、山西、河南、福建、兩廣無茶引，餘省或多或寡。納課輕重亦不同。有課、有税、有紙價，各省不同。浙江以茶課辦上用黄茶。自中馬既停，中國無所資於外番，誠能視其向背以爲通禁，則可以制其死命。又邊引之課無多，非鹽利上佐度支者比。籌國者不必言茶利，誠思所以用茶，則茶固國中之大利哉！

案茶課除江、浙額引由各關徵收，無定額，湖廣、江西課不過千餘兩。即甘肅、四川，號爲邊引，亦祇六七萬金而已。

王慶雲《石渠餘紀》卷五《紀酒禁》 康熙二十八年盛京旱，禁燒酒糜米穀。乾隆二年準泰奏：天津關按季差役往東安等六縣查税，油酒民居，不比過關商販，且額無一定，勢必苛求擾累。得旨永行停止。通州油酒雜税旋亦停罷。時議立北五省燒鍋躧麴禁令。各省督撫覆奏，大抵以開行興販者宜禁，而本地零星釀造宜寬；歉歲宜禁，而豐年宜寬。惟陝西省奏稱：秦俗本儉，民間祭祀慶弔，不得已而用酒，若禁燒酒，用黄酒專需細糧，轉於民生不便。且邊地兵民藉以御寒，勢難槩禁。甘省則以本非産酒之區，毋庸設禁，乃令因地制宜，併定違禁律。五年御史齊軾以京師九門每日酒車銜尾，復請禁之。諭曰：「豐稔之時，正宜講求儲蓄。著孫嘉淦飭屬窮緝，不得姑容。至於零星沽賣，不得過爲深究。倘將一二小户查拏塞責，致閭閻滋擾，而姦商巨賈轉以納賄，脱然事外，藐法公行，則地方官之罪，更不可逭。」十四年福建布政司永寧請嚴販運紅麴紅糟之禁。大酒禁，自古有之。漢以後，時榷之以爲利。我朝本無榷酤之官，修其禁令，爲民謹蓋藏而已矣。

《礦務檔·一般礦政·咨送礦務正附章程請核定有關交涉各款》 光緒三十三年三月二十一日，收農工商部文稱，案查遵旨議奏湖廣總督張擬訂中國礦務章程一案，前准貴部將礦章一函，咨送到部。嗣復准咨稱，該章程第二章第四款等條，與交涉有關，應由本部酌改。其餘各章，多係華商之事，自應由貴部核定等因在案。兹准鄂督電請早日議奏等因前來，本部查此項礦務章程，關係至爲重要。本部業經籤注修訂。其有關交涉各條，均應由貴部主持核定，以重礦政。除已電復鄂督，並將原文鈔送外，相應將礦務正副章程正本改本兩種，一并送呈貴部查照。俟酌改定後，咨送本部，以便定日具奏可也。黏鈔件附送礦章原本改本，各貳册。

擬覆湖廣總督電：

真電悉，釐訂礦章，原爲各省礦務交涉日繁而設。現本部應核各條已定。惟有關交涉各節，應由外部酌核改定。其間如外人遵守中國法律等款，倘不能辦到，似與訂章本旨相違。除咨催外部外，先此電覆農工商部。寒。

大清國鑛務正章：

第一章，總要。

第一款，新章頒行舊章收回。

此章自宣佈之日起，即當奉行，所有從前頒行礦章，一概收回。

第二章，管理。

第二款，商部設立專司之職掌。

商部設立專司，專管礦務一切事宜。令各省遵照此次奏定之鑛律鑛章，以歸畫一。並以後增修章程，推擴鑛務，核給開礦執照，及收掌咨移照會，呈奉圖册一切文報，兼録用礦師，並延聘外國鑛師律師，以資輔助。遇有洋商合股，應於核給開鑛執照之先，叙明該洋商來歷，及現往處所，咨照外務部。

第三款，鑛務總局之職掌。

各省城設立鑛務總局一所，例應歸該省藩司摠辦。如因藩司事繁，本省督撫亦可另委本省道員一人，駐局會同辦理。該局事務所司，係發給勘鑛執照，兼畫分鑛界，增減鑛界，派委稽查鑛務委員等事。並收驗圖册，隨時詳由本省督撫核定諮報商部。及章程所載各項礦務，均歸該總局管理。各縣境内，如需設派鑛務委員，即由總局總辦詳委妥員，會同該地方官按照律章遵守辦理。凡關涉礦務事宜最要者，須詳候本省督撫核定准駁。次要者，歸鑛務總局核定。其尋常事件，即歸各州縣鑛務委員核辦。其開鑛執照，應由各省咨明商部核准給發。如係洋商合股開辦之礦，並應咨明外務部立案。

第四款，鑛務委員之職掌。

凡總局所派駐各州縣之礦務委員，凡關係礦内之事，無礙於地方者，准由該委員秉公辦理。或勸解調處，或執法判斷，均由該委員酌辦。總以無礙律法有益礦務爲主。若一經牽涉礦外，該委員應會同地方官訊辦，不得擅自裁判。各省礦務總局所用委員，皆以中國官員承充。惟選擇通曉鑛學之人，爲鑛務顧問官，則不拘華洋，均可任用。該鑛務顧問官如係洋員，應遵守中國法律。聽總局節制調遣，奉行總局照章派任之職事。鑛務總局並可特派委員，偕同礦務顧問官巡歷有礦各地，以便考察礦工。回省時，詳確稟報總局核奪。惟顧問官只有稽察礦務利病，條陳應辦事宜之權，並無裁判定斷行文之權。

第五款，清查礦地，考核礦商，必須先經各省礦局及地方官查明詳咨，以爲根據。

凡各省鑛地，與地方有無關礙，其産業有無糾葛，又鑛商之籍貫來歷，及其資本是否充足實在，有無影射含混，均非在本省就近確查，不能清晰確實。如鑛商願請勘鑛執照者，無論華洋，均應在本省鑛務總局遵章呈報。候行地方官查明實在情形，是否合例，有無糾葛，據實稟復，方能核辦。其應行核准者，總局即詳請本省督撫核准，由督撫諮報商部查考。如有鑛商徑赴商部具呈者，應由商部批飭該鑛商，自赴本省鑛務總局呈候行查核辦，以杜欺朦。

第六款，鑛務繳款分三項。

凡鑛商請領開鑛執照，應繳照費，應全數報解商部充用。凡鑛商呈繳之鑛界年租一。及鑛産出井稅二。並官地與鑛商合股應分之紅利三。其銀兩統由各省鑛務總局彙收。以一半解商部，以一半解司庫，充本省餉需。每年年終，將收數彙造清册呈院，轉咨商部一次。

勘鑛執照公費，應留充本省鑛務總局局用。其鑛務委員所收之局費，應報解總局，分别撥充各州縣鑛務委員之局用。

第三章，清理舊商鑛界。

第七款，舊商限制。

凡現在開鑛之鑛商，與已經准領鑛地之人，必須將原有鑛産，稟報本省總局，照現定章程立案。核明數目，劃分鑛界。准自此章頒行之日起，儘二年之内，一律辦清。一切須遵照本次所定礦章辦理。

第八款，舊鑛商之章程，不妥者，宜設法修改增補。

凡現在開鑛之鑛商，與已經准頒鑛地之人，若以新章之某一款，或若干款，與其已得之權利有所損礙者。准自新章頒行之日起，儘六箇月内，將其損礙之情形，具稟本省鑛務總局，詳請督撫轉咨商部察核定奪。其關繫洋商者，並咨外務部會核。必須於華民生計，及中國主權地，方治理，均無侵奪妨損，方可酌予通融。如從前所訂合同條款，有占奪華民生計，及有礙中國主權地方治理者，仍應妥爲修改，期與新章不致違背。此外各商，凡於新章頒行後，呈請開鑛者。一切均按新章辦理，概不得援舊日鑛商爲例。

第四章，新商限制。

第九款，外國鑛商不能充地面業主。

中國人民遵照國法向例執有地面者，爲該地業主。與華商合股之洋商，在中國地方合股開鑛，止准給予開採鑛務之權，以鑛盡爲斷。無論用何方法，不得執其土地，作爲己有。

第十款，中外人承充鑛商之區别。

凡爲鑛商者，除中國人民自應准其承充外，凡與中國有約之各國人民，允願遵守中國之法律，皆得在中國與華商合股，稟請承辦合律之礦産。作爲鑛商，其外國人民與華人合股者，辦法有二。

一，業主以鑛地作股，與洋商合辦，則專分餘利，不認虧耗。如業主願得地價，不願入股，則該地應由官收買。租與鑛商合辦，官即作爲業主。照後開乙字、丙字等差，分别三成、五成兩辦法，分收餘利。外國人民，概不准收買鑛地。

一，華商以資本入股，與洋商合辦，則權利均分，盈虧與共。華洋股分，以各佔一半爲度。如洋商但與地面業主合股，即以鑛地作股。而别無華商銀股者，洋商應留股分十成之三，聽華商隨時入股，照股本原價付銀。留五年華股無人，准將所留三成股票，售去一成五。仍留一成五股票，聽華商仍照原價付銀入股。又五年華股如尚未招足，聽其將餘股儘數售去。惟十年後，如有華商按照時價收買洋股與之合辦者，隨時皆可入股，洋商亦不得拒絶。

凡華洋商民稟請辦鑛，如犯下開各項者，不得有此權利。

一，中國人民曾違犯法律者。

二，僧道及各教會教徒，以其教爲業者。

三，外國人民，其國未與中國立有條約者。與其國不以同等開鑛權利，予中國人民者。

四，外國人民不守中國法律者，及曾違犯中國或本國法律者。

五，外國國家及國家所使令者。

六，任外國國家職事尚未交卸者。

七，中國國家特發禁令禁止者。

第五章，鑛質分類。

第十一款，鑛質分三類。

鑛地所出之礦質，或在地腹，或在地面，無論如何變質，綜分四類，以便分别辦理。

甲，凡土性之鑛質，如矽石、青石、沙石、巒石、土灰、白石，即石灰。雲石、九精石，即石膏。駃羅美石、沙類含鈣養之土、韌泥、火泥及一切有關建造應用材料，各種鑛質由開坑而取者，分之爲第一類。

乙，所有散鑛、流積鑛、鐵養鑛，即無名異。錳養鑛、寶砂、可倫都末，即寶砂石。不灰木、千層石，或千層低鑛。紅黄土類、紅土礬石波格歲得、雪形石、含淡養五之質、燐養灰、鋇養鈣弗石、肥皂石、石脂，即漂白家泥。貝里底亞司土、鎂養土、開所嘉爾、梯來波勒特、燒瓷泥、筆鉛鑛、水類，鹽水不計。琥珀美耳山末石、硼砂比得浮石。分之爲第二類。

丙，所有金屬鑛質。如銻、鉮、鉍、銅、鉻、鈷、金、銥、鐵、鉛、錳，錳養鑛不計。汞鉬、鑷、鉄、鉑、銀、錫，流積不計。鈾、鋅、無論原質或構質皆包在內，輭石油、鑛油類、阿司佛辣得、柏油、硬煤、烟煤、木煤、硫磺、寶石，綜分之爲第三類。

凡各種鹽，係歸國家專司，不在此律之內。

第十二款，續出之鑛質。

設有鑛質爲本章第六款所未詳載者，其應列歸何類，如不能辨别詳確，應咨送商部核定。通咨各省嗣後照辦。

第六章，地權。

第十三款，地面地腹釋義。

按照第六款，凡有鑛質各地，應分爲兩層。甲，第一層指地面布言，其厚至業主平日所用之深處，以耕種築造並其他土工所及，不關於鑛務者爲限。乙，第二層指地腹而言，即第一層之下，其厚所及之深處，並無限制。

第十四款，地面地腹權利之區别。

地面權利，除業主准其自用外，至承辦地腹各鑛之鑛商，並不能有地面業主應有一切之權利。惟於執照所准之地界，按章業已奉官局允准遵繳各費，則所有開鑛應辦一切事宜，該業主及他人，亦均不得阻礙。各國通例，地腹皆爲國家所有。凡五金之屬及一切貴重鑛質，非官不得開採，業主民人不能霑地腹之利。中國政崇寬大，務在體恤民生，所有地腹鑛産之利，除照章征收鑛界年租，及鑛産報效銀兩外，其合股餘利，惟丙字類之鑛質，國家應酌提紅股一半，歸地面業主分霑一半。總之，國與民共分此全數餘利十成中之五成，以示與民同享樂利之意。凡合格之鑛商繳捐合辦者，無論華商洋商，均不能將地權給與該鑛商掌管。鑛商如係華洋合股，應先將開鑛需用之地面，與業主商明，是否願以鑛地作股。其不願以地入股而願得地價者，准業主呈報鑛務總局。按照相當價值由官收買，再與鑛商合股開辦。如業主不願將鑛地出售，可由官查詢原委，斟酌辦理。鑛商不得絲毫抑勒强迫，致拂民情。其由官核准給照之鑛地，該鑛商止有權辦理鑛上一切事宜，不得營及地面，官亦不以定章以外之科條阻礙鑛事。俟開鑛事竣，仍將地面交還官局。官局收回地面，即將該商所領開鑛執照註銷。開采之權，屬之國家。無論官辦、民辦或華洋商人合辦，均以奉官局批准爲度。倘有民間私將鑛産賣於外人者，由官局查明，除鑛地充公外，並將該業主照盜賣律治罪。如無華人合股，斷不准他國鑛商獨自開采一鑛。

第十五款，銀股地股之區别。

凡華洋商合資開采一鑛，謂之銀股。或中國鑛商力有不足，官家助以資本者，謂之官銀股。凡業主有地，無資開采，願與鑛商合力呈請領辦者，民業主應分之利，謂之地股。或官家之地，官不自開，准給鑛商領辦者，官家應分之利，謂之官地股。

第十六款，甲字類鑛專歸業主開采。

第十一款甲字類鑛質，如在民地，應准地面業主任便開采。如在官地，應稟明鑛務總局批准，方可開采。一切税捐，仍照本省舊章辦理，勿庸征收年租及報效銀兩。

第十七款，乙字類鑛合股辦法。第十一款乙字類所載各鑛質，如在官地，應由官辦。如在民地，准業主儘先開采。如業主無力自開，准其以地作股，與鑛商合股開辦。所得鑛利，除開除一切用費外，净存餘利。此類鑛質利息不多，業主應得十成之三，鑛商應得十成之七。官但照章征收鑛税年租，不提業主餘利。

第十八款，丙字類鑛合股辦法。第十一款丙字類所載各鑛質，辦法悉與上條乙字類相同。惟所得鑛利，除開支一切用費外，净存餘利，業主應得十成之二五，國家酌提十成之二五，鑛商應得十成之五。

第十九款，稽察鑛産總數。

無論官地民地公用民用所開出之鑛質數目，按季呈送鑛務委員，轉遞總局詳咨商部，以備核算統國每年鑛産總數。

第二十款，鑛地不得私自換賣及質押。

鑛商領辦鑛地，不得私行買賣交換。及作爲借貸抵押，必至原給照處呈明事由，經鑛務委員查明批准，方可遵辦。違者，依私自買賣鑛地律治罪。惟該鑛商此外所有産業，不在此例。

第七章，以地作股。

第二十一款，鑛地作爲紅股。凡業主所有鑛地，准其以鑛地作爲成本，與情願租辦之鑛商，合股經營。其鑛地即作爲紅股，應占本鑛股本若干，視鑛質爲定。如係乙字類鑛，則所得餘利，鑛商七成，地面業主三成。如係丙字類鑛，則所得餘利，鑛商一半，地面業主二成五，國家二成五。無論鑛之大小難易，總以除去地租鑛税用費公積外，其地股之業户，與銀股之鑛商，照上列成數各分餘利爲斷。如鑛係官地，則除鑛商所得外，統歸國家所得。如鑛商不允照此辦法，即不能承辦各種鑛務。凡以鑛作股與他商合辦者，一切開鑛事宜，均歸出資之鑛商經理。如有虧耗，專歸鑛商承認。惟既報虧耗，則業主自無餘利可分。應准地股之業户，得隨時查考該鑛商出入款目帳簿。俾可知是否虧耗，有無餘利實情，以免爭執。凡官地即作爲官股，無論華洋商民稟請給領官地開鑛者，其股分只許占一半，不得逾於官股之數。官股應分餘利，悉照上節辦理。並須由官派員駐鑛，隨時稽核款目，考察鑛工。凡地股之業户，如兼有銀股，除地股不認虧耗外，其餘股仍一律按股公認，民股官股皆同。

第八章，執照。

第二十二款，辦鑛須請執照及其限制。

除甲字類鑛質外，凡欲請辦第六款乙、丙字下所載之鑛質者，必須先行具稟該省總局，請領辦鑛執照，方准開采。至各種鹽乃國家專有之權利，中國向不作爲鑛類。領執照者，不准以鹽作鑛。領執照者，不得將其執照上之權利，轉授他人。

第二十三款，執照分兩種。

執照分爲兩種，一爲勘鑛執照，一爲開鑛執照。領照者，無論獨辦，或數人合辦，或合股公司，均可稟領。

甲，勘鑛執照。

第二十四款，請領勘鑛執照辦法。

呈請勘鑛執照之人，須開明履歷。並所擬履勘之地址，及所擬探之鑛質，詳稟陳明。並須將擬勘之地，繪圖帖説，稟呈總局。聽候總局行查該地方官及鑛務委員，俟其稟復核奪。倘該請領勘鑛執照之人，不能合格，或所請之鑛地，別有違礙，即不能准給執照。或別有可疑之處，可令其呈具保單。

第二十五款，勘鑛執照期限及其限制。

勘鑛執照，定以一年爲限。如因要事，可准展至十八箇月爲止。或領到執照後，兩箇月之内，不派有礦務學校畢業文憑之鑛師，前往履勘。不論何故，概不准展限。每張勘鑛執照所准履勘之地，至多不得逾一百方中里，並須坐落一縣界内。如係數人均稟請勘鑛執照，而同指一地者，該執照只予首先具稟之人。倘另有未經稟勘鑛地，仍准一人兼領數張勘鑛執照。惟勘鑛執照不准典押，不准互换，不准出售，及不准他類變動辦法。

第二十六款，履勘鑛産限制。

凡公地並非官家留作别用者，及與地方毫無關礙者，准領勘鑛執照之人。在界内履勘第六款乙、丙字下所列之鑛質，如開坑驗鑛，其深濶處，均不得過工部尺三十尺。以後凡言丈尺里數畝數，俱係按工部尺計算，省文即曰中尺。惟在勘鑛執照限期之内，若須用鑽石打鑽驗鑛者，其深處則不能預定限制，但至深不得過工部尺五百人。如再須鑿深，須與業主商允方可。凡民地如須擬勘，皆須先商業主或其代表人應允，不得絲毫勉强，致啓争端。

第二十七款，續請勘鑛限制。

凡鑛地所有已經稟領鑛界在案者，隨後有人稟請勘鑛，至少需離前領界外六百中尺。惟已經廢棄之鑛，則准其履勘。

乙，開鑛執照。鑛界。

第二十八款，勘鑛界限。

凡勘驗乙丙兩項鑛之質，其所開之坑，長處深處有逾三十中尺者，即作爲開鑛論。必須加領開鑛執照，方准辦理。

第二十九款，開鑛界限。

凡開采第六款乙、丙兩類之鑛質，須將所領鑛地，劃成鑛界計算。准地面平方每邊三百中尺横直相等者，爲一鑛界。領辦者於地中採鑛之界綫，須與地面所劃界綫，不得横斜出所准領地面以外。凡所采鑛質，無論乙、丙兩項何類鑛砂，其深處至鑛質竭盡爲止，不得再向下掘。

第三十款，鑛地面積界限。

所請開鑛執照，或爲一界，或爲數界，均可併載一張之内。所請之地，如不止一界，其毗連之邊徑，必須相連，不得隔斷。惟一人所領鑛地，無論若干界，每人至多不得過面積九百六十中畝。即一百六十英畝。鑛照批發後，如續行請展鑛界，須再稟候核奪，與請領新地同。

第三十一款，請領毗連鑛界辦法。

如有未領之地，坐落兩三鑛界之間，其形式大小，與本章所訂鑛界不合，准毗連此地鑛商中之先具稟者領之。如不願領，准此外合格之人，先具稟者領之。

第三十二款，減鑛棄鑛辦法。

設使領有開鑛執照之人，欲減去若干鑛界，或全行舍棄，准照鑛務附章所定辦法，在總局具稟聲明。

第三十三款，請領開鑛執照辦法。

凡已領勘鑛執照，於勘畢後，擬稟請開鑛執照者，須遵定章在鑛務總局具稟。該具稟人無論獨辦，或合辦，或公司，須將來歷詳細聲明。獨辦或合辦，須將出資本者及諸經理人之履歷開呈。若係公司，須開呈各董事及領袖辦事人履歷。並開呈資本數目，用何法開采，所請鑛地四至，及界石，並鑛界若干，擬辦何項鑛質，均須一併聲叙明晰。

第三十四款，酌定業主自開期限。

凡稟請鑛地，准其先請先得。但第六款乙字所載各鑛質，若在民地，其業主自願開辦，應准業主儘先開采。惟總局可豫定一期，諭令於期內開工。過期不開，可由總局將該鑛地給價收買歸官。

第三十五款，需用地面有糾葛，應聽官斷。

設若所請鑛地中之某段，在民地之内。具稟人如須此段地面，以作附屬鑛地之用。或須全段地面，以作開采散鑛或流積鑛質之用者，務與業主商辦。其如何商辦之處，亦應聲明稟内。如業主不允與具稟人商辦，應由總局確查情形，如與民間别無防礙，而又爲開鑛必不可少之地，可按官斷規條辦理。

第三十六款，分别一鑛有乙、丙兩類鑛質辦法。

一鑛地之内，有第六款所載乙、丙兩類之鑛質，而不能同時開采者，可准首先合格之具稟人領辦。倘稟請開采丙字類鑛質者，可准兼采乙字類鑛質。如只請開采乙字類鑛質者，則不准兼采丙字類鑛質。若欲兼采丙字類鑛質，必須另行具稟。

第三十七款，核准鑛地辦法。

總局收到呈請鑛地之稟，查明係未領之地，並與地方毫無關礙，即將原稟事由，榜示局前，以備或有轇轕，即便核辦。嗣後總局飭測繪員定立界址。無論彼處有無鑛質，已未施工，均照立界。界内如有房屋道路及營造等事，亦無礙。惟開采工程，須遵守鑛務警察章程，及第四十四款，並附章第四十二條辦理。

第三十八款，填發執照須憑實據。

所請鑛地一經測量定界之後，且經證明實係未領之地，並查與地方毫無窒礙，及曾領得勘鑛執照在先。總局即可照章填發鑛照，給具稟人收領執業。

第三十九款，給照後立可興辦鑛工。

凡遵守條例請領鑛地，經總局核准，領到註册之鑛照後，該鑛商可以立時興工，將照内指定之鑛開采。

第四十款，開闢隧峝所關事項。

因開闢隧峝，洩水通氣，或轉運，而其地工程乃在所領地界以外。如彼處有未領之地，可資開辦本款所載之工程者，則須遵照稟請鑛地之例，另行請領所需之地。倘該工程須越别人鑛界者，該具稟人必須先與别界之鑛商妥商，並須議明。設因上開工作而獲鑛質，理應如何分派，倘與别界之鑛商，未經議妥，除經總局按官斷規條斷准外，則不得擅行開工。

凡開隧峝遇見乙、丙類鑛質，鑛商應即稟報鑛務委員，並按第四十五款交納報效銀兩。

第四十一款，詐領執照，應予懲處。

凡稟領執照由詐術者，總局訪查得實，應將所給執照，立刻收回，從嚴懲辦。

第九章，鑛界年租。

第四十二款，鑛界年租等差。所領之鑛地，應按年遵照下開各條。納鑛界租。

乾。按第六款乙字所載各鑛質，按年每一鑛界，繳租銀壹兩五錢，合每畝銀壹錢。

元，按第六款丙字除黄金、白金、銀寶石外，其餘各鑛質，按年每一鑛界繳租銀叁兩，合每畝銀貳錢。

亨，黄金、白金、銀、寶石各鑛，按年每一鑛界，繳租銀肆兩伍錢。合每畝銀叁錢。

利，按元字所載之鑛質，每年本應納租銀叁兩。如其鑛質中含有黄金、白金或銀若干成數，則應納鑛界之年租，須照亨字一條交納。即每年每一鑛界，繳租銀肆兩五錢。合每畝銀叁錢。

貞，此項鑛界年租，乃在地面錢糧之外。

第四十三款，繳租期限。

此項鑛界年租，分爲兩季先繳。如有短繳，無論若干，但逾六箇月者，則註銷執照，封閉該鑛。如領官地，即行收回。

第四十四款，勘鑛地租及免租事例。

凡准履勘之鑛地民地，應由鑛商與業主商妥稟官立案。如在官地，應繳納勘鑛地租，每一鑛界銀貳兩。展限半年者，應加納半數。均於批准或准展以前，交納鑛務總局或鑛務委員。凡專爲開闢隧峝洩水通氣或轉運之用，稟請應需之地者，免納鑛界年租。

第十章，鑛税。

第四十五款，鑛産出井税等差。除納鑛界年租外，尚須按照所采獲鑛産之數，交納報効銀兩，作爲出井鑛税。其數如下，

一，凡煤炭或烟煤或硬煤每噸納銀壹錢。

二，凡鐵苗每噸納銀壹錢。

三，凡此鑛專係黄金或白金或銀，按照市價抽取百分之十。

四，凡他項鑛質中，含有黄金或白金或銀，其成數多少無定，應臨時查其所得金銀實數，按照市價抽取百分之五。

五，凡汞苗與錫苗及銅苗，按其價值抽取百分之三。

六，凡各色玉類並寳石類，按其價值抽取百分之十。

七，其餘第六款乙類所載之鑛質，按其價值抽取百分之一。

第四十六款，鑛産出井税繳納期限。

鑛産出井税銀兩，乃按上月所出之鑛産，於本月十五日交納。凡鑛税銀兩，並鑛界年租，皆在所設鑛務委員處交納，呈解總局。

第四十七款，出井鑛税延逾之罰。

倘於每月十五日應繳上月出井鑛税，未經全繳，而延至三箇月之久者，即註銷執照，將鑛封閉。如領官地，即將鑛地收回。

第四十八款，出口鑛産進口開鑛機器物料之税則。

凡鑛産裝運出口者，無論其爲鑛苗之原質，或提淘之粗胚，或製練之净質，須按海關税則，交納出口税。凡機器料件裝運進口，爲辦鑛之用者，亦須按海關税則，交納進口税。

第十一章，鑛商應遵之禁令。

第四十九款，開辦停辦之判斷。

凡有約各國人民，既願與華人合股充爲鑛商，即作爲已允遵守中國法律。並歸中國官員節制，及按照現定鑛章辦理。或他日續訂開鑛新章，或別項有關繫法律，如公司法律之類。亦允遵守照辦。如果切實遵守，即任其興辦應需之工業。即如開采之緩速，或因需工之多寡，不免暫時停工。如停工一年，不采鑛質，即作爲鑛商永遠停辦該鑛，鑛務委員即可准他人按章稟請接辦。至設辦溝渠風穴，采運鑛苗，悉從其便。惟因工程不善，以致有險害等事，該鑛商承任責成，應速講求豫防之法。又因別種辦法，致損別人産業之利益者，均歸該鑛商賠償。並由地方官及鑛務總局體察情形，責令該鑛商暫行停辦，另籌妥善之方，再行開辦。一經總局知照，當立即停工。不得借故延諉，或恃强不遵。凡因停辦所損失之利，由該鑛商自認，鑛務總局一概不理。即領事公使，均不得干預。

第五十款，公同利害之處置。

道路溝渠水道氣道，或在鑛地之内，或在毗連鄰産之内。均同獲其利，或同受其害。如欲勒令遵行本款義務，或欲估計賠償之數。除照鑛務坿章載明辦法外，均應遵行該省通行律例。

第五十一款，鑛地洩水法。

鑛中之水屬鑛商者，應由鑛商自行設法挹注。惟挹注時，不得損礙別人産業。如在地面挹注，照本地向例放水，不得阻礙現有水道。

第五十二款，洩水受害者，應予賠償。

倘因鑛中積水，或因別故，該鑛商雖已得知，仍不遵照章程所訂期内，設法疏洩，以致鑛内鑛外別人之利益受損。該鑛商應訂立合同賠償。或由本省總局斷賠。

第五十三款，鑛局有迫令除患之權。

設使數家鑛産，同在一處，因有水患，以致被灾不能開采。如果各該鑛商曾經倡議設法除患，而未能協商定議者，總局應即迫令各該鑛商公同捐貲，設法除患，酌量定斷辦理。

第五十四款，不准施工之界限。無論何項鑛工，倘無該業主切實允許，均不得在其本宅或其附屬業産界綫外一里之内施工。倘無該處地方官明文准可，亦不得在衙署會館公所等類，與井泉及緊要水利之處，公用道路鐵路運河等類，以

及別項公産之界綫外三里之内施工。至若砲台營寨及一切軍用局廠所在之地，除該管官員特行圈劃施禁，不論遠近外，凡鑛務工程，不得於距其界綫三十里以内施工。

第五十五款，帳册宜遵格式。

所有辦鑛人，或獨辦，或合辦，或公司，須遵妥定帳册格式。隨時紀載辦鑛確實帳目，以備總局委員隨時查閲。

第五十六款，鑛圖宜遵格式。

各鑛須遵頒行格式，預繪地腹工程之準圖，以備總局隨時委員稽查驗看。

第十二章，樹木水道。

第五十七款，鑛地樹木。

砍伐樹木，或因清道之故，或因開鑛之用，均不列在勘鑛及開鑛執照准行之内。如所在係官地，應在鑛務委員處，請領伐樹准單。所伐之樹，按照該處市價納繳。如係民地，則須備價向業主商購，經業主允許，方能砍伐。

或由地方官按律定斷飭令交出方可。

第五十八款，鑛地水利。

各省内地之江河湖港可行舟艇之處，均歸國家管轄，官民公用。所有江河等處水道，鑛商不得藉故擅擬更改，亦不得分注上流之水，致奪下流居處之水利。

第十三章，外人合股。

第五十九款，外國商民之名籍職業及保證限制。

凡合股洋商照章具禀領辦，須投有該國領事公文，證明其人能切實遵守本章及附章所有已載未載各條款。並須由該省鑛務總局查實，其人果合第五款鑛商格式，然後發給執照，准令照章辦鑛。該總局並應令具切實保單，保其遵守本章及附章，斷無違背。果於定章毫無窒礙違背，方能核准令其承辦。除鑛商承辦鑛務外，至於外人入内地，須領護照。及外人不准在内地租地賃房造屋，設立行棧，暨經營他項事業諸類條款，仍舊施行，絲毫未有更改。即因勘鑛或開鑛外人入内地，須照舊請領護照。

第六十款，外國商民訴訟法。

凡合股洋商在内地辦鑛，如與中國人民，或他國人民，有錢債争訟，關係兩造私自權利者，中國執法官吏可按照國律向例，秉公剖斷。如有案情別出，爲現在律例所未備載者，並可按照現今各國通例，并參酌中國法律情形，公平斟酌辦理。

第六十一款，外國商民犯罪處置法。

凡合股洋商在中國内地辦鑛，如有犯罪事件，中國執法官吏，可往查問案情，搜檢證物。若遇該國領事遠隔，犯人有逃走之虞者，並可暫時捕拘，移送就近領事官。仍按照條約，照會該國領事官，用該國律例處斷。中國官吏並不强行干預。如領事處斷，不能得中國官吏許可，商民悦服，以後該國民人，即不准在本省再請開鑛執照。

第六十二款，外國商民上控限制。

凡關係鑛務事件，受斷者無論何國人，不服鑛務委員所判，准至本省鑛務總局上控。如仍不服，至本省按察使司，督院撫院，及至商部爲止。無論何國領事及公使，均不得干預。但無論控至何處，均宜按此鑛律剖斷。惟於此項鑛律未經著有明條者，方可援引外國鑛律，仍不得與中國鑛律意義觸背。

第六十三款，保護開鑛外國商民各條。

外國人民既與華民合股辦鑛，不拘何時，如有打獵跑馬及種種遊戲事件，有危險之虞者，須禀明該處地方官，指定地界，限定時日，遵照辦理。其餘仍按外人遊歷内地章程，從優管待。外洋合股鑛商，除本人外，暨延訂鑛師及管理機器者數人，非與該鑛確有關係，未經總局允准，請有合格護照，地方官不認保護之責。

第六十四款，宣示有鑛地方阻礙事由。

鑛務總局如以某處地方尚未安謐，或經地方官隨時禀明，有礙地方安謐，不宜外人入内辦鑛，可將事由宣示。禀領鑛照者，即不批准。

第十四章，鑛工。

第六十五款，鑛商所定鑛工規條，須經官准。

凡開采鑛物及從事開鑛業務之華人，謂之鑛工。鑛商所定之鑛工規程，必先禀明鑛務委員，然後施行。

第六十六款，鑛工須有詳細簿籍。

鑛商宜備鑛工名簿，紀載其姓名、年歲、籍貫、職業，及被雇辭退之年月日，以備查考。

第六十七款，鑛工罷役各條。如犯下開各項者，鑛工無論何時，可以罷役。

一，鑛商及其使用夥友有虐待之事件。
二，工銀不按時支給，或有克扣等情。
三，鑛工作工時刻過多，有不勝其勞苦，以致多成疾病者。
第六十八款，體恤鑛工各條。鑛商宜體恤工人，其體恤規條，必先稟明鑛務委員。
一，非鑛工之過失，因就業時負傷，應補給醫藥培養等費。
二，因負傷培養時，應給與相當之火食費。
三，或因負傷以致身故者，應優給埋葬費。
四，或因負傷以致殘費者，應酌定期限，給與補助費。
以上四項，鑛商與鑛務委員公同商酌給發。
第六十九款，辭退鑛工各條。如犯下開有礙鑛商各款，無論何時，鑛商可以辭退鑛工。
一，違犯中國律例擾害地方人民者。
二，窩藏匪類混作鑛工者。
三，投身教堂，自稱教民，混作鑛工，不受地方官員約束者。
第七十款，懲辦鑛工各條。
如犯下開有害地方各款，無論何時，鑛務委員亦可迫令鑛商清查此等工人，交地方官懲辦，不准鑛商庇護。
一，不聽鑛商指揮使用者。
二，對於鑛商及其夥友有横暴之行爲者。
三，鑛商並無虐待克扣情事，藉端罷工要挾者。
第七十一款，修改鑛工章程。
凡國家保護鑛工，及查禁鑛商虐待工人情弊條款，如有應行修改增益之處，可由本省督撫隨時咨明商部核定辦理。
第十五章，鑛務警察。
第七十二款，鑛務警察之責任。
鑛務警察事務，由總局飭知鑛務委員，攝行其事。大端列左：
一，關於坑内及鑛地所施設之工程，有無危險事。
二，關於鑛工之生命及其他衛生事。
三，關於保護公益事。
第七十三款，鑛務警察之權限。
鑛務委員如實見所管鑛地，有危險之虞，或有害公益者，應稟請總局命其停工。如事迫不及稟請總局者，該委員亦可命其暫行停工。
第七十四款，停工開工之辦法。
鑛地因事故停止開采，如果加工設法改正後，由鑛務委員勘實，即仍准開工。
各國鑛地限制備考。
英國：
第一等鑛地四百英畝。
第二等鑛地二百英畝。
第三等鑛地一百英畝。
美國：
每人所請鑛地，不得過二十英畝。或數人同請，在八人以上，不得過一百六十英畝。
法國：
自二十英畝起，至多以六方里爲限。
德國：
十一英畝至二百二十英畝。
奥國：
十一英畝。
日斯巴尼亞國：
至少須縱横各四百米忒。
大清國鑛務附章：
第一條，各省鑛務總局派員分理鑛務。
各省鑛務總局總辦，應就本省産鑛之區，酌派委員分理鑛務。所派委員歸總局節制。凡有呈請勘鑛開鑛或餘地執照之稟者，該委員應照定章，經理其事。
凡正章附章所定委員應辦各項執事，均應遵辦。
第二條，鑛務委員應迴避條款。
凡有關涉下開各事者，鑛務委員應當迴避：
甲，凡有關涉委員之利益者，無論直接間接，應當迴避。

乙，凡事有涉委員之宗族親戚者，查照大清律例吏部則例應迴避者，均照例迴避。

丙，如委員或其宗族親戚，因在所管界内争執地産，聽候審官判斷之時，應當迴避。

丁，如鑛務委員與兩造中素有交誼及錢財交涉者，均應迴避。

第三條，鑛務委員之責任。

鑛務委員之責任。

一，應照鑛章所定辦法，代具稟開鑛人轉達各事。

二，應照鑛章所定辦法，代具稟勘鑛人轉達各事。

三，如具稟人願請註銷所具之稟，或稟加減，或稟改正所請鑛界，應照定章代爲稟達辦理。

四，按每月初十日之内，應將上月所收呈請勘鑛開鑛執照之稟，詳細具報總局。

五，鑛務委員應將駐紮辦公地方，並每日辦事時刻，宣佈鑛商，俾各周知。

六，遵奉鑛務警察法律，隨時查勘已經施工之鑛區。

第四條，鑛務委員開鑛小工巡查兵役三項，均不得用外國人。派駐各州縣之鑛務委員，專係中國官員充當。但須選擇事理通達，略知鑛學，或於鑛務曾有閲歷者。外國官商人民，不得充當。其鑛務總局選用之鑛務顧問官，則不拘此例。所有鑛工及執役巡查人等，皆專用中國人民，不得攙用外國人民。

第五條，呈請勘鑛執照法。呈請勘鑛執照之稟，必須謹遵鑛務正章第二十四款所載，照具正副兩件，送呈該處鑛務委員，及該省鑛務總局查核。所請勘鑛之地，由總局飭知地方官查核稟復。合格者，詳稟本省督撫批准。再飭該處鑛務委員，即於副稟標明收稟之日期，備録督撫及總局批准全文，蓋印發還原稟人收執。此發回副稟，即可認作勘鑛執照無異。

第六條，允許勘鑛字據。呈請勘鑛稟内，須將擬勘鑛界，或係官地，或係民地，聲叙明白。如爲民地，必須酌給津貼，妥商該地業主給予允許字據，方與批准。業主允許勘鑛字據人某某某，今有坐落某某省某某縣境内自已鑛地段，編列第號，東至　西至　南至　北至　允許某某某於上開界内，探勘鑛質。所有應給津貼及賠償該地損失之項，業經彼此議明付清。今欲有憑，立此存照。

地主某某某簽押。

中證某某簽押。

此項允許字據，應須繕寫兩分。一分給勘鑛人收執，一分由勘鑛人送呈該處鑛務委員，查核備案。所勘之地，無論官地民地，當批准時，鑛務委員務須批明勘鑛人所掘之地，應在所准勘鑛界内。無論横直寬深，不得逾工部尺三十中尺以外。

第七條，勘鑛次第。設使稟請勘鑛執照者，有數人皆指請一處之地，其最先具呈之稟，應當儘先核奪。如果該稟不能核准，即按各稟次序先後核奪。

第八條，允許勘鑛期限。儻業主或其代表人，與領有勘鑛執照人，所商未協，該勘鑛人可向本地鑛務委員處，具稟聲請。並具保單，以備津貼業主賠償損失兩項用費。該委員即將勘鑛人所稟之事，知照該業主。儘兩箇月内可以來局申訴不允之故。如業主並無事故，期内不來申訴，逾期即作已經允許論。且於期滿以後，該委員應即妥定辦法。如須妥計保單數目，即應按照所估之數妥定，惟不得逾於實應津貼賠償之數。俟保單填寫明白呈請批准後，該委員即按下開格式，批注在正副兩稟之尾。

某某縣鑛務委員某某某爲批注事，照得某某省某某縣境内　段鑛界，東至　西至　南至　北至編列第　號，現經該地業主允許某某某前往該地，勘鑛人呈送保單一紙。計銀　兩，交存本委員處代收，以備將來應賠該地損傷之用。至應賠若干，再由本委員估計，估定之後，即在此項保單内提付。須至批注者。

此項稟單既經批注後，交還具稟人收執，與所領勘鑛執照，均不得遺失。

第九條，勘鑛期限。

自發給勘鑛執照之日起，於限定一年期内，除原請勘鑛執照之人外，鑛務總局不得於已准履勘界内，另准别人請領開鑛執照。

第十條，呈請開鑛執照法。凡欲具呈請領開鑛執照之稟，須繕兩分，並須將下開各款填入：甲，該具稟人姓名，住址，行業，籍屬何省，或何國，如係公司，亦應遵中國法律註册。乙，所請之地，共計鑛界若干，必須填寫明準。丙，所有鑛界坐向。丁，該地坐落縣内何處。戊，所請之地，有何種極顯之天然標記，以便認識。己，擬采何種鑛質。庚，所覓鑛積之形勢地位。或層積，或散鑛，或別式，均須聲明。辛，所請鑛地，在該處鑛務委員所管界内何處。

第十一條，補領鑛照辦法。鑛商如將第五條及第十條之鑛照，或有毀損，或遇意外遺失之事，必將其事由稟明鑛務總局，再行補領。

第十二條，接充鑛商辦法。鑛商或因身故，覓有合格之接替人，限三十日內，必將其承充人姓名，稟明鑛務委員轉詳總局。

第十三條，業主自行開鑛應立期限。

凡稟領開采鑛章第六款內乙字之鑛質者，或在民地界內，該處委員或本省鑛務總局，應自收稟之日始，於十日內，行知該鑛地業主。該鑛地業主應自奉諭之日起，儘一箇月內，即須聲明或願自辦，或因何故不允具稟人辦理。如該業主欲留爲自己開採之用，鑛務總局即可酌定期限，飭令該業主應在期內興工開采。仍將前稟存案，以觀該業主是否切實施工，然後爲斷。

如該業主奉諭後，於所定一箇月內並不聲明其意見如何，即爲該業主自己放棄不辦。設使該業主並不稟復，抑或推卻不願自辦，又不許別人承辦，或聲明自辦，又不如期開辦，總局可按附章第三十九條，妥爲商辦。如再不聽商酌，可詢訪該地方紳民公論，是否宜開，秉公定斷。

第十四條，業主悔議，應償還勘鑛人工費。

地面業主如已得受津貼賠償，給予允許勘鑛字據，自總局發給勘鑛執照准予別人履勘之日起，於一年期內，決定自辦，該業主應償還該勘鑛人所用之工費。設使兩造不能互相妥商工費之數目，即按本附章第三十九條所載公斷之法辦理。

第十五條，鑛務委員有詰問開鑛人之權。

如所呈請領開鑛執照之稟，未曾妥遵本附章第十條章程，詳叙明白，即不得核准，亦不得註册。即使業經妥遵叙明，而鑛務委員尚有疑惑之處，仍可詰問具稟人。並將其所答之詞，當面記入正副兩稟內，並註册備案。該委員備呈案卷與總局時，須將疑惑之原由，及與具稟人之問答，稟明總局察核批准。

第十六條，鑛務委員應註明收稟日期次序。

鑛務委員收到請領開鑛執照之稟，應當具稟人之面，將收稟日期，並案卷號數，登入所備專記開鑛執照之註册簿內，並批於正副兩稟之尾爲憑。凡註册稟件，必須確按收稟日期之次序，登入册簿。先後勿紊，不得間留一行空白。

第十七條，鑛務委員不收同地未批之稟。

呈請開鑛執照之稟，既收之後，當鑛務總局未經批發以前，所有別人呈請開此鑛地之稟，概不接收。

第十八條，開鑛次第。

如係數人同時請領開鑛執照，所請或方形或角式，皆在一地。則按本附章第七條辦法參酌辦理。

第十九條，測繪鑛界期限及其費用。

自稟領開鑛執照呈請註册之日起，於十日內，應由鑛務委員飭派測繪委員，照測所請鑛界形式，並繪界圖。其鑛界之界誌，與周圍最少三百中尺內鄰界，均須標明圖內。測繪費用，由鑛務委員估定，由具稟人照付。

第二十條，測繪委員呈報鑛圖期限及禁止阻撓辦法。

鑛務委員應准該測繪委員儘六十日內，將所測繪之鑛地圖式，並所具之詳細說帖，各備三分，如期呈核。並由委員給與該測繪委員文據一件，載明倘有官已批准。而該處民人有藉端阻撓該測繪委員鑛場所作工程者，即當交地方官按律懲辦。

第二十一條，測繪鑛界定綫法。

凡奉委測繪鑛地之測繪員，當在鑛地測量之時，須定該鑛邊界直綫。再由所定直綫，按準子午綫，以定角綫。

第二十二條，鑛界標識法。在地面分別鑛界，須按以下各節，以界牌或界石爲標記：

甲，所立界牌或界石，既經定爲鑛界標記，如鑛界一日不改，則此界牌界石，一日不得移動。

乙，所立之界牌或界石，必須工作堅固。並須隨時修理，不得聽其毁壞。

丙，所立界牌或界石之號瑪及地位，不論由何號界石以及前後所立者，務須顯而易見，石上務須刻有該鑛商姓名，並挨次號瑪。

第二十三條，測繪委員標定界誌辦法。測繪委員應在地面標明豎立界誌之地位。且須將所定之地位，標繪圖內，與說帖一併呈送。

第二十四條，測繪委員之圖說。

凡測繪委員所作工程，所呈圖說報告，如有錯誤，均須擔承其責。

第二十五條，開鑛人宜恪守鑛界。凡領開鑛執照之人，係按鑛照所載之地爲準，不得增多減少。設因測量不準，或因誤豎界牌界石，致與鑛照不符，須照更改。若係有意朦混，多佔地段者，議罰。

第二十六條，鑛務委員經理告發事件辦法。

請領開鑛執照，如有他人具稟不服，應由鑛務委員將具稟人之姓名，及所以不服之故，一面行知具稟請領開鑛執照之人，一面稟報總局。

第二十七條，告發開鑛人期限及其條款。

如有與稟領開鑛執照者，因不服之故，竟擬興訟，須在該領照人稟批榜示之日起，儘四箇月內，具稟聲訴。但其所以不服之故，最少須有下開之一端，方可准稟。

一，有與業主不合者。

二，侵佔毗連方形角式鑛界者。

三，設有已領之地，或全段，或一隅，在其所請方形或角式鑛界之內者。

四，藉執照爲護符，魚肉鄉民者。

五，所領開鑛執照，與該地情形不合者。

六，領執照之人，不合鑛商資格者。

七，所領執照，有第二十款所開各弊者。

八，領執照之人，一切行事有故違此次定章者。

第二十八條，鑛務委員處置訟案權限。除具稟人得悉之後，自行來局請將原稟註銷外，鑛務委員應將其不服之稟，留存局內，即飭測繪委員前往該處考查。該測繪委員查明稟覆，俟具呈圖說，再行核奪。

第二十九條，測繪委員處置訟案權限。當測量鑛界時，或有人來與之爭論。無論係領照之人，或係已稟不服之人，或係擬稟不服之人，該測繪委員務須留心聽記。只可具詳細説帖，呈遞鑛務委員查核，不可自爲評論。

第三十條，鑛務委員據稟不實駁還辦法。如有業主具呈不服之稟，聲稱並無鑛積在其地內，惟據測繪委員之報告。所稱鑛積，顯然暴在地面。或顯有探崗，或顯有探勘工程。如此則鑛務委員可以駁還所具不服之稟。

第三十一條，鑛務訴訟期限。鑛務委員收到該測繪委員覆稟，即行傳諭兩造，儘於十五日內到局，飭令合商。當合商時，鑛務委員應剴切勸導兩造，以免涉訟。倘竟不能遵勸，即應停議。並將所有情形，立時移知地方官，如於四箇月內，兩造並不到堂，鑛務委員即可稟請總局發給開鑛執照。

第三十二條，鑛務訴訟案卷歸結法。

如四箇月期限已滿，並無人具稟不服，或所不服之事，不在第二十七條各節所應准者。又或不服涉訟經地方官審察斷結者，則所有涉訟一切案卷，鑛務委員應儘十五日內，將案卷全分，並圖稿一切，鈔送該省鑛務總局察核。

第三十三條，鑛務訴訟審斷法。如所呈之案卷，不合批准格式，其不合之處，並非具稟人應執其咎。即由總局將不合之處，批明案卷之後，定一期限，飭令鑛務委員遵照所指之處，速爲更改。假如不合之處，咎在具稟之人，律應反坐。

第三十四條，開鑛執照給領法。

總局察核所呈案卷後，如可批准，即按照本附章第三十五條，填發鑛照一紙，並將測繪委員所繪界圖，照描一分，發交鑛務委員轉給該具稟人收執，爲批准之據。

第三十五條，開鑛執照格式。請領開鑛執照之稟，由鑛務總局查驗合格，即詳稟本省督撫，轉咨商部。一經核准，即由總局按照下開格式，填發鑛照一紙，給該領鑛人收執。格式如下：

某某省鑛務總局爲發給鑛照事，照得本省某某縣境內編列第　號鑛界，現據某某於　年　月　日具稟請領開采鑛質前來。業經從細考核，並無鑛章第十款不合律法格式之處，合行填發鑛照一紙，發給該具稟人收執。准其於附開來稟所指四至之界內。開采鑛章第十一款第　節所載　鑛質。惟只有權開鑛，並非給與地權。並須於鑛務正章附章所開條款，切實遵守，須至鑛照者。

第三十六條，外人稟請合股開鑛辦法。

凡稟請開鑛，如係合股而兼有外國人民具名者，鑛務總局應按照鑛務正章第九款，查明合股辦法，是否地面業主允准以鑛地作股，與外國人合辦，抑係華商出資附股，與外國人合辦。如係業主以鑛地合股，須呈驗合股字據，確與鑛務正章第五十一款所載辦法相符，方准填給鑛照。如僅係華商出資合股，而地面業主不願合股，願得地價。則應由官將該鑛地收買，作爲官地股，照鑛務正章第五十一款辦法，與該鑛商議訂合同。彼此允洽，再行給發鑛照。

第三十七條，鑛章不載者，應遵國家律例。

辦鑛所有産業，合股人或有爭執，如不在鑛務正章附章所載條款之內者，皆按國家向定産業之律例，交地方官辦理。

第三十八條，鑛質與鑛照不同之辦法。

按照鑛務正章第三十六款，領照人在其稟准之界內，開采各種鑛質，設使所開鑛質，並不在所具之稟與所領鑛照之內所載者，則須另行稟明，由總局核准，方可開采别種鑛質。

第三十九條，處斷鑛商與該地業主轇轕辦法。設如領有勘鑛執照之人，或係領有開鑛執照之人，因勘鑛開鑛，或取散鑛。所需地面，業主不止一人，而其中有一段地面，或因該地地價之高低，與該地業主不能商妥。地方官即按照下開辦法，妥爲商辦。如全地業主皆不允願，應由官體察情形，另行酌辦，不得拘定下開辦法。

九，應由兩造各派一估計人，代爲估計。該估計人應自派定之日起，於十日内，將其所估之數，覆呈地方官察核。譬如兩造之估計人，所估不一，即由地方官另派一估計人公斷，該公斷人亦應將其意見於十日内具覆。地方官即將各估計人之意見，及兩造與各估計人所言，詳細察核，證據明確。亦應於十日内，判定所需該處地面之廣狹，及應賠償之多寡。

亨，設該地業主既經地方官飭知後，於十日内不派估計人，即由地方官自派一人估計。該估計人無論業主或執照之人爲華商洋商，必須秉公核估。倘有受賄或偏袒之處，一經查出，定行議罰。

利，若不知該地業主究係何人，抑或知而不實，即由地方官代派一估計人。倘辦鑛人所派之估計人，與地方官代業主所派之估計人，所定賠償之數目，不相符合，即由地方官自行斷定。其斷定賠償之款，應代留存，備交應得之業主。

貞，凡爲估計人，應將下開三則，作爲估計鑛界之底本，一則估計地價，二則估計該地所受損之處，三則按照本附章第四十二條所載應爲之事。

第四十條，鑛界以外鑛質之辦法。設如原案僅准開通隧峝，只作洩水通氣轉運所用之地界内，覓出鑛質者，應在動工之前，按照請領開鑛執照條款，稟由總局核准給照。

第四十一條，隧峝承領人之利益及其限制。

凡有稟請地段，僅開隧峝，以作洩水通氣轉運之用者，如經批准，則所領地段界内，准該隧峝承領人，有先請開鑛執照之權。如有别人擬於該處請領開鑛執照，或全領或分領者，總局應即知照該隧峝承領人，是否有意添請此地，以爲開鑛之用。該隧峝承領人應自知照之日起，於三箇月内具稟聲覆。如該隧峝承領人覆稱不願添領，或不如期稟覆，則期滿之時，總局可將此地准予别人領照。惟該隧峝承領人所有稟准開通隧峝之利，仍舊不失。而後來鑛商，亦不得損壞或更改，或干預其原有地腹之工程。

第四十二條，正章第五十款所指辦法。按鑛務正章第五十款所指本章附款，詳列於下。一，溝渠之合例義務。即云設若甲主不防護礦内溝渠，以致乙主産業受損，或甲主不如法極力防護該溝渠，以致其水流至乙主産業者，甲主應當賠償乙主。二，如鑛商未經彼此商定，除實在不得已外，不能穿越别人鑛界，以開隧峝。三，按本條第二節所載之情形，如隧峝所經之地之鑛商，因得隧峝洩水之益，應照礦工所沾之益，貼補該開隧峝之人。其如何貼補，乃按各礦體質及當下情形爲定。四，凡擬開隧峝者，必須先行稟明，俟由總局批准給照，方許動工。但總局須在給照之前，詳核鑛務委員所陳之附稟，及所呈之圖。其擬開隧峝之横直各段工程，應詳細分載。五，當開隧峝經過某礦之時，其鑛商可派一人監工。如見其辦理不合，只能報知鑛務委員，或稽查委員，或該處地方官查核，不能干預工程。六，設該隧峝與礦工交通者，當開通時，應自行妥設隄防，以免阻運道及路徑。七，按照本條第三節所開公共隧峝，若非各有關涉之人，公同依允，並立約據，且在鑛務委員處註册存案，該隧峝不得另作别用。按照本條第六節所開運道路徑，及一切詳細情形，於所立約據之内，應聲明如有不遵者，應將此約作罷。八，如有新開之礦，亦在已設總隧峝之處，而亦可以分沾該隧峝之利益者，即須遵照本條之第三第五第六第七各節辦理。九，鑛商若須耗費巨款，始能在本界内設辦通氣峝者，其鄰近鑛産，即應准該鑛主就近在其界内，租用通氣峝，以免耗費鉅款。十，除由此界鑛商與其鄰界鑛商互相立約。並將該約在鑛務委員處註册存案外。彼此應在本界之内。隨時妥設隄防。以免阻運道及路徑通行。十一，除本條第九節所載外，本界鑛商所開礦工，若令數家之礦工，受其通氣之益，本鑛商不得索取酬資。而此家受通氣之益者，亦不得干預本鑛商礦工之利益。十二，凡開闢通氣工程，並陸續保存通氣工程所有費用之款項，應由請領開闢工程執照之人，自行開支。十三，凡爲建造鑛章所載之地腹工程，專爲轉運之需者，須當遵照第二第三第四第五第六第十二各節方法辦理。十四，凡爲開隧峝而在崛起之土沙中，得獲直價鑛苗，若由批准鑛地之界内而得者，應將該苗歸還該鑛原主。若僅由准開隧峝之界内而得者，應歸開峝之人領受。設此工程係屬數家合辦者，即按合辦分數照派。十五，凡於甲鑛利便，而於乙鑛阻礙，必須照下開辦法，方爲合例。或由該鑛主將其許可之事，訂立合同，呈請鑛務委員註册。或由鑛務委員會同地方官審結，或由鑛務總局斷結，若乙鑛主不許可，甲鑛商應先稟請鑛務委員裁判。若不服其裁判，再行稟請該地方官判斷。

如再不服，即儘兩箇月内，上控鑛務總局斷結。十六，如有擬按本條第四第九第十二各節，造地腹工程者，必須先具一稟，隨同所擬建造工程之全圖，及段圖，並呈鑛務委員轉詳總局請領執照，方爲合例。所呈之圖，須按訂準之級數爲程度。且將所擬建造工程之分段，及其餘詳細情形，標明圖内，以憑察核。

第四十三條，鑛務册報。辦鑛各廠，化鑛各廠，提煉金屬各廠，煆鑛各廠，鑛内各廠，及其餘工業各廠之承辦商人，自開辦起，每月應將上月所辦工程，所用人工，所獲功效，悉行開具校正册報三分，送呈本處鑛務委員查核。此項册報，務須按月儘初十日以前，送到本處鑛務委員處，並須遵照鑛務總局隨時頒行之格式，填寫明白。即使本月之内，並未出有鑛砂，亦應據實具報。

第四十四條，册報格式。按照上條所載，所有應具月報之人，可向鑛務委員發册處，預先請領一月或數月册報格式。該項應需册報格式，倘不先期預爲備領，則所有干係，應歸該具月報之人，自行承擔。

第四十五條，鑛務特別册報。本附章第四十三條所載各廠商，除呈送月報外，凡有本省鑛務總局應需之别項鑛務情形，以備編造册報之用者，應當隨時稟呈鑛務總局。

第四十六條，册報考查法。按照本附章第四十三條第四十五條所載之册報，於送呈後，查無錯誤，即將所呈三分中之一分，交還呈報之人，並將收到日期，批於所還册報之末。如所呈册報，查出所報不實，不盡，或含混不明，該呈報之人，應當科罰。惟所罰之銀，不得過二十五兩。此款若不照繳，該呈報人應當監禁。惟監禁之期，不得逾兩箇月。並將所呈册報退還，飭令從速更正呈核。

第四十七條，鑛界租完納法。鑛界年租，分爲兩季先繳，即二月十五日與八月十五日兩期。鑛界年租，應在鑛務總局收租處繳納。

所有稟准承領鑛照之人，必須如期親到鑛務總局，繳納鑛界年租。無須預先知照，以免藉端推諉延誤。第一次應繳半年鑛租，不論何日發照，應在發照之日繳納。

第四十八條，完納鑛界租券格式。年租既經繳納，即由該局發給印板收單，與繳租人收執。該收單應載之文如下，甲，單名，鑛界年租收單。乙，某省某縣。丙，鑛名。鑛地坐落地方，鑛商姓名，應納鑛租之鑛界數目，鑛照註册號碼。丁，每半年應納鑛租若干。

第四十九條，鑛産出井税銀兩辦法及格式。按鑛務正章第四十五款所載鑛産出井税項，應於每月十五日，按上月所出鑛産之數目，如數在鑛務委員處，或在本省鑛務總局繳納。鑛務總局所給出井税銀兩收單，與鑛界年租之收單，格式相同。另加戊字一款，載明何種鑛砂，並出産數目，及總值若干。鑛務總局收得各項年捐鑛税銀兩。應以一半解呈商部，一半留存本省充餉。

第五十條，鑛産出井税價格豫報法。鑛務總局應於每年正月七月發一諭單，通飭各鑛商此後每半年之内，某礦砂應按某價值，爲收取鑛税銀兩之準則。酌定各項鑛質價值，應按前六箇月各省會之市價，折中核算爲定率。

第五十一條，出井税數目核准法。每月出井税項之多寡，應照該鑛商或其代表人，報呈鑛務總局該鑛每月所産鑛砂數目定奪。如有不實之處，即按懲治條款科罰。

第五十二條，短納鑛界租及出井税銀兩懲治法。如鑛商短繳鑛界年租，或鑛産出井税銀兩者，應由該處鑛務委員立即申稟鑛務總局，以便按照鑛務正章第四十三款或第四十七款辦理。

第五十三條，鑛局簿記法。鑛務總局及鑛務委員處，應備註册簿記，詳載辦鑛事務。此項註册簿記，應按收到文件日期時刻，先後登記。所有下開各款，務須查詢明白，詳註備考。

一，具稟人姓名，職銜，或公司名號，或獨辦，或合辦或公司。二，擬用何種辦法。三，擬以何日興工，若已興工，即應指名係在何日興工。四，具稟人住處，與所有各處分廠。其分廠雖在别處已經註册，亦應在該處鑛務總局聲明存案。五，訂約，更約，廢約。無論合辦及合股公司，皆應聲明。六，凡用授權文件委派總理人，代表人，或執事人，或由以上各人繳回該文件者，皆須報明註册。七，無論合辦及合股公司，凡有加減股本者，皆須報明註册。八，鑛業所有一切契據。九，典押鑛業。

第五十四條，鑛務註册辦法。鑛務註册，應在鑛地所在之州縣衙門，並在本省鑛務總局辦理。

第五十五條，註册文件作爲合例證據。所有遵章註册存案之文件，自註册之日起，即認爲合例證據。不得因有在前在後未經註册之文件，以致此項已經註册之件，成爲無用。

第五十六條，鑛局公費。鑛務總局應收公費，開列於左。凡呈請開鑛，經鑛務總局填給鑛照，如所開鑛質係黄金，或白金，或銀，或寶石者，按每鑛界收公費銀十兩。雖非此等鑛質，其中含有若干分數係黄金，或白金，或銀，或寶石者，亦同。其不及十鑛界者，仍可收足公費百兩之數。凡呈請開鑛，經鑛務總局填給鑛照。如所開鑛質，並非黄金，白金，銀，及寶石，亦無此等鑛質夾雜在内者，按每鑛界收公費銀二兩五錢。其不及四十鑛界者，仍可收足百兩之數。凡呈請勘鑛，經鑛務總局批准者，每執照一紙，收公費銀百兩。凡請減少增加改正鑛界，經鑛務總局批准者，每紙收公費銀二十兩。凡請勘鑛執照之禀，須經鑛務委員加簽者，每紙收公費銀五兩。所有各項文件鑛圖，應呈鑛務委員或鑛務總局批驗者，每紙收公費銀二兩。此條以上各項公費，均歸鑛務總局經收。其填給開鑛執照之費，應由總局照章代收，全數解交商部。

第五十七條，鑛務局費。鑛商除在總局繳存公費外，按照外洋通例，尚有隨時零繳之費用，由該管鑛務局就地收納。即名曰局費，但此項費用，由鑛務委員經收。應按月彙報總局，以便查核。所有該委員薪水夫馬及應得津貼，暨委紳司事吏役薪工川資，並局中燈火雜用，均由總局詳定章程，按月支給。此外不得絲毫向鑛商需索分毫。惟鑛務委員甚屬勞苦，或周歷山溪，或深入井底，種種艱苦危險，非同尋常差事，總局必須從優核給薪水夫馬局費雜支，以示體恤，而除流弊。其局費條目列下，一，加簽呈請勘鑛執照與註册者，應納局費銀一兩。二，凡因業主不允請照人勘鑛，以致來局交涉者，應納局費銀二兩。三，凡禀請承領，或加添，或更改鑛界者，每呈一禀，應納局費銀一兩。四，凡有代書事件，校對事件，加簽事件，無論驗准與否，每千字，或不滿一千字者，應納局費銀一兩。五，凡有呈請鑛務委員出局辦理公事者，應按往來路程，每里收取局費銀二錢。六，凡須鑛務委員出局履勘地面情形，並開具禀報者，須納局費銀五兩。七，凡須鑛務委員往勘礦内情形者，應按深處每三百尺，或不滿三百尺，納局費銀五兩。若須開具禀報者，另須加局費銀五兩。八，凡校對加簽測繪委員所呈之圖者，納局費銀一兩。如來局描畫局中所存圖稿，另須局委校對加簽者，亦納局費銀一兩。鑛務局只能照以上各款，收取局費。如有格外事件，本條所未載及者，須禀請鑛務總局核定數目。

第五十八條，鑛商帳簿格式。辦鑛者無論華商獨辦，或華洋商合辦，或合股公司，最少須備帳簿三本。一爲記載所有産業物件，與贏虧帳目，一爲流水簿，一爲各户往來總帳簿。另備帳目一本，記載各分理處辦鑛用費，與所出鑛苗浄鑛之數目，並出售數目及價值。該帳簿必須由鑛務總局頒發一定格式，以歸一律，且裝訂完善。

第五十九條，鑛地各圖之準備。除批准鑛地之時，由測繪委員所繪之圖外，各開鑛處均應備存下開各圖，以便隨時察看。

甲，按測繪委員之原圖，預備一張。或由原圖描出須經校準者，亦可指明所准鑛地之界限，之路徑，之通氣溝渠，及安置機器之處，設廠之地址。並别項地面所占各鑛界之界綫，鑛界之數目，邊徑之角度。此圖應與乙圖之程度相同，自圖成之日起，最遲於六箇月内，即應隨時將情形添注更正。乙，鑛産所屬地面之總圖。或由原圖描出已經校準者，指明所屬鑛産界綫脈槽之斜形與面層，或冲積面層，或壞鑛所有地面工程，或孔穴井眼鑽孔屋宇水道水塹貯存雜質之處，官路鐵路車路，通電力綫電報綫電話綫接電拖繩大小陰溝圍棚，及地面所見之物，須當保護，不許其下面掘空者。此圖自告成之日起，最遲於一年内，即須隨時改正。丙，礦圖或由原圖描出校準者。指明鑛産界限，各種穴口隧道横徑，内井凸形穴横徑，鑛堀撑柱，此腹之路站，火藥庫，現采之鑛脈鑛槽鑛牙，所有隔斷鑛積之石，並突出鑛積之石，凡遇槽脈緊要之更變，亦應標明所有别式之鑛脈，或鑛積之層次疊覆者，應照鑛務委員所囑，將其遞層所作之工程，别圖載明。此圖應自告成之日起，最遲於三箇月内，即須隨時更正。丁，礦工段圖應由鑛井起，指明分段礦工，或全段礦工，並層脈槽各種形勢，暨所有離位之層次，及衝突石等類。此圖自告成之日起，最遲於一年内，即應隨時更正。

第六十條，鑛圖之比例尺。所有各圖，定以十百千萬之級數爲比例。前條甲乙兩節所載之圖，乃按鑛地大小爲定。或五百分之一，或千分之一，或二千五百分之一，或三千分之一爲限。但丙丁兩節所載之礦圖，或以五百分之一，或以千分之一爲限。

第六十一條，捨棄鑛界之辦法。有擬舍棄其鑛者，無論全界或分界，須將礦圖先行辦竣，直至捨棄之日。如有捨棄礦工者，必須先將各處礦工，詳細測量妥當，然後方准捨棄。鑛商若因事故，廢棄其鑛，則當呈報鑛務委員，限六十日内，將其因鑛業所建設之房屋，及其他之建造物，一律撤去。若踰期不撤，即將所有者，歸地面原主。但鑛務委員應履勘窿内外凡有關地方安全之物，則不得撤去。若鑛商逃亡，不知蹤跡，則亦依此條之法辦理。

第六十二條，鑛商應存圖一分於總局。各鑛商應將第五十九條所載原圖，描出校準，各具一張，呈交鑛務總局備查。

第六十三條，鑛商呈圖之期限。按照第五十九條所載乙字之圖，應由鑛商每年六月初一日以前校準，交與鑛務總局，計每年一次。又丙字之圖，應於每年六月初一日，並十二月初一日以前校準，照呈總務總局，計每年兩次。

第六十四條，鑛商不呈圖之辦法。假如鑛商不按章程備存校正各圖者，或不按章程將以上所載各種鑛圖，呈送鑛務總局者，或應須添注之處而不添注者，鑛務總局即另飭繪圖，或添注所漏繪之處，令鑛商照繳繪費。

第六十五條，保存鑛圖禁令。鑛務總局不得將以上各條所載之鑛圖，給與不應給與之人。或圖中所載之事，告知不應告知之人。亦不得將此項鑛圖，與未經該鑛商許可之人觀看。

第六十六條，鑛圖不完全之罰。如鑛商將某段之鑛圖，不呈送，或某段之工程，隱匿不報，或故知各圖有錯，而不更正者，該鑛商應當科罰。惟罰款最多不得過銀二千兩。如不繳此款，即當監禁。惟監禁之期，最遠不得過一年。

第六十七條，防護積土傾塌。凡因勘鑛開坑者，應將所掘之土，堆在兩旁，如山脊式，並須不令坍塌。且須設法妥爲防護，以免行人傾跌坑內。

第六十八條，防護開鑛有妨礙之地面。設使鑛務稽查委員查有已勘之地，有妨生命，或與大衆往來有礙者。該稽查委員當飭令該勘鑛人，或該地業主，即將此坑填滿，與地相平，或妥設隄防防護。

第六十九條，防護工程。凡有井口或進礦之道，暫時不用，或只爲通氣之用者，與各種工作口門非尋常驗鑛之小坑，並提高臺墩，及提高梯路。皆應察奪形勢，妥設隄防。

第七十條，保護地方墳墓民業生計。鑛地如有墳墓，須儘力保護。所有一切工程，應在距離該墳定章尺寸以外，方許施工。歷代有名帝王聖賢陵墓，相距三十里。先賢名宦墓，相距三里。尋常士紳墓，相距一百步。地下亦不准橫斜侵入限内。萬一墳墓於鑛有礙，勢難兼顧者，應稟明地方官，並知照該墳下直屬子孫，妥爲商辦。量其情形，從優酌給遷費。凡鑛産，該處地方不能以有關風水積習，空談阻止開采。惟於民間營業生計，實有妨礙，民情不能允服者，不得稍有强迫。准由該鑛商稟請官局詣勘，再行酌辦。

第七十一條，鑛界減少法。鑛商如欲將所領鑛界，減去若干，應稟明鑛務總局。並將原領鑛照與鑛圖，隨稟繳呈，擬減去鑛界若干，亦應註明圖内。當將鑛界減去若干時，務須按照鑛務正章第三十二款所載照減，不可隨意劈分畸零，所劃定鑛界，並不可割分互相毗連之處。

第七十二條，鑛界減少之布置。鑛務委員收到呈請減少鑛界稟件，即派測繪委員一人，測繪所賸鑛界之圖，並遵章安置應立之界誌。且須遵照總局所定六十日期限之内告竣。測繪委員用費，應由具稟人照付。圖工告竣，呈進該委員，應在請領開鑛執照註册簿内，及鑛照之上，載明所減鑛界之數目，然後將原照交還原人收執。

第七十三條，鑛照註銷法。設使鑛商欲將所領之地，全行註銷者，應即稟明鑛務委員，或逕稟總局，總局收稟，應即照稟註册備案，仍當遵照本坿章第六十一條辦理。

傳記

《魏書》卷七八《張普惠傳》　普惠以天下民調，幅度長廣，尚書計奏，復徵綿麻，恐其勞民不堪命，上疏曰：

伏聞尚書奏復綿麻之調，尊先皇之軌，夙宵惟度，忻戰交集。何者？聞復高祖舊典，所以忻惟新；俱可復而不復，所以戰違法。仰惟高祖廢大斗，去長尺，改重秤，所以愛萬姓，從薄賦。知軍國須綿麻之用，故云幅度之間，億兆應有綿麻之利，故絹上税綿八兩，布上税麻十五斤。萬姓得廢大斗，去長尺，改重秤，荷輕賦之饒，不適於綿麻而已，故歌舞以供其賦，奔走以役其勤，天子信於上，億兆樂於下，故《易》曰：「悦以使民，民忘其勞。」此之謂也。

自兹以降，漸漸長闊，百姓嗟怨，聞於朝野。伏惟皇太后未臨朝之前，陛下居諒闇之日，宰輔不尋其本，知天下之怨綿麻，不察其幅廣、度長、秤重、斗大，革其所弊，存其可存，可特放綿麻之調，以悦天下之心，此所謂悦之不以道，愚臣所以未悦者也。尚書既知國少綿麻，不惟法度之□易，民言之可畏，便欲去天下之大信，棄已行之成詔，追前之非，遂後之失，奏求還復綿麻，以充國用。不思庫中大有綿麻，而羣官共竊之。愚臣以爲於理未盡。何者？今宫人請調度，造衣物，必度忖秤量。絹布，匹有尺丈之盈，一猶不計其廣，絲綿，斤兼百銖之剩，未聞依律罪州郡。若一匹之濫，一斤之惡，則鞭户主，連三長，此所以教民以貪者也。今百官請俸，人樂長闊，并欲厚重，無復準極。得長闊厚重者，便云其州能調，絹布精闊且長，横發美譽，以亂視聽；不聞嫌長惡廣，求計還官者。此百司所以仰負聖明也。

今若必復綿麻者，謂宜先令四海知其所由，明立嚴禁，復本幅度，新綿麻之典，依太和之稅。其在庫絹布并及絲綿，不依典制者，請遣一尚書與太府卿、左右藏令，依今官度、官秤，計其斤兩、廣長，折給請俸之人。總常俸之數，千俸所出，以布綿麻，亦應其一歲之用。使天下知二聖之心，愛民惜法如此，則高祖之軌中興於神龜，明明慈信照布於無窮，則孰不幸甚。伏願亮臣悾悾之至，下慰蒼生之心。

《魏書》卷九〇《逸士·李謐傳》 李謐，字永和，趙郡人，相州刺史安世之子。少好學，博通諸經，周覽百氏。初師事小學博士孔璠。數年後，璠還就謐請業。同門生爲之語曰：「青成藍，藍謝青，師何常，在明經。」謐以公子徵拜著作佐郎，辭以授弟郁，詔許之。州再舉秀才，公府二辟，並不就。惟以琴書爲業，有絶世之心。覽《考工記》、《大戴禮·盛德篇》，以明堂之制不同，遂著《明堂制度論》，曰：

余謂論事辨物，當取正於經典之真文；援證定疑，必有驗於周孔之遺訓。然後可以稱準的矣。今禮文殘缺，聖言靡存，明堂之制，誰使正之？是以後人紛糾，競興異論，五九之說，各信其習。是非無準，得失相半。故歷代紛紜，靡所取正。乃使裴頠云：「今羣儒紛糾，互相掎摭，就令其象可得而圖，其所以居用之禮莫能通也，爲設虚器耳。況漢氏所作，四維之个，復不能令各處其辰。愚以爲尊祖配天，其儀明著；廟宇之制，理據未分。直可爲殿屋以崇嚴父之祀，其餘雜碎一皆除之。」斯豈不以羣儒舛互，並乖其實，據義求衷，莫適可從哉？但恨典文殘滅，求之靡據而已矣。乃復遂云室牖諸制。施之於教，未知其所隆政；求之於情，未可喻其所以必須。惜哉言乎！仲尼有言曰：「賜也，爾愛其羊，我愛其禮。」余以爲隆政必須其禮，豈彼一羊哉！推此而論，則聖人之於禮，殷勤而重之，裴頠之於禮，任意而忽之。是則顔賢於仲尼矣。以斯觀之，裴氏之子以不達而失禮之旨也。余竊不自量，頗有鄙意，據理尋義，以求其真，貴合雅衷，不苟偏信。乃藉之以《禮》傳，考之以訓注，博採先賢之言，廣搜通儒之說，量其當否，參其同異，棄其所短，收其所長，推義察圖，以折厥衷。豈敢必善，聊亦合其言志矣。

凡論明堂之制者雖衆，然校其大略，則二途而已。言五室者，則據《周禮·考工》之記以爲本，是康成之徒所執；言九室者，則案《大戴·盛德》之篇以爲源，是伯喈之倫所持。此之二書，雖非聖言，然是先賢之中博見洽通者也。但各記所聞，未能全正，可謂既盡美矣，未盡善也。而先儒不能考其當否，便各是所習，卒相非毀，豈達士之確論哉？小戴氏傳禮事四十九篇，號曰《禮記》，雖未能全當，然多得其衷，方之前賢，亦無愧矣。而《月令》、《玉藻》、《明堂》三篇，頗有明堂之義，余故採掇二家，參之《月令》，以爲明堂五室，古今通則。其室居中者謂之太室，太室之東者謂之青陽，當太室之南者謂之明堂，當太室之西者謂之總章，當太室之北者謂之玄堂；四面之室，各有夾房，謂之左右个，三十六户七十二牖矣。室个之形，今之殿前，是其遺像耳。个者，即寢之房也。但明堂與寢，施用既殊，故房、个之名亦隨事而遷耳。今粗書其像，以見鄙意，案圖察義，略可驗矣。故檢之五室，則義明於《考工》；校之户牖，則數協於《盛德》；考之施用，則事著於《月令》；求之閏也，合《周禮》與《玉藻》。既同夏殷，又符周秦，雖乖衆儒，儻或在斯矣。

《考工記》曰：「周人明堂，度以九尺之筵，東西九筵，南北七筵，堂崇一筵。五室，凡室二筵。室中度以几，堂上度以筵。」余謂《記》得之於五室，而謬於堂之修廣。何者？當以理推之，令愜古今之情也。夫明堂者，蓋所以告月朔、布時令、宗文王、祀五帝者也。然營構之範，自當因宜創制耳。故五室者合於五帝各居一室之義。且四時之祀，皆據其方之正。又聽朔布令，咸得其月之辰。可謂施政及祀，二三俱允，求之古義，竊爲當矣。

鄭康成漢末之通儒，後學所宗正，釋五室之位，謂土居中，木火金水各居四維。然四維之室既乖其正，施令聽朔各失厥衷。左右之个，棄而不顧，乃反文之以美說，飾之以巧辭，言水木用事交於東北，木火用事交於東南，火土用事交於西南，金水用事交於西北。既依五行，當從其方，用事之交，出何經典？可謂攻於異端，言非而博，疑誤後學，非所望於先儒也！《禮記·玉藻》曰：「天子『聽朔於南門之外，閏月則闔門左扉，立於其中』。」鄭玄注曰：「天子之廟及路寢，皆如明堂制。明堂在國之陽，每月就其時之堂而聽朔焉。卒事，反宿路寢亦如之。閏月非常月，聽其朔於明堂門下，還處路寢門終月也。」而《考工記》「周人明堂」，玄注曰：「或舉王寢，或舉明堂，互言之以明其制同也。」其同制之言皆出鄭注。然則明堂與寢不得異矣。而《尚書·顧命篇》曰：「迎子釗南門之外，延入翼室。」此之翼室，即路寢矣。其下曰「大貝賁鼓在西房」，「垂之竹矢在東房」，此則路寢有左右房見於經史者也。《禮記·喪大記》曰「君夫人卒於路寢」，小斂，「婦人髽帶麻於房中」。鄭玄注曰：「此蓋諸侯禮，帶麻於房中，則西房。」天子諸侯左右房見於注者也。論路寢則明其左右房，言明堂則闕其左右个，同制之説還相矛盾，通儒之注，何其然乎？使九室之徒奮筆而争鋒者，豈不由處室之不當哉？《記》云：東西九筵，南北七筵，五室凡室二筵。置五室於斯堂，雖使班、倕構思，王爾營度，則不能令三室不居其南北也。然則三室之間，便居六筵之地，而室壁之外裁有四尺五寸之堂焉。豈有天子布政施令之所，宗祀文王以配上帝之堂，周公負扆以朝諸侯之處，而室户之外僅餘四尺而已哉？假在儉約，爲陋過矣。論其堂宇則偏而非制，求之道理則未愜人情，其不然一也。

余恐爲鄭學者，苟求必勝，競生異端以相訾抑。云二筵者，乃室之東西耳，南北則狹焉。余故備論之曰：若東西二筵，則室户之外爲丈三尺五寸矣。南北户外復如此，則三室之中南北裁各丈二尺耳。《記》云：「四旁兩夾窗。」若爲三尺之户，二尺之窗，窗户之間，裁盈一尺。繩樞甕牖之室，蓽門圭竇之堂，尚不然矣。假令復欲小廣之，則四面之外闊狹不齊，東西既深，南北更淺，屋宇之制，不爲通矣。驗之衆塗，略無算焉。且凡室二筵，丈八地耳，然則户牖之間不踰二尺也。《禮記·明堂》：「天子負斧扆南向而立。」鄭玄注曰：設斧於户牖之間。而鄭氏《禮圖》説扆制曰：「縱廣八尺，畫斧文於其上，今之屏風也。」以八尺扆置二尺之間，此之叵通，不待智者，較然可見矣。且若二筵之室爲四尺之户，則户之兩頰裁各七尺耳，全以置之，猶自不容，矧復户牖之間哉？其不然二也。

又復以世代檢之，即虞夏尚朴，殷周稍文，製造之差，每加崇飾。而夏后世室，堂修二七，周人之制，反更促狹，豈是夏禹卑宫之意，周監郁郁之美哉？以斯察之，其不然三也。又云「堂崇一筵」，便基高九尺，而壁户之外裁四尺五寸，於營制之法自不相稱。其不然四也。又云「室中度以几，堂上度以筵」，而復云「凡室二筵」，而不以几。還自相違，其不然五也。以此驗之，記者之謬，抑可見矣。

《盛德篇》云：「明堂凡九室，三十六户，七十二牖，上員下方，東西九仞，南北七筵，堂高三尺也。」余謂《盛德篇》得之於户牖，失之於九室。何者？五室之制，傍有夾房，面各有户，户有兩牖。此乃因事立則，非拘異術，户牖之數，固自然矣。九室者，論之五帝，事既不合，施之時令，又失其辰。左右之个，重置一隅，兩辰同處，參差出入，斯乃義無所據，未足稱也。且又堂之修廣，裁六十三尺耳。假使四尺五寸爲外之基，其中五十四尺便是五室之地。計其一室之中，僅可一丈，置其户牖，則於何容之哉？若必小而爲之，以容其數，則令帝王側身出入，斯爲怪矣。此匪直不合典制，抑亦可哂之甚也。余謂其九室之言，誠亦有由。然竊以爲戴氏聞三十六户、七十二牖，弗見其制，靡知所置，便謂一室有四户之窗，計其户牖之數，即以爲九室耳。或未之思也。蔡伯喈漢末之時學士，而見重於當時，即識其修廣之不當，而必未思其九室之爲謬，更修而廣之，假其法像。可謂因僞飾辭，順非而澤，諒可歎矣。

余今省彼衆家，委心從善，庶探其衷，不可苟異。但是古非今，俗間之常情；愛遠惡近，世中之恒事。而千載之下，獨論古制，驚俗之談，固延多誚。脱有深賞君子者，覽而揣之，儻或存焉。

《北史》卷一八《景穆十二王下·元澄傳》　又奏利國濟人所宜振舉者十條：一曰律度量衡，公私不同，所宜一之；二曰宜興學校，以明黜陟之法；三曰宜興滅繼絶，各舉所知；四曰五調之外，一不煩人，任人之力，不過三日；五曰臨人之官，皆須黜陟，以旌賞罰；六曰逃亡代輸，去來年久者，若非伎作，任聽即住；七曰邊兵逃走，或實陷没，皆須精檢三長及近親，若實隱之，徵其代輸，不隱勿論；八曰工商世業之户，復徵租調，無以堪濟，今請免之，使專其業；九曰三長禁姦，不得隔越相領，户不滿者，隨近并合；十曰羽林武賁，邊方有事，暫可赴戰，常戍宜遣番兵代之。靈太后下其奏，百僚議之，事有同否。

《北史》卷二二《長孫冀歸傳》　時有詔廢鹽池税，承業上表曰：「鹽池天資賄貨，密邇京畿，唯須寶而護之，均贍以理。今四境多虞，府藏罄竭。然冀、定二州，且亡且亂，常調之絹，不復可收。仰惟府庫，有出無入，必須經綸，出入相補。略論鹽税，一年之中，準絹而言，猶不應減三十萬疋也，便是移冀、定二州置於畿甸。今若廢之，事同再失。臣前仰違嚴旨，不先討關賊，徑解河東者，非是閑長安而急蒲坂。蒲坂一陷，没失鹽池，三軍口命，濟贍理絶。天助大魏，兹計不爽。昔高祖昇平之年，無所乏少，猶創置鹽官而加典護。非爲物而競利，恐由利而亂俗也。況今王公素餐，百官尸禄，租徵六年之粟，調折來歲之資，此皆出人私財，奪人膂力，豈是願言，事不獲已。臣輒符司監將尉，還率所部，依常收税，更聽後敕。」及雍州平，除雍州刺史。

《北史》卷二四《封軌傳》　司空、清河王懌表修明堂、辟雍，詔百僚集議。軌議曰：

《周官·匠人》職云：夏后氏世室，殷人重屋，周人明堂，五室，九階，四户，八窗。鄭玄曰：「或舉宗廟，或舉王寢，或舉明堂，互文以見同制。」然則三代明堂，其制一也。案周與夏、殷，損益不同，至於明堂，因而弗革，明五室之義，得天數矣。是以鄭玄又曰：「五室者，象五行也。」然則九階者法九土，四户者達四時，八窗者通八風，誠不易之大範，有國之恒式。若其上圓下方以則天地，通水環宫以節觀者，茅蓋白盛爲之質飾，赤綴白綴爲之户牖，皆典籍所載，制度之明義也。

秦焚滅五典，非毁三代，變更先聖，不依舊憲。故《吕氏・月令》見九室之義，大戴之《禮》著十二堂之文。漢承秦法，亦未能改，東西二京，俱爲九室。是以《黄圖》、《白武通》、蔡邕、應劭等咸稱九室以象九州，十二堂以象十二辰。夫室以祭天，堂以布政。依行而祭，故室不過五；依時布政，故堂不踰四。州之與辰，非所可法。九與十二，厥用安在？今聖朝欲尊道訓人，備禮化物，宜則五室，以爲永制。至如廟學之嫌，臺沼之雜，袁準之徒已論正矣。

《北史》卷三三《李謐傳》 謐字永和，少好學，周覽百氏。【略】覽《考工記》、《大戴禮・盛德篇》，以明堂之制不同，遂著《明堂制度論》曰：

余謂論事辯物，當取正於經典之真文，援證定疑，必有驗於周、孔之遺訓，然後可以稱準的矣。今禮文殘缺，聖言靡存，明堂之制，誰使正之？是以後人紛糾，競興異論，五九之説，各信其習，是非無準，得失相半，故歷代紛紜，靡所取正。乃使裴頠云：「今羣儒紛糾，互相掎摭，就令其象可得而圖，其所以居用之禮莫能通也，爲設虚器耳。況漢氏所作，四維之个，復不能令各處其辰。愚以爲尊祖配天，其義明著，廟宇之制，理據未分，直可爲殿屋以崇嚴父之祀。其餘雜碎，一皆除之。」斯豈不以羣儒舛互，並乖其實，據義求衷，莫適可從哉？但恨典文殘滅，求之靡據而已矣。乃復遂去室牖諸制。施之於教，未知其所隆政，求之於情，未可喻其所以必須，惜哉言乎！仲尼有言曰：「賜也，爾愛其羊，我愛其禮。」余以爲隆政必須其禮，豈彼一羊哉？推此而論，則聖人之於禮，殷勤而重之，裴頠之於禮，任意而忽之。是則頠賢於仲尼矣！以斯觀之，裴氏子以不達失禮之旨也。

余竊不自量，頗有鄙意，據理尋義，以求其真，貴合雅衷，不苟偏信。乃藉之以《禮傳》，考之以訓注，博採先賢之言，廣搜通儒之説，量其當否，參其同異，棄其所短，收其所長，推義察圖，以折厥衷，豈敢必善，聊亦合其言志矣。

凡論明堂之制者雖衆，然校其大略，則二途而已。言五室者，則據《周禮考工》之記以爲本，是康成之徒所執；言九室者則案《大戴・盛德》之篇以爲源，是伯喈之倫所持。此二書雖非聖言，然是先賢之中博見洽通者也。但各記所聞，未能全正，可謂既盡美矣，未盡善也。而先儒不能考其當否，便各是所習，卒相非毁，豈達士之確論哉？小戴氏傳禮事四十九篇，號曰《禮記》，雖未能全當，然多得其衷，方之前賢，亦無愧矣。而《月令》、《玉藻》、《明堂》三篇，頗有明堂之義，余故採掇二家，參之《月令》。以爲明堂五室，古今通則。其室居中者，謂之太室；太室之東者，謂之青陽；當太室之南者，謂之明堂；太室之西者，謂之總章；當太室之北者，謂之玄堂。四面之室，各有夾房，謂之左右个，三十六户七十二牖矣。室个之形，今之殿前是其遺像耳。个者，即寢之房也。但明堂與寢施用既殊，故房个之名，亦隨事而遷耳。今粗書其像，以見鄙意，案圖察義，略可驗矣。故檢之五室，則義明於《考工》；校之户牖，則數協於《盛德》；考之施用，則事著於《月令》；求之閏也，合《周禮》與《玉藻》。既同夏、殷，又符周、秦，雖乖衆儒，儻或在斯矣。

《考工記》曰：「周人明堂，度以九尺之筵，東西九筵，南北七筵，堂崇一筵。五室，凡室二筵。室中度以几，堂上度以筵。」余謂《記》得之於五室，而謬於堂之脩廣。何者？當以理推之，令愜古今之情也。夫明堂者，蓋所以告月朔，布時令，宗文王，祀五帝者也。然營構之範，自當因宜創制耳。故五室者，合於五帝各居一室之義。且四時之祀，皆據其方之正，又聽朔布令，咸得其月之辰，可謂施政及祀，二三俱允。求之古義，竊爲當矣。鄭康成漢末之通儒，後學所取正。釋五室之位，謂土居中，木火金水各居四維。然四維之室既乖其正，施令聽朔各失厥衷，左右之个棄而不顧；乃反文之以美説，飾之以巧辭，言水木用事交於東北，木火用事交於東南，火土用事交於西南，金水用事交於西北。既依五行，當從其方，用事之交，出何經典？可謂攻於異端，言非而博，疑誤後學，非所望於先儒也。《禮記・玉藻》曰：「天子聽朔於南門之外，閏月則闔門左扉，立於其中。」鄭玄注曰：「天子之廟及路寢皆如明堂制。明堂在國之陽，每月就其時之堂而聽朔焉。卒事反宿路寢，亦如之。閏月非常月，聽其朔於明堂門下，還處路寢門，終月也。」而《考工記》「周人明堂」，玄注曰：「或舉王寢，或舉明堂，互言之以明其制同也。」其同制之言，皆出鄭注，然則明堂與寢，不得異矣。而《尚書・顧命篇》曰：「迎子釗南門之外，延入翼室。」此之翼室，即路寢矣。其下曰：「大貝賁鼓在西房，垂之竹矢在東房。」此則路寢有左右房，見於經史者也。《禮記・喪服大記》曰：「君夫人卒於路寢。小斂，婦人髽，帶麻於房中。」鄭玄注曰：「此蓋諸侯禮。帶麻於房中，則西房也。天子諸侯。」有左右房，見於注者也。論路寢則明其左右，言明堂則闕其左右个，同制之説還相矛楯，通儒之注，何其然乎？使九室之徒奮筆而争鋒者，豈不由處室之不當哉？

《記》云：東西九筵，南北七筵。五室，凡室二筵。置五室於斯堂，雖使班、倕構思，王爾營度，則不能令三室不居其南北也。然則三室之間，便居六筵之地，而室壁之外，裁有四尺五寸之堂焉。豈有天子布政施令之所，宗祀文王以配上帝之堂，周公負扆以朝諸侯之處，而室户之外，僅餘四尺而已哉？假在儉約，爲陋過矣。論其堂宇，則偏而非制，求之道理，則未愜人情，其不然一也。余恐爲鄭學者，苟求必勝，競生異端，以相訾抑，云二筵者乃室之東西耳，南北則狹焉。余故備論之曰：若東西二筵，則室户之外爲丈三尺五寸矣。南北户外復如此，則三室之中南北裁各丈二耳。《記》云：「四旁兩夾窗。」若爲三尺之户，二尺之窗，窗户之間，裁盈一尺。繩樞甕牖之室，篳門圭窬之堂，尚不然矣。假令復欲小廣之，則四面之外，闊狹不齊，東西既深，南北更淺，屋宇之制，不爲通矣。驗之衆塗，略無算焉。且凡室二筵，丈八地耳，然則户牖之間，不踰二尺也。《禮記·明堂》：「天子負斧扆南向而立。」鄭玄注曰：「設斧於户牖之間。」而鄭氏《禮圖》説扆制曰：「從廣八尺，畫斧文於其上，今之屏風也。」以八尺扆置二尺之間，此之叵通，不待智者，較然可見矣。且若二筵之室爲四尺之户，則户之兩頰裁各七尺耳，全以置之，獨自不容，矧復户牖之間哉？其不然二也。又復以世代驗之，即虞、夏尚朴，殷、周稍文，製造之差，每加崇飾。而夏后世室，堂脩二七，周人之制，反更促狹，豈是夏禹卑宫之意，周監郁郁之美哉？以斯察之，其不然三也。又云「堂崇一筵」，便基高九尺，而壁户之外裁四尺五寸，於營制之法自不相稱，其不然四也。又云「室中度以几，堂上度以筵」，而復云「凡室二筵」，而不以几，還自相違，其不然五也。以此驗之，《記》者之謬，抑可見矣。

《盛德篇》云：明堂凡九室、三十六户、七十二牖，上員下方，東西九仞，南北七筵，堂高三尺也。余謂《盛德篇》得之於户牖，失之於九室。何者？五室之制，傍有夾房，面各有户，户有兩牖，此乃因事立則，非拘異術，户牖之數，固自然矣。九室者，論之五帝，事既不合，施之時令，又失其辰，左右之个，重置一隅，兩辰同處，參差出入，斯乃義無所據，未足稱也。且又堂之脩廣，裁六十三尺耳，假使四尺五寸爲外之基，其中五十四尺便是五室之地，計其一室之中，僅可一丈，置其户牖，則於何容之哉？若必小而爲之，以容其數，則令帝王側身出入，斯爲怪矣！此匪直不合典制，抑亦可哂之甚也。余謂其九室之言，誠亦有由。然竊以爲戴氏聞三十六户七十二牖，弗見其制，靡知所置，便謂一室有四户之窗，計其户牖之數，即以爲九室耳，或未之思也。蔡伯喈，漢末之時學士，而見重於當時，即識其脩廣之不當，而必未思其九室之爲謬。更脩而廣之，假其法象。可謂因僞飾辭，順非而澤，諒可歎矣。

余今省彼衆家，委心從善，庶探其衷，不爲苟異。但是古非今，俗間之常情；愛遠惡近，世中之恒事。而千載之下，獨論古制，驚俗之談，固延多誚。脱有深賞君子者，覽而揣之，儻或存焉。

《宋史》卷四三二《儒林傳二·李覯》 李覯字泰伯，建昌軍南城人。俊辯能文，舉茂才異等不中。親老，以教授自資，學者常數十百人。皇祐初，范仲淹薦爲試太學助教，上《明堂定制圖序》曰：

《考工記》「周人明堂，度九尺之筵」，是言堂基脩廣，非謂立室之數。「東西九筵，南北七筵，堂崇一筵」，是言堂上，非謂室中。東西之堂各深四筵半，南北之堂各深三筵半。「五室，凡室二筵」，是言四堂中央有方十筵之地，自東至西可營五室，自南至北可營五室。十筵中央方二筵之地，既爲太室，連作餘室，則不能令十二位各直其辰，當於東南西北四面及四角缺處，各虚方二筵之地，周而通之，以爲太廟。太室正居中，《月令》所謂「中央土」、「居太廟太室」者，言此太廟之中有太室也。太廟之外，當子、午、卯、酉四位上各畫方二筵地，以與太廟相通，爲青陽、明堂、總章、玄堂四太廟；當寅、申、巳、亥、辰、戌、丑、未八位上各畫方二筵地，以爲左个、右个也。

《大戴禮·盛德記》：「明堂凡九室，室四户八牖，共三十六户七十二牖。」八个之室，并太室而九，室四面各有户，户旁夾兩牖也。

《白虎通》：「明堂上圓下方，八窗、四闥、九室、十二坐。」四太廟前各爲一門，出於堂上，門旁夾兩窗也。左右之个其實皆室，但以分處左右，形如夾房，故有个名。太廟之内以及太室，其實祀文王配上帝之位，謂之廟者義當然矣。土者分王四時，於五行最尊，故天子當其時居太室，用祭天地之位以尊嚴之也。四仲之月，各得一時之中，與餘月有異。故復於子、午、卯、酉之方，取二筵地，假太廟之名以聽朔也。

《周禮》言基而不及室，《大戴》言室而不及廟，稽之《月令》則備矣，然非《白虎通》亦無以知窗闥之制也。聶崇義所謂秦人《明堂圖》者，其制有十二階，古之遺法，當亦取之。

《禮記外傳》曰「明堂四面各五門」，今按《明堂位》：四夷之國，四門之外。九采之國，應門之外。時天子負斧扆南鄉而立。南門之外者北面東上，應門之外者亦北面東上，是南門之外有應門也。既有應門，則不得不有臯、庫、雉門。明堂者四時所居，四面如一，南面既有五門，則餘三面皆各有五門。《鄭注明堂位》則云「正門謂之應門」，其意當謂變南門之文以爲應門。又見王宫有路門，其次乃有應門。今明堂無路門之名，而但有應門，便謂更無重門，而南門即是應門。且路寢之前則名路門，其次有應門。明堂非路寢，乃變其内門之名爲東門南門，而次有應門，何害於義？四夷之君，既在四門之外，而外無重門，則是列於郊野道路之間，豈朝會之儀乎？王宫常居，猶設五門，以限中外；明堂者效天法地，尊祖配帝，而止一門以表之，豈爲稱哉！

若其建置之所，則淳于登云「在國之陽，三里之外，七里之内，丙巳之地」；《玉藻》「聽朔於南門之外」，康成之注亦與是合。夫稱明也，宜在國之陽；事天神也，宜在城門之外。

今圖以九分當九尺之筵，東西之堂共九筵，南北之堂共七筵；中央之地自東至西凡五室，自南至北凡五室，每室二筵，取於《考工記》也。一太室，八左右个，共九室，室有四户、八牖，共三十六户、七十二牖，協於戴德《記》也。九室四廟，共十三位，本於《月令》也。四廟之面，各爲一門，門夾兩窗，是爲八窗四闥，稽於《白虎通》也。十二階，采於《三禮圖》也。四面各五門，酌於《明堂位》、《禮記外傳》也。

馬端臨《文獻通考》卷二〇九《經籍考三十六·子》 《鹽鐵論》十卷 鼂氏曰：「漢桓寬撰。」按班固曰：所謂鹽鐵議者起始元中，徵文學賢良，問以治亂，皆對願罷郡國鹽鐵、酒榷，均輸務，抑末，毋與天下争利，然後教化可興。御史大夫弘羊以爲此乃所以安邊境，制四夷，國家大業，不可廢也。當時相詰難，頗有其議文。至宣帝時，汝南桓寬次公治《公羊春秋》，舉爲郎，至廬江太守丞。博通善屬文，推衍鹽鐵之議，增廣條目，極其論難，著數萬言，亦欲以究治亂，成一家之法焉。凡六十篇。

延豐等《重修兩浙鹽法志》卷二八《藝文二·鹽政一覽序》 煮海之道，在通商旅，省轉輸，足邊餉以利民而已。皇明奄有天下，設都轉運司六，其餘量地廣隘，置提舉司、鹽課司，差等領之。兩浙鹽課各有攸責，以松江一分司言之，丁將三萬，人非不多也。頃逾五千，蕩非不廣也。而額鹽歲凡七萬六千八百六引有奇，苟能上下同心効力，則國有餘用矣。奈何人病登場，以數萬之衆而在竈親煎者才三千一百七十五人，蕩呑鉅户以三千一百七十五人，縱使下手，而旺月乏柴，鹽從奚就？霧横煙斜，積日累年，人但見滷竈煎鹽矣，然不知誰煎誰責。小者徒以糊口，大者競相肥家，卒能納官者幾何人耶。是以闕單累歲虚出，客商經年坐守，徒有煮海之名，實則病矣。皇上臨御之五年，克知此弊，既命監察御史專理，復命少監、都御史綜理之。客商無鹽，設法完結，竈丁無糧，設法賑給，場團缺盤，設法鑄給。以致草蕩斛斗之類，無不究心。期月之間，百廢具舉，而鹽法一新。夫鹽本無争，惟於利而有争，故有無窮之弊。況八場之事，散在牘案。不萃著於籍，未免得此失彼。乃於督課之餘，旁搜博采，編成是帙，雖無深謀遠慮與乎其間，庶幾開卷之頃，一分司之事，若大若小，始終本末，不待思索而舉在目前，則於國家煮海足邊之方，未必無小補云。

紀事

《史記》卷一二《孝武紀》 初，天子封泰山，泰山東北阯古時有明堂處，處險不敞。上欲治明堂奉高旁，未曉其制度。濟南人公王帶上黄帝時明堂圖。明堂圖中有一殿，四面無壁，以茅蓋，通水，圜宫垣爲複道，上有樓，從西南入，命曰昆侖，天子從之入，以拜祠上帝焉。於是上令奉高作明堂汶上，如帶圖。及五年脩封，則祠泰一、五帝於明堂上坐，令高皇帝祠坐對之。祠后土於下房，以二十太牢。天子從昆侖道入，始拜明堂如郊禮。禮畢，燎堂下。而上又上泰山，有祕祠其顛。而泰山下祠五帝，各如其方，黄帝并赤帝，而有司侍祠焉。泰山上舉火，下悉應之。

其後二歲，十一月甲子朔旦冬至，推曆者以本統。天子親至泰山，以十一月甲子朔旦冬至日祠上帝明堂，每脩封禪。其贊饗曰：「天增授皇帝泰元神筴，周而復始。皇帝敬拜泰一。」東至海上，考入海及方士求神者，莫驗，然益遣，冀遇之。

劉歆《西京雜記》卷一 漢制：宗廟八月飲酎，用九醞太牢，皇帝侍祠。以正月旦作酒，八月成，名曰酎，一曰九醞，一名醇酎。

劉歆《西京雜記》卷一 漢制：天子玉几，冬則加綈錦其上，謂之綈几。以象牙爲火籠，籠上皆散華文，後宫則五色綾文。以酒爲書滴，取其不冰；以玉爲硯，亦取其不冰。夏設羽扇，冬設繒扇。公侯皆以竹木爲几，冬則以細罽爲橐以憑之，不得加綈錦。

《後漢書》卷一〇上《鄧皇后紀》 是時新遭大憂，法禁未設。宫中亡大珠一篋，太后念，欲考問，必有不辜。乃親閲宫人，觀察顔色，即時首服。又和帝倖人吉成，御者共枉吉成以巫蠱事，遂下掖庭考訊，辭證明白。太后以先帝左右，待之有恩，平日尚無惡言，今反若此，不合人情，更自呼見實覈，果御者所爲。莫不歎服，以爲聖明。常以鬼神難徵，淫祀無福，乃詔有司罷諸祠官不合典禮者。又詔赦除建武以來諸犯妖惡，及馬、竇家屬所被禁錮者，皆復之爲平人。減大官、導官、尚方、内者服御珍膳靡麗難成之物，自非供陵廟，稻粱米不得導擇，朝夕一肉飯而已。舊太官湯官經用歲且二萬萬，太后勑止，日殺省珍費，自是裁數千萬。及郡國所貢，皆減其過半。悉斥賣上林鷹犬。其蜀、漢釦器九帶佩刀，並不復調。止畫工三十九種。又御府、尚方、織室錦繡、冰紈、綺縠、金銀、珠玉、犀象、瑇瑁、雕鏤玩弄之物，皆絶不作。離宫别館儲峙米精薪炭，悉令省之。又詔諸園貴人，其宫人有宗室同族若羸老不任使者，令園監實覈上名，自御北宫增喜觀閲問之，恣其去留，即日免遣者五六百人。

《南齊書》卷一《高帝紀上》 大明泰始以來，相承奢侈，百姓成俗。太祖輔政，罷御府，省二尚方諸飾玩。至是又上表禁民閒華僞雜物：不得以金銀爲箔，馬乘具不得金銀度，不得織成繡裙，道路不得著錦履，不得用紅色爲幡蓋衣服，不得翦彩帛爲雜花，不得以綾作雜服飾，不得作鹿行錦及局脚檉柏床、牙箱籠雜物，彩帛作屏鄣，錦緣薦席，不得私作器仗，不得以七寶飾樂器又諸雜漆物，不得以金銀爲花獸，不得輒鑄金銅爲像。皆須墨敕，凡十七條。其中宫及諸王服用，雖依舊例，亦請詳衷。

《南齊書》卷四〇《武十七王傳》 （廬陵王）子卿在鎮，營造服飾，多違制度。上勑之曰：「吾前後有勑，非復一兩過，道諸王不得作乖體格服飾，汝何意都不憶吾勑邪？忽作瑇瑁乘具，何意？已成不須壞，可速送下。純銀乘具，乃復可爾，何以作鐙亦是銀？可即壞之。忽用金薄裹箭脚，何意？亦速壞去。凡諸服章，自今不啓吾知復專輒作者，後有所聞，當復得痛杖。」又曰：「汝比在都，讀學不就，年轉成長，吾日冀汝美，勿得勑如風過耳，使吾失氣。」

《魏書》卷一一四《釋老志》 元象元年秋，詔曰：「梵境幽玄，義歸清曠，伽藍淨土，理絶囂塵。前朝城内，先有禁斷，自聿來遷鄴，率由舊章。而百辟士民，届都之始，城外新城，並皆給宅。舊城中暫時普借，更擬後須，非爲永久。如聞諸人，多以二處得地，或捨舊城所借之宅，擅立爲寺。知非己有，假此一名。終恐因習滋甚，有虧恒式。宜付有司，精加隱括。且城中舊寺及宅，並有定帳，其新立之徒，悉從毁廢。」冬，又詔：「天下牧守令長，悉不聽造寺。若有違者，不問財之所出，并計所營功庸，悉以枉法論。」興和二年春，詔以鄴城舊宫爲天平寺。

《魏書》卷一一四《釋老志》 神龜元年冬，司空公、尚書令、任城王澄奏曰：

仰惟高祖，定鼎嵩瀍，卜世悠遠。慮括終始，制洽天人，造物開符，垂之萬葉。故都城制云，城内唯擬一永寧寺地，郭内唯擬尼寺一所，餘悉城郭之外。欲令永遵此制，無敢踰矩。逮景明之初，微有犯禁。故世宗仰修先志，爰發明旨，城内不造立浮圖、僧尼寺舍，亦欲絶其希覬。文武二年，豈不愛尚佛法，蓋以道俗殊歸，理無相亂故也。但俗眩虚聲，僧貪厚潤，雖有顯禁，猶自冒營。至正始三年，沙門統惠深有違景明之禁，便云：「營就之寺，不忍移毁，求自今已後，更不聽立。」先旨含寬，抑典從請。前班之詔，仍卷不行，後來私謁，彌以奔競。永平二年，深等復立條制，啓云：「自今已後，欲造寺者，限僧五十已上，聞徹聽造。若有輒營置者，依俗違敕之罪，其寺僧衆，擯出外州。」爾來十年，私營轉盛，罪擯之事，寂爾無聞。豈非朝格雖明，恃福共毁，僧制徒立，顧利莫從者也。不俗不道，務爲損法，人而無厭，其可極乎！

夫學迹沖妙，非浮識所辯；玄門曠寂，豈短辭能究。然淨居塵外，道家所先，功緣冥深，匪尚華遁。苟能誠信，童子聚沙，可邁於道場；純陀儉設，足薦於雙樹。何必縱其盗竊，資營寺觀。此乃民之多幸，非國之福也。然比日私造，動盈百數。或乘請公地，輒樹私福；或啓得造寺，限外廣制。如此欺罔，非可稍計。臣以才劣，誠忝工務，奉遵成規，裁量是總。所以披尋舊旨，研究圖格，輒遣府司馬陸昶、屬崔孝芬，都城之中及郭邑之内檢括寺舍，數乘五百，空地表刹，未立塔宇，不在其數。民不畏法，乃至於斯！自遷都已來，年踰二紀，寺奪民居，三分且一。高祖立制，非徒欲使緇素殊途，抑亦防微深慮。世宗述之，亦不錮禁營福，當在杜塞未萌。今之僧寺，無處不有。或比滿城邑之中，或連溢屠沽之肆，或三五少僧，共爲一寺。梵唱屠音，連簷接響，像塔纏於腥臊，性靈没於嗜慾，真僞混居，往來紛雜。下司因習而莫非，僧曹對制而不問。其於汙染真行，塵穢練僧，薰蕕同器，不亦甚歟！往在北代，有法秀之謀；近日冀州，遭大乘之變。皆初假神教，以惑衆心，終設姦誑，用逞私悖。太和之制，因法秀而杜遠；景明之禁，慮大乘之將亂。始知祖宗叡聖，防遏處深。履霜堅冰，不可不慎。

昔如來闡教，多依山林，今此僧徒，戀著城邑。豈湫隘是經行所宜，浮諠必栖禪之宅，當由利引其心，莫能自止。處者既失其真，造者或損其福，乃釋氏之糟糠，法中之社鼠，内戒所不容，王典所應棄矣。非但京邑如此，天下州、鎮僧寺亦然。侵奪細民，廣占田宅，有傷慈矜，用長嗟苦。且人心不同，善惡亦異。或有栖心真趣，道業清遠者；或外假法服，内懷悖德者。如此之徒，宜辨涇渭。若雷同一貫，何以勸善。然覩法贊善，凡人所知；矯俗避嫌，物情同趣。臣獨何爲，孤議獨發。誠以國典一廢，追理至難，法網暫失，條綱將亂。是以冒陳愚見，兩願其益。

臣聞設令在於必行，立罰貴能肅物。令而不行，不如無令。罰不能肅，孰與亡罰。頃明詔屢下，而造者更滋，嚴限驟施，而違犯不息者，豈不以假福託善，幸罪不加。人殉其私，吏難苟劾。前制無追往之辜，後旨開自今之恕，悠悠世情，遂忽成法。今宜加以嚴科，特設重禁，糾其來違，懲其往失。脱不峻檢，方垂容借，恐今旨雖明，復如往日。又旨令所斷，標榜禮拜之處，悉聽不禁。愚以爲，樹榜無常，禮處難驗，欲云有造，立榜證公，須營之辭，指言嘗禮。如此則徒有禁名，實通造路。且徒御已後，斷詔四行，而私造之徒，不懼制旨。豈是百官有司怠於奉法？將由網漏禁寛，容託有他故耳。如臣愚意，都城之中，雖有標榜，營造粗功，事可改立者，請依先制。在於郭外，任擇所便。其地若買得，券證分明者，聽其轉之。若宫地盗作，即令還官。若靈像既成，不可移撤，請依今敕，如舊不禁，悉令坊内行止，不聽毁坊開門，以妨里内通巷。若被旨者，不在斷限。郭内準此商量。其廟像嚴立，而逼近屠沽，請斷旁屠殺，以潔靈居。雖有僧數，而事在可移者，令就閑敞，以避隘陋。如今年正月赦後造者，求依僧制，案法科治。若僧不滿五十者，共相通容，小就大寺，必令充限。其地賣還，一如上式。自今外州，若欲造寺，僧滿五十已上，先令本州表列，昭玄量審，奏聽乃立。若有違犯，悉依前科。州郡已下，容而不禁，罪同違旨。庶仰遵先皇不朽之業，俯奉今旨慈悲之令，則繩墨可全，聖道不墜矣。

《周書》卷六《武帝紀下》〔建德六年〕五月丁丑，以柱國、譙王儉爲大冢宰。庚辰，以上柱國杞國公亮爲大司徒，鄭國公達奚震爲大宗伯，梁國公侯莫陳芮爲大司馬，柱國應國公獨孤永業爲大司寇，鄖國公韋孝寛爲大司空。辛巳，大醮於正武殿，以報功也。己丑，祠方丘。詔曰：「朕欽承丕緒，寢興寅畏，惡衣菲食，貴昭儉約。上棟下宇，土階茅屋，猶恐居之者逸，作之者勞，詎可廣厦高堂，肆其嗜欲。往者，冢臣專任，制度有違，正殿别寢，事窮壯麗。非直雕牆峻宇，深戒前王，而締構弘敞，有踰清廟。不軌不物，何以示後。兼東夏初平，民未見德，率先海内，宜自朕始。其露寢、會義、崇信、含仁、雲和、思齊諸殿等，農隙之時，悉可毁撤。雕斲之物，並賜貧民。繕造之宜，務從卑朴。」癸巳，行幸雲陽宫。戊戌，詔曰：「京師宫殿，已從撤毁。并、鄴二所，華侈過度，誠復作之非我，豈容因而弗革。諸堂殿壯麗，並宜除蕩，甍宇雜物，分賜窮民。三農之隙，别漸營構，止蔽風雨，務在卑狹。」庚子，陳遣使來聘。是月，青城門無故自崩。

《周書》卷六《武帝紀下》〔建德六年〕八月壬寅，議定權衡度量，頒於天下。其不依新式者，悉追停。詔曰：「以刑止刑，世輕世重。罪不及嗣，皆有定科。雜役之徒，獨異常憲，一從罪配，百世不免。罰既無窮，刑何以措。道有沿革，宜從寛典。凡諸雜户，悉放爲民。配雜之科，因之永削。」

《周書》卷六《武帝紀下》〔建德六年九月〕戊寅，初令民庶已上，唯聽衣綢、綿綢、絲布、圓綾、紗、絹、綃、葛、布等九種，餘悉停斷。朝祭之服，不拘此例。

《周書》卷六《武帝紀下》〔宣政元年三月〕甲戌，初服常冠。以皁紗爲之，加簪而不施纓導，其制若今之折角巾也。

《南史》卷五《齊紀下》〔中興二年四月辛酉〕百姓皆著下屋白紗帽，而反裙覆頂。東昏曰：「裙應在下，今更在上，不祥。」命斷之。於是百姓皆反裙向下，此服祆也。帽者首之所寄，今而向下，天意若曰，元首方爲猥賤乎。東昏又令左右作逐鹿帽，形甚窄狹，後果有逐鹿之事。東昏宫裏又作散叛髻，反髻根向後，百姓争學之，及東昏狂惑，天下散叛矣。東昏又與羣小别立帽，褰其口而舒兩翅，名曰「鳳度三橋」。帬向後，總而結之，名曰「反縛黄麗」。東昏與刀敕之徒親自著之，皆用金寶，鑿以璧璫。又作著調帽，鏤以金玉，間以孔翠，此皆天意。梁武帝舊宅在三橋，而「鳳度」之名，鳳翔之驗也。「黄麗」者「皇離」，爲日而反縛之，東昏戮死之應也。「調」者，梁武帝至都，而風俗和調。先是百姓及朝士，皆以方帛填胸，名曰「假兩」，此又服祆。假非正名也，儲兩而假之，明不得真也。東昏誅，其子廢爲庶人，假兩之意也。

《北史》卷二《魏紀二》〔太平真君七年〕三月，詔諸州坑沙門，毁諸佛像，徙長安城内工巧二千家於京師。

《北史》卷三《魏紀三》〔太和元年〕八月壬子，大赦。丙子，詔曰：「工商皁隸，各有厥分，而有司縱濫，或染清流。自今户内有工役者，唯止本部丞已下準次而授。若階藉元勳以勞定國者，不從此制。」

《北史》卷三《魏紀三》〔太和十一年〕十一月丁未，詔罷尚方錦繡綾羅之工，百姓欲造，任之無禁。其御府衣服金銀珠玉綾紬錦、太官雜器、太僕乘具、内庫弓矢，出其太半，班賚百官及京師人庶，下至工商皁隸，逮於六鎮戍士，各有差。

《北史》卷八《齊紀下》〔武平六年八月〕辛巳，以軍國資用不足，税關市、舟車、山澤、鹽鐵、店肆，輕重各有差，開酒禁。

《北史》卷一二《隋紀下》〔大業二年〕二月丙戌，詔尚書令楊素、吏部尚書牛弘、大將軍宇文愷、内史侍郎虞世基、禮部侍郎許善心制定輿服。始備輦輅及五時副車。上常服皮弁，十有二琪。文官弁服，珮玉，五品已上，給犢車通幰，三公、親王加油絡。武官平巾幘，袴褶，三品已上，給瓟槊。下至胥吏，服色各有差。非庶人不得戎服。

《舊唐書》卷五《高宗紀下》〔乾封三年二月〕丙寅，以明堂制度歷代不同，漢、魏以還，彌更訛舛，遂增損古今，新制其圖。

《舊唐書》卷五《高宗紀下》〔上元元年秋八月〕戊戌，敕文武官三品已上服紫，金玉帶；四品深緋，五品淺緋，並金帶；六品深緑，七品淺緑，並銀帶；八品深青，九品淺青，鍮石帶；庶人服黄，銅鐵帶。一品已下文官，並帶手巾、算袋、刀子、礪石，武官欲帶亦聽之。

《舊唐書》卷五《高宗紀下》〔上元三年閏三月〕戊午，敕制比用白紙，多爲蟲蠹，今後尚書省下諸司、州、縣，宜並用黄紙。其承制敕之司，量爲卷軸，以備披檢。

《舊唐書》卷一〇《肅宗紀》〔乾元二年四月〕壬寅，詔以寇孽未平，務懷撝挹，「自今以後，朕常膳及服御等物，並從節減，諸作坊造坊並停。」

《舊唐書》卷一一《代宗紀》〔大曆六年春正月〕戊寅，詔：「纂組文繡，正害女紅。今師旅未息，黎元空虚，豈可使淫巧之風，有虧常制。其綾錦花文所織盤龍、對鳳、麒麟、獅子、天馬、辟邪、孔雀、仙鶴、芝草、萬字、雙勝、透背，及大繝綿、竭鑿、六破已上，並宜禁斷。其長行高麗白錦、大小花綾錦，任依舊例織造。有司明行曉諭。」

《舊唐書》卷一二《德宗紀上》〔大曆十四年秋七月〕庚辰，詔鴻臚寺，蕃客入京，各服本國之服。罷商州歲貢樆膠。辛卯，罷天下榷酒。丁酉，詔國用未給，其宣王已下開府俸料皆罷給。

《舊唐書》卷一二《德宗紀上》〔大曆十四年冬十月〕戊午，九成宫貢立獸炭鑪，襄州貢種蔗蒻之工，皆罷之。散官豢豬三千頭給貧民。

《舊唐書》卷一三《德宗紀下》〔貞元九年春正月〕癸卯，初税茶，歲得錢四十萬貫，從鹽鐵使張滂所奏。茶之有税，自此始也。甲辰，禁賣劍銅器。天下有銅山，任人採取，其銅官買，除鑄鏡外，不得鑄造。

王溥《唐會要》卷八八《鹽鐵》　開元元年十二月，河中尹姜師度以安邑鹽池漸涸，開拓疏决水道，置爲鹽屯，公私大收其利。其年十一月五日，左拾遺劉彤論鹽鐵，上表曰：「臣聞漢孝武爲政，廄馬三十萬，後宫數萬人，外討戎夷，内興宫室，殫費之甚，實百當今。然而古費多而貨有餘，今用少而財不足者，何也？豈非古取山澤，而今取貧民哉！取山澤，則公利厚而人歸于農；取貧民，則公利薄而人去其業。故先王之作法也，山海有官，虞衡有職，輕重有術，禁發有時。一則專農，二則饒國，濟民盛事也，臣實爲當今宜之。夫煮海爲鹽，採山鑄錢，伐木爲室，豐餘之輩也。寒而無衣，飢而無食，傭賃自資者，窮苦之流也。若能收山海厚利，奪豐餘之人，蠲調斂重徭，免窮苦之子，所謂損有餘而益不足，帝王之道，可不謂然乎？然臣願陛下詔鹽鐵木等官，各收其利，貿遷于人，則不及數年，府有餘儲矣。然後下寛大之令，蠲窮獨之徭，可以惠羣生，可以柔荒服。雖戎狄降服，堯、湯水旱，無足虞也。奉天適變，惟在陛下行之。」上令宰臣議其可否，咸以鹽鐵之利，甚益國用。遂令將作大匠姜師度、户部侍郎强循俱攝御史中丞，與諸道按察使檢校海内鹽鐵之課。至十年八月十日，勅：「諸州所造鹽鐵，每年合有官課，比令使人勾當，除此更無別求。在外不細委知，如聞稍有侵克，宜令本州刺史、上佐一人檢校，依令式收税。如有落帳欺没，仍委按察糾覺奏聞。其姜師度除蒲州鹽池以外，自餘處更不須巡檢。」

貞元十六年十二月，史牟奏：「澤、潞、鄭等州，多食末鹽，請一切禁斷。」從之。

二十一年二月，停鹽鐵使月進。舊錢總悉入正庫，以助經費，而主此務者，稍以時市珍玩時新物充進獻，以求恩澤。其後益甚，歲進錢物，謂之「羡餘」，而經入益少。及貞元末，遂月獻焉，謂之「月進」。及是而罷。

元和二年九月，給事中穆質請州府鹽鐵巡院應決私鹽死囚，請州縣同監，免有冤濫，從之。

四年十二月，御史中丞李夷簡奏：「諸州使有兩税外雜榷率及違勅不法事，請諸道鹽鐵、轉運、度支巡院察訪，狀報臺司，以憑聞奏。」從之。

五年五月，度支奏：「鄜坊、邠寧、涇原諸軍將士，請同當處百姓例，食烏、白兩池鹽。」從之。

六年閏十二月，户部侍郎、判度支盧坦奏：「河中兩池顆鹽，勅文祇許于京畿、鳳翔、陝、虢、河中、澤、潞、河南、許、汝等十五州界内糶貨，比來因循，兼越興元府及洋州、興、鳳、文、成等六州。臣移牒勘責，得山南西道觀察使報，其果、閬兩州鹽，本土户人及巴南諸郡市糴，又供當軍士馬，尚有懸欠，若兼數州，自然闕絶。又得興元府諸耆老狀申訴。臣今商量，河中鹽請放入六州界糶貨。」從之。

十年七月，度支皇甫鎛奏加峽内四監、劍南東西、兩川、山南西道鹽估，以利供軍，從之。

十三年，鹽鐵使程異奏：「應諸州府先請置茶鹽店收税，伏準今年正月一日赦文，其諸道州府因用兵以來，或慮有權置職名及擅加科配，事非常制，一切禁斷者。伏以榷税茶鹽，本資財賦，贍濟軍鎮，蓋是從權，兵罷自合便停，事久實爲重斂。其諸道先所置店及收諸色錢物等，雖非擅加，且異常制，伏請准勅文勒停。」從之。

十四年三月，鄆、青、兖三州各置榷鹽院。

十五年閏正月，鹽鐵使柳公綽奏：「當使諸鹽院場官及專知納給，并吏人等有罪犯合絞罪者，比來推問，祇罪本犯所由，其監臨主守，都無科處。伏請從今後，舉名例律，每有官吏犯贓，監臨主守同罪，及不能覺察者，並請准條科處，所冀貪吏革心。」從之。

其年九月，改河北税鹽使爲榷鹽使。

長慶元年三月勅：「河朔初平，人希德澤，且務寬泰，使之獲安。其河北榷鹽法宜權停，仍令度支與鎮冀、魏博等道節度審察商量，如能約計課利錢數都收管，每年據數付榷鹽院，亦任穩便。」自天寶末兵興以來，河北鹽法，羈縻而已。暨元和中用皇甫鎛奏，置税鹽院，同江淮兩地榷利，人苦犯禁，戎鎮亦頻上訴，故有是命。

其月，鹽鐵使王播奏：「揚州、白沙兩處納榷場，請依舊爲院。」又奏：「請諸鹽院糶鹽付商人，請每斗加五十文，通舊三百文價。諸道處煎鹽場停，置小鋪糶鹽，每斗加二十文，通舊一百九十文價。」又奏：「應管煎鹽户及鹽商，并諸鹽院停場官吏所由等，前後制勅，除兩税外，不許差役追擾。今請更有違越者，縣令奏聞貶黜，刺史罰一季俸錢。再犯者，奏聽進止。」並從之。

二月三月，王播爲淮南節度使，兼領鹽鐵、轉運。播請攜鹽鐵印赴鎮，上都院請别給賜，從之。

其年五月勅：「兵革初寧，實資榷筦，閭閻重困，則可蠲除。如聞淄青、兖、鄆三道，往年糶鹽價錢，近收七十萬貫，軍資給費，優贍有餘。自鹽鐵使收管已來，軍府頓絶其利，遂使經行陳者有停糧之怨，服隴畝者興加税之嗟。雖縣官受利，而郡府益空。俾人獲安寧，我能節用，其鹽鐵使先于淄青、兖、鄆等道管内置小鋪糶鹽，及巡院納榷，起長慶二年五月一日以後，一切並停，仍委薛平、馬總、曹華約校。比年節度使自收管，充軍府州縣逐急用度，及均減管内貧下百姓兩税錢數，兼委節度、觀察使至年終各具糶鹽所得錢，并減放貧下税數聞奏。」

四年五月勅：「東都、江陵鹽鐵轉運留後，並改爲知院者。」從鹽鐵使王涯請也。

大和二年七月勅：「潼關以東度支分巡院，宜併入鹽鐵江淮、河陰留後院。」

開成元年閏五月七日，鹽鐵使奏：「應犯鹽人，準貞元十九年、大和四年已前勅條，一石已上者，止於決脊杖二十，徵納罰錢足。於大和四年八月二十已後，前鹽鐵使奏，一石以上者，所犯人處死，其居停并將舡容載受故擔鹽等人，並準犯鹽條問處分。近日決殺人轉多，榷課不加舊，今請卻依貞元舊條，其犯鹽一石以上至二石者，請決脊杖二十，補充當據捉鹽所由待捉得犯鹽人日放。如犯三石已上者，即是囊橐奸人，背違法禁，請決訖待瘡損錮身，牒送西北邊諸州府効力，仍每季多具人數及所配去處申奏。挾持軍器，與所由捍敵方就擒者，即請準舊條，同光火賊例處分。」從之。

二年十月勅：「鹽鐵、户部、度支三使下監院官，皆郎官、御史爲之，使雖更改，官不得移替。如顯有曠敗，即具事以聞。」

五年九月勅：「税茶法起來年卻付鹽鐵使收管。」

王溥《唐會要》卷八八《榷酤》 貞元二年十二月，度支奏：「請於京城及畿縣行榷酒之法，每斗榷酒錢百五十文，其酒户與免雜差役。」從之。

元和六年，京兆府奏：「榷酒錢除出正酒户外，一切隨兩税青苗錢據貫均率。」從之。

十二年四月，户部奏：「準勅文，如配户出榷酒錢處，即不待更置官店榷酤，其中或恐諸州府先有不配户出錢者，即須榷酤，請委州府長官，據當處錢額，約米麴時價收利，應額足即止，仍限起請到後一月日内處置。」

十四年七月，湖州刺史李應奏：「先是，官中酤酒，代百姓納榷，歲月既久，爲弊滋深。伏望許令百姓自酤，取舊額，仍許入兩税，隨貫均出，依舊例折納輕貨送上都。」許之。

大和八年二月九日勑節文：「京邑之内，本無酤榷。自貞元用兵之後，費用稍廣，始定户店等第，令其納榷，殊非惠民，今後特宜停廢。」

會昌六年九月勑：「揚州等八道州府，置榷麴并置官店酤酒，代百姓納榷酒錢，并充資助軍用，各有榷許，限揚州、陳許、汴州、襄州、河東五處榷麴，浙西、浙東、鄂岳三處，置官店酤酒。如聞禁止私酤，過聞嚴酷，一人違犯，連累數家，閭里之間，不免咨怨。宜從今已後，如有人私酤酒及置私麴者，但許罪止一身，并所由容縱，任據罪處分，鄉井之内，如不知情，並不得追擾。其所犯之人，任用重典，兼不得没入家産。」

王方慶《魏鄭公諫録》卷一《諫益州北門造綾錦》 益州及北門造綾錦金銀等作。公諫曰：「金銀珠玉，妨農事者也。錦繡纂組，害女工者也。一夫不耕，天下有受其飢。一女不織，天下有受其寒。古人或投之深泉，或焚之通衢，而陛下好之，愚臣不勝其恥。」

《舊五代史》卷一一五《周書六·世宗紀二》 〔顯德二年〕九月丙寅朔，詔禁天下銅器，始議立監鑄錢。案《五代會要》：顯德二年九月，勅云：「今采銅興冶，立監鑄錢，冀便公私，宜行條制。今後除朝廷法物、軍器、官物及鏡，并寺觀内鐘磬、鈸、相輪、火珠、鈴鐸外，其餘銅器，一切禁斷。」《舊五代史考異》。

《舊五代史》卷一四三《禮志下》 晉天福四年十一月，太常禮院奏：議立唐廟，引武德年故事，祀隋三帝。今請立近朝莊宗、明宗、閔帝三廟，庶合前規。詔曰：「德莫盛于繼絶，禮莫重于奉先。莊宗立興復之功，明宗垂光大之業，逮乎閔帝，實繼本枝，然則不緒洪源，皆尊唐室。繼周者須崇后稷，嗣漢者必奉高皇，將啓嚴祠，當崇茂典。宜立唐高祖、太宗及莊宗、明宗、閔帝五廟。」

其月，太常禮院又奏：「唐朝制度，請以至德宫正殿隔爲五室，三分之，南去地四尺，以石爲埳，中容二主。廟之南一屋三門，門戟二十有四；東西一屋一門，門無棨戟。四仲之祭，一羊一豕，如其中祠，幣帛牲牢之類，光禄主之。祠祝之文，不進不署，神廚之具，鴻臚督之。五帝五后，凡十主，未遷者六，未立者四，未謚者三。高祖、太宗與其后暨莊宗、明宗，凡六主，在清化里之寢宫，祭前二日，以殿中繖扇二十，迎置新廟以享祀。閔皇帝、莊宗明宗二后及魯國孔夫人神主四座，請修制祔廟，及三后請定謚法。」從之。《永樂大典》卷一萬七千五十二。

李燾《續資治通鑑長編》卷三 〔建隆三年三月丁亥〕是月，詔增官鹽闌入至三十斤，煮鹻至十斤，坐死。蠶鹽入城市百斤以上，奏裁。又修酒麴之禁。凡私造，差定其罪，城郭二十斤，鄉閭三十斤，棄市。民敢持私酒入京城五十里，西京及諸州城二十里至五斗，死。所定里數外，有官署沽酒，而私酒入其地一石，棄市。此據本志。

李燾《續資治通鑑長編》卷一一九 〔景祐三年八月〕己酉，詔：「天下士庶之家，屋宇非邸店、樓閣臨街市，毋得爲四鋪作及鬬八。非品官毋得起門屋。非宫室、寺觀毋得綵繪棟宇及朱黑漆梁柱牕牖，雕鏤柱礎。凡器用，毋得表裏用朱漆金漆，下毋得襯朱。非三品以上官及宗室、戚里之家，毋得用金釦器具；用銀釦者毋得塗金。非宫禁毋得用玳瑁酒食器；若純金器，嘗受上賜者，聽用之。命婦許以金爲首飾，及爲釵、篸、釧、纏、珥、鐶，仍毋得爲牙魚、飛魚、奇巧飛動若龍形者；其用銀毋得塗金。非命婦之家，毋得衣珠玉。凡帷幔、帟幕、簾旌、牀襦毋得純用錦繡。宗室、戚里茶擔、食盒毋得覆以緋紅。貴族所乘車毋得用朱漆及五采繪，許用黑漆，而間以五彩。民家毋得乘肩輿及以銀樞導從，肩輿毋得過二人。非四品以上官毋得服金帶，嘗受賜者聽服。非五品以上毋得乘鬧裝銀鞍；其乘金塗銀裝絛子促結鞍轡者，自文武升朝官及内職禁軍指揮使、諸班押班，廂軍都虞候，防團副使以上聽之，亦毋得以藍爲絛，白皮爲鞦轡。民庶用氈皮絁紬鞦，京官任通判以上者許權依升朝官例。違者物主、工匠論違制，工匠黥隸他州，募告者賞錢五萬。其過百日而不變毁者坐之。宣徽院、御史臺、閤門、左右金吾街司、開封府舉察上聞。」尋又詔官司所用銅器及鍮石爲飾者，毋得塗金。

李燾《續資治通鑑長編》卷一〇四 〔天聖四年秋七月乙丑〕罷永興軍、秦、坊等州新醋務。初，陝西轉運司言民間買官糟造醋，頗有遺利，已置務榷之，請推其法天下。王曾曰：「榷酒蓋出於前代之不得已，今以經費至廣，未能省去。若又榷醋，則甚矣。」故罷之。

李燾《續資治通鑑長編》卷一五七〔慶曆五年九月〕戊戌，詔河東、陝西緣邊州軍，有以堪造軍器物鬻於化外者，以私相交易律坐之，仍編管近裏州軍。

李燾《續資治通鑑長編》卷一七五〔皇祐五年十月〕壬子，詔三司自今京師百萬倉、左藏庫、都商税務、榷貨務、東西八作司、文思院、事材場、南北作坊、店宅、麴院、内香藥庫、裁造院、作坊料物庫、西染院、陝西折博務、解州鹽池、緣邊便糴糧草、諸茶場、榷貨務、轉般倉、米倉、銀銅坑冶場、鹽井監，仍舊舉官監當，其餘場務課利不及七萬貫者悉罷之，令有司選差人。從宰臣陳執中所奏也。

李燾《續資治通鑑長編》卷一七六〔至和元年四月庚申〕置北京作坊軍匠兩指揮。

李燾《續資治通鑑長編》卷一七七〔至和元年九月〕乙丑，詔：「比聞差官繕修京師官舍，其初多廣計工料，既而指羨盈以邀賞，故所修不得完久。自今須實計工料，申三司。如七年内隳損者，其監修官吏及工匠，並劾罪以聞。」

李燾《續資治通鑑長編》卷一八八〔嘉祐三年十月〕己未，降内侍副都知、昭宣使、果州防禦使武繼隆爲單州都監，尋改海州都監，坐故出内侍省吏闌入御在所死罪，及私役兵匠計庸至百二十二匹，及受洪福寺僧餽遺事，爲諫官所奏，此據《英宗實録》八年七月繼隆復嘉防日所書。《仁宗實録》但云私役兵葺園亭，然《英録》乃云責單州都監，與《仁録》不同。蓋先責單州，尋改海州，百官表并《陳旭傳》可考。《陳旭傳》云：繼隆擅役官兵匠治圃舍，内侍省吏人闌入，罪當死，杖而縱之，旭劾奏，繼隆坐追官爲單州都監。當追一官勒停，特免之。

李燾《續資治通鑑長編》卷一九三〔嘉祐六年五月〕丙戌，詔諸知州軍及兵官許造酒者，毋得賣易及以折物價。

李燾《續資治通鑑長編》卷二〇二〔治平元年六月〕癸卯，貢院奏：「準皇祐四年詔，娶宗室女補官者不得應舉。按貢舉條例，進納及工商雜類有奇才異行者，亦聽取解。今宗室壻皆三世食禄，有人保任乃得充選，比工商雜類納財受官流品爲勝，豈可以姻連皇族，遂同贓私罪戾之人。乞許其應舉，以廣求賢之路。」從之。

李燾《續資治通鑑長編》卷二〇九〔治平四年正月丙寅〕山陵使言：「嘉祐八年山陵所役卒四萬六千四百餘人，今止乞差三萬五千人，諸路轉運司和雇石匠四千人。」從之。

李燾《續資治通鑑長編》卷二二七〔熙寧四年十月丙子〕樞密副使吳充言：「竊見在京及諸路州軍斷配軍民，其中多爲寒餒所迫，冒犯刑辟，竄伏他所，或遇冬寒上道，被創露肌膚，得活者十無一二。國家緣情立法，重輕具有常科，苟元犯止於配流，而必置之死地，殆非聖朝好生、欽䘏庶獄之意。欲乞自今雜犯配軍所坐不至巨蠹者，每遇十一月後斷刺訖，且留本處工役，至二月即遞送所配州軍。其已配未發，遇恩降，並依元斷。如願便之配所者，亦聽。首獲逃軍，當遞還本所者，准此。」從之。《舊紀》書詔罪人遇冬流配者，至中春乃遣。《新紀》因之。

李燾《續資治通鑑長編》卷二二八〔熙寧四年十二月丙寅〕樞密院言：「諸路廂軍名額猥多，自騎射至牢城，其名凡二百二十三。其間因事募人，團立新額，或因工作、榷酤、水陸運送、通道、山險、橋梁、郵傳、馬牧、隄防、堰埭，《要録》：如澶州船坊之類，則因工作而立；如楚、真、泗州裝發之類，則因水陸運送而立；如龍、劍、文州橋閣之類，則因通道、山險、橋梁而立名。若此者，事存而名未可廢。及剩員直、牢城皆待有罪配隸之人，壯城專治城隍，不給他役，别爲一軍。而教閲廂軍亦自爲額。請以諸路不教閲廂軍併爲一額，餘從省廢，其移併如禁軍法。」奏可。遂下諸路轉運司，以州大小高下爲序，始自某州爲第一指揮，差次至某州，凡爲若干指揮，每指揮毋過五百人。河北曰崇勝，河東曰雄猛，陝西曰保寧，京東曰奉化，京西曰勁武，淮南曰寧淮，兩浙曰崇節，江南曰效勇，荆湖曰宣節，福建曰保節，廣南曰清化，川峽四路曰克寧。總天下廂兵馬步指揮，凡八百四十，共爲兵凡二十二萬七千六百二十七人。而府界及諸司，或因事募兵之額不與焉。本志如此，今用之。《會要》特詳，或附注此。

李燾《續資治通鑑長編卷》卷二三三〔熙寧五年五月乙巳〕權度支副使沈起言：「奉詔詳定軍器制度，乞下在京及三路經略司應造作軍器去處及主兵官員，候見取索，監造官與主兵官員躬親詢問工匠，除舊來制度料例已中法度堪任施用外，有無工作弊病不堪施用事件，廣加詢訪諸般軍器，精利經久可立制度及施用之宜，編成文字，監官與兵官保明繳送本所詳考。其逐處監官、兵官或懈慢及不依應供報之人，許本州糾奏。若人匠供析不中制度，人吏行遣稽滯，並從本所牒所屬依理施行。所貴考究精審，早得成書。」從之。《會要》五年五月二十六日事。

李燾《續資治通鑑長編》卷二四八〔熙寧六年十一月丙午〕詔軍器監以殿前馬軍司所相度鞍轡樣，計在京諸軍馬數造給。初，馬軍用大鞍，不便野戰，至是，上始以邊樣皮韉小鞍，用木鞍長韉，迴旋轉射，得盡馳驟之技。仍選邊人習騎者隸諸軍。後上批：「昨降鞍樣，慮數多計置未集，聞諸軍亦有私鞍，大約及新樣，若能自置，即給價錢。」志有此，六月二十七日，可考。

李燾《續資治通鑑長編》卷二六四　〔熙寧八年五月丁丑〕軍器監奏：「自置監以來，比之舊額，軍器數十倍，少亦不減一兩倍，漸見倫緒。惟是在京上等人匠並差在御前生活所，以此有妨製造。今據中書批問事件，謹具分析下項添修創造衣甲，共七千八百五副，比未置監已前，共增造四千八百九件，人工一十四萬七百餘工。御前生活所不係本監統轄，乞自朝廷取索人數。比較造箭一百三十八萬四千餘隻，比未置監已前增造箭三十三萬三千五百隻，多一萬七千五百餘工。內價剩工二千一百二十一工，并擘畫添起逐色造箭工限，向去所省工料不少，弓弩造到工限比未置監已前，增得二萬九千二百餘工。」

上批：「中書、樞密院可再子細看詳軍器監所具析，未知依與不依得朝廷問目？其有內稱即向去所減工料不少之類，不審是何成績及節目，如何考驗？今且於其中比較軍器監與御前生活所所造鞍轡，軍器監每副二百六十一工八分七氂九毫九絲，御前生活所六工六分四氂五毫六絲。」已上見《御集》第六十七卷五月十七日。

王韶言：「陛下如此，恐內外相傾成俗。向來軍器監點檢內臣折剥弓弩，自此成隙。今卻以內臣比較，按軍器監，則內外相傾無已。」上曰：「比屢說軍器監事，若不比較見事實，即中外更以為聽小臣譖愬。今比較見事實行法，乃以明曲直。」王安石曰：「誠要如此，若每事分曲直，明信誕，使功罪不蔽，則天下治久矣。」上曰：「如程昉敢向前勾當，亦為中書察知，故敢盡力。如昨來衛端之該減降，只合科杖罪放，特追兩官。內小臣有罪，行之必不肯少貸。」安石曰：「外臣若如衛端之壞卻許多官物，亦未嘗有科杖罪放卻者。如程昉亦恃陛下以公道主張，故敢盡力。然比苟簡偷惰之衆人，則其危殆亦已甚矣。凡如昉者，衆之所疾，有十件罪發，未抵別人一件。緣別人更相容庇，如昉則衆共攻之，若非人主保庸，即何由自立！不知大臣、執政於內外庶官有何適莫？但內臣即要深行，非內臣即便末減，如此用心，必是姦人內懷愛惡利害，欺罔人主。不知如此人，陛下何故使之執政？」上曰：「如卿有道，豈肯如此，然他人豈免如此！」已上見《日録》五月十五日，今并書。

王韶又言軍器監事不須比較。上以為事不比較，無由見枉直。安石曰：「誠然。庭者，直也。朝廷治事，惟欲直而已，若不考校，何由知其枉直。若為其有勢，且欲含容，亦須待考校見曲直，然後計其勢與罪孰多，加恩末減可也。不然，則無罪之人或蒙譏謗，乃誤受含容之恩，而實遭誣汙之累矣。」已上見六月三日，今并書。

他日，又進呈軍器監比較文字，上曰：「如御前生活所改變橋瓦省功，豈是有指揮令軍器監不如此改變？」安石曰：「自祖宗以來，只是用全木為橋瓦，今御前改為木合成，即未經外庭試驗經久牢固比舊如何。假令比較與舊牢固一般，又省費，即御前生活所可獎。軍器監官員未為有罪，以所造橋瓦是祖宗以來承用法式故也。如昨來三司有人言造三竈，留滯言事，令二年甚困苦，而不為之定奪。及中書差官試驗，果有利如此，乃可以責三司，然朝廷亦不責三司也。今橋瓦事又未嘗有人言此利便於軍器監，而監官沮抑不行，若比三司，尤不可責也。」已上見《日録》六月二十一日，今并書。上曰：「『周道如砥，其直如矢。』匹夫亦須令自盡，況勾當生活所使臣？」安石曰：「御前生活所使臣何緣不獲自盡？中書既比較了便，送與看詳，彼自不肯看詳，不知令比較官如何措置？陛下若尚疑未盡，即容臣等檢尋文字，子細進呈。」上疑比較不盡，蓋比較官向宗儒與生活所宋用臣有隙故也。上曰：「如生活所支食錢，只令依實比較，然卻言緣生活所支食錢，乞朝廷詳酌指揮，便取工匠狀。若支食錢，亦乞依得生活所便憑虛比較。」安石曰：「若謂御前生活所使臣皆陛下近習，當依違之，則誠如聖旨。陛下於宮中，國中，宜為一體，陟罰臧否不宜異同。即有司如此比較，不為過當。且軍器監自然支得食錢，即亦造得如何，抑亦辭以為造不得？若依所乞，支與食錢，待彼造不得，然後重罰，彼亦何辭？若未見其造不得，即令用其說比較，兼已依實比較，然後別更作一節聲說。如此比較，非不平直也。」翌日，進呈比較文字，照驗甚明，上乃大悟。

李燾《續資治通鑑長編》卷三四七　〔元豐七年秋七月辛丑〕夔州路轉運使王宗望乞就成都府置榷鹽司，即兩蜀產鹽之地置場，其井盡榷於官，然後售之於民，收無過一分五氂，歲入無慮三十萬緡，乃乞量損蒲江鹽直，庶幾興利除害，以惠遠民官。成都府、梓州路並為榷鹽禁地，煎鹽户赴官入中，不得私買賣。陵井監之井研、榮州之應靈專置場，各差監官。其餘州縣鹽井少處，就差稅務官兼。無稅務處，委令、佐置場。成都府置轉般都鹽務，受諸場運鹽，先留息錢一分，為元買場課額，令都務增脚税約時價賣，漸抑兼并，常平鹽價。略計兩路共六百井，大井日煎鹽千斤，小井二百，計日收十八萬斤，歲得鹽六千三百七十二萬。約百斤之價爲四千錢，爲二百五十四萬八千八百緡，每緡收息一分五釐，歲收息三十八萬二千三百二十緡。乞降度僧牒五百、銀十萬兩，借兩路轉運提舉司錢四十緡爲本，候三年撥還。其本錢雖當用二百五十四萬有奇，若以法支移，止用今所乞數可足。詔下逐路轉運司詳具可否利害以聞。

李燾《續資治通鑑長編》卷三八五　〔元祐元年八月癸巳〕詔：「太僕少卿高遵惠計會工部及軍器監，取索内外作坊并諸州都作院元管兵匠人數、見造軍器名件及出産材料，造作當據要用軍器，酌中立爲歲課及上供年額，接續應副支遣；其餘非要切名件，並令權住。」《新》無。

李燾《續資治通鑑長編》卷三九〇　〔元祐元年十月癸丑〕又言：「臣奉使遠方，察知民間疾苦及官政未安凡一十事，已嘗具奏。其一，乞減瀘州戍兵，不示賊以形，且省饋運之勞；其二，乞不築雅州城，以節横費，免於遠方生事；其三，乞立催科條約，使轉運司與州縣同任其責，以戒重歛；其四，乞添和買布價，以寬民力；其五，乞減成都機織院小料綾綺，罷監官，免勾行人助工；其六，乞復成都府犀浦、綿州西昌、陵井監貴平等縣，使民户力役均平；其七，乞興州濟衆監鑄減輕錢，庶使疲民不爲爐冶所困；其八，乞詳審改正蔡朦所減鐵價并所奪人户鐵爐；其九，乞開卓筒鹽井，以濟困窮，賴其課入，可助本路之用；其十，乞罷興州青陽鎮銅錫場監官，以減冗濫。凡此十者，或陳一道之利害，或指一郡之休戚，或議一邑，或言一官。以朝廷視之，乃細碎毫末，不足上褈國論，以遠方望之，則皆切近人情，最爲急務。仰惟聖慈願賜采納。」

李燾《續資治通鑑長編》卷三九六　〔元祐二年三月〕己卯，詔：「近年内外官司和雇百姓、剗刷廂軍，興造土木，少有休息。今雨雪不時，亦恐緣此有傷和。應天下見修及合行繕完處，止令合役人漸次修葺外，餘閒慢處宜權罷三年。所有每年例諸州軍剗刷廂軍兵士，除河防、邊防緊急及城壁、倉庫、營、馬棚不可暫闕應副外，亦令權罷差刷三年。如有已剗刷到作匠役兵，立便卻令押歸元處，仍不得以和雇爲名，差雇百姓。所有官司有違，在京御史臺、外路監司覺察按劾以聞。西京奉修神御，並依已降指揮。」《舊録》云：國家承平百有餘年，祖宗時宫室、倉庫，至熙寧上漏旁穿，先帝稍加完繕，時以爲傷和氣。《新録辨》曰：罷繕修以恤百姓，蓋恐懼弭災之盛德。今削去「國家承平」以下三十四字。《新録》今乃全闕此段，蓋脱版，非刪削也。《御集》在二十八日。

李燾《續資治通鑑長編》卷四〇七　〔元祐二年十一月壬辰〕詔：「以度牒五百給都水監。其民户蠲役之半，免起丁；不及半，則就所隸及鄰州工役差防河役夫。不足，以雇直募充。」《新録》削去。

李燾《續資治通鑑長編》卷四〇九　〔元祐三年三月甲子〕詔：「宗室嫁娶，緦麻以上須兩世，袒免須一世有官，非諸司出職及進納、伎術、工商雜類、惡逆之家子孫。若違礙及妄冒者，犯人并媒、保各以違制論，主婚宗室知情與同罪，並不以赦降及自首原減。其非袒免親，乃依庶姓法。」四月十四日，趙屼云云；二十七日，詔云云。

李燾《續資治通鑑長編》卷四二二　〔元祐四年二月壬戌〕先是，户部侍郎蘇轍言：

臣愚拙待罪右曹，俛仰幾歲，訖無小補。竊嘗以祖宗故事，考之今日本部所行，體制既殊，利害相遠，恐合隨事措置，以塞弊源，謹昧死具三弊以聞。其一曰分河渠案以爲都水監，其二曰分甲胄案以爲軍器監，其三曰分修造案以爲將作監。前件三監皆隸工部，則本部所專，其餘無幾，出納損益，制在他司。頃者司馬光秉政，知其爲害，嘗使本部收攬諸司利權，然當時所收不得其要，至今三案之事猶爲諸司所擅，深可惜也。

祖宗參酌古今之宜，建立三司，所領天下事幾至大半，權任之重，非他司比。推原其意，非以私三司也。事權分則財利散，雖欲求富，其道無由。蓋國之有財，猶人之有飲食。飲食之道，當使口司出納，而腹制多寡，然後分布氣血，以養百體，耳目賴之以爲明，手足賴之以爲力。若不專任口腹，而使手足耳目得分治之，則雖欲求一飽，不可得矣，而況於安且壽乎？今户部之在朝廷，猶口腹也，而使他司分治其事，何以異此？自數十年以來，羣臣不明祖宗之意，每因一事不舉，輒以三司舊職分建他司，利權一分，用財無藝。它司以辦事爲效，則不恤財之有無，户部以給財爲功，則不論事之當否。彼此各營一職，其勢不復相知，雖使户部得才智之臣，終亦無益於算矣。能否同病，府庫卒空，今不早救，後患必甚。

昔嘉祐中，京師頻歲大水，大臣始取河渠案置都水監。置監以來，比之舊案，所補何事？而大不便者，河北有外監丞，侵奪轉運司職事。轉運司之領河事也，凡郡之諸埽，埽之吏兵、儲蓄，無事則分，有事則合。水之所向，諸埽趨之，吏兵得以併功，儲蓄得以併用，故事作之日，無暴斂傷財之患，事定之後，除補其闕，兩無所傷。自有監丞，據法責成，緩急之際，諸埽所有不相爲用，而轉運司始不勝其弊矣。近歲，嘗詔罷外監丞，識者韙之。既而復故，物論所惜。此工部、都水監爲户部之害一也。

先帝一新官制，並建六曹，隨曹付事，故三司事多隸工曹，名雖近正，而實非利。昔胄案所掌，今内爲軍器監而上隸工部，外爲都作院而上隸提刑司。欲有興作，户部不得與議。訪聞河北道頃歲爲羊渾脱，動以千計。渾脱之用，必軍行乏水，過渡無船，然後須之，而其爲物稍經歲月，必須蠹敗。朝廷無出兵之計，而有司營職，不顧利害，至使公私應副，虧財害物。若使專在轉運司，必不至此。此工部、都作院爲户部之害二也。

昔修造案掌百工之事，事有緩急，物有利害，皆得專之。今工部以辦職爲事，則緩急利害，誰當議之？朝廷近以箔場竹箔積久損爛，創令出賣，上下皆以爲當。指揮未幾，復以諸處修造，歲有料例，遂令般運堆積，以分出賣之。計臣不知將作見工幾何，一歲所用幾何，取此積彼，未用之間，有無損敗，而遂爲此計。本部雖知不便，而以工部之事，不敢復言。此工部、將作監爲户部之害三也。

凡事之類此者多矣，臣不能遍舉也。故願明詔有司，罷外水監丞，而舉河北河事及諸路都作院皆歸之轉運司。至於都水、軍器、將作三監，皆兼隸户部，使户部定其事之可否，裁其費之多少，而工部任其功之良楛，程其作之遲速。苟可否、多少在户部，則凡傷財害民，户部無所逃其責矣；苟良楛、遲速在工部，則凡敗事之用，工部無所辭其譴矣。利出於一，而後天下貧富可責之户部，而工部工拙可得而考矣。事在職在，臣不得不言，如果可採，伏乞付外施行。

貼黄稱：「三司設案舊職，今外隸膳部、光禄寺，雖所掌飲食帳設，利害非大，如臣所言可採，亦當如上三案分隸户部。」劄子無月日，有「待罪幾歲」之語，轍以二年十一月爲户侍，至三年十一月才一歲也，當在十一月間。於是户部言：「自官制以來，三司所掌錢穀事務，分隸五曹，寺、監皆得主行，官司既無邦計盈虚之責，各物取辦一時，不量户部有無利害因依，横費百端。請令軍器、將作、少府、都水監，太府、光禄寺等處，轄下係應干申請、創修、添修、計置、收買材料錢物、改鑄錢料、興廢坑冶之數，並先申户部看詳檢覆，候與奪定許令造作物數，從本部關赴本轄部分，督責寺、監依功限差工匠造作。内河防急切申稟不及者，聽逐急應副畢，亦申户部點檢。」從之。蘇轍自敍：請復户部三司諸案，朝廷皆以爲然，從之，惟都水如舊。據《實録》載户部所言，略與轍不同，今先列轍奏，後載户部申請。轍奏乃去年冬末，及今施行，當是再奏也。

李燾《續資治通鑑長編》卷四二九 〔元祐四年六月〕乙巳，左諫議大夫梁燾言：「臣伏聞元祐初，中旨罷修京師城隍，都人之心，上下安悦，歌呼鼓舞，傾動里郭。一日復興大役，羣情預爲憂恐，況重困民力，以來怨嗟，輕損國用，其費浩瀚。朝廷以人情未静爲恤，此非安民之道也；以才力未饒爲念，此非節財之理也。此役一罷，兩利俱得，誠爲急務，願留宸斷。」貼黄：「臣訪聞今來費用官錢，每年約九萬餘貫，以四年爲限，每日雇夫二千人；今又促限爲二年，日役四千夫，只是併得年限，元不減得人工，其餘費用，無所省節。臣訪聞西北兩面城壕，開修已有次第，東南方始興工。欲乞先次指揮，更不開修東南兩面，以安人心；仍仰開封府速疾指揮，多出文告，牓示人户，及嚴切覺察妄作名目起動民居之人，結罪奏聞，重賜行遣，庶使輦轂之下，明知朝廷恩意。竊以起遣居人，發掘墳墓，生事死葬，兩不得安，前日羣情驚憂，正爲如此，及中旨罷役，人皆感悦，今來不可卻爲騷擾。伏乞速賜指揮罷去，據見修處，以廣固人兵略爲結齊了當，所有人夫，即令放散，誠爲省便。廣固指揮，自有役兵三千餘人，每年更有諸路差到廂軍二千人，可以責辦工料，漸次修治；舊管使臣、士員，可以分頭管幹。今若不開東南兩面壕地，只用廣固役兵修緝已了城隍，經久誠爲安便。臣聞將作少監胡宗炎在先帝朝曾上地理之説，尤爲詳當。此書必在禁中，乞賜指揮檢討，聖鑒便見利害。如可降出，即乞封付三省，卻令進入。恐歲月稍深，難爲檢尋，欲望聖慈詳酌，下胡宗炎取索副本進入。宗炎見任開封府推官。」七月七日又言，十月十八日可考。范祖禹云云，在五月末見。要考幾月日罷，幾月日卻修。

李燾《續資治通鑑長編》卷四三四 〔元祐四年十月甲寅〕又詔：「開濬濠河事務撥屬京城所管勾，見雇人夫，依放凍例權住和雇，其部役使臣，發遣歸吏部。如將來興工日闕少部役使臣，即具合消人數，踏逐申尚書省。」

李燾《續資治通鑑長編》卷四三五 〔元祐四年十一月〕癸巳，樞密院言：「今擬立法，沿邊州、縣、鎮、城、堡、寨興修工料，闕少廂軍，如係緊要處，方得和雇禁軍，仍奏聽朝旨；事干急速，待報不及者，和雇訖奏。」從之。《新》無。

李燾《續資治通鑑長編》卷四六七 〔元祐六年十月〕丙子，樞密院言：「招軍並委提刑司催捉按舉，遇出巡，據新招到人逐名點檢及保明酬賞。内禁軍不及元等樣者，改刺充以次軍分；不堪披帶者，充厢軍；有手藝者試驗，改刺充工匠，更不支例物。即不堪征役者，厢、禁軍並給公憑，放令逐便。每歲終，逐司類聚轄下招到人數，各申所隸官司。就糧禁軍闕額，委都總管、安撫、鈐轄司選官，與當職官員於厢軍兵級揀選年四十以下者，依等樣添填，仍須年終揀徧。其曾犯徒經決，或曾刺逃走字，或見係十將以上若工匠，或元係官員、將校，蕃部、溪峒化外兩地供輸，及元犯事干機密，妖術訛言，或因不入賊并强盜配到者，並不在揀限。即官司隱庇、占留合揀選人者，徒二年。」《新》削此段。

《宋史》卷四《太宗紀一》〔太平興國七年夏四月〕庚辰，左僕射、平章事沈倫罷爲工部尚書。禁河南諸州私鑄鉛錫惡錢及輕小錢。是月，潤州大水。【略】八月庚申朔，太子太師王溥薨。己卯，詔川峽諸州官織錦綺、鹿胎、透背、六銖、欹正、龜殼等悉罷之，民間勿禁。

楊億《楊文公談苑・賜帶》 腰帶，凡金玉犀銀之品，自樞宰、節度使賜二十五兩金帶，舊用荔枝、松花、倒仙三品。端拱中，詔作瑞草、地球、文路方圓胯帶，副以金魚，賜中書密院。其武臣有宣徽樞密使者，仍舊制。學士三司使、中丞觀察使、管軍四厢主而下，賜二十兩金帶。知制誥賜犀帶涂金魚，亦嘗賜金飾牯犀，副以金魚，非常例。凡面賜紫者，給犀帶。賜緋者，涂銀寶瓶帶。其賜伎術官，雖紫緑，皆給銀帶。出使賜金束帶，兩數如其官秩，刺史而上受邊寄者，辭日亦賜二十兩金束帶。其赴任者，出賜涂金銀帶。諸司使至崇班，出爲邊城鈐轄者，都監者，亦賜金束帶，十五兩、十二兩凡二等。唯駙馬都尉初選尚，賜白玉帶。自親王皇族皆許道服工夫金帶，雕玉、白玉、逍遥、牯犀等帶。《類苑》卷二十五。

楊億《楊文公談苑・賜鞍轡》 鞍轡，除乘輿服，黄金、白玉、雕玉、玳瑁、真珠等鞍，垂六鞘轡，有三領，諸王或賜金鞍者得乘之。宰相、使相賜綉寶百花韉，八十兩鬧裝銀裏銜鐙。參政、副樞、宣徽、節度使、駙馬，綉盤鳳雜花韉，七十兩陷銀銜鐙。學士、中丞、三司使、觀察使，麻皮錦韉，五十兩撒皇素銜鐙。復有三十兩決束鞍，以賜東宮官屬。

陳師道《後山談叢》卷四《太祖置竹木務事材場》 太祖置竹木務於汴上，市竹木於秦晉，由河入汴，有卒千五百人。出材於汴，納材於場，置事材場於務之側，有二三千人。凡興造者受成材焉。其法曰：「有敢請生材者徒二年。」今啓聖院乃其材也，今百年矣，梁栱之際，尚不容發。自置八作司以具雜物，而領以三司修造矣。

佚名《宋史全文》卷二六上《宋孝宗五》〔丁酉淳熙四年十二月〕元質又云：鹽之爲害尤甚於酒。蜀鹽取之於井，山谷之民相地鑿井，深至六七十丈，幸而果得鹹泉，然後募工以石甃砌，以牛革爲囊，數十人牽大繩以汲取之。自子至午，則泉脉漸竭，乃縋人於繩令下，以手汲取投之於囊，然後引繩而上，得水入竈，以柴茅煎煑，乃得成鹽。又有小井謂之卓筒，大不過數寸，深亦數十丈，以竹筒設機抽泉，盡日之力，所得無幾。又有鑿地不得鹹泉，或得泉而水味澹薄，煎數斛之泉，不能得斤兩之鹽。其間或有開鑿既久，井老泉枯，舊額猶在，無由蠲減。或有大井損壞，無力修葺，數十年間空抱重課。或井筒剥落，土石堙塞，彌旬累月，計不得取。或夏冬漲潦，淡水入井，不可燒煎。或貧乏無力，柴茅不繼，虚失泉利。或假貸資財，以爲鹽本，費多利少，官課未償，私債已重。如此之類，不可勝計。臣欲擇能吏前往，逐州考覈鹽井的實盈虧之數，先與推排等第，隨其盈虧多寡，而增損之，必使上不至於重虧國計，下實可以少紓民力，方可施行。詔令元質與李蘩同共相度措置，條具聞奏。元質續奏鹽井重額，沈痼百姓，垂五六十年矣，號呼籲天，而天不聞。陛下亟出所儲，畧無愛嗇，俾不踰時出窮民於水火之中，誠若有所不及，臣親聞歌頌之聲，目覩和平之象，實千載希闊難逢之嘉會。乙宣付史館從之。元質又言簡州最爲鹽額重大，近蒙蠲減折估錢五萬四千餘緡，但官司一時逐井除減，使實惠未及下户。富厚之家動前數十井，有每歲減七千緡者，下等之家不過一二十井，貨則無人承當，額徒虚欠，官司督責不免。望委制置司再將向來已減之數，重行均減，其上户至多者，每歲不得減過二千貫，其餘類推，均及下户。

《宋史》卷三七《寧宗紀一》〔慶元三年〕閏六月甲戌，内出銅器付尚書省毁之，命申嚴私鑄銅器之禁。乙亥，遣衛涇賀金主生辰。甲午，詔留正分司西京，邵州居住。是夏，廣東提舉茶鹽徐安國遣人捕私鹽于大奚山，島民遂作亂。

趙與時《賓退録》卷一〇 任土作貢，三代而下未之或廢，時有損益而已。高宗建炎三年，始詔除金、銀、疋帛、錢穀，餘悉罷貢。盛德事也。《禹貢》以來，歷代史志及地理之書，但載土貢之目，而不書其數。惟《元豐九域志》爲詳。嘗撮一歲所貢，凡爲金二十四兩，登一十兩，利五兩，萬、象、融各三兩。麩金五十五兩，金、饒各一十兩，嘉六兩，眉、雅、簡、資各五兩，衡、昌、龍各三兩。銀四百五兩，桂陽、桂各五十兩，鄂、邕各三十兩，邵、賀、封、端、新、康、南恩、梅、容、昭、梧、藤、龔、潯、貴、柳、宜、横、白、廉、瓊、昌化各一十兩，賓、化、高、鬱林、萬安各五兩。銅鐵一十斤，利。錦三匹，成都。白縠一十匹，襄。隔織一十八匹，泰一十匹，洋八匹。絁七十五匹，汝一十五匹，潁、棣、保定、安肅、陝、威勝各一十匹。花絁一十匹，祁。綜絲絁二十匹，濰。綾一百四十五匹，杭三十匹，蔡、定各二十匹，淄、隨、潤、明、秀、江陵、澧各一十匹，錦五匹。花綾一十匹，兗。白花綾一十匹，梓。綜絲綾一十匹，蓬。雙絲綾一十匹，徐。方紋綾三十匹，開封。仙紋綾五十匹，青三十匹，濰二十匹。樗蒲綾二十匹，遂。蓮綾一十匹，閬。越綾二十匹，越。羅七十匹，真定三十匹，定二十匹，潤、彭各一十匹。花羅六匹，成都。春羅四匹，蜀。單絲羅一十匹，蜀。紗四十匹，相、廬、常、太平各一十匹。方紋紗三十匹，開封。茜緋花紗一十匹，越。輕容紗五匹，越。紬一百四十五匹，洛二十匹，陳、汝各一十五匹，大名、徐、潁、博、雄、永寧、廣信、陝、懷安各一十匹，達五匹。花紬一十匹，大名。綿紬五十匹，簡二十匹，大名一十匹，渠、巴、蓬、忠各五匹。絹六百七十匹，隨、滑、瀛各三十匹，應天、冀、德、濱、衛、深、亳各二十匹，陳一十五匹，密、齊、淮陽、徐、曹、鄆、濮、唐、潁昌、鄭、滄、棣、霸、永靜、乾寧、信安、相、邢、趙、保、順安、渭、平定、岢嵐、寧化、保德、宿、海、泗、滁、廬、濠、無爲、臨江、建昌、涪、昌、雲安、南平、韶、循、南雄各一十匹，廣安五匹。班白絹三匹，誠。布一十五匹，鼎一十匹，梅五匹。絲布二十匹，邛一十匹，果一十匹。紵布一百七十五匹，信陵、楚、和、吉、筠、興國、南安、郴、江陵、安、鼎、岳、歸、漢、綿、邵武、英各一十匹，房五匹。白紵布一百六十五匹，舒、湖、虔各二十匹，郢、蘄、黃、常、睦、宣、歙、袁、道、連各一十匹，開五匹。高紵布一十匹，成都。細紵二十匹，揚。斑布一十匹，榮。葛布二百三十五匹，洪、撫、潭各三十匹，蘇二十匹，隨、壽、光、吉、永、全、普、戎、瀘、富順、泉、興化各一十匹，渝五匹。蕉布一十五匹，泉一十匹，潮五匹。紅花蕉布三十匹，福。練七十匹，建五十匹，和、鼎各一十匹。毛毼一十五段，熙一十段，保安五段。紫茸毛毼一十段，涇。綿一千一百兩，齊、潁、莫、衛、趙、婺、處、衢、梁山、泉、興化各一百兩。氈三十領，慶二十領，豐一十領。白氈三十領，鎮戎二十領，恩一十領。紫茸氈四領，慶。韉氈一十領，京兆。韉皮二十張，同。獐鹿皮三百一十張，海三百張，通一十張。鮫魚皮二十六張，台、漳各一十張，温五張，潮一張。龜殼二十枚，廣。水馬二十枚，廣。鼉皮一十張，廣。翡翠毛二十枚，欽。席一百七十領，常三十領，澶、秦、隴、蘇各二十領，京兆、鄜、寧、坊、鳳翔、汾各一十領。蔍席二十領，開封一十領，潁昌一十領。莞席一百領，揚。簟四十一領，永靜、蘄、睦、饒各一十領，澧一領。藤簟二十領，廣。漆器五十事，湖三十事，襄二十事。瓷器三百一十事，河南二百事，耀、越各五十事，邢一十事。石器二十事，登一十事，萊一十事。水晶器一十事，信。藤器二十事，象一十事，賓一十事。藤盤一面，循。藤箱一枚，惠。柳箱一十枚，滄。銅鑑一十面，太原。青銅鑑二十面，揚。火筯五十對，邠。剪刀五十枚，邠。筆一千管，江寧五百管，宣五百管。墨三百枚，兗、潞、絳各一百枚。硯四十枚，虢二十枚，寧、端各一十枚。紙四千張，越、歙、池各一千張，真、温各五百張。雜色牋五百張，成都。蠟燭九百五十條，鳳翔三百條，汀二百條，成、鳳、晉、絳各一百條，階五十條。花蠟燭一百條，鄧。燕脂一十斤，興元。槵子數珠一十串，象。斑竹一十枝，雷。解玉砂一百五十斤，邢一百斤，忻五十斤。金漆三十斤，台。弓弦麻二十斤，坊。鰾膠一十斤，通。甲香二十七斤，漳、惠各一十斤，台、廣各三斤，潮一斤。青一十斤，代。碌一十斤，代。朱砂四斤一兩，沅、容各二十兩，辰一十五兩，黔一十兩。雲母二十斤，兗一十斤，江一十斤。鍾乳四斤八兩，沂三十兩，韶、連各一斤，房十兩。芒硝一十斤，峽。空青一十兩，梓。曾青一十兩，梓。禹餘糧一十斤，澤。白石英一十二斤，澤一十斤，梧二斤。紫石英二十斤，沂一十斤，兗一十斤。白石脂一十斤，蘇。水銀三斤二兩，辰三十兩，沅二十兩。石膏二十斤，汾。磁石一十斤，磁。陽起石一十斤，齊。長理石五斤，淄。礜石一十斤，太原。石鷰二百枚，永。白菊花三十斤，鄧。人參三十斤一十兩，太原、潞、澤各一十斤，遼一十兩。天門冬二十斤，果一十斤，普一十斤。甘草二百六十斤，環一百斤，德順五十斤，原、蘭、府各三十斤，岷、太原各一十斤。白朮一十兩，舒。牛膝五十斤，懷。柴胡三十斤，麟、豐、火山各一十斤。車前子一斗，開。乾山蕷一十五斤，明。細辛一十斤，華。石斛一十二斤，壽一十斤，廣二斤。生石斛四十斤，廬二十斤，光、江各一十斤。巴戟一十斤，劍。菴蕳一十斤，寧。芎藭三十斤，秦。黃連五十斤，宣三十斤，處、施各一十斤。蓯蓉六十斤，渭五十斤，保安一十斤。防風七十斤，絳三十斤，單一十五斤，齊、兗各一十斤，淄五斤。五味子五十斤，河中。蛇床子二十五斤，單一十五斤，蘇一十斤。杜若一十斤，峽。葛粉一十斤，信。栝蔞根一十斤，陝。當歸一十斤，威。麻黃二十五斤，開封一十五斤，鄭一十斤。知母一十斤，相。仙靈脾一十斤，沂。紫草五十斤，大名。海藻一十斤，萊。高良薑一十五斤，欽一十斤，朱崖五斤。牡丹皮一十五斤，渝一十斤，合五斤。零陵香二十斤，道一十斤，全一十斤。縮砂二斤，白。白藥子五斤，合。天雄一斤，龍。大黃一百斤，鄜。葶藶子三升，曹。連翹一十斤，黃。續隨子三斤，陵井。荊芥一十斤，寧。羌活一十斤，威。木藥子二百顆，施一百顆，萬一百顆。桂心四十斤，桂二十斤，容二十斤。茯苓三十斤，沂、兗、華各一十斤。伏神五斤，華。酸棗仁三斗，京兆二斗，開封一斗。黃蘗五斤，金。五加皮一十斤，峽。杜仲五斤，金。沈香一十斤，廣。詹糖香二斤，廣。檳榔一千顆，瓊。

枳殼一十五斤，商一十斤，金五斤。枳實一十五斤，商一十斤，金五斤。巴豆一斤，眉。紅椒三十斤，黎。買子木二斤，渠。白膠香五斤，金。苦楝子三斤，陵井。紅花五十斤，興元。柏子仁一十斤，陝。地骨皮二十斤，京兆一十斤，虢一十斤。胡粉二十斤，澶一十斤，相一十斤。龍骨一十斤，河中。麝四斤一十一兩，金十兩，均、延、丹、河、通遠、憲、嵐、文各五兩，襄、慶、虢、商、熙、代、茂各三兩，房、忻各二兩。牛黄九兩，密、登、萊各三兩。阿膠七斤一十四兩，鄆六斤，濟三十兩。鹿茸一對，成。羚羊角一十五對，階一十對，龍五對。犀角二株，衡一株，邵一株。蜜三百四十斤，河南路各一百斤，鳳、興各三十斤，晉、隰、石、夔各二十斤。白蜜三十斤，信。蠟四百四十斤，河南、延各一百斤，京兆五十斤，慶、鳳、興各三十斤，隰、石、盧、夔各二十斤，黔、大寧各一十斤。牡蠣一十斤，萊。烏鰂魚骨五斤，明。覆盆二斤，隨。華豆一石，邠。粱米一石，孟。茶一百一十斤，南劍。茶末一百斤，潭。茶牙二十斤，南康一十斤，廣德一十斤。碧澗茶牙六百斤，江陵。龍鳳等茶八百二十斤，建。鹽花五十斤，解。棗一萬一千顆，青。榛實一石，鳳翔。漫繫之簡牘，以廣聞見。

李攸《宋朝事實》卷三《詔書》　仁宗景祐元年四月案《宋史・仁宗本紀》作「五月丁卯」，此作四月，與史互異。詔曰：織文之奢，不鬻于國市。纂組之作，實害于女工。朕稽若令猷，務先儉化，深維抑末，緬冀還淳，然猶杼軸之家，相矜于靡麗。衣服之制，弗戒于紛華。浮費居多，踰侈斯甚，宜懲俗尚，用謹邦彝。內自掖庭，外及宗戚，當奉循于明令，無因習于婾風。其錦背、繡背及遍地密花透背段子，並宜禁斷。西川歲織，上供者亦罷之。

佚名《宋大詔令集》卷一八三《政事三六・財利上・池解池鹽禁詔天聖八年十月丙申》　池鹽之利，民貧所資，近代以來，官有榷法。雖助經費之用，未臻均濟之方，爰命近臣，詳立寬制，特弛煩禁，以惠黎元。

《元史》卷五《世祖紀二》　〔中統〕三年春正月癸亥，修宣聖廟成。庚午，罷高麗互市。諸王塔察兒請置鐵冶，從之，請立互市，不從。忽剌忽兒所部民饑，罷上供羊。命銀冶户七百、河南屯田户百四十，賦税輸之州縣。命匠户爲軍者仍爲軍，其軍官當考第富貧，存恤無力者。

《元史》卷九四《食貨志二・歲課》　山林川澤之産，若金、銀、珠、玉、銅、鐵、水銀、朱砂、碧甸子、鉛、錫、礬、硝、鹻、竹、木之類，皆天地自然之利，有國者之所必資也，而或以病民者有之矣。元興，因土人呈獻，而定其歲入之課，多者不盡收，少者不强取，非知理財之道者，能若是乎。

産金之所，在腹裏曰益都、檀、景，遼陽省曰大寧、開元，江浙省曰饒、徽、池、信，江西省曰龍興、撫州，湖廣省曰岳、澧、沅、靖、辰、潭、武岡、寶慶，河南省曰江陵、襄陽，四川省曰成都、嘉定，雲南省曰威楚、麗江、大理、金齒、臨安、曲靖、元江、羅羅、會川、建昌、德昌、柏興、烏撒、東川、烏蒙。

産銀之所，在腹裏曰大都、真定、保定、雲州、般陽、晉寧、懷孟、濟南、寧海，遼陽省曰大寧，江浙省曰處州、建寧、延平，江西省曰撫、瑞、韶，湖廣省曰興國、郴州，河南省曰汴梁、安豐、汝寧，陝西省曰商州，雲南省曰威楚、大理、金齒、臨安、元江。

産珠之所，曰大都，曰南京，曰羅羅，曰水達達，曰廣州。

産玉之所，曰于闐，曰匪力沙。

産銅之所，在腹裏曰益都，遼陽省曰大寧，雲南省曰大理、澂江。

産鐵之所，在腹裏曰河東、順德、檀、景、濟南，江浙省曰饒、徽、寧國、信、慶元、台、衢、處、建寧、興化、邵武、漳、福、泉，江西省曰龍興、吉安、撫、袁、瑞、贛、臨江、桂陽，湖廣省曰沅、潭、衡、武岡、寶慶、永、全、常寧、道州，陝西省曰興元，雲南省曰中慶、大理、金齒、臨安、曲靖、澂江、羅羅、建昌。

産朱砂、水銀之所，在遼陽省曰北京，湖廣省曰沅、潭，四川省曰思州。

産碧甸子之所，曰和林，曰會川。

産鉛、錫之所，在江浙省曰鉛山、台、處、建寧、延平、邵武，江西省曰韶州、桂陽，湖廣省曰潭州。

産礬之所，在腹裏曰廣平、冀寧，江浙省曰鉛山、邵武，湖廣省曰潭州，河南省曰廬州、河南。

産硝、鹻之所，曰晉寧。若竹、木之産，所在有之，不可以所言也。

初，金課之興，自世祖始。其在益都者，至元五年，命于從剛、高興宗以漏籍民户四千，於登州棲霞縣淘焉。十五年，又以淘金户二千簽軍者，付益都、淄萊等路淘金總管府，依舊淘金。其課於太府監輸納。在遼陽者，至元十年，聽李德仁於龍山縣胡碧峪淘採，每歲納課金三兩。十三年，又於遼東雙城及和州等處採焉。在江浙者，至元二十四年，立提舉司，以建康等處淘金夫凡七千三百六十五户隸之，所轄金場凡七十餘所。未幾以建康無金，革提舉司，罷淘金户，其徽、饒、池、信之課，皆歸之有司。在江西者，至元二十三年，撫州樂安縣小曹周歲辦金一百兩。在湖廣者，至元二十年，撥常德、澧、辰、沅、(静)〔靖〕民萬户，付金場轉運司淘焉。在四川者，元貞元年，以其病民罷之。在雲南者，至元十四年，諸路總納金一百五錠。此金課之興革可考者然也。

銀在大都者，至元十一年，聽王庭璧於檀州奉先等洞採之。十五年，令關世顯等於薊州豐山採之。在雲州者，至元二十七年，撥民户於望雲煽煉，設從七品官掌之。二十八年，又開聚陽山銀場。二十九年，遂立雲州等處銀場提舉司。在遼陽者，延祐四年，惠州銀洞三十六眼，立提舉司辦課。在江浙者，至元二十一年，建寧南劍等處立銀場提舉司煽煉。在湖廣者，至元二十三年，韶州路曲江縣銀場聽民煽煉，每年輸銀三千兩。在河南者，延祐三年，李允直包羅山縣銀場，課銀三錠。四年，李珪等包霍丘縣豹子崖銀洞，課銀三十錠，其所得礦，大抵以十分之三輸官。此銀課之興革可考者然也。

珠在大都者，元貞元年，聽民於(揚)[楊]村、直沽口撈採，命官買之。在南京者，至元十一年，命滅怯、安山等於宋阿江、阿爺苦江、忽呂古江採之。在廣州者，採於大步海。他如兀難、曲朵剌、渾都忽三河之珠，至元五年，徙鳳哥等户撈焉。勝州、延州、乃延等城之珠，十三年，命朵魯不䚟等撈焉。此珠課之興革可考者然也。

玉在匪力沙者，至元十一年，迷兒、麻合馬、阿里三人言，淘玉之户舊有三百，經亂散亡，存者止七十户，其力不充，而匪力沙之地旁近有民户六十，每同淘焉。於是免其差徭，與淘户等所淘之玉，於忽都、勝忽兒、舍里甫丁三人所立水站，遞至京師。此玉課之興革可考者然也。

銅在益都者，至元十六年，撥户一千，於臨朐縣七寶山等處採之。在遼陽者，至元十五年，撥採木夫一千户，於錦、瑞州鷄山、巴山等處採之。在澂江者，至元二十二年，撥漏籍户於薩矣山煽煉，凡一十有一所。此銅課之興革可考者然也。

鐵在河東者，太宗丙申年，立爐於西京州縣，撥冶户七百六十煽焉。丁酉年，立爐於交城縣，撥冶户一千煽焉。至元五年，始立洞冶總管府。七年罷之。十三年，立平陽等路提舉司。十四年又罷之。其後廢置不常。大德十一年，聽民煽煉，官爲抽分。至武宗至大元年，復立河東都提舉司掌之。所隸之冶八：曰大通，曰興國，曰惠民，曰利國，曰益國，曰閏富，曰豐寧，豐寧之冶蓋有二云。在順德等處者，至元三十一年，撥冶户六千煽焉。大德元年，設都提舉司掌之，其後亦廢置不常。至延祐六年，始罷兩提舉司，併爲順德廣平彰德等處提舉司。所隸之冶六：曰神德，曰左村，曰豐陽，曰臨水，曰沙窩，曰固鎮。在檀、景等處者，太宗丙申年，始於北京撥户煽焉。中統二年，立提舉司掌之，其後亦廢置不常。大德五年，始併檀、景三提舉司爲都提舉司，所隸之冶有七：曰雙峯，曰暗峪，曰銀崖，曰大峪，曰五峪，曰利貞，曰錐山。在濟南等處者，中統四年，拘漏籍户三千煽焉。至元五年，立洞冶總管府，其後亦廢置不常。至至大元年，復立濟南都提舉司，所隸之監有五：曰寶成，曰通和，曰昆吾，曰元國，曰富國。其在各省者，獨江浙、江西、湖廣之課爲最多。凡鐵之等不一，有生黃鐵，有生青鐵，有青瓜鐵，有簡鐵。每引二百斤。此鐵課之興革可考者然也。

朱砂、水銀在北京者，至元十一年，命蒙古都喜以恤品人户於吉思迷之地採煉。在湖廣者，沅州五寨蕭雷發等每年辦朱砂八十兩、水銀五十兩。碧甸子在和林者，至元十年，命烏馬兒採之。在會川者，二十一年，輸一千餘塊。此朱砂、水銀、碧甸子課之興革可考者然也。

鉛、錫在湖廣者，至元八年，辰、沅、靖等處轉運司印造錫引，每引計錫一百斤，官收鈔三百文，客商買引，赴各冶支錫販賣。無引者，比私鹽減等杖六十，其錫沒官。此鉛、錫課之興革可考者然也。

礬在廣平者，至元二十八年，路鵬舉獻磁州武安縣礬窑一十所，周歲辦白礬三千斤。在潭州者，至元十八年，李日新自具工本，於瀏陽永興礬場煎烹，每十斤官抽其二。在河南者，二十四年，立礬課所於無爲路，每礬一引重三十斤，價鈔五兩。此礬課之興革可考者然也。

竹之所産雖不一，而腹裹之河南、懷孟，陝西之京兆、鳳翔，皆有在官竹園。國初，皆立司竹監掌之，每歲令稅課所官以時採斫，定其價爲三等，易于民間。至元四年，始命制國用使司印造懷孟等路司竹監竹引一萬道，每道取工墨一錢，凡發賣皆給引。至二十二年，罷司竹監，聽民自賣輸稅。明年，又用郭畯言，於衛州復立竹課提舉司，凡輝、懷、嵩、洛、京襄、益都、宿、蘄等處竹貨皆隸焉。在官者辦課，在民者輸稅。二十三年，又命陝西竹課提領司差官於輝、懷辦課。二十九年，丞相完澤言：「懷孟竹課，頻年斫伐已損。課無所出，科民以輸。宜罷其課，長養數年。」世祖從之。此竹課之興革可考者也。若夫硝、鹻、木課，其興革無籍可考，故不著焉。

天曆元年歲課之數：

金課：

腹裏，四十錠四十七兩三錢。

江浙省，一百八十錠一十五兩一錢。

江西省，二錠四十兩五錢。

湖廣省，八十錠二十兩一錢。

河南省，三十八兩六錢。

四川省，麩金七兩二錢。

雲南省，一百八十四錠一兩九錢。

銀課：

腹裏，一錠二十五兩。

江浙省，一百一十五錠三十九兩二錢。

江西省，四百六十二錠三兩五錢。

《元史》卷四《世祖紀一》 〔至元二年六月丙申〕禁諸王擅遣使招民及徵私錢。戊戌，太陰詔諭十路宣撫司並管民官，定鹽酒稅課等法。

《元史》卷四《世祖紀一》 〔至元二年六月丁巳〕罷金、銀、銅、鐵、丹粉、錫碌坑冶所役民夫及河南舞陽薑户、藤花户，還之州縣。賜大理國主段實虎符，優詔撫諭之。命李璮領益都路鹽課。出工局繡女，聽其婚嫁。

薛應旂《憲章録》卷一一 〔洪武二十七年冬十月〕上諭工部曰：「邊境土木之工，必度時量力，順民情而後爲之。時可爲而財力不足不爲也，財有餘而民不欲不爲也。必有其時，有其財，而民樂於趨事，然後爲之，則事易舉。今雲南土曠民稀，軍餉轉輸，民力甚勞苦，若復加興造之役，非惟時力未可，於民亦有所不欲。岷府姑爲棕亭以居，俟十五年後民富力紓，作之未晚。爾工部遣人馳驛往諭雲南守臣罷其役。」

《明成祖實録》卷一百十七 〔永樂九年七月癸未〕四川富義等鹽課司天山井竈丁言：「天山井歲納鹽十一萬五千斤，今所出不能如數，皆須買補。潼川州鹽亭縣舊有古跡、姐要二井，乞得開煎，以補所虧之數。」從之。

《明英宗實録》卷十九 〔正統元年閏六月辛未〕行在四川等道監察御史郭原等奏：「法司鞫問雜犯，死罪以下，有力者運磚，無力者輸作贖罪。其軍職受賕贖死者，運磚畢調衛。今畏調，惟欲輸作，遷延希免，遂致缺官辦事。」上以爲然。命軍職運磚贖死者，依限運畢調衛，勿庸輸作。無力運磚者，死罪於甘肅守備；五年徒流罪，於赤城獨石依限守備，畢日兵部查究處之。

王錡《寓圃雜記》卷五 國家儲積，多倚東南，惟蘇爲最。永樂、洪熙間，徵斂制下，多侵克，官得其十三四五而已。宣德五年，上命周文襄公來巡，首延父老講求利害，創立「調收」之法，委曲詳盡，自此利始歸於上。又得況公爲守，念蘇賦太重，奏減正額三分，七邑計減七十二萬餘石，人稱公有再造之恩。二公既去，後人恒守其法，稍有變更，遂爲民病。故朝廷每遣巡撫及守土之臣，必降璽書申戒，使毋輕改焉。弘治二年，官有喜變法者，不加深思，遽革「調收」，易以新制，糧胥得爲奸利，每石擅增無名之耗三斗，盡入私家，自茲利權復移於下。以今糧胥所增之數叅計，正與況公所減者相當，是乃復徵舊額也。七十二萬石之多，官不得取，民不得免，使二公之良法大壞，甚可嘆也。

《明憲宗實録》卷二十一 〔成化元年九月辛未〕巡撫陝西都御史項忠言：「陝西終南山接連河南盧氏、永寧等處，俱有銀礦，常爲本地奸民聚衆竊取。雖封閉之固，守護之嚴，巡視之謹，而愚民重利，罔畏典刑，接踵徒流，畧無忌憚。將恐見利忘身，所聚益衆，其患有不可勝言者。乞勑法司擬議，通行陝西、河南及有礦去處，更加禁約，有竊取者，依律問罪。仍枷號三月以示衆。若三犯，則奏請裁處。其傷人或聚衆不散者，於法當死，不在枷號之條。庶幾奸民少懲而後患可弭。」上是其言，令該部即與施行。

《明憲宗實録》卷四十 〔成化三年三月辛巳〕内承運庫會計歲用賞賜之費不給，請於浙江等處舊罷銀坑内如例採之。事下户部，覆奏。上以軍民貧苦，開辦之數但準天順二年例從省取之。其浙江、福建二處，各遣内臣一員往督其事。四川、雲南二處，即令鎮守、内臣兼督之。仍諭以勑書，令無得擾害軍民。蓋天順二年前四處銀坑歲辦十萬二千兩有奇，比之常賦爲省。既而六科十三道交章言：「方今國家賦急民窮，銀坑封閉有年，乃復採取，未免勞人，且貽患地方，乞暫停止。」〔招〕〔詔〕以採辦銀課乃祖宗舊制，已從減省，不必停止。

《明憲宗實録》卷一百十四 〔成化九年三月壬寅〕減雲南銀課十分之五。巡按雲南監察御史胡涇等奏：「雲南所屬楚雄、大理、洱海、臨安等衛軍，全充礦夫，歲給糧布。采辦之初，洞淺礦多，課額易完，軍獲衣糧之利，未見其病。今洞深利少，而軍夫多以瘴毒死，煎辦不足。或典妻鬻子，陪補其數，甚至流移逃生，嘯聚爲盜，以致軍丁消耗。近曾奏乞停免，未見允行。切惟國用所以給軍需，今因礦夫而日費糧布，則國用雖足而軍儲耗矣。國用所以養軍士，今因礦夫而日耗軍士，則國用雖充而兵備弛矣；請并停之。」户部覆奏，詔減銀課之半，礦夫稱是。

《明憲宗實録》卷二百一十（成化十六年十二月甲子）户部臣言京民上言：「前此京師錢價，每銀一錢，易錢僅得八十文，錢貴米賤，軍民安業。比因僞錢盛行，銀一錢增至一百三十文，錢賤米貴，而又揀選太甚。小民勤勞，自朝至晡，所得傭直，不能養贍。乞勑都察院出榜禁約，如有揀選者，每一罰十。庶使錢法流通，米價平減。臣等請如先年事例，除僞造并破碎錫錢不用外，自餘不問年代遠近，無得揀選，違者治罪。」從之。

《明憲宗實録》卷二百六十三（成化二十一年三月乙未）工部尚書劉昭奏：「西山密邇京城，國家千萬年風氣攸繫，屢奉旨禁約，不許開鑿。近年軍民人等往往投託内外勢要，或開窯賣煤，或鑿山取石。巡視者畏其聲勢，莫敢誰何！宜嚴加禁約，且差官勘視，如有開鑿坑坎者，姑宥其罪，責令填平。或年久審無證佐，則量起火甲夫役填塹。敢有仍前不悛者，就將本犯枷項當地村市一月，發邊衛充軍。中間若有干礙，應議及内外官員，一體奏聞區處，庶姦頑知懼。」奏上，上曰：「應禁山場，累有榜例曉諭，不許鑿石取煤，内外勢要何得故違？都察院即出榜申明禁約，有犯者如奏處治。」

《明孝宗實録》卷一百四十七（弘治十二年三月癸丑）巡撫湖廣都御史閻仲宇奏：「本鎮地方多流民嘯聚，請下各州縣審覈。有係逃軍、逃匠、逃囚者，各遞解原籍處置。其不係逋逃，願自還鄉者，撫遣以歸。如住久置有産業不願回還者，照例收附里籍，三年之後隨墾田多少，從輕納糧當差。若軍匠冒稱民籍者，從原籍官司查取改正。」從之。

《明孝宗實録》卷一百二十九（弘治十年九月壬戌）鎮守湖廣總兵官鎮遠侯顧溥等言：「本年六月内安陸州大雨，迅雷掣碎城上旗竿，四散委地，闔城駭懼。七月初旬以來，霪雨不止。城垣垛口并公私廬舍多塌，大洪山等處山水泛漲，渰死男婦四十三人，衝流房屋六十餘間、牛馬等畜一百三十餘隻，損壞田地二十餘頃。至十六日，迅雷擊碎吉王府端禮門吻獸并後金柱頭。臣會同撫按及都、布、按三司等官議，謂天變之感召也，必由人事。長沙往年既有草木之妖，今安陸又有迅雷之變，雖所以致之者莫知其由，然不擊他處而獨擊王門，豈偶然哉！意者土木太過，役重賦繁，人心嗟怨，以是上干和氣故耳。蓋吉府房屋造自成化初年，今僅二十餘年，初議修補，價銀不過七八千兩。王少之，奏遣内外官員，一依崇府式樣修蓋。於是前後宫殿、兩廊各門、房屋墻垣，展大鼎新。計用過物料百數十萬銀，米亦餘數萬，歲撥夫匠三萬餘，興工四年，止成急修房屋七百餘間，其餘工程，漫無紀極。況雍王府第，方欲興工，岐府營造未畢，及各邊城垣、墩堡，俱欲修築，此皆不可已者。若吉府房屋未建者可緩，亦宜減省，少節民財。再照舊賜興府郢、梁二府，遺田三千八百三十九頃畝，蘆洲長河湖課三百七十餘兩，俱有原額定數。近者奏各王府并軍民侵佔，委三司等官踏勘撥還，比之原額已過數倍；而本府官屬，又將鄰近小户開墾納糧并多餘田地，一槩謂其侵佔，欲行撥還；及各王府先年奏賜地畝，亦欲丈量分撥，以此文移紛紜，告訐不止，將來必致争競殺人，貽患非小。伏望陛下仰畏天變，俯念小民，勑該部議處。通行各王府，將府第原議急修者，併工修完；可緩者，暫行停止，或量給料價如郡王、將軍事例，聽其自修。其原賜田地、湖北，勘給數目已足者，即令造册奏繳。其餘各王府先年奏討并小民自行開墾起科納糧者，聽從執業，不得分外踏勘擾人，以少蘇民困。」命下其言於所司。

《明武宗實録》卷十一（正德元年三月丁未）六科十三道俱言：「頻年以來，征斂無藝，土地所産者，既疲于額外之供，所不産者，復困於陪納之苦。湖廣、四川杉、楠大木宜停取。凡非土産者，宜勿浪派。他工料，亦宜以荒旱暫停。」工部會議，言：「近年工役繁興，民力甚困。今後凡不急之工，俱不許奏擾。修理其非得已者，聽本部酌量派辦。湖、川木植已到水次者，可以漸解京；餘大木及尚在山中未出者，俱暫停止。」從之。

《明世宗實録》卷一百七十二（嘉靖十四年二月乙巳）刑科給事中王經奉命往蘇、杭督查段疋，事竣還京，條陳織造十二事：「一、戒那移。各省織造銀兩多出里甲丁田并無礙官銀，有司往往取充他用，致虧課額。宜討會一歲合用銀若干，某郡縣徵派若干，應於某項取給，當官驗收，轉解司府給散機匠。一、禁分例。往年織造段疋，估價過高。奸胥黠吏扣除需索，無所不至。故機匠僅得其半，而織造濫惡。宜酌定價值，著爲成規。一、審織户。所司籍機户之貧富，分爲上、中二等，編排甲頭，分派領織，勿使貧猾者蠹其間。一、擇委任。徵派之始，慎選廉幹府佐司其事。織完之後，即委官運解，責令刻期迴銷。一、祛冒領。各省歲造，宜于在官織户，量其産業高下，以爲領織多寡。每十人一連，許其互相覺察。有重名視，規圖分例，及知而不舉者，罪坐之。一、戒專私。出納料價，郡縣長吏宜協僚佐及專管委官公同該局給散，毋得自專，以滋乾没。一、禁截蓋。截蓋之弊，苟紓目前，竟成遡負。宜俟織造通完，方許驗收，依期起解。不得截數零解，以圖拖欠。一、嚴限期。織造銀兩，宜令每歲六月終徵完，七月中解府給散。立限織造，刻期驗納，次年二月終到部。過期者，論治如律。一、處織地。各省如金、衢、温、台、常、鎮諸郡不習挑織者，皆傭他處工匠。宜令諸郡徵價，赴蘇、杭等處機匠領織，官爲督發。一、究抽换。起解段疋，兩頭附織素絲，備書歲月并織役姓名，輕重長短數目，用印鈐記，以防抵易。一、清拖欠。節年段疋銀兩，往往逋負，皆由收頭機户侵牟所致，宜嚴立期限程督之。一、嚴實法。舊例，段疋拖欠及濫惡者，所司皆逮繫論治，或奪俸降級。今法久人玩，宜嚴爲申飭，以示勸懲。」上納其言。

《明穆宗實録》卷三十五〔隆慶三年七月辛卯〕總督薊遼兵部左侍郎譚綸陳理財五事。一通錢法。言：足國，必先富民，欲富民，必重布帛菽粟而賤銀；欲賤銀，必制爲錢法，增多其數，以濟大銀之不及而後可。今之議錢法者，皆曰鑄錢之費與銀相當，朝廷何利焉？臣以爲歲鑄錢一萬金，則國家增一萬金之錢流佈海内，鑄錢愈多，則增銀亦愈多，則藏富之術也。又謂錢雖鑄，民不可强。夫錢者泉也，謂其流行而不息也。今之泉，惟欲布之於下，而不欲輸之於上，故其權恒在市井，而不在朝廷。又識以年號，亦不免有壅而不通之患。臣愚，請朝廷歲出工本銀一百二十萬，分發兩京工部及南北直隸各布政司所在開局，設官專任其事。其所鑄錢，即以備次年官軍俸糧兼支折色之用。以後鑄錢益多，則工本當益省。錢制必輕重適均，每錢十(分)〔文〕直銀一分；不足則稍重其制，鑄錢五文直銀一分。其錢俱以大明通寶爲識，期可行之萬世。從前嘉靖等錢及先代開元等錢，或行或否，悉聽民便。新錢盛行，舊錢當自止。布錢之日，令民得以錢輸官。如税糧起運折色，則銀六錢四，存留折色及官軍俸糧、罪贖、紙價俱從中半收錢，如此則百姓皆以行錢爲便，雖欲强其用銀而不可得矣。一嚴吏治。言：信科之令，即龔黄卓魯不廢。今有司以姑息而獵名，監司以寬大爲得體，上下廢弛，逋負日多。宜勅該部，申明祖宗徵糧法例。在有司，必以任内徵糧之分數爲賢否；在監司，必以任内督糧之分數爲殿最。凡遇陞遷、考滿、行取，撫按官嚴加查覈，必徵解及數者，乃許離任；不及數者留任追徵，或疏名參論。其或以脩舉職業，督責稍嚴，遂致怨謗者，撫按宜加體察舉刺，一本至公。則任事任怨自有其人，而吏治烝烝起矣。一重蠲征。言：今雖民貧吏慢，而蠲征之令亦太數。夫良民奉法而供賦以爲常，敵民梗化而逋賦亦以爲常。在上者槩議蠲免，是朝廷曠盪之恩，不足以勸善而反以惠奸也。臣愚，請自今國家非有大慶，地方非有重災，不得輒議蠲免。其恃頑多逋者，有司嚴法繩之，不得有所寬貸。則良民不至獨累，而敝民亦知畏法。一查額糧。言：國家衆建衛所，棊列中外。除錦衣衛及護衛、儀衛、司蕃牧所，其在外衛所，通計額軍三百一十三萬八千三百名，而武官之數不與焉。其始，軍無缺伍，糧有定額而食常足。今中外馬步官軍大約祇可八十四萬五千有奇，而糧餉積(久)〔欠〕，遠者一二年，近者數月，兵益少而餉益乏，臣所未解也。臣嘗見福建歲派糧，剩銀止十萬兩，至四川、兩廣皆無之，大抵百姓逋負。乞勅户部通行有司，清查原設衛所官軍糧餉登耗之數，及會算原額起運、存留錢糧，造册送部與撫按官查理，則天下之額餉可清。一肅屯政。言：邊屯，諸臣之議備矣，未及腹裏也。腹裏當國初右武，田皆膏腴，寔收子粒足以充軍食之半，且可省坐派，存留民糧，以其半輸邊。臣嘗見蜀府有一護衛，屯田之利，當甲天下。今國家屯田，幾百倍於蜀，而又設官任其事，乃所徵屯種，曾不(是)〔足〕裨軍餉之什一，則法之廢也。蓋今之屯田，軍得買賣，勢豪兼并，名在實亡。武臣不得任法，憲臣亦復怠事。雖有住俸、降級之例，多寢不行，遂使朝廷以天下之屯田，不能當蜀府之兩衛，可慨也！臣請勅該部行各撫按官，嚴督屯田道及管屯都司，備查額數。凡係佔據及兼并者，悉奪還官，分撥軍士，視其丁力壯弱以爲多寡，催徵子粒，毋容逋負。其管屯與掌印官，有催徵不及數者，俱住俸，降級不貸。屯田僉事，歲報撫按覈實，仍報户部稽查，則責成既嚴，屯政可舉。章下户部，覆以錢法一事并條理理財諸疏集議，恭候宸斷。餘皆申飭修舉如綸言。得旨允行。

《明神宗實録》卷二百二十七〔萬曆十八年九月辛亥〕上令文書官到閣傳聖問：「開礦一事，節經諸人題請，如何不見該部覆來？」輔臣申時行等回奏言：「天地生財，本以資國家之用，況今帑藏無餘財，山澤無遺利，則權宜開礦，亦是理財一策。但開礦必當聚衆，聚衆必當防亂。見今山西、河南間礦徒嘯聚，正議驅逐。若官自開煎，恐奸民乘機争利，隱憂愈不可測。且朝廷一切事務苟關大體，皆可不惜小費爲之。若開礦止於求利，必須計算工本，募徒之費若干，防兵之費若干，與開煎所得之利若干。果見出少入多，不爲虚費，而後可斟酌舉行，非造次可因民間私請，隔境遥度，而朝廷便可議開者也。户部所以遲回未覆之意，一者防患，二者惜財，三者恐差官騷動地方，四者亦不欲宣露國家窘急之狀，傳聞四夷，愈輕中國。既蒙聖問惓惓，容臣等傳諭該部，令各撫按官查議具奏，毋使先事張皇，利未得而先釀患，唯聖明採納。」

《明神宗實録》卷三百五十九 〔萬曆二十九年五月丁未〕吏部尚書李戴等條上旱災封事，言：「自去年六月不雨至今，三輔嗷嗷，民不聊生，草茅既盡，剥及樹皮。夜竊成羣，兼以晝刼。道殣相望，村室無煙。據巡撫汪應蛟揭稱，坐而待賑者十八萬人。過此以往，夏麥已枯，秋種未布，使百姓坐而待死，更何忍言；使百姓不肯坐而待死，又何忍言！加以頻直四夷之警，連興傾國之師，車殆馬煩，行齎居送，按丁增調，踐畝加租，此時税賦之額比二十年以前不啻倍矣。而礦税之議煩興，貂璫之使四出。不論地有與無，有色礦包税之苦；不論民願與否，有派礦派税之苦。指其屋而挾之曰彼有礦，則家立破矣；彼漏税，則橐立傾矣。以無可稽查之數，用無所顧畏之人，行無天理王法之事。大略以十分爲率，入于内帑者一，克于中使者二，瓜分于參隨者三，指騙于土棍者四。而地方之供應，歲時之餽遺，驛遞之騷擾，與夫不才官吏指以爲市者不與焉。陛下但知利源易開，中貴易信，豈知彼剥害小民至于如此！亦豈知今日苦礦苦税之民，即是前日被災被兵之民，重累疊困，咨嗟愁怨至于如此！即如湖廣一省，激變已四五次，而獨近日武昌爲甚。

陛下試思，無知小民何苦而變，誰非姓命，誰無身家？惟其剥削之極無可控告，變亦死，不變亦死，等死耳；求與見害之人比肩接踵而死，死且不恨。故使奸民害良民，大亂之道也。史册所載剥民之代寧有無後患者乎？行之急則禍亦急，行之稍緩禍亦稍緩。急者既倡，緩者必和之。今閭閻空矣，山澤空矣，郡縣空矣，部帑空矣。國之空虚如秋木，脉液將乾，遇風則速落；民之窮困如衰人，血氣已極，遇病則難支。天下礦税之額大略百萬，有如一方有警，如寧夏、播州之役，不知所費百萬止此否？天下礦税四百餘萬，如一方有警，各處效尤，征之不前，運之無路，此四百萬皆能依期至否？平日惟恐天下之財不盡歸内帑，如遇有事，不知内帑之財亦發以應天下急否？平居無事，奪民數錢以失其心；如遇有事，與民數錢不知能即得其心否？臣言至此，不覺肝膽皆裂，聲淚俱下！若謂事必有安無危，則前代所積之財今皆在何處，而獨黷貨之名留于今日。然人主之實惟大業而可傳之後日，獨有令名耳。近時鎮撫司監繫官犯及生員，半因陳奉誣奏，今奉之罪狀既明白，則諸臣罪節有可矜原。酷旱炎蒸，沉淪黑獄，聖明能無惻然？臣等備列班行，同國休戚，不忍不言，所慮者萬民之心與萬民之口，所惜者萬世之業與萬世之名。」不報。

丘濬《大學衍義補》卷三〇《治國平天下之要·制國用·征榷之課·麴醋》

宋諸郡有醋坊，元祐初，臣僚請罷榷醋。紹聖二年，翟思請諸郡醋坊，日息調度之餘，悉歸常平。

元太宗立酒醋務、坊場官，榷酤辦課。

臣按：穀麥既已納税，用穀以爲酒，又税之。造麥爲麴，以醖酒，又税之。用米與醴以爲醋，又税之。是則穀麥一類，農耕以爲食，官既取之，商糴於農，以爲酒爲麴爲醋，官又取之，此一物而三四出税也。嗚呼，此皆末世之事，隆盛之時所無有也。是豈上天生物養民，人君代天子民之意哉。我朝不立酒麴務，而惟攤其課於税務之中，而醋則自來無禁。凡唐宋以來，苛征酷斂一切革之，其取於民也，可謂寬矣。夫天生五穀以爲民食，民無食則死少，食則不飽，民不可以一日而不飽，而可以終身而不醉。上之人何苦而必欲民之醉哉，乃至設務置官以司酒，至于所用爲酒之麴，亦司之焉。殊不思所以爲醉之具，即所以爲餉之物也。去此以爲彼，彼多則此少，必然之理也。太平無事之時，恐其敗民之德，尚不可以不禁。兵荒凶札之歲，必至損民之食，烏可不嚴爲之禁哉。禁酒之策，臣已具于前矣。若夫麴糵之禁，民家自造不過斗者，請聽民自爲之，但不許其以交易貨買。今天下造麴之處，惟淮安一府，靡麥爲多，計其一年以石計者，毋慮百萬。且此府居兩京之間，當南北之衝，綱運之上下必經於此，商賈之往來必由於此，一年之間，般運於四方者不可勝計。嗚呼，費民生日用之資，以爲醺酣荒亡之具，前代以國計，故不得已而取其利，縱之可矣。而今日無所利之，而亦莫之禁。臣不知其何故也。臣請敕所司嚴加禁約，於凡民間造麴器具，悉令拆毁，與凡爲之傭作者，一切勒以歸農。有犯，以與私鹽僞錢同科。如此，則一年之間，亦可存麥百餘萬石，以資民食。民之所有，即國之所有，是即古者所謂藏富于民者也。

畢自嚴《度支奏議·新餉司》卷九《題覆會議採銅鼓鑄五款疏》 題爲遵旨條議採銅鼓鑄規則以濬利源，以裨國計事。專理新餉山東清吏司案呈：案查先該本部題爲借一日之震惕，開萬禩之靈長等事。崇禎三年三月十五日奉聖旨：「採銅廣鑄，用佐軍興。爾部既已商確，依議行。還着各撫、按嚴飭經管官立法慎防，務使利出于地，害不及民，亦不許影借窋取銀礦，致生他端。屯鹽二項着條便宜具奏。欽此。」續該江西道監察御史饒京題爲再伸錢鹽之法仰祈廟堂力行以佐軍需事。本年三月二十六日奉聖旨：「鑄山煮海原係從古足國上策。這錢法鹽政即着饒京同該部科併集羣議條列規則來看，務必利歸公家，永絶私蠹，方爲長便。該部知道。欽此。」欽遵，通抄到部送司，隨將饒御史原題疏章刊刻成書，分送部院卿寺并六科十三道衙門，諮□規則去後，今該各衙門移送議單前來，相應議覆案呈到部。該臣等會同户科都給事中玄默看得天地之利藏于山澤，故齊公鹽筴致富强，漢以屯田破先零，唐以鹽鐵足國用，太祖養兵百萬，不費民間一粒粟者，正藉此三大政耳。顧年月寖久，桑滄變易，屯田每甌脱而失其故，鹽法因浮課以壅其流，鼓鑄雖設，終鮮子母。臣部幾經講求，幾經申飭，第任事之竭忠，未必如議事之嘔心。未幾而扞格，未幾而廢弛，臣部所爲欲借箸于諸臣者素矣。今因臺臣之條奏，參諸臣之議論，除屯鹽二款新奉聖諭焕頒，容再行考覈確奏外，所有採銅鼓鑄一應取效最捷，議者謂商賈之銅實出于礦中而□禁官採者惑也。惟是得失相倚，利害參半，明旨所謂立法慎防，務使利出于地，害不及民，真可謂長慮而却顧矣。謹將開採爲五款臚列如左，以聽聖裁。

計開：

一、議慎重開端。議之者，憲臣易應昌，臺臣饒京、沈猶龍、史垄、張茂梧也。該臣等看得鑄山之利從古記之，然當久封之後而忽爲創舉，未免駭人耳目，大懼未能獲利，先以釀亂，誠不可不慎也。臣前備兵秦塞，該省秦州、蘭州、階州、文縣、禮縣等處皆有金、銀礦砂，小民私自掘採，一呼而聚，動至千萬，官兵驅逐，或至拒捕。今若一旦下採山之令，金銀襍揉，人競趨羶，地方騷動，萬分可慮。今議秦中□悍而多盗，似不宜先開多開。即開亦只可擇真正銅礦，量開數處，各以土兵□而守之，其北直、河南、山東、山西亦然。開得金銀者，仍遵新奉明旨亟行封閉。倘私自開採不報者，經管官從重治罪。其省直原無銅礦者免開。蓋他郡有平原，自無耳，惟滇、蜀遠省，風氣和易，可無深禁。夫有礦附近地方，必皆有兩道所養之兵及額設民壯人等，縱不能臨陣殺賊，獨不能自衛於開採？數日之間而消弭，其或然之變乎？合無行令撫按擇銅山利厚者，酌議開採。選委廉能膽識道臣提挈於上，清勤敏練府佐分理於下，設法關防，多方調劑。要在朝廷實受鼓鑄之利，而海内不驚開採之名。善乎！臺臣沈猶龍之言曰：訪得一二廉幹之臣先行一二路，約取利而多防害，令行禁止，然後取其成法，折衷爲式，推之□□，務斷貪人僥幸之根，而後事可永久無弊。此今日之確論也。

一、議謹防流弊。議之者，樞臣郭尚賓，憲臣易應昌也。該臣等看得大凡開採處所有等市儈積棍叢集爲奸，借口識礦□，望人之墳墓，指人之房屋，而混行開鑿者，監督官失於覺察，反爲假借恐嚇蚩蚩小民，一爲陷害，如墮機阱。即使賄□買免，而使費已是不貲，財産幾於半耗矣。朝廷未得其利，閭閻先受其害，是官廠反成騙局，甚非立法之初意也。今後但報産銅地方，開採處所，俱令經管道臣親身踏驗，指授可否。果係墳墓、房屋所在，即令有礦，亦准豁免。至於場圃、耕牧之所，一槩不論勢族豪右，不得把持阻撓。所有取砂開爐各工作食貲，俱取給于該布政司□□□□□□□□□□，府佐□□□□查驗。要見每日採砂若干，鎔銅若干，□日一報該道，該道十日一報撫按，撫按每雙月造册報部查考。若工繁利寡，得不償失者，許申明停止。更聞昔年開採之時，有派里長，派殷實，按擔石之儲□以領銀買銅，中間賠墊有差。甚之銅已輸官，銀領無期，黔首靡所呼籲，上司若罔聞知，則厲民亦豈所以濟公乎？仍宜痛加禁革，毋視民艱爲膜外者也。

一、議收買銅砂。議之者，臺臣史垄也。該臣等看得鑿山取銅必用礦夫工役，各經管官第責成礦頭議給工食，使採砂盡數交官，非不可防夾帶之弊，但工食按日而支，此輩亦惟計日求食止矣，又誰肯揀苦工爲公家用者。恐取值之心終不勝其捷得之心，則支給工食之議終不如官民照例分取之爲便也。但恐自爲鎔冶，則有私爐，即存私販，是又明開以竊取之路，而銅之利亦不復盡爲公家有。合無以官六民四定額，而於銅廠内多之官爐，除入官六分酌議工值，照數支給責令鎔化外，卽礦夫應得四分亦令□爐併鑄。即一時鎔化不及，不妨量行□鑄。易如每砂百斤可煎銅若干，每銅百斤值銀若干，定爲畫一之規，盡行收買入官。銅於開採之所，其價值自省且取數更奢也。若買砂之銀聽該布政司通融借用，但要隨用隨補，不許竟自開銷，致虧正額。如是，則銅之利盡爲朝廷用，而私販者無所行其奸，私鑄將不禁而自絶矣，又何憂錢法之壅乎？至産銅處所，除官山無論外，若係民間額賦田畝，又無容奪取之，或爲豁糧，或爲議租，勿令利歸官而害貽民，斯生財之善術矣。

一、議廣行鼓鑄。議之者，科臣許世蓋、劉□儒，臺臣喻思恂也。該臣等看得向來因遼餉不敷，令十三省各開鑄局，取其利息以供臣部之用。議以本省右布政任之，乃旋行而旋罷者，只以銅、鉛價值太貴，除鑄本工費外，爲息無多耳。今開採者自公家，而銅爲官銅，亦可省商賈之價值矣。合議産銅地方附近州縣，不許鼓鑄，止於省□開爐，仍總其成於右布政使。其本省無銅而取銅隣境者，亦如之。若地僻道遠而不願鼓鑄者，聽如各省差官赴隔省採買，各給印信、批文，經過關津地方嚴查斤數，磨對批文，不許夾帶作弊。其本地管廠官亦須查照原估，當官公賣，但不許私相授受，致嫌瓜李。即内供紅黄二銅，亦准於此中採買，聽監督道臣收貯，如在京寶泉、寶源二局，差官取用以備水脚，免給工食。至於各省鑄造銅錢，務求輪廓精好如京錢式，三七、四六相搭，給散官俸并工食等項，除還過水□爐役工費等項，每季採鑄得息若干與存留銀兩一體解京充餉，但據其息之有無、利之多寡，即可以定開採司鑄□之殿最矣。又恐開採伊始，一處難以盡應各省之求，如本地商販堆有銅鉛者，不妨平價買之以佐鼓鑄之不給，第不許夾帶私販，漸積生奸耳。

一、議委任得人。議之者，憲臣易應昌，通政使劉重慶，科臣孫紹統、馮杰也。該臣等看得開採之役事屬創舉，臣前疏責成撫按委任就近道臣以董其事矣。夫委任非難，而得人善任爲難。如道臣責任地方，有兵馬錢穀，有官評訟獄，事務煩劇，難以兼理，即憲司多賢者，果能人與地相宜乎？議者之口果能如任者之實乎？此一役也，非有幹辦之才具，不能統核；非有沉静之識力，難以彈壓。何以防奸民之盜侵，何以消無藉之亂萌，非□理于平時而應機于一朝者，亦不堪任。或吏部遴選，或本處調用，顓委有才望有心計道臣，給以專勅，督理開採。事務有總理，即有分任。州縣正官，萬不能舍民社而别營，非府佐不可。然果皆皎自好者乎？必須選委廉能精細府佐或甲科推官，俾其一意料理稽查。其人剔釐奸弊，聽自展布，無掣手足，勿養奸，勿生事。其撫按部科殿最，總以採銅之多寡爲主，有闒茸染指者，不時參處；果能經理著績，不妨破格超擢。道臣優以節鉞，府佐即晉清華，爲賢者勸。語曰：有治人，無治法。則得人專任，又今日之急務矣。

以上五款防擾害而杜私竇，權子母而重責成，無非言開採之規則□鼓鑄之大端，但疆域各别，措置異宜。臣等聞見未必盡真，推行未必盡利，所賴撫按諸臣提綱挈領，同心共濟，不撓旁議，不阻勢豪，就中或另有喫緊機局的確情形，不妨隨時條議入告，聽自宸斷，以導利源，以助軍興者也。恭候命下臣部，移文各該衙門，一體遵奉施行。

社會調查所《清代題本·採辦織造及各項工程》　順治六年十二月十一日到

順治六年十月　日，欽差總理糧儲、提督軍務、巡撫江寧等處地方、都察院右副都御史土國寶揭，爲謹陳折徵官布三大便益，仰祈聖明採擇事。切惟官布一項，每年僉解員役領銀入手，採辦十無一二，而烹侵者八九矣。比催不靈，逋欠累積，在明季數載無解，經徵參罰，領解杖斃，究何益之有哉。職今釐剔到此，輾轉思維，莫如折徵爲第一良法，一則永杜侵欺，一則易便採辦，一則澈清掛欠，用敢爲皇上、皇父、攝政王陳之。夫布原稀鬆，僅供拂拭，用既有限，何必過費金錢？且辦解巨奸，銀則中飽，布則子虛，歷年積弊，誅不勝誅。惟是按額折徵，附于京邊項下一并解部，朝廷已收實用，帑藏全無漏卮，所謂侵欺永杜者此也。夫銀已折徵，謂布必不可辦乎？非也。設或需用，要皆緊線堅密，非稀鬆之比，應辦若干，勅下採買。如近准户部咨文，或用青藍，或用五色不等，照時平買，計日湊完，其價總于正項開銷，既不累下民之久困，復可應上供之偶需，所謂採辦易便者此也。解布原屬苦役，始而放給錢糧，官吏有扣克之弊，繼而督催完辦，承胥有需索之弊，甚至驗布押行，中途有花費之弊。今若用布則以銀貿布，不用布則以布折銀，折徵一定，諸弊皆絶，不惟完解不敢後時，亦且絲毫不敢拖悞，所謂掛欠澈清者此也。合蘇、松、常三府，歲該辦布三十一萬二千七百七十四疋，額編解扛銀一十萬六千八百六十二兩二錢，折徵之後，盡歸正供，而侵漁大蠹，已無所用其奸，且更有鋪墊水脚動以萬計，倘邀聖恩免編，小民沾涓滴之仁，否則仍行照數徵解，或伺部文湊給買布，亦無不可。至於青藍五色等布，不用則已，用則附於織造衙門袍船帶解，不煩雇船多費，尤爲三大便益之外，更有此節省之着也。職謹會同按臣金元禎合詞具題，伏乞勅部議，覆行職等遵奉施行。爲此除具題外，理合具揭，須至揭帖者。

社會調查所《清代題本·採辦織造及各項工程》　順治九年二月初八日到

順治九年正月　日，巡按山西、監察御史劉嗣美揭爲機户苦累弗堪，皇紬歲供難繼，籲請聖裁蠲免，以廣皇仁，以蘇民困事。職奉命以來，仰體皇上愛民至意，諸凡地方之利病，職分可以自行者，業已漸次興除，不敢煩瀆聖聽。今有皇紬一事，職初入境時，即有長治縣機户崔進才等，高平縣機户楊國選等數百人遮路號哭，極訴其苦，職即批行該道府縣詳申其害，鑿鑿可矜，職以事關上供，未敢遽信。茲巡歷潞安，親行體訪，細查其事，實有困累已極，不容時刻緩者。皇上每以安民爲念，職目覩百姓疾苦，敢不爲民請命也。皇紬織造有例，我朝每疋加價銀五兩，皇仁浩盪已屬額外矣，但今昔時勢，物價人工實有大相懸絶者，謹爲皇上陳之，夫明季織造計數四千九百七十疋，定例十年一造，三年一運，九年解完。

彼時長治縣紬機九千餘張，高平縣紬機三千餘張，潞州衛紬機一千餘張，共計三處紬機一萬三千張有奇。夥造此紬，且絲價每斤不過一兩，工匠米食、染造物料俱賤，每疋費銀十兩，領價五兩，衆擎易舉，殊不爲難。至明末連遭饑饉，機户餓死，機張已去其半，民不聊生，故數年停止，並無織造。即我朝順治四五年間，户口凋殘，機毁匠逃，兩縣尚有機二千餘張，雖民亦稱苦而猶竭力勉供，至六年間復遭姜逆蹂躪，紬機燒燬殆盡，機户有死於鋒刃者，有避難遠逃者，人工愈少，物力更艱，殘喘孑遺，兩縣機張僅存三百有奇，況今絲價騰貴，每斤值銀四兩，染價七錢，每疋用絲四斤已值銀十八兩有餘，工匠米食費銀五兩，是每疋費銀二十餘兩，載運使費又不可勝數，雖領價十兩，尚每疋賠銀十餘兩，計數三千疋則每年賠銀三萬餘肉。以三百張貧窮機户之家，每年有三萬兩賠累之苦，其何能堪。且每年爲例，年復一年，舊數未完，新數又至，民膏有限，供應無窮，雖欲剜肉補瘡，甚至無肉可剜。竊恐見存三百張機户之家，勢必胥至於逃亡，則織造愈無其人，上供民命，兩病之矣。況皇上愛養百姓，如織造絨氈、磁器、柑橘等項，大沛皇恩，盡行蠲免，若知民間有如此之苦，亦必爲之惻然者，職職司安民，據實入告，惟祈皇上特恩蠲免，解兹倒懸，如此紬乃上供亟需，必不可廢者，亦或減其數目，寬其年限，庶民力少甦，逃亡漸歸，人衆則事易辦，上供常繼，朝野兩便，實長久無弊之道也。職謹會同撫臣劉弘遇合詞具題，事關民瘼，字稍逾格，統祈聖鑒裁酌施行。爲此除具題外，理合具揭，須至揭帖者。

社會調查所《清代題本·採辦織造及各項工程》 乾隆二年十月二十一日内閣下工部。乾隆二年十月十九日，議政大臣、武英殿大學士、兼吏部尚書、兼管工部尚書事務、加四級紀録三十七次臣邁柱等題爲據實查明擬定成規事。先經工部摺奏内開，各省修建城垣倉廒各項工程文册，多關錢糧大小事件，皆宜慎重。若概准行，則恐錢糧浮冒，且至草率工程。若必逐件駁查，又恐遷延悮事且致書吏勒索。揆厥由來，皆緣工程做法，物料價值，未有一定規條，止憑頂案銷算，頂案之例，不能畫一，書吏之手，得以上下。欲駁則查一不符之前案，欲准則查一相合之舊規。在堂官以爲違例宜駁，所以慎重錢糧，而書吏則在外恐嚇，以爲是不給飯銀之過。在堂官以爲合例宜准，所以早完案件，而書吏則在外誇張，以爲是既給飯錢之功。此所以雖有清慎之堂官，欲禁外人之貪求，革書吏之需索，而終未能盡去也。臣等細閱駁查之故，非因價值不符，則緣物料多用夫各省，物價之貴賤，原屬無定，工程有緩急，物産有多寡，運道有遠近，若槩以一定之價銷算，非失之有餘則失之不足，此不可以部例繩之也。至各工所需之物料原屬有定，城工每段長寬高厚既定，則所需土石自有定數，倉廒衙署每間面潤進深既定，則所需木料磚瓦自有成規，物料既定則所需匠夫亦可核計，而各省工册不能如法計算以致浮冒舛錯，此不可不以部例繩之也。臣等請將各省物料價值，勅下各省督撫，將工程緩急物料貴賤悉心查訪，務照本處市價確估，題明九卿會議具奏刊册頒行。至工程做法，物料多寡，臣部選派能員，會同内務府詳細估計，凡城垣高厚丈尺若干，應需土方磚石若干，房屋深濶丈尺若干，應需木料磚瓦若干，成造物料若干，應需匠夫若干之處，如法核算，酌定成規，會同九卿定議具奏，刊册頒行。嗣後各省凡有工程，但須報明丈尺，丈尺既明，則據臣部所定做法核算物料，物料既明，則據各省所定價值核算錢糧，條例昭然如指，諸掌書吏人等無由上下其手。倘嗣後臣部駁查有不合成例者，准督撫奏明，交部議處。如各省所造工册尚有違例舛錯之處，臣部即行題參。如此則承修者既無由浮冒，銷算者亦不能藉端核減，庶於工程錢糧均有裨益。雍正八年十月十二日交與奏事郎中張文彬等轉奏，本日奉旨：「這所議好，着依議行，欽此。」欽遵。

該臣等會議得先經工部於雍正八年十月内，因各省題銷事件工程做法，物料價值，未有一定成規，止憑頂案銷算，頂案之例不能畫一，胥吏得以上下其手，欲准欲駁，任意輕重，奏准行令各該督撫等將修造工程緩急，物料貴賤，悉心查訪，務照本處市價確估，題明九卿會議具奏刊册頒行在案。嗣據各該督撫將軍陸續查訪，造册具題，工部查册開物料價值，有未分晰緩急者，有未聲明丈尺斤兩者，有未開載道路里數者，查物料内之磚瓦灰石，若不計其尺寸斤兩，其間輕重長短濶狹厚薄不一，恐難估計，其運送物料之脚價若不開載明白，遠近里數難以核算，未便遽議。隨復令另造細册，又恐各處地道不同，物料名色有互異處所，復將京城各工做法，物料名色，繪畫圖式，咨行各處查明一并造報去後。前據湖南巡撫寧古塔將軍、黑龍江將軍、直隸總督，山西、福建、江西、河南、浙江、陝西、山東、四川巡撫，奉天府尹，遵照查明，分晰造報，工部派員查核明晰，造具細册，經臣等會議題准，并將雍正十二年會同内務府題明工程做法，頒行各該督撫、將軍、府尹等遵照在案。今蘇州、湖北二省物料價值暨江西省補送物料等項俱造册咨送工部，除蘇州、湖北二處所送册内有未經分晰緩急價值，及湖北省新設之來鳳等縣未經造送者，工部已咨行各該撫分晰聲明，造具清册，應俟造册咨送工部核明之日，臣等同各省續到物料價值册籍，一併陸續會議具題外，所有蘇州、湖北所送册内物料價值其已經詳細分晰者，并江西省補送物料價值，工部造具細册會議，臣等逐細詳查，俱已妥協，謹繕黄册恭呈御覽，俟命下之日，工部將該省物料價值并雍正十二年會同内務府題明工程做法，照册頒行各該撫，嗣後凡有工程，悉照依册開做法價值奏銷，永遠遵行，倘因時價偶有低昂必應增減者，該督撫於奏銷案内據實聲明具題。嗣後各該省凡有報銷工料銀兩，及從前已經報銷經工部駁查未經核准者，俱照各該省現今議定題准之例畫一辦理可也。再此案係工部主稿，合并聲明。臣等未敢擅便，謹題請旨。

硃批：依議，册留覽。

《清世宗實録》卷四十八〔雍正四年九月丙午〕諭户部：去年莽鵠立奏稱長蘆竈地久未清查，以致民竈争控不已。請將竈户灘地從前售與民人者，許其回贖。如無力者，仍許現在耕種之民收租納糧，俟原業竈户有力之日，再行回贖等語。比經九卿議覆准行。近聞當年竈地轉售與民，其年分久遠有百餘年者，業主售主多半變更，即有子孫，當時價值多寡，亦俱遺忘。或有逃亡等户，更無從質問，以致同姓影響之人，彼此争贖，紛紛告訐，實滋煩擾。若必俟原業竈户有力之日回贖，儻或始終無力，則此項地畝久久竟成民地，亦非清查竈地之良法。朕意以爲不若將竈户賣與民人之地，交易年近，確有實據者，令竈户備價取贖，其餘年久迷失之地，所有争告無憑詞狀，該衙門俱行註銷。凡民人所有竈地，嗣後止許賣與竈户永遠爲業，如有仍轉行典賣與民者，照盗賣官地律治罪，永以爲例。如此，則數年之後，竈地自漸歸於竈户，而無不清之弊矣。

《清高宗實録》卷一千六十〔乾隆四十三年閏六月丙寅〕軍機大臣等會議：兩淮鹽政伊齡阿奏籌備老少餘鹽，酌定章程。一、各場竈盤鐅，原有定數，設遇增減，必須册報。應飭各分司場員，徹底清查，分晰盤鐅原額及增添各數，按季造報，並於年底將一年産鹽總數報查。至火伏與盤鐅，相爲表裏，每場每歲俱有定額，一火伏出鹽若干，亦有定數。應將稽查之竈頭、竈長甄别揀選充當，由運使給發循環印簿。令場官將煎出鹽數，按日登記，分上、下半月送覈。則火伏日期與盤鐅册數，可以層層比較，永杜私煎。一、淮北海州分司所屬三場，俱係曬鹽，向來鹽池所鋪池磚及地面大小俱有塊數丈尺，因奸丁展寬池面，時增磚塊，且偷挖土池，私曬漁利，以致淮北之鹽漫無稽考。現在嚴飭分司等，逐一履勘，造册報查。並照淮南之例，發給循環簿，按月具報，即遇旺産之年，其鹽觔亦儘數飭商收買。一、巡緝私販，應將各處所設卡巡，責成牧令及佐雜之銜帶鹽務者分段管理。某縣之引不銷，即某卡之私不絶，俱可按籍而稽，分上下半年查報。其銷引如額及有增添者，予以奬賞議叙，銷不如額及積引過多者，官則記過參處，役則責革嚴懲各等語，均應如所奏辦理。一、淮南北附近場竈州縣，向食餘鹽未行片引，請將淮南之通州、泰州、東臺、興化、如臯、臯寧、鹽城，淮北之海州、安東等九州縣俱改爲食鹽口岸，量爲酌增引額。查該鹽政所奏，仍屬收買餘鹽，轉而售賣，民間豈即能不致食貴。應仍交高晉等，會同伊齡阿就通州等各州縣地方情形籌畫定議。至所稱淮北、邳州、山陽等八州縣，向係食鹽口岸，請將各場竈所有餘鹽，量爲增引之處。查前因邳州等州縣，食引壅滯，經鹽政尤拔世奏請將一半融綱，一半運食。今雖地廣民稠，較前繁盛，但驟爲增引，豈遂能一律暢銷，不至復虞壅積。應請一併交與高晉等，會同伊齡阿，將該處實在情形確加體察，再爲妥議具奏。一、海濱窮竈，俯仰之資，惟賴於鹽。因停運之時，綱商未能隨時收買，不若肩挑揹負之衆，晨夕往來，可以任意交易，故以爲便。今飭商收買餘鹽，應確查工本之數，按依時價，源源收買。在竈户自可不致妄想售私，而商人照挑負買鹽之價收買，即令照本轉輸，亦不得過於擡價。查私梟囤販，悉由影射餘鹽，若但令該商等按依時價，源源收買，而窮竈之賣給商人與賣給挑負之民，究無以異，仍恐未能盡杜私售之弊。所有江省現在情形，可否照兩廣之例，將老少鹽名目，永遠革除之處，應令妥協籌議。從之。

《清高宗實録》卷七十〔乾隆三年三年六月癸未〕户部議奏：長蘆鹽政準泰奏：興國、富國、滄州、南皮、寧津、交河、東光、樂陵、嚴、鎮、海、豐等州縣竈場灘地業已丈清，併造册送部。所有應徵銀兩照數按年徵收。應如所奏。至迷失竈地，東省係攤入民佃竈地項下徵收，今直屬雖無民佃另款名糧，應令該鹽政照例設法彌補，以臻畫一。從之。

《清仁宗實録》卷三十七〔嘉慶四年正月〕甲戌，申禁呈進貢物。諭内閣：「朕恭閲皇考硃筆，有嚴禁内外大臣呈進貢物諭旨二道，聖訓煌煌，垂誡至爲明切。夫貢之爲義，始於《禹貢》，原指任土作貢而言，並非崇尚珍奇，所謂不貴異物，賤用物也。我皇考頒諭飭禁，至再至三，祗因和珅攬權納賄，凡遇外省督撫等呈進物件，准遞與否，必須先向和珅關白，伊即擅自准駁，明示有權。而督撫等所進貢物，在皇考不過賞收一二件，其餘盡入和珅私宅。是以我皇考雖屢經禁止，仍未杜絶。試思外省備辦玉、銅甆、書畫、插屏、掛屏等件，豈皆出自己資，必下而取之州縣，而州縣又必取之百姓，稍不足數，敲扑隨之。以閭閻有限之脂膏，供官吏無窮之朘削，民何以堪。况此等古玩，飢不可食，寒不可衣，真糞土之不若，而以奇貨視之，可乎？國家百數十年來昇平昌阜，財賦豐盈，内府所存陳設物件充牣駢羅，現在幾於無可收貯之處。且所貢之物，斷不勝於大内所藏，即或較勝，朕視之直如糞土也。朕之所寶者，惟在時和年豐，民物康阜，得賢才以分理庶政，方爲國家至寶耳。至應進土貢，原爲日用所必需，如吉林、黑龍江將軍每年所進貂皮、東珠、人葠，係該處所産之物，其他如川、廣之藥材，九江之甆器，江、浙之綢緞及徽墨、湖筆，牋紙、茶葉、瓜果等項，原不外任土作貢之義，仍准按例呈進。所有如意玉、銅甆、書畫、掛屏、插屏等物，嗣後概不許呈進。至在京王公大臣每年所得分例，尚不能敷當差之用，豈有餘資，亦不許呈進貢物。若内廷翰林所録御製詩文册頁，及自作書畫等件，尚可呈進，斷不許增入古玩。至各省鹽政、織造、關差等，並無地方理民之責，其應交盈餘銀兩，現今户部查明，方擬酌減，伊等辦公更可裕如，應進貢物，准其照例呈進。再年節王、公、大臣、督、撫等所進如意，取兆吉祥，殊覺無謂，諸臣以爲如意，而朕觀之轉不如意也，亦著一併禁止。經朕此次嚴諭之後諸臣等有將所禁之物呈進者，即以違制論，決不稍貸。特此明白宣示，通諭中外知之。」

《清聖祖實録》卷一百十六〔康熙二十三年七月丙寅〕九卿等議覆：「管理錢法侍郎陳廷敬等疏言：『民間所不便者，莫甚於錢價昂貴。定例每錢一串，值銀一兩。今每銀一兩，僅得錢八九百文不等。錢日少而貴者，皆由奸宄不法之徒，燬錢作銅，牟利所致。銅價每觔值銀一錢四五分不等，計銀一兩，僅買銅七觔有餘，而燬錢一串，得銅八觔十二兩，即以今日極貴之錢，用銀一兩，换錢八九百文，銷燬可得銅七觔七八兩，尚浮於買銅之所得，何况錢價賤時乎。欲除燬錢之弊，求制錢之多，莫若鼓鑄稍輕之錢。每錢約重一錢，燬錢爲銅，既無厚利，則燬錢之弊自絶。錢價平而有利於民。再查産鉛銅地方，因地方官收税，種種作弊，小民無利，不行開採。此後停其收税，任民採取，則銅日多而價自平。』相應俱照所請，通行各省遵行。」得旨：「依議。開採銅觔，聽民自便，地方官仍不時稽察，毋致争鬭搶奪，藉端生事，致滋損害。」

《清德宗實録》卷四百二十一〔光緒二十四年六月〕又諭：「通商惠工，務材訓農，古之善政。方今力圖富强，業經明諭各省，振興農政，獎勵工藝，並派大臣督辦沿江等處商務。惟中國地大物博，非開通風氣，不足以盡地力而闢利源。圖治之法，以農爲體，以工商爲用。現當整飭庶務之際，著各省督撫，認真勸導紳民，兼採中西各法，講求利弊，有能創製新法者，必當立予優獎。該督撫等，務當仰體朝廷開物成務之意，各就該管地方，考察情形，所有頒行農學章程，及製造新器新藝，專利給奬並設立商務局，選派員紳開辦各節，皆當實力推廣，俾收成效。此外疊經明降諭旨飭辦事宜，亦均宜悉心講求，次第興辦，毋得徒託空言，一奏塞責。並將各項如何辦理情形，隨時具奏，將此通諭知之。」又諭：「鐵路礦務，爲時政最要關鍵，現在津榆、津盧鐵路，早已工竣。由山海關至大淩河一帶，亦籌款接辦。其粤漢盧漢兩路，均歸總公司建造，是幹路規模，大段已具。礦務以開平、漠河兩處辦理最爲得法，成效已著，現正一律推廣。惟路礦事務繁重，誠恐各省辦法未能畫一，或致章程歧出，動多窒礙，亟應設一總匯之地，以一事權。著於京師專設礦務鐵路總局，特派總理各國事務王大臣王文韶、張蔭桓專理其事，所有各省開礦築路一切公司事宜，俱歸統轄，以專責成。」

《清聖祖實録》卷一百六十一〔康熙三十二年十一月庚申〕諭大學士等：「今歲畿輔地方歉收，米價騰貴。通倉每月發米萬石，比時價減少糶賣，其糶賣時，止許貧民零糴數斗，富賈不得多糴轉販，始於民生大有裨益。又蒸造燒酒，多費米穀。今當米穀減少之時，著户部速移咨該撫，將順、永、保、河四府屬蒸造燒酒，嚴行禁止。」

陳廷敬《午亭文編》卷三〇《奏疏·制錢銷燬滋弊疏》 再察，前經户部等衙門議覆，錢法侍郎田六善條奏，令天下産銅鉛地方，聽民開採，行令直省督撫，於産銅、鉛處令道官總理，府佐官分管，州縣官專責，税其二分，分別紀録加級。至今開採寥寥，皆因地方官征收其税，滋爲弊端，以致徒爲收税之名，而無開採之實。此後應一切停罷，聽民自便，或有開採，則銅日多，而錢價亦因可以得平也。

王先謙《東華録·康熙三四》〔康熙三十三年九月丙寅〕九卿等議覆：「管理錢法侍郎陳廷敬等奏，民間所不便者，莫甚於錢價昂貴。定例每錢一串，值銀一兩，今每銀一兩僅得錢八九百文不等，錢日少而貴者，皆由奸宄不法之徒毁錢作銅牟利所致。銅價每斤值銀一錢四五分不等，計銀一兩僅買銅七斤有餘，而毁錢一串得銅八斤十二兩，即以今日極貴之錢，用銀一兩换錢八九百文，銷燬可得銅七斤七八兩，尚浮於買銅之所得，何况錢價賤時乎？欲除毁錢之弊，求制錢之多，莫若鼓鑄稍輕之錢，每錢約重一錢，毁錢爲銅既無厚利，則毁錢之弊自絶，錢價平而有利於民。再查産鉛銅地方，因地方官收税種種作弊，小民無利，不行開採，此後停其收税，任民採取，則銅日多而價自平。相應俱照所請，通行各省遵行。」得旨：「依議。開採銅斤聽民自便，地方官仍不時稽察，毋致争鬭搶奪，藉端生事，致滋擾害。」

《清世宗實録》卷五十一 〔雍正四年十二月〕丙子，諭都察院及五城御史等：「制錢乃日用之所必需，務使充足流通，始便民間之用。國家開局，年年鼓鑄，而京師錢文不見加增，外省地方亦未流佈。是必有銷燬制錢，製造器皿，以致錢文短少，錢價日昂。朕念切民生，屢降諭旨，而錢價仍未平減，是以禁用黄銅器皿。凡民間所有，俱給價令其交官，以資鼓鑄。此悉心籌畫，專爲民間資生便用起見，並非朕有需用銅斤之處，而廣收民間之銅器於内府也。似此有益於民間之事，即當踴躍急公，欣然交納，使錢文贏餘，日用贍足，尚何待於上官稽查催迫耶。況銅器交官，皆如數領受價值，又何樂而不爲。且民間器皿，非必定需黄銅製造，其在有力之家，則白銅、紅銅，皆非難得之物，而無力之家，如木盆、磁器、價廉工省，亦未嘗不適於用，非若錢文爲人人所萬不可缺者。與其將黄銅器皿藏匿於家，將來限滿三年，犯禁獲罪，何如彼此相勸，早爲交納，既得價值，而又受錢價減省之利益乎。著將此旨通行曉諭，其咸體朕意。」

「國立故宫博物院」《宫中檔雍正朝奏摺》第十七輯廣東提督張溥《奏報驅拏聚挖礦山之礦徒摺》 廣東提督臣張溥謹奏爲奏明東省礦山利弊仰祈睿鑒事。竊查廣東各府出産礦砂之處甚多，每有奸民嗜利，潛聚偷挖，兵至則蜂擁而去，兵退則烏合復來，莫能靖絶根株，該管各官不無欲照廣西開採之意，希圖苟且目前。臣查西省礦山，現在奉旨開禁，其應傭工作者悉係本地民人，取有鄰族保結，地方官給以腰牌，稽查甚易，開山則相率傭工，封閉則各歸耕種，並無易聚難散之慮。廣東則山海交錯，五方雜處，向有奸徒亡命潛藏山澤，窺伺竊發，若聞開礦之舉，必相率趨赴，類多外省流民，奸良莫辨，來歷難稽，礦旺則藉工值以養生，一遇礦砂告竭，無人傭募，衣食無資，必致呼羣携黨，流爲盗賊，再有不軌之徒煽誘嘯聚，其患更有不可勝言者。況廣東人多田少，歷來仰食於西省，礦山一開，需食益衆，米少價昂，兵民均有未便。臣在廣西兩載，頗悉礦山利弊。今抵任以來，惟嚴飭所屬將備，各於境内有礦山場，不時帶兵巡哨，間有礦徒聚挖，立即驅拏净盡，毁其窩篷，填其壠口，漸冀消萌，稍有疎縱失察，嚴參究處。惠屬歸善縣之石門仔各山，現俱撥有臣標弁兵常川在彼巡查，似此防閑嚴密，雖未必能靖其源，究不致有聚而難散之患，理合據實奏明，伏乞皇上睿鑒。謹此具奏。

雍正玖年叁月　貳拾貳日，廣東提督臣張溥。

「國立故宫博物院」《宫中檔雍正朝奏摺》第十九輯廣東布政使楊永斌《奏請嚴禁鐵鍋出洋以杜奸弊摺》 廣東布政使司布政使臣楊永斌謹奏爲請定鐵鍋出洋之禁以杜奸弊事。竊照鐵器一項，所關綦重，不許出境貨賣，律有明禁。況近以廢鐵亦可鎔製兵械。本年奉有定例，止許内地變賣，若捆載潛出邊境及海洋者，照越販硝磺之律分别治罪，立法已屬周詳。但臣查粤東地方，因向來出産鐵鍋，凡洋船貨買，歷未禁止。臣到任後檢查案册，見雍正七八九年造報彝船出口册内，每船所買鐵鍋，少者自一百連至二三百連不等，多者買至五百連，併有至一千連者。其不買鐵鍋之船，十不過一二。查鐵鍋一連，大者二個，小者四五六個不等。每連約重二十觔不等，百連約重二千餘觔。如一船帶至五百連，約重一萬觔，帶至千連，約重二萬觔。臣思此項鐵鍋，名雖爨食之器，其實一經鎔煉，各項器械無不可爲，較之廢鐵之零星攢鑄，更爲便易。既販至外國作何應用，無從查考，況彝船出口帶至五百連者率以爲常，計算每年出洋之鐵爲數甚多，誠有關係。以臣管見，嗣後此項鐵鍋應照廢鐵之例一體嚴禁，毋論漢彝船隻，概不許貨賣出洋，違者該商船户人等即照捆載廢鐵出洋之例治罪，官役通同徇縱，亦照徇縱廢鐵例議處。凡遇洋船出口，仍交於海關監督，一體稽察。至於商船上日用爨食之鍋，應聽照舊置用，官役不得借端勒索滋擾。如此則外洋之鐵不致日積日多，於防奸杜弊之道似有裨益。至爨食器具，銅鍋、砂鍋俱屬可用，非必盡需鐵鍋，亦無不便外彝之處，於我皇上柔懷遠人之德意，原無違礙。臣不揣冒昧，謹繕摺具奏，是否有當，伏祈皇上睿鑒。謹奏。

雍正九年十月二十五日。

《雍正朝内閣六科史書·户科·廣西巡撫金鉷題報覆核雍正十年各廠抽收辦獲銅斤價息銀兩數目無異本》 巡撫廣西等處地方提督軍務兼都察院右副都御史駐劄桂林府革職留任臣金鉷謹題爲敬陳開採等事。該臣看得粤西開採銅礦，先經臣具疏題請於司庫封貯銀兩内借銀一萬兩收買商銅，部覆奉旨依議，欽遵在案。嗣因前項銀兩陸續給發通完，各廠需本接濟，又經臣兩次咨明内部覆准，仍於封貯銀内先後借銀二萬五千兩轉發應用，俟開鑄領本之日還項等因，均經轉飭遵照去後，每年所獲銅觔，照例變價，除歸還原本約獲餘息銀兩，經臣按年奏報在案。兹據驛鹽道徐嘉賓詳稱，雍正十年正月起至十二月底止，經陞任驛鹽道耿鱗奇照例每銅百斤抽課銅二十斤，餘銅八十斤，每斤給價六分，脚價八釐收買。計共抽課銅七千三百四十一斤零五兩一錢二分，共收買餘銅二萬九千三百六十五斤零四兩四錢八分，又官辦銅九萬五千五百五十一斤零八兩，以上餘、課、官辦，共獲毛銅一十三萬二千二百五十八斤零一兩六錢。照現在價值每百斤以十三兩變價，共變獲價銀一萬七千一百九十三兩五錢五分三釐。内除銅價、運脚、廠費、廠欠外，約可辦獲餘息銀五千三百二十兩零二錢三分二釐一毫二絲等情并造册詳繳前來。臣覆核無異，除册分送部科外，臣謹會題。伏乞皇上睿鑒，勅部核覆施行。謹題請旨。雍正十一年五月二十四日題。六月二十八日奉旨：「該部察核具奏。」

《雍正朝内閣六科史書·户科·浙江總督程元章題參温州府知府尹士份承辦雍正十一年下運銅斤遲延本》 總督浙江等處地方軍務兼理糧餉管理巡撫事務兵部右侍郎兼都察院右副都御史加二級紀録十次駐紮杭州臣程元章謹題爲據寔陳奏事。該臣看得温州府知府尹士份承辦雍正十一年下運銅二十七萬七千一百九十九斤零，先據該府尹士份以洋銅日採日深，難以轉運，又兼各省預年採辦，在洋地一年所産，不足供各省兩年之運，癸丑年銅斤所用，即係丑年倭照，斷不能如期回棹，詳請展限。經前撫臣王國棟咨，准部覆寬至本年六月内起解在案。乃今展限，已經届滿，尚未辦齊報解。據布政使張若震將該府尹士份承辦遲延職名列揭請參前來，除嚴飭作速辦解外，所有承辦銅斤遲延之温州府知府尹士份相應題參。伏乞皇上睿鑒，勅部議覆施行。謹題請旨。雍正十二年七月二十五日題。八月十八日奉旨：「尹士份著議處具奏，該部知道。」

《雍正朝内閣六科史書·户科·大學士管户部尚書事務張廷玉等題准廣東惠州等府礦廠招本地商人自備資本開採本》 户部等衙門經筵講官少保兼太子太保保和殿大學士仍管吏部户部尚書事加六級臣張廷玉等謹題爲只承聖謨敬陳開鑄末議仰祈睿鑒事。廣東總督鄂彌達、巡撫楊永斌奏前事，雍正十二年六月初九日奉旨：「大學士九卿會議具奏。」該臣等會議，得廣東總督鄂彌達、巡撫楊永斌奏稱，粤東界連數省，一帆可通，若得就近開鑄，不但本地錢文流通，兼可資兩江、三楚、浙、閩等省之用。伏思粤東開採之議，屢奉諭旨嚴禁，礦口悉封。臣等職任海疆，自應杜漸防微，況利弊相因，豈容輕舉妄動。但臣等涖粤數載，遍察情形，熟思審計，有可保其益而無害者。粤東山多田少，生齒日庶，生計倍艱。查惠、潮、肇、韶等府礦産甚多，原係天生之寶，以資民之生，固宜因時變通以疏泉貨之源。若以人衆堪虞，易聚難散，恐滋生事端，查粤省鐵爐不下五六十座，煤山木山開挖亦多，傭工者不下數萬人，俱各相安無事。粤東向稱多盗，邇來仰賴天威，兹此窠巢已成樂土，民情漸知畏法。苟得開礦營生，方見踴躍思赴，各立家室，寔無他慮。查滇南開採多年並無他患，湖南郴、桂等處從前歷年開採，粤西亦見在開採並無異説。且銅、鉛、金、錫皆地氣凝成，此衰彼旺，彼衰此旺，開之寔可不匱不竭。若以人工多則穀價易昂，伏思以本地之利養本地之民，即以本地之人食本地之穀，未開採之先人不少而穀不加多，既開採之後人不多而穀不加少。見在連年豐收，穀價平減，惟不令外省游手冒入充工，即萬無人滿之患。況本地居民各愛其生，豈肯利歸他境，更可不禁而自杜。臣等請酌量倣照各省開廠事宜，就本生地方召殷寔商人，取具該地方官家道殷寔印結，令其自備資本開採，專委廉正之員董理巡查。其召募人夫，令各州縣官查出樸寔窮民，取具户鄰保結，編立保甲，填名、户口、住址，連名互結，并可察匪弭奸，寔有利而無弊。如蒙俯准就近開鑄，則上裕國課，下養窮黎，流布錢文，通濟隣省，莫有便于此者。其一應開採開鑄事宜，統候允行之日確查妥議，另行具題等因前來。查粤東礦廠雍正二年六月内原任兩廣總督孔毓珣題請開採，經王大臣九卿會議，以康熙三十八九年開粤東亦經開採，或初發即竭，或少有所得不足償本，是以四十三年封禁。且因彼時廣東又並未鼓鑄錢文，開採無益，將該督所請開採之處毋庸議等因，奉旨依議，欽遵在案。今該督撫鄂彌達、楊永斌奏稱粤東界連數省，一帆可通，若得就近開鑄，不但本地錢文流通，兼可資兩江、三楚、浙、閩等省之用，查惠、潮、韶、肇等府礦産甚多，固宜因時變通，所以疏泉貨之源。若以人衆易聚難散，恐生事端，粤省鐵爐不下伍六十座，煤山木山開挖亦多，傭工者不下數萬人俱各相安無事，倘以人工多則穀價易昂，伏思以本地之利養本地之人，即以本地之人食本地之穀，見在連年豐收，穀價平減，惟不令外省游手冒入充工，萬無人滿之〔患〕，請倣照各省開廠事宜，就本省召募殷寔印結，令其自備資本開採，委員董理巡查，其召募人夫，查取户鄰連名互結，造册編甲，併可察匪弭奸，寔有利無弊等語。臣等公同酌議，先經粤東題請開採，臣等以礦夫易聚難散兼無鼓鑄之事是以未准開採。今該督撫身任地方，既將開採有益鼓鑄寔無他慮之處逐一奏明，應如該督等所奏，將惠、潮、韶、肇等府礦廠，准其召募本地殷寔商民自備資本赴廠開採，酌量某廠應募商人若干名公同掣定，不得任意去取，亦不許獨佔妄争，仍取具該商家道殷寔甘結併召募人夫各結，加具地方官印結，送部查核。其外省游手間民一概不許混雜，倘有外來無籍棍徒冒充本地殷寔商人，該地方官不行查察濫准開採者，即將保送之該地方官指名題參，併將該商治罪，遞回原籍。如有妨礙民間田廬、墳墓處所，照例不許混行刨挖。嚴飭官以監商，商以率民，仍遴委賢員分廠管理，併令該地方文武官弁不時巡查，毋致擾民生事。再查該督等奏請開採原爲鼓鑄錢文起見，務必銅礦大旺始於鼓鑄，有倘或所得銅斤不敷，商人資本不妨酌量奏請停止，毋得抑勒該商，致滋擾累。且查粵東惠、潮、韶、肇等府出産金等礦，若不辨明砂色，一概許令採取，恐奸商朦混射利，轉啟地方争擾之端，相應行令該督撫等飭委大員，豫先勘明惠、潮、韶、慶等府産銅之礦共若干處，逐一造册報部，止許該商等在於産銅礦内赴廠採取。其金、銀(銀)礦仍悉行封閉，不得朦混開採。至所出礦砂照例抽收税輸課，俟收買銅斤足用之後作何設局開爐鼓鑄行使併一切鼓鑄事宜，動錢糧之處，應令該督撫鄂彌達、楊永斌逐一確查妥議，具題到日再議可也。臣等未敢擅便，謹題請旨。雍正十二年八月二十二日題。本月二十四日奉旨：「依議。」

《雍正朝内閣六科史書·户科·總理户部事務和碩果親王允禮等題令廣西巡撫將收買銅斤餘息銀收貯司庫備用本》總理户部事務和碩果親王臣允禮等謹題爲敬陳開採等事。廣西巡撫金鉷題，前事雍正十二年五月二十七日題，七月初二日奉旨：「該部察核具奏。」該臣等查得廣西巡撫金鉷疏稱粵西開採銅礦一案。據護理驛鹽道印務梧州府知府徐德秩詳稱，雍正十一年正月起，至十二月底止，經陞任驛鹽道徐嘉賓將商辦銅斤照例每百斤抽課二十斤，餘銅八十斤，每斤給銀六分，脚價八釐，共收買銅三萬九百九十六斤零，共課銅七千七百四十九斤零。又官辦銅七萬四千三百三十一斤，以上共銅十一萬三千七十六零，價值每百斤以十三兩變價，共銀一萬四千六百九十九兩九錢零，内除銅價脚等費外，約餘息銀五千六十三兩三錢三分零，等情。臣覆核毋異，會同雲貴廣西總督尹繼善合詞具題。再雍正八、九、十兩年奏報餘息銀内，除雍正九、十兩年餘息銀一萬三千三百八十六兩一錢零已經陞任驛鹽道徐嘉賓照數解貯司庫，尚存雍正八年分餘息銀五千四百七十兩二錢零；銅斤尚未賣完，應俟賣完之日，照數解司合并聲明，等因前來。應令該撫金鉷將雍正十一年分收買銅斤餘息銀五千六十三兩三錢三分零已經解司，雍正九十兩年餘息銀一萬三千三百八十一兩六錢零俱照數收貯司庫，候文撥用。其八年辦獲銅斤餘息銀兩何以尚未賣完解司，經管人員不無侵那情弊，相應行文該撫作速嚴催，賣完照數解貯司庫。再查粵西辦獲銅斤原題案内議令留供鼓鑄，今歷年所得銅斤因何俱經變賣銀兩，該撫一并查明報部可也。臣等未敢擅便，謹題請旨。雍正十二年八月二十八日題。九月初一日奉旨：「依議。」

《雍正朝内閣六科史書·户科·大學士管户部尚書事務張廷玉等題准安徽各屬暫停鼓鑄錢文并嚴飭經管人封貯銅斤本》經筵講官少保兼太子太保保和殿大學士仍管吏部户部尚書事加六級臣張廷玉等謹題爲欽奉上諭事。陞任安慶巡撫王紘題，前事雍正十二年九月初三日題，本月二十三日奉旨：「該部議奏。」該臣等查得陞任安慶巡撫王紘疏稱，安屬收買銅器鼓鑄錢文一案。據布政使李蘭會同署理江南驛鹽巡道署江寧督糧道王恕詳稱，自雍正五年奉文至今，各屬報解生、熟黄銅四十九萬一百八十六斤零，司庫原貯銅樶及稱出餘銅等項共有生、熟銅四十九萬九千六百五十二斤零。於雍正十年三月十九日開鑄起，至雍正十二年六月初二日止，共鑄過五十五卯，存局銅斤，俱已鑄完。雖據各屬陸續報解，但不能源源接濟鼓鑄，爐匠、官役徒令坐食守候，不無虚糜錢糧，已於本年六月初二日停爐。除飭各屬上緊收買銅器解局收貯併造具用過銅斤工本清册另請奏銷外，詳請題明暫行停鑄，俟銅斤收有成數之日再請開鑄。至收銅鼓鑄事宜，原委池州府同知蘇士俊辦理，今鑄局既停，屬銅亦少，請改委布政司經歷何其昱驗收銅斤等情。臣覆查無異，會同江南江西總督趙弘恩合詞具題，等因前來。查安慶收買銅器及司庫存貯銅樶等項，共用生、熟銅四十九萬九千六百五十二斤零，今該撫既稱已鑄完，雖據各屬陸續報解，但不能接濟，爐匠、官役徒令坐食守候，不無虚糜錢糧，請暫行停鑄，俟收有成數再請開鑄等語，應如所請，准其暫停鼓鑄，將廠内一切器具等項，轉飭經管人員照數封貯。仍飭行各屬上緊收買，俟收有成數即行報部開鑄。所有用過銅斤工本等項，應令該撫據寔查明，備造清册具題核銷。至收銅鼓鑄事宜，該撫既稱鑄局現停收銅亦少，應准令改委布政司經歷何其昱經管驗收，如有重稱短給情弊，即行據寔查參可也。臣等未敢擅便，謹題請旨。雍正十二年十一月十六日題。本月十八日奉旨：「依議。」

《雍正朝内閣六科史書·户科·大學士管户部尚書事務張廷玉題令直督將收買銅斤解交京局鼓鑄並水脚銀送部核銷本》經筵講官少保兼太子太保保和殿大學士仍管吏部户部尚書事加六級臣張廷玉等謹題爲遵旨行文事。直隸總督李衛題，前事雍正十二年九月二十五日題，十月初九日奉旨：「該部議奏。」該臣等查得直隸總督李衛疏稱直屬收買黄銅一案。自雍正五年設立公局，委保定府同知監收以來，歷今八載，通省僅得黄銅四十二萬九千八百斤零，砂板摃邊錢一百八十千零。內除從前委員東鹿縣縣丞王大鑒解部銅二萬九千八百六十六斤，搥邊錢九十七千八百九十文，又永清縣解交錢法堂稱收實銅二千一百七十二斤并各屬起解到局稱少銅斤暨存貯未經解省銅斤外，實止存公局生熟黄銅三十六萬八千六百五斤零，砂板錢八十二千五百文，稱重三百四十四斤。若將現在之銅設爐鼓鑄，則撥官建局，雇募匠工人役，以及置辦一切器具各項需費浩繁，且銅斤缺少，不克接濟；若俟收足五十萬斤而後開鑄，則又尚需時日，前收之銅封閉既久，潮濕薰蒸生銹，折耗堪虞。況京局離保僅止三百餘里，與他省遥遠者不同，莫如將此項銅斤解部鼓鑄，錢文儘可流通，於國帑不致虛糜，而銅斤亦得早收實用。其現存各屬銅斤并嗣後續收之銅，陸續起解以資鼓鑄，其水脚銀兩，遵照部定每斤一分之數計算，共水脚銀三千六百八十九兩零，在於司庫雍正十二年地糧銀内撥給，飭令節省動用事竣報銷，理合題明，等因前來。查各省收買黄銅器皿，先經臣部議令將所收銅斤存貯公所，俟可以開鑄之時設局鼓鑄，搭放兵餉等因，通行各省，遵照在案。今直督李衛疏稱，直屬設局以來，歷今八載，僅得黄銅四十二萬九千八百斤零，砂板搥邊錢一百八十千零，内除從前解部并各屬解局稱少暨存貯未經解省銅斤外，實存公局生、熟黄銅三十萬八千六百五斤零，砂板錢八十二千五百文重三百四十四斤。若將現在之銅設爐鼓鑄，則撥官建局，雇募匠役以及置辦一切器具各項需費浩繁，且銅斤缺少，不克接濟；若俟收足開鑄則又尚需時日，前收之銅封閉既久，潮濕薰蒸生銹折耗堪虞。況京局離保僅止三百餘里，莫若將此項銅斤解部鼓鑄，錢文儘可流通，其現存各屬銅斤并嗣後續收之銅陸續起解，以資鼓鑄等語。查直屬地方附近京畿，與他省遥遠者不同，而京局鼓鑄錢文亦需銅應用，今該督既稱直屬所收生、熟黄銅器皿，若即設爐鼓鑄，則現在爲數不敷，若令封貯局中，則日久又虞折耗，請將歷年收買銅器運京以供鼓鑄，應如該督所請，將直省所收生、熟黄銅三十六萬八千六百五斤零委員解交京局，仍將委員姓名先行報部。至現存各屬銅斤并嗣後續收之銅亦即陸續委員起解，以供鼓鑄。再該督疏稱水脚銀兩，遵照部定每斤一分之數計算，共銀三千六百八十九兩零，在於司庫雍正十二年地糧銀内撥給，飭令節省動用，事竣報銷等語，應將前項需用水脚銀兩，准其在於司庫雍正十二年地糧銀内動給。但查直省於雍正五年十月間曾解過黄銅二萬九千八百六十六斤到（到）部，據原任署理直隸總督宜兆熊等咨稱，保定府屬每斤應發解部脚價銀六釐等因，報銷在案。今直省收貯黄銅器皿公局設在省城，則與從前所解保定府屬之銅事同一例，自應照依每斤六釐之數作價報銷，未便仍照每斤原定水脚一分之數，以致多縻國帑，應令該督李衛將前項需用水脚銀兩，照每斤六釐之數合算給發。其沙板錢八十二千五百文，亦令該督并委管解黄銅器皿之員附搭解京。仍將動用過銀兩數目，造入該年地糧奏銷册内，送部查核可也。臣等未敢擅便，謹題請旨。雍正十二年十一月二十九日題。十二月初一日奉旨：

「依議。」

《雍正朝内閣六科史書・户科・大學士管户部尚書事務張廷玉題議河督條陳紅黄銅器皿一並查禁並嚴禁富户積貯錢文本》户部等衙門經筵講官少保兼太子太保保和殿大學士仍管吏部户部尚書事加六級臣張廷玉等謹題爲條議查禁黄銅事。該臣等會議，得河東總督王士俊將黄銅器皿指名示禁及嚴禁富户積貯錢文併通禁紅銅器皿等項分款具奏前來。

一奏稱：查黄銅器皿，惟樂器、天平法馬、戥子及五斤以下之圓鏡仍行置賣，民間舊存銅器惟箱櫃上事件不行交官，餘悉行查禁，此定例也。乃愚民玩法，誤認箱櫃事件可以製賣，公然打造，不知部議原指舊存者免其拆交，非云新製者例所不禁。其餘違禁之内惟黄銅烟袋最多，蓋用本銀二三分，可得利息數倍，以致愍不畏死之徒趨之若鶩。又一切簪子、鎖鑰、箍環、桶束、爐器、鞦鐙等物俱用黄銅，尚在貨賣，臣愚以爲宜悉確指名件，坐實示禁，不泛爲概括之詞，民始不致藉口牽混。又鏡子五斤以下亦覺太寬，應酌議三斤以下另申禁約等語。查雍正四年，九卿議覆御史覺羅勒因特條奏禁用黄銅器皿案内，嗣後黄銅除樂器、軍器、天平法馬、戥子及五斤以下之圓鏡不禁外，其餘一應器皿毋論大小輕重，俱不許仍用黄銅製造，倘有犯者，製造、鋪賣之人照違例造禁物律治罪，買用之人照不應例治罪，失察之員亦照例議處，等因。奉旨依議，欽遵在案。是民間許用之黄銅器皿，只有樂器、天平法馬、戥子及五斤以下圓鏡數項，其餘一切物件，毋論大小輕重，原概在應禁之内。乃邇年以來，市肆間仍有打造箱櫃事件及烟袋、簪子、鎖鑰、箍環等物之人，此非從前禁例之不明，實該地方官奉行不力之所致。今該督王士俊雖奏請將前項等物確指名件，坐實示禁，但民間些小物件，向用黄銅打造者，其爲名色甚多，若將各項物件備細開列，既不勝其枚舉，倘有一二遺漏則奸民轉得藉口打造，於事殊屬無益。至於圓鏡一項，係民間必需之物，是以從前議禁黄銅之時，酌議五斤以下之圓鏡，仍聽民間行使，由來已久，今若議改三斤以下之鏡，則民間舊有五斤以下之鏡即爲違制，若不令交官仍無區别。倘概令交官，勢必民間另造三斤以下之新鏡貨買行使，而製造新鏡又必須購覓銅斤，黄銅久經嚴禁，一時購覓無從，仍不免銷燬之弊。應將該督所請黄銅器皿確指名件，坐實示禁及議改三斤以下圓鏡之處，均毋容議。

一、奏稱：查錢少之由，雖有奸民銷燬，亦實係各省富户藏錢者衆。緣富户費用所入者多，所出者少，積有盈餘而又以錢文鎮重難移，可避盜竊。且堆積充棟，編號易查。現今富户積錢，其壅塞之數不可揣度計算，錢文之少，錢價之增多由於此。嗣後務令蓄積多者或以錢納糧，或以錢易銀，或多開錢舖，倘執迷不悟，則酌量議罪。庶富民畏法之心甚於保富之心，而錢可通流等語。查錢文爲民日用所需，乃鼓鑄日增而錢文不見其多，臣等再四思維，其弊實緣奸民銷燬所致。今該督王士俊以富户藏錢者衆，請嗣後務令蓄積多者或以錢納糧，或以錢易銀，或多開錢舖，倘執迷不悟，則酌量議罪。伏查民間完納錢糧，各省不同，現在原有以錢納糧者，然此止可聽民自便。若必使各省富户以錢納糧，恐民間錢價低昂不一；若照銀數收錢，不無額外多徵之弊；若按錢價納課，又啟奸胥掯勒之端；是以花户納糧，例係徵收銀兩，今獨令富户以錢納糧，不無偏苦之處。至若或令以錢易銀，或令多開錢舖，此惟在該地方官因時制宜，多方勸導，俾富户踴躍樂從，若遽繩以官法，必開不肖胥吏借端需索之風。應將該督所請以錢納糧等項及酌量議罪之處均毋容議。

一、奏稱：查定例，惟禁黄銅不禁紅銅，緣紅銅之價較黄銅而昂貴，且一經攙鉛而爲黄銅，則不能復拔鉛氣而爲紅銅，孰肯舍貴而趨賤。臣竊以爲不然者，紅銅、黄銅相爲子母，每紅銅一斤加鉛十二兩，即得黄銅一斤十二兩，則其價較紅銅而更多，是以紅銅不禁，則悉攙融點化而爲黄銅，不必銷燬制錢，而黄銅之器充裕矣。況銷燬制錢，又即借此藏匿其中。所以紅銅不禁，實爲銷燬之媒，又爲廣開製賣黄銅之門也。至白銅一種，正者少而價貴，多係黄銅用藥煮擦而成，臣現准部咨，已經工科永泰條陳奉旨會議在案，不敢贅及，宜一併查禁等語。查雍正十一年五月内，大學士兼管户部尚書事務張廷玉議覆原任副都統保明條奏禁用紅銅器皿案内奏稱，傾銷大制錢一千文，可得净紅銅三斤十兩，錢價及炭硝等費約共一兩三錢有零，合之紅銅三斤十兩是每斤傾銷之費已用銀二錢八九分，再造成器皿加每工大錢一百五十文，按此計算則銷燬制錢製器發賣，實無所利，況銀號等舖傾銷銀兩每有不能不需紅銅之處，若一概禁止，無從購買，勢必致銷燬制錢，是欲除弊而益以滋弊，應將禁用紅銅之處，毋容議等因奉旨依議欽遵在案。今該督王士俊以紅銅、黄銅相爲子母，每紅銅一斤加鉛十二兩即得黄銅一斤十二兩，其價較紅銅更多，紅銅不禁則悉攙融點化而爲黄銅，不必銷燬制錢，黄銅即可充裕，況銷燬制錢又即借此藏匿其中，紅銅不禁實爲銷燬制錢之媒，奏請一併查禁。伏思紅銅器皿，數年以來民間因禁用黄銅，凡一切器具將紅銅造用者不一而足，今若將紅銅器皿又議禁止，是必將已造成之紅銅器皿照黄銅之例收買，未免紛擾且與錢法無補。查部定紅銅價值每斤給銀一錢四分五釐，而民間造成器皿之紅銅每斤值銀四錢有餘，若照部定價值採買，不及民間半價，恐小民多方隱匿，禁猶未禁，若照市價採買以供鼓鑄，工本倍加，不免虛縻國帑。再查未經打造之紅銅每斤市價二錢有零，白鉛一斤市價七八分，若以紅銅一斤加鉛十二兩又加人工打造，所需工本物料已值銀四錢有零，臣等按數核算，不特無利可圖，尚不敷其資本，並無較紅銅價值更多之處。況黄銅禁止有年，貨賣即爲犯禁，而紅銅現許民間使用製造器皿，均可獲利營生，今乃舍未曾禁用之紅銅，轉作違禁之黄銅貨賣，且又並無所利，小民雖愚，豈肯爲此無利犯禁之事。或以紅銅價值較黄銅而昂貴，民間不無以黄銅攙入紅銅之弊。臣部曾令寶局監督將黄銅一兩四錢四分鎔化，攙入紅銅一斤之内試看，雖顏色稍淡，竟可充作紅銅行使，是以奸民圖利，猶有銷燬制錢者。查銷燬制錢，定有治罪嚴律，此全在地方官嚴拿銷燬，以清其源，未便因此概將紅銅器具一例禁止，應將該督所請禁用紅銅之處毋容議。至於白銅一項，臣等已於議覆給事中永泰等條奏案内議駁在案，亦毋庸再議。

一、奏稱：開張古銅舖户，收買廢銅，貨郎紅、白、黄銅俱係藏蓄販賣，互相表裏。臣以爲古銅舖户未便遽行禁止，應令地方官查明，責令鄰保出結，不許攙買時銅，違者本人從重議罪，出結之人連坐議罪。至收買廢銅貨郎，原可改業營生，無論通都大邑，冷鄉僻壤，俱不許收買，犯者拿究治罪等語。查古銅舖貨賣之銅，悉皆遠代舊時銅器，較諸時銅，形質迥殊，原不在應禁之例。若有攙賣黄銅器皿等情，即應照例治罪，又非貨賣古銅者可比，今一概將開賣古銅舖户之人，必令隣保出結，議以治罪之條，不無滋事擾民，應將該督所請本人及出結之人議罪之處，毋容議。至於貨郎貿易，原有民間鐵、錫、鉛斤等項，可以一概收買。若違例收買廢銅，地方官即應嚴拿究治。若因此而遂令貨郎改業營生，殊於小民未便，應將該督所請拿禁貨郎之處亦毋容議。恭候命下之日，遵奉施行。臣等未敢擅便，謹題請旨。雍正十三年五月初十日題。本月十四日奉旨：「依議。古銅舖所賣遠代銅器固難禁止，但既寬禁約，便可假借古銅之名，攙買時銅以成器皿，市賣獲利，此亦黄銅隱匿之一路，不可不留心經理者。其如何分別查禁之處，著九卿悉心定議具奏。

嵇璜等《清朝文獻通考》卷一七《錢幣考五》〔乾隆十九年〕又增雲南收買廠銅價直。雲南巡撫愛必達奏言：東川府屬湯丹、大碌等廠所産銅觔，歲以解運京局，定例每百觔以價銀九兩二錢報銷，原係合算，耗銅、餘銅及銅廠雜費在內，其廠民實得之價向係每觔給銀六分。查雍正四年開採以來，奏定於百觔內抽課十觔，例不給價，餘銅官爲儘數收買。尋復議：課銅之外，再抽耗銅五觔。至乾隆四年，復題定：東川所屬各銅廠，地遠費多，每百觔除抽課及加耗外，餘銅准照每觔銀六分收買。其在各屬地方者、新開之廠，照新例每百觔抽課二十觔，餘銅每觔給價五分收買。舊有之廠照舊例每百觔抽課九觔，餘銅每觔給價自三分八釐至四分二釐收買。嗣後俱遵照辦理。但湯丹、大碌二廠銅質最高，廠民採銅百觔，除去抽收十五觔，實止得工本銀五兩一錢。開採年久，礶硐日深，費用加重，所給工本實屬不敷，請每百觔增銀九錢，以足六兩之數。經户部議：該處舊定銅價已較多於他廠，未便再行議增。得旨：著加恩照請增之數給予一半，餘廠不得援以爲例。

嵇璜等《清朝文獻通考》卷一七《錢幣考五》〔乾隆三十一年〕又議定雲南開採礦廠地界，併停各省預買加買借買銅觔，及本省各局加鑄之例。大學士雲貴總督楊應琚奏言：滇省近年礦廠日開，砂丁人等聚集，每處不下數十萬人，耗米過多，搬運日衆，以致各廠糧價日昂一日。且有無業之徒藉言某山旯有礦引，可以採銅，具呈試採，呼朋引類，羣向有米之家借食糧米，名曰米分，以米分之多寡定將來分礦之盈縮。往往開採數年無益，又復引而之他有米之家，希圖加借，前後併還，終致礦歸烏有，米復徒耗。更或預向廠員借用銀米，前後挪掩，重利借還，負累殊深。查滇銅關係鼓鑄，不容闕乏。已開各廠不便議停，未開各廠正宜示以限制，請將舊有之老廠、子廠存留，限於各廠四十里內開採，四十里以外不得任意私開。廠有定數，則廠內砂丁可無虞日漸加增耗費米石。至各廠所獲銅觔比年解運京局，及本省鼓鑄、外省採買所餘不過數十萬觔，如儘各省加買，勢至入不敷出，似應及時籌劑。請將各省乾隆二十九年以前奏定之額聽其按年買運，如有請預買一運及加買至借買數十萬觔之處，概不准行。舊廠既有界限開採，年久衰歇堪虞，應留有餘以補不足。滇省省城臨安東川各局正鑄之外已足敷搭放兵餉，接濟民用，其加鑄各項亦應酌量停止。得旨允行。

嵇璜等《清朝文獻通考》卷三〇《征榷考五・坑冶》

〔雍正〕二年，兩廣總督孔毓珣奏請，於廣東開採，以濟窮民。

上諭：「廷臣會議。」嗣奉諭旨：「昔年粤省開礦聚集多人，以致盜賊漸起，隣郡戒嚴，是以永行封閉。夫養民之道，惟在勸農務本，若皆舍本逐末，各省遊手無賴之徒望風而至，豈能辨其姦良？況礦砂乃天地自然之利，非人力種植可得，焉保其生生不息？今日有利聚之甚易，他日利絶則散之甚難。爾等揆情度勢，必不致聚衆生事，庶幾可行。若招商開廠，設官收税，傳聞遠近，以致聚衆藏姦，則斷不可行也。」

〔雍正五年〕又以湖南撫臣奏請開礦，降旨訓示湖南巡撫布蘭泰疏奏開礦事宜，奉諭旨：「開採一事，目前不無小利，人聚衆多，爲害甚巨，從來礦徒率皆五方匪類，烏合於深山窮谷之中，逐此末利。今聚之甚易，將來散之甚難也。至於利之在公在私，尚屬細事，爾果欲盡忠蓋，何必諄諄以利爲言？豈不聞有一利必有一害？爾當權其利與害之輕重大小而行之耳。」

〔雍正六年〕又准廣西地方開採礦砂。户部議覆：「廣西巡撫金鉷疏言：桂林府屬滂江等處各礦，請招募本地殷實商人，自備資本開採，所得礦砂，以三歸公，以七給商。其梧州府屬之芋莢山，産有金砂，請另委員辦理。再，粤西貧瘠，銅器稀少，如開採得銅，並請價買，以供鼓鑄。均應如所請。」從之。

嵇璜等《清朝文獻通考》卷四〇《國用考二》 銅礦：四川樂山縣二八收課，建昌三分收課。廣東二八收課。廣西恭城縣山斗岡每百斤收課十五斤；蓮花石二八收課。雲南額課銀一萬八百二十五兩七錢有奇，其白銅廠課無定額。貴州大定府每百斤收課十斤；威寧州、思南府均二八收課。

祁韻士《己庚編》卷上《議覆銅額運務摺》 大學士王等謹奏爲遵旨會議具奏事。

據雲南布政使陳孝昇奏請，將湯丹等廠酌減銅額，并八運京銅改分六運，及管廠各員按照多獲銅數分别議叙一摺，嘉慶四年九月十一日奉硃批：「大學士會同户部妥議具奏。欽此。」欽遵到部，臣等謹按款酌議，敬呈御覽。

一、各廠年額銅斤，請照現在辦獲數目酌定報銷一款，據稱，湯丹、碌碌、大水溝三廠，開採年久，礦少質薄，應請將湯丹廠額辦銅三百一十六萬五千餘斤，酌減八十六萬五千餘斤，以二百三十萬斤爲定額；碌碌廠額辦銅八十二萬三千餘斤，酌減二十萬三千餘斤，以六十二萬斤爲定額；大水溝廠額辦銅五十一萬斤，酌減一十一萬斤，以四十萬斤爲定額。統俟嘉慶四年爲始，按照減定各數，飭令經管之東川府如數辦運。至該三廠酌減額銅，查有新開之得寶坪廠，上年奏明額辦銅一百二十萬斤，兹據該廠具報嘉慶三年分實辦獲銅二百萬九千餘斤，較額辦之數多辦銅八十萬餘斤，通計寧臺、大功、香樹坡、得寶坪、茂麓及各小廠現辦銅斤，並湯丹、碌碌、大水溝三廠酌定銅數，通盤核算，較每年應運京銅六百二十九萬餘斤及帶解買補銅三十七萬餘斤之數尚屬有盈，無絀，等語。查滇省各廠額辦銅斤，向來遇有礦砂衰薄，獲銅短缺，例准題請減額，其獲銅豐旺，多於舊額者，亦准據實報增，節年遵照在案。今該藩司以湯丹等三廠礦少質薄，奏請減額，升稱新開之得寶坪廠産銅豐旺，可以多辦銅斤，固爲調劑盈縮起見。但查每年該省額運京銅六百二十九萬餘斤，年額攸關，不容稍有短少。湯丹、碌碌、大水溝三處，在各銅廠中爲最大之廠，向因出銅較旺，是以定額較多，已歷年久，今遽請減去一百一十七萬斤，爲數未免過多，恐啟偷漏之弊。即云所減銅數可將得寶坪廠多辦八十萬斤之銅抵補，但較原運之額究屬虧短。且查得寶坪係甫開新廠，若令每年連正額加辦廠銅至二百萬斤，是否出銅可期源源接濟，設有短絀，又將何廠銅斤抵補？得寶坪廠坐落迤西地方，較迤東之湯丹等廠，運送瀘州，路途遠近是否相等，運脚銀兩果否不致多糜，原奏均未籌及，臣等難以懸擬。相應請旨，飭交該督撫，將各該廠果否應減應增情形，確勘結報，另行核實，奏明辦理，以昭詳慎。

一、每年正、加八起京銅，應請仍改六起，俾運員較少，不致有虚員缺一款，據稱滇省自乾隆四年起，每年辦運正銅四百四十一萬七千八百斤，分爲八起；乾隆五年改爲四起；乾隆六年因廣西局停鑄，將原用銅一百八十八萬一千九百餘斤分爲正運四起，協運四起，加運四起，一併運京；自乾隆九年起至二十三年止，又改爲正運四起，加運兩起；乾隆二十四年復改爲正運三起，加運一起；乾隆二十六年定爲正運六起，加運兩起。每起派委丞倅州縣各一員承運，惟是運銅委員往返必須三年之久甫能回滇，員缺每多，虚懸辦理，亦形竭蹶。查乾隆五十八年以前，正運六起，每起運銅七十三萬六千餘斤，連帶解買補銅斤，共計運銅七十五萬餘斤；其加運二起，每起運銅九十四萬餘斤，連帶解買補銅斤，共計九十六萬餘斤。自乾隆五十九年至今，正運六起，每起加運各廠多辦銅二十萬餘斤，共計九十五萬餘斤，與加運銅數約略相同。今各廠多辦銅斤，帶解至本年止，祇有未運銅九萬三千餘斤，應於庚申年分起帶解外，應請將正運六起京銅四百四十一萬餘斤，分爲四起，每起委丞倅、州縣一員，各承運銅一百一十萬餘斤。凡支銷水脚、養廉各項銀兩，並照六運原給之數，均勻分給承領。其加運二起，每起應運京銅及帶解買補銅斤，並正運六起帶解買補銅斤，分給加運二起帶解，計每起共應運銅一百一十二萬餘斤，核與正運四起委員應運銅數所增無多，較之黔省每起運鉛一百二三十萬斤之數尚屬減少，滇省即可少派運官二員，於地方公事不無有裨等語。查滇省辦運京銅，正、加四運，分爲八起。今該藩司陳孝昇以委運銅差，缺多虚懸，並多辦銅斤，將及運竣，請將正運六起減爲四起。查京銅重務，頭緒繁多，屢經酌議，未能允協。自乾隆四年起，每年額辦銅四百四十一萬七千餘斤，原定正運八起，計運官八員。嗣因廣西停鑄，於原額之外，加運京銅一百八十八萬一千餘斤，爲數較多。另增四起，合前爲十二起，計運官十二員。至乾隆二十六年，經户部錢法堂奏定，分爲正運六起，運官六員，運銅四百四十餘萬斤；加運二起，運官二員，運銅一百八十餘萬斤。仍與乾隆四年原定章程，前後相符，久經遵辦在案。自乾隆五十九年後，各廠有多辦銅斤，飭令正運六起，帶解銅多船衆，運官業已極力照應，時懼疏失，今若因多辦已竣，減去正運二起，合加運爲六起，計每員責令承運京銅一百一十餘萬斤，誠恐致滋偷漏情弊，難期妥善。又所稱，較之黔省運鉛每起一百二三十萬之數尚爲減少。查銅鉛情形各異，鉛係整塊，每塊五十斤，易於稽查，銅大小零星散碎不等，沿途交替換船過墑，必須較兑過秤，倘數目太多，勢必久延時日，有悮限期，非比鉛斤容易，經理該藩司所奏，於銅務殊無裨益，不過爲節省運官二員起見，以滇省七十餘廳州縣委運八員本不爲多，且向來官員不敷委用，例准奏請揀發，亦無員缺多虚之虞，所有奏請每年正加八起京銅請改六起之處，應毋庸議。

一、各廠較額多辦銅斤議叙之例過優，請酌量變通一款，據稱從前管廠之員，止按年核計功過，至乾隆四十四年，經户部議准，照鹽課之例，以十分核計，按其缺額并多辦分數，分別議處議叙。今查各廠年辦額銅自數千斤，以至數百萬斤不等，多寡懸殊。而一概以十分爲定在額銅數，千斤之小廠經管廠員，祇須多辦銅數千斤，即可援照多辦銅十分以上之例，准加四級。其額銅二、三百萬斤之大廠，經管之員必須多辦銅二三十萬斤，始足一分之數，照例紀録一次，未足以昭平允。除各廠短辦銅斤處分，仍照舊例查參外，所有額外多辦銅斤議叙之例，應請毋庸核計分數，統以多獲銅數爲定。凡額銅自數千斤至十萬餘斤之各小廠，多辦銅五萬斤以上者，准其紀録二次；十萬斤以上紀録三次；十五萬斤以上加一級；三十萬斤以上加二級；五十萬斤以上加三級；七十萬斤以上加四級。其額銅自二、三十萬至二、三百萬斤之各大廠，按照額數辦足，即准紀録一次；如多辦銅十萬斤以上紀録二次；二十萬斤以上紀録三次；三十萬斤以上加一級；四十萬斤以上加二級；五十萬斤以上加三級；六十萬斤以上加四級。該管直隸州及府道總理藩司，亦照多辦數目，分别議叙等語。

查滇省銅政考成，向止核其一歲獲銅之多寡，並未稽其每月交銅之盈絀，管廠各員因此虧數漸多，不敷供運。是以乾隆十六年，經原任撫臣愛必達，並四十三年督臣李侍堯等，先後奏請，照鹽課之例，統以十分核計考成。經户部議，令大小各廠俱按出銅確數，劃分十二股，按月計數勒交，如有缺額，令於一兩月内補足，倘於月額之外多獲銅斤，以及缺額不能補交，即於考成案内分别議處議叙，奏准遵行在案。是管廠各員，按月核計獲銅確數，並在任月日久暫，統以十分計考，畫一辦理，勸懲並用，不使畸重畸輕，立法最爲公允。若如該藩司所請缺額處分，仍照舊按分數計算，而溢額議叙，則又按銅數計算辦理，殊屬兩岐。且所稱原額數千斤及十萬餘斤之各小廠，必須多辦銅五萬斤以上，始准紀録二次，恐小廠人員無所鼓勵，勢必催辦不力，漸致廢弛。其額辦二三十萬斤至二三百萬斤之各大廠，照額辦足，即准紀録一次，甄叙過寬，亦不足以昭平允。況考成止論銅數，並不按月核計分數，仍恐漫無稽查，致有採辦虧短之虞，於銅政有礙。該藩司所奏按照銅數核計議叙之處，應毋庸議。以上三款，臣等公同籌酌，是否有當，伏候皇上訓示遵行。再，此摺係户部主稿，合併聲明，爲此謹奏請旨。嘉慶四年十月初二日奏，本日奉旨：依議。欽此。

李元度《國朝先正事略》卷一六《名臣·陳文恭公事略》 先是，鹽使者令淮南於税額外，歲輸銀助國用。自雍正元年始，積數十萬，率以空數報部，及部檄移取，始行追徵，然實陰虧正課，公奏停之。在雲南時，【略】增銅廠工本，除抽課外，聽民得自賣礦銅，民争趨之，更鑿新礦，銅日盛，遂罷購洋銅之令。

龔自珍《定盦全集》文集卷中《西域置行省議》 督撫必皆駐北路者，北可制南，南不可制北。昔者回部未隸天朝，無不甘心爲準夷役者，亦國勢然也。設采辦紅銅事務監督一員，用内務府人員，三年更調，駐劄吐蕃州。其甘肅省嘉峪關設監督一員，專司内地往準回販易之税，除稻米、鹽、茶、大黄、布绸外，一切中國奇淫之物不許出關，以厚其俗，除皮貨、西瓜外，不許入關，以豐其聚，銅務、關務皆所以劑官俸，給兵糈。

王先謙《東華續録·咸豐四二》（咸豐四年十一月癸酉），先是，閩浙總督王懿德等奏：「銅禁綦嚴，諸多未便，請收五斤以上銅器，其五斤以下者速弛其禁。至産銅之地不止雲南一省，陝西商州有人呈請開辦銅礦，請飭該督撫認真採辦，下軍機大臣會同户部議。至是，奏收繳銅器應如所奏辦理，五斤以下銅器仍准民間照常使用。其産銅之區，請飭陝西巡撫迅即委員確查，以憑覈辦。」從之。

李元度《國朝先正事略》卷二《名臣·石忠勇公事略》 建水州自明時設參將，歲派村寨陋規銀三百餘兩，糧八十餘石，三桂遂編入正額，宜裁革一新。平縣之銀場，易門縣之銅廠，礦斷山空，宜盡豁課税。疏下所司知之。

朱壽朋《光緒朝東華續録》（光緒三年二月丁亥）楊昌濬奏：准工部題銷浙江省沿海水師各營歷年購辦廣艇用過工料銀兩由咨改題一案，内開，購辦各項師船以及修换篷索燂洗等項，需用銀洋錢文，既據該撫聲稱，前項師船購買洋商造成之物，風損修换篷索亦均購自外洋，由洋匠議價成辦，委無成例可援，應如所請准其照原册開銷，嗣後届限修造各營師船及大小修成修换篷索燂洗，仍遵照本部舊章題定成規辦理，以符定制等因。光緒二年三月初五日題。本月初七日，奉旨：「依議。欽此。」咨行欽遵到浙，經臣行據軍需報銷局詳覆前因，並無成例可循，是以由局將同治十年以前用過購船修换各款據實造銷等情，復經飭據布政使衛榮光詳稱：伏查前奉轉行同治三年七月初十日奉上諭：「同治三年六月以前，各處辦理軍務未經報銷之案，免其造報。其自本年七月起，一應軍需，凡有例可循者，務當遵例支發。其例所不及，有應酌量變通者，先行奏咨備案等因。欽此。」遵經查明浙省軍需案内，正雜各款爲成例所不及者，詳經前撫臣開單奏明，購買紅單廣艇等船尚未足數，且價值多少不齊，應專案辦理等因在案。今同治十年以前由軍需局造報水師各營購辦及修造船隻並篷索燂洗等項經費，奉准工部核覆照銷。而同治十一年起至現在止，先已由各營將届限大小船隻次第修造完竣，均由各鎮道飭令承辦船工之員造具銷册送司，由司陸續分起咨送軍需局核銷。統計動用經費，爲數已屬不少。若照局詳，自同治十一年起由司查照舊章題定成規辦理，無論司中現無成規可循，難以造辦。況時已四年有餘，各營修造船隻，當興工時，並未議定成規。移行照估，此時再飭補造，其勢萬難照辦。所有自同治十一年起修造完竣各項師船用過經費並給過篷索燂洗等項，與造銷同治十年以前之案，事同一律，惟有仍遵奏案，由軍需局專案造册報銷，以昭核實。至前項題定成規，兵燹之後，燬失無存。經各撫臣暨臣先後行令各營，前赴閩粤等省購造紅單、艇、釣、快蟹、搭波等船物料，多採自外洋，工匠比昔昂貴，名目不一，大小不齊，價值既未能一律造報，又無例可援。且是項經費，動支捐款，並非司庫錢糧，是以同治十年以前用過銀洋錢文，盡由軍需局核實造報，已奉准銷，事有成式。所有同治十一年以後用過修造師船及修换篷索燂洗等項經費，合無仰懇天恩，俯准仍照前案造銷，以歸一律。得旨：「如所請行。」

朱壽朋《光緒朝東華續録》　左宗棠奏：【略】光緒四年，飭滬局採運委員胡光墉，延訪德國織呢、開河、鑿井、淘金師匠帶購機器來蘭，藉資練習，曾於奏陳新疆善後事宜案内聲明在案。上年機器師匠先就關内試辦，【略】其河渠工程先從涇河試辦，去秋於平凉設局，委署平凉縣知縣廖溥明經理。開辦以來，渠工已成四十餘里，河工已開成三百五十餘丈。惟涇河多石，據德國開河師匠禀稱，尚有取石挖土機器，已飭胡光墉購買，俟其運到挖取，如果用力少而成功多，自當不惜工本以竟其事。至若淘金、開井機器太小，上年試辦一二處，不甚得力。【略】

總之，欲善其事，必先利其器。而招洋匠購機器以織呢、開河，事屬始創，一切用款固不能以常例拘，除淘金機器價銀由胡光墉捐購外，總計購買織呢、開河、掘井機器價值并照章入口，完税等項湘銀一十一萬八千八百三十二兩零，并由德運滬，由滬運鄂，再由鄂遞運到甘，保險及水陸運費共湘平銀七萬二千九百七十五兩零，起造局屋、洋匠通事、委員司事各項薪糧、局費、製造器具共湘平銀一十一萬三百五兩零，皆是實用實銷，亦無例案可循。

《礦務檔·一般礦政·議覆錫珍等奏片應由總署主稿》　〔光緒十年〕七月二十九日，户部文稱：准總理衙門片稱，左都御史錫、内閣學士廖，前於天津差次，具奏開礦令商任其事官考其成一片，奉旨：「該衙門議奏，欽此。」查原片内稱，一切章程，節部臣詳核通行等語，應請貴部主稿核議，如須本衙門會同覆奏，應俟貴部定稿後。再將本衙門堂銜開送，等因。查左都御史錫等原奏，所稱歷年試辦開礦，率少成效，等語。近年外省試辦開礦，均未據該省咨知本部，從前一切開採章程，本部無從查悉。此後應由官辦，或由商辦，及招商領帖。延募礦師礦匠等項，本部院既無成案可稽，未由悉其利弊，無從核議，應如何辦理之處，應由貴衙門主稿，會同本部覆奏，兹奉前因，相應片覆查照可也。

《礦務檔·一般礦政·議覆錫珍等開礦當由商任其事奏稿送請核議並出具會語》　〔光緒十年〕九月十四日，户部文稱，本部會議左都御史錫等奏，前於天津差次，奏請開礦令商任其事官考其成一摺，前准貴衙門片稱，應由户部主稿，會同覆奏等因知照前來。今本部擬定奏稿。查原奏所稱，礦師礦匠併銷售以中國爲斷，及委員量予獎叙各節，應由總理各國事務衙門及吏部核議之件，相應將奏稿片送貴衙門查收核議，並出具會語，俟議結畫齊，希即轉送吏部，仍俟吏部議結後，並開列滿漢堂銜，一併送還本部，以憑繕摺會奏可也。

《礦務檔·一般礦政·送還議覆錫珍等開礦當由商辦奏稿》　〔光緒十年〕九月二十五日，行户部片稱，准貴部片稱，會議左都御史錫等奏請開礦令商任其事官考其成一摺，今本部擬定奏稿，查原奏所稱，礦師礦匠併銷售以中國爲斷。及委員量予獎叙各節，應由總理衙門及吏部核議，相應獎奏稿片送，等因前來。本衙門現已出具會語，畫齊粘連原稿，送還貴部查收。此件既係貴部主稿，其應會吏部之處，即希由貴部轉送，俟吏部議結後，仍知照本衙門，再將堂銜開送，以便會同具奏可也。

《礦務檔·一般礦政·咨送議覆錫珍等奏請開礦宜令商任其事摺暨硃批》　〔光緒十年〕十一月十八日，户部文稱：准北檔房傳付内稱，本部會議具奏都察院左都御史錫等奏開礦一事，宜令商任其事而官考其成一摺。光緒十年十一月初十日具奏。本日奉旨「依議。欽此」。傳付江南等司鈔録原奏，應行各處欽遵，等因前來，相應鈔録原奏，恭録諭旨：「行文四川總督欽遵辦理，並知照貴衙門查照可也。」照録鈔摺，户部等衙門謹奏爲遵旨會議具奏事，都察院左都御史錫珍等奏開礦一事，宜令商任其事而官考其成一片。光緒十年七月初一日，軍機大臣奉旨：「該衙門議奏，欽此。」欽遵，由軍機處交出到部。查原奏内稱，我朝五金之礦，聽民開採，官征其税，載在《會典》。近年行駛輪船，設製造局廠，煤鐵之需益夥。顧歷年試辦開礦，率無成效。蓋事經官辦，積習難除，繁費既多，虧挪不免。或兼攝他務，不能專一，派員經理，漫不經心，何能持久。至於公款難籌，招商入股，流弊滋多。甚且買空賣空，專視票價漲落，以罔市利。似宜變通其法，擇礦苗旺處，招商承領。一人能具數萬貲本者爲之總管，官給印單，不先征課，以本地殷商爲之佐，或湊集附本，俾分餘息。以本地公正熟練者爲之夥，分勸其事，酬以勞賸。除延礦師礦匠外，概傭土人爲工，地方官隨時彈壓。

或委首領佐襍一員，督察照料，而不掣其肘，由商總月致薪水。倘有籍官挾制者，立予參處。開得鐵煤，以十分之一充稅。就煤煉鐵者，稅亦如之。稅入煤鐵，彙報司局指撥應用。商人聽其轉運，不限所之。然銷售總以中國爲斷，試辦得效，方准逐漸擴充。招商集股，發票收銀，官不過問。蓋向來統歸商辦，而官不助其經理，則勢弱而力微。近時名爲商辦，而官獨專其事權，則弊多而利少。故不如令商任其事，而官考其成，以期有利無弊，等語。户部謹查《會典》内載，凡礦政即山置廠，辨五金之産而採之。一曰銅廠，二曰鉛廠，三曰銀廠，四曰金廠，五曰鐵廠。皆因其産之衰旺，而征課焉。固以天地自然之利，生民日用之資，必無棄貨于地，乃能藏富於民。裕國通商，利至溥也。中外通商以來，各省船局機器局，需用尤多。而煤礦鐵礦，更爲急務，屢經言官條奏。近年各省頗有用西法開採者，有無成效，未據咨報，臣部無案可稽。惟查光緒七年四月間，據直隸總督李鴻章奏直境招商購器仿用洋法開辦礦務一摺内稱：光緒三年八月，檄派前任天津道丁壽昌、津海關道黎兆棠，會同候補道唐廷樞，熟籌妥辦。旋據酌擬設局招商章程十二條，刊刻施行。查初定章程擬招商股銀八十萬兩，開採煤鐵，並建生熟鐵鑪機廠，就近鎔化。繼因招股驟難足額，鎔鐵鑪廠成本過鉅，非精於鐵工者，不能位置合宜，遂先專辦煤礦。唐廷樞奉檄設局後，勘得灤州所屬距開平西十八里之唐山，山南舊煤亢多，經理數年，規模粗備。轉瞬運煤銷售，實足與輪船招商機器製造各局相爲表裏。開煤既旺，則鍊鐵可以漸圖。開平局務振興，則他省人材亦必聞風興起，等語。迄今三年有餘，究竟所採幾處，每年共用商本若干，可得煤鐵若干，併其所定設局招商章程十二條，均未據咨部有案，户部無從知其利弊如何。至各省礦苗，衰旺不一，採辦情形亦有不同，臣等謹就從前舊案而申論之。查坑冶一事，在前代實爲秕政。《續通考》載明臣姚思仁八可慮之奏，論之最詳。順治初年，鑒於明代流弊，礦禁最嚴。康熙十四年，始定開採銅鉛之例，其後時行時止。大抵官稅其十分之二，其四分則發價官收，其四分則聽其流通販運。雍正乾隆以後，或以□成收課，其餘盡數官買。或以三成抽課，其餘任商自賣。或曾官發工本，招商承辦，或曾竟由官辦，並不經商。以湖南雲貴川廣等省，最爲經久。佗如奉天浙閩諸省，或偶一舉辦，旋即罷停，尤以開採銅鉛，最爲得宜。佗如金銀煤廠，或間開採，卒無大利。然今昔情事迥異，道光年間，臣部籌備庫款，已有廣行開採條奏。奉旨飭下宗人府、大學士、軍機大臣會同妥議，旋議令各省督撫熟商妥議舉行。維時以雲貴總督林則徐覆奏最爲明備。其議以減浮費、嚴法令、杜詐僞爲大端。而其論商辦官辦之損益爲尤明。其曰「官辦雖靈，而在任久暫無常，恐交代葛藤滋甚。倘或因之虧空，參辦則有所藉口，籌補則益啟效尤。況地方官經管事多，能安親駐廠中。胼胝手足，勢必假手募丁胥役，弊竇孔多。似宜招集商民，聽其集資夥辦。成則加獎，歇亦不追，似可常行無弊。其要尤在經理得人，斂從其薄，弊多利少，亦難停止」爲最中肯棨。復查咸豐三年，臣部議覆御史慧城開礦章程，曾議令各商於認礦廠之始，先行呈驗資本，試採礦硐之地。如係官地，則報官開採。若係民地，則每開一硐，酌給民人地價銀兩。一月無效，即行封閉，地歸本主。如礦苗大旺，令商人報官，再行驗資給照，承認開採。再議加地價，居民不得抑勒，商人亦不許藉端擾害。如廠旺人多，則令其五人十人連環互結，尤必本地籍貫，審音查明，方准入廠。不得招留外省無籍游民，倘有不法，許管廠商人，送官究治。若容隱或另生他弊，惟該管廠商人是問。立法亦屬詳明，是皆從前開辦礦務，可以參改見諸施行者。今據左都御史錫珍等奏稱，令商任其事，而官考其成，以期有利無弊。各直省是否可以通行，相應請旨飭下各直省督撫，各就本省情形參酌成規，悉心妥議。其有業已舉辦開採，即將開採成效如何，一併詳細奏報。並將一切章程，咨部備考。至所稱延覓礦匠併銷售以中國爲斷，試辦得效，方准逐漸擴充等語，總理衙門查外洋各國於開礦事宜，講求不遺餘力。雖採挖之機器愈出愈精，亦由所用之人竭慮殫思，各有心得，是以中國近年辦公務者，必以聘雇洋人爲先路之導。惟洋人薪工，爲費甚鉅。其稱爲礦師者，身價尤昂。然聞其所測算挖掘深淺若干，應獲地産多寡之數若干，往往仍有不驗，以致工本徒虧。故延覓礦師，必須訪求切實可靠之人。或先立合同聲明，如測驗不符，並無成效，如何議罰。庶可懲騙冒，而節虚糜。此外一切工作，自宜多用土著之人，較易鈐束。又西人記述之書，外洋諸國産煤漸竭，其價日增。貧民無力置買，間或斷炊。即織布造器之工，有因煤乏而歇業者，其議院籌畫，每思將中國之煤運往，以濟要需。他如五金之礦，惟鐵需用最廣，一切舟車器械，各國逐年有增無減，出産亦虞匱乏。中國地大物博，名山奥區，蘊儲深厚。果經理得人，自可菁英畢獻。但所有出産，務先儘中國官民收買供用，勿貪利私售外人。宜於開辦之初，妥立章程，責成商人遵守。俟出産較多，可以擴充銷售，亦須核定成數，以示限制。應請飭下各直省督撫妥議辦理。又原奏内稱，税課滿萬以上，其商總委員似宜量予獎叙一節，吏部查定例雲南報開新廠，督辦之地方各官，有每年獲銅二十萬斤以上者，准其紀録一次；三十萬斤以上者，准其紀録二次；四十萬斤以上者，准其紀録三次；五十萬斤以上者，准其加一級。均於歲底查明分別議敘。如能獲銅八十萬斤以上者，該撫專摺奏請陞用。如報開之廠，迄無成效，視年月之久近，查明廠員若有玩忽，即隨時查參議處等語，是銅斤事關鼓鑄，亦祇准地方官議敘。此外開辦礦務，即地方官並無獎敘明文，亦無請奬成案。至商人集資開採，原爲牟利。其身家是否清白，亦須細加考察，未可漫邀奬敘。如原奏税課滿萬以上，亦屬爲數無多。遽予奬敘，未免過優。應俟辦有成效，由該督撫分別奏請酌量給奬，再行核辦。所有臣等會議緣由，恭摺具陳。再，此摺係户部主稿，會同總理衙門吏部辦理。臣錫珍臣廖壽恒係原奏之人，是以未經列銜，合併陳明。是否有當，伏乞皇太后、皇上聖鑒。謹奏。

朱壽朋《光緒朝東華續録》〔光緒十二年六月庚辰〕，岑毓英等奏：「滇省辦理礦務招商，經前撫臣唐炯會摺奏請，每年於運京足數外，餘銅悉準由商運銷，旋準咨，是否照定額六百三十餘萬斤辦運足數，未據聲明，令臣等查看情形、辦理等因轉行去後。嗣據署藩司史念祖詳據招商局知府全林續詳稱，遵查滇省銅務兵燹後停辦已久，同治十三年奏明試辦，迄今十年，每批僅能運解五十萬，中間委紳委官迭易其人，開辦不爲不力，迨歸商局認真辦理。至上年始運解兩批，勉足百萬，較之從前定額，仍不啻天淵，艱滯情形已可概見。查確務惟以銅務爲先，而招商特因京運起見，第礦稀炭遠，食貴工艱，所領價值實不足償資本，商人重利，若不稍示變通，未入股者早已不前，既入股者亦思抽出，似此商情渙散，欲求起色，不得不策勉，兼資寬與調劑。擬自本年爲始，如辦銅一百萬斤，准以一成歸商，一百萬以上，準加一成，二百萬以上再加一成，四百萬以上准遞加，並請仿照滇運章程按等量予奬勵，庶輿情歆動，可望本利日增，鼓勵有資，承辦亦可期黽勉，等情，由司詳請其奏前來。臣等查滇銅自同治十二年試辦，原定每年京運一百萬斤，特因銅澇山空，至上年始辦足數，非商力不能逮此，然工疲費鉅，已屬不支，各省銅本報解無聞，商股又因餘利未沾，久無起色，非但舊額難期驟復，恐後此每年百萬券亦難操，該司等所請變通商銅成數，量與奬勵，係爲維持京運、保固商本起見，合無仰懇天恩，俯念調辦艱難，暫準變通商銅成數，並照漕運章程量與奬勵，以顧商本而資策勵，實於礦務有裨，下部議奏。

朱壽朋《光緒朝東華續録》〔光緒十四年五月〕丙寅，唐炯奏：「臣於上年十一月曾經赴昭通、東川相度開辦廠務，附片陳明在案，隨於十一月初九日出省，二十五日馳抵昭通，適東洋礦師亦到，遂率同周歷萬山。時逾三月，勘得永善屬之卿父山、青山，魯甸屬之香杉箐，巧家屬之白錫臘銅脉豐厚，威寧屬之榨子鉛脈盛大，均經酌定廠規，飭礦務公司商人遵照設廠，次第攻採。其本山及附近數十里、百餘里產礦之區，公司不及開辦者，咸聽鄉民自行攻採，公司量濟油米，但不準設鑪，以杜走私，所獲礦砂，公司按照成分給價收買，俾鄉民得此現錢周轉，盡力攻採，數年之後，便可都成子廠。舉凡攻採煎鍊，皆先用土法，不合始參以西法，大要以養活窮民爲主。至於廠中砂丁數雖衆多，均飭厚加撫恤，勒以部伍，嚴禁燒會結盟，不致別滋事端，並遴員駐廠彈壓保護，以臻周密，俟迤東銅廠著有成效，再以次接辦。迤南威寧鉛廠著有成效，再以次接辦。水城庶人皆練習於部，分事有後先，無虞拮据。惟是所開銅、鉛各廠皆係新山，據東洋礦師面稱，必須深入山腹四五百丈，始得連堂大礦，而石硤堅硬，既不用機器，非八九個月不能見功。臣詢之老於在廠者，亦謂數丈、十數丈即獲礦者係屬草皮，不能結堂以供久遠採取，其言近理。臣惟有隨時督飭公司晝夜攻採，以期及早觀成，不敢懈弛。」下户部知之。

唐炯奏：「雲南銅務自康熙四十四年歸官經理，向各府廳州縣領借帑本，慎選股實民人充當鑪户，招募砂丁開採煎鍊。定章上月發本，下月收銅，逾年無著，即令經放之員賠繳。立法本極至善，乃相沿日久，逋負漸多。雍正二年至乾隆六十年廠欠之案，有以錢息彌補者，有以庫平扣市平銀撥補者，有經放之員賠補者，有以經管道府養廉扣補者。嘉慶六年乃定督撫司道按股分賠之例。其時廠旺礦豐，而虧欠猶不能免，推原其故，地方官民事紛繁，斷不能坐守山場，酌劑盈虛，妥爲籌畫，鑪户又係赤貧，勢必挪後補前，暫敷目下，既而逃亡故絶，懸項纍纍，無可追償，惟有據實陳請，乞恩代免，此嘉慶以後屢請豁免廠欠之情形也。同治十三年，試辦京銅或委員或委紳仍須預發底本，乃能陸續繳銅，時值兵燹之餘，薪炭日昂，人工益少，承辦員紳皆不諳習礦務，不能不聽命於鑪户，以故辦理十餘年仍難獲效，而逋負又多。光緒九年，設立招商局接辦，以商本不充，仍先發底本，雖令按銅扣收，然舊欠未清，新負已積，此又同治以來辦理廠務虧欠之情形也。伏念銅本關繫庫儲，絲毫爲重，若不變通舊章，無以革除積弊。臣現酌留招商局責成扣收廠欠，另設礦務局招募鉅股商本，商辦先銅後銀，委員駐廠，但只彈壓保護，收運銅斤，俾界限劃清，公私兩益，庶堪持久。至於京運而外，例有通商之銅，光緒十二年，督臣岑毓英奏明，每年辦運京銅百萬斤，準一成通商，以次遞加，原冀歆動群情，不致畏難裹足，無如承辦員紳不一，資本厚薄不齊，所辦銅斤悉歸官買，每年湊集五十萬尚屬爲難，安有餘銅通商。且民間數十年不見商銅，而所用器具與日俱增，無賴奸民遂銷燬制錢以牟厚利，即以雲南而論，已有錢荒之患，關繫誠屬匪細。臣愚以爲欲杜私燬，莫若寬準通商，擬嗣後每辦銅百斤抽課耗銅十四斤，官買七十六斤外，凖以十斤通商。庶商有餘銅，藉以維持資本，而民有餘利，自然踴躍攻煎，數年之後，開廠日多，銅斤日廣，銷燬之弊不禁自除，於錢法銅務不無小補。得旨：「如所請行。」

陳寶箴《陳寶箴集》卷四《開辦湘省礦務疏光緒二十二年正月二十八日》 頭品頂戴湖南巡撫臣陳寶箴跪奏，爲擬辦湘省礦務，設局試行開採，冀蘇民困而浚利源，恭摺仰祈聖鑒事。

竊維湖南山多田少，物產不豐，而山勢層疊奧衍，多砂石之質，類不宜於樹藝，惟五金之礦多出其中，煤、鐵所在多有，小民之無田可耕者每賴此以謀衣食。近年洋鐵盛行，利源漸涸，惟煤尚可通行，然純用土法開採，工巨利微，未幾即畏難中止。其礦產素盛，久經封禁之區，遂時有人潛往盜採，獲利稍厚則群起相爭，鬥訟紛起，地方牧令封禁因之愈嚴，貧民恐自塞其衣食之途，常有鬥殺致斃多命而隱忍不敢舉報者，重利輕生，其情極爲可憫。光緒二年，臣寶箴卸署辰永沅靖道事回省，曾備言其狀，謂「宜及時經理，不可使天地自然之利所以養人者轉以害人」，前撫臣王文韶正擬試辦，旋奉命内用，事遂中輟。上年五月，兼護督臣譚繼洵遴委通曉礦事員弁查勘湖南諸礦，周歷衡、永各府，所得鉛、銅、煤礦已十餘處，於民田、廬墓一無妨礙。

臣到任後，適值農民[田]歉收，每縣乏食飢民，多者至四五十萬口，近省瀏陽、醴陵兩屬，私掘礦砂者日常數千人，地方官賑撫彈壓岌岌可虞，由省迭派營勇分途防範。因思荒政通山澤之利，古稱「禹湯有水旱之災，於是鑄金爲幣，以救民困」，是開礦之舉行之歉歲，尤爲急務。而近年内外臣工疏陳開礦事宜，俱蒙聖恩俯准，立見施行，如開平煤礦、大冶鐵礦，尤有成效可睹，誠以今日公私匱竭，非廣開利源、漸塞漏卮，無以爲自强之本計。

謹查康熙五十二年大學士九卿議奏雲南等省開礦事宜，奉上諭：「天地自然之利，當與民共之，不當以無用棄之，要在地方官吏處置得宜，毋致生事耳等因。」又乾隆三年奉上諭：「兩廣總督鄂彌達議復提督張天駿『礦山開採，恐滋聚衆』之奏，據稱：『銅礦鼓鑄所需，且招募附近居民，聚則爲工，散則耕作，並無易聚難散之患。』地方大吏原以整頓地方，豈可圖便偷安，置國計於不問？張天駿藉安靖之名，爲卸責自全之地，著交部議處等因。欽此。」聖訓昭垂，炳如星日。

臣仰蒙聖恩，俾守兹土，當此時局艱難，度支日絀，凡有可以稍裨國計民生者，分應殫竭愚忱，盡其力之所能及。況值湘省旱災，截漕備賑，仰煩聖廑，礦產爲自然之利，正宜設法經理，少佐賑需。且行之目前，既可以工代賑，如漸辦有成效，尤可次第推廣，以爲練兵、制械之資，冀補庫藏之所不逮。擬於省城設立礦務總局，委候補道吴錦章總理其事，仿前湖北巡撫臣胡林翼創辦釐金取劉晏採用士人之法，擇湘士之有志節識度、不爲利疚者，量才委用，南、北洋及各處熟諳礦務機器之人，亦即隨時商調，以資指臂。無擇銅、煤、鉛、磺等礦較有把握之處試行開採，目前需費無多，可無庸預爲籌備，應用機器，如湖北鐵政等局有可借用者，暫爲通融，俟稍有成效，再行酌議集資抽税章程，奏明請旨。總期行之以漸，持之以恒，先程尺寸之功，徐圖擴充之效，庶期杜爭競而息覬覦，盡其分之所當爲而已。

所有擬辦湘省礦務，設局試行開採，冀蘇民困而浚利源緣由，理合會同兼護湖廣總督臣譚繼洵恭摺具陳，伏乞皇上聖鑒訓示。謹奏。

硃批：「所奏甚是。該撫其悉心妥辦，以觀厥成。欽此。」

【附一】《光緒二十二年二月廿二日上諭》 湖南巡撫陳寶箴奏：「擬辦湘省礦務，設局試行開採。」得旨：「所奏甚是。該撫其悉心妥辦，以觀厥成。」

【附二】《湖南礦務章程摘要》 爲出示曉諭事。照得本總局奉撫部院奏委辦理礦務，現經刊訂章程，慎選礦地，次第開採。惟辦法有一定不易之規，亦有隨時變通之處，除俟體察情形再行酌妥外，合行摘録大要，曉諭通屬各府廳州縣商民人等，俾得周知，以期疏利源而裕國課。切切特諭。

計開：

總局章程摘要五條：

一、辦法。由官督辦，不招商股者曰「官辦」；招商入股者曰「官商合辦」；由商請辦，官不入股者曰「官督商辦」。官辦、官商合辦者，由總局委員經理；官督商辦者，由商人自行經理，惟分别給收砂護照，或派員抽收砂税、爐税。

一、礦質。無論何種礦質，擬請開採者，均須先行呈報總局察驗，有非民間所能開採者，如硝、磺、安的摩尼、别斯末斯、臬客爾、金砂等類歸官辦外，其餘或應歸官辦，就歸官商合辦，應歸官督商辦，均由總局隨時相地斟酌，批示照行。

一、轉運、銷售、緝私。所有官辦、官商合辦及官收各種礦砂，須運出銷售者，由該礦局員分別運解各轉運局或省城，堆棧收存，仍由總局督理銷售。凡各局中辦公人及商民人等，均不得私運私銷。由撫憲通札各釐局委員嚴行緝訪，一經查出，將運賣之砂概行折價給賞。若局中辦公人等有串通知情等弊，必再行分別嚴辦。

一、抽稅、免釐。官辦、官商合辦、官督商辦各礦，均應抽稅。惟創辦之初，未能暢旺，應暫免其抽收；一俟稍有成效，即行酌定稅則，由撫憲匯案咨部。將來各礦，業經抽稅者，所有釐金概行豁免。

一、提紅。所開各礦，凡屬官辦、官商合辦者，每年除提稅、提息、提經費外，所有贏餘，應俟試辦一年後，由總局於年終匯數核算，酌提紅成若干，分別攤勻，以爲各該地方善舉，及各轉運局、各分局廠紳員、司巡人等，與該地方出賣、出租，開窿依脉指定十里、三里内業主獎資。至各礦地方官、營汛各員，亦由總局於此項内酌派津貼，稟請撫憲裁奪施行。官督商辦者，由商人自行經理，不在此例。

官辦章程摘要三條：

一、礦地。由總局派員，與礦師登山查勘，如礦質果旺，墳墓在禁步外，田地、廬舍又皆無妨礙（所有妨礙之墳墓、田廬，民人自願遷改、拆毁、賣出者，除田地照時價優給外，墳則量予遷費，廬舍則量予修造之費，臨時酌辦。）再行開辦。該山除官地不論外，若係民人私業，照原契價，從優契買入官。礦地之外，或有佔據之處，或有妨礙地方，亦量予優價，酌買入官。抑或業主自願出租，亦可分別酌給租價，按年計算，再由礦師體量。遇有大礦用機器開採者，仿開平例，依脉十里内，無論何人之業，均不得另開窿口；其小礦用人力開採者，依脉三里内，無論何人之業，均不得另開窿口。均要指定一窿起算計里，不得游移，以圖多占地段。

一、礦爐。現擬於省會擇地設立洋爐，專煉所採所收之銀、銅，安的摩尼、別斯未斯、臬客爾等砂。其煤礦、石硝之類，可以就各處提煉者，於該礦扼要地方另立爐局。所有一切應辦事件，即責成該礦委員經理。

一、嚴束丁勇。援照滇南、開平礦務例，凡局廠準設枷、笞兩項刑具，（爐局、轉運局、收砂局不在此例。）遇礦丁、局勇有不法之事，或在外滋擾，由委員督查審訊，量予枷笞。如所犯過重，及地方痞棍入廠滋擾者，仍移送地方官究懲。其有須調防營分駐彈壓者，隨時酌量稟請。

《官商合辦章程摘要》十一條：

一、礦地。

一、礦爐。

一、嚴束丁勇。以上三條，與官辦章程同。

一、經費。由該礦委員於所集官商股本内盡數支用，不得另行領款。

一、股分。由礦師查勘礦之大小，須集股本若干，以定股分多少，每股定收省平足紋銀五十兩，有由官指某礦招股者，有由商集股請開某礦者，均分作十成，官三商七，官四商六，或官商各半，臨時再行酌定。如本礦日後或以擴充工程，或因一時虧折，須加增股本，盡先有之股，按股酌派，如均不願增加，或有增加而仍不足，再行另招別人。

一、招股。凡指礦招股之處，由總局酌定股數後，或就近準各商民赴局入股，發給實收，或由總局擇該礦地方公正富紳，發交實收，令其招集，並飭該地方官出示曉諭商民，以杜假冒。其未經出示曉諭之處，遇有不法之徒招搖撞騙，準商民拿獲稟究。

一、填給實收。凡入股者，將銀繳足後，即發給局印實收一紙，註明本人姓名、籍貫暨某縣某礦股數若干、繳銀若干、經收某所、經手某人。一俟招足後，由總局調查實收存根，一律按開辦年月填寫股票起息，準各商民隨時向經收股銀處換票。

一、股票。每股給票一紙，票内註明某山某礦暨本人姓名、籍貫，與實收同。其股銀不論多少，有無伙伴湊集，總局只認票上一人，若本人身故，或將股票轉售別人，準赴局呈明更換，惟不得抽回所入股銀并以別國人頂替。

一、股息。每年年終，將本礦出入總結一次，官商股本均按數提息八釐，商股由總局發給印摺，以憑向某處（摺内再行註明支取。）

一、派股商入局辦事。凡由官指某礦招股，由商集股請辦某礦，一俟股銀全數彙齊後，應盡股分多者出名保薦一家資殷實、品行端方之人，出具切結，聽候總局酌量札委辦事，並準薦用司事數人，以昭公允。

一、贏虧均攤。該礦除提經費及提税、提息、提紅外，所有贏餘若干，官商照股勻攤；若有虧折，亦一律派認。

《官督商辦章程摘要》四條：

一、礦地。商民採得可開之礦，由本人覔保，徑稟總局，或由本人稟明地方官轉詳總局，由局訪察其人，果係殷實老成，乃派員前往，登山查勘，果於附近墳墓在禁步外，田地、廬舍又無妨礙，方準開採。該山係民人私業，任本人與業主租買；若係官地，或歸官商合辦，或另抽地稅，臨時酌辦。

一、局帖。商民稟請開辦，經總局核准之後，即由該商赴局，呈請發給局帖，以爲信據，無論何礦惟尋常煤礦不在此例。及礦之大小，每帖一張，繳費銀一百兩整。

一、領帖請委員之礦。凡銀、銅、鉛礦，商本充足，能自開爐提煉者，自領帖後，準其設立土爐。惟開辦之初，暫停抽稅；一俟砂旺開爐後，由總局派員駐廠，錫、鐵等礦不在此例。遵撫憲酌定稅則，抽收砂稅、爐稅。其委員、司事人等薪水，及巡勇工食，局用雜費，每月至多以銀百兩爲度，均由該礦按月提發，此外毫無浪費。

一、領帖不請委員之礦。凡銀、銅、鉛礦，商力僅能開採礦砂者，先由該商携帶礦質來總局化驗，再行呈請開採，繳費領帖，自領帖後，即由總局更番發給收砂護照，仰該商礦將所採之砂分起運解省城，照時價、運脚，公平收買，並於價內扣收砂稅。其砂該商不得攙和壞質，自塞銷路，並不得私行運賣，致干查究。或以運解省城爲不便，請於附近官辦、官商合辦各委員照時價收買者，臨時再行核奪。

《商民已開各礦分別辦理章程》三條：

一、銀、銅、鉛等礦，於未奏辦礦務以前，已經商民領帖開採，由州縣抽收砂稅、爐稅者，自此次刊定章程之後，均須將帖赴總局驗明，無庸繳費。以便札飭地方官，改由總局收稅，方準照常開辦。其未經領帖之礦，應即前赴總局，呈請局帖，繳領費銀一百兩。其砂不能自行提煉，準照前「領帖不請委員」條內辦理。其已設爐提煉者，仍應令備委員經費，呈請總局派員抽收砂稅、爐稅，違者查出重究。

一、錫、鐵、硃砂、水銀、雄黄各礦，已經商民領帖開採，由州縣抽收砂稅、爐稅者，辦法如前。其未經領帖者，應即赴總局報明，呈請局帖，繳費銀一百兩，并由總局相地立法抽稅，方准照常辦理。至所採之砂，由該商自行運銷，官不收買。

一、尋常煤礦，向經商民開採，於墳墓實無妨礙，准其照常辦理，無庸報官領帖；惟用機器開挖及設洋爐，指煉焦炭而言。則須呈明總局，核准給帖，派員收稅，方能興辦。

【附三】《知新報》：湘礦起色　湖南礦産向盛，陳右銘中丞莅撫後，鋭意興利，於去年二月間設局開採，在長沙設總局，益陽、永定、龍王山、水口山、寧鄉、辰溪、瀘溪各處皆設分局，用土法開採。計舊産原有金、銀、煤、鐵、銅、鉛、水銀、硝、磺等礦，新開者有銻、鎳、鋁等礦，中以銻爲最盛，在長沙設洋爐化煉，聞漢口亨達利洋行善價求沽，已將與議定合同，售價約有百萬之間。即此一礦，其利已如此，他日源源開採，所益更多，湘省維新各事，皆可因此次第具舉矣。總局中所用多本省紳士，故能與各分局聯絡一氣，商民更以相安，其中尤爲實心任事、明通練達者，以鄒沅帆大令代鈞爲最云。其硝、磺各礦亦甚盛，聞江浙各省有大商已集巨股立公司，將往購運。中國自臺灣既淪，内地産磺甚少，湘省此次開採，實可以操利權矣。

【附四】俞廉三《清理礦務詳陳現辦情形摺》光緒二十五年正月二十二日　頭品頂戴湖南巡撫臣俞廉三跪奏，爲清理礦務，詳陳現辦情形，恭摺仰祈聖鑒事。

竊查近年疊次欽奉諭旨飭令各省開辦礦務，經前撫臣陳寶箴查明湖南礦産，奏請開辦，於光緒二十一年冬間在省設立總局，選用士紳分投設局，勘經採砂，開有煤、鐵、鉛、銻、金、銀各礦。惟寶藏所蘊必在崇山，採之不深則出之不旺，工程既大，需費不貲，且試辦伊始，多未歷練，或遇阻而廢，或久無成功。前撫臣博訪廣營，不惜物力，諸紳士鑿山涉險，倍極艱辛，兩年以來，不無所獲，規模雖具，得失未償。臣到任接收，以工費繁巨，庫藏空虚，羅掘既窮，債累亦重，停罷則前功盡棄，欠款莫歸，因仍則後繼爲難，涸轍立見，自非通盤籌畫，大加清釐不可。因責成藩司等，並揀委明幹提調，會督局紳，將各礦確加查覈，分別衰旺，以定去留。其有願承認者，酌改商辦，已勘未開各工且從緩議，裁汰冗員，撙節浮費，將積年款目及所存銀物截清數目，據實開報。兹據將自開局起，截至光緒二十四年九月底止出入各款，開摺詳送前來。

計借墊官局、商號及出售砂煤價值，各局繳回經費，共收銀六十三萬四千八百餘兩；建局購器、薪工、盤費，共支銀六十三萬四千八百餘兩；實存已支未用銀二萬七千二百餘兩；收回貨價銀一十二萬五百餘兩；存貨估抵銀一十七萬九百餘兩；房屋、田山、器用、船隻、物料，按原價應抵銀一十一萬六百餘兩。實虧銀十九萬八千四百餘兩。其房屋、器物等係屬成本，雖非實虧，不能收回現銀，亦在應行彌補之列；其估存貨價款雖可指，然陸續出售，所得僅可供墊發本年薪工之用。計仍挪墊官項及無息借款銀三十萬三千八十六兩零，息借商號銀二十萬五千兩，均尚無款籌還。

經此次清理後，除將無益之礦停罷外，現歸官辦者爲常寧縣水口山之鉛礦；湘潭縣小花石，寧鄉縣清溪及苦竹寺，醴陵縣仙石及楓樹山，芷江、黔陽兩縣界黄版坡各煤礦；益陽縣西村及板溪，安化縣滑板溪及木里坪，新化縣沫礦村，沅陵縣銀礦坨，芷江縣沙羅田各銻礦。商採官收者爲芷、黔之鐵礦，益陽、新化之銻砂。其初經勘明歸商試辦者爲常寧縣對臼冲、興寧縣唐金侖各銅礦，衡山縣東湖、常寧縣泉峰觀、郴州柿竹園、祁陽縣源頭冲、黔陽縣轎子巖各鉛礦，寧遠縣癩子山銀礦。此外，平江縣黄金洞之金礦，前經延請礦師購置機器，開鑿經年，未獲利益，上年八九月間始見苗綫，含金甚微，然所費已多，棄之未免可惜，現經另派熟悉之紳顧覓鑿工之曰「青手」者，改用已驗之土法開採，工資較省，易於持久，庶期漸獲成效。

官辦、官收各礦，雖有上等、次等之分，以現定辦法計之，出入約可相抵。商辦各礦甫經開手，議明按成納課，所派監收彈壓員役、勇丁薪糧，皆由商備，如能暢旺，即可收無本之利。總、分各局裁節之餘，計通年少支銀三萬二千餘兩，較前已省其半。至工資、運費，則視礦産之盛衰、工程之難易爲多寡，未能預定確數，大抵力加節省，既可不至續虧，認真整頓，並可漸望起色。如礦價所獲除開支常年經費尚有餘存，應先歸還公私借款，再有所盈，即擬擇優推廣。果能堅持定力，上下一心，不至虚糜廢弛，數年之後，宿逋既清，自堪上資國用。

查湖南山川奥衍，礦産實不爲稀，風氣既開，招徠必易，頻年興辦，雖時絀舉贏，然贍無業之民、運自有之貨，已於民間不無霑潤。惟望仰賴聖明福庇，地不愛寶，各獻菁華，則利用厚生，其益終歸於國。

臣以輇材承乏，財匱用繁，雖籌畫萬難，然必恪遵八月二十四日寄諭，不招外股，不借洋款，以防攙越而維利權，冀以上副朝廷興利除弊之至意。除咨礦務、鐵路總局，並填列表册，隨時咨送外，理合恭摺具奏，伏乞皇太后、皇上聖鑒。謹奏。

硃批：「知道了。著即認真查覈，妥爲經理，以收實效。」

陳寶箴《陳寶箴集》卷五《外省赴湘採辦硝磺悉由礦務總局辦理片光緒二十二年三月二十五日》 再，臣曾於正月二十八日謹將湖南省城設立礦務總局緣由奏蒙聖鑒，自當恪遵諭旨，悉心妥辦，並分別先後難易，次第興舉。緣湘省公款奇絀，無從籌撥資本，遽集商股，弊竇殊多，不得不先其易者，藉資周轉，然後因事以就功，由易以及難。本年二月初旬，經派員紳前往永定、常寧二縣，先辦銅、鉛等礦，仍一面於寧鄉縣屬暫用土法試辦煤礦。俟開採暢旺，粗有成效，再當購買機器，酌集商股，以圖擴充，容當妥定章程，隨時具奏。惟查各屬出産硝、磺甚多，開採甚易，經理得法，所有餘利即可作爲礦務成本。地方官因係例禁之物，非奉本省院司公文，不許擅自採取；然奸商、小民句通吏役，私採私售，勢所不免。兼以各省委員及承辦官商，持驗該省咨文、護照，每多徑往出産硝、磺之處，就地收買，奸民藉以影射漁利，遠售更難究詰，不特偷漏釐税，且恐轉售匪人，關係綦重。今既開辦礦務，所有硝、磺等礦，自應悉由總局經理，以歸畫一。可否吁懇天恩，飭下江蘇、安徽、江西、浙江、廣東、廣西、湖北等省，自後如應派委員商在湖南境内採辦硝、磺，悉飭赴湖南省城礦務總局呈驗照文，採買領運，毋庸各赴出産地方自行收買，以防流弊。至各省給發價值並應完沿途釐税，仍照向章辦理。是否有當，理合會同湖廣總督臣張之洞附片具陳，伏乞聖鑒訓示。

又，辰州金礦亦已委員詳勘，合併陳明。謹奏。

《礦務檔·一般礦政·咨送江蘇省礦務案件》 奏爲籌辦江寧等處礦務，謹將大略情形，恭摺具陳，仰祈聖鑒事。竊查光緒二十二年二月初七日欽奉諭旨：「據御史陳其璋奏，鎮江之東南山煤鐵五金，皆有可採。著派熟習礦務辦事實心之員，按照所指地名，認真履勘，擬定辦法具奏等因。欽此。」臣等伏查目下時局日難，財用日匱，非廣興礦産，不足以資利用。年來風氣漸開，雖商民亦知開礦之利，特以辦理未能得法，以致有名無實。現擬開礦，必須先行由官勘驗確實，然後再分官商辦法，步步從實，庶免復蹈故轍。當經臣等分委江寧鹽巡道胡家楨、常鎮通海道呂海寰，招延礦師，各就轄境，分投履勘。又以沿江一帶，前因羣情疑阻，曾禁開挖。復將辦法示諭居民，俾知此事爲利國便民之舉。嗣據呂海寰勘得鎮江丹徒縣屬西面曹王山中段，山名中德古，有石如鉛，似炭質與鐵所成。鎔去炭質，而見鐵渣，其質似佳。又離江十餘里山名西德古，有千層紙石，其色黄，土民誤以爲金，並有鐵石露出。又毘連曹王山之光頭山，有吸鐵石露出，約含鐵六七分，可錬精鐵。試挖察看，似産鐵較厚。惟須附近覓有礦煤，方便鎔化，現在委勘，尚未覓到煤礦。又據胡家楨勘得句容縣屬之龍潭上元縣屬之棲霞山、林山、祠山、胡山、青龍山、馬扒井、石瀾山等處，均有煤苗。當飭設局，派員僱夫，分別試挖，雖煤曾厚薄不等，煤質優劣互異，然均係可採之礦。惟龍潭一處，試開兩井，煤層忽有忽無，斷續無定，尚須另行探驗，現就各礦酌定官商辦法。查清龍石瀾兩山，驗係烟煤，煤質有油，火力亦足，堪供輪船機器廠之用。南洋廠船用煤，多資洋產，該兩處現定酌撥經費，由官開採。將來煤層果能寬厚，即可供廠船之用。其餘各礦，或產柴煤，或係鐵煤，種類不一，定爲商辦。現已由紳民分請承領，飭令驗資接辦，仍由官局隨時稽察。將來各礦出煤，應完税釐，按照利國、貴池各礦定章，分別征收。據各該道等將籌辦情形，詳請核奏前來。

查煤礦之利，雖不若金銀諸礦之優，近來商務盛興，機廠林立，需煤至鉅，苟能廣爲開採，亦屬收回權利要圖。惟南方地勢低窪，土脈薄弱，濱江之處，開採尤易見水。現飭酌購應用機具，妥定章程，實力籌辦，俟有頭緒。再赴各屬次第履勘，如有可開之礦，仍當接續酌辦。鐵礦需費較鉅，且必有地產有合用之煤，方便取以鎔鍊。仍飭俟覓有煤礦，即行鎔化試驗，分別稟辦。除咨部查照外，謹合詞恭摺具陳。伏乞皇上聖鑒，謹奏。

《礦務檔·一般礦政·咨送江蘇省礦務案件》 南洋商憲劉爲欽奏事。光緒二十二年十二月十五日，准户部咨，江南司案呈，内閣抄出兩江總督劉坤等奏籌辦江寧等處礦務，謹將大略情形具陳一摺。光緒二十二年九月二十三日，奉硃批：「該部知道，欽此。」欽遵到部，相應恭録硃批，咨行兩江總督遵照。並令俟辦有頭緒，即將所定章程，抄録送部，以憑查覈可也。同日又准工部咨，虞衡司案呈，内閣抄出兩江總督劉奏，籌辦江寧等處礦務，謹將大略情形具陳一摺。光緒二十二年九月二十三日，奉硃批：「該部知道。欽此。」欽遵抄出到部，相應恭録硃批，移咨兩江總督遵照可也，各等因，到本大臣。准此，除分行外，合行札飭，札到該道，即便遵照辦理毋違，此札。光緒二十二年十二月二十五日。

陳寶箴《陳寶箴集》卷二〇《遵旨設立彈槍兩廠籌措常年經費及購置機器款項摺光緒二十四年五月二十七日》 頭品頂戴湖南巡撫臣陳寶箴跪奏，爲遵旨設立製造彈、槍兩廠，擬就湖南本省鹽斤加價籌作常年經費，及請改撥滬局原議訂購機器税款以資辦理，恭摺仰祈聖鑒事。

竊臣承準軍機大臣字寄光緒二十三年十二月二十五日奉上諭：「近來中國戰船未備，沿海各地易啓他族覬覦，從前製造廠局多在江海要衝，亟應未雨綢繆，移設堂奧之區，庶幾緩急可恃。茲據榮禄奏稱『各省煤鐵礦產，以山西、河南、四川、湖南爲最，請飭籌款設立製造廠局，漸次擴充，從速開辦，以重軍需；至上海製造局，似宜設法移赴湖南近礦之區』等語，自係爲因地制宜起見。著劉坤一、裕禄、恭壽、張之洞、胡聘之、劉樹堂、陳寶箴各就地方情形認真籌辦，總期有備無患，足以倉卒應變，是爲至要。原片均著鈔給閲看。將此各諭令知之。欽此。」遵旨寄信前來等因，承准此。仰見聖主思患預防、慎重軍需至意，莫名欽悚。臣於光緒二十一年正月，以補授直隸布政使入都，蒙恩召見，時方中日構兵，仰蒙諭及「槍炮必須自造」，跪聆聖訓，銘鏤五中。迨抵湘任，適當湘軍東征以後，軍儲盪然，即擬籌設廠局製造，只以災賑方殷，賠款復亟，未敢輕議。此次欽奉諭旨，又知滬局暫難移設，即亟與司道及各官紳籌議，莫不以爲急務，而以造槍及彈子爲尤急。

第思中國機器製造，風氣尚未大開，草創之初，工匠多非素習，無論巨款難籌，造端不能宏大，即驟以外國值七八十萬金，按日可造槍五六十杆之大機購置，各省初時亦只能日造槍數杆，必俟工匠次第練習，可用之人日多，循序漸進，速則二三年，遲則四五年，乃能盡此項機器之用。是製造之功效當以款項爲衡，尤當以人力爲準，與其曠日而坐待巨款，何如從速開辦，以圖擴充？因就滬、鄂等廠及熟諳機器之人切實考求，並向洋行詢訪價值，約計每日造新快槍十數杆多則二十杆，每日造彈子十數萬顆多則二十萬顆之兩項機器，約共需價銀三十萬兩。惟購機建廠之費只須一次，而工料所需必應籌有常年的款，方能無誤製造，湘省錢糧釐税既無可稍事騰挪，勢非就地另籌不可。官紳再四籌商，當此公私竭蹶之時，惟有仿照鹽斤加價成案，尚屬輕而易舉。查加價向章，令銷售引鹽行店每斤加價錢二文，由督銷局陸續帶收匯繳，以每人日食鹽三錢計之，終歲所出僅十三文，於民略不爲病。督銷局向本收銀，此次擬即核定每斤折收加價銀一釐四毫，以歲銷十一二萬引計之，約有銀十餘萬兩。出自本省食鹽之户，既不爲病，於坐賈行商更無損豪末。或慮價昂不能敵私，恐有滯銷之患，不知官鹽之暢銷惟在緝私之得力，今以本省製造要務有此加價之舉，地方文武官弁皆不敢稍存膜視，緝私必愈認真，決不至有滯銷之事。否則，即每斤減價十數文，尚不及私鹽價賤，何能相敵？詢之諳練鹽商，亦云並無窒礙。若萬一因之滯銷，即當奏明停止，斷不以此病商，致妨税課。川、粵鹽斤亦一律準由行店照加，示無輕輕。經臣電商兩江鹽政總督臣劉坤一，意見亦復從同。湘省得此十餘萬常年的款，以供製造彈、槍兩廠之用，即有不敷，亦自非全無憑藉可比。

惟購辦兩廠機器，需銀三十萬兩，目前本省實屬無從籌措。查上海機器製造局曾經劉坤一奏准增撥每年常費銀二十萬兩，該局已議先提兩年撥款四十萬兩，在上海洋行向外國訂購專造新槍機器，期以兩年運到。嗣因滬關此款尚未解撥，僅與洋行議立草約，未付定銀，本年奉旨飭將滬廠移設湖南，此項機器遂作罷論。二月間，劉坤一曾以移廠事宜電商臣處，告以此事始末。今上海舊廠雖難遽移，似必無增設新廠之理，可否仰懇聖恩，飭下户部及南洋通商大臣轉飭江海關，於此項奉准增撥滬廠未解款內迅籌銀三十萬兩，改撥湖南，盡本年內悉數兑交，以爲購製新槍及彈子機器之費。撥解只此一次，在滬關諒不爲難。抑或應別由他款指撥，非臣所能擅擬。至常年製造之款，即由臣暫於此次本省鹽斤加價一項支用。其造廠之費，俟加價一節奉到俞旨，即行照數加收，一面陸續支取建造廠局，計俟工竣及機器運到，爲時將近一年，即可提此一年收款以供建造，似可無須另籌。俟試辦一二年，工匠漸多諳習，再行另議擴充，增購機器，接續辦理。緣當款項奇絀之時，爲此不容或緩之事，非不欲並力兼營以求速效，顧爲之有序，必能先程尺寸之功，而後可希尋丈之效。欲使難得之款不至虛懸，殆不得不出於此。至新槍式樣，必與鄂、滬等廠考校畫一，以免參差，用副朝廷整飭武備至意。

所有遵旨設立彈、槍兩廠，擬就湖南本省鹽斤加價籌作常年經費，及請改撥滬局原議訂購機器税款以資辦理緣由，謹會同湖廣總督臣張之洞恭摺具陳，是否有當，伏乞皇上聖鑒訓示。謹奏。

硃批：「另有旨。」

【附】劉坤一《致陳寶箴光緒二十四年三月十三日》　岳陽開埠，湘中藩籬遂撤，辦理交涉，未免煩勞。移廠一事，電音往還，備承指教。江南移廠，湘省設局，本是兩事。現在時局愈棘，籌備軍火緊急萬分，北洋需趕造炮彈多種，南洋各船臺又須添配快炮，款絀用宏，不遑他顧。所有移廠一層，不得不從緩議商之。夔帥意見相同。湘中遵旨設局，奏請經費，大部必有指撥之處。

陳寶箴《陳寶箴集》卷二〇《湘省自設鋼廠片稿光緒二十四年五月二十七日》

再，製造彈、槍兩廠所需料物，惟鋼鐵爲最多，現在只湖北、上海設有煉鋼機廠，將來創造鐵路，仍不免多用洋銅，價值必愈騰貴。湖南素産煤、鐵，取攜本易，上海鋼廠既難遽移，自應亟爲籌設，惟購機、造廠所費不貲，非一時所能併舉。查前年湘省紳商曾籌集款項，設立寶善成製造公司，本有煉鋼鐵之議，惟以地方素少富商大賈，股分無多，兼因湖北近有鋼廠，必須運售遠方，成本愈難周轉。今知省城設立彈、槍兩廠，可以就近售銷，因擬自向上海洋行認息借銀，以圖擴充，即便購辦機器，仿用西法煉鋼。其事由該公司自辦，而官廠製造彈、槍，得以就近購買，無論運、進口、保險等費，自較洋鋼價值爲輕。且可酌照湖北鐵廠商辦章程，寬免税課，該公司尤樂於從事。容俟他時公款充裕，再當設立煉鋼廠局，以供製造，即不産煤、鐵之區，亦可相資爲用矣。謹附片並陳，伏乞聖鑒。謹奏。

【附一】張之洞《鐵廠計日告竣預籌開煉款項辦法摺光緒十九年二月二十五日》

奏爲鐵廠工程計日告竣，開煉成本亟須早籌，謹籌擬撙節騰挪辦法，以免再請部款，恭摺仰祈聖鑒事。

竊臣奉旨籌辦煤鐵事宜，所有歷年欽遵籌辦情形，均經奏陳暨電達總理海軍事務衙門各在案。三年以來，臣督飭各局廠委員、外洋工師，分投趕辦。自光緒十七年八月奏明開工，刻下生鐵大爐二座暨熱風大爐六座、鍛礦大爐四座，統爲煉生鐵廠，已於二月內完工。其煉貝色麻鋼廠、造鋼軌廠、造鐵貨廠，均定於四月內完工；煉西門士鋼廠、煉熟鐵廠，均定於五月內完工。總計六大廠五月內一律完竣。其機器廠、鑄鐵廠、打鐵廠三所，已於上年秋冬間完工。其大冶縣運礦鐵路五十餘里，暨大冶石灰窑、鐵山鋪、漢陽鐵廠水陸各馬頭，亦於上年秋冬間先後完工。此項工程極爲繁重，事理極爲精微，臣於開工原奏內曾經聲明，據洋匠稱，此工若在外洋，三年乃成。臣極力趕辦，本擬兩年造成，因外洋機器、物料運到補齊，諸多遲滯，無從趕辦，計開工至竣工，共兩年零十個月，尚在三年以內。

至煤爲煉鐵第一要務，原議本擬以湖南之煤煉湖北之鐵，惟運費較貴，終非經久之計。且煉鐵之煤必須精選，灰須極輕，磺須極少，土窿所採，精粗相雜，不能一律，所出又多少無定，恐難供用不缺。幸於江夏、大冶兩縣訪得煉鐵煤苗兩處，分用西法開採，計七月內江夏馬鞍山一處大井可以先成。鐵廠造成以後，擬一面督催兩處煤井工程，一面採運興國州錳鐵，一面先與洋匠籌商演試各種機器，較準火候、教練匠徒之法，並先用湘煤試煉，俟本省出煤漸多，可供廠用，即行接續制煉。

其從前所需經費，前經奏准，「除部撥之款及借撥本省之款外，其餘即在槍炮廠經費內匀撥應用」，係指造廠經費而言。至開煉經費，亟須另行預籌，此乃出貨成本，與造廠經費兩不相涉，前年開工原奏曾將「常年經費只須第一年先行籌墊若干」聲明在案。譬諸農田，既有買田、開墾之費，又須有常年牛種、人工之本，始能收穫，譬諸鹽務，既有築場、作竈之費，又須有常年煎煉、運售之本，始能行銷。只須籌此一次，以後即可周轉，並非年年需款。鄂廠鐵質甚佳，係用西法制煉，除鋼軌外，其餘鋼鐵各料，並可向各省行銷。惟此時度支極絀，臣所深知，斷不敢請撥部款，上煩宸慮。然此乃中國自强要政，臣既奉旨飭辦，亦斷不敢因經費困絀致沮成功。反覆籌思，謹就湖北物力之所能辦到者，籌一節省騰挪之法。

查兩爐並開，成本約須百萬，又須籌還鄂省借墊之款。現擬先開一爐，從容擴充，以節經費，然亦必須五六十萬。緣煉生鐵之法，一爐能煉礦若干，需煤若干，均須裝滿配足，晝夜不可間斷，既不能少煉以省料，亦不能停煉以省工。其工作極精細，亦極危險，稍有舛誤，則鐵汁壅塞，爐座受傷，或致轟炸。故開辦之初，必須多用洋匠，而一切運礦之輪剥各船，鐵山運道、煤井各事，雖止一爐，所費亦不能甚少。迨至日久工熟，成貨日精，出煤日旺，洋匠日少，則成本日輕。查湖北煉鐵廠原議專爲製造鐵路鋼軌而設，本爲力杜外耗起見。光緒十六年二月海軍衙門、户部原奏内曾經聲明：「設廠煉鐵，乃開辦鐵路、鑄造槍炮第一要義。」又云「煉鐵爲造軌之基」等語。海署疊次來電，大意相同。十六年正月又電云「正題宜先鑄軌，鑄械次之」等語，尤爲深切著明。是現在關東修路，湖北造軌，本是相因而起。十六年三月内籌辦設廠之初，即經商明直隸督臣李鴻章，接其電復云「將來鄂鋼煉成，自可撥用」等語，是以特購製造鋼軌、魚片、鉤釘各機器，分建各廠。中國既能造軌，斷無再購洋軌之理。查關東議定每年修路二百里，曾向李鴻章詢明，每年約須軌價十九萬餘兩，其橋梁各種鐵料，尚不在内。鄂廠造軌，乃係官物，必須先發官本，不比商賈圖利，可以墊辦。以常理論之，似應由北洋每年將此二十萬先行支付，以爲工本。惟北洋造路，工費浩繁，未便全行預支。竊擬將湖北、湖南兩省每年應解北洋鐵路經費各五萬兩，兩省共十萬兩，截留劃撥充用，作爲預支軌價。此乃鄂廠應得銷軌價值，並非無故分用。並擬再由湖北糧道無礙京餉之雜款内借撥十萬兩，作爲代北洋籌墊軌本之用。兩項共計二十萬兩。造軌之外，兼制各種鋼料、鐵料，以供各省行銷。其劃扣北洋之經費十萬兩，俟軌成運津後，核計實用若干、尚短價值若干，由津補足。在北洋不過預支半價，後付半價，似亦折中平允。先後一轉移間，爲日無多，以後每年即照此辦理。即使日後北洋需用鋼鐵較多，價至數十萬，亦只先劃留此數。北洋所購外洋鋼軌，每噸價銀三十兩，鄂軌初經開造，工費較多，然亦只願比照洋軌價值，無須加多。各料是否合用，盡可聽北洋依法試驗。或謂中國鋼軌不能經受壓力，不知大冶鐵礦歷寄外洋考驗，皆謂極佳，且造軌所用尚非極精之鋼，鄂省制煉皆依西法，與洋廠所造無異，確無不受壓力之慮。其糧庫借款，俟兩年後鐵務日暢，自光緒二十二年起，由鐵廠分爲十年歸還。

此外不敷之數，仍由槍炮經費項下勾撥應用。緣鐵廠爲槍炮之根，必先煉有精鋼，方能製造，以彼助此，尤爲允協。且此時槍炮廠尚未造成，安配機器亦需時日。計精鋼煉出之日，始屆開機制械之時，臣自當設法兼顧，並無窒礙偏廢之處。如再有不敷，臣所設織布局現已告成，陸續加工開織，機勢似甚順利，明年當有贏餘，亦可酌量撥補鐵廠之費。以後體察情形，如鐵務日漸暢旺，再當全開兩爐。

總之，以湖北所設鐵廠、槍炮廠、織布局自相挹注，此三廠聯爲一氣，通盤籌畫，隨時斟酌，互相協助，必能三事並舉，各睹成功，以後斷不至再請部款。此項開煉成本，概係由外省自籌，較之南北洋製造各局歲需支撥庫款七八十萬、福建船政亦歲撥數十萬者，辦法迥不相同，甘苦難易，判若霄壤。合無仰懇天恩，俯如所請，鐵務幸甚，微臣幸甚。

惟是此舉之關係大局及創造之種種艱難，有不敢不詳陳於聖主之前者。竊惟採鐵煉鋼一事，實爲今日要務，海外各國無不注意此事。而地球東半面，凡屬亞洲界内，中國之外，自日本以及南洋各國、各島暨五印度，皆無鐵廠，或以礦鐵不佳，煤不合用，或以天時太熱，不能舉辦。中國創成此舉，便可收回利權。各省局廠、商民所需，即已甚廣；且聞日本確已籌備巨款，廣造鐵路，原擬購之西洋，若中國能制鋼軌，彼未必捨近圖遠——是此後鋼鐵煉成，不患不銷不旺。不特此也，各省製造軍械、輪船等局，所需機器及鋼鐵各料，歷年皆係購之外洋。上海雖亦設煉鋼小爐，仍是買外洋生鐵以煉精鋼，並非華産。若再不自煉内地鋼鐵，此等關係海防、邊防之利器，事事仰給於人，遠慮深思，尤爲非計。溯查光緒十六年正月海軍衙門來電「總以無一仰給於人爲斷」一語，堅定懇切，洵爲不刊之論。若僅云杜塞漏卮，猶其淺焉者矣。此事係中國創舉，原非習見習聞之事。或慮年年需款沿以爲常，或謂即煉成鋼鐵亦無大用，此乃未悉中外情形之言，廟謨深遠，自能鑒燭無遺。

至此項工程之艱巨，實爲罕有。機器之笨重，名目之繁多，隨地異宜，隨時增補，洋匠亦不能預計。而起卸之艱難，築基之勞費，爐座之高大，布置、聯貫各機之精密，鑿礦、修路、開煤、煉鋼之紛歧，尤非他項機器局可比。而最難者爲圖，磚兩端，各廠總圖、分圖，極爲精密，多至數百紙，皆寄自洋廠，到鄂廠又須分畫各段細圖。大爐、焦炭爐各磚，皆係洋制，方圓斜正，式樣數十種，每一大爐需磚數十萬塊，皆編有號數，依次修砌，一塊不能錯亂。其爐皆內磚外鐵，洋廠製造此磚又甚遲緩，數萬里鐵船轉運，破損尤多，動須補購，即不能不停工以待。三年以來，與出使大臣函電交馳，派員加費，百計催促，近始大略寄全。每一批機器、物料運到，多至數萬件，或十餘萬件，必須數十日方能點清。每一種機器，必須四五個月方能安配完好。至於其餘一切物料，若廠屋之鐵梁、鐵柱，廠基、爐座、路工之水泥、火泥等類，無非來自外洋。其最近者，中等火磚則取之開平，極大石料則取之湖南，配補殘缺機器零件則取之上海、香港，無一省便之事。臣日日督催，不遺餘力。此時漢陽鐵廠及大冶鐵路，漢口及上海領事，洋人來觀者絡繹不絕，皆謂此爲應辦急務，並據洋人皆云，此外洋迅速已多。

至於籌款，既如此艱難，臣身任其事，若經費不繼，即是自困之道，故臣極力綜核，務求節省。每定一機器，開一工程，必與洋匠多方考究，令其務從撙節辦法。大冶鐵路五十餘里，鏟山填湖，買地綏民，亦極費手。至開煤一事，尤極艱辛。訪尋兩年有餘，試開窿口數十處，始得此兩處堪以煉鐵之煤，須用西法鑿堅石數十丈以下，乃得佳煤。既開直井，又開橫窿，又須開通氣之井及開煤之巷，出煤乃多，又須購制鑽地、壓氣、抽水、起重、洗煤、挂綫、運煤各機，又須造煤〔煉〕焦炭爐數十座。然將來所費，斷不至如直隸開平煤礦之多。

臣力小任重，時切悚惶，加以督工、籌款事事艱難，夙夜焦急，不可名狀。惟以此事爲自强大計所關，既奉諭旨飭辦，不敢不身任其難，惟有竭其愚誠，殫其綿力，專就湖北鐵、布、槍炮三廠通籌互濟，相機趕辦，期於必成，以仰副聖主開物成務、力圖自强之至意，斷不敢因工巨款絀，中途停廢，以致創舉無效，貽譏外國。惟大爐開煉之始，先須將配合煤礦分數逐漸考核精詳，一一合式，且必須開火一月，大爐方能燒熱，開爐以後即須晝夜熔煉，不能停火，停則與爐有礙，且多耗費，故一切事宜必須早爲籌定。惟有吁懇聖恩，敕下海軍衙門、户部早日定議行知，俾得趕早布置，將各項工程、物件、洋匠、華工及早核計，俾免延緩虛糜。臣無任惶悚屏營之至。

所有鐵廠計日告成，預籌開煉成本，酌擬節省騰挪辦法各緣由，據鐵政局司道籌議詳請具奏前來，理合恭摺具陳，伏祈皇上聖鑒，敕下海軍衙門、户部迅速核復施行。謹奏。

二月廿五日發。

硃批：「該衙門速議具奏。欽此。」

〔附二〕張之洞、盛宣懷會奏商辦湖北鐵廠籌辦萍鄉煤礦情形並所奉上諭

《光緒二十四年三月二十八日上諭》：軍機大臣字寄湖廣總督張之洞、大理寺少卿盛宣懷、江西巡撫德壽、湖南巡撫陳寶箴：光緒二十四年三月二十八日奉上諭：「張之洞等奏《陳明湖北鐵廠改歸商辦後情形》一摺，湖北鐵廠經該督等招商承辦，現將造軌、採煤各事力籌整頓，已有端緒，即著照所議辦理。所有鐵路、電綫經過之地，著德壽、陳寶箴轉飭地方文武妥爲保護。另片奏『萍鄉煤礦現籌開辦，請援照開平禁止商人別立公司及多開小窿擡價收買』等語，著德壽即飭所屬隨時申禁，以重礦務。張之洞等摺、片，着分别抄交德壽、陳寶箴閲看。將此各諭令知之。欽此。」

《張之洞、盛宣懷：湖北鐵廠改歸商辦後情形摺》：湖廣總督張之洞、大理寺少卿盛宣懷跪奏，爲陳明湖北鐵廠改歸商辦後情形，及造軌、採煤各事力籌整頓，皆有端緒，恭摺仰祈聖鑒事。

竊臣之洞創辦湖北鐵廠，次第告成，光緒廿二年因經費難籌，遵旨招商承辦，奏准交臣宣懷接收，一手經理。臣宣懷以冶鐵煉鋼，亞東創舉，事體至重，頭緒尤繁，只以事關中國大局，不敢不力任其難，遵於是年四月十一日接辦。先將漢陽總廠區銀錢、製造、收發爲三股，每股遴員董二人董理之，鐵山、煤礦亦各派員董，分任其事。並於總廠設立總稽核處，均令查照成規，認真整頓。伏維鐵廠本旨緣鐵路而起，當以製造鋼軌爲第一義。顧鎔鐵非焦炭不可，連年因本廠無就近可恃之煤，呼吁於開平，謀濟於洋產，價高而用仍不給，故化鐵雖有兩爐，僅能勉開其一。又當以勘求煤礦爲造軌之本原，臣宣懷督飭員匠講求各國鋼軌之程式、製造之奥窔，一面與外洋名廠定購軌軸機器，研精試造。嗣奉督辦鐵路總公司之命，發軔所先，經營蘆漢，復飭廠中員董加工，並力專意造軌。查照奏定章程，先後預撥軌價銀一百九十萬兩，現計解運到工及成造在廠之軌，幾及萬噸，隨配魚尾片、螺絲釘各件，稱是、橋料、鋼板等物，亦皆能趕造應用。截至上年年底，核計運工軌料各價，已逾五十萬兩，自保利權，漸有成效。

惟茲事皆中土所未經見，鎔煉之合法與否，不能不恃監工之西人，而其人或由出使大臣訪訂，或由洋廠推薦來華試用，往往行與言乖，一再更换，每遇新舊

交接之間，不免稍稽工作。所患猶不若乏煤之甚也。開平華礦，誼當與漢陽華廠休戚相關，年來懇切籌商，上煩宸聽，奈煤價已加至極昂之數，而交煤仍難應漢廠之求。至於洋煤，更不足恃，外洋用五六金一噸之焦炭，我幾三倍其價，鋼鐵成本懸殊，勢無可敵。一旦各國有事，又動輒禁煤出口，將來恐雖出重價而不可得。臣宣懷有鑒於此，兩年以來，於沿江上下楚西、江皖各境，分派委員，帶同礦師，搜求鑽試，足迹殆遍。惟江西萍鄉焦煤，久經試用，最合化鐵，礦脉綿亘，所産尤旺，實爲最有把握之礦。但土法開採，淺嘗輒止，運道艱阻，人力難施。臣等深維大計，鐵廠利鈍之機，全視(洋)[萍]煤爲樞轉，現已購辦機器，運萍大舉。一面勘明運道，定議先就該縣黄家源地方，築造鐵路一條至水次，計程三十餘里。路成之後，再籌展至長沙，與幹路相接。並先於沿途安設電綫，消息靈通，轉輸便捷。繁費在一時，收利在永遠，此後取之不盡，用之不竭。漢廠即可並開兩爐，大冶亦可添設爐座。至於大出土貨，開造物無盡之藏，以爲民生之利，尤朝廷廣闢地利之至意、泰西富國之學之精義也。鐵路、電綫經過之地，籲請敕下江西、湖南巡撫，轉飭所屬地方文武隨時照料，妥爲保護，以副國家維持鐵政之至意。

所有湖北鐵廠改歸商辦後情形，及造軌、採煤各事皆有端緒緣由，謹合詞恭摺陳明，伏乞皇上聖鑒訓示。謹奏。

附片：

再，萍鄉煤礦現籌大舉開辦，運用機器，延訂礦師以及築路、設綫，工役繁難，需費約百萬有餘，收效在數年之後。只以鄂廠化鐵煉軌，事雖商辦，實國之大政，不得不先擲目前之巨本，以博將來可恃之焦煤。惟中國商情，向多見小利而忘大局，誠恐萍煤運道開通，經營有緒，復有商人別立公司，紛樹敵幟，多開不窿，擡價收買，以壞我重費成本之局。甚或勾引外人，如上年湘省有串買礦山之事，迨經察出，根究挽回，業已大費周折，皆慮之不可不早、防之不可不周者。擬請嗣後萍鄉縣境援照開平不准另立煤礦公司，土窿採出之煤，應盡廠局照時價收買，不准先令他商争售，庶濟廠用而杜流弊。相應請旨飭下江西巡撫飭屬申禁，此鐵廠全局利鈍所係。謹附片具陳，伏乞聖鑒。謹奏。

又片：

再，萍鄉煤礦現籌大舉，造端宏遠，規畫繁難，且築路、設綫、運用機器，均需洋人，非得曉暢中外情形、兼備體用之員俾總其成，不足以調馭協和、相機施設。查有湖北試用知縣張贊宸，操履謹嚴，幹事貞固，條理精密，才足肆應。去年派充鐵廠提調，講求整頓，實力實心。嗣令帶同礦師，前赴萍鄉一再查勘，於礦産、運道、開採機宜研求至悉。當經派往萍鄉總辦煤礦一切事宜，以專委任而責成效。謹附片陳明，伏乞聖鑒。謹奏。

奉硃批：「該衙門知道。欽此。」

《礦務檔・一般礦務・咨送設立路礦總局摺及硃批》 户部咨，江南司案呈，准北檔房傳付。據礦務鐵路總局咨設立路礦總局情形一摺，光緒二十四年六月二十四日，奉硃批：「知道了，欽此。」欽録原奏，咨行户部欽遵辦理等因前來。相應抄録原奏，恭録硃批，咨行安徽巡撫欽遵辦理可也。

《礦務檔・一般礦政・奏定路礦章程二十二條》 礦務鐵路總局奏定礦務鐵路公共章程二十二條。

一、礦路分三種辦法，官辦，商辦，官商合辦，而總不如商辦。除未設總局以前，業經開辦者不及外，此後總以多得商辦爲主。官爲設法招徠，盡力保護，仍不准干預該公司事權。

一、總局奏准未奉旨設局以前，無論官商擬辦未確之事，均應報明。聽候分別准駁，不得作爲定案。所有設局以後各省開辦礦路，無論官商華洋，均應按照本總局奏定章程辦理。其有援引設局以前各省礦路章程請辦者，概不准行。

一、東三省山東龍州三處礦路事務，勻與交涉相關，此後無論華洋股分，概不得援案辦理。

一、礦路本係兩事，准分辦不准合辦。凡鐵路公司所有沿路開礦章程，不得援案請辦。即礦山准造支路到水口，以便載運礦産。亦祇准造至最近水口，併不得搭客載貨，暗佔鐵路利益。其有應造支路運礦之處，並須先行繪圖，報明本總局查核。

一、凡承辦礦路，俱須設立學堂，以爲儲材之地。業已奏明通行，自應一律照辦。

一、各省紳商有遞呈該省地方官，請辦礦路事宜者，該地方官先察其人，如果公正可靠，家貲殷實，其所請辦，無背奏定章程，即咨報總局核奪辦理，不得率行批准。其有在總局遞呈者，亦必咨查該紳原籍地方官，確實無疑。然後批准，以杜招摇等弊。

一、礦路公司勘定某處必經之地，應由地方官先諭，俾衆周知，不得故意抗玩。至公司買地遇有廬墓所在，務當設法繞越，以順民情而免争執，不得勉强抑勒。

一、凡經總局批准承辦礦路者，自批之日起，無論華股洋股，至多不得過六個月。

一、批准開工，倘遷延未據呈報開辦日期，所有批准之案作廢。如實有意外之事，不在此列，亦須預行報明。

一、集股以多得華股爲主，無論如何興辦，統估全工用款若干，必須先有己資及已集華股十分之三，以爲基礎，方准招集洋股或借用洋款。如一無己資及華股，專集洋股與借洋款者，概不准行。

一、借用洋款，必須先禀明總局，由局核定給予准照，該商方能有議借之權。仍聲明商借商還，中國國家概不擔保。其未准照，私與洋商議借者，雖稱已經畫押，總局概不作據。

一、公司借用洋款，議訂草合同後，先送總局復核。如與總局奏定章程不符，仍不能以草合同作據，應飭令再議。如再議始終意見不同，可與他國商人另議。如洋商私相借貸，設有虧累，不得向總理衙門及總局控追。

一、設立公司，有准借洋款者，應照成案由總局咨明總理衙門，照會該國駐京大臣照復後，方爲定准。即洋商有情願借款與該公司者，亦須禀明該國駐京大臣照會總署，由總署咨詢本總局，是否准該公司訂借洋款。照復後，方能作據，否則作爲私借辦理。

一、凡辦礦路，無論洋股洋款，其辦理一切權柄，總應操自華商，以歸自主。惟該公司所有帳目，應聽與股洋商查核，以示公平。

一、有人興辦礦路，聲稱已集貲本及股分若干者，應先將銀款呈明驗實，以杜冒混。

一、各省凡有礦路地方，必有借重地方官之處。如有地主阻撓工役聚衆等事，一經公司呈報該地方官，即妥爲曉諭彈壓，毋得推諉。尤應嚴禁胥役訛索情弊，如不切實保護，准公司呈訴總局，查實奏參。

一、凡公司彼此争利，或他事有礙公司利權者，應就近由地方官持平判斷，免致兩傷。或因判斷不公，准禀由總局詳細核辦，以示保護。如係華洋商彼此争執，應由兩造各請公正人理論判斷。倘實判斷不服，准其另邀局外人秉公調處，兩國國家不必干預。

一、凡礦路所用洋人，前往各處勘驗，應責成地方官切實保護，不得推諉。倘遭意外之虞，惟該地方官是問。

一、華人承辦礦路，獨力資本至十萬兩以上，查明實已到工，辦有成效，或出力勸辦，實係華股居半者，應照勸辦賑捐之例，請給予優獎，以廣招徠。

一、無論督辦集股，均唯專利。至年限長短，臨時查看資本輕重，獲利難易，再行酌定。

一、鐵路經過地方，應設關徵税。及礦産出井出口各税，應由總局會同户部另定專章，奏明辦理。至盈餘歸公之款，鐵路應按十成之四，礦務應按十成之二五，提出繳部。

一、各公司一切情形及帳目等事，應聽總局隨時調查，或派人前往閲看。

一、各處礦路所有現行一切細章，統應彙送總局核定。局中另繕表譜格式，分行各省。所有各公司，辦理礦路情形，應於每年年終如式填寫，送總局查核。

光緒二十四年十月初六日奏准。

《礦務檔・一般礦政・抄送議覆伍廷芳奏陳路礦事宜摺暨硃批》 欽命統轄礦務鐵路總局爲咨行事。本總局議覆出使大臣伍奏，條陳礦務事宜一摺，於光緒二十四年十月十六日具奏。本日奉硃批：「依議，欽此。」相應恭録，并粘原奏，咨行貴大臣欽遵辦理可也。須至咨者。粘單。右咨庫倫辦事大臣。

《礦務檔・一般礦政・議復伍廷芳奏陳路礦事宜》 謹奏，爲遵旨覆陳，恭摺仰祈聖鑒事。光緒二十四年九月初十日，准軍機處抄交出使美日秘國大臣伍廷芳具奏，開辦礦務，條陳杜弊章程各摺片。本日奉硃批：「著王文等會同總理衙門議奏，片併發，欽此。」臣等查原奏内稱，中國地大物博，各國環伺，乘間要求，非第利其土地，實亦羡其礦産。我誠定計於先，廣爲籌辦。既可貽我民之樂利，即可杜他族之覬覦。從前礦務辦法，大約有三，曰官辦、曰商辦、曰官商合辦。但官辦則公款難籌，商辦則私財不給，官商合辦，則商惟恐受制於官，亦難取信於民。瞻顧徘徊，事機坐失。是惟華商承辦，許附洋股，互相維制，此法誠良。若内地商民或因資本不足，或因礦師難延，或因機器難購，欲求速效。且資熟手，勢不能不轉任洋商。既任洋商，則必須善訂章程，始可有濟。杜弊之要，約有數端條陳：清地界，定年限，明抽分，占華股，公稽核，防後患，以備采擇等語。臣等查中國礦産，富饒甲於五洲。爲外人所覬覦，已非一日。特以華人資本不裕，向用土法開採，收效無多。近來風氣既開，華商亦多糾集公司，思效西法開採。每以資本不足，請借洋款。事當開辦伊始，利之所在，弊即隨之，自非善訂章程，誠不足以杜後患。該大臣條陳各節，洵屬杜漸防微之道。此次臣等議定章程，已將該大臣陳奏各條，酌爲採入。

至原片又稱，西人遊歷來華，探測礦産殆徧，人皆洞澈，我反茫昧。應由總理衙門延僱上等礦師，並招致曾經出洋肄習礦務學生，隨同總局委員，周歷各省，按址履勘，詳細記載，列册備查。並行知各疆臣，檄下地方官，各就本轄境内，博訪周諮，確查礦産所在，呈報總局，庶幾披圖按籍，一一可稽等語。臣等查局中擬設礦務學堂，延請礦師，曾經奏明在案，祇以經費難籌，一時尚未及舉辦。至肄習礦務學生，亦經奏明由南北洋大臣遴派聰穎子弟出洋，尚未據該大臣咨報。從前學生有選派出洋肄業者，並無專習礦務之人，現尚無從招致。惟二十一行省，産礦地方，所在多有，與其由總局派員往勘，勢不能周。不若由各該地方官就地查明，較爲切實。應如該大臣所請，由各省將軍督撫，轉飭各該地方官，於所轄境内，查訪産礦處所。無論已開未開，及開而復閉者，詳細探明。確勘繪圖貼説，於六個月内咨報總局，以憑核辦。如蒙俞允，即由臣等咨行各直省遵照辦理。所有議復各緣由，理合恭摺具陳，伏乞皇太后、皇上聖鑒訓示。再此摺係路礦總局主稿，會同總理衙門辦理，合併聲明。謹奏。

《礦務檔・一般礦政・抄送奏請明定路礦章程通飭遵行摺暨硃批》 欽命統轄礦務鐵路總局，爲咨行事。光緒二十四年十月初六日，本總局會同總理衙門具奏，明定礦務鐵路章程，請旨通行飭遵一摺。本日奉硃批：「議依，欽此。」一相應恭録，並附原奏暨章程。咨行貴大臣查照欽遵，轉飭一體遵照可也。須至咨者。附原奏章程。右咨庫倫辦事大臣。光緒二十四年十月貳拾叁日。

《礦務檔・一般礦政・奏請明定路礦章程通飭遵行》 謹奏，爲明定礦務鐵路章程，請旨遵行飭遵，恭摺仰祈聖鑒事。本年六月二十四日，遵旨開設礦務鐵路總局摺内，聲明應辦事宜，隨時具奏。九月初十日，議復胡燏棻條陳礦路事宜摺内，聲明另行核定章程各在案。臣等查礦務鐵路，誠能辦理得宜，可以益國計裕民生。然天下事利與弊恒相因，况此事至爲繁重，設辦法稍有參差，將使奸商劣紳串通影射，壟斷把持。而公正妥實之紳商，反退縮向隅，無以自效。且既辦以後，利益稍有端倪，不肖官吏，又或從而覬覦，百端魚肉。利源未礦，弊竇叢生，斷無可以持久之理。今欲興利躅弊，自非慎始圖終不可。如遴派公司，嚴核股本，示洋股之限制，保華商之利權。及用人購地，選匠鳩工，徵收税課，稽查出入等事，並應明定畫一章程，以資遵守，而垂久遠。臣等博訪周諮，就華洋成式中勘酌採擇，謹擬礦務鐵路公共章程二十二條，恭候欽定。如蒙俞允，即由臣局通行飭遵。此後因時制宜，有應行增減之處，再由臣等體察情形，隨時奏明辦理。所有明定礦務鐵路章程緣由，理合恭摺具陳，伏乞皇太后、皇上聖鑒訓示。再此摺係礦務鐵路總局主稿，會同總理各國事務衙門辦理，合併聲明。謹奏。光緒二十四年十月初六日具奏。奉硃批：「依議。欽此。」

《清德宗實録》卷四百三十一 〔光緒二十四年十月丁亥〕總理各國事務衙門奏：「擬定礦務鐵路公共章程二十二條，請旨通行飭遵。」從之。

《礦務檔・一般礦政・會議北洋大臣奏將招商電報礦務等項酌提餘利解充海軍薪餉摺片送會畫並開列堂銜》 〔光緒二十五年〕六月十四日，户部文稱，所有會議北洋大臣裕禄附奏，請將招商電報礦務等項，酌提餘利解充海軍薪餉一摺。本部現將會稿擬就，相應片呈貴衙門會畫。俟畫齊後，將會稿送還。並開列堂銜，片送過部，以便定期具奏可也。

《礦務檔・一般礦政・通籌鐵路辦法分别緩急次第》 奏爲通籌鋕路辦法，分别緩急次第，恭摺仰祈聖鑒事。竊維鐵路靈捷，可以利國便民。原期幹枝相輔，脈絡貫通，多多益善。然就現時之情形而論，有不得不分别緩急次第者，請備陳之。中國鐵路，以盧漢、粤漢爲最要之大幹，津鎮次之。而山海關外奉天、營口等處，亦爲扼要必争之地，餘皆爲枝路。幹路工費鉅而收效遲，枝路工費省而收效速。國家轉輸徵調，呼息靈通，所注意者在幹路。商賈懋遷貨物，欲速見小，所注意者在枝路。幹路爲本，枝路爲末。若辦法不分次第，勢必使誑辦枝路者紛至沓來，串通影射。而承辦幹路之公司，出售股票，反至無人過問。事多掣肘，竣工愈難，舍本徇末，殊屬非計。不特此也。各公司所辦各路，集有股本者，甚屬細微。其大宗皆係息借洋款，所立合同，皆載有本息未還以前，將所辦之路，作爲抵押。設幹枝雜揉競辦，當彼此尚未貫通之際，縱有路利，必難豐旺。華商買取枝路股票，亦必寥寥。所有應付洋債本息，及養路各費，恐無實在著落。則抵押之路，必難收回。是權利仍屬他人操縱，豈能由我。商路之害，亦國家之害也。臣等悉心體察，與其並騖兼營，事以紛歧而易擾，不若先急後緩，植其大體而徐圖。

伏查盧漢、粤漢要幹及寧滬、蘇浙、浦信、廣九等近幹要枝，均由總公司盛宣懷承辦。津鎮及山海關内外，亦奉諭旨責成胡燏棻等辦理。太原至柳林，已由山西商務局承辦。廣西龍州已由提督蘇元春承辦。應請旨飭下該大臣等認真督飭，先儘此各要路妥速辦竣。如果數還借款本息，及養路各費，綽有餘裕，再議次第推廣，辦理各枝路，以昭慎重。自此次奏明後，除已與各國定有成議，及近幹要路，地不過百里，款不出百萬，不在停辦之列外，凡華洋各商請辦各枝路，此時概不准行。如蒙俞允，即由臣等通行飭遵。所有通籌鐵路辦法緣由，理合恭摺具陳，伏乞皇太后皇上聖鑒訓示。再此摺係總理衙門主稿，會同礦務鐵路總局辦理，合併聲明。謹奏。光緒二十四年十一月初一日具奏。奉硃批：「依議，欽此。」

《礦務檔·一般礦政·咨送路礦表册請查填彙送》 欽命統轄礦務鐵路總局爲咨行事。案查光緒二十四年十月初六日，本總局奏定礦路章程二十二條，業經通行知照在案。查該章内載，局中另繕表譜格式，分行各省，所有公司，辦理礦路情形，應於每年年終如式填寫，送總局查核，等因。兹本總局業將礦路表譜格式，刊印成册，相應咨送貴大臣查收。照繕分交各該局司，一體遵照辦理。其從前未經查報之案，希飭迅速查明，照式填送。無庸俟至年終彙送，以免遲延。仍將此次收到日期，咨復本總局備案可也。須至咨者。附礦務表二鐵路表一分。右咨庫倫辦事大臣。光緒二十四年十一月叁拾日。

《礦務檔·一般礦政·路礦檔案已咨張京堂等查送》〔光緒二十七年〕四月二十一日，北洋大臣李文稱：准王爺咨。京城自上年猝遭兵燹，所有鐵路礦務局檔案，全行遺失。遇有應辦事件，無從稽核。相應咨行貴督，將有關鐵路礦務來往奏咨文件，以及表譜合同，一律補送，以憑核辦。務於文到兩箇月内，迅速咨送本衙門可也，等因，到本閣爵大臣督部堂。准此，查天津衙署被佔，此項卷宗，亦已燬失，無從查造。張盛京堂當有存檔，除咨請查造。容俟送到，再行咨達外，相應咨復王爺，請煩查照。

《礦務檔·一般礦政·咨送路礦表册請查填彙送》 准欽命統轄礦務鐵路總局咨開，光緒二十四年十月初六日，本總局奏定礦路章程二十二條，業經通行知照在案。查該章内載，局中另繕表譜格式，分行各省。所有公司，辦理礦路情形，應於每年年終如式填寫，送總局查核等因。兹本總局業將礦路表譜格式，刊印成册，相應咨送查收，照繕分交各該局司，一體遵照辦理。其從未經查報之案，希飭迅速查明，照式填送，無庸俟至年終彙送，以免遲延。仍將此次收到日期，咨復本總局備案可也。

《礦務檔·一般礦政·請旨飭催填送路礦表譜以備查核》 奏爲請旨飭催填送礦路表譜，以備查核，恭摺仰祈聖鑒事。案查礦務鐵路總局，於光緒二十四年十月初六日，會奏礦務鐵路章程第二十二條内載，由總局另頒表譜，分行各省。所有各公司局所，辦理礦路情形，於每年年終，如式填寫，具送總局查核。旋經總局將礦路表譜刷印成册，於是年十一月三十日，通行飭遵。並聲明凡從前未經查報之案，迅速查明，如式填送。無庸俟至年終，以免遲延，各等因在案。是已經查報之案，其表譜填送，原可俟至本年年終。而現時距年終亦已不遠，若未經查報之案，亟應先將表譜填送，方昭慎重。乃自行文之日，扣至現時，僅據吉林將軍咨送辦理三姓礦務道員宋春鼇填寫未經查報之金礦表譜一分，兩江總督咨送辦理徐州礦務候補知縣吴惇蔭填寫煤礦表譜一分，而此外概未之見。

臣等伏思國家開辦礦務鐵路，原期足國裕民，漸有成效。臣頒行表譜，俾各礦路將開辦後，事體衰旺，銀款盈虧，一切情形，明列表册，方能有所稽核。若該公司局所承辦之員，如式照辦，亦足以昭著心跡，不至處於嫌疑之間。在精白乃心，實事求是者，似應樂於從事。乃遲之許久，而從前未經查報之案，迄未據列册具報，誠不知是何居心。應請旨飭下各省將軍督撫，及各督辦大臣，轉飭各該公司局所承辦之員，迅將未經查報之案，填列表譜送核。其已經查報之案，亦一律於年終將表譜照式填送。自此次奏催之後，仍前玩泄，即行查明承辦之員，據實奏參。所有催送礦路表譜緣由，理合恭摺會陳。伏乞皇太后、皇上聖鑒訓示。再此摺係礦務鐵路總局主稿，會同總理各國事務衙門辦理，合併聲明。謹奏。

《礦務檔·一般礦政·電陳安徽省礦務情形》 光緒二十五年三月十八日電咨，總理衙門稱，承准銑電，奉旨：「近年各省多有創設機器，製造槍砲彈葯，並紡紗織布各工廠商務等局。由官開辦者，著各督撫查明該省各局所共有幾處，即將現辦情形，詳細電奏，欽此。」遵查安徽省未曾設有機器製造槍砲彈葯，並仿紗織布等工廠。惟在安慶省城，設立商務總局，蕪湖通商口岸，設立商務分局，經理本省紳商採鍊鐵砂，開挖礦煤等事。開辦大概情形，於上年十一月奏咨在案。現潛山、太湖等縣淘沙鍊鐵爐户，繁昌、宣城等縣商人租買産煤礦山，均經該局派員勘明，分給執照。各以土法試開，以關卡照收税厘。商出資本，官爲維持，現出鐵出煤，爲數無幾。商本無洋人入股，湊集亦復無多。其餘各屬商民請開煤礦者，地近省城，由商務總局委員會勘。地近蕪湖，由商務分局委員會勘，以期迅速而便民。苟其地無窒礙廬墓，無別項糾葛，均准給照試開，以闢地利。飭照礦務鐵路總局咨行表譜格式，填寫呈送查核。其餘各項商業，由局員勸諭商董，查訪講求。但以煤鐵二端，導其先路。如能辦有成效，商情觀感奮興，堪以逐漸推廣。再隨時奏明辦理，所有現辦商務情形，謹請貴署代奏。

《礦務檔·一般礦政·咨送江蘇省礦務案件》 南洋商憲劉爲咨行事。光緒二十五年六月初八日，准兵部火票遞到總理各國事務衙門咨，光緒二十五年五月二十六日，接准咨開：據署江寧布政司胡家楨稟稱，江寧開辦各礦，因公款不繼，稟明招商。續據江寧紳商晏國霖等，擬遵路礦總局定章，自集華股三成，設立永清公司。又揚子公司英商德貞，添集洋股七成，共銀二百萬兩，請辦江寧鎮江兩府五金煤鐵各礦。參仿四川辦法，擬立章程。嗣因鎮紳不盡允洽，先將江寧一府各礦，准予開辦，換繕合同章程。并附呈認繳墊用公款十一萬兩。麥加利銀行紅票一張，據稟咨請查核，示復飭遵。至所呈認繳公款銀票一紙，現在案未核准，未便接收。應俟接復後，再行核辦，等因前來。

本衙門會同礦路總局，查上年十一月二十九日准貴大臣電稱，蘇皖正紳籌辦礦路，乃有醫生德貞，横來干預，業經辭退。查德貞聲名甚劣，中外正商，皆羞稱之。且與信隆洋行實勒同夥，難保不來尊處鐃舌，以圖挾制，伏乞嚴行駁斥，以藉杜煩擾。嗣於本年三月間，准安徽巡撫來函，以上海英領事照會伊國設立公司，專辦揚子江一帶路礦。派德貞爲總辦，會同華商合股，函請核示。復經本總局查照貴大臣來電，復令直詞拒絕，各在案。是洋商德貞其人未可深信，久爲貴大臣所稔之。一經干預，立即辭退。兹江寧紳商晏國霖等，請與德貞合辦礦務。核與前電事出兩歧，所擬章程，亦與川章諸多不符。江寧一帶，水土卑薄，山形顯露，非若西北等省蘊藏富厚，確有礦利可圖。若輕借巨款開辦，將來籌還本息，或有不敷，必至轇轕無已。局員利在認繳墊款，率請准辦。是但計目前之利，未計日後之累，所請礙難准行。相應咨行貴大臣查照駁斥可也。等因，到本大臣。承准此，合行札飭。札到該局，即便遵照辦理毋違。此札。光緒二十五年六月十一日。

《礦務檔·一般礦政·抄送申明增定礦務章程摺暨硃批》 光緒二十五年七月十九日，准欽命統轄礦務鐵路總局咨開，光緒二十五年六月二十三日，本總局會同總理各國事務衙門具奏，申明增定礦務章程一摺，本日奉硃批：「依議，欽此。」相應恭録諭旨，鈔録原奏，咨行貴撫欽遵查照可也。

《礦務檔·一般礦政·申明增定礦務章程》 謹奏，爲申明增定礦務章程，恭摺仰祈聖鑒。案查光緒二十四年十月初六日，臣等會同奏定礦務鐵路章程摺内，聲明此後因時制宜，有應行增改之處，隨時體察情形，奏明辦理。鐵路一事，於去年十一月初一日會奏，通籌分別緩急次第辦法，均經先後奉旨，通行各在案。其礦務自准開辦以來，亦有應就前次定章申明增定者。竊維華洋各商，會同集股，設立公司，在國家一視同仁，准其開辦之本意，原欲令各該商獲均沾之利，非欲令各該商據獨擅之利。今請辦礦務之華洋各商，因章程准各公司勘定産礦處所，動輒混指某省府分若干，縣分若干，並不確指某縣某處，計明段落里數。是徒使奸商串通影射，壟斷把持。轉致公正妥寔紳商，退縮向隅。無以自效，殊與准辦之本意大相剌謬。亟應明示限制，除已經批准之案，仍照合同辦理外，嗣後各該商請辦礦地，只准各指定某縣之一處，不准兼指數處，及混指全府全縣，以杜壟斷而均利益。又查前次定章，華洋合辦，一切權柄，操自華商，以歸自主。惟内載已集華股十分之三，即准招集洋股開辦，雖係爲廣招徠開風氣起見，然股本華三洋七，輕重既已不倫，事權即恐旁落，易開喧賓奪主之漸，應將原章釐正。除已經批准之案不計外，嗣後華洋股本，均令各居其半，方准開辦，以免偏畸。仍由華商出爲領辦，若洋商不由華商領辦，徑行請辦者，概不准行。又查前次定章，各紳商呈請辦礦，該地方官察其無背章程，即咨報總局核奪，不得率行批准。其在總局遞呈者，亦必路查原省，然後批准，以杜朦混招遥等弊，是定章本意。凡由華商呈辦礦務，必俟查明批准後，始招集洋股合夥，方免弊端。若未經遞呈，及遞呈尚未批准，先與洋商合夥指辦某處礦務，迨經行查寔，多窒礙難行。徒令該商空費詣勘等用，不特無以示體恤，且朦混招揺之弊，仍未能除。亦應將原章申明增定，嗣後華商請辦礦務，必俟查無窒礙，業經批准，始准招集洋股，訂立合同。再將該合同呈送，聽候核准開辦。若先行合夥，而後呈請者，概行駁斥。又查前次定章，承辦者自批准之日起，至多不得過六個月，即呈報開工。倘遷延不辦，所有批准之案作廢。又内載如有事故，不在此列。然因此而托故遷延。將徒有標占之名，並無開辦之寔。今應明予定限，自批准之日起，統以十個月爲期。無論有無事故，若逾期不辦，即將批准之案查銷。由地方官查明，另招他商承辦，該商不得争論。餘仍照前次奏定章程辦理。其議開在先各礦，仍照舊核辦，以免紛擾。如蒙俞允，即由臣等通行遵照。所有申明增定礦務章程緣由，理合恭摺會陳，伏乞皇太后、皇上聖鑒訓示。再此摺係礦務鐵路總局主稿，會同總理各國事務衙門辦理，合併聲明。謹奏。

光緒二十五年六月二十三日。奉硃批：「依議，欽此。」

《礦務檔·一般礦政·抄送聲明增定礦務章程摺暨硃批》 欽命統轄礦務鐵路總局爲咨行事。光緒二十五年六月二十三日，本總局會同總理各國事務衙門具奏，申明增定礦務章程一摺，本日奉硃批：「依議，欽此。」相應恭録諭旨，抄録原奏，咨行貴大臣欽遵查照可也。須至咨者。附鈔件。右咨庫倫辦事大臣。光緒二十五年七月初九日。

《礦務檔·一般礦政·抄送請旨飭催填送路礦表譜等摺片暨硃批》 欽命統轄礦務鐵路總局爲咨行事。光緒二十五年九月十八日，本總局會同總理衙門，奏催填送礦路表譜，并各金礦按月呈報收數各摺片，本日奉硃批：「依議，欽此。」相應恭録諭旨，并鈔録原摺片，咨行貴大臣欽遵辦理。并轉飭承辦各局員，趕緊造送本總局，以憑稽核，毋再遲延可也。須至咨者。粘鈔。右咨庫倫辦事大臣。光緒二十五年九月二十五日。

《礦務檔·一般礦政·抄送請旨飭催填送路礦表譜等摺片暨硃批》 光緒二十五年十月初六日，准欽命統轄礦務鐵路總局咨開，光緒二十五年九月十八日，本總局會同總理衙門奏催填送礦路表譜，並各金礦按月呈報收數各摺片，本日奉硃批：「依議，欽此。」相應恭録諭旨，並鈔録原摺片，咨行貴撫欽遵辦理。並轉飭承辦各局員，趕緊造送本總局，以憑稽核，毋再遲延可也。

《礦務檔·一般礦政·抄送庫倫礦務檔案》 〔光緒二十七年〕七月十五日，庫倫辦事大臣豐等文稱，本年五月初三日，承准貴衙門來咨内開：爲咨行事。京城自上年猝遭兵燹，所有鐵路礦務局檔案，全行遺失。遇有應辦事件，無從稽核。相應咨行貴大臣，將有關鐵路礦務來往奏咨文件，以及表譜合同，一律補送，以憑核辦。務於文到兩箇月内，迅速咨送本衙門可也，等因。承准此，遵將庫倫礦務來往奏咨文件，一律照鈔補送，以憑查核。所有鐵路事務及表譜合同，本處既未開辦，並無添寫之件。相應將礦務各件，依限鈔録。咨呈貴衙門，請煩查照可也。

《礦務檔·一般礦政·咨送安徽省路礦檔案》 七月二十二日，安徽巡撫王之春文稱，據督辦商務總局布政使呈稱，奉憲台札開：光緒二十七年四月二十五日，承准欽命全權大臣管理總理各國事務衙門和碩慶親王咨開，京城自上年猝遭兵燹，所有鐵路礦務局檔案，全行遺失。遇有應辦事件，無從稽核。相應咨行貴撫，將有關鐵路礦務來往奏咨文件，以及表譜合同，一律補送，以憑核辦。務於文到兩月内，迅速咨送本衙門可也，等因，到本部院。承准此，合行札飭，札到該局，即便遵照指飭事理。刻日查明，抄録詳送，以憑咨復，等因，奉經移會蕪湖商務分局。並准抄録前由分局所填表譜，開摺移送到局。並將歷奉憲行鐵路礦務來往奏咨文件，查明造册呈送。仰祈鑒核，俯賜彙咨。再本局前送東流縣晉陽鄉商民宋瑞庭表譜，已於二十六年稟明。窿内水多，停挖封閉在案，似可無庸抄送。合併聲明等情，計呈送清册清摺各一分到院。據此，相應將送到册摺，備文呈送。爲此咨呈王大臣，謹請查照施行。【略】

《礦務檔·一般礦政·抄送議復伍廷芳奏陳路礦事宜摺暨硃批》 〔光緒二十七年七月二十二日〕欽命統轄礦務鐵路總局咨開：本總局議復出使大臣伍奏，條陳礦路事宜一摺，於光緒二十四年十月十六日具奏，本日奉硃批：「依議，欽此。」相應恭録，並粘原奏，咨行貴撫欽遵辦理可也，等因，計粘單。同日又准咨開，光緒二十四年十月初六日，本總局會同總理衙門具奏，明定礦務鐵路章程，請旨通行飭遵一摺，本日奉硃批：「依議，欽此。」相應恭録，並附原奏暨章程，咨行貴撫查照欽遵，轉飭一體遵照可也。

《礦務檔·一般礦政·咨送江蘇省礦物案件》 〔光緒二十七年〕八月初二日，江蘇巡撫聶文稱，據江南鹽巡道徐樹鈞詳稱，竊准江藩司咨，奉院台札開：光緒二十七年四月二十四日，承准欽命全權大臣總理各國事務和碩慶親王咨，京城自上年猝遭兵燹，所有鐵路礦務局檔案，全行遺失。遇有應辦事件，無從稽核。咨行貴撫，將有關鐵路礦務來往奏咨文件，以及表譜合同，一律補送核辦。務於文到兩個月内，迅速咨送本衙門可也，等因到院。除咨總辦鐵路事務盛丞堂查照外，札司查明江南礦務局章程，抄録來往奏咨文件，以及表譜合同，刻日説候咨送，等因到司。奉此，查江南礦務局，係由道經辦，咨煩録送，等因。奉此，准此遵查江寧試開各礦，胡前道家楨任内，因公款不繼，稟明招商承辦。據紳商婁國霖等，與英商揚子公司德貞，擬章集股，繳款承領。當經胡前道稟蒙督院，咨准總理衙門，會同礦路總局。以江寧水土卑薄，山形顯露，非若西北等省有利可圖。咨行駁斥，各礦遂即停辦。職道抵任，當將德貞所繳官款紅票，稟明發□所□□山機件器具。並即派員提起存儲，分別歸蔡道世保等領辦。元山一帶商礦，亦因機器礦師未到，至今並未興工奉飭前因。理合照録奏咨文件，同蔡道録送領辦元山原案，一併詳請咨達總理衙門查照。再查礦務表譜，寧屬未據照填送道，亦無華洋合同章程，應行照送。此後如查有應録文件，遵當隨時補録詳咨，合併聲明等情，到本部院。據此，相應咨送。爲此咨呈貴衙門，謹請查照施行。照録清摺，謹將礦務奏咨文件，録呈鑒核。

計開：南洋商憲劉爲抄稿飭遵事。照得本大臣於光緒二十二年九月初十日。會同江蘇巡撫部院趙，專差具奏，籌辦江寧等處礦務大略情形一摺。除俟奉到硃批，另行恭録咨行外，合行抄摺札飭，札到該道，即便遵照毋違。此札。光緒二十二年九月十二日。【略】

《礦務檔・一般礦政・咨送路礦檔案》〔光緒二十七年〕八月十七日，兩廣總督陶文稱，據廣東海防善後局司道詳稱，案奉札開：光緒二十七年四月二十六日，准總理各國事務衙門咨開：京城自上年猝遭兵燹，所有鐵路礦務局檔案，全行遺失，遇有應辦事件，無從稽核。相應咨行貴督，將有關鐵路礦務來往奏咨文件，以及表譜合同，一律補送，以憑核辦。務於文到兩箇月內，迅速咨送本衙門可也，等因，到本部堂。准此，合就札飭，札局照依准咨事理，速即查明有關鐵路礦務來往奏咨文件，以及表譜合同，一律刻日抄録齊全，詳請咨送核辦，勿稍違延，切速。又於五月初六日，奉廣東巡撫部院德案驗同前事。仰局會同布政司遵照，將有關鐵路礦務來往奏咨文件，及表譜合同等件，一律抄録。依限補送，毋違各等因，到局。奉此，并准藩司移局抄録主稿，會同詳請咨送前來。

查京都礦路總局，係設於光緒二十四年六月，本局近年奉到憲台，與户部總署礦路總局來往奏咨文件，有關鐵路礦務事宜者，共計四十件。另鐵路表一本，礦務表一本，路礦章程一本。兹總署以京城上年猝遭兵燹，礦路總局案卷，全行遺失。奉飭將有關鐵路礦務來往奏咨文件，及表譜補送核辦，等因，自應遵將本局奉行來往奏咨文件，抄録成册。并表譜章程，詳請咨送核辦，以期迅速。除將所抄案卷摘由列單，備移本藩司核對，司署所奉文件有無現單未抄者，另行由司抄呈，而免挂漏及詳報撫憲外，理合將本局所抄案件，彙釘成册，並表譜章程，詳請察核。俯賜咨送户部外務部衙門礦路總局察收等由，同册到本部堂。據此，除將各册及鐵礦表譜章程，分别咨送户部礦路總局察收外，相應咨送。爲此，合咨貴衙門，請煩察照施行。

《礦務檔・一般礦政・咨送雲南礦務案件》〔光緒二十七年〕八月二十七日，督辦雲南礦務唐文稱：光緒二十七年五月二十三日，准雲貴總督部堂魏咨，光緒二十七年五月二十日，承准欽命全權大臣管理總理各國事務衙門事務慶親王咨。京城自上年猝遭兵燹，所有鐵路礦務局檔案，全行遺失，遇有應辦事件，無從稽核。相應咨行貴督，將有關鐵路礦務來往奏咨文件，以及表譜合同，一律補送，以憑核辦。務於文到兩箇月內，迅速咨送本衙門可也，等因，到本部堂。承准此，除分行雲南布政司鐵路局，將礦務鐵路來往奏咨文件，刻速查檔，一律鈔齊，先限詳請核咨外，咨明查照辦理，到本督辦。准此，查此項銅廠礦表。前據各廳州縣及礦務公司申送前來，當經彙造咨送在案。准咨前因，當即飭承將前送礦表原咨，查照鈔録咨送。爲此咨呈貴衙門，謹請查核施行。計咨送礦務表一分，原咨一件。照録鈔次。

銜。咨送事。案查前准雲貴總督部堂崧咨開：准欽命統轄礦務鐵路總局咨：案查光緒二十四年十月初六日，本總局奏定礦路章程二十二條，業經通行知照在案。查該章内載，局中另繕表譜格式，分行各省。所有公司，辦理礦路情形，應於每年年終，如式填寫，送總局查核，等因。兹本總局業將礦路表譜格式，刊印成册，相應咨送貴督查收，照繕分交各該司局，一體遵照辦理。其從前未經查報之案，希飭迅速查明，照式填送。無庸俟至年終彙送，以免遲延。仍將此次收到日期，咨覆本總局備案可也。附礦務表四分，鐵路表二分等因，到本部堂。准此，除將各表行司移局遵辦外，所有礦務表一分，咨送到本督辦。准此，當經札飭礦務公司，並由司轉飭各府廳州縣。照式填送去後，嗣據各廳州縣及礦務公司造送前來。本督辦逐一查核，均未能如式填造。往返駁查，或因廠停年久無考，或兵燹後案卷遺失所致。兹將現據報到各礦表，代爲照繕，彙集一册。蓋用關防，先行咨送，以免參差而歸畫一。其餘礦表，俟各廳州縣續報到日，再行彙咨，合併聲明，相應咨送。爲此合咨貴大臣，請煩查核施行。

《礦務檔・一般礦政・奏陳科布多並無路礦事件摺録旨知照》〔光緒二十七年〕九月十一日，科布多參贊大臣瑞文稱，新理蒙古事務處案呈，光緒二十七年五月十九日，由駙附奏，科布多並無應行鈔録鐵路礦務事件，不必補送一片，前已鈔稿咨呈在案。兹於本年七月三十日，遞回原片。奉硃批：「該衙門知道，欽此。」除欽遵外，相應祇録諭旨，咨呈大部，謹請欽遵，查照施行。

《礦務檔・一般礦政・黑省路礦案件應由交涉處咨呈》〔光緒二十七年〕九月初五日，黑龍江將軍薩保文稱：户部司案呈，光緒二十七年五月二十九日，接准金權大臣便宜行事兼總理各國事務衙門和碩慶王咨開。京城自上年猝遭兵燹，所有鐵路礦務局檔案，全行遺失。遇有應辦事件，無從稽核。相應咨行貴將軍，將有關鐵路礦務來往奏咨文件，以及表譜合同，一律補送，以憑核辦。務於文到兩個月內，迅速咨送本衙門可也，等因。咨到本署將軍，札飭到司遵查。光緒二十六年八月間，俄隊晉省，俄負督兵遂意在於各官所搜取案卷册檔大概情形，先經奏明。續於光緒二十七年二月十四日報部在案，嗣於光緒二十七年三月初五日，准户部山東司案呈咨令，將光緒二十六年七月二十日以前黑龍江省造報題奏咨文册結，造録一分送司，同日又准户部廣西案呈咨令，將錢法銀圓章程奏咨各案，抄録送部，各等因前來。當即詳查户司自設立以至於今，所有各項案件卷宗，及金煤礦務奏咨行來往文稿案牘，被俄硬行搜羅裝箱，用車載運之情形，於光緒二十七年三月二十二日咨復户部，亦在案。兹奉前因，除交涉來往奏咨案件合同表譜，現在交涉處有無存案抄送，應由該處呈請咨呈外，理合請礦務局，一切案件卷宗被俄硬行拉取情形咨呈等情。據此，相應咨呈。爲此咨呈全權大臣便宜行事兼總理各國事務衙門和碩慶親王鑒核施行。

《礦務檔·一般礦政·咨送福建省路礦案件》〔光緒二十七年〕十月十七日，閩浙總督許應騤文稱，案查前承准貴王大臣咨開，京城自上年猝遭兵燹，所有鐵路礦務檔案，全行遺失。遇有應辦事件，無從稽核。咨行將有關鐵路礦務各件，於文到兩箇月內，一律補送等因。當經本部堂檄飭福建善後、洋務兩局，依限造送。詳咨去後。兹據該局具詳，遵將福建省有關鐵路礦務奏咨文件表譜，逐一抄録齊全，裝釘成帙，詳請咨送，等情前來。除詳批示外，相應將送到各件咨呈。爲此咨呈外務部，謹請察收，備案施行。

《礦務檔·一般礦政·奏定礦務章程十九條》光緒二十八年二月初八日，外務部具奏。謹奏爲酌定礦務章程，恭摺仰祈聖鑒事。光緒二十七年十二月二十五日，政務處具奏開辦礦務一摺，奉旨「依議，欽此」。欽遵抄摺知照前來，臣等當即按照奏内所稱延聘礦師，查勘礦山，及豫購機器，廣招商股各節，詳加籌議。復於本年正月十六日，欽奉諭旨，派張翼總辦路礦事宜。臣文臣鴻仍奉命督同辦理，自應仰體朝廷振興之意，悉心籌畫，以濬利源。臣等竊維中國礦産之富，甲於五洲。特以地質素昧講求，開採未能如法，鳩貲試辦，成效茫然。近來風氣漸開，始知西國礦學之精良，機器之利便，然必有能識礦師之人，而後不爲下等礦師所惑。有自製機器之廠，而後不以廣購機器爲難。際此庫款空虚，經費萬難籌措，自不得不借資商力，廣爲招徠。顧華商見小欲速，勢散力微。集累萬之鉅貲，收効在數年以後，勢必遷延觀望，裹足不前。而奸詐嗜利之徒，又往往以一紙呈詞，希圖攬辦。斥之則有所藉口，准之則益啟效尤。甚且勾結外人，輾轉售賣，其弊必至於利權盡失。爲今之計，惟明定畫一章程，使人人曉然於厚生利用，但能上下交益。國家固無所私，無論華洋各商，皆可照章承辦。其有違背定章，任意要索者，仍應堅持駁阻，杜絶弊混，即所以鼓舞商情。臣等博訪周諮，公同商酌，謹擬礦務章程十九條，恭候欽定。如蒙俞允，即由臣部通行飭遵。其有未盡事宜，應由礦路總局，隨時體察情形，奏明辦理。所有酌定礦務章程緣由，謹繕摺具陳。伏乞皇太后皇上聖鑒，訓示遵行。謹奏。奉硃批：「依議，欽此。」

《礦務檔·一般礦政·奏定礦務章程十九條》 謹擬籌辦礦務章程十九條，恭呈御覽。

一、凡擬開辦礦務者，或集華股，或借洋款，均須先行稟明外務部。其稟或自行投到，或由該省州縣詳請督撫專咨到部，俟奉批准後，方可爲准行之據，未奉批准以前，不得開辦。

一、此項稟咨，如外務部核奪以爲可行，即知照路礦總局，詢以此事可否批准。俟接到可准之復文後，即由外務部知照總局，發出准行執照，此照奉到，方可開辦。其照費視成本多寡，酌提百分之一繳局，以資辦公。

一、開辦之人，必須係原稟領照之人，自行舉辦。不得私將執照轉賣他人，倘欲售賣，或在開辦以前，或已辦之後，須由原辦之人，會同接辦之人，照上兩條復行稟請立案領據，方可轉交接辦。

一、該處地主原有不從之權，須由原稟之人，向其先行説明，商定價銀，報明立案，不得私行交易。倘該地關係國家必須開辦之故，其地主雖有不從之權，亦應聽國家之意。由官公平發給地價，任憑開辦。

一、遞稟開辦者，或華人自辦，或洋人承辦，或華洋人合辦，均無不可。惟地係中國之地，舉辦係由中國准行。無論何人承辦，均應遵守中國定章。倘出有事端，應由中國按照自主之權自定。

一、礦産出井，視品類之貴賤，以別税則之重輕。現酌定煤鐵硃砂白礬硼砂等類，值百抽五。煤油銅鉛錫硫磺硃砂等類，值百抽十。金銀白鉛水銀等類，值百抽十五。鑽石水晶等類，值百抽二十五。均作爲落地税。其有税則未載之礦質，應視物類之相近者，比照抽收。其出口税，仍照章在税關完納。自納出口税以後，内地釐金，概不重征。此項出口礦税，爲新增之款，應在税關另款存儲，聽候撥用。

一、各公司承辦礦務，自發給執照之日起，限十二個月內開工。如逾期不開，執照作廢。該礦即由總局另行招商承辦，並登中外各報。聲明某省某礦現因執照作廢。

一、礦山准造枝路，以便轉運礦產。惟只准造至最口。如與幹路相近，即准接連幹路爲止。

一、附近開礦處所，應設礦務學堂，爲儲材之地。該學一切薪水經費，均由該公司自行籌給。

一、凡開辦所需機器材料等件，除運自外洋照章歸海關收税外，內地釐金，概不重征。如在內地採買材料，經過關卡，查明實係運往開礦處所，准給執照，免釐放行。惟不准夾帶別貨，違者照章罰辦。

一、公司顧用礦師，赴各處勘礦，應呈報外務部，咨明各該省督撫札飭地方官實力保護。如有意外之事，惟該地方官是問。至購地開辦，如遇百姓阻撓，及工匠滋事，由公司呈報。地方官即應隨時曉諭彈壓。尤應嚴禁胥吏需索，倘有前項情事，一經查出，或被控有據，嚴參不貸。

一、礦產地畝，民生則照市值購買，官地則令備價承租。惟民地雖購買過户執業，仍須照中國原定田則，完納錢糧，以符賦額。至各礦所用地段，只准足敷蓋廠各用爲限，不得多佔。

一、公司購用地畝，自應公平給價。不得强佔抑勒，亦不得抬價居奇。並不准以礙風水，藉詞阻拒。該地主如願領價，願入股份，即按照原值，給予股票爲憑。

一、採驗礦苗，應須打遇有田舍墳墓所在，設法繞越。如實在無法繞越，應商明業主，由公司優給貲費，以便遷移。

一、礦廠如須安設巡兵護廠，專用華人。所需教練經費口糧，均由該公司自行籌備。廠內除管理機器，經理賬目，必須聘用洋人外，其一切執事工作人等，均應多用華人。該公司從優給予工價，如礦峒有壓斃人口等事，亦應由公司優卹。

一、華人在外洋礦務學堂卒業學生，願回華充當礦師，及外洋各埠華商，願回華礦者，准其外務部明。如該生等勘礦確有見地，貲本實在充裕，俟辦有成效後，由外務部奏請給獎，以示鼓勵。

一、各公司承辦某礦，所有華洋股東，國家但任保護。如有虧折成本，國家不認賠償。倘因貲本不敷，借用洋款，亦還與國家無涉。

一、開採以後，每年結賬。除提還本息外，如有盈餘，以成之二五，報効國家。

一、此次新章未定以前，凡已開辦各礦，及曾經議定之處，除出井税課。合同內聲明按照奏定專章者，應照此次所訂第六條辦理外，其餘仍照合同核辦，以示大信。嗣後華洋各商欲承辦礦務者，均照此章辦理。此外未盡事宜，應俟隨時增損，以期盡善。

《礦務檔·一般礦政·閲悉奏定礦務章程》 光緒二十八年二月二十三日，收和羅使照會稱，兹接貴部文稱，光緒二十八年二月初八日，本部具奏酌定礦務章程，請旨遵行一摺，奉硃批：「依議，欽此。」並將章程一本照送前來。本大臣業已閲悉。相應照復貴王大臣可也。和曆壹千玖百零貳年肆月初壹日。

《礦務檔·一般礦政·奏定礦務章程過於繁瑣難期振興礦務》 光緒二十八年二月二十五日，收美康使照會稱，二月二十日，准貴親王照會，以貴部具奏酌定礦務章程，奉硃批依議，並將刷印章程照送前來，等因。當已轉送本國政府查照矣。本大臣查此鑛章過於繁難，恐不能鼓勵礦商，振興各礦，中國政府與商民難期獲利。直與禁止開辦，所差無幾，寔爲可惜之至。相應照復貴王大臣查照可也。一千九百二年肆月初三日。

《礦務檔·一般礦政·咨送廣西省鐵路文件》 〔光緒二十八年〕三月二十三日，廣西巡撫丁文稱，光緒二十八年正月初八日，准督辦廣西龍州鐵路官局調補湖北提督蘇咨開，光緒二十七年五月二十九日，准貴前部院黄咨開，光緒二十七年五月十一日，承准欽命全權大臣和碩慶親王咨開，京城自上年猝遭兵燹，所有鐵路礦務檔案，全行遺失。遇有應辦事件，無從稽核。相應咨行貴撫，將有關鐵路礦務來往奏咨文件，以及表譜合同，一律補送，以憑核辦。務於文到兩箇月內，迅速咨送本衙門可也等因，到本部院。承准此，相應咨會，請煩查照。希將有關鐵路來往奏咨文件，迅賜鈔録齊全，送院彙咨，盼切施行，等因，到本督辦。准此，維時本督辦正在右江辦理三省會剿游匪，總辦鐵路委員康守際清早經銷差晉省，隨即飛飭原辦工程委員試用從九品陳長侯督同書檢查檔案。將來往奏咨文件，訂立合同，逐一分晰。鈔録清册二本，清摺十二扣，於十一月二十八日，稟繳前來。本督辦覆查無異，相應咨送，請送查照。希將送去清册清摺，查收見覆。轉咨核辦施行等因，到本部院。准此，相應呈送。爲此咨呈貴部，謹請查核施行。

《礦務檔·一般礦政·咨寄代購洋文路礦原書四種》 光緒二十八年九月初二日，收出使英、義、比國大臣張咨礦務鐵路總局稱，案照光緒二十八年六月二十七日，接准貴總局咨開「查本總局奉命籌辦礦務事宜，經緯萬端，責任重大，必須博採各國國家現行礦務、鐵路兩項章程，俾資考證。英國屬地最廣，如澳大利亞及南洋海門各屬土礦路章程，尤賴參互考證。相應咨行迅速採購該國洋文原書，咨送本總局。書價若干，由本局照數寄還」等語。茲購得洋文原書四種，一曰《查勘礦務大臣之稟報礦稅册》全書四册；一曰《英議院頒行之鐵路章程全書》一册；一曰《各國礦務條例撮要全書》一册；一曰《法比兩國之礦稅册全書》一册。以上統計七册，分成三包，郵寄貴總局，請煩督收。墊付書價，共英金兩磅五先四本，望即寄還，以清款目。發單兩紙附上，須至咨者。附發單兩紙，外洋書三包。

《礦務檔·一般礦政·遵議盛宣懷請設勘礦總公司並先撥官股十萬兩事》

光緒二十八年十月二十八日，外務部奏稿稱，謹奏爲遵旨會議具奏，仰祈聖鑒事。光緒二十八年九月二十五日，軍機處鈔交商務大臣盛宣懷奏擬設勘礦總公司請撥官本一片。本日奉硃批：「外務部户部議奏，欽此。」查原奏内稱，該總公司目前以驗礦購地爲要義，將來即以礦地作股本爲指歸。現在上海擬設總公司，並化驗司、鑽地司、繪畫司，至少須集股本銀壹百萬兩。每股銀一百兩，共成一萬股。每股每次收銀二十兩，分作五次收齊。泰西路礦大舉，有國者每多入股。既可爲臣民之倡，亦足厚官府之需。中國欲圖富强，自應官商各認其半。譬如官股五十萬兩，應認五千股。第一次每股付銀二十兩，計銀十萬兩。查代辦陝西義賑獎款，除撥濟各省外，尚存銀十萬兩。擬即以此項捐獎餘款，撥作勘礦總公司官股第一次本項，較爲迅速。嗣後應付第二、第三、第四、五次股銀，各十萬兩，容隨時接續奏請。或由部撥，或由各省分籌。萬一試辦無效，當責成該公司華商賠繳銀十萬兩。毋庸續領，以重公款，等因。臣等查各省請辦礦務，洋商居多。欲保利權，莫若由官購地出租，發給牌照。准令遵章註册，領地開辦。際此庫儲奇絀，若必全歸官辦，各省均覺爲難。勢必輾轉遷延，終難集事。該大臣所請集股一百萬兩，官商各認其半。又分五次撥付，輕而易舉，自屬可行。至挪撥陝西義賑餘款，户部查勘礦總公司現在上海擬設，自須酌發官款，以爲商民之倡。該大臣代辦陝西義賑，既稱尚存餘款銀十萬兩，應准其全數撥給該公司，作爲官發股本。將來如試辦無效，即責成該公司如數賠交，以重公款。所有臣等遵議緣由，謹繕摺具陳。伏乞皇太后、皇上聖鑒。再此摺係外務部主稿，會同户部辦理，合併聲明。謹奏。

《礦務檔·一般礦政·咨送新疆省礦務案件》〔光緒二十九年〕二月初三日，新疆巡撫饒應祺文稱：案據署新疆布政使李滋森詳稱，案奉憲台札開，光緒二十八年八月十六日，准欽命統轄礦務鐵路總局咨開。案照本總局疊奉諭旨，飭令認真籌辦礦路事宜，自應檢查成案，因時制宜，博訪各處礦路情形，以期擴充辦理。惟從前礦路總局設在總理衙門，一切案卷，兵燹半多散失，無從查考，且各省礦路已辦未辦，有無窒礙，亦無憑稽核。惟有通咨各省，迅將從前已經開辦之礦路各卷，及已訂之合同，無論現在開辦與否，希即飭鈔各案全卷，及繪圖貼説，咨送本局。並希通行各屬，查報某地有何礦產，苗綫如何，或未經開辦，或已辦復停，或現在試辦，通省計有礦産若干處，逐一查明咨覆，俾資考核，以副朝廷開拓利源之至意。相應備文咨請貴撫部院查照，速賜施行等因，到本部院。准此，合行札飭，爲此札仰該司即便遵照辦理，此札，等因。奉此，本署司遵即飭承查案照鈔，現在一律鈔齊，裝訂成本，理合備文詳請鑒核，分別轉咨等情，到本部院。據此，除分咨外，相應咨呈。爲此咨呈貴部，謹請鑒照施行。照録粘抄。

計咨呈照鈔奏咨與俄商夥辦塔城金礦各案一本，新疆礦務表譜一本。

錫良《錫良遺稿·奏稿》卷四《徧山綫土槽子銀礦改照規定章程徵收摺光緒二十九年三月二十二日》 奏爲熱河徧山綫、土槽子銀礦，改照熱河現定章程徵收課款，恭摺具陳仰祈聖鑒事。

竊查熱河金銀各礦，前任都統色楞額於光緒二十八年七月，將徵收課銀數目奏報，均係改照新章，每金百兩抽課金六兩；每銀百兩抽課銀八兩。惟徧山綫、土槽子剔除，另行報銷，亦經聲明在案。

查徧山綫銀礦，自咸豐三年八月初一日升課，奏定章程，每銀一兩徵收正課銀三錢，耗銀三分；咸豐四年春季，加增課款，按每百兩收課銀三十五兩，耗銀三兩五錢；咸豐六年，復奏增課，每銀一兩徵課銀四錢，耗銀四分，外捐解費銀一分；旋因礦沙不旺，奏明核減，仍按每銀百兩抽正課銀三十五兩。又蒙境土槽子銀礦，自咸豐十一年二月初一日升課，奏定章程，每銀一兩抽收課銀二錢五分，耗銀二分五釐，解費銀一分五釐；同治二年正月起，照徧山綫章程，每銀一兩，徵課銀三錢，耗銀三分五釐，解費銀一分五釐外，由該廠徑交喀拉沁王旗抽分銀一成，歷久遵辦。嗣因礦商賠累，於光緒十三年經直隸督臣李鴻章飭派候補道朱其詔前來接辦。是年偏山綫正課、耗銀、解費等項，僅交銀七百九十四兩零，土槽子亦僅交銀三百兩零。嗣後即按是年所交數目呈交，歲以爲常。迨朱其詔卸辦後，由江蘇候補道徐潤接辦，旋又併歸督辦路礦大臣張翼經理，仍均照依前數呈解，並無增減，幾成定額。光緒二十三年，前都統松壽奏請按照現徵課銀數目，酌加四成，偏山綫每年亦僅交銀一千零一十餘兩，土槽子交銀四百二十餘兩。奴才到任後，整理各礦務，查悉從前所定每銀百兩徵課銀三十五兩及三十兩，均因課款過重，轉滋隱漏之弊，殊屬有名無實。隨即派員往查，一面咨商督辦路礦大臣張翼。旋准覆稱，擬自光緒二十九年正月爲始，應交課銀，均照熱河奏定章程，每銀百兩徵課銀八兩，由奴才派員駐廠監收，仍照章儘徵儘解。自本年正月起至二月底止，兩廠共徵課銀五百二十四兩三錢三分零九毫二絲八忽，已據按章解交求治局兑收。計兩月所收課銀，較之從前通年課數，已將及十成之四。以後果能杜絶隱漏，每年約可增銀數千兩。所收銀兩，歸於徵收熱河金銀各礦課銀數目案內彙同奏報；仍照章提出局用二成，以資辦公；並請照章免其報銷。其蒙境土槽子銀礦，喀拉沁王旗應得山分，歷年該廠僅交銀一百二十四兩零。奴才酌中擬定，飭由該廠每年徑交該王旗抽分銀二百兩，亦較前數加增，以示體恤。

除咨報外務部、户部查照，並以後該礦課款統歸每年照章彙案奏報外，所有偏山綫、土槽子銀礦改照熱河現定礦章徵收課款緣由，理合恭摺具陳，伏乞皇太后、皇上聖鑒。謹奏。

四月初三日奉到硃批：「該部知道。欽此。」

錫良《錫良遺稿・奏稿》卷四《平泉州屬密雲鄉金礦歸官開辦片光緒二十九年四月初四日》 再，熱河礦務開辦多年，迄未收有實效。歷來商人報請開採者，或本無鉅資，方作旋輟；或圖漏課款，暗採明停；糅雜紛拏，莫可究詰，徒存收課之名，無裨籌款之實。其間亦有派員集股督辦，往往經理人等浮開匿報，出入營私，全置國課於不顧。積年情弊，在公家則坐失大利，而官商實各便私圖，亟應設法挽救。前經條列規則具奏，業由外務部覈覆，奉旨允准在案。

數月以來，體察商情，尚知遵守。惟查有平泉州屬密雲鄉金礦，不官不商，吏役丁胥羼雜其間，弊竇叢生，有誤税課。當飭求治局籌發官本銀三千兩，歸官開辦，不另招股，以免牽混，一切利益均歸國家。仍優給委員薪水，酌定贏餘花紅，用示鼓勵。自正月間開辦後，收數尚屬暢旺，每月可出金一百數十兩。另有承德府屬頭溝等處金礦，亦已發款派員試辦。以後如續查有的礦，仍擬次第擴充，以期自保利權。但使經理得人，不事鋪張，逐漸自有進益。所獲贏餘暨開支數目，統俟一年彙案奏咨。

所有現在官辦礦務緣由，理合附片具陳，伏乞聖鑒訓示。謹奏。四月十三日奉到硃批：「著松壽認真經理。欽此。」

《礦務檔・一般礦政・奏定礦務暫行章程三十八條》 光緒三十年二月初一日，商部奏摺稱：謹奏爲擬訂礦務暫行章程，繕具清單，恭摺仰祈聖鑒事。竊臣部於光緒二十九年十月間，奏定鐵路章程摺内聲明，礦務章程前經欽奉諭旨，飭令劉坤一、張之洞採擇各國礦章，詳加參酌。現在張之洞尚未議定，應由臣部先擬試辦章程等因。奉旨：「依議，欽此。」欽遵在案。今張之洞業經回任，聞其於泰西礦務各書，購置甫齊，編譯尚需時日。臣部自奉旨綜綰礦路事宜，責有專歸。目前風氣漸開，各商紛紛請辦礦務。若無定章，准駁難期畫一。況事關華洋交涉，尤宜審慎周詳，藉資遵守。查光緒二十四年十月間，路礦總局曾經奏定礦務鐵路公共章程二十二條。二十八年二月間，外務部又經奏定礦務章程十九條。以上各項章程，覈諸現在情形，均有應行修改增補之處。臣等公同商酌，擬定礦務暫行章程三十八條，開具清單，恭呈御覽。如蒙俞允，即由臣部通行各省遵照，各咨明外務部照會各國駐京大臣，備案。嗣後俟張之洞輯有專書，仍應歸併辦理，以免歧異。所有重訂礦務暫行章程緣由，理合恭摺具奏。伏乞皇太后、皇上聖鑒訓示。謹奏。光緒三十年二月初一日具奏。本日奉旨：「依議，欽此。」

《礦務檔・一般礦政・礦務暫行章程》 奏定礦務章程三十八條：

第一條。本部欽奉上諭，飭將礦務鐵路歸併管理。欽遵在案。其鐵路章程，業經本部奏定。所有礦務，光緒二十八年二月，外務部所定章程聲明，此外未盡事宜，隨時增損，以期盡善。現經本部酌訂，作爲暫行章程。除以前已辦各礦及業經議定之處，仍照原定合同辦理外，其有援引前章及前准各省辦礦成案請辦者，概不准行。

第二條。凡禀請辦礦，應由本部發給執照爲憑。未經發照以前，不得舉辦。今將執照分爲二等，一爲探礦執照，一爲開礦執照。

第三條。礦地無論係産何種礦質，必須爲國家官地。方能發給執照。若係有主之地，則順與該地主商允地價，或願作股分，報明立案，方准稟請給照。如該礦地爲國家必須開採之處，應由官公道給價購買，地主不應抗違。

第四條。無論中國商民承辦，或華洋商合辦，如欲請領探礦執照或開礦執照者，應照下列各款，詳細稟明本部。或稟由該省地方督撫，聽候確查於地方情形有無窒礙，並有無違背定章，由部酌核准駁。各款列後：一，稟内須載明請辦人之姓名，並何省何縣人，或一人，或數人。的係自辦，並不轉售他人。二，華洋商合股者，應聲明該洋商係何國人，占有洋股實數若干。三，稟内須將所指礦地四至遠近大小若干方里，合計若干畝，繪圖貼説，以備查核。四，稟辦人係採掘何種礦産，應開列清楚。

第五條。請辦之礦地，不得逾三十方里。其地須彼此連屬，且長處不得逾闊處四倍。遇有墳墓所在，其打鑽掘井，須設法繞越。萬不能繞越者，應行優給遷埋之費。

第六條。稟辦之礦地，如有人稟准在先，或係公家應用要地，均不能給予執照，由本部查明批駁。

第七條。以下爲探礦。凡請領探礦執照，領照後，非遽准其開採。但許在照内所指之地，就其浮面探驗苗綫。不得過於深邃，亦不得過於廣闊。

第八條。探礦執照以一年爲期。期滿如實未探竣，應具稟呈明，查無虚誑，准予展限，至多展至一年爲度。

第九條。探礦照内所領之地，民地仍按賦則，由地方官收納錢糧。其官地則每畝每年輪租，以庫平銀一兩爲則。所領探礦執照，每紙繳費計庫平銀五十兩。領照後，先向地方官將全年官地租銀繳足，方准開工。如准展期，並於批准後續繳一年。

第十條。請領探礦執照者，須將該地四至界限，坐落何處，廣闊若干，就近稟由該省地方督撫察驗。該地是否與民間無礙，其人是否公正。家貲是否股實，請辦各節，有無違背奏定章程。如查與上項無所違礙，應即咨明本部覈辦。或該商逕行具稟本部，聽候咨行該地方督撫，查明有無違背上列各款，俟咨覆到部，分別准駁。

第十一條。如礦地實爲他人私産，未向地主商允，朦准給領探礦執照，任意勘探者，一經地主告發，應計所失，照值賠償。

第十二條。領有探礦執照者，於限滿四個月内，須將該地鑽掘處，一律填平。其屋宇樹木，或勘探時政有損壞，並須修葺如舊。倘届四個月續領開礦執照者，不在此例。

第十三條。以下爲開礦。無論華商承辦，及華洋商合辦，如欲請領開礦執照，必須將探礦執照繳銷，呈明集有的實股本若干，請開何種礦産，並聲明股款現存該省殷實銀行票號，由該行號出立保單呈驗，以憑查核。

第十四條。原稟領照人，無論開辦以前，或已辦之後，如欲將執照轉授他商，應具稟本部，聽候准駁。倘私相授受，一經本部覺察，將原稟領照人從嚴懲罰。礦照撤銷，礦工入官。

第十五條。凡經領有開礦執照者，應准領照人在執照所指之地，掘取礦産。並准將工程所需各機器各材料，運至開採之地。除照章完納關税外，其内地釐卡，概免重徵。惟夾帶並非開礦應用之貨，應照章罰辦。

第十六條。集股開礦，總宜以華股占多爲主。倘華股不敷，必須附搭洋股，則以不逾華股之數爲限。具稟時，須聲明洋股實數若干，無得含混。并不准於附搭洋股外，另借洋款。倘有朦准開辦者，查實即將執照註銷，礦地充公。

第十七條。請辦礦務應先估計礦工大數，需用若干萬。探礦既有把握，一面即應招集股本，須股額足數，方准請領開礦執照。至開辦後，若因工艱費鉅，爲集股時意計所不及，致有不敷，並難於續集股本。擬暫借洋款，以資周轉。如稟辦全係華股者，應准以機器房産等抵借若干年期，概不准以礦地抵借。其借款之數，不得過原估用款十成之三。應先稟明本部，聲明借數年期及何國商款，並聲明商借商還，國家概不擔承字樣，候本部核准辦理。至訂立合同，應加繕一分，呈部備案，不得私有更改。

第十八條。嗣後華商請辦礦務，如未經稟明本部，逕與洋商議訂合同，以礦地抵借洋款，一時朦准，或開辦後，將該礦工密售他國人民，原領照人坐收出名之利益。凡此情弊，經地方督撫及本部查實，即視案情輕重，照第十四條一律辦理。

第十九條。請辦礦務，如係附搭洋股者，不論領照係探礦，係開礦，除稟呈本部聽候批示外，應稟由外務部查核，以定准駁。至洋商既願附股，即爲甘認此項各款章程，一律遵守勿越。

第二十條。華商公司如業將執照所領礦工，辦有成效，續請展辦附近礦務，而股本不敷，擬附搭洋股展辦者，應具稟本部詳晰照章聲叙，以便分别准駁。批准後，應另給執照辦理，不得與前辦之華公司，有所牽混。

第二十一條。礦廠如須安設巡兵護廠，應先稟明地方官核准。巡兵應專用華人。除管理機器經理帳目外，一切工作，尤應專用本地之人。如本地人或有齊行罷工等事，方可招雇鄰近郡縣之人，仍不得用他國人。至所需巡兵口糧教練經費，均由礦廠籌備。若欲附設礦務學堂，以儲人才，並准該廠酌量辦理。

第二十二條。轉運礦産，欲造小枝鐵路，以資利便，應查明相距幹路或水口，是否在十里以内，與該處地方有無窒礙，稟候本部核奪。若程途在十里以外者，應另案稟辦。

第二十三條。開礦執照所領之礦地，在十方里以内，應繳照費，計庫平銀壹百兩。多一方里，加費十兩，以三十方里爲限，並向地方官呈繳第一年每畝之額租。開辦後，無論華商及華洋商，地方官均應一體保護。惟不得干預該商辦事之權。遇有虧折，悉照中國國家所定條律辦理。國家例不償補。

第二十四條。請領執照人經部准辦後，無論華洋商應自批准日起，限六個月開工，並將開辦日期報部。逾限不報，即將執照註銷，招商另辦。倘實爲意外事端所阻，亦須稟明本部，查無虚飾，方准酌展。

第二十五條。領照人須將所領礦地周圍，竪立界石，以示界限。並須設立合宜防備之法，以免礦師及礦工有意外之虞。如既設法防備，仍遇意外各事，當就近稟知地方官查訊。若有傷斃礦工人等，須妥爲撫卹。其卹銀多寡，應衡情從優酌斷。

第二十六條。探採礦産，現時中國尚鮮專家。應准領照人聘用外國礦師，該地方官應實力保護。如有膜視，立予參處。該礦師亦當自守禮法，倘不知檢束，咎由自取，准地方官知會該經理人斥退另聘，不得徇庇。

第二十七條。各省礦務地方，該管上司應飭屬曉諭彈壓。遇有土人因事爭執，或工役滋事，准由就近州縣持平辦理，尤應嚴禁胥吏藉端訛索。該地方官如辦理不善，經人稟控，由本部確查得實，從嚴參處。

第二十八條。凡因事争執，若全係華商，就近地方官當秉公剖斷。倘兩造不能平允，准具呈本部核辦，不使兩有虧損。至華洋商遇有糾葛，應由兩造各舉一人，持平判斷。如判斷人意見，彼此未洽，應再合舉一公正人，不論局内局外，皆可從中調處。兩國國家均無須干預。

第二十九條。稟准給照後，即可訂立開礦合同。所有未盡各事宜，均准詳細開載。惟不得與所定章程，稍有違礙。訂立時，應先照繕一分，呈部核准，方可簽押。

第三十條。開礦執照以三十年爲期。如欲稟請展限，須於期滿六個月前，呈候本部核斷。除該礦地爲國家另有要需，不准再展，應行酌估津貼收回外。其准予展期換照者，照費如前照納。

第三十一條。領照人業准於照内所領地界開採礦産。惟該地界内，如有他人物業及他人已有之利益，則應將此處畫開，不入界内。並應於請領開礦照時稟明，俾註明照内，以免争執。若一時朦准，經人控訴，查實議罰。

第三十二條。礦地所産之林木，有爲公家所需者，不得任意砍伐。若領照時聲明酌伐，以供工程之用等情，應候本部審察地勢，以定可否。如可照准，即將該地廣狹，載明照内，此外不得擅動。所砍林木，應照時價納值。

第三十三條。礦地額租，第一年既先行繳納。第二年如未得礦産，仍應照納如額。得礦産後，則照輸出井税。而租税例不并徵，以示國家恤商之至意。惟無論租税，逾期三月不能照輸者，應將礦産及物業一併封禁，俟繳楚揭封。延至六個月仍未清完者，即註銷執照，將礦地收回。

第三十四條。礦産出井，視品類之貴賤，以别税則之重輕。等次大畧列後，其税則未經載明者，比照後開之類抽收。至從前已定合同各礦，内有税則未經議定者，亦一併照此徵收。煤、銻砂、鐵、白礬、硼砂，值百抽五。煤油、銅、錫、鉛、硫黄、硃砂，值百抽七五。金、鉑、銀、水銀、白鉛，值百抽十。鑽石、水晶、各種寶石，值百抽二十。

第三十五條。礦産出口關税，仍照税關章程徵收。納此税後，其内地釐卡，概不重征。此項税款，應由税關另儲，聽候撥用。

第三十六條。礦務公司應隨時將所得礦産列表，登記各種所産之確數。並載明運出某口若干，産物幾種，或美或劣，每季開具清册報部備案。本部或派員至該礦地稽查，或向税關核對數目，如與册報不能符合，應量予懲罰。

第三十七條。凡發給探礦執照，應由領照人繳呈著名殷實行號保單擔承銀五千兩，開礦執照擔承銀壹萬兩。此項保銀，係擔承領照人遵守照内及部章所載各款，違者罰令充公。

第三十八條。華商請辦礦務，倘能獨出貲本至五十萬兩以上，查明礦工辦有成效，由本部專摺請旨給予優獎，以示鼓勵。

以上各款，按照光緒二十八年奏定章程，略有增減，作爲承辦礦務暫定章程。應俟參訂礦律編輯成書，再行因時損益。

《礦務檔·一般礦政·請咨送關内外鐵路案件》光緒三十年九月十二日，收商部片稱，本部檢查路礦總局移交案卷，大半闕佚不全。相應片請貴部，先將關内外鐵路卷宗送交本部，飭抄備案，鈔竣即繳可也。

《礦務檔·一般礦政·德約礦務專條經電復商約大臣悉照美約原文磋商》光緒三十一年九月十九日，收商部咨呈稱，接准商約大臣滬寒二電稱，德約礦務專條各節，業經分電貴部在案。本部查核此條與美約第七款文義，疏密懸殊，關於中國主權利權者甚大。當經電請該大臣等，悉照美約原文磋商。相應抄録電文，咨呈貴部查照。並希將貴部如何電覆之處，知照本部可也。

電文：寒二電悉。細勘開礦條約文。於外國出資本者，不致有虧句字面，似側重貲本上説。英美約礦商二字，係指承辦商人而言，較有限制。今易以外國出貲本數字，字面過寬。倘將來因開礦而致耗折，恐更多所轇轕。似仍易礦商二字爲要，至美約載美國人民若遵守中國云云一段，於主權利權，所在包括，尤關重要。祈將中國政府可允德國人民請領執照下，至所應安置之事止，仍與克磋商。悉照美約美國人民起，至礦務内應辦之事止原文爲要，仍候卓裁。商部。嘯。

《礦務檔·一般礦政·詳酌德約礦務專條字意》光緒三十一年十月初五日，收商部文稱，光緒三十一年十月初一日，接准上海商約大臣勘三電開，與德國克領磋商礦章及礦商二字各節，業經分電貴部在案。茲本部復電稱，滬勘三電悉，第四款參仿句，克既不允删去德國二字，擬請於他國礦律句下，酌照英美約，改爲自行採擇其行於中國最相宜者。至礦商二字，比照英文既難與爭，則下文不致有虧句，近於擔保，似不使比較按他國通行章程有所不利云云，稍覺靈空。惟未知德文語意輕重若何，希詳譯無訛，再與磋商。餘請查照外部及津鄂電參酌，仍候卓裁等因。除分電直鄂二督外，相應咨呈貴部查照可也。

《礦務檔·一般礦政·礦務章程請敕由外務部農工商部迅妥核議》光緒三十三年五月二十八日，收軍機處交鈔摺稱，太子少保協辦大學士湖廣總督臣張之洞跪奏懇請早定鑛務章程，以保利權而杜滋蔓，恭摺仰祈聖鑒事。竊查鑛務章程經臣遵旨悉心妥議，於光緒三十一年十二月具奏，十二月二十六日奉硃批：「外務部商部議奏書併發，欽此。」嗣因外商兩部久未議覆，經臣於上年六七八等月，三次電咨催詢。至八月杪始接外商兩部覆電，大致謂鑛章有關交涉各條，由外務部酌核，餘由商部核定，必俟詳細核明，方能奏定等語。本年三月，臣復經電詢。准農工商部覆稱，本部應核各條已定，惟有關交涉各節，應由外部酌核改定。如外人遵守中國法律等類，倘不能辦到，似與定章本旨相違，除咨催外務部外，先此電覆等語。查比年以來，鄂湘鑛務之案甚多，臣因鑛章未定，無從批示。於是商民有未奉批不敢開鑛者，有土客爭開，致成鬬訟者。亦有恃鑛章未定，私自挖運，致多中外轇轕者。或洋商冒稱華商，或華商假託洋商，辦理甚形棘手。新章若再不速定，鑛務交涉，必致愈久愈難辦理。且外人涎我鑛利者，皆恃部議未定，枝節橫生。現在義國商約，又欲我采擇非洲紅海義國屬地之鑛章，議論愈出愈奇。此後每有一國議約，皆有干預鑛務條款，應付之策將窮。義國更有特款索鑛一條，權利所關，非早定大局，必多意外要挾瀆擾。現在惟有關交涉各條，專待外務部核定。想外務部不乏學識通博諳悉外情之員，微臣所擬，可采者采，可改者改，可删者删，儘可分别准駁。至鑛務有關交涉者，固須審慎周詳，然大率不外乎嚴防於將來，而稍寬於既往。或畧展年限，再照新章。或權衡輕重，酌與抵補。總以無礙中國鑛務全局爲主。若外人志在壟斷横行，必欲破壞中國法律，則我自當堅持慎守，静以待之，斷不受其欺愚。地實聽其暫閟，並無妨礙。俟華人學識漸開，資力漸裕，從容開采，成效漸彰。則外人圖得鑛商一半之利，亦必就我範圍。倘使定章稍疏，則主權一失而難收，利權一棄而難復。大計所關，不可不慎。在部臣自能審度機宜，似不難早日定議。若僅懸宕不定，實非長策。相應請旨敕下外務部及農工商部，將此項鑛章，迅即妥爲核議。覆奏請旨裁定頒行，俾中外商民早資遵守。且免多生枝節，愈難補效。理合恭摺具陳，伏祈皇太后、皇上聖鑒。謹奏。光緒三十三年五月二十八日。奉硃批：「該部議奏，欽此。」

《礦務檔·一般礦政·張之洞奏請早定礦章請酌核會同奏覆》光緒三十三年六月初三日，收農工商部咨文稱，光緒三十三年五月二十八日，軍機處片交湖廣總督張之洞奏請早定礦章一摺，奉硃批：「該部議奏，欽此。」欽遵到部。查此項礦章，前經本部將應核各條，先行核定。咨呈貴部查核在案，應請酌核見復，會同議奏可也。

《政治官報·陳奏類·光緒三十三年十月十九日第三十號·續都察院代遞道員程清應　詔陳言呈請代奏呈》　一、宜就産煤鐵處所設立北廠，以製造軍械也。自强莫亟於練兵，鎗械實練兵所必需，購之外國，價值昂貴，設局自造，策殊不易。自兩湖督臣建言移局内地，上年練兵處遂會同南北洋大臣，定分建兩廠之議，並奏撥江南製造局每年節省經費七十萬兩，計五年共三百五十萬兩，以爲開辦之費。現在北廠迄未勘定，外間傳説，或云道口，或云彰德。竊思道口雖屬通衢，不産煤鐵，彰德雖有煤礦，並無鐵礦。因地制宜，莫如就山西平定州，擇其山勢蜿蜒，高堅平廣之地，以爲北廠基址，此處有鐵道可通，有煤礦可就，造成鎗械，北濟滿蒙，西餉秦隴，東與京津，聯絡貫注，實較道口、彰德尤爲便利。似宜援英阿模士莊船砲廠例，招股實商人承辦而輔以官本，監以官司，辦事悉遵公司規則。聞上海製造局機械，近有購自德國絢赫絢脱廠者，新穎堅利，至可寶貴。北廠開辦，首宜派員赴各廠悉心調查，凡廠地建築，購機用人，治事考工一切，均諮詢於西國製造專門技師，一面派人分赴阿模士莊、克虜伯等廠實地練習。此後廠中用人，當以學生爲貴，廠匠次之，員司爲輕。非學生不得爲廠匠，非廠匠不得爲員司，全廠以兵法部勒號令，裝束一遵兵工隊規則，而蠲去總辦、提調諸名色，動以厚禄，繩以峻法。製作之品，務與各西廠所造不讓秒忽，陳列比較，力研其深。如是實力辦理，收效必有令人可驚者。

一、宜大招商人承辦各項工廠，以免徒糜官款也。中國地大物博，生貨産額遠邁歐洲，乃日用所需，大率取資外國，洋貨輸入，歲益增加，漏卮不塞，長此曷極。查日本維新，每舉一事必有官辦工廠附屬之，以製造應用各物。如内閣所屬，則有印刷局。大藏省所屬，則有造幣局及造幣支局、煙草製造所。陸軍省所屬，則有製械所。海軍省所屬，則有海軍造兵廠、火藥製造所、海軍工廠。農商務省所屬，則有製鐵所。遞信省所屬，則有電信燈台用品製造所、鐵道作業局。所以防利源外溢。我國則興學堂而學校用品一切購之外國，修武備而軍裝兵艦一切購之外國，築鐵路而機械車輛一切購之外國，通電信而電機電線一切購之外國。多一新政，即多一利源外溢，國安得不窮。似宜速援此例，將一切官家應辦工廠，悉招商人承辦，或由國家補助，或全行招商辦理，官任稽察保護之責，商民祇須貨可暢銷，靡不踴躍從事。自來中國官辦各廠，如湖北之鐵政局絲麻紗布各局、福州之船政局、江南之製造局，及其他各省官辦各局廠，大抵糜費重，習氣深，而獲利綦難。商辦則核實而無弊，如此一轉移間，保全庫帑每年實不在少數。又中國目前尚無發明新製物品之程度，除通商大埠之外，内地商人有能仿造洋貨，改良土貨，興辦實業各廠者，專利之許，必宜從濫，俟工廠大興，然後嚴定章程，不稍假借，其勸工場、陳列所尤宜實力辦理，每一星期用各國實業工場之幻燈影片演放演説，務令人人有實業思想，一切能自製造，以馴致不用洋貨爲目的。今中國各省通商場市廛林立，無一非外來之物，日本東京、大坂等處百貨充牣，無一非自製之物，然則我國輸出之資烏可數計。古語有之，倉廩實而知禮節，衣食足而知榮辱。實業興則游手好閒之人少，盜賊之風自熄，不第塞漏卮而開富源也。

一、宜酌派出洋學習工藝學生以求實效也。各省現均派有出洋學習工藝學生，惟所派皆毫無閲歷之書生，或紈袴之子弟不耐勞苦，某省所派學習製紙之學生，併「硫酸」二字亦不識者，則與我國不識字之工人何異。所習工藝又類非該生梓鄉所固有，事非素習則情形隔膜。欲收事半功倍之效，除各種專門學業應派程度較高之學生留學外，其餘莫如改派素營是業之工人，如素業製磁者使出洋留學製磁，素業造紙者使出洋留學造紙，素業染織者使出洋留學染織，此外如木工、金工、漆工、冶工，各以所素習者出洋留學，爲高因邱，爲下因澤，領悟之速，必有神於學生者。應請飭下各省，挑選工人之年少聰穎者，先習普通中文、東文各一二年，派往日本工廠專門學業，一俟學成回國，即令就所素習者切實改良，力求進步，著有成效，優予奬勵，自費者尤特別優奬。風聲所樹，推廣必速，中國各省所辦新政，大率有名無實，似此則款不虚縻，可收實效。

一、各省宜合力開内國博覽會於上海，以促全國工商之進步也。考之於古，則《禹貢》八州之方物精粗俱備，如絲、漆、鹽、絺、璆、鐵、銀、鏤、織貝、纖縞、元纁、璣組等。徵之於今，則無論東西洋各國，其視我國之尊彝器缶，類皆珍同拱璧。以此知日省月試，餼廩勸工，自昔最爲講求，已臻盛軌。而獨至晚近，則物品趨於窳陋，人情亦日即於惰偷，豪奢僭侈，惟知以外物相争耀，腴脂削膏，何以自立於工商競勝時代。況各國之陳列所及博覽會等，皆臚列我國粗劣物品，高下相形，辱國尤甚。今北洋之勸工場工商演説會等逐漸舉辦，仿造洋貨，改良土貨之物亦漸加多，南省本爲物産薈萃之地，雖驟未能一一改良，而今夏上海所辦之美國賽珍會，其中所列之中國物品，不及數日，銷售至八萬餘元之多，即以爲淮海水災賑款。當時西人之來會購求者争先恐後，綜計每日赴會之人不下萬餘。惟學藝以切磋而愈進，知識以比擬而益增，馳域外之大觀，擴拘墟之陋識，尤今日不可緩之急務。擬請敕下農工商部核議，咨各省合力創設第一回内國博覽會，即就上海商務最盛之地設法開辦，選舉極有名譽之紳商主持其事，按照各國博覽會章程，總裁以親藩充之，副總裁以農工商部大臣充之，酌設會長、事務長、事務員、技師、書記、技手、評議員等各若干員，懸商勳獎牌以爲董勸，札各省商務議員將製造物品送會陳列，並派明敏殷實之紳商到會參觀，責以改良進步之事。至一切款項即由各省會合力籌措，節無益之糜費，促實業之競爭，裨益實非淺鮮。況中國工藝今尚未能發達，民智未開，豈可聽其固陋自安，長此終古。而風氣稍開之地，雖人人有改良進取之心，又苦無則效以爲從事之資，鼓舞而振興之，俾一新耳目。不及數年，成效必能大見。

《礦務檔·一般礦政·劉鶚以浦口開埠來此應否即行拏捕》 光緒三十四年六月十八日，收南洋大臣端方電稱，楊道文駿本日到寧，面述尊諭，屬拏革員劉鶚即劉鐵雲解京。刻查該革員適因浦口議開商埠來此，具呈聲明應用地段，全行報効公家。其鐵路車頭應用地畝，亦全行報効。是否即行捕獲，請示遵行。再該革員就獲後，應如何奏明起解，並解交何處，乞示。方，篠。

《礦務檔·一般礦政·劉鶚罪案確鑿希密飭查拏》 光緒三十四年六月十九日，發南洋大臣電稱，寧密，篠電悉。華員劉鶚，係光緒二十四年四月都察院據雲南舉人沈鋆章、山西京官鄧邦彥等，先後聯銜具呈代奏稱，該員壟斷礦利，貽禍晉滇，請查拏遞解回籍，交地方官嚴加管束各摺片。軍機大臣面奉諭旨：「著總理各國事務衙門查明辦理，欽此。」當經查拏未獲。庚子之亂，伊更名在京，勾結外人，盜賣倉米。上年六月，據駐韓總領事馬廷亮稟，韓在甑南浦私設鹽運會社，合同内載華人劉鐵雲、劉大章均爲發起，又勾結外人營私罔利，迄未悛改。該革員既在江寧，希密飭查拏，先行看管，獲後電復。俟酌定辦法，再電達外務部。

《礦務檔·一般礦政·劉鶚經押解赴鄂並駁拒日領干預請電沿途督撫派員》 光緒三十四年六月二十七日，收南洋大臣端方電稱，袁宫保鑒：密。劉鶚一犯，今日已派員乘坐福安官輪，押解赴鄂，咨請鄂督派員接解前進。頃接日本駐滬永瀧總領來電，以據本國人鄭永昌電稟，劉鶚前因鹽務貿易，尚欠伊銀四十萬元，懇請電商北京緩解，以免巨款無著等語。方現已電復該總領，告以劉鶚係奉旨飭拏要犯，業已起解，未便轉請。去後，惟查該犯素與外人勾結往來，蹤跡詭秘。現雖電復日領，難免不復來干涉。若由一處派員長解，治裝遠征，不無耽延。擬請鈞處電知沿途經過鄂豫陝甘各督撫，預派妥員，一俟該犯解到，即日接護押解前進，以期妥速而免枝節。邸相前祈轉致，並盼電復。方徑印。六月二十六日到。

《礦務檔·一般礦政·劉鶚俟解押抵新當遵示辦理》 光緒三十四年六月二十七日，收新疆巡撫電稱，外務部鈞鑒，申，二十二日電示敬悉，華員劉鶚容俟解到，謹遵照辦。合先奉覆，聯魁，二十四日。

《礦務檔·一般礦政·劉鶚奉旨發往新疆監禁希派員接護押解》 光緒三十四年六月二十七日，發鄂甘督、豫陝新疆巡撫電稱，已革知府劉鶚奉旨發往新疆永遠監禁。頃准江督電稱，劉鶚一犯，二十五日已派員乘福安官輪押解赴鄂，咨請鄂督派員接解前進。頃駐滬日領來電，劉鶚因鹽務欠日商銀甚鉅，請電商北京緩解。復以劉鶚係奉旨飭拿要犯，業已起解，未便轉請。該犯素與外人勾結往來，蹤跡詭秘，若由一處派員長解，治裝遠征，不無耽延。請電知沿途經過鄂、豫、陝、甘各督撫，預派妥員，一俟該犯解到，即日接護押解前進，以期妥速，而免枝節等語。希即預派妥員於該犯解到時，迅速接護，妥慎押解，勿稍延誤爲要，並電復。

《礦務檔·一般礦政·遵示派飭文武官兵候解劉犯》 光緒三十四年六月二十九日，收河南巡撫電稱，外務部鈞鑒，洪，二十七電敬悉，已由司派請補孟縣奎印豫左右營管帶楊樹德，帶兵二十名，即赴信陽候，接護押解。年，勘。

《礦務檔·一般礦政·咨報劉鶚起解日期》 光緒三十四年七月初六日，收兩江督咨文稱，承准貴部電開，軍機大臣面奉諭旨：「外務部奏已革知府劉鶚貪鄙謬妄，不止一端，請旨懲處一片。革員劉鶚違法罔利，怙惡不悛，着發往新疆永遠監禁。該犯所有産業，着兩江總督查明充公。辦理地方要政，該部知道，欽此。」查此案前准貴部電，當經飭派江南巡警總監候補道何黻章，帶同委員候補知縣許炳璈，將該革員劉鶚在寧設法拏獲，暫交巡警局看管在案。欽奉前因，茲經飭派巡警局參事候選知縣趙椿林，副將李東武，管解該革員劉鶚，於即日起程解赴湖廣督部堂衙門。投候飭派員弁接解前進，取道河南、陝、甘，赴新疆撫部院衙門投收，聽候飭發，永遠監禁。除飭造年貌箕斗清册點交起解，並分咨湖廣、陝甘督部堂，河南、陝西撫部院一體飭派員弁接解前進外，所有該革員劉鶚起解日期，相應咨呈。爲此合咨貴部，謹請察照施行。須至咨呈者。光緒三十四年六月二十三日。

《商業雜誌》一九一〇年第一期《浙江巡撫通飭礦砂運銷内地辦法札文》

署云，准税務大臣咨開，據湖南巡撫岑春蓂奏稱，湖南常寧縣屬水口山等處有辦鉛礦，近年出砂甚旺，因提煉未能得法，專售鉛砂，喫虧甚巨。現檄調湖南知縣田芸生來湘，委充提煉黑鉛廠提調，會同江順德先將建廠購機事宜，悉心籌畫，一俟安設齊備，即可開工。查湘省官礦之砂，無論已煉未煉，經過關卡，應完税釐，經前撫臣陳奏准一律免收，分别發給護照。嗣因礦砂行銷外洋，出口漸多，復經前撫咨明大部，將生銻、銻砂、黑鉛砂、白鉛沙四種，照值百抽五，完一出口正税，即在長沙岳州兩關照納，沿途關卡，不得再徵。其餘行銷内地之煤鐵硝磺，概照原奏，免抽税釐。近該處用土爐試煉，工本太重，改用機器，工繁費鉅。懇准將鍊成黑白鉛兩種運銷内地，仍暫免税給照等語。查以上情形，似係爲減輕成本暢銷礦砂起見，惟近來各省所有設廠用機器製造品物運銷鄰省，均准於出口時，暫按值百抽五例，完納正税一道，沿途概免重征，以利行銷。如唐山洋灰公司、大冶水泥廠等，歷經外務部暨本處先後核准，湘省所出鉛砂，事同一律。此次購用機器，運銷内地，自應仍照成案辦理，於出口時完納正税一道，沿途免其重徵等情，咨行貴撫查照轉飭所屬關卡，遵照辦理等因到院。本部院准此，合亟札飭該司道立即轉飭所屬關卡，一體遵照辦理毋違。切切，此札。

藝文

吴楚材、吴調侯選編《古文觀止》卷一《左傳・臧哀伯諫納郜鼎桓公二年**》**

夏四月，取郜大鼎於宋。納於大廟，非禮也。

臧哀伯諫曰：「君人者，將昭德塞違，以臨照百官，猶懼或失之，故昭令德以示子孫。是以清廟茅屋，大路越席，大羹不致，粢食不鑿，昭其儉也。衮、冕、黻、珽，帶、裳、幅、舄，衡、紞、紘、綖，昭其度也。藻率鞞、鞛，鞶厲、游、纓，昭其數也。火、龍、黼、黻，昭其文也。五色比象，昭其物也。鍚、鸞、和、鈴，昭其聲也。三辰旂旗，昭其明也。」

「夫德，儉而有度，登降有數，文、物以紀之，聲、有以發之，以臨照百官，百官於是乎戒懼，而不敢易紀律。今滅德立違，而置其賂器於大廟，以明示百官，百官象之，其又何誅焉？國家之敗，由官邪也，官之失德，寵賂章也，郜鼎在廟，章孰甚焉？武王克商，遷九鼎於雒邑，義士猶或非之，而況將昭違亂之賂器於大廟，其若之何？」公不聽。

周内史聞之，曰：「臧孫達其有後於魯乎！君違，不忘諫之以德。」

吕不韋《吕氏春秋》卷八《仲秋紀・仲秋》 是月也，養衰老，授几杖，行糜粥飲食。乃命司服，具飭衣裳，文綉有常，制有小大，度有短長，衣服有量，必循其故，冠帶有常。命有司，申嚴百刑，斬殺必當，無或枉橈，枉橈不當，反受其殃。

【略】

是月也，可以築城郭，建都邑，穿竇窌，修囷倉。乃命有司，趣民收斂，務蓄菜，多積聚。乃勸種麥，無或失時，行罪無疑。

吕不韋《吕氏春秋》卷一八《審應覽・不屈》 匡章謂惠子於魏王之前曰：「蝗螟，農夫得而殺之，奚故？爲其害稼也。今公行，多者數百乘，步者數百人；少者數十乘，步者數十人。此無耕而食者，其害稼亦甚矣。」惠王曰：「惠子施也，難以辭與公相應。雖然，請言其志。」惠子曰：「今之城者，或者操大築乎城上，或負畚而赴乎城下，或操表掇以善睎望。若施者，其操表掇者也。使工女化而爲絲，不能治絲；使大匠化而爲木，不能治木；使聖人化而爲農夫，不能治農夫。施而治農夫者也，公何事比施於螣螟乎？」惠子之治魏爲本，其治不治。當惠王之時，五十戰而二十敗，所殺者不可勝數，大將、愛子有禽者也。大術之愚，爲天下笑，得舉其諱，乃請令周太史更著其名。圍邯鄲三年而弗能取，士民罷潞，國家空虚，天下之兵四至，衆庶誹謗，諸侯不譽。謝於翟翦，而更聽其謀，社稷乃存。名寶散出，土地四削，魏國從此衰矣。仲父，大名也；讓國，大實也。説以不聽不信。聽而若此，不可謂工矣。不工而治，賊天下莫大焉。幸而獨聽於魏也。以賊天下爲實，以治之爲名，匡章之非，不亦可乎？

《晉書》卷一〇五《石勒載記下》 勒令武鄉耆舊赴襄國。既至，勒親與鄉老齒坐歡飲，語及平生。初，勒與李陽鄰居，歲常爭麻池，迭相毆擊。至是，謂父老曰：「李陽，壯士也，何以不來？漚麻是布衣之恨，孤方崇信于天下，寧讐匹夫乎！」乃使召陽。既至，勒與酣謔，引陽臂笑曰：「孤往日厭卿老拳，卿亦飽孤毒手。」因賜甲第一區，拜參軍都尉。令曰：「武鄉，吾之豐沛，萬歲之後，魂靈當歸之，其復之三世。」勒以百姓始復業，資儲未豐，於是重制禁釀，郊祀宗廟皆以醴酒，行之數年，無復釀者。

蕭統《昭明文選》卷九楊子雲《長楊賦》【略】 使農不輟耰，工不下機。韋昭曰：穫所以覆種，音憂。顔監曰：摩田器也。晉灼云：以木推塊曰穫。善曰：工，女功也。《漢書》酈食其曰：「農夫釋耒，工女下機。」婚姻以時，男女莫違。善曰：《毛詩·序》曰：「婚姻失時，男女多違也。」【略】

朱元璋《皇明祖訓·營繕》 凡諸王宮室，並依已定格式起蓋，不許犯分。燕因元之舊有。若王子、王孫繁盛，小院宮室，任從後起蓋。秦王府西安，晉王府太原，燕王府北平，周王府開封，楚王府武昌，齊王府青州，魯王府兖州，蜀王府成都，湘王府荊州，代王府大同，肅王府甘肅，遼王府廣寧，慶王府寧夏，寧王府大寧，岷王府雲南，谷王府宣府，韓王府，沈王府，安王府，唐王府，郢王府，伊王府。

凡諸王宮室，並不許有離宮、別殿及臺榭流玩去處。雖是朝廷嗣君掌管天下事務者，其離宮、別殿、臺榭遊玩去處，更不許造。

朱元璋《御製大誥續編·互知丁業》 先王之教，其業有四，曰士、農、工、商。昔民從教，專守四業，人民大安。異四業而外乎其事，未有不墮刑憲者也。朕本無才，申先王之教，與民約告。《誥》出，凡民鄰里，互相知丁，互知務業，具在里甲，縣、州、府務必周知。市村絶不許有逸夫，若或異四業從而釋道者，户下除名。凡有夫丁，除公佔外，餘皆四業，必然有效。若或不遵朕教，或頑民丁多，及單丁不務生理，捏巧於公私，以構患民之禍，許鄰里親戚諸人等拘拿赴京，以憑罪責。若一里之間，百户之内，見誥仍有逸夫，里甲坐視，鄰里親戚不拿其逸夫者，或於公門中，或在市閭裏，有犯非爲，捕獲到官，逸民處死；里甲四鄰，化外之遷，的不虚示。

一、知丁之法，某民丁幾，受農業者幾，受士業者幾，受工業者幾，受商業者幾。且欲士者，志於士。進學之時，師友某氏，習有所在。非社學則入縣學，非縣必州府之學，此其所以知士丁之所在。已成之士，爲未成士之師。鄰里必知生徒之所在，庶幾出入可驗，無異爲也。

一、農業者，不出一里之間，朝出暮入，作息之道，互知焉。

一、專工之業，遠行則引明所在。用工州里，往必知方。巨細作爲，鄰里採知。巨者歸遲，微者歸疾。出之出入，有不難見也。

一、商本有巨微，貨有重輕。所趨遠邇，水陸，明於引間。歸期難限，其業鄰里務必周知。若或經年無信，二載不歸，鄰里當覺之，詢故本户。或若托商在外非爲，鄰里勿干。朕所以命知丁者，但願民得其壽爾。若不申明先王之教，使民恣肆冗雜，構非成禍，身墮刑憲，乃朕不能申明先王之教，致民墮於刑憲，將不得其死者多矣。若或遵朕申明之教，頓然皆入仁壽之鄉，樂天之樂，豈不快哉而民從之。

朱元璋《御製大誥續編·錢鈔貫文》 鈔法之行，皆云貫錠。銅錢之行，皆云萬千百文。若以錢云文數，一文至千百數萬可以言之。以鈔云文數，並無奇零十文、五十文。今會稽等縣河泊所官張讓等故生刁詐，廣衍數目，意在昏亂掌鈔者。如會稽魚課鈔，本該六千六十七貫二百文，所進鈔本却寫作六百六萬七千二百文。及至關勘合入庫交納，其鈔并非奇零文數，已將各官吏治以重罪。今後敢有如此者，同其罪而罪之。

朱元璋《御製大誥續編·造作買辦》 朝廷凡有諸色造作，文書明下有司，止許官鈔買辦，毋得指名要物，實不與價。果有違吾令者，許被科之民，或千、或百，或十，賫大誥拿該吏赴京，物照時估給鈔，將該吏斬首，以快吾良民之心。

徐光啓《徐光啓集》卷一《論説策議·器勝册》 夫虜習弓馬，情志膠結，三軍同力，不別生死，夙號勍敵，若之何戰可必勝，守可必固也？則有必勝、必固之技於此，火器是也。嗚呼，不知造物者何緣動此殺機，慘毒乃爾哉！似非仁人所忍言也。第在今日，有犯順求死之虜，亦有不容不習之勢，即深言之可也。走火器之來也，自永樂間征安南始也；其稍盛也，自嘉靖間禦倭始也。用之而效者，若楊襄毅曾中丞郭武定周尚文戚繼光之屬，非一人也，然而皆皮毛耳，未合也。近歲以來，溫中丞趙士楨所作，稍合矣，未盡也，亦未大也。而士楨所意造者，又未合也。

夫用火之精者能十步而一發，若是速也；能以石出火，無俟宿火，若是巧也；能射鳥二三百步，騎而馳，而擊方寸之質，稍大者能於數千百步之外，越壁壘而擊人之中堅，若是命中也；小者洞甲數重，稍大者一擊殺數千百人，能破艨艟巨舟，若是烈也。此器習，而古來兵器十九爲土苴，古來兵法十五爲陳言矣。何者？正兵之勝，前無衡敵故也，今誠簡我精卒，日夕肄習，悉令入彀，次乃用之。其法，戰車爲營，大小雜置之，步兵司之，干盾自衛，間以矛刃，長短相次，鐵騎居中，遊弈進退，或誘其前，或擊其敗，以當虜衆，豕突蟻聚，驟發同的，雷擊電邁，未及接刃，已糜爛其十七八於千百步之外矣。彼所恃者堅甲，如刺瓠也；所長者弓矢，如毆蚤也，如是而與我旗鼓相當，劍戟相撞者，百不能有一也。就令糜爛之餘，猶能復戰，以我全力，當彼創殘，勝負之數，亦易見也。若夫彼我皆騎，則五不當一，彼騎我步，則二不當一，至乃憑藉堅城，用高臨下，其於却敵，滋甚易矣。故曰戰有必勝，守有必固者此也。

夫車戰之法，近世名臣所聚訟也，蓋乃虜騎倏忽，逐利未便，鸇鵠之目，理實有之也。然而愚所陳者正兵也，以我制人，滅賊爲期者也。自古以來，無有大師轉戰不用正兵者。不有正也，奇何自出？正以藏奇，變化無端，勝之道也。至夫幺麿草竊，潰垣驅掠，風集雨散，則割鷄焉用哉！五火既習，若騎若步，固足勝之；團練義勇，農夫田更，亦足勝之。嗟乎，以我至長，擊彼至短，數萬橫行，何足疑也！然而我常畏敵者，何也？假令事理變易，彼挾此長，我耑其短，其爲可畏，更何如也？故曰在今之日，有不容不習之勢者此也。是未敢盡言也。

徐光啓《徐光啓集》卷一《論説策議・服戎策》 語曰：「有備而不用。」向者所陳兵車器械，果如式者可謂有備，足破賊矣。信能是也，則不用可也。何者？愚復有狂言於此，竊以爲虜貳，我可滅也；其服，我可化也。計龍者，板升之委心宗國者也，嘗叩撫中丞而告曰：「請與我諸經籍以教虜，令習章句，通文墨，不數年大弱矣。」嗚呼！此言似兼譏諷。然其云文能弱虜，自曉𨯁世情者，真黠奴也！昔人謂虜令知書，即識兵略，通權變，大未然也。古夷虜之爲患中國，皆自不知書者始也。元染華風，不百年而北矣。今之虜不如冒頓五胡之虜者，猶元染華風之遺也。蓋書之不能令人强，必矣。今即予之，固非《孫吴左氏國策》之屬，然而《孫吴左國》亦不能令人强也。朝鮮請書於宋，宋人靳不悉予，懼其識兵略，通權變也，而今乃最文，亦最弱。文盛則武衰，自然之勢也。推此論之，奚獨書乎？凡費日損功而可愛玩，令人心慕手追者，皆弱虜之具也，特恐虜中固不願耳。然而審知其必願者，何也？以其徵榜什知之也。世下漸文，亦自然之勢也。古稱虜曰肉食，曰狩獵爲業，此弓馬之始也；今穀食之利漸廣矣，生齒日衆，其自六畜以外，山澤之産不給也。生人之初，誰不茹毛飲血者？久而不給於鮮，則穀食漸廣，亦自然之勢也。今虜之耕者鹵莽甚，若令板升輩漸教之，必且深耕易耨，彼中多沃野，大饒矣。食於沃土之毛，必且久駐，久駐必且屋居，屋居必且爲城郭，屋居城郭，不必爲吾患矣。內顧則重遷，我知所攻，彼急在守，亦自然之勢也。且彼既饒穀者，我易以金繒，可用實邊，勝垂斃之馬遠矣。如是需之數十年，即有無通流，內外一家，犬羊臣妾，固可拱手而受共球哉！既大寧朔方，永界之可矣；我之利器長技，包以虎皮可矣。夫板升者未易散也，而散之亦非計也。何者？我有事，虜則展轉之間，還爲我用；我有意化虜，即彼既爲之兆也，又將爲之前茅者也。果贏之祝螟蛉曰：「類我類我。」今日之虜，惟軍火器不宜予之耳，自此以外，凡可令類我者恣予之，皆大利也。倘欲亟就此者，則向者之云整兵撻伐，又足爲之驅矣。樂利在前，危亡在後，薙獮於彼，化誨於此，彼安得不聽，我安所不如志者，斯又用之爲不用，不用之爲大用矣。夫虜之終類我也，亦百年之後，必至之勢也。然而曷克臻此？蓋有兩塗：深懷遠慮，乃知賈誼百世之才乎？三表五餌之策，縱未盡善，實其意行之，可令後世無永嘉焉，無靖康焉。嗚呼！

徐光啓《徐光啓集》卷一《論説策議・會議堪任遼東經略》 議得邊方有事，不議事內之人，而議事外之人，此時事之最舛者也。遼有事，誰任之？則總督而已，安用經略！即使必須經略，亦宜以總督改任，而別議總督，安用舍總督而外求經略也？何也？總督固遼東事內之人也，地方兵馬，錢糧器械，料理籌畫，爲日已久；比於事外之人，起自田間，或改自別衙門，周知未能，肄習未貫者，大不侔矣。若云人地未宜，則總督固制將之任，邊疆所倚重者，不堪經略，豈堪爲總督乎？職愚以爲今日而議經略，則用總督而已，無可疑者，無可議者。特代爲總督者，又須擇可爲經略之人也；如是者必於近地三五巡撫內取之。其補此巡撫之缺者，又須擇可爲總督、可爲經略之人也；如是者必於近地十數邊道內取之。其補此邊道之缺者，又須擇可爲巡撫總督經略之人也；如是者必須訪求中外，深知兵略，夙有才望者取之。若此措置，即一總督、數巡撫、十數邊道，皆知其次及於事也。彼各有地方，各有兵馬官屬錢糧器械，誰不畢力庀具，以待後命！若其爲總督巡撫司道而不能庀具，量能課功，稍從更易，無害於事，猶愈於以經略試也。若其能者一膺事任，而夙昔所庀具皆與俱往，此不過旬月，而才不勝用；不過一二年，而兵不勝用矣。不然，兵學久已棄置，人才不甚相遠，而猝用事外之人，既未服習，又無資藉，事事取給他人，而他人又未盡竭蹶庀具也，如是而求立功立事，知其難矣。至若添設少司馬，昔人曾有此議，亦將使之服習庀具，出膺總督經略之任耳。不知今之爲少司馬者，自建一議，必能行乎？欲選練一將一兵，欲製造一器一甲，能必得乎？果令如志，添設可也；如其不然，則與庀曹何異？五司馬與三司馬何異？恐不若精擇巡撫之得行其志，而有益於事也。謹議。

徐光啓《徐光啓集》卷一《論説策議・量算河工及測驗地勢法萬曆癸卯送上海劉邑侯**》** 一、量某河自某處起，至某處止，共實該應開河幾何丈尺？每步五尺，每二十步立一木界樁，編寫號數。自某處起天字一號，盡十號；又起地字一號，盡十號，直編至某處止，要見若干號數，若干丈尺。凡丈尺俱用官尺算，每二步折一丈。

一、量每號木界樁下，兩岸準平，相去今闊幾何丈尺？木樁下老岸至河中心水底，今深幾何丈尺？算該兩岸斜平至底，見在河身空處，每丈已得幾何方數？中有坳突又用法加減，實該河身空處每丈已得幾何方數？今照原議，或新議所酌定，河面應闊幾何丈？河底應闊幾何丈？應加深幾何尺？算該木樁下兩老岸各去土幾何尺？河底中心去土幾何尺？河岸兩傍各去土幾何尺？此號内十丈河身中，共該起土幾何方數？兩岸各用步弓量至二十步足，此岸下定木樁，人足抵樁立；對岸人亦於步盡處站定，樁上人將矩度對岸準平，對岸人豎起套竿，權繩取直，將套夾靠定套竿漸移向下，兩岸取平。對岸人即於平處站定，或用土石記定，樁上人用矩度對準人足或記處，看在直景何度何分？用地平測遠法算得河面闊處。河狹者只用竹篾活步弓，對岸量之亦得。次將丈竿豎起河中心，權繩取直，將矩極對準水面，丈竿盡處用勾股量深法算，即得木樁至水面股數，再加水深數即得河底深數。或用重矩勾股量深法，亦得。或於水際兩傍取平對準樁頂，用重矩重表勾股量高法算，亦得。或不用算法，徑將套竿套定橫尺，用竪尺挪移逐步量下，至水際，總算竪尺多少數，亦得。或只於水次竪起一丈竿，權繩取直，依前兩岸取平法，樁上人用矩極照看，亦得。後二法於淺狹河道用之，尤便。次將兩岸闊數，河底深數，用積方法算，即得河身見在每丈已得幾何方數。中有坳突，亦用套竿量取高下小步弓量取圍徑，用堆積法扣算加減，即得見在實該河身方數。次將議定河面應闊之數比照原闊應加幾何，用木石記定，即於兩岸記處用套竿量至折半處，即今應開河底中處，比原樁深幾何，比照今議應深幾何，即得今應加深幾何。或用二繩各長如今議闊數之半，中用轆轤交接，復用一繩記取尺寸，繫權墜下，亦得。或中繫方空木，用丈竿溜下，亦得。次於新河底中處用套竿量開，如新議河底闊數盡處記定，視其高下，即知今應加深左傍幾何，右傍幾何。次將兩老岸加闊，河底加深，河底兩傍加深五法，用積方法總算即得。此號内十丈河身中共該起土幾何方數，注入號簿。

一、量見在河身面闊底深，酌量删定之數，折中議定今應開面底二闊丈尺數及加深尺數。河身底面腰深廣必須三法相稱，方得上下相承，不致坍壞。若河底深闊，岸勢高峻，不免隨時崩坍，開闊河底，虚費工力，似應用前量深法，量今木樁下至河底，算定勾幾何，股幾何，弦幾何，量取數處，便見何等勾股，方得免坍。今新開勾股，欲依舊數量行，加勾減股，不致大段懸絶。大率要令勾數少於股數，則弦上陂陀不致坍損。兩股之間即河底闊數，就令稍狹，政自無妨。

一、用衆測水，驗今河底深淺酌量加深之數。今見在河底，深淺不同，若酌定加深尺數，一概開濬，即深者愈深，淺者仍淺，水走不順，極易填淤。且前量下樁編號，止據見在老岸，未免高下不齊，所云量深諸法，亦止據號樁下至本號河底，未得通河準平，就用矩極以漸量算，亦止能測驗地勢。若水走之勢，西高東下，仍與地勢稍異，必須水準方平。但長流之水，消長不易，隨流測量，一人可就。此方潮汐，每日再消再長，時刻不同，測驗未易，必須用衆同時量度。相應照前編定號樁若干，即每樁用兵夫一名，各帶短槍或木棍一條，不拘大小刀一把，每隊長另帶銃一門，並火藥火繩藥線諸物，照號樁編給號票，令各守號樁，約潮退將涸未漲時，西境火炮應聲俱發，砲響後，各兵夫悉於各號河底中心，將木棍量定水痕，用刀刻記，回繳號票，隨驗所刻水痕尺寸，注定票上，編成號簿，逐一扣算酌量加深之數。即河身砥平，不致停積渾水，以成淺淤。若行此法，與矩極參驗，用前量深加闊之法，便可絲毫不爽。

一、河工完後考驗課程果否如法。河面河底闊數量法具前，兩岸弦上，用繩取直，考驗俱易。惟獨深數易殺，如留取樣墩，即可培高；如釘下樣樁，便易拔起，别有用活絡樣樁者，亦恐中途節水作弊；有用輪車推驗者，河闊便難造施用；有用木鳶推移者，難施於未放水之河。今只用前量深諸法，如極深極闊者，宜用勾股度高度深法。如河身稍狹，欲求便易，即用套竿漸量法。或慮遣委工役，宛轉欹斜，那移作弊，即欲轆轤下繩，方空下竿二法。其轆轤方空，或加三，或加五，以驗底闊弦直，尤便。此二法須極力挺直，纔得取平，無法可令加高毫末；即令開河工役自用量度，亦難作弊。

一、量所開河某境起至某處，如前法，已得曲折弦若干丈尺，今欲知直弦幾何丈尺？東西直股幾何丈尺？南北直勾幾何丈尺？東邊地形下於西邊幾何丈尺？要見本處地形沿河而來，幾何丈而下一尺？東西直股幾何丈而下一尺？南北直勾幾何丈而下一尺？其大勾股之弦於二十四向中，當作何向？先於某境第一號量至第二號，用繩取直，下定指南鍼，審定繩直於三百六十分度内，定是何向，注於號簿。如河岸迴曲，一號中可分作二，或作三四，格定注實。格完，又用矩極於第一號止立一人持丈竿，取直，於第二號上立對準取平，又互換覆看，對準取平，即知第二號下於第一號幾何尺寸，注於號簿。每號俱用此二法，至號盡而止。事畢布算，先將逐號小弦依本號坐向，與子午鍼對算，即知小勾幾何；與卯酉鍼對算，即知小股幾何，逐號算成小勾股，注於號簿。次將小勾積算，即知大勾；小股積算，即知大股，以大勾股求弦，即知大直弦丈尺；以大勾股依子午卯酉鍼上取弦，即知大直弦於二十四向中定作何向。又用矩極所測高下分寸積算，便知二境相去高下之數，亦便知沿河而來，每幾何丈尺而下一尺。次用大勾股歸除之，即知直股上每幾何丈尺而下一尺，直勾上每幾何丈尺而下一尺。

徐光啓《徐光啓集》卷七《治曆疏稿》一《條議曆法修正歲差疏崇禎二年七月二十六日》 太子賓客禮部左侍郎兼翰林院侍讀學士臣徐光啓謹奏，爲恭承恩命，自揣無能，謹陳愚見，以祈聖明採擇事。臣以庸愚，備員佐禮，曠官素食，每抱兢慚。頃因日食不合，伏蒙欽允臣部所請，修改曆法。臣以昔年舊議，厠名其間，欽奉聖旨：「這修改曆法事宜四款，俱依議。徐光啓見在本部，着一切督領。李之藻速與起補，蚤來供事。該部知道，欽此。」欽遵。臣聞命自天，有如蚊負，雖知才識短淺，而君父之命，所不敢辭。除報名廷謝外，切念曆數一家，今爲絶學，而臣濱海豎儒，無從師授，萬曆四十等年禮臣謬相推舉者，亦爲臣能虚心採聽，庶或因人成事，以襄大典，非謂臣能刱立矩矱，自勝前人也。十八年來，益加衰老，舊學遺忘，勉肩重任，亦率循素志，廣集衆長，冀幸得當，以報欽命而已。臣惟古來言曆者有二誤：其一，則《元史》曆議，言考古證今，日度失行者十事；夫已則不合，而歸咎於天，謬之甚也。其一，則宋儒言天必有一定之數，今失傳耳。夫古之曆法當時則合者多矣，非不自謂已定，久而又復不合，則豈有一定可拘哉！臣所聞者，天行有恒數而無齊數也。有恒者，如夏至日長，冬至日短，終古不易；不齊者如長極漸短，短極漸長，終歲之間無一相似。歲法如此，他法皆然，以至百千萬年，了無相似；而用法商求，仍歸輳合，遲速永短，悉依期限，此天地之所以爲大也。今所求者，每遇一差，必尋其所以差之故；每用一法，必論其所以不差之故。上推遠古，下驗將來，必期一一無爽。日月交食，五星淩犯，必期事事密合。又須窮原極本，著爲明白簡易之説，使一覽了然。再世之後，人人可以從事，遇有少差，因可隨時隨事，依法修改。且度數既明，又可旁通衆務，濟時適用，此則臣之所志而非臣之所能，故不無望於衆思羣力之助也。謹陳急要事宜四款，分三十三條，上呈御覽。伏惟聖明裁擇施行。事緒繁多，有踰限制，懇祈聖鑒，臣不勝激切惶悚待命之至。爲此具本，謹具奏聞。

計開

一、曆法修正十事：

其一，議歲差。每歲東行漸長漸短之數，以正古來百年、五十年、六十六年等多寡互異之説。

其二，議歲實小餘。昔多今少，漸次改易，及日景長短歲歲不同之因，以定冬至，以正氣朔。

其三，每日測驗日行經度，以定盈縮加減真率、東西南北高下之差，以步日躔。

其四，夜測月行經緯度數，以定交轉遲疾真率、東西南北高下之差，以步月離。

其五，密測列宿經緯行度，以定七政盈縮、遲疾、順逆、違離、遠近之數。

其六，密測五星經緯行度，以定小輪行度遲疾、留逆、伏見之數，東西南北高下之差，以推步淩犯。

其七，推變黄赤道廣狹度數，密測二道距度及月五星各道與黄道相距之度，以定交轉。

其八，議日月去交遠近及真會似會之因，以定距午時差之真率，以正交食。

其九，測日行，考知二極出入地度數，以定周天緯度，以齊七政。因月食考知東西相距地輪經度，以定交食時刻。

其十，依唐元法，隨地測驗二極出入地度數，地輪經緯，以定晝夜晨昏永短，以正交食有無多寡先後之數。

右十事俱目前切要。其餘備細條目，未敢瀆陳，伏乞聖裁。

一、修曆用人三事：

其一，中外臣僚、臣部所舉南冏臣李之藻，已蒙録用，仍命蚤來。其餘果有耑門名家，亦宜兼收，容臣等隨時訪求。有立法超卓、陳義精當者，具實奏聞，以待簡用。

其二，用西法。高皇帝嘗得《回回曆》法稱爲乾方先聖之書，令詞臣吴伯宗等與馬沙亦黑同事翻譯，至今傳用。惜亦年遠漸差。萬曆間西洋天學遠臣利瑪竇等尤精其術，四十等年曾經部覆推舉，今其同伴龍華民、鄧玉函二臣，見居賜寺，必得其書其法，方可以較正訛謬，增補闕略。蓋其術業既精，積驗復久，若以《大統》舊法與之會通歸一，則事半而功倍矣。

其三，修曆合用人員，如測驗推步、製造儀器及能書善算者，臣部已經條列，但目前未能齊集。姑就見在堪任者，著令効用，再俟訪求招致。有實用者，半年之後聽臣部類齊考試，各取所長，不敢濫收，以滋糜費。考後在事諸人，若著述論議，推算簿籍，造作儀象，凡係進呈及見用存貯者，俱册記本人姓名，使各見所長。且在今可以上下其食，他日可以差次其功。至諸人所用廩糧本折，容臣部分理司官，酌量案呈，另行具奏，伏乞聖裁。

一、急用儀象十事：

其一，造七政象限大儀六座，俱方八尺，木匡、銅邊、木架。

其二，造列宿紀限大儀三座，俱方八尺，木匡、銅邊、木架。

其三，造平渾懸儀三架，用銅圓徑八寸，厚四分。

其四，造交食儀一具，用銅木料方二尺以上。

其五，造列宿經緯天球儀一架，用木料油漆，大小不拘。

其六，造萬國經緯地球儀一架，用木料油漆，大小不拘。

其七，造節氣時刻平面日晷三具，用石長五尺以上，廣三尺以上。

其八，造節氣時刻轉盤星晷三具，用銅徑一尺，厚二分。

其九，造候時鐘三架，用鐵大小不拘。

其十，裝修測候七政交食遠鏡三架，用銅鐵木料。

右諸事俱目前急用。餘可接續製造者，未敢備開。其舊法須用銅者，爲費不貲，今兼以銅鐵木料成造，小者全用銅鐵，總計所費，數亦不多。懇祈敕下工部，隨時應用。臣部依前覆議，按季類奏。但木料止堪暫用，事完仍須精銅鑄式，以垂永久。伏乞聖裁。

一、度數旁通十事：

其一，曆象既正，除天文一家言災祥禍福、律例所禁外，若考求七政行度情性，下合地宜，則一切晴雨水旱，可以約略豫知，修救修備，於民生財計大有利益。

其二，度數既明，可以測量水地，一切疏濬河渠、築治堤岸、灌溉田畝，動無失策，有益民事。

其三，度數與樂律相通，明於度數即能考正音律，製造器具，於修定雅樂可以相資。

其四，兵家營陣器械及築治城臺池隍等，皆須度數爲用，精於其法，有裨邊計。

其五，算學久廢，官司計會多委任胥史，錢穀之司關係尤大；度數既明，凡九章諸術，皆有簡當捷要之法，習業甚易，理財之臣尤所亟須。

其六，營建屋宇橋梁等，明於度數者力省功倍，且經度堅固，千萬年不圮不壞。

其七，精於度數者能造作機器，力小任重，及風水輪盤諸事以治水用水，與凡一切器具，皆有利便之法，以前民用，以利民生。

其八，天下輿地，其南北東西縱横相距，紆直廣袤，及山海原隰、高深廣遠，皆可用法測量，道里尺寸，悉無謬誤。

其九，醫藥之家，宜審運氣；曆數既明，可以察知日月五星躔次，與病體相視乖和順逆，因而藥石針砭，不致差誤，大爲生民利益。

其十，造作鐘漏以知時刻分秒，若日月星晷、不論公私處所、南北東西、欹斜坳突，皆可安置施用，使人人能分更分漏，以率作興事，屢省考成。

右十條於民事似爲關切。臣聞之《周髀算經》云：「禹之所以治天下者，勾股之所繇生也。」蓋凡物有形有質，莫不資於度數故耳。此須接續講求，若得同事多人，亦可分曹速就，伏乞聖裁。

徐光啓《徐光啓集》卷七《治曆疏稿》一《奉旨修改曆法開列事宜乞裁疏崇禎二年九月二十三日》 太子賓客禮部左侍郎兼翰林院侍讀學士督修曆法臣徐光啓謹題，爲欽奉明旨，修改曆法，謹開列事宜，請乞聖裁事。照得臣於本年七月十四日奉聖旨督領修曆事務，即於次日選用知曆人並匠役等，製造儀器。原題大儀九座，今因工料未敷，先完三座，略可給用，已移置本局安頓訖。今月十五日祇領敕書，並本部鑄給欽降關防，隨行欽天監擇日具題，奉旨已於本月二十二日開局訖。所有合用官生人等支給，並儀器工料，謹酌量中數，列款具題請旨，伏惟聖明裁定，敕下各該衙門欽遵施行。

一、支給

一、協理、分理官各一員，光禄寺日給酒食等項，似應同纂修官照品支給。

一、欽天監官原題選取官三員；今據稱曆官七員，藝能相等，而局中又不必七員俱到，合無日輪二員供事；其二員似應照纂修館署丞等官事例支給。

一、後有取用官員，俱斟酌前例，一體給與。

一、西洋天學遠臣二名，萬曆間原有光禄寺下程廩給，似應該寺酌量，照舊給與。

一、選取徵用知曆人，不拘吏監生儒，原題准選用十名，今欲分別三等藝能：其一，能明度數本原講解意義傳教官生者；其一，測驗推步精密不差者；其一，製造大小儀器工巧合法者。三項皆屬上等，每名每月給米一石，銀一兩八錢。其有兼長特出，三藝俱全，一人當數人之用者，酌量加給。但今三月以來，訪取僅得三人，其藝能不及者不敢濫收；後有續取者照例支給。

一、曆科天文生考取能書善算者，原題准選用十五人，今局中不必多人，止輪三名常川供事，每名除月糧外加給米五斗，鹽菜銀九錢。其餘但有成書並工謄録者，計日支給，每名每日給銀五分。諸人中有術業進益能及上等者，照前加給。

已上二款，一時人數或缺，逐名扣給；有掛名曠廢者，計日除減。

一、督修協理各用書辦一名，每名月給銀九錢。看管儀器局夫一名，廚夫一名，每名月給銀六錢。

一、每月用呈文紙一千張，岡連紙一簍。

一、曆局觀象臺二處，每月用煤六十斤。

一、寒月四個月，每日用木炭四十斤。

一、工料

一、七政列宿大儀九座，每座約工料銀三十兩。若會有銅鐵木植，約用工價銀二十兩。

一、平渾縣儀三架，每架約工料銀三兩。

一、交食儀一具，約工料銀五兩。

一、天球地球儀二架，每架約工料銀六兩。

一、平面日晷三具，每具約工料銀五兩。

一、星晷三具，每具約工料銀一兩。

一、自鳴鐘三架，中樣者每架價銀五十兩，大者及小而精工者價值甚多，今不必用。

一、望遠鏡架三副，每架約工料銀六兩。鏡不在數。

前器止目前急用，他可續造者不在此數。至於分晝界限，工力精細，有小器一具應費百日之功者，俱知曆人幹辦。另有前項本身廩給，不在工料之數。又諸器未經成造，難以定估，人數亦有多寡不齊，通俟按季造成四柱支銷文冊，具奏達部。

一、該局房屋合應工部量行修理，當加添者量行加添，並量備桌椅器物數事。

崇禎二年九月二十三日具題，二十六日奉聖旨：「這修曆官生人等支給，並儀器工料等項，俱着依議辦給。該衙門知道。」

鮑康《大錢圖録・序》 咸豐三年，軍務日滋，滇銅不能繼，壽陽相國權户部議請鑄當十大錢，兼增鐵冶，以供度支。旋推及當五十、當百錢，巡防王大臣續請鑄當五百、當千兩種，並以銅當五暨鉛鐵當一制錢相輔而行。初亦公私稱便，未幾私鑄蠭起，利之所在，雖頻置重典而不畏，因之各錢漸廢，僅銅鐵當十尚暢行。户部復請遣員赴山西購鐵，分局鼓鑄，鐵錢滋益多。七年正月，忽訛言遽徧五城，一日而鐵錢頓廢，官役比户曉諭，民不信從，遂只存銅當十一種。都城以外雖仍行銅制錢，鉛鐵錢未久即罷。而城中市肆，廿餘年行使當十，已習爲固。然第銀直日以昂，銀一兩可易銅當十錢六七百。各直省或鑄而未行，或行之不久，或僅頒母錢，僅呈樣樣，迄未開鑄。余時窮，而在下所收，亦弗能徧，特略存梗概，儻更百十年，必無有能述其制作者。光緒紀元乙亥，殘臘無事，姑檢舊藏摹載之未備者，繼幼雲振復爲補卅餘拓，並互相定正，遂成是編。至一應奏議及行使章程、錢制輕重、卯額增減、省局開停、采辦艱易，具在國史。余則但詳形製，等於不賢識小，其得失利病，亦不復贅説。寶鈔、官票各坿載一式，與閻丹初論鈔書並列於後，實事求是，用紀一朝之掌故焉。歙鮑康識。

法規部

綜述

王聘珍《大戴禮記解詁》卷八《明堂》 明堂者，古有之也。盧注云：「明堂之作，其代未得而詳也。案《淮南子》言神農之世，祀於明堂，明堂有蓋，四方。又漢武帝時，有獻《黄帝明堂圖》者，四面無壁，中有一殿。然其由或始於此也。」凡九室，一室而有四户八牖，三十六户七十二牖。《隋書·牛弘傳》引蔡邕《明堂月令論》云：「明堂制度之數，九室以象九州，三十六户七十二牖，以四户八牖乘九宫之數也。」以茅蓋屋，蓋，覆也。《左傳》曰：「清廟茅屋，昭其儉也。」上圓下方。《曾子天圓》曰：「天道曰圓，地道曰方。」明堂者，所以明諸侯尊卑。《明堂位》曰：「昔者周公朝諸侯於明堂，天子負斧依南鄉而立。三公中階之前，北面東上；諸侯之位阼階之東，西面北上；諸伯之國西階之西，東面北上；諸子之國門東，北面東上；諸男之國門西，北面東上。明堂也者，明諸侯之尊卑也。」外水曰辟雍。《牛弘傳》引《明堂陰陽録》云：「明堂之制，周圜行水，左旋以象天。」蔡邕云：「水闊二十四丈，象二十四氣，於外以象四海。」盧注云：「《韓詩》説辟圓如璧，雍以水。不言圓言辟者，取辟有德。不言辟水言雍，雍，和也。」聘珍謂：《王制》曰：「大學在郊，天子曰辟廱。」孔氏《詩靈臺》疏云：「《大戴禮·政穆篇》曰：大學，明堂之東序也。」南蠻，東夷，北狄，西戎。《明堂位》曰：「九夷之國東門之外，西面北上；八蠻之國南門之外，北面東上；六戎之國西門之外，東面南上；五狄之國北門之外，南面東上；九采之國應門之外，北面東上。四塞世告至。此周公明堂之位也。」明堂月令。盧注云：「於明堂之中，施十二月之令。」赤綴户也，白綴牖也。赤，南方色，盛陽之氣也。白者，陰氣。盧注云：「綴，飾也。」二九四七五三六一八。此五行生成之數，明堂九室所取法也。鄭注《易·繫辭傳》云：「天一生水於北，地二生火於南，天三生木於東，地四生金於西，天五生土於中。地六成水於北，與天一并；天七成火於南，與地二并；地八成木於東，與天三并；天九成金於西，與地四并；地十成土於中，與天五并。」經言五不言十者，鄭注《月令》云：「土生數五，成數十。但言五者，土以生爲本。」鄭注《考工記》云：「木室於東北，火室於東南，金室於西南，水室於西北，土室於中央。」賈疏云：「五行先起東方，故東北方之室言木，其實東北之室兼水矣，東南之室兼木矣，西南之室兼火矣，西北之室兼金矣。以其中央太室有四堂，四角之室皆有室，故知義然也。」聘珍謂：鄭賈據五室而言。若此經九室，五行亦有相兼之義。蓋二四三一爲四正，九七六八爲四角。三八二七四九一六皆左旋。五爲中央，爲太廟太室。二爲明堂太廟，七爲明堂右个，明堂右个即總章之左个，是火而兼金。四爲總章太廟，九爲總章右个，總章右个即玄堂之左个，是金而兼水。一爲玄堂太廟，六爲玄堂右个，玄堂右个即青陽之左个，是水而兼木。三爲青陽太廟，八爲青陽右个，青陽右个即明堂之左个，是木而兼火矣。堂高三尺，東西九筵，南北七筵，上圓下方。蔡云：「堂高三尺，以應三統。」《考工記》曰：「周人明堂，度九尺之筵，東西九筵，南北七筵。」鄭注云：「明堂者，明政教之堂，周度以筵，亦王者相改也。」九室十二堂，室四户，户二牖，其宫方三百步。蔡云：「明堂制度之數，十二堂以應日辰。」《牛弘傳》引《太山盛德記》云：「殿垣方，在内，水周於外，水内徑三百步。」聘珍謂：六尺爲步，十尺爲丈。三百步，凡一百八十丈。每室東西九筵，筵九尺，三室占地二十四丈三尺。南北七筵，三室占地一十八丈九尺。是南北餘地一百六十一丈一尺，東西餘地一百五十五丈七尺，以爲每室中閒空道，寬廣應過於其室。四户八牖，遥相對向，並非聯綴爲之，故左个右个得以隨其時之方位，開其户牖。在近郊，近郊三十里。古者明堂、靈臺、辟雍爲一。《五經異義》云：「《公羊》説，皆在國之東南二十五里。東南，少陽用事，萬物著見。用二十五里者，吉行五十里，朝行莫反也。」此經言三十里者，約成數也。或以爲明堂者，文王之廟也。《孝經》曰：「宗祀文王於明堂，以配上帝。」《五經異義》云：「講學大夫淳于登説，周公祀文王於明堂，以配上帝。上帝，五精之神，太微之庭有五帝座星。《古周禮》、《孝經》説，明堂，文王之廟，夏后氏曰世室，殷人曰重屋，周人曰明堂，周公所以祀文王於明堂，以昭事上帝。謹案：今禮古禮各以義説，無明文以知之。」鄭氏云：「淳于登之言，取義於《孝經援神契》。《援神契》説『宗祀文王於明堂以配上帝』，曰明堂者，上圓下方，八窗四闥，布政之宫，在國之陽。帝者，諦也。象上可承五精之神。五精之神，實在太微，於辰爲巳。是以登云然。」孔氏《毛詩靈臺》疏云：「盧植《禮記注》云：『明堂即太廟也。天子太廟，上可以望氣，故謂之靈臺；中可以序昭穆，故謂之太廟；圜之以水，似璧，故謂之辟廱。古法皆同一處，近世殊異，分爲三耳。』蔡邕《月令論》云：『取其宗廟之清貌，則曰清廟；取其正室之貌，則曰太廟；取其堂，則曰明堂；取其四門之學，則曰太學；取其周水圓如璧，則曰辟廱。異名而同耳，其實一也。』潁子容《春秋釋例》云：『太廟有八名，其體一也。肅然清静，謂之清廟；行禘祫，序昭穆，謂之太廟；告朔行政，謂之明堂；行饗射，養國老，謂之辟廱；占雲物，望氛祥，謂之靈臺；其四門之學，謂之太學；其中室，謂之太室；總謂之宫。』賈逵、服虔注《左傳》，亦云『靈臺在太廟明堂之中』。此等諸儒，皆以廟、學、明堂、靈臺爲一也。」朱草日生一葉，至十五日，生十五葉，十六日一葉落，終而復始也。盧注云：「《孝經援神契》曰：『朱草生，蓂莢孳，嘉禾成，蓮莆生。』蓂莢，堯時俠階而生，以記朔也。朱草可食，王者慈仁則生。其形無記朔之狀，蓋説不詳。」周時德澤洽和，蒿茂大以爲宫柱，名蒿宫也。此天子之路寢也。不齊不居其屋。《竹書紀年》云：「周德既隆，草木茂盛，蒿堪爲宫室。」此天子之路寢也者，謂此蒿宫制如路寢也。《爾雅》曰：「無東西厢有室曰寢。」天子將有祀事於明堂，則致齊於此宫。待朝在南宫，視朝於治朝，天子待朝於門屏之間，謂之宁。孔氏《曲禮》疏云：「天子受朝於路門外之朝，於門外而宁立，以待諸侯之至，故曰當宁而立也。」此經是朝諸侯於明堂，與治朝異制，故待於南宫，南宫即明堂太廟也。　揖朝出其南門。《周禮》曰：「土揖庶姓，時揖異姓，天揖同姓。」南門者，南宫之門，即明堂太廟南嚮之户。　經言此者，明天子見諸侯，惟在明堂，南面。　若青陽、總章、玄堂，皆是告朔行令之宫，而非朝諸侯之地。《明堂位》曰「朝諸侯於明堂，天子負斧依，南嚮而立」是也。

錢泳《履園叢話》卷二《閲古・漢量》　漢銅量一，重今曹平三斤十二兩。其文云：「律石衡巓奉，蝕二字。容六斗，始建國元年正月癸酉朔日制。」共二十二字。向藏桐鄉汪硯畦家，今不知所歸。又見長白斌少僕家亦有銅量一具，容米四斗許，亦是漢物。《説文》斛字許委切。注云：「米一斛春爲八斗。」又云：「米一斛春爲九斗。」據此則量有大小不同，非若今之定以五斗爲一斛也。

徐天麟《西漢會要》卷二八《運歷下・權量》　度者，分、寸、尺、丈、引也，所以度長短也。本起黄鐘之長。以子穀秬黍中者一黍之廣，度之九十分，黄鐘之長。一爲一分，十分爲寸，十寸爲尺，十尺爲丈，十丈爲引，而五度審矣。其法用銅，高一寸，廣二寸，長一丈，而分寸尺丈存焉。用竹爲引，高一分，廣六分，長十丈，其方法矩，高廣之數，陰陽之象也。分者，自三微而成著，可分别也。寸者，忖也。尺者，蒦也。丈者，張也。引者，信也。夫度者，别於分，忖於寸，蒦於尺，張於丈，信於引。引者，信天下也。職在内官，廷尉掌之。

量者，龠、合、升、斗、斛也，所以量多少也。本起於黄鐘之龠。用度數審於容，以子穀秬黍中者千有二百實有龠，以井水準其槩。合龠爲合，十合爲升，十升爲斗，十斗爲斛，而五量嘉矣。其法用銅，方尺而圜其外，旁有庣焉。其上爲斛，其下爲斗。左耳爲升，右耳爲合龠。其狀似爵，以縻爵禄。上三下二，參天兩地，圜而函方，左一右二，陰陽之象也。其圜象規，其重二鈞，備氣物之數，合萬有一千五百二十。聲中黄鐘，始於黄鐘而反覆焉，君制器之象也。龠者，黄鐘律之實也，躍微動氣而生物也。合者，合龠之量也。升者，登合之量也。斗者，聚升之量也。斛者，角斗平多少之量也。夫量者，躍於龠，合於合，登於升，聚於斗，角於斛。職在太倉，大司農掌之。

徐天麟《東漢會要》卷一〇《輿服下》　總叙冠服　秦以戰國即天子位，滅去禮樂，郊祀之服皆以袀玄。漢承秦故。至世祖踐祚，都于土中，始修三雍，正兆七郊。顯宗遂就大業，初服旒冕，衣裳文章，赤舄絇屨，以祀天地，養三老、五更於三雍，于時致治平矣。

天子、三公、九卿、特進侯、侍祠侯，祀天地明堂，皆冠旒冕，衣裳玄上纁下。乘輿備文，日月星辰十二章，三公、諸侯用山龍九章，九卿以下用華蟲七章，皆備五彩，大佩，赤舄絇屨，以承大祭。百官執事者，冠長冠，皆祗服。五嶽、四瀆、山川、宗廟、社稷諸沾秩祠，皆袀玄長冠，五郊各如方色云。百官不執事，各服常冠袀玄以從。《志》。

袁宏曰：「自三代服章，皆有典禮。周衰而其制漸微，至戰國時，各爲靡麗之服。秦有天下而收用之，上以供至尊，下以賜百官，而先王服章于是殘毁矣。漢初，文學既缺，時亦草創，輿服旂幟，一承秦制，故雖少改，所用尚多。至是天子依《周官》、《禮記》制度，冠冕衣裳，珮玉乘輿，擬古式者矣。」《袁紀》。

冕冠　冕冠，垂旒，前後邃延，玉藻。孝明皇帝永平二年，初詔有司采《周官》、《禮記》、《尚書・皋陶篇》，乘輿服從歐陽氏之説，公卿以下從大小夏侯氏之説。冕皆廣七寸，長尺二寸，前圓後方，朱緑裏，玄上，前垂四寸，後垂三寸，係白玉珠爲十二旒，以其綬采色爲組纓。三公諸侯七旒，青玉爲珠；卿大夫五旒，黑玉爲珠。皆有前無後，各以其綬采色爲組纓，旁垂黈纊。郊天地，宗祀，明堂，則冠之。衣裳玉佩備章采，乘輿刺繡，公侯九卿以下皆織成，陳留襄邑獻之云云。

長冠　長冠，一曰齋冠，高七寸，廣三寸，促漆纚爲之，制如板，以竹爲裏。初，高祖微時，以竹皮爲之，謂之劉氏冠，楚冠制也。民謂之鵲尾冠，非也。祀宗廟諸祀則冠之。皆服袀玄，絳緣領袖爲中衣，絳絝袜，示其赤心奉神也。五郊，衣幘絝袜各如其色。此冠高祖所造，故以爲祭服，尊敬之至也。

委貌冠　皮弁冠　委貌冠、皮弁冠同制，長七寸，高四寸，制如覆杯，前高廣，後卑鋭，所謂夏之毋追，殷之章甫者也。委貌以皁絹爲之，皮弁以鹿皮爲之。行大射禮于辟雍，公卿、諸侯、大夫行禮者，冠委貌，衣玄端素裳。執事者冠皮弁，衣緇麻衣，皁領袖，下素裳，所謂皮弁素積者也。

爵弁冠　爵弁，一名冕，廣八寸，長尺二寸，如爵形，前小後大，繒其上似爵頭色，有收持笄，所謂夏收殷冔者也。祠天地、五郊、明堂，《雲翹舞》樂人服之。《禮》曰：「朱干玉鏚，冕而舞《大夏》。」此之謂也。

通天冠　通天冠，高九寸，正竪，頂少邪卻，乃直下爲鐵卷梁，前有山，展筩爲述，乘輿所常服。服衣，深衣制，有袍，隨時五色。袍者，或曰周公抱成王宴居，故施袍。《禮記》「孔子衣縫掖之衣」。縫掖其袖，合而縫大之，近今袍者也。

今下至賤更小史，皆通制袍，單衣，皁緣領袖中衣，爲朝服云。

遠遊冠　遠遊冠，制如通天，有展筩横之于前，無山述，諸王所服也。

高山冠　高山冠，一曰側注，制如通天，頂不邪卻，直豎，無山述展筩，中外官、謁者、僕射所服。太傅胡廣説曰：「高山冠，蓋齊王冠也。秦滅齊，以其君冠賜近臣謁者服之。」

進賢冠　進賢冠，古緇布冠也，文儒者之服也。前高七寸，後高三寸，長八寸。公侯三梁，自二千石以下至博士兩梁，自博士以下至小史私學弟子，皆一梁。宗室劉氏亦兩梁冠，示加服也。

法冠　法冠，一曰柱後，高五寸，以纚爲展筩，鐵柱卷，執法者服之，侍御史、廷尉正監平也。或謂之獬廌冠。獬廌神羊，能别曲直，楚王嘗獲之，故以爲冠。胡廣説曰：「《春秋左氏傳》有南冠而縶者，則楚冠也。秦滅楚，以其君服賜執法近臣御史服之。」

武冠　武冠，一曰武弁大冠，諸武官冠之。侍中、中常侍加黄金璫，附蟬爲文，貂尾爲飾，謂之「趙惠文冠」。胡廣説曰：「趙武靈王效胡服，以金璫飾首，前插貂尾，爲貴職。秦滅趙，以其君冠賜近臣。」建武時，匈奴内屬，世祖賜南單于衣服，以中常侍惠文冠，中黄門童子佩刀云。

建華冠　建華冠，又鐵爲柱卷，貫大銅珠九枚，制似縷鹿。記曰：「知天者冠述，知地者履約。」《春秋左傳》曰：「鄭子臧好鷸冠。」前圓，以爲此則是也。天地、五郊、明堂，《育命舞》樂人服之。

方山冠　方山冠，似進賢，以五采縠爲之。祠宗廟，《大予》、《八佾》、《四時》、《五行》樂人服之，冠衣各如其行方之色而舞焉。

巧士冠　巧士冠，前高七寸，要後相通，直豎。不常服，唯郊天，黄門從官四人冠之，在鹵簿中，次乘輿車前，以備宦者四星云。

卻非冠　卻非冠，制似長冠，下促。宫殿門吏僕射冠之。負赤幡，青翅燕尾，諸僕射幡皆如之。

卻敵冠　卻敵冠，前高四寸，通長四寸，後高三寸，制似進賢，衛士服之。

樊噲冠　樊噲冠，漢將樊噲造次所冠，以入項羽軍。廣九寸，高七寸，前後出各四寸，制似冕。司馬殿門大難衛士服之。或曰：樊噲常持鐵楯，聞項羽有意殺漢王，噲裂裳以裹楯，冠之入軍門，立漢王旁，視項羽。

術氏冠　術氏冠，前圓，吴制，差池邐迆四重。趙武靈王好服之。今不施用。

鶡冠纓蕤　諸冠皆有纓蕤，執事及武吏皆縮纓，垂五寸。

武冠，俗謂之大冠，環纓无蕤，以青系爲緄，加雙鶡尾，豎左右，爲鶡冠云。五官、左右虎賁、羽林、五中郎將、羽林左右監皆冠鶡冠，紗縠單衣。虎賁將虎文綺，白虎文劍佩刀。虎賁武騎皆鶡冠，虎文單衣。襄邑歲獻織成虎文云。鶡者，勇雉也，其鬭對一死乃止，故趙武靈王以表武士，秦施之焉。

幘　古者有冠無幘，其戴也，加首有頍，所以安物。故《詩》曰「有頍者弁」，此之謂也。三代之世，法制滋彰，下至戰國，文武並用。秦雄諸侯，乃加其武將首飾爲絳袙，以表貴賤，其後稍稍作顔題。漢興，續其顔，卻摞之，施巾連題，卻覆之，今喪幘是其制也。名之曰幘。幘者，賾也，頭首嚴賾也。至孝文乃高顔題，續之爲耳，崇其巾爲屋，合後施收，上下羣臣貴賤皆服之。文者長耳，武者短耳，稱其冠也。尚書幘收，方三寸，名曰納言，示以忠正，顯近職也。迎氣五郊，各如其色，從章服也。皁衣羣吏春服青幘，立夏乃止，助微順氣，尊其方也。武吏常赤幘，成其威也。未冠童子幘無屋者，示未成人也。入學小童幘也句卷屋者，示尚幼少，未遠冒也。喪幘卻摞，反本禮也。升數如冠，與冠偕也。期喪起耳有收，素幘亦如之，禮輕重有制，變除從漸，文也。

佩玉　古者君臣佩玉，尊卑有度；上有韍，貴賤有殊。佩，所以章德，服之衷也。韍，所以執事，禮之共也。故禮有其度，威儀之制，三代同之。五霸迭興，戰兵不息，佩非戰器，韍非兵旂，於是解去韍佩，留其係璲，以爲章表。故《詩》曰「鞙鞙佩璲」，此之謂也。韍佩既廢，秦乃以采組連結于璲，光明章表，轉相結受，故謂之綬。漢承秦制，用而弗改，故加之以雙印佩刀之飾。至孝明皇帝，乃爲大佩，衝牙雙瑀璜，皆以白玉。乘輿落以白珠，公卿諸侯以采絲，其玉視冕旒，爲祭服云。

佩刀　佩刀，乘輿黄金通身貂錯，半鮫魚鱗，金漆錯，雌黄室，五色罽隱室華。諸侯王黄金錯，環挾半鮫，黑室。公卿百官皆純黑，不半鮫。小黄門雌黄室，中黄門朱室，童子皆虎爪文，虎賁黄室虎文，其將白虎文，皆以白珠鮫爲鏢口之飾。乘輿者，加翡翠山，紆嬰其側。

佩印　佩雙印，長寸二分，方六分。乘輿、諸侯王、公、列侯以白玉，自二千石以下至四百石皆以黑犀，三百石以至私學弟子皆以象牙。上合絲，乖輿以縢貫白珠，赤罽蕤，諸侯王以下以綺赤絲蕤，縢綺各如其印質。刻書文曰：「正月剛卯既決，靈殳四方，赤青白黄，四色是當。帝令祝融，以教夔龍，庶疫剛癉，莫我敢當。疾日嚴卯，帝令夔化，慎爾周伏，化兹靈殳。既正既直，既觚既方，庶疫剛癉，莫我敢當。」凡六十六字。《前書》注云：「以正月卯日作。」

黄赤綬　乘輿黄赤綬，四采，黄赤縹紺，淳黄圭，長二丈九尺九寸，五百首。太皇太后、皇太后，其綬皆與乘輿同，皇后亦如之。

赤綬　諸侯王赤綬，四采，赤黄縹紺，淳赤圭，長二丈一尺，三百首。長公主、天子貴人與諸侯王同綬者，加特也。

緑綬　諸國貴人、相國皆緑綬，三采，緑紫紺，淳緑圭，長二丈一尺，二百四十首。

紫綬　公、侯、將軍紫綬，二采，紫白，淳紫圭，長丈七尺，百八十首。公主封君服紫綬。

青綬　九卿、中二千石、二千石青綬，三采，青白紅，淳青圭，長丈七尺，百二十首。自青綬以上，縌皆長三尺二寸，與綬同采而首半之。縌者，古佩璲也。佩綬相迎受，故曰縌。紫綬以上，縌綬之間得施玉環鐍云。

黑綬　千石、六百石黑綬，三采，青赤紺，淳青圭，長丈六尺，八十首。四百石、三百石長同。

黄綬　四百石、三百石、二百石黄綬，一采，淳黄圭，長丈五尺，六十首。自黑綬以下，縌綬皆長三尺，與綬同采而首半之。

青紺綬　百石青紺綬，一采，宛轉繆織圭，長丈二尺。凡先合單紡爲一系，四系爲一扶，五扶爲一首，五首爲一文，文采淳爲一圭。首多者系細，少者系粗，皆廣尺六寸。

后夫人服　太皇太后、皇太后入廟服，紺上皁下，蠶，青上縹下，皆深衣制，隱領袖緣以絛。翦氂蔮，簪珥。珥，耳璫垂珠。簪以瑇瑁爲擿，長一尺，端爲華勝，上爲鳳凰爵，以翡翠爲毛羽，下有白珠，垂黄金鑷。左右一横簪之，以安蔮結。諸簪珥皆同制，其擿有等級焉。

皇后謁廟服，紺上皁下，蠶，青上縹下，皆深衣制，隱領袖緣以絛。假結，步摇，簪珥。步摇以黄金爲山題，貫白珠爲桂枝相繆，一爵九華，熊、虎、赤羆、天鹿、辟邪、南山豐大特六獸，《詩》所謂「副笄六珈」者。諸爵獸皆以翡翠爲毛羽。金題，白珠璫繞，以翡翠爲華云。

貴人助蠶服，純縹上下，深衣制。大手結，墨瑇瑁，又加簪珥。

長公主見會衣服，加步摇，公主大手結，皆有簪珥，衣服同制。

自公主封君以上皆帶綬，以采組爲緄帶，各如其綬色。黄金辟邪，首爲帶鐍，飾以白珠。

公、卿、列侯、中二千石、二千石夫人，紺繒蔮，黄金龍首銜白珠，魚須擿，長一尺，爲簪珥。入廟佐祭者皁絹上下，助蠶者縹絹上下，皆深衣制，緣。自二千石夫人以上至皇后，皆以蠶衣爲朝服。

公主、貴人、妃以上，嫁娶得服錦綺羅縠繒，采十二色，重緣袍。特進、列侯以上錦繒，采十二色。六百石以上重練，采九色，禁丹紫紺。三百石以下五色采，青絳黄紅緑。二百石以上四采，青黄紅緑。賈人，緗縹而已。

公、卿、列侯以下皆單緣襈，制文繡爲祭服。自皇后以下，皆不得服諸古麗圭襂閨緣加上之服。建武、永平禁絶之，建初、永元又復中重，于是世莫能有制其裁者，乃遂絶矣。

車服雜録　光武行司隸校尉，時更始諸將皆冠幘，而服婦人衣，繡擁䯻，莫不笑之。及見司隸僚屬，皆歡喜曰：「不圖今日復見漢官威儀！」《紀》。

凡冠衣諸服，旒冕、長冠、委貌、皮弁、爵弁、建華、方山、巧士，衣裳文繡，赤舄，服絇履，大佩，皆爲祭服，其餘悉爲常用朝服。唯長冠，諸王國謁者以爲常朝服云。宗廟以下，祠祀皆冠長冠，皁繒袍單衣，絳緣領袖中衣，絳絝袜，五郊各從其色焉。

安帝立皇太子，太子謁高祖廟、世祖廟，門大夫從，冠兩梁進賢；洗馬冠高山。罷廟，侍御史任方奏請非乘從時，皆冠一梁，不宜以爲常服。事下有司。尚書陳忠奏：「門大夫職如諫大夫，洗馬職如謁者，故皆服其服，先帝之舊也。方言可寢。」奏可。謁者，古者一名洗馬。並本《志》。

及將祀天郊，報地功，乃整法服，正冕帶。珩紞紘綖，玉笄綦會，火龍黼黻，藻繂鞶厲。結飛雲之袷輅，植翠羽之高蓋，建辰旒之太常，紛焱悠以容裔。六玄虬之奕奕，齊騰驤而沛艾。龍輈華轙，金錽亡犯反鏤錫；方釳左纛，鉤膺玉瓖襄；鑾聲噦噦，和鈴鉠鉠。得輪貳轄，疏轂飛鈴；羽蓋葳蕤，葩瑵曲莖。順時服而設副，咸龍旂而繁纓。立戈迆戛，農輿輅木；屬車九九，乘軒並轂；璭伏弩重旃，朱旄青屋；奉引既畢，先輅乃發。鑾旗皮軒，通帛綪旆；雲罕九斿，闟戟轇轕；髶弭髦被繡，虎夫戴鶡。駙承華之蒲稍馬名，飛流蘇之騷殺。總輕武於後陳，奏嚴鼓之嘈囋才達反，戈士介而揚揮，載金鉦而建黄鉞。《東京賦》。

安帝永初四年，以并、涼飢饉，正旦朝會，不陳充庭車。郭賀爲荊州刺史，顯宗賜以三公服，勑行部去襜帷，使百姓見其容服，以章有德。《蔡茂傳》。

靈帝時，賈琮拜冀州刺史。舊典，傳車驂駕，垂赤帷裳，迎於州界。及琮之部，升車言曰：「刺史當遠視廣聽，糾察美惡，何有反垂帷裳自掩塞乎？」乃命御者褰之。《賈琮傳》。

光武賜東海王彊虎賁旄頭。

馬援從弟少游願乘下澤車。

安帝賜馮石駮、犀、貝、劍、佩刀、紫艾綬、玉玦各一。

祭遵薨，贈以朱輪容車、介士。

蔡邕對董卓曰：「前春郊天，公奉引車駕，乘金華青蓋，爪畫兩幡，遠近以爲非宜。」卓於是改乘皁蓋車。《蔡邕傳》。

梁冀改易輿服之制，作平輧車，埤幘狹冠，折上巾，擁身扇，狐尾單衣。

銀艾。張奐《前後十要》「銀艾」注云：「銀印，緑綬也，以艾草染之，故曰艾也。」

《後漢書》卷一二〇《輿服志下》 上古穴居而野處，衣毛而冒皮，未有制度。後世聖人易之以絲麻，觀翬翟之文，榮華之色，乃染帛以效之，始作五采，成以爲服。見鳥獸有冠角頓胡之制，遂作冠冕纓蕤，以爲首飾。凡十二章。故《易》曰：「庖犧氏之王天下也，仰觀象於天，俯觀法於地，觀鳥獸之文，與地之宜，近取諸身，遠取諸物，於是始作八卦，以通神明之德，以類萬物之情。」黄帝堯舜垂衣裳而天下治，蓋取諸乾巛。乾巛有文，故上衣玄，下裳黄。日月星辰，山龍華蟲，作繢宗彝，藻火粉米，黼黻絺繡，以五采章施于五色作服。天子備章，公自山以下，侯伯自華蟲以下，子男自藻火以下，卿大夫自粉米以下。至周而變之，以三辰爲旂旗。王祭上帝，則大裘而冕；公侯卿大夫之服用九章以下。秦以戰國即天子位，滅去禮學，郊祀之服皆以袀玄。漢承秦故。至世祖踐祚，都于土中，始修三雍，正兆七郊。顯宗遂就大業，初服旒冕，衣裳文章，赤舄絇履，以祠天地，養三老五更於三雍，于時致治平矣。

天子、三公、九卿、特進侯、侍祠侯，祀天地明堂，皆冠旒冕，衣裳玄上纁下。乘輿備文，日月星辰十二章，三公、諸侯用山龍九章，九卿以下用華蟲七章，皆備五采，大佩，赤舄絇履，以承大祭。百官執事者，冠長冠，皆祗服。五嶽、四瀆、山川、宗廟、社稷諸沾秩祠，皆袀玄長冠，五郊各如方色云。百官不執事，各服常冠袀玄以從。

冕冠，垂旒，前後邃延，玉藻。孝明皇帝永平二年，初詔有司采《周官》、《禮記》、《尚書·皐陶篇》，乘輿服從歐陽氏説，公卿以下從大小夏侯氏説。冕皆廣七寸，長尺二寸，前圓後方，朱緑裏，玄上，前垂四寸，後垂三寸，係白玉珠爲十二旒，以其綬采色爲組纓。三公諸侯七旒，青玉爲珠；卿大夫五旒，黑玉爲珠。皆有前無後，各以其綬采色爲組纓，旁垂黈纊。郊天地，宗祀，明堂，則冠之。衣裳玉佩備章采，乘輿刺（史）［繡］，公侯九卿以下皆織成，陳留襄邑獻之云。

長冠，一曰齋冠，高七寸，廣三寸，促漆纚爲之，制如板，以竹爲裏。初，高祖微時，以竹皮爲之，謂之劉氏冠，楚冠制也。民謂之鵲尾冠，非也。祀宗廟諸祀則冠之。皆服袀玄，絳緣領袖爲中衣，絳絝袜，示其赤心奉神也。五郊，衣幘絝袜各如其色。此冠高祖所造，故以爲祭服，尊敬之至也。

委貌冠、皮弁冠同制，長七寸，高四寸，制如覆杯，前高廣，後卑鋭，所謂夏之毋追，殷之章甫者也。委貌以皁絹爲之，皮弁以鹿皮爲之。行大射禮於辟雍，公卿諸侯大夫行禮者，冠委貌，衣玄端素裳。執事者冠皮弁，衣緇麻衣，皁領袖，下素裳，所謂皮弁素積者也。

爵弁，一名冕。廣八寸，長尺二寸，如爵形，前小後大，繒其上似爵頭色，有收持笄，所謂夏收殷冔者也。祠天地五郊明堂，《雲翹舞》樂人服之。《禮》曰：「朱干玉鍼，冕而舞《大夏》。」此之謂也。

通天冠，高九寸，正豎，頂少邪却，乃直下爲鐵卷梁，前有山，展筩爲述，乘輿所常服。服衣，深衣制，有袍，隨五時色。袍者，或曰周公抱成王宴居，故施袍。《禮記》「孔子衣逢掖之衣」。縫掖其袖，合而縫大之，近今袍者也。今下至賤更小史，皆通制袍，單衣，皁緣領袖中衣，爲朝服云。

高山冠，一曰側注。制如通天，（頂）不邪却，直豎，無山述展筩，中外官、謁者，僕射所服。太傅胡廣説曰：「高山冠，蓋齊王冠也。秦滅齊，以其君冠賜近臣謁者服之。」

進賢冠，古緇布冠也，文儒者之服也。前高七寸，後高三寸，長八寸。公侯三梁，中二千石以下至博士兩梁，自博士以下至小史私學弟子，皆一梁。宗室劉氏亦兩梁冠，示加服也。

法冠，一曰柱後。高五寸，以纚爲展筩，鐵柱卷，執法者服之，侍御史、廷尉王監平也。或謂之獬豸冠。獬豸神羊，能别曲直，楚王嘗獲之，故以爲冠。胡廣説曰：「《春秋左氏傳》有南冠而縶者，則楚冠也。秦滅楚，以其君服賜執法近臣御史服之。」

武冠，一曰武弁大冠，諸武官冠之。侍中、中常侍加黄金璫，附蟬爲文，貂尾爲飾，謂之「趙惠文冠」。胡廣説曰：「趙武靈王效胡服，以金璫飾首，前插貂尾，爲貴職。秦滅趙，以其君冠賜近臣。」建武時，匈奴内屬，世祖賜南單于衣服，以中常侍惠文冠，中黄門童子佩刀云。

建華冠，以鐵爲柱卷，貫大銅珠九枚，制似縷鹿。記曰：「知天者冠述，知地者履絇。」《春秋·左傳》曰：「鄭子臧好鷸冠。」前圓，以爲此則是也。天地、五郊、明堂，《育命舞》樂人服之。

方山冠，似進賢，以五采縠爲之。祠宗廟，《大予》、《八佾》、《四時》、《五行》樂人服之，冠衣各如其行方之色而舞焉。

巧士冠，［前］高七寸，要後相通，直竪。不常服，唯郊天，黄門從官四人冠之，在鹵簿中，次乘輿車前，以備官者四星云。

却非冠，制似長冠，下促。宫殿門吏僕射冠之。負赤幡，青翅燕尾，諸僕射幡皆如之。

却敵冠，前高四寸，通長四寸，後高三寸，制似進賢，衛士服之。

樊噲冠，漢將樊噲造次所冠，以入項羽軍。廣九寸，高七寸，前後出各四寸，制似冕。司馬殿門大難衛士服之。或曰，樊噲常持鐵楯，聞項羽有意殺漢王，噲裂裳以裹楯，冠之入軍門，立漢王旁，視項羽。

術氏冠，前圓，吴制，差池邐迆四重。趙武靈王好服之。今不施用，官有其圖注。

諸冠皆有纓蕤，執事及武吏皆縮纓，垂五寸。

武冠，俗謂之大冠，環纓無蕤，以青系爲緄，加雙鶡尾，竪左右，爲鶡冠云。五官、左右虎賁、羽林、五中郎將，羽林左右監皆冠鶡冠，紗縠單衣。虎賁將虎文絝，白虎文劍佩刀。虎賁武騎皆鶡冠，虎文單衣。襄邑歲獻織成虎文云。鶡者，勇雉也，其鬬對一死乃止，故趙武靈王以表武士，秦施之焉。

安帝立皇太子，太子謁高祖廟、世祖廟，門大夫從，冠兩梁進賢；洗馬冠高山。罷廟，侍御史任方奏請非乘從時，皆冠一梁，不宜以爲常服。事下有司。尚書陳忠奏：「門大夫職如諫大夫，洗馬職如謁者，故皆服其服，先帝之舊也。方言可寢。」奏可。謁者，古者一名洗馬。

古者有冠無幘，其戴也，加首有頍，所以安物。故《詩》曰「有頍者弁」，此之謂也。三代之世，法制滋彰，下至戰國，文武並用。秦雄諸侯，乃加其武將首飾爲絳袙，以表貴賤，其後稍稍作顔題。漢興，續其顔，却摞之，施巾連題，却覆之，今喪幘是其制也。名之曰幘。幘者，賾也，頭首嚴賾也。至孝文乃高顔題，續之爲耳，崇其巾爲屋，合後施收，上下羣臣貴賤皆服之。文者長耳，武者短耳，稱其冠也。尚書幘收，方三寸，名曰納言，示以忠正，顯近職也。迎氣五郊，各如其色，從章服也。皁衣羣吏春服青幘，立夏乃止，助微順氣，尊其方也。武吏常赤幘，成其威也。未冠童子幘無屋者，示未成人也。入學小童幘也句卷屋者，示尚幼少，未遠冒也。喪幘却摞，反本禮也。升數如冠，與冠偕也。期喪起耳有收，素幘亦如之，禮輕重有制，變除從漸，文也。

古者君臣佩玉，尊卑有度；上有韍，貴賤有殊。佩，所以章德，服之衷也。韍，所以執事，禮之共也。故禮有其度，威儀之制，三代同之。五霸迭興，戰兵不息，佩非戰器，韍非兵旗，於是解去韍佩，留其係璲，以爲章表。故《詩》曰「鞙鞙佩璲」，此之謂也。韍佩既廢，秦乃以采組連結於璲，光明章表，轉相結受，故謂之綬。漢承秦制，用而弗改，故加之以雙印佩刀之飾。至孝明皇帝，乃爲大佩，衝牙雙瑀璜，皆以白玉。乘輿落以白珠，公卿諸侯以采絲，其［玉］視冕旒，爲祭服云。

佩刀，乘輿黄金通身貂錯，半鮫魚鱗，金漆錯，雌黄室，五色罽隱室華。諸侯王黄金錯，環挾半鮫，黑室。公卿百官皆純黑，不半鮫。小黄門雌黄室，中黄門朱室，童子皆虎爪文，虎賁黄室虎文，其將白虎文，皆以白珠鮫爲鏢口之飾。乘輿者，加翡翠山，紆嬰其側。

佩雙印，長寸二分，方六分。乘輿、諸侯王、公、列侯以白玉，中二千石以下至四百石皆以黑犀，二百石以至私學弟子皆以象牙。上合絲，乘輿以縢貫白珠，赤罽蕤，諸侯王以下以綔赤絲蕤，縢綔各如其印質。刻書文曰：「正月剛卯既決，靈殳四方，赤青白黄，四色是當。帝令祝融，以教夔龍，庶疫剛癉，莫我敢當。疾日嚴卯，帝令夔化，慎爾周伏，化兹靈殳。既正既直，既觚既方，庶疫剛癉，莫我敢當。」凡六十六字。

乘輿黄赤綬，四采，黄赤(紺)縹(紺)，淳黄圭，長(二)丈九尺九寸，五百首。

諸侯王赤綬，四采，赤黄縹紺，淳赤圭，長二丈一尺，三百首。

太皇太后、皇太后，其綬皆與乘輿同，皇后亦如之。

長公主、天子貴人與諸侯王同綬者，加特也。

諸國貴人、相國皆緑綬，三采，緑紫紺，淳緑圭，長二丈一尺，二百四十首。公、侯、將軍紫綬，二采，紫白，淳紫圭，長丈七尺，百八十首。公主封君服紫綬。

九卿、中二千石、二千石青綬，三采，青白紅，淳青圭，長丈七尺，百二十首。自青綬以上，縌皆長三尺二寸，與綬同采而首半之。縌者，古佩璲也。佩綬相迎受，故曰縌。紫綬以上，縌綬之間得施玉環鐍云。

千石、六百石黑綬，三采，青赤紺，淳青圭，長丈六尺，八十首。四百石、三百石長同。

四百石、三百石、二百石黄綬，〔一采〕，淳黄圭，(一采)長丈五尺，六十首。自黑綬以下，縌綬皆長三尺，與綬同采而首半之。

百石青紺(綸)〔綬〕，一采，宛轉繆織〔圭〕，長丈二尺。

凡先合單紡爲一系，四系爲一扶，五扶爲一首，五首成一文，文采淳爲一圭。首多者系細，少者系麤，皆廣尺六寸。

太皇太后、皇太后入廟服，紺上皁下，蠶，青上縹下，皆深衣制，隱領袖緣以絛。翦氂蔮，簪珥。珥，耳璫垂珠也。簪以瑇瑁爲擿，長一尺，端爲華勝，上爲鳳皇爵，以翡翠爲毛羽，下有白珠，垂黄金鑷。左右一横簪之，以安蔮結。諸簪珥皆同制，其擿有等級焉。

皇后謁廟服，紺上皁下，蠶，青上縹下，皆深衣制，隱領袖緣以絛。假結，步搖，簪珥。步搖以黄金爲山題，貫白珠爲桂枝相繆，一爵九華，熊、虎、赤羆、天鹿、辟邪、南山豐大特六獸，《詩》所謂「副笄六珈」者。諸爵獸皆以翡翠爲毛羽。金題，白珠璫繞，以翡翠爲華云。

貴人助蠶服，純縹上下，深衣制。大手結，墨瑇瑁，又加簪珥。長公主見會衣服，加步搖，公主大手結，皆有簪珥，衣服同制。自公主封君以上皆帶綬，以采組爲緄帶，各如其綬色。黄金辟邪，首爲帶鐍，飾以白珠。

公、卿、列侯、中二千石、二千石夫人，紺繒蔮，黄金龍首銜白珠，魚須擿，長一尺，爲簪珥。入廟佐祭者皁絹上下，助蠶者縹絹上下，皆深衣制，緣。自二千石夫人以上至皇后，皆以蠶衣爲朝服。

公主、貴人、妃以上，嫁娶得服錦綺羅縠繒，采十二色，重緣袍。特進、列侯以上錦繒，采十二色。六百石以上重練，采九色，禁丹紫紺。三百石以上五色采，青絳黄紅緑。二百石以上四采，青黄紅緑。賈人，緗縹而已。

公，列侯以下皆單緣襈，制文繡爲祭服。自皇后以下，皆不得服諸古麗圭襂閨緣加上之服。建武、永平禁絶之，建初、永元又復中重，於是世莫能有制其裁者，乃遂絶矣。

凡冠衣諸服，旒冕、長冠、委貌、皮弁、爵弁、建華、方山、巧士，衣裳文繡，赤舄，服絇履，大佩，皆爲祭服，其餘悉爲常用朝服。唯長冠，諸王國謁者以爲常朝服云。宗廟以下，祠祀皆冠長冠，皁繒袍單衣，絳緣領袖中衣，絳絝袜，五郊各從其色焉。

《後漢書》卷九七《祭祀志上》 建武元年，光武即位于鄗，爲壇營於鄗之陽。祭告天地，采用元始中郊祭故事。六宗羣神皆從，未以祖配。天地共犢，餘牲尚約。其文曰：「皇天上帝，后土神祇，睠顧降命，屬秀黎元，爲民父母，秀不敢當。羣下百僚，不謀同辭。咸曰王莽篡弑竊位，秀發憤興義兵，破王邑百萬衆於昆陽，誅王郎、銅馬、赤眉、青犢賊，平定天下，海内蒙恩，上當天心，下爲元元所歸。讖記曰：『劉秀發兵捕不道，卯金修德爲天子。』秀猶固辭，至于再，至于三。羣下曰：『皇天大命，不可稽留。』敢不敬承。」【略】

上許梁松等奏，乃求元封時封禪故事，議封禪所施用。有司奏當用方石再累置壇中，皆方五尺，厚一尺，用玉牒書藏方石。牒厚五寸，長尺三寸，廣五寸，有玉檢。又用石檢十枚，列於石傍，東西各三，南北各二，皆長三尺，廣一尺，厚七寸。檢中刻三處，深四寸，方五寸，有蓋。檢用金縷五周，以水銀和金以爲泥。玉璽一方寸二分，一枚方五寸。方石四角又有距石，皆再累。枚長一丈，厚一尺，廣二尺，皆在圓壇上。其下用距石十八枚，皆高三尺，厚一尺，廣二尺，如小碑，環壇立之，去壇三步。距石下皆有石跗，入地四尺。又用石碑，高九尺，廣三尺五寸，厚尺二寸，立壇丙地，去壇三丈以上，以刻書。上以用石功難，又欲及二月封，故詔松欲因故封石空檢，更加封而已。松上疏争之，以爲「登封之禮，告功皇天，垂後無窮，以爲萬民也。承天之敬，尤宜章明。奉圖書之瑞，尤宜顯著。今因舊封，竄寄玉牒故石下，恐非重命之義。受命中興，宜當特異，以明天意」。遂使泰山郡及魯趣石工，宜取完青石，無必五色。時以印工不能刻玉牒，欲用丹漆書之；會求得能刻玉者，遂書。書祕刻方石中，命容玉牒。

《後漢書》卷一〇九《輿服志上》 上古聖人，見轉蓬始知爲輪。輪行可載，因物知生，復爲之輿。輿輪相乘，流運罔極，任重致遠，天下獲其利。後世聖人觀於天，視斗周旋，魁方杓曲，以攜龍、角爲帝車，於是迺曲其輈，乘牛駕馬，登險赴難，周覽八極。故《易·震》乘《乾》，謂之《大壯》，言器莫能有上之者也。自是以來，世加其飾。至奚仲爲夏車正，建其斿旐，尊卑上下，各有等級。周室大備，官有六職，百工與居一焉。一器而羣工致巧者，車最多，是故具物以時，六材皆良。輿方法地，蓋圓象天；三十輻以象日月；蓋弓二十八以象列星；龍旂九斿，七仞齊軫，以象大火；鳥旟七斿，五仞齊較，以象鶉火；熊旗六斿，五仞齊肩，以象參、伐；龜旐四斿，四仞齊首，以象營室；弧旌枉矢，以象弧也：此諸侯以下之所建者也。

天子(五)[玉]路，以玉爲飾，(錫)[鍚]樊纓十有再就，建太常，十有二斿，九仞曳地，日月升龍，象天明也。夷王以下，周室衰弱，諸侯大路。秦并天下，閱三代之禮，或曰殷瑞山車，金根之色。漢承秦制，御爲乘輿，所謂孔子乘殷之路者也。

乘輿、金根、安車、立車，輪皆朱班重牙，貳轂兩轄，金薄繆龍，爲輿倚較，文武伏軾，龍首銜軛，左右吉陽筩，鸞雀立衡，樻文畫輈，羽蓋華蚤，建大旂，十有二斿，畫日月升龍，駕六馬，象鑣鏤(錫)[鍚]，金(鍐)[錽]方釳，插翟尾，朱兼樊纓，赤罽易茸，金就十有二，左纛以氂牛尾爲之，在左騑馬軛上，大如斗，是爲德車。五時車，安、立亦皆如之，各如方色，馬亦如之。白馬者，朱其髦尾爲朱鬛云。所御駕六，餘皆駕四，後從爲副車。

耕車，其飾皆如之。有三蓋。一曰芝車，置轊耒耜之箙，上親耕所乘也。

戎車，其飾皆如之。蕃以矛麾金鼓羽析幢翳，轊胄甲弩之箙。

獵車，其飾皆如之。重輞縵輪，繆龍繞之。一曰闟豬車，親校獵乘之。

太皇太后、皇太后法駕，皆御金根，加交(路)[絡]帳裳。非法駕，則乘紫罽軿車，雲樻文畫輈，黃金塗五末、蓋蚤。左右騑，駕三馬。長公主赤罽軿車。大貴人、貴人、公主、王妃、封君油畫軿車。大貴人加節畫輈。皆右騑而已。

皇太子、皇子皆安車，朱班輪，青蓋，金華蚤，黑樻文，畫轓文輈，金塗五末。皇子爲王，錫以乘之，故曰王青蓋車。皇孫(則)緑車以從。皆左右騑，駕三。公、列侯安車，朱班輪，倚鹿較，伏熊軾，皁繒蓋，黑轓，右騑。

中二千石、二千石皆皁蓋，朱兩轓。其千石、六百石，朱左轓。轓長六尺，下屈廣八寸，上業廣尺二寸，九文，十二初，後謙一寸，若月初生，示不敢自滿也。景帝中元五年，始詔六百石以上施車轓，得銅五末，軛有吉陽筩。中二千石以上石騑，三百石以上皁布蓋，千石以上皁繒覆蓋，二百石以下白布蓋，皆有四維杠衣。賈人不得乘馬車。除吏赤畫杠，其餘皆青云。

公、列侯，中二千石、二千石夫人，會朝若蠶，各乘其夫之安車，右騑，加交(路)[絡]帷裳，皆皁。非公會，不得乘朝車，得乘漆布輜軿車，銅五末。

乘輿大駕，公卿奉引，太僕御，大將軍參乘。屬車八十一乘，備千乘萬騎。西都行祠天郊，甘泉備之。官有其注，名曰甘泉鹵簿。東都唯大行乃大駕。大駕，太僕校駕；法駕，黃門令校駕。

乘輿法駕，(八)[公]卿不在鹵簿中。河南尹、執金吾、雒陽令奉引，奉車郎御，侍中參乘。屬車(四)[三]十六乘。前驅有九斿雲罕，鳳皇闟戟，皮軒鸞旗，皆大夫載。鸞旗者，編羽旄，列繫幢旁。民或謂之雞翹，非也。後有金鉦黃鉞，黃門鼓車。

古者諸侯貳車九乘。秦滅九國，兼其車服，故大駕屬車八十一乘，法駕半之。屬車皆皁蓋赤裏，(木)[朱]轓，戈矛弩箙，尚書、御史所載。最後一車懸豹尾，豹尾以前比省中。

行祠天郊以法駕，祠地、明堂省什三，祠宗廟尤省，謂之小駕。每出，太僕奉駕上鹵簿，中常侍、小黃門副；尚書主者，郎令史副；侍御史，蘭臺令史副。皆執注，以督整車騎，謂之護駕。春秋上陵，尤省於小駕，直事尚書一人從，其餘令以下，皆先行後罷。

輕車，古之戰車也。洞朱輪輿，不巾不蓋，建矛戟幢麾，轊輒弩服。藏在武庫。大駕、法駕出，射聲校尉、司馬(史)[吏]士載，以次屬車，在鹵簿中。諸車有矛戟，其飾幡斿旗幟皆五采，制度從《周禮》。吴孫《兵法》云：「有巾有蓋，謂之武剛車。」武剛車者，爲先驅。又爲屬車輕車，爲後殿焉。

大使車，立乘，駕駟，赤帷。持節者，重導從：賊曹車、斧車、督車、功曹車皆兩；大車，伍伯璅弩十二人；辟車四人；從車四乘。無節，單導從，減半。

小使車，不立乘，有騑，赤屏泥油，重絳帷。導無斧車。

近小使車，蘭輿赤轂，白蓋赤帷。從騶騎四十人。此謂追捕考案，有所勑取者之所乘也。

諸使車皆朱班輪，四輻，赤衡軛。其送葬，白堊已下，洒車而後還。公、卿、中二千石、二千石，郊廟、明堂、祠陵，法出，皆大車，立乘，駕駟。他出，乘安車。

大行載車，其飾如金根車，加施組連璧交絡四角，金龍首銜璧，垂五采，析羽流蘇前後，雲氣畫帷裳，樻文畫曲轓，長懸車等。太僕御，駕六布施馬。布施馬者，淳白駱馬也，以黑藥灼其身爲虎文。既下，馬斥賣，車藏城北祕宫，皆不得入城門。當用，太僕考工乃内飾治，禮吉凶不相干也。

公卿以下至縣三百石長導從，置門下五吏、賊曹，督盜賊功曹，皆帶劍，三車導；主簿、主記，兩車爲從。縣令以上，加導斧車。公乘安車，則前後并馬立乘。長安、雒陽令及王國都縣加前後兵車，亭長，設右騑，駕兩。璅弩車前伍伯，公八人，中二千石、二千石、六百石皆四人，自四百石以下至二百石皆二人。黄綬，武官伍伯，文官辟車。鈴下、侍閤、門蘭、部署、街里走卒，皆有程品，多少隨所典領。驛馬三十里一置，卒皆赤幘絳韝云。

古者軍出，師旅皆從；秦省其卒，取其師旅之名焉。公以下至二千石，騎吏四人，千石以下至三百石，縣長二人，皆帶劍，持棨戟爲前列，揵弓韣九鞬。諸侯王法駕，官屬傅相以下，皆備鹵簿，似京都官騎，張弓帶鞬，遮迾出入稱(課)促。列侯，家丞、庶子導從。若會耕祠，主縣假給辟車鮮明卒，備其威儀。導從事畢，皆罷所假。

諸車之文：乘輿，倚龍伏虎，櫜文畫輈，龍首鸞衡，重牙班輪，升龍飛軨。皇太子、諸侯王，倚虎伏鹿，櫜文畫輈輻，吉陽筩，朱班輪，鹿文飛軨，旂旗九斿降龍。公、列侯，倚鹿伏熊，黑轓，朱班輪，鹿文飛軨，九斿降龍。卿，朱兩轓，五斿降龍。二千石以下各從科品。諸轓車以上，軛皆有吉陽筩。

諸馬之文：案乘輿，金(錽)[鍐]方釳，插翟象鑣，龍畫總，沫升龍，赤扇汗，青兩翅，鸞尾。駙馬，左右赤珥流蘇，飛鳥節，赤膺兼。皇太子或亦如之。王、公、列侯，鏤(錫義)[錫文]髦，朱鑣朱鹿，朱文，絳扇汗，青翅鸞尾。卿以下有騑者，緹扇汗，青翅尾，當盧(義)[文]髦，上下皆通。中二千石以上及使者，乃有騑駕云。

《後漢書》卷九六《禮儀志下》 以木爲重，高九尺，廣容八歷，裹以葦席。巾門、喪帳皆以簟。車皆去輔轓，疏布惡輪。走卒皆布褠幘。太僕(駕)四輪輴爲賓車，大練爲屋幙。中黄門、虎賁各二十人執紼。司空擇土造穿。太史卜日。謁者二人，中謁者僕射、中謁者副將作，油緹帳以覆坑。方石治黄腸題湊便房如禮。《漢舊儀》略載前漢諸帝壽陵曰：「天子即位明年，將作大匠營陵地，用地七頃，方中用地一頃。深十三丈，堂壇高三丈，墳高十二丈。武帝墳高二十丈，明中高一丈七尺，四周二丈，内梓棺柏黄腸題湊，以次百官藏畢。其設四通羨門，容大車六馬，皆藏之内方，外陟車石。外方立，先閉劒户，户設夜龍、莫邪劒、伏弩，設伏火。已營陵，餘地爲西園后陵，餘地爲婕妤以下，次賜親屬功臣。」《漢書音義》曰：「題，頭也。湊，以頭向内，所以爲固也。便房，藏中便坐也。」《皇覽》曰：「漢家之葬，方中百步，已穿築爲方城。其中開四門，四通，足放六馬，然後錯渾雜物，扞漆繒綺金寶米穀，及埋車馬虎豹禽獸。發近郡卒徒，置將軍尉候，以後宫貴幸者皆守園陵。元帝葬，乃不用車馬禽獸等物。」

大駕，太僕御。方相氏黄金四目，蒙熊皮，玄衣朱裳，執戈揚楯，立乘四馬先驅。旂之制，長三仞，十有二游，曳地，畫日、月、升龍，書旐曰「天子之柩」。謁者二人立乘六馬爲次。大駕甘泉鹵簿，金根容車，蘭臺法駕。喪服大行載飾如金根車。皇帝從送如禮。太常上啓奠。夜漏二十刻，太尉冠長冠，衣齋衣，乘高車，詣殿止車門外。使者到，南向立，太尉進伏拜受詔。太尉詣南郊。未盡九刻，大鴻臚設九賓隨立，羣臣入位，太尉行禮。執事皆冠長冠，衣齋衣。太祝令跪讀謚策，太尉再拜稽首。治禮告事畢。太尉奉謚策，還詣殿端門。太常上祖奠，中黄門尚衣奉衣登容根車。東園武士載大行，司徒却行道立車前。治禮引太尉入就位，大行車西少南，東面奉(謚)策，太史令奉哀策立後。太常跪曰「進」，皇帝進。太尉讀謚策，藏金匱。皇帝次科藏于廟。太史奉哀策葦篋詣陵。太尉旋復公位，再拜立(哭)。太常跪曰「哭」，大鴻臚傳哭，十五舉音，止哭。太常行遣奠皆如禮。請哭止哭如儀。

晝漏上水，請發。司徒、河南尹先引車轉，太常跪曰「請拜送」。載車著白系參繆紼，長三十丈，大七寸爲輓，六行，行五十人。公卿以下子弟凡三百人，皆素幘委貌冠，衣素裳。校尉三(百)人，皆赤幘不冠，絳科單衣，持幢幡。候司馬丞爲行首，皆銜枚。羽林孤兒、《巴俞》擢歌者六十人，爲六列。鐸司馬八人，執鐸先。大鴻臚設九賓，隨立陵南羨門道東，北面；諸侯、王公、特進道西，北面東上；中二千石、二千石、列侯(宜)[直]九賓東，北面西上。皇帝白布幕素裏，夾羨道東，西向如禮。容車幄坐羨道西，南向，車當坐，南向，中黄門尚衣奉衣就幄坐。車少前，太祝進醴獻如禮。司徒跪曰「大駕請舍」，太史令自車南，北面讀哀策，掌故在後，已哀哭。太常跪曰「哭」，大鴻臚傳哭如儀。司徒跪曰「請就下位」，東園武士奉下車。司徒跪曰「請就下房」，都導東園武士奉車入房。司徒、太史令奉謚、哀策。

東園武士執事下明器。筲八盛，容三升，黍一，稷一，麥一，粱一，稻一，麻一，菽一，小豆一。甕三，容三升，醯一，醢一，屑一。黍飴。載以木桁，覆以疏布。甒二，容三升，醴一，酒一。載以木桁，覆以功布。瓦鐙一。彤矢四，軒輖中，亦短衛。彤矢四，骨，短衛。彤弓一。卮八，牟八，豆八，籩八，形方酒壺八。

槃匜一具。杖、几各一。蓋一。鍾十六，無虡。鎛四，無虡。磬十六，無虡。壎一，簫四，笙一，箎一，柷一，敔一，瑟六，琴一，竽一，筑一，坎侯一。干、戈各一，笮一，甲一，胄一。挽車九乘，芻靈三十六匹。瓦竈二，瓦釜二，瓦甑一。瓦鼎十二，容五升。匏勺一，容一升。瓦案九。瓦大杯十六，容三升。瓦小杯二十，容二升。瓦飯槃十。瓦酒樽二，容五斗。匏勺二，容一升。

祭服衣送皆畢，東園匠曰「可哭」，在房中者皆哭。太常、大鴻臚請哭止〔哭〕如儀。司徒曰「百官事畢，臣請罷」，從入房者皆再拜，出，就位。太常導皇帝就贈位。司徒跪曰「請進贈」，侍中奉持鴻洞。贈玉珪長尺四寸，薦以紫巾，廣袤各三寸，緹裏，赤纁周緣；贈幣，玄三纁二，各長尺二寸，廣充幅。皇帝進跪，臨羨道房户，西向，手下贈，投鴻洞中，三。東園匠奉封入藏房中。太常跪曰「皇帝敬再拜，請哭」，大鴻臚傳哭如儀。太常跪曰「贈事畢」，皇帝促就位。容根車游載容衣。司徒至便殿，并聲騎皆從容車玉帳下。司徒跪曰「請就幄」，導登。尚衣奉衣，以次奉器衣物，藏於便殿。太祝進醴獻。凡下，用漏十刻。禮畢，司空將校復土。

皇帝、皇后以下皆去麤服，服大紅，還宮反廬，立主如禮。桑木主尺二寸，不書謚。虞禮畢，祔於廟，如禮。李賢注引《漢舊儀》曰：「高帝崩三日，小斂室中牖下。作栗木主，長八寸，前方後圓，圍一尺，置牖中，望外，内張緜絮以鄣外，以皓木大如指，長三尺，四枚，纏以皓皮四方置牖中，主居其中央。七日大斂棺，以黍飯羊舌祭之牖中。已葬，收主。爲木函，藏廟太室中西墻壁埳中，望内，外不出室堂之上。坐爲五時衣、冠、履，几、杖、竹籠。爲俑人，無頭，坐起如生時。皇后主長七寸，圍九寸，在皇帝主右旁。高皇帝主長九寸。上林給栗木，長安祠廟作神主，東園祕器作梓棺，素木長丈三尺，崇廣四尺。」

先大駕日游冠衣于諸宮諸殿，羣臣皆吉服從會如儀。皇帝近臣喪服如禮。醳大紅，服小紅，十一升都布練冠。醳小紅，服纖。醳纖，服留黄，冠常冠。近臣及二千石以下皆服留黄冠。百官衣皁。每變服，從哭詣陵會如儀。祭以特牲，不進毛血首。司徒、光禄勳備三爵如禮。《古今注》具載帝陵丈尺頃畝，今附之後焉。

光武原陵，山方三百二十三步，高六丈六尺。垣四出司馬門。寢殿、鍾虡皆在周垣内。隄封田十二頃五十七畝入十五步。《帝王世記》曰：「在臨平亭之南，西望平陰，東南去雒陽十五里。」　明帝顯節陵，山方三百步，高八丈。無周垣，爲行馬，四出司馬門。石殿、鍾虡在行馬内。寢殿、園省在東。園寺吏舍在殿北。隄封田七十四頃五畝。《帝王世記》曰：「故富壽亭也，西北去雒陽三十七里。」　章帝敬陵，山方三百步，高六丈二尺。無周垣，爲行馬，四出司馬門。石殿、鍾虡在行馬内。寢殿、園省在東。園寺吏舍在殿北。隄封田二十五頃五十五畝。《帝王世記》曰：「在雒陽東南，去雒陽三十九里。」　和帝慎陵，山方三百八十步，高十丈。無周垣，爲行馬，四出司馬門。石殿、鍾虡在行馬内。寢殿、園省在東。園寺吏舍在殿北。隄封田三十一頃二十畝二百步。《帝王世記》曰：「在雒陽東南，去雒陽四十一里。」　殤帝康陵，山周二百八步，高五丈五尺。行馬四出司馬門。寢殿、鍾虡在行馬中。因寢殿爲廟。園吏寺舍在殿北。隄封田十三頃十九畝二百五十步。《帝王世記》曰：「高五丈四尺。去雒陽四十八里。」　安帝恭陵，山周二百六十步，高十五丈。無周垣，爲行馬，四出司馬門。石殿、鍾虡在行馬内。寢殿、園吏舍在殿北。隄封田一十四頃五十六畝。《帝王世記》曰：「高十一丈。在雒陽西北，去雒陽十五里。」　順帝憲陵，山方三百步，高八丈四尺。無周垣，爲行馬，四出司馬門。石殿、鍾虡在司馬門内。寢殿、園省寺吏舍在殿東。隄封田十八頃十九畝三十步。《帝王世記》曰：「在雒陽西北，去雒陽十五里。」　沖帝懷陵，山方百八十三步，高四丈六尺。爲寢殿行馬，四出門。園寺吏舍在殿東。隄封田五頃八十畝。《帝王世記》曰：「〔在雒陽〕西北，去雒陽十五里。」　質帝静陵，山方百三十六步，高五丈五尺，爲行馬，四出〔司馬〕門。寢殿、鍾虡在行馬中，園寺吏舍在殿北。隄封田十二頃五十四畝。因寢爲廟。《帝王世記》曰：「在雒陽東，去雒陽三十二里。」　桓帝宣陵，《帝王世記》曰：「山方三百步，高十二丈。在雒陽東南，去雒陽三十里。」　靈帝文陵，《帝王世記》曰：「山方三百步，高十二丈。在雒陽西北，去雒陽二十里。」　獻帝禪陵，《帝王世記》曰：「不起墳，深五丈，前堂方一丈八尺，後堂方一丈五尺，角廣六尺。在河内山陽之濁城西北，去濁城直行十一里，斜行七里，去懷陵百一十里，去山陽五十里，南去雒陽三百一十里。」蔡質《漢儀》曰：「十二陵令見河南尹無敬也。」　魏文帝《終制》略曰：「漢文帝之不發霸陵，無求也。光武之掘原陵，封樹也。霸陵之完，功在釋之；原陵之掘，罪在明帝。是釋之忠以利君，明帝愛以害親也。忠臣孝子，宜思釋之之言，察明帝之戒，存於所以安君定親，使魂靈萬載無危，斯則賢聖之忠孝矣。自古及今，未有不亡之國，亦無不掘之墓也。喪亂以來，漢氏諸陵無不發掘，至乃燒取玉柙金縷，骸骨并盡，是焚如之刑也，豈不重痛哉。禍由乎厚葬封樹，桑、霍爲我戒，不亦明乎！」臣昭案：《董卓傳》：「卓使吕布發諸帝陵及公卿以下冢墓，收其珍寶。」《卓别傳》曰：「發成帝陵，解金縷，探含璣焉。」《吕氏春秋》略曰：「審知生，聖人之要也；審知死，聖人之極也。知生者，不以物害生；知死者，不以物害死。凡生於天地之間，其必有死。孝子之重其親者，若親之愛其子，不棄於溝壑，故有葬送之義。葬者，藏也。以生人心爲之慮，則莫如無動，無動莫如無利。葬淺則狐貍掘之，深則及水泉，故必高陵之上，以避二害。然而忘姦寇之變，豈不惑哉！民之於利也，犯白刃，涉危難以求之；忍親戚，欺知交以求之。今無此危，無此醜，而爲利甚厚，固難禁也。國彌大，家彌富，其葬彌厚，珠玉金銅，不可勝計。姦人聞之，轉以相告，雖有嚴刑重罪，不能止也。且死者彌久，生者彌疏，彌疏則守之彌怠。藏器如故而守之有怠，其勢固必掘矣。世(至)〔主〕爲丘隴，其高若山陵，樹之若林藪，或設闕庭、都邑。以此示富則可矣，以此爲死者則惑矣！大凡死者，其視萬世猶一(瞑)〔瞚〕也。人之壽，久者不過百，中者六十。以百與六十爲無窮者慮，其情固不相當矣。必以無窮爲慮，然後爲可。今有銘其墓曰『此中有金寶甚厚，不可掘也』，必爲世笑矣。而爲之闕庭以自表，此何異彼哉！自古及今，未有不亡之國也。無不亡之國，是無不掘之墓。以耳目之所聞見，則齊、荆、燕嘗亡矣，宋、中山已亡矣，趙、韓、魏皆失其故國矣。自此以上，亡國不可勝數，故其大墓無不掘也。而猶皆爭爲之，豈不悲哉！今夫君之不令民，父之不(教)〔孝〕子，兄之不悌弟，皆鄉邑之所遺，而憚耕耒之勞者也。仍不事耕農，而好鮮衣侈食。智巧窮匱，則合黨連衆，而謀名丘大墓。上曾不能禁也，此有葬自表之禍也。昔堯葬穀林，通樹之；舜葬紀市，不變肆；禹葬會稽，不變人徒。非愛其費，以爲死者(慮)也。先王之所惡，惡死者之辱。以爲儉則不發，不發則不辱，故必以儉而合乎山原也。宋未亡而東冢掘，齊未亡而莊公(冢)掘。國存而乃若此，又況滅名之後乎！此愛而厚葬之故也。欲愛而反害之，欲安而反危之，忠臣孝子亦不可以厚葬矣。昔季孫以璵璠斂，孔子歷級而止之，爲無窮慮也。」

太皇太后、皇太后崩，司空以特牲告謚于祖廟如儀。長樂太僕、少府、大長秋典喪事，三公奉制度，他皆如禮儀。

合葬：羨道開通，皇帝謁便房，太常導於羨道，去杖，中常侍受，至柩前，謁，伏哭止如儀。辭，太常導出，中常侍授杖，升車歸宫。已下，反虞立主如禮。諸郊廟祭服皆下便房。五時朝服各一襲在陵寢，其餘及宴服皆封以篋笥，藏宫殿後閤室。

諸侯王、列侯、始封貴人、公主薨，皆令贈印璽、玉柙銀縷；大貴人、長公主銅縷。諸侯王、貴人、公主、公、將軍、特進皆賜器，官中二十四物。使者治喪，穿作，柏椁，百官會送，如故事。諸侯王、公主、貴人皆樟棺，洞朱，雲氣畫。公、特進樟棺黑漆。中二千石以下坎侯漆。朝臣中二千石、將軍，使者弔祭，郡國二千石、六百石以至黄綬，皆賜常車驛牛贈祭。宜自佐史以上達，大斂皆以朝服。君臨弔若遣使者，主人免絰去杖望馬首如禮。免絰去杖，不敢以戚凶服當尊者。自王、主、貴人以下至佐史，送車騎導從吏卒，各如其官府。載飾以蓋，龍首魚尾，華布墻，纁上周，交絡前後，雲氣畫帷裳。中二千石以上有輻，左龍右虎，朱鳥玄武；公侯以上加倚鹿伏熊。千石以下，縕布蓋墻，魚龍首尾而已。二百石黄綬以下至于處士，皆以簟席爲墻蓋。其正妃、夫人、妻皆如之。諸侯王，傅、相、中尉、内史典喪事，大鴻臚奏謚，天子使者贈璧帛，載日命謚如禮。下陵，羣臣醳羸服如儀，主人如禮。

錢儀吉《三國會要》卷一二《禮六・輿服》 後漢明帝採《周官》、《禮記》、《尚書》及諸儒説，備衮冕之服，天子冕服從歐陽氏説，公卿以下從夏侯氏説。自秦變古制，郊祭之服皆以袀玄。漢承秦故，二百餘年未有所制。《通典》云：「光武郊祀始用冕服。」按《續漢志》，其説蓋非。蜀用漢制，冕服當同。祀天地明堂皆冠旒冕，衣裳皆玄上纁下，五冕之制，一服而已。天子備十二章，三公諸侯用山龍九章，九卿以下用華蟲七章，皆具五采。魏明帝以公卿衮衣黼黻之飾疑於至尊，多所減損，始制天子服刺繡文，公卿用織成文。《通志》。按：《續漢志》孝明帝制冕服乘輿刺繡文，公卿以下織成文。據《晉志》云魏明帝，未詳孰是。〔楊〕

《宋志》：自魏以來，宗廟行禮之外，不欲令臣下服衮冕，故位公者每加侍官。〔楊〕

梁博士陸瑋等言：王祀昊天，服大裘，明諸臣禮不得同，自魏以來皆用衮服。〔楊〕

漢制：一歲五郊，天子與執事者所服各如方色，百官不執事者服常服絳衣以從。魏秘書監秦静曰：「漢氏承秦，改六冕之制，但玄冠絳衣而已。」魏以來名爲五時朝服，又有四時朝服，又有朝服。自皇太子以下隨官受給，百官雖給五時朝服，據令止修四時朝服，闕秋服。三年一易。《晉志》。〔楊〕

諸王朝服皆遠游冠，五時服佩山玄玉，不以國大小爲差。《通典》：晉孫毓稱：魏故事。按曹植疏言：辭遠游，戴武弁，解朱組，佩青綬。又言：上慙玄冕，俯愧朱紱。〔楊〕

《宋志》：司馬彪曰：「尚書幘名曰『納言』，迎氣五郊，各如其色，從章服也。自兹相承，迄於有晉。」《隋志》：裴正奏，言《續漢志》立春日，京都皆著青衣，秋夏悉如其色。魏、晉迎氣五郊，行禮之人皆同此制，考尋故事，唯幘同衣色。〔楊〕

後漢以來，天子冕前後旒用真白玉珠。魏明帝好婦人之飾，改用珊瑚珠。〔楊〕

《漢官儀》云：「乘輿冠高山之冠，飛翮之纓。」《傅子》曰：「魏明帝以其制似通天遠游，改令卑下，行人使者服之。按《續漢志》：通天冠高九寸，正竪頂少邪卻，乃直下爲鐵卷梁，前有山展筩爲述，乘輿所常服；遠游冠制如通天，無山述，諸王所服也。高山冠一名側注，制如通天，不邪卻，直竪，無山述，展筩，中外官謁者僕射所服。劉昭引《漢舊儀》言，亦通於天子。侍臣附蟬，武臣戴鶡。」見《曹植集》。《大觀本草》引魏武《鶡鷄賦》序曰：「鶡鷄猛氣，鬬期必死。」今人以鶡爲冠，像此也。〔楊〕

《通鑑》注：晉因魏制，文官公及位從公冠進賢三梁，黑介幘；武官公及位從公皆武冠平上，黑幘。〔楊〕

漢末，王公名士多委王服，以幅巾爲雅。袁紹、崔鈞之徒雖爲將帥，皆著縑巾。魏武以天下凶荒，資財匱乏，擬古皮弁裁縑帛以爲幍，以色別其貴賤，本施軍飾，非爲國容。徐爰曰：「俗説幍本未有歧，荀文若巾之，觸樹成歧，人謂爲善，因而弗改。今通以爲慶弔服。」幍與帢同，《宋志》作帢。《廣韻》：帢，士服，如弁缺四角，魏武帝製。〔楊〕

《傅子》云：「白紗爲之，或單或袷，初婚冠送餞亦服之。」《博物志》：漢中興士人皆冠葛巾。漢安中，魏武帝造白帢，於是遂廢，惟二學書生猶著之。崔豹《古今注》：魏武制帢，初以伯申服馬縞《中華古今注》作「軍中服」。之輕便，又作五色帢，以表方面也。〔楊〕

馬縞《中華古今注》：大帽子本草野之服，魏文帝詔百官常以立冬日貴賤通戴，謂之温帽。〔楊〕

《通鑑注》：漢、魏士庶以巾褠爲禮服。《吳書》：虞翻請被褠葛巾相見。〔楊〕

《宋志》：漢承秦制，冠有十三種，魏、晉以來，不盡施用。〔楊〕

袴褶之制，未詳所起，近世凡車駕親戎，中外戒嚴，服之。服無定色，冠黑帽，綴紫標。標以繒爲之，長四寸，廣一寸。中官紫標，外官絳標。又有戎服而不綴標。《江表傳》：吕範釋褠著袴褶執鞭，自稱領都督。〔楊〕

《魏臺訪議》曰：「五采玉，一玉有五色者也。邸以象骨周緣弁下根柢，如魏武帝所作弁柢，凡有笄無纓。」《初學記》。〔楊〕

《魏文帝集》與劉曄書曰：「帽裁兩段，製微不長，有似里父之服。」〔楊〕

《管寧傳》：嘗著皁帽。〔楊〕

《陸遜傳》：孫權脱翠帽賜之。〔楊〕

張津好鬼神事，常著絳帕頭。〔楊〕

《楊阜傳》：常見明帝著繡帽，縹綾半褎，阜問帝曰：「此於禮何法服也？」自是不法服不以見阜。〔楊〕

魏皇后蠶，服以文繡。據《晉志》：元康六年，詔改純青服。晉先蠶儀注：十二鏌步摇。〔楊〕

按後漢及晉，皇后謁廟服，紺上阜下，蠶，青上紺下，董巴《輿服志》作縹下。皆深衣制，隱領袖，緣以絛。〔楊〕

魏制：貴人夫人以下助蠶，皆大首髻，按《續漢志》作大手結，即假髻。七鏌，蔽髻黑玳瑁，又加簪珥；九嬪以下五鏌；世婦三鏌；諸王妃長公主大首髻七鏌蔽髻，其長公主得有步摇，皆有簪珥。公、特進、列侯、卿、校、中二千石、世婦以下，夫人紺繒幗，黄金龍首銜白珠，魚須擿一尺爲簪珥。《通典》。按《通典》所言魏制，多據《晉志》，此文亦見《晉志》，未言魏制。惟董巴《輿服志》云：「公卿列侯二千石夫人助蠶，縹絹上下。」又《通典》不載皇后首飾，據《續漢志》、《晉志》云：「皇后假髻，步摇，簪珥，步摇以黄金爲山題，貫白珠，爲桂枝相繆，八爵九華，熊虎、赤羆、天鹿、辟邪、南山豐、大特六獸諸爵，獸以翡翠爲毛羽，金題白珠璫，繞以翡翠爲華。」則魏制亦可想見矣。〔楊〕

《魏臺訪議》：以玉爲笄，古曰笄，今曰簪。《文選注》。〔楊〕

古者天子至於士，皇后至於命婦，必佩玉，尊卑各有其制；上下施韍如蔽膝，貴賤亦各有殊。五霸之後，戰兵不息，於是解去佩韍，留其繫璲而已。秦乃以采組連結於璲，轉相結受，謂之綬。漢承用之，至明帝始復制佩，漢末又亡絶。魏王粲識其形，乃復造焉。《宋志》：今之佩，粲所制也。皇后至命婦所佩，古制不存，今與外同制，組綬仍施。《通考》引秦静曰：「諸假印綬而官不給鞶囊者，得自具作；其但假印不假綬者，不得佩綬鞶。」〔楊〕

《隋志》：按禮，天子佩白玉。今參用杜夔之法，天子白玉，太子瑜玉，王山玄玉，自公以下皆水蒼玉。〔楊〕

魏武爲魏公，位在諸侯王上，改授金璽赤紱。司馬昭爲相國，加綠綟綬。按漢諸侯王金璽綟綬，公侯金印紫綬，九卿至二千石銀印青綬。《文選注》引《魏晉官品》曰：「相國丞相綠綟綬。」《吳書》：孫權賜薛綜紫綬囊，綜陳謝：紫色非所宜服。時爲太子太傅。陸遜破曹休，孫權解御金帶賜之。魏文帝賜劉楨廓落帶。《漢書·匈奴傳注》：鮮卑郭落帶，瑞獸名也。〔楊〕

黄初元年，更授匈奴南單于呼廚泉魏璽綬，賜青蓋車乘輿，寶劍玉玦。〔楊〕

與外國節皆二，赤旄一，黑旄一，異於朝節。《御覽》引《漢魏故事》。〔楊〕

幡，崔豹《古今注》曰：「魏有五色，以詔四方：東方郡國以青龍幡，南方郡國以朱鳥幡，西方郡國以白虎幡，北方郡國以玄武幡，朝廷畿内以黄龍幡，亦以麒麟幡。」按《通典》引《傅子》云：「魏節幡用黄，高貴鄉公討司馬昭，自秉黄龍幡。」〔楊〕

雉尾扇，漢乘輿服之，後賜梁孝王；魏、晉以來以爲常，准諸王皆得用之。五明扇，舜所作，漢士大夫皆用之，魏、晉非乘輿不得用。《古今注》。〔楊〕

詔版，《曹爽傳注》。程大昌曰：「魏、晉授官有版，長一尺二寸，厚一寸，闊七寸，辭在版上。」按《夏侯玄傳》言「尺一詔書」，則當一尺一寸。又《劉放傳》：以黄紙授放作詔。《晉書文帝紀》有黃素詔，素即絹，是亦有以紙絹書者。《封氏聞見記》：魏武奏事有急，露版插羽。郝懿行曰：「齊王謀殺司馬師，已書詔，優人唱曰：『青頭雞。』青頭雞者，鴨也，使帝押詔書也。」〔楊〕

表章：《魏晉儀注》：寫表章別起行頭者謂之跳出。《春秋正義》。按景元元年詔曰：「凡詔命、制書、奏事、上書諸稱燕王，可皆上平。」是亦跳行，今所謂平擡也。〔楊〕

笏，仲長子曰：「笏以書君教令，記善刺過，今之手版以象笏。」徐廣《車服儀制》曰：「古者貴賤皆執笏，即今手版也。」《蜀志》：秦宓見太守，以簿擊頰。笏與簿，手版之異名。〔楊〕

魚袋，古之算袋以韋爲之，至魏易爲龜袋。《事始》。文帝以龜袋，取先知歸順之義。《通考》引《炙轂子》。〔楊〕

蔽膝，《禮書》曰：「天子赤皮蔽膝。」魏、晉以來用絳紗爲之。引徐廣《車服儀制》。〔楊〕

太子劍履上殿，《晉書・慕容儁載記》。申胤上言：漢以蕭、曹之功，有殊羣辟，故劍履上殿，入朝不趨。至於東宮，體此爲儀，魏、晉因循，制不納舃。《禮書》云：「漢、魏以後，朝祭皆跣韈。」《初學記》引《輿服雜事》曰：「漢諸臣殿階解劍，晉始以木。」〔楊〕

絳褠始於秦、漢，迄今相仍，朔望正旦，乃具衮舃。曹植《七啓》：金華之舃，動趾遺光。〔楊〕

《夏侯玄傳》：今自公列侯以下，位從大將軍以上，皆得服綾錦羅綺紈素、金銀飾鏤之物，自是以下，雜綵之服，通於賤人。雖上下等級各示有差，然朝臣之制，已得侔至尊矣；玄黄之采，已得通於下矣。〔楊〕

太祖雅性節儉，後宮衣不錦繡，侍御履不二采。《世語》：植妻衣繡，太祖登臺見之，以違制命，還家賜死。〔楊〕

魏武與楊彪書：遺織成韡一量。〔楊〕

《實録》云：三代以來有角襪，前後兩隻相成，中心繫帶。魏文帝吴妃乃裁綾羅爲之。《説郛》引宋劉存《事始》。又《炙轂子》。〔楊〕

《晉書》卷二五《輿服志》 玉、金、象、革、木等路，是爲五路，並天子之法車，皆朱班漆輪，畫爲槾文。三十輻，法月之數，重轂貳轄。以赤油，廣八寸，長三尺，注地，繫兩軸頭，謂之飛軨。金薄繆龍之爲輿倚較，較重，爲文獸伏軾，龍首銜軛，左右吉陽筩，鸞雀立衡，槾文畫轅及轓。青蓋，黄爲裏，謂之黄屋。金華施橑末，橑二十八以象宿。兩箱之後，皆玳瑁爲鵾翅，加以金銀雕飾，故世人亦謂之金鵾車。斜注旂旗於車之左，又加棨戟於車之右，皆橐而施之。棨戟韜以黻繡，上爲亞字，繫大蛙蟆幡。軛長丈餘，於戟之杪，以氂牛尾，大如斗，置左騑馬軛上，是爲左纛。轅皆曲向上，取《禮緯》「山車垂句」之義，言不揉而能自曲。

玉、金、象三路，各以其物飾車，因以爲名。革者漆革，木者漆木。其制，玉路最尊，建太常，十有二旒，九仞委地，畫日月升龍，以祀天。金路建大旂，九旒，以會萬國之賓，亦以賜上公及王子母弟。象路建大赤，通赤無畫，所以視朝，亦以賜諸侯。革路建大白，以即戎兵事，亦以賜四鎮諸侯。木路建大麾，以田獵，其麾色黑，亦以賜藩國。玉路駕六黑馬，餘四路皆駕四馬，馬並以黄金爲文髦，插以翟尾。象鑣而鏤錫，錫在馬面，所謂當顱者也。金叉而方釳，金叉謂以金叉爲文。釳以鐵爲之，其大三寸，中央兩頭高，如山形，貫中以翟尾而結著之也。繁纓赤罽易茸，金就十有二。繁纓，馬飾纓，在馬膺前，如索帬。五路皆有錫鸞之飾，和鈴之響，鉤膺玉瓖，鉤膺，即繁纓也。瓖，馬帶玦名也。龍輈華轙，輈，車轅也，頭爲龍象。轙，謂車衡上環受轡者也。朱幩。幩，飾也，人君以朱纏鑣扇汗，以爲飾也。法駕行則五路各有所主，不俱出；臨軒大會則陳乘輿車輦旌鼓於其殿庭。

車，坐乘者謂之安車，倚乘者謂之立車，亦謂之高車。案《周禮》，惟王后有安車也，王亦無之。自漢以來制乘輿，乃有之。有青立車、青安車、赤立車、赤安車、黄立車、黄安車、白立車、白安車、黑立車、黑安車，合十乘，名爲五時車，俗謂之五帝車。天子所御則駕六，其餘並駕四。建旂十二，各如車色。立車則正竪其旂，安車則邪注。駕馬，馬亦各隨五時之色，白馬則朱其鬣尾。左右騑驂，金叉鏤錫，黄屋左纛，如金根之制，行則從後。五牛旗，平吴後所造，以五牛建旗，車設五牛，青赤在左，黄在中，白黑在右。竪旗於牛背，行則使人輿之。牛之爲義，蓋取其負重致遠而安穩也。旗常纏不舒，所謂德車結旌也。天子親戎則舒，謂武車綏旌也。

金根車，駕四馬，不建旗幟，其上如畫輪車，下猶金根之飾。

耕根車，駕四馬，建赤旗，十有二旒，天子親耕所乘者也。一名芝車，一名三蓋車。置耒耜於軾上。魏景初元年，改正朔，易服色，色尚黄，牲用白，戎事乘黑首白馬，建大赤之旂，朝會則建大白，行殷之時也。泰始元年，有司奏：「宜如有虞遵唐故事，皆用前代正朔服色，其金根、耕根車，並以建赤旗。」帝從之。

輦，案自漢以來爲人君之乘，魏晉御小出即乘之。

戎車，駕四馬，天子親戎所乘者也。載金鼓、羽旗、幢翳，置弩於軾上，其建矛麾悉斜注。

獵車，駕四馬，天子校獵所乘也。重輞漫輪，繆龍繞之。一名闟戟車，一名蹋豬車。魏文帝改名蹋獸車。《記》云「國君不乘奇車」，奇車亦獵車也。古天子獵則乘木輅，後人代以獵車也。

遊車，九乘，駕四，先驅之乘是也。

雲罕車，駕四。

皮軒車，駕四，以獸皮爲軒。

鸞旗車，駕四，先輅所載也。鸞旗者，謂析羽旄而編之，列繫幢傍也。

建華車，駕四，凡二乘，行則分居左右。

輕車，駕二，古之戰車也。前後二十乘，分居左右。輿輪洞朱，不巾不蓋，建矛戟麾幢，置弩箙於軾上。大駕法駕出，射聲校尉、司馬、吏士、戰士載，以次屬車。

司南車，一名指南車，駕四馬，其下制如樓，三級，四角金龍銜羽葆；刻木爲仙人，衣羽衣，立車上，車雖回運而手常南指。大駕出行，爲先啓之乘。

《周禮》，弁師掌六冕，司服掌六服。自后王之制爰及庶人，各有等差。及秦變古制，郊祭之服皆以袀玄，舊法埽地盡矣。漢承秦弊，西京二百餘年猶未能有所制立。及中興後，明帝乃始採《周官》、《禮記》、《尚書》及諸儒記説，還備衮冕之服。天子車乘冠服從歐陽氏説，公卿以下從大小夏侯氏説，始制天子、三公、九卿、特進之服，侍祠天地明堂，皆冠旒冕，兼五冕之制，一服而已。天子備十二章，三公諸侯用山龍九章，九卿以下用華蟲七章，皆具五采。魏明帝以公卿衮衣黼黻之飾，疑於至尊，多所減損，始制天子服刺繡文，公卿服織成文。及晉受命，遵而無改。天子郊祀天地明堂宗廟，元會臨軒，黑介幘，通天冠，平冕。冕，皁表，朱緑裏，廣七寸，長二尺二寸，加於通天冠上，前圓後方，垂白玉珠，十有二旒，以朱組爲纓，無緌。佩白玉，垂珠黄大旒，綬黄赤縹紺四采。衣皁上，絳下，前三幅，後四幅，衣畫而裳繡，爲日、月、星辰、山、龍、華蟲、藻、火、粉米、黼、黻之象，凡十二章。素帶廣四寸，朱裏，以朱緑裨飾其側。中衣以絳緣其領袖。赤皮爲韍，絳袴襪，赤舄。未加元服者，空頂介幘。其釋奠先聖，則皁紗袍，絳緣中衣，絳袴襪，黑舄。其臨軒，亦衮冕也。其朝服，通天冠高九寸，金博山顔，黑介幘，絳紗袍，皁緣中衣。其拜陵，黑介幘，單衣。其雜服，有青赤黄白緗黑色，介幘，五色紗袍，五梁進賢冠，遠遊冠，平上幘武冠。其素服，白帢單衣。後漢以來，天子之冕，前後旒用真白玉珠。魏明帝好婦人之飾，改以珊瑚珠。晉初仍舊不改。及過江，服章多闕，而冕飾以翡翠珊瑚雜珠。侍中顧和奏：「舊禮，冕十二旒，用白玉珠。今美玉難得，不能備，可用白琁珠。」從之。

革帶，古之鞶帶也，謂之鞶革，文武衆官牧守丞令下及騶寺皆服之。其有囊綬，則以綴於革帶，其戎服則以皮絡帶代之。八坐尚書荷紫，以生紫爲袷囊，綴之服外，加於左肩。昔周公負成王，制此服衣，至今以爲朝服。或云漢世用盛奏事，負之以行，未詳也。

車前五百者，卿行旅從，五百人爲一旅。漢氏一統，故去其人，留其名也。

袴褶之制，未詳所起，近世凡車駕親戎、中外戒嚴服之。服無定色，冠黑帽，綴紫摽，摽以繒爲之，長四寸，廣一寸，腰有絡帶以代鞶。中官紫摽，外官絳摽。又有纂嚴戎服而不綴摽，行留文武悉同。其畋獵巡幸，則惟從官戎服帶鞶革，文官不下纓，武官脱冠。

漢制，一歲五郊，天子與執事者所服各如方色，百官不執事者服常服絳衣以從。魏祕書監秦静曰：「漢氏承秦，改六冕之制，但玄冠絳衣而已。」魏已來名爲五時朝服，又有四時朝服，又有朝服。自皇太子以下隨官受給。百官雖服五時朝服，據今止給四時朝服，闕秋服。三年一易。

諸假印綬而官不給鞶囊者，得自具作，其但假印不假綬者，不得佩綬。鞶，古制也。漢世著鞶囊者，側在腰間，或謂之傍囊，或謂之綬囊，然則以紫囊盛綬也。或盛或散，各有其時。

笏，古者貴賤皆執笏，其有事則搢之於腰帶，所謂搢紳之士者，搢笏而垂紳帶也。紳垂長三尺。笏者，有事則書之，故常簪筆，今之白筆是其遺象。三臺五省二品文官簪之，王、公、侯、伯、子、男、卿尹及武官不簪，加内侍位者乃簪之。手版即古笏矣。尚書令、僕射、尚書手版頭復有白筆，以紫皮裹之，名曰笏。

皇太子金璽龜鈕，朱黄綬，四采：赤、黄、縹、紺。給五時朝服、遠遊冠，介幘，翠緌。佩瑜玉，垂組。朱衣絳紗襮，皁緣白紗，其中衣白曲領。帶劍，火珠素首。革帶，玉鉤燮獸頭鞶囊。其大小會，祠宗廟，朔望，五日還朝皆朝服，常還上宫則朱服，預上官正會則於殿下脱劍舄。又有三梁進賢冠。其侍祀則平冕九旒，衮衣九章，白紗絳緣中單，絳繒韠，采畫織成衮帶，金辟邪首，紫緑二色帶，采畫廣領，曲領各一，赤舄絳襪。若講，則著介幘單衣；釋奠，則遠遊冠，玄朝服，絳緣中單，絳袴襪，玄舄。若未加元服，則中舍人執冕從，介幘單衣玄服。

諸王金璽龜鈕，纁朱綬，四采：朱、黄、縹、紺。五時朝服，遠遊冠介幘，亦有三梁進賢冠。朱衣絳紗褠皁緣，中衣表素。革帶，黑舄，佩山玄玉，垂組，大帶。若加餘官，則服其加官之服也。

皇后謁廟，其服皁上皁下，親蠶則青上縹下，皆深衣制，隱領，袖緣以絛。首飾則假髻，步摇，俗謂之珠松是也，簪珥。步摇以黄金爲山題，貫白珠爲支相繆。八爵九華，熊、獸、赤羆、天鹿、辟邪、南山豐大特六獸，諸爵獸皆以翡翠爲毛羽，金題白珠璫，繞以翡翠爲華。元康六年，詔曰：「魏以來皇后蠶服皆以文繡，非古義也。今宜純服青，以爲永制。」

貴人、夫人、貴嬪，是爲三夫人，皆金章紫綬，章文曰貴人、夫人、貴嬪之章。佩于竇玉。淑妃、淑媛、淑儀、修華、修容、修儀、婕妤、容華、充華，是爲九嬪，銀印青綬，佩采瓄玉。貴人、貴嬪、夫人助蠶，服純縹爲上與下，皆深衣制。太平髻，七鏌蔽髻，黑玳瑁，又加簪珥。九嬪及公主、夫人五鏌，世婦三鏌。助蠶之義，自古而然矣。

皇太子妃金璽龜鈕，纁朱綬，佩瑜玉。

諸王太妃、妃、諸長公主、公主、封君金印紫綬，佩山玄玉。

長公主、公主見會，太平髻，七鏌蔽髻。其長公主得有步摇，皆有簪珥，衣服同制。

自公主、封君以上皆帶綬，以綵組爲緄帶，各如其綬色，金辟邪首爲帶玦。

郡公侯縣公侯太夫人、夫人銀印青綬，佩水蒼玉，其特加乃金紫。公特進侯卿校世婦、中二千石二千石夫人紺繒幗，黄金龍首銜白珠，魚須擿長一尺爲簪珥。入廟佐祭者皁絹上下，助蠶者縹絹上下，皆深衣制緣。

自二千石夫人以上至皇后，皆以蠶衣爲朝服。

朱銘盤《南朝齊會要・輿服・車》 玉輅，漆畫輪，兩厢上望板前優遊，龍汗板，斗蓋，一轅，漆畫車衡，旂十二旒，棨戟，漆案立牀，錦複黄絞鄣泥。《輿服志》。

五輅，江左相承駕四馬，左右騑爲六。施絳系游御繩，其重轂貳轄飛軨幡，左纛，金鍐，方釳，繁纓，縷錫，皆如古制。世祖永明初，加玉輅爲重蓋，又作麒麟頭，采畫，以馬首戴之。竟陵王子良啓曰：「臣聞車騎有章，載自前史，器必依禮，服無舛法。凡蓋員象天，軫方法地，上無二天之儀，下設兩蓋之飾，求之志録，恐爲乖衷。又假爲麟首，加乎馬頭，事不師古，鮮或可施。」建武中，明帝乃省重蓋等。金輅。象輅。木輅。革輅，建大麾。同上。

宋昇明三年，錫齊王大輅、戎輅各一。乘黄五輅，無大輅、戎輅。左丞王逡之議：「大輅，殷之祭車，故不登周輅之名，而《明堂位》云『大輅，殷輅也』。注云『大輅，木輅也』。《月令》『中央土，乘大輅』。注云『殷輅也』。《禮器》『大輅繁纓一就』。注云『大輅，殷之祭天車也』。《周禮》五路，玉路、金路、象路、革路、木路。則周之木輅，殷之大路也。周革路建大白，以即戎，此則戎路也。意謂國之大事，在祀與戎，故錫以殷祭天之車，與周之即戎之路。祀則以殷，戎必以周者，明郊天義遠，建前代之禮，即戎事近，故以今世之制。《明堂位》云『魯君孟春乘大路，載十有二旒日月之章，祀帝于郊』。夫必以大輅以錫諸侯，良有以也。今木路，即大路也。」太尉左長史王儉議，宜用金輅九旒。時乘黄無副，借用五輅，大朝臨軒，權列三輅。同上。

玉、金輅，建碧旂。象、木輅，建赤旂。永明初，太子步兵校尉伏曼容議，以爲「齊德尚青，五路五牛及五色幡旗，並宜以先青爲次。軍容戎事之所乘，犧牲繭握之所薦，並宜悉依尚色。三代服色，以姓音爲尚，漢不識音，故還尚其行運之色。今既無善律，則大齊所尚，亦宜依漢道。若有善吹律者，便應還取姓尚。」太子僕周顒議：「三代姓音，古無前記，裁音配尚，起自曼容。則是曼容善識姓聲，不復方假吹律。何故能識遠代之宫商，而更迷皇朝之律吕，而云當今無知吹律以定所尚，宜附漢以從闕邪？皇朝本以行運爲所尚，非關不定於音氏。如此，設有善律之知音，不宜遵聲以爲尚。」散騎常侍劉朗之等十五人並議駁之，事不行。同上。

皇太子象輅。同上。《南史・王儉傳》，齊臺建，世子車服悉依東宫制度。

皇太后皇后重翟車，蓋，碧旂九旒，棨戟。《輿服志》。

皇太子妃厭翟車。同上。

指南車。同上。

記里鼓車。同上。

輦車，《輿服志》云「輦車具金銀丹青采腰雕畫蒲陶之文，乘人以行」。臣下亦得乘之。同上。

卧輦。同上。

漆畫輪車，御爲羣公舉哀臨哭所乘。皇后太子妃亦乘之。同上。

漆畫牽車，御及皇太子所乘，即古之羊車也。今不駕羊，猶呼牽此車者爲羊車云。同上。

輿車，一曰小輿，小行幸乘之。皇太子亦得於宫内乘之。同上。

衣書車十二乘，古副車之象也。今亦曰五時副車。同上。

青萌車，是謂檢幔車。同上。

油絡畫安車，公主、王妃、三公特進夫人所乘。同上。

黄屋車，建碧旂九旒，九命上公所乘。同上。

青蓋安車，朱幡漆班輪，駕一，左右騑，通幰車爲副，諸王禮行所乘。凡車有幡者謂之軒。皁蓋安車，朱幡漆班輪，駕一，通幰牛車爲副，三公禮行所乘。同上。

安車，黑耳皁蓋馬車，朱幡，駕一，牛車爲副，國公列侯禮行所乘。同上。

馬車，駕一，九卿、領、護、二衛、驍游、四軍、五校從郊陵所乘。同上。

油絡軺車，尚書令、僕射、中書監、令、尚書、侍中、常侍、中黄門、中書、散騎侍郎，皆駕一牛，朝直所乘。尚書令施黑耳後户皁輪，僕射、中書監、令直施後户皁輪，尚書無後户，皆漆輪轂。同上。

安車，赤屏，駕一，又輅車，施後户，爲副，太子二傅禮行所乘。同上。

四望車，亦曰皁輪，以加禮貴臣。同上。

三望車，或謂之夾望，亦以加禮貴臣。次四望。同上。

油幢絡車，王公加禮者之常乘，次三望。同上。

平乘車，三公諸王所乘。自四望至平乘，皆銅校飾。同上。

輼輬車。同上。

王子侯舊乘纏帷車，西昌侯鸞獨乘下帷，儀從如素士。《明帝紀》。

明帝建武元年，海陵王昭文，給畫輪車。《本紀》。

三年三月壬午，詔「車府乘輿有金銀飾校者，皆剔除。」《本紀》。

顯達諸子與王敬則諸兒，並精車牛，當世快牛稱陳世子青，王三郎烏，吕文顯折角，江瞿曇白鼻。《陳顯達傳》。

朱銘盤《南朝齊會要·輿服·服物禁制》 武帝永明元年，廬陵王子卿徙荆州刺史，在鎮，營造服飾，多違制度。上敕曰：「吾前後有敕，非復一兩過道，諸王不得作乖體格服飾，汝何意都不憶吾敕邪？忽作瑇瑁乘具，何意？已成不須壞，可速送下。純銀乘具，乃復可爾，何以作鐙亦是銀？可即壞之。忽用金薄裹箭脚，何意？亦速壞去。凡諸服章，自今不啓吾知復專輒作者，後有所聞，當復得痛杖。」本傳。

文惠太子性頗奢麗。織孔雀毛爲裘，光彩金翠，過於雉頭。玩弄羽儀，多所僭擬。太子薨，世祖履行東宫，見太子服翫過制，大怒，敕有司隨事毁除。本傳。

明帝制御親幸，臣下肅清。驅使寒人不得用四幅繖。《本紀》。

朱銘盤《南朝齊會要·輿服·冠服》 五冕相承三公以下冕七旒，青玉珠，卿大夫以下五旒，黑玉珠。永明六年，太常丞何諲之議，案《周禮》命數，改三公八旒，卿六旒。尚書令王儉議，依漢三公服，山、龍九章，卿華蟲七章。從之。《輿服志》。

平冕黑介幘，今謂平天冠。同上。

衮衣，宋末用繡及織成，建武中，明帝以織成重，乃采畫爲之，加飾金銀薄，世亦謂爲天衣。同上。

通天冠，黑介幘，金博山顔，絳紗袍，皁緣中衣，乘輿常朝所服。舊用駮犀簪導，《南史·高紀》高帝主衣中有玉介導，命打破之。東昏改用玉。其朝服，臣下皆同。同上。

黑介幘，單衣，無定色，乘輿拜陵所服。其白帢單衣，謂之素服，以舉哀臨喪。同上。

黄綸帽。《南史·茹法亮傳》徐龍駒著黄綸帽，被貂裘，代帝畫敕。

遠遊冠，太子諸王所冠。太子朱纓，翠羽緌珠節。諸王玄纓，公侯皆同。《輿服志》。

平冕，各以組爲纓，王公八旒，衣山、龍九章，卿七旒，衣華蟲七章，並助祭所服。皆畫皂絳繒爲之。同上。

進賢冠，諸開國公、侯，鄉、亭侯，卿，大夫，尚書，關内侯，二千石，博士，中書郎，丞，郎，秘書監、丞、郎，太子中舍人、洗馬、舍人，諸府長史，卿，尹，丞，下至六百石令長小吏，以三梁、二梁、一梁爲差。同上。

武冠，侍臣加貂蟬，餘軍校武職、黄門、散騎、太子中庶子、二率、朝散、都尉，皆冠之。唯武騎虎賁服文衣，插雉尾於武冠上。同上。

法冠，廷尉等諸執法者冠之。同上。

高山冠，謁者冠之。同上。

樊噲冠，殿門衛士冠之。同上。

黑介幘冠，文冠；平幘冠，武冠。尚書令、僕射、尚書納言幘，後飾爲異。同上。

童子空頂幘，施假髻，貴賤同服。同上。

救日蝕，文武官皆免過，著赤介幘對朝服。赤幘，示威武也。同上。

袴褶，車駕親戎，中外纂嚴所服。黑冠，帽綴紫褾，以格帶代鞶帶。中官紫褾，外官絳褾。其纂嚴戎服不綴褾，行留悉同。校獵巡幸，從官戎服革帶鞶帶，文官不纓，武官脱冠。同上。

永明四年，平北將軍、兗州刺史呂安國，徵爲光禄大夫，加散騎常侍。安國欣有文授，謂其子曰：「汝後勿作袴褶驅使，單衣猶恨不稱，當爲朱衣官也。」本傳。

八年，何胤單作祭酒，疑所服。陸澄博古多該，亦不能據，遂以玄服臨試。爾後詳議，乃用朱服。祭酒朱服，自此始也。《南史·胤傳》。

垣崇祖著白紗帽，上城。本傳。

袿襴大衣，謂之褘衣，皇后謁廟所服。公主會見大首髻，其燕服則施嚴雜寶爲佩瑞。袿襴用繡爲衣，裳加五色，鏁金銀校飾。《輿服志》。

高帝宫人著紫皮履。《本紀》。

朱銘盤《南朝齊會要·輿服·璽印綬》 乘輿傳國璽，秦璽也。別有行信等六璽，皆金爲之，亦秦、漢之制也。皇后金璽，太子諸王金璽，皆龜鈕。公侯五等金章，公世子金印，侯銀印，貴嬪、夫人金章，公主、王太妃、封君金印，六宫以下公侯太夫人夫人銀印。其公，將軍金章，光禄大夫、卿、尹、太子傅、諸領護將軍、中郎將、校尉、郡國太守内史、四品五品將軍，皆銀章，尚書令、僕、中書監、令、秘書監丞、太子二率、諸府長史卿、尹、丞、尉、中丞、都水使者、諸州刺史，皆銅印。《輿服志》。

綬，乘輿黄赤綬，黄赤縹緑紺四采。太子朱綬，諸王纁朱綬，皆赤黄縹紺四采。妃亦同。相國緑綟綬，三采，緑紫紺。郡公玄朱，侯伯青朱，子男素朱，皆三采。公世子紫，侯世子青，鄉、亭、關内侯墨綬，皆二采。郡國太守、内史青，尚書令、僕、中書監、令、秘書監皆黑，丞皆黄，諸府丞亦黄。皇后與乘輿同赤，貴嬪、夫人、貴人紫，王太妃、長公主、封君亦紫綬，六宫青綬，青白紅，郡公、侯夫人青綬。同上。

朱銘盤《南朝齊會要·輿服·佩》 佩玉，自乘輿以下，與晉、宋制同。《輿服志》。建元四年，制王公侯卿尹珠水精，其餘用牙蚌。太官宰人服離支衣，後定。同上。

朱銘盤《南朝齊會要·輿服·簪筆手板笏》 三臺五省二品文官，皆簪白筆。王公五等及武官不簪，加内侍乃簪。《輿服志》。

百官執手板，尚書令、僕、尚書，手板頭復有白筆，以紫皮裹之，名曰「笏」。其肩上紫袷囊，名曰「契囊」，世呼爲「紫荷」。同上。

朱銘盤《南朝齊會要·輿服·御供御遺物附》 高帝後宫器物欄檻以銅爲飾者，皆改用鐵，内殿施黄紗帳，華蓋除金花爪，用鐵迴釘。《本紀》。

武帝御物甘草杖，鬱林王宫人寸斷用之。《鬱林王本紀》。

永明四年，滎陽毛惠素爲少府卿。敕市銅官碧青一千二百斤供御畫，用錢六十萬。《李珪之傳》。

少帝還壽昌殿璿琯床上卧。《南史·臨汝侯坦之傳》。

明帝建武二年十月癸卯，詔水衡量省御乘。《本紀》。

許嵩《建康實録》卷七《晉中·顯宗成皇帝》 〔咸和九年〕十二月，侍中顧和議奏「舊冕有十二旒，皆用玉珠，今用雜珠等，非禮。若不能用玉，可用白琁」。帝納之。

《宋書》卷一八《禮志五》 上古聖人見轉蓬，始爲輪，輪行可載，因爲輿。任重致遠，流運無極。後代聖人觀北斗魁方杓曲攜龍角，爲帝車，曲其輈以便駕。《系本》云：「奚仲始作車。」案庖羲畫《八卦》而爲大輿，服牛乘馬，以利天下。奚仲乃夏之車正，安得始造乎。《系本》之言非也。「車服以庸」，著在唐《典》。夏建旌旗，以表貴賤。周有六職，百工居其一焉。一器而羣工致其巧，車最居多。《明堂位》曰：「鸞車，有虞氏之路也。大路，殷路也。乘路，周路也。」殷有山車之瑞，謂桑根車，殷人制爲大路。《禮緯》曰：「山車垂句。」句，曲也。言不揉治而自曲也。周之五路，則有玉、金、象、革、木。五者之飾，備於《考工記》。輿方法地，蓋圓象天，輻以象日月，二十八弓以象列宿。玉、金、象者，飾車諸末，因爲名也。革者漆革，木者漆木也。玉路，建大常以祀；金路，建大旂以賓；象路，建大赤以朝；革路，建大白以戎；木路，建大麾以田。黑色，夏所尚也。

秦閲三代之車，獨取殷制。古曰桑根車，秦曰金根車也。漢氏因秦之舊，亦爲乘輿，所謂乘殷之路者也。《禮論·輿駕議》曰：「周則玉輅最尊，漢之金根亦周之玉路也。」漢制，乘輿金根車，輪皆朱斑，重轂兩轄，飛軨。轂外復有轂，施轄，其外復設轄，施銅貫其中。《東京賦》曰：「重輪貳轄，疏轂飛軨。」飛軨以赤油爲之，廣八寸，長三尺注地，繫兩軸頭，謂之飛軨也。以金薄繆龍，爲輿倚較。較在箱上。檴文畫藩。藩，箱也。文武伏軾，龍首銜軛，鸞雀立衡，檴文畫輈，翠羽蓋黄裏，所謂黄屋也。金華施橑末，建大常十二旒，畫日月升龍，駕六黑馬，施十二鸞，金爲叉髦，插以翟尾。又加氂牛尾，大如斗，置左騑馬軛上，所謂左纛輿也。路如周玉路之制。應劭《漢官鹵簿圖》，乘輿大駕，則御鳳皇車，以金根爲副。又五色安車、五色立車各五乘。建龍旂，駕四馬，施八鸞，餘如金根之制，猶周金路也。其車各如方色，所謂五時副車，俗謂爲「五帝車」也。江左則闕矣。白馬者，朱其鬣，安車者，坐乘。又有建華蓋九重。甘泉鹵簿者，道車五乘，游車九乘，在乘輿車前。又有象車，最在前，試橋道。晉江左駕猶有之。凡婦人車皆坐乘，故《周禮》王后有安車而王無也。漢制乘輿乃有之。

天子所御駕六，其餘副車皆駕四。案《書》稱朽索御六馬。逸禮《王度記》曰：「天子駕六，諸侯駕五，卿駕四，大夫三，士二，庶人一。」楚平王駕白馬。梁惠王以安車駕三送淳于髡，大夫之儀。《周禮》四馬爲乘。毛詩「天子至大夫同駕四，士駕二」。袁盎諫漢文馳六飛。魏時天子亦駕六。晉《先蠶儀》，皇后安車駕六，以兩轅安車駕五爲副。江左以來，相承無六，駕四而已。

宋孝武大明三年，使尚書左丞荀萬秋造五路。《禮圖》，玉路，建赤旂，無蓋，改造依擬金根，而赤漆櫎畫，玉飾諸末，建青旂，十有二旒，駕玄馬四，施羽葆蓋，以祀。即以金根爲金路，建大青旂，十有二旒，駕玄馬四，羽葆蓋，以賓。象、革、木路，《周官》、《輿服志》、《禮圖》並不載其形段，並依擬玉路，漆櫎畫，羽葆蓋，象飾諸末，建立赤旂，十有二旒，以視朝。革路，建赤旂，十有二旒，以即戎。木路，建赤麾，以田。象、革駕玄，木駕赤，四馬。舊有大事，法駕出，五路各有所主，不俱出也。大明中，始制五路俱出。親耕籍田，乘三蓋車，一名芝車，又名耕根車，置耒耜於軾上。

戎車立乘，夏曰鉤車，殷曰寅車，周曰元戎。建牙麾，邪注之，載金鼓羽幢，置甲弩於軾上。

獵車，輞轅，輪畫繆龍繞之。一名蹋猪車。魏文帝改曰蹋虎車。

指南車，其始周公所作，以送荒外遠使。地域平漫，迷於東西，造立此車，使常知南北。鬼谷子云：「鄭人取玉，必載司南，爲其不惑也。」至于秦、漢，其制無聞。後漢張衡始復創造。漢末喪亂，其器不存。魏高堂隆、秦朗，皆博聞之士，爭論於朝，云無指南車，記者虛說。明帝青龍中，令博士馬鈞更造之而車成。晉亂復亡。石虎使解飛，姚興使令狐生又造焉。安帝義熙十三年，宋武帝平長安，始得此車。其制如鼓車，設木人於車上，舉手指南。車雖回轉，所指不移。大駕鹵簿，最先啓行。此車戎狄所制，機數不精，雖曰指南，多不審正。回曲步驟，猶須人功正之。范陽人祖沖之，有巧思，常謂宜更構造。宋順帝昇明末，齊王爲相，命造之焉。車成，使撫軍丹陽尹王僧虔、御史中丞劉休試之。其制甚精，百屈千回，未常移變。晉代又有指南舟。索虜拓跋燾使工人郭善明造指南車，彌年不就。扶風人馬岳又造，垂成，善明酖殺之。

記里車，未詳所由來，亦高祖定三秦所獲。制如指南，其上有鼓，車行一里，木人輒擊一槌。大駕鹵簿，以次指南。

輦車，《周禮》王后五路之卑者也。後宮中從容所乘，非王車也。漢制乘輿御之，或使人挽，或駕果下馬。漢成帝欲與班婕妤同輦是也。後漢陰就外戚驕貴，亦輦。井丹譏之曰：「昔桀乘人車，豈此邪！」然則輦夏后氏末代所造也。井丹譏陰就乘人，而不云僭上，豈貴臣亦得乘之乎？未知何代去其輪。《傅玄子》曰：「夏曰余車，殷曰胡奴，周曰輜車。」輜車，即輦也。魏、晉御小出，常乘馬，亦多乘輿車。輿車，今之小輿。

犢車，軿車之流也。漢諸侯貧者乃乘之，其後轉見貴。孫權云「車中八牛」，即犢車也。江左御出，又載儲偫之物。漢代賤軺車而貴輜軿，魏、晉賤輜軿而貴軺車。又有追鋒車，去小平蓋，加通幰，如軺車，而駕馬。又以雲母飾犢車，謂之雲母車，臣下不得乘，時以賜王公。晉氏又有四望車，今制亦存。又漢制，唯賈人不得乘馬車，其餘皆乘之矣。除吏赤蓋杠，餘則青蓋杠云。

《周禮》王后亦有五路，重翟、厭翟、安車、翟車、輦車，凡五也。漢制，太皇太后、皇太后、皇后法駕乘重翟羽蓋金根車，駕青交絡，青帷裳，雲櫎畫轅，黃金塗五末，蓋爪施金華，駕三馬，左右騑。其非法駕則紫罽軿車。按《字林》，軿車有衣蔽，無後轅。其有後轅者謂之輜。應劭《漢官》，明帝永平七年，光烈陰皇后葬，魂車，鸞路青羽蓋，駕駟馬，龍旂九旒，前有方相。鳳皇車，大將軍妻參乘，太僕妻，御女騎夾轂，此前漢舊制也。

晉《先蠶儀注》，皇后乘油畫雲母安車，駕六騩馬。騩，淺黑色也。油畫兩轅安車，駕五騩馬爲副。公主油畫安車，駕三。三夫人青交絡安車，駕三。皆以紫絳罽軿車，駕三爲副。九嬪世婦軿車，駕二。宮人輜車，駕一。王妃、公侯特進夫人、封君皁交絡安車，駕三。

漢制，貴人、公主、王妃、封君油軿皆駕二，右騑而已。

漢制，太子、皇子皆安車，朱斑輪，倚虎較，伏鹿軾，黑櫎文畫蕃，青蓋，金華施橑末，黑櫎文畫轅，黃金塗五末。皇子爲王，錫以此乘，故曰王青蓋車。皆左右騑駕，五斿，斿九旒，畫降龍。皇孫乘緑蓋車，亦駕三。魏、晉之制，太子及諸王皆駕四。

晉元帝太興三年，太子釋奠。詔曰：「未有高車，可乘安車。」高車，即立乘車也。公及列侯安車，朱班輪，倚鹿較，伏熊軾，黑蕃者謂之軒，皁繒蓋，駕二，右騑。王公斿八旒，侯七旒，卿五旒，皆降龍。公卿中二千石二千石郊陵法駕出，皆大車立乘，駕四。後導從大車，駕二，右騑。他出乘安車。其去位致仕，皆賜安車四馬。中二千石皆皁蓋。朱蕃，銅五末，駕二，右騑。《晉令》：王公之世子攝命治國者，安車，駕三，旂七旒，其侯世子，五旒。

傅暢《故事》：三公安車，駕三。特進駕二。卿一。漢制，公、列侯、中二千石、二千石夫人會廟及蠶，各乘其夫之安車，右騑，加皁交絡，帷裳皆皁。非公會，則乘漆布輜軿，銅五末。晉武帝太康四年，詔依漢故事，給九卿朝車駕及安車各一乘。傅暢《故事》：尚書令軺車，黑耳後户。僕射但後户無耳。中書監令如僕射。

漢制，乘輿御大駕，公卿奉引，太僕御，大將軍參乘，備千乘萬騎。屬車八十一乘。古者諸侯貳車九乘，秦滅九國，兼其車服，故八十一乘也。漢遵弗改。漢都長安時，祠天於甘泉用之。都洛陽，上原陵，又用之，大喪又用之。法駕則河南尹、洛陽令奉引，奉車郎御，侍中參乘。屬車三十六乘。凡屬車皆皁蓋赤裏。後漢祠天郊用法駕，祠宗廟用小駕。小駕，減損副車也。前驅有九斿雲罕，皮軒鸞旗，車皆大夫載之。鸞旗者，編羽旄列繫幢傍也。金鉦黄鉞，黄門鼓車，乘輿之後有屬車。尚書、御史載之。最後一車懸豹尾。豹尾以前，比於省中。每出警蹕清道，建五旗。太僕奉駕條上鹵簿，尚書郎侍御史令史皆執注以督整車騎，所謂護駕也。春秋上陵，尤省於小駕。直事尚書一人從，其餘令史以下皆從行，所謂先置也。薛綜《東京賦》注以雲罕九斿爲旌旗別名，亦不辨其形。案魏命晉王建天子旌旗，置旄頭雲罕。是知雲罕非旌旗也。徐廣《車服注》以爲九斿，斿車九乘。雲罕疑是罼罕。《詩敍》曰：「齊侯田獵罼弋，百姓苦之。」罼罕本施遊獵，遂爲行飾乎？潘岳《籍田賦》先敍五路九旗，次言瓊鈒雲罕。若罕爲旗，則岳不應頻句於九旗之下。又以其物匹鈒戟，宜是今罼網明矣。此説爲得之。皮軒，以虎皮爲軒也。徐又引《淮南子》「軍正執豹皮以制正其衆。」《禮記》「前有士師，則載皮皮」。乘輿豹尾，亦其義類乎？五旗者，五色各一旗，以木牛承其下。徐又云：「木牛，蓋取其負重而安穩也。」五旗纏竿，即《禮記》德車結旌不盡飾也，戎事乃散之。又武車綏旌，垂舒之也。史臣案：今結旌綏旌同，而德車武車之所不建。又木牛之義，亦未灼然可曉。又案《周禮》辨載法物，莫不詳究，然無相風、罼網、旄頭之屬，此非古制明矣。何承天謂戰國並争，師旅數出，懸烏之設，務察風祲，宜是秦矣。晉武嘗問侍臣：「旄頭何義？」彭推對曰：「秦國有奇怪，觸山截水，無不崩潰，唯畏旄頭，故虎士服之，則秦制也。」張華曰：「有是言而事不經。臣謂壯士之怒，髮踴衝冠，義取於此。」摯虞《決疑》無所是非也。徐爰曰：「彭、張之説，各言意義，無所承據。案天文畢昴之中謂之天街，故車駕以罼罕前引，畢方昴圓，因其象。《星經》，昴一名旄頭，故使執之者冠皮毛之冠也。」

輕車，古之戰車也。輪輿洞朱，不巾不蓋，建矛戟幢麾，置弩於軾上，駕二。射聲校尉司馬吏士載，以次屬車。

《漢儀》曰：「出稱警，入稱蹕。」説者云，車駕出則應稱警，入則應稱蹕也，而今俱唱之。史臣以爲警者，警戒也。蹕者，止行也。今從乘輿而出者，並警戒以備非常也。從外而入乘輿相干者，蹕而止之也。董巴、司馬彪云：「諸侯王遮迾出入，稱警設蹕。」

武剛車，有巾有蓋，在前爲先驅。又在輕車之後爲殿也。駕一。《史記》，衛青征匈奴，以武剛車爲營是也。

漢制，大行載轀輬車，四輪。其飾如金根，加施組連璧，交絡，四角金龍首銜璧，垂五采，析羽流蘇，前後雲氣畫帷裳，楲文畫曲蕃，長與車等。太僕御，駕六白駱馬，以黑藥灼其身爲虎文，謂之布施馬。既下，馬斥賣，車藏城北祕宫。今則馬不虎文，不斥賣，車則毁也。自漢霍光、晉安平、齊王、賈充、王導、謝安、宋江夏王葬以殊禮者，皆大輅黄屋，載轀輬車。

《晉令》曰：「乘傳出使，遭喪以上，即自表聞，聽得白服乘騾車，到副使攝事。」徐廣《車服注》：「傳聞騾車者，犢車裝而馬車轅也。」又車無蓋者曰科車。

晉武帝時，護軍將軍羊琇乘羊車，司隸校尉劉毅奏彈之。詔曰：「羊車雖無制，猶非素者所服。」江左來無禁也。

舊有充庭之制，臨軒大會，陳乘輿車輦旌鼓於殿庭。張衡《東京賦》云：「龍路充庭，鸞旗拂霓。」晉江左廢絶。宋孝武大明中修復。

上古寢處皮毛，未有制度。後代聖人見鳥獸毛羽及其文章與草木華采之色，因染絲綵以作衣裳，爲玄黄之服，以法乾坤上下之儀；觀鳥獸冠胡之形，制冠冕纓蕤之飾。虞氏作繢，采章彌文，夏后崇約，猶美黻冕。咎繇陳《謨》，則稱五服五章。皆後王所不得異也。周監二代，典制詳密，故弁師掌六冕，司服掌六服，設擬等差，各有其序。《禮記·冠義》曰：「冠者禮之始，嘉事之重者也。」太古布冠，齊則緇之。夏曰毋追，殷曰章甫，周曰委貌，此皆三代常所□□周之祭冕，繅采備飾，故夫子曰「服周之冕」，以盡美稱之。至秦以戰國即天子位，滅去古制，郊祭之服，皆以袀玄。至漢明帝始採《周官》、《禮記》、《尚書》諸儒說，還備衮冕之服。魏明帝以公卿衮衣黼黻之文，擬於至尊，復損略之。晉以來無改更也。天子禮郊廟，則黑介幘，平冕，今所謂平天冠也。皁表朱緑裏，廣七寸，長尺二寸，垂珠十二旒。以朱組爲纓，衣皁上絳下，前三幅，後四幅，衣畫而裳繡，爲日、月、星辰、山、龍、華、蟲、藻、火、粉米、黼、黻之象，凡十二章也。素帶廣四寸，朱裏，以朱緣裨飾其側。中衣以絳緣其領袖。赤皮蔽膝。蔽膝，古之韍也。絳袴，絳襪，赤舄。未加元服者，空頂介幘。其釋奠先聖，則皁紗裙，絳緣中衣，絳袴袜，黑舄。其臨軒亦衮冕也。其朝服，通天冠，高九寸，金博山顔，黑介幘，絳紗裙，皁緣中衣。其拜陵，黑介幘，㦸單衣。其雜服，有青赤黄白緗黑色介幘，五色紗裙，五梁進賢冠，遠遊冠，平上幘，武冠。其素服，白帢單衣。《漢儀》，立秋日貙服緗幘。晉哀帝初，博士曹弘之等儀：「立秋御讀令，不應緗幘。求改用素。」詔從之。宋文帝元嘉六年，奉朝請徐道娱表：「不應素幘。」詔門下詳議，帝執宜如舊。遂不改。

進賢冠，前高七寸，後高三寸，長八寸，梁數隨貴賤，古之緇布冠也。文儒者之所服。上公、卿助祭於郊廟，皆平冕，王公八旒，卿七旒，以組爲纓，色如其綬。王公衣山龍以下，九章也，卿衣華蟲以下，七章也。行鄉射禮，則公卿委貌冠，以皁絹爲之，形如覆杯，與皮弁同制。長七寸，高四寸。衣黑而裳素。其中衣以皁緣領袖。其執事之人皮弁，以鹿皮爲之。

武冠，昔惠文冠，本趙服也，一名大冠。凡侍臣則加貂蟬。應劭《漢官》曰：「說者以金取堅剛，百鍊不耗；蟬居高食潔，口在腋下；貂内勁悍而外温潤。」此因物生義，非其實也。其實趙武靈王變胡，而秦滅趙，以其君冠賜侍臣，故秦、漢以來，侍臣有貂蟬也。徐廣《車服注》稱其意曰：「北土寒涼，本以貂皮暖額，附施於冠，因遂變成首飾乎？」侍中左貂，常侍右貂。

法冠，本楚服也。一名柱後，一名獬豸。說者云：「獬豸獸知曲直，以角觸不正者也。」秦滅楚，以其君冠賜法官。

謁者高山冠，本齊服也。一名側注冠。秦滅齊，以其君冠賜謁者。魏明帝以其形似通天、遠遊，乃毁變之。

樊噲冠，廣九寸，制似平冕，殿門衛士服之。漢將樊噲常持鐵盾。鴻門之會，項羽欲害漢王，乃製裳以苞盾，戴入見羽。漢承秦制，冠有十三種，魏、晉以來，不盡施用。今志其施用者也。

幘者，古賤人不冠者之服也。漢元帝額有壯髮，始引幘服之。王莽頂秃，又加其屋也。《漢注》曰：「冠進賢者宜長耳，今介幘也。冠惠文者宜短耳，今平上幘也。知時各隨所宜，後遂因冠爲别。」介幘服文吏，平上服武官也。童子幘無屋者，示未成人也。又有納言幘，後收，又一重，方三寸。又有赤幘，騎吏、武吏、乘輿鼓吹所服。救日蝕，文武官皆免冠，著赤幘，對朝服，示威武也。宋乘輿鼓吹，黑幘武冠。

漢制，祀事五郊，天子與執事所服各如方色；百官不執事者，自服常服以從。常服，絳衣也。

魏祕書監秦静曰：「漢氏承秦，改六冕之制，但玄冠絳衣而已。」晉名曰五時朝服；有四時朝服，又有朝服。

凡兵事，總謂之戎。《尚書》云：「一戎衣而天下定。」《周禮》：「革路以即戎。」又曰：「兵事韋弁服。」以韎韋爲弁，又以爲衣裳。《春秋左傳》：「戎服將事。」又云：「晉郤至衣韎韋之跗。」注，先儒云：「韎，絳色。」今時伍伯衣。說者云，五霸兵戰，猶有綬紱、冠纓、漫胡，則戎服非袴褶之制，未詳所起。近代車駕親戎中外戒嚴之服，無定色，冠黑帽，綴紫褾。褾以繒爲之，長四寸，廣一寸。腰有絡帶，以代鞶革。中官紫褾，外官絳褾。又有纂嚴戎服，而不綴褾。行留文武悉同。其畋獵巡幸，則唯從官戎服，帶鞶革；文官不下纓，武官脱冠。宋文帝元嘉中，巡幸蒐狩皆如之；救宫廟水火，亦如之。

漢制，太后入廟祭神服，紺上皁下，親蠶，青上縹下，皆深衣。深衣，即單衣也。首飾剪氂幗。

漢制，皇后謁廟服，紺上皁下。親蠶，青上縹下。首飾，假髻，步摇，八雀，九華，加以翡翠。晉《先蠶儀注》，皇后十二鎮，步摇，大手髻，衣純青之衣，帶綬佩。今皇后謁廟服袿襹大衣，謂之褘衣。公主三夫人大手髻，七鎮，蔽髻。九嬪及公夫人五鎮。世婦三鎮。公主會見，大手髻。其長公主得有步摇。公主封君以上皆帶綬，以采組爲緄帶，各如其綬色。公特進列侯夫人、卿校世婦、二千石命婦，年長者，紺繒幗。佐祭則皁絹上下。助蠶則青絹上下。自皇后至二千石命婦，皆以蠶衣爲朝服。

劉向曰：「古者天子至于士，王后至于命婦，必佩玉，尊卑各有其制。」《禮記》曰：「天子佩白玉而玄組綬，公侯山玄玉而朱組綬，卿大夫水蒼玉而緇組綬，士佩瓀玟而緼組綬。」緼，赤黄色。綬者，所貫佩相承受也。上下施韍如蔽膝，貴賤亦各有殊。五霸之後，戰兵不息，佩非兵器，韍非戰儀，於是解去佩韍，留其繫襚而已。秦乃以采組連結於襚，轉相結受，謂之綬。漢承用之。至明帝始復制佩，而漢末又亡絶。魏侍中王粲識其形，乃復造焉。今之佩，粲所制也。皇后至命婦所佩，古制不存，今與外同制，秦組綬，仍又施之。

漢制，自天子至于百官，無不佩刀。司馬彪志具有其制。漢高祖爲泗水亭長，拔劍斬白蛇。雋不疑云：「劍者，君子武備。」張衡《東京賦》「紆黄組，腰干將」。然則自人君至士人，又帶劍也。自晉代以來，始以木劍代刃劍。

乘輿六璽，秦制也。《漢舊儀》曰：「皇帝行璽，皇帝之璽，皇帝信璽，天子行璽，天子之璽，天子信璽。」此則漢遵秦也。初高祖入關，得秦始皇藍田玉璽，螭虎紐，文曰「受天之命，皇帝壽昌」。高祖佩之，後代名曰傳國璽。與斬白蛇劍俱爲乘輿所寶。傳國璽，魏、晉至今不廢；斬白蛇劍，晉惠帝武庫火燒之，今亡。晉懷帝没胡，傳國璽没於劉聰，後又屬石勒。及石勒弟石虎死，胡亂，晉穆帝代，乃還天府。虞喜《志林》曰：「傳國璽，自在六璽之外，天子凡七璽也。」《漢注》曰：「璽，印也。自秦以前，臣下皆以金玉爲印，龍虎紐，唯所好。秦以來，以璽爲稱，又獨以玉，臣下莫得用。」漢制，皇帝黄赤綬，四采，黄、赤、縹、紺。皇后金璽，綬亦如之。於禮，士綬之色如此，後代變古也。吴無刻三二，以金爲璽。孫皓造金璽六枚是也。又有麟鳳龜龍璽，馳馬鴨頭雜印，今代則闕也。

皇太子，金璽，龜紐，纁朱綬，四采，赤、黄、縹、紺。給五時朝服，遠遊冠，亦有三梁進賢冠。佩瑜玉。

諸王，金璽，龜紐，纁朱綬，四采，赤、黄、縹、紺。給五時朝服，遠遊冠，亦有三梁進賢冠。佩山玄玉。

郡公，金章，玄朱綬。給五時朝服，進賢三梁冠，佩山玄玉。太宰、太傅、太保、丞相、司徒、司空，金章，紫綬。給五時朝服，進賢三梁冠。佩山玄玉。相國則緑綟綬，三采，緑、紫、紺。綟，草名也，其色緑。大司馬、大將軍、太尉，凡將軍位從公者，金章，紫綬。給五時朝服，武冠。佩山玄玉。郡侯，金章，青朱綬。給五時朝服，進賢三梁冠。佩水蒼玉。

驃騎、車騎將軍，凡諸將軍加大者，征、鎮、安、平、中軍、鎮軍、撫軍、前、左、右、後將軍，征虜、冠軍、輔國、龍驤將軍，金章，紫綬。給五時朝服，武冠。佩水蒼玉。

貴嬪、夫人、貴人，金章，文曰貴嬪、夫人、貴人之章。紫綬。佩于闐玉。

淑妃、淑媛、淑儀、修華、修容、修儀、婕妤、容華、充華，銀印，文曰淑妃、淑媛、淑儀、修華、修容、修儀、婕妤、容華、充華之印。青綬。佩五采瓊玉。

皇太子妃，金璽，龜紐，纁朱綬。佩瑜玉。

諸王太妃、妃、諸長公主、公主、封君，金印，紫綬。佩山玄玉。

郡公侯太夫人、夫人，銀印，青綬。佩水蒼玉。

郡公侯世子，銀印，青綬。給五時朝服，進賢兩梁冠。佩水蒼玉。

侍中、散騎常侍及中常侍，給五時朝服，武冠。貂蟬，侍中左，常侍右。皆佩水蒼玉。

尚書令、僕射，銅印，墨綬。給五時朝服，納言幘，進賢兩梁冠。佩水蒼玉。

尚書，給五時朝服，納言幘，進賢兩梁冠。佩水蒼玉。

中書監令、祕書監，銅印，墨綟綬。給五時朝服，進賢兩梁冠。佩水蒼玉。

光禄大夫、卿、尹、太子保傅、大長秋、太子詹事，銀章，青綬。給五時朝服，進賢兩梁冠。佩水蒼玉。

衛尉，則武冠。衛尉，江左不置。宋孝武孝建初始置，不檢晉服制，止以九卿皆文冠及進賢兩梁冠，非舊也。

司隸校尉、武尉、左右衛、中堅、中壘、驍騎、游擊、前軍、左軍、右軍、後軍、寧朔、建威、振威、奮威、揚威、廣威、建武、振武、奮武、揚武、廣武、左右積弩、强弩諸將軍，監軍，銀章，青綬。給五時朝服，武冠。佩水蒼玉。

領軍、護軍、城門五營校尉、東南西北中郎將，銀印，青綬。給五時朝服，武冠。佩水蒼玉。

縣、鄉、亭侯，金印，紫綬。朝服，進賢三梁冠。

鷹揚、折衝、輕車、揚烈、威遠、寧遠、虎威、材官、伏波、淩江諸將軍，銀章，青綬。給五時朝服，武冠。

奮武護軍、安夷撫軍、護軍、軍州郡國都尉、奉車、駙馬、騎都尉、諸護軍將兵助郡都尉、水衡、曲虞、牧官、典牧都尉、度支中郎將、校尉、都尉、司鹽都尉、材官校尉、王國中尉、宜禾伊吾都尉、監淮南津都尉，銀印，青綬。五時朝服，武冠。
州刺史，銅印，墨綬。給絳朝服，進賢兩梁冠。
御史中丞、都水使者，銅印，墨綬。給五時朝服，進賢兩梁冠。佩水蒼玉。
謁者僕射，銅印，墨綬。給四時朝服，高山冠。佩水蒼玉。
諸軍司馬，銀章，青綬。朝服，武冠。
給事中、黄門侍郎、散騎侍郎、太子中庶子、庶子，給五時朝服，武冠。
中書侍郎，給五時朝服，進賢一梁冠。
宂從僕射、太子衛率，銅印，墨綬。給五時朝服，武冠。
皮賁中郎將、羽林監，銅印，墨綬。給四時朝服，武冠。其在陛列及備鹵簿，
鶡尾，絳紗縠單衣。鶡鳥似雞，出上黨。爲鳥强猛，鬭不死不止。復著鶡尾。
北軍中候、殿中監，銅印，墨綬。給四時朝服，武冠。
護匈奴中郎將、護羌夷戎蠻越烏丸西域戊己校尉，銅印，青綬。朝服，武冠。
郡國太守、相、内史，銀章，青綬。朝服，進賢兩梁冠。江左止單衣幘。其加
中二千石者，依卿、尹。
牙門將，銀章，青綬。朝服，武冠。
騎都督、守，銀印，青綬。朝服，武冠。
尚書左右丞、祕書丞，銅印，黄綬。朝服，進賢一梁冠。
尚書祕書郎、太子中舍人、洗馬、舍人，朝服，進賢一梁冠。
黄沙治書侍御史，銀印，墨綬。朝服，法冠。
侍御史，朝服，法冠。
關內、關中名號侯，金印，紫綬。朝服，進賢兩梁冠。
諸博士，給皁朝服，進賢兩梁冠。佩水蒼玉。
公府長史、諸卿尹丞、諸縣署令秩千石者，銅印，墨綬。朝服，進賢兩梁冠。
公府長史無朝服，縣令止單衣幘。宋後廢帝元徽四年，司徒右長史王儉議
江左公府長史應服朝服。曰：「《春秋國語》云：『貌者情之華，服者心之文。』巖廊盛禮，衣冠爲大。是故軍國異容，内外殊序。而自頃承用，每有乖違。府職掌人，教四方是則。臣居毗佐，志在當官，永言先典，載懷夕惕。按晉令，公府長史，官品第六，銅印，墨綬，朝服，進賢兩梁冠。掾屬，官品第七，朝服，進賢一梁冠。晉官表注，亦與《令》同。而今長史、掾屬，但著朱服而已，此則公違明文，積習成謬。謂宜依舊制，長史兩梁冠，掾屬一梁冠，並同備朝服。中單韋烏，率由舊章。若所上蒙允，并請班司徒二府及諸儀同三府，通爲永準。又尋舊事，司徒公府領步兵者職僚悉同降朝不領兵者。主簿祭酒，中單韋烏並備，令史以下，唯著玄衣。今府既開公，謹遵此制。其或有署臺位者，悉宜著位之服，不在玄服之例。若署皆從重官之例。尋内官爲重，其署臺位者，玄服爲疑。按《令》稱諸有兼官，諸卿寺位兼府職者，雖三品，而卿寺爲卑，則宜依公府玄衣之制。服章事重，禮儀所先，請臺詳服。」儀曹郎中沈俣之議曰：「制珪象德，損替因時；裁服象功，施用隨代。車旗變於商、周，冠佩革於秦、漢，豈必殊代襲容，改尚沿物哉。夫邊貂假幸侍之首，賤幘登尊極之顔，一適時用，便隆後制。況朱裳以朝，緇傾百祀，韋烏不加，浩然惟舊。服爲定章，事成永則。其儉之所秉，會非古訓。青素相因，代有損益，何事棄盛宋之興法，追往晉之頽典。變改空煩，謂不宜革。」儉又上議曰：「自頃服章多闕，有違前準，近議依令文，被報不宜改革。又稱左丞劉議『按令文，凡有朝服，今多闕亡。然則文存服損，非唯鉉佐，用捨既久，即爲舊章』。如下旨。伏尋皇宋受終，每因晉舊制，律令條章，同規在昔。若事有宜，必合懲改，則當上關詔書，下由朝議，縣諸日月，垂則後昆。豈得因外府之乖謬，以爲盛宋之興典，用晉氏之律令，而謂其儀爲頽法哉。順違從失，非所望於高議；申明舊典，何改革之可論。又左丞引令史之闕服，以爲鉉佐之明比。夫名位不同，禮數異等，令史從省，或有權宜；達官簡略，爲失彌重。又主簿、祭酒，備服於王庭，長史、掾屬，朱衣以就列。於是倫比，自成矛盾。此而可忍，孰不可安。將引令以遵舊，臺據失以爲例，研詳符旨，良所未譬。當官而行，何强之有，制令昭然，守以無貳。」俣之又議：「雲火從物，沿損異儀，帝樂五殊，王禮三變，豈獨大宋造命，必咸仍於晉舊哉！夫宗社疑文，庭廟闕典，或上降制書，下協朝議，何乃鉉府佐屬裳幘，稍改白虎之詔，斷宣室之疇咨乎。又許令史之從省，咎達官之簡略。律苟可遵，固無辨於貴賤；規若必等，亦何關於權宜。一用一舍，彌增其滯。且佐非韋烏之職，吏本朝服之官，凡在班列，罔不如一，此蓋前令違而遂改，今制允而長用也。爵異服殊，寧會矛盾之譬；討論疑制，焉取强弱之辨。府執既革之餘文，臺據永行之成典，良有期於無固，非所望於行迷。」參詳並同儉，議遂寢。

諸軍長史、諸卿尹丞、獄丞、太子保傅詹事丞、郡國太守相內史、丞、長史、諸縣署令長相、關谷長、王公侯諸署令、長、司理、治書、公主家僕，銅印，墨綬。朝服，進賢一梁冠。江左太子保傅卿尹詹事丞，皁朝服。郡丞、縣令長，止單衣幘。

公車司馬、太史、太醫、太官、御府、内省令、太子諸署令、僕、門大夫、陵令、銅印，墨綬。朝服，進賢一梁冠。

太子率更、家令、僕，銅印，墨綬。給五時朝服，進賢兩梁冠。

黄門諸署令、僕、長，銅印，墨綬。四時朝服，進賢一梁冠。

黄門冗從僕射監、太子寺人監，銅印，墨綬。給四時朝服，武冠。

公府司馬，諸軍城門五營校尉司馬，護匈奴中郎將護羌戎夷蠻越烏丸戊己校尉長史、司馬，銅印，墨綬。朝服，武冠。江左公府司馬無朝服，餘止單衣幘。

廷尉正、監、平，銅印，墨綬。給皁零辟朝服，法冠。

王郡公侯郎中令、大農，銅印，青綬。朝服，進賢兩梁冠。

北軍中候丞，銅印，黄綬。朝服，進賢一梁冠。

太子常從虎賁督、千人督、校督、司馬虎賁督，銅印，墨綬。朝服，武冠。

殿中將軍，銀章，青綬。四時朝服，武冠。宋末不復給章綬。

水衡、典虞、牧官、典牧、材官、州郡國都尉、司馬，銅印，墨綬。朝服，武冠。

諸謁者，朝服，高山冠。

門下中書通事舍人令史、門下主事令史，給四時朝服，武冠。

尚書典事、都水使者參事、散騎集書中書尚書令史、門下散騎中書尚書令史、録尚書中書監令僕省事史、祕書著作治書、主書、主璽、主譜令史、蘭臺殿中蘭臺謁者都水使者令史、書令史，朝服，進賢一梁冠。江左凡令史無朝服。

節騎郎，朝服，武冠。其在陛列及備鹵簿，著鶡毛，絳紗縠單衣。

殿中中郎將校尉、都尉、黄門中郎將校尉、殿中太醫校尉、都尉，銀印，青綬。四時朝服，武冠。

關外侯，銀印，青綬。朝服，進賢兩梁冠。

左右都候、閶闔司馬、城門候，銅印，黑綬。朝服，武冠。

王郡公侯中尉，銅印，墨綬。朝服，武冠。

部曲督護，司馬史、部曲將，銅印。朝服，武冠。司馬史，假墨綬。

太中中散諫議大夫、議郎、郎中、舍人，朝服，進賢一梁冠。秩千石者，兩梁。

城門令史，朝服，武冠。江左凡令史無朝服。

諸門僕射左史、東宮門吏，皁零辟朝服。僕射東宮門吏，卻非冠。佐史，進賢冠。

宫内游徼、亭長，皁零辟朝服，武冠。

太醫校尉、都尉、總章協律中郎將校尉、都尉，銀印，青綬。朝服，武冠。

小黄門，給四時朝服，武冠。

黄門謁者，給四時朝服，進賢一梁冠。朝賀通謁時，著高山冠。

黄門諸署史，給四時朝服，武冠。

中黄門黄門諸署從官寺人，給四時科單衣，武冠。

殿中司馬、及守陵者、殿中太醫司馬，銅印，墨綬。給四時朝服，武冠。

太醫司馬，銅印。朝服，武冠。

總章監鼓吹監司律司馬，銅印，墨綬。朝服。鼓吹監總章協律司馬，武冠。

總章監司律司馬，進賢一梁冠。

諸縣署丞、太子諸署丞、王公侯諸署及公主家丞，銅印，黄綬。朝服，進賢一梁冠。

太醫丞，銅印。朝服，進賢一梁冠。

黄門諸署丞，銅印，黄綬。給四時朝服，進賢一梁冠。

黄門稱長、園監，銅印，黄綬。給四時朝服，武冠。

諸縣尉、關谷塞護道尉，銅印，黄綬。朝服，武冠。江左止單衣幘。

洛陽鄉有秩，銅印，青綬。朝服，進賢一梁冠。

宣威將軍以下至裨將軍，銅印。朝服，武冠。其以此官爲刺史、郡守、若萬人司馬虎賁督以上、及司馬史者，皆假青綬。

平虜武猛中郎將、校尉、都尉，銀印。朝服，武冠。其以此官爲千人司馬虎賁督以上、及司馬史者，皆假青綬。

別部司馬、軍假司馬，銀印。朝服，武冠。

圖像都匠行水中郎將、校尉、都尉，銀印，青綬。朝服，武冠。若非以工伎巧能特加此官者，不加綬。羽林郎、羽林長郎，佩武猛都尉以上印者，假青綬。別部司馬以下，假墨綬。朝服，武冠。其長郎壯士，武弁冠。在陛列及鹵簿，服絳縠單衣。

陛下甲僕射主事吏將騎、廷上五牛旗假使虎賁，在陛列及備鹵簿，服錦文衣，武冠，鶡尾。陛尾，假銅印，墨綬。旄頭。

羽林在陛列及備鹵簿，服絳科單衣，上著韋畫要襦。假旄頭。

舉輦跡禽前驅由基强弩司馬、守陵虎賁，佩武猛都尉以上印者，假青綬。別部司馬以下，假墨綬。守陵虎賁，給絳科單衣，武冠。

殿中冗從虎賁、殿中虎賁，及守陵者持鈒戟冗從虎賁，佩武猛都尉以下印者，假青綬。別部司馬以下，假墨綬。絳科單衣，武冠。

持椎斧武騎虎賁、五騎傳詔虎賁、殿中羽林及守陵者太官尚食虎賁、稱飯宰人、諸宫尚食虎賁，武猛都尉以上印者，假青綬。別部司馬以下，假墨綬。給絳褠，武冠。其在陛列及備鹵簿，五騎虎賁，服錦文衣，鶡尾。宰人服離支衣。

黄門鼓吹、及釘官僕射黄門鼓吹史主事、諸官鼓吹、尚書廊下都坐門下守閤、殿中威儀騶、虎賁常直殿黄雲龍門者、門下左右部虎賁羽林騶、給傳事者諸導騶、門下中書守閤，給絳褠，武冠。南書門下虎賁羽林騶、蘭臺五曹節藏射廊下守閤、威儀、發符騶、都水使者黄沙廊下守閤、謁者、録事、威儀騶、河隄謁者騶、諸官謁者騶，絳褠，武冠。給其衣服，自如故事。大誰士皁科單衣，樊噲冠。衛士墨布褠，却敵冠。凡此前衆職，江左多不備，又多闕朝服。

諸應給朝服佩玉，而不在京都者給朝服，非護烏丸羌夷戎蠻諸校尉以上及刺史、西域戊己校尉，皆不給佩玉。其來朝會，權時假給，會罷輸還。凡應朝服者，而官不給，聽自具之。諸假印綬而官不給鞶囊者，得自具作。其但假印不假綬者，不得佩綬。

鞶，古制也。漢代著鞶囊者，側在腰間。或謂之傍囊，或謂之綬囊。然則以此囊盛綬也。或盛或散，各有其時乎。

朝服一具，冠幘各一，絳緋袍、皁緣中單衣領袖各一領，革帶袷袴各一，舄、襪各一量，簪導餉自副。四時朝服者，加絳絹黄緋青緋皁緋袍單衣各一領；五時朝服者，加給白絹袍單衣一領。

諸受朝服，單衣七丈二尺，科單衣及褠五丈二尺，中衣絹五丈，緣皁一丈八尺，領袖練一匹一尺，絹七尺五寸。給袴練一丈四尺，縑二丈。襪布三尺。單衣及褠袷帶，縑各一段，長七尺。江左止給絹各有差。宋元嘉末，斷不復給，至今。

山鹿、豺、柱豺、白豺、施毛狐白領、黄豹、斑白鼯子、渠搜裘、步摇、八鎮、蔽結、多服蟬、明中、櫂白，又諸織成衣帽、錦帳、純金銀器、雲母從廣一寸以上物者，皆爲禁物。

諸在官品令第二品以上，其非禁物，皆得服之。第三品以下，加不得服三鎮以上、蔽結、爵叉、假真珠翡翠校飾纓佩、雜采衣、杯文綺、齊繡黼、鐵離、袿袍。第六品以下，加不得服金鎮、綾、錦、錦繡、七緣綺、貂豺裘、金叉鐶鉺，及以金校飾器物，張絳帳。第八品以下，加不得服羅、紈、綺、縠，雜色真文。騎士卒百工人，加不得服大絳紫襈、假結、真珠當珥、犀、瑇瑁、越疊，以銀飾器物、張帳、乘犢車，履色無過緑、青、白。奴婢衣食客，加不得服白幘、蒨、絳、金黄銀叉、鐶、鈴、鑷、鉺，履色無過純青。諸去官及罷卒不禄物故，家人所服，皆得從故官之例。

諸王皆不得私作禁物，及罽碧校鞍，珠玉金銀錯刻鏤雕飾無用之物。

古者貴賤皆執笏，其有事則搢之於腰帶，所謂搢紳之士者，搢笏而垂紳帶也。紳垂三尺。笏者有事則書之，故常簪筆，今之白筆，是其遺象。三臺五省二品文官簪之。王公侯伯子男卿尹及武官不簪。加内侍位者，乃簪之。手板，則古笏矣。尚書令、僕射、尚書手板頭復有白筆，以紫皮裹之，名笏。朝服肩上有紫生袷囊，綴之朝服外，俗呼曰紫荷。或云漢代以盛奏事，負荷以行，未詳也。

徐爰曰：「帽名猶冠也。義取於蒙覆其首。其本纚也。古者有冠無幘，冠下有纚，以繒爲之。後世施幘於冠，因裁纚爲帽。自乘輿宴居，下至庶人無爵者，皆服之。」史臣案晉成帝咸和九年制，聽尚書八座丞郎、門下三省侍郎乘車白帢低幘出入掖門。又二宫直官著烏紗帢。然則士人宴居，皆著帢矣。而江左時野人已著帽，士人亦往往而然，但其頂圓耳。後乃高其屋云。

宋孝武孝建元年，丞相南郡王義宣，二年，雍州刺史武昌王渾，又有異圖。世祖嫌侯王强盛，欲加減削。其年十月己未，大司馬江夏王義恭、驃騎大將軍竟陵王誕表改革諸王車服制度，凡九條，表在《義恭傳》。上因諷有司更增廣條目。奏曰：「車服以庸，《虞書》茂典；名器慎假，《春秋》明誡。是以尚方所制，禁嚴漢律，諸侯竊服，雖親必罪。自頃以來，下僭彌盛。器服裝飾，樂舞音容，通於王公，達于衆庶。上下無辨，民志靡一。今表之所陳，實允禮度。九條之格，猶有未盡，謹共附益，凡二十四條。聽事不得南向坐，施帳并藉。蕃國官正冬不得跣登國殿，及夾侍國師傳令及油戟。公主王妃傳令，不得朱服。輿不得重杠。鄣扇不得雉尾。劍不得鹿盧形。槊毦不得孔雀白鷺。夾轂隊不得絳襖。平乘誕馬不得過二匹。胡伎不得綵衣。舞伎正冬著袿衣，不得莊面蔽花。正冬會不得鐸舞、杯柈舞。長蹻伎、趫舒、丸劍、博山伎、緣大橦伎、升五案伎，自非正冬會奏舞曲，不得舞。諸妃主不得著衮帶。信幡，非臺省官悉用絳。郡縣内史相及封内官長，於其封君，既非在三，罷官則不復追敬，不合稱臣，正宜上下官敬而已。諸鎮常行，車前後不得過六隊，白直夾轂，不在其限。刀不得過銀銅爲裝。諸王女封縣主、諸王子孫襲封王王之妃及封侯者夫人行，並不得鹵簿。諸王子繼體爲王者，婚葬吉凶，悉依諸國公侯之禮，不得同皇弟皇子。車輿不得油幢，軺車不在其限。平乘舫皆平兩頭作露平形，不得擬像龍舟，悉不得朱油。帳鑄不得作五花及竪筍形。若先有器物者，悉輸送臺藏。書到後二十日期，若有竊玩犯禁者，及統司無舉糾，並臨時議罪。」詔可。

車前五百者，卿行旅從，五百人爲一旅。漢氏一統，故去其人，留其名也。

宋孝武孝建二年十一月乙巳，有司奏：「侍中祭酒何偃議：『自今臨軒，乘輿法服，肅華蓋，登殿宜依廟齋以夾御，侍中、常侍夾扶上殿，及應爲王公興，又夾持，畢，還本位。』求詳議。」曹郎中徐爰參議：「宜如省所稱，以爲永準。」詔可。

孝建三年五月壬戌，有司奏：「案漢胡廣、蔡邕並云古者諸侯貳車九乘，秦滅六國，兼其車服，故王者大駕屬車八十一乘。尚書、御史乘之。最後一車，懸豹尾。法駕則三十六乘。檢晉江左逮至于今，乘輿出行，副車相承五乘。」尚書令建平王宏參議：「八十一乘，義兼九國，三十六乘無所准，並不出經典。自邕、廣傳説，又是從官所乘，非帝者副車正數。江左五乘，儉不中禮。案《周官》云：『上公九命，貳車九乘。侯伯七命，車七乘。子男五命，車五乘。』然則帝王十二乘。」詔可。

大明元年九月丁未朔，有司奏：「未有皇太后出行副車定數，下禮官議正。」博士王燮之議：「《周禮》，后六服五路之數，悉與王同，則副車之制，不應獨異。又《記》云：『古者后立六宮、三夫人、九嬪、二十七世婦、八十一御妻，以聽天下之內治。』『天子立六官、三公、九卿、二十七大夫、八十一元士，以聽天下之外治。』鄭注云：『后象王立六宮而居之，亦正寢一，燕寢五。』推所立每與王同，禮無降亦明矣。皇太后既禮均至極，彌不應殊。謂並應同十二乘。」通關爲允。詔可。

大明四年正月戊辰，尚書左丞荀萬秋奏：「《籍田儀注》，『皇帝冠通天冠，朱紘，青介幘，衣青紗袍。侍中陪乘，奉車郎秉轡。』案《漢·輿服志》曰：『通天冠，乘輿常服也。』若斯豈可以常服隆千畝邪?《禮記》曰：『昔者天子爲籍千畝，冕而朱紘，躬秉耒耜。』鄭玄注《周官》司服曰：『六服同冕』，尊故也。時服雖變，冕制不改。又潘岳《籍田賦》云：『常伯陪乘，太僕秉轡。』推此，輿駕籍田，宜冠冕，璪十二旒，朱紘，黑介幘，衣青紗袍。常伯陪乘，太僕秉轡。宜改儀注，一遵二《禮》以爲定儀。」詔可。

大明四年正月己卯，有司奏：「南郊親奉儀注，皇帝初著平天冠，火龍黼黻之服。還，變通天冠，絳紗袍。廟祠親奉，舊儀，皇帝初服與郊不異，而還變著黑介幘，單衣即事，乖體。謂宜同郊還，亦變著通天冠，絳紗袍。又舊儀乘金根車。今五路既備，依《禮》玉路以祀，亦宜改金根車爲玉路。」詔可。

大明六年八月壬戌，有司奏：「《漢儀注》『大駕鹵簿，公卿奉引，大將軍參乘，太僕卿御。法駕，侍中參乘，奉車郎御』。晉氏江左，大駕未立，故郊祀用法駕，宗廟以小駕。至於儀服，二駕不異。拜陵，御服單衣幘，百官陪從，朱衣而已，亦謂之小駕，名實乖舛。考尋前記，大駕上陵，北郊。周禮宗廟於昊天有降，宜以大駕郊祀，法駕祠廟，小駕上陵，如爲從序。今改祠廟爲法駕鹵簿，其軍幢多少，臨時配之。至尊乘玉路，以金路象路革路木路小輦輪御軺衣書等車爲副。其餘並如常儀。」詔可。

大明七年二月甲寅，輿駕巡南豫、兖二州，冕服，御玉路，辭二廟。改服通天冠，御木路，建大麾，備春蒐之典。

明帝泰始四年五月甲戌，尚書令建安王休仁參議：「天子之子，與士齒讓，達於辟雍，無生而貴者也。既命而尊，禮同上公。周制五等，車服相涉，公降王者，一等而已。王以金路賜同姓諸侯，象及革木，以賜異姓侯伯，在朝卿士，亦準斯禮。按如此制，則東宮應乘金路。自晉武過江，禮儀疏舛，王公以下，車服卑雜；唯有東宮，禮秩崇異，上次辰極，下絶侯王。而皇太子乘石山安車，義不見經，事無所出。《禮》所謂金、玉路者，正以金玉飾輅諸末耳。左右前後，同以漆畫。秦改周輅，制爲金根，通以金薄，周匝四面。漢、魏、二晉，因循莫改。逮于大明，始備五輅。金玉二制，並類金根，造次瞻覩，殆無差別。若錫之東儲，於禮嫌重，非所以崇峻陛級，表示等威。且《春秋》之義，降下以兩，臣子之義，宜從謙約。謂東宮車服，宜降天子二等，驂駕四馬，乘象輅，降龍碧旂九葉。進不斥尊，退不逼下，沿古酌時，於禮爲衷。」詔可。

泰始四年八月甲寅，詔曰：「車服之飾，象數是遵。故盛皇留範，列聖垂制。朕近改定五路，酌古代今，修成六服，沿時變禮。所施之事，各有條敘。便可付外，載之典章。朕以大冕純玉繅，玄衣黃裳，乘玉輅，郊祀天，宗祀明堂。又以法冕五綵繅，玄衣絳裳，乘金路，祀太廟，元正大會諸侯。又以飾冠冕四綵繅，紫衣紅裳，乘象輅，小會宴饗，餞送諸侯，臨軒會王公。又以繡冕三綵繅，朱衣裳，乘革路，征伐不賓，講武校獵。又以紘冕二綵繅，青衣裳，乘木輅，耕稼，饗國子。又以通天冠，朱紗袍，爲聽政之服。」

泰始六年正月戊辰，有司奏：「被敕皇太子正冬朝賀，合著袞冕九章衣不？」儀曹郎丘仲起議：「案《周禮》，公自衮冕以下。鄭注：『衮冕以至卿大夫之玄冕，皆其朝聘天子之服也。』伏尋古之上公，尚得服衮以朝。皇太子以儲副之尊，率土瞻仰。愚謂宜式遵盛典，服衮冕九旒以朝賀。」兼左丞陸澄議：「服冕以朝，實著經典。秦除六冕之制，至漢明帝始與諸儒還備古章。自魏、晉以來，宗廟行禮之外，不欲令臣下服衮冕，故位公者，每加侍官。今皇太子承乾作副，禮絶羣后，宜遵聖王之盛典，革近代之陋制。臣等參議，依禮，皇太子元正朝賀，應服衮冕九章衣。以仲起議爲允。撰載儀注。」詔可。

《宋書》卷一九《樂志一》 樂器凡八音：曰金，曰石，曰土，曰革，曰絲，曰木，曰匏，曰竹。

八音一曰金。金，鍾也，鎛也，錞也，鐲也，鐃也，鐸也。

鍾者，《世本》云：「黄帝工人垂所造。」《爾雅》云大鍾曰鏞，《書》曰「笙鏞以間」是也。中者曰剽。剽音瓢。小者曰棧。棧音醆，晉江左初所得棧鍾是也。縣鍾磬者曰筍虡，横曰筍，從曰虡。蔡邕曰：「寫鳥獸之形，大聲有力者以爲鍾虡，清聲無力者以爲磬虡，擊其所縣，知由其虡鳴焉。」

鎛如鍾而大。史臣案：前代有大鍾，若周之無射，非一，皆謂之鍾；鎛之言，近代無聞焉。

錞，錞于也。圜如碓頭，大上小下，今民間猶時有其器。《周禮》「以金錞和鼓」。

鐲，鉦也。形如小鍾，軍行鳴之，以爲鼓節。《周禮》「以金鐲節鼓」。

鐃，如鈴而無舌，有柄，執而鳴之。《周禮》「以金鐃止鼓」。漢《鼓吹曲》曰鐃哥。

鐸，大鈴也。《周禮》「以金鐸通鼓」。

八音二曰石。石，磬也。《世本》云叔所造，不知叔何代人。《爾雅》曰：「形似犂館，以玉爲之。」大曰馨。馨音囂。

八音三曰土。土，塤也。《世本》云，暴新公所造，亦不知何代人也。周畿内有暴國，豈其時人乎？燒土爲之，大如鵝卵，鋭上平底，形似稱錘，六孔。《爾雅》云，大者曰嘂，嘂音叫。「小者如鷄子」。

八音四曰革。革，鼓也，鞉也，節也。大曰鼓，小曰鼙。又曰應。應劭《風俗通》曰：「不知誰所造。」以桴擊之曰鼓，以手摇之曰鞉。鼓及鞉之八面者曰雷鼓、雷鞉。六面者曰靈鼓、靈鞉。四面者曰路鼓、路鞉。《周禮》：「以雷鼓祀天神，以靈鼓鼓社祭，以路鼓鼓鬼享。」鼓長八尺者曰鼖鼓，以鼓軍事。長丈二尺者曰鼛鼓，凡守備及役事則鼓之。今世謂之下鼛。鼛，《周禮》音戚，今世音切豉反。長六尺六寸者曰晉鼓，金奏則鼓之。應鼓在大鼓側，《詩》云「應朄懸鼓」是也。小鼓有柄曰鞀，大鞀謂之鞞。《月令》「仲夏修鞀、鞞」是也。然則鞀、鞞即鞉類也。又有鼉鼓焉。

節，不知誰所造。傅玄《節賦》云：「黄鍾唱哥，《九韶》興舞。口非節不詠，手非節不拊。」此則所從來亦遠矣。

八音五曰絲。絲，琴也，瑟也，筑也，箏也，琵琶、空侯也。

琴，馬融《笛賦》云：「宓羲造琴。」《世本》云：「神農所造。」《爾雅》「大琴曰離」，二十絃。今無其器。齊桓曰號鍾，楚莊曰繞梁，相如曰焦尾，伯喈曰緑綺，事出傅玄《琴賦》。世云焦尾是伯喈琴，伯喈傳亦云爾。以傅氏言之，則非伯喈也。

瑟，馬融《笛賦》云：「神農造瑟。」《世本》「宓羲所造」。《爾雅》云：「瑟二十七絃者曰灑。」今無其器。

筑，不知誰所造。史籍唯云高漸離善擊筑。

箏，秦聲也。傅玄《箏賦序》曰：「世以爲蒙恬所造。今觀其體合法度，節究哀樂，乃仁智之器，豈亡國之臣所能關思哉。」《風俗通》則曰：「筑身而瑟絃。不知誰所改作也。」

琵琶，傅玄《琵琶賦》曰：「漢遣烏孫公主嫁昆彌，念其行道思慕，故使工人裁箏、筑，爲馬上之樂。欲從方俗語，故名曰琵琶，取其易傳於外國也。」《風俗通》云：「以手琵琶，因以爲名。」杜摯云：「長城之役，弦鼗而鼓之。」並未詳孰實。其器不列四廂。

空侯，初名坎侯。漢武帝賽滅南越，祠太一后土用樂，令樂人侯暉依琴作坎侯，言其坎坎應節奏也。侯者，因工人姓爾。後言空，音訛也。古施郊廟雅樂，近世來專用於楚聲。宋孝武帝大明中，吴興沈懷遠被徙廣州，造繞梁，其器與空侯相似，懷遠後亡，其器亦絶。

八音六曰木。木，柷也，敔也。並不知誰所造。《樂記》曰：「聖人作爲椌、楬，塤、篪。」所起亦遠矣。

柷如漆筩，方二尺四寸，深尺八寸，中有椎柄，連底挏之，令左右擊。

敔，狀如伏虎，背上有二十七鉏鋙。以竹長尺名曰籈，横擽之，以節樂終也。

八音七曰匏。匏，笙也，竽也。

笙，隨所造，不知何代人。列管匏内，施簧管端。宫管在中央，三十六簧曰竽；宫管在左傍。十九簧至十三簧曰笙。其它皆相似也。竽今亡。「大笙謂之巢，小者謂之和」。其笙中之簧，女媧所造也。《詩》傳云：「吹笙則簧鼓矣。」蓋笙中之簧也。《爾雅》曰：「笙十九簧者曰巢。」漢章帝時，零陵文學奚景於舜祠得笙，白玉管。後世易之以竹乎。

八音八曰竹。竹，律也，吕也，簫也，管也，篪也，籥也，笛也。律吕在《律曆志》。

簫，《世本》云：「舜所造。」《爾雅》曰：「編二十三管，長尺四寸者曰管；十六管長尺二寸者筊。」筊音爻。凡簫一名籟。前世有洞簫，其器今亡。蔡邕曰：「簫，編竹有底。」然則邕時無洞簫矣。

管，《爾雅》曰：「長尺，圍寸，併漆之，有底。」大者曰簥。簥音驕。中者曰篞。小者曰篎。篎音妙。古者以玉爲管，舜時西王母獻白玉琯是也。《月令》：「均琴、瑟、管、簫。」蔡邕章句曰：「管者，形長尺，圍寸，有孔無底。」其器今亡。

篪，《世本》云：「暴新公所造。」舊志云，一曰管。史臣案：非也。雖不知暴新公何代人，而非舜前人明矣。舜時西王母獻管，則是已有其器，新公安得造篪乎？《爾雅》曰：「篪，大者尺四寸，圍三寸，曰沂。」沂音銀。一名翹。「小者尺二寸」。今有胡篪，出於胡吹，非雅器也。

籥，不知誰所造。《周禮》有籥師，掌教國子秋冬吹籥。今《凱容》、《宣烈》舞所執羽籥是也。蓋《詩》所云「左手執籥，右手秉翟」者也。《爾雅》云：「籥如笛，三孔而短小。」《廣雅》云，七孔。大者曰產。中者曰仲。小者曰箹。箹音握。

笛，案馬融《長笛賦》，此器起近世，出於羌中，京房備其五音。又稱丘仲工其事，不言仲所造。《風俗通》則曰：「丘仲造笛，武帝時人。」其後更有羌笛爾。三説不同，未詳孰實。

笳，杜摯《笳賦》云：「李伯陽入西戎所造。」《漢舊注》曰：「箛，號曰吹鞭。」《晉先蠶儀注》：「車駕住，吹小箛；發，吹大箛。」箛即笳也。又有胡箛。漢舊《筝笛録》有其曲，不記所出本末。

鼓吹，蓋短簫鐃哥。蔡邕曰：「軍樂也，黄帝岐伯所作，以揚德建武，勸士諷敵也。」《周官》曰：「師有功則愷樂。」《左傳》曰，晉文公勝楚，「振旅，凱而入」。《司馬法》曰：「得意則愷樂愷哥。」雍門周説孟嘗君，「鼓吹于不測之淵」。説者云，鼓自一物，吹自竽、籟之屬，非簫，鼓合奏，别爲一樂之名也。然則短簫鐃哥，此時未名鼓吹矣。應劭《漢鹵簿圖》，唯有騎執箛。箛即笳，不云鼓吹。而漢世有黄門鼓吹。漢享宴食舉樂十三曲，與魏世鼓吹長簫同。長簫短簫，《伎録》並云，絲竹合作，執節者哥。又《建初録》云，《務成》、《黄爵》、《玄雲》、《遠期》，皆騎吹曲，非鼓吹曲。此則列於殿庭者爲鼓吹，今之從行鼓吹爲騎吹，二曲異也。又孫權觀魏武軍，作鼓吹而還，此又應是今之鼓吹。魏、晉世，又假諸將帥及牙門曲蓋鼓吹，斯則其時謂之鼓吹矣。魏、晉世給鼓吹甚輕，牙門督將五校，悉有鼓吹。晉江左初，臨川太守謝摛每寢，輒夢聞鼓吹。有人爲其占之曰：「君不得生鼓吹，當得死鼓吹爾。」摛擊杜弢戰没，追贈長水校尉，葬給鼓吹焉。謝尚爲江夏太守，詣安西將軍庾翼於武昌咨事，翼與尚射，曰：「卿若破的，當以鼓吹相賞。」尚射破的，便以其副鼓吹給之。今則甚重矣。

角，書記所不載。或云出羌胡，以驚中國馬。或云出吴越。舊志云：「古樂有籟，缶。」今並無。史臣按：《爾雅》籟自是簫之一名耳。《詩》云：「坎其擊缶。」毛傳曰：「盎謂之缶。」

築城相杵者，出自梁孝王。孝王築睢陽城，方十二里，造倡聲，以小鼓爲節，築者下杵以和之。後世謂此聲爲《睢陽曲》，至今傳之。

魏、晉之世，有孫氏善弘舊曲，宋識善擊節倡和，陳左善清哥，列和善吹笛，郝索善彈筝，朱生善琵琶，尤發新聲。傅玄著書曰：「人若欽所聞而忽所見，不亦惑乎！設此六人生於上世，越古今而無儷，何但夔、牙同契哉！」案此説，則自兹以後，皆孫、朱等之遺則也。《樂志》一。

朱銘盤《南朝宋會要·樂·律》 黄鍾箱笛，晉時三尺八寸，元嘉九年，太樂令鍾宗之減爲三尺七寸。十四年，治書令史奚縱又減五分，爲三尺六寸五分。列和云：「東箱長笛四尺二寸也。」太簇箱笛，晉時三尺七寸，宗之減爲三尺三寸七分，縱又減一寸一分，爲三尺二寸六分。姑洗箱笛，晉時三尺五寸，宗之減爲二尺九寸七分，縱又減五分，爲二尺九寸二分。蕤賓箱笛，晉時二尺九寸，宗之減爲二尺六寸，縱又減二分，爲二尺五寸八分。《律曆志》上。

朱銘盤《南朝宋會要·樂·樂器》 初，武帝平關洛，致鐘虡舊器南還，一大鐘墜洛水。元嘉七年，文帝遣將姚聳夫領千五百人迎致之。《杜驥傳》。

文帝元嘉九年，太樂令鍾宗之更調金石。十四年，治書令史奚縱又改之。《樂志》一。

孝武大明中，吳興沈懷遠被徙廣州，造繞梁，其器與空侯相似，懷遠後亡，其器亦絶。《樂志》一。

朱銘盤《南朝宋會要·輿服·車》 五路

孝武大明三年，使尚書左丞荀萬秋造五路。《禮圖》：玉路，建赤旂，無蓋，改造依擬金根，而赤漆檳畫，玉飾諸末，建青旂，十有二旒，駕玄馬四，施羽葆蓋，以祀。即以金根爲金路，建大青旂，十有二旒，駕玄馬四，羽葆蓋，以賓。象、革、木路，《周官》、《輿服志》、《禮圖》並不載其形段，並依擬玉路，漆檳畫，羽葆蓋，象飾諸末，建立赤旂，十有二旒，以視朝。革路，建赤旂，十有二旒，以即戎。木路，建赤麾，以田。象革駕玄，木駕赤，四馬。舊有大事，法駕出，五路各有所主，不俱出也。大明中，始制五路俱出。《禮志》五。

大明四年，有司奏：「南郊改金根車爲玉路。」詔可。《禮志》五。

明帝泰始四年五月甲戌，尚書令建安王休仁參議：「天子之子，與士齒讓，達於辟雍，無生而貴者也。既命而尊，禮同上公。周制五等，車服相涉，公降王者，一等而已。王以金路賜同姓諸侯，象及革木，以賜異姓侯伯，在朝卿士，亦準斯禮。按如此制，則東宮應乘金路。自晉武過江，禮儀疏舛，王公以下，車服卑雜；唯有東宮，禮秩崇異，上次辰極，下絶侯王。而皇太子乘石山安車，義不見經，事無所出。《禮》所謂金、玉路者，正以金玉飾輅諸末耳。左右前後，同以漆畫。秦改周輅，制爲金根，通以金薄，周匝四面。漢、魏、二晉，因循莫改。逮于大明，始備五輅。金玉二制，並類金根，造次瞻覩，殆無差別。若錫之東儲，於禮嫌重，非所以崇峻陛級，表示等威。且《春秋》之義，降下以兩，臣子之義，宜從謙約。謂東宮車服，宜降天子二等，驂駕四馬，乘象輅，降龍碧旂九葉。進不斥尊，退不逼下，沿古酌時，於禮爲衷。」詔可。《禮志》五。

三蓋車

親耕籍田，乘三蓋車，一名芝車，又名耕根車，置耒耜於軾上。駕蒼駟，青旂。《禮志》一、五。

獵車

獵車，輞轊，輪畫繆龍繞之。一名蹋猪車。

戎車

戎車立乘，夏曰鉤車，殷曰寅車，周曰元戎。建牙麾，邪注之，載金鼓羽幢，置甲弩於軾上。《禮》志五。下同。

指南車

昇明末，齊王爲相，命造之焉。車成，使撫軍丹陽尹王僧虔、御史中丞劉休試之。其制甚精，百屈千回，未常移變。

初，宋武平關中，得姚興指南車，有外形而無機巧，每行，使人於内轉之。昇明中，太祖輔政，使祖冲之追修古法。冲之改造銅機，圓轉不窮，而司方如一，馬鈞以來未有也。時有北人索馭驎者，亦云能造指南車，太祖使與冲之各造，使於樂遊苑對共校試，而頗有差僻，乃毀焚之。《南齊書·祖冲之傳》。

記里車

記里車，未詳所由來，亦高祖定三秦所獲。制如指南，其上有鼓，車行一里，木人輒擊一槌。大駕鹵簿，以次指南。

輿車

輿車，今之小輿。

犢車

犢車，軿車之流也。

金根車

南郊殷祠，御升金根車。《禮志》一。

畫輪車

孝武帝御畫輪車，幸江夏王義恭第。《五行志》一。

順帝禪位，備羽儀，乘畫輪車，出東掖門。《南史》本《紀》。

安車

安車、高車，即立乘車也。公及列侯安車，朱斑輪，倚鹿較，伏熊軾，黑蕃者，謂之軒，皂繒蓋，駕二，右騑。王公旂八旒，侯七旒，卿五旒，皆降龍。公卿中二千石二千石郊陵法駕出，皆大車立乘，駕四。後導從大車，駕二，右騑。他出乘安車。其去位致仕，皆賜安車四馬。中二千石皆皂蓋、朱蕃，銅五末，駕一，右騑。《禮志》五。

明帝泰始三年，制皇太子，安車乘象輅。《後廢帝紀》。

四望車

晉氏有四望車，今制亦存。《禮志》五。下同。

追鋒車

追鋒車，去小平蓋，加通幰，如軺車，而駕馬。

馬車
馬車，除吏赤蓋杠，餘則青蓋杠。
輕車
輕車，古之戰車也。輪輿洞朱，不巾不蓋，建矛戟幢麾，置弩於軾上，駕二。
射聲校尉司馬吏士載，以次屬車。
武剛車
武剛車，有巾有蓋，在前爲先驅。又在輕車之後爲殿也。駕一。
轀輬車
葬以殊禮者，皆大輅黄屋，載轀輬車。
三望車
前廢帝即位，司空沈慶之給三望車一乘。本《傳》。下同。
明帝令書，給司徒建安王休仁三望車十五乘。
泰始六年，驃騎大將軍、江州刺史桂陽王休範給三望車一乘。
漆輪車
明帝給建安王休仁漆輪車。
油絡通幰車
元徽中，司徒袁粲給油絡通幰車。
問訊車
内人問訊車。《南史・徐羡之傳》。
羊車
文帝好乘羊車。《南史・潘淑妃傳》。
露車
後廢帝制露車一乘，其上施篷，乘以出入。本《紀》。
青蔑車
後廢帝陳太妃每乘青蔑車，隨相檢攝。本《紀》。
板輿
順帝禪位於齊。是日，太后自帥閹豎索，扶幸板輿。本《紀》。
笨車
金紫光禄大夫顔延之，常乘羸牛笨車。本《傳》。
猪鼻無幰車
司空沈慶之每朝賀，常乘猪鼻無幰車。本《傳》。
雲母車
以雲母飾犢車，謂之雲母車，臣下不得乘，時以賜王公。《禮志》五。

《南齊書》卷五七《魏虜傳》 其車服，有大小輦，皆五層，下施四輪，三二百人牽之，四施絙索，備傾倒。軺車建龍旂，尚黑。妃后則施雜綵幰，無幢絡。太后出，則婦女著鎧騎馬近輦左右。虜主及后妃常行，乘銀鏤羊車，不施帷幔，皆偏坐垂脚轅中；在殿上，亦跂據。正殿施流蘇帳，金博山，龍鳳朱漆畫屏風，織成幌。坐施氍毹褥。前施金香鑪，琉璃鉢，金椀，盛雜食器。設客長盤一尺，御饌圓盤廣一丈。爲四輪車，元會日，六七十人牽上殿。蜡日逐除，歲盡，城門磔雄雞，葦素桃梗，如漢儀。

朱銘盤《南朝梁會要・輿服・冠服》 御冠服

梁制，乘輿郊天、祀地、禮明堂、祠宗廟、元會臨軒，則黑介幘，通天冠平冕，俗所謂平天冠者也。其制，玄表，朱緑裏，廣七寸，長尺二寸，加於通天冠上。前垂四寸，後垂三寸，前圓而後方。垂白玉珠，十有二旒，其長齊肩。以組爲纓，各如其綬色，傍垂黈纊，琉球以玉瑱。其衣，皁上絳下，前三幅，後四幅。衣畫而裳繡。衣則日、月、星辰、山、龍、華蟲、火、宗彝，畫以爲繢。裳則藻、粉、米、黼黻，以爲繡。凡十二章。素帶，廣四寸，朱裏，以朱緑裨飾其側。中衣以絳緣領袖。赤皮爲韠蓋古之韍也。絳袴襪，赤舄。佩白玉，垂朱黄大綬，黄赤縹紺四采，革帶，帶劍，緄帶以組爲之，如綬色。黄金辟邪首爲帶鐍，而飾以白玉珠。又有通天冠，高九寸，前加金博山、述，黑介幘，絳紗袍，皁緣中衣，黑舄，是爲朝服。元正賀畢，還儲更衣，出所服也。其釋奠先聖，則皁紗袍，絳緣中衣，絳袴襪，黑舄。臨軒亦服衮冕，未加元服，則空頂介幘。拜陵則箋布單衣，介幘。又有五梁進賢冠、遠遊、平上幘武冠。單衣，黑介幘，宴會則服之。《隋書・禮儀志》六。下同。

單衣、白帢，以代古之疑衰、皮弁爲吊服，爲羣臣舉哀臨喪則服之。

天監三年，何佟之議：「公卿以下祭服，裏有中衣，即今之中單也。案後漢《輿服志》明帝永平二年，初詔有司採《周官》、《禮記》、《尚書》，乘輿服，從歐陽説；公卿以下服，從大、小夏侯説。祭服，絳緣領袖爲中衣，絳袴襪，示其赤心奉神。今中衣絳緣，足有所明，無俟於袴。既非聖法，謂不可施。」遂依議除之。

四年，有司言：平天冠等一百五條，自齊以來，隨故而毀，未詳所送。何佟之議：「《禮》『祭服敝則焚之』。」於是並燒除之，其珠玉以付中署。

七年，周捨議：「詔旨以王者袞服，宜畫鳳皇，以示差降。按《禮》：『有虞氏皇而祭，深衣而養老。』鄭玄所言，皇則是畫鳳皇羽也。又按《禮》所稱雜服，皆以衣定名，猶如袞冕，則是袞衣而冕。明有虞言皇者，是衣名，非冕，明矣。畫鳳之旨，事實灼然。」制：「可。」又王僧崇云：「今祭服，三公衣身畫獸，其腰及袖，又有青獸，形與獸同，義應是蜼，即宗彝也。兩袖各有禽鳥，形類鸞鳳，似是華蟲。今畫宗彝，即是周禮。但鄭玄云：『蜼，蜩屬，昂鼻長尾。』是獸之輕小者。謂宜不得同獸。尋冕服無鳳，應改爲雉。又裳有圓花，於禮無礙，疑是畫師加葩蘤耳。藻米黼黻，並乖古制，今請改正，並去圓花。」帝曰：「古文日月星辰，此以一辰攝三物也。山龍華蟲，又以一山攝三物也。藻火粉米，又以一藻攝三物也。是爲九章。今袞服畫龍，則宜應畫鳳，明矣。孔安國云：『華者，花也。』則爲花非疑，若一向畫雉，差降之文，復將安寄？鄭義是所未允。」又帝曰：「《禮》『王者祀昊天上帝，則大裘而冕，祀五帝亦如之。』又云：『莞席之安，而蒲越稾秸之用。』斯皆至敬無文，貴誠重質。今郊用陶匏，與古不異，而大裘蒲秸，獨不復存，其於質敬，恐有未盡。且一獻爲質，其劍佩之飾及公卿所著冕服，可共詳定。」五經博士陸瑋等並云：「祭天猶存掃地之質，而服章獨取黼黻爲文，於義不可。今南郊神座，皆用莞席，此獨莞類，未盡質素之理。宜以稾秸爲下藉，蒲越爲上席。又《司服》云『王祀昊天，服大裘』，明諸臣禮不得同。自魏以來，皆用袞服，今請依古，更制大裘。」制：「可。」瑋等又尋大裘之制，唯鄭玄注《司服》云「大裘，羔裘也」，既無所出，未可爲據。案六冕之服，皆玄上纁下。今宜以玄繒爲之。其制式如裘，其裳以纁，皆無文繡。冕則無旒。詔：「可。」

又乘輿宴會，服單衣，黑介幘。舊三日九日小會，初出乘金輅服之。八年，帝改去還皆乘輦，服白紗帽。

九年，司馬筠等參議：「《禮記·玉藻》云：『諸侯玄冕以祭，裨冕以朝。』《雜記》又云：『大夫冕而祭於公，弁而祭於己。』今之尚書，上異公侯，下非卿士，止有朝衣，本無冕服。但既預齋祭，不容同在於朝，宜依太常及博士諸齋官例，著皁衣，絳襈，中單，竹葉冠。若不親奉，則不須入廟。」帝從之。

十一年，有事明堂，改服大裘。《許懋傳》。

十一年，尚書參議：「按《禮》跣韈，事由燕坐，履不宜陳尊者之側。今則極敬之所，莫不皆跣。清廟崇嚴，既絶恒禮，凡有履行者，應皆跣韈。」詔：「可。」

中大通元年九月癸巳，幸同泰寺，上釋御服，披法衣。《南史·武紀》。下同。

太清元年三月庚子，幸同泰寺，上釋御服，服法衣。四月丁亥，服袞冕還宮。

皇太子冠服

皇太子，朝服，遠遊冠，金博山，佩瑜玉翠綬，垂組，朱衣，絳紗袍，皁緣白紗中衣，白曲領，帶鹿盧劍，火珠首，素革帶，玉鉤燮，獸頭鞶囊。其大小會、祠廟、朔望、五日還朝，皆朝服，常還上宮則朱服。若釋奠，則遠遊冠，玄朝服，絳緣中單，絳袴袜，玄舄。講，則著介幘。又有三梁進賢冠。其侍祀則平冕九旒，袞衣九章，白紗絳緣中單，絳繒韠，赤舄，絳韈。若加元服，則中舍執冕從。皇太子舊有五時朝服，自天監之後則朱服。在上省則烏帽，永福省則白帽云。《隋書·禮儀志》六。

天監十四年，冠太子於太極殿，舊制，太子著遠遊冠，金蟬翠緌纓；至是，加金博山。《昭明太子傳》。

皇太子朝，請服冕。自宋以下，始定此儀。簡文之爲太子，嫌於上逼，還冠遠遊。《隋書·禮儀志》七。

王公百官冠服

元帝太子方矩，公服中著碧絲布袴，帝見之大怪。《南史》本《傳》。

諸王，朝服，遠遊冠，介幘，朱衣，絳紗袍，皁緣中衣，素帶，黑舄。佩山玄玉，垂組，大帶，獸頭鞶，腰劍。若加餘官，則服其加官之服。《隋書·禮儀志》六。下同。

開國公，朝服，紗朱衣，進賢三梁冠，佩山玄玉，獸頭鞶，腰劍。

開國侯、伯，朝服紗朱衣，進賢三梁冠，佩水蒼玉，獸頭鞶，腰劍。

開國子、男，朝服，紗朱衣，進賢三梁冠，佩水蒼玉，獸頭鞶，腰劍。

縣、鄉、亭、關內、關中及名號侯，朝服，進賢二梁冠，獸頭鞶，腰劍。

關外侯，朝服，進賢二梁冠，獸頭鞶，腰劍。

諸王嗣子，朝服，進賢二梁冠，佩山玄玉，獸頭鞶，腰劍。

開國公、侯嗣子，朝服，進賢二梁冠，佩水蒼玉，獸頭鞶，腰劍。

太宰、太傅、太保，司徒，司空，朝服，進賢三梁冠，佩山玄玉，獸頭鞶，腰劍。

大司馬、大將軍、太尉、諸位從公者，朝服，武冠，佩山玄玉，獸頭鞶，腰劍。直將軍則不帶劍。

凡公及位從公、五等諸侯，助祭郊廟，皆平冕九旒，青玉爲珠，有前無後。各以其綬色爲組纓，旁垂黈纊。衣，玄上纁下，畫山龍已下九章，備五采，大佩，赤舄，絇履。録尚書無章綬品秩，悉以餘官總司其任，服則餘官之服，猶執笏紫荷。

其在都坐，則東面最上。

尚書令、僕射、尚書，朝服，納言幘，進賢冠，佩水蒼玉，腰劍，紫荷，《劉杳傳》，周捨問杳：「尚書官著紫荷橐，相傳云『挈囊』，竟何所出？」杳答曰：「《張安世傳》曰『持橐簪筆，事孝武皇帝數十年』。韋昭、張晏注並云『橐，囊也』。」執笏。

侍中散騎常侍、通直常侍、員外常侍，朝服，武冠貂蟬，侍中左插，常侍右插。皆腰劍，佩水蒼玉。其員外常侍不給佩。舊至尊朝會登殿，侍中常侍夾御，御下輿，則扶左右。侍中驂乘，則不帶劍。

中書監、令、秘書監，朝服，進賢兩梁冠，佩水蒼玉，腰劍，獸頭鞶。

光禄、太中、中散大夫，太常、光禄、弘訓太僕、太僕、廷尉、宗正、大鴻臚、大司農、少府、大匠諸卿，丹陽尹，太子保、傅，大長秋，太子詹事，獸頭鞶，朝服，進賢冠二梁，佩水蒼玉。卿大夫助祭，則冠平冕五旒，黑玉爲珠，有前無後。各以其綬采爲組纓，旁垂黈纊。衣，玄上纁下，畫華蟲七章，皆佩五采大佩，赤舄，絇履。

驃騎、車騎、衛將軍、中軍、冠軍、輔國將軍、四方中郎將，朝服，武冠；佩水蒼玉。

領、護軍，中領、護軍，五營校尉，朝服，武冠，佩水蒼玉，獸頭鞶。其屯騎，夾御日，假給佩，餘校不給。

弘訓衛尉，衛尉，司隸校尉，左右衛，驍騎、遊擊，前、左、右、後軍將軍，龍驤、寧朔，建威、振威、奮威、揚威、廣威、武威、建武、振武、奮武、揚武、廣武等將軍，積弩，積射，强弩將軍，監軍，朝服，武冠，佩水蒼玉，獸頭鞶。驍、遊已下，並不給佩。驍、遊夾侍日，假給。

國子祭酒，皁朝服，進賢二梁冠，佩水蒼玉。

御史中丞、都水使者，朝服，進賢二梁冠，獸頭鞶，腰劍，佩水蒼玉。

謁者僕射，朝服，高山冠，獸頭鞶，佩水蒼玉，腰劍。

諸軍司，朝服，武冠，獸頭鞶。

給事中、黄門侍郎、散騎侍郎、通直員外、散騎侍郎、奉朝請、太子中庶子、庶子、武衛將軍、武騎常侍，朝服，武冠，腰劍。

中書侍郎，朝服，進賢一梁冠，腰劍。冗從僕射、太了衛率，獸頭鞶，朝服，武冠。

武賁中郎將、羽林監，朝服，武冠，獸頭鞶，腰劍。其在陛牙及備鹵簿，著髦尾，絳紗縠單衣。

護匈奴中郎將，護羌、戎、夷、蠻、越、烏丸、西域校尉，朝服，武冠，獸頭鞶。安夷、撫夷護軍，州郡國都尉，奉車、駙馬、騎都尉，諸護軍，獸頭鞶，朝服，武冠。

州刺史，獸頭鞶，腰劍，朝服，進賢二梁冠。

郡國太守、相、内史，獸頭鞶，單衣，介幘。加中二千石，依卿尹冠服劍佩。

尚書左、右丞，秘書丞，獸爪鞶，朝服，進賢一梁冠。

尚書、秘書著作郎，太子中舍人、洗馬、舍人，朝服，進賢一梁冠，腰劍。

諸王友、文學，朱服，進賢一梁冠。

治書侍御史、侍御史，朝服，腰劍，法冠。

諸博士，給皁朝服，進賢兩梁冠，佩水蒼玉。

太學博士，正限八人，著佩，限外六人不給。

廷尉律博士，無佩。並簪筆。

國子助教，皁朝服，進賢一梁冠，簪筆。

公府長史，獸頭鞶。諸卿尹丞，黄綬，獸爪鞶，簪筆。

諸縣署令，秩千石者，獸爪鞶，朝服，進賢兩梁冠。長史朱服，諸卿尹丞、建康令，玄服。

公府掾屬、主簿、祭酒，朱服，進賢一梁冠。公府令史亦同。

領、護軍長史，朱服，獸頭鞶。諸軍長史，單衣，介幘，獸頭鞶。

諸卿部丞、獄丞，並皁朝服，一梁冠，獸爪鞶，簪筆。

太子保、傅、詹事丞，皁朝服，一梁冠，簪筆，獸爪鞶。

郡國相、内史丞、長史，單衣，介幘。長史，獸頭鞶。其丞，獸爪鞶。

諸縣署令、長、相，單衣，介幘，獸頭鞶，朝服，進賢一梁冠。諸署令，朱衣，武冠。州都大中正、郡中正，單衣，介幘。

太子門大夫，獸頭鞶，陵令、長，獸爪鞶，朝服，進賢一梁冠。令、長朱服，率更、家令、僕，朝服，兩梁冠，獸頭鞶，腰劍。

黄門諸署令、僕、長丞，朱服，進賢一梁冠，黄門冗從僕射監、太子寺人監，朝服，武冠，獸頭鞶。

公府司馬，領、護軍司馬，諸軍司馬，護匈奴中郎將，護羌、戎、夷、蠻、越、烏丸、戊己校尉長史、司馬，獸頭鞶，朝服，武冠。諸軍司馬，單衣，平巾幘。長史，介幘。

公府從事中郎，朱服，進賢一梁冠。諸將軍開府功曹、主簿，單衣，介幘，革帶。廷尉，建康正、監平，皁零辟，朝服，法冠，獸爪鞶。

左、右衛司馬，單衣，帶，平巾幘，獸爪鞶。

諸府參軍，單衣，平巾幘。

諸州別駕、治中、從事、主簿、西曹從事，玄朝服，進賢一梁冠，簪筆。常公事，單衣，介幘，朱衣。

直閤將軍，朱服，武冠，獸頭鞶。

直閤將軍、諸殿主帥，朱服，武冠。正直絳衫，從則裲襠衫。

諸開國郎中令、大農，公、傅中尉，朝服，進賢兩梁冠，中尉武冠，皆獸頭鞶。

諸開國三將軍，朝服，武冠。限外者不給印。

左右常侍、侍郎、典衛中尉司馬，朝服，武冠。典書、典祠、學官令，朝服，進賢一梁冠。餘悉朱服，一梁冠。常侍、侍郎、典書、典祠、學官令，簪筆，腰劍。

太子衛率、率更、家令丞，皁朝服，進賢一梁冠，獸爪鞶。

太子常從武賁督，朝服，武冠，獸爪鞶。

殿中將軍、員外將軍，朱服，武冠。

州郡國都尉司馬，朱服，武冠，獸頭鞶。

諸謁者，朝服，高山冠。

中書通事舍人門下令史、主書典書令史，門下朝廷局書令史，太子門下通事守舍人，主書典守舍人，二宮齋內職左右職局齋幹已上，朱服，武冠。

殿中內外局監，太子內外監，殿中守舍人，朱服，武冠。

內外監典事書吏，朱服，進賢一梁冠。內監朝廷人領局典事、外監統軍隊諮詳發遣局典事，武冠。外監及典事書吏，悉著朱衣，唯正直及齋監并受使，不在例。其東宮內外監、殿典事書吏，依臺格。五校、三將軍主事，內監主事，外監主事，三校主事，朱服，武冠。

尚書都令史，都水參事，門下書令史，集書、中書、尚書、秘書著作掌書主書主圖主譜典客令史書令史，監、令、僕射省事，蘭臺、殿中蘭臺、謁、都水令史，公府令史書令史，太子導客、次客守舍人及諸省典事，朱衣，進賢一梁冠。

尚書都算、度支算、左户校吏，朱服，進賢一梁冠。

諸縣署丞、太子諸署丞、王公侯諸署及公主家令丞、僕，朱服，進賢一梁冠。

太官、太醫丞，武冠。

諸縣尉，單衣，介幘，獸爪鞶。節騎郎，朱服，武冠。其在陛列及備鹵簿者，氈尾，絳紗縠單衣。御節郎、黄鉞郎，朝服，赤介幘，簪筆。典儀、唱警、唱奏事、持兵、主麾等諸職，公事及備鹵簿，朱服，武冠。

殿中中郎將、校尉、都尉，朱服，武冠，獸頭鞶。

城門候，朱服，武冠，獸頭鞶。

部曲督，司馬吏、部曲將，朱服，武冠。司馬吏，獸爪鞶。

太中、中散、諫議大夫，議郎，中郎、郎中、舍人，朱服，進賢一梁冠。

諸門郎、僕射、佐史，東宮門吏，其郎朱服，僕射皁零辟，朝服，進賢冠，吏却非冠，佐吏著進賢冠。

總章協律，獸爪鞶，朱服，武冠。

黄門後閤舍人、主書、齋帥、鹽食、主食、主客、扶侍、鼓吹，朱服，武冠。鼓吹進賢冠，齋帥，獸頭鞶。

殿中司馬，朱服，武冠，獸頭鞶。

總章監、鼓吹監，朱服，武冠。

諸四品將兵都尉、牙門將、崇毅、材官、折難、輕騎、揚烈、威遠、寧遠、宣威、光威、驤威、威烈、威虜、平戎、綏遠、綏狄、綏邊、綏戎、獸威、威武、烈武、毅武、奮武、討寇、討虜、殄難、討難、討夷、厲武、横野、陵江、鷹揚、執訊、蕩寇、蕩虜、蕩難、蕩逆、殄虜、掃虜、掃難、掃逆、掃寇、厲鋒、武奮、武牙、廣野，領兵滿五十人，除板而已，朱服，武冠。

典儀但帥、典儀正帥，朱衣，武冠，獸頭鞶。殿但帥、正帥，獸頭鞶，朱服，武冠。殿帥、羽儀帥，員外帥，朱衣，武冠。

威雄、猛、烈、振、信、勝、略、風、力、光等十威將軍，武猛、略、勝、力、毅、健、烈、威、鋭、勇等十武將軍，並獸頭鞶，武冠，朝服。

猛毅、烈、威、鋭、震、進、智、武、勝、駿等十猛將軍，獸頭鞶，武冠，朝服。

壯武、勇、烈、猛、鋭、威、毅、志、意、力等十壯將軍，驍雄、桀、猛、烈、武、勇、鋭、名、勝、迅等十驍將軍，雄猛、威、明、烈、信、武、勇、毅、壯、健等十雄將軍，並獸頭鞶，武冠，朝服。

忠勇、烈、猛、鋭、壯、毅、捍、信、義、勝等十忠將軍，明智、略、遠、勇、烈、威、勝、進、鋭、毅等十明將軍，光烈、明、英、遠、勝、鋭、命、勇、武、野等十光將軍，颼勇、猛、烈、鋭、奇、決、起、略、勝、出等十飇將軍，並獸頭鞶，武冠，朝服。

龍驤、武視、雲旗、風烈、電威、雷音、馳鋭、進鋭、羽騎、突騎、折衝、冠武、和戎、安壘、起猛、英果、掃虜、掃狄、武鋭、摧鋒、開遠、略遠、貞威、決勝、清野、堅鋭、輕鋭、拔山、雲勇、振旅等三十號將軍，獸頭鞶，朝服，武冠。

超武、鐵騎、樓船、宣猛、樹功、剋狄、平虜、稜威、戎昭、威戎、伏波、雄戟、長劍、衝冠、雕騎、佽飛、勇騎、破敵、剋敵、威虜、前鋒、武毅、開邊、招遠、全威、破陣、蕩寇、殄虜、横野、馳射等三十號將軍，獸頭鞶，朝服，武冠。并左十二件將軍，板則止朱服，武冠而已。

建威、牙門、期門已下諸將軍，並獸頭鞶，朱服，武冠。板則止冠服而已。

千人督、校督司馬、武賁督、牙門將、騎督督、宋將兵都尉、太子常從督別部司馬、假司馬，朱服，武冠，獸頭鞶。

武猛中郎將、校尉、都尉，朱服，武冠。其以此官爲千人司馬、道賁督已上及司馬，獸頭鞶。

陛長、甲僕射、主事吏將騎、廷上五牛旗假吏武賁，在陛列及備鹵簿，服錦文衣，武冠，毦尾。陛長者，獸頭鞶。

假旄頭羽林，在陛列及備鹵簿，服絳單衣，上著韋畫腰襦，假旄頭。輿輦、迹禽、前驅、由基強弩司馬，給絳科單衣，武冠。別部司馬已下，並獸頭鞶。

殿中宂從武賁、殿中武賁，持鈒戟宂從武賁，絳科單衣，武冠。

持椎斧武騎武賁、五騎傳詔武賁、殿中羽林、太官尚食武賁、稱飯宰人、諸宮尚食武賁，給絳褠，武冠。

其在陛列及備鹵簿，五騎武賁，服錦文衣，毦尾。宰人服離支衣。領軍捉刃人，烏緫帽，袴褶，皮帶。

絓是羽葆毦鼓吹，悉改著進賢冠，外給系毦。鼓吹著武冠。諸官鼓吹，尚書廊下都坐門下使守藏守閤、殿中威儀騶，武賁常直殿門雲龍門者，門下左右部武賁羽林騶，給傳事者諸導騶，門下中書守閤，尚書門下武賁羽林騶，蘭臺五曹節藏僕射廊下守閤、威儀發符騶，都水使者廊下守給騶，謁者威儀騶，諸宮謁者騶，絳褠，武冠，衣服如舊。大誰、天門士、皁科單衣，樊噲冠。衛士，涅布褠，却敵冠。

諸將軍，使持節、都督執節史，朱衣，進賢一梁冠。

廷尉官屬皁衣。《南史·昭明太子傳》。

大同五年，詔張纘可尚書僕射。在職議印綬官備朝服，宜並著綬，時並施行。本《傳》。下同。

尚書左丞賀琛，遷員外散騎常侍。尚書南坐無貂，貂自琛始也。

尚書官著紫荷橐。《劉杳傳》。

朱銘盤《南朝梁會要·輿服·璽印章綬》 皇太子

皇太子，金璽龜鈕，朱綬。三百二十首。

王公百官

諸王，金璽龜鈕，纁朱綬。一百六十首。

開國公，金章龜鈕，玄朱綬。一百四十首。

開國侯、伯，金章龜鈕，青朱綬。一百二十首。

開國子、男，金章龜鈕，青綬。一百首。

縣、鄉、亭、關內、關中及名號侯，金印龜鈕，紫綬，關內、關中及名號侯則珪鈕。

關外侯，銀印珪鈕，青綬。

諸王嗣子，金印珪鈕，紫綬。八十首。

開國公、侯嗣子，銀印珪鈕，青綬。八十首。

太宰、太傅、太保、司徒、司空，金章龜鈕，紫綬。八十首。

大司馬、大將軍、太尉，諸位從公者，金章龜鈕，紫綬。八十首。

凡公及位從公，言以將軍及以左右光禄、開府儀同者，各隨本位號。其文則曰「某位號儀同之章」。五等諸侯，助祭，各以其綬色爲組纓。

尚書令、僕射、尚書，銅印墨綬。尚書則無印綬。

中書監、令，秘書監，銅印墨綬。

左、右光禄大夫，皆與加金章紫綬同。其但加金紫者，謂之金紫光禄，但加銀青者，謂之光禄大夫。

光禄、太中、中散大夫、太常、光禄、弘訓太僕、太僕、廷尉、宗正、大鴻臚、大司農、少府、大匠諸卿、丹陽尹、太子保、傅，大長秋，太子詹事，銀章龜鈕，青綬，助祭，則各以其綬采爲組纓。

驃騎、車騎、衛將軍、中軍、冠軍、輔國將軍、四方中郎將、金章紫綬，中郎將則青綬。

領、護軍，中領、護軍，五營校尉，銀印青綬。

弘訓衛尉，衛尉，司隸校尉，左右衛，驍騎，遊擊，前、左、右、後軍將軍，龍驤、寧朔、建威、振威、奮威、揚威、廣威、武威、建武、振武、奮武、揚武、廣武等將軍，積弩、積射、强弩將軍，監軍，銀章青綬。

御史中丞、都水使者，銀印墨綬。

謁者僕射，銅印環鈕，墨綬。八十首。

諸軍司，銀章龜鈕，青綬。

中書侍郎，冗從僕射，太子衛率，銅印，墨綬。

武賁中郎將，羽林監，銅印環鈕，墨綬。

護匈奴中郎將，護羌、戎、夷、蠻、越、烏丸、西域校尉，銀印珪鈕，青綬。

安夷、撫夷護軍，州郡國都尉，奉車、駙馬、騎都尉，諸護軍，銀印珪鈕，青綬。

州刺史，銅印，墨綬。

郡國太守，相，內史，銀章龜鈕，青綬。

尚書左、右丞，秘書丞，銅印環鈕，黄綬。

治書侍御史，銅印環鈕，墨綬。

公府長史，諸卿尹丞，黄綬。

諸縣署令，秩千石者，銅印環鈕，墨綬。

領、護軍長史，諸軍長史，諸卿部丞，獄丞，並黄綬。

郡國相，內史丞，黄綬。

諸縣署令、長、相，銅印環鈕，墨綬。

太子門大夫，陵令，長，銅印環鈕，墨綬。

黄門諸署令、僕、長丞，銅印環鈕，墨綬。丞，黄綬。黄門冗從僕射監，太子寺人監，銅印環鈕，墨綬。

公府司馬，領、護軍司馬，諸軍司馬，護匈奴中郎將，護羌、戎、夷、蠻、越、烏丸、戊己校尉長史、司馬，銅印環鈕，墨綬。

公府從事中郎，諸將軍開府功曹、主簿，廷尉，建康正、監平，銅印環鈕，墨綬。

左、右衛司馬，銅印環鈕，墨綬。

直閤將軍，銅印珪鈕，青綬。

直閤將軍，諸殿主帥，諸開國郎中令大農、公，傅中尉，銅印環鈕，青綬。

諸開國三將軍，銅印環鈕，青綬。限外者不給印。

開國掌書中尉，司馬，陵廟食官，廄牧長，典醫典府丞，銅印。常侍、侍郎、世子、庶子，謁者，中大夫，舍人，不給印。典書、典祠、學官令、典膳丞、長，銅印。限外者不給印。

太子衛率，率更，家令丞，銅印環鈕，黄綬。

太子常從武賁督，銅印環鈕，墨綬。

州郡國都尉司馬，銅印環鈕，墨綬。

殿中內外局監太子內外監，殿中守舍人，銅印環鈕，諸縣署丞，太子諸署丞、王公侯諸署及公主家令丞，僕，銅印環鈕，黄綬。

諸縣尉，銅印環鈕。

殿中中郎將，校尉，都尉，銀印珪鈕，青綬。

城門候，銅印環鈕，墨綬。

部曲督，司馬吏，部曲將，銅印環鈕。

總章協律，銅印環鈕，艾綬。

黄門後閤舍人、主書，齋帥，監食，主食，主客，扶持，鼓吹，齋帥墨綬。

殿中司馬，銅印環鈕，墨綬。

總章監，鼓吹監，銅印環鈕，艾綬。

諸四品將兵都尉，牙門將，崇毅，材官，折難，輕騎，揚烈，威遠，寧遠，宣威、光威，驤威，威烈，威虜，平戎，綏遠，綏狄，綏邊，綏戎，獸威，威武，烈武，毅武，奮武，討寇，討虜，殄難，討難，討夷，厲武，横野，陵江，鷹揚，執訊，蕩寇，蕩虜，蕩難，蕩逆，殄虜，掃虜，掃難，掃逆，掃寇，厲鋒，武奮，武牙，廣野，領兵滿五十人，給銀章，不滿五十，除板而已，不給章，以此官爲刺史、太守皆有綬。

典儀但帥，典儀正帥，其本資有殿但，正帥，得帶艾綬。

威雄，猛，烈，振，信，勝，略，風，力，光等十威將軍，武猛，略，勝，力，毅，健，烈，威，鋭，勇等十武將軍，並銀章熊鈕，青綬。

猛毅，烈，威，鋭，震，進，智，武，勝，駿等十猛將軍，銀章羆鈕，青綬。

壯武，勇，烈，猛，鋭，威，毅，志，意，力等十壯將軍，驍雄，桀，猛，烈，武，勇，鋭，名，勝，迅等十驍將軍，雄猛，威，明，烈，信，武，勇，毅，壯，健等十雄將軍，並銀章羊鈕，青綬。

忠勇，烈，猛，鋭，壯，毅，捍，信，義，勝等十忠將軍，明智，略，遠，勇，烈，威，勝，進，鋭，毅等十明將軍，光烈，明，英，遠，勝，鋭，命，勇，武，野等十光將軍，颷勇、猛、烈、鋭、奇、決、起、略、勝、出等十飈將軍，並銀章鹿鈕，青綬。

龍驤、武視、雲旗、風烈、電威、雷音、馳鋭、進鋭、羽騎、突騎、折衝、冠武、和戎、安壘、起猛、英果、掃虜、掃狄、武税、摧鋒、開遠、略遠、貞威、決勝、清野、堅鋭、輕鋭、拔山、雲勇、振旅等三十號將軍，銀印菟鈕，青綬。

超武、鐵騎、樓船、宣猛、樹功、克狄、平虜、稜威、戎昭、威戎、伏波、雄戟、長劍、衝冠、雕騎、佽飛、勇騎、破敵、剋敵、威虜、前鋒、武毅、開邊、招遠、全威、破陣、蕩寇、殄虜、横野、馳射等三十號將軍，銅印環鈕，墨綬。

建威、牙門、期門已下諸將軍，並銅印環鈕，墨綬。板則無印綬。其在將官，以功次轉進，應署建威已下諸號，不限板除，悉給印綬。若武官署位轉進，登上條九品馳尉已上諸戎號，亦不限板除，悉給印綬。

千人督、校督司馬、武賁督、牙門將、騎督督、守將兵都尉、太子常從督別部司馬、假司馬，假銅印環鈕，墨綬。

武猛中郎將、校尉、都尉，銅印環鈕。其以此官爲千人司馬、道賁督已上及司馬，皆假墨綬。

陛長、甲僕射、主事吏將騎、廷上五牛旗假吏武賁，在陛列及備鹵簿。陛長者，假銅印環鈕，墨綬。

假旄頭羽林，在陛列及備鹵簿，假旄頭。輿輦、迹禽、前驅、由基强弩司馬，其本位佩武猛都尉已上印者，假墨綬，別部司馬已下假墨綬。

殿中冗從武賁、殿中武賁、持鈒戟冗從武賁，假青綬。

持椎斧武騎武賁、五騎傳詔武賁、殿中羽林、太官尚食武賁，稱飯宰人、諸宫尚食武賁，假墨綬。其佩武猛、都尉等位印，皆依上條假綬之例。

王妃國夫人

武帝詔吴平國太夫人禮如王國太妃，假金章，紫綬。《蕭景傳》

朱銘盤《南朝陳會要·輿服·冠服》 陳永定元年，武帝即位，徐陵曰：「所家乘輿御服，皆採梁之舊制。」又以爲「冕旒，後漢用白玉珠，晉過江，服章多闕，遂用珊瑚雜珠，飾以翡翠」。侍中顧和奏：「今不能備玉珠，可用白琁。」從之。蕭驍子云：「白琁，蚌珠是也。」帝曰：「形制依此。今天下初定，務從節儉。應用繡、織成者，並可彩畫，金色宜塗，珠玉之飾，任用蚌也。」至天嘉初，悉改易之，定令俱依天監舊事，然亦往往改革。今不同者，皆隨事於注言之；不言者，蓋無所改制云。《隋書·禮儀志》。下同。

梁太宰、太傅、太保、司徒、司空，朝服，進賢三梁冠，佩山玄玉，獸頭鞶，腰劍。《陳令》加有相國丞相，服制同。

陳尚書令、僕射，獸頭鞶。尚書無鞶，餘並同梁。

陳中書監、令、秘書監，腰劍，獸頭鞶，餘同梁。

《陳令》有特進，進賢二梁冠，朝服，佩水蒼玉，腰劍。《梁令》不載。

陳宫卿改云慈訓，餘皆同梁。又有太舟卿，服章同。

《陳令》：鎮、衛、驃騎、車騎、中軍、中衛、中撫軍、中權、四征、四鎮、四安、四翊、四平將軍、冠軍、四方中郎將，並獸頭鞶，朝服，武冠，佩水蒼玉。自中軍已下諸將軍及冠軍、四方中郎將，並官不給佩。

《陳令》：領、護、中領、護、五營校尉，官不給佩。餘並同梁。

陳宫卿云慈訓，服同諸卿，但武冠。司隸校尉，陳無官服。《陳令》：左、右衛，不給劍。左右驍騎、游擊、雲騎、游騎、前、左、右、後軍將軍，左右中郎將，餘服同梁，亦官不給佩。其驍、游、雲騎，夾御日，假給。其積弩、積射、强弩、帶劍。餘服同梁。又有忠武、軍師、武臣、爪牙、龍騎、雲麾、鎮兵、翊師、宣惠、宣毅、智威、仁威、勇威、信威、嚴威、智武、仁武、勇武、信武、嚴武，官不給。輕車、鎮朔、武旅、貞毅、明威、寧遠、安遠、征遠、振遠、宣遠等將軍，並獸頭鞶，朝服，武冠，佩水蒼玉。

陳中丞，二梁冠。餘同梁。其都水，陳、梁改爲太舟卿，服在諸卿中見。

《陳令》：武衛不劍，正直夾御，白布袴褶。

陳衛率，不劍。冗從，腰劍。餘並同梁。

梁護匈奴中郎將，護羌、戎、夷、蠻、越、烏丸、西域校尉，朝服，武冠，獸頭鞶。《陳令》，無此官。其庶子，鎮蠻、寧蠻、平戎、西戎校尉，平越中郎將，服章同。

陳安遠、鎮蠻護軍，州、郡、國都尉，奉車、駙馬、騎都尉，諸護軍，服章同。無餘文。

梁州刺史，獸頭鞶，腰劍，絳朝服，進賢二梁冠。陳同梁。

梁諸王友、文學、朱服，進賢一梁冠。《陳令》：諸王師服同。

陳又有殿中、蘭臺侍御史，朝服，法冠，腰劍。

《陳令》：公府司馬，領、護軍司馬，諸軍司馬，鎮安蠻安遠護軍，蠻、戎、越校尉中郎將長史、司馬，其服章與梁官同。

梁諸開國三將軍，朝服，武冠。陳制：同梁。

諸四品將兵都尉、牙門將、崇毅、材官、折難、輕騎、揚烈、威遠、寧遠、宣威、光威、驤威、威烈、威虜、平戎、綏遠、綏狄、綏邊、綏戎、獸威、威武、烈武、毅武、奮武、討寇、討虜、殄難、討難、討夷、厲武、橫野、陵江、鷹揚、執訊、蕩寇、蕩虜、蕩難、蕩逆、殄虜、掃虜、掃難、掃逆、掃寇、厲鋒、武奮、武牙、廣野，朱服，武冠。

典儀但帥、典儀正帥，朱衣，武冠。其本資有殿但、正帥，得帶艾綬，獸頭鞶。

殿但帥、正帥，獸頭鞶，朱服，武冠。殿帥、羽儀帥、員外帥，朱衣，武冠。

威雄、猛烈、振信、勝略、風力、光等十威將軍，武猛、略、勝、力、毅、健、烈、威、銳、勇等十武將軍，並獸頭鞶，武冠，朝服。

猛毅、烈、威、銳、震、進、智、武、勝、駿等十猛將軍，獸頭鞶，武冠，朝服。

壯武、勇、烈、猛、銳、威、毅、志、意、力等十壯將軍，驍雄、桀、猛、烈、武、勇、銳、名、勝、迅等十驍將軍，雄猛、威、明、烈、信、武、勇、毅、壯、健等十雄將軍，並獸頭鞶，武冠，朝服。

忠勇、烈、猛、銳、壯、毅、捍、信義、勝等十忠將軍，明智、略、遠、勇、烈、威、勝、進、銳、毅等十明將軍，光烈、明、英、遠、勝、銳、命、勇、武、野等十光將軍，飈勇、猛、烈、銳、奇、決、略、勝、出等十飈將軍，並獸頭鞶，武冠，朝服。

龍驤、武視、雲旗、風烈、電威、雷音、馳銳、進銳、羽騎、突騎、折衝、冠武、和戎、安壘、猛、英果、掃虜、掃狄、武銳、摧鋒、開遠、略遠、貞威、決勝、清野、堅銳、輕銳、拔山、雲勇、振旅等三十號將軍，獸頭鞶，朝服，武冠。

超武、鐵騎、樓船、宣猛、樹功、剋狄、平虜、稜威、戎昭、威戎、伏波、雄戟、長劍、衝冠、雕騎、佽飛、勇騎、破敵、剋敵、威虜、前鋒、武毅、開邊、招遠、全威、破陣、蕩冠、殄虜、橫野、馳射等三十號將軍，獸頭鞶，朝服，武冠。并左十二件將軍，板則止朱服，武冠而已。

建威、牙門、期門已下諸將軍，並獸頭鞶，朱服，武冠。板則止冠服而已。

千人督、校督司馬、武賁督、牙門將、騎督督、守將兵都尉、太子常從督別部司馬、假司馬，武冠，獸頭鞶。

武猛中郎將、校尉、都尉，朱服，武冠。其以此官爲千人司馬、道賁督已上及司馬，皆獸頭鞶。

陛長、甲僕射、主事吏將騎、廷上五牛旗假吏武賁，在陛列及備鹵簿，服錦文衣，武冠，髦尾。陛長者，假獸頭鞶。

假旄頭羽林，在陛列及備鹵簿，服絳單衣，上著韋畫腰襦，假旄頭。輿輦、迹禽、前驅、由基强弩司馬，給絳科單衣，武冠。其本位別部司馬已下者，假獸頭鞶。

殿中冗從武賁、殿中武賁、持鈒戟冗從武賁、絳科單衣，武冠。《陳令》：絳科單衣，其本位職佩武猛、都尉等印，假鞶綬，依前條。

持椎斧武騎武賁、五騎傳詔武賁、殿中羽林、太官尚食武賁、稱飯宰人、諸宮尚食武賁，給絳褠，武冠。其佩武猛、都尉等位印，皆依上條假鞶綬之例。其在陛列及備鹵簿，五騎武賁，服錦文衣，髦尾。宰人服離支衣。領軍捉刃人，烏總帽，袴褶，皮帶。

絓是羽葆耗鼓吹，悉改著進賢冠，外給系耗，鼓吹著武冠。

諸官鼓吹，尚書廊下都坐門下使守藏守閤，殿中威儀騶，武賁常直殿門雲龍門者，門下左右部武賁羽林騶，給傳事者諸導騶，門下中書守閤，尚書門下武賁羽林騶，蘭臺五曹節藏僕射廊下守閤，威儀發符騶，都水使者廊下守給騶，謁者威儀騶，諸宮謁者騶，絳褠，武冠，衣服如舊。大誰、天門士，皁科單衣，樊噲冠。衛士，涅布褠，却敵冠。

諸將軍、使持節、都督執節史，朱衣，進賢一梁冠。

持節節史，單衣，介幘。其纂戎戒嚴時，同使持節。制假節節史，單衣，介幘。

諸王典籤帥，單衣，平巾幘。典籤書吏，袴褶，平巾幘。

諸王書佐，單衣，介幘。

公府書佐，朱衣，進賢冠。

諸王國舍人、司理、謁者、閤下令史、中衛都尉，朱衣，進賢一梁冠。司理假銅印，謁者高山冠，令史已下武冠。

太子太傅五官功曹、主簿，皁朝服，進賢一梁冠。

太子二傅門下主記、録事、功曹書佐、門下書佐、記室帳下督、都督省事，法曹書佐，太傅外都督，皁衣，進賢一梁冠。

太子妃家令，絳朝服，進賢一梁冠。

太子三校、二將、積弩、殿中將軍，衣服皆與上宮官同。

太子正員司馬督、題閤監、三校內主事、主章、扶持、守舍人，衣帶仗局、服飾衣局、珍寶朝廷主衣統、奏事幹、內局內幹，朱衣，武冠。

諸公府御屬及省事，録尚書省事，太子門下及內外監丞、典事、導客、算書史，次功、典書函、典書、典經、五經典書諸守宮舍人，市買清慎食官督，內直兵吏，宣華、崇賢二門舍人，諸門吏，朱衣，進賢一梁冠。

太子妃傳令，朱衣，武冠，執刀，烏信幡。

太子二傅騎吏，玄衣，赤幘，武冠，常行則袴褶。執儀、齋帥、殿帥、典儀帥、傳令、執刀戟、主蓋扇麾傘、殿上持兵、車郎、扶車、注疏、萌牀、齋閣食司馬、唱導飯、主食、殿前帥、殿前威儀、武賁威儀、散給使、閤將、鼓吹士帥副，武冠，絳褠。案軛、小輿、持車、軺車給使，平巾幘，黃布袴褶，赤罽帶。

太子諸門將，涅布褠，樊噲冠。

太子鹵簿戟吏，赤幘，武冠，絳褠。廉帥、整陳、禁防，平巾幘，白布袴褶。鞉角五音帥，長麾，青布袴褶，岑帽，絳絞帶。都伯，平巾幘，黃布袴褶。

文官曹幹，白紗單衣，介幘。尚書二臺曹幹亦同。

武官問訊，將士給使，平巾幘，白布袴褶。

朱銘盤《南朝陳會要·輿服·百官印綬》 金章龜鈕紫綬八十首

相國、丞相、太宰、太傅、太保、司徒、司空、大司馬、大將軍、太尉，諸位從公者，尚書令、僕射、領、護軍。《隋書·禮儀志》六。下同。

銀章龜鈕青綬八十首

中書監、令，秘書監，中領、護軍。

銀章龜鈕青綬

光祿、太中、中散大夫，太常、光祿、慈訓太僕、太僕、廷尉、宗正、大鴻臚、大司農、少府、大匠諸卿、太舟卿，丹陽尹，太子保、傅，大長秋，太子詹事。

金章獸鈕

鎮、衛、驃騎、車騎、中軍、中衛、中撫軍、中權、四征、四鎮、四安、四翊、四平將軍。

金章豹鈕紫綬八十首

冠軍、四方中郎將。忠武、軍師、武臣、爪牙、龍騎、雲麾、鎮兵、翊師、宣惠、宣毅、智威、仁威、勇威、信威、嚴威、智武、仁武、勇武、信武、嚴武。

銀印珪鈕青綬八十首

五營校尉。

銀章龜鈕

左右衛將軍。

銀印珪鈕

左右驍騎、游擊、雲騎、游騎，前、左、右、後將軍，左右中郎將。

銅印環鈕墨綬

超武、鐵騎、樓船、宣猛、樹功、克狄、平虜、稜威、戎昭、威戎、伏波、雄戟、長劍、衝冠、雕騎、佽飛、勇騎、破敵、威虜、前鋒、武毅、開邊、招遠、全威、破陣、蕩寇、殄虜、横野、馳射等三十號將軍。

其在將官，以功次轉進，應署建威、牙門、期門已下諸號將軍。

金章貔鈕紫綬

輕車、鎮朔、武旅、貞毅、明威、寧遠、安遠、征遠、振遠、宣遠等將軍。

銅章龜鈕青綬

州刺史。

銀章青綬

四品將爲刺史、太守。

銀章熊鈕青綬

十威、十武將軍。見《冠服》條。

銀章羆鈕青綬

十猛將軍。見《冠服》條。

銀章羔鈕青綬

十壯、十驍、十雄將軍。見《冠服》條。

銀章鹿鈕青綬

十忠、十明、十光、十飈將軍。見《冠服》條。

銀印菟鈕青綬

龍驤等三十號將軍。見《冠服》條。

銅印環鈕

千人督，校督司馬，武賁督、牙門將、騎督督、守將兵都尉、太子常從督別部司馬，假司馬。並假。

武猛中郎將、校尉、都尉。

墨綬

假旄頭羽林，假旄頭。輿輦、迹禽、前驅、由基强弩司馬。其本位佩武猛都尉已上印者，別部司馬已下。并假。持椎斧武騎武賁、五騎傳詔武賁、殿中羽林、太官尚食武賁、稱飯宰人、諸宮尚食武賁。並假。

青綬

殿中冗從武賁、殿中武賁、持鈒戟冗從武賁。並假。

《隋書》卷六《禮儀志一》 《禮》曰：「萬物本乎天，人本乎祖，所以配上帝也。」秦人蕩六籍以爲煨燼，祭天之禮殘缺，儒者各守其所見物而爲之義焉。一云：祭天之數，終歲有九，祭地之數，一歲有二，圓丘、方澤，三年一行。若圓丘、方澤之年，祭天有九，祭地有二。若天不通圓丘之祭，終歲有八。地不通方澤之祭，終歲有一。此則鄭學之所宗也。一云：唯有昊天，無五精之帝。而一天歲二祭，壇位唯一。圓丘之祭，即是南郊，南郊之祭，即是圓丘。日南至，於其上以祭天，春又一祭，以祈農事，謂之二祭，無別天也。五時迎氣，皆是祭五行之人帝太皞之屬，非祭天也。天稱皇天，亦稱上帝，亦直稱帝。五行人帝亦得稱上帝，但不得稱天。故五時迎氣及文、武配祭明堂，皆祭人帝，非祭天也。此則王學之所宗也。梁、陳以降，以迄于隋，議者各宗所師，故郊丘互有變易。

梁南郊，爲圓壇，在國之南。高二丈七尺，上徑十一丈，下徑十八丈。其外再壝，四門。常與北郊間歲。正月上辛行事，用一特牛，祀天皇上帝之神於其上，以皇考太祖文帝配。禮以蒼璧制幣。五方上帝、五官之神、太一、天一、日、月，五星、二十八宿、太微、軒轅、文昌、北斗、三台、老人、風伯、司空、雷電、雨師，皆從祀。其二十八宿及雨師等座有坎，五帝亦如之，餘皆平地。器以陶匏，席用稾秸。太史設柴壇於丙地。皇帝齋於萬壽殿，乘玉輅，備大駕以行禮。禮畢，變服通天冠而還。

北郊，爲方壇於北郊。上方十丈，下方十二丈，高一丈。四面各有陛。其外爲壝再重。與南郊間歲。正月上辛，以一特牛，祀后地之神於其上，以德后配。禮以黃琮制幣。五官之神、先農、五岳、沂山、嶽山、白石山、霍山、無閭山、蔣山、四海、四瀆、松江、會稽江、錢塘江、四望，皆從祀。太史設埋坎於壬地焉。

天監三年，左丞吳操之啓稱：「《傳》云『啓蟄而郊』，郊應立春之後。」尚書左丞何佟之議：「今之郊祭，是報昔歲之功，而祈今年之福。故取歲首上辛，不拘立春之先後。周冬至於圓丘，大報天也。夏正又郊，以祈農事，故有啓蟄之說。自晉太始二年，并圓丘、方澤同於二郊。是知今之郊禋，禮兼祈報，不得限以一途也。」帝曰：「圓丘自是祭天，先農即是祈穀。但就陽之位，故在郊也。冬至之夜，陽氣起於甲子，既祭昊天，宜在冬至。祈穀時可依古，必須啓蟄。在一郊壇，分爲二祭。」自是冬至謂之祀天，啓蟄名爲祈穀。何佟之又啓：「案鬯者盛以六彝，覆以畫冪，備其文飾，施之宗廟。今南北二郊，《儀注》有裸，既乖尚質，謂宜革變。」博士明山賓議，以爲：「《表記》『天子親耕，粢盛秬鬯，以事上帝』，蓋明堂之裸耳。郊不應裸。」帝從之。又有司以爲祀竟，器席相承還庫，請依典燒埋之。佟之等議：「案《禮》『祭器弊則埋之』。今一用便埋，費而乖典。」帝曰：「薦藉輕物，陶匏賤器，方還付庫，容復穢惡。但敝則埋之，蓋謂四時祭器耳。」自是從有司議，燒埋之。

四年，佟之云：「《周禮》『天曰神，地曰祇』。今天不稱神，地不稱祇，天攢題宜曰皇天座，地攢宜曰后地座。又南郊明堂用沉香，取本天之質，陽所宜也。北郊用上和香，以地於人親，宜回雜馥。」帝並從之。

五年，明山賓稱：「伏尋制旨，周以建子祀天，五月祭地。殷以建丑祀天，六月祭地。夏以建寅祀天，七月祭地。自頃代以來，南北二郊，同用夏正。」詔更詳議。山賓以爲二儀並尊，三朝慶始，同以此日二郊爲允。并請迎五帝於郊，皆以始祖配饗。及郊廟受福，唯皇帝再拜，明上靈降祚，臣下不敢同也。」詔並依議。

六年，議者以爲北郊有岳鎮海瀆之座，而又有四望之座，疑爲煩重。儀曹郎朱异議曰：「望是不即之名，豈容局於星海，拘於岳瀆？」明山賓曰：「《舜典》云『望于山川』。《春秋傳》曰『江、漢、沮、漳，楚之望也』。而今北郊設岳鎮海瀆，又立四望，竊謂煩黷，宜省。」徐勉曰：「岳瀆是山川之宗。至於望祀之義，不止於岳瀆也。若省四望，於義爲非。」議久不能決。至十六年，有事北郊，帝復下其議。於是八座奏省四望、松江、浙江、五湖等座。其鍾山、白石，既土地所在，並留如故。

七年，帝以一獻爲質，三獻則文，事天之道，理不應然，詔下詳議。博士陸瑋、明山賓，禮官司馬褧，以爲「宗祧三獻，義兼臣下，上天之禮，主在帝王，約理申義，一獻爲允」。自是天地之祭皆一獻，始省太尉亞獻，光禄終獻。又太常丞王僧崇稱：「五祀位在北郊，圓丘不宜重設。」帝曰：「五行之氣，天地俱有，故宜兩從。」僧崇又曰：「風伯、雨師，即箕、畢星矣。而今南郊祀箕、畢二星，復祭風師、雨師，恐乖祀典。」帝曰：「箕、畢自是二十八宿之名，風師、雨師自是箕、畢星下隸。兩祭非嫌。」

十一年，太祝牒，北郊止有一海，及二郊相承用柒俎盛牲，素案承玉。又制南北二郊壇下衆神之座，悉以白茅，詔下詳議。八座奏：「《禮》云『觀天下之物，無可以稱其德』，則知郊祭爲俎，理不應柒。又藉用白茅，禮無所出。皇天大帝坐既用俎，則知郊有俎義。」於是改用素俎，并北郊置四海座。五帝以下，悉用蒲席藁薦，并以素俎。又帝曰：「《禮》『祭月於坎』，良由月是陰義。今五帝天神，而更居坎。又《禮》云『祭日於壇，祭月於坎』，並是别祭，不關在郊，故得各從陰陽，而立壇坎。兆於南郊，就陽之義，居於北郊，就陰之義。既云就陽，義與陰異。星月與祭，理不爲坎。」八座奏曰：「五帝之義，不應居坎。良由齊代圓丘，小而且峻，邊無安神之所。今丘形既大，易可取安。請五帝座悉於壇上，外壝二十八宿及雨師等座，悉停爲坎。」自是南北二郊，悉無坎位矣。

十七年，帝以威仰、魄寶俱是天帝，於壇則尊，於下則卑。且南郊所祭天皇，其五帝别有明堂之祀，不煩重設。又郊祀二十八宿而無十二辰，於義闕然。於是南郊始除五帝祀，加十二辰座，與二十八宿各於其方而爲壇。

陳制，亦以間歲。正月上辛，用特牛一，祀天地於南北二郊。永定元年，武帝受禪，修南郊，圓壇高二丈二尺五寸，上廣十丈，柴燎告天。明年正月上辛，有事南郊，以皇考德皇帝配，除十二辰座，加五帝位，其餘準梁之舊。北郊爲壇，高一丈五尺，廣八丈，以皇妣昭后配，從祀亦準梁舊。及文帝天嘉中，南郊改以高祖配，北郊以德皇帝配天。

太中大夫、領大著作、攝太常卿許亨奏曰：「昔梁武帝云：『天數五，地數五，五行之氣，天地俱有。』故南北郊內，並祭五祀。臣按《周禮》：『以血祭社稷五祀。』鄭玄云：『陰祀自血起，貴氣臭也。五祀，五官之神也。』五神主五行，隸於地，故與埋沈副辜同爲陰祀。既非煙柴，無關陽祭。故何休云：『周爵五等者，法地有五行也。』五神位在北郊，圓丘不宜重設。」制曰：「可。」亨又奏曰：「梁武帝議，箕、畢自是二十八宿之名，風師、雨師自是箕、畢下隸，非即星也。故郊雩之所，皆兩祭之。臣案《周禮》大宗伯之職云：『槱燎祀司中、司命、風師、雨師。』鄭衆云：『風師，箕也；雨師，畢也。』《詩》云：『月離于畢，俾滂沱矣。』如此則風伯、雨師即箕、畢星矣。而今南郊祀箕、畢二星，復祭風伯、雨師，恐乖祀典。」制曰：「若郊設星位，任即除之。」亨又奏曰：「《梁儀注》曰：『一獻爲質，三獻爲文。事天之事，故不三獻。』臣案《周禮·司樽》所言，三獻施於宗祧，而鄭注『一獻施於羣小祀』。今用小祀之禮施於天神大帝，梁武此義爲不通矣。且樽俎之物，依於質文，拜獻之禮，主於虔敬。今請凡郊丘祀事，準於宗祧，三獻爲允。」制曰：「依議。」

廢帝光大中，又以昭后配北郊。及宣帝即位，以南北二郊卑下，更議增廣。久而不決。至太建十一年，尚書祠部郎王元規議曰：

案前漢《黄圖》，上帝壇徑五丈，高九尺；后土壇方五丈，高六尺。梁南郊壇上徑十一丈，下徑十八丈，高二丈七尺，北郊壇上方十丈，下方十二丈，高一丈。即日南郊壇廣十丈，高二丈二尺五寸，北郊壇廣九丈三尺，高一丈五寸。今議增南郊壇上徑十二丈，則天大數，下徑十八丈，取於三分益一，高二丈七尺，取三倍九尺之堂。北郊壇上方十丈，以則地義，下至十五丈，亦取二分益一，高一丈二尺，亦取二倍漢家之數。

《禮記》云：「爲高必因丘陵，爲下必因川澤。因名山升中于天，因吉土饗帝于郊。」《周官》云：「冬日至，祠天於地上之圓丘。夏日至，祭地於澤中之方丘。」《祭法》云：「燔柴於泰壇，祭天也。瘞埋於泰折，祭地也。」《記》云：「至敬不壇，掃地而祭。」於其質也，以報覆燾持載之功。《爾雅》亦云：「丘，言非人所造焉。」古圓方兩丘，並因見有而祭。本無高廣之數。後世隨事遷都，而建立郊禮。或有地吉而未必有丘，或有見丘而不必廣潔。故有築建之法，而制丈尺之儀。愚謂郊祀事重，圓方二丘，高下廣狹，既無明文，但五帝不相沿，三王不相襲。今謹述漢、梁并即日三代壇不同，及更增修丈尺如前。聽旨。

尚書僕射臣繕，左户尚書臣元饒、左丞臣周確、舍人臣蕭淳、儀曹郎臣沈客卿同元規議。詔遂依用。

後主嗣立，無意典禮之事，加舊儒碩學，漸以凋喪，至於朝亡，竟無改作。

後齊制，圓丘方澤，並三年一祭，謂之禘祀。圓丘在國南郊。丘下廣輪二百七十尺，上廣輪四十六尺，高四十五尺。三成，成高十五尺，上中二級，四面各一陛，下級方維八陛。周以三壝，去丘五十步。中壝去内壝，外壝去中壝，各二十五步。皆通八門。又爲大營於外壝之外，輪廣三百七十步。其營塹廣一十二尺，深一丈，四面各通一門。又爲燎壇於中壝之外，當丘之丙地。廣輪三十六尺，高三尺，四面各有陛。方澤爲壇在國北郊。廣輪四十尺，高四尺，面各一陛。其外爲三壝，相去廣狹同圓丘。壝外大營，廣輪三百二十步。營塹廣一十二尺，深一丈，四面各通一門。又爲瘞坎於壇之壬地，中壝之外，廣深一丈二尺。

圓丘則以蒼璧束帛，正月上辛，祀昊天上帝於其上，以高祖神武皇帝配。五精之帝，從祀於其中丘。面皆内向。日月、五星、北斗、二十八宿、司中、司命、司人、司禄、風師、雨師、靈星於下丘，爲衆星之位，遷於内壝之中。合用蒼牲九。

夕牲之旦，太尉告廟，陳幣於神武廟訖，埋於兩楹間焉。皇帝初獻，太尉亞獻，光禄終獻。司徒獻五帝，司空獻日月、五星、二十八宿，太常丞已下薦衆星。方澤則以黄琮束帛，夏至之日，禘崐崙皇地祇於其上，以武明皇后配。其神州之神、社稷、岱岳、沂鎮、會稽鎮、云云山、亭亭山、蒙山、羽山、嶧山、崧岳、霍岳、衡鎮、荆山、内方山、大別山、敷淺原山、桐柏山、陪尾山、華岳、太岳鎮、積石山、龍門山、江山、岐山、荆山、嶓冢山、壺口山、雷首山、底柱山、析城山、王屋山、西傾朱圉山、鳥鼠同穴山、熊耳山、敦物山、蔡蒙山、梁山、岷山、武功山、太白山、恒岳、醫無閭山鎮、陰山、白登山、碣石山、太行山、狼山、封龍山、漳山、宣務山、閼山、方山、苟山、狹龍山、淮水、東海、泗水、沂水、淄水、濰水、江水、南海、漢水、穀水、洛水、伊水、漾水、沔水、河水、西海、黑水、澇水、渭水、涇水、酆水、濟水、北海、松水、京水、桑乾水、漳水、呼沲水、衛水、洹水、延水，並從祀。其神州位在青陛之北甲寅地，社位赤陛之西未地，稷位白陛之南庚地；自餘並内壝之内，内向，各如其方。合用牲十二，儀同圓丘。其後諸儒定禮，圓丘改以冬至云。

其南北郊則歲一祀，皆以正月上辛。南郊爲壇於國南，廣輪三十六尺，高九尺，四面各一陛。爲三壝，内壝去壇二十五步，中壝、外壝相去如内壝。四面各通一門。又爲大營於外壝之外，廣輪二百七十步。營塹廣一丈，深八尺，四面各一門。又爲燎壇於中壝之外丙地，廣輪二十七尺，高一尺八寸，四面各一陛。祀所感帝靈威仰於壇，以高祖神武皇帝配。禮用四圭有邸，幣各如方色。其上帝及配帝，各用騂特牲一，儀燎同圓丘。其北郊則爲壇如南郊壇，爲瘞坎如方澤坎，祀神州神於其上，以武明皇后配。禮用兩圭有邸，各用黄牲一，儀瘞如北郊。

後周憲章姬周，祭祀之式，多依《儀禮》。司量掌爲壇之制，圓丘三成，成崇一丈二尺，深二丈。上徑六丈，十有二階，每等十有二節。在國陽七里之郊。圓壝徑三百步，内壝半之。方一成，下崇一丈，徑六丈八尺，上崇五尺，方四丈，八方，方一階，階十級，級一尺。方丘在國陰六里之郊。丘一成，八方，下崇一丈，方六丈八尺，上崇五尺，方四丈。方一階，尺一級。其壝八面，徑百二十步，内壝半之。南郊爲方壇於國南五里。其崇一丈二尺，其廣四丈。其壝方百二十步，内壝半之。神州之壇，崇一丈，方四丈，在北郊方丘之右。其壝如方丘。

其祭圓丘及南郊，並正月上辛。圓丘則以其先炎帝神農氏配昊天上帝於其上。五方上帝、日月、内官、中官、外官、衆星，並從祀。皇帝乘蒼輅，載玄冕，備大駕而行。預祭者皆蒼服。南郊，以始祖獻侯莫那配所感帝靈威仰於其上。北郊方丘，則以神農配后地之祇。神州則以獻侯莫那配焉。

其用牲之制，祀昊天上帝，祭皇地祇及五帝、日月、五星、十二辰、四望、五官，各以其方色毛。宗廟以黄，社稷以黝，散祭祀用純，表貉磔禳用厖。

高祖受命，欲新制度。乃命國子祭酒辛彦之議定祀典。爲圓丘於國之南，太陽門外道東二里。其丘四成，各高八尺一寸。下成廣二十丈，再成廣十五丈，又三成廣十丈，四成廣五丈。再歲冬至之日，祀昊天上帝於其上，以太祖武元皇帝配。五方上帝、日月、五星、内官四十二座、次官一百三十六座、外官一百一十一座、衆星三百六十座，並皆從祀。上帝、日月在丘之第二等，北斗五星、十二辰、河漢、内官在丘第三等，二十八宿、中官在丘第四等，外官在内壝之内，衆星在内壝之外。其牲，上帝、配帝用蒼犢二，五帝、日月用方色犢各一，五星已下用羊豕各九。

爲方丘於宫城之北十四里。其丘再成，成高五尺，下成方十丈，上成方五丈。夏至之日，祭皇地祇於其上，以太祖配。神州、迎州、冀州、戎州、拾州、柱州、營州、咸州、陽州九州山、海、川、林、澤、丘陵、墳衍、原隰，並皆從祀。地祇及配帝在壇上，用黄犢二。神州九州神座於第二等八陛之間：神州東南方，迎州南方，冀州、戎州西南方，拾州西方，柱州西北方，營州北方，咸州東北方，陽州東方，各用方色犢一。九州山海已下，各依方面八陛之間。其冀州山林川澤，丘陵墳衍，於壇之南，少西，加羊豕各九。南郊爲壇於國之南，太陽門外道西一里。去宫十里。壇高七尺，廣四丈。孟春上辛，祠所感帝赤熛怒於其上，以太祖武元皇帝配。其禮四圭有邸，牲用騂犢二。北郊孟冬祭神州之神，以太祖武元皇帝配。牲用犢二。

《隋書》卷一〇《禮儀志五》 輿輦之別，蓋先王之所以列等威也。然隨時而變，代有不同。

梁初，尚遵齊制，其後武帝既議定禮儀，乃漸有變革。始永明中，步兵校尉伏曼容奏，宋大明中，尚書左丞荀萬秋議，金玉二輅，並建碧旂，象革木輅，並建赤旂，非時運所上，又非五方之色。今五輅五牛及五色幡旗，並請準齊所尚青色。時議所駁，不行。及天監三年，乃改五輅旗同用赤而旒不異，以從行運所尚也。

七年，帝曰：「據《禮》『玉輅以祀，金輅以賓』，而今大祀，並乘金輅。」詔下詳議。周捨以爲：「金輅以之齋車，本不關於祭祀。」於是改陵廟皆乘玉輅，大駕則太僕卿御，法駕則奉車郎馭。其餘四輅，則使人執轡，以朱絲爲之。執者武冠、朱衣。

又齊永明制，玉輅上施重屋，棲寶鳳皇，綴金鈴，鑷珠璫、玉蚌佩。四角金龍，銜五綵毦。又畫麒麟頭加於馬首者。十二年，帝皆省之。

初齊武帝造大小輦，並如軺車，但無輪轂，下横轅軛。梁初，漆畫代之。後帝令上可加笨輦，形如犢車，自兹始也。中方八尺，左右開四望。金爲龍首。飾其五末，謂轅轂頭及衡端也。金鸞棲軛。其下施重層，以空青雕鏤爲龍鳳象。漆木横前，名爲望板。其下交施三十六横。小輿形似軺車，金裝漆畫，但施八横。元正大會，乘出上殿。西堂舉哀亦乘之。行則從後。一名輿車。

羊車一名輦，其上如軺，小兒衣青布袴褶，五辮髻，數人引之。時名羊車小史。漢氏或以人牽，或駕果下馬。梁貴賤通得乘之，名曰牽子。

畫輪車，一乘，駕牛。乘用如齊制，舊史言之詳矣。

衣書車，十二乘，駕牛。漢皁蓋朱裏，過江加緑油幢。朱絲絡，青交路，黄金塗五末。一曰副車。梁朝謂之衣書車。

皇太子鸞輅，駕三馬，左右騑。朱斑輪，倚獸較，伏鹿軾，九旒，畫降龍，青蓋畫幡，文輈，黄金塗五末。近代亦謂之鸞輅，即象輅也。梁東宮初建及太子釋奠、元正朝會則乘之。以畫輪爲副。若常乘畫輪，以軺衣書車爲副。畫輪車，上開四望，緑油幢，朱繩絡，兩箱裏飾以錦，黄金塗五末。

二千石四品已上及列侯，皆給軺車，駕牛。伏兔箱，青油幢，朱絲絡，轂輞皆黑漆。天監二年令，三公、開府、尚書令，則給鹿幡軺，施耳，後户，皁輞。尚書僕射、左右光禄大夫、侍中、中書監令、祕書監，則給鳳轄軺，後户，皁輞。領、護、國子祭酒、太子詹事、尚書、侍中、列卿、散騎常侍，給聊泥軺，無後户，漆輪。車騎、驃騎及諸王除刺史、帶將軍，給龍雀軺，以金銀飾。御史中丞給方蓋軺，形如小傘。

諸王三公有勳德者，皆特加皁輪車，駕牛，形如犢車。但烏漆輪轂，黄金雕裝，上加青油幢，朱絲絡，通幰或四望。上臺，三夫人亦乘之，以揭幰涅幰爲副。王公加禮者，給油幢絡車，駕牛。朱輪華轂。天監二年令，上臺，六宫、長公主、公主、諸王太妃、妃，皆乘青油輿幢通幰車，揭幢涅幰爲副。采女、皇女、諸王嗣子、侯夫人，皆乘赤油揭幢車，以涅幰爲副。侍女、直乘涅幰之乘。

諸王三公並乘通幰平乘車，竹箕子壁、仰，檳榆爲輞。如今犢車，但舉幰通覆上。

方州刺史，並乘通幰平肩輿，從横施八横，亦得金渡裝較。天子至于下賤，通乘步輿，方四尺，上施隱膝以及襻，舉之。無禁限。載輿亦如之，但不施脚，以其就席便也。優禮者，人輿以升殿。司徒謝朏，以脚疾優之。

五牛旗，左青赤，右白黑，黄居其中，蓋古之五時副車也。舊有五色立車，五色安車，合十乘，名爲五時車。建旗十二，各如車色。立車則正竪其旗，安車則斜注。馬亦隨五時之色，白馬則朱其鬣尾。左右騑驂，金鋄鏤錫，黄屋左纛，如金根之制。行則從後。名五時副車。晉過江，不恒有事，則權以馬車代之，建旗其上。後但以五色木牛象車，竪旗於牛背，使人輿之。旗常纏不舒，唯天子親戎，乃舒其斾。周遷以爲晉武帝平吴後造五牛之旗，非過江始爲也。

指南車，大駕出，爲先啓之乘。漢初，置俞兒騎，並爲先驅。左太冲曰：「俞騎騁路，指南司方。」後廢其騎而存其車。

記里車，駕牛。其中有木人執槌，車行一里，則打一槌。

鼓吹車，上施層樓，四角金龍，銜旒蘇羽葆。凡鼓吹，陸則樓車，水則樓船，左殿庭則畫筍虡爲樓。樓上有翔鷺棲烏，或爲鵠形。

陳承梁末，王琳縱火，延燒車府。至天嘉元年，勑守都官尚書、寶安侯到仲舉，議造玉金象革木等五輅及五色副車。皆金薄交龍，爲輿倚較，文貔伏軾，虬首銜軛，左右吉陽筩，鸞雀立衡，樎文畫轓，緑油蓋，黄絞裏，相思橑，金華末。斜注旂旗於車之左，各依方色。加棨戟於車之右，韜以黻繡之衣。獸頭幡，長丈四尺，懸於戟杪。玉輅，正副同駕六馬，餘輅皆駕四馬。馬並黄金爲文髦，插以翟尾，玉爲鏤錫。又以綵畫赤油，長三尺，廣八寸，繫兩軸頭，古曰飛軨，改以綵畫蛙蟆幡，綴兩軸頭，即古飛軨遺象也。五輅兩箱後，皆用玳瑁爲鶡翅，加以金銀雕飾，故俗人謂之金鶡車。兩箱之裏，衣以紅錦，金花帖釘，上用紅紫錦爲後檐，青絞純帶，夏用簟，冬用綺繡褥。此後漸修，具依梁制。

後魏天興初，詔儀曹郎董謐撰朝饗儀，始制軒冕，未知古式，多違舊章。孝文帝時，儀曹令李韶，更奏詳定，討論經籍，議改正之。唯備五輅，各依方色，其餘車輦，猶未能具。至熙平九年，明帝又詔侍中崔光與安豐王延明、博士崔瓚採其議，大造車服。定制，五輅並駕五馬。皇太子乘金輅，朱蓋赤質，四馬。三公及王，朱屋青表，制同於輅，名曰高車，駕三馬。庶姓王、侯及尚書令、僕已下，列卿已上，並給軺車，駕用一馬。或乘四望通幰車，駕一牛。自斯以後，條章粗備，北齊咸取用焉。其後因而著令,並無增損。

王、庶姓王、儀同三司已上、親公主,雉尾扇,紫傘。皇宗及三品已上官,青傘朱裏。其青傘碧裏,達於士人,不禁。

正從第一品執事官、散官及儀同三司、諸公主,得乘油色朱絡網車,車牛飾得用金塗及純銀。二品、三品得乘卷通幰車,車牛飾用金塗。四品已下,七品已上,得乘偏幰車,車牛飾用銅。

尚書令給哄士十五人,左右僕射、御史中丞,各十二人。

周氏設六官,置司輅之職,以掌公車之政,辨其名品,與其物色。

皇帝之輅,十有二等:一曰蒼輅,以祀昊天上帝。二曰青輅,以祀東方上帝。三曰朱輅,以祀南方上帝及朝日。四曰黄輅,以祭地祇中央上帝。五曰白輅,以祀西方上帝及夕月。六曰玄輅,以祀北方上帝及感帝,祭神州。此六輅,通漆之而已,不用他物爲飾。皆疏面,旒就以方色,俱十有二。疏面,刻皮當顱。七曰玉輅,以享先皇,加元服,納后。八曰碧輅,以祭社稷,享諸先帝,大貞於龜,食三老五更,享食諸侯及耕籍。九曰金輅,以祀星辰,祭四望,視朔,大射,賓射,饗羣臣,巡犧牲,養國老。十曰象輅,以望秩羣祀,視朝,燕諸侯及羣臣,燕射,養庶老,適諸侯家,巡省,臨太學,幸道法門。十一曰革輅,以巡兵即戎。十二曰木輅,以田獵,行鄉畿。此六輅,又以六色漆而畫之,用玉碧金象革物,以飾諸末。皆錫面、金鉤,就以五采,俱十有二。錫面,鏤金當顱。鉤以屬勒鞶纓。

皇后之車,亦十二等:一曰重翟,以從皇帝,重翟羽爲車蕃。祀郊禖,享先皇,朝皇太后。二曰厭翟,以祭陰社。次其羽也。三曰翟輅,以採桑。翟羽飾之。四曰翠輅,以從皇帝,見賓客。翠羽飾之。五曰雕輅,以歸寧。刻諸末也。六曰篆輅,以臨諸道法門。篆諸飾也。六輅皆錫面,朱總,總以朱絲爲之,置馬勒,直兩耳與兩鑣也。金鉤。七曰蒼輅,以適命婦家。八曰青輅,九曰朱輅,十曰黄輅,十一曰白輅,十二曰玄輅。五時常出入則供之。六輅皆疏面,繢總。以畫繒爲之。

諸公之輅九:方輅,各象方之色。碧輅、金輅,皆錫面,鞶纓九就,金鉤。象輅、犀輅、貝輅、革輅、篆輅、木輅,皆疏面,鞶纓九就。凡就,皆以朱白蒼三采。諸侯自方輅而下八,又無碧輅。諸伯自方輅而下七,又無金輅。諸子自方輅而下六,又無象輅。諸男自方輅而下五,又無犀輅。凡就,各如其命。

諸公夫人之輅車九:厭翟、翟輅、翠輅,皆錫面,朱總,金鉤。雕輅、篆輅,皆勒面,刻白黑韋爲當顱。繢總。朱輅、黄輅、白輅、玄輅,皆雕面,刻漆韋爲當顱。鷖總。總青黑色繒,其著如朱總。諸侯夫人自翟輅而下八,諸伯夫人自翠輅而下七,諸子夫人自雕輅而下六,諸男夫人自篆輅而下五。鞶纓就數,各視其君。

公孤卿大夫,皆以中之色乘祀輅。士乘祀車。

三公之輅車九:祀輅、犀輅、貝輅、篆輅、木輅、夏篆、夏縵、墨車、輚車。自篆已上,金塗諸末,疏錫,鞶纓,金鉤。木輅已下,銅飾諸末,疏,鞶纓皆九就。三孤自祀輅而下八,無犀輅。六卿自祀輅而下七,又無貝輅。上大夫自祀輅而下六,又無篆輅。中大夫自祀輅而下五,又無木輅。下大夫自祀輅而下四,又無夏篆。士車三:祀車、墨車、輚車。凡就,各如其命之數。自孤下,就以朱緑二采。

三妃、三公夫人之輅九:篆輅、朱輅、黄輅、白輅、玄輅,皆勒面,繢總。夏篆、夏縵、墨車、輚車,皆雕面,鷖總。三妐、三孤内子,自朱輅已下八。六嬪、六卿内子,自黄輅而下七。上媛婦、中大夫孺人,自玄輅而下五。下媛婦、大夫孺人,自夏篆而下四。御婉、士婦人,自夏縵而下三。其鞶纓就,各以其等。

皆簟第,漆之。君以赤,卿大夫士以玄。

君駕四,三輈六轡。卿大夫駕三,二輈五轡。士駕二,一輈四轡。

輅之制,重輪重較而加耳焉。皇帝、皇后之輅,輿廣六尺有六寸,輪高七尺。畫輪轂,輈衡以雲牙,箱軾以虡文,虡内畫以雜獸。獸伏軾,鹿倚較。諸侯及夫人、命夫、命婦之輅車,廣六尺有二寸,輪崇六尺有六寸。畫轂以雲牙,軾以虡文,虡内畫以雲華。鹿倚較。士不畫。后、夫人、内子已下,同去獸與鹿。

凡旗,太常畫三辰,日、月、五星。旂畫青龍,皇帝升龍,諸侯交龍。旟畫朱雀,旌畫黄麟,旗畫白獸,旐畫玄武,皆加雲。其旜物在軍,亦書其事號,加之以雲氣。徽幟亦如之。通帛爲旜,雜帛爲物。在軍亦書其人官與姓名之事號。徽幟亦書之,但畫其所書之例。旌節又畫白獸,而析羽於其上。

司常,掌旗物之藏。通帛之旗六,以供郊丘之祀。一曰蒼旗,二曰青旗,三曰朱旗,四曰黄旗,五曰白旗,六曰玄旗。畫繢之旗六,以充玉輅之等。一曰三辰之常,二曰青龍之旂,三曰朱鳥之旟,四曰黄麟之旌,五曰白獸之旗,六曰玄武之旐。皆左建旗而右建闟戟。又有繼旗四,以施軍旅。一曰麾,以供軍將。二曰旞,以供師帥。三曰旐,以供旅帥。四曰旆,以供倅長。諸公方輅、碧輅建旂,金輅建旟,象輅建物,木輅建旐。諸侯自金輅而下,如諸公之旗。諸伯自象輅而下,如諸侯之旗。諸子自犀輅而下,如諸伯之旗。諸男自象輅而下,如諸子之旗。三公犀輅、貝輅、篆輅建旜,木輅建旐,夏篆、夏縵及輚車建物。孤卿已下,各以其等建其旗。

旌杠，皇帝六刃，諸侯五刃，大夫四刃，士三刃。

旒，皇帝曳地，諸侯及軹，大夫及轂，士及軫。凡注毛於杠首曰綏，析羽曰旌，全羽曰旞。其幓，皇帝諸侯加以弧韣。闟戟，方六尺而被之以黻，唯皇帝諸侯輅建焉。闟戟、杠綢與旗同。

車之蓋圓，以象天，輿方，以象地。輪輻三十，以象日月。蓋橑二十有八，以象列宿。設和鑾以節趨行，被旗旒以表貴賤。其取象也大，其彰德也明，是以王者尚之。

皇帝、皇后在喪之車五：一曰木車，初喪乘之。二曰素車，卒哭乘之。三曰藻車，既練乘之。四曰駹車，祥而乘之。五曰漆車，禫而乘之。

及平齊，得其輿輅，藏於中府，盡不施用。至大象初，遣鄭譯閱視武庫，得魏舊物，取尤異者，並加雕飾，分給六宮。有乾象輦，羽葆圓蓋，畫日月五星、二十八宿、天街雲罕、山林奇怪及遊麟飛鳳、朱雀玄武、騶虞青龍，駕二十四馬，以給天中皇后，助祭則乘。又有大樓輦車，龍輈十二，加以玉飾，四轂六衡，方輿圓蓋，金鷄樹羽，寶鐸旒蘇，鸞雀立衡，六螭龍銜軛，建太常，畫升龍日月，駕二十牛。又有象輦，左右金鳳，白鹿仙人，羽葆旒蘇，金鈴玉佩，初駕二象，後以六駝代之。並有遊觀小樓等輦，駕十五馬車等，合十餘乘，皆魏天興中之所制也。宣帝至是，咸復御之。復令天下車，皆以渾成木爲輪。

開皇元年，内史令李德林奏，周、魏輿輦乖制，請皆廢毀。高祖從之。唯留魏太和時儀曹令李韶所製五輅，齊天保所遵用者。又留魏熙平中，太常卿穆紹議皇后之輅，其從祭則御金根車，親桑則御雲母車，並駕四馬。歸寧則御紫罽車，遊行則御安車，弔問則御紺罽軿車，並駕三馬。於後著令，制五輅。

玉輅，青質，以玉飾諸末。重箱盤輿，左青龍，右白虎，金鳳翅，畫虡文鳥獸。黄屋左纛，金鳳在軾前，八鸞在衡，二鈴在軾。龍輈，前設鄣塵。青蓋黄裏，繡飾。博山鏡子，樹羽。輪皆朱斑重牙。左建旂，十有二旒，幓旒皆畫升龍，其長曳地。右載闟戟，長四尺，廣三尺，黻文。旂首金龍頭，銜結綬及鈴綏。駕蒼龍，金鋄方釳，插翟尾五隼，鏤鍚，鞶纓十有二就。鍚馬當顱，鏤金爲之。鞶馬大帶，纓馬鞅，皆以五彩飾之。就成也，一帀爲一就。祭祀、納后則供之。

金輅，赤質，以金飾諸末。左建旟，右建闟戟。旟畫鳥隼。餘與玉輅同。駕赤騮。朝覲會同，饗射飲至則供之。

象輅，黄質，以象飾諸末。左建旌，右建闟戟。旌畫黄麟。駕黄騮。行道則供之。

革輅，白質，輓之以革。左建旗，右建闟戟。旗畫白獸。駕白駱。巡守臨兵事則供之。

木輅，漆之。左建旐，右建闟戟。旐畫龜蛇。駕黑騮。田獵則供之。

五輅之蓋，旌旗之質，及鞶纓，皆從輅之色。蓋之裏，俱用黄。其鏤鍚，五輅同。

安車，飾重輿，曲壁，紫油纁朱裏，通幰，朱絲絡網，朱鞶纓，朱覆髮，具絡。駕赤騮。臨幸則供之。

四望車，制同犢車。金飾，青油纁朱裏，通幰。拜陵臨弔則供之。

皇后、皇太后重翟，青質，金飾諸末。朱輪，金根朱牙。其箱飾以重翟羽，青油纁朱裏，通幰，繡紫帷，朱絲絡網，繡紫絡帶。八鑾在衡，鍚，鞶纓十二就，金鋄方釳，插翟尾，朱總。總以朱爲之，如馬纓而小，著馬勒，在兩耳兩鑣也。駕蒼龍。受册，從郊禖，享廟則供之。

厭翟，赤質，金飾諸末。輪畫朱牙。其箱飾以次翟羽，紫油纁朱裏，通幰，紅錦帷，朱絲絡網，紅錦絡帶。其餘如重翟。駕赤騮。親桑則供之。

翟車，黄質，金飾諸末。輪畫朱牙。其車側飾以翟羽，黄油纁黄裏，通幰，白紅錦帷，朱絲絡網，白紅錦絡帶。其餘如重翟。駕黄騮。歸寧則供之。

諸鞶纓之色，皆從車質。

安車，赤質，金飾。紫通幰朱裏。駕四馬。臨幸及弔則供之。

皇太子金輅，赤質，金飾諸末。重較，箱畫虡文鳥獸，黄屋，伏鹿軾，龍輈。金鳳一，在軾前。設鄣塵。朱蓋黄裏。輪畫朱牙。左建旂，九旒，右載闟戟。旂首金龍頭，銜結綬及鈴緌。駕赤騮四。八鑾在衡，二鈴在軾。金鋄方釳，插翟尾五隼，鏤鍚，鞶纓九就。從祀享、正冬大朝、納妃則乘之。

軺車，金飾諸末。紫通幰朱裏。駕一馬。五日常朝及朝饗宫臣，出入行道乘之。

四望車，金飾諸末。紫油纁通幰朱裏，朱絲絡網。駕一馬。弔臨則乘之。

公及一品象輅，黄質，以象飾諸末。建旟，畫以鳥隼。受册告廟，升壇上任，親迎及葬則乘之。

侯伯及二品三品革輅，白質，以革飾諸末。建旗，畫熊獸。受册告廟，親迎及葬則乘之。

子男及四品木輅，黑質，以漆飾之。建旐，畫以龜蛇。受冊告廟，親迎及葬則乘之。

象輅已下，旒及就數，各依爵品，雖依禮製名，未及創造。開皇三年閏十二月，並詔停造，而盡用舊物。至九年平陳，又得輿輦。舊著令者，以付有司，所不載者，並皆毀棄。雖從儉省，而於禮多闕。

十四年，詔又以見所乘車輅，因循近代，事非經典，令更議定。於是命有司詳考故實，改造五輅及副。玉輅青質，祭祀乘之。金輅赤質，朝會禮還乘之。象輅黄質，臨幸乘之。革輅白質，戎事乘之。木輅玄質，耕藉乘之。五輅皆朱斑輪、龍輈、重輿，建十二旒，並畫升龍。左建闟戟。旂旒與輅同色。樊纓十有二就。王、五等開國、第一第二品及刺史輅，朱質，朱蓋，斑輪。左建旂，旂畫龍，一升一降。右建闟戟。第三第四品輅，朱質，朱蓋，左建旃，通帛爲之，旂旃皆赤。其旒及樊纓就數，各依其品。

大業元年，更製車輦，五輅之外，設副車。詔尚書令楚公楊素、吏部尚書奇章公牛弘、工部尚書安平公宇文愷、内史侍郎虞世基、禮部侍郎許善心、太府少卿何稠、朝請郎閻毗等，詳議奏決。於是審擇前朝故事，定其取捨云。

玉輅，禋祀所用，飾以玉。《白武通》云：「玉輅，大輅也。」《周禮》巾車氏所掌，「鍐錫，樊纓十有再就，建太常十有二旒」。虞氏謂之鸞車，夏后氏謂之鉤車，殷謂之大輅，周謂之乘輅。《大戴禮》著其形式，上蓋如規象天，二十八橑象列星，下方輿象地，三十輻象一月。前視則覩鸞和之聲，側觀則覩四時之運。昔成湯用而郊祀，因有山車之瑞，亦謂桑根車。蔡邕《獨斷》論漢制度，凡乘輿車，皆有六馬，羽蓋金爪，黄屋左纛，鍐錽方釳，重轂繁纓，黄繒爲蓋裏也。左纛，以氂牛尾建於竿上，其大如斗，立于左騑也。鍐錽高闊各五寸，上如傘形，施於髮上，而插翟尾也。方釳當顱，蓋馬冠也。繁纓，膺前索也。重轂，重施轂也。應劭《漢官》，大輅龍旂，畫龍於旂上也。董巴志謂爲瑞山車，秦謂金根，即殷輅矣。司馬彪志亦云：「漢備五輅，或謂德車，其所駕馬，皆如方色。」唯晉太常卿摯虞，獨疑大輅，謂非玉輅。摯虞之説，理實可疑，而歷代通儒，混爲玉輅，詳其施用，義亦不殊。左建太常。案《釋名》：「日月爲常，畫日月於旗端，言常明也。」又云：「自夏始也。」奚仲爲夏車正，加以旂常，於是旒就有差，用明尊卑之別也。董巴所述，全明漢制。天子建太常，十二斿，曳地，日月升龍，象天明也。今之玉輅，參用舊典，消息取捨，裁其折中。以青爲質，玉飾其末。重箱盤輿，左龍右獸，金鳳翅，畫虡文。軏左立纛。金鳳一，在軾前。八鸞在衡，二鈴在軾。龍輈之上，前設鄣塵。青蓋黄裏，繡游帶。金博山，綴以鏡子，下垂八佩。樹四十葆羽。輪皆朱斑重牙，復轄。左建太常，十有二旒，皆畫升龍日月，其長曳地。右載闟戟，長四尺，闊三尺，黻文。旗首金龍頭，銜鈴及緌，垂以結綬。駕蒼龍，金鍐方釳，插翟尾五隼，鏤錫，鞶纓十有二就，皆五繒罽，以爲文飾。天子祭祀、納后則乘之。馭士二十八人，餘輅准此。

副車，案蔡邕《獨斷》，五輅之外，仍復設五色安車、立車各一乘，皆駕四馬，是爲五時副車。俗人名曰五帝車者，蓋副車也。故張良狙擊秦皇帝，誤中副車。漢家制度，亦備副車。司馬彪云：「德車駕六，後駕四，是爲副車。」《魏志》亦云：「天子命太祖駕金根六馬，設五時副車。」江左乃闕，至梁始備。開皇中，不置副車，平陳得之，毀而弗用。於是復並設之。副玉輅，色及旗章，一同正輅，唯降二等。駕用四馬，馭士二十四人。餘四副準此。

金輅，案《尚書》，即綴輅也。《周官》：「金輅，鏤錫，繁纓九就，建大旂，以賓，同姓以封。」夫禮窮則通，下得通於上也，故天子乘之，接賓宴，同姓諸侯，受而出封。是以漢太子、諸王，皆乘金輅及安車，並朱斑輪，倚獸較，伏鹿軾，黑櫖文，畫藩，青蓋，金華施橑，朱畫轅，金塗飾。非皇子爲王，不錫此乘，皆左右騑，駕三馬。旂九旒，畫降龍。皇孫乘緑車，亦駕之。魏、晉制，太子及諸王，皆駕四馬。依摯虞議，天子金輅，次在第二。又云，金輅以朝，象輅以賓。則是晉用輅與周異矣。《宋起居注》泰始四年，尚書令建安王休仁議：「天子之元子，士也，故齒胄於辟雍，欲使知教而後尊，不得生而貴矣。既命之後，禮同上公，故天子賜之金輅，但減旂章爲等級。象及革木，賜異姓諸侯。在朝卿士，亦準斯例。」此則皇太子及帝子王者，通得乘之。自晉過江，王公以下，車服卑雜，唯有太子，禮秩崇異。又乘山石安車，義不經見，事無所出。賜金輅者，此爲古制，降乘輿二等，駕用四馬。唯天子五輅，通駕六馬。旟旌旗旒，並十二旒。左建旟。案《爾雅》：「錯革鳥曰旟。」郭璞云：「此謂全剥鳥皮毛，置之竿上也。」舊説，刻爲革鳥。孫叔然云：「革，急也。言畫急疾鳥於旒上也。」《周官》所謂鳥隼爲旟，亦是急義。今之金輅，赤質，黄金飾諸末。左建旟，畫飛隼，右建闟戟，鞶輿鳳翅等，並同玉輅。駕赤騮。臨朝會同，饗射飲至則用之。

皇太子輅，古者金飾。宋、齊以來，並乘象輅。宇文愷、閻毗奏：「案宋大明六年，初備五輅，有司奏云：『秦改周輅，創制金根，漢、魏因循，其形莫改。而金玉二輅，雕飾略同，造次瞻覩，殆無差別。若錫於東儲，在禮嫌重，非所以崇峻陛級，表示等威。今皇太子宜乘象輅，碧旂九葉，進不斥尊，退不逼下，酌時沿古，於禮爲中。』觀宋此義，乃無副車。新置五輅，金玉同體，至象已下，即爲差降。所以太子不得乘金輅，欲示等威，故令給象。今取《周禮》之名，依漢家之制，天子五輅，形飾並同。旒及繁纓，例皆十二，黄屋左纛，金根重轂，無不悉同，唯應五方色以爲殊耳。若用此輅，給於太子，革木盡皆不可，何況金象者乎？既製副車，駕用四馬，至於金輅，自有等差。《春秋》之義，降下以兩。今天子金輅，駕用六馬，十二旒，太子金輅，駕用四馬，降龍九旒，制頗同於副車，又有旌旗之別。并嫡皇孫及親王等輅，並給金輅，而減其雕飾，合於古典。臣謂非嫌。」制曰：「可。」於是太子金輅，赤質，制同副車，具體而小，亦駕四馬，馭士二十人。皇嫡孫金輅，緑質，降太子一等。去盤輿重轂，輳上起箱，末以金飾，旌長七刃，七旒。駕用四馬，馭士一十八人。親王金輅，以赤爲質，餘同於皇嫡孫。唯在其國及納妃親迎則給之，常朝則乘象輅。

象輅，案《尚書》，即先輅也。《周禮》：「象輅，朱繁纓五就，建大赤，以朝，異姓以封。」左建旌。案《爾雅注》「旄首曰旌」，許慎所説「游車載旌」。《廣雅》云：「龍旂九旒，天子之旌也。」今象輅，以黄爲質，象飾諸末。左建旌，畫緑麟，「天子旌高九刃，諸侯七刃，大夫五刃。」《周書・王會》：「張羽鳧旌。」《禮記》在建闟戟。駕黄騮。祀后土則用之。

革輅，案《釋名》「天子車也」。《周禮》：「革輅，龍勒，絛纓五就，建大白，用之即戎，以封四衛。」古者革輓而漆之，更無他飾。又有「戎輅之萃，廣車之萃，闕車之萃，輕車之萃」。此皆兵車，所謂五戎。然革輅亦名戎輅，天子在軍所乘。廣車，横陣車也。闕車，補闕車也。飾並以革，故「師供革車，各以其萃」。摯虞議云，革輅第四。左建旌。案《釋名》「熊獸爲旗」，《周官》「龍旂九旒，以象大火」。今革輅白質，輓之以革。左建旗，畫騶虞，右建闟戟，駕白駱。巡守臨兵則用之。三品已下，並乘革輅，朱色爲質。馭士十六人。

木輅，案《尚書》，即次輅也。《周官》：「木輅，緇樊鵠纓，建麾，以畋，以封藩國。」晉摯虞云，畋輅第五。唯宋泰始詔，乘木輅以耕稼。徐爰《釋疑略》曰：「天子五輅，晉遷江左，闕其三，唯有金輅以郊，木輅即戎。宋大明時，始備其數。」凡五輅之蓋，旌旗之質及鞶纓，皆從方色。蓋裏並黄，雕飾如一。沈約曰：「金象革木，《禮圖》不載其形。」今旒數羽葆，並同玉輅。左建旐。案《周官》：「龜蛇爲旐。」《釋名》云：「龜和氣兆之吉凶也。」許慎云：「旐有四斿，以象營室。」今木輅黑質，漆之。左建旐，畫玄武，右建闟戟。駕黑騮。畋獵用之。四品方伯乘木輅，赤質，駕士十四人。

安車，案《禮》，卿大夫致事則乘之。其制如輜軿。蔡邕《獨斷》有五色安車，皆畫輪重轂。今畫輪，重輿，曲壁，紫油幢絳裏，通幰，朱絲絡網，赤鞶纓。駕四馬。省問臨幸則乘之。皇太子安車，斑輪，赤質，制略同乘輿，亦駕四馬。

四望車，案晉《中朝大駕鹵簿》，四望車，駕牛中道。《東宮舊儀》，皇太子及妃，皆有畫輪四望車。今四望車，制同犢車，黄金飾，青油幢朱裏，紫通幰，紫絲網。駕一牛。拜陵臨弔則用之。皇太子四望車，緑油幢，青通幰，朱絲絡網。

耕根車，案沈約云：「親幸耕籍御之。三蓋車，一名芝車，又名耕根車。置耒耜於軾上。」即潘岳所謂「紺轅屬於黛耜」者也。開皇無之，駕出親耕，則乘木輅，蓋依宋泰始之故事也。今耕根車，以青爲質，三重施蓋，羽葆雕裝，並同玉輅。駕六馬。其軾平，以青囊盛耒而加於上。籍千畝，行三推禮，則親乘焉。

羊車，案晉司隸校尉劉毅，奏護軍羊琇私乘者也。開皇無之，至是始置焉。其制如軺車，金寶飾，紫錦幰，朱絲網。馭童二十人，皆兩鬟髻，服青衣，取年十四五者爲，謂之羊車小史。駕以果下馬，其大如羊。

屬車，案古者諸侯貳車九乘，秦滅九國，兼其車服，故爲八十一乘。漢遵不改。武帝祠太一甘泉，則盡用之。明帝上原陵，又用之。法駕三十六乘，小駕十二乘。開皇中，大駕十二乘，法駕減半。大業初，屬車備八十一乘，並如犢車，紫通幰，朱絲絡網，黄金飾。駕一牛。在鹵簿中，亘行正道。至三年二月，帝嫌其多，問起部郎閻毗。毗曰：「臣共宇文愷參詳故實，此起於秦，遂爲後式，故張衡賦云『屬車九九』是也。次及法駕，三分減一，此漢制也。故《文帝紀》『奉天子法駕迎代邸』，如淳曰『屬車三十六乘』是也。又據宋孝建時，有司奏議，晉遷江左，唯設五乘，尚書令建平王宏曰：『八十一乘，無所準憑，江左五乘，儉不中禮。但帝王旂旒之數，皆用十二，今宜準此，設十二乘。』開皇平陳，因以爲法令。憲章往古，大駕依秦，法駕依漢，小駕依宋，以爲差等。」帝曰：「大駕宜用三十六，法駕宜用十二，小駕除之可也。」

輦，案《釋名》「人所輦也」。漢成帝遊後庭則乘之。徐爰《釋問》云：「天子御輦，侍中陪乘。」今輦，制象軺車，而不施輪，通幰朱絡，飾以金玉，用人荷之。

副輦，加笨，制如犢車，亦通幰朱絡，謂之蓬輦。自梁武帝始也。

輿，案《説文》云：「箯，竹輿也。」《周官》曰：「周人上輿。」漢室制度，以雕爲之，方徑六尺。今輿，制如輦而但小耳，宫苑宴私則御之。

小輿，幰方，形同幄帳。自閤出升正殿則御之。

軺車，案《六韜》，一名遥車，蓋言遥遠四顧之車也。漢武帝迎申公，弟子二人乘軺傳從。此又是馳傳車也。《晉氏鹵簿》御史軺車行中道。《晉公卿禮秩》云：「尚書令軺，黑耳後户。」今軺車，青通幰，駕二馬。王侯入學，五品朝婚，通給之。司隸刺史及縣令、詔使品第六七，則並駕一馬。

犢車，案魏武書，贈楊彪七香車二乘，用牛駕之。蓋犢車也。《長沙耆舊傳》曰：「劉壽常乘通幰車。」今犢車通幰，自王公已下，至五品已上，並給乘之。三品已上，青幰朱裏，五品已上，紺幰碧裏，皆白銅裝。唯有慘及弔喪者，則不張幰而乘鐵裝車。六品已下不給，任自乘犢車，弗許施幰。初，五品已上，乘偏幰車，其後嫌其不美，停不行用，以亘幰代之。三品已上通幰車則青壁，一品軺車，油幰朱網，唯車輅一等，聽敕始得乘之。

馬珂，三品已上九子，四品七子，五品五子。

皇后重翟車，案《周禮》，正后亦有五輅：一曰重翟，二曰厭翟，三曰安車，四曰翟車，五曰輦車。漢制，后法駕，乘重翟車。今重翟，青質，金飾諸末。畫輪，金根朱牙，重轂。其箱飾以重翟羽。青油幢朱裏，通幰，紫繡帷，朱絲絡，紫繡帶。八鑾在衡，鏤錫，鞶纓十有二就，金鍐方釳，插翟尾，朱總，綴於馬勒及兩金鑣之上。駕蒼龍。受册從祀郊禖享廟則供之。

厭翟，赤質，金飾諸末。朱輪，畫朱牙。其箱飾以次翟羽，紫油幢朱裏，通幰，紅錦帷，朱絲絡網，紅錦帶。其餘如重翟。駕赤騮。採桑則供之。

翟車，黄質，金飾諸末。輪畫朱牙。其箱飾以翟羽，黄油幢黄裏，通幰，白紅錦帷，朱絲絡網，白紅錦帶。其餘如重翟。駕黄騮。歸寧則供之。諸鞶纓之色，皆從車質。

安車，金飾，紫通幰，朱裏。駕四馬。臨幸及弔則供之。

輦車，金飾，同於蓬輦，通幰，斑輪，駕用四馬。宫苑近行則乘之。

皇后屬車三十六乘。初宇文愷、閻毗奏定，請減乘輿之半。禮部侍郎許善心奏駁曰：「謹案《周禮》，后備六服，并設五輅，采章之數，並與王同，屬車之制，不應獨異。又宋孝建時，議定輿輦，天子屬車，十有二乘。至大明元年九月，有司奏皇后副車，未有定式，詔下禮官，議正其數。博士王燮之議：『鄭玄云：后象王立六宫，亦正寢一而燕寢五。推其所立，每與王同，謂十二乘通關爲允。』宋帝從之，遂爲後式。今請依乘輿，不須差降。」制曰：「可。」

三妃乘翟車，以赤爲質，駕二馬。九嬪已下，並乘犢車，青幰，朱絡網。

皇太子妃乘翟車，以赤爲質，駕三馬，畫轅金飾。犢車爲副，紫幰，朱絡網。良娣已下，並乘犢車，青幰朱裏。

三公夫人、公主、王妃，並犢車，紫幰，朱絡網。五品已上命婦，並乘青幰，與其夫同。

《隋書》卷一一《禮儀志六》 梁制，乘輿郊天、祀地、禮明堂、祠宗廟、元會臨軒，則黑介幘，通天冠平冕，俗所謂平天冠者也。其制，玄表，朱緑裏，廣七寸，長尺二寸，加於通天冠上。前垂四寸，後垂三寸，前圓而後方。垂白玉珠，十有二旒，其長齊肩。以組爲纓，各如其綬色，傍垂黈纊，珫珠以玉瑱。其衣，皁上絳下，前三幅，後四幅。衣畫而裳繡。衣則日、月、星辰、山、龍、華蟲、火、宗彝，畫以爲繢。裳則藻、粉、米、黼黻，以爲繡。凡十二章。素帶，廣四寸，朱裏，以朱繡裨飾其側。中衣以絳緣領袖。赤皮爲韠，蓋古之韍也。絳袴袜，赤舄。佩白玉，垂朱黄大綬，黄赤縹紺四采，革帶，帶劍，緄帶以組爲之，如綬色。黄金辟邪首爲帶鐍，而飾以白玉珠。又有通天冠，高九寸，前加金博山、述，黑介幘，絳紗袍，皁緣中衣，黑舄，是爲朝服。元正賀畢，還儲更衣，出所服也。其釋奠先聖，則皁紗袍，絳緣中衣，絳袴袜，黑舄。臨軒亦服衮冕，未加元服，則空頂介幘。拜陵則箋布單衣，介幘。又有五梁進賢冠、遠遊、平上幘武冠。單衣，黑介幘，宴會則服之。

單衣、白帢，以代古之疑衰、皮弁爲弔服，爲羣臣舉哀臨喪則服之。

天監三年，何佟之議：「公卿以下祭服，裹有中衣，即今之中單也。案後漢《輿服志》明帝永平二年，初詔有司採《周官》、《禮記》、《尚書》，乘輿服，從歐陽説；公卿以下服，從大、小夏侯説。祭服，絳緣領袖爲中衣，絳袴袜，示其赤心奉神。今中衣絳緣，足有所明，無俟於袴。既非聖法，謂不可施。」遂依議除之。

四年，有司言：平天冠等一百五條，自齊以來，隨故而毁，未詳所送。何佟之議：「《禮》『祭服敝則焚之』。」於是並燒除之，其珠玉以付中署。

七年，周捨議：「詔旨以王者衮服，宜畫鳳皇，以示差降。按《禮》：『有虞氏皇而祭，深衣而養老。』鄭玄所言，皇則是畫鳳皇羽也，又按《禮》所稱雜服，皆以衣定名，猶如袞冕，則是袞衣而冕。明有虞言皇者，是衣名，非冕，明矣。畫鳳之旨，事實灼然。」制：「可。」又王僧崇云：「今祭服，三公衣身畫獸，其腰及袖，又有青獸，形與獸同，義應是蜼，即宗彝也。兩袖各有禽鳥，形類鸞鳳，似是華蟲。今畫宗彝，即是周禮。但鄭玄云：『蜼，蝸屬，昂鼻長尾。』是獸之輕小者。謂宜不得同獸。尋冕服無鳳，應改爲雉。又裳有圓花，於禮無礙，疑是畫師加葩蘤耳。藻米黼黻，並乖古制，今請改正，并去圓花。」帝曰：「古文日月星辰，此以一辰攝三物也。山龍華蟲，又以一山攝三物也。藻火粉米，又以一藻攝三物也。是爲九章。今袞服畫龍，則宜應畫鳳，明矣。孔安國云：『華者，花也。』則爲花非疑。若一向畫雉，差降之文，復將安寄？鄭義是所未允。」又帝曰：「《禮》：『王者祀昊天上帝，則大裘而冕，祀五帝亦如之。』又云：『莞席之安，而蒲越稾秸之用。』斯皆至敬無文，貴誠重質。今郊用陶匏，與古不異，而大裘蒲秸，獨不復存，其於質敬，恐有未盡。且一獻爲質，其劍佩之飾及公卿所著冕服，可共詳定。」五經博士陸瑋等並云：「祭天猶存掃地之質，而服章獨取黼黻爲文，於義不可。今南郊神座，皆用莞席，此獨莞類，未盡質素之理。宜以稾秸爲下藉，蒲越爲上席。又《司服》云『王祀昊天，服大裘』，明諸臣禮不得同。自魏以來，皆用袞服，今請依古，更制大裘。」制：「可。」瑋等又尋大裘之制，唯鄭玄注《司服》云「大裘，羔裘也」，既無所出，未可爲據。案六冕之服，皆玄上纁下。今宜以玄繒爲之。其制式如裘，其裳以纁，皆無文繡。冕則無旒。詔：「可。」

又乘輿宴會，服單衣，黑介幘。舊三日九日小會，初出乘金輅服之。八年，帝改去還皆乘輦，服白紗帽。

九年，司馬筠等參議：「《禮記·玉藻》云：『諸侯玄冕以祭，裨冕以朝。』《雜記》又云：『大夫冕而祭於公，弁而祭於己。』今之尚書，上異公侯，下非卿士，止有朝衣，本無冕服。但既預齋祭，不容同在於朝，宜依太常及博士諸齋官例，著皁衣，絳褠，中單，竹葉冠。若不親奉，則不須入廟。」帝從之。

十一年，尚書參議：「按《禮》跣韈，事由燕坐，履不宜陳尊者之側。今則極敬之所，莫不皆跣。清廟崇嚴，既絶恒禮，凡有履行者，應皆跣韈。」詔：「可。」

陳永定元年，武帝即位，徐陵白：「所定乘輿御服，皆採梁之舊制。」又以爲「冕旒，後漢用白玉珠，晉過江，服章多闕，遂用珊瑚雜珠，飾以翡翠」。侍中顧和奏：「今不能備玉珠，可用白琁。」從之。蕭驕子云：「白琁，蚌珠是也。」帝曰：「形制依此。今天下初定，務從節儉。應用繡、織成者，並可彩畫，金色宜塗，珠玉之飾，任用蚌也。」至天嘉初，悉改易之，定令具依天監舊事，然亦往往改革。今不同者，皆隨事於注言之；不言者，蓋無所改制云。

皇太子，金璽龜鈕，朱綬，三百二十首。朝服，遠遊冠，金博山，佩瑜玉翠緌，垂組，朱衣，絳紗袍，皁緣白紗中衣，白曲領，帶鹿盧劍，火珠首，素革帶，玉鉤燮，獸頭鞶囊。其大小會、祠廟、朔望、五日還朝，皆朝服，常還上宮則朱服。若釋奠，則遠遊冠，玄朝服，絳緣中單，絳袴袜，玄舄。講，則著介幘。又有三梁進賢冠。其侍祀則平冕九旒，袞衣九章，白紗絳緣中單，絳繒韠，赤舄，絳韈。若加元服，則中舍執冕從。皇太子舊有五時朝服，自天監之後則朱服。在上省則烏帽，永福省則白帽云。

諸王，金璽龜鈕，纁朱綬，一百六十首。朝服，遠遊冠，介幘，朱衣，絳紗袍，皁緣中衣，素帶，黑舄。佩山玄玉，垂組，大帶，獸頭鞶，腰劍。若加餘官，則服其加官之服。

開國公，金章龜鈕，玄朱綬，一百四十首。朝服，紗朱衣，進賢三梁冠，佩山玄玉，獸頭鞶，腰劍。

開國侯、伯，金章龜鈕，青朱綬，一百二十首。朝服，紗朱衣，進賢三梁冠，佩水蒼玉，獸頭鞶，腰劍。

開國子、男，金章龜鈕，青綬，一百首。朝服，紗朱衣，進賢三梁冠，佩水蒼玉，獸頭鞶，腰劍。

縣、鄉、亭、關内、關中及名號侯，金印龜鈕，紫綬，朝服，進賢二梁冠，獸頭鞶，腰劍。關内、關中及名號侯則珪鈕。

關外侯，銀印珪鈕，青綬，朝服，進賢二梁冠，獸頭鞶，腰劍。

諸王嗣子，金印珪鈕，紫綬，八十首。朝服，進賢二梁冠，佩山玄玉，獸頭鞶，腰劍。

開國公、侯嗣子，銀印珪鈕，青綬，八十首。朝服，進賢二梁冠，佩水蒼玉，獸頭鞶，腰劍。

太宰、太傅、太保、司徒、司空，金章龜鈕，紫綬，八十首。朝服，進賢三梁冠，佩山玄玉，獸頭鞶，腰劍。《陳令》加有相國丞相，服制同。

大司馬、大將軍、太尉、諸位從公者，金章龜鈕，紫綬，八十首。朝服，武冠，佩山玄玉，獸頭鞶，腰劍。直將軍則不帶劍。

凡公及位從公，言以將軍及以左右光禄、開府儀同者，各隨本位號。其文則曰「某位號儀同之章」。五等諸侯，助祭郊廟，皆平冕九旒，青玉爲珠，有前無後。各以其綬色爲組纓，旁垂黈纊。衣，玄上纁下，畫山龍已下九章，備五采，大佩，赤舄，絇履。録尚書無章綬品秩，悉以餘官總司其任，服則餘官之服，猶執笏紫荷。其在都坐，則東面最上。

尚書令、僕射、尚書，銅印墨綬，朝服，納言幘、進賢冠，佩水蒼玉，尚書則無印綬。腰劍，紫荷，執笏。陳尚書令、僕射，金章龜鈕，紫綬，八十首，獸頭鞶。尚書無印綬及鞶。餘並同梁。

侍中散騎常侍、通直常侍、員外常侍，朝服，武冠貂蟬，侍中左插，常侍右插。皆腰劍，佩水蒼玉。其員外常侍不給佩。舊至尊朝會登殿，侍中常侍夾御，御下輿，則扶左右。侍中驂乘，則不帶劍。

中書監、令、祕書監，銅印墨綬，朝服，進賢兩梁冠，佩水蒼玉，腰劍，獸頭鞶。陳制，銀章龜鈕，青綬，八十首，獸頭鞶，腰劍。餘同梁。

左、右光禄大夫，皆與加金章紫綬同。其但加金紫者，謂之金紫光禄，但加銀青者，謂之光禄大夫。《陳令》有特進，進賢二梁冠，朝服，佩水蒼玉，腰劍。《梁令》不載。

光禄、太中、中散大夫，太常、光禄、弘訓太僕、太僕、廷尉、宗正、大鴻臚、大司農、少府、大匠諸卿，丹陽尹，太子保、傅，大長秋，太子詹事，銀章龜鈕，青綬，獸頭鞶，朝服，進賢冠二梁，佩水蒼玉。卿大夫助祭，則冠平冕五旒，黑玉爲珠，有前無後。各以其綬采爲組纓，旁垂黈纊。衣，玄上纁下，畫華蟲七章，皆佩五采大佩，赤舄，絇屨。陳宫卿改云慈訓，餘皆同梁。又有太舟卿，服章同。

驃騎、車騎、衛將軍、中軍、冠軍、輔國將軍、四方中郎將，金章紫綬，中郎將則青綬。朝服，武冠，佩水蒼玉。《陳令》：鎮、衛、驃騎、車騎、中軍、中衛、中撫軍、中權、四征、四鎮、四安、四翊、四平將軍，金章獸鈕。其冠軍、四方中郎將，金章豹鈕，並紫綬，八十首，獸頭鞶，朝服，武冠，佩水蒼玉。自中軍已下諸將軍及冠軍、四方中郎將，並官不給佩。

領、護軍，中領、護軍，五營校尉，銀印青綬，朝服，武冠，佩水蒼玉，獸頭鞶。其屯騎，夾御日，假給佩，餘校不給。《陳令》：領、護，金章龜鈕，紫綬，八十首。中領、護，銀章龜鈕，青綬，八十首。其五營校尉，銀印珪鈕，青綬，八十首。官不給佩。餘並同梁。

弘訓衛尉，衛尉，陳宫卿云慈訓，服同諸卿，但武冠。司隸校尉，陳無官服。左右衛、驍騎、游擊、前、左、右、後軍將軍，龍驤、寧朔、建威、振威、奮威、揚威、廣威、武威、建武、奮武、奮武、揚武、廣武等將軍，積弩、積射、强弩將軍，監軍，銀章青綬，朝服，武冠，佩水蒼玉，獸頭鞶。驍、游已下，並不給佩。驍、游夾侍日，假給。《陳令》：左、右衛，銀章龜鈕，不給劍。左右驍騎、游擊、雲騎、游騎、前、左、右、後軍將軍，左右中郎將，銀印珪鈕。餘服飾同梁，亦官不給佩。其驍、游、雲騎，夾御日，假給。其積弩、積射、强弩，銅印環鈕，墨綬，帶劍。餘服同梁。又有忠武、軍師、武臣、爪牙、龍騎、雲麾、鎮兵、翊帥、宣惠、宣毅、智威、仁威、勇威、信威、嚴威、智武、仁武、勇武、信武、嚴武，金章豹鈕，紫綬，八十首。官不給。輕車、鎮朔、武旅、貞毅、明威、寧遠、安遠、征遠、振遠、宣遠等將軍，金章貔鈕，紫綬，並獸頭鞶，朝服，武冠，佩水蒼玉。

國子祭酒，皂朝服，進賢二梁冠，佩水蒼玉。

御史中丞、都水使者，銀印，墨綬，朝服，進賢二梁冠，獸頭鞶，腰劍，佩水蒼玉。陳中丞，銀章龜鈕，青綬，八十首，二梁冠。餘同梁。其都水，陳、梁改爲太舟卿，服在諸卿中見。

謁者僕射，銅印環鈕，墨綬，八十首。朝服，高山冠，獸頭鞶，佩水蒼玉，腰劍。

諸軍司，銀章龜鈕，青綬，朝服，武冠，獸頭鞶。

給事中、黄門侍郎、散騎通直員外、散騎侍郎、奉朝請、太子中庶子、庶子、武衛將軍、武騎常侍，朝服，武冠，腰劍。《陳令》：庶子已上簪筆。其武衛不劍，正直夾御，白布袴褶。

中書侍郎，朝服，進賢一梁冠，腰劍。冗從僕射、太子衛率，銅印，墨綬，獸頭鞶，朝服，武冠。陳衛率，銀章龜鈕，青綬，不劍。冗從，銅印環鈕，墨綬，腰劍。餘並同梁。

武賁中郎將、羽林監，銅印環鈕，墨綬，朝服，武冠，獸頭鞶，腰劍。其在陛牙及備鹵簿，著髦尾，絳紗縠單衣。

護匈奴中郎將，護羌、戎、夷、蠻、越、烏丸、西域校尉，銀印珪鈕，青綬，朝服，武冠，獸頭鞶。《陳令》無此官。其庶子，鎮蠻、寧蠻、平戎、西戎校尉，平越中郎將，服章同。

安夷、撫夷護軍，州郡國都尉，奉車、駙馬、騎都尉，諸護軍，銀印珪鈕，青綬，獸頭鞶，朝服，武冠。陳安遠、鎮蠻護軍，州、郡、國都尉，奉車、駙馬、騎都尉，諸護軍，服章同。無餘文。

州刺史，銅印，墨綬，獸頭鞶，腰劍，絳朝服，進賢二梁冠。陳銅章龜鈕，青綬。餘同梁。

郡國太守、相、内史，銀章龜鈕，青綬，獸頭鞶，單衣，介幘。加中二千石，依卿尹冠服劍佩。

尚書左、右丞，祕書丞，銅印環鈕，黄綬，獸爪鞶，朝服，進賢一梁冠。
尚書，祕書著作郎，太子中舍人、洗馬、舍人，朝服，進賢一梁冠，腰劍。
諸王友、文學，朱服，進賢一梁冠。《陳令》：諸王師服同。
治書侍御史、侍御史，朝服，腰劍，法冠。治書侍御史，則有銅印環鈕，墨綬。陳又有殿中、蘭臺侍御史，朝服，法冠，腰劍，簪筆。
諸博士，給皁朝服，進賢兩梁冠，佩水蒼玉。
太學博士，正限八人，著佩，限外六人不給。
廷尉律博士，無佩。並簪筆。
國子助教，皁朝服，進賢一梁冠，簪筆。
公府長史，獸頭鞶。諸卿尹丞，黄綬，獸爪鞶，簪筆。
諸縣署令、秩千石者，獸爪鞶，銅印環鈕，墨綬，朝服，進賢兩梁冠。長史朱服，諸卿尹丞、建康令，玄服。
公府掾屬、主簿、祭酒，朱服，進賢一梁冠。公府令史亦同。
領、護軍長史，朱服，獸頭鞶。諸軍長史，單衣，介幘，獸頭鞶。
諸卿部丞、獄丞，並皁朝服，一梁冠，黄綬，獸爪鞶，簪筆。
太子保、傅、詹事丞，皁朝服，一梁冠，簪筆，獸爪鞶，黄綬。
郡國相、内史丞、長史，單衣，介幘。長史，獸頭鞶。其丞，黄綬，獸爪鞶。
諸縣署令、長、相，單衣，介幘，獸頭鞶，銅印環鈕，墨綬，朝服，進賢一梁冠。
太子門大夫，獸頭鞶，陵令、長，獸爪鞶，銅印環鈕，墨綬，朝服，進賢一梁冠。
諸署令，朱衣，武冠。州都大中正、郡中正，單衣，介幘。
令、長朱服，率更、家令、僕，朝服，兩梁冠，獸頭鞶，腰劍。
黄門諸署令、僕、長丞，朱服，進賢一梁冠，銅印環鈕，墨綬。丞，黄綬。黄門冗從僕射監、太子寺人監，銅印環鈕，墨綬，朝服，武冠，獸頭鞶。
公府司馬，領、護軍司馬，諸軍司馬，護匈奴中郎將，護羌、戎、夷、蠻、越、烏丸、戊己校尉長史、司馬，銅印環鈕，墨綬，獸頭鞶，朝服，武冠。諸軍司馬，單衣，平巾幘。長史，介幘。《陳令》：公府司馬，領、護軍司馬，諸軍司馬，鎮安蠻安遠護軍，蠻、戎、越校尉中郎將長史、司馬，其服章與梁官同。
公府從事中郎，朱服，進賢一梁冠。諸將軍開府功曹、主簿，單衣，介幘，革帶。
廷尉，建康正、監平，銅印環鈕，墨綬，皁零辟，朝服，法冠，獸爪鞶。
左、右衛司馬，銅印環鈕，黑綬，單衣，帶，平巾幘，獸頭鞶。
諸府參軍，單衣，平巾幘。
諸州别駕、治中、從事、主簿、西曹從事，玄朝服，進賢一梁冠，簪筆。常公事，單衣，介幘，朱衣。
直閤將軍，朱服，武冠，銅印珪鈕，青綬，獸頭鞶。
直閤將軍、諸殿主帥，朱服，武冠。正直絳衫，從則裲襠衫。
諸開國郎中令、大農、公、傅中尉，銅印環鈕，青綬，朝服，進賢兩梁冠，中尉武冠，皆獸頭鞶。
諸開國三將軍，銅印環鈕，青綬，朝服，武冠。限外者不給印。陳制：墨綬，餘並同梁。
開國掌書中尉、司馬，陵廟食官，廄牧長，典賢典府丞，銅印。
常侍、侍郎、世子、庶子、謁者、中大夫、舍人，不給印。典書、典祠、學官令，典膳丞、長，銅印。限外者不給印。
左右常侍、侍郎、典衛中尉司馬，朝服，武冠。典書、典祠、學官令，朝服，進賢一梁冠。餘悉朱服，一梁冠。常侍、侍郎、典書、典祠、學官令，簪筆，腰劍。
太子衛率，率更、家令丞，銅印環鈕，黄綬，皁朝服，進賢一梁冠，獸爪鞶。
太子常從武賁督，銅印環鈕，墨綬，朝服，武冠，獸爪鞶。
殿中將軍、員外將軍，朱服，武冠。
州郡國都尉司馬，銅印環鈕，墨綬，朱服，武冠，獸頭鞶。
諸謁者，朝服，高山冠。
中書通事舍人門下令史、主書典書令史、門下朝廷局書令史、太子門下通事守舍人、主書典守舍人、二宫齋内職左右職局齋幹已上，朱服，武冠。
殿中内外局監、太子内外監、殿中守舍人，銅印環鈕，朱服，武冠。
内外監典事書吏，朱服，進賢一梁冠。内監朝廷人領局典事、外監統軍隊諮詳發遣局典事，武冠。外監及典事書吏，悉著朱衣，唯正直及齋監并受使，不在例。其東宫内外監，殿典事書吏，依臺格。五校、三將軍主事，内監主事，外監主事，三校主事，朱服，武冠。
尚書都令史，都水參事，門下書令史，集書、中書、尚書、祕書著作掌書主書主圖主譜典客令史書令史，監、令、僕射省事，蘭臺、殿中蘭臺、謁、都水令史，公府令史書令史，太子導客、次客守舍人及諸省典事，朱衣，進賢一梁冠。
尚書都算、度支算、左户校吏，朱服，進賢一梁冠。

諸縣署丞、太子諸署丞、王公侯諸署及公主家令丞、僕，銅印環鈕，黄綬，朱服，進賢一梁冠。太官、太醫丞，武冠。

諸縣尉，銅印環鈕，單衣，介幘，黄綬，獸爪鞶。節騎郎，朱服，武冠。其在陛列及備鹵簿者，髭尾，絳紗縠單衣。御節郎，黄鉞郎，朝服，赤介幘，簪筆。典儀、唱警，唱奏事，持兵、主麾等諸職，公事及備鹵簿，朱服，武冠。

殿中中郎將，校尉，都尉，銀印珪鈕，青綬，朱服，武冠，獸頭鞶。

城門候，銅印環鈕，墨綬，朱服，武冠，獸頭鞶。

部曲督，司馬吏，部曲將，銅印環鈕，朱服，武冠。司馬吏，假墨綬，獸爪鞶。

太中、中散、諫議大夫，議郎，中郎、郎中、舍人，朱服，進賢一梁冠。

諸門郎，僕射，佐吏，東宫門吏，其郎朱服，僕射皁零辟，朝服，進賢冠，吏却非冠，佐史著進賢冠。

總章協律，銅印環鈕，艾綬，獸爪鞶，朱服，武冠。

黄門後閤舍人、主書、齋帥、監食、主食、主客、扶侍、鼓吹，朱服，武冠。鼓吹進賢冠，齋帥墨綬，獸頭鞶。

殿中司馬，銅印環鈕，墨綬，朱服，武冠，獸頭鞶。

總章監，鼓吹監，銅印環鈕，艾綬，朱服，武冠。

諸四品將兵都尉、牙門將、崇毅、材官、折難、輕騎、揚烈、威遠、寧遠、宣威、光威、驤威、威烈、威虜、平戎、綏遠、綏狄、綏邊、綏戎、獸威、威武、烈武、毅武、奮武、討寇、討虜、殄難、討難、討夷、厲武、横野、陵江、鷹揚、執訊、蕩寇、蕩虜、蕩難、蕩逆、殄虜、掃虜、掃難、掃逆、掃寇、厲鋒、武奮、武牙、廣野，領兵滿五十人，給銀章，不滿五十，除板而已，不給章，朱服，武冠。以此官爲刺史、太守，皆青綬。此條已下，皆陳制，與梁不同。

典儀但帥、典儀正帥，朱衣，武冠。其本資有殿但、正帥，得帶艾綬，獸頭鞶。

殿但帥，正帥，艾綬，獸頭鞶，朱服，武冠。殿帥、羽儀帥、員外帥，朱衣，武冠。

威雄、猛、烈、振、信、勝、略、風、力、光等十威將軍，武猛、略、勝、力、毅、健、烈、威、鋭、勇等十武將軍，並銀章熊鈕，青綬，獸頭鞶，武冠，朝服。

猛毅、烈、威、鋭、震、進、智、武、勝、駿等十猛將軍，銀章羆鈕，青綬，獸頭鞶，武冠，朝服。

壯武、勇、烈、猛、鋭、威、毅、志、意、力等十壯將軍，驍雄、桀、猛、烈、武、勇、鋭、名、勝、迅等十驍將軍，雄猛、威、明、烈、信、武、勇、毅、壯、健等十雄將軍，並銀章羔鈕，青綬，獸頭鞶，武冠，朝服。

忠勇、烈、猛、鋭、壯、毅、捍、信、義、勝等十忠將軍，明智、略、遠、勇、烈、威、勝、進、鋭、毅等十明將軍，光烈、明、英、遠、勝、鋭、命、勇、武、野等十光將軍，飆勇、猛、烈、鋭、奇、決、起、略、勝、出等十飆將軍，並銀章鹿鈕，青綬，獸頭鞶，武冠，朝服。

龍驤、武視、雲旗、風烈、電威、雷音、馳鋭、進鋭、羽騎、突騎、折衝、冠武、和戎、安壘、起猛、英果、掃虜、掃狄、武鋭、摧鋒、開遠、略遠、貞威、決勝、清野、堅鋭、輕鋭、拔山、雲勇、振旅等三十號將軍，銀印菟鈕，青綬，獸頭鞶，朝服，武冠。

超武、鐵騎、樓船、宣猛、樹功、剋狄、平虜、稜威、戎昭、威戎、伏波、雄戟、長劍、衝冠、雕騎、佽飛、勇騎、破敵、剋敵、威虜、前鋒、武毅、開邊、招遠、全威、破陣、蕩寇、殄虜、横野、馳射等三十號將軍，銅印環鈕，墨綬，獸頭鞶，朝服，武冠。

并左十二件將軍，除並假給章印綬，板則止朱服，武冠而已。其勳選除，亦給章印。

建威、牙門、期門已下諸將軍，並銅印環鈕，墨綬，獸頭鞶，朱服，武冠。板則無印綬，止冠服而已。其在將官，以功次轉進，應署建威已下諸號，不限板除，悉給印綬。若武官署位轉進，登上條九品馳射已上諸戎號，亦不限板除，悉給印綬。

千人督、校督司馬、武賁督、牙門將、騎督督、守將兵都尉、太子常從督別部司馬、假司馬，假銅印環鈕，朱服，武冠，墨綬，獸頭鞶。

武猛中郎將、校尉、都尉，銅印環鈕，朱服，武冠。其以此官爲千人司馬、道賁督已上及司馬，皆假墨綬，獸頭鞶。已上陳制，梁所無及不同者。

陛長、甲僕射、主事吏將騎、廷上五牛旗假吏武賁，在陛列及備鹵簿，服錦文衣，武冠，髭尾。陛長者，假銅印環鈕，墨綬，獸頭鞶。

假旄頭羽林，在陛列及備鹵簿，服絳單衣，上著韋畫腰襦，假旄頭。輿輦、迹禽、前驅、由基强弩司馬，給絳科單衣，武冠。其本位佩武猛都尉已上印者，假墨綬，别部司馬已下假墨綬，並獸頭鞶。

殿中冗從武賁、殿中武賁、持鈒戟冗從武賁，假青綬，絳科單衣，武冠。《陳令》：絳科單衣，其本位職佩武猛、都尉等印，假鞶綬，依前條。

持椎斧武騎武賁、五騎傳詔武賁、殿中羽林、太官尚食武賁、稱飯宰人、諸宫尚食武賁，假墨綬，給絳褠，武冠。其佩武猛、都尉等位印，皆依上條假鞶綬之例。

其在陛列及備鹵簿，五騎武賁，服錦文衣，髭尾。宰人服離支衣。領軍捉刃人，烏總帽，袴褶，皮帶。

綎是羽葆毦鼓吹，悉改著進賢冠，外給系毦。鼓吹著武冠。諸官鼓吹，尚書廊下都坐門下使守藏守閤、殿中威儀騶、武賁常直殿門雲龍門者、門下左右部武賁羽林騶，給傳事者諸導騶，門下中書守閤，尚書門下武賁羽林騶，蘭臺五曹節藏僕射廊下守閤、威儀發符騶，都水使者廊下守給騶，謁者威儀騶，諸宮謁者騶，絳褠，武冠，衣服如舊。大誰、天門士，阜科單衣，樊噲冠。衛士，涅布褠，却敵冠。

諸將軍、使持節、都督執節史，朱衣，進賢一梁冠。自此條已下皆陳制，梁所無。持節節史，單衣，介幘。其纂戎戒嚴時，同使持節。制假節節史，單衣，介幘。凡節趺，以石爲之。持節皆刻爲蟠螭形，假節及給蠻夷節，皆刻爲狗頭趺。

諸王典籤帥，單衣，平巾幘。典籤書吏，袴褶，平巾幘。

諸王書佐，單衣，介幘。

公府書佐，朱衣，進賢冠。

諸王國舍人、司理、謁者、閤下令史、中衛都尉，朱衣，進賢一梁冠。司理假銅印，謁者高山冠，令史已下武冠。

太子太傅五官功曹、主簿，皁朝服，進賢一梁冠。

太子二傅門下主記、録事、功曹書佐，門下書佐，記室帳下督，都督省事，法曹書佐，太傅外都督，皁衣，進賢一梁冠。

太子妃家令，絳朝服，進賢一梁冠。

太子三校、二將，積弩、殿中將軍，衣服皆與上宮官同。

太子正員司馬督，題閤監，銅印墨綬。三校內主事、主章、扶侍，守舍人，衣帶仗局，服飾衣局，珍寶朝廷主衣統，奏事幹，內局內幹，朱衣，武冠。

諸公府御屬及省事，録尚書省事，太子門下及內外監丞、典事、導客、算書吏，次功、典書函、典書、典經、五經典書諸守宮舍人，市買清慎食官督，內直兵吏，宣華、崇賢二門舍人，諸門吏，朱衣，進賢一梁冠。

太子妃傳令，朱衣，武冠，執刀，烏信幡。

太子二傅騎吏，玄衣，赤幘，武冠，常行則袴褶。執儀、齋帥、殿帥、典儀帥、傳令、執刀戟、主蓋扇麾傘，殿上持兵、車郎、扶車、注疏、萌牀、齋閤食司馬、唱導飯、主食、殿前帥、殿前威儀、武賁威儀、散給使、閤將、鼓吹士帥副，武冠，絳褠。案軛、小輿、持車、軺車給使，平巾幘，黄布袴褶，赤罽帶。

太子諸門將，涅布褠，樊噲冠。

太子鹵簿戟吏，赤幘，武冠，絳褠。廉帥、整陣、禁防，平巾幘，白布袴褶。執角五音帥，長麾，青布袴褶，岑帽，絳絞帶。都伯，平巾幘，黄布袴褶。

文官曹幹，白紗單衣，介幘。尚書二臺曹幹亦同。

武官問訊，將士給使，平巾幘，白布袴褶。

通天冠，高九寸，正竪頂，少斜却，乃直下，鐵爲卷梁，前有展筩，冠前加金博山、述。乘輿所常服。

遠遊冠，制似通天，而前無山、述，有展筩，横于冠前。皇太子及王者後、諸王服之。諸王加官者，自服其官之冠服，唯太子及王者後常冠焉。太子則以翠羽爲緌，綴以白珠。其餘但青絲而已。

進賢冠，古緇布冠遺象也，斯蓋文儒者之服。前高七寸，後高三寸，長八寸。有五梁，三梁、二梁、一梁之別。五梁唯天子所服，其三梁已下，爲臣高卑之別云。

武冠，一名武弁，一名大冠，一名繁冠，一名建冠，今人名曰籠冠，即古惠文冠也。天子元服，亦先加大冠。今左右侍臣及諸將軍武官通服之。侍中常侍，則加金璫附蟬焉，插以貂尾，黄金爲飾云。

高山冠，一名側注，高九寸，鐵爲卷梁。制似通天，頂直竪，不斜，無山述展筩。高山者，取其矜莊賓遠，中外謁者僕射服之。

法冠，一名柱後，或謂之獬豸冠，高五寸，以縰爲展筩，鐵爲柱卷，取其不曲撓也。侍御史、廷尉正監平，凡執法官，皆服之。

鶡冠，猶大冠也，加雙鶡尾，竪插兩邊，故以名焉。武賁中郎將、羽林監、節騎郎，在陛列及鹵簿者服之。

長冠，一名齋冠。高七寸，廣三寸，漆纚爲之。制如版，以竹爲裏。漢高祖微時，以竹皮爲此冠，所謂劉氏冠。後除竹，用漆纚焉。司馬彪曰：「長冠，楚制也。人間或謂之鵲尾冠，非也。」後代以爲祭服，尊敬之也。至天監三年，祠部郎沈宏議：「案竹葉冠，是高祖爲亭長時所服，安可緜代爲祭服哉？《禮》：『士弁祭於公。』請令太常丞、博士奉齋之服，宜改用爵弁。」明山賓同宏議。司馬褧云：「若必遵三王，則懼所改非一。長冠謂宜仍舊。案今之宗丞博士之服，未有可非。」帝竟不改。

建華冠，以鐵爲柱卷，貫大銅珠九枚。祀天地、五郊、明堂，舞人服之。

樊噲冠，廣九寸，高七寸，前後出各四寸，制似平冕。凡殿門司馬衛士服之。

卻敵冠，高四寸，通長四寸，後高三寸，制似進賢冠。凡宮殿門衛士服之。

卻非冠，高五寸，制似長冠。宮殿門吏僕射冠之。

幘，尊卑貴賤皆服之。文者長耳，謂之介幘；武者短耳，謂之平上幘。各稱其冠而制之。尚書令、僕射、尚書幘，收方三寸，名曰納言。未冠童子幘，無屋，施假髻者，示未成人也。

帢，《傅子》云：「先未有歧，荀文若巾觸樹成歧，時人慕之，因而弗改。」今通爲慶弔之服。白紗爲之，或單或裌。初婚冠送餞亦服之。

巾，國子生服，白紗爲之。晉太元中，國子生見祭酒博士，單衣，角巾，執經一卷，以代手版。宋末，闕其制。齊立學，太尉王儉更造。今形如之。

帽，自天子下及士人，通冠之。以白紗者，名高頂帽。皇太子在上省則烏紗，在永福省則白紗。又有繒皁雜紗爲之，高屋下裙，蓋無定準。

袴褶，近代服以從戎。今纂嚴，則文武百官咸服之。車駕親戎，則縛袴，不舒散也。中官紫褶，外官絳褶，腰皮帶，以代鞶革。

笏，中世以來，唯八座尚書執笏。笏者白筆綴其頭，以紫囊裹之。其餘公卿，但執手版。荷紫者，以紫生爲裌囊，綴之服外，加於左肩。周遷云：「昔周公負成王，制此衣，至今以爲朝服。」蕭驕子云：「名契囊。」案《趙充國傳》云：「張子孺持囊簪筆，事孝武帝。」張晏云：「囊，契囊也。近臣負囊簪筆，從備顧問，有所記也。」

入殿門，有籠冠者著之，有纓則下之。緣廂行，得提衣。省閤內得著履、烏紗帽。入齋閤及橫度殿庭，不得人提衣及捉服飾。入閤則執手板，自摳衣。几席不得入齋正閤。介幘不得上正殿及東、西堂。儀仗傘扇，有幰牽車，不得入臺門。臺官問訊皇太子，亦皆朱服，著褲；謁諸王，單衣，幘；庶姓，單衣，帢。詣三公，必衣帢。至黃閤，下履，過閤還，著履。

古者君臣佩玉，尊卑有序，綬者，所以貫佩相承受也。又上下施韍，如蔽膝，貴賤亦各有殊。五霸之後，戰兵不息，佩非兵器，韍非戰儀，於是解去佩韍，留其繫燧而已。韍佩既廢，秦乃以采組連結於燧，轉相結受，又謂之綬。漢承用之。至明帝始復制佩，而漢末又亡絶。魏侍中王粲識其形，乃復造焉。今之佩，粲所制也。

皇后謁廟，服袿襹大衣，蓋嫁服也，謂之褘衣，皁上皁下。親蠶則青上縹下。皆深衣制，隱領袖緣以絛。首飾則假髻、步摇，俗謂之珠松是也。簪珥步摇，以黃金爲山題，貫白珠，爲桂枝相繆。八爵九華，熊、獸、赤羆、天鹿、辟邪、南山豐大特六獸。諸爵獸皆以翡翠爲[毛羽。金題，白珠璫繞，以翡翠爲]華。綬佩同乘輿。

貴妃、貴嬪、貴姬，是爲三夫人，金章龜紐，紫綬，八十首。佩于闐玉，獸頭鞶。

淑媛、淑儀、淑容、昭華、昭儀、昭容、修華、修儀、修容，是爲九嬪，金章龜鈕，青綬，八十首。獸頭鞶，佩采瓄玉。

婕妤、容華、充華、承徽、列榮五職，亞九嬪，銀印珪鈕，艾綬，獸頭鞶。

美人、才人、良人三職，散位，銅印環鈕，墨綬，獸頭鞶。

皇太子妃，金璽龜鈕，纁朱綬，一百六十首。佩瑜玉，獸頭鞶。

良娣，銀印珪鈕，佩采瓄玉，青綬，八十首。獸爪鞶。

保林，銀印珪鈕，佩水蒼玉，青綬，八十首。獸爪鞶。

諸王太妃、妃、諸長公主、公主、封君，金印龜鈕，紫綬，八十首。佩山玄玉，獸頭鞶。

開國公、侯太夫人，銀印珪鈕，青綬，八十首。佩水蒼玉，獸頭鞶。

公主、三夫人，大手髻，七鈿蔽髻。九嬪及公夫人，五鈿；世婦，三鈿。其長公主得有步摇。公主、封君已上，皆帶綬。以綵組爲緄帶，各以其綬色。金辟邪，首爲帶玦。

公、特進、列侯、卿、校、中二千石夫人，紺繒幗，黃金龍首銜白珠，魚須擿，長一尺，爲簪珥。入廟佐祭者，皁絹上下，助蠶者，縹絹上下，皆深衣制，緣。自二千石夫人已上至皇后，皆以蠶衣爲朝服。

自晉左遷，中原禮儀多缺。後魏天興六年，詔有司始制冠冕，各依品秩，以示等差，然未能皆得舊制。至太和中，方考故實，正定前謬，更造衣冠，尚不能周洽。及至熙平二年，太傅、清河王懌、黃門侍郎韋廷祥等，奏定五時朝服，準漢故事，五郊衣幘，各如方色焉。及後齊因之。河清中，改易舊物，著令定制云。

乘輿，平冕，黑介幘，垂白珠十二旒，飾以五采玉，以組爲纓，色如其綬，黈纊，玉笄。白玉璽，黃赤綬，五采，黃赤縹緑紺，純黃質，長二丈九尺，五百首，廣一尺二寸。小綬長三尺二寸，與綬同采，而首半之。衮服，皁衣，絳裳，裳前三幅，後四幅，織成爲之，十二章，緣絳中單，織成緄帶，朱韍，佩白玉，帶鹿盧劍，絳袴襪，赤舄。未加元服，則空頂介幘。又有通天金博山冠，則絳紗袍，皁緣中單。其五時服，則五色介幘，進賢五梁冠，五色紗袍。又有遠遊五梁冠，並不通于下。

四時祭廟、圓丘、方澤、明堂、五郊、封禪、大雩、出宮行事、正旦受朝及臨軒拜王公，皆服衮冕之服。還宮及齋，則服通天冠。籍田則冠冕，璪十二旒，佩蒼玉，黄綬，青帶，青袜，青舄。拜陵則黑介幘，白紗單衣。釋奠則服通天金博山冠，玄紗袍。春分朝日，則青紗朝服，青舄，秋分夕月，則白紗朝服，緗舄，俱冠五梁進賢冠。合朔，服通天金博山冠，絳紗袍。季秋講武、出征告廟，冠武弁，黄金附蟬，還左貂。禡類宜社，武弁，朱衣。纂嚴升殿，服通天金博山冠，絳紗袍。入温、涼室，冠武弁，右貂附蟬，絳紗服。征還飲至，服通天冠。廟中遣上將，則衮冕，還宮則通天金博山冠。賞祖罰社，則武弁，左貂附蟬。元日、冬至大小會，皆通天金博山冠。四時畋、出宮，服通天冠，並赤舄。明堂則五時俱通天冠，各以其色服。東、西堂舉哀，服白帢。

天子六璽：文曰「皇帝行璽」，封常行詔勑則用之。「皇帝之璽」，賜諸王書則用之。「皇帝信璽」，下銅獸符，發諸州征鎮兵，下竹使符，拜代徵召諸州刺史，則用之。並白玉爲之，方一寸二分，螭獸鈕。「天子行璽」，封拜外國則用之。「天子之璽」，賜諸外國書則用之。「天子信璽」，發兵外國，若徵召外國，及有事鬼神，則用之。並黄金爲之，方一寸二分，螭獸鈕。又有傳國璽，白玉爲之，方四寸，螭獸鈕，上交五蟠螭，隱起鳥篆書。文曰「受天之命，皇帝壽昌」，凡八字。在六璽外，唯封禪以封石函。又有督攝萬機印一鈕，以木爲之，長一尺二寸，廣二寸五分。背上爲鼻鈕，鈕長九寸，厚一寸，廣七分。腹下隱起篆書爲「督攝萬機」，凡四字。此印常在内，唯以印籍縫。用則左户郎中、度支尚書奏取，印訖輸内。

皇太子平冕，黑介幘，垂白珠九旒，飾以三采玉，以組爲纓，色如其綬。金璽，朱綬，四采，赤黄縹紺。綬朱質，長二丈一尺，三百二十首，廣九寸。小綬長三尺二寸，與綬同色，而首半之。衮服，同乘輿而九章，絳紱，佩瑜玉，玉具劍，火珠標首，絳袴襪，赤舄。非謁廟則不服。未加元服，則空頂黑介幘，雙童髻，雙玉導。中舍人執遠遊冠以從。其遠遊三梁冠，黑介幘，翠緌纓，絳紗袍，皁緣中單，黑舄。大朝所服，亦服進賢三梁冠，黑介幘，皁朝服，絳緣中單，玄舄。爲宮臣舉哀，白帢，單衣，烏皮履。未加元服，則素服。

皇太子璽，黄金爲之，方一寸，龜鈕，文曰「皇太子璽」。宮中大事用璽，小事用門下典書坊印。

諸公卿平冕，黑介幘，青珠爲旒，上公九，三公八，諸卿六，以組爲纓，色如其綬。衣皆玄上纁下。三公山龍八章，降皇太子一等，九卿藻火六章，唯郊祀天地宗廟服之。

遠遊三梁，諸王所服。其未冠，則空頂黑介幘。開國公、侯、伯、子、男及五等散爵未冠者，通如之。

進賢冠，文官二品已上，並三梁，四品已上，並兩梁，五品已下，流外九品已上，皆一梁。致事者，通著委貌冠。主兵官及侍臣，通著武弁。侍臣加貂璫。御史大理著法冠。諸謁者、太子中導客舍人，著高山冠。宮門僕射、殿門吏、亭長、太子率更寺、宮門督、太子内坊察非吏、諸門吏等，皆著却非冠。羽林、武賁，著鶡。録令已下，尚書以上，著納言幘。又有赤幘，卑賤者所服。救日蝕，文武官皆免冠，著赤介幘，對朝服。賤者平巾，赤幘，示威武，以助於陽也。止雨亦服之。請雨則服緗幘，東耕則服青幘，庖人則服緑幘。

印綬，二品已上，並金章，紫綬；三品銀章，青綬；三品已上，凡是五省官及中侍中省，皆爲印，不爲章。四品得印者，銀印，青綬；五品、六品得印者，銅印，墨綬；四品已下，凡是開國子、男及五等散品名號侯，皆爲銀章，不爲印。七品、八品、九品得印者，銅印，黄綬。金銀章印及銅印，並方一寸，皆龜鈕。東西南北四藩諸國王章，上藩用中金，中藩用銀，並方寸，龜鈕。佐官唯公府長史、尚書二丞，給印綬。六品已下，九品已上，唯當曹爲官長者給印。餘自非長官，雖位尊，並不給。

諸王纁朱綬，四采，赤黄縹紺，純朱質，纁文織，長二丈一尺，二百四十首，廣九寸。開國郡縣公、散郡縣公，玄朱綬，四采，玄赤縹紺，朱質，玄文織，長一丈八尺，百八十首，廣八寸。開國縣侯伯、散縣侯伯，青朱綬，四采，青赤白縹，朱質，青文織，長一丈六尺，百四十首，廣七寸。開國縣子男、散縣子男、名號侯、開國鄉男，素朱綬，三采，青赤白，朱質，白文織，長一丈四尺，百二十首，廣六寸。一品、二品，紫綬，三采，紫黄赤，純紫質，長一丈八尺，百八十首，廣八寸。三品、四品，青綬，三采，青白紅，純青質，長一丈六尺，百四十首，廣七寸。五品、六品，墨綬，二采，青紺，純紺質，長一丈四尺，百首，廣六寸。七品、八品、九品，黄綬，二采，黄白，純黄質，長一丈二尺，六十首，廣五寸。官品從第二已上，小綬間得施玉環。凡綬，先合單紡爲一絲，絲四爲一扶，扶五爲一首，首五成一文。采純爲質。首多者絲細，首少者絲粗。官有綬者，則有紛，皆長八尺，廣三寸，各隨綬色。若服朝服則佩綬，服公服則佩紛。官無綬者，不合佩紛。

鞶囊，二品已上金縷，三品金銀縷，四品銀縷，五品、六品綵縷，七、八、九品綵縷，獸爪鞶。官無印綬者，並不合佩鞶囊及爪。

一品，玉具劍，佩山玄玉。二品，金裝劍，佩水蒼玉。三品及開國子男、五等散品名號侯雖四、五品，並銀裝劍，佩水蒼玉。侍中已下，通直郎已上，陪位則像劍。帶真劍者，入宗廟及升殿，若在仗內，皆解劍。一品及散郡公、開國公侯伯，皆雙佩。二品、三品及開國子男，五等散品名號侯，皆隻佩。綬亦如之。

百官朝服公服，皆執手板。尚書録令、僕射、吏部尚書，手板頭復有白筆，以紫皮裹之，名曰笏。朝服綴紫荷，録令、左僕射左荷，右僕射、吏部尚書右荷。七品已上文官朝服，皆簪白筆。正王公侯伯子男，卿尹及武職，並不簪。朝服，冠、幘各一，絳紗單衣，白紗中單，皂領袖，皂襈，革帶，曲領，方心，蔽膝，白筆，舄、襪，兩綬，劍佩，簪導，鉤鰈，爲具服。七品已上服也。公服，冠，幘，紗單衣，深衣，革帶，假帶，履襪，鉤鰈，謂之從省服。八品已下，流外四品已上服也。

流外五品已下，九品已上，皆著褠衣爲公服。

皇后璽、綬、佩同乘輿，假髻，步搖，十二鈿，八雀九華。助祭朝會以褘衣，祠郊禖以褕狄，小宴以闕狄，親蠶以鞠衣，禮見皇帝以展衣，宴居以褖衣。六服俱有蔽膝、織成緄帶。皇太后、皇后璽，並以白玉爲之，方一寸二分，螭獸鈕，文各如其號。璽不行用，有令，則太后以宫名衛尉印，皇后則以長秋印。

內外命婦從五品已上，蔽髻，唯以鈿數花釵多少爲品秩。二品已上金玉飾，三品已下金飾。內命婦、左右昭儀、三夫人視一品，假髻，九鈿，金章，紫綬，服褕翟，雙佩山玄玉。九嬪視三品，五鈿蔽髻，銀章，青綬，服鞠衣，佩水蒼玉。世婦視四品，三鈿，銀印，青綬，服展衣，無佩。八十一御女視五品，一鈿，銅印，墨綬，服褖衣。又有宫人女官服制，第二品七鈿蔽髻，服闕翟；三品五鈿，鞠衣；四品三鈿，展衣；五品一鈿，褖衣；六品褖衣；七品青紗公服。俱大首髻。八品、九品，俱青紗公服，偏髾髻。

皇太子妃璽、綬、佩同皇太子，假髻，步搖，九鈿，服褕翟。從蠶則青紗公服。

皇太子妃璽，以黄金，方一寸，龜鈕，文曰「皇太子妃之璽」。若有封書，則用內坊印。

郡長公主、公主、王國太妃、妃，纁朱綬，髻章服佩同內命婦一品。郡長君七鈿蔽髻，玄朱綬，闕翟，章佩與公主同。郡君、縣主，佩水蒼玉，餘與郡長君同。太子良娣視九嬪服。縣主青朱綬，餘與良娣同。女侍中五鈿，假金印，紫綬，服鞠衣，佩水蒼玉。縣君銀章，青朱綬，餘與女侍中同。太子孺人同世婦。太子家人子同御女。鄉主、鄉君，素朱綬，佩水蒼玉，餘與御女同。外命婦章印綬佩，皆如其夫。若夫假章印綬佩，妻則不假。一品、二品，七鈿蔽髻，服闕翟。三品五鈿，服鞠衣。四品三鈿，服展衣。五品一鈿，服褖衣。內外命婦、宫人女官從蠶，則各依品次，還著蔽髻，皆服青紗公服。如外命婦，綬帶鞶囊，皆準其夫公服之例。百官之母詔加太夫人者，朝服公服，各與其命婦服同。

後周設司服之官，掌皇帝十二服。祀昊天上帝，則蒼衣蒼冕；祀東方上帝及朝日，則青衣青冕；祀南方上帝，則朱衣朱冕；祭皇地祇，祀中央上帝，則黄衣黄冕；祀西方上帝及夕月，則素衣素冕；祀北方上帝，祭神州，社稷，則玄衣玄冕；享先皇，加元服，納后，朝諸侯，則象衣象冕。十有二章，日月星辰山龍華蟲六章在衣，火宗彝藻粉米黼黻六章在裳，凡十二等。享諸先帝、大貞於龜、食三老五更、享諸侯、耕籍，則服衮冕，自龍已下，凡九章十二等。宗彝已下五章在衣，藻、火已下四章在裳，衣重宗彝。祀星辰、祭四望、視朔、大射、饗羣臣、巡犧牲、養國老，則服山冕，八章十二等。衣裳各四章，衣重火與宗彝。羣祀、視朝、臨太學、入道法門、宴諸侯與羣臣及燕射、養庶老、適諸侯家，則服鷩冕，七章十二等。衣三章，裳四章，衣重三章。衮、山、鷩三冕，皆裳重黼黻，俱十有二等。通以升龍爲領褾。冕通十有二旒。巡兵即戎，則服韋弁，謂以韎韋爲弁，又以爲裳衣也。田獵行鄉畿，則服皮弁，謂以鹿子皮爲弁，白布衣而素裳也。皇帝凶服斬衰。父母之喪上下達。其弔服，錫衰以哭三公，緦衰以哭諸侯，皆十五升抽其半。錫者，浣其布，不浣其縷，哀在內。緦者，浣其縷，不浣其布，哀在外也。疑衰以哭大夫，十四升。皆素弁，如爵弁之數。環絰。一服纏絰。凡大疫、大荒、大災則素服縞冠。凡疫病、荒饑、年災水旱也。

諸公之服九：一曰方冕。二曰衮冕，九章，宗彝已上五章在衣，藻已下四章在裳。三曰山冕，八章，衣裳各四章，衣重宗彝，爲九等。四曰鷩冕，七章，衣三章，裳四章，衣重火與宗彝。五曰火冕，六章，衣裳各三章，衣重宗彝及藻，裳重黻。六曰毳冕，五章，衣三章，裳二章，衣重藻粉米，裳重黼黻。山冕已下俱九等，皆以山爲領褾，冕俱九旒。七曰韋弁。八曰皮弁。九曰玄冠。

諸侯服，自方冕而下八，無衮冕。山冕八章，衣裳各四章。鷩冕七章，衣三章，裳四章，衣重宗彝。火冕六章，衣裳各三章，衣重藻，裳重黻。毳冕五章，衣三章，裳二章，衣重粉米，裳重黼黻。鷩冕已下俱八等，皆以華蟲爲領褾。冕俱八旒。

諸伯服，自方冕而下七，又無山冕。鷩冕七章，衣三章，裳四章。火冕六章，衣裳各三章，裳重黼黻。毳冕五章，衣三章，裳二章，裳重黼黻。火冕已下俱七等，皆以火爲領褾。冕俱七旒。

諸子服，自方冕而下六，又無鷩冕。火冕六章，衣裳各三章。毳冕五章，衣三章，裳二章，裳重黻。毳冕已下俱六等，皆以宗彝爲領褾。冕俱六旒。

諸男服，自方冕而下五，又無火冕。毳冕五章，衣三章，裳二章。以藻爲領褾。冕五旒。

三公之服九：一曰祀冕。二曰火冕，六章，衣裳各三章，衣重宗彝與藻，裳重黻。三曰毳冕，五章，衣三章，裳二章，衣重藻與粉米，裳重黼黻。四曰藻冕，四章，衣裳俱二章，衣重藻與粉米，裳重黼黻。五曰繡冕，三章，衣一章，裳二章，衣重粉米，裳重黼黻。俱九等，皆以宗彝爲領褾。六曰爵弁。七曰韋弁。八曰皮弁。九曰玄冠。

三孤之服，自祀冕而下八，無火冕。毳冕五章，衣三章，裳二章，衣重粉米，裳重黼黻。藻冕四章，衣裳各二章，衣重藻與粉米，裳重黼黻，俱八等，皆以藻爲領褾。繡冕三章，衣一章，裳二章，衣重粉米，裳重黼黻，爲八等。

公卿之服，自祀冕而下七，又無毳冕。藻冕四章，衣裳各二章，衣重粉米，裳重黼黻，爲七等，皆以粉米爲領褾，各七。繡冕三章，衣一章，裳二章，衣重粉米，裳重黼黻，爲七等。

上大夫之服，自祀冕而下六，又無藻冕。繡冕三章，衣一章，裳二章，衣重粉米，裳重黼，爲六等。

中大夫之服，自祀冕而下五，又無皮弁。繡冕三章，衣一章，裳二章，衣重粉米，爲五等。

下大夫之服，自祀冕而下四，又無爵弁。繡冕三章，衣一章，裳二章，衣重粉米，爲四等。

士之服三：一曰祀弁，二曰爵弁，三曰玄冠。玄冠皆玄衣。其裳，上士以玄，中士以黄，下士雜裳，謂前玄後黄也。庶士之服一：玄冠。庶士，庶人在官，官史之屬。其服緇衣裳。

後令文武俱著常服，冠形如魏帢，無簪有纓。其凶服皆與庶人同。其弔服，諸侯於其卿大夫，錫衰；同姓，緦衰；於士，疑衰。其當事則弁絰，否則皮弁。公孤卿大夫之弔服，錫衰弁絰，皮弁亦如之。士之弔服，疑衰素裳，當事弁絰，否則徒弁。

皇后衣十二等。其翟衣六，從皇帝祀郊禖，享先皇，朝皇太后，則服翬衣。素質，五色。祭陰社，朝命婦，則服褕衣。青質，五色。祭羣小祀，受獻繭，則服鷩衣。赤衣。采桑則服鳪衣。黄色。從皇帝見賓客，聽女教，則服鵫衣。白色。食命婦，歸寧，則服翃衣。玄色。俱十有二等，以翬雉爲領褾，各有二。臨婦學及法道門，燕命婦，有時見命婦，則蒼衣。春齋及祭還，則青衣。夏齋及祭還，則朱衣。采桑齋及采桑還，則黄衣。秋齋及祭還，則素衣。冬齋及祭還，則玄衣。自青衣而下，其領褾以相生之色。

諸公夫人九服，其翟衣雉皆九等，俱以褕雉爲領褾，各九。自褕衣已下五，曰褕衣、鷩衣、鳪衣、鵫衣、翃衣，并朱衣、黄衣、素衣、玄衣而九。自朱衣而下，其領褾亦同用相生之色。

諸侯夫人，自鷩而下八。其翟衣雉皆八等，俱以鷩雉爲領褾。無褕衣。

諸伯夫人，自鳪而下七。其翟衣雉皆七等，俱以鳪雉爲領褾。又無鷩衣。

諸子夫人，自鵫而下六。其翟衣俱以鵫雉爲領褾。又無鳪衣。

諸男夫人，自翃而下五。其翟衣雉皆五等，俱以翃雉爲領褾。又無鵫衣。

三妃，三公夫人之服九：一曰鳪衣，二曰鵫衣，三曰翃衣，四曰青衣，五曰朱衣，六曰黄衣，七曰素衣，八曰玄衣，九曰髾衣。似髮。華皆九樹。其雉衣亦皆九等，以鳪雉爲領褾，各九。

三𡚱，三孤之内子，自鵫衣而下八。雉衣皆八等，以鵫雉爲領褾，各八。

六嬪，六卿之内子，自翃衣而下七。雉衣皆七等，以翃雉爲領褾，各七。

上媛，上大夫之孺人，自青衣而下六。

中媛，中大夫之孺人，自朱衣而下五。

下媛，下大夫之孺人，自黄衣而下四。

御婉士之婦人，自素衣而下三。

中宮六尚，緅衣。其色赤而微玄。

諸命秩之服，曰公服，其餘常服，曰私衣。皇后華皆有十二樹。諸侯之夫人，亦皆以命數爲之節。三妃，三公夫人已下，又各依其命。一命再命者，又俱以三爲節。

皇后及諸侯夫人之服，皆舄履。三妃，三公夫人已下，翟衣則舄，其餘皆屨。舄、履各如其裳之色。

皇后之凶服，斬衰、齊衰，降旁朞已下弔服。爲妃、嬪、三公之夫人、孤卿内子之喪，錫衰。錫者，十五升去其半。無事其縷，有事其布，哀在内也。爲諸侯夫人之喪，緦衰。緦亦十五升去其半。有事其縷，無事其布，哀在外也。爲媛、御婉及大夫孺人、士之婦人之喪，疑衰。十四升，疑於吉。皆吉笄，無首。象笄，去首飾。太陰虧則素服。蕩天下之陰事。諸侯之夫人及三妃與三公之夫人已下凶事，則五衰：自緦已上皆服之。其弔，諸侯夫人於卿之内子、大夫孺人，錫衰。於己之同姓之臣，緦衰。於士之婦人，疑衰。皆吉笄，無首。其三妃已下及媛，三公夫人已下及孺人，其弔服錫衰。御婉及士之婦人，弔服疑衰。疑衰同笄。九族已下皆骨笄。

韠，皇帝三章，龍、火、山；諸侯二章，去龍；卿大夫一章，以山。皆織綵以成之。

皇帝八璽，有神璽，有傳國璽，皆寶而不用。神璽明受之於天，傳國璽明受之於運。皇帝負扆，則置神璽於筵前之右，置傳國璽於筵前之左。又有六璽。其一「皇帝行璽」，封命諸侯及三公用之。其二「皇帝之璽」，與諸侯及三公書用之。其三「皇帝信璽」，發諸夏之兵用之。其四「天子行璽」，封命蕃國之君用之。其五「天子之璽」，與蕃國之君書用之。其六「天子信璽」，徵蕃國之兵用之。六璽皆白玉爲之，方一寸五分，高寸，螭獸鈕。

皇后璽，文曰「皇后之璽」，白玉爲之，方寸五分，高寸，麟鈕。

三公諸侯皆金印，方寸二分，高八分，龜鈕。七命已上銀，四命已上銅，皆龜鈕。三命已上，銅印銅鼻。其方皆寸，其高六分，文曰「某公官之印」。

皇帝之組綬，以蒼，以青，以朱，以黄，以白，以玄，以纁，以紅，以紫，以緅，以碧，以緑，十有二色。諸公九色，自黄以下。諸侯八色，自白以下。諸伯七色，自玄以下。諸子六色，自纁已下。諸男五色，自紅已下。三公之綬，如諸公。三孤之綬，如諸侯。六卿之綬，如諸伯。上大夫之綬，如諸子。中大夫之綬，如諸男。下大夫綬，自紫已下。士之綬，自緅已下。其璽印之綬，亦如之。

保定四年，百官始執笏，常服上焉。宇文護始命袍加下襴。

宣帝即位，受朝於路門，初服通天冠，絳紗袍。羣臣皆服漢、魏衣冠。大象元年，制冕二十四旒，衣服以二十四章爲準。二年下詔，天臺近侍及宿衛之官，皆著五色衣，以錦綺繢繡爲緣，名曰品色衣。有大禮則服冕。内外命婦皆執笏，其拜俛伏方興。

《隋書》卷一二《禮儀志七》 高祖初即位，將改周制，乃下詔曰：「宣尼制法，云行夏之時，乘殷之輅。弈葉共遵，理無可革。然三代所尚，衆論多端，或以爲所建之時，或以爲所感之瑞，或當其行色，因以從之。今雖夏數得天，歷代通用，漢尚於赤，魏尚於黄，驪馬玄牲，已弗相踵，明不可改，建寅歲首，常服於黑。朕初受天命，赤雀來儀，兼姬周已還，於兹六代。三正迴復，五德相生，總以言之，並宜火色。垂衣已降，損益可知，尚色雖殊，常兼前代。其郊丘廟社，可依衮冕之儀，朝會衣裳，宜盡用赤。昔丹烏木運，姬有大白之旂，黄星土德，曹乘黑首之馬，在祀與戎，其尚恒異。今之戎服，皆可尚黄，在外常所著者，通用雜色。祭祀之服，須合禮經，宜集通儒，更可詳議。」太子庶子、攝太常少卿裴政奏曰：「竊見後周制冕，加爲十二，既與前禮數乃不同，而色應五行，又非典故。謹案三代之冠，其名各别。六等之冕，承用區分，璪玉五采，隨班異飾，都無迎氣變色之文。唯《月令》者，起于秦代，乃有青旂赤玉，白駱黑衣，與四時而色變，全不言於弁冕。五時冕色，《禮》既無文，稽於正典，難以經證。且後魏已來，制度咸闕。天興之歲，草創繕修，所造車服，多參胡制。故魏收論之，稱爲違古，是也。周氏因襲，將爲故事，大象承統，咸取用之，輿輦衣冠，甚多迂怪。今皇隋革命，憲章前代，其魏、周輦輅不合制者，已勑有司盡令除廢，然衣冠禮器，尚且兼行。乃有立夏衮衣，以赤爲質，迎秋平冕，用白成形，既越典章，須革其謬。謹案《續漢書·禮儀志》云『立春之日，京都皆著青衣』，秋夏悉如其色。逮于魏、晉，迎氣五郊，行禮之人，皆同此制。考尋故事，唯幘從衣色。今請冠及冕，色並用玄，唯應著幘者，任依漢、晉。」制曰：「可。」

於是定令，採用東齊之法。乘輿衮冕，垂白珠十有二旒，以組爲纓，色如其綬，黈纊充耳，玉笄。玄衣，纁裳。衣，山、龍、華蟲、火、宗彝五章；裳，藻、粉米、黼、黻四章。衣重宗彝，裳重黼黻，爲十二等。衣褾、領織成升龍，白紗内單，黼領，青褾、襈、裾。革帶，玉鉤鰈，大帶，素帶朱裏，紕其外，上以朱，下以緑。韍隨裳色，龍、火、山三章。鹿盧玉具劍，火珠鏢首。白玉雙佩，玄組。雙大綬，六采，玄黄赤白縹緑，純玄質，長二丈四尺，五百首，廣一尺；小雙綬，長二尺六寸，色同大綬，而首半之，間施三玉環。朱韈，赤舄，舄加金飾。祀圓丘、方澤、感帝、明堂、五郊、雩、蜡、封禪、朝日、夕月、宗廟、社稷、籍田、廟遣上將、征還飲至、元服、納后、正月受朝及臨軒拜王公，則服之。通天冠，加金博山，附蟬，十二首，施珠翠，黑介幘，玉簪導。絳紗袍，深衣制，白紗内單，皁領，褾、襈、裾，絳紗蔽膝，白假帶，方心曲領。其革帶、劍、佩、綬、舄，與上同。若未加元服，則雙童髻，空頂黑介幘，雙玉導，加寶飾。朔日受朝、元會及冬會、諸祭還，則服之。武弁，金附蟬，平巾幘，餘服具服。講武、出征、四時蒐狩、大射、禡、類、宜社、賞祖、罰社、纂嚴，則服之。黑介幘，白紗單衣，烏皮履，拜陵則服之。白紗帽，白練裙襦，烏皮履，視朝、聽訟及宴見賓客，皆服之。白帢，白紗單衣，烏皮履，舉哀則服之。

神璽，寶而不用。受命璽，封禪則用之。「皇帝行璽」，封命諸侯及三師、三公，則用之。「皇帝之璽」，賜諸侯及三師、三公書，則用之。「皇帝信璽」，徵諸夏兵，則用之。「天子行璽」，封命蕃國之君，則用之。「天子之璽」，賜蕃國之君書，則用之。「天子信璽」，徵蕃國兵，則用之。常行詔勑，則用内史門下印。

皇帝臨臣之喪，三品已上，服錫衰；五等諸侯，緦衰；四品已下，疑衰。

皇太子衮冕，垂白珠九旒，青纊充耳，犀笄。玄衣，纁裳。衣，山、龍、華蟲、火、宗彝五章；裳，藻、粉米、黼、黻四章。織成爲之。白紗内單，黼領，青褾、襈、裾。革帶，金鉤艓，大帶，素帶不朱裏，亦紕以朱緑。黻隨裳色，火、山二章。玉具劍，火珠鏢首。瑜玉雙佩，朱組。雙，大綬，四采，赤白縹紺，純朱質，長一丈八尺，三百二十首，廣九寸；小雙綬，長二尺六寸，色同大綬，而首半之，間施二玉環。朱韈，赤舄，以金飾。侍從皇帝祭祀及謁廟、元服、納妃，則服之。

遠遊三梁冠，加金附蟬，九首，施珠翠，黑介幘，纓翠緌，犀簪導。絳紗袍，白紗内單，皁領，褾、襈、裾，白假帶，方心曲領，絳紗蔽膝，韈，舄。其革帶、劍、佩、綬與上同。未冠則雙童髻，空頂黑介幘，雙玉導，加寶飾。謁廟、還宫，元日朔日入朝，釋奠，則服之。

遠遊冠，公服，絳紗單衣，革帶，金鉤艓，假帶，方心。紛長六尺四寸，廣二寸四分，色同其綬。金縷鞶囊。韈，履。五日常朝，則服之。

白帢，單衣，烏皮履，爲宫臣舉哀，則服之。

皇太子璽，宫内大事用之。小事用左、右庶子印。

皇太子臨弔三師、三少，則錫衰；宫臣四品已上，緦衰；五品已下，疑衰。

衮冕，青珠九旒，以組爲纓，色如其綬。自此已下，纓皆如之。服九章，同皇太子。王、國公、開國公初受册，執贄，入朝，祭，親迎，則服之。三公助祭者亦服之。

鷩冕，侯八旒，伯七旒。服七章。衣，華蟲、火、宗彝三章；裳，藻、粉、米、黼黻四章。八旒者，重宗彝。侯、伯初受册，執贄，入朝，祭，親迎，則服之。

毳冕，子六旒，男五旒。服五章。衣，宗彝、藻、粉米三章，裳黼、黻二章。六旒者裳重黻。子、男初受册，執贄，入朝，祭，親迎，則服之。

繡冕，三品七旒，四品六旒，五品五旒。服三章。七旒者，衣粉米一章爲三重，裳黼、黻二章各二重。六旒者，減黼一重。五旒，又減黻一重。正三品已下，從五品已上，助祭則服之。

自王公已下服章，皆繡爲之。祭服冕，皆簪導、青纊充耳。玄衣，纁裳，白紗内單，黼領，繡冕已下，内單青領。青褾、襈、裾。革帶，鉤艓，大帶，王、王公及公、侯、伯、子、男，素帶，不朱裏，皆紕其外，上以朱，下以緑。正三品已下，從五品已上，素帶，紕其垂，外以玄，内以黄。紐約皆用青組。朱韍，凡韍皆隨裳色，衮、鷩毳，火、山二章。繡，山一章。劍，佩，綬，韈，赤舄。

爵弁，玄纓無旒，從九品已上，助祭，則服之。其制服簪導，玄衣，纁裳無章，白絹内單，青領，褾、襈，裾，革帶，大帶，練帶紕其垂，内外以緇。紐約用青組。爵韠，韈，赤履。

武弁，平巾幘，諸武職及侍臣通服之。侍臣加金璫附蟬，以貂爲飾，侍左者左珥，右者右珥。

遠遊三梁冠，黑介幘，諸王服之。

進賢冠，黑介幘，文官服之。從三品已上三梁，從五品已上兩梁，流内九品已上一梁。

法冠，一名獬豸冠，鐵爲柱，其上施珠兩枚，爲獬豸角形。法官服之。

高山冠，謁者服之。

却非冠，門者及禁防伺非服之。

黑介幘，平巾黑幘，應服者，並上下通服之。庖人則緑幘。

白帢，白紗單衣，烏皮履，上下通服之。

委貌冠，未冠則雙童髻，空頂黑介幘，皆深衣，青領，烏皮履。國子太學四門生服之。

朝服，亦名具服。冠，幘，簪導，白筆，絳紗單衣，白紗内單，皁領、袖，皁襈，革帶，鉤艓，假帶，曲領方心，絳紗蔽膝，韈，舄，綬，劍，佩。從五品已上，陪祭、朝饗，拜表，凡大事則服之。六品已下，從七品已上，去劍、佩、綬，餘並同。

自餘公事，皆從公服。亦名從省服。冠，幘，簪導，絳紗單衣，革帶，鉤艓，假帶，方心，韈，履，紛，鞶囊。從五品已上服之。

絳褠衣公服，褠衣即單衣之不垂胡也。袖狹，形直如褠内。餘同從省。流外五品已下、九品已上服之。

綬，王，纁朱綬，四采，赤黄縹紺，純朱質，纁文織，長一丈八尺，二百四十首，廣九寸。公，玄朱綬，四采，玄赤縹紺，純朱質，玄文織，長一丈八尺，二百四十首，廣九寸。侯，伯，青朱綬，四采，青赤白縹，純朱質，青文織，長一丈六尺，百八十首，廣八寸。子，男，素朱綬，三采，青赤白，純朱質，白文織成，一丈四尺，百四十首，廣七寸。正、從一品，緑綟綬，四采，緑紫黄赤，純緑質，長一丈八尺，二百四十首，廣九寸。從三品已上，紫綬，三采，紫黄赤，純紫質，長一丈六尺，百八十首，廣八寸。銀青光禄大夫，朝議大夫及正、從四品，青綬，三采，青白紅，純青質，長一丈四尺，百四十首，廣七寸。正、從五品，墨綬，二采，青紺，純紺質，長一丈二尺，百首，廣六寸。自王公已下，皆有小雙綬，長二尺六寸，色同大綬，而首半之。正、從一品，施二玉環，已下不合。其有綬者則有紛，皆長六尺四寸，廣二寸四分，各隨其綬色。

鞶囊，二品已上金縷，三品金銀縷，四品及開國男銀縷，五品綵縷。官無綬者，則不合劍佩。一品及五等諸侯，並佩山玄玉。五品已上，佩水蒼玉。

年高致仕及以理去官，被召謁見，皆服前官從省服。州郡秀孝，試見之日，皆假進賢一梁冠，絳公服。

隱居道素之士，被召入謁見者，黑介幘，白單衣，革帶，烏皮履。

左右衛、左右武衛、左右武候大將軍、領左右大將軍，並武弁，絳朝服，劍，佩，綬。侍從則平巾幘，紫衫，大口袴褶，金玳瑁裝兩襠甲。唯左右武衛大將軍執赤檉杖。左右衛、左右武衛、左右武候將軍、領左右將軍、左右監門衛將軍、太子左右衛、左右宗衛、左右內等率、左右監門郎將及諸副率，並武弁，絳朝服，劍，佩，綬。侍從則平巾幘，紫衫，大口袴，金裝兩襠甲。唯左右武衛將軍、太子左右宗衛率，執白檀杖。

直閤將軍、直寢、直齋、太子直閤，武弁，絳朝服，劍，佩，綬。侍從則平巾幘，絳衫，大口袴褶，銀裝兩襠甲。

皇后首飾，花十二樹。皇太子妃，公主，王妃，三師、三公及公夫人，一品命婦，並九樹。侯夫人，二品命婦，並八樹。伯夫人，三品命婦，並七樹。子夫人，世婦及皇太子昭訓，四品已上官命婦，並六樹。男夫人，五品命婦，五樹。光御及皇太子良娣，三樹。自皇后已下，小花並如大花之數，并兩博鬢也。

皇后褘衣，深青織成爲之。爲翬翟之形，素質，五色，十二等。青紗內單，黼領，羅縠褾、襈，蔽膝，隨裳色，用翟爲章，三等。大帶，隨衣色，朱裏，紕其外，上以朱錦，下以緑錦。紐約用青組。以青衣，革帶，青韤，舃，舃加金飾。白玉珮，玄組、綬。章采尺寸，與乘輿同。祭及朝會，凡大事則服之。

鞠衣，黄羅爲之。應服者皆同。其蔽膝、大帶及衣、革帶，舃，隨衣色。餘與褘衣同，唯無雉。親蠶則服之。應服者皆以助祭。

青衣，青羅爲之，制與鞠衣同。去花、大帶及佩綬。以禮見皇帝，則服之。

朱衣，緋羅爲之，制如青衣。宴見賓客則服之。

皇太后服與皇后同。皇太后璽，不行用，若封令書，則用宮官之印。

皇后璽，不行用，若封令書，則用內侍之印。

皇太子妃褕翟，青織成爲之。爲揺翟之形，青質，五色，九等。青紗內單，黼領，羅縠褾、襈，蔽膝，隨衣色，以揺翟爲章，三等。大帶，隨衣色，下朱裏，紕其外，上以朱錦，下以緑錦。紐約用青組。以青衣，革帶，青韤，舃，舃加金飾。瑜玉佩，純朱綬。章采尺寸，與皇太子同。助祭朝會，凡大事則服之。亦有鞠衣。

皇太子妃璽，不行用，若封書，則用典內之印。

公主，王妃，三師、三公及公侯伯夫人，服褕翟。繡爲之。公主，王妃，三師三公及公夫人爲九等，侯夫人八等，伯夫人七等。助祭朝會，凡大事則服之。亦有鞠衣。

子、男夫人，服闕翟。緋羅爲之。刻赤繒爲翟形，不繡，綴於服上。子夫人六等，男夫人五等。助祭朝會，凡大事則服之。亦有鞠衣。

諸王、公、侯、伯、子、男之母，與妃、夫人同。其郡縣君，各視其夫及子。若郡縣君品高及無夫、子者，準品。

嬪及從三品已上官命婦，青服。制與褕翟同，青羅爲之，唯無雉。助祭朝會，凡大事則服之。亦有鞠衣。

世婦及皇太子昭訓，從五品已上官命婦，服青服。助祭從蠶朝會，凡大事則服之。

女御及皇太子良媛，朱服。制與青服同，去佩綬。助祭從蠶朝會，凡大事則服之。

六尚，朱絲布公服。助祭從蠶朝會，凡大事則服之。

六司、六典及皇太子三司、三典、三掌，青紗公服。助祭從蠶朝會，凡大事則服之。

佩綬，嬪同九卿，世婦及皇太子昭訓同五品，公主、王妃同諸王，三師、三公、五等國夫人及從五品已上官命婦，皆準其夫。無夫者準品。

定令訖。

高祖元正朝會，方御通天服，郊丘宗廟，盡用龍袞衣，大裘毳䙛，皆未能備。至平陳，得其器物，衣冠法服，始依禮具。然皆藏御府，弗服用焉。百官常服，同於匹庶，皆著黄袍，出入殿省。高祖朝服亦如之，唯帶加十三環，以爲差異。蓋取於便事。及大業元年，煬帝始詔吏部尚書牛弘、工部尚書宇文愷、兼内史侍郎虞世基、給事郎許善心、儀曹郎袁朗等，憲章古制，創造衣冠，自天子逮于胥皁，服章皆有等差。若先所有者，則因循取用，弘等議定乘輿服，合八等焉。

大裘冕之制，案《周禮》，大裘之冕，無旒。《三禮衣服圖》：「大裘而冕，王祀昊天上帝及五帝之服。」至秦，除六冕，唯留玄冕。漢明帝永平中，方始創制。董巴志云：「漢六冕同制，皆闊七寸，長尺二寸，前圓後方。」於是遂依此爲大裘冕制，青表，朱裏，不施旒纊，不通於下。其大裘之服，案《周官》在「羔裘也」。其制，準《禮圖》以羔正黑者爲之，取同色繒以爲領袖。其裳用纁，而無章飾，絳韈，赤舄。祀圓丘、感帝、封禪、五郊、明堂、雩、蜡，皆服之。

袞冕之制，案《禮玉藻》「十有二旒」。《大戴禮》云：「冕而加旒，以蔽明也，琇纊塞耳，以蔽聰也。」又《禮含文嘉》：「前後邃延，不視邪也，加以黈纊，不聽讒也。」三王之冕，既不通制，故夫子云：「行夏之時，服周之冕。」今以采綖貫珠，爲旒十二。邃延者，出冕前後而下垂之，旒齊於膊，纊齊於耳，組爲纓，玉笄導。其爲服之制，案《釋名》云「袞，卷也」，謂畫龍於上也。是時虞世基奏曰：

後周故事，升日月於旌旗，乃闕三辰，而章無十二。但有山、龍、華蟲作繪，宗彝、藻、火、粉米、黼、黻，乃與三公不異。開皇中，就裏欲生分别，故衣重宗彝，裳重黼黻，合重二物，以就九章，爲十二等。但每一物，上下重行。袞服用九，鷩服用七，今重此三物，乃非典故。且周氏執謙，不敢負於日月，所以綴此三象，唯施太常，天王袞衣，章乃從九。但天子譬日，德在照臨，辰爲帝位，月主正后，負此三物，合德齊明，自古有之，理應無惑。周執謙道，殊未可依，重用宗彝，又乖法服。

今準《尚書》：「予欲觀古人之服，日、月、星辰、山、龍、華蟲作會，宗彝、藻、火、粉米、黼黻絺繡。」具依此，於左右髆上爲日月各一，當後領下而爲星辰，又山、龍九物，各重行十二。又近代故實，依《尚書大傳》：「山龍純青，華蟲純黄，作會；宗彝純黑，藻純白，火純赤。」以此相間，而爲五采。鄭玄議已自非之，云：「五采相錯，非一色也。」今並用織成於繡，五色錯文。準孔安國，衣質以玄，加山、龍、華蟲、火、宗彝等，並織成爲五物；裳質以纁，加藻、粉米、黼、黻之四。衣裳通數，此爲九章，兼上三辰，而備十二也。衣褾、領上各帖升龍，漢、晉以來，率皆如此。既是先王法服，不可乖於夏制，徵而用之，理將爲允。

墨勑曰：「可。」承以單衣。又案董巴《輿服志》宗廟冕服云：「絳領、袖爲内單衣。」又《車服雜記》曰：「天子釋奠、郊祭而單衣，以絳緣。」今用白紗爲内單，黼領，絳褾，青裾及襈。革帶，玉鉤艓，大帶朱裏，紕其外。紐約用組，上加朱韍。又案《説文》：「韠，韍也。所以蔽前。」《禮記》曰：「有虞氏韍，夏后氏山，殷火，周龍章。」鄭玄曰：「冕之韍也，舜始作之，以尊祭服。禹、湯至周，增以文飾。」《禮記》曰：「君朱韠。」鄭曰：「韠象裳色。」今依《白武通》注，以蔽裳前，上闊一尺，象天數也；下闊二尺，象地數也；長三尺，象三才也，加龍章山火，以備三代之法也。於是制袞冕之服，玄衣，纁裳，合九章爲十二等。白紗内單，黼領，青褾、襈。革帶，玉鉤艓，大帶，韍，鹿盧玉具劍，火珠鏢首，白玉雙佩，玄組，大、小綬。朱韈，赤舄，舄飾以金。宗廟、社稷、籍田、方澤、朝日、夕月、遣將授律、征還飲至、加元服、納后、正冬受朝、臨軒拜爵，皆服之。

通天冠之制，案董巴志：「冠高九寸，形正竪，頂少邪却，後乃直下爲鐵卷梁，前有高山。」故《禮圖》或謂之高山冠也。《晉起居注》，成帝咸和五年，制詔殿内曰：「平天、通天冠，並不能佳，可更修理之。」雖在《禮》無文，故知天子所冠，其來久矣。又徐氏《輿服注》曰：「通天冠，高九寸，黑介幘，金博山。」徐爰亦曰：「博山附蟬，謂之金顔。」今制依此，不通於下，獨天子元會臨軒服之。其服絳紗袍，深衣制，白紗内單，皁領、褾、裾、襈，絳紗蔽膝，白假帶，方心曲領。其劍佩、綬、舄、革帶，皆與上同。元冬饗會、諸祭還，則服之。四時視朔，則内單、領、襈，各隨其方色。唯秋方色白，以緑代之。

遠遊冠之制，案《漢雜事》曰：「太子諸王服之。」故《淮南子》曰：「楚莊王冠通梁，組纓。」注云：「通梁，遠遊也。」晉令：「皇太子諸王，給遠遊冠。」徐氏《雜注》曰：「天子雜服，遠遊五梁。太子諸王三梁。」董巴志曰：「制如通天，有展筩，横之幘上。」今制依此，天子加金博山，九首，施珠翠，黑介幘，金緣，以承之。翠緌纓，犀簪導。太子親王加金附蟬，宗室王去附蟬，並不通於庶姓。其乘輿遠遊冠服，白紗單衣，承以裙襦，烏皮履。拜山陵則服之。

武弁之制，案徐爰《宋志》，謂籠冠是也。《禮圖》曰：「武士服之。」董巴《輿服志》云：「諸常侍、内常侍，加黄金附蟬，毦尾，謂之惠文冠。」今制，天子金博山，三公已上玉冠枝，四品已上金枝。侍臣加附蟬，毦豐貂，文官七品已上毦白筆，八品已下及武官，皆不毦筆。其乘輿武弁之服，衣、裳、綬如通天之服。講武、出征、四時蒐狩、大射、禡、類、宜社、賞祖、罰社、纂嚴，皆服之。

弁之制，案《五經通義》：「高五寸，前後玉飾。」《詩》云：「璯弁如星。」董巴曰：「以鹿皮爲之。」《尚書·顧命》：「四人綦弁，執戈。」故知自天子至于執戈，通貴賤矣。《魏臺訪議》曰：「天子以五采玉珠十二飾之。」今參準此，通用烏漆紗而爲之。天子十二琪，皇太子及一品九琪，二品八琪，三品七琪，四品六琪，五品五琪，六品已下無琪。唯文官服之，不通武職。案《禮圖》，有結纓百無笄導。少府少監何稠，請施象牙簪導。詔許之。弁加簪導，自茲始也。乘輿鹿皮弁服，緋大襦，白羅裙，金烏皮履，革帶，小綬長二尺六寸，色同大綬，而首半之，間施三玉環，白玉珮一隻。高朝聽訟則服之。凡弁服，自天子已下，内外九品已上，弁皆以烏爲質，並衣袴褶。五品已上以紫，六品已下以絳。宿衛及在仗内，加兩襠，螣蛇絳褠衣，連裳。典謁贊引，流外冗吏，通服之，以縵。後制鹿皮弁，以賜近臣。

帽，古野人之服也。董巴云：「上古穴居野處，衣毛帽皮。」以此而言，不施衣冠，明矣。案宋、齊之間，天子宴私，著白高帽，士庶以烏，其制不定。或有卷荷，或有下裙，或有紗高屋，或有烏紗長耳。後周之時，咸著突騎帽，如今胡帽，垂裙覆帶，蓋索髪之遺象也。又文帝項有瘤疾，不欲人見，每常著焉。相魏之時，著而謁帝，故後周一代，將爲雅服，小朝公宴，咸許戴之。開皇初，高祖常著烏紗帽，自朝貴已下，至于冗吏，通著入朝。今復制白紗高屋帽，其服，練裙襦，烏皮履。宴接賓客則服之。

白帢，案《傅子》：「魏太祖以天下凶荒，資財乏匱，擬古皮弁，裁縑帛以爲之。」蓋自魏始也。《梁令》，天子爲朝臣等舉哀則服之。今亦準此。其服，白紗單衣，承以裙襦，烏皮履。舉哀臨喪則服之。

幘，案董巴云：「起於秦人，施於武將，初爲絳袙，以表貴賤焉。至漢孝文時，乃加以高顔。」孝元帝額有壯髪，不欲人見，乃始進幘。又董偃召見，緑幘傅韝。《東觀記》云：「詔賜段熲赤幘大冠一具。」故知自上已下，至于皁隸，及將帥等，皆通服之。今天子畋獵御戎，文官出遊田里，武官自一品已下，至于九品，并流外吏色，皆同烏。厨人以緑，卒及馭人以赤，舉輦人以黄。駕五輅人，逐其車色。承遠遊、進賢者，施以掌導，謂之介幘。承武弁者，施以笄導，謂之平巾。其乘輿黑介幘之服，紫羅褶，南布袴，玉梁帶，紫絲鞋，長靿靴。畋獵豫遊則服之。

皇太子服六等，衮冕九旒，朱組纓，青纊琉耳，犀簪導。紺衣，纁裳，去日月星辰爲九章。白紗内單，黼黻領，青褾、襈、裾。革帶，金鉤䚢，大帶，韍二章，玉具劍。侍從祭祀，及謁廟、加元服、納妃，則服之。據晉咸寧四年故事，衣色用玄，改用紺。舊章用織成，降以繡。玉具劍，故事以火珠鏢首，改以白珠。開皇中，皇太子冕同天子，貫白珠。及仁壽元年，煬帝爲太子，以白珠太逼，表請從青珠。於是太子衮冕，與三公王等，皆青珠九旒。旒短不及髆，降天子二寸。

遠遊冠，金附蟬，加寶飾珠翠，九首，珠纓翠緌，犀簪導。絳紗袍，白紗内單，皁領、褾、襈、裾。白假帶，方心曲領，絳紗蔽膝。韈，舄，革帶，劍，佩，綬同衮冕。未冠則雙童髻，空頂黑介幘，雙玉導，加寶飾珠翠，二首。謁廟還，元日、朔旦入朝，釋奠，則服之。

始後周采用《周禮》，皇太子朝賀，皆衮冕九章服。開皇初，自非助祭，皆冠遠遊冠。至此，牛弘奏云：「皇太子冬正大朝，請服衮冕。」帝問給事郎許善心曰：「太子朝謁，著遠遊冠，有何典故？」對曰：「晉令皇太子給五時朝服、遠遊冠。至宋泰始六年，更議儀注，儀曹郎丘仲起議：『案《周禮》，公自衮冕已下，至卿大夫之玄冕，皆其朝聘之服也。伏尋古之公侯，尚得服衮，以入朝見，況皇太子儲副之尊，謂宜式遵盛典，服衮朝賀。』兼左丞陸澄議：『服冕以朝，實著經典，自秦除六冕之制，後漢始備古章。魏、晉以來，非祀宗廟，不欲令臣下服於衮冕，位爲公者，必加侍官，故太子入朝，因亦不著。但承天作副，禮絶羣后，宜遵前王之令典，革近代之陋制，皇太子朝，請服冕。』自宋以下，始定此儀。至梁簡文之爲太子，嫌於上逼，還冠遠遊，下及於陳，皆依此法。後周之時，亦言服衮入朝。至于開皇，復遵魏、晉故事。臣謂衮冕之服，章玉雖差，一日而觀，頗欲相類。臣子之道，義無上逼。故晉武帝太始三年，詔太宰安平王孚著侍内之服，四年，又賜趙、燕、樂安王等散騎常侍之服。自斯以後，台鼎貴臣，並加貂璫武弁，故皇太子遂著遠遊，謙不逼尊，於理爲允。」帝曰：「善。」竟用開皇舊式。

遠遊三梁冠，從省服，絳紗單衣，革帶，金鉤䚢，假帶，方心，佩一隻，紛長六尺四寸，闊二寸四分，色同於綬。金縷鞶囊，白韈，烏皮履，金飾。五日常朝則服之。

鹿皮弁，九琪，服絳羅襦，白羅裙，革帶，履，韈，佩，紛，如從省服。在宮聽政則服之。

平巾，黑幘，玉冠枝，金花飾，犀簪導，紫羅褶，南布袴，玉梁帶，長靿靴。侍從田狩則服之。

白帢，素單衣，烏皮履。爲宮臣舉哀弔喪則服之。

諸王三公已下，爲服之制，袞冕九章服。三公攝祭及諸王初受册、贄、入朝、助祭、親迎，則服之。綬各依其色。

鷩冕，案《禮圖》：「王祭先公及卿之服。」天子九旒，用玉二百一十六。侯伯服以助祭，七旒，用玉八十。新制依此。服七章。三品及公侯助祭則服之。

毳冕，案《禮圖》：「王祀四望山川之服。」天子七旒，用玉百六十八。子男服以助祭，五旒，用玉五十。新制依此。服五章。四品及伯助祭則服之。

絺冕，案《禮圖》：「王者祭社稷五祀之服。」天子五旒，用玉百二十。孤卿服以助祭，四旒，用玉三十二。新制依此。服三章。五品及子男助祭則服之。

玄冕，案《禮圖》：「王祭羣小祀及視朝服。」天子四旒，用玉三十二。諸侯服以祭其宗廟，三旒，用玉十八。新制依此。服三章。通給庶姓。一品已下，五品已上，自製于家，祭其私廟。三品省衣粉米，加三重；裳黼黻，加二重。四品減黼一重，五品減黻一重。禮自玄冕以上，加旒一等，天子祭祀，節級服之。

開皇以來，天子唯用袞冕，自鷩之下，不施於尊，具依前式。而六等之冕，皆有黈纊，黃緜爲之，其大如橘。自皇太子以下，三犀導，青纓爵弁。案董巴志：「同於爵形，一名冕，有收持笄，所謂夏收、殷冔者也。」祠天地、五郊、明堂，《雲翹》舞人服之。《禮》云：「朱干玉戚，冕而舞《大夏》。」此之謂也。《禮圖》云：「士助君祭服之，色如爵頭，無旒有纊。」新制依此。角爲簪導，衣青，裳纁，並緌，無章。六品已下，皆通服之。

遠遊冠服，王所服也。衣裳内單。如皇太子，佩山玄玉，金章龜鈕。宋孝建故事亦謂之璽，今文曰「印」。又並歸於官府，身不自佩，例以銅易之。大綬四采，小綬同色，施二玉環，玉具劍，烏皮舄，舄加金飾。唯帝子宗室封國王者服之。

進賢冠，案《漢官》云：「平帝元始五年，令公卿列侯冠三梁，二千石兩梁，千石以下一梁。」梁别貴賤，自漢始也。董巴釋曰：「如緇布冠，文儒之服也。」前高七寸而却，後高三寸而立。王莽之時，以幘承之。新制依此。內外文官通服之。三品已上三梁，五品已上兩梁，九品已上一梁，用明尊卑之等也。其朝服，亦名具服。絳紗單衣，白紗内單，玄領，裾、襈，袖，革帶，金鉤艓，假帶，曲領方心，絳紗蔽膝，白韈，烏皮舄。雙佩，綬，如遠遊之色。自一品已下，五品已上，衣服盡同，而綬依其品。陪祭朝饗拜表，凡大事皆服之。六品、七品，去劍、佩、綬。八品、九品，去白筆，内單，而用履代舄。其五品已上，一品已下，又有公服，亦名從省服。並烏皮履，去曲領、内單、白筆、蔽膝。開皇故事，亦去鞶囊、佩、綬。何稠請去大綬，而偏垂一小綬，綴於獸頭鞶囊，獨一隻佩，正當於後。詔從之。一品已下，五品已上，同。

高山冠，案董巴志云：「一曰側注，謁者僕射之所服也。」胡伯始以爲齊王冠，秦滅齊，以賜謁者。《傅子》曰：「魏明帝以高山冠似通天，乃毀變其形，除去卷筩，令如介幘。幘上加物，以象山峯，行人使者，通皆服之。」新制參用其事，形如進賢，於冠前加三峯，以象魏制。謁者大夫已下服之。梁依其品。

獬豸冠，案《禮圖》曰：「法冠也，一曰柱後惠文。」如淳注《漢官》曰：「惠，蟬也，細如蟬翼。」今御史服之。《禮圖》又曰：「獬豸冠，高五寸，秦制也。法官服之。」董巴志曰：「獬豸，神羊也。」蔡邕云：「如麟，一角。」應劭曰：「古有此獸，主觸不直，故執憲者，爲冠以象之。秦滅楚，以其冠賜御史。」此即是也。開皇中，御史戴却非冠，而無此色。新制又以此而代却非。御史大夫以金，治書侍御史以犀，侍御史已下，用羚羊角，獨御史、司隸服之。

巾，案《方言》云：「巾，趙、魏間通謂之承露。」《郭林宗傳》曰：「林宗嘗行遇雨，巾沾角折。」又袁紹戰敗，幅巾渡河。此則野人及軍旅服也。制有二等。今高人道士民著，是林宗折角；庶人農夫常服，是袁紹幅巾。故事，用全幅皁而向後襆髮，俗人謂之襆頭。自周武帝裁爲四脚，今通於貴賤矣。

簪導，案《釋名》云：「簪，建也，所以建冠於髮也。一曰笄。笄，係也，所以拘冠使不墜也。導所以導擽鬢髮，使入巾幘之裏也。」今依《周禮》，天子以玉笄，而導亦如之。又《史記》曰：「平原君誇楚，爲玳瑁簪。」班固《與弟書》云：「今遺仲升以黑犀簪。」《士燮集》云：「遺功曹史貢皇太子通天犀導。」故知天子獨得用玉，降此通用玳瑁及犀。今並準是，唯弁用白牙笄導焉。

貂蟬，案《漢官》：「侍内金蟬左貂，金取剛固，蟬取高潔也。」董巴志曰：「内常侍，右貂金璫，銀附蟬，内書令亦同此。」今宦者去貂，内史令金蟬右貂，納言金蟬左貂。開皇時，加散騎常侍在門下者，皆有貂蟬，至是罷之。唯加常侍聘外國者，特給貂蟬，還則輸納於内省。

白筆，案徐氏《雜注》云：「古者貴賤皆執笏，有事則書之，故常簪筆。今之白筆，是遺象也。」《魏略》曰：「明帝時大會而史簪筆。」今文官七品已上，通珽之。武職雖貴，皆不珽也。

纓，案《儀禮》曰：「天子朱纓，諸侯丹組纓。」今冕，天子已下皆朱纓。又《尉繚子》曰：「天子玄纓，諸侯素纓。」別尊卑也。今不用素，並從冠色焉。

佩，案《禮》天子佩白玉。董巴、司馬彪云：「君臣佩玉，尊卑有序，所以章德也。」今參用杜夔之法，天子白玉，太子瑜玉，王山玄玉。自公已下，皆水蒼玉。

綬，案《禮》：「天子玄組綬，侯伯朱組綬，大夫純組綬，世子綦組綬。」《漢官》云：「蕭何爲相國，佩綠綬，公侯紫，卿二千石青，令長千石黑。」今大抵準此。天子以雙綬，六采，玄黃赤白縹綠，純玄質，長二丈四尺，五百首，闊一尺；雙小綬，長二尺六寸，色同大綬，而首半之，間施四玉環。開皇用三，今加一。皇太子，朱雙綬，四采，赤白縹紺，純朱質，長一丈八尺，三百二十首，闊九寸；雙小綬，長一尺六寸，色同大綬，而首半之，間施三玉環。開皇用二，今加一。三公，綠綟綬，四采，綠黃縹紫，純綠質，黃文織之，長一丈八尺，二百四十首，闊九寸，與親王綬，俱施二玉環。諸王，纁朱綬，四采，赤黃縹紺，純朱質，纁文織之，長一丈八尺，二百四十首，闊九寸。公，玄朱綬，四采，赤縹玄紺，純朱質，玄文織之，長一丈八尺，二百四十首，闊九寸。侯、伯，青朱綬，四采，青赤白縹，純朱質，青文織，長一丈六尺，百八十首，闊八寸。子、男，素朱綬，三采，青赤白，純朱質，素文織之，長一丈四尺，百四十首，闊七寸。二品已上，纁紫綬，四采，纁紫赤黃，純紫質，纁文織之，長一丈四尺，百四十首，闊八寸。三品，紺紫綬，四采，紫紺黃縹，純紫質，紺文織之，長一丈六尺，百八十首，闊八寸。四品，青綬，三采，青白紅，純青質，長一丈四尺，百四十首，闊七寸。五品，墨綬，二采，青紺，純紺質，長一丈二尺，百二十首，闊六寸。自王公已下，皆有小綬二枚，色同大綬，而首半之。正、從一品，施二玉環。凡有綬者，皆有紛，並長六尺四寸，闊二寸四分，隨於綬色。

鞶囊，案《禮》：「男鞶革，女鞶絲。」《東觀書》：「詔賜鄧遵獸頭鞶囊一枚。」班固《與弟書》：「遺仲升獸頭旁囊，金錯鉤也。」古佩印皆貯懸之，故有囊稱。或帶於旁，故班氏謂爲旁囊，綬印鈕也。今雖不佩印，猶存古制，有佩綬者，通得佩之。無佩則不。今採梁、陳、東齊制，品極尊者，以金織成，二品以上服之。次以銀織成，三品已上服之。下以綖織成，五品已上服之。分爲三等。

革帶，案《禮》「博二寸」。《禮圖》曰：「瑲綴於革帶。」阮諶以爲有章印則於革帶佩之。《東觀記》：「楊賜拜太常，詔賜自所著革帶。」如知形制尊卑不別。今博三寸半，加金縷鞢，螳蜋鉤，以相拘帶。自大裘至于小朝服，皆用之。

劍，案漢自天子至于百官，無不佩刀。蔡謨議云：「大臣優禮，皆劍履上殿。非侍臣，解之。」蓋防刃也。近代以木，未詳所起。東齊著令，謂爲象劍，言象於劍。周武帝時，百官燕會，並帶刀升座。至開皇初，因襲舊式，朝服登殿，亦不解焉。十二年，因蔡徵上事，始制凡朝會應登殿坐者，劍履俱脫。其不坐者，勑召奏事及須升殿，亦就席解劍，乃登。納言、黃門、內史令、侍郎、舍人，既夾侍之官，則不脫。其劍皆真刃，非假。既合舊典，弘制依定。又準晉咸康元年定令故事，自天子已下，皆衣冠帶劍。今天子則玉具火珠鏢首，餘皆玉鏢首。唯侍臣帶劍上殿，自王公已下，非殊禮引升殿，皆就席解而後升。六品以下，無佩綬者，皆不帶。

曲領，案《釋名》，在單衣內襟領上，橫以雍頸。七品已上有內單者則服之，從省服及八品已下皆無。

珽，案《禮》：「天子搢珽，方正於天下也。」又《五經異義》：「天子笏曰珽，珽直無所屈也。」今制準此，長尺二寸，方而不折。以球玉爲之。

笏，案《禮》：「諸侯以象，大夫魚須文竹，士以竹，本象可也。」凡有指畫於君前，受命書於笏，笏畢用也。《五經要義》曰：「所以記事，防忽忘。」《禮圖》云：「度二尺有六寸，中博二寸，其殺六分去一。」晉、宋以來，謂之手板，此乃不經，今還謂之笏，以法古名。自西魏以降，五品已上，通用象牙，六品已下，兼用竹木。

履，舄，案《圖》云：「複下曰舄，單下曰履。夏葛冬皮。」近代或以重皮，而不加木，失於乾腊之義。今取乾腊之理，以木重底。冕服者色赤，冕衣者色烏，履同烏色。諸非侍臣，皆脫而升殿。凡舄，唯冕服及具服著之，履則諸服皆用。唯褶服以靴。靴，胡履也，取便於事，施於戎服。

諸建華、鵔鸃、鶡冠、委貌、長冠、樊噲、却敵、巧士、術氏、却非等，前代所有，皆不採用。

皇后服四等，有褘衣、鞠衣、青服、朱服。

褘衣，深青質，織成領袖，文以翬翟，五采重行，十二等。首飾花十二鈿，小花毦十二樹，并兩博鬢。素紗內單，黼領，羅縠褾、襈，色皆以朱。蔽膝隨裳色，以緅爲緣，用翟三章。大帶隨衣裳，飾以朱綠之錦，青緣。革帶，青韈，舄，舄以金飾。白玉佩，玄組，綬，章采尺寸同於乘輿。祭及朝會，凡大事皆服之。

鞠衣，黄羅爲質，織成領袖，小花十二樹。蔽膝、革帶及舄，隨衣色。餘準禕衣，親蠶服也。

青服，去花、大帶及佩綬，金飾履。禮見天子則服之。

朱服，制如青服。宴見賓客則服之。

有金璽，盤螭鈕，文曰「皇后之璽」。冬正大朝，則并黄琮，各以笥貯，進於座隅。

皇太后服，同於后服。而貴妃以下，並亦給印。

貴妃、德妃、淑妃，是爲三妃。服褕翟之衣，首飾花九鈿，并二博鬢。金章龜鈕，文從其職。紫綬，一百二十首，長一丈七尺，金縷織成獸頭鞶囊，佩于闐玉。

順儀、順容、順華、修儀、修容、修華、充儀、充容、充華，是爲九嬪。服闕翟之衣，首飾花八鈿，并二博鬢。金章龜鈕，文從其職。紫綬，一百首，長一丈七尺，金縷織成獸頭鞶囊，佩采瓄玉。

婕妤，銀縷織成獸頭鞶囊，首飾花七鈿。他如嬪服。

美人、才人，服鞠衣，首飾花六鈿，并二博鬢。銀印珪鈕，文從其職。青綬，八十首，長一丈六尺。綵縷織成獸爪鞶囊，佩水蒼玉。

寶林，服展衣，首飾花五鈿，并二博鬢。銀印環鈕，文如其職。艾綬，八十首，長一丈六尺。鞶囊，佩玉，同於婕妤。

承衣刀人、采女，皆服褖衣，無印綬。參準宋泰始四年及梁、陳故事，增損用之。

皇太子妃，服褕翟之衣，青質，五采織成爲摇翟，以備九章。首飾花九鈿，并二博鬢。金璽龜鈕，文如其職。素紗内單，黼領，羅褾、襈，色皆用朱，蔽膝二章。大帶，同禕衣，青緑革帶，朱韈，青舄，舄加金飾。佩瑜玉，纁朱綬，一百六十首，長二丈，獸頭鞶囊。凡大禮見皆服之。唯侍親桑，則用鞠衣之服，花鈿佩綬，與褕衣同。準宋孝建二年故事而增損之。

良娣，鞠衣之服，銀印珪鈕，文如其職。佩采瓄玉，青綬，八十首，長一丈六尺，獸頭鞶囊。餘同世婦。

保林、八子，展衣之服，銅印環鈕，文如其職。佩水蒼玉，艾綬，八十首，長一丈六尺，獸爪鞶囊。自良娣等，準宋大明六年故事而損益之。

諸王太妃、妃、長公主、公主、三公夫人、一品命婦，褕翟之服，繡爲九章。首飾花九鈿，佩山玄玉，獸頭鞶囊。綬同夫色。

公夫人，縣主，二品命婦，亦服褕翟，繡爲八章。首飾八鈿。侍從親桑，同用鞠衣。自此之下，佩皆水蒼玉。

侯、伯夫人，三品命婦，亦服褕翟，繡爲七章。首飾七鈿。

子夫人，四品命婦，服闕翟之衣，刻赤繒爲翟，綴於服上，以爲六章。首飾六鈿。

男夫人，五品命婦，亦服闕翟之衣，刻繒爲翟，綴於服上，以爲五章。首飾五鈿。若當從侍親桑，皆同鞠衣。

議既定，帝幸修文殿覽之，乃令何稠、起部郎閻毗等造樣上呈。二年總了，始班行焉，軒冕之盛，貫古今矣。

《舊唐書》卷二一《禮儀志一》 玄齡等始與禮官述議，以爲《月令》蜡祭，唯祭天宗，謂日月而下。近代蜡五天帝、五人帝、五地祇，皆非古典，今並除之。又依禮，有益於人則祀之。神州者國之所託，餘八州則義不相及。近代通祭九州，今除八州等八座，唯祭皇地祇及神州，以正祀典。又漢建武中封禪，用元封時故事，封泰山於圜臺上，四面皆立石闕，並高五丈。有方石再累，藏玉牒書。石檢十枚，於四邊檢之，東西各三，南北各二。外設石封，高九尺，上加石蓋。周設石距十八，如碑之狀，去壇二步，其下石跗入地數尺。今案封禪者，本以成功告於上帝。天道貴質，故藉用藁秸，罇以瓦甒。此法不在經誥，又乖醇素之道，定議除之。近又案梁甫是梁陰，代設壇於山上，乃乖處陰之義。今定禪禮改壇位於山北。又皇太子入學及太常行山陵、天子大射、合朔、陳五兵於太社、農隙講武、納皇后行六禮，四孟月讀時令、天子上陵、朝廟、養老於辟雍之禮，皆周、隋所闕，凡增多二十九條。餘並準依古禮，旁求異代，擇其善者而從之。太宗稱善，頒于内外行焉。

武德初，定令：

每歲冬至，祀昊天上帝於圓丘，以景帝配。其壇在京城明德門外道東二里。壇制四成，各高八尺一寸，下成廣二十丈，再成廣十五丈，三成廣十丈，四成廣五丈。每祀則昊天上帝及配帝設位于平座，藉用藁秸，器用陶匏。五方上帝、日月、内官、中官、外官及衆星，並皆從祀。其五方帝及日月七座，在壇之第二等；内五星已下官五十五座，在壇之第三等；二十八宿已下中官一百三十五座，在壇之第四等；外官百十二座，在壇下外壝之内；衆星三百六十座，在外壝之外。

其牲，上帝及配帝用蒼犢二，五方帝及日月用方色犢各一，内官已下加羊豕各九。

夏至，祭皇地祇于方丘，亦以景帝配。其壇在宫城之北十四里。壇制再成，下成方十丈，上成五丈。每祀則地祇及配帝設位於壇上，神州及五嶽、四鎮、四瀆、四海、五方、山林、川澤、丘陵、墳衍、原隰，並皆從祀。神州在壇之第二等。五嶽已下三十七座，在壇下外壝之内。丘陵等三十座，在壝外。其牲，地祇及配帝用犢二，神州用黝犢一，岳鎮已下加羊豕各五。

《舊唐書》卷二二《禮儀志二》 永徽二年七月二日，敕曰：「上玄幽贊，處崇高而不言；皇王提象，代神功而理物。是知五精降德，爰應帝者之尊；九室垂文，用紀配天之業。且合宫、靈府，創鴻規於上代；太室、總章，標茂範於中葉。雖質文殊制，奢儉異時，然其立天中，作人極，布政施教，其歸一揆。朕嗣膺下武，丕承上烈，思所以答眷上靈，聿遵孝享，而法宫曠禮，明堂寢構。今國家四表無虞，人和歲稔，作範垂訓，今也其時。宜令所司與禮官學士等考覈故事，詳議得失，務依典禮，造立明堂。庶曠代闕文，獲申於兹日；因心展敬，永垂於後昆。其明堂制度，令諸曹尚書及左右丞侍郎、太常、國子秘書官、弘文館學士同共詳議。」

於是太常博士柳宣依鄭玄義，以爲明堂之制，當爲五室。内直丞孔志約據《大戴禮》及盧植、蔡邕等義，以爲九室。曹王友趙慈皓、秘書郎薛文思等各造明堂圖。諸儒紛争，互有不同。上初以九室之議爲是，乃令所司詳定形制及辟雍門闕等。

明年六月，内出九室樣，仍更令有司損益之。有司奏言：

内樣：堂基三重，每基階各十二。上基方九雉，八角，高一尺。中基方三百尺，高一筵。下基方三百六十尺，高一丈二尺。上基象黄琮，爲八角，四面安十二階。請從内樣爲定。基高下仍請準周制高九尺，其方共作司約準一百四十八尺。中基下基，望並不用。

又内樣：室各方三筵，開四闥、八窗。屋圓楣徑二百九十一尺。按季秋大饗五帝，各在一室，商量不便，請依兩漢季秋合饗，總於太室。若四時迎氣之祀，則各於其方之室。其安置九室之制，增損明堂故事，三三相重。太室在中央，方六丈。其四隅之室，謂之左右房，各方二丈四尺。當太室四面，青陽、明堂、總章、玄堂等室，各長六丈，以應太室；闊二丈四尺，以應左右房。室間並通巷，各廣一丈八尺。其九室并巷在堂上，總方一百四十四尺，法坤之策。屋圓楣、楯、檐，或爲未允。請據鄭玄、盧植等説，以前梁爲楣，其徑二百一十六尺，法乾之策。圓柱旁出九室四隅，各七尺，法天以七紀。柱外餘基，共作司約準面别各餘一丈一尺。内樣：室别四闥、八窗，檢與古同，請依爲定。其户依古外設而不開。内樣：外有柱三十六，每柱十梁。内有七間，柱根以上至梁高三丈，梁以上至屋峻起，計高八十一尺。上圓下方，飛檐應規，請依内樣爲定。其屋蓋形制，仍望據《考工記》改爲四阿，并依禮加重檐，準太廟安鴟尾。堂四向五色，請依《周禮》白盛爲便。其四向各隨方色。請施四垣及四門。

辟雍，按《大戴禮》及前代説，辟雍多無水廣、内徑之數。蔡邕云：「水廣二十四丈，四周於外。」《三輔黄圖》云「水廣四周」，與蔡邕不異，仍云「水外周堤」。又張衡《東京賦》稱「造舟爲梁」。《禮記·明堂位》、《陰陽録》云：「水左旋以象天。」商量水廣二十四丈，恐傷於闊，今請減爲二十四步，垣外量取周足。仍依故事造舟爲梁，其外周以圓堤，并取《陰陽》「水行左旋」之制。

殿垣，按《三輔黄圖》，殿垣四周方在水内，高不蔽日，殿門去殿七十二步。準今行事陳設，猶恐窄小。其方垣四門去堂步數，請準太廟南門去廟基遠近爲制。仍立四門八觀，依太廟門别各安三門，施玄閫，四角造三重魏闕。

此後羣儒紛競，各執異議。尚書左僕射于志寧等請爲九室，太常博士唐昣等請爲五室。高宗令於觀德殿依兩議張設，親與公卿觀之。帝曰：「明堂之禮，自古有之。議者不同，未果營建。今設兩議，公等以何者爲宜？」工部尚書閻立德對曰：「兩議不同，俱有典故。九室似闇，五室似明。取捨之宜，斷在聖慮。」上以五室爲便，議又不定，由是且止。

至乾封二年二月，詳宜略定，乃下詔曰：「朕以寡薄，忝承丕緒。奉二聖之遺訓，撫億兆以初臨，馭朽兢懷，推溝在念。而上玄垂祐，宗社降休，歲稔時和，人殷俗阜。車書混一，文軌大同。檢玉泥金，升中告禪，百蠻執贄，萬國來庭，朝野歡娱，華夷胥悦。但爲郊禋嚴配，未安太室，布政施行，猶闕合宫。朕所以日昃忘疲，中宵輟寢，討論墳籍，錯綜羣言，採三代之精微，探九皇之至賾，斟酌前載，製造明堂。棟宇方圓之規，雖兼故實；度筵陳俎之法，獨運財成。宣諸内外，博考詳議，求其長短，冀廣異聞。而鴻生碩儒，俱稱盡善，搢紳士子，並奏該通。創此宏模，自我作古。因心既展，情禮獲伸，永言宗祀，良深感慰。宜命有司，及時起作，務從折中，稱朕意焉。」於是大赦天下，改元爲總章，分萬年置明堂縣。

明年三月，又具規製廣狹，下詔曰：

合宮聽朔，闡皇軒之茂範；靈府通和，敷帝勛之景化。殷人陽館，青珪備禮；姬氏玄堂，彤璋合獻。雖運殊驪翰，時變質文，至於立天中，建皇極，軌物施教，其歸一揆。考圖汶上，僅存公玉之儀；度室圭躔，才紀中元之製。屬炎精墜駕，璿宮毀籥，四海淪於沸鼎，九土陷於塗原。高祖太武皇帝杖鉞唐郊，收鈐雍野，納祥符於蒼水，受靈命於丕山。飛沈泳沫，動植游源。太宗文皇帝盟津光誓，協降火而登壇；豐谷斷蛇，應屯雲而鞠旅。封金岱嶺，昭累聖之鴻勳；勒石丸都，成文考之先志。固可以作化明堂，顯庸太室。傍羅八柱，周建四門，木工不琢，土事無文，豐約折衷，經始勿亟，闕文斯備，大禮聿修。

其明堂院每面三百六十步，當中置堂。按《周易》乾之策二百一十有六，坤之策一百四十有四，總成三百六十，故方三百六十步。當中置堂，處二儀之中，定三才之本，構茲一宇，臨此成方。自降院每面三門，同爲一宇，徘徊五間。按《尚書》，一期有四時，故四面各一所開門；每時有三月，故每一所開三門；一期十有二月，故周迴總十二門。所以面別一門，應茲四序，既一時而統三月，故於一舍而置三門。又《周易》三爲陽數，二爲陰數，合而爲五，所以每門舍五間。院四隅各置重樓，其四墉各依本方色。按《淮南子》，地有四維，故四樓。又按《月令》，水、火、金、木、土五方各異色，故其墻各依本方之色。

基八面，象八方。按《周禮》，黄琮禮地。鄭玄注：琮者，八方之玉，以象地形，故以祀地。則知地形八方。又按《漢書》，武帝立八觚壇以祀地。登地之壇，形象地，故令爲八方之基，以象地形。基高一丈二尺，徑二百八十尺。按《漢書》，陽爲六律，陰爲六呂。陽與陰合，故高一丈二尺。又按《周易》，三爲陽數，八爲陰數。三八相乘，得二百四十尺。按《漢書》，九會之數有四十，合爲二百八十，所以基徑二百八十尺。故以交通天地之和，錯綜陰陽之數。以明陽不獨運，資陰和以助成；陰不孤行，待陽唱而方應。陰陽兩順，天地咸亨，則百寶斯興，九疇攸序。基每面三階，周迴十二階，每階爲二十五級。按《漢書》，天有三階，故每面三階；地有十二辰，故周迴十二階。又按《文子》，從凡至聖，有二十五等，故每階二十五級。所以應符星而設階，法台耀以疏陛，上擬霄漢之儀，下則地辰之數。又列茲重級，用準聖凡。象皇極之高居，俯庶類而臨耀。

基之上爲一堂，其宇上圓。按《道德經》：天得一以清，地得一以寧，侯王得一以爲天下貞。又曰：道生一，一生二，二生三，三生萬物。又按《漢書》：太極元氣，函三爲一。又曰：天子以四海爲家。故置一堂以象元氣，并取四海爲家之義。又按《周禮》，蒼璧禮天。鄭玄注：璧圓以象天。故爲宇上圓。堂每面九間，各廣一丈九尺。按《尚書》，地有九州，故立九間。又按《周易》，陰數十，故間別一丈九尺，所以規模厚地，準則陰陽，法二氣以通基，置九州於一宇。堂周迴十二門，每門高一丈七尺，闊一丈三尺。按《禮記》，一歲有十二月，所以置十二門。又按《周易》，陰數十，陽數七，故高一丈七尺；又曰陽數五，陰數八，故闊一丈三尺。所以調茲玉燭，應彼金輝，叶二氣以循環，逐四序而迎節。堂周迴二十四窗，高一丈三尺，闊一丈一尺，二十三櫺，二十四明。按《史記》，天有二十四氣，故置二十四窗。又按《書》，一年十二月，并象閏，故高一丈三尺。又按《周易》，天數一，地數十，故闊一丈一尺；又天數九，地數十，并四時成二十三，故二十三櫺。又按《周易》，八純卦之本體，合二十四爻，故有二十四明。列牖疏窗，象風候氣，遠周天地之數，曲準陰陽之和。

堂心八柱，各長五十五尺。按《河圖》，八柱承天，故置八柱。又按《周易》，大衍之數五十有五，故長五十五尺。聳茲八柱，承彼九間，數該大衍之規，形符立極之制。且柱爲陰數，天寶陽元，柱以陰氣上升，天以陽和下降，固陰陽之交泰，乃天地之相承。堂心之外，置四柱爲四輔。按《漢書》，天有四輔星，故置四柱以象四星。內以八柱承天，外象四輔明化，上交下泰，表裏相成，叶台耀以分輝，契編珠而拱極。八柱四輔之外，第一重二十柱。按《周易》，天數五，地數十，并五行之數合而爲二十，故置二十柱。體二儀而立數，叶五位以裁規，式符立極之功，允應剛柔之道。八柱四輔之外，第二重二十八柱。按《史記》，天有二十八宿，故有二十八柱。所以仰則乾圖，上符景宿，考編珠而紀度，觀列宿以迎時。八柱四輔之外，第三重三十二柱。按《漢書》，有八節、八政、八風、八音，四八三十二柱。調風御節，萬物資以化成；布政流音，九區仰而貽則。外面周迴三十六柱。按《漢書》，一期三十六旬，故法之以置三十六柱。所以象歲時而致用，順寒暑以通微，璿璣之度無愆，玉曆之期永契。八柱之外，修短總有三等。按《周易》，天、地、人爲三才，故置柱長短三等。所以擬三才以定位，高下相形；體萬物以資生，長短兼運。八柱之外，都合一百二十柱。按《禮記》，天子置三公、九卿、二十七大夫、八十一元士，合爲一百二十，是以置一百二十柱。分職設官，翊化資於多士；開物成務，構廈藉於羣材。其上檻周迴二百四柱。按《周易》，坤之策一百四十有四，又《漢書》，九會之數有六十，故置二百四柱。所以採坤策之玄妙，法甲乙之精微，環迴契辰象之規，結構準陰陽之數。又基以象地，故叶策於坤元；柱各依方，復規模於甲子。

重楣，二百一十六條。按《周易》，乾之策二百一十有六，故置二百一十六條。所以規模《易》象，擬法乾元，應大衍之深玄，叶神策之至數。大小節級拱，總六千三百四十五。按《漢書》，會月之數，六千三百四十五，故置六千三百四十五枚。所以遠採三統之文，傍符會月之數，契金儀而調節，偶璇曆以和時。重幹，四百八十九枚。按《漢書》，章月二百三十五，閏月周迴二百五十四，總成四百八十九，故置四百八十九枚。所以法履端之奧義，象舉正之芳猷，規模曆象，發明章、閏。下枊，七十二枚。按《易緯》，有七十二候，故置七十二枚。所以式模芳節，取規貞候，契至和於昌曆，偶神數於休期。上枊，八十四枚。所《漢書》，九會之數有七十八。又按《莊子》：六合之外，聖人存而不論。司馬彪注：天地四方爲六合。總成八十四，故置八十四枚。所以模範二儀，包羅六合，準會陰陽之數，周通氣候之源。枅，六十枚。按《漢書》，推太歲之法有六十，故置六十枚。所以兼該曆數，包括陰陽，採甲乙之深微，窮辰子之玄奧。連栱，三百六十枚。按《周易》，當期之日，三百有六十，故置三百六十枚。所以叶周天之度，準當期之日，順平分而成歲，應晷運以循環。小梁，六十枚。按《漢書》，有六十甲子，故置六十枚。構此虹梁，遐規鳳曆，傍竦四宇之製，遥符六甲之源。棒，二百二十八枚。按《漢書》，章中二百二十八，故置二百二十八枚。所以應長曆之規，象中月之度，廣綜陰陽之數，傍通寒暑之和。方衡，一十五重。按《尚書》，五行生數一十有五，故置十五重。結棟分間，法五行而演秘；疏楹疊構，叶生數以成規。南北大梁，二根。按《周易》，太極生兩儀，故置二大梁。軌範乾坤，模擬天地，象玄黄之合德，表覆載以生成。陽馬，三十六道。按《易緯》，有三十六節，故置三十六道。所以顯兹嘉節，契此貞辰，分六氣以變陰陽，環四象而調風雨。椽，二千九百九十根。按《漢書》，月法二千三百九十二，通法五百九十八，共成二千九百九十。所以偶推步之規，合通法之數。是知疏椽構宇，則大壯之架斯隆；積月成年，則會曆之規無爽。大梠，兩重，重別三十六條，總七十二。按《淮南子》，太平之時，五日一風，一年有七十二風，故置七十二條。所以通規瑞曆，叶數祥風，遥符淳俗之年，遠則休徵之契。飛檐椽，七百二十九枚。按《漢書》，從子至午，其數七百二十九，故置七百二十九枚。所以採辰象之宏模，法周天之至數。且午爲陰本，子實陽源，子午分時，則生成之道自著；陰陽合德，則覆載之義兹隆。

堂檐，徑二百八十八尺。按《周易》，乾之策二百一十六，《易緯》云，年有七十二候，合爲二百八十八，故徑二百八十八尺。所以仰叶乾策，遠承貞候，順和氣而調序，擬圓蓋以照臨。堂上棟，去基上面九十尺。按《周易》，天數九，地數十，以九乘十，數當九十，故去基上面九十尺。所以上法圓清，下儀方載，契陰陽之至數，叶交泰之貞符。又以兹天九，乘於地十，象陽唱而陰和，法乾施而坤成。檐，去地五十五尺。按《周易》，大衍之數五十有五，故去地五十五尺。所以擬大《易》之嘉數，通惟神之至賾，道合萬象，理貫三才。上以清陽玉葉覆之。按《淮南子》，清陽爲天，合以清陽之色。

詔下之後，猶羣議未決。終高宗之世，未能創立。

則天臨朝，儒者屢上言請創明堂。則天以高宗遺意，乃與北門學士議其制，不聽羣言。垂拱三年春，毀東都之乾元殿，就其地創之。四年正月五日，明堂成。凡高二百九十四尺，東西南北各三百尺。有三層：下層象四時，各隨方色；中層法十二辰，圓蓋，蓋上盤九龍捧之；上層法二十四氣，亦圓蓋。亭中有巨木十圍，上下通貫，栭、櫨、樟、欂，藉以爲本，亙之以鐵索。蓋爲鸑鷟，黄金飾之，勢若飛翥。刻木爲瓦，夾紵漆之。明堂之下施鐵渠，以爲辟雍之象。號萬象神宫。因改河南縣爲合宫縣。【略】

則天尋令依舊規制重造明堂，凡高二百九十四尺，東西南北廣三百尺。上施寶鳳，俄以火珠代之。明堂之下，圜繞施鐵渠，以爲辟雍之象。天册萬歲二年三月，重造明堂成，號爲通天宫。四月朔日，又行親享之禮，大赦，改元爲萬歲通天。翼日，則天御通天宫之端扆殿，命有司讀時令，布政于羣后。

《舊唐書》卷二九《音樂志二》　高祖登極之後，享宴因隋舊制，用九部之樂，其後分爲立坐二部。今立部伎有《安樂》、《太平樂》、《破陣樂》、《慶善樂》、《大定樂》、《上元樂》、《聖壽樂》、《光聖樂》，凡八部。

《安樂》者，後周武帝平齊所作也。行列方正，象城郭，周世謂之城舞。舞者八十人，刻木爲面，狗喙獸耳，以金飾之，垂線爲髮，畫猰皮帽，舞蹈姿制，猶作羌胡狀。

《太平樂》，亦謂之五方師子舞。師子鷙獸，出於西南夷天竺、師子等國。綴毛爲之，人居其中，像其俛仰馴狎之容。二人持繩秉拂，爲習弄之狀。五師子各立其方色，百四十人歌《太平樂》，舞以足，持繩者服飾作崑崙象。

《破陣樂》，太宗所造也。太宗爲秦王之時，征伐四方，人間歌謡《秦王破陣樂》之曲。及即位，使吕才協音律，李百藥、虞世南、褚亮、魏徵等製歌辭。百二十人披甲持戟，甲以銀飾之。發揚蹈厲，聲韻慷慨，享宴奏之，天子避位，坐宴者皆興。

《慶善樂》，太宗所造也。太宗生於武功之慶善宫，既貴，宴宫中，賦詩，被以管絃，舞者六十四人，衣紫大袖裙襦，漆髻皮履。舞蹈安徐，以象文德洽而天下安樂也。

《大定樂》，出自《破陣樂》。舞者百四十人，被五彩文甲，持槊。歌和云「八紘同軌樂」，以象平遼東而邊隅大定也。

《上元樂》，高宗所造。舞者百八十人，畫雲衣，備五色，以象元氣，故曰「上元」。

《聖壽樂》，高宗武后所作也。舞者百四十人，金銅冠，五色畫衣。舞之行列必成字，十六變而畢。有「聖超千古，道泰百王，皇帝萬年，寶祚彌昌」字。

《光聖樂》，玄宗所造也。舞者八十人，烏冠，五綵畫衣，兼以《上元》、《聖壽》之容，以歌王跡所興。

自《破陣舞》以下，皆雷大鼓，雜以龜兹之樂，聲振百里，動盪山谷。《大定樂》加金鉦，惟《慶善舞》獨用西涼樂，最爲閑雅。《破陣》、《上元》、《慶善》三舞，皆易其衣冠，合之鐘磬，以享郊廟。以《破陣》爲武舞，謂之《七德》；《慶善》爲文舞，謂之《九功》。自武后稱制，毁唐太廟，此禮遂有名而亡實。

《安樂》等八舞，聲樂皆立奏之，樂府謂之立部伎，其餘總謂之坐部伎。則天、中宗之代，大增造坐立諸舞，尋以廢寢。

坐部伎有《讌樂》、《長壽樂》、《天授樂》、《鳥歌萬壽樂》、《龍池樂》、《破陣樂》，凡六部。

《讌樂》，張文所收造也。工人緋綾袍，絲布袴。舞二十人，分爲四部：《景雲樂》舞八人，花錦袍，五色綾袴，雲冠，烏皮靴；《慶善樂》舞四人，紫綾袍，大袖，絲布袴，假髻；《破陣樂》舞四人，緋綾袍，錦衿褾，緋綾褲；《承天樂》舞四人，紫袍，進德冠，並銅帶。樂用玉磬一架，大方響一架，搊箏一，卧箜篌一，小箜篌一，大琵琶一，大五絃琵琶一，小五絃琵琶一，大笙一，小笙一，大篳篥一，小篳篥一，大簫一，小簫一，正銅拔一，和銅拔一，長笛一，短笛一，楷鼓一，連鼓一，鞉鼓一，桴鼓一，工歌二。此樂惟《景雲舞》僅存，餘並亡。

《長壽樂》，武太后長壽年所造也。舞十有二人，畫衣冠。

《天授樂》，武太后天授年所造也。舞四人，畫衣五采，鳳冠。

當江南之時，《巾舞》、《白紵》、《巴渝》等衣服各異。梁以前舞人並二八，梁舞省之，咸用八人而已。令工人平巾幘，緋袴褶。舞四人，碧輕紗衣，裙襦大袖，畫雲鳳之狀，漆鬟髻，飾以金銅雜花，狀如雀釵，錦履。舞容閑婉，曲有姿態。沈約《宋書》志江左諸曲哇淫，至今其聲調猶然。觀其政已亂，其俗已淫，既怨且思矣，而從容雅緩，猶有古士君子之遺風，他樂則莫與爲比。

樂用鐘一架，磬一架，琴一，三絃琴一，擊琴一，瑟一，秦琵琶一，卧箜篌一，筑一，箏一，節鼓一，笙二，笛二，簫二，篪二，葉二，歌二。

自長安已後，朝廷不重古曲，工伎轉缺，能合于管絃者，唯《明君》、《楊伴》、《驍壺》、《春歌》、《秋歌》、《白雪》、《堂堂》、《春江花月》等八曲。舊樂章多或數百言，武太后時，《明君》尚能四十言，今所傳二十六言，就之訛失，與吴音轉遠。劉貺以爲宜取吴人使之傳習。以問歌工李郎子，李郎子北人，聲調已失，云學於俞才生。才生，江都人也。今郎子逃，《清樂》之歌闕焉。又聞《清樂》唯《雅歌》一曲，辭典而音雅，閱舊記，其辭信典。漢有《盤舞》，今隸《散樂》部中。又有《幡舞》、《扇舞》，並亡。

自周、隋已來，管絃雜曲將數百曲，多用西涼樂，鼓舞曲多用龜兹樂，其曲度皆時俗所知也。惟彈琴家猶傳楚、漢舊聲，及《清調》、《瑟調》，蔡邕雜弄，非朝廷郊廟所用，故不載。

《西涼樂》者，後魏平沮渠氏所得也。晉、宋末，中原喪亂，張軌據有河西，苻秦通涼州，旋復隔絶。其樂具有鐘磬，蓋涼人所傳中國舊樂，而雜以羌胡之聲也。魏世共隋咸重之。工人平巾幘，緋褶。白舞一人，方舞四人。白舞今闕。方舞四人，假髻，玉支釵，紫絲布褶，白大口袴，五綵接袖，烏皮靴。樂用鐘一架，磬一架，彈箏一，搊箏一，卧箜篌一，竪箜篌一，琵琶一，五絃琵琶一，笙一，簫一，篳篥一，小篳篥一，笛一，横笛一，腰鼓一，齊鼓一，檐鼓一，銅拔一，貝一。編鐘今亡。

《周官》：「韎師掌教《韎樂》，祭祀則帥其屬而舞之，大享亦如之。」《韎》，東夷之樂名也。舉東方，則三方可知矣。又有「鞮鞻氏掌四夷之樂，與其聲歌，祭祀則歈而歌之，讌亦如之。」作先王樂者，貴能包而用之。納四夷之樂者，美德廣之所及也。東夷之樂曰《韎離》，南蠻之樂曰《任》，西戎之樂曰《禁》，北狄之樂曰《昧》。《離》，言陽氣始通，萬物離地而生也。《任》，言陽氣用事，萬物懷任也。《禁》，言陰氣始通，禁止萬物之生長也。《昧》，言陰氣用事，萬物衆形暗昧也。其聲不正，作之四門之外，各持其方兵，獻其聲而已。自周之衰，此禮尋廢。

後魏有曹婆羅門，受龜茲琵琶於商人，世傳其業，至孫妙達，尤爲北齊高洋所重，常自擊胡鼓以和之。周武帝聘虜女爲后，西域諸國來媵，於是龜茲、疏勒、安國、康國之樂，大聚長安。胡兒令羯人白智通教習，頗雜以新聲。張重華時，天竺重譯貢樂伎，後其國王子爲沙門來遊，又傳其方音。宋世有高麗、百濟伎樂。魏平馮跋，亦得之而未具。周師滅齊，二國獻其樂。隋文帝平陳，得《清樂》及《文康禮畢曲》列九部伎，百濟伎不預焉。煬帝平林邑國，獲扶南工人及其匏琴，陋不可用，但以《天竺樂》轉寫其聲，而不齒樂部。西魏與高昌通，始有高昌伎。我太宗平高昌，盡收其樂，又造《讌樂》，而去《禮畢曲》。今著令者，惟此十部。雖不著令，聲節存者，樂府猶隸之。德宗朝，又有驃國亦遣使獻樂。

《高麗樂》，工人紫羅帽，飾以鳥羽，黄大袖，紫羅帶，大口袴，赤皮靴，五色縚繩。舞者四人，椎髻於後，以絳抹額，飾以金璫。二人黄裙襦，赤黄袴，極長其袖，烏皮靴，雙雙並立而舞。樂用彈箏一，搊箏一，卧箜篌一，竪箜篌一，琵琶一，義觜笛一，笙一，簫一，小篳篥一，大篳篥一，桃皮篳篥一，腰鼓一，齊鼓一，檐鼓一，貝一。武太后時尚二十五曲，今惟習一曲，衣服亦寖衰敗，失其本風。

《百濟樂》，中宗之代，工人死散。岐王範爲太常卿，復奏置之，是以音伎多闕。舞二人，紫大袖裙襦，章甫冠，皮履。樂之存者，箏、笛、桃皮篳篥、箜篌、歌。

此二國，東夷之樂也。

《扶南樂》，舞二人，朝霞行纏，赤皮靴。隋世全用《天竺樂》，今其存者，有羯鼓、都曇鼓、毛員鼓、簫、笛、篳篥、銅拔、貝。

《天竺樂》，工人皂絲布頭巾，白練襦，紫綾袴，緋帔。舞二人，辮髮，朝霞袈裟，行纏，碧麻鞋。袈裟，今僧衣是也。樂用銅鼓、羯鼓、毛員鼓、都曇鼓、篳篥、横笛、鳳首箜篌、琵琶、銅拔、貝。毛員鼓、都曇鼓今亡。

《驃國樂》，貞元中，其王來獻本國樂，凡一十二曲，以樂工三十五人來朝。樂曲皆演釋氏經論之辭。

此三國，南蠻之樂。

《高昌樂》，舞二人，白襖錦袖，赤皮靴，赤皮帶，紅抹額。樂用荅臘鼓一，腰鼓一，雞婁鼓一，羯鼓一，簫二，横笛二，篳篥二，琵琶二，五絃琵琶二，銅角一，箜篌一。箜篌今亡。

《龜茲樂》，工人皂絲布頭巾，緋絲布袍，錦袖，緋布袴。舞者四人，紅抹額，緋襖，白袴帑，烏皮靴。樂用竪箜篌一，琵琶一，五絃琵琶一，笙一，横笛一，簫一，篳篥一，毛員鼓一，都曇鼓一，荅臘鼓一，腰鼓一，羯鼓一，雞婁鼓一，銅拔一，貝一。毛員鼓今亡。

《疏勒樂》，工人皂絲布頭巾，白絲布袴，錦襟褾。舞二人，白襖，錦袖，赤皮靴，赤皮帶。樂用竪箜篌、琵琶、五絃琵琶、横笛、簫、篳篥、荅臘鼓、腰鼓、羯鼓、雞婁鼓。

《康國樂》，工人皂絲布頭巾，緋絲布袍，錦領。舞二人，緋襖，錦領袖，緑綾渾襠袴，赤皮靴，白袴帑。舞急轉如風，俗謂之胡旋。樂用笛二，正鼓一，和鼓一，銅拔一。

《安國樂》，工人皂絲布頭巾，錦褾領，紫袖袴。舞二人，紫襖，白袴帑，赤皮靴。樂用琵琶、五絃琵琶、竪箜篌、簫、横笛、篳篥、正鼓、和鼓、銅拔、箜篌。五絃琵琶今亡。

此五國，西戎之樂也。

南蠻、北狄國俗，皆隨髪際斷其髪，今舞者咸用繩圍首，反約髪杪，内於繩下。又有新聲河西至者，號胡音聲，與《龜茲樂》、《散樂》俱爲時重，諸樂咸爲之少寢。

《北狄樂》，其可知者鮮卑、吐谷渾、部落稽三國，皆馬上樂也。鼓吹本軍旅之音，馬上奏之，故自漢以來，《北狄樂》總歸鼓吹署。後魏樂府始有北歌，即《魏史》所謂《真人代歌》是也。代都時，命掖庭宫女晨夕歌之。周、隋世，與《西涼樂》雜奏。今存者五十三章，其名目可解者六章：《慕容可汗》、《吐谷渾》、《部落稽》、《鉅鹿公主》、《白淨王太子》、《企喻》也。其不可解者，咸多可汗之辭。按今大角，此即後魏世所謂《簸邏迴》者是也，其曲亦多可汗之辭。北虜之俗，呼主爲可汗。吐谷渾又慕容别種，知此歌是燕、魏之際鮮卑歌，歌辭虜音，竟不可曉。梁有《鉅鹿公主歌辭》，似是姚萇時歌，其辭華音，與北歌不同。梁樂府鼓吹又有《大白淨皇太子》、《小白淨皇太子》、《企喻》等曲。隋鼓吹有《白淨皇太子》曲，與北歌校之，其音皆異。開元初，以問歌工長孫元忠，云自高祖以來，代傳其業。元忠之祖，受業於侯將軍，名貴昌，并州人也，亦世習北歌。貞觀中，有詔令貴昌以其聲教樂府。元忠之家世相傳如此，雖譯者亦不能通知其辭，蓋年歲久遠，失其真矣。絲桐，惟琴曲有胡笳聲大角，金吾所掌。

《散樂》者，歷代有之，非部伍之聲，俳優歌舞雜奏。漢天子臨軒設樂，舍利獸從西方來，戲於殿前，激水成比目魚，跳躍嗽水，作霧翳日，化成黃龍，修八丈，出水遊戲，輝耀日光。繩繫兩柱，相去數丈，二倡女對舞繩上，切肩而不傾。如是雜變，總名百戲。江左猶有《高絙紫鹿》、《跂行鼈食》、《齊王捲衣》、《笮鼠》、《夏育扛鼎》、《巨象行乳》、《神龜抃戲背負靈嶽》、《桂樹白雪》、《畫城成川》之伎。晉成帝咸康七年，散騎侍郎顧臻表曰：「末世之樂，設外方之觀，逆行連倒。四海朝觀帝庭，而足以蹈天，頭以履地，反天地之順，傷彝倫之大。」乃命太常悉罷之。其後復《高絙紫鹿》。後魏、北齊，亦有《魚龍辟邪》、《鹿馬仙車》、《吞刀吐火》、《剥車剥驢》、《種瓜拔井》之戲。周宣帝徵齊樂並會關中。開皇初，散遣之。大業二年，突厥單于來朝洛陽宮，煬帝爲之大合樂，盡通漢、晉、周、齊之術，胡人大駭。帝命樂署肄習，常以歲首縱觀端門內。

大抵《散樂》雜戲多幻術，幻術皆出西域，天竺尤甚。漢武帝通西域，始以善幻人至中國。安帝時，天竺獻伎，能自斷手足，刳剔腸胃，自是歷代有之。我高宗惡其驚俗，敕西域關令不令入中國。苻堅嘗得西域倒舞伎。睿宗時，婆羅門獻樂，舞人倒行，而以足舞於極銛刀鋒，倒植於地，低目就刃，以歷臉中，又植於背下，吹篳篥者立其腹上，終曲而亦無傷。又伏伸其手，兩人躡之，旋身遶手，百轉無已。漢世有《橦木伎》，又有《盤舞》。晉世加之以杯，謂之《杯盤舞》。樂府詩云「妍袖陵七盤」，言舞用盤七枚也。梁謂之《舞盤伎》。梁有《長蹻伎》、《擲倒伎》、《跳劍伎》、《吞劍伎》，今並存。又有《舞輪伎》，蓋今戲車輪者。《透三峽伎》，蓋今《透飛梯》之類也。《高絙伎》，蓋今之戲繩者是也。梁有《獼猴幢伎》，今有《緣竿》，又有《獼猴緣竿》，未審何者爲是。又有《弄椀珠伎》、《丹珠伎》。

歌舞戲，有《大面》、《撥頭》、《踏摇娘》、《窟礧子》等戲。玄宗以其非正聲，置教坊於禁中以處之。

《婆羅門樂》，與四夷同列。《婆羅門樂》用漆篳篥二，齊鼓一。

《散樂》，用横笛一，拍板一，腰鼓三。其餘雜戲，變態多端，皆不足稱。

《大面》出於北齊。北齊蘭陵王長恭，才武而面美，常著假面以對敵。嘗擊周師金墉城下，勇冠三軍，齊人壯之，爲此舞以效其指麾擊刺之容，謂之《蘭陵王入陣曲》。

《撥頭》出西域。胡人爲猛獸所噬，其子求獸殺之，爲此舞以像之也。

《踏摇娘》，生於隋末。隋末河内有人貌惡而嗜酒，常自號郎中，醉歸必毆其妻。其妻美色善歌，爲怨苦之辭。河朔演其由而被之絃管，因寫其妻之容。妻悲訴，每摇頓其身，故號《踏摇娘》。近代優人頗改其制度，非舊旨也。

《窟礧子》，亦云《魁礧子》，作偶人以戲。善歌舞，本喪家樂也。漢末始用之於嘉會。齊後主高緯尤所好。高麗國亦有之。

八音之屬，協於八節。匏，瓠也，女媧氏造。列管於匏上，内簧其中，《爾雅》謂之巢。大者曰竽，小者曰和。竽，煦也，立春之音，煦生萬物也。竽管三十六，宫管在左。和管十三，宫管居中。今之竽、笙，並以木代匏而漆之，無復音矣。荆、梁之南，尚存古制云。

管三孔曰籥，春分之音，萬物振躍而動也。

簫，舜所造也。《爾雅》謂之茭。音交大曰筊，二十三管，修尺四寸。

笛，漢武帝工丘仲所造也。其元出於羌中。短笛，脩尺有咫。長笛、短笛之間，謂之中管。

篪，吹孔有觜如酸棗。横笛，小篪也。漢靈帝好胡笛，五胡亂華，石遵玩之不絶音。《宋書》云：有胡篪出於胡吹，則謂此。梁胡吹歌云：「快馬不須鞭，反插楊柳枝。下馬吹横笛，愁殺路傍兒。」此歌辭元出北國。之横笛皆去觜，其加觜者謂之義觜笛。

篳篥，本名悲篥，出於胡中，其聲悲。亦云：胡人吹之以驚中國馬云。

柷，衆也。立夏之音，萬物衆皆成也。方面各二尺餘，傍開員孔，内手於中，擊之以舉樂。

敔，如伏虎，背皆有鬣二十七，碎竹以擊其首而逆刮之，以止樂也。

舂牘，虚中如筩，無底，舉以頓地如舂杵，亦謂之頓相。相，助也，以節樂也。或謂梁孝王築睢陽城，擊鼓爲下杵之節。《睢陽操》用舂牘，後世因之。

拍板，長闊如手，厚寸餘，以韋連之，擊以代抃。

琴，伏羲所造。琴，禁也，夏至之音，陰氣初動，禁物之淫心。五絃以備五聲，武王加之爲七絃。琴十有二柱，如琵琶。擊琴，柳惲所造。惲嘗爲文詠，思有所屬，摇筆誤中琴絃，因爲此樂。以管承絃，又以片竹約而束之，使絃急而聲亮，舉竹擊之，以爲節曲。

瑟，昔者大帝使素女鼓五十絃瑟，悲不能自止，破之爲二十五絃。大帝，太昊也。

箏，本秦聲也。相傳云蒙恬所造，非也。制與瑟同而絃少。案京房造五音準，如瑟，十三絃，此乃箏也。雜樂箏並十有二絃，他樂皆十有三絃。軋箏，以片竹潤其端而軋之。

筑，如箏，細頸，以竹擊之，如擊琴。《清樂》箏，用骨爪長寸餘以代指。

琵琶，四絃，漢樂也。初，秦長城之役，有弦鼗而鼓之者。及漢武帝嫁宗女於烏孫，乃裁箏、筑爲馬上樂，以慰其鄉國之思。推而遠之曰琵，引而近之曰琶，言其便於事也。今《清樂》奏琵琶，俗謂之「秦漢子」，圓體修頸而小，疑是弦鼗之遺制。其他皆充上鋭下，曲項，形制稍大，疑此是漢制。兼似兩制者，謂之「秦漢」，蓋謂通用秦、漢之法。《梁史》稱侯景之將害簡文也，使太樂令彭雋齎曲項琵琶就帝飲，則南朝似無。曲項者，亦本出胡中。五絃琵琶，稍小，蓋北國所出。《風俗通》云：以手琵琶之，因爲名。案舊琵琶皆以木撥彈之，太宗貞觀中始有手彈之法，今所謂搊琵琶者是也。《風俗通》所謂以手琵琶之，乃非用撥之義，豈上世固有搊之者耶？

阮咸，亦秦琵琶也，而項長過於今制，列十有三柱。武太后時，蜀人蒯朗於古墓中得之，晉《竹林七賢圖》阮咸所彈與此類，因謂之阮咸。咸，晉世實以善琵琶知音律稱。

箜篌，漢武帝使樂人侯調所作，以祠太一。或云侯輝所作，其聲坎坎應節，謂之坎侯，聲訛爲箜篌。或謂師延靡靡樂，非也。舊説亦依琴制，今按其形，似瑟而小，七絃，用撥彈之，如琵琶。竪箜篌，胡樂也。漢靈帝好之。體曲而長，二十有二絃，竪抱於懷，用兩手齊奏，俗謂之擘箜篌。鳳首箜篌，有項如軫。

七絃，鄭善子作，開元中進。形如阮咸，其下缺少而身大，傍有少缺，取其身便也。絃十三隔，孤柱一，合散聲七，隔聲九十一，柱聲一，總九十九聲，隨調應律。

太一，司馬縚開元中進。十二絃，六隔，合散聲十二，隔聲七十二。絃散聲應律吕，以隔聲旋相爲宫，合八十四調。今編入雅樂宫縣内用之。

六絃，史盛作，天寶中進。形如琵琶而長，六絃，四隔，孤柱一，合散聲六，隔聲二十四，柱聲一，總三十一聲，隔調應律。

天寶樂，任偃作，天寶中進。類石幢，十四絃，六柱。黄鐘一均足倍七聲，移柱作調應律。

塤，曛也，立秋之音，萬物將曛黄也。埏土爲之，如鵝卵，凡六孔，鋭上豐下。大者《爾雅》謂之曰嘂。

缶，如足盆，古西戎之樂，秦俗應而用之。其形似覆盆，以四杖擊之。秦、趙會於澠池，秦王擊缶而歌。八缶，唐永泰初司馬縚進《廣平樂》，蓋八缶具黄鐘一均聲。

鐘，黄帝之工垂所造。鐘，種也，立秋之音，萬物種成也。大曰鎛，鎛亦大鐘也，《爾雅》謂之鏞。小而編之曰編鐘，中曰剽，小曰棧。

錞于，圜如碓頭，大上小下，縣以籠牀，芒筳將之以和鼓。沈約《宋書》云，「今人間時有之」，則宋日非廟庭所用。後周平蜀獲之，斛斯徵觀曰：「錞于也。」依干寶《周禮注》試之，如其言。

鐃，木舌，摇之以和鼓。

梁有銅磬，蓋今方響之類。方響，以鐵爲之，修八寸，廣二寸，圓上方下。架如磬而不設業，倚於架上以代鐘磬。人間所用者纔三四寸。

銅拔，亦謂之銅盤，出西戎及南蠻。其圓數寸，隱起若浮漚，貫之以韋皮，相擊以和樂也。南蠻國大者圓數尺，或謂南齊穆士素所造，非也。

鉦，如大銅疊，縣而擊之，節鼓。

銅鼓，鑄銅爲之，虚其一面，覆而擊其上。南夷扶南、天竺類皆如此。嶺南豪家則有之，大者廣丈餘。

磬，叔所造也。磬，勁也，立冬之音，萬物皆堅勁。《書》云「泗濱浮磬」，言泗濱石可爲磬；今磬石皆出華原，非泗濱也。登歌磬，以玉爲之，《爾雅》謂之馨。

鼓，動也，冬至之音，萬物皆含陽氣而動。雷鼓八面以祀天，靈鼓六面以祀地，路鼓四面以祀鬼神。夏后加之以足，謂之足鼓；殷人貫之以柱，謂之楹鼓；周人縣之，謂之縣鼓；後世從殷制建之，謂之建鼓。晉鼓六尺六寸，金奏則鼓之。傍有鼓謂之應鼓，以和大鼓。小鼓有柄曰鞞，摇之以和鼓，大曰鞉。腰鼓，大者瓦，小者木，皆廣首而纖腹，本胡鼓也。石遵好之，與横笛不去左右。齊鼓，如漆桶，大一頭，設齊於鼓面如麝臍，故曰齊鼓。檐鼓，如小甕，先冒以革而漆之。羯鼓，正如漆桶，兩手具擊，以其出羯中，故號羯鼓，亦謂之兩杖鼓。都曇鼓，似腰鼓而小，以槌擊之。毛員鼓，似都曇鼓而稍大。答臘鼓，制廣羯鼓而短，以指揩之，其聲甚震，俗謂之揩鼓。雞婁鼓，正圓，兩手所擊之處，平可數寸。正鼓、和鼓者，一以正，一以和，皆腰鼓也。節鼓，狀如博局，中間員孔，適容其鼓，擊之節樂也。

撫拍，以韋爲之，實之以糠，撫之節樂也。

金、石、絲、竹、匏、土、革、木，謂之八音。金木之音，擊而成樂。今東夷有管木者，桃皮是也。西戎有吹金者，銅角是也。長二尺，形如牛角。貝，蠡也，容可數升，並吹之以節樂，亦出南蠻。桃皮，卷之以爲篳篥。嘯葉，銜葉而嘯，其聲清震，橘柚尤善。四夷絲竹之量，國異其制，不可詳盡。《爾雅》：琴二十絃曰離，瑟二十七絃曰灑。漢世有洞簫，又有管，長尺圍寸而併漆之，宋世有繞梁，似臥箜篌，今並亡矣。今世又有篪，其長盈尋，曰七星，如箏稍小，曰雲和，樂府所不用。

周天子宮縣，諸侯軒縣，大夫曲縣，士特縣。故孔子之堂，聞金石之音；魏絳之家，有鐘磬之聲。秦、漢之際，斯禮無聞。漢丞相田蚡，前庭羅鐘磬，直曲旃。光武又賜東海恭王鐘簴之樂。即漢世人臣，尚有金石。漢樂歌云「高張四縣，神來讌饗」，謂宮縣也。制氏在太樂，能記鏗鏘鼓舞。河間王著《樂記》，八佾之舞與制氏不甚相遠，又舞八佾之明文也。《漢儀》云，高廟撞千石之鐘十枚，即《上林賦》所謂「撞千石之鐘，立萬石之鋌鉅」者也。鐘當十二，而此十枚，未識其義。議者皆云漢世不知用宮縣，今案漢章、和世用旋宮，漢世羣儒，備言其義，牛弘、祖孝孫所由準的也。又河間王博採經籍，與制氏不殊，知漢世之樂，爲最備矣。魏、晉已來，但云四廂金石，而不言其禮，或八架，或十架，或十六架。梁武始用二十六架。貞觀初增三十六架，加鼓吹熊羆桉十二於四隅。後魏、周、齊皆二十六架。建德中，復梁三十六架。隋文省，煬帝又復之。

樂縣，橫曰簨，豎曰簴。飾簨以飛龍，飾趺以飛廉，鐘簴以摯獸，磬簴以摯鳥，上列樹羽，傍垂流蘇，周制也。縣以崇牙，殷制也。飾以博山，後世所加也。宮縣每架金博山五，軒縣三。鼓，承以花趺，覆以華蓋，上集翔鷺。隋氏二十架，先置建鼓於四隅，鎛鐘方面各三，依其辰位，雜列編鐘、磬各四架於其間。二十六架，則編鐘十二架，磬亦如之。軒縣九架，鎛鐘三架，在辰丑申地，編鐘、磬皆三架。設路鼓二於縣內戌巳地之北。設柷敔於四隅，舞人立於其中。錞于、鐃、鐸、撫拍、舂牘，列於舞人間。唐禮，天子朝廟用三十六架。高宗成蓬萊宮，充庭七十二架。武后遷都，乃省之。皇后廟及郊祭並二十架，同舞八佾。先聖廟及皇太子廟並九架，舞六佾。縣間設柷敔各一，柷於左，敔於右。錞于、撫拍、頓相、鐃、鐸，次列於路鼓南。舞人列於縣北。登歌二架，登於堂上兩楹之前。編鐘在東，編磬在西。登歌工人坐堂上，竹人立堂下，所謂「琴瑟在堂，竽笙在庭」也。殿庭加設鼓吹於四隅。

讌享陳《清樂》、《西涼樂》。架對列於左右廂，設舞筵於其間。舊皇后庭但設絲管，大業尚侈，始置鐘磬，猶不設鎛鐘，以鎛磬代。武太后稱制，用鐘，因而莫革。樂縣，庭廟以五綵雜飾，軒縣以朱，五郊則各從其方色。每先奏樂三日，太樂令宿設縣於庭，其日率工人入居其次。協律郎舉麾，樂作；仆麾，樂止。文舞退，武舞進。若常享會，先一日具坐，立部樂名封上，請所奏御注而下。及會，先奏坐部伎，次奏立部伎，次奏蹀馬，次奏《散樂》而畢矣。

廣明初，巢賊干紀，輿駕播遷，兩都覆圮，宗廟悉爲煨燼，樂工淪散，金奏幾亡。及僖宗還宮，購募鐘縣之器，一無存者。昭宗即位，將親謁郊廟，有司請造樂縣，詢於舊工，皆莫知其制度。修奉樂縣使宰相張濬悉集太常樂胥詳酌，竟不得其法。時太常博士殷盈孫深於典故，乃案《周官·考工記》之文，究其欒、銑、于、鼓、鉦、舞、甬之法，沉思三四夕，用算法乘除，鎛鐘之輕重高低乃定。懸下編鐘，正黃鐘九寸五分，下至登歌倍應鐘三寸三分半，凡四十八等。口項之量，徑衡之圍，悉爲圖，遣金工依法鑄之，凡二百四十口。鑄成，張濬求知聲者處士蕭承訓，梨園樂工陳敬言與太樂令李從周，令先校定石磬，合而擊拊之，八音克諧，觀者聳聽。濬既進呈，昭宗陳於殿庭以試之。時以宗廟焚毀之後，修奉不及，乃權以少府監廳爲太廟。其庭甚狹，議者論縣樂之架不同。濬奏議曰：

臣伏準舊制，太廟含元殿並設宮縣三十六架，太清宮、南北郊、社稷及諸殿庭，並二十架。今修奉樂懸，太廟合造二十六架，臣今參議，請依古禮用二十架。伏自兵興已來，雅樂淪缺，將爲修奉，事實重難。變通宜務於酌中，損益當循於寧儉。

臣聞諸舊史，昔武王定天下，至周公相成王，始暇制樂。魏初無樂器及伶人，後稍得登歌食舉之樂。明帝太寧末，詔增益之。咸和中，鳩集遺逸，尚未有金石之音。至孝武太元中，四廂金石始備，郊祀猶不舉樂。宋文帝元嘉九年，初調金石。二十四年，南郊始設登歌，廟舞猶闕。孝武孝建中，有司奏郊廟宜設備樂，始爲詳定。故後魏孝文太和初，司樂上書，陳樂章有闕，求集羣官議定，廣修器數，正立名品。詔雖行之，仍有殘缺。隋文踐祚，太常議正雅樂，九年之後，惟奏黃鐘一宮，郊廟止用一調。據禮文，每一代之樂，二調並奏，六代之樂，凡十二調。其餘聲律，皆不復通。高祖受隋禪，軍國多務，未遑改創，樂府尚用隋氏舊文。武德九年，命太常考正雅樂。貞觀二年，考畢上奏。蓋其事體大，故歷代不能速成。

伏以俯逼郊天，式修雅樂，必將集事，須務相時。今者帑藏未充，貢奉多闕，凡闕貨力，不易方圓，制度之間，亦宜撙節。臣伏惟《儀禮》宮懸之制，陳鎛鐘二十架，當十二辰之位。甲、丙、庚、壬，各設編鐘一架；乙、丁、辛、癸，各設編磬一架，合爲二十架。樹建鼓於四隅，當乾、坤、艮、巽之位，以象二十四氣。宗廟、殿庭、郊丘、社稷，皆用此制，無聞異同。周、漢、魏、晉、宋、齊六朝，並祇用十二架。隋氏平陳，檢梁故事，乃設三十六架。國初因之不改。高宗皇帝初成蓬萊宮，充庭七十二架，尋乃省之。則簨簴架數太多，本近於侈。止於二十架，正協禮經。兼今太廟之中，地位甚狹，百官在列，萬舞充庭，雖三十六架具存，亦施爲不得。廟庭難容，未易開廣，樂架不可重沓鋪陳。今請依周、漢、魏、晉、宋、齊六代故事，用二十架。

從之。古制，雅樂宮縣之下，編鐘四架，十六口。近代用二十四口，正聲十二，倍聲十二，各有律呂，凡二十四聲。登歌一架，亦二十四鐘。雅樂淪滅，至是復全。

《舊唐書》卷四五《輿服志》 昔黄帝造車服，爲之屏蔽，上古簡儉，未立等威。而三、五之君，不相沿習，乃改正朔，易服色，車有輿輅之别，服有衮冕之差，文之以染繢，飾之以絺繡，華蟲象物，龍火分形，於是典章興矣。周自夷王削弱，諸侯自恣。窮孔翬之羽毛，無以供其侈；極隨和之掌握，不足慊其華。則皮弁革舃之容，非珠履鷸冠之玩也。迨秦誅戰國，斟酌舊儀，則有鹵簿，金根、大駕、法駕，備千乘萬騎，異《舜典》、《周官》。漢氏因之，號乘輿三駕，儀衛之盛，無與比隆。東京帝王，博雅好古，明帝始令儒者考《曲臺》之説，依《周官》五輅六冕之文，山龍藻火之數，創爲法服。雖有制作，竟寢不行。輿駕乘金根而已，服則衮冕，冠則通天。其後所御，多從袍服。事具前志。而衮冕之服，歷代不行。後魏、北齊，輿服奇詭，至隋氏一統，始復舊儀。

隋制，車有四等，有亘幰、通幰、軺車、輅車。初制五品以上乘偏幰車，其後嫌其不美，停不行用，以亘車代之。三品以上通幰車，則青壁。一品軺車，油幰朱網。唯輅車一等，聽敕始得乘之。馬珂，一品以下九子，四品七子，五品五子。

衣裳有常服、公服、朝服、祭服四等之制。平巾幘，牛角簞簪，紫衫，白袍，靴，起梁帶。五品已上，金玉鈿飾，用犀爲簪。是爲常服，武官盡服之。六品已下，衫以緋。至於大仗陪立，五品已上及親侍加兩襠螣蛇，其勳侍去兩襠。

弁冠，朱衣裳，素革帶，烏皮履，是爲公服。其弁通用烏漆紗爲之，象牙爲簪導。五品已上，亦以鹿胎爲弁，犀爲簪導者。加玉琪之飾，一品九琪，二品八琪，三品七琪，四品六琪。三品兼有紛，鞶囊，佩於革帶之後，上加玉珮一。鞶囊，二品以上金縷，三品以上銀縷，五品以上綵縷，文官尋常入内及在本司常服之。

親王，遠遊三梁冠，金附蟬，犀簪導，白筆。三師三公、太子三師三少、尚書祕書二省、九寺、四監、太子三寺、諸郡縣關市、親王文學、藩王嗣王、公侯，進賢冠。三品以上三梁，五品以上兩梁，犀簪導。九品以上一梁，牛角簪導。門下、内書、殿内三省，諸衛府，長秋監，太子左右庶子、内坊，諸率，宫門内坊，親王府都尉，府鎮防戍九品以上，散官一品已下，武弁幘。侍中、中書令，加貂蟬，珮紫綬。散官者，白筆。御史、司隸二臺，法冠。一名獬豸冠。謁者臺大夫以下，高山冠。並絳紗單衣，白紗内單，皁領、褾、襈、裾，白練裙襦，絳蔽膝，革帶，金飾鉤艓，方心曲領，紳帶，玉鏢金飾劍，亦通用金鏢，山玄玉佩，綬，襪，烏皮舃。是爲朝服。玉佩，纁朱綬，施二玉環。三品以上緑綬，四品、五品青綬。二品以下去玉環，六品以下去劍、珮、綬。八品以下，冠去白筆，衣省内單及曲領、蔽膝，著烏皮履。五品加紛、鞶囊。其綬纁朱者，用四綵，赤、紅、縹、紺紅，朱質，纁文織，長一丈八尺，二百四十首，闊九寸。緑綬用四綵，緑、紫、黄、朱紅，緑質，長一丈八尺，二百四十首，闊九寸。紫綬用四綵，紫、黄、赤、紅，紫質，長一丈六尺，一百八十首，闊八寸。青綬三綵，白、青、紅，青質，長一丈四尺，一百四十首，闊七寸。

玄衣纁裳冕而旒者，是爲祭服，綬、珮、劍各依朝服之數。其章自七品以下，降二爲差，六品以下無章。

文武之官皆執笏，五品以上，用象牙爲之，六品以下，用竹木。

是時，内外羣官，文物有序，僕御清道，車服以庸。於是貴賤士庶，較然殊異。越王侗於東都嗣位，下詔停廢。自茲以後，浸以不章，以至於亡。

唐制，天子車輿有玉輅、金輅、象輅、革輅、木輅，是爲五輅，耕根車、安車、四望車，已上八等，並供服乘之用。其外有指南車、記里鼓車、白鷺車、鸞旗車、辟惡車、軒車、豹尾車、羊車、黄鉞車，豹尾、黄鉞二車，武德中無，自貞觀已後加焉。其黄鉞，天寶元年制改爲金鉞。屬車十二乘，並爲儀仗之用。大駕行幸，則分前後，施於鹵簿之内。若大陳設，則分左右，施於儀衛之内。

玉輅，青質，以玉飾諸末。重輿，左青龍，右白虎，金鳳翅，畫簴文鳥獸，黄屋左纛。金鳳一在軾前，十二鑾在衡，正縣鑾數，皆其副輅及耕根則八。二鈴在軾，龍輈前設鄣塵，青蓋黄裏，繡飾，博山鏡子，樹羽，輪皆朱班重牙。左建旂十有二旒，皆畫升龍，其長曳地。右載闟戟，長四尺，廣三尺，黻文。旂首金龍頭銜結綬及鈴綏。駕蒼龍，金鍐方釳，插翟尾五焦，鏤錫，鞶纓十有二就。錫，馬當顱，鏤金爲之。鞶纓鞍皆以五綵飾之。就，成也，一帀爲一就也。祭祀、納后則供之。

金輅，赤質，以金飾諸末，餘與玉輅同，駕赤騮，鄉射、祀還、飲至則供之。

象輅，黄質，以象飾諸末，餘與玉輅同，駕黄騮，行道則供之。

革輅，白質，鞔之以革，餘與玉輅同，駕白駱，巡狩、臨兵事則供之。

木輅，黑質，漆之，餘與玉輅同，駕黑騮，畋獵則供之。

五輅之蓋，旌旗之質及鞶纓，皆從輅色，蓋之裏皆用黄。其鏤錫，五輅同。

耕根車，青質，蓋三重，餘與玉輅同，耕籍則供之。

安車，金飾，重輿，典壁，八鑾在衡，紫油纁，朱裏通幰，朱絲絡網，朱鞶纓，朱覆髮，貝絡，駕赤騮，臨幸則供之。

四望車，制同犢車，金飾，八鑾在衡，青油纁，朱裏通幰，朱絲絡網，拜陵、臨弔則供之。

自高宗不喜乘輅，每有大禮，則御輦以來往。爰洎則天以後，遂以爲常。玄宗又以輦不中禮，又廢而不用。開元十一年冬，將有事於南郊，乘輅而往，禮畢，騎而還。自此行幸及郊祀等事，無遠近，皆騎於儀衛之内。其五輅及腰輿之屬，但陳於鹵簿而已。

皇后車則有重翟、厭翟、翟車、安車、四望車、金根車六等。

重翟車，青質，金飾諸末，輪畫朱，金根車牙，其箱飾以重翟羽，青油纁，朱裏通幰，繡紫帷，朱絲絡網，繡紫絡帶，八鑾在衡，鏤錫，鞶纓十二就，金鍐方釳，插翟尾，朱總，總以朱爲之，如馬纓而小，著馬勒，在兩耳與兩鑣也。駕蒼龍，受册、從祀、享廟則供之。

厭翟，赤質，金飾諸末，輪畫朱牙，其箱飾以次翟羽，紫油纁，朱裏通幰，紅錦帷，朱絲絡網，紅錦絡帶，餘如重翟車，駕赤騮，採桑則供之。

翟車，黄質，金飾諸末，輪畫朱牙，其車側飾以翟羽，黄油纁，黄裏通幰，白紅錦帷，朱絲絡網，白紅錦絡帶，餘如重翟，駕黄騮，歸寧則供之。諸鞶纓之色，皆從車質。

安車，赤質，金飾，紫通幰朱裏，駕四馬，臨幸及弔則供之。

四望車，朱質，紫油通幰，油畫絡帶，拜陵、臨弔則供之。

金根車，朱質，紫油通幰，油畫絡帶，朱絲網，常行則供之。

皇太子車輅，有金輅、軺車、四望車。

金輅，赤質，金飾諸末，重較，箱畫簴文鳥獸，黄屋，伏鹿軾，龍輈，金鳳一在軾，前設鄣塵，朱蓋黄裏，輪畫朱牙，左建旂九旒，右載闟戟，旂首金龍頭銜結綬及鈴綏，駕赤騮四，八鑾在衡，二鈴在軾，金鍐方釳，插翟尾五焦，鏤錫，鞶纓九就，從祀享、正冬大朝、納妃則供之。

軺車，金飾諸末，紫通幰朱裏，駕一馬，五日常服及朝享宫臣、出入行道則供之。

四望車，金飾諸末，紫油纁，通幰朱裏，朱絲絡網，駕一馬，弔臨則供之。

王公已下車輅，親王及武職一品，象飾輅。自餘及二品、三品，革輅。四品，木輅。五品，軺車。

象輅，以象飾諸末，朱班輪，八鑾在衡，左建旂，旂畫龍，一升一降。右載闟戟。

革輅，以革飾諸末，左建旜，通帛爲旜。餘同象輅。

木輅，以漆飾之，餘同革輅。

軺車，曲壁，青通幰。

諸輅皆朱質朱蓋，朱旂旜。一品九旒，二品八旒，三品七旒，四品六旒，其鞶纓就數皆準此。

内命婦夫人乘厭翟車，嬪乘翟車，婕妤已下乘安車，各駕二馬。外命婦、公主、王妃乘厭翟車，駕二馬。自餘一品乘白銅飾犢車，青通幰，朱裏油纁，朱絲絡網，駕以牛。二品已下去油纁、絡網，四品青偏幰。

有唐已來，三公已下車輅，皆太僕官造貯掌。若受制行册命及二時巡陵、婚葬則給之。自此之後，皆騎馬而已。

唐制，天子衣服，有大裘之冕、衮冕、鷩冕、毳冕、繡冕、玄冕、通天冠、武弁、黑介幘，白紗帽，平巾幘，白帢，凡十二等。

大裘冕，無旒，廣八寸，長一尺六寸，玄裘纁裏，已下廣狹准此。金飾，玉簪導，以組爲纓，色如其綬。裘以黑羔皮爲之，玄領、褾、襟緣。朱裳，白紗中單，皁領，青褾、襈、裾。革帶，玉鉤艓，大帶，素帶朱裏，紕其外，上以朱，下以緑，紐用組也。蔽膝隨裳。鹿盧玉具劍，火珠鏢首。白玉雙珮，玄組雙大綬，六綵，玄、黃、赤、白、縹、緑，純玄質，長二丈四尺，五百首，廣一尺。小雙綬長二尺一寸，色同大綬而首半之，間施三玉環。朱襪，赤舄。祀天神地祇則服之。

衮冕，金飾，垂白珠十二旒，以組爲纓，色如其綬，黈纊充耳，玉簪導。玄衣，纁裳，十二章，八章在衣，日、月、星、龍、山、華蟲、火、宗彝，四章在裳，藻、粉米、黼、黻。衣褾、領爲升龍，織成爲之也。各爲六等，龍、山以下，每章一行，十二。白紗中單，黼領，青褾、襈、裾，黻。繡龍、山、火三章，餘同上。革帶、大帶、劍、珮、綬與上同。舄加金飾。諸祭祀及廟，遣上將，征還、飲至、踐阼、加元服、納后、若元日受朝，則服之。

鷩冕，服七章，三章在衣，華蟲、火、宗彝，四章在裳，藻、粉米、黼、黻。餘同衮冕，有事遠主則服之。

毳冕，服五章，三章在衣，宗彝、藻、粉米，二章在裳，黼、黻也。餘同鷩冕，祭海岳則服之。

繡冕，服三章，一章在衣，粉米，二章在裳，黼、黻。餘同毳冕，祭社稷、帝社則服之。

玄冕服，衣無章，裳刺黼一章。餘同繡冕，蜡祭百神、朝日夕月則服之。

通天冠，加金博山，附蟬十二首，施珠翠，黑介幘，髮纓翠緌，玉若犀簪導。絳紗裏，白紗中單，領、褾，飾以織成。朱襈，裾，白裙，白裙襦，亦裙衫也。絳紗蔽膝，白假帶，方心曲領。其革帶、珮、劍、綬、襪、舄與上同。若未加元服，則雙童髻，空頂黑介幘，雙玉導，加寶飾。諸祭還及冬至朔日受朝，臨軒拜王公，元會、冬會則服之。

武弁，金附蟬，平巾幘，餘同前服。講武、出征、四時蒐狩、大射、禡、類、宜社、賞祖、罰社、纂嚴則服之。

弁服，弁以鹿皮爲也。十有二琪，琪以白玉珠爲之。玉簪導，絳紗衣，素裳，革帶，白玉雙珮，鞶囊，小綬，白襪，烏皮履，朔日受朝則服之。

黑介幘，白紗單衣，白裙襦，革帶，素襪，烏皮履，拜陵則服之。

白紗帽，亦烏紗也。白裙襦，亦裙衫也。白襪，烏皮履，視朝聽訟及宴見賓客則服之。

平巾幘，金寶飾。導簪冠文皆以玉，紫褶，亦白褶。白袴，玉具裝，真珠寶鈿帶，乘馬則服之。

白帢，臨大臣喪則服之。

太宗又制翼善冠，朔望視朝，以常服及帛練裙襦通著之。若服袴褶，又與平巾幘通用。著於令。

其常服，赤黃袍衫，折上頭巾，九環帶，六合靴，皆起自魏、周，便於戎事。自貞觀已後，非元日冬至受朝及大祭祀，皆常服而已。

顯慶元年九月，太尉長孫無忌與修禮官等奏曰：

准武德初撰《衣服令》，天子祀天地，服大裘冕，無旒。臣無忌、志寧、敬宗等謹按《郊特牲》云：「周之始郊，日以至。」「被衮以象天，戴冕藻十有二旒，則天數也。」而此二禮，俱說周郊，衮與大裘，事乃有異。按《月令》：「孟冬，天子始裘。」明以禦寒，理非當暑，若啓蟄祈穀，冬至報天，行事服裘，義歸通允。至於季夏迎氣，龍見而雩，炎熾方隆，如何可服？謹尋歷代，唯服衮章，與《郊特牲》義旨相協。按周遷《輿服志》云，漢明帝永平二年，制採《周官》、《禮記》，始制祀天地服，天子備十二章。沈約《宋書志》云：「魏、晉郊天，亦皆服衮。」又王智深《宋紀》曰：「明帝制云，以大冕純玉藻、玄衣、黃裳郊祀天地。」後魏、周、齊，迄于隋氏，勘其禮令，祭服悉同。斯則百王通典，炎涼無妨，復與禮經事無乖舛。今請憲章故實，郊祀天地，皆服衮冕，其大裘請停，仍改禮令。又檢《新禮》，皇帝祭社稷服繡冕，四旒，三章。祭日月服玄冕，三旒，衣無章。謹按令文是四品五品之服，此則三公亞獻，皆服衮衣，孤卿助祭，服毳及鷩，斯乃乘輿章數，同於大夫，君少臣多，殊爲不可。據《周禮》云：「祀昊天上帝則服大裘而冕，五帝亦如之。享先王則衮冕，享先公則鷩冕，祀四望山川則毳冕，祭社稷五祀則絺冕，諸小祀則玄冕。」又云：「公侯伯子男孤卿大夫之服，衮冕以下，皆如王之服。」所以《三禮義宗》，遂有二釋。一云公卿大夫助祭之日，所著之服，降王一等。又云悉與王同。求其折衷，俱未通允。但名位不同，禮亦異數。天子以十二爲節，義在法天，豈有四旒三章，翻爲御服。若諸臣助祭，冕與王同，便是貴賤無分，君臣不別。如其降王一等，則王著玄冕之時，羣臣次服爵弁，既屈天子，又貶公卿。《周禮》此文，久不施用。亦猶祭祀之立尸侑，君親之拜臣子，覆巢設硩蔟之官，去鼃置蟈氏之職，唯施周代，事不通行。是故漢、魏以來，下迄隋代，相承舊事，唯用衮冕。今《新禮》親祭日月，仍服五品之服，臨事施行，極不穩便。請遵歷代故實，諸祭並用衮冕。

制可之。

無忌等又奏曰：「皇帝爲諸臣及五服親舉哀，依禮著素服。今令乃云白帢，禮令乖舛，須歸一塗。且白帢出自近代，事非稽古，雖著令文，不可行用。請改從素服，以會禮文。」制從之。自是鷩冕已下，乘輿更不服之，白帢遂廢，而令文因循，竟不改削。

開元十一年冬，玄宗將有事於南郊，中書令張説又奏稱：「准令，皇帝祭昊天上帝，服大裘之冕，事出《周禮》，取其質也。永徽二年，高宗親享南郊用之。明慶年修禮，改用衮冕，事出《郊特牲》，取其文也。自則天已來用之。若遵古制，則應用大裘，若便於時，則衮冕爲美。」令所司造二冕呈進，上以大裘樸略，冕又無旒，既不可通用於寒暑，乃廢不用之。自是元正朝會依禮令用衮冕及通天冠，大祭祀依《郊特牲》亦用衮冕，自餘諸服，雖在於令文，不復施用。十七年，朝拜五陵，但素服而已。朔望常朝，亦用常服，其翼善冠亦廢。

《武德令》皇太子衣服，有衮冕、具服遠遊三梁冠、公服遠遊冠、烏紗帽、平巾幘五等。貞觀已後，又加弁服進德冠之制。

衮冕，白珠九旒，以組爲纓，色如其綬，青纊充耳，犀簪導。玄衣，纁裳，九章。五章在衣，龍、山、華蟲、火、宗彝，四章在裳，藻、粉米、黼、黻，織成爲之。白紗中單，黼領，青褾、襈、裾。革帶，金鈎𩍐，大帶，素帶朱裏，亦紕以朱緑，皆用組。黻。隨裳色，火、山二章也。玉具劍，金寶飾也。玉鏢首。瑜玉雙珮，朱組雙大綬，四綵，赤、白、縹、紺，純朱質，長一丈八尺，三百二十首，廣九寸。小雙綬長二尺六寸，色同大綬而首半之，施二玉環也。朱襪，赤舄。舄加金飾。侍從皇帝祭祀及謁廟、加元服、納妃則服之。

具服遠遊三梁冠，加金附蟬九首，施珠翠，黑介幘，髮纓翠緌，犀簪導。絳紗袍，白紗中單，皁領，褾、襈、裾，白裙襦，白假帶，方心曲領，絳紗蔽膝。其革帶、劍、珮、綬、襪、舄與上同。後改用白襪，黑舄。未冠則雙童髻，空頂黑介幘，雙玉導，加寶飾。謁廟還宫，元日冬至朔日入朝，釋奠則服之。

公服遠遊冠，簪導以下並同前也。絳紗單衣，白裙襦，革帶，金鈎𩍐，假帶，方心，紛，鞶囊，長六尺四寸，廣二寸四分，色同大綬。白襪，烏皮履，五日常服，元日冬至受朝則服之。

烏紗帽，白裙襦，白襪，烏皮履，視事及宴見賓客則服之。

平巾幘，紫褶，白袴，寶鈿起梁帶，乘馬則服之。

弁服，弁以鹿皮爲之。犀簪導，組纓，玉琪九，絳紗衣，素裳，革帶，鞶囊，小綬，雙珮，白襪，烏皮履，朔望及視事則兼服之。

進德冠，九琪，加金飾，其常服及白練裙襦通著之。若服袴褶，則與平巾幘通著。

自永徽已後，唯服衮冕、具服、公服而已。若乘馬袴褶，則著進德冠，自餘並廢。若讌服、常服，紫衫袍與諸王同。

開元二十六年，肅宗升爲皇太子，受册，太常所撰儀注有服絳紗袍之文。太子以爲與皇帝所稱同，上表辭不敢當，請有以易之。玄宗令百官詳議。尚書左丞相裴耀卿、太子太師蕭嵩等奏曰：「謹按《衣服令》，皇太子具服，有遠遊冠，三梁，加金附蟬九首，施珠翠，黑介幘，髮纓翠緌，犀簪導，絳紗袍，白紗中單，皁領、褾、襈，白裙襦，方心曲領，絳紗蔽膝，革帶，劍，珮，綬等，謁廟還宫、元日冬至朔日入朝，釋奠則服之。其絳紗袍則是冠衣之内一物之數，與裙襦、劍、珮等無別。至於貴賤之差，尊卑之異，則冠爲首飾，名制有殊，并珠旒及裳綵章之數，多少有別，自外不可事事差異。亦有上下通服，名制是同，禮重則具服，禮輕則從省。今以至敬之情，有所未敢，衣服不可減省，稱謂須更變名。望所撰儀注，不以絳紗袍爲稱，但稱爲具服，則尊卑有差，謙光成德。」議奏上，手敕改爲朱明服，下所司行用焉。

《武德令》，侍臣服有衮、鷩、毳、繡、玄冕，及爵弁，遠遊、進賢冠，武弁，獬豸冠，凡十等。

衮冕，垂青珠九旒，以組爲纓，色如其綬，以下旒、纓皆如之也。青纊充耳，簪導。青衣，纁裳，服九章。五章在衣，龍、山、華蟲、火、宗彝，爲五等。四章在裳，藻、粉米、黼、黻。皆絳爲繡，徧衣而已，皆如之。白紗中單，黼領，繡冕以下，中單青領。青褾、襈、裾。革帶，鉤𩍐，大帶，三品已上，素帶朱裏，皆紕其外，上以緑。五品帶，紕其垂，外以玄黄。紐皆用青組之。黻。凡黻皆隨裳色。毳冕以上，山、火二章，繡冕山一章，玄冕無章。劍，珮，綬，朱襪，赤舄，第一品服之。

鷩冕，七旒，服七章，三章在衣，華蟲、火、宗彝，四章在裳，藻、粉米、黼、黻也。餘同衮冕，第二品服之。

毳冕，五旒，服五章，三章在衣，宗彝、藻、粉米，二章在裳，黼、黻也。餘同鷩冕，第三品服之。

繡冕，四旒，服三章，一章在衣，粉米，二章在裳，黼、黻。餘並同毳冕，第四品服之。

玄冕，衣無章，裳刺黻一章，餘同繡冕，第五品服之。

爵弁，色同爵，無旒無章。玄纓，簪導，青衣，纁裳，白紗中單，青領、褾、裙，革帶，鉤艓，大帶，練帶，紕其垂，內外以繡，紐約用青組。爵韠，襪，赤履，九品已上服之。

凡冕服，助祭及親迎若私家祭祀皆服之，爵弁亦同。凡冕，制皆以羅爲之，其服以紬。爵弁用紬爲之，其服用繒。

遠遊三梁冠，黑介幘，青緌，凡文官皆青緌，以下准此也。皆諸王服之，親王則加金附蟬。

進賢冠，三品以上三梁，五品以上兩梁，九品以上一梁。皆三公、太子三師三少、五等爵、尚書省、秘書省、諸寺監學、太子詹事府、三寺及散官，親王師友、文學、國官，若諸州縣關津岳瀆等流內九品以上服之。

武弁，平巾幘，侍中、中書令則加貂蟬，侍左者左珥，侍右者右珥。皆武官及門下、中書、殿中、內侍省、天策上將府、諸衛領軍武候監門、領左右太子諸坊諸率及鎮戍流內九品已上服之。其親王府佐九品以上，亦準此。

法冠，一名獬豸冠，以鐵爲柱，其上施珠兩枚，爲獬豸之形，左右御史臺流內九品以上服之。

高山冠者，內侍省內謁者及親王下司閤等服之。

却非冠者，亭長、門僕服之。

諸應冠而未冠者，並雙童髻，空頂幘。五品已上雙玉導，金飾，三品以上加寶飾，六品以下無飾。

朝服，亦名具服。冠，幘，纓，簪導，絳紗單衣，白紗中單，皁領、襈、裙，白裙襦，亦裙衫也。革帶，鉤艓，假帶，曲領方心，絳紗蔽膝，襪，舄，劍，珮，綬，一品已下，五品以上，陪祭、朝饗、拜表大事則服之。七品已上，去劍、珮、綬，餘並同。

公服，亦名從省服。冠，幘，纓，簪導，絳紗單衣，白裙襦，亦裙衫也。革帶，鉤艓，假帶，方心，襪，履，紛，鞶囊，一品以下，五品以上，謁見東宮及餘公事則服之。其六品以下，去紛、鞶囊，餘並同。

諸珮綬者，皆雙綬。親王纁朱綬，四綵，赤、黃、縹、紺，純朱質，纁文織，長一丈八尺，二百四十首，廣九寸。一品綠綟綬，四綵，紫、黃、赤，純綠質，長一丈八尺，二百四十首，廣九寸。二品、三品紫綬，三綵，紫、黃、赤，純紫質，長一丈六尺，一百八十首，廣八寸。四品青綬，三綵，青、白、紅，純青質，長一丈四尺，一百四十首，廣七寸。五品黑綬，二綵，青、紺，純紺質，長一丈二尺，一百首，廣六寸。自王公以下皆有小雙綬，長二尺六寸，色同大綬而首半之。正第一品佩二玉環，自外不同也。有綬者則有紛，皆長六尺四寸，廣二尺四分，各隨綬色。諸鞶囊，二品以上金縷，三品金銀縷，四品銀縷，五品綵縷。諸珮，一品珮山玄玉，二品以下、五品以上，佩水蒼玉。

諸文官七品以上朝服者，簪白筆，武官及爵則不簪。諸舄履並烏色，舄重皮底，履單皮底。別注色者，不用此色。

諸勳官及爵任職事官者，散官、散號將軍同職事。正衣本服，自外各從職事服。

諸致仕及以理去官，被召謁見，皆服前官從省服。

平巾幘，簪箄導，冠支，五品以上紫褶，六品以下緋褶，加兩襠縢蛇，並白袴，起梁帶。五品以上，金玉雜鈿。六品以下，金飾隱起。靴，武官及衛官陪立大仗則服之。若文官乘馬，亦通服之，去兩襠縢蛇。諸視品府佐，武弁，平巾幘。國官，進賢一梁冠，黑介幘，簪導。其服各準正品，其流外官，亦依正品流外之例。參朝則服之。若謁見府公，府佐平巾黑幘，國官黑介幘，皆白紗單衣，烏皮履。

諸流外官行署，三品以上黑介幘，絳公服，用緋爲之，制同絳紗單衣。方心，革帶，鉤艓，假帶，襪，烏皮履。九品以上絳褠衣，制同絳公服，袖狹，形直如溝，不垂。去方心、假帶，餘同絳公服。其非行署者，太常寺謁者、卜博士、醫助教、祝史、贊引，鴻臚寺掌儀、諸典書、典學，內侍省內典引，太子門下坊典儀、內坊導客舍人、諸贊者，王公以下舍人，公主謁者等，各準行署，依品服。自外及民任雜掌無官品者，皆平巾幘，緋衫，大口袴，朝集從事則服之。諸典謁，武弁，絳公服。其齋郎，介幘，絳褠衣。自外品子任雜掌者，皆平巾幘，緋衫，大口袴，朝集從事則服之。

黑介幘，簪導，深衣，青褾、領，革帶，烏皮履。未冠則雙童髻，空頂黑介幘，去革帶。國子、太學、四門學生參見則服之。書算學生、州縣學生，則烏紗帽，白裙襦，青領。諸外官拜表受詔皆服。本品無朝服者則服之。其餘公事及初上，並公服。諸州大中正，進賢一梁冠，絳紗公服，若有本品者，依本品參朝服之。諸州縣佐史、鄉正、里正、岳瀆祝史、齋郎，並介幘，絳褠衣。

平巾幘，緋褶，大口袴，紫附褠，尚食局主食、典膳局主食、太官署食官署掌膳服之。平巾綠幘，青布袴褶，尚食局主膳、典膳局典食、太官署食官署供膳服之。平巾五辮髻，青袴褶，青耳屩，羊車小史服之。總角髻，青袴褶，漏刻生、漏童服之。

龍朔二年九月戊寅，司禮少常伯孫茂道奏稱：「諸臣九章服，君臣冕服，章數雖殊，飾龍名衮，尊卑相亂。望諸臣九章衣以雲及麟代龍，昇山爲上，仍改冕。」當時紛議不定。儀鳳年，太常博士蘇知機又上表，以公卿以下冕服，請别立節文。敕下有司詳議。崇文館學士校書郎楊炯奏議曰：

「古者太昊庖犧氏，仰以觀象，俯以察法，造書契而文籍生。次有黄帝軒轅氏，長而敦敏，成而聰明，垂衣裳而天下理。其後數遷五德，君非一姓。體國經野，建邦設都，文質所以再而復，正朔所以三而改。夫改正朔者，謂夏后氏建寅，殷人建丑，周人建子。至於以日繫月，以月繫時，以時繫年，此則三王相襲之道也。夫易服色者，謂夏后氏尚黑，殷人尚白，周人尚赤。至於山、龍、華蟲、宗彝、藻、火、粉米、黼、黻，此又百代可知之道也。謹按《虞書》曰：『予欲觀古人之象，日、月、星辰、山、龍、華蟲作繪，宗彝、藻、火、粉米、黼、黻絺繡。』由此言之，則其所從來者尚矣。

「夫日月星辰者，明光照下土也。山者，布散雲雨，象聖王澤沾下人也。龍者，變化無方，象聖王應機布教也。華蟲者，雉也，身被五采，象聖王體兼文明也。宗彝者，武蜼也，以剛猛制物，象聖王神武定亂也。藻者，逐水上下，象聖王隨代而應也。火者，陶冶烹飪，象聖王至德日新也。米者，人恃以生，象聖王物之所賴也。黼能斷割，象聖王臨事能決也。黻者，兩己相背，象君臣可否相濟也。逮有周氏，乃以日月星辰爲旌旗之飾，又登龍於山，登火於宗彝，於是乎制衮冕以祀先王也。九章者，法於陽數也。以龍爲首章者，衮者卷也，龍德神異，應變潛見，表聖王深沈遠智，卷舒神化也。又制鷩冕以祭先公也，鷩者雉也，有耿介之志，表公有賢才，能守耿介之節也。又制毳冕以祭四望也，四望者，岳瀆之神也。武蜼者，山林所生也，明其象也。制絺冕以祭社稷也，社稷，土穀之神也，粉米由之成也，象其功也。又制玄冕以祭羣小祀也，百神異形，難可偏擬，但取黻之相背異名也。夫以周公之多才也，故化定制禮，功成作樂。夫以孔宣之將聖也，故行夏之時，服周之冕。先王之法服，乃此之自出矣；天下之能事，又於是乎畢矣。

「今表狀『請制大明冕十二章，乘輿服之』者。謹按，日月星辰者，已施旌旗矣；龍武山火者，又不踰於古矣。而云麟鳳有四靈之名，玄龜有負圖之應，雲有紀官之號，水有感德之祥，此蓋别表休徵，終是無踰比象。然則皇王受命，天地興符，仰觀則璧合珠連，俯察則銀黄玉紫。盡南宫之粉壁，不足寫其形狀；罄東觀之鉛黄，無以紀其名實。固不可畢陳於法服也。雲也者，從龍之氣也，水也者，藻之自生也，又不假别爲章目也。此蓋不經之甚也。

「又『鷩冕八章，三公服之』者。鷩者，太平之瑞也，非三公之德也。鷹鸇者，鷙鳥也，適可以辨祥刑之職也。熊羆者，猛獸也，適可以旌武臣之力也。又稱藻爲水草，無所法象，引張衡賦云『蒂倒茄於藻井，披江葩之狎獵』。謂爲蓮花，取其文采者。夫茄者蓮也，若以蓮花代藻，變古從今，既不知草木之名，亦未達文章之意。此又不經之甚也。

「又『毳冕六章，三品服之』者。按此王者祀四望服之名也。今三品乃得同王之毳冕，而三公不得同王之衮名。豈惟顛倒衣裳，抑亦自相矛盾。此又不經之甚也。

「又『黼冕四章，五品服之』。考之於古，則無其名；驗之於今，則非章首。此又不經之甚也。

「若夫禮惟從俗，則命爲制，令爲詔，乃秦皇之故事，猶可以適於今矣。若乃義取隨時，則出稱警，入稱蹕，乃漢國之舊儀，猶可以行於代矣。亦何取於變周公之軌物，改宣尼之法度者哉！」

由是竟寢知機所請。

景龍二年七月，皇太子將親釋奠於國學，有司草儀注，令從臣皆乘馬著衣冠。太子左庶子劉子玄進議曰：

「古者自大夫已上皆乘車，而以馬爲騑服。魏、晉已降，迄于隋代，朝士又駕牛車，歷代經史，具有其事，不可一二言也。至如李廣北征，解鞍憩息；馬援南伐，據鞍顧盻。斯則鞍馬之設，行於軍旅，戎服所乘，貴於便習者也。案江左官至尚書郎而輒輕乘馬，則爲御史所彈。又顔延之罷官後，好騎馬出入閭里，當代稱其放誕。此則專車憑軾，可擐朝衣；單馬御鞍，宜從褻服。求之近古，灼然之明驗矣。

「自皇家撫運，沿革隨時。至如陵廟巡幸，王公册命，則盛服冠履，乘彼輅車。其士庶有衣冠親迎者，亦時以服箱充馭。在於他事，無復乘車，貴賤所行，通鞍馬而已。臣伏見比者鑾輿出幸，法駕首途，左右侍臣皆以朝服乘馬。夫冠履而出，止可配車而行，今乘車既停，而冠履不易，可謂唯知其一而未知其二。何者？褒衣博帶，革履高冠，本非馬上所施，自是車中之服。必也襪而升鐙，跣以乘鞍，非惟不師古道，亦自取驚今俗，求諸折中，進退無可。且長裙廣袖，襜如翼如，鳴珮紆組，鏘鏘弈弈，馳騄於風塵之内，出入於旌棨之間，儻馬有驚逸，人從顛墜，遂使屬車之右，遺履不收，清道之傍，絓驂相續，固以受嗤行路，有損威儀。

「今議者皆云秘閣有《梁武帝南郊圖》，多有衣冠乘馬者，此則近代故事，不得謂無其文。臣案此圖是後人所爲，非當時所撰。且觀當今有古今圖畫者多矣，如張僧繇畫《羣公祖二疏》，而兵士有著芒屩者；閻立本畫《昭君入匈奴》，而婦人有著帷帽者。夫芒屩出於水鄉，非京華所有；帷帽創於隋代，非漢宫所作。議者豈可徵此二畫以爲故實者乎！由斯而言，則《梁武南郊之圖》，義同於此。又傳稱義惟因俗，禮貴緣情。殷輅周冕，規模不一；秦冠漢珮，用舍無恒。況我國家道軼百王，功高萬古，事有不便，資於變通。其乘馬衣冠，竊謂宜從省廢。臣此異議，其來自久，日不暇給，未及摧揚。今屬殿下親從齒胄，將臨國學，凡有衣冠乘馬，皆憚此行，所以輒進狂言，用申鄙見。」

皇太子手令付外宣行，仍編入令，以爲恒式。

讌服，蓋古之褻服也，今亦謂之常服。江南則以巾褐裙襦，北朝則雜以戎夷之制。爰至北齊，有長帽短靴，合袴襖子，朱紫玄黄，各任所好。雖謁見君上，出入省寺，若非元正大會，一切通用。高氏諸帝，常服緋袍。隋代帝王貴臣，多服黄文綾袍，烏紗帽，九環帶，烏皮六合靴。百官常服，同於匹庶，皆著黄袍，出入殿省。天子朝服亦如之，惟帶加十三環以爲差異，蓋取於便事。其烏紗帽漸廢，貴賤通服折上巾，其製周武帝建德年所造也。晉公宇文護始命袍加下襴。

及大業元年，煬帝始制詔吏部尚書牛弘、工部尚書宇文愷、兼内史侍郎虞世基、給事郎許善心、儀曹郎袁朗等憲章古則，創造衣冠，自天子逮于胥吏，章服皆有等差。始令五品以上，通服朱紫。是後師旅務殷，車駕多行幸，百官行從，雖服袴褶，而軍間不便。六年，復詔從駕涉遠者，文武官等皆戎衣，貴賤異等，雜用五色。五品已上，通著紫袍，六品已下，兼用緋緑。胥吏以青，庶人以白，屠商以皁，士卒以黄。

武德初，因隋舊制，天子讌服，亦名常服，唯以黄袍及衫，後漸用赤黄，遂禁士庶不得以赤黄爲衣服雜飾。四年八月敕：「三品已上，大科紬綾及羅，其色紫，飾用玉。五品已上，小科紬綾及羅，其色朱，飾用金。六品已上，服絲布，雜小綾，交梭，雙紃，其色黄。六品、七品飾銀。八品、九品鍮石。流外及庶人服紬、絁、布，其色通用黄，飾用銅鐵。」五品已上執象笏。三品已下前挫後直，五品已上前挫後屈。自有唐已來，一例上圓下方，曾不分别。六品已下，執竹木爲笏，上挫下方。其折上巾，烏皮六合靴，貴賤通用。

貞觀四年又制，三品已上服紫，五品已下服緋，六品、七品服緑，八品、九品服以青，帶以鍮石。婦人從夫色。雖有令，仍許通著黄。五年八月敕，七品已上，服龜甲雙巨十花綾，其色緑。九品已上，服絲布及雜小綾，其色青。十一月，賜諸衛將軍紫袍，錦爲褾袖。八年五月，太宗初服翼善冠，貴臣服進德冠。

龍朔二年，司禮少常伯孫茂道奏稱：「舊令六品、七品着緑，八品、九品着青，深青亂紫，非卑品所服。望請改八品、九品着碧，朝參之處，聽兼服黄。」從之。總章元年，始一切不許着黄。上元元年八月又制：「一品已下帶手巾、算袋，仍佩刀子、礪石，武官欲帶者聽之。文武三品已上服紫，金玉帶。四品服深緋，五品服淺緋，並金帶。六品服深緑，七品服淺緑，並銀帶。八品服深青，九品服淺青，並鍮石帶。庶人並銅鐵帶。」

文明元年七月甲寅詔：「旗幟皆從金色，飾之以紫，畫以雜文。八品已下舊服者，並改以碧。京文官五品已上，六品已下，七品清官，每日入朝，常服袴褶。諸州縣長官在公衙，亦准此。」

景雲中又制，令依上元故事，一品已下帶手巾、算袋，其刀子、礪石等許不佩。武官五品已上佩鞊韘七事，七謂佩刀、刀子、礪石、契苾真、噦厥針筒、火石袋等也。至開元初復罷之。

則天天授二年二月，朝集使刺史賜繡袍，各於背上繡成八字銘。長壽三年四月，敕賜岳牧金字銀字銘袍。延載元年五月，則天内出緋紫單羅銘襟背衫，賜文武三品已上。左右監門衛將軍等飾以對師子，左右衛飾以麒麟，左右武衛飾以對虎，左右豹韜衛飾以豹，左右鷹揚衛飾以鷹，左右玉鈐衛飾以對鶻，左右金吾衛飾以對豸，諸王飾以盤龍及鹿，宰相飾以鳳池，尚書飾以對鴈。

武德已來，始有巾子，文官名流，上平頭小樣者。則天朝，貴臣内賜高頭巾子，呼爲武家諸王樣。中宗景龍四年三月，因内宴賜宰臣已下内樣巾子。開元已來，文官士伍多以紫皁官絁爲頭巾、平頭巾子，相效爲雅製。玄宗開元十九年十月，賜供奉官及諸司長官羅頭巾及官樣巾子，迄今服之也。

天寶十載五月，改諸衛旗幡隊仗，先用緋色，並用赤黄色，以符土德。

高祖武德元年九月，改銀菟符爲銀魚符。高宗永徽二年五月，開府儀同三司及京官文武職事四品、五品，並給隨身魚。咸亨三年五月，五品已上賜新魚袋，並飾以銀，三品已上各賜金裝刀子礪石一具。垂拱二年正月，諸州都督刺史，並准京官帶魚袋。天授元年九月，改内外所佩魚並作龜。久視元年十月，職事三品已上龜袋，宜用金飾，四品用銀飾，五品用銅飾，上守下行，皆從官給。神龍元年二月，内外官五品已上依舊佩魚袋。六月，郡王、嗣王特許佩金魚袋。景龍三年八月，令特進佩魚。散職佩魚，自此始也。自武德已來，皆正員帶闕官始佩魚袋，員外、判試、檢校自則天、中宗後始有之，皆不佩魚。雖正員官得佩，亦去任及致仕即解去魚袋。至開元九年，張嘉貞爲中書令，奏諸致仕許終身佩魚，以爲榮寵，以理去任，亦聽佩魚袋。自後恩制賜賞緋紫，例兼魚袋，謂之章服，因之佩魚袋、服朱紫者衆矣。

梁制云，袴褶，近代服以從戎，今纘嚴則文武百官咸服之。車駕親戎，則縛袴不舒散也。中官紫褶，外官絳褶，舄用皮。服冠衣朱者，紫衣用赤舄，烏衣用烏舄。唯褶服以靴，靴，胡履也，取便於事，施於戎服。

舊制，乘輿案褥、牀褥、牀帷，皆以紫爲飾。天寶六載，禮儀使太常卿韋縚奏請依御袍色，以赤黄爲飾。從之。

《武德令》，皇后服有褘衣、鞠衣、鈿釵禮衣三等。

褘衣，首飾花十二樹，并兩博鬢，其衣以深青織成爲之，文爲翬翟之形。素質，五色，十二等。素紗中單，黼領，羅縠褾、襈，褾、襈皆用朱色也。蔽膝，隨裳色，以緅爲領，用翟爲章，三等。大帶，隨衣色，朱裏，紕其外，上以朱錦，下以緑錦，紐約用青組。以青衣，革帶，青襪，舄，舄加金飾。白玉雙珮，玄組雙大綬。章綵尺寸與乘輿同。受册、助祭、朝會諸大事則服之。

鞠衣，黄羅爲之，其蔽膝、大帶及衣革帶，舄隨衣色。餘與褘衣同，唯無雉也。親蠶則服之。

鈿釵禮衣，十二鈿，服通用雜色，制與上同，唯無雉及珮綬，去舄，加履。宴見賓客則服之。

皇太子妃服，首飾花九樹，小花如大花之數，并兩博鬢也。褕翟，青織成爲之，文爲搖翟之形，青質，五色，九等也。素紗中單，黼領，羅縠褾、襈，褾、襈皆用朱也。蔽膝，隨裳色，用緅爲領緣，以搖翟爲章，二等也。大帶，隨衣色，朱裏，紕其外，上以朱錦，下以緑錦，紐用青組。以青衣，革帶，青襪，舄，舄加金飾。瑜玉珮，紅朱雙大綬。章綵尺寸與皇太子同。受册、助祭、朝會諸大事則服之。鞠衣，黄羅爲之，其蔽膝、大帶及衣革帶隨衣色。餘褕翟同，唯無雉也。從蠶則服之。鈿釵禮衣，九鈿，服通用雜色，制與上同，唯無雉及珮、綬，去舄，加履。宴見賓客則服之。

內外命婦服花釵，施兩博鬢，寶鈿飾也。翟衣青質，羅爲之，繡爲雉，編次於衣及裳，重爲九等而下。第一品花鈿九樹，寶鈿准花數，以下准此也。翟九等。第二品花鈿八樹，翟八等。第三品花鈿七樹，翟七等。第四品花鈿六樹，翟六等。第五品花鈿五樹，翟五等。並素紗中單，黼領，朱褾、襈，亦通用羅縠也。蔽膝，隨裳色，以緅爲領緣，加以文繡，重雉爲章二事，一品已下皆同也。大帶，隨衣色，緋其外，上以朱錦，下以緑錦，紐同青組。青衣，革帶，青襪，舄，珮，綬。內命婦受册、從蠶，朝會則服之；其外命婦嫁及受册、從蠶、大朝會亦準此。鈿釵禮衣，通用雜色，制與上同，唯無雉及珮綬。去舄，加履。第一品九鈿，第二品八鈿，第三品七鈿，第四品六鈿，第五品五鈿。內命婦尋常參見，外命婦朝參辭見及禮會則服之。六尚、寶林、御女、采女、女官等服，禮衣通用雜色，制與上同，惟無首飾。七品已上，有大事服之，尋常供奉則公服。公服去中單、蔽膝、大帶。九品已上，大事及尋常供奉，並公服。東宮準此。女史則半袖裙襦。諸公主、王妃珮綬同，諸王縣主、內命婦準品。外命婦五品已上，皆準夫、子，即非因夫、子别加邑號者，亦準品。婦人宴服，準令各依夫色，上得兼下，下不得僭上。既不在公庭，而風俗奢靡，不依格令，綺羅錦繡，隨所好尚。上自宫掖，下至匹庶，遞相倣效，貴賤無别。

武德、貞觀之時，宫人騎馬者，依齊、隋舊制，多著羃䍦。雖發自戎夷，而全身障蔽，不欲途路窺之。王公之家，亦同此制。永徽之後，皆用帷帽，拖裙到頸，漸爲淺露。尋下敕禁斷，初雖暫息，旋又仍舊。咸亨二年又下敕曰：「百官家口，咸預士流，至於衢路之間，豈可全無障蔽。比來多著帷帽，遂棄羃䍦，曾不乘車，别坐檐子。遞相倣效，浸成風俗，過爲輕率，深失禮容。前者已令漸改，如聞猶未止息。又命婦朝謁，或將馳駕車，既入禁門，有虧肅敬，此並乖於儀式，理須禁斷，自今已後，勿使更然。」則天之後，帷帽大行，羃䍦漸息。中宗即位，宫禁寬弛，公私婦人，無復羃䍦之制。

開元初，從駕宫人騎馬者，皆著胡帽，靚粧露面，無復障蔽。士庶之家，又相倣效，帷帽之制，絶不行用。俄又露髻馳騁，或有著丈夫衣服靴衫，而尊卑內外，斯一貫矣。

奚車，契丹塞外用之，開元、天寶中漸至京城。兜籠，巴蜀婦人所用，今乾元已來，蕃將多著勳於朝，兜籠易於擔負，京城奚車、兜籠，代於車輿矣。

武德來，婦人著履，規則亦重，又有線靴。開元來，婦人例著線鞋，取輕妙便於事，侍兒乃著履。臧獲賤伍者皆服襴衫。太常樂尚胡曲，貴人御饌，盡供胡食，士女皆竟衣胡服，故有范陽羯胡之亂，兆於好尚遠矣。

太極元年，左司郎中唐紹上疏曰：

臣聞王公已下，送終明器等物，具標甲令，品秩高下，各有節文。孔子曰，明器者，備物而不可用，以芻靈者善，爲俑者不仁。傳曰，俑者，謂有面目機發，似於生人也。以此而葬，殆將於殉，故曰不仁。近者王公百官，競爲厚葬，偶人像馬，雕飾如生，徒以眩耀路人，本不因心致禮。更相扇慕，破產傾資，風俗流行，遂下兼士庶。若無禁制，奢侈日增。望諸王公已下，送葬明器，皆依令式，並陳於墓所，不得衢路行。

又士庶親迎之儀，備諸六禮，所以承宗廟，事舅姑，當須昏以爲期，詰朝謁見。往者下俚庸鄙，時有障車，邀其酒食，以爲戲樂。近日此風轉盛，上及王公，乃廣奏音樂，多集徒侶，遮擁道路，留滯淹時，邀致財物，動踰萬計。遂使障車禮貺，過於聘財，歌舞喧譁，殊非助感。既虧名教，實蠹風猷，違紊禮經，須加節制。望請婚姻家障車者，並須禁斷。其有犯者，有蔭家請準犯名教例附簿，無蔭人決杖六十，仍各科本罪。

制從之。

《新唐書》卷一二《禮樂志二》　至於壇埳、神位、尊爵、玉幣、籩豆、簠簋、牲牢、册祝之數皆略依古。

四成，而成高八尺一寸，下成廣二十丈，而五減之，至于五丈，而十有二陛者，圓丘也。八觚三成，成高四尺，上廣十有六步，設八陛，上陛廣八尺，中陛一丈，下陛丈有二尺者，方丘也。高、廣皆四丈者，神州之壇也。其廣皆四丈，而高八尺者青帝、七尺者赤帝、五尺者黃帝、九尺者白帝、六尺者黑帝之壇也。廣四丈，高八尺者，朝日之壇也。爲坎深三尺，縱廣四丈，壇於其中，高一尺，方廣四丈者，夕月之壇也。廣五丈，以五土爲之者，社稷之壇也。高尺，廣丈，蜡壇也。高五尺，周四十步者，先農、先蠶之壇也。其高皆三尺，廣皆丈者，小祀之壇也。嶽鎮、海瀆祭於其廟，無廟則爲之壇於坎，廣一丈，四向爲陛者，海瀆之壇也。廣二丈五尺，高三尺，四出陛者，古帝王之壇也。廣一丈，高一丈二尺，户方六尺者，大祀之燎壇也。廣八尺，高一丈，户方三尺者，中祀之燎壇也。廣五尺，户方二尺者，小祀之燎壇也。皆開上南出。瘞坎皆在内壝之外壬地，南出陛，方深足容物。此壇埳之制也。

《新唐書》卷一四《禮樂志四》　唐太宗已平突厥，而年穀屢豐，羣臣請封泰山。太宗初頗非之，已而遣中書侍郎杜正倫行太山上七十二君壇迹，以是歲兩河大水而止。其後羣臣言封禪者多，乃命祕書少監顔師古、諫議大夫朱子奢等集當時名儒博士雜議，不能決。於是左僕射房玄齡、特進魏徵、中書令楊師道博採衆議奏上之，其議曰：「爲壇於泰山下，祀昊天上帝。壇之廣十二丈，高丈二尺。玉牒長一尺三寸，廣、厚五寸。玉檢如之，厚減三寸。其印齒如璽，纏以金繩五周。玉策四，皆長一尺三寸，廣寸五分，厚五分，每策皆五簡，聯以金。昊天上帝配以太祖，皇地祇配以高祖。已祀而歸格于廟，盛以金匱。匱高六寸，廣足容之，制如表函，纏以金繩，封以金泥，印以受命之璽。而玉牒藏于山上，以方石三枚爲再累，纏以金繩，封以石泥，印以受命之璽。其山上之圓壇，土以五色，高九尺，廣五丈，四面爲一階。天子升自南階，而封玉牒。已封，而加以土，築爲封，高一丈二尺，廣二丈。其禪社首亦如之。其石檢封以受命璽，而玉檢別製璽，方一寸二分，文如受命璽。以石距非經，不用。又爲告至壇，方八十一尺，高三尺，四出陛，以燔柴告至，望秩羣神。」遂著于禮，其他降禪、朝覲皆不著。至十五年，將東幸，行至洛陽，而彗星見，乃止。

高宗乾封元年，封泰山，爲圓壇山南四里，如圓丘，三壝，壇上飾以青，四方如其色，號封祀壇。玉策三，以玉爲簡，長一尺二寸，廣一寸二分，厚三分，刻而金文。玉匱一，長一尺三寸，以藏上帝之册；金匱二，以藏配帝之册。纏以金繩五周，金泥、玉璽，璽方一寸二分，文如受命璽。石䃭以方石再累，皆方五尺，厚一尺，刻方其中以容玉匱。䃭旁施檢，刻深三寸三分，闊一尺，當繩刻深三分，闊一寸五分。石檢十枚，以檢石䃭，皆長三尺，闊一尺，厚七分；印齒三道，皆深四寸，當璽方五寸，當繩闊一寸五分。檢立於䃭旁，南方、北方皆三，東方、西方皆二，去䃭隅皆一尺。䃭纏以金繩五周，封以石泥。距石十二，分距䃭隅，皆再累，皆闊二尺，長一丈，斜刻其首，令與䃭隅相應。又爲壇於山上，廣五丈，高九尺，四出陛，一壝，號登封壇。玉牒、玉檢、石䃭、石距、玉匱、石檢皆如之。爲降禪壇於社首山上，八隅、一成、八陛如方丘，三壝。上飾以黃，四方如其色，其餘皆如登封。其議略定，而天子詔曰：「古今之制，文質不同。今封禪以玉牒、金繩，而瓦尊、匏爵、秸席，宜改從文。」於是昊天上帝褥以蒼，地祇褥以黃，配褥皆以紫，而尊爵亦更焉。

《新唐書》卷二四《車服志》　唐初受命，車、服皆因隋舊。武德四年，始著車輿，衣服之令，上得兼下，下不得儗上。

凡天子之車：

曰玉路者，祭祀、納后所乘也，青質，玉飾末；金路者，饗、射、祀還、飲至所乘也，赤質，金飾末；象路者，行道所乘也，黄質，象飾末；革路者，臨兵、巡守所乘也，白質，輓以革；木路者，蒐田所乘也，黑質，漆之。五路皆重輿，左青龍，右白虎，金鳳翅，畫苣文鳥獸，黄屋左纛。金鳳一、鈴二在軾前，鸞十二在衡，龍輈前設鄣塵。青蓋三層，繡飾。上設博山方鏡，下圓鏡。樹羽。輪金根、朱班、重牙。左建旂，十有二旒，畫升龍，其長曳地，青繡綢杠。右載闟戟，長四尺，廣三尺，黻文。旂首金龍銜錦結綬及緌帶，垂鈴。金鍐方釳，插翟尾五焦，鏤錫，鞶纓十二就。旌旗、蓋、鞶纓，皆從路質，唯蓋裏皆用黄。五路皆有副。

耕根車者，耕藉所乘也，青質，三重蓋，餘如玉路。

安車者，臨幸所乘也，金飾重輿，曲壁，紫油纁，朱裏通幰，朱絲絡網，朱鞶纓，朱覆髮具絡，駕赤騮。副路、耕根車、安車，皆八鸞。

四望車者，拜陵、臨弔所乘也，制如安車，青油纁，朱裏通幰，朱絲絡網。

又有屬車十乘：一曰指南車，二曰記里鼓車，三曰白鷺車，四四鸞旗車，五曰辟惡車，六曰皮軒車，七曰羊車，與耕根車、四望車、安車爲十乘。行幸陳於鹵簿，則分前後；大朝會，則分左右。

皇后之車六：

重翟車者，受册、從祀、饗廟所乘也，青質，青油纁，朱裏通幰，繡紫絡帶及帷，八鸞，鏤錫，鞶纓十二就，金鍐方釳，樹翟羽，朱總。

厭翟車者，親桑所乘也，赤質，紫油纁，朱裏通幰，紅錦絡帶及帷。

翟車者，歸寧所乘也，黄質，黄油纁，黄裏通幰，白紅錦絡帶及帷。三車皆金飾末，輪畫朱牙，箱飾翟羽，朱絲絡網，鞶纓色皆從車質。

安車者，臨幸所乘也，制如金路，紫油纁，朱裏通幰。

四望車者，拜陵、弔喪所乘也，青油纁，朱裏通幰。

金根車者，常行所乘也，紫油纁，朱裏通幰。

夫人乘厭翟車，九嬪乘翟車，婕妤以下乘安車。外命婦、公主、王妃乘厭翟車。一品乘白銅飾犢車，青油纁，朱裏通幰，朱絲絡網。二品以下去油纁、絡網。四品有青偏幰。

皇太子之車三：

金路者，從祀、朝賀、納妃所乘也，赤質，金飾末，重較，箱畫苣文鳥獸，黄屋，伏鹿軾，龍輈，金鳳一，在軾前，設鄣塵，朱黄蓋裏，輪畫朱牙。左建旂九旒，右載闟戟，旂首金龍銜結綬及鈴緌，八鸞二鈴，金鍐方釳，樹翟尾五焦，鏤錫，鞶纓九就。

軺車者，五日常服，朝饗、宫臣、出入行道所乘也。

四望車者，臨弔所乘也。二車皆金飾末，紫油纁，朱裏通幰。

親王及武職，一品有象路，青油纁，朱裏通幰，朱絲絡網。二品、三品有革路，朱裏青通幰。四品有木路，五品有軺車，皆碧裏青偏幰。象飾末，班輪，八鸞，左建旂，畫升龍，右載闟戟。革路、木路，左建旜。軺車，曲壁，碧裏青通幰。諸路，朱質、朱蓋、朱旂、朱班輪。一品之旜九旒，二品八旒，三品七旒，四品六旒，鞶纓就亦如之。三品以上珂九子，四品七子，五品五子，六品以下去通幰及珂。

王公車路，藏於太僕，受制，行册命、巡陵、昏葬則給之。餘皆以騎代車。

凡天子之服十四：

大裘冕者，祀天地之服也。廣八寸，長一尺二寸，以板爲之，黑表，纁裏，無旒，金飾玉簪導，組帶爲纓，色如其綬，黈纊充耳。大裘，繒表，黑羔表爲緣，纁裏，黑領、褾、襟緣，朱裳，白紗中單，皂領，青褾、襈、裾，朱韈，赤舄。鹿盧玉具劍，火珠鏢首，白玉雙佩。黑組大雙綬，黑質，黑、黄、赤、白、縹、緑爲純，以備天地四方之色。廣一尺，長二丈四尺，五百首。紛廣二寸四分，長六尺四寸，色如綬。又有小雙綬，長二尺六寸，色如大綬，而首半之，間施三玉環。革帶，以白皮爲之，以屬佩、綬、印章。鞶囊，亦曰鞶帶，博三寸半，加金鏤三鉤鱐。大帶，以素爲之，以朱爲裏，在腰及垂皆有裨，上以朱錦，貴正色也，下以緑錦，賤閒色也，博四寸。紐約，貴賤皆用青組，博三寸。黻以繒爲之，隨裳色，上廣一尺，以象天數，下廣二尺，以象地數，長三尺，朱質，畫龍、火、山三章，以象三才，其頸五寸，兩角有肩，廣二寸，以屬革帶。朝服謂之韠，冕服謂之黻。

衮冕者，踐阼、饗廟、征還、遣將、飲至、加元服、納后、元日受朝賀、臨軒册拜王公之服也。廣一尺二寸，長二尺四寸，金飾玉簪導，垂白珠十二旒，朱絲組帶爲纓，色如綬。深青衣纁裳，十二章：日、月、星辰、山、龍、華蟲、火、宗彝八章在衣；藻、粉米、黼、黻四章在裳。衣畫，裳繡，以象天地之色也。自山、龍以下，每章一行爲等，每行十二。衣、褾、領，畫以升龍，白紗中單，黻領，青褾、襈、裾，韍繡龍、山、火三章，舄加金飾。

鷩冕者，有事遠主之服也。八旒，七章：華蟲、火、宗彝三章在衣；藻、粉米、黼、黻四章在裳。

毳冕者，祭海嶽之服也。七旒，五章：宗彝、藻、粉米在衣；黼、黻在裳。

絺冕者，祭社稷饗先農之服也。六旒，三章：絺、粉米在衣；黼、黻在裳。

玄冕者，蜡祭百神、朝日、夕月之服也。五旒，裳刺黼一章。自袞冕以下，其制一也，簪導、劍、佩、綬皆同。

通天冠者，冬至受朝賀、祭還、燕羣臣、養老之服也。二十四梁，附蟬十二首，施珠翠，金博山，黑介幘，組纓翠緌，玉、犀簪導，絳紗袍，朱裏紅羅裳，白紗中單，朱領、褾、襈、裾，白裙、襦，絳紗蔽膝，白羅方心曲領，白韈，黑舄。白假帶，其制垂二條帛，以變祭服之大帶。天子未加元服，以空頂黑介幘，雙童髻，雙玉導，加寶飾。三品以上亦加寶飾，五品以上雙玉導，金飾，六品以下無飾。

緇布冠者，始冠之服也。天子五梁，三品以上三梁，五品以上二梁，九品以上一梁。

武弁者，講武、出征、蒐狩、大射、禡、類、宜社、賞祖、罰社、纂嚴之服也。有金附蟬，平巾幘。

弁服者，朔日受朝之服也。以鹿皮爲之，有攀以持髮，十有二璂，玉簪導，絳紗衣，素裳，白玉雙佩，革帶之後有鞶囊，以盛小雙綬，白韈，烏皮履。

黑介幘者，拜陵之服也。無飾，白紗單衣，白裙、襦，革帶，素韈，烏皮履。

白紗帽者，視朝、聽訟、宴見賓客之服也。以烏紗爲之，白裙、襦，白韈，烏皮履。

平巾幘者，乘馬之服也。金飾，玉簪導，冠支以玉，紫褶，白袴，玉具裝，珠寶鈿帶，有韠。

白帢者，臨喪之服也。白紗單衣，烏皮履。

皇后之服三：

褘衣者，受册、助祭、朝會大事之服也。深青織成爲之，畫翬，赤質，五色，十二等。素紗中單，黼領，朱羅縠褾、襈，蔽膝隨裳色，以緅領爲緣，用翟爲章，三等。青衣，革帶、大帶隨衣色，裨，紐約，佩，綬如天子，青韈，舄加金飾。

鞠衣者，親蠶之服也。黄羅爲之，不畫，蔽膝、大帶、革帶，舄隨衣色，餘同褘衣。

鈿釵禮衣者，燕見賓客之服也。十二鈿，服用雜色而不畫，加雙佩小綬，去舄加履，首飾大小華十二樹，以象袞冕之旒，又有兩博鬢。

皇太子之服六：

袞冕者，從祀、謁廟、加元服、納妃之服也。白珠九旒，紅絲組爲纓，犀簪導，青纊充耳。黑衣纁裳，凡九章：龍、山、華蟲、火、宗彝在衣，藻、粉米、黼、黻在裳。白紗中單，黼領，青褾、襈、裾。革帶金鉤䚢，大帶，瑜玉雙佩。朱組雙大綬，朱質，赤、白、縹、紺爲純，長一丈八尺，廣九寸，三百二十首。黻隨裳色，有火、山二章。白韈，赤舄，朱履，加金塗銀釦飾。鹿盧玉具劍如天子。

遠遊冠者，謁廟、還宮、元日朔日入朝、釋奠之服也。以具服，遠遊冠三梁，加金博山，附蟬九首，施珠翠，黑介幘，髮纓翠緌，犀簪導，絳紗袍，紅裳，白紗中單，黑領、褾、襈、裾，白裙、襦，白假帶，方心曲領，絳紗蔽膝，白韈，黑舄。朔日入朝，通服絝褶。

公服者，五日常朝、元日冬至受朝之服也。遠遊冠，絳紗單衣，白裙、襦，革帶金鉤䚢，假帶，瑜玉隻佩，方心，紛，金縷鞶囊，純長六尺四寸，廣二寸四分，色如大綬。

烏紗帽者，視事及燕見賓客之服也。白裙、襦，烏皮履。

弁服者，朔望視事之服也。鹿皮爲之，犀簪導，組纓九璂，絳紗衣，素裳，革帶，鞶囊，小綬，雙佩。自具服以下，皆白韈，烏皮履。

平巾幘者，乘馬之服也。金飾，犀簪導，紫裙，白袴，起梁珠寶鈿帶，韠。進德冠者，亦乘馬之服也。九璂，加金飾，有袴褶，常服則有白裙、襦。

皇太子妃之服有三：

褕翟者，受册、助祭、朝會大事之服也。青織成，文爲搖翟，青質，五色九等。素紗中單，黼領，朱羅縠褾、襈，蔽膝隨裳色，用緅爲領緣，以翟爲章二等。青衣，革帶、大帶隨衣色，不朱裏，青韈，舄加金飾，佩、綬如皇太子。

鞠衣者，從蠶之服也。以黄羅爲之，制如褕翟，無雉，蔽膝、大帶隨衣色。

鈿釵禮衣者，燕見賓客之服也。九鈿，其服用雜色，制如鞠衣，加雙佩，小綬，去舄加履，首飾花九樹，有兩博鬢。

羣臣之服二十有一：

袞冕者，一品之服也。九旒，青璂爲珠，貫三采玉，以組爲纓，色如其綬。青纊充耳，寶飾角簪導。青衣纁裳，九章：龍、山、華蟲、火、宗彝在衣，藻、粉米、黼、黻在裳，皆絳爲繡遍衣。白紗中單，黼領，青褾、襈、裾。朱韈，赤舄。革帶鉤鰈，大帶，黻隨裳色。金寶玉飾劍鏢首，山玄玉佩。緑綟綬，緑質，緑、紫、黄、赤爲純，長一丈八尺，廣九寸，二百四十首。郊祀太尉攝事亦服之。

鷩冕者，二品之服也。八旒，青衣纁裳，七章：華蟲、火、宗彝在衣；藻、粉米、黼、黻在裳。銀裝劍，佩水蒼玉，紫綬，紫質，紫、黄、赤爲純，長一丈六尺，廣八寸，一百八十首。革帶之後有金鏤鞶囊，金飾劍，水蒼玉佩，朱韈，赤舄。

毳冕者，三品之服也。七旒，寶飾角簪導，五章：宗彝、藻、粉米在衣；黼、黻在裳。韍二章：山、火。紫綬如二品，金銀鏤鞶囊，金飾劍，水蒼玉佩，朱韈，赤舄。

絺冕者，四品之服也。六旒，三章：粉米在衣；黼、黻在裳，中單，青領。韍，山一章。銀鏤鞶囊。自三品以下皆青綬，青質，青、白、紅爲純，長一丈四尺，廣七寸，一百四十首，金飾劍，水蒼玉佩，朱韈，赤舄。

玄冕者，五品之服也。以羅爲之，五旒，衣、韍無章，裳刺黻一章。角簪導，青衣纁裳，其服用紬。大帶及裨，外黑内黄，黑綬紺質，青紺爲純，長一丈二尺，廣六寸，一百二十首。象笏，上圓下方，六品以竹木，上挫下方。金飾劍，水蒼玉佩，朱韈，赤舄。三品以下私祭皆服之。

平冕者，郊廟武舞郎之服也。黑衣絳裳，革帶，烏皮履。

爵弁者，六品以下九品以上從祀之服也。以紬爲之，無旒，黑纓，角簪導，青衣纁裳，白紗中單，青領、褾、襈、裾，革帶鉤鰈，大帶及裨内外皆緇，爵韠，白韈，赤履。五品以上私祭皆服之。

武弁者，武官朝參、殿庭式舞郎、堂下鼓人、鼓吹桉工之服也。有平巾幘，武舞緋絲布大袖，白練褴襠，螣蛇起梁帶，豹文大口絝，烏皮韡。鼓人朱褠衣，革帶，烏皮履。鼓吹桉工加白練褴襠。

弁服者，文官九品公事之服也。以鹿皮爲之，通用烏紗，牙簪導。纓：一品九璂，二品八璂，三品七璂，四品六璂，五品五璂，犀簪導，皆朱衣素裳，革帶，鞶囊，小綬，雙佩，白韈，烏皮履。六品以下去璂及鞶囊、綬、佩。六品、七品緑衣，八品、九品青衣。

進賢冠者，文官朝參、三老五更之服也。黑介幘，青綾。紛長六尺四寸，廣四寸，色如其綬。三品以上三梁，五品以上兩梁，九品以上及國官一梁，六品以下私祭皆服之。侍中、中書令、左右散騎常侍有黄金璫，附蟬，貂尾。侍左者左珥，侍右者右珥。諸州大中正一梁，絳紗公服。殿庭文舞郎，黄紗袍，黑領、襈，白練褴襠，白布大口絝，革帶，烏皮履。

遠遊冠者，親王之服也。黑介幘，三梁，青綾，金鉤鰈大帶，金寶飾劍，玉鏢首，纁朱綬，朱質，赤、黄、縹、紺爲純，長一丈八尺，廣九寸，二百四十首。黄金璫，附蟬，諸王則否。

法冠者，御史大夫、中丞、御史之服也。一名解廌冠。

高山冠者，内侍省内謁者、親王司閤、謁者之服也。

委貌冠者，郊廟文舞郎之服也。有黑絲布大袖，白練領、褾，絳布大口絝，革帶，烏皮履。

却非冠者，亭長、門僕之服也。

平巾幘者，武官、衛官公事之服也。金飾，五品以上兼用玉，大口絝，烏皮韡，白練裙、襦，起梁帶。陪大仗，有褴襠，螣蛇。朝集從事、州縣佐史、岳瀆祝史、外州品子、庶民任掌事者服之，有緋褶、大口絝，紫附褠。文武官騎馬服之，則去褴襠、螣蛇。袴褶之制：五品以上，細綾及羅爲之，六品以下，小綾爲之，三品以上紫，五品以上緋，七品以上緑，九品以上碧。褴襠之制：一當胸，一當背，短袖覆膊。螣蛇之制：以錦爲表，長八尺，中實以綿，象蛇形。起梁帶之制：三品以上，玉梁寶鈿，五品以上，金梁寶鈿，六品以下，金飾隱起而已。

黑介幘者，國官視品、府佐謁府、國子大學四門生俊士參見之服也。簪導，白紗單衣，青襟、褾、領，革帶，烏皮履。未冠者，冠則空頂黑介幘，雙童髻，去革帶。書算律學生、州縣學生朝參，則服烏紗冒，白裙、襦，青領。未冠者童子髻。

介幘者，流外官、行署三品以下、登歌工人之服也。絳公服，以縵緋爲之，制如絳紗單衣，方心曲領，革帶鉤鰈，假帶，韈，烏皮履。九品以上則絳褠衣，制如絳公服而狹，袖形直如溝，不垂，緋褶大口絝，紫附褠，去方心曲領、假帶。登歌工人，朱連裳，革帶，烏皮履。殿庭加白練褴襠。

平巾緑幘者，尚食局主膳、典膳局典食、太官署、食官署供膳、奉觶之服也。青絲布絝褶。羊車小史，五辮髻，紫碧腰襻，青耳屩。漏刻生、漏童，總角髻，皆青絲布絝褶。

具服者，五品以上陪祭、朝饗、拜表、大事之服也，亦曰朝服。冠幘，簪導，絳紗單衣，白紗中單，黑領、袖，黑褾、襈、裾，白裙、襦，革帶金鉤鰈，假帶，曲領方心，絳紗蔽膝，白韈，烏皮舄，劍，紛，鞶囊，雙佩，雙綬。六品以下去劍、佩、綬，七品以上以白筆代簪，八品、九品去白筆，白紗中單，以履代舃。

從省服者，五品以上公事、朔望朝謁、見東宮之服也，亦曰公服。冠幘纓，簪導，絳紗單衣，白裙、襦，革帶鉤艓，假帶，方心，韈，履，紛，鞶囊，雙佩，烏皮履。六品以下去紛、鞶囊、雙佩。三品以上有公爵者，嫡子之婚，假絺冕。五品以上子孫，九品以上子，爵弁。庶人婚，假絳公服。

命婦之服六：

翟衣者，内命婦受册、從蠶、朝會，外命婦嫁及受册、從蠶、大朝會之服也。青質，繡翟，編次於衣及裳，重爲九等。青紗中單，黼領，朱縠褾、襈、裾，蔽膝隨裳色，以緅爲領緣，加文繡，重雉爲章二等。大帶隨衣色，以青衣，革帶，青韈，舃，佩，綬，兩博鬢飾以寶鈿。一品翟九等，花釵九樹；二品翟八等，花釵八樹；三品翟七等，花釵七樹；四品翟六等，花釵六樹；五品翟五等，花釵五樹。寶鈿視花樹之數。

鈿釵禮衣者，内命婦常參、外命婦朝參、辭見、禮會之服也。制同翟衣，加雙佩、小綬，去舃，加履。一品九鈿，二品八鈿，三品七鈿，四品六鈿，五品五鈿。

禮衣者，六尚、寶林、御女、采女、女官七品以上大事之服也。通用雜色，制如鈿釵禮衣，唯無首飾、佩、綬。

公服者，常供奉之服也。去中單、蔽膝、大帶，九品以上大事、常供奉亦如之。半袖裙襦者，東宮女史常供奉之服也。公主、王妃佩、綬同諸王。

花釵禮衣者，親王納妃所給之服也。

大袖連裳者，六品以下妻，九品以上女嫁服也。青質，素紗中單，蔽膝、大帶，革帶，韈、履同裳色，花釵，覆笄，兩博鬢，以金銀雜寶飾之。庶人女嫁有花釵，以金銀琉璃塗飾之。連裳，青質，青衣，革帶，韈、履同裳色。

婦人燕服視夫。百官女嫁、廟見攝母服。五品以上媵降妻一等，妾降媵一等，六品以下妾降妻一等。

天子有傳國璽及八璽，皆玉爲之。神璽以鎮中國，藏而不用。受命璽以封禪禮神，皇帝行璽以報王公書，皇帝之璽以勞王公，皇帝信璽以召王公，天子行璽以報四夷書，天子之璽以勞四夷，天子信璽以召兵四夷，皆泥封。大朝會則符璽郎進神璽、受命璽於御座，行幸則合八璽爲五輿，函封從於黄鉞之内。

太皇太后、皇太后、皇后、皇太子及妃，璽皆金爲之，藏而不用。太皇太后、皇太后封令書以宫官印，皇后以内侍省印，皇太子以左春坊印，妃以内坊印。

初，太宗刻受命玄璽，以白玉爲螭首，文曰：「皇天景命，有德者昌。」至武后改諸璽皆爲寶。中宗即位，復爲璽。開元六年，復爲寶。天寶初，改璽書爲寶書。十載，改傳國寶爲承天大寶。

初，高祖入長安，罷隋竹使符，班銀菟符，其後改爲銅魚符，以起軍旅、易守長，京都留守、折衝府、捉兵鎮守之所及左右金吾、宫苑總監、牧監皆給之。畿内則左三右一，畿外則左五右一，左者進内，右者在外，用始第一，周而復始。宫殿門、城門，給交魚符、巡魚符。左廂、右廂給開門符、閉門符。亦左符進内，右符監門掌之。蕃國亦給之，雄雌各十二，銘以國名，雄者進内，雌者付其國。朝貢使各齎其月魚而至，不合者劾奏。

傳信符者，以給郵驛，通制命。皇太子監國給雙龍符，左右皆十。兩京、北都留守給麟符，左二十，右十九。東方諸州給青龍符，南方諸州朱雀符，西方諸州騶虞符，北方諸州玄武符，皆左四右三。左者進内，右者付外。行軍所亦給之。

隨身魚符者，以明貴賤，應召命，左二右一，左者進内，右者隨身。皇太子以玉契召，勘合乃赴。親王以金，庶官以銅，皆題某位姓名。官有貳者加左右，皆盛以魚袋，三品以上飾以金，五品以上飾以銀。刻姓名者，去官納之，不刻者傳佩相付。

有傳符、銅魚符者，給封符印，發驛、封符及封魚函用之。有銅魚而無傳符者，給封函，還符、封函用之。

天子巡幸，則京師、東都留守給留守印，諸司從行者，給行從印。

木契符者，以重鎮守、慎出納，畿内左右皆三，畿外左右皆五。皇帝巡幸，太子監國，有軍旅之事則用之，王公征討皆給焉，左右各十九。太極殿前刻漏所，亦以左契給之，右以授承天門監門，晝夜勘合，然後鳴鼓。玄武門苑内諸門有喚人木契，左以進内，右以授監門，有敕召者用之。魚契所降，皆有敕書。尚書省符，與左同乃用。

大將出，賜旌以顓賞，節以顓殺。旌以絳帛五丈，粉畫虎，有銅龍一，首纏緋幡，紫縑爲袋，油囊爲表。節，懸畫木盤三，相去數寸，隅垂赤麻，餘與旌同。

高宗給五品以上隨身魚銀袋，以防召命之詐，出内必合之。三品以上金飾袋。垂拱中，都督、刺史始賜魚。天授二年，改佩魚皆爲龜。其後三品以上龜袋飾以金，四品以銀，五品以銅。中宗初，罷龜袋，復給以魚。郡王、嗣王亦佩金魚袋。景龍中，令特進佩魚，散官佩魚自此始也。然員外、試、檢校官，猶不佩魚。景雲中，詔衣紫者魚袋以金飾之，衣緋者以銀飾之。開元初，駙馬都尉從五品者假紫、金魚袋，都督、刺史品卑者假緋、魚袋，五品以上檢校、試、判官皆佩魚。中書令張嘉貞奏，致仕者佩魚終身，自是百官賞緋、紫，必兼魚袋，謂之章服。當時服朱紫、佩魚者衆矣。

初，隋文帝聽朝之服，以赭黄文綾袍，烏紗冒，折上巾，六合鞾，與貴臣通服。唯天子之帶有十三環，文官又有平頭小樣巾，百官常服同於庶人。

至唐高祖，以赭黄袍、巾帶爲常服。腰帶者，搢垂頭於下，名曰鉈尾，取順下之義。一品、二品銙以金，六品以上以犀，九品以上以銀，庶人以鐵。既而天子袍衫稍用赤、黄，遂禁臣民服。親王及三品、二王後，服大科綾羅，色用紫，飾以玉。五品以上服小科綾羅，色用朱，飾以金。六品以上服絲布交梭雙紃綾，色用黄。六品、七品服用緑，飾以銀。八品、九品服用青，飾以鍮石。勳官之服，隨其品而加佩刀、礪、紛、帨。流外官、庶人、部曲、奴婢，則服紬絹絁布，色用黄白，飾以鐵、銅。

太宗時，又命七品服龜甲雙巨十花綾，色用緑。九品服絲布雜綾，色用青。是時士人以棠苧襴衫爲上服，貴女功之始也。一命以黄，再命以黑，三命以纁，四命以緑，五命以紫。士服短褐，庶人以白。中書令馬周上議：「《禮》無服衫之文，三代之制有深衣。請加襴、袖、褾、襈，爲士人上服。開骻者名曰缺骻衫，庶人服之。」又請：「裹頭者，左右各三襵，以象三才，重繫前脚，以象二儀。」詔皆從之。太尉長孫無忌又議：「服袍者下加襴，緋、紫、緑皆視其品，庶人以白。」

太宗嘗以幞頭起於後周，便武事者也。方天下偃兵，採古制爲翼善冠，自服之。又製進德冠以賜貴臣，玉璂，制如弁服，以金飾梁，花趺，三品以上加金絡，五品以上附山雲。自是元日、冬至、朔、望視朝，服翼善冠，衣白練裙襦。常服則有袴褶與平巾幘，通用翼善冠。進德冠制如幞頭，皇太子乘馬則服進德冠，九璂，加金飾，犀簪導，亦有袴褶，燕服用紫。其後朔、望視朝，仍用弁服。

顯慶元年，長孫無忌等曰：「武德初，撰《衣服令》，天子祀天地服大裘冕。桉周郊被衮以象天，戴冕藻十有二旒，與大裘異。《月令》：孟冬，天子始裘以禦寒。若啓蟄、祈穀、冬至報天，服裘可也。季夏迎氣，龍見而雩，如之何可服？故歷代唯服衮章。漢明帝始采《周官》、《禮記》制祀天地之服，天子備十二章，後魏、周、隋皆如之。伏請郊祀天地服衮冕，罷大裘。又新禮，皇帝祭社稷服絺冕，四旒，三章；祭日月服玄冕，三旒，衣無章。按令文，四品、五品之服也。三公亞獻皆服衮，孤卿服毳、鷩，是天子同於大夫，君少臣多，非禮之中。且天子十二爲節以法天，烏有四旒三章之服？若諸臣助祭，冕與王同，是貴賤無分也。若降王一等，則王服玄冕，羣臣服爵弁，既屈天子，又貶公卿。《周禮》此文，久不用矣，猶祭祀之有尸侑，以君親而拜臣子，硩蔟、蟈氏之職，不通行者蓋多，故漢魏承用衮冕。今新禮親祭日月，服五品之服，請循歷代故事，諸祭皆用衮冕。」制曰：「可。」無忌等又曰：「禮，皇帝爲諸臣及五服親舉哀，素服，今服白袷，禮令乖舛。且白袷出近代，不可用。」乃改以素服。自是鷩冕以下，天子不復用，而白袷廢矣。

其後以紫爲三品之服，金玉帶銙十三；緋爲四品之服，金帶銙十一；淺緋爲五品之服，金帶銙十；深緑爲六品之服，淺緑爲七品之服，皆銀帶銙九；深青爲八品之服，淺青爲九品之服，皆鍮石帶銙八；黄爲流外官及庶人之服，銅鐵帶銙七。

武后擅政，多賜羣臣巾子、繡袍，勒以回文之銘，皆無法度，不足紀。至中宗又賜百官英王踣樣巾，其製高而踣，帝在藩時冠也。其後文官以紫黑絁爲巾，賜供奉官及諸司長官，則有羅巾、圓頭巾子，後遂不改。

初，職事官三品以上賜金裝刀、礪石，一品以下則有手巾、算袋、佩刀、礪石。至睿宗時，罷佩刀、礪石，而武官五品以上佩鞊韘七事，佩刀、刀子、礪石、契苾真、噦厥針筒、火石是也。

時皇太子將釋奠，有司草儀注，從臣皆乘馬著衣冠，左庶子劉子玄議曰：「古大夫乘車，以馬爲騑服，魏、晉朝士駕牛車，如李廣北征，解鞍憩息；馬援南伐，據鞍顧眄。則鞍馬行於軍旅，戎服所便。江左尚書郎乘馬，則御史治之。顔延年罷官，騎馬出入，世稱放誕。近古專車則衣朝服，單馬則衣褻服。皇家巡謁陵廟，册命王公，則盛服冠履，乘路車。士庶有以衣冠親迎者，亦時服箱。其餘貴賤，皆以騎代車。比者，法駕所幸，侍臣朝服乘馬。今既舍車，而冠履不易，何者？褒衣、博帶、革履、高冠，車中之服也。韈而鐙，跣而乘，非唯鑿古，亦自取驚蹶。議者以祕閣梁《南郊圖》，有衣冠乘馬者，此圖後人所爲也。古今圖畫多矣，如畫羣公祖二疏，而有曳芒屩者，畫昭君入匈奴，而婦人有施帷冒者。夫芒屩出於水鄉，非京華所有；帷冒創於隋代，非漢宮所用。豈可因二畫以爲故實乎？謂乘馬衣冠宜省。」太子從之，編於令。

開元初，將有事南郊，中書令張説請遵古制用大裘，乃命有司製二冕。玄宗以大裘樸略，不可通寒暑，廢而不服。自是元正朝會用衮冕、通天冠，百官朔、望朝參，外官衙日，則佩筭袋，餘日則否。玄宗謁五陵，初用素服，朔、望朝顯用常服。弁服、翼善冠皆廢。

唐初，賞朱紫者服於軍中，其後軍將亦賞以假緋紫，有從戎缺胯之服，不在軍者服長袍，或無官而冒衣綠。有詔殿中侍御史糾察。諸衛大將軍、中郎將以下給袍者，皆易其繡文：千牛衛以瑞牛，左右衛以瑞馬，驍衛以虎，武衛以鷹，威衛以豹，領軍衛以白澤，金吾衛以辟邪。行六品者，冠去璂珠，五品去鞶囊、雙佩，幞頭用羅縠。

婦人服從夫、子，五等以上親及五品以上母、妻，服紫衣，腰襻褾緣用錦繡。九品以上母、妻，服朱衣。流外及庶人不服綾、羅、縠、五色線鞾、履。凡襇色衣不過十二破，渾色衣不過六破。

二十五年，御史大夫李適之建議：「冬至、元日大禮，朝參官及六品清官服朱衣，六品以下通服絝褶。」天寶中，御史中丞吉溫建議：「京官朔、望朝參，衣朱絝褶，五品以上有珂傘。」德宗嘗賜節度使時服，以雕銜綬帶，謂其行列有序，牧人有威儀也。元和十二年，太子少師鄭餘慶言：「百官服朝服者多誤。自今唯職事官五品兼六品以上散官者，則有佩、劍、綬，其餘皆省。」

初，婦人施羃羅以蔽身，永徽中，始用帷冒，施裙及頸，坐檐以代乘車。命婦朝謁，則以駝駕車。數下詔禁而不止。武后時，帷冒益盛，中宗後乃無復羃羅矣。宫人從駕，皆胡冒乘馬，海内傚之，至露髻馳騁，而帷冒亦廢，有衣男子衣而鞾，如奚、契丹之服。武德間，婦人曳履及線鞾。開元中，初有線鞋，侍兒則著履，奴婢服襴衫，而士女衣胡服，其後安禄山反，當時以爲服妖之應。

巴、蜀婦人出入有兜籠，乾元初，蕃將又以兜籠易負，遂以代車。

文宗即位，以四方車服僭奢，下詔準儀制令，品秩勳勞爲等級。職事官服緑、青、碧，勳官諸司則佩刀、礪、紛、帨。諸親朝賀宴會之服：一品、二品服玉及通犀，三品服花犀、班犀。車馬無飾金銀。衣曳地不過二寸，袖不過一尺三寸。婦人裙不過五幅，曳地不過三寸，襦袖不過一尺五寸。袍襖之制：三品以上服綾，以鶻銜瑞草，鴈銜綬帶及雙孔雀；四品、五品服綾，以地黄交枝；六品以下服綾，小窠無文及隔織、獨織。一品導從以七騎；二品、三品以五騎；四品以三騎；五品以二騎；六品以一騎。五品以上及節度使册拜、婚會，則車有幰。外命婦一品、二品、三品乘金銅飾犢車，檐舁以八人；三品舁以六人；四品、五品乘白銅飾犢車，檐舁以四人；胥吏、商賈之妻老者乘葦軬車，兜籠舁以二人。度支、户部、鹽鐵門官等服細葛布，無紋綾，緑闇銀藍鐵帶，鞍、轡、銜、鐙以鍮石。未有官者，服粗葛布、官絁，緑銅鐵帶，乘蜀馬、鐵鐙。行官服紫粗布，絁，藍鐵帶。中官不衣紗縠綾羅，諸司小兒不服大巾，商賈、庶人、僧、道士不乘馬。婦人衣青碧纈，平頭小花草履，彩帛縵成履，而禁高髻、險妝、去眉、開額及吳越高頭草履。王公之居，不施重栱、藻井。三品堂五間九架，門三間五架；五品堂五間七架，門三間兩架；六品、七品堂三間五架，庶人四架，而門皆一門兩架。常參官施懸魚、對鳳、瓦獸、通栿乳梁。詔下，人多怨者。京兆尹杜悰條易行者爲寬限，而事遂不行。唯淮南觀察使李德裕令管内婦人衣袖四尺者闊一尺五寸，裙曳地四五寸者減三寸。

王溥《唐會要》卷七《封禪》 貞觀十一年，羣臣復勸封山，始議其禮。於是國子博士劉伯莊、睦州刺史徐令言等，各上封禪之事，互設疑議，所見不同。多言新禮中封禪儀注，簡略未周。太宗勑祕書少監顔師古、諫議大夫朱子奢等，與四方名儒博物之士參議得失。議者數十家，遞相駁難，紛紜久不決。於是左僕射房玄齡、特進魏徵、中書令楊師道博採衆議，堪行用而於舊禮不同者，奏之。其議昊天上帝壇曰：「將封先祭，義在告神，且備謁敬之儀，方展慶成之禮。固當於壇下阯，先申齊潔。贊享已畢，然後登封。既表重慎之深，兼示行事有漸。今請祭於泰山下，設壇以祀上帝，以景皇帝配享。壇長一十二丈，高一丈二尺。」又議製玉牒曰：「金玉重寶，質性貞堅，宗祀郊禋，皆充器幣，豈嫌華美，寔貴精確。況三神壯觀，萬代鴻名，禮極殷崇，事資藻縟。玉牒玉簡，式韞靈奇，傳之無窮，永存不朽。今請玉牒長一尺三寸，廣厚各五寸。玉簡厚二寸，長短闊狹一如玉牒。其印齒請隨璽大小，仍纏以金繩五周。」又議玉策曰：「封禪之祭，嚴配作主，皆奠玉策，肅奉誠虔。今玉策四枚，各長一尺三寸，廣一寸五分，厚五分。每策五簡，俱以金編。其一奠上帝，一奠太祖座，一奠皇地祇，一奠高祖座。」又議金匱曰：「登配之策，盛以金匱，歸格藝祖之廟室。今請長短令容玉策，高廣各六寸。形制如今之表函。纏以金繩，封以金泥，印以受命璽。」又議方石再累曰：「舊藏玉牒，止用石函，亦猶盛書篋笥，所以或呼石篋。今請方石三枚，以爲再累。其十枚石簡，刻方石四邊而立之。纏以金繩，封以石泥，印以受命璽。」又議泰山上圜壇曰：「四出開道，壇場通義，南面入升，於事爲允。今請介邱上圜壇廣五丈，高九尺，用五色土加之。四面各設一階。御位在壇南，升自南階，而就上封玉牒。」又議圜壇上土封曰：「凡言封者，皆是積土之名。利建分封，亦以班社立號。謂之封禪，厥義可知。今請於圜壇之上，安置方石，璽緘既畢，加土築以爲封。高一丈二尺，而廣二丈，以五色土益封，玉牒藏於其内。祀禪之土封，制亦同此。」又議玉璽曰：「謹詳前載方石緘封，玉檢金泥，必資印璽，以爲祕固。今請依令用受命璽，以封石檢。其玉檢既與石檢大小不同，請更造璽一枚，方一寸二分，文同受命璽，以封玉牒。石檢形制，依漢建武故事。」又議立碑曰：「勒石紀號，顯揚功業，登封降禪，肆覲之壇，立碑紀之。」又議設告至壇曰：「既至山下，禮行告至，柴於東方上帝，望秩遍禮羣神。今請其壇方八丈一尺，高三尺，陛仍四出。其禪方壇及餘飾，請從今禮。仍請式柴祭、望秩，同時行事。」又議廢石闕及大小距石曰：「距石之設，意取牢固，本資寔用，豈云雕飾。今既積土厚封，足與天長地久。其小距環壇，石闕迴建，事非經誥，無益禮儀，煩而非要，請從減省。」太宗從其議，仍令附之於禮。《舊唐書·禮儀志》。

案《顏師古傳》，帝將有事泰山，詔公卿博士雜定其儀，而論者争爲異端。師古奏：「臣譔定封禪儀注書，在十一年，於時諸儒謂爲適中。」於是以付有司，多從其説。

貞觀十一年，顏師古封禪議：「將封先祭，義在告神，且備款謁《舊唐書》作「謁敬」。之儀，方展慶成之禮。固當爲《唐書》作「於」。壇下距，《唐書》作「趾」。預《通典》一作「先」。申齊潔。贊饗已畢，然後登封。既表重慎之深，兼示行事有漸。今請祭于山下，封于山上，四出開道，壇場通義，南面入升，於事爲允。今請山上圜壇，廣五尺，高九尺，用五色土爲之。《唐書》作「加」。四面各設一陛。《唐書》作「階」。御位在壇南，升自南陛，《唐書》作「階」。而舊本作「宜」。就行事。「行事」，《唐書》作「上附玉牒」。舊藏玉牒，止用石函，亦猶書盛篋笥，所以或呼爲石篋。然其形大質重，轉徙非易。岱宗倘無此石，皆應取自他山，所以不爲混成。累輯而作，大要在於周固，稽其縝舊本作「緝」。密。而近代儀注，更名『石礎』。『礎』非稽古之文，舊本作「稱」。本無義訓可尋，贏舊本作「盈」。縮之閒，貴在折中，舊本作「衷」。不煩紛議，更增疑惑。今請方石三枚，以爲再累。其十枚石檢，刻方石四邊而立之，纏以金繩，用備檢約。凡言封者，皆是積土之名，利建分封，亦以班社立號，謂之封禪，厥義可知。今若置牒壇上，止因累石，不加繕築，即以爲封，匪唯嚴祕之道，有妨簡率。亦乃名實不副，理恐乖爽。今請於圜壇之上，安置方石，封印《唐書》、《通典》作「璽礎」。既訖，舊本作「畢」。加五色土築以爲封。高一丈二尺，而廣二丈。金玉重寶，質性堅貞，宗祀嚴禋，皆充器幣，豈嫌華美，寔貴精確。況乎三神壯觀，萬代鴻名，禮極殷崇，事資藻縟。玉牒玉檢，式韞靈奇，舊本作「事韞靈奇」。傳之無窮，永存舊本作「在」。不朽。至於廣袤之數，足以載文辭；緘束之方，務在申膠固。今宜立制，隨時損益。豐功厚德，既以跨躡前蹤；盛典宏規，無勞一遵曩式。今請玉牒長一尺三寸，廣厚各五寸，玉檢厚二寸。《唐書》有「長短闊狹一如玉牒」。其印齒疎密，隨印大小。距石之設，意取牢固，本資實用，豈云巧《唐書》作「雕」。飾。今既積土厚封，更無差動，天長地久，寧假支持？斜設横安，請並弗舊本作「不」。置。勒石紀號，垂裕後昆，美盛德之形容，闡后王之休烈，其義遠《通典》作「大」。矣，其事尚焉。」【略】

乾封元年，封泰山。爲圓壇山南四里，如圜丘，三壝。壇上飾以青，四方如其色，號封祀壇。玉策三，以玉爲簡，長一尺二寸、廣一寸二分、厚三分，刻以金文。玉匱一，長一尺三寸，以藏上帝之册。金匱二，以藏配帝之册，纏以金繩五周。金泥玉璽，璽方一寸二分，文如受命璽。石礎以方石再累，皆方五尺，厚一尺。刻方其中，以容玉匱。礎旁施檢刻，深三寸三分，闊一尺。當繩刻深三分，闊一寸五分。石檢十枚，以檢石礎，皆長三尺，闊一尺，厚七分。印齒三道，皆深四寸。當璽方五寸，當繩闊一寸五分。檢立于礎旁，南方、北方皆三，東方、西方皆二去礎隅皆一尺。礎纏以金繩五周，封以石泥。距石十二，分距礎隅，皆再累，皆闊二尺，長一丈斜刻其首，令與礎隅相應。又爲壇于山上，廣五丈，高九尺，四出陛。一壝，號登封壇。玉檢、玉牒、石礎、石距、玉匱、石檢，皆如之。爲降禪壇於社首山上，八隅，一成八階，加方丘三壝。上飾以黄，四方如其色。其餘皆如登封。其議略定，而天子詔曰：「古今之制，文質不同。今封禪以玉牒金繩，而瓦尊匏爵秸席，宜改從文。」於是昊天上帝褥以蒼，地祇褥以黄，配褥皆以紫，而尊爵亦更焉。是歲正月，天子祀昊天上帝于山下之封祀壇，以高祖、太宗配，如圜丘之禮。親封玉册，置石礎，聚五色土封之。徑一丈二尺，高九尺。【略】

乾封元年正月，帝親享昊天上帝於山下封祀之壇，如圜丘之儀。祭訖，親封玉策，置石礎，聚五色土封之。圜徑一丈二尺，高九尺。【略】

高宗既封泰山之後，又欲遍封五岳。至永淳元年，于洛州嵩山之南置崇陽縣。其年七月，勑其所造奉天宫。二年正月，駕幸奉天宫。至七月，下詔將以其年十一月封禪於嵩岳。詔國子司業李行偉，考功員外郎賈大隱，太常博士韋叔夏、裴守貞、輔抱素等詳定儀注。於是議：「立封祀壇，如圜丘之制。上飾以玄，四面依方色。爲圜壇，三成，高二丈四尺，每等高六尺。壇上徑一十六步，三等各闊四步。設十二階，陛皆上闊八尺，下闊一丈四尺。爲三重壝，距外壝三十步，内壝距五十步。燎壇在壇東南外壝之内，高三尺，方一丈五尺，南出陛。登封壇，圓徑五丈，高九尺。四出陛，爲一壝，飾以五色，準封祀禪祭壇。上飾以金，四面依方色，爲八角方壇，再成，高一丈二尺，每等高四尺。壇上方十六步，每等廣四步，設八陛。其上壇陛皆廣八尺，中等陛皆廣一丈，下等陛皆廣一丈二尺。爲三重壝之大小，準封祀。爲埋埳，在壇之末地外壝之内，方深取足容物，南出陛。朝覲壇，于行宫之前爲壇宫。方三分。壝二，在南。壇方二十四丈，高九尺，南面兩陛，餘三面各一陛。封祀、登封，五色土封石磩爲圜封，上徑一丈二尺，下徑三丈，高九尺。禪祭，五色土封爲八角方封，大小準封祀制度。所用尺寸，準歷東封，並用古尺。諸壇並築土爲之，禮無用石之文。並度影以定方位。登封、降禪，四出陛各當四方之中，陛各上廣七尺，下廣一丈二尺。封祀玉帛料，有蒼璧，四圭有邸，圭璧。禪祭有黄琮，兩圭有邸，無圭璧。

王溥《唐會要》卷八《郊議》　開元十二年，四方治定，歲屢豐稔，羣臣多言封禪，中書令張説又固請，乃下制以十三年有事泰山。於是説與右散騎常侍徐堅、太常少卿韋縚、秘書少監康子元、國子博士侯行果刊定儀注。立圓臺於山上，廣五丈，高九尺，土色各依其方。又於圓臺上起方壇，廣一丈二尺，高九尺，其壇臺四面爲一階。又積柴爲燎壇於圓臺之東南，量地之宜，柴高一丈二尺，方一丈，開上，南出户六尺。又爲圓壇於山下，三成，十二階，如圜丘之制。又積柴於壇南爲燎壇，如山上。又爲玉册，玉匱，石磩，皆如高宗之制。【略】

制度　將作大匠先領徒於太山上立圜臺，廣五丈，高九尺，土色各依其方。又於圜臺上起方壇，廣一丈二尺，高九尺，其臺壇四面各爲一陛。玉版長一尺三寸，廣五寸，厚五寸。刻牒爲字，以金填之，用金匱盛。其玉牒文，中書門下取進止，所司承旨，請内鐫其名檢等，並如後制。郊社令積柴爲燎壇，於山上圜臺之東南，量地之宜，柴高一丈二尺，方一丈。開上，南出户，方六尺。又爲圜壇於山下，三成，十二陛，如圜丘之制，隨地之宜。壇上飾以玄，四面依方色。壇外爲三壝。郊社令又積柴於壇南燎，如山上之儀。又爲玉册，皆以金繩連編玉牒爲之，每牒長一尺二寸，廣一寸二分，厚三分，刻玉填金爲字。少府監量文多少爲之。又爲玉匱一，長一尺三寸，并檢方五寸，當纏繩處，刻爲五道，當封寶處，刻深二分，方取容受命寶印，以藏在座玉册，制度如玉匱。又爲黄金繩，以纏玉匱金匱。又爲石磩，以藏玉匱。用方石再累，各方五尺，厚一尺。縱鑿石中，廣深令容玉匱。磩旁施檢處，皆刻深三寸三分，闊一尺。南、北各二，東、西各三，去隅皆七寸。纏繩處皆刻深三分，闊一寸五分。爲石檢十枚。檢、石磩皆長三寸，闊一尺，厚七寸，皆刻爲三道，廣一寸五分，深四寸。當封處大小取容寶印，深二寸七分，皆有小石蓋，制與封刻處相應。以檢擫封印其檢，立於磩旁當刻處。又爲金繩三，以纏石磩，各五周，徑三分。爲石泥以封石磩。以石末和方色土爲其封。玉匱，金匱，石磩，同用受命寶，並所司量時，先奏請出之。爲石距十二枚，皆闊二尺，厚一尺，長一丈，邪刻其首，令與磩隅相應。分距磩四隅皆再累，爲五色土。圓封以封石磩，上徑一丈二尺，下徑三丈九尺。禪禮制度：將祭，將作先於社首山禪所爲禪祭壇，如方丘之制。八角、三成，每等高四尺，上闊十六步，設八陛。上等陛廣八尺，中等陛廣一丈，下等陛廣一丈二尺，爲三重壝。量地之宜，四面開門。玉册、石磩、玉匱、金匱、金泥、檢距、圓封、立碑等，並如封祀之儀。

王溥《唐會要》卷九上《雜郊議上》　武德初，定令：每歲冬至，祀昊天上帝于圜丘，以景帝配。其壇在京城明德門外道東二里。壇制四成，各高八尺一寸，下成廣二十丈，再成廣十五丈，三成廣十丈，四成廣五丈。每祀則昊天上帝及配帝設位于平座，藉用藁秸，器用陶匏。五方上帝、日月、内官、中官、外官及衆星，並皆從祀。其五方帝及日月七座，在壇之第二等；内五星以下官五十五座，在壇之第三等；二十八宿以下中官百三十五座，在壇之第四等；外官百十二座，在壇下外壝之内；衆星三百六十座，在外壝之外。其牲，上帝及配帝用蒼犢二，五方帝及日月用方色犢各一，内官以下加羊豕各九。《舊唐書·禮儀志》。

圜丘壇，北辰、北斗、天一、太一、紫微、五帝座，並差在行位前。餘内官諸座及五星、十二辰、河漢四十九座，在第二等十有二陛之間。中官、市垣、帝座、七公、日星、帝席、大角、攝提、太微、五帝、太子、明堂、軒轅、三台、五車、諸王、月星、織女、建星、天紀十七座及二十八宿，差在前列。其餘中官一百四十二座，皆在第三等十二陛之間。外官一百五在内壝之内，衆星三百六十在内壝之外。五星、三辰，以象尊實醍齊；七宿，以壺尊實沈齊；皆二。五星、十二辰、二十八宿、籩、豆各二，簠、簋、俎各一。四時祭風師、雨師、靈星、司中、司命、司人、司禄，籩八、豆八、簋一、簠一、俎一。牲皆少牢，席皆以莞。《唐書·禮樂志》。

王溥《唐會要》卷一一《明堂制度》　貞觀五年，太宗將造明堂，太子中允孔穎達以諸儒立議，頗乖故實，上表曰：「伏尋前勑，依禮部尚書盧寬、國子助教劉伯莊等議，以爲從崑崙道上層祭天。又尋後勑，爲左右閣道，登樓設祭。臣謹按六藝羣書，百家諸史，皆基上曰堂，樓上曰觀，未聞重樓之上而有堂名。《孝經》云：『宗祀文王于明堂。』不云明樓、明觀，其義一也。又明堂法天，聖王示儉，或有翦蒿爲柱，葺茅作蓋。雖復古今異制，不可常然，猶依大典，貴在樸素。是以席惟藁秸，器尚陶匏，用繭栗以貴誠，服大裘以訓儉。今若飛樓架道，綺閣凌雲，考古之文，實堪疑慮。按《郊祀志》，漢武明堂之制，四面無壁，上覆以茅，祀五帝于上座，祀后土于下防。臣以上座正爲基上，下防維是基下。既云無四壁，未審伯莊以何知上層祭神，下有五室？且漢武所爲，多用方士之説，違經背正，不可師祖。又盧寬等議曰，上層祭天，下堂布政，欲使人神位別，事不相干。臣以古者敬重大事，與接神相似，是以朝覲祭祀，皆在廟堂，豈有樓上祭祖，樓下視朝？閣道升樓，路便窄隘，乘輦則接神不敬，步陟則勞勤聖躬。侍衛在傍，百司供奉。求之典誥，全無此理。臣非敢固執愚見，欲求己長。伏以國之大典，不可不慎。伏乞以臣愚表，下付羣官詳議焉。」侍中魏徵議曰：「稽諸古訓，參以舊圖，其上圓下方，複廟重屋，百慮一致，異軫齊軌。洎當塗膺籙，未遑斯禮；典午聿興，無所取則。裴頠以諸儒持論，異端蜂起，是非舛互，靡所適從，遂乃以人廢言，止爲一殿。宋、齊即仍其舊，梁、陳遵而不改。雖嚴配有所，祭饗不匱，求之典則，道實未弘。夫孝因心生，禮緣情立。心不可極，故備物以表其誠；情無以盡，故飾宫以廣其敬。宣尼美嘆，意在兹乎！臣等親奉德音，得參大議，思竭塵露，增崇山海。凡聖人有作，義重隨時，萬物斯覩，事資通變。若據蔡邕之説，則至理失于文繁；若依裴頠所爲，則大體傷于質略。求之情理，未允厥中。今之所議，非無用捨。請爲五室重屋，上圓下方，既體有則象，又事多故實。下室備布政之居，上堂爲祭天之所，人神不雜，禮亦宜之。其高下廣袤之規，几筵尺丈之度，則並隨時立法，因事制宜。自我而作，何必師古，廓千載之疑議，爲百王之懿範。不使泰山之下，惟聞黄帝之法；汶水之上，獨稱漢武之圖。則通乎神明，庶幾可俟，子來經始，成之不日。」至十七年五月，祕書監顔師古議曰：「竊以明堂之制，爰自古昔，求諸簡牘，全文莫覩。肇起黄帝，降及有虞，彌歷夏、殷，迄於周代，各立名號，別創規模。衆説舛駁，互執所見，鉅儒碩學，莫有詳通，斐然成章，不知裁斷。究其指要，實布政之宫也。徒以戰國從横，典籍廢棄，暴秦酷烈，經禮湮亡。今之所存，記傳雜説，用爲準的，理實蕪昧。然《周書》之敍明堂，紀其四面，則有應、庫、雉門，據此一堂，固是王者之常居耳。其青陽、總章、玄堂、太廟及左个、右个，與《月令》四時之次相同，則路寢之義，足爲明證。又文王居明堂之篇，帶以弓韣，祠於高禖。下九門磔禳，以禦疾疫；置梁除道，以利農夫；令國有酒，以合三族。凡此等事，皆合《月令》之文。觀其所爲，皆在路寢者也。又《禮記》云：『昔者周公朝諸侯於明堂之位，天子負斧扆，南嚮而立。』明堂也者，明諸侯之尊卑也。《周官》又云：『周人明堂，度九尺之筵，東西九筵，堂一筵。』據其制度，即太寢也。《尸子》亦曰：『黄帝曰合宫，有虞曰總章，殷曰陽館，周曰明堂。』斯皆路寢之徵，知非別處。《大戴》所説，初有近郊之言，後稱文王之廟，進退無據，自爲矛盾。原夫負扆受朝，常居出入，既在皋庫之内，亦何云於郊野哉？《孝經傳》云『在國之陽』，又無里數。漢武有懷創造，廣集縉紳，言論紛紜，終以不定，乃于汶水之上而宗祀焉，明其不拘遠近，無擇方面。孝成之世，表行城南，雖有其文，厥功靡立。平帝元始四年，大議營起，孔牢等乃以爲明堂、辟雍、大學，一實三名，金褒等又稱經傳無明文，不能分別同異。中興之後，蔡邕作論，復云：『明堂、太廟，一物二名。』鄭玄則曰：『在國之陽，三里之外。』淳于澄又云：『三里之外，七里之内，丙巳之地。』穎容《釋例》亦曰：『明堂太廟，凡有八名，其體一也。』苟立同異，競爲巧説，並出自胷懷，曾無師祖審見。且夫功成作樂，治定制禮，草創從宜，質文遞變。旌旗冠冕，今古不同，律度權衡，前後不一，隨時之義，斷可知矣。假使周公舊章，尤當擇其可否；宣尼彝則，尚或補其闕漏。況乎鄭氏臆説，淳于謏聞，匪異守株，何殊膠柱？愚謂不出墉雉，邇接宫闈，實允事宜，諒無所惑。但當上遵天旨，祗奉德音，作皇代之明堂，永貽範於來葉。區區碎議，皆略而不論也。」又上表曰：「明堂之制，陛下已發德音，久令詳議。但以學者耑固，人人異言，損益不同，是非莫定。臣愚以爲五帝之後，兩漢以前，高下方圓，皆不相襲。惟在陛下，聖情創造，即爲大唐明堂，足以傳於萬代，何必論戶牖之多少，疑階庭之廣狹？若恣儒者，互説一端，久無斷決，徒稽盛禮。昔漢武欲草封禪儀，博望諸生，所説不同，莫知孰是。惟御史大夫倪寬勸上自定制度，遂成登封之禮。臣之愚誠，亦望陛下斟酌繁省，自爲節文，不可謙讓，以淹大典。」永徽二年七月二日詔：「朕聞上玄幽贊，處崇高而不言；皇王提象，代神工而理物。是知五精降德，爰應帝者之尊；九室垂文，用紀配天之業。合宫、靈符，創洪規於上代；太室、總章，標茂範於中葉。雖質文殊制，奢儉異時，然其立天中，作人極，布政施教，歸之一揆。今國家四表無虞，人和歲稔，作範垂訓，今也其時。宜令所司，與禮官學士等，考覈故事，詳議得失，務依典禮，造立明堂。庶曠代闕文，獲申於茲日；因心展敬，永垂於後昆。其明堂制度，宜令諸曹尚書，及左右丞侍郎、太常、國子監、秘書官、弘文館學士，同共詳議。」太常博士柳宣依鄭玄議，以明堂之制，當爲五室。前内直丞孔志約獻狀，據《大戴禮》及盧植、蔡邕等議，以爲九室。曹王友趙慈皓、秘書丞薛文思等各進明堂圖樣。諸儒紛争，互有不同。上以九室之議，理有可依，乃令所司詳定明堂形制大小，階基高下，及辟雍門闕等制度，務從典故也。明年六月二十八日，禮官學士詳議制度，久之不定，上乃内出九室樣，更令有司損益之。有司奏言：「内樣：堂基三重，每基階各十二。上基方九雉，八角，高一尺。中基方三百尺，高一筵。下基方三百六十尺，高一丈二尺。上基象黄琮，爲八角，四面安十二階。請從内樣爲定。基高下，仍請准周制高九尺，其方共作司約准二百四十八尺。中基下基，望並不用。又内室，各方三筵，開四闥，八窻，室圓楣徑二百九十一尺。按季秋大饗五帝，各在一室，商量不便，請依兩漢，季秋合饗，總於太室。若四時迎氣之祀，則各於其方之室。其安置九室之制，增損明堂故事，三三相重。太室在中央，方六丈。其四隅之室，謂之左右房，各方二丈四尺。當太室四面，青陽、明堂、總章、玄堂等室，各長六丈，以應太室；闊二丈四尺，以應左右房。室間並通巷，各廣一丈八尺。其九室并巷在堂上，總方一百四十四尺，法坤之策。屋圓楣、楯、檐，或爲未允。請據鄭玄、盧植等説，以前梁爲楣，其徑二百十六尺，法乾之象。圓楣之下，所施圓柱，旁出九宫，四隅，各七尺，法天以七紀。柱外餘基，共作司約准，面別各餘一丈一尺。内室別四闥、八窻，檢與古合，請依爲定。其户仍在外，設而不開。内外有柱三十六，每柱十梁。内有七間，柱根以上至梁，高三丈，梁以上至屋峻起，計高八十一尺。上圓下方，飛檐應規，請依内樣爲定。其蓋屋形制，仍望據《考工記》改爲四阿，并依禮加重檐，准太廟安鴟尾。堂四向五色，請依《周禮》白盛爲便。其四向各隨方色。請施四垣及四門。辟雍，案《大戴禮》及前代説，辟雍多無水廣、内徑之數。蔡邕云：『水廣二十四丈，四周於外。』《三輔黄圖》云：『水廣四周』，與蔡邕不異，仍云『水外周堤。』又張衡《東京賦》稱『造舟爲梁。』《禮記·明堂位》、《陰陽録》云：『水左旋以象天。』商量水廣二十四丈，恐傷於闊，今請減爲二十四步，垣外量取周足。仍依故事造舟爲梁，其外周以圓堤，并取陰陽水行左旋之制。殿垣，案《三輔黄圖》，殿垣四周方，在水内，高不蔽日，殿門去殿七十二步。准今行事陳設，猶恐窄小。其方垣四門，去堂步數，請准太廟南門去廟基遠近爲制。仍立四門八觀，依太廟門別各安三門，施玄閫，四角，造三重魏闕。」自後羣儒紛競，各執異議，九室五室，俱有依憑。上令所司於觀德殿前，依兩議張設，親與公卿觀之。謂公卿曰：「明堂之制，自古有之。議者不同，所以未造。今設兩議，公等以何者爲宜？」工部尚書閻立德奏曰：「兩議不同，俱有典故。九室似闇，五室似明。取捨之宜，斷在聖意。」上亦以五室爲便，以後制度未定而止。

乾封二年二月十二日詔：「郊社嚴配，未安太室，布政施行，猶闕合宫。所以日昃忘食，中宵輟寢，討論墳籍，錯綜羣言，採三代之精微，探九皇之至賾，斟酌前載，制造明堂。宜命有司，及時起作，務從折衷，稱朕意焉。」于是大赦，改元總章，分萬年縣改明堂縣。

總章二年三月九日詔：「上考經籍，制爲明堂，處二儀之中，定三才之本，構茲一宇，臨此萬方。」屬歲飢而止。

光宅元年，梓州人陳子昂上疏曰：「臣伏見天皇大帝，得天地之統，封于泰山，盛德大業，與天比崇矣。然尚未建明堂之宫，遂朝上帝，使萬代鴻業，至今猶闕。陛下若欲調元氣，睦人倫，躋俗仁壽，興風禮讓，捨此道也，于何理哉？願陛下念先帝之休意，恢大唐之鴻基，于國南郊，建立明堂。使宇宙黎元，遐荒夷貊，昆蟲草木，天地鬼神，粲然知陛下方興三王五帝之事也，與天下更始，不其盛哉。昔者黄帝合宫，有虞總章，唐堯衢室，夏后世室，羣聖之所以調元氣理陰陽于此也。臣雖未學，竊聞明堂之制，有天地之則焉，有陰陽之統焉，二十四氣，八風十二月，四時五行，二十八宿，莫不率備。故不順其時月之爲政也，則水旱興，疾疫起，蟲螟爲害，雨雹成災，陰陽不和，元氣以錯。故昔者聖人所以爲政教之大業也。願陛下爲大唐建萬代之業者，意在茲乎！願陛下以臣此章，與三公九卿，賢士大夫，議之于廷。倘事便于今，道不違古。即請陛下徵天下鴻生碩儒，博通古今皇王政治之術者，延問于庭，與之案《周禮·月令》而建之，臣必知天下庶人之來，可不日而成也。乃正月孟春，陛下乘鸞輅，駕蒼龍，載青旂，佩蒼玉，三公九卿，賢士大夫，鴻儒碩老，衣冠之倫，朝于青陽左个。天子負斧扆，憑玉几，南面以聽天下之政。乃令太史守典，奉法司天，日月星辰之行，無失經紀，以初爲常。陛下躬耕藉田，親蠶事，以勸天下之農桑養；三老五更，以教天下之孝悌明；訟恤獄，以息天下之淫刑；除殘去暴，以致天下之仁壽修；文尚德，以止天下之干戈；察孝興廉，以除天下之貪吏。鰥寡孤獨，疲癃羸老，不能自存者，賑恤之；後宮美人，非三妃九嬪八十一御女之數者，出嫁之；珠玉錦繡，雕琢伎巧之飾，非益于治者，悉棄之；巫鬼淫祀，誣惑良人者，悉禁之。天人之際既洽，鬼神之望允塞，然後作雅樂，潔粢盛，宗祀天皇於明堂，以配上帝，使萬國各以其職來祭，豈不休哉！」

垂拱三年，毁乾元殿，就其地創造明堂。令沙門薛懷義充使。四年正月五日畢功。凡高二百九十四尺，東西南北各廣三百尺。凡有三層：下層象四時，各隨方色；中層法十二辰，圓蓋，蓋上盤九龍捧之；上層法二十四氣，亦圓蓋。亭中有巨木十圍，上下通貫，栭、櫨、欂、槐，藉以爲本，亘之以鐵索。蓋爲鸑鷟，黄金飾之，勢若飛翥，刻木爲瓦，夾紵漆之。明堂之下施鐵渠，以爲辟雍之象。號萬象神宮。因改河南縣爲合宮縣。左史直弘文館劉允濟上《明堂賦》。百官賀明堂成，上表曰：「臣某已下若干人等言，臣聞上帝居高，懸太微之府；先王建國，闢宗祀之堂。不有大聖，誰能經始。伏惟天册金輪聖神皇帝陛下，尊祖揚禰，嚴禋之德再先；統天順時，布政之道尤急。親紆睿思，躬運元謨，故能上合乾象，下符坤策，柱將扶而已立，石未鑿而懸開。丹鷰踶甍，似鳴崗而遠至；蒼虬繞棟，疑出河而欲飛。神光熠燿於向晚，仙樂清泠而方盡。月惟孟夏，時屬正陽，張文物於闕庭，震聲名於寓縣。聖皇戾止，諸侯在列。穆穆焉，顒顒焉，交喜氣於三靈，動歡心于萬類者也。臣等竊窺朝典，既逢嘗麥之辰；旋顧野誠，輕襲獻芹之禮。謹上食若干轝如別項，滋踈鶴鼎，味劣黿庖，何以延蓮莆之涼，契芝英之壽。無任對懇之至，謹奉表隨進以聞。」

證聖元年正月，詔十七日御端門，賜酺宴十六日，明堂後夜佛堂災，延燒明堂，至明並盡。左拾遺劉承慶諫曰：「明堂宗祀之所，今忽被災，陛下宜輟朝停酺，以答天譴。」天后欲責躬避正殿，納言姚璹進曰：「此實人火，非曰天災。至如成周宣榭火，卜世逾長；漢武建章宮災，盛德彌永。今明堂乃是布政之所，非宗廟之地，陛下將避正殿，於大禮有乖。」從之，乃御端門賜宴。二十二日，以災告廟，下制遣内外文武九品以上，各上封事，極言正諫，無有所諱，于是劉承慶上疏曰：「日者變生人火，損及神宮，驚惕聖心，震動黎庶。臣謹按《左氏傳》曰：『人火曰火，天火曰災。』人火因人而興，故指火體而稱；天火不知所起，直以所災言之。其名雖殊，爲害不別。王者舉措營爲，必關幽顯。幽謂天道，顯謂人事，幽顯迹通，天人理合。今工匠宿藏其火，本無放燎之心；明堂教化之宮，復非延燒之所。孽煨潛扇，倏忽成災，雖則因人，亦關神理。臣愚以爲所營佛舍，既僻在明堂之後，又前逼牲牢之筵，兼以厥構崇大，功多難畢。立像弘法，本擬利益黎元；傷財役民，却且煩勞家國。承前大風摧木，天誡已顯；今者毒燄冥熾，人孽復彰。聖人動作，必假天人之助，一興功役，二者俱違，厥應昭然，殆將緣此。臣以爲明堂是正陽之位，至尊所居，展禮班常，崇化立政，玉帛朝會，神靈依憑。營之可曰大功，損之實非輕事；既失嚴禋之所，復傷孝治之情。陛下昨降明制，猶申寅畏之旨，羣寮理合兢畏震悚，勉力司存，豈合承恩耽樂，安然酺宴？但以火氣初止，尚多驚懼，餘憂未息，遽以歡事遏之。臣恐憂喜相争，傷于情理，故傳曰：『可憂而樂，取憂之道。』夫火陽氣，歡樂陽事，火氣方勝，不可復興陽事。臣聞災變之興，於聖不免，聿修其德，來患可禳也。陛下垂制博訪，詳求至理。而左史張鼎以爲『火流王室，彌表大周之祥』，通事舍人逢敏奏稱，『當彌勒成佛道時，有天魔燒宮，七寶臺須臾散壞』。斯實諂妄之邪言，實非君臣之正論。晻昧王化，無益萬機。審其致災之理，詳其降眚之由。無戾天人之心，而興不急之役，則兆民蒙賴，福禄靡窮。」其年三月，又令依舊規制，重造明堂，凡高二百九十四尺，東西南北，廣三百尺，上施寶鳳，俄以火珠代之。明堂之下，圜遶施鐵渠，以爲辟雍之象。至天册萬藏二年三月二日，重造明堂成，號通天宮。四月朔日，又行親享之禮，大赦，改元爲萬歲通天。其年四月三日，鑄銅爲九州鼎成，置于明堂之庭，各依方位列焉。蔡州鼎名永昌，高一丈八尺，受一千二百石。冀州鼎名武興，雍州鼎名長安，兗州鼎名日觀，青州鼎名少陽，徐州鼎名東源，揚州鼎名江都，荆州鼎名江陵，梁州鼎名成都。八州鼎各高一丈四尺，受一千二百石。用銅五十六萬七百一十二斤。鼎上各寫本州山川物産之象，仍令著作郎賈膺福、殿中丞薛昌容、鳳閣主事李元振、司農録事鍾紹京等分題之，尚方署令曹元廓圖畫之。仍令宰相、諸王率南北宿衛兵十餘萬人，并仗内大牛、白象曳之。自玄武門外曳入，天后自製《曳鼎歌》調，令曳者唱和焉。其時又造大儀鐘，斂天下三品金，竟不能成。九鼎初成，制令以黄金千兩塗之。納言姚璹諫曰：「大鼎者神器，貴在質樸自然，無假别爲浮飾。臣觀其狀，光有五彩輝煥，錯雜其間，豈待金色，方爲炫耀？」從之。開元二年八月十八日，太子賓客薛謙光獻東都九鼎銘。其蔡州銘，武后所制，文曰：「羲、農首出，軒、昊膺期，唐、虞繼踵，湯、禹乘時，天下光宅，海内雍熙，上元降鑒，方建隆基。」紫微令姚崇等奏曰：「聖人啓運，休兆必彰，請宣付史館。」詔從之。

開元五年正月，幸東都，將行大享之禮，太常少卿王忠仁、太常博士馮宗陳貞節等，咸以則天所造明堂，有乖典制，奏曰：「明堂之建，其所從來遠矣！自天垂像，聖人則之。蒿柱茅簷之規，上方下圓之制，考之大數，不踰三七之間，定之方中，必居丙巳之地者，豈非得房心布政之所，當太微上帝之宫乎？按漢武初，議立明堂于長安城南，遭竇太后不好儒術，事乃中廢。孝成之世，又欲立于城南，議其制度，莫之能決。至孝平元始四年，創造南郊，以申嚴配，但取丙巳而已，斯蓋百王不易之道也。高宗天皇大帝議明堂制度，久之不決，因而遂止者，何也？非謂財不足，力不堪也。將以周、孔既遥，禮經且紊，事不師古，或爽天心，難用作程，神不孚祐者也。則天太后總禁闈之政，籍軒臺之威，屬皇室中圮之期，躡和熹從權之制。以爲乾元大殿，承慶小寢，當正陽亭午之地，實先聖聽斷之宫。表順端門，儲精營室，爰從朝享，未始臨御。乃起工徒，挽令摧覆。既毁之後，雷聲隱然，衆庶聞之，或以爲神靈感動之象也。於是增土木之麗，因府庫之饒，南街北闕，建天樞大儀之制，乾元遺址，興重閣層樓之基。煙焰蔽日，梁柱排雲，人斯告勞，天實貽誡。煨燼甫爾，遽加修復。況乎地殊丙巳，未答靈心，跡匪膺期，乃申嚴配。事昧彝典，神不昭假。況兩京上都，萬方取則，而天子闕當陽之位，聽政居便殿之中，職司其憂，豈容沈默。當須審攷歷之計，擇煩省之宜，不便者量事改修，可因者隨而適用，削彼明堂之號，克復乾元之名，則當宁無偏，人識其舊矣。」詔令所司詳議奏聞。刑部尚書王志愔等奏議，咸請改易，依舊造乾元殿。乃下詔改明堂爲乾元殿，每臨御宜依正殿禮。自是，駕在東都，常以元日冬至于乾元殿受朝賀。竟無改易，唯改其門名而已。至十年十月十五日，復題乾元殿爲明堂，而不行饗祀之禮。至二十六年十月二日，詔將作大匠康諐素往東都毁明堂。諐素以毁拆勞人，遂奏請且拆去上層，卑于舊制九十五尺。又去柱心木，平座上置八角樓，樓上有八龍騰身捧火珠。珠又小于舊制，周圍五尺，覆以眞瓦，取其永遠。依舊爲乾元殿。開元二十七年八月，東京改作明堂，訛言官還取小兒，埋于明堂之下，以爲厭勝之法，村邑兒童藏于山谷。上惡之，乃令主客郎中王佶宣慰，久之乃定。先是，貞觀十七年七月，京師訛言官遣棖棖殺人，以祭天狗，遞相驚怖，月餘乃定。又天寶三年二月十七日，有流星如月，墜于東南，有聲。京師訛言，官遣棖捕人心肝，以祭天狗，人頗驚恐，遣使安諭之，乃定。

王溥《唐會要》卷一二《廟制度》 武德元年六月六日，立四廟於長安通義里，備法駕，迎宣簡公、懿王、景皇帝、元皇帝神主，祔於太廟，始享四室。貞觀九年，命有司詳議廟制度。諫議大夫朱子奢議曰：「臣等謹按漢丞相韋玄成奏立五廟，諸侯同五。劉子駿議開七祖，邦君降二。鄭司農踵玄成之轍，王子雍揚國師之波，分塗並驅，各相師祖，遂令歷代祧祀，多少參差。《傳》稱『名位不同，禮亦異數』。《易》云『卑高以陳，貴賤位矣』。豈非尊君卑佐，升降無舛，所貴禮者，義在兹乎！若使天子諸侯，俱立五廟，便是賤可以同貴，臣可以濫主，名器無准，冠履同歸，禮亦異數，義將安設？《戴記》又有以多爲貴者，天子七廟，諸侯五廟。若天子五廟，纔與子男相埒，以多爲貴，何所表乎？愚以爲諸侯立高祖已下，並太祖五廟，一國之貴也。天子立高祖已上，并太祖七廟，四海之尊也。降殺以兩，禮之正焉。伏惟聖祖在天，山陵有日，祔祖嚴配，大事在斯。宜依七廟，用崇大禮。庶前依晉、宋，傍愜人情。」中書侍郎岑文本議曰：「自羲乖闕里，學滅秦庭，而宗廟制度，典章散逸，習所傳而競偏説，執所見而起異端。自昔迄今，多歷年代，語其大略，兩家而已。祖鄭玄者則陳四廟之制，述王肅者則引七廟之文，貴賤混而莫辨，是非紛而不定。陛下誠宜定一代之宏規，爲萬世之彝則。臣等奉述睿旨，討論載籍，紀七廟者實多，稱四廟者蓋寡。校其得失，昭然可見。《春秋穀梁傳》及《禮記·王制》、《祭法》、《禮器》、《孔子家語》並云：『天子七廟，諸侯五廟，大夫三廟，士一廟。』《尚書·咸有一德》曰：『七世之廟，可以觀德。』至于荀卿、孔安國、劉歆、班彪父子、孔晁、虞喜、干寶之徒，商較今古，咸以爲然。故其文曰：『天子三昭三穆，與太祖之廟而七。』是以晉、宋、齊、梁，皆依斯義，立親廟六，豈非有國之茂典，不刊之休烈乎！若使違羣經之明文，從累代之疑議，背子雍之篤論，尊康成之舊學，則天子之禮，下逼于人臣，諸侯之制，上僭于王者，非所謂尊卑有序，名分不同者也。臣等參議，請依晉、宋故事，立親廟六，其祖宗之制，式遵舊典。」制從之。于是增修七廟，始崇祔弘農府君及高祖神主，並舊四室爲六室焉。初，議欲立七廟，以涼武昭王爲始祖，太子左庶子于志寧以爲武昭遠祖，非王業所因，不可爲始祖，竟從之。

貞觀二十三年八月二十三日，禮部尚書許敬宗奏：「宗祖弘農府君廟應迭毁。謹按舊儀，漢丞相韋玄成以爲毁主瘞埋。但萬國宗享，有所從來，一旦瘞藏，事不允愜。晉博士范宣意欲别立廟宇，奉征西等主，安置其中。方之瘞埋，頗叶情理，然事無典故，亦未足依。又議者或言毁主藏于天府，按天府祥瑞所藏，本非斯意。今准量，去祧之外，猶有壇墠，祈禱所及，竊謂合宜。今時廟制，與古不同，共堂别室，西方爲首。若在西夾之中，仍處尊位，祈禱則祭，未絶祇享，方諸舊儀，情實可安。弘農府君廟遠親殺，詳據舊章，禮合迭毁。臣等參議，遷奉神主於夾室，本情篤敬，在理爲允。」從之。其年八月二十八日，太宗文皇帝祔於太廟，遷宣皇帝神主於夾室。初，有司請依典禮，上欲留神主於内寢，旦夕申如在之敬，有詔停祠廟，英國公李勣等抗表固請曰：「竊以祖功宗德，飾終之明典；武穆文昭，嚴配之洪訓。愛敬之至，率由兹道，禮有節文，事經列聖，苟違斯義，國家貽恥。況逾月之外，須伸大祫，下管登歌，發暢雅頌，郊天配帝，光華勳烈。如停祔禮，諸美咸棄，伏願取法前王，垂訓翼子。」乃許焉。

神龍元年五月，東都創制太廟。太常博士張齊賢建議曰：「昔荀卿子云：『有天下者事七世，有一國者事五世。』則天子七廟，古今達禮。故《商書》稱『七世之廟，可以觀德。』《祭法》稱『王立七廟，一壇一墠。』《王制》曰：『天子七廟，三昭三穆，與太祖之廟而七。』莫不尊始封之君，謂之太祖。太祖之廟，百世不遷。祫祭之禮，毁廟之主，陳於太祖，未毁廟之主，皆昇合食於太祖之廟。太祖東向，昭南向，穆北向。太祖者，商之玄王、周之后稷也。是太祖之外，更無始祖。商自玄王已後，十有四代，至湯而有天下。周自后稷已後，十有七代，至武王而有天下。其間世數既遠，遷廟親廟，皆出太祖之後，故得合食有序，尊卑不差。其後漢高受命，無始封祖，即以高皇帝爲太祖。太上皇，高帝之父，立廟享祀，不在昭穆合食之列，爲尊於太祖故也。魏武創業，文帝受命，亦即以武帝爲太祖。其高祖、太皇、處士君等並爲屬尊，不在昭穆合食之列。晉宣創業，武帝受命，亦即以宣帝爲太祖。其征西、豫章、潁川、京兆府君等亦以屬尊，不在昭穆合食之列。歷兹已降，至於有隋，宗廟之制，斯理不易。故宇文氏以文皇帝爲太祖，隋氏以武元皇帝爲太祖。國家誕受天命，累聖重光。景皇帝始封唐公，實爲太祖。中間世數既近，列在三昭三穆之内，故皇家太廟，惟有六室。其弘農府君、宣、光二帝，尊於太祖，親盡則遷，不在昭穆合食之數。今皇極再造，孝思匪寧。奉二月二十九日勑：『七室已下，依舊號尊崇。』又奉三月一日勑『既立七廟，須尊崇始祖，速令詳定』者。伏尋禮經，始祖即是太祖，太祖之外，更無始祖。周廟太祖之外，以周文王爲始祖，不合禮經。或又引《白虎通義》云：『后稷爲始祖、文王爲太祖、武王爲太宗』，及鄭玄注云：『《詩·雍》序云太祖謂文王以爲説』者。其義不然。何者？彼以王者祖有功，而宗有德，周人祖文王而宗武王，故謂文王爲太祖耳，非祫祭羣主合食之太祖。今之議者，或有欲立涼武昭王爲始祖者，殊爲不可。何者？昔在商、周，稷、契始封，湯、武受命，湯、武之興，祚由稷、卨，故以稷、卨爲太祖，即皇家之景皇帝是也。涼武昭王勳業未廣，後主失國，土宇不傳。景皇始封，實基明德。今乃舍封唐之盛烈，崇西涼之遠構，考之前古，實乖典禮。魏氏不以曹參爲太祖，晉氏不以殷王卬爲太祖，宋氏不以楚元王爲太祖，齊、梁不以蕭何爲太祖，陳、隋不以胡公、楊震爲太祖，則皇家安可以涼武昭王爲太祖乎？漢之東京，大議郊祀，多以周郊后稷，漢當郊堯。制下公卿，議者僉同，帝亦然之。惟杜林正議，獨以爲『周家之興，祚由后稷。漢業特起，功不緣堯。祖宗故事，所宜因循』。竟從林議。又傳稱，『欲知天上，事問長人』，以其近之。武德、貞觀之時，主聖臣賢，其去涼武昭王，蓋亦近于今矣。當時不立者，必不可立故也。今既年代寖遠，乃復立之，是非三祖三宗之意。實恐景皇失職而震怒，武昭虚位而不答，非社稷之福也。宗廟事重，禘祫禮崇，先王以之觀德。或者不知其説，既灌而往，孔子不欲觀之。今朝命惟親，宜應慎禮，祭神如在，理不可誣。請准加太廟爲七室，享宣皇帝以備七世，其始祖不合别有尊崇。」太常博士劉承慶、尹知章又議曰：「謹按《王制》：『天子七廟，三昭三穆，與太祖而七。』此載籍之明文，古今之通制。皇唐稽考前範，詳采列辟，崇建宗靈，式遵斯典。但以開國之主，受命之君，王迹有淺深，太祖有遠近。昔湯、武受命，祚因稷、卨，太祖代遠，出于昭穆之上，故七廟可全。若夏繼唐、虞，功非由鯀；漢除秦、項，力不因堯。及魏、晉經國，周、隋撥亂，皆勛崇近代，祖業非遠，受命始封之主，不離昭穆之親，故肇立宗祊，罕聞全制。夫太祖以功建，昭穆以親崇，有功百世而不遷，親盡七葉而當毁。或以太祖世淺，廟數非備，更於昭穆之上，遠立合遷之君，曲從七廟之文，深乖迭毁之制。皇家千齡啓旦，百葉重光。景皇帝濬德基唐，世數猶近，號雖崇于太祖，親尚列于昭穆，且臨六室之位，未申七代之尊。是知太廟當六，未合有七。故先朝惟有宣、光、景、元、神堯、文武六代親廟。大帝登遐，神主升祔于廟室，以宣皇帝世數當滿，准禮復遷。今止有光皇帝已下六代親廟，非是天子之廟數不當有七，本由太祖有遠近之異，故初建有多少之殊。敬惟三后臨朝，代多儒雅，神祊事重，禮豈虚存，規模可沿，理難變革。宣皇既非始祖，又廟無祖宗之號，親盡既遷，其廟不合重立。若禮終運往，建議復崇，實違《王制》之文，不合先朝之旨。請依貞觀之故事，無改三聖之宏規，光崇六室，無虧古義。」其時有制，令宰臣更加詳定，禮部尚書祝欽明等奏言：「博士三百人，自分兩議：張齊賢以始同太祖，不合更祖昭王；劉承慶以《王制》三昭三穆，亦不合重崇宣帝。臣等商量，請依張齊賢以景皇帝爲太祖，依劉承慶尊崇六室。」從之。其年八月，崇祔光皇帝、太祖景皇帝、世祖元皇帝、高祖神堯皇帝、太宗文武聖皇帝、皇考高宗天皇大帝、皇兄義宗孝敬皇帝于東都之太廟，親行享獻之禮。樂章並用貞觀舊詞。

開元四年七月十八日，太常卿姜皎及禮官太常博士陳貞節、蘇獻等上七廟昭穆議曰：「禮，天子三昭三穆，與太祖爲七，昭穆迭毁，而太祖常存，聖人之大典也。若禮名不正，則奠獻無序矣。謹按中宗孝和皇帝在廟，七室已滿。今睿宗大聖真皇帝是中宗之弟，以六月升遐，甫及仲冬，禮當遷祔。但兄弟入廟，古則有焉，遞遷之禮，昭穆須正。謹按《禮論》，太常賀循議云：『兄弟不相爲後也。故殷之盤庚，不序于陽甲，而上繼于先君；漢之光武，不嗣于孝成，而上承于元帝。』又曰：『晉惠帝無後，懷帝承統，懷帝自繼于世祖，而不繼于惠帝。其晉惠帝當同陽甲，孝成别出爲廟。』又曰：『若兄弟相代，則共是一世，昭穆位同。不可兼毁二廟。』此蓋禮之常例也。《荀卿子》曰：『有天下者事七世』，謂從禰已上也。尊者統廣，故恩及遠祖。若旁容兄弟，上毁祖考，此則天子有不得全祀于七世之義也。孝和皇帝有中興之功，而無後嗣，請同殷之陽甲、漢之成帝，出爲别廟，時祭不虧，大祫之辰，合食太祖。奉睿宗神主升祔太廟，上繼高宗，則昭穆永貞，獻祼長序。此萬代之典，敢不颺言。」從之。初，令以儀坤廟爲中宗廟，至八月九日，勅宣于太廟西少府監賜坊，别造中宗廟，隸入太廟署。開元四年十一月十五日，徙中宗神主于四廟；十六日，祔睿宗昭成皇帝主于太廟。

十一年四月，國子祭酒徐堅上表曰：「臣謹按《禮稽命徵》，虞夏五廟，殷六廟，周七廟，諸侯五廟，而魯用天子之禮，並后稷、姜嫄爲七廟。故知五帝殊時，不相沿樂；三王異世，不相襲禮。伏以中宗孝和皇帝受命中興，化民以德，雖别廟薦享，而聖心未安，將革前規，移入太廟。臣參詳自古廟制，夏、殷、周、漢，各自立廟，不同一處。漢光武以中興崇儉，故七室共堂，而歷代尊行，以爲折衷。今太廟七室，皆有神主，孝和皇帝既須入廟，先有夾室見空，望奉移向此室内，既同太廟，八室祭享是同，在于情理，實爲允愜。」五月一日，遷中宗神主祔于太廟。其年七月二日，詔曰：「朕聞王者乘時以設教，因事以制禮，沿革以從宜爲本，取捨以適會爲先，故損益之道有殊，質文之用斯異。且夫至德之謂孝，所以通于神明；大事之謂祀，所以虔于宗廟。嘗覽古典，爰詢廟制，遠則殷、周事異，近則漢、晉道殊，雖禮文之不同，固嚴敬之無二。況恩以降殺而疏，廟以遷毁而廢，雖式瞻古訓，禮則不違，而永言孝思，情所未足。其祧室宜列爲正室，將使親而不盡，遠而不祧，廟以貌存，宗由尊立。俾四時式薦，不間于毁主；百代靡遷，匪惟于始廟。所謂變以合禮，動而得中，嚴配之典克崇，肅雍之美兹在。太廟宜置九室，令所司擇日啓告移造。」

會昌五年七月，中書門下奏：「孟州汜水縣武牢關，是太宗擒王世充、竇建德之地。關城東峯，有高祖、太宗像，在一堂之内。伏以山河如舊，城壘猶存，威靈皆畏於軒臺，風雲疑還於豐沛，誠宜百代嚴奉，萬邦所瞻。西漢故事，祖宗所嘗行幸，皆令郡國立廟。今緣定覺寺理合毁拆，望取寺中大殿材木，于東峯改造一殿，四面兼置垣墻。伏望號爲昭武廟，以昭聖祖受功之盛。興功日，望令差東都分司郎中一人薦告，至畢功日，别差使展敬。」制「可」。王者大勳，被於率土，宗社之典，敬而不私。郡國立廟，非古也。

六年五月，禮儀使奏：「武宗昭肅皇帝祔廟，并合祧去舊廟等事。伏以自敬宗、文宗、武宗兄弟相及，已歷三朝，昭穆之位，與承前不同。所可疑者，其事有四：一者，兄弟昭穆同位，不相爲後；二者，已祧之主，復入舊廟；三者，廟數有限，無後之主，則宜出置别廟；四者，兄弟既不相爲後，昭爲父道，穆爲子道，則昭穆同班，不合異位。據《春秋》『文公二年，躋僖公』。何休云：『躋，升也，謂西上也。惠公與莊公當同南面西上，隱、桓與閔、僖當同北面西上。』孔穎達亦引斯義釋經。又賀循云：『殷之盤庚，不序陽甲；漢之光武，上繼元帝。』晉元帝、簡文，皆用此義毁之，蓋以昭穆同位，不可兼毁二廟故也。《尚書》云：『七世之廟，可以觀德。』且殷家兄弟相及，有至四帝，不及祖禰，何容更言七世，于理無疑矣。二者，今已兄弟相及，同爲一代，矯前之失，則合復祔代宗神主於太廟。或疑已祧之主，不宜更入太廟者，按晉代元、明之時，已遷豫章、潁川矣，及簡文即位，乃元帝之子，故復豫章、潁川二神主於廟。又國朝中宗已祔太廟，至開元四年，乃出置别廟，至十年置九廟，而中宗主復祔太廟。則已遷復入，亦可無疑矣。三者，廟有定數，無後之主，出置别廟者。按魏、晉之初主多同廟，蓋取上古清廟一宫，尊遠神祇之義。自後晉武所立之廟，雖云七主，而實六世，蓋景、文同廟故也。又按魯立姜嫄、文王之廟，不計昭穆，以尊尚功德也。晉元帝上繼武帝，而别享惠、懷、愍三帝，時賀循等諸儒議，以爲别立廟，親遠義疏，都邑遷異，於理無嫌也。今以文宗棄世纔六年，武宗甫爾復土，遽移别廟，不齒宗祖，在於有司，非所宜議。四者，添置廟之室。按《禮論》，晉太常賀循云：『廟以容主爲限，無拘常數。』故晉武帝時，廟有七主六代。至元帝、明帝，廟皆十室。及成、康、穆三帝，皆至十一室。自後雖遷故祔新，大抵以七世爲准，而不限室數。伏以江左名儒，通曉覩奥，事有明據，固可施行。今若不行是議，更以迭毁爲制，則當上不及高曾未盡之親，下有忍臣子恩義之道。謹備討古今，參校經史，上請復代宗神主於太廟，以存高曾之親，下以敬宗、文、武二宗同爲一代，於太廟東間添置兩室，定爲九代十一室之制，以全臣子恩敬之義。庶協大順之宜，得變禮之正，折古今之紛互，立羣疑之拘指。俾因心廣孝，永燭於皇明；昭德事神，無虧於聖代。」勅旨：「宗廟事重，實資參詳。宜令尚書省、兩省、御史臺四品已上官，大理卿、京兆尹集議以聞。」尚書左丞鄭涯等奏議曰：「夫禮經垂訓，莫重於嚴配，必參損益之道，則合典禮之文。況有明徵，是資折衷。伏自敬宗、文宗、武宗三朝祠位，皆以兄弟，考於前代，理有顯據。今謹詳禮官所奏，並上稽古文，旁摭史氏，協於通變，允謂得宜。臣等商量，伏請並依禮官所議。」從之。

王溥《唐會要》卷二〇《陵議》　貞觀九年，高祖崩，詔定山陵制度，令依漢長陵故事，務在崇厚。時限既促，功役勞敝，祕書監虞世南上封事曰：「臣聞古之聖帝明王，所以薄葬者，非不欲崇高光顯，珍寶具物，以厚其親。然審而言之，高墳厚壟，珍物必備，此適所以爲親之累，非曰孝也。是以深思遠慮，安于菲薄，以爲長久萬世之計，割其常情，以定之耳。昔漢成帝造延、昌二陵，制度甚厚，功費甚多，諫議大夫劉向上書曰：『孝文帝居霸陵，悽愴悲懷，顧謂羣臣曰：「嗟乎，以北山石爲槨，用紵絮斮陳漆其間，豈可動哉？」張釋之進曰：「使其中有可欲，雖錮南山猶有隙，使其中無可欲，雖無石槨，又何戚焉？」夫死者無終極，而國家有廢興，釋之所言，爲無窮計也。孝文寤焉，遂以薄葬。』又漢氏之法，人君在位，三分天下貢賦，以一分入山陵。武帝歷年長久，比葬，陵中不復容物。霍光暗于大體，奢侈過度，其後至更始之敗，赤眉入長安，破茂陵取物，猶不能盡。無故聚斂百姓，爲盜之用，甚無謂也。魏文帝于首陽東爲壽陵，作《終制》，其略云：『昔堯葬壽陵，因山爲體，無樹無封，無立寢殿園邑，爲棺槨足以藏骨，爲衣衾足以朽肉。吾營此不食之地，欲使易世之後，不知其處。無藏金玉銅錢，一以瓦器。自古及今，未有不亡之國，是無不掘之墓。喪亂以來，漢氏諸陵無不發掘，乃燒取玉柙金鏤，骸骨並盡，豈不重痛哉？若違詔妄有變改，是爲戮屍于地下，死而重死，不忠不孝，使魂而有知，將不福汝。以爲永制，藏之宗廟。』魏文此制，可謂達于事矣。向使陛下德止于秦、漢之君，臣則緘口而已，不敢有言。伏見聖德高遠，堯、舜猶所不逮，而俯與秦、漢之君，同爲奢泰，捨堯、舜、殷、周之節儉，此臣所以戚戚也。今爲丘壟如此，其内雖不藏珍寶，亦無益也。萬世之後，人但見高墳大塚，豈謂無金玉也？臣之愚計，以爲漢文霸陵，既因山勢，雖不起墳，自然高敞。今之所卜，地勢既平，不可不起。宜依《白虎通》所陳周制，爲三仞之墳，其方中制度，事事減少，事竟之日，刻石于陵側，書明丘封大小高下之式，明器所須，皆以瓦木，合于禮文，一不得用金銀銅鐵。使後世子孫，並皆遵奉。一通藏之宗廟，豈不美乎？且臣下除服，用三十六日，已依霸陵。今爲墳壠，又以長陵爲法，恐非所宜。伏願深覽古今，爲久長之慮。」書奏，不報。世南又上疏曰：「漢家即位之初，便營陵墳，近者十餘歲，遠者五十年，方始成就。今以數月之間，而造數十年之事，其於人力，亦已勞矣。又漢家大郡五十萬户，則日人衆，未及往時，而功役與之一等，此臣所以致疑也。」又公卿上奏，請遵遺詔，務從節儉，太宗乃謂中書侍郎岑文本曰：「朕欲一如遺詔，但臣子之心，不忍頓爲儉素。如欲稱朕崇厚之志，復恐百世之後，不免有廢毀之憂。朕爲此不能自決，卿等平章，必令得所，勿置朕於不孝之地。」因出虞世南封事，付所司詳議以聞。司空房玄齡等議曰：「謹按高祖長陵，高九丈，光武陵高六丈，漢文、魏文並不封不樹，因山爲陵。竊以長陵制度，過爲宏侈，二丈立規，又傷矯俗。光武中興明主，多依典故，遵爲成式，實謂攸宜。伏願仰遵顧命，俯順禮經。」詔曰：「朕既爲子，卿等爲臣，愛敬罔極，義猶一體，無容固陳節儉，陷朕于不義也。今便敬依來議。」於是山陵制度頗有減省。

十八年，太宗謂侍臣曰：「昔漢家皆先造山陵，既達始終，身復親見，又省子孫經營，不煩費人功，我深以此爲是。古者因山爲墳，此誠便事，我看九嵕山孤聳迴繞，因而傍鑿，可置山陵處，朕實有終焉之理。」乃詔曰：「《禮記》云：『君即位而爲椑。』莊周云：『息我以死。』豈非聖人遠鑒深識，著之典誥，恐身後之日，子子孫孫，尚習流俗，猶循常禮，功四重之櫬，伐百祀之木，勞擾百姓，崇厚墳陵。今先爲此制，務從儉約，于九嵕之上，足容一棺而已。木馬塗車，土桴葦籥，事合古典，不爲世用。又佐命功臣，義深舟楫，追念在昔，何日忘之。漢氏將相陪陵，又給東園祕器，篤終之義，恩意深厚。自今以後，功臣密戚及德業佐時者，如有薨亡，宜賜塋地一所，以及祕器，使窀穸之時，喪事無闕。」至二十三年八月十八日，山陵畢。陵在醴泉縣，因九嵕層峰，鑿山南面，深七十五丈，爲玄宮。緣山傍巖，架梁爲棧道，懸絶百仞，繞山二百三十步，始達玄宮門。頂上亦起遊殿。文德皇后即玄宮後，有五重石門，其門外于雙棧道上起舍，宫人供養，如平常。及太宗山陵畢，宫人欲依故事留棧道，惟舊山陵使閻立德奏曰：「玄宮棧道，本留擬有今日，今既始終永畢，與前事不同。謹按故事，惟有寢宮安供養奉之法，而無陵上侍衛之儀，望除棧道，固同山岳。」上嗚咽不許，長孫無忌等援引禮經，重有表請，乃依奏。上欲闡揚先帝徽烈，乃令匠人琢石，寫諸蕃君長貞觀中擒伏歸化者形狀，而刻其官名。突厥頡利可汗、右衛大將軍阿史那出苾，突厥頡利可汗、右衛大將軍阿史那什鉢苾，突厥乙彌泥孰候利苾可汗、右武衛大將軍阿史那李思摩，突厥都布可汗、右衛大將軍阿史那社爾，薛延陀真珠毗伽可汗，吐蕃贊普，新羅樂浪郡王金真德，吐谷渾河源郡王、烏地也拔勒豆可汗慕容諾曷鉢，龜茲王訶黎布失畢，于闐王伏闍信，焉耆王龍突騎支，高昌王、左武衛將軍麴智盛，林邑王范頭黎，帝那伏帝國王阿羅那順等十四人，列于陵司馬北門內，九嵕山之陰，以旌武功。乃又刻石爲常所乘破敵馬六匹于闕下也。

神龍元年十二月，將合葬則天皇后于乾陵，給事中嚴善思上奏曰：「臣謹按《天元房録葬法》云：『尊者先葬，卑者不合於後開入。』臣伏聞則天大聖皇后欲開乾陵合葬，然以則天皇后卑于天皇大帝，欲開陵合葬，即是以卑動尊，事既不經，恐非安穩。臣又聞乾陵玄宮，其門以石閉塞，其石縫鑄鐵，以固其中。今若開陵，其門必須鐫鑿。然以神明之道，體尚幽玄，今乃動衆加功，誠恐多所驚黷。又若別開門道，以入玄宮，即往者葬時，神位先定，今更改作，爲害益深。又以修築乾陵之後，國頻有難，遂至則天皇后總萬幾二十餘年，其難始定。今乃更加營作，伏恐還有難生。但合葬非古，著在古昔，在禮經緣情爲用，無足依准。況今事有不安，豈可復循斯制？伏見漢時諸陵，皇后多不合葬。魏、晉之後，祚皆不長。雖受命應期，有因天假，然循機享德，亦在天時。但陵墓所安，必資勝地，後之胤嗣，用託靈根，或有不安，後嗣固難長享。伏望依漢朝之故事，改魏、晉之頽綱，于乾陵之傍，更擇吉地，取生墓之法，別起一陵，既得從葬之儀，又成固本之業。伏以合葬者，緣人私情，不合葬者，前修故事。若以神道有知，幽塗自得通會。若以死者無知，合之復有何益？然以山川精氣，上爲星象。若葬得其所，則神安後昌。若葬失其宜，則神危後損。所以先哲垂範，具立葬經，欲使生人之道必安，死者之神永奉。伏望少迴天眷，俯覽臣言，行古昔之明規，割私情之愛欲，使社稷長享，天下永安。」疏奏，百官詳議，尋有勑令，准遺詔以葬之。

開元十七年，玄宗因拜橋陵，至金粟山，觀岡巒有龍盤鳳翔之勢，謂左右曰：「吾千秋後，宜葬于此地。」後遂追先旨葬焉。

天寶十三載二月制：「獻、昭、乾、定、橋五署，改爲臺令，各升一階，自後諸陵，例皆稱臺。」又至德元年八月六日，前興、定陵署焦士炎上表：「請永康、興寧二陵爲署。」勑令中書門下，召禮官定其可否。太常禮院奏曰：「《禮記》：『追王太王、王季，上祀先公，以天子之禮。』上文言追王王季，下文言上祀先公，足明追者全用天子之禮，先公惟祀事得用。故鄭玄注言追王王季者，以近起焉，又言追王者，改葬之矣。葬且猶改，則其餘可知。伏以景皇帝並是追尊，皆用天子之禮，陵臺之號，不合有殊。」從之。

建中元年，德宗即位，將厚奉元陵，刑部員外郎令狐峘上疏諫曰：「臣聞《傳》曰：『近臣盡規。』《禮記》曰：『事君有犯而無隱。』臣讀《漢書・劉向傳》，見論王者山陵之誡，良史稱歎，萬古芬芳。何者？聖賢之心，勤儉是務，必求諸道，不作無益。故舜葬蒼梧，不變其肆；禹葬會稽，不改其列；周武葬于畢陌，無丘壠之處；漢文葬于霸陵，因山谷之勢。禹非不忠也，啓非不順也，周公非不悌也，景帝非不孝也，其奉君親，皆從微薄。昔宋公始爲厚葬，用蜃灰，益車馬，其臣華元、樂舉，《春秋》書爲不臣。秦始皇葬驪山，魚膏爲燈燭，水銀爲江海，珍寶之藏，不可勝計，千載非之。宋桓魋爲石槨，夫子曰：『不如速朽。』子游問喪具，夫子曰：『稱家之有無。』張釋之對孝文曰：『使其中無可欲，雖無石槨，亦何戚焉？』漢文帝霸陵，皆用瓦器，不以金銀爲飾，由是觀之，有德者葬愈薄，無德者葬愈厚，昭然可睹矣。陛下自臨御天下，聖政日新，進忠去邪，減膳節用，不珍雲物之瑞，不近鷹犬之娱。有司給物，悉依元估，利於人也。遠方底貢，惟供祀事，薄於己也。故澤州奏慶雲，詔曰『以時和爲嘉祥』；邕州奏金坑，詔曰『以不貪爲寶』。恭惟聖慮，無非至理，而獨六月一日制節文云，緣應山陵制度，務從優厚，常竭帑藏，以供費用者。此誠仁孝之德，切于聖衷。伏以尊親之義，貴于合禮。陛下每下明詔，發德音，追蹤唐、虞，超邁周、漢，豈取悦凡常之口，有違賢哲之心，與失德之君，競于奢侈者也。臣又伏讀遺詔曰：『其喪儀制度，務從儉約。』陛下恭順先志，動無違者，若制度優厚，豈顧命之意也。」疏奏，優詔從之。

貞元十四年四月詔曰：「昭陵舊寢宫在山上，置來多年，曾經野火燒爇，摧毁略盡，其宫尋移在瑶臺寺側。今屬通年，欲議修理，緣供水稍遠，百姓勞敝。今欲于見住行宫處修造，以冀久遠便安，又爲改移舊制，恐在所未周，宜令中書門下百官，同商量可否聞奏。」于是吏部員外郎楊於陵議曰：「伏以陵園宫寢，非三代之制，自秦、漢以來有之。但相沿于陵旁制寢，未聞去陵有遠近步數之節。在漢宣、元之後，諸儒韋玄成、匡衡等迭建陵寢之議，或興或廢，亦無明徵。陛下嚴恭禋祀，至誠至慎，俯擇羣議，上參天心，則葺修之理，可得指事而言也。竊以陵寢經界，在柏城之内，非遠于陵也。若諸陵寢宫，皆因高有定制，去陵有定限，則縱非太宗之寢，雖遠井泉，皆宜循舊，不可移也。如但止于柏城之内，去陵遠近不一，則昭陵舊寢，焚爇既盡，行宫所卜，展敬多年。今便于側近循造，不出柏城之内，則與諸陵寢廟，復何異也？議者或以太宗創業垂統，功德巍巍，寢宫舊規，不合變易。復山上已毀之地，則爲展孝，就山下載安之所，則爲遠陵，甚不然也。何者？因陵建寢，當時之事也；乘變改作，順時之宜也。大園塋本于安静，繕建彰于動作，燎火之恐，當不安矣，版築之勞，斯爲勤矣。將欲崇閟宇于荒廢，興大役于密邇，慮非聖靈之所憑依，區區財力之費，曾何足計？是則曩時之創立，以近爲便，今日之改制，以便爲宜，奚必于柏城封域之中，生近陵之嫌也。伏惟陛下虔奉祖宗，盡心園寢，上以追孝敬，下以庇烝黎。臣識陋學淺，莫探往制，罄竭所見，謂宜改修。」太常博士韋彤奏議曰：「歷代禮書及國朝故事，未見有不可改移之禮。先王建都立邑，以安民也，有不便則爲之遷，況其有故乎！伏以文皇寢園，頃遇焚爇，遂奉仙駕，久移舊宫，事則因災，非無故也。歲月傳敍，神御已安，就其修建，可謂至順。且陵旁置寢，是秦、漢之法，擇其高爽，務取清嚴，去陵遠近，本無著定。是以今之制置，里數不同，各于柏城，隨其便地，又非皆在山下也。臣訪聞昭陵舊寢，經火之後，人行遂少，林莽隱蔽，逕路欹危。伏以玄宫尚幽，所奉宜静，今若必須仍舊，土木興功，不惟負載至難，亦恐喧囂太逼。大道以變通則久，聖人以適時爲禮。今陛下孝思所切，營建惟新，是則通于神明，豈伊常情所及？聖旨所示，謂于瑶臺寺左側，是必于昭陵柏城之内，不在瑶臺寺明矣。既不越封兆，而力役易從；俯近井泉，則膳羞愈潔。規模一定，垂之無窮，酌其便宜，誠爲允當。」初，正月中，令有司修葺陵寢，以昭陵舊宫先因火焚毁，故詔百官詳議。議者多云舊宫既被焚爇，請移就山下，或有議請修舊宫者，上意亦不欲遷移，由是復以山下爲定。于是遣右諫議大夫、平章事崔損充修八陵使。及所司計料，獻、昭、乾、定、泰五陵，各造屋三百七十八間，橋陵一百四十間，元陵三十間，惟建陵不復創造，但修葺而已。所緣寢陵中帷幄牀褥一事以上，並令制置上親閲焉。

寶曆二年二月，太常奏：「追尊孝敬皇帝以下四陵，宜停朝拜事。孝敬皇帝恭陵，讓皇帝惠陵，奉天皇帝齊陵，承天皇帝順陵。前件四陵，昔年追尊大號，皆是恩制，緣情而行，當時已不合經典。今乃二時朝拜，上擬祖宗，竊以情禮之差，過猶不及。謹按《禮記》及歷代禮文并國朝故事，皇帝旁親無服，又云五代而親屬盡。伏以四陵親非祖宗，事無功德，緣情權制，禮合變更，有司因循，尚爲常典。況今宗廟之上，遷世已遠，尊卑降殺，朝謁須停。」敕旨依奏。

王溥《唐會要》卷二六《鄉飲酒》 貞觀六年詔曰：「比年豐稔，閭里無事，乃有惰業之人，不顧家產，朋遊無度，酣宴是耽，危身敗德，咸由於此。每覽法司所奏，因此致罪，實繁有徒。静言思之，良增軫歎，自匪澄源正本，何以革兹俗弊？當納之軌物，詢諸舊章，可先録《鄉飲酒禮》一卷，頒行天下。每年令州縣長官，親率長幼，齒别有序，遞相勸勉，依禮行之，庶乎時識廉恥，人知敬讓。」

唐隆元年七月十九日敕：「鄉飲酒禮之廢，爲日已久，宜令諸州，每年遵行鄉飲酒禮」。

開元六年七月十三日，初頒《鄉飲酒禮》於天下，令牧宰每年至十二月行之。至十八年，宣州刺史裴耀卿上疏曰：「州牧縣宰，所主者，宣揚禮樂，典校經籍；所教者，返古還淳，上奉君親，下安鄉族。聖朝制禮作樂，雖行之日久，而外州遠郡，俗習未知，徒聞禮樂之名，而不知禮樂之實。竊見以《鄉飲酒禮》頒於天下，比來唯貢舉之日，略用其儀，閭里之間，未通其事。臣在州之日，率當州所管縣，一一與父老百姓，勸遵行禮，奏樂歌至《白華》、《華黍》、《南陔》、《由庚》等章，言孝子養親，及羣物遂性之義，或有泣者，則人心有感，不可盡誣。但州縣久絶雅聲，不識古樂，伏計太常具有樂器大樂，久備和聲。望天下三五十大州，簡有性識人，于太常調習雅聲，仍付笙竽琴瑟之類，各三兩事，令比州轉次造習，每年各備禮儀，准令式行禮，稍加勸奬，以示風俗。」二十五年三月敕：「應諸州貢人，上州歲貢三人，中州二人，下州一人，必有才行，不限其數。其所貢之人，將申送一日，行鄉飲酒禮，牲用少牢，以現物充。」

王溥《唐會要》卷三一《輿服上》 裘冕

舊制：天子之服，則有大裘冕、衮冕、鷩冕、毳冕、絺冕、玄冕、通天冠、武弁、黑介幘、白紗帽、平巾幘、翼善冠之服。並出於殿中者。皇后之服，則有褘衣、鞠衣、鈿釵禮衣之服。並出於内侍省。太子之服，則有衮冕、具服遠遊冠、公服遠遊冠、烏紗帽、弁服、平巾幘、進德冠之服。並出於左春坊。凡王公，第一品服衮冕，二品服鷩冕，三品服毳冕，四品服絺冕，五品服玄冕，六品至九品服爵弁。

武德四年七月定制：凡衣服之令，天子之服有十二等，大裘冕、衮冕、鷩冕、毳冕、絺冕、玄冕、通天冠、武弁、黑介幘、白紗帽、平巾幘、白帢是也。

顯慶元年九月十九日，修禮官臣無忌、志寧、敬宗等言：「準武德初撰《衣服令》，乘輿祀天地，服大裘冕，無旒。臣勘前件令，是武德初撰，雖憑《周禮》，理極未安。謹按《郊特牲》云：『周之始郊，日南至。』『被衮以象天，戴冕藻十有二旒，則天數也。』而此二禮，俱説周郊，衮與大裘，事乃有異。按《月令》：『孟冬，天子始裘。』明以禦寒，理非當暑，若啓蟄祈穀，冬至報天，行事服裘，義歸通允。至於季夏迎氣，龍見而雩，炎熾方隆，如何服之？謹尋歷代，唯服袞章，與《郊特牲》義旨相協。按周遷《輿服志》云：『漢明帝永平二年，詔採《周官》、《禮記》，始制祀天地服，惟天子備十二章。』沈約《宋書志》云：『魏、晉郊天，亦皆服袞。』宋、魏、周、齊、隋禮令，祭服悉同。斯則百王通典，炎涼無妨，復與禮經事無乖舛。今請憲章故實，郊祭天地，皆服袞冕，其大裘請停，仍改禮令。又撿《新禮》，皇帝祭社稷，絺冕四旒，衣三章；祭日月，服玄冕三旒，衣無章。謹按令文，是四品五品之服，此三公亞獻，皆服袞衣，孤卿助祭，服毳及鷩，斯乃乘輿章數，同於大夫，君少臣多，殊爲不可。《周禮》云：『祀昊天上帝，則服大裘而冕，祀五帝亦如之。享先王則袞冕，享先公則鷩冕，祀四望山川則毳冕，祭社稷五祀則絺冕，祀諸小祀則玄冕。』又云：『公侯伯子男孤卿大夫之服，袞冕已下，皆如王之服。』所以《三禮義宗》遂有二釋：一云公卿大夫助祭之日，所服之服，降王一等；又云悉與王同。求其折衷，俱未通允。但名位不同，禮亦異數。天子以十二爲節，義在法天，豈有四旒三章，翻爲御服。若諸臣助祭，冕與王同，便是貴賤無分，君臣不別。如其降王一等，則王著玄冕之時，羣臣次服爵弁，既屈天子，又貶公卿。《周禮》此文，久不施用。是故漢、魏以來，下迄隋代，相承舊事，唯用袞冕。今《新禮》親祭日月，仍服五品之服，臨事施行，極不穩便。請遵歷代故實，諸祭並用袞冕。」制可之。無忌等又奏曰：「皇帝爲諸臣及五服親舉哀，依禮著素服，今令乃云白帢，禮令乖舛，須歸一塗。且白帢出自近代，事非稽古，雖著令文，不可行用。請改從素服，以合禮文。」制從之。

儀鳳二年，太常博士蘇知機又上表，以公卿以下冕服，請別立節文。敕下有司詳議。崇文館學士校書郎楊炯議曰：「今表『請制大明冕十二章，乘輿服之』者。謹按，日月星辰，已施於旌旗矣；龍虎火山，又不逾於古矣。而云麟鳳有四靈之名，玄龜有負圖之應，雲有紀官之號，水有感德之祥，此蓋別表休徵，終是無逾比象。然則皇王受命，天地興符，仰觀則璧合珠連，俯察則銀黄玉紫。盡南宫之粉壁，不足寫其形狀；罄東觀之鉛黄，無以紀其名實。固不可畢陳於法服也。雲也者，從龍之氣也；水也者，藻之自生也，又不假別爲章目也。『鷩冕八章，三公服之。』鷩者，太平之瑞也，非三公之德也；鷹鸇者，鷙鳥也，適可以辨祥刑之職也；熊羆者，猛獸也，適可以旌武臣之力也。又稱藻爲水草，無所法象，引張衡賦云：『蔕倒茄於藻井，披紅葩之狎獵。』謂爲蓮花，取其文采者。夫茄，蓮也。若以蓮花代藻，變古從今，既不知木草之名，亦未達文章之意。又『毳冕六章，三品服之』者。按此王者祀四望服之名也。今三品乃得同王之毳冕，而三公不得同王之袞名，豈惟顛倒衣裳，抑亦自相矛盾。又『黼冕四章，五品服之。』考之於古，則無其名，驗之於今，則非章首。此則不經之甚也。夫禮惟從俗，則命爲制，令爲詔，乃秦王之故事，猶可以適於今矣。若乃義取隨時，則出稱警，入稱蹕，乃漢朝之舊儀，猶可以行於代矣。亦何取變周公之軌物，改宣尼之法度者哉！」由是竟寢知機所請。

開元十一年冬，將有事於南郊，中書令張説奏稱：「准令，皇帝祭昊天上帝，服大裘之冕，事出《周禮》，取其質也。永徽二年，高宗享南郊用之。顯慶元年修禮，改用袞冕，事出《郊特牲》，取其文也。自則天已來用之。若遵古制，則應用大裘；若便於時，則袞冕爲美。」令所司造二冕呈進。上以大裘樸略，冕又無旒，既不可通用於寒暑，乃廢而不用之。自是，元正朝會用袞冕及通天冠，大祭祀依《郊特牲》亦用袞冕，自餘諸服，雖著在令文，不復施用。

二十六年，肅宗爲皇太子，受册，太常所撰儀注，有服絳紗袞之文。太子以爲與皇帝所稱同，上表辭不敢當，請有司易之。上令百官詳議。尚書左丞相裴耀卿、太子太師蕭嵩等奏曰：「謹按《衣服令》，皇太子具服，有遠遊冠，三梁，加金附蟬九首，施珠翠；黑介幘，髮纓綏，犀簪導；絳紗袞，白紗中單，皁領、褾、襈；白裙襦，方心曲領，絳紗蔽膝；革帶，劍，佩，綬等。謁廟還宫、元日、冬至、朔日，入朝、釋奠則服之。其絳紗袞，則是冠衣之内一物之數，與裙襦、劍、佩等無別。至於貴賤之差，尊卑之異，則冠爲首飾，名制有殊，並珠旒及裳綵章之數，多少有別，自外不可事事差異。亦有上下通服，名制是同，禮重則具服，禮輕則從省。今以至敬之情，有所不敢，衣服不可減省，稱謂須更變名。望所撰儀注，不以絳紗袞爲稱，但稱爲具服，則尊卑有差，謙光成德。」議奏，上手敕改爲朱明服，下所司行用焉。

章服品第

舊儀有朝服，亦名具服，一品已下五品已上，陪祭、朝享、拜表大事則服之；六品已下，唯無劍、佩、綬。又有公服，亦名從省服，一品已下五品已上，朔望朝謁及見東宫則服之；六品已下，去紛、鞶囊，皆雙綬。又九品已上，朔望朝參者，十月一日已後二月三十日已前，並服袴褶；五品已上，著珂傘。

貞觀四年八月十四日，詔曰：「冠冕制度，以備令文，尋常服飾，未爲差等。」於是三品已上服紫，四品、五品已上服緋，六品、七品以緑，八品、九品以青。婦人從夫之色，仍通服黄。至五年八月十一日，勅七品以上，服龜甲雙巨十花綾，其色緑；九品以上，服絲布及雜小綾，其色青。至龍朔二年九月二十三日，孫茂道奏稱：「準舊令，六品、七品著緑，八品、九品著青。深青亂紫，非卑品所服。望請改六品、七品著緑，八品、九品著碧，朝參之處，聽兼服黄。」從之。

咸亨五年五月十日勅：「如聞在外官人、百姓，有不依令式，遂於袍衫之内，著朱紫青緑等色短衫襖子，或於閭野公然露服，貴賤莫辨，有斁彝倫。自今以後，衣服下上，各依品秩，上得通下，下不得僭上。仍令有司嚴加禁斷。」

上元元年八月二十一日勅：「一品已下文官並帶手巾、算袋、刀子、礪石，其武官欲帶者亦聽之。文武三品已上服紫，金玉帶，十三銙。四品服深緋，金帶，十一銙。五品服淺緋，金帶，十銙。六品服深緑，七品服淺緑，並銀帶，九銙。八品服深青，九品服淺青，並鍮石帶，八銙。庶人服黄銅鐵帶，七銙。」前令九品已上，朝參及視事，聽服黄。以洛陽縣尉柳延服黄夜行，爲部人所毆，上聞之，以章服紊亂，故以此詔申明之。朝參行列，一切不得著黄也。

文明元年七月五日詔：「八品已下，舊服青者，並改爲碧。」

神龍二年九月二十七日勅：「停京官六品已下著緋，袴褶，令各依本品爲定。」

景雲二年四月二十四日制：「令内外官依上元元年勅，文武官咸帶七事。謂佩刀、刀子、礪石、契苾真、噦厥針筒、火石袋、鞊韘等。其腰帶，一品至五品並用金，六品至七品並用銀，八品九品並用鍮石。」

開元二年七月二十四日勅：「百官所帶跨巾、算袋等，每朔望朝參日著，外官衙日著，餘日停。」其年七月二十五日勅：「珠玉錦繡，既令禁斷。準式，三品已上飾以玉，四品已上飾以金，五品已上飾以銀者，宜於腰帶及馬鐙、酒杯、杓依式，自外悉斷。」

十九年六月勅：「應諸服袴褶者，五品已上通用紬綾及羅，六品已下小綾，除幞頭外，不得服羅縠及著獨窠繡綾。婦人服飾，各依夫、子。五等以上諸親婦女及五品已上母、妻，通服紫；九品已上母、妻，通服朱。五品已上母、妻，衣腰襻褾，緣用錦繡。流外及庶人，不得著紬綾羅縠、五色線鞾履。凡襇色衣不過十二破，渾色衣不過六破。帽子皆大露面，不得有掩蔽。正朝會及大禮陳設事，緣供奉官攝官者，並依攝官服之。」

元和十二年六月九日，太子少師鄭餘慶奏：「内外官服朝服入祭服者，其中五品多有疑誤。約職事宜，自今已後，其職事官是五品者，雖帶六品已下散官，即有劍、佩、綬；其六品已下職事官，縱有五品已下散官，並不得服劍、佩、綬。」

龍紀元年十一月，將有事圜丘，上宿齋於武德殿，宰臣百寮，朝服於位。時兩軍中尉楊復恭及兩樞密，皆朝服侍上。太常博士錢珝、李綽等奏曰：「今皇帝赴齋，内臣朝服。竊詳國朝故事及近代禮令，並無内官朝服助祭之文。若須要冠服，請各依所兼正官，隨資品，依令式，服本官之服。」從之。

內外官章服

舊制，凡授都督、刺史，皆未及五品者，並聽著緋、佩魚，離任則停之。若在軍賞緋紫、魚袋者，在軍則服之，不在軍不在服限。若經敍録不合得者，在軍亦停之。

開元三年四月勅：「宰臣自朝廷出鎮，請朝官至侍御史已上者，即許兼受章服，便爲久例。」

其年八月詔：「駙馬都尉，從五品階，自今已後，宜準令式，仍借紫金魚袋。」駙馬都尉借紫，自此始也。

四年二月二十三日詔：「彰施服色，分别貴賤，苟容僭濫，則有乖儀式。如聞内外絶無官者，皆詐著緑，不以爲事。又軍將在陣，賞借緋紫，本是從戎缺胯之服，一得之後，遂别造長袍，遞相倣傚。又入蕃使，别勅借緋紫者，使回合停。自今已後，衙内宜專定殿中侍御史糾察。」天授二年八月二十日，左羽林大將軍、建昌王攸寧賜紫金帶。九月二十六日，除納言，依舊著紫、帶金龜。借紫自此始也。

八年二月二十日勅：「都督刺史品卑者，借緋及魚袋，永爲常式。」

二十五年五月三日勅：「緋紫之服，班命所崇，以賞有功，不可僭濫。如聞諸軍賞借，人數甚多，曾無甄别，是何道理？自今已後，除灼然有戰功外，餘不得輒賞。」

大中元年，中書門下奏：「幕府遷授章服，貞元元年之間使府奏職至侍御史，然後許兼省官，至章服皆計考效。近日奏行殿中及戎卒，便請朱紫，數事俱行，其中自緑腰金，皆非典故。今請自侍御史待年月足後，更奏始與省官；至於朱紫，許於本使府有事績尤異者，然後許奏請。惟副使行軍奏職特加，先著緑便許緋，餘不在此限。」

三年五月，中書門下奏：「增秩賜金紫，雖有故事，如觀察使奏刺史善狀，並須指事而言，不得虚爲文飾。其諸道副使判官，如事績尤異，然後許奏論。惟副使行軍，先著緑便許賜緋，其餘不在此限者。諸使奏請，或資品尚淺，即請章服；或賜緋未幾，又請賜紫。準令，入仕，十六考職事官，散官皆至五品，始許著緋。三十考職事官四品，散官三品，然後許衣紫。除臺省清要，牧守常典，自今已後，請約官品爲例。判官上檢校五品者，雖欠階考，量許奏緋。副使行軍俱官至侍御史已上者，縱階考未至，亦許奏緋。如已檢校四品官兼中丞，先賜緋，經三周年已上者，兼許奏紫。其有職事尤異闕錢穀者，須指事上言，監察已下，量與減年限，進改殿中已上，然後可許賜章服。公事尋常者，不在奏限。」依奏。

雜録

乾封二年二月，禁工商不得乘馬。

神龍二年九月，《儀制令》：「諸一品已下，食器不得用渾金玉；六品已下，不得用渾銀。」

大和元年五月勑：「衣服車乘器用宫室侈儉之制，近日頗差。宜準《儀制令》，品秩勳勞，仍約今時所宜，撰等級，送中書門下參酌奏聞。」

三年九月勑：「兩軍諸司内官，不得著紗縠綾羅等衣服。」

六年六月勑詳度諸司制度條件等：「《禮部式》，親王及三品已上，若二王後，服色用紫，飾以玉；五品已上，服色用朱，飾以金；七品已上，服色用緑，飾以銀；九品已上，服色用青，飾以鍮石。應服緑及青人，謂經職事官成及食禄者，其用勳官及爵，直司依出身品，仍聽佩刀、礪、紛、帨。流外官及庶人，服色用黄，飾以銅鐵。其諸親朝賀宴會服飾，各依所準品。又請一品二品許服玉及通犀，三品許服花犀，斑犀及玉，又服青碧者許通服緑，餘依《禮部式》。又應三省、御史臺、兩京諸司及諸道在城職掌官等，諸不許用本官本品例，仍並不得服犀玉及車馬不得飾以金銀。又袍襖衫等，曳地不得長二寸已上，衣袖不得廣一尺三寸已上。婦人制裙，不得闊五幅已上，裙條曳地，不得長三寸已上，襦袖等不得廣一尺五寸已上。又《六典》及《禮部式》，諸文武官赴朝，諸府道從職事，一品及開府儀同三司，聽七騎；二品及特進，聽五騎；三品及散官，三騎；四品五品，二騎；六品已下，一騎。其散官及以理去官，五品已上，將從不得過兩騎，若京城外，不在此限。今約品秩，職事官一品職七騎，二品及中書門下三品五騎，三品及中書門下御史臺五品、尚書省四品三騎，四品五品兩騎，鞍通用銀裝，六品一騎，通用鍮石裝。其散官及以理去官者，五品已上，不得過一騎，其若在京城外及勳績顯著、職事繁重者，不在此限。七品已下，非常參官，並不得以馬從，未任者聽乘蜀馬，鞍用烏漆裝。又請一品二品九騎，三品七騎，四品五騎，五品兩騎，六品一騎，其京城内應職事繁重者，不在此限。六品以下，非常參官，不得馬從。其六品已上，非常參官，周親未任者，聽乘馬，餘未任者，聽乘蜀馬、小馬，鞍用烏漆裝。其胥吏雜色人，不在此限。其鞍轡裝飾，據所司條流，得用銀者，四品已下，並得許用垂頭押胯。其用銀及鍮石者，並不得用閙裝。其軍容隊伍，要資華飾，不在此限。餘並請依所司條流。又制，節度使准《儀制令》，諸軍一品已下五品已上，皆通用幰，六品已下，皆不得用幰，令非册拜及婚會，並不得用幰。又准《少府式》，公主出降，犢車兩乘，一金銅裝；郡主犢車兩乘，一銅裝；縣主犢車兩乘，一銅裝。又准《鹵簿令》，外命婦一品，厭翟車，從車六乘；二品三品，白銅飾犢車一乘，從車四乘；四品白銅飾犢車一乘，從車兩乘者，今此附前件令式，參酌今時之宜。且婦人本合乘車，近來率用檐子。事已成俗，教在因人。今請外命婦一品二品、中書門下三品母、妻，金銅飾犢車、檐子，舁不得過八人；三品金銅飾犢車、檐子，舁不得過六人；非尚書省、御史臺，即以白銅飾檐子，舁不得過四人；四品五品白銅飾犢車，白銅飾檐子，舁不得過四人；六品以下，畫奚車、檐子，舁不得過四人。胥吏及商賈妻，並不得乘奚車及檐子，其老疾者，聽乘葦轝車及篼籠，舁不得過二人。右伏緣白銅先已禁斷，今請應合用白銅者，通用鍮石。其胥吏及商賈妻、女老病者，聽乘座車及葦轝車。餘並准所司條流處分。」勑旨：「並依奏。」又奏：「婦人高髻險妝，去眉開額，甚乖風俗，頗壞常儀，費用金銀，過爲首飾，並請禁斷。其妝梳釵篦等，伏請勒依貞元中舊制，仍請勑下後，諸司及州府榜示，限一月内改革。又吴越之間，織造高頭草履，亦請切加禁絶。其以彩帛縵成高頭履，及平頭小花草履，既任依舊，餘請准所司條流。」又奏：「准《營繕令》，王公已下，舍屋不得施重栱、藻井。三品已上堂舍，不得過五間九架，聽廈兩頭門屋，不得過五間五架。五品已上堂舍，不得過五間七架，聽廈兩頭門屋，不得過三間兩架，仍通作烏頭大門，勳官各依本品。六品七品已下堂舍，不得過三間五架，門屋不得過一間兩架。非常參官，不得造軸心舍，及施懸魚、對鳳、瓦獸、通栿乳梁裝飾。其祖父舍宅，門廕子孫，雖廕盡，聽依仍舊居住。其士庶公私第宅，皆不得造樓閣，臨視人家。近者或有不守勑文，因循制造，自今以後，伏請禁斷。又庶人所造堂舍，不得過三間四架，門屋一間兩架，仍不得輒施裝飾。又準律，諸營造舍宅，於令有違者，杖一百。雖會赦令，皆令改正。其物可賣者聽賣。若經赦百日不改去及不賣者，論如律。」又奏：「商人乘馬，前代所禁，近日得以恣其乘騎，雕鞍銀鐙，裝飾焕爛，從以童騎，最爲僭越，請一切禁斷。庶人準此。師僧道士，除綱維及兩街大德，餘並不得乘馬，請依所司條流處分。諸部曲、客女、奴婢，服絁紬絹布，色通用黄白，飾以銅鐵。客女及婢，通服青碧，聽同庶人，兼許夾纈。丈夫許通服黄白，如屬諸軍、諸使、諸司及屬諸道，任依本色目流例。其女人不得服黄紫爲裙，及銀泥罨畫錦繡等。餘請依令式。又制度衣服、車乘、器用、宫室等，其諸軍使職掌官等，並請約文武官例，各委本道本軍本使，以職掌高下，約爲等第，比類聞奏。又應諸色條流，請委御史臺知彈御史、兩巡使、京兆尹、東都留守、河南尹、留臺御史、外州府長吏，準條流月日切加糾察，如違越，没入所犯物，仍量加決責。其常參官具名聞奏。其在城諸軍使，各委本司句當，不及者，委臺司覺察聞奏。」勅旨：「理道所關，制度最切。其喪葬婚嫁，吉凶禮物，雖不在條件之内，亦委所司準令式句當，仍加捉搦。其禁軍仗衛雜飾，及諸道節鎮等使軍裝衣服，即不在此限。餘並依奏。」

其年七月，度支、户部、鹽鐵三司奏：「准今年六月勅，令三司官典及諸色場庫所由等，其孔目、句檢、句覆、支對、句押、權遣、指引進庫官、門官等，請許服細葛布折造，及無紋綾充衫及袍襖，依前通服緑，闇銀藍鐵充腰帶，不得乘毛色大馬，鞍轡踏鐙用鍮石。其驅使官有正官及在城及諸色倉場官等，請許服細葛布折造，及庶人紋綾充衫袍，依前服緑，藍鐵充腰帶，乘小馬，鞍轡銜鐙用鍮石。其驅使官未有正官及與行按令史等，請許麤葛布及官絁等充衫襖，亦請依前通服緑，銅鐵腰帶，乘蜀馬，其鞍用烏漆鐵踏鐙。聽於每司各許三人著緑布衫，其不行按令史並書手，服白，仍並不許乘馬及馬從。通引官許依前麤紫絁及紫布充衫袍，藍鐵腰帶，乘小馬，鞍用烏漆鐵踏鐙。其行官門子等，請許依前服紫麤絁充衫襖，藍鐵腰帶，仍不許乘馬。其騾綱、車綱等，緣常押驢騾於諸州府搬運，及送遠軍衣賜，須應程期，請許依前麤紫絁充襖，藍鐵腰帶，乘驢車，出塞即請許乘麤牡馬。餘並不得違元勅。揀子及諸色小所由，並請服白布衫，及應向外監院職掌所由，請勅下後，約省使條流，遞減一等處分。除此外，餘並準元勅處分。」依奏。

七年八月九日勅：「今年十月服冬裘後，其衣服輿馬，並宜準大和六年六月十七日勅處分。如固違制度，九品已上，量加黜責；其布衣，五年不得選舉。」

開成四年二月，淮南觀察使李德裕奏：「臣管内婦人，衣袖先闊四尺，今令闊一尺五寸；裙先曳地四五寸，今令減五寸。」從之。

五年六月，御史中丞黎植奏：「伏以朝官出使，自合驛馬，不合更乘檐子。自此，請不限高卑，不得輒乘檐子。如病，即任所在陳牒，仍申中書門下及御史臺，其檐夫自出錢雇。節度使有疾，亦許乘檐子，不得便乘卧轝。宰相、三公、師保、尚書令、正省僕射及致仕官疾病者，許乘之。餘官並不在乘限。其檐子任依漢、魏故事，準載步輿步輿之制，不得更務華飾。其三品已上官及刺史赴任，有疾，亦任所在陳牒，許暫乘，病瘥日停，不得驛中停止。人夫並須自雇。」又中書門下奏：「臺司所奏條流檐子事，更須商量。其常參官或諸司長史，品秩高者，有疾及筋力綿怯，不能控馭，望許牒臺，暫乘檐子，患損勒停。其出使郎官，中路遇疾，令自雇夫者，若所詣稍遠，計費極多，制下檢身，不合貸借，輕齎則不濟所要，無偏則不可支持。如中路遇疾者，所在飛牒申奏，差替去，以此商量，庶爲折衷。餘請依御史臺所奏。」

冠

唐制，親王服遠遊三梁冠，五品已上兩梁冠，九品已上一梁冠。武官及中書門下九品已上，服武弁、平巾幘。御史服法冠。武德四年七月勅，折上巾，軍旅所服，即今幞頭是也。自後紗帽漸廢，貴賤用之。故事，全復皁而向後幞髮，俗謂之幞頭。周武建德中，裁爲四腳。

其年十二月，高祖問秘書丞令狐德棻曰：「丈夫冠，婦人髻，競爲高大，何也？」對曰：「在人之身，冠髻爲上，所以古人方諸君子。昔東晉之末，君弱臣强，江左之士，莫不衣小而裳大。及宋武正位之後，君尊而臣卑，俄亦變改。此即近事之徵。」

貞觀八年五月二日，太宗初服翼善冠，賜貴臣進德冠，因謂侍臣曰：「幞頭起於周武帝，蓋取便於軍容耳。今四方無虞，當偃武事，此冠頗採古法，兼類幞頭，乃宜常服。」至開元十七年，廢不行用。

開元十九年六月勅：「應五品已上，行六品冠，其琪珠。」

二十五年，工部、太常寺衣冠祭服并幘，諸司供奉官衣、冠、履、舄等，所司七年一替，三年一給。未滿三年有損壞者，並自修理。

乾元元年十月一日，知司天臺事韓穎奏：「五官正，奉勅創置，其官職配五方，上稽五緯。臣請冠上加一星珠，衣從本方正色，每至元日、冬至、朔望朝會及諸大禮，即服以朝見，仍望永爲恒式。」勅旨依。

貞元七年十一月，上問冠冕於宰臣，時董晉對曰：「古之人服冠冕者，動有佩玉之響，以節步也，故大禹惡衣服而致美於黻冕。」上然之。

巾子

武德初，始用之，初尚平頭小樣者。

天授二年，則天内宴，賜羣臣高頭巾子，呼爲「武家諸王樣」。景龍四年三月，内宴，賜宰臣已下内樣巾子。其樣高而踣，皇帝在藩時所冠，故時人號爲「英王踣樣」。

開元十九年十月，賜供奉及諸司長官羅頭巾，及官樣圓頭巾子。

永泰元年，裴冕爲左僕射，自創巾，號曰「僕射樣」。

大和三年正月，宣令諸司小兒，勿許裹大巾子入内。

魚袋

永徽二年四月二十九日，開府儀同三司及京官文武職事四品五品，並給隨身魚袋。

五年八月十四日勅：「恩榮所加，本緣品命，帶魚之法，事彰要重。豈可生平在官，用爲褒飾，纔至亡没，便即追收？尋其始終，情不可忍。自今已後，五品已上有薨亡者，其隨身魚袋，不須追收。」

咸亨三年五月三日，始令京官四品、五品職事佩銀魚。是日，出内魚袋賜之。

垂拱二年正月二十日赦文：「諸州都督刺史，並準京官帶魚袋。」

天授元年九月二十六日，改内外官所佩魚爲龜。至神龍元年二月四日，京文武官五品已上，依舊式佩魚袋。

久視元年十月十三日，職事三品已上龜袋，宜用金飾，四品用銀飾，五品用銅飾，上守下行，皆依官給。

神龍元年六月十七日赦文：「嗣王、郡王有階級者，許佩金魚袋。」至開元元年八月二十日，諸親王長子先帶郡王官階級者，亦聽著紫，佩魚袋。

二年八月制：「京文官五品已上，依舊式佩銀魚袋。」

景龍三年八月，令特進佩魚。散職佩魚，自兹始也。

蘇氏記曰：自永徽以來，正員官始佩魚，其離任及致仕，即去魚袋。員外、判、試并檢校等官，並不佩魚。至開元九年九月十四日，中書令張嘉貞奏曰：「致仕官及内外官五品已上，檢校、試、判及内供奉官，見占闕者，聽準正員例，許終身佩魚，以爲榮寵。以理去任，亦許佩魚。」自後恩制賞緋紫，例兼魚袋，謂之章服。

景雲二年四月二十四日赦文：「魚袋，著紫者金裝，著緋者銀裝。」

開元二年閏二月勅：「承前諸軍人，多有借緋及魚袋者，軍中卑品，此色甚多，無功濫賞，深非道理。宜勅諸軍鎮，但是從京借，並軍中權借者，並委勅到收取。待立功日，據功合得，即將以上者，委先借後奏。其靈武、和戎、大武、幽州鎮軍，赤水、河源、瀚海、安西、定遠等軍，既臨賊衝，事藉懸賞，量軍大小，各封金魚袋一二十枚，銀魚袋五十枚，並委軍將臨時行賞。」

王溥《唐會要》卷三二《輿服下》 笏

武德四年八月十六日，詔五品已上執象笏，已下執竹木笏。舊制，三品已下，前挫後直；五品已上，前挫後屈。武德已來，一例上圓下方。其日勅，凡笏，周制七。《周禮》，諸侯以象，大夫以魚須文竹。晉、宋以來，謂之手板。自西魏後，五品已上，通用象牙，六品以下，兼用竹木。近唯尚書郎執笏，公卿但以手板。後周保定四年，百官始執笏。至晉宣時，内外婦人執笏，其拜俛伏興俱執之。

開元八年九月勅：「諸笏，三品已上，前屈後直，五品已上，前屈後挫，並用象。九品已上，竹木，上挫下方。男以上聽依品爵執笏。假板官亦依例。」

異文袍

武德四年八月十六日，勅三品已上，服大料紬綾及羅，其色紫，飾用玉。五品已上，服小料紬綾及羅，其色朱，飾用金。六品已上，服絲布雜小綾、交梭及雙紃，其色黄。六品七品飾銀。八品九品鍮石。流外及庶人服紬絹絁布，其色通用黄白，飾用銅鐵。

天授三年正月二十二日，内出繡袍，賜新除都督、刺史。其袍皆刺繡作山形，繞山勒回文銘曰：「德政惟明，職令思平。清慎忠勤，榮進躬親。」自此每新除都督、刺史，必以此袍賜之。

延載元年五月二十二日，出繡袍以賜文武官三品已上。其袍文仍各有訓誡，諸王則飾以盤龍及鹿，宰相飾以鳳池，尚書飾以對雁，左右衛將軍飾以對麒麟，左右武衛飾以對虎，左右鷹揚衛飾以對鷹，左右千牛衛飾以對牛，左右豹韜衛飾以對豹，左右玉鈐衛飾以對鶻，左右監門衛飾以對獅子，左右金吾衛飾以對豸。文銘皆各爲八字回文，其辭曰：「忠貞正直，崇慶榮職；文昌翊政，勳彰慶陟；懿沖順彰，義忠慎光；廉正躬奉，謙感忠勇。」

開元十一年六月，勅諸衛大將軍、中軍郎將袍文：千牛衛瑞牛文，左右衛瑞馬文，驍衛虎文，武衛鷹文，威衛豹文，領軍衛白澤文，金吾衛辟邪文，監門衛獅子文。每正冬陳設，朝日著甲，會日著袍。

貞元七年三月，初賜節度、觀察使等新制時服。上曰：「頃來賜衣，文綵不常，非制也。朕今思之，節度使文以鶻銜綬帶，取其武毅，以靖封内；觀察使以鴈銜儀委，取其行列有序，冀人人有威儀也。」

其年十一月九日，令常參官復衣綾袍，金玉帶。至八年十一月三日，賜文武常參官大綾袍。

大和六年六月，勅三品已上，許服鶻銜瑞草、雁銜綬帶及對孔雀綾袍襖。四品、五品許服地黄交枝綾。六品已下常參官，許服小團窠綾及無紋綾、隔織、獨織等。充除此色外，應有奇文異制袍襖綾等，並禁斷。其中書門下省，尚書省、御史臺及諸司三品官，並勅下後，許一月日改易；應諸司常參官，限勅下後兩月日改易。除非常參官及供奉官、外州府四品已上官，許通服絲布，仍不得有花文，一切禁斷。其花絲布及繚綾除供御服外，委所在長史禁毁訖聞奏。其不可服絲布者，勅下後，限一月並須改易。

輅車

武德初，著令，天子鑾輅五等：玉、金、象、革、木，以供服乘用之。屬車十乘：指南車、記里鼓車、白鷺車、鸞旗車、辟惡車、皮軒車、安車、耕根車、四望車、羊車。

貞觀元年十一月，始加豹尾車、黄鉞車，通爲十二乘也，以爲儀仗之用。大駕行幸，則分前後，施于鹵簿之内。若大陳設，則分左右，施于儀衛之中。高祖、太宗大禮則乘大輅。高宗不喜乘輅，每有大禮，則御輦。至則天以爲常。玄宗以輦不中禮，廢而不用。舊制，輦有七：一曰大鳳輦，二曰大芳輦，三曰仙遊輦，四曰小輕輦，五曰芳亭輦，六曰大玉輦，七曰小玉輦。轝有三：一曰五色轝，二曰常平轝，其用如七輦之儀；三曰腰轝，則常御焉。

開元十一年冬，祀南郊，乘輅而往，禮畢，騎還。自是行幸、郊祀，皆騎于儀衛之内。其五輅、腰轝，陳于鹵簿而已。

貞元十一年十一月十三日，户部侍郎裴延齡奉進止，修造法駕、御輅、排城等。

元和十年十月，上閱新作指南車、記里車于麟德殿。

會昌六年十一月，太僕寺奏請重修御輅、鼓、法駕等車二十四乘，并調馬拖車一十四乘。

乘車雜記

貞觀十三年，上幸九成宫。時中郎將結社率反，犯御營，馬騎得踰長幕，宿衛官拒之，方敗走。太宗乃遣造爲漆盾，於三衛幕外，編以爲城，於盾面綵畫爲獸頭，咸外向，令馬騎見之不敢進。遂爲永式。至顯慶三年九月二十四日，有司奏請造排車七百乘，擬車駕行幸，運載排城。上以爲勞煩，乃令于舊頓築墻爲固。

顯慶元年十月，左僕射于志寧奏，請駕行日，須三部張設，更造九十連帳及三梁等。上曰：「九十連帳，非惟營造費功，又大須車牛運輦，朕坐小帳足以自安，行日止用兩部帳幕，不須辦三部。其殿中帳幕兩部外，宜迴與衛尉。」無忌奏曰：「陛下每事儉約，非惟不造大帳，又減一部，事多省約，彌彰聖德。」抃舞稱賀。

二年十一月詔：「朕近尋殿中舊帳，寶鈿鞍轡甚多，既非所須，徒煩貯掌。其殿中供奉及妃嬪已下寶鈿，並金裝鞍轡、韉鞦等，並宜令毁剔，各依儀式。須賜人者量留。」

開元十五年七月勅：「殿中鞍轡、繖扇及諸司雜物，須修理造作者，本司送至作所修理訖，自往請受，不得追匠就本司。其不可送作司者，給匠修理。其物應納庫藏，亦本司自送。」

天寶元年正月勅：「黄鉞古來以金爲飾。金者，應五行之數。其黄鉞宜改爲金鉞，副威武之義也。」

七載正月二十八日，太常卿韋韜奏：「御案、褥、牀、帳，望去紫用赤黄。」制曰：「可。」十載七月勅：「近改旗幟爲赤黄，以符土德。其諸衛隊仗緋色者，宜令所司依内出黄色樣，即造。其槍並用赤稠木，仍依本色，不須更染别色，長一丈四尺爲限。其諸軍職掌有先用火焰緋幡處，宜各依一樣，送付諸道，準此改換，先用赤色宜停。」

冪羅

武德初，襲齊、隋舊制，婦人多著冪羅，雖發自戎夷，而全身障蔽。至永徽已後，皆用帷帽，拖裙到頸，即漸爲淺露矣。龍朔三年，有勅禁斷。初雖暫息，旋又仍舊。

咸亨二年八月二十二日，又勅下：「百官家口，咸預士流，至于衢路之間，豈可全無障蔽。比來多著帷帽，遂棄冪䍦，曾不乘車，別坐檐子。遞相倣效，寖成風俗，過爲輕率，深失禮容。前者已令漸改，如聞猶未止息，理須禁斷，自後不得更然。」

王溥《唐會要》卷三八《葬》 〔開元〕二十九年正月十五日勑：「古之送終，所尚乎儉。其明器墓田等，令于舊數内遞減。三品以上明器，先是九十事，請減至七十事；五品以上先是七十事，請減至四十事；九品以上先是四十事，請減至二十事；庶人先無文，請限十五事。皆以素瓦爲之，不得用木及金、銀、銅、錫。其衣不得用羅錦繡畫。其下帳不得有珍禽奇獸，魚龍化生。其園宅不得廣作院宇，多列侍從。其輀車不得用金銀花、結綵爲龍鳳及垂流蘇、畫雲氣。其別勑優厚官供者，准本品數十分加三等，不得別爲華飾。其墓田，一品塋地，先方九十步，今減至七十步；墳先高一丈八尺，減至一丈六尺。二品先方八十步，減至六十步；墳先高一丈六尺，減至一丈四尺。三品墓田先方七十步，減至五十步；墳先高一丈四尺，減至一丈二尺。其四品墓田先方六十步，減至四十步；墳高一丈二尺，減至一丈一尺。五品墓田先方五十步，減至三十步；墳先高一丈，減至九尺。六品以下墓田，先方二十步，減至十五步；墳高八尺，減至七尺。其庶人先無步數，請方七步，墳四尺。其送葬祭盤，不得作假花果及樓閣，數不得過一牙盤。」【略】

〔元和〕六年十二月，條流文武官及庶人喪葬：「三品以上，明器九十事，四神、十二時在内，園宅方五尺，下帳高方三尺，共置五十舁，挽三十六人。輀車用開轍車，油幰，朱絲網絡，兩厢畫龍，幰竿末請用流蘇四，披六，鐸左右各八，黼翣二，黼翣一，畫翣二。士皆布幘深衣。輴車、誌石車，任畫雲氣，不得置幰竿、額帶等。方相車除載方相外，及魂車除幰網裙簾外，不得更別加裝飾，並用合轍車。纛竿九尺，不得安火珠，貼金銀、立鳥獸旗旛等。五品以上，明器六十事，四神、十二時在内，園宅方四尺，下帳高方二尺，共置三十舁，減誌石車，幰竿減四尺，流蘇減二十道，帶減一重，披、引、鐸、翣各減二，挽歌一十六人，並無朱絲網絡，方相用魌頭車，纛竿減一尺，魂車准前。九品以上，明器四十事，四神、十二時在内，園宅方三尺，下帳高方一尺，共置一十舁，減輴車、輀車、幰竿減三尺，流蘇減一十五道，披、引、鐸、翣各減二，帶減一重，挽歌十人，纛竿減一尺，幃額、魌頭、魂車准前。以前明器，並用瓦木爲之，四神不得過一尺，餘人物等不得過七寸，並不得用金銀雕鏤，帖毛髮裝飾。其散、試官，但取散官次第，如散官品卑者，即據試官品第。五品以上，遞降一等，六品以下，依本官制度。内侍省品秩高，各隨本秩。有章服者，紫同三品，緋同五品以上，緑及應官並同九品以上。命婦及文武官母、妻，無邑號命婦，各准本品；如夫、子官高，聽從夫、子；無邑號者，各准夫、子品。輀車准令合用緑及紫色。有品廕家子孫未有官品者，三品以上降三等，五品以上降二等，九品以上降一等，所用品廕，以祖父爲日升降。庶人明器一十五事，共置三舁，喪車用合轍車，幰竿減三尺，流蘇減十道，帶減一重，幃額、魌頭車、魂車准前，挽歌、鐸、翣、四神、十二時各儀請不置。所造明器，並令用瓦，不得過七寸。以前刑部尚書、兼京兆尹鄭元修，詳定品官葬給，素有章程。歲月滋深，名數差異，使人知禁，須重發明制，庶可經久。伏以喪葬條件明示所司，如五作及工匠之徒捉搦之後，自合准前後勑文科繩，所司不得更之。喪孝之家，妄有捉搦，只坐工人，亦不得句留，令過時日。」勑旨：「宜依。」【略】

會昌元年十一月，御史臺奏請條流京城文武百寮及庶人喪葬事：「三品以上，輀用闊轍車，方相、魂車、誌石車，並須合轍；油幰、流蘇等任准令式；挽歌三十六人；六鐸、六翣；明器並用木爲之，不得過一百事，數内四神不得過一尺五寸，餘人物等不得過一尺，舁止七十舁。内外官同。五品以上，輀車及方相、魂車等同三品，不得置誌石車；其油幰等任准令式；挽歌十六人；四鐸、四翣；明器不得過七十事，數内四神不得過一尺二寸，餘人物不得過八寸，舁止五十舁。内外官同。九品以上，輀車、魂車等並同合轍車，其方相、魌頭並不得用楯車及誌石車；其輀車除油幰、流蘇等各准令式外，不得用繒綵結絡兼銀器裝飾；挽歌一十人；一鐸、二翣；明器不得過五十事，四神不得過一尺，餘人物不得過七寸，舁止三十舁。内外官同。散試官等，任于階官之中取最高品，第五品以上遞降一等，六品以下依令品。有品廕家子孫未有官者，用三品以上廕者降三等，用五品以上廕者降二等，用八品以上廕者降一等，用九品者不降，仍並須是祖父母廕。内外官同。工商百姓諸色人吏無官者，諸軍人無職掌者，喪車魌頭同用合轍車；喪車不用油幰、流蘇等飾，兼不得以繒綵結絡及金銀飾；挽歌、鐸、翣，並不得置；喪車之前不得以鞍馬爲儀；其明器任以瓦木爲之，不得過二十五事，四神十二時並在内，每事不得過七寸，舁十舁。伏以喪葬之禮，素有等差，士庶之家，近罕遵守，逾越既甚，糜費滋多。臣忝職憲司，理當禁止。雖每令舉察，亦怨謗隨生；苟全廢糾繩，又譏責立至。總以承前令式及制勑，皆務從儉省。減刻過多，遂令人情易逾禁，將求不犯，實在稍寬。臣酌量舊儀，創立新制，所有高卑得體，豐約合宜，免令無知之人，更懷不足之意。伏乞聖恩，宣下京兆府，令准此條流，宣示一切供作行人，散榜城市及諸城門，令知所守。如有違犯，先罪供造行人賈售之罪，庶其明器並用瓦木，永無僭差。以前條件，臣尋欲陳論，伏候進止，承前已于延英具奏訖。」勅旨：「宜依。」

《舊唐書》卷二三《禮儀志三》 高宗即位，公卿數請封禪，則天既立爲皇后，又密贊之。麟德二年二月，車駕發京，東巡狩，詔禮官、博士撰定封禪儀注：

有司於乾封元年正月戊辰朔。先是，有司齋戒。於前祀七日平旦，太尉誓百官於行從中臺，云：「來月一日封祀，二日登封泰山，三日禪社首。各揚其職，不供其事，國有常刑。」上齋於行宮四日，致齋三日。近侍之官應從升者，及從事羣官、諸方客使，各本司公館清齋一宿。前祀一日，諸衛令其屬：未後一刻，設黄麾半仗於外壝之外，與樂工人俱清齋一宿。

有司於太嶽南四里爲圓壇，三成、十二階，如圓丘之制。壇上飾以青，四面各依方色，并造燎壇及壝三重。又造玉策三枚，皆以金繩連編玉簡爲之。每簡長一尺二寸，廣一寸二分，厚三分，刻玉填金爲字。又爲玉匱一，以藏正座玉策，長一尺三寸。并玉檢方五寸，當繩處刻爲五道，當封璽處刻深二分，方一寸二分。又爲金匱二，以藏配座玉策，制度如玉匱。又爲黄金繩以纏金玉匱，各五周。爲金泥、玉匱、金匱。爲玉璽一枚，方一寸二分，文同受命璽，封玉匱、金匱。又爲石礷，以藏玉匱。用方石再累，各方五尺，厚一尺。刻方石中令容玉匱。礷旁施檢處，皆刻深三寸三分，闊一尺。當繩處皆刻深三分，闊一寸五分。爲石檢十枚，以檢石礷，皆長三尺，闊一尺，厚七寸。皆刻爲印齒三道，深四寸。當封璽處方五寸，當通繩處闊一寸五分。皆有小石蓋，制與檢刻處相應，以檢擫封泥。其檢立於礷旁，南方、北方各三，東方、西方各二，去礷隅皆七寸。又爲金繩以纏石礷，各五周，徑三分。爲石泥以泥石礷，其泥，末石和方色土爲之。爲距石十二枚，分距礷隅，皆再累，各闊二尺，長一丈，斜刻其首，令與礷隅相應。

泰山之上，設登封之壇，上徑五丈，高九尺，四出陛。壇上飾以青，四面依方色。一壝，隨地之宜。其玉牒、玉匱、石礷、石檢、距石，皆如封祀之制。又爲降禪壇於社首山上，方壇八隅，一成八陛，如方丘之制。壇上飾以黄，四面依方色。三壝，隨地之宜。其玉策、玉匱、石礷、石檢、距石等，亦同封祀之制。

至其年十二月，車駕至山下。及有司進奏儀注，封祀以高祖、太宗同配，禪社首以太穆皇后、文德皇后同配，皆以公卿充亞獻、終獻之禮。於是皇后抗表曰：

「伏尋登封之禮，遠邁古先，而降禪之儀，竊爲未允。其祭地祇之日，以太后昭配，至於行事，皆以公卿。以妾愚誠，恐未周備。何者？乾坤定位，剛柔之義已殊；經義載陳，中外之儀斯別。瑶壇作配，既合於方祇；玉豆薦芳，實歸於内職。況推尊先后，親饗瓊筵，豈有外命宰臣，内參禋祭？詳於至理，有紊徽章。但禮節之源，雖興於昔典；而升降之制，尚缺於遥圖。且往代封嶽，雖云顯號，或因時省俗，意在尋仙；或以情覬名，事深爲己。豈如化被乎四表，推美於神宗；道冠乎二儀，歸功於先德。寧可仍遵舊軌，靡創彝章？

「妾謬處椒闈，叨居蘭掖。但以職惟中饋，道屬於蒸嘗；義切奉先，理光於蘋藻。罔極之思，載結於因心；祇肅之懷，實深於明祀。但妾早乖定省，已闕侍於晨昏；今屬崇禋，豈敢安於帷帟。是故馳情夕寢，睠嬴里而翹魂；疊慮宵興，仰梁郊而聳念。伏望展禮之日，總率六宫内外命婦，以親奉尊。冀申如在之敬，式展虔拜之儀。積此微誠，已淹氣序。既屬鑾輿將警，奠璧非賖，輒効丹心，庶裨大禮。冀聖朝垂則，永播於芳規；螢燭末光，增輝於日月。」

於是祭地祇、梁甫，皆以皇后爲亞獻，諸王大妃爲終獻。

丙辰，前羅文府果毅李敬貞論封禪須明水實樽：「《淮南子》云：『方諸見月，則津而爲水。』高誘注云：『方諸，陰燧，大蛤也。熟摩拭令熱，以向月，則水生。以銅盤受之，下數石。』王充《論衡》云：『陽燧取火於日，方諸取水於月，相去甚遠，而火至水來者，氣感之驗也。』《漢舊義》云：『八月飲酎，車駕夕牲，以鑑諸取水於月，以陽燧取火於日。』《周禮·考工記》云：『金有六齊。金錫半，謂之鑑燧之齊。』鄭玄注云：『鑑燧，取水火於日月之器也。』準鄭此注，則水火之器，皆以金錫爲之。今司宰有陽燧，形如圓鏡，以取明火；陰鑑形如方鏡，以取明水。但比年祠祭，皆用陽燧取火，應時得；以陰鑑取水，未有得者，常用井水替明水之處。」奉敕令禮司研究。敬貞因説先儒是非，言及明水，乃云：「《周禮》金錫相半，自是造陽燧法，鄭玄錯解以爲陰鑑之制。依古取明水法，合用方諸，引《淮南子》等書，用大蛤也。」又稱：「敬貞曾八九月中，取蛤一尺二寸者依法試之。自人定至夜半，得水四五斗。」奉常奏曰：「封禪祭祀，即須明水實樽。敬貞所陳，檢有故實。」又稱：「先經試驗確執，望請差敬貞自取蚌蛤，便赴太山與所司對試。」

是日，制曰：「古今典制，文質不同，至於制度，隨世代沿革，唯祀天地，獨不改張，斯乃自處於厚，奉天以薄。又今封禪，即用玉牒金繩，器物之間，復有瓦罇秸席，一時行禮，文質頓乖，駁而不倫，深爲未愜。其封祀、降禪所設上帝、后土位，先設稾秸、瓦甒、瓢杯等物，並宜改用裀褥罍爵，每事從文。其諸郊祀，亦宜準此。」於是昊天上帝之座褥以蒼，皇地祇褥以黄，配帝及后褥以紫，五方上帝及大明、夜明席皆以方色，内官已下席皆以莞。

三年正月，帝親享昊天上帝于山下，封祀之壇，如圓丘之儀。祭訖，親封玉策，置石礴，聚五色土封之。圓徑一丈二尺，高九尺。其日，帝率侍臣已下升泰山。翌日，就山上登封之壇封玉策訖，復還山下之齋宫。其明日，親祀皇地祇於社首山上，降禪之壇，如方丘之儀。皇后爲亞獻，越國太妃燕氏爲終獻。翌日，上御朝覲壇以朝羣臣，如元日之儀。禮畢，詔文武百僚，大赦改元。初，上親享于降禪之壇，行初獻之禮畢，執事者皆趨而下。宦者執帷，皇后率六宫以升，行禮。帷帟皆以錦繡爲之。百僚在位瞻望，或竊議焉。於是詔立登封、降禪、朝覲之碑，各於壇所。又詔名封祀壇爲舞鶴臺，介丘壇爲萬歲臺，降禪壇爲景雲臺，以紀當時所見之瑞焉。

高宗既封泰山之後，又欲遍封五岳。至永淳元年，於洛州嵩山之南，置崇陽縣。其年七月，敕其所造奉天宫。二年正月，駕幸奉天宫。至七月，下詔將以其年十一月封禪於嵩岳。詔國子司業李行偉、考工員外郎賈大隱、太常博士韋叔夏、裴守貞、輔抱素等詳定儀注。於是議：

立封祀壇，如圓丘之制。上飾以玄，四面依方色。爲圓壇，三成，高二丈四尺，每等高六尺。壇上徑一十六步，三等各闊四步。設十二陛，陛皆上闊八尺，下闊一丈四尺。爲三重壝，距外壝三十步，内壝距五十步。燎壇在壇東南外壝之内，高三尺，方一丈五尺，南出陛。

登封壇，圓徑五丈，高九尺。四出陛，爲一壝，飾以五色，準封祀。

禪祭壇，上飾以金，四面依方色，爲八角方壇，再成，高一丈二尺，每等高四尺。壇上方十六步，每等廣四步，設八陛。其上壇陛皆廣八尺，中等陛皆廣一丈，下等陛皆廣一丈二尺。爲三重壝之大小，準封祀。爲埋埳，在壇之未地外壝之内，方深取足容物，南出陛。

朝覲壇，於行宫之前爲壇。宫方三分。壝二，在南。壇方二十四丈，高九尺，南面兩陛，餘三面各一陛。

封祀、登封，五色土封石礴爲圓封，上徑一丈二尺，下徑三丈，高九尺。禪祭，五色土封爲八角方封，大小準封祀制度。所用尺寸，準歷東封，並用古尺。諸壇並築土爲之，禮無用石之文。並度影以定方位。登封、降禪，四出陛各當四方之中，陛各上廣七尺，下廣一丈二尺。

封祀玉帛料，有蒼璧，四圭有邸，圭璧。禪祭有黄琮，兩圭有邸，無圭璧。

又定登封、降禪、朝覲等日。準禮，冬至祭天於圜丘，其封祀請用十二日。準東封祀故事，十二日登封，十三日禪祭，十四日朝覲。若有故，須改登封已下期日，在禮無妨。

又輦輿料云：封祀、登封，皇帝出乘玉輅，還乘金輅。皇太子往還金輅。禪祭，皇帝、太子如封祀。

又衣服料云：東封祠祭日，天皇服衮冕，近奉制，依《貞觀禮》服大裘。又云：衮冕服一具，齋服之；通天冠服一具，迴服之；翼善冠服一具，馬上服之。皇太子衮冕服。又齋則服遠遊冠，受朝則公服遠遊冠服，馬上則進德冠服。

王溥《唐會要》卷五一《識量上》 貞元三年正月，上命玉工爲帶墜，有一銙誤墮地懷焉。工者六人私以錢數萬，市玉以補壞者，既與諸銙相埒矣。及獻，上即指其所補者曰：「此銙光彩何不相類？」工人叩頭伏罪。上震怒，令于京兆府各決重杖處死，責其欺罔。詔至中書，宰相柳渾執奏曰：「陛下若便賜死則已，今事下有司，請存詳理。況玉工之罪，或未詳審，只緣人命至重，所以獄讞有疑。且方春極刑，恐傷和氣，容臣條奏，以正刑典。」遂案律文，但罪壞玉者，以誤傷乘輿器服，杖一人，餘五人並釋之。以聞，詔可其奏。

王溥《唐會要》卷六六《太府寺》 開元九年勅格，《權衡度量并函脚雜令》諸度，以北方秬黍中者一黍之廣爲分，十分爲寸，十寸爲尺，三尺爲大尺。諸量，以秬黍中者容一千二百粒爲龠，十龠爲合，十合爲升，十升爲斗，三斗爲大斗，十斗爲斛。諸權衡，以秬黍中者百黍之重爲銖，二十四銖爲兩，三兩爲大兩，十六兩爲斤。諸積秬黍爲度量權衡者，調鐘律、測晷景、合湯藥，及冕服制用之外，官私悉用大者。京諸司及諸州，各給秤尺、及五尺度斗升合等樣，皆銅爲之。《關市令》：諸官私斗尺秤度，每年八月，詣金部、太府寺平較。不在京者，詣所在州縣平較，並印署，然後聽用。

十二年九月二十五日勅：「左右藏官典，職在出納，不得判攝外事及帖諸司。」

天寶九載二月十四日勅：「自今以後，麪皆以三斤四兩爲斗，鹽並勒斗量。其車軸長七尺二寸，除陌錢每貫二十文。餘麪等同。」

大曆十年三月二十二日勅：「自今以後，應付行用斗秤尺度，准式取太府寺較印，然後行用。」至十一年十月十八日，太府少卿韋光輔奏稱：「今以上黨羊頭山黍，依《漢書·律曆志》，較兩市時用斗，每斗小較八合三勺七撮；今所用秤，每斤小較一兩八銖一分六黍。今請改造銅斗斛尺秤等行用。」制曰：「可。」至十二年二月二十九日，勅：「公私所用舊斗秤，行用已久，宜依舊。其新較斗秤宜停。」

大和五年八月，太府奏：「斗秤舊印，本是真書。近日已來，假僞轉甚。今請省寺各撰新印，改篆文。」勅旨：「宜依。」

六年四月勅：「金部所奏，條流諸州府斗秤等，諸州皆有太府寺先頒下銅升斗及秤見在，每年較勘，合守成規。今若忽重條流，又須別有徵斂。無益於事，徒爲擾人，宜並仍舊。但令所在長吏，切加點檢，不得致有差殊。」

王溥《唐會要》卷七〇《量户口定州縣等第例》 《武德令》，三萬户已上爲上州。《永徽令》，二萬户已上爲上州。至顯慶元年九月十二日，勅：「户滿三萬已上爲上州，二萬已上爲中州，先已定爲上州、中州者，仍舊。」至開元十八年三月十七日，勅：「太平時久，户口日殷。宜以四萬户已上爲上州，二萬五千户爲中州，不滿二萬户爲下州。其六雄、十望州、三輔等，及別勅同上州都督、及畿内州並同上州。緣邊州三萬户已上爲上州，二萬户已上爲中州。其親王任中州下州刺史者，亦爲上州，王去任後，仍舊。」《武德令》，户五千已上爲上縣，二千户已上爲中縣，一千户已上爲中下縣。至開元十八年三月七日，以六千户已上爲上縣，三千户已上爲中縣，不滿三千户爲中下縣，其赤、畿、望、緊等縣，不限户數，並爲上縣。去京五百里内，并緣邊州縣，户五千已上亦爲上縣，二千已上爲中縣，一千已上爲中下縣。

王溥《唐會要》卷七五《選部下》 （元和）八年八月，吏部奏請差定文武官告紙軸之色物「五品已上，用大花異紋綾紙，紫羅裏，檀木軸。六品下朝官，裝寫大花綾紙，及小花綾裏，檀木軸。命婦邑號，許用五色牋，小花諸雜色錦褾，紅牙碧牙軸。其他獨窠綾褾，金銀花牋，紅牙，發鏤軸鈿等。除恩賜外，請並禁斷。」

王溥《唐會要》卷八五《團貌》 武德六年三月令，以始生爲黃，四歲爲小，十六歲爲中，二十一爲丁，六十爲老。

開耀二年十二月七日勅：「百姓年五十者，皆免課役。」至神龍元年五月十八日，制：「二十二成丁，五十九免役。」因韋庶人所奏。至景雲元年七月二十一日，勅：「韋庶人所奏成丁、入老宜停。」省司舉徵租調，殿中侍御史楊瑒執之曰：「韋庶人臨朝當國，制書非一，或進階卿士，或赦宥罪人，何獨于已役中男重徵丁課？恐非保人之術。」省司遂依瑒所執奏停。

延載元年八月勅：「諸户口計年將入丁、老疾應免課役及給侍者，皆縣親貌形狀，以爲定簿。一定以後，不得更貌。疑有奸欺者，聽隨事貌定，以付手實。」

開元二十九年三月二十六日勅：「天下諸州每歲一團貌，既以轉年爲定，復有籍書可憑，有至勞煩，不從簡易，於民非便，事資釐革。自今已後，每年小團宜停，待至三年定户日，一時團貌，仍令所司作條件處分。」

天寶三載十二月二十三日赦文：「比者成童之歲，即挂輕徭，既冠之年，便當正役，憫其勞苦，用軫於懷。自今已後，百姓宜以十八已上爲中男，二十三已上成丁。」至廣德元年七月十一日，赦文：「天下男子宜二十五歲成丁，五十五入老。」

四載七月二十日勅：「今載諸郡，因團貌宜便定户。自今已後，任依常式，應緣察問，對衆取平，準今載三月五日勅處分。」

八載閏六月五日制：「其天下百姓，丈夫七十五已上，宜各給中男一人充侍，仍任自簡擇；至八十已上，依常式處分。」

九載十二月二十九日勅：「天下郡縣，雖三年定户，每年亦有團貌，計其轉年，合入中男、成丁。五十九者，任退團貌。」

王溥《唐會要》卷八五《雜録》 武德九年十一月，簡點使、左僕射封德彝等，以中男十八已上，簡取入軍。勅旨已出，給事中魏徵執奏不可。上怒，乃召徵，作色謂：「中男若實小，自不點入軍，若實大，是其詐妄，依式點入，於理何嫌？卿過如此固執！」徵正色曰：「臣聞竭澤而漁，非不得魚，明年無魚矣；焚林而畋，非不獲獸，明年無獸矣。若次男以上，並點入軍，租賦雜徭，將何取給？且比國家衛士，不堪攻戰，豈其爲少，但爲禮遇失所，遂使人無鬬心。若多點取人，還充其數，雖多終是無用。若精簡壯健，遇之以禮，人百其勇，何必在多。陛下每云誠信待物，欲使官人百姓，並無矯詐之心。今之共治，所寄惟在縣令刺史，年常貌閲，並悉委之。至於簡點，即疑詐僞，望下誠信，不亦難乎？」上曰：「初見卿固執，疑卿蔽於此事，今論國家不信，乃是人情不通，所令取中男宜停。」

王溥《唐會要》卷八五《定户等第》 武德六年三月令，天下户量其貲産，定爲三等。至九年三月二十四日，詔：「天下户三等，未盡升降，依爲九等。」

永徽五年二月八日勅：「天下二年一定户。」

萬歲通天元年七月二十三日勅：「天下百姓，父母令外繼別籍者，所析之户等第，並須與本户同，不得降下。其應入役者，共計本户丁、中，用爲等級，不得以析生蠲免。其差科各從析户祇承，勿容遞相影護。」

開元十八年十一月勅：「天下户等第未平，升降須實。比來富商大賈，多與官吏往還，遞相憑囑，求居下等，自今已後，不得更然。如有囑請者，所由牧宰録名封進，朕當處分。京都委御史，外州委本道，如有隱蔽不言，隨事彈奏。」

天寶四載三月勅：「朕聽政之餘，精思治本，意有所得，庶益於人。且十一而税，前王令典，農商異宜，舊制猶闕。今欲審其户等，拯貧乏之人；賦彼商賈，抑浮惰之業。優劣之際，有深察之明；閭里之間，無不均之歎。頃以人不欲擾，法貴從寬，所以比來未全定户。今已經數載，産業或成，適可因兹，平于賦税。自今已後，每至定户之時，宜委縣令與村鄉對定，審於衆議，察以資財，不得容有愛憎，以爲高下，徇其虚妄，令不均平，使每等之中，皆稱允當。仍委太守詳覆定後，明立簿書，每有差科，先從高等。矜兹不足，庶協彝倫。」

廣德二年二月十一日赦文：「天下户口，委刺史、縣令據見在實户，量貧富等第科差，不得依舊籍帳。」

貞元四年正月赦文：「天下兩税，更審定等第，仍令三年一定，以爲常式。」

元和六年正月，衡州刺史吕温奏：「當州舊額户一萬八千四百七，除貧窮死絶老幼單孤不支濟等外，堪差科户八千二百五十七。臣到後，團定户税，次檢責出所由隱藏不輸税户一萬六千七。伏緣聖恩，録臣在道州微效，擢授大郡，令撫傷殘。臣昨尋舊案，詢問閭里，承前徵税，並無等第，又二十餘年都不定户，存亡孰察，貧富不均。臣不敢因循，設法團定，檢獲隱户，數約萬餘。州縣雖不徵科，所由已私自率斂，與其潛資於奸吏，豈若均助於疲民。臣請作此方圓，以救凋瘵，庶得下免偏枯，上不闕供。」勅旨：「宜付所司。」

十五年二月勅節文：「天下百姓，自屬艱難，棄于鄉井，户部版籍，虚繫姓名。建中元年已來，改革舊制，悉歸兩税，法久則弊，奸濫益生。自今已後，宜準例三年一定兩税，非論土著客居，但據貲産差率。」

王溥《唐會要》卷八五《户口使》 開元十二年八月，宇文融除御史中丞，充諸色安輯户口使。天寶四載二月，户部郎中王鉷加勾當户口色役使。

王溥《唐會要》卷八五《籍帳》 舊制，凡丁新附于籍帳者，春附則課役並徵，夏附則免課從役，秋冬附則課役俱免。其詐冒隱避，以免課役，不限附之早晚，皆徵之。

武德六年三月令，每歲一造帳，三年一造籍，州縣留五比，尚書省留三比。

儀鳳二年二月二十四日勅：「自今已後，裝潢省籍及州縣籍。」

景龍二年閏九月勅：「諸籍應送省者，附當州庸調車送。若庸調不入京，雇脚運送，所須脚直，以官物充。諸州縣籍手實計帳，當留五比，省籍留九比，其遠年依次除。皇宗祖廟雖毁，其子孫皆於宗正附籍，自外悉依百姓例。」

開元十八年十一月勅：「諸户籍三年一造，起正月上旬，縣司責手實計帳，赴州依式勘造。鄉別爲卷，總寫三通，其縫皆注某州某縣某年籍，州名用州印，縣名用縣印。三月三十日納訖，并裝潢一通，送尚書省，州縣各留一通。所須紙筆裝潢，並皆出當户内口，户别一錢。其户每以造籍年預定爲九等，便注籍脚，有析生新附者，於舊户後以次編附。」

二十九年二月勅：「自今已後，應造籍，宜令州縣長官及録事參軍審加勘覆。更有疎遺者，委所司具本判官及官長等名品録奏，其籍仍寫兩本送户部。」

天寶元年正月制節文：「如聞百姓之内，或有户高丁多，苟爲規避，父母見在，别籍異居，宜令州縣仔細勘會。其一家之中，有十丁已上，放兩丁征行賦役，五丁已上者放一丁，即令同籍共居，以敦風教。如更犯者，準法科罪。」

三年正月十六日勅：「天寶三年改爲載者，所論前後年號，一切爲載。其後造籍記歲月云若干載，自餘表狀文章並準此。」

其載二月二十五日制：「天下籍造四本，京師、東京、尚書省、户部各貯一本。」

五載六月十一日勅：「自今已後，應造籍帳及公私諸文書，所言田地四至者，改爲路。」

十二載正月十二日勅：「應送東京籍宜停。」

寶應二年九月勅：「客户若住經一年已上，自貼買得田地，有農桑者，無問于莊蔭家住，及自造屋舍，勒一切編附爲百姓差科，比居人例，量減一半，庶填逃散者。」

大曆四年八月勅：「名籍一家，輒請移改，詐冒規避，多出此流。自今已後，割貫改名，一切禁斷。」

王溥《唐會要》卷八五《逃户》　證聖元年，鳳閣舍人李嶠上表曰：「臣聞黎庶之數，户口之衆，而條貫不失，按比可知者，在於各有管統，明其簿籍而已。今天下之人，流散非一，或違背軍鎮，或因緣逐糧，苟免歲時，偷避徭役。此等浮衣寓食，積歲淹年，王役不供，簿籍不挂。或出入關防，或往來山澤。非直課調虚蠲，闕於恒賦；亦自誘動愚俗，堪爲禍患，不可不深慮也。或逃亡之户，或有檢察，即轉入他境，還行自容。所司雖具設科條，頒其法禁，而相看爲例，莫肯遵承。縱欲糾其僣違，加之刑罰，則百州千郡，庸可盡科？前既依違，後仍積習，檢獲者無賞，停止者獲免，浮逃不悛，亦由於此。今縱更搜檢，而委之州縣，則還襲舊蹤，卒於無益。臣以爲宜令御史督察檢校，設禁令以防之，垂恩德以撫之，施權衡以御之，爲制限以一之，然後逃亡可還，浮寓可絶。所謂禁令者，使閭閻爲保，遞相覺察，前後乖避，皆許自新，仍有不出，輒聽相告。每糾一人，隨事加賞，明爲科目，使知勸沮。所謂恩德者，逃亡之徒，久離桑梓，糧儲空闕，田地荒廢，即當賑於乏少，助其修營；雖有闕賦懸徭，背軍離鎮，亦皆捨而不問，寬而勿徵；其應還家而貧乏不能致者，乃給程糧，使達本貫。所謂權衡者，逃人有絶家去鄉，離失本業，心樂所在，情不願還，聽於所在隸名，即編爲户。夫顧小利者失大計，存近務者忘遠圖，今之議者，或不達於變通，以爲軍府之地，户不可移，關輔之民，貫不可改；而越關繼踵，背府相尋，是開其逃亡，而禁其割隸也。就令逃亡者多不能歸，總計割隸，猶當計其户等，量爲節文，殷富者令還，貧弱者令住。檢責已定，計科已明，户無失編，民無廢業；然後案前躅，申舊章，嚴爲防禁，與人更始。所謂限制者，逃亡之民應自首者，以符到百日爲限，限滿不出，依法科罪，遷之邊州。如此則户無所遺，民無所匿矣。」

景雲二年，監察御史韓琬上疏曰：「往年，人樂其業而安其土，頃年，人多失業，流離道路。若此者，臣粗言之，不可勝數。然流離之人，豈愛羈旅而忘桑梓，顧不得已也。然以軍機屢興，賦斂重數，上下逼促，因爲游民。游惰既多，窮詐乃作，既窮而詐，犯禁相仍，又以嚴法束之，法嚴而犯者愈衆，古人譬之亂繩，則已結矣，而不務解結，乃急牽引之，則結逾固矣。今刻薄之吏，是能爲結者；强舉之吏，是能牽引者。解結者未見其人。」

開元九年正月二十八日，監察御史宇文融請急察色役僞濫并逃户及籍田，因令充使，於是奏勸農判官數人，華州録事參軍慕容琦，長安縣尉王冰、太原司隸張均、太原兵曹宋希玉、大理評事宋珣、長安主簿韋利涉、汾州録事參軍韋洽、汜水縣尉薛侃、三原縣尉喬夢松、大理寺丞王誘、右拾遺徐楚璧、告成縣尉徐鍔、長安縣尉裴寬、萬年縣尉岑希逸、同州司法邊仲寂、大理評事班景倩、榆次縣尉郭庭倩、河南府法曹元將茂、洛陽縣尉劉日貞。至十二年，又加長安縣尉王燾、河南縣尉于孺卿、左拾遺王忠翼、奉天縣尉何千里、伊闕縣尉梁勛、富平縣尉盧怡、咸陽縣尉庫狄履温、渭南縣尉賈晉、長安縣尉李登、前大理評事盛廙等，皆當時名士，判官得人，於此爲獨盛。分往天下，安輯户口，檢責賸田，議者深以爲擾民不便。陽翟縣尉皇甫憬上疏曰：「太上務德，以静爲本，其次務化，以安爲上。但責其疆界，嚴立隄防，山水之餘，即爲見地，何必聚人阡陌，親遣檢量，故奪農時，遂令受弊？又應出使之輩，未識大體，所由殊不知陛下愛人至深，務以勾剥爲計。州縣懼罪，據牒即徵，逃户之家，鄰保不濟，又使更輸，急之則都不謀生，緩之則憲法交及，臣恐逃逸從此更甚。至於澄流在源，止沸由火，不可不慎。今之具寮，向逾萬數，蠶食府庫，侵害黎民，户口逃亡，莫不由此。縱使伊、皋申術，管、晏陳謀，豈息茲弊？若以此給，將何以堪？雖東海南山，盡爲粟帛，亦恐不足，豈括田税客能周給也？」上方委任融，侍中源乾曜及中書舍人陸堅贊成其計，貶憬爲盈川尉。于是諸道括得客户凡八十餘萬，田亦稱是。州縣希旨，務於多獲，皆虚張其數，亦有以實户爲客者。歲終，得客户錢百萬，一時進入宫中，由是擢拜御史中丞。言事者卻稱檢客損居民，上令集百寮於尚書省議，公卿以下，懼融恩勢，皆雷同不敢有異詞。惟户部侍郎楊瑒獨建議，以爲括客不利居民，徵籍外田税，使百姓困敝，所得不知所失。無幾，瑒又出爲外職。

二月二十八日勅：「檢獲招誘得户口應合酬者，其有課户，皆須待納租庸，然後論功。」

十八年，宣州刺史裴耀卿論時政，上疏曰：「竊見天下所檢客户，除兩州計會歸本貫已外，便令所在編附。年限向滿，須準居人，更有優矜，即此輩僥倖，若全徵課税，目擊未堪。竊料天下諸州，不可一例處置，且望從寬鄉有賸田州作法。竊計有賸田者，減三四十州，取其賸田，通融支給。其賸地者，三分請取一分已下，其浮户請任其親戚鄉里相就，每十户已上，共作一坊，每户給五畝充宅，並爲造一兩口屋宇，開巷陌，立閭伍，種桑棗，築園蔬，使緩急相助，親鄰不失。丁別量給五十畝已上爲私田，任其自營種，率其户於近坊，更供給一頃，以爲公田，共令營種。每丁一月役功三日，計十丁一年共得三百六十日，營公田一頃，不啻得計。平收一年，不減一百石，吏納隨近州縣，除役功三百六十日外，更無租稅。既是營田户，日免征徭，安樂有餘，必不流散。官司每丁收納十石，其粟更不别支用，每至不熟年，斗判三十價，然後支用。計一丁一年還出，兩年已上，亦與正課不殊，則官收其役，不爲矜縱，人緩其稅，又得安舒，倉廩日殷，久遠爲便。其狹鄉無賸地，客户多者，雖此法未該，準式許移窄就寬，不必要須留住。若寬鄉安置得所，人皆悦慕，則三兩年後，皆可改塗。棄地盡作公田，狹鄉總移寬處，倉儲既實，水旱無憂矣。」

二十六年七月勅：「諸州應歸首復業者，比來每至年終，皆當州録奏。自今已後，宜令牒報本道採訪使同勘，當道歸首人，每州略單數同一狀奏，仍挾名報所由。」

天寶八載正月勅：「朕永念黎元，務弘愛育，所以惠政頻及，善貸相仍，亦將克致和平，登于仁壽。如聞流庸之輩，漸亦歸復，浮食未還，其數非廣。静言此色，並見其由，蓋爲牧宰等授任親民，職在安輯，稍有逃逸，恥言減耗，籍帳之間，虚存户口，調賦之際，旁及親鄰。此弊因循，其事自久，寤寐興念，良用憮然，不有釐革，孰致殷阜？其承前所有虚掛丁户應賦租庸課稅，令近親鄰保代輸者，宜一切並停，應令除削，各委本道採訪使與外州相知審細檢覆，申牒所由處分。其有逃還復業者，務令優恤，使得安存。縱先爲代輸租庸，不在酬還之限。」

十四載八月制：「天下諸郡逃户，有田宅産業，忘被人破除，并緣欠負租庸，先已親鄰買賣，及其歸復，無所依投，永言此流，須加安輯。應有復業者，宜並卻還，縱已代出租稅，亦不在徵賠之限。國之役力，合均有無，比來應定門夫，殊非得所。每縣中男多者，累歲方始一差，中男少者，一周遂役數偏，既緣偏併，豈可因循。自今已後，諸郡所差門夫，宜于當郡諸縣通率，準式納課分配，令得均平。」

至德二載二月勅：「諸州百姓，多有流亡，或官吏侵漁，或盜賊驅逼，或賦斂不一，或徵發過多。俾其怨咨，何以輯睦？自今已後，所有科役，須使均平，本户逃亡，不得輒徵近親，其鄰保務從減省，要在安存。」

乾元三年四月勅：「逃户租庸，據帳徵納，或貨賣田宅，或攤出鄰人，展轉誅求，爲弊亦甚。自今已後，應有逃户田宅，並須官爲租賃，取其價值，以充課稅。逃人歸復，宜並卻還，所由亦不得稱負欠租賦，别有徵索。」

寶應元年四月勅：「近日已來，百姓逃散，至於户口，十不半存。今色役殷繁，不減舊數，既無正身可送，又遣鄰保祇承，轉加流亡，日益艱弊。其實流亡者且量蠲減，見在者節級差科，必冀安存，庶爲均濟。」

其月勅：「百姓田地，比者多被殷富之家、官吏吞併，所以逃散，莫不由兹。宜委縣令，切加禁止。若界内自有違犯，當倍科責。」

其年五月十九日勅：「逃户不歸者，當户租賦停徵，不得率攤鄰親高户。」

應德二年四月勅：「如有浮客情願編附，請射逃人物業者，便準式據丁口給授。如二年以上，種植家業成者，雖本主到，不在卻還限，任别給授。」

大曆元年制：「逃亡失業，萍泛無依，時宜招綏，使安鄉井。其逃户復業者，宜給復二年，無得輒有差遣。如有百姓先貨賣田宅盡者，宜委本州縣取逃死户田宅，量丁口充給。」

貞元十二年六月，越州刺史皇甫政奏：「貞元十年，進綾縠一千七百匹，至汴州，值兵逆叛，物皆散失，請新來客户續補前數。」上使謂宰臣曰：「百姓有業則懷土，失業則去鄉。彼客户者，咸以遭罹苛暴，變成瘡痍之人，豈可重傷哉！可罷其率，特免所失物。」

長慶元年正月赦文：「應諸道管内百姓，或因水旱兵荒，流離死絶。見在桑産，如無近親承佃，委本道觀察使于官健中取無莊田有人丁者，據多少給付，便與公驗，任充永業，不得令有力職掌人妄爲請射。其官健仍借種糧，放三年租稅。」

會昌元年正月制：「安土重遷，黎民之性，苟非艱窘，豈至逃亡，將欲招綏，必在貲産。諸道頻遭災沴，州縣不爲申奏，百姓輸納不辦，多有逃亡。長吏懼在官之時，破失人户，或恐務免正稅，減剋料錢，祇於見在户中，分外攤配，亦有破除逃户桑地，以充稅錢。逃户産業已無，歸還不得；見在户每年加配，流亡轉多。自今已後，應州縣開成五年已前，觀察使、刺史差强明官就村鄉指實檢會桑田屋宇等，仍勒令長加檢校，租佃與人，勿令荒廢。據所得與納户内征稅，有餘即官爲收貯，待歸還給付；如欠少，即與收貯，至歸還日，不須徵理。自今已後，二年不歸復者，即仰縣司召人給付承佃，仍給公驗，任爲永業。其逃户錢草斛㪷等，計留使錢物，合十分中三分已上者，並仰於當州當使雜給用錢内方圓權落下，不得剋正員官吏料錢及館驛使料、遞乘、作民課等錢，仍任本户歸還日，漸復元額。」

大中二年正月制：「所在逃户，見在桑田屋宇等，多是暫時東西，便被鄰人與所由等計會，雖云代納税錢，悉將斫伐毁折。及願歸復，多已蕩盡，因致荒廢，遂成閑田。從今已後，如有此色，勒鄉村老人與所由并鄰近等同檢勘分明，分析作狀，送縣入案，任鄰人及無田産人，且爲佃事，與納税糧。如五年内不來復業者，便任佃人爲主，逃户不在論理之限。其屋宇桑田樹木等權佃人，逃户未歸五年内，不得輒有毁除斫伐；如有違犯者，據限日量情以科責，并科所由等不檢校之罪。」

咸通十一年七月十九日敕：「諸道州府百姓承佃逃亡田地，如已經五年，須准承前赦文，便爲佃主，不在論理之限，仍令所司准此處分。」

王溥《唐會要》卷八六《奴婢》 舊制，凡反逆相坐，没其家爲官奴婢。反逆家男女及奴婢没官，皆謂之官奴婢。男年十四已下者配司農，十五已上者，以其年長，令遠京邑，配嶺南爲城奴也。一免爲番户，再免爲雜户，三免爲良人，皆因赦宥所及，則免之。凡免，皆因恩言之，得降一等二等，或直入良人。諸律令格式有言官户者，是番户之總號，非謂別有一色。

武德五年，安州刺史李大亮以破輔公祏功，賜奴婢百人。大亮謂曰：「汝輩多衣冠子女，破亡至此，吾亦何忍以汝爲賤隸乎！」一一皆放還。高祖聞而嗟賞，更賜奴婢三十人。

顯慶二年十二月敕：「放還奴婢爲良及部曲客女者，聽之。皆由家長手書，長子已下連署，仍經本屬申牒除附。諸官奴婢年六十已上及廢疾者並免賤。」

永昌元年九月，越王貞破，諸家僮勝衣甲者千餘人，於是制王公以下奴婢有數。

如意元年四月十七日敕：「逆人家奴婢及緣坐等色入官者，不須充尚食、尚藥驅使。」

萬歲通天元年九月敕：「士庶家僮僕有驍勇者，官酬主直，並令討擊契丹。」時契丹首領李盡忠攻陷營州也。

大足元年五月三日敕：「西北緣邊州縣，不得畜突厥奴婢。」

景龍三年，司農卿趙履温奏請以隋代番户子孫數千家没爲官奴婢，仍充賜口，以給貴倖。監察御史裴子餘以爲官户承恩，始爲番户，且今又是子孫，不可抑之，奏免之。

天寶八載六月十八日敕：「京畿及諸郡百姓，有先是給使在私家驅使者，限敕到五日内，一切送付内侍省。其中有是南口及契券分明者，各作限約，定數驅使。雖王公之家，不得過二十人。其職事官，一品不得過十二人，二品不得過十人，三品不得過八人，四品不得過六人，五品不得過四人。京文武清官，六品、七品不得過二人，八品、九品不得過一人。其嗣、郡王、郡主、縣主、國夫人、諸縣君等，請各依本品，同職事及京清資官處分。其有別承恩賜，不在此限。其蔭家父祖先有者，各依本蔭職減，比見任之半。其南口請禁蜀蠻及五溪、嶺南夷獠之類。」

大曆十四年五月詔曰：「邕府歲貢奴婢，使其離父母之鄉，絶骨肉之戀，非仁也，宜罷之。」

其年八月，都官奏：「伏准格式：官奴婢，諸司每年正月造籍二通，一通送尚書，一通留本司，并每年置簿，點身團貌，然後關金、倉部給衣糧。又準格式：官户受有勳及入老者，並從良。比來因循，省司不立文案。伏恐日月滋深，官户逃散，其受勳及入老者無定數。伏請令諸司準式造籍送省，并孳生及死亡者，每季申報，庶憑勘會。」敕旨：「宜並準式處分。自今已後，有違闕者，委所司奏聞，準法科罪。」

元和四年閏三月敕：「嶺南、黔中、福建等道百姓，雖處遐俗，莫非吾民，多罹掠奪之虞，豈無親愛之戀。緣公私掠賣奴婢，宜令所在長吏，切加捉搦，并審細勘責，委知非良人百姓，乃許交關，有違犯者，準法處分。」

八年九月詔：「自嶺南諸道，輒不得以良口餉遺販易，及將諸處博易。又有姦利之徒，以良口博馬，並勅所在長吏，嚴加捉搦。如長吏不任勾當，委御史臺訪察聞奏。」

長慶元年三月，平盧軍節度使薛平奏：「應有海賊詃掠新羅良口，將到當管登、萊州界及緣海諸道，賣爲奴婢者。伏以新羅國雖是外夷，常稟正朔，朝貢不絶，與内地無殊。其百姓良口等，常被海賊掠賣，於理實難。先有制敕禁斷，緣當管久陷賊中，承前不守法度。自收復已來，道路無阻，遞相販鬻，其弊尤深。伏乞特降明敕，起今已後，緣海諸道，應有上件賊詃賣新羅國良人等，一切禁斷，請所在觀察使嚴加捉搦，如有違犯，便準法斷。」敕旨：「宜依。」

三年正月，新羅國使金柱弼進狀：「先蒙恩敕，禁賣良口，使任從所適。有老弱者栖栖無家，多寄傍海村鄉，願歸無路。伏乞牒諸道傍海州縣，每有船次，便賜任歸，不令州縣制約。」勅旨：「禁賣新羅，尋有正勅，所言如有漂寄，固合任歸，宜委所在州縣，切加勘會，責審是本國百姓情願歸者，方得放回。」

寶曆二年十一月勅：「朝官及節度、觀察使，自今已後，並不許更置私白身驅使。」

大和二年十月勅：「嶺南、福建、桂管、邕管、安南等道百姓，禁斷掠買餉遺良口，前後制勅，處分重疊，非不明白。衛中行、李元志等，雖云買致，數實過多，宜各令本道施行，准元和四年閏三月五日及八年九月十八日勅文，切加約勒，仍逐管各差判官。」奏：「當司應管諸司所有官户奴婢等，據要典及令文，有免賤從良條，近年雖赦勅，諸司皆不爲論，致有終身不霑恩澤。今請諸司諸使，各勘官户奴婢，有廢疾及年近七十者，請准各令處分。其新羅奴婢，伏准長慶元年三月十一日勅，應有海賊詃掠新羅良口，將到緣海諸道，賣爲奴婢，並禁斷者，雖有明勅，尚未止絶。伏請申明前勅，更下諸道，切加禁止。」勅旨：「宜依。」

會昌五年四月，中書門下奏：「天下諸寺奴婢，江淮人數至多。其間有寺已破廢，全無僧衆，奴婢既無衣食，皆自營生。或聞洪、潭管内，人數倍一千人以下、五百人以上處，計必不少。臣等商量，且望各委本道觀察使，差清强官與本州刺史縣令同點檢，具見在口數及老弱嬰孩，並須一一分析聞奏。如先自營生，及已輸納者，亦別項分析。深恐無良吏，及富豪、商人、百姓、綱維潛計會藏隱，事須稍峻法令，如有犯者，便以奴婢計估，當二十千已上，並處極法，官人及衣冠，奏聽進止。如有人糾告，便以奴婢充賞。待勘知人數，續具條流。其京城委功德，亦準此條流，仍具數奏聞。」勅旨依奏。

其年八月，中書門下奏：「應天下廢寺，放奴婢從良百姓者。今聞有細口，恐刺史以下官人，及富豪、衣冠、商人、百姓計會藏隱，及量與錢物索取。勅下後，如有此色，並仰首出，卻還父母。如有依前隱蔽，有人糾告，官人已下遠販，商人百姓，並處極法，其告事人，每一口賞錢一百千，便以官錢充給，續徵所犯人填納。」勅旨：「宜依。」

六年二月勅：「山南、江淮間，寺家奴婢，比來有勅釐革，或有父母贖男女將歸，歲月既深，今卻搜檢，情非違勅，事恐擾人。如有此色，勘檢有憑，並宜不要進取。自會昌元年以後者，不在此限。」

大中五年二月勅：「邊上諸州鎮送到投來吐蕃、回鶻奴婢等，今後所司勘問了，宜並配嶺外，不得隸内地。」

九年閏四月二十三日勅：「嶺南諸州，貨賣男女，奸人乘之，倍射其利，今後無問公私土客，一切禁斷。若潛出券書，暗過州縣，所在搜獲，以强盜論。如以男女傭賃與人，責分口食，任於當年立年限爲約，不得將出外界。」

大順二年四月二十日勅：「天下州府及在京諸軍，或因收擄百姓男女，宜給内庫銀絹，委兩軍收購，歸還父母。其諸州府委本道觀察使取上供錢充贖，不得壓良爲賤。」

王溥《唐會要》卷八七《轉運鹽鐵總敘》　皇朝自武德、永徽以後，姜行本、薛大鼎、褚朗皆以漕運上言，然未能通濟。其後，監察御史王師順運晉、絳之粟，於河、渭之間增置渭橋倉，自師順始也。

開元二年，河南尹李傑爲水運使，大興漕事。

十八年，宣州刺史裴耀卿上言，請依舊法，敖倉於河口立輸場以受米，置河陰縣，及河陰、柏崖、集津，三門倉，鑿崖開山，以車運數十里，積於太原倉，以利漕運。上從之，拜耀卿江淮轉運使，仍以鄭州刺史崔希逸、河南少尹蕭炅爲之副。轉運鹽鐵之有副使，自此始也。耀卿主之三年，凡運六七百萬石，省陸運之傭三千萬。舊制，東都含嘉倉積江淮之米，載以大輿，運而西至於陝三百里，率兩斛計傭錢千，此耀卿所省之數也。明年，耀卿拜侍中，而蕭炅代焉。二十五年，運米一百萬石。二十九年，陝郡太守李齊物鑿三門山以通運，闢三門巔，踰巖險之地，俾負索引艦，昇於安流，自齊物始也。

天寶二載，韋堅代蕭炅，以滻水作廣運潭於望春之東，而藏舟焉。是年，楊釗以殿中侍御史爲水陸運使，以代韋堅。先是，米至京師，或砂礫糠粃雜乎其間。開元初，詔使揚擲而較其虛實，揚擲之名，自此始也。

十四載八月詔：「水陸運宜停一年。」天寶以來，楊國忠、王鉷皆兼重使以權天下，故轉運之事，自耀卿以降，罕有聞者。

肅宗初，第五琦始以錢穀得見，請於江淮分置租庸使，市輕貨以濟軍食，遂拜監察御史，爲之使。乾元元年，加度支郎中，尋兼中丞，爲鹽鐵使。於是始立鹽鐵法，就山海井竈，收榷其鹽，立監院官吏。其舊業户洎浮人欲以鹽爲業者，免其雜徭，隸鹽鐵使。盜煮私鹽，罪有差。亭户自租庸以外，無得横賦。人不益税，而國用以饒。明年，琦以户部侍郎同平章事，詔兵部侍郎吕諲代之。寶應元年五月，元載以中書侍郎代吕諲。是時，淮、河阻兵，飛輓路絶，鹽鐵租賦，皆泝漢而上。以侍御史穆寧爲河南道轉運、租庸、鹽鐵使，尋加户部員外，遷鄂州刺史，以總東南貢賦。是時，朝議以寇盜未戢，關東漕運，宜有倚辦，遂以通州刺史劉晏爲户部侍郎、京兆尹、度支鹽鐵轉運使。鹽鐵兼漕運，自晏始也。二年，拜吏部尚書、同平章事，依前充使。晏始以鹽利爲漕傭，自江淮至渭橋，率十萬斛傭七千緡，補綱吏督之。不發丁男，不勞郡縣，蓋自古未之有也，至今爲法。晏既至江淮，以書遺元載曰：「浮於淮、泗，達於汴，入於河，西經底柱、硤石、少華，楚帆越客，直抵建章、長樂，此安社稷之奇業也。晏賓於東朝，猶有官謗，公終始故舊，不信流言，則賈誼復召宣室，弘羊重興功利，敢不悉力以答所知。驅馬陜郊，見三門渠津遺跡。到河陰、鞏、洛，見宇文愷立梁公堰，分河入渠；及李傑新堤故事，飾像河廟，凛然如生。步步探討，知昔人用心，則潭、衡、桂陽，必多積穀，可以淪波挂席，西指長安。三秦之人，待此而飽；六軍之衆，待此而强。天子無憂，都人胥悦，四方旅拒者可以破膽，三河流離者於兹請命。公輔明主，爲富民侯，此今之切務，不可失也。僕願湔洗瑕穢，一罄愚誠，以副公之心。且晏勤于官，不辭水火。然運之利與運之病，各有四五焉。晏自尹京，入爲計相，共五年矣。京師三輔百姓，唯苦税畝傷多。若使每年得江湖三二十萬石，即徭賦頓減，歌舞皇澤，其利一也。東都殘毁，百無一存。若米運流通，則饑民皆附，村落邑廛，從此滋多。受命之日，引海陵之倉，衣食鞏、洛，是計之得者，其利二也。諸侯有在邊者，諸戎有侵敗王略者，或聞三江五湖，陳陳紅粒，雲帆桂檝，輸納帝鄉，可以震耀夷夏，其利三也。自古帝王之盛，皆云書同文，車同軌，日月所照，莫不率俾。今舟車既通，商賈來往，百貨雜集，航海梯山，聖神光耀，漸及貞觀、永徽之盛，其利四也。所可疑者，函陜凋殘，東周尤甚。過宜陽、熊耳，至武牢、成皐，五百里中，編户千餘而已。人烟蕭條，獸游鬼哭，輿必脱輻，牛必羸角，棧車輓輅，亦不易求。今於無人之境，興勞人之運，故難就矣，其病一也。汴流渾渾，不脩則澱，頃因寇難，曾未疏决，澤滅水，岸石墮，役夫需於沙，津吏旋於淤濘，千里洄上，罔水行舟，其病二也。東垣、底柱，澠池二陵，北河運處五六百里，戍卒久絶，奪攘奸宄，窟穴囊橐，夾河爲藪，豺狼狺狺，舟行所經，寇亦能往，其病三也。東自淮陰，西臨蒲坂，亘三千里，屯戍相望。中軍皆鼎司元侯，賤卒亦儀同青紫。每云食半菽，又云無挾纊，輓漕所至，船到便留，即非單車使折簡書所能制矣，其病四也。是顧畢其思慮奔走之，惟中書詳其利病裁成之。晏見一水不通，願荷鍤先往；見一粒不運，願負米先趨。焦心苦形，期報明主，丹誠未尅，漕引多虞，屏營中流，掩泣獻狀。」自此每歲運米數十萬石，自江淮北，列置巡院，搜擇能吏以主之，廣牢盆以來商賈。凡所制置，皆自晏始。廣德二年正月，復以第五琦專判度支、鑄錢、鹽鐵事，而晏以檢校户部尚書爲河南及江淮以來轉運使，及與河南副元帥計會開决汴河水。永泰二年，晏爲東道轉運、常平、鑄錢、鹽鐵使，琦爲關内、河東、劍南三川轉運、常平、鑄錢、鹽鐵使。大曆五年，詔停關内、河東、三川轉運、常平、鹽鐵使，自此，晏與户部侍郎韓滉分領關内、河東、山南、劍南租庸、青苗使。至十四年，天下財賦皆以晏掌之。建中元年，詔曰：「朕以征税多門，郡邑凋耗，聽於羣議，思有變更，將致時雍，宜遵古訓。其江淮米準旨轉運入京者，及諸軍糧儲，宜令庫部郎中崔河圖權領之。今年夏税以前，諸道財賦多輸京師者，及鹽鐵財貨，委江州刺史包佶權領之。天下錢穀，皆歸金部、倉部，委中書門下簡兩司郎官，準格式條理。」尋貶晏爲忠州刺史。晏既罷黜，天下錢穀歸尚書省。既而出納無所統，乃復置使領之。是年三月，以韓洄爲户部侍郎，判度支，金部郎中杜佑權勾當江淮水陸運使，行劉晏、韓滉舊制。先是，晏爲宰臣楊炎所惡，貶忠州刺史，尋殺於忠州。兵興以來，凶荒相屬，京師斗斛萬錢，官廚無兼時之食，百姓在畿甸者，拔穀挼穗，以供禁軍。洎晏既遺元載書，陳轉税米利病，歲入米數十萬斛，以濟關中。代第五琦鹽務，法益精密。初年入錢六十萬，季年則十倍其初。大曆末，通天下之財而計其所入，總一千二百萬貫，而鹽利過半。李靈耀之亂，河南節度使據土不奉法，賦税不上供，州縣益減。晏以羨餘相補，人不加賦，所入仍舊，議者稱之。其相與商榷財用之術者，必一時之選，故晏没後二十餘年，韓洄、元琇、裴腆、包佶、盧貞、李衡相繼分掌財賦，皆晏門下。晏部吏在千里外，奉教如目前。四方水旱及軍府纖芥，莫不先知焉。其年，詔曰：「天下山澤之利，當歸王者，宜總隸鹽鐵使。」三年，以包佶爲左庶子，汴東水陸運、鹽鐵、租庸使；崔縱爲右庶子，汴西水陸運、鹽鐵、租庸使。四年，度支侍郎趙贊議常平事，竹、木、茶、漆盡税。茶之有税，肇于此矣。

貞元元年，元琇以御史大夫爲鹽鐵、水陸運使。其年七月，以尚書右僕射韓滉統之。滉没，宰相竇參代之。

五年十二月，度支、轉運、鹽鐵奏：「比年自揚子運米，皆分配緣路觀察使差長綱發遣，運路既遠，實爲勞民。今請當使諸院自差綱節級搬運，以救邊食。」從之。

八年詔：「東南兩税財賦，自河南、江淮、嶺南、山南東道至渭橋，以户部侍郎張滂主之；河東、劍南、山南西道，以户部尚書、度支使班宏主之。」今户部所領三川鹽鐵、轉運，自此始也。其後宏、滂互有短長，宰相趙憬、陸贄以其事上聞，由是遵大曆故事，如劉晏、韓滉所分焉。

九年，張滂奏立税茶法。郡國有茶山，及商賈以茶爲利者，委院司分置諸場，立三等時估爲價，爲什一之税。是歲，得緡四十一萬。茶之有税，自滂始也。自後裴延齡專判度支，與鹽鐵益殊塗而理矣。十年，潤州刺史王緯代之，理于朱方。數年而李錡代之，鹽院津堰，供張侵剥，不知紀極，私路小堰，厚斂行人，多是錡始。時鹽鐵、轉運有上都留後，以副使潘孟陽主之。王叔文權傾朝野，亦以鹽鐵副使兼學士爲留後，故鹽鐵副使之俸，至今獨優。順宗即位，有司重奏鹽法，以杜佑判度支、鹽鐵、轉運使，治於揚州。

元和二年三月，以李巽代之。先是，李錡判使，天下榷酤漕運，由其操割，專事貢獻，牢其寵渥。中朝秉事者悉以利交，鹽鐵之利，積於私室，而國用日耗。巽既爲鹽鐵使，大正其事。其堰埭先隸浙西觀察使者悉歸之，因循權置者盡罷之。增置河陰、敖倉，置桂陽監，鑄平陽銅山爲錢。又奏：「江淮、河南、峽内、兖鄆、嶺南鹽法監院，去年收鹽價緡錢七百二十七萬，比舊法張其估二千七百八十餘萬，非實數也。今請以其數除爲煮鹽之外，付度支收其數。」鹽鐵使煮鹽利繫度支，自此始也。又以程异爲揚子留後。四年四月五日，巽卒。自榷筦之興，唯劉晏得其術，而巽次之。然初年之利，類晏之季年，季年之利，則三倍於晏矣。舊制，每歲運江淮米五十萬斛，至河陰留十萬，四十萬送渭倉。晏殁，久不登其數，惟巽掌使三載，無升斗之缺焉。六月，以河東節度使李鄘代之。五年，鄘爲淮南節度使，以宣州觀察使盧坦代之。六年，坦奏：「每年江淮運糙米四十萬石到渭橋，近日欠闕大半，請旋收糴，遞年貯備。」從之。坦改户部侍郎，以京兆尹王播代之，播遂奏：「元和五年，江淮、河南、嶺南、峽中、兖鄆等鹽利錢六百九十八萬貫。比量改法已前舊鹽利，時價四倍虚估，即此錢當爲千七百四十餘萬貫矣，請付度支收管。」從之。其年，詔曰：「兩税法悉委郡國，初極便人，但緣約法之時，不定物估。今度支鹽鐵，泉貨是司，各有分巡，置於都會。爰命帖職，周視四方，簡而易從，庶叶權便。政有所弊，事有所宜，皆得舉聞，副我憂寄。以揚子鹽鐵留後爲江淮已南兩税使，江陵留後爲荆衡漢沔東界、彭蠡南及日南兩税使，度支山南西道分巡院官充三川兩税使。峽内煎鹽五監先屬鹽鐵使，今宜割屬度支，便委山南西道兩税使兼知糴賣。」峽内鹽屬度支，自此始也。

七年，王播奏：「去年鹽利，除割峽内井鹽，收錢六百八十五萬。」從實估也。又奏商人於户部、度支、鹽鐵三司飛錢，謂之「便换」。

八年，以崔倰爲揚子留後，淮、嶺已來兩税使；崔梲爲江陵留後，荆南已來兩税使。

十三年，播又奏以「軍興之時，財用是切。頃者，劉晏領使，皆自案租庸，至於州縣否臧，錢穀利病之物，虚實皆得而知。今臣守務在城，不得自往，請令臣副使程异出巡江淮，具州府上供錢穀，一切勘問。」從之。閏五月，异至江淮，得錢一百八十五萬貫以進。其年，以播守禮部尚書，以衛尉卿程异代之。明年，异以本官兼御史大夫、平章事。

十四年，异卒，以刑部侍郎柳公綽代之。長慶初，王播復代公綽。四年，王涯以户部侍郎代；播復以鹽鐵使爲揚州節度使。文宗即位，入覲，以宰相判使。其後王涯復判二使，表請使茶山之人，移樹官場，舊有貯積，皆使焚棄，天下怨之。九年，以事誅。而令狐楚以户部尚書、右僕射主之，以是年茶法大壞，奏請付州縣，而入其租於户部，人人悦焉。

開成元年，李石以中書侍郎判收茶法，復貞元之制也。

三年，以户部尚書、同平章事楊嗣復主之，多革錢穀監院之陳事。至大中壬申，凡十五年，多任元臣，以集其務。崔珙自刑部尚書拜，杜悰以淮南節度使領之，既而皆踐公台。薛元賞、李執方、盧弘正、馬植、敬晦五人，於九年之中，相踵理之，植亦自是居相位。

大中五年二月，以户部侍郎裴休爲鹽鐵轉運使。明年八月，以本官平章事，依前判使。始者漕米歲四十萬斛，其能至渭倉者，十不三四。漕吏狡蠹，敗溺百端，官舟之沈，多者歲至七十餘隻。緣河奸犯，大紊晏法。休使寮屬按之，委河次縣令董之。自江津達渭，以四十萬斛之傭，計緡二十八萬，悉使歸諸漕吏，巡院胥吏，無得侵牟。與之爲法，凡十事，奏之。六年五月，又立税茶之法，凡十二條，陳奏。上大悦，詔曰：「裴休興利除害，深見奉公。」盡可其奏。由是三歲漕米至渭濱，積一百二十萬斛，無升合沈棄焉。

十年，裴休出鎮澤潞，尋以柳仲郢、夏侯孜、杜悰迭判之。至咸通五年，南蠻攻安南府，連歲用兵，饋輓不集，詔江淮鹽鐵巡院和僱舟船，運淮南、浙西道米至安南。乾符中，又以崔彦昭、王凝判之。二年，凝以所補吏生賦改官，復命裴坦判之。高駢爲潤州節度，移鎮淮南，亦就判使務。

中和元年，黄巢犯闕，車駕出狩興元府，又以蕭遘、韋昭度判之。及命侍中王鐸爲行營都統，率諸道之兵，收復京城，慮調發不時，乃以昭度兼供運使。至光啓中，所在征鎮，自擅兵賦，皆不上供，歲時但貢奉而已。由是江淮轉運路絶，國命所能制者，唯河西、山南、劍南、嶺南西道。洎宦官田令孜自蜀中扈從，召募新軍，號左右神策，共四十四部，並南衙官屬，僅萬餘，三司轉無調發之所。舊日兩池榷鹽稅課鹽鐵使，特置鹽官，以總其事。自亂離之後，河東節度使王重榮兼領榷務，歲出課鹽三千車以進。至是，令孜以軍食闕供，乃舉廣明故事，請以兩池榷務歸之鹽鐵。詔下，重榮上章論訴，竟不能奪。天復中，朱全忠兼鎮河中，兩池鹽課，始加至五千車。自大順年後，又以孔緯、杜讓能、崔昭緯、嗣薛王知柔、徐彦若、韓建、崔胤、裴樞、柳璨相次判之。

王溥《五代會要》卷二《雜録》 周廣順三年九月，太常禮院奏：「准敕定郊廟制度，洛陽郊壇在城南七里丙巳之地，圜丘四成各高八尺一寸，下廣二十丈，再成廣十五丈，三成廣十丈，四成廣五丈。十有二陛，每節十二等。燎壇在泰壇之丙地，方一丈，高一丈二尺，闊上南出，户方六尺。請下所司修奉。」從之。時太祖將拜南郊，故修奉之。

王溥《五代會要》卷三《廟制度》 晉天福四年十一月，太常禮院奏：「議立唐廟，引武德年故事，祀隋三帝。今請立近朝莊宗、明宗、閔帝三廟，庶合前規。」詔曰：「德莫盛於繼絶，禮莫重於敬先。莊宗立興復之功，明宗垂光大之業，逮于閔帝，實繼本枝。然則不絶洪源，皆尊唐室。繼周者須崇后稷，嗣漢者必奉高皇。將啓嚴祠，當崇茂典，宜立唐高祖、太宗及莊宗、明宗、閔帝五帝之廟。」其月，太常禮院又奏：「唐廟制度，請以至德宫正殿隔爲五室，三分之。南去地四尺，以石爲埳，中容二主。廟之南一屋三門，門戟二十有四，東西一屋一門，門無棨戟。廟中牀鑪盤帳，燭亭香寶，粢盛酒爵，罍洗鐏坫，位席祭服，率如常制。四仲之祭，一羊一豚，如其中祀。幣帛牲牢之類，光禄主之。祠祝之文，不進不署。神廚之具，鴻臚督之。五帝五后，凡十主，未遷者六，未立者四，未謚者三。高祖、太宗與其后暨莊宗、明宗，凡六主，在清化里之寢宫。祭前二日，以殿中繖扇二十，迎置新廟，以行享禮。閔皇帝、莊宗明宗二后及魯國孔夫人神主四座，請修製祔廟及三后請定謚法。」從之。

周廣順元年二月，太常禮院上言：「准敕：『遷漢廟入昇平宫。』其唐、晉兩朝，皆五廟遷移，今漢七廟，未審總移，爲復祇移五廟？」敕：「宜准前敕，並移於昇平宫。」其法服神廚、齋院祭器、祭服饌料，皆依中祀例用少牢，光禄等寺給。其讀文太祝及奉禮郎，太常寺差。每仲享以漢宗子爲三獻。」從之。

三年九月，太常禮院言：「准洛京廟室一十五間，中分爲四室，兩頭有夾室，四神門每門屋三間，每門戟二十四，別有齋宫、神廚屋宇。准禮，左宗廟，右社稷，在國城内。請下所司修奉。」從之。時太祖將行郊禮，遷宗廟于東京，故有是議。

王溥《五代會要》卷三《社稷》 周廣順三年九月，太常禮院奏：「社稷制度，社壇廣五丈，高五尺，五色土築之。稷壇制度如社壇之制度。社壇石主長五尺，方二尺，剡其上方，其下半根在土中。四垣華飾。每神門屋三間，一門，門二十四戟，四隅連飾罘罳，如太廟之制。中可樹槐。准禮，左宗廟，右社稷，在國城内。請下所司修奉。」從之。時太祖將行郊禮，故遷社稷于東京修之。

王溥《五代會要》卷三《祭器》 周廣順三年九月，南郊禮儀使奏：「周珪璧制度，准禮，祀上帝以蒼璧，地祇以黄琮。祀五帝以珪、璋、琮、琥、璜，其玉各依本方正色。祀日月以珪、璋，祀神州以兩珪，有邸。其用幣，天以蒼色，地以黄色，配帝以白色，日月、五帝各從本方之色，皆長一丈八尺。其珪璧之狀，璧圓而琮方，珪上鋭而下方，半珪曰璋，琥爲虎形，半璧曰璜。其珪、璧、琮、璜，皆長一尺二寸四。珪有邸，邸本也，珪著於璧而四出也。日月、星辰以珪璧，五寸。前件珪璧有圖樣，而長短之説或殊。按唐開元中，玄宗詔曰：『禮神以玉，取其清潔，比來用珉，不可行也。如或以玉難辦，寧小其制度以取其真。』今郊廟所修珪璧，量玉大小，不必皆從古制。伏請下所司修製。」從之。

顯德四年四月，禮官博士等准詔議祭器、祭玉制度。國子祭酒尹拙引崔靈恩《三禮義宗》云：「蒼璧所以禮天，其長十有二寸，蓋法天之十二時。」又引《江都集禮》、《白虎通》等諸書所説云：「璧皆外圓内方。」又云：「黄琮所以禮地，其長十寸，以法地之數。其琮外方内圓，八角而有好。」國子博士聶崇義以爲璧内、外皆圓，其徑九寸。按阮氏、鄭玄圖皆云九寸。《周禮·玉人》職又有九寸之璧。及引《爾雅》云：「肉倍好謂之璧，好倍肉謂之瑗，肉好若一謂之環。」郭璞註云：「好，孔也；肉，邊也。」而不載尺寸之數。崇義又引《冬官·玉人》云：「璧好三寸。」《爾雅》云：「肉倍好謂之璧。」蓋兩邊肉各三寸，通好共九寸，則其璧九寸明矣。崇義又云：「黄琮八方以象地，每角各剡出一寸六分，共長八寸，厚一寸。」按《周禮疏》及《阮氏》圖並無好。又引《冬官·玉人》云：「琮八角而無好。」崇義又云：「琮、璜、珪、璧，俱是禮天地之器，而《爾雅》唯言璧、環、瑗三者有好，其餘諸器若琮、璜等者，並不言之。則璜、琮八角而無好明矣。」時太常卿田敏以下，以崇義援引《周禮》正文爲是，乃從之。

《宋史》卷九九《禮志二》 徽宗政和三年，詔有司討論壇壝之制。十月，禮制局言：「壇舊制四成，一成二十丈，再成十五丈，三成十丈，四成五丈，成高八尺一寸；十有二陛，陛十有二級；三壝，二十五步。古所謂地上圜丘、澤中方丘，皆因地形之自然。王者建國，或無自然之丘，則於郊澤吉土以兆壇位。爲壇之制，當用陽數，今定爲壇三成，一成用九九之數，廣八十一丈，再成用六九之數，廣五十四丈，三成用三九之數，廣二十七丈；每成高二十七尺，三成總二百七十有六，《乾》之策也。爲三壝，壝三十六步，亦《乾》之策也。成與壝俱三，參天地之數也。」詔行之。

建炎二年，高宗至揚州，庶事草創，築壇於州南門内江都縣之東南，詔東京所屬官吏奉祭器、大樂、儀仗、法物赴行在所。紹興十三年，太常寺言：「國朝圜壇在國之東南，壇側建青城齋宫，以備郊宿。今宜於臨安府行宫東南修建。」於是，遂詔臨安府及殿前司修建圓壇，第一成縱廣七丈，第二成縱廣一十二丈，第三成縱廣一十七丈，第四成縱廣二十二丈；一十二陛，每陛七十二級，每成一十二綴；三壝，第一壝去壇二十五步，中壝去内壝、外壝去中壝各半之。燎壇方一丈，高一丈二尺，開上南出户，方六尺，三出陛，在壇南二十步丙地。其青城及望祭殿與行事陪祠官宿齋幕次，並令絞縛，更不修蓋。先是，張杓爲京尹，議築齋宫，可一勞永逸，宇文价曰：「陛下方經略河南，今築青城，是無中原也。」遂罷役。

《宋史》卷一〇〇《禮志三》 政和三年，詔禮制局議方壇制度。是歲，新壇成。初，元豐三年七月，詔改北郊圜壇爲方丘。六年，命禮部、太常定北郊壇制。哲宗紹聖三年，權尚書侍郎黄裳等言：「南郊青城至壇所五百一十八步，自瑞聖園至皇地祇壇之東壝五百五十六步，相去不遠。其壇係國初所建，神靈顧享已久。元豐間，有司請地祇、神州並爲方壇，壇之外爲坎，詔止改圜壇爲方。請下有司，比類南郊增飾制度，除治四面稍令低下，以應澤中之制。」詔禮部再爲詳定，指畫興築。至是，禮制局言：「方壇舊制三成，第一成高三尺，第二成、第三成皆高二尺五寸，上廣八丈，下廣十有六丈。夫圜壇既則象於乾，則方壇當效法於坤。今議方壇定爲再成，一成廣三十六丈，再成廣二十四丈，每成崇十有八尺，積三十六尺，其廣與崇皆得六六之數，以坤用六故也。爲四陛，陛爲級一百四十有四，所謂坤之策百四十有四者也。爲再壝，壝二十有四步，取坤之策二十有四也。成與壝俱再，則兩地之義也。」齋宫大内門曰廣禋，東偏門曰東秩，西偏門曰西平，正東門曰含光，正西門曰咸亨，正北門曰至順，南内大殿門曰厚德，東曰左景華，西曰右景華，正殿曰厚德，便殿曰受福，曰坤珍，曰道光，亭曰承休，後又增四角樓爲定式。

其神位，崇寧初，禮部員外郎陳暘言：「五行於四時，有帝以爲之主，必有神以爲之佐。今五行之帝既從享於南郊第一成，則五行之神亦當列於北郊第一成。天莫尊於上帝，而五帝次之；地莫尊於大祇，而嶽帝次之，今尚與四鎮、海、瀆並列，請升之於第一成。」至是，議禮局上《新儀》：皇地祇位於壇上北方南向，席以稾秸；太祖皇帝位於壇上東方西向，席以蒲越。木神勾芒、東嶽於壇第一龕，東鎮、海、瀆於第二龕，東山、林、川、澤於壇下，東丘、陵、墳、衍、原、隰於内壝之内，皆在卯階之北，以南爲上。神州地祇、火神祝融、南嶽於壇第一龕，南鎮、海、瀆於第二龕，南山、林、川、澤於壇下，南丘、陵、墳、衍、原、隰於内壝之内，皆在午階之東，以西爲上。土神后土、中嶽於壇第一龕，中鎮於第二龕，中山、林、川、澤於壇下，中丘、陵、墳、衍、原、隰於内壝之内，皆在午階之西，以西爲上。金神蓐收、西嶽於壇第一龕，西鎮、海、瀆於第二龕，崑崙、西山、林、川、澤於壇下，西丘、陵、墳、衍、原、隰於内壝之内，皆在酉階之南，以北爲上。水神玄冥、北嶽於壇第一龕，北鎮、海、瀆於第二龕，北山、林、川、澤於壇下，北丘、陵、墳、衍、原、隰於内壝之内，皆在子階之西，以東爲上。神州地祇席以稾秸，餘以莞席，皆内向。其餘並如元豐儀壇壝之制。其位板之制：上帝位板長三尺，取參天之數；厚九寸，取乾元用九之數；廣尺二寸，取天之備數；書徽號以蒼色，取蒼璧之義。皇地祇位板長二尺，取兩地之數；厚六寸，取坤元用六之數；廣一尺，取地之成數；書徽號以黄色，取黄琮之義。皆以金飾。配位板各如天地之制。

又言：「《大禮格》，皇地祇玉用黄琮，神州地祇、五嶽以兩圭有邸。今請二者並施於皇地祇，求神以黄琮，薦獻以兩圭有邸。神州惟用圭邸，餘不用。玉琮之制，當用坤數，宜廣六寸，爲八方而不剡；兩圭之長宜共五寸，並宿一邸，色與琮同。牲幣如之。」又言：「常祭，地祇、配位各用冰鑑一；今親祀，盛暑，請增正配及從祀位冰鑑四十一。」並從之。

《宋史》卷一〇一《禮志三》 政和五年，詔：「宗祀明堂以配上帝，寓於寢殿，禮蓋云闕。崇寧之初，嘗詔建立，去古既遠，歷代之模無足循襲。朕刺經稽古，度以九筵，分其五室，通以八風，上圓下方，參合先王之制。相方視址，于寢之南，僝工鳩材，自我作古，以稱朕昭事上帝率見昭考之心。」既又以言者「明堂基宜正臨丙方近東，以據福德之地」，乃徙秘書省宣德門東，以其地爲明堂。

又詔：「明堂之制，朕取《考工》互見之文，得其製作之本。夏后氏曰世室，堂脩二七，廣四脩一，五室三四步四三尺，九階，四旁兩夾窗。考夏后氏之制，名曰世室，又曰堂者，則世室非廟堂。脩二七，廣四脩一，則度以六尺之步，其堂脩十四步，廣十七步之半。又曰五室三四步四三尺者，四步益四尺，中央土室也，三步益三尺，木、火、金、水四室也。每室四户，户兩夾窗，此夏制也。商人重屋，堂脩七尋，崇三尺，四阿重屋，而又曰堂者，非寢也。度以八尺之尋，其堂脩七尋。又曰四阿重屋，阿者屋之曲也，重者屋之複也，則商人有四隅之阿，四柱複屋，則知下方也。周人明堂，度以九尺之筵。三代之制不相襲，夏曰世室，商曰重屋，周曰明堂，則知皆室也。東西九筵，南北七筵，堂崇一筵，五室，凡室二筵者，九筵則東西長，七筵則南北狹，所以象天，則知上圜也。名不相襲，其制則一，唯步、尋、筵廣狹不同而已。朕益世室之度，兼四阿重屋之制，度以九尺之筵，上圜象天，下方法地，四户以合四序，八窗以應八節，五室以象五行，十二堂以聽十二朔。九階、四阿，每室四户，夾以八窗。享帝嚴父，聽朔布政于一堂之上，於古皆合，其制大備。宜令明堂使司遵圖建立。」

於是内出圖式，宣示于崇政殿，命蔡京爲明堂使，開局興工，日役萬人。京言：「三代之制，脩廣不相襲，夏度以六尺之步，商度以八尺之尋，而周以九尺之筵，世每近，制每廣。今若以二筵爲太室，方一丈八尺，則室中設版位、禮器已不可容。理當增廣。今從周制，以九尺之筵爲度，太室脩四筵，三丈六尺。廣五筵，四丈五尺。共爲九筵，木、火、金、水四室各脩三筵，益四五，三丈一尺五寸。廣四筵，三丈六尺。共七筵，益四尺五寸。十二堂古無脩廣之數，今亦廣以九尺之筵。明堂、玄堂各脩四筵，三丈六尺。廣五筵，四丈五尺。左右箇各脩廣四筵。三丈六尺。青陽、總章各脩廣四筵，三丈六尺。左右箇各脩四筵，三丈六尺。廣三筵，益四五。三丈一尺五寸。四阿各四筵，三丈六尺。堂柱外基各一筵，九尺。堂總脩一十九筵，一十七丈一尺。廣二十一筵。一十八丈九尺。」

蔡攸言：「明堂五門，諸廊結瓦，古無制度，漢、唐或蓋以茅，或蓋以瓦，或以木爲瓦，以夾紵漆之。今酌古之制，適今之宜，蓋以素瓦，而用琉璃緣裏及頂蓋鴟尾綴飾，上施銅雲龍。其地則隨所向甃以五色之石。欄楯柱端以銅爲文鹿或辟邪象。明堂設飾，雜以五色，而各以其方所尚之色。八窗、八柱則以青、黄、緑相間。堂室柱門欄楯，並塗以朱。堂階爲三級，級崇三尺，共爲一筵。庭樹松、梓、檜，門不設戟，殿角皆垂鈴。」詔以「玄堂」犯祖諱，取「平在朔易」之義，改爲平朔，門亦如之。仍改敷祐門曰左敷佑，左承天門曰右敷佑，右承天門曰平秩，更衣大次曰齋明殿。七年四月，明堂成，有司請頒常視朔聽朝。詔：「明堂專以配帝嚴父，餘悉移於大慶、文德殿。」羣臣五表陳請，乃從之。

禮制局言：「祀天神於冬至，祀地祇於夏至，乃有常日，無所事卜。季秋享帝，以先王配，則有常月而未有常日。禮不卜常祀而卜其日，所謂卜日者，卜其辛爾。蓋月有上辛、次辛，請以吉辛爲正。」

又言：「《周禮》『祀昊天上帝，則大裘而冕，祀五帝亦如之。享先王則衮冕。』蓋於大裘舉正位以見配位，於衮冕舉配位以見正位，以天道事之，則舉卑明尊；大裘象道，衮冕象德，明堂以人道享上帝，請服衮冕。郊祀正位設蒲越，明堂正配位以莞，蓋取《禮記》所謂『莞簟之安』。請明堂正配位並用莞簟。又《周禮》：『以蒼璧禮天。』又曰：『四圭有邸，以祀天，旅上帝。』然説者謂禮神在求神之前，祀神在禮神之後。蓋一祭而並用也。夏祭方澤，兩圭有邸，與黄琮並用。明堂大享，蒼璧及四圭有邸亦宜並用。圜丘、方澤，執玄圭則搢大圭，執大圭則奠玄圭。《禮經》：祀大神祇，享先王，一如明堂親祠，宜如上儀。其正配二位，請各用籩二十六，豆二十六，簠八，簋八，登三，鉶三，柶槃、神位席、幣篚、祝篚、玉爵反坫，瑶爵，牛羊豕鼎各一，并局七，畢茅、冪俎六，太尊、山尊、著尊、犧尊、象尊各二，壺尊六，皆設而弗酌。尊加冪。犧尊、象尊、壺尊、犧罍、象罍、壺罍各五，加勺、冪。御槃匜一，并篚、勺、巾。飲福受黍豆一，以玉飾。飲福受胙俎一。亞獻終獻盥洗罍，爵洗罍并篚、勺、巾各一，神廚鸞刀一。」

《宋史》卷一二二《禮志二五》 太祖建國，號僖祖曰欽陵，順祖曰康陵，翼祖曰定陵，宣祖曰安陵。

安陵在京城東南隅，乾德初，改卜河南府鞏縣西南四十里訾鄉鄧封村。以司徒范質爲改卜安陵使，學士竇儀禮儀使，中丞劉温叟儀仗使，樞密直學士薛居正鹵簿使，太宗時尹開封，爲橋道頓遞使。質尋免相，以太宗兼轄五使事，修奉新陵。皇堂下深五十七尺，高三十九尺，陵臺三層正方，下層每面長九十尺。南神門至乳臺，乳臺至鵲臺，皆九十五步。乳臺高二十五尺，鵲臺增四尺。神牆高九尺五寸，環四百六十步，各置神門、角闕。

有司言：「改卜陵寢，宣祖合用哀册及文班官各撰歌辭二首。吉仗用大駕鹵簿。凶仗用大升輿、龍輴、鵝茸纛、魂車、香輿、銘旌、哀謚册寶車、方相、買道車、白幰弩、素信幡、錢山輿、黄白紙帳、暖帳、夏帳、千味臺盤、衣輿、拂纛、明器輿、漆梓宫、夷衾、儀椁、素翣、包牲、倉瓶、五穀輿、瓷甒、瓦甒、辟惡車。進玄宫有鐵帳覆梓宫，藉以樓棝褥，鐵盆、鐵山用然漆燈。宣祖衮冕，昭憲皇后花釵、翬衣，贈玉。十二神、當壙、當野、祖明、祖思、地軸及留陵刻漏等，並制如儀。」

有司又言：「按《儀禮》『改葬緦』注云：『臣爲君，子爲父，妻爲夫也，必服緦者，親見尸柩，不可以無服，緦三月而除之。』又《五禮精義》云：『改葬無祖奠，蓋祖奠設於柩車之前以爲行始，至於改葬，告遷而已。』今請皇帝服緦，皇親及文武官護送靈駕者亦服緦，既葬而除。不設祖奠，止於陵所行一虞之祭。宣祖謚册、謚寶舊藏廟室，合遷置陵内。改葬之禮，與始葬同。几筵宜新，明器壞者改作。凡斂衣、斂物並易之。其皇堂贈玉、鎮圭、劍佩、旒冕、玉寶，並以珉玉、藥玉，綬以青錦。安陵中玉圭、劍佩、玉寶等皆用于闐玉。孝明、孝惠陵内用珉玉、藥玉。啓故安陵，奉安宣祖、昭憲孝惠二后梓宫于幄殿。靈駕發引，所過州府縣鎮，長吏令佐素服出城奉迎并辭，皆哭。自發引至揜皇堂，皆廢朝，禁京城音樂。」

順祖、翼祖皆葬幽州，至真宗始命營奉二陵，遂以一品禮葬河南縣。制度比安陵減五分之一，石作減三分之一，尋改上定陵名曰靖陵。

開寶九年十月二十日，太祖崩，遺詔：「以日易月，皇帝三日而聽政，十三日小祥，二十七日大祥。諸道節度防禦團練使、刺史、知州等，不得輒離任赴闕。諸州軍府臨三日釋服。」羣臣敍班殿庭，宰臣宣制發哀畢，太宗即位，號哭見羣臣。羣臣稱賀，復奉慰盡哀而退。

禮官言：「羣臣當服布斜巾、四脚，直領布襴，腰經。命婦布帕首、裙、帔。皇弟、皇子、文武二品以上，加布冠、斜巾、帽，首經，大袖、裙、袴，竹杖。士民縞素，婦人素縵。諸軍就屯營三日哭。」羣臣屢請聽政，始御長春殿。羣臣喪服就列，帝去杖、經，服斜巾、垂帽，卷簾視事。小祥，改服布四脚、直領布襴，腰經，布袴，二品以上官亦如之。大祥，帝服素紗軟脚折上巾，淺黄衫，緅皮鞓黑銀帶。羣臣及軍校以上，皆本色慘服，鐵帶，鞾，笏。諸王入内服衰，出則服慘。又成服後，羣臣朝晡臨三日。大小祥，禫除，朔望，皆入臨奉慰。内出遺留物頒賜諸臣親王，遣使賚賜方鎮。二十七日，命宰臣撰陵名、哀册文。【略】

至道三年三月二十九日，太宗崩于萬歲殿。真宗散髮號擗，奉遺詔即位於殿之東楹。制永熙陵，皇堂深百尺，方廣八十尺，陵臺方二百五十尺。大駕鹵簿，用玉輅一、革車五外，凡用九千四百六十八人。有司定散髮之禮，皇帝、皇后、諸王、公主、縣主、諸王夫人、六宫内人並左被髮，皇太后全被髮。帝服布斜巾、四脚、大袖、裙、袴、帽，竹杖，腰經，首經，直領有襴衫，白綾襯服。諸王皇親以下如之，加布頭冠，絹襯服。皇太后、皇后、内外命婦，布裙、衫、帔、帕頭，首經，絹襯服。宫人無帔。文武二品以上布斜巾、四脚，頭冠，大袖，襴衫，裙，袴，腰經，竹杖，絹襯服。自餘百官，並布幞頭，襴衫，腰經。兩省五品、御史臺尚書省四品、諸司三品以上，見任前任防禦、團練、刺史，内客省、閤門、入内都知、押班等，布頭冠，幞頭，大袖，襴衫，裙，袴，腰經。諸軍、庶民白衫紙帽，婦人素縵不花釵，三日哭而止。山陵前，朔望不視事。

六月，詔翰林寫先帝常服及絳紗袍、通天冠御容二，奉帳坐，列于大升輿之前，仍以太宗玩好，弓劍、筆硯、琴棋之屬，蒙組繡置輿中，陳於仗内。十月三日，靈駕發引，其凶仗法物擎舁牽駕兵士力士，凡用萬一千一百九十三人。挽郎服白練寬衫，練裙，勒帛，絹幘。餘並如昌陵制。十一月二日，有司奉神主至太廟，近臣題謚號，祔於第六室，以懿德皇后符氏升配。置衛士五百人于陵所，作殿以安御容，朝暮上食，四時致祭焉。

《宋史》卷一二五《禮志二八》 服紀。宋天子及諸臣服制，前史皆散記諸禮中，未嘗特録之也，後史則表而出之。高宗於外廷以日易月，於内廷則行三年之禮，御朝則淺素、淺黄。孝宗又力持三年之制。皇帝未成服，則素紗軟脚幞頭、白羅袍、黑銀帶、絲鞋。成服日，布梁冠、朱熹云：當用十二梁。首經、直領布大袖衫、朱熹云：不當用襴，蓋下已有裙。布裙、袴、腰經、竹仗、白綾襯衫，或斜巾、帽子。視事日，去杖、首經。小祥日，改服布幞頭、襴衫、腰經、布袴。大祥畢，服素紗軟脚幞頭、白羅袍、素履、黑銀帶。禫祭畢，素紗軟脚幞頭、淺色黄羅袍、黑銀帶。祔廟日，服履、黄袍、紅帶。御正殿視事，則皁幞頭、淡黄袍、黑鞓犀帶、素絲鞋。此中興後制也。

孝宗居憂，再定三年之制。其服：布冠、直領大袖衫、布裙、首經、腰經、竹杖。小祥不易服。大祥禮畢，始去杖、去經。禫祭畢，始服素紗軟脚幞頭、白袍、黑銀帶。祔廟畢，服皁幞頭、黑鞓犀帶。每遇過宫廟謁，則衰經行禮，二十五月而除。三年之内，禁中常服布巾、布衫、布背子。視事則御内殿，服白布幞頭、白布袍、黑銀帶，殿設素幄。每五日一次過宫，則衰經而杖。虞祭則布折上巾、黑帶、布袍。受金使弔則衰經，御德壽殿東廊之素幄。受賀節使，則御垂拱殿東楹之素幄。是時，宰執、近臣皆不肯行，惟斷自上心，堅不可奪，大臣乃不敢言。贊其決者，惟敕局下僚沈清臣一人而已。

臣爲君服，宋制有三等：中書門下、樞密使副、尚書、翰林學士、節度使、金吾上將軍、文武二品以上，布梁冠、直領大袖衫、布裙、袴、腰絰、竹杖，或布幞頭、襴衫、布斜巾、絹襯服。文武五品以上并職事官監察御史以上、内客省、宣政、昭宣、知閤門事、前殿都知、押班，布梁冠、直領大袖衫、裙、袴、腰絰，或幞頭、襴衫。自餘文武百官，布幞頭、襴衫、腰絰而已。入局治事，並不易服。宰執奏事去杖，小祥去冠，餘官奏事如之。大祥，素紗軟脚折上巾、黲公服、白鞓錫帶。禫除畢，去黲服，常服仍黑帶、皁鞍韉。祔廟畢，始純吉服。宗室出則常服，居則衰麻以終制。

光宗居孝宗之憂，趙汝愚當國，始令羣臣服白涼衫、皁帶治事，逮終制乃止。寧宗居光宗之憂，復令百官以日易月，禫除畢，服紫衫、皁帶以治事，從禮部侍郎陳宗召請也。諸路監司、州軍縣鎮長吏以下，服布四脚、直領布襴衫、麻腰絰，朝晡臨，三日除之。内外命婦當入臨者，布裙、衫、帔、首絰、絹襯衫，帕首。士庶於本家素服，三日而除。婚嫁，服除外不禁。文武臣僚之家，至山陵祔畢，乃許嫁娶，仍不用花綵及樂。

淳熙十四年十月，以將作監韋璞充金國告哀使，閤門舍人姜特立副之。禮部、太常寺言：「告哀使、副并三節人，從禮例，如在大祥内，合服布幞頭、襴衫、布袴、腰絰，布涼繖，鞍韉；在禫服内，合服素紗軟脚幞頭、黲色公服、黑鞓犀帶，青繖，皁鞍韉；俟禫除，即從吉服，仍繫黑帶，去魚，涼繖、韉並從禫制，并去狨座。三節人衣紫衫，黑帶，並不聽樂，不射弓弩，候過界，聽使、副審度，隨宜改易服用。」從之。或遣留遺信物使，同上服。

《宋史》卷一四三《儀衛志一》 徽宗政和三年，議禮局上大慶殿大朝會儀衛：

黄麾大仗五千二十五人。仗首左右廂各二部，絳引幡十。執各一人。第一部，左右領軍衛大將軍各一員，第二部，左右領軍衛折衝，掌鼓一人，帥兵官一十人。次執儀刀部十二行，每行持各十人：後部並仗同。第一行，黄雞四角氅；凡氅，皆持以龍頭竿。第二，儀鍠五色幡；第三，青孔雀五角氅；第四，烏戟；第五，緋鳳六角氅；第六，細弓矢；第七，白鵝四角氅；第八，朱縢絡盾刀；第九，皁鵝六角氅；第十，細弓矢；第十一，稍；第十二，緑縢絡盾刀。揭鼓二，掌鼓二人。後部同。以上排列左右廂。第一部各於軍員之南，居次廂第一部稍前。第二部於第一部之後，並相向。

次廂左右各三部：第一，左右屯衛；第二，左右武衛，並大將軍；第三，左右衛將軍：各一員。第一，果毅；第二、第三，折衝：各一員。於仗首左右廂第一部之南，相向。持黄麾幡二人，在當御廂前分立。當御廂左右各一部，左右衛果毅各一人，於玉輅之前分左右，並北向。

次後廂左右各三部：第一，左右驍衛將軍；第二，左右領軍衛折衝；第三，左右領軍衛果毅：各一員。第一部，分於當御廂之左右差後；第二部，左在金輅之後西偏，右在象輅之後東偏；第三部，左在革輅之後西偏，右在木輅之後東偏，並北向。

次左右廂各三部：第一，左右武衛將軍；第二，左右屯衛將軍；第三，左右領軍衛折衝：各一員。各在網子、鶡雞、貔旗之前，東西相向。左右廂各步甲十二隊：第一隊，左右衛果毅；第二，左右衛，第四，左右驍衛，第六，左右武衛，第八，左右屯衛，第十、第十二，左右領軍衛，並折衝；第三，左右驍衛，第五，左右武衛，第七，左右屯衛，第九、第十一，左右領軍衛，並果毅：各一員。每隊旗一，貔、鶡雞、仙鹿、金鸚䳇、瑞麥、孔雀、野馬、犛牛、甘露、網子。内第十二隊旗同第一隊。刀盾，弓矢相間，分十二隊，每隊三十人，五重。第一至第六隊，在仗首第二部北；第七至第十二隊，在仗首第二部南，東西相向。

左右廂後部各十二隊：第一、第二，左右衛；第五至第七，左右武衛；第十至第十二，左右領軍衛：並折衝。第三、第四，左右驍衛；第八、第九，左右屯衛：並果毅。每隊旗二，角觽、赤熊、兕、太平、馴犀、鵕鸃、騼騳、騶牙、蒼烏、白狼、龍馬、金牛。次弩五人爲一列，弓矢十人爲二重，稍二十八爲四重。以上在大慶殿門外，第一至第四隊在前，第五至第八隊在後，第九至第十二隊又在後，東西相向。

真武隊：金吾折衝都尉一員，仙童、真武、螣蛇、神龜旗各一，執各一人。㩰稍二人，弩五人爲一列，弓矢二十人爲四重，稍一十五人爲五重。以上在大慶門外中道，北向排列。

殿中省尚輦陳孔雀扇四十於簾外。執各一人。陳輦輿於龍墀。大輦在東部，押、執、擎人二百二十有二人；腰輿在南，一十有七人；小輿又在南，二十有五人，皆西向。平輦在西，逍遥在南，共三十七人，皆東向。設繖、扇於沙墀：方繖二，分左右；執繖將校四人。團龍扇四，分左右；執扇都將四人。方雉扇一百，分繖、扇之後，爲五行。執扇長行一百人。押當職掌二人，各立團龍扇之北。金吾引駕官二人，分立團扇之南。

文德殿入閤之制，唯殿中省細仗，與兩省供奉官班於庭。太宗淳化三年，增黃麾仗二百五十人。神宗熙寧三年，修閤門儀制宋敏求言：「本朝惟入閤乃御文德殿視朝。今既不用入閤儀，即文德殿遂闕視朝之禮。乞下兩制及太常禮院，約唐御宣政殿制裁定，以備朔望正衙視朝之禮。」詔學士院詳定。學士韓維等上其儀：朔前一日，有司供張於文德殿庭。東面，左金吾引駕官一人，四色官二人，各帶儀刀。被金甲天武官一人，判殿中省一人，排列官一人。扇二，方繖一。金吾仗碧襴十二，各執儀刀。兵部儀仗排列職掌一人，押隊員僚二人。黃麾幡一，告止幡、傳教幡、信幡各八，龍頭竿、戟各五十。西面，右金吾引駕官以下，皆如東面。天武官東西總百人。門外立仗：其東，青龍旗一，五嶽旗五，五龍旗十；其西，白虎旗一，五星旗五，五鳳旗十。御馬，東西皆五匹，每匹人員二人，御龍官四人。設御幄於殿後閤。其日，左右金吾將軍常服押本衛仗，殿中省官押細仗，東西對列，俟皇帝受朝，降坐，放仗，乃退。

徽宗政和三年，議禮局上文德殿視朝之制：

黃麾半仗，共二千二百六十五人。殿内仗首，左右厢各一部，每部一百二十四人，在金吾仗南，東西相向。絳引幡十，執各一人。分部之南北，爲五重。當御厢左右部同，左部在帥兵官東，右部在帥兵官西，各爲十重。左右領軍衛大將軍各一員，居部之中。次厢左右第一、第二、第三部同。掌鼓一人，次大將軍後。次厢左右第一部并當御厢左右部，次果毅，次厢左右第二、第三部，次折衝，次後厢左右部，次將軍。帥兵官十人，分部之南北，爲五重，北在絳引幡之南，南在絳引幡之北。次厢左右第一、第二、第三部在部之南北，當御厢、次後厢左部在黃麾東，右部在黃麾西。

執儀刀部十行，行十人，每色兩行，爲五重。次厢左右第一、第二、第三部同。當御厢、次後厢左右部，每色一行，爲十重。左部以東爲首，右部以西爲首，並次帥兵官。第一行，龍頭竿黃雞四角氅；凡氅皆持以龍頭竿。第二，儀鍠五色幡；第三，青孔雀五色氅；第四，烏戟；第五，緋鳳六角氅；第六，細弓矢；第七，白鵝四角氅；第八，朱縢絡盾刀；第九，皁鵰六角氅；第十，稍。揭鼓二，掌揭鼓二人。分立緋氅、烏戟後當中，次厢左右第一、第二、第三部同，當御厢、次後厢並一在儀鍠、青氅間，一在弓矢、白氅間，與後行齊。次厢左右各三部，每部一百一十五人，次左右厢仗首之南，東西相向。第一部，左右屯衛大將軍及果毅各一員；第二部，左右武衛大將軍，第三部，左右衛將軍各一員，折衝各一員。黃麾幡二，分立當御左右厢前中間，北向。當御厢左右各一部，每部一百二十四人，在殿門内中道，分東西，並北向。次後厢左右部同。大慶殿列於樂架之南。左右衛果毅各一員。左在部西，右在部東。次後左右厢將軍准此。次後厢左右各一部，每部一百一十四人，次當御厢南，左右驍衛將軍各一員。左右厢各步軍六隊，第一隊，每隊三十三人，第二至第六隊，每隊各二十七人。分東西，在仗隊後。第一，左右衛；第三，左右武衛；第五，左右領軍衛：並果毅，各一員。第二，左右驍衛；第四，左右屯衛；第六，左右領軍衛：並折衝，各一員。每隊旗二，貔、金鸚鵡、瑞麥、犛牛、甘露、鵰雞，執各一人。刀盾、弓矢相間，人數行列同前。左右厢步軍，殿門外左右厢後部各六隊，每隊三十八人，在部下親從後，東西相向。第一隊，左右衛；第三，左右武衛；第五，左右領軍衛：並折衝，各一員。第二，左右驍衛；第四、第六，左右屯衛：並果毅，各一員。角觽、太平、馴犀、騶牙、白狼、蒼烏等旗各二，弩五人，爲一列，弓矢十人，爲二重，稍二十人，爲四重。

真武隊五十七人，在端禮門内中道，北向。大慶殿於殿門外。前有金吾折衝都尉一員，仙童、真武、螣蛇、神龜等旗各一，犦稍二人，弩五人爲一列，弓矢二十人爲四重，稍二十五人爲五重。排列仗隊職掌六人，分立仗隊之間，殿内四人，殿外二人。

殿中省尚輦陳扇二十於簾外，執扇殿侍二十人。陳腰輿、小輿於東西朵殿，腰輿在東，小輿在西，人員、都將各一人，輦官共四十人。陳繖、扇於殿下，方繖二，團龍扇四，並分左右夾繖。執扇各一人，將校或節級。方雉扇六十，作三重，在繖、扇之後。輦官長行各一人，金吾左右將軍各一員，在繖、扇之南，稍前。四色官四人，二人立於將軍之南，與繖、扇一列。宣敕放仗二人，在引駕官南。執儀刀引駕官二人，在親從官後。長行二十四人，在四色官之南。排列官二人，在長行之南。次金甲天武官二人，在長行南。以上並分東西相向立。設旗於殿門之外，青龍旗一在左，五嶽神旗各一次之，五方色龍旗各一次之，五方色鳳旗各一又次之。白虎旗一在右，五星神旗各一次之，五方色龍旗各一次之，五方色鳳旗各一又次之。

詔頒行之。大慶殿册命諸王、大臣，黃麾仗準文德殿視朝。

政和中，大祀饗立仗：大黃龍負圖旗一，執綊二百人，陳于闕庭赤龍旗南少西大黃龍旗之北。宣和冬祀，陳于大內前。大黃龍旗一，執綊六十人，陳于逐頓宮門外宣德門，次大黃龍負圖旗之南。宣和，此旗下又有日、月、五星連珠、北斗、招摇、蒼龍、白虎、朱雀、玄武、君王萬歲、獅子、金鸞、金鳳、五方龍、天下太平等旗，凡二十一。正、至受朝同。龍墀旗陳於殿庭；太廟，在西櫺星門外路南，次赤龍旗少北；青城，在泰禋門外，夏祭大禮在明禋門外。赤龍旗之南。宗祀祫饗大禮，不設大黃龍負圖旗、大黃龍旗。大神旗六，執綊各九十人，宣德門、泰禋門並陳于大黃龍旗之南，東西相望；太廟陳于西櫺星門外，大黃龍旗之西少南，視赤龍旗爲列，南北相望。龍墀旗執綊各十二人，左右有日、月旗各一。次君王萬歲旗一，宣德門、泰禋門，在路東；太廟，在門外路南。次獅子旗二，左右有金鸞、金鳳旗各一。次五方龍旗各一：青、黃、赤龍旗，宣德、泰禋門在東，太廟在南；黑、白龍旗，宣德、泰禋門在西，太廟在北。次天下太平旗一，宣德、泰禋門，在路西；太廟，在路北。以上旗皆在車駕前發仗內。執綊人並錦帽、五色絁繡寶相花衫、錦臂韝、革帶。

政和中，遼使朝紫宸殿，用黃麾角仗，共一千五十六人。殿內黃麾幡二，次四色官之南，分左右。仗首左右廂各一部，每部一百四十人，朵殿下稍南。絳引幡十，分部之南北，各爲五重。左右領軍衛大將軍各一員，在部中稍南。次廂左右第一、第二部同。掌鼓一人，次大將軍後。次廂左右第一部次果毅，第二部次折衝。帥兵官十人，分部之南北，北在絳引幡之南，南在絳引幡之北。次廂左右第一、第二部在部之南北。各爲五重。執儀刀部九行，每行持各十人。第一，龍頭竿黃鵄四角氅；皆持以龍頭竿。第二，儀鍠五色幡；第三，青孔雀五角氅；第四，烏戟；第五，緋鳳六角氅；第六，細弓矢；第七，白鵝四角氅；第八，矟；第九，皁鵝六角氅。掌揭鼓一人，在緋氅、烏戟之後。次廂左右第一、第二部同。次廂左右各二部，每部一百五人，次左右廂仗首之南。第一部，左右屯衛大將軍、果毅各一員；第二，左右武衛大將軍、折衝各一員。掌鼓以下至掌揭鼓人數，並同仗首。殿外左右廂各步甲三隊，每隊三十三人。第一，左右衛，第三，左右武衛，並果毅；第二，左右驍衛折衝：並各一員。貔、金鸚鵡、瑞麥旗各二，以次分在三隊。刀盾三十人，爲五重。內第二隊弓矢。左右廂後部各三隊，第一隊每隊三十八人，第二隊每隊三十三人。第一，左右衛，第三，左右武衛，並折衝；第二，左右驍衛果毅。角觿、太平、馴犀旗各二，以次分在三隊。弩五人，爲一列，弓矢十人，爲二重，第二、第三隊爲一列。矟二十人，爲四重。排列仗隊職掌二人，次廂第二部之南，分左右。以上殿內外仗隊，東西相向排列。

殿中省尚輦陳輿、輦於東西朵殿，平輦在東，西向；逍遥輦在西，東向。設繖、扇於殿下，方繖二，分左右；團龍扇四，分左右，夾方繖。方雉扇二十四，分左右，各二重，在繖、扇之後。金吾四色官一人。

政和中，文德殿發册，用黃麾細仗，共一千四百二人。設日旗、君王萬歲旗、獅子旗、金鸞旗、青龍旗、赤龍旗各一，在殿東階之東，以西爲上；月旗、天下太平旗、獅子旗、金鳳旗、白龍旗、黑龍旗各一，在殿西階之西，以東爲上；每旗執撦四人。俱北向立。押當職掌二人，分左右立於日、月旗南。次方繖二，團龍扇四，夾方繖。次金吾上將軍二人，將軍四人，引駕官四人。次金甲二人。次四色官六人，內二人執笏，餘執金銅儀刀。次金銅儀刀左右各六人，在北。次都押衙二人，立於碧襴之南，少退。次碧襴二十四人，內執金銅儀刀左右各六人。次皁纛旗一十二，每旗執撦五人。左右金吾仗司員僚各一人押纛，立於旗南。次青龍旗一在東，白虎旗一在西，每旗執撦六人。員僚二人押旗，在旗之北。以上並分左右，東西向。次五方龍旗在東，五方鳳旗在西，各二十五。每五旗相間，各依方色排列。次五嶽神旗五在東，五星神旗五在西，各依方位排列。每旗執撦三人。次朱雀旗一在東，真武旗一在西。每旗執撦六人。以上並北向。員僚二人押旗，在旗之南，分左右。次紅門旗二十八，分左右。每旗執撦二人。次寅、卯、辰、巳、午、未旗六，在東；申、酉、戌、亥、子、丑旗六，在西。天王旗四，分左右，夾辰旗。次龍君、赤豹、吏兵旗各五，每旗各爲一列在東，每列掩尾天馬旗一，以次在東。次虎君、黃熊、力士旗各五，每旗各爲一列在西，每列掩尾天馬旗一，以次在西。每旗執撦三人。員僚六人押仗，各分立旗前。次員僚四人押旗，分左右，東西爲一列。每列一員。左廂第一隊，鶡雞、白澤、玉馬、貔旗、四瀆旗各一，爲一列；下至第九隊旗行列準此。第二隊，角、亢、氐、房、心宿旗各一；第三隊，虚、危、室、壁、奎宿旗各一；第四隊，參、井、鬼、柳宿、駃騠旗各一；第五隊，三角獸、黃鹿、苣文、馴象、飛麟旗各一；第六隊，辟邪、玉兔、吉利、仙鹿、祥雲旗各一；第七隊，花鳳、飛黃、野馬、金鸚鵡、瑞麥旗各一；第八隊，孔雀、兕、甘露、網子、角觿旗各一，並各爲一列；第九隊，犛牛旗一，設於孔雀旗後。右廂第一隊，同左廂第一。第二隊，尾、箕、斗、牛、女宿旗各一；第三隊，婁、胃、昴、畢、觜宿旗各一；第四隊，星、張、翼、軫、駃騠旗各一；第五至第八隊，並同左廂第五至第八；第九隊，騶牙旗、蒼烏旗各二，相間爲一列。每旗執擔三人。俱北向。員僚二人，押黃麾立於龍鳳旗之北。左右厢五色龍鳳旗之東西，各設黃麾幡二。次告止幡、傳教幡、信幡各五，次絳麾幡二，次絳引幡五。員僚五人，押黃麾立於龍鳳旗北少東。排蘭旗三十，自黃麾幡東西排列，以次於南，每旗執擔三人。俱北向。鐙仗、哥舒各三十，於殿東西兩廂排列。鐙杖起北，哥舒間之，俱東西相向。左右廂執白柯槍各七十五人，東西相向。又於騶牙旗南設大黃龍旗一，在殿門裏少西，執擔二十人。小黃龍旗一，在大黃龍旗後少西，執擔三人。次大神旗六，分左右。衛尉寺押當儀仗職掌四人，排仗通直官二人，大將二人，節級二人，檢察六人，左右金吾仗司押當職掌、排列官各一人。職掌、大將、檢察。凡大朝會儀衛，有司皆依令式陳設。

初，宋制，有黃麾大仗、半仗、角仗、細仗。南渡後，儀仗尤簡，惟造黃麾半仗、角仗、細仗，而大仗不設。中興大朝會，四朝惟一講，紹興十五年正月朔旦是也。然止以大仗三分減一，用三千三百五十人。自是正旦、冬至俱免大朝賀，以爲定例焉。

黃麾半仗者，大慶殿正旦受朝、兩宮上册寶之所設也，用二千四百一十五人。其内儀仗官兵等一千八百三人，兵部職掌五人，統制官二人，皆幞頭、公裳、腰帶、靴、笏。金吾司碧襴三十二人，幞頭、碧襴衫、銅革帶，執儀刀。將官二人，幞頭，緋抹額，紫繡羅袍，背騰蛇、銅革帶，執儀刀。旁頭一十人，素帽，紫紬衫、纈衫、黃勒帛，執銅仗子。金銅甲二人，兜鍪，甲衫，錦臂衣，執金銅鉞斧。絳引幡十，告止幡、傳教幡、信幡各二，執幡人皆武弁、緋寶相花衫、勒帛。黃麾幡二，執幡人武弁、黃寶相花衫、銅革帶。小行旗三百人，素帽、五色抹額、緋寶相花衫、勒帛。五色小氅三百人，儀鍠四十人，皆纈帽，五色寶相花衫，勒帛。金節一十二人，武弁，青寶相花衫，銅革帶。殳叉三十人，素帽，五色寶相花衫，勒帛。緑稍二百一十人，素帽，緋寶相花衫，勒帛。烏戟二百一十人，纈帽，緋寶相花衫，勒帛。白柯槍六十人，素帽子，銀褐寶相花衫，勒帛。儀弓二百七十人，纈帽，青寶相花衫，勒帛。儀弩六十人，平巾幘，緋寶相花衫，勒帛。銅仗子二十人，素帽，紫紬衫，黃勒帛。儀刀百八十四人，平巾幘，緋寶相花衫。内大旗下六百一十二人，大旗三十四，龍旗一十，鳳旗一十，五星旗，五嶽旗各五，青龍旗、白虎旗、朱雀旗、玄武旗各一，每旗扶拽一十七人，搭材一名，武弁，五色寶相花衫，勒帛。其外殿中輿輦，繖扇百三十三人，逍遥、平輦各一，每輦人員八人，帽子、宜男纈羅單衫，塗金銀柘枝腰帶。輦官二十七人，幞頭，白獅子纈羅單衫，塗金銀海捷腰帶，紫羅裹夾三襜。中道繖扇六十六，輦官七十人，素方繖四十四人，弓脚幞頭，碧襴衫，塗金銅革帶，烏皮履。繡紫方繖六、花團扇十二、十八人，雉扇二十二人，準備四人，皆武弁，緋寶相花袍，銅革帶。鳳扇二十二人，黃抹額，黃寶相花袍，黃勒帛。編排儀仗職掌五人，立殿下繖扇後，烏皮介幘，緋羅寬衫，白羅大帶。

其黃麾小半仗者，大慶殿册皇太子及穆清殿皇后受册之所設也，用一千四百九十九人。其内儀仗官兵等八百八十七人，兵部職掌十二人，金吾司碧襴三十人，絳引幡二，告止幡一，傳教幡一，信幡一，用十五人，黃麾幡一，三人。小行旗百八十人，五色小氅子百八十人，金節十二人，儀鍠、斧二十三人，緑稍七十五人，烏戟七十五人，白柯槍八十一人，儀弓六十三人，儀弩四十五人，銅仗子一十人，儀刀六十七人。統制官、將官、牽頭、金銅甲，皆與前半仗同。内大旗下六百一十二人，殿中輿輦，繖扇百三十二人，皆同前半仗。

其黃麾角仗者，大慶殿冬至受朝，紫宸殿即位，兩宮賀節慶壽，紫宸殿受金使朝之所設也，用一千五十六人。内金吾司放仗官二人，統制官一人，攝大將軍六人，旁頭五人，黃麾幡一，三人，絳引幡八，二十四人，金節十二人，儀弓七十人，儀弩五十人，儀刀七十人，儀鍠，斧一十三人，白柯槍三十人，緑稍七十人，烏戟七十人，小行旗三百人，五色小氅三百人，銅仗子三十人。

其黃麾細仗者，大慶殿、文德殿發册及進國史之所設也。東都用一千四百二人，中興後或用百人至五百人，隨事增損。而其執仗有四，小行旗、五色小氅、儀刀、銅仗子；其服色有四，纈帽子、素帽子、平巾幘、武弁冠，五色寶相花衫、勒帛。

《宋史》卷一五〇《輿服志二》 皇后之車，唐制六等：一曰重翟，二曰厭翟，三曰翟車，四曰安車，五曰四望車，六曰金根車。宋因之，初用厭翟車。其制：箱上有平盤，四角曲闌，盤兩壁紗牕，龜文，金鳳翅，前有虛匱、香爐、香寶，緋繡幰衣，絡帶，門簾，三轅鳳首，畫梯，推竿，行馬，緋繒裹索。駕六馬，金銅面，纓轡，鈴攀，緋屜。駕士三十人，武弁，緋繡衫。常出止用正、副金塗銀裝白藤輿各一，上覆椶櫚屋，飾以鳳，輦官服同乘輿平頭輦之制。

徽宗政和三年，議禮局上皇后車輿之制：重翟車，青質，金飾諸末，間以五采。輪金根朱牙。其箱飾以重翟羽，四面施雲鳳、孔雀，刻鏤龜文。頂輪上施金立鳳，耀葉。青羅幰衣一，紫羅畫雲龍絡帶二，青絲絡網二，紫羅畫帷一，青羅畫雲龍夾幔二。車內設紅褥及坐，橫轅上施立鳳八。香匱設香爐、香寶，香匱飾以螭首。前後施簾，長轅三，飾以鳳頭，青繒裏索。駕青馬六，馬有銅面，插翟羽，鞶，纓，攀胸鈴拂，青屜，青包尾。若受册、謁景靈宮，則乘之。

厭翟車，赤質，其箱飾以次翟羽；紫幰衣，紅絲絡網，紅羅畫絡帶，夾幔錦帷，餘如重翟車。駕赤騮四。若親蠶則乘之。翟車，黃質，其車側飾以翟羽；黃幰衣，黃絲絡網，錦帷絡帶，餘如重翟車。駕黃騮四。安車，赤質，金飾，間以五采，刻鏤龜文；紫幰衣，錦帷絡帶，紅絲絡網，前後施簾；車內設褥及坐，長轅三，飾以鳳頭，駕赤騮四。凡駕馬鞶纓之飾，並從車質。四望車，朱質，青幰衣，餘同安車。駕牛三。金根車，朱質，紫幰衣，餘同安車。駕牛三。自重翟車以下，備鹵簿則皆以次陳設。藤輿，金塗銀裝，上覆椶櫚屋，以龍飾，常行之儀則用之。

龍肩輿。一名椶檐子，一名龍檐子，舁以二竿，故名檐子，南渡後所製也。東都，皇后備厭翟車，常乘則白藤輿。中興，以太后用龍輿，后惟用檐子，示有所尊也。其制：方質，椶頂，施走脊龍四，走脊雲子六，朱漆紅黃藤織百花龍爲障；緋門簾，看牕簾，朱漆藤坐椅，踏子，紅羅裀褥，軟屏，夾幔。

隆興二年正月，皇后受册畢，擇日朝謁，有司具儀物，乞乘肩輿龍檐。製造所受給使臣尹肇發，納中宮金塗銀葉椶櫚、朱漆紅黃藤織百花龍枰子、碌牙壓貼、鏤金雕木腰花泥版龍檐子一乘。金塗銀頂子，龍頭六，走脊龍四，走脊雲子六，貼絡龍四十，貼絡雲子三十，鐸子八，插拴坐龍四，環索全，鈸遮那一副，檀香龜背紅紗牕四扇，紅羅緣紅篸門簾一，瀝水全，看牕簾二，朱漆藤面明金雕木龍頭椅一，脚踏一，紅線絛結一，朱漆小几二，紅羅褥全，紅羅緣肩膊席褥一十六，繫帶全，金塗銀鐵胎杆鞝四，魚鈎四，火踏一，朱漆梯盤全，朱漆衣匣二，金塗銅手把葉段拓叉二，金塗銅叉頭拖泥行馬二，金塗銀葉杠子二，紅茸匾絛四，紅羅夾軟屏風、夾幔各一，襯脚席褥、靠背坐褥及踏床各一，紅絹十字帕一，竿袋四，魚鈎帕二，紅油十字帕、竿袋、魚鈎帕數同上，兜地帕一，圍裙一。

大安輦。真宗咸平中，爲萬安太后製輿，上設行龍六。乾興元年，詔皇太后御坐檐子，名大安輦。神宗嗣位，尊皇太后爲太皇太后，其行幸依治平元年之制。而皇太后、皇后常出，止用副金塗銀裝白藤輿，覆以椶櫚屋，飾以鳳。輦官服同乘輿平頭輦之制。於是詔太皇太后出入所乘，如萬安太后輿，上設行龍六，制飾率有加。金銅車，禮典不載，則如舊制。

哲宗紹聖元年，議造皇太后大安輦，中書具治平、元豐中皇太后輿服儀衛以呈，曰：「元豐中，先帝手詔，皇太后行幸儀衛，並依慈聖光獻太皇太后日例，而宣仁謙恭，不乘大安輦。」哲宗曰：「今皇太后獨尊，非宣仁比。」遂詔行幸進大安輦，已而皇太后嫌避，竟不製造。

龍輿，皇太后所乘也。東都，皇太后多垂簾，皆抑損遠嫌，不肯乘輦，止用輿而已。哲宗既嗣位，尊朱貴妃爲皇太妃，出入許乘檐子。有司請用牙魚鳳爲飾，繖用青。元祐三年，太皇太后詔有司尋繹典故，於是檐子飾以龍鳳，繖用紅。九年，羣臣議改檐子爲輿，上設行龍五，出入由宣德東偏門。哲宗以皇太后論旨，令太妃坐六龍輿出入，進黃繖，由宣德正門。於是三省議，皇太妃坐龍鳳輿，繖紅黃兼用，從皇太后出入，止用紅。紹聖元年，禮部太常寺言：「近奉旨：『皇太后欲令皇太妃坐六龍輿，朕常思皇太妃尊奉之禮，既不敢擬隆於皇太后，又不可不逮於中宮。』今參以人情，再加詳定，伏請供進龍鳳輿。」從之。

及徽宗即位，尊太妃爲聖瑞皇太妃，詔儀物除六龍輿不用，仍進龍鳳輿外，餘悉增崇焉。紹興奉迎皇太后，詔造龍輿，其制：朱質，正方，金塗銀飾，四竿，竿頭螭首，赭牕紅簾，上覆以椶，加走龍六，內設黃花羅帳、裀褥、朱椅、踏子、紅羅黃羅繡巾二。

皇太子車輅之制。唐制三等：一曰金輅，二曰軺車，三曰四望車。太宗至道初，真宗爲皇太子，謁太廟，乘金輅，常朝則乘馬。真宗天禧中，仁宗爲皇太子，亦同此制。徽宗政和三年，議禮局上皇太子車輅之制：金輅，赤質，金飾諸末。重較，箱畫苣文鳥獸；黃屋，伏鹿軾，龍輈，金鳳一在軾前。設障塵。朱蓋黃裏。輪畫朱牙。左建旂，九旒；右載闟戟。旂首金龍頭，銜結綬及鈴綏。八鸞在衡，二鈴在軾。駕赤騮四，金鍐方釳，插翟尾，鏤錫，鞶纓九就。從祀、謁太廟、納妃則供之。軺車，金飾諸末，紫油通幰，紫油纁朱裏，駕馬一。四望車，金飾諸末，青油通幰，青油纁朱裏，朱絲絡網，駕馬一。軺車、四望車以次列於鹵簿仗內。皇太子妃，則有厭翟車，駕以三馬。出入亦乘檐子。中興簡儉，惟用藤檐子，頂梁，舁杠皆飾以玄漆，四角刻獸形，素藤織花爲面，如政和之制。

親王羣臣車輅之制。唐制有四：一曰象輅，親王及一品乘之；二曰革輅，二品、三品乘之；三曰木輅，四品乘之；四曰軺車，五品乘之。宋親王、一品、二品奉使及葬，並給革輅，制同乘輿之副，惟改龍飾爲螭。六引內三品以上乘革車，赤質，制如進賢車，無案，駕四赤馬，駕士二十五人。其緋幰衣、絡帶、旗戟、綢杠繡文：司徒以瑞馬，京牧以隼，御史大夫以獬豸，兵部尚書以虎，太常卿以鳳，駕士衣亦同。縣令乘軺車，黑質，兩壁紗憁，一轅，金銅飾，紫幰衣、絡帶並繡雉銜瑞草，駕二馬，駕士十八人。百官常朝皆乘馬。

真宗大中祥符四年，知樞密院事王欽若言：「王公車輅上並用龍裝，乞下有司檢定制度。」詔下太常禮院詳定。本院言：「按《鹵簿令》，王公已下，象輅以象飾諸末，朱班輪，八鸞在衡，左建旂畫龍，一升一降，右載闟戟。革輅以革飾諸末，左建旃，餘同象輅。木輅以漆飾之，餘同革輅。軺車，曲壁，青幰碧裏。諸輅皆朱質，朱蓋，朱旂旃，一品九旒，二品八旒，三品七旒，四品六旒，其鞶纓如之。」

神宗元豐三年，詳定禮文所言：「《鹵簿記》公卿奉引：第一開封令，乘軺車；次開封牧，隼旗；次太常卿，鳳旗；次司徒，瑞馬旗；次御史大夫，獬豸旗；次兵部尚書，虎旗，而乘革車。考之非是。謹按《周禮》巾車職曰：『孤乘夏篆，卿乘夏縵，大夫乘墨車。』司常職曰：『孤、卿建旃，大夫建物。』請公卿已下奉引，先開封令，乘墨車建物；次開封牧，乘墨車建旗；太常卿、御史大夫、兵部尚書乘夏縵，司徒乘夏篆，並建旃。所以參備九旗之制。」詔從之。

政和議禮局上王公以下車制：象輅以象飾諸末，朱班輪，八鸞在衡，左建旂，右載闟戟，駕馬四，親王昏則用之。革車，赤質，載闟戟，緋羅繡輪衣、簾、旗、韜杠、絡帶，駕赤馬四。大駕鹵簿六引，法駕鹵簿三引，開封牧第乘之。王公、一品、二品、三品備鹵簿，皆供革車一乘。其輪衣、簾、旗、韜杠、絡帶繡文：開封牧以隼，大司樂以鳳，少傅以瑞馬，御史大夫以獬豸，兵部尚書以虎。軺車，黑質，紫幰衣、絡帶並繡雉，施紅錦簾，香爐，香寶結帶，駕赤馬二。鹵簿内第一引官縣令乘之，駕馬皆有銅面，插羽，鞶纓，攀胸鈴拂，緋絹屜，紅錦包尾。

《宋史》卷一五一《輿服志三》 天子之服，一曰大裘冕，二曰衮冕，三曰通天冠、絳紗袍，四曰履袍，五曰衫袍，六曰窄袍，天子祀享、朝會、親耕及視事、燕居之服也；七曰御閲服，天子之戎服也，中興之後則有之。

大裘之制。神宗元豐四年，詳定郊廟奉祀禮文所言：「《周禮·司裘》『掌爲大裘，以供王祀天之服』；《司服》『王祀昊天上帝，則服大裘而冕，祀五帝亦如之。享先王則衮冕』。而《禮記》云：『郊祭之日，王被衮以象天，戴冕璪十有二旒，則天數也。』王肅據《家語》，以爲臨燔柴，脱衮冕，著大裘。則是《禮記》被衮，與《周禮》大裘，郊祀並用二服，事不相戾，但服之有先後耳。是以《開寶通禮》：皇帝服衮冕出赴行宫，祀日，服衮冕至大次；質明，改服大裘而冕出次。蓋衮冕盛服而文之備者，故於郊之前期被之，以至大次。既臨燔柴，則脱衮冕服裘，以明天道至質，故被裘以體之。今儀注，車駕赴青城，服通天冠、絳紗袍。祀之日，乃服鞾袍至大次，服衮冕臨祭，非尚質之義。乞並依《開寶通禮》。」詔詳定所參議。

又言：「臣等詳大裘之制，本以尚質，而後世反以尚文，故冕之飾大爲不經。而禮書所載，上有垂旒加飾，又異『大裘不裼』之説。今參考諸説，大裘冕無旒，廣八寸，長一尺六寸，前圜後方，前低寸二分，玄表朱裏，以繒爲之。玉笄以朱組爲紘，玉瑱以玄紞垂之。爲裘以黑羔皮，領袖以黑繒，纁裳朱紱而無章飾。佩白玉，玄組綬。革帶，博二寸，玉鉤觵，以佩紱屬之。素帶，朱裏，絳純其外，上朱下緑。白紗中單，皂領，青褾、襈、裾。朱韈，赤舄，黑絇、繶、純。乞下所屬製造。其當暑奉祠之服，乞降梁陸瑋議以黑繒爲裘，及《唐輿服志》以黑羔皮爲緣。」詔重詳定。

光禄寺丞、集賢校理陸佃言：「臣詳冕服有六。《周官》弁師云『掌王之五冕』，則大裘與衮同冕。故《禮記》云『郊之日，王被衮以象天』。又曰『服之襲也，充，美也』；『禮不盛，服不充，故大裘不裼』。此明王服大裘，以衮衣襲之也。先儒或謂周祀天地皆服大裘，而大裘之冕無旒，非是。蓋古者裘不徒服，其上必皆有衣，故曰『緇衣羔裘』，『黄衣狐裘』，『素衣麑裘』。如郊祀徒服大裘，則是表裘以見天地。表裘不入公門，而乃欲以見天地，可乎？且先王之服，冬裘夏葛，以適寒暑，未有能易之者也。郊祀天地，有裘無衮，則夏祀赤帝與至日祭地祇，亦將被裘乎？然則王者冬祀昊天上帝，中裘而表衮，明矣。至於夏祀天神地祇，則去裘服衮，以順時序。《周官》曰『凡四時之祭祀，以宜服之』，明夏不必衣裘也。或曰，祭天尚質，故徒服大裘，被衮則非尚質。臣以爲尚質者，明有所尚而已，不皆用質也。今欲冬至禋祀昊天上帝，服裘被衮，其餘祀天及祀地祇，並請服衮去裘，各以其宜服之。」

於是詳定所言：「裘不可徒服。《禮記》曰『大裘不裼』，則襲可知，所謂大裘之襲者，衮也，與衮同冕。伏請冬祀昊天與黑帝，皆服大裘，被以衮。其餘非冬祀天及夏至祭地，則皆服衮。」

六年，尚書禮部言：「經有大裘而無其制，近世所爲，惟梁、隋、唐爲可考。請緣隋制，以黑羔皮爲裘，黑繒爲領袖及裏、緣，袂廣可運肘，長可蔽膝。按皇侃説，祭服之下有袍繭，袍繭之下有中衣。朝服，裼衣之下有裘，裘之下有中衣。

然則今之親郊，中單當在大裘之下，其袂之廣狹，衣之長短，皆當如裘。伏乞改製。」於是神宗始服大裘，而加衮冕焉。

哲宗元祐元年，禮部言：「元豐所造大裘，雖用黑羔皮，乃作短袍樣，襲於衮衣之下，仍與衮服同冕，未合典禮。」下禮部、太常寺共議。上官均、吴安詩、常安民、劉唐老、龔原、姚勔請依元豐新禮，丁隲請循祖宗故事，王愈請倣唐制，朱光庭、周秩請以玄衣襲裘。獨禮部員外郎何洵直在元豐中嘗預詳定，以陸佃所議有可疑者八：

按《周禮·節服氏》「掌祭祀朝覲，衮冕六人，惟王之太常」；「郊祀，裘冕二人」。既云衮冕，又云裘冕，是衮與裘各有冕。乃云裘與衮同冕，當以衮襲之。裘既無冕，又襲於衮，中裘而表衮，何以示裘衮之别哉？古人雖質，不應以裘爲夏服，蓋冬用大裘，當暑則以同色繒爲之。《記》曰：「郊祭之日，王被衮以象天。」若謂裘上被衮，以被爲襲，則《家語》亦有「被裘象天」之文。諸儒或言「臨燔柴，脱衮冕，著大裘」，或云「脱裘服衮」，蓋裘衮無同冕兼服之理。今乃以二服合爲一，可乎？

且大裘，天子吉服之最上，若大圭、大路之比，是裘之在表者。《記》曰：「大裘不裼。」説者曰，無别衣以裼之，蓋他服之裘褻，故表裘不入公門。事天以報本復始，故露質見素，不爲表襮，而冕亦無旒，何必假他衣以藩飾之乎？凡裘上有衣謂之裼，裼上有衣謂之襲，襲者，裘上重二衣也。大裘本不裼，《鄭志》乃云：「裘上有玄衣，與裘同色。」蓋趙商之徒，附會爲説，不與經合。襲之爲義，本出於重沓，非一衣也。

古者齋祭異冠，齋服降祭服一等。祀昊天上帝、五帝，以裘冕祭，則衮冕齋。故鄭氏云：「王齋服衮冕。」是衮冕者，祀天之齋服也。唐《開元》及《開寶禮》始以衮冕爲齋服，裘冕爲祭服，兼與張融「臨燔柴脱衮服裘」之義合。請從唐制，兼改製大裘，以黑繒爲之。

佃復破其説曰：

夫大裘而冕，謂之裘冕，非大裘而冕，謂之衮冕。則裘冕必服衮，衮冕不必服裘。今特言裘冕者，主冬至言之。《周禮·司裘》：「掌爲大裘，以供王祀天之服。」則祀地不服大裘，以夏日至，不可服裘故也。今謂大裘當暑，以同色繒爲之，尤不經見。

兼裼襲，一衣而已，初無重沓之義。被裘而覆之則曰襲，袒而露裘之美則曰裼。所謂「大裘不裼」，則非衮而何？《玉藻》曰：「禮不盛，服不充，故大裘不裼。」則明不裼而襲也，充，美也。鄭氏謂大裘之上有玄衣，雖不知覆裘以衮，然尚知大裘不可徒服，必有玄衣以覆之。《玉藻》有尸襲之義。《周禮》裘冕注云：「裘冕者，從尸服也。」夫尸服大裘而襲，則王服大裘而襲可知。且裘不可以徒服，故被以衮，豈借衮以爲飾哉？

今謂祭天用衮冕爲齋服，裘冕爲祭服，此乃襲先儒之謬誤。後漢顯宗初服日、月、星辰十二章，以祀天地。自魏以來，皆用衮服。則漢、魏祭天，嘗服衮矣。雖無大裘，未能盡合於禮，固未嘗有表裘而祭者也。且裘，内服也，與袍同。袍褻矣，而欲禪以祭天，以明示質，是欲衩衣以見上帝也。洵直復欲爲大裘之裳，纁色而無章飾。夫裘安得有裳哉？請從先帝所志。

其後詔如洵直議，去黑羔皮而以黑繒製焉。

政和議禮局上：大裘，青表纁裏，黑羔皮爲領、褾、襈，朱裳，被以衮服。冬至祀昊天上帝服之，立冬祀黑帝、立冬後祭神州地祇亦如之。中興之後，無有存者。

紹興十三年，禮部侍郎王賞等言：「郊祀大禮，合依《禮經》，皇帝服大裘被衮行禮。據元豐詳定郊廟禮文，何洵直議以黑繒創作大裘如衮，惟領袖用黑羔。乞如洵直議。」詔有司如祖宗舊制，以羔製之。禮部又言：「關西羊羔，係天生黑色。今有司涅白羔爲之，不中禮制，不如權以繒代。又元祐中，有司欲爲大裘，度用百羔。哲宗以爲害物，遂用黑繒。請依太常所言。」從之。遂以衮襲裘，冕亦十二旒焉。

衮冕之制。宋初因五代之舊，天子之服有衮冕，廣一尺二寸，長二尺四寸，前後十二旒，二纊，並貫真珠。又有翠旒十二，碧鳳御之，在珠旒外。冕版以龍鱗錦表，上綴玉爲七星，旁施琥珀缾，犀缾各二十四，周綴金絲網，鈿以真珠、雜寶玉，加紫雲白鶴錦裏。四柱飾以七寶，紅綾裏。金飾玉簪導，紅絲絛組帶。亦謂之平天冠。衮服青色，日、月、星、山、龍、雉、虎蜼七章。紅裙，藻、火、粉米、黼、黻五章。紅蔽膝，升龍二並織成，間以雲朵，飾以金鈒花鈿窠，裝以真珠、琥珀、雜寶玉。紅羅襦裙，繡五章，青褾、襈、裾。六采綬一，小綬三，結玉環三。素大帶朱裏，青羅四神帶二，繡四神盤結。綬帶飾並同衮服。白羅中單，青羅抹帶，紅羅勒帛。鹿盧玉具劍，玉鏢首，鏤白玉雙佩，金飾貫真珠。金龍鳳革帶，紅韈赤舄，金鈒花，四神玉鼻。祭天地宗廟、朝太清宫、饗玉清昭應宫景靈宫、受册尊號，元日受朝，册皇太子則服之。

太祖建隆元年，太常禮院言：「準少府監牒，請具衮龍衣、絳紗袍、通天冠制度令式。衮冕，垂白珠十有二旒，以組爲纓，色如其綬，黈纊充耳，玉簪導。玄衣纁裳，十二章：八章在衣，日、月、星辰、山、龍、華蟲、火、宗彝；四章在裳，藻、粉米、黼、黻。衣褾領如上，爲升龍，皆織就爲之。山、龍以下，每章一行，重以爲等，每行十二。白紗中單，黼領，青褾、襈、裾。蔽膝加龍、山、火三章。革帶，玉鉤觹。大帶，素帶朱裏，紕其外，上朱下緑，紐約用組。鹿盧玉具劍，大珠鏢首，白玉雙佩，玄組。雙大綬六采，玄、黄、赤、白、縹、緑，純玄質，長二丈四尺五寸，首廣一尺。小雙綬長二尺六寸，色同大綬，而首半之，間施三玉環。朱韈赤舄，加金飾。」詔可。

二年，太子詹事尹拙、工部尚書竇儀議：「謹按《周禮》：『弁師掌王之五冕，朱裏延紐，五采繅，十有二就，皆五采玉十有二，玉笄朱紘。諸侯之繅旒九就，瑉玉三采，其餘如王之事，繅斿皆就，玉瑱、玉笄。』疏云：『王不言玉瑱，於此言之者，王與諸侯互相見爲義。是以王言玄冕、朱裏延紐及朱紘，明諸侯亦有之。諸公言玉瑱，明王亦有之。』詳此經、疏之文，則是本有充耳。今請令君臣衮冕以下並畫充耳，以合正文。」從之。

乾隆元年閏十二月，少府監楊格、少監王處訥等上新造皇帝冠冕。先是，郊祀冠冕，多飾以珠玉，帝以華而且重，故命改製之。

仁宗景祐二年，又以帝后及羣臣冠服，多沿唐舊而循用之，久則有司寖爲繁文，以失法度。詔入内内侍省、御藥院與太常禮院詳典故，造冠冕，蠲減珍華，務從簡約，俾圖以進。續詔通天冠、絳紗袍更不修製。由是改製衮冕。天版元闊一尺二寸，長二尺四寸，今製廣八寸，長一尺六寸。減翠旒並鳳子，前後二十四珠旒並合典制。天板頂上，元織成龍鱗錦爲表，紫雲白鶴錦爲裏，今製青羅爲表，采畫出龍鱗，紅羅爲裏，采畫出紫雲白鶴。所有犀䥖、琥珀䥖各二十四，今減不用。金絲結網子上，舊有金絲結龍八，今減四，亦減絲令細。天板四面花墜子，素墜子依舊，減輕造。冠身并天柱，元織成龍鱗錦，今用青羅，采畫出龍鱗；金輪等七寶，元真玉碾成，今更不用，如補空卻，以雲龍細窠。分旒玉鈎二，今減去之。天河帶、組帶、款慢帶依舊，減輕造。納言，元用玉製，今用青羅，采畫出龍鱗錦。金稜上稜道，依舊用金，即減輕製。黈纊，玉簪。衮服八章，日、月、星辰、山、龍、華蟲、火、宗彝，青羅身，紅羅襈，繡造。所有雲子，相度稀稠補空，更不用細窠，亦不使真珠裝綴。中單，依舊皂白製造。裙用紅羅，繡出藻、粉米、黼、黻，周回花樣仍舊，減稀製之。蔽膝用紅羅，繡升龍二，雲子補空，減稀製之，周回依舊，細窠不用。六采綬依舊，減絲織造。所有玉環亦減輕。帶頭金葉減去，用銷金。四神帶不用。劍、佩、梁、帶、韈、舄並依舊。

嘉祐元年，王洙奏：「天子法服，冕旒形度重大，華飾稍繁，願集禮官參定。」詔禮院詳典禮上聞，而禮院繪圖以進。因敕御藥院更造，其後，冕服稍增侈如故。

英宗治平二年，知太常禮院李育奏曰：

郊廟之祭，本尚純質，衮冕之飾，皆存法象，非事繁侈、重奇玩也。冕則以《周官》爲本，凡十二旒，間以采玉，加以紘、綖、笄、瑱之飾。衮則以《虞書》爲始，凡十二章，首以辰象，别以衣裳繪繡之采。東漢至唐，史官名儒，記述前制，皆無珠翠、犀寶之飾，何則？鷸羽蚌胎，非法服所用；琥珀犀䥖，非至尊所冠；龍錦七星，已列采章之内；紫雲白鶴，近出道家之語，豈被衮戴璪，象天則數之義哉！自大裘之廢，顓用衮冕，古朴稍去，而法度尚存。夫明水大羹，不可以衆味和；《雲和》、《咸池》，不可以新聲間；衮冕之服，不宜以珍怪累也。若魏明之用珊瑚，江右之用翡翠，侈靡衰播之餘，豈足爲聖朝道哉！

且太祖建隆元年，少府監所造冕服，及二年，博士聶崇義所進《三禮圖》，嘗詔尹拙、竇儀參校之，皆倣虞、周、漢、唐之舊。至四年冬服之，合祭天地於圜丘，用此制也。太宗亦嘗命少府製於禁中，不聞改作。及真宗封泰山，禮官請服衮冕。帝曰：『前王服羔裘，尚質也。今則無羔裘而有衮冕，可從近制。』是豈有意於繁飾哉。蓋後之有司，率意妄增，未嘗確議，遂相循而用。故仁宗嘗詔禮官章得象等詳議之，其所減過半，然不經之飾，重者多去，輕者尚存，不能盡如詔書之意。故至和三年，王洙復議去繁飾，禮官畫圖以獻，漸還古禮，而有司所造，復如景祐之前。

又按《開寶通禮》及《衣服令》，冕服皆有定法，悉無寶錦之飾。夫太祖、太宗富有四海，豈乏寶玩，顧不可施之郊廟也。臣竊謂，陛下肇祀天地，躬饗祖禰，服周之冕，觀古之象，願復先王之制，祖宗之法。其衮冕之服，及韠、綬、佩、舄之類，與《通禮》、《衣服令》、《三禮圖》制度不同者，宜悉改正。

詔太常禮院、少府參定，遂合奏曰：

古者冕服之用，郊廟殊制。唐典，天子之服有二等，而大裘尚存。顯慶初，長孫無忌等采《郊特牲》之説，獻議廢大裘。自是郊廟之祭，一用衮冕，然旒章之數，止以十二爲節，亦未聞有餘飾也。國朝冕服，雖倣古制，然增以珍異巧縟，前世所未嘗有。夫國之大事，莫大於祀，而祭服違經，非以肅祀容、尊神明也。臣等以謂宜如育言，參酌《通禮》、《衣服令》、《三禮圖》及景祐三年減定之制，一切改造之。

孔子曰：「麻冕，禮也，今也純儉，吾從衆。」純者，絲也，變麻用絲，蓋已久矣。則冕服之制，宜依舊以羅爲之。冕廣一尺二寸，長二尺二寸，約以景表尺，前圓後方，黝上朱下，以金飾版側，以白玉珠爲旒，貫之以五采絲繩。前後各十二旒，旒各十二珠，相去一寸，長二尺。朱絲組爲纓，黈纊充耳，金飾玉簪導。青衣纁裳，十二章：八章繪之於衣，日、月、星辰、山、龍、華蟲、火、宗彝也；四章繡之於裳，藻、粉米、黼、黻也。錦龍褾、領，織爲升龍。山、龍而下，一章爲一行，重以爲等，行十二。別製大帶，素表朱裏，朱緑終辟。韠、紱、舄，大小綬，亦去珠玉、鈿窠、琥珀、玻瓈之飾。其中單、革帶、玉具劍、玉佩、朱韈之制，已中禮令，無復改爲，則法服有稽，祭禮增重。

復詔禮院再詳以聞。而内侍省奏謂：「景祐中已裁定，可因而用也。」從之。

神宗元豐元年，詳定郊廟禮文所言：

凡冕版廣八寸，長尺六寸，與古制相合，更不復議。今取少府監進樣，如以青羅爲表，紅羅爲裏，則非《弁師》所謂「玄冕朱裏」者也。上用金稜天板，四周金絲結網，兩旁用真珠、花素墜之類，皆不應禮。伏請改用朱組爲紘，玉笄、玉瑱，以玄紞垂瑱，以五采玉貫於五色藻爲旒，以青、赤、黄、白、黑五色備爲一玉，每一玉長一寸，前後二十四旒，垂而齊肩，以合孔子所謂純儉之義。

又古者祭服，朝服之裳，皆前三幅，後四幅，前爲陽以象奇，後爲陰以象偶。惟深衣、中禪之屬連衣裳，而裳復不殊前後，然以六幅交解爲十二幅，象十二月。其製作莫不有法，故謂之法服。今少府監衮服，其裳乃以八幅爲之，不殊前後，有違古義。伏請改正祭服之裳，以七幅爲之，殊其前後。以今太常周尺度之，幅廣二尺二寸，每幅兩旁各縫殺一寸，謂之削幅，腰間辟積無數。裳側有純，謂之綼；裳下有純，謂之緆。綼、緆之廣各寸半，表裏合爲三寸。羣臣祭服之裳，倣此。

從之。

政和議禮局更上皇帝冕服之制：冕版廣八寸，長一尺六寸，前高八寸五分，後高九寸五分。青表朱裏，前後各十有二旒，五采藻十有二就，就間相去一寸。青碧錦織成天河帶，長一丈二尺，廣二寸。朱絲組帶爲纓，黈纊充耳，金飾玉簪導，長一尺二寸。衮服，青衣八章，繪日、月、星辰、山、龍、華蟲、火、宗彝；纁裳四章，繡藻、粉米、黼、黻。蔽膝隨裳色，繡升龍二。白羅中單，皂褾、襈，紅羅勒帛，青羅袜帶。緋白羅大帶，革帶，白玉雙佩。大綬六采，赤、黄、黑、白、縹、緑，小綬三色，如大綬，間施玉環三。朱韈，赤舄，緣以黄羅。

中興仍舊制，延，以羅衣木，玄表朱裏，長尺有六寸，前低一寸二分，四旁緣以金，覆於卷武之上，繅以五色絲貫五色玉，前後各十二，凡用二百八十有八。玉笄，充耳用黄綿，紘以朱組，以其一屬於左笄上垂下，又屈而屬於右笄，繫之而垂其餘。衣玄，八章，升龍於山，繪。裳纁，四章，繡。幅前三後四，斷而不屬，兩旁殺縫，腰辟積，綼緆之廣皆如舊。大帶以緋白羅合而紩之，以朱緑飾其側，上朱下緑，其束處以組爲紐約，下垂三尺。通天冠、絳紗袍亦如之。白羅中單，領、褾、襈以黻，服裘則以皂。絳紗袍則衣用白紗，領、褾、襈以朱。綬大小各一，大綬織以六采，青、黄、黑、白、縹、緑，下垂青絲網，上有結，垂玉環三；小綬制如大綬，惟三色。大裘、絳紗袍皆用之。革帶，博二寸，革爲裏，緋羅爲表，飾以玉銙，鈕以玉鈎鰈。通天冠、絳紗袍亦用之。韍從裳色，上有紕，下有純，去上五寸，繪以山、龍、火，上接革帶繫之。佩有衡，有琚瑀，有衝牙，繫於革帶，左右各一。上設衡，衡下垂三帶，貫以蠙珠。次則中有金獸面，兩旁夾以雙璜，又次設琚瑀。下則衝牙居中央，兩旁有玉滴子，行則擊牙而有聲。舄有絇，有純，有繶，有綦，以緋羅爲之，首加金飾。服通天冠、絳紗袍則用黑舄，以烏皮爲之。常服則用白舄，以絲爲之。韈，羅表繒裏。施勒著綦以繫之，赤舄以朱，黑舄以白。白舄同。

通天冠。二十四梁，加金博山，附蟬十二，高廣各一尺。青表朱裏，首施珠翠，黑介幘，組纓翠緌，玉犀簪導。絳紗袍，以織成雲龍紅金條紗爲之，紅裏，皂褾、襈，裾，絳紗裙，蔽膝如袍飾，並皂褾、襈。白紗中單，朱領、褾、襈、裾。白羅方心曲領。白韈，黑舄，佩綬如衮。大祭祀致齋、正旦冬至五月朔大朝會、大册命、親耕籍田皆服之。

仁宗天聖二年，南郊，禮儀使李維言：「通天冠上一字，準敕迴避。」詔改承天冠。中興之制，冠高九寸，服用並同。

乾道九年，又用履袍。袍以絳羅爲之，折上巾，通犀金玉帶。繫履，則曰履袍；服鞾，則曰鞾袍。履、鞾皆用黑革。四孟朝獻景靈宫、郊祀、明堂，詣宫、宿廟，進胙，上壽兩宮及端門肆赦，並服之。大禮畢還宮，乘平輦，服亦如之。若乘大輦，則服通天、絳紗如常儀。

衫袍。唐因隋制，天子常服赤黃、淺黃袍衫，折上巾，九還帶，六合鞾。宋因之，有赭黃、淡黃袍衫，玉裝紅束帶，皂文鞾，大宴則服之。又有赭黃、淡黃襖袍，紅衫袍，常朝則服之。又有窄袍，便坐視事則服之。皆皂紗折上巾，通犀金玉環帶。窄袍或御烏紗帽。中興仍之。初，高宗踐祚於南都，隆祐太后命内臣上乘輿服御，有小冠。太后曰：「祖宗閒居之所服也，自神宗始易以巾。願即位後，退朝上戴此冠，庶幾如祖宗時氣象。」後殿早講，皇帝服帽子，紅袍，玉束帶，講讀官公服繫鞵，晚講，皇帝服頭巾，背子，講官易便服。此嘉定四年講筵之制也。

御閱服。以金裝甲，乘馬大閱則服之。

圭。宋初，凡大祭祀、大朝會，天子皆執圭。元豐二年，詳定儀注所言：「《周禮》：『王執鎮圭。』釋者曰：『祭天地宗廟及朝日、夕月，則執之。若朝覲，諸侯授玉於王，王受玉，撫玉而已。』《考工記》：『天子執冒四寸，以朝諸侯。』蓋天子以冒圭邪刻之處，冒諸侯之圭，以齊瑞信也。未有臨臣子而執鎮圭者。《唐六典》殿中監掌服御之事，凡大祭祀，則搢大圭，執鎮圭；若大朝會，止進爵。《開寶通禮》始著元會執圭，出自西房。淳化中，上壽進酒，又令内侍奉圭，於周制、唐禮皆不合。其元會受朝賀，請不執鎮圭上壽。」詔可。

三年，詔議大圭尺度，詳定所言：「《考工記》：『鎮圭尺有二寸，天子守之。』『大圭長三尺，杼上終葵首，天子服之』。後魏以降，以白玉爲之，長尺有二寸，西魏以來皆然。方而不折，雖非古制，蓋後世以所得之玉，隨宜爲之。今請揆玉之有無制之。」

又言：「唐禮，親祀天地神祇，皆搢大圭，執鎮圭。有事宗廟，則執鎮圭而已。王涇《郊祀録》曰：『大圭，質也，事天地之禮質，故執而搢之。鎮圭，文也，宗廟之禮亦文，故無兼執之義。』不知大圭，天子之笏也，通用於郊廟。請自今皇帝親祠郊廟，搢大圭，執鎮圭。奉祀之時，既接神再拜，則奠鎮圭爲摯，大圭爲笏。」

又言：「《開元》及《開寶通禮》，皇帝升輅，不言執圭。祀日，質明，至中壝門外，殿中監進大圭，尚衣奉御，又以鎮圭授殿中監以進。於是始搢大圭，執鎮圭。今皇帝乘玉輅，執鎮圭，赴景靈宮及太廟、青城，皆乘輅執圭，殊不應禮。請自今乘輅不執圭，還内御大輦亦如之。」

詳定所又言大圭中必之制，請製薦玉繅藉，以木爲幹，廣袤如玉，以韋衣之。韋上畫五采文，前後垂之。又製約圭繅藉長尺，上玄下絳，爲地五采五就，因以爲飾。每奠圭，則以薦玉之繅陳于地，執圭，則以約圭之繅備失墜，因垂之爲飾。況大圭搢之紳帶之間，不可無中必，明矣。俟明堂服大圭，宜依鎮圭所約之組，令可繫之。

哲宗元祐元年，禮部言：「元豐新禮，皇帝祀天，搢大圭，其制圓首前詘，於禮未合。今欲放西魏、隋、唐玉笏之制，方而不折，上下皆博三寸，長尺二寸，其厚以鎮圭爲約。」從之。

政和二年，宦者譚積獻玄圭。其制，兩旁刻十二山，若古山尊，上鋭下方。上有雷雨之文，下無瑑飾，外黑内赤，中一小好，可容指，其長尺有二寸。詔付廷議。議官以爲周王執鎮圭，緣飾以四鎮之山，其中有好，爲受組之地，其長尺有二寸，周人倣古爲之，而王執以鎮四方也。徽宗乃以是歲冬御大慶殿受圭焉。

三年，又詔曰：「先王以類而求祀，圜丘以象形，蒼玉以象色，冬日以至取其時，大裘而冕法其幽，而未有以體其道，天玄而地黃，今大圭内赤外黑，于以體之。冬祀可搢大圭，執玄圭，永爲定制。」中興仍舊制，大祭祀則執大圭以爲笏，上太上皇、皇太后册寶亦如之。

皇太子之服。一曰衮冕，二曰遠游冠、朱明衣，三曰常服。衮冕：青羅表、緋羅紅綾裏，塗金銀鈒花飾，犀簪導，紅絲組，前後白珠九旒，二纊貫水晶珠。青羅衣，繡山、龍、雉、火、虎蜼五章；紅羅裳，繡藻、粉米、黼、黻四章。紅羅蔽膝，繡山、火二章。白紗中單，青褾、襈、裾。革帶，塗金銀鉤䚢，瑜玉雙佩。四采織成大綬，結二玉環，金塗銀鈒花飾。青羅韈帶，紅羅勒帛。玉具劍，金塗銀鈒花，玉鏢首。白羅韈，朱履，金塗銀釦。從祀則服之。遠游冠：十八梁，青羅表，金塗銀鈒花飾，犀簪導，紅絲組爲纓，博山，政和加附蟬。朱明服：紅花金條紗衣，紅紗裏，皂褾、襈。紅紗裳，紅紗蔽膝，並紅紗裏。白花羅中單，皂褾、襈，白羅方心曲領。羅韈，黑舄，革帶，劍，佩，綬。餘同衮服。韈帶，勒帛。執桓圭。受册、謁廟、朝會則服之。常服：皂紗折上巾，紫公服，通犀金玉帶。

太宗至道元年，太常禮院言：「南郊，皇太子亢亞獻，合著祭祀服。準制度，衮冕以組爲纓，色如其綬，青纊充耳，玄衣纁裳，凡九章，每章一行，重以爲等，皆織爲之。白紗中單，黻領，青褾、襈、裾。革帶，金鉤䚢。大帶，素帶不失裏，亦紕以朱緑，紐約用組。黻隨裳色，二章。朱組，雙大綬四采，赤白縹紺，純朱質，長一丈八尺，三百二十首，廣九寸。小雙綬，長二尺六寸，色同大綬，而首半之，間施二玉環。朱韈赤舄，舄加金飾，餘同舊制。侍從祭祀及謁廟、加元服、納妃則服之。」詔依上製造。政和議禮局更上皇太子服制，袞冕惟青纊充耳，餘並同國初之制。加元服、從祀、納妃、釋奠文宣王服之。中興並同。

其皇子之服，紹興三十二年十月，禮官言：「皇子鄧、慶、恭三王，遇行事服朝服，則七梁額花冠，貂蟬籠巾，金塗銀立筆，真玉佩，綬，金塗銀革帶，烏皮履。若服祭服，則金塗銀八旒冕，真玉佩，綬，緋羅履韈。」詔文思院製造。

后妃之服。一曰褘衣，二曰朱衣，三曰禮衣，四曰鞠衣。妃之緣用翟爲章，三等。大帶隨衣色，朱裏，紕其外，上以朱錦，下以緑錦，紐約用青組，革帶以青衣之，白玉雙佩，黑組，雙大綬，小綬三，間施玉環三，青韈、舄，舄加金飾。受册、朝謁景靈宫服之。鞠衣，黄羅爲之，蔽膝、大帶、革舄隨衣色，餘同褘衣，唯無翟文，親蠶服之。妃首飾花九株，小花同，并兩博鬢，冠飾以九翬、四鳳。褕翟，青羅繡爲摇翟之形，編次於衣，青質，五色九等。素紗中單，黼領，羅縠褾襈，蔽膝隨裳色，以緅爲領緣，以摇翟爲章，二等。大帶隨衣色，不朱裏，紕其外。餘倣皇后冠服之制，受册服之。

皇太子妃首飾花九株，小花同，并兩博鬢。褕翟，青織爲摇翟之形，青質，五色九等。素紗中單，黼領，羅縠褾襈，皆以朱色。蔽膝隨裳色，以緅爲領緣，以摇翟爲章，二等。大帶隨衣色，不朱裏，紕其外，上以朱錦，下以緑錦，紐約用青組。革帶以青衣之，白玉雙佩，純朱雙大綬，章采尺寸與皇太子同。受册、朝會服之。鞠衣，黄羅爲之，蔽膝、大帶、革帶隨衣色，餘與褕翟同，唯無翟，從蠶服之。

中興，仍舊制。其龍鳳花釵冠，大小花二十四株，應乘輿冠梁之數，博鬢，冠飾同皇太后，皇后服之，紹興九年所定也。花釵冠，小大花十八株，應皇太子冠梁之數，施兩博鬢，去龍鳳，皇太子妃服之，乾道七年所定也。其服，后惟備褘衣、禮衣，妃備褕翟，凡三等。其常服，后妃大袖，生色領，長裙，霞帔，玉墜子；背子、生色領皆用絳羅，蓋與臣下不異。

命婦服。政和議禮局上：花釵冠，皆施兩博鬢，寶鈿飾。翟衣，青羅繡爲翟，編次於衣及裳。第一品，花釵九株，寶鈿準花數，翟九等；第二品，花釵八株，翟八等；第三品，花釵七株，翟七等；第四品，花釵六株，翟六等；第五品，花釵五株，翟五等。並素紗中單，黼領，朱褾、襈，通用羅縠，蔽膝隨裳色，以緅爲領緣，加文繡重雉，爲章二等。二品以下準此。大帶，革帶，青韈，舄，佩，綬。受册、從蠶服之。七年，臣僚言：「今文臣九品，殊以三品之服，至於命婦，已釐八等之號，而服制未有名稱。詔有司視其夫之品秩，而定其服飾。」詔送禮制局定之。其儀闕焉。

《宋史》卷一八〇《食貨志下二》　錢有銅、鐵二等，而折二、折三，當五、折十，則隨時立制。行之久者，唯小平錢。夾錫錢最後出，宋之錢法至是而壞。蓋自五代以來，相承用唐舊錢，其别鑄者殊鮮。太祖初鑄錢，文曰「宋通元寶」。凡諸州輕小惡錢及鐵鑞錢悉禁之，詔到限一月送官，限滿不送官者罪有差，其私鑄者皆棄市。銅錢闌出江南、塞外及南蕃諸國，差定其法，至二貫者徒一年，五貫以上棄市，募告者賞之。江南錢不得至江北。

范鎮《東齋記事》卷二　漢斛之法，方尺而圓其外，庣旁九氂五毫，其實十斗，積百六十二萬分，二千龠之實也。不言深而言方者，無分寸之别也；圓其外者，亦相生之數也。其上爲斛，其下爲斗，左耳爲升，右耳爲合。云耳者，謂升合如耳形，附於斛之左右也。今胡瑗之升合皆方制之，而斛方一尺，深一尺六寸二分，是以方分置算而然也。龠其狀似爵者，謂圓如爵也。今之龠方一寸，深八分一氂，亦以方分置算也。上三下二者，謂斛在上并升合爲三也，斗在下并龠爲二也。圓而函方斛之形也，上下皆然也。今上以圓函方，下爲方斗而已。左一右二者，升在上而左，合在上，龠在下而俱右也。今合、龠俱在上而龠俯。自聶崇義失之於前，而胡瑗、阮逸踵之於後也。夫黼斛非是，而欲考正黄鍾，安可得也！

沈括《夢溪筆談》卷三《辯証一・鈞石之石》　鈞石之石，五權之名，石重百二十斤。後人以一斛爲一石，自漢已如此，「飲酒一石不亂」是也。挽蹶弓、弩，古人以鈞石率之；今人乃以粳米一斛之重爲一石，凡石者以九十二斤半爲法，乃漢秤三百四十一斤也。今之武卒蹶弩，有及九石者，計其力，乃古之二十五石，比魏之武卒，人當二人有餘；弓有挽三石者，乃古之三十四鈞，比顔高之弓，人當五人有餘。此皆近歲教養所成。以至擊刺馳射，皆盡夷夏之術，器仗鎧冑，極今古之工巧。武備之盛，前世未有其比。

《天一閣藏明鈔本天聖令》卷二八《營繕令》　諸計功程者，四月、五月、六月、七月爲長功，二月、三月、八月、九月爲中功，十月、十一月、十二月、正月爲短功。春夏不得伐木。必臨時要須，不可廢闕者，不用此令。

諸新造州鎮城郭(後)〔役〕功者，具科申奏，聽報營造。

諸別奉勅令有營造，及和顧造作之類，未定用物數者，所司支(科)〔料〕，皆先録所須總數，奏聞。

大廟及宫殿皆四阿，施鴟尾，〔社〕門、觀、寺、神祠亦如之。其(官)〔宫〕内及京城諸門，外州(鎮)〔正〕牙門等，並施鴟尾。自外不合。

諸王公以下，舍屋不得施(行)〔重〕拱、藻井。三品以上不得過九架，五品以上不得過七架，並(聽)〔廳〕厦兩頭。六品以下不得過五架。其門舍，三品以上不〔得〕過五架三間，五品以上不得過三間兩厦，六品以下及庶人不得過一間兩厦。五品以上仍連作烏頭大門。父、祖舍宅及門，子孫雖(陰)〔蔭〕盡，仍聽依舊居住。

諸公私弟宅，皆不得起樓閣，臨視人家。

宫城内有大營造及修理，皆(不)〔令〕司天監擇日奏聞。

諸營造軍器，皆須依樣，鐫題年月及工匠、官典姓名及所造州監。角弓則題角面，甲則題身，裙，覆膊，并注行鏁數。其題並用朱漆。不可鐫題者，不用此令。

諸造車皆同軌，若山澤阻險，不可同者，聽隨鄉制。諸造錦、羅、紗、縠、紬、絹、(施)〔絁〕、布之(數)〔類〕，皆闊二尺，長四丈爲匹，布長五丈爲端。其土俗有異，官司別定長闊者，不用此令。絲綿以兩，麻以斤。

立春前，三京府及諸州縣門外，並造土牛耕人，其形色依司天監每歲奏定頒下。縣在州郭者，不得別造。

自對料。在京者，所須調度人〔功〕，(再)申三司處分。其須大作者，送司修理。在外〔者〕，役當處鎮遏兵防(防)。調度出當州官物供。若無兵防及調度，申三司處分，聽用官物，及(後)〔役〕工匠，當州無，出比州。

諸甃甲具裝，若有綻斷，應須修理，縫連者，各依本色，不得參雜。

諸用瓦器之處，經用損壞，一年之内，十分聽除二分，〔以〕外追填。

京城内諸橋及道，當城門街者，並分作司修營，自餘州縣料理。

三京營造及貯備雜物，每年諸司總(科)〔料〕來年一周所須，申三司，本司量校，豫定出所(料)〔科〕備，營造期限，總奏聽報。若依法先有定(科)〔料〕，不須增減者，得本司處分。其年常支料供用不足，及支料之外，更有別須，應科料者，亦申奏聽報。

諸在外有合營造之處，皆豫具〔録〕造作色目(録)、料請來年所須人功調度、丁匠集期，附遞申三司處分。諸雜匠，如有別項和顧者，日給米二升。

三京及州鎮等貯庫器仗，有生澁綻斷者，每年一修理。若經出給破壞者，並隨事料理，各委長官親諸官船行用，若有損壞，州無船場者，官司隨事修理。若不堪修理，須造替者，每年預料人功調度，申三司聽報。

諸私家不得有戰艦、海(鶻)〔鶻〕、蒙衝、黄龍、雙利、平乘、八棹、舴艋、艓子等。自外雜船，不在禁限。

諸州縣公廨舍破(者壞)〔壞者〕，皆以雜役兵人修理。無兵人處，量於門内户均融物力，縣皆申州候報。如自新創造，功役大者，皆具奏聽旨。

諸近河及陂塘大水，有堤堰之處，州縣長吏以時檢行。若須修理，每秋收訖，勸募衆力，官爲總領。或諸津橋道路，每年起九月半，當界修理，十月使訖。若有阬、渠、井、穴，並立標記。其要路陷壞，停水，交廢行旅者，不拘時月，量差人夫修理。非當司能辦者，申請。

諸堰穴漏，造絙及供堰雜用，年終預料(後)〔役〕功多少，隨處供修。其功力大者，檢計申奏，聽旨修完。

諸官船貯在州鎮者，皆逐便安置，並加覆(盍)〔蓋〕，量遣人看守及隨壞修理。不堪修理者，附帳申上。若應須給使者，官司親檢付領，行還收納。

諸官船，每年具言色目、勝受斛斗、破除、見在、不任，帳申。右並因舊文，以新制參定。

諸軍器供宿衛者，每年二時，衛尉卿巡檢。其甲番別與少府監相知，令匠共金吾就仗鋪同檢，指授縫連訖，仍令御史臺重覆。餘有不調及損破，隨即料理。若非理損壞，及所巡匠知壞不言者，並令主司推罪。其有不任者，各從本衛申所司，送在府監修理，於武庫給替。若諸處所送器仗等(項)〔須〕修理者，亦准此。其金銀裝刀，若有非理損失者，追服用人，研耗者，官爲修理。

諸營造雜作，應須女功者，皆令諸司户婢等造。其應供奉古陂可溉田利民，及停水須疏決之處，亦准此。至春末使訖。其官自興功，即從別勅。若暴水(沉)〔汎〕溢，毁壞隄防，交爲人患者，先即修營，不拘時限。應役人多，且役且申。若要急，有軍營之兵士，亦得充役。若不時經始致爲人害者，所轄官司訪察，申奏推科。

諸別勅有所修造，令量給人力者，計滿千功以上，皆須奏聞。

諸傍水(陡)〔隄〕内，不得造小隄及人居。其隄内外各五步並隄上，多種榆柳雜樹。若隄内窄狹，隨地量種，擬充隄堰(内)〔之〕用。

右令不行。

【缺】之物，即送掖庭局供。若作多，及軍國所用，量請不濟者，奏聽處分。其太常祭服、羽葆、（技）〔伎〕衣及雜女功作，並令音聲家營作，綵帛調度，令太常受領，付（付）作家。

諸州鎮戍有（預）〔旗〕旛須染者，當處斟量役防人，隨地上所有草（木）〔本〕堪用者收染。

諸州縣所造禮器、車輅、鼓吹、儀仗等，並用官物，（申帳）〔帳申〕所司。若有剥落及色惡者，以公廨物修理。準絹五疋以上用官物充。所須人功，役當處防人、衛士。非理損壞者，依式推理。

宋敏求《春明退朝録》卷中　凡官告之制：后妃，銷金雲龍羅紙十七張，銷金褾袋，寶裝軸，紅絲網，金銔楷；公主，銷金大鳳羅紙十七張，銷金褾袋，瑇瑁軸，紅絲網，塗金銀銔楷。按皇后，當降制誕告，不裝告身而用册。本朝諸后皆止用告。景祐元年，立后，始用册。治平、熙寧皆循之。親王、宰相、使相，背五色金花綾紙十七張，暈錦褾袋，犀軸，色帶，紫絲網，銀銔楷；樞密使、三師、三公、前宰相至僕射、東宮三師、嗣王、郡王、節度使，白背五色金花綾紙十七張，暈錦褾袋，犀軸，色帶；參知政事、樞密副使、知院、同知院、簽書院事、宣徽使、僕射、東宮三師、御史大夫、宗室率府副率以上，白背五色綾紙十七張，暈錦褾袋，牙軸，色帶；尚書、觀文殿大學士、資政殿大學士、東宮三少、六統軍、上將軍、留後、觀察使同上，惟用法錦褾；近者用翠毛師子錦，以代暈錦，非舊制也。三司使、翰林學士承旨至直學士、待制、丞郎、御史中丞、大兩省賓客、大卿監、祭酒、詹事、庶子、大將軍、防團刺史、横行使、内諸司使、軍職遥郡、樞密都承旨、初除駙馬都尉，白綾大紙七張，法錦褾，大牙軸，色帶；三司副使、少卿監、司業、起居郎至正言、知雜至監察御使、郎中、員外郎、四赤令、諭德、少詹事、家令、率更令、太子僕、太常博士、節度行軍司馬、副使、横行副使、諸司副使、樞密副承旨、軍職都指揮使、忠佐馬軍步軍都軍頭以上、藩方馬步軍都指揮使，并不遥郡者，白綾大紙七張，大錦褾，牙軸，青帶；國子博士至洗馬、通事舍人、諸王友、六尚奉御、諸衛將軍、承制、崇班、閤門祇候、五官正、諸州别駕、樞密院諸房承旨、如官至將軍以上，用大綾紙，大錦褾，大牙軸。兩使判官、防團副使、率府率副率、京官館職、堂後官、中書樞密院主事、諸軍職都虞候、忠佐馬軍步軍副都軍頭、諸班指揮使、藩方馬步軍副都指揮使、都虞候、内供奉官至内品，白綾中紙五張，中錦褾，中牙軸，青帶；秘書郎至將作監主簿，白綾小紙五張，黄錦褾，角軸，青帶；幕職州縣官、靈臺郎、保章正、諸州長史司馬、中書録事、主書守當官、樞密院令史、書令史、諸軍指揮使、内品、待詔、書藝，白綾小紙五張，小錦褾，木軸，青帶；諸蕃蠻子大將軍司、階司、戈司候郎將以上，並白綾大紙，法錦，大牙軸，色帶；凡修儀、婉容、才人、貴人、美人，銷金小鳳羅紙七張，銷金褾袋，瑇瑁軸，紅絲網，塗金銀銔楷；司言、司正、尚衣、尚食、典寶常使，金花羅紙七張，法錦褾袋；内降夫人、郡君，團窠羅紙七張，暈錦褾袋；宗室婦常使，金花羅紙七張，法錦褾袋；宗室女，素羅紙七張，法錦褾袋；國夫人，銷金團窠五色羅紙七張，暈錦褾袋，郡夫人、常使，金花羅紙七張，見任兩府母、妻使團窠，法錦褾袋；以上至司言、司正等，皆用瑇瑁紫絲網、銔楷。郡君、縣太君，遥郡刺史、正郎以上妻並銷金，常使羅紙七張；餘命婦並素羅紙七張。

凡封贈父祖爲降麻官，用白背五色綾紙，法錦褾，大牙軸，餘雖極品，止給大綾紙，法錦褾，大牙軸。

江少虞《宋朝事實類苑》卷二〇《典禮音律・嘉量》　周之鬴，深尺，内方尺，而圓其外，不實六斗四升，積百三萬六千八百分，千二百八十龠之實也。深尺者，十寸之尺也。内方尺者，八寸之尺也。圓其外者，圓方相往之數也。其庣一寸者，深也。其耳三寸者，深也。由是而規圓之，以圓函方之法也。必以圓而函方者，欲其聲之圓也。必爲耳於左右者，欲其聲之不韻也，亦猶鍾之有乳也。漢斛之法，方尺而圓其外，庣旁九釐五毫，其實十斗，積百六十二萬分，二千龠之實也。不言深而言方者，無八東齋作「分」。寸之别也。圓其外者，亦相生之數也。其上爲斛，其下爲斗，左耳爲升，右耳爲合，六東齋作「云」。耳者，謂升合如耳形附於斛之左右也。今東齋有「胡瑗」二字。之于合皆方制之，而斛方尺，深一尺六寸二分，是以方分置筭而然也。龠其狀似爵者，謂東齋有「圓」字。如爵也。今之龠方一寸，深八分一釐，亦以方分置筭也。上三下二者，謂斛在上并升合爲三也，斗在下并龠爲二也。圓而函方，斛之形也，上下皆然也。今上以圓函方，下爲方斗而已。左一右二者，升在上而左，合在上，龠在下，而俱右也。今合龠俱在上，而龠俯，自聶崇義失之於前，而胡瑗、阮逸踵之於後也。夫鬴斛非是，而欲考正黄鍾，安可得也？東齋記事。

王闢之《澠水燕談録》卷五《官制》　舊制，郊祀禮成，駕還闕門，有勘契之儀。其制：以剳爲箭，長三尺，鏤金飾其端，緘以泥金絳囊，金吾掌之。金塗銅爲鏃，長三寸，其端所以合符者也，貯以泥金紫囊，駕前掌之。駕至端門，閤吏闔扉以問曰：「南來者爲誰？」駕前司告曰：「天皇皇帝。」奏請行勘箭之儀，交勘，奏曰：「勘訖。」又審曰：「是否？」贊者齊聲曰：「是。」三審，乃啓扉，列班起居，駕乃入。契刻檀爲魚，金飾鱗鬣。別刻檀板爲坎，足以容魚。駕前掌魚，殿前掌板，駕過殿門，合魚乃啓扉，其制如勘箭之儀。熙寧中，詔罷其制。

王得臣《麈史》卷上《禮儀》 幞頭，後周武帝爲四脚，謂之折上巾。隋大業中，牛洪請著巾子，以桐木爲之，内外皆漆。唐武德初，置平頭小樣巾子，武后賜百僚絲葛巾子，中宗賜宰相内樣巾子，蓋於裹頭帛下著巾子耳。然折上巾以餘帛折之而上系，今謂之幞頭小脚；其所垂兩脚稍屈而上，曰「朝天巾」；後又爲兩闊脚短而鋭者，名「牛耳幞頭」，唐謂之「軟裹」。至中末以後浸爲展脚者，今所服是也。然則制度靡一，出於人之私好而已。

其巾子先以結藤爲之，名曰「藤巾子」，加楮皮數層爲之里。亦有草巾子者，以其價廉，士人鮮服。後取其輕便，遂徹其楮，作粘紗巾。近年如藤巾、草巾俱廢，止以漆紗爲之，謂之「紗巾」，而粘紗亦不復作矣。其巾之樣始作前屈，謂之「斂巾」，久之，作微斂而已。後爲稍直者，又變而後抑，謂之「偃巾」。已而又爲直巾者，又爲上下差狹而中大者，謂之「梭巾」。今乃制爲平直巾矣。其兩脚始則全狹後而長，稍變又闊而短，今長短闊狹僅得中矣。

古人以紗帛冒其首，因謂之「帽」，然未聞其何制也。魏晉以來始有白紗、烏紗等帽。至唐汝陽王璡猶服砑絹帽，後人遂有仙桃、隱士之別。今貴賤通爲一樣，但徇所尚而屢變耳。始時惟以幞頭光紗爲之，名曰「京紗帽」，其制甚質，其檐有尖而如杏葉者，後爲短檐，才二寸許者。慶曆以來方服南紗者，又曰「翠紗帽」者，蓋前其頂與檐皆圓故也。久之，又增其身與檐皆抹上竦，俗戲呼爲「筆帽」，然書生多戴之，故爲人嘲曰：「文章若在尖檐帽，夫子當年合裹槍。」已而又爲方檐者，其制自頂上闊檐高七八寸，有書生步於通衢，過門爲風折其檐者。比年復作短檐者，檐一二寸，其身直高而不爲鋭勢，今則漸爲四直者。

古以韋爲帶，反插垂頭，至秦乃名腰帶。唐高祖令下插垂頭，今謂之「撻尾」是也。今帶止用九胯，四方五圓，乃九環之遺制。胯且留一眼，號曰「古眼」，古環象也。通以黑韋爲之常服者，金、玉、犀則用紅韋，著令品制有差，豪貴侈僭，雖非經賜，亦多自服。至和、皇祐間爲方胯，無古眼，其稀者目曰「稀方」，密者目曰「排方」，始於常服之。比年士大夫朝服亦服撻尾，始甚短，後稍長，浸有垂至膝者，今則參用，出於人之所好而已。

笏，衣緋紫者以象，上詘下直；服緑者以槐木，上詘下方，其制無度。象，初短而厚，俄易長闊，皇祐間，極大而差薄，其勢向身微曲，謂之「抱身」，後復用直而中者；其木笏，始亦甚厚，今則薄，又非槐。

國朝祖宗創金球文方團帶，亦名「笏頭帶」，以賜二府，乃佩魚。又爲御仙花帶，亦名「荔枝」，以賜禁從。元豐四年董正官制，自觀文殿大學士以上至三師并服球文，觀文殿學士至龍圖閣直學士、六曹尚書、翰林學士、御史中丞并給御仙花，皆許佩魚。岐、嘉二王服玉佩金魚，至賜玉魚以异之。

舊制大宴，百官通籍者人賜花兩枝，正郎三枝，故有咏外郎遷前行詩云：「衣添三匹絹，宴剩一枝花。」熙寧以來，皆給四花，郎官六枝。自行官制，若寄禄階雖未至大夫，而職事爲郎中，即宴皆得六花。

衣冠之制，上下混一。嘗聞杜岐公欲令人吏、技術等官少爲差別；後韓康公又議改制，如人吏公袍俾加撲，俗所謂「黄義襴」者是也，幞頭合戴牛耳者。然今之優人多爲此服，大爲群小所惡，浮謗騰溢，其議遂止。

傳曰「亞紫之奪朱」，然則紫之色可見矣。嘉祐染者既入其色，復漬以油，故色重而近黑，曰「油紫」。未幾，英宗入繼大統，秘書丞甄履嘗爲《繼聖圖》著其説。後又爲黑紫，神宗詔禁止，於是乃加鮮赤矣，世又目爲「順聖紫」云，蓋色得正也。

國朝舊制，文臣京官方許乘馬出入皇城門，其幕職官以下悉自門外步以入。熙寧間，選人既習學檢正，又有領編修令式之類者，或稟議中堂，於是亦聽乘馬出入皇城門。

國家朝祭，百官冠服多用周制，每大朝會，侍祠則服之。襪有帶；履用皂革；褌，衣中單，勒帛；裙，蔽膝；袍，大帶，革帶，方心曲領；佩則用石以代珠玉；冠有三梁、五梁之别，言官、刑法官則加獬豸；所執各用其笏。如導駕，除御史大夫、開封牧、開封令出各乘車外，他官具冠服而騎。

永泰紹聖乙亥季秋，大享明堂，予時貳軍器，從百官服朝服。前一日，皇帝致齋，御史臺吏具行禮次第，人印給一本，至是日則曰「綪其佩」，仍注云「屈而結之」。在廷之臣亦有莫能省其音者，或讀曰「青」、曰「菁」，余潛告曰：「當爲『争』。」有相顧而笑者。按《儀禮》作「綪」字，音義與此同。

婦人冠服涂飾，增損用舍，蓋不可名紀，今略記其首冠之制：始用以黄涂白金，或鹿胎之革，或玳瑁，楊有「者」字。或綴彩羅爲攢云五岳之類。既禁用鹿胎、玳瑁，乃爲白角者，又點角爲假玳瑁之形者，然猶出四角而長矣。後至長二三尺許，而登車檐皆側首而入。俄又編竹而爲團者，涂之以緑。浸變而以角爲之，謂之「團冠」，復以長者屈四角而下至於肩，謂之「亸肩」。又以團冠少裁其兩邊而高其前後，謂之「山口」。又以亸肩直其角而短，謂之「短冠」。今則一用太妃冠矣。始者角冠棱托以金，或以金涂銀飾之，今則皆以珠璣綴之。其方尚長冠也，所傳兩脚旒亦長七八寸，習尚之盛在於皇祐、至和之間。聱隅子黄晞曰：「此無他，蓋大官麄疏耳。」

《丁晋公三十六事》載某氏女子嫁時之服，而篋有襂衣一襲，問其故，曰：「若歸夫家，遇私忌服此，慰舅姑耳。」今亡此禮，蓋晋公時已廢不用。余謂婦變服，而受慰者其服可知矣。切講之而未知所從。在洛時聞富鄭公私忌裹垂脚襂紗幞頭，襂布衫，系藍鐵帶，此乃今之釋服。襂，禫服也。余欲行之，余弟光輔曰：「不可。聖人緣情制禮，蓋有隆殺，今歲服襂禫，是未嘗從吉也。」又在閩，同官李世美，文定之猶子也，問所服云何，世美曰：「冠以帽，衣白紵衫，系黑角帶。」訪士大夫家鮮有知此者。余以謂傳稱「君子有終身之喪」，忌日之謂也，是則其服以少變常服爲安耳。

慈聖光獻上仙時，禮院議曰：「所服冠用布，四脚，衣布袍，腰經，麻履；宗室及曹氏皆斬衰，杖。」元祐癸酉，余使閩，秋，遇宣仁聖烈之變，余令建州吏具如上服。後問他郡，皆服斬衰，時熊皋守鄱陽，乃出所録庚申禮官議服爲得體。辛巳，欽聖憲肅遺告到安州，余急趨郡中見守相，首問所服，皆曰斬衰，余以爲不可。時坐客亦有言癸酉中在金陵，曾舍人鞏守郡，亦服斬衰，余以爲大非也。遺告在京以日易月，十三日而除，是期服也。今服斬衰，義有所嫌，遂用余説。後聞他處服斬衰者甚多，士而不知禮，安可以仕乎？

都城内非執政大臣、宗室，并不許張蓋，然宗室之家乘車，比至乳保輩乘馬，皆張之。

熙寧間，因内璫馬首以小扇障日，後士大夫悉用夾青縑爲大扇，或加以青囊盛之，用芘其景，至從兵有不能持之者。紹聖初，中詔禁止，遂不用。

莊綽《鷄肋編》卷下 崇寧中，李誡編《營造法式》云：舊例以圍三徑一方五斜七爲據，疏略頗多。今按《九章算經》：圓徑七，其圍二十有二。方一百，其斜一百四十有一。八棱徑六十，每面二十五，其斜六十有五。六棱徑八十有七，每面五十，其斜一百。圓徑内取方一百，中得七十有一。方内取圓徑一得一，六棱八棱，取圓准此。又載名物之异曰：墻名五。墻、墉、垣、缭、壁。柱礎名六。礎、礩、碣、磌、墄、磉，今謂之石碇，音頂。材名三。章、材、方桁。栱名六。閈、楶、薄曲、枅、弆、栱。飛昂名五。櫼、飛昂、英昂、斜角、下昂。爵頭名四。爵頭、耍頭、胡孫頭、蜉蜙頭。枓名五。楶、櫨、楷、璧、枓。平坐名五。閣道、燈道、飛陛、平坐、鼓坐。梁名三。梁、宋廇、欐。柱名二。楹、柱。陽馬名五。觚棱、陽馬、闕角、角梁、梁抹。侏儒柱名六。棁、侏儒柱、浮柱，棳、上楹、蜀柱。斜柱名五。斜柱、梧、迕、枝撑、叉手。棟名九。棟、桴、櫋、棼、甍、極、抟、檩、櫋。抟風名二。榮、抟風。柎名三。柎、復棟、替木。椽名四。桷、椽、欀、橑。短椽名二。棟、禁褊。檐名十四。檐、宇、樀、楣、屋垂、梠、櫺、聯櫋、橝、房、廡、槾、㮰、庮。舉折名三。陠峻、陠峭、舉折。烏頭門名三。烏頭大門、表楬、閥閲。今呼爲櫺星門。平基名三。平機、平撩、平基。俗謂之平起，以方椽施素版者謂之平闇。斗八藻井名三。藻井、圓泉、方井。今謂之。鈎闌名八。櫺檻、軒檻、櫳、梐牢、闌、楯、柃、階檻。拒馬義子名四。梐枑、梐櫃、桁、馬。屏風名四。皇邸、後板、扆、屏風。籬名五。欏、栅、據、藩、落。今謂之。涂名四。塓、墐、涂、泥。階名四。階、陛、陔、墑。瓦名二。瓦、甍。磚名四。甓、瓴甋、瑴、甗磚。又云，《史記》居千章之萩。注：章，材也。《説文》栔。注：栔，㰙也，音至。按構屋之法，皆以材爲祖。祖有八等，度屋之大小因而用之。凡屋之高深，名物之長短，曲直舉折之勢，規矩繩墨之宜，皆以所用材之分以爲制度。材上加栔者，謂之足材。其規短制度，皆以章栔爲祖。今人以舉止失措者，謂之失章失栔，蓋謂此也。宋祁《筆録》：「今造屋有曲折者，謂之庯峻。齊、魏間以人有儀矩可觀者，謂之庯峭。」蓋庯峻也。今俗謂之舉折。

謝深甫《慶元條法事類》卷五《職制門》二《考課勑令格式申明》 一、税租管額並本年收逐色各若干：具一路都數，謂應納正、耗及合零就整並畸零實數。如遇災傷，即具減放分數。某官職姓名任内：

管額税，錢物各若干，開逐色都數，下項並准此。穀各若干。租。錢物、穀各依上文開具。

本年税，受納錢物各若干，穀各若干；開閣減免謂分併出本路或興造除放若逃絶災傷倚閣、減免、展限、拖欠之類。如内有無者，□□即不具。下項租課准此。錢物各若干，穀各若干。租，受納，開；錢物、穀各准税開。下准此。開閣減免，開。

比管額增或虧若干分釐。

一、酒税務坊場、河渡、房園、茶、鹽、坑冶、鑄錢監、市舶等場務並准此，無即云無。各具祖額並遞年及本年收諸色課利，逐色各若干。並具一路都數。如遇災傷，即具減放分數。某官職姓名任内：

酒務，祖額幾處，收錢若干，如有別色並紐計見錢。餘課利准此。遞年謂前一年。幾處，收錢若干，本年幾處，收錢若干，比祖額增或虧若干分釐，比遞年增或虧若干分釐；務税祖額幾處，收錢若干，遞年幾處，收錢若干，本年幾處，收錢若干，比祖額增或虧若干分釐，比遞年增或虧若干分釐。

一、前一年並本年各收糴到斛若干。止具一路都數。如遇災傷，即具減放分數。

前一年，開收糴到斛諸色都數，内借用提點刑獄並常平錢糴到者，仍於逐色脚下分明聲説内若干借用某官司錢糴到。某官職姓名任内：

本年，開。依前開説。

一、前一年並本年本路都收錢物各若干，支外見在若干。止計本司所管本路都數，即不得將諸司及朝廷封樁等錢物通計在内。某官職姓名任内：

前一年本路都收錢若干，支外見在若干；謂當時見在。下准此。物若干，各逐色都數隨逐色脚下聲説支外見在若干。

本年本路都收並支外見在。准上開。

以上轉運司用此。

謝深甫《慶元條法事類》卷七《職制門》四《監司巡歷敕令格式申明・軍器令》 諸將軍器，每歲委總管、安撫、鈐轄司於本路互差官詣庫檢察，内有損壞不堪者，即具名件申逐司置籍注之，送所在作院，責限修整畢申逐司勾銷。歲具有無未修整名件申樞密院。仍令提點刑獄司因歲巡處點檢。

謝深甫《慶元條法事類》卷一三《職制門》一〇《理賞敕令格申明》 諸給賞者，以犯人財産充，無或不足者，知情及干繫若保人之類，應均備而無或不足者同。以官錢代支。即獲奸細、强盗、竊盗罪至流同。發冢、放火、劫囚、私鑄錢製造賣借若與人鑄錢作具同。禁物、配軍逃歸本州縣、誘略販賣人口與溪洞蕃夷、蕃商船舶般載人入化外，溪洞蕃夷在化内略誘收買人口及其買人引領人、故決盗決堤堰、僞造度牒紫衣師號、僞造交鈔並公據、未成、未行用同。詐冒首級求功賞、重禄公人因職事受乞詐欺借便賣買有剩利、賒欠放債收息、部送人故縱已決編配人逃亡、諸軍管轄人及曹司私收他處兵級、冒承逃亡名額請給、若給散捕取蟲蝗穀而減剋私有、若私造禁兵器、修合墮胎藥及賣買罪至徒，如事狀明白，當日以官錢借支，其罪人入於法勿論，及應贖或杖以下不應編配者，不在代支、借支之例。配軍逃歸本州縣者非。

《遼史》卷五五《儀衛志一》 輿服

自黄帝而降，輿服之制，其來遠矣。禹乘四載作小車，商人得桑根之瑞爲大輅，周人加金玉，象飾益備。秦取六國儀物，而分別其用，先王之制，置而弗御。至漢中葉，鋭意稽古，然禮文之事，名存實亡，蓋得十一於千百焉。唐之車輅因周、隋遺法，損益可知。而祭服皆青，朝服皆絳，常服用宇文制，以紫、緋、緑、碧分品秩。五代頗以常服代朝服。遼國自太宗入晉之後，皇帝與南班漢官用漢服；太后與北班契丹臣僚用國服，其漢服即五代晉之遺制也。考之載籍之可徵者，著《輿服篇》，冠諸《儀衛》之首。

國輿

契丹故俗，便於鞍馬。隨水草遷徙，則有氈車，任載有大車，婦人乘馬，亦有小車，貴富者加之華飾。禁制疎闊，貴適用而已。帝后加隆，勢固然也。輯其可知著于篇。

大輿，《柴册再生儀》載神主見之。

輿，《臘儀》見皇帝、皇后升輿、降輿。

總纛車，駕以御駝。《祭山儀》見皇太后升總纛車。

車，《納后儀》見皇后就車。

青幰車，二螭頭、蓋部皆飾以銀，駕用駝，公主下嫁以賜之。古者王姬下嫁，車服不繫其夫，下王后一等。此其遺意歟。

送終車，車樓純飾以錦，螭頭以銀，下縣鐸，後垂大氈，駕以牛。上載羊一，謂之祭羊，以擬送終之用。亦賜公主。

椅，《册皇太后儀》，皇帝乘椅，自便殿轝至西便門。

鞍馬，《祭山儀》，皇帝乘馬，侍皇太后行。《臘儀》，皇帝降輿，祭東畢，乘馬入獵圍。《瑟瑟儀》，俱乘馬東行，羣臣在南，命婦在北。

漢輿

太宗皇帝會同元年，晉使馮道劉昫等備車輅法物，上皇帝、皇太后尊號册禮。自此天子車服昉見於遼。太平中行漢册禮，乘黄令陳車輅，尚輦奉御陳輿輦。盛唐輦輅，盡在遼廷矣。

五輅：《周官》典輅有五輅。秦亡之後，漢創製。

玉輅，祀天、祭地、享宗廟、朝賀、納后用之。青質，玉飾，黄屋，左纛。十二鑾在衡，二鈴在軾。龍輈左建旂，十二斿，皆畫升龍，長曳地。駕蒼龍，金叉，鏤錫，鞶纓十二就。遼國《勘箭儀》，皇帝乘玉輅至内門。聖宗開泰十年，上升玉輅自内三門入萬壽殿，進七廟御容酒。

金輅，饗射、祀還、飲至用之。赤質，金飾，餘如玉輅，色從其質。駕赤騮。

象輅，行道用之。黄質，象飾，餘如金輅。駕黄騮。

革輅，巡狩、武事用之。白質，革鞔。駕白翰。

木輅，田獵用之。黑質，漆飾。駕黑駱。

車：制小於輅，小事乘之。

耕根車，耕耤用之。青質，蓋三重，餘如玉輅。

安車，一名進賢車，臨幸用之。金飾，重輿，曲壁，八鑾在衡，紫油纁朱裏幰，朱絲絡網。駕赤騮，朱鞶纓。

四望車，一名明遠車，拜陵，臨弔則用之。金飾，青油纁朱裏通幰。駕牛，餘同安車。

涼車，赤質，省方，罷獵用之。赤質，金塗，銀裝。五綵龍鳳織，藤油壁，緋條，蓮座。駕以橐駝。

輦：用人挽，本宫中所乘。唐高宗始制七輦。《周官》巾車有輦，以人組挽之。太平册禮，皇帝御輦。

大鳳輦，赤質，頂有金鳳，壁畫雲氣金翅。前有軾，下有構欄。絡帶皆繡雲鳳，銀梯。主輦八十人。

大芳輦。

仙游輦。

小輦，《永壽節儀》，皇太后乘小輦。

芳亭輦，黑質，幕屋緋欄，皆繡雲鳳。朱緑夾窗，花板紅網，兩簾四竿，銀飾梯。主輦百廿人。

大玉輦。

小玉輦。

逍遥輦，常用之。椶屋，赤質，金塗，銀裝，紅條。輦官十二人，春夏緋衫，秋冬素錦服。

平頭輦，常行用之。制如逍遥，無屋。册承天皇太后儀，皇太后乘平頭輦。

步輦，聖宗統和三年，駐蹕土河，乘步輦聽政。

羊車，古輦車。赤質，兩壁龜文、鳳翅，緋幰，絡帶、門簾皆繡瑞羊，畫輪。駕以牛，隋易果下馬。童子十八人，服繡。瑞羊輓之。

輿：以人肩之，天子用韝絡臂綰。

腰輿，前後長竿各二，金銀螭頭，緋繡鳳襴，上施錦褥，別設小床。奉輿十六人。

小輿，赤質，青頂，曲柄，緋繡絡帶。制如鳳輦而小，上有御座。奉輿二十四人。

皇太子車輅：

金輅，從祀享、正冬大朝、納妃用之。《册皇太子儀》，乘黄令陳金輅，皇太子升，降金輅。

軺車，五日常朝、享宫臣、出入行道用之。金飾，紫幰朱裏。駕一馬。

四望車，弔臨用之。金飾，紫油纁通幰。駕一馬。

《遼史》卷五六《儀衛志二》 國服

上古之人，網罟禽獸，食肉衣皮，以儷鹿韋掩前後，謂之韠。然後夏葛、冬裘之製興焉。周公陳王業，《七月》之詩，至於一日于貉，三月條桑，八月載績，公私之用由是出矣。

契丹轉居薦草之間，去邃古之風猶未遠也。太祖仲父述瀾，以遥輦氏于越之官，占居潢河沃壤，始置城邑，爲樹藝、桑麻、組織之教，有遼王業之隆，其亦肇迹於此乎！太祖帝北方，太宗制中國，紫銀之鼠，羅綺之篚，麋載而至。纖麗而毳，被土綢木。於是定衣冠之制，北班國制，南班漢制，各從其便焉。詳國服以著厥始云。

祭服：遼國以祭山爲大禮，服飾尤盛。

大祀，皇帝服金文金冠，白綾袍，紅帶，懸魚，三山紅垂。飾犀玉刀錯，絡縫烏韡。

小祀，皇帝硬帽，紅克絲龜文袍。皇后戴紅帕，服絡縫紅袍，懸玉佩，雙同心帕，絡縫烏韡。

臣僚、命婦服飾，各從本部旗幟之色。

朝服：太祖丙寅歲即皇帝位，朝服衷甲，以備非常。其後行瑟瑟禮、大射柳，即此服。聖宗統和元年册承天皇太后，給三品以上用漢法服，三品以下用大射柳之服。

皇帝服實里薛袞冠，絡縫紅袍，垂飾犀玉帶錯，絡縫靴，謂之國服袞冕。太宗更以錦袍、金帶。

臣僚戴氈冠，金花爲飾，或加珠玉翠毛，額後垂金花，織成夾帶，中貯髮一總。或紗冠，制如烏紗帽，無簷，不擫雙耳。額前綴金花，上結紫帶，末綴珠。服紫窄袍，繫鞊鞢帶，以黄紅色絛裹革爲之，用金玉、水晶、靛石綴飾，謂之「盤紫」。太宗更以錦袍、金帶。會同元年，羣臣高年有爵秩者，皆賜之。

公服：謂之「展裹」，著紫。興宗重熙二十二年，詔八房族巾幘。道宗清寧元年，詔非勳戚之後及夷離菫副使并承應有職事人，不帶巾。

皇帝紫皂幅巾，紫窄袍，玉束帶，或衣紅襖；臣僚亦幅巾，紫衣。

常服：

《宰相中謝儀》，帝常服。《高麗使入見儀》，臣僚便衣，謂之「盤裹」。緑花窄袍，中單多紅緑色。貴者披貂裘，以紫黑色爲貴，青次之。又有銀鼠，尤潔白。賤者貂毛、羊、鼠、沙狐裘。

田獵服：

皇帝幅巾，擐甲戎裝，以貂鼠或鵝項、鴨頭爲扞腰。蕃漢諸司使以上並戎裝，衣皆左衽，黑緑色。

弔服：太祖叛弟剌哥等降，素服受之。

素服，乘赭白馬。

漢服

黄帝始制冕冠章服，後王以祀以祭以享。夏收、殷冔、周弁以朝，冠端以居，所以別尊卑、辨儀物也。厥後唐以冕冠、青衣爲祭服，通天、絳袍爲朝服，平巾幘、袍襴爲常服。大同元年正月朔，太宗皇帝入晉，備法駕，受文武百官賀于汴京崇元殿，自是日以爲常。是年北歸，唐、晉文物，遼則用之。左右采訂，摭其常用者存諸篇。

祭服：終遼之世，郊丘不建，大裘冕服不書。

袞冕，祭祀宗廟、遣上將出征、飲至、踐阼、加元服、納后若元日受朝則服之。金飾，垂白珠十二旒，以組爲纓，色如其綬，黈纊充耳，玉簪導。玄衣、纁裳十二章：八章在衣，日、月、星、龍、華蟲、火、山、宗彝；四章在裳，藻、粉米、黼、黻。衣褾領，爲升龍織成文，各爲六等。龍、山以下，每章一行，行十二，白紗中單，黼領，青褾襈裾，黻革帶、大帶，劍佩綬，舄加金飾。《元日朝會儀》，皇帝服袞冕。

朝服：乾亨五年，聖宗冊承天太后，給三品以上法服。《雜禮》，冊承天太后儀，侍中就席，解劍脱履。重熙五年尊號冊禮，皇帝服龍袞，北南臣僚並朝服，蓋遼制。會同中，太后、北面臣僚國服；皇帝、南面臣僚漢服。乾亨以後，大禮雖北面三品以上亦用漢服；重熙以後，大禮並漢服矣。常朝仍遵會同之制。

皇帝通天冠，諸祭還及冬至、朔日受朝、臨軒拜王公、元會、冬會服之。冠加金博山，附蟬十二，首施珠翠。黑介幘，髮纓翠緌，玉若犀簪導。絳紗袍，白紗中單，褾領，朱襈裾，白裙襦，絳蔽膝，白假帶方心曲領。其革帶佩劍綬，韈舄。若未加元服，則雙童髻，空頂，黑介幘，雙玉導，加寶飾。《元日上壽儀》，皇帝服通天冠，絳紗袍。

皇太子遠遊冠，謁廟還宫、元日、冬至、朔日入朝服之。三梁冠，加金附蟬九，首施珠翠。黑介幘，髮纓翠緌，犀簪導。絳紗袍，白紗中單，皂領褾，襈裾，白裙襦，白假帶方心曲領，絳紗蔽膝。其革帶劍佩綬，韈舄與上同，後改用白韈、黑舄。未冠，則雙童髻，空頂，黑介幘，雙玉導，加寶飾。《冊皇太子儀》，皇太子冠遠遊，服絳紗袍。

親王遠遊冠，陪祭、朝饗、拜表、大事服之。冠三梁，加金附蟬。黑介幘，青緌導。絳紗單衣，白紗中單，皂領，襈裾，白裙襦。革帶鉤艓，假帶曲領方心，絳紗蔽膝，韈舄，劍佩綬。二品以上同。

諸王遠遊冠，三梁，黑介幘，青緌。

三品以上進賢冠，三梁，寶飾。

五品以上進賢冠，二梁，金飾。

九品以上進賢冠，一梁，無飾。

七品以上去劍佩綬。

八品以下同公服。

公服：《勘箭儀》，閤使公服，繫履。遼國嘗用公服矣。

皇帝翼善冠，朔視朝用之。柘黄袍，九環帶，白練裙襦，六合鞾。

皇太子遠遊冠，五日常朝、元日、冬至受朝服。絳紗單衣，白裙襦，革帶金鉤艓，假帶方心，紛鞶囊，白韈，烏皮履。

一品以下、五品以上，冠幘纓，簪導，謁見東宫及餘公事服之。絳紗單衣，白裙襦，帶鉤艓，假帶方心，韈履，紛鞶囊。

六品以下，冠幘纓，簪導，去紛鞶囊，餘並同。

常服：遼國謂之「穿執」。起居禮，臣僚穿執。言穿鞾、執笏也。

皇帝柘黄袍衫，折上頭巾，九環帶，六合鞾，起自宇文氏。唐太宗貞觀已後，非元日、冬至受朝及大祭祀，皆常服而已。

皇太子進德冠，九琪，金飾，絳紗單衣，白裙襦，白韈，烏皮履。

五品以上，幞頭，亦曰折上巾，紫袍，牙笏，金玉帶。文官佩手巾、算袋、刀子、礪石、金魚袋；武官鞊鞢七事：佩刀、刀子、磨石、契苾真、噦厥、針筒、火石袋，烏皮六合鞾。

六品以下，幞頭，緋衣，木笏，銀帶，銀魚袋佩，鞾同。

八品九品，幞頭，綠袍，鍮石帶，鞾同。

宇文懋昭《大金國志》卷三三《燕京制度》 國初無城郭，星散而居，呼曰「皇帝寨」、「國相寨」、「太子莊」，後升「皇帝寨」曰會寧府，建爲上京。其遼之上京改作北京。城邑、室宮無異于中原州縣廨宇，制度極草創。居民往來，車馬雜遝，自「前朝門」直抵「後朝門」，盡爲往來出入之路，略無禁制。每孟春擊土牛，父老士庶無長幼皆聚觀于殿側。民有訟未決者，多邀駕以訴。至熙宗始有内庭之禁。

煬王弑熙宗，築宫室于燕，逮三年而有成。城之四圍凡九里三十步。天津橋之北曰宣陽門，中門繪龍，兩偏繪鳳，用金釘釘之。中門惟車駕出入乃開，兩偏分雙單日開一門。過門有兩樓，曰文曰武，文之轉東曰來寧館，武〔之〕轉西曰會同館。正北曰「千步廊」，東西對焉。廊之半各有偏門，向東曰太廟，向西曰尚書省。至通天門，後改名應天樓，〔觀〕高八丈朱門五，飾以金釘。東西相去一里餘，又各設一門，左曰左掖，右曰右掖。

内城之正東曰宣華，正西曰玉華，北曰拱辰。（及）〔内〕殿凡九重，殿凡三十有六，樓閣倍之。正中位曰「皇帝正位」，後曰「皇后正位」。位之東曰「内省」，西曰「十六位」，乃妃嬪居之。西出玉華門曰同樂園，若瑶池、蓬瀛、柳莊、杏村，盡在于是。

都城四圍凡七十五里，城門十二，每一面分三門，其正門兩傍又設兩門。正東曰宣曜、陽春、施仁，正西曰灝華、麗澤、彰義，正南曰豐宜、景風、端禮，正北曰通玄、會城、崇智，此四城十二門也。此外有宣陽門，即内城之南門。上有重樓，制度宏大，三門並立，中門常不開，惟車駕出入。通天門即内城之正南門也，四角皆垜樓，瓦〔皆〕琉璃，金釘朱户，五門列焉。門常扃，惟大禮袷享則由之。宣華乃内城之正東門，玉華正西門也。左掖東偏、右掖西偏門也。各有武夫守衛，士大過者不敢瞬目。拱辰即内城正北門也，又曰「後朝門」。制度守衛，一與宣華、玉華等。金碧翬飛，規模壯麗矣。

宇文懋昭《大金國志》卷三三《汴京制度》 汴京制度：宣宗所遷，大概依宋之舊。鄒伸之奉使時，同官屬遊故宫：宫牆四角皆有樓，高五丈，每樓一所，兩傍各有屋以裹牆角。自左掖門向西三十步，横入一門，號左昇龍門，入此門即大慶門，外由峻廊上，俯闞城市，正望丹鳳樓。後下樓即右昇龍門，此兩門外左、右掖門，横通大慶門外。其門有三：中曰大慶，東曰日精，西曰月華。門傍皆列戟，入此門望見大慶殿。殿前有兩樓對峙，東曰嘉福，西曰嘉瑞。大慶殿屋十一間，龍墀三級，傍垜殿各三間，峻廊後與兩廡相接。殿壁畫四龍，各長數丈，乃宣宗渡河後畫，中有御〔屏〕畫小龍，用拱斗門成一方井，如佛。正殿蓋中有一金龍，以絲網罩之。此正衙也。轉御屏，下峻階數步，一殿曰德儀殿，有三門：中曰隆（平）〔德〕，左曰左隆平，右曰右隆平。入此門，東西兩扉，望見隆德殿，即宋垂拱殿也。殿庭中東一鐘樓，西一鼓樓。殿屋五大間，傍各殿三間。堦止龍墀一級，東西兩閤門，並樓屋下有門通往來，此常朝殿也。此殿後又一庭院，有門曰仁安，東西兩門，東出東華〔門〕，西出西華門。入仁安門，望見仁安殿，龍墀兩廊皆如隆德殿規模，即宋延英殿也。自此後兩殿，（有）〔無〕門，皆有船軒連接。兩邊廊屋止用黑漆窗户，意謂必宫人居于此，乃内殿，百官不到。前四殿皆琉璃筒瓦，一殿曰（德）〔純〕和，一殿曰福寧。後又有一小殿，殿後有直舍。此殿後即内宫牆門，有門兩亘。出入後苑十數步，間過一小溪橋，有二智殿，溪中有龍舟。仁智殿下兩巨石，高三丈，廣半之。東一石有小碑，刻「勅賜昭慶神運萬歲峯」，西一石刻「獨秀太平巖」，乃宋徽宗御書，刻石填金。殿後有石壘成山，高百尺，廣倍之。最上刻石曰香石泉山，山後挽水上山，水自上流下，至荆玉澗又流至湧翠峯。下有太山洞，水自洞門飛下。復由本路出（德）〔純〕和殿，迤邐至大慶門外，横從右昇龍門出，即宋後朝門，榜曰啓慶之宫。入宫門後有三門，中曰德昌，左曰文昭，右曰光興。制度宏麗，金碧輝暎，不可勝言。出啓慶門，復入右昇龍門，過大慶門外，出左昇龍門，向東行，一門向南，榜曰聖壽宫，左安泰門，右明昌門，即金國太后宫。入宫門，直入一門，榜曰徽音，又一門，榜曰光熙，望見徽音殿、長樂殿。入光翼門、繁禧門，有德壽殿。復出此宫，即祕閣。在左掖門之西、五門之東即古待漏院。自五門望南向丹鳳門，中間禁路，兩廊千步廊，盡處向東一屏牆，向南一大門，即太廟門。內三門，門上並畫蟠龍。殿宇二十五間，高大宏麗。兩傍修廊，東西各開一門，與廊相通，蓋百官陪位，入此兩門甚便。殿上十一室，盡傍金國祖宗謚號。每一室計三間，東邊一門，西邊一窗，嵌一小石室，上下有石廣三丈石門一合，可開閉，係藏神主處。遇祭祀，迎神主出石室，祭畢復藏殿宇。出太廟向西行，向南一門，即社〔稷〕壇，周圍皆牆。外四門，遇祭則開，迎四方之氣。

宫室制度金國時有更改，大抵皆宋朝之舊也。

宇文懋昭《大金國志》卷三四《旗幟》 金國以水德王，凡用師行征，旗皆上黑，雖五方皆具，必以黑爲主。尋常車駕出入止用一日旗，與后同乘則加月旗。二旗相間而陳，或數百隊，或千餘隊，日旗即以紅綃爲日，刺于黄旗上；月旗即以素帛爲月，刺于紅旗上。近駕則又有日月大繡旗二。如大禮、袷享、册封，一循古制，旗無大小，皆備焉。然五方、五星、五嶽、青龍、白虎、朱雀、玄武、神鳳外，又有五星聯珠一，日月合璧一，象二，天王二，海馬二，鷹隼二，太白二。近御又張一大旗，其制極廣，錯繪神物，以猛士執之，傍有數十人護之。各施大繩，以備風勢，名曰「蓋天」。

宇文懋昭《大金國志》卷三四《車轍》 后妃並用殿車，其車如五花樓之狀，上以錦緣青氈爲蓋，四圍以簾，秋冬亦用氈，並用錦緣柱廊，（白）〔月〕板護泥皆飾以金玉。或四輪，或兩輪，並朱。車之四角，后用金鳳，妃用金孔雀。如一品二品車之四角，並用銀螭頭。

國主轍或紅或黄無定，以金龍爲頂蓋。后用金鳳，太子用金龍。妃紫轍用金孔雀，一品青轍用銀浮圖，二品三品用紅浮圖，四品五品〔用〕青浮圖。

宇文懋昭《大金國志》卷三四《服色》 服色各以官品論，如五品官便可服五品服，如武臣至四品，皆〔腰〕横金，文臣則加魚，不待錫賜而許自服焉。

國主視朝服：純紗幞頭，窄袖赭袍，玉（遍）〔扁〕帶，黄滿領。如遇祭祀、册封、告廟，則加衮冕、法服。平居閒暇，皂巾雜服，與士庶無别。

太子服：純紗幞頭，紫羅寬袖袍，象簡玉帶，佩雙玉魚。

王公服，謂親王及三公服，紫羅寬袖袍，紗製幞頭，象簡玉帶，佩玉魚。

正一品，謂左右丞相、左右平章事、開府儀同三司。服紫羅袍，象簡玉帶，佩金魚。

從一品，謂左右丞、左右參知政事、崇進、特進、樞密察院使。服紫羅袍，象簡金帶，佩金魚。

二品，謂自金紫光禄大夫至榮禄大夫。服紫羅袍，象簡御仙金帶，佩金魚。

三品至四品，謂文臣資德大夫至中順大夫，武臣龍虎衛上將軍至定遠大將軍。並服紫羅袍，象簡荔枝金帶，文臣則加佩金魚。

五品，謂文臣中議大夫至朝列大夫，武臣廣威將軍至宣武將軍。並服紫羅袍，象笏紅鞓烏犀帶，文臣則帶金魚。

六品至七品，謂文臣奉政大夫至儒林郎，武臣武（功）〔節〕將軍至忠顯校尉。文臣則服緋，武臣則服紫，並象笏紅鞓烏犀帶，文臣佩銀魚。

八品至九品，謂文臣文林郎至將仕郎，武臣忠勇校尉至進義校尉。文臣則服緑，武臣則服紫，並象笏黑鞓角帶。

《金史》卷四三《輿服志下》 衣服通制

君子之服，以稱德也，故德之備者其文備。古者王公及士庶人莫不各有一定之制，而不敢相逾者，蓋風俗之奢儉，法令之齊一，必於是而觀焉。《詩》曰：「彼都人士，狐裘黄黄。其容不改，出言有章。」其三章曰：「彼都人士，充耳琇實。彼君子女，謂之尹吉。」此言都邑之盛，人物之懿也。明昌間，章宗謂宰臣曰：「今風俗侈靡，莫若律以制度，使貴賤有等。其令禮部具典故以聞。」他日又謂參知政事張萬公曰：「山東風俗如何？」萬公對以奢，左丞守貞因言衣服之制，上曰：「如卿所言，正恐失人心耳。」守貞曰：「止是商賈有不悦者。」萬公曰：「乞寬與之期，三年之内當如制矣。」於是，上以禮部所擬太繁，以尚書省所擬而行之。嗟乎，人君以風俗爲言，其亦知所務矣。

金人之常服四：帶，巾，盤領衣，烏皮靴。其束帶曰吐鶻。

巾之制，以皂羅若紗爲之，上結方頂，折垂于後。頂之下際兩角各綴方羅徑二寸許，方羅之下各附帶長六七寸。當横額之上，或爲一縮襞積。貴顯者於方頂，循十字縫飾以珠，其中必貫以大者，謂之頂珠。帶旁各絡珠結綬，長半帶，垂之，海陵賜大興國者是也。

其衣色多白，三品以皁，窄袖，盤領，縫腋，下爲襞積，而不缺袴。其胸臆肩袖，或飾以金繡，其從春水之服則多鶻捕鵝，雜花卉之飾，其從秋山之服則以熊鹿山林爲文，其長中骭，取便於騎也。

吐鶻，玉爲上，金次之，犀象骨角又次之。銙周鞓，小者間置於前，大者施於後，左右有雙鉈尾，納方束中，其刻琢多如春水秋山之飾。左佩牌，右佩刀。刀貴鑌，柄尚鷄舌木，黄黑相半，有黑雙距者爲上，或三事五事。室飾以醬瓣樺，鏁口飾以鮫，或屑金鍮和漆，塗鮫隙而礲平之。醬瓣樺者，謂樺皮班文色殷紫如醬中豆瓣也，産其國，故尚之。

初，女直人不得改爲漢姓及學南人裝束，違者杖八十，編爲永制。

婦人服襜裙，多以黑紫，上編繡全枝花，周身六襞積。上衣謂之團衫，用黑紫或皂及紺，直領，左衽，掖縫，兩傍復爲雙襞積，前拂地，後曳地尺餘。帶色用紅黄，前雙垂至下齊。年老者以皂紗籠髻如巾狀，散綴玉鈿於上，謂之玉逍遥。此皆遼服也，金亦襲之。許嫁之女則服綽子，製如婦人服，以紅或銀褐明金爲之，對襟彩領，前齊拂地，後曳五寸餘。

明昌六年制，文武官六貫石以上承應人并及廕者，許用牙領，紫圓板皁條羅帶，皂靴，上得兼下。係籍儒生止服白衫領，繫背帶並以紫圓條羅帶，乾皂靴。餘人用純紫領，不得用緣，雜色圓板條羅帶不得用紫，靴用黄及黑油皂蠟等，婦人各從便。

泰和四年，以親王品官既分領緣，而復有皂靴之禁，似涉太煩，遂聽親王用銀褐領紫緣，品官皆紫領白緣，餘從明昌制。

書袋之制。大定十六年，世宗以吏員與士民之服無别，潛入民間受賕鬻獄，有司不能檢察，遂定懸書袋之制。省、樞密院令、譯史用紫紵絲爲之，臺、六部、宗正、統軍司、檢察司以黑斜皮爲之，寺、監、隨朝諸局、并州縣，並黄皮爲之，各長七寸、闊二寸，厚半寸，並於束帶上懸帶，公退則懸於便服，違者所司糾之。

大定十三年，太常寺擬一人及僧尼道女冠有師號、并良閑官八品以上，許服花紗綾羅絲紬。在官承應有出身人、帶八品以下官，未帶官亦同，許服花紗綾羅紵絲絲紬，家屬同，婦人許用珠爲首飾。其都孔目與八品良閑官同，京府州縣司吏皆與庶人同。

庶人止許服絁紬、絹布、毛褐、花紗、無紋素羅、絲綿，其頭巾、繫腰、領帕許用芝麻羅、絛用絨織成者，不得以金玉犀象諸寶瑪瑙玻璃之類爲器皿，及裝飾刀把鞘，并銀裝釘床榻之類。

婦人首飾，不許用珠翠鈿子等物，翠毛除許裝飾花環冠子，餘外並禁。

兵卒許服無紋壓羅、絁紬、絹布、毛褐。

奴婢止許服絁紬、絹布、毛褐。

倡優遇迎接、公筵承應，許暫服繪畫之服，其私服與庶人同。

《金史》卷四九《食貨志四》 鹽。金制，榷貨之目有十，曰酒、麴、茶、醋、香、礬、丹、錫、鐵，而鹽爲稱首。貞元初，蔡松年爲户部尚書，始復鈔引法，設官置庫以造鈔、引。鈔，合鹽司簿之符。引，會司縣批繳之數。七年一釐革之。

初，遼、金故地濱海多産鹽，上京、東北二路食肇州鹽，速頻路食海鹽，臨潢之北有大鹽濼，烏古里石壘部有鹽池，皆足以食境内之民，嘗征其税。及得中土，鹽場倍之，故設官立法加詳焉。然而增減不一，廢置無恒，亦隨時捄弊而已。

八年七月，詔沿淮諸榷場，聽官民以鹽市易。

宣宗貞祐二年十月，户部言，陽武、延津、原武、滎澤、河陰諸縣饒鹹鹵，民私煎不能禁。遂詔置場，設判官、管勾各一員，隸户部。既而，御史臺奏，諸縣皆爲有力者奪之，而商販不行，遂勅御史分行申明禁約。

三年十二月，河東南路權宣撫副使烏古論慶壽言：「絳、解民多業販鹽，由大陽關以易陝、虢之粟，及還渡河，而官邀糴其八，其旅費之外所存幾何。而河南行部復自運以易粟于陝，以盡奪民利。比歲河東旱蝗，加以邀糴，物價踴貴，人民流亡，誠可閔也。乞罷邀糴，以紓其患。」四年七月，慶壽又言：「河中乏糧，既不能濟，而又邀糴以奪之。夫鹽乃官物，有司陸運至河，復以舟達京兆、鳳翔，以與商人貿易，艱得而甚勞。而陝西行部每石復邀糴二斗，是官物而自糴也。夫轉鹽易物，本濟河中，而陝西復强取之，非奪而何。乞彼此壹聽民便，則公私皆濟。」上從之。

興定二年六月，以延安行六部員外郎盧進建言：「綏德之嗣武城、義合、克戎寨近河地多産鹽，請設鹽場管勾一員，歲獲十三萬餘斤，可喻錢二萬貫以佐軍。」三年，詔用其言，設官鬻鹽給邊用。

四年，李復亨言，以河中西岸解鹽舊所易粟麥萬七千石充關東之用。尋命解鹽不得通陝西，以北方有警，河禁方急也。元光二年内族訛可言，民運解鹽有助軍食，詔修石牆以固之。

酒。金榷酤因遼、宋舊制，天會三年始命榷官以周歲爲滿。世宗大定三年，詔宗室私釀者，從轉運司鞫治。三年，省奏中都酒户多逃，以故課額愈虧。上曰：「此官不嚴禁私釀所致也。」命設軍百人，隸兵馬司，同酒使副合干人巡察，雖權要家亦許搜索。奴婢犯禁，杖其主百。且令大興少尹招復酒户。

八年，更定酒使司課及五萬貫以上，鹽場不及五萬貫者，依舊例通注文武官，餘並右職有才能、累差不虧者爲之。九年，大興縣官以廣陽鎮務虧課，而懼奪其俸，乃以酒散部民，使輸其稅。大理寺以財非入己，請以贖論。上曰：「雖非私臟，而貧民亦被其害，若止從贖，何以懲後。」特命解職。

二十六年，省奏鹽鐵酒麴自定課後，增各有差。上曰：「朕頃在上京，酒味不嘉。朕欲如中都麴院取課，庶使民得美酒。朕日膳亦減省，嘗有一公主至，而無餘膳可與。朕欲日用五十羊何難哉，慮費用皆出於民，不忍爲也。監臨官惟知利己，不知利何從來。若恢辦增羡者酬遷，虧者懲殿，仍更定併增併虧之課，無失元額。如横班祗虧者，與餘差一例降罰，庶有激勸。且如功酬合辦二萬貫，而止得萬七八千，難迭兩酬者，必止納萬貫，而輙以餘錢入己。今後可令見差使內不迭酬餘錢，與後差使內所增錢通算爲酬，庶錢可入官。及監官食直，若不先與，何以責廉。今後及格限而至者，即用此法。」又奏罷杓欄人。

二十七年，議以天下院務，依中都例，改收麴課，而聽民酤。户部遣官詢問遼東來遠軍，南京路新息、虞城，西京路西京酒使司、白登縣、迭剌部族、天成縣七處，除稅課外，願自承課賣酒。上曰：「自昔監官多私官錢，若令百姓承辦，庶革此弊。其試行之。」

明昌元年正月，更定新課，令即日收辦。中都麴使司，大定間，歲獲錢三十六萬一千五百貫，承安元年歲獲四十萬五千一百三十三貫。西京酒使司，大定間，歲獲錢五萬三千四百六十七貫五百八十八文，承安元年歲獲錢十萬七千八百九十三貫。七月，定中都麴使司以大定二十一年至明昌六年爲界，通比均取一年之數爲額。

五年四月，省奏：「舊隨處酒稅務，所設杓欄人，以射糧軍歷過隨朝差役者充，大定二十六年罷去，其隨朝應役軍人，各給添支錢粟酬其勞。今擬將元收杓欄錢，以代添支，令各院務驗所收之數，百分中取三，隨課代輸，更不入比，歲約得錢三十餘萬，以佐國用。」

泰和四年九月，省奏：「在都麴使司，自定課以來八年併增，宜依舊法，以八年通該課程，均其一年之數，仍取新增諸物一分稅錢併入，通爲課額。以後之課，每五年一定其制。」又令隨處酒務，元額上通取三分作糟酵錢。

六年，制院務賣酒數各有差，若數外賣、及將帶過數者，罪之。

宣宗貞祐三年十二月，御史田迥秀言：「大定中，酒稅歲及十萬貫者，始設使司，其後二萬貫亦設，今河南使司亦五十餘員，虛費月廪，宜依大定之制。」元光元年，復設麴使司。

醋稅。自大定初，以國用不足，設官榷之，以助經用。至二十三年，以府庫充牣，遂罷之。

章宗明昌五年，以有司所入不充所出，言事者請榷醋息，遂令設官榷之，其課額，俟當差官定之。後罷。

承安三年三月，省臣以國用浩大，遂復榷之。五百貫以上設都督，千貫以上設同監一員。

茶。自宋人歲供之外，皆貿易於宋界之榷場。世宗大定十六年，以多私販，乃更定香茶罪賞格。章宗承安三年八月，以謂費國用而資敵，遂命設官製之。以尚書省令史承德郎劉成往河南視官造者，以不親嘗其味，但採民言謂爲温桑，實非茶也，還即白上。上以爲不幹，杖七十，罷之。

四年三月，於淄、密、寧海、蔡州各置一坊，造新茶，依南方例每斤爲袋，直六百文。以商旅卒未販運，命山東、河北四路轉運司以各路户口均其袋數，付各司縣鬻之。買引者，納錢及折物，各從其便。

五月，以山東人户造賣私茶，侵侔榷貨，遂定比煎私礬例，罪徒二年。

泰和四年，上謂宰臣曰：「朕嘗新茶，味雖不嘉，亦豈不可食也。比令近侍察之，乃知山東、河北四路悉椿配於人，既曰强民，宜抵以罪。此舉未知運司與縣官孰爲之，所屬按察司亦當坐罪也。其閱實以聞。自今其令每袋價減三百文，至來年四月不售，雖腐敗無傷也。」

五年春，罷造茶之坊。三月，上諭省臣曰：「今雖不造茶，其勿伐其樹，其地則恣民耕樵。」六年，河南茶樹槁者，命補植之。十一月，尚書省奏：「茶，飲食之餘，非必用之物。比歲上下競啜，農民尤甚，市井茶肆相屬。商旅多以絲絹易茶，歲費不下百萬，是以有用之物而易無用之物也。若不禁，恐耗財彌甚。」遂命七品以上官，其家方許食茶，仍不得賣及饋獻。不應留者，以斤兩立罪賞。七年，更定食茶制。

八年七月，言事者以茶乃宋土草芽，而易中國絲綿錦絹有益之物，不可也。國家之鹽貨出於鹵水，歲取不竭，可令易茶。省臣以謂所易不廣，遂奏令兼以雜物博易。

宣宗元光二年三月，省臣以國蹙財竭，奏曰：「金幣錢穀，世不可一日闕者也。茶本出於宋地，非飲食之急，而自昔商賈以金帛易之，是徒耗也。泰和間，嘗禁止之，後以宋人求和，乃罷。兵興以來，復舉行之，然犯者不少衰，而邊民又窺利，越境私易，恐因泄軍情，或盜賊入境。今河南、陝西凡五十餘郡，郡日食茶率二十袋，袋直銀二兩，是一歲之中妄費民銀三十餘萬也。奈何以吾有用之貨而資敵乎。」乃制親王、公主及見任五品以上官，素蓄者存之，禁不得賣、饋，餘人並禁之。犯者徒五年，告者賞寶泉一萬貫。

諸征商，海陵貞元元年五月，以都城隙地賜隨朝大小職官及護駕軍，七月，各徵錢有差。大定二年，制院務創虧及功酬格。八月，罷諸路關稅，止令譏察。

三年，尚書省奏，山東西路轉運司言，坊場河渡多逋欠，詔如監臨制，以年歲遠近爲差，蠲減。又以尚書工部令史劉行義言，定城郭出賃房稅之制。

五年，以前此河濼罷設官，復召民射買，兩界之後，仍舊設官。

二十年正月，定商稅法，金銀百分取一，諸物百分取三。

章宗大定二十九年，户部言天下河泊已許與民同利，其七處設官可罷之，委所屬禁豪强毋得擅其利。

明昌元年正月，勑尚書省，定院務課商稅額，諸路使司院務千六百一十六處，比舊減九十四萬一千餘貫，遂罷坊場，免賃房稅。十月，尚書省奏：「今天下使司院務，既減課額，而監官增虧既有陞遷追殿之制，宜罷提點所給賞罰俸之制，但委提刑司，察提點官侵犯場務者，則論如制。」詔從之。

三年，詔減南京出賃官房及地基錢。

二年，諭提刑司，禁勢力家不得固山澤之利。又司竹監歲採入破竹五十萬竿，春秋兩次輸都水監，備河防，餘邊刀笋皮等賣錢三千貫，葦錢二千貫，爲額。

明昌五年，陳言者乞復舊置坊場，上不許，惟許增置院務，詔尚書省參酌定制，遂擬遼東、北京依舊許人分辦，中都等十一路差官按視，量添設院務于二十三處，自今歲九月一日立界，制可。

大定間，中都稅使司歲獲十六萬四千四百四十餘貫，承安元年，歲獲二十一萬四千五百七十九貫。泰和六年五月，制院務課虧，令運司差官監榷。

金銀之稅。大定三年，制金銀坑冶許民開採，二十分取一爲稅。泰和四年，言事者以金銀百分中取一，諸物取三，今物價視舊爲高，除金銀則額所不能盡該，自餘金銀可並添一分。詔從之。七年三月，户部尚書高汝礪言：「舊制，小商貿易諸物收錢四分，而金銀乃重細之物，多出富有之家，復止三分，是爲不倫，亦乞一例收之。」省臣議以爲如此恐多匿隱，遂止從舊。

《金史》卷五八《百官志四》 符制。初，穆宗之前，諸部長各刻信牌，交互馳驛，訊事擾人。太祖獻議，自非穆宗之命，擅製牌號者置重法。自是，號令始一。收國二年九月，始製金牌，後又有銀牌、木牌之制，蓋金牌以授萬户，銀牌以授猛安，木牌則謀克、蒲輦所佩者也。故國初與空名宣頭付軍帥，以爲功賞。

遞牌，即國初之信牌也，至皇統五年三月，復更造金銀牌，其制皆不傳。大定二十九年，製綠油紅字者，尚書省文字省遞用之。朱漆金字者，勑遞用之。並左右司掌之，有合遞文字，則牌送各部，付馬鋪轉遞，日行二百五十里。如臺部別奉聖旨文字，亦給如上制。

虎符之制，承安元年製，以禮官言，漢與郡國守相爲銅虎符，唐以銅魚符，起軍旅，易守長等用之。至是，斟酌漢、唐典故，其符用虎，並五左一右，左者留御前，以侍臣親密者掌之，其右付隨路統軍司、招討司長官主之，闕則次官主之。若發兵三百人以上及徵兵、召易本司長貳官，從尚書省奏請左第一符，近侍局以囊封付主奏者，尚書備録聖旨，與符以函同封，用尚書省印記之，皆專使帶牌馳送至彼。主符者視其封，以右符勘合，然後奉行，若一有參差者，不敢承用。主者復用囊封貯左符，上用職印，具發兵狀與符以本司印封，即日還付使者，送尚書省以進，乃更其封，以付内掌之人。若復有事，左符以次出，周而復始，仍各置曆注付受日月。若盜賊急速不容先陳者，雖三百人以上，其掌兵官司亦許給付，隨即言上，詔即施行之。

貞祐三年，更定樞密院用鹿符，宣撫司用魚符，統軍司用虎符。

若發銀牌，若省付部及點檢司者，左右司用匣封印，驗封交受。若發於他處，并封題押，以匣貯之。

印制。太子之寶。大定二十二年，世宗幸上京，鑄「守國之寶」以授皇太子。二十八年，世宗不豫，以皇太孫攝政，鑄「攝政之寶」。貞祐三年十二月，以皇太子守緒控制樞密院，詔以金鑄「撫軍之寶」，如世宗時制，於啓稟之際用之。

百官之印。天會六年，始詔給諸司，其前所帶印記無問有無新給，悉上送官，敢匿者國有常憲。至正隆元年，以内外官印新舊名及階品大小不一，有用遼、宋舊印及契丹字者，遂定制，命禮部更鑄焉。

三師、三公、親王、尚書令並金印，方二寸，重八十兩，駝紐。一字王印，方一寸七分半，金鍍銀，重四十兩，鍍金三字。諸郡王印，方一寸六分半，金鍍銀，重三十五兩，鍍金三字。國公無印。一品印，方一寸六分半，金鍍銀，重三十五兩，鍍金三字。二品印，方一寸六分，金鍍銅，重二十六兩。東宮三師、宰執與郡王同。三品印，方一寸五分半，銅，重二十四兩。四品印，方一寸五分，銅，重二十兩。五品印，方一寸四分，銅，重二十兩。六品印，一寸三分，銅，重十六兩。七品印，一寸二分，銅，重十六兩。八品印，一寸一分半，銅，重十四兩。九品印，一寸一分，銅，重十四兩。凡朱記，方一寸，銅，重十四兩。

天德二年行尚書省以其印小，遂命擬尚書省印小一等改鑄。大定二十四年二月，鑄行尚書省、御史臺，并左右三部印，以從幸上京。

泰和元年八月，安國軍節度使高有鄰言：「本州所掌印三，曰『安國軍節度使之印』，曰『邢州觀察使印』，吏、户、禮案用之；曰『邢州之印』，兵、刑、工案用之。以名實不正，乞改鑄。」宰臣奏謂：「節度使專行之事自當用節度使印，觀察使亦如之，其六曹提點所軍兵民訟，則當用本州印，著爲定制。」上從之。

泰和八年閏四月，勅殿前都點檢司，依總管府例鑄印，以「金」、「木」、「水」、「火」、「土」五字爲號，如本司差人則給之。

鐵券。以鐵爲之，狀如卷瓦。刻字畫欄，以金填之。外以御寶爲合，半留内府，以賞殊功也。

官誥。親王，紅遍地雲氣翔鸞錦褾，金鸞五色羅十五幅，寶裝犀軸。一品，紅遍地雲鶴錦褾，金雲鶴五色羅十四幅，犀軸。二品、三品，紅遍地龜蓮錦褾，素五色綾十二幅，玳瑁軸。四品、五品，紅遍地水藻戲鱗錦褾，大白綾十幅，銀裹間鍍軸，元牙軸承安四年改之，大安二年復改爲金縷角軸。六品、七品，紅遍地草錦褾，小白綾八幅，角軸，大安加銀縷。

公主、王妃與親王同。郡主、縣主、夫人，紅遍地瑞蓮鸂鶒錦褾，金蓮鸂鶒五色羅十五幅。

郡王夫人、國夫人，紅遍地芙蓉花錦褾，金花五色綾十二幅，玳瑁軸。

縣君、孺人、鄉君，紅遍地雜花錦褾，素五色小綾十幅，銀裹間鍍軸。軸之制，如徑二寸餘大錢貫樞之，兩端復以犀象爲鈿以韜之，可圓轉如輪。金格，一品，紅羅畫雲氣盤龍錦褾，金龍五色羅十七幅，寶裝玉軸。二品，翔鳳褾，金鳳羅十六幅，犀軸。三品、四品，盤鳳褾，金鳳羅十五幅。五品，翔鸞錦褾，金鸞羅十四幅。以上幅皆用五色羅，軸皆用犀。六品，御仙花錦褾，金花五色綾十二幅。七品、八品、九品，太平花錦褾，金花五色小綾十幅。軸皆用玳瑁。凡褾皆紅，幅皆五色。夫人以上制授，餘勅授，皆給本色錦囊。

《元史》卷六八《禮樂志二》 制樂始末

太祖初年，以河西高智耀言，徵用西夏舊樂。太宗十年十一月，宣聖五十一代孫衍聖公元措來朝，言于帝曰：「今禮樂散失，燕京、南京等處，亡金太常故臣及禮册、樂器多存者，乞降旨收録。」於是降旨，令各處管民官，如有亡金知禮樂舊人，可并其家屬徙赴東平，令元措領之，於本路税課所給其食。十一年，元措奉旨至燕京，得金掌樂許政、掌禮王節及樂工翟剛等九十二人。十二年夏四月，始命製登歌樂，肄習于曲阜宣聖廟。十六年，太常用許政所舉大樂令苗蘭詣東平，指授工人，造琴十張，一絃、三絃、五絃、七絃、九絃者各二。

憲宗二年三月五日，命東平萬户嚴忠濟立局，製冠冕、法服、鐘磬、筍簴、儀物肄習。五月十三日，召太常禮樂人赴日月山。八月七日，學士魏祥卿、徐世隆，郎中姚樞等，以樂工李明昌、許政、吴德、段楫、寇忠、杜延年、趙德等五十餘人，見于行宮。帝問製作禮樂之始，世隆對曰：「堯、舜之世，禮樂興焉。」時明昌等各執鐘、磬、笛、簫、篪、塤、巢笙，於帝前奏之。曲終，復合奏之，凡三終。十一日，始用登歌樂祀昊天上帝于日月山。祭畢，命驛送樂工還東平。

三年，時世祖居潛邸，命勾當東平府公事宋周臣兼領大樂禮官、樂工人等，常令肄習，仍令萬户嚴忠濟依已降旨存恤。六年夏五月，世祖以潛邸次灤州，下教命嚴忠濟督宋周臣以所得禮樂舊人肄習，宜如故事勉行之，毋忽。冬十有一月，敕樂工老不堪任事者，以子孫代之，不足者，以他户補之。

中統元年春正月，命宣撫廉希憲等，召太常禮樂人至燕京。夏六月，命許唐臣等製樂器、公服、法服。秋七月七日，工畢。十一日，用新製雅樂，享祖宗于中書省。禮畢，賜預祭官及禮樂人百四十九人鈔有差。八月，命太常禮樂人復還東平。二年秋九月，敕太常少卿王鏞領東平樂工，常加督視肄習，以備朝廷之用。

五年，太常寺言：「自古帝王功成作樂，樂各有名，盛德形容，於是乎在。伏覩皇上踐阼以來，留心至治，聲名文物，思復承平之舊。首敕有司，修完登歌、宫縣、八佾樂舞，以備郊廟之用。若稽古典，宜有徽稱。謹案歷代樂名，黄帝曰《咸池》、《龍門》、《大卷》，少昊《大淵》，顓頊《六莖》，高辛《五英》，唐堯《大咸》、《大章》，虞舜《大韶》，夏禹《大夏》，商湯《大濩》，周武《大武》。降及近代，咸有厥名。宋總名曰《大晟》，金總名曰《大和》。今採輿議，權以數名，伏乞詳定。曰《大成》，按《尚書》『簫韶九成，鳳凰來儀』。《樂記》曰『王者功成作樂』，《詩》云『展也大成』。曰《大明》，按《白虎通》言『如唐堯之德，能大明天人之道』。曰《大順》，《易》曰『天之所助者順』，又曰『順乎天而應乎人』。曰《大同》，《樂記》曰『樂者爲同，禮者爲異』。《禮運》曰『大道之行也，故人不獨親其親，不獨子其子，是之謂大同』。曰《大豫》,《易》曰『豫順以動,故天地如之』。《象》曰『雷出地奮,豫。先王以作樂崇德,殷薦之上帝,以配祖考』。」中書省遂定名曰《大成之樂》,乃上表稱賀。表曰:「離日中天,已覩文明之化;豫雷出地,又聞正大之音。神人以和,祖考來格。欽惟皇帝陛下,潤色洪業,游意太平,爰從龍邸之潛,久敬鳳儀之奏。及登寶位,申命鼎司,謂雖陳堂上之登歌,而尚闕庭前之佾舞。方嚴禋祀,當備聲容。屬天語之一宣,迺春官之畢會。臣等素無學術,徒有汗顏。聿求舊署之師工,仍討累朝之典故。按圖索器,永言和聲,較鐘律於積黍之中,續琴調於絶絃之後。金而模,石而琢,簴斯竪,筍斯横,合八音而克諧,閲三歲而始就。列文武兩階之干羽,象帝王四面之宫庭,一洗哇淫之聲,可謂盛大之舉。既完雅器,未錫嘉名。蓋聞軒、昊以來,俱有《咸》、《雲》之號,《莖》、《英》、《章》、《韶》以象德,《夏》、《濩》、《武》、《勺》以表功。洪惟國朝,誕受天命,地大物鉅,人和歲豐。宜符古記之文,稱曰《大成之樂》。漢庭聚議,作章敢望於一夔;舜殿鳴弦,率舞願觀於百獸。」

至元元年冬十有一月,括金樂器散在寺觀民家者。先是,括到燕京鐘、磬等器,凡三百九十有九事,下翟剛辨驗給價。至是,大興府又以所括鐘、磬樂器十事來進。太常因言:「亡金散失樂器,若止於燕京拘括,似爲未盡,合於各路寺觀民家括之,庶省鑄造。」於是奏檄各道宣慰司,括到鐘三百六十有七,磬十有七,錞一,送于太常。又中都、宣德、平灤、順天、河東、真定、西京、大名、濟南、北京、東平等處,括到大小鐘、磬五百六十有九。其完者,景鐘二,鎛鐘十六,大聲鐘十,中聲鐘一,少聲鐘二十有七,編鐘百五十有五,編磬七。其不完者,景鐘四,鎛鐘二十有三,大聲鐘十有三,中聲鐘一,少聲鐘四十有五,編鐘二百五十有一,編磬十有四。

三年,初用宫縣,登歌樂、文武二舞于太廟。先是,東平萬户嚴(光)〔忠〕範奏:「太常登歌樂器樂工已完,宫縣樂、文武二舞未備,凡用人四百一十二,請以東平漏籍户充之,合用樂器,官爲置備。」制可。命中書省臣議行。於是中書命左三部、太常寺、少府監,於興禪寺置局,委官楊天祐、太祝郭敏董其事,大樂正翟剛辨驗音律,充收受樂器官。丞相耶律鑄又言:「今製宫縣大樂,内編磬十有二簴,宜於諸處選石材爲之。」太常寺以新撥宫縣樂工、文武二舞四百一十二人,未習其藝,遣大樂令許政往東平教之。大樂署言:「堂上下樂舞官員及樂工,合用衣服、冠冕、鞾履等物,乞行製造。」中書禮部移準太常博士,議定制度,下所屬製造。宫縣樂器既成,大樂署郭敏開坐名數以上:編鐘、磬三十有六簴,樹鼓四,建鞞、應同一座。晉鼓一,路鼓二,鼗鼓二,相鼓二,雅鼓二,柷一,敔一,笙二十有七,巢和竽。塤八,篪、簫、籥、笛各十,琴二十有七,瑟十有四,單鐸、雙鐸、鐃、錞、鉦、麾、旌、纛各二,補鑄編鐘百九十有二,靈壁石磬如其數。省臣言:「太廟殿室向成,宫縣樂器咸備,請徵東平樂工,赴京師肄習,以俟享廟。」制可。秋七月,新樂服成,樂工至自東平,敕翰林院定撰八室樂章,大樂署編運舞節,俾肄習之。

登歌樂器

金部

編鐘一簴,鐘十有六,範金爲之。筍簴橫曰筍,植曰簴。皆雕繪樹羽,塗金雙鳳五,中列博山,崇牙十有六,縣以紅絨組。簴趺青龍籍地,以緣油卧梯二,加兩跗焉。筍兩端,金螭首,銜鍮石(壁)〔璧〕翣,五色銷金流蘇,絛以紅絨維之。鐵杙者四,所以備攲側。在太室以凝地甓,因易以石麟。簴額識以金飾篆子。擊鐘者以茱萸木爲之,合竹爲柄。凡鐘,未奏,覆以黄羅;雨,覆以油絹。磬亦然。

元初,鐘用宋、金舊器,其識曰「大晟」、「大和」、「景定」者是也。後增製,兼用之。

石部

編磬一簴,磬十有六,石爲之。縣以紅絨紃,簴跗狻猊。拊磬者,以牛角爲之。餘筍簴、崇牙、樹羽、(壁)〔璧〕翣、流蘇之制,並與鐘同。元初,磬亦用宋、金舊器。至元中,始采泗濱靈壁石爲之。

絲部

琴十,一絃、三絃、五絃、七絃、九絃者各二。斲桐爲面,梓爲底,冰絃,木軫,漆質,金徽。長三尺九寸。前闊五寸二分,通足中高二寸七分,旁各高二寸;尾闊四寸一分,通足中高二寸,旁各高一寸五分。俱以黄綺夾囊貯之。琴卓髹以緑。

瑟四。其制,底面皆用梓木,面施采色,兩端繪錦。長七尺。首闊尺有一寸九分,通足中高四寸,旁各高三寸;尾闊尺有一寸七分,通足中高五寸,旁各高三寸五分。朱絲爲絃,凡二十有五,各設柱,兩頭有孔,疏通相連。以黄綺夾囊貯之。架四,髹以緑,金飾鳳首八。

竹部

簫二,編竹爲之。每架十有六管,闊尺有六分。黑搶金鸞鳳爲飾,鍮石釘鉸。以黄絨紃維於人項,左右復垂紅絨絛結。架以木爲之,高尺有二寸,亦號排簫。韜以黃囊。

笛二，斷竹爲之。長尺有四寸，七孔，亦號長笛。纏以朱絲，垂以紅絨條結。韜以黃囊。

篴二，制如笛，三孔。纏以朱絲，垂以紅絨條結。韜以黃囊。

箎二，髹色如桐葉，七孔。纏以朱絲，垂以紅絨條結。韜以黃囊。

匏部

巢笙四，和笙四，七星匏一，九曜匏一，閏餘匏一，皆以班竹爲之。玄髹底，置管匏中，施簧管端，參差如鳥翼。大者曰巢笙，次曰和笙，管皆十九，簧如之。十三簧者曰閏餘匏，九簧者曰九曜匏，七簧者曰七星匏。皆韜以黃囊。

土部

塤二，陶土爲之。圍五寸半，長三寸四分，形如稱錘。六孔，上一，前三，後二。韜以黃囊。

革部

搏拊二，制如鼓而小，中實以糠，外髹以朱，繪以緑雲，繫以青絨條。兩手用之，或搏或拊，以節登歌之樂。

木部

柷一，以桐木爲之，狀如方桶，繪山於上，髹以粉，旁爲圓孔，納椎於中。椎以杞木爲之，撞之以作樂。

敔一，製以桐木，狀如伏虎，彩繪爲飾，背有二十七鉏鋙刻，下承以槃。用竹長二尺四寸，破爲十莖，其名曰籈，櫟其背以止樂。

宮縣樂器

金部

鎛鐘十有二簴，簴一鐘，制視編鐘而大，依十二辰位特縣之，亦號辰鐘。筍簴朱髹，塗金，綵繪飛龍。趺東青龍，西白虎，南赤豸，北玄麟。素羅五色流蘇。

編鐘十有二簴，簴十有六鐘，制見《登歌》。此下樂器制與《登歌》同者，皆不重載。餘制並與編鐘同。

石部

編磬十有六簴，簴十有二磬，制見《登歌》。筍簴與鎛鐘同。

絲部

琴二十有七，一絃者三，三絃、五絃、七絃、九絃者各六。

琴十有二。

竹部

簫十，篴十，箎十，笛十。

匏部

巢笙十。

竽十，竹爲之。與巢笙皆十九簧，惟指法各異。

七星匏一，九曜匏一，閏餘匏一。

土部

塤八。

革部

晉鼓一，長六尺六寸，面徑四尺，圍丈有二尺，穹隆者居鼓面三之一，穹徑六尺六寸三分寸之一。面繪雲龍爲飾，其臯陶以朱髹之，下承以彩繪趺座，并鼓高丈餘。在郊祀者，鞔以馬革。

樹鼓四，每樹三鼓。其制高六尺六寸，中植以柱，曰建鼓。柱末爲翔鷺，下施小圓輪。又爲重斗，方蓋，並繚以綵繪。四角有竿，各垂璧翣流蘇，下以青狻猊四爲趺。建旁挾二小鼓，曰鞞，曰應，樹樂縣之四隅。踏床、鼓桴，並髹以朱。

雷鼓二，制如鼓而小，鞔以馬革，持其柄播之，旁耳自擊。郊祀用之。

雷鼗二，亦以馬革鞔之，爲大小鼓三，交午貫之以柄。郊祀用之。

路鼓二，制如雷鼓，惟非馬革。祀宗廟用之。

路鼗二，其制爲小大二鼓，午貫之，旁各有耳，以柄搖之，耳往還自擊，不以馬革。祀宗廟用之。

木部

柷一，敔一。

節樂之器

麾一，製以絳繒，長七尺，畫升龍於上，以塗金龍首朱杠縣之。樂長執之，舉以作樂，偃以止樂。

照燭二，以長竿置絳羅籠於其末，然燭於中。夜暗，麾遠難辨，樂正執之，舉以作樂，偃以止樂。

文舞器

纛二，制若旌幢，高七尺，杠首刻象牛首，下施朱繒蓋爲三重，以導文(武)

〔舞〕。

籥六十有四，木爲之。象籥之制，舞人所執。

翟六十有四，木柄，端刻龍首，飾以雉羽，綴以流蘇。舞人所執。

武舞器

旌二，制如纛，杠首栖以鳳，以導武舞。

干六十有四，木爲之，加以彩繪。舞人所執。

戚六十有四，制若劍然。舞人所執。《禮記》注「戚，斧也」。今制與古異。

金錞二，範銅爲之，中虛，鼻象狻猊，木方趺。二人舉錞，築於趺上。

金鉦二，制如銅槃，縣而擊之，以節樂。

金鐃二，制如火斗，有柄，以銅爲匡，疏其上如鈴，中有丸。執其柄而摇之，其聲鐃鐃然，用以止鼓。

單鐸、雙鐸各二，制如小鐘，上有柄，以金爲舌，用以振武舞。兩鐸通一柄者，號曰雙鐸。

雅鼓二，制如漆筩，鞔以羊革，旁有兩紐。工人持之，築地以節舞。

相鼓二，制如搏拊，以韋爲表，實之以糠。拊其兩端，以相樂舞節。

鼗鼓二。

舞表

表四，水杆，鑿方石樹之，用以識舞人之兆綴。

《元史》卷七一《禮樂志五・樂服》 樂正副四人，舒脚幞頭，紫羅公服，烏角帶，木笏，皂鞾。

照燭二人，服同前，無笏。

樂師二人，服緋，冠、笏同前。

運譜二人，服緑，冠、笏同前。

舞師二人，舒脚幞頭，黄羅繡抹額，紫服，金銅荔枝帶，皂鞾，各執仗。仗，牙仗也。

執旌二人，平冕，前後各九旒五就，青生色鸞袍，黄綾帶，黄絹袴，白絹韈，赤革履。平冕鸞袍，皆倣金制，惟冕之旒數不同，詳見後至元二年博士議。

執纛二人，青羅巾，餘同執旌。

樂工，介幘冠，緋羅生色鸞袍，黄綾帶，皁鞾。冠以皮爲之，黑油如熊耳，亦金制也。

歌工，服同樂工。

執麾，服同上，惟加平巾幘。狀若籠金幘，以革爲之。

舞人，青羅生色義花鸞袍，緣以皂綾，平冕冠。冠前後有旒，青白硝石珠相間。

執器二十人，服同樂工，緑油母追冠，革爲之，一名武弁。加紅抹額。

至元二年閏五月，大樂署言，堂上下樂舞官員及樂工，合用衣服冠冕鞾履等物，乞行製造。太常寺下博士議定：樂正副四人、樂師二人、照燭二人、運譜二人，皆服紫羅公服，皁紗幞頭舒脚，紅鞓角帶，木笏，皂鞾。引舞色長四人，紫羅公服，皂紗幞頭展脚，黄羅繡南花抹額，金銅帶，皂鞾。樂工二百四十有六人，緋繡義花鸞袍，縣黄插口，介幘冠，紫羅帶，全黄羅抹帶，黄絹夾袴，白綾韈，朱履。金太常寺掌故張珍所著《疊代世範》載金制：舞人服黑衫，皆四褉，有黄插口，左右垂之，黄綾抹帶，其衫以紬爲之，胸背二答、兩肩二答，前後各一答，皆綵色，繡二鸞盤飛之狀，綴之於衫。冠以平冕，亦有天板、口圈，天門納言以紫絹摽背，銅裹邊圈，前後各五旒，以青白硝石珠相間。《大備集》所載，二舞人皂繡義花鸞衫，縣紫插口，黄綾抹帶，朱履，平冕。其冠有口圈，亦有天門納言繫帶，口圈高一尺許，天板長二尺，闊一尺，前微高後低，裏外紫絹糊，銅楞道粧釘，無旒。執器二十人，緋繡義花鸞袍，縣黄插口，緑油革冠，黄羅抹帶，黄絹夾袴，白綾韈，朱履。旌纛四人，青綉義花鸞袍，縣紫插口，平冕冠二，青包巾二，黄羅抹帶，黄絹夾袴，白綾韈，朱履。七月，中書吏部再準太常博士議定，行下所司製造。三年九月服成，緋鸞袍二百六十有七，青鸞袍一百三十二，黄絹袴一百五十二，紫羅公服一十四，黄綾帶三百九十七，介幘冠二百四十有四，平冕冠百三十，簪全，木笏十有六，幞頭十有四，平巾幘二，緑油革冠二十，荔枝銅帶四，角帶十，皂鞾二百六十對，朱履百五十對。

宣聖廟樂工，黑漆冠三十五，緑羅生色胸背花袍三十五，皂鞾三十五對，黄絹囊三十五，黄絹夾袱三十五。

《元史》卷七二《祭祀志一》 壇壝：地在麗正門外丙位，凡三百八畝有奇。壇三成，每成高八尺一寸，上成縱横五丈，中成十丈，下成十五丈。四陛午貫地子午卯酉四位陛十有二級。外設二壝。內壝去壇二十五步，外壝去內壝五十四步。壝各四門，外垣南櫺星門三，東西櫺星門各一。圜壇周圍上下俱護以甓，內外壝各高五尺，壝四面各有門三，俱塗以赤。至大三年冬至，以三成不足以容從祀版位，以青繩代一成。繩二百，各長二十五尺，以足四成之制。

燎壇在外壝內丙巳之位，高一丈二尺，四方各一丈，周圜亦護以甓，東西南三出陛，開上南出户，上方六尺，深可容柴。香殿三間，在外壝南門之外，少西，南向，饌幕殿五間，在外壝南門之外，少東，南向。省饌殿一間，在外壝東門之外，少北，南向。

外壝之東南爲別院。內神厨五間，南向；祠祭局三間，北向；酒庫三間，西向。獻官齋房二十間，在神厨南垣之外，西向。外壝南門之外，爲中神門五間，諸執事齋房六十間以翼之，皆北向。兩翼端皆有垣，以抵東西周垣，各爲門，以便出入。齊班廳五間，在獻官齋房之前，西向。儀鸞局三間，法物庫三間，都監庫五間，在外垣內之西北隅，皆西向。雅樂庫十間，在外垣西門之內，少南，東向。演樂堂七間，在外垣內之西南隅，東向。獻官厨三間，在外垣內之東南隅，西向。滌養犧牲所，在外垣南門之外，少東，西向。內犧牲房三間，南向。

《元史》卷七四《祭祀志三》 廟制：至元十七年，新作于大都。前廟後寢。正殿東西七間，南北五間，內分七室。殿陛二成三階，中曰泰階，西曰西階，東曰阼階。寢殿東西五間，南北三間。環以宮城，四隅重屋，號角樓。正南、正東、正西宮門三，門各五門，皆號神門。殿下道直東西神門曰橫街，直南門曰通街，甓之。通街兩旁井二，皆覆以亭。宮城外，繚以崇垣。饌幕殿七間，在宮城南門之東，南向。齊班廳五間，在宮城之東南，西向。省饌殿一間，在(東)〔宮〕城東門少北，南向。初獻齋室，在宮城之東，東垣門內少北，西向。其南爲亞終獻、司徒、大禮使、助奠、七祀獻官等齋室，皆西向。雅樂庫在宮城西南，東向。法物庫、儀鸞庫在宮城之東北，皆南向。都督局在其東少南，西向。東垣之內，環築牆垣爲別院。內神厨局五間，在北，南向。井在神厨之東北，有亭。酒庫三間，在井亭南，西向。祠祭局三間，對神厨局，北向。院門西向。百官厨五間，在神厨院南，西向。宮城之南，復爲門，與中神門相值，左右連屋六十餘間，東掩齊班廳，西值雅樂庫，爲諸執事齋房。築崇墉以環其外，東西南開欞星門三，門外馳道，抵齊化門之通衢。

至治元年，詔議增廣廟制。三年，別建大殿一十五間於今廟前，用今廟爲寢殿，中三間通爲一室，餘十間各爲一室，東西兩旁際牆各留一間，以爲夾室。室皆東西横闊二丈，南北入深六間，每間二丈。宮城南展後，鑿新井二于殿南，作亭。東南隅、西南隅角樓，南神門、東西神門，饌幕殿，省饌殿、獻官百執事齋室，中南門、齊班廳、雅樂庫、神厨、祠祭等局，皆南徙。建大次殿三間於宮城之西北，東西欞星門亦南徙。東西欞星門之內，鹵簿房四所，通五十間。【略】

祭器：籩十有二，冪以青巾，巾繪綵雲。豆十有四，一實毛血，一實膟膋。登三，鉶三，有柶。簠二，簋二，有匕箸。俎七，以載牲體，皆有鼎。後以盤貯牲體，盤置俎上，鼎不用。香案一，銷金絳羅衣。銀香鼎一，銀香奩一，茅苴盤一，實以沙。已上並陳室內。燎爐一，實以炭。篚一，實以蕭蒿黍稷。祝案一，紫羅衣，置祝文于上，銷金絳羅覆之。雞彝一，有舟；鳥彝一，有舟，加勺；春夏用之。斝彝一，有舟；黃彝一，有舟，加勺；秋冬用之。虎彝一，有舟；蜼彝一，有舟，加勺；特祭用之。凡鷄彝、斝彝、虎彝以實明水，鳥彝、黃彝、蜼彝以實鬯。犧尊二，象尊二，春夏用之。著尊二，壺尊二，秋冬用之。太尊二，山尊二，特祭用之。尊皆有坫勺，冪以白布巾，巾繪黼文。著尊二，山罍二，皆有坫加冪。已上並陳室外。壺尊二，太尊二，山罍四，皆有坫加冪，藉以莞席，並陳殿下，北向西上，設而不酌，每室皆同。通廊御香案一，銷金黃羅衣，銀香奩一，貯御祝香，銷金帕覆之，並陳殿中央。罍洗所罍二，洗二，一以供爵滌，一以供盥潔。篚二，實以璋瓚巾、塗金銀爵。七祀神位，籩二，豆二，簠一，簋一，俎一，爵一有坫，香案一，沙池一，壺尊二有坫加冪，七祀皆同。罍一、洗一、篚一，中統以來，雜金、宋祭器而用之。至治初，始造新器於江浙行省，其舊器悉置几閣。

《元史》卷七五《祭祀志四·神御殿》 其祭器，則黃金缾斝盤盂之屬以十數，黃金塗銀香合椀楪之屬以百數，銀壺釜盃匜之屬稱是。玉器、水晶、瑪瑙之器爲數不同，有玻瓈瓶、琥珀勺。世祖影堂有真珠簾，又皆有珊瑚樹、碧甸子山之屬。

《元史》卷七六《祭祀志五·太社太稷》 至元七年十二月，有詔歲祀太社太稷。三十有正月，始用御史中丞崔彧言，於和義門內少南，得地四十畝，爲壝垣，近南爲二壇，壇高五丈，方廣如之。社東稷西，相去約五丈。社壇土用青赤白黑四色，依方位築之，中間實以常土，上以黃土覆之。築必堅實，依方面以五色泥飾之。四面當中，各設一陛道。其廣一丈，亦各依方色。稷壇一如社壇之制，惟土不用五色，其上四周純用一色黃土。壇皆北向，立北墉於社壇之北，以磚爲之，飾以黃泥；瘞坎二於稷壇之北，少西，深足容物。

二壇周圍壝垣，以磚爲之，高五丈，廣三十丈，四隅連飾。內壝垣欞星門四所，外垣欞星門二所，每所門三，列戟二十有四。外壝內北垣下屋七間，南望二壇，以備風雨，曰望祀堂。堂東屋五間，連厦三間，曰齊班廳。廳之南，西向屋八間，曰獻官幕。又南，西向屋三間，曰院官齋所。又其南，屋十間，自北而南，曰祠祭局，曰儀鸞庫，曰法物庫，曰都督庫，曰雅樂庫。又其南，北向屋三間，曰百官厨。外垣南門西壝垣西南，北向屋三間，曰太樂署。其西，東向屋三間，曰樂工房。又其北，北向屋一間，曰饌幕殿。又北，南向屋三間，曰饌幕。又北稍東，南向門一間。院内南，南向屋三間，曰神厨。東向屋三間，曰酒庫。近北少却，東向屋三間，曰犧牲房。井有亭。望祀堂後自西而東，南向屋九間，曰執事齋郎房。自北折而南，西向屋九間，曰監祭執事房。此壇壝次舍之所也。

《元史》卷七八《輿服志一·冕服》 天子冕服：衮冕，制以漆紗，上覆曰綖，青表朱裏。綖之四周，匝以雲龍。冠之口圍，縈以珍珠。綖之前後，旒各十二，以珍珠爲之。綖之左右，繫黈纊二，繫以玄紞，承以玉瑱，纊色黄，絡以珠。冠之周圍，珠雲龍網結，通翠柳調珠。綖上横天河帶一，左右至地。珠鈿窠網結，翠柳朱絲組二，屬諸笄，爲纓絡，以翠柳調珠。簪以玉爲之，横貫於冠。

衮龍服，制以青羅，飾以生色銷金帝星一、日一、月一、昇龍四、複身龍四、山三十八、火四十八、華蟲四十八、虎蜼四十八。

裳，制以緋羅，其狀如裙，飾以文繡，凡一十六行。每行藻二、粉米一、黼二、黻二。

中單，制以白紗，絳緣，黄勒帛副之。

蔽膝，制以緋羅，有褾。緋絹爲裏，其形如襜，袍上着之，繡複身龍。

玉佩，珩一、琚一、瑀一、衝牙一、璜二。衝牙以繫璜，珩下有銀獸面，塗以黄金，雙璜夾之。次又有衡，下有衝牙。傍別施雙的以鳴，用玉。

大帶，制以緋白二色羅，合縫爲之。

玉環綬，制以納石失。金錦也。上有三小玉環，下有青絲織網。

紅羅韠，制以紅羅爲之，高勒。

履，制以納石失，有雙耳二，帶鉤，飾以珠。

韈，制以紅綾。

右按《太常集禮》，至元十二年十一月，博士議擬：冕天板長一尺六寸，廣八寸，前高八寸五分，後高九寸五分，身圍一尺八寸三分，并納言，用青羅爲表，紅羅爲裏，周迴緣以黄金。天板下四面，珠網結子，花素墜子，前後共二十有四旒，以珍珠爲之。青碧線織天河帶，兩頭各有珍珠金翠旒三節，玉滴子節花全。紅線組帶二，上有珍珠金翠旒，玉滴子，下有金鐸二。梅紅繡款幔帶一，黈纊二，珍珠垂繫，上用金萼子二。簪窠款幔組帶鈿窠各二，内組帶窠四，並鏤玉爲之。玉簪一，頂面鏤雲龍。衮衣，用青羅夾製，五采間金，繪日、月、星辰、山、龍、華蟲、宗彝。正面日一，月一，升龍四，山十二，上下襟華蟲、火各六對，虎蜼各六對，背星一，升龍四，山十二，華蟲、火各十二對，虎蜼各六對。中單，用白羅單製，羅領褾襈。裳一，帶褾襈全，紅羅八幅夾造。上繡藻、粉米、黼、黻，藻三十〔三〕〔二〕，粉米十六，黼三十二，黻三十二。蔽膝一，帶褾襈，紅羅夾造八幅，上繡升龍二。綬一幅，六采織造，紅羅托裏。小綬三，色同大綬，銷金黄羅綬頭全，上間施三玉環，並碾雲龍。緋白大帶一，銷金黄帶頭，鈿窠二十有四。紅羅勒帛一，青羅抹帶一。佩二，玉上、中、下璜各一，半月各二，並碾玉爲雲龍文。玉滴子各二，並珍珠穿造。金篦鈎，獸面，水葉環釘全。涼帶一，紅羅裏，鏤金爲之，上爲玉鵝七，撻尾束各一，金攀龍口，玳瑁襯釘。舄一，重底，紅羅面，白綾托裏，如意頭，銷金黄羅緣口，玉鼻，人飾以珍珠。金緋羅錦襪一兩。

大德十一年九月，博士議：唐制，天子衮冕，垂白珠十有二旒，以組爲纓，色如其綬，黈纊充耳，玉簪導。玄衣纁裳，凡十二章。八章在衣，日、月、星辰、山、龍、華蟲、火、宗彝；四章在裳，藻、粉米、黼、黻。褾領爲升龍，皆織成之。龍章以下，每章一行，每行十二。白紗中單，黼領，青褾襈裾，黻加龍、山、火三章。毳冕以上，火、山二章。繡冕，山一章。玄冕無章。革帶、大帶、玉佩、綬、襪，與上同。舄加金飾。享廟、謁廟及朝遣上將、征還飲至、踐阼加元服、納后、元日受朝及臨軒册拜王公則服之。又宋制，天子服有衮冕，廣尺二寸，長〔二尺〕四寸。前後十有二旒，二纊，並貫珍珠。又有〔珠〕〔翠〕旒十二，碧鳳銜之，在珠旒外。冕板，以龍鱗錦表，上綴玉爲七星，傍施琥珀〔餅〕〔缾〕、犀〔餅〕〔缾〕各二十四，周綴金絲網鈿，以珍珠雜寶玉，加紫雲白鶴錦裏。四柱飾以七寶，紅綾裏。金飾玉簪導，紅絲條組帶。亦謂之平天冠。衮服青色，日、月、星、山、龍、雉、虎蜼七章。紅裙，藻、火、粉米、黼、黻五章。紅蔽膝，升龍二，並織成，間以雲彩，飾以金鈒花鈿窠，裝以珍珠、琥珀、雜寶玉。紅羅襦裙，繡五章，青褾襈裾。六采綬一，小綬三，結三，玉環三。素大帶，朱裏。青羅四〔紳〕〔神〕帶二，繡四〔紳〕〔神〕盤結。綬帶飾並同衮服。白〔帶〕〔羅〕中單，青羅〔袜〕〔抹〕帶，紅羅勒帛，鹿盧玉具劍，玉〔縹〕〔鏢〕首鏤白玉雙佩，金飾，貫珍珠。金龍鳳革帶，紅襪赤舄，金鈒花，四神玉鼻。祭天地宗廟、受册尊號、元日受朝、册皇太子則服之。事未果行。

至延祐七年七月，英宗命禮儀院使八思吉斯傳旨，令省臣與太常禮儀院速製法服。八月，中書省會集翰林、集賢、太常禮儀院官講議，依祕書監所藏前代帝王袞冕法服圖本，命有司製如其式。

鎮圭，制以玉，長一尺二寸，有袋副之。

皇太子冠服：袞冕，玄衣，纁裳，中單，蔽膝，玉佩，大綬，朱韈，赤舄。

按《太常集禮》，至元十二年，博士擬袞冕制，用白珠九旒，紅絲組爲纓，青纊充耳，犀簪導。青衣、朱裳，九章。五章在衣，山、龍、華蟲、火、宗彝；四章在裳，藻、粉米、黼、黻。白紗中單，青褾襈裾。革帶，塗金銀鈎䚢。蔽膝，隨裳色，爲火、山二章。瑜玉雙佩，四采織成大綬，間施玉環三。白韈朱舄，舄加金塗銀扣。

大德十一年九月，照擬前代制度。唐制，皇太子袞冕，垂白珠九旒，紅絲組爲纓，青纊充耳，犀簪導。玄衣、纁裳，九章。五章在衣，龍、山、華蟲、火、宗彝；四章在裳，藻、粉米、黼、黻，織成之，每行一章，黼、黻重以爲等，每行九。白紗中單，黼領，青褾襈裾。革帶，金鈎䚢，大帶。蔽膝，隨裳色，火、山二章。玉具劍，金寶飾玉(標)[鏢]首，瑜玉雙佩。朱組帶大綬，四采赤白縹紺，純朱質，長丈八尺，首廣九寸。小雙綬，長二尺六寸，色同大綬，而首半之，間施玉環三。朱韈赤舄，加金飾。侍從祭祀及謁廟、加元服、納妃服之。宋制，皇太子袞冕，垂白珠九旒，紅絲組爲纓，青纊充耳，犀簪導。青衣、朱裳，九章。五章在衣，山、龍、華蟲、火、宗彝；四章在裳，藻、粉米、黼、黻。白紗中單，青褾襈裾。革帶，塗金銀鈎䚢。蔽膝，隨裳(衣)[色]，火、山二章。瑜玉雙佩，四采織成大綬，間施玉環三。白韈，朱舄，舄加塗金銀飾。加元服、從祀、受册、謁廟、朝會服之。已擬其制，未果造。

三獻官及司徒、大禮使祭服：籠巾貂蟬冠五，青羅服五，領、袖、襴俱用皂綾。紅羅裙五，皂綾爲襴。紅羅蔽膝五，其羅花樣俱係牡丹。白紗中單五，黄綾帶。紅組金綬紳五，紅組金譯語曰納石失，各佩玉環二。象笏五，銀束帶五，玉佩五，白羅方心曲領五，赤革履五對，白綾韈五對。

助奠以下諸執事官冠服：貂蟬冠、獬豸冠、七梁冠、六梁冠、五梁冠、四梁冠、三梁冠、二梁冠二百，青羅服二百，領、袖、襴俱用皂綾。紅綾裙二百，皂綾爲襴。紅羅蔽膝二百，紫羅公服二百，用梅花羅。白紗中單二百，黄綾帶。織金綬紳二百，紅一百九十八，青二，各佩銅環二。銅束帶二百，白羅方心曲領二百，銅佩二百，展角幞頭二百，塗金荔枝帶三十，烏角帶一百七十，皂韡二百對，赤革履二百對，白綾韈二百對，象笏三十，銀杏木笏一百七十。

凡獻官諸執事行禮，俱衣法服。惟監察御史二，冠獬豸，服青綬。凡迎香、讀祝及祀日遇陰雨，俱衣紫羅公服。六品以下，皆得借紫。

都監庫、祠祭局、儀鸞局、神厨局頭目長行人等：交角幞頭五十，窄袖紫羅服五十，塗金束帶五十，皂韡五十對。

初憲宗壬子年秋八月，祭天于日月山，用冕服自此始。成宗大德六年春三月，祭天于麗正門外丙地，命獻官以下諸執事，各具公服行禮。是時，大都未有郊壇，大禮用公服自此始。九年冬至祭享，用冠服，依宗廟見用者製。其後節次祭祀，或合祀天地，增配位從祀，獻攝職事，續置冠服，於法服庫收掌。法服二百九十有九，公服二百八十，窄紫二百九十有五。至大間，太常博士李之紹、王天祐疏陳，親祀冕無旒，服大裘而加衮，裘以黑羔皮爲之。臣下從祀冠服，歷代所尚，其制不同。集議得依宗廟見用冠服制度。

社稷祭服：青羅袍一百二十三，白紗中單一百二十三，紅梅花羅裙一百二十三，藍織錦銅環綬紳二，紅織錦銅環綬紳一百一十七，紅織錦玉環綬紳四，紅梅花羅蔽膝一百二十三，革履一百二十三，白綾襪一百二十三，白羅方心曲領一百二十三，黄綾帶一百二十三，佩一百二十三，銅珩璜者一百一十九，玉珩璜者四，藍素紵絲帶一百二十三，銀帶四，銅帶一百一十九，冠一百二十三，水角簪金梁冠一百七，紗冠一十，獬豸冠二，籠巾紗冠四，木笏一百二十三，紫羅公服一百二十三，黑漆幞頭一百二十三，展角全二色羅插領一百二十三，鍍金銅荔枝帶一十，角帶一百一十三，象笏一十三枝，木笏一百一十枝，黄絹單包複一百二十三，紫紵絲抹口青氊襪一百二十三，皂韡一百二十三，窄紫羅衫三十，黑漆幞頭三十，銅束帶三十，黄絹單包複三十，皂韡三十，紫紵絲抹口青氊襪三十。

宣聖廟祭服：

獻官法服，七梁冠三，簪全。鴉青袍三，絨錦綬紳三，各帶青絨網并銅環二。方心曲領三，藍結帶三，銅佩三，紅羅裙三，白絹中單三，紅羅蔽膝三，革履三。白絹韈全。

執事儒服，軟角唐巾，白襴插領，黄鞓角帶，皂韡，各九十有八。

曲阜祭服，連蟬冠四十有三，七梁冠三，五梁冠三十有六，三梁冠四，皂紵絲鞋三十有六輛，舒角幞頭二，軟角唐巾四十，角簪四十有三，冠纓四十有三副，凡八十有六條。象牙笏七，木笏三十有八，玉佩七，凡十有四繫。銅佩三十有六，凡七十有二繫。帶八十有五，藍鞓帶七，紅鞓帶三十有六，烏角帶二，黄鞓帶，烏角偏帶四十，大紅金綬結帶七，上用玉環十有四。青羅大袖裌衣七，紫羅公服二，褐羅大袖衣三十有六，白羅衫四十，白絹中單三十有六，白紗中單七，大紅羅夾蔽膝七，大紅夾裳、緋紅羅夾蔽膝三十有六，緋紅夾裳四，黄羅夾裳三十有六，黄羅大帶七，白羅方心曲領七，紅羅綬帶七，黄絹大帶三十有六，皂韡、白羊毳襪各四十有二對，大紅羅鞋七緉，白絹夾襪四十有三緉。

質孫，漢言一色服也，内庭大宴則服之。冬夏之服不同，然無定制。凡勳戚大臣近侍，賜則服之。下至於樂工衛士，皆有其服。精粗之制，上下之别，雖不同，總謂之質孫云。

天子質孫，冬之服凡十有一等，服納石失、金錦也。怯綿里，翦茸也。則冠金錦暖帽。服大紅、桃紅、紫藍、緑寶里，寶里，服之有襴者也。則冠七寶重頂冠。服紅黄粉皮，則冠紅金答子暖帽。服白粉皮，則冠白金答子暖帽。服銀鼠，則冠銀鼠暖帽，其上並加銀鼠比肩。俗稱曰襻子答忽。夏之服凡十有五等，服答納都納石失，綴大珠於金錦。則冠寶頂金鳳鈸笠。服速不都納石失，綴小珠於金錦。則冠珠子捲雲冠。服納石失，則帽亦如之。服大紅珠寶里紅毛子答納，則冠珠緣邊鈸笠。服白毛子金絲寶里，則冠白藤寶貝帽。服駝褐毛子，則帽亦如之。服大紅、緑、藍、銀褐、棗褐、金繡龍五色羅，則冠金鳳頂笠，各隨其服之色。服金龍青羅，則冠金鳳頂漆紗冠。服珠子褐七寶珠龍答子，則冠黄牙忽寶貝珠子帶後簷帽。服青速夫金絲闌子，速夫，回回毛布之精者也。則冠七寶漆紗帶後簷帽。

百官質孫，冬之服凡九等，大紅納石失一，大紅怯綿里一，大紅官素一，桃紅、藍、緑官素各一，紫、黄、鴉青各一。夏之服凡十有四等，素納石失一，聚線寶里納石失一，棗褐渾金間絲蛤珠一，大紅官素帶寶里一，大紅明珠答子一，桃紅、藍、緑、銀褐各一，高麗鴉青雲袖羅一，駝褐、茜紅、白毛子各一，鴉青官素帶寶里一。

百官公服：

公服，制以羅，大袖，盤領，俱右衽。一品紫，大獨科花，徑五寸。二品小獨科花，徑三寸。三品散答花，徑二寸，無枝葉。四品、五品小雜花，徑一寸五分。六品、七品緋羅小雜花，徑一寸。八品、九品緑羅，無文。

幞頭，漆紗爲之，展其角。

笏，制以牙，上圓下方。或以銀杏木爲之。

偏帶，正從一品以玉，或花，或素。二品以花犀。三品、四品以黄金爲荔枝。五品以下以烏犀。並八胯，鞓用朱革。

韡，以皂皮爲之。

儀衛服色：

交角幞頭，其制，巾後交折其角。

鳳翅幞頭，制如唐巾，兩角上曲，而作雲頭，兩旁覆以兩金鳳翅。

學士帽，制如唐巾，兩角如匙頭下垂。

唐巾，制如幞頭，而撱其角，兩角上曲作雲頭。

控鶴幞頭，制如交角，金縷其額。

花角幞頭，制如控鶴幞頭，兩角及額上，簇象生雜花。

錦帽，制以漆紗，後幅兩旁，前拱而高，中下，後畫連錢錦，前額作聚文。

平巾幘，黑漆革爲之，形如進賢冠之籠巾，或以青，或以白。

武弁，制以皮，加漆。

甲騎冠，制以皮，加黑漆，雌黄爲緣。

抹額，制以緋羅，繡寶花。

巾，制以絁，五色，畫寶相花。

兜鍪，制以皮，金塗五色，各隨其甲。

襯甲，制如雲肩，青錦質，緣以白錦，衷以氈，裏以白絹。

雲肩，制如四垂雲，青緣，黄羅五色，嵌金爲之。

裲襠，制如衫。

襯袍，制用緋錦，武士所以裼裲襠。

士卒袍，制以絹絁，繪寶相花。

窄袖袍，制以羅或絁。

辮線襖，制如窄袖衫，腰作辮線細摺。

控鶴襖，制以青緋二色錦，圓答寶相花。

窄袖襖，長行輿士所服，紺緅色。

樂工襖，制以緋錦，明珠琵琶窄袖，辮線細摺。

甲，覆膊、掩心、扞背、扞股，制以皮，或爲虎文、獅子文，或施金鎧鎖子文。

臂韝，制以錦，緑絹爲裏，有雙帶。

錦螣蛇，束麻長一丈一尺，裹以紅錦。

束帶，紅鞓雙獺尾，黄金塗銅胯，餘同腰帶而狹小。

絛環，制以銅，黄金塗之。

汗胯，制以青錦，緣以銀褐錦，或繡撲獸，間以雲氣。

行縢，以絹爲之。

鞋，制以麻。

鞝鞋，制以皮爲履，而長其靿，縛於行縢之内。

雲頭靴，制以皮，幫嵌雲朵，頭作雲象，鞝束于脛。

服色等第：仁宗延祐元年冬十有二月，定服色等第，詔曰：「比年以來，所在士民，靡麗相尚，尊卑混淆，僭禮費財，朕所不取。賞賤有章，益明國制，儉奢中節，可阜民財。」命中書省定立服色等第于後。

一，蒙古人不在禁限，及見當怯薛諸色人等，亦不在禁限，惟不許服龍鳳文。龍謂五爪二角者。

一，職官除龍鳳文外，一品、二品服渾金花，三品服金答子，四品、五品服雲袖帶襴，六品、七品服六花，八品、九品服四花。職事散官從一高。繫腰，五品以下許用銀，并減鐵。

一，命婦衣服，一品至三品服渾金，四品、五品服金答子，六品以下惟服銷金，并金紗答子。首飾，一品至三品許用金珠寶玉，四品、五品用金玉珍珠，六品以下用金，惟耳環用珠玉。同籍不限親疏，期親雖別籍，并出嫁同。

一，器皿，謂茶酒器。除鈒造龍鳳文不得使用外，一品至三品許用金玉，四品、五品惟臺盞用金，六品以下臺盞用鍍金，鍍並用銀。

一，帳幕，除不得用赭黃龍鳳文外，一品至三品許用金花刺繡紗羅，四品、五品用刺繡紗羅，六品以下用素紗羅。

一，車輿，除不得用龍鳳文外，一品至三品許用間金粧飾銀螭頭、繡帶、青幔，四品、五品用素獅頭、繡帶、青幔，六品至九品用素雲頭、素帶、青幔。

一，鞍轡，一品許飾以金玉，二品、三品飾以金，四品、五品飾以銀，六品以下並飾以鍮石銅鐵。

一，内外有出身，考滿應入流，見役人員服用，與九品同。

一，授各投下令旨、鈞旨，有印信，見任勾當人員，亦與九品同。

一，庶人除不得服赭黃，惟許服暗花紵絲紬綾羅毛毳，帽笠不許飾用金玉，靴不得裁制花樣。首飾許用翠花，并金釵錍各一事，惟耳環用金珠碧甸，餘並用銀。酒器許用銀壺瓶臺盞盂鏇，餘並禁止。帳幕用紗絹，不得赭黃，車輿黑油，齊頭平頂皂幔。

一，諸色目人，除行營帳外，其餘並與庶人同。

一，諸職官致仕，與見任同。解降者，依應得品級。不敘者，與庶人同。

一，父祖有官，既没年深，非犯除名不敘之限，其命婦及子孫與見任同。

一，諸樂藝人等服用，與庶人同。凡承應粧扮之物，不拘上例。

一，皂隸公使人，惟許服紬絹。

一，娼家出入，止服皂褙子，不得乘坐車馬，餘依舊例。

一，今後漢人、高麗、南人等投充怯薛者，並在禁限。

一，服色等第，上得兼下，下不得僭上。違者，職官解見任，期年後降一等敘，餘人決五十七下。違禁之物，付告捉人充賞。有司禁治不嚴，從監察御史、廉訪司究治。

御賜之物，不在禁限。

《元史》卷七九《輿服志二・崇天鹵簿》 中道。

頓遞隊：象六，飾以金裝蓮座，香寶鞍韂鞦轡罽勒，犛牛尾拂，跋塵，鉸具。導者六人，馭者南越軍六人，皆弓花角唐帽，緋絁銷金裌衫，鍍金束帶，烏鞾，橫列而前行。次駝鼓九，飾以鍍金鉸具，轡飾罽籠旗鼓纓槍。馭者九人，服同馭象者，中道相次而行。次舍人二人，四品服，騎分左右，夾駝而行。次青衣二人，武弁，青絁衫，青勒帛，青鞾，執青杖。次清道官四人，本品服，騎。次信旛二，執者二人，引護者四人，武弁，黃絁生色寶相花袍，黃勒帛，黃鞾。次騾鼓六，飾騾以鍍金鉸具，轡罽籠旗鼓纓槍。馭者六人，服同馭駝者。次告止旛二，執者二人，引護者四人，武弁，緋絁生色寶相花袍，紅勒帛，紅鞾。次傳教旛二，執者二人，引護者四人，武弁，黃絁生色寶相花袍，黃勒帛，黃鞾，並分左右。次橋道頓遞使一人，本品服，騎。中道，舍人、清道官、橋道頓遞使從者凡七人，錦帽，紫裌衫，小銀束帶，行縢鞋韈。後凡從者之服，皆同此。

纛矟隊：金吾將軍二人，交角幞頭，緋羅繡抹額，紫羅繡辟邪裲襠，紅錦襯袍，錦螣蛇，金帶，烏鞾，橫刀，佩符，騎，分左右。次弩而騎者五人，錦帽，青絁生色寶相花袍，銅帶，綠雲鞾。次矟而騎者五人，錦帽，緋絁生色寶相花袍，銅帶，朱雲鞾。次纛一，執者一人，夾者四人，護者二人，皆錦帽，紫生色寶相花袍，鍍金帶，紫雲鞾。押纛官二人，皆騎，本品服。次馬鼓四，飾如騾鼓，馭者四人，服同御騾。次佩弓矢而騎者五人，服同執弩者。押衙四人，騎而佩劍，錦帽，紫絁生色寶相花袍，鍍金帶，雲頭鞾。襮矟者四人，騎，錦帽，緋絁生色寶相花袍，銅帶，朱韡。控馬八人，錦帽，紫衫，銀帶，烏韡。次矟而騎者五人，服佩同執弩者。金吾將軍、押纛官從者四人，服同前隊。

朱雀隊：舍人一人，四品服，騎而前。次朱雀旗一，執者一人，引護者四人，錦帽，緋絁生色鳳花袍，銅帶，朱雲韡，皆佩劍而騎，護者加弓矢。次金吾折衝一人，交角幞頭，緋絁繡抹額，紫羅繡辟邪裲襠，紅錦襯袍，金帶，錦螣蛇，烏韡，横刀，佩弓矢而騎，帥甲騎凡二十有五，弩五人，次弓五人，次矟五人，次弓五人，次矟五人，皆冠甲騎冠，朱畫甲，青勒甲絛，鍍金環，白繡汗胯，束帶，紅韡，帶弓箭器仗，馬皆朱甲，具裝珂飾全。舍人、金吾折衝從者凡二人，服同前隊。

十二旗隊：舍人一人，四品服，騎而前。金吾果毅二人，交角幞頭，緋羅繡抹額，紫羅繡辟邪裲襠，紅錦襯袍，金帶，錦螣蛇，烏韡，横刀，佩弓矢，騎分左右。帥引旗騎士五，皆錦帽，黄生色寶相花袍，銀帶，烏韡。次風伯旗左，雨師旗右，雷公旗左，電母旗右，執者四人，騎，青甲騎冠，緑甲，青勒甲絛，鍍金環，白繡汗胯，束帶，青雲韡，馬皆青甲珂飾。次五星旗五，執者五人，甲騎冠，五色畫甲，青勒甲絛，鍍金環，白繡汗胯，束帶，五色韡，馬甲如其甲之色，珂飾。次北斗旗一，執者一人，甲騎冠，紫畫甲，青勒甲絛，鍍金環，白繡汗胯，束帶，紫雲韡，馬甲隨其甲之色，珂飾。左右攝提旗二，執者二人，甲騎冠，朱畫甲，青勒甲絛，鍍金環，白繡汗胯，束帶，紅雲韡，馬朱甲，珂飾。執副竿者二人，騎，錦帽，黄生色寶相花袍，銀帶，烏韡。執矟而護者五人，騎，服同執副竿者。舍人、金吾果毅從者凡三人，服同前隊。

門旗隊：舍人二人，四品服。監門將軍二人，皆交角幞頭，緋絁繡抹額，紫羅繡師子裲襠，紅錦襯袍，金帶，烏韡，横刀，佩弓矢，騎，馬甲、珂飾全。次門旗二，執者二人，錦帽，緋絁生色師子文袍，銅革帶，紅雲韡，劍而騎。引護者四人，服佩同執人，而加弓矢，騎。次監門校尉二人，騎，服佩同監門將軍，分左右行。次鸞旗一，執者一人，引護者四人，錦帽，五色絁生色瑞鸞花袍，束帶，五色雲韡，佩劍，護人加弓矢，皆騎。舍人、監門將軍、監門校尉從者凡六人，服同前隊。

雲和樂：雲和署令二人，朝服，騎，分左右。引前行，凡十有六人，戲竹二，排簫四，簫管二，龍笛二，板二，歌工四，皆展角花幞頭，紫絁生色雲花袍，鍍金帶，紫韡。次琵琶二十，箏十有六，箜篌十有六，纂十有六，方響八，頭管二十有八，龍笛二十有八，已上工百三十有二人，皆花幞頭，緋絁生色雲花袍，鍍金帶，朱韡。次杖鼓三十，工人花幞頭，黄生色花襖，紅生色花袍，錦臂韝，鍍金帶，烏韡。次板八，工人服色同琵琶工人。次大鼓二，工十人，服色同杖鼓工人，雲和署令從者二人，服同前隊。

殿中黄麾隊：舍人二人，四品服。殿中侍御史二人，本品服，皆騎。次黄麾一，執者一人，夾者二人，騎，武弁，緋絁生色寶相花袍，紅勒帛，紅雲韡。舍人、殿中侍御史從者凡四人，服同前隊。

太史鉦鼓隊：太史一人，本品服，騎。引交龍掆鼓左，金鉦右，舁四人，工二人，皆武弁，緋絁生色寶相花袍，紅勒帛，紅韡。次司辰郎一人，左，典事一人，右，並四品服，騎。太史、司辰郎、典事從者三人，服同前隊。

武衛鈒戟隊：武衛將軍一人，交角幞頭，緋羅繡抹額，紫羅繡瑞鷹裲襠，紅錦襯袍，錦螣蛇，金帶，横刀，騎。領五色繡旛一，金節八，罕右，畢左，朱雀、青龍、白虎幢三，横布導蓋一，中道叉四。武衛果毅二人，服佩同武衛將軍。鈒二十，戟二十，徒五十有九人，武弁，緋絁生色寶相花袍，紅勒帛，紅韡。武衛將軍、武衛果毅從者凡三人，服同前隊。

龍墀旗隊：舍人二人，四品服。中郎將二人，服佩同鈒戟隊武衛將軍，騎，分左右。帥騎士凡二十有四人，執旗者八人。天下太平旗，中道，中嶽帝旗左，中央神旗右。次日旗左，月旗右。次祥雲旗二，分左右。次皇帝萬歲旗，中道。執人皆黄絁巾，黄絁生色寶相花袍，黄勒帛，黄雲韡，横刀。引者八人，青絁巾，青絁生色寶相花袍，青勒帛，青雲韡，横刀，執弓矢。護者八人，緋絁巾，緋絁生色寶相花袍，紅勒帛，紅雲韡，横刀，執弓矢。舍人、中郎將從者凡四人，服同前隊。

御馬隊：舍人二人，四品服。引左右衛將軍二人，緋羅繡抹額，紫羅繡瑞馬裲襠，紅錦襯袍，錦螣蛇，金帶，烏韡，横刀，皆騎，分左右行。御馬十有二匹，分左右，飾以纓轡鞍複。馭士控鶴二十有四人，交角金花幞頭，紅錦控鶴襖，金束帶，鞹鞋。次尚乘奉御二人，四品服，騎，分左右行。舍人、左右衛將軍從者四人，服同前隊。

拱衛控鶴第一隊：拱衛指揮使二人，本品服，騎，分左右。帥步士凡二百五十有二人，負劍者三十人，次執吾杖者五十人，次執斧者五十人，次執鐙杖者六十人，次執列絲骨朵者三十人，皆分左右。次携金水瓶者一人，左，金盆者一人，右。次執列絲骨朵者三十人，皆分左右，皆金縷額交角幞頭，青質孫控鶴襖，塗金荔枝束帶，鞹鞋。拱衛指揮使從者二人，服同前隊。

安和樂：安和署令二人，本品服，騎，分左右行。領押職二人，弓角鳳翅金花幞頭，紅質孫加襴袍，金束帶，花鞾。次扎鼓八，爲二重，次和鼓一，中道，次板二，次龍笛四，次頭管二，次羌笛二，次笙二，次纂二，左右行，次雲璈一，中道，工二十有四人，皆弓角鳳翅金花幞頭，紅錦質孫襖，金荔枝束帶，花鞾。從者二人，服同前隊。

金吾援寶隊：舍會二人，四品服。引金吾將軍二人，交角幞頭，緋羅繡抹額，紫羅繡辟邪裲襠，紅錦襯袍，錦螣蛇，横刀，佩弓矢，皆騎，分左右。前引駕十二重，甲士一十二騎，弩四，次弓四，次矟四，爲三重。次香案二，金爐、合各二，分左右，舁士十有六人，侍香二人，騎而從。次典瑞使二人，本品服，騎而左右引八寶。受命寶左，傳國寶右，次天子之寶左，皇帝之寶右，次天子行寶左，皇帝行寶右，次天子信寶左，皇帝信寶右。每輿寶盝，銷金蒙複，襯複，案輿紅銷金衣，龍頭竿，結綬，舁士八人，朱團扇四人，凡九十有六人，皆交角金花幞頭，青紅錦質孫襖，每輿前青後紅，金束帶，鞾鞋。援寶三十人，交角金花幞頭，窄紫衫，銷金紅汗胯，金束帶，烏鞋，執金縷黑杖。次符寶郎二人，四品服，騎，分左右。次金吾果毅二人，服佩同金吾將軍，騎，分左右。次矟四人，次弓四人，次弩四人，爲三重。舍人、金吾將軍、侍香、典瑞使、符寶郎、金吾果毅從者凡十有二人，服同前隊。

殿中繖扇隊：舍人二人，四品服，騎，分左右。領騎而執旗者四人，日月合璧旗左，五星連珠旗右，次金龍旗左，金鳳旗右，黄絁巾，黄絁生色寶相花袍，黄勒帛，黄鞾，佩劍。騎而引旗者四人，青絁巾，青絁生色寶相花袍，青勒帛，青鞾，佩劍，執弓矢。騎而護旗者四人，紅絁巾，紅絁生色寶相花袍，紅勒帛，紅鞾，佩劍，執弓矢。次朱團扇十有六，次小雉扇八，次中雉扇八，次大雉扇八，爲十重，重四人。次曲蓋二，紅方繖二，次紫方繖二，次華蓋二，次大繖二，執者五十人，武弁，紅絁生色寶相花袍，紅勒帛，紅鞾。舍人從者二人，服同前隊。

控鶴圍子隊：圍子頭一人，執骨朵，由中道，交角幞頭，緋錦質孫襖，鍍金荔枝帶，鞾鞋。領執圍子十有六人，分左右，交角金花幞頭，白襯肩，青錦質孫襖，鍍金荔枝帶，鞾鞋。次朱繖，中道，次金脚踏左，金椅右，服如圍子頭。拱衛指揮使一人，本品服，騎，中道。控鶴二十人，服同上。拱衛指揮使從者二人，服同前隊。

天樂一部：天樂署令二人，本品服，騎，分左右。領押職二人，弓角鳳翅金花幞頭，紅錦質孫襖，加襴，金束帶，花鞾。次琵琶二，箜篌二，火不思二，板二，箏二，胡琴二，笙二，頭管二，龍笛二，響鐵一，工十有八人，徒二人，皆弓角鳳翅金花幞頭，紅錦質孫襖，鍍金束帶，花鞾。

控鶴第二隊：僉拱衛司事二人，本品服，騎，分左右。帥步士凡七十有四人，執立瓜者三十有六人，分左右，次捧金杌一人左，鞭桶一人右，次蒙鞍一人左，繖手一人右，次執立瓜者三十有四人，分左右，皆交角金花幞頭，緋錦質孫襖，鍍金荔枝帶，鞾鞋。僉拱衛司事從者二人，服同前隊。

殿中導從隊：舍人二人，四品服，騎，左右。引香鐙案一，黄銷金盤龍衣，金爐合，結綬，龍頭竿，舁者十有二人，交角金花幞頭，紅錦質孫控鶴襖，鍍金束帶，鞾鞋。侍香二人，騎，分左右。次警蹕三人，交角幞頭，紫窄袖衫，鍍金束帶，烏鞾。次舍人二人，四品服，騎。引天武官二人，執金鉞，金鳳翅兜牟，金鎖甲，青勒甲條，金環繡汗胯，金束帶，馬珂飾。次金骨朵二，次幢二，次節二，分左右。次金水盆左，金椅右，次蒙複左，副執椅右，次金水瓶、鹿盧左，銷金凈巾右。次金香毬二，金香合二，分左右。次金唾壺左，金唾盂右。金拂四，扇十，分左右。次黄繖，中道，繖衣從。凡騎士三十人，服如警蹕，加白繡汗胯。步卒四人，執椅二人，蒙複一人，繖衣一人。服如舁香鐙徒。舍人、天武官從者凡六人，服同前隊。

控鶴第三隊：拱衛直鈐轄二人，本品服，騎。引執卧瓜八十人，服如第二隊。

導駕官：引進使二人，分左右前行。次給事中一人左，起居注一人右，侍御史一人左，殿中侍御史一人右，次翰林學士一人左，集賢學士一人右，次御史中丞一人左，同知樞密院事一人右，次御史大夫一人左，知樞密院事一人右。次侍儀使四人，中書侍郎二人，黄門侍郎二人，侍中二人，皆分左右。次儀仗使一人左，鹵簿使一人右。次禮儀使二人，分左右。持劈正斧一人，中道。次大禮使一人左，太尉一人右，皆本品服，騎。從者三十人，惟執劈正斧官從者二人，服同前隊。

羽林宿衛：舍人二人，四品服，前行。次羽林將軍二人，交角幞頭，緋羅繡抹額，紫羅繡瑞鷹裲襠，紅錦襯袍，錦螣蛇，金帶，烏鞾，横刀，佩弓矢，皆騎，分左右。領宿衛騎士二十人，執骨朵六人，次執短戟六人，次執斧八人，皆弓角金鳳翅幞頭，紫袖細摺辮線襖，束帶，烏鞾，横刀。舍人、羽林將軍從者凡四人，服同前隊。

檢校官：分布中道之外，外仗之內。頓遞隊，監察御史二人，本品服。次纛矟隊，循仗檢校官二人。次朱雀隊，金吾中郎將二人，皆交角幞頭，緋羅繡抹額，紫羅繡辟邪裲襠，紅錦襯袍，錦螣蛇，金帶，烏鞾，佩義刀，加弓矢。次十二旗隊，兵部侍郎二人，本品服。次門旗隊，糾察儀仗官二人，本品服。次雲和樂部，金吾將軍二人，服佩如金吾中郎將。知隊仗官二人，本品服。次武衛鈒戟隊，監察御史二人，本品服。次外道左右牙門巡仗，監門中郎將二人，交角幞頭，緋羅繡抹額，紫羅繡獅子裲襠，紅錦襯袍，錦螣蛇，金帶，烏鞾，佩儀刀，弓矢。次金吾援寶隊，兵部尚書二人，次循仗檢校官二人。次殿中繖扇隊，監察御史二人，次禮部尚書二人，皆本品服。次圍子隊，知隊仗官二人。次金吾大將軍二人，服同金吾將軍，各犦矟從。次殿中導從隊，糾察儀仗官二人。次循仗檢校官二人。次羽林宿衛隊，左點檢一人左，右點檢一人右，紫羅繡瑞麟裲襠，餘同金吾大將軍。領大黃龍負圖旗二，執者二人，夾者八人，騎，錦帽，五色絁巾，五色絁生色雲龍袍，塗金束帶，五色雲鞾，佩劍，夾者加弓矢，並行中道。控鶴外，外仗內。前後檢校，仗內知班六人，展角幞頭，紫窄衫，塗金束帶，烏鞾。承奉班都知一人，太常博士一人，皆朝服，騎，同檢校官。前後巡察宿直將軍八人，服佩同左右點校，夾輅檢校三衛。

陪輅隊：誕馬二匹，珂飾，纓轡，青屜。乘黃令二人，本品服，分左右。次殿前將軍二人，交角幞頭，緋羅繡抹額，紫羅繡辟邪裲襠，紅錦襯袍，錦螣蛇，金帶，烏鞾，横刀，騎。玉輅，太僕卿馭，本品服。千牛大將軍驂乘，交角幞頭，紅抹額，繡瑞牛裲襠，紅錦襯袍，錦螣蛇，金帶，烏鞾，横刀。左右衛將軍，服如千牛大將軍，惟裲襠繡瑞虎文。陪輅輅馬六匹，珂飾，纓轡，青屜，牽套鞶帶。步卒凡八十有二人，馭士四人，駕士六十有四人，行馬二人，踏道八人，推竿二人，托叉一人，梯一人，皆平巾，青幘，青繡雲龍花袍，塗金束帶，青鞾。教馬官二人，進輅職長二人，皆本品服。夾輅將軍二人，金鳳翅兜牟，金鎖甲，絛環，繡汗胯，金束帶，緑雲花鞾。青瀝水扇二。次千牛備身二人，皆分左右，交角幞頭，緋羅繡抹額，紫羅繡瑞牛裲襠，紅錦襯袍，金帶，烏鞾，横刀，佩弓矢。獻官二人，殿中監六人，内侍十人，皆本品朝服，騎，分左右。千牛備身後，騎而執弓矢者十人，尚衣奉御四人，尚食奉御二人，尚藥奉御二人，皆騎，本品服。次腰輿，黃紵絲銷金雲龍蒙複，步卒凡十有三人，舁八人，道扇四人，黃繖一人，皆交角金花幞頭，紅質孫控鶴襖，金束帶，鞾鞋。尚舍奉御二人，騎[左]，尚輦奉御二人，騎右，皆朝服。從者三十有四人，服同前隊。

大神牙門旗隊：都點檢一人，騎，交角幞頭，緋羅繡抹額，紫羅繡瑞麟裲襠，紅錦襯袍，次監門大將軍二人，分左右，騎，服如都點檢，惟裲襠紫繡獅文。門凡三重。親衛郎將帥甲士，分左右，夾輅而陣，繞出輅後，合執纛者二，爲第一門。翊衛郎將帥護尉，夾親衛而陣，繞出輅後，合爲第二門，監門校尉二人，騎。左右衛大將軍帥甲士，執五色龍鳳旗，夾護尉而陣，繞出輅後，合牙門旗二，爲第三門，監門校尉二人主之，服色詳見外仗。

雲和樂後部：雲和署丞二人，本品服，騎，分左右。領前行，戲竹二，排簫二，簫管二，歌工二，凡十人，皆騎，花幞頭，紫絁生色花袍，塗金帶，烏鞾。次琵琶四，箏四，箜篌四，蓁四，頭管六，方響二，龍笛六，杖鼓十，工四十人，皆騎，服同上，惟絁色紅。從者二人，服同前隊。

後黃麾隊：玄武幢一，絳麾二，徒三人，皆武弁，紫絁生色甌雲花袍，紫羅勒帛，紫鞾。次黃麾，執者一人，夾者二人，皆騎。豹尾一，執者一人，夾者二人，皆騎，武弁，紫生色寶相花袍，紫勒帛，紫鞾。

玄武黑甲掩後隊：金吾將軍一人，騎，中道，交角幞頭，緋羅繡抹額，紫羅繡辟邪裲襠，紅錦襯袍，金帶，錦螣蛇，烏鞾，佩刀。後衛指揮使二人，騎，分左右，服同各衛指揮使，帥甲騎五十有七人。玄武旗一，執者一人，夾者二人。小金龍鳳黑旗二，執者二人，皆黑兜牟，金飾，黑甲絛環，汗胯，束帶，鞾，帶弓矢器仗，馬黑金色獅子甲，珂飾。矟四十人，弩十人，黑兜牟，黑甲絛環，汗胯，束帶，鞾，帶弓矢器仗，馬黑甲，珂飾。執衛司犦矟二人，錦帽，紫生色辟邪文袍，鍍金帶，烏鞾。從者三人，服同前隊。

《元史》卷七九《輿服志二·外仗》 金鼓隊：金鼓旗二，執者二人，引護者八人，皆五色絁巾，生色寶相花五色袍，五色勒帛，鞾，佩劍，引護者加弓矢，分左右。次折衝都尉二人，交角幞頭，緋羅繡抹額，紫羅繡辟邪裲襠，紅錦襯袍，金帶，錦螣蛇，騎。帥步士凡百二十人，鼓二十四人，鉦二十四人，並黃絁巾，黃絁生色寶相花袍，黃勒帛，黃鞾。角二十四人，紅絁巾，紅絁生色寶相花袍，紅勒帛，紅鞾。車輻棒二十四人，長刀二十四人，並金飾青兜牟，青甲絛環，白繡汗胯，束帶，青雲鞾。

清游隊：舍人二人，四品服，騎導。金吾折衝二人，交角幞頭，緋羅繡抹額，紫羅繡辟邪裲襠，紅錦襯袍，金帶，錦螣蛇，横刀，佩弓矢，騎，分左右，帥步士凡百有十人。白澤旗二，執者二人，引護者八人。次執弩二十人，次執矟二十人，次執弓二十人，次執矟二十人，次執弓二十人，皆甲騎冠，金飾，緑畫甲條環，白繡汗胯，束帶，緑雲韡，佩弓矢器仗，馬金飾朱畫甲，珂飾，分左右。

佽飛隊：鐵甲佽飛，執矟者十有二人，甲騎冠，鐵甲，佩弓矢器仗，馬鐵甲，珂飾。次金吾果毅二人，交角幞頭，緋絁繡抹額，紫羅繡辟邪裲襠，紅錦襯袍，金帶，錦螣蛇，横刀，弓矢，騎。次虞候佽飛，執弩二十人，錦帽，紅生色寶相花袍，塗金帶，烏韡。

殳仗〔前〕隊：領軍將軍二人，交角幞頭，緋絁繡抹額，紫羅繡白澤裲襠，紅錦襯袍，金帶，錦螣蛇，烏韡，横刀，騎。帥步士五十人，執殳二十五人，執叉二十五人，錯分左右，皆五色絁生色巾，寶相花五色袍，五色勒帛，五色雲頭韡。領軍將軍從者二人，錦帽，紫褋衫，小銀束帶，行縢，鞋韈。

諸衛馬前隊：舍人二人，四品服，騎導。左右衛郎將二人，交角幞頭，緋絁繡抹額，紫繡瑞馬裲襠，紅錦襯袍，金帶，錦螣蛇，烏韡，横刀，佩弓矢，騎，分左右，帥騎士百五十有六人。前辟邪旗左，應龍旗右，次玉馬旗左，三角旗右，次黄龍負圖旗左，黄鹿旗右，次飛麟旗左，駃騠旗右，次鸞旗左，鳳旗右，次飛黄旗左，麒麟旗右。執旗十有二人，生色黄袍，巾，勒帛，韡。引旗十有二人，服同執人，惟袍色青。護旗十有二人，生色紅袍，巾，勒帛，韡。執弓六十人，錦帽，青生色寶相花袍，塗金帶，烏韡。執矟六十人，服如執弓者，惟袍色紅。每旗，弓五，矟五。從者四人，服同前隊。

二十八宿前隊：舍人二人，四品服，騎導。領軍將軍二人，紫羅繡白澤裲襠，餘如前隊。左右衛郎將皆騎，帥步士百十有二人。前井宿旗左，參宿旗右，各五盾從。次鬼宿旗左，觜宿旗右，各五弓從。次柳宿旗左，畢宿旗右，各五盾從。次星宿旗左，昴宿旗右，各五盾從。次張宿旗左，胃宿旗右，各五弓從。次翼宿旗左，婁宿旗右，各五矟從。次軫宿旗左，奎宿旗右，各五盾從。執旗十有四人，生色黄袍，巾，勒帛，韡。引旗十有四人，服如執人，惟袍巾色青。護旗十有四人，服如執人，惟袍巾色紅。執刀盾者三十人，弓矢者二十人，矟者二十人，皆五色兜牟，甲，絛環，白繡汗胯，束帶，五色雲韡。舍人、領軍將軍從者四人，服同前隊。

〔左右〕領軍黄麾仗前隊：舍人二人，四品服，騎導。領軍將軍二人，服佩如二十八宿旗隊領軍將軍，騎，分左右，帥步士凡一百五十人。絳引旛十，次龍頭竿繡氅十，皆分左右。次江瀆旗左，濟瀆旗右。次小戟十，次弓十，皆分左右。次南方神旗左，西方神旗右。次鍠十，次緑縢絡盾加刀十，皆分左右。次南嶽帝旗左，西嶽帝旗右。次龍頭竿氅十，次朱縢絡盾加刀十，皆分左右。次南天王旗左，西天王旗右。次小戟十，次弓十，皆分左右。次龍君旗左，虎君旗右。次鍠十，次緑縢絡盾加刀十，皆分左右。執人一百三十人，武弁，五色生色寶相花袍，勒帛，韡。引旗十人，青生色寶相花袍，巾，勒帛，韡。護旗十人，服同，惟袍巾色紅。

殳仗後隊：領軍將軍二人，騎，帥步士凡五十人。殳二十有五，叉二十有五，錯分左右，服佩同前隊。

左右牙門旗隊：監門將軍二人，騎，紫繡獅子裲襠，餘如殳仗隊領軍將軍之服佩。次牙門旗四，每旗執者一人，引夾者二人，並黄絁巾，黄絁生色寶相花袍，黄勒帛，黄雲韡，皆騎。次監門校尉二人，騎，服佩同監門將軍。從者四人，服同前隊。

左右青龍白虎隊：舍人二人，四品服，騎導。領軍將軍二人，服佩同殳仗隊之領軍將軍，騎，分左右，帥甲士凡五十有六人，騎。青龍旗左，執者一人，夾者二人，從以執弩五人，弓十人，矟十人，皆冠青甲騎冠，青鐵甲，青絛金環，束帶，白繡汗胯，青雲韡。白虎旗右，執者一人，夾者二人，從以執弩五人，弓十人，矟十人，皆冠白甲騎冠，白鐵甲，青絛金環，束帶，白繡汗胯，白雲韡。舍人、領軍將軍從者四人，服同前隊。

二十八宿後隊：舍人二人，四品服，騎導。領軍將軍二人，騎，分左右，帥步士百十有二人。角宿旗左，壁宿旗右，〔各〕從以執弓者五人。次亢宿旗左，室宿旗右，各從以執矟者五人。次氐宿旗左，危宿旗右，各從以執盾者五人。次房宿旗左，虚宿旗右，各從以執弓者五人。次心宿旗左，女宿旗右，各從以執矟者五人。次尾宿旗左，牛宿旗右，各從以執盾者五人。次箕宿旗左，斗宿旗右，各從以執弓者五人。舍人、領軍將軍從者四人，執夾、引從服佩，皆同前隊。

諸衛馬後隊：舍人二人，四品服，騎導。左右衛果毅都尉二人，騎，分左右，帥衛士百五十有六人。角端旗左，赤熊旗右，次兕旗左，太平旗右，次驪騮旗左，騶牙旗右，次犀牛旗左，鵕鸃旗右，次蒼烏旗左，白狼旗右，次龍馬旗左，金牛旗右。舍人、左右衛果毅都尉從者四人，執夾、引從服佩，同前隊。

左右領軍黄麾後隊：舍人二人，四品服，騎導。領軍將軍二人，騎，分左右，帥步士百六十人。龍頭竿十，次朱縢絡盾加刀十，皆分左右。次吏兵旗左，力士旗右。次小戟十，次弓十，皆分左右。次東天王旗左，北天王旗右。次鉦十，次緑縢絡盾加刀十，皆分左右。次東嶽帝旗左，北嶽帝旗右。次龍頭竿纛十，次朱縢絡盾加刀十，皆分左右。次東方神旗左，北方神旗右。次小戟十，次弓十，皆分左右。淮瀆旗左，河瀆旗右。次鉦十，次緑縢絡盾加刀十，皆分左右。次絳引旛十，分左右，掩後。舍人、領軍將軍從者四人，執夾服佩，並同前隊。

左右衛儀刀班劍隊：舍人二人，四品服，騎導。左右衛中郎將二人，交角幞頭，緋羅繡抹額，紫羅繡瑞馬裲襠，紅錦襯袍，錦縢蛇，金帶，烏鞾，騎，分左右。帥步士凡四十人，班劍二十人，儀刀二十人，並錦帽，紅生色寶相花袍，塗金束帶，烏鞾。舍人、左右衛中郎將從者四人，服同前隊。

供奉宿衛步士隊：供奉中郎將二，交角幞頭，緋絁繡抹額，紫羅繡瑞馬裲襠，紅錦襯袍，錦縢蛇，金帶，烏鞾，横刀，佩弓矢，騎，分左右，帥步士凡五十有二人，執短戟十有二人，次執列絲十有二人，次叉戟十有二人，次斧十有六人，分左右，夾玉輅行。皆弓角金鳳翅幞頭，紫細摺辮綫襖，塗金束帶，烏鞾。

親衛步甲隊：親衛郎將二人，服同供奉中郎將，騎，分左右，帥步士凡百四十有八人，執龍頭竿氅四人，次小戟十人，次氅二人，次儀鍠十人，次氅二人，次小戟十人，次氅二人，次小戟十人，次氅二人，次儀鍠十人，次氅二人，次儀鍠十人，次氅二人，次小戟十人，次氅二人，次儀鍠十人，次氅二人，次小戟十人，皆分左右，夾供奉宿衛隊。次氅二人，次儀鍠十人，次氅二人，次小戟十人，次氅二人，次儀鍠十人，次氅二人，折繞宿衛隊後，而合其端爲門。士皆金兜牟，甲，青勒甲絛，金環，緑雲鞾。

翊衛護尉隊：翊衛郎將二人，服同親衛郎將，騎。帥護尉騎士百有二人，皆交角金花幞頭，窄袖紫衫，紅銷金汗胯，塗金束帶，烏鞾。執金裝骨朵，分左右，夾親衛隊行，折繞隊後，而合其端爲第二門。

左右衛甲騎隊：左右衛大將軍二人，服如翊衛郎將，帥騎士百人。執青龍旗五人左，青鳳旗五人右。次赤龍旗五人左，赤鳳旗五人右。次黄龍旗五人左，黄鳳旗五人右。次白龍旗五人左，白鳳旗五人右。次黑龍旗五人左，黑鳳旗五人右。次五色鳳旗二十五居左，五色龍旗二十五居右，曲繞輅後，合牙門旗爲第三門。士皆冠甲騎冠，金飾，朱畫甲，青勒甲絛，鍍金環，白繡汗胯，紅鞾，佩弓矢器仗，馬青金毛獅子甲，珂飾。

左衛青甲隊：左衛指揮使二人，騎，服紫羅繡雕虎裲襠，餘同左右衛大將軍，帥騎士三十有八人。執大青龍旗一人左，大青鳳旗一人右，次小青龍旗一人左，小青鳳旗一人右，次大青鳳旗一人左，大青龍旗一人右，每旗從以持青矟者四人。次小青鳳旗一人左，小青龍旗一人右，皆從以持青矟者三人。皆青兜牟，金飾青畫甲，青絛，塗金環，汗胯，束帶，鞾，佩弓矢器仗，馬青金毛獅子甲，珂飾。折繞陪門。

前衛赤甲隊：前衛指揮使二人，騎，服佩同左衛指揮使，帥騎士凡四十有八人。執大赤鳳旗一人左，大赤龍旗一人右。次小赤鳳旗一人左，小赤龍旗一人右，次大赤龍旗一人左，大赤鳳旗一人右，次小赤龍旗一人左，小赤鳳旗一人右，每旗從以持朱矟者四人。次執大赤鳳旗一人左，大赤龍旗一人右，皆從以持朱矟者三人。皆朱兜牟，金飾朱畫甲，絛環，汗胯，束帶，鞾，佩弓矢器仗，馬朱甲，珂飾。從者二人，服同前隊。折繞陪同。

中衛黄甲隊：中衛指揮使二人，騎，服同前衛指揮使，帥騎士凡五十有八人。執大黄龍旗一人左，大黄鳳旗一人右，次小黄龍旗一人左，小黄鳳旗一人右，次大黄鳳旗一人左，大黄龍旗一人右，次小黄鳳旗一人左，小黄龍旗一人右，次大黄龍旗一人左，大黄鳳旗一人右，每旗從以持黄矟者四人。次小黄龍旗一人左，小黄鳳旗一人右，皆從以持黄矟者三人。皆黄兜牟，金飾黄甲，絛環，汗胯，束帶，鞾，佩弓矢器仗，馬〔黄〕甲，珂飾。從者二人，服同前隊。折繞陪門。

右衛白甲隊：右衛指揮使二人，騎，服同中衛指揮使，帥騎士凡七十有四人。執大白鳳旗一人左，大白龍旗一人右，次小白鳳旗一人左，小白龍旗一人右，次大白龍旗一人左，大白鳳旗一人右，次小白龍旗一人左，小白鳳旗一人右，次大白鳳旗一人左，大白龍旗一人右，每旗從以持白矟者四人。次小白鳳旗一人左，小白龍旗一人右，次大白龍旗一人左，大白鳳旗一人右，皆從以持白矟者五人。皆兜牟，金飾白甲，絛環，汗胯，束帶，鞾，佩弓矢器仗，馬白甲，珂飾。從者二人，服同前隊。折繞陪門。

牙門四：監門中郎將二人，服佩同各衛指揮使，騎，分左右。次左衛，次前衛，次中衛，次右衛。牙門旗各二，色並赤。監門校尉各二人，騎，服佩同各衛之執旗者。從者十人，服同前隊。

《元史》卷八〇《輿服志三・殿下黄麾仗》黄麾仗凡四百四十有八人，分布于丹墀左右，各五行。 右前列，執大蓋二人，執華蓋二人，執紫方蓋二人，執紅方蓋二人，執曲蓋二人，冠展角幞頭，服緋絁生色寶相花袍，勒帛，烏靴。

次二列，執朱團扇八人，執大雉扇八人，執中雉扇八人，執小雉扇八人，執朱團扇八人，冠武弁，服同前執蓋者。

次三列，執黄麾幡十人，武弁，青絁生色寶相花袍，青勒帛，烏靴。執絳引幡十人，武弁，緋絁生色寶相花袍，緋勒帛，烏靴。執信幡十人，冠服同上，其色黄。執傳教幡十人，冠服同上，其色白。執告止幡十人，冠服同上，其色紫。

次四列以下，執葆蓋四十人，(服緋)〔武弁〕，服緋絁生色寶相花袍，勒帛，烏靴。執儀鍠斧四十人，冠服同上，其色黄。執小戟蛟龍掌四十人，冠服同上，其色青。左列亦如之。皆以北爲上。押仗四人，行視仗内而檢校之，冠服同警蹕者。

《元史》卷八〇《輿服志三·殿下旗仗》旗仗執護引屏，凡五百二(十)有八人，分左右以列。

左前列，建天下太平旗第一，牙門旗第二，每旗執者一人，護者四人，皆五色緋巾，五色絁生色寶相花袍，勒帛，雲頭靴，執人佩劍，護人加弓矢；後屏五人，執矟，朱兜鍪，朱甲，雲頭靴。

左二列，日旗第三，龍君旗第四，每旗執者一人，護者四人，後屏五人，巾服執佩同前列。

右前列，建皇帝萬歲旗第一，牙門旗第二，每旗執者一人，護者四人，後屏五人，巾服執佩同左前列。

右二列，月旗第三，虎君旗第四，每旗執者一人，護者四人，後屏五人，巾服執佩同前列。

左次三列，青龍旗第五，執者一人，黄絁巾，黄絁生色寶相花袍，勒帛，花靴，佩劍；護者二人，朱白二色絁巾，二色絁生色寶相花袍，勒帛，花靴，佩劍，加弓矢。天王旗第六，執者一人，巾服同上；護者二人，青白二色絁巾，二色生色寶相花袍，勒帛，花靴，佩劍，加弓矢。後屏五人，執矟，朱兜鍪，朱甲，雲頭靴。風伯旗第七，執者一人，護者二人，後屏五人，巾服佩執同天王旗。雨師旗第八，執者一人，護者二人，後屏五人，巾服佩執同青龍旗。雷公旗第九，執者一人，巾服佩同上；護者二人，青紫二色絁巾，二色絁生色寶相花袍，勒帛，花靴，佩劍，加弓矢；後屏五人，執矟，白兜鍪，白甲，雲頭靴。電母旗第十，執者一人，護者二人，後屏五人，巾服執佩同風伯旗。吏兵旗第十一，執者一人，護者二人，巾服佩同雷公旗；後屏五人，執矟，黄兜鍪，黄甲，雲頭靴。

右次三列，白虎旗第五，執者一人，黄絁巾，黄絁生色寶相花袍，勒帛，花靴，佩劍；護者二人，青朱二色絁巾，二色絁生色寶相花袍，勒帛，花靴，佩劍，加弓矢；後屏五人，執矟，朱兜鍪，朱甲，雲頭靴。江瀆旗第七，執者一人，護者二人，後屏五人，巾服執佩同天王旗。河瀆旗第八，執者一人，巾服佩同上；護者二人，青紫二色絁巾，二色絁生色寶相花袍，勒帛，花靴，佩劍，加弓矢；後屏五人，執矟，黄兜鍪，黄甲，雲頭靴。淮瀆旗第九，執者一人，巾服佩同上；護者二人，青朱〔二色絁巾〕，二色絁生色寶相花袍，勒帛，花靴，佩劍，加弓矢；後屏五人，巾服執佩同白虎旗。濟瀆旗第十，執者一人，巾服佩同上；護者二人，朱白二色絁巾，二色絁生色寶相花袍，勒帛，花靴，佩劍，加弓矢；後屏五人，執矟，青兜鍪，青甲，雲頭靴。力士旗第十一，執者一人，護者二人，後屏五人，巾服佩執同河瀆旗。二十二旗内，拱衛直指揮使二人，分左右立，服本品朝服，執玉斧。次卧瓜一列，次立瓜一列，次列絲一列，冠縷金額交角幞頭，緋錦寶相花窄袖襖，塗金荔枝束帶，行縢，履襪。次鐙仗一列，次吾仗一列，次班劍一列，並分左右立，冠縷金額交角幞頭，青錦寶相花窄袖襖，塗金荔枝束帶，行縢，履襪。

左次四列，朱雀旗第十二，執者一人，黄絁巾，黄絁生色寶相花袍，勒帛，花靴，佩劍；護者二人，青白二色絁巾，二色絁生色寶相花袍，勒帛，花靴，佩劍，加弓矢；後屏五人，執矟，朱兜鍪，朱甲，雲頭靴。木星旗第十三，執者一人，巾服佩同上；護者二人，青朱二色絁巾，二色絁生色寶相花袍，勒帛，花靴，佩劍，加弓矢；後屏五人，執矟，青兜鍪，青甲，雲頭靴。熒惑旗第十四，執者一人，巾服佩同上；護者二人，青紫二色絁巾，二色絁生色寶相花袍，勒帛，花靴，佩劍，加弓矢；後屏五人，巾服執佩同朱雀旗。土星旗第十五，執者一人，護者二人，巾服佩同熒惑旗；後屏五人，執矟，黄兜鍪，黄甲，雲頭靴。太白旗第十六，執者一人，護者二人，巾服佩同木星旗；後屏五人，執矟，白兜鍪，白甲，雲頭靴。水星旗第十七，執者一人，護者二人，〔巾〕服佩同太白旗；後屏五人，執矟，紫兜鍪，紫甲，雲頭靴。鸞旗第十八，執者一人，巾服佩同上；護者二人，朱白二色絁巾，二色絁生色寶相花袍，勒帛，花靴，佩劍，加弓矢；後屏五人，巾服執同木星旗。

右次四列，玄武旗第十二，執者一人，黄絁巾，黄絁生色寶相花袍，勒帛，花靴，佩劍；護者二人，朱白二色絁巾，二色絁生色寶相花袍，勒帛，花靴，佩劍，加弓矢；後屏五人，紫兜鍪，紫甲，雲頭靴，執矟。東嶽旗第十三，執者一人，護者二人，巾服佩同玄武旗；後屏五人，執矟，青兜鍪，青甲，雲頭靴。南嶽旗第十四，執者一人，巾服佩同上；護者二人，青白二色絁巾，二色絁生色寶相花袍，勒帛，花靴，佩劍，加弓矢；後屏五人，執矟，朱兜鍪，朱甲。中嶽旗第十五，執者一人，巾服佩同上；護者二人，紫青二色絁巾，二色絁生色寶相花袍，勒帛，花靴，佩劍，加弓矢；後屏五人，執矟，黄兜鍪，黄甲，雲頭靴。西嶽旗第十六，執者一人，巾服佩同上；護者二人，朱青二色絁巾，二色絁生色寶相花袍，勒帛，花靴，佩劍，加弓矢；後屏五人，執矟，白兜鍪，白甲。北嶽旗第十七，執者一人，護者二人，巾服佩同南嶽旗；後屏五人，巾服執同玄武旗。麟旗第十八，執者一人，護者二人，後屏五人，巾服執佩同西嶽旗。

左次五列，角宿旗第十九，亢宿旗第二十，氐宿旗第二十一，房宿旗第二十二，心宿旗第二十三，尾宿旗第二十四，箕宿旗第二十五。每旗，執者一人，黄絁巾，黄絁生色寶相花袍，勒帛，花靴，佩劍；護者二人，青朱二色絁巾，二色絁生色寶相花袍，勒帛，花靴，佩劍，加弓矢；後屏五人，青兜鍪，青甲，執矟。

右次五列，奎宿旗第十九，婁宿旗第二十，胃宿旗第二十一，昴宿旗第二十二，畢宿旗第二十三，觜宿旗第二十四，參宿旗第二十五。每旗，執者一人，黄絁巾，黄絁生色寶相花袍，勒帛，花靴，佩劍；護者二人，青朱二色絁巾，二色絁生色寶相花袍，勒帛，花靴，佩劍，加弓矢；後屏五人，執矟，白兜鍪，白甲。

左次六列，斗宿旗第二十六，牛宿旗第二十七，女宿旗第二十八，虚宿旗第二十九，危宿旗第三十，室宿旗第三十一，壁宿旗第三十二。每旗，執者一人，黄絁巾，黄絁生色寶相花袍，勒帛，花靴，佩劍；護者二人，朱白二色絁巾，二色絁生色寶相花袍，勒帛，花靴，佩劍，加弓矢；後屏五人，執矟，紫兜鍪，紫甲。

右次六列，井宿旗第二十六，鬼宿旗第二十七，柳宿旗第二十八，星宿旗第二十九，張宿旗第三十，翼宿旗第三十一，軫宿旗第三十二。每旗，執者一人，黄絁巾，黄絁生色寶相花袍，勒帛，花靴，佩劍；護者二人，朱白二色絁巾，二色絁生色寶相花袍，勒帛，花靴，佩劍，加弓矢；後屏五人，執矟，朱兜鍪，朱甲。

《元史》卷八〇《輿志三·進發册寶》 清道官二人，警蹕二人，並分左右，皆攝官，服本品朝服。

雲和樂一部，署令二人，分左右。次前行戲竹二，次排簫四，次簫管四，次板二，次歌四，並分左右。前行内琵琶二十，次箏十六，次箜篌十六，次纂十六，次方響八，次頭管二十八，次龍笛二十八，爲三十三重。重四人。次杖鼓三十，爲八重。次板八，爲四重。板内大鼓二，工二人，舁八人。樂工服並與鹵簿同。法物庫使二人，服本品服。次朱團扇八，爲二重。次小雉扇八，次中雉扇八，次大雉扇八，分左右，爲十二重。次朱團扇八，爲二重。次大繖二，次華蓋二，次紫方繖二，次紅方繖二，次曲蓋二，並分左右。執繖扇所服，並同立仗。

圍子頭一人，中道。次圍子八人，分左右。服與鹵簿内同。

安和樂一部，署令二人，服本品服。札鼓六，爲二重，前四，後二。次和鼓一，中道。次板二，分左右。次龍笛四，次頭管四，並爲二重。次羌管二，次笙二，並分左右。次雲璈一，中道。次纂二，分左右。樂工服與鹵簿内同。繖一，中道，椅左，踏右，執人皂巾，大團花緋錦襖，金塗銅束帶，行縢，鞋韈。

拱衛使一人，服本品服。

舍人二人，次引寶官二人，並分左右，服四品服。

香案，中道，輿士控鶴八人，服同立仗内表案輿士。侍香二人，分左右，服四品服。

寶案，中道，輿士控鶴十有六人，服同香案輿士。方輿官三十人，夾香案寶案，分左右而趨，至殿門，則控鶴退，方輿官舁案以陞。唐巾，紫羅窄袖衫，金塗銅束帶，烏靴。

引册二人，四品服。

香案，中道，輿士控鶴八人，服同寶案輿士。侍香二人，分左右，服四品服。

册案，中道，輿士控鶴十有六人，服同寶案輿士。方輿官三十人，夾香案册案，分左右而趨，至殿門，則控鶴退，方輿官舁案以陞。巾服與寶案方輿官同。

葆蓋四十人，次閲仗舍人二人，服四品服。次小戟四十人，次儀鍠四十人，夾雲和樂繖扇，分左右行，服同立仗。

拱衛使二人，服本品朝服。次班劍十，次(梧)〔吾〕杖十二，次斧十二，次鐙仗二十，次列絲十，皆分左右。次水瓶左，金盆右。次列絲十，次立瓜十。次金杌左，鞭桶右；蒙鞍左，繖手右。次立瓜十，次卧瓜三十。并夾葆蓋、小戟、儀鍠，分左右行。服並同鹵簿内。

拱衛外舍人二人，服四品服，引導册諸官。次從九品以上，次從七品以上，次從五品以上，並本品朝服。

金吾折衝二人，牙門旗二，每旗引執五人。次青矟四十人，赤矟四十人，黄矟四十人，白矟四十人，紫矟四十人，並兜鍪甲靴，各隨矟之色，行導册官外。

册案後，舍人二人，服四品服。次太尉右，司徒左。次禮儀使二人，分左右。

次舉册官四人右，舉寶官四人左；次讀册官二人右，讀寶官二人左。次閤門使四人，分左右。並本品服。

知班六人，分左右，服同立仗，往來視諸官之失儀者而行罰焉。

《元史》卷九四《食貨志二・鹽法》 國之所資，其利最廣者莫如鹽。自漢桑弘羊始榷之，而後世未有遺其利者也。元初，以酒醋、鹽税、河泊、金、銀、鐵冶六色，取課於民，歲定白銀萬錠。太宗庚寅年，始行鹽法，每鹽一引重四百斤，其價銀一十兩。世祖中統二年，減銀爲七兩。至元十三年既取宋，而江南之鹽所入尤廣，每引改爲中統鈔九貫。二十六年，增爲五十貫。元貞丙申，每引又增爲六十五貫。至大己酉至延祐乙卯，七年之間，累增爲一百五十貫。凡僞造鹽引者皆斬，籍其家産，付告人充賞。犯私鹽者徒二年，杖七十，止籍其財産之半；有首告者，於所籍之内以其半賞之。行鹽各有郡邑，犯界者減私鹽罪一等，以其鹽之半没官，半賞告者。然歲辦之課，難易各不同。有因自凝結而取者，解池之顆鹽也。有煮海而後成者，河間、山東、兩淮、兩浙、福建等處之末鹽也。惟四川之鹽出於井，深者數百尺，汲水煮之，視他處爲最難。今各因其所産之地言之。

大都之鹽：太宗丙申年，初於白陵港、三叉沽、大直沽等處置司，設熬煎辦，每引有工本錢。世祖至元二年，又增寶坻三鹽場，竈户工本，每引爲中統鈔三兩，與清、滄等。八年，以大都民户多食私鹽，因虧國課，驗口給以食鹽。十九年，罷大都及河間、山東三鹽運司，設户部尚書、員外郎各一員，别給印，令於大都置局賣引，鹽商買引，赴各場關鹽發賣。每歲竈户工本，省臺遣官逐季分給之。十九年，改立大都蘆臺越支三叉沽鹽使司一。二十五年，復立三叉〔沽〕、蘆臺、越支三鹽使司。二十八年，增竈户工本，每引爲中統鈔八兩。二十九年，以歲饑減鹽課一萬引，入京兆鹽運司添辦。大德元年，遂罷大都鹽運司，併入河間。

河間之鹽：太宗庚寅年，始立河間税課所，置鹽場，撥竈户二千三百七十六隸之，每鹽一袋，重四百斤。甲午年，立鹽運司。庚子年，改立提舉鹽榷所，歲辦三萬四千七百袋。癸卯年，改立提舉滄清鹽課使所，歲辦鹽九萬袋。定宗四年，改真定河間等路課程所爲提舉鹽榷滄清鹽使所。憲宗二年，又改河間課程所爲提舉滄清深鹽使所。八年，每袋增鹽至四百五十斤。世祖中統元年，改立宣撫司提領滄清深鹽使所。四年，改滄清深鹽提領所爲轉運司。是年，辦銀七千六十五錠，米三萬三千三百餘石。至元元年，又增三之一焉。二年，改立河間都轉運司，歲辦九萬五千袋。七年，始定例歲煎鹽十萬引，辦課銀一萬錠。十二年，改立都轉運使司，添竈户九百餘，增鹽課二十萬引。十八年，以河間竈户勞苦，增工本爲中統鈔三貫。是年，又增竈户七百八十六。十九年，罷河間都轉運司，改立清、滄鹽使司(工)〔二〕。二十二年，復立河間等路都轉運鹽使司，增鹽課爲二十九萬六百引。二十三年，改立河間都轉運司，通辦鹽酒税課。二十五年，增工本爲中統鈔五貫。二十七年，增竈户四百七十，辦鹽三十五萬引。至大元年，又增至四十五萬引。延祐元年，以虧課，停煎五萬引。自是至大曆，皆歲辦四十萬引，所隸之場，凡二十有二。

山東之鹽：太宗庚寅年，始立益都課税所，撥竈户二千一百七十隸之，每銀一兩，得鹽四十斤。甲午年，立山東鹽運司。中統元年，歲辦銀二千五百錠。三年，命課税隸山東都轉運司。四年，令益都山東民户，月買食鹽三斤；竈户逃亡者，招民户補之。是歲，辦銀三千三百錠。至元二年，改立山東轉運司，辦課銀四千六百錠一十九兩。是年，户部造山東鹽引。六年，增歲辦鹽爲七萬一千九百九十八引，自是每歲增之。至十二年，改立山東都轉運司，歲辦鹽一十四萬七千四百八十七引。十八年，增竈户七百，又增鹽爲一十六萬五千四百八十七引，竈户工本錢亦增爲中統鈔三貫。二十三年，歲辦鹽二十七萬一千七百四十二引。二十六年，減爲二十二萬引。大德十年，又增爲二十五萬引。至大元年之後，歲辦正、餘鹽爲三十一萬引，所隸之場，凡一十有九。

河東之鹽：出解州鹽池，池方一百二十里，每歲五月，場官伺池鹽生結，令夫搬摝鹽花。其法必值亢陽，池鹽方就，或遇陰雨，則不能成矣。太宗庚寅年，始立平陽府徵收課税所，從實辦課，每鹽四十斤，得銀一兩。癸巳年，撥新降户一千，命鹽使姚行簡等修理鹽池損壞處所。憲宗壬子年，又增撥一千八十五户，歲撈鹽一萬五千引，辦課銀三千錠。世祖中統二年，初立陝西轉運司，仍置解鹽司於路村。三年，以太原民户自煎小鹽，歲辦課銀一百五十錠。五年，又增小鹽課銀爲二百五十錠。至元三年，諭陝西四川，以所辦鹽課赴行制國用使司輸納，鹽引令制國用使司給降。四年，立陝西四川轉運司。六年，立太原提舉鹽使司，直隸制國用使司。十年，命撈鹽户九百八十餘，每丁撈鹽一石，給工價鈔五錢。歲辦鹽六萬四千引，計中統鈔一萬一千五百二十錠。二十三年，改立陝西都轉運司，兼辦鹽、酒、醋、竹等課。二十九年，減大都鹽課一萬引，入京兆鹽司添辦。是年五月，又革京兆鹽司一，止存鹽運司。大德十一年，增歲額爲八萬二千引。

至大元年，又增煎餘鹽爲二萬引，通爲一十萬二千引。延祐三年，以池爲雨所壞，止辦課鈔八萬二千餘錠。於是晉寧、陝西之民改食常仁紅鹽，懷孟、河南之民改食滄鹽。五年，乃免河南、懷孟、南陽三路今歲陝西鹽課，仍授鹽運使暨所臨路府州縣正官兼知渠堰事，責以疏通壅塞。六年，改陝西運司爲河東解鹽等處都轉運鹽使司，直隸中書省。十月，罷陝西行省所委巡鹽官六十八員，添設通判一員，別鑄分司印二。又罷撈鹽提領二十員，改立提領所二，增餘鹽五百料。是年，實撈鹽一十八萬四千五百引。天曆二年，辦課鈔三十九萬五千三百九十五錠。

四川之鹽：爲場凡一十有二，爲井凡九十有五，在成都、夔府、重慶、敘南、嘉定、順慶、潼川、紹慶等路萬山之間。元初，設拘榷課稅所，分撥竈户五千九百餘隸之，從實辦課。後爲鹽井廢壞，四川軍民多食解鹽。至元二年，立興元四川鹽運司，修理鹽井，仍禁解鹽不許過界。八年，罷四川茶鹽運司。十六年，復立之。十八年，併鹽課入四川道宣慰司。十九年，復立陝西四川轉運司，通辦鹽課。二十二年，改立四川鹽茶運司，分京兆運司爲二，歲煎鹽一萬四百五十一引。二十六年，一萬七千一百五十二引。皇慶元年，以竈户艱辛，減煎餘鹽五千引。天曆二年，辦鹽二萬八千九百一十引，計鈔八萬六千七百三十錠。

遼陽之鹽：太宗丁酉年，始命北京路徵收課稅所，以大鹽泊硬鹽立隨車隨引載鹽之法，每鹽一石，價銀七錢半，帶納匠人米五升。癸卯年，合懶路歲辦課白布二千匹，恤品路布一千匹。至元四年，立開元等路運司。五年，禁東京懿州乞石兒硬鹽，不許過塗河界。是年，諭各位下鹽課如例輸納。二十四年，灤州四處鹽課，舊納羊一千者，亦令如例輸鈔。延祐二年，又命食鹽人户，歲辦課鈔，每兩率加五焉。

兩淮之鹽：至元十三年命提舉馬里范張依宋舊例辦課，每引重三百斤，其價爲中統鈔八兩。十四年，立兩淮都轉運使司，每引始改爲四百斤。十六年，額辦五十八萬七千六百二十三引。十八年，增爲八十萬引。二十六年，減一十五萬引。三十年，以襄陽民改食揚州鹽，又增八千二百引。大德四年，諭兩淮鹽運司設關防之法，凡鹽商經批驗所發賣者，所官收批引牙錢，其不經批驗所者，本倉就收之。八年，以竈户艱辛，遣官究議，停煎五萬餘引。天曆二年，額辦正餘鹽九十五萬七十五引，計中統鈔二百八十五萬二百二十五錠，所隸之場凡二十有九，其工本鈔亦自四兩遞增至十兩云。

兩浙之鹽：至元十四年，立運司，歲辦九萬二千一百四十八引。每引分作二袋，每袋依宋十八界會子，折中統鈔九兩。十八年，增至二十一萬八千五百六十二引。十九年，每引於舊價之上增鈔四貫。二十一年，置常平局，以平民間鹽價。二十三年，增歲辦爲四十五萬引。二十六年，減十萬引。三十年，置局賣鹽魚鹽於海濱漁所。三十一年，併煎鹽地四十四所爲三十四場。大德三年，立兩浙鹽運司檢校所四。五年，增額爲四十萬引。至大元年，又增餘鹽五萬引。延祐六年，罷四檢校所，立嘉興、紹興等處鹽倉官，三十四場各場監運官一員，歲辦五十萬引。七年，各運司鹽課以十分爲率，收白銀一分，每銀一錠，準鹽課四十錠。其工本鈔，浙西一十一場正鹽每引遞增至二十兩，餘鹽至二十五兩；浙東二十三場正鹽每引遞增至二十五兩，餘鹽至三十兩云。

福建之鹽：至元十三年，始收其課，爲鹽六千五十五引。十四年，立市舶司，兼辦鹽課。二十年，增至五萬四千二百引。二十四年，改立福建等處轉運鹽使司，歲辦鹽六萬引。二十九年，罷福建鹽運司及鹽使司，改立福建鹽課提舉司，增鹽爲七萬引。大德四年，復立鹽運司。九年，又罷之，併入本道宣慰司。十年，又立鹽課都提舉司，增鹽至二萬引。至大元年，又增至十三萬引。四年，改立福建鹽運司。至順元年，實辦課三十八萬七千七百八十三錠。其工本鈔，煎鹽每引遞增至二十貫，曬鹽每引至一十七貫四錢。所隸之場有七。

廣東之鹽：至元十三年，克廣州，因宋之舊，立提舉司，從實辦課。十六年，立江西鹽鐵茶都轉運司，所轄鹽使司六，各場立管勾。是年，辦鹽六百二十一引。二十二年，分江西鹽隸廣東宣慰司，歲辦一萬八百二十五引。二十三年，併廣東鹽司及市舶提舉司爲廣東鹽課市舶提舉司，每歲辦鹽一萬二千七百二十五引。大德四年，增至正餘鹽二萬一千九百八十二引。十年，又增至三萬引。十一年，三萬五千五百引。至大元年，又增餘鹽一萬五千引。延祐二年，歲煎五萬五百引。五年，又增至五萬五百五十二引。所隸之場凡十有三。

廣海之鹽：至元十三年，初立廣海鹽課提舉司，辦鹽二萬四千引。三十年，又立廣西石康鹽課提舉司。大德十年，增一萬一千引。至大元年，又增餘鹽一萬五千引。延祐二年，正餘鹽通爲五萬一百六十五引。

凡天下一歲總辦之數，唯天曆爲可考，今併著于後：

鹽，總二百五十六萬四千餘引。

鹽課鈔，總七百六十六萬一千餘錠。

《元史》卷九四《食貨志二・酒醋課》 元之有酒醋課，自太宗始。其後皆著定額，爲國賦之一焉，利之所入亦厚矣。初，太宗辛卯年，立酒醋務坊場官，榷沽辦課，仍以各州府司縣長官充提點官，隸徵收課税所，其課額驗民户多寡定之。甲午年，頒酒麯醋貨條禁，私造者依條治罪。世祖至元十六年，以大都、河間、山東酒醋商税等課併入鹽運司。二十二年，詔免農民醋課。是年二月，命隨路酒課依京師例，每石取一十兩。三月，用右丞盧世榮等言，罷上都醋課，其酒課亦改榷沽之制，令酒户自具工本，官司拘賣，每石止輸鈔五兩。二十八年，詔江西酒醋之課不隸茶運司，福建酒醋之課不隸鹽運司，皆依舊令有司辦之。二十九年，丞相完澤等言：「杭州省酒課歲辦二十七萬餘錠，湖廣、龍興歲辦止九萬錠，輕重不均。」於是減杭州省十分之二，令湖廣、龍興、南京三省分辦。

大德八年，大都酒課提舉司設槽房一百所。九年，併爲三十所，每所一日所醞，不許過二十五石之上。十年，復增三所。至大三年，又增爲五十四所。其制之可考者如此。若夫累朝以課程撥賜諸王公主及各寺者，凡九所云。

天下每歲總入之數：

酒課：

腹裏，五萬六千二百四十三錠六十七兩一錢。

遼陽行省，二千二百五十錠一十一兩二錢。

河南行省，七萬五千七十七錠一十一兩五錢。

陝西行省，一萬一千七百七十四錠三十四兩四錢。

四川行省，七千五百九十錠二十兩。

甘肅行省，二千七十八錠三十五兩九錢。

雲南行省，𧴩二十萬一千一百一十七索。

江浙行省，一十九萬六千六百五十四錠二十一兩三錢。

江西行省，五萬八千六百四十錠一十六兩八錢。

湖廣行省，五萬八千八百四十八錠四十九兩八錢。

醋課：

腹裏，三千五百七十六錠四十八兩九錢。

遼陽行省，三十四錠二十六兩五錢。

河南行省，二千七百四十錠三十六兩四錢。

陝西行省，一千五百七十三錠三十九兩二錢。

四川行省，六百一十六錠一十二兩八錢。

江浙行省，一萬一千八百七十錠一十九兩六錢。

江西行省，九百五十一錠二十四兩五錢。

湖廣行省，一千二百三十一錠二十七兩九錢。

《元史》卷一〇四《刑法三・食貨》 諸私造唆魯麻酒者，同私酒法，杖七十，徒二年，財産一半没官，有首告者，於没官物内一半給賞。諸蒙古、漢軍輒醞造私酒醋麯者，依常法。諸犯禁飲私酒者，笞三十七。諸犯界酒，十瓶以下，罰中統鈔一十兩，笞二十七，七十瓶以上，罰鈔四十兩，笞四十七，酒給元主。酒雖多，罰止五十兩，罪止六十。

陶宗儀《南村輟耕録》卷二一《公宇》 中書省

吏部

户部　都提舉萬億綺源庫　都提舉萬億賦源庫　都提舉萬億寶源庫　都提舉萬億廣源庫　提舉富寧庫　諸路寶鈔　都提舉司　順承行用庫　文明行用庫　光熙行用庫　健德行用庫　和義行用庫　崇仁行用庫　順承平準庫　大都平準庫　寶鈔總庫　印造寶鈔庫　燒鈔西庫　燒鈔東庫　印造茶鹽引局　抄紙坊

禮部　會同館　教坊司　鑄印局　白紙坊　油磨坊

兵部

刑部

工部　覆實司　提舉都城所　提舉右八作司　提舉左八作司　備章總院　大都人匠總管府　大都等路諸色民匠總管府　紋綉總院　綉局　諸路雜造總管府　茶迭兒局諸色人匠總管府　提舉諸司局　諸司局人匠總管府　大都金銀器盒局　大都氈局　織染局　花毯蠟布等局　簾局　撒答剌欺等局人匠提舉司　造船提舉司　諸物庫　符牌庫　受給庫　左右廂

樞密院　右衛親軍都指揮使司　左衛親軍都指揮使司　中衛親軍都指揮使司　前衛親軍都指揮使司　後衛親軍都指揮使司　武衛親軍都指揮使司　蒙古侍衛親軍都指揮使司　虎賁侍衛親軍都指揮使司　唐兀侍衛親軍都指揮使司　欽察侍衛親軍都指揮使司　貴赤侍衛親軍都指揮使司　西域侍衛親軍都指揮使司

御史臺　殿中司　察院

也可札魯忽赤　司獄司
徽政院　宮正司　掌謁司　掌醫署　掌膳署　内宰司　備用庫　藏珍庫　掌儀署　文成庫　供須庫　儀從庫　衛候司　右都威衛使司　左都威衛使司　延慶司　隨路諸色人匠都總管府　馬瑙玉局　大都等路諸色民匠提舉司　織染雜造　人匠總管府　綾錦局　織染局　文綺局　諸路怯憐口民匠都總管府　大護國仁王寺財用規運都總管府
宣徽院　尚舍監　諸物庫　尚食局　生料庫　光禄寺　尚醖局　尚飲局　醴源倉　闌遺監　提舉太倉　柴炭提舉司　沙糖局
中政院　奉宸庫　管領隨路民匠打捕鷹房納綿總管府
集賢院　國子監　國子學　興文署
翰林院　國子監　國子學
翰林國史院
宣政院　資善庫
昭文館
太常寺　太廟署　大樂署　社稷署　禮直署
大司農司　廣濟署　藉田署　豐贍署　供膳署　昌國署　濟民署
大都護府
通政院　廪給司
秘書監　著作局　秘書庫
大府監　内藏庫　右藏庫　左藏庫　器備庫
中尚監　資成庫　雜造局諸色人匠提舉司　鐵局　木局　怯憐口諸色人匠提舉司　大都等路種田人匠織染局
利用監　資用庫　怯憐口皮局人匠提舉司　大都雜造雙綫局　熟皮局　店皮局　貂鼠局　大都軟皮局
章佩監　御帶庫　异珍庫
典瑞監
大都留守司兼少府監　修内司　大木局　小木局　泥瓦局　妝釘局　銅局　車局　繩局　祗應局　畫局　油漆局　器備局　器物局　鐵局　儀鸞局　大都諸色人匠提舉司　犀象牙局　雕牙局　雕木局　采石局　木場局
上林局　大都門尉
將作院　諸路金玉人匠總管府　玉局提舉司　瑪瑙局　提舉司　石局　金絲子局　大小雕木等局　鞓帶斜皮局　瓘玉局　畫局　温犀玳瑁局　漆紗冠冕局　珠子局　异樣等局　總管府　异樣紋綉兩局　綾錦織染兩局　金絲顔料總庫　尚衣局　御衣局
泉府司　富藏庫
侍儀司　法物庫
武備寺　壽武庫　利器庫　甲匠提舉司　箭局　弦局
都水監　大都河道提舉司
尚乘寺　諸路雜造總管府　諸路旋匠提舉司　網簾局資乘庫
太僕寺
太史院
司天臺
回回司天臺
太醫院　御藥局　御藥院　回回藥物院　回回藥物局　大都惠民局　廣惠司
崇福司
拱衛直都指揮使司　儀從司
大司徒領异樣金玉人匠總管府　塑局　出鑞局　銀局　銅局　鑄瀉等銅局　唐像畫局　梵像局　雜造提舉司　鑌鐵局　玉局　諸物局
孛可孫
儀鳳司　安和署
京畿都漕運使司　萬斯南倉　萬斯北倉　千斯倉　相因倉　豐閏倉　通濟倉　廣貯倉　永平倉　永濟倉　惟億倉　既盈倉　盈衍倉　大積倉　豐實倉　廣衍倉　順濟倉
大都等路都轉運鹽使司　大都税課提舉司　大都酒課提舉司
大都南北兩兵馬都指揮使司　北兵馬司
内史府
省架閣庫
左右部架閣庫
長信寺

丘濬《大學衍義補》卷三〇《制國用·征榷之課》 宋初，諸路未盡禁酒。吴越之禁，自錢氏始。京西禁，自太平興國二年，閩廣至今無禁。

真宗詔曰：榷酤之法，素有定規，宜令計司立爲定式，自今中外不得復議增課，以圖恩奬。

臣按：酒之爲物，古人造之，以祀神養老宴賓，亦如籩豆之實，然非民生日用不可無之物也。儀狄始造酒，大禹飲之，豫知後世必有因之以亡其國者。武王作誥以戒其臣下，至欲加以殺之之刑。古之聖王必不忍以口食之微，戕人性命而猶然者。法不嚴，則禁不絶故也。自桑弘羊爲榷酒取利之法，縱民自造而自飲。嗚呼，所得幾何，乃使天下國家受無窮之禍，遂至蚩蚩之民，嗜其味之甘，忘其身之大。性以之亂，德以之敗，父子以是而不相慈孝，兄弟以是而不相友愛，夫婦以是而相反目，朋友以是而相結怨，甚至家以之破，國以之亡，國家有所興作，率因是以債，敗者不可勝數。明君賢相何苦而不爲之禁絶哉。且前代賴之以濟國用，不禁尚有可諉者。況祖宗以仁義立國，不忍計民口食以爲國用，如存其名，實無其利。臣愚以爲今日化民厚俗之急務，莫先於復三代聖王禁酤之良法。然法太嚴則不可行，法太寬則不能禁，況民以飲與食並嗜，習已成性，甚乃有廢食而專飲者。性嗜已久。一旦革之，良爲不易。乞敕有司申明古典，革去額課。今後官吏軍民之家，並許私釀。然所醖釀者，不許過五斗。相饋送者，不許過二升。宴會不許過三巡，飲嗜不許至甚醉。開店以賣者有重刑，載酒以出者有嚴禁。凡民家所有甑醉之類，盡行送官毁壞，不送者有罰。而又禁革造醉之木工，燒甑之窑户，定爲限制，違者治罪。如此，則酒非富家不能造，而貧者無從以得酒。不畏法者雖欲縱情以自肆，而知禮守法者，亦有所據，依以節制之矣。若此者，雖非古人立法之本意，然亦因時制宜，足民化俗之一端也。迂儒之言，知其一而不知其二。伏惟聖君賢輔，相與折衷而施行之，天下臣民蓋有陰受其賜者矣。

元武宗大德八年，大都酒課提舉司設槽房一百所。九年，併爲三十所。每所一日所醖不許過二十五石之上。

臣按：宋朝東京酒務三十五，元於大都總置提舉司一，設爲槽房三十所，每所一日所醖不許過二十五石，總計日費七百五十石，月費二萬二千五百石，歲費二十七萬石。今日京師一歲所費恐不止此，且釀酒之米皆出江南，舟載車輦，歷數千萬，乃至于此。嗟夫，民生有欲，禁之猶恐其縱，乃設樓店以召致之，使縱其慾可乎。倫理以之而斁，政事以之而廢，詞訟姦盗以之而興，是乃一不仁不義之舉，興禍起亂之端，伏願聖明天子奮發剛斷，毅然禁之，以革自漢以來千載深痼之弊，使萬世以下良史書之以爲善政，豈不韙歟。雖然千年之事萬人之欲，乃欲一日而頓去之，良不易。然者必不得已而思。其次，請亦如元人置司開槽，京師五城，每城各爲五槽，每槽日醖不許過十石，官吏軍民之家，遇有公私祭奠昏冠禮會，許其先期具辭告官酤買，官爲之券，券用花欄中印文，移空其月日及所行禮會臨時填註，仍批其券曰出本日不用，每券不過一斗以下，價直必倍，其本價貴則酤者少矣。酤酒者執券爲照，無券及多買多賣者，各治以罪。

霍□《軍政事例》卷一《軍衛條例·成造軍器》 一天下衛所，照依原定則例，督匠按季成造軍器。完日，會原辦物料有司堂印官員查點，見數如法，試驗堪中，仍用油添調硃，於點過軍器背面書寫某衛、某所、某年、某季成造字樣，候至五年，本部通行各該巡按御史查盤。若各該衛所官旗人等，仍前侵欺物料，以致缺料成造及不如法者，將指揮千百户各降一級叙用，不許管事；旗甲人等，各發極邊衛分充軍。成化二年。

查驗軍器

一各處軍器局造作長鎗、斬馬刀、牌、甲、弓、箭不如法者，都布按三司堂上委官，各府衛掌印官，并管局委官，參問降級。

查驗軍器

一各處巡按御史都布按三司分巡分守官查盤軍器，若衛所官旗人等侵欺物料，那前補後，虚數開報，及三年不行造册奏繳者，官降一級，帶俸差操旗軍人等發邊衛充軍，其各該都司并分巡分守官怠慢誤事者，參究治罪。

督造軍器

一督造軍器，自嘉靖三十年起，江北違限四箇月之上，江南違限八箇月之上，該衛所掌印管局官俱住俸參提，違限一年之上，都司管造官亦住俸參提。仍行各該巡按御史，在各省，則專委按察司清軍官，在兩直隸，則專委各府清軍官，催辦軍三民七料價，但有稽遲及侵扣等項情弊，巡按御史參拏重治。

《明穆宗實録》卷二十一 〔隆慶二年六月己卯〕工部條上釐革清理錢糧六事：一廠税；一局税；一軍器；一段疋；一麻鐵；一葦地。大略言：杭、荆二廠，蘆溝橋等局，漏税甚多。有欺隱、抵换、包攬、侵尅等弊。自今廠税，責成主事督同該府佐二官親自驗收，互相稽察。局税責巡視御史及各主事查盤估計，如法抽分。軍器、段疋、麻鐵，多薄惡不堪。有經數歲不解者，有司怠緩解官，侵盜往往有之。宜嚴飭所司，如式製造，及依期督發順天、河間二府。葦地爲豪右所占，逋課日積，宜令屯田御史及管河郎中清查原額，占者還官，逋者追解；水所衝没，悉蠲除之。上是其議。令所在撫按官及原管御史郎中等，嚴行清理以聞。

《明穆宗實録》卷三十五 〔隆慶三年七月壬午〕先是，命工部造朝殿掛燈及鰲山燈。工部報奏：「本部庫貯錢糧存者無幾，即加意節縮，不足以充。目前興造之需，奈何以詘乏之餘，營不急之務？且今災異頻仍，旱蝗水溢，奏報踵至，正宜停止興作，以應天心。又明年日、月之食，皆在歲正，陛下方當徹樂減膳，恐懼脩省，何暇爲觀燈遊宴之舉？即謂朝殿排燈不可缺，則因其敝壞稍加脩葺，取諸該監錢糧足矣。今以一燈之費至三萬餘金，其爲聖政累不細。惟陛下仰察天變，俯察民艱，毅然停止，無以時詘舉贏。」上乃罷鰲山，而令更新朝燈之敝壞者。己丙，都給事中嚴用和、御史孫夢兮等復以爲言。疏俱報聞。

鄧球《皇明泳化類編》卷一〇二《鹽法》 洪武三年秋八月，募民輸粟中鹽，是冬立鹽法。

洪武二十八年令，各處邊方缺糧，户部奏請開中納米，定爲則例。先出榜招商，于缺糧倉分上納，仍先編制勘合并底簿，發各該布政司并都司衛分，及收糧衙門收掌。如遇客商納完，填寫所納糧并該支引鹽數目，附客商齎各該運司及鹽課司提舉司照數支鹽。至永樂年間，准鹽納米二斗五升，或小米四斗，遇米貴小米亦二斗五升，蓋本輕而獲利重，以故人争走紉，而邊儲益饒矣。

官鹽

歲辦額課鹽，名曰官鹽。凡客商中賣官鹽，令其賣畢，即將引赴所賣官司繳有司，類解各運司，運司按季通類解部，塗抹在卷。《會典》曰：洪武初，凡起運官鹽，每引四百斤，帶耗鹽一十斤，爲二袋。

開中鹽

此即前所云召商中納，非額課也。

國家爲濟邊儲，廣糧餉，遂量其所在，米價之貴賤，與夫道里之遠近險易，明定則例奏立案，該管衙門，乃榜召商人納米中鹽，謂之開中。其鹽許遵依行鹽地方發之，越界者，便爲私鹽。《會典》曰：洪武初，客鹽每引二百斤爲一袋。

存積　常服

正統五年，令兩淮兩浙長蘆運司，每歲額辦以十分爲率，八分給與守支客商，二分另爲收貯在官，候邊方急缺糧儲召中以所貯見鹽，人到即支，謂之存積。其八分年終挨次給守支客商，謂之常股。凡中鹽常股價輕，存積價重，蓋亦鹽法一變矣。

十四年，增兩淮兩浙存積鹽爲四分。景泰元年，令增兩淮兩浙存積鹽爲六分。成化七年，令兩淮兩浙運司各場存積鹽課仍舊，止作四分，常服增爲六分。十九年，令客商支鹽，皆令上下場分三七分派，常服存積，正收正支，如違，商人治罪，鹽貨入官，官吏坐以枉法臟罪。

歲辦鹽

兩浙歲辦二十二萬四千五十七引二百斤零，後改辦小引四十四萬四千七百六十九引一百四十九斤二兩，本色二十二萬三千一百六十一引二十斤七兩三分，存積八萬九千二百六十四引八十八斤，常服一十三萬三千八百九十六引一百三十二斤，折色二十二萬一千六百八引一百二十八斤十兩九錢七分。兩淮歲辦三十五萬二千五百七十六引一百斤零，後改辦小引七十萬五千一百八十引，本色六十四萬二千六百九十五引，存積二十五萬八百二十九引，常服二十九萬一千八百二十五引，折色六萬二千四百八十五引。福建歲辦二十萬四千五百七十二引三百斤零，後改辦小引一十萬五千三百四十引二百六十五斤八兩九錢，本色四萬七千四百五十六引二百七十八斤四兩九錢，折色五萬七千八百八十三引二百八十七斤四兩。山東歲辦一十四萬三千三百八十七引一百五十斤，後改辦小引二十八萬四千一百二十四引一百六十二斤，本色二十四萬九千八百九十七引一百六十二斤，折色一十三萬四千二百二十七引。北平河間后改爲河間長蘆運司。歲辦六萬三千一百五十三引三百斤零，後改辦小引一十八萬八百七引一百八十八斤零，本色共一十三萬五千七百七十五引八十六斤零，存積三萬六千一百六十一引，常服九萬九千六百四引八十六斤零，折色四萬五千三十二引一百一斤零。廣東歲辦四萬六千八百五十五引一百斤零，辦如舊。海北歲辦二萬七千四十引二百斤零，後改辦小引一萬九千四百八十三引四百九十斤，本色一萬三千三百八十引一百斤零，折色六千一百三引九斤。陝西西和縣歲辦一十三萬一千五百三十斤零。漳縣歲辦五十一萬五千六百七十斤零，後增靈州歲辦二百八十六萬七千四百七斤。四川歲辦一千八百四十六萬六百八十四斤零，共徵銀七萬一千四百六十四兩零。雲南歲辦二十七萬二千一百三十七斤零，又折綿布七百二十段，每段長一丈一尺，濶八寸。黑井歲辦五十七萬二千三百四十斤。安寧歲辦七十七萬二千六百八十斤零。向鹽井歲辦二十一萬七百二十斤零。河東歲辦六千八十萬斤。

成化二十三年，設河東解鹽中場倉，增歲辦一十一萬六十引，共爲四十六萬引。

行鹽地方

兩浙鹽行於杭州府、紹興府、寧波府、台州府、温州府、蘇州府、衢州府、處州府、徽州府、嘉興府、湖州府、松江府、嚴州府、常州府、鎮江府、廣信府、金華府、廣德州。

兩淮鹽行於應天府、寧國府、太平府、楊州府、鳳陽府、廬州府、安慶府、池州府、淮安府、和州、南昌府、九江府、南康府建昌府、贛州府、南安府、臨江府、撫州府、吉安府、袁州府、瑞州府、饒州府、武昌府、黄州府、沔陽州、岳州府、夷陵州荆州府、常德府、長沙府、澧州辰州府、衡州府、德安府、承天府、靖州襄陽府、寶慶府。《會典》曰：正統十年，令湖廣衡州、長沙二府屬兩淮行鹽地方，則前此淮鹽亦不及此矣。

山東鹽行於濟南府、青州府、兖州府、東昌府、萊州府、東平州、開封府、登州府、徐州、邳州、宿州。

廣東鹽行於廣州府、肇慶府、惠州府、韶州府、南雄府、潮州府、德慶州。

海北鹽行於雷州府、高州府、廉州府、桂林府、柳州府、梧州府、尋州府、慶遠府、南寧府、平樂府、瓊州府、永州府、郴州、太平府、田州府、思明府、鎮安府、龍洲泗城州、奉議州、利州、桂陽州。

四川鹽行於成都府、嘉定州、叙州府、潼川州、保寧府、順慶府、慶元州、夔州府、廣安州、雅州。

福建鹽行於福州府、興化府、泉州府、汀州府、漳州府、邵武府、建寧府、延平府。

陝西漳縣西和二處，鹽行于鞏昌府、臨洮府、河州。

長蘆鹽行於順天府、真定府、保定府、順德府、廣平府、大石府、永平府、河間府、隆慶州、保安州、彰德府、衛輝府。

河東鹽行於西安府、漢中府、延安府、鳳翔府、懷慶府、河南府、汝寧府、南陽府、平陽府、潞州、澤州、沁州、遼州。

各王府及五府六部、都察院六科十三道、國子監、翰林院、通政司、大理寺、大常寺、鴻臚寺、光禄寺、尚寶司、應天府錦衣衛内府門武學會同館、典牧所、大勝關，皆儀真所關支鹽六千四百九十引一百七十三斤。四十九衛并五城兵馬司，皆淮安所關支鹽九千二百九十九引一百五十四斤。又解送光禄寺青白鹽一百五十五引。其北京各衙門食鹽，係長蘆運司辦納青鹽六萬四千七百四十四斤二十一兩，滷水鹽二千四百斤。

禁令

洪武初，凡各場鹽丁人等，除正額鹽外，將煎到餘鹽夾帶出鹽場，及私鹽貨賣者絞。百夫長知情容縱，或通同貨賣者同罪。兩鄰知私煎鹽貨不首者，杖一百充軍。凡守禦官吏巡檢司獲私鹽，俱發有司歸問，犯人絞，有軍器者斬，鹽貨車舡頭匹没官。引領牙人及窩藏寄放者杖一百，發煙瘴地面充軍。挑擔駄載者，杖百充軍。自首者俱免。常人捉獲者，賞銀十兩，仍追所賣場分，依律處斷。

客商將買到官鹽，插和沙土貨賣者，杖八十。賣畢不繳引者，杖六十。如將舊引影射鹽貨同私鹽論僞造者斬。凡諸人買私鹽食用者，減販私鹽人罪一等，因而販賣者絞。

洪武二十四年，令楊州府泰州竈户，照温、台、處三府例支食官鹽折納鈔貫，每引二百斤，米四石，每米一石，折鈔二貫五百文，其鈔就准工本，工本數多鈔少，官爲補支，工本數少而鈔多，扣除工本外，餘鈔納官。鹽糧鈔始此。

洪武二十七年，令凡公侯伯及文武四品以上官，不得令家人奴僕行商中鹽，侵奪民利。

先是藍玉令家人中到雲南鹽一萬餘引，倚勢兑支，事發，太祖怒曰：此是侵奪民利，阻壞鹽法，但是功臣家中到鹽引，盡行没官，遂著是令。

永樂二年，令兩京官吏人等，及各處官民户口食鹽，每歲大口納鈔一十二貫，支鹽一十二斤，小口納鈔六貫，支鹽六斤。市民食鹽每引納鈔二百貫，鄉民食鹽每引納米五石，每石折鈔一百貫，每引該鈔五百貫。

三年，令浙江等布政司，并北直隸府州縣官民人等户口食鹽，各隨地方徵收，歲用糧多處徵米，歲用糧少處徵鈔。

四年，令未食鹽官民人等，一體見丁納鈔支鹽，大口十五歲以上月支鹽一斤，小口十歲以上月支鹽半斤，納鈔五百文。

宣德九年，令各處運司并鹽課司，但有客商夾帶私鹽者，原支引鹽俱没入官。

正統二年，令各處竈丁有犯俱免納米，及調場笞杖者，(者)的罪雜犯死罪與徒流罪者，除歲辦額鹽水，令每日煎鹽三斤。死罪准工五年，流罪准工四年，徒五等各照年限，俱計日煎鹽贖罪。至弘治二年，令各處竈户犯徒罪以上，審有力并干礙鹽法囚犯杖徒以上，該納米贖罪者，俱發所在場倉，照罪上納米各及入官，舡隻頭畜貨物亦變賣，價銀送發該場以備凶年賑濟貧竈。

弘治十三年奏准，越境興販私引鹽至二千斤以上者，發附近衛充軍。原係腹裏衛所者，發邊衛充軍。其客商收買餘鹽買求掣摯至二千斤以上者，亦照前例發遣。經過官司縱放，及地方火甲里老知而不舉，各治以罪。巡捕官員乘機興販至二千斤以上，亦照前例問發。凡貧難軍民，將私鹽肩挑背負，易米度日者聽之。與國初不同。其豪强鹽徒，聚衆撑駕大舡，張掛旗號，擅用兵杖響器者，巡捕巡鹽官兵擒獲，若拒敵殺傷人命者，俱梟首示衆。各處無藉之徒，號稱長布衫趕舡、虎光棍好漢等名色，把持官府，詐害客商，該犯徒罪以上及再犯杖罪以下者，俱發邊衛充軍。凡僞造鹽引印信賄囑運司吏書人等，將已故并遠年客人名藉中鹽來歷填寫在引轉賣駈騙財物，爲首者，斬。其爲從并經紀牙行店户運司吏書，一應知情人等，但計贓滿貫者，不拘曾否支鹽出場，俱發邊衛充軍。

申時行《明會典》卷三一《户部一八·庫藏二·錢法》 洪武初，置寶源局於應天府。鑄大中通寶錢，與歷代錢兼行。以四百爲一貫，四十爲一兩，四文爲一錢。設官專管江西等行省，各置貨泉局，頒大中通寶，大小五等錢，設官鑄造。令户部及各行省，鑄洪武通寶錢，其制凡五等：當十錢重一兩，當五錢重五錢，當三、當二重皆如其當之數，小錢重一錢。六年，禁民間私鑄銅錢。凡私鑄者，許作廢銅送官，每斤給官錢一百九十文。諸税課内，如有私錢，亦爲更鑄。八年，罷寶源局鑄錢。九年，罷各布政司寶源局。十年，令各布政司復設寶泉局，鑄小錢，與鈔兼行。二十二年，令造小錢，一十文至五十文，以便民用。每生銅一斤，鑄小錢一百六十。折二錢八十，當三錢五十四，當五錢三十二，當十錢一十六。二十三年，復定錢制。每小錢一文，用銅二分。其餘四等錢，依小錢制遞增。凡鈔一貫，准錢一千文。二十六年，復罷各布政司寶泉局。永樂九年，令差官於浙江、江西、廣東、福建，四布政司，鑄永樂通寶錢。宣德九年，令南京工部并浙江等布政局，鑄宣德通寶錢。景泰四年，令民間將銅錢折鈔，阻壞鈔法者，依律究治。天順四年，令民間除假錢、錫錢外，凡歷代并洪武、永樂、宣德銅錢及折二、當三依數准使，不許挑揀。成化三年，令内外課程，俱錢鈔中半兼收。如該納一貫者，止納鈔一貫，不在兼收之例。商税課程船料等項鈔，一體兼收銅錢。該起運或支給者，相兼撥付，每一貫，收錢四文，除破碎并錫錢，其餘不拘新舊，盡數驗收。十三年奏准：私鑄銅錢，爲首并匠人，依律論罪。爲從者，問罪用一百斤枷，枷號一箇月。民匠舍餘，發附近充軍。旗軍，調發邊衛，食糧差操。若販賣行使者，亦枷號一箇月，照常發落。十六年奏准：京城九門及都税宣課司等衙門收錢，照律除破碎并僞造錫錢不使外，其餘不拘年代遠近，但係囫圇錢，即便行使，不許刁難挑揀阻滯錢法。仍出榜禁約，及令兩廠并巡城御史等官，用心緝訪，如有揀錢，并僞造之人，拏送法司枷號，滿日究問。十七年，令京城内外軍民人等，買賣交易，止許行使歷代及洪武、永樂、宣德舊錢，每錢八文折銀一分，八十文折銀一錢。不許將私造新錢攙和，阻壞錢法。如違及販賣并私造之人，枷號依律照例發落。有能告捕者，官爲給賞。鄰里人等，知情不首者，事發連坐。仍行南北直隸及河南、山東等布政司府行錢地方，通爲禁約。弘治元年，令京城九門都税、宣課司、順天等八府并山東、河南二布政司，户口食鹽，全收鈔貫。淮安、臨清、揚州、蘇州、杭州、九江等，板閘船料鈔關，俱令鈔錢兼收，送庫支用。十八年，令兩京内府司鑰等庫及南北直隸府州并十三布政司，查盤洪武、永樂、宣德等錢，并鑄完弘治通寶發與太常寺等衙門，買辦等項支領，及折與軍衛有司衙門官吏、旗軍准作俸糧，并柴薪皂隸等項之數。不許留難刁蹬，致悞街市行使。仍行内外問刑衙門及税課司等衙門，照例一半收歷代舊錢，一半收洪武等錢。如無洪武等錢者，折收舊錢二文，以示懲罰。在内緝事衙門并巡城御史、兵馬司，在外巡按官，務要嚴加訪察。有擅自阻當及私自鑄造并知情買使者，照律例施行。正德五年題准：將新鑄船錫薄小低錢，倒好、皮棍等項名色盡革。將洪武、永樂、洪熙、宣德、弘治通寶及歷代真正大樣舊錢，相兼行使。七年，令職官折色俸給，以十分爲率，一分折錢，九分關銀。及在京九門税課在外各鈔關并官府買辦估價，里甲收受錢糧俱收舊錢，與國朝銅錢，相兼使用。嘉靖三年，令户部出給榜文，曉諭京城内外買賣人等，今後只用好錢，每銀一錢，七十文。低錢，每銀一錢一百四十文。著緝事衙門及五城御史緝訪，遠犯之人，發人煙去處，枷號示衆。四年，令宣課分司收税，每鈔一貫，折銀三釐，每錢七文，折銀一分。查照應納課程，收送内承運庫，以備光禄寺等衙門，買辦應用。六年奏准：鑄造嘉靖通寶一千八百八十三萬四百文，南京寶源局鑄造二千二百六十六萬八百文，每文重一錢三分。又議准：各監局官吏，今後解到錢鈔，准兼收洪武、永樂等錢。遇光禄寺買辦物料，行令順天府各鋪行，支給使用。户部仍通行兩京及各司府轉行所屬州縣衙門，將一應起運户口鹽糧并船料、商税、門攤等項，兼收洪武、永樂、宣德、弘治銅錢進納。民間交易，一體遵行。敢有把持行市不遵行使者，問以違例罪名，枷號示衆。又令曉諭京城内外商賈及鋪行人等，但有收積新錢，限一月内，盡數赴府縣并各城兵馬司出首，具呈户部，照銅價給與價銀，免其私販之罪。例後敢有隱藏不出首者，事發，比照私鑄銅錢爲從者例，問罪枷號發遣。其大小鋪行，仍前盜買販賣，一體究治，收過新錢，即與銷化貯庫，聽候鑄造大明通寶取用。又令曉諭京城内外行户人等，今後除私鑄新破鉛鐵等項，首官易買不用外，但係囫圇中樣舊錢，每一百四十文准銀一錢，與洪武、永樂等錢隨便行使。又令工部查照永樂、宣德年間事例，差官於直隸并河南、閩、廣鑄造嘉靖通寶解京，貯内府司鑰庫，給軍官折俸，并給光禄寺買辦物料，每錢七百文，准銀一兩。十九年題准：最發制錢數百萬文，給大同鎮官軍折俸。二十八年議准：軍民交易，將洪武、永樂、宣德、弘治、嘉靖制錢，并歷代銅錢相兼行使。敢有私鑄鉛錫假錢，并客商解人，販賣解納者，照例問發。三十二年議准：洪武通寶，有當十、當五、當三、當二之制，見今堪用者，復有一錢七十文、一錢一百四十文、一錢二百一十文三等，任從民便，相兼行使。又題准：錢法行使，悉依歷代年號，隨錢高下，咸得通行。但有銷鎔舊錢及今鑄錢造作銅像銅器等項者，比盜鑄律科斷。四十三年，以私鑄盛行，錢法阻滯，令内外各衙門，嚴加訪治。寶源局匠役人等侵料減工，致輕小濫惡，不堪行使者，該部拏送法司，從重問罪。以後該局鑄造暫行停止。户部每年，將南京、雲南及税課司，解收好錢一千萬文送部，轉送司鑰庫，以備賞賜之用。隆慶元年令買賣貨物值銀一錢以上者，銀錢兼使；一錢以下者，止許用錢。國朝制錢，及先代舊錢，每八文折銀一分，不許任意低昂。其崇文門税錢并太倉收貯南京解錢，給與在京各衙門官吏，爲折捧之用，以後按季銀錢兼支。崇文門課鈔，除該銀三兩以上者，收銀，其三兩以下者及九門各城、房號、行户，俱令收錢行使。四年，令以新鑄隆慶通寶，送户部發太倉庫量放京官折捧。萬曆四年題准：行雲南布政司督令所屬開局鑄錢，遵照新制萬曆通寶，與國朝制錢相兼行使，以佐海肥之用。又題准：通行天下，開鑄制錢，與本地方舊錢相兼行使。着各撫按官設法經理，務在便民，毋致勞擾。五年，令崇文門收税，除二兩以下者，盡數收錢；二兩以上者，亦銀錢中半上納。京城各門税課、五城兵馬司房號等項，盡數收錢。其文武官員支俸，照例銀錢關給外，餘各項商人，應領料價量擬銀八分、錢二分，并行支給。六年覆准將嘉靖、隆慶、萬曆制錢，遵照前奉欽依，每金皆八文，准銀一分；火漆鏇邊各十文，准銀一分；洪武等項與前代舊錢，各十二文，准銀一分，相兼行使。又令崇文門税銀，自三兩以下，盡數收錢；三兩以上，銀錢中半兼收。八年題准：雲南地方，既不用錢，不必鑄造。其在庫錢，著貴州差人於該省搬取，以充兵餉。十年詔：各處開局鑄錢地方，暫行停止。如錢法疏通願仍前鼓鑄者，聽從其便。

申時行《明會典》卷三二《户部一九・課程一・鹽法一》

國朝鹽法，設轉運司者六，提舉司者七，鹽課司以百計。大小引目，二百二十餘萬。解太倉銀百萬有奇，各鎮銀三十萬有奇。閩、廣二者，課額無多。非、池二鹽，撈辦亦易。長蘆山東，價廉課充。惟淮鹽居天下之半，浙次之，而皆艱於徵納。顧祖宗立法最善，歷朝累更，盡失初意。如常股、存積，空有其名。餘鹽割沒，倍增其數。甚至設工本以妨正額，通河鹽以亂正單，二者，其弊滋甚。近年議革，鹽法始通。若額數漸加，規條漸密，則因時變通，備述于後。

兩淮

兩淮都轉運鹽使司。洪武初置。

泰州分司

富安場鹽課司、拼茶場鹽課司、安豐場鹽課司、角斜場鹽課司、梁垛場鹽課司、東臺場鹽課司、何垛場鹽課司、小海場鹽課司、草偃場鹽課司、正德二年，歸併泰州小海場於此。丁谿場鹽課司。

淮安分司

白駒場鹽課司、正德二年，改屬泰州分司。劉莊場鹽課司、廟灣場鹽課司、板浦場鹽課司、伍祐場鹽課司、徐瀆浦場鹽課司、新興場鹽課司、莞瀆場鹽課司、臨洪場鹽課司、正德二年，分爲二場。興莊團場鹽課司。

通州分司

呂四場鹽課司、餘東場鹽課司、餘中場鹽課司、餘西場鹽課司、金沙場鹽課司、西亭場鹽課司、石港場鹽課司、馬塘場鹽課司、掘港場鹽課司、豐利場鹽課司、天賜場鹽課司、成化十八年開設，以莞瀆場原額鹽課，派撥三分之二，煎辦。儀真批驗所、淮安批驗所。

鹽課數目

洪武間歲辦

鹽場三十處，歲辦鹽三十五萬二千五百七十六引一百斤零。

弘治間歲辦

每歲收辦小引鹽七十萬五千一百八十引，內本色常股鹽三十九萬一千八百二十五引，存積鹽二十五萬八百二十九引，折色鹽六萬二千四百八十五引。

萬曆六年歲辦

小引鹽七十萬五千一百八十引，內常股鹽四十九萬三千六百二十六引，存積鹽二十一萬一千五百五十四引。

歲解太倉餘鹽銀六十萬兩。

行鹽地方

應天府、寧國府、太平府、揚州府、鳳陽府、廬州府、安慶府、池州府、淮安府、滁州、和州、南昌府、九江府、南康府、建昌府、贛州府、後改行廣鹽。南安府、後改行廣鹽。臨江府、撫州府、吉安府、後改行廣鹽。袁州府、瑞州府、饒州府、武昌府、黄州府、漢陽府、岳州府、荆州府、常德府、長沙府、衡州府、德安府、辰州府、承天府、鄖陽府、襄陽府、寶慶府、靖州、南陽府所屬十三州縣、此下俱嘉靖二十七年增。汝寧府、陳州。

洪武元年，定兩淮歲辦鹽數。每引重四百斤，官給工本米一石。後改行小引，每引重二百斤。永樂間議准：淮鹽每引，納米二斗五升或小米四斗。遇米貴，小米亦止二斗五升。兩浙同。正統二年，令兩淮官鹽，聽名商於貴州地方貨買，鹽引於鎮遠府告銷。七年，令兩淮運司所屬鹽場，以路途便利者爲上場，窵遠者爲下場。富安、安豐、梁垛、東臺、何垛五上場，配臨洪一下場。丁谿、草偃、小海、白駒、劉莊、伍祐六上場，配徐瀆一下場。新興、角斜、拼茶、豐利、馬塘、石港、西亭、金沙、餘西九上場，配板浦一下場。餘中、餘東、呂四三上場，配莞瀆一下場。掘港一上場，配廟灣一下場。凡支鹽之時，上場派盡，方以下場輳數補派，以便鹽商。十三年，令兩淮運司於各場利便處，置立倉囤。每年以揚州、蘇州、嘉興三府所屬附近州縣，及淮安倉并兑軍餘米內，量撥收貯。凡竈户若有餘鹽送赴該場，每二百斤爲一引，給與米一石，年終具奏造册申報。其鹽召商於開平、遼東、甘肅等處。開中，不拘資次，給與兩浙運司及松江、嘉興二分司。仁和、許村等場，亦准照此例。十四年，令增兩淮存積鹽爲四分，召商供給邊儲。景泰元年，令增存積鹽爲六分。三年，令兩淮運司，各場竈户，有將該徵糧草，不分起運存留，願折納餘鹽者，每正糧米、麥、豆五斗，草五包束，各折徵鹽一小引。成化四年，奏改富安、安豐、梁垛、東臺、何垛五場，配搭莞瀆場。丁谿、草偃、小海、白駒、劉莊、伍祐六場，配搭臨洪場。新興、角斜、拼茶、豐利、馬塘、石港、西亭七場，配搭徐瀆浦場。金沙、餘西、餘中、掘港、呂四、五場，配搭板浦場。餘東一場，配搭廟灣場。七年，令減兩淮存積鹽，仍爲四分，常股六分。弘治二年，令兩淮各場鹽囤地方皆東西南北爲界。如南北爲門，爲路，則東堆存積，西堆常股，定立石碑，每囤止一千引。如總催名下有一千五百引，一千爲大囤，五百爲小囤，先儘存積足數，然後收常股。一年鹽課皆完，方徵收下年者。委官盤鹽，務逐引秤盤，不許丈量堆垛查算。又令兩淮運司文支客商，成化十五年以前，無鹽支給者，許收買竈丁餘鹽，以補官引，免其勸借米麥。成化十六年以後至二十年以前，正支不敷者，亦許買補。該勸借賑濟米、麥，仍照支鹽分數上納。二十一年至二十三年，已辦未完者，嚴限追補完足，給與各年應支客商，不許收買餘鹽。該勸借賑濟米、麥，亦照例上納。十六年，令兩淮運司派鹽，將天賜、廟灣二場，改作正場，搭配板浦支給。豐利、梁垛、餘中三場，搭配莞瀆、臨洪、徐瀆支給。十七年，令兩淮巡鹽御史清理各場竈丁鹽課，有丁少辦納不敷者，許多餘鹽課，灑派丁多去處帶辦，待後貧難場分，竈丁復舊各照原額辦納。又議准：淮鹽累年開中過額，致累商人，以後止開實在之數，免致額外透派。目下續到應透派者，聽巡鹽御史，徑行運司挨取。未開常股空額，免其添價。正德七年題准：兩淮水鄉竈丁，每歲該辦鹽九千一百四十九引，每引納工本銀三錢五分，解送運司，給散煎辦竈丁。今辦納不前，每引減舊額徵銀二錢，年終運司徵完，解部。又令改富安、安豐、梁垛、東臺、何垛、草偃、角斜、拼茶、豐利、石港、金沙、餘西、呂四爲上場，馬塘、天賜、西亭、新興、餘中、餘東、廟灣、掘港、五祐、劉莊、白駒、小海、丁谿爲中場，莞瀆、臨洪、板浦、徐瀆爲下場。又令寧夏開中，兩淮運司本年，分鹽課，每引定價二錢五分，不拘糧草，取勘時估貴賤，道路遠近，定立斗頭斤重，撥納本色。不願納本色者，兩淮鹽課，每引納銀四錢五分，河東每引三錢，聽從各官，召商糴買抵數。嘉靖六年議准：兩淮運司餘鹽，每二百斤，淮南定價八錢，淮北六錢。七年奏准：南京户部遇運司齎領鹽引，額辦之外，增刷引目兩倍，共一百四十四萬道。每五十道爲一封，移咨都察院，轉行巡鹽御史，用印鈐蓋，發運司收領。自嘉靖七年爲始，照商人各邊報，中引目，以額鹽總數爲則。如原在邊中正鹽一千引，許報中餘鹽二千引，照年，分場，分配搭。淮南每引，定銀一兩二錢，淮北一兩，内各除資本銀二錢五分，淮南納九錢五分，淮北納七錢五分，俱赴運司上納，照數給與引目，令其自行買補，免其納賑。八年議准：自嘉靖七年爲始，各邊中正鹽一引，到於運司，令添中。餘鹽二引，先納引紙價銀六釐，行南京户部添刷引目二道，給與商人。正鹽照舊派場納賑開支。添中二引，聽各商自行買補。過所，如法秤掣，每引除包索二十斤，其餘每二百斤，淮南納銀八錢，淮北納銀六錢。支掣之後，赴司納價，解送太倉庫，候各邊支用。添刷過引目，年終通查搭配過邊商報，中若干，支賣繳到者，照正額引目截角，解部。未支者，運司貯庫，造册送部查考，候次年照數補刷，每年輳足一百四十四萬道，以備開中。九年議准：停止添刷引目，每鹽一引，五百五十斤，過所内除正鹽二百八十五斤，其餘鹽二百六十五斤，每二百斤，淮南納銀八錢，淮北六錢，就令本商納完，給小票執照發賣。該納價銀，量其發賣月日，限以程期，赴運司上納。十五年議准：兩淮正餘引鹽照舊五百五十斤爲一包，内餘鹽二百六十五斤，每二百斤，淮南原定價銀六錢五分，又六十五斤該銀二錢一分零，共銀八錢六分零，今減作銀八錢。淮北原定價銀五錢，又六十五斤該銀一錢六分零，共銀六錢六分零，今減作銀六錢。此外若有夾帶，淮南以一百六十斤，淮北以二百斤，各納銀一兩，以懲築打大包姦弊。二十八年題准：餘鹽二百六十五斤，在淮南徵銀七錢，淮北五錢一釐二毫。三十年議准：兩淮運司除將原額正鹽七十萬五千一百八十引，及餘鹽，并行開邊報中外，自嘉靖三十年爲始，每包内加二百斤，令商人照數，自行買補。與同新舊開邊正餘鹽數，俱作一包，赴儀淮二所過掣，淮南淮北，悉納銀解部。三十一年議准：行兩淮巡鹽御史轉行運司，每年查照原定里分，掣過引目，出給水程，填註期限，并商人貫扯姓名，開申巡鹽，移文各該行鹽地方、巡按，轉行所屬。如遇各商運到引鹽，即拘令報官。賣畢，就拘退引截角，封送布政司，直隸府州，按季差人類繳運司交割，仍申巡按勾銷。但有過限繳不足數，即查追提問。每年終，巡鹽仍通查該繳退引，奏行户部。查果不及原派數目，至三五千引之上者，將各司府州縣掌印官，參奏問罪。三十二年題准：解京割没銀兩，量扣留，作爲工本。將各場竈户，分爲上中下三則，收買餘鹽三十五萬引，分派辦納商人。每中額鹽二引，帶中工本鹽一引，照依正鹽定價，上納本色糧草。三十七年議准：工本鹽每引，淮南七錢，減銀二錢。淮北五錢一釐三毫五絲，減銀一錢五分。免其官買鹽斤，令商自向各場小竈買鹽赴掣。其扣買收買工本割没銀，照舊解部。仍要每單淮南六萬六千引外，加三萬四千引爲一單。淮北三萬四千引外，加一萬六千引爲一單。每年淮南四單，淮北二單，務期一年掣盡。四十年題准：儀淮二批驗所，各商未掣鹽一百五十一萬三千二百二十一引。計淮南十八單，淮北六單。所載，共該餘鹽銀一百一萬一千一百三十六兩一錢，委官盡行改綑秤掣，每引五百五十斤，若多五斤以下，照常割没。五斤以上，照夾帶問擬。大約每單實解出餘鹽一萬一千九百一十引一百七十斤，折算改作正鹽，配引附掣，照例徵納餘鹽銀兩，頂補逃亡定額無徵之數。又題准：湖廣衡寶二府，仍食淮鹽，郎陽一府，造入兩淮行鹽地方，引目，撥鹽發賣。四十四年題准：工本鹽雖有報納，而正鹽未免停積，且商竈俱困。將工本鹽三十五萬引，盡行革去，止解餘鹽銀六十萬兩。隆慶二年議准：河鹽引價著爲三等分撥見引，淮南定銀九錢，淮北定銀八錢，分撥起紙關引，淮南八錢，淮北七錢，分撥到司勘合，淮南七錢，淮北六錢。若邊商齎執倉鈔勘合到運司，責令内商照依原定價則收買，以便即日回還，不得掯勒留難，仍將内商的名報出，造册在官。如遇支鹽到橋頂壩，行令白塔河、安東壩各巡檢驗放鹽船。如該掣鹽一百引，方許造單。如無新引，不許過橋入單，著爲定例。四年，令兩淮鹽法，盡復大鹽舊例。萬曆五年題准：先因兩淮堆鹽擁滯數多，暫停存積，今照舊開中。七年議准：淮楊二府逼近鹽場州縣，聽其以米易鹽。止許肩挑背負，不許多綑大包。其二府所屬原派官鹽一千引者，止派五百引。五百引者，止派三百引。責令各州縣僉選殷實鋪户，赴儀淮二所架下，分買掣過單鹽運往拆賣。鹽盡，仍將鋪户領過引目繳報。

兩浙

兩浙都轉運鹽使司洪武初置。

許村場鹽課司、本司仁和場鹽課司。

嘉興分司

西安場鹽課司、鮑郎場鹽課司、蘆瀝場鹽課司、海沙場鹽課司、横浦場鹽課司。

松江分司

下沙場鹽課司、青村場鹽課司、袁浦場鹽課司、浦東場鹽課司、天賜場鹽課司、青浦場鹽課司、下沙二場鹽課司、下沙三場鹽課司。正統五年添置。

寧紹分司

西興場鹽課司、錢清場鹽課司、三江場鹽課司、曹娥場鹽課司、龍頭場鹽課司、石堰場鹽課司、鳴鶴場鹽課司、清泉場鹽課司、長山場鹽課司、玉泉場鹽課司、穿山場鹽課司、舊有昌國正監場鹽課，正統五年併此。大嵩場鹽課司。舊有岱山、蘆花二場鹽課司，正統二年併此。

温台分司

永嘉場鹽課司、雙穗場鹽課司、長林場鹽課司、黄巖場鹽課司、杜瀆場鹽課司、長亭場鹽課司、天富南監場鹽課司、天富北監場鹽課司、杭州鹽倉批驗所、紹興鹽倉批驗所、嘉興鹽倉批驗所、温州鹽倉批驗所。

鹽課數目

洪武間歲辦

鹽場三十五年，歲辦鹽二十二萬四百五十七引二百斤零。

弘治間歲辦

每歲改辦小引鹽四十四萬四千七百六十九引一百四十九斤二兩，内本色常股鹽一十三萬三千八百九十六引一百三十二斤，存積鹽八萬九千二百六十四引八十八斤，折色鹽二十二萬一千六百八引一百二十八斤十兩九錢七分。

萬曆六年歲辦

小引鹽四十四萬四千七百六十九引一百四十九斤，内常股鹽三十一萬一千三百三十八引一百六十四斤六兩二錢，存積鹽一十三萬三千四百三十引一百八十四斤一十一兩八錢。

歲解太倉餘鹽銀一十四萬兩。

行鹽地方

杭州府、紹興府、寧波府、台州府、温州府、金華府、衢州府、處州府、湖州府、嘉興府、嚴州府、松江府、蘇州府、常州府、鎮江府、廣信府、徽州府、廣德州。

洪武元年，定兩浙歲辦鹽數。每引四百斤，給工本米一石，後改行小引，與兩淮同。正統十四年，令增兩浙存積鹽爲四分。景泰元年奏准：近場滷丁，令於鹽場煎辦鹽課。水鄉竈户，離場三十里之外者，每丁歲出米六石，或折收價物，置立倉庫收貯。委官專掌，按季查算，滷丁代納鹽數若干，照名給與食用。令增存積鹽爲六分。成化七年，減存積鹽仍爲四分，常股六分。九年，令兩浙巡鹽御史，督同分巡分守。并運司官清查竈丁，其絶户及寡婦，鹽課照數開豁，以清出多餘滷丁頂替，再有餘丁，照例辦課。幼丁候長成辦鹽，俱造册備照，仍類造送部。自後每十年一次。其水鄉竈户，每引納工本銀三錢五分，解司給散竈丁，或年終解部，送太倉各邊支用。十九年，令浙西場分，每正鹽一引，折銀七錢，浙東折銀五錢，解送太倉，候餘鹽支盡，仍納本色。弘治元年奏准：兩浙鹽課二十二萬三千三百餘引，内除水鄉折銀三萬餘兩，實鹽八萬九千七百餘引，將解京折價。浙西每引原定七錢減爲六錢，浙東原定五錢者減爲三錢五分。又令兩浙水鄉鹽户，每一引，納銀六錢。煎辦竈丁，存積鹽課，俱納本色。其常股，每引折銀三錢，候商到支給，將價照例於勤煎竈户餘鹽内，插買補課。二年，令各場竈丁，離場三十里内者全數煎辦，三十里外者全准折銀。每年十月以裏，徵送運司解部。其折銀則例，每一大引，浙西六錢，浙東四錢。正德九年奏准：兩浙鹽，每引二百斤，許帶餘鹽五十斤，連包索五十斤，共三百斤爲一引。十三年議准：運司所屬許村等場，額徵本色鹽不及百斤者，照浙東、西折鹽官價，徵銀解部。嘉靖六年議准：兩浙運司，嘉靖五年以前，空額折銀仍令解部。原徵本色大引折小引鹽，聽候照舊開中。其嘉靖六年以後年分，折價小引鹽，例該解京者，俱存留運司，每引定擬價銀四錢。户部遇有邊方奏討，與同前項原徵本色引鹽，陸續開中。十一年奏准：浙東額鹽五萬二千五十六引，引少鹽多。浙西額鹽一十四萬六千四引，引多鹽少。派場之時，於浙西數内，改出四萬六千九百七十四引，派與浙東，疏通鹽法。十三年題准：永嘉場衝壞沙灘，逃亡竈丁，折銀鹽課，查槩縣民田地池，均派包補，隨糧徵收，發場起解。十六年題准：兩浙官商不到之處，立爲山商。鉛山、弋陽、貴谿、永豐、靖江、昌化、浦江、武義、東陽、義烏、湯谿、永康、建德、桐廬、壽昌、慶元、宣平、縉雲、景寧、雲和二十縣，每程一張，納銀六錢。餘杭、富陽、臨安、新城、嘉興、秀水、嘉善、崇德、桐鄉、德清、武康、諸暨、新昌、嵊縣、奉化、泰順、青田十七縣，每程一張，納銀四錢三分。其餘坐場縣分，容令竈丁肩挑易賣。仍修復松江分局，令分司官駐劄督課。二十年題准：台州府長亭、黄巖、杜瀆三場引目，一票作爲一引，每票照鹽三百斤，納銀九分。二十四年題准：兩浙歲辦水鄉鹽課，照舊折價解部。存留在場者，徵收折色解貯運司，給商下場買鹽聽掣。二十六年題准：天賜場、竹箔等處，沙場畬田八百二十六頃八十畝餘，撥民竈佃種，納銀崇明縣解司。遇商人應得鹽價，每一小引，給與銀二錢一分八釐，其扣存之數解部。又題准：兩浙運司天賜場原額引目，俱改派仁和、許村二場，輪次罪補充日，就於二場打引截角，運赴杭州批驗所掣放。又題准：兩浙運司，今後遇該邊商納價派場買補，不必拘定年分，隨派隨給。邊商有不願赴場者，方許内商牙店，三面赴司告撥，即與邊商名下註記明白，以杜冒領之弊。三十年題准：將給商正鹽二百斤外，再加餘鹽一百斤，連前餘鹽五十斤，共一百五十斤。隆慶二年題准：額課改行小鹽，以隆慶三年爲始，每引定以正鹽二百斤，外加包索三十斤，帶餘鹽七十斤，共三百斤爲定例。每引餘鹽七十斤，納銀一錢四分五釐，比舊每引少銀一錢五分五釐。將內商派引執照紙張中津橋票税與各近便場户，買補折色引鹽等項銀兩，加增抵補，仍查照户部近議存積三分，改中本司，每引加銀二錢上下，以抵補前課之額。六年奏准：寧波府所轄五縣，松江所轄二縣，共一十四場，俱無住賣商引，又未議行票鹽，令僉選牙埠，置立簿票，每票一張，照鹽三百斤，納銀一錢二分。萬曆十年題准：兩浙鹽課，務令盡數通完，如有拖欠，每年終總計完欠分數，將各運司縣場掌印管鹽官，照依京庫錢糧事例，分別參奏。又題准：兩浙巡鹽御史嚴督運司，將杭、嘉、紹三批驗所，每季掣鹽，俱以掣畢日爲始，五十日內，盡數交完。餘鹽等銀，印給限帖，發運行鹽地方住賣。違者問罪，如違十日以外，即將引鹽追没三分之一，二十日以外，追没三分之二，一月以外盡没入官。如有風雨等項阻滯，量行寬假。

長蘆

河間長蘆都轉運鹽使司洪武初置北平河間鹽運司，後改今名。

滄州分司

海潤場鹽課司、阜民場鹽課司、利國場鹽課司、海豐場鹽課司、利民場鹽課司、益民場鹽課司、海阜場鹽課司、潤國場鹽課司、阜財場鹽課司、富民場鹽課司、深州海盈場鹽課司、海盈場鹽課司、長蘆批驗所、小直沽批驗所。

青州分司

越支場鹽課司、嚴鎮場鹽課司、惠民場鹽課司、興國場鹽課司、富國場鹽課司、蘆臺場鹽課司、豐財場鹽課司、厚財場鹽課司、三汊沽場鹽課司、石碑場鹽課司、歸化場鹽課司、濟民場鹽課司。

鹽課數目

洪武間歲辦

鹽場二十四處，歲辦鹽六萬三千一百五十三引三百斤零。

弘治間歲辦

每歲改辦小引鹽一十八萬八百七引一百八十八斤零，內本色常股鹽九萬九千六百一十四引八十六斤零，存積鹽三萬六千一百六十一引，折色鹽四萬五千三十二引一百一斤零。

萬曆六年歲辦

小引鹽一十八萬八百八引八十六斤，內常股鹽一十二萬六千五百六十五引一百八十斤三兩三錢，存積鹽五萬四千二百四十二引一百五斤一十二兩八錢。

歲解太倉餘鹽銀一十二萬兩。

行鹽地方

順天府、真定府、保定府、順德府、廣平府、大名府、永平府、河間府、延慶州、保安州、彰德府、衛輝府。

成化六年題准：海盈等十三場，陸路窵遠，商人不支鹽課。定自本年爲始，每二大引合爲四小引，折闊白布一疋，徵解通州通濟庫交納，以備折俸支用。弘治二年，令長蘆運司，商鹽，願發賣別處者，聽於所在官告驗轉給文憑，改易地方。其退引水程，仍照例告繳。正德五年議准：長蘆運司在官鹽課，量場分遠近，定爲四等，召商中賣，高下相搭。其遠年不敷鹽斤，官爲立法，令於納剩餘鹽，自相買賣。嘉靖元年題准：長蘆所轄場分，有海灘地一十二頃八十畝，民竈挑修，共立灘池。以十分爲率，三分補納逃亡額數，七分給與各家，償其挑修等費。九年題准：青州分司所屬濟民、石碑、惠民、歸化四場，離小直沽批驗所窵遠，支掣既難，鹽課倒埪相繼。令竈丁每鹽一引納銀一錢，給商買勤竈餘鹽補數。十七年題准：長蘆山東支引鹽，其正鹽二百五斤外，加包索二十斤，連餘鹽四百五十斤爲一包。此外夾帶，照例問發，追價入官。其餘鹽價銀，務酌遠近，限以月日，不許於未掣未賣之先，逼令稱貸豫納。二十九年議准：深州海盈場竈户，内除鹽山縣近場一十三户，辦納本色。其居住真定府衡水縣等户，每引納銀一錢。利國等一十一場，歲辦天津等倉課米，每石徵銀五錢。其海盈等一十三場折布鹽，價銀舊例七分五釐。今減一分，各徵完，赴司類解。三十年，令長蘆、山東二運司，各除原額正餘鹽連包索共四百五十斤，自嘉靖三十年爲始，每包再加餘鹽一百五十斤，并加包索一十五斤，通共六百一十五斤照常納價，依數派場，令商人買補。三十九年題准：長蘆鹽運司利民等場官鹽引目，按各府州縣里數，分别等則。上則，順天府屬四萬八百三十四引、保定府一萬二千六十七引、順德府八千五百五十九引、大名府三萬八百八十三引、彰德府一萬五千六百七十四引、衛輝府一萬八百七十八引。中則，河間府一萬四千八百七十七引，真定府一萬四千三百一引、廣平府八千二百二十一引。下則，永平府三千九百一十八引。通行發賣。各該官司，置立循環文簿，登記賣過引鹽并水程期限，按季送巡鹽御史查考。四十四年議准：正餘鹽每包止許五百六十斤，正鹽二百八十五斤，餘鹽二百七十五斤。南所納銀三錢九分七釐五毫，北所四錢三分七釐二毫。此外多至二十斤者，納銀一錢。百斤以外，問徒，没鹽入官。二千斤以上，查例發遣。隆慶元年議准：長蘆運司并二十四場官吏，本色俸給共銀六百餘兩，于各場應納灘價并鹽商脚價銀内支用。河間府免行編派。又令長蘆鹽運司，歲增五萬引。每引納銀二錢五分，聽商自行收買。六年題准：張家灣批驗所，舊以商人運到引鹽，每一十引抽鹽一斤，放支做工官軍。後前鹽議免，止每十引，割收銀五釐解部。該所見設官吏三員裁革。

山東

山東都轉運鹽使司洪武二年置。

膠萊分司

信陽場鹽課司、濤洛場鹽課司、石河場鹽課司、行村場鹽課司、登寧場鹽課司、西由場鹽課司、海滄場鹽課司。

濱樂分司

王家岡場鹽課司、官臺場鹽課司、固堤場鹽課司、高家港場鹽課司、新鎮場鹽課司、寧海場鹽課司、豐國場鹽課司、永阜場鹽課司、利國場鹽課司、豐民場鹽課司、富國場鹽課司、永利場鹽課司、洛口批驗所。

鹽課數目

洪武間歲辦

鹽場一十九處，歲辦鹽一十四萬三千三百八十七引一百五十斤零。

弘治間歲辦

每歲改辦小引鹽二十八萬四千一百二十四引一百六十二斤，内本色鹽一十四萬九千八百九十七引一百六十二斤，折色鹽一十三萬四千二百二十七引。

萬曆六年歲辦

小引鹽九萬六千一百一十引一十九斤五兩九錢，内常股鹽八萬六千一百一十引一十九斤五兩零，存積鹽一萬引。原小引鹽一十四萬五千六百一十四引，除折布民佃竈地鹽引外，實開邊小引鹽一十二萬六千一百一十引。隆慶四年，奏停存積鹽三萬引，今見開額數。

歲解太倉餘鹽銀五萬兩。

行鹽地方洪武二十六年定。

濟南府、青州府、兖州府、東昌府、萊州府、東平州、開封府、後改食河東鹽。登州府、徐州、邳州、宿州。

宣德五年題准：山東信陽等場鹽課，每二大引折闊白綿布一疋。運司委官總催，運赴登州府交收，備遼東支用。正統十年奏准：官臺場鹽課，照信陽等場例折布。弘治十二年議准：濤洛、富國、高家港三場，鹽多苦黑，無商中納，每一大引折徵銀一錢五分。正德三年題准：西由、信陽、登寧、行村、海滄，并固堤、官臺等八場，原折布疋照濤洛等場折銀事例，解部。七年奏准：永阜等場逃移竈户丁地鹽課，著落佃地人，每引辦納銀一錢五分。九年題准：運司鹽課年分稍遠者，每一小引止納一錢二分。稍近者，止納銀一錢四分。通留山東，備兵馬賑濟等支用。十四年，令山東運司民佃竈地該納布者，照民佃竈地納銀，徑解運司事例，亦徑解登州府，自取通關完銷，不許竈户催納。嘉靖元年奏准：豐國場逃移竈户，遺下竈地，在武定、利津等州縣，照永阜場例，納銀送司類解，仍照徵收事例，年終出給總足通關繳部。五年題准：寧海場逃竈，照例納銀。十三年題准：山東、長蘆二處商人，違限罰穀，俱以限滿擬罰。未及二年者，以年半論；未及年半者，以一年論；未及半年者，止照例問罪，免罰穀。二十九年題准：將高家港等十一場逃移丁鹽，四萬二千七百三十二引，與寧海等八場，正支買補。小引鹽八萬三百三十九引，并永阜、豐國等場，復業竈户鹽一十二萬六千一百一十引，定價開派遼東、山西等處，召商中納、起運蒲洛二關掣賣，扣定遼東徵數，餘俱解部。其遠逃地銀四千二百六十一兩，見在地銀八千八百十九兩，行濱、膠二分司，濟、青、登、萊四府委官催徵。近逃地銀六百四十八兩，根究得業人，照數辨納。三十九年議准：山東鹽法，上則，直隸除、宿二州，沛、碭二縣，兗州府所屬滋陽等州縣，共該鹽九萬八千二百五十引一十九斤五兩零。中則，東昌府所屬該鹽二萬二千四百引。下則，濟南府所屬該鹽五千五百六十引。官置循環文簿，逐月登記發過引鹽水程，按季直銷。其青、登、萊三府官臺等十一場，除歲辦額課正數外，運司印刷小票，送巡鹽御史掛號，各場收掌，聽各竈丁納銀一錢五分，給票一張，照鹽一引計五百斤，編定地里等則，發賣，每票收牙税銀一分。隆慶二年題准：官臺等十一場，折布鹽課給票納銀事例。詳查竈户貧富，分别上、中、下三等，除額辦正課外，每年上丁納票銀二錢，中丁一錢，下丁五分。其票，户各執三張，以便行鹽地方發賣。四年題准：買補鹽四萬引，量停三萬引開邊。官臺等十一場督，行運司每票以六百斤爲率，除正課外，另票銀一錢。其支運賣鹽等項，悉聽巡鹽御史，督令各衙門查考。五年題准：濟青鹽價頗高，票定銀一錢五分，登萊鹽價甚賤，票定銀七分，每季終該府，解司濟邊。

申時行《明會典》卷四二《户部二九・南京户部・鹽政》　凡鹽引，本部鹽引匠二十九名，户科鹽引匠三十九名。每遇户部咨到，開中某運司鹽糧若干，該用勘合若干，進紙南京户科刷印完，領回本部用印，勘合仍付原差官員，齎至中鹽官處交割。底簿及流通文簿、印封，徑發運司收掌，候領到勘合比號相同，派場支鹽。嘉靖四十五年題准：南京户部各運司提舉司查照舊例，以後將引紙價銀，徑解應天府收貯。該部缺紙刷引，應天府估價買解，科道官嚴爲查盤。積有餘銀照例准折官員俸糧，不許別項那用。萬曆五年奏准：南京户部選委司官一員，專印鹽引。各運司起紙解到，即將各匠計紙限工印刷，每引印以職名粘簿，封發運司。

凡供應鹽斤，南京光禄寺樣鹽二千斤，青白鹽四萬斤，孝陵神宫監白鹽三千斤，南京内府供用庫青白鹽二萬斤，俱兩淮運司徵納。南京内官監青鹽三千五百斤，鹽包三千五百箇，南京太常寺祭祀潔淨白鹽一百九十斤六兩，南京神樂觀青鹽三千斤，俱龍江鹽倉徵納。

凡本部收受各布政司鹽糧鈔，遇有生鈔開數進庫，准作新鈔支銷。其摺過鹽鈔與上新河船料好鈔，開作一等舊鈔入庫。如五城兵馬司、宣課司、税課司、局，河泊所及各關鈔，并各衙門户口食鹽鈔，俱作二等舊鈔入庫。自後應天府買辦，各衙門關支折色等項，明開合支新鈔若干，或一等、二等舊鈔若干，以便稽考。弘治十六年議准：各處解納户口食鹽錢鈔，俱收價銀解部。每鈔五千貫，銅錢一萬文。擬進内府交納者，定與價銀二十四兩在部支納者一十九兩。著令鋪户領出收買錢鈔上納，扣算餘銀，收補別項錢糧。嘉靖二年議准：湖廣等布政司，起運南京食鹽錢鈔，每鈔一貫，折銀三釐，銅錢七文，折銀一分，徵解南京支用。六年議准：收到各處户口鹽鈔價銀，除鈔價照舊買鈔上納外，其錢價銀，扣寄該部，候應天府遇有内府衙門，用過鋪行絲料等項價銀支給。不必買錢及扣餘銀買米。十年題准：各處解到户口鈔銀仍照例收貯本部銀庫，以備軍餉缺乏支用。隆慶二年題准：南京户部將庫貯官吏食鹽鈔銀，易買絲料解部，送神帛堂織造。

凡文武官吏户口食鹽，本部先期行各衙門取勘口數造册繳部，合用引目，依數預發運司收掌。遇有差委官吏齎到勘合文册印信領狀，即行二所放支。俱于本年十二月以裏關盡，如有過限者，照在京官軍關支月糧事例扣除。凡南京大小衙門官吏户口食鹽鈔，解赴寶鈔廣惠庫交收，類行兩淮都轉運鹽使司，照例關鹽給散。凡旗軍人等户口食鹽免納鈔，候鹽有積納鈔關。支官吏食鹽減半關支，不得過十五口之數。成化十九年，令南京各衙門關支食鹽，五府、六部、都察院等衙門并錦衣衛，俱派儀真批驗所。其餘衛所并五城兵馬指揮，俱派淮安批驗所。務要辦驗批領帖文引目無僞，方令正數正支，運回給散。弘治十八年，奏差科道等官給散南京各衛所關支食鹽，禁革包攬侵欺等弊。

申時行等《明會典》卷一六四《刑部六・律例五・户律二・倉庫》　鈔法

凡印造寶鈔，與洪武大中通寶，及歷代銅錢相兼行使。其民間買賣諸物及茶鹽商税，諸色課程，並聽收受，違者，杖一百。若諸人將寶鈔赴倉場庫務，折納諸色課程，中買鹽貨，及各衙門起解贓罰，須要於鈔背用使姓名私記，以憑稽考。若有不行用心辨驗，收受僞鈔，及挑剜描輳鈔貫在内者，經手之人，杖一百，倍追所納鈔貫。謂誤收僞鈔，并挑剜描輳，鈔一貫，倍追寶鈔一貫。僞挑鈔貫燒毁，其民間關市交易，亦許用使私記，若有不行仔細辨驗，誤相行使者，杖一百，倍追鈔貫。止問見使之人，若知情行使者，並依本律。

一在外衙門官員，通同勢要，賣納户口等項課鈔者，問罪。賣鈔之人，發邊衛充軍，鈔貫入官。官員縱無贓私，奏請降用。

錢法

凡錢法，設立寶源等局，鼓鑄洪武通寶銅錢，與大中通寶，及歷代銅錢，相兼行使折二、當三、當五、當十，依數准算。民間金銀米麥布帛諸物價錢，並依時值，聽從民便。若阻滯不即行使者，杖六十。其軍民之家，除鏡子、軍器及寺觀菴院鐘磬鐃鈸外，其餘應有廢銅，並聽赴官中賣，每斤給價銅錢一百五十文。若私相買賣，及收匿在家，不赴官中賣者，各笞四十。

申時行等《明會典》卷一七二《刑部一四・律例一三・工律・營造》

擅造作

凡軍民官司，有所營造，應申上而不申上，應待報而不待報，而擅起差人工者，各記所役人顧工錢，坐贓論。若非法營造，及非時起差人工營造者，罪亦如之。其城垣坍倒，倉庫公廨損壞，一時起差丁夫軍人修理者，不在此限。若營造計料，申請財物，及人工多少不實者，笞五十。若已損財物，或已費人工，各併計所損物價，及所費傭工錢重者，坐贓論。

虛費工力採取不堪用

凡役使人工，採取木石材料，及燒造磚瓦之類，虛費工力，而不堪用者，計所費顧工錢，坐贓論。若有所造作，及有所毀壞，備慮不謹，而誤殺人者，以過失殺人論，工匠、提調官，各以所由爲罪。

造作不如法

凡造作不如法者，笞四十。若成造軍器不如法，及織造段疋麤糙紕薄者，各笞五十。若不堪用，及應改造者，各併計所損財物，及所費雇工錢重者，坐贓論。其應供奉御用之物，加二等。工匠各以所由爲罪，局官減工匠一等，提調官吏又減局官一等，並均償物價工錢還官。

一各處軍器局，造作各項軍器不如法者，將管局委官，參問降級；都布按三司堂上委官及府衛掌印官，各治以罪。

冒破物料

凡造作局院，頭目工匠，多破物料入己者，計贓以監守自盜論，追物還官；局官、并覆實官吏知情符同者，與同罪；失覺察者，減三等，罪止杖一百。

一各處巡按御史、都布按三司、分巡分守官查盤軍器，若有侵欺物料，那前補後，虛數開報者，不論官旗軍人，俱以監守自盜論。贓重者，照侵欺倉庫錢糧事例擬斷。衛所官三年不行造册，致誤奏繳者，降一級。各該都司守巡等官，怠慢誤事，參究治罪。

帶造段疋

凡監臨主守官吏，將自己物料，輒於官局帶造段疋者，杖六十，段疋入官。工匠笞五十；局官知而不舉者，與同罪；失覺察者，減三等。

織造違禁龍鳳文段疋

凡民間織造違禁龍鳳文紵絲紗羅貨賣者，杖一百，段疋入官。機户及挑花挽花工匠，同罪，連當房家小，起發赴京，籍充局匠。

造作過限

凡各處額造常課段疋、軍器過限不納齊足者，以十分爲率，一分，工匠笞二十；每一分，加一等，罪止笞五十。局官減工匠一等，提調官吏，又減局官一等。若不依期計撥物料者，局官笞四十，提調官吏減一等。

修理倉庫

凡各處公廨倉庫、局院，係官房舍，但有損壞，當該官吏，隨即移文有司修理，違者笞四十。若因而損壞官物者，依律科罪，陪償所損之物。若已移文有司而失誤者，罪坐有司。

有司官吏不住公廨

凡有司官吏，不住公廨內官房，而住街市民房者，杖八十。若埋没公用器物者，以毁失官物論。

修理橋梁道路

凡橋梁道路，府州縣佐貳官提調，於農隙之時，常加點視修理，務要堅完平坦，若損壞失於修理，阻礙經行者提調官吏，笞三十，若津渡之處，應造橋梁而不造，應置渡船而不置者，笞四十。

一條例申明頒布之後，一切舊刻事例，未經今次載入，如比附律條等項，悉行停寢，凡問刑衙門，敢有恣任喜怒妄行引擬，或移情就例，故入人罪，苛刻顯著者，各依故失出入律坐罪，其因而致死人命者，除律應抵死外，其餘俱問發爲民。

申時行《明會典》卷一八三《工部三・營造三・儀仗二太樂中和韶樂制度附》

皇后鹵簿

紅杖一對，硃漆攢竹爲杖，銅裹兩末，長四尺九寸。

清道旗一對，純青質，硃漆攢竹竿，貼金木鎗頭。共長一丈二尺五寸，內鎗頭長一尺七寸，銅束。

黃麾一對，硃漆攢竹竿，貼金銅鳳頭。共長一丈二尺五寸，內鳳頭并鈎一尺。銜抹金銅頂大紅羅幡，長六尺三寸，闊五寸五分，內青額金書「黃麾」二字。四角紅羅蓋，高七寸五分，圍二尺七寸五分。四角，加抹金銅鳳頭四箇，絨線繫抹金銅佩，一十六箇，銅鈴三十六箇。寶蓋下綠羅腰，黃羅三簷，飾銷金雲鳳文。旛用描金鸞鳳文，下綴五色板凡麾，幢旛節等挑竿銅鳳頭，俱以鐵爲鈎。

絳引旛三對，硃漆攢竹竿，貼金銅鳳頭。共長一丈二尺五寸，內鳳頭鈎一尺。旛用五色。羅長六尺三寸，闊五寸五分。四角寶蓋，高七寸五分，圍二尺七寸五分。綠腰紫三簷，銷金雲鳳文，共長一尺九寸。抹金鳳頭四箇，抹金銅佩一十六箇。其蓋上有抹金銅頂，鈒花文。旛下垂五色板，銅佩間銅鈴三十六箇。

傳教旛二對，與絳引旛制同。惟三簷用綠垂紅羅，旛中有黃額，內青「傳教」二字。四垂絨線繫抹金銅佩四，銅鈴三十二。

告止旛二對，與傳教制同。惟三簷用青，黃額內青「告止」二字。

信旛二對，與傳教旛制同。惟三簷用黃額內青「信」字。

龍頭竿五對，硃紅攢竹竿，貼金竿頭。共長一丈二尺五寸，內竿頭二尺五分。旛用青羅，長六尺三寸，闊五寸五分。旛下銅鈴五箇。紅蓋高七寸五分，圍二尺七寸五分。紫腰紅三簷，共長一尺九寸。抹金銅鳳頭五箇，下垂絨線繫抹金銅佩十箇，銅鈴一十五箇。簷用銷金雲鳳文。旛，上節描銀，下節描金，俱香草文，中節描金，孔雀文。其蓋五角，上施抹金銅頂級花文。

儀鍠氅五對，硃漆攢竹竿，貼金儀鍠。共長一丈二尺五寸五分，內儀鍠并竿頭長一尺三寸五分。抹金銅頂，垂五色羅氅，長六尺三寸，闊五寸五分，下有銅鈴五箇。

戈氅五對，硃漆攢竹竿，貼金木龍頭承戈。共長一丈二尺五寸，內龍頭長一尺六寸二分。繫木板，粉面，畫升降雙鳥，綴五色羅氅，長六尺三寸，闊五寸五分，末綴銅鈴五箇。

戟氅五對，與戈氅制同。惟貼金木龍頭承戟長一尺七寸五分。

吾杖三對，硃漆攢竹杖，貼金兩末，長六尺九寸五分。

立瓜三對，硃漆攢竹柄，貼金立瓜置其首，承以貼金龍頭。共長六尺九寸，內瓜及龍頭，長一尺四寸。

卧瓜三對，與立瓜制同。但瓜卧置其首，瓜及龍頭，長一尺二寸五分。

儀刀三對，刻木爲刀。鞘及靶，貼銀爲地，貼金鳳文爲飾，垂紅絲𢄼鍣。

班劍三對，刻木爲劍。其上有靶，靶下有龍頭銜劍，皆貼金爲飾，垂紅絲𢄼鍣。

鐙杖三對，硃漆攢竹杖，貼金木鐙置其首，承以貼金龍頭。共長六尺九寸，內鐙并龍頭一尺六寸。

金鉞三對，硃漆攢竹柄，貼金木斧形置其首，承以貼金龍頭。共長六尺九寸，內金鉞并龍頭，長一尺六寸五分。

骨朵三對，硃漆攢竹柄，貼金木骨朵置其首，承以貼金龍頭。共長六尺九寸，內骨朵并龍頭，長一尺六寸。

響節六對，貼金攢竹柄。長一丈二寸五分，以鐵條長一尺二寸五分，貫銅鐵錢十二置其上。黃羅爲衣籠之，長一尺五寸，銷金雲鳳文。節頂以木爲之，貼金飾，錢文曰：天下太平。

羽葆幢二對，硃漆攢竹竿，貼金銅鳳頭。共長一丈二尺五寸五分，內鳳頭鈎長一尺。銜抹金銅索并圓頂，綴白鳥羽，綠雞蓋，簇染紅氂牛尾。凡五層，繫而垂之。每層上施抹金銅頂，綠斜皮雲蓋，下懸銅鈴。

紫方傘二把，傘骨面闊并頂五尺五寸，柄及貼金木葫蘆共長一丈一尺五寸九分。其面，冒以紫羅，垂紫三簷。傘頂四角，抹金銅鳳頭。凡傘柄，俱用竹，加紅油，間纏以藤。惟曲柄傘，硃紅漆，攢竹爲之。

紅方傘二把，傘骨面闊并頂五尺五寸，柄及貼金木葫蘆共長一丈一尺五寸九分。其面，冒以紅羅。垂紅三簷。傘頂四角，抹金銅鳳頭。

黃銷金傘一把，傘骨面闊并頂四尺二寸五分，柄及貼金木葫蘆共長一丈一尺二寸九分。其面，冒以黃羅，銷金雲文。垂黃三簷銷金雲鳳文。

黃繡曲柄傘二把，傘骨面闊并頂四尺二寸五分，柄及貼金木葫蘆共長一丈一尺二寸九分。其面，冒以黃羅繡雲文。垂黃三簷，繡雲鳳文。當曲柄處，用鐵心貼金龍頭承傘。

紅繡傘一把，傘骨面闊并頂四尺二寸五分，柄及貼金木葫蘆共長一丈一尺二寸九分。其面，冒以紅羅繡雲文。垂紅三簷，上簷雲鳳，下二簷瑞草文。

紅素圓傘二把，傘骨面闊并頂四尺二寸五分，柄及貼金木葫蘆共長一丈一尺二寸九分。其面，置以紅羅。垂紅三簽。

紅繡雉方扇六把，扇及柄共高一丈一尺二寸，內扇連黑漆板高三尺五寸二分，板高五寸。扇下闊二尺四寸五分，中闊二尺六寸五分。面用紅羅繡鸞鳳花文，背用青羅銷金團花文。而風衣，白羅繡雉尾，背風衣，用青素羅板戧金雲文。扇柄用攢竹加黑漆，青方扇同。

紅繡花圓扇六把，扇及柄共高一丈一尺二寸，內扇圓徑三尺三寸五分。面用紅羅繡四季花，背用紅羅銷金團鳳文。風衣俱用紅素羅。扇柄用攢竹，加硃漆，紅黃素扇柄同。

青繡方扇六把，扇及柄共高一丈一尺二寸，扇高二尺九寸五分，闊二尺五寸五分。面背俱用青綫羅，邊用孔雀尾。面繡鸞鳳花文，背銷金團花文。

紅羅素圓扇六對，扇及柄共高一丈一尺二寸，內扇圓徑三尺三寸五分。而背風衣，俱用紅羅。

黃羅素圓扇六對，扇及柄共高一丈一尺二寸，內扇圓徑三尺三寸五分。而背風衣，俱用黃羅。

拂子二把，以紅纓爲心，素氂牛尾籠之。黑漆柄，垂紅絲翂鍺。今用馬尾爲拂，心用紅纓。

紅紗燈籠二對，硃油竹燈骨，下有燭盤，外以紅紗蒙之。玉色紗爲蓋，硃漆竿舉之，竿首貼金木鳳頭，其下鳳尾。

紅油紙燈籠一對，硃油竹燈骨，下有木座，以竹絲爲籠，加紅油紙。硃漆竿，加貼金木鳳頭并尾。

魫燈一對，用魫爲之。竿同紅紙燈硃油鐵燈，骨下有木座。

金交椅一把，木質，金華裹，金釘裝釘。中鈒雲鳳文，穿以黃絲匾縧，四垂黃絲翂鍺，黃織金紵絲褡襠。

金脚踏一箇，木質，金葉裹金釘裝釘。鈒方勝花文，黃織金紵絲踏褥。

金水盆一箇，黃金爲之。中鈒雲鳳文，邊鈒香草文。西洋布手巾一條。

金水罐一箇，黃金爲之。有蓋有提，小口巨腹。

金香爐一箇，黃金爲之。爐鈒雲鳳文。以硃紅漆竿舉之。竿者，抹金銅鳳頭，其下鳳尾。

金香盒一箇，黃金爲之。蓋鈒鳳文，邊鈒香草文。

金唾盂一箇，黃金爲之。形圓如缶，蓋僅掩口，下有盤，鈒鳳文。洪武間停造。

金唾壺一箇，黃金爲之。小口巨腹，有蓋，鈒鳳文。洪武間停造。

行障二葉，紅素綾爲之。瀝水繪瑞草，障繪升降鸞鳳并雲文。

坐障一葉，紅素綫爲之。頂繪雲文，障繪升降鸞鳳并雲文。

輅一乘，高一丈一尺三寸四分。

輅上平盤板，前後車欞并鴈翅，四垂如意滴珠板。其下轅三條，皆硃紅漆，轅各長一丈九尺六寸，用抹金銅鳳頭。鳳尾、鳳翎葉片裝釘。前施硃紅馬搭攀皮一條。平盤左右下護泥板及車輪二，貫軸一。每輪輻十有八條，皆硃紅漆。周圍輞全，各以抹金鈒花銅葉片裝釘。輪內車轂各一，用抹金銅鈒蓮花瓣輪盤裝釘。軸首左右各用紅漆鐵楇拴一箇，以抹金銅鈒鳳頂管心裝釘。軸中纏黃絨駕轅等索。輅亭高五尺八寸六分。硃紅漆四柱，各長五尺一寸。檻座高六寸六分，其上沉香色描金香草板十二片。門高四尺五寸六分，闊二尺四寸，左右門闊二尺二寸。前并左右各上明下暗沉香色綜金菱花槅二扇，下絛環板明枕全，抹金銅鈒花葉片裝釘。後硃紅漆五山屏風，戧金鸞鳳雲文。屏上硃紅漆板，戧金雲文，中裝雕木渾貼金鳳一。屏後硃紅漆板，俱用抹金銅鈒花葉片裝釘。亭底硃紅漆板上施紅花毯，紅錦褥并席。硃紅漆坐椅一座，靠背雕木綫金五彩粧鳳一，上下香草雲板各一，硃紅漆福壽板一并褥。椅中黃織金綺靠座褥，四圍倚裙全，周圍施黃綺幃幔。或用黃綫羅。亭外用青綺緣邊硃紅簾十二扇，各用拽簾黃綫圓縧二條，黃銅圈全。前二柱俱戧金，其上寶相花，中鸞鳳雲文，下龜文錦。

輅頂并圓盤高二尺八分，抹金銅立鳳頂，帶仰覆蓮座，高九寸六分。垂攀頂黃綫圓縧四條盤上硃紅漆，盤下外四周沉香色描金雲文，其內青地五彩雲文。以青飾輅蓋，內寶蓋硃紅漆匡，鬭以八頂，冒以黃綺。頂心并周圍繡鸞鳳九并五彩雲文。

天輪三層，硃紅漆。上安雕木貼金邊耀葉板七十二片，內飾青地雕木五彩雲鸞鳳文，三層間繪五彩雲襯板七十二片，盤下周圍黃銅釘裝。上施黃綺瀝水三層，每層八十一摺，間繡鸞鳳文。四垂青綺絡帶四條，繡鸞、鳳各一。圓盤四角，連輅座板，用攀頂黃綫圓縧四條并硃漆木魚。

輅亭前後，各有左右轉角闌干二扇，內嵌絛環板，皆硃紅漆。四扇，計一十二柱，各柱首雕木紅蓮花一，用綫金青緑粧蓮花抱柱。

踏梯一，硃紅漆，以抹金銅鈒花葉片裝釘。

行馬架三，硃紅漆，用抹金銅葉片裝釘。鐵搭鉤全。

黃絹幰衣，即遮塵油絹雨衣并氈衣各一座。硃紅油合扇梯一副，硃紅油托又一件。

安車一乘，高九尺七寸六分。

車上平盤板，前後車櫺并鴈翅板下轅二條皆硃紅漆，轅各長一丈六尺七寸六分，用抹金銅鳳頭、鳳尾、鳳翎葉片裝釘。前施硃紅油馬搭攀皮一條。平盤左右，垂護泥板及車輪二，貫軸一。每輪輻十有八條，皆硃紅漆，周圍輞全，車轂各一。軸首左右各用紅漆鐵插拴一箇，軸中纏黄絨駕轅等索。

車亭高四尺四寸。硃紅漆方柱四，長同。其上四圍裝五彩花板十二片。門高三尺七寸六分，闊二尺二寸六分。左右門，闊同，前并左右各硃紅漆。上明下暗十字槅二扇，後三山屏風，屏後壁板俱硃紅漆，用抹金銅鈒花葉片裝釘。亭底硃紅漆板，上施紅花毯，紅錦褥，周圍施黄綺幃幔。或用黄線羅。亭外用青綺緣邊硃紅簾四扇，各用拽簾黄線圓縧二條，黄銅圈全。

車蓋用硃紅漆，高二尺六分。抹金銅寶珠頂，帶蓮座，高六寸。四角抹金銅鳳頭。用攀縧四條，并紅漆木魚蓋下施黄瀝水三層，銷金鸞鳳文，鳳頭下垂紅

粉錔。

踏梯一，硃紅漆，以抹金銅鈒花葉片裝釘。

行馬架二，硃紅漆，用抹金銅葉片裝釘。鐵搭鈎全。

黄絹幰衣，即遮塵油絹雨衣并氈衣各一座。

太皇太后鹵簿

皇太后鹵簿俱同

樂器制度

大樂制度

麾一，硃紅漆木竿，長一丈一尺。飾以貼金銅龍頭鐵鈎，長一尺七寸，下垂黄綺。麾帶，長一丈，兩面繪青龍并雲文，一升一降，上下有綵繪雲板。抹金銅釘鉸全。

戲竹一對，紅漆竹，長六尺。貼金木龍頭，長七寸，口銜紅竹絲二十四莖，各長四尺五寸，上有綵線粉錔。

簫十二管，以紫竹爲之，長一尺九寸，六孔。間纏以絃線，裏以錫箔，無底，直吹之。

笙十二攢，用紫竹十七管，下施銅簧參差攢于黑漆木匏中，有觜項，亦黑漆，上垂綵線粉錔。

龍笛十二管，以竹爲之，兩末牙管束，長一尺七寸五分。一孔在前，其後七孔。貼金木龍頭，垂綵線粉錔。

頭管十二管，以烏木爲之，長六寸八分。九孔，前七後二。兩末，以牙管束以蘆爲稍。

方響四架，每架用鐵方響十六，厚薄不等，應六律、六吕。四清聲，以鐵條四，裹以黄氈，橫貫架内，貫而列之。爲二層，每層方響八，承以硃紅漆木架。左右二柱并上下匡，俱戧金花文。架高五尺，闊二尺二寸。上用雕木五彩花板一，其上，雕木貼金龍一，間以五彩。架上，貼金火餤寶珠一，左右兩如意雲，上施貼金二龍頭，口銜紅緑粉錔，其下雕飾五彩線金芝草文。

箜八架，每架用楸木爲質，長三尺九寸，中虚。四周烏木邊，上施九絃并柱子九，面繪金龍并綵雲文。箜尾垂綵線粉錔二，承以硃紅漆架。四角，貼金彩色龍頭四，各垂綵線粉錔。

琵琶八把，用鐵力木爲質，梓木面板，鳳眼二，匙頭并項，通長三尺五分，闊一尺二寸五分。匙頭并項一，軸子四，扶手山口各一。背用烏木，四絃，背有烏木椿楸二，上施抹金銅環，并鈎搭負以緑絨匾縧匙頭，上施綵線粉錔一，大小斑竹品十二，烏木撥一，用牙嵌。迎引面板，施描金盤龍文。朝賀用素。

箜篌八把，用梓木爲身，闊五寸，厚六寸，直長四尺八寸，并柄上雕龍頭，中嵌花板雕盤龍一，俱沉香色描金。附以烏木引條繫二十絃，下横施引首，并描金沉香色龍頭，通長二尺二寸五分。上施烏木軸子二十，中有柱手，用烏木製成竹節。兩末雕龍頭描金，長一尺二寸五分。兩龍頭下，各垂綵線粉錔。

杖鼓三十六箇，每箇二面。其下鐵圈口二，一面冒以犢皮，徑一尺二寸五分，一面冒以山羊皮，徑一尺三寸，冒縫用紅皮掩錢。細腰木匡，廣一尺七寸九分，黑漆戧金枝葉寶相花文。以紅絨縆一條聯格抹金銅龍頭鈎子十六箇，各有襯鈎紅皮。硃紅生革描金龍束子八箇，懸以緑絨匾縧，用抹金銅龍頭搭鈎二箇并鈎圈。

鼓衣，以紅綺一幅，長三尺五寸，織青龍并五綵雲文，周圍黄絨織香草文。

看杖，硃紅漆竹片，帶雕木貼金龍頭，垂紅緑結子打仗，以硃紅漆竹片爲之。板四串，用鐵力木六片，長一尺一寸，上闊一寸九分，下闊二寸五分，聯以青絲縧垂綵線粉錔。

大鼓二面，以木爲匡，高三尺冒以革，面徑四尺，周圍抹金銅釘。面施粉，繪

荷葉四，中蓮花一。匡加紅油，繪寶相花。貼金銅環鈸四，迎引紅漆木扛，黄絨綆舉之，朝會用硃紅漆木架，上施獅子四。

鼓衣一，用紅綺。織綵色雲龍邊，纓絡文瀝水，織瑞草文。

中和韶樂制度

麾一，用硃紅漆竿，高一丈一尺。飾以抹金銅龍頭鐵鈎，一尺七寸，綴紅羅織金龍文并綵雲，一面升，一面降，上下有花板，上繪雲，下繪山水。

柷一，以木爲之，狀如斛，面方二尺，深一尺七寸，有足。四面繪山水樹木，後面有孔一，椎柄曰止。

敔一，以木爲之。狀如伏虎，背刻二十七齟齬，長二尺五寸。有座，以紅漆竹櫟之。其半析爲二十四莖，名爲籈。

搏拊二，其形如鼓，長一尺四寸，冒以革。二面，粉飾繪彩鳳文。硃紅漆木匡，繪綵雲文。銅釘環貫，以黄絨綆。

琴十張，用桐木面，梓木底，長三尺六寸六分。黑漆身，臨嶽焦尾，以鐵力木爲之。肩闊四寸，尾闊四寸。七絃俱帶軫，其面有徽十三，底有鴈足、護軫各二。用硃紅漆几承之。

瑟四張，用梓木爲質，長七尺，首廣一尺三寸五分，尾廣一尺一寸。黑漆邊，體以粉爲質，繪雲文，首尾繪以錦文。二十五絃，各有柱，皆硃絲内一絃黄寘於紅漆架。

簫十二管，以竹爲之，長一尺八寸，間纏以絃線，有六孔，前五後一。

笙十二攢，用紫竹十七管，下施銅簧，參差攢于黑漆木匏中，有觜項，亦黑漆。

笛十二管，以細竹爲之，紅漆，長一尺五寸。前一孔，次六孔，傍二孔。

塤四箇，以土爲質。形如秤錘，平底，中虚，上鋭。孔六，上一、前三、後二。黑漆戧金雲文。

篪四管，用大竹爲之。長尺有五寸，間纏銅絲三道，紅漆面，吹竅一。六孔，前一、後四、頭一。近頭又二小孔。

排簫四架，每架高一尺五分，廣一尺一寸五分。用竹十六管，其下參差列於硃紅漆木匾架。二面，俱戧金鳳文。

編鐘二架，鐘以銅爲之。十六枚，應十二律、四清聲。設于硃紅漆筍虡，筍橫虡上，飾以鱗屬，爲貼金木龍頭二，各垂流蘇五，并蚡錯，即周之璧翣遺制。鐘虡則植二柱，以設筍飾，以蠃屬，爲二獅子於趺上。筍之上有業有崇牙，大板謂之業，刻爲山形，若鋸齒捷業然。其上大板，繪雲文，崇牙以懸鐘筍上，列植羽爲木，雕彩鸞五。

編磬二架，磬以石爲之。十六枚，應律如鐘。筍飾以羽屬，爲貼金木鳳頭二。虡亦飾以羽屬，若鵝狀二於其趺，餘並如編鐘筍虡制。

應鼓二，以木爲匡，冒以革，鍍金銅釘環，橫寘于青緑重斗上，貫以硃紅漆柱。下四足飾以蠃屬，刻獅子四於其趺上，施四角，黄綿布蒙蓋周圍。垂瀝水抹金銅蓮花座其上，施彩鳳一。四角，貼金木龍頭，下垂綵線流蘇五，各垂紅線蚡錯，繫以紅漆槌。

申時行《明會典》卷一八八《工部八・工匠一》 國初造作工役，以囚人罰充，役滿工部咨送刑部，都察院引赴御橋，叩頭發落，至今猶然。若供役工匠，則有輪班、住坐之分，輪班者隸工部，住坐者隸内府内官監。

凡工役囚人。洪武二十六年平定，在京犯法囚徒或免死，工役終身。或免徒流笞杖，罰役准折。如遇造作去處量度，所用多寡。或重務者，用重罪囚徒，細務者用笞杖之數，臨期奏聞，移咨法司差撥差人監管督工。其當該法司，造勘合文册一本，發工部收掌，一本發内府收貯。如遇囚徒工完委官查理，工程無欠，行移原問衙門，再查犯由明白，於内府鎖號。合疎放者，發應天府給引寧家。合充軍者，咨呈都府照地方編發。若在工有逃竄之數，即便差人勾提。果有病故等項，相視明白，埋瘞移咨原問衙門銷號。如是缺工未完，移文撥補。

准工則例

每徒一年，蓋房一間，餘罪三百六十日准徒一年，共蓋房一間。杖罪不拘杖數，每三名共蓋房一間。每正工一日：

鈔買物料等項八百文爲准。

雜工，三日爲准。

挑土并甎：瓦附近三百擔，每擔重六十斤爲准；半里二百擔，一里一百擔，二里五十擔，三里三十五擔，四里二十五擔，五里二十擔，六里一十七擔，七里一十五擔，八里一十三擔，九里一十一擔，十里一十擔。

打墻，每墻高一尺，厚三尺，闊一尺，就本處取土爲准。

囚徒該撥廠分

真犯竊盗，計贜以竊盗論，常人盗倉庫錢糧，常人盗官畜産，卑幼盗己家財，雇工人盜家長財物，撥臺基廠、八里莊、黑窯廠修倉。其計贓准竊盜，監守自盜倉庫錢糧，盜贓而故買，撥馬鞍山灰廠、周口灰廠、大峪楸棍廠、瓷家務灰廠、寅洞山廠、西川齋堂炭廠、楊村南北廠、尹兒灣南北廠、蔡村掘河獨流廠。

凡囚徒免役。洪武十八年詔：聖賢之後，犯工役者俱免。二十八年詔：凡罰役者，免追家屬補役。永樂三年奏准：凡犯笞杖罪，無力准工，許詣屯所爲民種田，聽官給牛具種子。

凡囚徒辦價。嘉靖二十七年議准：法司送到囚徒，除年力精壯責令做工外，如果貧病不堪，照例每月出辦工價銀一錢，委官雇人上工，不許額外多取。

凡囚人搬運。永樂十七年，令做工罪囚并雜犯死罪囚，准併工運甎。天順五年，令官員與有力之人，照例運甎灰炭等物。詳見刑部。正德十六年題准：囚犯該運灰炭者，止令赴部秤收，每灰炭一百斤，各加耗五斤付各該衙門，催事人役領回應用，如願收價。照原定數目，每灰一百斤，折與銀一錢二分；炭一百斤，折與銀二錢五分。俱免犯人親納，違者科道官參究。嘉靖二十二年奏准：凡法司送部做工運灰炭囚犯置薄印鈐給各該委官收掌，登記領過囚數花名及做過工程辦過物料，其囚犯不願做工運灰炭者，折納工價，每季終主事親詣繕工司查驗，價送節慎庫爲雇募用。甎炭等項運赴各工，如有侵收工價虛報物料者，呈部參問。

凡內府年例。嘉靖四十三年題准：但撥本色，如或折價，除水和炭每百斤照舊折銀二錢外，其甎灰價銀，每灰一百斤，折銀一錢五釐；每甎一箇，折銀一分三釐。不拘本色折色，俱照數折算，即於繕工司納完，隨將犯人轉送法司覆繳。工部另給勘合發令車户運納內府納府，即出實收，繳回勘合，毋得留難。各監局年例，止照法司原來人犯多寡，不得執定舊數，一槩催取。其本色仍以三分爲率，二分充內府年例；一分備各衙門修理。

計

內府年例灰炭

御用監水和炭三十萬斤。隆慶三年題准：召關買辦。

兵仗局水和炭五十萬斤。

內官監水和炭二十五萬斤。

織染局石灰七萬斤。

寶鈔司石灰一十二萬二千五百斤。

供用庫石灰一萬三千三百三十三斤。

以上俱刑部撥囚搬運，近年運炭，多係折色送屯田司帖，收節慎庫，遇額數不多，動支買辦上納。

申時行《明會典》卷一八九《工部九・工匠二》 凡輪班人匠。洪武十九年，令籍諸工匠，驗其丁力定以三年爲班，更番赴京輸作三月如期交代，名曰輪班匠。仍量地遠近以爲班次，置勘合給付之，至期齎至部聽撥，免其家他役。二十六年定：凡天下各色人匠編成班次，輪流將齎原編勘合爲照，上工以一季爲滿，完日隨即查原勘合及工程明白，就便放回，周而復始，如是造作數多，輪班之數不敷，定奪奏聞。起取撮工本户差役，定例與免二丁，餘丁一體當差，設若單丁重役及一年一輪者開除一名。年老殘疾户無丁者，相視揭籍明白疎放。其在京各色人匠，例應一月上工一十日，歇二十日。若工少人多量加歇役，如是輪班各匠，無工可造，聽令自行趂作。又奏准，照諸司役作繁簡，更定班次，率三年或二年輪當給與勘合，凡二十三萬二千八十九名。

計各色人匠一十二萬九千九百八十三名。

五年一班：

木匠三萬三千九百二十八名、裁縫匠四千六百五十二名。

四年一班：

鋸匠九千六百七十九名、瓦匠七千五百九十名、油漆匠五千一百三十七名、竹匠一萬二千七百八名、五墨匠二千七百五十三名、妝鑾匠五百七十三名、雕鑾匠五百二名、鐵匠四千五百四十一名、雙線匠一千八百九十九名。

三年一班：

土工匠一千三百七十六名、熟銅匠一千二百四名、穿甲匠二千五百七名、搭材匠一千一百一十二名、筆匠一百二十名、織匠一千四十三名、絡絲匠二百四十一名、挽花匠二百九十一名、染匠六百名。

二年一班：

石匠六千一十七名、艌匠九千三百六十名、船木匠一萬五百六名、篾篷匠四百七十七名、櫓匠三十九名、蘆蓬匠二十二名、戧金匠五十四名、絛匠一百四十九名、刊字匠一百五十名、熟皮匠九百九十二名、扇匠六十六名、魫燈匠七十五名、氈匠二百九十九名、毯匠一百五十八名、捲胎匠一百九名、鼓匠一百二名、削藤匠四十八名、木桶匠九十四名、鞍匠一十三名、銀匠九百一十四名、剉金匠五十九名、索匠二百五十五名、穿珠匠一百四名。

一年一班：

表背匠三百一十二名、黑窯匠二千三百七十三名、鑄匠一千六十名、繡匠一百五十名、蒸籠匠二十三名、箭匠四百二十一名、銀硃匠八十四名、刀匠一十二名、琉璃匠一千七百一十四名、剉磨匠一千一百二十五名、弩匠一百一十二名、黄丹匠二十二名、藤枕匠三十四名、刷印匠五十八名、弓匠一百六十二名、鏇匠四十六名、缸窯匠一百九名、洗白匠三十名、羅帛花匠六十九名。

宣德元年詔：凡工匠户有二丁三丁者，留一丁；四丁五丁者，留二丁；六丁以上留三丁，餘皆放回。俟後更代，單丁量年久近次第放回，殘疾老幼及無本等工程者皆放回。景泰五年奏准：輪班工作二年三年者，俱令四年一班，重編勘合給付。天順元年勑：外府輪班人匠，照永樂間定制差撥，不許内官兼管。凡班匠徵銀。成化二十一年奏准：輪班工匠有願出銀價者，每名每月南匠出銀九錢，免赴京，所司類賫勘合，赴部批工；北匠出銀六錢，到部隨即批放。不願者，仍舊當班。弘治十八年奏准：南北二京班匠，自弘治十六年編填勘合爲始，有力者，每班徵銀一兩八錢，遇閏徵銀二兩四錢，止解勘合到部批工，領回給散；無力者，每季連人匠勘合，解部投當上工，滿日批放。如無勘合者，雖納匠價，仍解人赴部查理勘合下落。其已徵在官匠價，盡行解部，若有存留，那前補後，計贓論罪。年終通將徵解過數目，造册奏繳。嘉靖四年題准：各色班匠，該撫按清軍等官，督屬清查，果有遠年逃亡，並無遺留田地者，原解匠價通行除免，無令里甲包賠。見在匠户無力者，亦止令上班，不許一槩追價類解。八年，以營建仁壽宫奏准：各處輪班匠役，每名按季徵銀，如弘治十八年例解部，以備大工支用。内外衙門例應給撥班匠者，將解到匠價減半支給。又令内外衙門，給撥班匠，照依後開名數，通行各府州縣解價到部，如數給銀，不許額外索取。

司禮監并精微科掌司文書等房每季共八十名、内官監并冰窨每季共八十名、尚衣監每季一十名、御馬監每季一十八名、印綬監每季八名、鐘鼓司每季一十六名、混堂司每季二十名、鍼工局每季二十名、寶鈔司每季四名、巾帽局每季一十二名、司苑局每季一十四名、銀作局每季一十二名、内府供用庫每季八名、内閣并雜工打掃每季六十名、翰林院每季一十八名、詹事府每季八名、四夷館每季四名、中書舍人每季四名、清黄通政每季二名、尚寶司每季二名。

後令南直隸等處遠者納價，北直隸等處近者當班，各從民便。四十一年題准：行各司府自本年春季爲始，將該年班匠通行徵價類解，不許私自赴部投當。仍備將各司府人匠總數查出，某州縣額設若干名，以舊規四年一班，每班徵銀一兩八錢，分爲四年，每名每年徵銀四錢五分，算計某州縣每年該銀若干，撫按官督各州縣官，各年徵完類解，不許拖欠，年終造册類繳，分别已未完等第參究。

計各省府班匠共一十四萬二千四百八十六名，每年徵銀六萬四千一百一十七兩八錢。

浙江匠三萬九千五百四十六名，每年徵銀一萬七千八百兩六錢五分。

河南匠一萬八千四名，每年徵銀四千五百九十八兩五錢。

山東匠二萬二千三百六十二名，每年徵銀一萬七十兩五錢五分。

山西匠一萬六千二百一名，每年徵銀七千二百七十九兩二錢。

陝西匠一萬六百八十五名，每年徵銀四千七百六十兩六錢五分。

應天府匠二千五百九十五名，每年徵銀一千一百六十七兩七錢五分。

蘇州府匠八百八十四名，每年徵銀三千九百七十八兩。

松江府匠四千二百八十六名，每年徵銀一千九百二十八兩七錢。

常州府匠二千一百二十名，每年徵銀九百五十四兩。

鎮江府匠一千七百八十九名，每年徵銀八百五兩五分。

徽州府匠三千六十六名，每年徵銀一千三百七十九兩七錢。

寧國府匠一千二百二十八名，每年徵銀五百五十二兩六錢。

池州府匠四百七十八名，每年徵銀二百一十五兩一錢。

太平府匠一千六百八十一名，每年徵銀七百五十六兩四錢五分。

安慶府匠二千七十五名，每年徵銀九百三十三兩七錢五分。

廣德州匠八百五十一名，每年徵銀三百八十六兩一錢。

廬州府匠二千一百一名，每年徵銀九百四十五兩四錢五分。

鳳陽府匠一千六百四十一名，每年徵銀七百三十八兩四錢五分。

淮安府匠一千九百五十九名，每年徵銀八百八十一兩五錢五分。

揚州府匠二千四百二十名，每年徵銀一千八十九兩。

徐州匠九百四名，每年徵銀四百六兩八錢。

滁州匠五十六名，每年徵銀二十五兩二錢。

和州匠一百五十六名，每年徵銀七十兩二錢。

順天府匠一千六百一十四名，每年徵銀七百二十六兩三錢。

永平府匠三百四十名，每年徵銀一百五十三兩。

保定府匠九百七十一名，每年徵銀四百三十六兩九錢五分。

河間府匠四百名，每年徵銀一百八十兩。

順德府匠二百三十四名，每年徵銀一百五兩三錢。

廣平府匠二百四十三名，每年徵銀一百九兩三錢五分。

真定府匠八百二名，每年徵銀三百六十兩九錢。

大名府匠七百一名，每年徵銀三百一十五兩四錢五分。

湖廣、四川、兩廣、雲貴、福建、江西各省班匠，隸南京工部。

凡住坐人匠，永樂間設有軍民住坐匠役。宣德五年，令南京及浙江等處工匠，起至北京者，附籍大興、宛平二縣，仍於工部食糧。成化間額存六千餘名，自後招收，過倍原額。嘉靖十年奏准：差工部堂上官及科道官司禮監官各一員，會同各監局掌印官清查軍民匠役，革去老弱殘疾有名無人一萬五千一百六十七名，存留一萬二千二百五十五名，著爲定額。遇缺，該部清匠官，止於額內僉補，各該管內外官員不許奏請招收，違者聽本部并科道官劾治。又奏准：內承運庫并木廠二處夫匠，俱以今次點到查明册定數目存留，其餘悉從開除，軍發原衛差操，民發原籍當差，候册內人數有逃絶者，指缺行文清匠官，轉行各該衙門取補。

計存留軍民匠一萬二千二百五十五名。

司禮監一千五百八十三名：

牋紙匠六十二名、表背匠二百九十三名、摺配匠一百八十九名、裁曆匠八十一名、刷印匠一百三十四名、黑墨匠七十七名、筆匠四十八名、畫匠七十六名、刊字匠三百一十五名、鐵匠二十五名、銷金匠二十五名、合香匠八名、木匠七十一名、瓦匠六名、油漆匠六十七名、象牙匠二十五名、鏇匠一十名、硯瓦匠七名、絛匠一十名、石匠八名、鋸匠六名、神帛匠一名、裁縫匠五名、罐兒匠五名、銅匠四名、雕鑾匠二名、釘鉸匠二名、竹篾匠一名、鑄匠一名、捲胎匠二名、桶匠二名、雙線匠四名、錫匠二名、鍍金匠二名、鈒花匠二名、減鐵匠二名、鎖匠一名、氈匠一名、銼磨匠一名。

尚衣監一千二百四十九名：

雙線匠六十七名、繡匠三百六十六名、裁縫匠一百八十五名、毛襖匠六十九名、碾玉匠三十名、冠帽匠五十三名、漆匠一十三名、草帽匠七名、鑽珠匠五名、穿珠匠一十一名、泥水匠七名、箍桶匠二名、斜皮匠一十七名、綿線匠三名、竹匠三名、氈匠二十四名、捲胎匠一十四名、麻鞋匠七名、釘帶匠一十五名、履鞋匠二十五名、鏇匠一十一名、纏椶匠一十六名、畫匠二十三名、油傘匠三名、銷金匠四名、椶巾匠二十二名、銼磨匠一名、熟皮匠六十六名、綱巾匠三十二名、石匠二名、涼胎匠二十五名、邊兒匠九名、綿匠一十九名、磨鏡匠二名、錫匠二名、鐵匠一十二名、刺金匠四名、涼衫匠八名、木匠九名、油漆匠二名、釘鉸匠二名、絛匠八名、表背匠九名、打線匠一名、鋸匠一名、香匠一名、皮匠一名、釘底匠一名、鏡兒匠一名、妝鑾匠二名、抹金匠三名、利金匠一名、鞭子匠一名、刺金線匠一名、花匠一名、毯子匠一名、鬃巾匠一名、幫巾匠一名、楦頭匠六名、打角匠一名、索匠一名。

御馬監四百一十六名：

裁縫匠五十五名、鞭子匠六十三名、纓子匠五名、銼磨匠三名、油漆匠一十二名、砍轎匠七名、鐵匠九名、繡匠一十六名、弓匠二名、背什物官軍八名、絡絲匠一十六名、水繩匠三名、弦匠一名、護衣匠三名、索匠二十五名、描金匠三名、副千户一員、氈匠八名、表背匠三名、雕鑾匠二名、絛匠六名、鋪箸匠七名、肚帶匠五名、打綿匠五名、減鐵匠二十一名、五墨匠三名、事件匠三名、銅匠一十八名、木匠六名、腰機匠四名、油鞊匠二名、雙線匠二十名、熟皮匠一十三名、斜皮匠三名、抹金匠三名、砑磨匠二名、鞍轡匠二名、拔絲匠二名、鞦轡匠六名、穿珠匠一名、罕荅胲匠一名、鏇匠一名、戧金匠二名、釘鉸匠二名、釘帶匠一名、繩匠二名、畫匠一名、掙磨匠一名、鍍金匠一十一名、骨作匠二名、撚椶匠一名、燒珠匠一名、彩漆匠一名、鈒花匠一十名、鞊匠二名。

印綬監六十一名：

木匠五名、熟皮匠三名、銅匠二名、表背匠二十五名、油漆匠四名、戧金匠二名、釘鉸匠二名、雙線匠三名、絛匠五名、打線匠一名、挽花匠三名、染匠一名、攢絲匠一名、絡絲匠四名。

司設監一千四百二十五名：

銷金匠二十三名、絡絲匠四十四名、鋸匠一十七名、繡匠一百五名、打線匠一十名、腰機匠二十名、戧金匠一十三名、描金匠一名、銼磨匠一十五名、裁縫匠一百八十二名、竹匠五十一名、花氈匠三名、鞭子匠三名、雙線匠六十八名、簾子匠六十五名、刊字匠四名、索匠三十四名、纓匠五名、熟皮匠一十名、漆匠六十五名、緣匠二十四名、穿交椅匠九名、毯匠三十八名、氈匠八十六名、綿匠一十五名、木匠八十六名、拔絲匠四名、抹金匠七名、雕鑾匠三十六名、銅匠二十六名、捲胎匠四名、洗白匠四名、油黏匠五名、表背匠一十三名、鞍轡匠一十名、鏇匠一十一名、釘鉸匠一十二名、鐵匠四十五名、車匠一十一名、背金匠六名、減鐵匠一名、弓弦匠一名、交椅匠一十一名、搭材匠五名、妝鑾匠三十名、傘匠二十名、草席匠三十九名、鍼匠六名、藤枕匠九名、椶蓬匠四名、銀匠二十三名、魫燈匠二名、瓦匠五名、綿花匠一十三名、鑄匠二名、蒸籠匠一名、石匠一名、事件匠一名、錫匠一名、鎖匠一名、砍轎匠一十二名、護衣匠四名、弓匠一十四名、水桶匠二名、冠帽匠三名、刷印匠二名、五墨匠一名、畫匠一十四名、扇匠九名、摺配匠八名。

內承運庫三百一十五名：

染匠五十二名、顔料匠九名、木匠一十九名、刷印匠一十六名、表背匠一十四名、金箔匠五名、摺配匠八名、索匠一十四名、綿花匠一名、銀匠一十四名、織匠二十二名、挽花匠三十一名、牙匠四名、秤匠五名、五墨匠六名、纓匠七名、絡絲匠二十五名、漆匠三名、紙匠一名、裁縫匠三名、裁曆匠三名、腰機匠四名、攢絲匠二名、打線匠二名、鐵匠一名、宛平縣鋪户二十一名、大興縣鋪户一十九名。

供用庫四百零一名：

澆燭匠一百五十五名、香匠一百一名、醫獸一名、油户一百四十四名。

織染局一千三百一十七名：

纓匠二十三名、絡絲匠一百四十一名、打線匠六一名、腰機匠二十二名、摺配匠一名、織匠八十七名、揭組匠一十四名、挑花匠八十三名、刻絲匠二十三名、染匠二百六十三名、染紙匠一十一名、紡綿花匠一十二名、緝麻匠一名、撚綿線匠五名、織羅匠二名、撚金匠一十八名、篗匠二名、搥紙匠三名、絡緯匠五十三名、裁金匠六名、背金匠一十七名、包頭匠一十三名、木匠三名、臙脂匠九名、沈白匠一十七名、三梭布匠十六名、篾匠一十四名、畫匠一十九名、駝毛匠二十六名、挽花匠二百二十名、攢絲匠一百二十三名、結椶匠一十名。

鍼工局六百九十名：

繡匠二百三十二名、駝子匠一名、裁縫匠二百一十一名、表背匠一十一名、綿匠二名、水匠七名、毛襖匠二十七名、碾玉匠一十四名、彈綿花匠二名、鎖匠一名、熟皮匠三名、撚金匠二名、雙線匠一名、銼磨匠一名、搭材匠一名、刊字匠二名、絡絲匠六十九名、油漆匠八名、氈匠一名、畫匠八名、銷金匠一十七名、旗匠一十三名、打線匠二十名、冠帽匠一十四名、穿珠匠八名、緣匠一十三名、皮匠一名。

銀作局一百七十四名：

釵花匠五十名、大器匠四十二名、厢嵌匠一十一名、抹金匠七名、金箔匠一十四名、磨光匠一十五名、鍍金匠三十五名、銀匠八十三名、拔絲匠二名、累絲匠五名、釘帶匠五名、畫匠一名。表背匠四名。

兵仗局三千一百六十三名：

弓匠一百六十三名、箭匠一百二十九名、挫磨匠二百二十名、木匠一百七十七名、皮帽匠六十九名、表背匠九名、鐵匠一百六十九名、漆匠一百七十四名、綿花匠二十二名、刷牙匠二十四名、剪子匠八名、刀匠五十三名、鎖子匠二十一名、針匠六十七名、星兒匠七名、泥水匠七名、繩匠七十七名、釘鉸匠一十五名、絡絲匠九十九名、拔絲匠五名、窯匠八十七名、弦匠八十四名、銅匠五十五名、鑄匠三十九名、鞓帶匠一百四十一名、裁縫匠二百一十五名、減鐵匠三十九名、木梳匠一十一名、纓匠一百五十九名、鏇匠六十八名、繡匠八名、戧金匠一十二名、線子匠二名、銀匠二十七名、錫匠三名、拔絲匠六名、弩匠一十七名、笙匠二名、鍍金匠九名、箭匠六名、喇叭匠四名、表背匠一十二名、神箭匠五十二名、甲匠一百六十四名、火藥匠八十四名、畫匠八十一名、篦子匠七名、毬棒匠五十五名、彩漆匠一十三名、鼓匠一十九名、竹匠二十二名、雕鑾匠一十六名、刊字匠三名、砍轎匠四名、銅鼓匠二名、氈匠三十七名、染匠六十四名、響銅匠一十一名、牌匠一名、銼匠二名、窯匠五名。

巾帽局四百四十二名：

打角匠一十一名、雕鑾匠一名、雙線匠一百八十名、椶鞋匠一十九名、裁縫匠一十九名、油漆匠六名、涼胎匠一十四名、氈匠五十一名、草帽匠三名、冠帽匠六十六名、釘帶匠四名、鏇匠二名、表背匠六名、楦頭匠四名、緣匠四名、木桶匠一名、熟皮匠一十五名、斜皮匠三名、銀硃匠一名、毛襖匠三名、履鞋匠三名、竹匠一名、絡絲匠五名、索匠四名、鎖金匠一名、銅匠一名、鐵匠三名、拔絲匠二名、銀匠一名、繡匠四名、五墨匠一名、妝鑾匠三名。

工部織染所一百九十五名：

染匠八十六名、機匠二名、織匠二名、挽花匠一十五名、絡絲匠六十二名、打線匠一十五名、纓匠一名、攢絲匠一十二名。

欽天監三十一名：

裁曆匠二名、表背匠一名、刷印匠二十八名。

崇文門外大木二廠六百八十三名。

四十年，令司禮監清查見在支俸食糧，匠官匠人共一萬八千四百四十三員名，裁革一千二百六十五員名，應留一萬七千一百七十八員名，著爲定額。遇缺，止許餘丁告補，不許溢數濫收。

計存留官匠一萬七千一百七十八員名：

司禮監官匠二千八百二十二員名、內官監官匠二千八百九十八員名、印綬監軍民匠二十四名、尚衣監軍民匠七百六十五名、御馬監官匠三百四十二員名、內織染局官匠一千四百六十一員名、銀作局官匠二百二十一員名、兵仗局官匠一千九百四十七員名、巾帽局軍民匠五百四十二名、鍼工局官匠三百八十一員名、寶鈔司軍民匠六百八十九名、尚膳監軍廚七百五十九名、內承運庫軍民匠三百七十九名、天財庫民匠一十八名、供用庫官匠二百八十九員名、惜薪庫民匠二十三名、酒醋麵局軍民匠一百七十一名。

隆慶元年，令清查內官等監，各官匠於原額一萬七千一百七十八員名，內除逃亡不補外，裁革老弱六百二十二員名，存留一萬五千八百八十四員名，著爲定額。

許存留官匠一萬五千八百八十四員名：

司禮監匠官四百四十四員，軍民匠一千三百八十三名。

內官監匠官四百八十員，軍民匠一千八百八十三名。

司設監匠官三十三員，軍民匠一千四百三十七名。

御用監匠官四十員，軍民匠二千七百五十五名。

印綬監軍民匠一十九名。

尚衣監匠官四十二員，軍民匠六百五十四名。

御馬監匠官一十一員，軍匠三百五名。

內織染局匠官八十七員，軍民匠一千三百四十三名。

銀作局匠官二十三員，軍民匠一百六十六名。

兵仗局匠官六員，軍民匠一千七百八十一名。

巾帽局軍民匠四百九十八名。

鍼工局匠官一員，軍民匠三百五十九名。

寶鈔司軍民匠六百二十四名。

司鑰庫民匠一十五名。

尚膳監軍廚六百九十三名。

內承運庫軍民匠三百五十九名。

供用庫匠官四員軍民匠二百五十九名。

惜薪司軍民匠一十八名。

酒醋麵局軍民匠一百六十九名。

又題准：逃亡年久者，不准收補。止將裁革見在老弱數內查係的親子孫，精通藝業者，准結送本部，發清匠司考校，開送該科驗實送監。各監局備查某處籍某年替役，或係祖匠，或充收係某衛食糧，逐一開造年貌花名文册，送部，類造奏繳，每年收支月糧照册查對關給。三年，令司禮監會同各監局官清查存留實在官匠一百三千三百六十七員名，著爲定額。又題准：清匠主事給清理人匠關防，各監局人匠遇有老疾事故，徑開清匠司註銷。審果乏人，不分軍民俱要的親兒男弟姪結送考校，工科驗實，方准頂補。

凡清理匠役。宣德六年奏准：差官查理浙江、南直隸、蘇松等府州失班工匠，惟造軍器及織造者存留，若單丁以營造放回者，令當後班，其丁多失班一次者，赴部補班二次三次以上，并前後不當班者，送問罰班。其廣東、江西二布政司，令南京工部照例差官查理。又令逃匠初來者，皆優容一月，候居止定，然後供役。成化七年議准：各監局軍匠有逃故者，行該部查補，不許徑拘京衛所官杖併逼要出錢雇人買免。弘治元年奏准：添設主事清理內外衙門，軍民住坐輪班工匠，輪班者做工納價等項，年終類奏。住坐者，軍匠行移兵部施行；民匠轉行清軍御史，督併各該衙門具備細脚色造册繳部查考。其內府監局行逃，務要依式開具從實貫址及上工處所，違者先行法司提問經該吏典及識字人役。十八年奏准：住坐在逃民匠，行內府監局將逃匠數目備開到部，編造文册二本，一本留部存照，一本在內行錦衣等衙門挨拏，在外行清軍巡按御史，行屬清查問罪起解在原籍逃故篤疾等項，就於户丁內揀選壯丁起解，各監局把總書辦不許逼勒財物，致令失所。南北二京班匠，照例有力徵銀，無力上工。住坐匠清解不及三分，班匠不及七分者，布按二司委官住俸兩箇月，府州縣委官住俸三個月。司府州縣該吏提問，府州縣清匠官，九年滿日，吏部送本部查理。徵解不及七分，行移吏部奏請降用。里書人等脱漏埋没人匠一名，將本身充匠，二名三名以上，子孫永遠充匠。造完匠册比照兵部順帶軍册事例，給發司府州縣，交割清查。嘉靖二年題准：班匠不行完解，州縣至三十名，一府至五十名，一省至二百名，各該掌印清匠官通行住俸該吏提問。府州縣清匠委官，遇有三六年，例應給山者，備查徵解數目無礙，方許起送。十年奏准：凡清查未稱軍民匠役，係成化以前許送各監局上工習學，不許關支直米，其月糧，除民匠月支三斗，以下照舊外，軍匠依各衛原支一石以下者，俱各量給四斗，待藝業精熟，遇缺收補，照舊關支。若弘治年以後招收者，盡行查革。又令：清匠主事責以久任照俸序遷，仍管前事，不必限年更替，本部亦不得别項差委，以妨本等職務。凡匠役事故各該衙門，查照成化七年事例，即用手本，行清查官揭册，查取户下應補親丁，驗送上工。若清匠官遷延誤事，及各監局徑拘衛所并宛平、大興縣官勒逼私補雇人買免，俱聽本部該科參究罪坐所由。如係洪武、永樂年間已絶人數，清匠官查取今次未稱項下，習藝已精者補盡，方許呈部，行文原籍清勾。十三年奏准：宛平、大興二縣管匠官備查正匠見在做工，免其雜差外，仍免一丁幫貼應役，其餘丁通查入册，每名每年出辦工食銀三錢以備禮兵刑等部、都察院大理等寺、國子監等衙門，凡公務取匠雇覓之用。二十三年，令各巡按御史轉行各該司府州縣清軍官，清查節年欠班人匠，凡原編勘合，并私給票照通追到官，照依工部，發去册式，分别舊管新收開除實在造册繳部。工部一面行管理匠册主事比照舊式，重造勘合，待各處解册到日，眼同填註，印封差人類送各司府，給散各匠收執。仍於每歲首發册内款開已未完數目行各司府查照徵解各司府亦於年終繳奏，册内款開各州縣已未行數目，到部查考。中間有繳奏不到，與清完不及七分者，清匠官聽部劾奏處治。二十四年，令吏部撥送諳曉書算吏二十名，監生十名，聽工部管理匠册主事嚴併攢造勘合。其紙劄等項，節慎庫動支匠價銀兩買辦，各生各役月糧工部支給，事完，監生准與上選，吏役准其當該。

凡工匠月糧直米。月糧户部支直，米光禄寺支。洪武十一年，令凡在京工匠上工者，日給柴米鹽菜，歇工停給。二十四年，令工匠役作内府者，量其勞力，日給鈔貫。永樂十九年，令内府尚衣，司禮司設等監，織染鍼工銀作等局，南京帶來人匠，每月支糧三斗，無工住支。宣德七年，令各衛軍匠，内府上工者，分爲兩班，月支糧五斗。九年，令内官監工匠，月支糧五斗，上工之日，光禄寺仍給飯食。正統元年，令巾帽局撮工人匠，月支米三斗，工完住支。五年，令各處起取營造軍匠，除月支口糧三斗外，仍於原籍月糧一石内扣除三斗，於見役處添支。景泰元年，令在京各監局及各廠上工軍匠，光禄寺不關飯者，月支米一石，關飯者五斗。三年，令兵仗局攢造軍器軍匠，仍支米五斗，民匠四斗。天順元年，令司設監各色軍匠，月支米五斗。又令：燕山前等衛軍匠，於尚衣監上工者，添支月糧一斗。又令：御馬監軍匠，添支月糧一斗，民匠餘丁月支糧三斗。二年，令錦衣等衛及順天府軍匠，添支月糧五斗。又令：内官監軍匠，添支月糧一斗，民匠餘丁上工日關與飯食。又令：司禮監軍匠，月支糧三斗。成化九年，令高手人匠行錦衣衛鎮撫司帶管月支糧一石，歲給冬衣布花，送監上工，仍於光禄寺日支粳米八合。十年，令内承運庫人匠鋪户，月支糧二斗。十二年，令軍器鞍轡局軍匠，月支米五斗。又令：修城軍匠，每月添支口糧二斗，民匠三斗，旗軍并不係食糧陰陽生一斗。又令留守等衛餘丁印綬監習學匠藝者，月支米三斗。嘉靖八年，令内官等監匠作上工須實在班，方許造册送部，查對相同，轉發關支直米。其停工下班日期及冒名頂替包納月錢，虚開支米者，聽巡視科道官參究。十年題准：各監局行支工匠直米，每月開立舊管新收開除實在備註花名送光禄寺查對明白，方許關支。如有虚冒許諸人攀，首巡視科道官從重究治。又户部關給工匠月糧，務照新定文册姓名，查對見在，方許支給。其或替補清勾等項，必須清匠司官開具緣由，方許准理。違者，聽該部指實參究治罪。隆慶三年題准：各該衛所并監局，將食糧人匠查照元年裁革過數目，造册一本，送清匠司查照本司。另查二本送户部光禄寺，查照支糧。以後各衛將匠役逃亡事故，知會本司，即於前册項下開除。仍造册二本，送户部光禄寺查支。其各監局衙門，按月支糧文册，務與本司册數相同，方准支給。

凡工匠犯罪。弘治十三年奏准：内府匠作，犯該監守常人盜竊盜掏摸搶奪者，俱問罪送發工部做工炒鐵等項。其餘有犯徒流罪者，拘役，住支月糧。笞杖准令納鈔。又兩京工部各色作頭犯該雜犯死罪，無力做工，與侵盜誆騙受財，枉法徒罪以上者，依律拘役，滿日俱革去作頭，止當本等匠役，若累犯不悛情犯重者，監候奏請發落。杖罪以下與别項罪犯，拘役滿日，仍當作頭。

張學顔《萬曆會計録》卷四一　《錢法鈔法附》

寶源局洪武初建

寶鈔提舉司洪武捌年建

本朝錢法，自洪武初鑄大中通寶，與歷代錢並行之後，鑄洪武通寶，有當拾、當伍、當叁、當貳之制。又令造小錢，壹拾文至伍拾文，以便民用。又印造大明寶鈔，與錢相兼行使。每鈔壹貫，准錢壹千文，所爲量資幣權輕重，以振捄民慮至深遠也。永樂、宣德中，鈔法阻滯，禁約毋得行使錢，凡課程課税及園地房舍等項，俱令納鈔。成化初，錢法不通，始令錢鈔中半兼收。弘治、正德、嘉靖以來，鈔法不行，新舊錢行使不一。萬曆肆年，奉旨疏通錢法，令各省開局，鼓鑄萬曆通寶，與舊錢並行，民甚便之。今則民僞日滋，巧於射利近代制錢，輦轂之下，亦任意阻格，是在有巡禁之責者加之意耳。

沿革事例

正統拾貳年，直隸巡按周鑑題稱：滌縣迤南直抵臨清、濟寧、徐州、淮揚等處，軍民買賣一切，俱用銅錢，鈔法阻滯，恐各處亦有此弊。乞除兩廣行使銅錢不禁外，其南北直隸并浙江、山東等處，禁約軍民買賣，暫將銅錢住使，專行使鈔貫。本部覆禁約銅錢，係洪武年間通行天下事例，難分地方，欲行都察院，轉行各處巡按御史，嚴加禁約。奉聖旨：罷不必行。欽此。

景泰元年，直隸巡按李周題稱：銅錢鑄自前古，寶鈔造自今朝，二者相爲子母，不可偏廢。要將先前禁約行使銅錢事例從宜革去，一遵太祖舊制，榜示天下，俾錢鈔二者相兼行使。尚書金濂覆准禁約，軍民行使銅錢，係是洪武年間通行舊例，況今鈔法尚未流通，若將銅錢准令行使，誠恐鈔法阻滯不便，合無仍照見行榜例禁約施行。

伍年，尚書張鳳題：准聖朝置造寶鈔與銅錢相兼行使，近年以來，南北貳京專用銅錢，不用鈔貫，欲行移南北貳京户部都察院各委御史主事壹員，督同五城兵馬并順天、應天貳府委官，各將該管地方，不分給賜自置塌房、庫房、店房、菜園、果株，并沿街沿門各色大小舖行，但係發賣取利者，通行取勘，該收鈔貫，不分輭爛，徑送内府天財庫交納，堪中好鈔存收備用，不堪之數照例年終會官燒毁。各官將送納過鈔數，按月會同奏報。仍將兩京文武官吏人等折色俸糧，每石該鈔壹拾伍貫，上半年，該支鈔貫不爲常例，暫且住支，自陸年爲始，貳年折與銀兩或潤白綿布，每銀壹兩，折鈔伍百貫，布壹疋折鈔壹百伍拾貫。下半年折俸鈔貫照舊折支，胡椒、蘇木，候鈔法疏通，俱各照舊施行。

成化元年，尚書馬昂因錢法不通，題准將天下户口食鹽等項，錢鈔中半兼收。

本年又題，錢法阻滯，乞先自京城九門并都税宣課等司批驗茶引所等衙門額辦商税，門攤、塌店、等房諸色物行，該納課程，及各衙門日逐收受大小車輛、驢騾馱載該納課鈔，自文到爲始，錢鈔中半送納，每鈔壹貫，許令納銅錢幾文，仍通行天下衙門。但有該徵商税課程船料等項鈔貫，一體依例相兼銅錢收税，該起運赴京者，照數起解該庫。奉聖旨：是錢鈔中半兼收，每鈔壹貫，收錢肆文，除破碎并錫錢不收，其餘銅錢不拘新舊，年代遠近，盡數驗收。欽此。

拾陸年，順天府大興縣民人何通奏稱：先年每銀壹錢，准使銅錢捌拾文，以此錢貴米賤，軍民安業。近年以來，外處僞造銅錢興販來京貨賣行使，每銀壹錢，准銅錢壹百叁拾文，近來街市選揀銅錢，米價增貴，乞要禁約。尚書陳鉞覆准，行令都察院出榜禁約。及廠衛等衙門緝訪，如有揀錢并僞造之人，拏送法司枷號究問，如律，就將犯人名下追罰銅錢給賞。

弘治元年，司鑰庫署庫事右少監金銘等題稱：該庫鈔錠缺乏，不敷放支，要將京城九門都税宣課，司順天等捌府并山東、河南貳布政司户口食鹽，全收鈔貫，淮安、臨清、揚州、蘇州、杭州、九江等處板閘船料鈔關，俱令鈔錢兼收，送庫支用。尚書李敏覆准。

正德伍年，户科右給事中李鐸題稱：低錢盛行，要行禁革。本部覆將新鑄鉛錫薄小低錢倒好，皮棍等項名色盡革，合將洪武、永樂、洪熙、宣德、弘治通寶，及歷代真正大樣舊錢相兼行使。

陸年本部題：訪得京城内外軍民商販人等，專一挑揀上等好錢，其餘堪用者俱各不用，以致錢法阻滯。乞再申明禁約，今後交易，除破碎錫花，及私鑄新錢折貳、當壹不使外，其餘但係歷代舊錢并洪武等年真正官錢相兼行使，不許仍乘機恣意挑選，庶錢法疏通，小民便益。奉聖旨：是近來京城内外行使銅錢，多有詐僞，濫惡不堪。該衙門奏准出榜禁約奉行太過，致將舊錢一槩阻滯，商賈不通，民心嗟怨。便通行曉諭，除私鑄假錢不許行使外，但係歷代銅錢，着照舊使用，以從民便。不許地方官司酷刻禁阻，并街市人等互相掯勒，敢有違犯事發的重罪不饒，原出榜文，不必張掛，只依今次旨意行。欽此。

柒年，尚書孫交題准，榜諭街市軍民商賈人等，不分年代遠近，錢樣大小，但係囫圇銅錢，壹文就筭壹文，柒文作銀壹分，聽從民便，不許以貳折壹。如有故違，揀高棄低，多方阻滯，或姦猾之徒乘機窺利，賤價廣收揀退銅錢，積貯待價販賣者，或私鑄鐵錫油籮醋浸假錢者，俱行緝事等衙門巡視禁革。且法行自上，乞先將今年文武職官折色俸給，以拾分爲率，壹分折錢，玖分闕銀，及在京九門稅課在外，各鈔關該收銅錢并官府買辦估價，里甲大户收受小民錢糧，俱收歷代舊錢，與國朝銅錢相兼收用。仍移咨工部轉行內府天財庫，將收積洪武、永樂、宣德銅錢，與近鑄弘治通寶查出，待今年各衙門官員折俸，并光禄寺買辦錢鈔，會計關支。

嘉靖肆年，本部委官主事李琪呈稱：崇文門宣課分司收稅則例，每鈔貳拾伍貫，錢伍拾文，該銀壹錢，原本司設有賣錢鈔舖户貳拾餘人，稱收商納銀，兩代納錢鈔，姦弊滋生，乞比照鈔關收銀事例，折收商納銀兩。本部覆准，劄行本官自本年爲始，每鈔壹貫，折銀叁釐，每錢柒文，折銀壹分。查照應納課程之數，隨即秤收送。

內府內承運庫交收，以備光禄寺等衙門買辦應用。

陸年，本部奏准，寶源局鑄造嘉靖通寶壹千捌百捌拾叁萬肆百文，南京寶源局鑄造貳千貳百陸拾陸萬捌百文，行工部并南京工部，各選委部屬官壹員，監督該局官吏匠作人等如法鑄造。仍先行御用監鑄造樣錢，貳千文每文重壹錢叁分，一發寶源局作式，一發司鑰庫驗收。合用銅料于太倉庫內動支官銀，照數收買真正貳火黃銅，送發該局應用。

叁拾貳年，户科左給事中李用敬題：通錢法以濟民困，要將本朝洪武、永樂并唐、宋古錢定爲拾文壹分。本部覆議得，洪武通寶有當拾、當伍、當叁、當貳之制，見今堪用者，復有壹錢柒拾文，壹錢壹百肆拾文，壹錢貳百壹拾文叁等，合無任從民便，將本朝制錢并前代舊錢相兼行使，一應物價，俱照時估，隨錢高下以爲輕重，不致錢貨兩相背馳。奉聖旨：依擬行。欽此。

本年，直隸巡按陳大賓題：要將歷代開元等錢、本朝洪武等錢、及嘉靖通寶，輪郭圓滿，體製豐厚定爲壹等，每錢柒拾文，准銀壹錢。次則純銅古製中樣舊錢定爲壹等，每壹百肆拾文，准銀壹錢。諸所徵收，除光禄寺額辦各鈔關額解錢鈔已有定規，并錢糧重大府州縣輕齎折銀，照舊各從民便外，其餘課稅罰贖等項，并得依例准收合式銅錢，每鈔壹貫，折銀叁釐，每銀壹分，收錢柒文。不分起存，俱伍分爲率，以貳分存積本處，以備在外官吏折俸，以叁分解太倉銀庫，以備在內文武官軍折布折糧支用。尚書方鈍覆准，所行之法悉依歷代年號隨錢高下，自柒拾文准銀壹錢，壹百肆拾文准銀壹錢，與本朝制錢每柒拾文准銀壹錢咸得通行，如有把持行市，高擡物價，估折好錢，串售僞錢，務盡法拏問。但有銷鎔舊錢及今制錢造作銅像銅器等項者，比盜鑄律科斷。

本年，司禮監傳奉聖諭：查照近年鑄錢例，着自洪武至正德紀元九號，每號壹百萬錠，朕紀元號壹千萬錠，如法製造，不許減薄。欽此。尚書方鈍議得，北京工部應鑄陸分，該錢壹千壹百肆拾萬錠，計伍百柒拾億文。南京工部應鑄肆分，該錢柒百陸拾萬錠，計叁百捌拾億文。

叁拾肆年，兵科給事中殷正茂題：欲收雲南之銅，由四川運至湖廣城陵磯地方開局鑄造。尚書方鈍覆：雲南地方，舊不用錢，銅錫煤炭物料之數，俱地方原有者。合無移咨雲南巡撫，將應解户部鹽課銀兩動支貳萬兩，收買物料，於雲南省城便利府分，開場鼓鑄嘉靖通寶，務要肉好適均，輪郭周正，一應供應，悉於贓罰銀內動支，不許騷擾有司驛遞。工部選差寶源局官壹員，帶樣錢并匠作貳拾名，赴該省聽用，轉相傳教，嚴禁商賈人等，不許私販銅錫以致價值騰踴。鑄完起解，雲南解至四川永寧，四川解至湖廣，湖廣解至南京户部，南京户部轉解户部，專備九邊年例，及商價京營料草折色，文武官俸等項支用。仍通行兩廣、福建、山東等處出銅地方，果係銅多可採，堪以鑄錢，巡撫官具奏前來，以憑覆議施行。奉聖旨：准議行。欽此。

叁拾柒年，雲南巡撫等官王昺等會題：查得鑄錢工料，銅錫採之于山，收買頗易，爐甘石、松香、煤炭產于夷方，運辦艱難。匠作取于楚雄等府，人性獷野，率多不堪。且計所得，爲利不多，民情未便，乞行停止。尚書賈應春覆：雲南鑄錢，利不償費，似應罷鑄。仍將未到銅錢，并節年鹽課贓罰銀查發解部。奉聖旨：雲南地方產銅，工費俱稱省便，你每還再議來説。欽此。本部會議題准，行移雲南巡撫等官，各照原議，將該省收貯鹽課銀再動支貳萬兩，責令原委員役，依式接續鑄造。

肆拾貳年，工部咨稱：要將制錢銅價，查照節年用過銀兩數目，酌量定數，以憑會題。尚書高燿覆：查得嘉靖叁拾叁年肆月起，至肆拾壹年拾月止，計捌年陸箇月，通共用過太倉銀壹拾叁萬兩，每年約用銀壹萬伍千貳百餘兩，自本年爲始，定議每年動支太倉銀壹萬伍千兩，仍咨工部委官，前赴太倉銀庫陸續支領鑄造。

陳仁錫《皇明世法録》卷四八《平刑・工律》 擅造作

凡軍民官司有所營造，應申上而不申上，應待報而不待報，而擅起差人工者，各計所役人雇工錢坐贜論。若非法營造及非時起差人工營造者，罪亦如之。

其城垣坍倒，倉庫公廨損壞，一時起差丁夫軍人修理者不在此限。若營造計料申請財物及人工多少不實者，笞五十。若已損財物，或已費人工，各併計所損物價，及所費雇工錢重者，坐贓論。

虛費工力採取不堪用

凡役使人工，採取木石材料，及燒造磚瓦之類，虛費工力而不堪用者，計所費雇工錢坐贓論。若有所造作，及有所毀壞，備慮不謹而誤殺人者，以過失殺人論，工匠提調官各以所繇爲罪。

造作不如法

凡造作不如法者笞四十。若成造軍器不如法，及織造段疋麤糙紕薄者，各笞五十。若不堪用及應改造者，各併計所損財物，及所費雇工錢重者坐贓論。其應供奉御用之物加二等，工匠各以所繇爲罪局官減工匠一等，提調官吏又減局官一等，並均償物價工錢還官。一、各處軍器局造作各項軍器不如法者，將管局委官參問降級，都布按三司堂上委官及府衛掌印官各以治罪。

冒破物料

凡造作局院頭目工匠，多破物料入己者，計贓以監守自盜論，追物還官。局官并覆實官吏，知情符同者與同罪。失覺察者減三等，罪止杖一百。

一各處巡按御史都布按三司分巡分守官，查盤軍器若有侵欺物料，那前補後虛數開報者，不論官旗軍人，俱以監守自盜論贓，重者照侵欺倉庫錢糧事例擬斷。衛所官三年不行造册，致誤奏繳者降一級，各該都司守巡等官，怠慢誤事，參究治罪。

帶造段疋

凡監臨主守官吏，將自己物料，輒于官局帶造段疋者杖六十，段疋入官，工匠笞五十，局官知而不舉者與同罪，失覺察者減三等。

織造違禁龍鳳文段疋

凡民間織造違禁龍鳳文紵絲紗羅貨賣者，杖一百，段疋入官。機户及桃花挽花工匠同罪，連當房家小起發赴京籍充局匠。

造作過限

凡各處額造常課段疋軍器，過限不納齊足者，以十分爲率，一分工匠笞二十，每一分加一等罪止笞五十。局官減工匠一等，提調官吏又減局官一等。若不依期計撥物料者，局官笞四十，提調官吏減一等。

修理倉庫

凡各處公廨倉庫局院系官房舍，但有損壞，當該官吏，隨即移文有司修理，違者笞四十。若因而損壞官物者，依律科罪，陪償所損之物。若已移文有司而失誤者，罪坐有司。

有司官吏不住公廨

凡有司官吏不住公廨内官房，而住街市民房者，杖八十。若埋没公用器物者，以毁失官物論。

盜決河防

凡盜決河防者杖一百，盜決圩岸陂塘者杖八十。若毁害人家，及漂失財物，渰没田禾，計物價重者，坐贓論。因而殺傷人者，各減鬭殺傷罪一等。若故決河防者杖一百，徒三年。故決圩岸陂塘減二等。漂失贓重者，准竊盜論，免刺。因而殺傷人者，以故殺傷論。一凡故決盜決山東南旺湖，沛縣昭陽湖屬山湖安山積水湖揚州高寶湖淮安高家堰柳浦灣，及徐邳上下濱河一帶各隄岸，并阻絶山東泰山等處泉源，有干漕河禁例，爲首之人，發附近衛所。係軍調，發邊衛各充軍。其閘官人等用草捲閣閘板盜泄水利，串同取財，犯該徒罪以上亦照前問遣。一河南等處地方，盜決及故決隄防毁害人家漂失財物淹没田禾，犯該徒罪以上，爲首者，若係旗舍餘丁民人，俱發附近充軍，係軍調發邊衛。

失時不修隄防

凡不脩河防，及脩而失時者，提調官吏，各笞五十。若毁壞人家，漂失財物者，杖六十。因而致傷人命者，杖八十。若不脩圩岸，及修而失時者，笞三十。因而渰没田禾者，笞五十。其暴水連雨損壞隄防，非人力所致者勿論。一凡運河一帶，用强包攬，閘夫溜夫，二名之上，撈淺鋪夫，三名之上，俱問罪。旗軍發邊衛民併軍丁人等發附近各充軍攬當一名不曾用强生争者，問罪枷號一箇月發落。

侵占街道

凡侵占街巷道路而起蓋房屋，及爲園圃者，杖六十。各令復舊其穿墻而出穢污之物于街巷者，笞四十。出水者勿論。一京城内外街道，若有作踐，掘成坑坎淤塞溝渠蓋房侵占，或傍城使車，撒放牲口，損壞城脚，及大明門前御道棊盤，并護門栅欄，正陽門外御橋南北本門月城，將軍樓，觀音堂，關王廟等處，作踐損壞者，俱問罪枷號一箇月，發落。一東西公生門朝房官吏人等，或帶住家小，或做造酒食，或寄族貨櫃，開設卜肆，停放馬贏，取土作坯，撒穢等項作踐，問罪枷號一箇月發落。

脩理橋梁道路

凡橋梁道路，府州縣佐貳官提調於農隙之時，常加點視修理，務要堅完平坦。若損壞失於修理，阻礙經行者，提調官吏笞三十。若津渡之處，應造橋梁而不造，應置渡船而不置者，笞四十。一條例申明頒布之後，一切舊刻事例，未經今次載入，如比附律條等項，悉行停寢。凡問刑衙門敢有恣任喜怒，妄行引擬，或移情就例，故入人罪，苛刻顯著者，各依故失出入律坐罪。其因而致死人命者，除律應抵死外，其餘俱問發爲民。

劉若愚《酌中志》卷一九《内臣服佩紀略》　祖宗設立内官，其巾帽服佩自有一定制度，其名色多非外廷所曉。而舊制醇雅，每寓等威節省之誼。自逆賢擅政，創古今未有之制，服之不衷，身之灾也。以今驗昔，良然！

貼里　其制如外廷之褷褶。司禮監掌印、秉筆、隨堂、乾清宫管事牌子、各執事近侍，都許穿紅帖里綴本等補，以便侍從御前。凡二十四衙門、山陵等處官，長隨、内使、小火者，俱穿青貼里。自逆賢擅政，改蟒貼里膝襴之下，又加一襴，名曰三襴貼里。最貴近者方蒙欽賞服之。又有雙袖襴蟒衣，凡左右袖上里外有蟒二條。自正旦燈景以至冬至陽生，萬壽聖節，各有應景蟒紵。自清明秋千與九月重陽菊花，俱有應景蟒紗。逆賢又創造滿身金虎、金兔之紗，及滿身金葫蘆、燈籠、金壽字、喜字紵，或貼里每褶有朝天小蟒者。然圓領亦有金壽字、喜字，遇聖壽及千秋，或國喜，或印公等生日，敫移則穿之。惟逆賢之服，奢僭更甚，及籍没，皆賞給鍾鼓司，凡承應則穿之，光焰耀目。今上聖主天性素儉，每爲切齒，或笑其越分折福，終何用也。祖宗以來，青貼里原不綴補，惟紅貼里有補。逆賢偶欲貴异其親信者，遂自印公起，請小轎止，俱於青貼里綴補。紛更多事，人咸不便。又按，舊制：自十月初四日至次年三月初三日穿紵絲，自三月初四日至四月初三日穿羅，自四月初四日至九月初三日穿紗，自九月初四日至十月初三日穿羅。該司禮監預先題奏傳行。凡婚慶吉典，則雖遇夏秋，亦必穿紵絲供事。若羊絨衣服，則每歲小雪之後，立春之前，隨紵絲穿之。凡大忌辰穿青素，祧廟者穿青緑花樣，遇修省則穿青素。祖宗時，夏穿青素，則屯絹也；冬穿青素，則元色之紵絲也。逆賢擅政，則王體乾等夏穿真青油緑懷素紗，内以玉色素紗襯之，滿身活文，如水之波，如木之理；而冬則天青、竹緑、油緑懷素紗，光耀射目，爭相夸尚，以艷麗爲美。然於忌辰之義何居？於臣子之心何安乎？

襈𧜫　其制後襟不斷，而兩旁有擺，前襟兩截，而下有馬面褶，往兩旁起。惟自司禮監寫字以至提督止，并各衙門總理、管理，方敢服之。紅者綴本等補，青者否。

圓領襯褳襬　與外廷同，各按品級。凡司禮監掌印、秉筆及乾清宫管事之耆舊有勞者，皆得賜坐蟒補，次則斗牛補，又次俱麒麟補。凡請大轎長隨及都知監，戴平巾。有牙牌者，穿獅子鸚哥雜禽補。逆賢名下，凡掌印、提督者，皆濫穿坐蟒，可嘆也。

官帽　以竹絲作胎，真青縐紗蒙之。自奉御至太監皆戴之，俗所謂剛叉帽也。

平巾　以竹絲作胎，真青羅蒙之，長隨、内使、小火者戴之。制如官帽，而無後山。然有羅一幅垂於後，長尺餘，俗所謂紗鍋片也。

牙牌　内官監題本，於内承應庫領討，象牙製造。每升奉御或長隨，即給一面，將原帶烏木牌換收。按御用監等衙門，各有號數，一邊刻「忠」字若干號，一邊刻某監某銜。亦間有私買者、私造者，從來不禁。其制有雲尖，下方微闊而上圓，可重六七兩不等。近將舊牙牌不用，另換給新制牙牌，一面橫用篆文某衙門，下書銜，一面載「不許借失」等字。爲官物也，無私造者。

烏木牌　其制荷葉尖頭，圓徑二寸許。一面刻「内使」或「小火者」字樣，一面用長方火印於中，其篆文四字曰「關防出入」。而火印兩旁，分刻小字或内字若干號。此系官物，無敢私造者。凡遇失落，必題知懲處另給。

牌繐　其制用象牙或牛骨作管，青緑綫結寶蓋三層，圓可徑二寸，下垂紅綫長八寸許，内懸牙牌或烏木牌，上有提係青絛。凡穿圓領隨侍及有公差、私假出外，本等帶之左，即懸此牌繐。如平居在宫，穿襈𧜫者、貼里者，俱帶牌繐有絛。逆賢時，將牌繐紅綫長至尺餘，而懸繐之提係，舊制大可二寸許，不過銅、銀、玉等爲之，上有鈎。逆賢時改造大樣，提係長六寸、五寸，闊三寸或二寸半，鑲嵌絶好珠石，睛緑之類，有一件可值千金、六七百金者。各按節令巧樣，將見帶者懸挂滿壁；不帶而聚蓄者盈箱充櫃，亦賞及名下諸人。又令絛作織五色五毒絛子，創造珍珠牌繐，以玉作管，去牙牌而懸白玉或碧玉玲瓏牌。五毒絛遍綴小珍珠，其色疑近褻間服飾，又加青紅寶石、珊瑚、黄緑瑠璃珠以間之，其實不雅，皆逆賢掌家王朝用逢迎造辦。有識者竊嘆曰：「帶珠者，待誅也。」謂非服妖而何？」又創造玉管天青綫印綬，如外廷印綬。夏則內懸玉牌，冬則金牌或金魚二尾，中加鑰焉。凡掌一印者帶一綬，如王體乾三綬，李永貞則二綬矣。雖不掌印者，凡出禁城有事，則亦帶一綬於玉帶之左焉，冒濫可笑極矣。

帶　凡內使小火者，烏木牌平巾者，無穿圓領束帶之理。惟請轎長隨并都知監長隨，各獅子等補，束角帶。其升有牙牌官帽，便謂之奉御正六品，得服麟補，束金鑲玳瑁或犀帶。自奉御而上，左右監丞五品，左右少監從四品，太監正四品。自太監而上，方敢穿斗牛補。再加升，則膝襴之飛魚也、斗牛也、蟒服也。再升，則受賞也。特升，方賜玉帶。冬則光素，夏則玲瓏，三月、九月則頂妝玉帶也。再升，內府騎馬。再升，每歲禄米十二石。如再升，但凡一級，止歲加禄米十二石耳。逆賢時，有孩孺而至禄米若干者，有升賞一次曾頓加禄米至一千二百石，不一也。

騎馬　凡內府有名騎馬者，自東西下馬門起，至北安、西安門柵欄，東上北門止，又東上南門起，至南內西上南門及寶鈔司止。凡遇萬壽聖節、正旦節，內府騎馬者各進馬一匹。若遇大婚禮、誕生慶典亦然。凡進馬有例，司禮監管掌寫字，預先於思善等門曉示一帖曰：某日進馬。各家將馬之毛色并己之官銜、姓名開送司禮監總辦黃本處，各酬銀二錢或三錢不等，以爲買筆之用，此舊規也。臨期請旨，如聖駕親覽所進之馬，便都於乾清宮門里伺候，覽過交御馬監。不堪者，該監不收，换補之。逆賢擅政時，因山海關等處缺馬，遂將皇城內官人稍堪辦進者，躐升數百人騎馬，每次各進一匹。又派各監局司場庫進十四至五十四者，每歲傳進十餘次，每次不下數百匹。驗收之日，黎明時，逆賢於北上門中一間，朝北正坐，盛服示威。內外侍衛者數百十人列於兩旁，按職名牽馬魚貫而過。或有不係夷產，及瘸瘦老病者，必重責其人。如牌子王心悅幾斃杖下。所以馬價踴貴焉。及解馬到於彼處，聽其瓜分，又苦無應時芻豆，隨至倒死者相望，軍士啖馬者比比也。按舊制：禁門中間係御路，無臣子敢正坐者。曾記萬曆二十九年，纍臣同選入者四十餘人，於七月內先監矩奉神廟聖旨，於北上門撥散於各衙門。先監在北上門東一空門限之北，坐東朝西，可謂得宜。至天啓二年六月內，王體乾、史賓、張文元，奉先帝聖旨，選內操官人時，便已在北上門，居中朝北正坐者，體乾也；左右并列坐者，賓與文元也。孔子立不中門，况坐以臨下乎？是干天之位憯然可笑者，又不止驕横逆惡之魏忠賢矣。凡賞過禄米者，遇萬壽聖節及各節，隨進鹿一只，交南海子，未賞禄米者則否。又冬至之前，印公公、秉筆、隨堂、管事牌子，各進子母羊四角、六角，羊交牲口房。凡藩府所進之羊，亦交牲口房。所進之馬，則交御馬監也。

凳杌　凡司禮監掌印、秉筆之年高最有寵眷者，方能得此。其制如靠背椅，而加兩杆於旁，用皮襻如轎，前後各用一横杠。然抬者不在轅內，只在杆外斜插杠抬，而正行之。所以曰杌者，禁地不敢乘轎之意也。

板　其制如床面，高五寸許，於偏後些安一椅圈，前後以粗絨繩拴，用杠二條斜插抬走，離地尺許。凡司禮監掌印、秉筆年老者，方私置坐之，不系欽賞，亦不係正經品級。自乾清門外，至西華門、東華門里止。自逆賢擅政，乃徑自由門抬出，了無畏懼。又曾於寶月亭戴巾，穿褻衣，坐板抬走，殊可恨也。自古以來，禁地無戴巾之理，神廟時司禮掌印田義老病，先監矩清弱，亦曾間於宮中坐板，然出於不得已，非驕矜賣貴也。邇來年少如李永貞、石元雅、涂文輔皆坐之，可不謂濫褻之極耶？

朝服、朝冠、帶履　與外廷同，冠七梁或五梁。舊制只有司禮監掌印，於祭中霤之神之夜，服此祭之。自逆賢擅政，加至九梁。凡遇先帝聖節、年節、冬至節，王體乾起，至牌子止，俱朝服朝冠，於乾清宮大殿或丹陛上服之，照外廷儀注行慶賀山呼禮，贊禮官大聲鳴贊，如鴻臚寺焉。班首亦致詞焉。自魏良卿晋封後，逆賢即改戴公侯伯爵簪纓，出班行禮致詞，位在體乾上。至今上初登大寶，舊例：宮中內外各執事印公，行禮磕頭慶賀。逆賢欲仍戴簪纓，照先帝時朝服行禮，憚聖主英明未果，止本等服色磕頭呼萬歲禮也。

笏　以象牙爲之，與外廷同。

抹布　非布也，是素紵絲或綾，染黄，長五尺，闊三寸，雙層方角，如大帶子之式而無縂。凡乾清宮管事、牌子、暖殿，御藥房管櫃子，御司房管庫、管弓箭，請小轎四執事牌子，欽安殿、隆德殿、英華殿陳設近侍，須蒙賜過者，乃敢佩於貼里之右，而蟠結綠上雙垂之，露半條於外，垂與衣齊。

刀兒　小牙箸一雙，小尖刀一把，長六七寸不等。銀鑲鯊魚皮等鞘，以紅絨辮系束於衣左牌縂之上，以昭近臣殊寵，非外衙門之所敢望也。惟司禮監是禮儀衙門，斯不屑抹布、刀兒也。

鐸針　金銀、珠翠、珊瑚皆可爲之。年節則大吉葫蘆，萬年吉慶。元宵則燈籠。端午則天師。中秋則月兔。頒曆則寶曆萬年，其制則八寶荔枝、卍字鮎魚也。冬至則陽生，綿羊引子，梅花。重陽則菊花。遇萬壽聖節則萬萬壽、洪福齊天之類。洪福者，於「齊天」字之傍，左右各有紅蝙蝠一枚，以取意耳。凡遇誕生、婚禮及尊上徽號、册封大典，皆萬萬喜。此所謂鐸針者，單一枚，有錞居官帽中央者是也。按蟒衣貼里之内，亦有喜相逢名色，比尋常樣式不同：前織一黄色蟒在大襟向左，後有一藍色蟒由左背而向前，兩蟒恰如偶遇相望戲珠之意。此萬曆年間新式，非逆賢創造。凡婚禮時，惟宫中貴近者，穿此衣也。

枝個　其制隨景如鐸針，但減少偏向成對耳。

桃杖　亦隨景如前，而珍珠、珊瑚自錞端下垂，或間以寶石、金方勝、卍字耳，下有垂脚。世廟時亦間以三種賜輔臣大臣，神廟初年亦間賜江陵相公云。

披肩　貂鼠制一圓圈，高六、七寸不等，大如帽，兩旁各制貂皮二長方，毛向里至耳，即用鈎帶斜挂於官帽之後山子上。舊制：自印公公等至牌子、暖殿方敢戴。其餘常行近侍，只戴暖耳。其制用元色素紵，作一圓箍，二寸高，兩旁綴貂皮，長方如披肩。凡司禮監寫字起，至提督止，亦只戴暖耳，不甚戴披肩也。凡二十四衙門内官、内使人等，則止許戴絨紵圍脖，以風領而緊小焉。凡聖上臨朝講，亦尚披肩。至於外廷，如今所戴帽套，謂之曰雲字披肩。聞今上登極後，令左右漸次改戴雲字披肩隨侍，然古制似已頓易也。

直身　制與道袍相同，惟有擺在外，綴本等補。聖上有大紅直身袍。凡印公公若過司房，或秉筆私自下直房始穿此，凡見尊長則不穿。其色止有天青、黑緑、玄青，不敢做大紅者。或亦開擺如襯衣而束本等帶者。

道袍　如外廷道袍之制，惟加子領耳，間有綴補。然逆賢時，其袖有大至二尺七八寸者，可笑莫此爲甚。

氅衣　有如道袍袖者，近年陋制也。舊制原不縫袖，故名曰氅也。彩素不拘。

大褶　前後或三十六、三十八不等，間有綴本等補。

順褶　如貼里之制，而褶之上不穿細紋，俗爲馬牙褶，如外廷之褳褶也。間有綴本等補。世人所穿褳子，如女裙之制者，神廟亦間尚之，曰襯褶袍。想即古人下裳之義也。

罩甲　穿窄袖戎衣之上，加此，束小帶，皆戎服也。有織就金甲者，有純綉、緬綉、透風紗不等。

束發冠　其制如戲子所戴者，用金累絲造，上嵌睛緑珠石。每一座值數百金，或千餘金、二千金者。四爪蟒龍在上蟠繞，下加額子一件，亦如戲子所戴，左右插長雉羽焉。凡遇出外游幸，先帝聖駕尚此冠，則自王體乾起，至暖殿、牌子止，皆戴之。各穿窄袖，束玉帶，佩茄袋、刀帨，如唱咬臍郎打圍故事。惟涂文輔、高永壽年少相稱，其年老如裴昇、史賓等戴之，便不雅觀。

唐朝帽　此古制，如畫上綿羊太子所戴者。貂鼠皮爲之。凡冬月隨駕出獵帶之，耳不寒。

烟墩帽　亦古制也。冬則天鵝絨或紵緆紗，夏則馬尾所結成者。上綴金蟒珠石，其式如大帽，直檐而頂稍細。

二色衣　近御之人所穿之衣。自外第一層謂之蓋面，如衪襒貼里圓領之類；第二層謂之親道袍；第三層曰襯領道袍。其白領以漿布爲之，如玉環在項，而缺其前，稍油垢即换之，非入過皇城者不敢綴也。自此三層之内，或袢或襖，俱不許露白色袖口，凡脖領亦不許外露，亦不得綴鈕扣，衹宫人脖領則綴鈕扣，是以切避忌之。凡外廷講幄召對之臣，不可不曉。二色衣之妙處者，如夏則以葛布爲上身，以深藍或玉色紗作下褶，并按兩袖各數寸，又緣子領寸許，一則露白色，一則省費惜福，以便拆浣。此從古制也。自逆賢專政，凡近御之人概得穿白色生紗、生羅、葛布及白綾、絲綢，領袖襟縫公然顯露，不忌憚也。

一把蓮　宫壺中舊制：凡掌印、秉筆、管事牌子，在殿内直宿。其餘者候聖駕已安寢，磕頭安置過，寢殿門已闔，則始散歸各直房，或酒或茶，自己用過，便各安歇，絶無敢私相會飲者。其各家經管衣帽官人，即將官帽一頂，貼里道袍大襖或袢共上一條領者一付，總綴兩條帶子，將提系縧牌穗亦挂得停當，名曰一把蓮。并硬抹口絨襪靴護膝一雙，俱緊安於所歇床旁，伺候暗燈及燭於桌上，立銅箍頭攢竹五尺一根於桌旁　司房官人伺候筆袋一分，空紙數幅，本色紙花一袋。紙花者，即白紙裁成方葉，如碗大，備寫字唾痰擦手之用。凡猝然夜間御前有事，忽有傳召，或值火灾意外之警，便立可衣冠，手持五尺，速赴聖駕防衛。此從來貴近大臣之體，亦内臣小心敬慎分内事也。至逆賢時，此制盡廢，甚有沉醉解衣赤身而睡者。曾遇半夜有事，如先時逆賢、王國臣之哄於殿内，并一號殿兩次火灾，寧遠兩次□警，及天啓六年六月初五日夜半地震，凡赴御前之人，多零星遲緩，不濟事矣。又先是，各直房飲食都從河邊等處做成，抬入宫，以炭火熱食之，不敢煤竈也。至逆賢時，直房各具寬大茶厨房，雙煤竈，訪善烹調内官答應，似面店酒鋪，煤火烈焰，爆炒煎炸，互相請召。而上下因循，日甚一日，全不以火燭爲戒，非逆賢創始，衆亦不敢屑越至此也。

長者巾　制如東坡巾，而後垂兩方葉，如程子巾式。神廟恒尚之，曰長者冠。前縫綴一大西洋珠，兩旁金五爪龍戲之，而後垂兩葉之中，亦各蟠蒼龍。凡内臣高年之人，亦有戴者。或金綫、黑綫緣鑲，然不敢綴雲龍也。忠靖冠、六合巾、九華巾、晋巾等制，皆如外廷。先帝恒尚九華巾。

圓帽　皇城内内臣除官帽、平巾之外，即戴圓帽。冬則以羅或紵爲之，夏則馬尾、牛尾、人發爲之。有極細者，一頂可值五六兩，或七八兩，十餘兩，名曰爪拉，或爪喇，絶不稱帽子，想有所避忌云。

椶鞁　巾帽局製造。每年大雪第一次，即送司禮監掌印、掌東廠秉筆每二雙，管事牌子每一雙，冰雪穿之，以便趨走，不滑跌也。

撒扇　其制用木柄，長尺餘，合竹作小骨二十餘根，用藍絹糊裱，兩面皆撒大塊金箔。放則遮日，收則入囊。自司禮監掌印至管事牌子，皆於宫中夏日用之，只可取陰，不能取風。其扇式如外之竹涼扇而不曲，長可二三尺，上闊下窄。《損齋備忘録》載宣廟六言詩三首，其一咏撒扇者曰：「湘浦烟霞交翠，剡溪花雨生香。掃却人間炎暑，招回天上清涼。」以天地萬物爲一體，真聖帝之言也。

靴　皂皮爲之，似外廷之制，而底軟襯薄，其里則布也。與聖上履同式，但前縫少菱角，各縫少金綫耳。頻加粉飾，敝則易之。凡當差内使、小火者不敢穿，但單臉青布鞋、青布襪而已。或雨雪之日，油靴則不禁也。

扁辮　用不堪紫色絨或青緑色，織如大帶子，微松軟耳。長可丈餘不等，闊可三四寸。凡遇雨雪，將衣摟束離地八九寸以防泥污，晴天不用。如冬寒之月，亦得穿皮氅衣，夏暑之夜亦用摺叠竹架，各支紗絹帳，以御蚊蚋也。

雨衣、雨帽　用玉色、深藍、官緑杭綢或好絹，油爲之。先年亦有蠶繭紙爲之，今亡矣。有斗鉢式，有道袍式加挂者。御前大臣值穿紅之日，有紅雨衣，彩畫蟒龍方補，爲貼里式者。雨帽則如方巾，周圍加檐三寸許，亦有竹胎絹糊，黑油漆如高麗帽式者，惟御前大臣戴之。祖宗以來，凡帝后皇子女晴天各用絹里青紗窄檐傘，制不甚大也，以蔽下面之日色。宫中從來禁傘，自逆賢擅政，凡掌印、秉筆、管事牌子，如王體乾等、王朝用等，皆雨雪打傘，直至乾清宫大殿檐下，無復奴僕體矣。良可太息！又神廟時，凡宣召太監田義等，皆直指其名曰叫某人來。如值聖怒，則曰採某人來。至逆賢，則凡遇先帝傳召，衆必接聲，或數十人歡聲齊跑曰：「叫老公哩！」蓋於君前臣名之義何居？而乃恬不爲異，可乎？

阮葵生《茶餘客話》卷一八《習俗信仰迷信戲曲小説》　明洪武六年，定庶民巾鐶，不得用金玉瑪瑙珊瑚琥珀，未入流品者并同庶民。帽不得用頂，帽頂之珠，許用水晶香木。校尉衹絲束帶幞頭靴鞋，雕刻雜花象牙帶環，餘同庶民。儒士生員，袖長過手，回不及肘三寸。庶民衣去地五寸，袖過手六寸，袖樁廣一尺，袖口廣五寸。軍人衣去地七寸，袖過手五寸，袖樁廣七寸，不得過一尺，袖口僅出拳。洪武二十四年，定生員衫襴用玉色布絹爲之，寬袖皂緣，皂絛軟巾，垂帶儒巾。萬曆三年，定武職勛戚等官，不許用四人帷轎肩輿交床上馬等。雜見於《禮部志稿》。

葉珍《明紀編遺》卷一《錢法大略》　寶錢之行，非錢法行之，而氣運行之也。洪武設官置寶源局於應天府，鑄大中通寶錢，以四百爲一貫，四十爲一兩，四文爲一錢，頒省直通行。又令户部及各行省鑄洪武通寶錢，其制凡五等，當十錢重一兩，當五錢重五錢，當三、當二，皆如其數，小錢重一錢。大錢皆鑄京字於背，其後各從省鑄，民間以二等大錢無京字者不行，乃令各藩司寶泉局改鑄小錢，以便民用。每生銅一觔，鑄小錢一百六十文，禁民間私鑄，依律論罪。是時上以裕軍餉，下以厚民生，皆錢爲之用也。成化十七年，許用歷代及洪武、永樂、宣德舊錢，每錢八文，折銀一分，八十文折銀一錢，不許私鑄攙和，阻壞錢法，下惟令矣。嘉靖朝錢制盡善，錢一千文值銀一兩，四海通行，最爲久遠。萬曆改元，命主計鑄大錢，京師民庶多積嘉靖錢，恐用萬曆新錢不用舊錢，人情以爲不便，乃依嘉靖錢式鑄造，以兩代錢兼行，錢式精工，銅色明亮，萬民見之，無不心喜，即有私鑄，呼名醬燒，衆共棄之，不煩禁約，兩朝享祚長久，此亦一徵也。天啓時豪猾阿附内璫，廢公行私，故四方私鑄可得而問，京城内外之私鑄不可得而問也。京城内外私鑄不可問，則四方私鑄亦終不可得問也。崇禎之初通用官錢，既而壅滯，凡私鑄每千文折銀五錢。至壬午癸未，銀三錢兑私錢一千文，純尚鉛蠟，不見銅質，時人謂之薄小穿，其弊甚於鵝眼，而民間又好行私鑄，藐不知有制錢矣。若夫弘光錢、大明錢、隆武錢、永曆錢，雖依舊式開鑄，而行之不能歲計者，又非崇禎錢所可擬也，嗚呼！此其所以爲氣運歟。

孫承澤《天府廣記》卷一五《禮部上・朝儀》　冕服：十六年七月，定大朝，上服衮冕，玄衣纁裳。儒臣議曰：有虞氏玄衣黄裳，十二章，日、月、星辰、山、龍、華蟲六者繪之於衣，宗彝、藻、火、粉米、黼、黻六者繡之於裳，黼同裳色。周人玄衣纁裳，十二章。冕五采玉十有二旒，前後邃延朱紱，龍章素帶，朱裏絳辟，白玉佩玄珥綬，赤舄。漢冕廣七寸，長尺二寸，前圓後方，朱緣裏玄，上前垂四寸,後垂三寸,用白玉珠爲十二旒。玄衣纁裳,十二章,制絺繡文。唐冕廣尺二寸,長二尺四寸,玉簪,垂白玉珠十二旒,朱組纓,黈纊,深青衣纁裳,十二章,日、月、星辰、山、龍、華蟲、火、宗彝八章在衣,藻、粉米、黼、黻四章在裳,衣畫裳繡,自山、龍而下每章一行爲等,每行十二,衣褾領畫以升龍,白紗中單,黼領青褾襈裾,韍繡龍山火三章,舄加金飾。宗天板廣尺二寸,長二尺二寸,前圓。黄襪,黄舄金飾。從之。

嘉靖八年,定冠制,以圓匡烏紗冒之,冠上有覆板,長二尺四寸,廣二尺二寸,玄表朱裏,前圓後方,前後各七采珠玉十二旒,以黄赤青白黑紅玉爲之,玉珩玉簪導朱纓,青纊充耳,綴以玉珠二。凡尺皆以周尺爲度。衣玄色,凡織六章,日、月在肩,各徑五寸,星、山在後,龍、華蟲在兩袖,長不掩裳之六章。裳黄色,爲幅七,前三幅後四幅,連屬如帷,凡繡六章,分作四行,火、宗彝、藻爲二行,米、黼、黻爲二行。中單素紗爲之,青緣領,織黻文十二。蔽膝隨裳色,羅爲之,上繡龍一,下繡火三,繫於革帶。大帶素表朱裏,上緣以朱,下以緑,不用錦。革帶前用玉,其後無玉,以佩綬繫而掩之。朱襪,赤舄,黄絛緣,玄纓結。圭白玉爲之,長尺二寸,剡其上,下以黄綺約之,上刻山形四,盛以黄綺囊,藉以黄錦。

凡朔望視朝、降詔、降香、進表、四夷朝貢朝覲,則服皮弁服,用黑紗冒之,前後各十二縫,其中各綴五采玉。十二縫,及冠武并貫簪繫纓處皆飾以金,玉簪,朱紘纓,玉以赤白青黄黑相次。玉圭長如冕服之圭,有脊并雙植文剡其上,黄綺約其下,及有韜,金龍文。絳紗袍,本色領褾,襈裾,紅裳,如冕服内裳制,但不織章數。中單以素紗爲之,如深衣制,紅領褾,襈裾,領織黻文十二。蔽膝隨裳色,本色緣。玉鈎二,玉佩、大帶、大綬、襪、膝俱如冕服内制。

洪武三年九月,定朝會、聖節、正旦、冬至大朝賀,用樂工六十四人,引樂二人,簫二人,笙四人,琵琶六人,箜篌四人,箏六人,方響四人,頭管四人,龍笛四人,杖鼓二十四人,大鼓二人,板二人,戴曲脚幞頭,衣紅羅生色畫花大袖衫,塗金束帶,紅羅擁項紅結子,皂皮靴。每朝賀之日,和聲郎預先陳設樂於丹墀之南,北向。上將出,和聲郎舉麾唱曰:奏飛龍引之曲。上陞座,樂止,偃麾,贊禮唱鞠躬,和聲郎唱曰:奏風雲會之曲。樂作,百官拜畢,樂止。國公陞殿,和聲郎唱曰:奏慶皇都之樂。樂作,國公出,樂止。贊禮唱鞠躬,和聲郎唱曰:奏喜昇平之樂。樂作,百官拜畢,樂止同。上興,和聲郎唱曰:奏賀聖朝之樂。樂作,上還宮,樂止。百官捲班,和聲郎引樂工以次出。

洪武二十四年六月,更定文武官朝服。自公侯駙馬伯一品至九品俱用赤羅衣白紗中單,皆青飾領緣,赤羅爲裳,亦用青緣,蔽膝同裳色,大帶用赤色、白色絹,白襪,黑履。公冠八梁,加籠巾貂蟬,立筆五折四柱,香草五段,前後用玉爲蟬,侯冠七梁,加籠巾貂蟬,立筆四折四柱,香草四段,前後用金爲蟬。伯冠七梁,加籠巾貂蟬,立筆二折四柱,香草二段,前後用玳瑁爲蟬,俱左插雉尾。駙馬冠與侯同,不用雉尾。一品官七梁,不用籠巾貂蟬,二品六梁,三品五梁,四品四梁,五品三梁,六品七品二梁,御史加獬豸,八品冠一梁。革帶:公侯駙馬伯及一品用玉,二品用犀,三品四品用金,五品用鈒花銀,六品七品用銀,八品九品用烏角。珮:公侯至三品用玉,四品以下用藥玉。綬:公侯駙馬伯及一品用黄緑赤紫四色。雲鶴花錦玉環二;二三品綬同,俱用犀環二;三品四品用黄緑赤紫四色,錦鷄花錦金環二;五品用黄緑赤紫四色,盤雕花錦銀度金環二;六品七品用黄緑赤三色,練鵲花錦銀環二;八品九品用黄緑二色,鸂鶒花錦銅環二。自雲鶴以下花紋并環皆織成,俱下結青絲網。笏,自五品以上至公侯皆用象牙,六品以下用槐木。

朔望朝見則用公服。員領右衽,袍或紵絲紗羅絹,從宜製造。袖寬三尺。公侯駙馬以下至四品用緋,五品至七品用青,八品以下并雜職官用緑。暗織花樣。公侯駙馬及一品用大獨科葵花,徑五寸;二品用小獨科葵花,徑三寸;三品用散葵花,無枝葉,徑二寸;四品五品小雜花紋,徑一寸五分;六品七品小雜花紋,徑一寸;八品以下無紋。幞頭:用漆紗二等展角各長一尺二寸,未入流雜職止用垂帶。笏:如具朝服之制。腰帶:公侯駙馬伯及一品玉帶,或花或素,二品犀帶,三品四品用荔枝帶,五品以下用烏角帶。鞓:用青苢,仍垂撻尾於下。靴:用皂。在京文武官於每日早朝奏事及侍班謝恩見辭則服之,遇雨雪則易便服。武官應直守衛則不服。在外文武官員於每日早公座亦服之。其文武官陪祭服,一品至九品並同朝服,但不用赤。

孫承澤《天府廣記》卷一五《禮部上・冠服之制》 元年,定皇太子、諸王、皇妃、皇太子妃、王妃、王世子冠服。皇太子從皇帝祭天地宗廟社稷及受册、正旦、冬至、聖節朝賀,納妃,皆被衮冕。其制九旒,每旒九玉,紅絲組纓,金簪導,兩玉填。衮服九章,玄衣畫山、龍、華蟲、火、宗彝五章,纁裳繡藻、粉米、黼、黻四章。白紗中單,黼領,蔽膝隨裳色,繡火、山二章。革帶金鈎鰈,玉佩五采綬,赤白玄縹緣純赤質三百二十首,小綬三色同大綬,間施三玉環,大帶白表朱裏,上緣以紅，下緣以緑，白襪赤舄。其朔望朝、降詔、降香、進表、四裔朝貢朝覲則服皮弁。

諸王冠服：凡受册、助祭、謁廟、元旦、冬至、聖節朝賀、納妃，則服衮冕九章，冕用五采玉珠九旒，紅絲組爲纓，青纊充耳，金簪導。衮衣青衣纁裳，畫山、龍、華蟲、火、宗彝五章在衣，繡藻、粉米、黼、黻四章在裳，白紗中單，黼領青緣，蔽膝纁色，繡火、山二章，革帶金鉤觹，佩綬，大帶表裏白羅朱緑緣，白襪，朱履。其朔望朝、降詔、降香、進表、四裔朝貢朝覲則服皮弁。

皇妃冠服：冠飾以九翬四鳳，花釵九樹，小花如大花之數，兩博鬢九鈿，翟衣青質編次於衣及裳重爲九等。青紗中單，黼領朱縠褾襈裾，蔽膝隨裳色，加文繡重雉爲章二等，以緅爲領緣，大帶隨衣色，玉革帶，青襪舄，佩綬。凡受册、助祭、朝會諸大事服之。鸞鳳冠。首飾釧鐲用金玉珠寶翠，諸色團衫，金繡鸞鳳，不用黄，束帶用金玉犀，燕居則服之。

皇太子妃、王妃冠服：凡受册、助祭、朝會諸大事與皇妃同，惟王妃以素紗中單爲别。其燕居則服犀冠，刻以花鳳，餘與皇妃同，皆參酌唐宋之制而定之。

二十一年九月，定王世子冠服禮儀：冕服各七章，冕繅七就，前後各七旒，旒七玉，繅玉皆白蒼三采。衣青質，以火、宗彝、華蟲爲文，裳纁色，藻色采黼黻爲文。珮用白玉而玄組，綬用紫質，紫黄赤爲采，雙白玉環。舄韍皆赤色。素中單，青領襈。圭長七寸，闊三寸，厚半寸，剡上左右各半寸。

嘉靖中上諭張孚敬曰：兹者光澤王奏請冠服之式，以便遵服。朕已允其言。今思其製當以燕弁爲準。親王用九䄶，世子郡王用八䄶，郡王長子用七䄶，俱去簪與五玉，後山皆一扇爲之，分畫爲四，服用青身青緣，前後方龍補各一，身用素地，邊用雲，帶用青，衣緑裏，履用皂，白襪。其補子郡王以上許綵粧，郡王長子止許織金爲之，未知可否，卿其詳看來聞。張孚敬回奏云：臣謹按國朝定制：天子冕冠十二旒，皮弁十二縫，皆象十二月也，今燕弁用十二縫，正如其數。又親王冕冠九旒，皮弁九縫，今燕弁宜用九䄶，親王世子冕冠八旒，皮弁八縫，今燕冠宜用八䄶，郡王冕冠七旒，皮弁七縫，燕冠亦用七䄶，兹聖諭以世子郡王俱用八䄶，郡王長子用七䄶，竊謂郡王冠冕皮弁既俱七旒七縫，今燕冠若同親王世子八䄶，恐燕服之制獨與公服等數不合，或宜用七䄶，庶與冠弁之數相合。其郡王長子或宜殺，用六䄶，自鎮國將軍以下，各依原忠靖冠品官之制服之可也。又思燕弁冠服及忠靖冠服俱欽定名，今諸王冠服宜更定名，伏乞裁示。上曰：卿回奏具見詳明。夫朝冠公服止於七數，閑常所用反重之，可乎？郡王之冠仍宜七數，其郡王長子既無冕弁，只可同鎮國將軍之制可也。惟冠五䄶以分等差，一如忠靖之制式，又其名當異於朝廷，庶别天子諸侯也，或名之曰保和，曰寧義。孚敬請用保和，從之。

崇禎庚辰，上傳禮部：令百官燕居皆用世廟所製忠靖冠服，賜閣臣五人各一襲，復以二襲下部爲式。

上燕弁冠玄端服，襯以深衣，素帶玄履，冠用烏紗，上分金線十二瓣，前飾五采玉雲各一，後列四山雙玉簪。服即古玄端制，身用玄邊緣青，兩肩繡日月，前蟠圓龍一，後蟠方龍二，邊加龍文八十一，領與兩袪共龍文五九，衽同，前後齊，共龍文四九。深衣黄色，袂圓袪方，下齊負繩及踝十二幅。素帶衣裏青表緑，緣邊腰圍飾以玉龍九片。玄履朱緣，紅纓黄結，襪用白。

十八年四月，賜文武官錦綬。初以朝服錦綬民間不能製，命工部織成頒賜之。至是文官五品以上、武官三品以上皆賜給，俱不用龍鳳文。

百官衣服，自十月初四日至次年三月初三日穿紵絲，自三月初四日至四月初三日穿羅，自四月初四日至九月初三日穿紗，自九月初四日至十月初三日穿羅，俱司禮監預題，以中旨行之。

元年，定未入流官冠服。凡在外諸處提控、案牘及吏目、典史、税課局、閘壩等官服制皆准侍儀舍人，冠無梁，服赤羅服，青緑飾，赤羅蔽膝，烏角帶，紅白大帶，槐木笏，白襪，黑履，不用中單，去珮、綬。

詔定官員親屬冠服之制。禮部尚書崔亮等定議，凡天下内外官員父、兄、伯、叔、子、孫、弟、侄用烏紗帽，軟脚垂帶，圓領衣，烏角帶。在外閣者圓領衣，烏角帶，帽四角稍垂。内外衙門隸卒，烏紗，平頂巾，雙環，圓領衣，用紬絹布繫腰，黑鞓帶，銅鐵骨角束子。軍士隨軍裝，擂手與隸卒同。曾經委用閑散官員用烏角軟脚垂帶，圓領衣，烏角束帶。從之。

十八年五月，頒命婦翠雲冠制於天下。其制飾以珠翠，前用珠菊花三，珠蕋菊二，翠葉二十七，葉上翠雲五，雲上用大珠五，後用珠菊花一，珠菊蕋三，翠葉一十四，兩傍插金雀口啣珠結一雙。金雀惟公侯一品二品命婦用之，三品四品則用金孔雀，五品用銀鴛鴦，六品七品用銀練鵲，俱鍍以金，啣珠結一雙，八品九品用銀練鵲，以金間抹之，啣小珠桃牌一雙。

勑外命婦一品至七品未受封者，不得戴山松特髻。

五年四月，定凡品官祖母及母與子孫、同居親弟、侄婦女禮官服，合依本官所居職官品級，通用漆紗珠翠慶雲冠，大衫霞帔褙子上緣襈襖裙，惟山松特髻止許受封誥勅者用之。品官次妻許用本品珠翠慶雲冠褙子爲禮服，銷金闊領長襖、長裙爲常服。婢使人等綰頂髻，用絹布狹領長襖、長裙，小婢使綰雙髻，用長袖短衣、長裙。

定品官女子在室者，宋制女年二十而笄，服飾之制作三小髻，金釵珠頭，帛窄袖褙子，宜如其制。

孫承澤《天府廣記》卷一六《禮部下·喪制》 元年，御史高原侃言：京師人民循習元氏舊俗，凡有喪葬，設宴會，親友作樂娱尸，惟較酒肴厚薄，無哀戚之情。流俗之壞至此，甚非所以爲治。且京師者天下之本，萬民之所取則，一事非禮，則海内之人轉相視傚，弊可勝言？況送終禮之大者，不可不謹。乞禁止以厚風俗。上是其言，乃詔中書省令禮官定官民喪服之制。

五年六月，定喪禮。襲衣：三品以上三襲，四品、五品二襲，六品以下一襲。飯含：五品以上飯用稷，含用珠，九品以上飯用粱，含用小珠。銘旌：以絳帛爲之，廣一幅，四品以上長九尺，六品以上長八尺，九品以上長七尺。斂衣：品官朝冠朝服一襲，常服十襲，衾十番，命婦大袖衫褙子一襲，常服十襲，衾十番。靈座設於柩前，用綿絹結魂帛以依神。棺槨：品官棺用油杉朱漆，槨用土杉。牆翣：公侯六，三品以上四，五品以上二。明器：公侯九十事，一品、二品八十事，三品、四品七十事，五品五十事，六品、七品三十事，八品、九品二十事。引披鐸：引者引車紼也。披者以纁爲之，繫於輀車，四柱在榜，執之以備傾覆者也。鐸者，以鉦爲之，所以節挽歌者。公侯四引六披，左右各八鐸，一品、二品二引四披，左右各六鐸，三品、四品二引二披，左右各四鐸，五品以下二引二披，左右各二鐸。羽旛竿長九尺，五品以上，一人執之以引柩，六品以下不用。功布：品官用之，長三尺。方相：四品以上四目，七品以上兩目，八品以下不用。柳車：上用竹格，以綵結之，旁施帷幔，四角垂流蘇。誌石二片，品官皆用之。其一爲蓋，書某官之墓，其一爲底，書姓名鄉里三代生年月及子孫葬地。婦人則隨夫或子孫封贈。二石相向，用鐵束埋墓中。碑碣：功臣殁後封王，螭首高三尺二寸，碑身高九尺，闊三尺六寸，龜趺高三尺八寸；一品螭首高三尺，碑身高八尺五寸，闊三尺四寸，龜趺高三尺六寸；二品蓋用麟鳳，高二尺八寸，碑身高八尺，闊三尺二寸，龜趺高三尺四寸；三品蓋用天禄辟邪，高二尺六寸，碑身高七尺五寸，闊三尺，龜趺高三尺二寸；四品圓首高二尺四寸，碑身高七尺，闊二尺八寸，方趺高三尺；五品圓首高二尺二寸，碑身高六尺五寸，闊二尺六寸，方趺高二尺八寸；六品圓首高二尺，碑身高六尺，闊二尺四寸，方趺高二尺六寸；七品圓首高一尺八寸，碑身高五尺五寸，闊二尺二寸，方趺高二尺四寸。墳塋：功臣没後封王，塋地周圍一百步，每面二十五步，墳高二丈，四圍墳牆高一丈，石人四，文武各二，石虎羊馬望柱各二；一品塋地周圍九十步，每面二十二步半，墳高一丈八尺，墳牆高九尺，石人二，文武各一，石虎羊馬石望柱各二；二品塋地周圍八十步，每面二十步，墳高一丈六尺，墳牆高八尺，石人石虎羊馬石望柱同一品；三品塋地周圍七十步半，墳高一丈四尺，墳牆高七尺，石虎羊馬石望柱同二品；四品塋地周圍六十步，每面一十五步，墳高一丈一尺，墳牆高六尺，石羊馬虎石望柱同三品；五品塋地周圍五十步，每面一十二步半，墳高一丈，墳牆高五尺，石羊馬石望柱各二；六品塋地周圍四十步，每面一十步，墳高八尺；七品塋地周圍三十步，每面七步半，墳高六尺。祭物：四品以上用羊、豕，九品以上用豕。庶民襲衣一，深衣一，大帶一，履一雙，裙袴衫襪隨所用，飯用粱，含錢，銘旌用紅絹五尺，斂衣隨所有，衣衾及親戚襚儀，棺隨所用，堅木油杉爲上，柏次之，土杉松木又次之，用黑漆金漆，不得用硃紅。明器一事，以功布白布三尺引柩，柳車以衾覆棺，誌石二片，如品官之儀。塋地周圍十八步，每面四步半，祭物用豕，力不及者隨家有無。

孫承澤《天府廣記》卷一六《禮部下·官民房屋之制》 二十四年六月，定官民房屋，并不許蓋造九五間數及歇山轉角、重簷重拱，繪畫藻井，硃門紅窗，其樓房不在重簷之列。公侯伯前廳中堂後堂各七間，門屋三間，俱用黑板瓦蓋，屋脊用瓦獸，梁棟斗拱簷桷彩色繪飾，門窗枋柱俱用黑漆油飾，門獸㹀面擺錫環，家廟三間，俱用黑板瓦蓋，屋脊用花樣瓦獸，梁棟斗拱簷桷彩色繪飾，門桷枋柱用黑漆或黑油飾，其餘廊廡庫厨等房從宜蓋造，梁棟斗拱簷脊，青碧繪飾。門三間，門用綠油獸面擺錫環，俱不得過廳堂正屋制度。一品二品廳堂各七間，屋脊許用瓦獸，梁棟斗拱簷桷青碧繪飾，門屋三間，門用綠油獸面擺錫環。三品至五品與二品同，但門用黑油擺錫環。六品至九品廳堂各三間，梁棟止用粉青刷飾，正門一間用黑油鐵環。凡品官房屋除正廳外，其餘房舍許從宜蓋造，比正屋制度務要減小，門窗户牖並不許用硃紅油漆。庶民房屋不過三間五架，不許用斗拱及彩色裝飾。其餘從屋雖十所二十所隨宜蓋造，但不得過三間。

剛林等《大清律集解附例》卷四《户律·户役·私役部民夫匠》 凡有司官

私役使部民，及監工官私役使夫匠，出百里之外及久佔在家使喚者，有司官使一名，笞四十，每五名加一等，罪止杖八十。監工官照名各加二等，私役罪小，誤工罪大。每名計一日，追給傭工銀八分五釐五毫。若有吉凶及在家借使雜役者，勿論。監工官仍論。其所使人數不得過五十名，每名不得使過三日。違者以私役論。

剛林等《大清律集解附例》卷七《户律·倉庫·錢法》 凡錢法，設立寶源、寶泉等局，鼓鑄「順治通寶」銅錢，内外俱要遵照户部議定數目，一體通行。其民間金銀、米麥、布帛諸物價錢，並依時值，聽從民便使用。若阻滯不即行使者，杖六十。其軍民之家私蓄銅器，除鏡子、軍器，及寺觀庵院鐘、磬、鐃、鈸外，其餘應有廢銅，並聽赴官賣，每斤官給銀七分，增減隨時。若私相買賣，及收匿在家，不赴官者，笞四十。

剛林等《大清律集解附例》卷一〇《户律·市廛·私造斛斗秤尺》 凡私造斛斗、秤尺不平，在市行使，及將官降斛斗，秤尺作弊增減者，杖六十。工匠同罪。若官降不如法者官吏工匠，杖七十。提調官失於較勘者原置官吏工匠，減一等。知情與同罪。其在市行使斛斗、秤尺雖平，而不經官司較勘印烙者即係私造，笞四十。若倉庫官吏，私自增減官降斛斗、秤尺，收支官物而不平納以所增，出以所減者，杖一百，所以增減物計贓重於杖一百者，坐贓論。因而得所增減之物入己者，以監守自盜論並贓不分首從，查律科斷，工匠杖八十。監臨官知而不舉者，與犯人同罪；失覺察，減三等，罪止杖一百。

剛林等《大清律集解附例》卷一〇《户律·市廛·器用布絹不如法》 凡民間造器用之物，不牢固、真實，及絹布之屬紕薄、短狹而賣者，各笞五十，其物入官。

剛林等《大清律集解附例》卷一二《禮律·儀制·服舍違式》 凡官民房舍、車服、器物之類，各有等第。若違式僭用，有官者，杖一百，罷職不叙；軍官降充總旗。無官者，笞五十，罪坐家長；工匠，並笞五十。違式之物，責令改正。工匠自首，免罪，不給賞。若僭用違禁龍鳳紋者，官民各杖一百，徒三年。官罷職不叙。工匠杖一百，連家小起，發赴京籍，充局匠。違禁之物，並入官。首告者，官給賞銀五十兩。若工匠能自首者，免罪，一體給賞。

順治二年閏六月初一日，禮部接出聖諭：諭禮部，公侯文武各官，應用帽頂、束帶及生儒衣帽，照品級次第酌議繪圖來看，欽此。欽遵。恭捧到部，臣等詳考國制，參酌時宜，擬爲十三等，謹繪圖貼説，進呈御覽，不許僭越。違者治罪。伏乞聖明裁定，勅行内外各衙門，一體遵奉。等因。於本月初一日，奉聖旨：是。這帽頂、束帶圖樣，通行内外文武各衙門，如式遵用，以辨等威。官員越品僭用，及民間違禁擅用者，重治不宥。凡應用東珠的，重不得過三分；如用三分以上，即同違式。欽此。

公 起花金帽頂：上銜紅寶石一大顆，中嵌東珠三顆；帶用圓玉板四塊，四圍金鑲，中鑲綠松子石一顆。

一品 侯伯同 起花金帽頂：上銜紅寶石一大顆，中嵌東珠一顆。帶用方玉板四塊，四圍金鑲，中鑲紅寶石一顆。

二品 起花金帽頂：上銜紅寶石一大顆，中嵌小紅寶石一顆。帶用起花金圓板四塊，中鑲紅寶石一顆。

三品 起花金帽頂：上銜紅寶石一大顆，中嵌小藍寶石一顆。帶用起花金圓板四塊。

四品 起花金帽頂：上銜藍寶石一大顆，中嵌藍小寶石一顆。帶用起花金圓板四塊，銀鑲邊。

五品 起花金帽頂：上銜水晶一大顆，中嵌小藍寶石一顆。帶用素金圓板四塊，銀鑲邊。

六品 起花金帽頂：上銜水晶一大顆，帶用圓玳瑁板四塊，銀鑲邊。

七品 起花金帽頂：中嵌小藍寶石一顆。帶用素銀板四塊。

八品 起花金帽頂：帶用明羊角圓板四塊，銀鑲。

九品 雜職同 起花銀帽頂：帶用烏角圓板四塊，銀鑲。

舉人 金雀帽頂：高二寸，帶同八品，青袍藍邊，披領同。

生員 銀雀帽頂：高二寸，帶同九品，藍袍青邊，披領同。

外郎 耆老 烏角葫蘆頂：衣及披領，皆純青。

條例

一 服舍、鞍馬，貴賤各有等第，上可以兼下，下不可以僭上。官員任滿、致仕與見任同。其父祖有官身没，非犯除名不叙，子孫許居其房舍，用其衣服、車馬。其御賜者，及軍官、軍人服色，不在禁例。

一 房舍並不得施用重拱、重簷，樓房不在重簷之限。職官一品、二品，廳房七間九架，屋脊許用花樣獸吻，梁棟斗拱簷桷，彩色繪飾；正門三間五架，門綠油，及獸面銅鐶。三品至五品，廳堂五間七架，許用獸吻，梁棟斗拱簷桷，青碧繪飾；正門三間三架，門用黑油，獸面擺錫環。六品至九品，廳房三間七架，梁棟止用土黃刷飾；正門一間三架，黑門鐵環。庶民所居堂舍，不過三間五架，不用斗拱、彩色雕飾。

一庶民男女衣服，並不得僭用金繡，許用紵絲綾羅、綢絹、素紗。婦人金首飾一件，金耳環一對，餘止用銀翠，不得製造花樣金線粧飾。

一車輿，不得雕飾龍鳳紋。職官一品至三品，許用間金粧飾銀螭繡帶青幔；四品、五品，素獅頭鏽帶青幔。六品至九品，用素雲頭素帶青幔。轎子比同車制。庶民車用黑油齊頭平頂皂幔；轎子比同車制，並不許用雲頭。

一帳幔，並不許用赭黃龍鳳紋。職官一品至三品，許用金花刺繡紗羅；四品、五品，刺繡紗羅；六品以下，許用素紗羅。庶民用紗絹。

一傘蓋，職官一品、二品，銀葫蘆，茶褐羅表，紅裏；三品、四品，紅葫蘆，茶褐羅表，紅裏。以上皆三簷。五品，紅葫蘆，青羅表，紅裏，六品以下，惟用青絹，皆重簷。雨傘，通油絹。庶民不得用羅絹涼傘，許用油紙雨傘。

一鞍轡，並不許雕飾龍鳳紋。

一器皿，不許造龍鳳紋。

一墳塋、石獸，職官一品，塋地九十步，墳高一丈八尺；二品，塋地八十步，墳高一丈四尺；三品，塋地七十步，墳高一丈二尺。以上石獸並六。四品，塋地六十步；五品，塋地五十步，墳高八尺。以上石獸並四。六品，塋地四十步；七品以下，二十步，墳高六尺。以上發步皆從塋心各數至邊。五品以上，許用碑龜趺螭首。六品以下，許用碣，方趺圓首。庶人塋地九步，穿心一十八步，止用壙誌。

一品官服色，鞍轡等物，除官府應用之家，許令織造外，其私下與不應之家製造者，工匠依律治罪。

一軍民僧道人等服飾、器用，俱有定制。若常服，言常服，則大服不禁。僭用錦綺、紵絲、綾羅、彩繡，器物用戧金、描金，酒器純用言純用，若止用一件不禁。金銀，及將大紅銷金製爲帳幔、被褥之類；婦女僭用金繡閃色衣服，金寶首飾，鐲釧言金寶，則止用金飾，無珠寶不禁。及用珍珠緑綴衣履，並結成補子、蓋額、纓絡等件；娼妓僭用金首飾、鐲釧者，事發，俱問以應得之罪。服飾器用等物，並追入官。婦女罪坐家長。

一官吏軍民人等，但有僭用玄、黃、紫三色，及蟒龍、飛魚、斗牛，器皿僭用硃紅、黃顏色，及親王法物者，俱比照僭用龍鳳紋律擬斷。服飾、器皿，追收入官。

剛林等《大清律集解附例》卷二四《刑律・詐僞・僞造印信曆日等》 此僞造以雕刻之人爲首，須令當官雕驗。 凡僞造諸衙門印信及曆日、起船符驗、夜巡銅牌、茶鹽引者，爲首雕刻。斬。監候。爲從者，減一等，杖一百、流三千里。有能告捕者，官給賞銀伍十兩。僞造關防印記者，爲首，杖一百、徒三年。告捕者，官給賞銀三十兩。爲從，及知情行用者，各減一等。「各」字承上二項而言。若造而未成者，首、從各又減一等。其當該官司，知而聽行，與同罪；不知者，不坐。印，所重者文。若有篆而雖非銅鑄，亦可以假詐行事，故形質相肖，而篆文俱全者，謂之僞造，爲有其質而文不全者，方謂之造而未成。至於全無形質，而惟描之於紙者，乃謂之「描模」也。

條例

一凡盜用總督、巡撫、審録、勘事、提學、兵備、屯田、水利等官，欽給關防，俱照各官本衙門印信擬罪。若盜及棄毁、僞造，悉與印信同科。

一凡描模印信，行使誆騙財物，犯該徒罪以上者，問發邊衛，永遠充軍。

一僞造並盜用通政使司關防、印記，及僞印工部批迴，賣放人匠者，俱問罪，於本衙門首枷號三個月，發落。

一起解軍士，捏買僞印批迴者，除真犯死罪外，解人發附近；軍士調邊衛；原係邊衛者，調極邊衛，各充軍。

剛林等《大清律集解附例》卷二四《刑律・詐僞・私鑄銅錢》 凡私鑄銅錢者，絞，監候。匠人罪同。爲從及知情買使者，各減一等。告捕者，官給賞銀五十兩。里長知而不首者，杖一百；不知者，不坐。若將時用銅錢，剪錯薄小，取銅以求利者，杖一百。若以銅、鐵、水銀，僞造金銀者，杖一百、徒三年；爲從及知情買使者，各減一等。金銀成色不足，非係假造，不用此律。

條例

一私鑄銅錢，爲從者問罪，用一百觔枷，枷號一月；民匠、舍餘，發附近充軍；旗軍調發邊衛，食糧差操。若販賣行使者，亦枷號一月，照常發落。

一僞造假銀，及知情買使之人，俱問罪，於本地方枷號一個月，發落。

剛林等《大清律集解附例》卷二九《工律・營造・擅造作》 凡軍民官司，有所營造，應申上而不申上，應待報而不待報，而擅起差人工者，即不科歛財物。各計所役人僱工錢，每日八分五釐五毫，通算折半，以坐贓致罪論。若非法所當爲而輒行營造，及非時所可爲而輒行起差人工營造者，雖已申請得報，其計役坐贓之罪亦如不申上待報者坐之。其軍民官司，如遇城垣坍倒，倉庫、公廨損壞，事勢所不容緩。一時起差丁夫、軍人修理者，雖不申上待報，不爲專擅。不在此坐贓論罪之限。若營造計料，申請合用財物，及人工多少之數於上，而不實者，笞五十。若因申請不實，以少計多，而於合用本數之處，或已損財物，或已費人工，各並計所損物價及所費僱工錢，罪有重於笞五十者，以坐贓致罪論。折半通算，罪止杖一百、徒三年。贓不入己，故不還官。

剛林等《大清律集解附例》卷二九《工律・營造・虛費工力採取不堪用》　凡官司役使人工，採取木石材料，及燒造磚瓦之類，虛費工力而不堪用者，其役使之官司及工匠人役，並計所費僱工錢，坐贓論。折半科算，罪止杖一百、徒三年。若有所造作及有所毀壞，如折屋、壞墻之類。備慮不謹而誤殺人者，官司、人役，並以過失殺人論。採取不堪，造毀不備。工匠、提調官，各以所由經手管掌之人。爲罪。不得濫及也。若誤傷，不坐。

剛林等《大清律集解附例》卷二九《工律・營造・造作不如法》　凡官司造作宮室、器用之類。不如法者，笞四十。若成造軍器不如法，及織造段疋粗糙紕薄者，物尚堪用。各笞五十。若造作、織造各不如法，甚至全不堪用，及稍不堪用應用再改造而后堪用者，各並計所損財物及所費僱工錢，罪重於笞四十、五十者，坐贓論。折半科算，罪止杖一百、徒三年。其應供奉御用之物，加坐贓罪二等。罪止滿流。工匠各以所由織造之人爲罪；局官，減工匠一等。提調官吏，又減局官一等。以上織造不如法，及不堪用等項。並着工匠、局官、提調官吏均償，物價工錢還官。

條例

各處軍器局，造作各項軍器不如法者，將管局委官，參問降級。都、布、按三司堂上委官，及府、衛掌印官，各治以罪。各笞四十、三十減等之罪，納米還職。

剛林等《大清律集解附例》卷二九《工律・營造・冒破物料》　凡造作局、院頭目，工匠有於合用數外，虛冒多破物料而侵欺入己者，計入己贓以監守自盜論。不分首、從，並贓論罪至四十兩，斬。追物還官。若未入己，只坐以計料不實之罪。局官並承委覆實官吏知情扶同捏報不舉者，與冒破同罪至死減一等。失覺察者，減三等，罪止杖一百。

條例

一　各處巡按御史、都、布、按三司、分巡、分守官查盤軍器，若有侵欺物料，那前補後，虛數開報者，不論官、旗、軍人，俱以監守自盜論。贓重者，照侵欺倉庫錢糧事例擬斷。衛所官三年不行造册，致誤奏繳者，降一級。各該都、司、守、巡等官，怠慢誤事，參究治罪。

剛林等《大清律集解附例》卷二九《工律・營造・帶造段疋》　凡監臨主守官吏，將自己物料，輒於官局帶造段疋者，杖六十，段疋入官。工匠，笞五十。局官知而不舉者，與監守官吏同罪。亦杖六十。失覺察者，減三等。則笞三十。

剛林等《大清律集解附例》卷二九《工律・營造・織造違禁龍鳳文段疋》　凡民間織造違禁龍鳳文紵絲紗羅，貨賣者，杖一百，段疋入官。若買而僭用者，亦杖一百；未用者，笞三十。機户及挑花、挽花工匠同罪。亦杖一百。連當房工匠家小，起發赴京籍，充局匠。

剛林等《大清律集解附例》卷二九《工律・營造・造作過限》　凡各處每年額造常課段疋、軍器，工匠過限不納齊足者，以所造之數十分爲率，一分，工匠笞二十；每一分，加一等，罪止笞五十。局官，減工匠一等；提調官吏，又減局官一等。若官司不依期計撥額造之物料於工匠者，局官，笞四十；提調官吏，減一等。工匠不坐。

剛林等《大清律集解附例》卷二九《工律・營造・修理倉庫》　凡内外各處公廨、倉庫、局院，一應係官房舍，非文卷所關，則錢糧所及。但有損壞，當該官吏，隨即移文所在有司，計料修理。違者，笞四十。若因不請修，而損壞官物者，依律科以笞四十之罪，賠償所損之物。還官。若當該官吏，已移文有司而失誤施行，不即修理者，罪坐有司。亦笞四十，損壞官物亦追賠償，當該官吏不坐。

剛林等《大清律集解附例》卷二九《工律・營造・有司官吏不住公廨》　凡各府、州、縣有司官吏，不住公廨内官房，而住街市民房者，杖八十。若埋没公用器物有毁失而不還官者，以毁失官物論。毁者，計贓准竊盜加二等，免刺；失者，依減毁官物二等，追賠。

劉廷璣《在園雜志》卷一　定制，官民涼帽俱戴緯纓，惟雨天戴犛纓。今戴犛纓者衆，取其便易省事且惜費耳。

朝衣，公服俱用補子，綉仙鶴、錦鷄之類，分品級大小，即以鳥紀官之義。常見福清葉相國向高集内有「欽賜大紅紵絲斗牛背胸一襲」。背胸或即補子也，如婦人之首飾曰頭面，半臂窄衣曰背心。不然，則「補子」二字何所取義？

衣服上所織四爪者謂之蟒，民間通用五爪者謂之龍，非奉欽賜暨諸王賞賚不得擅用，此定例也。又紅絨結頂之帽，四面開衩之袍，俱不得自製。近見五爪龍、四衩袍穿者頗多，人少爲注目，即曰某王所賜，無從稽考，聽之而已。

古冠綏纓，即項下絆帶也。有明紗帽頭巾各制，貴賤懸殊，見諸畫像，傳之梨園，乃俱不用帶。今則草涼帽如箬笠，皮暖帽如氈笠，上加紅纓，而於帽檐下俱綴以帶絆，猶追古制。古人結襪用帶，太白樂府「燕南壯士吳門豪」一首名《結襪子》，張釋之爲王生結襪。今則冬以布裝棉，夏以葛裝麻，甚且侈以綾錦紗緞，多不用帶結矣。古今制之不同如此。

陝西以羊絨織成者謂之姑絨，製綿衣，取其暖也，今則制爲單袍。紗取其輕，暑服也，今則制爲綿袍綿褂。比比皆然，習以爲常。諺云「有裏者無裏，無裏者有裏」，意指此乎？絨，俗字，本氄字，音冗。

緞與報同多貫切，音段，履之後帖也。今厚繒通名曰緞，有五絲、八絲、內造、漢府、官素、平花、帽緞、閃緞、倭緞各種，花紋顔色隨時變幻，亦窮工極巧矣。前代惟綾錦、綢羅、刻絲、衲紗之類，至於緞，不獨未見，亦未聞也。近由東洋入中國者，更有羽緞、羽紗、嗶嘰緞、哆囉呢，據云可爲雨具，試之終遜油衣，其價甚昂，亦前代所未聞者。

古裘有五：大裘、黼裘、良裘、功裘、褻裘。大裘用黑羔皮爲之，王者祀天之服。緇衣羔裘，朝覲用之。《鄭風》云「羔裘豹飾」，大夫燕居之服。近日不獨不以豹飾，而大夫多不羔裘矣。間或服之，惟領與袖或飾貂，或飾狐，或飾銀鼠之類。而晏子一狐裘三十年，疑用全狐。今服全狐者少。千羊之皮不如一狐之腋，近之狐腋盡人而裘矣。當年孟嘗君之狐白裘，即集狐之白腋也，俗名「天馬皮」。又集項下紺毛深溫黑白成文者，俗名「烏雲豹」，甚援。其腿里一塊黃黑雜色者，集以成裘，俗名「麻葉子」，亦暖。至於全白狐皮，則粗冗不堪。又有玄狐一種，定例止准官一二品以上者制爲帽，上賜居多。若口外嚴寒出差者，亦准爲帽，雖名玄狐，其實蒼白色者居多也，如高昌國貢唐太宗玄狐裘，今亦難得。蘇季子黑貂裘敝，古人貴重貂裘，近日稍豐裕者即衣之，定例四品以上始用，何其僭越也。若上元夫人之青毛錦裘，漢武帝之吉光裘，程據之雉頭裘，張昌宗之集翠裘，南昌國進浮光裘，司馬相如之鷫鸘裘，度安之紫綈裘，止存其名，不知爲何物矣。更有猞猁猻一種，輕暖華美，貂裘之外無出其右，所謂「胭脂雪」者，想即此耶？侍衛制爲朝衣，諸王制爲坐褥，而定例亦四品以上始服，近亦僭越矣。又灰鼠一種，最宜於秋末冬初及南方不甚苦寒之地，邇來頗多。至於毛之白者名銀鼠，康熙初年尚少，其價甚昂，近不獨多，而且賤矣。又以獺皮爲深衣，可御雪，可當衾裯，粗而重，賤者之服，亦褻裘類也。緇衣羔裘，黃衣狐裘，取其表里如一。「羔裘玄冠不以吊」，言衣冠俱黑色，古之吉服也。是古之羔皆用黑者，而今則純白矣。何古之黑者多而今之黑者少也？或曰：「當日之黑羔，安知非如今日之染狐皮、染銀鼠耶？」爲之一笑。羊皮貴羔而賤老，人皆知之，獨口外則不然。有皮軟而毛長者，俗名「麥穗子」，言其毛長如麥穗也，口外風高，非此不足以御之。雖公卿貴官至彼，貂裘之上亦必覆此一件，取其毛大壓風也。內地亦有此種，不如口外者佳。

腰帶古以革爲之，名曰鞶帶，又謂之鞶革，自天子以至庶人皆用之。後世用絲帶，以玉、犀鑲嵌，束於絲帶之上，即玉帶、犀帶也。本朝按品級有嵌寶石之玉，以及金銀、玳瑁、明羊角、烏角之類。另制成鐶，以軟絲帶貫之，天潢束黃絲帶，覺羅束紅絲帶，有特賜黃帶者。公卿以下多束藍絲、青絲帶，間有石青油綠織金者，無甚關係。守制者則束白布帶。皆所以分尊卑、別等威也。帶鐶先用左右二塊，系以汗巾、刀觽、荷包等類，即古人無所不佩之意。荷包疑即夾袋也，專爲收藏字帖之用。後增前後二塊，不過飾觀而已。又單用腹前一塊，帶不用長穗垂下，以銅鐵鍍鏤金銀或牙骨、角石之類，制成二塊，扣而爲一。此惟於春夏之褻服甚便，非常服也。

戴孔雀翎，所以壯軍威、分近侍也。《分甘餘話》所載，本朝侍衛皆於冠上戴孔雀翎，以目暈之多寡爲品之等級，武臣提督及總兵官亦有賜者，後文臣督撫亦或蒙賜，得之者以爲幸。是已，然總未分晰詳明。《大清會典》所定，貝子戴三眼孔雀翎，根綴藍翎；鎮國公、輔國公戴二眼孔雀翎，根綴藍翎；內大臣、一等二等三等侍衛入內大臣、額駙、前鋒統領、護軍統領、前鋒參領、護軍參領、諸王府長史、一等護衛戴一眼孔雀翎，根綴藍翎；貝勒府司儀長、王府貝勒府二等三等護衛、貝子公府護衛及護軍校俱戴染藍翎，內外額駙俱不許戴；諸王府散騎郎有阿達哈哈番以上世職許戴一眼孔雀翎，根綴藍翎，其餘雖加級不準戴；再查各省駐防之將軍、副都統并督撫、提鎮蒙賜孔雀翎者止戴一眼。

本朝帽制，涼帽以德勒蘇草細織成面者爲上等，次等用白草，內以片金或大紅緞綢、各色紗緞爲里，名曰「帽胎」，上覆以大紅絨綫緯纓，王公卿大夫士庶皆戴之。雨用藤織成胎，上覆以茜紅西牛尾揀毛爲纓，而皆名曰「緯笠」。有用藤竹麥秸織成，有檐出外周圍者，名曰「臺笠」，此賤者所戴以遮日色者。考帽自漢以來已有之，鄧通之黃帽、管寧之皂帽、李晟之綉帽、沈慶之狐皮帽，即今之暖帽也。今之暖帽以貂爲貴，次有染銀鼠、染黃鼠以爲帽檐者，貴賤皆戴。至於玄狐則有階級矣，若長孫無忌之渾脱以烏羊毛爲之。羌服之席帽，晉人之白接䍦，皆以羊毛爲之，即今之氈笠、氈帽也，式雖不一，而帽之名則同。

工部《工部簡明做法册》 今將修建房屋、城垣等項工程，應行造報各款，逐一開列於後：

一凡建修一切房間，應開明間數，並各簷高、面濶、進深丈尺、檩數。如係何等房一座，應開明計幾間，每間以所用簷柱之長丈尺，即係簷高丈尺；以左右柱中計之中寬丈尺，即係面濶丈尺；以前簷柱中，至後簷柱中之丈尺計之，即係進深丈尺；以所用之桁條根數，即係檩數。如係重覆簷成造，亦應將上簷之各簷高、面濶、進深丈尺及檩數一并開明。

一凡建修房間所用木料，俱應開明長、徑、寬、厚，各丈尺數目。

如所用各項柱木、樑木、檩木、椽木、枋木、過木、楞木、天花支條、雀替、博縫、燕尾、連簷、瓦口、扶春木，及一切板片等項，各根數、塊數，并長、徑、寬、厚各丈尺，俱應逐款開明。再如安斗科應開明做法名色并攢數，以及斗口尺寸，其應用工料已詳載斗科做法例内。

一凡裝修處所，應開明高、寬丈尺。其裝修所用木料，應開明長、寬、厚尺寸，及各項數目。

如房内裝修隔斷護墻等板，應將各處所之高、寬丈尺開明，所用板片，應開明塊數并長、寬、厚尺寸。裝修一切門窗、槅扇、簾架、横披、欄杆、頂槅等項，應開明係幾扇，并每扇之高、寬、厚尺寸。至隨裝修所用各項枋檻框木抱柱間柱板片連楹門枕門簪拴杆，以及籠箍引條等項，俱應將各長、寬、厚尺寸，逐款開載。再以上木作内，如有雕鑾者，或雕做各項樑頭，博縫頭、雀替、門簪、柁橔、角背、楹子，并窗槅之㪚板、絛、環等項，俱應分晰開明個數，塊數，并雕做名色。至各項板片，若雕做者，應將雕花處所之長、寬尺寸，并名色開明。

一凡搯砌攔土，并碼磉墩等項，以及磉墩之上柱頂石，應開明各長、寬、高、厚丈尺。

如搯砌攔土，即係入地之墻根脚，應將圍長并高、厚丈尺開明。碼磉墩係柱頂石之下，用柱幾根，即磉墩幾個，應將每個高、寬、厚尺寸開明。磉墩之上柱頂石方者，應開明長、寬；圓者應開明徑寸，并高厚各尺寸及用石名色。

一凡成砌墻垣，應將堵數，并長、高、厚丈尺、做法逐款開明。

如成砌山墻、簷墻、檻墻、隔斷等墻，或幾堵，每一堵長、高、厚各若干丈尺，俱應開明。其山牆有砌墀頭者，亦應將墀頭之長、高、厚丈尺開明。其或係磚砌、石砌、土坯砌，并有無羣城另砌上身之處，俱應分晰開明。再安砌磚塊，或用純灰、或用插灰泥，亦應聲明。其墻身，或透骨灰抹飾，或泥底灰面抹飾，或插灰泥抹飾，并抹飾處所之高、寬丈尺，及厚薄分數，俱應開明。再如有拘抿之處，亦應將拘抿處所之高、寬丈尺開明。若用碎石、碎磚填砌之處，應開明填砌處所分位丈、尺。如係上築墻垣，亦應開明堵數，及每堵長、高、厚丈尺。

一凡成砌堦沿，月臺，臺基，踏垛，礓䃰等項，應開明長、寬、厚丈尺。

如砌堦沿，長、寬、厚若干丈尺，月臺、甬道各長寬高若干丈尺，臺基長、高、厚若干尺寸，砌踏垛幾級之處，以及每級之長、寬、厚尺寸，并砌礓䃰高、寬、斜、長各丈尺，俱應開明。其堦沿、踏垛、礓䃰等項，并背後或用磚砌、石砌，及各高、寬、厚丈尺，亦應開明。其所用各項石料，應將用石名色，及做糙、做細之處開明。再如有鑿做之處，或鑿做龍、鳳、獅、獸、花卉等項各名色，及見方尺寸，分晰開明。如做榫眼，亦將個數開明。

一凡墁地，應開明各處所長寬丈尺。

如房屋内地面并院内等處地面鋪墁磚塊，或鋪板片，應將鋪墁處所之長、寬丈尺開明，并將墁磚或用純灰，或插灰泥之處，亦應開明。

一凡房上即係頭停，應將頭停之做法、丈、尺開明。如房上或鋪錠望板，或蓆箔，及層數，并苫背或用純灰、或用插灰泥之處，及長寬丈、尺，俱應逐款開明。其頭停宽瓦，或用筒板瓦，或全用板瓦，應將各隴數，并每隴個數開明。再宽瓦或用純灰宽，或插灰泥宽，調脊或幾道，或係斗板春，或係清水春，亦應逐款開明。再以上瓦作内，如所用各項磚塊有鑿花者，應將鑿做花卉名色，及磚塊尺寸個數開明。

一凡各項工程應用架木、繩觔，及搭材匠夫等項，應將搭架丈、尺開明。

如搭豎立大木架子、跴盤戧橋，及各作脚手架子，俱應開明各高、寬丈尺。如發券搭做券子，又須開明券洞之面濶、進深中高丈、尺。再如搭蓋棚座，亦應開明簷高、面濶、進深丈尺，并蓆墻高、寬丈尺及用蓆層數。

一凡地脚刨槽夯築填廂等項做法，并各丈、尺步數，俱應開明。

如墻垣等處地基夯築，必刨起現在之土，方可夯築，是以謂之刨槽，應將所刨之長、寬、深各丈、尺開明。若夯築灰土，以每深七寸，築實五寸爲一步，其或築打大式大夯，或小式大夯，應開明。若無石灰，即名素土，以每深一尺築實七寸爲一步，屋内填厢以磉墩攔土之内填土，即名填厢，亦與夯築灰土、素土之式同，其磋礤踏垛等項地脚築土亦同。

一凡油飾彩畫，應開明各丈、尺做法。

如柱、木門窗、椽木、望板、連簷、瓦口等項着色，俱爲油飾，樑枋、椽頭、天花等項着色，俱爲彩畫，至各件丈、尺，及何項油畫做法名色，及地仗遍次，俱應聲明。其油畫做法名色、應用工料，已詳載做法例内。

一凡裱糊處所，應開明高寬丈尺。

如屋内各處應裱糊者，應將裱糊處所之高、寬丈、尺，及裱糊層數，并所用各項紙張名色，以及長、寬尺寸，俱應開明。

一凡編壁，應開明高、寬丈、尺。

如各省多有以竹編織爲壁者，應將編壁之高、寬丈尺，及用竹之根數，并長徑尺寸開明。

一凡修建各項牌樓、轅門、栅欄等處，應開明各高、寬丈、尺。

如建修牌樓、轅門，應開明中高丈、尺，兩邊高丈、尺并面寬丈尺；栅欄應開明高寬丈、尺。

一凡修補處所，應開明修補過丈、尺。

如墻垣未倒，少有坍損者，自應補修。應將補修過之長、高、厚尺寸開明，并一切凡有應行修葺找補之處，俱應照修過處所丈、尺，逐款開明。

一凡用過各項舊料數目，并各長、徑、寬、厚尺寸，俱應開明。

如各項工程，凡係拆卸修理，若有拆下木、石、磚、瓦、土坯等項舊物料，應將拆下用過數目并各長、徑、寬、厚尺寸，逐一開明。如已經倒塌者，應將檢用過舊存各項物料數目、尺寸開明，其實係朽爛不堪檢用者，應將變價若干數目，一并開明。

一凡建造營房、倉厫等項，應開明連數。

如建造營房等房，或千百間，或數十間，原係分連成造，必將幾間一連成造，共若干連數開明。

一凡倉厫氣樓，應開明座數，并高、寬、進深丈、尺。

如建造倉厫一座，除間數并簷高、面濶、進深丈尺照前式開造外，應將倉厫上蓋之氣樓，或幾座，并每座之簷高、面濶、進深丈、尺逐一開明，其厫座鋪墊處所，亦應開明長、寬丈、尺。

一凡建造城垣，應將頂寬、根寬、長、高丈、尺并做法開明。

如城垣週圍長若干丈尺，高若干丈尺，根底寬若干丈尺，頂上寬若干丈尺，并砲臺個數，及每個高、寬、厚各丈、尺，俱應開明。其或係磚砌，或石砌，應開明砌磚砌石之寬若干尺，其餘築土之處寬若干丈尺。并將夯築或灰土、素土之處開明。其成砌裏面，女墻外面垛座，垛口，應開明各長、高、厚丈、尺，并垛口個數。馬道應開明高、寬并斜長丈尺。其或砌磚、砌石及築土各丈、尺，并或策土城，亦將長、高、厚各丈、尺，俱應照前聲明。再，建修城樓與造報房間式同。

鄂爾泰等《欽定八旗則例》卷七《典禮・奉祀砲神》　奉祀砲神廟，八旗漢軍，一旗承辦一年。每月香燭銀四兩。每年二八月内，擇上丙日干，用一猪、一羊，及酒果等物，值年旗分大臣，帶領該旗官員，會同火器營大臣官員等，俱著補服致祭。其廟有應小修之處，值年旗分即行修補。倘年久損壞，應行大脩，值年旗分行文工部脩理。其每年春、秋祭祀備辦祭品，及每月香燭銀兩，小脩銀兩，俱於值年旗下房租項内支用。如不敷用，於滿洲旗分支取。至歲底將用過銀兩，入於奏銷摺内具奏。

鄂爾泰等《欽定中樞政考》卷一二《軍政・私鑄礮位》

一官兵有私鑄紅衣等大小礮位者，將礮位入官，係官，革職；兵丁，革退。俱交刑部議罪。其失察之該管官，革職；兼轄官，降四級調用；提鎮，降二級留任。

鄂爾泰等《欽定中樞政考》卷六《漕運・脩造漕船》

一漕船出運，十年滿號。該衛備先期請價成造，尚有遲延致誤冬兑冬開者，革職。如有捏報成造，或釘稀板薄造不合式者，降二級調用。仍將所給料價銀兩，著落賠補。如奉委承造漕船，推諉不行監造，並日久不完竣者，俱降一級調用。

一漕船出運，遇有風火事故，應賠造而擅行僱募者，降一級調用。其應賠造而擅行買補，及應買補而擅行僱募者，罰俸九箇月。至湖廣糧船過淮以後失事，賠造不及者，將該船暫減一年，限一年脩造，免其督造不力處分；其未經過淮失事者，仍按限賠造。

《欽定福建省外海戰船則例》卷一九《福建省外海戰船做法》　第柒則雙篷船，拾肆隻，内閩安協標右營瀾字拾貳號船壹隻。身長肆丈陸尺，頭起䑸叁尺陸寸，尾起舫貳尺陸寸。船頭長壹丈陸尺伍寸，面匀寬捌尺玖寸，底匀寬柒尺伍寸。船中長壹丈陸尺伍寸，面匀寬壹丈叁尺柒寸，底匀寬壹丈貳寸，船尾長壹丈叁尺，面匀寬壹丈貳尺柒寸，底匀寬玖尺壹寸，兩旁舨板長伍丈貳尺，計拾肆艙深肆尺肆寸伍分。

今將折造前船需用工料價值細數開後：

計開：

船底松木龍骨壹道，計叁節。船頭壹節長壹丈貳尺，船中壹節連交接匙頭長叁丈叁尺，船尾壹節長壹丈，湊長伍丈伍尺，見方捌寸，做浄每折見方尺貳拾尺用艌匠壹工。交接匙頭貳處，每處用長壹尺釘捌個，又每邊用長捌寸釘拾貳個，共核用：

見方捌寸松木伍丈伍尺陸寸，長壹尺釘拾陸個，長捌寸釘貳拾肆個，艌匠捌工捌分。

船底板連起舫長肆丈陸尺，內船底匀寬玖尺伍寸陸分，兩站各匀高伍尺貳寸叁分。抽換用長叁丈陸尺，寬陸寸肆分，厚貳寸叁分，中吉木板貳拾肆塊，做浄每折見方尺捌拾尺用艌匠壹工。鋸板折寬壹尺，長柒丈，用鋸匠壹工。以下鋸板用工做此。釘縫湊長捌拾陸丈肆尺，每丈用長陸寸釘叁拾個。艌縫湊長壹百柒拾貳丈捌尺，每丈用灰壹斤，桐油陸兩肆錢，網紗、竹絲各陸兩。每柒丈用艌匠壹工，舂製油灰，每肆拾斤用舂灰夫壹名。以下艌縫用工用料做此。共核用：

圍大貳尺伍寸，浄長叁丈陸尺中吉木捌根，長陸寸釘貳千伍百玖拾貳個，灰壹百柒拾貳斤拾叁兩，桐油陸拾玖斤壹兩玖錢，網紗陸拾肆斤拾貳兩捌錢，竹絲陸拾肆斤拾貳兩捌錢，艌匠拾捌工柒分玖釐，鋸匠拾工柒分肆釐，艌匠貳拾肆工陸分玖釐，舂灰夫陸名伍釐。

各艙抽換樟木梁座拾貳塊，內船頭肆塊，湊長陸丈。船中肆塊，船尾肆塊，共湊長拾貳丈捌尺。艙梁拾壹塊，內船頭肆塊，湊長叁丈肆尺。船中陸塊，湊長捌丈捌寸。船尾壹塊，長壹丈叁尺貳寸。均寬壹尺伍寸，厚叁寸。松木梁頭拾陸塊，內船頭伍塊，湊長肆丈伍尺伍寸。船中玖塊，湊長拾貳丈壹尺。船尾貳塊，湊長貳丈伍尺貳寸。均寬壹尺，貳寸厚叁寸。硬木棍穩弔柒根，各長壹丈叁尺，圍大捌寸。梁座梁頭做浄，每折見方尺捌拾尺，用艌匠壹工。穩弔肆拾尺，用艌匠壹工。釘縫湊長伍拾玖丈捌尺柒寸，每丈用長陸寸釘叁拾個。艌縫湊長壹百拾玖丈柒尺肆寸。共核用：

寬壹尺、伍寸厚叁寸樟木枋叁拾貳丈陸寸，寬壹尺、貳寸厚叁寸松木枋拾玖丈肆尺玖寸，圍大捌寸、長壹丈叁尺硬木棍柒根，長陸寸釘壹千柒百玖拾陸個，灰壹百拾玖斤拾貳兩，桐油肆拾柒斤拾肆兩叁錢，網紗肆拾肆斤拾肆兩肆錢，竹絲肆拾肆斤拾肆兩肆錢，艌匠貳拾叁工貳分叁釐，艌匠拾柒工壹分壹釐，舂灰夫肆名壹分玖釐。

各艙用樟木極貳拾肆塊，內冲天極貳塊，鰍魚極貳塊，各長柒尺。小官廳艙極貳塊，各長捌尺伍寸。阿班一艙極貳塊，各長壹丈。阿班貳艙極貳塊，各長壹丈伍寸。大桅艙極貳塊，油婆二艙極貳塊，各長壹丈貳尺。水櫃艙極貳塊，各長壹丈叁尺肆寸。官廳艙極貳塊，各長壹丈壹尺。油婆一艙極貳塊，各長壹丈肆尺叁寸。下金極貳塊，各長伍尺。轉水舨極貳塊，各長玖尺。均圍大壹尺，做浄每折見方尺肆拾尺，用艌匠壹工。每塊用長陸寸釘貳個，艌縫湊長肆拾柒丈捌尺捌寸。共核用：

圍大壹尺樟木極貳拾肆丈肆尺，長陸寸釘肆拾捌個，灰肆拾柒斤拾肆兩，桐油拾玖斤貳兩肆錢，網紗拾柒斤拾伍兩叁錢，竹絲拾柒斤拾伍兩叁錢，艌匠伍工玖分玖釐，艌匠陸工捌分肆釐，舂灰夫壹名陸分捌釐。

船身兩旁走馬貳條，水蛇貳條，抽換各長肆丈，均寬柒寸，厚叁寸伍分，做浄每折見方尺肆拾尺，用艌匠壹工。走馬釘縫湊長捌丈，每丈用長壹尺釘叁拾個。水蛇釘縫湊長捌丈，每肆尺用長壹尺釘叁個。艌縫湊長叁拾貳丈。共核用：

圍大叁尺、浄長肆丈大吉木貳根，長壹尺釘叁百個，灰叁拾貳斤，桐油拾貳斤拾貳兩捌錢，網紗拾貳斤，竹絲拾貳斤，艌匠捌工肆分，鋸匠貳工肆分，艌匠肆工伍分柒釐，舂灰夫壹名壹分貳釐。

船面兩旁鱵板長肆丈陸尺，湊寬玖尺。抽換用長叁丈陸尺，寬陸寸肆分，厚貳寸叁分。中吉木板玖塊，做浄每折見方尺捌拾尺，用艌匠壹工。釘縫湊長叁拾貳丈肆尺，每丈用長陸寸釘叁拾個。艌縫湊長陸拾肆丈捌尺。共核用：

圍大貳尺伍寸、浄長叁丈陸尺中吉木叁銀，長陸寸釘玖百柒拾貳個，灰陸拾肆斤拾叁兩，桐油貳拾伍斤拾肆兩柒錢，網紗貳拾肆斤肆兩捌錢，竹絲貳拾肆斤肆兩捌錢，艌匠柒工伍釐，鋸匠肆工叁釐，艌匠玖分貳分陸釐，舂灰夫貳名貳分柒釐。

兩旁抽換浮溪木舨板叁塊，各長叁丈貳尺，寬伍寸，厚貳寸。做浄每折見方尺捌拾尺，用艌匠壹工。釘縫湊長玖丈陸尺，每丈用長伍寸釘叁拾個。艌縫湊長拾玖丈貳尺。共核用：

圍大貳尺、浄長叁丈貳尺浮溪木壹根，長伍寸釘貳百捌拾捌個，灰拾玖斤叁兩，桐油柒斤拾兩玖錢，綑紗柒斤叁兩貳錢，竹絲柒斤叁兩貳錢，艦匠壹工陸分捌釐，鋸匠玖分陸釐，艌匠貳工柒分肆釐，舂灰夫陸分柒釐。

兩旁用樟木極舨艨拾貳塊，各長肆尺。圍大壹尺樟木舨斗貳個，各長叁尺，寬壹尺伍寸。烏嘴壹個，長貳尺，寬肆寸。均厚叁寸，做浄每折見方尺肆拾尺，用艦匠壹工。舨艨每塊用長陸寸釘貳個。舨斗釘縫湊長陸尺，每丈用長伍寸釘叁拾個。烏嘴釘縫長貳尺每丈，用長肆寸釘叁拾個。艌縫湊長拾壹丈貳尺。共核用：

圍大壹尺樟木極肆丈玖尺貳寸，寬壹尺伍寸厚叁寸樟木枋陸尺柒寸陸分，長陸寸釘貳拾肆個，長伍寸釘拾捌個，長肆寸釘陸個，灰拾壹斤叁兩，桐油肆斤柒兩柒錢，綑紗肆斤叁兩貳錢，竹絲肆斤叁兩貳錢，艦匠壹工捌分壹釐，艌匠壹工陸分，舂灰夫叁分玖釐。

兩旁艥面用浮溪木笨抽貳根，抽換各長叁丈貳尺，寬伍寸，厚叁寸。中吉木大壓貳塊，各長叁丈陸尺。水戧肆塊，各長壹丈捌尺。均寬陸寸陸分，厚叁寸。做浄每折見方尺肆拾尺，用艦匠壹工。釘縫湊長貳拾丈捌尺，每丈用長陸寸釘叁拾個。艌縫湊長肆拾壹丈陸尺。共核用：

圍大貳尺伍寸、浄長叁丈陸八中吉木貳根，圍大貳尺、浄長叁丈貳尺浮溪木壹根，長陸寸釘陸百貳拾肆個，灰肆拾壹斤拾兩，桐油拾陸斤拾兩貳錢，綑紗拾伍斤玖兩陸錢，竹絲拾伍斤玖兩陸錢，艦匠玖工肆分柒釐，鋸匠貳工柒分壹釐，艌匠伍工玖分肆釐，舂灰夫壹名肆分陸釐。

官廳上用浮溪木戰櫃板拾貳塊，各長玖尺，均寬伍寸，厚貳寸。戰櫃槓叁根，各長壹丈叁尺伍寸。貼柱貳根，各長壹丈叁尺，均圍大壹尺柒寸。樟木太平牛頭貳塊，各長肆尺，寬壹尺伍寸，厚叁寸。戰櫃槓、貼柱、太平牛頭做浄，每折見方尺肆拾尺，用艦匠壹工。戰櫃板捌拾尺，用艦匠壹工。戰櫃板釘縫湊長拾丈捌尺，每丈用長伍寸釘叁拾個。太平牛頭，每塊用長伍寸釘拾貳個。戰櫃板槓艌縫湊長貳拾玖丈柒尺。共核用：

圍大貳尺、浄長叁丈貳尺浮溪木叁根陸尺伍寸，寬壹尺伍寸、厚叁寸樟木枋捌尺貳寸，長伍寸釘叁百肆拾捌個，灰貳拾玖斤拾壹兩，桐油拾壹斤拾肆兩壹錢，綑紗拾壹斤貳兩貳錢，竹絲拾壹斤貳兩貳錢，艦匠伍工肆分肆釐，鋸匠壹工捌釐，艌匠肆工貳分肆釐，舂灰夫壹名肆釐。

官廳前通鋪板叁塊，各長壹丈叁尺。後通鋪板叁塊，各長壹丈貳尺。均寬壹尺貳寸，厚叁寸。做浄每折見方尺捌拾尺，用艦匠壹工。釘縫湊長柒丈伍尺，每丈用長陸寸釘叁拾個。艌縫湊長拾伍丈。共核用：

寬壹尺貳寸、厚叁寸松木枋柒丈陸尺貳寸，長陸寸釘貳百貳拾伍個，灰拾伍斤，桐油陸斤，綑紗伍斤拾兩，竹絲伍斤拾兩，艦匠貳工捌分壹釐，艌匠貳工壹分肆釐，舂灰夫伍分叁釐。

官廳内用浮溪木鋪板拾伍塊，各長柒尺，寬伍寸，厚貳寸。兩旁木段猫裏牆板拾捌塊，猫裏堵板拾捌塊，各長肆尺陸寸，寬陸寸肆分，厚貳寸叁分。做浄每折見方尺捌拾尺，用艦匠壹工。猫裏牆板釘縫湊長捌丈貳尺捌寸，每丈用長陸寸釘叁拾個。猫裏牆板艌縫湊長拾陸丈伍尺陸寸。共核用：

圍大貳尺、浄長叁丈貳尺浮溪木壹根叁尺，圍大貳尺伍寸木段伍丈陸尺肆寸，長陸寸釘貳百肆拾捌個，灰拾陸斤玖兩，桐油陸斤拾兩，綑紗陸斤叁兩肆錢，竹絲陸斤叁兩肆錢，艦匠伍工肆分肆釐，鋸匠叁工壹分壹釐，艌匠貳工叁分柒釐，舂灰夫伍分捌釐。

兩旁艥面用高洋木戰棚板貳拾肆塊，各長壹丈肆尺，寬肆寸，厚貳寸。各艙内堵板壹百陸拾塊，各長貳尺捌寸，寬肆寸，厚壹寸。木段各艙蓋板柒拾貳塊，各長肆尺陸寸，寬陸寸肆分，厚貳寸叁分。通槽捌個，側槽肆個，各長肆尺陸寸，寬陸寸陸分，厚陸寸。松木尾裏板貳塊，各長柒尺。繚跳貳塊，各長捌尺，均寬壹尺貳寸，厚叁寸。通槽等槽做浄，每折見方尺叁拾尺，用艦匠壹工。艙蓋板尾裏板釘縫湊長叁拾肆丈五尺貳寸，每丈用長伍寸釘叁拾個。艙蓋板尾裏板艌縫湊長陸拾玖丈肆寸。共核用：

圍大壹尺陸寸、浄長貳丈捌尺高洋木拾根，圍大貳尺伍寸木段拾陸丈玖尺貳寸，寬壹尺貳寸、厚叁寸松木枋叁丈捌寸，長伍寸釘壹千叁拾陸個，灰陸拾玖斤壹兩，桐油貳拾柒斤玖兩玖錢，綑紗貳拾伍斤拾肆兩貳錢，竹絲貳拾伍斤拾肆兩貳錢，艦匠貳拾叁工陸分壹釐，鋸匠拾壹工壹分玖釐，艌匠玖工捌分陸釐，舂灰夫貳名肆分貳釐。

兩旁艥上艥牛伍塊，内叁塊各長柒尺，貳塊各長捌尺。前中艙扛豆肆塊，各長壹丈陸尺。後艙扛豆貳塊，各長捌尺。均寬壹尺貳寸，厚叁寸。做浄每折見方尺肆拾尺，用艦匠壹工。艥牛每塊用長陸寸釘肆個。扛豆釘縫湊長捌丈，每丈用長陸寸釘叁拾個。艌縫湊長貳拾叁丈肆尺。共核用：

寬壹尺貳寸、厚叁寸松木枋拾壹丈玖尺貳寸，長陸寸釘貳百陸拾個，灰貳拾叁斤陸兩，桐油玖斤伍兩捌錢，綑紗捌斤拾貳兩肆錢，竹絲捌斤拾貳兩肆錢，艦匠捌工柒分捌釐，艌匠叁工叁分肆釐，春灰夫捌分貳釐。

兩旁舨上用高洋木牛欄貳根，尾挑貳根，各長壹丈肆尺，圍大壹尺叁寸。做淨每折見方尺肆拾尺，用艦匠壹工。共核用：

圍大壹尺陸寸、淨長貳丈捌尺高洋木貳根。艦匠壹工捌分貳釐。

船頭斗蓋壹塊，用樟木長壹丈貳尺，寬捌寸，厚柒寸。鰕篐梁壹塊，長捌尺伍寸，寬捌寸。斗蓋下兔耳壹塊，長捌尺，寬壹尺伍寸。均厚叁寸。托浪板伍塊，各長捌尺，寬壹尺，厚叁寸。斗蓋、鰕篐、梁兔耳做淨，每折見方尺肆拾尺，用艦匠壹工。托浪板捌拾尺，用艦匠壹工。斗蓋用長捌寸釘拾貳個。兔耳鰕篐梁釘縫湊長壹丈陸尺伍寸，每丈用長伍寸釘叁拾個。托浪板釘縫湊長肆丈，每丈用長陸寸釘叁拾個。兔耳蝦篐梁托浪板艌縫湊長拾壹丈叁尺。共核用：

寬捌寸、厚柒寸、長壹丈貳尺貳寸樟木壹塊，寬壹尺伍寸、厚叁寸樟木枋壹丈貳尺捌寸肆分，寬壹尺、厚叁寸、長捌尺貳寸樟木板伍塊，長捌寸釘拾貳個，長陸寸釘壹百貳拾個，長伍寸釘肆拾玖個，灰拾壹斤伍兩，桐油肆斤捌兩叁錢，綑紗肆斤叁兩捌錢，竹絲肆斤叁兩捌錢，艦匠叁工叁分玖釐，艌匠壹工陸分壹釐，春灰夫肆分。

中含檀壹塊，長壹丈貳尺，寬壹尺伍寸，厚壹尺伍寸。頭含檀壹塊，長捌尺，寬壹尺貳寸，厚伍寸。含檀梁壹塊，長壹丈叁尺伍寸。含檀閘壹塊，長壹丈，均寬壹尺伍寸，厚叁寸。做淨每折見方尺叁拾尺，用艦匠壹工。含檀梁釘縫長壹丈叁尺伍寸，每丈用長陸寸釘叁拾個。含檀含檀梁艙縫湊長陸丈柒尺。共核用：

樟木壹塊，寬壹尺貳寸、厚伍寸、長捌尺貳寸樟木壹塊，寬壹尺伍寸、厚叁寸樟木枋貳丈叁尺玖寸，長陸寸釘肆拾個，灰陸斤拾壹兩，桐油貳斤拾兩玖錢，綑紗貳斤捌兩貳錢，竹絲貳斤捌兩貳錢，艦匠陸工壹分叁釐，艌匠玖分陸釐，春灰夫貳分叁釐。

轉水貳塊，各長壹丈壹尺，寬壹尺，厚陸寸。做淨每折見方尺肆拾尺，用艦匠壹工。每塊用長壹尺貳個，艌縫湊長肆丈肆尺。共核用

寬壹尺、厚陸寸、長壹丈壹尺貳寸樟木貳塊，長壹尺釘肆個，灰肆斤陸兩，桐油壹斤拾貳兩貳錢，綑紗壹斤拾兩肆錢，竹絲壹斤拾兩肆錢，艦匠壹工柒分陸釐，艌匠陸分叁釐，春灰夫壹分伍釐。

船尾用樟木下金壹塊，長伍尺伍寸，寬壹尺伍寸，厚壹尺伍寸。繚牛壹副，長陸尺，寬貳尺，厚陸寸。尾樓上金壹塊，長壹丈叁尺，寬壹尺伍寸，厚柒寸。七星冠壹塊，長壹丈陸尺，寬壹尺貳寸，厚陸寸。硬木棍下金拴貳根，繚牛鰍肆根，各長陸尺伍寸，圍大捌寸。下金、繚牛、上金、七星冠做淨，每折見方尺叁拾尺，用艦匠壹工。下金、拴繚、牛鰍肆拾尺，用艦匠壹工。下金用長捌寸釘拾捌個，繚牛用長捌寸釘拾捌個，上金用長壹尺釘拾捌個。繚牛鰍釘縫湊長貳丈陸尺，每丈用長伍寸釘叁拾個。下金艌縫長伍尺伍寸。共核用：

寬壹尺伍寸、厚壹尺伍寸、長伍尺柒寸樟木壹塊，寬貳尺，厚陸寸，長陸尺貳寸樟木壹塊，寬壹尺伍寸，厚柒寸，長壹丈叁尺貳寸樟木壹塊，寬壹尺貳寸、厚陸寸、長壹丈陸尺貳寸樟木壹塊，圍大捌寸、長壹丈叁尺硬木棍叁根，長壹尺釘拾捌個，長捌寸釘叁拾陸個，長伍寸釘柒拾捌個，灰玖兩，桐油叁兩伍錢，綑紗叁兩叁錢，竹絲叁兩叁錢，艦匠陸工玖分玖釐，艌匠捌釐，春灰夫貳釐。

船尾用木段硬筋貳根，各長壹丈肆尺，圍大貳尺貳寸。樟木極百子舥陸塊，各長肆尺，圍大壹尺。做淨每折見方尺肆拾尺，用艦匠壹工。硬筋頭尾用長陸寸釘拾貳個。百子舥釘縫湊長貳丈肆尺，每丈用長陸寸釘叁拾個。百子舥艌縫湊長肆丈捌尺。共核用：

圍大貳尺伍寸木段貳丈捌尺肆寸，圍大壹尺樟木極貳丈肆尺陸寸，長陸寸釘捌拾肆個，灰肆斤拾叁兩，桐油壹斤拾肆兩柒錢，綑紗壹斤拾貳兩捌錢，竹絲壹斤拾貳兩捌錢，艦匠貳工壹分肆釐，艌匠陸分玖釐，春灰夫壹分柒釐。

船尾用樟木櫓通板壹塊，長壹丈，櫓床貳塊，各長肆尺，均寬壹尺伍寸，厚叁寸。櫓通板做淨每折見方尺捌拾尺，用艦匠壹工。櫓床肆拾尺，用艦匠壹工。櫓床每塊用長捌寸釘拾貳個。櫓通板釘縫長壹丈，每丈用長伍寸釘叁拾個。艌縫湊長叁丈陸尺。共核用：

寬壹尺伍寸、厚叁寸樟木枋壹丈捌尺肆寸，長捌寸釘貳拾肆個，長伍寸釘叁拾個，灰叁斤拾兩，桐油壹斤柒兩，綑紗壹斤伍兩陸錢，竹絲壹斤伍兩陸錢，艦匠壹工壹分柒釐，艌匠伍分壹釐，春灰夫壹分叁釐。

大桅座壹塊，用樟木長陸尺伍寸，寬壹尺貳寸，厚柒寸。中吉木大桅竚壹個，長捌尺，圍大貳尺貳寸。木段大小桅尖貳個，各長肆尺，圍大貳尺貳寸。桅

座做净，每折見方尺叁拾尺，用艦匠壹工。桅尖、桅㾢肆拾尺，用艦匠壹工。共核用：

寬壹尺貳寸、厚柒寸、長陸尺柒寸樟木壹塊，圍大貳尺伍寸、净長叁丈陸尺中吉木捌尺，圍大貳尺伍寸木段捌尺貳寸，艦匠壹工柒分。

大鹿耳貳塊，各長壹丈貳尺，寬壹尺貳寸，厚壹尺。頭鹿耳貳塊，各長柒尺，寬壹尺貳寸，厚肆寸伍分。硬木棍鹿耳夾貳根，各長壹丈叁尺，圍大捌寸。做净每折見方尺肆拾尺，用艦匠壹工。共核用：

寬壹尺貳寸、厚壹尺、長壹丈貳尺貳寸樟木貳塊，寬壹尺貳寸、厚肆寸伍分、長柒尺貳寸樟木貳塊，圍大捌寸、長壹丈叁尺硬木棍貳根，艦匠肆工叁分貳釐。

大桅壹根，長陸丈，圍大肆尺伍寸。頭桅壹根，長叁丈，圍大貳尺陸寸。做净每折見方尺肆拾尺，用艦匠壹工。共核用：

圍大肆尺伍寸、長陸丈桅木壹根，圍大貳尺陸寸、長叁丈桅木壹根，艦匠捌工柒分。

大風篷壹扇，長肆丈捌尺，寬貳丈貳尺。頭風篷壹扇，長貳丈肆尺，寬壹丈壹尺。大篷擔貳根，各長貳丈貳尺。頭篷擔壹根，長壹丈壹尺。均圍大壹尺柒寸，做净每折見方尺肆拾尺，用艦匠壹工。共核用：

寬貳丈貳尺、長肆丈捌尺風篷壹扇，寬壹丈壹尺、長貳丈肆尺風篷壹扇，圍大貳尺、净長叁丈貳尺浮溪木壹根貳丈叁尺。

艦匠貳工叁分肆釐。

大篷架橫梁壹根，月𠆢段長壹丈叁尺。頭篷架橫梁壹根，長壹丈。均圍大貳尺貳寸。樟木大篷□壹塊，長陸尺，寬壹尺伍寸，厚叁寸。做净每折見方尺叁拾貳尺，用艦匠壹工。共核用：

寬壹尺伍寸、厚叁寸樟木枋陸尺貳寸，圍大貳尺伍寸木段貳丈叁尺肆寸，艦匠貳工貳分陸釐。

大篷車員壹根，椗車員壹根，用浮溪木各長壹丈肆尺，圍大壹尺柒寸。樟木斗頭車耳壹個，長貳尺伍寸，寬壹尺伍寸。椗車耳貳個，各長肆尺，寬壹尺，均厚叁寸。硬木棍車子貳拾壹根，各長壹丈叁尺，圍大捌寸。車員車耳做净，每折見方尺叁拾貳尺，用艦匠壹工。共核用：

圍大貳尺、净長叁寸貳尺浮溪木貳丈捌尺，寬壹尺伍寸、厚叁寸樟木枋捌尺柒分，圍大捌寸、長壹丈叁尺□，艦匠貳工肆分貳釐。

櫃用樟木牛頭貳塊，名長伍尺，寬壹尺□□□□叁寸木段水櫃柱肆根各長柒尺圍大貳尺□寸水櫃閘肆塊各長柒尺寬陸寸陸分厚陸水櫃板貳拾肆塊各長肆尺陸寸寬陸寸肆厚貳寸叁分牛頭水櫃柱閘做净每折見方肆拾尺用艦匠壹工水櫃板捌拾尺用艦匠□工水櫃柱每根用長陸寸釘貳拾個牛頭水板釘縫凑長拾貳丈肆寸每丈用長伍寸釘叁拾個。艙縫凑長叁拾伍丈貳尺捌寸。共核用：

圍大貳尺伍寸木段玖丈伍尺貳寸，寬壹尺伍寸、厚叁寸樟木枋壹丈貳寸，長陸寸釘捌拾個，長伍寸釘叁百陸拾壹個，灰叁拾伍斤肆兩，桐油拾肆斤壹兩捌錢，網紗拾叁斤叁兩柒錢，□□拾□□□陸工陸分□□匠壹工捌分捌釐，艙匠伍分肆釐，舂灰夫壹名貳分叁釐。

媽祖龕用杉木板捌塊，各長壹丈捌尺伍寸。虎頭艙門板拾塊，各長叁尺。鋪板拾塊，各長肆尺。均寬陸寸，厚壹寸。做净每折見方尺捌拾尺，用艦匠壹工。媽祖龕板釘縫凑長拾肆丈捌尺，每丈用長肆寸釘叁拾個，虎頭艙門板釘縫長叁丈，每丈用長伍寸釘叁拾個。媽祖龕板艙縫凑長貳拾玖丈陸尺。共核用：

寬陸寸、厚壹寸杉木板貳拾貳丈壹尺陸寸，長伍寸釘玖拾個，長肆寸釘肆百肆拾個，灰貳拾玖斤拾兩，桐油拾壹斤拾叁兩肆錢，網紗拾壹斤壹兩陸錢，竹絲拾壹斤壹兩陸錢，艦匠叁工捌分貳釐，艙匠肆工貳分叁釐，舂灰夫壹名肆釐。

船頭用中吉木槌壹根，長貳丈捌尺，圍大貳尺貳寸。樟木槌牙壹塊，長肆尺，寬伍寸，厚叁寸。做净每折見方尺肆拾尺，用艦匠壹工。槌牙用長捌寸釘陸個。共核用：

圍大貳尺伍寸、净長叁丈陸尺中吉木貳丈捌尺，寬壹尺伍寸、厚叁寸樟木枋壹尺叁寸柒分，長捌寸釘陸個，艦匠壹工柒分。

船尾舵壹門，用楮木舵杆壹根，長壹丈伍尺，寬壹尺貳寸，厚捌寸。浮溪木舵閃板陸塊，各長玖尺伍寸，寬伍寸叁分，厚貳寸伍分。樟木極舵夾陸塊，各長肆尺，圍大壹尺。硬木棍舵牙扼貳根，各長壹丈叁尺，圍大捌寸。舵杆做净每折見方尺叁拾尺，用艦匠壹工。舵夾舵牙肆拾尺，用艦匠壹工。舵閃板捌拾尺，用艦匠壹工。舵夾釘縫凑長貳丈肆尺，每丈用長捌寸釘伍拾個，舵閃板舵夾艙縫凑長拾陸丈貳尺。共核用：

寬壹尺貳寸、厚捌寸、長壹丈伍尺貳寸楮木壹塊，圍大貳尺、净長叁丈貳尺浮溪木貳丈捌尺伍寸，圍大壹尺樟木極貳丈肆尺陸寸，圍大捌寸、長壹丈叁尺硬木棍貳根，長捌寸釘壹百貳拾個，灰拾陸斤叁兩，桐油陸斤柒兩柒錢，網紗陸斤壹兩貳錢，竹絲陸斤壹兩貳錢，艦匠肆工貳分叁釐，鋸匠陸分肆釐，艌匠貳工叁分壹釐，春灰夫伍分柒釐。

跟隨戰船舢板船，用浮溪木水底板捌塊，各長壹丈貳尺捌寸。舦板陸塊，各長壹丈肆尺。艙堵板拾陸塊，各長肆尺。均寬伍寸，厚貳寸。做浄每折見方尺捌拾尺，用艦匠壹工。水底板舦板釘縫凑長拾捌丈陸尺肆寸，每丈用長伍寸釘叁拾個。水底板、舦板、艌縫凑長叁拾柒丈貳尺捌寸。共核用：

圍大貳尺、浄長叁丈貳尺浮溪木貳根壹丈玖尺伍寸，長伍寸釘伍百伍拾玖個，灰叁拾柒斤肆兩，桐油拾肆斤拾肆兩陸錢，網紗拾叁斤拾伍兩柒錢，竹絲拾叁斤拾伍兩柒錢，艦匠肆工叁分捌釐，鋸匠貳工伍分，艌匠伍工叁分叁釐，春灰夫壹名叁分。

舢板船兩旁水蛇貳塊，各長壹丈肆尺，寬伍寸，厚貳寸。做浄每折見方尺捌拾尺，用艦匠壹工。水蛇釘縫凑長貳丈捌尺，每肆尺用長捌寸釘叁個。艌縫凑長伍丈陸尺。共核用：

圍大貳尺、浄長叁丈貳尺浮溪木玖尺叁寸，長捌寸釘貳拾壹個，灰伍斤拾兩，桐油貳斤叁兩捌錢，網紗貳斤壹兩陸錢，竹絲貳斤壹兩陸錢，艦匠肆分玖釐，鋸匠貳分捌釐，艌匠捌分，春灰夫貳分。

舢板船用樟木極舢板梁肆塊，各長叁尺。舦極陸塊，冲天極貳塊，牛頭極陸塊，各長貳尺，均圍大壹尺。做浄每折見方尺肆拾尺，用艦匠壹工。舢板梁釘縫凑長壹丈貳尺，每丈用長陸寸釘叁拾個。舦極每塊用長伍寸釘貳個，艌縫凑長捌丈。共核用：

圍大壹尺樟木極肆丈壹尺捌寸，長陸寸釘叁拾陸個，長伍寸釘貳拾捌個，灰捌斤，桐油叁斤叁兩貳錢，網紗叁斤，竹絲叁斤，艦匠壹工，艌匠壹工壹分肆釐，春灰夫貳分捌釐。

大桅鐵箍柒個，各長肆尺陸寸。頭桅箍叁個，各長貳尺柒寸。舵頭箍貳個，各長肆尺壹寸。樾箍貳個，各長叁尺叁寸。俱寬貳小，厚伍分。椗齒貳個，各長壹尺，寬柒寸，厚伍分。樾箍叁個，各長貳尺□寸，寬□寸，厚叁分，鐵鐶肆個，各圍大伍寸。以上鐵料，共浄重壹百肆拾肆斤，每正鐵壹斤，加耗鐵壹斤，每正鐵伍斤用鐵匠壹工，每正耗鐵壹斤用炭叁斤。共核用：

生鐵貳百捌拾捌斤，炭捌百陸拾肆斤，鐵匠貳拾捌工捌分。

油畫前船共用：

烏烟貳斤，廣紅叁斤，銅碌叁兩貳錢，京紅叁兩，膽黃貳兩肆錢，南粉壹斤捌兩，銀硃捌錢，杭粉捌錢，藍粉叁兩，墨貳塊，松香肆兩，水膠肆兩，淡底壹斤，桐油叁斤，油畫匠捌工。

麻大桅緈索貳條，各長柒丈貳尺，大陸寸。頭桅緈索貳條，各長陸丈，大肆寸。大踏索貳條，各長陸丈，大肆寸伍分。小踏索貳條，各長叁丈，大叁寸。大繚母壹條，長肆丈貳尺，大陸寸。小繚母壹條，長貳丈肆尺，大叁寸貳分。大幫襯陸條，各長壹丈伍尺，大貳寸。小幫襯玖條，各長伍尺，大壹寸貳分。以上麻索共重叁百貳拾斤，每百斤用繩匠叁工陸分，共核用：

麻叁百貳拾斤，繩匠拾壹工伍分貳釐。

棕正椗索壹條，長肆拾貳丈，大陸寸伍分。副椗索壹條，長肆拾丈，大陸寸。大篷筋壹條，長陸丈，大壹寸捌分。小篷筋壹條，長叁丈，大壹寸。繚仔繚耳共拾伍條，各長壹丈捌尺，大壹寸捌分。椗奴貳條，各長壹丈伍尺，大陸寸貳分。大小摘尾貳條，共長拾貳丈大伍寸。舵弔壹條長，叁丈，六伍寸。以上棕繩共重叁百肆拾斤，每撕棕肆拾斤，用匠壹工，成繩肆拾斤，用匠壹工。共核用：

棕叁百肆拾斤，撕棕匠捌工伍分，成繩匠捌工伍分。

冲風旂壹面，長寬各壹丈貳尺。一條龍旗壹面，長陸丈，寬貳尺。媽祖旗壹面，長寬各肆尺伍寸。大小定風旗叁面，内壹面長肆尺，貳面各長叁尺，均寬壹尺。共核用：

幅寬壹尺色布叁拾丈，苧線肆兩，裁縫匠叁工。

椗貳門，齒全，各長壹丈肆尺，寬捌寸，厚伍寸。

櫓貳枝，各長叁丈貳尺，寬柒寸，厚肆寸。

舢板櫓壹枝，長貳丈伍尺，寬柒寸，厚肆寸。

大小桅餅柒個。

大小無底升肆百個。

椗舵上配用竹繩草繩共用：

竹篾叁百肆拾斤，繩匠拾貳工貳分肆釐，草心肆百伍拾陸斤，繩匠拾壹工肆分。

查原送成規内開，竹篾草心所用匠工，多寡不齊。今照棕麻繩索用工之例一律核定。

篷上配用大小繚綵、攝子、兔耳，共用：

槐籐拾捌斤，籐匠叁工陸分。

刻字用：

刻字匠叁工。

竪立大小桅用：

壯夫貳拾陸名。

前船共用大小鐵釘壹萬壹千陸拾伍個，刷抹釘頭每百個用桐油陸兩肆錢，灰壹斤，每油灰拾斤，用艌匠壹工，共核用：

桐油肆拾肆斤肆兩貳錢，灰壹百拾斤拾兩，艌匠拾伍工肆分玖釐，舂灰夫叁名捌分柒釐。

前船共用艍匠壹百玖拾捌工陸分陸釐，係照杉松木植核定。内有樟楮等硬木用匠伍拾陸工伍分叁釐，每工外加匠貳分，計加匠拾壹工叁分壹釐。共匠貳百玖工玖分柒釐，每百工加安裝匠拾工，計安裝匠貳拾壹工，每艍匠安裝匠壹百工加隨匠壯夫貳拾名，計壯夫肆拾陸名壹分玖釐。

以上拆造前船共用：

寬捌寸、厚捌寸松木伍丈伍尺陸寸，每丈銀叁錢叁分壹釐。

計銀壹兩捌錢肆分。

查原送成規内開，松木按依丈尺計算，價值參差。今照綽舡寬壹尺，厚捌寸，每丈銀肆錢壹分肆釐核算。每丈需銀叁錢叁分壹釐之數，一律核定。

圍大叁尺，浄長肆丈大吉木貳根，每根銀貳兩伍錢。

計銀伍兩。

圍大貳尺伍寸，浄長叁丈陸尺中吉木拾肆根，每根銀壹兩伍錢。

計銀貳拾壹兩。

查原送成規内開，中吉木拾銀。今按丈尺做法核算，應增肆根。

圍大貳尺、浄長叁丈貳尺浮溪木拾貳根貳丈壹尺捌寸，每根銀伍錢。計銀陸兩叁錢肆分壹釐。

查原送成規内開，浮溪木拾貳根。今按丈尺做法核算，應增貳丈壹尺捌寸。

圍大壹尺陸寸，浄長貳丈捌尺高洋木拾貳根，每根銀貳錢。

計銀貳兩肆錢。

圍大貳尺伍寸木段叁拾捌丈捌寸，核長壹丈肆尺段料貳拾柒根貳尺捌寸，每根銀叁錢。

計銀捌兩壹錢陸分。

查原送成規内開，木段貳拾陸根。今按丈尺做法核算，應增壹根貳尺捌寸。

寬壹尺伍寸、厚叁寸樟木枋肆拾壹丈陸尺伍寸肆分，核長壹丈柒尺枋料貳拾肆塊捌尺伍寸肆分，每塊銀壹兩叁錢。計銀叁拾壹兩捌錢伍分叁釐。

查原送成規内開，樟木枋貳拾陸塊。今按丈尺做法核算，應減壹塊捌尺肆寸陸分。

寬壹尺、厚叁寸、長捌尺貳寸樟木板伍塊，每塊銀肆錢壹分捌釐。

計銀貳兩玖分。

查原送成規内開，樟木梁座長壹丈柒尺，寬壹尺伍寸，厚叁寸，每塊銀壹兩叁錢，托浪板長捌尺，寬壹尺，厚叁寸，每塊銀伍錢。價值參差，今照梁座之價，一律核定。

寬壹尺貳寸、厚叁寸松木枋肆拾貳丈壹尺壹寸，核長壹丈柒尺枋料貳拾肆塊壹丈叁尺壹寸，每塊銀叁錢伍分。計銀捌兩陸錢柒分。

查原送成規内開，松木枋貳拾陸塊。今按丈尺做法核算，應減壹塊叁尺玖寸。

圍大壹尺樟木極叁拾捌丈肆尺貳寸，核長壹丈貳尺樟極叁拾貳塊貳寸，每塊銀貳錢。

計銀陸兩肆錢叁釐。

查原送成規内開，樟木極叁拾塊。今按丈尺做法核算，應增貳塊貳寸。

圍大捌寸、長壹丈叁尺硬木棍叁拾伍根，每根銀捌分。計銀貳兩捌錢。

寬陸寸、厚壹寸杉木板貳拾貳丈壹尺陸寸，每丈銀肆錢。計銀捌兩捌錢陸分肆釐。

寬捌寸、厚柒寸、長壹丈貳尺貳寸樟木壹塊，計銀陸錢肆分貳釐。

寬壹尺伍寸、厚壹尺伍寸、長壹丈貳尺貳寸樟木壹塊，計銀貳兩伍錢柒分玖釐。

寬壹尺貳寸、厚伍寸、長捌尺貳寸樟木壹塊，計銀肆錢陸分貳釐。

寬壹尺、厚陸寸、長壹丈壹尺貳寸樟木貳塊，每塊銀陸錢叁分壹釐。計銀壹兩貳錢陸分貳釐。

寬壹尺伍寸、厚壹尺伍寸、長伍尺柒寸樟木壹塊，計銀壹兩貳錢伍釐。

寬貳尺、厚陸寸、長陸尺貳寸樟木壹塊，計銀陸錢玖分玖釐。

寬壹尺伍寸、厚柒寸、長壹丈叁尺貳寸樟木壹塊，計銀壹兩叁錢貳釐。

寬壹尺貳寸、厚陸寸、長壹丈陸尺貳寸樟木壹塊，計銀壹兩玖分陸釐。

寬壹尺貳寸、厚柒寸、長陸尺柒寸樟木壹塊，計銀伍錢貳分玖釐。

寬壹尺貳寸、厚壹尺、長壹丈貳尺貳寸樟木貳塊，每塊銀壹兩叁錢柒分陸釐。計銀貳兩柒錢伍分貳釐。

寬壹尺貳寸、厚肆寸伍分、長柒尺貳寸樟木貳塊，每塊銀叁錢陸分伍釐。計銀柒錢叁分。

查原送成規內開，樟木含檀等料拾壹款所開價值，逐款核計，俱屬參差。今照繒舡每折見方壹尺核銀玖分叁釐玖毫陸絲之數，一律核定。

寬壹尺貳寸、厚捌寸、長壹丈伍尺貳寸楮木壹塊，計銀拾貳兩。

圍大肆尺伍寸、長陸丈桅木壹根，計銀貳拾兩。

圍大貳尺陸寸、長叁丈桅木壹根，計銀壹兩。

長壹尺釘叁百叁拾捌個，每貳個重壹斤，計重壹百陸拾玖斤。長捌寸釘貳百肆拾叁個，每伍個重壹斤，計重肆拾捌斤玖兩陸錢。長陸寸釘柒千壹百肆拾玖個，每拾伍個重壹斤，計重肆百柒拾陸斤玖兩陸錢。長伍寸釘貳千捌百捌拾伍個，每貳拾個重壹斤，計重壹百肆拾肆斤肆兩。長肆寸釘肆百伍拾個，每叁拾個重壹斤，計重拾伍斤。以上鐵釘共重捌百伍拾叁斤柒兩貳錢，內除選用舊釘貳百伍拾陸斤陸錢，添新伍百玖拾柒斤陸兩陸錢，每斤銀貳分貳釐。計銀拾叁兩壹錢肆分叁釐。

灰玖百叁拾陸斤拾肆兩，每百斤銀貳錢。計銀壹兩捌錢柒分肆釐。

桐油叁百柒拾柒斤拾貳兩，每斤銀叁分。計銀拾壹兩叁錢叁分叁釐。

網紗叁百玖斤拾叁兩肆錢，每斤銀壹分貳釐。計銀叁兩柒錢壹分捌釐。

竹絲叁百玖斤拾叁兩肆錢，每斤銀陸釐。計銀壹兩捌錢伍分玖釐。

生鐵貳百捌拾捌斤，每斤銀壹分。計銀貳兩捌錢捌分。

炭捌百陸拾肆斤，每百斤銀壹錢陸分。計銀壹兩叁錢捌分貳釐。

烏烟貳斤，每斤銀壹分伍釐。計銀叁分。

廣紅叁斤，每斤銀伍分。計銀壹錢伍分。

銅碌叁兩貳錢，每斤銀叁錢。計銀陸分。

京紅叁兩，每斤銀捌介。計銀壹分伍釐。

籐黃貳兩肆錢，每斤銀貳錢。計銀叁分。

南粉壹斤捌兩，每斤銀壹分。計銀壹分伍釐。

銀硃捌錢，每斤銀陸錢肆分。計銀叁分貳釐。

杭粉捌錢，每斤銀壹錢陸分。計銀捌釐。

藍粉叁兩，每斤銀捌分。計銀壹分伍釐。

墨貳塊，每塊銀壹分。計銀貳分。

松香肆兩，每斤銀貳分。計銀伍釐。

水膠肆兩，每斤銀肆分。計銀壹分。

淡底壹斤，計銀伍分。

麻叁百貳拾斤，每斤銀壹分伍釐。計銀肆兩捌錢。

棕叁百肆拾斤，每斤銀叁分。計銀拾兩貳錢。

幅寬壹尺色布叁拾丈，每丈銀壹錢。計銀叁兩。

苧線肆兩，每斤銀壹錢貳分。計銀叁分。

椗貳門，齒全，各長壹丈肆尺，寬捌寸，厚伍寸，每門銀壹兩。計銀貳兩。

櫓貳枝，各長叁丈貳尺寬柒寸厚肆寸，每枝銀柒錢。計銀壹兩肆錢。

舢板櫓壹枝，長貳丈伍尺，寬柒寸，厚肆寸，計銀叁錢貳分壹釐。

大風篷壹扇，長肆丈捌尺，寬貳丈貳尺，計銀叁兩貳錢玖分叁釐。

頭風篷壹扇，長貳丈肆尺，寬壹丈壹尺，計銀捌錢貳分叁釐。

查原送成規內開，各則風篷價值參差。今照繒舡每折見方壹丈核銀叁錢壹分壹釐捌毫之數，一律核定。

大小桅餅柒個，每個銀柒分。計銀肆錢玖分。

大小無底升肆百個，每百個銀捌分。計銀叁錢貳分。

竹篾叁百肆拾斤，每百斤銀壹錢陸分。計銀伍錢肆分肆釐。

草心肆百伍拾陸斤，每百斤銀柒分。計銀叁錢壹分玖釐。

槐籐拾捌斤，每斤銀貳分伍釐。計銀肆錢伍分。

艦匠貳百玖工玖分柒釐，安裝匠貳拾壹工，鋸匠肆拾壹工伍分貳釐，艙匠壹百叁拾叁工伍分貳釐，鐵匠貳拾捌工捌分，油畫匠捌工，繩匠叁拾伍工壹分陸釐，棕匠拾柒工，裁縫匠叁工，籐匠叁工陸分，刻字匠叁工，壯夫壹百伍名。

以上匠夫共陸百玖工伍分柒釐，每工銀伍分。計銀叁拾兩肆錢柒分玖釐。

又置備物件開後：

木桶貳拾件，每件銀叁分。計銀陸錢。

鐵鍋貳口，換新，每口貼工料銀壹錢貳分。計銀貳錢肆分。

鼓壹面，修理換皮，計銀貳錢捌分。

金壹面，重肆斤，換新，每斤貼工料銀柒分。計銀貳錢捌分。

以上折造前船成規内開，共需工料銀貳百肆拾柒兩捌錢玖分叁釐，内部價銀壹百拾捌兩肆分肆釐，加捌津貼并另加叁分銀壹百貳拾玖兩捌錢肆分玖釐，臺廠運費銀貳拾叁兩陸錢玖釐。今按□查核分别增減更正，需用工料銀貳百肆拾捌兩叁錢柒分柒釐，内部價銀壹百拾捌兩貳錢柒分伍釐，加捌津貼并另加叁分銀壹百叁拾兩壹錢貳釐，臺廠運費銀貳拾叁兩陸錢伍分伍釐，計加增工料銀肆錢捌分肆釐，運費銀肆分陸釐。行令該撫，于前船届應拆造之期，將加增銀兩，在于各則節減銀内支領。至大小修理成規内開，大修工料銀貳百伍兩捌錢陸分捌釐，内部價銀玖拾叁兩伍錢柒分陸釐，加玖津貼并另加叁分銀壹百拾貳兩貳錢玖分貳釐，臺廠運費銀拾捌兩柒錢壹分伍釐，小修工料銀壹百貳拾捌兩壹錢肆釐，内部價銀伍拾伍兩陸錢玖分柒釐，加拾津貼并另加叁分銀柒拾貳兩肆錢柒釐，臺廠運費銀拾壹兩壹錢叁分玖釐。其餘拾叁船，倣此。

楊錫紱《漕運則例纂》卷二《通漕運艘・漕船額式》 各省漕船，向例大小不同。康熙六年題定，浙江、江西、湖廣等省，悉照准式一淺成造。康熙十七年題准，漕船載米不得過四百石，入水不得過六捺，空船不得過四捺。康熙十九年，特遣部員酌定新式。康熙二十一年題准，各省遵照新式，長七丈一尺，一律成造。康熙二十六年題准，以新式船小，載重量加寬大。雍正二年題准，江西、湖廣漕船以十丈爲率，短不得過九丈，其寬深丈尺，酌量合式；其餘各省，仍照式成造。所有原定漕船舊式，並歷年續定新式，詳載於後：

一原定船式。照舊例開載。每船底長五丈二尺，中濶九尺五寸，厚二寸。頭尾九尺五寸，濶六尺二寸，厚二寸。係搪浪，稍長九尺五寸，濶五尺二寸，厚一寸二分。係封稍，兩廒各長七丈一尺，濶八寸，中厚五寸。頭稍各厚三寸。拖泥各長五丈三尺五寸，濶六寸，厚一寸七分。脚棧各長五丈五尺，濶六寸五分，厚一寸七分。兩棧各長七丈一尺，深三尺六寸，厚一寸七分。頭伏獅長八尺，濶一尺，厚三寸五分。稍伏獅長七尺，濶八寸，厚二寸五分。挐獅各長二丈二尺。大頭濶五寸，小頭濶二寸，厚二寸。挽脚樑長九尺，濶一尺二寸，厚二寸。象鼻靠爪長四尺五寸，厚三寸。草鞋底一副，各長一丈四尺，濶九寸，上頭厚八分，下頭厚一寸。

造船釘、鐵、麻、油，每船攀頭艄鐵葉大小三十二條，扒鍋十二箇，共重十二斤。線釘長四寸，釟頭釘長五寸，底棧每一尺用四釘，共用新釘鉦六百二十斤。黄麻一百四十斤，桐油三十斤，油灰五百五十斤。内該桐油一百二十斤，石灰五石，皮條四根。

造船什物：每船大桅一根，圓三尺二、三寸不等，長六丈止。頭桅一根，圓二尺，長四丈止。桅夾一副，面樑一塊，舵桿一根，舵板一塊，櫓二張，用木一根，圓一尺七、八寸不等，長二丈止。大篷一扇，頭篷一扇，綵麻本身纜一根，綵麻帶頭纜二條，黄麻大桅走繩三掛，黄麻都管繩一條，黄麻頭桅走三繩二掛，黄麻迎篷繩一條，大溜篾簟一條，二溜篾簟一條，篾拔皮二條，篾小簟三掛。

造船裏料：每船樑頭十五座，龍口樑闊一丈四寸，深四尺，使風樑闊一丈四尺，深四尺四寸，圓口。後斷水樑濶九尺，深五尺。神堂樑深五尺一寸，圓口。兩厫共濶七尺六寸，立跨板厚五分，前後引條高三尺，舊邊新楞格兩邊共八扇，官艙門四扇，前後拖門舊板全。

以上樑頭裏料，有底船者，估足數目，准予銷算；如無底船者，照數扣追買新料成造，旗丁自備。

一改造船式。照康熙十九年定例開載。每船底長五丈二尺，中濶一丈四尺四寸，厚二寸。頭長九尺五寸，濶一丈一尺，厚二寸。係搪浪稍長九尺五寸，濶一丈八寸，厚一寸七分。係封稍兩廒，各長七丈一尺，濶八寸，共深四尺四寸。兩棧各長七丈一尺，濶三尺六寸，厚一寸七分。頭伏獅長一丈一尺，濶一尺，厚三寸五分。稍伏獅長一丈八尺，濶八寸，厚二寸五分。挐獅各長二丈二尺，大頭濶五寸，小頭濶二寸，厚二寸。挽脚樑一塊，長九尺，濶一尺二寸，厚二寸。又有燕窩護腮及草鞋底。

造船大小物料：每船大料四十七根，榆塊等木八根。備桅夾舵板并各樑頭稍、伏獅、燕窩護腮、雲頭板之用，每根二丈二尺，根徑六寸。釘鉦線釘長四寸，扒頭釘長五寸，底棧每一尺用四釘，共九百斤。攀頭鐵葉八十八塊，小釘二百二十六箇，共鐵三十二斤。桐油一百五十斤，石灰一百斤，白麻六十斤，黄麻三百斤，纜繩取用在内，煤炭一千七百七十六斤，又有顏料一項，畫頭艄用。

造船什物：每船大桅一根，長五丈四尺，徑一尺一寸。頭桅一根，長四丈一尺，徑七寸。櫓木一根，長三丈，徑六寸。桅夾桅下差面樑、使風樑、扁樑、舵板、風篷、麻纜、麻繩、篾簟、舵桿大小共七根。凡一應裏料與舊式同。

一九驗之法：一曰驗木，二曰驗板，三曰驗底，四曰驗樑，五曰驗棧，六曰驗釘，七曰驗縫，八曰驗艌法，九曰驗頭稍。

驗木者，木取良材，毋雜惡質，毋間舊料，長短有規，大小有準。

驗板者，板有厚薄分寸，原有漕規定制，如底板厚五寸。搪浪底板厚二寸，拖泥脚棧棧板厚一寸七分。而奸匠包造，那薄大料以充裏料，每每分寸差池。今後下墨之時，即當查驗鋸路，解板下鋸，即當比較分寸。如不合式，立刻嚴究另換。

驗底者，船之大小，始基於底。如淺船底長不過五丈二尺，中間濶不過九尺五寸。匠受旗賄，改長增濶，不遵漕規。今欲製造合式，必當於鋪墊底板，驗量尺寸合度與否，少差即勒令改造。

底完安樑，樑濶則船腹寬，樑高則船腹深。容受多而利裝私載，故旗匠通同，每每溢額。淺船龍口，樑濶不過九尺，高不過一丈四寸，使風樑濶不過一丈四尺，斷水樑濶不過九尺，高不過五尺，細細量驗，一不合式，即勒令減削。

樑完正棧，淺船棧長七丈一寸，深三尺六寸。其順身既長，非短小之料可用，棧板之力把持，通船須擇長材，以圖堅久。潦草安置，零碎鬬凑，則把持無力，不久綻裂矣。

用釘之法，一尺四釘；未上兩棧，釘眼在外；上棧之後，釘眼在內。有等恣意侵漁而匿釘不用，虚派釘眼而眼内無釘，必當逐眼稽查，内外審視。

縫口何以用驗，蓋那減大料，每每遷就板邊，板邊不净，是以縫口不合。雖極力窒艌，隙終不滿，漏終不止，全在合板之時，早爲查驗。

艌法何以用驗，蓋艌之法，以斧入鑿，以鑿入麻，縫滿然後固以油灰。今奸匠侵漁，麻少縫濶，不能受灰。甚至油少灰生，旋上旋落，止可謂爲塗抹了事，安得云艌，逐節嚴查，其有麻少灰生者，立行究處。

頭稍何以用驗，頭稍者，即一船之首尾也。自始至終，於此定局。蓋封頭封稍，船工將完。人心草率，每見廠造舊船，船身無恙，而頭稍先脱。職此之故，鐵葉扒鋦，所以攀護。此頭稍者，不許其折乾短少，鋪頭鋪稍，裏料所以骨幹。此頭稍者，不許濫惡充數，用釘必處處用到，窒艌必處處完全，頭稍堅實，船自經久。

一江西漕船，有長江、鄱湖之險，非巨艦不能利涉。康熙三年，漕運總督林起龍，題請照舊僉造；康熙四年，河道總督盧崇奏請改小；康熙六年，兩江總督郎廷佐以各船皆係巨艦，槩行改小，勢所不能。奏請加載之數，減去三百餘石，由閘河而行，可無膠淺之患。

一江西漕船，體骨重大，遇淺難行。康熙三十四年，漕運總督桑格題准，各漕船仍帶裝載一百石之小剥船一隻，跟艄行走，其過百石之船，不准隨帶。

一各省漕船式樣：康熙二十二年，改定長七丈一尺，寬一丈四尺四寸，載正耗米五百石，土宜六十石。康熙二十六年，漕運總督慕天顔，奏請量加寬大湖廣船隻，有長至十一二丈者。雍正二年，部議江西、湖廣漕艘，遠歷長江，而江西載糧尤多，應將此兩省漕船定以十丈爲率，短不得過九丈，其身寬丈尺，酌量合式，船底務須寬平。如有比定式放寬大者，將糧道題參。

是年，湖北糧道郭維新，將該省船隻改造八丈三尺至五、六尺不等，底比舊船狹二尺。部議革職，交刑部治罪，用過銀兩着落賠補十分之三，餘免其追賠。

傅恒等修《欽定户部鼓鑄則例》卷一《雲南省》

額解京銅：

一雲南每年額辦京局鼓鑄銅四百萬觔，每百觔外加耗銅八觔，共加耗銅三十二萬觔，令雲南管廠大員經手辦理，委官押運至京。分解户部寶泉局三分之二，分解工部寶源局三分之一。

一解運京銅，每正銅百觔，外添帶餘銅三觔，内以八兩爲東川、尋甸，運至瀘州水陸道路折耗之用；二觔八兩爲長運水路换船、盤灘、搬運、磕硼、零星失落，以及添補部秤之用。共添帶餘銅十二萬觔。倘承運各官，恃有補秤餘銅，故意侵盗，查出從重議處。

加運京銅：

一雲南每年加運京局鼓鑄正銅一百七十萬四千觔，每百觔照例加耗銅八觔，共加耗銅一十三萬六千三百二十觔。分解户部寶泉局三分之二，分解工部寶源局三分之一。每加運正銅一百觔，亦照例外帶餘銅三觔。内以八兩爲東川、尋甸運至瀘州木陸道路折耗之用；二觔八兩爲長途運員備抵折耗，以及添補部秤之用。共帶解餘銅五萬一千一百二十觔。倘承運各官，恃有補秤餘銅，故意侵盗，查出從重議處。

協撥銅本：

一雲南省辦解正、加運京局銅觔，該撫每年題請預撥銅觔工本、運脚、養廉、雜費等項銀八十五萬兩，於每年題撥時，查明司庫實存銅息銀若干兩，除留存備公銀五十萬兩外，如有餘剩銅息銀兩，俱撥抵銅本之用，於疏内聲明扣除，不敷銀兩，於各省撥解。內應解户、工二部寶泉、寶源二局官吏飯食等項銀六萬四千四百五十五兩，通州車脚、弔載銀四千九百七十兩三錢八分四毫，於每年請撥銅本銀兩疏內將前項應解銀兩分晰聲明，户部即令協撥省分照數扣留，另行委員解赴倉場，總督轉飭坐糧廳可兑收貯庫，出具實收，報部存查。雲南巡撫於各運銅觔起程時，備具文批，給發，運官於抵通州之日，由坐糧廳按運支領，分解應用。至三正運自漢口至儀徵，儀徵至通州。所需木脚銀兩，於題請協撥銅本省分，將三正運六起，每起自漢口至儀徵所需水脚銀一千七百三十九兩，共銀一萬四百三十四兩，解貯湖北武昌司庫，以爲自漢口至儀徵之費。又自儀徵至通州，每起所需水脚銀二千七百一兩，共銀一萬六千二百六兩，解交江南儀徵縣庫，以爲自儀徵抵通州之費，亦於銅運起程時備具文批，給發委員收執，到彼按運支領。其餘銀七十五萬三千九百三十四兩六錢一分九釐六毫，令協撥省分，限文到日，委員於歲內解赴雲南應用。正運六起，每起於委解時，在雲南給發自瀘州至漢口水脚銀二千零四十二兩四錢，沿途雜費銀一千零六十五兩。加運二起，每起於委解時，在雲南給發自瀘州至漢口水脚銀二千六百一十兩一錢八分七釐二毫，沿途雜費銀一千四百兩，又給銀五百兩以備起剥雇縴之用。統於銅觔運竣之日，即將實用銀數入册奏銷，報明户部查核。經管人員倘有虧那情弊，即行指名題參。

銅價：

一雲南湯丹等廠，每年額解京局鼓鑄銅觔，每正銅百觔，加耗銅八觔，折净銅一百觔，給銅價銀九兩二錢，於運銅奏銷册内造報核銷。

解部飯銀：

一解運京銅，每百觔解部，飯銀一兩一錢三分，在於協撥銅本銀内，按數撥解通州坐糧廳車存貯，按兩月分解户、工二部。統造入辦銅案内彙總，報明户部核銷。

尋甸至威寧車脚：

一尋甸州發運威寧店轉運京銅三百一十六萬五千七百二十觔，每銅三百觔，額準折耗一斤。自尋甸運銅至威寧，計馬站十站，折車行十五站。每車一輛，裝銅三百觔，每百觔給車脚銀一兩。共給車脚銀三兩。今運銅車路改修平直，省車行一站，計十四站。每車一輛，裝運銅三百觔，給車脚銀二兩八錢。節省車脚銀二錢。合每銅一百觔，實共給車脚銀九錢三分三釐三毫三絲三忽零，共需車脚銀二萬九千五百四十六兩七錢二分，每請領銀一千兩，自省雇馬駄運至尋甸，計程三站，每站給駄銀馬脚盤費銀一錢三分四釐三毫七絲五忽。統於運銅奏銷並正額節省案内，分别造册，報部查核。

威寧由羅星渡至瀘州運脚：

一威寧店接運尋甸轉運永寧店京銅三百一十六萬五千七百二十觔，每銅三百觔，額準折耗八兩。自威寧運銅至永寧，陸路計程十三站。每站每銅一百觔，給馬脚銀一錢二分九釐二毫，共該馬脚銀五萬三千一百七十一兩四錢三分三釐一毫。今威寧改運至羅星渡，陸路計程十站。每站每銅一百觔，給馬脚銀一錢二分九釐二毫。較威寧至永寧節省陸路三站，共該節省馬脚銀三錢八分七釐六毫。内除自羅星渡至南廣硐，計水程五站。每銅一百觔，給水脚銀二錢。實節省運脚銀一錢八分七釐六毫。自南廣硐轉運至瀘州，計水程三站。每銅一百觔，給水脚銀九分共該水脚銀二千八百三十九兩六錢五分八毫四絲，每請領銀一千兩，自省駄運至威寧，計程十站，每站給駄銀馬脚盤費銀一錢三分四釐三毫七絲五忽。統於運銅奏銷并正額節省案内，分别造册，報明户部核銷。

東川至昭通運脚：

一東川府承運京銅三百一十六萬五千七百二十觔，每銅三百觔，額準折耗八兩。運至昭通府，按照陸路，計程五站半。每年請領運脚銀二萬二千四十七兩三錢。今照四站半雇運，每站每百觔給運脚銀一錢二分九釐二毫，共給銀一萬八千四百五兩四錢九分六釐八絲，自省至東川府計程八站，每領銀一千兩，每站給駄銀馬脚盤費銀一錢三分四釐三毫七絲五忽。節省運脚銀三千六百四十一兩八錢三釐九毫二絲。收貯司庫，留爲辦銅工本之用。統於陸運并正額節省報銷册内，報部核銷。

昭通府由鹽井渡轉運瀘州運脚：

一昭通府接運東川承運京銅，分運豆沙關，由鹽井渡轉運瀘州店一半銅一百五十八萬二千八百六十觔，每銅三百觔，額準折耗八兩。自昭通運銅至豆沙關，計程六站。每站每銅百觔，給運脚銀一錢二分九釐二毫，共運脚銀一萬二千二百四十九兩八錢八分一毫六絲八忽八微，每請領銀一千兩，自省雇馬駄運至昭通府，計程十三站，每站給駄銀馬脚盤費銀一錢三分四釐三毫七絲五忽。按年造入運銅奏銷册内，報部查核。

一大關同知接運京銅，自豆沙關轉運至鹽井渡，陸路計程一站。每站每銅一百觔，給運脚銀一錢二分九釐二毫，共運脚銀二千三十七兩三錢八分六釐一毫六絲三忽三微。每請領銀一千兩，自省雇馬駄運至豆沙關，計程十八站，每站給駄銀馬脚盤費銀一錢三分四釐三毫七絲五忽。今豆沙關改易站船七隻，水運至鹽井渡，每船一隻，設水手夫役四名，每名月給工價、飯食銀三兩。如遇閏月，照數在於額外節省銀内動支放給。豆沙關雇歲共需銀一千零八兩。

夫，背銅下河，上載裝艙，往回四里。每夫二名，擡銅一百觔，給夫價銀一分二釐，共銀一百八十九兩二錢三分九毫一絲三忽。歸於鹽井渡至瀘州脚費項下開銷給放。豆沙關至龍拱沱灘，建設銅房五間。添設書記一名，月給工食、飯食銀三兩。共銀三十六兩。秤手二名，每名月給工食、飯食銀二兩。共銀四十八兩。如遇閏月，亦照數在於額外節省銀内動支放給。自龍拱沱灘雇夫背銅至猪圈門灘，往回六里。每夫二名擡銅一百觔，給夫價銀二分，共銀三百一十五兩三錢八分四釐八毫五絲五忽。又猪圈門灘至鹽井渡，每銅一百觔，添給水脚銀一分，共添水脚銀一百五十七兩六錢九分二釐四毫二絲七忽五微。通共需銀一千五百六十五兩七分七釐二毫八絲二忽五微，歲共節省水運脚費銀四百七十二兩三錢八釐八毫八絲八微，歸入鹽井渡節省項下。按年分别入册，報部查核。其所設站船，令水手管業，每年不給添修拆修之費。至歲修河路，統於鹽井渡額定歲修銀三百兩内通融辦理。

一鹽井渡運銅轉運瀘州，陸路計程七站半。每站每銅一百觔，給運脚銀一錢二分九釐二毫，共該運脚銀一萬五千二百八十兩三錢九分六釐二毫二絲四忽七微五纖。又每銅一百觔，照永寧運至瀘州之例。給水脚銀九分，共該水脚銀一千四百一十九兩二錢三分一釐八毫四絲七忽五微。今自鹽井渡雇用民船水運至瀘州，計程二十站。每百觔給船價夫價等項銀七錢二分九釐，較之東川陸運至永寧，轉運至瀘州，每百觔節省運脚銀三錢三分。內鹽井渡買備裝銅筐簍，每隻價銀一分五釐。雇夫點收，銅觔過秤，背送堆貯，以及裝銅綑包，每百觔給夫價銀一分。看守銅觔，雇夫二名，措更巡防，每名月給飯銀一兩二錢。遇閏，照數支給。鹽井渡開運銅觔，買備猪、羊、香、燭、紙、錠祭江，并犒賞船户人等酒水，共銀七兩八錢。鹽井渡差役赴九龍灘，雇募船隻溯上鹽井渡發運銅觔，每百觔連沿途神福給銀三錢三分五釐。鹽井渡雇募鹽米客貨船隻，發運過九龍灘銅觔，每百觔連沿途神福，給銀二錢八分。鹽井渡差役赴九龍灘雇船催銅，每次差役二名，管押銅船至九龍灘，沿途盤灘、守雨、守水、停泊，往回二十餘日，每名每次給飯食鹽菜銀七錢五分。九龍灘起銅上岸，雇夫擡銅至張家窩，搽換破爛竹簍，每隻價銀一分五釐。九龍灘於四川境内各村寨，雇募人夫搬運銅觔，過灘至張家窩，計程四里。每夫二名，擡銅一百觔，給工食飯食銀三分。張家窩租民房八間，收貯銅觔，候雇船隻轉運。每間每月給房租銀三錢。張家窩差役，赴敘州府南溪、江安等處雇募船隻，溯上至張家窩，運至瀘州，每銅百觔，連沿途神福等費，給銀二錢二分。張家窩雇募鹽米客貨船隻裝運銅觔，每百觔連沿途神福等費給銀二錢。張家窩雇募人夫，背銅下河，上載裝艙，每銅一百觔，給夫價銀三釐。張家窩差役至敘州府南溪、江安等處雇募船隻，并押運催銅至瀘州交收，每次差役二名，沿途盤灘、守水、停泊，每名每次給飯銀一兩五錢。銅觔運抵瀘州，堆貯銅觔，租房一所，每月給房租銀一兩，統造入運銅奏銷并節省各報銷册内，按年分别造册，報部查核。

一鹽井渡雇船發運瀘州店銅觔，節省運脚銀兩，歲無定額。如雇鹽米客貨船隻，裝運銅觔轉運瀘州，每銅一百觔，除正額節省運脚銀兩外，有額外節省銀九分四釐五毫零。其額外節省銀兩，每歲多寡無定。倘鹽井渡鹽米客貨船隻到站數多，儘數雇運，則額外節省亦多；鹽米客貨船隻到站數少，則額外餘息亦少。令承運官儘數雇募裝運瀘州，并將節省脚費銀兩，據實造報，并取具承運官切實印結，送部查核，如有以多報少及侵隱情弊，即行報部查參。

昭通由黄草坪轉運瀘州運脚：

一昭通府接運東川承運京銅，分運黄草坪，轉運瀘州店一半銅一百五十八萬二千八百六十觔。每銅三百觔，額準折耗八兩。自昭通運至黄草坪，計程三站半。每站每銅一百觔，給脚價銀一錢二分九釐二毫，共運脚銀七千一百四十五兩七錢六分三釐四毫三絲一忽八微。每請領銀一千兩，自省雇馬馱運至昭通府，計程十三站，每站給馱銀馬脚盤費銀一錢三分四釐三毫七絲五忽。統造入運銅奏銷册内，報部查核。

一永善縣接運昭通府分運黄草坪轉運瀘州店一半銅一百五十八萬二千八百六十觔。每銅三百觔，額準折耗八兩。自黄草坪領銅站運瀘州，計水程七站。合每銅一百觔，給水脚銀九錢二分四釐二毫零，較之威寧陸運，每百觔節省運脚銀六錢八分二釐零。共需水脚銀一萬四千五百八十兩二分九釐四毫七絲九忽六微。每請領銀一千兩，自省至黄草坪計程十七站，每站給馱銀馬脚盤費銀一錢三分四釐三毫七絲五忽。自黄草坪運至大霧基灘，一站，計水程一百三十七里，内沙河灘、黑鐵關灘、大猏子灘、烏鴉灘，共計四灘，係屬最險大灘。自大霧基灘至大鍋圈巖灘，一站，計水程一百三十九里，内大霧基灘、大虎跳巖灘、小虎跳巖灘、榴桶子灘、特衣難、小鍋圈巖灘，共計六灘，亦係最險大灘。自大鍋圈巖灘至大漢漕，一站，計水程一百零五里，内大鍋圈巖灘、大猫灘、冬瓜灘，共計三灘，亦係大灘。自大漢漕灘至新開灘，一站，計水程一百九十九里，内大漢漕灘、木孔灘、古竹灘、凹巖灘、新開灘，共計五灘，亦係大灘，共計一十八灘。共計水程四站，每站安設站船三十隻，共安設站船一百二十隻，每船一隻，設水手四名，每月共給工價鹽菜銀一十二兩六錢，食米一石五斗。每站運銅一百觔，給水脚銀一錢四分四釐，食米一升七合一勺四抄二撮八圭五粒七顆一粟。內大鍋圈巖至新開灘，二站，只給水手工價鹽菜銀一十二兩六錢，不給食米。節省米價，係額外節省之項，應歸入額外節省項下，按年解繳充公。黄草坪自開運起，定限六個月運瀘州告竣。夏、秋水天，停運六個月存站，共雇留船六十隻，每站雇留船一十五隻。每隻留看船水手一名，每隻每月給鹽菜銀一兩二錢，食米三京斗。又霧基灘、鍋圈巖灘，各設渡船一隻，每隻每月給工價鹽菜銀一十二兩六錢，食米一石五斗。至前項應給米石價銀，照永善縣每年採買兵米之例，照依時價支給。如有浮冒侵隱情弊，即行據實查參。黄草坪領銅開運，祭江備買牲醴需銀九兩。又黄草坪發運，每銅一百觔，用竹簍一隻，每隻價銀一分。自新開灘雇募客船，裝銅轉運瀘州，平水，計程三站。每銅一百觔，給水脚銀一錢。例不給食米。自銅船運至瀘州河邊，背銅至店，每百觔給夫價銀三釐，統於運銅奏銷并正額節省各報銷册內分晰，報部查核。

一黄草坪發運瀘州銅觔，節省運脚銀兩，歲無定額。如發運之際有客貨船到黄草坪，令永善縣知縣儘數雇募，裝銅長運瀘州，每銅一百觔，給水脚銀六錢食米三升，較之站運更屬節省，至所需水脚食米，在於站船水脚銀內扣除。其節省水脚食米銀兩，係屬額外節省之項，應歸入額外節省項下，按年解繳充公。統於運銅奏銷并節省各報銷册內，按年分別造册，報部查核。

東川、尋甸承運各官養廉銀兩：

一每歲辦運京銅六百三十三萬一千四百四十觔，自湯丹等廠發運至東川、尋甸，兩路換馬轉運。凡雇備馱脚，秤發銅觔，責成糧道稽查。不準加給養廉。東川府一路，京銅三百一十六萬五千七百二十觔，委東川府知府爲承運官，雇馬逼至昭通，交昭通府接運。東川府知府，每月給養廉銀六十兩。遇閏，不準加給養廉。昭通府知府，接運東川府運到銅三百一十六萬五千七百二十觔，內分運一半銅一百五十八萬二千八百六十觔，運至豆沙關；交昭通府分防大關同知接收，轉運鹽井渡水運瀘州店。又分運一半銅一百五十八萬二千八百六十觔，運至黄草坪。交永善縣知縣接收，轉運至瀘州店。承運官昭通府知府，每月給養廉銀六十兩。遇閏，不準加給養廉。昭通府分防大關同知，接運昭通府分運到一半銅一百五十八萬二千八百六十觔，由豆沙關轉運鹽井渡，設立站船。水運至瀘州店，承運官大關同知，每月給養廉銀三十兩。遇閏，不準加給養廉。永善縣接運昭通府分運到一半銅一百五十八萬二千八百六十觔，由黄草坪設立站，運至大霧基灘站，運至大鍋圈巖灘，又站運至大漢漕灘，又站運至新開灘，又站運至瀘州店，承運官永善縣知縣，每月給養廉銀三十兩。協運官副官村縣丞，每月給養廉銀二十兩。照依領運銅觔開運之日起，交銅完日止，按日支給，總以六個月爲限。黄草坪大霧基灘、大鍋圈、巖灘、大漢漕灘、新開灘等五處，每處各設書記一名，每名月給工伙銀三兩，每處各設搬銅夫二名，每名月給工伙銀二兩。均按照銅觔到站接收起止之日支給，以六個月爲限。

尋甸一路京銅三百一十六萬五千七百二十觔，委尋甸州知州爲承運官，雇車發運至威寧店，交駐劄威寧店委員接收轉運。承運官尋甸州知州，每月給養廉銀四十兩。遇閏，不準加給養廉。威寧接運尋甸州運到銅三百一十六萬五千七百二十觔，由威寧發運羅星渡，水運至南廣硐，轉運瀘州店，委官一員，每月給養廉銀一百兩。遇閏，不準加給養廉。威寧店設書記一名，月給工伙銀三兩，搬銅夫十名，每名月給工伙銀二兩。遇閏，準其照數支給。委管瀘州店昭通府分防大關撫夷同知，接收東川、尋甸兩路運到銅觔，過秤分發長運各官，領解京局。經管瀘州店大關撫夷同知，每月給養廉銀一百兩。遇閏不準加給養廉。設書記一名，月給工伙銀三兩。搬銅夫十二名，每名月給工伙銀二兩。遇閏，準其照數支給。統於運銅奏銷案內，分晰造册，報明户部核銷。至瀘州店堆貯銅觔房屋一所，每月給房租銀一兩，在於湯丹等廠歸公銅觔變價銀內支給報銷。

賠補逾折銅觔：

一解運京銅，每百觔外添餘銅三觔，以二觔八兩，爲長途運員備抵折耗及添補部秤；以八兩爲東川、尋甸至瀘州水陸道路之損折。如有逾折，以每百觔九兩二錢之價核計，定限三個月內，照數買補，在於承運之員名下追繳，令廠員照數辦交承運本員領運還項，如逾限不清，另案詳揭。

正加運員分解銅數：

一每年額解京局正銅四百萬觔，耗銅三十二萬觔餘銅一十二萬觔。內除每百觔陸路折耗銅八兩，共折耗銅二萬二千二百觔外，實應解正耗餘銅四百四十一萬七千八百觔。分爲三運起解，每運領解正銅一百三十三萬三千三百三十三觔零，耗銅十萬六千六百六十六觔零，分解户部寶泉局三分之二，工部寶源局三分之一。餘銅三萬二千六百觔，共領解正耗餘銅一百四十七萬二千六百觔。每運委府佐州縣二員爲正運官，均分起運，遵照奏準起運日期，先後開行，運抵通州。

一每年加運京局正銅一百七十萬四千觔，耗銅一十三萬六千三百二十觔，餘銅五萬一千一百二十觔，內除每百觔陸路折耗銅八兩，共折耗銅九千四百五十八觔外，實應解正耗餘銅一百八十八萬一千九百八十二觔。委府佐州縣二員爲正運官，均分起解，遵照奏準起運日期，先後開行，運抵通州。分解户部寶泉局三分之二，工部寶源局三分之一。

一每年辦運京銅，需用府佐州縣等官，在於滇省現任府佐州縣及部發人員内，酌量派委起解，如有未敷，應添若干，該省督撫題請揀發。

雇募船隻：

一解運京銅，該運官會同地方官，在四川雇募夾緘、秃尾兩項中船，每船裝銅七萬觔爲率，連船内所用撓夫並各夫行李，以八分載爲度，不得額外加增。倘不肖運員，減少船隻，加帶私貨，一經查出，該督即行指名題參。該運員等，凡經過地方，銅船到境，務將船隻數目，報明地方官，令其按船查點，以防減船重載等弊。如該地方官扶同捏飾，不行實力稽查，將該地方官一并指參，交部議處。如人役船户，附搭客貨，私行夾帶者，嚴拿究處。

一運銅船隻如遇風信不順，江水暴漲，即令該運員暫爲停候，不得貪程冒險。并將守候日期，報部查核。倘借端逗遛，即行據實查參。

水脚起剥雇縴：

一解運京銅，瀘州運至通州，沿途應需船隻，長雇、短雇，專責運員，隨時相機辦理。至運官在瀘州店領銅，雇夫背銅下船，每百觔給銀三釐。瀘州運至重慶，每百觔給水脚銀六分五釐，銅觔至重慶，雇夫提包過載，每百觔給夫價銀三釐。重慶至漢口，每百觔給水脚銀一錢九分，漢口雇夫背銅上店下船，每百觔各給夫價銀三釐。漢口運至儀徵，每百觔給水脚銀一錢八分，儀徵雇夫提包過載，每百觔給夫價銀三釐。儀徵至通州，每百觔給水脚銀三錢四分。加運銅觔，自瀘州至漢口，照正運之例支給。自漢口起以下，俱係派撥站船裝運，只支在漢口雇夫背銅上店下船，儀徵雇夫提包過載，每百觔各給夫價銀三釐，不支水脚。銅觔守凍，雇夫背銅上店下船，每百觔，正、加俱準各給夫價銀三釐。又每百觔給雜費銀一錢二分七釐二毫。統俟事竣之日，造册送部核銷，如有浮冒，責令該運員名下追賠。

一解運京銅，承運各官，沿途如有守風、守水、守凍、開凍及起剥、雇縴等事，即行就近具報，該處地方官即時查明確實，具結詳報，本省督撫轉行報部，並咨滇省查照，俟該運員回省，核實造册請銷，如有浮捏，即將運員及出結之地方官一併參處，著落分賠。倘運員等，不即時報明該地方官者，不準展限。如遇水大水淺，必須起剥雇縴等事，不會同地方官取結送部者，其所需剥費夫價等項銀兩，不拘需費若干，一槩不準報銷。如該員既經具報，而該地方官勒掯不爲轉報者，查出一併參處。

沉銅撈費：

一運銅各員，如遇中途沉溺，即查明包數，報明地方官實力打撈，所需夫役費用，在於該地方庫貯雜項錢糧項下暫行給發。仍於該運員應領銀内如數扣繳，其撈費分别平險給發，地方官不得任意多開，報部照例核銷。

打撈沉銅限期：

一載運銅觔船隻頭舵水手，責成該地方官，協同運員，選擇有身家船户并熟練頭舵水手，倘有不諳路徑風色，致有沉溺等事，將原雇之地方官報，部照官員解送匠役，不將良工解送，以不諳之人塞責者，罰俸六個月例，罰俸六個月。如實係風水驟發，非人力所能防護，該管官查明，具結申報，將原雇之地方官免其議處。

一解運京銅遇有沉失，以沉溺之日起，統限一年撈獲。令運員留親屬家人，協同該地方文武員弁實力打撈，如一年限内無獲，以及撈不足數，不在三峽險隘地方，即著落該運員名下，先行賠補解部，至賠補沉銅，應照江海輓運漂流米穀例，將該運員題參革職，限一年内賠完，準其開復。如逾限一年賠完，免罪，不準開復。二年之内尚未賠完，照律治罪嚴追。沉溺銅觔，照廠地工本運脚一例著落賠補。所沉銅觔，聽該運員自行打撈，撈獲之日，即準給還，報明該地方官，照廠價收買，不許私賣，以杜弊端。收買之銅，撥給委員帶解，以爲湊解京局之數。

一沉溺銅觔，一年限内，運員如係陞任别省及丁憂者，俱令前至打撈處所，協同打撈，事竣始準回任赴任回籍。

一該管地方文武各官，遇有銅船沉溺，照漕船失風例處分。仍於一年限内停其陞轉，責令協同運員，實力打撈。限内能撈獲過半者，免其查議。如限滿無獲，或撈不及半者，將該地方文武各官，罰俸一年。

一沉溺銅觔，實係瞿塘三峽、江湖、黄河險隘之處，確係會同地方官揀選殷實船户、熟練舵工水手，并遵照定數裝載並無浮溢私帶等弊，實力打撈一年無獲或撈不足數，準地方文武各官查勘確實，出結呈報，本省督撫移咨滇省，會疏保題豁免。仍將所免銅觔，令雲南巡撫照數補解，所需價脚在於銅廠餘息項下動支。辦運倘有不肖運員捏報川江等處沉溺，該地方文武各官扶同徇隱等弊，該督撫即行據實題參，并將保題之各督撫，一并嚴加議處，著落分賠。

站船派裝加運：

一加運京銅於滇省委員起程，即將到漢口江寧日期，預行知照江南、湖廣，令湖北派撥站船，每隻裝銅四萬觔。湖南派撥站船，每隻裝銅三萬二千觔。協運江寧、湖北撥站船三十二隻，湖南撥站船十隻。湖北、湖南各委府佐或雜職一員協運，俟銅觔到漢口，令委員點明過載。協運江寧交替府佐給盤費銀四十兩，雜職給盤費銀二十兩，均於各本省公項銀內支銷。倘站船有因公赴差未回，或驚損修艌不敷運銅者，該省督撫即行添雇民船裝載，運至江寧交替，每百觔給水脚銀六分二釐五毫，在於該省地丁銀内動支給發。俟銅觔運竣，即將用過水脚銀兩造册題銷。并將撥給船數，及過載起程日期，協運各員職名，報明户部查核。至湖北、湖南二省站船，每於拆造之年，定於正月内題明，一面動項興修，嚴督趲造，勒限二月底完工接運。用過工價銀兩，造册報明工部核銷。

一江寧省派撥站船，裝運加運銅觔，用頭號省塢站船，每隻裝銅五萬五千觔，需船二十六隻；三號省塢站船每隻裝銅三萬六千觔，需船十三隻。委府佐一員，雜職一員，協運通州交卸，即令協運之員，督押回空站船，趲駕回省，其解交掣批等事，聽滇省委員經理。府佐給盤費銀四十兩，雜職給盤費銀二十兩，在於存公項下動支給發，年底造册報銷。并將撥用船隻數目，及起程日期，報明户部查核。

通州運局脚價：

一滇省每年辦解京銅運抵通州，由普濟等五閘，水陸分運至京，令坐糧廳辦理。俟銅觔掣驗清楚之日，每日運銅十萬觔爲率，如前批未完，後批踵至，亦妥日運銅十萬觔。每閘須船三四隻，迴環剥載，經紀一百二十五名，輪派兼運。每百觔給弔載剥運船價銀五釐。

一水運銅觔，經紀領銅落崖，每百觔給抗價銀二釐。自石壩裏河運至大通橋脚價，每百觔給銀二分四釐。又普濟等四閘水脚、抗價，每百觔給銀一分八毫。又大通橋水脚、抗價，每百觔給銀二釐七毫。又大通橋車户運局車脚，每百觔給銀三分四釐，内車户津貼經紀銀四釐，實給銀三分。倘遇閘河水涸、冰凍，仍雇車陸運至大通橋，每百觔給脚價銀三分九釐五毫。在於滇省每年題請，協撥銅本省分，按數解交坐糧廳庫，按運動支，發給辦運。坐糧廳，按年入册，報部查核。

一銅觔到局，雇夫搬運，下車上堆，每百觔給夫價銀六釐。令各運官在於水脚項下動用，回省據實報銷。如有浮冒情弊，即行指名題參。

運官養廉雜費：

一解運京銅，正、加各運，每正運官一員，每月給養廉并家人跟役雜費銀六十八兩一錢二分四釐九毫七絲五忽零，内運員養廉銀五十一兩九分三釐零，家人跟役雜費銀一十七兩三分一釐零。運員自雲南起程，赴瀘州領銅，準支二十三日；自瀘州至通州準支九個月；在漢口、儀徵换船、换簍，準支兩個月；自通州打包、雇車運局，準支兩個月；自京回雲南，準支九十九日。共計十七個月零二日。養廉、雜費銀兩，俟銅運告竣，造册報銷。

守凍養廉：

一運銅官員因守凍停泊，沿途督撫查明，確實並無捏故逗遛情弊，運官每月準支減半養廉、雜費銀兩。守風守水停泊，不準支給減半養廉雜費。取具地方官守凍日期印結，報部查核。

起運限期：

一每歲辦運京銅六百三十三萬一千四百四十觔，内東川府知府承運京銅三百一十六萬五千七百二十觔，運至昭通府，分運豆沙關、黄草坪兩處，轉運瀘州店。自東川府雇馬運至昭通，交昭通府知府接運。定限一年。自昭通府接運京銅三百一十六萬五千七百二十觔，内分運一半銅一百五十八萬二千八百六十觔，發交昭通府分防大關同知接運，由豆沙關設立站船。轉運鹽井渡至瀘州交收，統限一年。分運一半銅一百五十八萬二千八百六十觔，於本年正月初一日自廠起運，統限一年，於歲内全數運抵黄草坪。發交永善縣知縣接運，由黄草坪水運，大霧基灘、鍋圈巖灘、大漢漕灘、新開灘。運至瀘州店，自永善縣於本年十月初一日開運，於次年三月底，全數運至瀘州。定限六個月，尋甸州知州承運京銅三百一十六萬五千七百二十觔，運至威寧，由羅星渡等處轉運瀘州店。自尋甸州車運至威寧，交威寧店黑鹽井鹽課司大使接運。自威寧馬運至羅星渡，水運至南廣硐，轉運瀘州店，統限一年。如有遲延，即將承運各員分别查參。

一長運各員，自滇省赴瀘州領銅，定限二十三日，將自滇省起程日期報部，以便行文，沿途督撫轉飭地方文武官弁催趲，如沿途逗遛逾限，即行咨部查參。

一經管瀘州店發運京銅官，昭通府分防撫夷同知，接收東川、尋甸兩路運到銅觔，分爲四起秤發，交長運各官領運。頭正運官二員，於頭年十一月詳委，三月中旬到省，四月中旬自滇省赴瀘州領銅，五月中旬瀘州開秤。領運正耗餘銅一百四十七萬二千六百觔，於八月瀘州起程，開頭運。二正運官二員，領運正耗餘銅一百四十七萬二千六百觔，隔兩月，於十月瀘州起程，開二運。三正運官二員，領運正耗餘銅一百四十七萬二千六百觔，隔兩月，於十二月瀘州起程，開三運。加運官二員，領運正耗餘銅一百八十八萬一千九百八十二觔，於十二月初到瀘州，預辦船隻、筐簍，於次年二月瀘州起程，開加運。二運、三運以及加運，詳委到省，起程各限期，亦照上運相隔兩月挨次辦理。每運自瀘州開秤，以及領銅、打包、雇船、裝載、掃幫，并重慶開船運至漢口，統限四個月。內自瀘州過秤打包雇船裝載定限五十五日，自瀘州至重慶換船過載定限二十日，自重慶至湖北巴東縣定限二十日，自巴東至漢口定限二十五日，四川、湖廣照依原定限期趲運。或有餘日，仍可攤入湖廣程限內辦理。自漢口領銅運至通州，定限五個月。在漢口換船、換簍，定限四十日。在儀徵換船換簍，定限二十日。通計定限十一個月。承運各官，如果能實力趲運，如期解部，即行奏明，交部議敘。如逾限一月以上，即行查參，領解官革職戴罪，管解委解上司降三級留任。承運各官沿途如遇守凍、守閘、封峽、起剥等事，及在川江、大江、黄河，如遇守風、守水日期，該督撫查明確實，取具地方官印結，送部準其扣除。倘沿途或有沉溺打撈需時，及該運官有患病事故，平水河道守風、守水，不準藉端逗遛，如有逾違，照例查參。

一每運應先期慎選親信妥當家人，赴渝關雇募船隻，俟運官一到重慶，即可搬銅過載。又瀘州重慶等處換船裝載銅觔，令將船隻挨次編號，每船裝銅若干包，每包若干觔，該地方官會同委員過秤登記，同開幫日期一并申報，并移明前途接護州縣。設遇疎虞，不得以少報多，倘有盜賣，即使隨時查考。至銅船入境，令該地方文武官弁會差兵役押護，即時出境交替，并將入境、出境日期報明，督撫轉行咨報户、工二部查核。瀘州所屬之合江縣、重慶府所屬之江津縣至巫山縣一帶，令該管巡道并所在鎮協，就近隨時稽察，并發令箭，委員督催。如運員無故逗遛，及地方官弁徇情故縱，或代捏守風、守水，呈報朦混等事，一經察出，該督撫立即嚴參議處。

一銅觔運抵北河，起剥換船，自頭剥抵通州，即陸續運到，其中間遇糧船擁擠，沿途阻滯，雇剥維艱，運員先報明地方官，加結報部查核，準其展限一個月，多者不得逾兩個月之限。如有逾違，即將該承運官照例題參。

一銅船運抵通州，令坐糧廳大通橋監督隨到隨運，定限兩個月內全數交局。或漕糧同時并到，及偶逢陰雨泥濘之時，實在不能依限運局，即令倉場侍郎查明咨部，準其展限，如有捏節情弊，即將承辦之員一并交部議處。

分賠虧缺銅觔：

一運官沿途如有盜賣銅觔情弊，按律究擬，所欠銅觔，著落追賠。如運官名下不能追賠，即於委解不慎之上司名下分賠還項，併嚴加議處。

銅觔運抵通州奏報：

一銅觔運抵通州，遇漕糧盛行之時，即將運過銅觔數目，附漕糧五日奏摺後，一同齎送。如漕糧運竣，即將所運銅觔數目，按卯摺奏，仍照漕糧之例，於摺奏之時，先期知照户部。

金江沉銅豁免：

一金江黄草坪承運京銅，路經十八險灘，灘名載陸路運脚款內。果係陡急，人力不能施展，準地方官結報督撫，保題豁免，所免銅觔，動支銅觔餘息銀兩，照數買補，還項報部。倘捏稱險隘，地方官扶同徇隱，該督撫濫行題豁者，一經查出，即行指名題參，并將保題之督撫一并嚴加議處，銅觔著落分賠。

搭運節省脚價：

一滇省東川、尋甸兩路，每歲承運京銅六百三十三萬一千四百四十觔。內東川府一路承運京銅三百一十六萬五千七百二十觔，運至昭通府，每銅一百觔，搭運銅五觔，共該搭運銅一十五萬七百四十八觔九兩。自東川至昭通計程四站半，每銅百觔，每站節省脚價銀一錢二分九釐二毫，共節省銀八百七十六兩四錢五分二釐一毫四絲零。自昭通府分運黄草坪銅一百五十八萬二千八百六十觔，內除折耗銅二千六百三十八觔一兩六錢，實該銅一百五十八萬二百二十一觔十四兩四錢。每銅一百觔，搭運銅五觔，共搭運銅七萬五千二百四十八觔十兩六錢。自昭通至黄草坪計程三站半，每銅一百觔，每站節省脚價銀一錢二分九釐二毫，共節省銀三百四十兩二錢七分四釐四毫五絲零。永善縣接運黄草坪發運瀘州銅一百五十八萬二百二十一觔十四兩四錢，內除折耗銅二千六百三十八觔一兩六錢，實該銅一百五十七萬七千五百八十三觔十二兩八錢。每銅一百觔，搭運銅五觔，共該搭運銅七萬五千一百二十三觔。自黄草坪至瀘州。每銅一百觔，節省水脚等銀九錢二分四釐二毫，共節省銀六百九十四兩二錢八分六釐七毫六絲六忽。昭通分運豆沙關銅一百五十八萬二千八百六十觔，內除折耗銅二千六百三十八觔一兩六錢，實該銅一百五十八萬二百二十一觔十四兩四錢。每銅一百觔，搭運銅五觔，共該搭運銅七萬五千二百四十八觔十兩六錢。自昭通至豆沙關計程六站，每銅一百觔，每站節省脚價銀一錢二分九釐二毫，共節省銀五百八十三兩三錢二分七釐六毫三絲零。尋甸州一路承運京銅三百一十六萬五千七百二十觔，運至威寧，每銅一百觔，搭運五觔，共該搭運銅一十五萬七百四十八觔九兩二錢，每銅一百觔，節省車脚銀九錢三分三釐三毫三絲三忽，共節省銀一千四百六兩九錢八分六釐一毫九絲七忽零。威寧店接運銅三百一十六萬五千七百二十觔,内除折耗銅一萬五百五十二觔六兩四錢,實該銅三百一十五萬五千一百六十七觔九兩六錢。每銅一百觔,搭運銅五觔,共該搭運銅一十五萬二百四十六觔。自威寧至羅星渡計程十站,每銅一百觔。每站節省脚價銀一錢二分九釐二毫,共節省銀一千九百四十一兩一錢七分八釐三毫二絲。每銅一百觔,搭運銅五觔。如遇買補銅觔,每百觔亦照數搭運五觔。不給脚價。節省脚價銀兩,按數解貯糧道庫内存貯,每年將節省銀兩數目,報部查核。凡有公事應行動用,先行報部給發,如有餘剩,報部撥用,仍將動支銀兩報部核銷。

房租工伙

一滇省辦運京銅,鎮雄店每年給房租銀二十四兩,書記一名,月支工伙銀二兩四錢,搬夫二名,每名月支工伙銀一兩八錢,巡役一名,月支工伙銀一兩八錢,每月燈油、紙筆銀二兩五錢,年共支銀一百四十七兩六錢。羅星渡店每年給房租銀二十四兩,書記一名,月支工伙銀二兩四錢,搬夫四名,每名月支工伙銀一兩八錢,每月燈油紙筆銀二兩五錢,年共支銀一百六十九兩二錢。南廣店每年給房租銀一十六兩,書記一名,月支工伙銀二兩四錢,搬夫二名,每名月支工伙銀一兩八錢,每月燈油紙筆銀二兩,年共支銀一百一十二兩。以上共支銀四百二十八兩八錢。遇閏,照數加增。均在於司庫搭運節省項下動支,仍將動用銀兩造册,報部核銷。

東川威寧查催官馬脚

一東川昭通一路承運京銅,分運至黄草坪及鹽井渡,設查催官一員,威寧一路承運京銅,分運至羅星渡,設查催官一員,均令其稽查脚户馱運銅觔,沿途逗遛及盗賣遺失等事,每員每月給馬脚盤費銀三十兩,在於搭運銅觔節省項下動支發給,按年造册,報明户部核銷。

水手恤賞

一永善縣承運黄草坪發運瀘州店轉運京銅,遇有沉失淹斃水手者,該省督撫確查名數,報明户部,每名準給恤賞銀八兩,在於黄草坪運銅額外節省項下發給,入册報部核銷。

設立官兵塘房

一東川府每年承運京銅,由聯陞塘以抵法納江、底舒、鷩末、擦拉,至昭通府城一帶道路之中寨,安設一塘,安兵四名,朵革了口安設一塘,安兵四名,朵革安設一塘,安兵四名,鶯歌嘴安設一塘,安兵四名,法納江邊安設一塘,外委把總一員,目兵七名,防範稽查。每年歲修中寨等五塘官廳、塘房等項銀一十二兩六錢,於運銅項下動支。仍造入運銅奏銷册内,報部查核。

歲修站房

一東川府站運京銅,由聯陞塘、三家村、下寨、法納江、底舒、鷩末、擦拉村計七站,每站各建蓋站房一所,共計三十四間,内建蓋銅房料房五間,書記人役住房四間,牛馬棚場二十五間,每處酌給歲修銀二十兩。每年於運銅節省脚價項下,共酌給銀一百四十兩,以爲歲修站房之用。每歲令東川府知府,先行詳勘,確估報修,工竣,據實造册,咨送工部核銷。如有餘剩並核減銀兩,照數歸還原款,仍將動用運銅節省脚價銀兩數目,造人運銅節省册内,報部查核。

歲修道路

一東川府城站,運京銅道路,由聯陞塘、三家村、下寨、法納江、底舒、鷩末、擦拉村至昭通府城,每年於運銅節省脚價項下,酌留銀三百兩,以爲歲修道路之用。工竣,據實造册,咨送工部核銷。如有餘剩並核減銀兩,照數歸還原款,仍將動用運銅節省脚價銀兩數目,造入節省册内報部查核。

鹽井渡、羅星渡歲修

一東川、尋甸兩路分運京銅,由鹽井渡、羅星渡運銅至四川敘州一帶,河道橋梁,每遇夏秋水發盛漲,沙石衝落,並陸路橋梁、馬道,每多坍塌,該二渡每年於運銅節省脚價項下,各酌留銀三百兩,以爲歲修之用,每於水落之時,飭令各該地方官先行詳勘,確估報修。工竣,據實造册,咨送工部核銷。仍將動用運銅節省脚價銀兩數目,造入節省册内,報明户部查核。

四川永寧等處地方官受雲南督撫節制

一解運京銅經過地方,自永寧運銅至巫山,應令雲南督撫節制。由永寧道暨所轄之敘永廳永寧縣,瀘州納溪縣,並川東道暨所轄之重慶府江津縣、巴縣、長壽縣,涪州、忠州、酆都縣,夔州府萬縣、雲陽縣、奉節縣、巫山縣自黄草坪運銅至瀘州,應令雲南督撫節制。由永寧道所轄之敘州府雷波衛黄瑯所屏山縣、宜賓縣、南溪縣,瀘州并所屬之江安縣,凡有關係銅務等事,統受雲南督撫節制,以重責成。

補解色銅

一雲南省每年解京銅觔,務挑一色九二净銅,每百觔加耗銅八觔,合作十成運送,倘運到銅觔不足九二成色,在於原價餘息銀内扣除解司,歸入銅本項下造報。其驗出八成以下之銅,即將承辦之員查參議處,并著落專管瀘州店委員賠補。倘廠員不實力督率煉净，以致低潮，不堪配鑄銅觔，夾雜運解，即將廠員題參，交部議處。仍將短色分兩銅觔，按數補解足額。

封包解運：

一滇省辦運京銅，整圓之塊，碎小之塊，各令分包。整圓者，每包或百觔以外，或不足百觔，均準封爲一包。碎小者，務令足百觔之數，然後封包，其塊數、觔數，用一木牌開明，釘於包皮之外，並開明連包皮共若干觔，過秤時連包秤兑，不許逐處拆動。

船隻過境出境隨時奏報：

乾隆十四年五月二十七日，奉上諭：雲貴運送銅鉛一事，辦理日久，諸弊叢生。經朕於營私虧缺之委員嚴加懲處，並令該部詳議定例，沿途督撫自當實力遵辦。但向來銅鉛運京，原有定例，委員往往逾違，及至抵京交部，又復掛欠纍纍，總由委員捏報事故，所至停滯，以便作弊。而各該省督撫，以事不關己，雖有催趲之例，不過行文查報了事，遂至委員任意朦混，肆無忌憚，不思銅鉛有資鼓鑄，本屬公事，凡運送船隻，由該省起程，於何日出境之處，已傳諭雲貴督撫奏報，其沿途經過各省分督撫大吏，均有地方之責，雲貴督撫既鞭長莫及，而各該督撫，復視同膜外，殊非急公之道。嗣後銅鉛船隻，過境出境日期，及委員到境有無事故，並守風、守凍緣由，俱應詳查明確，隨時具摺奏聞，一面飭屬督催，毋令仍蹈前轍。至運送官物，其小者，仍照常辦理。他省餉鞘木植之類，悉宜留心查催，不得任其遲滯，致滋弊端。著一并傳諭各督撫知之。欽此。

船隻本省起程隨時摺奏：

乾隆十四年五月二十六日奉

上諭：刑部議奏參革雲南解銅官吴興遠等虧缺銅觔一案，該解官等，始以漫不經心，致銅觔沉失侵損，迨撈獲纔及得半，輒以全獲呈報。復於沿途，將銅觔輾轉售賣，玩視官物，一至於此。即此一案，虧銅七萬有餘，其他侵蝕之案，更不知凡幾？向來劣員侵漁之習，大率類是。該上司或明知而姑聽之，俾得任意欺朦，釀成積弊，但已往之事，姑不必問。此案該督撫不能慎選賢員，辦理不善，著傳旨申飭，其所有侵虧銅觔銀兩，部議該管上司，按股分賠。著即勒限完繳，以資鼓鑄。仍將如何分賠抵補之處，具摺奏聞。嗣後運銅事宜，務須加意慎重。其沿途經過各省督撫，朕已傳諭，令其將委員守風、守凍及有無事故之處奏聞。至銅鉛船隻於雲貴本省起運，何日出境，亦著該督撫隨時摺奏，如仍蹈前轍，濫行差委，致有前項情弊，惟該督撫是問。欽此。

稽查奏報：

乾隆二十一年十月二十四日欽奉上諭：據吉慶奏：船户偷盜銅觔，每遷延停泊於無人之處，偷抛水中，揚帆而去，別遣小舟潛撈，起賣過多，恐致敗露，故將船板鑿破，作爲沉溺，以掩其跡。等語。看來此等情弊，在所不免。從前屢降諭旨，遇銅鉛過境，令各督撫實力查察，毋任偷漏，而該督撫等，惟以入境、出境、遭風、停泊日期奏聞，未有能將偷賣弊竇察拿者。船户沿途盜賣，必有該處牙行、舖户，串通購買，始得速售。地方官果留心訪查，何難力除積弊。著再傳諭，銅鉛經過之直省督撫，責成護送員弁，加意防範，嚴密稽查。仍於奏報時將吉慶奏内所指情弊，據實聲明，不得以具文了事，可通行傳諭知之。欽此。

僉給兵牌沿途催趲：

一每年辦解正、加八起京銅，該撫於委解時，一面繕給兵牌、咨批，給發各該運員，領賫照撥兵役護送，一面將該員起程日期，預行報部，户部、工部行文沿途督撫，轉飭文武專兼各官，將正運每起派撥兵丁一十三名，健役七名。加運每起派撥兵丁一十六名，健役八名。俟各運員領運銅觔到次，照催漕例，上緊驅趲，毋許片刻停泊。并令地方官將出境、入境日期，即爲轉報，督撫按日確查，即令報部查核。倘該地方官不實力催行，立即參處。如該督撫不行嚴查，以致所屬怠緩從事，一并議處。

一解官自瀘州領銅起程之日，即派委該州州判送至重慶，令重慶府忠州萬縣、夔州府送至巴東縣，入湖廣界交替接送，該地方官，各就所轄地方，探有銅船信息，星赴該處，逐一盤驗清楚，備移以下州縣，照數查點。出境時該地方官即具出境印結，申報該管上司，並知會接省地方官，一體嚴查。倘銅觔缺少，立即飛報滇省。該地方官，不得因有盤查出結之責，藉端稽延，不顧運員守候，以致誤限。如有在境捏報遭風失火情事，該地方官立即申報本省督撫，題參究擬。

一銅船經過險灘，飭令該地方同知、通判，會同營汛，帶領兵役諳練水手，預先在灘所伺候，以備不虞。或有失事，立即防護搶救。如同知、通判公出，即令正印有司，親身前往。倘境内有險灘數處，該州縣一身難以兼顧者，分派佐雜，一體預備料理。

一解官如有携帶貨物，在水路馬頭逗遛售賣，借稱守風、守水等事，該地方官立即舉報，貨物入官。地方官不據實舉報者，察出一并參究。

一解官沿途如有盜賣情弊，令該地方官嚴行查察，報明本省督撫題參，按律究擬。地方官不行查出，別經發覺，即照失察例議處，其徇隱不報者，即照徇庇例，降三級調用，該督撫亦一并議處。

黏貼印花：

一解運京銅於起解時，該撫僉給兵牌，即將該運員起程日期，預行報部，户部、工部行文沿途督撫，轉飭地方員弁，撥派兵役，防護催趲，并令沿途文武官弁，逐站黏貼印花，註明月日，按遞護送，將入境、出境各日期報部查核。如遇守風、守凍等事，即於印花内據實填註。倘運員有竟行越過下站，查出並無上站黏貼印花者，該地方官立即詳報咨參，並令該運員於到京日，投交兵部查核。

一銅船開行，即令首站一面黏貼印花，派撥兵役護送。一面專差星飛，知會下站接應，逐站交替。如上站並未專差知會，以致運員候貼印花遲誤者，即令下站據實揭報請參。

關閘驗收：

一解運京銅船隻經過沿途各關，如銅船一抵關口，隨即驗放，并將過關日期報部查核。如經過沿河閘壩，亦即起板放行，或遇重、空糧船，亦一體放行，毋得留難阻滯。

設立木牌稽查：

一滇省銅觔，自瀘州上船時設立木牌，將銅觔觔數，船身入水尺寸，填註明白，令沿途地方官查照木牌，填註數目，實力稽查，催趲前進，不許片刻停泊。並查明該船是否照例更換，以及有無多裝銅觔，私帶貨物，出具印結，送部查核。

一銅觔船隻如遇守風、守水日期，總以三、五日爲準，不得過期。如果阻滯有因，運員即行報明地方官，一面據情通報，一面即親身赴該處查勘。如果並無藉詞捏飾，出具切實印結申送，並於彙報出境文内聲叙具奏。地方官不行實力稽查，不親身查驗，通同捏報者，即行指名題參。

解官引見：

雍正三年十月初五日奉旨：各省知縣以上官員，因公事差委，或解餉、或解顏、料或解銅觔等項到京者，於事將完結之前兩三日，令該部堂官奏明，帶來引見。欽此。

運官考語：

雍正五年，吏部將押運之同知胡文溥、通判徐嘉惠二員，帶領引見。奉旨：胡文溥、徐嘉惠著回任。嗣後凡押運押解官員，著該督撫出具考語送部。欽此。

坐糧廳管理銅務：

一銅觔由通州五閘運京，令坐糧廳辦理。其銅船過天津關，照依漕糧之例，令長運官將船隻、正、耗、餘銅數目，具報河路行走，先後緩急，俱著坐糧廳約束。外河酌派把總二員巡查，普濟五閘酌派閘官協查。銅船轉衛之後，承運官預將銅觔包細堅固，開明包數，並將沿途有無折耗之處，一并報明坐糧廳，轉行報部查核。俟銅船一抵通州，坐糧廳率同委員即行點驗明白，秉公掣秤，取具經紀領狀，即將銅包堆入號房，令經紀嚴加看守，即用閘河剥船，陸續剥運大通橋。倘經紀有偷竊情弊，即將該經紀嚴加治罪，著落追賠。

一銅觔運至大通橋，著大通橋監督掣點明白，交車户運送進局，俟户、工二局收明銅觔，發給實收之日，即令該運員回省報銷，運員掣批送滇省備案。如有短少掛欠，責令該運員照數完補。

一銅抵通州，坐糧廳點驗後，按銅數核給脚抗等價，飭令經紀轉運。其水、陸運，俱由運員親自管押，赴橋、赴局銅觔起運時，坐糧廳呈報户、工二部局，及倉埸總督，崇文門大通橋至崇文門公文，交運員收執，俟大通橋起車轉運之日，填註日期，親詣投遞崇文門，派員點驗放行。

一運員帶解買補沉失銅觔，令滇省將分解户工、二部銅數，飭知運員到通州時，呈報坐糧廳，轉運户、工二局，銅觔交足後，批迴仍令帶解之員掣回滇省查銷。

一銅抵通州到橋并水陸起運，飭令運員自行雇覓夫役，看守防護，以及散綑打包。

一各運銅觔交局，如有短秤銅觔，令寶泉、寶源二局監督，給發運員印票一張，赴坐糧廳驗明銅數，即行給發，運員自行雇車運局交收。仍行知大通橋、崇文門驗票放行。

辦銅書吏飯食：

一坐糧廳衙門，設立辦銅書吏一名，每年應給紙張飯食銀一百二兩，在於滇省解到運銅脚價内動支，造入運銅册内，報部查核。

崇文門查驗銅觔：

一銅觔運局車輛至朝陽門，崇文門差公文房書吏一名，帶領官貨物經紀二名，前往查點包細車數，給發大票，令銅觔進門赴局，并知照户、工二局，照數查收。

批收送科查驗：

一解部銅觔，該省巡撫一面將應解銅觔正、耗、餘銅各數，及委解姓名、日期，報明户、工二科。一面出具硃限文批，飭令管解官員，照依定限，親齎赴科投報。俟銅觔交竣，掣獲部批，實收之日，即行送科，一并驗發。倘有違例不報不驗，并逾限誤公者，户、工二科，立即查明指參。

售賣餘銅：

一銅觔抵通州，坐糧廳率同長運官，將正、耗、餘銅包數先行呈報。其正、耗銅觔，令該解員全數運局兑收，餘銅存於通州。俟寶泉、寶源二局秤收時，如有不敷，將存通州餘銅提取加補，統俟交足後，令將添補秤頭，以及實在餘剩銅觔數目，取結報明户、工二部，轉行崇文門監督，按照應交税課核算，照例納税，聽其售賣。其應納沿途各關税課，運員差竣回省之日，在於應我銀內，照數扣存，彙搭解部，由坐糧廳查明，出結報部。倘有以多報少，或先行私賣情弊，一經查出，即將該解員照漏税律治罪，并行文滇省，將餘剩銅觔沿途所用運脚，於奏銷案内照數扣除造報。

回省限期：

一運員解運京銅，於銅觔交足之後，該運員即將回省日期報部。户部一面發給實收，一面將該運員自京起程日期，并回省定限九十九日，填發執照，行知雲南巡撫，并知照吏部。俟該員回省後，即將執照送部查銷。如果中途患病，令該員報明該地方官，查驗結報。倘無故遲延，照赴任違限例參處。

一運員解運京銅，沿途如有沉失銅觔，應赴原沉失省分打撈。户部亦即知照該省督撫，俟運員到日，驗看執照，飭同打撈。并將該員入境出境起程日期，先後移咨雲南巡撫，按限稽查。如有遲延，即行參處。

報銷限期：

一滇省每年陸運京銅，用過脚費筐簍，並官役養廉工食等項銀兩，俟永善縣承運黄草坪一路銅觔，撤站運交瀘州收清全完後。於七月初一日起，統限三個月，令各地方官，分晰造册申道，該道彙造總册，於十一月初旬，移司轉詳，於十二月內具題。如有逾限，即行詳參。

一長運各官，領運銅觔解至京局，兑交清楚，回省之日，統俟到省之日起限。勒限一月造册申道。如有遲延，即行參處。糧道覆核文册移送藩司，亦定限一月，倘有逾限，統於報銷疏内聲明，聽部議處。

一水陸兩路解運銅觔，用過一切運費，俟水運報銷齊全之日。分別準銷核減，彙同銅本以及銅觔成色等項銀兩，彙造總册，報部核銷。

阮葵生《茶餘客話》卷四《禮祀神・涼暖帽制》 順治九年，禮部定涼暖帽上圓月，有官者用紅片金，無官者用紅素緞。涼帽里及沿邊，四品以上俱用片金，五品以下用紅里青藍倭緞邊。無官者帽里用别色，不許用錦里紅色里，沿邊用青藍素緞。

阮葵生《茶餘客話》卷一《政・盛京宫殿規制》 盛京宫殿規制，大門曰大清門，東門曰東翊，西門曰西翊。大殿曰篤恭殿，大殿之西爲正殿，曰崇政殿。殿後臺上樓曰翔鳳樓，臺下閣曰飛龍閣。樓後爲中宫曰清寧宫，東曰關雎宫，西曰麟趾宫，次東曰衍慶宫，次西曰永福宫。

阮葵生《茶餘客話》卷七《户吏・歷代輦輅》 考歷代輦輅之屬，周制：玉路一，又曰大路。金路一，又曰綴路。象路一，又曰先路。革路一，又曰戎路。木輅一。陳氏《禮書》曰：「是謂五路之大也。」王之所在，以大爲名。玉輅、金輅、象輅以金玉象飾之，革輅鞔而漆之，木輅漆之而不鞔。鸞路一，朱路一，大路一，戎路一，元路一，是謂五時路。其制如五路。《禮記・月令》所載者，是輜車路車共十。司馬法曰：夏輦曰金車，殷曰胡奴車，周曰輜車。夏二十人而輦，殷十八人，周十五人。秦以人君所乘，去輪輿之方徑六尺，或使人輦，或駕果下馬。漢以雕玉爲之，漢制六輦，其數有六。《輿服志》云：「輦具金銀、丹青、採艧、雕畫、蒲桃之文。」金根車一，《輿服志》注：「以金爲飾。」殷瑞山車，金根之色，殷人以爲大路，始呈作金根之車。漢承其制，御爲乘輿，安車五，制如金根。立車五，制如安車。蔡邕《獨斷》曰：「有五色，安車立車合十乘，各駕四馬，是謂五時副車。」建旗十有二，如車色。立車則竪其旗，安車斜竪之。相風烏車一，即鳴鳶之象，後改爲烏。傅玄賦：「建修竿之亭亭，栖神烏於竿首。」戎立車一，蔡邕曰：「戎立以征伐，制如金根。」三蓋車一，一名耕車，一名芝車。《輿服志》：「其飾皆如金根，親蠶耕耤所乘也。」獵車一，飾如金根。重輞縵輪，繆龍繞之。皮軒一，師古曰：「皮軒之上，以赤皮爲重蓋。」文穎曰：「以虎飾車，取《曲禮》前有士師，則載虎皮義。」鳳皇車一，以鳳爲飾。武剛車一，《輿服志》：「輕車，古之戰車。不巾不蓋。有巾有蓋，爲武剛之車，爲先驅。又爲屬車。」闟戟車一，闟，函也。

取四戟函車邊。五時車五，制如金根，旗如五方之色。御軺一，小車也，一馬駕之。戟鼓車一，車上鼓吹也，駕牛二。車分左右，建戟。黄門鼓車一，車上置鼓，黄門掌之。指南車一，亦曰司南車，曰司馬車。車上立木人，舉手常指南。《黄帝内傳》：「玄女爲帝司南車。」或曰周公時作。鸞旗車一，《通考編》：「羽旄列系幢旁。」胡廣曰：「以銅作鸞鳥於車衡上，駕四馬，先路所載。」崇德車一，《古今注》：「一曰辟惡車。上有桃弧葦史，以禳祓不祥。太僕令一人在車前，執弓矢，屬車八十一。一名二車，一名左車，秦制漢因之，多寡微不同。」豹尾車一，《古今注》：「周制也，象君子豹變。言尾者，謙也。」按漢制最後一乘懸一豹尾，以前比之省中。隋制，白鷺車一，一名鼓吹車，上施層樓，有鷺栖焉。行漏輿一，刻木爲屋，中設刻漏長竿四，輿士十六人。隋所增僅此。唐以後多仍漢制，惟增記里鼓車一，四望車一，羊車一，一名輦。上如軺伏兔箱漆畫輪，腰輿一，前後長竿各二，金銅螭頭緋綉鳳裙襴，奉輿十六人。宋增芳亭輦一。明遠車即四望車，金多損減，止增逍遥輦一，平輦一，七寶輦一。元增寶輿一，方案緋羅雲龍案衣。明制，止大路一，玉路一，大馬輦一，小馬輦一，步輦一，大涼步輦一，皆如今制。按漢制共一百一十八乘，唐制四十八乘，爲最多耳。

阮葵生《茶餘客話》卷七《户吏・駐蹕大營》 皇帝駐蹕大營，内方外圓，度地縱二十丈六尺，横十七丈四尺。建黄幔城，外加網城，索綯爲之，黄色，貫之以網，高六尺，闊八尺，凡百六十有六。距幔城東西南各十八丈，北十五丈，設連帳百七十有五爲内城。啓旗門三，東鑲黄纛，西正黄纛，南正白纛，各二。周建鑲黄金龍旗四十有一，各以三旗，護軍參領二人，護軍校護軍二十人門焉。宿衛帳九，司以三旗，護軍參領一人，護軍校護軍十人，外設連帳二百五十有四爲外城。啓旗門四，東鑲白纛，西鑲紅纛，南正藍鑲藍纛，泱日遞建之。北正紅纛，各二。周建方旗，東北鑲黄，西北正黄，東南正白，西南正黄，各十有五，各以五旗，護軍參領二人，護軍校護軍二十人門焉。宿衛帳四，司以五旗，護軍參領一人，護軍校護軍十人。外城，東面設内閣、六部、都察院、提督等衙門官帳。距外城六十丈，周設警蹕帳四十，各建護軍旗一，東北鑲白，西北鑲紅，東南正藍，西南鑲藍。司以擴軍參領，每旗一人，護軍校擴軍每旗十五人。度地由向導總統張具，以護軍參領三人、護軍校護軍八十人，重門拱衛，星廬環布。黄幔城正中，御幄在焉。

阿桂《欽定工部軍需則例》卷一《雜支》 配製火藥：

一雲南省配製火藥向無成例，查乾隆三十二、三等年，軍需案内配製火藥，因軍需孔亟，分派各鎮配製所開硝磺，價值低昂數倍，一切器具，又屬參差，經工部奏，交該督委員，確查實在情形，酌中定價，奏明送部核定。嗣據該督委員查明實在情形，酌中核定，以配火藥一斤，用硝十一兩八錢，磺二兩一錢，柳炭二兩一錢，連器具人工，合銀一分四釐四毫。其硝、磺價脚，各處硝每斤概定銀三分二釐五毫零；磺每斤概定銀五分。運脚以每兩每站銀五絲一忽，按站加算。惟開化一處，硝每斤銀一分六釐，磺每斤銀四分八釐，均經工部題明，准其照依酌中價值辦理在案。

又四川省配製火藥，向有成例，如配火藥一斤，用毛硝一斤，毛磺二兩，柳炭用二三兩不等，煮硝每百斤用柴一百二十斤爲率，踏火藥每七斤用工銀四分爲率。至硝、磺價值，磺每斤銀二分九釐，硝每斤銀二分四釐三毫及二分九釐七毫五絲。其各營採買硝磺，往返日期、船脚盤費，不能一律，均照各營成例分别減辦。此次軍需案内，各營報銷配製火藥，工部即係照依各營向來成例，價值數目，核減題銷亦在案。查雲南、四川配製火藥，雲南係用浄硝、浄磺，四川係用毛硝、毛磺，而折算硝、磺等項數目，亦屬相仿。今擬定，嗣後雲南、四川，仍照此辦理，其餘各省，或有地方燥濕不同，配製難以畫一者，將所有硝磺，仍照各省成例辦理。再查四川軍需案内，硝斤價值因需用浩繁，經該督奏明加價在案。查該省硝斤，原有例價，未便援爲定例。今擬定，嗣後仍照該省例價核辦，或因實在價值不敷，該督臨期據實具奏辦理。

製造鉛彈：

一雲南省軍需案内，製造鉛彈，經該督奏明，每斤加耗鉛一兩三錢，廠本人工銀三分一毫七絲五忽，圓整人工銀三釐，炭火銀一分，等因。經工部將炭火項下照四川成例減去銀七釐五毫，核定銀二釐五毫題銷在案。

又四川省各營製造鉛彈，均有成例，每毛鉛一斤二兩，製浄鉛彈一斤。每毛鉛一百斤，用木炭五十斤，清油一斤。其三錢重鉛子，每一千八百顆，用匠一工；四錢重鉛子，每一千五百顆，用匠一工；五錢重鉛子，每一千三百顆，用匠一工；七錢重鉛子，每一千二百顆，用匠一工；八錢重鉛子，每一千顆，用匠一工；六兩重砲子，每四百五十顆，用匠一工。至鉛斤價值，每斤銀三分五釐。其各營差員採買毛鉛，往返日期、船脚盤費及鑄造匠工，按依斤兩加減，均不能畫一。歷照各營成例，分别減辦。此次軍需案内，工部即係照依各營向來成例價值數目核減，題銷亦在案。

查雲南、四川製造鉛彈，雲南係用淨鉛，四川係用毛鉛，而折算數目亦屬相仿。今擬定，嗣後雲南、四川仍照此辦理。至各省採買鉛斤，有遠近情形不同，而價值難于畫一者，應仍照各省成例辦理。

製造火繩：

一雲南軍需案内，製造火繩，每盤長二丈、徑三分，銀二分八釐。又四川軍需案内，製造火繩，每長一丈、徑二分者，銀四釐五毫五絲；徑二分五釐者，銀五釐二毫七絲五忽；徑三分者，銀六釐。查雲南、四川製造火繩，雲南係用柳樹皮捶取淨絲筋成造，價值稍昂；四川係用荒竹麻成造，價值較賤。原係按照該省實在情形核議題銷在案。今擬定，嗣後雲南、四川仍照此辦理，其餘各省製造火繩，仍照該省實在情形核辦。

鑄造砲位砲子：

一雲南、四川軍需案内，需用砲位砲子，名目不同，大小互異，所需銅鐵，難以擬定。其鑄造做法，照依軍裝做法則例辦理。一切物料，照依該省物料價值則例，核實辦理在案。今擬定，嗣後需用砲位砲子，俱照此辦理。

設窑燒炭：

一軍營需用炭斤，向照軍裝則例核銷。查乾隆三十八年，四川口外軍營，于四十三年，據會辦報銷大臣、工部尚書富勒渾題銷軍營案内，口外隨營設立砲局，鑄造化煅砲位所需炭斤，應設窑燒炭，每窑一座，日用燒夫二名，砍柴夫七名，每五日出炭一次，每次出炭四百五、六十斤。並聲明口外燒炭之柴，難于一律，堅如多用雜樹，木質不一。又中外風多勁烈，化煅易而成炭難，每窑燒炭四百五、六十斤，必須柴數千餘斤。兼以山多不毛，產木處所，多係偏僻峻嶺，砍運維艱，是以每窑一座，用砍柴夫七名，每日連砍帶運，往返二次，並無閒空燒炭。用夫二名，晝夜輪流看守，並無虛工。核之内地，採運煤炭價脚實屬有減無浮，等因。經工部准銷在案。嗣後如進征地方距内地未遠者，自應仍照軍裝則例採辦。好進征地方窵遠，需用煤炭，較之由内地輓運費用過多，必須設窑燒炭者，臨時承辦大臣，酌量地方情形，核實奏明辦理。

一切軍裝器械：

一雲南、四川軍需案内，製造鳥鎗、長鎗、叉鎗、陵鎗、腰刀、雙手帶刀、矛頭、砍刀、牌刀、鐮刀、旗纛、蒙古包、涼棚、帳房、罩子、綳子、號褂、披肩、籐牌、布五龍袋、弓插撒袋、棉綿鞓帶、陣鑼、陣鼓、令號、火藥、葫蘆、烘藥、牛角筒、鉛子、皮搭連、火繩、皮包、砲藥、葫蘆烘藥、筒砲、皮搭連、砲苫、罩砲、錘鑼鍋、鍋撑、鐵斧、鐵錘、鐵鍬、鐵鋤等項做法，照依軍裝做法則例辦理。物料價值，照依該省物料價值則例核辦。其有做法尺寸與例内尺寸較大，或尺寸較小者，俱比照則例内尺寸，核實辦理題銷在案。今擬定，嗣後製造軍裝、器械，應仍照此辦理。

雜項三則：

一雲南、四川軍需案内，製辦騎鞍、鞍屜、馬掌、鍘刀、弩弓、弩箭、弩箭筒火箭等項，均將做法、尺寸、斤兩數目，逐細核實，開明報部，經工部按依例案，核議題銷在案。今擬定，嗣後各省俱照此辦理。

一雲南、四川軍需案内，解運一切火藥等項，製辦油簍、篾包、棕苫單、墊席等項，均將做法及長寬尺寸，逐細核實，開明報部。工部按依例案，核議題銷在案。今擬定，嗣後各省，俱照此辦理。

一雲南、四川軍需案内，製辦天平、砝碼、倉斛、倉斗、倉升、夾剪、戥秤等項，均將大小、斤兩數目，逐細核實，開明報部。經工部按依例案，核議題銷在案。今擬定，嗣後各省，俱照此辦理。【略】

製造地雷、火彈：

一製造地雷、火彈，軍裝則例内並未開載。查四川軍需案内，准銷頭號地雷，每個徑一尺二寸，圍圓三尺六寸，用白布四尺五寸，内裝火藥二十九斤十二兩。縫布包用綿線一錢八分七釐零，包面用牛皮四尺五寸，縫邊用蔴線一錢八分三釐。安引線用白布條一根，長六尺，寬四寸，計用白布二尺四寸，内裝火藥四兩，縫邊用棉線八分六釐。裹引線心用皮紙六張，做成引線，盤繞于牛皮包上，每二個用匠一工。

頭號火彈，每個徑三寸，圍圓九寸，用白布一尺一寸，内裝火藥二斤十四兩，縫布包用棉線四分四釐八毫，包面用牛皮一尺一寸，縫邊用蔴線二分五釐。安引線用白布條一根，長三尺五寸，寬八分，計用白布二寸八分，裝火藥二兩，縫邊用綿線一分。裹引線心用皮紙半張，做成引線，盤繞于牛皮包上，每三個用匠一工。

查此項地雷、火彈，有頭、二、三號之分，其二、三號做法，雖屬相同，而尺寸大小互異，所需物料亦遞行減少。今擬定，嗣後除做法照式辦理外，至需用布疋、棉線、牛皮等項，應照該省例價辦理。

製辦皮衣等項：

一製辦皮衣、皮帽、氈褶、帽兜、軍裝，則例内並未開載。查四川准銷成案，製買兵丁皮衣、皮帽等項，據定邊將軍温福奏明價值辦買，經工部按依所開做法、長寬尺寸及工料細數，核議題銷在案。今擬定，嗣後前項皮衣、皮帽、氈褶、帽兜，如果實在必需，該承辦大臣臨期奏明辦給。仍將做法、長寬尺寸、工料細數，據實開明報部，按依例案核銷。

配製炸藥：

一配製沖天砲炸藥，並無辦過成例。雲南軍需案内，配製炸藥，經工部按依所開硝、磺、蔴桿、炭夫工等項，核議題銷在案。今擬定，嗣後如配製沖天砲炸藥，將需用硝、磺、蔴桿、炭、夫工等項，逐一開明送部，按依該省物料價值例案核辦。

配製弩藥：

一配造弩藥，並無辦過成例。雲南軍需案内配製弩藥，每斤用烏稍蛇八兩，每兩銀五釐三毫七絲五忽，共銀四分三釐。草烏根八兩，每兩銀一釐，共銀八釐。孔雀糞四兩，每兩銀一釐五毫，共銀六釐。木炭、匠工銀三釐。以上製造弩藥一斤，共銀六分。經工部核議題銷在案。今擬定，嗣復如配製弩藥，將需用物料、匠工等項，逐一核實開明，比照雲南准銷成案核辦。

曹振鏞《欽定工部則例》卷二三《錢法・辦銅選派妥員》 乾隆四十八年欽奉上諭，據畢沅奏，寶陝局鼓鑄應採辦第十運滇銅，共需銀五萬三千餘兩，派委典史李尚志赴滇領運等語，所辦未妥，採運滇銅事關鼓鑄，且動用脚價至五萬三千餘兩，爲數甚多，豈可僅委典史微員專司其事。此等微末之員，曾解多金，難保其不垂涎染指，或竟於途中侵盜，浪費花消，皆所不免，迨事後發覺，即將該員正法，嚴追已屬無補。畢沅何計不及此，著傳諭畢沅著即再派一同知、知縣之類前往共辦，嗣後凡採辦滇銅，必須選派明幹知縣或能事之同知、通判前往，並須擇其身家殷實者充當此差，方爲妥協。雜職中即有勤慎明白，堪任差委者，亦止可令派出之丞倅知縣帶往，以供奔走查催之役，斷不可專派簿尉微員領辦，致滋貽誤。設差委非人，沿途或有侵蝕虧缺等事，惟派委之該督撫藩司是問，仍將此諭令辦銅各督撫一體遵辦，均於各奏事之便傳諭知之，並諭户工二部堂官知悉，欽此。

曹振鏞《欽定工部則例》卷二三《錢法・保委運銅委員章程》 一滇省運京委員，於府佐州縣中選派年壯曉事練習銅務者領辦，如將衰庸迂鈍之員濫委，致有貽誤，即將該員及該上司一併參處。滇銅運京，每年正運四起，加運二起，共須委官六員，責成迤東迤西二道各保二員，糧儲迤南二道各保一員，由該管府州出具考語，由道加考移司。如所保之人經該督撫驗係衰庸，即將保舉之道府州與扶同詳委之藩司一併查參，分别議處。既經派委，非實有事，故不准輒轉改委，致啓規避掩飾之弊。

曹振鏞《欽定工部則例》卷二三《錢法・接運委員分别獎勵》 一各省委員接運銅鉛，如在儀徵以南接運到京，交局並無短少，核扣程限亦無遲逾，照例帶領引見後，知照吏部如係實授人員任内，無不合例事故，准入於卓異班内，照引見日期先後陞用，題署陞署人員按實授、奉旨日期陞用。至候補各員，查係曾經實授，俟得缺後將卓異之案帶於新任，遇有應陞之缺陞用，如係未經實授及初任揀發之員，遇有應題應調應選之缺，悉准補用。其初任分發試用之員，遇有陞調所遺之缺，本班到班先行補用。至在儀徵以北接運人員，如能依限交足，准其於現任内加一級。

曹振鏞《欽定工部則例》卷三三《錢法・運員不准挈眷》 一各省委員解運銅鉛錫觔並押解官物等事，俱不准挈眷同行，以昭慎重。

曹振鏞《欽定工部則例》卷二三《錢法・滇黔委員在通病故運橋運局章程》 一滇黔等省領運銅鉛委員，如有在通病故者，毋庸盤查接收，即由倉場派委相繼抵通之後，運委員協同故員家屬，督同原帶差役，管解轉運交局，俟事竣請領實收，轉給故員家屬收領。其應支養廉及應用雜費，仍歸故員家屬名下分别支銷造報。如無後運，可委即飭派業已交局兑收完竣之前，運委員赴通兼管。倘有業經起運抵橋及轉運進局，尚未兑收，遇有事故，亦照抵通病故之例，一律辦理。

曹振鏞《欽定工部則例》卷二四《錢法・浄銅運京》 一滇省各廠解京銅觔，無論紫板蠏殼各須，加工煎煉鎔化純潔方准解京，仍責成該管府道查驗，於銅元上鐫明廠分，如將黑厚板銅搪塞，及運員舍混接收，經部查出，除駁回外，定將廠運各員及督辦道府一併嚴參，并將虧折成色銅價著落承辦各員分賠。

曹振鏞《欽定工部則例》卷二四《錢法・兑收日限》 一每運銅鉛錫全數進局之後，該監督呈請錢法侍郎驗明成色，開兑限二十日内兑收，如前運甫兑後運踵至及兩運同時到局，不能一時彈兑者，即以前運限内收竣之日起，扣後運之限，挨次兑收，以免擁滯。

曹振鏞《欽定工部則例》卷二四《錢法・兑收成數》　一銅色以十成爲則，遞至九五、九成、八五、八成等色，亦准兑收。八成以上准作八五，八五以上准作九成，九成以上准作九五，九五以上准作十成，八成以下不准交納。其成色低潮搀雜者，該監督公同運官鎔化淨銅，照觔數作十成秤收。所虧觔數著落該省賠解，辦官參處。凡辦銅價值總按十成銅色給發，其驗在十成以下八成以上者，責令承辦官按成減價報銷。

曹振鏞《欽定工部則例》卷二四《錢法・起運京銅限期》　一雲南貴州二省委員領足銅鉛，任意逗遛，開行逾限者，許兑交委員稟明該督撫，照違限例議處。運員不准扣除定限，倘領兑不足，或廠員給發遲滯，或陸運委員躭延以致遲逾，運員詳稟該督撫確查，分別參處。所有開行遲逾日期，准其於運員限内核明扣除。

一雲南省湯丹、大水、碌碌等廠，一歲辦抵四川瀘州備運京局正耗餘三項，共銅六百三十三萬一千四百四十觔，由廠發交尋甸、東川兩路各半分運。尋甸一路分運一半，銅三百十六萬五千七百二十觔，自廠至尋甸州馬運四站，尋甸州至宣威州車運六站半，宣威州至威寧州馬運八站半，威寧州至羅星渡馬運十站，羅星渡至南廣硐水運五站，南廣硐至瀘州水運三站，自尋甸至此，限一年運竣。東川一路分運一半，銅三百十六萬五千七百二十觔，自廠至東川府馬運三站半，東川府至昭通府馬運五站半，昭通以下再行分半，兩路轉運，一由昭通至豆沙關馬運六站，豆沙關至鹽井渡設立站船，水運過渡，鹽井渡至瀘州水運二十站，自東川由豆沙關至此限一年運竣一由昭通至黄草坪馬運三站半自東川至此限一年運竣，黄草坪至瀘州水運七站，限六個月運竣。凡廠銅抵瀘州，滇省於丞倅州縣中專委二員赴瀘店收發銅觔，一年一换，每於年底先行委員協辦，相間更替，不致遽易生手。

一銅觔長運抵通，無故逾限至一月以上者題參，如沿途實係封峽、封閘、過關查驗，守凍及在川江、大江、黄河阻風阻水，所過省分結報有案，日期明確者，准予扣除。在途守風不得過四日，守水不得過八日，船隻抵關隨即驗放，毋許留難。即或關口船隻擁擠，總不得逾一日之限，其頭運兩起銅觔，例於八月開行，扣至次年八九月。已逾正限，不准守凍，倘抵津遇凍，即令運員出費陸運交局，在山東遇凍照例嚴參。此外，長運官打撈沉溺患病事故，平河水風稍礙人力，可施以及儀徵以北其守風守閘等事，均不准逗遛藉展。若船至清河縣，除春冬二季令該地方官催令前進，毋許逗遛外，如遇夏秋水漲，必須起剥阻守風水等事，令該縣詳報該管道府，親詣查勘，取結加結，據實申報。該管督撫將實應加展日期預行送部，准其扣展。如運員任意逗遛，以及地方官扶同捏報，經該督撫查出，即行據實揭參。

一銅船自天津過關以後，該運官預將船隻銅包各數及沿途有無沉溺折損具報，通州坐糧廳轉報户工兩部，船抵通州壩口，該運官打包過秤畢，坐糧廳親赴點驗秤掣，飭令經紀領貯號房，陸續剥運，日以十萬觔爲率。起剥之初，一面知照大通橋接運，一面具報户工部局倉場侍郎。崇文門銅運到橋，大通橋監督復加掣點交車户，由朝陽門陸運赴局，其坐糧廳具報崇文門公文，先交運官收執，起車時該運官填日親投，聽崇文門專差查驗，給票放行。凡各運銅船抵通，各限兩個月全數進局，候兑其坐糧廳大通橋先後轉運，仍責成運官管押。

一長運官赴瀘州領銅，自雲南省城至瀘州限二十三日，每歲頭正運令，於九月初十日自瀘州開行，二正運十月二十日開行，三正運十一月三十日開行，四正運次年正月初十日開行，加運一起，二月初十日開行，加運二起，三月初十日開行。正運四起，委員在瀘州領銅，打包雇船、裝載，各定限四十日。加運兩起，各定限三十日。自瀘州開行運抵通州，均定限九個月，二十五日合，每起自滇至京，自京回滇，統限十七個月零七日。

一運官回任，部給執照，限以一百十日。若歸途打撈沉銅，或患病，准其取結扣除。無故違限，照赴任遲延例議處。

曹振鏞《欽定工部則例》卷二四《錢法・兑收銅觔不准運官多帶丁役》　一錢局兑收銅觔，運官准帶跟役二名，夫役四名，隨同運官提包上秤，先將跟役姓名、年貌、籍貫造册報局，由局發給腰牌，始准出入。

曹振鏞《欽定工部則例》卷二四《錢法・辦解京銅年額》　一户工兩局歲需原額正銅四百萬觔，加額正銅一百七十萬四千觔，二共正銅五百七十萬四千觔，歲由雲南省辦運，每正銅百觔加運耗銅八觔，共加耗銅四十五萬六千三百二十觔，又每正銅百觔准帶餘銅三觔，共准帶餘銅十七萬一千一百二十觔，計正耗餘三項共銅六百三十三萬一千四百四十觔。除自東川尋甸運至四川省瀘州沿途例准銷折餘銅三萬一千六百五十八觔銷折細數另見餘銅條，實應自瀘州解京正耗餘三項共銅六百二十九萬九千七百八十二觔，歲分正運四起，加運兩起正運每起領解正耗餘共銅一百十萬四千四百五十觔，加運每起領解正耗餘共銅九十四萬九百九十一觔，每年共計正加六起，委員管解，抵京之日除餘銅不計外，自瀘州至京沿途仍准銷折，餘銅留備補秤不入收額，實應交户工兩局正加六起，正耗銅六百十六萬三百二十觔分該户局正運每起正耗銀七十二萬觔，加運每起正耗銅六十一萬三千四百四十觔，分該工局正運，每起正耗銅三十六萬觔，加運每起正耗銅三十萬六千七百二十觔，計户部寶泉局一歲實應收正加六起，正耗銅四百十萬六千八百八十觔，工部寶源局一歲實應收正加六起，正耗銅二百五萬三千四百四十觔。

曹振鏞《欽定工部則例》卷二四《錢法・撥銅章程》 一各省委員赴雲南採辦銅觔，如委員先後到滇者，儘先到之員給發，同時並到者，按各省道里遠近，先給遠省之員，於委員到滇之日即將應辦銅觔指定廠所，將何廠撥銅若干觔，應限若干日，統計何時，全數兑交，委員收領。發運開列清單咨部，俟奏報開行時，將廠員給領有無逾違，於摺内聲敘。如廠員有逾限不給者，即照運員在途逾限之例一律議處，並查明各廠相去遠近，按照廠分將兑給限期造册送部，以憑逐運查核。

一雲南廠員兑給各省委員採買銅觔，務照部定成色，不准攙和低潮，倘有不足，准令該委員稟明，另換查驗，屬實即將廠員嚴參究辦。若因换銅躭延限期，亦應將廠員照例議處，知委員漫不經心，並未在滇稟換，回至本省，驗有不足成色，即令委員賠補，仍照例查參。

曹振鏞《欽定工部則例》卷二四《錢法・運銅章程》 一滇省廠店各員辦運京銅，兑給運員，責令永寧道督同瀘州知州會同運員及瀘店，委員用部頒砝馬監兑秤收，具結核轉，並飛飭川東道，俟銅觔到渝，委江北廳逐一過秤出結。又由川東道飛飭夔關查驗，出結具報，其自夔州以下，應令上站之員開具銅觔細數清册，並將裝船幾隻，船身吃水若干，尺寸遞交下站，下游接護之員按照查驗，如驗無短少情弊，即具結放行。

一銅觔運至漢口，儀徵换船過載，令湖廣江南督撫飭令護送大員眼同運官盤查過秤，具結聲報，倘交局仍有虧短，將運員奏交刑部審辦。如沿途盜賣及沉溺短少，惟沿途派出之員是問。如瀘店短發，即將在瀘各員照例辦理。

一黔省運京鉛觔，在黔省鎔化仍由巴縣地方過秤盤驗，上載開行歸該縣知縣經辦，取其運員鈐結，加結轉報，以專責成，仍將雇募船隻，以及盤驗秤吊，出結申請造册，飛移下游查驗護送，如有短少，按例分賠。

曹振鏞《欽定工部保固則例》卷二《各處旗杆號杆》 一各處旗杆號杆，凡拆動地脚，另建臺座，戧木正杆供换新者，保固六年。其挑换戧木，不動正杆臺座者，保固三年。油飾灰麻者，保固二年。

明亮等《欽定中樞政考》卷三二《八旗・營造》 伊犂管理軍器廠妥協議敘：

一伊犂管理軍器廠官員，一年内妥協無誤，各給與紀録一次，兵丁記名，於揀選處列名。

駐防將軍等旗色：

一將軍、都統、副都統纛旗，由工部製給。

盛京、西安、江寧、伊犂將軍，熱河、察哈爾都統，用鑲黄旗色。綏遠城將軍，用三角鑲黄旗色。吉林、寧夏、杭州、福州將軍，歸化城、青州、山海關、張家口副都統，用正黄旗色。黑龍江、荆州、廣州、成都將軍，涼州、密雲副都統，用正白旗色。

鎗靶定式：

一各省駐防旗營鎗靶式樣，毋得過於寬大。演放坐鎗，其靶高二尺，寬九寸，厚一寸，座長一尺二寸，寬五寸，厚三寸。演放立鎗，其靶高五尺，寬二尺，厚六分。

箭靶定式：

一各省營中演箭布靶式樣，高四尺七寸，寬一尺。如有擅用高寬布靶者，查明參奏，照違制例議處。

承造箭枝腰刀撒袋：

一在京八旗，及各省駐防，凡遇行取箭枝、腰刀、撒袋等項，由兵部核准後，將箭枝、撒袋，交武備院製造，腰刀交造辦處製造。

兵丁修補鳥鎗：

一八旗兵丁等，鳥鎗損壞，報明該管大臣，查明原製原修年分，咨報兵部，由部按例覈准，轉送兩翼鐵匠局補造。

採伐弓胎：

一採伐弓胎，於八旗内，揀選諳練弓匠固山達一名，每旗派弓匠頭目一名，弓匠十名，各騎官馬給領四十日盤費，每年於昌平、密雲等處，伐弓胎，弓梢五千二百副。武備院揀取二千副，餘剩三千二百副，每旗分散四百副，以備製造賞弓之用，於鄰近驛站支取車輛運送至京。其採取木胎，所用有餘，隔年採取如不敷用，再行具奏添採。

採取樺皮：

一吉林將軍，隔一年派撥官兵採取樺皮二萬張。除進上三千張，交武備院二千張外，其餘一萬五千張送兵部，交下五旗，每旗分散三千張，以備製弓之用。

製造弓張：

一製造官弓，交八旗弓匠固山達成造。係軍需應用者，由兵部挑取好者，差員解送。係各處支領者，由該處差領之員，同該旗弓匠固山達等挑取。至各省總督、巡撫、提督、總兵、將軍、都統、副都統等，及武狀元等賞給弓張，俱係八旗弓匠成造，兵部支取給發。

弓箭不合式：

一八旗匠役製造弓箭，擅改式樣貨賣者，鞭五十，所造之物入官。

佚名《錢穀挈要》卷一〇《修造》　修造一切工程

一各省修理城垣、衙署、倉庫、房屋以及堤岸、閘壩等工，先將保固年限分別核明。其限內坍壞應行賠修者，一面報部，一面照例查辦，毋任承修官朦混；請修其寔係限外，例應動項修理之工，亦將何年修建，何員承辦，曾保固限滿之處，當于報案之內，詳細聲明。工　三十二年

一各省應行挑濬、修建各工，各督撫必須詳細查核。如寔，係緊要應修勢難稍緩者，固當動帑興修，不可惜費；若酌量情形可以從緩，亦當量爲節省；倘並非要緊，遽請動帑興修照捏報例參處。工

一各省歲修一切工程，除與常年報收銀數不相上下者，仍照常辦理外，如該年需費倍加，令該督撫等先將該年必須倍費情形，耑摺奏請，然後報部核銷。工　二十八年

一各省修建一切工程，動用正裸錢糧數在一千兩以上，如部中有例案可循、冊檔可核者，照年底彙奏事例，隨案咨部，于年終開單彙奏一次；其部中並無例案可循、冊檔可核者，令該督撫等先行耑摺奏准後，再將應需工料銀兩造冊題估，工完核寔，造冊題銷。工　四十八年

一各省報修工程，務將應修處所情形，先行繪圖貼説冊、估冊，一併送部。工　五十年

一各省修建一切工程，如有舊料即據寔送抵。如寔係年遠，僅存基址並無遺存舊料，該督撫據寔查明，於原奏內詳細聲叙。如原奏內並不聲叙，迨駁查後始稱年久無存，及原有舊料又不據寔送抵者，即將遺漏聲叙之督撫及勘估不寔之委員交部，分別議處。工　五十六年

一各省修建工程，除工料細數于報銷案內查核外，其段落丈尺其房棚等項數目，有原奏可憑者，即于初估之時按冊詳核，不得率行覆准。如有添辦工程，俱令隨時奏明始准報銷。若以未經具奏之案率行列入估冊題估，工部即行奏查駁，將題估之督撫嚴加議處。工部不行查出具，至銷算時再行奏駁，一並議處。其銀兩着落工部暨題估各官分別賠繳，不准開銷。工　五十年

一各省修建工程，如原估工料寔有不敷，必用添補者，務須先行估報。即工程緊要，勢難緩待，亦應一面興修、一面確估報部，不任承修之員浮開墊用。如有續估工料不預行報部，于報銷案內聲稱捐墊完竣，即本案有核減銀兩，亦不准抵銷。工　二十三年

一工程節省。如所用匠夫，原估照例需匠十名，工竣只開九名；需夫十名，工竣只開八名；乃寔在節省，核銷時遇有別項核減銀兩，應准抵銷。如有原估修工十丈，工完只修九丈，即應少工料扣除；買物買料向例銀十兩，今據時價只需九兩，即應照依時價扣除，均不得謂之節省。此項銀兩自應照數追繳，不准抵銷核減。各省報銷工程，遇有節省銀兩，務將情節詳細聲明，以憑查核。工　三十七年

一三十一年奉旨：「各省修建工程，既經核寔確估，自應照數支給，以便辦料興工。若遇日後賠繳無着，于估時預爲起見酌留以備扣抵除非政體等因。欽此。」工

一凡修造工程，如夫頭人等領帑侵蝕及私逃者，俱照常人盜倉庫錢糧律計贜治罪。例

一修理倉厫等項工程，一應動用錢糧事件，俱令該督撫奏聞工部議覆，再行修理。如有關係錢糧應奏事件不行具奏，擅自咨部請銷，而該部據咨完結者，均降三級調用。吏例

一部咨：嗣後修建工程，迅即完工，按限造報。仍于報銷案內將該員于何日完工，何日造冊詳報，該管各上司于何日核轉題咨，詳細聲明。如有逾限，即將遲延之職員名附參。三十六年

一部咨：嗣後遇有應修工程，毋論咨題，將從前修建年分及歷年曾否修過，是否已在保固限外，隨案聲敘，毋得以年久字樣混請修改。四十六年

一各省修建工程，數在千兩以外者，該管道府親往勘估；千兩以下者，委附近府所直隸州牧親往勘估，造册結報，由布司督撫核寔，分別題咨。興修工竣，另委員查收取結報銷。如有勘估不寔以及查收之員扶同狥阢者，照例參處。其工程要緊，需費浩大者，督撫等親往查勘辦理。工 二十八年

一部咨：嗣後動項修理一切工程，毋論咨題奏報，各案均應先造估册送部覆到，方准興工，修竣再行造册報銷。五十年

一嘉慶五年奉上諭：「嗣後除寔在刻不可緩之工，酌量奏請修理。其餘均俟軍務告竣，再行奏明辦理。欽此。」

一户部奏准：文武衙署係該員居住，理應自爲隨時修葺，何須逐年動項興修，應請暫行停止修理。至先農壇、營房、倉厫、監獄、救生船、橋道、廟宇等項工程，有年例歲修者，亦有數年應請大修者，亦令臨時詳查。如寔係坍塌必需修理，仍行據寔估計，照例辦理。如不過循照年例應修，冀圖開銷及擅請創建之事，概行停止。仍將此項節省銀兩造册報部，統俟大功告竣，再行請旨，分別辦理。嘉慶五年

一工部奏明：應修工程如係些少損壞及無關緊要，可以從緩。並循照年例歲修各工，不得動項興修。其有年久坍塌必須動項修理者，查照户部原奏，五年八月載動支耗羡條。詳細確查酌量情形，核計銀數多寡，奏明奏咨樽節辦理。不得藉稱大功業已告竣，紛紛修理。嘉慶八年

一嘉慶八年四月奉上諭：「如遇地方官禀請興修工程，當確核情形。倘寔係緊要工程必不可緩者，仍照部定章程，隨時奏請辦理外，其餘可緩各工，俱着暫行停止。欽此。」

一工部奏明：嗣後一切修建工程，如有添設移改各事宜，即將原奏先行抄録送部，毋得以未經抄送原奏之工率行估報。嘉慶八年

一工部咨：嗣後工程奏准後，即將各原摺抄録送部。嘉慶十一年

一工部奏定：各項工程一律照例先估後修，毋得挪移工竣年月。詳船隻條。

一嘉慶十年奉上諭：「嗣後各省遇有各項工程，每百兩扣平餘二兩。俱着照平常市扣算，一律報部。欽此。」全纂

一工程已未完改于十月内咨報，見彙咨條。欽此。

一嘉慶十九年部咨：奏奉上諭，各項工程除廟宇、壇垣之外，其倉厫等項年例歲修本非關要緊，如有題估奉部咨覆准，業經給發錢糧者，仍照例辦理。其有雖經准修，而尚未領項者，一概停止。

佚名《錢谷挈要》卷一〇《修造》 承修限期

一各省城工所需物料，或係本地出産？或須越境購辦。各處難易，情形不齊。應令分別工程大小，自行酌定限期報部，工竣依限報銷。其餘大小一切工程照此辦理，如有誤延，即行參處。工 三十二年

一城垣些小坍塌，費在三百兩以内者，地方官設法粘修。限四個月修竣，餘詳城垣條。工 三十四年

一借項修署查核。銀數至一千兩以上者，限十個月修竣；一千兩以下者，限五個月修竣；二百兩以下者，限三個月修竣。逾限不完，即行查參。工

一修造戰船。小修限四個月完工，大修、折造限六個月完工。吏

一各省修造工程，該督撫等酌量定限，于估報案内聲明，委員趕辦。逾限不完，承修官降一級留任，修完之日，准其開復。督催不力之上司，罰俸一年。估報遲延，亦照此例處分。吏

一修造戰船。小修勒限四個月完工，大修、折造勒限六個月完工。如違誤船工，違限未及一月，承修官降一級調用，罰俸一年；督修官六個月；督撫三個月。違一月以上，承修官降一級調用；督修官罰俸一年；督撫六個月。違限二月以上，承修官降二級調用；督修官降一級留任，督撫罰俸一年。違限三月以上，承修官降三級調用；督修官降一級調用；督撫降一級留任。違限四月以上，承修官降四級調用；督修官降二級調用；督撫降二級留任。五月以上，承修官革職；督修官降三級調用；督撫降三級留任。吏

一修造各省内河巡哨二船，承修官逾限，不及一月者免議；一月以上，罰俸六個月；兩月以上，一年；三月以上，二年；四月以上，降一級留任；五月以上，調用。督修之員違限，一月以上，罰俸三個月；二月以上，六個月；三月以上，一年；四月以上，三年；五月以上，降一級留任。督撫違限，一月以上，免議；二月以上，罰俸三個月；三月以上，罰俸六個月；四月以上，九個月；五月以上，一年。至修造剥船違延，亦照此例議處。吏

一承修等案，不准扣除公出月日。辨譌

一修理倉廒，雖于奉院批准後，即行領銀興修，但于十一月初七日始奉大部覆准，應于奉文以後，起查照兩先扣兩個月，領價辦料，再扣四個月興工。完竣縣中改于十一月初八日起限，次年五月初七日限滿在案。四十一年

南平案

一修理倉厫應以准咨之日起扣限兩個月領價辦料興工四個月完竣兩個月造册，一個月委驗勘，逾限不辦，照造册遲延例議處。五十九年南平案

一成造海船，紀級不准抵銷。辦謁

報銷

一各省工程册籍，銀兩一千兩以内者，該州、縣于奉文之日起，内地限四個月造報；苗疆海外限六個月造報。其銀數在萬兩内外，督撫按錢糧大小造册，難易酌定限期，嚴飭辦理完結，統于報銷。將起限限滿之日期，于題咨文内聲明。如有逾違，即將應議職名，送吏部議處。如有寔在不能依限完結之處，將緣由聲明展限。若遺漏未經聲明，將遺漏之員一併議處。工

一各省報銷一切動項修理工程，務須據寔開造。概不許于原估外捏開墊用銀兩，聲叙情事自捐，毋庸請領字樣。工

一各省工程報銷册籍，工部照例查例，如駁款繁多，開單不能詳盡，即就原册將應駁之款，各粘浮簽，詳細指示，將原册發回，令其照簽改正，另造妥册，同原册一併繳部。如款項無多，易于聲説者，開單指駁，令其照單聲明，毋庸另行造册。除開單粘簽之外，其餘款項，如並先奉制，可以另爲銷算者，即將應准者准銷給發，應減者核減着追，餘俟另册聲明，到日再行核算。如是，浮多即行核減追繳，不必往返駁查，致延時日。工

一各省報銷工程與例相符者，部中不必漫行駁詰。如例應駁查者，駁至三次後，仍不核寔造報，部即核明本案情節，或按例核減，或據情豁銷，即奏明分别完結。仍將該承辦各官及督撫隨摺參奏，分别議處。工

一各省動用錢糧報銷已結未結案件，令該督撫等，每年十月内咨報，由部核明，于次年具題。户工

一脩造戰船，福建自工竣日起，完限四個月，造册報部核銷。辦謁

一部咨：嗣後修造戰船，先修完工者先行題銷，後修完工者續後報銷。二十五年

一工部奏明：嗣後報銷工程，務飭據寔造報。如有今昔情形不同，必須更易做法之處，隨案聲明辦理。至一切料價，俱照各該州、縣物料價值則效開報。餘詳侵冒條。嘉慶六年

一工部奏准：嗣後各項工程，或奏明辦理，或咨部估准，均以接奉部文之日，照例起限，定四個月造册報銷。其或册籍繁多，寔有不能依限造報之處，准其報部展限。如並未咨部請展，遲至二年以上不行報銷，及奉部駁查，遲至二年以上不行查覆者，除照例查取職名議處外，並照搶修之例，所用錢糧着落賠還。嘉慶十年

一吏部奏明：例載各省修建工程承辦各官，浮開捏報革職提問。如不詳查例案，以致多開，奉駁始行核減，載侵冒條。

一各省題銷城垣、衛署等項，應令查照在京工程，以工竣之日起限，四個月報銷。嘉慶二十年九月初六日准工部咨

保固

一三十四年奉上諭：「嗣後各省新例城工，總以三十年爲率。如未逾年限復修整者，着經手之員如式賠修，即照此着賠。欽此。」工

一各省地方官承修墩汛、營房，保固十年。十年之外如有傾圮，照例請修。其沿江沿海營房，即因地處空曠，寔被風潮吹倒，亦必在前修六年以外，方准動項興修。其限内坍塌者，均着落原辦之員賠修。工　五十七年

一借項修署，如有挪移新建、折卸大修者，保固十年。工

一倉厫、監獄、庫座等項工程，每年動支額設歲修銀兩，分别粘修，及零星修理者，保固三年。其挪移折卸，新建大修者，均保固十年。十年限内，些小滲漏損壞，現任官隨時粘補。若地脚鬆浮以致頭停坍塌，大木歪斜，墻垣倒壞，着落原辦官賠修。工　四十二年

一城工保固，在工竣後起限者，今改爲驗收後起限。至工竣造册例有定限未便，改爲驗收後造册，以致遲延。二十九年

一工部奏准：嗣後各省城垣，除磚建城工等外磚内土，以及上土夯築之工，仍照三十年保固外，其素工城垣，並無灰皮海墁之工，改爲二十年保固。嘉慶十一年例

一倉厫早經修竣，因奉部准在後改遲興工日期，承辦之員于興修四個月限内卸事，應取接任官保固印結送部。四十一年

南平案

一保固年限印結，于工竣時報銷送部。

册籍

一各省修建一切城垣、倉庫、衙署等工，務照部頒工程則例，將工料做法及

墻垣寬、長、高、厚，房屋簷高、面濶、進深丈尺，逐款分晰註明，以憑按料計工。如有造册籠總，以致往返駁詰，稽延時日者，按造册之員指名參處。工

一造册籠總其動用銀數，在千兩以上者，例由督撫核寔具題辦理。餘同吏例。工　三十三年

一估銷各册，俱各造具正、副兩分，送部查核。如有應行駁查核減之處，即于副册内將款項數目逐一註明，鈐印發還該省遵照辦理；其正册留部，存案備查。工　五十年

一各省造料工料錢糧册籍，如有洗補、添註字樣及錢糧總數，俱鈐蓋印信。上

一各省錢糧奏銷四柱款册内，如遇無款之項，即于本款下註明无項字樣，不得謹寫無字。工

一各省承辦各工，將應修應減之高、厚、寬、長丈尺，詳細查明查該督撫查核。若工程銀數在千兩以上者，造册籠統，不將高、寬、丈尺逐一分晰，將造册之員，與率轉之上司并督撫，均照錢糧不造册、不分晰明白例議處。若銀數在千兩以下者，造册籠統，將造册之員并派出查核之該司道府等，亦照前例議處，督撫免議。至于零星修補房屋、墻垣等項，或有款項做法開報未詳，或將所用物料、丈尺、斤重遺漏未開，原與造册籠統有間，工部隨案粘簽指駁，令其更正。毋庸一律查取職名。吏　三十三年

一工程所需物料，造册詳報，上司委員查勘結報該督等核明題咨。如有駁查，即照指駁情節按限補造。如有遲延，照造册遲延例議處。吏

一造册詳明，該上司有故意駁查刁難勒索者，降二級調用。吏

結式

一詳修結式

爲○事結得○○委係○○應修所需工○○並無浮冒揑飾情弊合具印結是寔

一委勘結式

爲○事結得○縣○○委係○○應修估需工料○○並無浮冒扶同揑飾情弊合具印結是寔

一承修結式

爲○事結得○縣修理○案業經修理完固用過工料銀兩俱係寔需並無浮冒情弊合就出具印結是寔

一勘驗結式

爲○事結得勘驗○縣修理○案俱各修理完竣所用過工料銀兩委係寔用寔銷並無浮冒合具印結是寔

侵冒

凡造作局院頭目工匠有于合用數外侵冒多破物料，而侵欺入已者，計入已贓，以監守自盗論，追物還官。若未入已，只坐以計贓不寔之罪。○局官並承委覆寔官吏知情扶同揑服不舉者，與冒破同罪。失覺察者減三等罪只杖一百。律

一凡修造工程，如夫頭人等領帑侵蝕及私逃者，俱照常人盗倉庫錢糧律計贓治罪。例

一凡各省修建工程所需物料，承辦各官不必拘泥各前從前。

一造報物料定價，悉照時價確估造報，工竣之日另行委員查勘并取具，并無揑飾印結詳報，該督撫等訪時價，詳細核明，據寔題咨工部再行核銷。例

一各省修建工程承辦各官，浮開揑報革職提問。查驗不寔之員，降三級調用。核對之該管官，降一級調用。吏

一工部奏明：嗣後報銷工程，務飭據寔造報。如有各省情形不同，必須更易做法之處，隨案聲明辦理。至一切料價，俱照各該州、縣物料價值則例開報。如所開價值仍有與例浮多者，除照例核減外，即將浮報不寔之員及扶同率轉之上司，交部議處。嘉慶六年

一吏部奏定：例載各省修造工程，承辦各官浮開揑報，革職提問。同前例。嗣後應用工料，如寔係有心揑報浮開，希圖冒銷，革職提問外，如不詳核列案，以致多開經工部簽駁後，始行遂駁核減爲革職留任。降調者，減爲照所降之級留任。若因物料、運脚時價昂貴，今昔不同，于諳銷時，隨案聲明。如于部駁後始行聲覆者，承修官降一級調用，改爲降一級留任。查驗委員降一級留任，改爲罰俸一年。該管上司，罰俸一年改爲六個月。嘉慶十二年

士民修捐工程

一紳衿士民捐輸工程，俟其題報部核寔之日，會同吏部議叙。倘有以小報多，除不准議叙外，將題請之督撫、申報之地方官，一併議處。工

一五十三年奉上諭：「嗣後民修工程，向係條者除些小之工無關緊要者任聽民間自行辦理外，如係緊要處所工程在五百兩以上者，俱着一體報部查核，予以

保固限期興修後，再行酌令百姓出資歸款，着爲令。欽此。」工

一工部奏明：嗣後各項工程除動項修理并借項歸還民捐官辦者仍照舊例辦理外，其士民捐資自行經理之工，應令委勘結報，將分獎議之處，專摺奏明辦理，一面飭造工段清册送部存案。至工料册籍，有不能盡合部例之處，毋庸展轉駁查。嘉慶十二年

《欽定總管内務府現行則例・南苑》卷下《廟宇事宜》 乾隆二十年十月，總管内務府大臣三和等將燙得德壽寺燙樣一座進呈御覽。奉旨：「兩順山房不要東西配殿，與大殿天王殿分中往後挪幾尺蓋造。旗杆照新挪分位竪立，工竣時不許僧人居住，交南苑海户看守。欽此。」乾隆二十二年十二月奉宸苑奏准，南苑德壽寺工竣，酌派南苑官員輪流值日照管。並派領催三名，帶領海户二十名，收什殿宇，打掃地面，以及承應看守、坐更等項差務。再從前佛前香供，每月用銀二十六兩八錢八分，嚮掌儀司領取，因興工修理，於乾隆二十年五月停止未領，今已工竣，應行領給，但爲數過多，相應覈減。嗣後每月額定銀一兩。即於南苑鬻賣羊草銀兩内動支給與，入於每年奏銷羊草摺内聲明題銷。永慕寺例用物件，凡旗杆、絨繩、棕繩、冬夏簾櫳、雨搭等項，如有破壞不堪用時，呈明移咨工部更换。拜氈不堪應用，呈明移咨武備院更换。供案如有損壞，呈明移咨營造司修理。供器、法器、宅罩、坐褥等項如有破壞不堪應用，呈明移咨廣儲司更换。乾隆二十年三月總管内務府大臣三和奉旨：「中頂工竣時，著南苑管理。欽此。」道光二年七月奉旨：「南苑寧佑廟匾額，著改安佑廟字樣。欽此。」

《欽定總管内務府現行則例・南苑》卷上《更换橋板及屯牆秫稭》 南苑孟福橋等處，橋板及屯墻秫稭三年之後，如有朽壞者，奏請更换。其所需物料工價，奏請領取廣儲司存庫羊草銀兩備辦。如庫存羊草銀兩不敷應用，奏請動用内庫銀兩。

《欽定宮中現行則例》卷三《鋪宮・皇太后》 玉盃金臺盤一分、金執壺二把、金方一件、金盤十五件、金碟六件、金碗五件、金茶鐘蓋一個、嵌松石金匙一件、金匙二件、金三鑲牙箸一雙、金雲包角桌二張、銀方一件、銀折盂一件、銀盤四十件、銀碟十件、銀碗十五件、銀茶鐘蓋十個、銀匙十五件、銀三鑲牙箸十雙、銀茶壺三把、銀背壺十五把、銀銚四個、銀火壺二把、銀鍋二口、銀罐三個、銀杓四把、銅象鼻提爐一對、銅八卦爐四個、銅手爐二個、銅瓦高燈六個、銅遮燈一對、銅蠟簽十四個、銅剪燭罐八分、銅簽盤五個、銅舀二把、銅簸箕一個、錫盆十個、錫奠池二個、錫茶碗蓋五個、錫茶壺三十四把、錫背壺四把、錫火壺二把、錫坐壺八把、錫裏冰箱二個、錫屜鈷二個、鐵八卦爐一個、鐵火爐十個、鐵火罩六個、鐵坐更燈六個、鐵火鐮四把、黄磁盤二百五十件、各色磁盤一百件、黄磁碟四十五件、各色磁碟五十件、黄磁碗一百件、各色磁碗五十件、黄磁鐘三百件、各色磁鐘七十件、各色磁盃一百件、各色磁渣斗六件、洋漆矮桌二張、各色漆盒三十副、各色漆茶盤十五件、各色漆皮盤二十五個、戳燈三十個、香几燈十四個、羊角手把燈八把。

《欽定宮中現行則例》卷三《鋪宮・皇后》 玉杯金臺盤一分、金執壺二把、金方一件、金盤十五件、金碟六件、金碗五件、金茶鐘蓋一個、嵌松石金匙一件、金匙二件、金三鑲牙箸一雙、金雲包角桌二張、銀方一件、銀折盂一件、銀盤三十件、銀碟十件、銀碗十件、銀茶鐘蓋八個、銀匙十件、銀三鑲牙箸八雙、銀茶壺三把、銀背壺十三把、銀銚二個、銀火壺二把、銀鍋二口、銀罐二個、銀杓三把、銅象鼻提爐一對、銅八卦爐二個、銅手爐二個、銅瓦高燈四個、銅遮燈一對、銅蠟簽十四個、銅剪燭罐六分、銅簽盤五個、銅舀二把、銅簸箕一個、錫盆十個、錫奠池二個、錫茶碗蓋五個、錫茶壺三十把、錫背壺四把、錫火壺二把、錫坐壺八把、錫裏冰箱二個、錫屜鈷二個、鐵八卦爐一個、鐵火爐五個、鐵火罩四個、鐵坐更燈四個、鐵火鐮二把、黄磁盤二百二十件、各色磁盤八十件、黄磁碟四十件、各色磁碟五十件、黄磁碗一百件、各色磁碗五十件、黄磁鐘三百件、各色磁鐘七十件、各色磁杯一百件、各色磁渣斗四件、洋漆矮桌二張、各色漆盒二十六副、各色漆茶盤十五件、各色漆皮盤二十五個、戳燈二十個、香几燈十個、羊角手把燈四把。

《欽定宮中現行則例》卷三《鋪宮・皇貴妃》 銀茶鐘蓋二個、銀匙一件、銀三鑲牙箸一雙、銀茶壺一把、銀銚一個、銀束小刀一把、銅手爐一個、銅蠟簽六個、銅剪燭罐一分、銅簽盤四個、銅舀一把、銅簸箕一個、錫茶碗蓋二個、錫茶壺四把、錫背壺一把、錫銚三個、錫火壺二把、錫坐壺二把、錫噴壺一把、錫痰罐二個、鋄金鐵雲包角桌一張、鋄銀鐵鐮一把、白裏黄磁盤四件、各色磁碟四十件、白裏黄磁碟四件、各色磁碟十五件、白裏黄磁碗四件、各色磁碗五十件、白裏黄磁鐘二件、各色磁鐘二十件、各色磁小缸二口、各色漆盒四副、各色漆茶盤二件、羊角手把燈一把。

《欽定宮中現行則例》卷三《鋪宮・貴妃》 銀茶鐘蓋二個、銀匙一件、銀三鑲牙箸一雙、銀茶壺一把、銀銚一個、銀束小刀一把、銅手爐一個、銅蠟簽四個、

銅剪燭罐一分、銅簽盤四個、銅舀一把、銅簸箕一個、錫茶碗蓋二個、錫茶壺四把、錫背壺一把、錫銚三個、錫火壺一把、錫坐壺二把、錫噴壺一把、錫痰罐二個、鋄金鐵雲包角桌一張、鋄銀鐵鑷一把、黄地緑龍磁盤四件、各色磁盤三十件、黄地緑龍磁碟四件、各色磁碟十件、黄地緑龍磁碗四件、各色磁碗四十件、黄地緑龍磁鐘二件、各色磁鐘十五件、磁小缸一口、各色漆盒二副、各色漆茶盤二件、羊角手把燈一把。

《欽定宮中現行則例》卷三《鋪宮・妃》 銀茶鐘蓋一個、銀匙一件、銀三鑲牙箸一雙、銀茶壺一把、銀銚一個、銀束小刀一把、銅蠟簽四個、銅剪燭罐一分、銅簽盤四個、銅舀一把、銅簸箕一個、錫茶碗蓋二個、錫茶壺四把、錫銚三個、錫火壺一把、錫坐壺二把、錫噴壺一把、錫痰罐二個、鋄金鐵雲包角桌一張、鋄銀鐵鑷一把、黄地緑龍磁盤二件、各色磁盤二十件、黄地緑龍磁碟四件、各色磁碟八件、黄地緑龍磁碗四件、各色磁碗三十件、黄地緑龍磁鐘二件、各色磁鐘十二件、磁小缸一口、各色漆盒二副、各色漆茶盤二件、羊角手把燈一把。

《欽定宮中現行則例》卷三《鋪宮・嬪》 銀茶鐘蓋一個、銀匙一件、銀三鑲牙箸一雙、銀茶壺一把、銀銚一個、銀束小刀一把、銅蠟簽二個、銅剪燭罐一分、銅簽盤二個、銅舀一把、銅簸箕一個、錫茶碗蓋二個、錫茶壺二把、錫銚三個、錫火壺一把、錫坐壺一把、錫噴壺一把、錫痰罐一個、鋄銀鐵雲包角桌一張、亮鐵鑷一把、藍地黄龍磁盤二件、各色磁盤十八件、藍地黄龍磁碟四件、各色磁碟六件、藍地黄龍磁碗四件、各色磁碗二十件、藍地黄龍磁鐘二件、各色磁鐘十件、磁小缸一口、各色漆盒二副、漆茶盤一件、羊角手把燈一把。

《欽定宮中現行則例》卷三《鋪宮・貴人》 銅蠟簽二個、銅剪燭罐一分、銅簽盤一個、銅舀一把、銅簸箕一個、錫茶碗蓋一個、錫茶壺二把、錫銚二個、錫火壺一把、錫坐壺一把、錫噴壺一把、錫痰罐一個、鋄銀鐵雲包角桌一張、亮鐵鑷一把、緑地紫龍磁盤二件、各色磁盤十件、緑地紫龍磁碟二件、各色磁碟四件、緑地紫龍磁碗四件、各色磁碗十八件、緑地紫龍磁鐘二件、各色磁鐘十件、漆盒一副、漆茶盤一件、羊角手把燈一把。

《欽定宮中現行則例》卷三《鋪宮・常在》 銅蠟簽一個、銅剪燭罐一分、銅簽盤一個、銅舀一把、錫茶碗蓋一個、錫茶壺二把、錫銚一個、錫痰罐一個、鋄銀鐵雲包角桌一張、亮鐵鑷一把、五彩紅龍磁盤二件、各色磁盤八件、五彩紅龍磁碟二件、各色磁碟四件、五彩紅龍磁碗四件、各色磁碗十件、五彩紅龍磁鐘二件、各色磁鐘六件、漆茶盤一件、羊角手把燈一把。

《欽定宮中現行則例》卷三《鋪宮・皇子福晉》 銅蠟簽八個、銅剪燭罐三分、銅簽盤六個、銅舀二把、銅簸箕一個、錫盆二個、錫茶碗蓋四個、錫茶壺六把、錫背壺二把、錫銚二個、錫火壺二把、錫噴壺二把、錫水漏一個、錫裏冰桶一個、鐵爐四個、鐵火櫃一個、鐵坐更燈二個、鐵杓四把、鐵鏟一把、鐵鑷二把、各色磁盤十四件、各色磁碟八件、各色磁碗六件、各色磁鐘二十件、各色磁罐二個、各色漆盒六副、漆茶盤一件、戳燈二個、香几燈二個、羊角手把燈二把。

《欽定宮中現行則例》卷三《鋪宮・皇子側室福晉》 銅蠟簽二個、銅剪燭罐一分、銅簽盤二個、銅舀一把、銅簸箕一個、錫盆一個、錫茶碗蓋一個、錫茶壺二把、錫背壺一把、錫銚一個、錫火壺一把、錫噴壺一把、鐵爐一個、鐵杓一把、鐵鏟一把、鐵鑷一把、各色磁盤八件、各色磁碟四件、各色磁碗四件、各色磁鐘八件、各色漆盒二副、漆茶盤一件、羊角手把燈一把。

《欽定宮中現行則例》卷三《鋪宮・皇孫福晉》 銅蠟簽二個、銅剪燭罐一分、銅簽盤二個、銅舀一把、銅簸箕一個、錫盆一個、錫茶碗蓋一個、錫茶壺二把、錫背壺一把、錫銚一個、錫火壺一把、錫噴壺一把、鐵爐一個、鐵杓一把、鐵鏟一把、鐵鑷一把、各色磁盤八件、各色磁碟四件、各色磁碗四件、各色磁鐘八件、各色漆盒二副、漆茶盤一件、羊角手把燈一把。

昆岡《欽定大清會典事例》卷一二一四《内務府・工作・徵輸石灰煤炭》 徵輸石灰煤炭，原定，灰軍、煤軍、炭軍各以其地三十五畝，草子匠各以其地四十二畝，編爲一丁。灰軍五百三十一丁，草子匠八丁，共地一百八十九頃二十一畝。每地七畝，徵銀二錢一分，草七束，每束折銀二分，應徵銀九百四十六兩五分。歲交青白石灰包金土灰萬斤，抵銀十一兩二錢五分，二千斤抵銀三兩，餘銀徵交廣儲司。煤軍五百三十五丁，草子匠三丁，共地一百八十八頃五十一畝，應徵銀五百六十五兩五錢三分。歲交煤草煤萬斤，抵銀十六兩五錢，餘銀徵交廣儲司。每地六畝交草七束，共徵草一萬八千八百五十一束，束重七斤。交會計司分發各廄。炭軍五百二十八丁，共地一百八十四頃八十畝，應徵銀五百五十四兩四錢。折交黑白炭、白炭千斤，抵銀十兩五錢，黑炭千斤，抵銀三兩二錢七分五釐，每地六畝交草七束，共徵草一萬八千四百八十束，交會計司發各廄同。各設無頂戴頭目二人，副頭目四人，外郎四人，即於三項軍丁内選補，每人各給地三十五畝，免其賦。又每年内管領需用荊筐米篩器物，分令三庫交納。每荊筐折銀二分五釐，米篩折銀一分五釐。雍正八年，籍没入官炭軍十二名，共地七頃六十八畝，按畝徵科如前。

昆岡《欽定大清會典事例》卷一二一四《内務府・工作・官給印票》 官給印票，原定，炭軍出口燒炭，每年工部給票三百紙，於八月内繳銷舊票換給新票。盛京居住砍伐木槽箭杆匠人，每年户部給票八十四紙，於二月内盛京佐領今由盛京將軍。委官齎繳舊票，換給新票。雍正十一年議准，軍丁出口燒炭暫行停止，將所領印票撤回，其應交之炭令伊等從地畝錢糧採辦。乾隆八年議准，炭軍應交炭仍照從前由大水峪河防口燒炭之例，於工部領票，出口燒炭交納。二十九年覆准，大水峪河防口樹木乾枯，移咨工部暫行停止砍伐木植。養山數年，俟茂盛再行領票燒炭仍令軍丁按照地畝交納錢糧購辦。

王慶雲《石渠餘紀》卷五《紀制錢品式》 聖清太祖肇基東土，丙辰建元，鑄「天命通寶」錢，分滿漢文二品。天聰紀元，鑄錢如舊制。世祖奄有天下，置寶泉局於户部，寶源局於工部，明直省局皆稱泉源。鑄「順治通寶」錢，頒行各省開爐鼓鑄。自後列聖改元，沿爲故事。惟純廟行授受大典，嘗令乾隆、嘉慶各半分鑄。後改乾隆二成，六年乃全鑄嘉慶。順治之錢有數品，初有一錢、一錢二分、一錢二分五釐三品，其幕初無文。十年增鑄漢文一釐於幕之左，其右京局鑄户工，各省鑄局名，亦有單鑄一字者。十四年更鑄重錢，重一錢四分。圜函輝潤，近古罕比。凡錢圜徑十分寸之八。凡鑄錢先鏨鏨塊銅曰祖錢，乃鑄無文而圜者，曰母錢。然後印鑄函方而成制錢。凡鑄治之工八，曰看火、翻沙、刷灰、雜作、剉邊、滚邊、磨錢、洗眼，治之各以其序。於是始兼用滿漢文。京局曰源若泉，直省則以局名。江寧曰寧，一釐錢曰江。江西曰江，一釐錢曰昌。浙江曰浙。福建曰福。湖廣曰昌，一釐錢曰武。河南曰河。山東曰東。山西曰原。陝西曰陝。雲南曰雲。其密雲、薊鎮、宣府、臨清、大同，則用密、薊、宣、臨、同字。大同局先設陽和，文亦曰陽。以辨良楛，而殿最之。各省有分局。各府、各鎮者，旋開旋停。康熙初年增設各省局，其文湖南曰南，江蘇曰蘇，甘肅曰鞏。時布政司駐鞏昌，此局旋罷。四川曰川，廣東曰廣，廣西曰桂，貴州曰貴，後開福建臺灣、漳州兩局，文曰臺，曰漳。二十三年定鑄錢之齊以銅六鉛四，蓋銅性燥烈，必和以鉛。唐宋以來皆用之。明之四火黄銅、二火黄銅，即紅銅與白鉛相和而成者。先是，各局鼓鑄，或關差採辦銅鉛，或官收廢銅舊器，分生熟銅配鑄。大率以銅七鉛三爲準，至是始定分數遵行。是年鑄輕錢。四十一年復重錢。故康熙錢有輕重二品。輕錢重一錢，重錢重一錢四分。雍正錢亦二品，元年令各省錢幕用滿文鑄局名二字，是爲後此遵行之定式。五年改錢齊爲銅、鉛各半。七年更定各省錢文。直隸曰寶直，江西曰寶昌，湖北曰寶武，山東曰寶濟，山西曰寶晉，雲南東川曰寶東。旋開江蘇、安徽錢局，文曰寶蘇、寶安。十二年改錢重爲一錢二分。乾隆五年以私燬者多，改鑄青錢。浙江布政使張若震奏，言錢價之貴，由於私燬。訪之爐匠，咸云配合銅鉛，加入點錫，即成青錢。唐謂之白錢。銷燬無利，山藪之奸可不禁自止。令户部試鑄百分，其齊紅銅仍五十分，減白鉛爲四十一分有半，用黑鉛六分有半，加點錫二分。所鑄青錢，試鎔爲銅，錘擊即碎，不能更造器具。時再試以接爐提銅之法，每串僅復原銅二十二兩。廷議以可杜私銷。照式頒行。歷代黄錢之法，至是一變。雖暫免銷燬，然質雜而脃，其易於消磨則一也。自雍正改爲一錢二分，輕重適中。後雖錢齊不同，而品式無改，惟供用内廷者爲樣錢，樣錢百重一斤，其齊仍銅六鉛四。又案：見行則例，京局配鑄凡百斤，用紅銅五十四斤，白鉛四十二斤又四分斤之三，黑鉛三斤又四分斤之一。各省局或純用白鉛，或雜黑鉛，而皆不用點錫云。

王慶雲《石渠餘紀》卷五《紀户部局鑄》 國初，户部年鑄三十卯，以萬二千八百八十串爲一卯。遇閏加三。康熙、雍正兩朝各增十卯，乾隆六年增二十卯，次年增勤爐十座，年鑄六十一卯，得錢六十九萬餘串。十六年以後因餘銅加鑄，至三十八年定爲七十五卯，歲得錢九十三萬串有奇。末年裁勤爐，復銅六鉛四之制，仍爲三十卯。嘉慶初年漸復，五年設俸爐，鑄搭京俸。後銅鉛不敷，亦旋減旋復。自國初以來，皆户部鑄二，工部鑄一，今則例寶泉局正爐之外，有勤爐、俸爐加鑄，歲出錢百十三萬串，閏加四萬串。寶源局有勤爐，歲出錢五十三萬串，閏加四萬串，各有奇。案近日鑄錢之數，多於往時，而公私均無朽貫之積。一由生齒日繁，多一人即多一人之用，且昔之食時用禮者，今或踵事增華，流轉之數愈多，則錢愈見少；一由銀貴，市票盛行一兩之銀可以易兩串之票，市肆雖以票易銀，不得不蓄錢以待用，而冒禁私銷者，尚不在此數。此所以鼓鑄日多，而流通日少也。

通考案鑄錢之期曰卯，宋以後始有畫卯、點卯之名，蓋取其時之早，相沿既久，遂以一期爲一卯。

案今則例，各省局出錢歲額，除山東、河南、安徽、甘肅久已停爐，餘省歲其出錢一百一十一萬餘串，自銀價愈昂，錢本愈貴，大半皆停爐減卯。民用不足，私鑄能無起乎！

王慶雲《石渠餘紀》卷五《鑄大錢説帖》 今日之銀，少矣。非獨銀少，錢亦少也。國家歲歲鑄錢，積至於今日，宜乎山不能藏，海不能納矣。然使一月停爐，則局支立匱，況廠峝之告疲，銅運之不繼。其勢岌岌，迫不及待。此猶可蹈常襲故而不思變計哉！今欲不添銅，不加卯，使局錢變少爲多，莫若酌提卯銅，配鑄本直相當之大錢，爲易行而無弊。自銀價昂貴，今之制錢蓋工本二而鑄錢一。局中鑄一串之錢，即糜一串之帑，歲常以數十萬金置之無用之地，此何爲者？誠使以制錢五文工本，鑄當五大錢；以十文工本，鑄當十大錢，是一而鑄一也。雖制錢民閒行用固不可廢，要不妨與大錢配鑄配行，局中減鑄制錢一串，明省一串之虧折，此人所共知，至配鑄大錢一串，隱留一串之盈餘，人或未必知。即知之，又慮其不能行，是在當事者實力講求所以行之之術而已。凡作事謀始，未計其利，先防其弊。前此議加鑄者，必曰收銅；收之不至，則議禁銅，而銅卒不可禁。其請鑄大錢者，又欲以數兩之幣，當百當千，名實乖違，公私欺罔，利未一而弊已百。今但減制錢，鑄大錢，銅斤取諸卯額，經費不必別籌也。一枚工本與一枚價直相當，私鑄無利，又不禁自止矣。且價與工本相當，昔之糜費一倍者，固已節省其半矣。從來貨幣之所以不行，每由上專其利，而下不能流通。如前明造鈔，而禁民用金銀。究之鈔日以輕，金銀日以重，無他，上之所行非其所令也。今欲兼行大錢，不患不能搭放，而患不能搭收。官不收而使民用之，其廢格不行可立而待，故其始必收放相權，立爲規制。及乎鑄漸多，用亦漸廣，利權操於上，而民用便於下。異日之大錢，即今日之制錢。流布轉移，有不必遽期其效者。惟是鑄造之法必精，收放之令必信。設誠致行，存乎其人。今謹條四事於左：

一曰錢制。以今日鑄制錢之工與科鑄大錢，則不如其不鑄。何也？其麤不利用，其脃不久存也。故大錢必選高銅，或加煎煉，勿雜黑鉛砂錫，十分其劑。以康熙二十三年所定銅六鉛四爲準，或近年銅色不高，則照國初以銅七鉛三配鑄。並見《通考》。其色其質，務與順治、康熙一錢四分重之錢相等。至於銅價、鉛價、工料、局費四項，通謂之錢本。凡當五當十，必計錢本與錢直，名實相副。不妨多費分豪，斷不可吝惜錙銖，以生奸僞。考前明洪武時，鑄當十至當一錢五種。今畧仿其法而不用當三當二者，從簡便也。輪郭勿太寬，以免翦邊之弊。

一曰錢工。銅質雖净，鑄治不精，示人以樸則易於僞爲，而行之不遠。案康熙閒鑄造黄錢，其工有八，曰看火、翻砂、刷灰、雜作、剉邊、滚邊、磨錢、洗眼。治之各以其序，而務極其精。自改鑄青錢，漸至麤雜，惜工省費，日就苟且。今以鑄制錢五文之工食，鑄治當五者一文，可期磨洗匀净，積至當十。工費加多，枚數加少，自能精益求精。至於爐匠工作，侵盗固所宜禁，麤率亦所必懲。工食務足贍其身家，不使剋扣絲豪，致囂然有疾視之意，庶圜法日久而常新。

一曰搭放。凡大錢用抵制錢與銀搭放，則可；徑以大錢抵銀搭放，則不可。蓋銀價長落無常，錢質一成不易也。今部庫搭放，以制錢一千，準銀一兩，宜仍其舊。惟先就制錢中配放大錢二成，如搭放一串，以制錢八百，當十大錢二十；或制錢八百，當五大錢四十。量配放之數，爲配鑄之數。或分爐，或分卯，必度其宜。大抵配放之始，宜少不宜多。少則易散亦易斂，斂散易則流通疾，流通疾則錢見重，錢見重則存於民者必多，而官無朽貫之慮。疾爲斂之，正所以廣爲散之。此善取不奪之道也。

一曰搭收。或由鹽課，或由關税，此當俟諸異日，而必自户部常捐及雜項倡之，然後法立而人不疑。凡搭收亦以二成爲準，不足乃以銀。民知官之樂爲收也，必争儲以待用，其事猶有不行者乎！至於通變不倦，鼓舞盡神，則必使上與下公其利；欲公其利，莫若以當五之三百六十文，與當十之一百八十文，直制錢一千八百，即許準銀一兩交納。或曰：今銀價每兩二千，如是則便於民不便於官。然自官計之，常時銀一兩鑄錢一串，又以錢一串抵銀一兩，名爲搭放，實無盈餘。今以銀一兩鑄大錢，其直兩串。準直搭放，是一兩之鑄獲二兩之用也。即以一千八百搭收一串之外，尚有八百之餘也。何必取盈於二千之數哉！且使民閒得大錢常有什一之利，商賈通行，民用便利，以視制錢必有倍加寶貴者。小利在民，卽大利在國。慎勿藉口於難行哉！或曰：如前所謂搭放之數，既取諸按卯之配鑄而足矣，若復源源搭收，大錢不壅於官乎？然此爲民閒不行用言之耳。民之所棄，而官收之，其壅固宜。誠使鑄爲大錢，質既厚重，工復精純，領之官而有什一之利，納之官而無折閲之慮。不蠹不腐，可藏可沽，獲輕齎倍蓰之便，免短陌攙和之患，其爲流通利用無可疑者。夫一室儲錢百，則萬家有百萬之藏。京師百萬户，可使萬萬大錢流通於下。若乃物則質雜而工麤，法則朝行而夕改。小有通塞，不議停放，輒議停收，出納不平，掊克貽誤，一朝沮格，歸咎於立法之人。平心論之，此人不行法之過邪，抑法不可行之過邪？再考本朝錢法，順治初每文重一錢，七文準銀一分，後更鑄重一錢二分，以新錢七文準銀一分，舊錢十四文準銀一分。是新錢一當二也。十年行一釐錢十文準銀一分。十四年更鑄重一錢四分，新錢一亦當舊錢二。康熙二十三年復爲一錢。四十一年仍爲一錢四分，舊錢十當新錢七。輕重相權，實國家之故事，而非創自今日。至於收納職掌之所，官役勸懲之法，面幕文字之式，在當事者討論故實，熟思審計，取自上裁，非下走之所敢議也。

戊申十一月江翊雲給諫上請鑄大錢疏，竊意其法可行，惟所請徑以大錢抵銀搭放，爲思之未熟。事下樞府，友人屬爲説帖，因兼取汪衡甫京兆以二千搭放，以一千八百搭收之議，率成四條，會事寢未上。其年十二月，五城禁市肆私錢短陌，不數日銀價每兩由二千驟減至一千四五百文。時民間方倚錢度歲，典物者質庫不肯納，一時譁然。卒弛禁而銀復昂然。則今日錢價之賤，由局錢不精，奸僞溷雜。是篇所言，銀少錢亦少者，非意之也。

王慶雲《石渠餘紀》卷五《紀銀錢價直》 歷代寶貨與錢並行者，有幣有鈔。金元以來，黄金漸少，始以銀爲通行之幣。國初用不足，嘗一造鈔。時歲造十二萬貫。不久停罷。自後與錢兼權而并用者，惟銀而已。銀之直以兩計者，金時折錢二貫。明代自五六百文至千文，逮夫末季，一兩直錢五六千，而錢法大壞。蓋銀不自爲直，因錢之貴賤以爲直。權之之法曰輕重，曰多寡，曰斂散。輕重與斂散，其權操之自上；多寡之權，則上不能獨操之。勢之所趨，有未易以文法禁者。故爲錢必適輕重之中，而後時爲斂散之令，以齊其多寡之數。然爲法終不能以數十年而不敝。我朝順治初元，鑄錢文重一錢，始以七文準銀一分。旋更鑄重一錢二分，又改鑄重一錢二分五釐，官徵民納，皆新鑄七文準銀一分，舊鑄一錢重者倍之。先是，工部侍郎葉初春以錢價日增，請鑄當五當二錢，以便民。不允。然新錢實一而當二。十年行一釐錢十文準一分。雖著爲令，而民患錢輕，乃罷之。改鑄重一錢四分，其準銀之直，新錢以十，舊錢仍以十四。康熙十年令民以從前之小制錢交納正賦。時奸民多燬重錢。二十三年錢漸貴，銀一兩直不及千。侍郎陳廷敬言：欲除燬錢之弊，求制錢之多，莫若鑄稍輕之錢。燬錢無利，其弊自絶。乃改鑄仍爲一錢。四十一年又以錢小盗鑄者多，復舊制一錢四分，千文準銀一兩，舊重一錢之千文，準銀七錢。至雍正十二年銅貴，錢本多虧，乃酌輕重之中，定一錢二分之制。自是以後，鑄質雖有不同，而輕重覼若畫一。其有不齊，則局匠冒禁偷減，非功令有所改易。此本朝以來錢法輕重之大略也。權之以多寡者，錢少而貴，則局有增爐，爐有增卯，又有勤爐、俸爐之設。多而賤，則酌其數而減之閉之。凡以劑銀價而使之平也。考康熙中錢價過昂，有銀一兩不足一千之禁。及末年自八百數十文遞減至七百數十文。皆指重錢。於是發五城平糶米價以易銀。或言康熙間鑄錢最精亦最少，不知固由當時之銀易得而價賤也。雍正元年設官牙以平其直。乾隆三年革錢行經紀。七年諭曰：「錢爲國寶，固貴流通。然必輕重得其平，方能無弊。若錢價過賤，物價必虧，姦弊從此而起。嗣後銀一兩祇許換大制錢一千。」蓋其時錢驟賤，故又立法以禁之。九年以户部卯錢及五城平糶錢二十四萬串，設局兑换，定價銀一兩易錢九百五十文至一千文爲率，禁市儈賤買貴賣之長短錢。乾隆二十六年又以平糶錢易銀。時一兩二錢僅易錢一千。三十六年各省皆以價平請減鑄，諭督撫豫爲籌畫，務期錢直常平。案康熙以前制錢準銀之數，自七文增至十四文，已有日趨於賤之勢。康熙、雍正間立法維持，時貴時賤。惟乾隆一代錢價平時少而貴時多，或以爲由銷燬古錢，或以爲由私燬重錢，故錢少而貴。然實當時上下銀多之故。案雍正十三年令捐納貢監，皆收銅，不足乃用銀。乾隆九年定官員領帑除夫匠工價外，民間日用除零星粟布外，概不許用錢。向非上下銀多，安能嗇於用錢。如是且列朝鑄錢之多，亦無如乾隆時者。而初年部庫積銀三千萬，末年至七千餘萬，輕重兩幣，皆充牣。而流通故昔之銀錢，均無獨能久貴之勢。嘉慶初年錢仍貴，民間以銀易錢，虧失逾倍。詳十年五月聖訓。乃嚴飭各省毋減卯，毋虚報。竊意其時數歲軍需散部庫七八千萬於外，民間銀易得，故錢見貴。未必盡由於停爐減卯也。自嘉慶末年錢法日久而敝，嘉慶十七年有江蘇鑄錢攙和沙子錢質脆薄之諭，二十五年御史王家相奏：江南以官銅偷鑄小錢，每千不及四斤，民間號爲局私，流通寖廣，以致銀價日貴，並見聖訓。而銀之外洩亦日多。詳後。由是錢價一賤近三十年即不復貴，至今日每兩易錢二千，較昔錢價平時蓋倍之，較貴時幾及三倍。屢經調劑，未覩實效。殆所謂勢之所趨，未易以文法禁者乎！若夫斂散之法，則視錢之多寡。在官者多，則散之；在民者滯，則斂之。案順治十二年始令以制錢搭放俸餉。康熙初令各省存留雜支配錢三成，自後配搭隨時增減。惟康熙五十八年、六十年及嘉慶六年，均以錢貴令半銀搭餉，爲最多之數，餘或減於三成之内。詳會典事例。凡加成搭餉，以錢貴加惠兵丁，非爲節省用銀之故也。乾隆間令各衙門公費皆給錢。又或發官錢，設官局以平市價。乾隆二年發工部餘錢，設官錢局十處，出易以平市價。其斂之也，順治十二年令州縣計搭放之數刊入，由單徵收。再踰年以制錢壅滯，令銀七錢三完納。銀以運解，錢抵存留。輕重之貨，並行不悖。康熙間民賦猶兼用錢，自奉行日久，各省漸不畫一，銀則浮收，錢則浮折。是以雍正間安徽巡撫徐本以民賦槩用銀，零星稱收不便，奏定每一分連耗羨收錢十文。乾隆間又以直隸民賦多以錢作銀，爲數較重，令一錢以上者，不必勒令交錢。蓋自耗羨歸公，徵斂或不如法。大吏所孜孜調劑者，又不在錢法之貴賤矣。邇來錢不加多，而公私耗銀之途日廣，於是銀之貴賤，不係錢之多寡；而錢之貴賤，轉係銀之多寡。圜法子母之權移於銀幣，此積重之勢也。

嘉慶十九年正月諭：「蘇楞額奏請嚴禁海洋私運一摺，據稱『近年以來夷商賄通洋行商人，藉護回夷兵盤費爲名，每年將内地銀兩偷運出洋，至百數十萬之多，夷商已將内地足色銀兩私運出洋，復將低潮洋錢運進，欺朦商賈，以致内地銀兩漸行短絀』等語。夷商交易，原令彼此貨物相準，通易有無，以便民用。若將内地銀兩每年私運出洋百數十萬，歲積月累，於國計民生均有關係，著蔣攸銛、祥紹查明每歲私運若干，應如何嚴密禁止，妥議具奏。」二十年十一月諭旨：「近年内地銀兩爲夷人貿易攜去者，動逾百萬，日久幾同漏卮。」以上並見聖訓。又十九年閏二月侍講學士蔡之定請行用鈔幣，諭「所奏泥古迂謬，斷不可行。前代用鈔，其弊百端。小民作僞，必致獄訟繁興，麗法者衆，殊非利用便民之道。且國家經費量入爲出，不致遽行匱乏，何得輕改舊章？該學士以文學之臣，迂腐陳奏，著交部議處，以爲妄言亂政者戒。」

王慶雲《石渠餘紀》卷五《紀錢銅禁令》 從來利孔藪姦，文網所不能制。國初承故明錢法極敝之後，首禁舊錢，官收買以供鼓鑄。惟崇禎錢暫許行用，舊錢每斤給直八分。旋以削平諸藩，禁僭號僞錢，定官爐夾帶私鑄計贓以枉法論。加私鑄爲首絞候律爲斬候，再加爲斬決。時銅不足，每新鑄輒燬舊錢。康熙初申嚴官員失察私鑄之例，重者至褫職。私銷罪與私鑄同。時奸徒毁錢製器，獲利以倍，非嚴立科條不能禁止，故網稍密焉。十八年禁市肆鑄造黄銅器具。已成器及五斤以下者不禁。二十四年福建巡撫金鋐以閩省多用前代舊錢，請禁之，下閣臣集議。學士徐乾學議略曰：自古皆古今錢兼行以從民便。考梁太平時詔雜用古今錢。宋泰始時斷新錢，專用古錢。魏熙平初以新鑄五銖及太和錢、古錢通行。金大定中以宋大觀錢一當五用之。明太祖鑄大中通寶錢，與歷代兼行，民咸利之。錢者，歷代通行之貨。自漢五銖以來，未有廢古而專用今者。若隋之盡銷古錢，明天啟以後括古錢充廢銅，此錢之變也。昔時錢法之敝，鵞眼綖環，無代不有。然歷代之錢尚存。旬日之間小錢便可淘汰。若舊錢已盡，即良工更鑄，海内之廣，一時難徧。欲一市價而裕民財爲稍難矣。聖祖韙其言爲寬舊錢廢錢之禁。時湖廣所鑄色紅而輕小，乃禁之。四十五年山東請鑄大錢，適命侍郎恩丕緝獲長山縣私鑄，上以不嚴禁私錢而鑄大錢，奸民必毁大鑄小，今鑄私錢必須收取。乃下令來歲山東錢糧每兩折錢二千，俟錢盡時，折收銅器。不出一年，私錢自盡。蓋亦一時之權也。雍正初禁錢之沙板錘扁翦邊者。四年復嚴禁黄銅器皿，時不禁紅白銅，三品以上許用黄銅。定限三年以後照私藏禁物論罪，製造者照私毁制錢爲從律。《通考》。案是時收銅百斤，給銀十一兩有奇，除工料祇鑄錢八串四百，以銀兩直千計之。是爲十而鑄七。十年申販運囤積之禁。自禁銅以後，私銷愈多。十餘年來京師康熙之錢日少。見雍正十三年諭旨。乾隆元年户部尚書海望疏陳禁銅四弊，略曰：銅器散在民間，相習既久，一旦禁使勿用，往往遷延而不交，交納而不盡。胥吏需索，刁民訛詐，得賄則賣，官法不得則入人罪，搜括殆盡，用法不均，其弊一；有司未必皆賢，有侵蝕剋扣僅給半價者，有除去使費空手而歸者，名爲收銅，實同勒取，其弊二；此等銅質本極麤雜，加之鏽壞，鎔化耗折，徒費帑金，無益鼓鑄，其弊三；況黄銅乃紅銅配鉛而成，今禁黄銅，不禁紅銅，是又多費紅銅，而適以昂黄銅之價直，速其私燬，且黄銅一禁，白銅轉多，皆奸匠銷燬制錢，攙藥煮白，其弊四。自古銅貴錢重，則私銷；銅賤錢輕，則私鑄。是以錢文輕重，必隨銅價低昂而增減之。世宗因私銷之弊，飭減分數，每文重一錢二分，所以調劑銅貴錢重者，自有成效，不必屑屑於禁銅之末矣。於是收銅禁銅之令皆停，惟南洋私販銅器者有禁。自改鑄青錢，銷燬之餘以熄，禁鑄用鉛錢。二十二年開廢錢之禁，謂曰：「前代廢錢流傳至今，已屬無幾，攙和行使，相沿已久，若盡行查禁，轉使吏役得以滋擾，如唐、宋、元、明舊錢，不妨仍聽民便。至僞號錢文，則當禁革，但辦理不善，恐民情不願。准民間檢出，官爲收換以供鼓鑄。案故明諸藩僞號如宏光、隆武、紹武，皆亡於順治二三年，惟永曆亡於順治十八年，爲稍久。然崎嶇轉徙之間，所鑄亦僅矣。寬之以收換之，令以俟其自盡。」聖人之宏如此！自國初以來，私鑄之禁恒與收繳給價並行。立法非不寬大，顧民賣禁物於官，愿者畏罪而空輪，黠者翫法而踵至。故臣以爲收買私錢，不獨法不可，亦勢不行也。嘉慶初以小錢收繳，仍未盡訛索賣放，百弊叢生。而民間行使，均由他處攙雜而來，不清其源。於事無益，乃嚴員匠偷減及奸民私鑄之禁。諭曰：「如官無小錢，民無私鑄，弊源可絕。其民間行使，轉可不必查禁，以免擾累。」十四年以京局輪郭模糊，外省偷減儇薄，飭禁之。夫奸民趨利，扞網不顧，必也制錢不過重以啟私銷，不過輕以招私鑄。利權操於上，而奸藪清於下，是亦措刑之一術也。

康熙九年姚文然疏言：「臣年來見部中疏通錢法，將存留錢糧，一槩收錢放錢，用心甚周，立法甚善。」案搭放搭收，歷有舊章。此則存留一槩用錢，蓋當時已有此議。

王慶雲《石渠餘紀》卷五《紀銅政》 國初户局銅由各關辦運，工局差司員督買。康熙初併歸各關，以蘆課佐之。十八年收廢銅及淘洗餘銅，兼令鹽差採買。二十年停。二十五年增銅價，時各關藉口銅貴，徵税多浮。聖祖恤商民之困，增舊價六分五釐爲一錢。後交内務府商人承辦。四十四年總督貝和諾請立滇省官銅店，以各廠抽納税銅，變價報部。抽納見礦政。兼收買餘銅以售官商之承辦京運者。收以三四分，售以九分，獲息歸公，謂之銅息。考滇省山礦，元、明止有金銀之課，民間日用海肥，未嘗用錢。明嘉靖、萬曆間，暫開旋罷。至是，地寶乃漸出矣。至五十四年商欠誤運，改令各省委員辦解，歲需四百四十餘萬斤，增價二分五釐。先是，各關辦銅，捐水脚五分。至是，於價外給水脚三分，節省二分解部，是爲銅斤水脚解部之始。次年以各省辦銅伊始，暫收舊銅充鑄。而奸民轉將小制錢銷售。禁之。并罷收買之令，再增銅價二分。六十年并歸江、浙採辦。以東洋條銅在二省收泊也。又聽商民往安南採辦。雍正初，雲南青龍金釵廠産日旺，巡撫楊名時請解京局銅一百萬斤。廷議道遠費多，不如留滇開鑄，并許運散各省。罷官店餘銅，聽民販運。次年以江、浙運不足額，分閩、粵二省購洋銅。湖、廣二省購滇銅，運輸京局。旋以雲南産銅日旺，鼓鑄外餘二百餘萬斤，許運售各省。時議洋銅至京，每百斤價十七兩有半；滇銅僅十二兩有奇，内運費三兩。價大省，可以停購洋銅。然至乾隆初年，猶滇、洋各半。於是開東川局鑄，運往陝西。而貴州威寧之銅，與大定之鉛，皆大出。十三年令捐納貢監，收銅不足，乃用銀。高宗即位，以各省購辦滇銅解部，莫若即令滇省就近鑄錢出蜀，之永寧，水運至漢口，附漕至京，可省京鑄之半。巡撫張允隨請開局，廣西府鑄錢三十四萬串，出粵之百色，運至漢口轉輸。乾隆元年令商民自運洋銅，官爲收買。次年總督尹繼善奏：「湯丹廠歲餘銅三百餘萬斤，以内地餘銅售之商販，而京局之需，又辦自外洋，不免舍近求遠。莫若令江、浙來滇收買運京。」次年直隸總督李衛亦以爲請，乃從之。是年停雲南鑄運京錢，以原銅百八十餘萬運至漢口，分撥站船運京，加卯鼓鑄。是爲滇銅之加運。户部議從前令雲南鑄錢運京，原因就近礦廠，而永寧水路可達京師，水脚多省。嗣因近蜀地方無可建局，遂於廣西府開爐，陸運至板蚌下船，抵粵之百色。山川修阻，較永寧迥别。請照原定銅斤解部。臣思銅運可由永寧，錢運何以必由百色？近蜀之東川府，雍正間久已開爐，何以運京之錢必開局於廣西州？昔爲府。允隨之請，户部之議，皆臣所未解也。時京銅始盡歸滇運。其運道，半由尋甸至威寧，半由東川經昭通、鎮雄，皆轉至永寧水運，每年預撥銅本一百萬兩。每斤工本九分二釐，連廠費約需五六十萬兩，脚價役食十餘萬，解司銅息二十餘萬。凡運銅有加耗，百分之八有餘銅百分之三沿途催趲稽查沈失。至今銅運章程半皆允隨所定。其時正運四百三十餘萬斤，加運一百八十餘萬斤，納户局三之二，工局三之一，即見行則例。解京正耗餘三項銅六百二十九萬餘斤之數也。六年滇省開金沙江通四川水道，乃於東川開局，改威寧陸運，由小江口至瀘州。然滇錢運京之法，卒無有議復者。十八年以粵需滇銅，滇需粵鹽，令彼此互換，免齎價之煩。次年撥滇省銅息五十萬充餉。三十一年總督楊應琚奏：滇省礦廠日開，砂丁聚集，每處數十萬人，糧價昂貴。礦廠無業之徒，向有米之家借糧，名曰米分。以米分多寡，均分礦利。開採無益，請禁老廠子廠四十里外不得私開。時各廠歲報獲銅千二百餘萬斤。至末年礦産尤盛，額銅之外，羸千三百餘萬斤。於是有帶解之銅。先是，銅質低潮者，由局煎煉。嘉慶初令選運純浄之銅，局驗低潮，運員治罪。然自是以後，銅斤無減於舊，而錢質漸以麤雜。議者謂不盡由銅低之故。臣讀《會典》，見國初以來局役包攬買交有禁，成色不足有禁。或設對牌，或較法馬。臨兑之際，撒手敲平，所以防收銅之詐僞者至纖且悉，則何如就滇鼓鑄運京之簡易哉！

附載鉛錫

國初鑄錢之鉛，由各關兼辦。康熙二十三年始發商辦解，五十九年以湖南桂陽州税鉛十二萬斤解京配鑄。雍正初大定産鉛漸多，十二年停商辦，令貴州歲辦額鉛。自五年改錢齊爲銅、鉛對鑄。歲增京鉛至三百六十餘萬斤，而黔廠所出，實不止此數。雖倍舊價爲一兩三錢，而較商辦之直省七之五。蓮花銖砂之産，不脛而至。時黔鉛日旺，而楚産漸微。蓋五金與水同性，溢於此，必消於彼。向之滇銅出而洋銅稍衰，亦是理也。乾隆初改鑄青錢，減貴州白鉛五十萬斤，運黑鉛。後黑鉛與湖南迭辦，時有增減。初令廣東辦點錫十五萬，隨開礦抽課，並收餘錫。後又收買洋錫。黔鉛百斤價一兩五錢，粵錫百斤十三兩有奇。十年黔鉛歲産至一千四百餘萬斤，是爲白鉛之極旺。二十七年定白鉛歲額四百二十四萬。再逾年增十有五萬。今則例歲額四百三十九萬餘斤是也。今黑鉛歲額，黔運四十七萬，楚運二十五萬。其點錫配鑄之法，自乾隆五十九年以後，即不復用。惟貴州鉛本歲需二十九萬兩，猶當時所定云。

《石渠餘紀》附載新疆西藏錢

西藏葉爾羌市易用普爾錢，紅銅爲之，重二錢，制小而厚，外有輪郭，中無方孔。每五十謂之騰格。舊以此輸準夷之賦。策旺阿拉布坦時錢面鑄其名，用準字，背回字，噶爾丹策淩亦如之。我朝平定回疆，仍以此輸賦。乾隆二十四年以後，開葉爾羌阿克蘇錢局，即其地徵銅萬斤鑄制錢，仍其俗用紅銅，枚重二錢，幕鑄城名，左滿文，右回文。更定百普爾爲一騰格，準銀一兩。四十年平伊犂，設寶伊局。面文皆如內地。伊犂鑄錢每千需銅料銀三兩八錢，顧皆賦糧折納，不由採辦。五十二年折給七城兵丁鹽菜百六十，準銀一兩。嘉慶以後仍兼鑄乾隆錢，以準回諸部皆高宗所戡定也。自西藏隸我版圖，以地不產銅，令寶藏局及商工鑄銀錢，面漢字，幕唐古忒字，邊郭鑄年分。重者一錢，輕者五分。其準銀皆長十之一，爲工火費。唐書謂泥婆羅國錢不穿孔。三朝國史謂天竺錢實其中不穿貫。今西北之錢猶其遺制也。今伊犂各城雜賦普爾錢九百萬有奇。

附載洋錢

閩廣近海之地，多行洋錢，來自西南二洋。約有數等，大者曰馬錢，爲海馬形；次曰花邊；次曰十字。花邊大者重七錢有奇，鑄宮室人物，環以番字。漢書言安息、大秦諸國用銀錢是也。質不及銀，而價視銀爲高下。始番舶捆載而來，歲數百萬，與東南貨幣相流通。顧昔以洋錢易貨而來，今以貨易銀而去。其流入內地者，鏨鑿銷耗，亦漸以難得矣。

附鐵

舊例鐵器不得闌出外境，而海舶或販廢鐵及鐵鍋千百出洋。雍正初乃禁之。八年，總督孫嘉淦奏湖南州縣產鐵，百姓自採以供農器，間往鄰邑售賣，應聽商民自便，即鹽鐵論所謂輓運阡陌之閒，各得所欲者也。乾隆十年閩浙總督喀爾吉善奏雲和、永嘉等縣土瘠民貧，採鐵爲業。封禁以後，陽奉陰違，徒資吏胥需索。各縣俱係內地，與近海產鐵之寧臺等處不同，乃弛其禁，照舊開採，酌量起科。二十九年以後准四川屏山、江油、宜賓開採鐵礦，十分抽二，變價充餉，雖稍稍稅之，而卒不立鐵官。

附銅運改道議

滇銅兩運，寄存武昌，數月矣。此後江路即通，而豐工漫溢河湖，底定無期。京局之銅，何以爲繼？昨議由武昌船運入襄河，北抵樊城。新野水路見後。再由樊城陸運經內黄楚望入衛河滑縣道口見後。北上。其首尾襄、衛兩水，舳艫相望。豫省又有軍船可資灑帶，兩運之銅一百十萬斤，抵米不過一萬七八千石。豫省軍船三百餘隻，每船不過附裝五六十石。南北利涉，豪無疑義。所難者陸運千三百里耳。驛程見後。事屬創始，人多疑慮。然但能體卹車户，責成攬載，亦可必成而無弊。常見商販藥材布匹，皆以貨物責成車户攬載，未嘗逐車使人管押，而從不短少偷竊者，以雇價足供人馬料食，而無牽制剋減之累也。若拘執文法，官兵護送，吏役稽查，繁費誨盜，終亦不行而已。

案銅鉛各運，向例沿江溯淮，經三閘五壩，泝流而上。其閒讓漕插檔，阻風守凍，甚而挖淺撥運，又甚而沈溺打撈，勞力傷財，經年累月，其不虧短者尟矣。若果陸運得有把握，以後銅、鉛各運，擬自荆州至大澤口盤隄換船，更省沿江泝漢之路千有餘里。案水道提綱漢水至潛江縣北境大澤口，有支津西通荆州府，諸湖交會，即古之雲夢澤。又案圖書集成，自荆府之沙市，在大江北岸。至潛江縣之大澤口，在漢水南岸。其閒有大白、紅馬諸湖。方輿紀要所謂江陵東北三海八櫃，與漢水通者是也。此處盤隄，當必不遠。

自樊城至內黄縣楚望陸運驛程

湖北襄陽府北岸爲樊城，陸運由此啟程六十里襄陽縣呂堰驛，以下均照兵部驛站里數開列。六十里新野縣湍陽驛，如由漢江入白河，水路可至新野，省陸程百一二十里。水道提綱云：白河源流行七百餘里，合湍、唐諸水，南陽全府羣流畢會，實入漢之巨川也。六十里南陽縣林水驛，六十里南陽縣宛城驛，六十里南陽縣博望驛，六十里裕州赭陽驛，六十里葉縣保安驛，六十里葉縣滍水驛，六十里襄城縣新城驛，六十里長葛縣石固驛，五十五里新鄭縣永新驛，自此以上爲雲貴大道。四十五里新鄭縣郭店驛，五十五里鄭州管城驛，四十里滎澤縣廣武驛，渡黄河。七十里獲嘉縣亢邨驛，六十里新鄉縣新中驛，五十里汲縣衛源驛，五十里淇縣淇門驛，由此東北達濬、滑兩縣，皆臨衛河，水盛則大船亦可至滑縣之道口鎮。六十里湯陰縣宜溝驛，七十里彰德府安陽縣鄴城驛，自此以上爲西大道。百十里內黄縣，由前淇縣湯陰道上東北可達內黄，省陸路百里。三十里楚望集入衛河。衛河由此東過大名、冠縣、館陶至臨清州與南運河合流，北抵直沽，無閘座。

以上陸路驛程計一千三百五里。

又案《方輿紀要》引志云：衛水，小水也。後漢建安九年，曹操於淇水口下大枋木，遏淇水東入白溝，衛水至濬縣名白溝，是時淇水入大河，以操遏使東北流。以便漕運。然則衛本小水，得淇而始可通漕，故元初漕舟亦自封邱陸運至淇門，衛輝府東北五十里有淇門鎮，淇水入衛處。入於御河，達於京師。御河即衛河。若銅運由淇門鎮上船，比楚望又省陸程二百餘里。

王慶雲《石渠餘紀》卷五《紀礦政》 天下之礦政，掌於户部。廣西司凡五金之廠，銅、鉛、銀、金、鐵。曾經開採納課者，《會典》皆詳載之。顧金與水同性，其氣行於地中者，流而不停。焉能汲而不竭，或先無而後有，或昔旺而今微，非可按籍而索也。本朝懲前代礦税之害，與礦徒之擾，每内外臣工奏請開採，中旨常慎重其事。雖或抽税以充鼓鑄，亦不設之專官，防滋擾也。康熙十四年定各省開採銅、鉛抽税十之二。按抽税隨時不同，大抵官税十分之二，四分發價官收，四分聽民販運。或一成抽課，餘皆官買。或三成抽課，餘聽商自賣。或官發工本，招商承辦。又有竟歸官辦者。四十六年户部議增雲南廠税，諭以雲南年徵八萬兩，兵餉已敷，此外不得增加。五十一年四川總督能泰奏請開礦，又稱江中有銀，派官監視撈取。諭曰：「朕爲人君，豈有令江中撈銀之理！觀此二事，即知能泰必貪。」次年四川提督奏報：一盌水地方聚集萬餘人開礦，差官力行驅逐。諭以此等偷開礦廠，皆係貧民。若盡行禁止，何以爲生？地方文武官作何設法，使窮民獲有微利，但不得聚衆生事。乃令廷臣集議，諭曰：「有礦地方，初開時禁止乃可，若久經開採，貧民藉爲衣食之計，忽然禁止，恐生事端。總之，天地間自然之利，當與民共之，不當以無用棄之。要在地方官處置得宜耳。」乃定未經開採者，仍行嚴禁。雍正元年巡撫金世揚奏：貴州漢、苗雜處，每場市貿易，少則易鹽，多則賣銀，行錢不便，請停採銅鼓鑄。二年總督孔毓珣請開採以濟窮民。諭曰：「昔年粤省開礦，聚集多人，致盗賊漸起，是以永行封禁。夫養民之道，惟在勸農務本，若舍本逐末，游手望風而至，豈能别其姦良？況礦砂乃天地自然之利，非人力種植可得焉。保其生生不息，今日有利，聚之甚易；他日利絶，散之甚難。若招商開廠，以致聚衆藏奸，則斷不可行也。」三年江西巡撫裴倖度奏：廣信府封禁山相傳産銅，舊名銅塘山，明代即經封禁。其中樹石充塞，荒榛極目，無沃土可以資生。康熙五十九年捦獲匪類之後搜查，並無藏匿，請仍封禁爲便，尋又封禁。雲南中甸銅廠，又以湖南撫臣布蘭泰疏奏開礦事宜，亦諭以逐末之民，易聚難散。六年賜安南國鉛山四十里，時粤西請採銅以供鼓鑄。梧州芋莢山報産金砂，旋准開滇、蜀銅、鉛各廠。八年湖廣總督孫嘉淦奏：會同宜昌金礦及各縣礦廠，或屬苗疆，或妨田園廬墓，或産砂細微，應嚴加封禁。惟郴、桂二州，既非苗疆，又無妨礙，應聽開採，抽税於鼓鑄有裨。九年總督那蘇圖以粤東鼓鑄難緩，見有礦廠可開，兼爲撫養貧民之計，宜酌量試採。砂旺即開，砂弱即止。至金、銀二礦，民多競趨，恐轉礙鼓鑄，應照舊封閉。十六年湖南巡撫楊錫紱奏：黑鉛礦内銀、鉛並産。康熙、雍正間銀氣旺盛，是以經商開挖，報抽銀税。後經封閉。乾隆七年復開，出銀無幾，改爲砂課。今銀氣復旺，應復銀税，另立科條。二十六年甘肅開騷狐泉磺礦。自後滇之通海、彌勒，黔之清平，廣西融縣，先後報開鉛廠。五十一年總督福康安奏：開甘肅沙州金砂。嘉慶四年廣東於黎地試採石碌銅斤。總督吉慶以地濱海洋，且額已短缺，奏准停止。聖訓。

王慶雲《石渠餘紀》卷五《紀硝磺》 雍正十年經略鄂爾泰奏：武備軍威，火器最重，火藥宜精。惟是揀材置料，硝易而磺難，硝賤而磺貴。外省採買，價費浩繁。肅州地處極邊，磺一斤直銀一二錢，艱於接濟。查嘉峪關外金佛寺堡所屬汛地，自南山隘口抵朱魯郭迆西，有磺山周環四五十里，並無番夷住牧。若開採煎熬，工費不過五分，而出産甚多，用之不竭。得旨開採，固爲有益。但日久不無盗賣之弊，著開採足用，即行請旨。時以河南、湖南出産餤硝，禁私販。乾隆二十一年令各省辦磺，附辦民磺，爲煎銀煉藥之用。二十六年總督楊應琚請復開甘肅皋蘭騷狐泉磺礦，並濟口外軍需。大學士傅恒覆查，今回部庫車等處，俱有磺礦。從前用兵曾經採用。即伊犂一帶，當日準夷亦用槍礮，可見口外不乏磺斤，應交各大臣體訪採購，以省内地辦運之煩。時湖南湘鄉、安化煤礦夾産硫磺，自二十五年定煤聽民用，磺則官收。至二十八年巡撫陳宏謀奏：積磺至九萬餘斤，計湖南北領買每歲不過五千餘斤，若因磺多封禁，則禁磺兼以禁煤，於民未便，恐至私刨偷漏。請令鄰省赴買，又以各省軍火需磺少而需硝多。硝出土中，視陰晴爲衰旺，向來鄰省委員零星收買，硝户轉得私售，莫若令地方官於出硝時即收買貯局，以備鄰省赴買之用。二十九年湖北各營歲需硝五萬餘斤，於松滋、巴東、鶴峯、長樂等處煎用土硝。從總督吴達善請也。先是皆從豫省採買。五十一年西安局貯火藥三十餘萬斤，火繩三十餘萬丈，恐年久朽壞，請酌撥各營，以供操演。

王慶雲《石渠餘紀》卷六《紀鐵斛鐵尺》 康熙四十三年，敕造鐵斛斗升頒行中外。先是，以各省民間用斛大小不一，升斗面侈底狹，弊端易生。諭廷臣集議，畫一定制，尋議上。順治五年，户部以供用庫紅斛較通州鐵斛差大，減改斛式，於順治十二年，較準容積，鑄鐵斛二十具，發户部倉場及直省各一。今應照鐵斛鑄造七具，發盛京順天府五城，再造底面平準斗升各三十具，頒直省以爲定式。及户部呈進樣斛斗升，仁廟親注水測量，樣升、樣斗上下四角不均，積數見方又奇零不足，測鐵斛積數得一百六十萬分，校之性理大全嘉量，每斛應積數一百六十二萬分，爲少二萬分。以鐵斛用之已久，不可輕改，乃依以爲準，别造新樣斗一具，方徑八寸，深五寸，積數得三十二萬分。新樣升一具，方徑四寸，深二寸，積數得三萬二千分。出以示廷臣，並諭以依此十升爲斗，五斗爲斛，毫釐不差。敕照式鑄造頒行。臣案：方深一寸積一千分度量之法，實由此起。仁廟天縱神聖，熟精數理，洵非廷臣所及。紅斛久廢不用，其與嘉量一百六十二萬分之斛不知孰爲多少。至乾隆九年，得東漢圓形嘉量，又攷唐張文收方形嘉量，仍其遺制，造嘉量方圓各一，銅質金相，其上爲斛，其下爲斗，左耳爲升，右耳爲合，龠其重二鈞。御製銘辭，陳之朝會。是年頒行小口鐵斛，令直省照式鑄用，舊存鐵斛繳銷。

乾隆三年鑄鐵尺以覈算倉糧。凡糧以新舊爲差，二年以内者積方一尺得三斗一升六合，二年以外積方一尺得三斗四升，二年外三年内折算得三斗二升八合。以其尺頒户部倉場及各倉，依尺寸量之。

今案：方一尺爲一百萬分，每斗除三十二萬分，三斗除九十六萬分，又除一升三萬二千分，只餘八千分，尚不足三合之數。此云六合者，豈進倉之後顆粒結聚，故與斛量不同邪？

凡倉場有加二五、加一七紅斛，爲連耗收糧之用。

戴震《戴東原集》卷二《明堂考》 明堂法天之宫，五室十二堂，故曰明堂。《月令》中央大室，正室也，一室而四堂，其東堂曰青陽大廟，南堂曰明堂大廟，西堂曰總章大廟，北堂曰玄堂大廟。四隅之室，夾室也。《釋名》夾室在堂兩頭，故曰夾也。四室而八堂，東北隅之室，玄堂之右夾，青陽之左夾也。其北堂曰玄堂右个，東堂曰青陽左个，東南隅之室，青陽之右夾，明堂之左夾也。其東堂曰青陽右个，南堂曰明堂左个，西南隅之室，明堂之右夾，總章之左夾也。其南堂曰明堂右个，西堂曰總章左个，西北隅之室，總章之右夾，玄堂之左夾也。其西堂曰總章右个，北堂曰玄堂左个。凡夾室前堂，或謂之箱，或謂之个，《左傳》昭公四年，使寘饋于个而退。杜注云，个東西箱，是箱得通稱曰个也。兩旁之右也，劍脊之兩旁，謂之兩相，侯之左右，謂之左个右个，亦此義。古者宫室恒制，前堂後室，有夾，堂東曰東夾室，堂西曰西夾室。有个，東夾前曰東堂，亦曰東箱，西夾前曰西堂，亦曰西箱，《左傳》所謂个。有房。室東曰東房，亦曰左房，室西曰西房，亦曰右房。惟南嚮一面明堂，四面闓達，亦前堂後室，有夾有个而無房。房者，行禮之際别男女，婦人在房，明堂非婦人所得至，故無房宜也。王者而後有明堂，其制蓋起於古遠，夏曰世室，殷曰重屋，周曰明堂，三代相因，異名同實。與明堂在國之陽，淳于登説在三里之外，七里之內，丙巳之地，《韓詩》説明堂在南方七里之郊。祀五帝，聽朔，會同，諸侯大政在焉。夏曰世室，世世弗壞，案世室，猶太室也，夏曰世室，舉中以該四方，猶周曰明堂，舉南以該三面也。或以意命之也。殷曰重屋，阿閣四注，或以其制命之也。周人取天時方位以命之，東青陽，南明堂，西總章，北玄堂，而通曰明堂，舉南以該其三也。四正之堂，皆曰大廟，四正之室，共一大室，故曰大廟大室。明大室處四正之堂中央爾，世之言明堂者，有室無堂，不分个夾，失其傳久矣。

《商務官報》光緒三十四年二月二十五日第四期楊志洵《閩省鐵産》 按古記録，福州府屬之永福、閩清、福清、古田等縣，又建寧府屬之建安、甌寧、松溪、政和等縣，泉州府屬之同安、安溪等縣，漳州府屬之寧德縣，永春州屬之德化、太田等縣，皆産鐵。太田縣之田陽，設鑪十有五，其地産鐵最多，今尚頗有從事鐵業者。蓋曩時閩人率以生鐵運銷浙省，迄於近年，産額漸減，輸出亦微矣。

然近年出鐵，獨以古田爲最。自昔設鐵坑五處，一曰油麻坑，在五圖；一在九圖之十保；一在二十三圖之樟柏；一在四十一圖之南院。近二三十年，其西洋溪地方出産甚豐，福州馬尾船廠需鐵，多取諸是。據土人語，由德豐鐵號運銷者，歲約三千担。此外約又三千担，由别號運銷。

西洋溪在古田縣東八十餘里，溪之二石作赤色、白色，或赤白混和色，溪谷甚廣。人民從事分别砂鐵，每人每日可得三百斤左右，十日約得二千斤左右。現每日産鐵不過數十担，以人工無幾之故。又其製鐵之法，先分别土砂與鐵，乃以鐵砂置於爐間而鑄之。

其地之鐵礦，皆鐵砂，非鐵層。而人民亦祇製生鐵，不製鋼鐵。工之勞銀，頭等每日七角左右。凡製鐵一担，所需工銀及炭費等共二十四角。惜運道不便，由西洋村運至寧德，每担運費七角，寧德至馬尾，水運每担二角，故到馬尾後，每担價值在三元以外。

土人恒談古田到處産鐵，此或不然，惟其地大小溪谷皆鐵砂，今察其地，如宅裏、竹林，及西溪等，處處皆是，以地多山溪，不便轉運，故祇能供近地之需要。

近時西洋村鐵商，有興辦鐵路之議，此議若成，產地之利源必大闢矣。

《政治官報・法制章程類・光緒三十三年九月二十七日第八號・學部奏定學堂冠服章程》 大學堂高等學堂中學堂及同等各學堂學生冠服式，禮服：冬呢檐紅緯暖大帽（呢檐取其經久而價廉，有頂戴者大帽用其應戴之頂，無頂戴者准戴頂座）。夏紗胎紅緯涼大帽（紗胎取其價廉，願用羅胎者亦聽）。天青羽毛長外褂（學生身材長短肥瘦不同，褂內所套衣服厚薄亦異，其外褂身長尺寸應定爲三號，頭號工部尺三尺八寸，合裁尺三尺四寸五分有奇；二號工部尺三尺六寸，合裁尺三尺二寸七分有奇；三號工部尺三尺四寸，合裁尺三尺零九分有奇。至腰身袖口應定爲兩號，腰身寬者工部尺一尺一寸，合裁尺一尺有奇；窄者工部尺一尺，合裁尺九寸一分。袖口寬者工部尺一尺，合裁尺九寸一分；窄者工部尺九寸，合裁尺八寸一分有奇。不准過窄過短，願用青布長外褂者聽）。春秋冬用淺藍色布長衫（學生身材長短不同，其布衫身長應定爲三號，頭號工部尺四尺二寸，合裁尺三尺八寸二分有奇；二號工部尺四尺，合裁尺三尺六寸四分；三號工部尺三尺八寸，合裁尺三尺四寸五分有奇。大約外褂比長衫短四寸，束帶後長衫距韡面只可五寸，不准過窄過短。至腰身袖口應定爲兩號，腰身寬者工部尺一尺，合裁尺九寸一分；窄者工部尺九寸，合裁尺八寸一分有奇。袖口寬者工部尺六寸，合裁尺五寸四分有奇；窄者工部尺五寸五分，約合裁尺五寸弱。無論內著何項衣服，或袍襖，或馬褂背心，或棉皮，或夾單，外面統以此長衫爲袍罩罩之，於一切典禮及上講堂時，長衫外必束帶，尋常出門束帶與否聽便）。夏用淺藍色夏布長衫（身材長短分三號，比布長衫均各減一寸。夏布長衫腰身寬者工部尺九寸五分，合裁尺八寸六分有奇；窄者工部尺九尺，合裁尺八寸一分有奇；袖口寬者工部尺五寸五分，約合裁尺五寸弱；窄者工部尺五寸，合裁尺四寸五分有奇。夏令無論內著何衣，均以夏布長衫罩之，於一切典禮及上講堂時，長衫外必束帶，尋常出門束帶與否聽便。春秋冬裏衣較多，故布長衫須略肥略長，夏令裏衣少，故夏布長衫可略瘦略短）。袴（顏色質料均與衣同）束腰用藍色棉綫織成板帶（專用藍色，不准用黃紅等色，學中寒士居多，棉綫帶較絲綫帶價省四分之三，然亦光潔緊密耐久與絲帶無異，帶之寬窄須一律，中學以上帶寬工部尺一寸一分，約合裁尺一寸，鈎寬窄酌配；高等、初等小學帶寬工部尺八分，約合裁尺七分強，鈎寬窄酌配。帶鈎式略如軍隊所用，惟上鑄一楷書學字，高等小學、初等小學均即用銅質學字之外無花紋，中學以上銅質度金學字兩傍加雙龍紋）。青羽綾韡（緞韡磨擦易破多費而不經久，故用羽綾，如願省費用青布韡者聽）。凡言尺寸，皆按工部營造尺計，不得錯誤，大約工部尺一尺，合裁尺九寸一分。以上爲禮服，凡國家慶賀典禮上學，及聖誕恭謁，至聖先師春秋釋奠，朔日行香，管學大員初次臨堂，開學散學日，發給憑照日等事用之。

講堂服：有頂草帽（近日各學堂上講堂及體操時，自習時，皆著瓜皮小帽，殊屬輕褻不莊，若終日皆令戴大帽，亦多拘苦不便，體察衆情，自以草帽爲宜。茲特爲定畫一之式，前後兩檐俱深，取其足以蔽陽光遮雨雪，右檐上釘一襻，帽頂之右釘一扣，可捲向上，取其無礙於扛槍，中屋略高，取其體操兵操時，足以容盤挽髮辮而不悶，種種皆爲有益於衛生並利便於動作。帽上安頂以別於外國裝式，兼異於工匠水手雜役，初等小學堂學生帽頂用紫色綫結，高等小學堂亦用紫色綫結，中學堂以上用紅色綫結，均如龍眼大，不得過大，以別於教員、管理員。學生帽章用銅圓片，鑄各學堂名目楷書如帽花，然初等、高等小學用銅片鍍金光邊圓徑工部尺一寸，均合裁尺九分強，無雙龍紋；中學及同等各學亦用銅片鍍金光邊徑工部尺一寸二分，約合裁尺一寸強，加雙龍紋；高等亦用銅片鍍金光邊雙龍紋徑工部尺一寸四分，約合裁尺一寸二分強。各堂學生冬日皆於草帽上加藍呢罩，至朔望上講堂，則四時皆戴禮服大帽以昭肅敬）。春秋冬用淺藍色布長衫（尺寸見前，無論內著何項衣服，或袍襖，或馬褂背心，或棉皮，或夾單，外面統以此長衫爲袍罩罩之，外必束帶，僅止單布長衫，且有帶束腰，斷無沓拖不便之患）。夏用淺藍色夏布長衫（尺寸見前）。袴（顏色質料均與衣同）束腰用棉綫板帶（式與禮服帶同），青布韡，以上爲講堂服，惟每月朔望上講堂戴大帽，冬日用呢檐紅纓大帽，夏用紗胎紅緯大帽，餘日皆用有頂草帽，下講堂後，自習室、寢室均無罩藍布長衫。

操場服：有頂草帽（式與講堂帽同）。操衣（冬用藍羽毛質，夏用藍夏布質，均即用藍色羽毛。夏布鑲作雲形，以青色絲界之，不另鑲他色。邊取其顏色純淨，遠望易辨。領章繡各學堂名目，外國文、武服式不同，故學堂亦宜加以區別。練兵處章程武員禮服用青，故學堂用藍）。操袴（冬夏顏色質料均與操衣同），操場束腰，或用皮帶，或用棉綫帶均可（中學以上帶寬工部尺一寸一分，約合裁尺一寸，鈎寬窄酌配；高等小學、初等小學帶寬工部尺八分，約合裁尺七分強，鈎寬窄酌配。帶鈎式略如新操軍隊所用，惟上鑄一楷書學字，高等小學、初等小學均即用銅質學字之外無花紋，中學以上銅質鍍金學字兩傍加雙龍紋）。青布韡

（近有用熟皮製韡售賣者堅韌柔熟，步趨甚便，但價較貴，故暫用青布韡）。

整列出行操演服：整列出行操演時，冠、衣、韡、帶，均照操場式。

常服：尋常出門隨意，游行戴草帽與否、束帶與否、著韡與否，均聽其便，惟必須罩長衫，不准短衣。

高等小學堂及初等小學堂學生冠服式：有頂草帽（式與文武各學堂同，帽頂高等用紫棉綫結，初等紫棉綫結略小）。操衣（冬用藍棉布，夏用藍夏布，均即用藍棉布。夏布鑲作雲形，以青色絛界之，不鑲他色。邊取其顔色純净，遠望易辨）。袴（顔色質料均與操衣同）。棉綫板帶（式與各學堂同，惟寬止工部尺八分即可）。初等小學束帶與否聽便。青布快韡，初等小學著韡與否聽便。高等、初等兩項小學堂學生，論外國學校通例，皆係十六歲以下之學童，論中國學校舊章，其等差只如未進學之童生。初等小學其分際，只如在書塾未出考之學童，經典謂之幼學，總之年皆未冠，應循童子不衣裘裳之義，且貧户幼童在家，亦罕有長衣，無論禮服、講堂服、操場服、整列出隊服、尋常出門服均用一式，以歸簡易。至初等小學尤多小户貧家，其不能購置帶韡者，聽惟衣袴草帽應歸一律。

《政治官報·摺奏類·光緒三十三年九月三十日第十一號·農工商部等會奏核議鑛務章程摺》 奏爲遵旨核議鑛務章程繕具清册恭摺仰祈聖鑒事。光緒三十三年五月二十八日，准軍機處鈔交湖廣總督張之洞奏請早定鑛務章程一摺，奉旨：該部議奏，欽此。又於六月十六日准軍機處鈔交張之洞附奏補録英國商約第九款請敕部核辦一片，奉硃批：該部知道，欽此。臣等伏查該前督前於光緒三十一年十二月間具奏遵擬鑛務章程一摺，奉硃批：外務部商部議奏書併發，欽此。由軍機處鈔交到部，據原奏内聞，光緒二十八年欽奉上諭：鑛務爲今之要政，昨經劉坤一、張之洞電奏：採取各國鑛章詳加參酌，妥議章程等語，所見甚是，即著該督等將各國辦理鑛務情形悉心採擇，會同妥議章程，奏明請旨，務期通行無弊，以保利權而昭慎重。欽此。嗣劉坤一因病出缺，經臣遴委華洋各員購取英、美、德、法、奥、比利時、西班牙等國鑛章，詳加譯録，咨送外務部，交侍郎伍廷芳參酌編輯，該侍郎擬定稿本郵寄來鄂，復經臣重加增訂書成後，又派多員並採取日本鑛章細心參校，臣復加酌核，謹纂成中國鑛務正章七十四款附章七十三條，繕册恭呈御覽等語。臣等查興辦鑛務爲大利所在，而措施失當亦貽害靡窮，故纂訂章程於寬嚴操縱之處，條款繁簡之中，必須體察情形，斟酌盡善，始能通行無阻，而有事關華洋交涉者尤宜審慎周詳。該前督原擬章程所有區别地面地腹，釐定鑛界鑛税，分晰地股銀股，暨於華洋商辦鑛一切限制防閑之法，條理至爲周密，而尤注意於中國主權華民生計地方治理，據稱係採取各國鑛章，遴派多員參校編輯審定，良具苦心。惟此項鑛章關係重要，既經訂定，必期實行，當以農工商部前奏鑛務暫行章程，數年來各省遵行尚無流弊，一面仍遵守舊章辦理，一面即將新訂章程逐細研求，務期益臻妥協，所有原章内關係交涉各條，應由外務部核議，其餘概歸農工商部查核。據原奏内稱，上年商部奏定鑛務暫行章程摺内聲明，俟臣處輯有專書，歸併辦理，以免歧異，自應參互考訂，歸於畫一等語。臣等當將新舊章程詳細比較查核，所有前訂章程立法較嚴之處各省遵行已久，自應查酌增改，免致紛歧。又臣部有綜核鑛務之責，凡辦鑛應行報部核奪各事宜，亦應參酌前章劃清辦事權限，俾内外互相維持，藉收統一事權之效。再查臣部前經奏令各省設立鑛政調查局，遴派鑛務議員，經理全省鑛務並擬訂章程，奏准遵行在案，現在新訂官制尚未通行，應即派令鑛務議員遵照此項鑛章並原訂鑛政調查局章程，辦理全省鑛務，以專責成。至原章内關係交涉諸條，暨該前督附奏英國商約第九款各節，外務部查該前督片奏内聲稱，改定鑛章一事，曾於英國商約内詳切聲明，一則曰：擇他國章程與中國相宜者，再則曰：期於中國主權無礙，於中國利權無損。此次所擬鑛章，較之各國通行章程，但有加寬並無加嚴，議准之原約具在，似不必過於遷就等語。臣等詳加查核，此次原章内關係交涉各條，既經該前督參酌商約訂定，自可按照所擬辦理，現已將原擬正附章程，由臣等會同核明，謹繕具清册，恭呈御覽，伏候欽定。至此項章程宣布施行日期，應俟奉旨允准後，由農工商部酌定咨行各省查照辦理。所有核議鑛務章程緣由，謹會同恭摺具陳，伏乞皇太后、皇上聖鑒。再此摺係農工商部主稿，會同外務部辦理，合併聲明，謹奏。光緒三十三年八月十三日奉旨：依議，欽此。

《政治官報·法制章程類·光緒三十三年十月·大清鑛務正章》 第一章 總要

第一款 新章頒行舊章收回

此章自宣布之日即當奉行，所有從前頒行鑛章一概收回。

第二章 管理

第二款 農工商部綜理鑛政之職掌

農工商部管理鑛務一切事宜並一應辦鑛人員令各遵照此次奏定之鑛章以

歸畫一，並以後增修章程，推擴鑛務，核給勘鑛，開鑛執照，兼録用鑛師，並延聘鑛務律師，以資輔助，遇有華洋商合辦，應於核給開鑛執照之先，叙明該洋商來歷及現往處所，咨照外務部。

第三款　各省分理鑛政之職掌

各省鑛政應於省城各設一彙總，承轉辦理之區。現在外省官制尚未通行，仍暫由奏設鑛政調查局之鑛務議員遵照此項章程辦理，各項鑛務各州縣境内，如需派設鑛務委員，即由該議員遴選妥員詳，由本省督撫咨報農工商部核准施行，凡關涉鑛務事宜，均須詳請咨部核奪。

第四款　鑛務委員之職掌

凡總局(即鑛政調查局)所派駐各州縣之鑛務委員，凡關係礦内之事，無礙於地方者，准由該委員秉公辦理，或勸解調處，或執法判斷，均由該委員酌辦，總以無礙法律有益礦務爲主。若一經牽涉礦外，該委員應會同地方官訊辦，不得擅自裁判。各省總局所用委員，皆以中國官員承充。惟選擇通曉礦學之人爲礦務顧問官，則不拘華洋，均可任用。該礦務顧問官如係洋員，應遵守中國法律，聽總局節制調遣，奉行總局照章派任之職事，礦務總局並可特派委員，偕同礦務顧問官，巡歷有礦各地，以便考察礦工，回省時詳確稟報總局核奪，惟顧問官只有稽察礦務利病條陳應辦事宜之權，並無裁判定斷行文之權。

第五款　清查礦地考核礦商，均必須先經各省礦局及地方官查明詳咨，以爲根據。

凡各省礦地與地方有無關礙，其産業有無糾葛，又礦商之籍貫來歷，及其資本是否充足實在，有無影射含混，均非在本省就近確查不能清晰確實，如礦商願請勘礦執照者，無論華洋，均應在本省礦政總局遵章呈報，候行地方官查明實在情形是否合例，有無糾葛，據實稟覆，方能核辦。其應行核准者，總局即洋請本省督撫核准，由督撫咨報農工商部查考，如有礦商徑赴農工商部具呈者，應由農工商部咨行該省督撫，轉飭礦政總局查明核辦。

第六款　礦務繳款分三項

凡礦商請領開礦執照應繳照費，應全數報解農工商部充用。凡礦商呈繳之礦界年租，(一)及礦産出井税，(二)並官地與礦商合股應分之紅利，(三)其銀兩統由各省總局彙收，以一半解農工商部，以一半解司庫充本省餉。需每年年終，將收數彙造清册，呈由本省督撫轉咨農工商部查核。勘礦執照公費，應留充本省總局局用，其礦務委員所收之局費，應報解總局，分別撥充各州縣礦務委員之局用。

第三章　舊商限制

第七款　清理舊商礦界

凡現在開礦之礦商，與已經准領礦地之人，必須將原有礦産稟報本省總局，照現定章程立案，核明數目，劃分礦界，准自此章頒行之日起，儘二年之内，一律辦清，一切須遵照本次所定礦章辦理。

第八款　舊礦商之章程不妥者宜設法修改增補

凡現在開礦之礦商，與已經准領礦地之人，若以新章之某一款、或若干款與其已得之權利有所損礙者，准自新章頒行之日起，儘六個月内，將其損礙之情形具稟本省總局，詳請督撫轉咨農工商部察核定奪。其關係洋商者，並咨外務部會核，必須於華民生計及中國主權地方治理，均無侵奪妨損，方可酌予通融。如從前所訂合同條款，有占奪華民生計及有礙中國主權地方治理者，仍應妥爲修改，期與新章不致違背。此外各商凡於新章頒行後呈請開礦者，一切均按新章辦理，概不得援舊日礦商爲例。

第四章　新商限制

第九款　外國鑛商不能充地面業主

中國人民遵照國法向例執有地面者，爲該地業主，與華商合股之洋商在中國地方合股開鑛，止准給予開采鑛務之權，以鑛盡爲斷，無論用何方法，不得執其土地作爲己有。

第十款　中外人承充鑛商之區別

凡爲鑛商者，除中國人民自應准其承充外，凡與中國有約之各國人民，允願遵守中國之法律，皆得在中國與華商合股，稟請承辦合律之鑛産，作爲鑛商。其外國人民與華人合股者辦法有二：一、業主以鑛地作股，與洋商合辦，則專分餘利，不認虧耗。如業主願得地價不願入股，則該地應由官收買，租與鑛商合辦，官即作爲業主，照後開乙字丙字等差，分别三成五成兩辦法，分收餘利，外國人民概不准收買鑛地。一、華商以資本入股與洋商合辦，則權利均分，盈虧與共。華洋股分以各佔一半爲度，如洋商但與地面業主合股，(即以礦地作股)，而別無華商銀股者，洋商應留股分十成之三，聽華商隨時入股，照股本原價付銀，留五年華股無人，准將所留三成股票售去一成五，仍留一成五股票，聽華商仍照原價付銀入股，又五年華股如尚未招足，聽其將餘股儘數售去。惟十年後，如有華商按照時價收買洋股與之合辦者，隨時皆可入股，洋商亦不得拒絕。凡華洋商民稟請辦鑛，如犯下開各項者，不得有此權利，一、中國人民曾違犯法律者。二、僧道及各教會教徒以其教爲業者。三、外國人民其國未與中國立有條約者，與其國不以同等開鑛權利予中國人民者。四、外國人民不守中國法律者，及曾違犯中國或本國法律者。五、外國國家及國家所使令者。六、任外國國家職事尚未交卸者。七、中國國家特發禁令禁止者。

第五章　鑛質分類

第十一款　鑛質分三類

鑛地所出之鑛質，或在地腹或在地面，無論如何變質，綜分三類以便分別辦理。甲：凡土性之鑛質，如矽石、青石States、沙石Sandstones、繕石Granites、土灰Earthy lime、白石（即灰石）Lime stone、雲石Marble、元精石（即石膏）Gypsam、駁羅美石Dolomite、沙類含鈣養之土Marls、韌泥Clay bed、火泥Firelay，及一切有關建造應用材料，各種鑛質由開坑而取者，分之爲第一類。乙：所有散鑛Flacers、流積鑛Metalliferons sands or alluvial deposits、鐵養鑛（即無名異）Bog Iron ore、錳養鑛Bog Manganese ore、寶砂Emery，可倫都末（即寶沙石）Corundmh、不灰木Asbostos、千層石（或千層紙鑛）Miea、紅黄土類Ockres、紅土礬石波格歲得Bauxite、雪形石Cryatite、含淡養五之質Nitrates、燐養灰Phosphate of lime、鋇養鈣Baryla、弗石Flourspar、肥皂石Steatite、石脂（即漂白家泥）Faller's earth、貝里底亞司土Pyritous、鎂養土Magnesian earth、開所嘉爾Kieselguln、梯來波勒特Tripolite、燒瓷泥筆鉛鑛水類（鹽水不計）、琥珀美巨山木石Meersehaum、硼砂比得浮石Peat and pumice stone，分之爲第二類。丙：所有金屬鑛質如銻Antimony、砷Arsenie、鉍Bismuth、銅鉻Chromium、鈷Cohall、金銥idium、鐵鉛錳（錳養不計）、汞鉬Molybdonum、鎳Niekei、鋨Osimitam、鉑（即白金）Platinum、銀錫（流積不計）Tin、鉛、鋅Zine，無論原質或構質皆包在内輭石油Petroleam、鑛油類Minerai oil、阿司佛幹得Asphah、柏油、硬煤、煙煤、木煤Lignite、硫磺Snlphm、寶石綜分之爲第三類。凡各種鹽，係歸　國家專司，不在右三類鑛産之内。

第十二款　續出之鑛質

設有鑛質爲本章第十一款所未詳載者，其應列歸何類，如不能辨別詳確，應咨送農工商部核定，通咨各省嗣後照辦。

第六章　地權

第十三款　地面地腹釋義

按照第十一款，凡有鑛質各地，應分爲兩層，甲：第一層指地面而言，其厚至業主平日所用之深處，以耕種、築造並其他土工所及，不關於鑛務者爲限。乙：第二層指地腹而言，即第一層之下，其厚所及之深處並無限制。

第十四款　地面地腹權利之區別

地面權利除業主准其自用外，至承辦地腹各鑛之鑛商，並不能有地面業主應有一切之權利。惟於執照所准之地界，按章業已奉官局允准遵繳各費，則所有開鑛應辦一切事宜，該業主及他人亦均不得阻礙。各國通例，地腹皆爲國家所有，凡五金之屬及一切貴重鑛質，非官不得開采，業主民人不能霑地腹之利。中國政崇寬大，務在體恤民生，所有地腹鑛産之利，除照章徵收鑛界年租及鑛産出井税外，其合股餘利，惟丙字類之鑛質，國家應酌提紅股一半，歸地面業主分霑一半，總之國與民共分此全數餘利十成中之五成，以示與民同享樂利之意。凡合格之鑛商繳費合辦者，無論華商洋商，均不能將地權給與該鑛商掌管。鑛商如係華洋合股，應先將開鑛需用之地面，與業主商明是否願以鑛地作股，其不願以地入股而願得地價者，准業主呈報總局，按照相當價值，由官收買，再與鑛商合股開辦。如業主不願將鑛地出售，可由官查詢原委，勘酌辦理，鑛商不得絲毫抑勒强迫，致拂民情。其由官核准給照之鑛地，該鑛商止有權辦理鑛上一切事宜，不得管及地面。官亦不以定章以外之科條，阻礙鑛事。俟開礦事竣，仍將地百交還官局，官局收回地面，即將該商所領開鑛執照註銷。開采之權屬之國家，無論官辦民辦或華洋商人合辦，均以奉有部照，始准開辦。倘有民間私將鑛産賣於外人者，由官局查明，除鑛地充公外，並將該業主照盜賣律治罪。如無華人合股，斷不准他國鑛商獨自開采一鑛。

第十五款　銀股地股之區別

凡華洋商合資開采一鑛，謂之銀股。或中國鑛商力有不足，官家助以資本者，謂之官銀股。凡業主有地無資開采，願與鑛商合力呈請領辦者，民業主應分之利，謂之地股。或官家之地，官不自開，准給鑛商領辦者，官家應分之利謂之官地股。

第十六款　甲字類鑛專歸業主開采

第十一款甲字類鑛質如在民地，應准地面業主任便開采。如在官地，應稟明總局批准方可開采。一切税捐仍照本省舊章辦理，勿庸徵收年租及出井税。

第十七款　乙字類鑛合股辦法

第十一款乙字類所載各鑛質，如在官地，應由官辦。如在民地，准業主儘先開采。如業主無力自開，准其以地作股，與鑛商合股開辦。所得鑛利，除開除一切用費外，浄存餘利，此類鑛質利息不多，業主應得十成之三，礦商應得十成之七，官但照章徵收礦税年租，不提業主餘利。

第十八款　丙字類礦合股辦法

第十一款丙字類所載各礦質辦法，悉與上條乙字類相同。惟所得礦利，除開支一切用費外，浄存餘利，業主應得十成之二五，國家酌提十成之二五，礦商應得十成之五。

第十九款　稽查礦産總數

無論官地民地，公用民用，所開出之礦質數目，按季呈送礦務委員，轉遞總局詳咨農工商部，以備核算統國每年礦産總數。

第二十款　礦業不得私自换賣及質押

礦商不得將礦中産業私行買賣交换，及作爲借貸抵押，必至原給照處呈明事由，經礦務委員查明批准，方可遵辦。違者依私自買賣礦地律治罪，惟該礦商，此外所有産業不在此列。

第七章　以地作股

第二十一款　礦地作爲紅股

凡業主所有礦地，准其以礦地作爲成本，與情願租辦之礦商合股經營，其礦地即作爲紅股，應占本礦股本若干，視礦質爲定。如係乙字類礦，則所得餘利，礦商七成地面業主三成。如係丙字類礦，則所得餘利礦商一半，地面業主二成五，國家二成五。無論礦之大小難易，總以除去地租、礦税、用費、公積外，其地股之業户與銀股之礦商，照上列成數各分餘利爲斷。如礦係官地，則除礦商所得外，統歸國家所得。如礦商不允照此辦法，即不能承辦各種礦務。凡以礦作股與他商合辦者，一切開礦事宜，均歸出資之礦商經理，如有虧耗，專歸礦商承認。惟既報虧耗，則業主自無餘利可分，應准地股之業户，得隨時查考該礦商出入款目帳簿，俾可知是否虧耗，有無餘利實情，以免争執。凡官地即作爲官股，無論華洋商民稟請給領官地開礦者，其股分只許占一半，不得逾於官股之數。官股應分餘利，悉照上節辦理，並須由官派員駐礦，隨時稽核款目，考查礦工。凡地股之業户，如兼有銀股，除地股不認虧耗外，其銀股仍一律按股公認，民股、官股皆同。

第八章　執照

第二十二款　辦礦須請執照及其限制

除甲字類礦質外，凡欲請辦第十一款乙丙字下所載之礦質者，必須先行具稟該省總局，請領辦礦執照，方准開采。至各種鹽，乃國家專有之權利，中國向不作爲礦類。領執照者不准以鹽作礦。領執照者不得將其執照上之權利轉受他人。

第二十三款　執照分兩種

執照分爲兩種，一爲勘礦執照，由農工商部豫發各省總局填給。一爲開礦執照，由農工商部核准填發各省總局轉給。領照者無論獨辦，或數人合辦，或合股公司，均可稟領。

甲　勘礦執照

第二十四款　請領勘礦執照辦法

呈請勘礦執照之人，須開明履歷，並所擬履勘之地址，及所擬探之礦質，詳稟陳明，並須將擬勘之地繪圖貼説，稟呈總局，聽候總局行查該地方官及礦務委員，俟其稟復核奪。倘該請領勘礦執照之人不能合格，或所領之礦地別有違礙，即不能准給執照，或别有可疑之處，可令其呈具保單。

第二十五款　勘礦執照期限及其限制

勘礦執照定以一年爲限，如因要事可准展限六個月爲止。若領到執照後，兩個月之内不派有礦務學校畢業文憑之礦師前往履勘，不論何故，概不准展限。每張勘礦執照，所准履勘之地，至多不得逾三十方中里，並須坐落一縣界内。如係數人均稟請勘礦執照，而同指一地者，該執照只予首先具稟之人所領。勘礦執照不准典押，不准互换，不准出售，並不准假託他項變動辦法。

第二十六款　履勘礦産限制

凡公地，並非官家留作别用者，及與地方毫無關礙者，准領勘礦執照之人，在界内履勘第十一款乙丙字下所列之礦質。如開坑驗礦，其深闊處均不得過中國官尺三十尺。惟在勘礦執照限期之内，若須用鑽石打鑽驗礦者，其深處則不能豫定限制，但至深不過官尺五百尺。如再需鑿深，須與業主商允方可。凡民地如須擬勘，皆須先商業主或其代表人應允，不得絲毫勉强，致啟争端。

第二十七款　續請勘礦限制

凡礦地所有已經稟領礦界在案者，隨後有人稟請勘礦，至少須離前領界外六百官尺，惟已經廢棄之礦，則准其履勘。

乙　開礦執照　礦界

第二十八款　勘礦界限

凡勘驗乙丙兩項礦之質，其所開之坑，長處深處有逾三十官尺者，即作爲開礦論，必須加領開礦執照，方准辦理。

第二十九款　開礦界限

凡開采第十一款乙丙兩類之礦質，須將所領礦地劃成礦界，計算准地面平方，每邊三百官尺，横直相等者爲一礦界。領辦者於地中采礦之界綫，須與地面所劃界綫，不得横斜出所准領地面以外。凡所采礦質無論乙丙兩項何類礦砂，其深處至礦質竭盡爲止，不得再向下掘。

第三十款　礦地面積界限

所請開礦執照，或爲一界，或爲數界，均可併載一張之内。所請之地如不止一界，其毗連之邊徑，必須相連，不得隔斷。惟一人所領礦地，無論若干界，每人至多不得過面積九百六十中畝。（即一百六十英畝）其領地不及九百六十畝者，礦照批發後，如續行請展礦界，須再稟候核奪，與請領新礦同。

第三十一款　請領毗連礦界辦法

如有未領之地，坐落兩三礦界之間，其形式大小，與本章所定礦界不合，准毗連此地礦商中之先具稟者領之。如不願領，准此外合格之人，先具稟者領之。

第三十二款　減礦棄礦辦法

設使領有開礦執照之人，欲減去若干礦界，或全行捨棄，准照礦務附章所定辦法，在總局具稟聲明。

第三十三款　請領開礦執照辦法

凡已領勘礦執照於勘畢後，擬稟請開礦執照者，須遵定章在礦務總局具稟，該具稟人無論獨辦或合辦或公司，須將來歷詳細聲明。獨辦或合辦，須將出資本者及諸經理人之履歷開呈。若係公司，須開呈各董事及領袖辦事人履歷，並開呈資本數目，用何法開采，所請礦地四至及界石並礦界若干，擬辦何項礦質，均須一併聲叙明晰，並應取具殷實行號保單銀一萬兩，隨稟呈送。此項保銀係擔承領照人遵守照内及礦章所載各款，違者罰令充公。

第三十四款　酌定業主自開期限

凡稟請礦地，准其先請先得。但第十一款乙字所載各礦質，若在民地，其業主自願開辦，應准業主儘先開采。惟總局可豫定一期，諭令於期内開工，過期不開，可由總局將該礦地給價收買歸官。

第三十五款　需用地面有糾葛應聽官斷

設若所請礦地中之某段在民地之内，具稟人如需此段地面以作附屬礦地之用，或需全段地面以作開采散礦或流積礦質之用者，務與業主商辦。其如何商辦之處，亦應聲明稟内，如業主不允與具稟人商辦，應由總局確查情形，如與民間别無妨礙，而又爲開礦必不可少之地，可按官斷規條辦理。

第三十六款　分别一礦有乙丙兩類礦質辦法

一礦地之内，有第十一款所載乙丙兩類之礦質，而不能同時開采者，可准首先合格之具稟人領辦。倘稟請開采丙字内鑛質者，可准兼采乙字類礦質。如只請開采乙字類礦質者，則不准兼采丙字類礦質。若欲兼采丙字類鑛質，必須另行具稟。

第三十七款　核准礦地辦法

總局收到呈請礦地之稟，查明係未領之地，並與地方毫無關礙，即將原稟事由，榜示局前，以備或有轇轕，即便核辦。嗣後總局飭測繪委員定立界址，無論彼處有無礦質，已未施工，均照立界。界内如有房屋道路及營造等事亦無礙，惟開采工程須遵守礦務警察章程及第四十四款並附章第四十二條辦理。

第三十八款　填發執照須憑實據

所請礦地，一經測量定界之後，且經證明實係未領之地，並查與地方毫無窒礙，及曾領得勘礦執照在先，總局即可照章詳請咨部核發開礦執照，給具稟人收領。

第三十九款　給照後立可興辦礦工

凡遵守條例請領礦地，一經領到開礦執照後，該礦商可以立時興工，將照内指定之礦開采。

第四十款　開闢隧峒所關事項

因開闢隧峒洩水通氣或轉運，而其地工程乃在所領地界以外，如彼處有未領之地可資開辦本款所載之工程者，則須遵照稟請礦地之例，另行請領所需之地。儻該工程須越别人礦界者，該具稟人必須先與别界之礦商妥商，並須議明設因上開工作而獲礦質，理應如何分派。倘與別界之礦商未經議妥，除經總局按官斷規條斷准外，則不得擅行開工。凡開隧峒，遇見乙丙類礦質，礦商應即稟報礦務委員，並按附章第四十

第四十一款　詐領執照應予懲處

凡稟領執照由詐術者，一經訪查得實，應將所給執照立刻收回，從嚴懲辦。

第九章　礦界年租

第四十二款　礦界年租等差

所領之礦地，應按年遵照下開各條納礦界租。

乾　按第十一款乙字所載各礦質，按年每一礦界繳租銀一兩五錢合每畝銀一錢。

元　按第十一款丙字除黃金白金銀寶石外，其餘各礦質按年每一礦界，繳租銀三兩合每畝銀二錢。

亨　黃金白金銀寶石各礦，按年每一礦界繳租銀四兩五錢合每畝銀三錢。

利　按元字所載之礦質，每年本應納租銀三兩，如其礦質中含有黃金白金或銀若干成數，則應納礦界之年租，須照亨字一條交納，即每年每一礦界繳租銀四兩五錢合每畝銀三錢。

貞　此項礦界年租，乃在地面錢糧之外。

第四十三款　繳租期限

此項礦界年租，分爲兩季先繳。如有短繳，無論若干，但逾六個月者，則註銷執照，封閉該礦。如領官地，即行收回。

第四十四款　勘礦地租及免租事例

凡准履勘之礦地，民地應由礦商與業主商妥稟官立案。如在官地，應繳納勘礦地租，每一礦界銀二兩。展限半年者，應加納半數，均於批准或准展以前交納總局或礦務委員。凡專爲開闢隧峒洩水通氣，或轉運之用稟請應需之地者，免納礦界年租。

第十章　礦税

第四十五款　礦産出井税等差

除納礦界年租外，尚須按照所采獲礦産之數，交納出井礦税其數如下：

一、凡煤炭，（或煙煤或硬煤）每噸納銀一錢。二、鐵苗，每噸納銀一錢。三、凡此礦專係黃金或白金或銀，按照市價抽取百分之十。四、凡他項礦質中含有黃金或白金或銀，其成數多少無定，應臨時查其所得金銀實數，按照市價抽取百分之五。五、凡汞苗與錫苗Ores of tin及銅苗，按其價值抽取百分之三。六、凡各色玉類並寶石類，按其價值抽取百分之十。七、其餘第十一款乙類所載之礦質，按其價值，抽取百分之一。丙類所載之礦質，按其價值抽取百分之三。

第四十六款　礦産出井税繳納期限

礦産出井税銀兩，乃按上月所出之礦産，於本月十五日交納。凡礦税銀兩並礦界年租，皆在所設礦務委員處交納呈解總局。

第四十七款　出井礦税延逾之罰

儻於每月十五日應繳上月出井礦税，未經全繳而延至三個月之久者，即註銷執照，將礦封閉。如領官地即將礦地收回。

第四十八款　出口礦産進口開礦機器物料之税則

凡礦産裝運出口者，無論其爲礦苗之原質，或提淘之粗胚，或製煉之淨質，須按海關税則交納出口税。凡機器料件裝運進口爲辦礦之用者，亦須按海關税則交納進口税。

第十一章　礦商應遵之禁令

第四十九款　開辦停辦之判斷

凡有約各國人民，既願與華人合股充爲礦商，即作爲已允遵守中國法律，並歸中國官員節制，及按照現定礦章辦理，或他日續訂開礦新章，或別項有關係法律，（如公司法律之類）亦允遵守照辦。如果切實遵守，即任其興辦應需之工業。即如開採之緩速，或因需工之多寡，不免暫時停工，如停工一年不採礦質，即作爲礦商永遠停辦。該礦礦務委員即可准他人按章稟請接辦。至設辦溝渠風穴採運礦苗，悉從其便。惟因工程不善，以致有險害等事，該礦商承任責成，應速講求豫防之法。又因別種辦法致損别人産業之利益者，均歸該礦商賠償，並由地方官及礦政總局體察情形，責令該礦商暫行停辦，另籌妥善之方再行開辦。一經總局知照，當立即停工，不得借故延諉，或恃强不遵。凡因停辦所損失之利，由該礦商自認，礦務總局一概不理，即領事公使，均不得干預。

第五十款　公同利害之處置

道路溝渠水道氣道，或在礦地之内，或在毗連鄰産之内，均同獲其利或同受其害，如欲勒令遵行本款義務，或欲估計賠償之數，除照礦務附章載明辦法外，

均應遵行該省通行律例。

第五十一款　礦地洩水法

礦中之水屬礦商者，應由礦商自行設法挹注，惟挹注時不得損礙别人産業。如在地面挹注，照本地向例放水，不得阻礙現有水道。

第五十二款　洩水受害者應予賠償

倘因礦中積水或因别故，該礦商雖已得知，仍不遵照章程所定期内設法疏洩，以致礦内礦外别人之利益受損，該礦商應訂立合同賠償，或由本省總局斷賠。

第五十三款　礦局有迫令除患之權

設使數家礦産同在一處，因有水患，以致被災不能開採，如果各該礦商曾經倡議設法除患，而未能協商定議者，總局應即迫令各該礦商公同捐資設法除患，酌量定斷辦理。

第五十四款　不准施工之界限

無論何項礦工，倘無該業主切實允許，均不得在其本宅業産界綫外一里之内施工。倘無該處地方官明文准可，亦不得在衙署會館公所等類，及緊要水利之處，公用道路鐵路運河等類之界綫外三里之内施工。至若砲臺營寨及一切軍用局廠所在之地，除該管官員特行圈劃施禁不論遠近外，凡礦務工程不得於距其界綫三十里以内施工。

第五十五款　帳册宜遵格式

所有辦礦人或獨辦或合辦或公司，須遵妥定帳册格式，隨時紀載辦礦確實帳目，以備總局委員隨時查閲。

第五十六款　礦圖宜遵格式

各礦須遵頒行格式，預繪地腹工程之準圖，以備總局隨時委員稽查驗看。

第十二章　樹木水道

第五十七款　礦地樹木

砍伐樹木，或因清道之故，故因開礦之用，均不列在勘礦及開礦執照准行之内。如所在係官地，應在礦務委員處請領伐樹准單，所伐之樹按照該處市價納繳。如係民地，則須備價向業主商購，經業主允許，方能砍伐，或由地方官按律定斷准行方可。

第五十八款　礦地水利

各省内地之江河湖港可行舟艇之處，均歸國家管轄，官民公用所有江河等處水道，礦商不得藉故擅擬更改，亦不得分注上流之水，致奪下流居處之水利。

第十三章　外人合股

第五十九款　外國商民之名籍職業及保證限制

凡合股洋商，照章具禀領辦，須投有該國領事公文，證明其人能切實遵守本章及附章所有已載未載各條款，並須由該省礦務總局，查實其人果合第五款礦商格式，然後發給執照，准令照章辦礦，該總局並應令具切實保單，保其遵守本章及附章斷無違背，果於定章毫無窒礙違背，方能核准，令其承辦。除礦商承辦礦務外，至於外人入内地，須領護照。及外人不准在内地租地賃房造屋，設立行棧，暨經營他項事業諸類條款仍舊施行，絲毫未有更改，即因勘鑛或開鑛外人入内地，須照舊請領護照。

第六十款　外國商民訴訟法

凡合股洋商在内地辦鑛，如與中國人民或他國人民有錢債争訟，關係兩造私自權利者，中國執法官吏可按照國律向例，秉公剖斷。如有案情别出，爲現在律例所未備載者，並可按照現今各國通例，並參酌中國法律情形，公平斟酌辦理。

第六十一款　外國商民犯罪處置法

凡合股洋商在中國内地辦鑛，如有犯罪事件，中國執法官吏可往查問案情，搜檢證物，若遇該國領事遠隔，犯人有逃走之虞者，並可暫時捕拘，移送就近領事官，仍按照條約照會該國領事官，用該國律例處斷，中國官吏並不强行干預。如領事處斷不能得中國官吏許可，商民悦服，以後該國民人，即不准在本省再請開鑛執照。

第六十二款　外國商民上控限制

凡關係鑛務事件受斷者，無論何國人不服鑛務委員所判，准至本省鑛政總局上控。如仍不服，至本省提法使司督撫衙門及至農工商部爲止。無論何國領事及公使，均不得干預。但無論控至何處，均宜按此鑛章剖斷。惟於此項鑛章未經著有明條者，方可援引外國鑛律，仍不得與中國鑛章意義觸背。

第六十三款　保護開鑛外國商民各條

外國人民既與華民合股辦鑛，不拘何時，如有打獵跑馬及種種游戲事件，有危險之虞者，須稟明該處地方官，指定地界，限定時日，遵照辦理。其餘仍按外人游歷内地章程，從優管待。

外洋合股鑛商，除本人外，暨延訂鑛師及管理機器者數人非與該礦確有關係，未經總局允准，請有合格護照，地方官不認保護之責。

第六十四款　宣示有鑛地方阻礙事由

鑛政總局如以某處地方尚未安謐，或經地方官隨時稟明有礙地方安謐，不宜外人入内辦礦，可將事由宣示稟領礦照者，即不批准。

第十四章　礦工

第六十五款　礦商所定礦工規條須經官准

凡開采鑛物及從事開鑛業務之華人謂之鑛工，鑛商所定之鑛工規程，必先稟明鑛務委員，然後施行。

第六十六款　礦工須有詳細簿籍

礦商宜備礦工名簿，記載其姓名、年歲、籍貫、職業，及被僱辭退之年月日，以備查考。

第六十七款　礦工罷役各規

如犯下開各項者，礦工無論何時可以罷役。一、礦商及其使用夥友有虐待之事件。二、工銀不按時支給或有剋扣等情。三、礦工作工時刻過多，有不勝其勞苦，以致多成疾病者。

第六十八款　體恤礦工各條

礦商宜體恤工人，其體恤規條，必先稟明礦務委員。一、非礦工之過失，因就業時負傷，應補給醫藥培養等費。二、因負傷培養時，給與相當之火食費。三、或因負傷以致身故者，應優給埋葬費。四、或因負傷以致殘廢者，應酌定期限給與補助費。以上四項，礦商與礦務委員公同商酌給發。

第六十九款　辭退礦工各條

如犯下開有礙礦商各款，無論何時，礦商可以辭退礦工。一、違犯中國律例擾害地方人民者。二、窩藏匪類混作礦工者。三、投身教堂，自稱教民，混作礦工，不受地方官員約束者。

第七十款　懲辦礦工各條

如犯下開有害地方各款，無論何時，礦務委員亦可迫令礦商清查，此等工人交地方官懲辦，不准礦商庇護。一、不聽礦商指揮使用者。二、對於礦商及其夥友有橫暴之行爲者。三、礦商並無虐待剋扣情事，藉端罷工要挾者。

第七十一款　脩改礦工章程

凡國家保護礦工及查禁礦商虐待工人情弊條款，如有應行脩改增益之處，可由本省督撫隨時咨明農工商部核定辦理。

第十五章　礦務警察

第七十二款　礦務警察之責任

礦務警察事務，由總局飭知礦務委員攝行。其事大端列左：一、關於坑内及礦地所施設之工程有無危險事。二、關於礦工之生命及其他衛生事。三、關於保護公益事。

第七十三款　礦務警察之權限

礦務委員如實見所管礦地有危險之虞，或有害公益者，應稟請總局，命其停工。如事迫不及稟請總局者，該委員亦可命其暫行停工。

第七十四款　停工開工之辦法

礦地因事故停止開采，如果加工設法改正後，由礦務委員勘實，即仍准開工。

各國礦地限制備考

英國：第一等礦地四百英畝，第二等礦地二百英畝，第三等礦地一百英畝。美國：每人所請礦地不得過二十英畝，或數人同請，（在八人以上）不得過一百六十英畝。法國：自二十英畝起，至多以六方里爲限。德國：十一英畝至二百二十英畝。奧國：十一英畝。日斯巴尼亞國：至少須縱橫各四百米忒。

《政治官報·法制章程類·光緒三十三年十月·大清礦務附章》

第一條　各省礦政局派員分理礦務

各省礦政局，應就本省産礦之區，酌派委員分理礦務，所派委員歸總局節制。凡有呈請勘礦開礦各執照之稟者，該委員應照定章經理其事。凡正章、附章所定委員應辦各項執事均應遵辦。

第二條　礦務委員應迴避條款

凡有關涉下開各事者，礦務委員應當迴避。甲、凡有關涉委員之利益者，無論直接間接，應當迴避。乙、凡事有涉委員之宗族親戚者，查照大清律例吏部則例，應迴避者均照例迴避。丙、如委員或其宗族親戚，因在所管界内争執地産，聽候審官判斷之時，應當迴避。丁、如礦務委員與兩造中素有交誼及錢財交涉者，均應迴避。

第三條　礦務委員之責任

礦務委員之責任：一、應照礦章所定辦法，代具稟開礦人轉達各事。二、應照礦章所定辦法，代具稟勘礦人轉達各事。三、如具稟人願請註銷所具之稟，或稟加減，或稟改正所請礦界，應照定章，代爲稟達辦理。四、以上各稟除應隨時轉達外，按每月初十日之内，仍應將上月所辦一切礦務事宜，詳細具報總局。五、礦務委員應將駐紮辦公地方、並每日辦事時刻宣布礦商，俾各周知。六、遵奉礦務警察法律，隨時查勘已經施工之礦區。

第四條　礦務委員開礦小工巡查兵役三項均不得用外國人

派駐各州縣之礦務委員，專係中國官員充當，但須選擇事理通達，略知礦學或於礦務曾有閲歷者。外國官商人民不得充當。其礦政局選用之礦務顧問官，則不拘此例。所有礦工及執役巡查人等，皆專用中國人民，不得攙用外國人民。

第五條　呈請勘鑛執照法

呈請勘鑛執照之稟，必須謹遵鑛務正章第二十四款所載照具正副兩件，送呈該處鑛務委員及該省鑛政局查核。所請勘礦之地，由總局飭知地方官查核稟復，合格者，詳稟本省督撫批准即行照章填給勘礦執照，再飭該處礦務委員，即於副稟標明收稟之日期，備録督撫及總局批准全文，蓋印發還原稟人收執。

第六條　允許勘礦字據

呈請勘礦稟内，須將擬勘礦界，或係官地，或係民地，聲叙明白。如爲民地，必須酌給津貼妥商，該地業主給予允許字據，方予批准。業主允許勘礦字據格式如下：立允許勘礦字據人某某某，今有坐落某某省某某縣境内自己礦地　段，編列第　號，計地　畝　分　釐　毫，東至　，西至　，南至　，北至　，允許某某某於上開界内探勘礦質，所有應給津貼及賠償該地損失之項，業經彼此議明付清，今欲有憑，立此存照。地主某某某簽押，中證某某某簽押。此項允許字據，應須繕寫兩分，一分給勘礦人收執，一分由勘礦人送呈該處礦務委員查核備案。所勘之地無論官地民地，當批准時，礦務委員務須批明勘礦人所掘之地，應在所准勘礦界内，無論横直寬深，不得逾官尺三十尺以外。

第七條　勘礦次第

設使稟請勘礦執照者，有數人皆指請一處之地，其最先具呈之稟應當儘先核奪。如果該稟不能核准，即按各稟次序先後核奪。

第八條　允許勘礦期限

倘業主或其代表人，與領有勘礦執照人所商未協，該勘礦人可向本地礦務委員處具稟聲請，並具保單以備津貼業主賠償損失兩項用費，該委員即將勘礦人所稟之事，知照該業主，儘兩個月内，可以來局申訴不允之故，如業主並無事故，期内不來申訴，逾期即作已經允許論，且於期滿以後該委員應即妥定辦法，如須妥計保單數目，即應按照所估之數妥定，惟不得逾於實應津貼賠償之數。俟保單填寫明白，呈請批准後，該委員即按下開格式，批註在正副兩稟之尾。某某縣礦務委員某某某，爲批註事，照得某某省某某縣境内　段礦界東至　西至　南至　北至　編列第　號計地　畝　分　釐　毫，現經該地業主允許某某某前往該地勘礦人，呈送保單一紙，計銀　兩，交存本委員處代收，以備將來應賠該地損傷之用。至應賠若干再由本委員估計估定之後，即在此項保單内提付，須至批註者。此項副稟既經批註後，交還具稟人收執，與所領勘礦執照均不得遺失。

第九條　執照期限

自發給勘礦執照之日起，於限定一年期内，除原請勘礦執照之人外，礦政局不得於已准履勘界内，另准别人請領開礦執照。

第十條　呈請開礦執照法

凡欲具呈請領開礦執照之稟，須繕兩分，並須將下開各款填入。甲：該具稟人姓名、住址、行業，籍屬何省或何國，如係公司，亦應遵中國法律註册。乙：所請之地共計礦界若干，必須填寫明準。丙：所有礦界坐向。丁：該地坐落縣内何處。戊：所請之地有何種極顯之天然標記，以便認識。己：擬採何種礦質。庚：所覓礦積之形勢地位，或脈積，或層積，或散礦，或别式，均須聲明。辛：所請礦地在該處礦務委員所管界内何處。壬：應取具殷實行號保單，隨稟呈送。

第十一條　補領礦照辦法

礦商如將第五條及第十條之礦照，或有毁損或遇意外遺失之事，必將其事由，稟明礦政局再行補領。

第十二條　接充礦商辦法

礦商或因身故應由合格之接替人承充限六十日内必將承充人姓名稟明礦務委員轉詳總局。

第十三條　業主自行開礦應立期限

凡稟領開採礦章第十一款内乙字之礦質者，若在民地界内，該處委員或本省礦政局，應自收稟之日始於十日内行知該礦地業主，該礦地業主應自奉諭之日起，儘一個月内即須聲明或願自辦，或因何故不允，具稟人辦理。如該業主欲留爲自己開採之用，礦政局即可酌定期限，飭令該業主應在期内興工開採，仍將前稟存案，以觀該業主是否切實施工，然後爲斷。如該業主奉諭後，於所定一個月内並不聲明其意見如何，即爲該業主自己放棄不辦。設使該業主並不稟復，抑或推卻不願自辦，又不許別人承辦或聲明自辦，又不如期開辦，礦局可按附章第三十九條妥爲商辦，如再不聽商酌，可詢訪該地方紳民公論，是否宜開，秉公定斷。

第十四條　業主悔議應償還勘礦人工費

地面業主如已得受津貼賠償，給予允許勘礦字據，自總局發給勘礦執照，准予別人履勘之日起，於一年期内，決定自辦，該業主應償還該勘礦人所用之工費。設使兩造不能互相妥商工費之數目，即按本附章第三十九條所載公斷之法辦理。

第十五條　礦務委員有詰問開礦人之權

如所呈請領開礦執照之稟，未曾妥遵本附章第十條章程詳叙明白，即不得核准，亦不得註册。即使業經妥遵叙明，而礦務委員尚有疑惑之處，仍可詰問具稟人，並將其所答之詞，當面記入正副兩稟内並註册備案，該委員備呈案卷與總局時，須將疑惑之原由，及與具稟人之問答稟明總局，察核批斷。

第十六條　礦務委員應註明收稟日期次序

礦務委員收到請領開礦執照之稟，應當具稟人之面，將收稟日期並案卷號數，登入所備專記開礦執照之註册簿内，並批於正副兩稟之尾爲憑。凡註册稟件，必須確按收稟日期之次序登入册簿，先後勿紊，不得間留一行空白。

第十七條　礦務委員不收同地未批之稟

呈請開礦執照之稟既收之後，當礦政局未經批發以前，所有別人呈請開此礦地之稟，概不接收。

第十八條　開礦次第

如係數人同時請領開礦執照，所請或方形或角式，皆在一地，則按本附章第七條辦法參酌辦理。

第十九條　測繪礦界之期限及其費用

自稟領開礦執照呈請註册之日起，於十日内應由礦務委員飭派測繪委員，照測所請礦界形式並繪界圖，其礦界之界誌，與周圍最少三百尺内鄰界，均須標明圖内，測繪費用每日不得過五兩，統共不得過五十兩，由礦務委員估定，由具稟人照付。如測繪委員有意遷移時日，准具稟人呈訴，核實減給。

第二十條　測繪委員呈報礦圖期限及禁止阻撓辦法

礦務委員應准該測繪委員，儘六十日内，將所測繪之礦地圖式，並所具之詳細説帖，各備三分，如期呈核。並由委員給與該測繪委員文據一件，載明倘有官已批准，而該處民人有藉端阻撓該測繪委員礦場所作工程者，即當交地方官按律懲辦。

第二十一條　測繪礦界定綫法

凡奉委測繪礦地之測繪委員，當在礦地測量之時，須定該礦邊界直綫，再由所定直綫按準子午綫以定角綫。

第二十二條　礦界標識法

在地面分別礦界，須按以下各節以界牌或界石爲標記。甲：所立界牌或界石，既經定爲礦界標記，如礦界一日不改，則此界牌界石一日不得移動。乙：所立之界牌或界石，必須工作堅固並須隨時修理，不得聽其毀壞。丙：所立界牌，或界石之號碼及地位，不論由何號界石以及前後所立者，務須顯而易見，石上務須刻有該礦商姓名，並挨次號碼。

第二十三條　測繪委員標定界誌辦法

測繪委員應在地面標明竪立界誌之地位，且須將所定之地位標繪圖内與説帖一併呈送。

第二十四條　測繪委員圖説錯誤責任

凡測繪委員所作工程，所呈圖説報告，如有錯誤，均須擔承其責。

第二十五條　開礦人宜恪守礦界

凡領開礦執照之人，係按礦照所載之地爲準，不得增多減少。設因測量不準，或因誤竪界牌界石，致與礦照不符，須照更改。若係有意朦混多佔地段者議罰。

第二十六條　礦務委員經理告發事件辦法

請領開礦執照，如有他人具稟不服，應由礦務委員將具稟人之姓名及所以不服之故，一面行知具稟請領開礦執照之人，一面稟報總局。

第二十七條　告發開礦人期限及其條款

如有與稟領開礦執照者，因不服之故，竟擬興訟，須在該領照人稟批榜示之日起，儘四個月内具稟聲訴。但其所以不服之故，最少須有下開之一端方可准稟。一、有與業主不合者。二、侵佔毗連方形角式礦界者。三、設有已領之地，或全段或一隅，在其所請方形或角式礦界之内者。四、藉執照爲護符，魚肉鄉民者。五、所領開礦執照，與該地情形不合者。六、領執照之人，不合礦商資格者。七、所領執照有正章第二十款所開各弊者。八、領執照之人，一切行事有故違此次定章者。

第二十八條　礦務委員處置訟案權限

除具稟人得悉之後自行來局請將原稟註銷外，礦務委員應將其不服之情節，確切訪查核辦，如有關係礦界者，即飭測繪委員前往該處查勘，具呈圖説，再行核奪。

第二十九條　測繪委員對於訟案權限

當查勘礦界時，或有人來與之争論，無論係領照之人，或係已稟不服之人，或係擬稟不服之人，該測繪委員務須留心聽記，祇可具詳細説帖，呈遞礦務委員查核，不可自爲評論。

第三十條　礦務委員據稟不實駁還辦法

如有業主具呈不服之稟，聲稱並無礦積在其地内，惟據測繪委員之報告，所稱礦積顯然暴在地面，或顯有探峒，或顯有探勘工程，如此則礦務委員，可以駁還所具不服之稟。

第三十一條　礦務訴訟期限

礦務委員第二十八條訟案查明後，即行傳諭兩造，儘於十五日内到局飭令合商，當合商時礦務委員應剴切勸導兩造，以免涉訟。倘竟不能遵勸，即應停議，並將所有情形，立時移知地方官，如於四個月内原告並不到案，礦務委員即可稟明總局，請發開礦執照。

第三十二條　礦務訴訟案卷歸結法

如四個月期限已滿，並無人具稟不服或所不服之事，不在第二十七條各節所應准者，又或不服涉訟經地方官審察斷結者，則所有涉訟一切案卷，礦務委員應儘十五日内，將案卷全分並圖稿一切，鈔送該省礦務總局查核。

第三十三條　礦務訴訟審斷法

如所呈之案卷不合批准格式，其不合之處，並非具稟人應執其咎，即由總局將不合之處，批明案卷之後，定一期限，飭令礦務委員遵照所指之處，速爲更改。假如不合之處，咎在具稟之人，應予懲罰。

第三十四條　開礦執照給領法

總局察核所呈案卷後，如可批准，即按照本附章第三十五條，請發礦照一紙，並將測繪委員所繪界圖照描一分，發交礦務委員，轉給該具稟人收執，爲批准之據。

第三十五條　請發開礦執照法

請領開礦執照之稟，由礦務總局查驗合格，即詳稟本省督撫，轉咨農工商部核准，將礦照填發該局，轉給該領礦人收執。

第三十六條　外人稟請合股開礦辦法

凡稟請開礦，如係合股而兼有外國人民具名者，礦政局應按照礦務正章第九款，查明合股辦法，是否地面業主允准以礦地作股，與外國人合辦，抑係華商出資附股與外國人合辦，如係業主以礦地合股，須呈驗合股字據，確與礦務正章第十款之内所載辦法相符，方准請給礦照。如僅係華商出資合股，而地面業主不願合股，願得地價，則應由官將該礦地收買，作爲官地股，照礦務正章第十款所載辦法，與該礦商議訂合同，彼此允洽，再行請發礦照。

第三十七條　礦章不載者應遵律例

辦礦所有産業合股人或有争執，如不在礦務正章附章所載條款之内者，皆按國家向定産業之律例，交地方官辦理。

第三十八條　礦質與礦照不同之辦法

按照礦務正章第三十六款，領照人在其稟准之界内開采各種礦質，設使所開礦質並不在所具之稟與所領礦照之内所載者，則須另行稟明，由總局核准，方可開采別種礦質。

第三十九條　處斷礦商與該地業主轇轕辦法

設如領有勘礦執照之人或係領有開礦執照之人，因勘礦開礦或取散礦所需地面，業主不止一人，而其中有一段地面或因該地地價之高低，與該地業主不能商妥，地方官即按照下開辦法妥爲商辦。如全地業主皆不允願，應由官體察情形，另行酌辦，不得拘定。下開辦法：

元：應由兩造各派一估計人代爲估計，該估計人應自派定之日起，於十日內將其所估之數覆呈地方官察核。譬如兩造之估計人所估不一，即由地方官另派一估計人公斷，該公斷人亦應將其意見於十日內具覆。地方官既將各估計人之意見，及兩造與各估計人所言，詳細察核，證據明確，亦應於十日內，判定所需該處地面之廣狹，及應賠償之多寡。

亨：設該地業主既經地方官飭知後，於十日內不派估計人，即由地方官自派一人估計，該估計人無論業主，或執照之人爲華商洋商，必須秉公核估，倘有受賄或偏袒之處，一經查出，定行議罰。

利：若不知該地業主究係何人，抑或知而不實，即由地方官代派一估計人。倘辦礦人所派之估計人，與地方官代業主所派之估計人所定賠償之數目不相符，合由地方官自行斷定，其斷定賠償之款，應代留存，備交應得之業主。

貞：凡爲估計人，應將下開三則作爲估計礦界之底本，一則估計地價。二則估計該地所受損之處。三則按照本附章第四十二條所載應爲之事。

第四十條　礦界以外礦質之辦法

設如原案僅准開通隧峒，只作洩水通氣轉運所用之地界内覓出礦質者，應在動工之前，按照請領開礦執照條款，稟由總局核准，另請給照。

第四十一條　隧峒承領人之利益及其限制

凡有稟請地段，僅開隧峒以作洩水通氣轉運之用者，如經批准，則所領地段界内，准該隧峒承領人有先請開礦執照之權。如有别人擬於該處請領開礦執照，或全領或分領者，總局應即知照該隧峒承領人，是否有意添請此地以爲開礦之用，該隧峒承領人，應自知照之日起，於三個月内具稟聲覆，如該隧峒承領人覆稱不願添領，或不如期稟覆，則期滿之時總局可將此地准予别人領照。惟該隧峒承領人，所有稟准開通隧峒之利仍舊不失，而後來礦商，亦不得損壞或更改或干預其原有地腹之工程。

第四十二條　正章第五十款所指辦法

按礦務正章第五十款所指，本章附款詳列於下：一、溝渠之合例義務即云，設若甲主不防護硔内溝渠，以致乙主産業受損，或甲主不如法極力防護該溝渠，以致其水流至乙主産業者，甲主應當賠償乙主。二、如礦商未經彼此商定，除實在不得已外，不能穿越别人礦界，以開隧峒。三、按本條第二節所載之情形，如隧峒所經之地之礦商，因得隧峒洩水之益，應照硔工所沾之益，貼補該開隧峒之人。其如何貼補，乃按各硔體質及當下情形爲定。四、凡擬開隧峒者，必須先行稟明，俟由總局批准給照方許動工。但總局須在給照之前，詳核礦務委員所陳之附稟，及所呈之圖，其擬開隧峒之横直各段工程應詳晰分載。五、當開隧峒經過某硔之時，某硔商可派一人監工，如見其辦理不合，只能報知礦務委員或該處地方官查核，不能干預工程。六、設該隧峒與硔工交通者，當開通時應自行妥設隄防，以免阻運道及路徑。七、按照本條第三節所開，公共隧峒，若非各有關涉之人公同依允並立約據，且在礦務委員處註册存案，該隧峒不得另作别用。按照本條第六節所開，運道路徑及一切詳細情形，於所立約據之内應聲明，如有不遵者，應將此約作罷。八、如有新開之硔，亦在已設總隧峒之處，而亦可以分沾該隧峒之利益者，即須遵照本條之第三、第五、第六、第七各節辦理。九、礦商若須耗費巨款，始能在本界内設辦通氣峒者，其鄰近礦商，即應准該礦商就近在其界内租用通氣峒，以免耗費巨款。十、除由此界礦商與其鄰界礦商互相立約，並將該約在礦務委員處註册存案外，彼此應在本界之内，隨時妥設隄防，以免阻運道及路徑通行。十一、除本條第九節所載外，本界礦商所開硔工，若令數家之硔工受其通氣之益，本礦商不得索取酬資。而此家受通氣之益者，亦不得干預本礦商硔工之利益。十二、凡開闢通氣工程，並陸續保存通氣工程所有費用之款項，應由請領開闢工程執照之人自行開支。十三、凡爲建造礦章所載之地腹工程專爲轉運之需者，須當遵照第二、第三、第四、第五、第六、第十二各節方法辦理。十四、凡爲開隧峒而在掘起之土沙中得獲值價礦苗，若由批准礦地之界内而得者，應將該苗歸還該礦原主。若僅由准開隧峒界内而得者，應歸開峒之人領受。設此工程係屬數家合辦者，即按合辦分數照派。十五、凡於甲礦利便，而於乙礦阻礙，必須照下開辦法方爲合例，或由該礦主將其許可之事訂立合同，呈請礦務委員註册，或由礦務委員會同地方官審結，或由礦政局斷結。若乙礦主不許可甲礦商，應先稟請礦務委員裁判，若不服其裁判，再行稟請該地方官判斷，如再不服，即儘兩個月内上控礦政局斷結。十六、如有擬按本條第四、第九、第十二各節造地腹工程者，必須先具一稟，隨同所擬建造工程之全圖及段圖，併呈礦務委員轉詳總局請領執照方爲合例，所呈之圖須按訂準之級數爲程度，且將所擬建造工程之分段及其餘詳細情形，標明圖内，以憑查核。

第四十三條　礦務册報

辦礦各廠，化礦各廠，提鍊金屬各廠，煅礦各廠，礦内各廠，及其餘工業各廠之承辦商人，自開辦起，每月應將上月所辦工程，所用人工，所獲功效，悉行開具校正册報三分，送呈本處礦務委員查核。此項册報務須按月儘初十日以前送到本處礦務委員處，並須遵照礦政局隨時頒行之格式填寫明白。即使本月之内並未出有礦砂，亦應據實具報。

第四十四條　册報格式

按照上條所載所有應具月報之人，可向礦務委員發册處，預先請領一月或數月册報格式，該項應需册報格式，儻不先期預爲備領，則所有干係，應歸該具月報之人自行承擔。

第四十五條　礦務特别册報

本附章第四十三條所載各廠商，除呈送月報外，凡有本省礦政局應需之别項礦務情形，以備編造册報之用者，應當隨時稟呈礦政局。

第四十六條　册報考查法

按照本附章第四十三條、第四十五條所載之册報，於送呈後，查無錯誤，即將所呈三分中之一分交還呈報之人，並將收到日期批於所還册報之末。如所呈册報，查出所報不實不盡，或含混不明，該呈報之人應當科罰，惟所罰之銀不得過二十五兩。此款若不照繳，該呈報人應當監禁，惟監禁之期不得逾兩個月，並將所呈册報退還，飭令從速更正呈核。

第四十七條　礦界租完納法

礦界年租分爲兩季先繳，即二月十五日與八月十五日兩期。礦界年租應在礦政局繳納，或照正章第四十六款辦理。所有稟准承領礦照之人，必須如期親到礦局繳納礦界年租，無須預先知照，以免藉端推諉延誤。第一次應繳半年礦租，不論何日發照，應在發照之日繳納。

第四十八條　完納礦界租券格式

年租既經繳納，即由該局發給印板收單與繳租人收執，該收單應載之文如下：

甲、單名，礦界年租收單。

乙、某省某縣。

丙、礦名，礦地坐落地方，礦商名姓，應納礦租之礦界數目，礦照註册號碼。

丁、每半年應納礦租若干。

第四十九條　礦産出井税銀兩辦法及格式

按礦務正章第四十五款所載，礦産出井税項，應於每月十五日，按上月所出礦産之數目，如數在礦務委員處或在本省礦政局繳納。礦政局所給出井税銀兩收單，與礦界年租之收單格式相同，另加戊字一款，載明何種礦砂並出産數目及總值若干。鑛政局收得各項年租礦税銀兩，應以一半解呈農工商部，一半留呈本省充餉。

第五十條　礦産出井税價格豫報法

礦政局應於每年正月、七月，發一諭單，通飭各礦商，此後每半年之内，某礦砂應按某價值爲收取礦税銀兩之準則。酌定各項礦質價值，應按前六個月各省會之市價折中核算爲定率。

第五十一條　出井税數目核准法

每月出井税項之多寡，應照該礦商或其代表人報呈礦政局該礦每月所産礦砂數目定奪，如有不實之處，即按懲治條款科罰。

第五十二條　短納礦界租及出井税銀兩懲治法

如礦商短繳礦界年租，或礦産出井税銀兩者，應由該處礦務委員立即申稟礦政局，以便按照礦務正章第四十三款或第四十七款辦理。

第五十三條　礦局簿記法

礦政局及礦務委員處，應備註册簿記，詳載辦礦事務。此項註册簿記，應按收到文件日期時刻，先後登記。所有下開各款，務須查詢明白，詳註備考。一、具稟人姓名、職銜或公司名號，或獨辦或合辦或公司。二、擬用何種辦法。三、擬以何日興工，若已興工，即應指明係在何日興工。四、具稟人住處與所有各處分廠，其分廠雖在别處已經註册，亦應在該處礦政局聲明存案。五、訂約更約廢約，無論合辦及合股公司，皆應聲明。六、凡用授權文件，委派總理人代表人或執事人，或由以上各人繳回該文件者，皆須報明註册。七、無論合辦及合股公司，凡有加減股本者，皆須報明註册。八、礦業所有一切契據。九、典押礦業。

第五十四條　礦務註册辦法

礦務註册，應在本省礦政局或礦務委員處辦理。

第五十五條　註册文件作爲合例證據

所有遵章註册存案之文件，自註册之日起，即認爲合例證據，不得因有在前在後未經註册之文件，以致此項已經註册之件成爲無用。

第五十六條　礦政局公費

礦政局應收公費開列於左：一、凡呈請開礦，經礦政局發給礦照。如所開礦質係黃金或白金或銀或寶石者，按每礦界收公費銀十兩。雖非此等礦質，其中含有若干分數係黃金或白金或銀或寶石者，亦同。其不及十礦界者，仍應收足公費百兩之數。二、凡呈請開礦，經礦政局發給礦照。如所開礦質並非黃金白金銀及寶石，亦無此等礦質夾雜在内者，按每礦界收公費銀二兩五錢，其不及四十礦界者，仍應收足百兩之數。三、凡呈請勘礦，經礦政局填給礦照者，每執照一紙，收公費銀五十兩。四、凡補領執照暨請領隧峒工程執照者，每執照一紙，收公費銀三十兩。五、凡請減少改正礦界，經礦政局批准者，每紙收公費銀二十兩。六、所有各項文件礦圖，應呈礦務委員或礦政局批驗者，每紙收公費銀二兩。此條以上各項公費，均歸礦政局經收。其開礦執照之費，應由該局照章代收，全數解交農工商部。

第五十七條　礦務局費

礦商除在總局繳存公費外，按照外洋通例，尚有隨時零繳之費用，由該管礦務局就地收納，即名曰局費。但此項費用由礦務委員經收，應按月彙報總局以便查核。所有該委員薪水夫馬、應得津貼暨委紳司事吏役薪工川資，並局中燈火雜用，均由總局詳定章程，按月支給，此外不得私自向礦商需索分毫。惟礦務委員甚屬勞苦，或周歷山溪，或深入井底，種種艱苦危險，非同尋常差事，總局必須從優核給薪水夫馬、局費雜支，以示體恤而除流弊。其局費條目列下：

一、凡呈請勘礦執照之稟，須經礦務委員加簽與註册者，各應納局費銀一兩。二、凡因業主不允請照人勘礦，以致來局交涉者，應納局費銀二兩。三、凡稟請承領或加添或更改礦界者，每呈一稟應納局費銀一兩。四、凡有代書事件，校對事件，加簽事件，無論驗准與否，每千字或不滿一千字者，應納局費銀一兩。五、凡有呈請礦務委員出局辦理公事者，應按往來路程，每里收取局費銀二錢。六、凡須礦務委員出局履勘地面情形並開具稟報者，須納局費銀五兩。七、凡須礦務委員往勘硐内情形者，應按深處每三百尺或不滿三百尺納局費銀五兩。若須開具稟報者，另須加局費銀五兩。八、凡校對加簽測繪委員所呈之圖者，納局費銀一兩。如來局描畫局中所存圖稿，另須局員校對加簽者，亦納局費銀一兩。礦局只能照以上各款收取局費，如有格外事件本條所未載及者，須稟請礦政局核定數目。

第五十八條　礦商帳簿格式

辦礦者無論華商獨辦，或華洋商合辦，或合股公司，最少須備帳簿三本，一爲記載所有産業物件與贏虧帳目，一爲流水簿，一爲各户往來總帳簿。另備帳目一本，記載各分理處辦礦用費與所出礦苗浄礦之數目，並出售數目及價值，該帳簿必須由礦政局頒發一定格式，以歸一律，且，裝訂完善。

第五十九條　礦地各圖之準備

除批准礦地之時由測繪委員所繪之圖外，各開礦處均應備存下開各圖以便隨時查看。甲：按測繪委員之原圖預備一張，或由原圖描出須經校準者，亦可指明所准礦地之界限之路徑之通氣溝渠，及安置機器之處，設廠之地址，並别項地面所占各礦界之界限，礦界之數目，邊徑之角度，此圖應與乙圖之程度相同。自圖成之日起，最遲於六個月内，即應隨時將情形添註更正。乙：礦産所屬地面之總圖，或由原圖抽出已經校準者，指明所屬礦産界限脈槽之斜形與面層，或沖積面層，或壤礦。所有地面工程，或孔穴井眼鑽孔屋宇水道水塹貯存雜質之處，官路鐵路車路，通電力綫電報綫電話綫接電拖繩，大小陰溝圍棚，及地面所見之物須當保護，不許其下面掘空者。此圖自告成之日起，最遲於一年内即須隨時改正。丙：礦圖或由原圖描出校準者，指明礦産界限各種穴口隧道横徑内井凸形穴横徑，礦掘撑柱地腹之路站、火藥庫現采之礦脈礦槽礦牙所有隔斷礦積之石，並突入礦積之石，凡遇槽脈緊要之更變，亦應標明所有别式之礦脈或礦積之層次迭復者，應照礦務委員所囑，將其遞層所作之工程别圖載明。此圖應自告成之日起，最遲於三個月内即須隨時更正。丁：硐工段圖應由礦井起指明分段硐工，或全段硐工，並層脈槽各種形勢暨所有離位之層次及衝突石等類。此圖自告成之日起，最遲於一年内即應隨時更正。

第六十條　礦圖之比例尺

所有各圖，定以十百千萬之級數爲比例。前條甲、乙兩節所載之圖，乃按礦地大小爲定，或五百分之一，或千分之一，或二千五百分之一，或三千分之一爲限。但丙、丁兩節所載之硐圖，或以五百分之一，或以千分之一爲限。

第六十一條　捨棄礦界辦法

有擬捨棄其礦者，無論全界或分界，須將硐圖先行辦竣，直至捨棄之日，如有捨棄硐工者，必須先將各處硐工詳細測量妥當，然後方准捨棄。礦商若因事故廢棄其礦，則當呈報礦務委員，限六十日内，將其因礦業所建設之房屋及其他之建造物一律撤去。若踰期不撤，即將所有者歸地面原主。但礦務委員應履勘窿内外，凡有關地方安全之物，則不得撤去。若礦商逃亡不知蹤跡，則亦依此條之法辦理。

第六十二條　礦商應存圖一分於總局

各礦商應將第五十九條所載原圖描出校準，各具一張，呈交礦政局備查。

第六十三條　礦商呈圖之期限

按照第五十九條所載乙字之圖，應由礦商每年六月初一日以前校準，交與礦政局，計每年一次。又丙字之圖，應於每年六月初一日並十二月初一日以前校準，照呈礦政局，計每年兩次。

第六十四條　礦商不呈圖之辦法

假如礦商不按章程備存校正各圖者，或不按章程將以上所載各種礦圖呈送礦政局者，或應須添注之處而不添註者，礦政局即另飭繪圖或添注所漏繪之處，令礦商照繳繪費。

第六十五條　保存礦圖禁令

礦政局不得將以上各條所載之礦圖，給與不應給與之人，或圖中所載之事，告知不應告知之人。亦不得將此項礦圖，與未經該礦商許可之人觀看。

第六十六條　礦圖不完全之罰

如礦商將某段之鑛圖不呈送，或某段之工程隱匿不報，或故知各圖有錯而不更正者，該礦商應當科罰，惟罰款最多不得過銀二千兩。如不繳此款，即當監禁，惟監禁之期，最遠不得過一年。

第六十七條　防護積土傾塌

凡因勘礦開坑者，應將所掘之土，堆在兩旁如山脊式，並須不令坍塌，且須設法妥爲防護，以免行人傾跌坑内。限滿並不開採，應須一律填平。

第六十八條　防護開礦有妨礙之地面

設使礦務委員查有已勘之地有妨生命，或與大衆往來有礙者，該委員當飭令該勘礦人或該地業主，即將此坑填滿與地相平，或妥設隄坊防護。

第六十九條　防護工程

凡有井口或進硐之道暫時不用，或只爲通氣之用者，與各種工作口門非尋常驗礦之小坑並提高臺墩及提高梯路，皆應查奪形勢，妥設隄防。

第七十條　保護地方墳墓民業生計

礦地如有墳墓，須儘力保護。所有一切工程，應在距離該墳定章尺寸以外方許施工。歷代有名帝王聖賢陵墓相距三十里，先賢名宦墓相距三里，尋常士紳墓相距五百官尺，地下亦不准横斜侵入限内。萬一墳墓於礦有礙，勢難兼顧者，應禀明地方官，並知照該墳主直屬子孫，妥爲商辦，量其情形，從優酌給遷費。凡礦産該處地方，不能以有關風水積習，空談阻止開采。惟於民間營業生計實有妨礙，民情不能允服者，不得稍有强迫，准由該礦商禀請官局詣勘，再行酌辦。

第七十一條　礦界減少法

礦商如欲所領礦界減去若干，應禀明礦政局，並將原領礦照與礦圖隨禀繳呈。所擬減去礦界若干，亦應註明圖内。當將礦界減去若干時，務須按照礦務正章第三十二款所載照減，不可隨意劈分畸零所畫定礦界，不可割分互相毗連之處。

第七十二條　礦界減少之布置

礦務委員收到呈請減少礦界禀件，即派測繪委員一人，測繪所賸礦界之圖，並遵章安置應立之界誌，且須遵章於六十日期限之内告竣，測繪委員用費，應由具禀人照付。圖工告竣，呈進該委員，應在請領開礦執照註册簿内及礦照之上，載明所減礦界之數目，然後將原照交還原人收執。

第七十三條　礦照註銷法

設使礦商欲將所領之地全行註銷者，應即禀明礦務委員，或徑禀總局，總局收禀，應即照禀註册備案，仍當遵照本附章第六十一條辦理。

《大清新法令》卷三《軍政·軍器旗式·附税務處改訂軍火進口章程九條》

光緒三十四年　月　日

要目

第一款　營用槍彈
第二款　様槍様彈
第三款　防身槍彈
第四款
第五款　槍彈注册
第六款　營槍禁例
第七款　槍彈征税
第八款　槍彈轉運

第九款　預防流弊

第一款　營用槍彈

文與原章同。

第二款　樣槍樣彈

洋商欲運營中作樣槍枝、子彈，須由各該領事向監督請領准運護照，俟貨到口，憑照報關後，方能起貨。每次所報，每項樣槍以四支、樣彈共二千顆爲額。該商須向關呈具保結，言明不將樣槍、樣彈另賣他人。海關如欲查看槍彈，須可隨時呈驗監督，如有涉疑之處，即可函告領事不允發照。

第三款　防身槍彈

甲　凡體面洋人附船或附車來華，行李内只准携帶防身槍一枝，手槍一枝，槍彈共五百顆，於進口時應報關，查驗放行。倘漏報，查出即行扣留入官。

乙　向在中國居住之體面洋人欲置防身槍枝、子彈，須於進口前先請本國領事照會監督請發准運護照，俟貨到口，憑照報關後，方准起貨。每人每年只准報運一次，即防身槍一枝，手槍一枝，槍彈五百顆。海關監督如有涉疑之處，即可函告領事不允發照。

丙　倘洋人領執照前赴内地或西藏、蒙古、新疆等處游歷查考，其所携防身槍械如逾限額，亦准報明携帶，以備需用。惟所携之數，不得逾兩倍之多。

丁　凡外洋官商所運防身槍枝，系專指手槍西名皮士特兒并短式懷身旋轉手槍而言，其餘他項營用槍枝、子彈，必須系爲作樣，領有護照，方准報運。其代中國軍營官局購置者，須有確實憑照，經關道認可者，方准進口。洋人運來自用者，不得以營用槍枝子彈影射。

第四款

甲　凡體面洋人附船或附車來華，行李内只准携帶獵槍三枝，獵彈共不得逾三千顆，於進口時應報關，查驗完税放行。如系舊槍帶有新彈，可准免税。倘漏報，查出即行扣留入官。

乙　向在中國居住之體面洋人欲置獵槍、獵彈，須於進口之前先請本國領事照會監督請發准運護照，俟貨到口，憑照報關後，方准起貨。每人每年只准報運一次，即獵槍三枝，獵彈共不得逾三千顆。海關監督如有涉疑之處，即可函告領事不允發照。

丙　體面洋行只准購運散子獵槍、獵彈，仍須一律由領事向監督請領護照，入口時亦須向關呈具保結，注明不將槍彈輾轉賣與匪人。每次報運槍枝之數，如有購主預定者，只以六枝爲限，且於報關時，須注明單上系代某人居住某處者購運，方准進口。儻未有購主先定，不過預存，以便隨時發賣者，每行只准購存備賣獵槍四枝，發賣時仍須將槍枝、子彈數目及買主姓名、住址、發貨日期均須詳細注明底簿，以便海關隨時查驗，每次所運各項獵彈共不得逾一萬顆。

丁　凡外洋官商所運打獵槍彈，系專指散子獵槍、獵彈而言，不得以營用槍彈影射進口。

第五款　槍彈注册

各口每次運進槍枝、子彈，應由監督及税務司將報運人姓名、國籍及進口日期、槍彈件數詳細登册，并所收税項若干逐一注明。其有中國軍營或官局購運者，亦應將某營某局所購之貨，及由某省將軍、督撫發給護照次數、件數登明册内，年底呈送本處查核，各處税務司所造之册，仍由總税務司轉申。

第六款　營槍禁例

凡營用槍枝、子彈非爲軍營官局定購者，仍須照約，一概不准入口。

第七款　槍彈征税

凡准運進口如第二、第三、第四條之槍枝、子彈，按值百抽五征税。

第八款　槍彈轉運

凡外洋官商購運防身、打獵槍枝、子彈，其貨須在滬轉船寄至購主所住之口岸者，須由駐滬領事照會海關，聲明購主姓名并所運件數，方準轉船。俟貨轉運到口，仍由購主請該口領事向關道請發進口護照，貨照呈關，查驗完税放行。

第九款　預防流弊

以上所列各款，以本處前定章程爲根本，酌將駐京各使所指爲不便者從寬改定。應自光緒三十四年六月初三日第一百九十二結起作爲此次改定各款實行日期。其未實行以前，所有軍火進口，仍概照前定章程辦理。惟此次改定各款，倘將來實行後或有流弊，自應隨時酌改。

《大清新法令》卷六《郵傳部核定中國鐵路公會章程》

甲　定名

本會系聯合中國官辦商辦各鐵路而成，定名爲巾國全國鐵路公會，無論現在將來，凡中國國内鐵路，均需入會，俟公會成立後，即呈請郵傳部奏給關防一顆，文曰中國全國鐵路公會關防，以資信守。

乙 宗旨

本會以聯合全國官辦商辦各路，研究聯絡、考求得失、擇善從長爲宗旨，不干預行政諸事。

丙 職員

一 正會長一名，副會長二名，督理會中一切事務，任期以一年爲限，限滿另舉。

二 庶務員一名，辦理會中事務，核計會中出入款項兼任招待之事。

三 調查兼書記員二名，調查各路事件及繕寫文稿書函等事。

四 編輯員一名，就會中調查各路之件排比次第，互相比較，考證得失，列入每月報告，寄呈各路。

五 會計員一名，管理會中銀錢出納，每月繕具清册，呈庶務司核定，分送各路。

六 繕校員四名，繕寫會中公文函件，校對編輯報告書及翻譯電報等事。

附則

如日後事繁，得由會長酌量增設員額。

丁 選舉

本會每届選舉正副會長，應預期呈請郵傳部派員監察，其選舉均用投票法，由各路會員投票公舉，被舉之人就在入會之會員中選擇，票舉不論官階以得票最多者爲正會長，次多者爲副會長，其投票票面，上應注明現届舉某路某會員爲會長，下注明某路公舉字樣，每路止許投票一張，不得多下投票，致滋淆混，一經舉定後，呈報郵傳部查核委派。

戊 機關

子 凡各路總會辦總協理華總工程司均爲會員，常年大會均須親臨，或派代表與會，其會員職名籍貫應造册呈送郵傳部備案。

丑 入會各公司遇有雇用華洋工程司及購買材料，皆應互相考察，以免此路不用之人彼路反爲雇用，此路已吃之虧他路仍蹈覆轍。

寅 本會得隨時派員調查中國已成鐵路及各國鐵路接軌規則，相度情勢，互訂接軌交綫及行車聯絡章程，呈由郵傳部核准爲公司之准則。

卯 本會應聘請精通翻譯一員，選録歐美各報與鐵路相關係之報告，由編輯員以次匯録定，分送各鐵路局。

辰 各路須囑托常川駐會之代表一人，作爲公會評議員，每月開評議會一次。

己 會費

本公會係由郵傳部提倡推廣而成，開辦經費即由郵傳部撥發銀一千五百元，所有入會各路，毋庸認派開辦會費。

庚 會期

子 郵傳部定於每年八月朔日派員莅會，開大會一次，即爲選舉正副會長之期，如有特別事件，可開臨時會，惟須預期先一月，將開會理由分别函電知照各路會員，并呈報郵傳部。

丑 凡開會議事會員，須有三分之二以上到會者，始決議事件。

寅 凡公會宣告開會理由而會員届時未能赴會，又未囑托代表及郵電寄意見書來會者，本會於開會議決之件作爲默認。

卯 本會應遵照四省公司前呈商部原案，凡會議事件，先行呈部核示分别准駁奉文之後，再行遵辦。

辛 調查報告

凡各路章程文移函牘收支帳册聘訂合同等件及路工用人購料工程成績與各營業辦法，均須隨時知照公會歸入檔册，即由本會逐月登記，分類列表造册，按季彙刻報告郵傳部及各路局公司。

壬 經費

本會常年經費由郵傳部每月首撥銀一百兩，各路凡綫長不及一百里至五百里者，每月捐銀五十元，其綫長五百里以上至一千里者，每月捐銀一百元，餘均照遞加捐費。（即每加五百里以内之路綫應加月捐銀五十元）

癸 會所

會所暫設在上海虹口愛而近路均益里，俟公會成立後，再由郵部擇定適中處所作爲中國鐵路公會場。

以上章程八條如有未盡事宜，應隨時會議增改，呈明郵傳部核定。

《商務官報》宣統二年四月《修改四川通省鑛務公司章程》

第一章 總綱

第二章 組織機關

第三章 辦事種類

第四章 集股

第五章　勘查標記
第六章　收買鑛地
第七章　自辦礦地
第八章　附則

第一章　總綱

第一條　本總公司經四川總督部堂　奏准設立總攬四川全省礦地，凡川省産礦之區，總公司得勘查標記，並隨時指定礦界租買開採。

第二條　凡四川通省礦産，除現在官辦各礦外，勿問金屬、非金屬，紳辦、商辦，獨辦、合辦，皆不得於本總公司之外，另有總公司名目。

第三條　本總公司在集公益溥公利，勿論本省外省，或入股之東，或承辦之商，均一體優待交涉，一準商規，不參官場習氣。

第四條　本總公司蒙國家批准，有永遠專辦特别之利益，非公司自行停辦，官不收回自辦。

第五條　本章所載有與部頒鑛務正附新章，畧有出入者，皆就四川現在情勢，特别規定，凡非本章特别揭載所及，一切悉遵部章辦理。

第二章　組織機關

第六條　本總公司暫時租屋設立，俟覓得合宜之地，即行另建公司。

第七條　本總公司請由督憲派委監督官一員，凡公司存放公款及股息税項一切財政事宜，均得監督之。

第八條　總公司經營全省鑛産區爲五路，成綿龍茂爲中路，建昌道屬爲上南路，永寧道屬爲下南路，川東道屬爲東路，川北道屬爲北路。每路由督憲延訪正紳二人，分别照委充當該路總、協理，專辦招股採礦事項，俟股東會成立，即照商律由各路股東投票公舉，呈請督憲委任。總、協理對於本路鑛務有專負之責任，對於他路鑛務有連負之責任。

第九條　五路總、協理除辦本路鑛務之外，關於兩路交界之事，兩路總、協理協商决定。關於一路之事，本路總、協理决定，其他每路總、協理署名責任，則爲本路總、協理所獨負，關於全省之事，五路總、協理協商决定，而皆負其責任。

第十條　關於本路之事，總、協理當協商辦理。其權限區别：一、無協理之署名，而總理署名即可决定實行；無總理之署名，協理非得總理之署名委託書，不得署名。二、協理與總理不同意時，可以先事宣布意見，即經宣布，即爲總理獨負責任，惟不得因此妨礙總理之執行。

第十一條　五路總協理中應由督憲遴派總理、協理二人以上，辦理總公司之事。其職任一、執行五路總協理協商决定之事。二、五路總、協理協商未决之事，得分别詳請督憲核奪或移會勸業道查酌辦理。三、主持本總公司日行公事及臨時發生之事。四、考核進退本總公司内之員司。

第十二條　辦理總公司事務之總、協理，必須常川駐總公司。總理如有事出省，必委託協理代表而付以决定之全權。本路總、協理全不在省，必委託他路總協理一人爲代表，以便協商本路之事。

第十三條　總公司五路各設一辦事處，以便本路總、協理就近規畫招股開採各事宜，名爲鑛務總公司某路辦事處，其辦事執行事件，另定專章。

第十四條　總公司照章集股開辦之鑛，分路按號編列，委任經理發給圖記，文曰：鑛務總公司某路第若干號分公司之圖記。

第十五條　即非本公司集股自辦之鑛，但其地權屬於總公司，得由公司招商承辦，即應與集股自辦之鑛，一律按號編列分公司，其經理人仍由總公司給予圖記。

第十六條　總公司對於督憲用詳，對於司道用咨移，府以下用照會。五路辦事處，如有呈詳督憲事件，應移知總公司轉詳，以免紛歧。至五路總理，如因本路公司鑛務範圍内之事，得移請地方官查照章程辦理，仍函知總公司存查。

第十七條　本總公司由督憲奏准刊發關防，文曰：奏辦四川金省鑛務總公司之關防。五路總理各刊發四川鑛務總公司某路總理之關防一顆，以昭信守。

第十八條　各路設辦事處分路辦事，特爲綜覈上之便利。至於勘採，則不分畛域，此路之人亦可勘採彼路之鑛，惟按號編列，仍須各歸各路，以便經管。

第十九條　總公司與各路辦事處及各路分公司往來，均用定式書緘，加蓋關防圖記。

第三章　辦事種類

第二十條　本總公司關於鑛務應辦之事，分爲八類，條列於下：

一、勘查標記。凡有鑛州縣，應由總公司分路勘查，編列號數，插標其地，其細則後章另定之。

二、集股自辦。由各路總理選擇本路重要有利之鑛，集股自行開辦，集股之法，後章另定之。

三、收買鑛地。本總公司勘明某路有鑛，不必急於開辦，即可先行收買，收買之法另章定之。

四、聘用鑛師。由本公司選聘本國在外國畢業專門鑛學之人，或逕聘外洋著名鑛師，履勘通省鑛産，其合同遵照督憲通飭，先將底稿呈請核閲，然後簽字。如有鑛商自願備費，請總公司鑛師往勘某礦，或以鑛質呈請化驗者，總公司皆可應其請示，以期溥益。但所需費用，由該商認繳。

五、開設學堂。本總公司應開設鑛務學堂，造就開鑛鍊鑛之才。其經費即於本總公司鑛務範圍内籌撥，如何籌撥之法，隨時酌度情形，詳明督憲核辦。

六、設局轉運。此項轉運分水陸二路，水路則於川省重要馬頭及宜漢滬各埠，擇要設局，包運本省一切鑛質。本總公司收取運費，務較時價相等，而運法靈速。此項轉運局成立之後，本省一切鑛商，凡有運送事件，非得總公司許可，不得更託他人。陸路則視各處出鑛豐旺，道路難易，隨時斟酌，設局轉運。如各鑛商開得旺鑛而運道艱難，又在界外，本商之力，不能修治者，總公司得商准主管官廳酌爲開闢而薄收其費，其專章續定之。

七、開設鍊廠。除土法鍊廠聽各路各商隨時隨地自行設立外，本總公司應於各路適中之地設立新法鍊廠各一處，或購鍊或代鍊均可。事舉款充之日，並可分設各種鍊法分廠，各商鍊成純鑛運至各埠銷售，其銷場上之價值，本總公司爲探察行市公平主持，以免價值參差，致受虧損。

八、開設銀行。本總公司應仿照東西各國興業銀行辦法，開設礦業銀行，一方行用鈔票流通各路，一方補助商人准其抵借擴充礦業。其章程，俟開辦之時，再行妥定，詳請督憲轉咨度支部核辦。

第二十一條　以上八項皆本總公司應辦之事，以銀行成立爲公司成績之大效，以編號標記爲公司辦事之先著。

第四章　集股

第二十二條　本總公司初次集股共六萬股，每股正九七平足銀五十兩。其股票分爲一股、十股、二十股、五十股四種，長年八釐行息。交銀之日填票，朔前交銀，其朔起息；望前交銀，其望起息。初次集股總數三百萬兩，先資開辦，以後應辦之事甚多，待第二次擴充增集並附行五兩小股，分一股、二股、三股、四股，以便中人之資亦可購買，不致向隅。

第二十三條　比次股票名曰四川奏辦鑛務有限公司股票，不論本省外省外埠，皆可寄售，除非中國人不得購買外，不論本省外省與在外國之中國人，皆可承買。承買之後，如欲轉賣他人，應先儘初次股友，如無人接買，准其賣與別人，賣定之後，即通告總公司註册换票，其有違章私賣與非中國人者，查出股票作廢，股銀充分。

第二十四條　股票遺失，一面到總公司掛號，一面登成都各報，半年之後，准其邀同股實紳商二人作保，總公司核對補發。遺失原票，作爲廢紙。其股東欲换名號或欲分合股數，請與换票者，亦需取保，方能更换。

第二十五條　息銀每届正月付給，或赴成都總公司，或赴各埠本總公司經理處，持摺均可領息。

第二十六條　凡代銷本總公司股票一百股者，給予紅股一股，購買股票五十股者，給予紅股一股，以上照此遞加酬給紅股，祇分紅不認息。

第二十七條　本總公司股東會議，董事局組織，一切悉遵商律有限公司條例辦理。分利提利納税，報効一切，悉遵鑛務正附新章辦理。

第五章　勘查標記

第二十八條　勘查標記之事，由勸業道札委勸業員代任之，而本路總、協理得隨時勘查，以免遺漏。

第二十九條　勿問已開未開，官辦商辦，獨辦合辦，但係有鑛之地，皆由勸業員親往履勘，應勘之事：一、坐落地方。二、鑛地面積。三、礦質種類。四、業主幾人，姓名職業。五、已開者爲官爲商。六、如係商辦，共幾商人，籍貫姓名，獨資合資，某人資本多少，某年開辦，近三年出礦多少，利益如何。以上六事，逐一查明，依定式列表登記，查畢一處，更查二處，該地地有礦無礦，責成團約報告，有而不報，團約之責，報而漏勘，勸業員之責。

第三十條　勸業員勘查明確，稟報勸業道，由勸業道總照會公司，分路編號，訖覆請轉飭勸業員按號標記。

第三十一條　編號之法，自總公司某路第一號推至千百號，皆以數目編列，編至該路礦盡爲止。此項表册共爲三分，總公司及本路辦事處各存一分，勸業道衙門存一分。至勸業員及該州縣衙門，各將屬内礦山所編號數抄存一分備查，以後如有隨時發見新礦，依照原號往後編列，不得輒動原號。

第三十二條　標記之法，勸業員按照總公司所編號數，親赴各礦地刊石爲標，載明四川通省礦務總公司某路第幾號，某礦字樣。礦地有石壁可以刊記者，即刊之壁間，無石壁者，埋石爲標，其石出土五尺，柱形，徑方八寸，通省一律。凡標記之地方，勸業員每年應往復勘一次，查其標記有無剥蝕，地權有無私轉。

第三十三條　凡爲本總公司標記之地，皆應遵守以下所列各事：

一、已標未開之鑛，勿論租賣與人開採，或自願開採，均應先行報知勸業員，轉稟勸業道發給執照，即由道移知總公司，以便註改標記表册，如有私佃私賣私開，一經勸業員查出，牒呈地方官復查的確，予以相當之懲處，其所得利權，立即消滅。

二、已開之礦，本總公司概不干涉其利益，除官辦之礦，公司欲備參考，可以隨時前往調查，及公家如須停辦或讓給商人，即由勸業道移知總公司外，其商人已辦之礦，如欲停辦，或頂與他商開採，報由勸業員轉稟勸業道核准後，仍由道移知總公司備查。

第六章　收買礦地

第三十四條　既經本總公司編號標記之鑛，除現有人承辦各鑛山外，其餘鑛地，本公司可隨時公平議價收買，毫不抑勒。

第三十五條　鑛地雖經本公司收買，然將來國家如必須自用之鑛，仍可隨時與公司商明，照原買地價加八釐息照算，提歸公家開採，此係指公司已買未開之礦而言，公司既開之礦，公家即不能復行收回。

第三十六條　公司收買礦地，如因議價不合，可知會地方官照時價秉公論斷，不得聽容業主故意擡價居奇不賣，如業主不願得價，亦可議作股份。

第三十七條　如有一種業主既不願賣又不願以地作股，即可知會地方官，一面飭具永不出賣切結，一面飭其呈驗老契，批明此地將來如果出賣，非總公司許可，勿問何人不得接買，並將上項情形刊碑該地曉諭。至其礦地，標記如故。

第三十八條　凡本總公司所買礦地，一律照章納税過印。

第七章　自辦礦地

第三十九條　本總公司自行購地開採，除一切遵照礦務正附新章辦理外，其有特别免許三事如下：

一、總公司本有勘地之權，故勿需再領勘礦執照。

二、總公司收買鑛地本爲經營全省鑛務，勢難同時並開，故雖收買各鑛地，不能依限開採。

三、總公司收買鑛地以多爲貴，即不能按定畝限，拘泥礦界。

第八章　附則

第四十條　此項修改章程應俟督憲咨部核准之日，作爲實行。

第四十一條　奏准實行之日，應多刷若干分，分發各州縣鄉場市鎮，飭令團保散給有礦各業主。

第四十二條　本章經此次改後，如再有窒礙難行，關係重大之處，可由總理採各股東多數人之意見，公同集議，稟候督憲核准改良。

第四十三條　此項章程乃就現在情形規定，將來公司事業擴張，章程尚需隨時詳准增入。至總公司及分公司辦事細則，亦另章定之。

廣東咨議局《廣東諮議局第一次臨時會報告書·商辦廣東粵漢鐵路股份有限公司章程草案》

第一章　總則

第一條　本公司遵照現行商律，經商部奏准歸粵省商辦，定名爲商辦廣東粵漢鐵路股份有限公司。

第二條　本公司爲建築粵漢鐵路，自廣東黄沙起，至湖南交界之坪石止，必經之幹路及一切必要之支路。

前項幹路工竣，倘湘路未成，本公司得一氣接築。其代修權利及贖路年限，屆時按照三省原章酌訂呈商部存案。

（附説）光緒三十一年，粵、湘、鄂三省代表員在鄂會訂專章，三省建築鐵路各籌各款，各從本境築建，務期全路早日接通。三省同時并舉，儘款先修幹路，幹路未成以前，三省皆不得另修支路，致悮大工。湘省願將宜章以下至柳州屬境永興縣止之路讓歸廣東代修，等因，倘粵路工竣、湘路未成，應由本公司一氣接築，以期粵、湘、鄂三省幹路早日接通。其代修權利及贖路年限，仍仿三省原章補訂另報。現本公司先築粵漢幹路，由省黄沙發軔，經番禺、花縣、清遠、英德、曲江、韶州、樂昌至湖南交界之坪石地方，共六百四十九中里，并接築至湖南郴州永興所屬。

第三條　本公司商辦期限，俟全路告成粵、湘、鄂三省交通開車之日起，以九十九年爲期，期内悉係完全商辦，不受變更。

前項期間内每歲所獲行車溢利，除去股息及公司各項支銷暨贖路經費外，每百元提取五元報効國家，此外一切贏餘積款，不受地方挪借及一切捐輸。

(附説)查光緒三十二年,本公司稟部章程,奏批:粵漢係奉旨准歸商辦之路,嗣後酌度情形再定。年限應仰承國家特别優待至意,仍照原章請以九十九年爲期,期内不得變更商辦局面。

第四條　廣東全省枝路除廣九、廣埔、潮汕、新寧、廣澳經奏明准辦在前者不計外,此後凡有枝路均准本公司陸續招股承築。如確係粵人自集華股,按照本公司章程聲請勘辦,須經本公司許可,轉呈農工商部郵傳部核准存案。

第五條　從前合興公司合同内所得之權利,如附近礦産官荒石山林木支路等項,概歸本公司享受,并請地方官寔力保護。

第六條　沿路需用車站路線地方,如係官荒,應由本公司向地方升科作爲公司物業。

第七條　護路弁勇,遵照奏定鐵路章程第二十二條,稟請督憲委派,其口糧由公司發給。惟沿途工匠紛繁,易滋事端,倘營弁有不聽指揮或保護不力者,隨時由本公司稟請撤换。鐵路告成,其護路巡丁即歸本公司自僱。

第八條　本公司係欽奉諭旨准歸商辦,一切用人理財,不受地方官干涉。

(附説)第四至第八各條,係光緒三十二年稟部簡章經奉商部照准。

第九條　凡本公司鐵路經由之處所有一切事件,應請地方官寔力維持,悉照奏定重訂鐵路簡明章程第四條第十四條辦理。

第十條　本公司勘定路線,其左右兩面各十英里以内,他人及别公司均不得築造平行綫之鐵路,以保本公司路利而杜争端。

第十一條　本公司應籌設銀行爲財政機關,未籌設以前,應指定他之一銀行爲存放銀兩之所。

依前項規定,本公司所有現在存放之銀兩,及將來各項進款,除按月預算支款劃出備支外,悉應存放銀行生息。

(附説)查各國鐵路,均設銀行以爲機關。現在銀行一時未能開辦,所有存儲款項,應由董事局於交通、大清兩銀行中擇一與商酌暫爲料理,統籌全路每月客脚貨脚及各項進款約若干,各項支款約若干,預行劃出備支外,即儲存銀行按月照行價計息,每十日彼此對數截算一次,其餘暫未動用之款,於賣長期或四個月或六個月或對週,以月息五釐上下爲斷。

第十二條　本公司總辦事處設在廣東省城西關黄沙總車頭,未建設以前,暫設在西關寶華正中,約將來若築支路,其分設各處者則稱辦事分所,冠以本公司名及地名,歸總辦事處統轄。

第二章　股份

第十三條　本公司股份寔集八百八十一萬七千五百六十二股,每股銀五元,伸計銀四千四百零八萬七千八百一十元,酌分三期收足。

第十四條　本公司得設不買賣讓與股份。

(附説)凡購本公司股份,如有來本公司報明,願將祠堂蒸嘗股份及自己姓名股份,欲永傳子孫,不准子孫變賣讓與者,本公司應爲之另立不動股份分號簿登記,並於原股票註明永傳子孫,不准變賣讓與及轉按轉揭字樣,加蓋關防保護,並由本人登報聲明。

第十五條　本公司如欲添招新股,應集股東會議,其議決方法按照公司律第一百十五條辦理。

第十六條　凡附本公司股分者,當守本公司呈部奏定之章程。

第十七條　本公司收入支出,均以雙龍毫爲本位,金錢、銀元、紙幣照此伸算(但日後部定各省通行貨幣,是否便利作爲本位,由股東會議決)。

第十八條　本公司股本,週年六釐行息,閏月不計,每年二月登報,三月憑息摺發給。

第十九條　本公司股票以股銀交清之日掣付并附息摺,其股銀未清以前,先掣收條爲據。

第二十條　於股東應繳之股銀,不能如期繳納時,應由本公司登報催告,約定期限,二次仍不照繳,即失其股東之權利,但股東有對抗之理由時不在此限。(關於前項之理由,以段東總會議決之)。

第二十一條　本公司股票應按照公司律第二十八條辦理。

第二十二條　本公司設有股東名册,所記各項如左:

一、記股東姓名,籍貫,並現在所住及遞信住址。

二、記各股東數及股票號數。

三、記各股分附入與轉買後附入之年月日。

第二十三條　本公司係華商自集華股,不收外國人股分。惟原係中國人而曾入外國籍者,本公司仍認爲中國人,有權可以附股,惟附股後即與中國人無異,仍須遵守中國商律及本公司章程,如有用外國籍名及牽引外國人干預本公司之事,本公司有權將原發收單股票息摺注銷作廢,削去其股東權利。

第二十四條　本公司股份不得轉售或抵押與外國人，違者其股票作廢。

第二十五條　公司每年結賬贏餘，除提二十分之一作爲公積，二十分之一報効國家，二十分之一爲董事、查賬員、總辦理酬勞，又二十分之一爲公司中各職員之酬勞外，其餘按股分派於各股東。

第二十六條　公積遵照商律，以滿資本總額四份之一爲止，非經股東會之議決不得動用。

第二十七條　如無違背本章程第二十四條之規定，願將股票轉售者，可向本公司索取印就之售股券，填寫明晰，由售主及中證人簽字，與股票息摺，同交本公司收支所代爲過户。

第二十八條　股票息摺如有遺失毁廢，得覓二倍其股數之股東作保證人，向本公司填具請補書，一面登二種以上新聞廣告，滿二月無人争論，即填給新股票息摺。

第二十九條　股東息摺遺失、轉買、分開、合併，或更名號，須换股票息摺者，應由該股東按繳本公司所定相當之費。

(附説)分開者指一票數股分開爲一股一票也，合併者指數股合爲一票也。

第三十條　本公司不得自己收回或抵押所出股票。

第三章　股東會議

第三十一條　股東會議分尋常會議、特别會議兩種。

第三十二條　尋常會議每年二月招集，即議決前一年終所結股分銀錢地畝材料工程支銷，及開車後客貨之運脚利息之分泒各項賬目，并爲次年董事查賬員之選舉。

第三十三條　尋常會議時，應將董事局提出之書類及查賬員報告之情形調查而議決之。

第三十四條　前條之調查，得由股東會選任臨時檢查員。

第三十五條　特别會議由董事局認爲緊要事件，或由本公司股本三十份之一之股東説明事由請求開會時招集之。

(附説)查公司律，股東請求開會，須有股本十份一，本公司集股至八百餘萬，若依此規定則股東殊難請求開會，應請准予變通，定爲資本三十份之一得請求開會，所以保股東之權利也。

第三十六條　有前條第二項之請求，董事局不於一月内照辦，各股東得稟由本管長官核准，自行招集股東會議。

第三十七條　股東會之會期會場並所議事件，距會期三十日前由本公司先行登報通知。

第三十八條　無論尋常會議特别會議，各股東有十股者得一議決權，十股以上者每加二十股得一議決權，百股以上者每加五十股得一議決權，一千股以上者每加百股得一議決權，一萬股以上者每加五百得一議決權。

(附説)按日本株式之金額不得下五十元，故規定一股爲議決單位。我國公司律規定，每股銀數至少五元，並以一股爲議決權單位。本公司每股五元，金額過輕，應請准予變通，以十股爲議決權單位。因律載十股可爲董事，未有可爲董事而不能得議決權者，並照公司律第一百條，但書制限十股以上議決權，以防偏重。

第三十九條　有不滿十股之股東，得聯合十股，推舉一股東或託其他股東代表到會議事，亦得一議決權。

第四十條　股東委託代表人所出憑證，應於三日前繳本公司查核。

第四十一條　凡非本公司股東，不得爲股東代表人。

第四十二條　凡赴會之股東，應先將股票呈驗號數份數，以便照給各種票券。

第四十三條　非領有入座券者不得入座，發議行使議決權與選舉權亦如之。

第四十四條　股東會開會時由股東公舉主席一人，此主席本人姓名所占本公司股份至少須有二千股以上，議決後即銷除主席之名。

第四十五條　凡於股東會之議決有特别之利害關係者不得行其議決權，但得到場會議。

第四十六條　尋常會之議決，按照公司律第一百一條辦理。特别會之議決，按照公司律第一百三條辦理。

第四十七條　股東會議時，如股東臨時有他事提議，須得衆股東十人以上之贊成，並主席之許可，方可列入議案。

第四十八條　股東會議時，有一議決權之股東將賬目簽注者，即應得所簽之賬目交出會場澈查之。

第四十九條　股東會議，無論尋常、特别，均得展長會期。

第五十條　股東會議由書記登録。主席簽字議決之事，董事局必須遵行。

第五十一條　股東會議招集及議決方法，如有違背現行商律及本章程之規定者，各股東得於議決一月内請求本管長官宣告其無效。

第四章　職員選任及薪給

第五十二條　本公司置董事七人，查賬四人，總協理各一人。

第五十三條　董事查賬員由股東總會選任，總協理由董事局公舉，呈由股東會可決，不得其可決時，須另舉再決之。

（附説）按公司以董事爲綱領，應有進退總協理之權，公司律七十六條之規定亦即此意。但本公司各股東心理，深妨串舉爲弊，咸有推重股東權之趨向，查公司律五十二條，股東議決之事，董事必須遵行，是總協理如不孚衆望，股東議決開除，董事在必遵行，然與其事後否決，不如事前可決之便，移而易之，精神一貫，毫無抵觸，本草案爲此調和，一以保董事局之特權，使之由幹生枝，得收一氣聯絡之益，一以慎重選任，杜串舉之弊，而釋股東之疑慮也。

第五十四條　凡本公司十股以上之股東，其有左開資格之一者，得爲董事及查賬員。

（一）一人姓名占滿本公司股五千份以上者。

（二）鐵路學堂畢業得有憑照者。

（三）襄理路事確有經驗者。

第五十五條　凡具有左開資格之一者，得爲總協理。

（一）辦理路事確有成績者。

（二）鐵路學堂畢業得有憑照者。

第五十六條　董事、查賬員、總協理及司事人員，曾犯左開之一者，不得充任。

（一）曾經倒産撻欠未清者。

（一）曾被人控告吞蝕款項無論公款私款及營業款，查有確據者。

（一）曾被人控告棍騙錢財查有確據者。

（一）恃洋教洋籍爲護符，欺壓良懦禀控有案者。

第五十七條　董事任期三年，每年留三分之二，按舉輪替，但得連舉連任。

（附説）查公司律，董事任期一年，每年留三分之二，按舉輪替。依此規定，則實際上每年輪替三分之一。除初年製籤外，董事任期無非三年，故本草案就實際上三年爲言，非與公司律抵觸也。

第五十八條　查賬員任期一年，總協理任期三年，但各任期滿後，均得再選任之。

第五十九條　董事、查賬員於任期内有怠於職務，或違背定章及股東會之議決時，得由股東辭退之。

第六十條　總協理於任期内有怠於職務，或違背定章及股東會董事局之議決時，得由董事局商承股東會辭退之，但不得其可決時，董事局對於本事件不負責任。

第六十一條　選舉權數之計算，與議決權數同。

第六十二條　各所所長，由董事局在十股以上之股東内公推聘用，其自所長以下一切辦事人員，概由總辦理僱用開除並負其責任。

第六十三條　總協理、各董事、查賬員薪水，均由股東會議定，其所長以下職員薪水，由董事局議定。

第六十四條　本公司大小職員，俱實力辦事，無掛名乾修等名目。

第五章　董事局之權責

第六十五條　董事局爲公司執行機關之總綱，以董事組織之。

第六十六條　董事局之會議，按照公司律第八十五條至九十七條辦理。

第六十七條　本公司所發公司文函電票據及與人訂立合同等件，均由董事局署名，其往來文件底稿，董事局須保全之。

第六十八條　董事局有指揮監督總協理及以下一切職員之權。

第六十九條　董事局視工程營業之必要，得分設各所或合併之，每所置所長一人。

第七十條　各所辦事規則，款目簿計，及購地章程，材料購買規則，工程管理法，行車管理法，及客貨車價一切條規，均由董事局核定之。

第七十一條　董事局有措置動用銀錢之權，但不得違背公司律第七十五條之規定。

第七十二條　董事局關於前條之事項，如係惡意或過失，致銀錢有虧損時，董事局當負其責任。

第七十三條　凡包工購料及承載客貨確有情弊致公司受損失時，董事局應賠償其損失。

第七十四條　董事局所聘任之職員，致有前條損事項，亦由董事局負其責。

第七十五條　董事局於開會一月前，應將本公司股份、銀數、地畝、材料、工程支銷，開車後客貨之運脚利息之分派，并預算次年工築程限及其分費目，分別列表提出於股東會議。

第七十六條　前條列表，須經股東會允許後方准實行。

第七十七條　董事局所提出之賬目，非經股東會承認之後不能卸責，但有不正行爲時，不問股東會業經承認與否，察出後仍當負其責任。

第七十八條　董事不得兼充查賬員。

第七十九條　董事應逐日在公司專心業務，其辦事規則由董事局自定。

第八十條　董事局執行業務，不得違背定章及股東會之決議。

第六章　查賬人權責

第八十一條　查賬員有監查公司營業之狀况及糾正賬目虚僞之責，并有質問總協理之權。

第八十二條　凡工程營業所到之地，查賬員有分投查察之責。

第八十三條　查賬員察出各所所長、司事及工程司等確有情弊時，應據實報告董事局處分之。

第八十四條　於董事局確有情弊，或董事局於各職員之情弊顯有偏袒時，查賬員應隨時登報布告股東，由股東請求開會核議，其報告費由公司支之。查賬員於前項情弊經報告於股東，股東若放棄其開會請求權時，查賬員對於本事件得不負責任。

（附説）查賬員爲監查機關，董事局有弊時，應有總會請求權。惟公司律八十四條不認之，本條規定登報布告，其請求之權仍歸股東，所以救未備而不至抵觸也。

第八十五條　查賬員不得兼充董事暨各所所長。

第八十六條　查賬員不得侵董事局及總協理之權限。

第八十七條　股東對於公司有疑慮時，可詢問查賬員，查賬員有據寔答覆之義務。

第八十八條　公司賬目，應按照公司律第一百九條所載各項，每年由各所分類造具清賬，經稽核所之核定，由查賬員覆核無訛，簽名册上交董事局，刊印報告於各股東。

第八十九條　每年股東會議宣布賬目時，查賬員應證明賬目無誤并負其責任。

第七章　辦工

第九十條　工程師應聘用本國人，但須聘用外國人時，按照部定鐵路僱用洋員合同格式，禀報核准，然後聘用之。

第九十一條　本公司購地，悉照商部訂定鐵路購地章程辦理。

第九十二條　本公司全路各段建築程式辦法，及工程成本暨竣工驗工日期，應由總協理督同總工程司製造詳細圖表，交由董事局核定，宣布於衆股東。

第九十三條　本公司全幹路工程，限宣統某年某月完竣，如逾限不能完工，應由董事、總協理負其責任。

第九十四條　各段公程應分段招包工料同時興築，其招包辦法以投標法行之。

第九十五條　招工包辦各種工程，應先繳交押款，其合同内應載明建築辦法竣工期限及包工之一切章程。

第九十六條　鐵路例得附設電報德律風，本公司俟援辦時另訂詳章。

第九十七條　本公司路綫有與他公司聯接者，當隨時商訂共同行車章程。

第八章　會計

第九十八條　本公司賬目，自開辦日起，每月終一結，每年終一總結。所有股份、銀錢、地畝、材料、工程支銷、開車後客貨之運脚利息之分派，隨時分派，隨時分別登諸報章，俾衆週知，并於次年分送年結，無論一人自占或數人合成，均以滿一百股送年結一份。

第九十九條　本公司經管賬目，各員遇有替補時，須由替補人交代清楚并負其責任。

第一百條　本公司俟全路告成之日，各處開車所入運費，除去各項應支外，如有贏餘，按照第　條辦理，但不得移本分派。

第一百零一條　本公司係准歸商辦，所有出入賬目，無庸造册報銷。

第一百零二條　本公司除遵章預算決算外，另於每季分別門類刊發營業報告書一次，其支配分送，照送年結辦法。

第九章　罰則

第一百零三條　本公司總協理、董事、司事人等違背商律及本章程者，凡屬股東，得禀請本管官處罰之。

第一百零四條　本公司自董事以下一切職員，非執行其職務，不得串爲於本公司營業之事項，違者罰以百元至五千元。

第一百零五條　除按照商律罰例辦理外，其於本公司營業及財産確有弊混侵蝕情事，應照郵傳部訂定鐵路章程五倍處罰。

第一百零六條　經被控實及處罰之職員人等，須開除其職任並所有本公司之權利概行銷滅。

第一百零七條　本罰則對於本公司經過各人員，無論何時均得發見其確證而處罰之。

第十章　附則

第一百零八條　本章程於宣統二年　月開股東特別會，經衆議決，呈部核准立案，永資遵守。

第一百零九條　除本章程特定外，悉依商律辦理。

第一百一十條　本章程各條應辦事件，本公司另訂施行細則，由股東總會議決，呈部存案。

第一百一十一條　本章程以後績添更改，須開股東會，按照公司一律一百十五條辦理，一面呈部核准存案。

第一百一十二條　本公司除籌設銀行外，並須自設鐵廠及開辦鐵路學堂，届時由股東會議決舉辦。

傳記

《漢書》卷九九上《王莽傳上》　〔元始四年〕，是歲，莽奏起明堂、辟雍、靈臺，爲學者築舍萬區，作市、常滿倉，制度甚盛。立《樂經》，益博士員，經各五人。徵天下通一藝教授十一人以上，及有逸《禮》、古《書》、《毛詩》、《周官》、《爾雅》、天文、圖讖、鍾律、月令、兵法、《史篇》文字，通知其意者，皆詣公車。網羅天下異能之士，至者前後千數，皆令記説廷中，將令正乖繆，壹異説云。羣臣奏言：「昔周公奉繼體之嗣，據上公之尊，然猶七年制度乃定。夫明堂、辟雍，墮廢千載莫能興，今安漢公起于第家，輔翼陛下，四年于兹，功德爛然。公以八月載生魄庚子奉使朝，用書臨賦營築，越若翊辛丑，諸生、庶民大和會，十萬衆並集，平作二旬，大功畢成。」

《宋書》卷五六《孔琳之傳》　桓玄時議欲廢錢用穀帛，琳之議曰：「《洪範》八政，以貨次食，豈不以交易之所資，爲用之至要者乎。若使不以交易，百姓用力於爲錢，則是妨其爲生之業，禁之可也。今農自務穀，工自務器，四民各肆其業，何嘗致勤於錢。故聖王制無用之貨，以通有用之財，既無毁敗之費，又省運置之苦，此錢所以嗣功龜貝，歷代不廢者也。穀帛爲寶，本充衣食，今分以爲貨，則致損甚多。又勞毁於商販之手，耗棄於割截之用，此之爲敝，著於自曩。故鍾繇曰：『巧僞之民，競蘊濕穀以要利，制薄絹以充資。』魏世制以嚴刑，弗能禁也。是以司馬芝以爲用錢非徒豐國，亦所以省刑。錢之不用，由於兵亂積久，自至於廢，有由而然，漢末是也。今既用而廢之，則百姓頓亡其財。今括囊天下之穀，以周天下之食，或倉庾充衍，或糧靡斗儲，以相資通，則貧者仰富，致之之道，實假於錢。一朝斷之，便爲棄物，是有錢無糧之民，皆坐而饑困，此斷錢之立敝也。且據今用錢之處不爲貧，用穀之處不爲富。又民習來久，革之必惑。語曰：『利不百，不易業。』況又錢便於穀邪？魏明帝時，錢廢穀用，三十年矣。以不便於民，乃舉朝大議。精才達治之士，莫不以爲宜復用錢，民無異情，朝無異論。彼尚舍穀帛而用錢，足以明穀帛之弊，著於已試。世或謂魏氏不用錢久，積累巨萬，故欲行之，利公富國。斯殆不然。昔晉文後舅犯之謀，而先成季之信，以爲雖有一時之勳，不如萬世之益。于時名賢在列，君子盈朝，大謀天下之利害，將定經國之要術。若穀實便錢，義不昧當時之近利，而廢永用之通業，斷可知矣。斯實由困而思革，改而更張耳。近孝武之末，天下無事，時和年豐，百姓樂業，便自穀帛殷阜，幾乎家給人足，驗之事實，錢又不妨民也。頃兵革屢興，荒饉薦及，飢寒未振，實此之由。公既援而拯之，大革視聽，弘敦本之教，明廣農之科，敬授民時，各順其業，遊蕩知反，務末自休，固以南畝競力，野無遺壤矣。於是以往，升平必至，何衣食之足卹。愚謂救弊之術，無取於廢錢。」

《南齊書》卷四〇《武十七王・蕭子響傳》　〔永明〕七年，遷使持節、都督荆湘雍梁寧南北秦七州軍事、鎮軍將軍、荆州刺史。子響少好武，在西豫時，自選帶仗左右六十人，皆有膽幹。至鎮，數在内齋殺牛置酒，與之聚樂。令内人私作

錦袍絳襖，欲餉蠻交易器仗。長史劉寅等連名密啓，上勑精檢。【略】

紀事

《宋書》卷五四《羊玄保傳附羊希傳》 玄保兄子希字泰聞，少有才氣。大明初，爲尚書左丞。時揚州刺史西陽王子尚上言：「山湖之禁，雖有舊科，民俗相因，替而不奉，熂山封水，保爲家利。自頃以來，頹弛日甚，富强者兼嶺而占，貧弱者薪蘇無託，至漁採之地，亦又如兹。斯實害治之深弊，爲政所宜去絶，損益舊條，更申恒制。」有司檢壬辰詔書：「占山護澤，强盜律論，贓一丈以上，皆棄市。」希以「壬辰之制，其禁嚴刻，事既難遵，理與時弛。而占山封水，漸染復滋，更相因仍，便成先業，一朝頓去，易致嗟怨。今更刊革，立制五條。凡是山澤，先常熂爐種養竹木雜果爲林芿，及陂湖江海魚梁鰌鮆場，常加功修作者，聽不追奪。官品第一、第二，聽占山三頃；第三、第四品，二頃五十畝；第五、第六品，二頃；第七、第八品，一頃五十畝；第九品及百姓，一頃。皆依定格，條上貲簿。若先已占山，不得更占；先占闕少，依限占足。若非前條舊業，一不得禁。有犯者，水土一尺以上，並計贓，依常盜律論。停除咸康二年壬辰之科。」從之。

《隋書》卷一六《律曆志上・律管圍容黍》 《漢志》云：「黄鍾圍九分，林鍾圍六分，太簇圍八分。」《續志》及鄭玄並云：「十二律空，皆徑三分，圍九分。」後魏安豐王，依班固《志》，林鍾空圍六分，及太簇空圍八分，作律吹之，不合黄鍾商徵之聲。皆空圍九分，乃與均鍾器合。開皇九年平陳後，牛弘、辛彦之、鄭譯、何妥等，參考古律度，各依時代，制其黄鍾之管，俱徑三分，長九寸。度有損益，故聲有高下；圓徑長短，與度而差，故容黍不同。今列其數云。

晋前尺黄鍾容黍八百八粒。

梁法尺黄鍾容八百二十八。

梁表尺黄鍾三：其一容九百二十五，其一容九百一十，其一容一千一百二十。

漢官尺黄鍾容九百三十九。

古銀錯題黄鍾籥容一千二百。

宋氏尺即鐵尺，黄鍾凡二：其一容一千二百，其一容一千四十七。

後魏前尺黄鍾容一千一百一十五。

後周玉尺黄鍾容一千二百六十七。

後魏中尺黄鍾容一千五百五十五。

後魏後尺黄鍾容一千八百一十九。

東魏尺黄鍾容二千八百六十九。

萬寶常水尺律母黄鍾容黍一千三百二十。

梁表、鐵尺律黄鍾副别者，其長短及口空之圍徑並同，而容黍或多或少，皆是作者旁庣其腹，使有盈虚。

王溥《唐會要》卷七五《選部下・雜處置》 〔元和〕八年八月，吏部奏請差定文武官告紙軸之色物：「五品已上，用大花異紋綾紙，紫羅裏，檀木軸。六品下朝官，裝寫大花綾紙，及小花綾裏，檀木軸。命婦邑號，許用五色牋，小花諸雜色錦褾，紅牙碧牙軸。其他獨窠綾褾，金銀花牋、紅牙、發鏤軸鈿等。除恩賜外，請並禁斷。」敕旨依奏。

《舊五代史》卷一四三《禮志下》 周廣順三年九月，南郊，禮儀使奏：「郊祀所用珪璧制度，准禮，祀上帝以蒼璧，祀地祇以黄琮，祀五帝以珪璋琥璜琮，其玉各依本方正色，祀日月以珪璋，祀神州以兩珪有邸。有邸，原本作「有鄀」，今從經文改正。（影庫本粘籤）其用幣，天以蒼色，地以黄色，配帝以白色，日月五帝各從本方之色，皆長一丈八尺。其珪璧之狀，璧圓而琮八方，珪上鋭而下方，半珪曰璋，琥爲虎形，半璧曰璜，其珪璧琮璜皆長一尺二寸四。珪有邸，邸，本也，珪著于璧而整肅也。日月星辰以珪璧五寸，前件珪璧雖有圖樣，而長短之説或殊。按唐開元中，玄宗詔曰：『祀神以玉，取玉精潔，比來用珉，不可行也。如或以玉難辦，寧小其制度，以取其真。』今郊廟所修珪璧，量玉大小，不必皆從古制，伏請下所司修制。」從之。

顯德四年夏四月，禮官博士等准詔，議祭器、祭玉制度以聞。時國子祭酒尹拙引崔靈恩《三禮義宗》云：「蒼璧所以祀天，其長十有二寸，蓋法天之十二時。」又引《江都集》、《白虎通》等諸書所説，云：「璧皆外圓内方。」又云：「璜琮所以祀地，其長十寸，以法地之數。其琮外方内圓，八角而有好。」國子博士聶從義以爲璧内外皆圓，其徑九寸。又按阮氏、鄭玄圖皆云九寸，《周禮・玉人》職又有九寸之璧。及引《爾雅》云：「肉倍好倍好，原本作「部好」，今從經文改正。（影庫本粘籤）謂之璧，好倍肉謂之瑗，肉好若一謂之環。」郭璞注云：「好，孔也；肉，邊也。」而不載尺寸之數。崇義又引《冬官・玉人》云「璧好三寸」,《爾雅》云「肉倍好謂之璧」,兩邊肉各三寸,通好共九寸,則其璧九寸明矣。崇義又云:「璜琮八方以象地,每角各剡出一寸六分,共長八寸,厚一寸。按《周禮疏》及阮氏圖並無好。」又引《冬官・玉人》云:「琮八角而無好。」崇義又云:「琮璜珪璧,俱是祀天地之器,而《爾雅》唯言璧環瑗三者有好,其餘璜琮諸器,並不言之,則璜琮八角而無好明矣。」太常卿田敏以下議,以爲尹拙所説雖有所據,而崇義援《周禮》正文,其理稍優,請從之。其諸祭器制度,亦多以崇義所議爲定。

王溥《五代會要》卷二《廟儀》 晉天福二年正月,中書門下奏:「皇帝到京,未立宗廟,望令所司速具制度典禮以聞。」從之。二月,太常博士段顒議曰:

大宗廟之制,歷代爲難,爰求禮經,以昭故實。謹按《尚書・舜典》曰:「正月上日,受終于文祖。」此是堯之廟也,猶未載其數。又按《郊祀録》,夏立五廟,商立六廟,周立七廟。漢初,立祖宗廟于郡國,共計一百六十七所。後漢光武中興後,别立六廟。魏明帝初立親廟四,後重議,依周法立七廟。晉武受禪,初立六廟,後卻立七廟。宋武帝初立六廟,齊朝亦立六廟。隋文帝初受命,立親廟四,至大業元年,煬帝欲遵周法,議立七廟,次屬傳禪于唐。武德元年六月四日,始立四廟于長安。至貞觀九年,命有司詳議廟制,遂立七廟。至開元十一年後,創立九廟。又按《禮記・喪服小記》曰:「王者禘其祖之所自出,以其祖配之而立四廟。」鄭玄注云:「高祖以下至禰四世,即親廟也。更立始祖爲不遷之廟,共五廟也。」又按《禮記・祭法》及《王制》、《孔子家語》、《春秋穀梁傳》並云:「天子七廟,諸侯五廟,大夫三廟,士一廟。」此是降殺以兩之義。又按《尚書・咸有一德》曰:「七世之廟,可以觀德。」又按《疑義》云:「天子立七廟,或四廟,蓋有其義也。」如四廟者,從禰至高祖已上親盡,故有四廟之禮。又立七廟者,緣自古聖王,祖有功,宗有德,更封始祖,即于四親廟之外,或祖功宗德,不拘定數,所以有五廟、六廟或七廟,要後代子孫觀其功德。故《尚書》云「七世之廟,可以觀德」矣。又按周捨云:「自江左已來,晉、宋、齊、梁相承,多立七廟。」今顒等參詳,唯立七廟,即通其理。伏緣宗廟事大,不敢執以一理定之,故檢四廟、七廟之文,參酌厥禮,俱得其宜,他所論者,並皆勿取。伏請下三省集百官詳議。

敕從之。

佚名《宋大詔令集》卷一八三《政事三六・財利上・賜潭州造茶人户勑榜》

勑潭州管内造茶人等:逐年所行造納官湖南獨行號大方茶,近擬本州般到開寶五年六年獨號茶斤稍重,與自前入納棬模,輕重不同。切慮人户採摘打造不易事。惟兹茶茗産在湖湘,斤片重輕,固有常式。既棬模之稍大,念製造之惟艱,兼慮輸納之時或有邀難之弊。宜依舊例,用便烝民。凡爾衆多,體我優恤。宜令本州自今並依舊棬模製造茶貨,舊日每三十片重九斤者,不得令過十斤。即須如法製造,無令鹵莽夾雜。若是場司受納人員及州府固違勑命指揮,邀難人户,須令送納重茶要及十斤以上。並許人户上京論告。若勘鞫得寔,應干繫官吏並當重斷其論。告事人仍支賜賞錢二百貫文,兼與放本户下差税。故兹榜示,各令知悉。

洪邁《容齋三筆》卷一〇《納紬絹尺度》 周顯德三年勑:舊制織造絁紬、絹布、綾羅、錦綺、紗縠等,幅闊二尺起,來年後並須及二尺五分。宜令諸道州府,來年所納官絹,每匹須及一十二兩,其絁紬只要夾密停匀,不定斤兩。其納官紬絹,依舊長四十二尺。乃知今之税絹,尺度長短闊狹,斤兩輕重,頗本於此。

嵇璜、曹仁虎等《續通典》卷一五《食貨・榷酤》 周世宗顯德四年,勑停罷先置賣麴都務。鄉村人户,今後並許自造米醋,及買糟造醋供食,仍許於本州縣界酤賣。按吴曾《能改齋漫録》所榷苦酒即醋,則五代以前不特榷酒,即醋亦榷也。【略】榷醋之制,徽宗崇寧二年,知漣水軍錢景允言,建立學舍,請以承買醋坊錢給用。詔常平司計無害公費,如所請。仍令他路準行之。初元祐臣僚請罷榷醋,户部謂本無禁文。後翟思請以諸郡醋坊日息用餘,悉歸常平。至是景允有請,故令常平計之。徽宗大觀四年,詔諸郡榷酒之地,入出酒米,並别遣倉官賣醋,毋得越郡城。五里外凡縣鎮村,並禁其息,悉歸轉運司,舊屬常平者如故。

竇儀《宋刑統》卷二六《雜律・私鑄錢》 諸私鑄錢者,流三千里。作具已備未鑄者,徒二年,作具未備者,杖一百。若磨錯成錢令薄小,取銅以求利者,徒一年。

【疏】諸私鑄錢者,流三千里。作具已備未鑄者,徒二年,作具未備者,杖一百。【議曰】私鑄錢者,合流三千里。其作具已備,謂鑄錢作具並已周備,而未鑄者,徒二年。若作具未備,謂有所欠少,未堪鑄錢者,杖一百。若私鑄金銀等錢,不通時用者不坐。

又云,若磨錯成錢令薄小,取銅以求利者,徒一年。

【議曰】時用之錢,厚薄大小並依官様。輒有磨錯成錢,令至薄小,而取其銅以求利潤者,徒一年。

【准】刑部格敕,私鑄錢及造意人,及句合頭首者,並處絞,仍先決杖一百。

從及居停主人加役流，仍各先決杖六十。若家人共犯，坐其家長。若老弱殘疾不坐者，則歸罪其以次家長。其鑄錢處，鄰保配徒一年，里正、坊正、村正各決杖六十。若有糾告者，即以所鑄錢毀破，并銅物等賞糾人。同犯自首告者免罪，依例酬賞。

竇儀《宋刑統》卷二六《雜律·營造舍宅車服違令》 諸營造舍宅、車服、器物及墳塋、石獸之屬，於令有違者，杖一百，雖會赦皆令改去之。墳則不改。其物可賣者聽賣。若經赦後百日不改去，及不賣者，論如律。

【疏】諸營造舍宅、車服、器物及墳塋、石獸之屬，於令有違者，杖一百，雖會赦皆令改去之。注云，墳則不改。【議曰】營造舍宅者，依《營繕令》，王公已下，凡有舍屋，不得施重栱藻井。車者，《儀制令》，一品青油纁通幰虛偃。服者，《衣服令》，一品衮冕，二品鷩冕。器物者，一品以下食器不得用純金、純玉。墳塋者，一品方九十步，墳高一丈八尺。石獸者，三品以上六，五品以上四。此等之類，具有令文，若有違者，各杖一百，雖會赦，皆令除去，唯墳不改。稱之屬者，碑碣等是。釋曰：墳塋、石獸，具《喪葬令》。若有犯者，並同此坐。

竇儀《宋刑統》卷二六《雜律·校斗秤不平》 諸校斛斗秤度不平，杖七十。監校者不覺，減一等，知情與同罪。

【疏議曰】校斛斗秤度，依《關市令》，每年八月詣太府寺平校，不在京者，詣所在州縣官校，並印署，然後聽用。其校法，《雜令》，量以北方秬黍中者容一千二百爲龠，十龠爲合，十合爲升，十升爲斗，三斗爲大斗一斗，十斗爲斛。秤權衡以秬黍中者百黍之重爲銖，二十四銖爲兩，三兩爲大兩一兩，十六兩爲斤。度以秬黍中者一黍之廣爲分，十分爲寸，十寸爲尺，一尺二寸爲大尺一尺，十尺爲丈。有校勘不平者，杖七十。監校官司不覺，減校者罪一等，合杖六十。知情與同罪。

諸造器用之物，及絹布之屬，有行濫短狹而賣者，各杖六十。不牢謂之行，不真謂之濫。即造横刀及箭鏃用柔鐵者，亦爲濫。得利贓重者，計利准盜論。販賣者亦如之。市及州縣官司知情，各與同罪，不覺者減二等。

【疏】諸造器用之物，及絹布之屬，有行濫短狹而賣者，各杖六十。注云，不牢謂之行，不真謂之濫。即造横刀及箭鏃用柔鐵者，亦爲濫。【議曰】凡造器用之物，謂供公私用，及絹布綾綺之屬行濫，謂器用之物不牢、不真，短狹謂絹匹不充四十尺，布端不滿五十尺，幅闊不充一尺八寸之屬，而賣各杖六十。故《禮》云：「物勒工名，以考其誠。功有不當，必行其罪。」其行濫之物没官，短狹之物還主。

又云，得利贓重者，計利准盜論。販賣者亦如之。市及州縣官司知情，各與同罪，不覺者減二等。【議曰】得利贓重者，謂賣行濫短狹等物，計本之外，剩得利者，計贓重於杖六十者，准盜論，謂准盜罪一尺杖六十，一匹加一等。計得利一匹一尺以上，即從重科，計贓累而倍併。販賣者亦如之，謂不自造作，轉買而賣求利，得罪並同自造之者。市及州縣官司知行濫情，各與造賣者同罪，檢察不覺者減二等，官司知情及不覺，物主既別，各須累而倍論。其州縣官不管市不坐。

李燾《續資治通鑑長編》卷一一八 〔仁宗景祐三年〕建國以來，法弊輒改，載詳改法之由，非有爲國之實，皆商人協計，倒持利權，倖在更張，倍求奇羡。富人豪族，坐以賈贏，薄販下估，日皆朘削，官私之際，俱非遠策。臣竊嘗校計茶利歲入，以景祐元年爲率，除本錢外，實收息錢五十九萬餘緡。又天下所售食茶，并本息歲課，亦祇及三十四萬緡，而茶商見通行六十五州軍，所收税錢已及五十七萬緡。若令天下通商，祇收税錢，自及數倍，即榷務、山場及食茶之利，盡可籠取。又況不費度支之本，不置榷易之官，不興輦運之勞，不濫徒黥之辟。

臣意生民之弊，有時而窮，盛德之事，俟聖不惑。議者謂榷賣有定率，征税無規準，通商之後，必虧歲計。臣案管氏鹽鐵法，計口受賦，茶爲人用，與鹽鐵均，必令天下通行，以口定賦，民獲善利，又去嚴刑，口出數錢，人不厭取。景祐元年，天下户千二十九萬六千五百六十五，丁二千六百二十萬五千四百四十一，三分其一爲産茶州軍，内外郭鄉又居五分之一，丁賦錢三十，村鄉丁賦二十；不産茶州軍郭鄉、村鄉如前計之，又第損十錢，歲計已及緡錢四十餘萬。榷茶之利，凡止五十餘萬緡，通商收税，且以三倍舊税爲率，可以得百七十餘萬緡，更加口賦之入，乃有二百一十餘萬緡，或更於收税則例微加增益，即所增至尠，所聚愈厚，比於官自榷易，驅民就刑，利病相須，炳然可察。

詔三司與詳定所相度以聞，皆以爲不可行，及嘉祐四年卒行之。

清臣又嘗請遣使循行天下，知民疾苦，察吏能否；興太學，選置博士，許公卿大臣子弟補學生；重縣令；諸科舉人取明大義，責以策問；省流外官，無得入仕；聽武臣終三年之喪；罷度僧；廢讀經一業；訓兵練將，謹出令，簡條約，凡九事。

〔三月〕是月，李諮等請罷河北入中虛估，以實錢償芻粟、實錢售茶，皆如天聖元年之制。又以北商持券至京師，舊必得交引補爲之保任，并得三司符驗，然後給錢，以是京師坐賈率多邀求，三司吏稽留爲姦，乃悉罷之，命商持券徑趣榷貨務驗實，立償之錢。初，孫奭等雖增商人入錢之數，而猶以爲利薄，故競市虛估之券，以射厚利，而入錢者寡，縣官日以侵削，京師少畜藏。至是，諮等又請祖天聖三年入錢數，第損一千有奇，入中增直，亦視天聖元年數第加三百。詔皆可之。又詔前已用虚估給券者，給茶如舊，仍給景祐二年已前茶。

既而諮等又言：「天聖四年，嘗許陝西入中願得茶者，每錢十萬，在所給券，徑趣東南受茶十一萬一千。茶商利之，争欲售陝西券，故不復入錢京師，請禁止。」並言商人輸錢五分，餘爲置籍召保，期年半悉償，失期者倍其數。事皆施行。輸五分錢，召保立限，見《實録》康定元年正月，今依本志附此。

熊克《中興小紀》卷七 〔建炎三年冬，十月壬寅，趙〕開於是大變酒法，自成都始，先罷公帑賣酒，即舊坊場所置隔槽，設官主之，麴與釀具官悉就買，聽釀户各以米赴官自釀。凡米一石輸錢三千，其釀之多寡，惟錢是視，不限數也，既遂行于四路。

《明太祖實録》卷一百四 〔洪武九年二月丙戌〕定諸王、公主歲供之數。親王歲支米五萬石，鈔二萬五千貫，錦四十疋，紵絲三百疋，紗、羅各一百疋，絹五百疋，冬、夏布各一千疋，綿二千兩，鹽二百引，茶一千斤，馬匹草料月支五十匹。其段疋歲給匠、料，付王府自造。靖江王歲賜米二萬石，鈔一萬貫，餘物比親王減半，馬匹草料月支二十匹。公主未受封，每歲支紵絲一十疋，紗一十疋，羅一十疋，絹三十疋，夏布三十疋，木綿布三十疋，綿二百兩。已受封，賜田莊一所，歲收糧一千五百石，鈔二千貫。親王子男未受封，每歲支撥紵絲一十疋，紗一十疋，羅一十疋，絹三十疋，夏布三十疋，木綿布三十疋，綿二百兩。女未受封比男未受封，減半給賜。男已受封郡王者，每歲支撥米六千石，鈔二千八百貫，錦一十疋，紵絲五十疋，羅二十五疋，紗二十五疋，絹一百疋，夏布一百疋，木綿布一百疋，綿五百兩，鹽五十引，茶三百斤，馬匹草料每月支一十匹。女已受封及已嫁者，每歲支撥米一千石，鈔一千四百貫。其段疋於所在親王國帶造給付。皇太子次嫡子并庶子既封郡王之後，必俟出閣，每歲撥賜與親王子已封郡王者同。女俟及嫁，每歲撥賜與親王女已嫁者同。凡親王世子，歲賜與已封郡王同。郡王嫡長子襲封郡王者，其歲賜比始封郡王減半支給。郡王女已封縣主及已嫁者，歲支米五百石，鈔五百貫，其餘段疋等物，比親王女已受封者並減半支給。郡王諸子年及十五，每位撥賜田六十頃，以爲永業，並除租税。諸子所生之子，唯世守永業。

吕震《宣德彝器圖譜》卷二 宣德三年四月十五日上御乾清宮瑶華殿，敕諭司禮監太監臣張斌、工部吕震等所上册本，朕已親覽，所費浩大，今着爾可往工部校勘虚實，其金銀藥料諸物作何用度，可酌量裁減，的實具本奏來，欽此。

宣德三年四月十五日，司禮監太監臣張斌爲欽奉上諭事，本月十五日臣斌奉聖旨，命臣前往工部查勘所奏鑄造應用諸物，臣斌與部臣震等，細加酌量鑄造大小鼎彝，輕重估計裁減十分之二，具册上聞，並將應鑄彝器大小斤兩畫圖註疏具本呈進御覽，倘荷聖恩俞允，敕諭付外施行。

今將裁減物料清册具奏如左。

計開：

赤金原册八百兩，今奉敕裁減一百六十兩，實該六百四十兩，此金作商嵌、泥金、流金、滲金鼎彝諸項用。

白銀原册三千六百兩，今奉敕裁減七百二十兩，實該二千八百八十兩。此銀作商嵌、泥銀、流銀、滲銀鼎彝諸項用。

暹邏國生礦洋銅原册三萬九千六百斤，今奉敕裁減七千九百二十斤，實該三萬一千六百八十斤。此銅作鑄鼎彝什物用。

倭源白水鉛原册一萬七千斤，今奉敕裁減三千四百斤，實該一萬三千六百斤，此白鉛入烊銅用。

倭源黑水鉛原册八千斤，今奉敕裁減一千六百斤，實該六千四百斤。此黑鉛照造鉛磚鋪鑄局地並雜用。

日本國紅銅原册一千斤，今奉敕裁減二百斤，實該八百斤。此紅銅入烊銅用。

賀蘭國花洋錫原册八百斤，今奉敕裁減一百六十斤，實該六百四十斤。此錫作烊銅用。

鋼鐵原册一萬二千斤，今奉敕裁減二千四百斤，實該九千六百斤。此鋼鐵作烊銅、鐵篩及錘、砧、杵、銼、食鍋諸用。

天方國番硇砂原册三百六十斤，今奉敕裁減七十二斤，實該二百八十八斤。此硇砂作鼎彝點硃砂斑色用。

三佛齊國紫硑石原册三百斤，今奉敕裁減六十斤，實該二百四十斤。此硑石作鼎彝點染葡萄斑色用。

渤泥國紫礦原册三百斤，今奉敕裁減六十斤，實該二百四十斤。此紫礦作鼎彝點染棗紅色用。

渤泥國臙脂石原册二百斤，今奉敕裁減四十斤，實該一百六十斤。此臙脂石作鼎彝點染桑椹色用。

琉球國安瀾砂原册二百斤，今奉敕裁減四十斤，實該一百六十斤。此安瀾砂磨鑄模坯光用。

金絲礬原册二百斤，今奉敕裁減四十斤，實該一百六十斤。此金絲礬作鼎彝蠟茶色用。

晉礬原册二百斤，今奉敕裁減四十斤，實該一百六十斤，此晉礬作鼎彝諸色脚地用。

鴨嘴膽礬原册二百四十斤，今奉敕裁減四十八斤，實該一百九十二斤，此膽礬作鼎彝翡翠緑色脚地用。

黄明礬原册一百二十斤，今奉敕裁減二十四斤，實該九十六斤，此黄明礬作鼎彝蠟茶色脚地用。

白明礬原册三百斤，今奉敕裁減六十斤，實該二百四十斤。此白明礬作鼎彝諸色脚地用。

寒水石原册二百斤，今奉敕裁減四十斤，實該一百六十斤，此寒水石作鼎彝諸色脚地用。

出山水銀原册一千八百斤，今奉敕裁減三百六十斤，實該一千四百四十斤。此水銀作鼎彝流金滲金泥金爍金用。

辰州府硃砂原册三十六斤，今奉敕裁減六斤，實該三十斤。此硃砂作鼎彝點染硃砂斑色用。

梅花片石青原册三十斤，今奉敕裁減六斤，實該二十四斤。此石青作鼎彝點染石青斑色用。

石緑原册三十斤，今奉敕裁減六斤，實該二十四斤。此石緑作鼎彝點染石緑斑色用。

銅緑原册三十斤，今奉敕裁減六斤，實該二十四斤。此銅緑作鼎彝點染銅緑脚地用。

古墨原册二十斤，今奉敕裁減四斤，實該一十六斤。此古墨作鼎彝黑漆古斑色用。

黄丹原册五十斤，今奉敕裁減十斤，實該四十斤。此黄丹作鼎彝鉛古色脚地用。

文蛤原册五十斤，今奉敕裁減十斤，實該四十斤。此文蛤作鼎彝水銀古色用。

硼砂原册三十斤，今奉敕裁減六斤，實該二十四斤。此硼砂作鼎彝水銀古色脚地用。

方解石原册二十斤，今奉敕裁減四斤，實該一十六斤。此方解石作鼎彝諸色調水用。

自然銅原册一百二十斤，今奉敕裁減二十四斤，實該九十六斤。此自然銅作鼎彝藏金紙色及發光諸色用。

白蠟原册一百三十斤，今奉敕裁減二十六斤，實該一百零四斤，此白蠟作鼎彝發光並冷焊冷冲用。

黄蠟原册八百斤，今奉敕裁減一百六十斤，實該六百四十斤。此黄蠟作鼎彝蠟模用。

瓜竭原册二十斤，今奉敕裁減四斤，實該十六斤。此瓜竭作鼎彝棗紅色用。

無名異原册二十斤，今奉敕裁減四斤，實該十六斤。此無名異作鼎彝土古色脚地用。

赤石脂原册二十斤，今奉敕裁減四斤，實該十六斤。此赤石脂作鼎彝棗紅色脚地用。

雲南黑白棋子二萬箇，今奉敕裁減四千箇，實該一萬六千箇。此棋子作鼎彝磁泑色用。

《明孝宗實録》卷七十六 〔弘治六年閏五月丁酉〕工部覆奏：「吏部右侍郎周經，乞停徵災傷地方顔料、銅、鐵、油漆、膠、蠟、絲、麻、皮張、翎毛等物，宜移文所在諸司，令已徵者照數起解，未徵者暫行停止，以候秋成。」從之。

李詡《戒庵老人漫筆》卷七《匠班銀》 余邑有匠班銀，匠户每名出銀四錢五分，此定於國初，而户籍一成不變。夫銀以匠名，爲其有匠利而課之也。今其子孫不爲匠者多矣，猶可責其辦者，承祖户而力亦勝也。中間有絶户，有逃户，則里甲賠貱，出於無辜，有零丁，有乞匄，遇每歲追併，必至於盡命。何無一人以通變之法聞於爲司牧者乎？排年十年一編審，可照例行也，核見在匠，作均派之，當無巷議者。豈謂四錢五分，所出甚細，而變易舊制其事甚難乎？吾意留心民瘼之君子，更化善治，鋭然舉行，其何難之有？近年以一户之銀而連三四人爲溝中瘠者，蓋聞且見之矣，惜余老耄，無能爲力也。匠户有彈花匠名色，即今鄉村彈棉花人也。當時棉花未甚行，紡織頗少，故亦與木匠、瓦匠、漆匠等同課云。

舊例，漕運船，松木者五年一造，給價六十一兩九錢，楠木者七年一造，給價七十七兩五錢，俱軍三民七出辦。乃後則漸求增加，非復當時之例矣。

余繼登《典故紀聞》卷四 洪武十七年二月，定諸司文移紙式。凡奏本紙高一尺三寸。一品、二品衙門，文移紙三等，皆高二尺五寸，長五尺爲一等，四尺爲一等，三尺爲一等；案驗紙二等，皆長二尺五寸，高一尺八寸爲一等，二尺爲一等。三品至五品衙門，文移紙高二尺，長二尺；案驗紙高一尺八寸，長二尺五寸。六品、七品衙門，文移紙高一尺八寸，長二尺五寸；案驗紙高一尺六寸，長二尺。八品、九品與未入流衙門，文移紙高一尺六寸，長二尺；案驗紙高一尺四寸，長一尺八寸。不如式者罪之。

史玄《舊京遺事》 宋内庫酒法，自柴世宗破河中，李守貞得匠人至汴苑，循用其法。今京師内庫酒法不傳於外，惟南和刁酒四遠有名，而以酪漿爲之者貴。易州酒如江南之三白，泉清味冽，曠代老老春。刑部街以江南造白酒法，醞釀酒漿，賣青蚨尤數倍，如玉蘭、臘白之類，則京師之常品耳。

何士晉《工部廠庫須知》卷一二《屯田司・造墳規則》 此係不時題請遵旨照某例奉行，今止據條例所載開具，以備參考。

宜妃楊氏造墳物料：

墳券一處，享殿一座五間，左右廂房二座每座五間，靈寢門一座，宫門一座三間，照壁一座，神厨一座後小房三間，神庫一座後小房三間，紙爐一座，司香官住房三十六間，大門一座左右門房六間，井一眼，柵欄門三座。

會有物料四十項，共銀五千四百兩五錢二分二厘五毫。

召買物料五十二項，共銀二萬一千九百三十九兩一錢六分六厘七毫。

灰户燒運價，共銀三千四百四十八兩二錢三分八厘六毫五絲。

車户運磚價，共銀九百九十一兩八錢四分。

車户運木石土等價，共銀五千三百六十兩五錢一分八厘二毫。

匠役工食，共銀六千五百二十一兩九錢一分八厘。

夫匠工食，共銀九千六百八十兩二錢。

内官監成造葬儀冥器物料：

會有物料十二項，共銀四千三百八十二兩一錢九分一厘五毫。

召買物料十九項，共銀一千一百九十兩五錢五分二厘一毫。

司設監成造銘旌冥器物料：

會有物料五項，共銀一百四兩六錢六分八厘。

召買物料九項，共銀一百二十五兩一錢九分八厘。

針工局成造冥器儀仗物料：

召買物料二項，共銀二十七兩八分。

營繕所成造方相一座，并拽運棚罩工食，共銀八十三兩四錢七分五厘。

郊哀王造墳物料：

墳券一處，享殿一座五間，左右廂房二座每座五間，靈寢門一座，宫門一座三間，照壁一座，神厨一座後小房三間，神庫一座後小房三間，左右門房六間，井一眼，柵欄門三座。

會有物料三十四項，共銀四千五百四兩二錢七分五厘四毫。

召買物料五十七項，共銀一萬五千九百六十一兩一錢七分三厘七毫五絲。

買墳地銀四十五兩。

窑户燒運價，共銀二千一百四十七兩一錢七分八厘。

灰户燒運價共銀三千三百三十五兩一錢六分三厘四毫。

車户運價共銀二千七百一十四兩三錢。

匠役工食共銀三千四百五十九兩九錢。

夫役工食共銀一千九百六十三兩二錢一分。

内官監成造葬儀冥器物料：

會有物料七項共銀二千八十兩一錢七分。

召買物料三十五項共銀三千五百九十五兩九錢二分。

司設監成造銘旌冥器物料：

曾有物料六項，共銀六十一兩九錢七分。

召買物料十項，共銀八十八兩二錢四分。

鍼工局成造冥器儀仗物料：

召買物料二項，共銀一十二兩六錢八分。

營繕所成造方相一座并拽運棚罩工食，共銀五十一兩三錢五分七厘。

潞王長女造墳物料：

墳塋一座，享殿三間，司香房六間，週圍牆垣。

會有物料十八項，共銀二十五兩七錢二分五厘。

召買物料三十七項，共銀一千四百一錢五分七厘。
灰户燒運價，共銀二百一十四兩四錢九分五厘。
車户運價，共銀四百九十兩六錢八分。
匠役工食，共銀六百兩一錢六分。
夫役工食，共銀五百五十八兩一錢九分。
冥器召買物料十七項，共銀六十六兩二錢。
内宫封夫人者傳奉造墳：
墳所、享堂、神床、供器、祭臺等項：
會有物料二十一項，共銀四十三兩七錢六厘。
召買物料十一項，共銀一百一十七兩七分一厘。
車户運價，共銀四百八十九兩三錢四分。
匠役工食，共銀八百二十四兩三分。
夫役工食，共銀二百九十兩三錢二分。
開挖墜道：
皇貴妃文氏開挖墜道，會有物料二十四項，共銀四百八十三兩三錢五分六厘。
召買物料一十九項，共銀二千一百四兩三錢四分一厘。
車户運價，共銀三百九十三兩五錢四分。
灰户燒運價，共銀四兩二錢。
匠役工食，共銀二百三十三兩四錢八分。
夫役工食，共銀一千六百一十八兩二錢五分。
靈柩席殿一座，鼓樓西祭棚一座，教場前祭棚一座，北極寺祭棚一座。
内官監成造葬儀冥器物料：
會有物料十一項，共銀九千二百六十五兩六厘五毫。
召買物料三十二項，共銀一萬一千二百六十二兩八分一厘。
司設監成造銘旌冥器物料：
會有物料五項，共銀五十六兩二錢三分四厘。
召買物料十三項，共銀一百四十八兩七錢一分四厘。
針工局成造冥器儀仗物料：
召買物料二項，共銀一百八十四兩四錢。
營繕所成造方相一座，并拽運棚罩工食，共銀一百七兩六錢一分六厘。
前件一方相之費至此甚屬虚冒，亦應量計長短，用料多寡，用工多寡裁節虚費。查屢年條例亦有用七十□□□者，差可爲定例耳。
懿妃于氏開挖墜道：
會有物料十九項，共銀一百八十四兩三錢九分八厘三毫。
召買物料二十一項，共銀四百三兩九錢八分四厘。
灰户燒運價，共銀六兩二錢三分二厘。
匠役工食，共銀一百一兩二錢二分。
夫役工食，共銀四百三十八兩。
内官監成造葬儀冥器物料：
會有物料六項，共銀一百三十三兩四錢五分六厘。
召買物料十九項，共銀三百七十兩三錢二分五厘。
司設監成造銘旌冥器物料：
會有物料七項，共銀七十四兩一厘。
召買物料七項，共銀四十六兩八錢四分五厘。
營繕所成造方相一座，并拽運棚罩工食銀，共三十二兩六錢九分七厘。
淑妃秦氏開挖墜道：
會有物料十六項，共銀六十八兩七錢五分八厘四毫。
召買物料十八項，共銀三百七十兩五錢七分八厘。
灰户燒運價銀共五兩九錢。
匠役工食，共銀一百一十四兩九錢四分。
夫役工食，共銀四百三十七兩五錢二分。
内官監成造葬儀冥器物料：
會有物料七項，共銀一百三十三兩四錢五分六厘。
召買物料十八項，共銀三百六十一兩七錢七分五厘。
司設監成造銘旌冥器物料：
會有物料六項，共銀七十三兩八錢九分。
召買物料八項，共銀四十七兩一錢九分。
營繕所成造方相一座，并拽運棚罩工食，共銀三十二兩七錢。
沅懷王開挖墜道：

會有物料二十項，共銀三百六兩九錢七厘。
召買物料二十項，共銀九百五兩九錢一分。
窑户燒運價，共銀六百一十九兩二錢。
灰户燒運價，共銀五百一十五兩四錢。
車户運價，共銀三百九十四兩三錢三分三厘四毫一絲。
匠役工食，共銀五百七十兩四錢一分。
夫役工食，共銀六百七十一兩三錢一分。
內官監成造葬儀冥器物料：
會有物料八項，共銀一千二百八十八兩二錢五分一厘六毫。
召買物料三十四項，共銀四千四百七兩九分八厘。
司設監成造銀旂冥器物料：
會有物料五項，兵銀一十七兩三錢一厘。
召買物料十一項，共銀九十四兩六錢三分七厘。
營繕所成造方相一座，并拽運棚罩工食，共銀六十六兩一分七厘。
靜樂公主開挖壙道：
會有物料二十三項，共銀二百四十二兩六錢六分四厘。
召買物料一十七項，共銀六百二兩六錢六分七厘。
灰户燒運價，共銀三百九兩六錢。
車户運價，共銀三百九十二兩六錢二分。
匠役工食，共銀二百四十四兩五錢四分。
夫役工食，共銀六百八十三兩二錢八分。
內官監成造葬儀冥器物料：
會有物料六項，共銀一百八十九兩二錢八分一厘。
召買物料四十一項，共銀一千九百七十四兩六錢五分四厘。
司設監成造銘旌冥器物料：
會有物料六項，共銀四十八兩七錢三分八厘。
召買物料六項，共銀五十九兩六錢五分五厘。
針工局成造冥器儀仗物料：
召買物料二項，共銀六兩三錢四分。
營繕所成造方相一座，并拽運棚罩工食，共銀五十四兩二錢四分。

雲夢公主開挖壙道：
召買物料二項，共銀六兩三錢四分。
營繕所成造方相一座，并拽運棚罩工食，共銀四十三兩五錢七分。
公主無有駙馬者造墳折價：
永福公主造墳，因冒破數多不爲例，以後陳乞者，止照永淳等公主例酌議覆請。
永淳長公主造墳，合用物料夫匠先年共折銀二萬三千一百九十三兩一錢一分九厘七毫。
壽陽長公主造墳，合用物料夫匠近該本部酌議，共折價銀一萬四千八百五十七兩八錢四分五厘。又奉特旨外賜物料夫匠銀一萬兩，此項加添難以爲例外，冥器席棚等項工料冒費銀七百四十兩，以後當照别公主例酌減。
前件各項陵工凡係奉旨題造或上有特恩者例鑿執減，其中容有中官濫冒者，動以數千百萬填之丘壑，是在管工者遂項旨查，聘爲節省，庶典禮經費爾無妨礙耳。
內相祭葬有三等：
一等物料，夫匠，共折價銀一千一百二十五兩。係節□□□□□□□□。
二等物料，共銀七百六十一兩三分。係□□庫本司料銀內支。
夫匠蔴觔等銀，五十六兩二錢五分。移付營繕司葦課銀內支。
軍餘二十名，該銀二十兩。後軍都督府出辦。
三等并公侯伯物料，會有物料十項，共銀二十四兩九錢五分二厘。二十四兩內，付營繕司支蘆席銀六兩。
夫匠十二名，共銀一十八兩。付營繕司葦課銀內支。
軍餘二十名，該銀二十兩。後軍都督府出辦。
如在南京，公侯伯物料同前，南京工部等衙門措辦，如開壙止給一半。
前件公侯伯另給棺木一副折銀六十兩，通惠河衙門放支。
皇親祭葬：
封侯伯者：固安伯，隆慶六年造墳，萬曆四年加增碑亭石門房屋，二次共用銀一萬六千兩零。三十七年永年伯、三十八年武清伯俱一萬五千兩。
封指揮千户奉有旨，比照姜泰、王秀例者，該銀四百五十六兩五錢四分。魏承志、邵名例者，該銀三百二十兩。
駙馬開壙，物料與公侯伯全葬同，如駙馬病故在先，候公主造墳合葬，駙馬父母造葬物料與公侯伯同。

翊聖夫人、安聖夫人先年俱係本部造墳，以後戴聖夫人造墳，本部具題折價四百兩，奉旨加四百兩共八百兩，後奉聖夫人本部仍題折價四百兩，奉旨加一百兩共五百兩。

親王并妃繼造墳工價銀三千八百兩，俱差官。若開壙給銀八十兩，冥器喪儀銀六十八兩八錢八分，行該布政司支給。妃不差官，如繼妃造壙祔葬，照嫡妃開壙例同。

帝孫給銀三百五十兩。

郡王并妃造葬減半，折價銀一百七十五兩。冥器喪儀銀三十四兩四錢四分，若開壙給銀四十兩。行該布政司支給。

文臣并父母妻給造墳工價銀：

一品五百兩，棺木一副。折銀六十兩，本地方支領。

二品四百兩。

三品三百兩。

以上不論已未考滿，俱全給。

三品未經考滿，一百五十兩。

二品未經考滿，被論致仕在家，二百兩。

三品考滿被論，一百五十兩，未考滿者，止祭無葬。

以上三品止父母造墳開壙，妻無。凡開壙者，不分品級崇卑，止與夫匠五十名，該銀五十兩。行該省衙門支給。

左右都督：都督同知僉事管府事及在外總兵官并父母妻造墳物料，行原籍衙門給與。

物料九項，共銀一十四兩八錢六分二厘，夫匠二十名，該銀二十兩。

棺槨一副。折銀六十兩，通惠河衙門領給。

王府銘旌紵絲，每副九尺，價銀五錢六厘二毫五絲。

大包袱每個紅紵絲四尺五寸，并絹裏四尺五寸，價銀三錢三分七厘五毫。

小包袱每個紵絲一(天)[尺]八寸，并絹裏一尺八寸，價銀一錢三分五厘。

龍鳳鈎，每副價銀二錢。

金箔十四貼，價銀二錢八分。

王木印本册并鎖匣，每副價銀六錢九分。妃木册連匣，價銀一錢八分。

以上王，每一位通共該銀二兩一錢四分八厘七毫五絲，妃，每一位通共該銀一兩六錢三分八厘七毫五絲。

各工所工完，造奏繳文册，黄册七張准一工，青册八張准一工，攢底二工，每一工給銀六分。

凡遇陵工內外官員人等，廪給夫馬銀兩，本部給發一半，順保二府協濟一半。

朱國禎《涌幢小品》卷五《王府》　國初親王府基，秦用陝西臺治，晉用太原新城，燕用元舊內，楚用武昌靈應寺，齊用青州益都縣治，潭用潭州玄妙觀，靖江在獨秀峰前。以後續封者，自宜詳載，而史不必盡書。要之，必取郡地之最廣與風氣最適中者用之。

親王府制，王城高二丈九尺，女墻五尺五寸，城河闊十五丈，深三丈。正殿基高六尺五寸，月臺五尺九寸，各有定數，而殿之尺寸不著。秦府殿高至九丈九尺，韓府止五丈五尺，大相懸絶。豈秦、晉、燕、周四府乃高皇后親生，故優之，諸子不得與并耶？余見吉府、榮府城高僅二丈余，城外并無河。想即以本府長沙、常德之城池爲據，而內城特作子城，其餘可類推矣。

楊鶴《兩浙訂正鹺規》卷三《場竈》　一煎辦鍋盤附鍋盤額數

各場竈户瀝滷煎辦，原係官給鐵盤，聚團煎燒，若有破壞不堪，許於巡鹽臟罰量支修補。私置篾盤，盡行拆毁。但查長山、穿山、大嵩、玉泉、長毫、北監、長林、南監等八場，素用篾盤，若令拆毁，反爲不便。相應照舊其餘各場，添鑄鐵盤數，多查無堪，動錢糧議，聽殷竈告鳴，自鑄應用，止以原額爲度。萬曆十八年，本司條議各場官攢，多受竈户賄賂，聽從置立鍋盤，私煎不行覺察。行令查驗，每舍盤鍋幾所，定爲額數，如有小盤小鍋，盡行拆毁。

天啓二年十月，本院傳批鹽法道呈詳，穿山場竈張良□□閏王錢連名呈詞一舍二帖，年年更换，真爲竈累緣由，蒙批盤舍給帖，總歸運司三年一换，分司不必重給，可以防私增，亦可以杜騷擾，豈止穿山一場即行之，兩浙可也。該道行該司及各分司一體遵行，仍刊入鹺規繳，見在遵守。

按私置鍋盤法，嚴拆毁者，防私煎以通私販也。清查有時庶不重爲貧竈累耳。近訪有一年兩查者，每查有堂司雙行者，有每給一照帖而胥役科索三四錢者。夫竈夏不憚爍日流金以煎熬，冬不畏皲指裂膚而淋瀝。所得有幾，忍視其委填于谿壑耶。以後各場每年麗司者司查，麗分司者分司查，仍嚴禁下役科索以蘇竈困，如違承行，吏書究革。

各場官盤額數

仁和八十七塊，今官盤二十九塊，鐵盤一千五十二塊。

許村二百八十塊今官盤二百八十一□。

西路九十七面，今二百二十四面。

鮑郎三十塊，今二百二十九鏟。

名許立舍一條聚盤煎燒，每舍給牌一面懸□門首，煎下鹽觔，運回本場，易商銷引，置簿填換。查考，又該本司酌議，就近於仁和場銷引買地，建立倉廒，僉店户與商交易，令副使一員、吏一名，專董其事呈詳。

前院李　批允續因仁錢一縣食鹽小票，苦於仁和場路遠，多有就便買鹽、於兵馬司銀杏樹，致仁和場竈户陳，彩等告。

前院　批司審得竈户運滷煎燒，奉有明文，原非私也。今但禁之使不奪仁和場小票之利，姑照聚盤煎燒事例，□將過海竈户於竈册内，真王有名者，在於所借之處，十名許立一舍，二舍置船一隻，給與旗牌運滷。如無旗牌即係私滷。其仁錢二縣食鹽小票，每年約有七萬張，仁和場煎鹽許賣與五萬張，錢清場竈係租地煎鹽，止許賣二萬張，仍行二縣。管鹽官將票派場印□，分發買鹽，如有紊亂，即行拏究，呈蒙批允。

一拆毁孔家灣私舍

濟泉三十二面，今箋盤七百五十三面。

長山十八面，今箋盤一百四十七面。

穿山十八面，今箋盤一百七十七面。

大嵩十六段，今箋盤一百二十六面。

玉泉十八面，今盤二百六十面。

長亭，今盤六十六所。

杜瀆，今盤三百九十六所。

黄巖，今盤十六所。

北監，今盤十六所。

長林，今盤三百四十一所。

永嘉，鍋一千六十一口五分，今竈舍五百四十八所。

雙穗，今盤三百一十三面。

南監，今箋盤二十二面。

一聚團公煎稽煎稽買各場竈户領受鐵盤聚團煎燒，不許離越出□。私煎。嘉靖四十四年題，事例，如本團窄小，柴滷不便，許告鳴於附近去處□立團所，如有離團收滷，私置箋鍋煎燒者，許□兵人等呈首盤舍拆卸入官，私滷折監□□□一盤舍，官給印烙長柄木牌一面，上書□□姓名年貌，竪立盤舍，以別官私。該場官攢保伍不時在團覺察，不許私煎貨賣。如一家有犯，同保伍官贊連坐治罪。如遇清丁分蕩之年，煎竈更换不一，年貌不同，難以稽查，將舊牌繳司，□給各場更置稽煎簿，該場官攢登記，每舍每日煎監若干觔。上倉又置稽買簿登記，有引商某人某日買鹽若干，按季起司倒查私煎私賣，違者依律，通行究罪。萬曆十八年。

前院韓　案開訪，得各場奸豪竈户，收留無籍，私剏盤舍私煎，勾引鹽徒，故私鹽禁例雖嚴，未流不止。蓋因本源之地不清，其何能淑。運司分司俱要督率各場修理團圍，聚集公煎私剏者，盡行拆毁，仍時加稽察。如有前項私煎私販。即行舉首，就將確貨給賞，隱匿者連坐。官攢不督察捉拏者黜職。

郭尚友《繕部紀略》　營繕清吏司郎中郭尚友呈：本司濫竽屬末幾七年，于兹而視繕篆者幾三年。初，庫貯六十餘萬，今除都、屯二司借用去三十餘萬，見存銀錢一百二十餘萬，此皆台臺主持所留，本司仰仗台庇，獲免于戾，今且叨一轉矣。所有行過事蹟，差可備後來參考者，謹撮其切要，條爲二十款，懇乞鼎批存司，永著爲例，于衙門未必無補焉。蓋區區之心，不能以弛擔輒已也。伏候台裁，堂批存照。

計開：

一各項工程，往往透領預支，各役得銀到手，任意花費，及至興工，追比不前，竟成拖欠。本司隨做隨給，如某役領去銀若干，必監督截收到司，照逐日報單，查算明白，果係用完，然後再給，直至工竣，不得多領分毫，則拖欠之弊杜矣。

一冒破多緣預估，一經估定，遂借口曰有原估在或一倍，或兩倍，或數倍，不至用盡不已。如曩者，福王府第費至二十餘兩，瑞王府第費不過二萬，而工程更堅完可久，則題定不預估之明驗也。

一舊欠預支，遠者八、九年，近者五、六年。各役到手時已花費盡矣，當年發者失于斟酌，後即追比，各役有斃杖下耳，竟何益于事？本司遇有工作，每發銀一百兩，責令帶完舊欠二三十兩，各役利于得新，并樂于完舊。又于實收到日，視其可扣還者即爲扣還。如洪仁大石窩舊欠已于屯司木植項下扣還八千，見在移付水司絲銀項下，仍爲扣還是也。此法大工動時更可行，喫緊處只在不多發預支，多發，不惟舊者不完，并新者復成拖欠矣。

一皇極門中道石，舊者儘自堪用，向議採運新者已造車矣。查世廟時此石運價費至十數萬，拆壞民居，傷損多命。本司主用舊者，所省實多。嗣後門殿舊石可用，斷不可更議換新。

一大工錢糧，惟楠木之費最鉅，亦惟楠木之得最難。採伐于深山窮谷之中，則冒毒披霧，不知傷多少民命；挽運于長江大河之内，則洪濤巨浪，不知費多少艱辛。比到京師，謂宜何如愛惜，乃各監局混取濫用，大木小斵，殊爲可念。本司向遇工所取討楠木，未敢輕發，須斟酌應用與否。如屯田司皇貴妃墳工，勢必需此，乃與監督往覆核實用數給發，其他俱以别木抵折。如三忠祠橋、朝陽門橋，往者各用楠木二十根，邇以杉木代之。夫杉木一根價不過五兩，計四十根纔值二百金耳。此二百金之費，不足當一小號楠木，其所省不既多乎。今三省楠木已到，本司于催請巡視疏内已呈堂題定，不許濫用矣。惟同志者共守之。

一兩窑會佑簿止開匠數，如一號瓦若干片，用匠幾名，二號瓦若干片，用匠幾名，而夫數從來不載焉，但憑該監開報，實多虚浮。近于巡視廠庫議定：瑠璃，細密難成，每匠一名，派夫五名。黑窑，每匠一名，派夫三名。堂劄該窑永爲定例矣。

一瑠璃瓦逐年燒造，冒破更多。本司見得門工需瓦，當在椽望既釘之後。即奉有明旨：一面竪架，一面燒造，何至耽悮工作，乃亟亟預辦，以滋靡費耶。呈堂移文停止。遇有工作需瓦，俟本司移文明開某工用某號瓦若干，該窑照數燒完即止，如無本司移文，該窑不許擅造，内官監亦不許擅取。

一門殿興作無期，各廠斵削物料，十餘年來，不知費幾許金錢。而實課其工，未必一一與登報者符也。總之中涓利于延緩，就中冒破，做一年仍復一年，竟不知何日歇手？本司洞悉其弊，暫議停止，俟有竪柱消息，併力儹造，未爲晚也。

一山臺兩廠傳造各項器物，名曰御覽，歲費二萬餘金，衙門相沿不知幾十年矣。本司查係内官監職掌，力還該監，今兩年餘矣。

一寶源局、銅錢局，管鼓鑄庫，管收放司，管給發印領，每一次買到銅斤，節年鑄造中間，監督不知經幾番更換，時日既久，弊竇易生，不嚴稽核，難免侵匿。本司查照節年預支簿并節慎庫收放簿，一年一筭，如某商原銅若干，係某年買到，某年會收，某年鑄起，應鑄若干，某年以前有舊管錢若干，鑄起至今收過若干，放過若干，尚該存錢若干，一年結一總，用印鈐蓋，則該局大使并各役，不得上下其手矣。

一臨清城磚既有年例矣，又有加派，自三十二年以來，日積月累，廠無餘地。即門工奉旨：「不虞之用，烏用此加派爲也。」況加派既多，糧民船順帶之外，又顧窑户船以載之，計燒價、運價歲費二萬餘金。本司停加派，裁顧運，專用糧民船順帶，則燒、運價俱省矣。

一大内工作，難以踏勘。内監傳奉之後，估出物料，不論數千、數萬、數十萬，衙門沿舊准給二分扣留一分，以爲節省，不知内監明知扣留，何難、以一作十，以百作千，則留一分，仍冒去數分矣。本司遇有傳奉，定具疏請旨踏勘，若不得旨，錢糧極力裁減，如乾清宫見新派至五六萬，究竟止用三千是也。

一内監提督工程，勢已牢不可破，惟是有内工，有外工，有鼎建，有修葺，固自不可一律論。乃内監遇有工作，不論在内在外，亦不論鼎建、修葺，輒移送提督，或二三員，或四、五員，攙擾破冒，費不止倍。本司于外工應修者只題司官監督，並不用内監。如三十九年，都重城并翼房工作，較往年大省矣。

一外解本色，貯在十庫者，原以備各工之需。本司遇有用處，移文驗試廳，該廳移文該管内監，明註會有前來，以憑取用。乃邇來，該監據爲利藪，希圖侵匿，往往以有作無，會有者十無二三，各工勢不容已，只得召商買補，則此十庫之積，徒以充中涓之橐耳。計釐此弊，無如一面移會驗廳，一面移會巡視。蓋巡視力足彈壓，而掛號簿又歷歷可查，難以欺隱。如福王之國錢糧，應會有者幾及萬金，該監註有止千餘，本司移文巡視仍會出七千餘兩，則該監不敢欺巡視之一驗也。此法行，庶本色有實用而帑金可大省矣。

一冒破多端而延緩爲甚。他工延緩，猶可督催，而内工爲甚，蓋緣中涓掣肘，監督莫可柰何耳。故内工之不可已者，無如酌定工費，折價包修，監督閲其成功而已，若工屬可已，即爲停止至于外工，自可稽查，又不可議折，以開冒破之端。

一鷹平條槁木，貯在灣廠者，各工取用，估數頗浮，即删減給發，不無餘剩。此外，又有一項脚手木，名曰「借用」，夫「借用」，則工完之日，應併餘剩木，運還回料廠矣。乃問之該廠，實未牧有前項木植，皆緣委官等役，通同盗賣，託之用在本工也。本司移文監督，責成委官等，于工完日，但有餘剩併脚手木，照數還廠，短少者着落該役賠補。仍取本廠實牧爲照。至于一切小工程，即以本工應用木那作脚手，又不必另給。

一衙門各役俱疲，車户更甚。今湖廣大木已到通灣，川、貴相繼且至。運木車價，斷不可照往例，多付二三疲役之手，惟是酌發些須，俟其用完，查明根數，再爲接濟，庶可不致拖欠。如車户運赴不前，則遇水漂流可虞，宜照會估簿，顧募民車亦不便也。業已呈堂移劄通惠河矣。

一舖車灰窰夫匹等役，連年並未僉報，更替無時，消乏已甚，各衙門索夫、索車，絡繹不絶，不知此項錢糧原無所出，祇取辦于各役。邇來給發鄭重，即幹辦公務，尚云接濟不敷，如此浮費，從何措處，且欲核破冒，須議優恤，奈何以無名之私差，重困二三之疲役，本司凡遇索討，一切謝却，不使各役藉口致滋破冒。

一本部修倉一役，最稱賠苦。凡遇派送商匠人等，如蹈湯火，頃本部具題歸併，計部雖經奉旨，尚無定議，是息肩未有期也。勢必照常修理，而各役之累所宜憫焉。除夫頭告要四司均派另議外，其舖户惟屯司柴炭一項好做，亦惟柴炭舖户獨多，應于派該修倉舖户，准辦柴炭一廠，以示優恤。若夫各倉監督官，所定應修廒座，多屬頽壞不堪，買辦滋費，鞭策不前，而上與下交匱矣。今年本司親往閲視，擇未盡壞者，號紀繕葺，官無多費，商免重困，便孰甚焉。倘年年倣此而行，賠折既以無多，柴炭又復幇貼，將見人人樂趨，又何呼天搶地之慘乎？

一凡過興作，在工員役例由本司派送。往時委官則不必屬員，有差及于省祭者，夫匠則不必舊役，有派及于棍徒者，一工數人，一人占數工，此輩皆營謀而來，惟冀飽欲而去，通同冒破，隳悮工作，拖欠預支。職此之故，本司從來並不輕聽情分，濫用一人，則屬員既有顧忌，而商匠亦可約束，是亦工作一要務也。

右二十款繕務大畧可覩，至隨事删減未易，更僕有堂帖并稿簿在，而逐年額派錢糧，則又有條例一書，歷歷可按，第不浮于所載之數則善矣。

《船政·告示》 南京兵部車駕清吏司爲廣德意袪宿弊以新船政事。照得即今快平船隻，已經申明題例官造官修，不許拘擾幇甲。又慮官甲人等見泥，故常心懷疑懼，復牌行造撥二廠，將一應合行事務備細開報，又經本司公同采議稟堂定奪施行外，爲照船差實南都之重役，優恤乃本部之盛心，固不許以箇釘寸木科擾幇甲，必不欲以分銀文錢靠損小甲。至於各官賢勞雖較常嚴密，亦自求免於受直怠事之咎耳。自本司查將各船分委各官督管去後，除木植、油麻、釘鍋物料，俱是公同查照時估，召商收買，給散應用，其餘凡係因船有費，不涉私謀者，肇自經始，迄于完工，無巨無細，許將領出官銀，動支幹辦，隨即明白備記官簿，以聽不時吊取查考，但不得毫釐冒破，及登記不明，通取罪戾。所有參酌擬定應行事件，開具于後，仰該廠把總并各委官甲餘匠作人等，一體遵行，所願精白一心，仰承至意，庶事不煩民不擾，即見大作之成功，弊以革，利以興，終慶同舟之克濟矣，俱毋違錯未便。

計開：

一稽財用照得近年造修，俱奉明例，加給銀兩，固宜綽有餘裕。往往輒稱賠貱數多，實由費用不知撙節，故稽查財用，乃本廠之第一義也。今次造修船一隻，委官即置方天簿一扇，送司用印給付收掌，凡領到在官銀兩，或本船年例，但要先開總數，後開逐日支用細數。務先斟酌當用多寡，方與支給，不當用者，不准支銷。聽候本司，不時吊查，如有虚冒、侵尅等情，查出一體從重治罪。又查得江濟二衛造修馬船，完日俱有木楂銀兩解司，惟二廠造修獨無，則從前官甲冒□可知。今後船工完日，即將逐日□□□頭板梢朽爛物料碎斷釘□□□蓬柴篾等項盡數查出，仍今等□照依時值變賣價銀，如船事未結，即以充費，完則該廠總會解司寄庫公用，並同各船支費過錢糧，造册繳報候查。

一搭蓬席據該廠開稱，擇取十一月初一日制木興工。查照舊規，先期俱應搭蓋廠蓬，於二廠臨河造修，適中去處各總搭官蓬一座，以爲給料看工之所，除小修船及中修工少，不須上岸者，止搭匠作小窩蓬一座，總搭委官坐卧蓬一座。其係拆造大修及中修底壞必須上岸者，每船各搭堆放料物蓬一座，匠作蓬一座，仍共搭委官坐卧蓬一座，炊爨蓬一座。但隨料物工匠多寡爲之。大小取足以隔内外蔽風雨而已，雖稱暫用槁竹席篾等物，至工完之日又可拆爲本船稍蓬等料，況原有苫蓋船隻席蓬湊用，未爲全費，不得務爲寬整靡費錢糧。

一查底船照得舊規拆造快平船底船作銀二十兩，如係成造年分未遠，及板木真正者，所值之價，豈止於此，往時多被夫甲匠作不知愛惜，拆船之際，漫不稽查，致將堪用物料棄置浪費，後却從新一一買辦，亦以前有幇甲之能陪錢故也。今次拆船，各該委官，務要眼同小甲匠作查將先經驗註船圖板片什物件數點記，仍將拆出堪用及不堪用者各另堆積以候親詣查驗，其堪用者即留湊用，不堪用者亦須量改别材，或照時價變銀充費。雖大中修船，換下朽板，亦俱要見下落，如有浪費、侵盗等情，查出一體究治。

一筭板片照得本部召商選買木植，先經稟奉裁定，俱於頭長五尺處下篾圍量，若就據此折筭板片給發鋸用，則頭稍大小尺寸不同，難以爲準。今擬於木大頭、中身、末稍三處，各圍計尺寸，仍以中身一處準折頭稍，將寬補窄計筭板片，管解委官將小甲領到木直，督令匠役鋸成板後，即與查照字號，各另登記片數堆積，該廠復與查筭的實，然後支用。其有灣匾空朽者，仍將原量木格比對，務要補折得宜，庶幾板木多寡有實可稽，而無冒破虧損之失矣。

一遵定式照得馬快平船長短廣狹，俱有原定丈尺。近訪得積年匠作，或多通同夫甲，妄意增減，預圖攬載之利者，使大其量而有容間，存省料之心者，雖小其材而亦用，事屬故違，法難輕貸。今次造修船隻匠役，務要恪遵原定丈尺，如法造作，本職每日詣廠看工，即帶原畫圖様，隨將船身前後内外板木物件長短廣狹厚薄尺寸，逐一查對，如有違式增減，定將匠作治罪，仍追工食，官甲連坐。

一覈物料照得二廠造修船隻，先據把總同各委官，將合用木植、物料、油麻、釘鍋估計定數，然後買辦應用。往年被各委官漫不稽查，夫匠全無愛惜，致將物料恣意花銷，後有不敷，又行科派，故稱陪補之多，幇甲之所以受累也。今次官造官修，豈容仍蹈前弊，既經委官管解木料，則管造官必先查得本船該用某板，督令木解二匠，商同下鋸，勿致輕率枉費。及領出用後，仍將印發官簿登記某日領板若干片，并長短寬窄厚薄若干，用在某處或無剩有剩，剩則留充別用，用盡註銷。凡釘鍋、油麻，亦委官帶同小甲領回收貯，逐日眼同各匠支用，俱照板例，明白備記，以候本司不時吊查，務使竹頭木屑，各得其用，而後官爲稱職，匠爲稱役矣。如有登記不實者，即係通同作弊，查出一體究治。

一禁故板查得先年造修船隻，被各夫甲，將支出官銀任意花費，及至工程緊急，難以完結，專一串通積年拆賣，故船板片人户，將朽爛不堪舊板圖賤買用，木匠串通，暗得偏手，即與設法安頓塗抹苟完，以致船隻隨修隨壞，虚費錢糧。今遵奉明例，官造官修，凡一切板木，俱係新材，及揀選底船堅實板料，相兼應用，不許夫甲仍前串通買用故板，違者查將官甲匠作，與同賣板之人連坐以罪。

一嚴工程訪得二廠但遇造修船隻，俱被積年匠作獨行包占，却又轉覓年老力弱并初學藝業不精之人，多是偷工演日，本身俗稱繳首，却行袖手分銀，以致因循月日，虚費廪餼。今後該廠工匠，務選藝精朴實勤慎之人取具，不致延工弄術。結狀及將年貌籍貫，造報查照，每日限以寅時上工，酉時散工，其逐日用過工程，仰委官俱與登記官簿。如云某日解匠某人，解過某字號木，闊若干，長若干，板幾片。某日木匠某人，裁過板幾片，作爲某材，完船某處。別匠工料，俱照此備記。每三日，本司親詣比較一次，實見用工次第，日有所增，方免責罰。造者仍限以二箇月工完，大中修者限以一箇半月工完，小修者不得過二十日。俱要完報，不許故意延緩，通取罪究。

一精造作照得馬快平船，俱有議定題准造修年分，奈何近年以來，造修船隻年分未及，先已損壞，皆由督造官員不加嚴切，夫匠止圖了事，致使板薄釘稀，麻粗油少，灰縫不合，下水未幾，而滲漏隨之，捉艌多而錢愈費矣。今後承委官員，務要嚴督匠作，凡船周身緊要去處，俱用正色堅實新木，其合用整段板片者，不得零碎飿釘，致易驚損。如拆造止完，脚梁幇底，拖泥就行，側底艌縫，庶得堅固。釘鍋俱要粗壯密施，油灰務使細匀深入。至如裝修油餙二精緻鮮明，隨船什物，種種纖悉齊備。查將粉牌逐件登記，毋令遺失，違者痛責。船工完日，仍取具各匠結狀，如不及造修年分損壞者，根究追陪，決不輕代。

一裁冗費訪得往年造修船隻，即與諸人開張編局一番，夫甲領銀到手，耗費輕於己財，衙門人役索取常例，舊規匠作人等時需神福犒餉，甚則夫甲官伴，從而蠶食其中，得非法禁不嚴之故哉。今次官造官修，分銀文錢之用，俱要登記查筭，敢復蹈此，以速罪咎。各匠工食銀兩，已經參酌舊規，俱有定數，許赴司照數親給飯食菜蔬，俱自買用，本廠量撥與炊爨。餘丁一名，仍定制木下水大神福二次，拆造每次動支祭禮銀七錢，大中修五錢。鋪底上伏獅頭起厫小神福三次，每次祭禮銀四錢，大中修船如有起底，止小神福一次，銀三錢。祭畢即令各匠共享神餘。尋常毋得巧立名色，生事索取。如該廠各衛原有識字者，今書寫頗多，每日量給飯食銀一分五釐。如無識字，須雇用者，每日給工食銀三分五釐，工完住止。該廠仍查船工多少，量定名數，開報查照。至於督工官甲人等日用飯食，俱係自行備辦。如此庶廉介彰而靡費可省矣。

一謹隄防照得造修蓬廠，上下四圍俱係竹槁蘆蓆，前後且與官街河道相隣，中間堆積料物，干係錢糧火、盗二事，尤宜防慎。舊規俱有巡風官甲，今除見委督工官員，更難分以別事，及另行西城兵馬司，每日輪撥弓兵一名，帶領火夫五名，晝夜在於造船處所巡邏外，該廠把總官將無船官一員，仍輪撥看船人役十名，隨船餘丁六名，每五日一班，晝則把門防檢，夜則支更巡邏，以警衆心而禦奸慝。日暮放工，先將南北二門封鎖，俱於中門行走，凡工匠人出，必於門上搜檢過方許放出，如有夾帶寸木箇釘纖芥料物者，即便拿送究治。至夜，令將火燭撲滅净盡，篷内不許燃燈，如此庶防範周而萬全可保矣。

夫治不貴乎多言，尚務力行之實。法有難于詳禁，矧兼慮事之踈。凡議擬未協于中，幸忠告可圖于後，能視國事如家事，職業奚慙，倘以私智狥私情，神明具鑒。

嘉靖二十四年十月　日示

《清太宗實録》卷十二　〔天聰六年十二月乙丑〕上諭曰：「國家服式之制，所以辨等威，定民志，朝野各有遵守。我國風俗素敦淳樸，近者奢靡僭越之風往往而有，不可不定爲法制，昭示國中。八固山諸貝勒，在城中行走，冬夏俱服朝服，出外方許服便服。冬月入朝，許戴玄狐大帽，居家戴尖纓貂帽及貂鼠圍帽。春秋入朝，許戴尖纓貂帽，夏月許戴緞纓凉帽。素蟒緞各隨其便，不得擅服黄緞及五爪龍等服。若係上賜，不在此例。平時勿著緞鞾，惟夏月入朝，乃許用。又八家福金等，居家服色前已有旨，如冬夏出外俱許服女朝衣，冬月許戴尖纓貂帽，夏月戴尖纓凉帽。至於滿洲蒙古漢人，自固山額真以下，代子、章京、護軍及牛彔下閑散富足之人以上，冬夏在城，俱服披領袍，不得服小袍。貧人服無開襟袍。其果否貧窮，聽各固山額真詳察。若出外俱許服小袍。又閑散侍衛、章京、護軍及諸貝勒下，閑散護衛、章京、護軍以上，許服緞衣，餘者俱用布。一緞之值，可當十布，與其以一緞成一衣，何如十布可得十衣，所以禁止者，非爲緞疋專供上用，實有便於貧民也。凡婦人所服，緞布各隨其夫。又冬間許戴緞纓團帽，夏間許戴凉帽。應服緞者，不拘蟒素，各隨其便，惟不許用黄及杏黄色併五爪龍等，服若係上賜者，不在此例。黑狐大帽，大臣不得自製，惟上賜許戴。緞韡不許平人穿用，應服緞袍者，入朝與宴方許穿。又在城不許戴黄狐大帽，冬月出外方許戴，其尖纓帽及雜色皮綿帽，概不許戴。又寬帶及皮綿齊肩掛外套，在城不許服用，出外許服用。至蒙古諸貝勒之妻并蒙古婦女，冬夏俱服女朝衣，冬月戴尖纓貂帽，夏戴尖纓凉帽，其綴纓皮帽并綿帽及綴纓凉帽，概不許戴。蒙古女人專尚綴纓，不知緞一疋止足一纓之用，妄費無益也。以上所頒諸款，令以本月二十日爲始，永爲定制。」

《清世祖實録》卷三 〔順治元年三月戊申〕定和碩親王以下、庶民以上，造屋築基之制。和碩親王、多羅郡王、多羅貝勒，照例臺上造屋五座。固山貝子、鎮國公、輔國公，屋基高二尺。超品一等公以下，庶民以上，屋基高一尺。違者罪之。

《清世祖實録》卷十 〔順治元年十月甲申〕，定諸王、貝勒、貝子、公等冠服宫室之制。輔政王及諸親王，帽頂嵌東珠十顆，前金佛嵌東珠五顆，後金花嵌東珠四顆。帶每板嵌猫睛石一顆、東珠四顆。坐褥冬用貂鑲猞狸猻，夏照舊。郡王，帽頂嵌東珠八顆，前金佛嵌東珠四顆，後金花嵌東珠三顆。帶每板嵌猫睛石一顆，東珠二顆。坐褥冬用猞狸猻，夏照舊。凡欽賜諸王服色，俱許穿用。私繡者止許用五爪四團龍。輔政王及諸親王、郡王，房基照舊，脊瓦俱用緑。貝勒帽頂嵌東珠七顆，前金佛嵌東珠三顆，後金花嵌東珠二顆。帶每板嵌東珠一顆。坐褥冬用豹皮，夏照舊。貝子，帽頂嵌東珠六顆，前金佛嵌東珠二顆，後金花嵌東珠一顆。帶每板嵌緑松石一顆。坐褥冬用豹皮，夏照舊。鎮國公，帽頂嵌東珠五顆，前金佛嵌東珠一顆，後金花嵌緑松石一顆。帶每板嵌寶石一顆。坐褥照舊。輔國公，帽頂嵌東珠四顆，前金佛嵌東珠一顆，後金花嵌緑松石一顆。帶每板鑲碧玉一塊。坐褥照舊。

《清世祖實録》卷十八 〔順治二年閏六月〕禮部定頂帶品式，凡十三等。公及和碩、額駙，起花金帽頂，上銜紅寶石一大顆，中嵌東珠三顆。帶，用圓玉板四塊，四圍金鑲，中嵌緑松子石一顆。一品，起花金帽頂，上銜紅寶石一大顆，中嵌東珠一顆。帶，用方玉板四塊，四圍金鑲，中嵌紅寶石一顆。侯伯同二品，起花金帽頂，上銜紅寶石一大顆，中嵌小紅寶石一塊。帶，用起花金圓板四塊，中嵌紅寶石一顆。三品，起花金帽頂，上銜紅寶石一大顆，中嵌小藍寶石一顆。帶，用起花金圓板四塊。四品，起花金帽頂，上銜藍寶石一大顆，中嵌小藍寶石一顆。帶，用起花金圓板四塊，銀鑲邊。五品，起花金帽頂，上銜水晶一大顆，中嵌小藍寶石一顆。帶，用素金圓板四塊，銀鑲邊。六品，起花金帽頂，上銜水晶一大顆。帶用圓玳瑁板四塊，銀鑲邊。七品，起花金帽頂，中嵌小藍寶石一顆。帶，用素銀圓板四塊。八品，起花金帽頂。帶，用明羊角圓板四塊，銀鑲邊。九品、雜職，起花銀帽頂。帶，用烏角圓板四塊，銀鑲邊。舉人，金雀帽頂，高二寸。帶，用八品。青袍藍邊，披領同。生員，銀雀帽頂，高二寸。帶，用九品。藍袍青邊，披領同。外郎、耆老烏角葫蘆頂，衣及披領，皆純青，耆老無披領。各繪圖以進。得旨：「依議。仍諭通行内外文武各衙門如式遵行，以辨等威。官員越品僭用及民間違禁擅用者，重治不宥。凡應用東珠者，勿過三分。如用三分以上，即同違式」。

《清世祖實録》卷十八 〔順治二年閏六月甲午〕定諸王、貝勒、貝子、宗室、公，頂帶式。輔政王及諸親王，帽頂，上下坐，各嵌東珠四顆。上下節各嵌東珠一顆。金佛，嵌東珠五顆。帽後金花，嵌東珠四顆。帶，每板嵌東珠四顆，猫睛一顆。多羅郡王，帽頂，上下坐，各嵌東珠三顆。上下節，各嵌東珠一顆。金佛，嵌東珠四顆。帽後金花，嵌東珠三顆。朝帶，每板嵌東珠二顆，猫睛一顆。多羅貝勒，帽頂，嵌東珠七顆。金佛，嵌東珠三顆。帽後金花，嵌東珠二顆。朝帶，每板嵌東珠二顆。固山貝子，帽頂，嵌東珠六顆。金佛，嵌東珠二顆。帽後金花，嵌東珠一顆。朝帶，每板嵌東珠一顆。固倫額駙同。鎮國公，帽頂，嵌東珠五顆。金佛，嵌東珠一顆。帽後金花，嵌松子石一顆。朝帶，每板嵌猫睛一顆。輔國公、和碩公主之夫、和碩額駙，帽頂，嵌東珠四顆。金佛，嵌東珠一顆。帽後金花，嵌松子石一顆。帶，每板嵌猫睛一顆。

《清世祖實録》卷二十八 〔順治三年十月壬寅〕，太和、中和等殿，體仁等閣，太和等門工成。太和殿，連廊共十一間，長十八丈五尺，寬十丈一尺，高七丈五尺。中和殿，連廊共五間，寬六丈五尺七寸，四面俱同，高四丈八尺。位育宫，連廊共九間，共十四丈一尺，寬六丈六尺，高五丈八尺。左右配殿，連廊各七間，長九丈二尺，寬五丈二尺，高三丈七尺五寸。體仁、弘義二閣，每閣連廊各九間，長十三丈七尺，寬五丈二尺，高五丈九尺五寸。太和門，連廊共九間，長十四丈七尺，寬六丈三尺，高五丈四尺。協和門、雍和門、左翼門、右翼門，每門俱五間，長八丈，寬三丈，高二丈九尺五寸。昭德門、貞度門、中左門、中右門，每門連廊五間，長六丈二尺，寬四丈一尺，高三丈五尺。左右兩長廊，每廊三十六間，高二丈五尺，寬三丈五尺，長三十九丈五尺八寸。井房二座，豕羊滌臟房二座，各長一丈五尺，四面俱同，高一丈四尺。兩小房二座，各三間，長三丈，寬一丈五尺，高一丈三尺五寸。粢盛房二座，各五間，長五丈八尺，寬三丈八尺，高二丈八尺。前後四角樓，每樓長四丈九尺五寸，寬四丈九尺五寸，高五丈三尺五寸。御膳兩房，每房連廊各九間，長十一丈一尺，寬四丈三尺，高二丈九尺，貯菓肉前樓二座，每座連廊八間，長八丈五尺，寬三丈五尺，高三丈五尺五寸。後樓二座，每座連廊八間，長八丈四尺，寬三丈五尺，高三丈五尺五寸。

《清世祖實録》卷三十　〔順治四年正月戊午〕定攝政王福金儀仗。大旗二杆，吾杖二對，立瓜二對，卧瓜二對，骨朵二對，繡孔雀青扇一對，繡花青扇一對，繡孔雀紅扇一對，方紅傘二柄，繡瑞草紅傘二柄，繡寶花紅傘二柄，曲柄傘一柄。庶福金儀仗，與和碩福金同。定諸王福金、公主格格，儀仗服色，及公以下官民人等妻車服制度。和碩親王和碩福金、公主，帽頂、大簪、金佛、項圈，嵌東珠各十顆。儀仗，大旗二杆，吾仗一對，立瓜一對，卧瓜一對，骨朵一對，繡花青扇一對，繡孔雀紅扇一對，繡寶花紅傘二柄，曲柄傘一柄。轎車紅頂紅幔，頂上四角鑲邊及垂簷，俱用青。和碩親王庶福金，多羅郡王多羅福金，及和碩格格，帽頂、大簪、金佛、項圈各嵌東珠八顆。儀仗，大旗二杆，吾仗一對，立瓜一對骨朵一對，繡孔雀紅扇一對，繡寶花紅伴二柄。轎車紅頂紅幔，頂上四角鑲邊及垂簷，俱用藍。多羅郡王庶福金、多羅格格，多羅貝勒、多羅福金，帽頂、大簪、金佛、項圈，各嵌東珠七顆。儀仗，吾仗一對，立瓜一對，繡花青扇一對，繡寶花紅傘一柄。轎車青頂青幔，頂上四角鑲邊及垂簷，俱用紅。多羅貝勒庶福金、多羅貝勒女，多羅格格，及固山貝子，固山福金，帽頂、大簪、金佛、項圈，各嵌東珠六顆。轎車青頂藍幔，頂上四角鑲邊及垂簷俱用紅。固山貝子庶福金、固山格格及鎮國公夫人，帽頂、大簪、金佛、項圈各嵌東珠五顆，轎車藍頂藍幔，紅垂簷。鎮國公庶夫人、輔國公夫人，及鎮國公女格格，帽頂、大簪、金佛、項圈，各嵌東珠四顆。轎車藍頂藍幔，青鑲紅垂簷。輔車公庶夫人及輔國公女格格，帽頂、大簪、金佛、項圈，各嵌東珠三顆，轎車藍頂藍幔，紅鑲青垂簷。和碩福金公主以下，耳墜、項圈、金佛、大簪，所用東珠重五分。衣服、鞍轡、鞊坐，不許繡鳳及用黃緞。如福金公主等，不乘轎車，不列儀仗，以行人不避路下騎告者，反坐之。如有喪之家，則仍乘所定轎車，但不用轎頂，不列儀仗。公夫人轎車，青頂青幔，綠垂簷銀頂。一品官員妻，轎車頂幔垂簷，俱用青色銀頂。二品官員妻，轎車青頂藍幔，青垂簷。三品官員妻，轎車藍頂藍幔，青垂簷。四品官員妻，轎車頂幔垂簷俱藍色。五品官員以下，及有頂帶官員妻，轎車藍頂藍幔，無垂簷，俱錫頂。民人妻，轎車藍頂幔，無垂簷，黑油木頂。凡坐褥，牛彔、章京以上官員照舊。五品官員以下，及民人等用白氊，妻亦同。如有違定制者，罪之。

《清世祖實録》卷三十五　〔順治四年十一月戊午〕五鳳樓告成。正樓九間，計長一十八丈九尺，闊七丈七尺六寸，簷柱高一丈九尺五寸，中柱高七丈一尺。鐘鼓樓二座，每座各三間，長三丈，闊四丈三尺八寸，簷柱高一丈二尺，中柱高二丈三尺。角樓四座，每座三間，四面如一，各六丈二尺，簷柱高一丈九尺，寶頂以下高四丈八尺。兩側長房各十三間，長十九丈八尺九寸，闊二丈六尺，簷柱高一丈三尺三寸，中柱高三丈三尺。上門樓五間，長一十二丈七尺，闊五丈四尺，簷柱高二丈，中柱高五丈五尺五寸。城角樓一座，四面如一，各五丈一尺，簷柱高一大二尺，寶頂以下高四丈九尺。內造長房各十二間，長十六丈六尺，闊三丈五尺，簷柱高一丈二尺八寸，中柱高一丈九尺。

《清世祖實録》卷三十五　〔順治四年十一月乙丑〕禮部遵諭新定服制。甲喇章京、阿達哈哈番、理事等官、三等侍衛以上，許服貂鑲朝衣。其牛彔、章京、拜他喇布勒哈番、副理事等官以下，不許服貂鑲朝衣。其原有貂鑲朝衣，聽其服用。牛彔章京、拜他喇布勒哈番、副理事等官、三等侍衛以上，許服粧蟒緞。拖沙喇哈番、驍騎校、護軍校、凡有頂帶官員，不許服粧蟒緞，及織金緞疋。凡製朝衣、袍服，俱用素緞，毋得鑲邊。止於披領，領袖用粧蟒緞者，聽其自便。兵民止許服紬、絹、紡絲、紗，其大緞、藍素、衣素、彭緞洋緞、帽緞、羅，不許服用。至官民妻室，各照其夫服式。子未分家，女未適人者，各照其父服式。其已分家，已適人者，各照本人服式。至所禁服式內，有舊時製成者，仍聽服用。自定制以後，有違禁擅製者，即行治罪。該管牛彔章京各查所屬原有衣服，分別新舊顏色緞名登册，以便查驗。

《清世祖實録》卷三十九　〔順治五年六月戊子〕定諸王、貝勒、貝子、公、公主、和碩格格等應用金器數目。親王和碩福金，金鞍各限一，器皿不限。郡王，瓶一，鐺二，茶筩二，酒鏄二，餘小器不限。貝勒，鐺二，茶筩二，酒鏄二，碗三，盤三，餘小器不限。貝子，鐺、茶筩、酒鏄各一，碗二，盤二。公，碗盤各一。公主，鐺、茶筩、酒鏄各二，餘小器不限。和碩格格等，鐺、茶筩、酒鏄各一，碗、盤各三，酒盃盞不限。

《清世祖實録》卷五十二 〔順治八年正月辛未〕皇太后儀仗及皇妃儀仗制。

皇太后儀仗。黄緞繡九鳳曲柄傘一，黄緞寶相花傘四，紅瑞草傘二，紅素方傘二，銷金九鳳藍傘二，青傘二，繡龍鳳黄扇二，金黄素扇二，繡龍鳳紅扇二，繡鸞鳳雉尾紅扇二。吾仗四，卧瓜四，立瓜四，紅旗二，黄旗二，青旗二，藍旗二，俱用緞銷金龍鳳文。金節一對，用黄紗繡龍鳳文。黄轎一，黄車二，金馬杌一，金交椅一，脚踏一，金唾盂一，金壺一，金水罐一，金香罏二，拂子二，金面盆一，金香盒二，用紅油銷金彩畫鳳底八角盤八面承之。四角桌八張，舉香罏紅油竿二根，兩頭俱刻鳳文。

皇妃儀仗。黄緞繡七鳳曲柄傘一，黄緞寶相花傘二，紅瑞草傘二，紅方傘二，金黄素扇二，繡鳳雉尾紅扇二，吾仗二，卧爪二，立瓜二，銷金鳳文紅旗二，青旗二，馬杌一，交椅一，脚踏一，俱用起花金葉裹釘。金唾盂一，金壺一，金水罐一，金面盆一，金香罏一，金香盒一，用紅油銷金彩畫八角盤六面架六個承之。拂子二，節一對，黄轎一，車一，四角用翟鳥金頂。又諸妃儀仗。黄緞繡五鳳曲柄傘一，素黄緞傘二，紅瑞草傘二，金黄素扇二，吾仗二，銷金鳳文青旗二，卧爪二，立瓜二，黄轎一，車一，四角用翟鳥鍍金頂馬杌一，交椅一，脚踏一，俱用起花貼金銀葉裹釘。金唾盂一，金面盆一，金壺一，金罏一，金香盒一，用紅油銷金彩畫八角盤六面架六個承之。金水罐一，拂子二，節一對。

《清世祖實録》卷五十七 〔順治八年五月庚子〕定世子及福金頂帶坐褥儀仗制。世子頂，下座嵌東珠四顆，上座嵌東珠三顆，上下節，各嵌東珠一顆。金佛，上嵌東珠五顆。後金花，上嵌東珠四顆。玉帶，金鑲每板用猫睛石一顆，東珠三顆。坐褥，冬用猞猁猻鑲貂，夏用四爪藍蟒，俱紅氈下襯以白氈。儀仗。用繡紅羅曲柄傘一，銷金紅羅傘二，繡紅羅圓傘一，繡紅羅圓扇二，繡孔雀青羅圓扇二，立瓜四，卧瓜二，骨朵二，吾仗四，大纛一條，纛二，小旗八，大刀二，馬六。福金儀仗。纛二，吾仗二，立瓜二，卧瓜二，骨朵二，紅孔雀二，紅寶花傘二，曲柄傘一，車轎用紅頂紅帷頂四，角鑲青，青簷。頂子、大簪、金佛、項圈，各東珠九顆。

《清世祖實録》卷五十七 〔順治八年六月癸亥〕，定大婚禮物。行納采禮，馬十四，玲瓏鞍十副，甲胄十副，緞百疋，布二百疋，金茶筒一，銀盆一。行大徵禮，金二百兩，銀萬兩，金茶筒一，金盆一，銀桶一，銀茶筒一，銀盆一，緞千疋，布二千疋，馬二十四，玲瓏鞍二十副，馱甲二十副，常等甲三十副。送皇后至時，賜后父母金百兩，銀五千兩，緞五百疋，布千疋，金茶筒一，銀桶一，銀盆一，上等鍍金玲瓏鞍二副，常等玲瓏鞍二副，漆鞍二副，馬六匹，夏朝衣各一襲，夏衣各一襲，冬朝衣各一襲，冬衣各一襲，貂裘各一領，上等玲瓏帶一，刀一，撒袋一，副弓矢全甲胄一。副若后兄弟送至，賜漆鞍馬各一，時衣一。襲從人受賞者，男婦限六十名，二十名蟒衣，二十名補緞衣，二十名緞衣，不分時候，概用夾衣。

《清世祖實録》卷六十四 〔順治九年四月庚申〕，定諸王以下文武官民輿馬服飾制。親王以下，郡王以上，乘八人轎，於原下馬處下轎。如不坐轎，願騎馬者，各從其便。貝勒乘八人轎，貝子以下，輔國公以上，坐四人轎。貝勒以下，輔國公以上，若進皇城，在皇城門下轎。騎馬進若不乘轎，願騎馬者，各從其便。宗室公以上乘明轎。其民公、侯伯、固山額真、尚書、内大臣、大學士，皇城外許坐四人暗轎，不願坐轎，願騎馬者聽便。漢文官三品以上坐轎，不願坐轎願騎馬者，各從其便。在京漢武官不許坐轎。民公以下及滿漢有棍扇者，扇上各寫職銜，一半滿字，一半漢字。民公、侯伯准用貂鑲朝衣、貂褂、貂袍及蟒緞、粧緞、金花緞、各樣補緞、倭緞、花緞、素緞等項。除朝服外，或尋常進衙門，或往各本王以下等府，服蟒緞袍，花素緞鑲領袖袍，其長短外褂，俱用麒麟補。一品、二品官，准用貂鑲朝衣、貂褂、貂袍及蟒緞、粧緞、金花緞、各樣補緞、倭緞、花緞、素緞等項。除朝服外，或尋常進衙門，或往各本王以下等府服蟒緞袍，花素緞鑲領袖袍。其長短褂，在部院等衙門，一品官用仙鶴補，二品官錦雞補。不在部院等衙門，一品、二品官用獅子補。其在外任文武一、二品官同未入八分内閑散宗室，三品、四品官，三等侍衛，准服貂褂、貂袍及蟒緞、粧緞、金花緞、各樣補緞、倭緞、花緞、素緞等項。除朝服外，或尋常進衙門，或往各本王以下等府，服蟒緞袍，花素緞鑲領袖袍。其長短褂，在部院等衙門，三品官用孔雀補，四品官用雲雁補。不在部院等衙門，三品官用虎補，四品官用豹補。其外任文武三、四品官同一等侍衛，滿洲啟心郎，甲喇，章京，理事官，二等侍衛，三等侍衛，准服貂鑲朝衣。無職任阿達哈哈番，牛彔，章京，拜他喇布勒哈番以下不許穿貂鑲朝衣。如上賜，許穿。民公、侯、伯、一品、二品、三品、四品等官，凡五爪、三爪滿水緞圓補，黄色，秋香色，黑狐皮，俱不許穿。如上賜，許穿。閑散覺羅，五品、六品、七品官，金花緞、倭緞、各樣花緞、素緞俱准用，不許穿蟒緞、粧緞。除貂皮、猞猁猻外，别項皮衣俱准用。貂鼠止許製帽式朝衣。或尋常進衙門，或往各本王以下等府，服花素緞鑲領袖袍。其長短褂，在部院等衙門，五品官用白鷳補，六品官用鷺鷥補，七品官用鸂鶒補。不在部院等衙門，五品官用熊補，六品、七品官用彪補。外任文武五、六、七品官，同八、九品官，各色素緞俱准用。除貂皮、猞猁猻、白豹皮外，別項皮衣俱准用。貂鼠止許製帽或朝服。或尋常進衙門，或往各本王以下等府，服素緞鑲領袖袍。其長短褂，在部院等衙門，八品官用鵪鶉補，九品官用練雀補，不在部院等衙門，八品官用犀牛補，九品官用海馬補。其披肩接袖，許用蟒緞、粧緞、金花緞鑲邊。外任文武八、九品官，同都察院按察使司官，不論品級，俱穿獬豸補。其衣服等項，仍各照品級穿用。公、侯、伯、一品官以下，滿漢有頂帶官以上，其妻俱從夫服，父母俱照子服。其未分家子，未出嫁女，俱照父服，但不許用頂帶補。子分家，子照本身等第服。出嫁女，照其夫等第服。舉人、官生、貢生、監生、生員各色素緞俱准用。除貂皮、猞猁猻白豹皮外，別項皮衣，俱准用。除公服外，袍許鑲領袖護軍蟒緞粧緞金花緞倭緞貂皮猞猁、猻、白豹皮、狐腋俱不許穿，亦不許製被褥帳幔。止許戴貂帽，穿別色皮衣及素緞披領袍。小袖袍不許鑲邊，不許用補子。其披肩接袖，許用蟒緞、粧緞、倭緞鑲，不許穿緞韡、韡襪等項。亦不許鑲。盈甲、撒袋、腰刀、鞦轡，有力者許用金鍍，其餘不許用金，許用紅黏踢胸。其妻亦照其夫，許戴金首飾一件，及金耳環，餘不許用金。小撥什庫、外郎、書吏、通事、耆老、兵民、商人，蟒緞、粧緞、金花緞、倭緞、閃色緞、各色花緞、彩繡、貂皮、猞猁、猻、狐腋、豹皮俱不許穿，亦不許製被褥帳幔。止許穿青素緞、藍素緞、綾、紬、絹、紡絲素紗、棉布、夏布，不許鑲領袖，不許穿緞韡，不許韡上鑲緑斜皮及雲頭金線，不許鑲韡襪，不許帶得勒素涼帽。有力者，止許帶貂皮帽，如無許戴狐皮、灰鼠皮帽。不許用金鍍玲瓏腰刀。鞦轡有力者，止許用銀鍍，不許用紅黏踢胸。其妻悉照其夫，許戴金首飾一件及金耳環，餘不許用金寶。僧道衣服，止許用紬、絹、紡絲素紗、棉布、夏布，不許用緞、綾、羅。其袍止許用本等緇黑色，不許用別色，其餘禁例與民同。惟袈裟、道服，不在禁限。官民家下奴僕、優人、皁隸，不許戴貂帽，不許穿各項綾緞及狼皮衣。其狐皮、沙狐皮、貉子皮帽許戴，其餘禁例與民同。樂户、水户，俱載本色黃騷鼠皮帽，涼帽用緑絹裏緑絹沿邊。不許穿各項綾緞及狼皮衣，其餘禁例與民同。凡涼暖帽上圓月有官者，用紅片金。無官者，用紅素緞涼帽裏及沿邊。四品以上，用片金。五品以下用紅色裏，青藍倭緞沿邊。無官者，用別色裏，青藍緞沿邊，不許用片金裏紅色裏。御前使從無官職閑人，蟒緞、粧緞、皮衣俱准穿用。親王隨身使從無官職閑人，准照五品官等第穿用，但不許用頂帶補子。世子郡王隨身使從，無官職閑人，准照六品官等第穿用，但不許用頂帶補子。凡違禁衣服如五爪三爪滿水緞圓補子，黃色，秋香色，黑狐皮，俱不許存留在家。餘越品衣服，如御賜，許穿用。若非御賜，聽其變賣，不許穿用。及製被褥帳幔，如不照品級，越分穿用，及存留違禁衣物，有官者，照前程罰銀，無官者，鞭責，衣物俱入官。妻子犯者，罪坐家長。四品以上者，既穿蟒緞粧緞等衣，長短褂上，若不綴補子，各從其便。五品以下官，必照品級綴補。若服所定品級以下之服，無罪。

《清聖祖實録》卷一百九十九〔康熙二十九年六月辛卯〕，河道總督張鵬翮，條奏河工九款：「一。隄工宜堅築加幫之隄。應將原隄，重用夯杵，密打數遍，俾極堅實，而後於上再加新土。創築之隄，先將平地夯深數寸，而後於上加土建築，層層如式夯杵行硪，務期堅固。不許近隄取土，亦不許挖傷民間墳墓。該道廳不時往來巡查，如有此等情弊，即將承築官揭報，以憑參究。一。椿工宜用整木，簽釘入地極深。埽用整柴鑲壓，極其堅固。如仍前將木柴截用，修築不堅，旋修旋壞。該道廳指名揭報，以憑參拏追究。一。平常工程，概用龍尾埽。稀釘排椿，一遇風浪，即行塌卸。虛縻帑金，應行停止。一。修砌石工宜得法。馬牙、梅花等椿，皆須用整木密釘，務極堅深。面裏丁頭等石，務極平整。石灰須用重篩篩過，多用米汁，調和搗杵，極其膠粘。以之灌入，令其無縫不到。又用鐵錠鐵鋦，聯絡上下，合爲一片。如或料物不堪，短少灰米，以及修砌草率，立即指名揭報，以憑據實參究。一。歲搶各工，用埽最多。而工程以平報險，用料以少報多，不無虛冒之弊。本年修理，次年估銷，新陳相因，易於牽混。嗣後呈報險工，一面估計數目申詳。如係假揑，即以謊報題參處分。一。挑河工程。務將挑出之土，盡堆於原估隄上，層層夯硪成隄，使之高寬，以資捍禦。挖河人員，務須照估挑挖寬深。不許將散土堆積，以滋假河之弊。倘復蹈前轍，以及引水淹漫，虛報淤塞者，除挑過土方，用過錢糧，一槩不准銷算外，仍以侵冒悮工，嚴參拏問。一。臣查閲河工，見頂衝大溜之處，對岸必有沙嘴挺出，此河曲之故也。從此曲處，挑挖引河，以殺水勢，則對岸險工可平。誠有如聖諭指示者。因詢河官，何以不即遵行，據稱：「挑挖引河，需費錢糧甚多。挖後引水大溜，始能成河。若逢緩水，必致沙淤，例應追賠，是以人心懼縮。」臣思河工虛應故事，挑挖不如式者，理應賠修。若實心任事，挑挖之後，偶致淤墊者，應請聖恩免其賠修庶幾人無畏縮，我皇上挑直之諭，可以實見之奉行，而河工有底績之期矣。一。河工官員有實心任事，不避勞怨，不侵帑金，修防堅固者，工成之日，優叙即用。其怠玩推諉，虚冒錢糧，工程不堅固者，即應糾參，嚴加治罪。一。挑河築隄，僱夫動至數千，寒暑風雨，極其勞苦。工成之日，應給印票，該地方查驗，免其雜項差徭，以酬其勞。以上各條，仰請天語申飭，勒石河上，永遠遵守。得旨：「覽奏，條陳河工弊端，詳悉切要，極其周備。著九卿詹事科道，會同速行確議具奏。」

《清世宗實録》卷九十五　〔雍正八年六月辛酉〕，大學士等遵旨議奏：「怡親王塋制，宜用享堂七間。享堂之外，中門三間，内圍墻一百丈。中門之内，建焚帛亭，祭器亭。中門之外，建神厨五間，神庫三間，東西廂及宰牲房各三間，碑亭一座。其外爲大門三間，週圍墻二百九十丈。大門外設奉祠房二十間，再加石橋二，石牌坊一，擎天柱二，神道碑一，俱斟酌典禮，允合輿情。」得旨：「怡親王有遺言：『身後殯殮，只用常服，一切金玉珠寶之屬，概不可用。』王妃及諸子，遵其遺言，只以常服爲殮，即平日所束之帶，亦未曾用。朕親臨其喪，亦祇以血淚巾帕，及所佩香囊附棺中，示含玉之意，誌永訣之哀。蓋王天性節儉，一生服食之需，愛惜物力，不肯多費絲粟，故拳拳於身後如此。且識見高明深凛古人寶玉送死之戒是以附身附棺之物，皆從其遺言，不忍違其素志。至於園寢之制，則關係國家之典禮。德懋懋官，功懋懋賞，乃古今之通義，恐非朕所得私，亦非王所可讓者。今大學士九卿等，詳明定議，悉與典禮符合，甚愜朕懷，著依議行。」

《清世宗實録》卷九十九　〔雍正八年十月庚子〕，諭禮部：「大小官員帽頂，從前定議，未曾分别詳確，著該部再行妥議，定制具奏。」尋議：「自親王至公、侯、伯，及一品大臣以上，俱照見今所用帽頂，無庸更議外，其二品以下朝帽頂，與平時帽頂，俱按品分晰酌議。輔國將軍及二品官，俱用起花珊瑚，朝帽，嵌小紅寶石。奉國將軍及三品官，俱用藍寶石或藍色明玻瓈，朝帽，嵌小紅寶石。奉恩將軍及四品官，俱用青金石或藍色涅玻瓈，朝帽，嵌小藍寶石。五品官，用水晶或白色明玻瓈，朝帽，嵌小藍寶石。六品官，用硨磲或白色涅玻瓈，朝帽，嵌小藍寶石。七品官，用素金頂，朝帽，嵌水晶石。八品官，用起花金頂。九品官及未入流，俱用起花銀頂。進士、舉人、貢生，仍用金頂。生員、監生，仍用銀頂。」得旨：「依議。總督未加尚書銜者，著爲正二品。侍郎及外省巡撫，俱著爲從二品。」

《清高宗實録》卷五十一　〔乾隆二年九月辛丑〕，工部議覆：漕運總督補熙疏言「漕運議單内開，漕船載米，不得過四百石，入水不得過六捺，遂相沿河水以三尺五寸爲度。嗣於雍正二年定議，江西、湖廣糧船遠涉長江，造船以十丈爲率，載米一千石有餘，入水八捺，非得四尺難以濟運。而該管河員，仍執三尺五寸之例，每遇水涸之年，輒以尺寸已足，不肯加力疏濬，以致船運淺阻。請嗣後閘河之水以四尺爲度，令沿河官弁，實力遵行。」應如所請。從之。

《清高宗實録》卷六十九　〔乾隆三年五月辛巳〕是月，兩江總督那蘇圖遵旨覆奏：「丹徒鎮躧麴坊户，現已嚴行申禁，此後毋許私造。其已成舊麴，應令地方官查明確數，令速行發賣。」得旨：「允行。」又奏：「查鎮江槽户，工役不下萬餘人，若竟除此一業，則恐無生計可圖，請將大麴永行嚴禁。其細麴一項，似可聽民照舊躧造。蓋大麴全用次麥躧成，各處通用，耗麥最鉅。細麴用四分次麥，四分米粞，二分菉豆所成，惟於本地用之。造百花酒，尚不甚多。」得旨：「此見非也。大凡利民之政，始行之，未有不招怨，而經久乃見其效。惟强有力之人，行之而弗恤衆議，則將來感其惠者必多。若禁麴一事，尚屬易行而不致滋擾。若稍爲觀望，則大麴細麴，誰與辨之，則目下之禁，亦屬徒然，殊非朕本意矣。」

《清高宗實録》卷一百七十六　〔乾隆七年十月庚子〕户部議覆：廣西巡撫楊錫紱，條奏鼓鑄事宜。一、每年鑄錢，約用銅二十三萬餘觔。現在開採之回頭山、將軍山、響水廠三處，約可抽買十二萬觔。其不敷，應收買客銅，每百觔給銀十三兩八錢。但客銅多寡，難以懸定。今臨桂、永福、恭城等處，報有銅礦，俟試採有效，即題報抽課，停買客銅。其黑鉛，惟淥泓等廠頗高，計每年抽課四萬餘千觔。應請自乾隆七年起，每年撥一萬五千觔，運省供鑄。餘仍運至南寧，仍各標鎮協營彈鉛。如有餘，仍變解充餉。至現開各廠，並無白鉛，應於百色等處，收買運省。又賀縣、南丹二處，雖有錫礦，但錫質低潮，課亦無多，應請採買點錫。查該省收買廠銅，每百觔原給價銀六兩八錢及八兩三錢不等，今收買客銅，給價銀十三兩八錢，殊屬浮多，其係由何處販買，實需工本脚價若干，並令查明酌減報部。餘應如所請行。一、回頭山所出銅礦，除揭煉課餘銅外，有地脚爐渣，猶可鎔煉出銅。向來每百觔，官給銀八兩三錢，商人因不敷工費，棄置不煉。今確估工本銀十三兩，再加運省脚價銀四錢，應仍令其鎔煉。其將軍山、響水廠如有爐渣，一并查辦。查八兩三錢之價，先經題定，已敷各廠工本。今爐渣煉出銅觔，自應照例抽課，並照定價畫一辦理。一、銅、鉛、錫一百觔，共鑄錢十三千三百文。除爐頭匠工錢及炭價外，淨得錢十一千二百九十文。計每錢一千，工本不出九錢以外。應請酌撥七年地丁銀四萬五千兩，以爲工本，於將來盈餘錢内歸還。查炭價即在工料之内，未便重開，應令將所鑄錢文，暨給發工料錢文，查明據實造報。一、錢局房屋，須近水次及寬敞地方。今擇於省城文昌門外，臨河地面，酌蓋錢局一座，取名廣源局。計頭門三間，二門三間，大堂三間，銅庫四間，鉛錫庫三間，錢庫四間，炭庫十門，東西爐房各五十間，砌爐二十二座，鐵匠房三間，官房三間，書辦房三間，巡攔房二間，爐神廟三間，土地廟一間。應如所請建造。一、需用器具什物，爐頭匠作，力難自備。請先於工本銀内墊給，於伊等火工錢内扣還。至鼓鑄事關重大，須委令按察使總理。亦應如所請。從之。

《清高宗實録》卷二百二十〔乾隆九年七月乙酉〕户部議覆：兩廣總督馬爾泰署廣東巡撫策楞條陳粤東開採礦廠，召商抽課各事宜。一、據廣州府屬番禺等縣，報銅礦十二，鉛礦二十二，銅鉛礦砂三。韶州府屬曲江等縣報銅礦五，鉛礦二十七，銅鉛礦砂三。惠州府屬博羅等縣，報鉛礦十六，鉛礦十，鉛礦兼有銀砂者五。潮州府屬海陽等縣，報銅礦六，鉛礦七，銅鉛礦砂十五，又銅鉛礦砂，雜有金銀砂者十四。肇慶府屬鶴山等縣，報銅礦二，鉛礦五，又銅鉛礦砂九，金礦九。羅定州屬西寧縣，報銅鉛礦砂五。連州及連山縣，報銅鉛礦十七，銅礦一。嘉應州及長樂等縣，報銅礦四，鉛礦六。現勘明於田廬無礙，即召商試採。第每銅百觔，實需工本十二兩有奇，若照洋銅每觔一錢四分五釐，交官收買，除百觔内抽課二十觔外，工費不敷。應如所請，飭該督定議報部。一、銅礦原本無銀，間雜銀屑，爲數甚微。現酌議何等以上抽課，何等以下免抽。應如所請。俟確查定議。其餘銅鉛，仍照例二八抽課。一、定例每縣召一總商，承充開採，聽其自召副商協助。一縣中有礦山數十處，遠隔不相連者，每山許召一商，倘資本無多，聽其夥充承辦。應如所請。如礦少砂微，并令居民開採抽課，一并按季按月彙報。一、每山設一山總，每隴設一隴長，約束稽查，每工丁十人設一甲長管領，應募者，取保互結。亦應如所請。飭該管官嚴行防範。從之。

《清高宗實録》卷五百二十六〔乾隆二十一年十一月戊甲〕管理旗務王大臣等奏：「八旗應點軍器兵，共六萬一千有奇。大閲時，祇應挑派兵一萬八千八十三名，所需綿甲，酌造三分之一，計二萬副已足敷用。請分交三處織造，於三年内陸續製成，解交内務府、工部各貯一萬副。至舊例兵丁之甲，俱用鐵葉、布面、繡花，應改爲紬面，加釘製造，鐵葉、繡花、概行裁去。造成時，交各該管同諸項軍器分貯。仍不時查閲，毋庸另派王大臣點驗。其宗人府王公及大臣官員等之軍器，向例三年奏請點視一次，今均改爲五年。」得旨：「所需綿甲，交織造等先行製成。其新式衣甲，著内務府總管，定擬式樣呈覽後，再交織造。俟造成，一併交内務府總管衙門收貯。餘依議。」

《清高宗實録》卷五百六十七〔乾隆二十三年七月辛丑〕，諭軍機大臣等：「據雅爾哈善奏『此次所帶礮位，不能攻城。如由内地解送軍營，路遠不便。請諭黄廷桂解送匠役、銅、鐵，照金川例，即於軍營鑄造大礮二位』等語。此奏尚屬可行，著傳諭黄廷桂令將匠役、銅、鐵等項，解交雅爾哈善等鑄造。涼州不必再鑄，其已成者，仍著即速解往。將此一併傳諭雅爾哈善知之。」

《清高宗實録》卷一千二百七十五〔乾隆五十二年二月庚申〕諭：「據李世傑、徵瑞奏：『查明營伍硝、磺缺額，實由採運稽遲。請將三十六年以後辦磺遲延，四十六年以後辦硝遲延之歷任江寧、蘇州各藩司，交部嚴加議處』一摺。硝、磺爲軍火要需。我國家武備修明，戎行整飭，凡遇臨敵制勝，尤藉鎗礮爲利器。必需平時操演精熟，方能所向無前。即如京師健鋭、火器等營，按期每日操演，需費硝、磺甚多，而各直省營伍，亦皆按期操演。是採辦火藥，爲兵丁練習之需，最關緊要，斷無因多費硝、磺，遂停止操演之理。且各省俱經委員採辦，未聞缺額，何獨江南遂形短絀。至李世傑前奏『硝、磺不敷，由於歲需烟盒』之語，更無是理。硝、磺係自然之利，鋪户製造花爆售賣者甚多，即如京城，每遇除夕、元旦燈節，居民所放花爆，晝夜喧闐，不可勝計。又如江、浙等省，商賈輻輳之區，售賣花爆，何止數千百萬，與營伍軍火，有何關涉。若果於軍器所儲有礙，朕必早降旨，禁止民間花爆矣。況現據李世傑等奏，江蘇通省各營，歲需硝、磺八萬九千餘觔，而匠鋪硝、磺，每年約需十七八萬或二十餘萬觔不等。其數倍於營伍，可見民間所用花爆，需費硝、磺，無礙軍火，已與該督前奏，自相矛盾。至兩淮年例，歲進烟盒七架，大小爆竹一萬，所需無幾。前據徵瑞查明，每年採辦，止開銷銀一百一十餘兩，較之通省各營及匠鋪所需硝、磺，爲數不及百分之一。即内府花爆作，每歲開銷，僅需硝、磺一千餘觔，其數較之江蘇匠鋪，亦不過二十分之一。而謂硝、磺不敷由於烟盒，有是理乎？明係承辦之藩司等，採運遲延，創爲此語，以爲卸罪地步。豈能上而欺朕，下而惑衆。而該督不以爲怪，轉以此牽涉聲敘，其過甚大。但該督既有此奏，轉不值以年例所需，致伊等得有藉口，所有兩淮每年例進烟盒爆竹，著即行停止。京城花爆作，何所不可。至該藩司等採辦遲延，託詞支飾，李世傑冒昧陳奏，均應重治其罪，但恐外間無識之徒，不知伊等貽誤軍火，妄謂摺内牽涉烟盒聲敘，以致獲咎，是誠全無人心者，不得不反覆剴切曉諭。此案袁鑒係屢經獲罪，加恩録用之員，乃敢如此巧爲諉卸，最爲可惡，前經降補知府，尤不足以蔽厥辜，著即革去頂戴，仍留知府之任，三年不准支食廉俸。李世傑，本當照部議革任，但念其平日辦理地方事務尚屬留心，且究因病後精神昏瞀，未能認真查覈所致，著從寬，免其革任，亦三年不准支領養廉。至蘇、松各營硝、磺，既有缺額，操演時又將儲備火藥動用，蘇州藩司亦有遲延，閔鶚元身爲巡撫，豈竟毫無聞見，所司何事，何以並未查辦，著明白回奏。所有三十六年以後辦磺遲延，四十六年以後辦硝遲延之歷任江寧、蘇州布政使，著交部嚴加議處外，並著照各營短缺硝磺例價，各令十倍罰賠，以示懲儆。餘俟該督等查送職名到部，一併議處。經此次查辦之後，各營火藥，務須嚴飭委員採買足額，迅速解營，年清年款。若再因循遲玩，朕必照貽誤軍需之例，重治其罪，決不稍爲寬貸也。陳杰據實直奏可嘉，著交部議敘。將此通諭知之。」

《清文宗實録》卷五十　〔咸豐元年十二月辛丑〕又諭：「工部錢法堂奏：『遵將發下小錢嚴查覆』奏一摺。鼓鑄制錢，向有定式，豈容偷工減料，致多攙雜。此次發下小錢，是否局鑪私鑄，現既無憑確查，姑免深究。嗣後該侍郎等驗錢時，挑出不合式樣小錢，概令回鑪重鑄，毋許仍前搭放料錢，以除積弊。並著嚴飭該監督等，隨時稽察，有犯必懲。如有扶同諱飾，經該侍郎等查出，除將舞弊之鑪頭、工匠，交刑部治罪外，並將該監督嚴參懲處。其每月解交部庫錢文，著陝西道御史認真抽查，如有攙雜小錢，將該侍郎等，一併參處，毋稍徇隱。至户局事同一律，亦著該部侍郎等，飭令監督嚴加釐剔，並著稽查之御史，一體抽查，務各實力整頓，以肅圜法而清弊端。」

《清文宗實録》卷一百一　〔咸豐三年七月戊辰〕諭内閣：「王懿德奏：『請添設鑪座兼鑄大錢』一摺，現在京師户工兩局添鑄當十大錢，與制錢搭放，行用甚爲便利。業據户部奏明通行各直省，照式增鑄大錢，酌擬章程試辦。茲據王懿德奏請於福建寶福局添設兩鑪試鑄當十、當二十、當五十、當百大錢，其原設鑪座，仍按卯鼓鑄製錢，與大錢相輔而行。並將大錢式樣進呈著即照所議辦理其銅斤分數如何配製，各省收放款項，如何通行利用之處，著户部妥議章程具奏。

《清文宗實録》卷一百三十五　〔咸豐四年七月丁未〕諭内閣：「刑部奏：『遵旨加等嚴定私鑄大錢罪名，並奸商阻撓錢法，從重治罪』一摺。近來私鑄日多，官鑄大錢日形壅滯。復有奸商任意阻撓，抗不行使，於國用民生均有妨礙，若非嚴行懲辦，何以肅法紀而儆奸頑。著照所請，嗣後私鑄當百以下大錢人犯，如係爲首及匠人，數至十千以上或未及十千而私鑄不止一次者，即於斬候罪上從重，請旨即行正法。其私鑄僅止一次或數又在十千以下者，仍照前擬定爲斬候，入於秋審情實。至爲首阻撓，任意折算之商民人等，即照所擬，杖八十徒二年，再加枷號兩箇月。爲從杖六十徒一年枷號一箇月。均於犯事地方枷號示衆，以示懲儆。其私鑄人犯既已嚴刑懲治，官局各項大錢，尤應加工鑄造，磨鑢精工，以期經久無弊。並著各該管錢法堂官，嚴飭該管監督司員，認真查驗，儻有偷工減料，攙雜沙土，及模糊破碎等弊，除將鑪頭工匠，按律治罪外，並將該管堂司各官，一併懲處不貸。」

《清德宗實録》卷一百五十八　〔光緒九年正月戊戌〕署雲貴總督岑毓英等奏：「整頓銅政，酌擬章程」下部議。

《清德宗實録》卷二百二十四　〔光緒十二年二月癸酉〕，署貴州巡撫潘霨奏：「遵籌採礦章程：一、規復鏞鉛。一、擴充煤鐵。一、弛禁硝磺。一、厚集股分。一、豫籌銷路。一、明定課票。」如所請行。

《清德宗實録》卷二百三十八　〔光緒十三年正月乙卯〕，欽奉慈禧端佑康頤昭豫莊誠皇太后懿旨：「醇親王奕譞等奏：『會議整頓錢法分條臚陳』一摺，規復製錢，必應廣籌鼓鑄。福建機器局辦理既有成效，應即仿照試鑄，以期逐漸推行。著李鴻章先行購置機器一分，就天津機器局趕緊鼓鑄，運京應用。福建所鑄新錢，較尋常局鑄爲精，惟八分五釐，分兩稍輕。嗣後每錢一文，均以重一錢爲率，京局及各省，一律照辦，不得稍有參差。至京局鑄錢，尤須銅質光潔，砂滓淘淨。應如何加配銅斤，俾錢質堅好，可資經久，著户部詳細考察，妥籌辦理。即就現有鑪座迅速鼓鑄，毋許稍涉延宕。雲南籌辦銅礦，本日已准户部奏撥的款五十萬兩，該省辦運銅斤，需款甚鉅，著再由部庫陸續籌撥的款，以資應用。原摺著鈔給閱看，將此諭知户部，並由五百里各諭令知之。」

《清德宗實録》卷三百九　〔光緒十八年三月乙丑〕又奏，續修兩淮鹽法志。報聞。

《清德宗實録》卷五百六十三　〔光緒三十二年八月壬辰〕，商部奏：「中國工藝，亟須提倡。擬訂獎給商勳章程八條，各按等級，給與頂戴。」從之。

「國立」故宫博物院《宫中檔雍正朝奏摺》第八輯雲南巡撫楊名時《奏報辦理鹽課項摺》 署理雲南巡撫臣楊名時謹奏爲恭報辦理銅鹽課項仰祈睿鑒事。臣查滇省鹽課及銀銅廠課佽關兵餉，鹽政歷年以來，遵旨清釐，章程漸備。鹽道劉業長自雍正四年十月到任，於鹽務甚爲明晰，稽察周詳，操守廉潔，足稱盡職之員。銀銅二廠，臣自康熙六十年正月到巡撫任後，見銀廠自康熙五十八年、五十九年約各缺額課三萬數千餘兩，銅廠則獲有餘利。臣即諭廠官云，銀課現虧，若私收銅利，此心何以自安。自此臣絶不取廠規，勸勉各官，實心辦課。摺奏聖祖仁皇帝，以銅廠之有餘，補銀廠之不足，通融合計，若有缺額，以臣衙門鹽規等銀兩捐撥補足。荷蒙俞允，自康熙六十年閏六月起至九月止，臣捐補缺課銀三千六百四十九兩，康熙六十年十月起至六十一年九月止，臣捐補缺課銀一萬四千四百十九兩，康熙六十一年十月至十二月，臣捐補缺課銀四千一百四十二兩，雍正元年，臣自願另捐暗墊缺課銀三千兩，此三年銀課，俱照額補足無虧，係臣整飭廠務之始，自雍正元年，臣等遵旨查奏銅鹽，議以鹽規歸公銀兩内撥補銀廠缺課，奉旨准行，歷年糧道張允隨管理廠務，調劑得宜，力除廠弊，銀廠缺課漸少，雍正二年、三年合共止缺課額銀二萬三百兩，雍正四年止缺五千三十兩，俱遵照以歸公鹽規銀兩撥補無缺。又各銅廠課息，於遵旨查奏銅斤案内奏明，每年可辦獲銅一百餘萬斤，約可獲息銀二萬餘兩。雍正四年分，銅礦頗旺，辦獲銅二百一十五萬斤，息可倍增。今年永興銅廠礦甚旺，雍正五年分辦銅又可逾於常額，足以稍資邊餉。再查鎮沅府彝猓蠢動，鹽課鹽斤俱有刼失，臣與督臣鄂爾泰、驛鹽道劉業長嚴行查追，併設法彌補，奏銷無缺。茲届雍正四年分各項錢糧奏銷之期，臣謹將辦足情形據實奏聞，伏乞皇上垂鑒，臣謹奏。

雍正五年六月十七日。

《雍正朝内閣六科史書·户科·總理户部事務怡親王允祥等題爲滇省動用銅廠工本銀不行題報原巡撫等移咨吏部議處本》 總理户部事務和碩怡親王臣允祥等謹題爲嚴查交代事：「調任雲南巡撫朱綱題，前事雍正五年十二月十五日題，六年二月初三日奉旨：『該部察核具奏，欽此。』該臣等查得調任雲南巡撫朱綱疏稱，前署布政使江芑交代案内，准部文，令將放過軍需銀兩造册題報，併將銅廠錢局工本銀兩造具細册，逐款註明到日再議。至從前不行題報，朦混收放各官職名題參等因。查軍需銀兩，前任布政使常德壽已經造册奏銷外，遵將金世揚等動支銅廠工本銀兩，分晰年分，已完銀兩註明，于本年奏銷案内呈報，未完銅廠工本銀兩，現在催追，俟完日另行入册造報。臣覆查金世揚等所領銅廠工本，比時原未題報，迨後於明年地丁收支册尾始登造聲明，所有從前動銀之時不行題報之原任巡撫甘國璧、楊名時及從前收放之陞任布政使金世揚、毛文銓、李衛及署布政司事按察使江芑各職名，臣謹開報，會同雲南總督鄂爾太合疏具題等因來。查交代案内動支放過軍需銀兩，雍正五年八月内據原任雲撫楊名時造册報銷，臣部逐款駁查在案，應於彼案題報到日核銷。其金世揚等動支銅廠工本銀兩已經註明年分，核算數目相符，應毋庸議。已完銀兩，仍令新任巡撫常賚造入季報册内，咨部酌撥，未完銀兩速催完報，如運查參。至從前動銀不行題報之原任巡撫甘國璧、楊名時及收放之陞任布政使金世揚、毛文銓、李衛、江芑各職名，應移咨吏部議處。謹題請旨。」雍正六年三月十五日題。本月十七日奉旨：「依議。」

「國立」故宫博物院《宫中檔雍正朝奏摺》第十一輯江寧製造郎中隋赫德《奏報運解上用緞疋摺》 江寧織造郎中奴才隋赫德跪奏爲悉陳運務復請聖裁事。奴才接准廣儲司知會，内開，上用緞疋總歸水運進解，船到楊村停撥，官車於織造餘銀内節省自僱，八月初間起身九月内即到楊村督運官從陸路進京永爲定例一體遵行，倘有不便遵行之處，該織造據實陳奏等因。今除本年緞疋業經歸併運船一同解送外，其沿途所用縴夫，向例填給勘牌撥用。茲奴才一併停撥，官夫令各州縣代僱，總於織造銀内節省給發，合併聲明。更有請者，奴才伏查運送舊例，俱由水路，後於康熙二十四年間因水氣薰蒸致令緞疋變色，奉旨着内務府暨户、兵、工三部議明，將上用緞疋改用驛馬由陸路起解，但奉行不善，每致騷擾，驛站奴才深悉其弊，前經奏請節省驛馬，自僱騾脚恭送，即護送人員所乘驛馬不得有過十匹之外，請爲定例。今若歸併水運則上用緞疋仍爲水氣薰蒸，恐致改變顔色，況水路不無遲延，至織造官員所司何事，乃敢將上用緞疋由水路起解，而督運官竟從陸路進京，不行躬親督送，此奴才鄙陋私衷，深爲恐懼不安者也。奴才再四思維，來年江寧應解上用緞疋，仍請由陸路僱驛運送，其督運官亦僱騾乘騎，凡一應廣儲司陸續急用緞疋，均係自僱騾脚，概行停用驛馬，則既不騷擾驛站，而緞疋亦無水氣薰蒸及沿途遲延之慮。至官用部派緞疋，仍由水運。再查江寧水運袍船貳隻，歲支修船及水手工食銀壹千兩，今奴才於八月初八日恭送緞疋上船，親自查看，見兩船之內儘可歸併一船，從前船內空閑，不無夾帶客貨情弊，茲奴才伏念新旨，嚴禁私裝，請自來歲爲始裁去袍船壹隻，每年節省銀伍百兩，不致靡費錢糧，且免私裝客貨。奴才叨沐皇上天高地厚之恩，於織造事宜備悉詳察，所有上用緞疋，仍由陸路令督運官親身僱騾押送。及裁用袍船壹隻之處，奴才愚昧管見，是否允協，謹復請聖裁酌定，勅下內務府定議覆奏，奴才曷勝惶悚感仰之至。

雍正陸年玖月初叁日。

「國立」故宮博物院《宮中檔雍正朝奏摺》第十二輯宣化總兵李如柏《奏報捕獲私挖鉛礦人犯摺》 鎮守宣化府等處地方副將充總兵官加一級紀録一次臣李如柏謹奏爲奏明事。竊臣蒙皇上天恩，畀以封疆重任，凡地方邊疆事宜，無不竭盡心力期於寧靖，以仰報弘恩於萬一，若因邊外數拾里聽其匪類相聚，誘於此疆彼界而不極爲捕拏以除邊外之害，則負聖恩爲已極矣。臣訪得獨石路屬鎮安堡邊外曹碾溝地方，約聚百拾餘人偷開礦洞，煎銀熬鉛，查鉛乃火器要需，關係至重，久經奉旨嚴謹盤查，勿令夾帶出口，豈可容邊外偷礦熬鉛貨賣，隨飭令獨石路參將張漢傑、鎮安堡守備劉永年，移知獨石口章京轉移該管章京查拏去後，臣不敢自圖安逸，於本月拾壹日親至鎮安堡，令參將張漢傑帶兵數拾名，黎明潛至曹碾溝口犯住，又令守備劉永年帶兵數拾名潛伏曹碾溝兩傍，臣帶兵數拾名步行越嶺，暗赴曹碾溝山頂週圍，捕獲偷礦入楊得崇等捌名，搜出鉛貳百餘觔。查有礦洞捌玖拾座，訊據偷礦人吳玉亨等供稱，偷礦之人原多，時因天冷四散，亦有獲利他往，亦有畏拏逗颺等語，除將偷礦人犯並鉛觔交發宣化縣收禁，並咨明直隸督臣何世璂等飭行文員嚴訊，務獲餘犯並搜追此外藏匿鉛觔，臣復咨移獨石口並黑河章京嗣後嚴加巡查，勿致匪類再聚偷礦熬鉛貨賣外，理合繕摺奏明。伏乞皇上睿鑒施行。爲此專差臣長隨夏聯甲齎捧謹奏。

雍正陸年拾貳月　拾柒　日鎮守宣化府等處地方副將充總兵官加一級紀録一次臣李如柏

「國立」故宮博物院《宮中檔雍正朝奏摺》第十五輯陝西總督查郎阿《奏報滲製軍營物品摺》 署理陝西總督臣查郎阿謹奏爲奏聞事。雍正七年十二月十七日，承准寧遠大將軍臣岳鍾琪咨稱，今歲出師馬步守兵丁出口之後，其應支錢糧均係各兵家口關領，今各兵遠出塞外，所帶衣鞋以及馬掌等項，俱需製辦添補。但軍營無項可動，應於馬步各兵應領明年春夏二季本身錢糧內，每季關領一半餉銀以資置辦，希將陝、甘各標營今歲出口兵丁應支餉銀，俟各標營差員齎領到日，即分別掛發西鞏布政司在於各兵本身明年春夏二季餉銀內，每名各關餉銀一半。倘春餉已經關領，即在夏秋二季餉內給領等因，移咨到臣。臣查兵丁遠在口外，所需衣鞋、馬掌等項，自應速爲添補，隨飛檄陝、甘提鎮各標協營，速行按數齎領，分別掛發，併令加謹料理，刻期製辦，務須早爲起解，於今年三四月內送到軍營以期適用。至臣標出征馬步車兵餘丁人等需用夾袍、鞘子、鞋、靴、帽、把箭、鐮刀、旗杆、鞦轡、馬掌等物，已飭令署中軍副將王友詢，率同六營將備，照數領夏秋二季一半餉銀共一萬八千兩，現在星夜製造。臣復上緊查催點驗，務期如式備辦，統於今春三月底運到巴爾庫爾，以資兵丁添補進剿之需。所有准咨關銀承辦各緣由，臣謹繕摺奏聞，伏祈皇上睿鑒，爲此謹奏。

雍正八年正月初四日具。

「國立」故宮博物院《宮中檔雍正朝奏摺》第十六輯浙江總督李衛《奏陳地方工程完竣報銷工程案難完結摺》 浙江總督管巡撫事駐劄杭州在任守制臣李衛謹奏爲工部案難完結仰懇聖明鑒察事。竊臣受恩深重，惟思竭力圖報尚恐莫酬，何敢一毫忽畧。其於動作工程有關錢糧者，深知南省上下胥匠，慣能通同冒侵，視爲應得，牢不可破，更加防杜留心稽察，於興舉之先，勘估務實，監督必嚴，工完之後，近者親身查勘，遠者遴選廉謹之員代行，會同該府，加具印結保詳，稍有浮多苟簡，分別輕重，責令賠修究處。如杭府同知魏大德承造錢局爐房工程草率，立即嚴參革職究追。誠以皇上天恩委任至重，若此等事不能稍盡寸心，夢寐亦難自寧。惟是浙省海江塘工又大小戰船、城垣、倉庫、臺塞、河道、隄岸、閘壩、軍器、營房，有益水利民生兵防營任者，無處不加整頓，較之別省實多，每有一案完工，具題報銷之時，臣已幾費心力，方敢自信入告。錢糧關係重大，部臣察核指駁理所當然，但其中掣肘難行，實情有不得不瀝陳於聖明之前者。如海塘潮汐晝夜兩次，往迴衝刷，沙頭遷徙不常，東坍西漲，變幻無定，有今日勘係險工而微沙漸聚即可保護者，有目前雖屬緩工而漲沙忽坍轉成危險者，若非平日預備料物，立時堵築，因地制宜，移緩就急，而大小必待勘沽具題，部覆准行到浙然後興工，則往返數月，其潰敗決裂何可勝言。且目擊險緩情形與原估迥異，又豈敢拘泥前冊，舍危急而無可緩之工。所以海塘悉照南河定例，原有搶修歲修估修之不同，總因潮勢緩急分別先後，今工部於題明勘過老鹽倉近日情形等事一案，先後咨題，四次駁回，總以工程與估冊不符，又未先行題明爲詞，而豈知有不得不然之勢也。又如舊坍塘石衝没在水，自應撈尋抵用，以省另講之費，其間隨波逐流，遠近深淺不等，用夫自有多寡。又採石雖限定尺寸，而錘鑿之下，長闊厚薄焉能分毫不差，只得總算尺寸給價，至每丈用石多少，亦皆按塘之形勢高低長短定數，難以一律而論。今工部於題明歲修江海塘工事一案，以撈石夫役條石尺寸用石多寡不同，三次駁詰，雖屢經聲覆，未有察照，至今懸案未結。又如戰船一項，部價歷來未敷，動支公項津貼各省皆然，浙江新改四項戰船名目，加增長寬丈尺，臣恐工料甚繁，必俟造過，方有確數題明，先行興工，完日該實報銷，今温州、寧波二廠於奏請聖鑒事案内，造過戰船屢經題銷，工部總以前定部價比對浮多兩經駁回，若部價如果敷用，歷來不須津貼，況目前丈尺既增，則工料自必加出，且寧廠購木之處比温較遠，盤運水脚更多，報銷焉能畫一，其中掣肘，實難爲情。再如各項工程，地方不同，出産各别，有木植近而磚石少，亦有磚石易而木植難者，更有水路旱運之不齊，其夫工價值，不但人烟稠密與户口稀少之處貴賤相殊，即一縣之中農忙與農隙亦有不等。今新開之玉環山地方建造塘浦、陡門、壩閘、演武廳、火藥局等項，所用銀兩皆不動支正項，俱於該處增出租穀魚鹽各税内銷算，今工部於敬陳查復等事詳請建造等事兩案，或將海外人夫比照内地，或以各項材料尺寸盡須開造俱經駁回，此又合之地方情形而難行於島嶼新創之區者也。至於建造先農壇宇祭器等項，事關皇上特行大典，臣敢不敬謹辦理，已將怠玩知縣黄河清、陳桂等分别查參，其餘各屬用過工料，據前後藩司再三核實，送册題銷工部。以壇宇間架檩數簷高而□進深及周圍墻垣高厚尺寸用磚用灰各項觔兩等，悉應分晰造册等語駁回。臣即經轉行遵照，但事關通省，以七十七州縣之繁，其間簷高而闊深與夫墻垣厚薄尺寸及磚灰多寡，本省自然逐一銷算，而各處數目豈能盡同，將來稍有參差，又必以木經畫一指摘，是案件懸宕不結而錢糧款項亦竟無銷算之時矣。又乍浦新設滿營製造砲位、鳥鎗，甲械一案，經臣核明具題，工部駁令查造砲位、鳥鎗膛口徑寸與旗甲布帛長短尺寸到日再議，但旗甲長短製時自有尺寸不難照造，而砲位、鳥鎗膛口在外者，亦有頭小根粗長短猶或可量，而在内膛口，安能測探尺寸幾許，即或造送亦屬虚揑渺茫，然爲徒覺紛繁，於實在政體無裨。又如自設立水師戰船以來，凡有修造，皆動支地丁及存留戰船銀内應用，工部議准已經數十餘年不下數百餘案，今於小修定鎮六船事案内，忽以存留戰船銀兩係辦款項，每年額徵若干，因何並不報部之處，駁令造送，查存留戰船乃係地下項下逐年題銷造報户部之款，其額徵數目與工部無涉，而亦以此指駁，是於無可使尋之中故爲苛求，此又不辨而自明者也。其他如是等類，不一而足。即此數條，本不敢瑣屑瀆陳。但臣下爲國家辦事，惟期實在與公務有濟放。逢皇上乾綱振肅，弊革風清，各部大臣無不恪恭敬守法度，即有吏胥覬覦生念，孰敢違悖功令稍狗其意，若聽其朦蔽部臣無案不駁非理搜求，不但臣與蒲司府縣各衙門近日專辦工部之事竭蹶未遑，更恐皇上以臣爲身受重任而事事舛錯，上煩聖心，臣之獲咎，將何可逭，無奈不避嫌怨縷悉具陳，現仍遵照部行，逐案確查，據實分晰題覆，合先冒昧奏，明伏祈聖明察照下情，恕臣不致獲舛錯貽悞之咎，頂戴洪慈於靡涯矣。臣臨奏不勝惶悚凛惕之至，謹奏。

雍正八年九月　初六　月。

「國立」故宫博物院《宫中檔雍正朝奏摺》第十六輯廣東巡撫傅泰《奏請開採廣南等地礦産摺》　署廣東巡撫臣傅泰謹奏爲奏明事。竊照粤東廣南、韶、惠、潮、肇等府地方，皆有礦硐，出産銅、錫、鉛、鐵等項。雍正二年，前督臣孔毓珣題請開採，經部議開採無益，奉旨依議。在案。雍正七年四月二十七日，奉到硃諭内有，粤省吏治民情如是，而王士俊反有開礦之請，是何意見也。欽此。八月初六日臣奏惠州府屬有從前礦徒挖存未賣銅觔，收銅客商私行藏匿不敢出售，可否許其赴官繳出，給與價值，以供鼓鑄一摺，奉硃批：並未有命汝必開爐鼓鑄也，如此亂爲急作，不知汝具何意見。欽此。欽遵在案。今督臣郝玉麟訪聞開建縣之芋莢山産有金礦，遣人挖試有效，具摺請旨開採，欲列臣御會奏。臣查此山在東西兩省分界之處，東面屬粤東開建縣所管，西面屬粤西蒼梧縣所管，兩面皆有礦硐，西面現經西省設廠開採，同爲一山，礦脉相聯，現今廣東布政使王士俊奏請將廣西之梧州府改隸廣東。奉旨：着鄂爾泰、郝玉麟悉心定議具奏。欽此。又查雲貴廣西督臣鄂爾泰，先以廣東肇慶府屬之封川、開建二縣，令歸梧州府管轄等情，移咨商酌未經定案，則將來兩督臣會商定議，或以梧州府議歸東省，或以封、開二縣議歸西省，俱未可定，是芋莢山之歸東歸西亦在未定，似應先將地方疆界遵旨議定覆奏，恭候俞允之日再商開採，庶覺事有次序，緩急得宜，等因札覆郝玉麟去後，臣於開採一事屢奉諭旨，惟有敬謹欽遵，何敢復行冒瀆，雖芋莢山礦硐現在獲金茂盛，但脉苗多寡既未可知，而兩省分廠共採一山，又何如俟地方分隸定日，總歸一省管理，似得畫一。至於粤東礦山甚多，今獨開一處，誠恐異縣窮民聞風羣聚，致有難散之慮，此又不得不從長斟酌，籌畫盡善，方可請旨，臣是以不敢附名會奏，並非別有意見，故爲異同也。謹將不行會奏實情密摺奏聞，伏乞皇上睿鑒。

雍正捌年陸月　初叁　日。

「國立」故宮博物院《宮中檔雍正朝奏摺》第十七輯侍讀山西巡察勵宗萬《奏報奸民開硫磺私販摺》 翰林院侍讀革職仍留山西巡察之任效力贖罪行走臣勵宗萬謹奏爲密奏事。竊臣查硫磺一項，禁例甚嚴，不容私開私販。近今山西一省，有山州縣，遍産硫磺，奸民私開私販，無地不有，州縣各官平日不實力稽查，遇有發覺，恐干失察之咎，每多私自完結，隱匿不報。臣巡察所至，親知確訪，如平定州之萬子足地方，於上年七八兩月内，聚集愚民二三百人，又三泉村地方，亦聚集四五百人私開硫磺，以致生事。傳聞開販已閱一年有餘，該州於上年九月内方始知覺，並不通詳，亦不究其所挖硫磺共有若干，賣往何處，止將爲首數人罰銀免罪，具禀巡撫諸臣完結在案。又平陸縣拏獲私煎硫磺李金昌四名，一報之後，竟不審究。又如上年十二月二十四日，有江南人趙加爲在太原省城買硫磺數百觔，私行販賣，路經遼州宿店巡役拿獲，武職已經通報，而知州並不具詳。似此關係重大例禁甚嚴之物，而地方官規避處分，視爲不急之務。況晉省山多，近山州縣所在皆有，若不請旨嚴加申飭，則私開日多，私販愈盛。合無仰請皇上勅下撫藩二臣，嚴飭文武官員，嗣後務須實心稽查，嚴加盤詰，不得虚應故事，苟且塞責，遇有私煎硫磺奸徒，必須據實通詳，按律究追，毋許私自完結。其盤獲私販奸商，亦須即時通報，嚴究買自何人，賣往何處，按律問擬，不得寛縱。其失察硫磺職名，照例參處，庶文武各官上緊稽查，不敢玩忽而私開私販之奸徒知所儆畏矣。臣謹奏。

雍正九年正月二十一日。

「國立」故宮博物院《宮中檔雍正朝奏摺》第二〇輯漕運總督署兩江總督魏廷珍《奏報封填鳳陽縣魯山礦穴事摺》 兵部尚書總督漕運署理兩江總督臣魏廷珍謹奏，臣前接到内務府總管臣海望密字傳奉上諭鳳陽縣魯山礦砂一事，臣即密差謹慎人員前往，因此山係當年封禁，有兵看守，不許人到採取，必用地方官料理，隨密令鳳陽知府張學林選差會同採取。去後於拾壹月初柒日，又接署鹽政臣高斌密字傳奉上諭，令高斌同臣協辦，臣又委員同往。今據鳳陽知府張學林並鹽臣高斌家人同回至江寧，覆稱舊礦處所，約有叁間屋寬，因封填日久，掘深貳丈餘，封填之土挖完，下見石底，止有沙泥石塊，未見礦砂，鑿石而下，又深數尺，約有叁丈，其石塊愈大且堅，人力難施，並無礦砂，且礦砂全憑銀苗爲認識，今滿山荒草，山山皆同，並無一稍異之草。查雍正柒年間，曾有土人曹廣生等偷刨，累日夜未有所得，經前署督臣范時繹問明有案，仍令封禁。今照原坑刨至叁丈餘，無一粒礦砂，臣仍令鳳陽府照舊封填。恐廑聖懷，謹將採取並無礦砂緣由恭繕清摺，伏祈睿鑒。謹奏。

雍正拾年拾壹月　貳拾貳　日。

「國立」故宮博物院《宮中檔雍正朝奏摺》第二〇輯王士俊《奏陳查辦私鑄錢文拏獲賭具事摺》 臣王士俊謹奏爲敬陳末議仰祈睿鑒事。竊照私鑄錢文，大干法紀，造賣賭具，遺累民生。奉行嚴禁以來，奸頑之徒漸已斂跡。而私鑄之治罪，似可稍爲分別，拿獲賭具之議叙，尤當禁其欺罔者。臣不揣愚昧，敬爲我皇上陳之：

一、查私鑄定例，爲首及匠人斬決，爲從及知情買吏者絞決，房主鄰佑總甲十家長知而不拏獲舉首者，俱照爲從例絞決等語，夫爲首者造其意，匠人者成其事，俱罪無可寛，爲從者夥同罔利，知情買使者明知故犯，房主隣佑人等有稽查之責而故爲縱容，亦屢法所難宥。然爲從之中間有鄉愚無知，一時誤受其僱，爲之挑水打炭，所司閑雜之事，而非合夥分利，幇同鑄造者，其情似稍有可原。知情買使中亦有停工散局之後，方知私鑄，貪其價賤，偶有買使，而非當場興販者，房主甲鄰人等或非貼近居住，一時失於查察，及有聞見，即行驅逐，因恐牽連，遂各扶同狥隱，而非受其賄囑庇護者，此等之人，皆非本身自犯，亦屬稍有可矜。因例内向未分別輕重，故俱問擬絞決，若輩到案，自知必當正法，往往茹刑狡辯，案莫能定，轉使爲首匠作諸人監斃獄底，不能明正其罪。前有湖北孝感縣拏獲私鑄一案，經前撫臣魏廷珍審明，將知情受僱之李世熙等定擬絞決具題，蒙皇上如天好生，無微不燭，念係受僱傭工之人與合夥私鑄者，有間發往口外種地處效力贖罪，欽遵在案。雖此案出自特恩，非臣下所敢援引定擬，臣恐以後案件有承審之員疏忽，從事者以例内原無輕重之分，不將各犯情由逐細審出，致該犯等情罪不能上達聖聰，亦未可定。故敢冒昧陳請，嗣後承審私鑄之案，可否亦照强盗并鹽梟聚衆拒捕之例，令承審各官，務將法所難宥及情有可原之處一一分晰，於疏内聲明，仍照本例，分別斬絞定擬立決，聽候法司覈覆，將法所難宥者即行正法，情有可原者酌議發遣，或懇勅部，將從前定例，酌量情罪，再爲分別以定輕重，庶無知誤犯之人皆沐矜全，而承審之員亦得易於審結，案件不致久懸矣。

一、查拏獲賭具定例，知縣加二級，知府加一級，司道督撫等官紀録二次。又拏獲賭具，製造不過半年者，照例議叙，失察已過半年拏獲者，止免失察處分，不准議叙。典史、巡檢、吏目、守備、千總、把總等官拏獲者，亦照州縣例議叙等語，誠我皇上鼓勵臣工之曠典也。但地方各官賢愚不一，狡詐多端，如一官拏獲，而同城文武佐雜等官，輒稱會差查拏，紛紛具報，更有後官拏獲，而前官稱爲先已訪聞移關新任拏獲者，弊端不可枚舉。竊思查拏賭具，原係慎密之事，豈有各衙門兵役會同一處，成羣作隊，沿街搜捉之理，其意不過圖免失察，故爲捏報存案，迨後審解，又因通報之時，已稱協同查拏，承審各官無從察其底裏，遂照原案，將協拏各官職名，一併開列，聽候部議，是伊等既得規避失察處分，復敢倖邀議叙，其爲欺罔實甚。臣愚以爲欲禁其欺罔之端，先開其可寬之路，應請嗣後拏獲賭具，亦照拏獲私鑄之例，文官拏獲并免同城武職處分，武弁拏獲亦免同城文職處分。交界之所，此縣拏獲，彼縣亦免處分。止令拏獲之員據實申報，俟結案日准予議叙。如有實在協同拏獲之員，必將如何協拏之處一一聲明，以憑察核。倘有揑飾，從重議處。至知府以上各官拏獲者，不得包免所屬官員處分，致使屬員怠玩，不行查禁。其後官拏獲者，若將前官竟行寬免，恐其在任之時以爲事無後慮，不實力稽查，亦未可定，惟甫經離任，失察不過半年者，方准免議。如失察已在半年以上離任者，後經別官拏獲，前官仍行議處。再查例内所開失察已過半年拏獲不准議叙之條，似指本身失察而言，若前官失察已久，而後官於到任後半年以内拏獲者，其從前失察之處，實與後官無涉，亦應照例一體議叙。又有捕盗之同知通判，直隸州州同州判等官，例内尚未議及，如有拏獲者，或照州縣例議叙，或照知府例議叙。仰懇勑部，一併分别定議。至督撫司道等官加級紀録之處，應仍照定例遵行，庶查拏之員不敢再生欺罔，而賞罰攸分，拏獲之員益知感戴力圖報效矣。

以上二條係臣芻蕘之見，謹冒昧具摺奏聞，是否有當，伏乞皇上睿鑒施行。謹奏。

雍正拾年拾壹月　貳拾伍　日。

「國立」故宫博物院《宫中檔雍正朝奏摺》第二〇輯廣東總督鄂彌達《奏報收支鹽鐵規費事摺》　廣東總督臣鄂彌達謹奏爲據實奏明仰邀睿鑒事。竊查運使衙門兼管鹽議向例，鐵商每運鐵一票，繳道費銀二十兩，雖多寡不能定額，每年約收銀一千餘兩。自雍正肆年運使陸張烈報出充公，歷爲臣衙門逢節給賞書吏及運使衙門各役工食之需。又潮惠分司經管有秤頭鹽一項，向例潮場海運船户鹽包到橋，開秤配埠，每包先提取船户鹽三觔，名曰秤頭，不給價值。各埠配運程鹽，以此項鹽觔買補滷耗，每觔收銀五厘，每年約得銀三千餘兩。歷係幫貼臣衙門賞賚公用之需，其實臣衙門並無案卷可查。自雍正柒年柒月起，前督臣未經查明提解，遂積存銀一萬一千八百七十七兩七錢三分零，今據現任分司張士璉詳稱，此項鹽觔並不給船户價值，實屬額外徵求，但革除不收則船户勢必私賣，應照收花紅鹽例，每觔給價二厘七毫，仍聽各商買作，滷耗每年仍可得羨餘銀一千二三百兩等語。又據分司張士璉詳稱，查潮橋二十九埠額徵餉銀一十一萬九千餘兩，向例每百兩收添平銀五錢，每年約收銀五百餘兩，雍正柒年議給各官養廉，時前分司曾經詳請會奏，留作分司養廉。但查分司衙門原有配兑鹽包，每河收公費銀一兩，每年約可收銀二千餘兩，充作養廉。雖分司時往各場稽查，需費繁多，然此項已足敷用，兹添平銀五錢於正餉兑足外，又勒添平，不免累商，請求行革除等語。以上三項，臣今既經查明，一一細加斟酌，運使鐵規道費銀兩，向爲賞賚工食之需，若遽裁減，各役俯仰無資，勢必逞奸作弊，似應照舊收存，支給各役飯食火足等項。至分司請革添平五錢之議，臣查分司每年既有公費一項銀兩已可敷用，該分司張士璉潔清自勵，體恤商艱，不願收受，自應裁革。若秤頭鹽一項，臣查勒取船户鹽觔，賣充公用，實屬非理，但革除不收，則船户將以私鬻，該分司詳請用價收買，議甚妥洽，應照議收買，所賣利銀統歸京羨項下解部。至歷年積存銀一萬一千八百七十七兩七錢三分零，查本年柒捌月内颶風陡作，雖田禾尚無傷損，而船隻間有破壞，鹽田圍壆不免冲傷，臣仰體皇上子惠元元至意，與撫臣斟酌，係民人，動藩庫公費賑給；係兵丁，動營中公費賑給；係鹽船竈哂，動鹽庫羨餘賑給。俱經核實，按户軫恤，各皆復業得所，鹽田圍壆亦俱修復完固，計支用鹽庫銀二千四百兩。查鹽庫羨餘俱關帑項，應將此積存銀兩撥還，其尚餘銀九千四百七十七兩七錢三分零。查廣州府屬之香山縣與澳門彝人定界處所有關閘及前山寨城二處，實屬控禦咽喉，但關閘墻垣甚卑，前山寨城牆窄狹，城上馬路止二尺六寸，不能設砲立人，甚不妥協。臣職任封疆，何敢膜視，趁此冬晴，臣往肇慶閱兵之便，即親到前山寨，關閘兩處相度應否增修加廣，并添設兵弁以及建造衙署營房之處，逐一查明，另行具奏，即請動支此項積存銀九千四百七十七兩零給發建造，以爲鞏固海防之計，合并陳明。緣係酌量存留，裁革規例事宜，理合據實奏聞，伏乞皇上睿鑒。謹奏。

雍正拾年拾貳月　初壹　日。

「國立」故宮博物院《宮中檔雍正朝奏摺》第二一輯太常寺少卿朱曙蓀《奏請嚴燒鍋禁例以裕民食摺》　太常寺少卿加三級臣朱曙蓀謹奏爲請申嚴燒鍋禁例以裕民食事。竊臣仰見皇上宵旰勤勞，首重民依，乃愚民無知，只貪眼前微利，私開燒鍋，每年耗費穀麥不計其數。各省燒酒發賣甚多，燒鍋到處皆有，至陝西一省則州縣村鎮無處不開設燒鍋，西安府屬一縣之中竟有開至千餘座者，約畧計之，每年每座耗費穀麥三五百石，是一年一縣耗費三五十萬石也。康熙三十五年正月二十一日欽奉聖祖仁皇帝上諭，嚴禁燒鍋。户部移咨直隸、山東、山西、河南、盛京五處。雍正四年三月二十九日欽奉上諭，盛京口外蒙古交界之處，內地人等出口燒鍋者甚多，無故耗費米糧，著議政大臣定議嚴行禁止。俱欽遵在案。伏思陝西正當辦理軍需之際，穀米關係緊要，去年冬間米價騰貴，而有司視燒鍋爲泛常，未免陽奉陰違，偶或查禁，不過假手衙役，一票到手，止爲若輩網利之具，拿獲到案，竟不通報，僅以杖責完結。是以愚民竟不畏懼，轉相效尤，雖名爲禁止，而燒鍋之開，實日甚一日。臣請嗣後有私開燒鍋者，比照興販私鹽例，杖一百徒三年，左右隣佑通同容隱同罪。地方官查拿不力，照失察私鹽例降級。其拿獲一次者紀録一次，拿獲二次者紀録二次，拿獲三次者加一級。如此則有司自顧考成，查禁必嚴，小民畏罪，自然改業，庶穀麥不甚耗費而糧價不致於騰貴。臣不揣愚昧，敬抒管見，是否允協，仰祈皇上睿鑒施行。謹奏。

雍正十一年四月二十七日。

《雍正朝內閣六科史書·户科·大學士管户部尚書事務張廷玉題令黔撫確查朱砂廠抽收課鉛變價銀數扣歸貯庫等情本》　經筵講官少保兼太子太保保和殿大學士仍管吏部户部尚書事加六級臣張廷玉等謹題爲詳請題明開採鉛廠以供鼓鑄事：「貴州巡撫元展成題，前事雍正十二年八月二十八日題，十月初六日奉旨：『該部察核具奏。』該臣等查得貴州巡撫元展成疏稱，砂硃廠抽收課鉛，例應按年題報。茲據布政使馮光裕詳稱，砂硃廠自雍正十年九月初一日起，至十一年八月底，共抽課鉛一十一萬一千六百六十八斤零，每百斤照定價一兩五錢計算，共該課價銀一千六百七十五兩零。內除支銷廠內辦事人役工食銀三百六十七兩二錢外，尚應解價銀一千三百七兩八錢零，俟鑄出錢文，易銀撥還課價。又疏稱，丁頭山廠自雍正十年九月初一日起，至雍正十一年八月底，共抽課鉛七萬三千七百零七斤，每百斤照定價一兩六錢，共應變價銀一千一百七十九兩三錢一分零，內除廠內人役工食等項銀四百八十兩零六錢外，實應解價銀六百九十八兩七錢一分零，俟運售變獲價銀移解司庫。又馬髮嶺廠自雍正十年九月初一日起，至雍正十一年八月底止，共抽課鉛二十萬八千二百三十七斤零，每百斤照定價一兩四錢，共應變價銀二千九百一十五兩三錢二分零，內除廠內人役工食等項銀五百七兩六錢外，實應解價銀二千四百七兩七錢二分零。現在運局供鑄，俟鑄出錢文，易銀解貯司庫等情。臣覆核無異，會同雲貴廣西總督尹繼善合詞具題等因前來。

查黔省砂硃丁頭山、馬髮嶺等處鉛廠，自雍正十年九月初一日起，至雍正十一年八月底，共抽課鉛三十九萬三千六百一十二斤零，每百斤照定價一兩四、五、六錢不等，合算共該銀五千七百六十九兩六錢三分零。內除支銷廠內人役工食等項共銀一千三百五十五兩四錢外，實該銀四千四百一十四兩二錢三分零。該撫疏稱，俟運售變價鑄出錢文，易銀還項等語。查該省發運鉛斤併鼓鑄錢文需用銅鉛，俱係動支工本收買，則前項所抽課鉛已有變售價銀，該撫即應將鉛價銀兩轉飭照數解貯司庫，何必俟運售變價鑄出錢文之日方可撥還？臣部已於該撫上年題報抽收課鉛案內，行令將變價銀兩扣歸貯庫在案，今該撫仍請俟運售變價鑄出錢文易銀還項，事關帑項，未便姑延，應令該撫元展成將前項鉛斤變價銀兩即行照數扣歸解貯司庫，報部查核。至各廠所抽課鉛雖比上年所抽之數稍覺加增，但較之歷年抽收之數實屬短少，管廠各員不無以多報少侵隱情弊，應一併行令該撫據實確查，如有前項情弊，即行查參。再各廠內人役工食共開銷銀一千三百五十五兩四錢，查該撫疏內並不開具支銷細數，且每年亦無一定數目，其中恐有浮冒，應令該撫一併確查報部查核可也。臣等未敢擅便，謹題請旨。」雍正十二年十一月三十日題。十二月初二日奉旨：「依議。」

《雍正朝內閣六科史書·户科·大學士管户部尚書事務張廷玉題議工科掌印給事中永泰等奏陳直隸地方嚴禁白銅之法本》　户部等衙門經筵講官少保兼太子太保保和殿大學士仍管吏部户部尚書事加六級臣張廷玉等謹題爲請嚴禁白銅以利鼓鑄事：「該臣等會議，得巡視中城工科掌印給事中永泰等奏稱，直省地方有等奸民打造白銅器具者，捏稱行高白銅、二秋白銅、油槽白銅等名色，實皆用黄銅攙和而成。攙和之習未除，銷燬之弊必不能盡杜。近見市舖錢價昂貴，每兩紋銀僅换大制錢八百四五十文不等，屢經申飭；例行俱以錢少爲辭。竊查兩局鼓鑄及各庫給發錢糧工食等項錢文宜日多一日，而民間錢價何以騰貴，臣等細加訪察，竟有不法奸商於進京卸貨之後，將貲本盡買錢文裝載回車出京貨賣者，是以錢日少而價日貴，恐其中不無販賣銷燬之弊。恭據聖祖仁皇帝六十餘年，康熙國寶宜所在遍滿，今乃千百中僅存十一足徵，盗銷盗燬必各處仍有奸商販錢出京，而用以攙和白銅打造成器，較之私造黄銅器具者，其利猶鉅，蓋黄銅每斤價止一錢有餘，而白銅每斤價貴一兩以上，利加十倍，趨者必多，若不嚴行禁止，恐於鼓鑄終無裨益。請嗣後照禁用黄銅例，將白銅一併禁止，不許各鋪打造白銅器皿，其已成者，勒限交局領價。至於民間所交白銅，即以攙和鼓鑄，於錢質亦爲更佳等因前來。查雍正四年正月内，大學士九卿等會議，欲杜銷燬制錢之源，惟在嚴立黄銅器皿之禁。嗣後製造器皿，除紅白銅不禁併黄銅之樂器、天平法馬、戥子及五斤以下之圓鏡亦不禁外，其餘一應器皿，毋論大小輕重不許仍用黄銅製造，其已成之黄銅器皿，俱作廢銅交官給與價值等因，奉旨依議，欽遵在案。今給事中永泰等奏稱，直省地方有等奸民打造白銅器皿，捏稱行高白銅、二秋白銅、油槽白銅等名色，實皆用黄銅攙和而成，攙和之習未除，銷燬之弊必不能盡杜。請嗣後照禁用黄銅器皿例，特白銅一併禁止，不許各鋪打造白銅器皿，其已成者勒限交局領價等語。查黄銅與白銅，礦砂各别，而白銅煎出成色原有高低，蓋銅質净者爲上白銅，其次則爲行高、二秋、油槽等項名色，原非攙和黄銅所致。況上等白銅每斤市價至一兩五六錢，其次白銅亦價至一兩三、四錢不等。若謂民間攙和打造，必須用銀七、八錢買净白銅半斤，再加攙和黄銅一半，亦須用銀六分，計算價值已至八錢有餘，加以人工打造，必每斤賣至一兩一、二錢，方足敷其工本。今查鋪户所賣行高等銅，每斤不過六七錢，不特無利可圖，抑且虧折資本，小民雖愚，斷不爲此。若純用黄銅打造粧飾而充白銅，此等白銅原在應禁之列，似未便不分正假，輒將實在白銅一例禁止，且白銅價值甚昂，較之黄銅幾至十餘倍，若將白銅官收鼓鑄，則一串制錢計算工本約至十三兩有零，即使搭配鼓鑄，亦已暗糜國帑。倘收買之後不行鼓鑄，徒貯庫中，是將有用之錢糧，收此無用之銅器，於鼓鑄並無裨益。應將該給事中永泰等所請將白銅一併禁止之處，毋容議。但該給事中既稱打造器皿有捏稱行高、二秋、油槽等名色，恐從前該地方各官，或有此等捏稱白銅之黄銅不曾通禁，亦未可定。應再行文直省督撫及順天府府尹、五城御史，嗣後如有將黄銅充作白銅打造器皿貨賣者，一例嚴行禁止；其已成者照依生、熟黄銅給與價值交收入官；倘仍有犯者，亦照例治罪。至該給事中永泰等奏稱不法奸商收買錢文裝載出京，其中不無販賣銷燬之弊等語。查雍正九年七月内因奸民將錢文囤積私運出京，經九卿會議著該提督、府尹、御史不時巡查，如有駄載數百串販錢出京併在京囤積數十百串，俟價昂出賣者，查拿究治等因，奉旨依議欽遵，業經行令各該衙門嚴拿究治在案，誠恐日久玩生，該管各官查拿不力亦未可定，應請行文步軍統領衙及順天府府尹、五城御史再行出示嚴禁。倘有不法奸商仍敢揣販錢文駄載至數十百串出京貨賣，併在京鋪户人等將錢文囤積在家俟價昂始行出賣者，一併查拿究治。其尋常行旅之盤纏，小販之資本不得混行搜索留難，如胥役借端生事，擾害小民，一經發覺，嚴行重處。倘該管各官仍前玩忽，不行嚴禁，即照例交吏部嚴加議處可也。恭候命下之日遵奉施行。臣等未敢擅便，謹題請旨。」雍正十三年五月初十日題。本月十四日奉旨：「依議。」

黄叔璥《臺海使槎録》卷五《北路諸羅番》三《器用》 捕鹿弓箭及鏢，俱以竹爲之，弓無弰，背密纏以籐，苧繩爲弦，漬以鹿血，堅韌過絲革。射搭箭於左，箭舌長二寸至四寸不等。傅翎略如漢製，而翦其梢，鏢桿長五尺許。鐵鏃鋒銛，長二寸許，有雙鉤，長繩繫之，用時始置箭端，遇鹿麂一發即及。雖奔逸而繩掛於樹，終就獲焉。亦用以防夜，於竹寮高望，巡哨持挨牌以蔽身，木皆斜紋，箭不能入。諸番與漢人貿易，家中什物，亦有鑾器、釜、鐺之具，近亦間置桌、椅。其製葫蘆爲行具，大者容數斗，出則隨身，旨蓄毯衣悉納其中，遇雨不濡，遇水則浮。寢以竹片鋪地，藉以鹿皮，富者列木牀於舍，以爲觀美。夜仍寢於地，枕木如小凳。

新柱等《福州駐防志》卷五《營政下修理軍械》 四旗軍装器械，應修應製，該旗確估工料，呈明批發左司查議，如果應修應製動項，左司具呈請批准後，移行該旗修製。至工竣日，仍飭左司確查，有無浮昌，轉呈備案。

臣謹按，四旗罩装器械，向無公費，俱係兵丁自行修整。乾隆九年，臣恭摺奏請，於兵丁扣存馬價内借出銀一萬兩，照水師旗營養廉息銀例，照發鹽道，交商營運，以爲四旗軍械歲修之費，仍以三年爲限，將本限掣回，應還藩庫，以所得利銀存貯作本，永遠營運，爲歲修之費。經部臣覆准在案。

水師營修理軍械等項，該營協領具文呈請，候批准後，於養廉息銀内動用。工竣造册報銷，仍於年底彙報備案。餘詳公署卷。

兩營修理軍械等項，具文詳報，候批准後，於下剩朋銀内動用。工竣造册報銷請驗。餘詳公署卷。

阿桂等修《欽定軍器則例》卷一《條例》　稽察官兵器械

乾隆十五年奉上諭：八旗官兵器械缺少者，均咨部官爲造給。器械内弓箭尤爲緊要，惟賴不時整理，善爲收貯。從前兵部八旗都統會議，訓飭八旗官兵，將器械善爲收貯，曾經奏准施行。今都統等或因日久廢弛，不以爲事，亦未可定，著再行傳諭，務遵原奏，留心訓飭稽察。欽此。

禁止營伍細樂

乾隆二十二年三月内奉上諭：今日朕至杭州省城，其接駕之緑營兵丁，有奏簫管細樂者，夫身隸行伍，當以騎射勇力爲重，戍樓鼓角，不過用肅軍容。即古者鐃歌鼓吹之詞，亦以鳴其得勝之氣耳。若彈絲吹竹技近優伶，豈挽强引重之夫所宜相效，此等緑營陋習，各省均所不免，可傳諭各該督撫提鎮等，轉飭所屬標營，嗣後營伍中但許用鉦鼓銅角，其簫管細樂，概行禁止。欽此。

病故征兵免賠遺失軍械

乾隆三十六年六月内奉旨：病故人等，應行賠補殘壞軍器銀兩，雖應賠補，但伊等已經病故，若照現今所議，著落伊等家屬賠補，朕心不忍，著施恩從寬，免其著落伊等家屬賠補。餘依議。欽此。【略】

演習鳥鎗實盛鉛丸

乾隆六十年九月内奉旨：嗣役兵丁演習鳥鎗，必實在盛入鉛丸演習，斷不可空放鳥鎗。欽此。

各省演習雲梯

嘉慶元年三月内本上諭：昨據畢沅奏，賊匪屯聚當陽城内，現用礮轟擊等語。此等么磨烏合，各路大兵雲集，自早已悉數殲除，但以礮轟城，虚糜火藥與磚石爲敵，實爲拙計。業經降旨訓飭，因思健鋭營向設有雲梯一項，專挑兵丁習演，最爲趫捷，即如目下荆州巢捕賊匪，若該處滿兵習用雲梯，豈不易於蕆事，何至用礮攻擊，致耽時日。嗣後外省有駐防滿兵處所，該將軍等亦當倣法，挑選數百名演習雲梯，而緑營中兵數較多，每省督撫提鎮標下，亦可酌挑一、二千名，使之隨時演習，俾臻精熟兵，可百年不用，不可一日無備，所謂凡事預則立，但不可有名無實耳。將此各諭令知之。欽此。

鄂爾泰《欽定八旗則例》卷一一（節部）《訓練・製造軍器》　官兵盔甲、弓箭等項缺少，願扣俸餉製造者，該參佐領查明，呈報都統，造寫細册，咨送工部。照定式製造給與。其工價銀兩，官員，於俸銀内作四季扣完。兵丁，於錢糧内作二十個月扣完。造入俸餉册内，咨明户部坐扣。如年久損壞，應行製造者，仍照此例坐扣俸餉造給。

兵丁遇陞遷事故，其軍器係動官銀製造賞給者，給與頂補之人。若係本人自備者，該佐領等酌量新舊，估定價值將軍器給與新補之兵，其價值於餉銀内作三個月坐扣，給與原主。

鄂爾泰《欽定八旗則例》卷一一（節部）《訓練・官兵箭枝數目》　官員兵丁箭數，公，五百五十枝。侯，五百枝。伯，四百五十枝。一品官，四百枝。二品官，三百五十枝。三品官，二百五十枝。四品官，二百枝。五品官，一百五十枝。六品以下官，一百枝。其文職三品京堂，照二品官例。四品京堂、科道、郎中，照三品官例。員外郎，照四品官例。主事、鳴贊、六品、七品、八品、監生，照五品官例。筆帖式，照六品官例。前鋒、護軍、領催等，七十枝。披甲人，五十枝。此定數内，若職任大者，照職任箭數。官品大者，照官品箭數。

鄂爾泰《欽定八旗則例》卷一一（節部）《訓練・佐領隨甲點驗軍器》　佐領隨甲軍器，遇點驗軍器之年，一體點驗。

鄂爾泰《欽定八旗則例》卷一一（節部）《訓練・兵丁修補鳥鎗》　八旗兵丁等鳥槍損壞，報明該管大臣，轉送兩翼鐵匠局補造。

明亮等《欽定中樞政考》卷一六《緑營承催》　管理刨挖銅斤及經營鐵廠官員議敘

一管理新疆等處，刨挖銅斤及經管鐵局官員，除定數外，多交銅至三千斤，鐄三萬六千斤者，俱照屯田官員例加一級；多交鐵至五萬斤者，將挖鐵人等酌量賞賚，官員照屯田官員加倍例議敘。例載《處分則例・田宅》門。

烏什阿克蘇錢局多鑄錢文議敘

一烏什阿克蘇錢局所鑄錢文，於正額之外，如有多鑄一百串以上者，該管官紀録二次。

曹振鏞《欽定工部則列》卷三一《軍需・硫磺分別採貯》　一甘肅省騷狐泉牛尾山兩處磺廠採取磺觔，分貯肅州四十萬觔，玉門縣二十萬觔，以備口内口外各營撥用。撥運蘭州府三十萬觔，預備各營領用，省會邊疆均屬充裕，於歲底將採獲發售及存貯各數目造册送部查核，仍取具該管官並無偷賣情弊，印甘各結備查。

曹振鏞《欽定工部則例》卷三一《軍需・盛京製造火藥》　一盛京等處每年

製造火藥每百觔除磺價銀一兩一錢九分四釐不開銷外，准用工料銀四兩一錢二分五釐，該將軍等按年造册題銷。

曹振鏞《欽定工部則例》卷三一《軍需·吉林製造火藥》 一吉林等處每年製造火藥，每百觔准用工料銀八兩九錢五分八釐，該將軍等按年造册題銷。

曹振鏞《欽定工部則例》卷三一《軍需·軍需火藥改演放火藥》 一庫貯軍需火藥如存貯已過十年，許即改作演放火藥，以備各處陸續取用，其軍需火藥仍即照數補造足額，以實儲備。

曹振鏞《欽定工部則例》卷三二《軍需·領用火繩》 一健鋭營火器，營八旗前鋒護軍營等處操演鎗礮，所需火繩均照内務府三旗護軍之例，每馬鎗一出取用火繩二寸，步鎗一出取用火繩一寸，其各直省駐防及標鎮協營俱照此一律報銷，以昭畫一。

曹振鏞《欽定工部則例》卷三二《軍需·領用鉛子》 一盛京各城及黑龍江等處所需鉛子，每居用完時，即將用去及實存數目分晰造册具題，委員請領，由部照例製造發交，委員領回備用。

曹振鏞《欽定工部則例》卷三二《軍需·領用藥鉛》 一熱河、密雲縣、山海關、獨石口、古北口、綏遠城右衛各等處駐防兵丁，每年操演鎗礮所需火藥、鉛彈、火繩等項，俱由該處派委妥員赴部領用，其所需裝盛油簍并驛車門票，沿途派撥兵丁之處，照例辦給，以昭慎重而歸畫一。

曹振鏞《欽定工部則例》卷三二《軍需·張家口等處預領藥鉛火繩》 一張家口賽爾烏素等處軍臺需用藥鉛火繩，照各處由部領用之例，該都統委員赴部請領，定限三年預領一次，於請領之年即將需用藥鉛等項細數造册送部查核，俟用竣後仍照例咨銷，以歸核實。

伯麟等《兵部處分則例·緑營》卷一五《承催·稽查銅鉛船隻》 一官運銅鉛船隻入境，派委備弁務須親身押護，倘有沿途丁舵人等偷盜謊報沉溺者，别經發覺，將派委員弁失察一起者，罰俸六個月；二起者，罰俸一年；三起者，降一級留任；四五起以上者，降一級調用。知情故縱者，革職審究。如不親往稽察，濫差兵役，捏結搪塞者，降三級調用。

一一年内有能拏獲偷盜銅鉛二起者，紀録一次，再有多獲，照此遞加。

又《管理刨挖銅斤及經營鐵廠官員議敘》 一管理新疆等處刨挖銅斤及經管鐵局官員，除定數外，多交銅至三千斤、鐵三萬六千斤者，俱照屯田官員例，加一級；多交鐵至五萬斤者，將挖鐵人等酌量賞賚，官員照屯田官員加倍例議敘。

《欽定總管内務府現行則例·南苑》卷上《歲修工程》 嘉慶二十二年十月總管内務府大臣蘇楞額、常福面奉諭旨：「嗣後三山、暢春園等處應領銀兩，著由圓明園支領。如圓明園銀兩不敷支發，著奏明由廣儲司所存銀兩内撥給，圓明園再行發給支領。奉宸苑、南苑等處應領銀兩，著由廣儲司造辦支領。欽此。」道光十八年閏四月奏准，奉旨：「嗣後遇有歲修等工，著仍照嚮例，分别請估咨領，以符舊制。欽此。」

《欽定總管内務府現行則例·南苑》卷上《修理鋪墊物件》 四處行宫内陳設鋪墊、帳幔、袷綢門、簾門、罩床套、床刷、挖罩、羊角燈、風燈、銅錫器皿等項，如有舊壞不堪用時，嚮廣儲司行取。鋪墊、氈塊、鎖鑰、皮袋、皮條不堪用時，嚮武備院行取。席片，嚮掌關防内管領處行取。鐵爐、鐵燈、鐵鍋、床桌、水桶、鷹架、鷹梯、缸盆，如有舊壞不堪用時，嚮營造司行取。

明亮等《欽定中樞政考》卷三二《八旗·營造》 東三省駐防工程限期：

一 盛京、吉林、黑龍江等處，建修戰哨巡船，大修限六箇月，小修限四箇月。其餘一切工程，令該將軍，量工程大小緩急，酌定限期，不得概以四箇月爲限，統於估報案内聲明，仍委員督催，及時趕辦完結。

監工失察：

一 凡不應在内行走之人，入内偷出飛金、及紫禁城内楠木槅扇上所釘銅頁等物，不行嚴察，與在内當差應行走之人偷盜者，守門官各照例議處；其做工匠役與外旗人等及民人入内偷盜者，監工官員各照例議處。例載《處分則例·禁衛》門。

刑部《大清删除新律例》卷上《户律倉庫·錢法》 一、各省開採銅鉛，令道員總理，府佐官分理，州縣官專管其事。凡産銅鉛之處，聽民採取，税其二分，造册季報，所剩八分任民照時價發賣。有墳墓處所不許採取，如有不得銅鉛，及不便採取之處，該督撫題明停其採取。其各州縣産銅鉛之山，令地主報明採取，地主無力開採，聽本州縣報名採取。州縣無匠役，許於鄰近州縣雇募，該州縣自行稽察。如有别州縣民人夥衆越境採取，聚至三十人以上，爲首者發近邊充軍，爲從物號三個月，杖一百；不及三十人者，爲首枷號三個月，杖一百，爲從滿杖。衙役恣意攪擾，致人裹足者，爲首枷號兩個月，發附近充軍，爲從減一等。

一 承辦銅商逾限，並無貨物出口，或非採易銅斤之貨，嚴拿究處，著落追賠。其進口之時，或非原出口地方，該汛地方官立速查報，並知照原出口之該汛官弁勒催起解。倘有侵那隱匿之弊，將該商從重治罪，倘辦員侵欺尅扣，串通朦混，以致姦商那新掩舊，督撫據實題參治罪。上司徇隱，一併交部議處。

《大清新法令》卷六《農工商部咨查各省興辦實業不得摻合外款文附章程》　案振興各省實業，凡開礦、務農、工藝、畜牧、種植、墾辟、漁業、鹽務、森林、商務、商埠、公司，各有專章奏準通行各省，均聲明中國自有權利，外人概不得干預，乃近日承辦各項實業之人，當呈報開辦時，均注明不招外股，及至經部催辦或輾轉更易，借口於資本不敷，股款未足，輒私行摻合外股或借用外款，實屬顯違限章，年來由部查辦，此等案件層出不窮，亟應認真整頓，以重實業而保利權。現特將查辦各情分咨各省，請各督撫按照咨開各節，通飭所屬查報核辦。

計開

一　初經承辦，由部核準立案，或由各省督撫核準咨部立案，或由勸業道核準詳由督撫轉咨本部立案之十項實業公司，無論獨資營業、合資營業、招集股份，應查其有無私行摻合外股情弊。

一　已經承辦之十項實業公司，如上開立案營業各項，無論其興辦至三年五年十年，及十年以外有無舉辦成效，應查其隨後有無私摻外股或以該營業地方物業權利抵借外款。

一　已經承辦之十項實業公司，所營實業至數年十年十餘年，二三十年或原商始終任辦，抑中間因別有事故，或資本不繼辦理，虧折致更易他商或另易數商，該所易之各新商，有無違背原商禀準章程，私摻外股及抵借外款各弊。

一　査察承辦實業資本事宜，向例責成勸業道督率各勸業員隨時詳查，詳由本省督撫咨部核辦，惟近日各省已經籌辦咨議局及各地方自治選舉參事董事議員等，調查議辦地方各項憲政，該項興辦實業事宜，亦在查議之列，各承辦公司商人有無違章私摻外股抵借外款，國家利權所在，各議員均有稽察議辦責成，應一并統歸詳查舉報。

一　各承辦實業公司商人，既經此次嚴密清查，及以後隨時稽察，如查得有違背定章，摻入外款各實據，即由議局議會議定停止該商人興辦事項，另易新商辦理。

《大清新法令》卷六《農工商部咨酌量變通現行礦章文八月》　案查光緒三十三年本部奏定礦務正附章程，業經刊印通行各省，并將奏定施行日期咨行一體遵照辦理在案。查此項章程經本部會同外務部詳細核定，條理周密，防閑限制均極精嚴，將來礦務繁興，自可實行無弊。惟現在各省商民辦礦風氣尚未大開，雖經竭力提倡，或猶不免觀望疑沮，本部體察情形，似宜將現行礦章酌量變通，略從寬簡，俾商民不苦束縛得以一意經營，復經奏請，將新定礦章詳加查核，如有可以變通與商民多資利益，於公家并無妨損之處，即斟酌損益，量予通融。亦經奏，惟遵照在案。所有原章內一切防閑限制諸條款，宜如何變通改訂，已由本部咨商外務部分別詳核。惟章程內應收租税各款，如礦界年租官地紅利、出井税則等項，自新章施行以來，各省多未能照章征納，而在定章以外者，又多另有厘捐等項，抽收之款或沿用本省舊章，或仍從地方習慣，以致名目紛歧，而抽收多寡亦無從核較，且多未詳細報部查核。現在即擬改訂礦章，自須調查各省現辦情形，以備參酌改訂，冀可一律照章實行，除分咨各省查明聲覆外，相應咨行貴督，希即傳飭該管各員查明本省征收礦産税捐各種辦法各項各目，并與部章多寡差異之處，逐細查核，據實聲明報部，以備匯總參考，酌量改訂，奏明辦理可也。

《大清新法令》卷一〇《農工商部奏遵擬獎勵棉業化分礦質局暨工會各章程折并單》　竊臣部籌備清單内開第三年應行籌辦事宜，計二十二件，業經分別次第，賡續辦理，先後奏咨在案。查原單尚有頒布獎勵棉業章程、開辦化分礦質局、編訂工會規則三項，爲本年應辦事宜，各項章程自應及時厘訂，俾資提倡。臣等督飭員司，采集成法，分別纂輯，以鼓舞誘掖爲獎勸農民之方，以分析化驗爲廣辟地利之原，以合群覃研爲擴張工業之本。

計擬訂《獎勵棉業章程》十四條，《化分礦質局章程》十一條，《工會章程》二十五條，均屬農工切要之圖，如蒙俞允，即由臣部通行各省督撫暨勸業道，分別欽遵辦理。謹奏。宣統二年十二月二十三日。奉旨着依議。欽此。

謹擬《獎勵棉業章程》，繕具清單，恭呈御覽。

計開

第一條　此項獎勵以能改良種植、開拓利原、擴充國民生計者爲合格，其僅以販運棉花、紗布爲業者，不在此列。

第二條　此項獎勵，以該地棉花確系改良種法，收成豐足、棉質潔白堅韌、能紡細紗者爲斷。

第三條　凡向不産棉之地，或向不種棉之地，有能創種及改種棉花，約收净棉萬斤以上者，以及向來產棉之區，實能改良種植，花實肥碩，約收净棉五萬斤以上者，先將姓名、住址及棉田畝數、所種何項棉種，報明地方官存案，俟收穫時，仍報清查驗確實，由該地方官彙齊，比較等第，造具詳册，并附棉樣、棉種，匯送勸業道，詳請督撫，咨部核獎。其獎勵等級，以收棉優劣、多寡爲準。

第四條　應得獎勵等差列下：

一　奏獎本部一等至四等顧問官。

一　奏獎本部一等至五等議員。

一　酌獎職銜頂戴。

一　獎給匾額。

一　獎給金牌、銀牌執照。

第五條　每届年終，俟各省督撫匯案報齊後，由部詳細審查，分別等第獎勵。

第六條　獎勵以一年一次爲率。凡第一年得獎者，第二、三年收棉之數并未加多，無庸再獎；若第二、三年超過第一年收穫時，仍得加給第二、三年應得之獎勵。

第七條　無論集資創設植棉公司，或獨資農業，及尋常農户，均適用本章程獎勵。

第八條　如有集合棉業會或棉業研究所者，詳擬章程呈核，俟辦理三年，成績昭著，一律酌量給獎。

第九條　凡請領官荒、開墾種棉者，均由各該地方官勘明給照，寬定升科年限，出示保護，并隨時報部立案。

第十條　凡新式軋花機，及彈棉、紡紗、織布各項手機，或將本地改良之棉花紗布運銷外省，所有經過各關卡，應如何優加體恤之處，由部咨明稅務處辦理。

第十一條　如有能仿造軋花、彈棉、紡紗、織布各項手機，運用靈便，不遜洋制者，驗明確實，一律酌給獎勵。

第十二條　各地方官如有能實力勸導、成效卓著者，可由督撫咨明，擇優請獎。

第十三條　凡紡紗、織布各廠，獎勵已在《獎勵公司章程》内規定者，兹不復載。

第十四條　此《章程》自宣統三年爲實行時期。

以上各條均系試辦章程，嗣後如有應行更訂之處，隨時奏明辦理。

謹擬《化分礦質局簡明章程》繕具清單，恭呈御覽。

計開

第一條　化分礦質局，應於各省勸業道署或礦政總局内附設。

第二條　化分礦質局，以辨別礦質化驗成分、考求優劣，俾請辦者確有把握，借收提倡礦務之實際爲宗旨。

第三條　化分礦質局，不任開采礦産暨調查礦山區域，并關於礦務準駁一切事宜，以清權限。

第四條　化分礦質局，得附設礦質研究所暨礦質陳列館，以廣礦學之造，就而謀礦業之發達。

第五條　化分礦質局應設職員如下：

局長一員，掌理局中一切事宜，以勸業道或礦政總局總辦兼充。

經理一員，專任化分礦質事宜，以精於礦學者充之。

技師一、二員，幫同經理化分礦質事宜，以精於礦學者充之。

書記一、二員，辦理一切文牘事務。

第六條　化分礦質局内，凡化驗礦質一切分析新法，所需各種器具、藥料、爐室等，均應組織完備。

第七條　化分礦質局之責任如下：

甲　承辦化分本省調查員履勘未經開采或停辦各礦之礦質。

乙　承辦化分商人請求化驗之礦質。

丙　承辦編訂本省各礦礦質化驗詳細表，每届六個月，印發公布一次。

丁　每届年終，應將本年内所有化驗之礦石，隨同化驗詳表，呈部備查。

第八條　凡礦商來局請求化分礦質，應自礦質到局之日起盡十五日内化分完竣，繕具説明書，發給承領。

第九條　凡礦商請求化分礦質一切藥料，應按礦質化驗之難易，以定收費之多寡，至多不過十元。

第十條　各省設立化分礦質局，準其因地制宜，酌定辦事詳細規則，稟部核奪，惟不得與部章觸背。

第十一條　此項章程有應增損之處，由部隨時體察情形，酌核辦理。

謹擬《工會簡明章程》，繕具清單，恭呈御覽。

計開

第一條　本部握全國工業總樞，應於各省籌辦工會，以爲臂指相聯之機關。

第二條　工會以「研究工學、改良工藝、倡導工業，拓增實際上之進步」爲宗旨。

第三條　工會別爲總會、分會二種。於各省省城，應設總會，於各府、廳、州、縣，應酌設分會，其有專爲某項工業設特別工會者，應定名爲某工會。

第四條　總會設總理、協理各一員，分會設總理一員，概由各該會董事中投票公舉，稟由勸業道詳部核準札派。

第五條　總會、分會各應視會中事務繁簡，以定董事員額之多寡，惟總會至多不得逾二十員，分會至多不得逾十五員，均由衆公舉，會員無定額。

第六條　總會、分會董事以備具下開各項程度者爲合格：

一　品誼：言行純正，未曾干犯法令者。

二　才能：曾於工學上確有心得，或於工藝上著有成績，或於工業上富有經驗者。

三　資格：或爲該地方土著，或游宦流寓該地方已逾五年，且年届三旬以上者。

四　名望：平素顧全公益，爲多數商民推重者。

第七條　凡從事工業已逾五年，且平日行爲端謹，經會中多數職員認可者，得入會爲會員。

第八條　總理、協理均以一年爲任滿，董事以二年爲任滿，每次改選，應於任滿三月前舉行，仍以得票多數者爲當選。如總理成績較著，或爲公衆推服，準由該會稟由本省勸業道詳請聯任，惟不得過三年。

第九條　總、分會中各項事務，除關係緊要者，須稟部核奪外，余均商承本省勸業道辦理。

第十條　會議分爲二種：一、尋常會議，每月至少三次。二、臨時會議，遇有重要事件，由總理招集，或由多數董事商請招集。凡會議均以總理爲主席，如總理因故不能到會，總會由協理代之，分會由總理委托董事代之。

第十一條　董事暨會員均應分任調查本地所産之原料，及輸出、輸入之制造品，并應調查境外及外國所暢銷或新創各物品，隨時報告本會，以備會議時研究參考。

第十二條　工會遇各項工業有彼此侵害傾軋情事，應妥爲開導規勸，其有營業已著成效而遭意外失敗者，亦應設法維持。

第十三條　每季或每月須將會議事項及各種報告，刷印成書，發給會中人員，以備參考，并呈部查核。

第十四條　本部有委令調查事項，應公舉數人，分任辦理，詳細稟覆。

第十五條　凡關於裨助工業各事項，均應實力提倡，相輔而行，列舉如下：

一　工業講習所。

二　工業試驗所。

三　勸業場。

四　各項制造工廠。

五　工業報館。

第十六條　本地所産原料，如有能改良舊商品，或創制新商品者，應設法糾集資本協力舉辦。

第十七條　凡非工會範圍内應有事項，概不得假工會地集議演説。

第十八條　除關於工業事件有確蒙冤抑，屢訴不得伸理者，得秉公代爲申辨外，其餘訴訟事件不得干預。

第十九條　不得糾衆罷工、妄肆要挾。

第二十條　凡會中職員，私假工會名義，有不正當行爲者，發覺，從嚴究辦。

第二十一條　總協理董事各員，凡於任内勤勞特著，經衆公認者，得由部給予獎札，以爲名譽獎勵。其能倡辦或改良一業確有成效者，得由部按獎勵專章，奏請給獎，以爲特别獎勵。

第二十二條　開辦及常年經費，或由地方公款中酌量撥助，或由發起人及工商營業者擔任籌措，惟不得勒派。

第二十三條　會中一切開支，概從儉約，每年由董事中公舉二人分任會計，仍由總、協理及董事隨時稽查，每月收支款目，應開明貼示，以供衆覽。年終繕造清册，分給會中各員，并呈部查核。

第二十四條　各省所設總、分各會，準其因地制宜，酌擬詳細規則，稟部核定，惟不得與部章觸背。

第二十五條　此項章程，有應行增損之處，由部體察情形，酌量辦理。

《澳門憲報中文資料輯録(一八五〇—一九一一年)・一八九三年三月二十四日(第十二號)》 大西洋澳門公會公同會議。

據氹仔、過路灣街坊公局稟請建屋章程，懇請准行等語，查該章程並無違例之處，且有裨於兩鄉，是以本公會准行。西紀一千八百九十三年三月十六日，即華癸巳年正月廿八日。督憲布、國家律師麻、柏之古、伯多禄畫押。茲將新建鋪屋及重修章程列下。

第一款：不論何人，如有新建，或重修，或修整，或更改鋪屋等，俱要赴公局討取人情，如違，罰銀三元至十元，並所建未取人情拆回之工費，爲違例者支理。

第二款：不準在氹仔、過路灣兩鄉内建板屋葵寮，如違，罰銀四元至十元。附款一：如有蛋家艇牽在岸上，或竪杉爲居住所用，亦照本款嚴禁行罰。附款二：如有極貧之民，欲搭蓋葵寮板屋，祇可氹仔在三家村，過路灣則在荔枝灣。政務廳賈畫押。光緒十八年十二月廿五日示。

《澳門憲報中文資料輯録(一八五〇—一九一一)・一九〇三年三月初七日(第十號)》 大西洋欽命炮營副將、佩帶大日斯巴尼雅國三等水師毅勇寶星、陸營毅勇寶星、御賜聖奔多亞非斯頭等寶星、下議院議政員、駐紮日本、暹羅便宜行事全權大臣、澳門暨屬地總督訥爲給發執照事。

案據華人林石泉稟稱，在沙崗群隊街北向空地，南向永隆砲仗廠，東向群隊街，西向白灰圍之地，開設砲仗廠一間。經飭華政務廳及工程公所勘驗，均以無礙居民，合行照準稟覆。查該砲仗廠，係列在西紀一千八百六十三年十月二十一日上諭第二款附款一所論之第一等廠。該指請建設之地，係在澳門城外，並無損礙人命、物業，驚擾鄰舍住居等弊，本部堂訪問澳門公會各紳，亦無異詞，是以按照上諭第四款所載發此執照給該華人林石泉收領，以便建設砲仗廠，限以製造一年爲期。該華人必須遵守下列各款。

一、製造火藥及砲仗，獨準在廠外之亭内。

二、倘由本執照發給之日起計六個月内，尚未建設砲仗廠；或既已建設砲仗廠兩年之内，尚未起手製造砲仗；或起手製造砲仗又停止兩年不造；或將廠搬遷别處；或將廠更改情形，致與本執照所準大異者，均即將本執照作爲廢紙。

三、按照一千九百零二年八月廿六日第九十六號札諭准行軍器章程第五十二款所載，在該廠内存貯火藥不能多於五百磅之外，倘該廠生意暢旺，五百磅火藥不夠用，須另請專照，方可多存；但該專照必先查過無礙，方準給發，並繳照費，否則不準給發。

四、該砲仗廠任由澳門船政廳隨時到廠查驗。倘有違犯本執照所載各條，即將該廠東或司事，按照一千八百六十三年十月廿一日上諭所定律例責罰。

本部堂發此執照，仰闔澳各官員一體遵照辦理。須至執照者，西紀一千九百零三年二月十七日，由督署發本執照，録在第四號執照部第一百四十五篇。輔政司。 西紀一千九百零三年二月十七日承。

《澳門憲報中文資料輯録(一八五〇—一九一一)・一九〇五年五月二十七日(第二十一號)》 大西洋澳門議事公局書吏盧奉公局命爲通知事。

案奉澳門公會本月十一日批準公局所議彙册則例增入麵包店章程一款，業經刊登本月二十日第二十號憲報頒行在案。茲欲各人周知，特行譯出華文如左。計開：第一百七十款：凡做麵包店應遵守以下各款辦理。

一、凡做麵包店打面之處，其樓底要密加天花板一層，四圍牆壁要搽灰水或油漆，地面要用紅毛坭打灰沙地。違者罰銀五元至二十元不等。

二、存貯麵粉之地要常時打掃潔浄，違者罰銀五元至二十元不等。

三、所用麵粉要用新潔完好，密眼之篩篩到潔浄幼滑，以免粉内之粗渣及坭滓得以攙留於内，違者罰銀五元至二十元不等。

四、凡做麵包所用之調和麵粉各材料及鹽，均要篩過潔浄，違者罰銀十元至二十元不等。

五、做麵包所用之水要正山水，鹽要好海鹽，不得摻雜，違者罰銀十元至二十元不等。爲此刊行憲報並繕多張粘在常貼告示之處，俾皆知悉遵守勿違。切切。特示。 乙巳年四月二十一日。

《澳門憲報中文資料輯録(一八五〇—一九一一)・一九〇八年七月初四日(第二十七號)》 上諭：查澳門華民居住街道，每因地狹人稠，致多癘疫，亟以潔浄地方爲衛生之要政。其法最善在該地方開闢通爽光亮之闊大街道及馬路及建造溝渠。近來，因火燭毁去之鋪屋業主，多已稟請建復，但概予允準，實大不宜，急應用官價購買。此事澳督時有奏聞，是以朕今所定各節並非别創新例，不過將一千八百八十八年八月九號頒行本國内之律例推行於澳門，其有必須更改者，亦不得不稍事更改。先交查察外省事務公會商議，復命各部大臣參酌，用增訂國册第十五款之附款一，朕所有之權批令頒行如下。

一、澳門政府所定改良澳門華民居住一帶之街道，業經繪明圖則，由西洋京都外省工程公會核準。凡在圖内所指新開馬路之界線内地段所有之屋宇，無論或全間或半間，一律購用，尤須刻速舉行，俾大衆得以早沾利益。附款，所定開新馬路並大街道所需購用各屋宇之地段，其係全間坐落路線以内者，即全間購用無餘。若係在路線之内購用半間者，亦可將所剩出路線外之半間購買八個未度(Metro)，但係該間所剩之地或不夠八個未度之長，即以購盡該間爲止，不得再行購及別間。

二、購用屋宇政府所估給之官價，如業主有不滿意，争論多寡者，所立之案卷悉按照一千八百五十年七月廿三日上諭、一千八百三十七年九月十七日上諭、一千八百五十九年七月初八日上諭所定賣買産業之例定斷價值，餘如或争認業主或不願割讓或與別屋有牽連情形各等案卷，亦均查照該例辦理。

三、如係政府所定購用一半之屋宇，其業主亦有權可以要求政府並購埋所剩之一半。

四、凡購用屋宇之地段，政府亦可以指出別處地段與其原地闊大相等、價值相若，給與原地之業主，以爲抵换。附款：購用新開馬路街道之地段，每勿度魯給價若干，由澳門總督定奪。惟先由工程公會在未拆屋築路之先，公同議定，詳請總督施行。

五、政府購用業主之各屋，無論或全間或半間，但後來倘因建築新路或改闊舊路不須盡用其屋之地段者，則所用剩之餘地，如原業主願照本章第四款之附款及第七款所定之價購回，即應先歸原業主購回。附款，如原業主不願購回用剩之餘地，則政府將其地出投，召人承買，以本款所定之價爲底。

六、凡買得此地者，祇有管轄該地之權，其地仍屬國家所有，每年須納國課衙門地租。

七、每年所納地租之數，其地係連大馬路者，每勿度魯二毫算；其係連闊至十勿之街者，每勿度魯一十六仙算；其係連其餘各街者，每勿度魯一十二仙算。

八、新開華民居住地方，所有官價購地及一切有關地方公益之事，都歸澳門政府之權。因此，澳門政府暫行代議事公局管理收支數目、築造工程以及一切所辦之事務。附款一：澳門政府將本諭旨所給之權，設立一公會以爲辦理。該公會係澳門工務司國家律政司華政廳及公局兼管工程之紳長。附款二：澳門總督有權將所立公會更動，惟須先將更動之緣故報知大西洋政府准行方可。

九、澳門國課衙門與公局須另行專立册簿，以便登記數目。凡係變賣所拆屋料及投賣餘剩地段所得之價，列入公局進數。凡係購買屋宇地段及築造馬路街渠等工程所支之各費，列入公局支數。附款一：爲開辦此事澳門國課官先籌備銀五萬元，由上款附款一所論之公會，分次陸續開單支取，以應開辦時所需之用。迨開辦後，工程所需則在公局所得之進款項下應付。如有不夠，則仍在五萬元内支取。附款二：每街開道築渠工程即畢，國課官即隨將該街工程所有進支之費計算清楚，開單送交分局閱看。若照單進支比對公局尚有餘存之款，仍歸國課官收貯。俟全工告成之後，再行核計交還。附款三：若至該公會聲明全工告成並所有大小街用剩餘地一概交與公局之後，則本附款一所指籌支之五萬元之數，無論用去多少，概由公局歸還。

十、按照圖内所指所有爲公益舉辦及開渠各工程，一概由海邊起手開工，逐段築造，以俾居民及來往行人，並無絲毫妨礙。附款一：其首先起造之工程，係十六勿闊大馬路。附款二：華民居住一帶地方之各渠，係由河邊循現時所有及將來新開街道直入内地，其與華居地方界域相連之屋宇，如係坐落斜地者，亦可將屋内自用之渠整出，與街渠相通接。附款三：上款所論加長街渠之工程，其費用歸華民公益專款項下開支，列入公局支數。

十一、大馬路及各街各渠工程未開辦之前，須先繪圖及估計工費呈之澳門政府，澳門總督即於詢明工程會後，核其費用，果不過第九款所定之數，即可批準開辦。

十二、在坐落新築馬路街道之地方新起屋宇，其門面必須遵照工程公所繪所之圖，依樣無異。

十三、凡投買得用剩之餘地者，或起屋或重建，均限於一百二十日内一齊興工。若過期不興工或停工者，每一日罰銀十元。附款，屋内自用之小渠須與街外大渠同時興工開造。如業主不造，即由工程公所代之築造，其費用則加一成，責成該屋主出。本論旨著管理外省事務部尚書遵照施行。大西洋一千九百零八年三月廿六日。大君主御押。管理外省事務部尚書戈簽名。

《澳門憲報中文資料輯録（一八五〇—一九一一）·一九〇九年三月二十日（第十二號）》 大西洋欽命澳門總督羅第三十一號札諭爲札諭事。

案查西一千九百零二年六月二十一日所定買賣火水章程之辦法，向來均見不便，售價仍屬昂貴。自應設法，使本澳火水之價與各埠市價相準，而後澳内所用火水方得較現在平減，以便民用。查欲貨價平減之法，最妙於使人人皆得任便販賣爭先。再查更改火水之章程，亦於國家規餉並不受損，而且有益。本總督是以用該章程第八款所界與之權，以將章程更改，先行移請澳門總督公會商議。本總督改定章程各款如下，合就札行，以便遵照毋違，切切須至札者。計開：

第一款，由西本年本月三十一日，即華閏二月初十日，將按照一千九百零二年六月二十一日火水章程所發給在澳門及屬地出入口沽賣火水之牌撤銷。

第二款，按照下列各款，任便在澳門及屬地做出口入口沽賣火水生意。

第三款，凡有船隻裝載火水入澳門或屬地做生意者，一入口即必須報知船頭官或船頭官之代理人，聲明其船所裝火水因爲何故、或運往何埠，限於泊岸十二點鐘之内，由船主或梢公往報。並須指明該船之名及來自何埠、復往何埠、及所裝火水投歸某人某行之貨。附款，如有不遵守本款者，必須責罰。除將船上火水盡數充公外，另罰銀自一十五元至一百元不等。

第四款，按照第三款所定呈報之情形，船頭官即查照第一號格式單繕寫入口單二張，一張給與收貨之人，一張移送公鈔局。

第五款，收火水之人，一接到船頭官之單，限三日即赴公鈔局，將第六款所定每箱火水應納之規銀繳納到期，公鈔局按照該單所開收其規銀。

第六款，凡入澳門或屬地口之火水，應納規銀茲列如左：每箱火水兩罐，納規銀三毫。不論火水多寡及用何裝載，均照每箱兩罐核計若干箱數納規。

第七款，不論何時，如賣火水人欲將已納規入口之火水，再運若干箱出口，即往船頭官報領出口憑據。船頭官即照第二號格式單繕給一紙，俾該人持單赴公鈔局呈明。公鈔局隨將所再出口若干箱火水已納之規銀核計交還。

第八款，所有起岸之火水，必須入皇家火水倉存貯，或入私家倉棧，惟須經官允準之處所方可。

第九款，不準賣火水人在其店内或家内貯存火水過於十二箱，亦不準所有民居舖户存火水過於一箱。如或當官面前聲明其常時要多用火水，或因有事需多用火水亦可，但仍不得多過五箱以外。附款，如有違犯本款者，必須責罰。除將火水充公外，另罰銀自一十五元至一百元不等。

第十款，所有入口起岸之火水出入皇家火水倉，及現在已存倉内之火水，悉照一千九百零二年六月二十一日所定章程辦理。惟火水之規銀，則照本札諭章程第四、五、六款所指而行。

第十一款，凡船隻未曾遵照第三款辦法者，不准將火水沽賣起岸。如有犯者，照該款之附款所定責罰。

第十二款，所有按照本札諭事理充公之火水，出投發賣。附款：如有所罰違犯章程之事，係由線人密報者，則將發賣充公火水所得之價及罰款，均以三分之一賞給該線人。

第十三款，所有澳門官員、巡捕兵士、查牌工役，須遵照本札諭章程設法查察章程所論之事。附款：澳門官員、巡捕兵士、查牌工役，如有緣故疑惑某船或某店有違本札諭所定之章程，即有權逕入該船或該舖搜查，惟須帶有證人兩名方可。若係民居住家，則必須先報該管官知，由官督同前往。

第十四款，將違章火水充公並罰款之辦法列左：凡有拿獲違犯本章之火水，必須即時繕具報單，用兩證人簽名，帶同該違章人一齊到國課衙門，國課官即照上款所論定罰。至所獲之火水，先通知巡捕館派一巡兵看守至搬入皇家火水倉爲止。其搬取入倉，係由國課官吩示而行，搬費即由國課衙門支給。若該違章人不肯遵罰，國課官即將其人連同報單及所定罰銀之憑據，移送律政司按照律例辦理。

第十五款，所有繳納罰款之責任，或歸船主或梢公，或該火水所投之某人、某店，與及所犯第八款章程存貯火水之大，皆有擔任繳罰之責。

第十六款，所有做火水出入口生意之人，或自設貨倉以貯火水，或入皇家火水倉，均任其便。果係自設火水倉，則必須先稟請本總督允準，方可設立。但無論存自家貨倉、存皇家貨倉，其出口之火水無須先納第六款所定之規銀。

第十七款，本札諭所定之火水章程，澳門總督仍舊有權可以隨時更改。

以上章程，澳門輔政司文劃押。西一千九百零九年三月十五日。

《澳門憲報中文資料輯録(一八五〇—一九一一)》一九〇九年三月二十日(第十二號) 大西洋澳門議事公局按照一千九百年八月初四日第一百零一號上諭及該年九月二十二日第一百一十三號札諭頒行之暫立章程。

第一章、管理工程。

一、議事公局工程統入皇家工程公所，名爲議事公局工程分所。

二、所有公局之工程分所、工程事務由工程公所工務司督理及工程公所各員幫理。並可由工務司指名咨會公局派出人員幫同辦理。附款一：由公務司咨會公局指名派充寫字一員，查工一員，雜役一名。附款二：由工務司咨會公局定明公所某員月給花紅若干，並公所所指名派定幫理之員月給薪水若干。附款三：所支薪水、花紅之費，係由公局工程專款項下出支。

三、所有管工人、收管器具人及工匠、雜工人等，於有工程時由工務司僱派足用。

四、公局之工程分所該管之工程事件列下：（一）管理本澳民間所有新建屋宇或拆舊重建，或修整，及勘定地界，及築造是否堅固，及有無妨礙衛生章程，及門面牆是否合式等事。（二）管理公局所有屋宇或新建，或拆舊重建，或修整等事。（三）管理各公園或修造，或整理等事。（四）管理所有街道及公衆街渠修理等事。（五）管理凡由公局出資修建之各等雜工程。

五、議事公局每年擬定專款一注，以爲該局工程之用。

六、工程公所一經知實議事公局將工程專款撥定，即將此款劃分，定明某項工程預用多少之數，每年至遲於六月三十日詳上督憲，聽候批準照行。惟必須先向公局問明公局所需新建屋宇，或修理工程若何。附款：督憲先將此事詢問工程公會，得公會答覆，即以札諭頒行作實。

七、不論何項工程，凡用款過五十元以上者，先須將該工程詳細情形逐件估價數目開列，稟明督憲批準，方可興工。附款：其係不適五十元者，祇須工務司詳報，督憲批準便可。

八、凡係公局自己屋宇之工程，須於未曾詳上督憲之先，將圖則送交公局長，俾與衆紳核閱，有無如何議論。

九、所有工程數目各單據，須照工程公所規矩彙存，並須標明某項工程及註明工程公所公局分所字樣。

十、所有公局工程數目人工單、物料單、接工人領銀單等項，俱查照工程公所現行規矩辦法而行。

十一、每一禮拜將所有僱工人單、物料單、接工人價單，核計共該銀若干，即問公局發給。

十二、所有外洋屬地工程，公所招人承造工程及承辦物料之辦法，已經載明一千九百年十月二十日上諭頒行之章程內，公局工程悉行查照該章程辦理。

十三、所有支給僱工人工價、物料價，接工人銀兩，俱歸工程公所管理收支人發給。

十四、應由澳門督憲吩示，將澳門全埠地方改良以圖公益，預定一改良全埠之總圖則，總章程。凡澳門內所有不潔净、不合衛生之處固須盡改，而街道、公地、花園及現有之屋宇，亦須一概設法改良，並設法另開新街、新公地、新花園及新屋宇，總須適合衛生規則、足壯觀瞻、住人有益、往來利便爲合。

十五、按照上款所定政良地方之總圖則、總章程，一經國家批準照行之後，所有現在屋宇，如有爲該圖則所指及者，即須購買拆平。是以此等購拆屋宇之事，算是有益公衆及最關緊要之舉。至於如何購拆之辦法，照例辦理。

十六、改良地方之總圖則、總章程，一經國家批準照行之後，澳門所有新建屋宇，或拆舊重建，或開新街道、新公地、新公園等事，均要朝照該圖、該章而行。附款，國家准將此總圖則、總章程批行之後，即應遵照辦理。惟必須另行劃分地段，逐段繪立實行之細圖則、細章程，以便先後次第興辦，此事係由澳督批示准行。

十七、上款所論總圖則，在皇家來曾准行之前，澳門所有建造屋宇，應定街線及屋之高大，仍歸公局分所定斷。惟須預籌下列各事：（一）凡有水物或硬物，應如何擠放，如何除免毒氣，如何使之流出，傾去，搬去須用何法。（二）地方凡有沮澤，或有各種生物之碎屑，須設法開竇，俾除去之。（三）街之溝渠。（四）街至少須有十個勿度魯闊，其斜路至多斜一百份之七爲度。（五）屋內之瓦面水如何設法流出街渠。（六）街之轉角須用何法。（七）屋之高矮，視其街之闊窄而定。A凡街未及五勿啟者，屋至高八勿。B凡街過五勿以外至七勿闊者，屋至高不過十二勿。C凡屋有兩面各向一街，而兩街各有闊窄者，則照闊街以定其屋之高度。D凡街有面向兩街各有高低者，則由官定其屋之高低。E凡屋係在院落之闊不向街者，均不得過十五勿高。如欲加高，則須求官允準方可。附款，若係禮拜堂、神廟，或衙署，或牌坊、石碑之類，則不在此第七條所定例內。

十八、現在之各屋宇，不準再有加高一層，亦不準於瓦面上建設閣間等項，因高度過於上款所定之章程，即所不準也。

十九、澳門總督廳向公局及大醫生問明所有公家或私家屋內如何佈置方能無礙衛生之法，然後以札諭定實頒行。

二十、現在之屋宇如有拆卸重建，而按照總圖所定須將其屋界縮入者，該屋所失縮入之地，國家須估價給還其屋主，悉照拆屋章程辦理。附款一：現在之屋宇如有按照總圖所定，須將其屋界展寬以合圖式者，該屋所得之地，須照本款估價由屋主繳還國家。附款二：按本款及附款一所論之事，或收償，或給價，均由公局經理收支，及與業主商量。或有立案爭論，亦由公局做一造，此係照按察衙門律例所定辦法。

二十一、業主如有空地、核照總圖所定須在該地上起造屋宇者，自經公局之工程分所傳知之日起計，限六個月，該業主即須興工。附款一：按照本款所論，如到六個月期並不興工，或業主於接到傳知之後到公局分所聲明不能起屋或不肯起屋者，即由公局或和平商量或立案辦理。將該地出投招人買受，誰出價至高者應承，自出投日起計六個月實能興工者得。至所投之地價，仍給與原業主收回。附款二：如在限六個月期之内，投地人□不在該地上興工建屋，或興工而不是一氣建造，至逾過足夠完工之日子尚未完者，由公局按照上附款一立案稟控，無論得地係屬何人，公局亦照此辦理。附款三：如將該空地出投發賣之時，並無人到來投買，即由公局照估價給與地主。公局自行在該地上建屋，建成之後，該新屋歸公局出賣。附款四、按照本款及各附款所論，所有業主建造屋宇，即典工而停歇者，均照此辦理。若果有此事，查明其因何緣故之後，該公局分所定以一足夠完工之日子，限令完工。

二十二、如有屋宇或將倒塌，或火災焚餘，或已經倒塌，該業主必須遵照公局分所傳知所定之日期拆平。若業主不遵傳票日期拆平，則公局分所派人代拆，無須告知業主，亦無須別立案卷，由管理公局分所員督拆，其使費仍向業主收取。

二十三、如有業主不遵以上各款者，立案由按察司衙門行罰，自二十元至三十元不等。

二十四、上第二十二款所論拆屋之使費，悉照律例收取。

二十五、如有業主大段地方或已經建有屋宇，或欲建造多數屋宇以爲住家之用者，若門口不向大街，後來必須開巷，務使空氣通爽有益衛生，及設遇火警利便赴救，及綠衣兵巡查方便爲要。附款，所開之巷，照本章程所定，與別街一樣闊。

二十六、所有業主或建新屋，或拆舊重建，除必須遵守建屋章程外，另須遵守下列指明各條：（一）凡大牆係用磚造者，至少要三隅磚厚，或約三十六仙點厚。若係用石者，要六十仙點厚。（二）凡牆由地平至天花板，至少要三勿八十仙點高，樓上每層亦同一例。（三）凡門之高度，要至少比闊度加倍。（四）凡有護身欄干之窗，高、闊照門一樣計法。（五）凡無護身欄干之牆，高比闊加半倍。（六）凡門檠、窗檠均用鑾石做，或用紅毛泥灰沙做假鑾石樣。（七）凡屋外牆須抿好，加灰水或青色、或灰色。其下半截起少突鼓，或用石、或用紅毛泥沙做假石樣。（八）凡砌牆之灰要一分灰、二分沙扣泥。（九）凡地面打灰沙，要一分蠔灰、一分紅毛泥、四分沙。（十）凡屋牆之料，應用鑾石或磚者，若用舊石、舊磚，必須潔淨者方可。（十一）若用跌斷之舊磚，必須有大半截長者方準用。（十二）凡牆簷瓦面，必須整磚欄河。（十三）自後凡起屋宇，必須整水槽，將瓦面水接落地下溝渠。（十四）凡屋宇，必須按照本章程及公局工程分所吩示之做法，在屋内整蓄水池，及水渠通出街外大渠，其使費歸屋主自出。附款，凡屋主不遵本款各條辦理者，按照情事輕重行罰，由五元至十元不等。

二十七、按照一千八百八十八年五月三十日第五十七號札諭所定，不準在澳門城内建搭茅寮、木屋。

二十八、無論何人若非有督憲特準，均不準在各砲臺牆角及砲臺坐落之山面附近地方耕田種菜或種樹木、或放牧牲畜、或掘沙泥、或建屋或築牆等事。

二十九、無論何人倘若有因建屋或通溝渠、或別事故將街上地方挖掘者，必須於完工之後立即照舊修回完好。如違罰銀三元，由公局工程分所自行整好，工費若干仍追該人交出。

三十、無論何人如有因建屋或別項工之事，致將街道損壞。其所壞之街道，惟公局工程分所之工匠可任修整，但該人必須於其工程完工之先二十四點鐘内到公局分所報知，俾得派人修整。若不往報知者，罰銀三元。至於修整之使費，仍歸該人出。

三十一、無論何人如有因建屋或別項工程之事，致將夠上所有各等牌誌污壞者，該人必須於完工之後立即整理潔淨，如違罰銀三元。另由公局派人，仍追該人出使費。

三十二、無論何人如有因建屋或別項工程致將街上明渠、暗渠及水口損壞者，均照第三十款所論辦法及罰銀而行。

三十三、凡屋大門口外，祇準用石塊砌階級，其級數以恰夠入門爲止。不準造別樣，亦不準用石搭拉車之上落軌道，違者罰銀二元。

三十四、凡不準煙囱（Cōng）向街外牆突出，違者罰銀五元。

三十五、凡屋向街牆有犯下列各條者，罰銀三元。（一）未得公局、公所允準及非爲救火之事者，不準在牆上或柱上或門防釘圓圈。（二）除寫街名或奉官命繪畫之外，不準在牆角油畫各等花樣。（三）除係行店招牌或標明某項生意、或東家名號之外，不準在牆上或巒石門坊上用灰、或油堆寫別項字樣。若係石已經舊壞，則給予人情俾搽灰水。

三十六、凡屋門口前地，或係紅毛泥沙或係石板羈於該屋者，若有污爛，該屋主即須修理，係石板即須打潔凈，違者罰銀五元。另由公局工程分所派人代做，仍追該屋主出使費。附款，本款所論罰銀之事，須俟傳知該屋主，限其十日照做，過期不做之後，乃行定罰。

三十七、自後所有新建或拆舊重建之屋宇，不論在城内屬於何坊地段者，均須於完工之日起限三個月，即搽灰水，違者罰銀六元。其所搽灰水之色，照第二十六款所定。

三十八、自後所有新建或重建之屋宇，不論屬於何坊地段者，其向街之騎樓門窗、門槳柏葉、欄河，及一切用木造之件，均照第卅七款所定一樣辦法。

三十九、先有之屋宇，及連屬於該屋之房所前後左右各牆，如有用灰與泥把牆面，或用石、或用花磚砌牆面者，不用搽灰水。其餘必須每三年蕩灰及搽灰水，或油漆一次。其係石者，到時亦要打新，如違罰銀十元。

四十、凡屋所有向街外之門牆及該門該牆之欄河、枋槳，或照上款所論之牆，必須每隔四年油漆一次。

四十一、爲遵守上所定之章程，公局工程分所到時，將某坊某街之屋宇應搽灰水或油漆，定限日期，刊明告白，俾衆周知。附款一，如過所限之期有未遵照做者，由工程分所指明，報與官知。附款二，凡屋牆搽灰水或油之後未過兩年之久者，不在此例。

四十二、除照上款所定之外，其有因意外事該屋必須搽灰水或油漆者，由公局工程分所隨時限期傳知屋主照做。如不遵照，則照第卅九款行罰及辦理。附款，果有因意外事該屋必須搽灰水或油者，由公局工程分所則特出專票傳知屋主，限以十五日之期照造。倘屋主過期不造，公局工程分所查照四十一款附款一所論，報與官知。

四十三、如有雲石或花磚或石所造之牆面無搽灰水者，應須時時洗抹，以得潔凈之益，違者罰銀二元。

四十四、所有石牆上涂寫字跡，或用器物刻劃，或污壞所搽之灰水或漆等事，悉按以上款行罰。

四十五、如有違犯本章程各款者，工程分所報知公局，責令該人遵繳罰款，該罰款歸入公局銀庫。

四十六、如有違犯章程、工程分所難以章令遵守者，即按其情事輕重，或報公局，或報官知。

第二章、建造牌照。

四十七、凡業主有建造屋宇、入牆公局領取人情牌照者，公局並不取使費。（一）或建新屋，或拆舊重建，或整向街之牆。（二）不論何項建造或整修、或將瓦面屋牆外面、圍牆外面、或潔凈、或搽灰水。（三）或築或修屋門口前地，或通屋渠出街渠。（四）不論何項建造，或要將所用之灰泥、或棄餘廢物材料暫時堆放街上者，祇準一車之多。附款一，不論何項工程，凡領到牌照者，若有停工或已滿牌照之期過十五日之久者，該牌照即作銷廢，必須再行領過牌照方可。附款二，本款第一、二、三條所指之工程，如未領有牌者，罰銀五元。第四條所指之事，如未領有牌照或堆放灰泥材料等物過於所限一車之多，均罰銀三元。

四十八、凡稟領牌照爲建新屋，或拆舊重建，或更改外面啟者，須查照後開第五十一款之一、二、三條及附款所定之憑據，隨稟呈出兩張。

四十九、公局將第四十八款所論之稟及圖則，送與工程公所之公局分所核閱準否，如經答復允準，方可出給牌照。附款一，如核明而回答不得準，該工程公局可以將所回復之語詳上澳門公會定奪。附款二，入稟人所呈之圖則兩張，以一張存在公局之工程分所，一張由公局批明準造字樣給回入稟人。

五十、公局將已經給予允準或建新屋、或拆舊重建、或別項工程之牌照通知工程分所，以便分所時時查看其工程。

五十一、凡屋主如不全照所批之圖則建造，必須全行拆盡，再行照則建合，無論耗費多少，均惟屋主之事。（一）圖則要註明屋内間格層樓高度、溝渠横直及外觀式樣如何。（二）圖則要註明街名及地界闊度。（三）圖則要註明屋主及包工人姓名。附款：現在之屋如有入稟請照單係更改外面啟者，入稟人不得但呈出外面更改之圖則，必須要將全屋現在内里之圖則呈出。

五十二、不論何處地方，凡有建造新屋或拆舊重建，其向街一面必須用木板圍住，該木板圍須離所建屋若干闊，由公局工程分所定明註入所給牌照之内。

如不遵此者，罰銀五元。附款，若在此木板搓灰或堆放棄餘之廢物，或安放所用之物料者，算是阻礙地方，罰銀二元。

五十三、該木板圍内如加上蓋者，其簷口至少要突出圍外十五仙點。如不及十五仙點者，罰銀三元。

五十四、凡有別項工程，不是起建新屋，亦不是拆舊重建，衹係洗滌或搽灰水或油瓦面屋牆、圍牆外面者，則須用二勿長之木條竪出以遮隔之。

五十五、不論何處地方，凡有工程將棄餘各物由高處卸落地下者，必須做四方大木槽，俾各物由槽里卸下於地，而地上亦須圍塞，以免播散，後來搬去指定堆放之處所。若不照做者，罰銀五元。

五十六、凡所搭之橋洞，或架爲建造作屋所用者，必須十分堅固。附款一，所搭橋洞或架堅固之責，歸包工人擔任。如有危險以外，惟包工人是問。附款二，如所搭橋洞或架，因不堅固致有傾跌傷人之事，則責令包工人出銀卅元給與受傷人或受傷人之後人以爲補恤。另須立案，將包工人照例辦罪。

五十七、不論何項工程一經完工之日，即不計其牌照之期，尚屬未滿，及或四十七款附款一所指牌照已經作廢，均須立即將搓灰及堆放之棄物移去，並限五日内拆去木板圍，違者罰銀五元。

五十八、若果有事件阻即，不得搭木板圍及不得堆放物料之時，須立即將該屋外面建造之工程暫行停止，違者罰銀五元。

五十九、凡業主如有向街之地段未築園啟者，必須用木板做圍牆，至少二勿高。於未曾定將該地作爲何用之時，不論日子久暫，並須時時修理板圍，俾常完好，違者罰銀十元至二十元不等。仍責令照做，費用係業主自理。

第三章，溝渠口瓦渠筒。

六十、凡街公地現在已有或將來續有之大渠，應有小渠通出相接，無論住屋或舖店，必須有渠口及渠筒收水落小渠，違者罰銀五元至十元。

六十一、凡屋如有天井或水巷者，必須有渠口收水落小渠，以通出大渠，並須有渠口蓋，違者罰銀五元。

六十二、凡街及公地未有大渠，各屋應有小渠通出街外。

六十三、凡在圍牆或類似圍内之屋宇與大街相離太遠者，每間屋必須有同樣之小渠，照上款所論之渠法受水，通落街上大渠。若其屋在街渠不及之處，亦準其小渠之水由街面繞落街渠。後來一有街渠整起，則不準矣。有違此者，罰銀照六十款所定。

六十四、如有未照上各款所定辦法者，公局出票傳知屋主。若經傳知後五日不曾遵票而行者，即以違犯章程論。

六十五、如見小渠應當再整或修理或通洗，即須照造，違者照六十一款罰銀。

六十六、凡通小渠挖出之爛泥穢物，必須隨挖出隨即用灰扣入，旋用有蓋之車裝運去指定堆放之處。違者照第六十五款之例行罰。

六十七、凡貼牆木筒，要質料堅實不泄水者，違者罰銀十元。

六十八、現在之屋宇所有瓦面落水、簷口落水，或別樣落水者，均須一律拆盡，再行改整。或用瓦水筒安入牆内，或用鐵水桶貼在牆面近地處，要用斜口出水，俾得總收瓦上之水，落街上明渠，違者罰銀五元至十元不等。附款，凡有新建之屋，均須照此造法。

本章程西一千九百零九年三月十七日由澳門輔政司文劃行。

《澳門憲報中文資料輯録（一八五〇—一九一一）·一九一一年十一月初四日（第四十四號）》 案奉一千九百十年五月二十一日屬務兼海軍部大臣札定於議事公局預算册内，不能指撥專款爲辦理本澳民間工程所用之時期内所有該項工務應歸澳門政府辦理等因，茲據該札第三款所載，應由本督設法以便遵守札内所定各節。查本年三月十四日本署督第五十五號札派公會訂立辦理民間工程暫章，當據該公會將現所遵行之新建、重建油漆修整民屋各章程規定若何更改繕具議草，呈由本督發交工程公所公會員酌商，並移請總督公會員核議。茲經總督公會認定，新章亟應實行。是以本署特將附本札之民工程暫章批準，俟將來西洋政府如有更改，再行飭遵辦理。須至札者。西一千九百十一年十月廿七日。

民間工程章程。

一、於澳門議事公局預算册内不能指撥專款爲料理公園、修整或料理街道，並督理民間工程所用之時期内，此等工務全歸工程公司獨辦，視爲國家公務。此係按照一千九百一十年五月廿一日第九十三號札諭所定。

二、現所預備本澳建造房屋及改良街道之圖，一經政府批準，則所有新建或復建各房屋，及開街道、場地、公園等項，均照足圖式營造。

三、在該圖未經照第二款所論批準之前，所有建造房屋之界址及地平線由工程公所指定，仍必須遵照下列各節：（一）灣角之至佳形式。（二）準街道之闊狹以定屋宇高低相當之率，其例如下：A如街闊少於五匆度魯，屋高不得過八匆度魯。B街闊由五匆度魯至七匆度魯，屋高不得過十二匆。C如屋係正側兩面均向街，而兩街之闊度不一者，以至闊之街爲率，定該屋相當之高度。D如屋係坐落花園或圍內者，高不得過十五匆度魯。附款一：本款所論屋宇高度，係由地平計至屋簷爲準。附款二：丈量高度，係由屋之正面中央丈量。

四、現有之屋，倘有加添層樓或加工程，其高度過於上款所定者，一概不準。

五、現有之屋如拆卸重建，須將屋地縮入以讓闊街道者，按照公家估價購買屋業，定例核計所讓出地若干估值賠補業主。若須將屋地拓出，亦照該估價定例，由屋主賠補所拓用公地之值。

六、凡舊爛之屋，因防倒塌而拆卸者，仍照一千八百六十三年七月十六日所定例辦理。

七、凡大幅之地段，在地面上或已有屋宇，或欲建造屋宇住家者，如各屋不能一律直接通向大街，則該屋地主須開闢巷路，俾屋舍通風以合衛生，並利便消防、巡捕之用。附款：此等巷路之闊度，應準所建屋之高度，查照第三款之第二條所定之率。

八、倘因情勢所迫，所有向街之地段，其地主必須在該地按照所批準之圖建造屋礜。附款一：但必須先傳知業主，並傳票頒行憲報方可勒令遵行。其傳票係將凡向街地段之業主一律專知，先由坐落城內繁盛地方者爲起始。附款二：由出傳票日起計限六個月內該地主必須垮其欲建之屋宇圖式呈請批準。附款三：倘地主收到傳票之後，過期不將屋圖呈請批準，或已呈圖批準而未於批定期内興工，即將該地估價或彼此兩願、或經衙門按照估價出投，招人承買，誰出價至高並應承於投得日起計六個月內建屋者得。該估賣之價不論多少，全數交還該地主領收。

九、凡新建或重建，或修整屋宇，除按照情形特別規定之各章程外，必須遵守後開之總章：（一）凡係全間拆平重新復建或平地新建者，如有土庫，由地板底起計至少一匆高，通氣穴口至少四十仙點高、二十仙點闊。如屋宇係在附本章所定之三大段地方者，須用英坭一分、沙二分、石屎四分搭，打地平六仙點厚，以免裂漏。（二）凡係全間拆平復建或平地新建屋宇，係在本章所定之三大段地方者，如地盤在水線之外，須用堅硬之膠灰，以英坭一分、灰一分、沙四分製成者。如地盤在水線之內，須用法國式之凝結土，以英坭一分、沙二分、石屎四分製成者。其地平，不論正間、旁座小房院等，均用法式凝結土，以英坭一分、沙二分、石屎四分，打六仙點厚，活於地面上再舖花磚或別樣亦可。（三）凡全間拆平重建或平地新建之各屋宇，其第一層樓下牆至少三匆七仙點高，各層樓上牆至少三匆五十仙點高。惟浴房、米房、厠所不連正屋者，不在此例；然仍須至少二匆八十仙點高。若係已有之屋分段復建，所拆過於全屋之一半，準該屋照舊一樣高，但所拆之牆係全幅拆卸，則須復建之新牆必須遵照本章所定之厚度，地脚亦然。（四）牆之厚薄，照後開之情節而定：A、無樓之屋高不過四匆，由屋內計，其正牆不過十二匆闊，其側牆不過五匆闊。均用磚砌者，至少直排一磚厚，即二十五仙點連灰。B、無樓之屋高不過四匆，由屋內計，正側牆均不過十二匆闊。均用磚砌者，至少照直排一個磚厚，即二十五仙點連灰。但必須加砌承桁相對之鈎連磚甍至相當之尺寸，足以支撑桁陣。C、無樓之屋，一連建造數間，每屋間牆至少直排一磚厚，即廿五仙點連灰。D、二層樓之屋，如有別屋隔開，樓高不過四匆。由屋內計，其正牆不過十二匆闊，側牆不過五匆闊者，其衆牆至少直排一個磚厚，即二十五仙點連灰。其後牆如與別牆距離不過四匆，或建天臺或下房，其陣杉與別牆相連者，此後牆亦至少直排一個磚厚，即二十五仙點連灰。E、三層樓之屋，有別屋相隔，每層樓高不過四匆，由屋內計，正牆不過十二匆闊，側牆不過五匆闊者，其三樓衆牆，至少直排一個磚厚，即二十五仙點連灰。其後牆如與別牆距離不過四匆，或於其間建天臺或下房，其陣杉與別牆相連者，此後牆亦至少直排一個磚厚，即二十五仙點連灰。F、凡間牆上或架樓桁或砌瓦面係在下開之條者，亦準至少直排一個磚厚，即二十五仙點厚連灰。一、無樓之屋，間牆相距橫直不過十二匆闊者。二、二層樓之屋，間牆相距橫不過十二匆，直不過十匆二十五仙點者。三、三層樓之屋，其二樓間牆相距橫不過十二匆，直不過十匆二十五仙點者。四、三層樓之屋，一、二層間清相距橫不過十二匆，直不過六匆七十五仙點者。G、除以上四條外，其餘各大牆間牆，在牆上架樓桁或砌瓦面，該牆用磚砌者，至少卅六仙點厚。H、凡架樓砌瓦面之大牆間牆，按照本章用磚要二十五仙點厚者，如用石必須厚五十仙點，用磚要卅六仙點厚者，如用石須要六十仙點厚。I、其餘屋內各牆不須有一定厚度。（五）凡住家屋之牆，係有緊貼山巖者，必須用蠻石或別項堅石，在貼山之點砌牆，再用英坭一分、灰一分、沙四分，搯到堅固。其餘各牆搯灰，以石灰一分、沙二分爲率，若由工程公所允準，亦可用好灰一分、坭二分。（六）凡斷碎舊磚不及大半截者不準用。（七）凡屋之外牆簷上必須砌欄河。（八）凡屋之外牆，自完工日起計，至遲限六個月，必須搯灰、掃灰水。（九）凡拆屋重建或平地新建者，所有房間，除出入門户外，至少有一窗向街或向外廳。其窗之高、闊丁方，不能少於該房丁方之十分一。（十）大牆間牆之上開門或窗，必須在門窗上楣砌磚拱成，或孖連鐵板。如欲用木，亦可惟磚砌之拱，另用木，則其木承拱之點不得過於六仙點深。若係鐵板而又用木，該木不得與鐵板一樣長，必須鐵板兩頭有十五仙點在磚之上。（十一）所有門窗及木料所造等件，自完工日起計限六個月必須一律將外面油漆完好。（十二）所有向街之牆，必用水管，俾得瓦面雨水接落街渠。（十三）所有拆屋重建或平地新建者，屋內之空院至少三勿深。如係闊不過四勿、深不過三勿，則祇準在該院内建造廚房，廚房上蓋瓦或整天臺或游廊，惟必留一半露天爲合。（十四）將來開井必須露天，現今凡院落花園所已有井或屋裡之井，經將上蓋拆開，露天之處，不準復行建造，如欲復有建造，必須將該井遷改。附款：凡業主不遵上列不論何條，按照情事罰銀自廿五元至四十元不等，所做工程，仍按照本章更改。

十、禁止蓋搭葵木棚寮，或修整現有之棚，即小小修整亦嚴禁不準，犯者罰銀五元，將棚寮拆去，由棚寮主出拆費。惟醮棚、浴身棚、吉凶事所用之棚、工程時期内爲存儲物料、遮蔽風日之棚，現在定有辦法，照舊而行，不在此例。

十一、凡樓下房高，不少於三勿七十仙點，樓上房高不少於三勿半者，準其建小閣；惟廚房仍不準建閣。至於建閣，須遵下開各條：一、小閣之丁方尺，不能過於該座丁方尺之一半。然最大，仍限至十八勿丁方爲度。二、所建小閣，不能阻礙向外開闔之門及窗門。三、小閣底下不能少於二勿半高而閣之上下不得圍密祇準用鐵網或用裝修遮隔，但用裝修，仍須至少有三份二通氣。倘違以上不論何條，罰銀十五元，並將小閣拆去，由建閣人支拆費。

十二、因通洗溝渠或他事將街道挖掘，必須於完工之時仍舊將挖掘之處填回，照舊一式。否則罰銀五元，另由工程公所飭工填做，勒令其人出工費。

十三、因修整屋宇，致將牆處所有之牌匾塗損，必須完工之後照舊做同，否則罰銀三元，另行做回，由該塗損人出工費。

十四、不論何人，不準在向街牆安置煙囱，違者罰銀五元，並將煙囱拆去。

十五、所有向街屋之屋主，遵守下開各條：（一）外牆非搯來路堦磚或石者，必搯灰再搽灰水或油漆。（二）外牆之門窗，柏葉窗門檠、窗檠、窗枝並木質、鐵質等件必須油漆。（三）窗外倘有雲石、蠻石或來路堦磚，須洗抹光潔。附款一：按照本款所定，工程公所每年於西十一月十二月内頒行告白，指出某間屋宇應做此項工程，並定以限期令其遵做如限期已滿，該屋主尚不照做者，即罰銀十元。若被罰後仍不遵做，則任工程所飭匠代做。其費用，仍勒該屋主支出。附款二：如果工程公所當爲方便，亦可禁止搽某色灰水、某色油漆，其有犯禁者，照上附款行罰。

十六、凡有塗污或損壞外牆之灰水、油漆者罰銀二元。

十七、不論何人，不論所因何故，概不準有阻礙街上明渠情事，犯者罰銀十元。

十八、凡拆舊重建或平地新建屋宇，其街有大渠者，必須用十五至二十仙點厚之瓦水管做水渠，通接該街大渠。

十九、向街之屋，於該街將來整新大渠之時，必須用十五至二十仙點厚之瓦水管做水渠，通接該街大渠。

二十、將來如有將其屋已有通接街渠之小渠修整或疏通者，必須用十五至二十仙點厚之瓦水管换造其舊小渠。

廿一、水渠在於屋内，至少要有一個渠口，渠蓋須照街上之渠口石一式，或意爲合用之式。

廿二、倘在第十八、二十、廿一款所論之屋，每一層多於一個渠口，或全間多於一個渠口。其每一個渠口，用一個渠口石，每渠口仍須用十至十五仙點之水筒通接至於牆外之落水槽，準用熱鐵製造，加錫釬口。

廿三、爲遵照十九款所定工程公所在街道建造大渠，必陸續頒行告白，通傳各屋主，並定明期限，俾各查照該款整小渠以便通接。

廿四、如違上所論水渠之例，罰銀十元至二十元不等。

廿五、凡溝渠所挖出之污穢物質，陸續用灰摻之，再用有蓋之車立即載去指定堆積地方，違者罰銀十元。

廿六、做造下列工程，該業主必須先領準照：（一）全面新建或重建、或拆分修建。（二）新建、重建向街之牆，或花園院落，高逾一勿之牆。（三）更改向街門面或僅加簷篷、或添蓋亭子，亦要領照。（四）更改屋內間隔。（五）建造、修整、疏通屋渠或通接街渠。（六）做造不論何項工程，因屋內未有餘地，必須在街上舂灰，及安放棄物及所用物料者，但棄物及於一車之多，即須搬去。（七）蓋搭葵篷遮蓋所做工程之屋，或安放做工之器具、物料者，一完工後即須拆去。（八）架設企棟並圍板。附款一：本款所論之準照，非有的實緣故而停工過於三十日即視爲廢紙。附款二：本款所定應領準照之各工程，如不領取者，罰銀十元。如已領有準照在街上安放棄物過與第六條所論一車之多，罰銀二元。

廿七、凡小修，即修地盆、樓板、鐵料、瓦面、天臺、樓梯、內牆空、內外門窗、修換火爐、開井、陶井、院落抈灰、搽灰水、油漆等事，一概免領照。

廿八、領取準照爲新建、重建或更改屋外式樣工程之禀，由屋主出名具呈，須註明街名及街之闊窄，附呈圖則。圖內詳細指明正側各面情形、外面式樣。附款：所做工程不是照所準之圖者，一概拆去，重新照圖再造。所需費用由屋主支給。

廿九、凡新建、重建、大修整向街屋之工程，必須用板圍住。該板圍距離該屋若干，由工程公所在準照內示明，違者罰銀五元。附款：在圍板以外之物件，即如舂灰、堆積棄物物料等，一概作爲阻街之物，罰屋主銀二元。

三十、做向街屋之小工程，即洗抹搽灰水、油漆瓦面、牆壁，須於兩邊用木板斜上遮住該木板至少兩勿長，違者罰三元。

卅一、凡做不論何項工程，由上卸下之棄物，必須用四密木槽承接傾下直落箱內，隨即搬往指定堆積地方，違者罰款五元。

卅二、如在街上修灰者一經完工，須將餘殘者搬去。其圍板則限五日拆去，違者罰五元。

卅三、二十六款之第七、八條所論之準照，歸議事公局發給，餘各條所論之準照，均由工程公所發給，不取分文照費，但必須遵守下開各節：（一）或拆舊重建，或平地新建，或修整，其各工程祇係按照章所載各款辦理者，工政司按照本章將圖核定，自受禀之日起計八日內發給準照。（二）倘所呈核圖則有加做，屬於本章所未曾指明，或業主以特別緣由做造，異於本章所定之工程者，工程司須將其情形繕明、連禀，及圖總行轉送工程公會核辦。仍限三十日內發給準照，內必須註明特別之工程。附款一：如本款所定給照之期限已過，而工程公所仍未給予準照，亦無批示不準明文，任業主無照興工。但必須依照所呈核之圖與本章不背者做造，亦任業主向工程公所取回所呈圖之副本至本章所定各例並行罰各條除例準無照做工不計外，凡屬業主概須遵守。附款二：倘按照本款之附款一由工程公所發給準照者，而工政司所指定各款不滿業主之意，任業主聲明緣由，請工程公會判斷，工程公會可以更改工政司所定之原稿。

卅四、違犯本章之人，一經工程公所傳知罰鍰，若不允遵罰，即解送按察司署究追。

兹將第九款第二條所指定三大段地方列下：

第一大段：在圖內用紅線指明，後開屋不在其內。媽閣街所有雙號屋，並有摩鲁兵營前面之空地。此空地上下兩層，均在其內。下環街第八三號、八十九號、九十一號、九十三號、九十五號並廿七號後邊之上地。龍頭左巷六號、八號、十號屋。喃嚤園所有之屋。福德街所有雙號之屋。水手西街三號、五號、七號、九號、十一號、十三號。水手斜街一號、三號、五號、七號、二號A、二號B、二號C、二號D、二號E、二號F。水手東街二號、六號、八號A、八號、十號並十號A。三層樓上街第〇屋，並與本街之地平高下相等之三號、五號、七號、九號等屋。三巴仔街四號、六號、八號、十號、十二號、十四號、十六號。三巴仔横街二號、二號A、二號B、二號C、二號D、四號、六號、八號、十號、十二號、十四號。亞堅奴前地所有之屋。呵吋口七號、九號、十一號、十三號、十五號、尾街號、尾十號、號屋號、號、號、號註號、廿七號、廿九號、卅一號、卅三號、卅五號、卅七號、卅九號、四十三號、四十五號、四十九號、六十一號並第一號、三號、五號、四十七歸、五十一號、五十三號、五十五號、五十七號與一百廿七頁後幅，納國課頁廿衙門每納年課夜母斜巷一號、二號、四號。福隆里所有之屋。福隆新街三號、七號、二號、四號、八號。天通街四號屋至十二號屋，並從前第二號屋之地。天通圍四號屋至十二號屋。監牢街一號屋至十一號屋。板樟廟前街。禮拜堂。板樟堂街。救火局。德律風公所。賣草地街所有雙號屋。賣草地里並賣草地圍所有之屋。高尾街十一號、二十號、廿四號、廿六號、廿八號。大三巴街所有雙號屋並四十六號屋之上地。葉家圍所有之屋。三巴里所有之屋。顯榮里一號、三號、五號、七號、九號。屋，註册第號四千第號三千第號百千九號千七號、九號、十一號。永慶里一號、三號、五號、十四號、十六號、十八號、二十號、廿二號。快艇頭里十一號。沙欄仔街二號、二號A、二號B、二號C、二號D、四號、六號、八號、十號、一號、三號、三號A。白鴿巢前地一號、一號A、三號、三號A、五號、七號、九號、十一號、十五號、十七號。由義巷所有之屋。沙梨頭口巷五號、六號、七號。何林里十一號、十三號、十五號、十七號、十九號、廿一號、十六號、十八號、二十號、廿二號。沙梨頭巷所有之屋。黎地里、高園園、池羹里所有之屋。沙梨頭斜巷二號並在該屋前之小廟。惠愛里五號、七號、九號、十五號、十七號、十九號、廿三號、廿五號，並上列屋旁邊上層之地。莽里四號、六號、八號、七號、九號、十一號、十三號、十五號、十七號、十九號、廿一號，並上列屋旁邊上層之地。醮場地廟屋。

第二大段：利字里所有屋，並灰爐斜巷二號屋之僅與本街地平相等之一段。智字里、燒灰爐街、智字巷、義字里、金多里、西灣街、燒灰爐口所有之屋。南灣街除九號、十一號、十三號、十五號、十七號外，其餘所有之屋。大堂斜巷所有之屋。近西街所有之屋。家辣堂街一號至四十一號屋、二號至十八號A。

第三大段：所有剷狗灣、望廈山之東、西山脚並海及關閘中所有之屋並地。

《礦務檔·一般礦政·劉鶚已拏獲》 光緒三十四年六月二十日，收南洋大臣端方電稱，外務部鈞鑒，寧密，十九日電悉華員劉鶚已派巡警總監何道黻章，帶同委員許炳璈設法在寧拏獲，交巡警局看管。應如何辦理，候電示祇遵方，二十日。

《礦務檔·一般礦政·劉鶚營私罔利勾結外人請旨懲辦》 光緒三十四年六月二十二日，外務部奏摺稱，再已革知府劉鶚，即劉鐵雲於光緒二十四年間，朦混山西巡撫胡聘之允許福公司借款辦礦，並希圖承辦雲南礦務，經山西京官鄧邦彥、雲南舉人沈鋆章等，先後聯銜具呈，都察院代奏，以該員壟斷礦利，貽禍晉滇，請查拏遞解回籍，交地方官嚴加管束。各摺片軍機大臣面奉諭旨：著總理各國事務衙門查明辦理，欽此。歷經查拏未獲，本年正月十一日奉上諭：已革知府劉鶚，膽大貪劣，狼狽爲奸，着永不叙用等因，欽此。伏查該革員貪鄙謬妄，不止一端。當庚子之亂，更名來京，盜賣倉米；上年夏間，復在韓國私設鹽運會社，購運遼鹽出境種種行爲，均係營私罔利，勾結外人，貽患民生，肆無忌憚。若任其逍遥法外，實不足以懲奸慝而儆傚尤。現接准南洋大臣端方電稱，該革員因浦口議開商埠，來寧具呈報效地畝，經臣等電復密飭查拏，先行看管，應如何懲辦之處，伏候命下，即由臣部電知南洋大臣，遵照施行。爲此附片具陳，伏乞聖鑒訓示，謹奏。

《礦務檔·一般礦政·上諭著解劉鶚前往新疆監禁産業充公》 光緒三十四年六月二十二日，收軍機處交片，稱交度支部兩江總督，外務部法部新疆巡撫軍機大臣面奉諭旨：外務部奏已革知府劉鶚貪鄙謬妄，不止一端，請旨懲處一片，革員劉鶚違法罔利，怙惡不悛，著發往新疆，永遠監禁。該犯所有産業，著兩江總督查明充公，辦理地方要政，該部知道，欽此。相應傳知貴督部無欽遵可也，此交。

《礦務檔·一般礦政·劉鶚業經拏獲即遵旨解辦》 光緒三十四年六月二十四日，收兩江總督電稱，軍機處外務部鈞鑒，申密，二十三日奉電旨，革員劉鶚違法罔利，怙惡不悛，著發往新疆，永遠監禁。該犯所有産業，著兩江總督查明充公，辦理地方要政等因，欽此。遵查前接外務部電，業經飭派巡警局道員何黻章、委員許炳璈，設法在寧將劉鶚拏獲看管。謹即遵旨，派員將劉鶚解往新疆，永遠監禁，並查明産業充公。除起解日期，另行咨報軍機處外務部查照外，所有拏獲革員劉鶚緣由，謹請代奏。端方叩，漾。

甘厚慈《北洋公牘類纂》卷一六《工藝一·直隸工藝總局詳重整局規章程文並批》 爲詳報事。竊照職局自奉 憲諭開辦以來，迄今已有四載，初則創立大致辦法七條，各員司尚能遵照辦理。嗣經隨時考核利弊，因事制宜，於是防微杜漸，頒發各項規則，飭令恪守遵行。祇以未經彙總榜示，誠恐日久懈生，而且員司辦公，各在值宿屋內，遇事奔走詢問，亦欠捷便。現經職道等改設一總辦公室，凡本局有辦公之責者，皆設桌椅於内，從此每日辦公，同聚一堂，自應彙總重申規則以專責成而期整頓。所有酌訂重整局規五章計四十六條，業已書榜懸掛辦公室内，用以昭示訓令外，又刷印局規多本，自總會幫辦以至各員司書識，每人給予一本，俾得各自置於案頭，隨時披閱，以爲辦公準繩。是否有當，理合將重整局規照録一本，具文詳請憲台察核立案，爲此備由具詳，伏乞照詳施行。須至詳者。計詳送照録重整局規一本。

謹將職司重整局規照録，恭呈憲鑒。計開：第一章總綱　一、本局以提倡維持全省之工藝爲宗旨。二、本局以誘掖獎勸，使全省紳民勃興工業思想爲應盡之義務。三、本局以全省工業普興，人人有自立之技能爲目的。四、本局員紳同擔任上三事之義務，必須扼定宗旨，尚勤尚實尚公尚廉，各秉血忱，祓除舊習，堅忍持久，以期徑達上項之目的。五、本局員司以事實爲本位，欲治其事，始委其員。我中國積弱之原因，端由於委任員司，不問其人之才識能否治理此事，率徇情而位置之，不惟素餐靡費，更且流弊滋多，腐敗日甚，事事如此，大局焉得不壞。本局循名覈實，人人有爲國家振興實業之責任，現在重整規則，淬厲新機，力矯此弊。該員司人等其各勤厥職，翌贊總局名譽，本總辦與有榮施矣。六、本局議長參議議員勸工員專主選舉士著紳民，以期社會發達，久之地方實業普歸自治，較之專恃遷徙無常之地方長官，志趣各異。舉輟靡常者，其氣象自不同也。本總辦承乏此政開辦以來備歷艱辛，志在育成紳民自治能力，一俟局中魄力沈厚，條理完備，足以自立後，應即妥定永守勿替之規，詳明立案，專歸民辦，地方長官僅任保護維持之責，不能擅更定章，侵損紳民自治之權，庶幾斯局堪與河山並峙矣。願各紳諒此苦衷，共勉毋懈。第二章普通局規　七、凡舊日官場錮習、繁文縟節、欺飾敷衍，一律嚴革盡净。八、凡有心之失以私罪論，分別懲罰撤參；無心之失以公罪論，酌量記過罰薪，以昭炯戒。九、終始勤慎結實任事著有勞績者，分別酬金或詳請議叙，以示鼓勵。十、局中員紳各有職司，不必彼此週旋，徒飾外表，耗損精神，無裨實際。十一、局中如遇困難之事，同人必和衷商酌，切實研究，或有見解，不妨師法韓範面折廷爭，不准引嫌緘默。各紳研究條議，先由提調參議披閱，簽註已見，統限本日内呈本總辦核定施行，不得稽延。十二、如習於圓通，遇事唯諾，不任勞怨，是無熱心，即屬凉血。縱使甘於無功無過，亦與本局宗旨相背，應在淘汰之例。十三、局中員司人等，黎明即起，一夜便息。十四、凡司事以下各人等，除因事請假外，均應常川住局。十五、自提調至幫文案，應酌定輪值住宿表，張帖辦公室，俾專責成而均勞逸。十六、員司人等無論公事私事外出，均由門號房將出入時刻確實登記，某某自某時出、至某時歸，不准疏漏，以便稽查。十七、員司人等如因切己要事請假，必倩同人暫代，假期在一日以内者，提調主持，在一日以外者，須請本總辦批准。然至長不准逾五日，以免曠廢。十八、員司人等於公餘之暇，儘可修養精神，或看時務書籍，披閱報章，不准聚談戲謔，任意狂笑，有紊局中秩序。十九、雖盛暑酷熱，不准袒裼盤髮，游行局院局門，以重儀禮而肅觀瞻。二十、門號茶房局差以及各僕從，均不准集聚局門任便談笑，即在室内，亦不准大聲疾呼，嘈雜喧嘩。尤不准無端戲弄絲竹，違必懲逐。二十一、局門早六鐘開，夜十一鐘鎖，縱遇緊要公事，非有值宿員之命令，不准擅開。違者分別罰懲。二十二、局室以潔净軒豁爲要，不准塵積穢污，其局門前後院落厠所，固應責成執役洒掃。即各人宿舍，亦應整飭精嚴，秩序井井，以挹空氣而重衛生。第三章特別局規　二十三、議長參議議員勸工員，擔負聯絡桑梓結成團體之義務，以誘勸社會普興工藝爲責任，有研究改良組織實行之權，以共和公益爲限。甲、輔助局務，興利革弊。乙、考查已立各工場，如遇困難，必竭力救濟之。或無進步，必多方指引之。丙、遊說於村鎮鄉區，俾能一律籌立工場。丁、凡民間有難達之隱，立爲據事直陳，以除格閡。戊、各運思想研究農工商等實業著爲淺説，比較試行。己、各具匠心演試製造成品，如果本輕工省，足以挽回利權，即設法推行。二十四、提調以提議調查本局庶務爲責任，有考核司事、書識、門號、茶房、局差等勤惰之權，以承上發下爲限。甲、典守契約關防。乙、執行示定各規則。丙、清理公牘函件。丁、督催各員司人等應辦之事。戊、接待參觀員紳。己、旁參研究問題。庚、預聞高等工業學堂、實習工場、考工廠教育品陳列館等處，庶務而指正其得失。辛、舉發本局員司人等功過，若扶同欺飾，以私罪論，或互相標榜，希圖一己見好，有礙公益，亦應科以公罪。二十五、文案、書記、幫文案，以辦理一切公牘爲責任，有考核司事、書識勤惰之權，以公事敏速毋錯爲限。甲、文案專主公事正稿，兼擬緊要函件，督飭整齊卷宗。乙、書記專主函稿，校對公牘，幫繕緊要函件，選擇各報，接待賓客。丙、幫文案辦理各項例稿，幫同整理卷宗。丁、文案舉發司事、書識之功過，會同提調呈請核辦。二十六、收支稽核以會計出納爲責任，有稽查門號、茶房、局差人等勤惰，全局上下飲饌精粗、器具完缺、庭除整潔之權，以不紊亂虛糜爲限。甲、收支掌管銀錢出入及總局度支稽核，專司核算總局及各分處帳册，不得稍有歧誤，均兼理全局庶務。乙、額支以詳定之案爲憑，活支本無一定，須臨時開單禀請總辦批示爲憑。丙、領款發款均依定期，不能參前錯後，懸支預借。丁、總局及各分處所有帳册，均按十日一結，由稽核處核過蓋章，送總辦閲。其上月報銷不得逾下月半以前，必須按期催核，不得稍任逾延。戊、總局存款均立憑摺，交銀號，毋庸存局。凡支款由收支開聯票呈總辦蓋章，持赴銀號支取，以昭慎重。己、厨房須隨時檢視，凡烹飪失法及餒敗、有礙衛生之物，均令更换。庚、督飭茶房、局役隨時掃除庭舍污穢，以肅觀瞻而重衛生。二十七、管卷收發司事以典守檔案收號拆封檢視繕發爲責任，有分別緩急、督催繕寫之權，以不積壓散失、校對無訛爲限。甲、管卷司事專管卷宗，擇出案由，列號登簿，分別歸檔，收藏整理。必須秩序分明，不得凌亂夾雜。兼管各報不得散失，校對公事並查書識程課表，不得怠玩疏忽。如敢違悮，罰懲不貸。乙、收發文件司事兼用印校對公事，以細心無錯爲要。查填書識課程表，書寫插屏，幫繕要函。凡收文牘，立時拆註簡由，於簿并填收到時刻，不准延擱積壓，如有違悮，罰懲不貸。二十八、書識繕寫公牘，每日如繕上行楷字，以二千字爲及格，平行便書以三千字爲及格，能超出者賞，不及格暨雖及格而錯落多者均罰。二十九、門號房職司閽務，無論何等賓客到局，立時通傳。惟在辦公室限內，除特別參觀員紳仍先延入客廳、即時報知外，其餘公私賓客，均應婉告來人，須辦公限完始能接見，毋任門有留賓。甲、管理局門鎖鑰啟閉，遵照第二十一條。乙、管理出入稽查簿，遵照第十六條。丙、凡遇賓客到局，必先詢明官階、行號、住址，或係參觀，或因專見某員，均應分晰登記門簿，以備考查。丁、司事書識本屋，均爲公牘要地，不准私會局外之人，如有親友必需面見者，准在延賓室外間接待，以一點鐘爲限，不准長談，致悮局務。戊、門號、茶房、局差以及各僕從人等，遇親友到局探望，只准在門房面話，以一點鐘爲限，不准任便流連。如敢逾限逗遛，准門號房指禀懲處，倘扶同容隱，一併懲究不貸。三十、茶房專司茶水，以潔净爲要。局差專供驅使，以勤穩爲要。凡局門局院，應責成茶房、局差常川洒掃，每日至少須二次掃除塵積污穢。至辦公室客廳延賓室，則專歸茶房隨時洒掃，務期一律軒朗清潔，其桌椅器皿隨時拭洗，務須整齊光明。如敢怠玩，重懲不貸。第四章辦公室規則　三十一、局中員司人等，每日分早晚兩次齊集此室，辦理公事。三十二、每届夏令晝長，准早七鐘半集，届冬日移後半點鐘，至十一鐘半散。下午二鐘半集，届冬日移前一點鐘至五鐘半散。届時不到者罰，先期請假者及因公出外者不在此限。如有特別緊要事件，隨時可由提調傳集或展時限，不得違悮。三十三、齊集後依次傳觀各公事分別辦理大概，簿書以文案爲主，度支以收支稽核爲主，如有疑難，均商同提調，立時粘簽請示。三十四、凡甲日下午五鐘後所收支文牘以及擬定各稿，定限乙日早七鐘各携至辦公室傳觀，並甲日晚間有交辦之件，均分別預辦，亦於乙日早一併在辦公室點齊，登簿裝封，送請書行。其本日十鐘後收文並稿件，即於本日下午携至辦公室分別辦理，不得遲至次日。三十五、凡集辦公室決無一齊核閲公牘之時，或暫無可閲之牘，即應在中間大案上翻閲報章，以增見聞。不准任便談天，致擾他人辦事之思想。三十六、如有應擬之稿，頭緒繁多，篇幅過長，以及繕寫需時，届散息時未完者，均准携還宿舍接辦。三十七、書識繕寫字數已有二十八條之定格。至於擬稿，除例文可以立時就緒外，或有要件必待斟酌，而立意謀篇亦須思想，非倉卒所能急就者，酌擬五六百言者限一日，千餘言者限兩日，要以辭達意賅爲主，不能過緩，亦不必以萬言倚馬爲奇也。三十八、凡集辦公室，如目敏腕捷，能將一己應辦之事先時辦完，仍可襄助同人幫辦他事，兼候續到有事，即可接辦。不准藉口己事已畢，先散休息，致續有事到，竟無人承辦，殊開怠荒之漸。三十九、各人眼光靈鈍不同，凡自度閲牘緩漫，即先看例牘短篇，以繁長要件讓他人先閲，庶不致因一人手執一牘，致其餘皆兀坐以待，延悮光陰。四十凡、在辦公室一己應辦之事未完，未届散息之限，應遵第二十九條不准接會朋友。如有特別參觀員紳，經門號回知，只准提調或書記或勸工員至客廳接待，餘人毋庸過問，以免廢悮公事。第五章延賓室規則四十一、延賓室專爲各外省暨本省各州縣到局參觀考查員紳而設，除文案、幫文案、司事書識外，如提調參議收支稽核，均有接待照料之責，尤以書記、勸工員爲專任供應陪備顧問，不得稍涉疏慢。四十二、接待參觀考查以誠摯和靄爲要，以勤懇盡告爲主，更以耐煩不厭爲盡職。四十三、督飭厨茶局役，凡飲食起居，以適賓客之意爲要，酒醴肴饌須約而精，不必奢侈，切忌粗惡。四十四、凡參觀本局所轄各處，酌由書記官、勸工員輪值伴往，或先電傳各該管理員從優接待，派人導引並備顧問。四十五、各州縣紳商到局參觀考查，必詢其本境工場作何辦法，如有因各該地方官漠視，致紳商困難不能生發，須由書記委婉擬函諄囑各該州縣，設法提倡維持，並勸勉該紳商竭力經營，本局始終擔任保護之責。四十六、各外省大半係派委員到北洋調查工藝，而所派之員又多爲各該省辦理工藝之人，正可乘此細詢各該省有何土産，其工藝如何辦法，或有長可取，亦可借他山之助。或有特別製品爲我局考工廠所未陳列者，即應問清名目、製法、價值，酌量託購添庋。以上諸條多未完備，容俟隨時體驗，依次增删續訂。須至局規者。督憲袁批：據詳已悉，所訂重整局規章程尚屬妥善，應准立案，仰即遵照。章程存，此繳。

甘厚慈《北洋公牘類纂續編》卷二二《工藝·工藝總局詳報新訂各工場註册簡章文並批》　爲詳報事。案查直省各屬工商，凡在職局禀請立案保護者，向將成品發交職局所設之售品總所寄售，其新創改良之貨樣，以及已完進口税之料物，均准發給護照，奉前憲台袁批准，歷經遵辦在案。茲查直省各屬風氣漸開，其新立之工場，來局禀請保護者日多，職局以向章僅予立案，尚恐未易鈎稽，特遵農工商部註册章程，參酌訂立簡章八條，并設立註册簿，除將前已立案之工場彙録註册外，擬自三十四年四月初一日起，凡有來局禀請註册者，均應遵照新章，將牌號、姓氏、貿易各項，詳細聲明，由職局查明成品，或係新法創製，或係改良舊式，銷售合宜，方准註册，享受領照，保護利益，并由售品所代銷貨品，以資提倡。即於循核名實之中，寓注重工商之意。除出示曉諭，并札飭勸工陳列所管理員，轉飭售品所查照遵辦外，所有職局現因風氣漸開，民立工場日多，酌定註册簡章八條。是否有當，理合繕具章程清摺，具文詳請憲台察核，俯賜批示立案，實爲公便。爲此備由具詳，伏乞照詳施行，須至詳者。附新訂各工場註册簡章：第一條，本局於三月初一日起，訂立註册簿，除將前已立案之工場彙録註册外，嗣後直省各屬工場，如願到本局註册者，均可禀候核奪。第二條，凡各工場來局註册，查明成品，須有新製，抑係改良舊式，銷售合宜，該經理人等保守名譽者，方爲合格。第三條本局所註册式，係將各工場牌號、姓氏貿易，分條細註，並將全册按次編號，以備檢查。玆將各工場呈報本局註册，所應聲明各條如左：一、工場名稱。二、工場商標。三、工場地址。如有分號，一併列入。四、工場資本。註明是否己資、合資，抑係股份有限、無限，每股銀數若干。五、成品名目。六、成品造法。是否創製，抑係改良舊式，用何原料配製。七、銷路何地。八、設立年月。九、經理人與該工人姓名、籍貫。十、工場規章。第四條，該工場一經註册，即可享本局保護之利益，所出貨品准發售品總所，照章寄售。新製貨樣，係在售品所寄售者，一律由該所呈請本局印發護照，惟不准夾帶他項貨物，有影射情事，一經税關釐局查出，本局不任保護之責。第五條，凡各工場陸續在本局註册，所有應得之利益，與立案在先者無異。第六條，各工場註册後，務宜恪守規章，力求進步。如有敗壞公德、工業退步者，一經查明，立將註册銷除。第七條，本局註册簡章，雖照農工商部註册章程參訂，並不收費。如部章或有變通，届時再行酌辦。第八條，現時暫訂簡章八條，於四月初一日實行。嗣後，體察有未完備之處，均可隨時增訂。

督憲楊批：詳摺均悉。所擬註册簡章，尚屬妥協，應准照辦，仰即遵照。繳。

王景春等《中國鐵路借款合同全集》下册《粤漢川漢鐵路借款合同》 湖北湖南兩省境内粤漢鐵路，湖北省境内川漢鐵路借款合同(訂立合同兩造名義)此合同係宣統三年四月二十二日，即西曆一千九百十一年五月二十號。在北京訂立。其訂立合同之人。一係郵傳部大臣，已奉旨允准訂立合同。一係德華銀行、匯豐銀行、東方匯理銀行、及美國資本家。以後即簡稱曰銀行等。至美國資本家，乃紐約城開設之摩根公司、昆勒貝公司、第一國立銀行、國立城市銀行四家合成者玆議定條款如左。

第一款 (借款總數及名稱)

大清政府。准銀行等辦五厘利息金鎊借款。數目係英金六百萬鎊。此次借款期限。由發售債票之日起算。名爲大清政府一千九百一十一年湖廣鐵路五厘利息遞還金鎊借款。

第二款 (借款宗旨)

此借款係爲籌備資本。一爲贖回前美國合興公司代大清政府。所發售而未贖回之金圓債票，計美金二百二十二萬二千圓。並此票按每百分應加價二分半，及應付之息。一爲建造官鐵路幹綫。由湖北省城武昌府，經過岳州、湖南省城長沙府，至湖南省南界郴州境内宜章縣，接連廣東省所造粤漢路綫爲止。此路綫以後，名爲湖北、湖南兩省境内粤漢鐵路。估計共約長一千八百華里，約合九百啓羅邁當。又官鐵路幹綫，由湖北省附近廣水京漢路綫之處起，經過襄陽荆門州至宜昌。估計約長一千二百華里，合六百啓羅邁當。又由宜昌起至四川夔州府止，此段路綫係抵補截去之荆門州至漢陽枝路估計約長六百華里，合三百啓羅邁當。以後名爲湖北省境内川漢鐵路。二共長約一千八百華里，約合九百啓羅邁當。其勘量路綫，均由郵傳部核定。以上所言金圓債票，一經銀行等禀請收回後，大清政府應允照辦。其贖票需用之款，銀行等由此次借款進項内撥用。此項贖回之債票作廢後，即呈交與大清政府。大清政府收到已贖回之債票後，即將從前案内所訂，以粤漢鐵路作抵押之字樣，全行註銷，並函知銀行等。現並聲明贖取上開美國合興公司所售金圓債票，所需虚數五十萬鎊。俟該票全數收回後，倘尚有餘款。此所餘之款，應撥歸上所載兩鐵路項内。

第三款 (借款用途、竣工期限及墊款)

此借款所備之資本，除第二款内所載贖回金圓債票之用款外，其餘專爲建造以上指明各鐵路購辦地段車輛及一切應配物料，並經營行車。又於造路期内，付還借款利息，均在其内。其建造工程，自實在開工之日起，估計約需三年造竣。惟宜昌至夔州路綫，工程艱難，期限准其稍長。此合同畫押後，於六個月内，在武昌、長沙、廣水、宜昌四處，同時開工。該銀行等亦於此期限内，須備六十萬鎊知會郵傳部。如有需用款項之時，或測量路綫，或建造工程，或訂購材料，或由大清政府收取該兩省已造之路，聽其或在歐洲，或在美洲，或匯中國提用，作爲銀行等代墊出售債票進款。此六十萬鎊全數，或經實在提用之數，並其利息，均由出售債票進款，儘先扣除。其利息按週年六釐計算。此合同未畫押以前，所有湖北、湖南兩省。已由各該省籌款築造之路綫，並該兩省鐵路之産業，應即收歸粤漢川漢鐵路官局管理。及照第十五款所載，將來郵傳部因建築湖北、湖南兩省境内粤漢川漢幹路綫款項不敷之故、續籌之款，均作爲湖北、湖南兩省境内粤漢川漢幹綫項之成本。惟此項成本應收之進款，不得有妨礙此次借款歸還本利之處。

第四款 （息率及付息）

此項借款週年利息，按票面本金虚數百分之五計算。每半年一次，交與執債票之人。該利息自借款發售之日起算，由大清政府付給。於造路期内，或由此次借款進項，或由他款指撥。鐵路工程告竣後，先由該鐵路進項，次由大清政府以爲合宜之他項進款交付。自借款發行之日起算，按本合同附表開列數目，照西曆每半年應交付之日期前十二天交付。

第五款 （借款期限並還本）

此項借款期限，定爲四十年。除後開第六款所載外，自發行借款之日期後，第十一年始還本。每年應付還之數，由各該鐵路進項，或由大清政府以爲合宜之他項進款交付。每半年按照此合同附表數目，於西曆日期前十二天交付銀行等。

第六款 （提前還本之制限）

自發行借款之日起。至第十年後，無論何時，若大清政府欲將借款全數清還，或欲先還合同附表所載未到期之數若干，均可照辦。惟未滿第十七年以前，照債票面額加價二鎊半，即每一百鎊債票一張，還一百零二鎊半。滿第十七年後，無須加價。每次預還若干，大清政府應於六個月之前，用函知會銀行等其預還之數，照借款招帖内載拈鬮日期多加鬮數。一俟借款全數還清，本合同即時作廢。其已廢之債票息票，由銀行等順次收齊。交與中國出使英、德、法、美大臣。所有已經抽出之債票及息票，自每次本息到期之日起，三十年之内不來領取，則該項本息，銀行等應悉數繳回大清政府。

第七款 （交付本利之時期地點及小費）

本合同第四、五款所載，每半年應還本利。按照此合同附表所訂數目日期，前十二天由郵傳部，或在上海以規銀，或在漢口以洋例紋銀，及或新國幣一俟此項國幣行有實效足敷在歐美洲交還金鎊之數，均分交付銀行等。其鎊價與銀行等同日訂定，郵傳部亦可於還本利期前六個月内，無論何時，皆可隨意同時與銀行等訂定。大清政府遇有金款，實在存於歐美洲，並非爲還此款而匯去者，亦可於到期前一二天，在歐美洲用以付還到期之本利。每年付還借款之本利，銀行等於每百兩計收用銀二錢五分，作爲經理費用。

第八款 （不敷還付本利之補助）

此合同借款之本利，大清政府承認到期如數照付。若各該鐵路進項，或借款進項不敷到期還足本利之數，郵傳部奏明，由大清政府設法以他項款項補足。按期交付銀行等。清還本利。

第九款 （抵押品及抵押品之保管）

本合同内借款六百萬鎊，並第十五款所載之第二批債票之本利。以下列之款，作爲頭次之抵押。

湖北省百貨釐金每年關平銀約二百萬兩

湖北省川淮鹽局江防經費每年關平銀約四十萬兩

湖北省川淮鹽新加二文捐每年關平銀約三十萬兩

兩湖賑糶捐鄂款每年關平銀計二十五萬兩

湖南省百貨釐金每年關平銀約二百萬兩，湖南鹽道庫正釐每年關平銀計二十五萬兩。以上各釐捐，每年共計關平銀五百二十萬兩。特此聲明。並無牽連於他項債款征納抵押情事。此項借款本利，按期交付，則不得干預各該省之釐捐。惟其本利，倘届期無著，除展緩公道時日外，則應將湖北、湖南足敷歸還以上所開之釐捐，及他項合宜之内地捐，即行交與海關管理，以保執票人之本利。此項借款，或全數或一分，未還清以前，倘再有將以上釐捐作他項抵押，或作質保等用，總須先儘此項借款本利還清。除第十五款所載之本借款第二批債票外，更不得有他項借款、押款或征納各事，加於此次借款之上，亦不得與平行。無論如何，不能損害其此借款之擔保利權。又在此借款之後，他項借押款或征納各事，由指上文所開定各釐捐款抵付者，必先儘此借款有餘，再及他款。並須於在後他項借款押款，或征納各事之約内載明。以上第二節所載金元小票贖回以後，此借款未還清以前，不得將各該鐵路及其收款抵押他人。此借款未還清以前，倘遇大清政府議定修改海關稅前，減免釐捐，特彼此聲明。一則不得因此借款係釐捐抵押，而阻止修改稅則。一則不得將此次所指釐捐減免。如欲減免，應先向銀行等商明。務於新增關稅内如數撥足，儘先補抵。

第十款 （債票之發印及毀失）

此項借款，准銀行等按總額數目，發售金鎊債票與承購之人。其債票每張數目，由銀行等斟酌的定奪。 債票式樣、文字，由銀行等與郵傳部，或中國駐柏林、倫敦、巴黎、或華盛頓出使大臣核定。並將郵傳部大臣簽名字樣及其關防均摹印於上，以省其親自一一簽押。未發售債票以前，可聽憑銀行等，請中國駐柏林、或倫敦、或巴黎、或華盛頓出使大臣逐張蓋印，並其簽名字樣，加印於上。以爲中國政府允准及承認發售此項債票之憑證。銀行等之駐柏林、倫敦、巴黎或紐約代表人，亦須在債票上加簽，以證其爲發售債票經理人。倘此借款發出之債票，或遺失，或被竊，或經焚燬，資本家及或銀行，或銀行等，隨即知會郵傳部。由中國駐柏林、倫敦、巴黎、或華盛頓，出使大臣飭知資本家及或銀行，或銀行等，在報紙刊登告白，聲明已失之票，不能憑以取款。並設法按各該國例章辦理。倘所失之票已過資本家、及或銀行等所定之期限，仍未覓回，則中國駐柏林、倫敦、巴黎、或華盛頓出使大臣，應照原數重發別票。加蓋關防，交資本家。及或代表該票主之銀行，或銀行等。所需一切費用，概由資本家及或銀行等代失票主擔任。

第十一款　（免稅）

所有此借款之債票息票，以及收付各款，在借款期內，不納中國各樣釐稅。

第十二款　（借款招帖）

所有借款招帖，以及付利還本，一切詳細辦法，未經本合同詳細載明者，由銀行等會商大清國駐柏林、倫敦、巴黎、及華盛頓出使大臣核訂。茲允准銀行等於本合同簽押後，將招帖從速分發，由大清政府飭知駐柏林、倫敦、巴黎、及華盛頓出使大臣，遇有應會同辦理之事件，即與銀行等協同酌辦，並簽押此項借款招帖。

第十三款　（發售債票）

此借款六百萬鎊，俟本合同簽押後，全數從速一次出售，不得延過十二個月外。其價值係按照虛數九五折交付，大清政府銀行等，在歐美洲及在中國，招人購買。中國人與歐美洲人，一律照章辦理。若大清政府定購，自應儘先照給，但須於未發出借款招帖以前，至少四日定購。發出借款招帖日期，由銀行等先七日告知大清政府。

第十四款　（票款之交付存匯及支用）

（賬目之管理稽核及報告）

借款進項，或在中國、或在柏林、或在倫敦、或在巴黎、交付德華匯豐匯理各銀行，或在紐約交付美國資本家，或在中國交其現所指定之花旗銀行，或以後隨時指定之他銀行收存，歸入湖廣官辦鐵路帳內。至此款收帳辦法，係按照購票章程內所載購票人交付票款之日期辦理。其在柏林、倫敦、巴黎、紐約所存之款項，按週年三釐給發利息。在中國所存之款項，作爲往來帳，其利息隨後酌定。借款進項，暨生發之利息，除照本合同第二款、第三款所載，應先交付各款外，所餘淨數，歸銀行等收存，聽候郵傳部提用。在中國所需款項，可由郵傳部定奪，向德華、匯豐、匯理各銀行及美國資本家現所指定之花旗銀行，或隨後指定之他銀行，匯至中國。惟每一禮拜，不得逾二十萬鎊之數。凡由歐美洲匯寄借款來華，以及在中國由銀行等撥交款項，與以下所指定之中國銀行等，或其數目須設法使各銀行相等，每次由歐美匯款。其匯價由郵傳部與匯款之各銀行同於當日訂定，郵傳部亦可隨意於匯款之日以前六個月之內，任選一日或數日，預先商定匯價，由各銀行匯撥款項。倘難以使其數目均勻，則郵傳部應與銀行等，定一彼此以爲妥善之匯款辦法。郵傳部可自行核奪，將以上所載淨數之一半，存於郵傳部所指定爲經理此事之交通銀行，及或大清銀行，歸入湖廣官辦鐵路帳內。此項存於中國銀行之款，全爲大清政府所擔任，在中國所存於銀行等，及所指定之中國銀行之款，隨時由郵傳部按照預估造路工程一月所需之款，撥交德華銀行收入鄂境川漢造路帳內，並交匯豐銀行收入湖南、湖北二省境內粵漢造路帳內。以期於造路工程無所間斷爲要。郵傳部每一季應將存於所指定中國銀行此次之借款，報告於銀行等。爲使下文所載之查帳員易於明瞭。除爲撥入以上所言造路帳內外，概不得提撥。由此造路帳內提撥款項，總辦應照下開辦法，以銀兩提用。至於提出之款，如何由中國票莊分派於需款之處，均聽總辦遵郵傳部命令辦理。凡提用款項，應按照建造鐵路工程隨時所需，由各該鐵路總辦。或其代辦。出支款憑單，向匯豐銀行，或德華銀行提用。並須將所提用之款，先兩日另出兩單，聲明緣由。一單交該銀行，一單交該查帳員。如查帳員於所支款項，有以爲不應開支之處，可一面向總辦詳細詢商。如總辦仍不能解決，該查帳員可呈請郵傳部示遵。各該鐵路帳目，用中文及英文登記，按照妥善新法辦理，並佐以收支單爲據。於造路期內，該帳目並收支憑單，隨時任由銀行等自給薪水僱用之粵漢川漢各查帳員查看。該查帳員之責，專爲銀行等查察此項借款是否按照本合同第三款所載提用開支，并查明按照第十八款内載鐵路總局每月所購外洋材料帳目。鐵路總局每一年結帳時，將鐵路進款用中英文刊印，以便任人取閱。

第十五款　（借款數目不敷或有溢數）

設若此次借款，並生發之利息，除付本合同第二款所載，贖回金圓債票所需用之款，並於建造鐵路期内，付借款利息外，所餘之款，不敷修造第二款所言之各鐵路，以及裝配一切，其不敷之數，先由中國款項提付，以免延誤建造工程。如有不敷，則再由銀行等照本合同條款，續售此借款之第二批債票，其數不逾四百萬鎊。此第二批債票，即以本合同第九款所指内地餉源平行抵押。至於發行該批債票日期，准銀行等自行酌定。倘以後尚須再借洋款，以完該路工程，其辦法各節，届時商訂。倘若鐵路造成後，鐵路項下尚有存款，可將此未用之款，移入後項第二十款内所載借款利息公積項下。以備大清政府撥還此合同承認應還之款，或撥作於該各鐵路改良及有益各事之用。

第十六款　（債票滯銷）

倘於未發此次借款招帖以前，遇有政治上或財政上意外之事，以致大清政府現在市面之債票價值有礙，銀行等以爲此次借款未能按章辦理，准予銀行等展緩公道期限。如於商准期限内，仍未發行此次借款，則本合同即行作廢。大清政府除按照本合同第三款，應交還預支款及其應有之息外，毫無他項酬費。

第十七款　（用人權限）

此鐵路建造工程，以及管理一切之權，全歸大清政府獨自辦理。建造此項工程，大清政府自行選用英國人一名，爲建總工程司；復自行選用德國人一名，爲建造湖北省廣水至宜昌境内川漢鐵路之總工程局；又自行選用美國人一名，爲建造宜昌至夔州府境内川漢鐵路之總工程司。一面知照該銀行等，若銀行等以所選之總工程司爲不合宜，須將其實在不合宜之切實理由聲明。此總工程司一切自應聽命於督辦大臣及總辦或其代辦，所有布置造路各事，須遵照郵傳部之意辦理。其平日行爲，須敬重郵傳部與督辦大臣及總辦。該總工程司合同，由郵傳部訂立。至鐵路上派用專門人員，分派各該員應辦各事，以及辭退各該員，均由督辦大臣及總辦或其代辦，與總工程司商酌。若遇有意見不合，可商請郵傳部判斷。判定後，彼此均不得有異言。工程造竣後。在借款未清還以前，大清政府仍派歐洲人或美洲人，作爲各該鐵路總工程司，但其選派不須與銀行等商酌。

第十八款　（購料及購料人之權利與義務）

建造湖北、湖南兩省境内粤漢鐵路，及湖北境内川漢鐵路，建造期内，中英公司及德華銀行，分別作爲購買外洋各材料機器什物之經理人。除鋼軌一項，并其附件等，郵傳部奏明，應由漢陽鐵廠自行製造供用。其價目一切，由郵傳部與鐵廠比較他路歐美購運鋼軌之時值訂立，惟不得遲誤。倘漢陽鐵廠不及按時供應該鐵路所應需者，即應令該經理人由外洋購買不敷之軌。所有購買一切緊要材料，由督辦大臣或總辦招人投票。若所購之材料貨物係購由外洋者，該經理人須以於鐵路最合宜之價購買，按照原買實價，每百分加用錢五分。惟定購材料及支取費用，非經督辦大臣或總辦核准簽字，不能照行。中英公司及德華銀行，既得上文所詳之用錢，自應各在其路内。代爲監購鐵路所需建造裝配各外洋材料。此等材料，須在於公共市場擇價值最廉而質料最佳者購買，并用專門工程司之由郵傳部所選聘者驗看此項貨物。此等專門之驗費，由郵傳部及該經理人等均勻分給。至英、法、德、美所製貨物，若質料及價值與他外國所製者相同，應先儘由英、法、德、美公平購買。郵傳部鐵路總局如欲在中國或欲在外國，招他人經理購買各項外洋材料，以爲更覺合宜者，可以有權照辦。惟用錢仍照上所詳，給該經理人。其輪船運費及保險費等，須選用最廉者，并將其帳單及所有原來買貨單驗單等項，呈送督辦大臣及各該總辦查核。所有各項回用扣頭，均歸入鐵路項下。所有該經理人，購買各材料，須有製造廠原賣單，並驗單爲據。該經理人除得上文所詳用錢外，別無他項用錢。惟遇有聘用工程顧問人員，其酬費由鐵路總局鐵路項下提給。中國材料及經在中國各廠製造之貨物，若質料價值與英、法、德、美或他外國材料相同者，由郵傳部派用之驗貨料員，會同總工商酌定奪，儘先購買，以鼓勵中國工藝。購買中國材料，不給用錢。全路造竣後，於此借款未還清以前，鐵路總局若爲此兩路内購買外洋材料，先儘向由中英公司及德華銀行經理購買。其辦法章程，後彼此商酌辦理。

第十九款（接展路綫）

大清政府或將來爲有裨益於該地方起見，爲須將本合同第二款内所言之鐵路展長，應由大清政府先以中國款項自行建造。如須用外國資本，銀行等所給之條款利益不少於別家，先儘銀行等商辦。

第二十款　（提存餘利備償利息）

此合同未滿以前，年除付借款本利外，路總局本年鐵路浄進款盈餘之内，酌提足數交付來年到期借款利息之數。在漢口或在上海存放銀行等所存放之款，隨時按照市面情形。給與利息。

第二十一款（小費）

所有經理此項借款之費用，分給外國各行經紀費、分售費，分售經用電報告白郵票刊印招帖債票各費，印花税律師酬費等，及其餘一切用項，概由承辦銀行等擔任。

第二十二款（銀行分任）

此項借款，係德華銀行、匯豐銀行、東方匯理銀行及美國資本家，均分承辦。惟彼此均無互相擔任之責。

第二十三款（讓渡）

德華銀行、與匯豐銀行、東方匯理銀行及美國資本家，可將其本合同應有之權利及責任，或全體或分别過割。或付託與德國他公司、英國他公司、法國他公司、美國他公司或董事等。或經理人等接辦，或再轉過割，或付託代辦。惟其接辦、代辦，均須先請郵傳部核准。

第二十四款（簽定及照會）

本合同係宣統三年四月二十二日，即西曆一千九百十一年五月二十號。欽奉諭旨允准簽字，並由外務部用正式公文照會德國、英國、法國、美國駐京大臣。

第二十五款（英文爲準）

本合同繕寫華英文各八分。大清政府執政華英文各四分，銀行等執收華英文各四分。如文意有疑難之處，以英文爲準。

宣統三年四月二十二日，即西曆一千九百十一年五月二十號。本合同兩造。在北京簽押。

郵傳部印　郵傳大臣盛宣懷　押

各銀行代表蓋印簽押

藝文

呂不韋等《呂氏春秋》卷一《孟春紀・孟春》

孟春之月，日在營室，昏參中，旦尾中。其日甲乙，其帝太皞，其神句芒。其蟲鱗，其音角，律中太蔟，其數八。其味酸，其臭羶，其祀户，祭先脾。東風解凍，蟄蟲始振，魚上冰，獺祭魚，候雁北。天子居青陽左個，乘鸞輅，駕蒼龍，載青旂，衣青衣，服青玉，食麥與羊，其器疏以達。

呂不韋等《呂氏春秋》卷二《仲春紀・仲春》

仲春之月，日在奎，昏弧中，旦建星中。其日甲乙，其帝太皞，其神句芒。其蟲鱗，其音角，律中夾鐘，其數八。其味酸，其臭羶，其祀户，祭先脾。始雨水，桃李華，倉庚鳴，鷹化爲鳩。天子居青陽太廟，乘鸞輅，駕蒼龍，載青旂，衣青衣，服青玉，食麥與羊，其器疏以達。

又《當染》

墨子見染素絲者而嘆曰：「染於蒼則蒼，染於黄則黄，所以入者變，其色亦變，五入而以爲五色矣。」故染不可不慎也。

非獨染絲然也，國亦有染。舜染於許由、伯陽，禹染於皋陶、伯益，湯染於伊尹、仲虺，武王染於太公望、周公旦，此四王者所染當，故王天下，立爲天子，功名蔽天地。舉天下之仁義顯人，必稱此四王者。夏桀染於干辛、歧踵戎，殷紂染於崇侯、惡來，周厲王染於虢公長父、榮夷終，幽王染於虢公鼓、祭公敦，此四王者所染不當，故國殘身死，爲天下僇。舉天下之不義辱人，必稱此四王者。齊桓公染於管仲、鮑叔，晉文公染於咎犯、郄偃，荆莊王染於孫叔敖、沈尹蒸，吴王闔廬染於伍員、文之儀，越王句踐染於范蠡、大夫種，此五君者所染當，故霸諸侯，功名傳於後世。范吉射染於張柳朔、王生，中行寅染於黄藉秦、高强，吴王夫差染於王孫雄、太宰嚭，智伯瑶染於智國、張武，中山尚染於魏義、椻長，宋康王染於唐鞅、田不禋，此六君者所染不當，故國皆殘亡，身或死辱，宗廟不血食，絶其後類，君臣離散，民人流亡。舉天下之貪暴可羞人，必稱此六君者。凡爲君非爲君而因榮也，非爲君而因安也，以爲行理也。行理生於當染。故古之善爲君者，勞於論人，而佚於官事，得其經也。不能爲君者，傷形費神，愁心勞耳目，國愈危，身愈辱，不知要故也。不知要故則所染不當，所染不當，理奚由至？六君者是已。六君者非不重其國愛其身也，所染不當也。存亡故不獨是也，帝王亦然。

呂不韋等《呂氏春秋》卷三《季春紀・季春》　是月也，命野虞無伐桑柘。鳴鳩拂其羽，戴任降於桑，具栚曲篆筐。后妃齋戒，親東鄉躬桑。禁婦女無觀，省婦使，勸蠶事。蠶事既登，分繭稱絲效功，以共郊廟之服，無有敢墮。

是月也，命工師令百工審五庫之量，金鐵、皮革筋、角齒、羽箭干、脂膠丹漆，無或不良。百工咸理，監工日號，無悖於時，無或作爲淫巧，以蕩上心。是月之末，擇吉日大合樂，天子乃率三公、九卿、諸侯、大夫親往視之。

吴亮《萬曆疏鈔》卷二七《錢鹽類·周良寅〈疏通錢法以裕經用疏〉》

周良寅户科給事中，萬曆四年二月

竊惟天地有自然之利，行法貴通變之權。夫即山鑄錢，古今稱富饒之效，蓋明驗章章矣。然法之行也，每至於齟齬壅遏而不可通，是果法之不便哉？經久之規不定，拘攣之見不破，而因循苟且之，習日以滋也。伏惟我皇上臨御以來，法度修明，百廢具興。近諭户工二部鑄萬曆錢，而雲南建議，特允部臣覆請，所以殫精勤之思，爲生財足用計者亦既諄切矣。臣待罪該科，職掌攸係，敢不陳壅塞之弊與通行之利，以推廣德意於萬一乎。臣謹按我國家設立寶源局，鼓鑄銅錢，通濟民用，弘正以前法之興廢無論已，即嘉靖、隆慶間所製，金背、鏇邊、火漆，名色不同，而折價遞異，是宜輕重多寡，當折相兼，無時而不便矣。乃民間交易多用鏇邊，而火漆間之，金背則或用或否，且時又有出鏇邊以收金背，而各門市肆，鮮以金背而貿易者。又同一金背、鏇邊、火漆，隆慶所鑄，非有減於嘉靖也，乃隆慶通寶竟不肯與嘉靖通寶而並行者。興廢靡常，紀法不定，以昭代之制錢尚如此，則前而開元等錢可知也。在輦轂之下尚如此，則遠而各省又可知也。臣竊求之，蓋其故有四焉，火漆價低，民情所不願用，金背價高，分折有不便宜，且三項每雜錯以估算，小民易任意以行私，此名額之不齊一也。每年自宣課司收税外，市闤所貿遷者皆細瑣貨物，納贈追徵，率無所藉，官散於民，而民不得輸於官，觀望疑惑，莫知所貴，此公私之未通融二也。鑄工一興，弊端百出，錢糧經手，動輒侵漁，吏皂垂涎以需索，匠役染指而營私，造作既不如法，則美惡必至低昂，隆慶通寶之不行，大率坐此，此姦弊之未除三也。富豪巨賈，利析秋毫，造計多方，憑依城社，或騰湧乎市價，或陰撓以譸張，無知小民，見積錢之無所用，不得不委而棄之，彼且廣布資本，賤以售其直也。待夫私橐既聚，民間之錢既少，然後夤緣，機會一起，而貴糶之。訪得嘉靖季年，京師錢法，率此輩所阻，此法令之未嚴四也。夫錢之爲言泉也，泉疏則流，淤則滯。遵鎊錢之定制，至於滯而不通，此今日之不可不經畫者也。京師用制錢而不通於各省，各省有古錢而不達於京師，用之則爲錢，可以當金與幣，不用則爲銅，不過鉛鐵等耳。流布未廣，將何以導利於天下耶。議者謂鑄一錢，費一錢，用銀一萬而鑄錢數萬，縱使通行，利亦有幾？臣愚以爲用銀以鑄錢，則天下多數萬之錢，即多一萬之銀，損而益之，所以藏富於民也。矧山澤之利，取之不竭乎！苟其初，各省將文武官員折俸銀兩，每年總該若干，暫爲工本鼓鑄，即以備二年折半文用。以後年分將贖罪者，令其輸古錢或令輸銅入官，悉隸寶源局量處工資，其折俸銀兩亦可以遞減添造，仍申明廢銅赴官中賣之律，通融出入，俾銅價工資不必悉出内帑，則錢益充溢，與金帛而相濟矣。以是爲利薄而不議，則彼盜鑄者豈皆懵不畏罪輕，以其身而陷於刑憲哉。議者謂錢法之設，本以從民願也。行之天下，苟物議沸騰，其何能堪？臣愚以爲，實鈔之法，在國初猶通用之。而閩與東粤多用古錢，民便至今，果誰所强也。且既行於兩省，獨不可行於各省，既用古錢，獨不可用今錢。若歸併工本，多鑄鏇邊，其金背、火漆少鑄之，以存古制。仍約所價值，每銀一分，定錢幾文，務彼此俱利。而又賦税正供除本折外，存留歲額則與銀半徵之，紙價贖罪除上穀外，折色亦與銀半徵之，一切驛遞軍餉等費，習權其分數，取辦於錢，則名制畫一，估折不虧，公私兩便，民志不惑，久而習且安焉。雖禁使勿用，亦將不能矣。矧所謂不便者，特官吏無所遂其貪，商賈無所肆其巧乎哉。議者又謂王者之政，不與民争利，錢法一行，則私鑄有律，阻塞有禁，算子母，較錙銖，寧無病於争利乎。臣愚以爲，利之所在，人必趨之，私鑄阻塞之令嚴者，正所以用其權而興利者也。今夫千金之家，操其奇贏，猶能奔走鼓舞，使人樂爲之用，而惟其所欲爲，況朝廷握利權以運用天下，至使張弛盈縮，商賈得以制之，是徒假姦猾，以媒利之資，而三尺之法，曾不得伸於天下也，於鑄錢亦何賴哉。議者又謂古錢難銷，不若新舊間用，但當權其價值，賤古而貴今。臣愚以爲，古錢固不必銷，但世遠僞滋真假莫辨，民間不用亦不必禁，且新錢盛行，舊錢必至於廢格，革故鼎新，視聽不易，亦同律度信法令之一端也。伏乞勅下户部，如果臣言於鑄錢有裨，詳加酌議施行，仍立爲條式，頒布天下，令南直隸於南工部，十三省於各布政司，專管置局，俾其一體遵依行事，則行之數年，將錢滿天下而粟朽可立致矣。再照議論多而成功少，古今之通患也，可與樂成而不可與慮始，天下之恒情也。鑄錢之利，人知之矣，用錢之便，人知之矣，知之而效驗罔臻，非無議論之病也，持法不堅之病耳。往者含蓄告匱，建議諸臣，屢以爲請，該部題覆，鋭意方行，而阻者紛紛，今日令之，明日收之，曾不旋踵而報罷矣。畫餅談河，無裨飢渴，朝甲暮乙，築室道傍，使古今所稱利者，徒爲紙上之談，此則臣愚之所不識也。伏乞聖明宸斷，毅然必行，勿從中止，庶法立而可久，利廣而無方矣。

毛奇齡《河圖洛書原舛編·太一下九宮圖》此從八卦配大衍之數，復以卦數從衡相峙各合爲十五之數，以立法。其法出《易緯·乾鑿度》下篇，蓋漢後道家所作。

次九行[西南]　次四行[西]　次六行[西北]
[離宮]　[巽宮]　[乾宮]
次五暫息于中央
次二行[南]　中央無卦位　太乙行[北]始
[坤宮]　次十太乙不息于　[坎宮]
此而返于紫宮
次七行[東南]　次三行[東]　次八行[東北]
[兌宮]　[震宮]　[艮宮]

《易緯》太一下九宮法概以陰陽合十五數爲義，故以八卦配大衍之數，東西聯合，從衡相峙，各合十五而以卦數定行宮先後。其方位四離四合，惟《乾》、《坎》、《艮》、《震》四卦與卦位合，《巽》、《離》、《坤》、《兌》與卦位不合。然而行法皆從左轉，如《乾》西北，《坎》正北，《艮》東北，《震》正東，此其次第。順行左轉與衍數卦位皆相符合，乃不從東南轉西，而復從西北之右，次正西，次西南，次正南，次東南，以爲《巽》、《離》、《坤》、《兌》之序，此與陳摶先天圖《巽》五《坎》六另起左轉一例。故《巽》本東南而今在西，《巽》數七則爲右七；《離》本正南而今在西南，《離》數二則爲二肩；《坤》本西南而今在正南，《坤》數九則爲戴九；《兌》本正西而今在東南，《兌》數四則爲四肩。今《圖》所云「戴九履一，左三右七，二四爲肩，六八爲足」者，皆從太乙所行卦數定之。蔡氏作《洪範皇極》，不知所始，妄以《大傳》卦位梗加之九宮之上，其卦位不合宮位，其卦數又不合宮數，顛倒錯亂。天下有《巽》四《離》九、《坤》二《兌》七之卦數否？且有戴二履一、左三右四、九七爲肩、六八爲足之宮數否？試觀九宮創始之圖，其宮位、宮數、卦位、卦數無不相合如此，此可悟矣。若近代演九宮法，則亦不知所始，但附會蔡氏《皇極》一書，亦以四正之卦爲《坎》、《震》、《離》、《兌》，四維之卦爲《艮》、《巽》、《坤》、《乾》，此仍是大衍所配卦位，非九宮也。九宮四正爲《坎》、《震》、《坤》、《巽》，四維爲《艮》、《兌》、《離》、《乾》，而特其《坎》一、《乾》六之卦數，則從大衍配八卦來，蓋亦先行卦後範數，所謂「一陰一陽合十五數」者。蔡氏與今九宮家

俱貿貿耳。

毛奇齡《河圖洛書原舛編·九宮配卦數圖》此即今《洛書》也。

九行[離]數二，故[二右肩]　四行[巽]數七，故[右七]　六行[乾]數六，故[六右足]
[五]則太乙暫息于此，無卦位卦數
二行[坤]數九，故[戴九]　十行畢不息于此，竟返紫宮，故無十　太乙始行[坎]數一，故[履一]
七行[兌]數四，故[四左肩]　三行[震]數三，故[左三]　八行[艮]數八，故[八左足]

九宮之戴九，以太乙行《坤》，《坤》數九，故戴九也。蔡氏照《大傳》卦位，仍以《離》當之，則《離》數二當戴二矣。若曰《離》數九，則從來無此卦數，所謂展轉不合者。他倣此。

毛奇齡《河圖洛書原舛編·陰陽合十五數圖》《易緯》曰：「一陰一陽合而爲十五之謂道，故太乙取其數以行九宮，四正四維皆合于十五。」

據緯書，九宮起初之意，原以一陰一陽合十五道爲數學之始，蓋以陰數六八、陽數七九，合六九爲十五，合七八亦爲十五。而因以太乙下九宮之法，使從衡交互皆爲十五。而以四正推之，則南北十五，東西十五；以四維推之，則西北、東南十五，東北、西南十五，合之得六十之數，此人所知也。若以三衡推，則上衡十五，中衡十五，下衡十五；以三從推，則左從十五，中從十五，右從十五，合之得九十之數。共合九十、六十，仍是一百五十，爲十五數。則雖蔡氏《皇極》詳言，算學皆所不曉，而至今始發之，則《洪範皇極》仍非了義。何苦爲此？

毛奇齡《河圖洛書原舛編·明堂九室圖》《大戴禮·明堂篇》云：九室之制，二九四七五三六一八。數本九宮法。今《相宅經》有一白、二黑、三碧、四緑、五黃、六白、七赤、八白、九紫諸說，益謬誤矣。

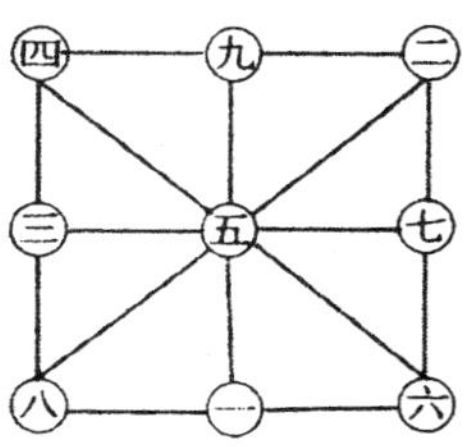

〔二離宫〕〔七巽宫〕〔六乾宫〕
〔九坤宫〕〔五無位〕〔一坎宫〕
〔四兑宫〕〔三震宫〕〔八艮宫〕

祝穆《古今事文類聚續集》卷一三《燕飲部·辨禁私釀書》 曹操欲製酒禁，孔融與操書云：天垂酒星之曜，地列酒泉之郡。堯不千鍾無以建太平，孔非百榼無以堪上聖。樊噲解戹鴻門，非鍾酒無以奮其怒；趙之廝養東迎其主，非卮酒無以激其氣。高祖非醉斬白蛇，無以暢其靈；景帝非醉幸唐姬，無以開中興。袁盎非醇醪，無以脱其命；定國不酣飲，一斛無以决其法。故酈生以高陽酒徒著功於漢，屈原不餔糟歠醨取困於楚，由是酒何負於政哉。

傅恒等修《欽定户部鼓鑄則例奏疏》 經筵講官太保保和殿大學士議政大臣領侍衛内大臣兼管吏部户部事務御前大臣總管内務府大臣管理三庫事務兼管理藩院事務一等忠勇公臣傅恒等謹奏爲請旨事。查得臣部辦理雲南、貴州、湖南、廣東等省，每年辦運京局銅、鉛、點錫，及各省採買銅、鉛、錫觔價脚、雜費等項銀兩，又雲南、貴州、四川、廣東、廣西、湖南等省開採礦廠，抽課收買支銷各款銀數，并寶泉局各省鼓鑄錢文，先經臣等，因款項繁多，難以檢查，且歷年准駁條款紛繁，必須畫一訂正，奏請將各款題咨案件，悉行查出，摘敘詳明，纂成則例，俟編纂成帙，繕册進呈等因具奏。奉旨：依議。欽此。欽遵在案。當即令該司司員，揀選書吏，充爲供事，將京外各省鼓鑄，及礦廠各事宜，自雍正元年起，至乾隆三十年所有題咨案件，悉行查出，逐款酌定，編纂成帙，共計三十五卷，共五百二十五條。業經臣等公同參校，纂成則例，理合繕寫正本，恭呈御覽，伏候欽定。俟命下之日，臣部交武英殿刊刻頒行，各省一體遵照辦理。除臣等及該司司員均毋庸置議外，所有在館效力之供事等，可否照例議敘之處，出自聖恩。再，此後或奉有諭旨，及臣工條奏准行，應入則例者，於未經刊刻以前，隨時添輯，合併聲明。爲此謹奏請旨。等因。乾隆三十一年六月二十五日奏。本日奉旨：依議。欽此。

何士晉《工部廠庫須知·序》 宋臣蘇軾之言曰：「廣取以給用，不若節用以廉取。」今天下未嘗無財也，又未嘗不言理財也，第理其所以取之者，而不深計其所以用之者，於是入之孔百，漁獵而不厭；出之孔一，漏卮而無當。舉國家全盛之物力，究且岌岌焉，而不能終歲。此之不可不知也。

水衡之政，仿古冬官。計其歲入，僅僅當司農度支之十三。而其出也，則宫府諸需，自吉、凶、軍、賓、嘉之大，以至器仗、木植、瓦墁、雇僦之細，無一不於是焉，給乃費。領於司空，觴濫於中官。中官之黠者，日夜與狙驓、奸賈、猾胥史相搆而爲市。是黠猾奸狙者又日夜伺司空之屬以嘗焉，而夤緣以爲利。所藉以爬搔而洗濯之時，震其靡窳，刷其叢垢，引繩批根於出入之孔者，有掖垣柱下巡視之役。在是掖垣柱下，與司空之屬三人者，無論其岐而爲黠猾奸狙所乘，即合而精爲操，而一歲數更事，數月一啓籙，前之牘漶漫而後之符凌亂，業核而縮之矣。縮復侈焉，業鋭而湔之矣；湔復洿焉，始事而成之也。成且爲虧，莫見功焉。後事而守之也，守且代創，莫逭辜焉。當此而策廠與庫，寧有救乎！

臣士晉，昔從戊申受事，甫及三月報竣，略窺一斑，條爲二疏。當事者業稍見之施行，顧於端委猶望洋，其未有底也。頃歲，閱乙卯再承兹匱，日取《會典》、《條例》諸書，質以今昔異同、沿革之數，而因之厘故核新，搜蠹檢羨，乃始惘然有慨於出入之際也。遂謀之水衡諸臣，匯輯校訂，按籍而探其額，按額而徵其儲，按儲而定其則，按則而核其浮，衡知之若外解、若事例、若題辦、若傳奉、若年例、若會有、若會無、若召買、若本、若折、若造、若修，無不得焉；縱知之若挂銷、若預支、若截給、若循環、若對同、若實收、若交盤、若會查、若找、若扣、若比、若帶，無不得焉。

卷凡一十有二，四司十九差次第布之，而末各附以諸臣之條議。有是，則不難於侈縮湔洿之故；有是，則不難於成虧創守之數，以曉暢於出入之孔，胥爲嘗而杜口矣，賈爲嘗而戢志矣，驓爲嘗而怵法矣，中官爲嘗而束於掌故矣。明心白意於漏卮之爲出也者，而後可以懲濫坊潰於漁獵之爲入也者。節而用之，用不虞詘；廉而取之，取不虞竭。今而後，乃知所以視廠庫者須此矣。推此類具言之，由水衡而度支，其於推蕩廓如，其於葆嗇盎如，而財之足也，何日之有焉！

雖然，臣竊有進此者。語云：聖人大寶曰位。天子不私求財。自大工、大禮比歲煩興，而采山榷木十輩之，使棋布縣寓，籠天下之物力而歸京師内藏之所，朽蠹不能當，飽貂寺而肥釟蠶者，之半於是。海内之財日益詘，而正供日益困。乃工蔪成，而故緩之以益蠹；禮蔪成，而故逾之以益耗。而皇上之有此財，以有用者不一用，而積之無用，臣乃有味乎？李絳所稱「自左藏以輸内藏，猶東庫以移西庫」之説也，獨不駭於瓊林大盈，積而散之之日乎？其積也不可圉，而其散也，乃有不可言者矣。

聖天子誠一日憬然散所積以佐司農、將作之不及，訖工竣，禮無緩期，無逾節。令水衡度支一切事例、外解不甚雅馴，爲萬曆初年會計所不載者，及采榷十輩之，使一切報罷。嘉與海內元元，生養休息，以奠鴻流爍，則後此而巡視所須有如此籍者。臣士晉請畢一日之力，且芟煩蕩苛，盡捐一切無藝，偕之大道，期臣之願也，亦水衡諸臣之同願也。

萬曆乙卯六月工科給事中臣何士晉權敘

雜録

劉廷璣《在園雜志》卷一　定制，官民凉帽俱戴緯纓，惟雨天戴犛纓。今戴犛纓者衆，取其便易省事且惜費耳。

朝衣、公服俱用補子，綉仙鶴、錦鷄之類，分品級大小，即以鳥紀官之義。常見福清葉相國向高集内有「欽賜大紅紵絲斗牛背胸一襲」。背胸或即補子也，如婦人之首飾曰頭面，半臂窄衣曰背心。不然，則「補子」二字何所取義？

衣服上所織四爪者謂之蟒，民間通用五爪者謂之龍，非奉欽賜暨諸王賞賚不得擅用，此定例也。又紅絨結頂之帽、四面開衩之袍，俱不得自制。近見五爪龍、四衩袍穿者頗多，人少爲注目，即曰某三所賜，無從稽考，聽之而已。

古冠綏纓，即項下絆帶也。有明紗帽頭巾各制，貴賤懸殊，見諸畫像，傳之梨園，乃俱不用帶。今則草凉帽如箬笠，皮暖帽如氈笠，上加紅纓，而於帽檐下俱綴以帶絆，猶追古制。古人結襪用帶，太白樂府「燕南壯士吳門豪」一首名《結襪子》，張釋之爲王生結襪。今則冬以布裝棉，夏以葛裝麻，甚且侈以綾錦紗緞，多不用帶結矣。古今制之不同如此。

陝西以羊絨織成者謂之姑絨，制綿衣，取其暖也，今則制爲單袍。紗取其輕，暑服也，今則制爲綿袍綿褂。比比皆然，習以爲常。諺云「有裏者無裏，無裏者有裏」，意指此乎？絨，俗字，本「毧」字，音冗。

緞與[illegible]同多貫切，音段，履之後帖也。今厚繒通名曰緞，有五絲、八絲、内造、漢府、官素、平花、帽鍛、閃緞、倭緞各種，花紋顔色隨時變幻，亦窮工極巧矣。前代惟綾錦、綢羅、刻絲、衲紗之類，至於緞，不獨未見，亦未聞也。近由東洋入中國者，更有羽緞、羽紗、嗶嘰緞、哆囉呢，據云可爲雨具，試之終遜油衣，其價甚昂，亦前代所未聞者。

古裘有五：大裘、黼裘、良裘、功裘、褻裘。大裘用黑羔皮爲之，王者祀天之服。緇衣羔裘，朝覲用之。《鄭風》云「羔裘豹飾」，大夫燕居之服。近日不獨不以豹飾，而大夫多不羔裘矣。間或服之，惟領與袖或飾貂，或飾狐，或飾銀鼠之類。而晏子一狐裘三十年，疑用全狐。今服全狐者少。千羊之皮不如一狐之腋，近之狐腋盡人而裘矣。當年孟嘗君之狐白裘，即集狐之白腋也，俗名「天馬皮」。又集項下細毛深温黑白成文者，俗名「烏雲豹」，甚暖。其腿里一塊黄黑雜色者，集以成裘，俗名「麻葉子」，亦暖。至於全白狐皮，則粗冗不堪。又有玄狐一種，定例止準官一二品以上者制爲帽，上賜居多。若口外嚴寒出差者，亦準爲帽，雖名玄狐，其實蒼白色者居多也，如高昌國貢唐太宗玄狐裘，今亦難得。蘇季子黑貂裘敝，古人貴重貂裘，近日稍豐裕者即衣之，定例四品以上始用，何其僭越也。若上元夫人之青毛錦裘，漢武帝之吉光裘，程據之雉頭裘，張昌宗之集翠裘，南昌國進浮光裘，司馬相如之鷫鸘裘，度安之紫綈裘，止存其名，不知爲何物矣。更有猞猁猻一種，輕暖華美，貂裘之外無出其右，所謂「胭脂雪」者，想即此耶？侍衛制爲朝衣，諸王制爲坐褥，而定例亦四品以上始服，近亦僭越矣。又灰鼠一種，最宜於秋末冬初及南方不甚苦寒之地，邇來頗多。至於毛之白者名銀鼠，康熙初年尚少，其價甚昂，近不獨多，而且賤矣。又以獺皮爲深衣，可御雪，可當衾裯，粗而重，賤者之服，亦褻裘類也。緇衣羔裘，黄衣狐裘，取其表裏如一。「羔裘玄冠不以吊」，言衣冠俱黑色，古之吉服也。是古之羔皆用黑者，而今則純白矣。何古之黑者多而今之黑者少也？或曰：「當日之黑羔，安知非如今日之染狐皮、染銀鼠耶？」爲之一笑。羊皮貴羔而賤老，人皆知之，獨口外則不然。有皮軟而毛長者，俗名「麥穗子」，言其毛長如麥穗也，口外風高，非此不足以御之。雖公卿貴官至彼，貂裘之上亦必覆此一件，取其毛大壓風也。内地亦有此種，不如口外者佳。

腰帶古以革爲之，名曰鞶帶，又謂之鞶革，自天子以至庶人皆用之。後世用絲帶，以玉，犀鑲嵌，束於絲帶之上，即玉帶、犀帶也。本朝按品級有嵌寶石之玉，以及金銀、玳瑁、明羊角、烏角之類。另制成鐶，以軟絲帶貫之，天潢束黄絲帶，覺羅束紅絲帶，有特賜黄帶者。公卿以下多束藍絲、青絲帶，間有石青油緑織金者，無甚關係。守制者則束白布帶。皆所以分尊卑、别等威也。帶鐶先用左右二塊，系以汗巾、刀觿、荷包等類，即古人無所不佩之意。荷包疑即夾袋也，專爲收藏字帖之用。後增前後二塊，不過飾觀而已。又單用腹前一塊，帶不用長穗垂下，以銅鐵鍍鏤金銀或牙骨、角石之類，制成二塊，扣而爲一。此惟於春夏之褻服甚便，非常服也。

戴孔雀翎，所以壯軍威、分近侍也。《分甘餘話》所載，本朝侍衛皆於冠上戴孔雀翎，以目暈之多寡爲品之等級，武臣提督及總兵官亦有賜者，後文臣督撫亦或蒙賜，得之者以爲幸。是已，然總未分晰詳明。《大清會典》所定，貝子戴三眼孔雀翎，根綴藍翎；鎮國公、輔國公戴二眼孔雀翎，根綴藍翎；内大臣、一等二等三等侍衛入内大臣、額駙、前鋒統領、護軍統領、前鋒參領、護軍參領、諸王府長史、一等護衛戴一眼孔雀翎，根綴藍翎；貝勒府司儀長、王府貝勒府二等三等護衛，貝子公府護衛及護軍校俱戴染藍翎，内外額駙俱不許戴；諸王府散騎郎有阿達哈哈番以上世職許戴一眼孔雀翎，根綴藍翎，其餘雖加級不準戴；再查各省駐防之將軍、副都統并督撫、提鎮蒙賜孔雀翎者止戴一眼。

本朝帽制，凉帽以德勒蘇草細織成面者爲上等，次等用白草，内以片金或大紅緞綢、各色紗緞爲裏，名曰「帽胎」，上覆以大紅絨綫緯纓，王公卿大夫士庶皆戴之。雨用藤織成胎，上覆以茜紅西牛尾揀毛爲纓，而皆名曰「緯笠」。有用藤竹麥秸織成，有檐出外周圍者，名曰「臺笠」，此賤者所戴以遮日色者。考帽自漢以來已有之，鄧通之黄帽、管寧之皂帽、李晟之綉帽、沈慶之狐皮帽，即今之暖帽也。今之暖帽以貂爲貴，次有染銀鼠、染黄鼠以爲帽檐者，貴賤皆戴。至於玄狐則有階級矣，若長孫無忌之渾脱以烏羊毛爲之。羌服之席帽，晉人之白接羅，皆以羊毛爲之，即今之氈笠、氈帽也，式雖不一，而帽之名則同。

圖録

申時行《明會典》卷六〇《禮部一八・冠服一》〔皇后冠服〕〔册寳附〕皇后受册、謁廟、朝會服禮服，燕居則常服。見集禮。

禮服

洪武三年定

冠，爲圓匡，冒以翡翠，上飾以九龍四鳳。大花十二樹，小花如大花之數。兩博鬢十二鈿。服褘衣，深青爲質。畫翟，赤質，五色十二等。素紗中單，黻領、朱羅縠褾、襈裾。蔽膝隨衣色，以緅爲領緣，用翟爲章三等。大帶隨衣色，朱裏紕其外，上以朱錦，下以緑錦。紐約用青組，玉革帶，青韈、青舄以金飾。

永樂三年定

九龍四鳳冠，漆竹絲爲圓匡，冒以翡翠。上飾翠龍九，金鳳四。正中一龍銜大珠一，上有翠蓋，下垂珠結，餘皆口銜珠滴。珠翠雲四十片，大珠花十二樹，皆牡丹花，每樹花二朵，蓋頭二箇，翠花九葉。小珠花如大珠花之數。皆穰花飄枝，每枝花一朵，半開一朵，翠花五葉。三博發，左右共六扇。飾以金龍翠雲，皆垂珠滴。翠口圈一副，上飾珠寶鈿花十二，翠鈿如其數。托裏金口圈一副。

珠翠面花五事，珠排環一對，皂羅額子一，描金龍文用珠二十一顆。

翟衣，深青爲質。織翟文十有二等，凡一百四十八對。間以小輪花。紅領褾襈裾，織金雲龍文，紵、絲、紗、羅隨用。中單，玉色紗爲之。紅領、褾、襈裾，領織黻文十三，或用綫羅。

蔽膝，隨衣色。織翟爲章三等，間以小輪花四。以緅爲領緑，織金雲龍文，紵、絲、紗、羅隨用。

玉穀圭，長七尺，周尺。剡其上，瑑穀文，黄綺約其下，别以黄袋韜之，金龍文。

玉革帶青綺鞓，描金雲龍文，玉事件十，金事件四。

大帶，表裏俱青，紅相半。其末純紅而下垂織金雲龍文，上以朱緣，下以緑緣，并青綺副帶一。

綬，五采，黄、赤、白、縹、緑，纁質。間施二玉環，皆織成。小綬三色同大綬。

玉佩二，各用玉珩一、瑀一、琚二、衝牙一、璜二。瑀下有玉花，玉花下又垂二玉滴。瑑飾雲龍文描金，自珩而下繫組五貫以玉珠。行則衝牙二滴與二璜相觸有聲。上有金鈎，有小綬五采以副之。五采，黄、赤、白、縹、緑，綢質織成。

青韈、舄，韈以青羅爲之，舄用青綺，飾以描金雲龍文，皂線純，每舄首加珠五顆。

九龍四鳳冠圖

束帶

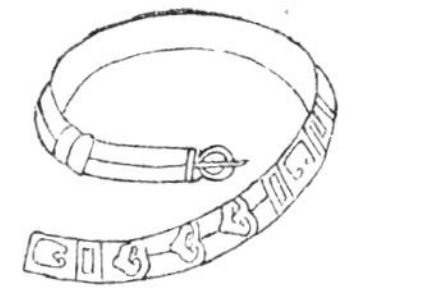

衣

常服

洪武三年定

雙鳳翊龍冠，首飾、釧、鐲，金、玉、珠寶、翡翠隨用。諸色團衫，金繡龍鳳文。帶用金、玉。四年定：龍鳳珠翠冠，真紅大袖衣霞帔，紅羅長裙紅褙子，冠制如特髻上加龍鳳飾，衣用織金龍鳳文，加繡飾。

永樂三年定

雙鳳翊龍冠，以皂縠爲之。附以翠博山，上飾金龍一，翊以二珠。翠鳳皆口銜珠滴，前後珠牡丹花二朵。蕊頭八箇，翠葉三十六葉，珠翠穰花鬢二朵，珠翠雲二十一片，翠口圈一副，金寶鈿花九，上飾珠九顆。金鳳一對，口銜珠結。三博鬢，左右共六扇。飾以鸞鳳。金寶鈿二十四，邊垂珠滴。金簪一對，珊瑚鳳冠觜一副。

大衫霞帔衫，用黄色，紵、絲、紗、羅隨用。霞帔深青爲質，織金雲霞龍文，或繡或鋪。翠圈金飾以珠，紵、絲、紗、羅隨用。玉墜子瑑龍文。

四䙆襖子，即褙子。深青爲質。金繡團龍文，紵、絲、紗、羅隨用。

鞠衣，紅色。胸背雲龍文，用織金或繡，或加鋪翠圈金飾以珠，或素紵、絲、紗、羅并餘色隨用。

大帶，紅線羅爲之，有緣。餘或青，或緑，各隨鞠衣色。

緣襈襖子，黄色，紅領，褾，襈裾。皆織金采色雲龍文，紵、絲、紗、羅隨用。

緣襈裙，紅色，緑緣襈。織金采色雲龍文，紵、絲、紗、羅隨用。

玉帶，青綺鞓，描金雲龍文。玉事件十，金事件三。玉花采結綬以紅緑線羅爲結，上有玉綬花一，瑑雲龍文。綬，帶上玉墜珠六顆，并金垂頭花板四片，小金葉六箇，紅線羅繫帶一。白玉雲樣玎璫二，如佩制。每事上有金鈎一，金如意雲蓋一件，兩面鈒雲龍文。下懸紅組五，貫金方心雲板一件，兩面亦鈒雲龍文。俱襯以紅綺，下垂金長頭花四件，中有小金鐘一箇，末綴白玉雲朵五。

青韈，舄，與翟衣内制同。

冊寶

冊，用金二片。每片依周尺長一尺二寸，闊五寸，厚二分五釐，鐫刻真書。每片側邊上下有竅，用紅絛聯貫開闔，如今書帙之狀。背各用紅錦嵌護，藉以紅錦小褥，冊盝以木爲之。飾以渾金瀝粉蟠龍，用紅紵絲襯裏。內以綻羅銷金小袱裹冊，外以紅羅銷金夾袱裹之，五色小絛縈于匣外。

寶，用金，龜鈕朱綬。文用篆書曰「皇后之寶」。依周尺方五寸九分，厚一寸七分。寶池用金，闊取容寶。寶匣二副，每副三重。外匣用木，飾與冊盝同；中匣用金，鈒造蟠龍；內小匣仍用木，與外匣同。小匣內置一寶座，四角雕蟠龍，飾以渾金屋。上用小錦褥，褥上一置寶池，用銷金紅羅小夾袱裹寶。其匣外各用紅羅銷金大夾袱覆之。

【皇妃冠服】【冊印附】

凡皇妃受冊、助祭、朝會，則服禮服，燕居常服。見集禮

禮服

洪武三年定

冠，飾以九翬四鳳花釵九樹，小花如大花之數。兩博鬢，九鈿。翠衣青質，繡翟編次于衣及裳，重爲九等。青紗中單，黻領，朱縠褾，襈裾。蔽膝隨裳色，加文繡重雉爲章二等，以緅爲領緣。大帶隨衣色，玉革帶，青韈，舄，佩綬。

永樂三年定

九翟冠二頂，冠以皂縠爲之，附以翠博山。飾以大珠翟二，小珠翟三，翠翟四，皆口銜珠滴。冠中寶珠一座，前後珠牡丹花二朵。蕊頭八箇，翠葉三十六葉，珠翠穰花鬢二朵，承以小連雲六片。翠頂雲一座，上飾珠五顆，珠翠雲十一片，翠口圈一副。金寶鈿花九箇，上用珠九顆。金鳳一對，口銜珠結。金簪一對。

珠翠牡丹花，穰花各二朵，而花二對。梅花環，四珠環各一對。

大衫霞帔衫，用紅色，紵、絲、紗、羅隨用。霞帔深青爲質，織金雲霞鳳文，或繡或鋪翠。圈金飾以珠。紵、絲、紗、羅隨用。玉墜子瑑鳳文。

四䙆襖子，即褙子。桃花色，金繡團鳳文，紵、絲、紗、羅隨用。

鞠衣，青色，胸背鸞鳳雲文。用織金，或繡或加鋪翠圈金飾以珠。燕居服用素，除黄外，餘色及紵、絲、紗、羅，隨用。

大帶，青線羅爲之，有緣。餘或紅或緑，各隨鞠衣色。

緣襈襖子，青色，紅領、褾，襈裾，織金雲鳳文，紵、絲、紗，羅隨用。

緣襈裙，紅色。緑緣襈，織金花鳳文，紵、絲、紗、羅隨用。

玉穀圭，長七寸，剡其上，瑑穀文，以錦約其下，并韜。

玉革帶，青綺鞓，描金雲鳳文。玉事件十，金事件三。

玉花采結綬，以紅、緑線羅爲結。上有玉綬花一瑑寶相花文。綬帶上玉墜珠六顆，并金垂頭花板四片，金葉兒六箇。紅線羅繫帶一，玉佩二，如中宫佩制。玎以下瑑飾雲鳳文描金，上有金鉤。

青韈、舄，韈以青線羅爲之。舄用青綺，飾以描金雲鳳文。皂線純，每舄首加珠三顆。

常服

洪武三年定

鸞鳳冠，首飾、釧、鐲，用金、玉、珠、寶、翠諸色。團衫金繡鸞鳳，不用黄。帶用金玉犀。又定山松特髻假髻花鈿，或花釵鳳冠。真紅大袖衣霞帔，紅羅裙，紅羅褙子。衣用織金及繡鳳文。

册印

册，用鍍金、銀册二片。其長、短、闊、厚與諸王册同。册盝飾以渾金瀝粉蟠鳳。其物用裹，覆皆與諸王同。

印，用金，龜紐，其尺寸與諸王寶同，文曰：「皇妃之印。」其餘制度皆與諸王同。匣皆飾以蟠鳳。皇貴妃有寶，餘無寶。

【皇嬪冠服】【册附】

嘉靖十年定

冠，用九翟，次皇妃之鳳。大衫、鞠衣如皇妃制，圭用次玉穀文。

册

册，用銀，少殺於皇妃五分之一，以金飾之。

【内命婦冠服】

洪武五年定

三品以上用花釵翟衣，四品、五品用山松特髻，大衫爲禮服。貴人視三品，以皇妃燕居冠及大衫、霞帔爲禮服。珠翠慶雲冠鞠衣，褙子緣襈襖裙爲常服。

【皇太子冠服】【册寶附】

皇太子陪祀天地、宗廟及正旦、冬至、朝會，則服衮冕。見職掌。從祭社稷及受册、納妃亦如之。朔望朝、降詔、降香、進表、四夷朝貢、朝覲則服皮弁。見集禮。

衮冕

洪武二十六年定

衮冕，九章。

冕，九旒，旒九玉，金簪導，紅組纓兩玉瑱。

圭，長九寸五分。

玄衣纁裳，衣五章，織山、龍、華蟲、宗彝、火。裳四章，織藻、粉、米、黼黻。

白紗中單，黻領。

蔽膝，隨裳色，織火、山二章。

革帶，金鉤觼玉佩。

綬，五采，用赤、白、玄、縹、緑織成。純赤質，三百三十首。小綬三色同大綬，間織三玉環。

大帶，白表朱裏。上緣以紅，下綬以緑。

白韈、赤舄。

永樂三年定

冕冠，玄表朱裏，前圓後方。前後各九旒，每旒各五采。繅九就，貫五采玉九，赤、白、青、黄、黑相次。玉衡金簪，玄紞垂青纊充耳，用青玉。承以白玉瑱朱紘纓。

玉圭，長九寸五分。以錦約其下，并韜。

衮服，九章。玄衣，五章。龍在肩，山在背，火、華蟲、宗彝在袖，每袖各三皆織成本色領褾襈裾。纁裳四章，織藻、粉、米、黼黻各二。前三幅，後四幅，不相屬，共腰有襞積本色裨褟。

中單，以素紗爲之。青領、襈，褾裾，領織黻文十一。蔽膝隨裳色，四章，織藻、粉、米、黼黻本色。緣有紃施于縫中，其上玉鈎二。

玉佩二，各用玉珩一、瑀一、琚一、衝牙一、璜二，瑀下有玉花，花下垂二玉滴，瑑雲龍文描金。自珩而下，繫組五，貫以玉珠，上有金鈎。小綬四，采以副之四采赤、白、縹、緑纁質。

大帶，素表朱裏。在腰及垂皆有綼，上綼以朱，下綼以緑，紐約用青組。

大綬，四采，赤、白、縹、緑纁質。小綬，三采，間施二玉環，龍文皆織成。

韈、舄皆赤色，舄用黑鈎純黑飾舄首。

皮弁服

永樂三年定

皮弁，用烏紗冒之。前後各九縫，每縫中綴五采玉九。縫及冠武并貫簪繫纓處，皆飾以金，金簪朱纓。玉圭，如冕服内制。

絳紗袍，本色領、褾，襈裾。

紅裳，如冕服内裳制，但不織章數。

中單，以素紗爲之，如深衣制，紅領褾襈裾，領織黻文十一。

蔽膝，隨裳色，本色緣，有紃施于縫中，其上玉鈎二。

玉佩，如冕服内制。但無雲龍文，有小綬四采以別之。

大帶。

大綬。

韈，舄赤色。皆如冕服内制。

常服

洪武元年定

烏紗折上巾。

永樂三年定

冠烏紗折角向上巾，亦名翼簪冠，親郡王，及世子俱同。袍赤色，盤領窄袖。前後及兩肩各金織蟠龍一，帶用玉，靴皮爲之。

册寶

册，用金二片，長闊規制，盤匣妝飾悉與皇后册同。

寶，用金，龜鈕朱綬。文用篆書曰：「皇太子寶」方厚規制，池匣妝飾亦與皇后寶同。

【皇太子妃冠服】

禮服

洪武三年定

與皇妃同。

永樂三年定

九翬四鳳冠，漆竹絲爲圓匡，冒以翡翠，上飾翠翬九，金鳳四，皆口銜珠滴。珠翠雲四十片，大珠花九樹，皆牡丹花，每樹花一朵，半開一朵，蓓頭二箇，翠葉九葉。小珠花如大珠花之數。皆穰花飄枝，每枝花一朵，半開一朵，翠葉五葉。雙博鬢左右共四扇。飾以鸞鳳，皆垂珠滴。翠口圈一副，上飾珠寶鈿花九，翠鈿如其數。托裏金口圈一副。

珠翠面花五事，珠排環一對，珠皂羅額子一，描金鳳文，用珠二十一顆。

翟衣，深青爲質。織翟文九等，凡一百三十八對。間以小輪花。紅領、褾，襈裾，織金雲鳳文，紵、絲、紗、羅隨用。中單，玉色紗爲之。紅領、褾，襈裾，領織黻文十一，或用線羅。

蔽膝，隨衣色。織翟爲章二等，間以小輪花三。以緅爲領緣，織金雲鳳文，紵、絲、紗、羅隨用。

玉穀圭，長七寸，剡其上，瑑穀文，以錦約其下，并韜。

玉革帶，青綺鞓，描金雲鳳文。玉事件十，金事件四。

大帶，表裏俱青，紅相半，其末純紅而下垂。織金雲鳳文，上以朱緣，下以緑緣，并青綺副帶一。

綬，四采，赤、白、縹、緑，纁質，皆織成。間施二玉環，小綬三色同大綬。

玉佩二，珩以下瑑飾雲鳳文，描金上有金鈎，以小綬四采副之。四采，赤、白、縹、緑，纁質，織成。

青韈、舄，韈以青線羅爲之，舄用青綺。飾以描金雲鳳文，皂線純，每舄首加珠三顆。

常服

洪武三年定

犀冠，刻以花鳳，首飾、釧、鐲，用金、玉、珠、寶、翠，諸色團領衫，金繡鸞鳳，惟不用黄。帶用金玉犀。

四年又定

與皇妃同。

永樂三年定

燕居冠，以皂縠爲之。附以翠博山，上飾寶珠一座，翊以二珠，翠鳳皆口銜珠滴。前後珠牡丹花二朵，蕊頭八箇，翠葉三十六葉，珠翠穰花鬢二朵，珠翠雲十六片，翠口圈一副，金寶鈿花九，上飾珠九顆。金鳳一對，口銜珠結。雙博鬢，左右共四扇。飾以鸞鳳金寶鈿十八，邊垂珠滴。金簪一對，珊瑚鳳冠觜一副。

大衫霞帔，衫用紅色，紵、絲、紗、羅隨用。霞帔，深青爲質，織金或繡或鋪翠圈金飾以珠，紵、絲、紗、羅隨用。玉墜子瑑鳳文。

四襖襖子，即褙子。桃紅色，金繡團鳳文，紵、絲、紗、羅隨用。

鞠衣，青色。胸背鸞鳳雲文，用織金或繡或加鋪翠圈金飾以珠。或素，除黄外，餘色并紵、絲、紗、羅隨用。

大帶，青線羅爲之。有緣，餘或紅或緑，各隨鞠衣色。

緣襈襖子，青色。紅領，褾，襈，裾，織金采色雲鳳文，紵、絲、紗、羅隨用。

緣襈裙，紅色。緑緣襈，織金采色花鳳文，紵、絲、紗、羅隨用。

玉帶，青綺鞓，描金雲鳳文，玉事件十，金事件三。玉花采結綬以紅緑線羅爲結，上有玉綬花一，瑑雲鳳文。

綬，帶上玉墜珠六顆，并金垂頭花瓣四片，小金葉六箇，紅線羅繫帶一。

白玉雲樣玎璫二，如佩制。每事上有金鈎一，金如意雲蓋一件，兩面鈒雲鳳文。下懸紅組五，貫金方心雲板一件。兩面亦鈒雲鳳文俱襯以紅綺，下垂金長頭花四件，中有小金鐘一箇，末綴白玉雲朵五。

青韈，舄，與前翟衣内制同。

【親王冠服】【册寶附】

親王助祭、謁廟、正旦、冬至等朝賀，則服衮冕，見職掌。受册納妃亦如之。朔望朝、降詔、降香、進表、四夷朝貢、朝覲，則服皮弁。見集禮。

衮冕

洪武二十六年定

衮冕，九章。

冕，五采，玉珠九旒，紅組纓，青纊充耳，金簪導。

圭，長九寸二分五釐。

青衣纁裳，衣五章，織山、龍、華蟲、火、宗彝；裳四章，織藻、粉、米、黼黻。

白紗中單，黻領青緣。

蔽膝，隨裳色，織火、山二章。

革帶，金鈎艓佩玉。

綬，五采，赤、白、玄、縹、緑，織成純赤質，三百二十首。小綬三色，同大綬，間織三玉環。

大帶，表裏白羅，朱緑緣。

白韈朱履。

永樂三年定

冕冠，玄表朱裏，前圓後方。前後各九旒，每旒各五采繅九就貫五采玉九，赤、白、青、黄、黑相次。玉衡金簪玄紞垂青纊充耳。用青玉。承以白玉瑱朱紘纓。

玉圭，長九寸二分五釐，以錦約其下，并韜。

衮服，九章，青衣五章。龍在肩，山在背，火、華蟲、宗彝在袖，每袖各三。皆織成。本色領，褾，襈，裾。纁裳四章，織藻、粉、米、黼黻各二。前三幅後四幅不相屬，共腰有襞積，本色綼裼。

中單，以素紗爲之。青領，褾，襈，裾，領織黻文十一。蔽膝，隨裳色，四章，織藻、粉、米、黼黻各二。本色緣，有紃施于縫中，其上玉鈎二。

玉佩，如東宫佩制。自珩以下瑑雲龍文，上有金鈎，小綬四采以副之，四采赤、白、縹、緑，纁質。

大帶，素表朱裏。在腰及垂皆有綼，上綼以朱，下綼以緑，紐約用青組。

大綬，四采，赤、白、縹、緑，小綬，三采，間施二玉環。龍文皆織成，纁質。

韈舄皆赤色舄用黑絇純黑飾舄首

皮弁服

永樂三年定

皮弁，用烏紗冒之。前後各九縫，每縫中綴五采玉九，縫及冠武弁貫簪。繫纓處，皆飾以金，金簪朱纓。

玉圭，如冕服内制。

絳紗袍，本色領，褾，襈，裾。

紅裳，如冕服内裳制，但不織章數。

中單，以素紗爲之，如深衣制。紅領，褾，襈，裾，領織黻文十一。

蔽膝，隨裳色，本色緣。有紃施于縫中，其上玉鈎二。

玉佩，如冕服内佩制，但無雲龍文。有小綬四采以副之。

大帶。

大綬。

韈、舄，俱如冕服内制。

常服

冠、袍、帶、靴，俱與東宫同。

永樂三年定

保和冠服

嘉靖七年定

冠制以燕弁爲準，親王用九裓，世子用八裓，郡王用七裓。俱去簪與五玉，後山皆一扇爲之，分晝爲四。郡王長子冠如忠静之制，用五裓。

服用青身青緣，前後方龍補各一。身用素地，邊用雲。其補子，郡王以上采妝，郡王長子織金爲之。

襯用深衣玉色。

帶，青表，緑裏，緑緣。

履用皂緑結，白韈。

册寶

册用金二片，長闊規制、盝匣妝飾與皇太子册同。

寶用金，龜鈕。依周尺方五寸二分，厚一寸五分。其文曰：某王之寶。池匣妝飾與皇太子寶同，但太子寶盝匣雕蟠龍，王則雕蟠螭。

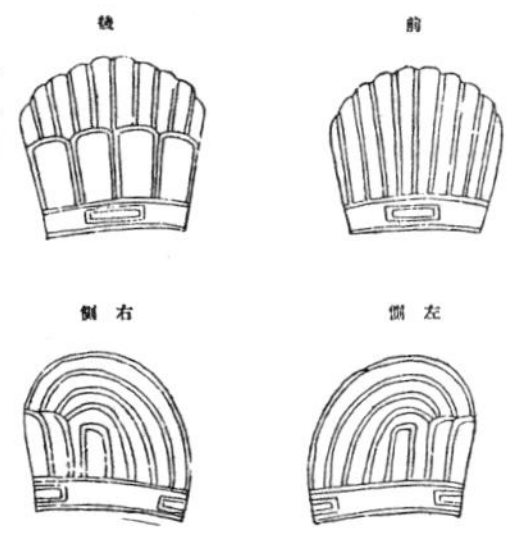
九裓圖 保和冠圖

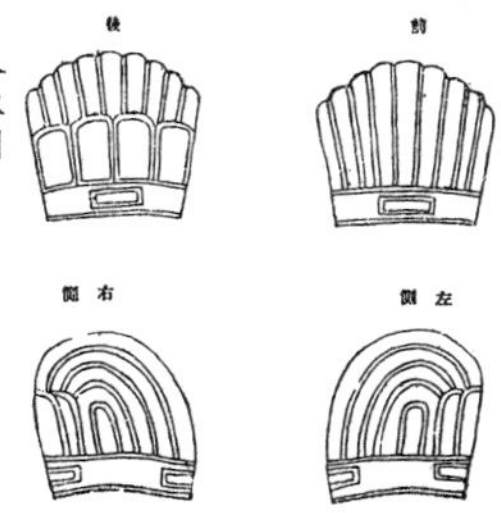
八裓圖 保和冠圖

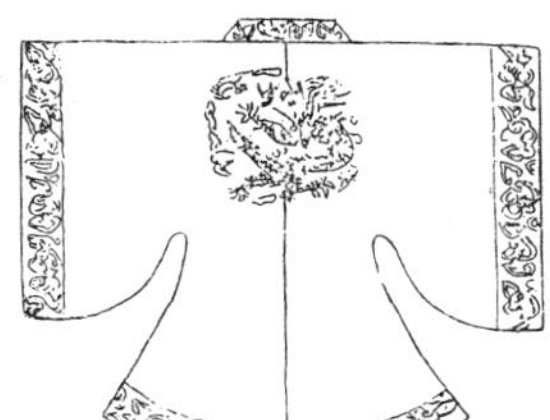
保和服圖 後圖

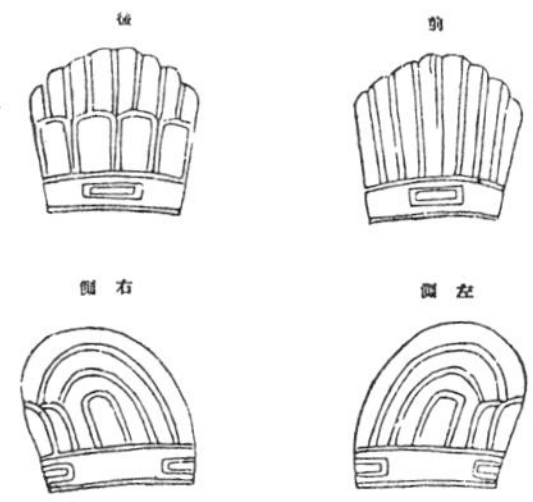
七裓圖 保和冠圖

深衣圖 前圖

保和服圖 前圖

深衣圖 後圖

【親王妃冠服】

王妃受册、助祭、朝會，則服禮服。見集禮。

禮服

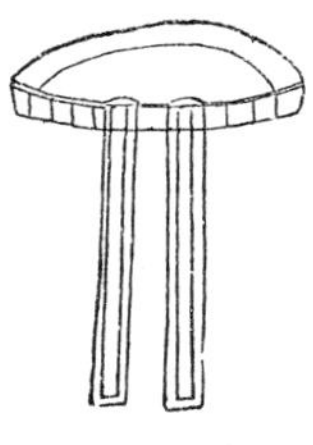
帶圖

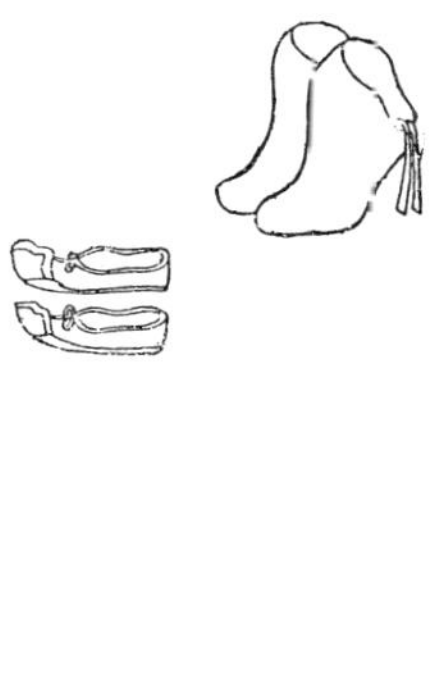
韈圖

洪武三年定

冠飾以九翬四鳳花釵九樹小花如大花之數。兩博鬢，九鈿。翟衣青質五色九等，繡翟編次于衣及裳。素紗中單，黻領、朱縠褾、襈、裾。蔽膝隨裳色。以緅爲領緣，繡翟爲章二等。大帶隨衣色，玉革帶，青韈、舄，佩綬。

永樂三年定

九翟冠二頂，冠以皂縠爲之。附以翠博山，飾以大珠翟二，小珠翟三，翠翟四，皆口銜珠滴。冠中寶珠一座，前後珠牡丹花二朵，蕊頭八箇，翠葉三十六葉，珠翠穰花鬢二朵，承以小連雲六片。翠頂雲一座，上飾珠九顆，珠翠雲十一片，翠口圈一副。金寶鈿花九箇，上用珠九顆，金鳳一對，口銜珠結。金簪一對。

珠翠牡丹花穰花各二朵，面花二對，梅花環、四珠環各一雙。

大衫霞帔，衫用大紅，紵、絲、紗、羅隨用。霞帔以深青爲質，金繡雲霞鳳文，紵絲紗羅隨用。金墜子亦鈒鳳文。

四褛襖子，即褙子。桃紅色，金繡團鳳文，紵、絲、紗、羅隨用。

鞠衣，青色，如深衣制。胸背金繡雲鳳文，紵、絲、紗、羅并各色隨用，惟不用黄。燕居服用素。

大帶，青線羅爲之，有緣，或用紅羅。

玉穀圭，長七寸，剡其上，瑑穀文，以錦約其下，并韜。公主不用圭。

玉革帶青綺鞓，描金雲鳳文，玉事件十，金事件三。

玉花采結綬，以紅、緑線羅爲結，上有玉綬花一，瑑寶相花文。綬帶上玉墜珠六顆，并金垂頭花板四片，小金葉六箇，紅線羅繫帶一。

玉佩二，如東宫妃佩制。珩以下瑑雲鳳文，描金，上有金鈎。

青韈、舄，韈以青線羅爲之，舄用青綺，飾以描金雲鳳文，皂線純，每舄首加珠三顆。

常服

洪武三年定

犀冠，刻以花鳳，首飾、釧、鐲，用金、玉、珠、寶、翠。諸色團領衫，金繡花鳳，惟不用黄，帶用金玉犀。

洪武四年定

與皇妃同。

【公主冠服】

與親王妃同。

册印

册，用銀二片，長闊規制，悉與親王册同。

印，用金，龜鈕。依周尺方五寸二分，厚一寸五分，其文曰「某國公主之印」。綬用朱，印池用金，池匣妝飾亦與親王同，但親王飾蟠螭，公主則用飾蟠鳳。

【世子冠服】

世子遇聖節、千秋節，并正旦、冬至進賀表箋，及其父王生日、諸節慶賀，皆服衮冕。

衮冕

洪武二十六年定

衮冕七章。

冕，三采玉珠，七旒，紅組纓，青纊充耳，金簪導。

圭，長九寸。

青衣纁裳，衣三章，織華蟲、火宗、彝。裳四章，織藻、粉、米、黼黻。

素紗中單，青領、褾、襈，赤韍。

革帶，佩白玉玄組綬。

綬，紫質。用紫、黄、赤三采織成，間織三白玉環。

白韈赤舄。

永樂三年定

冕冠，玄表朱裏，前圓後方。前後各八旒，每旒五采繅八就，各貫三采玉珠八，赤、白、青色相次。玉衡金簪玄紞，垂青纊充耳，用青玉。朱紘纓承以白玉瑱。

玉圭，長九寸，以錦約其下，并韜。

青衣纁裳，七章。青衣三章，火一在肩，其二與華蟲、宗彝各三在兩袖，皆織成，本色領、褾、襈、裾。纁裳四章，織藻、粉、米、黼黻各二。前三幅，後四幅，不相屬。共腰有襞積，本色綼裼。

中單，以素紗爲之。青領、褾、襈、裾，領織黻文九。

蔽膝，隨裳色。四章，織藻、粉、米、黼黻各二。本色緣，有紃施于縫中，其上玉鈎二。

玉佩二，如親王之佩制。珩以下瑑雲龍文，上有金鈎，以小綬四采副之，四采赤、白、縹、緑，纁質。

大帶，素表朱裏。在腰及垂皆有綼，上綼以朱，下綼以緑，紐約用青組。

大綬，四采赤、白、縹、緑，纁質。小綬，三采，間施二玉環。皆織成。

韈、舄，皆赤色。舄用黑絇純，黑飾舄首。

皮弁服

永樂三年定

皮弁，用烏紗冒之。前後各八縫，每縫中綴三采玉八，縫及武冠并貫簪繫纓處，皆飾以金，金簪朱纓。

玉圭，如冕服内制。

絳紗袍，本色領、褾，襈裾。

紅裳，如冕服内裳制，但不織章數。

中單，以素紗爲之。如深衣制，紅領、褾、襈裾。領織黻文九。

蔽膝，隨裳色，本色緣。有紃施于縫中，其上玉鈎二。

玉佩，如冕服内佩制，但無雲龍文，有小綬四采以副之。

大帶。

大綬。

韈、舄，俱如冕服内制。

常服

永樂三年定

冠、袍、帶、靴，俱與親王同。

保和冠服。制見前。

【世子妃冠服】

永樂三年定

與親王妃同，惟冠用七翟。

【郡王冠服】

衮冕

永樂三年定

冕冠，玄表朱裏，前圓後方。前後七旒，每旒五采繅七就，各貫玉珠七赤、白、青色相次。玉衡金簪玄紞，垂青纊充耳，用青玉。朱紘纓承以白玉瑱。

玉圭，長九寸，以錦約其下，并韜。

青衣纁裳，五章。青衣三章，粉米一在肩，其二并藻、宗彝各二，在兩袖，皆織成。本色領、褾，襈裾。纁裳二章，織黼、黻各二，前三幅，後四幅，不相屬，共腰有襞積，本色綼裼。

中單，以素紗爲之。青領、褾，襈裾。領織黻文七。

蔽膝，隨裳色。二章，織黼、黻各二，本色緣。有紃施于縫中，其上玉鈎二。

玉佩，如親王佩制。珩以下瑑雲龍文，上有金鈎，以小綬四采副之四采赤、白、縹、緑，纁質。

大帶，素表朱裏。在腰及垂皆有綼，上綼以朱，下綼以緑。紐約用青組。

大綬，四采，赤、白、縹、緑，纁質。小綬，三采，間施二玉環，皆織成。

韈、舄皆赤色，舄用黑絇純黑飾舄首。

皮弁服

永樂三年定

皮弁，用烏紗冒之。前後各七縫，每縫中綴三采玉七。縫及冠武并貫簪繫纓處，皆飾以金。金簪朱纓。

玉圭，如冕服内制。

絳紗袍，本色領、褾，襈裾。

紅裳，如冕服内裳制，但不織章數。

中單，以素紗爲之。如深衣制，紅領、褾，襈裾。領織黻文七。

蔽膝，隨裳色，本色緣。有紃施于縫中，其上玉鈎二。

玉佩，如冕服内制，但無雲龍文，有小綬四采以副之。

大帶。

大綬。

韈、舄俱如冕服内制。

常服

永樂三年定

冠、袍、帶、靴，俱與親王同。

保和冠服制見前

【郡王妃冠服】

永樂三年定

七翟冠二頂，冠以皂縠爲之，附以翠博山飾以大珠翟二，小珠翟三，翠翟四，皆口銜珠滴。冠中寶珠一座，前後珠牡丹花二朵，蕊頭八箇，翠葉三十六葉，珠翠穰花鬢二朵，承以小連雲六片。翠頂雲一座，飾以珠五顆。珠翠雲十一片，翠口圈一副，金寶鈿花八箇，上用珠八顆。金翟一對，口銜珠結。金簪一對。

珠翠牡丹花穰花各二朵，面花二對，梅花環、四珠環各一對。

大衫霞帔，衫用大紅，紵、絲、紗、羅隨用。霞帔以深青爲質，金繡雲霞翟文，紵絲紗羅隨用。金墜子亦鈒翟文。

四褛襖子，即褙子。桃紅色，金繡翟文，紵、絲、紗、羅隨用。

鞠衣，青色。胸背金繡雲翟文，紵、絲、紗、羅并各色隨用，惟不用黃。燕居服用素。

大帶，青線羅爲之，有緣。或用紅羅。

玉穀圭，長七寸，剡其上瑑穀文，以錦約其下，并韜。

玉革帶青綺鞓，描金雲翟文，玉事件十，金事件三。

玉花采結，綬以紅、緑線羅爲結。上有玉綬花一，瑑寶相花文。綬帶上玉墜珠六顆并金垂頭花板四片，小金葉六箇，紅線羅繫帶一。

玉佩二，如親王妃佩制。珩以下瑑雲翟文，描金，上有金鈎。

青韈、舃，韈以青線羅爲之。舃用青綺，飾以描金翟文，皂線純，每舃首加珠三顆。

【長子冠服】

朝服

七梁冠，大紅素羅衣，白素紗中單，大紅素羅裳及蔽膝，大紅素羅、白素紗二色夾帶，玉朝帶，丹礬紅花錦錦雞綬，玉佩象牙笏，白絹韈，皂皮雲頭履鞋。

公服

皂縐紗幞頭，大紅素紵絲衣，玉革帶。

常服

烏紗帽，大紅紵絲織金獅子開褉圓領，玉束帶，皂皮銅線靴。

保和冠服。制見前。

【郡主冠服】

永樂三年定

與郡王妃同，惟不用圭，及少四珠環一對。

【長子夫人冠服】

珠翠五翟冠，大紅紵絲大衫，深青紵絲金繡翟雞褙子，青羅金繡翟雞霞帔，金墜頭。

【鎮國將軍冠服】

與長子同。

【鎮國將軍夫人冠服】

與長子夫人同。

【輔國將軍冠服】

與鎮國將軍同，惟冠六梁，帶用犀。

【輔國將軍夫人冠服】

與鎮國將軍夫人同，惟冠用四翟抹金銀墜頭。

【奉國將軍冠服】

與輔國將軍同，惟冠五梁，帶用金鈒花，常服大紅織金虎豹。

【奉國將軍淑人冠服】

與輔國將軍夫人同，惟褙子、霞帔金繡孔雀文。

【鎮國中尉冠服】

與奉國將軍同，惟冠四梁，帶用素金，佩用藥玉。

【鎮國中尉恭人冠服】

與奉國將軍淑人同。

【輔國中尉冠服】

與鎮國中尉同，惟冠三梁，帶用銀鈒花，綬用盤鵰，公服用深青素羅，常服紅織金熊羆。

【輔國中尉宜人冠服】

與鎮國中尉恭人同，惟冠用三翟，褙子、霞帔金繡鴛鴦文，銀墜頭。

【奉國中尉冠服】

與輔國中尉同，惟冠二梁，帶用素銀，綬用練鵲，幞頭黑漆，常服紅織金彪。

【奉國中尉安人冠服】

與輔國中尉宜人同，惟大衫用丹礬紅，褙子、霞帔金繡練鵲文。

【縣主冠服】

珠翠五翟冠，大紅紵絲大衫，深青紵絲金繡孔雀褙子，青羅金繡孔雀霞帔，抹金銀墜頭。

【郡君冠服】

與縣主同，惟冠用四翟，褙子、霞帔，金繡鴛鴦文。

【縣君冠服】

與郡君同，惟冠用三翟。

【鄉君冠服】

與縣君同，惟大衫用丹礬紅，褙子、霞帔，金繡練鵲文。

申時行《明會典》卷六〇《禮部一八・冠服一》 國朝上下冠服，皆損益前代之制，具載大明集禮及職掌。嘉靖初又釐正衮冕及朝祭等服，而武弁、燕弁、保和忠静等冠服，特出創制，今備列焉。

【皇帝冕服】

衮冕

凡祭天地、宗廟及正旦、冬至、聖節，則服衮冕。見職掌。祭社稷、先農、册拜亦如之。見集禮。

洪武十六年定

冕，前圓後方，玄表纁裏。前後十二旒，每旒五采玉十二珠，五采繅十有二就。就相去一寸，紅絲組爲纓黈纊充耳，玉簪導。

衮，玄衣、黄裳。十二章，日、月、星辰、山、龍、華蟲六章織在衣；宗彝、藻、火粉、米、黼、黻六章繡在裳。

白羅大帶，紅裏。

蔽膝，隨裳色，繡龍、火、山文。

玉革帶玉佩。

大綬，六采赤、黄、黑、白、縹、緑。小綬，三色，同大綬，間施三玉環。

白羅中單，黻領青，緣襈。

黄韈、黄舄，金飾。

二十六年定

衮冕，十二章。

冕，版廣一尺二寸，長二尺四寸。冠上有覆，玄表朱裏。前後各有十二旒，旒五采玉珠十二，玉簪導，朱纓。圭，長一尺二寸。

衮，玄衣、纁裳。衣六章，織日、月、星辰、山、龍、華蟲；裳六章，織宗彝、藻、火、粉、米、黼、黻。

中單，以素紗爲之。

紅羅蔽膝，上廣一尺，下廣二尺，長三尺。織火龍山三章。

革帶，佩玉，長三尺三寸。

大帶，素表朱裏，兩邊用緣，上以朱錦，下以緑錦。大綬六采，用黄、白、赤、玄、縹、緑織成，純玄質五百首。小綬三色同大綬，間織三玉環。

朱韈赤舄。

永樂三年定

冕冠，十有二旒，冠以皂紗爲之。上覆曰綖，桐板爲質。衣之以綺，玄表朱裏。前圓後方。廣一尺二寸，長二尺四寸。用周尺。前後各十有二旒，每旒各五采繅十有二就，貫五采玉珠十二，赤、白、青、黄、黑相次。以玉衡維冠玉簪貫紐，紐與冠武并繫纓處，皆飾以金。綖以左右垂黈纊充耳，用黄玉。繫以玄紞，承以白玉瑱朱紘。

玉圭，長一尺二寸，剡其上刻山四，蓋周鎮圭之制。以黄綺約其下，别以袋韜之，金龍文。

衮服，十有二章。玄衣八章，日、月、龍在肩，星辰、山在背，火、華蟲、宗彝在袖，每袖各三。皆織成。本色領、褾、襈、裾。纁裳，四章，織藻、粉、米、黼、黻各二。前三幅，後四幅，前後不相屬，共腰有襞積，本色綼裼。

中單，以素紗爲之。青領、褾、襈裾，領織黻文十三。蔽膝隨裳色，四章，織藻、粉、米、黼黻各二。本色緣，有紃施于縫中，其上玉鉤二。

玉佩二，各用玉珩一、瑀一、琚二、衝牙一、璜二。瑀下有玉花，玉花下又垂二玉滴，瑑飾雲龍文描金。自珩而下繫組五，貫以玉珠，行則衝牙二滴，與璜相觸有聲。其上金鉤二，有二小綬六采以副之。六采，黄、白、赤、玄、縹、緑，纁質。

大帶，素表朱裏。在腰及垂皆有綼，上綼以朱，下綼以緑，紐約用素組。

大綬，六采，黄、白、赤、玄、縹、緑，纁質。小綬，三色同大綬，間施三玉環。

籠文，皆織成。

韈，舄皆赤色，舄用黑絇純，以黄飾舄首。

嘉靖八年定

冠，制以圓匡，烏紗冒之。冠上有覆板，長二尺四寸，廣二尺二寸。玄表朱裏，前圓後方。前後各七采玉珠十二旒，以黄、赤、青、白、黑、紅、緑爲之。玉簪導，朱纓青纊充耳，綴以玉珠二。凡尺皆以周尺爲度。

衣，玄色，凡織六章，日、月在肩，各徑五寸；星、山在後；龍、華蟲在兩袖，長不掩裳之六章。

裳，黄色，爲幅七，前三幅，後四幅，連屬如帷。凡繡六章分作四行，火、宗彝、藻爲二行，米、黼黻爲二行。

中單，素紗爲之，青緣領織黻文十三。

蔽膝，隨裳色，羅爲之。上繡龍一，下繡火三，繫于革帶。

大帶，素表朱裏。上緣以朱，下以緑，不用錦。

革帶，前用玉，其後無玉，以佩綬繫而掩之。

圭，白玉爲之。長尺二寸，剡其上，下以黄綺約之。上刻山形四，盛以黄綺囊，藉以黄錦。

朱韈、赤舄、黄絛緣，玄纓結。

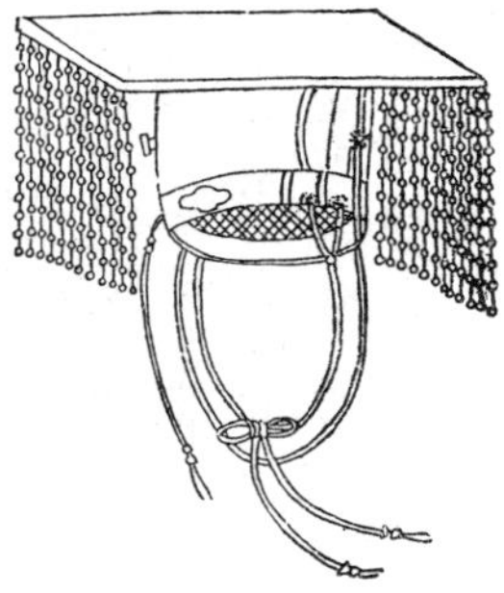
冕圖

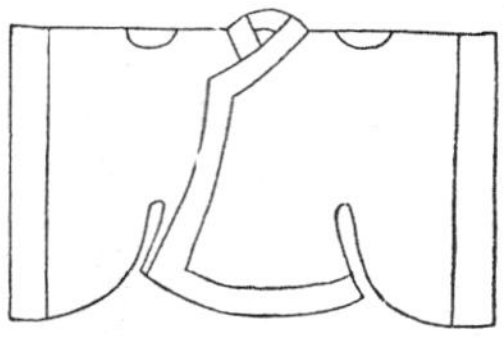
冕衣圖 前圖

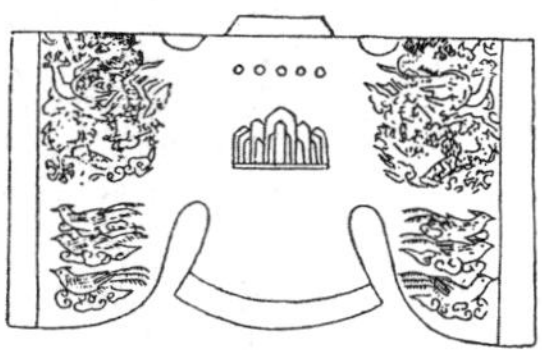
後圖

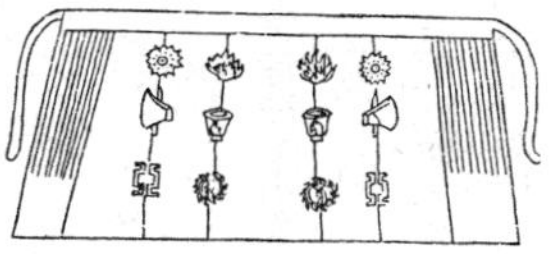
下裳圖

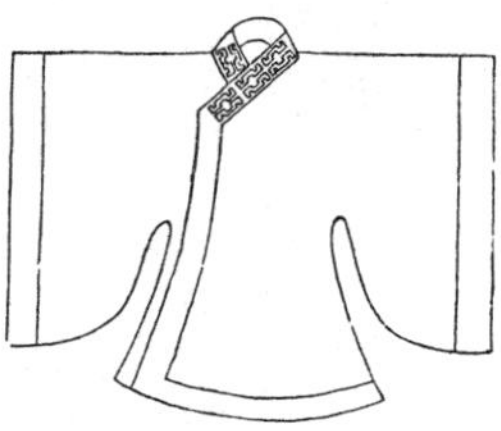
中單圖

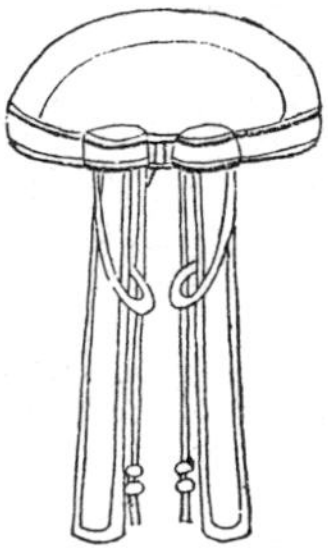
大帶圖

車帶圖

革帶繫蔽膝圖

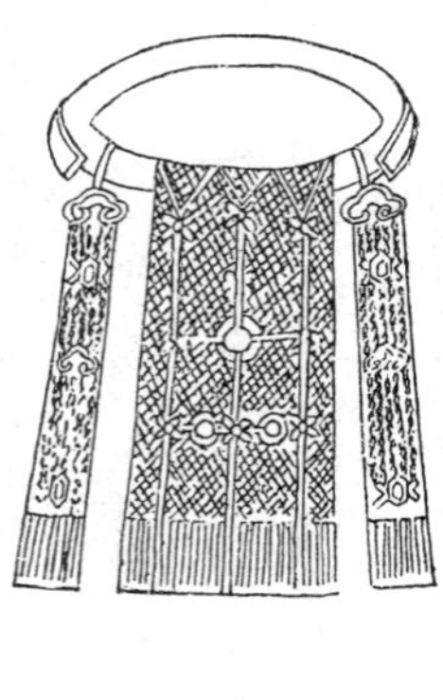
革帶繫佩綬圖

鎮圭圖

韈舄圖

皮弁服

凡朔望視朝、降詔、降香、進表、四夷朝貢、朝覲，則服皮弁服。見集禮。嘉靖間令祭太歲、山川等神皆服。

洪武二十六年定

皮弁，用烏紗冒之。前後各十二縫，每縫中綴五采玉十二以爲飾。玉簪導，紅組纓。其服絳紗衣，蔽膝隨衣色。白玉佩革帶，玉鈎艓緋白大帶，白韈、黑舄。

永樂三年定

皮弁，用黑紗冒之。前後各十二縫，其中各綴五采玉十二縫。及冠武并貫簪繫纓處，皆飾以金玉簪。朱紘纓，玉以赤、白、青、黄、黑相次。

玉圭，長如冕服之圭。有脊并雙植文刻其上，黄綺約其下，及有韜金龍文。

絳紗袍，本色領、褾，襈裾。

紅裳，如冕服内裳制，但不織章數。

中單，以素紗爲之。如深衣制，紅領、褾，襈裾，領織黻文十三。

蔽膝，隨裳色，本色緣，有玉鈎二。

玉佩、大帶、大綬、韈、舄俱如冕服内制。

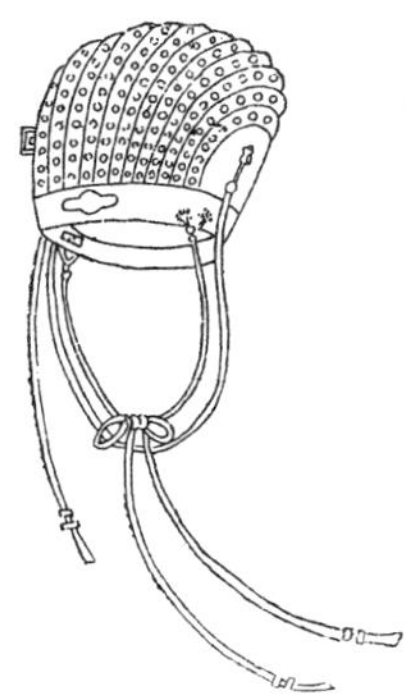
皮弁圖

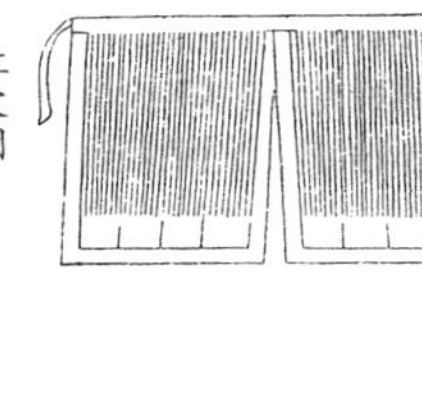
紅裳圖

絳紗袍圖

中單圖

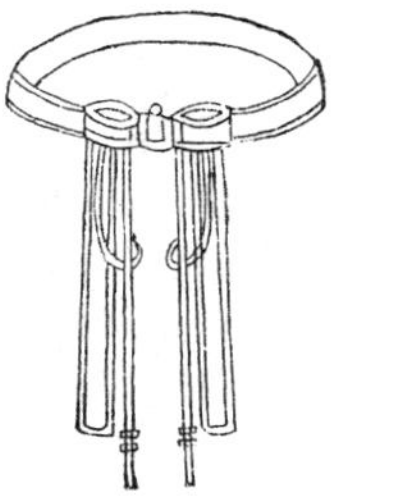
大帶圖

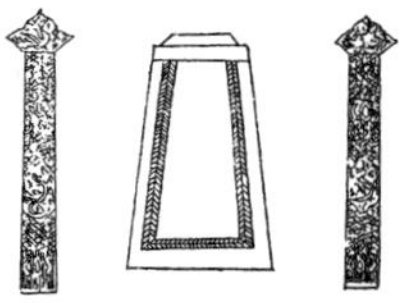
蔽膝玉佩圖

大綬圖

玉圭圖

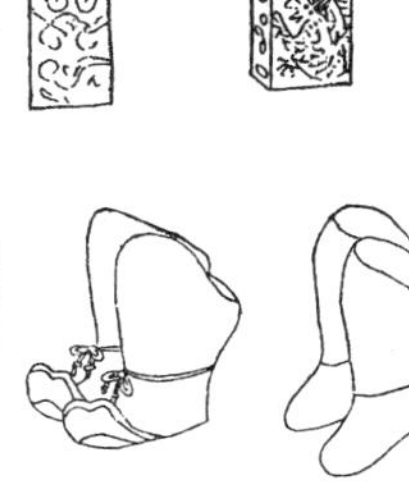
韈舄圖

常服

洪武三年定

常服，烏紗折角向上巾，盤領窄袖袍，束帶間用金、玉、琥珀、透犀。

永樂三年定

冠，以烏紗冒之，折角向上。今名翼善冠。

袍，黄色，盤領窄袖，前後及兩肩各金織盤龍一。帶用玉，靴以皮爲之。

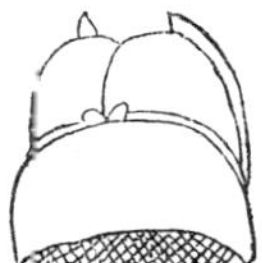
冠圖

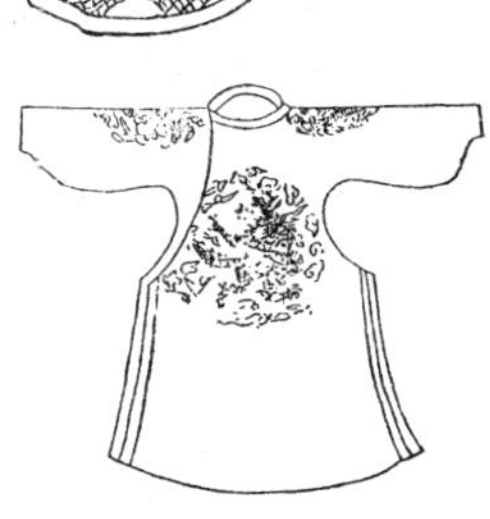
袍圖

帶圖

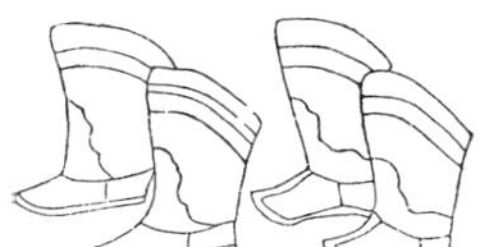
靴圖

武弁服

國初行親征遣將禮，則服武弁。乘革輅，其制未詳。詳定自嘉靖初年始。

嘉靖八年定

弁，上鋭色用赤，上十二縫，中綴五采玉，落落如星狀。

韎衣、韎裳、韎韐，俱赤色如常制。

佩綬、革帶如常制，佩綬及韎韐，俱上繫于革帶，舄如其裳之色。

玉圭，視鎮圭差小，剡上方下，有篆文曰：討罪安民。

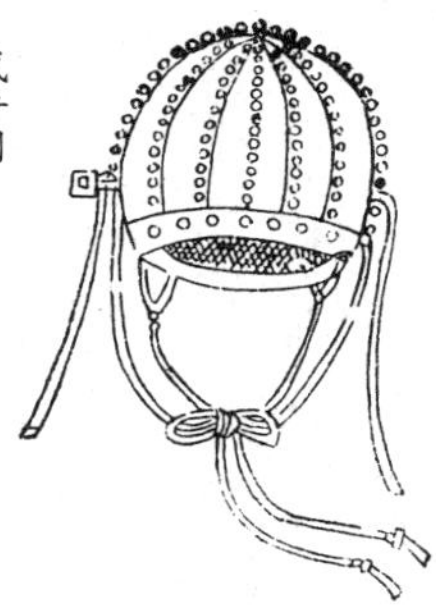
武弁圖

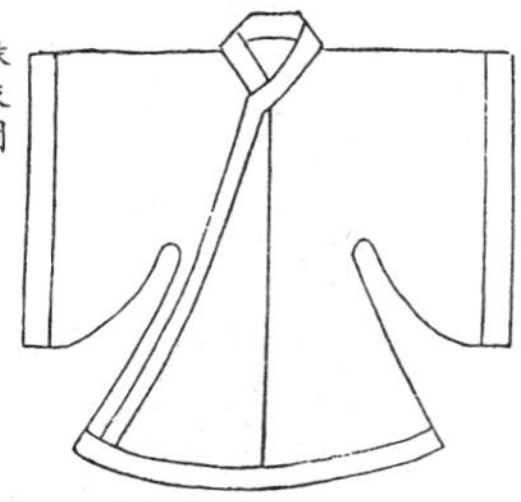
韎衣圖

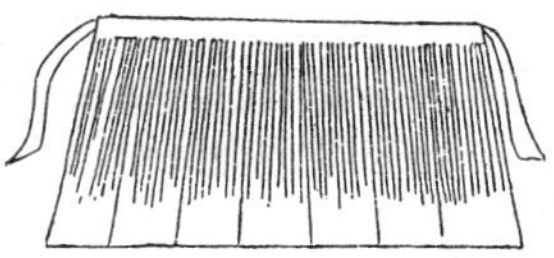
韎裳圖

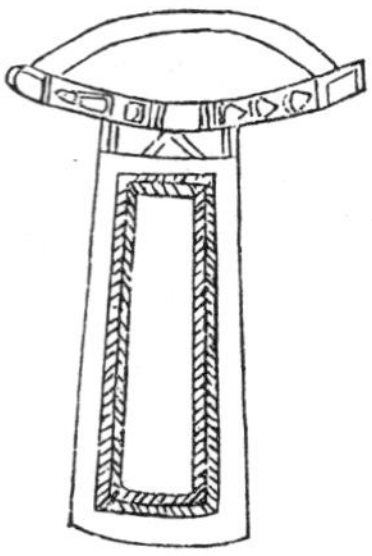
韎韐圖

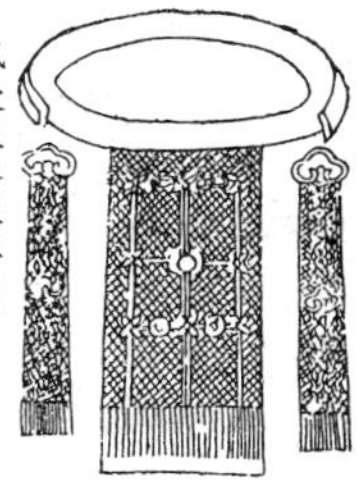
佩綬上繫革帶圖

赤舄圖

玉圭圖

燕弁冠服

嘉靖七年定

冠,匡如皮弁之制,以烏紗冒之。分十有二瓣,各以金線壓之。前飾五采玉雲各一,後列四山,朱絛爲組纓雙玉簪。服,如古玄端之制。身用玄,邊緣以青。兩肩繡日月,前蟠圓龍一,後蟠方龍二,邊加龍文八十一。領與兩袪共龍文五九,衽同前後齊,共龍文四九。襯,用深衣之制,黄色,袂圓袪方,下齊負繩及踝十二幅。素帶,朱裏青表,緑緣邊,腰圍飾以玉龍九片。履,玄爲之,朱緣、紅纓、黄結,韈用白。

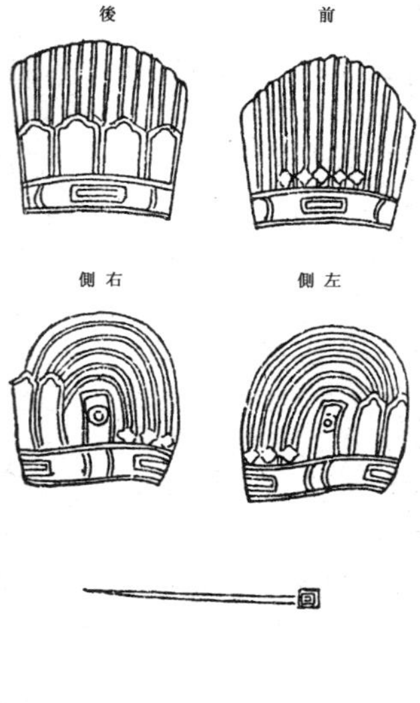

燕弁冠圖

玄纁服圖　前圖

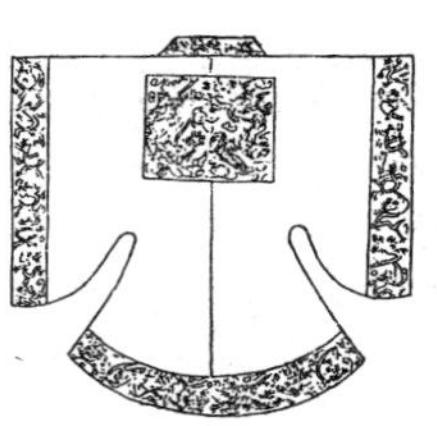
玄纁服圖　後圖

深衣圖　前圖

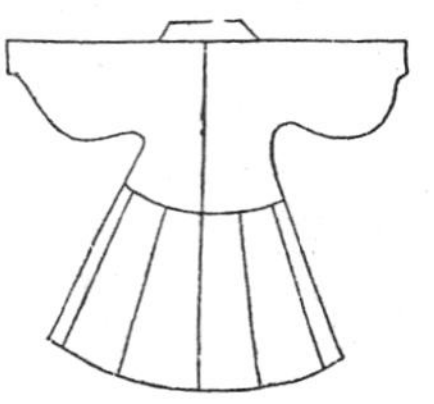
深衣圖　後圖

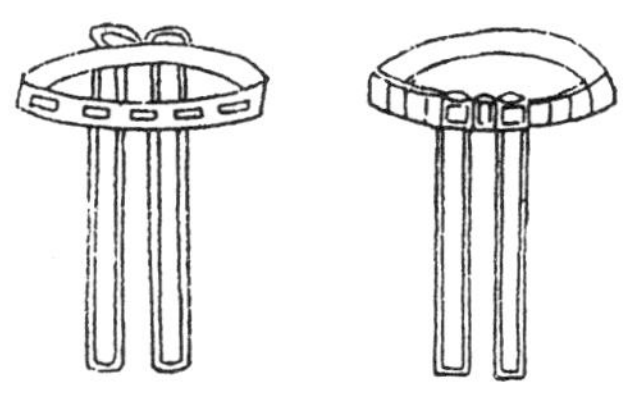
素帶圖

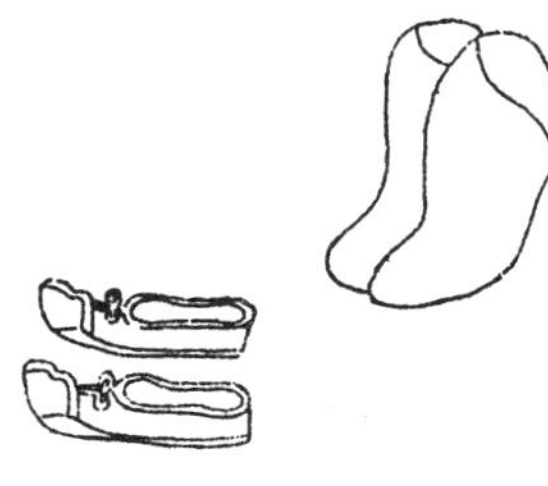
玄履圖

申時行《萬曆重修會典》卷六一《禮部一九·冠服二·》 文武官冠服朝服

凡大祀、慶成、正旦、冬至、聖節及頒降開讀詔赦進表傳制，則文武官各服朝服。見職掌。其武官應直守衛者，不拘此服。

洪武二十六年定

文武官朝服梁冠，赤羅衣，白紗中單，俱用青飾領緣。赤羅裳，青緣赤羅蔽膝。大帶用赤白二色絹，革帶，佩綬。白襪，黑履。一品、至九品，俱以冠上梁數分等第。

公冠八梁，加籠巾貂蟬，立筆五折，四柱，香草五段，前後用玉爲蟬。

侯冠七梁，加籠巾貂蟬，立筆四折，四柱，香草四段，前後用金爲蟬。

伯冠七梁，加籠巾貂蟬，立筆二折，四柱，香草二段，前後玳瑁爲蟬，俱左插雉尾。

駙馬冠與侯同，不用雉尾。

一品冠七梁，不用籠巾，貂蟬、革帶、與佩俱用玉。綬用緑、黄、赤、紫四色絲，織成雲鳳四色花錦，下結青絲網。

綬環二，用玉。笏，用象牙。

二品冠六梁，革帶綬環用犀，餘同一品。

三品冠五梁，革帶用金，佩用玉，綬用黄、緑、赤、紫四色絲，織成雲鶴花錦，下結青絲網。綬環二，用金。笏，用象牙。

四品冠四梁，革帶用金，佩用藥玉，餘同三品。

五品冠三梁，革帶用銀鈒花，綬用黄、緑、赤、紫四色絲，織成盤雕花錦，下結青絲網。綬環二，用銀鍍金。笏，用象牙。

六品、七品冠二梁，御史加獬廌。革帶用銀，佩用藥玉，綬用黄、緑、赤三色絲，織成練鵲花錦，下結青絲網。綬環二，用銀。笏，用槐木。

八品、九品冠一梁，革帶用烏角，佩用藥玉，綬用黄、緑二色絲，織成鸂鶒花錦，下結青絲網。綬環二，用銅。笏，用槐木。

雜職未入流品人員，若遇大朝賀進表，隨班行禮，止用公服。三十年奏准：亦照九品官，具朝服行禮。

嘉靖八年定

梁冠照舊式

上衣用赤羅青緣，其長過腰，指寸七寸，毋掩下裳。

中單，白紗爲之，青緣。

下裳，七幅，前三後四，每幅三襞積，赤羅青緣，蔽膝綴革帶。

綬，各照品級花樣。革帶之後，佩綬繫而掩之。其環亦各照品級，用玉、犀、金、銀、銅爲之，不以織於綬。

大帶，表裏俱素，惟兩耳及下垂緣以緑色，又用青組約之。

革帶，一品玉，二品犀，三品、四品金，五品銀鈒花，六品、七品銀，八品、九品烏角，俱照舊式。

珮玉，一如《詩傳》之制，去雙滴及二珩。其三品以上用玉，四品以下用藥玉各照舊。

襪、履俱照舊式。

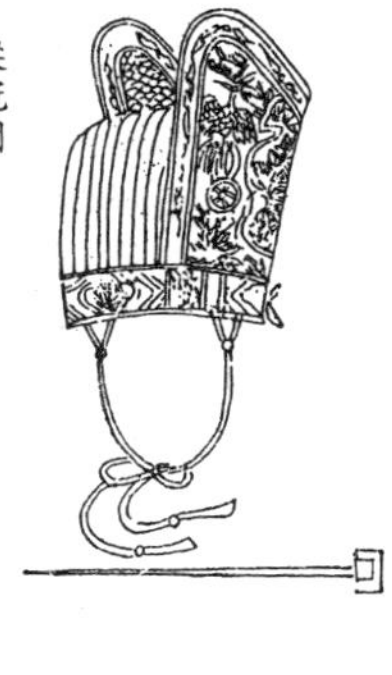
梁冠圖

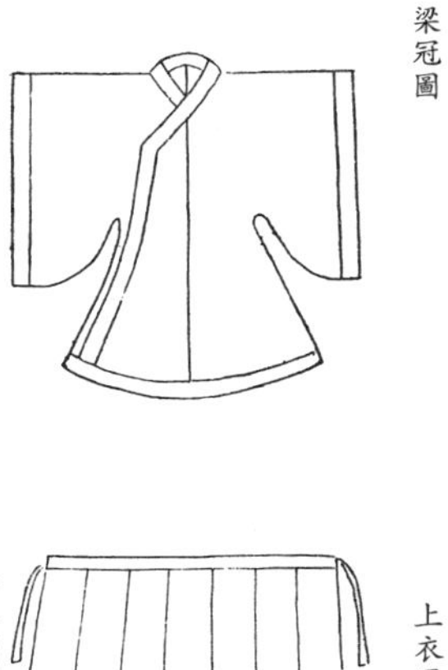
中單圖

上衣圖

下裳圖

蔽膝圖

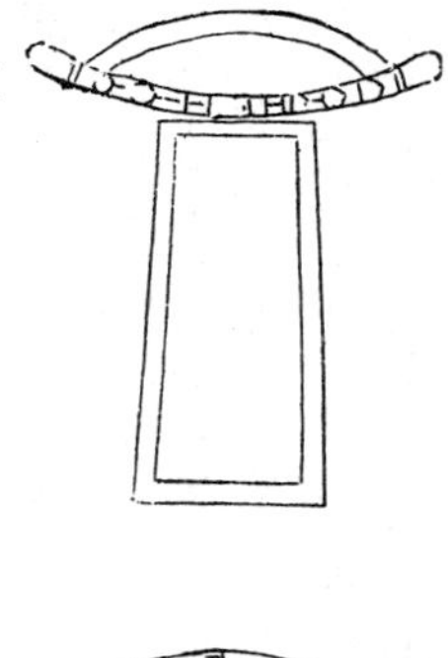

綬圖

大帶圖

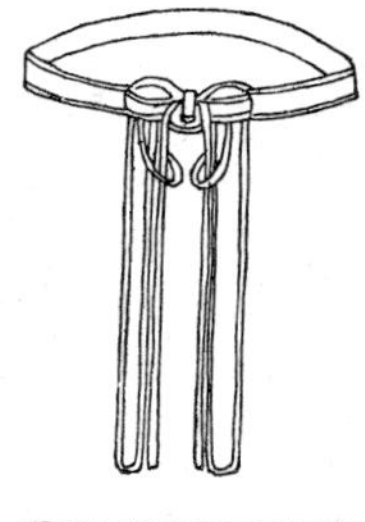

革帶圖

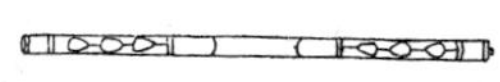

珮玉圖

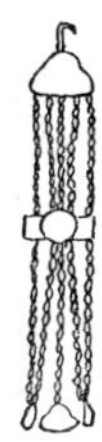

襪履圖

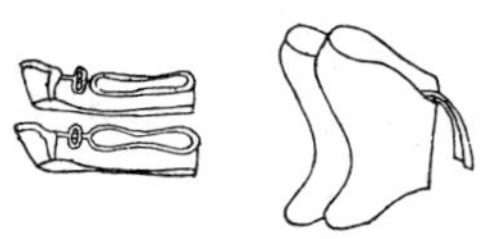

祭服

凡上親祀郊廟、社稷，文武官分獻陪祀，則服祭服。見彙禮。

洪武二十六年定

文武官陪祭服，一品至九品青羅衣，白紗中單。俱用皂領、緣，赤羅裳皂緣，赤羅蔽膝，方心曲領。其冠、帶、佩、綬等第並同朝服。又令：品官家用祭服，三品以上去方心曲領，四品以下并去佩綬。又令：雜職祭服與九品同。

嘉靖八年定

上衣用青羅皂緣，長與朝服同。

下裳用赤羅皂緣，制與朝服同。

蔽膝、綬環、大帶、革帶、佩玉、襪、履，俱與朝服同，去方心曲領。

公服

在京文武官，每日早晚朝奏事及侍班、謝恩、見辭，則服公服。在外文武官，每日清早公座亦服之。見職掌。後常朝止便服，惟朔望具公服朝參。其武官應直守衛者，不拘此服。

洪武二十六年定

文武官公服，用盤領右衽袍，或紵、絲、紗、羅、絹，從宜製造。袖寬三尺。一品至四品，緋袍；五品至七品，青袍；八品、九品，綠袍；未入流雜職官，袍、笏、帶與八品以下同。

公服花樣，一品，用大獨科花，徑五寸；二品，小獨科花，徑三寸；三品，散荅花，無枝葉，徑二寸；四品、五品，小雜花紋，徑一寸五分；六品、七品，小雜花，徑一寸；八品以下無紋。

幞頭，用漆紗二等，展角各長一尺二寸。其雜職官員，幞頭用垂帶。

笏，依朝服爲之。

腰帶，一品用玉，或花或素；二品用犀；三品、四品用金荔枝；五品以下用烏角。鞓用青革，仍垂撻尾於下，靴用皂。

凡公、侯、駙馬、伯公服，服色花樣腰帶與一品同。凡文武官公服花樣，如無從織買，用素隨宜。又令：凡内外未入流雜職官，幞頭展角與入流官同，不用垂帶。

常服

洪武三年定

凡文武官常朝視事，以烏紗帽、團領衫、束帶爲公服。一品，玉帶；二品，花犀帶；三品，金鈒花帶；四品，素金帶；五品，銀鈒花帶；六品、七品，素銀帶；八品、九品烏角帶。

二十六年定

公、侯、駙馬、伯，麒麟白澤。

文官一品、二品，仙鶴錦雞；三品、四品，孔雀雲鴈；五品，白鷴；六品、七品，鷺鷥鸂鶒；八品、九品，黄鸝鵪鶉練鵲。風憲官用獬廌。

武官一品、二品，獅子；三品、四品，虎豹；五品，熊羆；六品、七品，彪；八品、九品，犀牛、海馬。

凡常服制度，洪武二十三年，令官員人等衣服，寬窄以身爲度。文職官，衣長自領至裔去地一寸，袖長過手復回至肘，袖椿廣一尺，袖口九寸。公、侯、駙馬與文職官同。武職官，衣長去地五寸，袖長過手七寸，袖椿廣一尺，袖口僅出拳。

凡束帶，洪武二十四年定：公、侯、駙馬、伯與一品同，雜職未入流官，與八品、九品同。

凡服色禁制，洪武二十六年，令品官常服，用雜色紵、絲、綾、羅綵繡，庶民止用紬、絹、紗、布，不許別用。又令：官、吏及軍、民、僧、道人等，衣服、帳幔並不許用玄、黄、紫三色并織繡龍鳳文，違者罪及染造之人。其朝見人員，四時並用顔色衣服，不許純素。景泰四年，令錦衣衛指揮侍衛者，得衣麒麟服色。天順二年，令官民人等衣服，不得用蟒龍、飛魚、斗牛、大鵬、像生獅子、四寶、相花大西番蓮、大雲花樣，并玄、黄、紫及玄色樣，黑、緑、柳黄、姜黄、明黄等色。成化二年，令官民人等，不許僭用服色花樣。弘治十三年奏准：今後公、侯、伯及文武大臣、各處鎮守、守備等官，敢有違例奏討蟒衣、飛魚等項衣服者，該科參駁，科道糾劾，該部執奏，治以重罪。嘉靖六年，令在京、在外官民人等，不許濫服五彩妝花織造，違禁顔色及將蟒龍造爲女衣，或加飾妝彩，圖利貨賣。其朝貢夷人，不許擅買違式衣服。如違，將買者、賣者，一體拏問治罪。十六年題准：今後在京、在外文武官員，除本等品級服色及特賜外，不許擅用蟒衣、飛魚、斗牛等項，違禁華異服色。其大紅、紵絲、紗羅服，惟四品以上官及在京九卿、翰林院、詹事府、春坊、司經局、尚寶司、光禄寺、鴻臚寺、五品堂上官、經筵講官許穿用。其餘衙門，雖五品官及五品以下官，經筵不係講官者，俱穿青絲錦繡，遇有吉禮，止許穿紅布絨褐。品官花樣，照依品級，公、侯、駙馬、伯，麒麟白澤；文官一品，仙鶴；二品，錦雞；三品，孔雀；四品，雲鴈；五品，白鷴；六品，鷺鷥；七品，鸂鶒；八品，黄鸝；九品，鵪鶉；雜職官，練鵲；風憲官，獬廌。武官一品、二品，獅子；三品、四品，虎豹；五品，熊羆；六品、七品，彪；八品，犀牛；九品，海馬。不許混同穿用。錦衣衛指揮侍衛者，得衣麒麟服色。其餘帶俸及不係侍衛人員及千百户等官，雖係侍衛，俱不許僭用。

凡致仕罷閒官員服色，洪武三年，令年老致仕及侍親辭閒官，許用紗帽束帶。若爲事黜降者，服與庶人同。三十年，令致仕官服色與見任同。若遇朝賀及謝恩、見辭，一體具服行禮。

公侯駙馬伯花樣 麒麟

公侯駙馬伯花樣 白澤

文官花樣 仙鶴

文官花樣 錦雞

文官花樣 孔雀

文官花樣 雲鴈

文官花樣 白鷴

文官花樣 鷺鷥

文官花樣
鸂鶒

文官花樣
鵪鶉

風憲官花樣
獬廌

文官花樣
黄鸝

文官花樣
練鵲

武官花樣
獅子

武官花樣
虎豹

武官花樣
彪

武官花樣
海馬

武官花樣
熊羆

武官花樣
犀牛

忠静冠服

嘉靖七年定

忠静冠，即古玄冠。冠匡如制，以烏紗冒之。兩山俱列于後，冠頂仍方，中微起。三梁，各壓以金線，邊以金緣之。四品以下去金，邊以淺色絲線緣之。

忠静服，即古玄端服。色改用深青，以紵、絲、紗、羅爲之。三品以上用雲，四品以下用素，邊緣以藍青，前後飾以本等花樣補子。

深衣用玉色。

素帶，如古大夫之帶制，青表緑緣邊并裏。

素履，色用青緑絲結，白襪。

凡王府將軍、中尉及左、右長史，審理正、副紀善，教授等官，俱以品官之制服之，儀賓不得槩服。在京七品以上官及八品以下翰林院，國子監行人司官，在外方面官，各府堂官，州、縣正官，儒學教官及武官都督以上許服，其餘不許。

忠静冠圖

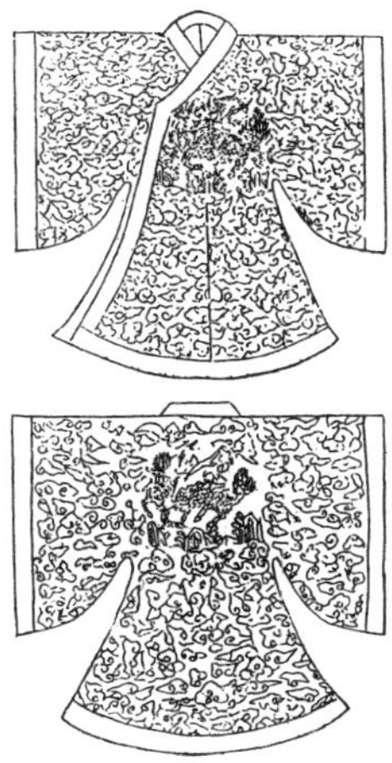
忠静服圖 用雲前圖 聖諭如麒麟服有加 則賜補子花樣圖品

用雲後圖

用素前圖

用素後圖

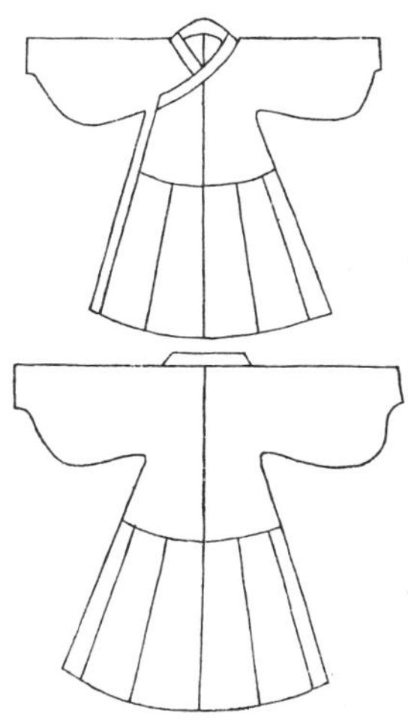
深衣服前圖

後圖

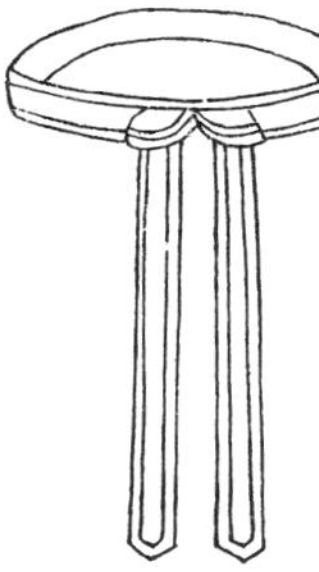
素帶圖

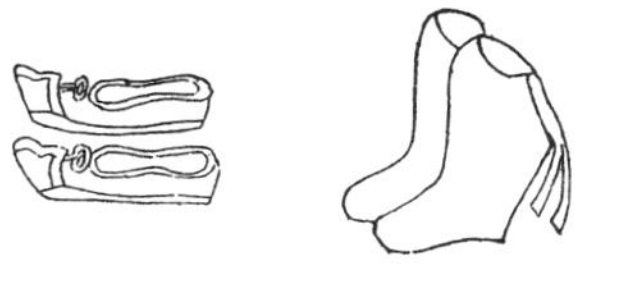
素履圖

【儀賓冠服】

儀賓朝服、公服、常服，俱照品級與文武官同。惟笏皆用象牙，常服花樣視武官。

弘治十三年定

郡主儀賓，鈒花金帶，胸背獅子。縣主儀賓，鈒花金帶。郡君儀賓，光素金帶，胸背俱虎豹。縣君儀賓，鈒花銀帶。鄉君儀賓，光素銀帶，胸背俱彪。如違僭用者，革去冠帶，戴平頭巾，於本處儒學讀書習禮三年，方許復職。

【命婦冠服】

禮服

凡命婦入内，朝見君、后，在家見舅、姑并夫及祭祀，則服禮服。

洪武五年定

凡命婦圓衫，以紅羅爲之。繡重雉爲等第，一品、九等，二品、八等，三品、七等，四品、六等，五品、五等，六品、四等，七品、三等，其餘不用繡雉。

二十四年定

命婦冠服，公、侯、伯與一品同。大袖衫，用真紅色，一品至五品，紵、絲、綾、羅隨用；六品至九品，綾、羅、紬、絹隨用。霞帔、褙子，皆用深青段匹，公侯及一品、二品，金繡雲霞翟文；三品、四品，金繡雲霞孔雀文；五品繡雲霞鴛鴦文；六品、七品，繡雲霞練鵲文。大袖衫，領闊三寸，兩領直下一尺，問綴紐子三。前身長四尺一寸二分，後身長五尺一寸，內九寸八分，行則摺起，末綴紐子二，紐在掩紐之下，拜則放之。袖長三尺二寸二分，根闊一尺，口闊三尺五分，落摺一尺一寸五分，掩紐二。就用衫料連尖長二寸七分，闊二寸五分，各於領下一尺六寸九分處綴之於掩下各綴紐門一以紐住摺起後身之餘者。兜子亦用衫料兩塊斜裁，上尖下平，連尖長一尺六寸三分，每塊下平處，各闊一尺五分，縫合於領下一尺七分處綴之，上綴尖皆縫合，以藏霞帔後垂之末者。霞帔二條，各長五尺七寸，闊三寸二分，各繡禽七，隨品級用。前四，後三，各繡。臨末左右取尖長二寸七分，前後分垂，橫綴青羅襻子，牽聯並之，前垂三尺三寸五分尖綴墜子一，後垂二尺三寸五分，臨末插兜子內藏之。墜子，中鈒花禽一，四面雲霞文，禽如霞帔隨品級用。笏以象牙爲之，圓首方腳，長六寸四分，闊一寸五分，厚一分五釐。

二十六年定

一品冠用金事件

珠翟五箇、珠牡丹開頭二箇、珠半開三箇、翠雲二十四片、翠牡丹葉一十八片、翠口圈一副上帶金寶鈿花八箇、金翟二箇口銜珠結二箇。

二品至四品冠用金事件

珠翟四箇、珠牡丹開頭二箇、珠半開四箇、翠雲二十四片、翠牡丹葉一十八片、翠口圈一副上帶金寶鈿花八箇、金翟二箇口銜珠結二箇。

一品至二品，霞帔用去霞翟文，鈒花金墜子，褙子用雲霞翟文。

三品至四品，霞帔用雲霞孔雀文，鈒花金墜子，褙子用雲霞孔雀文。

五品至六品，冠服抹金銀事件

珠翟三箇、珠牡丹開頭二箇、珠半開五箇、翠雲二十四片、翠牡丹葉一十八片、翠口圈一副上帶抹金銀寶鈿花八箇、抹金銀翟二箇口銜珠結子二箇。

五品霞帔，用雲霞鴛鴦文，鍍金鈒花銀墜子，褙子用雲霞鴛鴦文。

六品霞帔，用雲霞練鵲文，鈒花銀墜子，褙子用雲霞練鵲文。

七品至九品冠且抹金銀事件

珠翟二箇、珠月桂開頭二箇、珠半開六箇、翠雲二十四片、翠月桂葉一十八片、翠口圈一副上帶抹金銀寶鈿花八箇、抹金銀翟二箇口銜珠結子二箇。

七品霞帔、墜子、褙子與六品同。

八品、九品霞帔，用繡纏枝花，墜子與七品同，褙子繡摘枝團花。

常服

洪武二十四年定

命婦常服用顏色圓領衫。

【進士巾服】

洪武初定

進士巾，如今烏紗帽之製，頂微平，展角，闊寸餘，長五寸許，系以垂帶皂紗爲之。深色藍羅袍，緣以青羅，袖廣而不殺。革帶，青鞓，飾以黑角，垂撻尾於後。笏用槐木。廷試後，赴國子監領出，傳臚日服之。至上表謝恩後，謁先師孔子行釋菜禮畢，始易常服。其巾袍等，仍送國子監交收。

【狀元冠服】

朝冠二梁，朝服緋羅爲之。圓領，白絹中單，錦綬，蔽膝全。槐笏一把，紗帽一頂，光素銀帶一條，藥玉佩一副，朝靴、氈襪各一雙。俱内府製造。禮部官引至御前頒賜，上表謝恩日服之。

【生員巾服】

洪武二十四年定

生員襴衫，用玉色布絹爲之。寬袖皂緣，皂縧，軟巾，垂帶。

【吏員巾服】

洪武四年定

各衙門掾史、令史、書吏、司吏、典吏，穿皂盤領衫，繫絲縧，戴四方平定巾。十四年定：吏員皂衣，改用青色。三十年定：令史、典吏皆服吏巾，巾樣不與庶民同。

【士庶凡服】【公使人等附】

洪武三年定

士庶，初戴四帶巾，今改四方平定巾。雜色盤領衣，不許用黃。執仗之士，首服鏤金額交脚幞頭，服諸色辟邪寶相花裙襖，銅葵花束帶，皂紋靴，刻期冠方頂巾，衣胸背鷹鷂花腰線襖子，諸色闊絲匾縧，象牙雕花環，行縢八帶鞋，皂隸冠，圓頂巾，衣皂衣。又令庶民男女衣服，并不得僭用金繡錦，綺、紵、絲、綾、羅，許用紬絹素紗。其首飾、釧、鐲，並不許用金、玉、珠、翠，止用銀。靴不得裁製花樣金線妝飾。四年定：皂、隸、公使人穿皂盤領衫，戴平頂巾，繫白褡褳帶錫牌。六年，令庶民巾環，不得用金、玉、瑪瑙、珊瑚、琥珀。未入流品者，並同庶民。帽不得用頂，帽珠許用水晶、香木。校尉只孫束帶，幞頭靴鞋，刻期，雕刻，雜花、象牙、縧環外，餘同庶民。十四年，令農民之家，許穿紬、紗、絹、布，商賈之家，止許穿絹布。如農民之家但有一人爲商賈者，亦不許穿紬、紗。又令：校尉用金鵝帽黑漆創金荔枝，改作銅釘樣，每五釘，攢就，四面稍起邊欄，鞓用青緊束之。各衙門祇禁原穿皂衣，改用淡青。又令：僧道服色，禪僧，茶褐常服，青縧玉色袈裟。講僧，玉色常服，緑縧淺紅袈裟。教僧，皂常服，黑縧淺紅袈裟。僧官皆如之。道士常服青，法服、朝服皆用赤色。道官亦如之。惟僧録司官袈裟。道録司官法服，朝服，皆緑紋飾以金。二十二年，令將軍、力士、校尉、旗軍，常戴頭巾或褡腦。官下舍人并儒士、吏員、民人，常戴本等頭巾。鄉村農夫，許戴斗笠、蒲笠，出入市井不禁。不親農業者，不許。二十三年，令耆民、儒士、生員衣制同文職，惟袖長過手復回不及肘三寸。庶民衣長去地五寸，袖長過手六寸，袖樁廣一尺，袖口五寸。軍人衣長去地七寸，袖長過手五寸，袖樁廣不過一尺，窄不過七寸，袖口僅出拳。二十五年，令文武官同籍父、兄、伯、叔、弟、姪、子、婿及儒士、生員、吏典、知印、承差、欽天監、天文生、太醫院醫士、瑜珈僧、正一道士、將軍、散騎、舍人、帶刀之人、正五馬軍并馬軍小旗、教讀大誥師生許穿靴。校尉、力士，遇上直許穿，出外不許。其庶民、商賈、技藝、步軍及軍下餘丁、管步軍總、小旗官下家人火者、皂隸伴當，在外醫、卜、陰陽人皆不許，止許穿皮扎翰。其北平、山西、山東、陝西、河南并直隸徐州，地寒人民，許穿牛皮直縫靴。二十六年，禁官民步卒人等，不許服對襟衣，惟騎士不拘。正德元年，禁商販、吏典、僕役、倡優、下賤，皆不許服用貂裘。僧道、隸卒、下賤之人，俱不許服用紵、絲、紗、羅、綾、綿。十六年，禁軍民人等，如有穿紫花罩甲等服，或禁門或四外遊走者，許緝事并地方人等擒拏。萬曆二年，禁舉人、監生、生儒下至民、庶、奴隸之輩，有僭戴忠静金線冠巾，穿錦綺鑲履及張傘蓋戴煖耳者，聽五城御史嚴拏重責枷示，仍送問。

【士庶妻冠服】【婢使人等附】

洪武三年定

士庶妻首飾許用銀鍍金，耳環用金珠，釧、鐲用銀。服淺色團衫，許用紵、絲、綾、羅、紬、絹。五年，令凡民間婦人禮服，惟用紫染色絁，不用金繡。凡婦人袍衫，止用紫、緑、桃紅及諸淺淡顔色，不許用大紅、鴉青、黄色，帶用藍絹布。凡女子在室者，服飾之制，皆作三小髻，金釵，珠頭𩬊，窄袖褙子。凡婢使人等，綰高頂髻，用絹布狹領，長襖，長裙。小婢使綰雙髻，用長袖，短衣，長裙。成化十年，令禁官民人等婦女，不許僭用渾金衣服，寶石首飾。正德元年，令軍民婦女，不許用銷金衣服帳幔，寶石首飾鐲、釧。及娼妓不許用金首飾，銀鐲、釧，犯者本身、家長、夫男、匠作，各治重罪。

【教坊司冠巾服】

洪武三年定

樂藝，冠青卍字頂巾，繫紅緑褡褳。樂妓，則戴明角冠，皂褙子，不許與庶民妻同。

御前供奉俳長，皆服鼓吹冠，紅羅胸背，小袖袍，紅絹褡褳，皂靴。

色長皆服鼓吹冠，紅、青、緑紵絲彩畫百花袍，紅絹褡褳。

歌工皆服弁冠，紅羅織金胸背大袖袍，紅生絹錦領中單，黑角束帶，紅熟絹錦脚袴，皂皮琴鞋，白錦布夾襪。

樂工，服色與歌工同。

凡教坊司官，常服冠帶，與百官同。至御前供奉，執粉漆笏服黑漆幞頭，黑緑羅大袖襴袍，黑角偏帶，皂靴。又令：教坊司伶人，常服緑色巾，以別士庶之服。又令：樂人戴鼓吹冠，不用錦縧，惟用紅褡褳，服色不拘紅緑。又令：教坊司婦人，不許戴冠，穿褙子。又令：樂工當承，應許穿靴，出外不許。又令：樂人衣服，許用明緑、桃紅、玉色、水紅、茶褐顔色，其餘不得穿用。俳色長樂工俱戴皂頭巾，繫雜色縧。

凡中宮供奉女樂奉鑾等官妻，本色鬏髻，青羅圓領。

提調女樂，服黑漆唐巾，大紅羅銷金花圓領，鍍金花帶，皂靴。

歌章女樂服黑漆唐巾，大紅羅銷金裙，襖胸帶大紅羅抹額，青緑羅彩畫雲肩，描金牡丹花皂靴。

奏樂女樂，服色與歌章同。

昆岡《欽定大清會典圖》卷五九《冠服三・禮服二》 皇太后 皇后冬朝袍，色用明黃，披領及袖俱石青。片金加貂緣，肩上下襲朝褂處亦加緣，繡文，金龍九，間以五色雲。中無襞積，下幅八寶平水。披領行龍二，袖端正龍各一，袖相接處行龍各二。領後垂明黃條，其飾珠寶惟宜。

皇太后、皇后冬朝袍圖一
皇貴妃 貴妃 妃 嬪冬朝袍附見

皇貴妃冬朝袍，制同。
貴妃、妃冬朝袍，用金黃色。
嬪冬朝袍，用香色。領後條皆用金黃色。餘同。

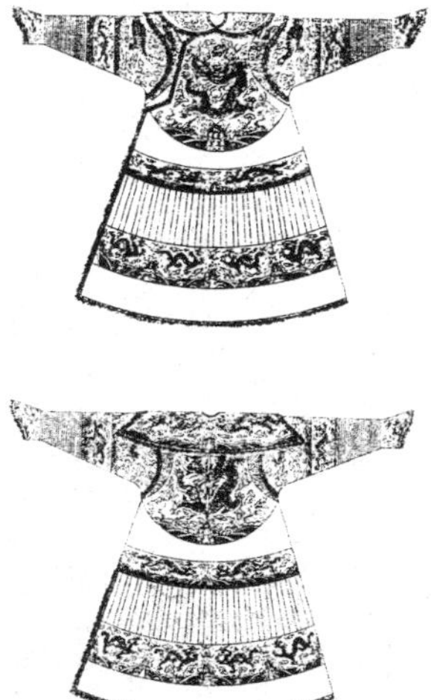

皇太后、皇后冬朝袍圖二
皇貴妃、貴妃、妃、嬪冬朝袍附見。

皇太后 皇后冬朝袍，色用明黃。片金加海龍緣，繡文，前後正龍各一，兩肩行龍各一，腰帷行龍四，中有襞積，下幅行龍八，餘制如冬朝袍一。
皇貴妃冬朝袍，制同。
貴妃、妃冬朝袍，用金黃色。
嬪冬朝袍，用香色，領後條皆用金黃色。餘同。

皇太后、皇后冬朝袍圖三
皇貴妃、貴妃、妃、嬪冬朝袍附見。

皇太后、皇后冬朝袍，色用明黃。片金加海龍緣，裾後開，餘制如冬朝袍一。
皇貴妃冬朝袍，制同。
貴妃、妃冬朝袍，用金黃色。
嬪冬朝袍，用香色，領後條皆用金黃色。餘同。

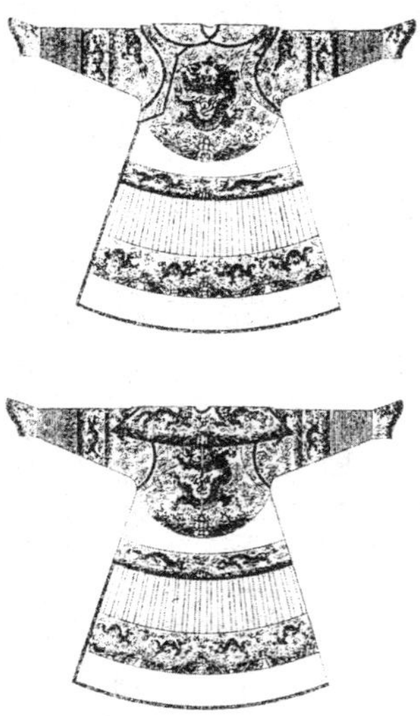

皇太后、皇后夏朝袍圖一
皇貴妃、貴妃、妃、嬪夏朝袍附見。

皇太后、皇后夏朝袍，色用明黃。片金緣，緞紗單袷惟其時，餘制如冬朝袍二。
皇貴妃夏朝袍，制同。
貴妃、妃夏朝袍，用金黃色。
嬪夏朝袍，用香色，領後條皆用金黃色。餘同。

皇太后、皇后夏朝袍圖二
皇貴妃、貴妃、妃、嬪夏朝袍附見。

皇太后、皇后夏朝袍，色用明黃。片金緣，緞紗單袷惟其時，餘制如冬朝袍三。

皇貴妃夏朝袍，制同。

貴妃、妃夏朝袍，用金黃色。

嬪夏朝袍，用香色，領後絛皆用金黃色。餘同。

皇太后、皇后領約，鏤金爲之。飾東珠十一，間以珊瑚。兩端垂明黃絛二，中各貫珊瑚。末綴緑松石各二。

皇太后、皇后領約圖

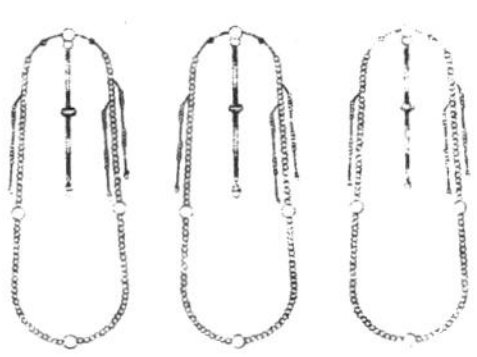

皇太后、皇后朝珠圖
皇貴妃、貴妃、妃、嬪朝珠附見。吉服朝珠附見。

皇太后、皇后朝服御朝，珠三盤，東珠一，珊瑚二。吉服御朝，珠一盤。佛頭記念背雲大小墜，珠寶雜飾惟宜，絛皆明黃色。

皇太后、皇后綵帨圖
皇貴妃、貴妃綵帨附見。

皇貴妃朝服用朝珠三盤，蜜珀一，珊瑚二。吉服用朝珠一盤。佛頭記念背雲大小墜，珠寶雜飾惟宜，絛亦明黃色。

貴妃、妃朝珠，絛用金黃色，餘與皇貴妃同。

嬪朝服，用朝珠三盤，珊瑚一，蜜珀二。吉服，用朝珠一盤，餘與皇貴妃同。

皇太后、皇后綵帨，緑色。繡文爲五穀豐登，佩箴管鞶袠之屬，絛明黃色。

皇貴妃綵帨，制同。

貴妃綵帨，結佩惟宜，絛金黃色，餘同。

皇太后、皇后冬朝裙圖
皇貴妃、貴妃、妃、嬪冬朝裙附見。

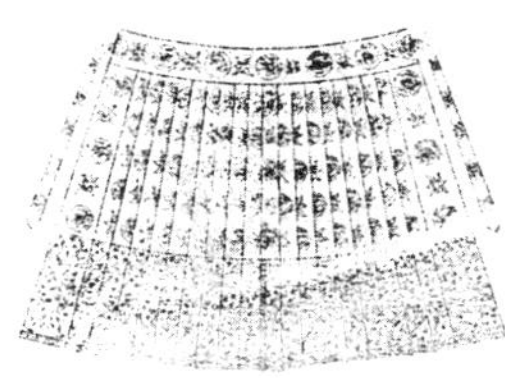

皇太后、皇后夏朝裙圖
皇貴妃、貴妃、妃、嬪夏朝裙附見。

皇太后、皇后冬朝裙，片金加海龍緣，上用紅織金壽字緞，下石青行龍粧緞。皆正幅，有襞積。

皇貴妃、貴妃、妃、嬪冬朝裙，制同。

皇太后、皇后夏朝裙，片金緣，緞紗惟其時，餘制如冬朝裙。

皇貴妃、貴妃、妃、嬪夏朝裙，制同。

申時行《明會典》卷六二《禮部二〇·房屋器用等第》 國初著令：凡官民服色、冠帶、房舍、鞍馬，貴賤各有等第，上可以兼下，下不可以僭上。官員任滿致仕與見任同，其父、祖有官身殁，非犯除名不叙，子、孫許居父、祖房舍。及衣服車馬有官者，依品級。其御賜者、及軍官軍人服色，不在禁例。又禁：凡服色、器皿、房屋等項，並不許雕刻刺繡古帝王、后妃、聖賢、人物故事及日、月、龍、鳳、獅子、麒麟、犀、象等形。所以辨上下，定民志，至今遵守，不敢違越。其禁制，備列于後：

凡房屋，洪武二十六年定：官員蓋造房屋，並不許歇山轉角，重簷重栱，繪畫藻井。其樓房不係重簷之例，聽從自便。公、侯，前廳七間，或五間，兩廈九架造。中堂七間九架，後堂七間七架，門屋三間五架。門用金漆及獸面擺錫環。家廟三間五架，俱用黑板瓦蓋，屋脊用花樣瓦獸。梁棟、斗栱、簷桷，用綵色繪飾，窻枋柱用金漆或黑油飾。其餘廊、廡、庫、廚、從屋等房，從宜蓋造，俱不得過五間七架。一品、二品，廳堂五間九架，屋脊許用瓦獸。梁棟、斗栱、簷桷用青碧繪飾。門屋三間五架，門用綠油及獸面擺錫環。三品至五品，廳堂五間七架，屋脊用瓦獸。梁棟、簷桷，用青碧繪飾。正門三間三架，門用黑油擺錫環。六品至九品，廳堂三間七架，梁棟止用土黃刷飾。正門一間三架，黑門鐵環。一品官房舍，除正廳外，其餘房舍許從宜蓋造，比正屋制度，務要減小，不許太過。其門窻户牖，並不許用硃紅油漆。庶民所居房舍，不過三間五架，不許用斗栱及綵色粧飾。又定：在京功臣宅舍，地勢寬者，住宅後許留空地十丈，左右邊各許留空地五丈。若見住舊居所在地勢窄隘，止仍舊居，不許那移軍民以留空地。官員之家住宅照依前定丈尺，不許多留空地，過此即便退出。令子孫赴官告給園地，另於城外量撥。功臣之家，不許於住宅前後左右多占地丈，蓋造亭館或開掘池塘以爲游翫。公、侯内外文武四品以上官，不得令子孫家人於市肆開張鋪店，生放錢債及出外行商中鹽興販物貨。三十五年，申明軍民房屋，不許蓋造九五間數。一品、二品廳堂各七間，六品至九品廳堂、棟梁，止用粉青刷飾。庶民所居房屋從屋雖十所、二十所，隨所宜蓋，但不得過三間。正統十二年，令庶民房屋架多而間少者，不在禁限。

凡車輿，洪武元年定：並不得雕飾龍鳳紋。職官一品至三品，許用間金粧飾，銀螭、繡帶、青幔。四品至五品，素獅頭，繡帶青幔。六品至九品，用素雲頭，素帶青幔，轎子比同車製。庶民車用黑油，齊頭平頂，皂幔。轎子比同車製，並不許用雲頭。六年，令凡舟、車、坐轎，除紅漆外，許雜色漆飾。五品以上車用青幔，飾並不許。其坐轎，止許婦人及官民老疾者乘之。景泰四年，令在京三品以上許乘轎，其餘不許違例，在外各衙門俱不許乘轎。弘治七年，申明兩京及在外文武官員，除奉有旨及文武例應乘轎者，止許四人扛擡。其兩京五府管事并内外鎮守守備等項，公、侯、伯、都督等官，不分老少，皆不許乘轎。違例乘轎及擅用八人者，指實奏聞。萬曆三年奏准：武職衙門及勳戚等官，俱不許僭用四人帷轎與肩輿及擅用交牀上馬，違者聽科道官及巡視衙門參奏重處。指揮以下京衛調外衛，外衛調邊衛，俱帶俸差操。

凡傘蓋，洪武元年，令庶民並不得用羅、絹涼傘，許用油紙雨傘。三年，令京城内一品、二品許用傘蓋，其餘止許用雨傘，京城外聽用之。十六年，令尚書、侍郎、左右都御史、通政使、太常卿、應天府尹、國子祭酒、翰林等學士，許張傘蓋。二十六年定：一品、二品銀浮屠頂，茶褐羅表紅絹裏三簷。三品、四品用紅浮屠頂，茶褐羅表紅絹裏三簷。以上傘蓋，俱用黑色、茶褐，雨傘俱用紅油絹。五品用紅浮屠頂，青羅青紅絹裏，雨簷，雨傘同四品。六品至九品用紅浮屠頂，青絹表紅絹裏雨簷，雨傘俱用油紙。三十五年，申明官員傘蓋，不許用金繡硃紅粧飾，公、侯、駙馬、伯與一品、二品同。成化九年，令兩京官員油傘，遇雨任用。其涼傘，京城内不許張設，若出郊在外，不拘此限。

凡鞍轡，洪武元年，令庶民不得描金，惟用銅、鐵粧飾。二十六年定：公、侯、一品、二品用銀減鐵事件，鞊用油畫。三品至五品用銀減鐵事件，鞊用油畫。六品至九品用擺錫鐵事件，鞊用油畫。三十五年，申明官員人等鞍轡，馬頷下纓并鞦轡俱用黑色。不許紅纓及描金、嵌金、天青、硃紅粧飾。軍民用鐵事件，黑綠油鞊。

凡帳幔，洪武元年，令並不許用赭黃龍鳳文。職官一品至三品，許用金花刺繡紗羅；四品、五品，刺繡紗羅；六品以下許用素紗羅；庶民用紗絹。三年，令職官一品至五品，帳幔許用綾羅紗，被褥用紵絲錦繡；六品至九品，帳幔許用紗絹，被褥用綾、羅、紬絹，庶民用紬絹布。

凡器皿，洪武二十六年定：公、侯、一品、二品，酒注、酒盞用金，餘用銀；三品至五品酒注用銀，酒盞用金；六品至九品，酒注、酒盞用銀，餘皆用甆、漆、木器，並不許用硃紅、及抹金描金雕琢龍鳳文；庶民酒注用錫，酒盞用銀，餘甆、漆。又令：官員牀面屏風、槅子，並用雜色漆飾，不許雕刻龍鳳文並金飾硃漆。又令：軍官、軍士應用弓矢，止是黑漆。弓袋、箭囊，並不許用硃漆描金粧飾。三十五年，申明官民人等，不許僭用金酒爵。其椅卓木器之類，亦不許用硃紅金飾。正德十六年奏准：職官一品、二品器皿不許用玉，止許用金，以爲定例。其商賈、技藝之家，器皿不許用銀，餘與庶民同。官吏人等，不許僭用金酒爵，其椅卓木器之類並不許硃紅金飾。

凡寺、觀、菴、院，洪武三年，令除殿宇、梁棟、門窻、神座案卓許用紅色，其餘僧、道自居房舍，並不許起造斗栱，彩畫梁棟，及僭用紅色什物牀榻椅子。六年，令凡各處僧、道寺、觀，金彩粧飾神佛龍鳳等像，除舊有外，不許再造。天順八年詔：京城内外寺、觀，今後不許增修請額。

公、侯及一品、二品，許用銀減鐵事件，描銀鞊；三品至五品用銀減鐵事件，油畫鞊；六品至九品用擺錫事件，油畫鞊。

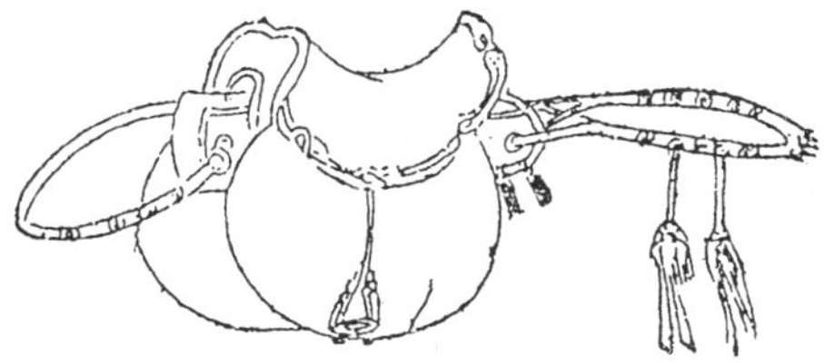

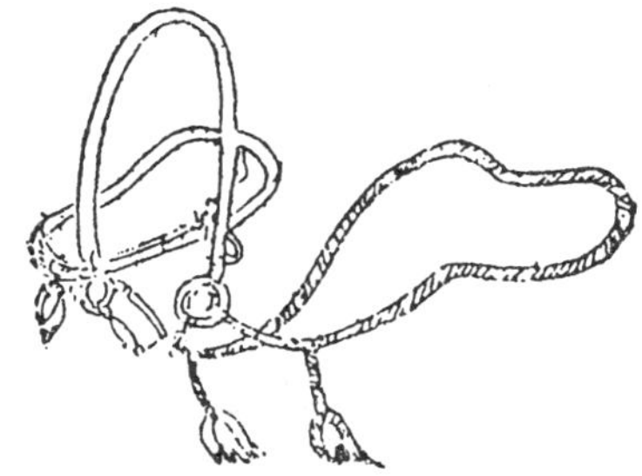

昆岡《欽定大清會典圖》卷五七《冠服一·禮服一》 皇帝冬朝冠，有薰貂，有黑狐，惟其時。簷上仰，上綴朱緯，長出簷。頂三層，貫東珠各一，皆承以金龍四，飾東珠如其數。上銜大珍珠一，梁二。在頂左右簷下兩旁垂帶，交項下。

皇帝夏朝冠圖

皇帝冬朝冠圖

皇帝夏朝冠，織玉草，或藤絲竹絲爲質。表以羅，緣石青片金二層。裏用紅片金，或紅紗。簷敞，上綴珠緯。內加圈，帶屬於圈。前綴金佛，飾東珠十五；後綴舍林，飾東珠七。餘制如冬朝冠。

皇帝端罩，有黑狐，有紫貂，皆明黃緞裏。左右垂帶各二，下廣而鋭，色與裏同。

皇帝端罩圖

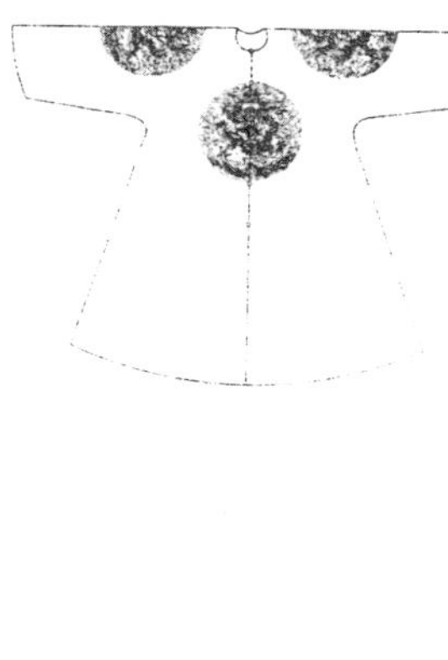

皇帝袞服圖

皇帝袞服，色用石青。繡五爪正面金龍四團，兩肩前後各一。其章：左日、右月，前後萬壽篆文，間以五色雲。綿袷紗裘惟其時。

皇帝冬朝服，色用明黃，惟圜丘祈穀用藍。披領及裳，俱表以紫貂。袖端薰貂，繡文。兩肩前後正龍各一，襞積行龍六。衣前後列十二章，間以五色雲。

皇帝冬朝服圖一

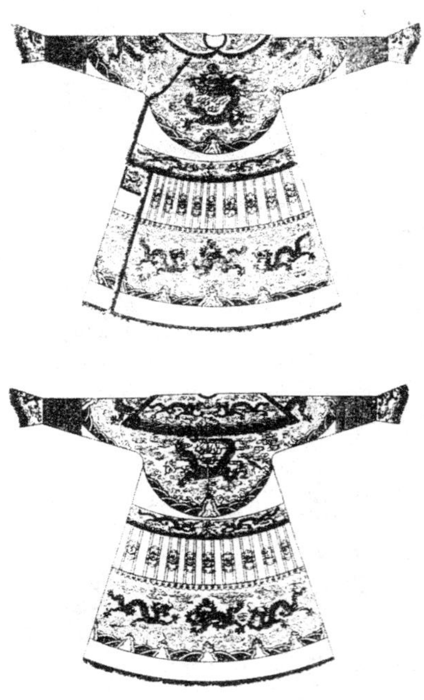

皇帝冬朝服圖二

皇帝冬朝服，色用明黄，惟朝日用紅。披領及袖俱石青，片金加海龍緣，繡文。兩肩前後正龍各一，腰帷行龍五，衽正龍一，襞積前後團龍各九，裳正龍二，行龍四，披領行龍二，袖端正龍各一。前後列十二章：日、月、星、辰、山、龍、華蟲、黼黻在衣，宗彝藻火粉米在裳，間以五色雲。下幅八寶平水。

皇帝夏朝服圖

皇帝夏朝服，色用明黄，惟常雩用藍，夕月用月白。披領及袖俱石青，片金緣。緞紗單袷惟其時，餘制如冬朝服二。

皇帝朝珠，用東珠一百有八。佛頭記念背雲大小墜，珍寶雜飾惟宜，惟圜丘以青金石爲飾。方澤珠用蜜珀，朝日用珊瑚，夕月用緑松石。雜飾惟宜。吉服朝珠，珍寶隨所御。絛皆明黄色。

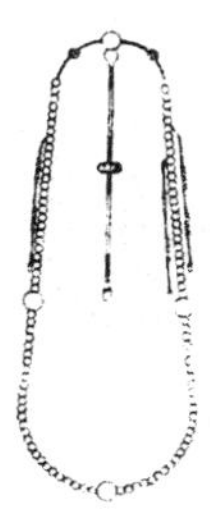

皇帝朝珠圖吉服朝珠附見

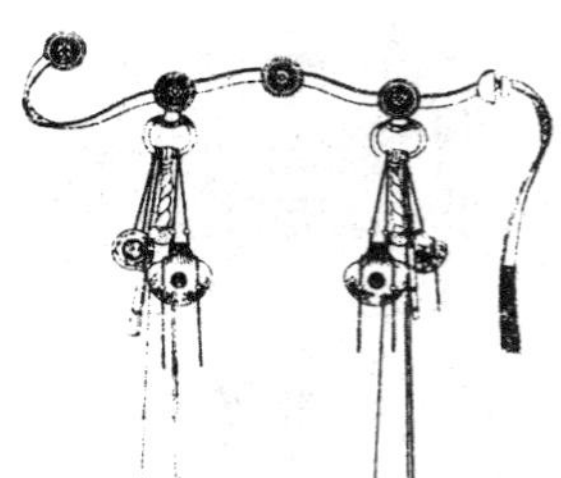

皇帝朝帶圖一

皇帝朝帶，色用明黄。龍文金圓版四，飾紅寶石，或藍寶石，緑松石。每版銜東珠五，圍珍珠二十。左右佩帉，淺藍及白各一。下廣而鋭，中約鏤金圓結，飾寶如版，圍珠各三十，佩囊文繡，燧觿刀削。結佩惟宜。絛皆明黄色。

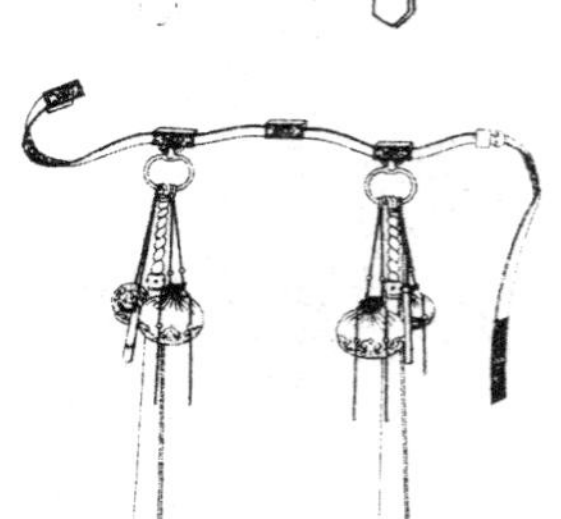

皇帝朝帶圖二

皇帝朝帶，色用明黄。龍文金方版四，其飾：圜丘用青金石，方澤用黄玉，朝日用珊瑚，夕月用白玉。每版銜東珠五，佩帉及絛，惟圜丘用純青，餘制如圓版朝帶。中約圓結，飾如版，銜東珠各四。佩囊純石青，左觿右削，並從版色。

思想部

題解

《道德經》第六十四章　其安易持，其未兆易謀。其脆易泮，其微易散。爲之於未有，治之於未亂。合抱之木，生於毫末；九層之臺，起於累土；千里之行，始於足下。爲者敗之，執者失之。是以聖人無爲故無敗；無執故無失。民之從事，常於幾成而敗之。慎終如始，則無敗事。是以聖人欲不欲，不貴難得之貨；學不學，復衆人之所過，以輔萬物之自然而不敢爲。

《韓非子》卷一九《五蠹》　故明主之國，無書簡之文，以法爲教；無先王之語，以吏爲師；無私劍之捍，以斬首爲勇。是境内之民，其言談者必軌於法，動作者歸之於功，爲勇者盡之於軍。是故無事則國富，有事則兵强，此之謂王資。既畜王資而承敵國之亹，超五帝、侔三王者，必此法也。

民之政計，皆就安利如辟危窮。今爲之攻戰，進則死於敵，退則死於誅，則危矣。棄私家之事而必汗馬之勞，家困而上弗論，則窮矣。窮危之所在也，民安得勿避？故事私門而完解舍，解舍完則遠戰，遠戰則安。行貨賂而襲當涂者則求得，求得則私安，私安則利之所在，安得勿就？是以公民少而私人衆矣。

夫明王治國之政，使其商工游食之民少而名卑，以寡趣本務而趨末作。今世近習之請行，則官爵可買；官爵可買，則商工不卑也矣。姦財貨賈得用於市，則商人不少矣。聚斂倍農而致尊過耕戰之士，則耿介之士寡而商賈之民多矣。是故亂國之俗：其學者，則稱先王之道以藉仁義，盛容服而飾辯説，以疑當世之法，而貳人主之心。其言談者，爲設詐稱，借於外力，以成其私，而遺社稷之利。其帶劍者，聚徒屬，立節操，以顯其名而犯五官之禁。其患御者，積於私門，盡貨賂，而用重人之謁，退汗馬之勞。其商工之民，修治苦窳之器，聚弗靡之財，蓄積待時，而侔農夫之利。此五者，邦之蠹也。人主不除此五蠹之民，不養耿介之士，則海内雖有破亡之國，削滅之朝，亦勿怪矣。

桓寬《鹽鐵論》卷一《復古》　大夫曰：「故扇水都尉彭祖寧歸，言：『鹽、鐵令品，令品甚明。卒徒衣食縣官，作鑄鐵器，給用甚衆，無妨於民。而吏或不良，禁令不行，故民煩苦之。』令意總一鹽、鐵，非獨爲利入也，將以建本抑末，離朋黨，禁淫侈，絶并兼之路也。古者，名山大澤不以封，爲下之專利也。山海之利，廣澤之蓄，天地之藏也，皆宜屬少府；陛下不私，以屬大司農，以佐助百姓。浮食奇民，好欲擅山海之貨，以致富業，役利細民，故沮事議者衆。鐵器兵刃，天下之大用也，非庶衆所宜事也。往者，豪强大家，得管山海之利，采鐵石鼓鑄、煮鹽。一家聚衆，或至千餘人，大抵盡收放流人民也。遠去鄉里，棄墳墓，依倚大家，聚深山窮澤之中，成姦僞之業，遂朋黨之權，其輕爲非亦大矣。今者廣進賢之途，練擇守尉，不待去鹽、鐵而安民也。」

朱熹《四書章句集注・孟子集注》卷二《梁惠王》下　孟子見齊宣王曰：「爲巨室，則必使工師求大木。工師得大木，則王喜，以爲能勝其任也。匠人斲而小之，則王怒，以爲不勝其任矣。夫人幼而學之，壯而欲行之。王曰『姑舍女所學而從我』，則何如？勝，平聲。夫，音扶。舍，上聲。女，音汝，下同。　巨室，大宫也。工師，匠人之長。匠人，衆工人也。姑，且也。言賢人所學者大，而王欲小之也。今有璞玉於此，雖萬鎰，必使玉人彫琢之。至於治國家，則曰『姑舍女所學而從我』，則何以異於教玉人彫琢玉哉？」鎰，音溢。　璞，玉之在石中者。鎰，二十兩也。玉人，玉工也。不敢自治而付之能者，愛之甚也。治國家則殉私欲而不任賢，是愛國家不如愛玉也。　范氏曰：「古之賢者，常患人君不能行其所學；而世之庸君，亦常患賢者不能從其所好。是以君臣相遇，自古以爲難。孔、孟終身而不遇，蓋以此耳。」

綜述

《尚書》卷二《虞書・皋陶謨》　皋陶曰：「都！亦行有九德，亦言其人有德。」乃言曰：「載采采。」禹曰：「何？」皋陶曰：「寬而栗，柔而立，願而恭，亂而敬，擾而毅，直而温，簡而廉，剛而塞，强而義。彰厥有常，吉哉！日宣三德，夙夜浚明有家，日嚴祗敬六德，亮采有邦。翕受敷施，九德咸事，俊乂在官。百僚、師師，百工惟時，撫於五長，庶績其凝。無教逸欲有邦，兢兢業業，一日二日萬幾。無曠庶官，天工人其代之。天叙有典，勑我五典五惇哉；天秩有禮，自我五禮有庸哉；同寅協恭和衷哉！天命有德，五服五章哉；天討有罪，五刑五用哉；政事懋哉懋哉！天聰明，自我民聰明；天明畏，自我民明威。達於上下，敬哉有土！」

《尚書》卷二《虞書・益稷》　帝庸作歌曰：「勑天之命，惟時惟幾。」乃歌曰：「股肱喜哉，元首起哉，百工熙哉！」皋陶拜手稽首颺言曰：「念哉！率作興事，慎乃憲，欽哉！屢省乃成，欽哉！」乃賡載歌曰：「元首明哉！股肱良哉！庶事康哉！」又歌曰：「元首叢脞哉！股肱惰哉！萬事墮哉！」帝曰：「俞！往欽哉！」

《尚書》卷七《周書・洪範》　「一、五行：一曰水，二曰火，三曰木，四曰金，五曰土。水曰潤下，火曰炎上，木曰曲直，金曰从革，土爰稼穡。潤下作咸，炎上作苦，曲直作酸，从革作辛，稼穡作甘。

「二、五事：一曰貌，二曰言，三曰視，四曰聽，五曰思。貌曰恭，言曰從，視曰明，聽曰聰，思曰睿。恭作肅，从作乂，明作哲，聰作謀，睿作聖。

《尚書》卷一〇《周書・顧命》　狄設黼扆綴衣，牖間南向，敷重篾席，黼純，華玉仍幾。西序東向，敷重厎席，綴純，文貝仍幾。東序西向，敷重豐席，畫純，雕玉仍幾。西夾南向，敷重筍席，玄紛純，漆仍幾。

越玉五重，陳寶，赤刀，大訓，弘璧，琬，琰，在西序。大玉，夷玉，天球，河圖，在東序。胤之舞衣，大貝，鼖鼓，在西房。兑之戈，和之弓，垂之竹矢，在東房。大輅在賓階面，綴輅在阼階面，先輅在左塾之前，次輅在右塾之前。

《墨子》卷一四《備穴》　禽子再拜再拜曰：敢問古人有善攻者，穴土而入，縛柱施火，以壞吾城，城壞，或中人爲之柰何？

子墨子曰：問穴土之守耶？備穴者城内爲高樓，以謹候望適人，適人爲變築垣聚土非常者，若彭有水濁非常者，此穴土也，急塹城内穴其土直之。穿井城内，五步一井，傅城足，高地一丈五尺，下地得泉三尺而止。令陶者爲罌，容四十斗以上，固幎之以薄鞈革，置井中，使聰耳者伏罌而聽之，審知穴之所在，鑿穴迎之。

令陶者爲瓦竇，長二尺五寸，六圍，中判之，合而施之穴中，偃一，覆一，善塗其竇際，勿令泄，兩旁皆如此，與穴俱前，下迫地，置康若炭其中，勿滿，炭，康長亘竇，左右俱雜，相如也。穴内口爲竈，令如窯，令容七八員艾，左右竇皆如此，竈用四橐。穴且遇，以頡皋衝之，疾鼓橐熏之，必令明習橐事者勿令離竈口。連版：以穴高下、廣陝爲度，令穴者與版俱前，鑿其版，令容矛，參分其疏數，令可以救竇。穴則遇，以版當之，以矛救竇，勿令塞竇；竇則塞，引版而郄，過一竇而塞之，鑿其竇，通其煙，煙通，疾鼓橐以熏之。從穴内聽穴之左右，急絶其前，勿令得行。若集客穴，塞之以柴塗，令無可燒版也。然則穴土之攻敗矣。

寇至吾城，急非常也，謹備寇穴。穴疑有，應急穴；穴未得，慎毋追。

凡殺以穴攻者，二十步一置穴，穴高十尺，鑿十尺，鑿如前，步下三尺，十步擁穴左右橫行，高、廣各十尺。

殺、俚兩罌，深平城，置板其上。聃板以聽。

井，五步一。

密：用揣若松爲穴户，户内有兩蒺藜，皆長極其户，户爲環，壘石外埻，高七尺，加堞其上。勿爲陛與石，以縣陛上下，出入。具鑪橐，橐以牛皮；鑪有兩缻以橋鼓之。百十每，其重四十斤，然炭杜之，滿鑪而蓋之，毋令氣出。適人疾近吾穴，穴高若下不至吾穴，即以伯鑿而求通之。穴中與適人遇，則皆圉而毋逐，且戰北以須鑪火之然也，即去而入壅穴。

殺，有偪，偪爲之户及關籥，獨順得往來行其中。穴壘之中各一狗，狗吠即有人也。

鑿井傅城足，三丈一，視外之廣陝而爲鑿井，慎勿失。城卑穴高從穴難。鑿井，城上爲三四井，内新甀井中，伏而聽之。審知穴之所在，穴而迎之，穴且遇，爲頡皋，必以堅材爲夫，以利斧施之，命有力者三人用頡皋衝之，灌以不潔十餘石。

斬艾與柴，長尺，乃置窑竈中，先壘窑壁，迎穴爲連版，趣狀柴其中，置艾其上七八員，盆蓋其口，毋令烟上泄，旁立橐，疾鼓之。

以車輪爲轀，一束，樵染麻索塗中以束之，鐵鎖縣，正當寇穴口，鐵鎖長三丈，端環，一端鉤。

偪穴高七尺五寸，廣，柱間七尺，二尺一柱，柱下傅舄，二柱共一負土。兩柱同質橫負土。柱大二圍半，必固其負土，無柱與柱交者。柱之外，善周塗其傅柱者，勿燒柱。

穴二窯，皆爲穴瓦屋，爲置吏、舍人各一人，必置水。

穴矛以鐵，長四尺半，大如鐵服說。即刃之二矛。穴去竇尺，邪鑿之上。穴當心，其矛長七尺。穴中爲環利率，穴二。

鑿井城上，俟其身井且通，居版上而鑿其一偏，已而移版鑿一偏。

頡皋爲兩夫而旁貍其植，而敷鉤其兩端。

諸作穴者五十人，男、女相半。

攻穴爲傳士之□，受六參，約枲以絆其下，可提而舉投。已，則穴七人守退壘之中，爲大廡一，藏穴具其中。

難穴，取城外池脣木瓦散之，外斬其穴，深到泉。難近穴，爲鐵鈇，金與扶林長四尺，財自足。客即穴，亦穴而應之。

爲鐵鈎距長四尺者，財自足，穴徹，以鈎客穴。

爲短矛、短戟、短弩、䖟矢，穴徹以鬭。

以金劍爲難，長五尺，爲銎、木尿；尿有慮枚，以左客穴。

戒持罌，容三十斗以上，貍穴中，丈一，以聽穴者聲。

爲穴，高八尺，廣、善爲傳置，具鑪、牛皮槖及瓦缶，衛穴二，蓋陳靃及艾，穴徹，熏之。

斧以金爲斫，尿長三尺，衛穴四。

爲壘，衛穴四十。屬四。

爲斤、斧、鋸、鑿、钁，財自足。

爲鐵校，衛穴四。

爲中櫓，高十尺半，廣四尺。

爲橫穴大櫓莒。

具藁、枲，財自足，以燭穴中。

盆持醞，客即熏，以救目；救目，分方鑿穴，以盆盛醞置穴中，大盆毋少四斗，即熏，以目臨醞上及以洒目。

《墨子》卷一五《號令》 安國之道，道任地始，地得其任則功成，不得其任則勞而無功。人亦如此，備不先具者無以安主；吏卒民多心不一者，皆在其將長，諸行賞罰及有治者必出於公。

王數使人行勞賜，守邊城關塞、備蠻夷之勞苦者，舉其守率之財用有餘、不足，地形之當守邊者，其器備常多者。邊縣邑視其樹木惡則少用，田不辟、少食，無大屋、草蓋，少用桑。多財，民好食。爲內堞，內行棧，置器備其上。城上吏、卒、養皆爲舍道內，各當其隔部；養、什二人。爲符者曰養吏一人，辨護諸門。門者及有守禁者皆無令無事者得稽留止其旁，不從令者戮。敵人但至，千丈之城，必郭迎之，主人利，不盡千丈者勿迎也，視敵之居曲衆少而應之，此守城之大體也。其不在此中者，皆心術與人事參之。

凡守城者以亟傷敵爲上，其延日持久以待救之至，不明於守者也，能此，乃能守城。

守城之法，敵去邑百里以上，城將如今盡召五官及百長以富人重室之親，舍之官府，謹令信人守衛之，謹密爲故。

及傅城，守城將營無下三百人。四面四門之將，必選擇之有功勞之臣及死事之後重者，從卒各百人。門將并守他門，他門之上，必夾爲高樓，使善射者居焉。女郭、馮垣一人一人守之。使重室子五十步一擊。因城內里爲八部，部一吏，吏各從四人，以行衝術及里中。里中父老不與守之事及會計者，分里以爲四部，部一長以苛往來，不以時行、行而有他異者以得其姦。吏從卒四人以上，有分守者大將必與爲信符，大將使人行守，操信符，信符不合及號不相應者，伯長以上輒止之，以聞大將。當止不止及從吏卒縱之，皆斬。諸有罪自死罪以上，皆逮父母、妻子、同産。

諸男子有守於城上者，什六弩、四兵。丁女子、老少、人一矛。卒有驚事，中軍疾擊鼓者三，城上道路、里中巷街皆無得行，行者斬。女子到大軍，令行者男子行左，女子行右，無並行。皆就其守，不從令者斬。離守者三日而一徇，而所以備姦也。

里正（原作「缶」）與父老皆守宿里門，吏行其部，至里門，正與開門內吏，與行父老之守及窮巷間無人之處。姦民之所謀爲外心，罪車裂，正與父老及吏主部者不得，皆斬；得之，除，又賞之黃金人二鎰。大將使信人行守，長夜五循行，短夜三循行。四面之吏亦皆自行其守，如大將之行，不從令者斬。

諸竈必爲屏，火突高出屋四尺。慎無敢失火，失火者斬其端；失火以爲亂事者車裂，伍人不得，斬；得之，除。救火者無敢讙譁，及離守絕巷救火者斬。其正及父老有守此巷中部吏，皆得救之，部吏亟令人謁之大將，大將使信人將左右救之，部吏失不言者斬。諸女子有死罪及坐失火皆無有所失，逮其以火爲亂事者如法。

圍城之重禁，敵人卒而至，嚴令吏民無敢讙囂、三最、並行、相視坐泣、流涕若視、舉手相探、相指、相呼、相麾、相踵、相投、相擊、相靡（以身及衣）、訟駮言語及非令也而視敵動移者，斬；伍人不得，斬；得之，除。伍人踰城歸敵，伍人不得，斬；與伯歸敵，隊吏斬；與吏歸敵，隊將斬。歸敵者父母、妻子、同産皆車裂，先覺之，除。當術需敵，離地，斬；伍人不得，斬；得之，除。

其疾鬬却敵於術，敵下終不能復上，疾鬬者隊二人，賜上奉。而勝圍，城周里以上，封城將三十里地爲關內侯，輔將如令賜上卿，丞及吏比於丞者賜爵五大夫，官吏、豪傑與計堅守者十人，及城上吏比五官者皆賜公乘，男子有守者爵，人二級，女子賜錢五千，男女、老小先分守者，人賜錢千，復之三歲，(無有所與，不租稅。)此所以勸吏民堅守勝圍也。

吏卒侍大門中者曹無過二人，勇敢爲前行，伍坐，令各知其左右前後；擅離署，戮，門尉晝三閱之，莫，鼓擊門閉一閱，守時令人參之，上逋者名；餔食皆於署，不得外食。守必謹微察視謁者、執盾、中涓及婦人侍前者志意、顏色、使令、言語之請，及上飲食必令人嘗，若非請也，繫而請故。守有所不悅謁者、執盾、中涓及婦人侍前者，守曰斷之、衝之若縛之，不如令及後縛者皆斷。必時素誡之。諸門下朝夕立若坐，各令以年少長相次，旦、夕就位，先右有功、有能，其餘皆以次立；五日，官各上喜戲、居處不莊、好侵侮人者一。

諸人士外使者來，必令有以執。將出而還，若行縣，必使信人先戒舍，室乃出迎，聞守，乃入舍。

爲人下者常伺上之，隨而行，松上不隨下，必須隨。

客卒守主人及以爲守衛，主人亦守客卒，城中戍卒，其邑或以下寇，謹備之，數録其署，同邑者勿令共所守。

與階門吏爲符，符合入，勞；符不合，收，言守。

宿鼓在守大門中。莫，令騎若使者操節閉城者皆以執毚。昏鼓，鼓十，諸門亭皆閉之，行者斷，必繫問行故，乃行其罪。晨見，掌大鼓縱行者，諸城門吏各入請籥開門已，輒復上籥。有符節不用此令。

寇至，樓鼓五，有周鼓，雜小鼓乃應之，小鼓五後從軍，斷。

命必足畏，賞必足利，令必行，令出輒人隨，省其可行、不行。

號，夕有號；失號，斷。

爲守備程而署之曰某程，置署術街、衢階若門，令往來者皆視而放。

諸吏卒民有謀殺傷其將長者，與謀反同罪，有能捕告，賜黃金二十斤，謹罪。非其分職而擅取之，若非其所當治而擅治爲之，斷。諸吏卒民非其部界而擅入他部界，輒收以屬都司空若候，候以聞守，不收而擅縱之，斷。能捕得謀反、賣城、踰城歸敵者一人，以令爲除死罪二人，城旦四人。反城事父母去者，去者之父母、妻子悉舉。

民室材木，凡若藺石數，署長短、小大，當舉不舉，吏有罪。

諸卒民居城上者各葆其左右，左右有罪而不智也，其次伍有罪。若能身捕罪人若告之吏，皆構之。若非伍而先知他伍之罪，皆倍其構實。

城下里中家人各葆其左右、前後，如城上。

城小人衆，葆離鄉老弱國中及他大城。

寇至，度必攻，主人先削城編，唯勿燒。

寇在城下時，換吏卒署而毋換其養，養毋得上城。

寇在城下，收諸盆、罋、缾積之，城下百步一積，積五百。

城門內不得有室，爲周宮，垣丈四尺，爲倪；行棧內閈，二關一堞。

除城場外，去池百步，牆垣、樹木小大俱壞伐除去之。寇所從來，若昵道、近傒若城場，皆爲扈樓，立竹箭水中。

守堂下爲大樓，高臨城，堂下周散道；中應客，客待見。時召三老在葆宮中者與計事得失，行德，計謀合，乃入葆。守無行城，無離舍。諸守者審知卑城、淺池而錯守焉。晨暮，卒鼓以爲度。用人少易。

守：城外令任，城內守任。令、丞、尉亡，得入當，滿十人以上，令、丞、尉奪爵各二級，百人以上，令、丞、尉免，以卒戍。諸取當者必取寇虜乃聽之。

募民欲財帛、粟米以貿易凡器者，以平賈予。

邑人知識，昆弟有罪，雖不在縣中而欲爲贖，若以粟米、錢金、布帛、他財物免出者，令許之。

傳言者十步一人，稽留言及乏傳者斷，諸可以便事者亟以疏傳言守。吏卒民欲言事者，亟爲傳言請之，吏稽留不言請者，斷。

縣各上其縣中豪傑若謀士、居大夫重厚，口數多少。

官府城下吏、卒、民，皆前後、左右、相傳保火；火發自燔，燔曼延燔人，斷。

諸以衆彊凌弱少及彊奸人婦女，以讙譁者，若上城者，衣服他不如令者，皆斷。

諸城門若亭謹候視往來行者符；符傳疑若無符，皆詣縣廷言，請問其所使，其有符傳者善舍官府。其有知識、兄弟欲見之，爲召，勿令入里巷中，三老、守閭令厲繕夫爲答；若他以事者，微者不得入里中，三老不得入。

家人傳令里中者以羽，羽在三老所，家人各令其家中，失令若稽留令者，斷。

家有守者治食。

吏、卒、民無符節而擅入里巷，官府吏、三老、守閭者失苛止，皆斷。

諸盜守器械、財物及相盜者，直一錢以上，皆斷。

吏、卒、民各自大書於傑，著之其署隔，守案其署，擅入者斷。

城上日一發席蓐，令相錯發。

有匿不言人所挾藏在禁中者，斷。

吏、卒、民死者輒召其人與次司空葬之，勿令得坐泣。傷甚者令歸治病家，善養，予醫給藥，賜酒日二升，肉二斤，令吏數行閭，視病有瘳，輒造事上。詐爲自賊傷以辟事者族之。事已，守使吏身行死傷家，臨戶而悲哀之。

寇去，事已，塞禱，守以令益邑中豪傑力鬬諸有功者，必身行死傷者家以弔哀之，身見死事之後。城圍罷，主亟發使者往勞，舉有功及死傷者數使爵禄，守身尊寵，明白貴之，令其怨結於敵。

城上卒若吏各葆其左右。若欲以城爲外謀者，父母、妻子、同産皆斷；左右知，不捕告，皆與同罪；有能捕告之者封之以千家之邑，若非其左右及他伍捕告者，封之二千家之邑。

城下里中家人皆相葆，若城上之數。

城禁：吏、卒、民不欲寇徽職和旌者，斷。不從令者，斷。非擅出令者，斷。失令者，斷。倚戟縣下城，上下不與衆等者，斷。無應而妄讙呼者，斷。總失者，斷。譽客内毁者，斷。離署而聚語者，斷。聞城鼓聲而伍後上署者，斷。人自大書版，著之其署隔，守必自課其先後，非其署而妄入之者，斷。離署左右，共入他署，左右不捕，挾私書，行請謁及爲行書者，釋守事而治私家事，卒民相盜家室、嬰兒，皆斷，無赦；人舉而籍之。無符節而横行軍中者，斷。客在城下，因數易其署而無易其養。譽敵：少以爲衆，亂以爲治，敵攻拙以爲巧者，斷。客、主人無得相與言及相藉，客射以書，無得舉，外示内以善，無得應，不從令者皆斷。禁無得舉矢書。若以書射寇，犯令者父母、妻子皆斷，身梟城上，有能捕告之者，賞之黄金二十斤。非時而行者，唯守及摻太守之節而使者。

守入臨城，必謹問父老、吏大夫、諸有怨仇讐不相解者，召其人明白爲之解之，守必自異其人而藉之，孤之，有以私怨害城若吏事者，父母、妻子皆斷。其以城爲外謀者，三族；有能得若捕告者，以其所守邑小大封之，守還授其印，尊寵官之，令吏大夫及卒民皆明知之。豪傑之外多交諸侯者常請之，令上通知之，善屬之，所居之吏上數選具之，令無得擅出入，連質之。術鄉長者、父老、豪傑之親戚、父母、妻子，必尊寵之，若貧人不能自給食者，上食之。及勇士父母、親戚、妻子，皆時酒肉，必敬之，舍之必近太守。

守樓臨質宫而善周，必密塗樓，令下無見上，上見下，下無知上有人、無人。

守之所親：舉吏貞廉、忠信、無害、可任事者，其飲食酒肉勿禁，錢金、布帛、財物各自守之，慎勿相盜。

葆宫之牆必三重，牆之垣，守者皆累瓦釜牆上；葆衛必取戍卒有重厚者。門有吏，主諸門，里，筦閉必須太守之節；謹擇吏之忠信者、無害可任事者。

令將自衛，築十尺之垣，周還牆，門、閨者非令衛司馬門。

望氣者舍必近太守。巫舍必近公社，必敬神之。巫、祝、史與望氣者必以善言告民，以請上報守，守獨知其請而已。巫與望氣者妄爲不善言驚恐民，斷，弗赦。

度食不足，令民各自占家五種石斗數，爲其期，在薄書，吏與雜訾。期盡匿不占，占不悉，令吏卒微得，皆斷；有能捕告，賜什三。收粟米、布帛、錢金，出内畜産，皆爲平直其賈，與主人券，書之，事已，皆各以其賈倍償之；又用其賈貴賤，多少賜爵，欲爲吏者許之，其不欲爲吏而欲以受賜爵禄，若贖出親戚、所知罪人者，以令許之。其受構賞者令葆宫見，以與其親。欲以復佐上者皆倍其爵賞。某縣某里某子家食口二人，積粟六百石，某里某子家食口十人，積粟百石。出粟米有期日，過期不出者王公有之，有能得若告之，賞之什三。慎無令民知吾粟米多少。

守入城，先以候爲始，得輒宫養之，勿令知吾守衛之備。候者爲異宫，父母、妻子皆同其宫，賜衣食、酒肉，信吏善待之。候來若復，就閑。守宫三雜，外環、隅爲之樓，内環爲樓，樓入葆宫丈五尺爲復道。葆不得有室，三日一發席蓐，略視之，布茅宫中，厚三尺以上。發候必使鄉邑忠信、善重士，有親戚、妻子，厚奉資之。必重發候，爲養其親若妻子，爲異舍，無與員同所，給食之酒肉。遣他候，奉資之如前候，反，相參審信，厚賜之；候三發、三信，重賜之，不欲受賜而欲爲吏者，許之二百石之吏。守珮授之印；其不欲爲吏而欲受構賞，爵禄皆如前。有能入深至主國者，問之審信，賞之倍他候；其不欲受賞而欲爲吏者，許之三百石之吏。

扞士受賞賜者，守必身自致之其親之所，令其見守之任。其欲復以佐上者，其構賞、爵禄、贖出罪人倍之。

士候無過十里。居高便所樹表，表，三人守之，比至城者三表，與城上烽燧相望；晝則舉烽，夜則舉火。聞寇所從來，審知寇形必攻，論小城不自守通者，盡葆其老弱、粟米、畜産。遣卒候者無過五十人，客至堞，去之，慎無厭逮。候者曹無過三百人，日暮出之，爲徽職。空隊、要塞之人所往來者，令可以迹者無下里三人，平明而迹；各立其表，城上應之。候出越陳表，遮坐郭門之外内，立其表，令卒之半居門内，令其少多無可知也。即有驚，見寇越陳表，城上以麾指之，遮擊鼓、整旗以戰備，從麾所指。望見寇，舉一垂；入竟，舉二垂；狎郭，舉三垂；入郭，舉四垂；狎城，舉五垂；夜以火，皆如此。

去郭百步，牆垣、樹木、小大盡伐除之，外空井盡窒之，無令得汲也，外空室盡發之，木盡伐之。諸可以攻城者盡内城中，令其人各有以記之；事以，各以其記取之。吏爲之券，書其枚數。當遂材木不能盡内，既燒之，無令客得而用之。人自大書版，著之其署中。

有司出其所治，則從淫之法，其罪射。務色謾正，淫囂不静，當路尼衆，舍事後就，踰時不寧，其罪趼。讙囂駴衆，其罪殺。非上不諫，次主凶言，其罪殺。無敢有樂器、弊騏軍中，有則其罪趼。非有司之令，無敢有車馳、人趨，有則其罪射。無敢散牛馬軍中，有則其罪射。飲食不時，其罪射。無敢歌哭於軍中，有則其罪射。令各執罰盡殺；有司見有罪而不誅，同罰，若或逃之，亦殺。凡將率鬭其衆失法，殺。凡有司不使士卒、吏民聞誓令，代之服罪。凡戮人於市，死三日徇。

謁者侍令門外，爲二曹，夾門坐，餔食更，無空。門下謁者一長，守數令入中，視其亡者，以督門尉與其官長，及亡者入中報。四人夾令門内坐，二人夾散門外坐，客見，持兵立前。餔食更，上侍者名。

守堂下高樓候者，望見乘車若騎卒道外來者，及城中非常者，輒言之守；守以須城上候城門及邑吏來告其事者以驗之，樓下人受候者言，以報守。

中涓二人，夾散門内坐，門常閉，餔食更；中涓一長者。

環守宫之術，衢置屯道，各垣其兩旁，高丈，爲埤院，夾挾視葆舍。屯陳、垣外術衢街皆爲樓，高臨里中，樓一鼓，聾竈；即有物故，鼓，吏至而止，夜以火指；鼓所立，勿雞足置。

而札書得，必謹案視、參驗者，即不法，正詰之。

城下五十步一厠，厠與上同圂；諸有罪過而可無斷者，令杼厠罰之。

《墨子》卷一五《雜守》 禽子問曰：客衆而勇，輕意見威，以駭主人，薪、土俱上，以爲羊坽，積土爲高，以臨吾民，蒙櫓俱前，遂屬之城，兵弩俱上，爲之奈何？

子墨子曰：子問羊坽之守耶？羊坽者攻之拙者也，足以勞卒，不足以害城；羊坽之攻，遠攻則遠害，近城則近害，害不至城。矢石無休，左右趣射，蘭爲柱後，□望以固，厲吾鋭卒，慎無使顧，守者重下，攻者輕去，養勇高奮，民心百倍，多執數賞，卒乃不怠。

作土不休，遂屬之城，以禦雲梯之法應之。凡待堙、衝、雲梯、臨之法，必廣城以禦之；曰不足，則以木椁之，左百步，右百步。繁下矢、石、沙、灰以雨之，薪火、水湯以濟之，選厲鋭卒，慎無使顧，審賞行罰，以静爲故，從之以急，無使生慮，恚痛高憤，民心百倍，多執數賞，卒乃不怠。衝、臨、梯皆以衝衝之。

渠長丈五尺，其埋者三尺，夫長丈二尺。梯渠廣丈六尺，其梯丈二尺，渠之垂者四尺。渠無傅堞五寸。梯渠十丈一。渠、答大數，里二百五十八。渠、答百二十九。

諸外道可要塞以難寇；其甚害者爲築三亭，亭三隅，織女之，令能相救。諸距阜、山林、溝瀆、丘陵、阡陌、郭門若閻術，可要塞及爲徽職，可以迹知往來者少多及所伏藏之處。

葆民先舉城中官府、民宅、室署，大小調處；葆者或欲從兄弟、知識者許之。外宅粟米、畜産、財物，諸可以佐城者，送入城中；事即急，則使積門内。

民獻粟米、布帛、金錢、牛馬、畜産，皆爲直平價與主券，書之。

築郵亭者圜之，高三丈以上，令倚殺。爲辟梯，梯兩臂，長三尺，連版三尺，報以繩連之。塹再雜，爲縣梁。亭一鼓，聾竈。寇烽、驚烽、亂烽，傳火，以次應之，至主國止，其事急者引而上下之。烽火以舉，輒五鼓傳，又以火屬之，言寇所從來者少多，毋弃逮；去來屬次，烽勿罷。望見寇，舉一烽，入境，舉二烽，射妻，舉三烽、一藍，郭會，舉四烽、二藍，城會，舉五烽、三藍；夜以火，如此數。守烽者事急。

候無過五十，寇至堞，隨去之，無弃逮；日暮出之，令皆爲徽職。距阜、山林，皆令可以迹平明而迹，無迹；各立其表，城上應之。候出置田表，斥坐郭内外，立旗幟，卒半在内，令多少無可知。即有驚，舉孔表，見寇，舉牧表，城上以麾指之，斥步鼓，整旗以備戰，從麾所指；田者男子以戰備從斥，女子亟走入。即見寇，鼓，傳到城止。守表者三人，更立捶表而望，守數令騎若吏行旁視，有以知其所爲。其曹一鼓。望見寇，鼓，傳到城止。

斗食，終歲三十六石，參食，終歲二十四石，四食，終歲十八石，五食，終歲十四石四斗，六食，終歲十二石。斗食，食五升，參食，食參升小半，四食，食二升半，五食，食二升，六食，食一升大半；日再食。救死之時，日二升者二十日，日三升者三十日，日四升者四十日，如是而民免於九十日之約矣。城中無食，則爲大殺。

寇近，亟收諸離鄉金器若銅鐵及他可以左守事者。先舉縣官室居、官府不急者，材之大小、長短及凡數，即急先發。寇薄，發屋，伐木，雖有請謁，勿聽。入柴，勿積魚鱗簪，當隊，令易取也。材木不能盡入者熣之，無令寇得用之。積木，各以長短、小大、惡美形相從，城四面外各積其內；諸木大者皆以爲關鼻，乃積聚之。

城守，司馬以上父母、昆弟、妻子有質在主所，乃可以堅守。署都司空、大城四人，候二人，縣候，面一，亭尉、次司空、亭一人。吏、侍守所者，財足、廉信、父母昆弟妻子有在葆宮中者，乃得爲侍吏。諸吏必有質，乃得任事。守大門者二人，夾門而立，令行者趣其外；各四戟，夾門立，而其人坐其下，吏日五閱之，上逋者名。

池外廉有要、有害，必爲疑人，令往來行夜者射之，誅其疏者。牆外水中爲竹箭；箭尺廣二步，箭下於水五寸，雜長短，前外廉三行，外外鄉，內亦内鄉。

三十步一弩廬，廬廣十尺，袤丈二尺。

百步一隊，隊有急，極發其近者往佐，其次襲其處。

守節：出入使，主節必疏書，署其情，令若其事，而須其還報以劍驗之。節出：使所出門者，輒言節出時摻者名。

閤通守舍，相錯穿室；治復道，爲築墉，墉善其上。

取疏：令民家有三年畜蔬食以備湛旱、歲不爲。常令邊縣豫種蓄芫、芒、烏喙、袾葉，外宅溝井可寘塞，不可，置此其中。安則示以危，危示以安。

寇至，諸門户令皆鑿而類竅之，各爲二類，一鑿而屬繩，繩長四尺，大如指。

寇至，先殺牛、羊、雞、狗、鳧、雁、彘，皆剥之，收其皮革、筋、角、脂、䏶、羽。

吏槫桐卣爲鐵錍，厚簡爲衡柱，事急卒不可遠。令掘外宅，林課多少，若治城□□爲擊三隅之重，五斤已上。

諸林木渥水中，無過一茷。

塗茅屋若積薪者，厚五寸已上。

吏各舉其步界中財物可以左守備者上。

有讒人，有利人，有惡人，有善人，有長人，有謀士，有勇士，有巧士，有使士，有内人者，外人者，有善人者，有善門人者，守必察其所以然者，應名乃内之。使人各得其所長，天下事當。鈞其分職，天下事得。皆其所喜，天下事備。强弱有數，天下事具矣。

民相惡若議吏，吏所解，皆札書藏之，以須告者之至以參驗之。

睨小五尺不可卒者，爲署吏，令給事官府若舍。

藺石、厲矢、諸材器用皆謹部，各有積分數。

爲軺車以柗：盛矢以軺車，輪軲廣十尺，轅長丈，爲三幅，廣六尺。爲板箱，長與轅等，高四尺，善蓋上，治中，令可載矢。

子墨子曰：凡不守者有五：城大人小，一不守也。城小人衆，二不守也。人衆食寡，三不守也。市去城遠，四不守也。畜積在外，富人在虚，五不守也。率萬家而城方三里。

《韓非子》卷二《有度》 夫人臣之侵其主也，如地形焉，即漸以往，使人主失端，東西易面而不自知。故先王立司南以端朝夕。故明主使其群臣不游意於法之外，不爲惠於法之内，動無非法。峻法，所以禁過外私也；嚴刑，所以遂令懲下也。威不貳錯，制不共門。威、制共，則衆邪彰矣；法不信，則君行危矣；刑不斷，則邪不勝矣。故曰：巧匠目意中繩，然必先以規矩爲度；上智捷舉中事，必以先王之法爲比。故繩直而枉木斲，准夷而高科削，權衡縣而重益輕，斗石設而多益少。故以法治國，舉措而已矣。法不阿貴，繩不撓曲。法之所加，智者弗能辭，勇者弗敢争。刑過不避大臣，賞善不遺匹夫。故矯上之失，詰下之邪，治亂決繆，絀羨齊非，一民之軌，莫如法。厲官威民，退淫殆，止詐僞，莫如刑。刑重，則不敢以貴易賤；法審，則上尊而不侵。上尊而不侵，則主强而守要，故先王貴之而傳之。人主釋法用私，則上下不别矣。

《韓非子》卷六《解老》 凡物之有形者，易裁也，易割也。何以論之？有形，則有短長；有短長，則有小大；有小大，則有方圓；有方圓，則有堅脆；有堅脆，則有輕重；有輕重，則有白黑。短長、大小、方圓、堅脆、輕重、白黑之謂理。理定而物易割也。故議於大庭而後言則立，權議之士知之矣。故欲成方圓而隨其規矩，則萬事之功形矣。而萬物莫不有規矩，議言之士，計會規矩也。聖人盡隨於萬物之規矩，故曰：「不敢爲天下先。」不敢爲天下先，則事無不事，功無不功，而議必蓋世，欲無處大官，其可得乎？處大官之謂爲成事長。是以故曰：「不敢爲天下先，故能爲成事長。」

《韓非子》卷七《喻老》 昔者紂爲象箸而箕子怖，以爲象箸必不加於土鉶，必將犀玉之杯；象箸玉杯必不羹菽藿，則必旄、象、豹胎；旄、象、豹胎必不衣短褐而食於茅屋之下，則錦衣九重，廣室高臺。吾畏其卒，故怖其始。居五年，紂爲肉圃，設炮烙，登糟丘，臨酒池，紂遂以亡。故箕子見象箸以知天下之禍。故曰：「見小曰明。」

《韓非子》卷一五《難二》 李克治中山，苦陘令上計而入多。李克曰：「語言辨，聽之說，不度於義，謂之窕言。無山林澤谷之利而入多者，謂之窕貨。君子不聽窕言，不受窕貨。子姑免矣。」

或曰：「李子設辭曰：『夫言語辨，聽之說，不度於義者，謂之窕言。』辯，在言者；說，在聽者。言非聽者也。所謂不度於義，非謂聽者，必謂所聽也。聽者，非小人則君子也。小人無義，必不能度之義也；君子度之義，必不肯說也。夫曰『言語辨，聽之說，不度於義』者，必不誠之言也。入多之爲窕貨也，未可遠行也。李子之奸弗蚤禁，使至於計，是遂過也。無術以知而入多，入多者，穰也，雖倍入，將奈何？舉事慎陰陽之和，種樹節四時之適，無早晚之失，寒温之災，則入多。不以小功妨大務，不以私欲害人事，丈夫盡於耕農，婦人力於織紝，則入多。務於畜養之理，察於土地之宜，六畜遂，五穀殖，則入多。明於權計，審於地形、舟車、機械之利，用力少，致功大，則入多。利商市關梁之行，能以所有致所無，客商歸之，外貨留之，儉於財用，節於衣食，宮室器械周於資用，不事玩好，則入多。入多，皆人爲也。若天事，風雨時，寒温適，土地不加大，而有豐年之功，則入多。人事、天功二物者皆入多，非山林澤谷之利也。夫無山林澤谷之利入多，因謂之窕貨者，無術之言也。」

劉安等《淮南子》卷二《俶真》 施及周室之衰，澆淳散樸，離道以僞，儉德以行，而巧故萌生。周室衰而王道廢，儒、墨乃始列道而議，分徒而訟。於是博學以疑聖，華誣以脅衆，弦歌鼓舞，緣飾《詩》、《書》，以買名譽於天下。繁登降之禮，飾紱冕之服，聚衆不足以極其變，積財不足以贍其費。於是萬民乃始惏觟離跂，各欲行其知僞，以求鑿枘於世而錯擇名利。是故百姓曼衍於淫荒之陂，而失其大宗之本。夫世之所以喪性命，其衰漸以然，所由來者久矣。

劉安等《淮南子》卷八《本經》 逮至衰世，鐫山石，鍥金玉，擿蚌蜃，消銅鐵，而萬物不滋。刳胎殺夭，麒麟不游；覆巢毁卵，鳳凰不翔；鑽燧取火，構木爲臺；焚林而田，竭澤而漁；人械不足，畜藏有餘，而萬物不繁兆萌芽，卵、胎而不成者，處之太半矣。積壤而丘處，糞田而種谷，掘地而井飲，疏川而爲利，築城而爲固，拘獸以爲畜，則陰陽繆戾，四時失叙，雷霆毁折，雹霰降虐，氛霧霜雪不霽，而萬物燋夭。菑榛穢，聚埒畝；芟野菼，長苗秀；草木之句萌、銜華、戴實而死者，不可勝數。

陸賈《新語》卷上《術事》 故良馬非獨騏驥，利劍非惟干將，美女非獨西施，忠臣非獨吕望。今有馬而無王良之御，有劍而無砥礪之功，有女而無芳澤之飾，有士而不遭文王，道術蓄積而不舒，美玉韞匵而深藏。故懷道者須世，抱樸者待工，道爲智者設，馬爲御者良，賢爲聖者用，辯爲智者通，書爲曉者傳，事爲見者明。故制事者因其則，服藥者因其良。書不必起仲尼之門，藥不必出扁鵲之方，合之者善，可以爲法，因世而權行。

桓寬《鹽鐵論》卷一《本議》 惟始元六年，有詔書使丞相、御史與所舉賢良、文學語。問民間所疾苦。

文學對曰：竊聞治人之道，防淫佚之原，廣道德之端，抑末利而開仁義，毋示以利，然後教化可興，而風俗可移也。今郡國有鹽、鐵、酒榷、均輸，與民爭利。散敦厚之樸，成貪鄙之化。是以百姓就本者寡，趨末者衆。夫文繁則質衰，末盛則本方。末修則民淫，本修則民慤。民慤則財用足，民侈則飢寒生。願罷鹽鐵、酒榷，均輸，所以進本退末，廣利農業，便也。

大夫曰：匈奴背叛不臣，數爲寇暴於邊鄙。備之則勞中國之士；不備則侵盜不止。先帝哀邊人之久患，苦爲虜所系獲也，故修障塞，飭烽燧，屯戍以備之。邊用度不足，故興鹽、鐵，設酒榷，置均輸，蕃貨長財，以佐助邊費。今議者欲罷之，内空府庫之藏，外乏執備之用，使備塞乘城之士，飢寒於邊，將何以贍之？罷之，不便也。

文學曰：孔子曰：「有國有家者，不患寡而患不均，不患貧而患不安。」故天子不言多少，諸侯不言利害，大夫不言得喪。畜仁義以風之，廣德行以懷之。是以近者親附而遠者悦服。故善克者不戰，善戰者不師，善師者不陣。修之於廟堂，而折衝還師。王者行仁政，無敵於天下，惡用費哉？

大夫曰：匈奴桀黠，擅恣入塞，犯厲中國，殺伐郡縣朔方都尉，甚悖逆不軌，宜誅討之日久矣。陛下垂大惠，哀元元之未贍，不忍暴士大夫於原野。縱難被堅執鋭，有北面復匈奴之志，又欲罷鹽、鐵、均輸，擾邊用，損武略，無憂邊之心，於其義未便也。

文學曰：古者貴以德而賤用兵。孔子曰：「遠人不服，則修文德以來之。既來之，則安之。」今廢道德而任兵革，興師而伐之，屯戍而備之，暴兵露師以支久長，轉輸糧食無已，使邊境之士飢寒於外，百姓勞苦於內。立鹽、鐵，始張利官以給之，非長策也。故以罷之爲便也。

大夫曰：古之立國家者，開本末之途，通有無之用。市朝以一其求，致士民，聚萬貨，農商工師各得所欲，交易而退。《易》曰：「通其變，使民不倦。」故工不出，則農用乏；商不出，則寶貨絶。農用乏，則谷不殖；寶貨絶，則財用匱。故鹽、鐵、均輸，所以通委財而調緩急，罷之不便也。

文學曰：夫導民以德，則民歸厚；示民以利，則民俗薄。俗薄則背義而趨利，趨利則百姓交於道而接於市。《老子》曰：「貧國若有餘。」非多財也，嗜欲衆而民躁也。是以王者崇本退末，以禮義防民欲，實菽粟貨財。市，商不通無用之物，工不作無用之器。故商所以通鬱滯，工所以備器械，非治國之本務也。

大夫曰：《管子》云：「國有沃野之饒而民不足於食者，器械不備也。有山海之貨而民不足於財者，商工不備也。」隴、蜀之丹漆旄羽，荆、揚之皮革骨象，江南之柟梓竹箭，燕、齊之魚鹽旃裘，兖、豫之漆絲絺紵，養生送終之具也，待商而通，待工而成。故聖人作爲舟楫之用，以通川谷，服牛駕馬，以達陵陸；致遠窮深，所以交庶物而便百姓。是以先帝建鐵官以贍農用，開均輸以足民財；鹽、鐵、均輸，萬民所戴仰而取給者，罷之不便也。

文學曰：國有沃野之饒而民不足於食者，工商盛而本業荒也；有山海之貨而民不足於財者，不務民用而淫巧衆也。故川原不能實漏卮，山海不能贍溪壑。是以盤庚萃居，舜藏黄金，高帝禁商賈不得仕宦，所以遏貪鄙之俗而醇至誠之風也。排困市井，防塞利門，而民猶爲非也，況上之爲利乎？《傳》曰：「諸侯好利則大夫鄙，大夫鄙則士貪，士貪則庶人盜。」是開利孔爲民罪梯也。

大夫曰：往者郡國諸侯各以其方物貢輸，往來煩雜，物多苦惡，或不償其費。故郡國置輸官以相給運，而便遠方之貢，故曰均輸。開委府於京師，以籠貨物。賤即買，貴則賣。是以縣官不失實，商賈無所貿利，故曰平准。平准則民不失職，均輸則民齊勞逸。故平准、均輸所以平萬物而便百姓，非開孔利爲民罪梯者也。

文學曰：古者之賦税於民也，因其所工，不求所拙。農人納其獲，女工效其功。今釋其所有，責其所無。百姓賤賣貨物，以便上求。間者，郡國或令民作布絮，吏恣留難，與之爲市。吏之所入，非獨齊、阿之縑，蜀、漢之布也，亦民間之所爲耳。行姦賣平，農民重苦，女工再税，未見輸之均也。縣官猥發，闔門擅市，則萬物并收。萬物并收，則物騰躍。騰躍，則商賈侔利。自市，則吏容姦。豪吏富商積貨儲物以待其急，輕賈姦吏收賤以取貴，未見准之平也。蓋古之均輸，所以齊勞逸而便貢輸，非以爲利而賈萬物也。

桓寬《鹽鐵論》卷二《力耕》 大夫曰：王者塞天財，禁關市，執准守時，以輕重御民。豐年歲登，則儲積以備乏絶；凶年惡歲，則行幣物；流有餘而調不足也。昔禹水湯旱，百姓匱乏，或相假以接衣食。禹以歷山之金，湯以莊山之銅，鑄幣以贖其民，而天下稱仁。往者財用不足，戰士或不得禄，而山東被災，齊、趙大饑，賴均輸之畜，倉廪之積，戰士以奉，飢民以賑。故均輸之物，府庫之財，非所以賈萬民而專奉兵師之用，亦所以賑困乏而備水旱之災也。

文學曰：古者，十一而税，澤梁以時入而無禁。黎民咸被南畝而不失其務。故三年耕而餘一年之蓄，九年耕有三年之蓄。此禹、湯所以備水旱而安百姓也。草萊不辟，田疇不治，雖擅山海之財，通百末之利，猶不能贍也。是以古者尚力務本而種樹繁，躬耕趣時而衣食足，雖累凶年而人不病也。故衣食者民之本，稼穡者民之務也，二者修，則國富而民安也。《詩》云：「百室盈止，婦子寧止」也。

大夫曰：聖賢治家非一寶，富國非一道。昔管仲以權譎霸，而紀氏以强本亡。使治家養生必於農，則舜不甄陶而伊尹不爲庖。故善爲國者，天下之下我高，天下之輕我重。以末易其本，以虚易其實。今山澤之財，均輸之藏，所以御輕重而役諸侯也。汝、漢之金，纖微之貢，所以誘外國而釣胡、羌之寶也。夫中國一端之縵，得匈奴累金之物，而損敵國之用。是以騾驢馲駝，銜尾入塞，驒騱騵馬，盡爲我畜，鼲鼦狐貉，采旃文罽，充於内府，而璧玉珊瑚琉璃，咸爲國之寶。是則外國之物内流，而利不外泄也。異物内流則國用饒，利不外泄則民用給矣。《詩》曰：「百室盈止，婦子寧止。」

文學曰：古者，商通物而不豫，工致牢而不僞，故君子耕稼田魚，其實一也。商則長詐，工則飾罵，内懷闚闞而心不怍，是以薄夫欺而敦夫厚。昔桀女樂充宮室，文綉衣裳，故伊尹高逝游薄，而女樂終廢其國。今騾驢之用，不中牛馬之功，鼲鼦旃罽，不益綿綈之實。美玉珊瑚出於崑山，珠璣犀象出於桂林，此距漢萬有餘里。計耕桑之功，資財之費，是一物而售百倍其價也，一揖而中萬鍾之粟也。夫上好珍怪，則淫服下流，貴遠方之物，則財貨外充。是以王者不珍無用以節其民，不愛奇貨以富其國。故理民之道，在於節用尚本，分土井田而已。

大夫曰：「自京師東西南北，歷山川，經郡國，諸殷富大都，無非街衢五通，商賈之所臻，萬物之所殖者。故聖人因天時，智者因地財，上士取諸人，中士勞其形。長沮、桀溺，無百金之積，跖蹻之徒，無猗頓之富，宛、周、齊、魯，商遍天下。故乃商賈之富，或累萬金，追利乘羡之所致也。富國何必用本農，足民何必井田也？

文學曰：洪水滔天而有禹之績，河水泛濫而有宣房之功。商紂暴虐而有孟津之謀，天下煩擾而有乘羡之富。夫上古至治，民樸而貴本，安愉而寡求。當此之時，道路罕行，市朝生草。故耕不強者無以充虛，織不強者無以掩形。雖有湊會之要，陶、宛之術，無所施其巧。自古及今，不施而得報，不勞而有功者，未之有也。

桓寬《鹽鐵論》卷一《通有》 大夫曰：「燕之涿、薊，趙之邯鄲，魏之温軹，韓之滎陽，齊之臨淄，楚之宛、陳，鄭之陽翟，三川之二周，富冠海內，皆爲天下名都，非有助之耕其野而田其地者也，居五諸之衝，跨街衢之路也。故物豐者民衍，宅近市者家富。富在術數，不在勞身；利在勢居，不在力耕也。」

文學曰：「荆、揚南有桂林之饒，內有江、湖之利，左陵陽之金，右蜀、漢之材，伐木而樹穀，燔萊而播粟，火耕而水耨，地廣而饒材；然民鮆窳偷生，好衣甘食，雖白屋草廬，歌謳鼓琴，日給月單，朝歌暮戚。趙、中山帶大河，纂四通神衢，當天下之蹊，商賈錯於路，諸侯交於道；然民淫好末，侈靡而不務本，田疇不修，男女矜飾，家無斗筲，鳴琴在室。是以楚、趙之民，均貧而寡富。宋、衛、韓、梁，好本稼穡，編户齊民，無不家衍人給。故利在自惜，不在勢居街衢；富在儉力趣時，不在歲司羽鳩也。」

大夫曰：「五行：東方木，而丹、章有金銅之山；南方火，而交趾有大海之川；西方金，而蜀、隴有名材之林；北方水，而幽都有積沙之地。此天地所以均有無而通萬物也。今吴、越之竹，隋、唐之材，不可勝用，而曹、衛、梁、宋，采棺轉尸；江、湖之魚，萊、黄之鮐，不可勝食，而鄒、魯、周、韓，藜藿蔬食。天地之利無不贍，而山海之貨無不富也；然百姓匱乏，財用不足，多寡不調，而天下財不散也。」

文學曰：「古者采椽不斲，茅茨不翦，衣布褐，飯土硎，鑄金爲鉏，埏埴爲器，工不造奇巧，世不寶不可衣食之物，各安其居，樂其俗，甘其食，便其器。是以遠方之物不交，而崑山之玉不至。今世俗壞而競於淫靡，女極纖微，工極技巧，雕素樸而尚珍怪，鑽山石而求金銀，没深淵求珠璣，設機陷求犀象，張網羅求翡翠，求蠻、貉之物以眩中國，徙邛、筰之貨，致之東海，交萬里之財，曠日費功，無益於用。是以褐夫匹婦，勞罷力屈，而衣食不足也。故王者禁溢利，節漏費。溢利禁則反本，漏費節則民用給。是以生無乏資，死無轉尸也。」

大夫曰：「古者宫室有度，輿服以庸；采椽茅茨，非先生之制也。君子節奢刺儉，儉則固。昔孫叔敖相楚，妻不衣帛，馬不秣粟。孔子曰：『不可，大儉極下。』此《蟋蟀》所爲作也。《管子》曰：『不飾宫室，則材木不可勝用；不充庖厨，則禽獸不損其壽。無末利，則本業無所出；無黼黻，則女工不施。』故工商梓匠，邦國之用，器械之備也。自古有之，非獨於此。弦高販牛於周，五羖賃車入秦，公輸子以規矩，歐冶以鎔鑄。《語》曰：『百工居肆，以成其事。』農商交易，以利本末。山居澤處，蓬蒿墝埆，財物流通，有以均之。是以多者不獨衍，少者不獨饉。若各居其處，食其食，則是橘柚不鬻，朐鹵之鹽不出，旃罽不市，而吴、唐之材不用也。」

文學曰：「孟子云：『不違農時，穀不可勝食。蠶麻以時，布帛不可勝衣也。斧斤以時，材木不可勝用。田漁以時，魚肉不可勝食。』若則飾宫室，增臺榭，梓匠斲巨爲小，以圓爲方，上成雲氣，下成山林，則材木不足用也。男子去本爲末，雕文刻鏤，以象禽獸，窮物究變，則穀不足食也。婦女飾微治細，以成文章，極伎盡巧，則絲布不足衣也。庖宰烹殺胎卵，煎炙齊和，窮極五味，則魚肉不足食也。當今世，非患禽獸不損，材木不勝，患僭侈之無窮也；非患無旃罽橘柚，患無狹廬糠糟也。」

桓寬《鹽鐵論》卷一《錯幣》 大夫曰：交幣通施，民事不及，物有所并也。計本量委，民有饑者，谷有所藏也。智者有百人之功，愚者有不更本之事。人君不調，民有相妨之富也。此其所以或儲百年之餘，或不厭糟糠也。民大富，則不可以祿使也；大强，則不可以罰威也。非散聚均利不齊。故人主積其食，守其用，制其有餘，調其不足，禁溢羡，厄利涂，然後百姓可家給人足也。

文學曰：古者貴德而賤利，重義而輕財。三王之時，迭盛迭衰。衰則扶之，傾則定之。是以夏忠、殷敬、周文，庠序之教，恭讓之禮，粲然可得而觀也。及其後，禮義弛崩，風俗滅息，故自食禄之君子，違於義而競於財，大小相吞，激轉相傾。此所以或儲百年之餘，或無以充虚蔽形也。古之仕者不穡，田者不漁，抱關擊柝，皆有常秩，不得兼利盡物。如此，則愚智同功，不相傾也。《詩》云：「彼有遺秉，此有滯穗，伊寡婦之利。」言不盡物也。

大夫曰：湯、文繼衰，漢興乘弊。一質一文，非苟易常也。俗弊更法，非務變古也，亦所以救失扶衰也。故教與俗改，弊與世易。夏后以玄貝，周人以紫石，後世或金錢刀布。物極而衰，終始之運也。故山澤無征則君臣同利，刀幣無禁則奸貞并行。夫臣富則相侈，下專利則相傾也。

文學曰：古者市朝而無刀幣，各以其所有易所無，抱布貿絲而已。後世即有龜貝金錢交施之也，幣數變而民滋僞。夫救僞以質，防失以禮。湯、文繼衰，革法易化，而殷、周道興。漢初乘弊，而不改易，畜利變幣，欲以反本，是猶以煎止燔，以火止沸也。上好禮則民暗飾，上好貨則下死利也。

大夫曰：文帝之時，縱民得鑄錢、冶鐵、煮鹽。吴王擅鄣海澤，鄧通專西山。山東奸猾咸聚吴國，秦、雍、漢、蜀因鄧氏。吴、鄧錢布天下，故有鑄錢之禁。禁御之法立而奸僞息，奸僞息則民不期於妄得，而各務其職，不反本何爲？故統一，則民不二也；幣由上，則下不疑也。

文學曰：往古，幣衆財通而民樂。其後，稍去舊幣，更行白金龜龍，民多巧新幣。幣數易而民益疑。於是廢天下諸錢，而專命水衡三官作。吏匠侵利，或不中式，故有薄厚輕重。農人不習，物類比之，信故疑新，不知奸貞。商賈以美貿惡，以半易倍。買則失實，賣則失理，其疑或滋益甚。夫鑄僞金錢以有法，而錢之善惡無增損於故。擇錢則物稽滯，而用人尤被其苦。《春秋》曰：「算不及蠻、夷則不行。」故王者外不鄣海澤以便民用，内不禁刀幣以通民施。

桓寬《鹽鐵論》卷一《禁耕》　大夫曰：家人有寶器，尚函匣而藏之，況人主之山海乎？夫權利之處，必在深山窮澤之中，非豪民不能通其利。異時鹽鐵未籠，布衣有朐邴，朐邴人、吴王，皆鹽鐵初議也。君有吴王專山澤之饒，薄賦其民，賑贍窮乏，以成私威。私威積而逆節之心作。夫不蚤絶其源而憂其末，若決呂梁，沛然，其所傷必多矣。太公曰：「一家害百家，百家害諸侯，諸侯害天下，王法禁之。」今放民於權利，罷鹽鐵以資暴强，遂其貪心，衆邪群聚，私門成黨，則强御日以不制，而并兼之徒奸形成也。

文學曰：民人藏於家，諸侯藏於國，天子藏於海内。故民人以垣墻爲藏閉，天子以四海爲匣匱。天子適諸侯，升至阼階，諸侯納管鍵，執策而聽命，示莫爲主也。是以王者不畜聚，下藏於民，遠浮利，務民之義，義禮立則民化上。若是，雖湯、武生存於世，無所容其慮。工商之事，歐冶之任，何奸之能成？三桓專魯，六卿分晉，不以鹽鐵。故權利深者，不在山海，在朝廷；一家害百家，在蕭墻，而不在朐邴也。

大夫曰：山海有禁，而民不傾；貴賤有平，而民不疑。縣官設衡立准，人從所欲，雖使五尺童子適市，莫之能欺。今罷去之，則豪民擅其用而專其利，決市閭巷，高下在口吻，貴賤無常，端坐而民豪，是以養强抑弱而藏於跖也。强養弱抑，則齊民消；若衆穢之盛而害五谷。一家害百家，不在朐邴，如何也？

文學曰：山海者，財用之寶路也。鐵器者，農夫之死士也。死士用則仇讎滅，仇讎滅則田野辟，田野辟而五谷熟。寶路開則百姓贍而民用給，民用給則國富。國富而教之以禮，則行道有讓，而工商不相豫，人懷敦樸以自相接而莫相利。夫秦、楚、燕、齊，土力不同，剛柔異勢，巨小之用，居句之宜，黨殊俗異，各有所便。縣官籠而一之，則鐵器失其宜，而農夫失其便。器用不便，則農夫罷於野而草萊不辟。草萊不辟，則民困乏。故鹽冶之處，大傲皆依山川，近鐵炭，其勢咸遠而作劇。郡中卒踐更者多不勘，責取庸代。縣邑或以户口賦鐵，而賤其平准。良民以道次發僦運鹽鐵，煩費，百姓病苦之。愚竊見一官之傷千里，未睹其在朐邴也。

桓寬《鹽鐵論》卷二《非鞅》　大夫曰：昔商君相秦也，内立法度，嚴刑罰，飭政教，奸僞無所容。外設百倍之利，收山澤之税，國富民强，器械完飾，蓄積有餘。是以征敵伐國，攘地斥境，不賦百姓而師以贍。故利用不竭而民不知，地盡西河而民不苦。鹽鐵之利，所以佐百姓之急，足軍旅之費，務蓄積以備乏絶，所給甚衆，有益於國，無害於人。百姓何苦爾，而文學何憂也？

文學曰：昔文帝之時，無鹽、鐵之利而民富；今有之而百姓困乏，未見利之所利也，而見其害也。且利不從天來，不從地出，一取之民間，謂之百倍，此計之失者也。無異於愚人反裘而負薪，愛其毛，不知其皮盡也。夫李梅實多者，來年爲之衰；新谷熟者舊谷爲之虧。自天地不能兩盈，而況於人事乎？故利於彼者必耗於此，猶陰陽之不并曜，晝夜之有長短也。商鞅峭法長利，秦人不聊生，相與哭孝公。吳起長兵攻取，楚人搔動，相與泣悼王。其後楚日以危，秦日以弱。故利蓄而怨積，地廣而禍構，惡在利用不竭而民不知，地盡西河而民不苦也？今商鞅之册任於內，吳起之兵用於外，行者勤於路，居者匱於室，老母號泣，怨女嘆息；文學雖欲無憂，其可得也？

文學曰：善鑿者建周而不拔，善基者致高而不蹶。伊尹以堯、舜之道爲殷國基，子孫紹位，百代不絕。商鞅以重刑峭法爲秦國基，故二世而奪。刑既嚴峻矣，又作爲相坐之法，造誹謗，增肉刑，百姓齋栗，不知所措手足也。賦斂既煩數矣，又外禁山澤之原，內設百倍之利，民無所開說容言。崇利而簡義，高力而尚功，非不廣壤進地也，然猶人之病水，益水而疾深。知其爲秦開帝業，不知其爲秦致亡道也。狐剌之鑿，雖公輸子不能善其枘；畚土之基，雖良匠不能成其高。譬若秋蓬被霜，遇風則零落，雖有十子產，如之何？故扁鵲不能肉白骨，微、箕不能存亡國也。

大夫曰：言之非難，行之爲難。故賢者處實而效功，亦非徒陳空文而已。昔商君明於開塞之術，假當世之權，爲秦致利成業，是以戰勝攻取，并近滅遠，乘燕、趙，陵齊、楚，諸侯斂衽，西面而向風。其後，蒙恬征胡，斥地千里，逾之河北，若壞朽折腐。何者？商君之遺謀，備飭素修也。故舉而有利，動而有功。夫蓄積籌策，國家之所以强也。故弛廢而歸之民，未睹巨計而涉大道也。

文學曰：商鞅之開塞，非不行也；蒙恬却胡千里，非無功也；威震天下，非不强也；諸侯隨風西面，非不從也；然而皆秦之所以亡也。商鞅以權數亡秦國，蒙恬以得千里亡秦社稷。此二子者，知利而不知害，知進而不知退，故果身死而衆敗。此所謂戀朐之智，而愚人之計也，夫何大道之有？故曰：「小人先合而後忤，初雖乘馬，卒必泣血。」此之謂也。

桓寬《鹽鐵論》卷二《刺權》 大夫曰：今夫越之具區，楚之雲夢，宋之鉅野，齊之孟諸，有國之富而霸王之資也。人君統而守之則强，不禁則亡。齊以其腸胃予人，家强而不制，枝大而折干，以專鉅海之富而擅魚鹽之利也。勢足以使衆，恩足以恤下，是以齊國內倍而外附。權移於臣，政墜於家，公室卑而田宗强。轉轂游海者，蓋三千乘，失之於本而末不可救。今山川海澤之原，非獨雲夢、孟諸也。鼓鑄煮鹽，其勢必深居幽谷，而人民所罕至。奸猾交通山海之際，恐生大奸。乘利驕溢，散樸滋僞，則人之貴本者寡。大農鹽鐵丞咸陽、孔僅等上請：「願募民自給費，因縣官器，煮鹽予用，以杜浮僞之路。」由此觀之，令意所禁微，有司之慮亦遠矣。

文學曰：有司之慮遠，而權家之利近，令意所禁微，有僭奢之道著。自利官之設，三業之起，貴人之家雲行於涂，轂擊於道，攘公法，申私利，跨山澤，擅官市，非特鉅海魚鹽也；執國家之柄，以行海內，非特田常之勢，陪臣之權也；威重於六卿，富累於陶、衛，輿服僭於王公，宮室溢於制度，并兼列宅，隔絕閭巷，閣道錯連，足以游觀，鑿池曲道，足以騁騖，臨淵釣魚，放犬走兔，隆豺鼎力，蹋鞠斗鷄，中山素女撫流徵於堂上，鳴鼓巴俞作於堂下，婦女被羅紈，婢妾曳絺紵，子孫連車列騎，田獵出入，畢弋捷健。是以耕者釋耒而不勤，百姓冰釋而懈怠。何者？已爲之而彼取之，僭侈相效，上升而不息，此百姓所以滋僞而罕歸本也。

桓寬《鹽鐵論》卷二《刺復》 文學曰：輪子之制材木也，正其規矩而鑿枘調。師曠之諧五音也，正其六律而宮商調。當世之工匠，不能調其鑿枘，則改規矩，不能協聲音，則變舊律，是以鑿枘刺戾而不合，聲音泛越而不和。夫舉規矩而知宜，吹律而知變，上也；因循而不作，以俟其人，次也。是以曹丞相日飲醇酒，倪大夫閉口不言。故治大者不可以煩，煩則亂；治小者不可以怠，怠則廢。《春秋》曰：「其政恢卓，恢卓可以爲卿相。其政察察，察察可以爲匹夫。」夫維綱不張，禮義不行，公卿之憂也。案上之文，期會之事，丞、史之任也。《尚書》曰：「俊乂在官，百僚師師，百工惟時，庶尹允諧。」言官得其人，人任其事，故官治而不亂，事起而不廢，士守其職，大夫理其位，公卿總要執凡而已。故任能者責成而不勞，任己者事廢而無功。桓公之於管仲，耳而目之。故君子勞於求賢，逸於用之，豈云殆哉？昔周公之相也，謙卑而不鄰，以勞天下之士，是以俊乂滿朝，賢智充門。孔子無爵位，以布衣從才士七十有餘人，皆諸侯卿相之人也，況處三公之尊以養天下之士哉？今以公卿之上位，爵祿之美，而不能致士，則未有進賢之道。堯之舉舜也，賓而妻之。桓公舉管仲也，賓而師之。以天子而妻匹夫，可謂親賢矣。以諸侯而師匹夫，可謂敬賓矣。是以賢者從之若流，歸之不疑。今當世在位者，既無燕昭之下士、《鹿鳴》之樂賢，而行臧文、子椒之意，蔽賢嫉能，自高其智，訾人之才，足己而不問，卑士而不友，以位尚賢，以祿驕士，而求士之用，亦難矣！

御史進曰：太公相文、武以王天下，管仲相桓公以霸諸侯。故賢者得位，猶龍得水，騰蛇游霧也。公孫丞相以《春秋》說先帝，遽及三公，處周、召之列，據萬里之勢，爲天下準繩，衣不重彩，食不兼味，以先天下，而無益於治。博士褚泰、徐偃等承明詔，建節馳傳，巡省郡國，舉孝廉，勸元元，而流俗不改。招舉賢良、方正、文學之士，超遷官爵，或至卿大夫，非燕昭之薦士、文王之廣賢也？然而未睹功業所成。殆非龍蛇之才，而《鹿鳴》之所樂賢也。

文學曰：冰炭不同器，日月不并明。當公孫弘之時，人主方設謀垂意於四夷，故權譎之謀進，荆、楚之士用。將帥或至封侯食邑，而勊獲者咸蒙厚賞。是以奮擊之士由此興。其後，干戈不休，軍旅相望，甲士糜弊，縣官用不足，故設險興利之臣起，磻溪熊羆之士隱。涇、渭造渠以通漕運，東郭咸陽、孔僅建鹽、鐵，策諸利，富者買爵販官，免刑除罪，公用彌多而爲者徇私，上下兼求，百姓不堪，抏弊而從法，故憯急之臣進，而見知、廢格之法起。杜周、咸宣之屬，以峻文決理貴；而王溫舒之徒，以鷹隼擊殺顯。其欲據仁義以道事君者寡，偷合取容者衆。獨以一公孫弘，如之何？

桓寬《鹽鐵論》卷三《園池》 大夫曰：諸侯以國爲家，其憂在内。天子以八極爲境，其慮在外。故宇小者用菲，功巨者用大。是以縣官開園池，總山海，致利以助貢賦，修溝渠，立諸農，廣田牧，盛苑囿。太僕、水衡、少府、大農，歲課諸入田牧之利，池籞之假，及北邊置任田官，以贍諸用，而猶未足。今欲罷之，絶其源，杜其流，上下俱殫，困乏之應也，雖好省事節用，如之何其可也？

文學曰：古者制地足以養民，民足以承其上。千乘之國，百里之地，公侯伯子男，各充其求，贍其欲。秦兼萬國之地，有四海之富，而意不贍，非宇小而用菲，嗜欲多而下不堪其求也。語曰：「厨有腐肉，國有飢民，廄有肥馬，路有餧人。」今狗馬之養，蟲獸之食，豈特腐肉肥馬之費哉！無用之官，不急之作，服淫侈之變，無功而衣食縣官者衆，是以上不足而下困乏也。今不減除其本而欲贍其末，設機利，造田畜，與百姓争薦草，與商賈争市利，非所以明主德而相國家也。夫男耕女績，天下之大業也。故古者分地而處之，制田畝而事之。是以業無不食之地，國無乏作之民，今縣官之多張苑囿、公田、池澤，公家有鄣假之名，而利歸權家。三輔迫近於山、河，地狹人衆，四方并湊，粟米薪菜，不能相贍。公田轉假，桑榆菜果不殖，地力不盡。愚以爲非。先帝之開苑囿池籞，可賦歸之於民，縣官租税而已。假税殊名，其實一也。夫如是，匹夫之力盡於南畝，匹婦之力盡於麻枲。田野辟，麻枲治，則上下俱衍，何困乏之有矣？

大夫默然，視其丞相、御史。

桓寬《鹽鐵論》卷三《輕重》 御史進曰：昔太公封於營丘，辟草萊而居焉。地薄人少，於是通利末之道，極女工之巧。是以鄰國交於齊，財畜貨殖，世爲强國。管仲相桓公，襲先君之業，行輕重之變，南服强楚而霸諸侯。今大夫君修太公、桓、管之術，總一鹽、鐵，通山川之利而萬物殖。是以縣官用饒足，民不困乏，本末并利，上下俱足。此籌計之所致，非獨耕桑農業也。

文學曰：禮義者，國之基也，而權利者，政之殘也。孔子曰：「能以禮讓爲國乎，何有？」伊尹、太公以百里興其君，管仲專於桓公，以千乘之齊而不能至於王，其所務非也。故功名隳壞而道不濟。當此之時，諸侯莫能以德，而争於公利，故以權相傾。今天下合爲一家，利末惡欲行？淫巧惡欲施？大夫君以心計策國用，構諸侯，參以酒榷，咸陽、孔僅增以鹽、鐵，江充、楊可之等，各以鋒銳，言利末之事析秋毫，可爲無間矣。非特管仲設九府，徼山海也。然而國家衰耗，城廓空虚。故非崇仁義無以化民，非力本農無以富邦也。

御史曰：水有猵獺而池魚勞，國有强御而齊民消。故茂林之下無豐草，大塊之間無美苗。夫理國之道，除穢鋤豪，然後百姓均平，各安其宇。張廷尉論定律令，明法以繩天下，誅奸猾，絶并兼之徒。而强不凌弱，衆不暴寡。大夫君運籌策，建國用，籠天下鹽、鐵諸利，以排富商大賈，買官贖罪，損有餘，補不足，以齊黎民。是以兵革東西征伐，賦斂不增而用足。夫損益之事，賢者所睹，非衆人之所知也。

文學曰：扁鵲撫息脉而知疾所由生，陽氣盛，則損之而調陰，寒氣盛，則損之而調陽，是以氣脉調和，而邪氣無所留矣。夫拙醫不知脉理之腠，血氣之分，妄刺而無益於疾，傷肌膚而已矣。今欲損有餘，補不足，富者愈富，貧者愈貧矣。嚴法任刑，欲以禁暴止奸，而奸猶不止，意者非扁鵲之用針石，故衆人未得其職也。

御史曰：周之建國也，蓋千八百諸侯。其後强吞弱，大兼小，并爲六國。六國連兵結難數百年，内拒敵國，外攘四夷。由此觀之，兵甲不休，戰伐不乏，軍旅外奉，倉庫内實。今以天下之富，海内之財，百郡之貢，非特齊、魯之畜，趙魏之庫也。計委量入，雖急用之，宜無乏絶之時。顧大農等以術體躬稼，則后稷之烈，軍四出而用不繼，非天之財少也。用針石，調陰陽，均有無，補不足，亦非也。上大夫君與治粟都尉管領大農事，灸刺稽滯，開利百脉，是以萬物流通，而縣官富實。當此之時，四方征暴亂，車甲之費，克獲之賞，以億萬計，皆贍大司農。此皆扁鵲之力，而鹽、鐵之福也。

文學曰：邊郡山居谷處，陰陽不和，寒凍裂地，衝風飄鹵，沙石凝積，地勢無所宜。中國，天地之中，陰陽之際也，日月經其南，斗極出其北，含衆和之氣，産育庶物。今去而侵邊，多斥不毛寒苦之地，是猶棄江皋河濱，而田於嶺坂菹澤也。轉倉廩之委，飛府庫之財，以給邊民。中國困於徭賦，邊民苦於戍御。力耕不便種糴，無桑麻之利，仰中國絲絮而後衣之，皮裘蒙毛，曾不足蓋形，夏不失複，冬不離窟。父子夫婦內藏於專室土圜之中。中外空虛，扁鵲何力？而鹽、鐵何福也？

桓寬《鹽鐵論》卷三《未通》　御史曰：內郡人衆，水泉薦草不能相贍，地勢溫濕，不宜牛馬。民跖耒而耕，負檐而行，勞罷而寡功。是以百姓貧苦而衣食不足，老弱負輅於路，而列卿大夫或乘牛車。孝武皇帝平百越以爲園圃，却羌、胡以爲苑囿，是以珍怪異物，充於後宮，騊駼、駃騠，實於外厩，匹夫莫不乘堅良，而民間厭橘柚。由此觀之，邊郡之利亦饒矣，而曰「何福之有」，未通於計也。

文學曰：禹平水土，定九州，四方各以土地所生貢獻，足以充宮室，供人主之欲。膏壤萬里，山川之利，足以富百姓，不待蠻、貊之地，遠方之物而用足。聞往者未伐胡、越之時，徭賦省而民富足，温衣飽食，藏新食陳，布帛充用，牛馬成群。農夫以馬耕載，而民莫不騎乘；當此之時，却走馬以糞。其後，師旅數發，戎馬不足，牸牝入陣，故駒犢生於戰地。六畜不育於家，吾谷不殖於野，民不足於糟糠，何橘柚之所厭？《傳》曰：「大軍之後，累世不復。」方今郡國，田野有隴而不墾，城廓有宇而不實，邊郡何饒之有乎？

御史曰：古者制田百步爲畝，民井田而耕，什而籍一。義先公而後己，民臣之職也。先帝哀憐百姓之愁苦，衣食不足，制田二百四十步而一畝，率三十而稅一，墮民不務田作，飢寒及己，固其理也。其不耕而欲播，不種而欲獲，鹽、鐵又何過乎？

文學曰：什一而籍，民之力也。豐耗美惡，與民共之。民勤，己不獨衍；民衍，己不獨勤。故曰：「什一者，天下之中正也。」田雖三十，而以頃畝出稅，樂歲粒米狼戾而寡取之，凶年饑饉而必求足。加之以口賦更徭之役，率一人之作，中分其功。農夫悉其所得，或假貸而益之。是以百姓疾耕力作，而飢寒遂及己也。築城者先厚其基而後求其高，畜民者先厚其業而後求其贍。《論語》曰：「百姓足，君孰與不足乎？」

御史曰：古者，諸侯争强，戰國并起，甲兵不休，民曠於田疇，什一而籍，不違其職。今賴陛下神靈，甲兵不動久矣，然則民不齊出於南畝，以口率被墾田而不足，空倉廩擊賑貧乏，侵益日甚，是以愈惰而仰利縣官也。爲斯君者亦病矣，反以身勞民，民猶背恩棄義而遠流亡，避匿上公之事。民相仿效，田地日蕪，租賦不入，抵扞縣官，君雖欲足，誰與之足乎？

文學曰：樹木數徙則殘，蟲獸徙居則壞。故「代馬依北風，飛鳥翔故巢」，莫不哀其生。由此觀之，民非利避上公之事而樂流亡也。往者，軍陣數起，用度不足，以訾征賦，常取給見民，田家又被其勞，故不齊出於南畝也。大抵逋流皆在大家，吏正畏憚，不敢篤責，刻急細民，細民不堪，流亡遠去；中家爲之絶出，後亡者爲先亡者服事；録民數創於惡吏，故相仿效，去尤甚而就少愈者多。《傳》曰：「政寬者民死之，政急者父子離。」是以田地日荒，城郭空虛。夫牧民之道，除其所疾，適其所安，安而不擾，使而不勞。是以百姓勸業而樂公賦。若此，則君無賑於民，民無利於上，上下交讓，而頌聲作。故取而民不厭，役而民不苦。《靈臺》之詩，非或使之，民自爲之，若斯，則君何不足之有乎？

御史曰：古者，十五入大學，與小役；二十冠而成人，與戎事；五十以上，血脉溢剛，曰艾壯。《詩》曰：「方叔元老，克壯其猷。」故商師若烏，周師若荼。今陛下哀憐百姓，寬力役之政，二十三始傅，五十六而免，所以輔耆壯而息老艾也。丁者治其田里，老者修其唐園，儉力趣時，無飢寒之患。不治其家而論縣官，亦悖矣。

桓寬《鹽鐵論》卷四《地廣》

文學曰：古者，天子之立於天下之中，縣內方不過千里，諸侯列國，不及不食之地，《禹貢》至於五千里；民各供其君，諸侯各保其國，是以百姓的均調，而徭役不勞也。今推胡、越數千里，道路迴避，士卒勞罷。故邊民有刎頸之禍，而中國有死亡之患，此百姓所以囂囂而不默也。夫治國之道，由中及外，自近者始。近者親附，然後來遠；百姓內足，然後恤外。故君臣論或欲田輪臺，明主不許，以爲先救近務及時本業也。故下詔曰：「當今之務，在於禁苛暴，止擅賦，力本農。」公卿宜承意，請減除不任，以佐百姓之急。今中國弊落不憂，務在邊境。意者地廣而不耕，多種而不耨，費力而無功。《詩》云：「無田甫田，維莠驕驕。」其斯之謂歟。

桓寬《鹽鐵論》卷四《貧富》　大夫曰：余結髮束脩，年十三，幸得宿衛，給事輦轂之下，以至卿大夫之位，獲禄受賜，六十有餘年矣。車馬衣服之用，妻子僕養之費，量入爲出，儉節以居之，奉禄賞賜，一二籌策之，積浸以致富成業。故分土若一，賢者能守之；分財若一，智者能籌之。夫白圭之廢著，子貢之三至千金，豈必賴之民哉？運之六寸，轉之息耗，取之貴賤之間耳！

文學曰：古者事業不二，利禄不兼，然後諸業不相遠，而貧富不相懸也。夫乘爵禄以謙讓者，名不可勝舉也；因權勢以求利者，入不可勝數也。食湖池，管山海，芻蕘者不能與之爭澤，商賈不能與之爭利。子貢以布衣致之，而孔子非之，況以勢位求之者乎？故古者大夫思其仁義以充其位，不爲權利以充其私也。

大夫曰：山丘有饒，然後百姓贍焉；河海有潤，然後民取足焉。夫尋常之污，不能溉陂澤，丘阜之木，不能成宫室。小不能苞大，少不能贍多。未有不能自足而能足人者也，未有不能自治而能治人者也。故善爲人者，能自爲者也，善治人者，能自治者也。文學不能治內，安能理外乎？

文學曰：行遠道者假於車，濟江海者因於舟。故賢士之立功成名，因於資而假物者也。公輸子能因人主之材木，以構宫室臺榭，而不能自爲專屋狹廬，材不足也。歐冶能因國君之銅鐵，以爲金爐大鐘，而不能自爲壺鼎盤杅，無其用也。君子能因人主之正朝，以和百姓，潤衆庶，而不能自饒其家，勢不便也。故舜耕於歷山，恩不及州里；太公屠牛於朝歌，利不及妻子。及其見用，恩流八荒，德溢四海。故舜假之堯，太公因之周，君子能修身以假道者，不能枉道而假財也。

大夫曰：道懸於天，物布於地，智者以衍，愚者以困。子貢以著積顯於諸侯，陶朱公以貨殖尊於當世。富者交焉，貧者贍焉。故上自人君，下及布衣之士，莫不戴其德，稱其仁。原憲、孔伋，當時被飢寒之患，顔回屢空於窮巷，當此之時，迫於窟穴，拘於緼袍，雖欲假財信奸佞，亦不能也。

文學曰：孔子云：「富而可求，雖執鞭之事，吾亦爲之；如不可求，從吾所好。」君子求義，非苟富也。故刺子貢不受命而貨殖焉。君子遭時則富且貴，不遇，退而樂道。不以利累己，故不違義而妄取。隱居修節，不欲妨行，故不毀名而趨勢。雖付之以韓、魏之家，非其志，則不居也。富貴不能榮，謗毀不能傷也。故原憲之緼袍，賢於季孫之狐貉，趙宣孟之魚飧，甘於智伯之芻豢，子思之銀佩，美於虞公之垂棘，魏文侯軾段干木之閭，非以其有勢也；晉文公見韓慶下車而趨，非以其多財，以其富於仁，充於德也。故貴何必財，亦仁義而已矣！

桓寬《鹽鐵論》卷四《毀學》

大夫曰：司馬子言：「天下穰穰，皆爲利往。」趙女不擇丑好，鄭嫗不擇遠近，商人不媿耻辱，戎士不愛死力，士不在親，事君不避其難，皆爲利禄也。儒、墨內貪外矜，往來游説，栖栖然亦未爲得也。故尊榮者士之願也，富貴者士之期也。方李斯在荀卿之門，闒茸與之齊軫，及其奮翼高舉，龍升驥騖，過九軼二，翱翔萬仞，鴻鵠華騮且同侣，況跛牂燕雀之屬乎！席天下之權，御宇內之衆，後車百乘，食禄萬鍾，而拘儒布褐不完，糟糠不飽，非甘菽藿而卑廣廈，亦不能得已。雖欲嚇人，其何已哉！

文學曰：君子懷德，小人懷土；賢士徇名，貪夫死利。李斯貪其所欲，致其所惡。孫叔敖見於未萌，三去相而不悔，非樂卑賤而惡重禄也，慮患遠而避害謹也。夫郊祭之牛，養食朞年，衣之文綉，以入廟堂，太宰執其鸞刀，以啓其毛；方此之時，願任重而上峻坂，不可得也。商鞅困於彭池，吴起之伏王屍，願被布褐而處窮鄙之蒿廬，不可得也。李斯相秦，席天下之勢，志小萬乘；及其囚於囹圄，車裂於雲陽之市，亦願負薪入東門，行上蔡曲街徑，不可得也。蘇秦、吴起以權勢自殺，商鞅、李斯以尊重自滅，皆貪禄慕榮以没其身，從車百乘，曾不足以載其禍也！

桓寬《鹽鐵論》卷五《相刺》 大夫曰：古者經井田，制廛里，丈夫治其田疇，女子治其麻枲，無曠地，無游人。故非商工不得食於利末，非良農不得食於收穫，非執政不得食於官爵。今儒者釋耒耜而學不驗之語，曠日彌久，而無益於治，往來浮游，不耕而食，不蠶而衣，巧僞良民，以奪農妨政，此亦當世之所患也。

文學曰：禹慽洪水，身親其勞，澤行路宿，過門不入。當此之時，簪墮不掇，冠挂不顧，而暇耕乎。孔子曰：「詩人疾之不能默，丘疾之不能伏。」是以東西南北七十説而不用，然後退而修王道，作《春秋》，垂之萬載之後，天下折中焉。豈與匹夫匹婦耕織同哉！傳曰：「君子當時不動，而民無觀也。」故非君子莫治小人，非小人無以養君子。不當耕織爲匹夫匹婦也。君子耕而不學，則亂之道也。

桓寬《鹽鐵論》卷五《孝養》 丞相史曰：八十曰耋，七十曰耄。耄，食非肉不飽，衣非帛不暖。故孝子曰甘毳以養口，輕暖以養體。曾子養曾皙，必有酒肉。無端絻，雖公西赤不能以爲客。無肴膳，雖閔、曾不能以卒養。禮無虚加，故必有其實然後爲之文。與其禮有餘而養不足，寧養有餘而禮不足。夫洗爵以盛水，升降而進糲，禮雖備，然非其貴者也。

文學曰：周襄王之母非無酒肉也，衣食非不如曾皙也，然而被不孝之名，以其不能事其父母也。君子重其禮，小人貪其養。夫嗟來而招之，投而與之，乞者由不取也。君子苟無其禮，雖美不食焉。故禮主人不親饋，則客不祭。是饋輕而禮重也。

丞相史曰：孝莫大以天下一國養，次禄養，下以力。故王公人君，上也，卿大夫，次也。夫以家人言之，有賢子當路於世者，高堂邃宇，安車大馬，衣輕暖，食甘毳。無者，褐衣皮冠，窮居陋巷，有旦無暮，食蔬糲葷茹，膢臘而後見肉。老親之腹非唐園，唯菜是盛。夫蔬糲，乞者所不取，而子以養親，雖欲以禮，非其貴也。

桓寬《鹽鐵論》卷五《國疾》

賢良曰：夫山東天下之腹心，賢士之戰場也。高皇帝龍飛鳳舉於宋、楚之間，山東子弟蕭、曹、樊、酈、滕、灌之屬爲輔，雖即異世，亦既閎夭、太顛而已。禹出西羌，文王生北夷，然聖德高世，有萬人之才，負迭群之任。出入都市，一旦不知返數，然後終於斯役而已。僕雖不生長京師，才駑下愚，不足與大議。竊以所聞閭里長老之言，往者常民衣服温暖而不靡，器質樸牢而致用。衣足以蔽體，器足以便事，馬足以易步，車足以自載，酒足以合歡而不湛，樂足以理心而不淫，入無宴樂之聞，出無佚游之觀。行即負羸，止則鋤耘，用約而財饒，本修而民富。送死哀而不華，養生適而不奢。大臣正而無欲，執政寬而不苛。故黎民寧其性，百吏保其官。建元之始，崇文修德，天下乂安。其後邪臣各以伎藝，虧亂至治。外障山海，内興諸利。楊可告緡，江充禁服，張大夫革令，杜周治獄，罰贖科適，微細并行，不可勝載。夏蘭之屬妄搏，王温舒之徒妄殺。殘吏萌起，擾亂良民。當此之時，百姓不保其首領，豪富莫必其族姓。聖主覺焉，乃刑戮充等，誅滅殘賊，以殺死罪之怨，塞天下之責，然居民肆然復安。然其禍累世不復，瘡痍至今未息。故百官尚有殘賊之政，而强宰尚有强奪之心。大臣擅權而擊斷，豪猾多黨而侵陵。富貴奢侈，貧賤篡殺。女工難成而易弊，車器難就而易敗。車不累期，器不終歲。一車千石，一衣十鐘，常民文杯畫案，機席緝蹈，婢妾衣紈履絲，匹庶粺飯肉食。里有俗，黨有場。康莊馳逐，窮巷蹋鞠。秉耒抱臿，躬耕身織者寡，聚要斂容，傅白黛青者衆。無而爲有，貧而强夸。文表無里，紈袴枲裝。生不養，死厚送。葬死殫家，遣女滿車。富者欲過，貧者欲及。富者空減，貧者稱貸。是以民年急而歲促，貧即寡耻，乏即少廉。此所以刑非誅惡，而奸猶不止也。故國有嚴急之征，即生散不足之疾矣。

桓寬《鹽鐵論》卷六《疾貪》　大夫曰：「然。爲醫以拙矣，又求多謝。爲吏既多不良矣，又侵漁百姓。長吏厲諸小吏，小吏厲諸百姓。故不患擇之不熟，而患求之與得異也；不患其不足也，患其貪而無厭也。

賢良曰：古之制爵禄也，卿大夫足以潤賢厚士，士足以優身及黨；庶人爲官者，足以代其耕而食其禄。今小吏禄薄，郡國繇役，遠至三輔，粟米貴，不足相贍。常居則匱於衣食，有故則賣畜粥業。非徒是也，繇使相遣，官庭攝追，小計權吏，行施乞貸，長使侵漁，上府下求之縣，縣求之鄉，鄉安取之哉？語曰：「貨賂下流，猶水之赴下，不竭不止。」今大川江河飲巨海，巨海受之，而欲溪谷之讓流潦，百官之廉，不可得也。夫欲影正者端其表，欲下廉者先之身。故貪鄙在率不在下，教訓在政不在民也。

桓寬《鹽鐵論》卷六《授時》　賢良曰：周公之相成王也，百姓饒樂，國無窮人，非代之耕織也。易其田疇，薄其稅斂，則民富矣。上以奉君親，下無飢寒之憂，則教可成也。《語》曰：「既富矣，又何加焉？曰教之。」教之以德，齊之以禮，則民徒義而從善，莫不入孝出悌，夫何奢侈暴慢之有？管子曰：「倉廩實而知禮節，百姓足而知榮辱。」故富民易與適禮，難與適道。

大夫曰：縣官之於百姓，若慈父之於子也。忠焉能勿誨乎？愛之而勿勞乎？故春親耕以勸農，賑貸以贍不足，通滀水，出輕系，使民務時也。蒙恩被澤，而至今猶以貧困，其難與適道若是夫！

桓寬《鹽鐵論》卷六《水旱》　大夫曰：卒徒工匠，以縣官日作公事，財用饒，器用備。家人合會，褊於日而勤於用，鐵力不銷煉，堅柔不和。故有司請總鹽、鐵，一其用，平其賈，以便百姓公私。雖虞、夏之爲治，不易於此。吏明其教，工致其事，則剛柔和，器用便。此則百姓何苦？而農夫何疾？

賢良曰：卒徒工匠！故民得占租鼓鑄、煮鹽之時，鹽與五谷同賈，器和利而中用。今縣官作鐵器，多苦惡，用費不省，卒徒煩而力作不盡。家人相一，父子戮力，各務爲善器。器不善者不集。農事急，輓運衍之阡陌之間。民相與市買，得以財貨五谷新弊易貨；或時貰民，不棄作業。置田器，各得所欲，更繇省約。縣官以徒復作，繕治道橋諸發，民便之。今總其原，壹其賈，器多堅䃘，善惡無所擇。吏數不在，器難得。家人不能多儲，多儲則鎮生。棄膏腴之日，遠市田器，則後良時。鹽、鐵賈貴，百姓不便。貧民或木耕手耨，土耰淡食。鐵官賣器不售，或頗賦與民。卒徒作不中呈，時命助之。發征無限，更繇以均劇，故百姓疾苦之。古者，千室之邑，百乘之家，陶冶工商，四民之求，足以相更。故農民不離畦畝，而足乎田器，工人不斬伐而足乎材木，陶冶不耕田而足乎粟米。百姓各得其便，而上無事焉。是以王者務本不作末，去炫耀，除雕琢，湛民以禮，示民以樸，是以百姓務本而不營於末。

桓寬《鹽鐵論》卷七《執務》　丞相曰：先王之道，軼久而難復，賢良、文學之言，深遠而難行。夫稱上聖之高行，道至德之美言，非當世之所能及也。願聞方今之急務，可復行於政：使百姓咸足於衣食，無乏困之憂；風雨時，五谷熟，螟螣不生；天下安樂，盜賊不起；流人還歸，各反其田里；吏皆廉正，敬以奉職；元元各得其理也。

賢良曰：孟子曰：「堯、舜之道，非遠人也，而人不思之耳。」《詩》云：「求之不得，寤寐思服。」有求如《關雎》，好德如《河廣》，何不濟不得之有？故「高山仰止，景行行止」，雖不能及，離道不遠也。顏淵曰：「舜獨何人也，回何人也？」夫思賢慕能，從善不休，則成、康之俗可致，而唐、虞之道可及。公卿未思也，先王之道，何遠之有？齊桓公以諸侯思王政，憂周室，匡諸夏之難，平夷、狄之亂，存亡接絶，信義大行，著於天下。邵陵之會，予之爲主。《傳》曰：「予積也。」故土積而成山阜，水積而成江海，行積而成君子。孔子曰：「吾於《河廣》，知德之至也。」而欲得之，各反其本，復諸古而已。古者，行役不逾時，春秋秋反，秋行春來，寒暑未變，衣服不易，固已還矣。夫婦不失時，人安和如適。獄訟平，刑罰得，則陰陽調，風雨時。上不苛擾，下不煩勞，各修其業，安其性，則螟螣不生，而水旱不起，賦斂省而農不失時，而百姓足，而流人歸其田里。上清靜而不欲，則下廉而不貪。若今則徭役極遠，盡寒苦之地，危難之處，涉胡、越之域，今茲往而來歲旋，父母延頸而西望，男女怨曠而相思。身在東楚，志在西河。故一人行而鄉曲恨，一人死而萬人悲。《詩》云：「王事靡盬，不能藝稷黍。父母何怙？」「念彼恭人，涕零如雨。豈不懷歸？畏此罪罟。」吏不奉法以存撫，倍公任私，各以其權充其嗜欲。人愁苦而怨思，上不恤理，則惡政行而邪氣作。邪氣作，則蟲螟生而水旱起。若此，雖禱祀雩祝，用事百神無時，豈能調陰陽而息盜賊矣。

桓寬《鹽鐵論》卷七《取下》　賢良曰：古者，上取有量，自養有度，樂歲不盜，年饑則肆，用民之力，不過歲三日。籍斂，不過十一。君篤愛，臣盡力，上下交讓，天下平。「浚發爾私」，上讓下也。「遂及我私」，先公職也。孟子曰：「未有仁而遺其親，義而後其君也。」君君臣臣，何爲其無禮義乎？及周之末塗，德惠塞而嗜欲衆，君奢侈而上求多，民困於下，怠於上公，是以有履畝之稅，《碩鼠》之詩作也。衛靈公當隆冬興衆穿池，海春諫曰：「天寒，百姓凍餒，願公之罷役也。」公曰：「天寒哉？我何不寒哉？」人之言曰：「安者不能恤危，飽者不能食饑。」故餘粱肉者難爲言隱約，處佚樂者難爲言勤苦。夫高堂邃宇、廣厦洞房者，不知專屋狹廬、上漏下濕者之瘖也。系馬百駟、貨財充內、儲陳納新者，不知有旦無暮、稱貸者之急也。廣第唐園、良田連比者，不知無運踵之業、竄頭宅者之役也。原馬被山、牛羊滿谷者，不知無孤豚瘠犢者之窶也。高枕談臥、無叫號者，不知憂私責與吏正戚者之愁也。被紈躡韋、搏粱嚙肥者，不知短褐之寒、糠粝之苦也。從容房闈之間、垂拱持案食者，不知蹠耒躬耕者之勤也。乘堅驅良、列騎成行者，不知負擔步行者之勞也。匡床旃席、侍御滿側者，不知負輅挽船、登高絶流者之難也。衣輕暖、被美裘、處温室、載安車者，不知乘邊城、飄胡、代鄉清風者之危寒也。妻子好合、子孫保之者，不知老母之憔悴、匹婦之悲恨也。耳聽五音、目視弄優者，不知蒙流矢、距敵方外者之死也。東向伏幾、振筆如調文者，不知木索之急、箠楚之痛者也。坐旃茵之上、安圖籍之言，若易然，亦不知步涉者之難也。昔商鞅之任秦也，刑人若刈菅茅，用師若彈丸；從軍者暴骨長城，戍漕者輦車相望，生而往，死而旋，彼獨非人子耶？故君子仁以恕，義以度，所好惡與天下共之，所不施不仁者。公劉好貨，居者有積，行者有囊。太王好色，内無怨女，外無曠夫。文王作刑，國無怨獄。武王行師，士樂爲之死，民樂爲之用。若斯，則民何苦而怨，何求而譏？

《三國志》卷一《魏書・武帝紀》注引　《魏書》載公令曰：「有國有家者，不患寡而患不均，不患貧而患不安。袁氏之治也，使豪彊擅恣，親戚兼并；下民貧弱，代出租賦，衒鬻家財，不足應命；審配宗族，至乃藏匿罪人，爲逋逃主。欲望百姓親附，甲兵彊盛，豈可得邪！其收田租畝四升，户出絹二匹、綿二斤而已，他不得擅興發。郡國守相明檢察之，無令彊民有所隱藏，而弱民兼賦也。」

《三國志》卷一二《魏書・司馬芝傳》　後爲大司農。先是諸典農各部吏民，末作治生，以要利入。芝奏曰：「王者之治，崇本抑末，務農重穀。《王制》：『無三年之儲，國非其國也。』《管子・區言》以積穀爲急。方今二虜未滅，師旅不息，國家之要，惟在穀帛。武皇帝特開屯田之官，專以農桑爲業。建安中，天下倉廩充實，百姓殷足。自黄初以來，聽諸典農治生，各爲部下之計，誠非國家大體所宜也。夫王者以海内爲家，故《傳》曰：『百姓不足，君誰與足！』富足之由，在於不失天時而盡地力。今商旅所求，雖有加倍之顯利，然於一統之計，已有不貲之損，不如墾田益一畝之收也。夫農民之事田，自正月耕種，耘鋤條桑，耕熯種麥，穫刈築場，十月乃畢。治廪繫橋，運輸租賦，除道理梁，墐塗室屋，以是終歲，無日不爲農事也。今諸典農，各言『留者爲行者宗田計，課其力，勢不得不爾。不有所廢，則當素有餘力。』臣愚以爲不宜復以商事雜亂，專以農桑爲務，於國計爲便。」明帝從之。

《三國志》卷一三《魏書·王朗傳》 後（王）肅以常侍領祕書監，兼崇文觀祭酒。景初間，宫室盛興，民失農業，期信不敦，刑殺倉卒。肅上疏曰：「大魏承百王之極，生民無幾，干戈未戢，誠宜息民而惠之以安静遐邇之時也。夫務畜積而息疲民，在於省徭役而勤稼穡。今宫室未就，功業未訖，運漕調發，轉相供奉。是以丁夫疲於力作，農者離其南畝，種穀者寡，食穀者衆，舊穀既没，新穀莫繼。斯則有國之大患，而非備豫之長策也。今見作者三四萬人，九龍可以安聖體，其內足以列六宫，顯陽之殿，又向將畢，惟泰極已前，功夫尚大，方向盛寒，疾疢或作。誠願陛下發德音，下明詔，深愍役夫之疲勞，厚矜兆民之不贍，取常食廪之士，非急要者之用，選其丁壯，擇留萬人，使一期而更之，咸知息代有日，則莫不悦以即事，勞而不怨矣。計一歲有三百六十萬夫，亦不爲少。當一歲成者，聽且三年。分遣其餘，使皆即農，無窮之計也。倉有溢粟，民有餘力：以此興功，何功不立？以此行化，何化不成？夫信之於民，國家大寶也。仲尼曰：『自古皆有死，民非信不立。』夫區區之晉國，微微之重耳，欲用其民，先示以信，是故原雖將降，顧信而歸，用能一戰而霸，于今見稱。前車駕當幸洛陽，發民爲營，有司命以營成而罷。既成，又利其功力，不以時遣。有司徒營其目前之利，不顧經國之體。臣愚以爲自今以後，儻復使民，宜明其令，使必如期。若有事以次，寧復更發，無或失信。凡陛下臨時之所行刑，皆有罪之吏，宜死之人也。然衆庶不知，謂爲倉卒。故願陛下下之於吏而暴其罪。鈞其死也，無使汙于宫掖而爲遠近所疑。且人命至重，難生易殺，氣絶而不續者也，是以聖賢重之。孟軻稱殺一無辜以取天下，仁者不爲也。漢時有犯蹕驚乘輿馬者，廷尉張釋之奏使罰金，文帝怪其輕，而釋之曰：『方其時，上使誅之則已。今下廷尉。廷尉，天下之平也，一傾之，天下用法皆爲輕重，民安所措其手足？』臣以爲大失其義，非忠臣所宜陳也。廷尉者，天子之吏也，猶不可以失平，而天子之身，反可以惑謬乎？斯重於爲己，而輕於爲君，不忠之甚也。周公曰：『天子無戲言；言則史書之，工誦之，士稱之。』言猶不戲，而况行之乎？故釋之之言不可不察，周公之戒不可不法也。」

《三國志》卷二一《魏書·衛覬傳》 當今千里無煙，遺民困苦，陛下不善留意，將遂凋弊不可復振。禮，天子之器必有金玉之飾，飲食之肴必有八珍之味，至於凶荒，則徹膳降服。然則奢儉之節，必視世之豐約也。武皇帝之時，後宫食不過一肉，衣不用錦繡，茵蓐不緣飾，器物無丹漆，用能平定天下，遺福子孫。此皆陛下之所親覽也。當今之務，宜君臣上下，並用籌策，計校府庫，量入爲出。深思句踐滋民之術，由恐不及，而尚方所造金銀之物，漸更增廣，工役不輟，侈靡日崇，帑藏日竭。昔漢武信求神仙之道，謂當得雲表之露以餐玉屑，故立仙掌以承高露。陛下通明，每所非笑。漢武有求於露，而由尚見非，陛下無求於露而空設之，不益於好而糜費功夫，誠皆聖慮所宜裁制也。

《三國志》卷三八《蜀書·簡雍傳》 先主入益州，劉璋見雍，甚愛之。後先主圍成都，遣雍往説璋，璋遂與雍同輿而載，出城歸命。先主拜雍爲昭德將軍。優游風議，性簡傲跌宕，在先主坐席，猶箕踞傾倚，威儀不肅，自縱適；諸葛亮已下則獨擅一榻，項枕卧語，無所爲屈。時天旱禁酒，釀者有刑。吏於人家索得釀具，論者欲令與作酒者同罰。雍與先主游觀，見一男女行道，謂先主曰：「彼人欲行淫，何以不縛？」先主曰：「卿何以知之？」雍對曰：「彼有其具，與欲釀者同。」先主大笑，而原欲釀者。雍之滑稽，皆此類也。

《三國志》卷六五《吴書·華覈傳》 時倉廪無儲，世俗滋侈，覈上疏曰：「今寇虜充斥，征伐未已，居無積年之儲，出無應敵之畜，此乃有國者所宜深憂也。夫財穀所生，皆出於民，趨時務農，國之上急。而都下諸官，所掌別異，各自下調，不計民力，輒與近期。長吏畏罪，晝夜催民，委舍佃事，遑赴會日，定送到都，或蘊積不用，而徒使百姓消力失時。到秋收月，督其限入，奪其播殖之時，而責其今年之税，如有逋懸，則籍没財物，故家户貧困，衣食不足。宜暫息衆役，專心農桑，古人稱一夫不耕，或受其飢，一女不織，或受其寒，是以先王治國，惟農是務。軍興以來，已向百載，農人廢南畝之務，女工停機杼之業。推此揆之，則蔬食而長飢，薄衣而履冰者，固不少矣。臣聞主之所求於民者二，民之所望於主者三。二謂求其爲己勞也，求其爲己死也。三謂飢者能食之，勞者能息之，有功者能賞之。民以致其二事而主失其三望者，則怨心生而功不建。今帑藏不實，民勞役猥，主之二求已備，民之三望未報。且飢者不待美饌而後飽，寒者不俟狐貉而後温，爲味者口之奇，文繡者身之飾也。今事多而役繁，民貧而俗奢，百工作無用之器，婦人爲綺靡之飾，不勤麻枲，並繡文黼黻，轉相倣效，恥獨無有。兵民之家，猶復逐俗，内無儋石之儲，而出有綾綺之服，至於富賈商販之家，重以金銀，奢恣尤甚。天下未平，百姓不贍，宜一生民之原，豐穀帛之業，而棄功於浮華之巧，妨日於侈靡之事，上無尊卑等級之差，下有耗財物力之損。今吏士之家，少無子女，多者三四，少者一二，通令户有一女，十萬家則十萬人，人織績一歲一束，則十萬束矣。使四疆之内同心戮力，數年之間，布帛必積。恣民五色，惟所服用，但禁綺繡無益之飾。且美貌者不待華采以崇好，豔姿者不待文綺以致愛，五采之飾，足以麗矣。若極粉黛，窮盛服，未必無醜婦；廢華采，去文繡，未必無美人也。若實如論，有之無益廢之無損者，何愛而不暫禁以充府藏之急乎？此救乏之上務，富國之本業也，使管、晏復生，無以易此。漢之文、景，承平繼統，天下已定，四方無虞，猶以彫文之傷農事，錦繡之害女紅，開富國之利，杜飢寒之本。況今六合分乖，豺狼充路，兵不離疆，甲不解帶，而可以不廣生財之原，充府藏之積哉？」

錢儀吉《三國會要》卷二九《民政二・崇節儉》　太傅司馬宣王問夏侯玄以時事，玄議以爲：「文質之更用，猶四時之迭興也，王者體天理物，必因弊而濟通之，時彌質則文之以禮，時泰侈則救之以質。今承百王之末，秦漢餘流，世俗彌文，宜大改之以易民望。今科制自公、列侯以下，位從大將軍以上，皆得服綾錦、羅綺、紈素、金銀飾鏤之物，自是以下，雜綵之服，通于賤人，雖上下等級，各示有差，然朝臣之制，已得侔至尊矣，玄黄之采，已得通於下矣。欲使市不鬻華麗之色，商不通難得之貨，工不作雕刻之物，不可得也。是故宜大理其本，準度古法，文質之宜，取其中則，以爲禮度。車輿服章，皆從質樸，禁除末俗華麗之事，使幹朝之家，有位之室，不復有錦綺之飾，無兼采之服，纖巧之物，自上以下，至于樸素之差，示有等級而已，勿使過一二之覺。若夫功德之賜，上恩所特加，皆表之有司，然後服用之。夫上之化下，猶風之靡草。樸素之教興於本朝，則彌侈之心自消於下矣。《夏侯玄傳》

朱熹《四書章句集注・論語集注》卷三《公冶長》　宰予晝寢。子曰：「朽木不可雕也，糞土之牆不可杇也，於予與何誅。」朽，許久反。杇，音汙。與，平聲，下同。晝寢，謂當晝而寐。朽，腐也。雕，刻畫也。杇，鏝也。言其志氣昏惰，教無所施也。與，語辭。誅，責也。言不足責，乃所以深責之。子曰：「始吾於人也，聽其言而信其行；今吾於人也，聽其言而觀其行。於予與改是。」行，去聲。宰予能言而行不逮，故孔子自言於予之事而改此失，亦以重警之也。胡氏曰：「『子曰』疑衍文，不然，則非一日之言也。」范氏曰：「君子之於學，惟日孜孜，斃而後已，惟恐其不及也。宰予晝寢，自棄孰甚焉，故夫子責之。」胡氏曰：「宰予不能以志帥氣，居然而倦。是宴安之氣勝，儆戒之志惰也。古之聖賢未嘗不以懈惰荒寧爲懼，勤勵不息自强，此孔子所以深責宰予也。聽言觀行，聖人不待是而後能，亦非緣此而盡疑學者。特因此立教，以警羣弟子，使謹於言而敏於行耳。」

朱熹《四書章句集注・論語集注》卷五《鄉黨》　入公門，鞠躬如也，如不容。鞠躬，曲身也。公門高大而若不容，敬之至也。立不中門，行不履閾。閾，于逼反。中門，中於門也。謂當棖闑之間，君出入處也。閾，門限也。禮：士大夫出入君門，由闑右，不踐閾。謝氏曰：「立中門則當尊，行履閾則不恪。」過位，色勃如也，足躩如也，其言似不足者。位，君之虚位。謂門屏之間，人君宁立之處，所謂宁也。君雖不在，過之必敬，不敢以虚位而慢之也。言似不足，不敢肆也。攝齊升堂，鞠躬如也，屏氣似不息者。齊，音咨。攝，摳也。齊，衣下縫也。禮：將升堂，兩手摳衣，使去地尺，恐躡之而傾跌失容也。屏，藏也。息，鼻息出入者也。近至尊，氣容肅也。出，降一等，逞顔色，怡怡如也。没階趨，翼如也。復其位，踧踖如也。陸氏曰：「趨下本無進字，俗本有之，誤也。」等，階之級也。逞，放也。漸遠所尊，舒氣解顔。怡怡，和悦也。没階，下盡階也。趨，走就位也。復位踧踖，敬之餘也。此一節，記孔子在朝之容。

執圭，鞠躬如也，如不勝。上如揖，下如授。勃如戰色，足蹜蹜，如有循。勝，平聲。蹜，色六反。圭，諸侯命圭。聘問鄰國，則使大夫執以通信。如不勝，執主器，執輕如不克，敬謹之至也。上如揖，下如授，謂執圭平衡，手與心齊，高不過揖，卑不過授也。戰色，戰而色懼也。蹜蹜，舉足促狹也。如有循，《記》所謂舉前曳踵。言行不離地，如緣物也。享禮，有容色。享，獻也。既聘而享，用圭璧，有庭實。有容色，和也。《儀禮》曰：「發氣滿容。」私覿，愉愉如也。私覿，以私禮見也。愉愉，則又和矣。此一節，記孔子爲君聘於鄰國之禮也。晁氏曰：「孔子，定公九年仕魯，至十三年適齊，其間絶無朝聘往來之事。疑使擯執圭兩條，但孔子嘗言其禮當如此爾。」

君子不以紺緅飾。紺，古暗反。緅，側由反。君子，謂孔子。紺，深青揚赤色，齊服也。緅，絳色。三年之喪，以飾練服也。飾，領緣也。紅紫不以爲褻服。紅紫，間色不正，且近於婦人女子之服也。褻服，私居服也。言此則不以爲朝祭之服可知。當暑，袗絺綌，必表而出之。袗，單也。葛之精者曰絺，粗者曰綌。表而出之，謂先著裏衣，表絺綌而出之於外，欲其不見體也。《詩》所謂「蒙彼縐絺」是也。緇衣羔裘，素衣麑裘，黄衣狐裘。麑，研奚反。緇，黑色。羔裘，用黑羊皮。麑，鹿子，色白。狐，色黄。衣以裼裘，欲其相稱。褻裘長。短右袂。長，欲其温。短右袂，所以便作事。必有寢衣，長一身有半。長，去聲。齊主於敬，不可解衣而寢，又不可著明衣而寢，故别有寢衣，其半蓋以覆足。程子曰：「此錯簡，當在齊必有明衣布之下。」愚謂如此，則此條與明衣變食，既得以類相從；而褻裘狐貉，亦得以類相從矣。狐貉之厚以居。狐貉，毛深溫厚，私居取其適體。去喪，無所不佩。去，上聲。 君子無故，玉不去身。觿礪之屬，亦皆佩也。非帷裳，必殺之。殺，去聲。 朝祭之服，裳用正幅如帷，要有襞積，而旁無殺縫。其餘若深衣，要半下，齊倍要，則無襞積而有殺縫矣。羔裘玄冠不以弔。喪主素，吉主玄。弔必變服，所以哀死。吉月，必朝服而朝。吉月，月朔也。孔子在魯致仕時如此。 此一節，記孔子衣服之制。蘇氏曰：「此孔氏遺書，雜記曲禮，非特孔子事也。」

齊，必有明衣，布。齊，側皆反。 齊，必沐浴，浴竟，即著明衣，所以明潔其體也，以布爲之。此下脱前章寢衣一簡。齊，必變食，居必遷坐。變食，謂不飲酒、不茹葷。遷坐，易常處也。 此一節，記孔子謹齊之事。楊氏曰：「齊所以交神，故致潔變常以盡敬。」

食不厭精，膾不厭細。食，音嗣。 食，飯也。精，鑿也。牛羊與魚之腥，聶而切之爲膾。食精則能養人，膾粗則能害人。不厭，言以是爲善，非謂必欲如是也。食饐而餲，魚餒而肉敗，不食。色惡，不食。臭惡，不食。失飪，不食。不時，不食。食饐之食，音嗣。饐，於冀反。餲，烏邁反。飪，而甚反。 饐，飯傷熱濕也。餲，味變也。魚爛曰餒。肉腐曰敗。色惡臭惡，未敗而色臭變也。飪，烹調生熟之節也。不時，五穀不成，果實未熟之類。此數者皆足以傷人，故不食。割不正，不食。割肉不方正者不食，造次不離於正也。漢陸續之母，切肉未嘗不方，斷葱以寸爲度，蓋其質美，與此暗合也。不得其醬，不食。食肉用醬，各有所宜，不得則不食，惡其不備也。此二者，無害於人，但不以嗜味而苟食耳。肉雖多，不使勝食氣。惟酒無量，不及亂。食，音嗣。量，去聲。 食以穀爲主，故不使肉勝食氣。酒以爲人合歡，故不爲量，但以醉爲節而不及亂耳。程子曰：「不及亂者，非惟不使亂志，雖血氣亦不可使亂，但浹洽而已可也。」沽酒市脯不食。沽、市，皆買也。恐不精潔，或傷人也。與不嘗康子之藥同意。不撤薑食。薑，通神明，去穢惡，故不撤。不多食。適可而止，無貪心也。祭於公，不宿肉。祭肉不出三日。出三日，不食之矣。助祭於公，所得胙肉，歸即頒賜。不俟經宿者，不留神惠也。家之祭肉，則不過三日，皆以分賜。蓋過三日，則肉必敗，而人不食之，是褻鬼神之餘也。但比君所賜胙，可少緩耳。食不語，寢不言。答述曰語。自言曰言。范氏曰：「聖人存心不他，當食而食，當寢而寢，言語非其時也。」楊氏曰：「肺爲氣主而聲出焉，寢食則氣窒而不通，語言恐傷之也。」亦通。雖疏食菜羹，瓜祭，必齊如也。食，音嗣。陸氏曰：「《魯論》『瓜』作『必』。」 古人飲食，每種各出少許，置之豆間之地，以祭先代始爲飲食之人，不忘本也。齊，嚴敬貌。孔子雖薄物必祭，其祭必敬，聖人之誠也。 此一節，記孔子飲食之節。謝氏曰：「聖人飲食如此，非極口腹之欲，蓋養氣體，不以傷生，當如此。然聖人之所不食，窮口腹者或反食之，欲心勝而不暇擇也。」

朱熹《四書章句集注・論語集注》卷一〇《子張》 子夏曰：「百工居肆以成其事，君子學以致其道。」肆，謂官府造作之處。致，極也。工不居肆，則遷於異物而業不精。君子不學，則奪於外誘而志不篤。尹氏曰：「學所以致其道也。百工居肆，必務成其事。君子之於學，可不知所務哉？」愚按：二説相須，其義始備。

朱熹《四書章句集注・孟子集注》卷一〇《萬章下》 北宮錡問曰：「周室班爵禄也，如之何？」錡，魚綺反。 北宮，姓；錡，名；衛人。班，列也。孟子曰：「其詳不可得聞也。諸侯惡其害己也，而皆去其籍。然而軻也，嘗聞其略也。惡，去聲。去，上聲。 當時諸侯兼并僭竊，故惡周制妨害己之所爲也。天子一位，公一位，侯一位，伯一位，子、男同一位，凡五等也。君一位，卿一位，大夫一位，上士一位，中士一位，下士一位，凡六等。此班爵之制也。五等通於天下，六等施於國中。天子之制，地方千里，公侯皆方百里，伯七十里，子、男五十里，凡四等。不能五十里，不達於天子，附於諸侯，曰附庸。此以下，班禄之制也。不能，猶不足也。小國之地不足五十里者，不能自達於天子，因大國以姓名通，謂之附庸，若春秋邾儀父之類是也。天子之卿受地視侯，大夫受地視伯，元士受地視子、男。視，比也。徐氏曰：「王畿之内，亦制都鄙受地也。」元士，上士也。大國地方百里，君十卿禄，卿禄四大夫，大夫倍上士，上士倍中士，中士倍下士，下士與庶人在官者同禄，禄足以代其耕也。十，十倍之也。四，四倍之也。倍，加一倍也。徐氏曰：「大國君田三萬二千畝，其人可食二千八百八十人。卿田三千二百畝，可食二百八十八人。大夫田八百畝，可食七十二人。上士田四百畝，可食三十六人。中士田二百畝，可食十八人。下士與庶人在官者田百畝，可食九人至五人。庶人在官，府史胥徒也。」愚按：君以下所食之禄，皆助法之公田，藉農夫之力以耕而收其租。士之無田，與庶人在官者，則但受禄於官，如田之入而已。次國地方七十里，君十卿禄，卿禄三大夫，大夫倍上士，上士倍中士，中士倍下士，下士與庶人在官者同禄，禄足以代其耕也。三，謂三倍之也。徐氏曰：「次國君田二萬四千畝，可食二千一百六十人。卿田二千四百畝，可食二百十六人。」小國地方五十里，君十卿禄，卿禄二大夫，大夫倍上士，上士倍中士，中士倍下士，下士與庶人在官者同禄，禄足以代其耕也。二，即倍也。徐氏曰：「小國君田一萬六千畝，可食千四百四十人。卿田一千六百畝，可食百四十四人。」耕者之所獲，一夫百畝。百畝之糞，上農夫食九人，上次食八人，中食七人，中次食六人，下食五人。庶人在官者，其禄以是爲差。」食，音嗣。 獲，得也。一夫一婦，佃田百畝。加之以糞，糞多而力勤者爲上農，其所收可供九人。其次用力不齊，故有此五等。庶人在官者，其受禄不同，亦有此五等也。 愚按：此章之説，與《周禮》、《王制》

不同，蓋不可攷，闕之可也。程子曰：「孟子之時，去先王未遠，載籍未經秦火，然而班爵禄之制已不聞其詳。今之禮書，皆掇拾於煨燼之餘，而多出於漢儒一時之傅會，奈何欲盡信而句爲之解乎？然則其事固不可一一追復矣。」

朱熹《四書章句集注·孟子集注》卷一二《告子下》 白圭曰：「吾欲二十而取一，何如？」白圭，名丹，周人也。欲更税法，二十分而取其一分。林氏曰：「按《史記》：白圭能薄飲食，忍嗜欲，與童僕同苦樂。樂觀時變，人棄我取，人取我與，以此居積致富。其爲此論，蓋欲以其術施之國家也。」孟子曰：「子之道，貉道也。貉，音陌。貉，北方夷狄之國名也。萬室之國，一人陶，則可乎？」曰：「不可，器不足用也。」孟子設喻以詰圭，而圭亦知其不可也。曰：「夫貉，五穀不生，惟黍生之。無城郭、宫室、宗廟、祭祀之禮，無諸侯幣帛饔飧，無百官有司，故二十取一而足也。夫，音扶。北方地寒，不生五穀，黍早熟，故生之。饔飧，以飲食饋客之禮也。今居中國，去人倫，無君子，如之何其可也？無君臣、祭祀、交際之禮，是去人倫；無百官有司，是無君子。陶以寡，且不可以爲國，況無君子乎？因其辭以折之。欲輕之於堯舜之道者，大貉、小貉也；欲重之於堯舜之道者，大桀、小桀也。」什一而税，堯舜之道也。多則桀，寡則貉。今欲輕重之，則是小貉、小桀而已。

王守仁《王陽明全集》卷一五《别録七·奏疏·處置八寨斷藤峽以圖永安疏》 嘉靖七年七月十二日

照得臣於去歲奉命勘處思、田兩府，皆蒙皇上天地好生之仁，悉從寬宥。兩府人民今皆復業安居，化爲無事寧靖之地，自此可以永無反覆之患，而免於防守屯息之勞矣。惟是八寨及斷藤峽諸賊，積年痛毒生民，千百里内，涂炭已極。臣既目睹其害，不忍坐視而不救，遂遵奉敕諭事理，乘機舉兵征剿。仰賴神武威德，幸已剪滅蕩平。一方倒懸之苦，畧已爲之一解。但將來之患，不可以不預防，而事機之會，亦不可以輕失。臣因督兵，親歷諸巢，見其形勢要害，各有宜改立衛所，開設縣治，以斷其脉絡而扼其咽喉者。若失今不爲，則數年之間，賊以漸復，歸聚生息，不過十年，又有地方之患矣。臣以多病之故，自度精神力量斷已不能了此；但已心知其事勢不得不然，不敢仰負陛下之托，俯貽地方之憂，輒已遵奉敕諭，便宜事理，一面相度舉行，不避煩瀆之誅，開陳上請，乞賜采擇施行，實地方之幸，臣等之幸。

計開：

一，移築南丹衛城於八寨

臣等看得八寨之賊實爲柳、慶諸賊之根柢。蓋其東連柳州隴蛤、三都嶺、三北四等處賊峒以數十，北連慶遠忻城、東歐、莫往、八仙等處賊峒亦以數十，西連東蘭等州及夷江、士者等處賊峒以十數，南接思恩及賓州上林縣諸處賊村亦以十數。各處賊巢雖多，其小者僅百數人，大者不過數百人及千人而止。各賊巢穴皆有山溪之限，險厄之守，不相通和。至期有急，或欲有所攻劫，糾合會聚，然後有一二千之衆，多至數千者。惟八寨之賊每寨有衆千餘，四山環合，同據一險；無事則分路出劫，有警急奔入其巢；數千之衆皆不糾而聚，不約而同，不謀而合。故名雖爲「八」，實則一寨，此八寨之賊所以勢衆力大，而自來攻之有不能克者也。各巢之賊皆倚恃八寨爲逋逃主，每有緩急，一投八寨，即無所致其窮詰。八寨爲之一呼，則群賊皆應聲而聚。故群賊之於八寨，猶車輪之有軸，樹木之有本。若八寨不除，則群賊决無衰息之期也。今幸八寨悉已破蕩，正宜乘此平靖之時，據其要害，建置衛所，以控馭群賊。

臣等看得周安堡正當八寨之中，四方賊巢道路之所，會議於其地創築一城，度可以居數千之衆者，而移設南丹一衛於其間。蓋南丹衛舊在南丹州地方，爲廣西極邊窮苦之地，非中土之人所可居者。故自先年屢求内徙，今已三遷而至賓州，遂爲中土富樂之鄉。賓州既有守御千户一所官軍，而又益以南丹一衛，自遠來徙，無片田尺土之籍，但惟安居坐食，取給於賓州。州城之内，皆職官旗舍之居；州民反避處於四遠村寨，每遇糧差徭役，然後入城。故州官號令不行於城中，而政事牽沮，地方益弊。今計一衛之官軍雖不滿五百之數，蓋盡移其家衆則亦不下二千。以二千之衆，而屯聚於一城，其氣勢亦已漸盛，足充守御。遂清理屯田之在八寨者，使之屯種，又分撥各賊占據之田，使各官軍得以爲業，以稍省奉給月糧之費，彼亦無不樂從。且賓州之城既空，又可以還聚居民，修復有司之治，亦一舉而兩便者也。

臣等又看得遷江八所皆土官，指揮、千、百户等職，舊有狼兵數千，以分制八寨猺賊之勢。後因賊勢日盛，各官皆不敢復入，反遂與之交通結契，及爲之居停指引，分其劫掠之所得，共爲地方之害，已非一日。官府察知其奸，欲加懲究，則又倚賊爲重，不可根極。近臣督兵其地，悉將各官遵照敕諭事理，綁赴軍門，議欲斬首示衆，以警遠近。而各官哀求免死，願得殺賊立功自贖。然其時賊勢已平，遂許其各率士兵入屯八寨，就與該衛官軍分工效力，助築城垣。待城完之日，就與城外别築營堡，與南丹衛官軍犄角而守。亦各分撥賊田，使之耕種，以資衣糧。今八所土兵雖已比舊衰耗，然亦尚有四千餘衆；若留其微弱者四所於外，以分屯其所遺之田，而調其强盛者四所於内，合南丹一衛之衆以守，亦且四千有餘，隱然足爲柳、慶之間一巨鎮矣。此鎮一立，則各賊之脉絡斷，咽喉絶，自將沮喪震慴，其勢莫敢輕動；稍有反側者，據險出兵而撲之，夕發而旦至，各賊之交，自不能合，如取機上之肉，下箸無弗得者；此真破車輪之軸，而諸輻自解，伐樹木之本，而衆干自枯。不過十年，柳、慶諸賊不必征剿，皆將效順而服化矣。伏乞聖明裁允。

一、改築思恩府城於荒田

臣等看得思恩舊治，原在寨城山内，尚歷高山數十餘里。其后土官岑濬始移出，地名橋利，就岩險壘石爲城而居，四面皆斬山絶壁，府治亦在瑯確之上，芒利砱砑之石冲射抵觸，如處戈矛劍戟之中。自岑濬被誅，繼是二十餘年，反者數起，曾不能有一歲之安。人皆以爲風氣所使，雖未可盡信，然頑石之上，不生嘉禾，而陰崖之下，必有狐鼠，要亦事理之有然者。況其地瘴霧昏塞，薄午始開，中土之人來居，輒生疾疫。自春初思、田歸附之後，臣時即已經營料理其事，竟未能有相應之地。近因督剿八寨，復親往相度，乃於未至橋利六十里外地名荒田者，其地四野寬衍，皆膏腴之田，而後山起伏蜿蜒，敷爲平原，環抱涵蓄，兩水夾繞後山而出，合流於前，屈曲數十里，入武緣江水達於南寧，四面山勢重叠盤回，皆軒豁秀麗，真可以建立府治。臣因信宿其地，爲之景定方向，創設規則。諸夷來集，莫不踊躍歡喜，爭先趨事赴工。遂令署府事同知桂鏊督令各役擇日興工。

蓋思恩舊治皆在萬山之中，水道不通，故各夷所須魚鹽諸貨類，皆遠出展轉鬻買，往反旬月，十不致一，常多匱絶。舊府既地險氣惡，又無所資食，故各夷終歲不一至府治，情益疏離，易生嫌隙。今府治既通江水，商貨自集，諸夷所須，皆仰給於府，朝夕絡繹，自然日加親附歸向。而武緣都里，舊嘗割屬思恩者，其始多因路險地隔，不供糧差；今荒田就系武緣止戈鄉一圖二圖之地，四望平野，坦然大道，朝往夕反，無復阻隔；則該府之官自可因城頭巡檢之制，循土俗以順各夷之情，又可開圖立里，用漢法以治武緣之衆。夷夏交和，公私兩便，則改築思恩府成於荒田者，是亦保治安民，勢不容已之事。伏乞聖明裁允。

一、改鳳化縣治於三里

臣等勘得思恩舊有鳳化一縣，然無城郭縣治廨宇；選來知縣等官，多借居民村，或寄其家眷於賓州諸處，而遷徙無常，如流寓者然。上司憐其所依泊，則委之管理別印，或以公務差遣，往來於外，以苟歲月。故鳳化之在思恩，徒寄虚名，而實無縣治。臣近督剿八寨，看得上林縣地名三里者，乃在八寨之間。其地平廣博衍，東西數里外，石山周圍，如城自厚，極高；石山之間，獨抽土山一脉，起頓昂伏，分爲兩股，環抱而前，遂有兩水夾流土山之外，當心交合，出水之口，石山十餘重，錯互回盤，轉折二三十里，極外；石山合爲城門，水從此出，是爲外隘。其間多良田茂林，村落相望，前此居民十餘家，皆極饒富，後爲寨賊所驅殺占據，遂各四散逃亡，不敢歸視其土者，已二十餘年。今各賊既滅，遂空其地。不及今創設縣治以據其險，或有漏殄之賊潛回其間，日漸生息結聚，後阻石門之險，前守外隘之塞，不過數年，又將漸爲地方之梗矣。故臣以爲宜割上林上、下無虞鄉三里之地屬之思恩，而移設鳳化縣治於其内。量爲築立城垣廨宇，選委才能之官興督其役。遠近聞之，不過三四月，而逃亡之民將盡來歸，各修復其田業，供其糧差，蔚然遂可以成一方之保障。且其南通南丹新衛五六十里，南丹在石門之内，鳳化當石門之外，内外聲勢連合，而石門之險亡。西至思恩一百餘里，取道於那學，沿途村寨，荒塞日久，因此兩地之人往來絡繹，而道途益通。又上林舊在大鳴山與八寨各賊之間，勢極孤懸，今得鳳化爲之唇齒，氣勢日益，雖割三里之地以與鳳化，而緑茅、緑筱等村寨舊所亡失土田，皆將以次歸復，則亦失之於東而收於西矣。

及照思恩雖已設立流官知府，然其所屬皆土目巡檢，舊屬鳳化一縣亦皆徒寄空名，實未嘗有，今割武緣止戈一圖二圖之地改築思恩府城，而又割上林上、下無虞三里之地改設鳳化縣治，固於思恩亦已稍有資輔。但自鳳化三里至於思恩一百五六十里，中間尚隔上林一縣。臣以爲并割上林一縣而通以屬之思恩，似於事勢爲便，而於體統尤宜。何者？

柳州一府所屬二州十縣，賓州蓋柳州所屬者，且有上林、遷江兩縣，今思恩既設流官知府，固亦一府之尊，而反不若柳州所屬之一州也，其於體統亦有所未稱矣。況賓州自有十五里，而又有遷江一縣，雖割上林以與思恩，其地猶倍於思恩，未爲遽損也。上林之屬賓州與屬思恩，均之爲一屬邑，亦未有所加損也。然以之屬於思恩，則思恩始可以成一府之規模，而其間有無相須，緩急相援，氣勢相倚，流官之體統益尊，則土俗之歸向益謹，郡縣之政化日新，則夷民之感發日易，固有不可盡言之益也。

夫立新縣以扼據地險，改屬縣以輔成府治，是皆所以撫安地方者也。伏乞聖明裁允。

一、添設流官縣治於思龍

照得南寧自宣化縣至於田寧，逆流十日之程。宣化所屬如思龍、十圖等處，相去尚有五日六日，其間錯以土夷村寨，地既隔越，而窮鄉小民，畏見官府，故其糧差多在縣之宿奸老蠹與之包團，因而以一科十，小民不勝迫脅，往往逃入夷寨，土夷又從而暴之，地日凋殘，盜賊日起。近年以來，思龍之圖鄉民屢次奏乞添設縣治以便糧差。蓋亦内迫於縣民之奸，外苦於土夷之暴，不得已而然。臣因人撫田寧，親歷其所。民之擁道控告者以千數，因停舟其地，爲之經理相度。得村名那久者，其地亦寬平深原，江水縈迴環匝；傍有一江來會，亦正於此合流。沿江民居千餘家，竹樹森翳，烟火相接，且向武各州道路皆經由其傍，亦爲四通之地。若於此分割宣化縣思龍一、五、六、七、八、九、十、十二及西鄉之六、八圖共十里之地而設立一縣治，則非獨以便窮鄉小民之糧差賦役，亦足以鎮據要害，消沮盜賊。其間小民村居，如那茄、馬坳、三顔、那排之類，未可悉數，皆久已淪入於夷，今若縣治一立，則此等村寨諸夷自不得而隱占，皆將漸次歸復流官，而其地遂接比於田寧，固可以所設之縣而遂以屬之田寧矣。

夫南寧一府所屬一州三縣。而宣化一縣自有五十二里，今雖分割十里之地以與田寧，而宣化尚有四十二里，一縣之地，猶四倍於一府也。況田寧又系新創流官府治，所統皆土目巡檢，今得此一屬縣爲之傍輔，又自不同。臣於前割上林以屬思恩之議，已略言之矣。且左江一帶，自蒼梧以達南寧，皆在流官腹里之地；自南寧以達於田寧，自田寧以通於雲、貴、交趾，則皆夷村土寨。稍有疑傳，易成閡隔。今田寧、思恩二府既皆改設流官，與南寧鼎峙而立，而又得此新創一縣以疏附交連於其間，平居無事，商貨流通，厚生利用，一旦或有境外之役，道路所經，皆流官衙門，從門庭中度兵，更無阻隔之患。此亦安民經國之事，勢所當爲者也。伏乞聖明裁允，仍定賜縣名，選官給印，地方幸甚。

一、增築守鎮城堡於五屯

照得斷藤峽諸賊既平，守巡各官議調土、漢官兵數千於潯州，以防不測。該臣看得各賊既滅，縱有一二漏網，其勢非三四年亦未能復聚。爲今之計，正宜剿、撫并行。蓋破滅窮凶各賊者，所以懲惡，而撫恤向化諸傜者，所以勸善。今懲惡之餘，即宜急爲勸善之政，使軍衛有司各官分投遍歷向化村寨，慰勞而存恤之，給以告示，賜以魚鹽，因而爲之選立酋長；諭以朝廷所以征剿各巢者，爲其稔惡也，今爾等向化村寨，自安心樂業，益堅爲善之志；但有反側悖亂者，即宜擒送官府，自當重賞，以酬爾勞；其漏殄諸賊，果能誠心悔惡，亦皆許其歸附，待以良民。夫使向化者益勸於爲善而日加親附，則惡黨自孤，賊勢自散，不復能合；縱遺一二，終將屈而順服矣。乃今則不然，賊既破剿而猶屯兵不散，使漏殄之徒得以借口摇惑遠近；其向化村分又略不加恤，奸惡之民復乘機而驅脅虐害之。彼見賊已破滅而復聚兵，已心懷驚疑矣，而又外惑於賊黨之扇摇，内激於奸民之驅脅，遂勾結相連而起也；近年以來所以亂始平而變復作，皆迷誤於相沿之弊而不察也。今各賊新破，勢决未敢輕出，雖屯數千之衆，不過困頓坐食，徒穢擾民居，耗竭糧餉，而實無益於事。今始一解其倒懸，又復自聚無用之兵以重困之，此豈計之得者哉？惟於各寨之中，相其要害之地，創立一鎮以控制之，此則事理之所當行，亦正宜乘此掃蕩之餘而速圖之者。

其在斷藤、牛腸諸處，則既切近潯州府衛，不必更有所設。至於四方各寨，遍歷其要害險阻，則惟五屯正當風門、佛子諸巢穴，而西通府江，北接荔浦各處傜賊，最爲緊要之區，宜設一鎮，以控御遠邇。而舊已有千户所統率官兵，亦幾及一千之數，困於差傜，日漸躲避於附近土目村寨，官司失於清理，止有五百，其後上司不聞地方之艱難，又於五百之中分調哨守於他所，而所餘遂不滿二百。即而賊亂四起，守御缺乏，則又取調潮州之兵數百以來協守五屯。事既紛亂，人無所遵，兼以統馭非人，故地方遂致大壞；且其屯堡墻垣亦甚卑隘，不足以壯威設險。今宜開拓其地，增築高城，度可以居二千之衆，而設守備衙門於其内；取回五百之中分調哨守於他所之兵，其自潮州調來協守者，則盡數發還原衛，以免兩地各兵背離鄉土之苦，往復道路之費；仍於附近土寨目兵之中，清查揀補其原避差役者，務足原數一千；選委智略忠勇之官一員重任而專責之，使之訓練撫摩，敷之以威信，而懷之以仁恩，務在地險既設而士心益和，自然動無不克而行無不利。參將兵備各官，又不時新至其地經理而振作之，或案行其村寨，或勸督其農耕，或召其頑梗而曲示訓懲，或進其善良而優加獎賜，或救恤其災患，或聽斷其是非，如農夫之去稂莠而養嘉禾，漸次耕耨而耘鋤之。無事之時，隨意取調附近土官兵款或百人或七八十人，以協同哨守爲名，使之兩月一更班，而絡繹往來於道路，以慣習遠近各巢之耳目。自後我兵出入，自將無所驚疑。果有凶梗，當事舉動，然後密調精悍可用土目一二千名，如尋常哨守然，以次潛集城中，畜力養鋭，相機而發。夫無事而屯數千之兵，則一月糧餉費逾千金，若每一年無屯軍之費，用之以築城設險，犒賞兵士，招來遠人，辦何軍不行，何工不就？此增築城堡以據要害，所謂謀成而敵自敗，城完而寇自解，險設而敵自摧，威霸而奸自伏，正宜及今爲之，而亦事勢之不可已焉者也。伏乞聖明裁允。

黄宗羲《明夷待訪録・財計二》 按鈔起於唐之飛錢，猶今民間之會票也，至宋而始官制行之。然宋之所以得行者，每造一界，備本錢三十六萬緡，而又佐之以鹽酒等項。蓋民間欲得鈔，則以錢入庫；欲得錢，則以鈔入庫；欲得鹽酒，則以鈔入諸務。故鈔之在手，與見錢無異。其必限之以界者，一則官之本錢，當使與所造之鈔相準，非界則增造無藝；一則每界造鈔若干，下界收鈔若干，詐僞易辨，非界則收造無數。宋之稱提鈔法如此。即元之所以得行者，隨路設立官庫，貿易金銀，平準鈔法。

有明寶鈔庫，不過倒收舊鈔，凡稱提之法俱置不講，何怪乎其終不行也！毅宗言利之臣，不詳其行壞之始末，徒見尺楮張紙居然可當金銀，但講造之之法，不講行之之法。官無本錢，民何以信！故其時言可行者，猶見彈而求炙也。然誠使停積錢緡，五年爲界，斂舊鈔而焚之，官民使用，在關即以之抵商税，在場即以之易鹽引，亦何患其不行！且誠廢金銀，則谷帛錢緡，不便行遠，而囊括尺寸之鈔，隨地可以變易，在仕宦商賈又不得不行。德璟不言鈔與錢貨不可相離，而言神道設教，非兵餉之用；彼行之於宋、元者，何不深考乎？

黄宗羲《明夷待訪録・財計三》 治天下者既輕其賦斂矣，而民間之習俗未去，蠱惑不除，奢侈不革，則民仍不可使富也。

何謂習俗？吉凶之禮既亡，則以其相沿者爲禮。婚之筐篚也，裝資也，宴會也；喪之含殮也，設祭也，佛事也，宴會也，芻靈也。富者以之相高，貧者以之相勉矣。何謂蠱惑？佛也，巫也。佛一耳，而有佛之宫室，佛之衣食，佛之役使，凡佛之資生器用無不備，佛遂中分其民之作業矣。巫一耳，而資於楮錢香燭以爲巫，資於烹宰以爲巫，資於歌吹婆娑以爲巫，凡齋醮祈賽之用無不備，巫遂中分其民之資産矣。何謂奢侈？其甚者，倡優也，酒肆也，機坊也。倡優之費，一夕而中人之産；酒肆之費，一頓而終年之食；機坊之費，一衣而十夫之暖。

故治之以本，使小民吉凶一循於禮，投巫驅佛，吾所謂學校之教明而後可也。治之以末，倡優有禁，酒食有禁，除布帛外皆有禁。今夫通都之市肆，十室而九，有爲佛而貨者，有爲巫而貨者，有爲倡優而貨者，有爲奇技淫巧而貨者，皆不切於民用，一概痛絶之，亦庶乎救弊之一端也。此古聖王崇本抑末之道。世儒不察，以工商爲末，妄議抑之。夫工固聖王之所欲來，商又使其願出於途者，蓋皆本也。

黄宗羲《明夷待訪録・胥吏》 何謂復差役？宋時差役，有衙前、散從、承符、弓手、手力、耆長、户長、壯丁色目。衙前以主官物，今庫子、解户之類。户長以督賦税，今坊里長。耆長、弓手、壯丁以逐捕盜賊，今弓兵、捕盜之類。承符、手力、散從以供驅使，今皁隸、快手、承差之類。凡今庫子、解户、坊里長皆爲差役，弓兵、捕盜、皁隸、快手、承差則雇役也。

余意坊里長值年之後，次年仍出一人以供雜役。蓋吏胥之敢於爲害者，其故有三：其一，恃官司之力，鄉民不敢致難；差役者，則知我之今歲致難於彼者，不能保彼之來歲不致難於我也。其二，一爲官府之人，一爲田野之人，既非同類，自不相顧；差役者，則儕輩爾汝，無所畏忌。其三，久在官府，則根株窟穴牢不可破；差役者，伎倆生疏，不敢弄法。是故坊里長同勾當於官府，而鄉民之於坊里長不以爲甚害者，則差與雇之分也。治天下者亦視其勢，勢可以爲惡，雖禁之而有所不止；勢不可以爲惡，其止之有不待禁也。差役者，固勢之不可以爲惡者也。議者曰：自安石變法，終宋之世欲復之而不能，豈非以人不安於差役與？曰：差役之害，唯有衙前，故安石以雇募救之。今庫子、解户且不能不仍於差役，而其無害者顧反不可復乎？宋人欲復差役，以募錢爲害。吾謂募錢之害小，而胥吏之害大也。

王先謙《荀子集解》卷五《王制篇》 君臣、父子、兄弟、夫婦，始則終，終則始，與天地同理，與萬世同久，夫是之謂大本。始則終，終則始，謂一世始。言上下尊卑，人之大本，有君子然後可以長久也。　盧文弨曰：注「謂一世始」句有誤，疑當作「謂治世也」。故喪祭、朝聘、師旅一也，此已下，明君子禮義之治，爲之制喪祭、朝聘之禮，所以齊一民各當其道，不使淫放也。下「一」之義皆同。　盧文弨曰：注「之治」，舊作「之始」，譌。王引之曰：「師旅」二字，後人以意加之也。此言祭祀、賓客、喪紀之事，而師旅不與焉，故楊注但言喪祭、朝聘而不言師旅，則本無「師旅」二字明矣。貴賤、殺生、與奪一也，使民一於沮勸。君君、臣臣、父父、子子、兄兄、弟弟一也，使人一於恩義。農農、士士、工工、商商一也。使人一於職業。【略】

論百工，論其巧拙。《月令》曰「物勒工名，以考其誠，功有不當，必行其罪」也。審時事，《考工記》曰「天有時，地有氣，材有美，工有巧，合此四者，然後可以爲良」，《月令》曰「監工日號，毋悖於時」，皆審其時之事也。辨功苦，功，謂器之精好者。苦，謂濫惡者。韋昭曰：「功，堅。苦，脆也。」尚完利，完，堅也。利，謂便於用，若車之利轉之類也。便備用，使雕琢文采不敢專造於家，工師之事也。專造，私造也。

王先謙《荀子集解》卷六《富國篇》 觀國之强弱貧富有徵：徵，驗。言其驗先見也。上不隆禮則兵弱，上不愛民則兵弱，已諾不信則兵弱，慶賞不漸則兵弱，謝本從盧校漸，進。將率不能則兵弱。率與帥同。上好功則國貧，民不得安業也。作「上好攻取功」。盧文弨曰：元刻無「攻取」二字。王念孫曰：案錢佃校本亦云：「『上好攻取功』，諸本作『上好功』。」案諸本是也。上文以「不隆禮」、「不愛民」對文，以「已諾不信」、「慶賞不漸」、「將率不能」對文，此以「好功」、「好利」對文，則不當有「攻取」二字。宋本「攻」即「功」字之誤，又衍一「取」字。先謙案：王說是，今從諸本改正。上好利則國貧，賦斂重也。士大夫衆則國貧，所謂「三百赤芾」。盧文弨曰：元刻作「赤茀」，古通用。工商衆則國貧，農桑者少。無制數度量則國貧。不爲限量，則物耗費。

王先謙《荀子集解》卷七《王霸篇》 傳曰：「農分田而耕，賈分貨而販，百工分事而勸，郝懿行曰：自此至「禮法之大分也」，共十二句，本篇下文亦同，唯無「傳曰」二字，或係省文，或此不皆傳語，未可知也。【略】

上莫不致愛其下而制之以禮，上之於下，如保赤子。政令制度，所以接下之人百姓，有不理者如豪末，則雖孤、獨、鰥、寡必不加焉。不以豪末不理加於孤、獨、鰥、寡也。四者人所輕賤，故聖王尤愛之。《孝經》曰：「不敢侮於鰥寡，而況於士民乎。」故下之親上歡如父母，可殺而不可使不順。君臣上下，貴賤長幼，至于庶人，莫不以是爲隆正。是，謂親上也。皆以親上爲隆正也。先謙案：隆正，猶中正，說見《致士篇》。然後皆内自省以謹於分，愛敬其上，故不敢踰越也。是百王之所以同也，而禮法之樞要也。是百王之同用愛民之道而得民也。盧文弨曰：正文「以同」，疑當作「同以」，觀注以「同用」爲言，可見。王念孫曰：盧說非也。「是百王之所以同」，「以」，衍文也。上下文皆云「是百王之所同，而禮法之大分也」，《禮論篇》云「是百王之所同，古今之所一也」，皆言「所同」，不言「所以同」，則「以」爲衍文明矣。據楊注言「同用愛民之道」，則所見本似已衍「以」字。然後農分田而耕，賈分貨而販，百工分事而勸，士大夫分職而聽，建國諸侯之君分土而守，三公揔方而議，則天子共己而止矣。【略】

關市幾而不征，質律禁止而不偏，質律，質劑也，可以爲法，故言質律也。禁止而不偏，謂禁止姦人，不偏聽也。《周禮・小宰》「聽賣買以質劑」，鄭司農云：「質劑，平市價，今之月平是也。」鄭康成云：「兩書一札，同而別之，長曰質，短曰劑，皆今之券書也。」《左氏傳》曰：「趙盾爲政，董逋逃，由質要。」或曰：質，正也。如是，則商賈莫不敦愨而無詐矣。百工將時斬伐，佻其期日而利其巧任，如是，則百工莫不忠信而不楛矣。時斬伐，即《周禮》「仲冬斬陽木，仲夏斬陰木」是也。佻與傜同，緩也，謂不迫促也。巧任，巧者之任。不迫促則百工自利矣。楛，謂器惡不牢固也。《晏子春秋》曰：「景公之時，晏子請發粟，公不許，當爲路寢之臺，令吏重其績，遠其涂，佻其日而不趨。三年臺成，而民振欲，上悦乎君游，民足乎食。」彼「佻」亦與此同也。盧文弨曰：案所引《晏子》，見《襍上篇》，作「故上悦乎游，民足乎食」，微不同。又云：注當云「佻與窕同」。案《爾雅》云：「窕，肆也。」古書「窕」字皆訓寬肆，不當作「傜」。俞樾曰：「巧任」與「期日」對文，楊注非其義也。《莊子・秋水篇》曰「任士之所勞」，《釋文》引李注曰：「任，能也。」然則巧任猶巧能也。言佻緩其期日，而其巧能者則豐厚其氣稟以利之，百工乃忠信而不楛矣。縣鄙將輕田野之税，省刀布之斂，罕舉力役，無奪農時，如是，則農夫莫不朴力而寡能矣。但質朴而力作，不務它能也。士大夫務節死制，然而兵勁。「然而」，當爲「然後」。王念孫曰：「案楊以下文作『然後』，故云『當爲然後』，不知此『然而』與他處言『然而』者不同。然，如是也。（說見《釋詞》）言如是而兵勁也。《文王世子》曰『然而衆知父子之道矣』，義與此『然而』同。百吏畏法循繩，然後國常不亂。商賈敦愨無詐則商旅安，貨通財，而國求給矣。所求之物皆給足也。王念孫曰：「商旅安，貨通財」，當作「商旅安，貨財通」。「貨財通」與「商旅安」對文，今本作「貨通財」，則義不可通。《王制篇》「使賓旅安而貨財通」，是其證。（今本「賓」誤作「賓」，辯見《王制篇》。）百工忠信而不楛，則器用巧便而財不匱矣。農夫朴力而寡能，則上不失天時，下不失地利，中得人和，而百事不廢。是之謂政令行，風俗美，以守則固，以征則彊，居則有名，動則有功。此儒之所謂曲辨也。

王先謙《荀子集解》卷八《君道篇》 省工賈，衆農夫，禁盜賊，除姦邪，是所以生養之也。天子三公，諸侯一相，大夫擅官，先謙案：《說文》：「擅，專也。」言得專其官事。士保職，莫不法度而公，是所以班治之也。論德而定次，先謙案：「論」，當爲「論」，說見《儒效篇》。量能而授官，皆使其人載其事而各得其所宜。

王先謙《荀子集解》一一《彊國篇》 刑范正，刑與形同。范，法也。刑范，鑄劍規模之器也。郝懿行曰：刑與型同，范與笵同，皆鑄作器物之法也。楊注非。金錫美，工冶巧，火齊得，火齊得，謂生孰齊和得宜。《考工記》云：「金有六齊。」齊，才細反。剖刑而莫邪已。剖，開也。莫邪，古之良劍。然而不剥脱，不砥厲，則不可以斷繩；剥脱，謂刮去其生澀。砥厲，謂磨淬也。剥脱之，砥厲之，則劙盤盂、刎牛馬忽然耳。

王先謙《荀子集解》卷一七《性惡篇》 問者曰：「人之性惡，則禮義惡生？」禮義從何而生？惡音烏。應之曰：凡禮義者，是生於聖人之僞，非故生於人之性也。故，猶本也。言禮義生於聖人矯僞抑制，非本生於人性也。故陶人埏埴而爲器，陶人，瓦工也。埏，擊也。埴，埴黏土也。擊黏土而成器。埏音羶。然則器生於工人之僞，非故生於人之性也。言陶器自是生於工人學而爲之，非本生於人性自能爲之也。或曰：

「工人」當爲「陶人」。故，猶本也。王念孫曰：楊後説以此「工人」爲「陶人」之誤，是也。此文本作「故陶人埏埴而爲器，然則器生於陶人之僞，非故生於陶人之性也。故工人斲木而成器，然則器生於工人之僞，非故生於工人之性也」。今本「陶人之性」、「工人之性」，皆作「人之性」，此涉上下文「人之性」而誤。下文云「瓦埴豈陶人之性」，「器木豈工人之性」，是其明證矣。故工人斲木而成器，然則器生於工人之僞，非故生於人之性也。聖人積思慮，習僞故，以生禮義而起法度，然則禮義法度者，是生於聖人之僞，非故生於人之性也。自是聖人矯人性而爲之，如陶人、工人然也。【略】

夫工匠、農、賈，未嘗不可以相爲事也，事，業。然而未嘗能相爲事也。用此觀之，然則可以爲，未必能也；雖不能，無害可以爲。然則能不能之與可不可，其不同遠矣，其不可以相爲明矣。工、賈可以相爲而不能相爲，是可與能不同也。可與能既不同，則終不可以相爲也。此明禹亦性惡，以能積僞爲聖人，非禹性本善也。聖人異於衆者，在化性也。

王先謙《荀子集解》卷一九《大略篇》 主道知人，臣道知事。人謂賢良，事謂職守。故舜之治天下，不以事詔而萬物成。不以事詔告，但委任而已。謂若使禹治水，不告治水之方略。農精於田而不可以爲田師，工賈亦然。

傳記

吕不韋《吕氏春秋》卷一七《審分覽·勿躬》 大橈作甲子，黔如作虜首，虜一作慮。容成作曆，羲和作占日，尚儀作占月，后益作占歲，胡曹作衣，夷羿作弓，祝融作市，儀狄作酒，高元作室，虞姁作舟，伯益作井，赤冀作臼，乘雅一作持。作駕，寒哀作御，王冰作服，牛史皇作圖，巫彭作醫，巫咸作筮，著筮。此二十官者，聖人之所以治天下也。

《漢書》卷五一《賈山傳》 其後文帝除鑄錢令，山復上書諫，以爲變先帝法，非是。又訟淮南王無大罪，宜急令反國。又言柴唐子爲不善，足以戒。章下詰責，對以爲「錢者，亡用器也，而可以易富貴。富貴者，人主之操柄也，令民爲之，是與人主共操柄，不可長也」。其言多激切，善指事意，然終不加罰，所以廣諫爭之路也。其後復禁鑄錢云。

《三國志》卷一二《魏書·崔琰傳》注引 張璠《漢紀》曰：融在郡八年，僅以身免。帝初都許，融以爲宜略依舊制，定王畿，正司隸所部爲千里之封，乃引公卿上書言其義。是時天下草創，曹、袁之權未分，融所建明，不識時務。又天性氣爽，頗推平生之意，狎侮太祖。太祖制酒禁，而融書嘲之曰：「天有酒旗之星，地列酒泉之郡，人有旨酒之德，故堯不飲千鍾，無以成其聖。且桀紂以色亡國，今令不禁婚姻也。」太祖外雖寬容，而内不能平。御史大夫郗慮知旨，以法免融官。歲除，拜太中大夫。雖居家失勢，而賓客日滿其門，愛才樂酒，常歎曰：「坐上客常滿，樽中酒不空，吾無憂矣。」虎賁士有貌似蔡邕者，融每酒酣，輒引與同坐，曰：「雖無老成人，尚有典刑。」其好士如此。

《晉書》卷四六《李重傳》 降及漢魏，因循舊跡，王法所峻者，唯服物車器有貴賤之差，令不僭擬以亂尊卑耳。至于奴婢私産，則實皆未嘗曲爲之立限也。八年《己巳詔書》申明律令，諸士卒百工以上，所服乘皆不得違制。若一縣一歲之中，有違犯者三家，洛陽縣十家已上，官長免。

《北史》卷四〇《甄琛傳》 宣武踐阼，以琛爲中散大夫，兼御史中尉。琛表曰：

《月令》稱山林藪澤，有能取蔬食禽獸者，皆野虞教導之，其迭相侵奪者，罪之無赦。此明導人而弗禁，通有無以相濟也。《周禮》雖有川澤之禁，正所以防其殘盡，必令取之有時。斯所謂部護在公，更所以爲人守之耳。今者天爲黔首生鹽，國爲黔首鄣護。假獲其利，猶是富專口斷，不及四體也。且天下夫婦，歲貢粟帛，四海之有，備奉一人，軍國之資，取給百姓，天子亦何患乎貧，而苟禁一池？臣每觀上古愛人之迹，時讀中葉驟税之書，未嘗不歎彼遠大，惜此近狹。今僞弊相承，仍崇關廛之税；大魏宏博，唯受穀帛之輸。是使遠方聞者，莫不歌德。語稱出内之吝，有司之福；施惠之難，人君之禍。夫以府藏之物，猶以不施而爲災，況府外之利，而可吝之於黔首？願弛鹽禁，使沛然遠及。依《周禮》置川衡之法，使之監導而已。

詔付八坐議可否以聞。彭城王勰、兼尚書邢巒等奏：

琛之所列，但恐坐談則理高，行之則事闕，是用遲回，未謂爲可。竊惟大道既往，恩惠生焉，下奉上施，卑高理睦。恒恐財不賙國，澤不厚人，故多方以達其情，立法以行其志。至乃取貨山澤，輕在人之貢；立税關市，裨十一之儲。收此與彼，非利己也；回彼就此，非爲身也。所謂集天地之産，惠天地之人，藉造物之富，賑造物之貧。禁此泉池，不專太官之御；斂此匹帛，豈爲後宫之資。既潤不在己，彼我理一，積而散之，將焉所吝。然自行以來，典司多怠，出入之間，事不如法。此乃用之者無方，非興之者有謬。至使朝廷識者，聽營其間。今而罷之，懼失前旨。宜依前式。

詔曰：「司鹽之税，乃自古通典，然興制利人，亦世或不同。甄琛之表，實所謂助政毗俗者也。可從其前計，尚書嚴爲禁豪强之制也。」

《舊唐書》卷一二三《第五琦傳》 令琦奏事，至蜀中，琦得謁見，奏言：「方今之急在兵，兵之强弱在賦，賦之所出，江淮居多。若假臣職任，使濟軍須，臣能使賞給之資，不勞聖慮。」玄宗大喜，即日拜監察御史，勾當江淮租庸使。尋拜殿中侍御史。尋加山南等五道度支使，促辦應卒，事無違闕。遷司金郎中、兼御史中丞，使如故。於是創立鹽法，就山海井竈收榷其鹽，官置吏出糶。其舊業户并浮人願爲業者，免其雜徭，隸鹽鐵使，盜煮私市罪有差。百姓除租庸外，無得横賦，人不益税而上用以饒。遷户部侍郎、兼御史中丞，專判度支，領河南等道支度都勾當轉運租庸鹽鐵鑄錢、司農太府出納、山南東西江西淮南館驛等使。

鮑康《觀古閣泉説》 上古結繩而治，太昊以前，安得有泉幣。且文字復不奇古。舊譜每沿路史之失追溯至尊，盧葛天殊，不足辨，安邑諸布，與列國布制作不同，劉青園釋爲虞夏贖金，説尚近理。其餘刀布，大率列國所鑄，無三代以上，物删書斷自唐虞，余於古泉亦云古文偏旁點畫，初無一定，或繁或簡，或移之上下左右，不獨鐘鼎款識，即泉幣亦然。潘伯寅所謂當日並無許氏《説文》也。譜家宜會萃衆論，折衷一是，或兩存其説，庶不失傳，信傳疑之義，吾人生百世之下，料乎百世之上，必别創一解，謂彼説皆不足憑，毋亦昊於目信乎！

余寓秦最久，所得秦、漢、新莽，及唐泉爲多，圜法居其八，齊刀出山左，小布出山右，鏟布出中州，小刀出畿服，余皆身經其地，惟未至大江以南，故所收仍未備耳。鐵泉萃於蜀，最後出泉備五金，不獨銅也。新莽大泉五十，有鉛土合成者，錯刀之一刀二字，直以黄金錯其文，宋招納信寳，有金、銀、銅三種，但流傳絶少。漢劉龔乾亨重寶，銅鉛並行，而余所得「會昌」、「開元」、「越」字、「益」字二種，已有鉛鑄。又得宋、元豐篆書折二，一品亦鉛鑄「豐寶」二字，傳形尤不可解。鐵冶始自公孫述，乃余在秦獲新莽厚「貨泉」，即有鐵鑄者三枚。迨南宋則各監並作，益多不勝收。惟漢武帝白金三品，僅有是説，未見是泉。鐘鼎足重者，以文字可寳貴，非《説文》所能賅也。泉幣雖文字較少，允宜並重其與鐘鼎合者，李氏《古泉匯》所載，視初氏《吉金録》尤詳。

泉幣之好，萃於山左，同時如初渭園、劉燕庭、吴子苾、陳壽卿、李竹朋，極一時之盛，當以燕庭爲最，壽卿金石之富則甲於同人，金文至九百種，古印至四千餘，海内罕有其匹。咸豐同治間，繼之者爲鍾麗泉、王戟門，余詩所謂「那期後起得鍾王」也。未數年，兩君皆玉折，而竹朋刊成《古泉匯》，遂獨有千古矣。

秦中，古帝王州，銅器時時出土，無款識者居其半，當日只以花文色澤及完好者是珍也。自燕庭宦秦，曉以文字多者爲貴，雖殘缺亦無傷，從此古器幾無完膚，雖寸許銅造象，亦必於背上補鐫年月。有蘇氏兆年兄弟，最善搜抉，重趼百舍，求之荒邨古冢，所得尤多。又有張氏，號鳳眼張。精於鐫刻，雖尊彝腹中深處，亦能以長削，隨方就圜刻之，磨以沙石，埋置土中，復使繡蝕，經年取出，巨眼亦不易辨矣！時人呼爲張二銘。余謂燕庭曰：蘇張之害，流毒至今，丈實啓之。燕庭亦大笑。「古泉」復有薛刻一種亂真，見余所作「泉辨」，明人呼爲「薛重泉」，蓋鑄泉易識，刻泉難識。以余之深知情僞，亦曾得一泉，與燕庭反覆審視，不能下斷語，況流傳千百年後乎！他日譜家必有矜爲創獲，謂吾輩當日並未及見者，大抵皆薛刻也。

壽卿致余書，謂余一生心力，萃於泉幣，宜多□□。並云：有李斯而古篆亡，有中郎而古隸亡，有右軍而書法亡，皆以行款姿態，有人之見存，而筆力與法，遂失其真，此與世父覺生公論詩所云：自趙秋谷叛新城，而山左之詩壞，厲樊榭開浙派，而浙江之詩壞，袁簡齋、趙甌北相繼起，而江南北之詩無不壞，同爲横絶一世之論，不顧俗眼驚者也。

余蓄泉五十餘年，凡同時藏泉家，其精品大率皆丐歸拓數紙存之積成廿餘册，蓋非經手拓不能詳審其制作也。竹朋泉按時代裝成書帙，便於取攜，余悉數假歸，故所拓較備，亦間有一二品可疑者，取備格耳。拓泉宜雨過涼生，紙墨俱潤，用蘇州汪六吉棉、連紙，第十七刀者良。復晝長人静，心無一事，聞登登聲輒覺，怡然近十餘年，馳逐軟紅，久不獲此興趣，有索余墨本者，但屬人代拓而已。壬申解組旋京師，得稍尋舊樂，胡石查、吴清卿摹拓尤精，曾悉索余泉選拓之，世間多得一二真本流傳，詎非金石之壽耶！

竹朋致余書云：近代收藏家，無過百年者，如儀徵阮氏、大興翁氏、漢陽葉氏、洪洞劉氏、諸城劉氏，没僅數年，諸物已星散人間，不勝感慨係之。余則謂吾輩嗜此，不能不悉力搜羅，以廣見聞，要當視作過眼雲煙，況悠悠身後，更何足計，如後人亦知珍愛，自不失爲佳子弟，否則尚不若持贈同癖，猶足以永其傳儻，落賈人之手，以雅物而充奇貨，詎不令古器減色耶！至巧偷豪奪，尤覺無謂，奪人之財，謂之盜；奪人之所好，轉謂之高雅乎？竹朋爲冁然。

九棘一種，相傳干盾之形，譜家多載之。余亦得二枚，制作微不同，均甚古，然竟目爲泉，殊難附會。

安邑蒲坂諸「布」，曰「一斤金」、「二斤金」，或讀「金化」，其「斤」、「金」二字，無不平列者，青園云：當讀作「釿」。王廉生亦著《説釿》一篇，頗有援據。

尖足「布」，有大、小二種，又有空首者尤大，制作稍别，長五寸，譜家珍之。燕庭得一枚，右肩上二小字，舊釋「甘井」，《泉匯》釋作「甘丹」云：甘乃邯省，丹則鄲之，諧聲也。今在余處燕庭藏泉，余僅購得此品，對之，如見我故人矣！

小「布」有作「閔」者，文極明析，流傳復多，方足、尖足、圜足，各種皆有之，而獨不可識。或釋作「魯」，或釋作「藺」，或釋作「黄父」，或釋作「關」，壽卿疑爲「陝郟」之異文，迄無定論。識字難於讀書，信然。

「空首布」，俗呼「鏟布」，狀絶類鏟首，厚數分，作方孔，中空可以納柄，不知其義何取。孫澄之云：詩庤乃錢鎛，是錢亦田器，故形製可以從同耶。

「齊刀」，出土尚多，四字者一種，三字、五字、六字者各二種，三字者多不一緻，餘並字畫寬長，或瘦勁可喜，大率相類，其著地名者，不加「齊」字以别之。近出九字者一種，麗泉所藏《泉匯》釋其文曰：「齊營陵昌左邑之法化。」則國號、地名並著，字小而謹嚴，與習見者迥異。

石查近亦得「九字刀」一品，云：燕庭故物，字體與麗泉所藏相似。石查釋其文曰：「齊遲陽賦結信之寶化。」旁通曲證，著説數千，言齊刀不乏流傳，惟此二刀僅見。

「磬折刀」，俗呼「莒刀」。《泉匯》釋作「明刀」。翁宜泉曾見新出土者，知古人皆於刀柄近刃處，以繩縛之，十刀爲一束，土花上繩索痕宛在，斯亦攷古之軼聞。

「寶三化」、「寶六化」，山左時有之。惟寶化一種絶少，壽卿曾貽一枚，舊《譜》率誤爲「天贊」，左讀。殊可笑。竹朋尚有寶一化寶二化兩種，殊不可信，著《泉匯》時，勸其删之矣。

東周「泉」，惟青園與余有之，字、畫如出一模，圜孔、背平，不能斷其時代。費虹舟云：十六國時，有築東周城，鑄泉者疑爲斯時物，然詢其見於何書，則亦不能確指，制作絶類半兩，非漢以後物也。近聞壽卿亦得一枚，尚未之見。余在長安曾見西周「泉」，似出薛刻。

馬愛林有古「泉」三，大適當十，極厚重，面微有郭，背平，篆文曰：「第一重四兩，第五重四兩，第九重四兩。」精妙古樸，藏泉家所未有也。胡安之乞得第五一品，後贈青園，今在余處。其第一、第九二品，燕庭得之，近聞已歸繼幼雲矣。《泉匯》載之，目爲「權泉」。

「古圜法」有「大泉」，甚厚重，背平，面作篆文曰：「第一、第十、第十六、第十九、第十十。」諸品古雅可玩，字有在穿左右、穿上下之殊。韓季卿云：金釭銜壁，是爲列錢，豈宫殿壁間所用。背平，取其易嵌歟。

余所得「古圜法」，尚有重一兩十二銖，重一兩十四銖等品，圜孔，背平，篆書極古茂，回環讀之，銖旁從王，上著一畫刀布，不紀銖兩，泉制至此而一變，遂開半兩五銖之先矣。

渭園有「五鳳泉」，字在穿左右，甚工。余曾得拓本，似好事者所爲。青園復拓，示三金一品，則顯出改刻，至三銖金旁從「全」，其有作「金」者，皆五銖所改者也。

戴文節泉話云：人皆有一絶，莽爲泉絶，蓋新莽之「刀布」諸品，無一不精。余謂新莽事事法古，吾輩好古者，無妨瓣香祝之，聞者皆大笑。

新莽「泉布」，錬銅最精，往往作「水銀青」，「小泉」一種尤多，俗呼「水銀古」是也。他如列國「刀布」，秦漢「圜泉」，率只作紅緑色，亦有二千餘年之泉，絶無色澤者，俗呼「黑漆」。古以未曾入土故耳。秦中市肆鑒别古器有二目，一曰出土，一曰傳世。

新莽「十布」，惟「大布」最多，「六泉」惟大、「小泉」最多，餘皆稀如星鳳。燕庭宦秦，得「第布」而「十布」乃全，其穿上小豎，或有或無，判然兩種，余亦缺第布，而「壯布」復爲壽卿易去。「六泉」，則吕堯仙與余全有之。「中壯」余且有兩枚，燕庭亦尚缺「壯泉」。竹朋之「壯泉」，「泉」字獨大，疑「大泉」所改刻，不知當日中壯二泉何以所鑄尤少耶。

「壯布」，自貽壽卿後，廿年來遂不復見，壬申冬，石查赴保陽竟得一枚，甚精，物之可遇，不可求如此。

《吉金所見録》壯布繪丌，百作「ち」，次布繪「皿」，百作「九」，殆未見原「泉」耳。至他《譜》所載，往往只作「某布」兩字者，尤不足道也。初氏復謂，確有大黄

「布刀」一種，其字體板拙，一望而知，何吳柳門誤收之，渭園亦誤信之乎。

新莽「金錯刀」南中有作僞者，「金」字凸出，《泉話》所謂，隔三尺遠，即知之。道光丙午丁未間，秦中忽出土刀胚百餘枚，並有毛邊未翦，穿孔未磨鑢者，或徧體紅綠，或水銀古極厚，殊可寶玩，只未錯「一刀」二字耳。余與燕庭所收不少，曾笑語燕庭曰：此物不宜多留，市肆一經張二銘、薛重泉輩，補填金字，則又足亂真矣！

「榆莢半兩」，秦中出土，輒千百並有，四圍僅餘分許，文只作二三畫，並不類「半兩」字者，觸手破碎。新莽「大泉五十」小者殊少，道光末年，秦中掘地，得一罌，皆薄小如榆莢，而文字完好，其細如髮，余收百十枚，並分餉同人。《泉話》謂莽爲泉絶，豈當日盜鑄亦復不苟耶！

新莽「大泉五十」，復有鉛土雜鑄者，甚厚，字皆陰文反書，確非僞作。余在秦於小攤上得二枚，其一背亦有文。石查藏一品，亦兩面同文，細思不解其故。

潘祖蔭《觀古閣泉説序》 《泉譜》始見隋《經籍志》顧烜《錢譜》、《錢圖》，封演《續錢譜》、張台《錢録》、姚元澤《錢譜》、陶岳《貨泉録》、金光襲《錢寶録》、李孝美《歷代泉譜》、錢氏《錢譜》、杜鎬《鑄錢故事》、羅泌《錢幣考》、董逌《錢譜》、于公甫《錢譜》，皆不傳。傳者洪遵《泉志》，而已近李竹朋丈著《古泉匯》至爲詳備。國朝爲《泉譜》之學無多，於此者，其素所相與商榷者，則惟鮑丈臆園先生。先生自束髮以來，蓄泉最富，耽玩四十餘年，故於源流正變、真僞美惡，辨别精嚴，當世無其比也。蔭嘗勸其著一書以傳世，力請再三，先生乃先舉所見所聞，以及耆舊風流交游韻事，録成《泉説》二卷，而以題詠附焉。其中遺事逸聞，實足資後人之考訂，非泛然論古之作也，當與戴文節《古泉叢話》、劉方伯《論泉絶句》鼎足而三矣。若蔡氏《癖談》、盛氏《泉史》、張氏《錢志新編》，詎能望其項背哉！同治癸酉五月，吳縣潘祖蔭謹序。

紀事

《晉書》卷一〇三《劉曜載記》 曜立太學於長樂宫東，小學於未央宫西，簡百姓年二十五已下、十三已上，神志可教者千五百人，選朝賢宿儒明經篤學以教之。以中書監劉均領國子祭酒。置崇文祭酒，秩次國子。散騎侍郎董景道以明經擢爲崇文祭酒。以游子遠爲大司徒。

曜命起酆明觀，立西宫，建陵霄臺於滈池，又將於霸陵西南營壽陵。侍中喬豫、和苞上疏諫曰：「臣聞人主之興作也，必仰準乾象，俯順人時，是以衛文承亂亡之後，宗廟社稷流漂無所，而猶上候營室以構楚宫。彼其急也猶尚若茲，故能興康叔、武公之迹，以延九百之慶也。奉詔書將營酆明觀，市道芻蕘咸以非之，曰一觀之功可以平涼州矣。又奉敕旨復欲擬阿房而建西宫，模瓊臺而起陵霄，此則費萬酆明，功億前役也。以此功費，亦可以吞吳蜀、翦齊魏矣。陛下何爲於中興之日而蹤亡國之事！自古聖王，人誰無過！陛下此役，實爲過舉。過貴在能改，終之實難。又伏聞敕旨將營建壽陵，周迴四里，下深二十五丈，以銅爲棺槨，黄金飾之，恐此功費非國内所能辦也。且臣聞堯葬穀林，市不改肆；顓頊葬廣陽，下不及泉。聖王之於終也如是。秦皇下錮三泉，周輪七里，身亡之後，毁不旋踵，闔主之於終也如此。向魋石槨，孔子以爲不如速朽；王孫倮葬，識者嘉其矯世。自古無有不亡之國，不掘之墓，故聖王知厚葬之招害也，故不爲之。臣子之於君父，陵墓豈不欲高廣如山岳哉！但以保全始終、安固萬世爲優耳。興亡奢儉，冏然於前，惟陛下覽之。」【略】

曜將葬其父及妻，親如粟邑以規度之。負土爲墳，其下周迴二里，作者繼以脂燭，怨呼之聲盈于道路。游子遠諫曰：「臣聞聖主明王、忠臣孝子之於終葬也，棺足周身，椁足周棺，藏足周椁而已，不封不樹，爲無窮之計。伏惟陛下聖慈幽被，神鑒洞遠，每以清儉恤下爲先，社稷資儲爲本。今二陵之費至以億計，計六萬夫百日作，所用六百萬功。二陵皆下錮三泉，上崇百尺，積石爲山，增土爲阜，發掘古冢以千百數，役夫呼嗟，氣塞天地，暴骸原野，哭聲盈衢，臣竊謂無益於先皇先后，而徒喪國之儲力。陛下脱仰尋堯舜之軌者，則功不盈百萬，費亦不過千計，下無怨骨，上無怨人，先帝先后有太山之安，陛下饗舜、禹、周公之美，惟陛下察焉。」曜不納，乃使其將劉岳等帥騎一萬，迎父及弟暉喪於太原。疫氣大行，死者十三四。上洛男子張盧死二十七日，有盜發其冢者，盧得蘇。曜葬其父，墓號永垣陵，葬妻羊氏，墓號顯平陵。大赦境内殊死已下，賜人爵二級，孤老貧病不能自存者帛各有差。

《南齊書》卷三七《劉悛傳》 宋代太祖輔政，有意欲鑄錢，以禪讓之際，未及施行。建元四年，奉朝請孔覬上《鑄錢均貨議》，辭證甚博。其略以爲「食貨相通，理勢自然。李悝曰『糴甚貴傷民，甚賤傷農』。民傷則離散，農傷則國貧。甚賤與甚貴，其傷一也。三吴國之關闠，比歲被水潦而糴不貴，是天下錢少，非穀穰賤，此不可不察也。鑄錢之弊，在輕重屢變。重錢患難用，而難用爲累輕；輕錢弊盜鑄，而盜鑄爲禍深。民所盜鑄，嚴法不禁者，由上鑄錢惜銅愛工也。惜銅愛工者，謂錢無用之器，以通交易，務欲令輕而數多，使省工而易成，不詳慮其爲患也。自漢鑄五銖錢，至宋文帝，歷五百餘年，制度世有廢興，而不變五銖錢者，明其輕重可法，得貨之宜。以爲宜開置泉府，方牧貢金，大興鎔鑄。錢重五銖，一依漢法。府庫已實，國用有儲，乃量奉禄，薄賦税，則家給民足。頃盜鑄新錢者，皆效作翦鑿，不鑄大錢也。摩澤淄染，始皆類故；交易之後，渝變還新。良民弗皆淄染，不復行矣。所鬻賣者，皆徒失其物。盜鑄者，復賤買新錢，淄染更用，反覆生詐，循環起姦，此明主尤所宜禁而不可長也。若官鑄已布於民，(使)〔便〕嚴斷翦鑿，小輕破缺無周郭者，悉不得行，官錢細小者，稱合銖兩，銷以爲大。利貧良之民，塞姦巧之路。錢貨既均，遠近若一，百姓樂業，市道無争，衣食滋殖矣。」時議者多以錢貨轉少，宜更廣鑄，重其銖兩，以防民姦。太祖使諸州郡大市銅〔炭〕，會晏駕事寢。永明八年，悛啓世祖曰：「南廣郡界蒙山下，有城名蒙城，可二頃地，有燒鑪四所，高一丈，廣一丈五尺。從蒙城渡水南百許步，平地掘土深二尺，得銅。又有古掘銅坑，深二丈，並居宅處猶存。鄧通，南安人，漢文帝賜嚴道縣銅山鑄錢，今蒙山近青衣水南，青衣(在)〔左〕側並是故秦之嚴道地。青衣縣又改名漢嘉。且蒙山去南安二百里，案此必是通所鑄。近喚蒙山獠出，云『甚可經略』。此議若立，潤利無極。」并獻蒙山銅一片，又銅石一片，平州鐵刀一口。上從之。遣使入蜀鑄錢，得千餘萬，功費多，乃止。

李燾《續資治通鑑長編》卷二〇六《英宗治平二年》〔九月丙子〕龍圖閣直學士、判都水監韓贄知河南府，坐都城内外溝洫久不治故也。

先是，吕誨言：「竊以天地災變，古今時有，如一二日内，大雨毁壞公私廬舍萬餘間，未嘗聞矣。今復逾月陰霪不解，諸軍營壘類皆暴露，愁痛呻吟，夜以繼晨，殆無生意。朝廷方置司局總領修造，西川召提舉官，淮、浙抽丁匠，猝未有安處之望，誠可憂也。臣向來請朝廷修人事，責吏職；又請募兵願自備工力修蓋屋宇，瓦木外量支笆箔之費，及存撫出軍營女口，俾戍兵聞之少安。數事得于公論，謂可稍慰人情。乃一切置而勿用，臣當言責，目覩無聊之狀，耳聞愁怨之聲，緘默自爲，得以安乎？願陛下少留聽焉。今都城之内溝渠湮塞，郊封之外畎澮堙塞，水道決溢，蔡河斷流，市無薪芻，人艱食用，此非水官之職耶？倉廩頹壞，糧儲腐爛，東南諸郡頭會箕斂，轉漕數千里，人被刑者歲有百萬，聚之艱辛，而棄之如泥土，非庾氏之職耶？宗廟八室，興役方及二年，已各疏漏，神主不安，陛下得以安乎？條法有八年之限，二年者理當何如，此非匠氏之職耶？凡如此類，不可悉舉，罪之誠無益于今日，猶足戒于將來。必曰天災非人事，則舜不當殛鯀、漢不當免三公矣。臣所憂者災沴非止於此。陛下以臣言是，在英斷必行，以臣言非，當置之典刑。不宜優游闊略，以爲無事。執政者終不歸咎于有司，其必有以滋時政之深病，誤天下之大者，不可不察也。」

孫承澤《天府廣記》卷二二《寶源局·户部尚書侯恂條陳鼓鑄事宜》一、議興鑄利。古者寶龜而貨貝，後世易之以金幣。然自太昊高陽以來，則已有錢矣。虞夏之際，幣爲三品：曰黄，曰白，曰赤。兼行龜貝，不純用錢。管子亦云：先王以珠玉爲上幣，黄金爲中幣，刀布爲下幣。所以守財物御人事而平天下也，故命之曰衡。謂之衡者，將以行輕重之術，使一高一下乃可權制利門悉歸於上也。秦兼天下，幣二等，黄金爲上幣，銅錢爲下幣，而珠玉、龜貝、銀錫之屬爲器飾寶藏，不爲幣。漢自建元後，即山鑄錢，而又用白鹿皮爲幣，造銀錫爲白金，有三品。未幾皆廢。唐於銅錢外有飛錢。宋以鐵錢與銅錢兼行，又倣飛錢爲交子，爲關子，始以楮爲錢。南宋造會子，有大鈔、小鈔之别，凡十等，又謂之錢引，亦謂之關會，實一而已。元造交鈔，以鈔一貫權銅錢千文。無何，物價騰踴逾十倍，積鈔不售，國用大詘。明興，右鈔抑錢，旋令錢鈔兼行，禁民間不得以金銀貨物交易，違者治罪，告發者即以其物給賞。若有以金銀易鈔者聽，一百文以下止用銅錢。永樂中，以鈔法圮而峻金銀錢物貿易之誅。然究之鈔易昏爛，收換艱難，制雖設而法不行。今天下自京師達四方，無慮皆用白銀，乃國家經賦，專以收花文銀爲主，而銀遂踞其極重之勢，一切中外公私咸取給焉。民用不贍，而國安得不貧？幸賴稍稍用錢耳。安得不亟行鼓鑄以救其乏乎？夫錢出於銅，銅不鑄錢，則銅而已。鑄之爲錢而可以爲民用，則是盡天下之銅皆已變而爲銀也。利孰大焉？以錢濟銀之窮而已用錢殺銀之勢，使錢廣布民間，則可陰歛銀以歸之上。於是用銀爲母，錢爲子，而因以行其高下之術。昔先臣丘濬欲倣古三幣之法，寶鈔銅錢通行上下，而一權之以銀。夫鈔恐難行矣，舍鈔言錢可也。

一、議遏銅流。自三品之貢興，而黄白赤金世爲天下幣。漢而後，佛老象教盛行於域中，寺若觀糜黄金者億億計，而天下刻鏤織作錘冶爲冠服衣履什物者又不可勝原。故黄金日銷而赤金乃大行，已亦漸貴，固其理也。夫有利之源，有利之權。利源之消長在天地，利權之操縱在人主。昔之善議鑄者無若漢二賈。山之言曰：民不應與主共柄。誼之言曰：銅畢歸於上則博禍可除，而七福可致。今天下奸民私鑄，陰持主柄以厲公錢。果如誼言，上收銅勿令布下，民安所得銅而私鑄之？故收銅之説，持柄息奸之要術也。劉秩曰：鑄錢之用不贍者，在乎銅貴。銅貴之由在於採用者衆耳。夫銅以爲兵則不如鐵，以爲器則不如漆，禁之無害。使銅無所用，則銅益賤，銅賤則錢之用給矣。又銅不布下，則盜鑄者無因而鑄，無因而鑄則公錢不破。公錢不破，則人不犯死刑，錢又日增，末復利矣。斯言可謂曲盡。自漢先主取帳鈎銅鑄錢以充國用。唐大曆中，嚴天下用銅器之禁。貞元九年，張滂奏稱國家錢少，根失多門，興販之徒，潛將銅錢一千爲銅六斤，造寫器物，則斤直六百餘，有利既厚，銷鑄遂多，江淮之間，錢實滋耗。伏請除鑄鏡外，一切禁斷，如有銷錢爲銅者，以盜鑄錢罪論。宋朝鑄錢比前代最多，銅禁最嚴，大抵國計仰給於此。自熙寧間王安石一變其法，而國用日耗。聖祖始定天下，令軍民惟鑄鑑及軍器又禪門鐘磬鐃鈸得用銅，此外并收之官，有私藏者禁。嘉靖六年，題准但有銷鎔舊錢及今制錢造作銅像銅器等項者，比盜鑄律科斷。隆慶元年，部議：軍民之家，但有廢銅願賣者，聽赴所在有司易錢易銀，照舊給價。宜申明前例，嚴藏銅之禁，行收銅之法。民間私藏銅器及造作銅像銅器被告發者，比盜鑄律罪無赦。市有鬻銅器者，罪亦如之，官收民銅，給錢若銀，視銅之直。如有爐座處所，於存留錢糧内動支，其銅即以充鑄，如無爐座處所，於起解錢糧内動支，准將銅估抵解京。夫民以無用之銅易有用之鏹，其何苦而不輸之官？官可藉爲續鑄之資，而無費於公帑之金，又何憚而不收之民？況藏銅於民，銅祇銅耳，而私藏有罪，銅一入官，銅盡錢也，而國家日富。聖王所以獨持大柄而利天下者，無出於此。

一、議省鑄局。錢以銅、鉛參雜而成，而銅、鉛各有産處，搬運重難。是以歷代多即坑冶附近之所置監鑄錢。唐有八監，宋有三十六監，惟永平者爲最久，永通者爲最多。然至熙寧，歲輸六百萬貫，則義不可繼矣。夫天子藏富於山川，冶鑄太煩，則民力耗竭。漢武帝時專令上林三官鼓鑄，而天下非三官錢不得行，諸郡國前所鑄錢皆廢銷之，輸其銅三官。誠見利源所在，不得不謹節其流耳。國初置寶源局於應天府，已令天下藩司各置貨泉局，又更名爲寶泉局，其後罷置不一。嘉靖以來，止令兩京鑄造。萬曆四年，通行天下一體開鑄。至十年，奉詔停止。天啓元年，以遼餉匱乏，增置户部寶泉局。無何又令各省直藩司開爐鼓鑄，每年坐定鑄息共八十二萬兩。徒存虚額，無一踐者。諸局爐亦相繼報罷，所存止湖廣、陝西、四川、雲南、密雲、宣大、遼東數處而已。崇禎二年，奉旨：利權本自上操，舊制只兩京鑄錢，嗣因軍興煩費，遼東宣大奏請權宜，近乃紛紛開鑄，致私錢殽雜，反自外來，紊制病國，大非法紀。着查出通行禁止。維時户部以秦、楚、蜀、滇四省以係銅斤出産地方，就便鼓鑄稱便，未議概停。後江西復以開局請，至如南京兵部操江及應天府亦各紛紛鑄錢，然皆自鑄自用，又大小輕重不一其制。於是滯鏹愈多，銅鉛愈窘，不獨户部不得其尺寸之用，而寶泉一局亦已成眢井矣。每見議錢法者，皆以廣鑄局爲言。而乃惓惓欲議省者，誠見爐座繁興，銅産有限，唯局省則銅源裕，錢制一則弊絶。較諸廣局之利，虚實得失孰多也？不然，昔之鑄局不爲不廣矣，而不效，何哉？

一、議禁私販。昔唐陸贄之論錢法也，以爲宜廣即山殖貨之功，峻用銅爲器之禁。二策並行，不可偏廢者也。今或離銅場頗遠，則其勢不得不出於買，乃私販之禁，有不可不與銅器俱嚴者。夫一處之銅而止供一處之用，則銅價平矣。一處之銅而供數十處之用，則銅價踴矣。以今銅之流行，偏天下皆是。召買嗇於公家，斂藏溢於私室，人人吴鄧，處處爐錘。銅産幾何，能不勝踴？而況以官買與私買争，其數不敵。何者？官價估有定例，其價必平。私買乘隙暗投，其價多侈。官買或有别費，而給發不無稍緩。私買並無破冒，而交兑略不踰時。市井嗜利，誰肯舍此就彼？其流弊必至銅盡歸於私鑄而官買束手矣。考嘉靖三十四年，嚴禁商賈人等不許私販銅錫，以致價值騰踴，謂宜著爲厲禁。凡往産銅産鉛處所，收買銅鉛必告投本處官司給有批文，方許運發，經過關津，驗批免税。除兩京及滇、蜀、秦、楚四省聽商人從便往賣報官收買，如驗無批文及闌出他省，致被覺獲，即比依盜掘銅錫律人論罪，貨没官。至若私鑄關頭，尤在於點造。蓋鑄錢之銅，必將紅銅配鉛點造成黄而後可鑄。請勅天下，凡有私設點爐者，罪即比於私鑄。知而不舉，即與連坐。庶幾私鑄可絶，而官買乃可繼也。

一、議垂定制。周太公立九府圜法，錢圜函方，至今仍之，而輕重無常，代有變革。秦錢如周，重十二銖，漢興變爲莢錢，重三銖，已變爲八銖，又變爲四銖，其重爲赤仄以一當五，而得中者惟元狩之五銖。降而蜀之直五，吴之當千，則愈變而愈重，晉之四文沈錢，宋之夾子、荇葉，甚而爲鵝眼、綖環，則愈變而愈輕，而得中者惟武德之開元通寶。從來美錢制者皆以二錢之式並言，而其重實未始相類也。謹按古權法，十黍爲絫，十絫爲銖，八銖爲錙，二十四銖爲兩。今開元通寶，其錢徑八分，重止二銖四絫，則比五銖錢爲輕二銖六絫矣。故五銖錢二文而重一兩，開元必積十文而重一兩。洪武初，勅户部及各行省鑄錢，大小凡五等，當十錢重一兩，當五、當三、當二，重皆如其當之數。小錢重一錢，蓋即開元舊法。至嘉靖六年，始令兩京工部鑄造制錢，每文重一錢三分。崇禎元年，從錢法侍郎孫居相議，改爲一錢二分五釐，雖視開元錢稍重，而較之漢五銖尚輕。然體質堅厚，又磨鉛莫施，輕重得宜，人情便之。至其鑄法，每錢一文必令用黄銅二錢，剉磨之餘，只存一錢二分五釐，如此然後可以革減銅多鑄之弊。蓋局中每有減銅多鑄而創爲補秤之説以塗耳目者，實明許商匠之私鑄而陰收其利。今若著爲定數，按月按期必令報完，俾貪吏無所容其通，而奸商奸匠無所容其屏，亦執簡御煩之術也。其收錢每五千文爲一錠，上用竹牌寫爐頭匠頭及細錢人姓名，各堆一處，聽督鑄官照爐抽驗。遇有漏風、缺邊、縮字等樣，細錢人重責，錢輕色淡者責匠頭，沙眼多者責翻沙匠，邊粗糙者責滚剉匠，磨不亮者責磨洗匠，灰不净者責刷灰匠，選退錢搥碎回火。如犯前弊多者，責爐頭，仍發看錢人挑選，通同容隱，看錢人重責。如是則錢制既精，殺雜自難，若夫當十、當五等錢，鎔造似易，工本較省。然私鑄者競爲捷趨，識微者謂非久道，不鎔可也。

一、議重制錢。錢法之弊，由於盜鑄者多。盜鑄非薄劣則無所得贏，往往摩官錢取鉛，而殺之以鉛、錫。於是減輕其價，以與制錢雁行於市。愚民簧惑，莫知適從，奸商當舖因而爲奸。每於通衢闤闠倡言某錢盛行，某錢不行，轉相煽弄。既貴賣其所積以圖目前之利，又賤收其所棄以圖他日之利。時而私錢得與官錢並價，此其所積者多而欲出也；時而私錢二三文折官錢一文，此春所收者少而欲入也。若輩操其利權，錢法受其壅滯。豈可無整齊之術，聽奸錢日生而莫之禁乎？今有捷法於此。大凡盜鑄者，每鑄新錢而不鑄舊錢，蓋舊則真僞難欺，而新則耳目易眩。請勅天下，除雜年號錢難以畫一，惟崇禎通寶體制色澤務取相同，每錢一文重一錢二分五釐。如有輕重不合式者，即係盜鑄。推究所由，真犯匠人，依天啓三年令擬斬無赦，其知情買使及販賣行使者，查照律例從重問擬。令下限三月内許民間將前所收買私鑄錢自行首出倒换，依嘉靖六年例，照銅價給與價銀，免其私販之罪。敢隱藏不出首者，事發比照私鑄銅錢爲從者律問罪。收過新錢，即與銷化爲銅，以俟改鑄。如是則於官法獲全，而於民情不厲。其下令於流水無疑也。若夫前代古錢及歷朝舊錢，流通已久，方俗所便，不必禁斷。官民出納，惟崇禎通寶不許留難，而其他雜錢，第聽民間自爲轉輸，官不許收一文。天下曉然，見雜錢與制錢貴賤不敵，積漸以往，勢必棄雜錢不用。如願赴官倒换，亦准爲照銅價收買，而後一王無偶之利柄於是可全收也。

一、議計本息。泉局之錢，發太倉作官俸者十之三，發邊鎮充月餉者十之七。原奉聖諭定六十五文估銀一錢，今已習而安之矣。請依此數以權鼓鑄之本息可乎？謹按銅礦産於石中，用銅鑽打入，每得礦百斤，用木炭百斤，將礦燒鍊，一火成銅鉛，二火成黑銅，三火成紅銅。每礦百斤，上者燒銅十五斤，次者十二十一不等。其用鍾手並燒爐匠共二十名，每日給工食共銀八錢，用造飯運水夫二名，每日給工食六分，用幫扯提礦小夫四名，每日給工食銀一錢二分，用鋼鑽三十根，每根鋼二斤，日費一斤，約銀一錢，以上共費銀一兩二錢，約得銅礦二百斤。而又用木炭一百六七十斤，約價四錢，三火成紅銅三十斤，則共前項費銀一兩五錢。是每斤費本只五六分耳。復用窩鉛點化之，則爲四火黄銅。計窩鉛每斤價銀不過三四分，據今見行配鑄則例，每紅銅五十七斤入窩鉛四十三斤，作黄銅一百斤。益以搬載之費，每斤量估一分，大約黄銅一斤，所費至七八分而止。若夫市銅鑄錢，原無甚利。據京局舊例，紅銅價不出一錢四分，黄銅不出一錢，窩鉛不出七分，後漸騰踴。部議以紅銅點化成黄，既失本質，易於攙和，遂革黄銅不用。但買紅銅與窩鉛，如今法配搭，定價紅銅每斤一錢四分三釐，窩鉛每斤七分七釐，計配成黄銅一百斤，該價銀十二兩。給爐頭鼓鑄，應交錢一萬一千一百一十文。其行使以錢六百五十文估銀一兩，計共估銀十七兩九分四釐。除該給各項匠役煤罐米菜工價錢二千二百九十五文，估銀三兩五錢三分二釐零，并除銅本外，實存息銀一兩五錢六分一釐零，計僅浮本銀十分之一耳。近據陝西撫臣練國事疏報：自天啓二年開鑄起，至崇禎四年止，計十年間只動過本銀一萬二千四百餘兩，陸續獲息銀十一萬七千八十兩零，則所得幾於本銀相準。又查南部錢廠所得加五有奇，蓋銅鉛出産輳集地方，獲息原自不貲。今秦、楚、蜀、滇四局見在議開，姑未預畫成數，但令其自行認報，即最少亦當以加五爲率。滇、蜀、楚三省則取其息以解京充作新餉，按季交納。秦中之息專留該省充餉以抵京運可也。乃議者多謂萬曆中曾以錢五十五文作銀一錢，亦自通行無滯。以爲母既處貴，子不應處賤。欲於六十五文之内稍縮其數行之，而獨慮取利頗奢則盜鑄者將如雲而起。自古論錢法多矣，惟孔顗不惜銅、不愛工二語爲不可易。政以本多費巨，縱復私營，初無厚潤，應自息心，無俟嚴刑廣設耳。先臣譚綸有言：鑄錢之費與銀相當，似於朝廷無利。然歲鑄錢一萬金，則國家增一萬金之錢，流布海內，鑄錢愈多，則增銀亦愈多。是藏富之術也。

一、議權出納。幣有出有入，流而不息，故曰泉府。若上自爲壅而求下之疏，即日肆人於市無爲也。漢律，人出一算，算百二十錢，則民賦以之矣。館陶主爲其子求郎不許，賞錢千萬，則恩賚以之矣。隆慮主以錢千萬爲其子贖死，則罰鍰以之矣。又募豪民入粟縣官，而內錢於都內，則開納以之矣。諸胡降者，贍以少府禁錢，及時出內庫錢賜軍士，則餉賞皆以之矣。今有承行錢之令出，則無慮不普發於民，而納則不肯收一文，是自賤之也。自賤之而欲人貴之，其勢焉得？民愚相扇，閉匿觀望，每至聚市而譁，而錢遂不可行矣。夫解京之入，濟邊之出，其有待於銀也似也。以其爲物輕微易藏，可以多致也。錢固重質，而若各項存留爲地方用者即以錢出入焉，誰曰不可？誠令郡縣於存留銀內只徵其半，而以其半入錢，則贖金亦兼輸之。自大吏監司而下，倣在京文武官嘗祿例，以錢充俸薪。其師生廩餼驛站兵糧各役工食及公費供億之類，但不關起解者，悉取給於錢。而遺下不發之銀，即可盡行解京，則所得錢息即在乎其中。行之十年而天下之銀盡輦而歸之於京師矣。況乎錢下而不上，則其權在市井；上而不下，則其權在朝廷。誠實得其貴賤用斂散之法，以在官者爲母，在民者爲子，當其賤則存留錢糧盡行收錢，而賤者可貴，當貴則各項關給盡行散錢，而貴者可賤。蓋錢太賤則病官，太貴則病民，故用此法以均之。管子所謂使之一高一下不得有調，賈誼所謂輕則以術斂之，重則以術散之，以調盈虛，以收奇羨，皆此意也。然有司之不肯爲此者，有二端焉。或以貪，或以賸，凡銀之出納，有耗有羨，而錢則一文不過一文已耳。利無所漁，必故爲齟齬以破壞之。其自飽者貪也，其中於胥役之口者賸也。

王夫之《尚書引義》卷四《洪范一》 由人而測聲之高下，以爲長短、輕重、洪細，多寡之數，則黃鐘之實，可有一十七萬七千一百四十七虛立之杪忽。由人而測歲之積分，以爲氣盈、朔虛、中候、閏餘之數，則歲周之實，有其二百五萬九千九百一十四之分杪。此據蔡氏書所用曆法。非律與歲實有之，人不得已用數以測之也。若夫五音十二之旋生，日月星辰之密移，則人所謂虛而彼且盈，人所謂長而彼已消，夫何嘗固有一成者乎？

且律之遞減也，蕤賓之下生，損至八萬二千九百四十四，則律短陽虧，音殺而不成，則大呂用倍，得十六萬五千八百八十八焉。夷則之生夾鐘，無射之生中呂猶是也。以故中呂之實，能有十三萬一千七十二，不使亥律道絕乎黃鐘，而以巳之應鐘九萬三千三百十二爲極下。蓋萬籟之聲，無漸減漸衰至於六萬五千五百三十六之調，實維天下之生，無漸減漸衰不可復生以嚮於無之理，則亦無衰滅之極僅有六萬五千五百三十六，而一旦驟反於十七萬七千一百四十七之勢。律以漸損，損極而不得益，故寄衰於應鐘而不於中呂。

《皇極》之數以漸益，益極而無所損，則業已由一而九，由九而八十一，由八十一而六千五百六十一，由六千五百六十一而四千三百四萬六千七百二十一。乃大雪之末，冬至之初，俄頃而驟反乎一，彼四千三百四萬六千七百二十者果何往邪？將替而無之，則其滅無端；將推而容之，則無地可容矣。抑將括而一之，則其一者厖然巨物，天地之間無肖之者。豈獨冬至子半有此洪洞無涯之氣應哉？

且律云不反，亦西山之臆說，非不反也。於蕤賓之下生，大呂倍用焉而反矣。於徵羽之五十四、四十八，生商角焉而反矣。乃中呂之半，上生黃鐘，於數懸絕，則以黃鐘爲中聲而非始，中呂亦爲中聲而非始。故朱子曰：「聲自屬陰，中呂以下，亦當默有十二正變半律之地，以爲中聲之前段。」是說也，蓋與《易》有十二陰陽各六卦用其六之理，若合符契。是故在巳而衰，至午而盛，九萬三千三百一十二之益一，上生十二萬四千四百一十六，捷往捷反，至密無間。

今《皇極》數於大雪之末，四千三百四萬六千七百二十一，既無可損，使下生冬至子半一之理，而芒種之末，夏至之初，二千一百五十二萬三千三百六十有半，亦當旋爲往反，俾得所歸，以配陰陽升降衰王之恒。乃由一向二，若筦庫之數倉儲，勢限於無所歸，乘除術窮，遂至窮奢極繁，一往而不謀所終。豈今年之冬至，由一向多，以趨於大雪，而明年之冬至，曰多反一，自四千三百四萬六千七百二十一趨於大雪，漸減而歸於一乎？抑明年[冬至]復益一以趨大雪者，可有八千六百九萬三千四百四十二邪？自有甲子以來，至於今日，窮天下之算，不足以紀之矣。

藉其不然，歲自爲歲，斷而不續，則歲果何物，各有形段，可截取以爲一定之理數哉？曆家歲實之數，雖極繁衍，至於閏，而前之入限者或棄之矣，非於大雪之末棄之也。《皇極》之數，積之不能，棄之不可。吾不知所測者何物，所肖者何氣，拘守往而不反之家傳，顯背默有十二之師說。乃云天之垂象，禹之代工，理胥此焉，不亦誣乎！將焉用之？爲戲而已矣。

乃若於數無合，則尤著明而不可揜。何也？數之有徑圍者，測數也；其開方，實數也。圓徑一而圍三，一而已矣，非有三而人三之也。圓徑一，亦不啻圍三。以圍三爲徑一者，方田粗率耳。用祖沖之密率校之，則七而差一。方徑一而圍四，一而已矣，非有四而人四之也。開方之數，有一爲一，有二爲二，實有之而數其本積也，故曰實也。

以一測圓而三，不測則三不立。有一於此，而又有一於彼，二之立也。盲者能以手循，稚子能以指屈，二固立矣。一生二，非生二也，二與一俱生，先一後二，可名之爲生也。一生三，從徑圍測之，則有名而已矣，非實也。若云二生三，則誣甚矣。

一與一爲二，漸就於有，二與一爲三，復向於無。一可云生二，二其可以生三乎？一伸而二，二屈而三，方伸忽屈，則三安得生萬物？故可曰函三而一，不得曰伸一而三。況可曰一生三，三生九乎？一生三，彼二者何自而來？三生九，彼六者何緣而集？求之《雒書》，一合九而相得，六與三分居左而不相合也。法象之無徵，生長之無端，而曰「始於一參於三」者，徇徑圍之虛測，非固有之實數；且暗用老氏之説，背君子之道矣。

乃九峯既以徑圍之數伸一而三之、伸三而九之矣，亦必固用其術而後成乎其説。何居乎又用大衍虛一分二之法，但減四揲爲三，以速獲而幾其當哉？

夫大衍之數，開方之實數也。一一而一，一固立，故一爲開方之母；二二而四四固存，故四爲開方之準；四加一於中，而二二以補其缺，故三三得九、而九爲開方之進，一弱而無待於開。開方之術，始於二，成於四，進於九，則四變九而非三生九也。大衍之數五十者，十十之開方而用其半也。《易》陰陽十二位，但用其半。其一不用者，開方之母也。其用四十有九者，七七之開方也。揲之以四者，二二之開方也。過揲之四九、四七、四八、四六，歸奇之四三、四四、四五、四六，皆二二開方所有之實也。歸奇十三，亦掛一而爲十二，餘倣此。卦之六十四，八八之開方也。爻之三百八十四，二十二十之開方，而虛其四四也。四四爲開方之始，故虛之，猶大衍之虛一。則九九八十一之數，《易》固有之而未用。乃或以配律吕，或以紀曆法，則亦備其用於《易》，而不待於疇矣。

《易》以開方立，則統壹於開方。《皇極》以徑圍立，則當統壹於徑圍，而其筮也，蓍策亦五十，不可得三而圍之也。徑三七則圍六十六。虛一不用，亦用四十九，亦不可得而三圍之也。以徑圍立法，而中乖於徑圍，則既駁雜而不成章。又況歸奇有用，而過揲無足紀，爲棄其實而徇其餘哉？其尤疏者，兩偶之掛十三而謂之二，兩奇之掛七而謂之一，一奇一偶之掛十而謂之三。取法無徵，合數無準，奚當於函三之義哉？

鄭觀應《救時揭要・辨洋人新聞紙於中土不宜開金礦論》 貴館論：「中土宜開金礦。開在官則是，開在民則非。」余謂不然。開在官不是，開在民亦不是，何也？以其宜於外國，不宜於中土，恐動干戈，廢業傷民之故也。當今烽烟四起，金礦一開，盜賊必取之以飽囊橐，藉爲餉糈。否則，百姓皆趨於利，不務正業，豈不啓民心之亂，爲肇禍之根乎？以外邦日開金礦，亦不見富國，尚揭民間之資。我國素稱富厚，生産良多，若得聖主賢臣安民有道，又何須此末計乎？貴國不思前後利害，惟利是圖，故君子不取焉。

全國圖書館文獻縮微複製中心編《中國早期展覽會資料彙編》第三册《李家楨意見書》 一公司工廠，亟宜提倡也。查國家之貧富，端在輸出輸入之總額，中國日用所需，莫不仰給於外國，最大漏卮孰甚於此。今觀各省陳列，最足動目者，惟美術等品，其尋常需要各貨，如洋火、洋皂、洋燭、洋布等，雖有成品，均未能普及於中國。他如洋燈、時辰表、鐵挂瓷等，尚無製造之家，殊爲缺點。推原其故，皆以中國資本家風氣未開，不肯投資於工廠，即或招集股本，成立公司，而本額既屬無多，出貨自難踴躍，以致定價亦難低廉，於是而言抵制，實非易易。爲今之計，惟有勸導鉅紳，羣策羣力。多設公司工廠，可以銅則銅，可以鐵則鐵，可以棉則棉，可以絲則絲，各就天時、地利之所宜，聘用洋人，購買機器，中國多一工廠，即爲外洋撤一銷場，此所以湖北館大獲名譽者，因其有鋼鐵、蔴棉各廠，足以抵制洋貨也。然中國實業盡賴於官，終非發達之現象，深望各省鉅紳出爲提倡，則庶幾矣。

一各省品物宜交换也。查中國南北風氣各有不同，天産人工亦非一致，雖有商人販運，而南省品物仍多未至北省者，北省品物亦多未至南方者，彼此既不交通，無惑乎工藝不能發達也。鄙意擬將各省出品分設交换之總機關，即以各省勸業公所爲交换所，以我所有，易我所無，妥訂章程，彼此購買，初則官爲提倡，繼則誘掖工商。或仿造，或販運。不數年而各省工藝皆有成效之可觀，是此次南洋勸業會，即中國工藝進步之初基，其功效不亦鉅哉。

一歐美各國宜設華行也。查中國絲、茶、瓷器、刺繡、雕漆、景泰藍等品，久爲外洋所歡迎，惜無大資本家出洋貿易，今值全國紳商咸集一處，實爲最好之機會，應即廣招股本，設立中國出品公司，專爲出洋銷售。所有物品預爲調查。外洋之嗜好及習慣，如綢緞等。貨務宜改良尺碼，以期合用。先在香港、新加坡等處設立總行，繼向美國、英國等處擴充，如能經理得人，未有不利市三倍者，緣中國品物尚有最多數之種類爲外洋所未覩者。人心好奇，外洋尤甚，夫亦何所懼而不爲哉，但公司股本至少須招二百萬兩，作爲試辦，如能各省招集，似亦不難，蓋分任之，則輕而易舉也。

藝文

《左傳·宣公三年》 楚子伐陸渾之戎，遂至於雒，觀兵於周疆。定王使王孫滿勞楚子，楚子問鼎之大小輕重焉，對曰：「在德不在鼎。昔夏之方有德也，遠方圖物，貢金九牧，鑄鼎象物，百物而爲之備，使民知神、姦。故民入川澤山林不逢不若，螭魅罔兩，莫能逢之。用能協於上下，以承天休。桀有昏德，鼎遷於商，載祀六百。商紂暴虐，鼎遷於周。德之休明，雖小，重也；其姦回昏亂，雖大，輕也。天祚明德，有所厎止。成王定鼎於郟鄏，卜世三十，卜年七百，天所命也。周德雖衰，天命未改。鼎之輕重，未可問也。」

《左傳·襄公三十一年》 公薨之月，子産相鄭伯以如晉，晉侯以我喪故，未之見也。子産使盡壞其館之垣而納車馬焉，士文伯讓之，曰：「敝邑以政刑之不修，寇盜充斥，無若諸侯之屬辱在寡君者何，是以令吏人完客所館，高其閈閎，厚其牆垣，以無憂客使。今吾子壞之，雖從者能戒，其若異客何？以敝邑之爲盟主，繕完葺牆，以待賓客，若皆毀之，其何以共命？寡君使匄請命。」

對曰：「以敝邑褊小，介於大國，誅求無時，是以不敢寧居，悉索敝賦，以來會時事。逢執事之不閒，而未得見，又不獲聞命，未知見時，不敢輸幣，亦不敢暴露。其輸之，則君之府實也，非薦陳之，不敢輸也。其暴露之，則恐燥濕之不時而朽蠹，以重敝邑之罪。

「僑聞文公之爲盟主也，宫室卑庳，無觀臺榭，以崇大諸侯之館，館如公寢。庫廄繕修，司空以時平易道路，圬人以時塓館宫室；諸侯賓至，甸設庭燎，僕人巡宫；車馬有所，賓從有代，巾車脂轄，隸人牧圉，各瞻其事。百官之屬，各展其物。公不留賓，而亦無廢事，憂樂同之，事則巡之，教其不知，而恤其不足。賓至如歸，無寧菑患，不畏寇盜，而亦不患燥濕。

《孔子家語》卷一《問禮》 哀公問於孔子曰：「大禮何如？子之言禮，何其尊也？」孔子對曰：「丘也鄙人，不足以知大禮也。」公曰：「吾子言焉！」

孔子曰：「丘聞之，民之所以生者，禮爲大。非禮則無以節事天地之神焉，非禮則無以辯君臣、上下、長幼之位焉，非禮則無以別男女、父子、兄弟、婚姻、親族疏數之交焉。是故君子此之爲尊敬，然後以其所能教順百姓，不廢其會節。既有成事，而後治其文章黼黻，以別尊卑上下之等。其順之也，而後言其喪祭之紀，宗廟之序。品其犧牲，設其豕臘，修其歲時，以敬其祭祀，別其親疏，序其昭穆。而後宗族會宴，即安其居，以綴恩義。卑其宫室，節其服御，車不雕璣，器不雕鏤，食不二味，心不淫志，以與萬民同利。古之明王行禮也如此。」

公曰：「今之君子，胡莫之行也？」

孔子對曰：「今之君子，好利無厭，淫行不倦，荒怠慢游，固民是盡。以遂其心，以怨其政，以忤其衆，以伐有道。求得當欲，不以其所，虐殺刑誅，不以其治。夫昔之用民者由前，今之用民者由後。是即今之君子莫能爲禮也。」

《墨子·公輸》 公輸盤爲楚造雲梯之械，成，將以攻宋。子墨子聞之，起於齊，行十日十夜而至于郢，見公輸盤。公輸盤曰：「夫子何命焉爲？」子墨子曰：「北方有侮臣，願藉子殺之！」公輸盤不説。子墨子曰：「請獻十金。」公輸盤曰：「吾義固不殺人。」子墨子起，再拜曰：「請説之。吾從北方聞子爲梯，將以攻宋。宋何罪之有？荆國有餘於地，而不足於民，殺所不足，而争所有餘，不可謂智；宋無罪而攻之，不可謂仁；知而不争，不可謂忠；争而不得，不可謂强；義不殺少而殺衆，不可謂知類。」公輸盤服。子墨子曰：「然乎？不已乎？」公輸盤曰：「不可。吾既已言之王矣。」子墨子曰：「胡不見我於王？」公輸盤曰：「諾。」

子墨子見王，曰：「今有人於此，舍其文軒，鄰有敝輿，而欲竊之；舍其錦綉，鄰有短褐，而欲竊之；舍其粱肉，鄰有糠糟，而欲竊之。此爲何若人？」王曰：「必爲竊疾矣。」子墨子曰：「荆之地方五千里，宋之地方五百里，此猶文軒之與敝輿也；荆有雲夢，犀兕麋鹿滿之，江漢之魚鱉黿鼉爲天下富，宋所爲無雉兔狐狸者也，此猶粱肉之與糠糟也；荆有長松、文梓、楩柟、豫章，宋無長木，此猶錦綉之與短褐也。臣以三事之攻宋也，爲與此同類。」王曰：「善哉！雖然，公輸盤爲我爲雲梯，必取宋。」

於是見公輸盤。子墨子解帶爲城，以牒爲械，公輸盤九設攻城之機變，子墨子九距之。公輸盤之攻械盡，子墨子之守圉有餘。公輸盤詘，而曰：「吾知所以距子矣，吾不言。」子墨子亦曰：「吾知子之所以距我，吾不言。」楚王問其故，子墨子曰：「公輸子之意，不過欲殺臣。殺臣，宋莫能守，可攻也。然臣之弟子禽滑釐等三百人，已持臣守圉之器，在宋城上而待楚寇矣。雖殺臣，不能絶也。」楚王曰：「善哉！吾請無攻宋矣。」

子墨子歸，過宋。天雨，庇其閭中，守閭者不内也。故曰：治於神者，衆人不知其功，爭於明者，衆人知之。

《韓非子》卷六《解老》 凡理者，方圓、短長、粗靡、堅脆之分也，故理定而後可得道也。故定理有存亡，有死生，有盛衰。夫物之一存一亡，乍死乍生，初盛而後衰者，不可謂常。唯夫與天地之剖判也具生，至天地之消散也不死不衰者謂「常」。而常者，無攸易，無定理。無定理，非在於常所，是以不可道也。聖人觀其玄虚，用其周行，强字之曰「道」，然而可論。故曰：「道之可道，非常道也。」**【略】**

《韓非子》卷六《解老》 凡物之有形者，易裁也，易割也。何以論之？有形，則有短長；有短長，則有小大；有小大，則有方圓；有方圓，則有堅脆；有堅脆，則有輕重；有輕重，則有白黑。短長、大小、方圓、堅脆、輕重、白黑之謂理。理定而物易割也。故議於大庭而後言則立，權議之士知之矣。故欲成方圓而隨其規矩，則萬事之功形矣。而萬物莫不有規矩，議言之士，計會規矩也。聖人盡隨於萬物之規矩，故曰：「不敢爲天下先。」不敢爲天下先，則事無不事，功無不功，而議必蓋世，欲無處大官，其可得乎？處大官之謂爲成事長。是以故曰：「不敢爲天下先，故能爲成事長。」

《韓非子》卷一一《外儲説左上》 夫新砥礪殺矢，彀弩而射，雖冥而妄發，其端未嘗不中秋毫也，然而莫能復其處，不可謂善射，無常儀的也。設五寸之的，引十步之遠，非羿、逢蒙不能必全者，有常儀的也。有度難而無度易也。有常儀的，則羿、逢蒙以五寸爲巧；無常儀的，則以妄發而中秋毫爲拙。故無度而應之，則辯士繁説；設度而持之，雖知者猶畏失也，不敢妄言。今人主聽説，不應之以度而説其辯；不度以功，譽其行而不入關。此人主所以長欺，而説者所以長養也。

《韓非子》卷一九《五蠹》 故明主之國，無書簡之文，以法爲教；無先王之語，以吏爲師；無私劍之捍，以斬首爲勇。是境内之民，其言談者必軌於法，動作者歸之於功，爲勇者盡之於軍。是故無事則國富，有事則兵强，此之謂王資。既畜王資而承敵國之舋，超五帝，侔三王者，必此法也。**【略】**

民之政計，皆就安利如辟危窮。今爲之攻戰，進則死於敵，退則死於誅，則危矣。棄私家之事而必汗馬之勞，家困而上弗論，則窮矣。窮危之所在也，民安得勿避？故事私門而完解舍，解舍完則遠戰，遠戰則安。行貨賂而襲當涂者則求得，求得則私安，私安則利之所在，安得勿就？是以公民少而私人衆矣。

夫明王治國之政，使其商工游食之民少而名卑，以寡趣本務而趨末作。今世近習之請行，則官爵可買；官爵可買，則商工不卑也矣。姦財貨賈得用於市，則商人不少矣。聚斂倍農而致尊過耕戰之士，則耿介之士寡而商賈之民多矣。

是故亂國之俗：其學者，則稱先王之道以籍仁義，盛容服而飾辯説，以疑當世之法，而貳人主之心。其言談者，爲設詐稱，借於外力，以成其私，而遺社稷之利。其帶劍者，聚徒屬，立節操，以顯其名而犯五官之禁。其患御者，積於私門，盡貨賂，而用重人之謁，退汗馬之勞。其商工之民，修治苦窳之器，聚弗靡之財，蓄積待時，而侔農夫之利。此五者，邦之蠹也。人主不除此五蠹之民，不養耿介之士，則海内雖有破亡之國，削滅之朝，亦勿怪矣。

《六韜》卷一《文韜・盈虚》 文王曰：「其治如何？」

太公曰：「帝堯王天下之時，金銀珠玉不飾，錦綉文綺不衣，奇怪珍異不視，玩好之器不寶，淫佚之樂不聽，宫垣屋宇不堊，甍桷椽楹不斫，茅茨徧庭不剪。鹿裘禦寒，布衣掩形。糲粱之飯，藜藿之羹。不以役作之故，害民耕織之時，削心約志，從事乎無爲。吏忠正奉法者，尊其位；廉潔愛人者，厚其禄。民有孝慈者，愛敬之；盡力農桑者，慰勉之。旌别淑德，表其門閭。平心正節，以法度禁邪僞。所憎者，有功必賞；所愛者，有罪必罰。存養天下鰥寡孤獨，賑贍禍亡之家。其自奉也甚薄，其賦役也甚寡，故萬民富樂而無飢寒之色。百姓戴其君如日月，親其君如父母。」

文王曰：「大哉！賢君之德矣。」

《六韜》卷四《虎韜・軍用》 武王問太公曰：「王者舉兵，三軍器用，攻守之具，科品衆寡，豈有法乎？」

太公曰：「大哉！王之問也。夫攻守之具，各有科品，此兵之大威也。」

武王曰：「願聞之。」

太公曰：「凡用兵之大數，將甲士萬人。法用：武衛大扶胥三十六乘，材士强弩矛戟爲翼，一車二十四人，推之以八尺車輪，車上立旗鼓，兵法謂之震駭；陷堅陳，敗强敵。武翼大櫓矛戟扶胥七十二具，材士强弩矛戟爲翼，以五尺車輪，絞車、連弩自副；陷堅陣，敗强敵。提翼小櫓扶胥一百四十六具，絞車、連弩自副，以鹿車輪。陷堅陣，敗强敵。大黄參連弩大扶胥三十六乘，材士强弩矛戟爲翼，飛鳬電影自副。飛鳬，赤莖白羽，以銅爲首；電影，青莖赤羽，以鐵爲首。晝則以絳縞，長六尺，廣六寸，爲光耀；夜則以白縞，長六尺，廣六寸，爲流星；陷堅陣，敗步騎。大扶胥衝車三十六乘，螳螂武士共載，可以擊縱横，敗强敵。輜車騎寇，一名電車，兵法謂之電擊；陷堅陣，敗步騎，寇夜來前。矛戟扶胥輕車一百六十乘，螳螂武士三人共載，兵法謂之霆擊；陷堅陣，敗步騎。

「方首鐵棓維朌，重十二斤，柄長五尺以上，千二百枚，一名天棓；大柯斧，刃長八寸，重八斤，柄長五尺以上，千二百枚，一名天鉞；方首鐵鎚，重八斤，柄長五尺以上，千二百枚，一名天鎚；敗步騎羣寇。飛鈎，長八寸，鈎芒長四寸，柄長六尺以上，千二百枚，以投其衆。

「三軍拒守，木螳螂劍刃扶胥，廣二丈，百二十具，一名行馬；平易地，以步兵敗車騎。木蒺藜，去地二尺五寸，百二十具，敗步騎，要窮寇，遮走北。軸旋短冲矛戟扶胥，百二十具，黄帝所以敗蚩尤氏，敗步騎，要窮寇，遮走北。狹路微徑，張鐵蒺藜，芒高四寸，廣八寸，長六尺以上，千二百具，敗步騎。突瞑來前促戰，白刃接，張地羅，鋪兩鏃蒺藜，參連織女，芒間相去二尺，萬二千具。曠野草中，方胸鋋矛，千二百具；張鋋矛法，高一尺五寸；敗步騎，要窮寇，遮走北。狹路、微徑、地陷，鐵械鎖，參連百二十具；敗步騎，要窮寇，遮走北。

「壘門拒守：矛戟小櫓十二具，絞車、連弩自副。三軍拒守：天羅虎落鎖連一部，廣一丈五尺，高八尺，百二十具。虎落劍刃扶胥，廣一丈五尺，五百一十具。

渡溝塹：飛橋一間，廣一丈五尺，長二丈以上，着轉關轆轤八具，以環利通索張之。渡大水：飛江，廣一丈五尺，長二丈以上，八具，以環利通索張之。天浮鐵螳螂，矩内圓外，徑四尺以上，環絡自副，三十二具。以天浮張飛江，濟大海，謂之天潢，一名天舡。

「山林野居，結虎落柴營：環利鐵索，長二丈以上，千二百枚。環利大通索，大四寸，長四丈以上，六百枚。環利中通索，大二寸，長四丈以上，二百枚。環利小微縲，長二丈以上，萬二千枚。天雨，蓋重車上板，結枲鉏鋙，廣四尺，長四丈以上，車一具，以鐵杙張之。

「伐木大斧，重八斤，柄長三尺以上，三百枚。棨钁，刃廣六寸，柄長五尺以上，三百枚。銅築固爲垂，長五尺以上，三百枚。鷹爪方胸鐵把，柄長七尺以上，三百枚。方胸鐵叉，柄長七尺以上，三百枚。方胸兩枝鐵叉，柄長七尺以上，三百枚。芟草木大鐮，柄長七尺以上，三百枚。大櫓刀，重八斤，柄長六尺，三百枚。委環鐵杙，長三尺以上，三百枚。椓杙大鎚，重五斤，柄長二尺以上，百二十具。

「甲士萬人，强努六千，戟楯二千，矛楯二千，修治攻具，砥礪兵器，巧手三百人。此舉兵軍用之大數也。」

武王曰：「允哉！」

劉安等《淮南子》卷二《俶真》 古者至德之世，賈便其肆，農樂其業，大夫安其職，而處士循其道。當此之時，風雨不毁折，草木不夭死；九鼎重，珠玉潤；洛出丹書，河出緑圖。故許由、方回、善卷、披衣得達其道。何則？世之主有欲利天下之心，是以人得其樂其間。四子之才，非能盡善蓋今之世也，然莫能與之同光者，遇唐、虞之時。

逮至夏桀、殷紂，燔生人，辜諫者，爲炮烙，鑄金柱，剖賢人之心，析才士之脛，醢鬼侯之女，菹梅伯之骸。當此之時，嶢山崩，三川涸，飛鳥鎩翼，走獸擠脚。當此之時，豈獨無聖人哉？然而不能通其道者，不遇其世。夫鳥飛千仞之上，獸走叢薄之中，禍猶及之，又況編户齊民乎？由此觀之，體道者，不專在於我，亦有係於世矣。

夫歷陽之都，一夕反而爲湖，勇力聖知與罷怯不肖者同命；巫山之上，順風縱火，膏夏紫芝與蕭艾俱死。故河魚不得明目，稺稼不得育時，其所生者然也。故世治則愚者不能獨亂，世亂智者不能獨治。身蹈於濁世之中，而責道之不行也，是猶兩絆騏驥而求其致千里也；置猿檻中，則與豚同，非不巧捷也，無所肆其能也。舜之耕陶也，不能利其里，南面王，則德施乎四海，仁非能益也，處便而勢利也。

劉安《淮南子》卷三《天文》 何謂五星？東方，木也，其帝太皞，其佐句芒，執規而治春。其神爲歲星，其獸蒼龍，其音角，其日甲乙。南方，火也，其帝炎帝，其佐朱明，執衡而治夏。其神爲熒惑，其獸朱鳥，其音徵，其日丙丁。中央，土也，其帝黄帝，其佐后土，執繩而制四方。其神爲鎮星，其獸黄龍，其音宮，其日戊己。西方，金也。其帝少昊，其佐蓐收，執矩而治秋。其神爲太白，其獸白虎，其音商，其日庚辛。北方，水也，其帝顓頊，其佐玄冥，執權而治冬。其神爲辰星，其獸玄武，其音羽，其日壬癸。

劉安等《淮南子》卷五《時則》 明堂之制，静而法准，動而法繩；春治以規，秋治以矩，冬治以權，夏治以衡。是故燥、濕、寒、暑以節至，甘、雨、膏、露以時降。

杜光庭《廣成集》卷五《上元玉局化衆修黄籙齋詞》 伏聞道出虚無之表，職在生成；德超仁義之先，功包慈育。化綿億劫，教普羣方。由是三皇以道御乾坤，五帝以德承天地。人臻福壽，俗致雍熙。雖金木運遷，步驟時革。理家康國，惟道爲先。行之則四海晏清，代還淳樸；違之則中原版蕩，物變澆漓。我國家師太古之風，紹玄元之訓。懷道抱德，祖舜述堯。故能縱神武以滌埃氛，中興鳳曆；光聖文而安社稷，克固鴻圖。

臣等夙荷道慈，獲逢昭運。微功未著，寵澤已深。思虔齋潔之誠，仰報君親之德。今屬天官統序，木帝司方，當上元校戒之期，是下士精修之節。共賚法信，同詣靈壇。備玉籩金豆之儀，陳十極四華之禮。蓮釭散焰，續陽景以燭幽關；蘭炷飄煙，御星躔而達卑懇。

必冀衆真迂駕，萬聖迴軒，俯鑒羣心，洪流巨福。上扶宸極，安帝業以天長；仰奉廟謀，鎮坤維而地久。邊烽不警，氣序式和，穀稼滋豐，生靈舒泰。寰瀛輯睦，車軌混同。妖沴不興，禎祥薦委。臣等存亡介福，七祖生天；族屬沾榮，三災弭息。或前生今世，罪網未祛。或往債宿冤，過尤未解。或刑章有失，或宰割不明。或故殺誤傷，因成報對。或運心履行，有犯神明。或土木奢華，服用繁侈。三官紀過，五帝司非。憑此懺祈，皆希洗蕩。賜臣等壽齡延永，禄祚遐長，災厄蠲消，冤讎和釋。其有同心事主，戮力勤王，風露先驚，古今俄隔，緬惟夜府，願享福緣，爰伸濟拔之因，俱遂超昇之路。其次蒸嘗曠絶，冥漠無依，亦俾往生，勿爲淪滯。龍神正祑，五廟靈司，乘黄籙之殊恩，沐玄都之景貺。肅清風景，安鎮方隅。疫毒無侵，干戈不作。蜎翹異品，動植殊形。六趣四生，三途五苦。九龍符命，三寶威光。普沐神功，並登真道。

杜光庭《廣成集》卷一一《蜀王爲月虧身宫於玉局化醮詞》 伏聞大道縱靈，元和肇化，燭三光而上列，運六氣於中天。播裁成字育之功，物無不遂；持寒暑暄涼之柄，政無不均。所以五星秉大帝之符，司明罪福；十神行太一之令，統御吉凶。律曆難欺，古今所稟。

臣遭逢聖運，塵忝殊榮。山河控井絡之雄，封壤握坤維之重。常虞福過，實懼災纏。今則涼德靡修，太穹垂戒。月朔則太陽薄蝕，當對照之方；既望則太陰變虧，在身宫之位。飛天火曜臨於命辰，干禄納音仍逢衰氣。恐成災咎，彌切憂惶。是用遵按玄科，勵精丹懇。奉香羞於玉局，陳醮禮於瑶壇。仰三景以希恩，普周天而禱福。

伏冀昭彰俯鑒，肸蠁垂休。錫禎貺於三命五行，解災期於身宫分野。至有故傷誤殺，往債宿冤，咸賜蠲除，永俾貞吉。上願皇圖攸久，聖壽延長，還秦符大漢之隆，宅洛契宗周之盛。干戈偃戢，夷夏昭蘇。得傾報國之心，克叶自天之祐。不任激切虔祈之至。謹詞。

杜光庭《廣成集》卷一一《安宅醮詞》 伏聞道氣流布，三才乃分。陰陽陳變化之機，水木肇相生之象。巢穴之風既替，宅宇之作遂興。順二氣以營修，體五行而制度。實資神化，大庇生靈。

臣以庸愚，不明玄理，因時改作，隨力興修，土木之功曾無避忌，穿鑿之處深有驚喧。或抵犯王方，或背違天道。致使龍神未守，居止非宜。恐迫凶衰，更延災厄。謹歸心大道，稽首三尊，按《靈寶》明科，修五帝大醮。虔恭懺謝，拜請符文。懺已往犯觸之非，祈將來安寧之福。

伏冀二儀介瑞，五帝垂祥。凶惡蠲除，龍神鎮守。人口清泰，動静康寧。營運興生，常蒙利祐。公私和暢，眷屬乂安。即永荷太上衆尊、五帝祐護之恩。不任。

歐陽修《文忠集》卷一一五《乞不配賣醋糟與人户劄子》 臣昨至忻州，見百姓人户經臣出頭怨嗟告訴，爲轉運司將十五年積壓損爛酒糟，俵配與人户，要清醋價錢緣已配納了當。臣方欲奏乞，今後不得抑配。續據石州狀申，本務見管醋糟六千餘石，本州見取索在州及諸縣坊郭鄉村酒户第等，及州縣色役公人姓名，欲行俵配，次其糟每斗價錢二十五文足陌。緣臣已離河東，只曾行移文字，且令未得俵配，别候指揮。臣欲乞特降朝旨下轉運司，今後醋糟只許官務造醋沽買，及令百姓取便買糟醞醋，不得抑配人户。其糟所得之利不多，但虚爲騷擾，以斂怨嗟。伏望聖慈特賜矜免。其石州醋糟尚慮本州已行俵配，即乞特與減落一半價錢，令漸次送納。

蘇轍《龍川略志》卷三《與王介甫論青苗鹽法鑄錢利害》 熙寧三年，予自蜀至京師，上書言事，神宗皇帝即日召見延和殿，授制置三司條例司檢詳文字。時參政王介甫、副樞陳暘叔同管條例事，二公皆未嘗知予者。久之，介甫召予與呂惠卿、張端會食私第，出一卷書，曰：「此青苗法也，君三人閲之，有疑以告，得詳議之，無爲他人所稱也。」予知此書惠卿所爲，其言多害事者，即疏其尤甚，以示惠卿。惠卿面頸皆赤，歸即改之。予間謁介甫，介甫問予可否，予曰：「以錢貸民，使出息二分，本以援救民之困，非爲利也。然出納之際，吏緣爲姦，雖重法不可禁；錢入民手，雖良民不免非理之費；及其納錢，雖富家不免違限。如此，則鞭箠必用，自此恐州縣事不勝繁矣。唐劉晏掌國用，未嘗有所假貸，有尤其靳者，晏曰：『民僥倖得錢，非國之福；吏以法責督，非民之利便。吾雖未嘗假貸，而四方豐凶貴賤，知之不逾時，有賤必糴，有貴必糶，故自掌利柄以來，四方無甚貴甚賤之病，又何必貸也？』晏之所言，則漢常平之法矣。今此法見在，而患不修舉；公誠有意於民，舉而行之，劉晏之功可立俟也。」介甫曰：「君言甚長，當徐議而行之。此後有異論，幸相告，勿相外也。」自此逾月不言青苗法。

會河北轉運判官王廣廉召議事，予閲條例司所撰諸法，皆知其難行，而廣廉常上言乞出度牒數十道鬻，而依關中漕司行青苗事，春散秋斂以侔利，與惠卿所造略相似，即請之以出施河北，而青苗法遂行於四方。

予在條例司，王介甫問南鹽利害，對曰：「舊説有三而已：其一，立鹽綱賞格，使官鹽少拌和，則私鹽難行；其二，減官價，使私販少利；其三，增沿江巡檢，使私販知所畏。若三説並用，則鹽利宜稍增。然利之所在，欲絶私販，恐理難也。」介甫曰：「不然，但法不峻耳。」對曰：「今私鹽法至死，非不峻也，而終不可止，將何法以加之。」介甫曰：「不然。一村百家俱販私鹽，而敗者止一二，其餘必曰：『此不善販，安有敗？』此所以販不止也。若五家敗，則其餘少懼矣；十家敗，則其餘必戢矣；若二十家至三十家敗，則不敢販矣。人知必敗，何故不止？此古人所謂『鑠金百鎰，盗跖不掇』也。」對曰：「如此誠不販矣，但恐二三十家坐鹽而敗，則起爲他變矣！」一日復問鑄錢，對曰：「唐『開通』錢最善，今難及矣。天禧、天聖以前錢猶好，非今日之比，故盗鑄難行。然是時，官鑄大率無利，蓋錢法本以均通有無，而不爲利也。舊一日鑄八九百耳，近歲務多以求利，今一日千三四百矣。熙寧初止此，聞後又增僅二千矣。錢日濫惡，故盗鑄日多，今但稍復舊，法漸正矣。」介甫曰：「何必鑄錢？古人以銅爲器皿，精而能久，善於瓷漆。今河東銅器，其價極高，若官勿鑄錢而鑄器，其利比錢甚厚。」對曰：「自古所以禁鑄銅爲器皿者，爲害錢法也。今若不禁銅器，則人争壞錢爲器矣。」介甫曰：「鑄錢不如鑄器之利，又安以錢爲？」對曰：「人私鑄銅器，則官銅器亦將不售。」介甫曰：「是不難，勒工名可也。」不對而退。其後銅器行而錢法壞。

蘇轍《龍川略志》卷三《論榷河朔鹽利害》 張端與予同在條例司，暘叔門下士也，深非介甫論事，時對予深言，予曰：「君如此，意將何事？」曰：「河朔財賦常患窘急，然鹽獨未榷，今誠榷之，利不貲矣。」予曰：「予頃在河朔，聞鹽本末稍詳。河朔地鹻，民刮鹻煎鹽，不買而足用。周世宗常榷海鹽，共得三十萬緡，民多犯法，極苦之。藝祖征河東還，父老進狀，乞隨兩税納錢三十萬緡而罷榷法。藝祖許焉，今兩税外食鹽錢是已。是時，民於澶州河橋作感聖恩道場，父老至今能道之。仁宗朝，王君貺爲三司使，復議榷法，未定，君貺去職，張安道繼之，具本末以奏，且曰：『河朔歲有河隄、國信之勞，比之諸道爲苦，恐不宜復榷鹽以困之。』仁宗驚曰：『朕不知也，奈何重困河朔生靈？卿爲朕撰數句語，朕將親批出，使河朔人知此意。』即批奏牘後曰：『朕恐河朔軍民復食貴鹽，所請宜不行。』時賈魏公昌朝留守北京，聖語至，即刻石於府園騎山樓瘦木亭上。及賈公再守魏，而提刑薛向密奏乞行榷法，託以他事入議，朝廷許之。賈公具知其計，及其還，置酒邀之，中食，引至騎山瘦木亭相對，酒五行，無他語。向顧見石刻，知事已露，遂不復議榷事，魏人以此深德賈公。君奈何復言此論？」曰：「我初微聞此，不意君知之詳也。」即不敢措口，然元豐間竟聽議者榷之，至元祐而罷，今又復榷矣。

朱熹《儀禮・釋宫》 宫室之名制不盡見於經，其可考者，宫必南向，廟在寢東，皆有堂有門，其外有大門。

《周禮》：「建國之神位，右社稷，左宗廟。」宫南向而廟居左，則廟在寢東也。寢廟之大門一曰外門，其北蓋直寢，故《士喪禮注》以寢門爲内門。中門凡既入，外門其向廟也皆曲而東行，又曲而北。案《士冠禮》：賓立於外門之外，主人迎賓入，每曲揖，至於廟門。《注》曰：「入外門，將東曲，揖；直廟將北曲，又揖」是也。又按《聘禮》，公迎賓於大門内，每門每曲揖，及廟門。賈氏曰：「諸侯五廟，太祖之廟居中，二昭居東，二穆居西。每廟之前兩旁有隔牆，牆皆有閤門。諸侯受聘於太祖廟。太祖廟以西隔牆有三大門，東行至太祖廟凡經三閤門，故曰每門也。大夫三廟，其牆與門亦然，故賓問，□□大夫迎賓入，亦每門每曲揖，乃及廟門。」其説當考。大夫、士之門惟外門、内門而已，諸侯則三，天子則五，庠序則惟有一門。鄉飲酒、射禮，主人迎賓於門外，入門即三揖，至階是也。

堂之屋南北五架，中脊之架曰棟，次棟之架曰楣。

《鄉射禮記》曰：「序則物當棟，堂則物當楣。」《注》曰：「是制五架之屋也，正中曰棟，次曰楣，前曰庪。」賈氏曰：「中脊爲棟，棟前一架爲楣，楣前接檐爲庪。」今見於經者，惟棟與楣而已。棟一名阿。案《士昏禮》，賓升當阿致命。《注》曰：「阿，棟也。」又曰：「入堂深，示親親。」賈氏曰：「凡賓升皆當楣，此深入當棟，故云入堂深也。」又按《聘禮》，賓升亦當楣。賈氏曰：「凡堂皆五架，則五架之屋通乎上下，而其廣狹隆殺則異爾。」

後楣以北爲室與房。

後楣之下，以南爲堂，以北爲室，與房室與房東西相連爲之。案《少牢饋食禮》，主人室中獻祝，祝拜於席上坐受。注曰：「室中迫狹。」賈氏曰：「棟南兩架，北亦兩架。棟北楣下爲室南壁，而開户以兩架之間爲室，故云迫狹也。」《昏禮》：「賓當阿致命。」鄭云：「入堂深明不入室，是棟北乃有室也。」序之制則無室。」案《鄉射禮記》曰：「序則物當棟，堂則物當楣。」《注》曰：「序無室可以深也。」又「禮席賓南面」注曰：「不言於户牖之間者，此射於序。」賈氏曰：「無室則無户牖故也。」《釋宫》曰：「無室曰榭，榭即序也。」

人君左右房，大夫士東房西室而已。

《聘禮》記：若君不見，使大夫受聘，升受，負右房而立。《大射儀》：「薦脯醢，由左房。」是人君之房有左右也。《公食大夫禮》記：「筵出自東房。」注曰：「天子諸侯左右房。」賈氏曰：「言左對右，言東對西。大夫、士惟東房西室，故直云房而已。」然按《聘禮》，賓館於大夫、士，君使卿還玉於館也，賓亦退，負右房，則大夫亦有右房矣。又《鄉飲酒禮》記：「薦出自左房。」《少牢饋食禮》：「主婦薦自東房。」亦有左房、東房之稱，當考。

室南其户，户東而牖西。

《説文》曰：「户，半門也。牖，穿壁以木爲交窗也。」《月令正義》曰：「古者窟居，開其上取明，雨因溜之，是以後人名室爲中溜，開牖者象中溜之取明也。」牖一名鄉，其扇在内。案《士虞禮》：「祝闔牖户，如食間啓户啓牖。」鄭注曰：「牖先闔後啓，扇在内也。」鄉、牖一名是也。」

户牖之間謂之依。

郭氏曰：「窗東，户西也。」《覲禮》斧扆亦以設之於此而得扆名。《士昏禮》注曰：「户西者尊處，以尊者及賓客位於此，故又曰客位。」

户東曰房户之間。

《士冠禮》注曰：「房西，室户東也，寢廟以室爲主，故室户專得户名。凡言户者皆室户，若房户則兼言房以别之。大夫、士房户之間於堂爲東西之中。」按《詩正義》曰：「《鄉飲酒義》云，尊於房户之間，賓主共之。由無西房，故以房與室户之間爲中也。」又《鄉飲酒禮》，席賓於户牖間，而《義》曰：「坐賓於西北」，則大夫、士之户牖間在西，而房户間爲正中明矣。人君之制經無明證，按《釋宫》曰：「兩階間謂之鄉。」郭氏曰「人君南鄉當階間」，則人君之室，正中其西爲右房，而户牖間設扆處正中矣。又按《詩・斯干》曰：「築室百堵，西南其户。」《箋》曰：「天子之寢左右房，異於一房者之室户也。」《正義》曰：「大夫唯有一東房，故室户偏東，與房相近。天子、諸侯既有右房，則室當在其中，其户正中。」此一房之室户爲西，當考。

房户之西曰房外。

《士昏禮》記：「母南面於房外，女出於母左。」《士冠禮》：「尊於房户之間。若庶子，則冠於房外南面。」《注》曰：「謂尊東也。」是房户之西得房外之名也。房之户於房南壁亦當近東。案《士昏禮》注曰：「北堂在房中半以北，南北直室東隅，東西直房户，與隅間。」隅間者，蓋房東西之中、兩隅間也。房中之東，其南爲夾洗，直房户而在房東西之中。則房户在房南，壁之東偏，可見矣。

房中半以北曰北堂，有北階。

《士昏禮》記：「婦洗在北堂，直室東隅。」注曰：「北堂，房中半以北。」賈氏曰：「房與室相連爲之，房無北壁，故得北堂之名。」按《特牲饋食禮》記：「尊兩壺於房中，西墉下南上。内賓立於其北，東面南上。宗婦北堂北上。」内賓在宗婦之北，乃云北堂。又婦洗在北堂，而直室東隅是房中半，以北爲北堂也。婦洗在北堂，而《士虞禮》「主婦洗足爵於房中」，則北堂亦通名房中矣。《大射儀》「工人士與梓人升，下自北階」注曰：「位在北堂下。」則北階者，北堂之階也。

堂之上東西有楹。

楹，柱也。古之築室者以垣墉爲基，而屋其上惟堂上有兩楹而已。楹之設蓋於前楣之下。按《鄉射禮》曰：「射自楹間。」注曰：「謂射於庠也。」又曰：「序則物當棟，堂則物當楣。」物，畫地爲物，射時所立處也。堂謂庠之堂也。又曰：「豫則鉤楹内，堂則由楹外。當物北面揖。」豫即序也。鉤楹，繞楹也。物當棟而昇，射者必鉤楹內，乃北面就物，則棟在楹之內矣。物當楣而昇，射者由楹外北面就物。又鄭氏以爲物在楹間，則楹在楣之下也。又按《釋宫》曰：「梁上楹謂之梲。梲，侏儒柱也，梁楣也。」侏儒柱在梁之上，則楹在楣之下又可知矣。

堂東西之中曰兩楹間。

《公食大夫禮》：「致豆實陳於楹外，簠簋陳於楹内兩楹間。」言楹内外矣，又言兩楹間，知凡言兩楹間者，不必與楹相當，謂堂東西之中爾。

南北之中曰中堂。

《聘禮》：「受玉於中堂與東楹之間。」注曰：「中堂，南北之中也，入堂深，尊賓事也。」賈氏曰：「後楣以南爲堂，堂凡四架。前楣與棟之間爲南北堂之中。公當楣拜訖，更前北侵半架受玉，故曰入堂深也。」案：東楹之間，侵近東楹，非堂東西之中而曰中堂，則中堂爲南北之中明矣。又按《士喪禮》注曰：「中以南謂之堂。」賈氏曰：「堂上行事非專一所，若近户即言户東、户西，近房則言房外、房東，近楹即言東楹、西楹，近序即言東序、西序，近階即言東階、西階。其堂半以南無所繼屬者，即以堂言之。祝淅米於堂是也。」

堂之東西牆謂之序。

郭氏曰：「所以序別内外。」

序之外謂之夾室。

《公食大夫禮》：「大夫立於東夾南。」注曰：「東於堂。」賈氏曰：「序以西爲正堂，序東有夾室。今立於堂下當東夾，是東於堂也。」又按《公食禮》：「宰東夾北西面。」賈氏曰：「位在北堂之南，與夾室相當。」《特牲饋食禮》：「豆籩鉶在東房。」注曰：「東房，房中之東，當夾北」，則東夾之北通爲房中矣。室中之西與右房之制無明文。東夾之北爲房中，則西夾之北蓋通爲室中。其有兩房者，則西夾之北通爲右房也歟？

夾室之前曰箱，亦曰東堂、西堂。

《覲禮記》注曰：「東箱，東夾之前。相，翔待事之處。」《特牲饋食禮》注曰：「西堂，西夾之前近南爾。」賈氏曰：「即西箱也。」《釋宫》曰：「室有東西廂，曰廟。」郭氏曰：「夾室前堂是東廂，亦曰東堂。西箱亦曰西堂也。」《釋宫》又曰：「無東西廂，有室曰寢。」按《書・顧命》疏：「寢有東夾、西夾。」《士喪禮》：「死於適寢，主人降襲絰於序東。」注曰：「序東，東夾前。」則正寢亦有夾與箱矣。《釋宫》所謂無東西箱者，或者謂廟之寢也歟？凡無夾室者，則序以外通謂之東堂、西堂。按《鄉射禮》：「主人之弓矢在東序東。」《大射儀》：「君之弓矢適東堂。」大射之東堂即鄉射之東序東也。此東西堂，堂各有階。案《雜記》：「夫人奔喪，昇自側階。」注曰：「側階，旁階。」《奔喪》曰：「婦人奔喪，昇自東階。」注曰：「東階，東面階。」東面階，則東堂之階，其西堂有西面階也。

東堂下、西堂下曰堂東堂西。

《大射儀》：「賓之弓矢止於西堂下。其將射也，賓降取弓矢於堂西。」堂西即西堂下也。《特牲饋食禮》：「主婦視饎爨於西堂下。」《記》曰：「饎爨在西壁」，則自西壁以東皆謂之西堂下矣。又按《大射儀》：「執冪者昇自西階。」注曰：「羞膳者從而東，由堂東昇自北階，立於房中。」則東堂下可以達北堂也。

昇堂兩階，其東階曰阼階。

《士冠禮》注曰：「阼猶酢也，東階，所以答酢賓客也。每階有東西兩廉。」《聘禮》：「饔鼎設於西階，前當内廉。」此則西階之東廉，以其近堂之中，故曰内廉也。士之階三等，按《士冠禮》：「降三等受爵弁。」注曰：「下至也。」賈氏曰：「匠人云，天子之堂九尺，賈馬以爲階九等；諸侯堂宜七尺，階七等；大夫宜五尺，階五等；士宜三尺，故階三等也。」兩階各在楹之外，而近序。按《鄉射禮》：「昇階者昇自西階，繞楹而東。燕禮勝爵者二人，昇自西階。序進東楹之西，酌散交於楹北。」注曰：「楹北，西楹之北。」則西階在西楹之西矣。《士冠禮》：「冠於東序之筵。」而《記》曰：「冠於阼。」《喪禮》：「攢置於西序。」而《檀弓》曰：「周人殯於西階之上。」故知階近序也。

堂下至門謂之庭，三分庭一，在北設碑。

《聘禮》注曰：「宫必有碑，所以識日景、知陰陽也。」賈氏釋《士昏禮》曰：「碑在堂下，三分庭一，在北。」按《聘禮》：「歸饔餼醯醢，夾碑米設於中庭。」注曰：「庭實固當中庭。」言中庭者，南北之中也。列當醯醢南，列米在醯醢南，而當庭南北之中，則三分庭一在北可見矣。《聘禮》注又曰：「設碑近如堂深。」堂深謂從堂廉北至房室之壁，三分庭一，在北設碑，而碑如堂深，則庭蓋三堂之深也。又按《鄉射》之「侯去堂三十丈」，《大射》之侯去堂五十四丈，則庭之深可知，而其降殺之度從可推矣。

堂塗謂之陳。

郭氏曰：「堂下至門徑也，其北屬階，其南接門内溜。」接凡入門之後，皆三揖，至階。《昏禮》注曰：「三揖者，至内溜將曲，揖；既曲，北面揖；當碑，揖。」

賈氏曰：「至內霤將曲者，至門內霤，主人將東，賓將西，賓主相背時也。既曲北面者，賓主各至堂涂，北行向堂時也。」至內霤而東西行，趨堂涂，則堂涂接於霤矣。既至堂涂，北面至階而不復有曲，則堂涂直階矣。又按《聘禮》：「饔鼎設於西階，前陪鼎當內廉。」注曰：「辟堂涂也。」則堂涂在階廉之內矣。《鄉飲酒禮》注：「三揖曰將進揖，當陳揖，當碑揖。陳即堂涂也。」

中門屋爲門，門之中有㘬。

《士冠禮》曰：「席於門中闑西閾外。」注曰：「闑，橛也。」《玉藻正義》曰：「闑，門之中央所豎短木也。」《釋宮》曰：「樴在地者，謂之臬。」郭氏曰：「即門橛也。」然則闑者門中所豎短木在地者也，其東曰闑東，其西曰闑西。

門限謂之閾。

《釋宮》曰：「柣謂之閾。」郭氏曰：「閾，門限。」邢昺曰：「謂門下橫木，爲內外之限也。」其門之兩旁木則謂之棖。棖、闑之間則謂之中門，見《禮記》。

闔謂之扉。

邢昺曰：「闔，門扉也，其東扉曰左扉。」門之廣狹，案《士昏禮》曰：「納征儷皮。」《記》曰：「執皮左首隨入。」注曰：「隨入爲門中，阨狹。」賈氏曰：「皮皆橫執之。門中阨狹，故隨入也。匠人云，廟門容大扃七個。大扃，牛鼎之扃，長三尺，七個二丈一尺。彼天子廟門，此士之廟門，降殺甚小，故云阨狹也。推此則自士以上，宮室之制雖同，而其廣狹則異矣。」

夾門之堂謂之塾。

《釋宮》曰：「門側之堂謂之塾。」郭氏曰：「夾門，堂也。門之內外，其東西皆有塾，一門而塾四，其外塾南向。」按《士虞禮》：「陳鼎門外之右，匕俎在西塾之西。」注曰：「塾有西者，是室南向。」又按《士冠禮》：「擯者負東塾。」注曰：「東塾，門內東堂，負之北面，則內塾北向也。」凡門之內，兩塾之間，謂之宁。按《聘禮》：「賓問卿大夫，迎於外門，外及廟門。大夫揖入，擯者請命，賓入，三揖并行。」注曰：「大夫揖入者，省內事也。」既有俟於宁也。凡至門內霤爲三揖之始，上言揖入，下言三揖并行，則俟於霤南門內兩塾間可知矣。李巡曰：「宁，正門內，兩塾間。」義與鄭同，謂之宁者，以人君門外有正朝，視朝則於此宁立故耳。周人門與堂修廣之數不著於經，案匠人云，夏后氏世室堂修二七，廣四修一。堂修謂堂南北之深，其廣則益以四分修之一也。門堂三之二，室三之一。門堂通謂門與塾，其廣與修取數於堂，得其三之二，室三之一者，兩室與門各居一分也。以夏后氏之制推之，則周人之門殺於堂之數，亦可得而知矣。

門之內外，東方曰門東，西方曰門西。

《特牲饋食禮》注曰：「凡向內以入爲左右，向外以出爲左右。」《士冠禮》注又曰：「出以東爲左，入以東爲右。」以入爲左右，則門西爲左，門東爲右。《鄉飲酒禮》：「賓入門左。」燕禮卿大夫皆入門右是也。以出爲左右，則門東爲左，門西爲右。《士冠禮》：「主人迎賓出門左，西面。」《士虞禮》「側亨於廟門之右」是也。闑東曰臬右，亦自入者言之也。天子、諸侯門外之制，其見於經者，天子有屏，諸侯有朝。案《覲禮》：「侯氏入門右告聽事，出自屏南適門西。」注曰：「天子外屏。」《釋宮》曰：「屏謂之樹。」郭氏曰：「小牆，當門中。」《曲禮正義》曰：「天子外屏，屏在路門之外；諸侯內屏，屏在路門之內。」此侯氏出門而隱於屏，則天子外屏明矣。《釋宮》又曰：「門屏之間謂之宁。」謂宁在門之內、屏之外，此屏據諸侯內屏而言也。諸侯路寢，門外則有正朝，大門外則有外朝。按《聘禮》：「夕幣於寢門外，宰入告具於君，君朝服出門左，南鄉。」注曰：「寢門，外朝也。入告，入路門而告。」賈氏曰：「此路門外正朝之處也。」是正朝在寢門外也。《聘禮》又曰：賓死，「介復命，柩止於門外」。若介死，「惟上介造於朝」。注曰：「門外，大門外也。必以柩造朝，達其中心」，又賓拜饔餼於朝。注曰：「拜於大門外。」賈氏曰：「大門外，諸侯之外朝也。」賓拜於朝，無入門之文，則諸侯外朝在大門外明矣，是外朝在大門外也。諸侯三朝，其燕朝在寢，燕禮是也。正朝與外朝之制度不見於經，蓋不可得而考矣。

寢之後有下室。

《士喪禮》記：「士處適寢。」又曰：「朔月若薦新，則不饋於下室。」注曰：「下室如今之內堂，正寢聽事。」賈氏曰：「下室，燕寢也，然則士之下室，於天子諸侯則爲小寢也。」《春秋傳》曰：「子大叔之廟在道南，其寢在廟北。」其寢，廟之寢也。廟寢在廟之北，則下室在適寢之後可知矣。又按《喪服傳》曰：「有東宮，有西宮，有南宮，有北宮，異宮而同財。」《內則》曰：「由命士以上，父子皆異宮。」賈氏釋《士昏禮》曰：「異宮者，別有寢。」若不命之士，父子雖大院同居，其中亦隔別，各有門户，則下室之外又有異宮也。

自門以北皆周以牆。

《聘禮》「釋幣於行」注曰：「喪禮有毀宗躐行，出於大門。」則行神之位在廟門外西方。《檀弓正義》曰：「毀宗躐行，毀廟門西邊牆，以出柩也。」《士喪禮》：

「爲徑於西牆下。」注曰：「西牆，中庭之西。」《特牲饋食禮》：「主婦視饎爨於西堂下。」《記》曰：「饎爨在西壁。」注曰：「西壁，堂之西牆下。」案，門之西有牆，則牆屬於門矣。西牆在中庭之西，則牆周乎庭矣。西壁在西牆下，則牆周乎堂矣。牆者，墉壁之總名，室中謂之墉。《昏禮》「尊於室中北墉下」是也。房與夾亦謂之墉。《冠禮》：「陳服於房中西墉下。」《聘禮》「西夾六豆，設於西墉下」是也。堂上謂之序，室房與夾謂之墉；堂下謂之壁，謂之牆，其實一也，隨所在而異其名爾。堂下之壁闈門在焉。案《士喪禮》「冠者降適東壁，見於母」。注曰：「適東壁者，出闈門也。時母在闈門之外，婦人入廟由闈門。」《士虞禮》：「賓出主人送，主婦亦拜賓。」注曰：「女賓也。不言出，不言送，拜之於闈門之內。」闈門如今東西掖門。《釋宫》曰：「宫中之門謂之闈。」郭氏曰：「謂相通小門也。」是正門之外，又有闈門，而在旁壁也。

人君之堂屋爲四注，大夫、士則南北兩下而已。《士冠禮》：「設洗直於東榮。」注曰：「榮，屋翼也。」周制，自卿大夫以下，其室爲夏屋，燕禮設洗，當東溜。注曰：「人君爲殿屋也。」案《考工記》：「殿四阿，重屋。」《注》曰：「四阿，若今之四注屋，殷人始爲四注屋。」則夏后氏之屋，南北兩下而已。周制，天子、諸侯得爲殿屋四注，卿大夫以下但爲夏屋兩下。四注則南北東西皆有溜，兩下則唯南北有溜，而東西有榮，是以燕禮言東溜，而大夫、士禮則言東榮也。溜者，《説文》曰：「屋水流也。」徐鍇曰：「屋檐滴處。」榮者，《説文》曰：「屋梠之兩頭起者爲榮。」又曰：「梠，齊謂之檐，楚謂之梠。」郭璞注《上林賦》曰：「一南榮，屋南檐也。」義與《説文》同，然則檐之東西起者曰榮，謂之榮者，爲屋之榮飾。謂之屋翼者，言其軒張如翬斯飛耳。《士喪禮》：「升自前東榮。」《喪大記》：「降自西北榮。」是屋有四榮也。門之屋雖人君亦兩下，爲之燕禮之門。内溜則門屋之北溜也。凡屋之檐，亦謂之宇，案《士喪禮》：「爲銘置於宇西階上。」注曰：「宇，梠也。」《説文》曰：「宇，屋邊也。」《釋宫》曰：「檐謂之樀。」郭氏曰：「屋梠。」邢昺曰：「屋檐，一名樀，一名梠，又名宇，皆屋之四垂也。」宇西階上者，西階之上，「上」當「宇」也，階之上當宇，則堂廉與坫亦當宇矣。《特牲饋食禮》：「主婦視饎爨於西堂下。」注曰：「南齊於坫。」其《記》又注曰：「南北，直屋梠是也。」階上當宇，故階當溜，《鄉射禮》記磬階間縮溜是也。溜以東西爲從，故曰縮溜。此溜謂堂之南溜也。

此其著於經而可考者也。

《禮經》雖亡闕，然於覲見天子之禮，於燕射、聘食、見諸侯之禮，餘則見大夫、士之禮，宫室之名制，不見春有異特，其廣狹降殺不可考耳。案《書·顧命》：成王崩於路寢，其陳位也有設斧依，「牖間南鄉」，則户牖間也西序東向，「東序西向」，則東西序也。「西夾南向」，則夾室也。「東房」、「西房」，則左右房也。「賓階面阼」，階面則兩階前也。「左塾之前」、「右塾之前」，則門内之塾也。「畢門之内」，則路寢門也。「兩階所」則堂廉也。「東堂」、「西堂」則東西箱也。「東垂」、「西垂」則東西堂之宇階上也。「側階」則北階也。又云：「諸侯出廟門俟」，則與《士喪禮》「殯宫」曰「廟」合也。然則鄭氏謂天子廟及路寢如明堂制者，蓋未必然。《明堂位》與《考工記》所記明堂之制度者，非出於舊典，亦未敢必信也。又案《書·多士傳》曰：「天子之堂廣九雉，三分其廣，以二爲内，五分内，以一爲高。東房、西房、北堂各三雉；公侯七雉，三分廣，以二爲内，五分内，以一爲高。東房、西房、北堂各一雉；伯子男五雉，三分廣，以二爲内，五分内，以一爲高，東房、西房、北堂各一雉；士三雉，三分廣，以二爲内，五分内，以一爲高，有室無房、堂。」注曰：「廣，榮間相去也。雉，長三丈。内，堂東西序之内也。高，穹高也。」此傳説房堂及室與經亦不合，然必有所據，姑存之以備參考。

胡我琨《錢通》卷二《正朔一統二》 今山西無礦可開，無錢可鑄，以鹽法則盡通矣，以屯田則盡闢矣，以耕作則盡力矣。而財用之詘乏日甚，臣謂除節省外無策焉。靳學顏疏

【略】計者又欲開礦，夫礦不可開，開蓋無益也。一禁而不可弛，弛則亂矣。【略】何則鑄錢之須：一曰銅料，一曰炭，一曰轉致，一曰人工，夫此四者，在民間計之，銀一分而得錢四分，誠十不酬五矣。自臣愚計之，皆可不用銀而取辦者，誠將天下出産銅料之處，贖軍徒以下之罪，而定其則，以收銅于西山。産𡋯之窑，以法司有罪之人，而准其罪以納炭。其運銅則通水路者，附以官民之舟，如臨清帶甎之例；通陸路者資以驛遞之力，而給之官庫之錢；共運炭則請出府庫見貯之錢，或于京城，或于近縣，或于營軍，如係官身，則量給以工食；如係民户，則平給以脚價。如是，而患無材與夫轉致之難，臣不信也。至于人工取之見役而皆足，則又不煩銀兩而可辦也。臣不知工部及寶源局原額匠役，若於見今坐食與否耶？即以營軍九萬人論之，抽用其一二千人足矣，而謂妨訓練耶？今京城之内鍜金刺綉、聲技力作之徒，與夫靠衙門而衣食者，孰非營軍，奚啻一二千也，而未嘗患其妨。凡此皆不用銀而可以成務，固無本利之足較矣。【略】靳學顏疏

然鑄之大患在于無銅，年前有商七人，今或亡或逃，存者二人而已。究銅之所難得，則凶年物貴，盤運爲艱，關津重疊，抽税不一。及至都城，則户部索其税，工部索其銅，衙門之使費滋擾，借貸之賠累難堪，鞭策囚繫，勉强支應。今欲甦其困以示招徠，莫若户部銅商改隸工部，或收其本色作税，而于税外别買低昂，悉照當時給直，或將其税銀特免，而較數歲爲常，豐兇無二價，但責完銅。商不苦於煩費，官不苦於權分，此不可不議也。蕪湖關控扼大江，爲陪京門户，私鑄姦豪盤聚其處，每銅商船至，則羣擁邀截，高價强買，佯作倭鉛，點造黄銅器玩，而實則轉輸深僻之處，競鑄私錢。今宜盡驅其人，遍毁其爐，令就内城錢局軍廠近處，或點綴黄銅，或發賣紅銅，使川貴之銅悉萃聚于鍾阜石城之内，毋令散逸爲豪右資，此不可不議也。又《大明律·錢法》一款，私錢坐絞，古錢兼用，其旨總歸之便民。若乃器用，則民間除軍器、鏡子、寺院鐃鈸外，餘應廢棄者皆輸之官，私相賣買者有罪。蓋收下之銅而歸之上，即賈生所云，銅不布下則上權不分之意也。今百姓鎔冶鏤刻，作無用之器，極神工之巧，華靡僭擬，秦鍾漢鼎，商彝堯罇，皆可僞鑄，一爐千金，破産無悔，拐騙傷俗。不若申飭律禁，一切收之官府，量給銅價，湊鑄銅錢，即縉紳世家士瓷木石器具，儉樸日用甚適，豈必用銅？唐劉秩謂銅之爲物，以爲兵則不如鐵，爲器則不如漆，即禁之無害，禁則銅之費不廣而價日賤，并可挽俗，此不可不議也。銅既易足，工冶具火，齊得贏利，可以坐取不此之務，而務礦税何爲哉？【略】萬曆年王萬祚疏

王士性《廣志繹》卷五《西南諸省·雲南》 採礦事惟滇爲善。滇中礦硐自國初開採，至今以代賦税之缺，未嘗輟也。滇中凡土皆生礦苗，其未成硐者，細民自挖掘之一日，僅足衣食一日之用，於法無禁。其成硐者，某處出礦苗，其硐頭領之，陳之官而準焉，則視硐大小，召義夫若干人。義夫者，即採礦之人，惟硐頭約束者也。擇某日入採。其先未成硐，則一切工作公私用度之費，皆硐頭任之，硐大或用至千百金者。及硐已成礦，可煎驗矣，有司驗之。每日義夫若干人入硐，至暮盡出，硐中礦爲堆，畫其中爲四聚瓜分之：一聚爲官課，則監官領煎之以解藩司者也；一聚爲公費，則一切公私經費，硐頭領之以入簿支銷者也；一聚爲硐頭自得之；一聚爲義夫平分之。其煎也，皆任其積聚而自爲焉。硐口列爐若干具，爐户則每爐輸五六金於官，以給劄而領煆之。商賈則酤者、屠者、漁者、採者任其環居於礦外。不知礦之可盜，不知硐之當防，亦不知何者名爲礦徒，是他省之礦，所謂走兔在野，人競逐之。滇中之礦，所謂積兔在市，過者不顧也。採礦若此，以補民間無名之需，荒政之備，未嘗不善。

張岱《夜航船》卷一四《九流部·道教》 鉛汞：《東坡志林》曰：人生死自坎離。坎離交則生，分則死；離爲心，坎爲腎。龍者，汞也，精也，血也，出於腎肝，藏之坎之物也。虎者，鉛也，氣也，力也，出於心肺，藏之離之物也。不學道者，龍常出於水，龍飛而汞輕，虎常出於火，虎走而鉛枯。故真人曰：「龍從火裏出，虎向水中生。」人生能正坐瞑目，調息以久，則丹田濕而水上行，蓊然如雲蒸於泥丸。火爲水妃。妃，配也，熱必從之，所謂龍從火裏出也。龍出於火，則龍不飛而汞不干，旬日後，腦滿而腰足輕，常卷舌舐懸雍上腭也。久則汞下入口，咽送直至丹田，久則化爲鉛，所謂火向水中生也。

鄭之僑《農桑易知録》卷三《農桑善後事宜·勤紡織》 紡織爲婦女一生要務。古云：「一女不織，或受之寒。」故王政所施，首先責以蠶事，次及紡織，誠恐嬉戲怠荒，坐消歲月，而必以女紅是責也。江南蘇松間，民間婦女咸以紡織爲事。詢之土人，僉云：「一婦每日可出布一匹，計值可得資一錢五六分。每匹用棉花二斤半，織成一匹，計其本，約貲八九分，每匹可賺得銀六七分，合而計之，足當湖地蠶事之半。」可見紡織一事，其利甚溥。民間婦女人人當習之。乃蠶事獨擅於浙之湖州，而紡織獨精於蘇松，他如河南、山東、江西、湖廣諸省，間有織布者，要皆粗惡不堪。亦有終身不事紡織，而抒〔杼〕軸紡車，絶不經理，一遇旗亭廟會，宴飲燒香，輒成羣結隊，藉以嬉游。以有用之工夫，而消磨於冶游，豈不可惜。故當於農桑後，急宜遴選紡織之人，首先倡之，則抒〔杼〕軸紡車，一一具在，令婦女相率而學之。習之久，則彼此相安，所謂習慣成自然也。至如數口之家，計其一冬可得布數十匹，貧者自用而外，尚可交易資財；饒裕者，亦可作爲衣飾。利益所關，實非淺鮮。昔姜氏有言曰：「逸則淫，淫則忘善，忘善則惡心生」。又豈特怠荒而已哉。

湯斌《湯子遺書》卷二《奏疏·詳陳蘆課辦銅之艱疏》 江省非産銅之地，必採買於外省，定價不敷，請照各屬額徵蘆課多寡，分行州縣多方購覓，以速起解，當經咨明部臣在案。除康熙二十四年所派銅觔，已飭各屬勉力採辦，赴部交收外，兹據江蘇布政使章欽文詳稱，康熙二十五年蘆課銅觔飭行各屬遵照採買，各州縣咸以賠補艱難，籲請停辦前來。臣查錢局需用銅觔，向於各關税銀内動支辦解，因蘆課錢糧當年亦差蘆政部司經收，故照關差一例辦銅，迨後蘆政衙門奉裁，課銀歸併有司徵解，時因銅價騰貴，外省停鑄，惟京局所需之銅止令關差動支

税銀辦買，而不及於蘆課。誠以此項銀兩，在小民係計畝輸將，在州縣按則徵解，歲有定數，非若關税按貨征收歲額之外，稍有盈餘可以通融補劑者。比今部定銅價，每觔止銀六分五釐，而各處時值則有一錢五六分，以至一錢七八分不等，是時價之與定價不啻三倍。況江寧所屬每年派辦十七萬觔，爲數既多，一時採買，價值更加騰湧，重以領解員役舟車盤剥，需費浩繁，雖康熙二十四年各州縣勉力捐賠，辦完起解，然後難爲繼。今康熙二十五年，各屬紛紛具詳。臣查銅觔定價既有不敷，採買交解更多賠累，若不變通，將來各官賠補無力，必至科派那移，官民交困。仰請皇上俯鑒蘆課與關税不同，停其辦買銅觔，其應徵之銀照舊充餉，如或錢局必需，萬不可缺，亦懇皇上勅部於每觔定價六分五釐之外，照依時值酌量加增，庶承辦之官不至有賠累之苦，則那移錢糧科派洲民之弊可免，而京局鼓鑄急需亦得無悮矣。

畢振姬《西北文集》卷二《禁銅改鑄議》　開采加派之議行，兵餉有出，出於百姓，未有以佐百姓之急，猶絀也。開采所入，工作役徒主藏之吏，其入百姓分毫不與也。開采不入，則坐以折閲而賠累，及百姓加派所出，胥役里長徼解之吏私其出，百姓分毫不免也。加派不出則諉之，拖欠而攤納及百姓，百姓安得不急哉？百姓不足，君孰與足？【略】銅少奈何，請即濟以開采之銅。川蜀嶺海不可問。崔亮奏弘農郡銅青谷鑛一斗，得銅五兩四銖，韋池谷鑛一斗，得銅五兩，鸞帳山鑛一斗，得銅四兩，王屋山鑛一斗，得銅八。而南有青州、花燭山、齊州、商山，往昔銅官并準開采。宋商州皮仲容采虢州青水冶青銅，置阜民、朱陽二監；陝西張奎采儀州竹尖嶺黄銅，置博濟一監，此江北之銅也。江南吴王濞鑄銅山錢半天下，晉王廣鑄鄂渚之白紵，李巽以郴州銅坑二百八十餘所，奏置桂陽二鑪，此江南之銅也。開采入鑪，銅盡爲錢。鄧通不以輸邊錢能不以載內，其何不濟。【略】然錢以銅、鉛、薪炭而成，銅、鉛、薪炭難，致前代多即坑始附近之所，置監鑄錢，不則軍東鑄錢，合鑄大錢於開采之坑兵屯之處。使百姓不近寶，盜鑄可息，盜鑄終不可息，有鑄，有奸錢，銅使之然也。管子曰：「守物之終始，終身不竭，是謂人主之權，莫如禁民蓄銅。銅不布下，則奸民無因而鑄；奸民無因而鑄，則公錢不破；公錢不破，則人不犯死刑，錢在日增。」賈誼以爲七福，劉秩以爲四美。請禁蓄銅，官爲收市，請持銅器者没官，請勅官僚、士庶、商旅、寺觀、坊市貯錢不得過五千貫，多即市易别物。請勅高貲大賈，依左右軍官錢撓法，事覺并治没官，錢之一平充賞。請勅匿銅五斤以上，分别成死。請限五十日或兩月自占，請以御府銅器付窠司，大索民間銅器，告者有賞。請申錢幣出關之禁，西不以錢入川，不以錢踰嶺，西南不以錢過湖，立銅錢出界徒流編配者，從之法，恐其齎盜糧資敵人與馬禁等。國家有禁必行，何憚於銅，憚其驚擾百姓。銅於百姓無入也，禁銅於百姓無出也。銅既出，爲鼓鑄之用，百姓便。銅不入，爲奸商盜鑄，盜鑄之錢不爲豪猾兼并，而客大錢制錢，百姓又便。抑何藉夫不可爲食、不可爲衣之銅驚擾百姓哉？不禁銅而禁盜鑄，盜鑄公鑄皆無補於百姓之急，開采加派未可與權也。

梁章鉅《浪跡叢談》卷五《請鑄大錢》　近日銀貴錢賤，官民交困，羣思補救之方計，惟有請鑄大錢，尚是通變宜民之一法。余前在廣西撫任，即經切實上陳，爲户部議格不行。復緣江蘇撫任引疾得請，附謝恩摺内上陳，則留中未發。近聞京中臺諫亦有請鑄大錢之摺，上曾向樞廷索取余原摺呈覽，又聞此事已交各直省督撫悉心妥議，而迄未見有切實敷陳者。昨安徽王曉林中丞植，向吴紅生太守索余兩次疏稿，余以第二疏即係申明前疏未盡之意，且係留中之件，未便宣布，而第一疏已經部議，各省周知，因即録副與之，而索閲者愈多，遂鈔付手民如左以應之。其詞云：「竊謂今日銀價之貴，固由銀少，亦由錢多，錢非能真多也，由於私鑄之錢充斥，遂至銀、錢兩不得其平。臣竊以爲今日變通之計，莫如籌錢之有餘，以補銀之不足，銀之産有限，銅之産無窮，考《禹貢》『惟金三品』，銅實與金、銀並重，當王者貴，其貴賤之權亦操之自上耳，上之權可以頃刻變人之貴賤，獨不可以頃刻變物之貴賤乎？古者泉刀之設，皆取資於銅，周時圜法，輕重銖兩雖不可考，然觀其遺制，有徑尺者，有數寸者，可知當千當百，自有等差，而歷代值錢法之窮，因之有大錢之制，所謂窮則變，變則通也。現在江、浙、閩、廣東南數省，習用洋錢，即外國之大錢也，不過取其輕利便於交易耳。今若鑄爲大錢，其利用即與洋錢無異，與其用外國之大錢，何如用中國之大錢！惟利之所在，私鑄在所必防，然防大錢之私鑄，較之防小錢爲易，但須輪廓分明，刻畫工緻，磨洗淳净，多用清、漢文以經緯其間，品愈貴者，其製愈精，則僞造者不難立辨，即如今日洋錢有洋鑄、土鑄之分，民間一目了然，則大錢之官鑄、私鑄，又何難瞭如指掌？且錢質精好，工本不輕，私鑄者無從獲利，即可不禁而自止。然後將民間舊有私鑄之小錢，隨地設局收買，以備改鑄大錢之用。其大錢之等差，或酌用當十、當五十，及當百、當五百、當千，分爲五品，仍令與制錢相輔而行。查現在一錢之重，不過一錢二分，惟當十大錢不必用十錢之銅，當百大錢不必用百錢之銅，製造雖精而工本不致過費，銅亦日見有餘。此法一行，將民間舊積之私錢並外國所來之洋錢，皆當自廢。查新疆錢法舊以五十普兒爲一騰格，今定以百普兒爲一騰格，每騰格直銀一兩，即合於古者當十之大錢，當日定制，似即因銀少之故，迄今行之，並無格礙難通，則內地又何妨仿照辦理。臣愚昧之見，所論似駭聽聞，然於古有據，於今爲宜，誠使大錢之法一行，則天下之銅皆將與銀同貴，可使旬日一月之間財源驟裕，何慮而不出此？或謂大錢之行，後必有弊，此則全視乎行法之人，即如捐例之開，亦孰敢保其無弊？應請飭下親信重臣，會同部臣，博考舊章，從長計議。凡立法不能無弊，而理財全在用人，得其人則弊自輕而利自重，否則如廣東之六百萬銀，徒以資寇而毫不見功，豈不重可惜哉！

又《請行鈔法》

昨聞有請以人家赤金濟銀之不足，並申金器首飾之禁者，尚未知部議如何，余謂銀雖不足而金則如故，若並此而括索之，藏富於民之謂何？且今日之漏卮，病在通銀於夷，然其事未嘗不繁重難行，若變爲通金於夷，則簡便莫過於此，其勢將有莫之能禦者矣。於是又有以開礦爲生財之源者，又有以行貝爲助銀之用者，而非常之原，黎民懼焉，無已，則不如請行鈔法之爲便。行大錢有利而不能無弊，行鈔法亦有利而不能無弊，而集事之易，鈔法較勝於大錢。憶余官京師時，聞蔡生甫學士以奏請行鈔鐫秩，嘗惜其不知本朝故事。伏查皇朝《三通》中，備載順治八年曾造鈔十二萬有奇，至十八年因國用充裕而止，學士不知考此，而但泛引明制，於議實疎然。即前明十便之説，未始不「犁然有當於人心」：一曰造之之本省，二曰行之之途廣，三曰齎之也輕，四曰藏之也簡，五曰無成色之好醜，六曰無稱兑之輕重，七曰無工匠之奸偷，八曰無盜賊之窺伺，九曰不用錢，用鈔，則銅悉可以鑄軍器，十曰鈔法行，則民間貿易不用銀，天下之銀可盡入內庫。真乃十全善法，何不可行？語云：「窮則變，變則通。」或變爲大錢，或變爲鈔法，實爲今日之亟務，皆足以充財用而致富强，若長守而不變，則不但不能通，且恐不知所屆矣。近在江南讀王亮生學博所撰《錢幣芻言》，至詳且確，謝默卿郡丞又檃括爲《鈔貫説》，至簡而明，皆可坐而言、起而行者。成書具在，毋庸贅述，惟近許辛木農部又著《鈔幣論》以闢之，則不過鬬妍騁巧於文字間，不得謂後起者勝矣。

又《開礦議》 礦利之興古矣，《周禮》有丱人之職，丱即礦也。掌金、玉、錫、石之地，而爲之厲禁以守。若以時取之，則物其地圖而授之，巡其禁令。此即后代廠税之始。《漢書·地理志》言朱提山、益州山皆出銀；後魏延昌中，有司奏長安驪山有銀礦，又恒州白登山有銀礦；唐貞觀初，侍御權萬紀奏宣、饒二州銀大發，採之歲可得數百萬；後漢劉承鈞國用日削，五臺山僧繼容募民鑿山，取礦烹銀以輸，劉氏賴以足用。宋太宗至道末，天下歲入銀十四萬餘兩；真宗天禧末，天下歲入銀八十八萬餘兩；神宗元豐初元，冶銀二十一萬餘兩。金世宗大定間，許民採銀，二十分取一爲税。明洪武間，陝西商縣有鳳凰山銀坑八所，福建尤溪縣有銀屏山坑冶八所，浙江温、處等屬有銀場。永樂間，福建浦城縣有馬鞍等銀坑三所，貴州有葛溪銀場，雲南大理銀冶。萬曆間，歲有進礦税銀三百餘萬兩。今人無不言開礦有害者，大都鑒於前明之用宦官監收礦税耳，不知委用宦官，則凡事皆有害，何獨開礦？我朝康熙五十二年，大學士、九卿議禁開礦，上諭曰：「天地自然之利，當與民共之，不當以無用棄之。要在地方處置得宜，毋致生事。」又乾隆四年，兩廣總督奏英德縣銅坑煉出銀，該縣洪磜礦出銀過多，請封閉。上諭曰：「銀亦天地間自然之利，可以便民，何必封禁。」煌煌聖諭，仁義并行，固不欲興利以擾民，亦未嘗閉地而塞利。嘉慶年間，英煦齋師亦嘗抗疏云：「中國銀有日減，無日增，安得不短絀？則莫如取諸礦廠，或官爲經理，或任富商經理，即使官吏難保侵漁，富商或飽囊橐，總係取棄置之物，以濟生民之用。且可養贍窮民，雖聚集多人，而多人即藉以謀生，未始無益。」皆通達政體之言，非迂儒所能識。斯固籌國用者所宜體察而施行也。

梁章鉅《浪跡三談》卷六《收銅器議》 前因銀少錢貴，公私交困，因請變通錢法，以裕國便民，專摺上陳，昨奉到硃批，交部議奏，而部中准駁尚未奉有明文。伏思錢法爲濟時急需，而銅政實爲錢法根本，銅之來路不充而日勤鼓鑄之事，銅之去路不禁而徒嚴盜鑄之條，非拔本塞源之計也。夫以甚有用之銅，而聽其爲民間私家不急之物，古人所謂貨惡其棄於地者，莫此爲甚。大約風氣之華靡，以漸而開，由今追溯四五十年以前，銅之爲用尚少，比年則銅器充斥，而東南數省爲尤甚，如一煖手足之鑪，雖小户，亦家有數具。一閨閣之鏡，乃徑寬至一二尺，重至一二十斤，一盥盆、一炭盆、一壺、一鑊，動重數斤，又如大小鉦鐃與鼓相配而鳴者，爲歲首戲樂之具，從前惟富户乃有之，近則中小户亦多有之。舉此三數端，則其餘可以概見。皆由豪家相尚，踵事增華，所謂作無益害有益也。而於省會之銅器店以百計，郡城以數十計，縣城亦不下數家，至究其銅所由來，並非經商販運，間有以廢銅易錢者，亦千百中之一二耳。然則其銅何自而得乎？

則皆銷燬制錢而爲之也。近日市中行用，不見有順治、康熙、雍正三朝之錢，即乾隆、嘉慶，亦甚寥寥矣，非皆燬而爲器之故乎？然則居今日而議錢法，舍禁民間銅器，其流不得而塞，即其源無由而清，然徒禁之而抑令呈繳，甚至不繳則從而搜括之，則滋擾之弊，亦不可不預爲之防。且常用之物，驟爲厲禁，亦無以服小民之心。竊以爲宜令牧令設局公堂，以漸收買之，十里以内限一月，十里以外限兩月，皆輸繳净盡，每觔給以價銀一錢五分，如是則民不擾而浮議亦不起。雖然山僻小縣，庫中附貯之項，皆别有所抵，徵地丁，則隨徵隨解，安得餘銀以爲收銅之資？竊又以爲宜從權變通，准其開常平倉，或即照銀價以穀給民，或出糶得錢以給之，隨時變通，民亦可以無擾，總在奉行之得人耳。收銅既净，即以原物統歸省城總局，然後酌量分别鑄造，不過數月，便可集事。但鑄造磨礲必極工緻，而米炭工資必照時價給發，使鑪匠有以養身家，然後行之可久。如現在各直省錢局之價，皆照康熙年間舊定者給發，其中賠貼太甚，則其弊更不可言矣。錢既鑄成，令當商每家領去，使民行用，而兵丁口糧及各工程雜款，皆以此種錢給之，即百姓持此錢以完錢糧，亦一例收之，然後免其疑貳，可以暢行而無礙矣。

樊增祥《樊山集》卷八《代榮將軍贈鹿中丞叙》 九公深疾島夷，遇事裁抑。守廉州日，西人私買民舍，據約奪還。在閩，則移檄西官，禁約彼教勿得輒收盗賊。至論其船械之堅利，國勢之富强，自非效彼之長，不能藥我之短。每嘆關中地小，不足回旋，而亦小置機牙，試開銅礦，欲移東南之風氣，擴西北之見聞。

江葆清《江南實業雜誌》一九一〇年第二期《説開鑛》 中國鑛産，要算全世界第一的鑛産。自開闢以來，藴藏在地球中，没人過問。惟二千餘年以前，有周公管子，發明鑛學，但也只載在書册，並未嘗見諸實行。到了明朝，神宗皇帝，注意鑛産，開邊鎮鑛市，設臨清鑛使鑛官，給事包見捷連上三次奏摺，痛劾鑛使怎樣貪殘、鑛官怎樣滋擾、邊鎮鑛市怎樣醞釀禍胎。神宗皇帝不聽。後來鑛使馬堂，幾乎被百姓毆斃，鑛官嚇得逃避，不知下落，鑛市更虧折數千萬。鬧了這些大亂子，纔下詔停止。本朝康熙時代，這個問題又發生，仁皇帝覺得有明的亂子，是個前車之鑒，遂報罷。近數十年來，大家心裏都像油鍋上螞蟻，癢扒扒的，開鑛呀，開鑛呀，耳朵都噪聾了。論開鑛，却是而今最要緊的問題，辦得合法，那煤炭可以供給世界上幾千年的用場。至於金銀銅鐵、鉛錫錳鏻、磺硝硫礬，種種鑛産，真是一部十七史，不曉得從那裏説起，一本萬利，就是這開鑛。無如中國辦鑛，暴吃饅頭三口生，除了漠河金鑛、開平煤鑛、大冶鐵鑛、萍鄉煤炭鑛、延安石油鑛，稍稍有些效果，其餘辦一處鑛，起一處葛藤，辦兩處鑛，起兩處葛藤。内國和内國起葛藤，還是小事，内國和外國起葛藤，就難解決了。弄得不巧，京内堂官、京外地方官費多少唇舌，操多少心，幸而解决，已經得不償失，不幸而一時不得解决，那就要動大斧鑿了。像這樣辦鑛，倒不如疊疊收起來爲妙。更有一種辦鑛的，自己認不得鑛，全靠洋鑛師指點，指點得不錯，尚有些頭緒，指點錯了，空費氣力，空費時間，空費貲本，賠了夫人又折兵，真真不值當。我看洋鑛師，有大本領的很少，不過是貪圖中國幾兩薪水銀子，問起本領來，恐怕十有九靠不住。天下事靠别人，原是假的，並不徒是辦鑛一門，辦鑛靠别人，尤其毫没把握。要一斟一酌的辦鑛，什麽派學生出洋肄習，什麽開學堂培養人材，那都是虚文故事。莫如將計就計，假若要開那一處鑛，先選募有名譽、有經驗的洋鑛師，和他訂立關約，不談薪水的話，俗語説打出米來吃米，打出油來吃油，開開鑛來，果然不錯，或提百分之二三，或提百分之四五，給他作酬勞，通常算起來也很不少，他也没有不情願，這叫有錢買得鬼推磨。但給酬勞，須勒年限，以十年二十年爲度，限滿就止。萬一這洋鑛師或有他故及不測等事，準洋鑛師預先指定何人替代，那替代洋鑛師，一切仍照舊約，像這樣辦法，那没本領的洋鑛師，也不敢承充，所承充這項洋鑛師的，定歸有本領。試辦一鑛有效，再辦一鑛，遞推下去，十鑛百鑛，像影本照著臨，中國的鑛，不就一箍腦全開了嗎，何至於像現在兜兜撩撩，天天説開鑛開鑛，追起根來，八字没見撇，九字没見鈎，尚不曉得那一年纔開哩。中國辦鑛，有幾項官樣文章的壞病，一項是演説，你看那鑛務會議的時候，演説家在檯上，那一張嘴，像生公説法，又明白，又曉暢，又痛快，又警策，大家聽著没有不拍掌的，骨子裏頭不過就是這麽一回事，演説過了，就算結了。一項是章程，你看那刊刻的鑛務章程，真真把利弊都剔得清清楚楚，把宗旨、責任、權限律例，一切都叙得詳細分明，大意一點，竟可以當作一段書讀，骨子裏頭也不過就是這麽一件事，章程定了，就算結了。一項是招股，當場擔任的時候，或十股二十股，或百股千股，那一副踴躍情形，比劉盤龍賭錢還高興，誰知轉過臉來就忘了，起初問他，還支吾，再問他，就杳無消息了。甚至招的股，隨手就脱空用得乾乾净净，這是叫丢頭落尾的麻木大王。一項是用人，蒙大家推舉，做個總辦，應當破除私見，一秉大公，那曉得懷着鬼胎，某最優席，安插某親戚；某優席，安插某朋友；某次席，安插某本家。心腹爪牙都派定了，再夥起來任意作弊，腰包裏纏得滿滿的，月終年終，梔子花、茉莉花，報銷一篇假賬，這是叫趁火打劫的绿林强盗。有這四項壞病，難怪中國鑛業一年一年的辦不成。演説章程，原是題中應有的要義，但我常常看見演説，常常看見章程，以後鑛辦得怎樣，我就莫名其妙。至於招股用人，是我剛纔所説的這些現象，這鑛怎麽辦得好。從前英國里多文説我們中國各山藏鑛很多，就和歐洲鑛産最盛的相比，也高的不是事，可惜没有採取的善法，所以獲不着大利。開鑛用土法，是萬萬不濟事，須多集股款，購買機器，纔能有效。再不然仍將計就計，簡直歸洋鑛師包辦機器，另外多提幾成給他，這也是變通的辦法。東洋百餘年前，並不懂得鑛學，因爲想開大加馬煤鑛，特延西人代辦，不到十年，東洋自已就學會了採取。現在東洋民鑛，大小已有千餘處，佐渡、但馬生野、羽後阿仁、陸中小阪、安藝廣島各官鑛，也很發達，我們何不學學東洋哩。東三省、蒙古、西藏各鑛，久被外人所垂涎，再要悠悠忽忽，不從速經營，一旦讓外人攫去，那就要想開也没法開了。中國辦事，往往是司馬懿的過後計，這開鑛再別自誤了。

雜録

《墨子》卷一四《備梯》　禽滑釐子事子墨子三年，手足胼胝，面目黧黑，役身給使，不敢問欲，子墨子甚哀之，乃管酒槐脯，寄于大山，昧茅坐之，以樵禽子，禽子再拜而嘆。

子墨子曰：亦何欲乎？禽子再拜再拜曰：敢問守道。

子墨子曰：姑亡、姑亡；古有其術者内不親民，外不約治，以少間衆，以弱輕强，身死國亡，爲天下笑，子其慎之，恐爲身菑。

禽子再拜頓首，願遂問守道，曰：敢問客衆而勇，堙茨吾池，軍卒並進，雲梯既施，攻備已具，武士又多，争上吾城，爲之奈何？

子墨子曰：問雲梯之守耶？雲梯者重器也，其動移甚難，守爲行城，雜樓相見，以環其中，以適廣陜爲度，環中藉幕，毋廣其處。行城之法，高城二十尺，上加堞，廣十尺，左右出巨各二十尺，高、廣如行城之法。

爲爵穴、煇傶，施答其外，機、衝、棧、城，廣與隊等，雜其間。以鐫、劍，持衝十人，執劍五人，皆以有力者；令案目者視適，以鼓發之，夾而射之，重而射之，技機藉之，城上繁下矢、石、沙、灰以雨之，薪火、水湯以濟之，審賞行罰，以静爲故，從之以急，毋使生慮。若此，則雲梯之攻敗矣。

守爲行堞，堞高六尺而一等，施劍其面，以機發之，衝至則去之，不至則施之。

爵穴，三尺而一。

蒺藜投必遂而立，以車推引之。

置裾城外，去城十尺，裾厚十尺。伐裾之法，小大盡本斷之，以十尺爲斷，離而深埋之，堅築，毋使可拔。

二十步一殺，殺有一鬲，鬲厚十尺。殺有兩門，門廣五尺。裾門一，施淺埋，勿築，令易拔。城上希裾門而置楘。

縣火，四尺一鉤樴。五步一竈，竈門有鑪炭，令適人盡入，煇火燒門，縣火次之。出載而立，其廣終隊。兩載之間一火，皆立而待鼓，而然火，即具發之。適人除火而復攻，縣火復下，適人甚病，故引兵而去，則令吾死士左右出穴門擊潰師，令賁士、主將皆聽城鼓之音而出，又聽城鼓之音而入，因素出兵施伏，夜半城上四面鼓噪，適人必或，有此必破軍殺將。以白衣爲服，以號相得，若此，則雲梯之攻敗矣。

又《備突》　城百步一突門，突門各爲窑竈，竈入門四五尺，爲其門上瓦屋，毋令水潦能入門中。吏主塞突門：用車兩輪，以木束之，塗其上，維置突門内，使度門廣狹，令之入門中四五尺。門旁爲橐，充竈狀柴艾，寇即入，下輪而塞之，鼓橐而熏之。

塞穴門，以車兩走爲蒀，塗其上，以穴高下廣陜爲度，令入穴中四五尺維置之，當穴者客争伏門，轉而塞之。爲窑容三員艾者，令其突入伏，人伏傅突一旁，以二橐守之勿離。

《墨子》卷六八《迎敵祠》　敵以東方來，迎之東壇，壇高八尺，堂密八，年八十者八人，主祭青旗，青神長八尺者八，弩八八發而止，將服必青，其牲以雞。敵以南方來，迎之南壇，壇高七尺，堂密七，年七十者七人，主祭赤旗，赤神長七尺者七，弩七七發而止，將服必赤，其牲以狗。敵以西方來，迎之西壇，壇高九尺，堂密九，年九十者九人，主祭白旗，素神長九尺者九，弩九九發而止，將服必白，其牲以羊。敵以北方來，迎之北壇，壇高六尺，堂密六，年六十者六人，主祭黑旗，黑神長六尺者六，弩六六發而止，將服必黑，其牲以彘。從外宅諸名大祠，靈巫咸禱焉，給禱牲。

凡望氣，有大將氣，有小將氣，有往氣，有來氣，有敗氣，能得明此者可知成敗、吉凶。

舉巫、醫、卜有所長，具藥宫之，善爲舍。望氣舍近守宫。巫必近公社，必敬神之。巫、卜以請報守，守獨智巫、卜望氣之請而已；其出入爲流言，驚駭恐吏民，謹微察之，斷，罪不赦。

收賢大夫及有方技者若工，弟之。舉屠、酤者置廚給事，弟之。

凡守城之法，縣師受事，出葆，循溝防，築薦通塗，修城。百官共財，百工即事。司馬視城修，卒伍，設守門，二人掌右閹，二人掌左閹，四人掌閉，百甲坐之。

城上步，一甲，一戟，其贊三人，五步有五長，十步有什長，百步有百長，旁有大率，中有大將，皆有司吏卒長。城上當階，有司守之。

移中中處，澤急而奏之，士皆有職。

城之外，矢之所逮，壞其牆，無以爲客圉，三十里之內，薪、蒸、木皆入內，狗、彘、豚、雞，食其肉，斂其骸以爲醢，腹病者以起。

城之內，薪、蒸、廬、室，矢之所逮，皆爲之涂菌。令昏緯狗、纂馬，掔緯。靜夜聞鼓聲而譟，所以閹客之氣也，所以固民之意也，故時譟則民不疾矣。

祝、史乃告於四望山川、社稷，先於戎，乃退。公素服誓于太廟，曰：其人爲不道，不修義詳，唯力是上，曰：予必壞亡爾社稷、滅爾百姓。二參子尚夜自廈，以勤寡人，和心比力兼左右，各死而守。既誓，公乃退食，舍於中太廟之右，祝、史舍于社。百官具御，乃升，鼓于門，右置旂，左置旌，于隅練名，射參發，告勝，五兵咸備。乃下，出俟，升望我郊。乃命鼓，俄升，役司馬射自門右，蓬矢射之，矛參發，弓弩繼之；校自門左，先以揮，木石繼之。祝、史、宗人告社，覆之以甑。

裴啓《裴子語林》 庾翼爲荆州都督，以毛扇上成帝。帝疑是故物，侍中劉劭曰：「柏梁雲構，工匠先居其下；管弦繁奏，夔、牙先聆其音；翼之上扇，以好不以新。」稚恭聞之曰：「此人宜在帝左右。」

《北史》卷六〇《宇文愷傳》 是時將復古制明堂，議者皆不能決。愷博考羣籍，爲明堂圖樣奏之。又以「張衡渾象用三分爲一度，裴秀輿地以一寸爲千里，臣之此圖以一分爲一尺，推而演之」。又引于時議者，或以綺井爲重屋，或以圓楣爲隆棟，將爲臆説，事不經見。今録其疑難，爲之通釋，皆出證據，以相發明。爲議曰：

臣愷謹按《淮南子》曰：「昔者神農之御天下也，甘雨以時，五穀蕃植，春生夏長，秋收冬藏，月省時考，終歲獻貢，以時嘗穀，祀于明堂。明堂之制，有蓋而無四方，風雨不能襲，燥濕不能傷，遷延而入之。」臣愷以爲上古朴略，創立典刑。《尚書帝命驗》曰：「帝者承天，立五府以尊天重象，赤曰文祖，黄曰神斗，白曰顯紀，黑曰玄矩，蒼曰靈府。」注云：「唐虞之天府，夏之世室，殷之重屋，周之明堂，皆同矣。」《尸子》曰：「有虞氏曰總章。」《周官・考工記》曰：「夏后氏世室，堂修二七，博四修一。」注云：「修，南北之深也。夏度以步，合堂修十四步，其博益以四分修之一，則堂博十七步半也。」臣愷案：三王之世，夏最爲古，從質尚文，理應漸就寬大，何因夏室乃大殷堂？相形爲論，理恐不爾。《記》云：「堂修二七，博四修一。」若夏度以步，則應修七步。注云：「今堂修十四步。」乃是增益《記》文。殷、周二堂，獨無加字，便是義類例不同。山東《禮》本輒加二七之字，何得殷無加尋之文，周闕增筵之義？研窮其趣，或是不然。讎校古書，並無「二」字。此乃桑間俗儒，信情加減。《黄圖》議云：「夏后氏益其堂之大百四十四尺，周人明堂以爲兩杼間。」馬宫之言，止論堂之一面。據此爲準，則三代堂基並方，得爲上圓之制。諸書所説，並爲下方，鄭注《周官》，獨爲此義，非直與古違異，亦乃乖背《禮》文。尋文求理，深恐未愜。

《尸子》曰：「殷人陽館。」《考工記》曰：「殷人重屋，堂修七尋，堂崇三尺，四阿重屋。」注云：「其修七尋，五丈六尺。放夏、周，則其博九尋，七丈二尺。」又曰：「周人明堂，度九尺之筵，東西九筵，南北七筵，堂崇一筵，五室，凡室二筵。」《禮記・明堂位》曰：「天子之廟，複廟重檐」。鄭注云：「複廟，重屋也。」注《玉藻》云：「天子廟及路寢，皆如明堂制。」《禮圖》云：「於内室之上，起通天之觀，觀八十一尺，得宫之數，其聲濁，君之象也。」《大戴禮》曰：「明堂者，古有之。凡九室，室有四户八牖，以茅蓋，上圓下方。外水曰璧雍。赤綴户，白綴牖。堂高三尺，東西九仞，南北七筵。其宫方三百步。」「凡人疾、六畜疫、五穀災，生於天道不順。天道不順，生於明堂不飾。故有天災則飾明堂。」《周書》曰：「明堂方百一十二尺，高四尺，階博六尺三寸，室居内，方百尺，室内方六十尺，高八尺，博四尺。」《作洛》曰：「明堂、太廟、路寢咸有四阿，重亢重廊。」孔氏注云：「重亢累棟，重廊累屋。」

《禮圖》曰：「秦明堂，九室十二階，各有所居。」《吕氏春秋》曰：「有十二堂。」與《月令》同。並不論尺丈。臣愷案：十二階雖不與《禮》合，一月一階，非無理思。

《黃圖》曰：「堂方百四十四尺，坤之策也，方象地；屋圓，楣徑二百一十六尺，乾之策也，圓象天。室九宮，法九州；太室方六丈，法陰之變數；十二堂，法十二月；三十六户，法極陰之變數；七十二牖，法五行所得日數；八達象八風，法八卦；通天臺徑九尺，法乾以九覆六；高八十一尺，法黃鍾九九之數；二十八柱，象二十八宿；堂高三尺，土階三等，法三統；堂四向五色，法四時五行；殿門去殿七十二步，法五行所行。門堂長四丈，取太室三之二。垣高無蔽目之照，牖六尺，其外倍之。殿垣方，在水内，法地陰也；水四周於外，象四海，圓法陽也；水闊二十四丈，應二十四氣；水内徑三丈，應《觀禮經》。」武帝元封二年，立明堂汶上，無室，其外略依此制。《泰山通義》今亡，不可得而辨也。

元始四年八月，起明堂，璧雍長安城南門，制度如儀。一殿，垣四面，門八觀，水外周堤，壤高。四方和會，築作三旬。五年正月六日辛未，始郊太祖高皇帝以配天。二十二日丁亥，宗祀孝文皇帝於明堂以配上帝。及先賢百辟卿士有益者，於是秩而祭之。親扶三老五更，袒而割牲，跪而進之。因班時令，宣恩澤。諸侯宗室、四夷君長、匈奴西國侍子，悉奉貢助祭。

《禮圖》曰：「建武三十年作明堂，堂上圓下方。圓法天，方法地。十二堂法日辰，九室法九州，八窗象八風，八九七十二，法一時之王。室有二户，二九十八户，法土王十八日。内堂正壇高三尺，土階三等。」胡伯始注《漢官》云：「古清廟蓋以茅，今蓋以瓦，瓦下藉茅，以存古制。」《東京賦》曰：「乃營三宮，布政頒常。複廟重屋，八達九房。造舟清池，惟水泱泱。」薛綜注云：「複重廟覆，謂屋平覆重棟也。」《續漢書·祭祀志》曰：「明帝永平二年，祀五帝於明堂。五帝坐各處其方，黃帝在未，皆如南郊之位。光武位在青帝之南，少退，西面，各一犢，奏樂如南郊。」臣愷案《詩》云：「《我將》，祀文王於明堂也。我將我享，維羊維牛。」據此，則備大牢之祭。今云一犢，恐與古殊。自晉以前，未有鴟尾，其門牆璧水，一依本圖。

晉《起居注》裴頠議曰：「尊祖配天，其義明著，廟宇之制，理據未分。直可爲一殿以崇嚴祀，其餘雜碎，一皆除之。」臣愷案：「天垂象，聖人則之。」辟雍之星，既有圖狀，晉室方構，不合天文。既闕重樓，又無璧水，空堂乖五室之義，直殿違九階之文。非古欺天，一何過甚！

後魏於北臺城南，造圓牆，在璧水外，門在水内迴立，不與牆相連。其堂上九室，三三相重，不依古制。室間通巷，違舛處多。其室皆用墼累，極成褊陋。《後魏·樂志》曰：「孝昌二年立明堂，議者或言九室，或言五室，詔斷從五室。後元叉執政，復改爲九室。遭亂不成。」

宋《起居注》曰：「孝武大明五年立明堂，其牆宇規範，擬則太廟，唯十二間，以應期數。依漢《汶上圖儀》，設五帝位，太祖文皇帝對饗。鼎俎簠簋，一依廟禮。」

梁武即位之後，移宋時太極殿以爲明堂，無室，十二間。《禮疑議》云：「祭用純，漆俎瓦樽，文於郊，質於廟，止一獻，用清酒。」平陳之後，臣得目觀，遂量步數，記其尺丈。猶見焚燒殘柱，毁破之餘，入地一丈，儼然如舊。柱下以樟木爲跗，長丈餘，闊四尺許，兩兩相並，凡安數重。宮城處所，乃在郭内。雖湫隘卑陋，未合規摹，但祖宗之靈，得崇嚴祀。

周、齊二代，闕而不修，大饗之典，於焉靡託。

自古《明堂圖》唯有二本。一是宗周，劉熙、阮諶、劉昌宗等作，三圖略同。一是後漢建武三十年作，《禮圖》有本，不詳撰人。臣遠尋《經傳》，傍求子史，研究衆説，總撰今圖。其様以木爲之，下爲方堂，堂有五室，上爲圓觀，觀有四門。」

帝可其奏。會遼東之役，事不果行。

以度遼之功，進位金紫光禄大夫。其年卒官，帝甚惜之，謚曰康。撰《東都圖記》二十卷、《明堂圖議》二卷、《釋疑》一卷，見行於世。

《北史》卷七二《牛弘傳》 (開皇)三年，拜禮部尚書，奉敕修撰《五禮》，勒成百卷，行於當代。弘請依古制，修立明堂，上議曰：

竊謂明堂者，所以通神靈，感天地，出教化，崇有德。黃帝曰合宮，堯曰五府，舜曰總章，布政興教，由來尚矣。《周官·考工記》曰：「夏后氏代室，堂修二七，廣四修一。」鄭玄注云：「修十四步，其廣益以四分修之一，則廣十七步半也。」「殷人重屋，堂修七尋，四阿重屋。」鄭云：「其修七尋，廣九尋也。」「周人明堂，度九尺之筵，南北七筵。五室，凡室二筵。」鄭玄云：「此三者，或舉宗廟，或舉王寢，或舉明堂，互言之明其制同也。」馬融、王肅、干寶所注，與鄭亦異，今不具出。漢司徒馬宮議云：「夏后氏代室，室顯於堂，故命以室。殷人重屋，屋顯於堂，故命以屋。周人明堂，堂大於夏室，故命以堂。夏后氏益其堂之廣百四十四尺，周人明堂，以爲兩序間大夏后氏七十二尺。」若據鄭玄之説，則夏室大於周堂，如依馬宮之言，則周堂大於夏室。後王轉文，周大爲是。但宮之所言，未詳其義。此皆去聖久遠，《禮》文殘缺，先儒解説，家異人殊。鄭注《玉藻》亦云：

「宗廟路寢，與明堂同制。」《王制》曰：「寢不踰廟。」明大小是同。今依鄭注，每室及堂，止有一丈八尺，四壁之外，四尺有餘。若以宗廟論之，祫享之日，周人旅酬六尸，并后稷爲七，先公昭穆二尸，先王昭穆二尸，合十一尸，三十六主，及君北面行事於二丈之堂，愚不及此。若以正寢論之，便須朝宴。據《燕禮》：「諸侯宴則賓及卿大夫脱屨升坐。」是知天子宴，則三公九卿並升堂。《燕義》又云：「席小卿，次上卿。」言皆侍席。止於二筵之間，豈得行禮？若以明堂論之，總享之時，五帝各於其室。設青帝之位，須於木室内少北西面。太昊從食，坐於其西，近南北面。祖宗配享者，又於青帝南，稍退西面。丈八之室，神位有三，加以簠簋豆籩，牛羊之俎，四海九州美物咸設，復須席上升歌，出樽反坫，揖讓升降，亦以隘矣。據兹而説，近是不然。

案劉向《别録》及馬宫、蔡邕等所見，當時有《古文明堂禮》、《王居明堂禮》、《明堂圖》、《明堂大圖》、《明堂陰陽》、《太山通義》、《魏文侯孝經傳》等，並説古明堂事。其書皆亡，莫得而正。今《明堂月令》者，鄭玄云是吕不韋著，《春秋十二紀》之首章，禮家鈔合爲記。蔡邕、王肅云周公作，《周書》有《月令》第五十三，即此也。各有證明，文多不載。束皙以爲夏時書。劉瓛云：「不韋鳩集儒者，尋于聖王月令之事而記之。不韋安能獨爲此記？」今案不得全稱周書，亦不可即爲秦典，其内雜有虞、夏、殷之法，皆聖王仁恕之政也。蔡邕具爲章句，又論之曰：「明堂所以宗祀其祖，以配上帝也。夏后氏曰代室，殷人曰重屋，周人曰明堂。東曰青陽，南曰明堂，西曰總章，北曰玄堂，内曰太室。聖人南面而聽，嚮明而治，人君之位莫不正焉。故雖有五名，而主以明堂也。制度之數，各有所依。方一百四十四尺，坤之策也，屋圜楣徑二百一十六尺，乾之策也。太廟明堂方六丈，通天屋徑九丈，陰陽九六之變，且圓蓋方覆，九六之道也。八闥以象卦，九室以象州，十二宫應日辰。三十六户，七十二牖，以四户八牖乘九宫之數也。户皆外設而不閉，示天下以不藏也。通天屋高八十一尺，黄鍾九九之實也。二十八柱布四方，四方七宿之象也。堂高三尺，以應三統，四向五色，各象其行。水闊二十四丈，象二十四氣，於外，以象四海。王者之大禮也。」觀其模範天地，則象陰陽，必據古文，義不虚出。今若直取《考工》，不參《月令》，青陽總章之號不得而稱，九月享帝之禮不得而用。漢代二京所建，與此説悉同。

建安之後，海内大亂，魏氏三方未平，無聞興造。晉則侍中裴頠議「直爲一殿，以崇嚴父之祀，其餘雜碎，一皆除之」。宋、齊已還，咸率兹禮，前王盛事，於是不行。後魏代都所造，出自李沖，三三相重，合爲九屋。簷不覆基，房間通街，穿鑿處多，迄無可取。及遷洛陽，更加營構，五九紛競，遂至不成。宗祀之事，於焉靡託。

今皇猷遐闡，化覃海外，方建大禮，垂之無窮。弘等不以庸虚，謬當議限。今檢明堂必須五室者何？《尚書帝命驗》曰：「帝者承天立五府，赤曰文祖，黄曰神斗，白曰顯紀，黑曰玄矩，蒼曰靈府。」鄭玄注曰：「五府與周明堂同矣。」且三代相沿，多有損益，至於五室，確然不變。夫室以祭天，天實有五，若立九室，四無所用。布政視朔，自依其辰。鄭司農云「十二月分在青陽等左右之位」，不云居室。鄭玄亦云「每月於其時之堂而聽政焉」。《禮圖》畫个，皆在堂偏，是以須爲五室。明堂必須上圓下方者何？《孝經援神契》曰：「明堂者，上圓下方，八窗四達，布政之宫。」《禮記·盛德篇》曰：「明堂四户八牖，上圓下方。」是以須爲圓方。明堂必須重屋者何？案《考工記》，夏言「九階，四旁兩夾窗，門堂三之二，室三之一」。殷、周不言者，明一同夏制。殷言「四阿重屋」，周承其後不言屋，制亦盡同可知也。其「殷人重屋」之下，本無五室之文。鄭注云：「五室者，亦據夏以知之。」明周不云重屋，因殷則有，灼然可見。《禮記·明堂位》曰：「太廟，天子明堂。」言魯爲周公之故，得用天子禮樂，魯之太廟，與周之明堂同。又曰：「複廟重簷，刮楹達嚮，天子之廟飾。」鄭注：「複廟，重屋也。」據廟既重屋，明堂亦不疑矣。《春秋》文公十三年，「太室屋壞」。《五行志》曰：「前堂曰太廟，中央曰太室，屋其上重者也。」服虔亦云：「太室，太廟之上屋也。」《周書·作洛篇》曰：「乃立太廟宗宫路寢明堂，咸有四阿反坫，重亢重廊。」孔晁注云：「重亢，累棟；重廊，累屋也。」依《黄圖》所載，漢之宗廟皆爲重屋。此去古猶近，遺法尚存，是以須爲重屋。明堂必須爲辟雍者何？《禮記·盛德篇》云：「明堂者，明諸侯尊卑也。外水曰辟雍。」《明堂·陰陽録》曰：「明堂之制，周圜行水，左旋以象天，内有太室，以象紫宫。」此則明堂有水之明文也。然馬宫、王肅以爲明堂、辟雍、太學同處，蔡邕、盧植亦以爲明堂、靈臺、辟雍、太學同實異名。邕云：「明堂者，取其宗祀之清貌，則謂之清廟，取其正室，則曰太室，取其堂，則曰明堂，取其四門之學，則曰太學，取其周水圜如璧，則曰辟雍。其實一也。」其言别者，《五經通義》曰：「靈臺以望氣，明堂以布政，辟雍以養老教學。」三者不同。袁準、鄭玄亦以爲别。歷代所疑，豈能輒定？今據《郊祀志》云：「欲爲明堂，未曉其制。濟南人公玉帶上黄帝時《明堂圖》，一殿無壁，蓋之以茅，水圜宫垣，天子從之。」以此而言，其來則久。漢中元二年，起明堂、辟雍、靈臺於洛陽並別處。然明堂亦有璧水，李尤《明堂銘》曰「流水洋洋」是也。以此須有辟雍。

今造明堂，須以《禮經》爲本。形制依於周法，度數取於《月令》，遺闕之處，參以餘書，庶使該詳沿革之理。其五室九階，上圓下方，四阿重屋，四旁兩門，依《考工記》、《孝經》說。堂方一百四十四尺，屋圓楣徑二百一十六尺，太室方六丈，通天屋徑九丈，八闥二十八柱，堂高三尺，四向五色，依《周書·月令》論。殿垣方在內，水周如外，水內徑三百步，依《太山》、《盛德記》、《觀禮經》。仰觀俯察，皆有則象，足以盡誠上帝，祗配祖宗，弘風布教，作範於後矣。

上以時事草創，未遑制作，竟寢不行。

《周書》卷四五《儒林·樂遜傳》 頃者魏都洛陽，一時殷盛，貴勢之家，各營第宅，車服器玩，皆尚奢靡。世逐浮競，人習澆薄，終使禍亂交興，天下喪敗。比來朝貢，器服稍華，百工造作，務盡奇巧。臣誠恐物逐好移，有損政俗。如此等事，頗宜禁省。《記》言「無作淫巧，以蕩上心」。《傳》稱「宮室崇侈，民力彫弊」。漢景有云：「黃金珠玉，饑不可食，寒不可衣。」「彫文刻鏤，傷農事者也；錦繡纂組，害女功者也。」以二者爲饑寒之本源矣。然國家非爲軍戎器用、時事要須而造者，皆徒費功力，損國害民。未如廣勸農桑，以衣食爲務，使國儲豐積，大功易舉。

劉晝《劉子》卷三《貴農》 故衣食爲民之本，而工巧爲其末也。是以雕文刻鏤，傷於農事；錦繢綦組，害於女工。農事傷則饑之本也，女工害則寒之源也。

許翰《襄陵文集》卷六《明堂時令議》 某聞天人之際，精祲相蕩。象類相取，無定方體，惟所感變。是以古先聖王深觀乎天道，而均調以人事。在《易》之《復》曰：「先王以至日閉關，商旅不行，后不省方。」商旅者，陰也；后者，陽也。日之始至，陰壯陽微，故使閉關，商旅不行，以遏陰氣。而后不省方，深存而致養，其一以定陽德。冬至者，一歲之始也。先王終歲之事，輔相天道，類悉如此。而《易》不可以偏舉，故於《復》首一見之，而世得以類推焉。凡陰陽五行之變，本原於《易》，而降在《洪範》，散在《太玄》，惟深思知化之時，能使道通爲一。

某嘗竊原天地之數，考諸《洪範》而爲之說曰：形凝於西而觀生於東，故木爲貌；聲動於東而節成於西，故金爲言。木生火，故貌可視也；金生水，故言可聽也。二之照也，麗乎有方，比視遠之明也；一之虛也，通乎無方，比聽德之聰也。其證諸天也，一潛而寒，水氣之精也；二軋而燠，火氣之變也；三和而雨，木以水滋，仁之愛也，父子之道也；四辨而暘，金以火燥，義之制也，君臣之保也。肅以欽恭，乂以制從，哲以正厥明，謀以審厥聰。不恭以肅，則恣行而狂；不從以乂，則陵節而僭；不明以哲，則豫而無斷；不聽以謀，則急而無稽。是故肅乂哲謀，能使雨暘寒燠從時而不愆；狂僭豫急，能使雨暘寒燠常久而無節也。思者風也，思在五行爲土，而風以木氣在中，蓋地以五〔五〕相守，數之窮也。而天三變而通之，是以鼓舞之風發於大塊也。變五以三，故睿而通；妙三於一，故聖而化。聖人精一，入乎無思，故能無不思也。思而正勝，則修而爲聖，其風時；思而妄雜，則亂而成蒙，其風常。思者君也，四德之所恃以成者也。土氣之濕，水或使之也，水潛於土，故聖以一妙而御中也；金氣之燥，火或使之也，火縕於金，故乂者慶賞刑威惟二，折天下而成方者也。木之恭者，水本之也；火之明者，木資之也；水之聰者，金瑩之也，皆因而用之者也。恭之作肅，金斂之也；明之作哲，水斷之也；聰之作謀，土稽之也，皆制而成之者也。金土巽，此天地之數所以成五位之節者也，是以其德重固，其道制而用之而成於自用。

火克金而從，木克土而睿，金凝而作乂，土化而成聖也。是以聖人之相天也，木不足則用恭，木太過則揭肅；金太過則用從，金不足則揭乂；火不足則用明，火太過則揭哲；水不足則用聰，水太過則揭謀；土太過則用睿，土不足則揭聖。木沴則制天下之狂，金沴則禁天下之僭，火沴則飭諸豫，水沴則抑諸急，土沴則祛諸蒙也。其在《周官》，有敘事，有救政。敘事所以治常也，救政所以御變也。

何謂敘事？《月令》所載是也，又如春正月《泰》卦御之，太玄之氣，其首爲差，爲重，爲增，爲鋭，爲達，爲交，聖人修其畫贊之德，以道其化。如秋七月《否》卦御之，太玄之氣，其首爲常，爲度，爲亥，爲昆，爲減，爲唫，爲守，聖人修其畫贊之德，以受其福也。何謂救政？庶證所驗是也。又如木不足則聲尚角，色尚青，政尚仁，毋殺鱗蟲，毋傷新物，赦小過，解久禁，以扶木氣。木在太玄，其類爲鱗，爲新，爲赦，爲解故也。如金太過則聲尚徵，色尚赤，政尚禮，息巫風，戒猛政，警邊城之變，飭寇賊之防，以抑金氣。金在太玄，其類爲巫祝，爲猛，爲邊，爲城，爲寇，爲賊故也。歲時適平，則有敘事，無救政；歲時有過不及，而敘事、救政兼舉焉。

古者王公坐而論道，燮理陰陽，寅亮天地，必有以深造乎此。其妙難知，而其粗則有司可得而陳者也。按《易》之傳，戊戌之歲，《泰》卦御之，而正月又《泰》

所御，皇帝作興明堂，以儀式〔刑〕文王之典，日靖四方之義，紹修古道，資取化源，肇自來歲戊戌正月之吉，號詔天下，以大振顯祖宗之烈光。是謂裁成天地之道，輔相天地之宜，以左右民，與《泰》合符，謂宜因此盡舉《洪範》、《太玄》之説，系諸《易》象，與時損益，定著《月令》，爲萬世法。有司前期既具叙事，又具一氣救政，義類所宜，告諸朝廷。朝廷以時相觀庶政，考合師言，或創建新令，或申敕舊法，審則宜類，參乎元精，條列以上，誕布而下，使民由之以安以利，而由其所以然，必有以感移至神，導迎和氣。天下幸甚。

倪思《經鉏堂雜志》卷一《孝廟聖德・三事》　孝廟既過重華宫，有一浄齋，終日宴坐其間。止有一卓，案上沓書籍一部，圓硯一隻，筆兩管，墨一錠，紙兩軸，四旁無他物。近璫嘗奏：「高宗留下寶器圖書，不可數計。陛下當時取觀玩，略享之。」孝廟云：「不然。高廟渡江，成中興之業，功德盛大，故合享此。朕無功德，豈可享用？」璫云：「留在庫藏，久必朽蠹。取而觀玩，何損也？」孝廟云：「此皆是直錢之物，高廟所寶。萬一將出，或至損壞，便是不能守也。」至後皆鎖閉不啓。

倪思《經鉏堂雜誌》卷五《耕而食》　耕而食，蠶而衣，此理之常。而世之耕者多不得食，而不耕者享其食；蠶者不得衣，而不蠶者享其衣。故辛苦以立家，謂之智，亦謂之無福。

丘濬《大學衍義補》卷二七《制國用・銅楮之弊下》　本朝制銅錢、寶鈔相兼，行使百年，於兹未之改也。然行既久，意外弊生。錢之弊在於僞鈔之弊，在於多革僞錢之策，臣既陳於前矣。所以通行鈔法者，臣請稽古三幣之法，以銀爲上幣，錢爲中幣，鈔爲下幣。以中、下二幣爲公私通用之具，而一準上幣以權之焉。蓋自國初以來，有銀禁恐其或閡錢鈔也，而錢之用不出于閩廣。宣德正統以後，錢始用於西北。自天順、成化以來，鈔之用益微矣。必欲如寶鈔屬鏹之刑，每一貫准錢一千，銀一兩，以復初製之舊，非用嚴刑不可也。然嚴刑非聖世所宜有，夫以法治民之刑，可行於一時，不若以理服民之心，可施於悠久也。蓋本天之理制事之，宜以爲民之利，因時立法，隨時以處，中聖賢制事之權也。竊以爲今日制用之法，莫若以銀與錢鈔相權而行，每銀一分，易錢十文。新製之鈔，每貫易錢十文。四角完全未中折者，每貫易錢五文；中折者三文；昏爛而有一貫字者一文。通詔天下，以爲定制。而嚴立擅自加減之罪。雖物生有豐歉，貨殖有貴賤，而銀與錢鈔交易之數一定而永不易，行之百世，通之萬方。如此則官籍可稽，而無那移之弊；民志不惑，而無欺紿之患。商出途、賈居市，皆無折閲之虧矣。

齊學裘《見聞續筆》卷一《礦神》　銅廠祀礦神最虔，神嗜觀劇而畏官長，酬神必演劇。管廠之官皆相戒不得鳴騶，至廠云聞唱道聲，則神驚匿而礦失矣。蓋神本猓猓爲之，故畏見官長也。不知真有所受，抑造作斯語也。路南州歲辦銅數萬斤，以不能足額，多賠累，州牧耿君雲亭不勝其苦，力求卸任。省中諸員無敢往者。大吏不得已，檄澂江府兼辦其篆。時澂江許菊泉太守亦不得已而任其事，甫接印，即有廠報礦旺，使人驗之信。遂詳請給工本，一月得銅六十餘萬斤，省中譁然。耿以前累，復求回任，星夜馳往。接印日，召諸廠户至，則默默相視，問之，云一夕礦皆走矣。取前所取礦煎之，亦不成銅。及一月所辦，仍不足額，乃復至省，仍以許攝之。接印日，礦户又報云得堂礦，洞中得曠最大者，謂之堂礦。驗之信，遂詳請大給工本，得銅千萬餘斤，以議叙加道銜。余初至滇，聞是事，以爲故神其説。及晤菊泉太守，詢之云信然。後雲亭以邊俸遷普洱太守，會於會城，詢之亦云信然。因遍詢辦廠諸公，皆云礦之衰旺，實非人力所能爲，則神主之矣。廠皆祀神而不皆旺，則又非神力所能爲矣。豈地不愛寶，而出必以時，固不可測耶！

薛福成《籌洋芻議・礦政》　今天下日趨於貧之故，大端有二：一則商務不盛，利輸於外，猶水之漸洩，而人不知也。一則礦政未修，貨棄於地，猶水之漸涸，而人不知也。蓋天地生人、養人之具，火化之用莫大乎煤，轉移之用，器械之用莫大乎五金，此中外不易之勢也。中國於取煤之法，雖研之未精，而民間猶或務之，其取五金之法，則廢而不講久矣。《周禮》丱人一官，掌金、玉、錫、石之地，若以時取之，則物其地圖而授之。知古聖人經緯天下，所以爲斯民利用厚生者，籌之。蓋詳《漢書・地理志》州郡有銅官、鐵官者，凡數十處，迄於唐宋，未嘗不採取五金，其事時見於史傳。自明之晚季，以礦税爲厚斂之端，宦竪四出徵求，無藝有司，因之苛派百姓，海内騷然。當時既受其弊，後世遂相戒不敢復議，此礦政所以不修也。近數百年來，天地菁英之氣鬱而不發，鄉曲土豪與無業遊民，遂敢糾黨開礦，作奸犯科，抗拒官吏，幸而逐之，當事者慮其易聚難散，不得不封閉礦硐，垂爲厲禁，而礦政益以不修矣。由前之説，弊在所任非人，藉其名以漁利，而並無其實，固不當因噎而廢食也。由後之説，弊在委棄，寶藏故玩法者，欲起而攘之，將防玩法之民，先收自然之利。苟上有治之之法，而民自難遁於法之外也。然而猶有狃於故見，而或疑爲多事者，亦可謂不審於時與勢之宜者矣。夫民於五金之用，一日不可缺，一人不可無，今以天下之大，而所用鐵銅，皆仰給外洋，至於金銀，則英美所屬之新舊金山，每歲出於礦者數千萬，奚啻取之如泥沙。中國無生之之道，僅以古昔所有互相轉輸。又已用之盡錙銖。通商以來，僅三十年，而外國日富，中國日貧，復數十年，則益不可支矣。是可不篤所以振之哉？且中國礦産之饒，甲於地球諸國，苟善取而善用之，固大可爲之資也。而論採取之道，則官商分辦之外，惟礦屯一法爲最善。何以言之？今天下額設緑營之外，每省各有防營，無事坐食，既糜巨餉，去之又不足以建威，銷萌益示弱於鄰敵，是以新疆之豫軍、畿輔之淮軍，莫不經理屯田，以裨軍食。其他如河防、水利、礮臺、城垣諸工，亦往往借助於各營。此誠撙節財用，酌劑盈虚之要道也。竊聞西南滇、黔、楚、粤、隴、蜀諸省，五金並産，寶氣充積，誠擇礦苗最旺之山，每省撥一二營試行採鍊，於以創開風氣，逐漸推廣，有六利焉。向聞傭工開礦，一人所獲，每敷一人之食，如得佳礦，即有贏餘。營勇開礦，計每丁終歲所獲，即不能抵所支之餉如，或僅抵十之五六，亦可省營餉之半也。若礦屯漸多，即所節甚鉅，其利一。勇丁游閑，無事浸至，習成驕惰騷動，閭閻，今於操練之餘，課以礦務，使之勤動於山谷之間，猶得葆其樸勇之氣，其利二。礦産皆在窮巖絶嶠遼廓之區，於此分屯各營，則苗蠻有懾服之心，客匪絶佔踞之望，其利三。官商開礦籌本最難，本之難籌，尤以工費爲大宗。營勇有額，支之餉，經始之初，祇須購機器，訂礦師成本既輕，事乃易集，其利四。礦務既興，則運送必有舟車，淘練必有工匠，未始非小民謀食之資，其利五。無論金、銀、銅、鐵，中國之所出漸多，則外洋之來者漸少，一年計之而不足，數十年計之而有餘，其利六。有此六利，則礦屯之舉尤勝於官商之經營也。審矣若夫選將領，擇官吏，聯民情，定規制。則恃乎各省大吏之體察情勢，訪求人才，視其意之輕重而效之大小判焉。昔宋蘇軾治徐州以利國監爲鐵官，商賈所聚凡三十六冶，冶各百餘人，採礦伐炭，多强力鷙忽之民，欲使冶户各出十人，籍其名於官授以刀槊，使之擊刺，每月庭集而閲，試之以待大盗，此寓强於富之術也。而礦屯之説，則足以寓富於强，推而行之，富一方可富天下，亦可譬猶導水者之引其泉，將滾滾而不竭也，而豈有洩涸之患也哉？

鄭觀應《救時揭要·論中國輪船進止大略》　《瀛寰瑣記》所論《内地輪船進止議》，深合符節，實獲我心。余故參以鄙見，合質高明。

夫泰西輪船、機器、火砲之精，泄天地造化之奇，爲軍國所利用，以此致强，以此致富。若中土仿而行之，勢必雄跨四海。然製造之精工與否，特其事之一端。其最要者，則在經費之多，且在乎駕駛之熟也。

泰西各國官與商，財貨互相流通。蓋官力則有窮，而商資則易集。即國債一事，君之逋欠於民間者動輒數萬。官之所需，商皆立應。商不慮官之無信，官亦不借商爲可耻。凡各國每舉大役，興大利，鑿山通道，動以千百萬計。在我國人聞之，狂駭咋舌，斷不遽信，在泰西人則視爲尋常。不特朝廷可爲之，官商可爲之，即一介細民，倡一新論，實可操左券，爲衆論所許者，則在官、在商、在民，皆可凑股助益之。一人建議，萬人集資。一旦獲益，則創其事與助其事者皆分其利，故成事較易。即偶有萬不能成，而徒滋糜費者，亦必至計窮力竭而後中止。外人并不以爲非，絶無譏刺，且尊敬之，體諒之，以爲此人真肯用心，而非以空言嘗試也。彼中習尚如此，豈中土萬餘年來，吝惜涣散之風氣所能效之乎？

中土非無博達之士，多因貧乏，無能制作，或有絶技困於律例，不敢自炫。如朝廷有示體恤商賈，任天下之人自造輪船，尤能制一奇巧之物，於國家有益者，則賞其頂戴，限其自造多少年數，然後别人方能造。則人皆樂創樂助，事必易成，而且精於技藝者必多，亦未始非富民之道也。較諸文士筆下千言，胸無一策，或習武藝，聞砲相驚者，雖掇高科，於國家有何益哉！然泰西駕駛之船主、行兵之將帥，無不精習天文，廣識地理，通曉中外各國言語文字。即兵船司砲之官，皆善於測量高下、遠近。其大小砲位，每發必中。其在船之兵終日所司職事，目不旁瞬，足無停趾，堅忍果毅。法律尤嚴，鮮有無故上岸及在船酣卧者。其桅篷高至十數丈，緣索而登，捷於猿鳥。雖其國之水師提督、王子、貴人，苟在行伍，亦須事事皆能，文案自理焉，槍砲自燃焉；即至粗至賤之事，皆不憚辛瘁而畢試之。上與下有督責而無等威，俸餉至優，克減皆絶。一旦臨敵，誓不反顧，船碎亦不聞叫號。其兵心之堅如此。豈中土之兵囂凌怯魯所能效之乎？

具此兩大不能，即使魯般操斤，公輸造器，事事物物駕乎其上，而一旦與之相持相搏，亦力有不能繼，勢有所難争矣！此情理之顯然。而中土局外局中，無一思議及之者，良可長太息也。

輪船停，固損國體；不停，亦不足張國威。然則如何而後可？愚則以爲停、不停皆可也。得其道則轉敗爲功，失其道則雖利亦害。請先言其不停者，無他，但改官造爲商造一言而已。中土之商，雖任事之心不如西國，而謀利則一。現在上海長江輪船多至十七八只，計其本已在一二百萬，皆華商之資，附洋行而貿易者十居其九。其所以不樂自居華商之名，而甘附洋商之尾者，其隱情可以理度之矣。又上海沙船，盛時五千號，今只五百號，有日少無日多，而海運天庾，皆賴此以濟。不早思變計，亦必大礙於京倉。又福建已成輪船五六只，每年歲修之需亦復不貲，方在交商承領，鮮有應者。與其官造之，而仍望商用之，又何如從此而令商造乎？官停造，則廠基機器費無可補，人工匠役身無所靠。若果招商接任之，則前之所費皆可收回，工役之人無失業之嘆。

説者謂：「華商久以資附洋賈，此時忽强之自造，又豈能樂從？」不知別有道焉。夫商之不願者，畏官之威，與畏官之無信而已。即如少有警報，官紳措詞勒捐，富貴之家，飽己囊槖，多有迫民爲盗者。誠能盡袪其畏官之隱衷，而予謀生之大道，則凡閩省之鹽商，上海、寧波之號商，皆可羅而致也。姑以二十隻輪船而言，每隻用銀十萬兩，則器具已極精良，計二十隻，本資二百萬兩耳。江浙海運一百二三十萬石，加以江西、安徽、湖南、湖北，亦可酌提本色七八十萬石，由長江東下，歸於海運。計每年照二百萬石計，每石水脚六錢，即有銀一百二十萬兩。每隻盡載米一萬石，二十隻一月兩次，即可四十萬石。自正月至五月，五個月中，此二百萬皆可運竣矣。此一百二十萬水脚之中，除去每船每月用度至多一萬兩，二十船二十萬兩，五個月一百萬兩，尚有二十萬餘利。以二百萬資本，得二十萬餘利，不爲過薄矣。此外五、六、七、八、九、十六個月，載南北往還之貨，亦另有利焉。洋人連年奪取沙船之利，亦可一旦攘歸其半。籌本既非太巨，得利亦復甚優，乃華商卒不敢任者，以官之言不足信也。沙船之商不樂輪船海運者，以沙、輪難并立故也。假如用輪船海運，即以向業沙船者令其改操輪船，則業沙船者有靠。否則半歸海運，半歸河運，有事之秋，無防(制)[掣]肘，此亦萬全之策，無慮生計之無出也。商人造，則資用可以源源不窮；商人造，則該事係商人身家性命所關，即無人督責，亦不慮其不造乎精巧。是一轉移間，同一造輪，而精粗美惡自有天淵之別矣。誠如是，則官無費用之籌，而海滿有輪船之用。數年之後，商力日復，製造自日精，其有益於海運不更深乎？自後再令每有商船四隻，帶造兵船一隻。二十船可捐造大兵船五隻，以此年年遞加，積久兵船正不知凡幾。無事則護商捕盗，有事則聽官調遣。在古寓兵於農，今寓兵於商。從此月餉斂之商，訓練責之商，是朝廷安坐而日收其無形之富强，於公家真有萬種之益，而無一絲之損矣。此較官中籌款竭蹶不遑，而又歲修無出，駕駛不精者，孰難孰易哉？

議者皆知泰西之長技，而不知操泰西立法之大旨本源焉。豈虎賁中郎、衣冠優孟，而即又自詡得其真種子乎！上海一縣號商凑五十萬，崇明五十萬，寧波、福建、廣東亦如之，不甚難也。然此則指不停造閩省一局言也。閩省之用倍於江蘇。故必以商造代任，方可將已用帑金歸還原款。

至於江蘇一局，則又別有説矣。機者總名也，泰西無事不有機器。如種田、刈稻、織布、提絲，甚而至於陶、冶、金、鑿百工之事，皆以器代人。中土兵燹之後，工價無一不昂。誠能以局中大機，分造一切小機器，如農、桑兩項之物，精益求精，靈便適用，則數百金一器，即可敵農夫數十人之用。工商農販必争購之，其利易溥，而惟上海一局司其柄，其官中利權，專而美矣。又河内小輪船不准洋人行駛，恐其奪中土之民業耳。若准中土之商爲内河之用，則上海一局，則專造小輪船，而停大輪船；專造民間機器，而不尚兵船機器。用力愈省，收斂愈多，官帑不必籌，而年年轉有所獲。

是停、不停皆可之説，非騎牆之顢頇語。因分別蘇、閩情形，各得其宜，而專主以商代官之長策也。萬不如《瀛寰瑣記》所論。或於某省豢養兵船十隻，可於内地設一製造局，精鑄砲械，及造小輪於各府州縣，以代民船，護商緝盗。擇一能員統帶，習練兵法，總歸某部，年年查驗，不得騷擾百姓，陽奉陰違，振作於始，因循於終。須安不忘危，實心恒志以行之。誠如是，整頓軍威以保社稷，復取西洋各國之兵法衽國足民，成充國用，而富强之道不亦偉哉！因勢利導，轉弱爲强，願天下有心人，研思而深體之。

鄭觀應《易言·論開礦》 夫五金之産，原以供世上之需，若棄之如遺，則在天爲虚生此材，在人爲棄貨於地矣。居今日而策國家之富强，資民生之利賴，因地之利，取無盡而用不竭者，其惟開礦一事乎。

查英國版圖，不及中國數省之地，顧能富甲天下，雄視六合者，蓋格致之士能知五金之礦隨處皆有，因地制宜，按法開採，不惜經費，不畏艱難。事則必底於成，物則各適乎用。制機器代人力以省工，建鐵路資轉運以省費。故能普美利於無窮也。

查中國五金之礦：雲南出銅，山西出鐵，湖南、江西出煤，齊魯、荆襄出鉛，臺灣出硝，是數處者人皆知之。其實五金煤鐵等礦，各省各處皆有，特以地産之深淺，體質之純雜，層次之厚薄，礦穴之狹寬，人不得而知也。今已知而開採者，大抵不過萬分之一。即礦苗已露之處，又不知如何成色，且多封禁未開。其岩穴深藏未經透露者，尚不知凡幾。宜專請西國頭等礦師，設法偵探，確有把握，或議以民採官收，或由部議刊給礦照，准民間具領開採，仿商民納帖開行之例。取地中之所有，供人世之所無，計無有更便於此者。

而開礦之要，固恃礦師，尤資總辦躬親探確，因地制宜。或專用西法，或專用中法，或參用中西。視其水口之遠近，審其挖礦之井道。核其成本，籌其銷場。毋任用私人，毋刻求礦役，毋鋪張局面，毋厚給薪資。誠以開礦之初，用款有出無入，除礦夫等照給工食外，其各執事均宜薄給辛資，出礦後即行截止。惟先議一永遠遵行之法，該廠或按年、季核計出礦售銷實數，除提出成本、利息及納税，開銷之處，所贏餘利以十分之二歸於廠主，十分之五勻分各執事以抵辛金，十分之三給各礦夫以充犒賞。每年將進支數目張貼工廠，使外内共知共見，疑義毫無，庶幾在廠諸人均有後望，上下一氣，無荒無怠，工勤弊絶，利藪斯開。

查各省所開各礦，或誤於始事，或廢於半途，或獲利甚微，或成本虚耗者，何哉？推其故：一由於礦師探穴未真，開硐未善；一由於總辦居尊輕信，不一一親臨相度，實力講求；否則專任親昵，厚給辛工，薄待礦夫，衆工不悦。故或則捏報礦硐將塌，請示填封；或妄稱礦産已空，無從開取。罔知利弊，上下相蒙，虧本停工，率坐此弊。此雲南所以常有硐老山空之説歟！

計中國民生之用，首在銅、鉛，蓋因各省鈔局鼓鑄停爐，而奸民又往往私熔制錢，改鑄器皿，以致錢源愈缺，日用不敷。其次則在金、銀。其次則在煤、鐵。夫煤、鐵之礦，雖獲利較他礦稍差，而不得不開者，實以非煤火不能化汽而動機，非精鐵不能制器而利用。故泰西自煤、鐵礦開而後，以之製造槍砲則日益新奇，以之製造舟車則日益利便，以之製造耕織等器則日益精工，各邦遂漸臻富强。西人謂一國盛衰，可以所産各礦定之。誠不謬也。

聞泰西各處之礦，開採幾盡，見中國礦産饒富，無不垂涎。與其拘泥因循，致生西人之羨；何如變通辦理，藉充國用之儲。方今海宇昇平，勵精圖治，凡有益於國計民生者，莫不次第舉行，參仿西法。然但學西人之制器，而不學西國之理財，非富無以保邦，非强并無以保富，相需爲用，乃能相濟有成焉。宜通飭各省地方官，查驗確實，設法招商。并請精於西法、善於識礦者，督同工人，派撥防勇營兵，一體開採。既可彌補巨款，啓無盡之財源；又可弭息姦謀，消未來之隱患。開辦之始，只須購備機器，延請礦師，經理得人，自臻妥善。有慮其工役之繁者，思有以堅其心；有溺於堪輿之説者，先有以祛其惑。實事求是，歷久不渝，則成效可以克臻。上爲國家致富强，下爲民生資利賴，誠救時之先務、治世之良圖也，可不講哉！

教育與培訓總部

《教育與培訓總部》提要

《教育與培訓總部》是《綜合分典》的五個總部之一，包括《教育部》和《培訓部》。我國傳統社會工業教育，在近代社會才比較發達，而在前近代社會則比較薄弱。對於工業生產者的培訓，在傳統社會主要包括兩個方面的内容：一是官府有關機構對於工匠的培訓，二是工匠家庭内部的培訓工作。

本總部儘可能地收録一九一一年以前的有關工業教育和培訓方面的材料。

各部一般下設題解、綜述、紀事、藝文等緯目。在具體編纂過程中，對於緯目不强求一致，有則設，無則不設。每個緯目録文均按朝代先後順序排列，具體編排主要依據被引用材料的作者的生卒時間而定。

目録

教育部

題解

《左傳》卷九《襄公三十一年》 〔十二月〕子皮欲使尹何爲邑。【略】子産曰：「【略】子有美錦，不使人學製焉。大官、大邑，身之所庇也，而使學者製焉，其爲美錦不亦多乎？【略】」

邵廷采《思復堂文集》卷八《學校論上》 古之學者必有學。自家而黨而州，至於天子、諸侯之國都，莫不廣其教之地，使之朝夕進德、習業於其中。古之學者必有師。延鄉大夫之賢而老者，坐閭門，教鄉之子弟。其法領於司徒，遞升其秀，以上於學。而又爲之小胥、大胥、小學正、大學正，以分掌四時之教。其教之之具，則《禮》有抑讓、仰俯之容，洒掃、進退、唯諾之節，以固其筋骸，安其坐作；《詩》有諷誦、反覆之音，以發其情志，而平其剛柔緩急；《樂》有宫商、清濁、六律之奏、八風之舞，以聰明其耳目，和平其血氣。所以教之之備如此。故其時，天子、公、卿、大夫、士之材，無不出於學；爲國家天下之理，無不由於學之中。故道德茂而俗化成，天下之政教會於一。

周衰，先王之法廢，學校首壞矣，老、莊、申、韓、公孫龍、鄒衍之言潰決四出。下及秦，儀、起、臏、鞅、斯以詐力勇戰，生民肝腦塗地。聖賢以爲其故在學校之壞，而庶人處士激溢横議，故從爲之説曰：「謹庠序之教。」言乎春秋戰國之際，庠序猶故存，而所以教之者不謹也。教之非其人與非其具：爲之師者莊、荀，而爲之具者《陰符》、《韜》、《略》。人欲熾而邪説恣，縱其洸洋遊談於天地之間而莫之遏。是以庠序雖存，猶之無庠序也。由漢以後，黄、老、莊、佛、神仙、道家之教與孔子更盛衰，上之所以治，士之所以學，舉不由學校，又非獨其具亡而已。

宋熙寧初，王安石欲變科舉，興學校。蘇軾議以爲：「時有可否，物有廢興。方其既厭，雖聖人不能復。慶曆固嘗立學矣，至於今日，唯有空名僅存。今將變今之禮，易今之俗，又當發民力以治宫室，斂民財以食遊士。百里之内，置官立師，獄訟聽於是，軍旅謀於是，又簡不率教者屏之遠方。是徒爲紛亂以患苦天下也。」其持論如是，安石迄不能有所施爲。

夫孔子論三代之禮，有因、有損益；孟子述井田封建，止曰大略。然則今日之學校，亦惟因仍近制，使先生之舊物不廢於吾世。而獨其修身正心，爲天下國家之道，則必得其人以講明而振興之。若今之學校，則止爲科目之徑而已。以科目爲學校病，已非一世，而又有甚者。學術至孔、孟、程、朱，無以復尚，而不意人心之僞，即流伏於孔、孟、程、朱之中。其平居，則言與行相背；及入仕而臨政，自養與用相違。舉夫言語、政事、德行、文學，罔不歧爲二。數十年以來，士風靡濁，有馬吊、游湖、混江諸戲。賢愚耆幼，百唱千羣。視晉、宋、六朝清談、麈尾、唾壺之習，其高下豈直相懸萬萬而已。

更有甚者，苦爭學術以樹身名，幾與甘陵南北部黨人踵繼。彼漢、唐、宋、明四代之朋黨，一時同事，近而不相得，猶有説也；若朱之去今已五百餘歲，王之去今亦百有六七十歲，兩人傑然各爲一代功宗，今之議之，則何爲也？

故愚謂學校之敝，未有如今日之甚；而今日學校之敝，未有如講學之甚。士息講學而務返其本於孝、弟、忠、信，則人心漸醇，浮言虚譽無所用而流競消，天下方有實行真品，而治化可興，聖道可明矣。昔柳公綽爲山南東道節度使，行縣過鄧。有二吏，一犯贓，一舞文，衆謂必殺犯贓者。公綽判曰：「贓吏犯法，法在；奸吏犯法，法亡。」竟誅舞文者。於乎！今日講學而學亡，其誅猶在馬吊、游湖、混江之上者也。

邵廷采《思復堂文集》卷八《學校論下》 或曰：夫子憂學之不講，而子爲是言，無乃戾於名教乎？曰：吾以扶名教也。夫古之所爲講學者，有爲己之心，講去其非而明其是，以致其瞬有養、息有存之功於己耳。今本無是心也，無是功也。譬則溉木者，不培其根而理枝葉，異於的然而日亡者幾希矣。

且先儒有云：天下將治，則人必尚行；將亂，則人必尚言。漢自昭、宣以前皆尚行，故治理清明；元、成後則尚言矣。匡衡、谷永、杜欽之徒出，極於王莽，誦六藝以文奸言，卒成新篡。宋真、仁、英時皆尚行，至安石行堅言辨，馴致徽、欽之禍。將亂而尚言，二代者其明徵也。

道不可一日不明。而夫子曰：「民可使由之，不可使知之。」豈惟凡民，雖士亦然。所謂不可使知者，乃上焉性與天道之事。非謂日用行習之中，第使之貿貿以由，而可安於不知也。苟其不知，則亦何所爲由哉？學者循循下學，每事精察力行。若驟進夫人而語之所以然，則自堯、舜至湯，湯至文王，至孔子，五百年之内，見知聞知，聞得數人耳。子以四教：文、行、忠、信。皆使人由之之事，非使人知之之事。其教顏、曾，中人以上，亦不外此，非有上之可語也。顏子深體斯教，故喟然見道也。

唯老、佛之爲教也必語上。故不立語言、文字，則文可去矣；去君臣，逃父子，蔑朋友、兄弟、夫婦之倫，則行怪矣。蕩焉泯焉，守其空無以爲忠、信，傅奕、韓愈、歐陽修諸人嘗出力以排之，而卒不勝也。程、朱深探其本，欲窮其彌近理而大亂真之窟，故説之不得不精，語之不得不詳。既精且詳，則人多馳入於幽深惝恍之途，而老、佛之黠，或反用吾之軍號旌旗，以逼吾之中壘。於是高明之士，爭務於知而憚苦於由。始也以儒攻佛，既也以儒攻儒，而朱陸、朱王之辨嘵嘵以迄於今，不可解矣。

前此蘇軾嘗憂焉，謂性與天道，自子貢不得聞。而今之學者恥不言性命，讀其文，浩然無當而不可窮；觀其貌，超然無着而不可挹。此豈真能然哉？蓋中人之性，安於放而樂於誕耳。黄道周亦教學者先讀孔門言論，求之躬行；毋早讀宋儒書，啓助長揠苗之病。是即引而不發、無輕語上之意也。

今之講學者，患在喜於語上，而所以由之者疏，故吾欲以夫子之四教糾而正之。自宋以後語録諸書，一切且束勿觀，而惟從事於《六經》孔、顏、曾、孟之教。行之二十年，而故習漸忘，士風龐厚。然後參用漢世取士法，復方正、賢良、力田、孝秀、徵辟、舉察諸科，期於實行實用。確然有得，即唐、虞、三代之俗，其漸可致乎？

於乎！吾説而得行，尤我者必以爲道之不明自不講學始也。夫文中子之意，非欲焚經者也，然與夫斷斷於朱陸之間，紛拏於石渠天禄之論者，孰爲去名而實存也哉？

鄭觀應《盛世危言新編》卷四《富國四·技藝》　自《大學》亡《格致》一篇，《周禮》闕《冬官》一册，秦漢以後佛、老盛行，中國才智之人皆馳鶩於清净虚無之學，其於工藝一事簡陋因循，習焉不講也久矣。夫制器尚象，古聖王之所由利用而厚民也。日省月試，既禀稱事，勸工之典，並列九經。乃後世概以工匠輕之，以輿隸概之，以片長薄技鄙數之。若輩亦自等庸奴，自安愚拙，無一聰明秀穎之士肯降心而相從者。無惑乎器用朽窳，物業凋敝，一見泰西之工藝，而瞠目咋舌，疑若鬼神也。

前年恭讀上諭，國子監司業潘衍桐奏請特開藝學一科，方汝紹奏請特開實學一科，着大學士六部九卿會同總理各國事務衙門妥議具奏。仰見聖朝勵精圖治，綜貫中西，與古聖王制作之精心隱相符合。無如當軸諸公安常習故，以藝學爲末務，遂使良法美意仍托空言。而天下多能博學之人，亦絶無自幼至長孜孜焉專精一藝，以期用世而成名者。蓋工藝之疏，非一朝一夕之故，其所由來者漸矣。

夫泰西諸國富强之基，根於工藝，而工藝之學不能不賴於讀書，否則終身習之而莫能盡其巧。不先通算法，即格致諸學亦苦其深遠而難窮。所以工藝書院肄業生徒皆須已通書算，未通者不收。何則？欲精工作，必先繪圖，則勾股三角弧之學不可不講也。精於此而後繪圖、測算，成器在胸，及其成物不失累黍，否則方隅不準，鈎斗難工。英國倫敦設有工匠學堂，以爲工技之成，弟子每不能及師，不免每況愈下，故令學工藝者先讀工程專書，研究機器之理，然後各就所業，日新月異，不獨與師異曲同工，且變化神明，進而益上。此工藝所由人巧極而天工錯也。苟專設藝學一科，延聘名師，廣開藝院，先選已通西文算法者學習，讀書、學藝兩而化，亦一而神，則小可開工商之源，大可濟國家之用。

夫工藝非細事也，西人之神明規矩亦斷非一蹴所可幾也。今各省、各局機器師匠略曉機器、測算等學，彼此授受，絶少匠心，故廿餘年來所造砲船槍彈皆式老價昂。惟聞江南製造局采各槍之長，新造一後膛槍名快利，較毛瑟輕而且遠，不知其堅與速均能勝人否。（堅、輕、遠、准、速，須一一精細考驗，方知孰優孰劣，況聞英國又新出利蔑佛槍，較快利更遠。我國宜懸不次之賞，鼓勵人才，使其精益求精，吃虧不可勝言。英國訪事人亨利·那門雲：『日本皆用新式苗野理地槍。其製造每日可出一百杆。』我國能如是乎？）

查京都無各藝書院，同文館只教外國語言文字、算學，各製造局洋匠縱有精通，然貪戀厚資，未免居奇而靳巧。至者未必巧，巧者不能致，能致之巧匠又或不肯傳。洋師之難得如此。且華人之心力未必遠遜西人也。多有華人習學日久，技藝日精，而當道以其華人也而薄之，薪水不優，反爲洋人招去。教習無法，考察無具，獎勸無方，一旦有事，製造無人，則歸咎於華人之不可用。噫！豈華人果不可用哉？是主者之過也。是非專設藝院，則人才無由出，格致無由精，而技藝優劣之間亦無由真知而確見。

西國之技藝以英國爲最精，製造各物價值多於土産各物。近時德、美諸邦，百工居肆，心思日辟，智巧日增，每歲取資亦幾與英國相埒。其工藝列科十二，別類分門。

吾粵鄺容階司馬使美而旋，述美技藝院二十餘所。每所約二百餘人，教習各十餘人。地基由朝廷給發，建院經費或撥國帑，或抽房捐。年費由善士輸助，如不敷用，一學生收回修金百元、二百元不等，稍有盈積，概免修金。所收學生，無論何國，必文法、算學均堪造就者方能入選。院中有工藝書，無製造廠，學成而後另進工廠閱歷數年。光緒二年，美設百年大會，見俄國藝學院新制機器甚精，因師其法，在藝院兼設製造廠，俾得同時學習。故學生俱能運巧思、創新器，學期將滿聘請有人。藝院日多，書物日備，製造日廣，國勢日强。凡有新出奇巧之物，繪圖貼説，進之當事，驗其確有實用，即詳咨執政，予以專利之權，准給執照，並將名姓圖説刊入日報，俾遐邇周知。所以有美必彰，無求不得，殫精竭慮，鬬巧争奇，莫能測其止境也。

美國發牌衙門設總理一人考驗機器，及畫師、書吏各二十餘人。每一禮拜呈驗器物者不下七十餘種，酌收牌費，足敷公用。如此專門名家實事求是，製造所由日廣，工藝所以振興耳。

夫《周禮》考工居六官之一，《虞書》利用列三事之中。華人心思素多靈敏，自造新器古不乏人。如江慎修先生製木牛耕田，以木驢代步，法雖不著，聞取猪脬實黄豆，吹以氣而縛其口，豆浮正中，可知木製牛驢必用機關納氣令滿，即能運動自如，似亦通西法蒸氣撥輪之理也。先生又製留聲筒，其筒以玻璃爲蓋，有鑰司啓閉，向筒發聲，閉之以鑰，傳諸千里，開筒側耳宛如晤對一堂。即西國留聲筒之法也。觀此則知華人之聰明智慧實過西人。特在上者無以鼓舞之振興之，教習而獎勸之，故甘讓西人獨步。誠能集捐籌費，廣開藝學，竭力講求，以格致爲基，以製造爲用，選擇聰穎子弟已通文理者入院學之，並延西國名師原始要終悉心教授。然後創行博物會，廣羅物産，品評優劣，優者賞之，劣者斥之，則器物日備，製造日精。以之通商，則四海之利權運之掌上也；以之用兵，則三軍之器械取諸宫中也。此取威定霸之真機，而國富民强之左券也！

綜述

《大清新法令》卷三《教育・學堂章程・高等農工商實業學堂章程》

高等工業學堂立學總義章第三

第一節　設高等工業學堂，令已習普通中學之畢業學生入焉；以授高等工業之學理技術，使將來可經理公私工業事務及各局廠工師，並可充各工業學堂之管理員、教員爲宗旨；以全國工業振興、器物精良、出口外銷貨品日益增多爲成效；每星期三十六點鐘，三年畢業。

第二節　下章所載各種學科，係就工業中應備之科目分門羅列，聽各省因地制宜，擇其合於本地方情形者酌量設置，不必全備。

高等工業學堂學科程度章第四

第一節　高等工業學堂分爲十三科：

一、應用化學科

二、染色科

三、機織科

四、建築科

五、窑業科

六、機器科

七、電器科

八、電氣化學科

九、土木科

十、礦業科

十一、造船科

十二、漆工科

十三、圖稿繪畫科

第二節　各學科之科目如下：

應用化學科之科目凡五：一、製造用機器學，二、冶金學，三、特別應用化學，四、電氣化學，五、工場實習及實驗。

染色科之科目凡四：一、染色學，二、機織及組織，三、織物整理，四、工場實習及實驗。

機織科之科目凡六：一、應用力學，二、機織及組織，如織絲、織棉、織麻、織草、織毛羽等法，應擇土地所宜者先學。三、染色學，四、織物整理，五、紡績，六、工場實習及實驗。

建築科之科目凡七：一、應用力學，二、房屋構造法，三、工場用具及制作法，四、建築沿革，五、施工法，六、配景法，七、制圖及繪畫法。

窑業科之科目凡五：一、應用地質學，二、陶瓷器制作法，三、玻璃制作法，四、塞門土制作法，五、工場實習及實驗。

機器科之科目凡七：一、工作法，二、鐵鋼論，三、應用力學，四、電氣工學，五、製造用機器，六、發動機，七、工場實習及實驗。

電氣科之科目凡六：一、電氣磁氣，二、工作法，三、應用力學，四、電氣工學，五、發動機，六、工場實習及實驗。

電氣化學科之科目凡六：一、電氣磁氣，二、電氣工學，三、冶金學，四、特別應用化學，五、電氣化學，六、工場實習及實驗。

土木科之科目凡七：一、測量學，二、河海工，三、道路鐵路，四、橋梁，五、施工法，六、制圖，七、工場實習及實驗。

礦業科之科目凡八：一、地質學，二、採礦學，三、冶金學，四、試金法，五、應用力學，六、發動機，七、測量製圖及坑内演習，八、工場實習及實驗。

造船科之科目凡六：一、應用力學，二、工場用具及制作法。三、造船學，四、發動機，五、造船製圖，六、工場實習及實驗。

漆工科之科目凡四：一、漆器製造法，二、工藝史，三、繪畫，四、工場實習及實驗。

圖稿繪畫科之科目凡七：一、圖稿法，二、配景法，三、繪畫，四、工藝史，五、應用解剖，六、用器畫，七、工場實習及圖稿實習。

以上爲各學科之專門科目。此外尚有各學科之普通科目凡十五：一、人倫道德，二、算學，三、物理，四、化學，五、一切應用化學，六、應用機器學，七、圖畫，八、機器製圖，九、理化學實驗，十、工業法規，十一、工業衛生，十二、工業簿記，十三、工業建築，十四、英語，十五、體操。當按年匀配各學科中。

以上各種學科，並非限定一學堂内全設，可斟酌地方情形，由各學科中選擇合宜之數科設之。

第三節　講堂課目、分年學級及每日教授時刻表，由學堂監督、教員臨時酌定。

第四節　學生畢業之後，欲出從事各製造所或自營實業者，尚須受本學堂之監督一年，以便請業請益。

高等商業學堂立學總義章第五

第一節　設高等商業學堂，令普通中學之畢業學生入焉；以施高等商業教育，使通知本國外國之商事商情，及關於商業之學術、法律，將來可經理公私商務及會計，並可充各商業學堂之管理員、教員爲宗旨；以全國商業振興、貿易繁盛、足增國力而杜漏卮爲成效；每星期三十六點鐘，預科一年畢業，本科三年畢業。

高等商業學堂學科程度章第六

第一節　高等商業學堂分爲預科、本科。

第二節　預科之科目凡十：一、商業道德，二、書法，三、作文，四、算學，五、簿記，六、應用物理學，七、應用化學，八、法學通論，九、外國語，十、體操。

第三節　本科之科目凡十八：一、商業道德，二、商業文，三、商業算術，四、商業地理，五、商業歷史，六、簿記，七、機器工學，八、商品學，九、理財學，十、財政學，十一、統計學，十二、民法，十三、商法，十四、交涉法，十五、外國語，十六、商業學，十七、商業實踐，十八、體操。

第四節　講堂課目、分年學級及每日教授時刻表，由學堂監督、教員臨時酌定。

高等商船學堂立學總義章第七

第一節　設高等商船學堂，令已習普通中學之畢業生入焉；以授高等航海機關之學術技藝，使可充高等管駕船舶之管理員，並可充各商船學堂之管理員、教員爲宗旨；以輪船管駕司機各業不必借才外國爲成效；每星期三十四點鐘，末年鐘點臨時酌定；航海科五年半畢業，機輪科五年畢業。

高等商船學堂學科程度章第八

第一節　高等商船學堂分設二科：一、航海科，二、機輪科。航海科之科目凡二十有五：

一、人倫道德

二、中國文學

三、外國語英語通學，俄法德日本朝鮮語兼習。

四、算學

五、物理學

六、化學

七、商船運用術

八、商業學
九、商業地理
十、法學通論
十一、商法
十二、航海術
十三、海上氣象學
十四、水路測量術
十五、造船學
十六、機輪術大意
十七、船内衛生法
十八、救急醫術
十九、理財學
二十、商船法規
二十一、海事法規
二十二、砲術學
二十三、兵式體操
二十四、砲術實習
二十五、航海實習

機輪科之科目凡十有四：
一、人倫道德
二、中國文學
三、外國語英語通學，俄法德日本朝鮮語兼習其一。
四、算學
五、物理學
六、力學
七、化學
八、汽機術
九、汽爐術
十、製圖
十一、電氣工學
十二、救急醫術
十三、工術實習
十四、機輪運轉實習

第二節　講堂課目、分年學級及每日之教授時刻表，由學堂監督、教員臨時酌定。

第三節　高等商船學堂學生，其在學中或畢業後有欲爲海軍之將弁者，畢業後可入海軍學堂學習一年。

計年入學章第九

第一節　入高等各實業學堂之學生，必其已畢業官立、公立、自立中學堂，並經該學堂監督出具保結，證明其品行端謹、學力優等、身體强健者，可不須考驗而使入學。其有志願入學自行投考者，則須年在十八歲以上，經本學堂監督考驗，實係身體强健、品行端謹、學力與中學同等者，始准入學。但此時創辦，難得此合格之學生，應變通選年十八歲以上、二十二歲以下、品行端正、身體强健、文理明達者，先補習中等普通學二年，再升高等各實業學堂。

教員管理員章第十

第一節　高等各實業學堂，當按各學科目及授業時刻若干、學生級數若干設置相當之教員，使分司教授，並按《高等學堂章程》置監督及各項管理員管理學堂一切事務。

附設學科章第十一

第一節　在高等各實業學堂畢業後，尚欲專攻其已習之學業者，可特設專攻科使精究之。

第二節　專攻科之學習年數，臨時視其學科酌定。

第三節　有欲就高等各實業學堂學科選修一科目或數科目者，經本學堂監督之核准，可特設選科使學習之。

第四節　選科之學習年數以一年爲限。

第五節　高等各實業學堂，可酌量地方情形，附設各實業教員講習所，或中等程度之實業學堂及各實業補習普通學堂。

屋場圖書器具章第十二

第一節　高等各實業學堂，當於學堂内面或近旁設置體操場。

第二節　高等各實業學堂，當備通用講堂、專用講堂、各種實驗室及其它必需諸室。

高等農業學堂則當另備肥料製造場、農事試驗場、各種實習室、農具室。

高等工業學堂則當另備工藝品陳列所、各種實習工場。

高等商業學堂則當另備商品陳列所、商業實踐室、商品樣本。

高等商船學堂則當另備練船塢及實習練船；其學舍若建在陸地上，則宜於學舍内或附近設體操場，其以駐泊船艦代學舍者，則宜於近旁岸上設體操場。

第三節　凡教授用及參考用圖書、器具、機器、標本、模型、實習諸機器、體操場用器具，均宜全備。

附條：凡一切施行法、管理法，均另詳專章。開辦之時，應即查照辦理。其有未備事宜，應隨時體察考驗，呈本省學務處改定通行。

《大清新法令》卷三《教育・學堂章程・各學堂管理通則》

建造學堂法式章第十三

第一節　學堂地址不可在工場附近，以防有毒之煤烟塵埃等類，不可在發生瘴氣之池沼附近，不可與茶館酒肆戲園狹邪地方相近。此三者，於道德衛生均有大礙，必須避之；萬不得已，亦須在半里以外。

第二節　學堂地址之面積，以廣闊爲要，尤必向南，土地宜乾燥，附近宜有溝渠以便消濕。其體操場之位置，宜在學舍之南，否則東南方、西南方均可，不宜在北方。

第三節　學堂宜擇水泉清潔之地，必考究其附近之井泉河湖適用與否，嚴定限制，不得任意使用。凡掘井，以深爲度，内周以不滲水之材料，以防污水之侵入，上必用井蓋，不可與便所及渣草堆、穢水坑接近。

第四節　學堂之周圍宜多植樹木，惟以不礙室内光綫及風向爲要，萬不可使室内有陰鬱之氣，當以落葉樹與常緑樹交互栽植，凡有毒之植物及果樹，萬不可栽。

第五節　凡學舍若有前後兩棟，則兩檐間之距離，最少必與其屋檐之高相等。

第六節　教員室當設於體操場之附近。

第七節　禮堂佔最大之面積，大約一千餘平方尺約縱横三丈以外。或二千餘平方尺。約縱横五丈以外。

第八節　講堂過大者，於學生視力及教員音聲均有大害，其寬當以一丈八尺及二丈四尺爲度，其長以二丈四尺及三丈爲度。屋檐之高以一丈二尺或一丈五尺爲度。凡在南方卑濕之地室内常設地板，其地板離地之高以二尺爲度，下則四面設透風之穴，以透濕氣。講堂内油壁之色，以淡黄及灰色爲宜。寒氣最烈之地方，凡窗户必設二重，地板宜用雙縫，宜設暖爐。

第九節　物理化學及博物之專用講堂，其學生坐位宜用階段之式，其各階段之高以五六寸爲度，並宜特設暗室。

第十節　窗之下緣，離地以二尺五寸爲度；窗門之高，以五尺爲度；窗之寬，以二尺五寸爲度。凡窗必開設於相對之兩方爲宜。若限於地勢或限於結構僅一方有窗者，則窗必位置於學生坐位之左方，不可設於學生坐位之前。

凡掛黑板之壁，不可有窗，萬不得已，亦必在三尺以外，以使學生便於注視。

凡窗之面積，必有該室面積六分之一以上之比例。

凡窗内，必用淺色布幔以蔽日光。

凡窗扇，不可用開合式，宜用左右推移式。

第十一節　凡回廊，以三尺深爲度，不可過深，使礙光綫。

第十二節　凡各講堂，必備二門，以便出入，以防意外危險。

第十三節　凡各講堂之門，宜用一扇，以外開爲度，其寬宜在三尺以上。

第十四節　凡各室中之通行巷，以六尺寬爲度。

第十五節　凡樓梯之寬，以四尺爲度，每步之高，宜五六寸，深宜八九寸，宜設手欄。

凡建築樓房，至少必備四梯，餘以類推。

第十六節　自習室、寢室之窗廊門巷梯，均與講堂同。

病室宜建於别所，以便療養，免囂紛爲主。

第十七節　凡厠室，與本室相距宜遠，宜擇空氣流通之處，並留意夏季恒風之方向；其周圍宜設屏墻，多植松杉等不雕之木，以吸收其穢氣。厠室之户，以上下透氣爲主，若在有井之處，宜相距二丈四尺以外。

凡厠室，在講堂、自習室附近，每百人必備大便所五、小便所五；在寢室附近，每百人必備大便所十、小便所五。人數多者，以此爲比例。

第十八節　凡講臺之高，以一尺爲度，寬以八尺或一丈爲度，深以六尺爲度。

凡講堂學生之條桌、條凳，一人用者，長二尺；二人并坐者，長四尺；條桌之高，以二尺或二尺四寸爲度；條凳之高，以一尺或一尺二寸爲度。

第十九節　自習室之桌，以長二尺四寸、寬一尺四寸爲度，下設二抽箱，以便儲藏書籍、圖器及日用文具。

自習室之坐凳，以上方八寸、下方一尺爲度。

第二十節　凡寢牀，高一尺四寸、寬二尺五寸、長六尺，周圍以板爲欄，高三寸，下設二抽箱，以便儲藏履舄等物。

第二十一節　凡共同寢室，每室以能容四人爲度，深宜一丈五尺、寬宜一丈，以便四牀兩兩相對。兩牀之端設衣櫃一座，高宜六尺、寬宜三尺，分上下兩隔，以便兩學生儲藏衣物之用。每室必備方桌一、小凳四。

現在大學堂及進士館、譯學館，每室住幾人，可斟酌辦理。

第二十二節　凡共同自習室，每室以能容五十人爲度，深廣以各三丈爲度。

第二十三節　凡室內，必設唾壺、字紙箱。

附條　以上管理各則，止具大要，各學堂管理人員尚須體察情形，參酌增補詳細規條。

以上管理各則，宜用於中等程度以上之學堂，其小學堂事務繁密，學生年齡幼稚，有未便照此通則一律繩之者，各小學堂管理員務當別按師範學堂所教之小學管理法以管理之。

《大清新法令》卷三《教育・學堂章程・實業學堂通則》

設學要旨章第一

第一節　實業學堂所以振興農工商各項實業，爲富國裕民之本計；其學專求實際，不尚空談，行之最爲無弊，而小試則有小效，大試則有大效，尤爲確實可憑。近來各國提倡實業教育，汲汲不遑，獨中國農工商各業，故步自封，永無進境，則以實業教育不講故也。今查照外國各項實業學堂章程課目，參酌變通，別加編訂，聽各省審擇其宜，亟圖興建。

第二節　實業學堂之種類，爲實業教員講習所、農業學堂、工業學堂、商業學堂、商船學堂，其水産學堂屬農業，藝徒學堂屬工業。

第三節　各項實業學堂均爲三等：曰高等實業學堂，曰中等實業學堂，曰初等實業學堂。統稱則曰某等實業學堂，專稱則曰某等某業學堂。水産學堂亦係中等實業。高等實業學堂程度視高等學堂，中等實業學堂程度視中學堂，初等實業學堂程度視高等小學堂；其實業補習普通學堂、藝徒學堂，均可於中小學堂便宜附設，不在各學堂程度之內。至實業教員講習所，即實業之師範學堂。

第四節　各項實業學堂，各省均應酌量地方情形隨時擇宜興辦，而實業補習普通學堂、藝徒學堂，尤足使廣衆人民均有可執之業，雖薄技粗工，亦使略具科學之知識，所以厚民生而增國力，爲益良非淺鮮，各處中小學堂内均可便宜附設，增籌經費無幾，各省務宜及時興辦。至實業教員講習所，爲實業學堂師範所資，尤爲入手要義，萬不可置爲緩圖。

第五節　現在各省籌款不易，各項實業學堂教習亦難得其人，即力能延聘外國教師，而無通知科學曾習專門之翻譯，則亦無從講授。除實業補習普通學堂、藝徒學堂舉辦尚易，及本省已有出洋學習實業學生畢業回國，即可添聘外國教師開辦實業學堂者不在此例外，各省大吏宜先體察本省情形，於農工商各種實業中擇其最相需、最得益者爲何種實業，即選派年輕體健、文理明通、有志於實業之端正子弟，前往日本或泰西各國，入此種實業學堂肄業；分爲兩班：一班學中等實業，一班學高等實業。一面寬籌經費，將應設之學堂，或在省城，或在繁盛地方，預爲布置，至少總須成一所。

第六節　俟出洋游學中等實業學生畢業回國，即將所設學堂開辦，先教淺近簡易之藝術，並於學堂内附設教員講習所，廣爲傳授。俟高等實業學生畢業回國，再行增高學堂程度，以教精深之理法。力能聘延外國教師者，届時添聘數人充本學堂正教員，而以畢業學生充助教，則高等教法尤可及期完備。俟講習所學生漸次畢業，即可陸續分派各府州縣，爲次第擴充之舉。總期愈推愈廣，將來各地方徧設有實業學堂，方爲正當辦法。

第七節　查選派畢業生出洋，如至西國，每生約需學費、旅費千數百兩；如至日本，每生止需學費、旅費四百餘元。選派學生一二十名，需款尚不甚多。不如此，則實業學堂永無辦法。無論如何爲難，各省務於一年内辦妥，並將實在籌辦情形先行陳奏。

第八節　現在出洋游學生，已定有獎勵章程奏准通行。各省務實力勸導紳富之家，慎選子弟，自備資斧，出洋學習各項實業，將來畢業回國，既可得科名獎勵，並可興辦各項實業，利國利家，確有實益。

第九節　各省官員紳富，有能慨捐巨款報充興辦實業學堂經費者，或籌集常年的款自行創設實業學堂者，或指明報充官派出洋實業學生學費旅費者，應量其捐資之多寡，分別奏請從優獎勵，以爲好義急公者勸。

入學資序章第二

第一節　實業教員講習所，應附設於農工商大學及高等農工商業學堂之内，以年在二十歲以上，已畢業初級師範學堂、中學堂、中等實業學堂課程者，考選入學。

第二節　高等農工商業學堂，以年在十八歲以上、已畢業中等學堂課程者考選入學。

中等農工商等學堂，以年在十五歲以上、已畢業高等小學堂課程者考選入學。

初等農商業學堂，以年在十三歲以上、已畢業初等小學堂課程者考選入學。實業補習普通學堂，以在高等小學修業二年以上，及年過十五歲、已在外操作實業願增充其學力者考選入學。

藝徒學堂以年在十三歲以上、已畢業初等小學者考選入學。

第三節　各實業學堂應收學生貼補學費，聽各省察酌本省籌款難易、核計本學堂常年經費，隨時酌定。其實業教員講習所，應照師範學堂例免收學費。惟教員學成後，亦應比照師範生例效力義務六年，聽各省督撫指派，實力從事教育，不得有所規避。

第四節　凡從事實業學堂之學生，均須品行端謹、體質强健、其學力與各學堂程度相當者，取具妥實保人保結，始准考選入學。

第五節　各實業學堂開辦時，如尚無畢業中小學堂之合格學生可資選録，應准酌量變通，考選年歲相當、文理通順、略知算術者，取具的保，准其入學。

學堂職務章第三

第一節　各實業學堂，當按照所設學堂程度及各學科課目，與授業時刻若干、學生級數若干，選派相當之教員分司教授。中國現尚無此等合格教員，必須聘用外國教師講授，方有實際；但仍須有通曉實業科學之翻譯，始能傳達講義。如一時翻譯實難其選，惟有及早選派學生出洋，最爲要義。

第二節　高等實業學堂應設監督及各項職員，照《高等學堂章程》辦理；中等實業學堂應設監督及各項職員，照《中學堂章程》辦理；初等實業學堂應設堂長及各項職員，照《高等小學堂章程》辦理。惟實業學堂另有實驗場等處，事務較爲繁雜，得隨時體察情形，增置委員、司事，以資經理。

《大清新法令》卷三《教育・學堂章程・各學堂獎勵章程》　高等實業學堂畢業獎勵三年畢業，程度與高等學堂同。

考列最優等者，作爲舉人，以知州盡先選用，令充中等實業學堂教員、管理員。

考列優等者，作爲舉人，以知縣盡先選用，令充各中等實業學堂教員、管理員。

考列中等者，作爲舉人，以州同盡先選用，令充各中等實業學堂教員、管理員。

考列下等者，令其留堂補習一年再行考試，分等録用；如第二次仍考下等及不願留堂補習者，給以修業年滿憑照，令充各高等實業學堂管理員。

考列最下等者，但給考試分數單。

中學堂畢業獎勵

五年畢業。

中學堂畢業，在省由學務處，在外由道府會同本學堂監督、堂長、教員等考試。

考列最優等、優等、中等者，均准保送升入高等學堂、優級師範學堂、高等實業學堂先行收入該堂肄業，聽候督撫學政會同考選分別去留。

考列下等者，留堂補習一年再行考試，分別按等辦理；如第二次仍考下等及不願留堂補習者，只給以修業年滿憑照，聽其自營生業。

考列最下等者，但給以考試分數憑單，出學自營生業。

中學堂畢業應升學之學生，經道府會同監督考送入高等學堂、優級師範學堂、高等實業學堂者，經督撫學政會同復加考試，合格者，升入以上三項高等肄業。最優等作爲拔貢，優等作爲優貢，中等作爲歲貢，分別收入所升學堂肄業，均由督撫學政填給會銜執照；下等發回原學，作爲優廪生，由督撫學政會同咨明學務大臣並禮部備案，年終匯奏一次；最下等遣回原籍。

中等實業學堂畢業獎勵

三年畢業，程度與普通中學堂同。

考列最優等者，作爲拔貢，升入高等實業學堂肄業；比照中學堂例。不願升入者，以州判分省補用，即不能作爲拔貢，給以畢業執照，聽自營業。

考列優等者，作爲優貢，升入高等實業學堂肄業；不願升入者，以府經分省補用，即不能作爲優貢，給以畢業執照，聽自營業。

考列中等者，作爲歲貢，升入高等實業學堂肄業；不願升入者，以主簿分省補用，即不能作爲歲貢，給以畢業執照，聽自營業。

考列下等者，留堂補習一年再行考試，分别按等辦理；如第二次仍考下等及不願留堂補習者，只給以修業年滿憑照，聽自營業。

考列最下等者，但給考試分數單，均聽自營生業。

紀事

《魏書》卷四下《世祖紀下》 〔太平真君五年正月〕庚戌，詔曰：「自頃以來，軍國多事，未宣文教，非所以整齊風俗，示軌則於天下也。今制自王公已下至於卿士，其子息皆詣太學。其百工伎巧、騶卒子息，當習其父兄所業，不聽私立學校。違者師身死，主人門誅。」

黄宗羲《明夷待訪録·學校》 學曆者能算氣朔，即補博士弟子。其精者同人解額，使禮部考之，官於欽天監。學醫者送提學考之，補博士弟子，方許行術。歲終，稽其生死效否之數，書之於册，分爲三等：下等黜之；中等行術如故；上等解試禮部，入太醫院而官之。

黄宗羲《明夷待訪録·取士下》 絶學者，如曆算、樂律、測望、占候、火器、水利之類是也。郡縣上之於朝，政府考其果有發明，使之待詔。否則罷歸。

曾國藩《曾國藩全集·擬選子弟出洋學藝摺》 奏爲擬選聰穎子弟前赴泰西各國，肄習技藝，以培人才，恭摺仰祈聖鑒事。

竊臣國藩上年在天津辦理洋務，前任江蘇巡撫丁日昌奉旨來津會辦，屢與臣商榷，擬選聰穎幼童，送赴泰西各國書院，學習軍政、船政、步算、製造諸書，約計十餘年業成而歸。使西人擅長之技，中國皆能諳悉，然後可以漸圖自强。且謂携帶幼童前赴外國者，如四品銜刑部主事陳蘭彬、江蘇候補同知容閎皆可勝任等語。臣國藩深韙其言，曾於上年九月、本年正月兩次附奏在案。臣鴻章復往返函商。竊謂自斌椿及志剛、孫家穀兩次奉命，游歷各國，於海外情形，亦已窺其要領，如輿圖、算法、步天、測海、造船、制器等事，無一不與用兵相表裏。凡游學他國，得有長技者，歸即延入書院，分科傳授，精益求精；其於軍政、船政，直視爲身心性命之學。今中國欲仿效其意，而精通其法，當此風氣既開，似宜亟選聰穎子弟携往外國，肄業實力講求，以仰副我皇上徐圖自强之至意。查美國新立和約第七條，內載嗣後中國人欲入美國大小官學，學習各等文藝，須照相待最優國人民一體優待。又，美國可以在中國指准外國人居住地方，設立學堂，中國人亦可在美國一體照辦等語。本年春間，美國公使過天津時，臣鴻章面與商及，允俟知照到日，即轉致本國，妥爲照料。

三月間，英國公使來津接見，亦以此事有無相詢，臣鴻章當以實告，意頗欣許，亦謂先赴美國學習；英國大書院極多，將來亦可隨便派往。此固外國人所深願，似於和好大局有益無損。臣等伏思外國所長，既肯聽人共習，志剛、孫家穀又已導之先路，計由太平洋乘輪船徑達美國，月餘可至，當非甚難之事。或謂天津、上海、福州等處已設局，仿造輪船槍砲軍火，京師設同文館，選滿漢子弟延西人教授。又，上海開廣方言館，選文童肄業，似中國已有基緒，無須遠涉重洋。不知設局製造、開館教習，所以圖振奮之基也。遠適肄業，集思廣益，所以收遠大之效也。西人學求實濟，無論爲士、爲工、爲兵，無不入塾讀書，共明其理，習見其器，躬親其事，各致其心思巧力，遞相師授，期於月異而歲不同。中國欲取其長，一旦遽圖盡購其器，不惟力有不逮，且此中奥密，苟非遍覽久習，則本源無由洞澈，而曲折無以自明。古人謂學齊語者，須引而置之莊岳之間，又曰百聞不如一見，比物此志也。况誠得其法歸，而觸類引伸，視今日所爲孜孜以求者，不更擴充於無窮耶？惟是試辦之難有二：一曰選材，一曰籌費。蓋聰穎子弟不可多得，必其志趣遠大，品質樸實，不牽於家累，不役於紛華者，方能遠游異國，安心學習，則選材難；國家帑項，歲有常額，增此派人出洋肄習之款，更須措辦，則籌費又難。凡此二者，臣等亦深知其難。第以成山始於一簣，蓄艾期以三年。及今以圖，庶他日繼長增高，稍易爲力。爰飭陳蘭彬、容閎等悉心酌議，加以覆核，擬派員在滬設局訪選。沿海各省聰穎幼童，每年以三十名爲率，四年計一百二十名，分年搭船赴洋，在外國肄習十五年後，按年分起，挨次回華。計回華之日，各幼童不過三十歲上下，年力方强，正可及時報效。聞前此閩、粤、寧波子弟，亦時有赴洋學習者，但只圖識粗淺洋文洋話，以便與洋人交易，爲衣食計。此則入選之初，慎之又慎。至帶赴外國悉歸委員管束，分門分類，務求學術精到。又有翻譯教習，隨時課以中國文義。俾識立身大節，可冀成有用之材。雖未必皆爲偉器，而人才既衆，當有瑰異者出乎其中。此拔十得五之説也。至於通計費用，首尾二十年需銀百二十萬兩，誠屬巨款，然此款不必一時凑撥，分析計之，每年接濟六萬，尚不覺其過難。除初年盤川發給委員携帶外，其餘指有定款，按年預撥交與銀號，陸續匯寄，事亦易辦。總之，圖事之始，固不能予之甚吝，而遽望之甚奢；況遠適異國，儲才備用，更不可以經費偶乏，淺嘗中輟。近年來，設局製造、開館教習，凡西人擅長之技，中國頗知究心，所需經費均蒙諭旨准撥，亦以志在必成。雖難不憚，雖費不惜，日積月累，成效漸有可觀。

茲擬選帶聰穎子弟赴外國肄業事，雖稍異意，實相同。謹將章程十二條恭呈御覽，合無仰懇天恩，飭下江海關於洋稅項下，按年指撥，勿使缺乏。恭候命下，臣等即飭設局，挑選聰穎子弟，妥慎辦理。如有章程中未盡事宜，並請敕下總理衙門酌核更改，臣等亦可隨時奏請更正。所有擬選聰穎子弟前赴泰西各國肄習技藝緣由，謹合詞恭摺具奏。伏乞皇太后、皇上聖鑒訓示！謹奏。

謹將挑選幼童前赴泰西肄業酌議章程，恭呈御覽：

一、商知美國公使照會大伯爾士頓，將中國派員每年選送幼童三十名至彼中書院肄業緣由，與之言明，其束脩膏火一切均中國自備，並請俟學識明通，量材撥入軍政、船政兩院肄習，至赴院規條悉照美國向章辦理。

一、上海設局經理挑選幼童派送出洋等事，擬派大小委員三員，由通商大臣札飭在於上海、寧波、福建、廣東等處挑選聰慧幼童年十三四歲至二十歲爲止，曾經讀中國書數年，其親屬情願送往西國肄業者，即會同地方官取具親屬甘結，並開明年貌籍貫存案，携至上海公局考試。如姿性聰穎並稍通中國文理者，即在公局暫住，聽候齊集出洋，否即撤退，以節靡費。

一、選送幼童，每年以三十名爲率，四年計一百二十名。駐洋肄業十五年後，每年回華三十名，由駐洋委員臚列各人所長，聽候派用，分別奏賞頂戴官階差事。此係官生，不准在外洋入籍逗留，及私自先回遽謀別業。

一、赴洋幼童學習一年，如氣性頑劣，或不服水土，將來難望成就，應由駐洋委員隨時撤回，如訪有金山地方華人年在十五歲內外，西學已有幾分工夫者，應由駐洋委員隨時募補，以收得人之效，臨時斟酌辦理。

一、赴洋學習幼童入學之初，所習何書，所肄何業，應由駐洋委員列册登注。四月考驗一次，年終注明等第，詳載細册，賫送上海道轉報。

一、駐洋派正副委員二員，每員每月薪水銀四百五十兩。翻譯一員，每月薪水銀二百五十兩。教習二員，每員每月薪水銀一百六十兩。

一、每年駐洋公費，銀共約六百兩，以備醫藥、信資、文册、紙筆各項雜用。

一、正副委員、翻譯、教習來回川費，每員銀七百五十兩。

一、幼童來回川費及衣物等件，每名銀七百九十兩。

一、幼童駐洋束脩、膏火、房租、衣服、食用等項，每名每年計銀四百兩。

一、每年駐洋委員將一年使費，開單知照上海道轉報。倘正款有餘，仍涓滴歸公；若正款實有不足之處，由委員隨時知照上海道稟請補給。

一、每年駐洋薪水、膏火等費，約計庫平銀六萬兩，以二十年計之，約需庫平銀一百二十萬兩。

曾國藩《曾文正公奏稿》卷二一《江南貢院工竣請簡放考官摺》同治三年九月十一日 奏爲江南貢院建修工竣，定於十一月舉行鄉試，懇請簡放考官，仰祈聖鑒事。

竊江南鄉試自咸豐九年在浙江借闈特開萬壽恩榜，並補行乙卯正科後，尚有戊午、辛酉、壬戌及本屆四科，歷經奏請展緩辦理。迨本年六月江寧省城克復，臣親勘貢院，幸未全毀。當即鳩工庀材，飭派記名臬司黄潤昌監視興修。於八月十三日，奏陳大概，旋據該員以要工完竣，繪圖呈驗。臣於九月初一日自安慶啓程，初七日舟抵金陵，初九日至貢院，查驗工程。所有主考、監臨、提調、監試、房官各屋，謄録、對讀、彌封、供給各所，新造者十之九，修補者十之一；號舍一萬六千餘間，新造者十之一，葺補者十之九；又因江南人文薈萃，向慮號舍不敷，酌就闈外圈入隙地，以備將來添建號舍之用。臣逐段勘驗，現僅號板未全，牌坊及油飾未畢。約計九月二十日前，一律完竣。工堅料實，焕然一新。兩江人士，聞風鼓舞，流亡旋歸，商賈雲集。現在已通飭各屬，出示曉諭，定於十一月舉行鄉試。

江南監臨向係江蘇、安徽兩省巡撫分科輪辦。本屆甲子及補行戊午各正科，係屬江蘇輪值之年。臣已咨明撫臣李鴻章請其屆時前來入闈，辦理監臨事務。其提調、監試各官，向例於江、安兩省藩、臬、道、府大員中調派。內簾十八房，則於科第出身實缺州縣中考充，如實缺人數不敷，即於兩省候補之即用大挑、揀發各班挑選。現值地方多係新復，實缺人員寥寥無幾。所有內外簾各執事，應由監臨官循例分別調取。至江南正副考官向章八月鄉試，係於六月二十二日簡放主考，禮部於二十日進本。此次十一月舉行鄉試，似應於九月二十二日請旨簡放考官，向章江南主考由徐州、臨淮、滁州驛路行走。目下滁州等驛尚未整飭，應改由清江浦、揚州馳驛南來，以免遲誤。前此咸豐九年借用浙闈舉行己未恩科，並補行乙卯正科。安徽取中正額，因皖北赴考人數較少，奏准先中六成，酌留四成。計兩科存留中額三十六名，俟皖北肅清後，於下科鄉試補中。目下英、霍賊退，全皖將次肅清，應否將所留三十六名，於本科補中之處，請旨敕下禮部核議，知會正副主考查照辦理。所有貢院工竣，舉行鄉試，請旨簡放考官緣由，恭摺由驛五百里馳奏。伏乞皇太后、皇上聖鑒訓示。謹奏。

張之洞《張之洞全集·創建廣雅書院奏摺》 兩廣總督張之洞跪奏，爲創建兩廣諸生合課書院，以礪士品而儲人才，恭摺奏明立案，仰祈聖鑒事。竊惟善俗之道，以士爲先；致用之方，以學爲本。廣東、廣西兩省，地勢雄博，人才衆多，文學如林，科名素盛。惟是地兼山海，東省則商賈走集，華洋錯居；西省則山鄉磽瘠，瘴地荒遠，習尚强悍，民俗不齊。見事聞變，日新月異。

欲端民俗，蓋必自厚士風始。士風既美，人才因之。查兩廣總督舊治肇慶，設有端溪書院，爲總督課士之所。兩省人士，皆得肄業其中。自總督移治廣州，書院不能親臨考校整飭，雖歲時封題課試，規矩縱弛，士氣不揚。且原有齋舍止四十間，大半敞漏，不足以容來學，每逢應課，大率借名虛卷，草率塞責。

臣到粤以來，兵事倥偬，又值水旱爲災，未遑及此。比年海宇清宴，民生粗安，一切籌辦諸事宜，規模略具，兩省人士屢以整頓書院爲請，當經委員會同肇慶道府勘議興建。特以限於地勢，該書院東鄰府學宫，西鄰肇慶協署，後城前市，無從展拓。且以肇慶山水峭急，游學者少，除肇慶一屬外，他處諸生罕有至者。官紳士林，僉謂宜别有經畫，設於都會，於事爲便。查省城粤秀、越華、應元三書院，專課時文，齋舍或少或無，肄業者不能住院，是故有月試而無課程。前督臣阮元所建之學海堂，近巳鹽運司鍾謙鈞所建之菊坡精舍，用意精美，而經費無多，膏火過少，又以建在山阜，限於地勢，故有課程而無齋舍。

竊思書院一舉，必宜萃處久居，而後有師長檢束、朋友觀摩之益。至於稽核冒名代倩，猶在其次。且以上各書院，多爲東省而設，西省不得與焉，東省外府亦罕有應課者。臣以文學侍從之臣，過蒙聖恩，濫忝兼圻之寄，才識迂拙，無所建明，至善俗儲才之端，職所當爲，不敢不勉。

因於廣東省城西北五里源頭鄉地方，擇地一區，其地山川秀傑，風土清曠，建造書院一所，名曰廣雅書院。考江西白鹿洞書院、湖南岳麓書院，皆遠在山澤，不近城市，蓋亦取避遠囂雜，收攝身心之意。廣州省會，地狹人哤，尤以城外爲宜。計齋舍二百間，分爲東省十齋，西省十齋，講堂書庫，一切俱備。延聘品行謹嚴、學術雅正之儒，以爲主講，常年住院，定議立案，不拘籍隸本省外省，總以士論翕服爲主，不得徇情濫薦。調集兩省諸生才志出衆者，每省百名，肄業其中，講求經義、史事、身心、經濟之事，廣置經籍，以備誦習。宋儒周子，曾官嶺南，著有德惠，並無祠宇，於義闕然，今建祠院中，並祀古今宦寓名賢、本省先正有功兩粤文教者，以示諸生宗仰。

肄業生額數，東省廣州府三十名，肇慶、高州、惠州三府各十名，韶州、潮州兩府各六名，瓊州府、嘉應直隸州各五名，廉州、雷州兩府各四名，南雄直隸州三名，連州、羅定兩直隸州各二名，陽江直隸廳一名，駐防一名，連山、赤溪、佛岡三直隸廳共一名；西省桂林府三十名，梧州、潯州兩府，鬱林直隸州各十名，平東、南寧兩府各八名，柳州七名，思恩、慶遠兩府各五名，太平府三名，泗城府二名，鎮安府一名，百色直隸廳、歸順直隸州共一名。遠郡下邑，師友尤難，各屬遍及，以示公溥。

豐其膏火，每月兩課，校其等差，優給獎賞，道遠各府州，分别遠近，加給來往盤費，總令其負笈住院，静心讀書，可以自給，免致内顧爲憂，紛心外務。

院内課程，經學以能通大義爲主，不取瑣細；史學以貫通古今爲主，不取空論；性理之學，以踐履篤實爲主，不取矯僞；經濟之學，以知今切用爲主，不取泛濫；詞章之學，以翔實爾雅爲主，不取浮靡；士習以廉謹厚重爲主，不取囂張。其大旨總以博約兼資、文行並美爲要歸。不住院者，不領膏火，以便考其行檢；無故不得給假，以期專一有成。嚴守規條，責成監院考察約束，違者即行屏黜，欲其不分門户，不染積習，上者效用國家，次者儀型鄉里，以仰副聖天子作充人才之至意。

其書院常年經費，所需甚巨。臣以歷年積存廉俸公費等項，捐置其中，並順德縣沙田充公之款，南海紳士候選道孔廣鏞等捐款，發商生息，共歲得息銀七千一百十五兩。查黄江税廠羡餘，歷年即以提充端溪書院經費。自改章後，徵收較旺，上年臣奏定三六餘一項，除支銷外，尚有贏餘，即於此款内每年發銀五千兩。由於紅鹽變價充公，項下每年發銀五千兩。撥款息款共歲得銀一萬七千一百五十兩，以充書院師生膏火、監院薪水、人役工食，一切祭祀歲修雜費。

至建造地價工料，經順德縣青雲文社、省城惠濟倉各紳，愛充堂各董事，誠信堂、敬忠堂商，聞風鼓舞，情願捐資修造。現已於閏四月二十日集款購料興工，約計十月可成。當經札委兩廣鹽運司會同布政司督飭委員，妥爲辦理，並飭鹽院教官，妥議一切詳細章程，稟定立案。

現經臣發題各屬諸生，試以文字數首，出色者即行調取；並資商兩省學臣，如有才志可造之士，亦即咨送。竊惟《易象》有云：君子以居賢德，善俗。言者會集，則俗自化也。《論語》有云，君子學以致其道。言同學講習，則道易成也。惟望從此疆臣、學臣加意修明，維持不廢，庶於邊海風氣人才，不無裨益。

其舊有端溪書院，臣已檄飭道府，酌提書院本款，就原有規模，修葺完整；並酌加諸生膏火，釐整章程，以存舊觀。學海堂年久失修，亦經飭司量爲葺治，於原設專課生十名之外，增設十名，會課改爲每月一次，責成學長申明舊日章程，以期無廢前規。

所有創建兩廣諸生合課書院緣由，相應奏明立案，以期經久。謹會同廣東撫臣吴大澂、廣西撫臣李秉衡、廣東學臣汪鳴鑾、廣西學臣李殿林恭摺具奏，仰祈皇太后、皇上聖鑒。謹奏。

光緒十三年六月十六日具奏，八月二十四日奉硃批：「該部知道。欽此。」

《蘇州商會檔案叢編》第一輯《商部批示准予學堂立案光緒三十二年正月二十七日》 商部批：據禀已悉。我中國商務之盛不及泰西者，由於商界無人才，而其故由於無學堂以爲儲才之地。今該商等擬就紗緞一業公立初等實業學堂，洵屬急公好義，且足爲各業之提倡，本部深堪嘉許。查禀内所稱學堂經費，均由同業擔任，不假外求，專課本業子弟以六十名爲額，嗣後有畢業合格者，擬申送上海高等實業學堂考驗録入，並延請在籍紳士王同愈爲總董等辦法，亦均妥洽。本部自應照准，先予立案。仰即會同該總董等迅速悉心布置，實力經營。候將詳細章程禀送到部核定後，再行轉咨學部立案，及照會上海高等實業學堂酌議辦理可也。此批。

右批蘇州紗緞業商董李文模等知悉。

《蘇州商會檔案叢編》第一輯《商部批示准予學堂章程立案光緒三十二年五月初二日》 五月初二日奉商部批：據禀已悉。查蘇州紗緞業職商李文模等呈請公立初等實業學堂一案，本年正月間業經本部批准先予立案。兹據代呈該學堂章程，核閲所擬各條，大致尚屬妥協，除咨學部查核立案，並學堂嗣後畢業學生申送考驗一節照會上海實業學堂備案外，爲此批示，仰即傳知該職商等知悉可也。

《政治官報・摺奏類・光緒三十四年正月初十日第一百二號・貴州巡撫龐鴻書奏覆教育實業參用滿人片》 再，臣承准軍機大臣字寄光緒三十三年十月二十七日奉上諭：「貽穀奏廣籌旗民生計，推及教育實業辦法，參用滿人等，諸著各省將軍、督撫等，按照所陳，妥籌辦理。原片著抄給閲看。欽此。」跪聆之下，仰見聖謨周詳，曷勝欽佩。查原奏内稱各直省學堂林立，工藝繁興，以及軍務、商務、路政、礦政數端，皆參用滿人，不限額數，合旗、漢爲一途，久而相安相習，畛域之見，不化自除，立法自良，持論甚正，亟應遵照辦理。惟查黔省僻處邊陲，向未設有駐防旗丁，各項學堂工藝，以及商務、礦務諸要政，雖經分别次第舉辦，現在無從參用旗丁，嗣後各省移居來黔者，自當分别參用，以仰副朝廷一視同仁之至意。除咨部查照外，理合附片具奏，伏乞聖鑒。謹奏。光緒三十四年正月初五日奉硃批：「知道了。欽此。」

《政治官報・摺奏類・光緒三十三年十月十五日第二十六號・農工商部奏工藝局生徒畢業准由順直各屬聘用片》 再臣部工藝局，樹全國藝事之模型，爲各省勸工之倡導，現招生徒五百人，分隸各科，責成工師認真指授，就所學之難易，分别二年、一年畢業。近來屢奉明詔，飭令振興實業，近畿一帶尤宜首先設局倡辦，此項生徒學成以後，除由本局留用外，凡順直各屬所設工藝等局，准其聘往傳授，以振工業而廣師資，如蒙俞允，即由臣部轉行欽遵辦理。所有工藝局招攷生徒，畢業後准由順直各屬聘用緣由，謹附片具陳，伏乞聖鑒，謹奏。光緒三十三年十月初四日奉旨：「依議。欽此。」

《政治官報・雜録類・光緒三十四年二月初五日第一百二十七號・奉天農工商局呈軍督部堂預算經費文》 爲呈請事。案奉憲批，呈悉。農工商務現既歸併一局辦理，非先綜覈名實，不足以言事功。該道所陳注意各節，已能扼要，其應興應改事宜，尤能挈其綱領，有條不紊，且皆屬目前萬不可緩之圖。至大概章程，除副長毋庸設立外，所有先分五科，各立數課，支配亦極周詳，曷勝慰仰。惟兹事體大，現在業經設立及將設未成立者，固應急求改良，早日建設。即未設各項，亦宜分别緩急，次第興舉。將來創設之始，雖不能過求完備，亦必粗具規模，非寬籌開辦暨常年經費，不足以維永久。應將各項分别詳晰核議，預計的數，以便先事籌措，庶可成久大之業，不致事敗垂成。仰即如呈先行試辦，如有應行變通之處，仍隨時禀候核奪，此繳。等因。奉此仰見憲台振興實業汲汲圖治之盛意，敬聆之下感佩莫名。職道等竊查各國興辦要政，皆須於開辦之初先行預算，雖此後或有出入，然皆有一定之的款以爲基礎，而後辦事職員有所恃以無恐，誠如憲諭先事籌措，庶可成久大之業不致事敗垂成也。夫歐美各國富强無論矣，即日本農商務省，每年支出經費至二百二十八萬餘元，其他臨時補助費約千二百餘萬圓，謂之經濟行政費。至於公立私立各實業學校，爲數更巨，約計農業學校七十五所，工業學校二十三所，商業學校三十七所，商船學校五所，徒弟學校二十四所，各項實業補習學校二百九十所，共合三百七十四所。經濟政策之發展，人民福利之增進，揆厥其效，良有由矣。奉省兵燹之餘，民物凋殘，值此列强工商競争之際，實有優勝劣敗之憂。憲台百度維新，既不能不以整理財政爲先，更不能不以抽收釐税爲重，取之於民者固。國家萬不得已之苦衷，用之於民者亦世界必不可緩之公理。現在中國各省規模，以北洋、南洋、湖廣爲最宏，湖廣經張宫保歷年籌畫，約支經費數千餘萬，漢陽鐵廠五百餘萬，繅絲、製麻、紡紗、織布四廠三百餘萬，文武各學堂開辦費二百餘萬，常年費數十餘萬，東西各國留學生費七十餘萬。職道等雖未能必其數目之的確，然懸揣之實有增而無減也。奉省一時草創，固未能追蹤湖廣，而預算經費亦有萬不可少者，兹特擬説略，約計第一年歲出，共需開辦、常年經費銀二百四十四萬二千八百八十兩，第二年除去開辦，則只有常年費四十四萬二千八百八十兩。驟觀之雖似甚巨，而比之南北兩洋及湖廣，則僅及十分之三四。夫日本以戰勝之餘，明年東京機器博覽會，農商務省已籌奬勵費至十五萬元之多。俄羅斯以新敗之國，近日議開黑海通波羅的海運河，已籌措開辦費至二億六千萬盧布之巨。國勢競争，如臨大敵，有進無退，乃可生存。職道等仰承憲廑，用貢庸愚，懇乞將所擬預算説略，札飭財政局，籌備經費，酌定的款，此後如有臨時費用溢於預算之外者，亦望准其隨時禀陳給發，俾職道等次第施行，無憂缺乏，庶有以副憲台之期望，而無功敗垂成之足慮矣。理合具呈，懇請指示祇遵。須至呈者。軍督部堂趙批：呈及説略並悉，候飭財政總局籌備以資應用。繳説略存。

附奉天農工商局擬辦各事預算經費表及説略　農業試驗場，開辦費三萬兩，常年費三萬元。農業學堂，開辦費四萬兩，常年費五萬元。查奉天實業以農爲重，農學中如測驗、分析、化學各儀器，新式耕耨播穫各機械皆宜購備，所費不貲。至建築場堂房舍規模亦須遠大，今除從前業經支領外，現估開辦費共七萬兩，尚爲數之最約者。常年一款，查日本北海道札幌農學校，三十八年決算表共支出經常費六萬八千零六十九元，實驗農場共支出經常費二萬七千五百四十八元，臨時費尚在外也。兹從其數，擬支常年費共八萬元。

水産講習所，開辦費五萬兩，常年費四萬五千元。商船學校，開辦費八萬兩，常年費四萬五千元。查此兩校應設於營口及錦州等處。水産講習所購辦各國撈魚網罟器具標本名目繁多，魚油魚皮魚骨罐詰製造機器亦需巨費。商船學校所用天文儀器、艦體機關模型爲費更重，約估十三萬金不知能否辦到也。日本水産講習所，明治三十三年決算表支出常年費四萬二千零五十二元，商船學校支出常年費十一萬四千六百八十二圓。兹擬試辦，故規模縮小，每年支出常年費約九萬元。

種牛牧場，開辦費三萬五千兩，常年費一萬五千元。種馬牧場，開辦費三萬五千兩，常年費一萬五千元。查此項以購種爲第一巨款，馬一匹有值銀一千元，牛一口有值銀至四五百元者，均須遠求之於外國，擇種留良之術必如是也。若僅買土種，則鄉人亦優爲之，又何取乎官爲提倡。日本重在軍事，故其馬匹改良費支出二十萬八千七百十七元，種牡馬檢查費一萬一千三百八十三元，然農事上如種牛改良費亦支出六萬二千五百八十五元，獸類檢疫費一萬一千二百七十六元之多。今取漸進辦法，故定支出開辦費七萬兩每年經費三萬元。

模範工場，開辦費八萬兩，常年費二萬五千元。藝徒學堂，開辦費二萬兩，常年費二萬二千元。查此項即以工藝局改設，而遷移於小河沿岸，擴充規模，以期實效，購辦工場機器約須銀六萬餘兩。其藝徒學堂則附於此中，故并建築費合算需開辦費銀十萬兩。其常年費則現在工藝局歲出薪工一項已約支銀三萬二千餘元，今又加以藝徒學堂經費，故每年共需支出銀四萬七千元。

商品陳列所，開辦費十三萬兩，常年費銀七千元。附屬勸工場，開辦費二萬兩，常年費銀二千元。查此項以建築及購辦陳列物品爲巨款，前已禀請開辦經費銀十五萬兩，今將落成矣。惟每年應聘技師，以備顧問，其餘書記等人亦須設置，故擬每年支出費九千元。

蠶業講習所，開辦費三萬五千兩，常年費二萬五千元。染織學校，開辦費三萬五千兩，常年費三萬元。查此項惟蠶業講習所設備蠶室，及繅絲機器、染織學校購齊各國新式織機，爲費甚巨，其常年費尚可從約，蓋視學生名額之多寡，定經費之加減也。日本蠶業講習所常年支出四萬三千三百七十三元，其蠶業檢查費支出十一萬三千四百六十二元，可謂巨矣。今合兩項開辦費共需銀七萬兩常年費五萬五千元。高等工業學校，開辦費十五萬兩，常年費八萬元。工業試驗場，開辦費三萬兩，常年費一萬元。查前禀高等工業既分爲數科，所需儀器標本機械其數甚繁，教室及器械室規模亦大，故必需開辦費十五萬兩。試驗場則房室不多，僅備機械而已，故只需開辦費三萬兩。常年一項，日本高等工業學校，明治三十七年決算表支出經常費二十四萬一千四百零五元，臨時費三萬一千四百五十八元，工業試驗所費二萬一千五百三十二元。今創辦之初，設備未能完全，只擇緊要數科先辦，故定爲當年費九萬元。

商業學堂，開辦費四萬兩，常年費三萬元。查此項學堂僅購辦陳列商品物產及建築齋舍，所費不多，故擬支開辦費四萬兩，常年費三萬元。日本東京商業學校，明治三十八年決算表支出經常費十七萬三千八百四十元，臨時費三千元，蓋因外國語一科，延聘各國教員甚多，爲費甚巨也。今先講求簿記及簡易商學與高等不同，僅定此數亦可成立矣。

實業調查所，開辦費三萬兩，常年費四萬元。查此項應附設於農工商局內或另行獨立，以免與行政相混，然非永久性質，立至四五年即可裁撤。惟初年購辦洋文書籍及印刷機器所費較多，故擬定開辦費銀三萬兩。常年一項，則因延僱技師、顧問員及本國編輯員薪資須重，故擬定每年支出費四萬元。

濬河公司，開辦費八十六萬兩，常年費二十萬元。查濬河尚未測量，本不能先爲預算，然大要總以購辦機械船艇爲巨款。日本大阪築港開辦之初，搬運及各汽機船四十六艘，價額一百四十三萬元，浚渫即挖泥船。及各汽機船五十艘，價額二百零三萬餘元，大島採石工場機械價額二十五萬九千餘元，製造工場機械價額八萬二千餘元，製造塞門德土工場機械價額十七萬一千餘元，共需購辦費三百九十七萬二千餘元。今遼河專屬浚渫淤泥，既勿庸裁灣取直，又非大阪築港濱臨大海，施工爲難，必用汽船乃能蕆事者可比，則開辦費似可少十分之八，玆爲假定數目，如購用大號挖泥汽船需價二十七萬七千餘元，中號小號須價額十四萬至七八萬元，拖運汽船需價額十六七萬元，製造工場機械需銀七萬餘元，採石工場機械需銀十萬餘元，製造塞門德土機械需銀十萬餘元，其餘建築及招工各費需銀四十餘萬元，共合銀一百三十餘萬元，扣銀八十六萬餘兩。蓋工欲善事，必先利器。以上所估之事大要爲不可少矣。然工事竣後，此各項機械亦有大用，因道路日益交通，商埠日益繁闢，建築日益增加，則採石及製造塞門德土，亦今日之最要品也。況以後若倣德美開通運河及溝渠以謀水利之益，更可招商集股，使此公司永久成立，爲民大利矣。但以上預算只能略估大概，而測量等費不在其內，恐未能即敷所用也。

農工銀行，開辦費銀三十萬兩。查此種銀行，日本初次創辦，名爲勸業銀行，招集股本一千萬元，以後陸續相繼設立者大小不等，有僅集股二三十萬元至十萬元之數。奉省農事改良，方有萌芽，可先行試辦，此項銀行擬提官股三十萬兩，俟農業發達再謀擴充。

以上各項學堂局所計十八種，預爲估算共需開辦費銀二百萬兩，常年費銀六十七萬一千元，六錢六扣銀四十四萬二千八百八十兩，合計第一年經費共需銀二百四十四萬二千八百八十兩。至於第二年則只需經常費銀四十四萬二千八百八十兩。

甘厚慈《北洋公牘類纂》卷一六《工藝一·工藝總局周道等酌擬辦法章程經費數目繕呈圖摺禀并批》 敬禀者，竊職道學熙前具寸禀，瀝陳難兼顧教養局情形，并附獻芻蕘之見，旋於六月十六日，蒙憲台批示，內開：據禀已悉，該道所陳設立工藝總局附設學堂暨考工廠各節，條理精詳，確有見地，自須次第推行，以擴商業。應即委該道總辦工藝局，務迅將工藝學堂考工廠章程重加商定，先行開辦。本大臣爲振興商務必先講求工作起見，事關創始，得人頗難，該道務當勉副倚任，毋得一再固辭，仍派張道淩守會同經理。至教養局專收本地貧民，教以粗淺手藝而設，應責成天津府妥籌辦理，毋庸由該道總辦。等因。蒙此，仰見憲台通商惠工，擴張實業，挽自有之利源，開小民之生計，舉正德、利用、厚生三者而一致之規畫閎遠，欽服莫名。職道學熙雖才識凡下，不足以仰贊高深，亦何敢不竭盡心力，以效一得之愚。謹於八月二十日到差，視事連日，職道學熙等公同商酌，玆先將大畧情形謹爲憲台陳之：凡舉事無問大小，必綜攬全局，要其始終，外觀之人，內度諸己，乃有得失之可言。近年以來，各省舉辦農工商諸實業不爲不多，而商民之聞風興起者仍屬寥寥，似於提倡鼓舞之道猶有未盡。今職局遵憲札先辦學堂及考工廠二事，以學堂習其技能，以考工生其觀感，大要在開導商情使之奮發，指示工作使之改良，袪其隔閡使之通情，精聘技師使之諮訪，設法保獲使之盡力，籌民銷路使之暢行，以此數義爲主。除學堂前經卑府福彭酌擬章程，禀蒙批准在案，現已試辦，應俟體察情形隨時損益，另行禀陳外，現將工藝局及考工廠應辦事宜，酌採日本成法，參以本省現情，謹擬大概辦法章程，酌擬經費數目，繕具清摺三扣，房圖一幅，恭呈憲鑒，是否有當，伏乞訓示祇遵。所需經費亦請迅賜指撥，以資開辦。再事當創始，所擬章程雖畧具梗概，仍須隨時隨事悉心體察，必有暢曉工藝熟習商情之員切實經理，方可漸收成效。職道學熙兼理銀元銀錢兩差，卑府福彭，本缺事煩，均難專任，職道祇籍隸本省，亦有未便，擬請憲台添委賢員，常川駐局，總司其事，庶足以專責成而收實效。職道卑府等仍當隨時會同商辦，斷不能稍存退避自外生成，以負憲台振興工業之至意。肅禀云云。

督憲袁批：據禀並圖摺均悉。所擬工藝局暨考工廠大致辦法，均尚妥協，應准照行。其考工廠開辦經費，即由銀錢所收回通惠成本項下，撥發銀二萬五千兩。至該廠常年經費，應在銀元局鑄錢盈餘項下開支。仰該道等隨時督飭員司認真經理，格外撙節，動用務期事有實效，款不虚糜。該局綜理學堂及考工廠兩事，責成綦重，並委何道炳瑩常川駐局，會同該道等辦理。另禀請派司事工匠由該局籌給川資用費，隨同何道前往日本考察機器製造，事屬可行，候分札飭遵。此繳。

《大清新法令》卷三《教育・學堂章程・商部奏籌辦藝徒學堂酌擬簡明章程摺》 竊上年七月十七日學務處會同臣部、户部具奏，議復御史王金鎔奏請添設藝徒及初等、中等工業各學堂，並請賞撥經費一摺，奉旨：著由崇文門溢徵税項撥給三成。欽此。

查原奏内聲明應辦事宜，擬派高等實業學堂監督臣部左丞紹英妥議章程，次第籌辦。當即遵飭該員酌擬辦法，旋據聲稱藝徒學堂應作爲初等工業學堂附屬高等實業學堂内辦理，應在該學堂左近建築工場，考取藝徒，聘訂技師，分科教授。其中等工業學堂，擬由各處高等小學堂咨取考驗合格學生，即行開辦。所有各該學堂章程，尚須詳細擬訂等語。復經臣等於上年七月二十六日奏明，奉旨允准在案。查此項學堂，專係注重工業，以教育貧民子弟，造就良善工匠爲宗旨。既蒙特頒帑項俾資次第擴充，自應妥籌興辦。現在修築校舍，規畫一切將次就緒。據左丞紹英先行酌擬《藝徒學堂簡明試辦章程》十五條，呈請核示前來。

臣等查閲所擬辦法，如暫招藝徒三百人，分爲速成、完全兩科。速成科注重實習，畢業期限由半年至二年爲度；完全科學理與實習並重，畢業由三年至四年爲度。又教授課目亦分通修、專修兩科。通修科分修身、算法、博物、理化、歷史、圖畫、體操、國文、唱歌、習字十門；專修科分金工、木工、漆工、染織、窑業、文具六門，分别速成、完全兩科，酌定肄習課目。他如教員管理各項規則，均係遵照《奏定學堂章程》，並參考日本工業學校規則酌訂。當經咨行學部核復，嗣准復稱所訂簡章學科程度大致周妥，可即試辦等因。當經臣等轉飭該左丞遵照辦理，務求實效，以仰副朝廷振興工業，嘉惠編氓之至意。謹奏。光緒三十二年　月　日。奉旨：「依議，欽此。」

謹將擬定《藝徒學堂簡明章程》恭呈御覽

一、命名

一　本學堂爲傳習淺近工藝，造就良善藝徒奏准設立，故名藝徒學堂。

二、宗旨

一　本學堂以改良本國原有工藝，仿效外洋製造，使貧家子弟人人習成一藝，以減少游惰，挽回利權爲宗旨。

三、辦法

一　本學堂暫招藝徒三百人，分爲六班，以四班爲速成科，以二班爲完全科。速成科之教法注重實習，畢業期限由半年至二年不等，須以藝徒之造詣及功課之難易臨時酌定；完全科之教法學理與實習並重，畢業期限由三年至四年不等。

一　以上係暫時辦法，待二三年後小學堂畢業生漸多，凡得有小學畢業憑照願習工藝者，本學堂可開新班收録。彼時統以三年爲畢業年限，而學課益求完備。

一　本學堂附設於高等實業學堂之旁，凡該學堂所有一切機器及教育用品，本學堂皆可借用，亦可代該學堂製造物品。

一　本學堂完全科學徒以年在十二歲以上、十五歲以下，資質聰穎，身體壯健，能講淺文者爲合格。速成科以年在十四歲以上、二十歲以下，口齒靈便，身體强健者爲合格。

一　藝徒之飲饌、宿舍、操衣、工衣、醫藥及一切應用物件，皆由本學堂置備。

一　藝徒應習何科，須由本學堂因材酌定，不得擅請改習。惟一科已經畢業，欲再加習他科，或自費生經咨送保送之處指請者，不在此例。

一　本學堂辦有成效之後，如外省有咨請本堂藝徒委以事務者，亦可派往。

一　本學堂逐日將各藝徒之成績品登簿，俟售出後僅收料價所得，餘利專備教員、工匠、藝徒等獎勵之用。

四、教授課目

一　本學堂教授課目分爲通修、專修兩科。通修課目，完全科藝徒皆須習之，速成科藝徒只擇習五六門，專修課目，每班只習一門。

通修課目：

（一）修身　授以中外古今名人言行之大義，以端其爲人之始基；

（二）算法　授以加減乘除諸等數求積法，並另授以簿記法之大要；

(三)博物　授以各種動植礦物之形狀性質，以助其美術思想；

(四)理化　授以理化大要，以助其製造思想；

(五)歷史　授以中外歷史大要，俾各藝徒於歷代服裝制度沿革瞭然於胸，以爲模畫雕刻之本；

(六)圖畫　授以鉛筆、毛筆、水彩、幾何等畫法，以爲改良各種工藝之基；

(七)體操　授以柔軟體操步法、轉法，以期發達體育，上下講堂時秩序井然，便於管理；

(八)國文　授以淺近白話文理，總以能做日用筆記、信札爲要；

(九)唱歌　授以各小學堂教科用之唱歌，使藝徒工作時可以樂而忘勞；

(十)習字。

專修課目：

(一)金工科　分爲鍛工、鑄工、板金工、裝修工、電鍍工五門；

(二)木工科　授以製造器皿及雕刻裝飾品等技；

(三)漆工科　授以各種明暗彩畫、漆法、雕漆法、鑲螺鈿法、漆器製造法、漆器圖案法；

(四)染織科　分爲染色、機織二門，染色門授以精練、漂白、浸染、反染、印花等法；機織門授以織物練習、織物解剖、織物整理、捻係等法，每門任習其一；

(五)窑業科　授以燒瓷、畫瓷之法；

(六)文具科　授以製造各種紙張暨粉筆、鉛筆、印刷油墨、各種洋墨水、天然墨等法。

一　本學堂每一學年分爲二學期。第一學期由正月開學日起，至六月暑假時止。第二學期由暑假後開學時起，至年終放假時止。所有速成、完全各科，每星期授業時間表開列於下：

速成各科每星期授業時間表

科目＼小時＼學期＼學年	第一學年 第一學期	第一學年 第二學期	第二學年 第一學期	第二學年 第二學期
修身	一	一		
算術	三	三	二	一

(續表)

科目＼小時＼學期＼學年	第一學年 第一學期	第一學年 第二學期	第二學年 第一學期	第二學年 第二學期
圖畫	四	四	四	四
體操	二	二	一	
國文	二	二	一	一
唱歌	一	一	一	
習字	一	一	一	一
各科製造法	五	五	七	八
各科實習	二十	二十	二三	二四
總計	三九	三九	三九	三九

完全各科每星期授業時間表

科目＼小時＼學期＼學年	第一學年 第一學期	第一學年 第二學期	第二學年 第一學期	第二學年 第二學期	第三學年 第一學期	第三學年 第二學期	第四學年 第一學期	第四學年 第二學期
修身	一	一	一					
算術	六	四	四	四	二	二		
圖畫	十二	十四	十四	十二	十二	六	十二	十二
國文	二	二	一					
博物	三	三	一	一				
理化	三	三	一	一				
歷史	二	二	二	一				
體操	二	二	二					
唱歌	二	二	一					
各科製造法			三	六	六	十	四	四
機械學					二	二	一	一

（續表）

學年/學期 小時/科目	第一學年 第一學期	第一學年 第二學期	第二學年 第一學期	第二學年 第二學期	第三學年 第一學期	第三學年 第二學期	第四學年 第一學期	第四學年 第二學期
建築學					二	一	一	一
各科實習	四	四	七	十二	十五	十八	二十	二十
總計	三七	三七	三七	三七	三九	三九	三八	三八

五、職員

一　本學堂設監督一人，綜理堂中教務、庶務各事宜。教務長一人，專理講堂、工廠各教授事宜。庶務長一人，專理堂中一切庶務事宜。教務長下置中、東教員共十五人，通譯四人，工匠九人。庶務長下置司事五人，此外置供事丁役各若干人，列表於下：

監督一人
- 庶務長一人
  - 金工科教員二人　工匠四人
  - 木工科教員一人　工匠二人
  - 普通學教員三人
  - 圖案教員二人
  - 漆工科教員二人　工匠一人
  - 窑業科教員一人
  - 文具科教員一人
  - 染織科教員三人　工匠二人
  - 通翻四人
- 教務長一人
  - 會計司事一人
  - 成績品司事一人
  - 管料司事一人
  - 買料司事二人

一　所有本學堂齋務事宜歸教務長派中國教員輪流管理，不必另設專員。

六、管理規則

一　本學堂管理規則謹依奏定章程辦理，倘有增減之處，須禀請監督核定後方可施行。

《大清新法令》卷三《教育·留學生·學部會奏議復御史俾壽奏請派子弟出洋學習工藝摺》　本年七月初七日，軍機處片交御史俾壽奏請飭選派子弟分送各國學習工藝一片，奉旨：「學部、農工商部、郵傳部議奏，欽此。」原奏内稱：工藝爲富强之要圖。近來各省創辦學堂者，頗不乏人，惟工藝一科，仍多未能講求。機器、軍械、船政、電報各局委員多係未經學習，即或涉獵，亦難洞達。擬請飭下學部、農工商部、郵傳部及各省督撫，選送滿漢子弟，擇其學問優長、資性穎悟者，分送東西各國學習製器、駕船、槍砲、商務、礦務、農政，各專一藝，庶可較有把握等語。

臣等竊維造就人才，必因乎時勢。欲救貧弱，在圖富强。欲圖富强，在重實業。從前臣之洞會同前學務大臣奏陳重訂學堂章程摺内，即聲明國民生計，莫要於農工商實業，興辦實業學堂有百利而無一弊，最宜注重等語。頻年以來，農工商部於京師設立高等實業學堂，郵傳部於上海設立高等實業學堂，唐山設立路礦學堂，蓋冀人才之日出而圖實業之振興。臣等夙夜孜孜，已非一日，惟此種專門之學，皆以普通學爲始基，非先於普通之算學、理化、博物、圖畫等已具根柢者，不能得門而入。近來各省派往東西洋之游學生，爲數亦已不少，然以未經中學堂畢業，普通學不完備，出洋以後見夫法政等科可不必習普通學而躐等以進，於是避難就易，紛紛請習法政，以致實業人才愈見其少。

今該御史所奏工藝爲富强之要，圖選派子弟分送東西洋使各專一藝，洵爲扼要之論。擬如所請，自本年爲始，嗣後京師及各省中學堂以上畢業之學生，擇其普通完備、外國語能直接聽講者，酌送出洋學習實業，並令此後凡官費出洋學生，概學習農工格致各項專科，不得改習他科。又以前自費出洋之學生，非入高等以上學堂學習農工格致三科者，不得改給官費，其認習實業已給官費之學生，亦不准中途改習他科。如此量爲限制，庶幾實業人才可以日出而富强之效可睹矣。如蒙俞允，即由學部通咨京外各衙門欽遵辦理。再此摺係學部主稿，會同農工商部、郵傳部具奏，合併聲明。謹奏。

光緒三十四年九月二十一日奉旨：「依議，欽此。」

《大清新法令》卷六《農工商部會奏藝徒學堂課程較高擬請改爲中初兩等工業學堂摺》　竊查光緒三十一年間，御史王金鎔奏請添設藝徒及初等、中等各學堂，經前學務處會同商部户部議覆奏准，遵由商部遴派監督，先行酌擬藝徒學堂章程奏明開辦，並於摺内聲明藝徒學堂即作爲初等工業學堂，其中等工業學堂應另行次第籌辦等語。開辦伊始，原擬遵照奏定學堂章程招納幼童，授以粗淺工業，以符原奏教育貧子弟之意。嗣因投考各生多至七千餘名，內有已在高等小學畢業者，有曾肄業中學者，該生等既有志講求工藝，自未便概從擯棄阻其進修，擇尤拔取遂不習爲童年初學而學課程度亦即因以增高，不得不參照中初兩等工業學堂課程辦理。現據藝徒學堂監督翰林院編修袁勵准文稱，學生上課兩年有餘所成就者，實非粗淺，亟應更易名目，以期名實相符。擬請奏明，將藝徒學堂改爲中初兩等工業學堂，仍照奏定學堂章程辦理。再就各科工廠附招藝徒庶於工業前途大有裨益等因，當將該學堂講義、試卷暨工廠成績品物送經學部核明，優者足與中等工業程度相當，次者亦具有初等工業程度。查藝徒學堂前已奏明，作爲初等工業學堂，其中等工業學堂按照前奏本應次第籌辦，現既查明該學堂程度優者足與中等工業程度相當，所請改爲中初兩等工業學堂之處，亦適與前奏相符，應請照准辦理。其一切課程應再遵照學部定章，重加釐訂，酌量增改。期於畢業後初等遞升中等，中等遞升高等，既可照章給獎，以資鼓勵，實業亦得以逐漸振興。仍另招藝徒，授以粗淺工藝，庶貧民子弟亦可兼收，借廣教育。至該學堂所需經費，前經奏請在崇文門溢收税項，酌撥成數，作爲辦理藝徒及初等中等各實業學堂之專款。欽奉諭旨：「著由崇文門溢徵税項撥給三成。欽此。」歷經撥交在案，應請按年照舊劃撥，俾資接濟。如蒙俞允，應即分別行知遵照辦理，並飭該監督教員等認真督課，益造精深，以仰副朝廷振興工業、作育人材之至意。再，此摺係農工商部主稿，會同學部辦理，合併聲明。謹奏。宣統元年六月二十一日，奉旨已録卷首。

《大清新法令》卷六《度支部奏議覆農工商部會奏藝徒學堂改爲工業學堂仍請撥崇文門溢徵税項摺》　宣統元年六月二十一日，准軍機處片交欽奉諭旨：「農工商部會同學部具奏藝徒學堂課程較高，擬請改爲中、初兩等工業學堂一摺所請，照舊劃撥崇文門溢徵三成税項，著度支部議奏，餘依議。欽此。」欽遵。將原奏抄交到部，查原奏內稱「光緒三十一年間，御史王金鎔奏請添設藝徒及初等、中等各學堂，經前學務處會同商部、户部議覆奏准，遵由商部遴派監督先行，酌擬藝徒學堂章程奏明開辦，並於摺內聲明，藝徒學堂即作爲初等工業學堂，其中等工業學堂應另行次第籌辦」等語。現查該學堂講義、試卷暨工廠成績物品，送經學部核明，程度優者足與中等工業程度相當，請改爲中、初兩等工業學堂，一切課程應再遵照學部定章，釐訂增改。期於畢業遞升，照章給獎，以資鼓勵。仍另招藝徒，授以粗淺工藝，借廣教育。至該學堂所需經費，前經奏請在崇文門溢收税項，酌撥成數，作爲辦理藝徒及初等、中等各實業學堂之專款。欽奉諭旨：「著由崇文門溢徵税項撥給三成。欽此。」歷經撥交在案，應請按年照舊劃撥，俾資接濟等語。臣等伏查崇文門税務，每年關期以八月初二日截算。近年税收較旺，三、四兩季於正額盈餘之外，溢徵銀兩尚多。光緒三十年七月十七日，經前户、商二部，會同學務處，奏請藝徒學堂經費，奉旨撥給溢徵税項三成，計三十一年第四季，撥銀七萬五百三十六兩；三十二年三、四兩季，撥銀十一萬一千七百二十一兩零；三十三年三、四兩季，撥銀十二萬六千四百六兩零；三十四年三、四兩季，撥銀十一萬一千五百十五兩零，暨本年第三季應扣三成銀三萬四千九百五十三兩零，均經如數撥交在案。兹據奏稱，前因查藝徒學堂撥用前項三成溢徵税銀，係前經奉旨賞給之款。此次初等工業學堂既經學部核明，優級學生已有中等程度，請改爲中、初兩等工業學堂章程，雖有變通款項，並無出入，所請照舊劃撥之處，擬請即行照准，以資應用而宏造就，仍令該學堂監督等認真辦理，核實動支。每届年終，即將收支四柱款目，由農工商部核明細數開單，奏銷知照臣部查核。如蒙俞允，即由臣部分別行知，遵照辦理。謹奏。宣統元年七月初七日，奉旨：「依議。欽此。」

藝文

吴楚材、吴調侯選編《古文觀止》卷二《左傳・子産論尹何爲邑襄公三十一年》

子皮欲使尹何爲邑。子産曰：「少，未知可否。」子皮曰：「愿，吾愛之，不吾叛也。使夫往而學焉，夫亦愈知治矣。」

子産曰：「不可。人之愛人，求利之也。今吾子愛人則以政，猶未能操刀而使割也，其傷實多。子之愛人，傷之而已，其誰敢求愛於子？子於鄭國，棟也。棟折榱崩，僑將厭焉，敢不盡言？子有美錦，不使人學製焉，大官、大邑，身之所庇也，而使學者製焉，其爲美錦不亦多乎？僑聞學而後入政，未聞以政學者也。若果行此，必有所害。譬如田獵，射御貫，則能獲禽，若未嘗登車射御，則敗績厭覆是懼，何暇思獲？」

子皮曰：「善哉！虎不敏。吾聞君子務知大者、遠者，小人務知小者、近者。

我，小人也。衣服附在吾身，我知而慎之，大官、大邑，所以庇身也，我遠而慢之。微子之言，吾不知也。他日我曰：『子爲鄭國，我爲吾家，以庇焉，其可也。』今而後知不足。自今請雖吾家，聽子而行。」

子産曰：「人心之不同如其面焉，吾豈敢謂子面如吾面乎？抑心所謂危，亦以告也。」

子皮以爲忠，故委政焉，子産是以能爲鄭國。

《禮記·學記》 玉不琢，不成器；人不學，不知道。是故古之王者建國君民，教學爲先。《兑命》曰：「念終始，典於學。」其此之謂乎。

雖有嘉肴，弗食，不知其旨也；雖有至道，弗學，不知其善也。是故學然後知不足，教然後知困。知不足，然後能自反也；知困，然後能自强也。故曰：教學相長也。《兑命》曰：「學學半。」其此之謂乎。

古之教者，家有塾，黨有庠，術有序，國有學。比年入學，中年考校。一年視離經辨志，三年視敬業樂羣，五年視博習親師，七年視論學取友，謂之小成。九年知類通達，强立而不反，謂之大成。夫然後足以化民易俗，近者説服而遠者懷之，此大學之道也。《記》曰：『蛾子時術之。』其此之謂乎。

大學始教，皮弁祭菜，示敬道也。《宵雅》肄三，官其始也。入學鼓篋，孫其業也。夏、楚二物，收其威也。未卜禘不視學，游其志也。時觀而弗語，存其心也。幼者聽而弗問，學不躐等也。此七者，教之大倫也。《記》曰：「凡學，官先事，士先志。」其此之謂乎。

大學之教也，時教必有正業，退息必有居學。不學操縵，不能安弦；不學博依，不能安《詩》；不學雜服，不能安禮；不興其藝，不能樂學。故君子之於學也，藏焉脩焉，息焉游焉。夫然，故安其學而親其師，樂其友而信其道。是以雖離師輔而不反。《兑命》曰：「敬孫務時敏，厥修乃來。」其此之謂乎。

今之教者，呻其佔畢，多其訊言，及於數進，而不顧其安，使人不由其誠，教人不盡其材。其施之也悖，其求之也佛。夫然，故隱其學而疾其師，苦其難而不知其益也，雖終其業，其去之必速。教之不刑，其此之由乎。

【略】

良冶之子必學爲裘；良弓之子必學爲箕；始駕馬者反之，車在馬前。君子察於此三者，可以有志於學矣。

古之學者，比物丑類。鼓無當於五聲，五聲弗得不和；水無當於五色，五色弗得不章；學無當於五官，五官弗得不治；師無當於五服，五服弗得不親。

吴楚材、吴調侯選編《古文觀止》卷八韓愈《師説》 古之學者必有師。師者，所以傳道、受業、解惑也。人非生而知之者，孰能無惑？惑而不從師，其爲惑也，終不解矣。

生乎吾前，其聞道也，固先乎吾，吾從而師之。生乎吾後，其聞道也，亦先乎吾，吾從而師之。吾師道也，夫庸知其年之先後生於吾乎？是故無貴無賤，無長無少，道之所存，師之所存也。

嗟乎！師道之不傳也久矣，欲人之無惑也難矣。古之聖人，其出人也遠矣，猶且從師而問焉；今之衆人，其下聖人也亦遠矣，而耻學於師。是故聖益聖，愚益愚。聖人之所以爲聖，愚人之所以爲愚，其皆出於此乎？

愛其子，擇師而教之。於其身也，則耻師焉，惑矣！彼童子之師，授之書而習其句讀者也，非吾所謂傳其道、解其惑者也。句讀之不知，惑之不解，或師焉，或不焉，小學而大遺，吾未見其明也。

巫醫、樂師、百工之人，不耻相師。士大夫之族，曰師、曰弟子云者，則羣聚而笑之。

問之，則曰：「彼與彼年相若也，道相似也。」位卑則足羞，官盛則近諛。嗚呼！師道之不復，可知矣。巫醫、樂師、百工之人，君子不齒，今其智乃反不能及，其可怪也歟！

聖人無常師。孔子師郯子、萇宏、師襄、老聃。郯子之徒，其賢不及孔子。孔子曰：「三人行，則必有我師。」是故弟子不必不如師，師不必賢於弟子，聞道有先後，術業有專攻，如是而已。

李氏子蟠，年十七，好古文，六藝經傳皆通習之，不拘於時，學於余。余嘉其能行古道，作《師説》以貽之。

吴楚材、吴調侯選編《古文觀止》卷八韓愈《進學解》 國子先生晨入太學，招諸生立館下，誨之曰：「業精於勤，荒於嬉；行成於思，毁於隨。方今聖賢相逢，治具畢張，拔去凶邪，登崇俊良。占小善者率以録，名一藝者無不庸。爬羅剔抉，刮垢磨光。蓋有幸而獲選，孰云多而不揚。諸生業患不能精，無患有司之不明；行患不能成，無患有司之不公。」

言未既，有笑於列者曰：「先生欺余哉！弟子事先生，於兹有年矣。先生口不絶吟於六藝之文，手不停披於百家之編，紀事者必提其要，纂言者必鉤其玄，貪多務得，細大不捐，焚膏油以繼晷，恒兀兀以窮年，先生之業，可謂勤矣。觝排異端，攘斥佛老，補苴罅漏，張皇幽眇。尋墜緒之茫茫，獨旁搜而遠紹。障百川而東之，回狂瀾於既倒。先生之於儒，可謂勞矣。沉浸醲鬱，含英咀華，作爲文章，其書滿家。上規姚姒，渾渾無涯；周《誥》殷《盤》，佶屈聱牙；《春秋》謹嚴；《左氏》浮夸；《易》奇而法；《詩》正而葩；下逮《莊》、《騷》，太史所録，子雲、相如，同工異曲。先生之於文，可謂閎其中而肆其外矣。少始知學，勇於敢爲。長通於方，左右具宜。先生之於爲人，可謂成矣。然而公不見信於人，私不見助於友。跋前躓後，動輒得咎。暫爲御史，遂竄南夷。三年博士，冗不見治。命與仇謀，取敗幾時。冬暖而兒號寒，年豐而妻啼飢。頭童齒豁，竟死何裨？不知慮此，而反教人爲？」

先生曰：「吁，子來前。夫大木爲杗，細木爲桶，欂櫨侏儒，椳闑扂楔，各得其宜，施筬室者，匠氏之工也。玉札丹砂，赤箭青芝，牛溲馬勃，敗鼓之皮，俱收並蓄，待用無遺者，醫師之良也。登明選公，雜進巧拙，紆餘爲妍，卓犖爲傑，校短量長，惟器是適者，宰相之方也。昔者孟軻奴辯，孔道以明，轍環天下，卒老於行。荀卿守正，大論是弘，逃讒於楚，廢死蘭陵。是二儒者，吐辭爲經，舉足爲法，絶類離倫，優入聖域，其遇於世何如也？今先生學雖勤而不由其統，言雖多而不要其中，文雖奇而不濟於用，行雖修而不顯於衆。猶且月費俸錢，歲靡廩粟。子不知耕，婦不知織。乘馬從徒，安坐而食。踵常途之促促，窺陳編以盗竊。然而聖主不加誅，宰臣不見斥，兹非其幸歟？動而得謗，名亦隨之。投閑置散，乃分之宜。若夫商財賄之有亡，計班資之崇庳，忘己量之所稱，指前人之瑕疵，是所謂詰匠氏之不以杙爲楹，而訾醫師以昌陽引年，欲進其豨苓也。」

朱熹《四書章句集注·論語集注》卷四《述而》　子曰：「我非生而知之者，好古，敏以求之者也。」好，去聲。○生而知之者，氣質清明，義理昭著，不待學而知也。敏，速也，謂汲汲也。○尹氏曰：「孔子以生知之聖，每云好學者，非惟勉人也，蓋生而可知者義理爾，若夫禮樂名物，古今事變，亦必待學而後有以驗其實也。」

子不語怪，力，亂，神。怪異、勇力、悖亂之事，非理之正，固聖人所不語。鬼神，造化之迹，雖非不正，然非窮理之至，有未易明者，故亦不輕以語人也。○謝氏曰：「聖人語常而不語怪，語德而不語力，語治而不語亂，語人而不語神。」

子曰：「三人行，必有我師焉。擇其善者而從之，其不善者而改之。」三人同行，其一我也。彼二人者，一善一惡，則我從其善而改其惡焉，是二人者皆我師也。○尹氏曰：「見賢思齊，見不賢而内自省，則善惡皆我之師，進善其有窮乎？」

張金吾編《金文最》卷一四王若虚《行唐縣重修學記》　庠序之設尚矣，蓋非獨王者之事也。在昔良守令下車之始，未嘗不以此爲先務，而史册從而著之，以爲美談，豈非所謂治民而爲教化之本原者，皆莫大乎此歟？國家自承平以來，文治蝟興。下至僻邑，莫不有廟學以爲教，其於崇儒重道，不可謂不至。而所在有司或不能推其意，往往安於苟簡，而恬不聞焉，則亦名在而實亡。蓋有鞠於蔬圃而殘於推排矣，尚何望其興起人心而爲勸哉？於此有能奮然以名教爲己任，力爲樹建，振頹弊於一朝，是亦古良吏之用心，而有功於吾道者，其亦難得而可貴也。真定之屬縣，乃爲行唐，號富庶，學者視他邑爲多。進士、經童得名聲而取科第者，班班有人，而學舍之狹陋舊矣。大安己巳，張君達夫爲主簿之半年，思完葺而謀諸縣士之好事者，衆以爲吾黨之美也，皆應曰：「然，吾所願欲。」則相與悉力而赴之，物不足而辦，役不習而勤，殆□二旬□功以訖。爲屋總三十間，而創建者三之一焉。於是缺者全，敗者堅，漫滅者鮮，講習之堂，栖息之舍，庖厨車廡，以至井亭碑樓，莫不畢具。廟貌肅然，禮器整潔。杏壇槐市，次第可觀。門墉崇峻，咸克稱副。然後煥然爲一方之麗，而學者益感激自奮然以發憤於其間。公退輒復躬親訓迪而獎勵之，其用心亦已勤矣。嗚呼，以其邑富庶多，而又有張君焉爲之倡，人才何患其不成，風俗何患其不厚？他日一變而爲鄒魯之鄉，或未可知。則是役也，豈徒爲觀美以夸末俗哉？諸生彭延年等，嘉張君能知爲政之所先，而行之遇也，來請予記。既義不獲辭，且其誠有當書者，乃爲識其大略云。張君寧晋人，諱國綱，其政事焯焯可紀，非特此一節而已也耶。

朱元璋《明太祖御製文集》卷一《農桑學校詔》　農桑，衣食之本；學校，道理之源。朕嘗設置有司，頒降條章，使敦篤教化，務欲使民豐衣足食，理道暢焉。何有司爲遵朕命，往往給由赴京者皆無桑株數目，學校緣由，甚與朕意相違！特敕中書令有司：今後敢有無農桑、學校者，論擬違制，杖降罰，厲三年後，注以吏事出身。民有不奉天時而負地利者，如律究焉。嗚呼！彝倫不整，實君、師之過；坐享民供，亦豈職分之當爲！斯言既出，臣民聽行，永懷多福。故兹敕諭，想宜知悉。

朱元璋《明太祖寶訓》卷一《興學》　洪武二年三月戊午，詔增築國子學舍。初即應天府學爲國子學，至是太祖以規制未廣，諭中書省臣曰：「太學育賢之地，所以興禮樂明教化，賢人、君子之所自出，古之帝王建君民，以此爲重。朕承困弊之餘，首建太學，招徠師儒，以教育生徒。今學者日衆，齋舍卑隘，不足以居。其令工部增益學舍，必高明軒敞，俾講習有所，游息有地，庶達材成德者有可望焉。」

十月辛巳，太祖諭中書省臣曰：「學校之教，至元其弊極矣。使先王衣冠禮樂之教，號爲夷狄，上下之間，波頹風靡，故學校之教名存實亡。況兵變以來，人習於戰鬭，惟知干戈，莫識俎豆。朕恒謂治國之要，教化爲先，教化之道，學校爲本。今京師雖有太學，而天下學校未興，宜令郡縣皆立學，禮延師儒，教授生徒，以講論聖道，使人日漸月化，以復先王之舊，以革污染之習，此最急務，當急行之。」

洪武六年正月庚申，禮部奏增廣國子生。太祖曰：「須先擇國子學官。師得其人，則教養有效。非其人，增廣徒多，何益？蓋瞽者不能辨色，聾者不能辨聲，學者而無師授，亦如聾瞽之於聲色。朕觀前代學者出爲世用，雖由其質美，是亦得師以造就之，後來師不知所以教，弟子不知所以學，一以記誦爲能，故卒無實。今民間俊秀子弟，可以充選者雖衆，苟無端人正士爲之模範，求其成材，難矣。故曰『務學不如務求師』。今祭酒乏人，卿等宜爲朕詢采天下名士，通今博古，才德兼備，宜爲人師者，以名聞。」

洪武八年三月戊辰，命國史台官選國子生分教北方，太祖諭之曰：「致治在賢，風俗本乎教化；教化行，雖閭閻可使爲君子；教化廢，雖中材或墜於小人。近北方喪亂之餘，人鮮知學，欲求方聞之士，甚不易得。今太學諸生中，年長學優者，卿宜選取，俾往北方各郡分教，庶使人知務學，人材可興。」於是選國子生林伯雲等三百六十六人，給廩食，賜衣服而遣之。

洪武十五年四月丙戌，詔天下通祀孔子，賜學糧，增師生廩膳。太祖諭禮部尚書劉仲質曰：「孔子明帝王之道以教後世，使君君、臣臣、父父、子子，綱常以正，彝倫攸敘，其功參於天地。今天下郡縣廟學並建，而報祀之禮，止行京師，豈非闕典？卿與儒臣其定釋奠禮儀，頒之天下學校，令以每歲春秋仲月通祀孔子。」

洪武二十一年十一月壬子，命禮部給賜國子生鈔。北平、陝西、山西、山東、廣東、廣西、四川、福建之人，在監三年以上者人五錠，二年人二錠，俾製冬衣。復命工部於國子監前造別室一區，凡百餘間，具灶釜、牀榻以處諸生之有疾者，令膳夫二十人給役。侍臣進曰：「陛下作興學校，推心惻下，無所不至，從古未有。」太祖曰：「諸生去鄉土，離親戚，遠來務學，日久衣必敝，或有疾，無人具湯藥。朝廷作養之，必使之得所，然後可必具成材。蓋天生人材，皆爲世用，人君育材，當有其實。惟能有以作養之，則未有不成材者也。」

洪武二十四年六月戊寅，命禮部頒書籍於北方學校。太祖諭之曰：「農夫舍耒耜，則無以爲耕；匠氏舍斤斧，則無以爲業；士子舍經籍，則無以爲學。朕嘗念北方學校缺少書籍，士子有志於學者，往往病無書讀，向嘗頒與《四書》《五經》，其他子史諸書未賜予，宜於國子監印頒，有未備者，遣人往福建購與之。」

薛熙《明文在》卷五七王守仁《東林書院記》 東林書院者，宋龜山楊先生講學之所也。龜山没，其地化爲僧區，而其學亦遂淪入於佛老、訓詁、詞章者且四百年。成化間，今少司徒泉齋邵先生始以舉子復聚徒講誦於其間。先生既仕而址復荒，屬於邑之華氏。華氏，先生之門人也，以先生之故，仍讓其地爲書院，以昭先生之迹，而復龜山之舊。先生既已紀其廢興，則以記屬之某。當是時，遼陽高君文豸方來令兹邑，聞其事，謂表明賢人君子之迹，以風勵士習，此吾有司之責，而顧以勸諸生則何事？爰畢其所未備，而亦遣人來請。

嗚呼！物之廢興，亦決有成數矣，而亦存乎其人。夫龜山没，使有若先生者相繼講明其間，龜山之學，邑之人將必有傳，豈遂淪入於老佛、詞章而莫之知！求當時從龜山游不無人矣，使有如華氏者相繼修葺之，縱其學未即明，其間必有因迹以求道者，則亦何至淪没於四百年之久！又使其時有司有若高君者，以風勵士習爲己任，書院將無因而圮，又何至化爲浮屠之居而蕩爲草莽之野！是三者皆宜書之以訓後。

若夫龜山之學，得之程氏，以上接孔、孟，下啓羅、李、晦庵，其統緒相承，斷無可疑。而世猶議其晚流於佛，此其趨向，毫釐之不容於無辨，先生必嘗講之精矣。先生樂易謙虛，德器溶然，不見其喜怒。人之悦而從之，若百川之趨海。論者以爲有龜山之風，非有得於其學，宜弗能之。然而世之宗先生者，或以其文翰之工，或以其學術之邃，或以其政事之良；先生之心，其殆未以是足也。從先生游者，其以予言而深求先生之心，以先生之心而上求龜山之學，庶乎書院之復不爲虛矣！

書院在錫百瀆之上，東望梅村二十里而遥，周太伯之所從逃也。方華氏之讓地爲院，鄉之人與其同門之士爭相趨事，若耻於後。太伯之遺風，尚有存焉，特世無若先生者以倡之耳！是亦不可以無書。

宋犖《筠廊二筆》卷下 孫少宰退谷先生承澤常言東林書院甚悉，云有明盛時，各省俱有書院，自張江陵當國，始行嚴禁。江陵歿，復稍稍建置，一時著名者徽州、江右、關中、無錫而四。至天啓中，京師始有首善書院，然人不知各處書院，而統謂之東林，又不知東林所自始，而但借東林二字，以爲害諸君子之名目。蓋東林乃無錫書院名也，宋楊龜山先生所建。後廢爲僧寺。顧涇陽先生自吏部罷歸，購其地建先生祠，同志者相與構精舍居焉。至甲辰冬，始與高忠憲數公開講其中，立爲會約，一以考亭白鹿洞規爲教，然躬與講席者僅數人。時涇陽先生已辭光禄之召不赴，於新進立朝諸公漠無與也。適忠憲起爲總憲，風裁大著，疏發御史崔呈秀之贓，呈秀遂父事魏忠賢，日蔟忠賢曰：「東林欲殺我父子。」忠賢初不知東林爲何地，東林之人爲何人，輒曰東林殺我。既而楊、左諸公交章劾璫，璫益信諸人之言不虚也。於是有憾於諸君子者，牽連羅織以逢逆璫之惡，鋃鐺大獄，慘動天地。遂首毁京師書院，而天下之書院俱毁矣。余撫吴，重葺書院，釐正祀典，有《東林祀紀》。

附《祀紀》江寧巡撫都察院右副都御史宋爲飭查事。案據無錫縣呈報東林書院，現在配祀木主銜諱等情到院，據此爲照，入祀諸儒共計七十餘位，其中先後祔祀某某奉何批行，某某何時立主，某某因何得以與列，自應細查明白，逐一造報，册内未據開明。又查書院諸生錢肅潤編《道南正學目録》四卷，列從祀八十餘位，與該縣呈送書册多有抵牾。如《目録》有曾櫻、林宰、左光斗、李應昇、周順昌、周宗建、黄尊素、姚希孟、陳仁錫、徐汧、楊廷樞十一位，又末卷有胡時忠、堵景濂、錢爾登三人，而書册並未開載。據書册有秦爾載、陳正卿、陳揆、秦重泰四人，而《目録》並無。又據稱撤去刁包、惲日初二位木主，亦未聲明是何緣故，應否遽撤。案查從祀如是之多，中間豈無冒濫？除原配位羅仲素從彦、胡德輝珵、喻玉泉樗、尤遂初袤、李小山祥、蔣實齋重珍及邵二泉寶七位外，又天啓間所定顧涇陽憲成、顧涇凡允成、錢啓新一本、薛元臺敷教、安我素希范、劉本儒元珍六位，又崇禎間所定高景逸攀龍、葉閑適茂才、陳筠塘幼學、吴素衣桂森、許静餘世卿、鄒經畬期楨六位，從祀已久，俱無容輕議外，其餘自應一一確核。爲此仰府官吏查照來文，即將道南祠現在祔祀木主，遵照檄内事理查明造具書册，該府仍逐一親加確核，或係理學先儒，或係忠節名臣，或應照舊從祀，或應議祧，明白注册，詳送以憑酌奪。東林祀典關係理學薪傳，非比泛常。久知該府留心正學，寧嚴毋濫，勿徇勿偏，務愜公論。仍飭該縣嗣後如有請祀，務須詳候批示可否，毋得擅置木主，私送入祠，致干查究。未便書册、《目録》二本并發牌行常州府查議去後，於康熙三十三年八月初四日，據江南常州府知府于琨呈詳前事，内開該卑府看得東林書院，本宋楊文靖公龜山先生與二三及門高賢講道之地，向設道南一祠，追崇奉祀，以喻、尤、李、蔣、羅、胡、邵七位先生配享，俱係龜山先生道統授受薪傳嫡派，祔祀允宜。後之聞風興起慕道來游者，必係私淑淵源，紹述有本，無忝龜山之正學，庶幾從祀有因。不然，明季附會東林者甚多，雖砥行不乏名儒，立朝間多勁節，清忠粹學行表言坊者，指不勝屈，然考其生平，間有足迹未常一至講堂，原與書院無預，身後豈能一一升祔爲東林俎豆光耶？如二顧、錢、薛、安、劉六先生，以及陳、許、葉、高、吴、鄒六先生，同前配祀喻、尤、李、蔣、羅、胡、邵七先生，共一十九位，既皆表表名賢，位列已久，誠如憲諭，無可擬議。其餘史玉池先生等五十四位，或精忠貫日，或皎節凌霜，或品詣端醇，或著述淵富，已經祔祀在先，未便輕易議祧。應否仿循文廟位次，斟酌等殺，分别於堂廡之間，或只慎重於將來，毋再更張於既往，一經憲定，永遠式瞻，妥先賢而息棼競，有造於正學不淺也。至奉查書册未載曾櫻、林宰二位，緣向奉祀於三公祠，尚未送列於道南祠内，故不具載。左光斗等一十二位因只具呈前撫憲湯，以内召遄行，未奉批示，故書册未載。又書册已載，目録未開，秦爾載、陳正卿、陳揆、秦重泰四位，因爾載爲秦鏞之父，已見鏞傳，陳正卿爲陳幼學之子，陳揆爲陳龍正之子，俱見幼學、龍正傳，故不重載。秦重泰現補傳在册，查係錫邑前升任吴令批送。又奉查刁包、惲日初二位，刁以尚論訾議激昂過烈，惲以瀟洒不羈間常髡髮披緇，逃禪方外，故時論稍抑，欲祀列於下層而實未嘗撤也。除凛遵憲檄，嚴飭該縣曉示，嗣後毋許擅置木主、私列祀典外，今將從前配祀先後月日，現在《目録》、書册已未載，及更定補祀各主事實考略，一一詳開列册呈覽，伏候憲鑒主裁，等因到院。於初五日批仰照另檄行繳册留覽，於九月初四日本都院牌行前事。案據該府呈詳，東林書院配祀木主等情到院，據此爲照，東林一席爲龜山先生講學地，從祀諸賢皆其薪傳嫡派，必淵源之有自，斯俎豆之無慚，當日顧、高兩先生所定慎重之意，猶可想見。不意邇來波流日頽，冒濫漸廣，毋論私議擅增者固多阿徇，即經前次更正者亦非定評，甚至以道南之瓣香，爲交游之情面，裨販先賢，徇私阿好，仰羞往喆，俯忝家聲。噫，風斯下已！間復繹前院湯批詞有云：「啓、禎諸君子，直節清修，謂之東林黨人則可，而於書院無與。」旨哉斯言。又云：「爲今日計，當仿前人釐正忠定諸先生遺意而爲之。」嗟乎！在今日若果加釐正議撤者，恐不止刁、惲兩君矣。本都院自愧中州樸學，辭章小技，於斯道未常涉其藩籬，是以不敢遽爲軒輊。據該府詳稱應仿文廟位次，斟酌等殺，分別於堂廡之間，只慎重於將來，毋更張於已往，所見甚正，持論亦恕。今擬於前十九位外增進馬世奇素修先生一人，計共二十位，仿十哲例，配享堂上。蓋以馬素修先生世占籍於梁溪，親北面於高、顧，追乎從容死節，庶幾日月爭光，兼是三者，諸賢莫並，躋之配位，允愜公評。其虞薇山先生以下五十四位，仿先儒例，依時代次序，分列東西兩廡，至於左、周諸公，大節已炳日星，原不藉東林重，餘子僅僅稱鄉黨善士者，又不足重，東林既未設有牌位，不必更添蛇足。自後毋得輕進一人以干清議，除詳批發並出示曉諭外，合就飭行，爲此牌仰該府官吏文到轉行該縣遵照更定位次，依序安設，並將前院湯批詞，及本都院此檄楷書刻石，置諸講堂壁間，仍即具文報查，隨據無錫縣知縣徐永言於是年十一月遵檄更定位次，勒石講堂，並拓墨刻呈驗附卷訖。

兩廡從祀姓名開列如左：

元　虞薇山薦發

明　史玉池夢麟　孫淇澳慎行　余振衡玉節　張弦所夢時　華鳳超允誠　陳幾亭龍正　成寶慈勇　秦大音鏞　周懷魯孔教　李元冲復陽　馮少墟從吾　丁慎所元薦　歐陽宜諸東鳳　劉念臺宗周　王儉齋永圖　華燕超允謀　楊大洪漣　繆西溪昌期　魏廓園大中　文湛持震孟　黃石齋道周　金猬庵鉉　吳霞舟鍾巒　鄒南皋元標　于景素孔兼　宿仁寰夢鯉　秦水庵爾載　華訒庵貞元　周仲馭鑣　鄒忠餘期相　陳並漁正卿　張泰岩雲鸞　黃日齋廣　秦澹緣重泰　賀亨陽時泰　熊祈公祚延　汪鶴嶼康謠　蔡雲怡懋德　胡慎三時忠　龔佩潛廷祥　王軒籙家楨

國朝　孫蘇門奇逢　顧庸庵樞　高匯旃世泰　陳子橤揆　孫北海承澤　施曠如元徵　龔震西廷歷　嚴佩之瑴　刁蒙吉包　惲遜庵日初　王敬哉崇簡　湯潛庵斌

曾國藩《曾文正公文集·江寧府學記》　同治四年，今相國合肥李公鴻章改建江寧府學，作孔子廟於冶城山，正殿門廡，規制粗備。六年，國藩重至金陵。明年，菏澤馬公新貽繼督兩江，賡續成之。鑿泮池，建崇聖祠、尊經閣，及學官之廨宇。八年七月，工竣。董其役者，爲候補道桂嵩慶暨知縣廖綸、參將葉圻。既敕既周，初終無懈。

冶城山顛，隋、唐、宋、元皆爲道觀。明曰「朝天宮」，蓋道士祀老子之所也。道家者流，其初但尚清静無爲，其後乃稱上通天帝。自漢初不能革秦時諸時，而渭陽五帝之廟，甘泉泰一之壇，帝皆親往郊見。由是聖王祀天之大典，不掌於天子之祠官，而方士奪而領之。道家稱天，侵亂禮經實始於此。其他煉丹燒汞，採藥飛升，符籙禁咒，徵召百神，捕使鬼物諸異術，大率依托天帝。故其徒所居之宫，名曰「朝天」，亦猶稱「上清」、「紫極」之類也。

嘉慶、道光中，宫觀猶盛，黃冠數百人，連房櫛比，鼓舞甿庶。咸豐三年，粵賊洪秀全等盜據金陵，竊泰西諸國緒餘，燔燒諸廟羣祀。在典與不在典，一切毀棄。獨有事於其所謂天者，每食必祝。道士及浮屠弟子，並見摧滅，金陵文物之邦，淪爲豺豕窟宅，三綱九法，掃地盡矣。原夫方士稱天以侵禮官，乃老子所不及料，迨粵賊稱天以惘羣神，而毒四海，則又道士輩所不及料也。聖皇震怒，分遣將帥，誅殛兇渠，削平諸路。而金陵亦以時戡定，乃得就道家舊區，廓起宏規，崇祀至聖暨先賢先儒，將欲黜邪慝而反經，果操何道哉？夫亦曰隆禮而已矣。

先王之制禮也，人人納於軌範之中，自其弱齒，已立制防，洒掃、沃盥有常儀，羹食、肴胾有定位，緌纓、紳佩有恒度。既長，則教之冠禮，以責成人之道；教之昏禮，以明厚別之義；教之喪祭，以篤終而報本。其出而應世則有士，相見以講讓，朝覲以勸忠。其在職，則有三物以興賢，八政以防淫。其深遠者，則教之樂舞，以養和順之氣，備文武之容；教之《大學》，以達於本末終始之序，治國平天下之術；教之《中庸》，以盡性而達天。故其材之成，則足以輔世長民；其次，亦循循繩矩，三代之士無或敢遁於奇邪者，人無不出於學，學無不衷於禮也。

老子之初，固亦精於禮，經孔子告曾子、子夏，述老聃言禮之説至矣。其後惡末世之苛細，逐華而悖本，斫自然之和。於是矯枉過正，至譏禮者忠信之薄，而亂之首，蓋亦有所激而云然耳。聖人非不知浮文末節，無當於精義。特以禮之本於太一，起於微眇者，不能盡人而語之。則莫若就民生日用之常事爲之制，修焉而爲教，習焉而成俗。俗之既成，則聖人雖没，而魯中諸儒猶肆鄉飲、大射禮於冢旁，至數百年不絶，又烏有窈冥誕妄之説淆亂民聽者乎？

吾觀江寧士大夫材智雖有短長，而皆不屑詭隨以徇物。其於清静無爲之旨，帝天禱祀之事，固已峻拒而不惑。孟子言：「無禮無學，賊民斯興。」今兵革已息，學校新立，更相與講明此義，上以佐聖朝匡直之教，下以辟異端而迪吉士。蓋廩廩乎企向聖賢之域，豈僅人文彬蔚，鳴盛東南已哉！

培訓部

題解

《孟子》卷一一《告子上》　孟子曰：「羿之教人射，必志於彀。學者亦必志於彀。大匠誨人，必以規矩，學者亦必以規矩。」

紀事

王溥《唐會要》卷三四《雜録》　武德元年，相國參軍盧牟子獻琵琶，萬年縣法曹孫伏伽上疏曰：「陛下貴爲天子，富有四海，動則左史書之，言則右史書之，既爲竹帛所拘，何可恣情不慎。盧牟子所獻，頻蒙賞勞。但普天之下，莫非王土；率土之濱，莫非王臣。陛下必有所欲，何求不得，陛下少者，豈此物哉！」

顯慶元年正月，御安福門，觀大酺，有伎人欲持刀自刺，以爲幻戲，詔禁之。

龍朔元年正月，禁婦人倡優雜戲，皇后所請也。二月六日，勅太常寺，六日停教音樂，太宗皇帝文德皇后忌日故也。

乾封元年五月勅：「音聲人及樂户祖母老病應侍者，取家内中男及丁壯好手者充。若無所取中丁，其本司樂署博士及別教子弟應充侍者，先取户内人及近親充。」

如意元年五月二十八日，内教坊改爲雲韶府。内文學館教坊，武德以來，置在禁門内。

神龍二年三月，并州清源縣尉吕元泰上疏曰：「臣謹按《洪範》曰『謀時寒若』，君能謀事，則燠寒順之。何必裸露形體，澆灌衢路，鼓舞跳躍而索寒也？《禮》曰，立秋之月，行夏令，則寒暑不節。夫陰陽不調，政令之失也；休咎之應，君臣之感也。理均影響，可不戒哉！」

其年九月，勅：「三品已上，聽有女樂一部；五品已上，女樂不過三人，皆不得有錯磬。樂師凡教樂，淫聲、過聲、凶聲、慢聲，皆禁之。」淫聲者，若鄭、衛；過聲者，失哀樂之節；凶聲者，亡國之音，若《桑間》、《濮上》；慢聲者，惰慢不恭之聲也。

景雲三年，右拾遺韓朝宗諫曰：「《傳》曰：『辛有適伊川，見被髮野祭者，曰：不及百年，此其戎乎？其禮先亡矣。』後秦、晉遷陸渾之戎于伊川，以其中國之人，習戎狄之事。一言以貫，百代可知。今之《乞寒》，濫觴胡俗，伏乞三思，籌其所以。」至先天二年十月，中書令張説諫曰：「韓宣子適魯，見周禮而歎；孔子會齊，數倡優之罪。列國如此，況大朝乎？今外國請賀，選使朝謁，所望接以禮樂，示以兵威。雖曰戎狄，不可輕易，焉知無駒支之辨、由余之賢哉？且『乞寒潑胡』，未聞典故，裸體跳足，盛德何觀？揮水投泥，失容斯甚。法殊魯禮，褻比齊優，恐非干羽柔遠之義，樽俎折衝之道。願擇芻言，特罷此戲。」至開元元年十月七日，勅：「臘月乞寒，外蕃所出，漸浸成俗，因循已久。自今已後，無問蕃漢，即宜禁斷。」

開元二年，上以天下無事，聽政之暇，于梨園自教《法曲》，必盡其妙，謂之「皇帝梨園弟子」。

其年十月六日勅：「散樂巡村，特宜禁斷。如有犯者，并容止主人及村正，決三十，所由官附考奏。其散樂人仍遞送本貫入重役。」

二十三年勅：「内教坊博士及弟子，須留長教者，聽用資錢，陪其所留人數，本司量定申者爲簿。音聲内教坊博士及曹第一、第二博士房，悉免雜傜，本司不得驅使。又音聲人得五品已上勳，依令應除簿者，非因征討得勳，不在除簿之列。」

天寶十載九月二日勅：「五品已上正員清官、諸道節度使及太守等，並聽當家畜絲竹，以展歡娱，行樂盛時，覃及中外。」

大曆十四年五月，詔罷梨園伶使及官冗食三百餘人，留者隸太常。

永貞元年九月詔，除教坊樂人投正員官之制。

元和五年二月，宰臣奏請不禁公私樂，從之。時以用兵，權令斷樂，宰臣以爲大過，故有是請。至六月六日，詔減教坊樂官衣糧。

六年，太子少傅兼判太常卿鄭餘慶奏：「太常習樂，請復用大鼓。」從之。先是，德宗自南山還宫，繼有懷光、吐蕃之虞，都下人情驚擾，遂詔太常習樂去大鼓。至是復用之。

八年四月，詔除借宣徽院樂人官宅制。自貞元以來，選樂工三十餘人，出入禁中。宣徽院長出入供奉，皆假以官第，每奏伎樂稱旨，輒厚賜之。及上即位，令分番上下，更無他錫，至是收所借。

其年十月，汴州節度使韓弘進獻《聖朝萬歲樂》曲譜，凡三百首。

十四年正月，詔徙仗内教坊於布政里。

十五年，賜教坊本錢五千貫文。

長慶四年三月，賜教坊樂官綾絹三千五百疋，又賜錢一萬貫，以備行幸。樂官十三人并賜紫衣魚袋。

其年八月，以太常卿趙宗儒爲太子少師。先是，太常有師子五方之色，非常朝聘饗不作焉。至是，教坊以牒取之，宗儒不敢違。以狀白宰相，以事正有司，不合關白，而宗儒憂恐不已。宰相責以怯懦，故換秩焉。

寶曆二年九月，京兆府奏：「伏見諸道方鎮，下至州縣軍鎮，皆置音樂以爲歡娱，豈惟誇盛軍戎，實因接待賓旅。伏以府司每年重陽、上巳兩度宴遊，及大臣出領藩鎮，皆須求展教坊音聲，以申宴餞。今請自於當已錢中，每年方圖三二十千，以充前件樂人衣糧。伏請不令教坊收管，所冀公私永便。」從之。蓋京兆尹劉栖楚所請也。栖楚出河北，大率不讀書史，乖於聞識，曾不知從前非物足而闕於制置也。蓋以京邑四方取則之地，務繁權重，豈以聲樂倡優方鎮宴遊爲事哉？失之甚矣。屬宰臣有黨於栖楚者，遂可其奏，時議惜之。

大和九年，文宗以教坊副使雲朝霞善吹笛，新聲變律，深愜上旨，自左驍衛將軍宣授兼帥府司馬。宰臣奏，帥府司馬品高郎官，不可授伶人。上亟稱朝霞之善，左補闕魏謩上疏論奏，乃改授潤州司馬。

開成三年四月，改《法曲》名《仙韶曲》，仍以伶官所處爲仙韶院。

四年三月勑：「每月賜仙韶院樂官料錢二千貫文，支用不盡，令數内宜停三百貫文。」

會昌二年四月二十三日勑節文：「京畿諸院太常樂及金吾角手，今後只免正身一人差使，其家丁并不在影庇限。」

三年十二月，京兆府奏：「近日坊市聚會，或動音樂，皆被臺府及軍司所由恐動，每有申聞，自今已後，請皆禁斷。」從之。

大中六年十二月，右巡使盧潘等奏：「准四年八月宣約，教坊音聲人於新授觀察、節度使處求乞。自今已後，許巡司府州縣等捉獲。如是屬諸使有牒送本管，仍請宣付教坊司爲遵守。」依奏。

李燾《續資治通鑑長編》卷四六四《哲宗元祐六年》〔八月〕庚子，荆湖南路提刑司言：「錢監工役朝暮鼓鑄，最爲勞苦。其招後投换犯罪刺配及剗刷厢軍之人，既非素習，若令習學鼓鑄，例收全工，免稽滯工限。欲乞相度自到作日，給與請給，且令習學鼓鑄，收工三分；及三十日，與收半工；再經一年，即收全工。」從之。

李燾《續資治通鑑長編》卷二四八《神宗熙寧六年》〔十二月壬辰〕軍器監言，弓匠李文應、箭匠王成伎皆精巧，詔補三司守闕軍將，以教工匠。

帶御器械鄭德誠乞權差官輪宿直，詔令真定府路總管向寶宿直。舊制，外任帶御器械過闕朝見，不宿衛，時寶過京師，特命之。上與王安石言：「向寶善戰，好將也，與薛仁貴何異？」王安石曰：「恐不同。」上曰：「仁貴更有機略，寶已難得。」安石曰：「向寶但能使馬精熟而已，其於西市一帶山川最其所諳熟，然西市之戰幾敗事，如此將率要不難得。」安石以爲寶既貪恣，又西市之戰狼狽，徒以西府賴其沮壞王韶，故稱譽於上前爾。

李燾《續資治通鑑長編》卷二五〇《神宗熙寧七年》〔二月〕癸未，權知高麗王徽表求醫、藥、畫、塑四工以教國人。詔羅拯於四色人内募願行者，各擇三兩人先令赴闕。

《明孝宗實録》卷八十七〔弘治七年四月辛巳〕内府織染局以匠役逃亡者多，乞於京衛軍餘揀選壯丁一千名習學工作。兵部執不可請，就本局人匠中選幼丁三百名。上從之。仍令原逃亡者，所司速爲清解補役。

《蘇州商會檔案叢編》第一輯《蘇商總會爲紗緞業辦學代呈商部文光緒三十一年十二月》 蘇州商務總會爲據呈代遞事。

竊據議董會員李文模等呈爲紗緞公立初等實業學堂一案，具呈到會，懇爲代遞。查該議董會員等以同業獨立，學堂不假外求，既爲一業廣陶成，且爲各業樹標準。有志提倡，洵堪嘉尚。理合將原呈代爲封遞，伏乞大部照驗施行。須至呈者。

計呈原呈一件，又學堂簡章清摺一扣。

右呈商部

光緒三十一年十二月

附：紗緞業爲辦學事呈商部文

蘇州商會會員紗緞業商花翎户部正郎李文模、二品封職員外郎杭祖良、花翎道銜員外郎李文鍾、同知銜鄒宗涵、花翎同知銜鄒宗淇呈爲同業公立初等實業學堂，酌擬規則課程，呈請大部俯賜照准立案並量予升途事。

竊維儲材端賴學堂，生利必資實業。職等詳閱蘇州商會章程第七十五條後附有案語，殷殷以設立學堂爲各商勸。語皆切摯，敢不黽勉。而締造經營，時有財力不逮之憾。查城東舊有紗緞業所設蒙養義塾一所，係同治初年二品封職孫毓松提倡設立，培植孤寒，頗著成效。方今朝廷推行新政，自應與時變通。現經公同集議，改爲初等實業學堂，以瀹商智而資生利。惟一切辦法與義塾迥殊，斷難因陋就簡，應需添造講堂，置備校具，添聘科學教習等，原有經費不敷甚巨。公議仍由同業擔任，不假外求，學科悉遵奏定章程，而尤注重於普通各科，以符初等實業學堂程度，另訂規則，定名紗緞業公立初等實業學堂。專課本業子弟，暫以六十名爲額，一俟經費充裕，力能特建合式校舍，再行擴充辦理。但職等既任籌款之責，所有教育一切，必得明白學務、資望素孚之紳以總其成。公議商請在籍紳士五品銜翰林院編修王同愈爲總董，已蒙允爲擔任義務，並延聘元和縣廪生陸鴻吉爲校長，主持全校事務。今將暫定規則課程繕摺附陳，合無仰懇貝子爺大人俯賜核準施行，實爲德便。再，大部所轄南洋高等實業學堂内有中院一班，係中等實業程度，爲高等之豫備，即爲初等之升階。嗣後本業學堂如有合格畢業之生，有志深造者，擬懇恩准行知南洋學堂備案，届時準由本業公立學堂申送考驗録入，以廣升途而勵實業。至如何遞升，及學科年限如何合格之處，當與高等實業學堂監督駐滬參議妥議辦法，以免參差。是否有當，伏乞訓示遵行。謹呈。

附：紗緞業公立初等實業學堂章程

今將紗緞業公立初等實業學堂簡章謹呈鈞鑒，伏祈核示。

一、定名　本校爲紗緞同業組織而成，故名紗緞業公立初等實業學堂。

二、宗旨　注重普通各科學，以期童年皆具營業之知能及有謀生之計慮。

三、學額　專收業中十六歲以内之子弟，暫定學額六十名，依程度爲本科、豫科兩級，均定四年卒業。

四、程度　本科案照奏定初等實業學堂章程，預科按照奏定初等小學章程，酌量學級學齡，量爲變通辦理。

五、學費　概不收取學費，惟月收膳宿洋三元，學生一律寄宿。

六、經濟　開辦常年等費，悉由同業擔任，不假外求。

七、職員　内設校長一人，國文教員二人，各科學及英文教員四人，監學一人，庶務一人。

八、校地　暫設蘇城西白塔子巷。

科目表

本　科：

一、修身　指示古人之嘉言懿行，以爲立身之規則。

二、讀經　聖賢之道備於經傳，務使浸灌於心，以免流於匪僻。

三、國文　解説文理，疏通詞句，以備應世達言之用。

四、算術　習度支之常法，明幾何之通理，以爲深造數學之基礎。

五、歷史　陳述治亂興衰之大略，俾知古今世界之變遷。

六、地理　發明地文地質之各類功用，五洲大洋五帶之區别，俾知地球表面與人類種種之關係。

七、格致　舉物類之形象性質，以精密其觀物察理之念。

八、體操　流通氣血，舒暢筋骨，使各部均齊發育，而動作悉遵紀律。

九、圖畫　辨實物之形體，以練成可應實用之技能。

十、音樂　取樂以和聲之旨，以助性靈之發達。

十一、英文　今日時勢，英文通行最廣，童而習之，庶口齒靈便。

十二、手工　養成兒童勤敏之習慣，以爲將來深造工業之階。

十三、簿記　教以家庭日用及普通會計，俾識謀生之計數。

豫　科：

一、修身　同前。

二、講讀　講習明顯之正理，以端其初開之知識。

三、國文　釋通用之字義，聯尋常之句法，以導其作文之門徑。

四、算術　教以淺近之數理，俾知日用之計算。

五、歷史　略舉古來之大事及國朝列聖之德政，兼採本地鄉賢名宦之事迹，以養成其忠敬之心。

六、地理　教以本邑之地理，並指授簡明圖説，俾知中國今日疆域之大略及名山大川都會之位置。

七、格致　示以物類之大概，動其博識多聞之慕念。

八、體操　舒其身體，展其心思，而整齊其坐立行動之常度。

九、唱歌　取有益詩歌，以助性靈之發達。

《〔雍正〕江南通志》卷一七〇《人物志・藝術・蘇州府》　蒯祥，吴縣人。爲木工，能主大營繕。永樂十五年，建北京宫殿，正統中重作三殿及文武諸司，天順末作裕陵，皆其營度。能以兩手畫龍，合之如一。每宫中有修繕，中使導以入，詳略、用尺、准度，若不經意。既成，以置原所，不差毫釐。初爲營繕所丞，累官至工部左侍郎，食從一品俸。憲宗時，年八十一，猶執技供奉。上每以「蒯魯班」呼之。

李鴻章《李文忠公奏稿》卷七《京營弁兵到蘇學製外洋火器摺》同治三年七月二十九日　奏爲奉發京營弁兵到蘇分派各局學習製造外洋火器遵旨酌定薪水等項，恭摺覆陳，仰祈聖鑒事。竊臣於本年五月間奉寄諭：「總理各國事務衙門奏請派京營弁兵學製火器一摺，據稱練兵之要，製器爲先，洋人所製炸礮、炸彈等項，尤爲行軍利器。現在李鴻章軍營製造此項火器已有成效，擬請飭火器營於曾經學製軍火弁兵内，揀派武弁八名，兵丁四十名，發往江蘇一體學習等語。所奏自係爲思患豫防起見，本日業經諭令火器營照該衙門所請派撥矣。此起弁兵俟抵江蘇後，即交李鴻章差委，專令學習炸礮、炸彈及各種軍火機器，如能留心學習，著有成效者，准該撫從優奏請獎勵。其有怠惰偷安，不遵約束者，即照軍法治罪。該撫務當明定勸懲，俾該弁兵等盡心講求，以期備得西人之妙。該弁兵等到蘇後，該撫務須加意稽察，妥爲防閑，俾祕妙之傳不致稍有漏洩，方爲妥善。所有應給薪水等項，即由江蘇酌定支發，准其作正開銷等因，欽此。」並先後接准總理各國事務衙門暨三口通商大臣崇厚咨會，此項弁兵已由津附搭輪船赴蘇，即經行知蘇松太道，飭俟該弁兵等到滬時妥爲照料。隨據該署道丁日昌呈報護軍參領薩勒哈春等官兵四十八員名，跟役十二名，於六月二十日抵滬，遵將自津來滬輪船價值，在於船鈔項下發給，並備船送至蘇省。臣接見該參領等，並將各兵丁遂名點驗，逐細教導，令其悉心講求。緣臣軍先後購覓西洋炸礮，每月操練攻勦，需用炸彈甚多，不能不添設製造局分濟應用，計現開炸彈三局一爲西洋機器局，派英國人馬格里雇洋匠數名，照料鐵鑪機器，又派直隸州知州劉佐禹，選募中國各色工匠幫同工作。一爲副將韓殿甲之局，一爲蘇松太道丁日昌之局。皆不雇用洋人，但選中國工匠，仿照外洋做法，當即酌令儘先參領薩勒哈春，候補副參領崇喜並護軍校常英、玉慶等四員，帶京營兵二十名，赴洋人馬格里等礮局，又令儘先副參領色布什新並護軍校達隴阿等二員，帶京營兵十名赴丁日昌韓殿甲礮局，又令額外空花翎德俊並護軍校常慶等二員帶京營兵十名赴丁日昌所設礮局，該三局分配學習，參互考校，責成局員會督弁兵指引各項門徑，並隨同匠作勞身苦思，究其精微。臣仍隨時查詢，試能否以定優劣，立賞罰以示勸懲。該弁兵等如學習有效，必當遵旨從優保奬。若怠惰偷安，或該管官約束不嚴，各局員未經細心教導，亦必分别懲處。俟製造略臻精熟，再酌選明白勇敢者，派往礮隊營中學習演放，步伍準頭，逐漸推求，以期稍得西法之妙。至該弁兵等應給薪水等項，奉旨由蘇省酌定支發作正開銷。臣查此項薪糧無案可循，飭由報銷局查照軍需則便開呈，京營弁兵調往軍營應支鹽折等項分别擬具支數請示前來，惟蘇省兵燹之餘，食用較貴，各局工匠因係製造祕器，多方羈縻，其口糧較常例均加數倍，況該弁兵由京遠道來南學製火器要件，責令格外用心，薪糧應較軍營加厚，以示鼓勵。當即酌定職分較大之參領薩勒哈春，副參領崇喜色布什新、空花翎德俊等四員，每員每月支給薪水庫平銀三十六兩，其幫帶之護軍校常英、玉慶、達隴阿、常慶等四員，每員月支給庫平銀二十四兩，兵丁四十名，每名月支給庫平銀八兩，跟役十二名，每名月支庫平銀三兩，書識紙張雜費每月共支給庫平銀十兩，均不計建，總其月支庫平實銀六百零六兩。自六月二十到滬之日起支，按月由海關道庫給發，作正開銷。除咨總理衙門暨户部備案外，所有京營弁兵奉發到蘇分派各局學製外洋火器酌定應支薪水等項各緣由，理合繕摺覆陳。伏乞皇太后、皇上聖鑒訓示。謹奏。

張之洞《張文襄公全集》卷四三《江西紳商請辦小輪瓷器及蠶桑學堂摺》光緒二十二年正月十五日　竊臣前奉諭旨：「飭即招商，多設織布織綢等局，廣爲製造。又籌款購備小輪船十餘隻，專在内河運貨，以收利權等因。欽此。」遵經咨會江浙撫臣，次第商辦，分别奏明在案。兹據江西在籍紳士翰林院編修蔡金臺、熊方燧，翰林院庶吉士藍鈺、陶福履，候選郎中鄒凌瀚、鄒兆元等分詞呈稱，江西地處上游，上有灘河沙淤之阻，下有鄱湖波濤之虞，每遇阻滯，停待動經旬月，或逢暴風急湍，船貨俱損。而土貨所出，若茶葉、瓷器、煤鐵，皆行銷外洋之大宗，口岸雖遠在九江，仿造可深入腹地。若使洋輪先行，則我商務立絀。擬請援照江南内河成案，自吉安至吴城設小火輪六，自吴城至九江設淺水輪二，自九江至饒州設深水輪二，停泊處所，各立中國碼頭，並設公司稽查鈐束。而論者必謂小輪行則民船失業也，釐金減色也，關税無著也，外人效尤也。不知小輪祇能拖帶，裝貨仍須民船，往來既頻，利息自倍。至釐卡雖極繁密，但於起卸之處，一卡併收數卡之釐，課額無虧，經費更節，此又裕餉利民之大者。若關税則皆在九江，該處既爲停泊之所，必驗抽而後放行，更何虞其偷漏。至外人效尤一節，改造既有成約，行輪自在意中，必待事已至而始議補苴，何如事未來而先爲籌備。若以我有先幾，彼因無利中輟，豈不更善。又洋瓷質色遠遜中華，特中國所造之瓷，皆備華人所用，而於西人器皿，從未仿製。彼取一時觀美，尚不惜爭購寶藏，倘仿其規制，造其適用之物，爲彼日用所必需，自必爭相販運，銷路日繁。嘗考五洲諸國，美利堅全境不能造瓷，購自法人，每年進口值銀三千萬兩，准此以推歐、阿兩洲，每年所用瓷器當值萬萬兩以外。若中國價廉工美，與之競逐，但能略分一二，爲數已千萬計。大利之興，無逾於此。現擬集股興辦，惟成本鉅而運費多，必須官爲扶持，乃能作興鼓舞。擬請除中式瓷器經行關卡，仍照例完税抽釐外，其有創造洋式瓷器，統歸九江關出口，援照煙臺製造外洋果酒之例，暫免税釐數年，以輕成本。數年以後，如銷廣利倍，再按海關進出口税則及内地釐金辦法，酌量徵收。並援製造果酒之例，准於江西一省，定限十五年，祇准華人附股，不准另行設局。又江西素不産蠶，現擬於高安縣地方創設蠶桑學堂，收教學生，於種類之異，土地之宜，培養之方，飼養之法，無不考究精詳。於種桑則求樹易長而葉加大，於育蠶則期蠶無病而絲加多。惟桑秧蠶子，必須購自鄰省，釐税甚重，小民購辦艱難，擬請暫免釐税三年，以資鼓舞，將來出有繭絲綢匹，亦請統由九江關出口，援照光緒十六年前廣西巡撫馬丕瑶奏准成案，免收税釐數年。各等情前來。臣查内河以小輪拖帶民船，既免守候風汛，又可併徵税釐，並不失船户生計，自爲便商利運，兼豫杜外人乘隙爭先行輪覬利，似應准其仿行。至於如何徵收關税釐金，應由江西撫臣督同藩司九江關道詳加籌度，詳定稽查罰究章程。咨商本任督臣劉坤一酌核奏明辦理。至創造西式瓷器，意在行銷外洋，實能開拓商務。況江西及各省本無西式瓷器一項出口，兹因創造，暫免抽釐，本屬無傷釐務，其請專利一十五年，係援引户部暨總理各國事務衙門於煙臺果酒案内議覆内地創造洋貨准行章程，應請准其援照辦理。至開設蠶桑學堂，係因江西本無蠶桑，意欲特開風氣，所陳辦法雖未必一時即能度越前人，然既能博采西法，專設學堂，加意講求，必能日習日精，開從前未有之利，自應准其試辦。至請購桑秧蠶子暫免税釐三年，自屬可准，若出有繭絲綢疋並免税釐數年，亦係援照廣西奏准成案。惟各省絲綢皆無免徵税釐明文，而廣東惠州府繭絲、江南通州繭絲因係教導民間創辦，經廣東江南督撫臣批准，免收釐金十年，以期鼓舞。今江西繭絲亦係創辦，從前關卡所徵，並無此貨，可否亦照廣西成案，酌免釐金數年之處，出自逾格鴻慈。臣查内河小輪及西式瓷器、蠶桑學堂三事，皆係利濟民生，振興農工之要端，當此民業困絀之時，舉辦實不可緩。相應請旨飭下總理衙門、户部分別核覆，及早施行，實於江西地方民生大有裨益。

硃批：該衙門議奏。欽此。

《清德宗實録》卷四百十九（光緒二十四年五月甲寅）又諭：「御史曾宗彦奏『辰工二務，亟宜振興』一摺，另片奏『南北洋宜設立礦學學堂』等語，著總理各國事務衙門，一併議奏。」尋奏：「遵議請設礦務學堂，擬咨行各省督撫揀年幼聰穎學生，咨報臣衙門，派往日本礦務學堂學習。仍一面由各省督撫，就現有學堂，酌增礦學一門。」從之。

《清德宗實録》卷四百二十五（光緒二十四年七月丙子）又諭：「胡燏棻奏『各省開辦路礦，訂借洋款，須由鐵路礦務總局覈定，方能允准』等語。著總理各國事務衙門酌覈辦理。」尋奏：「礦路借用洋款，應照會各國駐京使臣查照立案，以防流弊。」從之。又諭：「胡燏棻奏『津榆鐵路學堂，仍移設山海關，並添派洋教習等員，及招選學生分課』等語。著總理各國事務衙門查覈辦理。」

《清德宗實録》卷五百十二（光緒三十年三月壬午）又奏：「續選學生，派赴德美法比各國學習實業。」下所司知之。又奏：「遵旨籌辦礦務，現經派委按察司岑春蓂督率經理，並酌撥官本，先購礦山。」下部知之。

《清德宗實録》卷五百四十四（光緒三十一年四月丙午）又奏：「省城試辦工藝傳習所，先將織染造紙等項，分科傳授，招集合格生徒一百六十人。將來於本所附設工廠，令卒業生徒，充當工匠，仍隨時察度情形，酌量擴充，妥籌辦理。」下部知之。

《天津商會檔案彙編》上《直隸工藝總局詳擬天津教育品陳列館附設執事學生夜課補習所試辦規程文光緒三十一年五月》 直隸工藝總局詳擬天津教育品陳列館附設執事學生夜課補習所試辦規程文（天津考工廠執事學生附）

爲詳請事。竊照職局附屬之考工廠及教育品陳列館，該兩處看護、售票、驗票各執事學生，於本年三月間重加考選，計甄録新舊學生共五十四名。取其身家清白，資質聰穎，粗通漢文，日間分派考工廠、陳列館兩處執事，夜間齊到陳列館設立執事生夜課補習所，授以物理、算學、圖畫、史學、地理、漢文等課，並略習英、日兩國語言文字，期以五年，畢業後堪勝尋常小學堂教員，以爲該學生等之出路。所需漢文教員由陳列館經理員兼任；其理科、算學、圖畫、史學、地理、英文、日文等教員，商明學務處由各中小學堂教員兼任，按月酌給津貼。自三月十一日開學，試辦已經兩月。該學生尚屬勤奮，頗見進步。應用書籍圖器並燈燭煤炭茶水津貼等費，由考工廠、陳列館兩處常年經費項下分支，核實造報。職道等謹當督飭各教員盡心講授，以期仰副憲台作育人材之至意。所有考工廠、教育品陳列館兩處執事學生設立夜課補習所以資造就緣由，理合將試辦章程繕具清摺，具文詳請憲台察核批示祗遵，並懇俯賜飭行學務處備案，爲此備由具詳，伏乞照詳施行。

甘厚慈《北洋公牘類纂》卷一六《工藝一·天津府知府凌覆陳開辦工藝學堂禀并批》 敬禀者，竊前奉面諭，飭令籌議設立工藝學堂，嗣復奉飭指撥銀二萬五千兩，令即籌議舉辦，卑府連日與日本工學士藤井恒久晤商，並博訪周諮，詳考直省物産，究其利弊所在，遵即詳擬章程，剋期舉辦，現已將草廠菴舊有房屋一面趕緊修葺，一面招考學生三十名先行開學，其餘修建堂舍俟開凍即行動工。惟通盤籌畫，預估開辦經費約需三萬六千餘金，以後常年經費每歲約需二萬三千餘金，明知款項支絀，何敢妄議增添，但津郡創設工藝學堂，實開北省內地風氣之先，且係北洋通商巨埠，各國商民麕集，觀瞻所繫，規模似不宜過狹。刻經再三籌議，所有前項估計數目，實屬無可再減，惟有核實支銷，總期款不虛縻，舉有實效，以期仰副憲台振興庶務樂育羣材之至意。至開辦經費，計尚不敷一萬餘金，即常年經費，亦應預先籌畫，擬請飭令籌款局核議於天津各行牙捐內酌量提撥，以便次第籌辦。所有遵擬開辦工藝學堂暫行試辦章程，謹繕具清單暨測繪圖式，一併呈請查核批示遵行。

督憲袁批：據禀並圖摺均悉，所擬章程尚屬周妥，所需經費，請於天津各牙行捐內酌量提撥，候行籌款局切實核議詳奪。此繳。

甘厚慈《北洋公牘類纂》卷一六《工藝一·工藝學堂詳定暫行章程》 第一章 學堂建置

第一節，本學堂專爲講求工藝實業而設，擬將直隸土産如毛貨、皮貨、麥草等類出口材料考求製造，以冀收回利源，宗旨與各學堂專講物理者不同。第二節，學堂地方已勘定教養局旁草廠菴，及施醫院以北教養局鐙牌公所以南閒曠官地一段另行修建堂舍，其未經蓋造以前，暫將草廠菴修葺完整，先行開辦。第三節，本學堂擬建樓房兩層，前一層爲陳列所、客廳、帳房、庫房，樓上爲辦公之所。後一層爲講堂，樓上爲教習駐宿之所。其西建試驗房四間，北即教養局，東即草廠菴，教養局爲工場，草場菴爲學宿食之所。

第二章 學堂員役

第一節，本學堂所有員司職務開列如左：總辦一員〔總理堂中一切事務〕，監督一員〔專理堂中一切事務〕〔凡學生之起居動作出入飲食以及功課實業皆有稽查督率之責〕。董理一員〔襄助監督經理事務〕，司事二名〔一司銀錢帳目及抄寫一司雜務〕，堂役五名〔臨時分班酌定如不敷用准隨時酌添〕，厨役三名，司閽一名，巡警二名。第二節，教習局額：應用化學科：教習一員〔延聘日本專門化學師〕，工匠一名〔延聘日本人〕，染織科：教習一員〔由教養局正工師任轉或兼任再另酌定〕，工匠二員〔染色一、機織一〕，延聘日本人。普通學科：英文教習二員〔中國人〕，體操教習一員〔英文教習兼任〕，日文繙譯兼教習一員〔由教養局繙譯官任轉或兼任再另酌定〕，倫理教習一員。第三節，堂中人員宜常川駐宿，不得另兼別項要差。第四節，工藝學堂創辦之初，程度不宜太高，凡學生入堂，宜專習普通學一年或半年，然後再習專門藝業。所有開辦第一年中，各專門教習即可毋庸延聘，以節縻費，届時由監督董理禀商總辦酌核辦理。第五節，本學堂額定學生九十名，每班三十名，共計三班。現在建造學堂尚需時日，開辦之初，擬暫招學生三十名先習普通學，俟學堂工竣，規模完備，添招一班，至次年正月再招一班，以足三班之數。嗣後一班畢業即遞年續招一班，如將來欲行擴充，再議增添額數。第六節，招選學生以十五歲以上二十二歲以下，資質聰穎，身體健壯，文理已經通順並習過英文二三年者爲合格，開明三與中學堂同賠繳堂費亦照中學堂節程數目辦理。第七節，每届年終由總辦率同監督、董理、教習考驗一次，其及格者始准入次年學班。考驗之後，禀報督憲暨學校司存查。第八節，本堂學生限三年畢業，畢業之時出總辦禀請督憲暨學校司派員考驗，給予憑照，均照中學堂學生出身章程一律辦理。

第三章 學堂課程

第一節，學堂分三科，一、應用化學科，二、染織科，三普通學科。第二節，應用化學科目：化學、初級、應用、分析、實驗〔以製油製皮爲大宗〕、算術、代數、幾何、各初步、物理學大要、圖畫、英語、日語、倫理、體操。第三節，染織學科目：染色法、機織法、各實修〔以染織毛貨麥草爲大宗〕、算術、代數、幾何、各初步、物理學大要、化學、初級、應用、分析、應用機械學大要、圖畫、英語、日語、倫理、體操。第四節，普通學科目：算術、物理學、化學、圖畫、英語、倫理、體操。第五節，本學堂應另立分年課程表，俟教習到堂，再行商定。第六節，學生疑業時刻，夏至前後每日以六點半鐘爲限，冬至前後每日以七點鐘爲限，晚間温習時刻以兩點鐘爲限。其逐日詳細課程，均由教習商同監督董理隨時酌定。第七節，學生除每星期休沐外，年假二十日，伏假一月，端午、中秋暨皇太后萬壽、皇上萬壽、皇后千秋、孔子誕。十二點午食，五點晚食，十點寢。夏季晨六點起洗漱，七點朝食，十二點午食，五點半晚食，十點寢。冬季晨七點洗漱，八點一刻朝食，十二點午食，六點晚食，十點半寢。

第四章　學堂條規

第一節，學堂所有一切章程條規，員司學生人等，均應一律謹恪遵守。第二節，學生見總辦、教習、監督、董理，均執弟子禮，見司事亦須致敬。第三節，經理人及學生有大故及疾病請假者須聲明注册。第四節，學生除照例假期外，餘日課畢若有事出門，須禀明監督或董理欲作何事，限定時刻歸堂，如私自出門及歸堂逾限者記過。第五節，學生連記過三次者斥革，斥革時須禀明總辦。第六節，學生如有爭競、怒罵、賭博、酗酒、冶遊、吸食鴉片以及偷竊等事查出，輕則記過，重則革究。第七節，學生如有實係資質太鈍，課不如程者，由教習知照監督董理，禀明總辦革退，免其賠繳堂費。如或因嬾惰及無故滋事欲行告退者，除革究外仍照章追繳。第八節，如有中外官紳來堂視學者，由監督董理禮接款待。第九節，如學生親屬有事來訪本人者，倘值理課時不准入見，即課畢入見時，亦須先行知照監督董理，但接談時刻不得逾三十分鐘。第十節，此係學堂暫行條規，應准隨時酌改以臻妥善，其餘事未盡宜，應查照大學堂條規參酌辦理。

第五章　學堂經費

第一節，工藝學堂應需款目，約分開辦經費及常年經費兩項。第二節，開辦經費分建蓋房舍，購買圖書、儀器，置備應用各項器具三項，約略估計詳列於後：新建購堂陳列所洋式樓房一所，約估計銀一萬二千兩。新建試驗工場一所，約估計銀八千百餘兩。染色用染料、器具、汽罐，機織用各種機式及原料、書籍，教科書及參考用，以上購置染織科器具書籍等項共約估計銀五千兩。分析用器具各種試驗器具及原料，火爐及裝置費，書籍、教科書及參考用，以上購置應用化學科器具、書籍等項，共約估計銀五千兩。購買牀桌木器等項，購買零星動用傢俱，以上置備器具等項共約估計銀五千兩。總計開辦經費共約估計銀三萬六千五百餘兩。第三節，常年經費分額支、活支兩項，約略估計詳列於左：監督一員，月支〔薪水四十兩，夫馬費十兩〕。董理一員，月支薪水四十兩，夫馬費十兩。司事二名，每名每月薪水銀十六兩，月支薪水三十二兩。堂役五名，每名每月辛工銀二兩，月支銀十兩。厨役三名，每名辛工銀每月二兩，月支銀六兩。司閽一名，月支銀三兩。以上除總辦不支薪水外，計員役薪工月支銀一百五十一兩，每年支銀一千八百十二兩。應用化學科洋教習一員，月支薪水三百兩。應用化學科洋工匠一名，月支薪工五十兩。染織科洋教習一員，月支薪工一百兩〔染織科〕洋工匠二名，每月每名五十兩，月支辛工一百兩。普通學科英文教習二員，月支薪水一百五十兩；體操教習一員，月支薪水二十兩；日文繙譯兼教習一員，月支薪水一百兩；倫理教習一員，月支薪水二十兩。以上教習、工匠薪工，月支銀八百四十兩，每年支銀一萬八十兩。學生紙張筆墨費每名每月一兩，月支銀九十兩。學生飯食費每名每月三兩五錢，月支銀三百十五兩。學生月費，每名每月大錢六百文，約合銀六錢，月支銀五十四兩。以上各項費用月支銀四百五十九兩，每年五千五百八兩。化學試驗藥料等費月支銀二百兩，員役僕從火食每月每名三兩五錢，月支銀五十兩。鐙油費月支銀五十兩。辦公等項公費月銀十兩。以上一切雜費，月支銀三百十兩，每年支銀三千七百二十兩。每年煤炭約支銀一千兩，每年添補書籍約支銀五百兩，每年修補房舍約支銀三百兩，以上活支經費，每年約支銀一千八百兩。綜計常年經費每月約支銀一千七百五十兩，每年連活支經費，約計銀二萬二千八百餘兩。第四節，學堂未蓋造以前，先招學生三十八，教以普通學，至下半年學堂工竣後再招一班，屆時先招之學生已習普通學半年，即可延聘日本專門教習，如此辦理，計開辦第一年約需經費一萬五千兩，可以節省七千餘兩。第五節，以上所擬工藝學堂開辦及常年經費，係就現時籌議辦法大概估計，或增或減，應俟撥定的款開工之後核實撙節動支，以期款不虛糜。規模詳備，所有常年經費，亦須籌定的款，方爲經久之計。

甘厚慈《北洋公牘類纂》卷一六《工藝一·試辦北洋講藝有限公司附設學堂簡章十條》　第一節　宗旨：公司附設學堂，專以開風氣杜漏卮爲宗旨，因學堂定名講藝學堂，先設公司即名曰北洋講藝有限公司。凡中外技藝有關於內地物產民生日用之品，學堂生徒皆應隨時隨地公同研究，由公司分別集款次第禀辦，冀符講藝名義。惟必劃清區界，免致股東疑議，現設此廠專爲試造漂粉、强水、洋鹻等貨品，籌款集股，招生實習，但屬堂廠切要之需，不惜貲本，廣爲收採，互資考較。倘發明新理，别有實業可興，并可另集股本，分廠禀辦，勿得稍涉牽混，官商股本計有贏餘，仍須相機營運，藉供月息。

第二節　股本：此項股本約需三萬元，每股十元，作爲三千股。奉憲諭，官股認一萬五千元，餘由商集，計一千五百商股，遠近商民，聽便認集，毫無阻礙，交款三個月後换票給摺，按月起息，月息四釐，遇閏不加，每届歲底結帳，來春三月支取，股東轉售或改撥，隨時赴公司聲明註册，決無虧折。惟不附洋股，有影射借洋款輾轉償洋債者，本公司決不承認。

第三節　礦產：漂粉等貨品所需化緑之料，以錳養礦砂爲要素，向須購自外洋，近由化學畢業傅君松齡，於江西永新縣山中考驗得之，現奉憲諭，該生回江向山主議價，買作官産，並由督轅咨明江西撫院，通飭保護，一面開刨起運，並給免單護照，以期無誤工需。近畿不乏礦山，未必無此錳養一種，學堂必宜兼設礦學一科，仍多收採礦石，互資考驗。

第四節　廠屋：緑氣毒汁最易損人，廠屋宜僻静之地，免妨衛生，仍必密邇衝要之衢，俾廣銷路。現經價買漢沽莊原有晉商武姓當店舊屋一所，該莊在順屬寧河縣西南境，距縣城六十里，蘆臺鎮迤南海河東岸，上游建有鐵橋，其鐵路車站在莊北二里許，蘆臺場竈鹽坨在莊迤南亦二里許，瀕臨東岸，莊内有石橋沽道，潮汐可通運載小船貨料，上下水陸皆便。該房圍墻堅固，滿砌城垛，瓦屋六十餘間，儘敷改建鏞廠、講堂之用，牆後平坡尚寬，劃作操場，亦綽有餘裕。

第五節　器料：暫用土法教演理化，果能發達，添置機器，漸圖進步，礦强仍須自造，方免多費，坨鹽就近收用，價脚並省，仍候運憲詳訂專章，藉防流弊。至石灰、煙煤等料，皆購運於唐山，火車民船，儘可擇相當者預訂。

第六節　員司：公司擬設總理一人，綜核一切，兼理學堂事宜。應候憲札遴委，暫由發起人庖代，逐條酌擬，呈候憲批遵辦。分理四人，分任庶務書記兼司帳一人，監廠兼幫帳一人，運銷收採正副二人。教員四人，分授教科化學兼礦學一人，英文圖學一人，漢文兼測算一人，警學兼體操一人。皆必品望夙孚，妥慎延訂，其薪津暫照官局分别按月支給，各專責成。惟經理庶務關係財政，應照公司章程，必百股以上股東始有此選舉權，倘有虧挪情弊，即由原選舉之股東賠補。

第七節　生徒：公司附設學堂不雇傭役，凡製造配合及一切力作，皆招生徒，切實講求躬親手操。學額暫訂二十名爲一班，不收學費，所需膏火、書器、衣裝，概由公司供給，三年卒業，並求提學憲照章考驗，給予專門文憑。補習普通更擬資送出洋，但須先取妥保專心向學，各盡義務，並各集二十股以上作保證金，倘敢不守廠規或中途退學，即由該股本息内扣還學費。

第八節　課程：堂廠每日三餐，一飯兩粥，仍循鄉俗，早餐後分詣堂廠，各十人午飯後互换，以均勞逸。在廠實習製造，上堂講授科學，無分冬夏，每日以十小時爲度，堂廠各五小時，儘有餘暇休息自習。每上堂講經讀經，講史讀史，分日遞授，英文、算學，逐日排授。每下堂必習體操，鐙下寫日記後息鐙歸寢。星期習圖學、測量，或得新理巧製，不妨隨時考證。有暇仍必閲報。

第九節　利益：公司總簿，每日清結，隨時調查，按月總結，按季開單呈報。年終總結，先呈憲閲並登報廣告。計有贏餘，除付官商股息外，按二十成劃分，提一成作國民捐；三成公積，繳清官股再作報効或添置機器，臨時公酌；五成紅股，總理以次各按勞力分數公酌分酬，其教習、生徒按月提紅，并歸總核計另提一成，備作特别酬金；下餘十成爲官商股東餘利，均匀分受。

第十節　循守：公司學堂悉遵學商部奏定通行章程，勿庸詳列。未盡事宜，隨時禀候憲核示遵。

甘厚慈《北洋公牘類纂》卷一七《工藝二·天津考工廠各項規則》　寄售章程：敬啓者，本廠宗旨爲提倡工商業之進步起見，其意有二，一爲各貨物開拓銷路，一爲各舖家播揚名譽。現定於七月中擇吉開廠，邀請中外官商前來遊覽。敬祈　寶號，務於開廠之前，預先多選上等貨物，送交本廠寄售，所有寄售章程，開列於後。計開：一、本廠經費概係官籌，不取商家分毫，凡寄售貨物，照原價代售，隨即奉繳本廠，不取分毫使費。一、凡送到寄售貨物，不拘大小貴賤，其每件零售者，務須開明實在不折不扣之價，其大宗貨物，並注明批發價目，以便本廠照價代售，冀增銷路。一、諸位客商到本廠，由庶務司接待，凡貨物送到，由庶務司帶晤庋設司，彼此點明貨物登簿，隨即付給收條，以昭信實。一、凡貨物送到後，倘本舖自有售主，不拘何時，可持原收條，到本廠將該貨收回。一、凡貨物，如有重大之件，本舖可知照本廠，派人幫同往運，不收運費。一、凡貨物送到，倘時價有長落，本舖可隨時來條知照，本廠即代爲註册，但知照時，倘該貨已經售去，則本廠仍照前註之價奉繳。一、凡貨物送到及售出，每日開單登入北洋官報，以供衆覽。一、凡寄售貨物之舖家，本廠預給憑票，不拘何時，可派夥友來本廠查驗該貨陳列情形。但進門時，須携帶本廠所給憑票，以便照驗。一、凡寄售貨物，倘成色太次，有礙銷路，或陳設日久，容易糟舊之件，本廠可隨時知照本舖取回更換。一、凡寄售貨物，本廠代爲經管，倘萬一有所遺失，本廠認照原價奉繳，決不使本舖受虧。以上十條，作爲暫時章程，試辦三個月後，如有不便，屆時再行通知更改。

辦事規則：一、本廠每年三月至八月，每日自上午九鐘至下午五鐘爲辦公之時；九月至二月，每日至上午九鐘至下午四鐘爲辦公之時。其正午十二點鐘至一點鐘爲午飯時限。一、自提調及各司事，每日均須遵照定章，準時到廠辦公，不得逾延。一、辦公時限之外，會計司、庶務司，每日至少必有一人在廠，常川照料住宿。一、各司派定後，各有專責，不得推諉，越俎代謀，以清權限。一、各司均歸提調約束。凡賣票收票人及看護人，應照商店學生規制，須聽該管會計、庋設兩司約束。夫役人等，應歸庶務司約束。一、凡辦公之時，雖有戚友來訪，若非公事，概不得接見。一、凡在辦公時限内，不得任意外出，並不得談笑自由。一、除疾病或家有要事之外，概不得請假。一、請假須於提調處禀明事由，惟雖有要事，不得過五天，在遠處者，不在此例。一、夫役人等，除由提調另單派定常川在廠，不准擅離者之外，其餘各人，均應一應遵照辦公時限，到廠應差，不准違誤。一、提調處應設名牌，庶務司應立執事簿，均遵照試辦章程第一章第六條所載辦理。一、各司休息日期如左：藝長，文牘司，化驗司，考察司，圖書司，庶務司，每逢禮拜日。提調，庋設司，會計司，看護人，賣票人，及收驗票人，每逢禮拜日下午。一、凡此規則之外各事，均照試辦章程辦理。

值宿條規：一、本廠應立值宿名簿，每日值宿員當以二名爲常規，其一名遵照總局所頒規則，以會計、庶務二司輪班；其一名由庋(記)[設]考察、圖書、文牘等四司輪班。一、當該值宿員若有疾病或他事故，難爲值宿，則應呈明提調，先與次日之當值員，商明交換替代，互相補助，毋得曠誤。其替代互換人名日期，均應在值宿簿内註明。一、值宿員夜中須二次到庋設各室及事務室察看，戒慎盜火。在暴風大雨之時，特加意要屢次巡視，若有發見屋漏破牖等事，宜速爲防備，移動陳列品於他室，以免損傷。若有盜火之變異，宜先用電話機器急報巡警局，並執行臨機之處置。一、值宿員於翌朝開廠以前，其一員指揮聽差洒掃，監理每室各廊及階段之洒掃，又使聽差洒掃出入門邊；他一員指揮看護人專監理庋設架橱面之拂拭。一、值宿員保管各司所管之鑰匙，到翌朝，候各司員到廠，須分付之。一、值宿員於各司事退廠後到廠前，有來到文書物件，則總登録日誌，當於翌朝交於該管各司，若有緊急文牘到來，即宜使聽差齎送該管者之寓處。一、逢休息日，值宿員開廠中須代他司事，爲來訪者及來觀人之應答，並代辦寄售品之賣約，即售價等事，於翌日告其事由於本管司事。收銀款須交於會計司，無錯誤遲緩。一、逢休息日，值宿員之外要洋文司事一員到廠，以當外洋人之應答，但在洋文司事，該當值宿日，不須別員到廠。一、逢休息日值宿並到廠之員，應於其翌日與假，以均勞逸。

看護條規：一、本廠看護人以看護所有庋設品物，浄掃庋設品與庋設架橱爲主務。一、看護人須每日開廠一點鐘以前到廠，從事於庋設架橱之拂拭，在開廠中亦時加拂拭，要令橱扉之玻璃面架牀之板面等，無污塵。一、看護人值庋設品自他處運到，若於廠内甲乙相移動時，須隨藝長及庋設司事所命搬運品物，並爲拂拭如平日。浄掃品物時，亦加意護持，起卸拂拭最要鄭重，勿令附箋甲乙，致有錯亂。一、看護人不可須臾離去，其分擔室宜，俟交替人來到，而後暫休，各復分擔之位置。其午食時間，准與半點鐘，其餘休息時限，不許越過十五分。一、看護人閉廠後，須尚在分擔室，俟司事之指揮而後退，不許隨意退散。一、看護人對來觀人最要慇懃，勿有粗妄失敬之言動。一、來觀人有請熟覽庋設品物，若欲購買寄售品，本廠購置品等者，須報知庋設司。一、來觀人有漫觸手於庋設品，須慇懃謝絶之。若察其情意，實在欲購買寄售品者，其取持熟覽，固爲不妨。一、來觀人中有對庋設品或抽筆摹寫容姿繪紋，或由照相機器爲撮影者，暫止之，宜報於庋設司，若其品物之附箋，註明不許摹寫撮影之字者，斷然謝絶之可也。一、來觀人欲取橱架内之物品，及將物品回入橱架内，均須由看護人親手授受，不得任來觀人自取及自納，以防誤觸損毁之事。一、來觀人倘有誤觸於庋設品，以致毁損，或破碎庋設橱架之玻璃板等事，先向其人請暫留，使他看護人急報庋設司事，亦勿須喧争言動。一、有由看護人之故意，若怠慢疎忽毁損品物及庋設架橱等之事，庋設司應查核其輕重，分別罰辦，或查其所損情形如何，令賠償品物之原價。一、看護人在看護中覺有品物之遺失，須急報於庋設司，請檢查處分。若於盜迹不明確，遺失事由曖昧，看護人不能免其責，須即查核處罰。一、來觀人中，若視有舉動異常，形迹可疑之事，須使他看護人密告於庋設司，瘋癲若爛醉者亦同。

採取本國商品略則(寄售貨品另有專章不在此例)：一、凡採取商品以工藝品爲主，餘則擇其産額富而有益於國計民生者取之。一、凡工藝品，須擇其易於改良及改良後可暢行於各處者取之，若於民間不甚要者，皆緩收。一、凡足以與外洋物品競争，而擴張本國工業者，皆取之。一、凡採取商品，或徵求寄贈，或出資購買，應視該品之輕重緩急，酌量辦理。惟現今經費未充，凡過於昂貴之物，概不購置，如有寄贈者，可收入陳列。一、凡採取商品，必須將其價值産地，每年産額，行銷地，批發價等，逐件記明。一、應採商品種類如左：工藝類，教育品（凡書籍，文房具，照相具，度量衡測量用具，樂器具），美術品（凡書畫雕刻等品），製造品（凡陶磁器，玻璃器，玉石器，金銀器，鐘表，竹木器，漆器，紙，革，牙角等器，各類機器），機織品（凡織染刺繡等品），天産類，礦産（凡一切五金礦石及各項化學藥品山鹽礦泉等品），水産（凡水中所産各項動植物及牙角等品），林産（凡竹木及木炭等品），農産（凡五穀，蠶絲，棉花，蔬，果，酒，煙，茶，及各項花草之種子等品）。

遊覽章程：本廠華歷三月至八月，每日於上午九點鐘開廠，下午四點鐘停止售票，五點鐘關門。九月至二月，則於上午九點鐘開廠，下午三點鐘停止售票，三點鐘半鐘（開）〔關〕門。惟每日十二點鐘至一點鐘爲午膳之時，概不售票，但縱覽時刻，亦有酌量事宜，隨時伸縮。一、入覽者須於本廠售票處購票，入門時此票呈驗，出門時交於收票者。但帶有優待票或特别入覽票者，進出門時惟呈驗而已，概不取費。一、携帶棍子傘或小包者，應將該物件交於携帶品收管所收存，出門時領回該物。一、不得率同犬畜等類遊覽廠内。一、非得看護人之允許，不得任意撫觸庋設器。一、如願買貨品，請至售品記簿處面議，酌付定錢，先給憑條，隨後持條備價，取貨不誤。一、瘋癲或酒醉者，一概不得入覽。一、本廠休息日開列於下：萬壽聖節日下午，每禮拜日下午，自臘月二十一日至正月初五日，上元節日下午，端午節日下午，中秋節日下午。但除此之外，當全數更换陳列時，隨時斟酌停止遊覽日期，另行告白。敬再啓者，本廠爲提倡工藝，在外洋，原不拘男女，均可隨時來廠遊覽。惟中國風俗不同，兹擬訂每逢禮拜五，該日專讓中國女客遊覽，其餘日期，准男客遊覽，以免彼此不便。至外國婦女來廠遊覽，不拘此例。

甘厚慈《北洋公牘類纂》卷一八《工藝三・工藝總局附設實習工場酌擬試辦章程籌撥經費詳文並批》　爲詳請示遵事。竊照職局接管卷内前總辦毛道會同賑撫局，詳蒙　憲台批准，在工藝局内設立工廠一所，招集幼童學習粗淺工藝，由賑撫局蔴袋餘米變價項下撥銀元三千元作爲開辦經費。職道等接辦後，查照前因，咨請賑撫局撥領銀三千元，業將收到日期，申報憲台察核在案。遵查奏定學堂章程内載，高等工業學堂應附設實習工場，職局所設工場義正相同，擬即名爲實習工場，以符定章。復查教養局移交房屋數十間，近在工藝局大門之内，以設工場甚爲合宜，擬即就此修理布置，現在房屋大致修理完竣，謹擬試辦章程四則：一、辦法大旨。工場之設以推廣民間生計爲主與工藝學堂聯爲一氣先習染色織布木工金工化學製造等事隨時體察情形再添他項俟練習有成擬合紳商開辦各項公司使所學者得所用庶幾風氣日開民生日裕。一、工徒資格。開辦之初，招選官費工徒暫以二百名爲額，十二歲至十五歲者爲幼童，十六歲至二十二歲者爲及歲，酌給津貼，概不寄宿，如必須寄宿者應繳宿食費，畢業後須在本場効力三年。其有願出資附學，及由各州縣申送，或由紳商送來者，均爲自費工徒，酌定學費並宿食費，均按三個月預繳一次，畢業後去留自便。一、酌用人數。工場既爲學堂，附設學堂庶務長，有經理之責。擬再酌派稽查兼收支司事、庶務司事、監工司事各一人，書手醫士、差弁各一名，聽差、更夫三名。其化學工師，由總局委員兼辦。染色、織布、木、金等工正副匠目及工匠暫定四十名，官費工徒二百名。目前且先試辦，隨後擴充再行酌量禀添。一、約估經費。開辦之時修理房屋，購置器具及備辦染織、木工、化學製造各項用器，約估銀五千兩，金工用器，容俟查明另估。常年額支薪津、伙食、書籍、雜費、炭資等，每月約銀一千兩零，每年共約銀一萬二千二百兩有奇。活支如染料、煤炭、棉紗、木、鐵及化學藥料等，應視工作多寡，難以預計，擬每年借領試辦銀一萬兩，按三個月將用料成貨出入款項造報一次，以昭核實。以上四項章程，業經繕具手摺，呈蒙鑒定。所需經費，除賑撫局三千元外，允在銀圓局餘利一成五項下匀撥。當此時艱孔亟，培養民生以振興工藝爲最要，職道等謹當督率員司切實籌辦，以副憲台利用厚生之至意。所有職局附設實習工場，酌擬試辦章程，籌撥經費的款緣由，理合繕摺詳請憲台察核批示祇遵。

督憲袁批：詳摺均悉，准如所擬辦理，仰移銀圓局查照。此繳。

甘厚慈《北洋公牘類纂》卷一八《工藝三・工藝總局選派磁州工匠赴江西學習製磁詳文并批》　爲詳請事。竊照職局前經函致各省商務局代購各省土産寄送來津以備陳列比較，兹准江西省來電稱代購土産各件現已辦齊，約計價款五百兩，俟開河後派員解津等語。職局當將前項價款銀五百兩即交商號如數兑去。惟查江西景德鎮磁器，爲中國出産大宗，其製法之精工，非他省所能及，即外洋亦甚稱羡。現在直隸磁州産有磁窑，前經該州解送各磁器來津，交考工廠陳列試驗，均係粗磁，不堪入目，亟應改良，以闢利源而廣銷路。現擬一面電商江西周道學銘，派員考查景德鎮磁窑辦法，一面函致磁州岳牧傳諭窑董，選僱本地老手工匠，自製坯以至成器，上等聰明勤敏者各一人，並帶造磁之石料土料等各一百斤，於明年正月來津，由職局派員帶往江西學習，並將磁州料質與江西所産比較試驗，一俟驗有把握，即延僱江西良匠，帶回指授仿造。並擬俟該匠將江西細磁考求得法後，再參仿西式製法。至該工匠等所需川資辛工等費，均擬由職局籌給，以資提倡。如果試行有效，洵爲直隸一大利源。除分别函電妥辦外，所有職局匯寄江西代購土産價款，並擬選派磁州磁窑工匠，携帶料質，前赴江西學習考驗，以期改良直隸磁業緣由，理合具文，詳請憲台察核批示祇遵。

督憲袁批：據詳已悉，江西景德窑名聞中外，該局擬選派磁州工匠前往學習考驗，係爲改良直隸磁業起見，關係甚重，應准如議照行，仰即遵照。繳。

《政治官報·摺奏類·光緒三十三年十月十八日第二十九號·續都察院代遞道員程淯應詔陳言呈請代奏呈》 一、亟宜造就專門學人才，以資應用也。日本維新得力於蘭學，而所謂蘭學者，實首從醫科工科入手，蓋醫與工皆實業之有速效可見者，有速效可見則可堅人信嚮之心，由是而兵農商礦製造理化等學，爭相研究國步之進，其速率遂出人意表，則務實之效也。中國今日急務，首在培養專門學人才以資應用，宜在通商各埠招考中西學確有根柢者，派令出洋入各國專門學堂肄業，畢業歸國即令辦理專門學堂，人數不必多，而遴選務嚴力，以濫派爲大戒。日本曩年於高等女子師範學校，僅派一卒業女學生赴美學習專門體操，學成回國，充高等女子師範學校義務教員，數年以來傳授殆數百人，全國學堂居然足用，專精之效如此。中國出洋學生從事實業者寥寥可數，間有在英美從事路礦，畢業回國者不令辦理學堂，俾傳授所學普及全國，顧僅令專營一部分之事業，殊非所以造就人才之道也。日本人言中國學生心頗肆懈，比朝鮮稍勝而不及印度，可知欲收款不虛縻之效，一人得一人之用，必以從嚴抉擇爲第一義。至既畢業後如試驗確有成績，必應優予獎勵，自費者尤宜破格録用。惟我國人無遠志，出洋學生以習速成普通學獲取文憑以獵衣食者居多數，似未便一概予獎。且從前所派西洋官費學生，往往有中國不能用，轉爲外人所用者，使早設法招徠，令以一人所學，傳授多人，則人才必濟濟矣。至各省紳商有能獨力創辦專門學堂成效卓著者，應由大吏從優保奬，庶羣策羣力，事無不舉。

一、宜專派學生出洋學習鍊鋼，以立製造基礎也。合地球各國鍊鋼廠之大，首推英之阿模士莊，而德之克虜伯次之。阿模士莊之工廠凡十所，克虜伯之工廠凡四所。廠中自各種戰鬥艦礮彈及各工廠機械靡不製造，日本海軍之各戰門巡洋艦，皆由阿模士莊代造，以其鍊鋼獨擅勝場也。其廠内之西門斯馬汀鍊鋼鑪，星羅棊布不勝枚舉，大抵每一西門斯馬汀鑪可鍊鋼六七十噸，每星期可鍊一千二百噸，所鍊厚七寸之鋼甲，每一方尺可禦壓力一萬二千六百七十二墩，厚十二寸之鋼甲，每一方尺可禦壓力五萬零六十六噸，英吉利之以海軍稱雄，賴有阿模士莊也。立國之要，在使人人有國家思想尚武精神，顧有此思想有此精神而無堅利可用之器，必不能占優勝於鎗林彈雨之中。今我國疆吏，咸注意於設廠製械，顧製械必從鍊鋼入手，既設專廠，乃向外國購所鍊之鋼以應用，非計也。鍊鋼原料曰煤，曰鐵，似宜亟由陸軍部提倡，酌撥官款，或招商承辦，就山西通鐵路而兼産煤鐵之平定州設鍊鋼大廠，爲製造一切之基本，而招考英德文語嫻熟，及化學繪圖算術均有程度之學生，或出洋華商之子弟，分别派往阿模士莊、克虜伯等廠實地鍊習，所見所聞，無事無時，均以筆記，學成歸國，予以高官厚禄，畀以全權，俾可專力壹心，勇猛將事。日本人云，東亞尚無鍊鋼好手，西人亦不傳此法，日本有工學博士悟得新法，不令外人觀看。然則且恐無我國學生留學之處，是在學生之好學明敏，因應適宜耳。製造之本武庫之充，將於此舉期之。

一、宜大招出洋華商開辦晉礦，以救全國之貧也。中國財政困難，年須付賠款二千餘萬，公債二千餘萬，國用不敷尚三千餘萬，各項新政率因款絀，無力舉辦，其萬不得已者，非事搜括爲竭澤之漁，即貸洋債而飲鴆止渴。至天産地利，隨處皆有，今獨未能盡力採取。西人有言中國富源首在開礦，辦理得法，日可增銀一百兆兩。山西礦産尤爲一國之寶藏，富甲全球，西報至艷稱爲可供全球一千五百年之用。曠觀各國，大率有煤處所未必有鐵，有鐵處所未必有煤，山西則煤鐵兼饒，藴蓄至厚，有此天産地利，顧日患貧，何異紅朽在倉，乃呼庚癸。是故裕國匪難，礦開自富；開礦匪難，衆擎自舉。惟晉省風氣錮塞，才力薄弱，土著斷無大舉集股自行開採之能力，坐棄大利，妨阻實多。且晉礦國富所關，應請仿照各國辦法，由官商集股，爲全國經營之財政，酌給英商費用，務將前約取銷，際此工商競勝之世，各國罔不以競争外利爲至計，我國縱不能競争外利，即此絶無僅有磅礴鬱積之富源，猶不能盡力圖維，屢爲外人覬覦之媒介。天與不取，何以圖存，應請大招出洋華商，厚集資本，妥定章程，與晉省土著合股開採，並撥庫帑作爲官股以資提倡。自古晉饑，不能不乞糴外省，誠能大興礦務，微第礦産運銷外省，可移粟於山西，而招本省無業之窮民充當礦工，亦藉裕小民生計。西人學説以兼併野蠻半化之人開其富源，使無曠土、無游民爲天職，我置自然之利而不興，適啓外人垂涎，惟大合官商財力從事開採，既興大利又絶覬覦，富國上策殆無逾此。

《光緒朝朱批奏摺》第一〇二輯《山西巡撫寶棻工業・其他・奏爲太原滿營設立農工傳習所折》光緒三十四年十二月十五日

山西巡撫奴才寶棻跪奏爲太原滿營設立農工傳習所，謹將籌辦情形，恭摺具陳，仰祈聖鑒事。

竊照上年八月間欽奉諭旨：「飭令查明駐防數目，計口授地。一面將各項實業教育事宜，認真分別籌辦，以廣旗丁謀生之計，等因。欽此。」奴才當以太原駐防旗丁，大率不諳耕作，必先設立農工傳習所，並附女工廠，普授實業教育，冀可逐漸收效。於上年十一月間，將擬辦情形，專摺奏報聲明，俟房廠工竣，再行具陳。恭奉硃批：「著即認真籌辦，期收實效。欽此。」奴才遵經督同太原城守尉，挑選年歲合格旗丁一百名，延訂教員，暫借附近廟宇，先行開課，授以淺近普通各學，以植其基。一面勘定城守尉衙署西偏隙地，建設傳習所講堂、齋舍、男女工廠，共房屋一百餘間。又於滿營西門外，另闢農事試驗場，並開水井等項，經營數月，一律工竣，派員逐細勘驗，均屬堅固整齊。已於本年十一月二十六日，率屬行正式開學禮，附設女工廠，亦於同日開工，此度地營造，先後布置之大概情形也。奴才查現籌旗丁生計，莫要於農工、實業，近日東西各國最重實業，以爲國民各具能力，即爲全國富强之基。今滿營傳習所與尋常學堂，性質微有不同，故其教育之法，有内堂功課，有場廠實習，二者並進，乃能明其理，而習其事，以底於成。茲定爲上半日，内堂功課，授以修身、國文、算術、圖畫、體操、各普通科學。下半日，場廠實習農事，則授以種植、耕耘、收穫、加肥、去蟲諸法，工藝則分五金、織布、紡紗、彈花、雕刻、木工、縫紉、皮件、草帽數科。其女工廠則令先習刺繡、縫紉、紡紗、織布各事，逐漸擴充。晉省民風樸愿，於工藝素鮮講求，且地方瘠苦，出産亦復稀少，如五金、木工、皮件、紡織等事，尚爲民間所習見，且日用所資，應需料物，亦可就地取材，苟習成一藝，即易於謀生。若製造精巧如雕刻、刺繡之類，小民已不經見，然亦姑備一格，人之材質，各有所宜，鉅細精粗，均就其性之所近，設法課導，不能限以一端，但有專長，則衣食取資，終身用之不盡。現在各科教習、技師，均經訂定，應需機械亦擇要購備，此次開辦，奴才已將設立宗旨，諄切誥誡，務令倍加策勵，均能自食其力。該旗丁等皆知奮勉，仍當督同城守尉細心考察，如有應增應減，隨時改良，以冀仰副朝廷加惠旗丁，規畫久遠之至意。現在用款暫行設法籌墊，一俟撥定的款，再行奏明辦理。除分咨查照外，所有滿營設立農工傳習所籌辦情形，理合恭摺具奏。伏乞皇上聖鑒訓示。謹奏。〔硃批〕：該部知道。

吉林檔案館《清代吉林檔案史料選編（工業）》中册《吉林旗務處工廠章程宣統元年二月十九日》

奏設吉林旗務處工廠章程

第一章　設　員

第一條　廠内設廠長一員，副長一員，稽查一員，工師五人，教習二人，司事五人。其廠長、副長因事屬初創，局面較隘，暫由旗務處札委試充，以便隨時督飭。一俟辦有成效，將該廠擴充，再行呈請堂札，以昭鄭重。稽查員由旗務處札委。教習、工師、司事等歸廠長會同副長選聘。其夫役因事之繁簡酌用，暫不定額。

第二章　分　職

第二條　廠内員司辦事，除稽查員外，分五處：一總匯處，一會計處，一收發處，一考工處，一監工處。其總匯處爲各處之冠，所掌事務以廠長副長任之。以外四處均歸總匯處節制，所有事務以司事分辦。

第三條　稽查員原爲稽查全廠有無利弊所設，辦事就不屬各處。

第四條　總匯處所掌事務如左：

一、掌全廠一切布置、調度及應興、應革事。

一、掌講求工廠改良，推廣銷路事。

一、掌監察各處及各科辦事有無錯誤勤惰事。

一、掌考核各處憑票帳款，及出入材料物品有無虧短舞弊事。

一、掌司事、工師等請假及功過，並監發藝徒工食事。

一、掌辦理往來文牘函件事。

第五條　會計處所掌事務如左：

一、掌經理各項經費出納事。

一、掌廠内辦公器具應行添置保存事。

一、掌登記帳目及立表造報事。

一、掌核發員司薪水及藝徒津貼事。

一、掌督責差役、厨夫按時辦事及各項門鎖事。

第六條　收發處所掌事務如左：

一、掌庫房出入材料物品，隨時注册報知總匯處，以便查核事。

一、掌查點庫存各件有無損耗、變質及曬掃整齊事。

一、掌豫算各科所用材料，應會同考工處隨時添購事。

第七條　考工處所掌事務如左：

一、掌管理陳列室，收發成品物件事。

一、掌採辦原料物件及成品定價銷售事。

一、掌登記售品款帳及追繳貨價短欠事。

一、掌考驗各科交來成品，工作有無進步及研究價值事。

第八條　監工處所掌事務如左：

一、掌約束各科藝徒，限時工作及循規出入事。

一、掌匡正藝徒品格並激勸勤奮事。

一、掌監察工師、教授能否盡心指示、教導及違犯廠規事。

一、掌登記工師、藝徒之勤奮過失及請假事。

一、掌領料、發貨及核計成品，並禁止各科工科不得浪費事。

一、掌考查藝徒工作遲速優劣，隨時報告事。

第三章　工廠總則

第九條　廠内員司、教習自派定後，各專責任，辦事不得推委越俎，以期事權劃一。惟事屬創始，頭緒紛繁，如一切規則雖經詳訂，仍須各員司共擔責成，協力維持，庶能規模完備，以收實效。

第十條　各科工作時間：三月至八月，午前七鐘上工至十二鐘下工；午後一鐘上工至七鐘下工。九月至二月，午前八鐘上工至十二鐘下工，午後一鐘上工至六鐘下工。其工師、藝徒在此時限内務須一律進廠作工，不得先後參差。

第十一條　員司辦公時間按工作鐘點爲限，倘事務紛繁，應辦未完之件雖過時限，亦應分别辦齊。

第十二條　員司在辦公時限内不得任意出廠，及有離去責任、就寢、談笑等事。

第十三條　員司請假，如疾病或家事，必須親往總匯處報明情由，許可方准出廠或調養。倘請假過三日者，務須請人權代，以重責任。其權代人如有錯誤，惟本人是問。

第十四條　廠内員司因公出門須限定時刻回廠，不准假公遊蕩。

第十五條　本廠創辦伊始經費未充，凡屬動支經費者，務須格外節省，以實事求是爲主。其有應興應革，須動支款項事宜，當先期詳請旗務處核准，再行舉辦。

第十六條　本廠經費有成本、經常之别，非經釐定賬目，不足以昭明晰。各處出納款項，收發材料、成品，所訂賬目、憑票，均須逐日清結，分半月一小結，一月一總結。經總匯處核准，稽查員簽押，以備分别造報。

第十七條　本廠報銷分成本、經常兩種，屬於經常費項下出納錢款數目按月一報；屬於成本項下出納錢款，及成品售價等數目，並核計盈虧按三個月造報一次。

第十八條　本廠遇朔望日及恭逢萬壽暨端午、中秋、長至節各放假一天，年假一個月。

第四章　各科規則

第十九條　每日上工時，監工員須在藝徒之前站守廠門，監視各徒摘牌入廠後，即將廠門關閉。督同工師發料派工，終日在各科内督察藝徒之勤惰，考驗制品之優劣，分别登録日記。下工時，將各科所有原料、物品曾否整齊，所備火爐已否撲滅，均須加意巡查，然後出廠。

第二十條　藝徒逐日成績數目，及請假未到等情，必須備查工簿以登記之。

第二十一條　每日各科所用原料，在十點鐘以前分數填證憑票，由總匯處蓋戳，再向收發處取領。至出品不拘多寡，須逐日送繳考工處考驗收存。其送去之品，或工作陋劣難以銷售，仍應取回，責任該科設法改良。

第二十二條　所管各項帳簿，除日記、查工簿每日放工後送由總匯處考核外，其餘往來憑票按半月與各處核封一次，至三個月總核清結。分爲共收原料、尚存原料及已成品未成品等名，填注數目送由總匯處核准，以備造報。

第二十三條　凡藝徒作工時或有因病請假，必須摘由繕具假單，送總匯處驗明核准，方許回宿舍調養。所需醫藥等費，概由本廠活支項下開支。

第二十四條　藝徒、在廠工師應照本廠條規約束教授，如有放棄工作及違廠規等事，當須登録日記告戒。藝徒如有不聽教授，抗違無禮，隨時報明總匯處查酌懲辦。

第二十五條　藝徒工作無論冬夏每日以十小時爲限。上工時，各藝徒當齊集廠門外，將自己名牌於總牌上取下持定，進廠時將名牌掛在本科之分牌上，然後工作。至下工時，各藝徒仍將自己名牌取掛廠門，方准回到宿舍。

第二十六條　藝徒在廠工作必須整齊嚴肅，力求進步。不得接談、嬉笑荒廢工作。下工時亦當各依次序循規行走，不得紊亂争先。

第二十七條　藝徒上工時不准携帶食品、違禁等物入廠，下工時亦不准携帶絲毫材料、器物出廠。其廠中所有材料、物件各宜格外愛惜，如有任意毀壞及私授他人，一經查出，除分別記過或黜退外，該物件原價仍須著本人賠償。

第五章　庫房規則

第二十八條　每日七鐘至十鐘爲發料時限，一鐘至四鐘爲收料時限，舍此時限仍回辦公室將收發各項材料憑票登記簿上，不得間斷參差。

第二十九條　每日在發料、收料時限，該管庫司事須親到庫房查驗，各處憑票有總匯處戳記者，照數點收、檢發，不得率行錯誤。如無總匯處戳記者，概不准收發。

第三十條　各科應領材料而庫中無存，庫房應在原票注明繳回，即向考工處商酌添辦。或所發之料與憑票不敷者，亦應注明票上，不得含糊。

第三十一條　庫房應立收發材料流水各一本，各科材料清册各一本，登記法大旨與會計相同。其收發材料種類、數目務與票册相符，絲毫不得錯誤。

第三十二條　凡在收發時限内，除照章收發外，并將庫存各料隨時整齊。

第三十三條　凡庫存各料，無論物之貴賤、多少，均須一律照料愛惜，勿使霉爛損壞。

第三十四條　庫存原料如有變質或流動之性者，宜特加注意。

第三十五條　原料凡論重兩者，雖不免有自然之消耗，然亦有限，不得藉此任意疏忽不加照料。

第三十六條　庫房司事每届月底親自帶賬請廠長到庫點驗一次，如所存與賬簿不符，惟該司事是問。

第六章　陳列室規則

第三十七條　陳列室羅列成品，爲研究工作進步起見，每日自各科送來成品除照章點收蓋戳外，并將所交之成品工作與羅列之品逐一考驗，如有退步者，報知廠長傳集監工、工師實地研究，設法改良，不得忽略。

第三十八條　每日所收成品應分注款簿，隨時與監工核對，如有錯誤即查明更正。

第三十九條　本廠各科成品内如染件、銅器、布匹，已成而應發給他科者，仍由該處辦理，不得直接。

第四十條　收發各種成品及銀錢數目，按十日清結送會計處核封一次。每届三個月，應將收發各品分類列表，以便造報。其售出貨品價金應核清楚，逐日送交會計收存。

第四十一條　各科所存貨品須按原料出品酌加工利，是否與市價相符，再行定價出售。

第七章　工師規則

第四十二條　本廠各工師應受廠長約束，遵守本廠規章，盡心教授。倘藝徒不遵訓誨，當報知監工按章懲處，工師不得擅行責罰。

第四十三條　工師有教導藝徒研究工作之責，如教導不力，研究不精，當由廠長稟明撤换。

第四十四條　工師自訂立合同之日起，每月照章支領薪水。至伙食由本廠備給，豐嗇悉宜從衆，不得格外挑剔。如因公派出，一切川資等資亦由本廠發給。

第四十五條　工師在廠除例假疾病外，不得離廠。如在工作之日有托故請假情事，應按日罰扣工資。

第四十六條　聘用工師以合同爲憑，倘所定年限未滿中途告辭，一概不准。即期滿而欲改就，或由本廠辭退，彼此均當於三個月前通知，以便另行招選。

第八章　藝徒規則

第四十七條　藝徒考取後，須請本旗官出具保結，并父兄甘結方准入廠學習，其應具保結甘結如左：具保結人　查有　弟　子　侄　年　歲係　人　現住　曾在　讀書　年，實係口齒靈便，體質健壯，并無不端行止及一切嗜好。今蒙録取，情願入廠遵章學藝，倘有違犯章程所載各條，及未届畢業，效力期内托故告退，久假不歸等事，聽候照章辦理。所具保結是實。

右呈

吉林省旗務處工廠

年　月　日

具保結人　押

具甘結人　今有親弟子侄　年　歲係　現住　曾在　讀書

年，實係口齒靈便，體質健壯，並無不端行止一切嗜好。今蒙録取，情願入廠學習工藝，倘有違犯章程所載各條規及不遵約束，任由貴廠斥退。其歷年所給津貼自應遵照定章如數繳還，惟因遭故患病及因資質太鈍被廠斥革者不在此例。所具甘結是實。

右呈

吉林旗務處工廠

年　月　日　　具甘結人　　押

第四十八條　藝徒入廠後，或有放縱無禮、荒棄工作、違反廠規者，即行記過。至記過三次仍不悔改，實不堪造就，當即黜退。其歷年所給津貼當向原保追繳。如未經畢業或已畢業，而在效力期内私往他處工作及托故請假不回者，亦按此條辦理。

第四十九條　藝徒除例假外，不得無端請假。如家有重大要事，須由該家屬或原保來函聲明何事，請假幾天，方許出廠。倘滿假不返，按托故不回例辦理。

第五十條　藝徒入廠學習至六個月甄別一次，如技藝及格者，除津貼外分別獎勵，至一年爲畢業。不及格者，飭令補習或黜退。

第五十一條　藝徒畢業後須在本廠效力二年，期滿方准出廠。不得私往他處工作，如經本廠派往他處者，不在此例。

附　講堂規則

一、本廠藝徒共一百六十名，分作四班，每班四十名。坐次悉依身量豫爲排定，身長者在後，身次者在前，不准雜坐。

二、每次上堂下堂均以鳴鐘爲號，藝徒下工須魚貫而行，不得凌亂無次。

三、每堂一小時，如下堂鐘鳴教習尚未講畢，藝徒仍須静聽，不得離坐。

四、藝徒聽講時當肅静無嘩，不准接談，不准匿笑。非經教習許可，不准擅離坐次。

五、教習上堂藝徒當一律起立致敬，點名時各起立報到。

六、黨内設有痰盂，不准任便涕吐。

七、堂内不准携帶食物、戲弄物件。

八、上堂時除各帶前期講義外，不准携帶别項書籍及報章。

《清代稿鈔本》第五〇册《廣東憲政籌備處報告書・署督部堂袁批勸業道詳遵飭核議工藝局等勸工陳列所商業學堂次第興辦情形文》　詳册均悉。所擬先就增步製造舊廠，改設工藝局并附設工藝傳習所，以爲改良工藝之先導，再於省城東北一帶及河南地方各設一局教養游民，即以促工藝之發達，均屬扼要辦法。工藝局章程及經費預算表，亦切實可行。至勸工場商品陳列所，擬在永清門外官地建築，將兩項合而爲一，定爲官商合辦，辦法亦甚合宜，仰即迅行次第開辦，餘如議辦理，此繳，册存。

附原詳暨章程册表。

爲詳請事。竊照前奉憲台發下工藝局大概辦法及擬辦工藝廠商業學堂勸工場陳列大要一摺，飭即妥議具復等因，查原摺所開大概辦法分總局及分局兩種，總局設於城内，收現有職業欲求改良者爲藝徒，分局暫設東西南北四局，分招各地無業人民，俾易於就近學習。又另摺所開，宜於省城設工廠數處，每處多則一千，少則數百人，分爲兩部，甲部專收無業游民，教以粗淺工藝，乙部招徠各行作工之人以時來習改良工藝各等語。綜核所陳，同爲振興工業，教養游民起見，用意至爲周摯。惟設立工廠，擇地爲先，既須場舍適宜，尤貴轉輸利便。職道前次稟辦工業局，請就增步製造舊廠改設，原以該處廠屋俱存，且近水濱，運輸亦便，酌加修葺即可開工，既免度地之勞，亦可節開辦之費，曾經稟奉前護憲胡批准照辦在案。嗣經諮議局提議，推廣全省家族工藝廠辦法，擬定先辦家族傳習所，以廣師資，附設於該局之内，節經提議工藝局章程六章凡七十四條，預算開辦經費及添購原料活本約共需銀五萬兩，又常年經費月需銀三千餘兩，每年約需銀三萬八千餘兩。另附家族工藝傳習所經費尚不在内，兹將擬定工藝局章程先行繕具清册呈請憲鑒，如蒙核定，擬即遴員，首先開辦，以爲始基。設其附設家族工藝傳習所章程，容再續擬呈核。至省垣城厢内外繁盛地段，屋宇鱗次櫛比，欲求寬敞合宜之地，非一時所能猝得，除將來各項場廠局，所或有改辦歸併之處，再行酌量勘定稟請撥辦外，一面在於省城東北一帶及河南地方相度地勢，迅行各設一局，每局暫招五百人，逐漸推廣至千人爲率。惟失業之民爲數不少，非一二局所能收養。增步一局辦法，原爲改良工業起見，似須招收年少聰穎藝徒，故章程規定年限以十五歲以上二十二歲以下爲率，將來省城河南所設兩局，既注重收養游民，自不能拘定年歲，擬請參酌工藝局與巡警道所辦游民習藝所辦法分爲兩級，一級人數稍少，招收聰幼藝徒，教以程度稍高之工藝，一級人數較多，招收實業游民，教以粗淺易成之手作，庶於改良工藝，教養游民，兩方面可以兼營並顧。方與發下原摺宗旨相符，仍一面寬籌經費，力圖擴充，以期工廠林立，多多益善，俾游惰得資生計，而地方可保治安。其詳細辦法，應俟開辦之時，由職道會同巡警道妥爲籌議請稟察核。至開辦經費，通盤籌算，每局至少約需七萬金，固視增步之廠爲鉅，蓋一則本有廠基，一則另須購送，將來如有合宜局所可以撥用，當可減少常年經費一項，雖出品售價可以取償，然開辦二年內每局歲需之款，與增步工廠計略相等，若藝徒名額陸續推廣，則常年經費亦須陸續加增。昨奉憲台面諭，以奉天工藝局辦法頗善，遵即派員前往分赴調查，並分致奉天韓交涉司詳詢一切，先後接復函電並寄閱章程，奉天所辦工藝傳習所工徒暫收八十名，該所經費每月約支二千兩，歲支計貳萬四千兩，其所設專辦官、副辦官薪水以及開辦暨購料等費尚不在內，前後三年，除存貨外，約虧銀三萬三千餘兩。並謂遼瀋並無工藝，故一經創辦，出品稍佳，人多樂購。若粵省數有工藝，必須加以改良，方可挽回權利，否則多出尋常之品，竊恐供過於求，銷行不旺，等語，核與職道原議籌慮正復相同。是粵省興辦工藝，欲旺銷路，固較奉省爲難，況現擬招收工徒其名額亦較奉省倍蓰，既宜注意改良，力求進步，則聘師、置械、買料、購機等費，取精者自必用宏，而程功極高，規効自遠。開辦之始，能否免於虧折，尚難決定，計惟認真研究，以求節省而臻妥洽。至原摺擬設總局，於城內收現有職業者爲藝徒，及另摺乙部辦法，係爲各行作工者力求改良，然百工散處市廛，在西關尤居多數，不惟就學不便，且執業不一，程度不齊，縱延聘高等技師，一科未備，即不足應其所求，似宜查照農工商部奏定籌備事宜，組織各種工會，俾得研究改良新法，並由官提倡捌設工業研究所，以期與工會相輔而行，庶於各行工作之徒裨益亦非淺鮮。抑職道竊有進者，年來振興工藝之舉，官紳士庶莫不視爲要圖，即以省垣城廂內外而論，凡官辦民辦之工廠不下數十處，其現有製造品，大都不外色布、毛巾、車衣、皮鞋、草蓆以及籐竹木器等類，習之者衆，即不免供過於求，雖織布爲銷路大宗，而粵省舊産棉花爲數甚少，新種又未推廣，織工皆取給於洋紗，展轉運輸，價益騰貴，本多利薄，挹注易窮，故欲仿造洋貨以謀工藝之振興，須注重化學、機器諸端，以及土産原料。然機器、化學，或用資過巨，或應設專廠，事不易集。至改良土廠原料與養成藝師教習，亦尚須逐漸講求，擬俟前項局廠辦成後，博訪周諮，詳爲籌畫，隨時請示，次第舉辦，以期握工藝之本原，而收富强之實效。此職道按照條陳籌議興辦工藝各局，及另行籌畫工業研究所之大概情形也。又另摺勸工場及陳列所兩條議，將陳列所附設勸工場內辦法，甚屬握要，蓋勸工場係列肆貿易之區，陳列所爲比較觀摩之地，名稱雖別而用意實同，就事勢言之，勸工場尤宜多設，蓋粵省城廂內外，凡小販攤位，悉在商業繁盛地方，街道本窄，既嫌阻礙行人，每遇晴雨不時，往往不能擺列售賣，小民亦易失業。職道前次稟定在永清門外官地建設勸工陳列所，原取其地勢適宜，且將二者合而爲一，與另摺所擬正復相同，雖建築之費較鉅，然定爲官商合辦，又可以酌征租税，招股亦甚不難。現在添購民房，業已議有端緒，如果舉辦，亦易觀成。所有建築之式，當日原以游覽陳列須備廣場，嗣因限於地勢，故擬分作三層，俾敷布置事兼營業，不能不并計盈虧，否則舖地少而賃資微，亦慮不能持久，擬請仍照原案辦理，將來如有相當地址，再行添設勸工場以廣勸導。此職道照另摺所陳籌議興辦勸工場陳列所之大概情形也。以上數端，均屬新政切要之圖，亦即憲政進行之助，職道職司所在，敢不勉力圖維，以期仰副憲台重視工政之至意。所有遵飭籌議工藝局及勸工場陳列所次第興辦各緣由，理合詳請憲台察核，伏乞批示遵行。至商業學堂原摺擬以方言學堂改設，就原有校舍學生經費增加，學科改習商業，以增長其智識，尤爲商戰關鍵。第學堂隸於提學使主管，應由職道會商辦理，另議具復，合併陳明。再，現呈工藝局章程，擬設督辦、會辦各一員，督辦以勸業道兼充，會辦一員請由憲道遴員札派，以昭慎重。是否有當，並候示遵，爲此備由具呈，伏乞照詳施行。須至書册者。

計開

第一章　總綱

第一條　本局以增植普通工業模範預備振興全省各府廳州縣工藝局及家族工藝廠爲宗旨。

第二條　本局地址就增步原有之製造廠改設。

第三條　本局暫議分設八科，曰織工（布、毛巾、線襪、線衫），染工（染色、製顏料、印花），美術（圖畫、刺繡、雕刻、像生花），洋皂（洋燭、洋皂），機械。文具（天然墨、各種印泥墨水、不敗糊、信口膠），陶瓷（陶器、瓷器、料器、髹漆）。共區分二十四類，此外日用各項物品隨時增入。

第四條　本局製造品類以切於普通日用者，延聘專門技師實地教授，或倣洋貨造作土貨，或就土貨改良，務期工作精美，利便行銷。

第五條　本局製成品物，另擇繁盛地方設立售品處，以資聯絡而廣銷路。

第六條　本局設成品陳列室並設參考處，凡本省及外省製造佳品，均分別陳列，書明原料出處，製造情形，以備本局藝徒及各處留心工藝者得隨時參考取法。

第七條　本局藝徒暫額定五百名，除在省垣招收外，並飭各屬州縣選送聰穎子弟來局肄習，以期普及，俟寬籌經費陸續推廣。

第八條　本局經費區分開辦、常年及原料活本三項，均由實業經費項下動支。

第九條　本局辦事工作時限，夏至前後各一箇月，每日上午五點鐘起至下午五點鐘止，餘各月分每日均自上午七點鐘起至下午六點鐘止。凡全局員司工徒一律遵照，不得違誤。

第十條　本局以勸業道爲督辦，並禀請派委會辦一員，會同督率員司辦理。

第十一條　本局設坐辦一員，承督辦、會辦命令，常川駐局，管理全局事務，攷察員司功過。並設總稽查一員，攷工員一員，文牘報告正、副各一員，繕寫書記一員，會計正、副各一員，會計書記一員，庶務兼採辦正、副各一員，收發物料成品正、副各一員，收發書記一員，各科監工司事十人，書算簿記教習三員。

第十二條　本局應設勇日一名，護勇十名，門役二名，茶房雜役八名，厨役八名。

第十三條　全局員司須遵定章時限，常川駐局辦公。除疾病或家有要事之外，不得無故請假。

第十四條　全局員司如有不遵規則貽誤公事者，由坐辦酌量分別記過撤差，其有終始勤奮辦事得力者，亦由坐辦禀請獎勵。

第十五條　本局工藝發達如有餘利，凡在局員司工師及畢業藝徒均得酌給花紅，以示鼓勵。

第十六條　本局一切章程如有未盡事宜及應變通辦理之處，隨時酌量情形，再加删訂。

第二章　員司任職

第十七條　總稽查職任如左：

一、掌管各項門户鎖鑰，每日交庶務員督同門役以時啓閉。

二、收掌各工廠鎖鑰，上下工時由各科監工親領親交，不得倩代。

三、稽查出入材料成品，每届月底，收發員查點各科物品時須監視之。

四、編到各項表册，記録各員司匠徒功過獎勵進退日期等事。

五、逐日檢查各科匠徒事假病假分别註册，另繕簡明表，督同各科監工呈報坐辦。

六、編造各科工師藝徒花名總册及給發各項名牌。

七、稽查勇役勤惰並掌其進退賞罰等事。

第十八條　攷工員職任如左：

一、攷驗各科工品其工作之是否合法，有無進步。

二、攷驗各科工師之教授是否盡心，有無浪費物料。

三、攷察各科藝徒功過是否核實。

四、攷察各科藝徒之資質能否造就，隨時陳明坐辦，分别升降去留。

第十九條　文牘報告員職任如左：

一、掌管本局往來公牘及各科報告册籍保藏等件。

二、編輯本局每月報告等事。

三、辦理各項條諭文件。

四、收掌藝圖片甘保各結等件。

第二十條　會計員職任如左：

一、收支各項銀錢，逐款註明流水，帳簿逐日清結，分款登記，按月呈送坐辦核閲蓋章。

二、員司薪水，勇役月餉，按月開單，呈由坐辦核閲始行發給。

三、各科藝徒工食，每届半月由監工處先期造具清册，送由坐辦批發再行核給。

四、凡遇添購物料，由庶務兼採辦員先行開單，呈候坐辦核明再行給價。

五、每届十日，凡與收發處購料售價各銀錢數目，均按款清結，互相核對，開列清單，彼此蓋章，送坐辦核閲。

六、每届月底，所有收發處動用物料，售出成品各項銀錢數目，會同收發處按月結清，造具報銷底册呈報，年終仍應彙報。

第二十一條　庶務兼採辦員職任如左：

一、掌管本局一切辦公器具。

二、掌管辦公應用油燭、紙張、筆墨等件，均應核實給發。

三、遇有來賓參觀暨外來謁訪者，均須妥爲接待。

四、督飭門役、雜役，以時開閉洒掃，約束勇役隨時防衛。有偷惰者，呈明坐辦究辦。

五、採辦物料或各科添購物料，應由監工先行開單，交由採辦員照列憑單，呈候核明，再向會計處領價照購。

六、所有採辦及添購物料購齊後，即交收發處核收，再行給發各科。

第二十二條　收發員職任如左：

一、每日收發物料成品，隨時依類登簿，按月造具四柱清册，呈報坐辦。

二、發料時限上午七點鐘開庫，由收發親自點發，至十二點鐘止。

三、收料時限下午二點起五點鐘止，仍由收發到庫，按照坐辦批准購辦之件，逐細驗收，如單貨不符，應即退出。

四、各科領取材料，由各科監工開單領取，即於單上蓋一發訖戳記。收料係由採辦處開單，交來亦即於單上蓋一收訖戳記，必須出入數目相符。

五、每日所收成品，應分科另立簿記，於晚呈送坐辦核閲。

六、每日下午六點鐘以前，按照各科所送成品，照單點收，即給以收單爲憑。

七、本局各科有應用之成品（如他科用織科之布、用染科之顔料），應由各監工開具憑單到採辦處，再由採辦處另具批購票，送交收發處領取，不得直接。

八、各科領料及成品，每日須與各科監工及該科工師核對。

九、每届十日，凡與會計處購料售貨各數目，均須按款清結，核對蓋戳。

十、每届一月，所有收發物料成品各數目，按款清結，會同會計處核對造報。

第二十三條　監工員職任如左

一、約束工徒謹守規矩，如有違犯，詳加勸導，不得斥駡。

二、每日上工，須在工師藝徒之前，下工須在工師藝徒之後。

三、工師藝徒偶有過失，須詳加查核，輕則勸誡，重則稟明坐辦核辦。

四、到工後，督同工師登料派工，監藝徒之勤惰，製品之優劣，隨時登録日記簿。

五、凡上工時須先到稽查處領取鎖鑰，下工後仍即親自交回，不得倩代。

六、各該科工師藝徒分別名册，按照定章時限，逐名將工作數目，并病假事假情由按日註明。

七、領取物料，呈繳成品，照章開列憑單，分别送交收發處存查。每届月底，將所領材料，所作成品，與收發處核對。

八、本科應添購材料，須先期開單，交由採辦處呈核採購，以免臨時缺乏。

九、本科材料器具，按月清查一次，隨時監督工徒，不得濫用損壞。

十、本科藝徒如有不守禮法，不能覺察或徇隱者，本科監工分別記過。

第三章　工師規則

第二十四條　工師以技藝嫻熟，試有實驗，品行端方，盡心教導爲合格。

第二十五條　工師應遵守本局上官之命令約束，及上工、下工、放工時限一切章程。

第二十六條　工師除教導藝徒外，遇有工作須動手作工。

第二十七條　各科需用材料如遇缺乏，須報由該監工開單取領。

第二十八條　各科製成貨品應交由監工開單轉呈。

第二十九條　工師須教授藝徒各項器具之用法，並檢查制作之材料勿使濫用。爲有不率教或濫用材料損壞器具者，應報明總稽查或監工懲處，不得擅行責罰。

第三十條　工師無故不得曠工請假。

第三十一條　工師如能别出新裁製造物品，應由攷工員及監工稟明坐辦，酌予獎勵。

第四章　藝徒規則

第三十二條　本局藝徒係屬官費，畢業後須在本局服務二年，期滿後凡本省各屬所設工藝局及家族工藝廠，准其聘往傳授，以興工業而廣師資，若由本局派往者不在此例。

第三十三條　本局藝徒每日分班學習書算及商業簿記法，一點鐘另派教習各視其資質，量材教授。上班時限，分派班次，姓名均揭示各廠監工處。

第三十四條　藝徒來局，應服從監工及工師約束，習藝時應静聽教導，盡心學習，不得違拗。

第三十五條　藝徒習藝，須專攻一科，不得見異思異，致蹈終無一成之弊。

第三十六條　藝徒來局習藝，均應照定章時限，按日工作。不准作輟，亦不得託故請假，任意告退。

第三十七條　藝徒在場工作，必須整齊嚴肅，不准接談嬉笑。下午按照次序，各歸宿舍，無故不准擅出局門，亦不准雜聚喧譁。

第三十八條　每日上工前一刻，各藝徒齊集稽查處，各將名牌，聽候鳴鐘，將牌依次入場，到場後各收名牌，掛監工處，以憑查核。

第三十九條　作工時限，各藝徒家屬來到，一概不准帶見，應由門役呈明稽查處，允准後引至藝徒接晤室，以二刻爲限，不准逗留，亦不准擅入宿舍。

第四十條　藝徒上工時不准携帶違禁之物，入場下工不准携帶絲毫材料出場，所有工場宿舍器具均應加意節省愛惜，不准任意毁壞。

第四十一條　藝徒工作均有一定之課程（如每一小時織布若干之類），如不及格者隨時記過，或資性魯鈍不堪造就者分别斥退。

第四十二條　藝徒有因事久病不到場者，應着原保查提，倘再逾期不到，即收該藝徒所得津貼飯資，自到場之日起一律追繳。

第四十三條　藝徒損壞器具或偷竊物料，分别情節輕重，酌予記過、革退或發習藝充當苦工外，仍照值責令該家屬及原保賠償。

第四十四條　藝徒不服約束放縱無禮記大過一次，如三次不改，即予革除，仍自到場之日起退繳津貼飯食。

第四十五條　藝徒在局寄宿，每日於上工前一點鐘起身盥洗，依限進場用膳時，不得争校喧嘩，晚間以九點鐘，一律息燈就寢。

第四十六條　藝徒如畢業升奬之期，所有以前扣假扣工均須計日補足。

第四十七條　全局藝徒每届年終舉行大考一次，考驗合格者即作爲畢業發給文憑。

第四十八條　藝徒畢業後如遇本局工師工匠缺額，即以次推補，惟在服務期内，祇加津貼，不給工資。

第四十九條　每月朔望休息，及清明、端午、中秋、重陽各節、萬壽聖節，俱各放工一日。每年臘二十五日至次年正月初五日爲年假之期。

第五章　招收藝徒條例

第五十條　藝徒年歲以十五歲以下，二十二歲以上，身體强壯，稍識字義者爲合格。

第五十一條　招考藝徒須取其本人相片，親族甘結，妥實舖户圖章保結。

第五十二條　藝徒入局之後即作藝徒，每日伙食由局供給並爲安置宿舍，不收膳宿等費，惟零用等項均歸自備。

第五十三條　藝徒入局後應用書籍紙筆器具由局發結，並由局代置衣履一套，按人給發，所需價值，俟畢業後服務期内應得津貼項下分期扣還。

第五十四條　藝徒畢業須在局服務二年，由本局視其程度高下，按月酌給津貼二元、四元、六元不等，不另給工資。

第五十五條　藝徒入局之後，有不遵本局條規或性情懶惰不堪造就者，當隨時革退。

第五十六條　官費藝徒未經畢業，或已畢業未滿服務年限，而私往他處工作，或故意犯規被革者，均須追回歷年所給工食津貼及書器等費。

第五十七條　凡在局藝徒，如小有疾病，出局延醫調治，其醫藥之費出自公家。如病勢重大，即通知該親屬或保證人給假醫治。

第五十八條　各屬官紳如有選送子弟來局習藝者，一律照此辦理。

第六章　藝徒功過

第五十九條　藝徒等第須合工作及課程分數而考定之。

第六十條　藝徒功過逐日登記，按月核明，以備年終大考彙計。

第六十一條　藝徒工作課程及格，一年之内記大功毫無過失者，列最優等。

第六十二條　藝徒工作課程及格，一年之内功浮於過者列優等。

第六十三條　藝徒工作及格課程不及格，一年之内功過相抵者列平等。

第六十四條　藝徒工作課程均不及格，一年之内功不抵過者列下等。

第六十五條　藝徒恪守規則者記功，不遵者記過。

第六十六條　藝徒聽受教導者記功，違背者記過。

第六十七條　藝徒工作勤敏者記功，懶惰者記過。

第六十八條　藝徒課程嫺熟者記功，生疏者記過。

第六十九條　藝徒愛惜材料者記功，濫費者記過。

第七十條　藝徒每月工作課程無間斷者記功，有間斷者記過，請假者不在此例。

第七十一條　藝徒每月有功無過者記大功，過浮於功者記大過。

第七十二條　藝徒工作精美者記大功，草率者記大過。

第七十三條　藝徒製造各法確有心得者記大功，茫然不解者記大過。

第七十四條　藝徒考列最優等、優等、平等，均作畢業。

（一）工藝局開辦經費預算表

購置應用機器	購備各種原料	修理廠屋住房	置辦動用器具	共計
壹萬四千兩	貳萬兩	壹萬二千兩	四千兩	五萬兩

（續表）

工藝局常年經費預算表（遇閏按月照加）

員司薪水	工匠工資	勇役工食	火食	雜用	共計
壹萬一千九百五十二兩	七千九百二十兩	壹千七百零九兩七錢六分	壹萬五千二百零二兩零八分	壹千八百兩	三萬八千五百八十二兩八錢四分

（二）工藝局員司薪水預算表

職司等次	員額	薪水	月計	年計	共計
會辦	一員	一百四十兩	一百四十兩	壹千六百八十兩	壹萬一千九百五十二兩，遇閏按月照加。
坐辦	一員	一百二十兩	一百二十兩	壹千四百四十兩	
總稽查	一員	八十兩	八十兩	九百六十兩	
攷工	一員	八十兩	八十兩	九百六十兩	
文案	一員	五十兩	五十兩	六百兩	
副文案	一員	三十兩	三十兩	三百六十兩	
會計	一員	五十兩	五十兩	六百兩	
副會計	一員	三十兩	三十兩	三百六十兩	
庶務兼採辦	一員	五十兩	五十兩	六百兩	
幫庶務兼採辦	一員	三十兩	三十兩	三百六十兩	
收廢物料	一員	五十兩	五十兩	六百兩	
幫收發物料	一員	三十兩	三十兩	三百六十兩	
監工司事	十人	各十六兩	一百六十兩	壹千九百二十兩	
教習	三人	各十六兩	四十八兩	五百七十六兩	
書記	三人	各十六兩	四十八兩	五百七十六兩	

工藝局工師工資預算表

名別	名數	工資	月計	年計	共計
工師	十四人	各三十兩	四百二十兩	五千零四十兩	七千九百二十兩，遇閏按月照加。
工匠	二十四人	各十兩	二百四十兩	二千八百八十兩	

（三）工藝局勇役工食預算表

名別	名數	口糧工食	月計	年計	共計
勇目	一名	一十兩	一十兩	壹百二十兩	壹千七百零九兩七錢六分，遇閏按月照加。
護勇	十名	各五兩零四分	五十兩零四錢	六百零四兩八錢	
門役	二名	各六兩四錢八分	十二兩九錢六分	壹百五十五兩五錢二分	
茶房雜役	八名	各四兩三錢二分	三十四兩五錢六分	四百一十四兩七錢二分	
厨役	八名	各四兩三錢二分	三十四兩五錢六分	四百一十四兩七錢二分	

（四）工藝局員司工師火食雜用預算表

名別	名數	火食	月計	年計	共計
委員	十一名	各三兩	三十三兩	三百九十六兩	壹萬七千零二兩零八分，遇閏按月照加。
司事	十人	各三兩	三十兩	三百六十兩	
教習	三人	各三兩	九兩	一百零八兩	
書記	三人	各三兩	九兩	一百零八兩	
工師	十四人	各二兩一錢六分	三十兩零二錢四分	三百六十三兩八錢八分	
工匠	二十四人	各二兩一錢六分	五十一兩八錢四分	六百二十二兩零八分	
藝徒	五百人	各二兩一錢六分	壹千零八十兩	壹萬二千九百六十兩	
委員家人	十一人	各二兩一錢六分	二十三兩七錢六分	二百八十五兩一錢二分	
雜用			一百五十兩	壹千八百兩	

《清代稿鈔本》第五册《廣東諮議局第一期會議速記録·酌提嘗産舉辦家族工藝廠第二讀會》 第五件，酌提嘗産舉辦家族工藝廠。

議長使書記長朗讀審議會報告書，曰：承交一件酌提嘗款舉辦家族工藝廠，第一讀會已公認爲必當舉辦。至模範傳習所，爲開辦工藝之前提，衆議員固多數贊成，主任官廳亦謂事屬可行，稟准有案。第二讀會所尚待討論者，唯酌提嘗款多主進行主義不能聽其自籌自辦而已，蓋不辦模範，無以開家族之先，不規定提嘗，無以示進行之實，二者交相爲用，不能僅舉一端。至提款之法，原草以一千元上下爲舉例，原非拘定成數，觀下文云准其變通辦理，可見但原草簡章似太疏畧，故討論者未能滿意，轉生疑慮。今擬請修正原草，更附益數條，提請　公定。

原章第二條無礙不必改，唯此下請添入二條：

一、提撥嘗款由承辦之紳預估開辦費若干，分年提出，逐漸擴充，以廠成立爲止。俟工藝熟習，沽出製品，除開銷費用外，所得餘利以四成撥歸嘗款，以四成預備擴充，以二成爲在事出力人酬勞。

一、各族嘗款確有可提，而爲頑固紳耆把持者，准該族人呈報地方官，勸令公選賢能舉辦。如或藉端滋擾而侵吞有據者，按照侵吞之數倍罰並從嚴革究。

原章第三條無礙，不必改，唯應推爲第五條此下又請添入二條：

一、開辦工藝，工匠爲先。今先由勸業道趕辦工藝局，附設家族工藝模範傳習所，准各家族選定學徒，呈請地方官，申送入局。肄習畢業後，各回本屬興辦工藝。又分設陳列轉運所，俾便於採購器械及原料並代銷製成物品。

一、各族紳士承辦此項工藝廠，係延用傳習所畢業得有優等文憑之工匠者，倘有意外虧本，承辦之紳如無侵吞，不負責任。

原章第四條内如有抗不遵辦者以下，擬請改爲須將實在不能舉辦事由呈明地方官察核，此條應推爲第八條此下請添入一條。

原章第五條無礙，應推爲第十條云云。

又續讀條答勸業道提出工藝模範傳習所及陳列轉運所問題：

一、地方興利，官民同負責任。凡地方之行政費，無一非出自地方人民之負擔，此事既稟白督部堂撥款開辦，將來各家族保送學徒，酌收學費寄宿費足資補助。

一、學徒距離城市，易於專心，故西儒恒言，校地與腦根有關係。製造舊局地敞水通最爲適宜，不嫌遠隔。

一、工藝局係勸業道應有之職掌，所有局内坐辦、稽查、會計、庶務、文案、收發、部章，均經規定，應設專員管理家族工藝傳習所，不過附設無須另行選舉總司理，惟須紳商襄助之處，可由官訪查擇派，或由紳商公薦。

一、選用專門教習，除專聘外，兼以考驗之法行之，預列問題，(甲)需用何種機器，價目若干，(乙)需用何種原料，價目若干，(丙)每日能造成品物若干，(丁)造成品物成本若干，獲利若干，(戊)教成學徒需時若干，(己)組織此項工廠至少須集資本若干。考驗時，凡應考者須照以上所開列問題開具清摺，如曾在工藝學堂畢業或外國大工藝廠當工者，并須呈驗文憑薦書，將來即按照清摺成考。

一、本所係爲培植各家族工藝人才起見，各家族保送學徒，應請由官妥定各府州縣總額，每名膳費、寄宿費，每月每人共計不得過六元之數。各學徒學成後，即遣回各家族趕辦工廠充當工匠，無須在官局服務。

一、工藝陳列轉運所與勸工品物陳列所性質略同，工藝局開辦後，勸工陳列所斷不至久延，工藝陳列轉運所，可以附設在内，取事實上之利便。

一、工藝以能仿造洋貨改良土貨，而不與向有手工争利爲要義自是的論。本尚有二義，(一)原料注重土産後及外産，(二)製造注重必須品兼及銷費品。本此二義，一面開辦，易見成効，織染畫漆刺繡等類，一面徵集條議，俟聘得某項精巧工匠，即開辦某項工科云云。

議長宣布贊成照審議會報告辦理者起立，不起立者十人，此議案完成。

《清代稿鈔本》第四九册《廣東諮議局第二次常年會議報告書》　(丙)關於各學堂之設置

地方情形，各省不同。則教育行政之方針，亦當審其輕重緩急，以定推行之序。本省地方瀕海，利於交通，實業振興較中原各省爲便，即多設各項實業學堂易見成效，各府州縣已徧立小學，教育始基，久經成立，切實推廣，普及不難，則多設初等小學及簡易學塾，亦爲當務之急。是非有通籌之計畫不可，應請按照本省情形，增設後開各項學堂，以廣教育。

(一)籌設各項實業教員講習所

光緒三十二年，學部已通行各省舉辦實業學堂。又三十四年，議覆閩督奏請籌款興辦實業學堂，摺内奏准限兩年之内，每府應設中等實業學堂一所，每州縣應設初等實業學堂一所。宣統元年，又復劄行各省提學司整頓。是朝廷注重實業之意，不啻三令五申，及今始籌，已屬延緩。查光緒三十四年，廣東省實業學堂，統計僅有十間，其内容不悉若何，而未經養成教員，無怪不能推廣。今商業教員講習所甫經開辦招考，特不解農工兩項，何以不先行籌設，論學理則農工較爲切實，若無農工而徒講商業，是謂舍本而圖末也。應請將農工商三項教員講習所，迅於年内按照部章切實籌辦。

(二)籌設各屬初等實業學堂

各實業教員講習所成立，若不先令各屬預備籌設初等實業學堂，恐臨時各州縣藉口經費無著，則不特各教員學成而無所用，即講習所經費亦等於虛擲。應請先行立案，通飭各屬限兩年之内籌備的款，俟講習所初次畢業即行開辦，庶知事在必行，教員向學之心愈固，其有各官紳熱心教育，或能籌捐鉅款另聘教員，不待二年自行創設者，應照奏定實業學堂通則中特立專條，奏請從優獎勵。

（三）推廣各屬初等小學堂

國民教育以普及爲目的，則多設初等小學堂，實爲當務之急。近經學部變通，初等小學章程教科簡易，凡塾師文理通順者皆優爲之。應請通飭各屬勸學所勸學員分區勸導，多設初等小學堂，其形式校具暫勿深究，但能遵照初等小學簡易章程認真教授，無論其爲多級或單級，均即准予立案，如此則事易舉而人樂從。

（四）籌設各屬女子小學堂

女學爲教育之根本，本局前會議決，振興女子小學，議案業經公布施行，應請通飭各廳州縣，迅速查照前案，切實興辦，毋得延緩。

（五）籌設瓊屬農鑛學堂

瓊州一府，孤懸海島，外人久已垂涎。查其内山一帶，森林鑛産均極富饒，若不及早圖維，必啓外人之覬覦。應請迅飭就地籌設農林學堂，礦務學堂，由提學使於全省教育費内撥款開辦。

（六）籌設鐵路學堂

本省鐵路須用本省人才，此爲事實上所必然，粤漢鐵路久釀風潮，迄無成效，皆因本省無此項人才，故自董事以下，多不諳路事之人，濫竽充數，建築管理，大半虛縻，應請迅速籌設鐵路學堂，以爲他日改良路事添築支路之用。且亦實業學堂之一種，不但爲本省鐵路計也，此項學堂不必永久，俟畢業數次，即可改爲高等工業學堂。

（七）籌設水産學堂

粤東瀕海各處，山利少而海利多，應就沿海繁盛地方，設立水産學堂養成人材，以收振興漁業之利。

《清代稿鈔本》第四九册《廣東諮議局第二次常年會議報告書・修正廣東家族工藝傳習所學則案》 議草

查酌提倡産勸辦各屬家族工藝一事，上年曾提作議案，經諮議局表決。惟以舉辦家族工藝，一切管理之法，教授之人，應先儲備。議於省城先辦工藝局，附設家族工藝傳習所，由各州縣保送學生若干人入局肄業，畢業後聽其回籍興辦家族工藝，以期開通風氣，廣得師資。經呈由本署督部堂札行切實籌辦在案。現在省城工藝局業已開辦，所議附設之家族工藝傳習所業經照議妥籌，除飭勸業道將所内應行籌辦事宜次第興舉隨時詳辦外，所有家族工藝傳習所自應擬訂學則以資遵守。現飭據勸業道擬訂學則共二十四章，都爲一百五節，經一再釐訂，期與傳習所性質相符。蓋現辦之工藝局注重在藝徒實習，而傳習所則兼重學科。工藝局藝徒意在造就良工，而傳習所生徒則兼求師範。且事關全省，不能囿於一隅，現訂學則，其中應如何斟酌損益，自非詢謀僉同，不足以收良果而期實行，自應作爲單行規則，交諮議局議決。

廣東家族工藝傳習所學則脩正案

第一章　總則

第一節　本所爲籌辦各屬家族工藝，期於普及全省，恐師資缺乏，故先設傳習所，以養成各屬家族工藝廠之技師爲目的。

第二節　本所爲造就家族工藝廠師資起見，除授以適當之學科外尤注重在實地練習，故附設於廣東工藝局内。

第三節　工藝之範圍甚廣，科目亦繁，兹暫就本局所有者設科教授，庶練習有資，可歸實用。

第四節　本所章程規則，經稟奉勸業道有案，一一期於實行。在各生固宜恪遵，而職員教員亦應謹守以爲表率。

第五節　本所附設工藝陳列室一處，搜集中外工藝品，先擇其急需者量爲購置，分類陳列，以備參考而資研究。

第六節　本所開辦伊始，規模粗具，如有未盡事宜，當隨時改良，以圖進步。

第七節　所内職員教員如有對於本所改良意見，須具意見書呈送勸業道酌核施行。

第八節　凡所中有興革之舉，由所長招集職員教員公同會議，從多數取決，即實施行。

第二章　學期

第九節　本所藝生肄業期限，暫以一年爲畢業。

第三章　出身

第十節　凡在本所肄業期滿，攷驗合格，由勸業道給予畢業文憑，准其回籍興辦家族工藝，並充當藝師。不及格者，與修業文憑，准其充當各家族工藝廠助教並監工等職。

第十一節　凡本所畢業生回籍興辦工藝曾經三年及有成效可睹者，由勸業道詳請督院給予外獎，以資鼓勵，並請督院咨明農工商部立案。

第四章　課程

第十二節　本所既爲工藝普及起見，故凡有關於工藝者各科，均以次講授實習。每星期講授時間與星期實習時間開列如左：

國文	二小時
算學	二小時
商業簿記	二小時
工場管理法	二小時
理化	三小時
各科講授	三小時
各科實習	二十八小時。

統計每星期肄業時間共四十二小時。

第五章　學額

第十三節　本所學額暫定三百二十名，分班學習，期滿畢業，續行招班。

第六章　進學

第十四節　本所招取藝生，以廳州縣屬地之大小派額數，先期行知各廳州縣，選擇年資合格生徒，並取具該生相片及親族保結申送備考，照額取録，如該縣考送不能合格，即在該縣司府之考生挑選足額。

第十五節　本所招取藝生，須曾在高等小學畢業或在高等小學二年以上領有畢業修業文憑者爲合格，否則必具左列各項資格方可取録。

一、年在十八歲以上三十歲以下者。

二、資性聰慧，身體强健無嗜好者。

三、文理通順者。

四、稍習算術者。

第十六節　投考各生，須先赴本所報名，或由地方官申送，並須報明寓居處所，聽候示期考驗，其有畢業修業文憑者並須呈驗。

第十七節　凡各生經本所取定後，由本所派定分科學習，其或有應更正者，亦須由本所酌定，不得擅請更改。

第十八節　各生經本所取定示期入所時，該生等須先期三日，親赴本所填寫願書，照章繳清膳宿試驗藥料等費，方准屆期入所。

第十九節　本所每學期開學後，如額有未足，願插班者，須經本所分門攷驗，程度相當，方可補入，否則寧缺毋濫。

第七章　退學

第二十節　本所各生如有犯及左列各規律之一者即令退學。

一、不守本所規則，記大過至三次者。

二、身患疾病，經兩月不愈或有傳染病者。

三、歷經試驗，學業無進步者。

四、在外生事者。

五、非有要事，請假逾期一月者。

第八章　學費

第二十一節　本所不取學費，惟每生每月酌收膳宿費四元，每學期試驗費、藥料費三元，均須先交一學期方准入所。

第二十二節　學生入學時須繳納保證費五元，另款存儲，如在一學期內有損壞器械等件，則照原價於保證費内扣賠，如無損壞器械等事，該生畢業時或因病退學，此項保證費如數發還，若因犯規被斥則不發還。

第二十三節　各生入所應照本所所定藝生操衣帽各備一套，以歸劃一，均由本所代辦，惟費須由各生自繳，書費亦如之。

第二十四節　各生所繳膳費，如在一學期内因病或有大故請假一星期以上，計日照扣，退學者按月扣除餘款發還，如犯規被斥者則不發還。試驗藥料費，無論因病與被斥，均不發還。

第九章　試驗

第二十五節　本所試驗分臨時、學期、畢業三種，臨時試驗每月舉行一次，由教習命題，以一小時爲限。學期試驗每學期舉行一次，豫示試期，由所長督率各教習分門試驗。畢業試驗，預示試期，由勸業道扃門攷試。

第二十六節　當試驗時，均不許携帶書籍課本，違者扣考。

第二十七節　各種試驗所給分數，均照學部給分章程辦理。

第二十八節　臨時試驗卷，由教習將造詣之得失詳批卷上，交各生一閱，以資啓悟。

第二十九節　學期試驗，畢業試驗各卷，均不發藝生閱看。

第十章　假期

第三十節　本所假期謹參酌定章，逢國慶日，孔聖誕日，房虚星昴日，本所開校紀念日，清明、端節、中秋節、冬節各日，均放假一日。年假、暑假，各放假三十日。其餘非有疾病，確實大故，不得再行請假，以重功課。

第十一章　設員

第三十一節　本所設所長一員，由勸業道委任，主管所内一切事宜，有隨時整理全所事務之權，攷察員司勤惰之資。

第三十二節　本所設總教習一員，由勸業道委任，教習三員、副教習三員，由所長總教習會同選擇呈請，委任分任教科。

第三十三節　設監學一員，由勸業道委任，管理藝生行檢及寄宿舍内一切事務。

第三十四節　設文案、庶務各一員，由勸業道委任，幫同所長管理所内一切庶務並文牘各事。

第三十五節　設會計一員，由勸業道委任，管理所内銀錢出入及報銷等事，仍受攷成於所長。

第十二章　禮節

第三十六節　每逢皇太后、皇上萬壽聖節，至聖先師誕日，開學散學畢業日，每月朔日，由所長教員率領藝生至禮堂行禮，禮畢藝生須向所長職員教員行三揖禮，藝生復分立左右相向行一揖禮。

第三十七節　每時授業之始終，當齊向教員起立致敬。

第三十八節　藝生於本所職員教員，無論所中所外相遇，必須致敬，不得視同路人，遇學友亦然。

第三十九節　藝生初見督辦所長及堂中各員，均行三揖禮。

第四十節　遇有參觀查學等員到講堂，如教員指揮令起立，則一齊起立致敬。

第四十一節　遇有查學及長官到堂參觀，藝生照舊上課，均不迎送，以免曠時廢課。

第十三章　寢興食時間

第四十二節　學生早時以　點鐘起牀，晚時以　點鐘息燈就寢，届時須一律寢興，不得故意延遲。

第四十三節　食時早粥　點鐘，午飯　點鐘，晚飯　點鐘，違時不到者不補開飯。

第四十四節　每日上課，午前八點鐘起十一點半鐘止，午後一點鐘起五點半鐘止。

第四十五節　本所早起晚睡及早、午、晚開飯，均以擊鐘爲號，上下講堂均以摇鈴爲號。

第十四章　記過事項

第四十六節　一由教習記過，一由監學記過。教習記過，犯及某科，即扣除某科分數，監學記過，在學期總分數内扣除。

第四十七節　在講堂上無心聽講，及越亂位次，致難稽查課程者，由教員記過。

第四十八節　課授時間藝生不經教習許可無故離堂，及教授未畢藝生擅自出位者，由教習記過。

第四十九節　上課時未經請假不到堂，及逾上課之時太久者，由監學記過。

第五十節　如有損壞本所器物，除分別輕重追賠外，由監學記過。

第五十一節　不守章則即爲犯規，如有犯本所規章之一者，第一次由監學面加申斥，再犯記過。

第五十二節　記過三次者爲一大過。

第五十三節　藝生過犯在教習範圍者，則由教習開明藝生班次、姓名、事由，送所長懸牌。記過在監學範圍者，由監學開明班次、藝生姓名及事由，送所長懸牌。記過均必揭其過犯之理由，使知改悔。

第五十四節　各生休息及理髮、盥浴、溲溺等事，皆不得在定所之外，違者初犯，由監學面斥，再犯由監學記過。

第五十五節　本所各室並講堂、宿舍等處牆壁，藝生等不得有隨意塗刻等事，違者經查實，即記大過一次。

第十五章　教室應守之規則

第五十六節　教室坐位由監學排定，不許自行移換。

第五十七節　上講室時須按講室坐位排隊而入，教員講授畢業，魚貫而出，不得擠擁喧囂。

第五十八節　教室每日輪派一藝生爲值日生，遇有教習上下堂時應行禮節，悉聽值日生號令。

第五十九節　聞上課號音即一律上課，藝生不得遲至三分鐘，教習不得遲至五分鐘。

第六十節　每一點鐘課畢，休憩十分鐘，必齊出講室，以吸清氣，不得因兩時逼接怠於出入。

第六十一節　授課時務須整肅，不得交談，遇教習詢問時，知者起立陳對。

第六十二節　有疑質問，必在教習講畢後，問時須起立，正容質問，語必簡要，不得旁及此課之外。

第六十三節　授課時非教習令帶之書籍，不得閲看，非寫記時，兩手不得置於棹上，且須正襟危坐，兩足不得伸出講座之外。

第六十四節　本所藝生均不准吸食紙煙，在講堂尤爲厲禁。

第六十五節　在講堂不准任意吐痰。

第十六章　寄宿舍應守之規則

第六十六節　每宿舍每星期輪派一人爲值星生，服從監學之指揮，照料本宿舍潔清及同舍生起居疾病各事。

第六十七節　每日課畢，即歸宿舍自修，牀鋪座位均編號次，不准隨意調換。

第六十八節　自修時宜肅静，不得放聲朗誦，即彼此商問，亦不得高聲，並嚴禁喧笑嬉戲等事。

第六十九節　起睡均有定時，聞鐘須一律起睡，不得參差。

第七十節　每室每日由藝生掃除一次，按照牀位輪流充任。

第七十一節　宿舍不許携帶食物及非宿舍應用之件，樂器等件尤爲禁物。

第七十二節　書棹上書籍文具，均應擺列齊整。

第七十三節　牀上被褥、蚊帳，皆須整潔，其衣包零件，均應收檢，不得任意放置。若有銀錢，應交本所收支處存寄，如該生自行收檢，倘有遺失，不得請本所追問。

第七十四節　白晝不許在室寢卧。

第七十五節　就寢之後不得交談喧笑。

第七十六節　晚間設有患病者，即呼室長告知監學請醫診視，同室均有照料義務。

第七十七節　宿舍燈就寢時一律滅息。

第七十八節　藝生就睡時十五分鐘前，由監學查點名數，若有私自出所或逗留他室者分别記過。

第七十九節　寄宿舍不許養犬。

第八十節　每宿舍懸有各生名牌，入門以字向外，出則覆之，以便稽查。

第八十一節　舍内窗門，夜間須留罅隙，以通空氣。

第八十二節　藝生如有患病者，即移往醫所調養。

第十七章　食堂應守之規則

第八十三節　早、午、晚餐，均有定時，聞報鐘即魚貫而入，不得争先擁後，食畢即退，不得久坐，借爲談話之場。

第八十四節　每席坐位均經編定，不得越次亂坐，食時並宜肅静，不得彼此笑語。

第八十五節　菜蔬碗筷均由厨役擺列整齊，然後擊鐘入座。

第八十六節　飯菜如有不潔腐敗等物，准班長陳明監學轉告庶務員責罰厨夫，各生等不得有滋鬧换菜等事，亦不許私自添菜。

第十八章　會食處應守之規則

第八十七節　藝生會客時間必在功課完畢，如在上課時號房不得通報，來客願久待者聽之。

第八十八節　藝生親友來會，無論何人，均先至號房掛號，指明所會之人，由號房引入會客處静待，報明監學，然後通知該生出會來客，不得擅入内，藝生等亦不得引客入寄宿舍。

第八十九節　藝生親友來參觀者，均照參觀章程接待。

第九十節　凡藝生親友來訪時，無論爲會晤爲參觀，若聞上堂號令，即辭客退，不得有礙功課。

第十九章　游息時應守之規則

第九十一節　藝生每日課畢，許在所内游息場散步運動，若欲至頭門外江邊散步，則須請監學或教習帶領。

第九十二節　游息時不得喧囂滋鬧。

第九十三節　游息原期活潑筋絡，不得近冒險而損體力，背公誼而失羣情。

第九十四節　游息亦宜守一定時候，勿得過時忘返，致礙功課。

第二十章　請假時應守之規則

第九十五節　藝生除本所例定假日外，不得無故曠課放散身心，即令有不得已之故，必向監學陳明事由，須請假幾日，經監學許可，然後填給假單，届期應即回堂銷假，所有曠課理由應按照部定勤學分數章程辦理。

第九十六節　如假期係因父母大故或疾病或已身疾病等事，限滿仍須續假者，准續假一次，必先期函呈監學。

第九十七節　每日在上課時間有事須外出者，須向監學陳明事由，並訂定請假時間。

第九十八節　凡住城者，星期前夕可准其歸家，惟須報明監學，星期之夕，必於七點鐘以前回所。

第二十一章　外出時應守之規則

第九十九節　凡藝生外出，無論平時及例定假日，必領名片掛於外出掛牌處以便稽查，若係行禮之期，即令有事，亦必俟禮畢方可出外。

第一百節　凡外出必須衣履齊整，舉止端肅，毋令傍人指目。如有在外浮蕩不檢，經本學堂查出或由外人告訴，無論藝生人數多寡，均即時按名剔退，斷不姑息一人，而損大衆名譽。

第一百一節　外出時若有違犯警律，該管警察照律懲辦，本所决不袒護。

第一百二節　外出時若有混迹賭場，窺探煙館，徵選歌舞，流連飲食等事，查出分別記過黜退。

第二十二章　陳列室應守之規則

第一百三節　陳列品或本所自購，或他處寄贈，均須標簽註明産地價值，每歲銷售若干，銷行何處，以及入所年月。如寄贈者，標明寄贈人之姓名處所。自購者亦須標明購置經手人姓名。

第一百四節　陳列各物凡在局人員均有看護之責，設有損壞即由損壞者照價賠償，如不知何人損壞即由經管員照價賠償。

第一百五節　陳列品專備參攷之用，概不出賣，惟自購之繡貨及綢緞等件，陳列至兩年更换一次。

第二十三章　參觀人應守之規則

第一百六節　凡來所參觀人員一律接待，由庶務員或監學引導參觀，但參觀者須注意左列各款。

一、參觀人員到所須先將名刺交號房通報，引入接待室少息，即由接待人引導參觀。

二、參觀講堂須立於講座之後，不得高聲談話。

三、講堂工廠、陳列所等處，不得任意吐痰及吸食紙煙。

四、接待室設參觀册一本，凡參觀員均請自書銜名，留爲紀念。

五、凡藝生親友來觀一律接待，藝生不在上課時亦許引導參觀，但仍須先行呈明監學，方可引導入内。

《清代稿鈔本》第五〇册《鈔録廣東省試辦宣統三年預算歲出地方行政經費總册表》　第三類，實業費，共庫平銀二十七萬五千九百七十一兩九錢三分九釐。

第一款，農工商礦各學堂經費，共庫平銀一十萬六千七百五十七兩六錢八分叁釐。

第一項，高等工業學堂經費，共庫平銀二萬六千一百九兩五錢二分四釐。

第二項，廣州府工藝學堂經費，共庫平銀四萬八百九十二兩二錢二分九釐。

第三項，廣東蠶業學堂經費，共庫平銀一萬叁千伍百叁十兩九錢九釐。

第四項，肇慶府實業學堂經費，共庫平銀八千一百六十九兩一錢二分六釐。

第五項，肇城藝徒學堂經費，共庫平銀八千肆百九十八兩九錢叁釐。

第六項，四會縣藝徒學堂經費，共庫平銀二千伍十六兩八分叁釐。

第七項，興寧縣蠶業學堂經費，共庫平銀七千伍百兩九錢九釐。

第二款，農事試驗場經費，共庫平銀四萬二千一百四十七兩九錢九分一釐。

第一項，省城農事試驗場經費，共庫平銀四萬一千一百五十八兩五錢九分一釐。

第二項，各屬農事試驗場經費，共庫平銀九百八十九兩四錢。

第三款，墾務經費，共庫平銀二千叁百一兩二錢三分六釐。

第一項，東沙島經費，共庫平銀二千三百一兩二錢三分六釐。

第四款，工藝局經費，共庫平銀一十一萬五千三百九十二兩五分三釐。

第一項，省城工藝局經費，共庫平銀五萬叁百四十貳兩叁分六釐。

第二項，各屬工藝廠經費，共庫平銀二萬貳千七百八兩一錢二分六釐。

第三項，游民習藝所經費，共庫平銀四萬貳千三百四十一兩八錢九分一釐。

第五款，礦政調查局經費，無。

第六款，商品陳列所經費，共庫平銀貳千叁百叁拾肆兩柒錢肆分貳釐。

第一項，廣州府工藝學堂陳列所經費，共庫平銀貳千叁百叁拾肆兩柒錢肆分貳釐。

第七款，實業各會所經費，共庫平銀柒千叁拾捌兩貳錢叁分肆釐。

第一項，勸業分會經費，共庫平銀肆千貳拾叁兩壹錢玖分。

第二項，農務分會經費，共庫平銀貳千貳百玖兩伍錢捌分玖釐。

第三項，商務分會經費，共庫平銀壹百玖拾陸兩叁錢陸分肆釐。

第四項，種植所經費，共庫平銀陸百玖兩玖分壹釐。

其他總部

《其他總部》提要

《其他總部》是《綜合分典》的五個總部之一，儘可能地收録本分典幾個具體的總部難以包括的先秦至一九一一年的工業方面的材料，一般爲不易分割的綜合性資料。

本總部下設題解、綜述、紀事、藝文、雜録、圖録等緯目。每個緯目録文均按朝代先後順序排列，具體編排主要依據被引用材料的作者的生卒時間而定。凡引用外國人著述，在其名字前加注國籍并用「（）」，如英國人以（英）標示。

目録

題解

許慎《説文解字》第三上　器 皿也。象器之口，犬所以守之。去冀切。

許慎《説文解字》第五上　工，巧飾也，象人有規榘也，與巫同意。凡工之屬，皆从工。徐鍇曰：爲巧必遵規矩法度，然後爲工。否則目巧也。巫事無形失在於詭，亦當遵規榘，故已與巫同意。古紅切。，古文工从彡。

許慎《説文解字》第五下　缶，瓦器，所以盛酒漿。秦人鼓之以節謌。象形。凡缶之屬皆从缶。方九切。

許慎《説文解字》第五下　矢，弓弩矢也。从入，象鏑栝羽之形。古者夷牟初作矢。凡矢之屬皆从矢。式視切。

許慎《説文解字》第六上　築 擣也。从木，筑聲。陟玉切。

許慎《説文解字》第七上　鼎，三足兩耳，和五味之寶器也。昔禹收九牧之金，鑄鼎荆山之下，入山林川澤，螭魅蝄蜽莫能逢之。以協承天休易卦巽，木於下者爲鼎，象析木以炊也。籀文以鼎爲貞字。凡鼎之屬皆从鼎。都挺切。

許慎《説文解字》第一二下　匠 木工也。从匚，从斤，斤所以作器也。疾亮切。

許慎《説文解字》第一二下　瓦，土器已燒之總名。象形。凡瓦之屬皆从瓦。五寡切。

甍 屋棟也。从瓦，夢省聲。徐鍇曰：所以承瓦，故从瓦，莫耕切。

甑 甗也，从瓦，曾聲。子孕切。，籀文甑，从𩰲。

甗 甑也，一曰穿也，从瓦，鬳聲，讀若言。魚蹇切。

瓵 甌瓵謂之瓵，从瓦，台聲。與之切。

瓽 大盆也，从瓦，尚聲。丁浪切。

甌 小盆也，从瓦，區聲。烏侯切。

瓮 罌也，从瓦，公聲。烏貢切。

瓨 似罌，長頸，受十升，讀若洪，从瓦，工聲。古雙切。

㼝 小盂也，从瓦，夗聲。臣鉉等曰：今俗別作椀，非是。烏管切。

瓴 瓮似瓶也，从瓦，令聲。郎丁切。

𤮚 罌，謂之𤮚，从瓦，卑聲。部迷切。

甂 似小瓿，大口，而卑用食，从瓦，扁聲。芳連切。

瓿 甂也，从瓦，音聲。蒲口切。

㼸 器也，从瓦，容聲。與封切。

甓 瓴甓也，从瓦，辟聲。詩曰：中唐有甓。扶歷切。

甃 井壁也，从瓦，秋聲。側救切。

甈 康瓠破罌，从瓦，臬聲。魚例切。甈或从埶。

㼽 瑳垢瓦石，从瓦，爽聲。初兩切。

㼼 蹈瓦聲，从瓦，耎聲。零帖切。

㼨 治橐榦也，从瓦，今聲。胡男切。

許慎《説文解字》第一二下　弓，以近窮遠，象形。古者揮作弓。《周禮》六弓，王弓、弧弓，以射甲革甚質。夾弓、庾弓，以射干矦鳥獸。唐弓、大弓，以授學射者。凡弓之屬皆从弓。居戎切。

許慎《説文解字》第一二下　弩 弓有臂者。《周禮》四弩，夾弩、庾弩、唐弩、大弩。从弓，奴聲。奴古切。

許慎《説文解字》第一三上　糸，細絲也。象束絲之形。凡糸之屬皆从糸。讀若硯。徐鍇曰：一蠶所吐爲忽，十忽爲絲。糸，五忽也。莫狄切。，古文糸。

織 作布帛之總名也。从糸，戠聲。之弋切。

許慎《説文解字》第一四上　金，五色金也。黄爲之長久，薶不生衣，百鍊不輕。从革，不違西方之行，生於土，从土左右注象金在土中形今聲。凡金之屬皆从金。居音切。，古文金。

銀 白金也。从金，艮聲。語巾切。

鉛 青金也。从金，㕣聲。與專切。

錫 銀鉛之間也。从金，易聲。先擊切。

銅 赤金也。从金，同聲。徒紅切。

鐵 黑金也。从金，𢧤聲。天結切。，鐵或省。，古文鐵，从夷。

許慎《説文解字》第一四上　車，輿輪之總名。夏后時奚仲所造，象形。凡車之屬皆从車。尺遮切。，籀文車。

高承《事物紀原》卷九《戎容兵械部·五兵》　兵者，戈戟矛劍之總名也。《太白陰經》曰：神農以石爲兵，黄帝以玉爲兵，蚩尤乃鑠金爲兵，割革爲甲，始制五兵。《吕氏春秋》曰：蚩尤作五兵，戈、殳、戟、酋矛、夷矛也。《世本》：蚩尤以金作兵器，然則兵蓋始於炎帝，而鑄金爲刃，即自蚩尤始矣。

段玉裁《説文解字注》第一二篇下 弓，窮也。補此二字，以疊韵爲訓之例也。目近窮遠者，者字今補。象形，居戎切，古音在六部，讀如肱。古者揮作弓。郭景純引《世本》曰：牟夷作矢，揮作弓，此等皆當出《世本》作篇。揮，黄帝臣。《周禮》六弓，王弓弧弓，目躲甲革甚質，夾弓庾弓，目躲干侯鳥獸，唐弓大弓，目授學躲者，夏官司弓矢文也。説詳鄭注。甚質，今作椹質，按故書作報。大鄭云：報當爲椹，許書無椹字，蓋許從鄭，鄭本作甚也。干，今作豻。凡弓之屬皆从弓。弴，畫弓也。《大雅》敦弓既堅。《傳》曰：敦弓，畫弓也。天子畫弓。按荀卿子天子彫弓，諸侯彤弓，大夫黑弓，禮也。《公羊傳》何注曰：禮天子雕弓，諸侯彤弓，大夫嬰弓，士盧弓。盧弓即玈弓黑弓也。嬰弓，陸德明云：見《司馬法》，按嬰即江賦之纓字，蓋朱黑相閒而嬰繞也。彤弓，《毛傳》曰：朱弓也，以講德習射。彫弓者，蓋五采畫之。凡經傳言彫，有謂刻鏤者，如玉謂之彫，金謂之鏤，《禮記》玉豆彫篹。《論語》朽木不可彫，是也。有謂繪畫者，如此彫弓是也。彡部曰：彫，琢文也。古繪畫與刻畫無二字。諸侯彤弓，則天子當五采。石鼓詩有秀弓，秀即綉，五采備謂之綉，或曰天子之弓，但刻畫爲文也。《兩京賦》彫弓斯彀。薛云：彫弓謂有刻畫也。弴與彫語之轉。敦弓者，弴之段借字，詩禮又段追爲之。敦弴可讀如自，不得竟讀彫也。孟子作弤，亦雙聲字。从弓，𦎧聲。都昆切，十三部。

綜述

黄懷信等《逸周書彙校集注》卷五《作雒解》 及將致政，乃作大邑成周于土中。城方千七百二十丈，郛方七百里。南繫于洛水，地因于郟山，以爲天下之大凑。制郊甸方六百里，國西土爲方千里。分以百縣，縣有四郡，郡有□鄙。大縣城，方王城三之一；小縣立城，方王城九之一。郡鄙不過百室，以便野事。農居鄙，得以庶士，士居國家，得以諸公、大夫。凡工賈胥市臣撲，州里俾無交爲。乃設丘兆于南郊，以上帝，配□后稷，日月星辰，先王皆與食。諸受命於周，乃建大社于周中。其壝東青土、南赤土、西白土、北驪土，中央疊以黄土。將建諸侯，鑿取其方一面之土，苞以黄土，苴以白茅，以爲土封，故曰受則土於周室。乃位五宫：大廟、宗宫、考宫、路寢、明堂。重亢，重郎，常累，復格，藻棁，設移，旅楹，惷常，畫。内階，玄階，堤唐，山廧。應門、庫臺玄閫。

黄懷信等《逸周書彙校集注》卷一《文酌解》 二御：一、樹惠不悉，二、既用兹憂。

三安：一、定居安帑，二、貢貴得布，三、刑罪布財。

十二來：一弓、二矢歸射；三輪、四輿歸御；五鮑、六魚歸蓄；七陶、八冶歸竈；九柯、十匠歸林；十一竹、十二葦歸時。

三穆七信一幹二御三安十二來，伐道咸布。物無不落。落物取配，維有永究。急哉急哉！後失時。

黄懷信等《逸周書彙校集注》卷一《糴匡解》 大馴鍾絶，服美義淫。皂畜約制，供餘子務藝。宫室城廓修爲備，供有嘉菜。於是日滿。年儉穀不足，賓、祭以中盛。樂唯鍾鼓，不服美。三牧五庫補攝，凡美不修，餘子務穡。於是紏秩。年飢，則勤而不賓，舉祭以薄。樂無鐘鼓，凡美禁。書不早羣，車不雕功。兵備不制，民利不淫。征當商旅，以救窮乏。

黄懷信等《逸周書彙校集注》附録一《佚文》 神農之時天雨粟，神農耕而種之。作陶冶斤斧，破木爲耜，鉏耨以墾草莽，然後五穀興，以助菓蓏之實。

黄帝始穿井。慧琳《一切經音義》九二、《御覽》一八九引《周書》 又《初學記》七、《經典釋文》一引此條無「始」字，《釋文》九十二引「始」上有「卜」字。

黄帝始烝穀爲飯。《初學記》二十六引《周書》 又《北堂書鈔》一四四引「烝」作「蒸」，上有「立食」二字。又《御覽》八五〇引此作《周禮》。

黄帝始烹穀爲粥。《初學記》二十六、《御覽》八五九引《周書》 又《路史・餘論》引此條，「粥」作「糜」。

黄帝始燔肉爲炙。《孟子疏・告子上》引《周書》

黄帝始作竈。《北堂書鈔》引《周書》

黄帝始炊穀爲餅。《原本玉篇・食部》引《周書》

黄帝始作宫室。《廣韻・質》引《周書》

文王去商在程。正月既生魄，太姒夢見商之庭産棘，小子發取周庭之梓樹乎闕間，梓化爲松柏棫柞，寤驚，以告文王。王及太子發並拜吉夢，受商之大命于皇天上帝。《御覽》三九七引《周書》 又《御覽》五三三引此「太姒夢」以上作「文王在翟」，「樹乎」作「樹於」，無「寤」字，「王及太子發」作「文曰召發于明堂」，至「大命」，題《周書・程寤》。又《類聚》七九引《周書》此條「太姒夢」以下，「小子」作「太子」，「寤驚」作「寐覺」，「王及太子發」作「文王乃召太子發占之于明堂」。《類聚》八九引同《御覽》五三三，唯「産」作「生」，「受商大命」下有「秋朝士」三字。又李善《文選注》五六引此條，「太姒夢」以上作「文王至此商」，至于「松柏」。又《御覽》九五三引《周書》曰：「太姒夢周梓化爲松」；九五九引《周書》曰：「太姒夢見商之庭産棘」；九五八引《周書》曰：「太子夢太子發取周庭之梓樹於商闕間，化爲松杞」，又引《周書》曰：「太姒夢梓化爲杞。」陳逢衡云：《御覽》於「柏」類不引《周書》，而於「杞」類並云「化爲杞」，當屬誤引。

文王曰：「周視民如愛子也。」李善《文選注》五一引《周書》。

黄懷信等《逸周書彙校集注》附録一《佚文》 明堂方一百一十二尺，室中方六十尺，牖高三尺，門方十六尺。東方曰青陽，南方曰明堂，西方曰總章，北方曰玄堂，中央曰太廟。左爲左个，右爲右个。《類聚》三八、引《周書》《初學記》十三引「太廟」下有「亦曰太室」四字。《隋書・宇文愷傳》引《周書・明堂》曰：「堂方百一十二尺，高四尺，階博六尺三寸。室居内，方百尺，室内方六十尺。户高八尺，博四尺。」《御覽》五三三引同《隋書》，下有「東應門，南庫門，西臯門，北雉門」，再下同《類聚》。又《隋書・牛弘傳》引《周書・月令》曰：「明堂方一百四十四尺，屋圓楣，徑二百一十六尺。太室方六丈，通天屋，徑九丈，八闥二十八柱。堂高三丈，四向五色」。

西域獻火浣布，昆吾氏獻切玉刀。火浣布汙則燒之則潔，刀切玉如泥。《博物志》二引《周書》

年不登甲則纓縢，宫室不容。《初學記》二二、《御覽》三五五引《周書》《初學記》又引注曰：「繩甲不以組。」

年飢，上用輿曲輈不漆，矛戟縷纏，羽旄不擇鳥。《御覽》三五二引《周書》

將欲敗之，必姑輔之；將欲取之，必姑與之。《戰國策・魏策》任章引《周書》

成功之下，不可久處。《史記・蔡澤傳》引《周書》。

必參而伍之。《史記・蒙恬傳》引《周書》《索隱》曰：「參謂三卿，伍即五大夫，欲參伍更議。」

農不出則乏其食，工不出則乏其事，商不出則三寶絶，虞不出則財匱少，財匱少而山澤不辟矣。《史記・貨殖傳》引《周書》

《國語》卷一五《晉語九・智果論智瑶必滅宗》 智襄子爲室美，士茁夕焉。智伯曰：「室美夫！」對曰：「美則美矣，抑臣亦有懼也。」智伯曰：「何懼？」對曰：「臣以秉筆事君。志有之曰：『高山峻原，不生草木。松柏之地，其土不肥。』今土木勝，臣懼其不安人也。」室成，三年而智氏亡。

沈淑《左傳器物宫室・宫室》 周：

蔿國之圃，邊伯之宫，闕，象魏也。宣榭，注講武屋。酆宫，祇宫，莊宫，襄宫，平宫。

魯：

仲子之宫，社圃，園名。御廩，公所親耕以奉粢盛之倉也。王姬之館，桓宫，延廄，路寢，正寢也。武闈，注：宫中小門謂之闈。觀臺，累土爲之，可以遠觀。夷伯之廟，西宫，注：公別宫也。穀以爲閔廟，公以爲小寢。杜取公羊。重館，方與縣。大室，注：大廟之室，公作世室，以爲魯公廟。泉宫泉臺，新宫，宣公神主新入廟，故謂之新宫。武宫，以鞌之功立。鹿囿，蒲圃，東宫，僖閎，僖宫之門。楚宫，大庫，魯城内有大庭氏之虚，於其上作庫。郎囿，大庭氏之庫，即大庫。長府，蛇淵囿，煬宫，季平子立。雉門，公宫之南門。兩觀，闕也。高寢，宫名。司鐸。宫名。

齊：

東宫，疏：西北爲乾，乾爲君父，故君在西。東方震，震爲長男，故太子在東。内宫之朝，疏：夫人之宫有朝羣妾之處。襄宫，襄公廟。大宫，大公廟。虎門，公門。遄臺，檀臺。

晉：

武宫，注：文公之祖武公廟。寘衛侯於深室，別爲囚室。桃園，寢庭，路寢之庭。軍府，注軍藏府。榭，講武堂。固宫，晉語云：范宣子以公入於襄公之宫，蓋襄公有別宫牢固，故謂之固宫。銅鞮之宫，虒祁之宫。

衛：

西圃，藉圃，北宫，昆吾之觀，衛有觀在昆吾之虚。靈臺。

鄭：

大宫，鄭祖廟。宗祏，藏主石室。王宫，襄王聞晉戰勝，自往勞之，故作王宫於踐土。王庭，踐土宫之庭。原圃，囿名，滎陽中牟縣西有圃田澤。西宫北宫，伯有爲窟室，襄庫，鄉校。

宋：

東宫，連中，館名。沃宫。

吴：

堀室。

楚：

經皇，注：冢前闕。窒皇，注：寢門闕。渚宫，小洲曰渚。地室，蒲宫，章華之宫，新臺，章華。大室，祖廟。高府。別府。

秦：

靈臺，在京兆鄠縣，周故臺。具囿。囿名。

曹：

社宫。

郲：

門臺。

總：

茅屋，逆旅，客舍。京觀，智井，廢井。縣門，疏：偏版廣長如門。施關機以縣門，有寇，則發機而下之。大寢，路寢，小寢，倚廬，夏鈞臺。

吴毓江《墨子校注》卷一《七患》 食者，國之寶也；兵者，國之爪也；城者，所以自守也。此三者，國之具也。故曰：以其極役，脩其城郭，則民勞而不傷；以其常正，收其租税，則民費而不病。民所苦者，非此也。苦於厚作斂於百姓，賞以賜無功；虚其府庫，以備車馬衣裘奇怪；苦其役徒，以治宫室觀樂。死又厚爲棺椁，多爲衣裘，生時治臺榭，死又脩墳墓。故民苦於外，府庫單於内，上不厭其樂，下不堪其苦。故國離寇敵則傷，民見凶饑則亡，此皆備不具之罪也。且夫食者，聖人之所寶也。故《周書》曰：「國無三年之食者，國非其國也；家無三年之食者，子非其子也。」此之謂國備。

張華《博物志》卷六《地理考》 周自后稷至於文、武，皆都關中，號爲宗周。秦爲阿房殿，在長安西南二十里。殿東西千步，南北三百步，上可以坐萬人，庭中受十萬人。二世爲趙高所殺於宜春宫，在杜城南三里，葬於旁。

周時德澤盛，蒿大以爲宫柱，名曰蒿宫。

姜嫄嗣祠在墉城，長安西南三十里。

盗跖冢在太陽縣西。

趙鞅冢在臨水縣西。

始皇陵在驪山之北，高數十丈，周回六七里。今在陰盤縣界。北陵雖高大，不足以銷六十萬人積年之功。水背陵，其功力或隱不見，如驪山水泉，本北流，障使東西流。又此土無石，於渭南諸山運取大石，故歌曰：「運石甘泉口，渭水爲不流。千人唱，萬人鉤，今陵餘石大如覆土屋。」其餘功力皆如此類。盧氏曰：秦氏奢侈，自知葬用珍寶多，故高作陵園山麓，使難發也，高則難上，固則難攻，項羽争衡之時發其陵，未詳其至棺否。

賈思勰《齊民要術》卷七《造神麯并酒》 作三斛麥麯法：蒸、炒、生，各一斛。炒麥黄，莫令焦。生麥：擇治甚令精好。種各别磨。磨欲細。磨訖，合和之。

七月取中寅日，使童子着青衣，日未出時，面向殺地，汲水二十斛。勿令人潑水，水長亦可瀉却，莫令人用。

其和麯之時，面向殺地和之，令使絶强。團麯之人，皆是童子小兒，亦面向殺地；有污穢者不使。不得令人室近。團麯，當日使訖，不得隔宿。屋用草屋，勿使瓦屋。地須净掃，不得穢惡；勿令濕。畫地爲阡陌，周成四巷。作「麯人」，各置巷中。假置「麯王」，王者五人。麯餅隨阡陌比肩相布。

布訖，使主人家一人爲主，莫令奴客爲主。與「王」酒脯之法：濕「麯王」手中爲椀，椀中盛酒、脯、湯餅。主人三遍讀文，各再拜。

其房欲得板户，密泥涂之，勿令風入。至七日開，當處翻之，還令泥户。至二七日，聚麯，還令涂户，莫使風入。至三七日，出之，盛着瓮中，涂頭。至四七日，穿孔，繩貫，日中曝，欲得使干，然後内之。其麯餅，手團二寸半，厚九分。

祝麯文：

東方青帝土公、青帝威神，南方赤帝土公、赤帝威神，西方白帝土公、白帝威神，北方黑帝土公、黑帝威神，中央黄帝土公、黄帝威神，某年、月，某日、辰，朝日，敬啓五方五土之神：

主人某甲，謹以七月上辰，造作麥麯數千百餅，阡陌縱横，以辨疆界，須建立五王，各布封境。酒脯之薦，以相祈請，願垂神力，勤鑒所領：使蟲類絶踪，穴蟲潛影。衣色錦布，或蔚或炳；殺熱火熯，以烈以猛；芳越薰椒，味超和鼎。飲利君子，既醉既逞；惠彼小人，亦恭亦静。敬告再三，格言斯整。神之聽之，福應自冥。人願無違，希從畢永。急急如律令。

祝三遍，各再拜。

造酒法：全餅麯，曬經五日許，日三過以炊帚刷治之，絶令使净。若遇好日，可三日曬。然後細剉，布帊盛，高屋厨上曬經一日，莫使風土穢污。乃平量麯一門，臼中擣令碎。若浸麯一斗，與五升水。浸麯三日，如魚眼湯沸，酘米。其米絶令精細。淘米可二十遍。酒飯，人狗不令噉。淘米及炊釜中水、爲酒之具有所洗浣者，悉用河水佳也。

若作秫、黍米酒，一斗麯，殺米二石一斗：第一酘，米三斗；停一宿，酘米五斗；又停再宿，酘米一石；又停三宿，酘米三斗。其酒飯，欲得弱炊，炊如食飯法，舒使極冷，然後納之。

若作糯米酒，一斗麯，殺米一石八斗。唯三過酘米畢。其炊飯法，直下饋，不須報蒸。其下饋法：出饋瓮中，取釜下沸湯澆之，僅没飯便止。此元仆射家法。

又造神麴法：其麥蒸、炒、生三種齊等，與前同；但無復阡陌、酒脯、湯餅、祭麴王及童子手團之事矣。

預前事麥三種，合和細磨之。七月上寅日作麴。溲欲剛，擣欲精細，作熟。餅用圓鐵範，令徑五寸，厚一寸五分，於平板上，令壯士熟踏之。以杙刺作孔。净掃東向開户屋，布麴餅於地，閉塞窗户，密泥縫隙，勿令通風。滿七日翻之，二七日聚之，皆還密泥。三七日出外，日中曝令燥，麴成矣。任意舉、閣，亦不用瓮盛。瓮盛者則麴烏腸。烏腸者，繞孔黑爛。若欲多作者，任人耳，但須三麥齊等，不以三石爲限。

此麴一斗，殺米三石；笨麴一斗，殺米六斗：省費懸絶如此。用七月七日焦麥麴及春酒麴，皆笨麴法。

造神麴黍米酒方：細剉麴，燥曝之。麴一斗，水九斗，米三石。須多作者，率以此加之。其瓮大小任人耳。桑欲落時作，可得周年停。初下用米一石，次酘五斗，又四斗，又三斗，以漸待米消即酘，無令勢不相及。味足沸定爲熟。氣味雖正，沸未息者，麴勢未盡，宜更酘之；不酘則酒味苦、薄矣。得所者，酒味輕香，實勝凡麴。初釀此酒者，率多傷薄，何者？猶以凡麴之意忖度之，蓋用米既少，麴勢未盡故也，所以傷薄耳。不得令雞狗見。所以專取桑落時作者，黍必令極冷也。

又神麴法：以七月上寅日造。不得令雞狗見及食。看麥多少，分爲三分：蒸、炒二分正等，其生者一分，一石上加一斗半。各細磨，和之。溲時微令剛，足手熱揉爲佳。使童男小兒餅之，廣三寸，厚二寸。須西廂東向開户屋中，净掃地，地上布麴：十字立巷，令通人行；四角各造「麴奴」一枚。訖，泥户，勿令泄氣。七日開户翻麴，還塞户。二七日聚，又塞之。三七日出之。作酒時，治麴如常法，細剉爲佳。

造酒法：用黍米二斛，神麴一斗，水八斗。初下米五斗；米必令五六十遍淘之。第二酘七斗米。三酘八斗米。滿二石米以外，任意斟裁。然要須米微多，米少酒則不佳。冷暖之法，悉如常釀，要在精細也。

神麴粳米醪法：春月釀之。燥麴一斗，用水七斗，粳米兩石四斗。浸麴發如魚眼湯。净淘米八斗，炊作飯，舒令極冷。以毛袋漉去麴滓，又以絹濾麴汁於瓮中，即酘飯。候米消，又酘八斗。消盡，又酘八斗。凡三酘，畢。若猶苦者，更以二斗酘之。此酒合醅飲之可也。

又作神麴方：以七月中旬以前作麴爲上時，亦不必要須寅日；二十日以後作者，麴漸弱。凡屋皆得作，亦不必要須東向開户草屋也。大率小麥生、炒、蒸三種等分，曝蒸者令干，三種合和，碓師。净簸擇，細磨。羅取麩，更重磨，唯細爲良，粗則不好。剉胡葉，煮三沸湯。待冷，接取清者，溲麴。以相着爲限，大都欲小剛，勿令太澤。擣令可團便止，亦不必滿千杵。以手團之，大小厚薄如蒸餅劑，令下微浥浥。刺作孔。丈夫婦人皆團之，不必須童男。

其屋，預前數日着猫，塞鼠窟，泥壁，令净掃地。布麴餅於地上，作行伍，勿令相逼，當中十字通阡陌，使容人行。作「麴王」五人，置之於四方及中央：中央者面南，四方者面皆向内。酒脯祭與不祭，亦相似，今從省。

布麴訖，閉户密泥之，勿使漏氣。一七日，開户翻麴，還着本處，泥閉如初。二七日，聚之：若止三石麥麴者，但作一聚；多則分爲兩三聚。泥閉如初。三七日，以麻繩穿之，五十餅爲一貫，懸着户内，開户，勿令見日。五日後，出着外許懸之。晝日曬，夜受露霜，不須覆蓋。久停亦爾，但不用被雨。此麴得三年停，陳者彌好。

神麴酒方：净掃刷麴令净，有土處，刀削去，必使極净。反斧背椎破，令大小如棗、栗；斧刃則殺小。用故紙糊席，曝之。夜乃勿收，令受霜露。風、陰則收之，恐土污及雨潤故也。若急須者，麴干則得；從容者，經二十日許受霜露，彌令酒香。麴必須干，潤濕則酒惡。

春秋二時釀者，皆得過夏；然桑落時作者，乃勝於春。桑落時稍冷，初浸麴，與春同；及下釀，則茹瓮——止取微暖，勿太厚，太厚則傷熱。春則不須，置瓮於磚上。

秋以九月九日或十九日收水，春以正月十五日或以晦日，及二月二日收水，當日即浸麴。此四日爲上時，餘日非不得作，恐不耐久。收水法：河水第一好；遠河者取極甘井水，小鹹則不佳。

漬麴法：春十日或十五日，秋十五或二十日。所以爾者，寒暖有早晚故也。但候麴香沫起，便下釀。過久麴生衣，則爲失候；失候則酒重鈍，不復輕香。米必細師，净淘三十許遍；若淘米不净，則酒色重濁。大率麴一斗，春用水八斗，秋用水七斗；秋殺米三石，春殺米四石。初下釀，用黍米四斗，再餾弱炊，必令均熟，勿使堅剛、生、減也。於席上攤黍飯令極冷，貯出麴汁，於盆中調和，以手搦破之，無塊，然後内瓮中。春以兩重布覆；秋於布上加氈，若值天寒，亦可加草。一宿，再宿，候米消，更酘六斗。第三酘用米或七八斗。第四、第五、第六酘，用米多少，皆候麴勢强弱加減之，亦無定法。或再宿一酘，三宿一酘，無定准，惟須消化乃酘之。每酘皆挹取瓮中汁調和之，僅得和黍破塊而已，不盡貯出。每酘即以酒杷遍攪令均調，然後蓋瓮。

雖言春秋二時殺米三石、四石，然要須善候麴勢：麴勢未窮，米猶消化者，便加米，唯多爲良。世人云：『米過酒甜。』此乃不解法候。酒冷沸止，米有不消者，便是麴勢盡。

酒若熟矣，押出，清澄。竟夏直以單布覆瓮口，斬席蓋布上，慎勿瓮泥；瓮泥封交即酢壞。

冬亦得釀，但不及春秋耳。冬釀者，必須厚茹瓮、覆蓋。初下釀，則黍小暖下之。一發之後，重酘時，還攤黍使冷。酒發極暖，重釀暖黍，亦酢矣。

其大瓮多釀者，依法倍加之。其糠、瀋雜用，一切無忌。

河東神麴方：七月初治麥，七日作麴。七日未得作者，七月二十日前亦得。麥一石者，六斗炒，三斗蒸，一斗生；細磨之。桑葉五分，蒼耳一分，艾一分，茱萸一分，若無茱萸，野蓼亦得用。合煮取汁，令如酒色。漉去滓，待冷，以和麴，勿令太澤。擣千杵。餅如凡餅，方範作之。

卧麴法：先以麥䴷布地，然後着麴；訖，又以麥䴷覆之。多作者，可用箔、槌，如養蠶法。覆訖，閉户。七日，翻麴，還以麥䴷覆之。二七日，聚麴，亦還覆之。三七日，瓮盛。後經七日，然後出曝之。

造酒法：用黍米。麴一斗，殺米一石。秫米令酒薄，不任事。治麴必使表裏、四畔、孔内，悉皆净削，然後細剉，令如棗、栗。曝使極干。一斗麴，用水二斗五升。

十月桑落初凍則收水釀者爲上時。春酒正月晦日收水爲中時。春酒，河南地暖，二月作；河北地寒，三月作，大率用清明節前後耳。初凍後，盡年暮，水脉既定，收取則用；其春酒及餘月，皆須煮水爲五沸湯，待冷浸麴，不然則動。十月初凍尚暖，未須茹瓮；十一月、十二月，須黍穰茹之。

浸麴，冬十日，春七日，候麴發，氣香沫起，便釀。隆冬寒厲，雖日茹瓮，麴汁猶凍，臨下釀時，宜漉出凍凌，於釜中融之，取液而已，不得令熱。凌液盡，還瀉着瓮中，然後下黍；不爾則傷冷。

假令瓮受五石米者，初下釀，止用米一石。淘米須極净，水清乃止。炊爲饙，下着空瓮中，以釜中炊湯，及熱沃之，令饙上水深一寸餘便止。以盆合頭。良久水盡，饙極熟軟，便於席上攤之使冷。貯汁於盆中，搦黍令破，瀉着瓮中，復以酒杷攪之。每酘皆然。唯十一月、十二月天寒水凍，黍須人體暖下之；桑落、春酒，悉皆冷下。初冷下者，酘亦冷；初暖下者，酘亦暖；不得回易冷熱相雜。次酘八斗，次酘七斗，皆須候麴蘖强弱增減耳，亦無定數。

大率中分米：半前作沃饙，半後作再餾黍。純作沃饙，酒便鈍；再餾黍，酒便輕香：是以須中半耳。

冬釀六七酘，春作八九酘。冬欲温暖，春欲清凉。酘米太多則傷熱，不能久。春以單布覆瓮，冬用薦蓋之。冬，初下釀時，以炭火擲着瓮中，拔刀横於瓮上。酒熟乃去之。冬釀十五日熟，春釀十日熟。

至五月中，瓮别椀盛，於日中炙之，好者不動，惡者色變。色變者宜先飲，好者留過夏。但合醅停須臾便押出，還得與桑落時相接。

地窖着酒，令酒土氣，唯連簷草屋中居之爲佳。瓦屋亦熱。

作麴、浸麴、炊釀，一切悉用河水。無手力之家，乃用甘井水耳。

《淮南萬畢術》曰：『酒薄復厚，漬以莞蒲。』斷蒲漬酒中，有頃出之，酒則厚矣。

凡冬月釀酒，中冷不發者，以瓦瓶盛熱湯，堅塞口，又於釜湯中煮瓶，令極熱，引出，着酒瓮中，須臾即發。

曾公亮等《武經總要前集》卷一三《器圖》 古稱工欲善其事，必先利其器。蓋士卒猶工也，兵械猶器也。器利而工善，兵精而士彊，勢則然矣。故曰兵不精利，與空手同；甲不堅密，與袒裼同；弩不及遠，與短兵同；射不能中，與無矢同；中不能入，與無鏃同；鬬而不勇，與無守同。其法五不當一，然則五兵者，三軍所以恃而爲勇也，可不謹乎？

沈括《夢溪筆談》卷一八《技藝》 營舍之法，謂之《木經》，或云喻皓所撰。凡屋有「三分」：自梁以上爲「上分」，地以上爲「中分」，階爲「下分」。凡梁長幾何，則配極幾何，以爲榱等。如梁長八尺，配極三尺五寸，則廳堂法也，此謂之「上分」。楹若干尺，則配堂基若干尺，以爲榱等。若楹一丈一尺，則階基四尺五寸之類，以至承栱、榱桷，皆有定法，謂之「中分」。階級有「峻」「平」「慢」三等。宫中則以御輦爲法：凡自下而登，前竿垂盡臂，後竿展盡臂，爲「峻道」；荷輦十二人：前二人曰「前竿」，次二人曰「前絛」，又次曰「前脅」；後二人曰「後脅」，又後曰「後絛」，末後曰「後竿」。輦前隊長一人曰「傳唱」，後一人曰「報賽」。前竿平肘，後竿平肩，爲「慢道」；前竿垂手，後竿平肩，爲「平道」。此之謂「下分」。其書三卷。近歲土木之工，益爲嚴善，舊《木經》多不用，未有人重爲之，亦良工之一業也。

陳規、湯璹《守城録》卷二《陳規守城機要》　一、攻城用大砲，有重百斤以上者。若用舊制樓櫓，無有不被摧毁者，今不用樓子，則大砲已無所施。兼城身與女頭皆厚實，城外砲來，力大則自城頭上過，但令守禦人靠牆坐立，自然不能害人。力小則爲牆所隔。更於城裏亦用大砲與之相對施放，兼用遠砲，可及三百五十步外者，以害用事首領。蓋攻城必以驅擄脅從者在前，首領及同惡者在後。城内放砲，在城上人照料偏正遠近，自可取的，萬一敵砲不攻馬面，只攻女頭，急於女頭牆裏栽埋排叉木，亦用大繩實編，如笆相似，向裏用斜柱撐搶，砲石雖多，亦難擊壞。砲既不能害人，天橋對樓鵝車幔道之類，又皆有以備之，則人心安固，城無可破之理。

一、攻守利器，曾莫如砲。攻者得用砲之術，則城無不拔。守者得用砲之術，則可以制敵。守城之砲，不可安在城上，只於城裏量遠近安頓，城外不可得見，可以取的，每砲於城立一人，專照斜直遠近，令砲手定放。小偏則移定砲人脚，太偏則移動砲架。太遠則減拽砲人，太近則添拽砲人。三兩砲間，便可中物。更在砲手出入脚步，以大砲施小砲三及三百步外，若欲摧毁攻具，須用大砲。若欲害用事首領及搬運人，須用遠砲。砲不厭多備，若用砲得術，城可必固。其於製造砲架精巧處，又在守城人工匠臨時增減。製造砲梢，須及時月。夏以六月，冬以十一月、十二月，採取櫟木、檀木，皆一生筍長成少枝節者，置溝渠中，淹浸百餘日或半年，取出去皮陰乾，用穩木上下自根至梢按捺，如張盤新弓相似，取略無損者，然後用麻索生皮，相間繫扎，以防陰晴緩慢。日晴則皮繫索緩，陰雨則索堅皮緩，若此繫扎，可保無失。

一、用砲摧毁攻具，須用重百斤以上，或五七十斤大砲。若欲放遠，須用小砲，只黄泥爲團，每箇乾重五斤，輕重一般，則打物有準，圓則可以放遠。又泥團到地便碎，不爲敵人復放入城，兼亦易辨，雖是泥團，若中人頭面胸臆，無不死者，中人手足，無不折跌也。

江少虞《皇朝類苑》卷五二《書畫伎藝・造舍之法》　造舍之法，謂之木經，或云喻皓所撰。凡屋有三分去聲，自梁以上爲上分，地以上爲中分，階爲下分。凡梁長幾何，則配極幾何，以爲榱等。如梁長八尺，配極三尺五寸，則廳法堂也，此謂之上分。楹若干尺，則配堂基若干尺，以爲榱等。若楹一丈一尺，則階基四尺五寸之類，以至承拱榱桷皆有定法，謂之中分。階級有峻平慢三等，宮中則以御輦爲法，凡自下而登，前竿垂盡臂，後竿展盡臂爲峻道，荷輦十二人，前二人曰前竿，次二人曰前條，又次曰前脅，後一人曰後脅，又後曰後條，末後曰後竿。輦併隊長一人曰傳唱，後一人曰報賽。前竿平肘後竿平肩爲慢道，前竿垂手後竿平肩爲平道，此之謂下分。其書三卷，近歲土木之工益爲嚴善，舊木經多不用，未有人重爲之，亦良工之一業也。

張棣《金虜圖經》

京邑：

金虜有國之初，都上京，府曰會寧，地名金源。其城邑、宮室類中原之州縣廨宇，制度極草創。居民往來或車馬雜遝，皆自前朝門爲出入之路，略無禁犯。每春正擊土牛，父老士庶無長無幼，皆觀看於殿之側。主之出朝也，威儀禮貌止肖乎守令，民有訟未決者，多攔駕以訴之，其野如此。

至亶始有内廷之禁，大率亦闊略。迨亮弑亶而自立，粗通經史，知中國朝著之尊，密有遷都意。繼下求言詔，應公卿大夫、芻蕘黎庶，皆得以利害聞。時上書者多陳上京僻在一隅，官艱於轉輸，民艱於赴訴，不若徙燕以應天地中會，與亮意合，率從之。即日遣左相張浩、右相張通古、左丞蔡松年，役天下軍民夫匠築室宮於燕。會三年而有成。貞元四年按，當作元年，亮率文武百官，駕始幸焉，遂以渤海遼陽府爲東京，山西大同府爲西京，中京大定府爲北京，東京開封府爲南京。燕山爲中都，府曰大興。改元，以赦告天下，京邑始定焉。

都城之門十二，每一面分三門，一正兩偏焉。其正門四傍皆又設兩門，正門常不開，惟車駕出入，餘悉由傍兩門焉。其門十二各有標名：東曰宣耀，曰施仁，曰陽春；西曰灝華，曰麗澤，曰新義；南曰豐宜，曰景風，曰端禮；北曰通元，曰會城，曰崇智。内城門曰左掖、右掖，宣陽又在外焉。外門即墨書粉地，内則金書朱地，皆故禮部尚書王競書。

宮室：

亮欲都燕，先遣畫工寫京師宮室制度，至於闊狹修短，曲畫其數，授之左相張浩輩按圖以修之。城之四圍九里有三十步。自天津橋之北曰宣陽門如京師朱雀門，門分三，中繪一龍，兩偏繪以鳳，用金鍍銅釘實之。中門常不開，惟車駕出入。兩偏分雙隻日開一門，無貴賤皆得往焉。過門有兩樓，曰文曰武。文之轉東曰來寧館，武之轉西曰會同館，二館皆爲本朝人使設也。正北曰千步廊，東西對焉。廊之半各有偏門，向東曰太廟，向西曰尚書省。通天門今改爲應天樓，觀高八丈，朱門五，飾以金釘，東西相去里餘，又爲設一門，左曰左掖，右曰右掖。

內城之正東曰宜華，正西曰玉華，北曰拱辰門。內殿凡九重，殿三十有六，樓閣倍之。正中位曰「皇帝正位」，後曰「皇后正位」。位之東曰內省，西曰「十六位」，乃妃嬪所居之地也。西出玉華門，同樂園，瑶池，蓬瀛莊，杏村盡在於是。

吴自牧《夢粱録》卷一五《城内外諸宫觀》 釋老之教遍天下，而杭郡爲甚。然二教之中，莫盛於釋，故老氏之廬，十不及一。但老氏之教，有君臣之分，尊嚴難犯，報應甚捷，故奉老氏者，倍加恭敬，不敢褻瀆，此釋氏之所不如也。且在城宫觀，則以太乙、萬壽爲首，餘杭洞霄次之。其他外郡，如醴泉、佑神、集禧、崇禧等觀又次焉。此朝廷以待老臣執政閑居，侍從卿監，除提舉主事之職，優寵也。今撫宫觀在杭者，除御前十宫觀外，編次於後。天慶觀，在天慶坊，以奉聖祖保生天尊大帝香火。郡家官僚，朔望到任，俱朝謁於此。報恩觀，在觀橋南報恩坊。元貞觀，在貢院西巷。旌忠觀，在豐樂橋東北，以奉鳳翔府和尚原三聖廟香火。中興觀，即伍相公廟，後天明、承天，即梓潼廟。天慶、靈應、至德、崇應六宫觀，俱在吴山之左右。鶴林觀，在俞家園。景隆觀，在新門外水府。净鑒觀，在清水閘。玉虚觀，奉三官。表忠觀，奉錢王五廟香燈，在龍山左右。貞武觀，在太和寺後。玉清宫，在葛嶺下。旌德觀，在蘇堤先賢堂後。雲濤、上清兩宫觀，俱在雷峰塔寺之右。冲虚觀，在履泰鄉。太清觀，在龍井山。景星觀，在臨平岳祠之側。順濟宫，在湯鎮岳宫之左右。外有在城及附郭女冠宫觀者九：曰福田、新興、明貞、神仙、承天、西靖、靈耀、長清等宫。餘外七縣，首以餘杭大滌洞天，即洞霄宫也。以下宫觀，二十有三：如洞霄宫者，按諸志書云：「自漢武帝迄唐五代，至宋一千九百餘年，元名天柱，宋大中祥符年賜觀額洞霄。」按《真境録》云：「宫有五洞交扃，九峰回抱，千岩萬谷，秀聚其中，或泉飛彤廈之檐，雲鎖碧壇之角，祥光神異，兼木返於春秋，撫掌泉靈，更丹藏於翠石。」又有亭館者七，匾曰漱玉、超然、税駕、翠蛟、飛玉、宜霜、聚仙、貞挹是也。自晉、宋以來，得道之士，許邁而下，凡二十有四人焉。更有神異曰「搗藥禽」，蓋山中異鳥甚多，僅有其一，晝隱夜鳴，莫得而見，聲音清亮，徹旦不絶，類如杵藥之聲。曰五色雲氣，出於洞中。高廟脱屣萬幾，頤神物表，遂於乾道二年，自德壽宫行幸山中，駐蹕累日，敕大官進蔬膳，御翰《度人經》以賜。自有天地，即有此山，殊尤之迹勝矣。蘇文忠公詩：「上帝高居憫世頑，故留瓊館在凡間。青山九鎖不易到，作者七人相對閑；庭下流泉翠蛟舞，洞中飛鼠白鴉翻。長松怪石宜霜鬢，不用金丹苦駐顔。」又方千詩：「早識吾師頻到此，芝童藥犬亦相迎。師今一去無消息，花洞石泉空月明。」其餘名賢賦咏，不盡詳述。又有道堂者，如西湖崇真道院、靈應希真道堂以下，城内外約有二十餘處，皆舍俗三清道友，及接待外路名山洞府往來雲水高人，時有神仙應緣現迹，詳於志傳。

又《城内外寺院》 明慶寺，在木子巷，凡朝家祈禱，及宰執文武官僚建啓聖節道場咸在焉。仙林慈恩普濟教寺，在鹽橋東。寺有萬善大乘戒壇，僧尼受戒法之地。太平興國傳法寺，在佑聖觀東。千頃廣化院，在木子巷北，係羣臣僚佐建啓聖節道場及祈禱去處。城内寺院，如自七寶山開寶仁王寺以下，大小寺院五十有七。倚郭尼寺，自妙净福全慈光地藏寺以下，三十有一。又兩赤縣大小梵宫，自景德靈隱禪寺、三天竺、演福上下、圓覺、净慈、光孝、報恩禪寺以下，寺院凡三百八十有五。更七縣寺院，自餘杭縣徑山能仁禪寺以下，一百八十有五。都城内外庵舍，自保寧庵之次，共一十有三。諸録官下僧庵，及白衣社會道場奉佛，不可勝紀。或僧行欲建道場殿宇，則持鉢游於四方，能事者干緣，不日可以成就，惟道堅志願無二心耳。

又《僧塔寺塔》 杭城有古僧塔者，如上竺寺有隋朝僧貞觀法師東岡塔，竹閣有唐朝鳥窠禪師塔，四聖觀御園瑪瑙坡高僧塔，放馬場栖真院贊寧塔，寶勝寺後山法慧大師塔，龍井壽聖寺辨才和尚塔，塔前有雙株海棠。其寺塔者，如六和慈恩開化寺曰六和塔，榮國寺曰南高峰塔，景德靈隱寺曰北高峰廟塔，崇寧寺曰保俶塔，又顯嚴院寺曰雷峰塔，曰聖果寺塔，定民坊曰佛牙塔，廣化寺曰辟支塔，南山延壽法顯院曰華嚴塔，净因寺曰雙石塔。大中祥符開化寺廣九里，自南渡初，斥西北充軍器所、作院及民居，寺元有鐵塔石塔者五。又有法華塔，在端拱年僧文定建千頃廣化院。有慈化大佛塔，即了性塔。景德、靈隱、净慈、報恩、光孝寺，各有鐵塔，乃吴越錢王所造。街市有塔者，如閣門里楊府前有磚塔，巷名曰塔兒頭。龍山兒頭嶺名白塔嶺，嶺有石塔存焉。兒門北有軍寨門，立雙塔，呼爲雙塔寨。薦橋門外觀音寺對有磚塔，年深矣。北關門外二郎廟，廟前亦有磚塔。三橋北楊三郎頭巾鋪，河岸相對，有磚塔，塔在渡子橋南。兩浙運司衙橋南光相寺亦有雙塔，立於寺前。西湖三潭，立三塔以鎮之。餘外有僧庵所建塔院及街市磚塔，近年者不贅詳。

陶宗儀《南村輟耕録》卷二一《宫闕制度》 至元四年正月，城京師，以爲天下本。右擁太行，左注滄海，撫中原，正南面，枕居庸，奠朔方，峙萬歲山，浚太液池，派玉泉，通金水，縈繞帶甸，負山引河，壯哉帝居，擇此天府。城方六十里，里二百四十步。分十一門，正南曰麗正，南之右曰順承，南之左曰文明，北之東曰安貞，北之西曰健德，正東曰崇仁，東之右曰齊化，東之左曰光熙，正西曰和美，西之右曰肅清，西之左曰平則。大内南臨麗正門，正衙曰大明殿，曰延春閣。宫城周回九里三十步，東西四百八十步，南北六百十五步。高三十五尺。磚甃。至元八年八月十七日申時動土，明年三月十五日即工。分六門。正南曰崇天，十一間，五門。東西一百八十七尺，深五十五尺，高八十五尺。左右趓樓二。趓樓登門兩斜廡，十門。闕上兩觀皆三趓樓，連趓樓東西廡各五間。西趓樓之西，有涂金銅幡竿。附宫城南面，有宿衛直廬。凡諸宫門，皆金鋪、朱户、丹楹、藻繪、彤壁、琉璃瓦飾檐脊。崇天之左曰星拱，三間，一門。東西五十五尺，深四十五尺，高五十尺。崇天之右曰雲從，制度如星拱。東曰東華，七間，三門。東西一百十尺，深四十五尺，高八十尺。西曰西華，制度如東華。北曰厚載，五間，一門。東西八十七尺，深高如西華。角樓四，據宫城之四隅，皆三趓樓，琉璃瓦飾檐脊。直崇天門，有白玉石橋三虹，上分三道，中爲御道，鎸百花蟠龍。星拱南有御膳亭，亭東有拱辰堂，蓋百官會集之所。東南角樓，東差北有生料庫，庫東爲柴場。夾垣東北隅有羊圈。西南角樓，南紅門外，留守司在焉。西華南有儀鸞局，西有鷹房。厚載北爲御苑。外周垣紅門十有五，内苑紅門五，御苑紅門四。此兩垣之内也。大明門在崇天門内，大明殿之正門也，七間，三門。東西一百二十尺，深四十四尺，重檐。日精門在大明門左，月華門在大明門右，皆三間，一門。大明殿，乃登極正旦壽節會朝之正衙也，十一間，東西二百尺，深一百二十尺，高九十尺。柱廊七間，深二百四十尺，廣四十四尺，高五十尺。寢室五間，東西夾六間，後連香閣三間，東西一百四十尺，深五十尺，高七十尺。青石花礎，白玉石圓碣，文石甃地，上藉重裀，丹楹金飾，龍繞其上，四面朱瑣窗，藻井間金繪，飾燕石，重陛朱闌，涂金銅飛雕冒。中設七寶雲龍御榻，白蓋金縷褥，並設后位，諸王百寮怯薛官侍宴坐牀，重列左右。前置燈漏，貯水運機，小偶人當時刻捧牌而出。木質銀裹漆瓮一，金雲龍蜿繞之，高一丈七尺，貯酒可五十餘石。雕象酒卓一，長八尺，闊七尺二寸。玉瓮一，玉編磬一，巨笙一。玉笙、玉箜篌，咸備於前。前懸繡緣朱簾，至冬月，大殿則黄紬皮壁幛，黑貂褥，香閣則銀鼠皮壁幛，黑貂暖帳。凡諸宫殿乘輿所臨御者，皆丹楹、朱瑣窗，間金藻繪，設御榻，裀褥咸備。屋之檐脊皆飾琉璃瓦。文思殿在大明寢殿東，三間，前後軒，東西三十五尺，深七十二尺。紫檀殿在大明寢殿西，制度如文思。皆以紫檀香木爲之縷花，龍涎香間白玉飾壁，草色髹緑其皮爲地衣。寶雲殿在寢殿後，五間，東西五十六尺，深六十三尺，高三十尺。鳳儀門在東廡中，三間，一門，東西一百尺，深六十尺，高如其深門。門之外有庖人之室，稍南有酒人之室。麟瑞門在西廡中，制度如鳳儀。門之外有内藏庫二十所，所爲七間。鐘樓，又名文樓，在鳳儀南。鼓樓，又名武樓，在麟瑞南。皆五間，高七十五尺。嘉慶門在後廡寶雲殿東，景福門在後廡寶雲殿西，皆三間一門，周廡一百二十間，高三十五尺。四隅角樓四間，重檐。凡諸宫周廡，並用丹楹、彤壁、藻繪，琉璃瓦飾檐脊。延春門在寶雲殿後，延春閣之正門也，五間，三門，東西七十七尺，重檐。懿範門在延春左，嘉則門在延春右，皆三間，一門。延春閣九間，東西一百五十尺，深九十尺，高一百尺，三檐重屋。柱廊七間，廣四十五尺，深一百四十尺，高五十尺。寢殿七間，東西夾四間，後香閣一間，東西一百四十尺，深七十五尺，高如其深。重檐，文石甃地，藉花毳裀，檐帷咸備。白玉石重陛，朱闌，銅冒，楯涂金雕翔其上。閣上御榻二。柱廊中設小山屏牀，皆楠木爲之，而飾以金。寢殿楠木御榻，東夾紫檀御榻。壁皆張素畫，飛龍舞鳳。西夾事佛像。香閣楠木寢牀，金縷褥，黑貂壁幛。慈福殿又曰東暖殿，在寢殿東，三間，前後軒，東西三十五尺，深七十二尺。明仁殿又曰西暖殿，在寢殿西，制度如慈福。景耀門在左廡中，三間，一門，高三十尺。清灝門在右廡中，制度如景耀。鐘樓在景耀南，鼓樓在清灝南，各高七十五尺，周廡一百七十二間，四隅角樓四間。玉德殿在清灝外，七間，東西一百尺，深四十九尺，高四十尺。飾以白玉，甃以文石，中設佛像。東香殿在玉德殿東，西香殿在玉德殿西，宸慶殿在玉德殿後，九間，東西一百三十尺，深四十尺，高如其深。中設御榻，簾帷裀褥咸備。前列朱闌，左右辟二紅門，後山字門三間。東更衣殿在宸慶殿東，五間，高三十尺。西更衣殿在宸慶殿西，制度如東殿。隆福殿在大内之西，興聖宫之前。南紅門三，東西紅門各一，繚以磚垣。南紅門一，東紅門一，後紅門一。光天門，光天殿正門也，五間，三門，高三十二尺，重檐。崇華門在光天門左，膺福門在光天門右，各三間，一門。光天殿七間，東西九十八尺，深五十五尺，高七十尺。柱廊七間，深九十八尺，高五十尺。寢殿五間，兩夾四間，東西一百三十尺，高五十八尺五寸。重檐，藻井，瑣窗，文石甃地，藉花毳裀，懸朱簾，重陛，朱闌，涂金雕冒楯。正殿縷金雲龍樟木御榻，從臣坐牀重列前兩傍。寢殿亦設御榻，裀褥咸備。青陽門在左廡中，明暉門在右廡中，各三間，一門。翥鳳樓在青陽南，三間，高四十五尺。驂龍樓在明暉南，制度如翥鳳，後有牧人宿衛之室。壽昌殿又曰東暖殿，在寢殿東，三間，前後軒，重檐。嘉禧殿又曰西暖殿，在寢殿西，制度如壽昌，中位佛像，傍設御榻。針綫殿在寢殿後，周廡一百七十二間，四隅角樓四間。侍女直廬五所，在針綫殿後。又有侍女室七十二間，在直廬後，及左右浴室一區，在宮垣東北隅。文德殿在明暉外，又曰楠木殿，皆楠木爲之，三間，前後軒一間。盝頂殿五間，在光天殿西北角樓西，後有盝頂小殿。香殿在宮垣西北隅，三間，前軒一間，前寢殿三間，柱廊三間，後寢殿三間，東西夾各二間。文宸庫在宮垣西南隅，酒房在宮垣東南隅，内庖在酒房之北。興聖宮在大内之西北，萬壽山之正西，周以磚垣，南辟紅門三，東西紅門各一，北紅門一。南紅門外，兩傍附垣有宿衛直廬，凡四十間，東西門外各三間。南門前夾垣内，有省院臺百司官侍直板屋。北門外，有窨花室五間。東夾垣外，有宦人之室十七間，凌室六間，酒房六間。南北西門外，棋置衛士直宿之舍二十一所，所爲一間。外夾垣東紅門三，直儀天殿吊橋，西紅門一，達徽政院。門内差北，有盝頂房二，各三間。又北，有屋二所，各三間。差南，有庫一所，及屋三間。北紅門外，有臨街門一所，三間。此夾垣之北門也。興聖門，興聖殿之正門也，五間，三間，重檐，東西七十四尺。明華門在興聖門左，肅章門在興聖門右，各三間，一門。興聖殿七間，東西一百尺，深九十七尺。柱廊六間，深九十四尺。寢殿五間，兩夾各三間，後香閣三間，深七十七尺。正殿四面，朱懸瑣窗，文石甃地，藉以毳裀，中設扆屏榻，張白蓋簾帷，皆錦繡爲之。諸王百寮宿衛官侍宴坐牀，重列左右。其柱廊寢殿，亦各設御榻，裀褥咸備。白玉石重陛，朱闌，涂金冒楯，覆以白磁瓦，碧琉璃飾其檐脊。弘慶門在東廡中，宣則門在西廡中，各三間，一門。凝暉樓在弘慶南，五間，東西六十七尺。延顥樓在宣則南，制度如凝暉。嘉德殿在寢殿東，三間，前後軒各三間，重檐。寶慈殿在寢殿西，制度同嘉德。山字門在興聖宮後，延華閣之正門也，正一間，兩夾各一間，重檐，一門，脊置金寶瓶。又獨脚門二，周閣以紅板垣。延華閣五間，方七十九尺二寸，重阿，十字脊，白琉璃瓦覆，青琉璃瓦飾其檐，脊立金寶瓶，單陛，御榻從臣坐牀咸具。東西殿在延華閣西，左右各五間，前軒一間。圓亭在延華閣後。芳碧亭在延華閣後圓亭東，三間，重檐，十字脊，覆以青琉璃瓦，飾以緑琉璃瓦，脊置金寶瓶。徽青亭在圓亭西，制度同芳碧亭。浴室在延華閣東南隅東殿後，傍有盝頂井亭二間，又有盝頂房三間。畏吾兒殿在延華閣右，六間，傍有窨花半屋八間。木香亭在畏吾兒殿後。東盝頂殿在延華閣東版垣外，正殿五間，前軒三間，東西六十五尺，深三十九尺。柱廊二間，深二十六尺。寢殿三間，東西四十八尺。前宛轉置花朱闌八十五扇。殿之傍有盝頂房三間，庖室二間，面陽盝頂房三間，妃嬪庫房一間，縫紉女庫房三間，紅門一。盝頂之制，三椽，其頂若笥之平，故名。西盝頂殿在延華閣西版垣之外，制度同東殿。東殿之傍，有庖室三間，好事房二，各三間，獨脚門二，紅門一。妃嬪院四，二在東盝頂殿後，二在西盝頂殿後，各正室三間，東西夾四間，前軒三間，後有三椽半屋二間。侍女室八十五間，半在東妃嬪院左，西向，半在西妃嬪院右，東向。室後各有三椽半屋二十五間。東盝頂殿紅門外，有屋三間，盝頂軒一間，後有盝頂房一間。庖室一區，在凝暉樓後，正屋五間，前軒一間，後披屋三間，又有盝頂房一間，盝頂井亭一間，周以土垣，前辟紅門。酒房在宮垣東南隅庖室南，正屋五間，前盝頂軒三間，南北房各三間。西北隅盝頂房三間，紅門一，土垣四周之。學士院在閣後西盝頂殿門外之西偏，三間。生料庫在學士院南。又南，爲鞍轡庫。又南，爲軍器庫。又南，爲牧人庖人宿衛之室。藏珍庫在宮垣西南隅，制度並如酒室，惟多盝頂半屋三間，庖室三間。萬壽山在大内西北太液池之陽，金人名瓊花島，中統三年修繕之，至元八年賜今名。其山皆疊玲瓏石爲之，峰巒隱映，松檜隆鬱，秀若天成。引金水河至其後，轉機運㪷，汲水至山頂，出石龍口，注方池，伏流至仁智殿後，有石刻蟠龍，昂首噴水仰出，然後由東西流入於太液池。山前有白玉石橋，長二百餘尺，直儀天殿後。橋之北有玲瓏石，擁木門五，門皆爲石色。内有隙地，對立日月石。西有石棋枰，又有石坐牀，左右皆有登山之徑，縈紆萬石中，洞府出入，宛轉相迷，至一殿一亭，各擅一景之妙。山之東有石橋，長七十六尺，闊四十一尺半，爲石渠以載金水，而流於山後以汲於山頂也。又東，爲靈圃，奇獸珍禽在焉。廣寒殿在山頂，七間，東西一百二十尺，深六十二尺，高五十尺。重阿藻井，文石甃地，四面瑣窗，板密其里，遍綴金紅雲，而蟠龍矯蹇於丹楹之上。中有小玉殿，内設金嵌玉龍御榻，左右列從臣坐牀。前架黑玉酒瓮一，玉有白章，隨其形刻爲魚獸出沒於波濤之狀，其大可貯酒三十餘石。又有玉假山一峰，玉響鐵一懸。殿之後有小石笋二，内出石龍首，以噀所引金水。西北有厠堂一間。仁智殿在山之半，三間，高三十尺。金露亭在廣寒殿東，其制圓，九柱，高二十四尺，尖頂上置琉璃珠。亭後有銅幡竿。玉虹亭在廣寒殿西，制度如金露。方壺亭在荷葉殿後，高三十尺，重屋八面，重屋無梯，自金露亭前複道登焉，又曰綫珠亭。瀛洲亭在温石浴室後，制度同方壼。玉虹亭前仍有登重屋複道，亦曰綫珠亭。荷葉殿在方壼前，仁智西北，三間，高三十尺，方頂，中置琉璃珠。温石浴室在瀛洲前，仁智西北，三間，高二十三尺，方頂，中置涂金寶瓶。圜亭，又曰胭粉亭，在荷葉稍西，蓋后妃添妝之所也，八面。介福殿在仁智東差北，三間，東西四十一尺，高二十五尺。延和殿在仁智西北，制度如介福。馬湩室在介福前，三間。牧人之室在延和前，三間。庖室在馬湩前。東浴室更衣殿在山東平地，三間，兩夾。太液池在大内西，周回若干里，植芙蓉。儀天殿在池中圓坻上，當萬壽山，十一楹，高三十五尺，圍七十尺，重檐，圓蓋頂，圓臺址，甃以文石，藉以花裀，中設御榻，周辟瑣窗，東西門各一間，西北厠堂一間，臺西向，列甃磚龕，以居宿衛之士。東爲木橋，長一百廿尺，闊廿二尺，通大内之夾垣。西爲木吊橋，長四百七十尺，闊如東橋，中闕之，立柱，架梁於二舟，以當其空，至車駕行幸上都，留守官則移舟斷橋，以禁往來。是橋通興聖宫前之夾垣。後有白玉石橋，乃萬壽山之道也。犀山臺在儀天殿前水中，上植木芍藥。隆福宫西御苑在隆福宫西，先后妃多居焉。香殿在石假山上，三間，兩夾二間，柱廊三間，龜頭屋三間，丹楹，瑣窗，間金藻繪，玉石礎，琉璃瓦。殿後有石臺，山後辟紅門，門外有侍女之室二所，皆南向並列。又後直紅門，並立紅門三。三門之外，有太子斡耳朵荷葉殿二，在香殿左右，各三間。圓殿在山前，圓頂上置涂金寶珠，重檐。後有流杯池，池東西流水，圓亭二，圓殿有廡以連之。歇山殿在圓殿前，五間，柱廊二，各三間。東西亭二，在歇山後左右，十字脊。東西水心亭在歇山殿池中，直東西亭之南，九柱，重檐。亭之後，各有侍女房三所，所爲三間，東房西向，西房東向。前辟紅門三，門内立石以屏内外，外築四垣以周之。池引金水注焉。棕毛殿在假山東偏，三間，後盝頂殿三間。前啓紅門，立垣以區分之。儀鸞局在三紅門外西南隅，正屋三間，東西屋三間，前開一門。史官虞集曰：嘗觀紀籍所載，秦、漢、隋、唐之宫闕，其宏麗可怖也，高者七八十丈，廣者二三十里。而離宫别館，綿延聯絡，彌山跨谷，多或至數百所。嘻，真木妖哉！由餘有言，使鬼爲之，則勞神矣；使人爲之，則苦人矣。由餘當秦穆公之時爲是，俾見後世之侈何如也。雖然，紫宫著乎玄象，得無棟宇有等差之辨，而茅茨之簡，又烏足以重威於四海乎！集佐修《經世大典》，將作所疏宫闕制度爲詳，於是知大有徑庭於古也。方今幅員之廣，户口之夥，貢税之富，當倍秦、漢而參隋、唐也，顧力有可爲而莫爲，則其所樂不在於斯也。孔子曰：「禹吾無間然矣，卑宫室而盡力乎溝洫。」重於此則輕於彼，理固然矣。

《元史》卷六六《河渠志三・黄河》〔至正〕十一年四月初四日，下詔中外，命魯以工部尚書爲總治河防使，進秩二品，授以銀印。發汴梁、大名十有三路民十五萬人，廬州等戍十有八翼軍二萬人供役，一切從事大小軍民，咸禀節度，便宜興繕。是月二十二日鳩工，七月疏鑿成，八月決水故河，九月舟楫通行，十一月水土工畢，諸埽諸隄成。河乃復故道，南匯于淮，又東入于海。帝遣貴臣報祭河伯，召魯還京師，論功超拜榮禄大夫、集賢大學士，其宣力諸臣遷賞有差。賜丞相脱脱世襲答剌罕之號，特命翰林學士承旨歐陽玄製河平碑文，以旌勞績。

玄既爲河平之碑，又自以爲司馬遷、班固記河渠溝洫，僅載治水之道，不言其方，使後世任斯事者無所考則，乃從魯訪問方略，及詢過客，質吏牘，作《至正河防記》，欲使來世罹河患者按而求之。其言曰：

治河一也，有疏、有濬、有塞，三者異焉。釃河之流，因而導之，謂之疏。去河之淤，因而深之，謂之濬。抑河之暴，因而扼之，謂之塞。疏濬之别有四：曰生地，曰故道，曰河身，曰減水河。生地有直有紆，因直而鑿之，可就故道。故道有高有卑，高者平之以趨卑，高卑相就，則高不壅，卑不瀦，慮夫壅生潰，瀦生堙也。河身者，水雖通行，身有廣狹。狹難受水，水(溢)〔益〕悍，故狹者以計闢之；廣難爲岸，岸善崩，故廣者以計禦之。減水河者，水放曠則以制其狂，水隳突則以殺其怒。

治隄一也，有創築、修築、補築之名，有刺水隄，有截河隄，有護岸隄，有縷水隄，有石船隄。

治埽一也，有岸埽、水埽，有龍尾、欄頭、馬頭等埽。其爲埽臺及推卷、牽制、薶掛之法，有用土、用石、用鐵、用草、用木、用杙、用絙之方。

塞河一也，有缺口，有豁口，有龍口。缺口者，已成川。豁口者，舊常爲水所豁，水退則口下於隄，水漲則溢出於口。龍口者，水之所會，自新河入故道之潨也。

此外不能悉書，因其用功之次第，而就述於其下焉。

其濬故道，深廣不等，通長二百八十里百五十四步而强。功始自白茅，長百八十二里。繼自黄陵岡至南白茅，闢生地十里。口初受，廣百八十步，深二丈有二尺，已下停廣百步，高下不等，相折深二丈及泉。曰停、曰折者，用古算法，因此推彼，知其勢之低昂，相準折而取匀停也。南白茅至劉莊村，接入故道十里，通折墾廣八十步，深九尺。劉莊至專固，百有二里二百八十步，通折停廣六十步，深五尺。專固至黄固，墾生地八里，面廣百步，底廣九十步，高下相折，深丈有五尺。黄固至哈只口，長五十一里八十步，相折停廣墾六十步，深五尺。乃濬凹里減水河，通長九十八里百五十四步。凹里村缺河口生地，長三里四十步，面廣六十步，底廣四十步，深一丈四尺。自凹里生地以下舊河身至張贊店，長八十二里五十四步。上三十六里，墾廣二十步，深五尺；中三十五里，墾廣二十八步，深五尺；下十里二百四十步，墾廣二十六步，深五尺。張贊店至楊青村，接入故道，墾生地十有三里六十步，面廣六十步，底廣四十步，深一丈四尺。

其塞專固缺口，修隄三重，并補築凹里減水河南岸豁口，通長二十里三百十有七步。其創築河口前第一重西隄，南北長三百三十步，面廣二十五步，底廣三十三步，樹置樁橛，實以土牛、草葦、雜梢相兼，高丈有三尺，隄前置龍尾大埽。言龍尾者，伐大樹連梢繫之隄旁，隨水上下，以破囓岸浪者也。築第二重正隄，并補兩端舊隄，通長十有一里三百步。缺口正隄長四里。兩隄相接舊隄，置樁堵閉河身，長百四十五步，用土牛、草葦、梢土相兼修築，底廣三十步，修高二丈。其岸上土工修築者，長三里二百十有五步有奇，高廣不等，通高一丈五尺。補築舊隄者，長七里三百步，表裏倍薄七步，增卑六尺，計高一丈。築第三重東後隄，并接修舊隄，高廣不等，通長八里。補築凹里減水河南岸豁口四處，置樁木，草土相兼，長四十七步。

於是塞黄陵全河，水中及岸上修隄長三十六里百三十六步。其修大隄刺水者二，長十有四里七十步。其西復作大隄刺水者一，長十有二里百三十步。内創築岸上土隄，西北起李八宅西隄，東南至舊河岸，長十里百五十步，顛廣四步，趾廣三之，高丈有五尺。仍築舊河岸至入水隄，長四百三十步，趾廣三十步，顛殺其六之一，接修入水。

兩岸埽隄並行。作西埽者夏人水工，徵自靈武；作東埽者漢人水工，徵自近畿。其法以竹絡實以小石，每埽不等，以蒲葦綿腰索徑寸許者從鋪，廣可一二十步，長可二三十步。又以曳埽索綯徑三寸或四寸、長二百餘尺者衡鋪之。相間復以竹葦麻檾大繂，長三百尺者爲管心索，就繫綿腰索之端於其上，以草數千束，多至萬餘，匀布厚鋪於綿腰索之上，櫜而納之，丁夫數千，以足踏實，推卷稍高，即以水工二人立其上，而號於衆，衆聲力舉，用小大推梯，推卷成埽，高下長短不等，大者高二丈，小者不下丈餘。又用大索或五爲腰索，轉致河濱，選健丁操管心索，順埽臺立踏，或掛之臺中鐵猫大橛之上，以漸縋之下水。埽後掘地爲渠，陷管心索渠中，以散草厚覆，築之以土，其上復以土牛、雜草、小埽梢土，多寡厚薄，先後隨宜。修疊爲埽臺，務使牽制上下，縝密堅壯，互爲掎角，埽不動摇。日力不足，火以繼之。積累既畢，復施前法，卷埽以壓先下之埽，量水淺深，制埽厚薄，疊之多至四埽而止。兩埽之間置竹絡，高二丈或三丈，圍四丈五尺，實以小石、土牛。既滿，繫以竹纜，其兩旁并埽，密下大樁，就以竹絡上大竹腰索繫於樁上。東西兩埽及其中竹絡之上，以草土等物築爲埽臺，約長五十步或百步，再下埽，即以竹索或麻索長八百尺或五百尺者一二，雜廁其餘管心索之間，俟埽入水之後，其餘管心索如前薶掛，隨以管心長索，遠置五七十步之外，或鐵猫，或大樁，曳而繫之，通管束累日所下之埽，再以草土等物通修成隄。又以龍尾大埽密掛於護隄大樁，分折水勢。其隄長二百七十步，北廣四十二步，中廣五十五步，南廣四十二步，自顛至趾，通高三丈八尺。

其截河大隄，高廣不等，長十有九里百七十七步。其在黄陵北岸者，長十里四十一步。築岸上土隄，西北起東西故隄，東南至河口，長七里九十七步，顛廣六步，趾倍之而强二步，高丈有五尺，接修入水。施土牛、小埽梢草雜土，多寡厚薄隨宜修疊，及下竹絡，安大樁，繫龍尾埽，如前兩隄法。唯修疊埽臺，增用白闌小石。并埽上及前(洊)〔游〕修埽隄一，長百餘步，直抵龍口。稍北，欄頭三埽並行，埽大隄廣與刺水二隄不同，通前列四埽，間以竹絡，成一大隄，長二百八十步，北廣百一十步，其顛至水面高丈有五尺，水面至澤腹高二丈五尺，通高三丈五尺；中流廣八十步，其顛至水面高丈有五尺，水面至澤腹高五丈五尺，通高七丈。並創築縷水横隄一，東起北截河大隄，西抵西刺水大隄。又一隄東起中刺水大隄，西抵西刺水大隄，通長二里四十二步，亦顛廣四步，趾三之，高丈有二尺。修黄陵南岸，長九里百六十步，内創岸土隄，東北起新補白茅故隄，西南至舊河口，高廣不等，長八里二百五十步。

乃入水作石船大隄。蓋由是秋八月二十九日乙巳道故河流，先所修北岸西中刺水及截河三隄猶短，約水尚少，力未足恃。決河勢大，南北廣四百餘步，中流深三丈餘，益以秋漲，水多故河十之八。兩河争流，近故河口，水刷岸北行，洄漩湍激，難以下埽。且埽行或遲，恐水盡湧入決河，因淤故河，前功遂隳。魯乃精思障水入故河之方，以九月七日癸丑，逆流排大船二十七艘，前後連以大桅或長樁，用大麻索、竹絙絞縛，綴爲方舟。又用大麻索、竹絙(用)〔周〕船身繳繞上下，令牢不可破，乃以鐵猫於上流硾之水中。又以竹絙絶長七八百尺者，繫兩岸大橛上，每絙或硾二舟或三舟，使不得下，船腹略鋪散草，滿貯小石，以合子板釘合之，復以埽密布合子板上，或二重，或三重，以大麻索縛之急，復縛橫木三道於頭桅，皆以索維之，用竹編笆，夾以草石，立之桅前，約長丈餘，名曰水簾桅。復以木楮拄，使簾不偃仆，然後選水工便捷者，每船各二人，執斧鑿，立船首尾，岸上撾鼓爲號，鼓鳴，一時齊鑿，須臾舟穴，水入，舟沉，遏決河。水怒溢，故河水暴增，即重樹水簾，令後復布小埽土牛白闌長梢，雜以草土等物，隨宜填垜以繼之。石船下詣實地，出水基趾漸高，復卷大埽以壓之。前船勢略定，尋用前法，沉餘船以竟後功。昏曉百刻，役夫分番甚勞，無少間斷。船隄之後，草埽三道並舉，中置竹絡盛石，並埽置樁，繫纜四埽及絡，一如修北截水隄之法。第以中流水深數丈，用物之多，施功之大，數倍他隄。船隄距北岸纔四五十步，勢迫東河，流峻若自天降，深淺叵測。於是先卷下大埽約高二丈者，或四或五，始出水面。修至河口一二十步，用工尤艱。薄龍口，喧豗猛疾，勢撼埽基，陷裂欹傾，俄遠故所，觀者股弁，衆議騰沸，以爲難合，然勢不容已。魯神色不動，機解捷出，進官吏工徒十餘萬人，日加獎諭，辭旨懇至，衆皆感激赴功。十一月十一日丁巳，龍口遂合，決河絶流，故道復通。又於隄前通卷欄頭埽各一道，多者或三或四，前埽出水，管心大索繫前埽，硾後闌頭埽之後，後埽管心大索亦繫小埽，硾前闌頭埽之前，後先羈縻，以錮其勢。又於所交索上及兩埽之間，壓以小石白闌土牛，草土相半，厚薄多寡，相勢措置。

埽隄之後，自南岸復修一隄，抵已閉之龍口，長二百七十步。船隄四道成隄，用農家場圃之具曰轆軸者，穴石立木如比櫛，薶前埽之旁，每步置一轆軸，以橫木貫其後，又穴石，以徑二寸餘麻索貫之，繫橫木上，密掛龍尾大埽，使夏秋潦水、冬春凌澌，不得肆力於岸。此隄接北岸截河大隄，長二百七十步，南廣百二十步，顛至水面高丈有七尺，水面至澤腹高四丈二尺；中流廣八十步，顛至水面高丈有五尺，水面至澤腹高五丈五尺；通高七丈。仍治南岸護隄埽一道，通長百三十步，南岸護岸馬頭埽三道，通長九十五步。修築北岸隄防，高廣不等，通長二百五十四里七十一步。白茅河口至板城，補築舊隄，長二十五里二百八十五步。曹州板城至英賢村等處，高廣不等，長一百三十三里二百步。稍岡至碭山縣，增培舊隄，長八十五里二十步。歸德府哈只口至徐州路三百餘里，修完缺口一百七處，高廣不等，積修計三里二百五十六步。亦思剌店縷水月隄，高廣不等，長六里三十步。

其用物之凡，椿木大者二萬七千，榆柳雜梢六十六萬六千，帶梢連根株者三千六百，藁秸蒲葦雜草以束計者七百三十三萬五千有奇，竹竿六十二萬五千，葦蓆十有七萬二千，小石二千艘，繩索小大不等五萬七千，所沉大船百有二十，鐵纜三十有二，鐵猫三百三十有四，竹篾以斤計者十有五萬，硾石三千塊，鐵鑽萬四千二百有奇，大釘三萬三千二百三十有二。其餘若木龍、蠶椽木、麥稭、扶椿、鐵叉、鐵吊、枝麻、搭火鈎、汲水、貯水等具皆有成數。官吏俸給，軍民衣糧工錢，醫藥、祭祀、賑恤、驛置馬乘及運竹木、沉船、渡船、下椿等工，鐵、石、竹、木、繩索等匠傭貲，兼以和買民地爲河，併應用雜物等價，通計中統鈔百八十四萬五千六百三十六錠有奇。

魯嘗有言：「水工之功，視土工之功爲難；中流之功，視河濱之功爲難；決河口視中流又難；北岸之功視南岸爲難。用物之效，草雖至柔，柔能狎水，水漬之生泥，泥與草并，力重如碇。然維持夾輔，纜索之功實多。」蓋由魯習知河事，故其功之所就如此。

玄之言曰：「是役也，朝廷不惜重費，不吝高爵，爲民辟害。脱脱能體上意，不憚焦勞，不恤浮議，爲國拯民。魯能竭其心思智計之巧，乘其精神膽氣之壯，不惜劬瘁，不畏譏評，以報君相知人之明。宜悉書之，使職史氏者有所考證也。」

先是歲庚寅，河南北童謡云：「石人一隻眼，挑動黄河天下反。」及魯治河，果於黄陵岡得石人一眼，而汝、潁之妖寇乘時而起。議者往往以謂天下之亂，皆由賈魯治河之役，勞民動衆之所致。殊不知元之所以亡者，實基於上下因循，狃於宴安之習，紀綱廢弛，風俗偷薄，其致亂之階，非一朝一夕之故，所由來久矣。不此之察，乃獨歸咎於是役，是徒以成敗論事，非通論也。設使賈魯不興是役，天下之亂，詎無從而起乎？今故具録玄所記，庶來者得以詳焉。

《元史》卷六六《河渠志三・蜀隁》 江水出蜀西南徼外，東至于岷山，而禹導之。秦昭王時，蜀太守李冰鑿離堆，分其江以灌川蜀，民用以饒。歷千數百年，所過衝薄蕩囓，又大爲民患。有司以故事，歲治隄防，凡一百三十有三所，役兵民多者萬餘人，少者千人，其下猶數百人。役凡七十日，不及七十日，雖事治，不得休息。不役者，日出三緡爲庸錢。由是富者屈於貲，貧者屈於力，上下交病，會其費，歲不下七萬緡。大抵出於民者，十九藏于吏，而利之所及，不足以償其費矣。

元統二年，僉四川肅政廉訪司事吉當普巡行周視，得要害之處三十有二，餘悉罷之。召灌州判官張弘，計曰：「若甃之以石，則歲役可罷，民力可蘇矣。」弘曰：「公慮及此，生民之福，國家之幸，萬世之利也。」弘遂出私錢，試爲小堰。堰成，水暴漲而堰不動。乃具文書，會行省及蒙古軍七翼之長、郡縣守宰，下及鄉里之老，各陳利害，咸以爲便。復禱于冰祠，卜之吉。於是徵工發徒，以仍改至元元年十有一月朔日，肇事於都江堰，即禹鑿之處，分水之源也。鹽井關限其西北，水西關據其西南。江南北皆東行。北舊無江，冰鑿以辟沫水之害，中爲都江堰，少東爲大、小釣魚，又東跨二江爲石門，以節北江之水，又東爲利民臺，臺之東南爲侍郎、楊柳二堰，其水自離堆分流入于南江。

南江東至鹿角，又東至金馬口，又東（道）〔過〕大安橋，入于成都，俗稱大皂江，江之正源也。北江少東爲虎頭山，爲鬬鷄臺。臺有水則，以尺畫之，凡十有一。水及其九，其民喜，過則憂，沒其則困。又書「深淘灘，高作堰」六字其旁，爲治水之法，皆冰所爲也。又東爲離堆，又東過凌虛、步雲二橋，又東至三石洞，釃爲二渠。其一自上馬騎東流，過（鄆）〔郫〕，入于成都，〔古謂之內江，今府江是也；其一自三石洞北流，過將軍橋，又北過四石洞，折而東流，過新繁，入於成都，〕古謂之外江。此冰所穿二江也。

南江自利民臺有支流，東南出萬工堰，又東爲駱駝，又東爲碓口，繞青城而東，鹿角之北涯，有渠曰馬灞，東流至成都，入于南江。渠東行二十餘里，水決其南涯四十有九，每歲疲民力以塞之。乃自其北涯鑿二渠，與楊柳渠合，東行數十里，復與馬灞渠會，而渠成安流。自金馬口之西鑿二渠，合金馬渠，東南入于新津江，罷藍淀、黃水、千金、白水、新興至三利十二堰。

北江三石洞之東爲外應、顏上、五斗諸堰，外應、顏上之水皆東北流，入于外江。五斗之水，南入馬灞渠，皆內江之支流也。外江東至崇寧，亦爲萬工堰。堰之支流，自北而東，爲三十六洞，過清白堰東入于彭、漢之間。而清白堰水潰其南涯，延袤三里餘，有司因潰以爲堰。堰輒壞，乃疏其北涯舊渠，直流而東，罷其堰及三十六洞之役。

嘉定之青神，有堰曰鴻化，則授成其長吏，應期而功畢。若成都之九里隄，崇寧之萬工堰，彭之堋口、豐潤、千江、石洞、濟民、羅（江、馬）脚諸堰，工未及施，則召長吏勉諭，使及農隙爲之。諸堰都江及利民臺之役最大，侍郎、楊（林）〔柳〕、外應、顏上、五斗次之，鹿角、萬工、駱駝、碓口、三利又次之。而都江又居大江中流，故以鐵萬六千斤，鑄爲大龜，貫以鐵柱，而鎮其源，然後即工。

諸堰皆甃以石，範鐵以關其中，取桐實之油，和石灰，雜麻絲，而擣之使熟，以苴罅漏。岸善崩者，密築江石以護之，上植楊柳，旁種蔓荆，櫛比鱗次，賴以爲固，蓋以數百萬計。所至或疏舊渠以導其流，或鑿新渠以殺其勢。遇水之會，則爲石門，以時啓閉而泄蓄之，用以節民力而資民利，凡智力所及，無不爲也。初，郡縣及兵家共掌都江之政，延祐七年，其兵官奏請獨任郡縣，民不堪其役，至是復合焉。常歲獲水之利僅數月，堰輒壞，至是，雖緣渠所置碓磑紡績之處以千萬計，四時流轉而無窮。

其始至都江，水深廣莫可測，忽有大洲湧出其西南，方可數里，人得用事其間。入山伐石，崩石已滿，隨取而足。蜀故多雨，自初役至工畢，無雨雪，故力省而功倍，若有相之者。五越月，功告成，而吉當普以監察御史召，省臺上其功，詔揭（揆）〔傒〕斯製文立碑以旌之。

是役也，凡石工、金工皆七百人，木工二百五十人，役徒三千九百人，而蒙古軍居其二千。糧爲石千有奇，石之材取于山者百萬有奇，石之灰以斤計者六萬有奇，油半之，鐵六萬五千斤，麻五千斤。最其工之直、物之價，以緡計者四萬九千有奇，皆出於民之庸，而在官之積者，尚餘二十萬一千八百緡，責灌守以貸于民，歲取其息，以備祭祀及淘灘修堰之費。仍蠲灌之兵民所常徭役，俾專其力於堰事。

《元史》卷六六《河渠志三·涇渠》 涇渠者，在秦時韓使水工鄭國說秦，鑿涇水，自仲山西抵瓠口爲渠，並北山，東注于洛三百餘里以溉田，蓋欲以罷秦之力，使無東伐。秦覺其謀，欲殺之，鄭曰：「臣爲韓延數年之命，而爲秦建萬世之利。」秦以爲然，使迄成之，號鄭渠。漢時有白公者，奏穿渠引涇水，起谷口，入櫟陽，注渭中，袤二百里，溉田四千五百餘頃，因名曰白渠。歷代因之，皆享其利。至宋時，水衝嚙，失其故蹟。熙寧間，詔賜常平息錢，助民興作，自仲山旁開鑿石渠，從高瀉水，名豐利渠。

元至元間，立屯田府督治之。大德八年，涇水暴漲，毀堰塞渠，陝西行省命屯田府總管夾谷伯顏帖木兒及涇陽尹王琚疏導之。起涇陽、高陵、三原、櫟陽用水人户及渭南、櫟陽、涇陽三屯所人夫，共三千餘人興作，水通流如舊。其制編荆爲囤，貯之以石，復填以草以土爲堰，歲時葺理，未嘗廢止。

至大元年，王琚爲西臺御史，建言於豐利渠上更開石渠五十一丈，闊一丈，深五尺，積一十五萬三千工，每方一尺爲一工。自延祐元年興工，至五年渠成。是年秋，改堰至新口。泰定間，言者謂石渠歲久，水流漸穿逾下，去岸益高。至正三年，御史宋秉亮相視其隁，謂渠積年坎取淤土，疊壘於岸，極爲高崇，力難送土於上，因請就岸高處開通鹿巷，以便夫行。廷議允可。四年，屯田同知牙八胡、涇尹李克忠發丁夫開鹿巷八十四處，削平土壘四百五十餘步。二十年，陝西行省左丞相帖里帖木兒遣都事楊欽修治，凡溉農田四萬五千餘頃。

周履靖《羣物奇制·器用》 商嵌銅器，以肥皂塗之，燒赤後入梅鍋爍之，則黑白分明。金剛鑽鈍，取置口片上，令着物向上，以灰燒之通赤，取出冷則鋭矣。一云用水晶珠磨之。黑漆器上有朱紅字，以鹽擦之則作紅水洗下。油籠、漆籠漏者，以馬屁浡塞之即止。一云用肥皂搗爛塞之亦可。柘木以酒醋調礦灰塗之，一宿則作間道烏木。鍮石銅先燒赤，取出令冷，以水淬之槌打則不爆。漆器不可置蕁菜，雖堅漆亦壞。新石銚用黄泥塗其中，貯水滿煑一時方可用。棗木作匙者，爲其不餿及不粘飯也。熱碗足盪漆卓成跡者，以錫注盛沸湯衝之，其跡自去。銅器或鍮石上青，以酸浸過夜，洗之自落。琴阮無聲者，乃舊而膠解也，宜用沙湯洗之。斜眼割線者，宜用燈燒眼。錫器黑垢上者，用煏雞鵝湯洗之。酒餅漏者，以羊血擦之則不漏。碗口上有垢，用鹽擦之自落。水烰炭缸内，夏月可凍物。刀子銹，用木賊草擦之，則銹自落。净水盂内水垢，酸漿浸之，經宿自落，漿熱者尤妙。以皂角在灶内燒煙，鍋底煤并突煤自落。胡桃殼燒灰，收針不銹。香油拌烰炭亦得杉木，炭末亦可。燒爆炭，撒鹽入火便止。肉案上抹布，猪膽洗之油自落。烰炭缾中安猫食不臭，夏月亦不臭。石灰燒過者，但是鐵器，以油塗之安灰内經久不繡。藁本湯布拭酒器并酒卓上，蠅不來。燭心散以線縛之。鮓桶漏，用醋調合粉泥之。點桐油燈盞，以生薑塗之令乾，入油點燈不生垢。呵鏡子以津唾畫鏡令乾，呵鏡自見。燈剪用無名異塗之，剪燈則燈自斷。梓木爲舟起屧。香油蘸刀，則刀不脆。琉璃用醬湯洗油自去。椒木作檑槌不臭且香。碾不可細碾皂角蝕作孔。鐵銹以炭磨洗之，鈍以乾烰炭擦之則快。泥瓦，火煅過作磨石。牛皮膠内入乾麵粘篦子。乳鉢研乳香松香瀝青之類，欲洗净者，以雪洗之。夏月用碎冰洗，或以沙土入鹽洗則净。醋桶漏，以末香桶内塞之外，更塗滿之則不漏。

申時行等《明會典》卷一八一《工部·工部一》 尚書、左右侍郎，掌天下百工營作、山澤採捕、窯冶、屯種、榷税、河渠、織造之政令。其屬，初曰營部、曰虞部、曰水部、曰屯部，後改營部爲營繕，虞部爲虞衡，水部爲都水，屯部爲屯田，俱稱清吏司。

營繕清吏司

郎中、員外郎、主事，分掌宫府器仗、城垣壇廟經營興造之事。

【營造一】

【内府】

内府造作，大者莫如宫殿門樓。然職掌未載，今略紀名額規制可考者，以備典式，并營建事宜，具列于後。其累朝增建，若南城西苑宫殿，舊無常制，以名額繁多，不能悉載云。

宫殿門樓規制

皇極殿舊爲奉天殿。

中極殿舊爲華蓋殿，在皇極殿後。

建極殿舊爲謹身殿，在中極殿後。

以上三殿名，嘉靖中更定。

中左門在皇極殿左。

中右門在皇極殿右。

後左門在建極殿左。

後右門在建極殿右。

文昭閣舊爲文樓，在皇極殿丹墀之東。

武成閣舊爲武樓，在皇極殿丹墀之西。

以上二閣名，嘉靖中更定。

皇極門舊爲奉天門，在皇極殿之南正中，前有金水橋，上常朝御此。

弘政門舊爲東角門，在皇極門左。

宣治門舊爲西角門，在皇極門右。

會極門舊爲左順門，在皇極門東廡。

歸極門舊爲右順門，在皇極門西廡。

以上五門名，皆嘉靖中更定。

乾清宫在大朝三殿之後，按祖訓云，乾清宫爲正寢。

坤寧宫在乾清宫後，中宫所居。

交泰殿在乾清、坤寧兩宫之間。

慈慶宫先朝有清寧宫，嘉靖中，即其後中地更建，以率皇太后，今仍舊名。

慈寧宫先朝有仁壽宫，後殿。嘉靖中，即其故址更建，以奉皇太后，今仍舊名。

文華殿在會極門東稍北，東宫講學受朝之所。嘉靖中易黄瓦，上講學致齋，則御此。
武英殿在歸極門西稍北，上齋戒，則御此。
寶善門在文華殿右稍北。
思善門在武英殿左稍北。
仁智殿在武英殿後，中宫受朝賀之所。
午　門在皇極門金水橋南，中三門，翼以兩觀門，觀各有樓。
左掖門午門左。
右掖門午門右。
東華門文華殿東稍南。
西華門武英殿西稍南。
玄武門宫後門，自午門至玄武門，俱宫城門。
闕左門午門左稍南，又有神廚門，内爲太廟。
闕右門午門右稍南，又有社左門，内爲太社稷壇。
端　門午門正南，門有樓。東有廟街門，即太廟右門。蹈有社街門，即太社稷壇南左門。
承天門端門正南，南有五石樓。
大明門承天門正南，中爲馳道，東西是廊，名千步廊，折而左右。
長安左門大明門内稍北折而東。
長安右門大明門内稍北折而西。
東安門
西安門
北安門
以上六門俱皇城門。
東上門
東上北門
東上南門
東中門
西上門
西上北門
西上南門
西中門
北上門
北上東門
北上西門
北中門
以上十二門在皇城内宫城外。

吴元年，作新内，正殿曰奉天殿，前爲奉天門，殿之後曰華蓋殿，華蓋殿之後曰謹身殿，皆翼以廊廡。奉天殿之左右各建樓，左曰文樓，右曰武樓。謹身殿之後爲宫，前曰乾清宫，後曰坤寧宫。六宫以次序列，周以皇城。城之門南曰午門，東曰東華，西曰西華，北曰玄武。洪武十年，改作大内宫殿。闕門曰午門，翼以兩觀，中三門，東西爲左右掖門。午門内曰奉天門，門之左右爲東西角門。門内正殿曰奉天殿，御以受朝賀。殿之左右有門，左曰中左門，右曰中右門。兩廡之間，左曰文樓，右曰武樓。奉天殿之後，曰華蓋殿，華蓋殿之後，曰謹身殿，殿後，則後宫正門。奉天門外兩廡之間有門，左曰左順門，右曰右順門。左順門之外爲東華門，内有殿，曰文華殿，爲東宫視事之所。右順門之外爲西華門，内有殿，曰武英殿，爲上齋戒時所居。二十五年，改建大内金水橋，又建端門、承天門、樓各五間及長安東、西二門。永樂十五年，作西宫于北京。中爲奉天殿，殿之側爲左右二殿，奉天殿之南爲奉天門，左右爲東西角門，奉天門之南爲午門，午門之南爲承天門。奉天殿之北有後殿、涼殿、暖殿及仁壽、景福、仁和、萬春、永壽、長春等宫。今在西城，各殿門俱更別名。十八年，營建北京，宫殿門闕，悉如洪武初舊制。正統六年，重建奉天、華蓋、謹身三殿成。三殿自永樂十九年災，至是年始成。嘉靖十五年，以清寧宫後半地，建慈慶宫。以仁壽宫故址。并撤大善殿，建慈寧宫。三十七年，重建奉天門成。更名曰大朝門。三十六年，三殿門樓災，次年門樓先成。四十一年，重建三殿。工完更名奉天殿曰皇極殿，華蓋殿曰中極殿，謹身殿曰建極殿，文樓曰文昭閣，武樓曰武成閣，大朝門曰皇極門，左順門曰會極門，右順門曰歸極門，東角門曰弘政門，西角門曰宣治門。

凡内府造作，洪武二十六年定：凡宫殿門舍墻垣，如奉旨成造及修理者，必先委官督匠，度量材料，然後興工。其工匠早晚出入，姓名數目，務要點閘關察機密。所計物料并各色匠人，明白呈稟本部行移支撥。其合用竹木，隸抽分竹木局；甎瓦石灰，隸聚寶山等窯冶；硃漆彩畫，隸營繕所；丁線等項，隸寶源局。設若臨期輪班人匠不敷，奏聞起取撮工。宣德九年，勑内府各監局、内官内使等，凡在内各衙門修造，必明白具奏，有擅爲者，悉處重罪。嘉靖八年奏准：内府監局，凡有工作，俱要該衙門先期上請，勑下工部奏差科道官會同内外委官，從公估計，料無冒破。事非得已，方會本具題，仍聽工部斟酌議覆，然後派行天下。二十九年題准：凡内府及在外各項大工，例應内官監估計，工部扣留三分之一者，遇有工程嚴禁，官匠從貫估計，不得恣意加增，以俟扣留。仍行監工科道及工部委官，凡驗收物料，嚴加稽查，足用即止，不必泥數收完。管工人員，如有仍前冒破者，聽科道官參究。

凡大工營建，永樂四年，以將建北京宮殿，遣大臣詣四川、湖廣、江西、浙江、山西督軍民採木及督北京軍民匠造甎瓦。徵天下諸色匠作，在京諸衛及河南、山東、陝西、山西都司中都留守司，直隸各衛選軍士；河南、山東、陝西、山西等布政司，直隸、鳳陽、淮安、揚州、廬州、安慶、徐州、和州選民丁。俱定限赴北京聽役，半年更代。正德九年，重建乾清、坤寧二宮，起用軍校力士十萬，差工部侍郎一員，郎中等官四員，奉勑會同各該鎮巡官，督屬採木燒甎。嘉靖三十六年，重建朝門午樓議准。户、兵、工三部，各預處銀三十萬兩，以備興作。差御史四員，查解節年拖欠工部料銀，仍准開例，行各撫按取贓罰及缺官紫薪解用；次勑兩京科道官，清查各監局庫廠，收貯各省年例物料解用；次伐上林苑、海子、乾枯、榆柳，燒造甎瓦；次雇募附近地方慣熟車户，運載木石；次停止各處工作。其工役照先年營造乾清等宮例，用各營官軍及班軍、錦衣等衛空閒軍士。如不敷，行北直隸及河南附近州縣，𡸁縣大小，僉派夫役，差府佐官押送應役。後停止派夫。又題准：川、貴、湖廣三省採木，差大臣一員，郎中二員，添設川湖副使各一員。大石窩取石，差大臣一員，司官一員。又差郎中二員，一往山西真定採松木，一往浙江、徽州採鷹架木。三十八年，三殿興工。題准：差工部尚書提督，侍郎二員，分管運木採石。仍差科道官二員監工。在外文武職官，在内太監等官，俱不支糧。惟實在守工，内監官作，巡禁校尉，方許支給。萬曆五年，重修乾清等宮，令兵部撥班軍六千名。因班軍不敷題准，行兵部支募夫銀，户部支口糧銀，送部募夫湊用。

凡夫匠出入，永樂五年，令各處上工人匠，俱照舊印綬監起牌上工，不許擅自撥取。八年，令内府上工人匠，一牌上，止寫一人名字，不許雙名相合。

【王府】

按祖訓云：凡諸王宮室，並依已定格式起蓋，不許犯分。凡諸王宮室，並不許有離宮別殿及臺榭遊翫去處。故王府營建規制，悉如國初所定。後以宗庶日蕃，始議給價自造不領于有司。

親王府制：

洪武四年定：王城，高二丈九尺，下闊六丈，上闊二丈。女墻，高五尺五寸。城河，闊十五丈，深三丈。正殿基，高六尺九寸。月臺，高五尺九寸。正門臺，高四尺九寸五分。廊房地，高二尺五寸。王宮門地，高三尺二寸五分。後宮地，高三尺二寸五分。正門、前後殿、四門、城樓，飾以青緑點金，廊房飾以青黑。四門、正門，以紅漆金塗銅釘。宮殿窠拱攢頂，中畫蟠螭，飾以金邊畫八吉祥花。前後殿座，用紅漆金蟠螭，帳用紅銷金蟠螭，座後壁、則畫蟠螭、彩雲。後改蟠漓爲龍。立社稷山川壇于王城内之西南，宗廟于王城内之東南。七年定：親王所居，前殿、名承運，中曰圓殿，後曰存心。四城門，南曰端禮，北曰廣智，東曰體仁，西曰遵義。九年定：親王宮殿門廡及城門樓，皆覆以青色琉璃瓦。十一年定：親王宮城，周圍三里三百九步五寸。東西一百五十丈二寸五分，南北一百九十七丈二寸五分。弘治八年定，王府制前門五間，門房十間，廊房一十八間。端禮門五間，門房六間。承運門五間。前殿七間，周圍廊房八十二間，穿堂五間。後殿七間。家廟一所，正房五間，廂房六間，門三間。書堂一所，正房五間，廂房六間。門三間，左右盝頂房六間。宮門三間，廂房一十間。前寢宮五間，穿堂七間。後寢宮五間，周圍廊房六十間。宮後門三間，盝頂房一間。東西各三所，每所正房三間，後房五間，廂房六間。多人房六連，共四十二間。頖糨房六間，浄房六間，庫十間。山川壇一所，正房三間，廂房六間。社稷壇一所，正房三間，廂房六間。宰牲亭一座，宰牲房五間。儀仗庫，正房三間，廂房六間。退殿，門三間，正房五間，後房五間，廂房十二間。茶房二間，浄房一間。世子府一所，正房三間，後房五間，廂房十六間。典膳所，正房五間，穿堂二間，後房五間，廂房二十四間。庫房三連一十五間，馬房三十二間。盝頂房三間，後房五間，廂房六間。養馬房，一十八間。承奉司，正房三間，廂房六間。承奉歇房二所，每所正房三間，廚房三間，廂房六間。六局，共房一百二間，每局正房三間，後房五間，廂房六間。廂房三間。内使歇房二處，每處正房三間，廚房六間，歇房二十四間。禄米倉三連，共二十九間。收糧廳，正房三間，廂房六間。東西北三門，每門三間，門房六間。大小門樓四十六座，墻門七十八處，井一十六口。寢宮等處，周圍甎徑墻通長一千八十九丈，裏外蜈蚣木築土墻，共長一千三百一十五丈。

郡王府制

天順四年定：郡王每位蓋府屋共四十六間。前門樓三間、五架，中門樓一間、五架，前廳房五間、七架，廂房十間、五架，後廳房五間、七架，廂房十間、五架，厨房三間、五架，庫房三間、五架，米倉三間、五架，馬房三間、五架。

凡王府營建，嘉靖三十三年，營建景王府第於湖廣德安府。題准：工部差司官一員，前去會同撫按，督同三司府衛官，相度起蓋合用物料價銀。先派浙江、江西、廣東、福建、四川、南直隸、江南府分共十萬兩，於撫按司府等衙門，贓罰及無礙官銀内動支。如有不足量，於湖廣地方均派。工匠人力，於本府州縣坐派。不敷之數量，於附近府縣，起取協濟。

凡王府給價，成化十四年奏准：自郡王至鄉君出府之日，奏請勘報。無房屋者有司給價自行起蓋。

給價則例

山西

晉、代、瀋府，郡王一千兩。

鎮國將軍六百兩。

輔國將軍并郡主五百兩。

奉國將軍，鎮國、輔國中尉并縣主郡君、縣君四百兩。

奉國中尉并鄉君三百兩。

庶人一百兩。

湖廣

遼、岷、楚、荆、吉、襄府，郡王一千兩。

鎮國將軍七百兩。

輔國將軍六百六十兩。

奉國將軍六百二十兩。

鎮國、輔國、奉國中尉并郡主五百兩。

縣主四百六十兩。

郡君四百兩。

縣君三百六十兩。

鄉君三百四十兩。

陝西

秦、韓、慶、肅府郡王，在城一千五百兩，寧夏、平涼九百兩。

郡主五百三十兩。

鎮國將軍一百七十五兩。

縣主、郡君、縣君、鄉君，俱自行起蓋。

河南

唐、鄭、趙、伊、周、徽、崇府郡王，官撥地基、料價一千一十兩。

山東

德、魯府郡王一千兩。

鎮國將軍六百兩。

輔國將軍五百兩。

奉國將軍四百五十兩。

中尉四百兩。

郡主五百兩。

縣主三百五十兩。

郡君二百五十兩。

縣君二百兩。

鄉君一百五十兩。

江西

淮、寧府有地基：

郡王一千二百兩，

鎮國將軍六百兩，

輔國將軍五百五十兩，

奉國將軍四百五十兩，

奉國中尉四百兩，

郡主四百五十兩，

縣主三百七十兩，

郡君三百五十兩，

縣君三百五十兩，

鄉君三百五十兩。

無地基：

郡王一千五百兩，

鎮國將軍七百五十兩，

輔國將軍七百兩，

奉國將軍六百兩，

奉國中尉五百兩，

郡主六百兩，

縣主四百七十兩，

郡君四百七十兩，

縣君四百五十兩，

鄉君四百三十兩。

四川

蜀府内江等五府子女。

蜀府出辨工料，摘撥護衛軍餘成造。

弘治以後續定：

蜀、府鎮國將軍二百四十兩。

輔國將軍二百兩。

奉國將軍一百二十兩。

鎮國中尉一百兩。

輔國中尉八十兩。

奉國中尉六十兩。

郡主二百兩。

縣主二百兩，後議減五十兩，給一百五十兩。

郡君一百六十兩，後議減二十兩，給一百四十兩。

縣君一百二十兩，後議減二十兩，給一百兩。

鄉君八十兩，後議減十兩，給七十兩。

廣西

靖江王府：

奉國將軍一百六十兩。

奉國中尉八十兩。

庶人四十兩。

弘治二年奏准，各處王府奏討房價者，勘實，依原價量減一半，給與自造。十四年奏准，除郡王并妃，自鎮國將軍以下，其應得減半房價，每一百兩者，減二十兩，不及一百兩者，減十兩。嘉靖二十二年題准，庶人房價，每名給銀一百兩。勘係家口繁重，不能同居者，方行處給，不許假以分析爲名，節外奏討。萬曆十年題定要例，郡王初封，係帝孫者，儀仗、房屋冠服、墳價，俱照例全給；係王孫者，推墳價量給一半，其餘免給。若將軍、中尉、郡縣、主君房屋、冠服、墳價，一槩免給。

凡王府修理，成化十四年奏准，各處新封營建王府以工完日爲始，五十年之後，遇當修理，如有儀衛司，羣牧所，并侍衛護衛、千户、軍校者，令自具工力，不給價。果係人力俱乏，該府具奏，行勘給價自修。嘉靖二十九年題准，各王府以後府第如有損壞，務遵典制，自行修理，不得輒稱人力俱乏，及引給價例，妄行奏擾。

凡王府承住，弘治元年奏准，郡王并鎮國、輔國將軍等長子，應出閤者，於本府擇便房成婚。如無開奏勘實，撥工料銀一百兩送府，自於府側修蓋。各世長子承繼前宅，其郡縣等主，并儀賓終後，子女不許僭居，待有該府郡縣主成婚者，與之。嘉靖三十一年題准，親王、郡王，既有見在府第，世子、長子皆不得重給。或世、長子殤故，次子改封，即承父府第，不給房價。又鎮國等將軍、中尉，各有給過房價，應令一子承住，以省再給。今後親郡王嫡、次、庶、長，請改封者，查有先給房價，行令扣禄還官。其鎮國將軍中尉之子，如第一子亡故，就將次子承住父宅。先給者，亦扣禄還官。每年終，各府長史司，教授等官，將查出應還官房屋間數造册二本，一送本部，一送該布政司存照，遇有應給者，就將見在房屋給與。

凡王府絶産，萬曆十年題准，郡王故絶，所遺府第屯廠莊田等項，教授等官，逐一查明，申呈撫按衙門，除嘉靖四十四年例，前官給府第，聽管理奉祀者承住，安奉香火外，如有原出親王撥給者，仍留宫眷養贍，身終之後，復歸親王。郡王存日，有自置産業，量給三分之一。與管理奉祀者，爲歲時祭祀之需，其餘皆留宫眷養贍。身終之後，聽有司從公分給親支，如無人管理奉祀者，其府第別産，聽從宫眷變賣養贍。

凡王府違制，嘉靖二十九年，以伊王府多設門樓三層，新築重城，侵占官民房屋街道，奏准勘實，干典制有違，俱行拆毁。

朱國禎《湧幢小品》卷二《内庫銀錢》 國朝内庫以甲、乙、丙、丁、戊爲號，而不及己。戊，茂也，取財物盈滿之意。己，已也，止也，從此漸耗，故避不取。然勢亦有所必至矣。

北工部用銀千以上者題請，南自百以上即題，然亦未嘗數數也。

錢一緡計一千，值銀一兩。唐鹽利四十萬緡，劉晏爲轉運使，至大曆末，六百餘萬緡，以絹代錢者，每緡加錢二百，以備將士春服。其曰每貫者，八百五十文爲一貫，今《大明律》與之迥異。

孫承澤《天府廣記》卷一〇《尚寶司》 尚寶司在午門外西兵科之上。初設符璽郎，後改今名。設卿、少卿、丞，職在禁庭，守寶璽符牌印章，而辨其所用，有事請於內，既事而藏之。凡寶十二：曰奉天之寶，以鎮萬國，祀天地；曰皇帝之寶，以冊封賜勞；曰皇帝信寶，以徵召軍旅；曰天子之寶，以祭享鬼神；曰天子行寶，以封賜蠻夷；曰天子信寶，以調發番兵；曰制誥之寶，以識誥命；曰勅命之寶，以識勅命；曰廣運之寶，以識黃選勘籍；曰御前之寶，以進御座，從車駕；曰皇帝尊親之寶，以答賜宗人；曰敬天勤民之寶，以訓廸有司。凡奉寶、用寶，從寶、洗寶與印綬監俱。凡扈守侍衛令牌之號六，以警夜巡；金牌之號五，以嚴守衛；凡半字銅符之號四，以稽巡守；凡銅牌之號一，以稽卒；凡牙牌之號五；以察朝參，凡祭牌之號三，以謹祀事；凡雙魚銅牌之號五，以肅直衛，以潔祀壇；凡符驗之號五，以給傳郵，通制命。

大學士張治尚寶司題名記：

尚寶司掌璽牌符之事，國初建符璽郎，後改曰尚寶司，秩正三品。洪武元年，乃置卿一人，正五品，少卿一人，從五品，司丞二人，正六品。其後大臣子弟以蔭補丞者，無常員。列署在右掖之內，其地至禁密也。寶璽之大者，曰奉天之寶，爲唐宋傳璽，惟祀天地用之。凡詔若赦，則用皇帝之寶，立封及賜勞則用行寶，詔親王大臣調兵則用信寶，冊上尊號則用尊親之寶，勅諭親王則用親親之寶，祀山川鬼神則用天子之寶，封外夷及賜勞則用天子行寶，詔外夷調兵則用天子信寶，曰誥則用誥命之寶，曰勅則用勅命之寶，勅獎臣工則用廣運之寶，勅諭來朝官員則用敬天勤民之寶。凡寶之用，必請命而後發焉。天子饗祀郊廟，若視學籍田，勳衛扈從及公侯駙馬都督日衛錦衣當直，則給金牌。牌之制有龍者、虎者、麒麟者、獅者、雲者，以其官爲差。皇城金吾禁夜，五城夜巡，則給令牌；虎賁巡城則給銅符；九門守衛，則給銅牌；錦衣校尉入直，則給雙魚銅牌；京官之朝參者，則給牙牌，勳臣以勳字，親臣以親字，文臣以文字，武臣以武字；文武官之與陪祀郊廟及執事人亦給牙牌，有圓花、長花、長素之別。凡諸得給牌者，有故則檢籍而納之。親王之國及文武大臣出撫鎮，則給符驗，御史出巡察則給印，事竣則納之，稽出入之令而辨其數。其事至重也。每大朝會，則二人以寶道駕先立侍殿中，駕出幸則二人以騎從寶行，其爲侍從至親近。國初類以文學儒臣領其職，或兼秩焉。尚書郎而下非有才名者不得調，勳輔大臣子弟奉特旨乃得補丞，他流所弗與焉。其選至慎也。故事，曹省皆有題名，而符司缺焉。嘉靖丁未，分宜東樓嚴君以太常少卿領司事，乃蒐諸故牘，自洪武而下迄於今，得若干人，刻其姓名爵里，立石於長安之直廬，以稽往而昭來也，丐張子記之。治曰：寶者人君所以信其令於天下者也，名者君子所以信其行於後世者也。人君之於寶則設官以守之者，慎其令也。然則君子之於名，其賢不肖關於勸懲者至遠也，顧可以弗思慎乎哉！夫德者所以慎其名之具也，是故人君有慎令而後天下無邪政，是謂治法。君子有慎名而後終身無邪行，是謂治人。以治人而守治法，則身安而國家可長保也。嗚呼，豈獨尚寶然哉？此東樓所謂題名意也。

明之各寶皆內尚寶監女官掌之。遇用寶則尚寶司以揭帖赴尚寶監，尚寶監請旨，然後赴內司領取。歲用寶三萬餘顆，歲終尚寶司奏進數目。

孫承澤《天府廣記》卷二一《工部》 營建：北京宮殿城池官署創始於永樂四年，而告成於正統六年。此營建之大者，故悉録之。

明太宗永樂四年閏七月，淇國公丘福等請建北京宮殿以備巡幸，遂遣工部尚書宋禮詣四川，吏部右侍郎師逵詣湖廣，户部左侍郎古朴詣江西，右副都御史劉觀詣浙江，右僉都御史仲成詣山西，督軍民採木。人月給米五斗，鈔三錠。命泰寧侯陳銳、北京刑部侍郎張思恭督軍民匠造備磚瓦，造人月給米五斗。命工部徵天下諸色匠作，在京諸衛及河南、山東、陝西、山西都司，中都留守司，直隸各衛選軍士，河南、山東、陝西、山西等布政司，直隸、鳳陽、淮安、揚州、廬州、安慶、徐州、海州選民丁，期明年五月俱赴北京聽役，率半年更代，人月給米五斗，其徵發軍民之處一應差役及閘辦銀課等項令停止。

十五年四月，西宮成。其制中爲奉天殿，殿之側爲左右二殿，奉天殿之南爲奉天門，左右爲東西角門，奉天門之南爲午門，午門之南爲承天門，奉天殿之北有後殿、涼殿、暖殿及仁壽、景福、仁和、萬春、永壽、長春等宮，凡爲屋千六百三十餘楹。

十八年，營建北京。凡廟社祈祀場壇宮殿門闕規制悉如南京，而高敞壯麗過之。復於皇城東南建皇太孫宮，東安門外建十王邸，通爲屋八千三百五十楹。自永樂十五年興工，至是成。陞營繕清吏司郎中蔡信爲工部右侍郎。

是年，拓北京南城，計二千七百丈。

正統元年十月，命太監阮安、都督同知沈清、少保工部尚書吴中率軍夫數萬人修建京師九門城樓。初，京城城因元舊，永樂中雖略加改葺，然月城樓舖之制多未備，至是始命修之。

四年四月，修造京師門樓城濠橋閘完。正陽門正樓一，月城中左右樓各一，崇文、宣武、朝陽、阜成、東直、西直、安定、德勝八門各正樓一，見城樓一，各門外立牌樓，城四隅立角樓。又深其濠，四涯悉甃以甎石。九門舊有木橋，今悉撤之，易以石。兩橋之間各有水閘，濠水自城西北隅環城而東，歷九橋九閘，從城東南隅流出，至大通橋東去。自正統二年正月興工，至是始畢。

五年三月，建奉天、華蓋、謹身三殿，乾清、坤寧二宫。是日興工，遣駙馬都尉西寧侯宋琮等告天地太廟社稷。太宗皇帝營建宫闕尚多未備，三殿成而復災，以奉天門爲正朝。至是修造之，發見役工匠操練官軍七萬人興工，至六年十月工成，賜太監阮安、工部尚書吴中等有差。

七年四月，建宗人府、吏部、户部、兵部、工部、鴻臚寺、欽天監、太醫院於大明門之東，翰林院於長安左門之東。初，各衙門自永樂間皆因舊官舍爲之，散處無序。至是上以宫殿成，命即其餘工以序營建，悉如南京之制。其地有民居妨礙者，悉徙之。

禮部先於宣德五年二月建於大明門之東，視南京加弘壯。是年復建刑部、都察院、大理寺於宣武街西，詹事府於玉河東隄。又於通五府六部處作公生門。

是年七月，命於京師玉河西隄建房一百五十間，以舘迤北使臣。

八年，建五府、通政司、錦衣衛於大明門之西，其地爲旗手衛公署，遷於通政之後。時太常寺丞戴慶祖等於本寺掘坑取土，上聞之命錦衣衛逮繫。

十年六月，甃京師城内面。京師城垣其外固以磚石，内惟土築，至是命太監阮安、成國公朱勇、修武伯沈榮、尚書王巹、侍郎王佐督工修甃之。

正統十四年，中丞朱鑒興造吉凶疏曰：臣聞陰陽家者流有云，地有四勢，氣從八方。國都爲天下之根本，而皇城又國都之正宫，凡有興作，不可不慎。今以外局四勢論之，龍弱虎强，山無四顧，喜得有水，亦嫌反跳。術者皆曰：帝星所臨，固不必論。且以内局四勢論之，往日北平布政司爲正宫，故以晨昏鐘鼓在前，今以奉天殿爲正宫，晨昏鐘鼓不宜在後。緣左爲青龍，右爲白虎，前爲朱雀，後爲玄武，左爲陽，右爲陰，青龍宜動，白虎、朱雀、玄武宜静。自永樂、宣德以來，各衙門在青龍頭旺，慶壽寺衰微，浮圖破壞，故不爲災，住居安穩，國家無事。近年以來，却將白虎頭上慶壽寺重新修蓋，朝暮焚香，鐘鼓齊鳴，又將二浮圓鼎新修理，虎嫌生角，龍怕無睛。且聞慶壽寺金人所造，革之可也。何爲重修？二浮圖金人所創，除之可也，奚爲復建？加以西山一帶新造寺宇數多，本欲求福，殊不知反助其爲虐耳。以致江南草寇生發，塞北煙燧不寧，皆因白虎頭興旺之所致也。雖有關於天數，亦必本於人事。陰陽之術不可盡信，地理之書亦不可不信。細民之家，尚欲趨吉，皇城之内，可不避凶？如蒙允，乞勅在廷文武大臣計議，先將慶壽寺廬其居，移其人，杜其門，弛其鐘鼓，去其二浮圖，俟邊境寧息無事之日，將寺移去東邊舊工部地方起造，改爲龍興寺，可建二浮圖，任其鳴鐘鼓以聳青龍頭。仍將順天府鐘鼓樓移來東臺基東廠之内起蓋，晨昏扣鐘以敵白虎臂。又將順天府移來舊都察院，及將大興、宛平并三儒學移來舊吏、户、禮三部地方開設，以配三法司，務使青龍動而且興，白虎静而且安。其玄武門迤北順天地方取正，改作庫藏，以收天下黄册圖籍，以壓玄武之地。或得餘暇，再於城之東南巽地之角起蓋功臣廟，可助外局之龍，庶得四勢動静相宜，八方氣候相應。則國安民康，天下太平矣。

何孟春曰：神木廠所藏大木，皆永樂中肇建宫殿之賸物也，其最巨有樟扁頭者，圍二丈，長卧四丈餘，騎而過其下，高可以隱。春按：曾西墅棨作《工部尚書河南宋公禮墓誌》云：永樂初，議建帝京，公承命取材，得大木於馬湖。一夕自行若干步，不假人力。事聞，詔封其山爲神木山焉。然則廠之得名，豈非亦以是也？胡文穆公《神木山神祠碑》文云：永樂四年，工部尚書禮取材於蜀，得大木若干於馬湖府，計庸萬夫力，刊除道路出之。一夕木忽自行，達於坦途，所經聲吼如雷，巨石爲開，度越岩阻，膚寸不損。百工顧視，歡譁踴躍。事聞，廷臣稱賀。上遣官致祭，封其山爲神木山，詔有司建祠，歲月祭享，以答神貺。蓋其祥如此。木生於山，自萌蘖而拱把，連抱不中，阨於斧斤，仆於風雨，克歷千數百年以待大用於盛世。神之所以衛閟呵禁而致其力者，固有在也。一旦膺詔求而奠皇居，靈應聿見，於昭有赫，是豈尋常耳目之所能測哉？按營繕所需木植磚瓦，有五大廠：曰神木廠；曰大木廠，即獐鹿房廠堆放木植兼收葦蓆；曰黑窑廠；曰琉璃廠，燒造磚瓦及内府器用；曰臺基廠，堆放柴薪及蘆葦。

《聖政記》曰：洪武八年三月，詔計均工夫役。初，中書省議民田每頃出一丁爲夫，名曰均工夫役，民咸便之。至是上復命户部計其田多寡之數，工部定其役，每歲冬農隙至京應役，一月遣歸。

初制，各省有匠籍應班役，此即差役法也。後折匠班銀，官自僱之，此即僱役法也。後法便於民。然國初時得以營建鉅萬而無困敝者，以行前法耳。太宗營北都，於永樂四年閏七月，徵天下諸匠作，河南、山東、陝西、山西及直隸江北諸衛所府州縣各選軍士民丁，期明年五月俱赴北京聽役，半年更代，人月給米五斗。

孫承澤《天府廣記》卷二一《工部》　陵工錢糧：萬曆元年十二月，巡視廠庫工科給事中梁式等奏：查盤營建昭陵錢糧數，工部四司共用銀五十萬一千五十兩有奇，營繕二十萬四千四百二十二兩有奇，虞衡一萬三千一百四十五兩有奇，都水一十一萬八千八百五十四兩有奇，屯田一十六萬四千六百二十八兩有奇。除户、兵二部銀一十一萬一百一十九兩，工部實用銀三十九萬九百三十二兩有奇。

傅維麟《明書》卷八四《營建制・宫殿及禁城内規制》　皇城正中曰大明門，内曰承天之門。其門内東一門内則太廟，而西一門内則太社太稷，所謂左宗廟而右社稷也。再内曰端門，旁曰六科，曰尚寶司中書科。東曰闕左門，再東曰松林，凡會推大臣於此。西曰闕右門，其中巍然南向曰午門，俗謂之五鳳樓，上懸鐘鼓，供安旗纛，曰左掖門，曰右掖門，門之内居中曰皇極門，即奉天門。其左曰弘政門，即東角門，右曰宣治門，即西角門，而考選通政參議及鴻臚於弘政門焉。居西向東曰歸極門，即右順門，居東向西曰會極門。即左順門。皇極門内居中曰皇極殿，即奉天殿，有金磚玉瓦。左向西者曰文昭閣，即文樓，右向東者曰武成閣，即武樓。南北連屬穿堂，上有圓頂而方制曰中極殿，即華蓋殿。殿之兩旁，東曰中左門，西曰中右門。再入中曰建極殿，即謹身殿建文曰正心殿。殿中向後，石欄三疊，與乾清相對，曰雲臺門。兩旁向後者，東曰後左門，西曰後右門，亦曰平臺，凡召對諸臣皆於此。又東曰景運門，西曰隆宗門，隆宗門西南向曰仁德門。乾清門外甚肅，入門丹陛，直至乾清宫大殿，左曰日精門，右曰月華門，左小門曰龍光，右小門曰鳳彩，殿東西有斜廊，廊之後，左曰昭仁殿，右曰弘德殿，東西各有角門。再北則穿堂，居中曰交泰殿，再北曰坤寧宫，則皇后所居者，左曰景和門，右曰隆福門。再北，右曰端則門，左曰基化門。於此接瓊苑左右門，前則乾清宫，列宗各居暖閣多易處，乾清宫大殿之左向西者曰端凝殿，凡御用袍服冠珮貯於此右向東曰懋勤殿，此宫中中一路之制也。過日精門之東曰崇仁門，稍南曰内東裕庫，曰弘孝殿，曰神霄殿，曰精門。往北南向曰順德左門，則東一長街也。再北向西與龍光門斜相對者曰咸和左門，向南者曰景仁宫，其東則東二長街也。南首曰麟趾門，北首曰千嬰門。麟趾門之東曰延祺宫，曰怡神殿。再東曰嘉德左門，再東則蒼震門矣。咸和左門之北向西與景和門相對者曰廣和左門，向南者曰承乾宫，東二長街之東曰永和宫。廣和左門之左向西與基化門相對者曰大成左門，向南者曰鍾粹宫，爲皇太子幼時所居，亦曰興隆宫。東二長街之東曰景陽宫，千嬰門之北並列者則乾東房，計五所，而宫正司六尚局，皆在乾清宫之東，此東一路之制也。過月華門之西曰遵義門，向南曰養心殿，向北則司禮監直房，宫中膳房。養心殿之西南曰祥寧宫，宫前向北曰無梁殿，爲世宗煉藥處。月華門之西南弘敞巨麗者曰隆道閣，左曰仁蕩門，右曰義平門，閣之下曰仁德堂，前曰仁德門，閣之東曰忠義堂，大約大内臣聚此。閣之西南過義平門曰慈寧宫，凡太皇太后及皇太后居之，間有太妃居之，則非制矣。月華門往北曰順德右門，則西一長街也。再北向東與鳳彩門斜相對者曰咸和右門，向南者曰毓德宫，後更名永壽宫，其西則西二長街也。南首曰螽斯門，北首曰百子門，螽斯門。西曰啓祥宫，原名未央宫，世宗以魯生於此，遂名於宫門内建石坊，一曰聖本肇初，曰玄德永衍，再西則嘉德右門也。其南樹旌旛纛於雲際，南向曰隆德殿，供道家神像。再西北曰英華殿，供西番諸佛像，殿前有菩提樹二，此地幽静如山林焉。自嘉德右門之西向南者曰二南門，再西曰咸安宫。咸和右門之北向東與隆福門相對者曰廣和右門，向南者曰翊神宫，而西長街之西曰永寧宫，又曰長春宫。廣和右門向東與端則門相對者曰大成右門，向南者曰儲秀宫，西二長街之西曰咸福宫，凡諸王幼時居於此，百子門之北並列者則乾西房，計五所，此西一路之制也。東西後柴炭園。坤寧宫之後則宫後苑，有欽安殿，供玄帝像。世宗時兩宫火，見玄帝立於此救護，而留足跡二，終不滅。殿之西曰樂志齋，曰清望閣，曰曲流館，曰四神祠。東南曰瓊苑左門，西南曰瓊苑右門，郎東一西一長街北首。欽安殿後曰順貞門，其宫墻外則紫禁城之玄武門，玄武門裏迤東有廊，下家十一所，東則更鼓房。乾清宫門圍墻之左右廊，朝南者曰東夾墻，西夾墻，則宫厠也。自嘉德右門之西曰長庚門，自玄武門迤西可九門，自北而南過長庚橋至御酒房，後墻曰長連可三十餘門，再前曰短連可三門，總曰廊下家。自隆宗門外朝東者曰司禮監，經廠直房，過慈寧宫門之南曰北司房，即文書房，再南曰外膳房，再南曰南司房，再南則對慈寧門，再南則寶寧門。門外偏西大殿曰仁智殿，即俗謂曰白虎殿，大行帝后梓宫靈位。門外橋西曰武英殿，命婦朝皇后於此。再西曰大庖厨，西曰尚膳監。武英殿之西南曰御用裏監，再東曰南薰殿，凡徽號册封，諸大臣閣臣偕中書篆寫金寶册於此。再東曰歸極門，南曰逍遥城，從歸極門東南入曰六科廊，存一切精微及章疏於中。過皇極門東曰會極門，凡京官上章奏於此。會極門南入曰内閣，輔臣票擬清禁處也。出會極門之下曰佑國殿，供玄帝像。而佑國殿之東則内承運庫，北則徽音門，再東曰香庫。又稍北有庫房甚多，曰古今通集庫，貯古今君臣畫像符券典籍於此。再北曰内東華門，再北曰馬神廟。會極門東南向者曰文華殿，殿内設屏畫輿地圖，左屏列文官職名，右屏列武官職名，遇陞遷則易之。殿側有精一堂，恭默室，九五齋殿之後曰玉食館，過一門西北曰省愆居，凡遇天變災眚修省於此，而藩府之使官則宴於此。文華殿之西曰崇本門，殿後曰刻漏房，銅壺刻漏在此，凡交時則易時牌於乾清門，殿之東北向者聖濟殿，藥餌皆和於此。西則入徽音門，裏曰麟趾門，其内曰慈慶宫，轉而列峙者曰勗勤宫，昭儉宫，迎禧宫，奉宸宫。麟趾門之東曰關雎左門，内則梨園，西曰關雎右門，再西轉西向者曰元煇殿，凡選中皇后妃嬪及王妃，皆先居於此，以俟吉禮。再北曰御馬監，再北曰御用庫，再北南向者曰寶善門。寶善門内迤東曰大慈慶宫，北曰奉先殿，相近者曰觀德殿，即改名崇先殿。而奉慈殿則孝宗奉紀皇后者。街東曰隆祀門，其内則外東裕庫也。街西再北曰蒼震門，又街東再北並列二門，向西者曰履順，曰蹈和，蓋號殿及仁壽宫之外羅也。再内曰噦鸞宫，喈鳳宫，若先朝名封妃嬪則養老於此。再過一巷曰狗兒灣，居中曰蓮華門，又爲景運門，其南則都知監，通隆宗門北則協恭堂。皇城外層則有六門，正中之大明門，與内城之正陽門，外郭之永定門相貫，自墻外北過公生門，而向東者長安左門，再東過玉河橋，自十王府夾道往北，向東者曰東安門。轉而北而西向，北者曰北安門，即厚載門。轉西而南向，西者曰西安門。再南向西者曰長安右門，長安門置登聞鼓，以科道官主之。墻圍設紅舖七十二處，以謹守禦。内曰紫禁城，城八門，向南之第一重曰承天之門，前有金水橋，每霜降後吏部等衙門朝審於此。二重曰端門。三重曰午門，魏闕兩翼，東而西向曰左掖門洞，折而入西曰右掖門，亦如左轉而向東曰東華門，向西曰西華門，向北曰玄武門。城圍紅舖三十六處，而以勳臣直宿提督之，而護城河遶焉。皇城内自北安門，裏街東曰黄瓦東門，門之東街南昌尚衣監，街北曰司設監。再東曰酒醋麵局，曰内織染局，曰皮房，紙房，曰針工局，巾帽局，曰火藥局，即所謂天子之武庫也。再東稍南曰大内供用庫，曰番經廠，曰漢經廠，曰司苑局，曰鐘鼓司。再南曰新房，曰都知監，曰司禮監，曰内書堂。稍北曰崇聖堂，南曰御馬監。而東西一街，南北分一連二，連至十二連。御馬監之南向西者曰杆子房，曰北膳房，曰暖閣廠，曰南膳房。再南曰宜器廠，曰混堂司，曰内東廠，曰尚膳監，撥子若夫斜對御馬監。向東者曰北花房，曰印綬監，曰中書房，曰蹴圓亭，曰内承運庫，此總名之爲東河邊也。過上北門，東中門，街北曰彈子房，曰學醫讀書房，曰光禄寺，街北曰篦房。再東則東安裏門，過橋内則東安門矣。自東上南門之東曰重華宫，其制與乾清宫等。東西長街二西長街有宜春宫，凡妃嬪皇子皇女之喪措於此。東長街有洪慶殿，又東則内藏自東上南門之南街，東曰永泰門，其東有臺，臺上有亭直。東南曰崇質殿，英宗北還居於此。自永泰門再南曰皇史宬，珍藏太祖以來御制及實録典籍，所謂石室金匱也。左右二門曰韞音龍歷左門，曰韞歷右門。再東曰追先閣，欽天閣，勒世宗欽天頌於碑。再南曰御前作，皇史宬之西曰觀心殿，爲天子習射處，稍南有門曰蒼龍門。再南曰嘉樂館，其北曰丹鳳門，内有大殿曰龍德殿，左一殿曰崇仁，右一殿曰廣智。大殿後有橋曰飛虹橋，橋右似玉，極天劃神鏤之巧，來自西域，非中國工手也。橋南有坊曰飛虹坊，北曰戴鰲，橋東有亭曰天光，西曰雲影，橋北疊石爲山，山下有洞曰秀巖，以磴道分而上之有殿曰乾運殿，後二亭一曰凌虚，一曰御風。又後爲永明殿，最後曰圓殿，引水遶之曰環碧殿，又再北曰玉芝宫。自皇史宬東南有門通河，河上有閣曰湧福，迤東沿河，再北澈水作濤，曰吕梁，曰東安，橋再北曰涵碧亭，又北曰回龍觀。有殿曰崇德殿。是河也，從北安門外經文昌宫東邊步糧橋，穿東安門至長安左門外玉河橋出焉。北安門内街東曰安樂堂，再北曰内官監。過北中門，西曰萬法，以曰高玄殿，北則内冰窨場矣。北中門之南曰壽皇殿，曰北果園，東曰永壽殿，又東曰觀德殿，亦射箭處。殿之南曰萬歲山，俗呼煤山，崇禎中順天府尹劉宗周以爲真煤，誤矣，蓋營建時之廢爲之也。山之前曰萬歲門，再南曰北上門，左曰北上東門，右曰北上西門，可望乾明門，再南過北上門達玄武門矣。北上西門之西曰大高玄殿，前門曰始青道境，左右坊曰先天明鏡，曰太極仙林，曰孔綏皇祚，曰弘祐天民。左有閣曰吹明閣，右曰栩靈軒。殿之東北曰象一宫，有世宗玄修金像。稍西曰石作，曰元明閣，又名曰乾明門。門内迤南曰兵仗局，曰袍房，曰舊監庫，曰尚膳外監，曰甜食房，曰西上北門，其東曰西下馬門。自西上北門，過西上南門，曰御用監，又南曰銀作局。再南曰靈臺，亦築觀象臺，銅渾儀諸物，亦如外臺焉。曰寶鈔司，而西中門之西曰尚寶監，曰鷹司房。西出西苑門，迤南向東曰灰池，曰樂成殿，曰水碓水磨堂。河之西高阜上曰昭和殿，又北曰紫光閣，曰陽德門，曰萬壽宮，是宮甚壯麗。曰登豐門，曰柏梁殿，曰大光明殿，曰旋磨臺，曰兔兒山，上建顯揚殿，曰無逸殿。豳風亭金海石橋之南河之西岸，南向曰玉熙宮，曰承華殿，曰寶月亭，曰清馥殿，曰騰禧殿。河之上游倒影入水者曰乾佑閣，後更曰嘉樂殿。出延景門，其西則内教場，稍南臨河曰衆音引祥橋。其東曰洪應殿，曰北閘，白閘迤南曰船屋，再南曰玄禧殿，再南曰陟山門。又南曰崇智殿，曰翫芳亭，有巍然高聳者曰承光殿，北望山峯嶙峋，俯瞰池波蕩瀾，曰太液池。而萬歲山中有殿曰倚山，四圍皆恠石，贔屭齦齶，鮮封蔓絡，佳木異草樛葛蓊鬱兩掖轉石磴而上，巖洞非一。山畔曰仁智殿，曰介福殿，曰延和殿。山嶽有殿甚宏偉，寒氣逼人，曰廣寒殿，旁有方壺亭，有瀛州亭，有玉虹亭，有金露亭。過東曰凝和殿，曰擁翠亭，曰飛香亭，有茅殿曰太素殿，入歲寒門曰歲寒亭，左去曰遠趣軒，曰會景亭。循太液而南曰映輝亭，曰迎翠殿，曰澄波亭。又西南有山，巖洞幼杳，迸泉而上，曰水簾，邃□殿前曰流觴亭，曰臨水殿，前則昭和門矣。西有橋，曰金鰲，曰玉蝀，北則廣寒殿前矣。橋東南曰五雷殿，曰蕉園，一名椒園。凡修實録，焚草於此。再南則西苑門。自玉熙宮之西曰櫺星門，北曰羊房，牲房，曰虎城豹房，曰内安樂堂，蓋宮人養病之所。迤西曰酒房，曰西花房，曰大藏經場。又西曰洗帛廠，曰果園廠，曰西安裏門，曰甲字等十庫，曰司鑰庫，曰鴿子房。街南曰惜薪司，正西則西安門也。櫺星門迤西街南爲贓罰庫，門之東迤南曰鵞池，曰陽德門，又西曰迎和門。玉河水自北安門外藥王廟西橋入皇城，由寶鈔司東與護城河之西脉合流過長安右門之北，經承天門前再東過長安左門之北，自湧福會歸於皇城之巽方而出。護城河者，自北閘分流經内官監，自石橋大高玄殿之東北，上西門之外，由石橋下至紫禁城墻下，順而東而南，經太廟之東，玉芝宮飛虹橋之西，而西脉則自太社太稷壇西至靈臺寶鈔司之東，總合流於湧福閣下。紫禁城内之河，則自玄武門之西，由地道入至廊下家，從懷公門而南，過長庚橋裏馬房橋，穿仁智殿西御酒房東，武英殿前思善門外歸極門北皇極門前有金水五橋，從會極門北文華殿西而北而東，自慈慶宮前之徽音門蜿蜒而南，過東華門裏古今通集庫南，從紫禁城墻下巽方出歸入護城河，非故爲曲折，蓋以防意外變，如兩宮災曦鸞災一號殿災天啓中六科廊災武英殿西漆作災皆賴此水，而一切大工，不煩他汲焉。

傅維麟《明書》卷八四《營建制·壇廟》 圜丘壇，吴元年建圜丘於京城之南。洪武十一年，即其建大祀殿，合祀天地，是爲天地壇。嘉靖九年復初制，仍爲圜丘，在正陽門南，左圜丘三成壇，一成面徑五丈九尺，高九尺。二成面徑九丈，高八尺一寸。三成面徑十二丈，高八尺一寸。各成面甎，用一九七五陽數，及周圍欄板杠，皆青色琉璃。四出陛各九級，白石爲之。内壝圓牆九十七丈七尺五寸，高八尺一寸，厚二尺七寸五分。靈星石門六，正南三，東、西、北各一。外壝方墻二百四丈八尺五寸，高九尺一寸，厚二尺七寸。靈星門如前，高用周尺，餘今尺，下同。又外圍方墻爲門四，南曰昭亨，東曰泰元，西曰廣利，北曰成貞。各壇俱有齋殿、神庫、樂庫、諸司事房廡。

方澤壇，吴元年建方丘于鍾山之北，洪武十一年改建天地壇，遂廢。嘉靖九年復初制，爲方澤，在安定門外。方澤二成壇，一成面方六丈，高六尺。二成面方十丈六寸，高六尺。各成面甎，用六八陰，皆黄琉璃青白石砌。四出陛，各八級。圍水渠長四十九丈四尺四寸，深八尺六寸，闊六尺。内壝方牆二十七丈，高六尺，厚二尺。靈星門六，正北三，東、西、南各一。外壝方墻四十二丈，高八尺，厚二尺四寸。靈星門如前。又外圍方墻二重，内重門如前數，外惟西向三門。又西有石坊，曰泰折街。

朝日壇，嘉靖九年建在朝陽門外，壇方廣五丈，高五尺九寸。壇面甎，青色琉璃。四出陛，九級。圓壝牆七十五丈，高八尺一寸，厚二尺三寸。靈星門六，正西三，東、南、北各一。外圍墻，前方後圓，西北各三門，墻之西北有石坊，曰禮神街。

夕月壇，嘉靖九年建在阜城門外。壇方廣四丈，高四尺六寸。壇面甎，白色琉璃。四出陛，六級。方壝墻二十四丈，高八尺，厚二尺二寸八分。靈星門六，正東三，南、北、西各一。外用方墻，東、北各三門，墻之東北有石坊，亦曰禮神街。

雩壇，嘉靖中建壇在泰元門外。圓廣五丈，高七尺五寸。四出陛，各九級。内壝圓墻徑二十七丈，高四尺九寸五分，厚二尺五寸。靈星門六，正南三，東、西、北各一。外圍方墻四十五丈，高八尺一寸，厚二尺七寸。正南三門，曰崇雩門，共爲一區在南郊之西。外圍墻東西面闊八十一丈五尺，南北五十六丈九尺，高九尺，厚二尺。

神祇壇，明初建山川壇於天地壇之西。永樂中北京山川壇成。嘉靖十一年即其地爲天神地祇壇。神壇方廣五丈，高四尺五寸五分。四出陛，各九級。壝壇方二十四丈，高五尺五寸，厚二尺五寸。靈星門六，正南三，東、西、北各一。內設雲形青白石龕四於壇北，各高九尺二寸五分。祇壇面闊十丈，進深六丈，高四尺。四出陛，各六級。壝牆方二十四丈，高五尺五寸，厚二尺四寸。靈星門亦如神壇。內設青白石龕，山形三，水形二於壇北，先擬設於壇南北向，後改，各高八尺二寸。左從位山水形各一於壇東，右從位山水形各一於壇西，各高七尺六寸。

先農壇，洪武二年建先農壇於山川壇西南，永樂中建如南京壇在神祇壇後，石包磚砌，方廣四丈七尺，高四尺五寸。四出陛。壇東爲觀耕臺，用木方五丈，高五尺，南、東、西三出陛。

帝社稷壇，嘉靖十年建於西苑。壇前開墾爲田，樹藝五穀，壇址高六寸，方廣二丈五尺。甃以細磚，實以净土，繚以土垣。北爲欞星門，高六尺八寸，廣五尺八寸。神位以木爲之，各高一尺八寸，廣三寸，題曰帝神之神，帝稷之神。壇之南置石龕以藏神位，高六尺，廣二尺。壇之西爲祭器庫，北樹二坊以表之，曰帝社街。

太社稷壇，吴元年建社稷壇於宫城之西，南北向，異壇同壝，洪武十年改建同壇同壝。永樂中建壇如南京，在午門右，同壇同壝。壇二成，上成方五丈，次成方五丈三尺，高五尺。四出陛，用五色土隨方築之。壝垣四面靈星門垣之，方亦各如其方。

先蠶壇，初建於安定門外，而於西苑作蠶室，終蠶事。後以出入不便，改建於西苑。壇高二尺四寸，四出陛，廣六尺四寸。甃以磚石，又爲瘞坎於壇右，方深取足容物。東爲採桑臺，方一丈四寸，高二尺四寸，三出陛。鋪甃如壇制。左右樹以桑，而具服殿、神庫、神厨、牲亭咸備焉。

太廟，明初於闕左建太廟。永樂中建於午門左，與太社稷壇配，太廟正殿九間，左右兩廡各十五楹，廟門五間，左右門二座，寢廟一座九間，左右兩廡祧廟一座九間。左右兩廡皆有神庫、神庫神厨。嘉靖十四年，更建世室及昭穆廟於太廟之左右，其制皆正殿五間，寢殿三間，各有門垣，以次而南，統于都宫，太廟專奉太祖居之，世室在左三昭之上，而右爲三穆。

世廟，嘉靖五年建世廟於太廟之東北，以祀典獻王，至十五年改建廟於太廟都宫之東南，曰獻皇帝廟，遂改世廟，殿曰景神殿，寢曰永孝殿。四十四年柱産芝乃更名玉芝宫五間，曰芝祥門。前殿七間，題曰玉芝宫，又曰寶慶殿。左右兩廡後寢曰大德殿，左右兩廡。

歷代帝王廟，明初建於南京。嘉靖中始建於京師阜成門內街北。前爲廟門，中爲景德門，內爲景德崇聖之殿。殿九間，重簷，五出陛，東西兩廡。殿之右爲庫門，中有神庫、神厨、牲亭。

文廟，建於西直門之北國子監中，曰文廟。正殿七間，初稱大成殿，後改題曰先師廟。殿之東掖爲祭器庫，十一間。西掖爲樂器庫，十一間。東西廡各十九間。兩廡之南折而北向爲東西序，各十一間，門各一。兩序之中爲大成門，後曰廟門，門五間，中門三，東西各列戟十二。

武廟，建于武學，如文廟之制而稍殺之，門不列戟。

羣神廟，北極佑聖宫，祀真武。東嶽泰山廟。都城隍廟。太倉神廟。司馬馬祖先牧神廟。孔濟神廟，祀玉河之神。靈濟宫，永樂中建，祀南唐徐知證知諤。元世祖廟。漢前將軍漢壽亭侯廟。宋文丞相祠。姚廣孝廟。皆建於京師，載在祀典者。

傅維麟《明書》卷八四《營建制・陵寢》 祖陵在泗州，皇陵在鳳陽，孝陵在南京，顯陵在承天。而天壽山皇陵，在京城北，各陵有寶城，惟長陵最大，徑一百一丈八尺，而餘相地之宜，深廣不一。有明樓，有祾恩殿，重簷九間，左右配殿各十五間，皆有神廟、神厨、牲亭、碑亭、神道，石橋及翁仲異獸。前紅門又有時源殿，爲車駕更衣之所。有感思殿，爲駐蹕之所。而承天於嘉靖中建元祐寶殿，後曰降祥殿，後曰三洞閣，左宣法殿，右衍真殿。前爲元祐門，又前爲儲祉門。又建慶源殿皆屬顯陵。

傅維麟《明書》卷八四《營建制・親王府制》 洪武四年定王城，高二丈九尺，下闊六丈，上闊二丈，女墻高五尺五寸。城河闊十五丈，深三丈。正殿基高六尺九寸，月臺高五尺九寸，正門臺高四尺九寸五分，廊房地高二尺五寸，王宫門地高三尺二寸五分，後宫地高三尺二寸五分。正門前後殿，四門城樓各一座，立社稷山川壇於王宫內之西南，王宗廟於王城內之東南，前殿曰承運，中曰圓殿，後曰存心。城門南曰端禮，北曰廣智，東曰體仁，西曰遵義。宫殿門廡及城門樓，皆覆以青色琉璃瓦。宫城周圍三里三百九步五寸，東西一百五十丈二寸五分，南北二百九十七丈二寸五分。宫殿廊廡庫廳等共七百九十六間，墻門七十八處。周圍甎徑墻通長一千八十九丈，裏外蜈蚣木築土墻共長一千三百一十五丈。而郡王府止房四十六間，以下第給價有差。

鄧志謨《蘭雪堂古事苑定本》卷九《宫室一》 榱題一建，風雨攸除。居室可棲遲，鳥巢兔穴；規模推廣大，鳳闕龍樓。井榦齊雲，美奪瓊宫之勝；章華長信，高侯珠斗之躔。長楊殿翠影屯雲，五柞宫緑陰翳目。巍然天禄，清光分太乙之藜；卓爾柏梁，瑞露滴仙人之掌。臺臨江水，劉表呼鷹；樓接雲霄，蕭郎引鳳。觀開玉局，曾爲説法之場；閣建石渠，已屬藏書之所。涼臺煥館，緑野堂制度堪奇；佳石異花，平泉莊風光最絶。秦阿房，雄吞渭水；吴姑蘇，勢壓虎丘。是皆肯搆肯堂，亦有茍完茍美。寇萊公，庭階外止許栽花；李文靖，廳事前僅容旋馬。草萊勿剪，俗矣張仲蔚之門；污穢不除，陋哉陳孺子之室。安樂窩，弗加輪奐；也足軒，豈飾丹青。青山在屋上，流水在屋下，溪山不換王侯；南陽諸葛廬，西蜀子雲亭，風月迭爲賓主。蓆爲門户甕爲牖，陳平之蓬室虚；明雲作藩，籬山作屏，柳子之茅亭瀟灑。兩岸好花横畧彴，天排佳景與人觀。一庭瘦竹護菟裘，地設名區從我欲。

《詩・小雅・斯干》篇：「約之閣閣，椓之橐橐；風雨攸除，鳥鼠攸去，君子攸芋。」《詩・陳風・衡門》篇：「衡門之下，可以棲遲，泌之洋洋，可以樂饑。」宋人詩「龍樓鳳閣九重城」。

漢武帝造井榦樓，高五十丈，在建章宫中。五代韓浦建齊雲樓，高與雲齊，故云。《國語》楚靈王爲章華之臺，與伍舉登焉。曰：「臺美矣夫？」伍舉曰：「君爲此臺，人罷財盡，數年而成，若謂此美，楚其殆矣。長信，漢宫名。長楊宫，本秦宫，漢修飾之以備行幸。有垂楊，因名。五柞宫，漢宫也。有五大柞樹，因名。柞音昨。天禄閣詳前文章，柏梁臺詩前天文。漢劉表好鷹，常登臺，歌野鷹來之曲，時號爲呼「鷹臺」。吹簫引鳳，詳後樂具。成都玉局觀，老君與張道陵至此，有局脚玉牀，自地湧出，老君升坐，爲道陵説南北斗經，故名。石渠閣，在漢未央宫中。與天禄相對，乃漢藏書之所。唐裴度致仕，治第東都，號「緑野堂」。有涼臺燠館，風臺月榭之勝。唐李德裕爲相，管平泉莊，求天下佳石異花置其中，時有詩云：「嶺北諸侯供異石，日南太守獻名花。」秦建阿房宫，東西五百步，南北五千丈，下可建五丈旗。杜牧阿房宫賦有云：「渭流漲膩，棄脂粉也；煙斜霧横，焚椒蘭也。」

吴王夫差既得西施，爲築姑蘇臺，高三百丈，游宴其上。伍子胥諫曰：「臣恐姑蘇不久爲麋鹿之遊。」王不聽，後越伐吴，臺遂見焚。宋寇萊公，出入宰相三十年，不管私第。庭階下並無廣地，僅可栽花而已。處士魏野贈詩曰：「有官居鼎鼐，無地起樓臺。」公南遷時，北使至，内宴，歷視諸宰執，語譯者曰：「孰是無地起樓臺相公？」互詳廉潔。《宋書》李文靖公沆爲相，治居第，廳事前僅容旋焉，或言其太隘。公曰：爲宰相廳事誠隘，爲太祝奉禮，則廳事已寬矣。《世説補》：張仲蔚隱居平陵，蓬蒿滿室，惟開一行徑。漢陳蕃，年十五，閒居一室，庭宇蕪穢殆滿，薛勤往候之，曰：「孺子何不掃除以待賓客？」蕃曰：「大丈夫處世，當掃清天下，安事一室？」安樂窩、也足軒，俱詳前恬淡篇。《陋室銘》云：「南陽諸葛廬，西蜀子雲亭，孔子云：何陋之有？」陳平事詳貧賤。柳子厚《茅亭記》云：「因高山之阻以面勢，無節棁之華。不斵椽，不剪茨，不列墻。以白雲爲藩籬，碧山爲屏風，昭其儉也。」唐人《閑居》詩：「兩岸好花横畧彴，一庭新竹繞欄杆。」彴音勺，小橋也。菟裘，魯公隱居之場。《左傳》云：「速營菟裘，吾將老矣。」坡詩：「一庭瘦竹護菟裘。」菟音兔。菟絲，草名。

鄧志謨《蘭雪堂古事苑定本》卷九《宫室二》 宋殿玲瓏，重門洞闢；周邦鞏固，百堵其興。神堯之階下生蓂，唐帝之宫前秀竹。長安未央殿，巍然壯渭水奇觀；荆楚岳陽樓，美矣挹洞庭秀氣。江水濬池源，鍾山增城址。金陵允是帝王都，洙流清翰墨；岱嶽聳文峯闕里，雅宜賢聖宅。避風臺，妃子揚歌；凌煙閣，功臣列像。翹材館，欽賢館，漢公孫延士之區；臨春樓，結綺樓，陳後主幸妃之所。花月芙蓉館，雍雍仙子儀從；風霜細柳營，赫赫將軍號令。萬里橋程途迢遞，寧知唐主經過；百尺樓氣象峥嶸，還屬元龍獨卧。盤龍齋内，瑞氣常臻；夾馬營中，異香遍達。碧雞坊裏神仙至，朱雀橋邊士子遊。黄龍殿上宰臣朝，白虎觀中儒士集。花蕚樓，一聲玉笛淒清；蕋珠宫，幾度鸞笙響喨。雪巢既搆，應無半點俗塵；月榭已成，牖有十分佳景。靖節門前栽五柳，隱士家風；晉公堂下植三槐，相臣地位。鳷鵲觀，滿階明月；蝸牛廬，一榻清風。延閣虚明好貯書，吹臺突兀堪懷古。霍將軍甲第，高入雲霄；王司馬門墻，廣容旗戟。退思嵓，是魚頭參政退思時；知安室，乃半山居士知安處。至道坊間土窟，更爲司馬勝居；浣花溪上草堂，最是杜公樂地。晏居既舊，還勞霸主新更；謝宅猶存，寧許權臣妄奪。否中道常泰，原憲甕牖而且桑樞；安處身欲危，哥奴重關而又複壁。

宋太祖曰：重門洞闢，正如我心少有私曲，人皆見之。《詩・小雅・斯干》篇：似續妣祖，築室百堵。西南其户，爰居爰處，爰笑爰語。蓂莢詳後草。《唐書》：「玄宗兄弟友愛，後苑竹叢幽密。帝謂諸王曰：兄弟相親，當如此竹，因謂之『義竹』。未央殿，漢祖命蕭何所造，取夜未央之義。岳陽樓，在鄂州，據洞庭之勝。」范仲淹《岳陽樓記》：有「浮光躍金，静影沉璧」之句。《吴都賦》云：「鍾山增其城，江水深其地。」金陵是吴都地，故云。謝玄暉云：「江南佳麗地，金陵帝王州。」《飛燕外傳》：漢成帝后趙飛燕，體輕不勝風，帝爲製七寶避風臺。后善爲歸風送遠之曲，歌於臺上，酒酣風起，后揚袖曰：「仙乎！仙乎！」左右捉其裙，帝目之曰：「此留仙裙也。」《唐紀》：太宗圖功臣二十四人於凌煙閣。公孫弘詳人事，陳後主詳女子，周亞夫詳武職。《括異記》：有朝士，晚赴朝，見美女二十餘，並馬而行，丁度在後，朝士驚問之，最後一人曰：「迎芙蓉館主。」俄而聞丁度卒。《成都記》：諸葛亮送費禕聘吴，至一橋，曰：「萬里之行始此。」因名。後明皇幸蜀至此橋，大歎曰：「僧一行曾謂朕曰：『二十年國有難，當遠遊萬里外。』今至此矣。」由是駐蹕成都。陳元龍詳賓主。南宋劉裕，幼有大志。嘗作一小齋，扁曰：「盤龍。」蓋以其能變化也。《宋紀》趙太祖生於夾馬營中，赤光滿室，異香一月，人因號爲「香孩兒」。漢宣帝時，有方士曰：「金馬碧雞之神，可祭而致。」帝因建碧雞坊。朱雀橋，在吴西。晉士子遊觀之所，劉禹錫《烏衣巷》詩：「朱雀橋邊野草花，烏衣巷口夕陽斜。」魏晉時，有黄龍殿。漢宣帝詔：「諸儒於白虎觀中，講五經同異。」《唐書》：「明皇友愛諸王，建花萼樓，常與諸王宴飲其上。寧王好吹玉笛，故云。」蘂珠宫，神仙所居。宋林景思作廬舍，以雪景成，名之曰「雪巢」。楊廷秀作賦，其畧云：「式瑶我室，式瓊我廨。絶無一埃，點我勝槩。」月榭詳前篇，五柳詳衣服。《聞見録》云：「王祐有大功於朝，不得相。謂人曰：我不做二郎必做。」乃手植三槐於庭。曰：「吾子孫必有爲三公者。」後主旦果相。東坡爲作《三槐堂記》。唐人詩：「金波麗鳷鵲。」鳷鵲，觀名。金波，月也。魏處士焦光作圓舍，形如蝸牛，號「蝸牛廬」。蝸有角如牛，故名蝸牛。《藝文志》云：「漢書府名爲延閣，内庫也。《韻府》云：杜甫從李白過汴州，酒酣，登吹臺。慷慨懷古，人莫測乜。吹臺，梁王歌臺。《漢紀》：宣帝賜霍光甲第一區，崔灝詩有云：「長安甲第高入雲，誰家居住霍將軍。」《晉書》：王濬爲司馬，起第宅，開門前路廣數十步。或問之，濬曰：「吾欲其容長戟旗旛，如于公容駟馬高蓋車。」宋魯宗道號「魚頭參政」，嘗一小室，曰「退思嵓」每退朝，獨居其中，雖妻子不許入。宋荆公自號半山居士，築一室，曰「知妄」。自爲語録云：「知妄爲妄，即妄是真。認妄爲真，雖真亦妄。宋王拱辰於洛之道德坊，起屋三層而居。司馬公於至道坊，掘地爲室居之。富鄭公嘗問邵堯夫曰：「洛中有何新事？」堯夫曰：「有一巢居者，有一穴處者。」遂以二公對，富公大笑。杜甫在成都時，劍南節度使裴冕，爲卜浣花溪，作草堂以居焉。《左傳》：齊景公欲更晏子之宅，謂晏子曰：「子之宅近市，不可以居，請更諸爽塏者。」晏子辭。及晏子如晉，公更其宅，反則成矣。既拜，乃復舊宅。塏聞，上聲，高爽也。拜蓋，拜而受也。《晉書》：「桓玄欲以謝安宅廣其地，謝琨曰：「召伯之仁，猶惠及甘棠。文靖之德，更不保五畝之宅耶？」玄慚而止。《莊子》：原憲居環堵之室，桑以爲樞，甕以爲牖。上漏下濕，坐而絃歌。李林甫，小字哥奴。爲玄宗相，自覺結怨於人，每憂刺客之害己。其所居室，防護甚審。爲重開複壁，每夕而數徙，雖家人，莫知其常處。

允禮《工程做法》卷三《柒檩歇山轉角大木》

柒檩歇山轉角週圍廊斗口重昂斗科斗口貳寸伍分大木做法開後：

計　開：

凡面闊進深，以斗科攢數定。每攢以口數拾壹分定寬。每斗口壹寸，隨身加壹尺壹寸，爲拾壹分。如斗口貳寸伍分，以科中分算，得斗科每攢寬貳尺柒寸伍分。如面闊用平身斗科陸攢，再加兩邊柱頭科各半攢，共斗科柒攢，得面闊壹丈玖尺貳寸伍分。如次間收分壹攢，得面闊壹丈陸尺伍寸。稍間同。或再收壹攢，臨期酌定。如廊内用平身斗科壹攢，兩邊柱頭科各半攢，共貳攢，得廊子面闊伍尺伍寸。如進深用平身斗科捌攢，再加兩邊柱頭科各半攢，共斗科玖攢，得進深貳丈肆尺柒寸伍分。外加前後廊各深伍尺伍寸，得通進深叁丈伍尺柒寸伍分。

凡簷柱，以斗口柒拾分除平板枋斗科高分位定高。每斗口壹寸，隨身加柒尺，爲柒拾分。如斗口貳寸伍分，得簷柱連平板枋斗科通高壹丈柒尺伍寸。内除平板枋高伍寸，斗科高貳尺叁寸，得簷柱净高壹丈肆尺柒寸。外每柱徑壹尺加上下榫各長叁寸，如柱徑壹尺伍寸，得榫長各肆寸伍分。以斗口陸分定徑寸，每斗口壹寸，隨身加陸寸，爲陸分。如斗口貳寸伍分，得簷柱徑壹尺伍寸。兩山簷柱做法同。

凡金柱，以出廊并正心桁中至挑簷桁中拽架尺寸，用加舉定高。如廊深伍尺伍寸，正心桁口至挑簷桁中貳拽架壹尺伍寸，每拽架以斗口叁分爲壹拽架，得柒寸伍分。共深柒尺，按伍舉加之，得高叁尺伍寸，并簷柱平板枋斗科，通高壹丈柒尺伍寸，得金柱高貳丈壹尺。外每柱徑壹尺，加上下榫各長叁寸，如柱徑壹尺柒寸，得榫長各伍寸壹分。其採步金柱加平水壹分之高，如平水高壹尺，即採步金柱加高壹尺，再加桁條徑叁分之壹作桁椀，如桁條徑壹尺，得桁椀高叁寸叁分。以簷柱徑加貳寸定徑寸，如簷柱徑壹尺伍寸，得金柱徑壹尺柒寸。

凡小額枋，以面闊定長。如面闊壹丈玖尺貳寸伍分，兩頭共除柱徑壹分壹尺伍寸，得浄面闊壹丈柒尺柒寸伍分，即長壹丈柒尺柒寸伍分。外加兩頭入榫分位，各按柱徑肆分之壹，如柱徑壹尺伍寸，得榫長各叁寸柒分。其廊子小額徑壹頭加柱徑半分，又照本身高加半分，得出枋分位。如本身高壹尺，得出榫長伍寸。壹頭除榫徑半分，外加入榫分位，亦按柱徑肆分之壹，以斗口肆分定高，如斗口貳寸伍分，得小額枋高壹尺，以本身高收貳寸定厚，得厚捌寸。兩山小額枋做法同。

由額墊板以面闊定長。如面闊壹丈玖尺貳寸伍分，兩頭共除柱徑壹分壹尺伍寸，得淨面闊壹丈柒尺柒寸伍分。即由額墊板長壹丈柒尺柒寸伍分，外加兩頭入榫分位各按柱徑拾分之貳，如柱徑壹尺伍寸，得榫長各叁寸，以斗口貳分定高，壹分定厚，如斗口貳寸伍分，得由額墊板高伍寸，厚貳寸伍分。兩山由額墊板做法同。

凡大額枋之長，俱與小額枋同。其廊子大額枋壹頭加簷柱徑壹分，得霸王拳分位。壹頭除柱徑半分，外加入榫分位，亦按柱徑肆分之壹，以斗口陸分定高。如斗口貳寸伍分，得大額枋高壹尺伍寸。以本身高收貳寸定厚，得大額枋厚壹尺叁寸。兩山大額枋做法同。

凡平板枋，以面闊定長。如面闊壹丈玖尺貳寸伍分，即長壹丈玖尺貳寸伍分。外每寬壹尺，加扣榫長叁寸。如平板枋寬柒寸伍分，得扣榫長貳寸貳分，其廊子平板枋壹頭，加柱徑壹分，得交角出頭分位。如柱徑壹尺伍寸，得出頭長壹尺伍寸。以斗口叁分定寬，貳分定高。如斗口貳寸伍分，得平板枋寬柒寸伍分，高伍寸。兩山平板枋做法同。

凡桃尖樑，以廊子進深，並正心桁中至挑簷桁中定長。如廊深伍尺伍寸，正心桁中至挑簷桁中長壹尺伍寸，共長柒尺。又加貳拽架尺寸長壹尺伍寸，得桃尖樑通長捌尺伍寸。外加金柱徑半分，又出榫照隨樑枋高半分，如隨樑枋高壹尺，得出榫長伍寸。以拽架加舉定高，如斗口重昂得貳拽架深壹尺伍寸，按伍舉加之，得高柒寸伍分。又加螞蚱頭撐頭木各高伍寸，得桃尖樑高壹尺柒寸伍分。螞蚱頭、撐頭木，詳載斗科做法。以斗口陸分定厚，如斗口貳寸伍分，得桃尖樑厚壹尺伍寸。以斗口肆分定桃尖樑頭之厚，得厚壹尺。兩山桃尖樑做法同。

凡桃尖隨樑枋，以出廊定長。如出廊深伍尺伍寸，即長伍尺伍寸。外壹頭加簷柱徑半分，壹頭加金柱徑半分。又兩頭出榫照本身高加半分，如本身高壹尺，得出榫各長伍寸。高厚與小額枋同，兩山隨樑枋做法同。

凡挑簷桁，以面闊定長。如面闊壹丈玖尺貳寸伍分，即長壹丈玖尺貳寸伍分。外每徑壹尺加扣榫長叁寸，如徑捌寸，得扣榫長貳寸肆分。其廊子挑簷桁，壹頭加貳拽架長壹尺伍寸，又加交角出頭分位按本身徑壹分半，如本身徑捌寸，得交角出頭壹尺貳寸。以正心桁之徑收貳寸，定徑寸，如正心桁徑壹尺，得挑簷桁徑捌寸。兩山挑簷桁做法同。

凡挑簷枋，以面闊定長。如面闊壹丈玖尺貳寸伍分，內除桃尖樑頭之厚壹尺，得淨面闊壹丈捌尺貳寸伍分。即挑簷枋長壹丈捌尺貳寸伍分。外加兩頭入榫分位，各按本身厚壹分，如本身厚貳寸伍分，得榫長各貳寸伍分。其廊子挑簷枋壹頭加貳拽架長壹尺伍寸，又加交角出頭分位按挑簷桁徑壹分半，如挑簷桁徑捌寸，得出頭長壹尺貳寸。壹頭除桃尖樑頭之厚半分，外加入榫分位按本身厚壹分，如本身厚貳寸伍分，得榫長貳寸伍分。以斗口貳分定高，壹分定厚。如斗口貳寸伍分，得挑簷枋高伍寸，厚貳寸伍分。兩山挑簷枋做法同。

凡正心桁，以面闊定長。如面闊壹丈玖尺貳寸伍分，即長壹丈玖尺貳寸伍分。外每徑壹尺，加搭交榫長叁寸。如徑壹尺，得榫長叁寸。

允禮《工程做法》卷四〇《斗科斗口陸寸尺寸》　斗口單昂平身科柱頭科角科斗口陸寸名、件、尺寸開後：

計　開：

平身科：

大斗壹個，見方壹尺捌寸，高壹尺貳寸。

單昂壹件，長伍尺玖寸壹分，高壹尺捌寸，寬陸寸。螞蚱頭壹件，長柒尺伍寸貳分肆釐，高壹尺貳寸，寬陸寸。

撐頭木壹件，長叁尺陸寸，高壹尺貳寸，寬陸寸。

正心瓜拱壹件，長叁尺柒寸貳分，高壹尺貳寸，寬柒寸肆分肆釐。

正心萬拱壹件，長伍尺伍寸貳分，高壹尺貳寸，寬柒寸肆分肆釐。

厢拱貳件，各長肆尺叁寸貳分，高捌寸肆分，寬陸寸。

桁椀壹件，長叁尺陸寸，高玖寸，寬陸寸。

拾捌斗貳個，各長壹尺捌分，高陸寸，寬捌寸捌分捌釐。

槽升肆個，各長柒寸捌分，高陸寸，寬壹尺叁分貳釐。

叁才升陸個，各長柒寸捌分，高陸寸，寬捌寸捌分捌釐。

柱頭科：

大斗壹個，長貳尺肆寸，高壹尺貳寸，寬壹尺捌寸。單昂壹件，長伍尺玖寸壹分，高壹尺捌寸，寬壹尺貳寸。

正心瓜拱壹件，長叁尺柒寸貳分，高壹尺貳寸，寬柒寸肆分肆釐。

正心萬拱壹件，長伍尺伍寸貳分，高壹尺貳寸，寬柒寸肆分肆釐。

厢拱貳件，各長肆尺叁寸貳分，高捌寸肆分，寬陸寸。

桶子拾捌斗壹個，長貳尺捌寸捌分，高陸寸，寬捌寸捌分捌釐。

槽升貳個，各長柒寸捌分，高陸寸，寬壹尺叁分貳釐。

叁才升伍個，各長柒寸捌分，高陸寸，寬捌寸捌分捌釐。

角科：

大斗壹個，見方壹尺捌寸，高壹尺貳寸。

斜昂壹件，長捌尺貳寸柒分肆釐，高壹尺捌寸，寬玖寸。

搭角正昂帶正心瓜拱貳件，各長伍尺陸寸肆分，高壹尺捌寸，寬柒寸肆分肆釐。

由昂壹件長拾叁尺肆分肆釐高叁尺叁寸。寬壹尺貳寸伍分。

搭角正螞蚱頭帶正心萬拱貳件，各長伍尺肆寸陸分，高壹尺貳寸，寬陸寸。

搭角正撐頭木貳件，各長壹尺捌寸，高壹尺貳寸，寬陸寸。

把臂厢拱貳件，各長陸尺捌寸肆分，高壹尺貳寸，寬陸寸。

裏連頭合角厢拱貳件，各長柒寸貳分，高捌寸肆分，寬陸寸。

斜桁椀壹件，長伍尺肆分，高玖寸，寬壹尺貳寸伍分。

拾捌斗貳個、槽升肆個、叁才升陸個，俱與平身科尺寸同。

李斗《揚州畫舫録》卷三《新城北録上》 廣儲倉在梅花嶺下，雍正間葛御史建。倉房制最宏敞，十一檩挑山，面闊一丈三尺，進深四丈五尺，檐柱高一丈二尺五寸，徑一尺大木。做法：用裏金柱、三穿、雙步、單步、五架、三架諸梁，檐枋、墊板、檩木、檐椽、下中上花架檐椽、腦椽、連檐、瓦口、博縫板、山墻上象眼窗、厦門下檻、間抱柱、間枚，均以見方折工料。三檩氣樓面闊九尺，進深七尺五寸，柱高二尺七寸，寬六寸，厚五寸。用槅角木、三架梁、檐枋、脊枋、墊板、脊瓜柱、檩木、檐椽、連檐、瓦口、博縫板、前後風窗、兩山上下象眼窗。抱厦面闊一丈三尺，進深七尺五寸，柱高九尺五寸，徑八寸。用抱頭梁、隨梁枋、檐枋、墊板、檩木、檐椽、連檐、博縫板，亦均以見方折算。

梅花書院在廣儲門外，明湛尚書若水書院故址也。若水字甘泉，廣東增城縣人。嘉靖間以大司成考績，道出揚州，一時秉贄而謁者幾十人。揚州貢士葛澗與其弟洞早年從之游，是時因選地城東一里，承甘泉山之脉，創講道之所，名曰行窩。門人呂楠以湛公之號與山名不約而同，書『甘泉』二字於門，又撰《甘泉行窩記》。行窩門北有銀杏樹一株，就樹築土爲墠，上墠築基爲堂，題曰『至止堂』。其《心性圖説》在北墉，鐘磬在東墉，琴鼓在西墉，學習誠明、進修敬義二齋在東序，燕居在堂北，厨庫在燕居左右，繚以周垣凡六十有二丈。垣外有溝，溝外有樹。先門外有池，池水與溝水襟帶行窩，而池上有橋，當行窩之旁。又置田二十餘畝，以資四方來學者，皆澗所助也。通山朱廷立爲巡鹽御史，改名甘泉山書館。厥後御史徐九皐立純正門、禮門，提學御史聞人銓立義路坊，知府侯秩、劉宗仁、知縣王維賢相繼修拓，御史陳蕙增置祠堂、射圃等地，御史洪垣增置艾陵湖官莊田八十畝，此嘉靖間湛公書院也。萬曆二十年，太守吴秀開浚城濠，積土爲嶺，樹以梅，因名梅花嶺。緣嶺以樓台池樹，名曰平山别墅。東西爲州縣會館，名之曰偕樂園。後立吴公木主於園中子舍，名曰吴公祠。三十三年，太監魯保重修，知府朱錦作碑記。當道檄毁之，存其堂與樓，爲諸生講學之所。巡按御史牛應元改名之曰崇雅書院，祀湛公木主於堂，又曰湛公祠。崇禎間，書院又廢。國朝雍正十二年，郡丞劉重選倡教造士，邑士馬曰琯重建堂宇，名曰梅花書院。前列三楹爲門舍，其左爲雙忠祠，右爲蕭孝子祠，又三楹爲儀門。升階而上，爲堂凡五重，複道四周。又進爲講堂，亦五重。東號舍六十四間，旁立隙宇，爲庖厨浴湢之所。西有土阜，高丈許，即梅花嶺也。嶺上構數楹，虚窗當檐。檐以外憑墉而立，四望煙户，如列屏障。下嶺則虚亭翼然，樹以雜木。劉公親爲校課，匝月一舉。而先後校士院中者，鹾政則有朱續晫，知府則有蔣嘉年、高士鑰，知縣則有江都朱輝、甘泉龔鑒諸公。一時甄拔如劉復、羅敷五、郭潮生、郭長源、周繼濂、周珠、孫玉甲、蔣爽、耿元城、裴玉音、閔鯉翔、楊開鼎、吴志澠、史芳湄諸人。江都教諭吴鋭爲書院碑記。迨乾隆四年，巡鹽御史三保、轉運使徐大枚酌定諸生膏火於運庫支給。乾隆初年，復名甘泉書院。戊戌，長白朱孝純由泰安知府轉運兩淮，又名梅花書院，而廓新其宇，於市河之西岸立大門，自書「梅花書院」扁，刻石陷門上。甬道二十餘丈，雕墻高五丈，長十餘丈。墻下浚方塘，種茆栽葦。面塘爲大門。雙忠祠、蕭孝子墓、節孝祠在其左，距書院舊址相去丈許矣。書院正堂，制度悉如郡丞劉公之舊。更以浚塘之土，累積於右，樹以梅，以復梅花嶺舊觀。嶺下增構廳事五楹，亭舍閣道，點綴其間。朱公親爲校課，匝月一舉，謂之官課。延師校課，亦匝月一舉，謂之院課。主講席者，謂之掌院。延府縣學教諭、訓導一人，點名收卷，支發膏火，謂之監院。在院諸生分正課、附課、隨課，正課歲給膏火銀三十六兩，附課歲給膏火銀十二兩，隨課無膏火。一歲中取三次優等者升，取三次劣等者降。至倉運使以一歲太寬，限以一月，連取三次者升。後又改爲連取五次優等者升。第一等第一名給優獎銀一兩，二三名給優獎銀八錢，以下六錢。倉運使又定額一等止取十四名。鹿運使以二等第一名給優獎銀五錢，而一等不拘取數。癸丑，南城曾燠轉運兩淮，親課諸生，又拔取尤者十餘人，置於正課之上，名曰上舍，歲加給膏火銀十八兩。

揚州郡城，自明以來，府東有資政書院，府西門內有維揚書院，及是地之甘泉山書院。國朝三元坊有安定書院，北橋有敬亭書院，北門外有虹橋書院，廣儲門外有梅花書院。其童生肄業者，則有課士堂、邗江學舍、用里書院、廣陵書院。訓蒙則有西門義學、董子義學。資政書院在府堂東，建於景泰六年，知府王恕創始。內有羣英館，知府鄧義質建，厥後知府馮忠重修，南昌張元征爲記。今圮，尚有舊基。維揚書館在府西門，建於嘉靖五年，巡鹽御史雷應龍創始，徐九皋改新，歐陽德有記，陳蕙、洪垣相繼修飾。內有六經閣祠堂，祀周、程、張、朱。資賢門、資賢堂、麗澤門、志道堂，湛公有記。厥後御史彭端吾、楊仁願復葺。今圮，已無舊基。安定書院在三元坊，建於康熙元年，巡鹽御史胡文學創始，祀宋儒胡瑗。雍正間，尹巡使增置學舍，爲郡士肄業之所，延師課藝，以六十人爲率，并合梅花書院一百二十人。聖祖南巡，賜「經術造士」額懸其上。敬亭書院在北橋，建於康熙二十二年，兩淮商人創始，因御史裘充美《論湖口稅商疏》，感其德建此，令士子誦讀其中，京口張九征爲記。虹橋書院在北門，康熙間，總督於成龍創始，集郡士肄業。今之郡城校課士子書院，惟安定、梅花兩院。其虹橋書院久圮，敬亭書院僅志裘公去思，而未嘗校課也。若校課童生書院，今存者惟廣陵書院而已。

李斗《揚州畫舫録》卷四《新城北録》中　天寧門城河兩岸甃石，上横巨木，架紅欄爲釣橋。橋外華表屹然，下爲天寧寺大山門。第一層爲天王殿，中供布袋羅漢像，旁置魔魅，作戲弄狀。殿右設大畫鼓，左懸鐘。古者鐘樓用風字脚，四柱並用渾成梗木若散木，不可低，低則掩，聲不遠，宜在左。寺廊下作平棋盤頂，開樓，盤心透上，直見鐘作六角欄干，則聲遠百里。是寺鐘晝夜撞之，有緊十八、慢十八之號。寺鼓在右，即宋孚禪師聞之悟道處。鐘鼓樓旁矗兩寶刹，高數丈，剪彩爲幡幢。第二層大殿上置白石香爐蓮炬，高與殿齊，中供大佛三座，旁列梵相：或衣雲衲，倚竹杖，横梵書貝帙；或抱膝聳肩，狀若鬼王；或閉目枯坐萬山中；或長眉拂地，側膝跣足；或面目羸瘦，神清氣足；或着水田衣趺坐，意思蕭適；或芒鞋竹杖，傴僂如老人形；或四體毛生，儀貌間别；或軒鼻呴口，手捻數珠，坐娑羅樹下；或亢眉瞪目；或揮扇坐槎枒樹下，丰骨清峭；或鷄皮駘背，兩手有所事，如抓蚤捫虱；或被袈裟執經，宛然僧相；或合掌而坐；或被衣揮扇；或髯而長；或陋且怪，而焚香捧經之僧隅坐焉，所謂十八應真也。殿後供大悲千手眼菩薩像，螺髻纓絡，足履菡萏。第三層中供阿彌陀佛，佛火炎上如凡火狀，下陳經案香盆，爲萬壽經壇。第四層後樓三層，樓下爲方丈，中爲僧房，上爲萬佛樓。計佛萬有一千一百尊，佛形大小不一，小者如黍米半菽，眉目口耳，螺髻毫相，無不畢具。郡中三層樓以蕃釐觀彌羅寶閣爲最，是樓次之。樓旁列兩小殿，供白衣大士、文武帝君像。兩廊百數十楹，皆供諸天佛號及道人俞普龍像，而柳毅像至今無考焉。

李斗《揚州畫舫録》卷五《新城北録》下　戲具謂之行頭，行頭分衣、盔、雜、把四箱。衣箱中有大衣箱、布衣箱之分。大衣箱文扮則富貴衣即窮衣、五色蟒服、五色顧繡披風、龍披風、五色顧繡青花五彩綾緞襖褶、大紅圓領、辭朝衣、八卦衣、雷公衣、八仙衣、百花衣、醉楊妃、當場變、補套藍衫、五彩直擺、太監衣、錦緞敞衣、大紅金梗一樹梅道袍、緑道袍、石青雲緞掛袍、青素衣、袈裟、鶴氅、法衣、鑲領袖雜色夾緞襖、大紅雜色細小襖；武扮則扎甲、大披掛、小披掛、丁字甲、排須披掛、大紅龍鎧、番邦甲、緑蟲甲、五色龍箭衣、背搭、馬褂、劊子衣、戰裙；女扮則舞衣、蟒服、襖褶、宫裝、宫搭、采蓮衣、白蛇衣、古銅補子、老旦衣、素色老旦衣、梅香衣、水田披風、采蓮裙、白綾裙、帕裙、緑綾裙、秋香綾裙、白蘭裙；又男女襯褶衣、大紅袴、五色顧繡袴、桌圍、椅披、椅墊、牙笏、鸞帶、絲綫帶、大紅紡絲帶、紅藍絲綿帶、絲綫帶、絹綫腰帶、五色綾手巾、巾箱、印箱、小鑼、鼓、板、弦子、笙、笛、星湯、木魚、雲鑼。布衣箱則青海衿、紫花海衿、青箭衣、青布褂、印花布棉襖、敞衣、青衣、號衣、藍布袍、安安衣、大郎衣、斬衣、鬃色老旦衣、漁婆衣、酒招、牢子帶。盔箱，文扮平天冠、堂帽、紗貂、圓尖翅、尖尖翅、葷素八仙巾、汾陽帽、諸葛巾、判官帽、不論巾、老生巾、小生巾、高方巾、公子巾、净巾、綸巾、秀才巾、蚱蜢巾、圓帽、吏典帽、大縱帽、小縱帽、皂隸帽、農吏帽、梢子帽、回回帽、牢子帽、凉冠、凉帽、五色氈帽、草帽、和尚帽、道士冠；武扮紫金冠、金扎鐙、銀扎鐙、水銀盔、打仗盔、金銀冠、二郎盔、三義盔、老爺盔、周倉帽、中軍帽、將巾、抹額、過橋勒邊、雉鷄毛、武生巾、月牙金箍、漢套頭、青衣扎頭、箍子、冠子；女扮觀音帽、昭容帽、大小鳳冠、妙常巾、花帕扎頭、湖縐包頭、觀音兜、漁婆纈、梅香絡、翠頭髻、銅餅子簪、銅萬卷書、銅耳挖、翠抹眉、蘇頭髮及小旦簡妝。雜箱胡子則白三髯、黑三髯、蒼三髯、白滿髯、黑滿髯、蒼滿髯、虬髯、落腮、白吊、紅飛鬢、黑飛鬢、紅黑飛鬢、辮結、一撮一字。靴箱則蟒襪、妝緞棉襪、白綾襪、皂緞靴、戰靴、老爺靴、男大紅鞋、雜色彩鞋、滿幫花鞋、緑布鞋、踹場鞋、僧鞋。旗包則白綾護領、妝緞扎袖、五色紬傘、連幌腰子、小絡斗、連幌幌子、人車、搭旗、背旗、飛虎旗、月華旗、帥字旗、清道旗、精忠報國旗、認軍旗、雲旗、水旗、蜘蛛網、大帳前、小帳前、布城、山子，又加官臉、皂隸臉、雜鬼臉、西施臉、牛頭、馬面、獅子、全身玉帶、數珠、馬鞭、拂塵、掌扇、宫燈、疊折扇、紈扇、五色串枝、花鼓、花鑼、花棒槌、大蒜頭、敕印、虎皮、令箭架、令牌、虎頭牌、文書、鋼硯、籤筒、梆子、手靠、鐵鍊、招標、撕發、人頭草、鸞帶、燭臺、香爐、茶酒壺、筆硯、筆筒、書、水桶、席、枕、龍劍、掛刀、短把子刀、大鑼、鎖哪、啞叭、號筒。把箱則鑾儀兵器備焉。此之謂江湖行頭。鹽務自制戲具，謂之内班行頭，自老徐班《全本琵琶記・請郎花燭》，則用紅全堂，《風木餘恨》則用白全堂，備極其盛。他如大張班，《長生殿》用黄全堂，小程班《三國志》用緑蟲全堂。小張班十二月花神衣，價至萬金；百福班一出《北餞》，十一條通天犀玉帶；小洪班燈戲，點三層牌樓，二十四燈，戲箱各極其盛。若今之大洪、春臺兩班，則聚衆美而大備矣。

李斗《揚州畫舫録》卷六《城北録》　宣立揚工醫，善泥塐古器，鼎瓶款識，悉如古制，時謂之宣銅。其徒戴矮子，置小泥器鬻於山堂，高不盈二寸，而龍文夔首，雲雷科蚪，直三代物。

李斗《揚州畫舫録》卷七《城南録》　御舟水室在古渡禪林後堤，庋屋水上，一舟庋屋五楹，龍鳳各二舟，庋屋四層，兩旁用紅黄竹席圍之，以避風雨，名曰藏舟浦。此内河御舟，與外河馬頭備用如意船有别。是舟用四槳，船首刻龍鳳，布雲母，或庋板屋飛廬，翠幃羽蓋，或用廠船。其餘隨從船，或六槳、八槳、二槳、八櫓，謂之官船。二槳即今划子船，謂之差船。差後各歸工次，謂之園船。惟御舟入藏舟浦，有官司之。自是而北，則西城外矣。

錢泳《履園叢話》卷一九《陵墓・武肅王墓》　先武肅王墓，在今臨安縣城内安國山下，《備史》云，長興三年壬辰春二月，唐王遣吏部侍郎盧詹、刑部郎中楊薰賜王國信湯藥等。三月己酉，夜大雪，至庚戌三月二十八日。王薨於正寢，年八十有一，在位四十一年。朝廷聞訃，廢朝七日，哀悼不已。詔謚曰武肅，命將作監臣李鍇、光禄少卿臣張褒宣命。夏四乃庚午，奉靈輴殯於衣錦軍，即今之臨安也。應順元年甲午春正月壬午，勅葬王於安國縣衣錦鄉茅山之原，命工部侍郎楊凝式爲碑文。《墳廟記》云，武肅王墳山并祠堂在縣城内，計二頃四十五畝二角五十步，看管羅青、吴贊。東至縣子城，西至縣牆，南至官街火星池，北至大溪廟基，計一十一畝，祠堂基計九畝二角三十步，廟後墳山地計一百四十畝二角。又云裏城東桑園地計七十畝，祠堂西桑園地計一十四畝二角二十步，墓南向，後坐安國山，即茅山也。前對功臣山，山上有一塔，爲功臣塔，甚聳秀。墓營左右有龍虎沙兩條回抱，前神道碑已倒，一字無存，華表一對、石馬、石羊、石虎俱全，石翁仲兩對，石將軍一對，享堂五楹，其中供奉武肅王木主，以文穆、忠獻、忠遜、忠懿四王配享，享堂之東數武有關帝廟，即吴越之太廟也。今居民尚稱之曰太廟山，廟後有石室，即所謂五祖祏也。墓門之前，即是大街。泳謹案，武肅王墓載於《浙江通志》、《杭州府志》、《臨安縣志》及《吴越備史》、《十國春秋》、《五代史記》諸書。宋時墓基并祠堂，據碑記載有二頃四十五畝二角五十步，其四至餘地，皆歷歷可考。元、明以來如舊，弘治間邑令王公翔鳳、毛公忠相繼知縣事，嘗爲置立屋舍柵門，令人看守，禁止作踐，春秋設祭。後被土人將墓上東西龍印二山及甬道左右，各築墻垣，佔爲園圃，鋤犁耕種，放牧牛羊。正德十二年五月，經臨安縣，省祭官陳天顯、高爚等十三人稟呈於浙江按察僉事許公讚，批發臨安縣查勘申詳，得侵佔人犯盛金等三十四人，即會同署印知事王儒及儒學掌印官，丈量清理，追出山田地蕩共四十四畝五分零，不許佔種，立石爲界，即將盛金等分别治罪。其各地上原造小房，令其拆卸，仍將丈量細數并招情繪圖，備行儒學收掌。飭本縣知縣廖瑜支給官銀，于冢前臨街建立大門三間，周圍築衛墻垣，又造享堂三間，拜臺一所，著本縣城隍廟護印道士梁元崇看守，給帖付照。嘉靖十八年二月，裔孫刑部郎德洪等又請於巡按浙江監察御史傅公，即批本縣查勘清理，又命會稽裔孫生員玨守墓。以舊時祭費不敷，于本縣祠典内每年增設祭儀，春秋二仲致祭，每祭照鄉賢名宦品物外，加帛四端，共計銀四兩。議將種地山民編爲塋户，專管護，其荒穢不治，坐之以罪。墓域地形周圍五百一十步，並令多植松柏，以壯觀瞻。至隆慶二年間，又被土民吴阿五等三十人佔據，并毁壞石器，私創淫祠，復經裔孫彪題呈於巡按浙江監察御史李公，批準清查。遂限侵佔之人立書退狀，將所佔之地還官，著守祠人照址管業，其久住房屋并山田魚池等俱令納租，以爲祭費。崇禎初，又被土民趙應元、王七等盜斫松樹，裔孫簡討、國本、受益等又呈于欽差督撫軍門張公，勒石禁約，以懲侵盜，又批准下縣。國朝以來，墳廟無恙，子孫雖散處四方，未能年時祭掃，而春秋享祀不絕。泳於嘉慶元年在兩浙轉運使幕中，往臨安瞻拜第一次。道光三年，由吳門至杭州，瞻拜第二次。十一年，又偕族弟懋溪瞻拜第三次，則知于七年七月，爲住祠人唐阿七勾結縣書張德銓等，盜伐墓上大松五株，本邑裔孫振禮、錦昌等具呈縣主，詎德銓朦混謂以此爲變賣充公之用，反將振禮等七人管押勒結，于是裔孫生員丹陛、大聚等又上控，經杭州府知府成公親提嚴訊，追價在案。時泳以惠山家祠未曾竣工，因循至十二年冬始與族人松坡、蔭軒、懋溪、佩之、硯茶硯輩酬費興脩，而太倉宗人伯瑜觀察名寶琛者，正爲浙江糧儲道，將除雲南按察使，亦有所捐，共得三百餘兩，重建照墻，石庫門上署「錢武肅王神道」六字，而再立墓前大碑，題曰「唐故天下兵馬都元帥尚父守尚書令兼中書令吳越國王謚武肅錢王之墓」三十字，又于東會錦門口立一碑，曰「錢武肅王故里」六大字。時以經費不敷，僅將祠堂添瓦小修，神牌更正，而甬道上之蒼苔瓦礫，神宮前之積水瀠洄，未能挑濬，一律擴清，此十四年四月事也。至十五年春，泳偕諸宗人祭埽，則知伯瑜廉訪又擢浙江布政使矣。是時地方大吏正入奏大修海塘，其欽差大臣爲歙縣吳退旃都憲，與泳本舊好，遂面遞一呈，請修先墓。至次年海塘工竣，奉旨欽頒「朝宗效祉」四字額，恭懸祠內。而都憲還朝，先捐白金百兩爲倡，自是撫、藩、臬、運以及兩浙諸觀察各有所捐，合一千七百餘兩。正欲興修，而爲伯瑜方伯借挪先修會稽祠墓。至十六年，方伯始飭臨安縣知縣馮雲祥再修，清出胡姓所佔東南角竹園一所，于東邊照墻上再建一石庫門，稍肅觀瞻而已。

張澍《續黔書》卷六《官鑄》　黔中錢局二，設於貴陽大定，局事即以知府領之。采辦滇銅，鼓鑄搭放兵饟。余初至黔，見市錢猶肉好完具，厥後省局私鑄小錢，不可用。余上書署藩臺董觀橋前輩言之，其略曰：國家嚴私鑄之律者，所以防奸民也，今不聞奸民之盜磨取鎔，另起鑪竈，而峨峨守牧，行固駔儈，顯犯王章之所不赦。市廛之中，充然堆積者，無輪廓，無侌易，一千之貫，不滿五寸，比於鵝眼、綖環，同其薄劣，入水不沈，隨手破裂，斗米萬錢，指貨千錢，小民日用，難權子母，藏之不可爲泉，行之不可爲布，甚非所以愛養閭閻，通惠商旅也。

（英）傅蘭雅口譯，丁樹棠筆述《製火藥法》卷一《論火藥源流》　刱製火藥爲何代何國何人倡之，已無實據可考。第各西國相傳，法本東來。考中國及印度國古籍所載，自古迄今，已解此法至刱造之孰先孰後，則代遠年湮，亦難追辨。大抵因有數處土面產硝，人或於此生火，見硝能燃，且令火勢增烈，乃取炭合硝燃之，因稍悟藥性，即略會製藥之法，雖未添入硫質，祇硝炭二物，已敷製藥之用。惟此說僅屬臆見，縱略悟其法，亦非亟亟於製造火器。想其始或第爲炸石並爆竹等用。洎製造火器之法徧傳各國，精益求精，於是自古各等兵器，如弓矢刀稍等物漸就廢置，以大小鎗礮代之，故一切戰事，莫不隨之改變矣。

近數十年來，有諳習化學之士，查有別物堪以代之，較藥力勝數倍。然火藥所以沿用至今，歷久不廢者有故，蓋由別物代藥，有極危險者，或一經著手，或稍觸動，立能轟烈，多不便用。故燃火過速者，用於鎗礮，彈子尚未動而早已燃畢，氣必速散，定有炸裂之患。若燃火過緩者，彈子已出而猶未燃畢，亦徒虛糜藥力。更有易銹壞鎗礮者，用之未久而器已損，遂成無用。又有成燼較多者，亦未便用。唯配製如法，始無燃速及燃緩之弊。至銹壞鎗礮內質一弊，尚難全免。蓋製藥所用硫硝炭三料，大約隨地有之，而價亦廉，且製造之法不甚費工力。第有數種流弊：一、生燼質而其質污。二、發煙氣而其氣濁。三、藥質易壞。四、占地過多，分兩亦重，往來攜帶不便。若有明於化學者，能另尋一物，有火藥各種益而無其各等弊，則火藥亦可由此而廢矣。近新設棉花藥，泰西有數國略用之以代火藥，但此物益處雖多，然新設未久，不知究能勝火藥否，再閱數載，其法傳遍各處，則兩者相較，自分等差。

查西國載籍，知六百餘歲以來，西國已諳用火藥。嗣查五百六十餘歲以來，即載有用鎗礮之説，惟彼時所用之藥與今大異，歷傳而後製法每易代而愈巧。昔祗以人力或以粗器與粗料成之，今則以絶巧輪器倣化學之理分製藥料，以視昔之所製精粗何如，西國昔時製藥，取炭硫硝三物，磨至極碎而調勻之。嗣有人悟成粒之法，恐以水調勻易損藥質，乃易以醇酒等物，則今昔所製之藥，其力相去較遠，從可知也。

自昔製藥所用各料分兩與今不同。如三百二十年前，以大利國書中，載製藥各方二十五則，内有一則，用硝一分，硫一分，炭一分。又一則，用硝十八分，硫二分，炭三分。二方所成之藥非極利用，而其餘者槩不過如是。今若倣其法爲之，更屬無當於用。但彼時藥力較今更小，恐因礮質不堅，僅與此等藥力相稱，或其時尚不解製力厚之藥也。近各國製藥所用三料之重數無大異，惟做各等藥之用處，以定三料之分兩。現有化學士，化分各處所製之藥，每百分重所得各料之數如左：

水炭硫硝

	水	炭	硫	硝
中國大粒藥	一六	一五七	一一三	七一四
英國大粒藥	〇八	一四八	一〇〇	七四六
英國大粒藥	〇七	一四七	七六	七七〇
英國大粒藥	〇八	一四一	一〇五	七四六
英國大粒藥	〇八	一五七	一〇一	七五四
英國小粒藥	〇六	一四九	九七	七四八
法國大粒藥	〇九	一二五	一二六	七四〇
比利時國大粒藥	〇八	一三五	一〇〇	七五七
美國大粒藥	一〇	一四九	九七	七四四
普魯士國大粒藥	〇六	一二八	一〇〇	七六六
普魯士國小粒藥	〇七	一二八	一一〇	七五五
奧地利國粒藥	〇八	一四七	九一	七五四
瑞顛國大粒藥	〇八	一四六	九七	七四九
俄羅斯國小粒藥	〇五	一五七	九四	七四四
瑞士國圓粒□藥	〇八	一七八	一〇三	七一一

（英）傅蘭雅口譯，丁樹棠筆述《製火藥法》卷一《取硝及提硝之法》 硝有二等，一爲硝强水與鉀養化合而成，二爲硝强水與鈉養化合而成。其第一等乃製藥所用，如中華及印度等國，常有硝質積生土面，其□若霜，又有數處於洞內敗石中取出硝者，亦有數處向土下尋得之。分硝之法，以多土浸入水中，使硝化出而土沈下，所得硝水，置入一池曝濃數日後，將水傾入盆內，以火沸之，即成硝粒，此爲最粗之硝，每百分內十分爲土質。凡不産硝各國，必應設法製之。如各西國製硝常法，將各植物動物之質，並壁間舊石灰與燃木煤炭等物之灰燼積作巨堆，堆下先舖細泥一層使不漏水，上蓋一棚以備天雨，堆前面令平直，以當常至之風。其後面以次漸不如階。取各圂厩所得溲溺暨人溺等傾於堆上，俟空氣約熱六十度至七十度，堆內各質漸成含硝强水之質，流至地面，遇風而溼氣化散，其質自凝結如霜，久之合堆面之土刮下數寸浸於水中，質自消化。其以所餘之土，仍增置堆後各級上，至二三歲，全堆之質俱熟，可盡入水，中浸之。

浸土融硝之法，以此土質，置水桶或木盆內亦可。如用木桶，可列爲一行，傾水入第一桶土質上，水由桶底滲出，即入第二桶中，以下各桶皆如之。用水益少益佳，因硝易化出，可省燃料，視水濃時，以量硝表量其濃數，約水每一百分，有硝十二分至十四分即可入鍋煮之，仍如前加水入桶中，至土內之硝盡出爲度，此土質仍留下次作堆。益式如第一圖，以堅木爲之，長十六尺，寬八尺，深四尺，向一旁下穿，孔孔甲甲甲，孔內有小管能引水至外槽丙，置盆常令略斜，以便水流，如第二圖。盆內有板戊，戊穿多孔如濾路，斜置盆角，令水流下而土仍不得出。己己爲鐵桿，夾盆兩旁，使其牢固不散。又乙乙乙爲木板，卯卯爲鐵皮條，以釘制之，每盆能容硝土質二百十八立方尺。取硝土質入盆後，即加水浸之高於土質四寸，停蓄一日，俾水放出，入次盆土質內，再加水入第一盆內，至所出水內約含硝一百分之一，則另換土質，以換出者留下次作堆。如土質每五方尺有硝八磅，則一盆內之土質，必得硝二百五十六磅。初次放出之水，每百分必含硝十分，此水不特含硝，尚含鈉養、淡養、鈣養、淡養、淡輕、養淡、養鉀綠、鈣綠、鎂綠、淡輕、養炭養，另有數種生物質，必先將各含淡養之質，變爲鉀養、淡養。法將鉀養、炭養、或鉀養、硫養或鉀綠消化於水，加入前水攪勻，則鈣養、炭養、鎂養、炭養結而下沈，水內僅含鉀養、淡養、鉀綠，鈉綠，如衹用鉀養、硫養，其所結成者爲鈣養、硫養，則其不結者爲鎂養、硫養，必再加鈣養水，則鎂養、硫養，亦結而下沈矣。

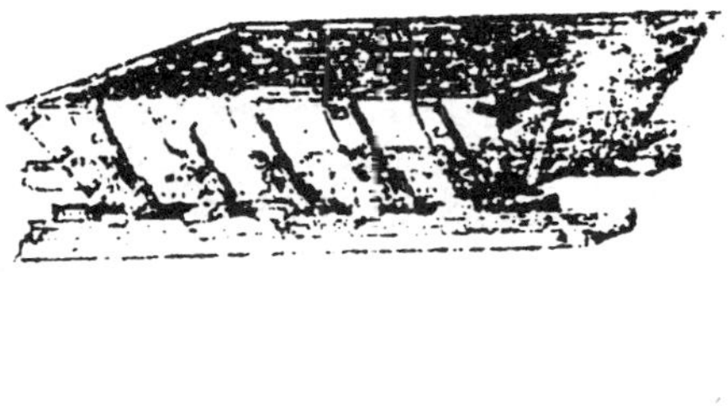
第一圖

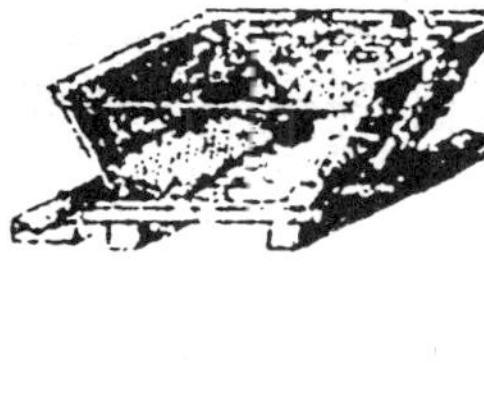
第二圖

如前法所得硝水，以鍋煮之。鍋式如第三圖。未爲爐柵，甲爲門，申爲灰膛，乙爲風門，呷爲銅鍋。火先與鍋底遇，嗣循兩旁之路丙丙而上，則鍋兩旁皆熱，再向上行至次鍋乙之下，於鍋下循路徧繞至煙通庚，庚上有門天，以制火之大小。煮時常有污物上浮，必以器取出之。煮至數小時後，水內數等定質，將結於鍋底，若不取出，則鍋必燒壞。法用一器寅，以鐵鍊懸之，有滑車辰，以便起落。煮時鍋內沸滾，而器內則否，故浮質必沈至器內不出，須隨時取出復懸入。至水將濃，則鈉綠與鈣綠在水面結而下沈，亦在此器取出。至已濃，取少許傾於冷盆上，若速凝結，即無庸再煮，可留十五小時至十八小時，令其澄清，傾入大銅盆，加熱至一百二十二度，使水化散稍濃，則結成硝粒。若見色黃，是硝內仍含鉀綠與鈉綠，必再提之至未結之水，仍入前鍋煮之。

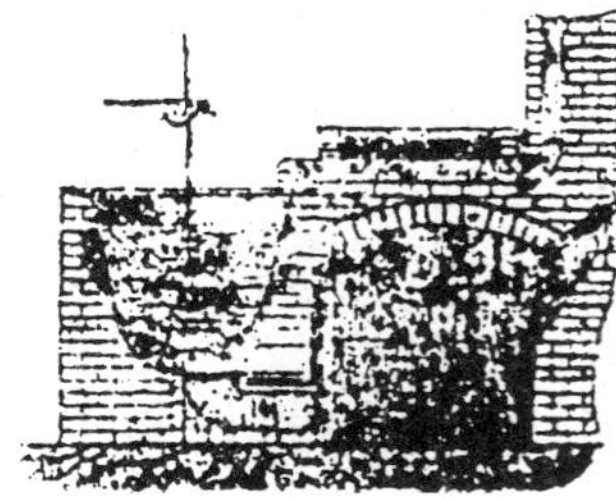

第三圖

提硝使淨之法：如前硝粒內含鉀綠、鈉綠與生質約四分之一，鉀綠、鈉綠最難去盡。製藥之硝，每三千分內，含此二質不可過一分，可見分出此質，爲最要之事。提生硝法：取生硝六千磅，置入大銅鍋內，先加水一千二百磅，因生硝每百分內約有鉀綠六分、鈉綠十四分，故六千磅之硝，除別等異質外，必有鉀綠三百六十磅，鈉綠八百四十磅，硝四千八百磅。蓋以一千二百磅之水，俾及沸時，竟能消化鉀綠六百八十四磅，鹽三百二十四磅，硝四千八百磅，是必硝內猶有鹽五百十六磅未經化融者，其已化三百二十四磅之鹽，必與鉀綠並硝消化爲水，傾入盆內，俟硝沈結，再換淡水八百磅，取已提之硝五分之一，稍加熱至次晨續入四分之一，再加熱，嗣又如之。及硝添畢，常以棒撥之，所有上浮各質隨時取去，既經化盡，略煮少頃鹽即下沈鍋底，以勺撈取棄之，再入膠二磅，其中所有異質必附膠而上，去之甚易，至更無別質上浮爲度。然必常加熱至一百九十度，俟各異質俱沈下，取其清者傾入銅盆內，盆式如第四與第五圖。盆底自兩旁斜下，狀若菱角，左右自上斜下，以螺絲釘於兩旁木柱甲甲上，於鍋內取清質硝水傾入盆。時切勿令鍋底濁質騰上。及清質入盆後，約六七小時試其熱度與空氣之熱度等，即以木條頻頻撥之，俾勿成大粒，少頃即爲最細白粉或形如細針，隨將已結之硝，擁向盆面高處，令水自流下低處，乃取硝出置洗硝盆內洗淨備用。至所餘硝水約一千二百磅，其內微含鈉綠、鉀綠。設硝水冷至六十五度，則前所用淡水消化硝四千八百磅，鹽三百二十四磅，鉀綠三百六十磅，及硝成功，餘水內仍含硝三百四十八磅，鹽三百十八磅，鉀綠三百九十六磅。故僅成硝粉四千四百五十二磅，其內尚含鹽約六磅而無鉀綠，則所成硝粉每千分內約含鹽一分，若硝水冷至五十度下，每百分內最多約含鹽一分。

第四圖

第五圖

溼硝粉所含鹽質，有法可洗出硝內之水，並同時洗出硝內之鹽。取已提淨之硝，入清水化融至不能再融，即將此水傾入所成溼硝粒上，此硝水固不能再融硝，亦不能再融硝粒內之水，惟能化融硝粒外之餘水及綠氣質，與清水化融者無異。硝粒異質既經除去，再以清水與淨硝化融之水傾於其上，令其流入粒間空處，至硝乾時乃爲成功。洗硝之盆，如第六第七圖。長十尺，寬四尺，其式與第一、第二圖略同，惟有二底，底內作多孔，使乙孔所流之水，可從管出，至丁槽。硝粉入盆宜高，積作尖堆形，切勿平堆，蓋傾水入硝硝自縮減，故必預爲滿積。先用一澆水壺，於每盆硝粉上傾硝水六十磅，陸續傾至一百四十四磅，乃閉盆底塞門。待二三小時，一切綠氣質既經消化，即開塞門，令水流出。至一小時再傾硝水如前，後再加硝水二十四磅。其第一次所流之水並第二次初時所流之水內，尚有綠氣質隨硝帶出，必令其流入前盆內。至第二次所出硝水，及第三次所出硝水，共約六十磅，即無甚異

第六圖

質，可存之入第二次洗硝盆。計初用硝水一百四十四磅，其後祇須添新硝水八十四磅，硝粉洗畢，於盆内存數日，令一切水質流出，乃取出置乾，硝盆上稍加熱而常動之，乾後入箕摇簸，擇成塊者取出研碎，此爲净硝。倣尋常製法，每用生硝六十擔，提後可成净硝三十五擔至三十六擔，此硝無論作何用處，無不合式，即用以製上品火藥亦可。

第七圖

又有提硝别法，雖略省工，第恐既成後與此相較，其净質稍遜耳。

試硝内所含之鉀緑與鈉緑，取硝以清水消化之，嗣加銀養淡養水入内，若無結成豆腐狀之定質，即知爲净硝。

（英）傅蘭雅口譯，丁樹棠筆述《製火藥法》卷一《取硫及提硫之法》 火山相近處，常遇净硫寓土石層間。或與土石相合，又偏地球所産金類之礦，常有硫與金類化合。各西國所用之硫，多爲以大利國南西西里地所出，其地取硫之法，以土石置火爐内，土石中略添燃料，以泥土蓋之，使稍通空氣，以火引之，及料燃則硫遇熱即漸漸融化，徐由爐底孔中而出。但硫亦有燒去者，土石每百分内，約有硫十二分，以此法取之最便。若硫不及此數，必將土石加熱，令硫化氣再使凝結而成硫。西西里地用瓦礶兩行，如第八圖。甲爲礶，滿盛産硫之石，入長火爐，礶旁有小管引硫，氣至爐外入乙礶内，硫氣即凝爲流質，由礶底小管流出入水桶内，所得者爲粗硫，每百分内有土質三四分。

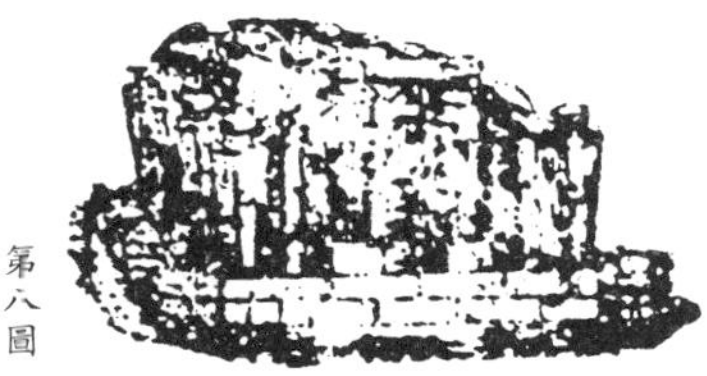
第八圖

金類礦之含硫者，以銅硫礦、鐵硫礦内爲最多，其鐵礦色黄者，常於煤層間及海濱亂石内遇之，每塊形微圓而外生銹，碎之覺内有光如金，加以大熱，可發出硫質一半，尋常火爐祇能發出四分之一。煅礦之器，用火泥作圓錐形管置入火爐，如第九圖。大端以蓋蓋之，小端以穿孔之板蓋之，以出硫氣。每鐵礦百磅，能出硫十四磅。所得硫色稍緑，其内尚微有鐵質，必提之，乃合用。若銅礦於未鍊礦取銅之先，可煅出硫質。

第九圖

法取銅礦於地面成堆，爲棱錐形，堆底面約三十尺。其下先布碎銅礦一層，以遏空氣速進。乃布薪木一層於上，堆中置木煙通。薪木間空處與煙通相貫。取銅礦巨塊者，列煙通四周，高八尺，堆面周迴布碎銅礦，約深一尺，如此作堆，可煅銅礦二千噸，得硫二十噸煅法：取已熾薪水投入煙通内，則堆下燃料因空氣未能速進，燃火必緩，越數日，乃見硫於堆面流出，即向堆面作數空處爲收硫之所，至數月後而功成。攷此硫内常帶鉀養。

提硫之法，英國常用鐵甑。如第十圖。甲爲鐵甑内盛粗硫，下燃以火，硫自發氣，引至一大磚倉乙，硫霧即凝於倉旁成淡黄粉，及凝硫既多，倉壁極熱，則硫粉融而流下，俟其流出，入木模成條。又一法，令甲甑所發之霧入小器丙内，器外有冷水以凝硫質，取此等料製藥，是爲最善。

提生硫便法：使融而澄净之用銅鍋，徑約二尺六寸，深約一尺八寸，再大即不便用。設已有大鍋，可勿盛滿，祇照此鍋尺寸入料亦可。蓋欲多融硫質，火力大小，極難使之合度。若鍋體較此倍大，則融硫之火亦必加大，但火力過大易損硫質，或致燃火。常法：取硫塊打碎，鍋下稍爇火，以鏟盛硫入鍋内，每一鏟已融，復以一鏟添入，及硫盡融，常以鐵器撥起之。撥硫鐵器，稍塗以油，使硫質不得粘結。尋常每提硫一鍋，必須四小時工夫硫始沸起，所有泛出不淬之物，隨即取去。約停三小時，俟火漸熄，視硫面有小粒類針上凝，立以大勺汲硫入木桶。其鍋底之質無庸傾出，蓋因此質尚屬未清。俟桶内之硫凝爲定質，即取出碎之，其所帶異質，必輕者上浮，重者下墜，亦有凝於桶周者，可將異質之重者，分爲生硫再爲另提，而其輕者爲半净之硫，依法復融一次，即得全體净質。以之製藥，可爲合用之品。

第十圖

試硫之法：以硫少許入净玻璃器，置酒燈上熖之使燒，若每硫百釐重，所餘之質應以小至不能上稱之數爲最佳。又有一試法更爲加詳，取硫一分，重磨極細粉，與松香油十五分重調合，以火煮沸之，則硫可消化，而異質自沈於下，乘其尚熱傾出清者，取異質稱之，即得其數。

（英）傅蘭雅口譯，丁樹棠筆述《製火藥法》卷一《製炭之法》 火藥優劣，多視炭質之上下爲別，而炭質之上下，多倚其質爲何料所成，何法所製。可知製炭之法，爲製藥要端。西國有博學士曾試各料中何料最爲合式，法取各料煅炭，用炭重十二釐，與硝車七十二釐調勻燃之，看燃畢時，時刻多少及燃後餘質若干重。列表如下：

蔴楷	十秒	餘質重十二釐
葡萄樹枝	十二秒	餘質重二十釐
雞荳楷	十三秒	餘質重二十一釐
松木	十七秒	餘質重三十〇釐
阿利打木	二十秒	餘質重四十一釐
馬栗木	二十六秒	餘質重三十六釐
核桃木	二十九秒	餘質重三十三釐
枯煤	五十秒	餘質重四十五釐
白糖	七十秒	餘質重四十八釐

又曾以米粒粉漿雞卵白血皮等物作炭，照前法試之，但燃時不聞作響，此不便製藥之用。

由此可見，嫩木能成極品之炭，而動物質所製之炭，乃極下而最不適用者。若用外國礬紙，亦不合式。因此帶膠質惟蔴線及舊蔴布所煅之炭，爲製藥最上等之物，如呂宋國喜以蔴楷作炭製藥。凡用木製炭，必去其皮，因皮內有木汁各質，如膠糖鹽等類。又除去小枝及葉。其已成木而未老者，徑自一寸至二寸，能成上等炭，除去皮後可露積空處，令雨水洗去木汁各等質。

燒炭常法，取木置鐵桶中，桶外加熱，木質所發之氣，有管引出散之，或仍引入火爐燒之。但依此法煅炭，必宜極慎，勿令熱過多或過少，故特設火爐以煅炭。其鐵桶置入爐內，如第十一圖、十二圖。丙丙丙爲生鐵圓桶，桶前端露於爐外，以哌哌哌三門蓋之極緊，使空氣不能入。桶後端入壁內，於壁內作兩管呷呷，其兩管與前空處酉相貫。兩管用處：一、引出木質所發之氣，一、便取出少許視其已成功否。未未爲爐柵，爐上作拱形，拱內作多孔，令熱氣上騰。火循火路戌戌戌繞至三桶下半周，繼乃繞至上半周，後由煙衝碎散去。叱爲風門，吶叮爲取灰之路，燒火時必密閉之。置木入桶之法：先取木斷爲塊，置巨塊於外，以小塊置內，每爐容鐵桶三具，每桶入木百磅爲度，若過此數則難成上等炭質。欲燒火時，先將爐與鐵桶各空處以泥封密，勿使空氣漏洩。燒至五小時後，木質所發之氣極多，欲知爐內火候足否，或視氣之色，或取出視其炭紋俱可。至發氣已停，啓哌哌哌三門，取炭出置生鐵器內緊閉之，令其漸冷，或浸水中滅其火，但此法未善。因炭曾入水，至製藥時，配合分兩，未知其內藏水若干，難求定準，用以製藥，不無差謬。

第十一圖

第十二圖

凡多製火藥之處，如前法用三桶燒成，須再備三桶，俟前桶取出，以所備三桶易之，可省燒料多許。若桶四周有火所不到處，必有木油凝滴炭上，其炭即爲無用，以尋常火爐計之，每料百磅內，必棄去五磅，即火爐之佳者，亦必棄去半磅。至煅成炭色，皆倚所受之熱度爲別，或已煅至紅時，每百分內有九十分爲炭質，有七八分爲輕氣等質。凡以上等木料煅成，其色藍黑，磨碎視之，光如黑絨，其質必輕，以物擊之作響，其質又極堅。或未煅及紅時，僅至五百四十度，此名紅炭，每百分內，有七十分至七十二分爲炭質，餘二十八分至三十分爲輕氣與養氣。又如前法煅炭，候所出之氣至色黃時，滅熄爐火，遂成紅炭，磨碎視之，其黑色亦類黑絨，引就火中，光作藍色，此炭較前所稱黑炭用爲燒料，燃火較易，火勢亦烈，因不易傳熱也。若用作火藥，亦更易燒，但所含之輕氣等質較多，故必比黑炭多用不特所成之火藥性鬆，易致粉碎，且易收空氣內之水氣，及至燃發養氣與輕氣化合成水，而能收火藥所發各氣之熱，故藥氣之漲力減小。英國凡作各等火藥，皆喜用黑炭，惟法蘭西與比利時國所作獵藥，則用紅炭，軍中火藥仍用黑炭。但製炭勿令火爐過熱，若過於熱即成黑炭。

近在法蘭西與米利堅比利時國，有人設立新法，用最熱水汽製炭，此法須用外中內三層鐵桶，如第十三圖。內桶甲，周迴作少孔，盛木料於桶內，桶下有螺絲形鐵管吶吶，一端叮入鍋鑪，一端戌入外鐵桶之底呷呷，叱爲火鑪，能燒木料或枯煤，令螺絲管內之汽，更加熱外層鐵桶呷呷之口，有熟鐵板爲蓋，其外另有兩熟鐵門，使熱汽不得外散。內層鐵桶甲，有一小管庚，以放出熱汽與木料所發各等氣。爐中燃火螺絲管可速成熱，俟熱至三百度，百分寒暑針度。即開味塞門，放水汽入螺絲管内，則汽過管時方得極熱。由呷呷外桶至内桶甲，熱汽進至木之細孔，木質自能成炭。及汽已過木，始由小管庚透出，其木内所發各等氣並引出之熱汽過桶時，必較空氣壓力加至一半，乃能傳出各等氣。若加至一倍，各等氣之傳出更速。設熱汽未足，祇得空氣壓力四分之一，則木内之柏油不能外發，所成之炭，面必光如蠟，此爲次等炭質，惟極粗火藥可用之。如依前法作炭，炭質可令極細，面上更無光蠟之狀。至各等顔色，或黑、或棲、或赤，皆倚水汽之熱度多少，與時之久暫以爲差等。鐵桶内每次盛六十磅至七十五磅之料，燒火工夫自一小時至二小時，盡日可燒至六次，每日得最好木炭一百一十二磅。

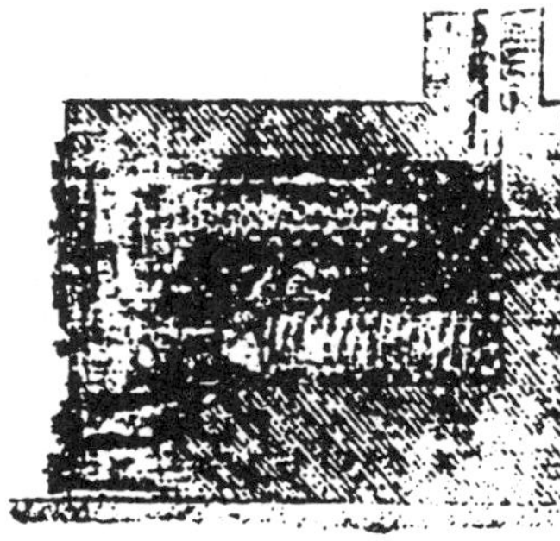
第十三圖

有人試得以火成炭，又以熱汽成炭，木料多寡相等，比較得炭之數與所成炭質之優劣，無甚分别。用熱汽，每百分木可得炭四十二分七二，若用火煅，每百分木可得炭四十二分八。

有出木最旺數處，其煅炭之法，與煅煤作枯煤之法大約相等，火爐爲平底，上作彎拱形，前後各有一門，將木盛滿火爐内，即開兩門以燃火。待燒至數刻及火烈時，掩閉一門，所發烟氣即從所開一門透出，俟烟燄已息，並閉第二門，少頃取炭出，置入鐵箱内，封極完密。但用此式火爐雖省時候，究不如前法之便，因成炭雖多，不適用者過半。至居民常用之炭，其製法於地面積木爲堆，上覆泥土，然後燃火，但此炭不免沙礫夾雜，若磨碎配藥，以鐵輪碾之，沙礫與鐵輪摩擊，最易生火。又有數處於地中作圓坑，圓坑内四周在磚鋪平，深六尺，徑十二尺，可煅木料二千二百四十磅。煅炭時，先備輭泥及絨布，取木料各爲束，每束數百株。木料分作上下二層安放坑内，上層出坑面四尺，用一竿横置坑中，於竿上兩旁分架木料，取薄板片及枯藁等易引火之類，置於竿底，前面留空爲燃火之處，火既燃，仍以木料數束密掩其空，不使空氣進内。煅至片時，竿木爲烈火焚折，木料隨竿而下，至成炭熄火後，取絨布蘸水蓋於炭面，又以泥土添蓋其上，以人力蹴之，令極完緊，三四日後方可取出，尤須擇去各炭中之未成炭者。每木料百分内，其成炭自十六分至十七分者，即爲最多。然以坑製炭，多夾沙土，亦非善法。又有用有蓋鐵鍋製炭者，每木料百分内，可燒得炭二十三分。第無論或用坑、或水爐、或鐵鍋，所成均爲黑炭，惟依前用鐵桶之法製成者，名曰甑炭。

《商務官報》光緒三十三年七月五日第十七期《直隸工藝總局新興造紙有限公司招股簡章》

第一章　創辦公司之原因

一、北洋報館銀號各處林立，所用紙料非購自外洋，即運從上海，此項漏卮，爲款甚鉅。本公司爲挽回利權起見，擬仿造報紙、票紙各樣，價值從廉，以期銷場日廣。

二、本公司命名新興，即取首先新創，以興商業，而杜漏卮之意。

三、中國造紙向用人力，今擬用機器製造，可省人力十分之八，刻查人力造成草紙，每石約售銀七兩或八兩，其成本約用銀六兩至六兩五錢之譜，若機器所造，每石可售六兩，其成本不過四兩，且成色較人力所造尤佳。

四、本公司所造原料，係用爛布、乾草等製成，如有人欲定樹皮所製紙張，亦可照辦。

第二章　調查銷路之計畫

一、益聞報館年用二千塊。

二、警衛報館用二千五百塊。

三、京津報館年用二千五百塊。

四、法文報館年用二千五百塊。

五、德文報館年用一千五百塊。

六、中國報館共六家，年用七千塊。

以上華洋報館，每年約銷一萬六千塊，每塊重二十八磅，計重四十四萬八千磅合三千四百四十六石。查現在各報館購辦紙張，皆由各口運入，每塊約價銀二兩，本公司物美價廉，銷路自必暢旺。又查西曆一千九百零四年，洋紙進口二萬零八百五十七擔，計銀二十四萬一千三百零七兩。華紙進口八萬九千二百二十三擔，計銀九十一萬六千九百六十四兩。至一千九百零五年，外洋紙進口四萬九千七百零六擔，計銀五十一萬八千八百零九兩。華紙進口十三萬三千一百七十四擔，計銀一百五十七萬七千五百四十七兩。至一千九百零六年，進口約多四分之一，以後逐年漸增，正自不已。

第三章　核計紙料之價值

一、秫稭每石約銀六錢至八錢之譜。
二、稻草每石約銀七錢至一兩之譜。
三、蘆葦每石約銀五錢左右。
四、爛布每石約銀三兩左右。
五、乾草每石約銀四錢。
六、漂白灰每箱百磅，約銀六兩三錢。
七、硝汁每格林約銀一兩五錢。

按造紙之生料，每百磅須用漂白灰四磅至八磅之譜，爛布加倍。若造粉白草紙如粉連等，每百磅須用漂白灰六磅至十磅之數，如加硝汁，即成極淡之色。以上所用生料製成草紙，每石值銀一兩，製成細紙，每石值銀四兩。

第四章　購地蓋屋之公費

一、擬在津擇一相宜之地，定購六畝，每畝估價約銀五百兩，共合銀三千兩。
二、按陸李工程師所估，蓋屋價值約銀二萬二千兩外餘一千兩以備不敷之用，共合銀二萬三千兩。

第五章　大小器具之估值

一、定購造草紙大機器一副，按英金磅價折算，約銀五萬四千六百五十兩，關稅河捐銀三千六百五十兩，脚力每噸約銀一兩，計重二百零四噸，合銀二百零四兩，共合五萬八千五百零四兩。
二、定購造細紙機器一副，按英金磅價折算，約銀一萬二千五百七十兩，關稅河捐銀七百零九兩一錢，脚力每噸一兩，計重八十六噸，合銀八十六兩，共合銀一萬三千三百六十五兩一錢。
三、圍機器之鐵欄干，約銀五百兩。
四、放水溝底之木架，約銀一百五十兩。
五、內用鉛惠之木櫃，約銀五百兩。
六、由木櫃通過漂白機及洗淨機之鐵管，約銀八十兩。
七、安鍋爐之火磚，約用十方並瓦工，計銀一百五十兩。
八、浸生料之磚台，圓十二尺，高五尺，內用洋灰，約銀一百兩。
九、大木棹一件，約銀一百六十兩。
十、出入貨車之鐵軌及道木，約銀六百兩。
十一、搗料房內應用之木櫃，約銀五百兩。
十二、安設出入水管，約銀五百兩。
十三、廠內電燈用一十六，先一百盞，並燈二個，約銀二千二百兩，抽水機並水管約銀四百七十九兩。
十四、手用器具等件，約銀七百六十五兩。
十五、安設棧器及一切零用物件，約銀五千二百兩。

共計置器約銀八萬三千七百五十三兩一錢。

第六章　職員工匠之薪水

一、正經理一人，每年薪金一千二百兩。
二、副經理一人，每年薪金九百六十兩。
三、稽查一人，每年薪金七百二十兩。
四、繙譯一人，每年薪金七百二十兩。
五、總監工洋人一名，每年薪金四千兩。
六、造紙洋匠一名，每年薪金三千兩。
七、管磨洋匠一名，每年薪金二千五百兩。
八、英文司帳二名，每年薪金九百六十兩。
九、收發採買司事共三名，每年薪金一千零八十兩。
十、草紙廠之機器房，應用機器匠六人，小工二人，每年共薪水二千三百十二兩工匠每日每人約銀四錢，管理磨機工人每日四十二名每日每人約銀四錢，每年共薪水五千九百七十四兩。
十一、細紙廠所用華工，按以上造草紙之大機器所用華工四分之一扣算，每年約共銀二千一百三十六兩。
十二、公事房廳差一人，月薪八兩，看門支更四人看門二人，每人日五錢，更夫二人，每人日四錢。每年共薪水七百四十四兩。

以上全年共用薪水銀二萬六千三百零六兩。

第七章　造成細紙之料費

一、生料及爛布等，每年應用三千三百七十擔，每擔約銀三兩，共合銀一萬零一百十兩。
二、漂白灰每年應用二萬七千磅，每百磅約銀六兩三錢，共合銀一千七百零一兩。

三、硝汁每年應用七十格林，每格林值銀一兩五錢，共合銀一百零五兩。

以上全年共用料銀一萬一千九百十六兩。

第八章　造成草紙之料費

一、高粱稭一萬八千擔，每擔約銀七錢，共合銀一萬二千六百兩。

二、漂白灰一萬八千磅，每百磅約銀六兩三錢，共合銀一萬一千三百四十兩。

三、硝汁四百五十格林，每格林約銀一兩五錢，共合銀六百七十五兩。

四、流動火料一萬二千格林，每格林約銀七錢，共合銀七千二百兩。

以上全年共用料銀三萬一千八百十五兩。

第九章　添修存備之綜核

一、草紙廠公事房所用之紙筆、賬簿等費，每年約用銀五百兩。

二、草紙廠修理添置各器等費，每年約用銀一千兩。

三、細紙廠公事房所用之紙筆、帳簿等費，每年約銀一百兩。

四、細紙廠修理添置各器具，每年約銀八百兩，共用添修銀二千四百兩。

五、草紙廠棧房存料，每年約銀一千兩。

六、草紙廠每年約備銀七千兩，以備將來購辦新機器，並推廣房屋之用。按蓋房並此項機器，約銀十萬兩，每年按百分之七，應存銀七千兩。

七、細紙廠棧房存料，每年約銀五百兩。

八、細紙廠每年約備銀八百四十兩，以備將來購辦新機器之用。按此副小機器，約銀一萬二千兩，每年按百分之七，應存銀八百四十兩。

九、紙磨處備銀二成有五，以作不敷之用，約銀八百六十兩。

以上全年添修存備，共合銀一萬四千二百兩。

第十章　進支款項之比較

一、大機器一副，每二十四鐘，可出紙七千磅，計全年共出草紙一萬八千擔，每擔約銀六兩，共進銀十萬零八千兩。

二、小機器一副，每七十二鐘可出紙二噸，計全年共出細紙三千三百七十擔，每擔約銀七兩五錢，共進銀二萬五千二百七十五兩。

以上全年共進款十三萬三千二百七十五兩。

一、每年工料並各項開銷，共用銀八萬二千六百三十七兩。

二、每年提公息銀按四釐算，共支銀六千二百四十兩。

三、備款銀一萬兩。

以上全年共支銀九萬八千八百七十七兩。

對除外實得利銀三萬四千三百九十八兩。

以原股十三萬兩核算，每股全年可得利銀二分六釐五毫。

右十章係約舉大概，其中究以紙料之貴賤，紙價之漲落爲定，容俟開辦後，窺度情形，再行詳細核實刊布，以昭大信。

附列集股簡章十二條於左

一、本公司辦事處暫設天津馬家口魁升恒五金洋貨莊内院洋樓上。

二、本公司擬集股本十三萬兩，每股行平化寶銀一百兩，計一千三百股，無論官紳士庶，皆可隨意附股。

三、本公司擬舉董事三人，如股分金一萬兩以上，查係誠實公正，堪充董事之任者，本公司概行認可，每年酬勞公議，酌送若干，應由紅股内籌給，或股分金五千兩以上者，隨時來廠查賬，本公司皆樂於聽從。

四、凡附股者，須將姓名、籍貫、住址，詳細開明，交本公司辦事處，以便註册。

五、股銀第一期擬先收四成，第二期續收三成，第三期交足三成。以認定後十五日内爲第一期，此後以三個月爲一期，每期股銀均交中國通商銀行收儲，按期先付收條，俟三期收足，憑條换給股票息摺。如第一期交股後，無力續繳第二期或第三期，本公司按照商律，登報通知，限一月補交，如逾限仍不交清，即失其股東權利。

六、股分公息常年四釐，以本公司開辦之日算起，每年於十二月分派，届期各股東可持息摺，到本公司收支處領取，若本人外出，可由親友代取，惟須本人預先函告，否則本公司憑摺付銀，若有舛錯，概不任咎。

七、所入之股，按公司通例，只准轉售，不准提取。尤須將承售之人姓名、住址，以及年月日，登記股票背面，由本公司蓋印，將股票息股過户註册，概不更换新票。

八、股票息摺收條，如有遺失燒燬等事，應由本人將姓名、號數、年月日等，須先登各報，詳細申明，俟滿三個月後，邀同妥保，向本公司承擔，方准補給。

九、各股東如遇有抵押，因而轇轕者，本公司惟票載及册載姓名之人是認。

十、本公司每季開會一次，妥議一切興利除弊各事，以期商務日見發達，如有緊要事件，隨時開會，亦無不可。

十一、本公司賬目每六個月一小結，十二月一總結，時所有盈餘，除各項開銷並提一成紅股外，均按股勻分，又將本年帳畧刊布分給，以昭平允。

十二、楊寶慧、嚴琳係發起人，現集股本六百股，計行平化寶銀六萬兩，擬爲正副經理，秉公合辦後，如有弊端，經各股東查出，均可隨時開會，另舉接充。惟查無寔據，不得遽行調動。

《商務官報》光緒三十三年八月十五日第二十一期《呢革公司章程》

一、本公司名溥利有限公司，遵照商部有限公司章程辦理，所有股票息摺，概用此公司圖記爲據。至織造呢革廠牌號，應俟開辦時，另呈陸軍部核定。

二、本公司以利便軍界，學界爲主義，所出貨物，務令價廉物美，合於通國軍界、學界之用，無須取材異地。

三、本公司將來擬於織呢廠内，附設織斜紋布等機，於造革廠内，附設造皮靴皮包等機，以期利不外溢。

四、本公司擬先合集官商貲本，京平足銀一百萬兩整，每股收銀十兩，共作爲十萬股，期於輕而易舉可以普及同人。

五、本公司係仿西例有限公司辦法，額定股份以外，不再向股東添取分文，即有虧欠，亦與股東無涉。

六、本公司發達後，欲擴充機器，添招新股，須先儘舊股東加添，如舊股東不願加添，方准另招新股。

七、本公司股銀擬分兩次收足，第一期先收半股，俟機器運到，續收半股，務於開辦前交楚，方作爲完全。股東如已交半股，或於第二期股銀逾久不交，本公司於其股票有發賣之權，至收銀期限，俟隨時刊登告白，俾衆週知。

八、本公司設一股份總册，將股東姓名、籍貫、及佔若干股，詳註總册内，編列號數，與股票息摺相符，以便稽查。其籍貫概以本國人爲斷，他國人民概不得預股。

九、本公司股票息摺須註明股東姓名、住址，由公司加蓋圖記，並由總理經理簽名爲憑，如有遺失燬滅等事，立即報明本公司，照會地方官立案，並登中西報紙，俟三箇月内，查無糾葛，方准取具殷實保人，補領票摺。

十、本公司此項股票，即西人所謂活動產業，任從股友轉賣或讓於他人，惟須先到公司報名註册，將舊户註銷，撥歸新户，方能作准，仍不得賣與他國之人。

十一、本公司既以中外有限公司定章爲准，凡公家及各股東認買股份，均不得任意提用，亦不能藉詞挪借，倘有以上各事，本公司惟有堅持不允，以示大公。

十二、本公司應設總理、經理、司理、董事、司賬、查賬等職司，届開辦時，再行商訂設立。

十三、本公司既合集官商貲本，則官家自應負股東之責任，惟公司以商業一切，應照商律辦理，無論官本商本，悉依商律所定，同享股東應得之利益，並無歧異。

十四、本公司廠工貨物，關繫於軍界甚大，擬請由陸軍部派一熟悉人員，常川駐廠，藉資核訂，惟此外一切事宜，概由公司主之，該員並不過問。

十五、本公司奉批准行後，應派妥人前往外埠調查一切應辦事宜。

十六、本公司所集股本，均存穩實銀號錢莊，以便隨時提支，將來公積餘款，亦均存殷實號莊，以昭慎重。

十七、本公司賬目，每月小結，每年總結，其總結應交查賬人詳核，無訛，然後刊刻賬畧，分送各股東查核。

十八、本公司定於每年二月初六日，舉行年結會議，必於定期之前，先一月通知股東，將全年各賬簿及總結賬畧，面交股東查看，惟此經定期佈告，即爲佈知，不得以未經接到布告爲詞，另生異議。

十九、本公司執事人員，須將每日應行之事，於八九句鐘，在辦公房内公同議定，開列簿内，逐一照行，遇有大事，須交董事會議承諾，方可施行。

二十、本公司會議條規，悉照商部新定商律内，公司會議章程辦理。

二十一、本公司總理、經理以下人員，如有違犯公司規則者，悉照商部所定商律，罰款章程辦理。

二十二、本公司按年進款，除本息費用外，所得盈餘除酌提公積外，擬作十四成均派，以十成歸股東，餘利以三成作辦事等酬勞花紅，以一成作爲選派學生赴歐洲學習呢革經費，學成即以此款自立學堂。所有各股東應分餘利，均於每年三月底，與官利憑摺支取。

二十三、本公司所收股本，均於繳到之後一日起息，未出貨以前，按週年四釐算，既出貨以後，按週年八釐算，官商一律。

二十四、本公司創辦伊始，擬設立一總廠，於京都附近之處，俟積有餘款，再於上海、漢口、廣東、四川等大埠，添設分廠，以期擴充。

二十五、本公司既以利便軍界爲主，所有軍服應用質地之厚薄，與顔色之深淺，擬請陸軍部酌定劃一款式，先期發下，以便遵照織造。至將來運售各省軍服，亦擬按照所需件數，繳呈陸軍部轉寄，以歸簡便。

二十六、以上係本公司草訂章程，如有未盡善之處，再公同酌定修改。

計開：

招股之事如下：

一應在京城居中地方，設立處所，以爲登報告白之用，俾於辦理招股事宜，有所歸宿。現擬將打磨廠粵東館全所遷徙，暫留公司租賃，此處局面宏大，而月租不過廿金，商業未易得此。

一趕速印刷章程，分發各埠股商，合力招集。

一先刊木質圖記一顆，文曰陸軍部奏辦溥利呢革公司之圖記，以爲印發股號單，收單之用。

一擬托各埠票號，代收股銀，藉昭信守。

一股份掛號，限宣布後三個月截止，其第一期應交股銀，以機器運到之日爲度。

調查之事如下：

一先赴東洋調查該廠當日一切開辦情形，共需成本幾何，機器若干，建廠爲數若干，各項物料及薪工廠用爲數若干，繳出呢絨按照時價，除去成本，盈絀若干，一一比較，以爲預算上作用。又查該國毛價、煤價，及各項工價，按照本國輕重若何，以爲抵制上根本，東洋與本國情形甚近，故抵制應先從該廠入手。

一應調查歐廠與東廠同異之點，酌中取法。

一調查外國留學生，有無此項畢業人員，酌量聘以爲抵制洋匠地步。

購機之事如下：

一此項機器以英廠爲最良，應自赴英國，與該廠直接交涉，免受此間洋行，居中抬價漁利之弊。

一應將本國毛料，帶赴外國工廠試驗，最宜織何種貨式，是否合軍服之用，除此以外，尚能織何種貨式，逐一詳查清楚，然後訂購機器，此爲最要之宗旨。

一宜酌定每日應出各樣貨式若干，方能定各種機器之多寡，與及馬力鍋爐之大小，惟此層，必先核定貲本額數，通盤籌畫，以爲佈置。如爲將來擴充計，所有廠房多少，馬力鍋爐大小，均宜先行籌定，以免將來參差不齊。

一某項機器應出某項貨式，自有一定準則，惟工程得力與否，則尤在機器師之得人。將來向某廠訂購機器，即應由某廠薦用洋機器師，俾其一手經理，包出貨式，庶免貽誤。

一應派中國好手機匠、藝徒數人，在訂機之洋廠，學習製造、合攏等事，俟機器造成，隨同機匠回華安裝。

一辦理先從織呢廠入手，其造革一層，若調查機器價值不昂，自應趁便兼購，設或財力一未逮，姑且先呢後革，分別緩急，免滋困難。

建廠之事如下：

一建廠之地，應考驗水源質性，於漂染等事，是否合宜，最爲緊要。

一查開濬洋井，是否可以補救水力所不及。

一應購備刷水機器，以爲净水之用。

甘厚慈《北洋公牘類纂》卷一七《工藝二·工藝總局稟酌擬創設考工廠辦法四條》 一、擇地。廠中庋設商品，所以激發工業家之觀感，自宜擇市廛繁盛，商務薈萃之區。前稟蒙面諭，以北馬路官銀號洋樓地基改造，地勢寬闊，居中握要，最爲合宜。嗣以銀號一時尚難遷徙，又蒙指定龍亭後隙地一段，交通便利，亦尚合用，現擬就此處建築樓房一所，暫行庋設商品，另繪房圖附呈，一俟批准後即行開工。惟廠中羅列土産洋貨，需地甚寬，此處限於地勢，無可開拓，不足以容納衆品，將來工商興旺，尚擬再行推廣。查新馬路地方與憲署相近，又爲新車站往來要道，地勢寬綽，自開馬路後，中西商人，接續修造房屋，繁庶之象，計日可竢，擬待該處商業興盛後，另行在彼擇地建築，以爲永遠之計，屆時再行稟辦。一、用人。廠中應設提調一員，總理全廠一切事務，兼辦文牘并綜核用款。藝長一員，專司考驗商品，指教工藝方法，演試工藝要理，其有關化學理蘊者，並由工藝學堂總分教習，隨時襄助辦理。英文司事一員，專司繙譯事件。司賬一員，專司進出賬目及一切銀錢簿據。司事二員，專司接待商客并陳列出納各項雜務。其餘門丁兼收門票二名，看護人五名，雜役四名，各司本職事務，以專責成。以上各員司，俟 批准後即行檢員請委試辦，將來事務繁多，再行酌量稟請添設。一、籌款。分開辦經費及常年經費兩項，開辦經費項下計建築裝修，陳設商品器具，購置圖書，約計需銀二萬八千二百兩。常年項下計華洋員司丁役薪工，及筆墨紙硯各種雜費并修理各費，長年約需銀八千一百六十兩，遇閏加增銀六百四十五兩。以上均係約估大概數目，開辦後應撙節動用，極力從省。倘有另案事情必須加增用費之處，應隨時審察事體緩急，另行稟案辦理。所有前項經費銀兩，另繕清摺附呈，應否在於銀元局餘利項下撥發，抑或由別局所籌撥之處，伏候憲裁。一、事務。計分四項，一、庋設，蒐集本省土産、外省貨物、外國製品，分類陳列，標其價格品質及産地，以供工商業家之觀覽。一、考察，凡本地或各屬工業家或令陳其製品，或巡視其製法，與外國比較其得失，本地及附近地方可興之利，所出之産，皆勤加訪察，俾衆周知。凡工作之精粗，成本之貴賤，銷場之衰旺，運費之多寡，裝裹之良否，及其他有關於工商業之盛衰者，皆悉心考究，以便改良。并隨時開演説、實驗等事，邀集工業家發明各項要理及其方法，以資開導。一、化驗，設化學器具，凡有呈驗化學品物及鑛産者，均爲分析試驗，使知其原質，明其理化，以便設法製造。一、圖書，凡關繫工業上之書藝、標本、報告、新聞、雜誌、以及商品目録，特許商牌等件，皆時加搜羅，以便工商家之考證。此外尚有本地進出口貨之銷滯行情之漲落，及外埠外國之貿易情形，及有關工商之要理，擬隨時刊入北洋官報，俾衆周知。俟商務興盛，再行自刊月報。以上四條係創設大概情形，如有未盡事宜及將來應行增易之處，隨時再行稟辦，合併陳明。

甘厚慈《北洋公牘類纂》卷一七《工藝二・天津考工廠試辦章程》　第一章　總綱　第一條，本廠宗旨考察本國外國商品，以激發工業家之觀感，應分庋設、考察、化驗、圖書四司，並輔以文牘、會計、庶務三司。提調爲全廠事務之長，總理一切。藝長專司考驗、審察，及指教演説等事，而皆受成於工藝總局，遵其調度。第二條，各司應有專責，茲揭其要如左：甲、庋設司：設司事一員，一、管理庋設物品，一、蒐集庋設物品，一、更換庋設物品及其標籤，一、督理看護人，一、經理貸與及分與，一、經理寄贈品及寄品品，一、管理庋設及寄贈寄售品之簿籍。乙、考察司：由藝長兼攝，另設洋文司事一員以輔之，一、復答工商家諮訪事件，一、演試工商新法，一、演説工商要理，一、指授工藝方法并擬示標本，一、作商品説帖，一、鑒别商品器物，一、訪查本地進出口貨情形，一、訪查本地商業銷滯情形。丙、化驗司：暫由工藝學堂代辦〔由本廠圖書司承接收發記録等事〕，一、分析試驗，一、復答關於化驗之諮訪，一、管理化驗器具及其簿籍。丁、圖書司：設洋文司事一員並募繪圖師一名以輔之，一、管理圖書及商品標本等件編纂目録，一、蒐集圖書及商品標本等件，並摹繪各項圖様等事。一、經理借貸圖書及商品標本等事，立簿收發。一、編纂暨繙譯工商業書報等件，附一、兼管承接收發記録各種化驗之事物，立簿記其號數日期。戊、文牘司：暫由提調兼理，另設書手一名，一、撰擬文牘函件，一、收管并收發公文函件，一、編存公牘，一、編定登報事務。己、會計司：設司事一員，一、編製預算，一、收支銀錢，一、造報帳目，一、編纂統計表，一、購備應用器具，一、監理日用品物，一、銷售不用品物，一、收發進門票并督理賣票人，一、管理關於會計之各種簿籍。庚、庶務司：設司事二員，一、接待商客，一、預備演説事務，一、管理廠内地段房屋，一、管理本廠丁役人等並稽查出入，一、管理各項鎖鑰，一、經理縱覽各事宜，一、凡不屬於他司之細務。第三條，總局有所委任，雖分任以外之事，亦當盡心辦理，不得互相推諉。第四條，凡意外事務爲前條中所不載者，當隨時商承提調辦理，重則稟總局示行。第五條，各司有請示總局之處，須先陳明提調。第六條，各司在廠辦公時刻須有一定，每日應由庶務司在執事簿按名註明到廠未到，或告假公出字様，凡有故不能到廠者，必須在提調處告假。或因公出廠，亦應呈明提調，回時仍即告知。提調處應備粉牌一方，隨時將告假及公出人名揭示，以便各司知照。第七條，各司凡有調動，應將經手事件簿籍交付接手之人，并將本職事宜詳告，不得稍有欺隱。第八條，各司有廢弛不職之事，提調當隨時申誡，重則稟請總局處理。第二章　各司執事專條　以下庋設司甲：第一條，庋設各物，須分類編列號數、標籤品目，與簿籍相應，以便查考。第二條，庋設簿籍列式：一、本省品物，一、外省品物，一、外洋品物，一、寄贈品物，一、寄售品物。第三條，購置品物應記其各項事件如左：一、物品，一、産地或製所，一、購得年月，一、購得之地，一、品質，一、形狀圖繪，一、品位，一、用法，一、尺寸或重量體積，一、市價及原價，一、批發價，一、税額經過釐税幾處，一、出産或製産額，一、銷數，一、特别性質及雜事。第四條，寄贈品物亦應詳其各節如左：一、本主之姓名、職業、住址，一、本舖分舖或代買處之名，一、每年出産或製産額，一、行銷之地，一、品質，一、形狀圖繪，一、品位，一、用法，一、尺寸或重量體積，一、價值，一、税額及經過釐税幾處，一、銷售之約計，一、特别之性質及雜事。第五條，如有變質或流動之性者，宜特加注意隨時更換。第六條，看護人宜加小心，如有損污破壞之處，應酌量情性賠償。甲附寄售專條：第七條，各工商業家有精細貨物欲交由本廠寄售者，須遵照第一號書式，陳明本廠，以便酌核辦理。第八條，得本廠之允許者，須遵照第二號書式，呈其貨品並所占之容積須附加該貨説帖一紙。第九條，盛貨品之箱或架及其裝飾等，均由寄售主自辦，但須知照本廠，若有損壞，應令原主隨時更換。第十條，寄售物至五百元以上，准目行派人守護，須將其姓名、籍貫稟知本廠，如有不遵約束任意妄行者，照本廠看護人一體懲處。第十一條，寄售之財由本廠代爲收管，准原主隨時憑摺支取。第十二條，賃陳貨物每立方尺月納費銀若干，隨時由本廠酌定，須先交三個月，以後按有照付，若未滿期出售者，所納之費不能退還。第十三條，寄售各物，本廠當嚴爲保護，若有非常變動爲人力所不及者，本廠亦不任其咎。乙附貸與或分與專條：第十四條，本廠庋設各物，若工商家欲借用或價買以資考證者，須遵照第三號或第四號書式陳明本廠，以便酌量許否，惟寄贈之品不在分與之列。第十五條，得本廠貸與之允許者，須遵照第五號書式呈交本廠，以爲信據。第十六條，凡得本廠允許貸與者，須先按照原價存銀本廠爲質，俟交還貨物時，仍將存銀發還，但須畧納借用費，以貸期之長短，由本廠酌定數目。第十七條，貸與貨物交還時，須詳細驗明，如有損失污壞者，當酌量情形，重者賠償，輕者議罰。賠價者將原物給之，議罰者不得過原價十分之四。以下考察司乙：第十八條，藝長之職所以備實業家之顧問，如各工商人等有所諮詢事件，務當詳爲復答，若須當面問對者，由考察委員領赴藝長處以便詳詢。第十九條，藝長若須赴各工場考察情形，當由提調稟明總局派員會同前往，如須函知地方官照料一切者，亦由總局辦理。第二十條，本廠隨時邀集各行工商業家演説各項要理，試驗各種新法，以增益其智識者，前數日登報，俾衆週知。第二十一條，演説當按照坐位多寡酌量出票，應分送賣兩種，著名之商家及與演説相近之工業家，由本廠送票，邀請入坐，此外無論何人，均須購票，票盡爲度，以免擁擠。第二十二條，演説爲時無幾，如各工商家有未明晰或更須詳考之處，准隨後訂明時刻，赴本廠訪詢，當詳細復答，以副垂詢之意，惟不得在演會時發問，致躭延時刻。第二十三條，演説各節擬擇要登入報章，以饜未經聽講者之望。第二十四條，如有應行查各州縣者，由提調稟商總局以函牘往來，本廠不得逕行查訪，以杜弊端。第二十五條，如有應行專員赴各州縣查訪者，由提調稟商總局派人前往，其事件如左：一、出産最多之處，一、製造繁盛之處，一、新出之特産，一、新創之工商事業。第二十六條，如有應行專員赴外省或外國學習或考察者，由總局專案稟請　督憲察酌給咨或護照前往，其事件如左：一、本省出産應行考求製法者，一、製法未善應行改良者，一、可興之利而不得振理之法者，一、新興之工商業可以仿辦者，一、土産之銷場應行查訪者。第二十七條，考察委員回時，應將用款核實，開具清摺，以憑造報。第二十八條，考察委員車輛船隻均須自行價僱，不得擾及地方，如有藉端招摇者，准地方官或商家指名揭稟控告，以憑究辦。第二十九條，考察情形隨時登入報章，俾衆週知。遇有華人設法創製及改造精良之物應，即加考，陳明總局，分別嘉奬以示鼓勵。〔以上一節，係遵奉督憲批示增入〕以下化驗司甲：第三十條，本廠應設化驗處，以應工業家之分析試驗。惟規模初創，事務尚簡，暫由工業學堂代辦，以節經費。擬俟事務煩多，再行添設專員。〔其承接收發及記録等事，暫由本廠圖書司兼攝〕第三十一條，凡呈請化驗各物者，遵照第六號書式説明其重要之處。第三十二條，呈驗之家如須親到本廠當面閲視化驗之法者，須先稟明本廠，酌量許否。第三十三條，化驗各物所費無多者，暫行免納用費以示體恤。儻所費甚鉅者，臨時再行核定酌納試驗費。第三十四條，化驗畢應作説帖兩分，一交原主，一存本廠以備查核。第三十五條，化驗各物如須酌留原品備查者，當與以相當之價值以恤商情。以下圖書司丁：第三十六條，圖書當分類收藏如左：一、商品圖繪樣本（以下尚應各分細類），一、工業書，一、商業書，一、理化學書，一、財政學書，一、法律學書，一、簿記書，一、地理地圖歷史書，一、報告統計書，一、百科全書及各種辭書，一、語學書，一、雜書，一、新聞雜誌。第三十七條，管理圖書應備之簿籍如左：一、目録，一、出入日記簿，一、貸與簿，一、寄贈簿，附一化驗各物收發簿。第三十八條，本廠調閲者，入日記簿廠外借閲者，入貸與簿由人贈送者，入寄贈簿。第三十九條，貸與者須經提調之允許然後照發，一切遵照貸與品物辦理。以下文牘司戊：第四十條，文案撰擬或裁復官商函牘，當遵照總局章程並稟承提調之意指，如有見及之處，宜隨時稟商聽候酌奪，不得妄抒意見。第四十一條，登報事件須由提調呈總局閲後再行發刊。第四十二條，應立收發文件簿隨時逐件編號登録，至所收文牘函件及所發文牘函稿，當隨時分類編存以備查檢，另備總簿編其目録。以下會計司己：第四十三條，會計之簿籍如左：一、收支分款總簿，一、收支流水，一、收支暫記，一、收支月報，一、建築修理清册，一、購置貨品簿，一、購置器具簿，一、購置圖書標本簿，一、發售進門票簿。第四十四條，每月統計表如左：一、購入標本，一、購入書籍，一、貸與品物，一、分與品物，一、借閲圖書，一、寄贈品物，一、官署及工商人民往復函牘，一、縱覽人員，一、分析物質件數。第四十五條，月報及統計表定於次月上旬清結，由提調呈總局查覈，不得遲延。第四十六條，如有意外用款，須先陳明提調，始行開支。第四十七條，如有專案請款興辦之事，須另行册報，不在尋常會計之内。以下庶務司庚：第四十八條，庶務應備之簿籍如左：一、執事簿，〔逐日應按名註册到廠未到或告假公出字樣，凡告假公出者以提調處揭示爲憑，未列揭示者應註未到字樣〕，一、請假簿，一、縱覽人員簿，一、諮訪人員簿。第四十九條，接待賓客務當殷勤，如有所諮訪，尤當詳細復答。第五十條，凡工商業家之諮詢，當記其職業、姓名、籍貫、住址，以備查考。第五十一條，縱覽時刻由庶務司商承提調酌量季候長短，隨時改定。第五十二條，凡縱覽者當先購進門票，出門時收票，以便稽覈人數，庶務司有稽查之責。第五十三條，凡遊覽人及本廠内外人等如有誤損品物者，當向看護人詢明情由，稟知提調核奪償賠。第五十四條，凡遊覽人如有諮問之處，由庶務司帶領，向該管訪詢。〔第一號書式〕：一、某品一件，右係本店自製之品，擬遵依　貴廠章程請代售，敬乞　裁許爲幸，專肅敬請，考工廠台鑒。　年　月　日，姓名章，住址。〔第二號書式〕：一、某品一件，右係本店自製之品，蒙　貴廠允許代售，不勝感荷，兹寄呈若干件，謹遵　貴廠章程，先繳三個月庋設費若干，并陳明一切事項，敬乞覽察，并給予收條爲幸。計開：一、貨物之件數，一、每件之價值，一、庋設之容積。右件敬請考工廠台覽。餘同上。〔第三號書式〕：一、某品一件，右件擬自本日起至某日止，暫行貸與，以供參考，敬乞　裁許是荷，專肅敬請，考工廠台覽。餘同上。〔第四號書式〕：一、某品一件，右件請以相當之價值許其分與，以供參考，敬乞　裁許是荷，專肅敬請，考工廠台鑒。餘同上。〔第五號書式〕：一、某品一件，右件承蒙貴廠允准貸與，特存銀若干兩爲質，准於某日奉還，到期仍當照章呈繳貸與費，儻有損污，甘願照章辦理，決無異言，專肅敬請，考工廠台鑒。餘同上。〔第六號書式〕：一、某品一件　一、分量産地，一、試驗要旨，右件請爲分析以供考證，專肅敬請，考工廠台鑒。餘同上。

甘厚慈《北洋公牘類纂》卷一七《工藝二・天津考工廠各項規則》　寄售章程。敬啓者，本廠宗旨爲提倡工商業之進步起見，其意有二，一爲各貨物開拓銷路，一爲各舖家播揚名譽，現定於七月中擇吉開廠，邀請中外官商前來遊覽，敬祈寶號務於開廠之前，預先多選上等貨物送交本廠寄售所，有寄售章程開列於後，計開：一、本廠經費概係官籌，不取商家分毫，凡寄售貨物，照原價代售，隨即奉繳，本廠不取分毫使費。一、凡送到寄售貨物，不拘大小貴賤，其每件零售者，務須開明實在不折不扣之價，其大宗貨物並注明批發價目，以便本廠照價代售，冀增銷路。一、諸位客商到本廠，由庶務司接待，凡貨物送到，由庶務司帶晤庋設司，彼此點明貨物登簿，隨即付給收條，以昭信實。一、凡貨物送到後，倘本舖自有售主，不拘何時，可持原收條到本廠將該貨收回。一、凡貨物如有重大之件，本舖可知照本廠派人幫同往運，不收運費。一、凡貨物送到，倘時價有長落，本舖可隨時來條知照，本廠即代爲註册，但知照時倘該貨已經售去，則本廠仍照前註之價奉繳。一、凡貨物送到及售出，每日開單登入北洋官報，以供衆覽。一、凡寄售貨物之舖家，本廠預給憑票，不拘何時，可派夥友來本廠查驗該貨陳列情形，但進門時須携帶本廠所給憑票，以便照驗。一、凡寄售貨物倘成色太次有礙銷路，或陳設日久容易糟舊之件，本廠可隨時知照本舖取回更换。一、凡寄售貨物本廠代爲經管，倘萬一有所遺失，本廠認照原價奉繳，決不使本舖受虧。以上十條作爲暫時章程，試辦三個月後，如有不便，届時再行通知更改。辦事規則。一、本廠每年三月至八月每日自上午九鐘至下午五鐘爲辦公之時，九月至二月每日至上午九鐘至下午四鐘爲辦公之時，〔其正午十二點鐘至一點鐘爲午飯時限〕。一、自提調及各司事，每日均須遵照定章，准時到廠辦公，不得逾延。一、辦公時限之外，會計司、庶務司，每日至少必有一人在廠常川照料住宿。一、各司派定後各有專責，不得推諉，越俎代謀，以清權限。一、各司均歸提調約束，凡賣票收票人及看護人，應照商店學生規制，須聽該管會計庋設兩司約束，夫役人等應歸庶務司約束。一、凡辦公之時雖有戚友來訪，若非公事，概不得接見。一、凡在辦公時限内不得任意外出，並不得談笑自由。一、除疾病或家有要事之外，概不得請假。一、請假須於提調處稟明事由，惟雖有要事不得過五天，在遠處者不在此例。一、夫役人等除由提調另單派定常川在廠，不准擅離者之外，其餘各人，均應一應遵照辦公時限到廠應差，不准違誤。一、提調處應設名牌，庶務司應立執事簿，均遵照試辦章程第一章第六條所載辦理。一、各司休息日期如左：藝長、文牘司、化驗司、考察司、圖書司、庶務司每逢禮拜日，提調、庋設司、會計司、看護人、賣票人及收驗票人，每逢禮拜日下午。一、凡此規則之外各事，均照試辦章程辦理。值宿條規。一、本廠應立值宿名簿，每日值宿員當以二名爲常規，其一名遵照總局所頒規則，以會計、庶務二司輪班，其一名由庋記、考察、圖書、文牘等四司輪班。一、當該值宿員若有疾

病或他事故難爲值宿，則應呈明提調，先與次日之當值員，商明交換替代，互相
補助，毋得曠誤。其替代互換人名日期，均應在值宿簿内註明。一、值宿員夜
中，須二次到庋設各室及事務室察看，戒慎盜、火，在暴風大雨之時，特加意要屢
次巡視，若有發見屋漏破牖等事，宜速爲防備，移動陳列品於他室，以免損傷。一、值宿
若有盜、火之變異，宜先用電話機器急報巡警局，並執行臨機之處置。一、值宿
員於翌朝開廠以前，其一員指揮聽差洒掃，監理每室各廊及階段之洒掃，又使聽
差洒掃出入門邊；他一員指揮看護人，專監理庋設架橱面之拂拭。一、值宿員
保管各司所管之鑰匙，到翌朝候各司員到廠須分付之。一、值宿員於各司事退
廠後到廠前，有來到文書物件，則總登録日誌，當於翌朝交於該管各司，若有緊
急文牘到來，即宜使聽差齎送該管者之寓處。一、逢休息日，值宿員開廠中，須
代他司事，爲來訪者及來觀人之應答並代辦寄售品之賣約即售價等事，於翌日
告其事由於本管司事，收銀款須交於會計司，無錯誤遲緩。一、逢休息日，值宿
員之外，要洋文司事一員到廠，以當外洋人之應答，但在洋文司事該當值宿日，
不須別員到廠。一、逢休息日，值宿並到廠之員，應於其翌日與假，以均勞逸。
看護條規。一、本廠看護人以看護所有庋設品物，浄掃庋設品與庋設架橱爲主
務。一、看護人須每日開廠一點鐘以前到廠，從事於庋設架橱之拂拭，在開廠
中亦時加拂拭，要令橱扉之玻璃面，架牀之板面等無污塵。一、看護人值庋設
品自他處運到，若於廠内甲乙相移動時，須隨藝長及庋設司事所命搬運品物並
爲拂拭如平日，浄掃品物時亦加意護持，起卸拂拭，最要鄭重，勿令附箋甲乙，致
有錯亂。一、看護人不可須臾離去，其分擔室宜俟交替人來到而後暫休，各復
分擔之位置，其午食時間准與半點鐘，其餘休息時限不許越過十五分。一、看
護人閉廠後，須尚在分擔室，俟司事之指揮而後退，不許隨意退散。一、看護人
對來觀人最要慇懃，勿有粗妄失敬之言動。一、來觀人有請熟覽庋設品物，若
欲購買寄售品，本廠購置品等者，須報知庋設司。一、來觀人有漫觸手於庋設
品，須慇懃謝絶之。若察其情意實在欲購買寄售品者，其取持熟覽固爲不妨。
一、來觀人中，有對庋設品或抽筆摹寫容姿繪紋，或由照相機器爲撮影者暫止
之，宜報於庋設司。若其品物之附箋註明不許摹寫撮影之字者，斷然謝絶之可
也。一、來觀人欲取橱架内之物品及將物品回入橱架内，均須由看護人親手授
受，不得任來觀人自取及自納，以防誤觸損毀之事。一、來觀人倘有誤觸於庋
設品，以致毁損或破碎庋設橱架之玻璃板等事，先向其人請暫留，使他看護人急
報庋設司事，亦勿須喧争言動。一、有由看護人之故意若怠慢疏忽，毁損品物
及庋設架橱等之事，庋設司應查核其輕重分別罰辦，或查其所損情形如何，令賠
償品物之原價。一、看護人在看護中覺有品物之遺失，須急報於庋設司請檢查
處分，若於盜迹不明確，遺失事由曖昧，看護人不能免其責，須即查核處罰。一、
來觀人中若視有舉動異常形迹可疑之事，須使他看護人密告於庋設司，瘋癲若
爛醉者亦同。採取本國商品略則，(寄售貨品另有專章不在此例)。一、凡採取
商品以工藝品爲主，餘則擇其産額富而有益於國計民生者取之。一、凡工藝品
須擇其易於改良及改良後可暢行於各處者取之，若於民間不甚要者皆緩收。
一、凡足以與外洋物品競争而擴張本國工業者皆取之。一、凡採取商品或徵求
寄贈，或出資購買，應視該品之輕重緩急酌量辦理，惟現今經費未充，凡過於昂
貴之物概不購置如，有寄贈者可收入陳列。一、凡採取商品必須將其價值，産
地，每年産額行，銷地批發價等逐件記明。一、應採商品種類如左：工藝類，教
育品，(凡書籍、文房具、照相具、度量衡測量用具、樂器具)。美術品，(凡書畫雕
刻等品)。製造品，(凡陶磁器、玻璃器、玉石器、金銀器、鐘錶、竹木器、漆器、紙、
革、牙角等器、各項機器)。機織品，(凡織染刺繡等品)。天産類，礦産，(凡一切
五金礦石及各項化學藥品山鹽礦泉等品)。水産，(凡水中所産各項動植物及牙
角等品)。林産，(凡竹木及木炭等品)。農産，(凡五穀、蠶絲、棉花、蔬、果、酒、
煙、茶，及各項花草之種子等品)。遊覽章程。本廠華曆三月至八月，每日於上
午九點鐘開廠，下午四點鐘停止售票，五點鐘關門。九月至二月，則於上午九點
鐘開廠，下午三點鐘停止售票，三點鐘半鐘關門。惟每日十二點鐘至一點鐘爲
午膳之時，概不售票，但縱覽時刻亦有酌量事宜隨時伸縮。一、入覽者須於本
廠售票處購票，入門時此票呈驗，出門時交於收票者，但帶有優待票或特別入覽
票者，進出門時惟呈驗而已，概不取費。一、攜帶棍子傘或小包者，應將該物件
交於携帶品收管所收存，出門時領回該物。一、不得率同犬畜等類遊覽廠内。
一、非得看護人之允許，不得任意撫觸庋設器。一、如願買貨品，請至售品記簿
處面議，酌付定錢，先給憑條，隨後持條備價，取貨不誤。一、瘋癲或酒醉者一概
不得入覽。一、本廠休息日開列於下：萬壽聖節日下午，每禮拜日下午，自臘月二
十一日至正月初五日，上元節日下午，端午節日下午，中秋節日下午。但除此之
外，當全數更換陳列時，隨時斟酌停止遊覽，日期另行告白。敬再啓者，本廠爲提
倡工藝，在外洋原不拘男女，均可隨時來廠遊覽。惟中國風俗不同，茲擬訂每逢禮

拜五，該日專讓中國女客遊覽，其餘日期准男客遊覽，以免彼此不便。至外國婦女來廠遊覽不拘此例。

甘厚慈《北洋公牘類纂》卷一七《工藝二·天津考工廠勸導各行自立研究會簡章》 計開：一、〔名目〕，本會擬名爲天津工商研究會，以本廠爲總會，各行爲分會，各分會即名爲某行研究會，開辦時均到本廠報名，以與總會聯絡一氣。二、〔人位〕，擬以本廠管理員爲總會長，各行各舉董事一二人爲分會長，各自經理會中事務。此外各字號願列名者，均呈明爲會員，再各約本行中賢能者數人爲庶務，爲書記，其庶務專司籌備開會時應用燈火、紙張、筆墨、桌櫈、茶水等事。各會應立考勤册一本，將會長以次均列名，每期開會，凡到會者即在該册中書到字，未到者必註明事故，以資考察。三、〔經費〕，各分會所需，由各行自籌，倘各行分會中公費若有不足，可由該會長開預算單，呈由總會長轉請工藝總局憲酌助若干，以資貼補。四、〔處所〕，各行有公所者，即以公所爲研究分會所，無公所者，由本行公衆擇定適中相當之廟宇或小學堂半日學堂等，酌貼茶水、燈火等費。凡關繫全局之事，由總會邀請各行會齊研究，其各爲本行之事，即各在各分會研究，並將預定日期報知本廠，届時派員前往與會。五、〔日期〕，各行分會應由各行董，將擬訂日期，在開辦前報知本廠，按每月間先後挨次遞排，以免重複，其時限大約在晚七點半開會，提議應究事宜，八點半演説本行利弊及應行改良，應立規則等事（如提議事多即不演説），九點半茶話（隨意討論或清談），十點閉會。但冬夏晝夜長短不一，時限可隨之伸縮。六、〔發題〕，各會應立記事簿，凡會員有提議之件，先將問題自書於該簿，挨次提議，而提議多件，一次不能畢議，俟諸下次。設有緊急待決事件，即須定議，迫不及待者，可商諸挨次以下提議人員，經其認可，亦能立時提議，惟既登臺開議，不得率請更端。七、〔答議〕，凡提議員登臺開議，其他會如有駁議，應俟提議員詞畢，然後起立議駁，提議員亦宜虚懷謙受，反復辯論，不厭求詳，剖析愈深，精理愈出，但須詞詳意盡，聲色平和，乃能窮盡事理之妙。八、〔記録〕，如究出確能振興工商之理論，與各行中精到之思想，普通之困難，獨得之新奇，專擅之技巧，至大之利權，凡於工商界有益者，即由書記照録記事簿内，只用白話，不須文詞，並可摘鈔，交總會派往員轉呈總會長酌核，如以爲可行，即決議贊成，切實舉行。九、〔禁令〕，本會既名爲天津工商研究會，凡會員提議講演以及談話，務須各按各本行應行研究之事，密切討論，始能開聰牖明，事事研求實際，時時競引新機，以圖及時進步，方爲合宜。不得高談闊論，妄議國事，致蹈僭妄浮囂之弊。十、〔目的〕，各行貨品，何項暢銷，何項滯銷，暢銷如何保護，滯銷如何挽救，其時價大漲大落之原因何在，逐日出口進口，何色貨多，何色貨少，其多少之故安在，生貨、熟貨兩相比較，貴賤其生貨宜用何法，使成熟貨以及各種貨物，運道之難易，運費之多寡，税捐之輕重，務於開會時預爲製成圖表，指示衆商，一一研究，以圖抵補救之策。十一、〔勸誡〕，各行字號所有在本會者，該行事業如困難之處，可由總會長稟知工藝總局設法保護，凡不與本會者，不得沾此利益。各行會員，均有提倡本行進步之義務，每届研究之期，如無大故，均須一准到會，不可延宕遲到及託故請假，倘無故三次不到者即除名，以杜姑勤終怠之弊。十二、〔增益〕，本會事屬創辦，一切章則深恐未盡妥善，幸各會友隨時賜教，隨時改良，以免一成不易，牢不可破之舊習。以上本廠所擬簡章十二條，關於工界商界者至爲密切，驟觀之似覺浩博，細察之實有蹊徑可尋，逐端研求，次第興辦，自有獲沾利益，進而愈上境界。本廠爲提倡工商起見，不憚煩勞，凡有可以保護輔助之處，自必不遺餘力，所願貴工商踴躍興起，勿存觀望退縮之見，則本廠有厚望焉。

甘厚慈《北洋公牘類纂》卷一七《工藝二·天津考工廠招考工業簡易章程》

一、廣告，各項工業在限期内（外州縣限三個月本埠限兩個月）送自製之品於本廠考驗優劣，分給獎牌，以廣名譽。送到者先給收條爲據，其外省送來製品亦可與考，惟自購或別人購送者不在此例。二、廣告辦法共分五事：一、登報，二、貼告白，三、雇人送告白於各工廠各商號，四、在每項工業中各託一二人令其徧達同行，五、外州縣由總局行文地方官出示曉諭，並由本廠刷印告白，送交各州縣代貼，願來者將製品徑送本廠，無須由地方官轉送。三、凡送製品必須標明品名、價目及製造人之姓名、年歲、籍貫、住址並習業年數，如係出自公共之手，亦可祇書字號與總理人之姓名。四、考取各項工業，就各項中各定名次，其各項中之優等，以各項中送製品到廠之最優者得之，其未送製品到廠者雖優不給。五、發獎後其所送製品，任憑原主取回，倘有願將所製品寄贈本廠者聽，如有願在本廠寄售者倘經賣去，全價均歸本主，本廠不取分文。六、獎牌共分二類，以金銀二色別之，而二類中各分超特優三等。七、考取之法共分五事，而以百分爲額。一、考其製造之難易，作法之巧拙，裝潢之美惡，以四十分爲足額。二、考其成色之高低，價值之貴賤，參合比較，以物美價廉者爲上，物美價不廉或價廉而物不美者次之，以三十分爲足額。三、考其利用之廣狹，以三十分爲足額。四、考其利用所關之美惡，以與世俗人心或衛生上之最有利益者爲上，以十分爲足額。五、考其工人及該廠號之名譽道德如何，以十分爲足額。八、凡非獨出心裁創造新法新式，及不能抵制洋貨，行銷外國而積分如下者，皆給予銀色奬牌：一、積分由九十至一百者給予超等，二積分由八十至九十者給予特等，三積分由七十至八十者給予優等。九、凡積分如上而爲獨出心裁創造新法新式，或能抵制洋貨，能行銷外國者，皆給予金色奬牌。十、審查員由本廠選派，其各行中亦可酌選公正明通者一二人作爲參證員，均書名於奬牌。十一、第一年每年考取兩次，以後每年考取一次，應編列次數，自第一次以至若干次，均將投考及給奬花名註簿。十二、考取名次發榜宣示，並題名本廠之優待室内兼登報章。十三、考取之品目分類如下：一、木製品類，二、五金製品類，三、絲綿毛麻製品類，四、草竹製品類，五、紙張及紙製品類，六、皮角牙製品類，七、玻璃製品類，八、教育品類，九、服飾品類，十、刷印品類，十一、油漆品類，十二、染色品類，十三、雕塑品類，十四、繪畫品類，十五、化學製造品類，十六、食物品類，十七、機械類，十八、照像類，十九、陶器類，二十、琺瑯鍍金類，二十一、雜品類。

甘厚慈《北洋公牘類纂》卷一八《工藝三・直隸農務學堂詳擬試辦紡織工廠章程》 一、此次紡織悉用本地土絲，與試驗場所製之絲，兩相比較，並暫募土著工人，就地取材，以資查驗。所試絲料，如果合用，應再請覓僱南匠或山東機匠，加意講求，俾有進步。

一、先創造大小機二張，大機試製寗紬緞疋等件，小機試製粗紬紡紬等件，二者以何爲宜，再行專壹其業。

一、招募工匠，多收學徒，方能廣開風氣。緣屬試辦，只求集事各色，僅招數名，以從其簡。

一、工匠各占其藝，闕一不可。除訂准賞假日期外，如既膺僱募，無故求退，應議罰全數工食，並從重懲辦，以防刁狡，而免廢事。其學徒人等，亦照此辦理。

一、專長工匠，無論年數足否，能教成學徒一人者，均由試驗場代給酬勞銀十兩，以示鼓勵。

一、織成紬帛，須合計本利。除修理機器房屋等項不計外，凡所用工料與所製紬帛價值，均宜勻入攤算，以核盈絀。

一、工匠人等，除由試驗場人員稽查外，添派賬房司事一人，專理其事，不再另支公費。

一、織紡廠所需費用，均由學堂存款項下支銷，按月造報。格外應專立賬目，以清界限。

一、大機工頭一名，月支工價保平銀五兩。紡經一名，月支四兩。織工一名，月支四兩。每名月支火食銀二兩二錢七分三釐。此後得利，每名應月加津貼銀一兩。

一、小機工頭一名，月支工價保平銀二兩六錢。織工一名，月支二兩五錢。每名月支火食銀二兩二錢七分三釐。此後得利，每名應月加津貼銀八錢。

一、大小機絡絲工人二名，每名月支工價保平銀二兩，火食銀二兩二錢七分三釐。此後得利，每名應月加津貼銀五錢。

一、學徒四名，每名月支火食銀二兩二銀七分三釐，津貼銀四錢五分五釐。

一、每月現需工價銀二十二兩一錢，補平銀八錢七分，火食銀二十五兩，津貼銀一兩八錢二分，通共月支津砝銀四十九兩七錢九分。

一、此次章程係屬創辦，其有當行增加事宜，應請隨時添註。

《大清新法令》卷六《度支部奏遵籌崇陵全工款項摺並清單》 本月初九日，軍機大臣欽奉諭旨：「貝勒載洵等奏崇陵全工錢糧數目請飭部籌撥一摺，所需一切款項，着承修大臣隨時核實辦理，度支部知道。」等因。欽此。鈔交到部。原奏内稱：「崇陵暨妃園寢風水圍墻、奉祀禮部營房、八旗營房、内務府營房、緑營營房，共凈估工料銀七百二十二萬四千八百四十二兩三錢四分二釐，仍當臨時酌度情勢，力求撙節。一面嚴飭廠商分期興作，總期四年内，一律完竣。先將錢糧數目呈請，飭部早爲籌撥，以資應用。」等語。查本年二月間，承修崇陵工程大臣奉准先撥經費銀一百萬兩，由臣部於庫存正項内陸續墊發，並請由各關稅項下先提撥銀一百萬兩，照數批解部庫歸墊，業經奏明在案。兹據承修大臣估定崇陵全工錢糧數目並擬於四年内一律完竣，亟應照數指撥，分期籌解，以濟要工。臣等公同商酌，除粤海等關前已奏撥銀一百萬兩外，擬再由各關常洋兩稅項下加撥銀三百萬兩，另由江蘇等省指撥銀三百二十二萬四千八百四十二兩三錢四分二釐，計共銀七百二十二萬四千八百四十二兩三錢四分二釐。内原撥粤海等關銀一百萬兩，除已解外，下餘應令於本年十月内盡先解足，歸還部墊。此次加撥粤海等十一關共銀三百萬兩，應令自明年起，勻作三年，分期批解，每期

限於每年十月底解到，至宣統四年十月底掃數解清。其指撥各省之款，除廣西
應撥之二萬四千八百四十二兩三錢四分二釐令於本年十月一次解足外，其餘各
省均令勻作四年，分期批解。第一期限於本年十月解到，以後三期均限於每年
十月底解到，至宣統四年十月底掃數解清。謹將分撥各省關銀數繕具清單，恭
呈御覽，請旨飭下。各督撫遵照單開銀數，依限批解臣部轉交承修大臣應用。
此次崇陵工程，尤關緊要，各該省督撫臣公忠夙著，自必如數籌措，依限解部，以
期無誤要工。謹奏。宣統元年七月十二日，奉旨：「依議。」欽此。

謹將崇陵工程款項分撥各關數目，繕具清單，恭呈御覽。

計開：

粵海關洋税項下：宣統元年提銀十萬兩（此係原撥之款，現已解清）；宣統
二年提銀十萬兩，宣統三年提銀五十萬兩，宣統四年提銀十萬兩（以上係加撥之
款，均限於每年十月底解清）。

江海關常洋兩税、藥釐項下：宣統元年提銀十萬兩（此係原撥之款，現已解
清）；宣統二年提銀二十萬兩，宣統三年提銀二十萬兩，宣統四年提銀二十萬兩
（以上係加撥之款，均限於每年十月底解清）。

蘇州關洋税項下：宣統元年提銀十萬兩（此係原撥之款，現已解清）；宣統
二年提銀五萬兩，宣統三年提銀五萬兩，宣統四年提銀五萬兩（以上係加撥之
款，均限於每年十月底解清）。

鎮江關洋税項下：宣統元年提銀十萬兩（此係原撥之款，限於本年十月內
解清）；宣統二年提銀十萬兩，宣統三年提銀十萬兩，宣統四年提銀十萬兩（以
上係加撥之款，均限於每年十月底解清）。

杭州關洋税項下：宣統元年提銀十萬兩（此係原撥之款，限於本年十月內
解清）；宣統二年提銀五萬兩，宣統三年提提萬兩，宣統四年提銀五萬兩（以上
係加撥之款，均限於每年十月底解清）。

重慶關洋税項下：宣統元年提銀五萬兩（此係原撥之款，限於本年十月內
解清）；宣統二年提銀五萬兩，宣統三年提銀五萬兩，宣統四年提銀五萬兩（以
上係加撥之款，均限於每年十月底解清）。

蕪湖關藥釐項下：宣統元年提銀五萬兩（此係原撥之款，現已報解）；宣統
二年提銀五萬兩，宣統三年提銀五萬兩，宣統四年提銀五萬兩（以上係加撥之
款，均限於每年十月底解清）。

江漢關洋税、藥釐項下：宣統元年提銀五萬兩（此係原撥之款，限於本年十
月內解清）；宣統二年提銀十萬兩，宣統三年提銀十萬兩，宣統四年提銀十萬兩
（以上係加撥之款，均限於每年十月底解清）。

膠海關洋税項下：宣統元年提銀二十五萬兩（此係原撥之款，限於本年十
月內解清）；宣統二年提銀二十萬兩，宣統三年提銀二十萬兩，宣統四年提銀二
十萬兩（以上係加撥之款，均限於每年十月底解清）。

揚州關常税項下：宣統元年提銀五萬兩（此係原撥之款，限於本年十月內
解清）；宣統二年提銀五萬兩，宣統三年提銀五萬兩，宣統四年提銀五萬兩（以
上係加撥之款，均限於每年十月底解清）。

金陵關藥釐項下：宣統元年提銀五萬兩（此係原撥之款，限分期趕
緊解清）。

宜昌關洋税項下：宣統二年提銀五萬兩，宣統三年提銀五萬兩，宣統四年
提銀五萬兩（以上係改撥之款，均限於每年十月底解清）。

謹將崇陵工程款項分撥各省數目，繕具清單，恭呈御覽。

計開：

江蘇省：宣統元年撥銀十萬兩，二年撥銀十萬兩，三年撥銀十萬兩，四年撥
銀十萬兩（以上均限於每年十月底解清）。

廣東省：宣統元年撥銀十萬兩，二年撥銀十萬兩，三年撥銀十萬兩，四年撥
銀十萬兩（以上均限於每年十月底解清）。

四川省：宣統元年撥銀十萬兩，二年撥銀十萬兩，三年撥銀十萬兩，四年撥
銀十萬兩（以上均限於每年十月底解清）。

直隸省：宣統元年撥銀五萬兩，二年撥銀五萬兩，三年撥銀五萬兩，四年撥
銀五萬兩（以上均限於每年十月底解清）。

山東省：宣統元年撥銀五萬兩，二年撥銀五萬兩，三年撥銀五萬兩，四年撥
銀五萬兩（以上均限於每年十月底解清）。

河南省：宣統元年撥銀五萬兩，二年撥銀五萬兩，三年撥銀五萬兩，四年撥
銀五萬兩（以上均限於每年十月底解清）。

山西省：宣統元年撥銀五萬兩，二年撥銀五萬兩，三年撥銀五萬兩，四年撥
銀五萬兩（以上均限於每年十月底解清）。

江西省：宣統元年撥銀五萬兩，二年撥銀五萬兩，三年撥銀五萬兩，四年撥

銀五萬兩(以上均限於每年十月底解清)。

安徽省：宣統元年撥銀四萬兩，二年撥銀四萬兩，三年撥銀四萬兩，四年撥銀四萬兩(以上均限於每年十月底解清)。

浙江省：宣統元年撥銀五萬兩，二年撥銀五萬兩，三年撥銀五萬兩，四年撥銀五萬兩(以上均限於每年十月底解清)。

福建省：宣統元年撥銀四萬兩，二年撥銀四萬兩，三年撥銀四萬兩，四年撥銀四萬兩(以上均限於每年十月底解清)。

湖北省：宣統元年撥銀五萬兩，二年撥銀五萬兩，三年撥銀五萬兩，四年撥銀五萬兩(以上均限於每年十月底解清)。

湖南省：宣統元年撥銀四萬兩，二年撥銀四萬兩，三年撥銀四萬兩，四年撥銀四萬兩(以上均限於每年十月底解清)。

陝西省：宣統元年撥銀三萬兩，二年撥銀三萬兩，三年撥銀三萬兩，四年撥銀三萬兩(以上均限於每年十月底解清)。

廣西省：宣統元年撥銀二萬四千八百四十二兩三錢四分二釐(限於本年十月底解清)。

《大清新法令》卷三《軍政・營制餉章・練兵處擬定營制餉章摺》 謹將擬定陸軍營制餉章繕具清單，親呈御覽。營舍制略，今日軍營非無舍也，雖有官兵舍庫厩厨厠，大都卑陋，湫溢甚，或晦暗污濁，其一切雜役則聚於二三矮屋之間，此外惟操場而已。無上下講習之地，則學術易歧；無起居適宜之地，則疾病易生；無儲藏工作之地，則蠹朽堪虞，取給不便。查東西各國所謂營舍者，院宇皆寬宏，房屋皆高敞，造屋之式或長或方或一字形，以空氣易於流通爲主，恒以一標駐扎一處。各項房屋均極齊備，兵丁住室約以每名占五十方尺爲准。其在内者有官房、目房、兵房、衛兵房、軍醫房、書記房、號兵房、匠役房，又有講堂、飯廳、辦事房、集議房、會客房、電話房、圖書房、藥房養、病房、沐浴房、衣糧餉械各庫房、裁判房、輕重懲禁房；其在外者有炊爨場、盥漱場、浣濯場、登眺場、操場、打靶場、劍場、抛球場、體操場、修械場、鐵工、木工、靴工、縫工、皮匠、掌匠各治作場，以及汲房、厠房、厩房；其在砲隊則另有砲房；其在馬隊則另有馬廠，名目繁多，幾難縷計。現值中國整頓軍隊營舍，亟宜講求，而物力維艱，庫款方絀，求如各國之閎敞巨麗、規模美備，誠屬不易。惟各項房屋多於軍事關係甚重，又未可因陋就簡，一概視爲緩圖，應由各省將軍督撫飭各軍將領體察情形，擇要辦理。

甘厚慈《北洋公牘類纂續編》卷一九《礦務二・啓新洋灰有限公司續訂總章程》

第一章　總則

第一節　注册：本公司遵照大清商律股分有限公司專律，禀請北洋大臣咨部注册。

第二節　定名：本公司定名爲啓新洋灰有限公司。

第三節　宗旨：本公司宗旨爲製造洋灰及洋灰研子土之磚瓦等件，運銷中外，以挽利權。

第四節　地址：本公司總理處設在天津，制貨廠在灤州屬境唐山地方。

第五節　資本：本公司資本以龍銀壹百萬元爲額。

第六節　營業：本公司現已在灤州、豐潤兩處之馬家溝及胥各莊一帶購定地畝，采取原料，在唐山創辦新廠，將舊有之老廠購並，永遠辦理，並無期限。

第七節　商標：本公司商標以太極圖爲記。

第八節　圖記：本公司圖記，文曰啓新洋灰有限公司，爲調度銀錢發行貨物一切函單之用，凡對於官長有文牘往來及印蓋股票息單，另禀請北洋大臣頒發木質關防，以昭信守。

第九節　税釐：本公司製造各貨已禀請北洋大臣咨部復准，照湖北織布等廠成案，無論運銷何處，只完值百抽五正税一道，沿途概免重征，並豁免出口税項。

第二章　股份

第十節　守章：凡附本公司股分者，當守本公司呈部核定之章程。

第十一節　入股：凡屬中國之人，無論官、紳、商、庶均可入股，一律享股東之權利，惟不得隱附洋股及暗令洋商承受該股東名號。

第十二節　正股：本公司以資本龍銀壹百萬元，作爲伍拾元一股，共貳萬股，名爲正股，每股先收八成，其餘貳成俟流通資本不足時再行續收。

第十三節　優先：凡入股在先前壹萬股之數内，每十股另給一股，名爲優先股。

第十四節　股票：股票每股一號，加蓋關防，並由總協理、董事簽押爲憑，票式如下。

第十五節　股册：本公司設有股東名册，所記各項如下：

一、記股東姓名、年歲、籍貫，並現在所住及遞信之址，如有更換，應速函知本公司，否則有事函告不達，本公司不任其咎。

二、記各股東股數及股票號數。

三、記轉買轉賣之年月日。

第十六節　股東：本公司股東，無論自買人與轉買人，以載於股東名册者爲憑。用人名入股者，即認本人爲股東；數人共股者認爲首注册之人爲股東；用行號公司名入股者，認該行號公司總理人爲股東；用堂記等名入股者，認當時出股款之人爲股東，惟不得隱附洋股及暗令洋商承受該股東名號。

第十七節　更名：股票或遺傳與親屬人等而更名，或轉賣而更名，均任其便，惟不得轉售及抵押於洋商影射承受該股東舊名，必須該股東親具證書送交本公司總協理、董事查看，有符定章，方能允可。如有暗附洋股等弊，總協理有權可以將該股票注銷。設原股東有意外之事未及親具證書，能有股實親友三人以上具保證書，亦可核允。所有更名注册費，每票繳銀五錢。

第十八節　換票：股票字迹污毁，本公司允爲注銷另换，倘係遺失應由遺失人將股票號數先登上海、天津各報詳細聲明，滿一個月邀同妥保具保證書向本公司聲請，方准換給，換票費每票繳銀一兩。

第十九節　增股：本公司將來如推廣貿易，經特别會議決定，先儘原認股者照數承認，如原股東無力承認，即盡公司内有力股東承認，倘不願承認，或認不足數，再由總協理、董事酌量另行招股，售與原股東以外之人。

第三章　股東會

第二十節　會期：本公司股東會分尋常、特别兩種。尋常會以每年正月、七月爲期，如遇有緊要事件，由總協理、董事隨時招集股東會議，是謂特别會。

第二十一節　提議：股東有欲開臨時會提議事件，但有數在十人以上能合全股十分之二即可舉行招集開會，惟與議人數須有全股過半之數，方爲合格，不及數不得開議。

第二十二節　議權：凡十股五百元以上之股東，年已逾冠者，始有發議權。有五十股二千五百元者，始有一議決權。餘准五十之數遞加，惟一人至多不得逾二十五議決權。計一千二百五十股，計六萬二千五百元。

第二十三節　預告：股東會之會期、會場並所議事件，距會期二十日前先行函告。

第二十四節　議長：股東會開會時，即以每次所舉首董爲議長，如首董有事未臨，應由股東臨時公舉議長一人，議決後即銷除議長之名。

第二十五節　述意：有議決權之股東，因有事不能到會，可述意見先期函知本公司，其應有之議決權數與到會同。

第二十六節　決事：股東會以議決權過半數者爲決議，如可否同數，議長決之。

第二十七節　議案：會議之事由均記載於議案，由議長及董事簽名蓋印，存本公司。

第二十八節　秩序：凡會議處所一切秩序均由首董隨時議定規則，會商各董事議決而行。

第四章　選舉

第二十九節　權限：選舉權限如下：

甲、凡股東年已逾冠，有十股五百元以上者，方有選舉之資格；一百股五千元以上者，方有被選舉之資格。

乙、年已及壯，有股份一百股五千元以上者，方有被舉爲董事之資格。

丙、年已及壯，有股份二百股一萬元以上，曾充董事之職者，方有被舉爲總協理之資格。

丁、倘有才望卓著，年齡股分均不及格而有股東數滿全股十分之七公議推舉者，亦可膺董事、總協理之任。

戊、年已逾冠，有股份一百股五千元以上者，方有被舉爲查賬員之資格，惟現任本公司董事及在事人不得兼充。

第三十節　立案：凡總協理及董事、查賬員，經股東舉定，由公司稟請北洋大臣分别加札立案充任。

第三十一節　規則：選舉時一切規則由總協理董事會議施行。

第五章　任期

第三十二節　任期：任期如下：

甲、總協理以四年爲一任期。

乙、董事以二年爲一任期。

丙、查賬員以一年爲一任期。

丁、凡總協理、董事、查賬員任滿仍可續舉。

戊、董事、查賬員如當任期未滿時將股分售出有失資格即退任。

己、本公司創辦伊始，所有總協理、董事、查賬員暫由創辦人先行試辦，俟公司事有頭緒再開特別會議照章議決公舉。

第六章　權限

第三十三節　權限：自總理以次各有權限條列於下：

甲、總理有主持公司一切用人辦事之全權，但須參照商律，恪守公司定章，股東會議議決事件辦理。

乙、協理有贊助總理一切之責任，總理他往由協理代之。

丙、總協理所辦事務遇有關公司利害重大事情，須請董事議決施行。

丁、公司一切章程，總理可隨時條陳意見，請董事會議，其有已經議決尚難實行者，並可會同董事復核改良，至公司事務規則、工廠條規，均由總協理及職員臨時體察情形酌定。

第七章　職員

第三十四節　職員：本公司大小職員皆由總協理延充，其責任亦由總協理擔任，如有一百股以上之股東保薦者，總協理亦酌量録用，但其責任須由保薦之股東擔承，如有不能恪守公司定章辦事，總理有權可以立時辭退。

第八章　禁約

第三十五節　禁約：所有公司禁約如下：

甲、本公司辦事另訂有詳細規則，凡在本公司辦事之人，有故意違犯者即行辭退。

乙、本公司款項，非經會議允洽不能移作他項生意之用，除照章應分利息及應用款項外，自股東、董事以次不能在公司款内挪借懸欠，違者歸經手承借人自理，公司不認。

丙、本公司賬目除查賬員可隨時查察外，股東亦可索看，但必先經總協理允許，倘借查賬爲名妨害公司者，總協理查出可有權阻之。

丁、本公司緊要文件除董事可以查閲外，非經總協理允許不能録出示人。

戊、本公司已作之營業，自總理以次應遵商律，不得作相同之貿易。

己、在事人員不能自行包攬本公司工程等事。

第九章　利息

第三十六節　分利：所有分利章程如下：

甲、本公司官利每年給常年八釐。

乙、每年贏餘除官利及酌提公積外，按照十四成分派。以一成報效北洋興辦實業；以二成作辦事人員花紅；以二成作總協理及各董事酬勞；以二成提存機器廠房折舊；以七成歸股東按股均分。

丙、優先股分利亦與正股無異。

第十章　賬目

第三十七節　賬簿：本公司賬式用中西合參之法，造成完全賬簿，另立賬簿清册兩本，一存公司，一存首董處。

第三十八節　結賬：本公司賬目六月一小結，年終一大結，其年終之賬經查賬員核對無訛，繕刻賬略，於年會日交各股東閲看，兩星期内無異言即爲結算清訖。

第十一章　宣告

第三十九節　宣告：本公司會議事件應秘密者勿庸宣告，其尋常事件及本年生意情形應編説略，隨同賬略報知股東。

第十二章　訂章

第四十節　訂章：本公司先經議定暫行章程四十條，禀請農工商部立案施行，嗣後查有未及備載，或有應行增修之處，應由董事會議議決定即改良。

紀事

《史記》卷三〇《平準書》　初，大農筦鹽鐵官布多，置水衡，欲以主鹽鐵；及楊可告緡錢，上林財物衆，乃令水衡主上林。上林既充滿，益廣。是時越欲與漢用船戰逐，乃大修昆明池，列觀環之。治樓船，高十餘丈，旗幟加其上，甚壯。於是天子感之，乃作柏梁臺，高數十丈。宮室之修，由此日麗。

劉歆《西京雜記》卷一　漢掖庭有月影臺、雲光殿、九華殿、鳴鑾殿、開襟閣、臨池觀，不在簿籍，皆繁華窈窕之所棲宿焉。

《漢書》卷一下《高帝紀下》　〔高帝八年〕二月，至長安。蕭何治未央宫，立東闕、北闕、前殿、武庫、大倉。上見其壯麗，甚怒，謂何曰：「天下匈匈，勞苦數歲，成敗未可知，是何治宮室過度也！」何曰：「天下方未定，故可因以就宮室。且夫天子以四海爲家，非令壯麗亡以重威，且亡令後世有以加也。」上説。自櫟陽徙都長安。置宗正(宮)〔官〕以序九族。夏四月，行如雒陽。

《後漢書》卷九《孝獻帝紀》 魏青龍二年三月庚寅，山陽公薨。自遜位至薨，十有四年，年五十四，謚孝獻皇帝。八月壬申，以漢天子禮儀葬于禪陵，置園邑令丞。

李賢注引《續漢書》曰：「天子葬，太僕駕四輪輈爲賓車，大練爲屋幙。中黄門、虎賁各二十人執紼。司空擇土造穿，太史卜日，將作作黄腸題湊、便房，如禮。大駕，大僕御。方相氏黄金四目，蒙熊皮，玄衣朱裳，執戈揚楯，立乘四馬先驅。旂長三刃，十有二旒曳地，畫日、月、升龍。書旐曰『天子之柩』。謁者二人，立乘六馬爲次。太常跪〔曰〕哭，(日)十五舉音，止哭。晝漏上〔水〕，請發。司徒、河南尹先引車轉，太常曰請拜送。車著白絲三紖，紼長三十丈，圍七寸；六行，行五十人。公卿已下子弟凡三百人，皆素幘，委貌冠，衣素裳，挽。校尉三(百)人，皆赤幘，不冠，持幢幡，皆銜枚。羽林孤兒、《巴俞》擢歌者六十人，爲六列。司馬八人，執鐸。至陵南羨門，司徒跪請就下房，都導東園武士奉入房，執事下明器，太祝進醴獻。司空將校復土。」擢音徒了反。《帝王紀》曰：「禪陵在濁鹿城西北十里，在今懷州脩武縣北二十五里。陵高二丈，周回二百步。」劉澄之《地記》云：「以漢禪魏，故以名焉。」

《後漢書》卷三四《梁商傳》 〔永和〕六年秋，商病篤，勑子冀等曰：「吾以不德，享受多福。生無以輔益朝廷，死必耗費帑臧，衣衾飯唅玉匣珠貝之屬，何益朽骨。百僚勞擾，紛華道路，祇增塵垢，雖云禮制，亦有權時。方今邊境不寧，盜賊未息，豈宜重爲國損！氣絶之後，載至冢舍，即時殯斂。斂以時服，皆以故衣，無更裁制。殯已開冢，冢開即葬。祭食如存，無用三牲。孝子善述父志，不宜違我言也。」及薨，帝親臨喪，諸子欲從其誨，朝廷不聽，賜以東園朱壽(之)器、銀鏤、黄腸、玉匣、什物二十八種，錢二百萬，布三千匹。皇后錢五百萬，布萬匹。及葬，贈輕車介士，賜謚忠侯。中宮親送，帝幸宣陽亭，瞻望車騎。

《後漢書》卷三四《梁冀傳》 冀乃大起第舍，而壽亦對街爲宅，殫極土木，互相誇競。堂寢皆有陰陽奥室，連房洞戶。柱壁雕鏤，加以銅漆；窻牖皆有綺疎青瑣，圖以雲氣仙靈。臺閣周通，更相臨望；飛梁石蹬，陵跨水道。金玉珠璣，異方珍怪，充積臧室。遠致汗血名馬。又廣開園囿，採土築山，十里九坂，以像二崤，深林絶澗，有若自然，奇禽馴獸，飛走其閒。冀壽共乘輦車，張羽蓋，飾以金銀，游觀第内，多從倡伎，鳴鍾吹管，酣謳竟路。或連繼日夜，以騁娱恣。客到門不得通，皆請謝門者，門者累千金。又多拓林苑，禁同王家，西王弘農，東界滎陽，南極魯陽，北達河、淇，包含山藪，遠帶丘荒，周旋封域，殆將千里。又起菟苑於河南城西，經亙數十里，發屬縣卒徒，繕修樓觀，數年乃成。移檄所在，調發生菟，刻其毛以爲識，人有犯者，罪至刑死。嘗有西域賈胡，不知禁忌，誤殺一兔，轉相告言，坐死者十餘人。冀二弟嘗私遣人出獵上黨，冀聞而捕其賓客，一時殺三十餘人，無生還者。冀又起別第於城西，以納姦亡。或取良人，悉爲奴婢，至數千人，名曰「自賣人」。

《後漢書》卷四一《鍾離意傳》 永平三年夏旱，而大起北宮，意詣闕免冠上疏曰：「伏見陛下以天時小旱，憂念元元，降避正殿，躬自克責，而比日密雲，遂無大潤，豈政有未得應天心者邪？昔成湯遭旱，以六事自責曰：『政不節邪？使人疾邪？宮室榮邪？女謁盛邪？苞苴行邪？讒夫昌邪？』竊見北宮大作，人失農時，此所謂宮室榮也。自古非苦宮室小狹，但患人不安寧。宜且罷止，以應天心。臣意以匹夫之才，無有行能，久食重禄，擢備近臣，比受厚賜，喜懼相并，不勝愚戇征營，罪當萬死。」帝策詔報曰：「湯引六事，咎在一人。其冠履，勿謝。比上天降旱，密雲數會，朕戚然慙懼，思獲嘉應，故分布禱請，闚候風雲，北祈明堂，南設雩場。今又勑大匠止作諸宮，減省不急，庶消災譴。」詔因謝公卿百僚，遂應時澍雨焉。

《後漢書》卷五四《楊震傳》 〔延光二年〕時詔遣使者大爲阿母修第，中常侍樊豐及侍中周廣、謝惲等更相扇動，傾摇朝廷。震復上書曰：【略】伏見詔書爲阿母興起津城門内第舍，合兩爲一，連里竟街，雕修繕飾，窮極巧伎。今盛夏土王，而攻山採石，其大匠左校別部將作合數十處，轉相迫促，爲費巨億。周廣、謝惲兄弟，與國無肺腑枝葉之屬，依倚近倖姦佞之人，與樊豐、王永等分威共權，屬託州郡，傾動大臣。宰司辟召，承望旨意，招來海内貪汙之人，受其貨賂，至有臧錮棄世之徒復得顯用。白黑溷淆，清濁同源，天下讙譁，咸曰財貨上流，爲朝結譏。臣聞師言：『上之所取，財盡則怨，力盡則叛。』怨叛之人，不可復使，故曰：『百姓不足，君誰與足？』惟陛下度之。」豐、惲等見震連切諫不從，無所顧忌，遂詐作詔書，調發司農錢穀、大匠見徒材木，各起家舍、園池、廬觀，役費無數。

《後漢書》卷五四《楊賜傳》 〔熹平三年〕其冬，行辟雍禮，引賜爲三老。復拜少府、光禄勳，代劉郃爲司徒。帝欲造畢圭靈琨苑，賜復上疏諫曰：「竊聞使者並出，規度城南人田，欲以爲苑。昔先王造囿，裁足以脩三驅之禮，薪萊芻牧，皆悉往焉。先帝之制，左開鴻池，右作上林，不奢不約，以合禮中。今猥規郊城之地，以爲苑囿，壞沃衍，廢田園，驅居人，畜禽獸，殆非所謂『若保赤子』之義。今城外之苑已有五六，可以逞情意，順四節也，宜惟夏禹卑宮，太宗露臺之意，以慰下民之勞。」書奏，帝欲止，以問侍中任芝、中常侍樂松。松等曰：「昔文王之囿百里，人以爲小；齊宣五里，人以爲大。今與百姓共之，無害於政也。」帝悦，遂令築苑。

《三國志》卷一《魏書·武帝紀》注引《傅子》曰：漢末王公，多委王服，以幅巾爲雅，是以袁紹、(崔豹)[崔鈞]之徒，雖爲將帥，皆著縑巾。魏太祖以天下凶荒，資財乏匱，擬古皮弁，裁縑帛以爲帢，合于簡易隨時之義，以色别其貴賤，于今施行，可謂軍容，非國容也。《曹瞞傳》曰：太祖爲人佻易無威重，好音樂，倡優在側，常以日達夕。被服輕綃，身自佩小鞶囊，以盛手巾細物，時或冠帢帽以見賓客。每與人談論，戲弄言誦，盡無所隱，及歡悦大笑，至以頭没杯案中，肴膳皆沾汙巾幘，其輕易如此。

《三國志》卷三《魏書·明帝紀》注引《魏略》曰：是年起太極諸殿，築總章觀，高十餘丈，建翔鳳於其上；又於芳林園中起陂池，楫櫂越歌；又於列殿之北，立八坊，諸才人以次序處其中，貴人夫人以上，轉南附焉，其秩石擬百官之數。帝常游宴在内，乃選女子知書可付信者六人，以爲女尚書，使典省外奏事，處當畫可，自貴人以下至尚保，及給掖庭灑掃，習伎歌者，各有千數。通引穀水過九龍殿前，爲玉井綺欄，蟾蜍含受，神龍吐出。使博士馬均作司南車，水轉百戲。歲首建巨獸，魚龍曼延，弄馬倒騎，備如漢西京之制，築閶闔諸門闕外罘罳。

《三國志》卷八《魏書·公孫瓚傳》　瓚軍數敗，乃走還易京固守。爲圍塹十重，於塹裏築京，皆高五六丈，爲樓其上；中塹爲京，特高十丈，自居焉，積穀三百萬斛。瓚曰：「昔謂天下事可指麾而定，今日視之，非我所決，不如休兵，力田畜穀。兵法，百樓不攻。今吾樓櫓千重，食盡此穀，足知天下之事矣。」欲以此弊紹。紹遣將攻之，連年不能拔。

《三國志》卷一三《魏書·王朗傳》　明帝即位，進時蘭陵侯，增邑五百，并前千二百户。使至鄴省文昭皇后陵，見百姓或有不足。是時方營修宮室，朗上疏曰：「陛下即位已來，恩詔屢布，百姓萬民莫不欣欣。臣頃奉使北行，往反道路，聞衆徭役，其可得蠲除省減者甚多。願陛下重留日昃之聽，以計制寇。昔大禹將欲拯天下之大患，故乃先卑其宮室，儉其衣食，用能盡有九州，弼成五服。句踐欲廣其禦兒之疆，馘夫差於姑蘇，故亦約其身以及家，儉其家以施國，用能囊括五湖，席卷三江，取威中國，定霸華夏。漢之文、景亦欲恢弘祖業，增崇洪緒，故能割意於百金之臺，昭儉於弋綈之服，内減太官而不受貢獻，外省徭賦而務農桑，用能號稱升平，幾致刑錯。孝武之所以能奮其軍勢，拓其外境，誠因祖考畜積素足，故能遂成大功。霍去病，中才之將，猶以匈奴未滅，不治第宅。明卹遠者略近，事外者簡内。自漢之初及其中興，皆於金革略寢之後，然後鳳闕猥閌，德陽並起。今當建始之前足用列朝會，崇華之後足用序内官，華林、天淵足用展游宴，若且先成閶闔之象魏，使足用列遠人之朝貢者，脩城池，使足用絶踰越，成國險，其餘一切，且須豐年。一以勤耕農爲務，習戎備爲事，則國無怨曠，户口滋息，民充兵彊，而寇戎不賓，緝熙不足，未之有也。」轉爲司徒。

《三國志》卷一五《魏書·劉馥傳》　劉馥字元潁，沛國相人也。避亂揚州，建安初，説袁術將戚寄、秦翊，使率衆與俱詣太祖。太祖悦之，司徒辟爲掾。後孫策所置廬江太守李述攻殺揚州刺史嚴象，廬江梅乾、雷緒、陳蘭等聚衆數萬在江、淮間，郡縣殘破。太祖方有袁紹之難，謂馥可任以東南之事，遂表爲揚州刺史。

馥既受命，單馬造合肥空城，建立州治，南懷緒等，皆安集之，貢獻相繼。數年中恩化大行，百姓樂其政，流民越江山而歸者以萬數。於是聚諸生，立學校，廣屯田，興治芍陂及(茹)[茄]陂、七門、吴塘諸堨以溉稻田，官民有畜。又高爲城壘，多積木石，編作草苫數千萬枚，益貯魚膏數千斛，爲戰守備。

《三國志》卷二二《魏書·陳羣傳》　青龍中，營治宮室，百姓失農時。羣上疏曰：「禹承唐、虞之盛，猶卑宮室而惡衣服，況今喪亂之後，人民至少，比漢文、景之時，不過一大郡。加邊境有事，將士勞苦，若有水旱之患，國家之深憂也。且吴、蜀未滅，社稷不安。宜及其未動，講武勸農，有以待之。今舍此急而先宮室，臣懼百姓遂困，將何以應敵？昔劉備自成都至白水，多作傳舍，興費人役，太祖知其疲民也。今中國勞力，亦吴、蜀之所願。此安危之機也，惟陛下慮之。」帝答曰：「王者宮室，亦宜並立。滅賊之後，但當罷守耳，豈可復興役邪？是故君之職，蕭何之大略也。」羣又曰：「昔漢祖唯與項羽爭天下，羽已滅，宮室燒焚，是以蕭何建武庫、太倉，皆是要急，然猶非其壯麗。今二虜未平，誠不宜與古同也。

夫人之所欲，莫不有辭，況乃天王，莫之敢違。前欲壞武庫，謂不可不壞也；後欲置之，謂不可不置也。若必作之，固非臣下辭言所屈；若少留神，卓然回意，亦非臣下之所及也。漢明帝欲起德陽殿，鍾離意諫，即用其言，後乃復作之；殿成，謂羣臣曰：『鍾離尚書在，不得成此殿也。』夫王者豈憚一臣，蓋爲百姓也。今臣曾不能少凝聖聽，不及意遠矣。」帝於是有所減省。

《三國志》卷二四《魏書・高柔傳》 後大興殿舍，百姓勞役；廣采衆女，充盈後宫；後宫皇子連夭，繼嗣未育。柔上疏曰：「二虜狡猾，潛自講肄，謀動干戈，未圖束手；宜畜養將士，繕治甲兵，以逸待之。而頃興造殿舍，上下勞擾；若使吴、蜀知人虛實，通謀并勢，復俱送死，甚不易也。昔漢文惜十家之資，不營小臺之娛；去病慮匈奴之害，不遑治第之事。況今所損者非惟百金之費，所憂者非徒北狄之患乎？可粗成見所營立，以充朝宴之儀。乞罷作者，使得就農。二方平定，復可徐興。昔軒轅以二十五子，傳祚彌遠；周室以姬國四十，歷年滋多。陛下聰達，窮理盡性，而頃皇子連多夭逝，熊羆之祥又未感應。羣下之心，莫不悒戚。《周禮》，天子后妃以下百二十人，嬪嬙之儀，既以盛矣。竊聞後庭之數，或復過之，聖嗣不昌，殆能由此。臣愚以爲可妙簡淑媛，以備内官之數，其餘盡遣還家。且以育精養神，專静爲寶。如此，則螽斯之徵，可庶而致矣。」

《三國志》卷二五《魏書・辛毗傳》 帝方脩殿舍，百姓勞役，（辛）毗上疏曰：「竊聞諸葛亮講武治兵，而孫權市馬遼東，量其意指，似欲相左右。備豫不虞，古之善政，而今者宫室大興，加連年穀麥不收。詩云：『民亦勞止，迄可小康，惠此中國，以綏四方。』唯陛下爲社稷計。」帝報曰：「二虜未滅而治宫室，直諫者立名之時也。夫王者之都，當及民勞兼辦，使後世無所復增，是蕭何爲漢規摹之略也。今卿爲魏重臣，亦宜解其大歸。」帝又欲平北芒，令於其上作臺觀，則見孟津。毗諫曰：「天地之性，高高下下，今而反之，既非其理；加以損費人功，民不堪役。且若九河盈溢，洪水爲害，而丘陵皆夷，將何以禦之？」帝乃止。

《三國志》卷二五《魏書・高堂隆傳》 青龍中，大治殿舍，西取長安大鐘。隆上疏曰：「昔周景王不儀刑文、武之明德，忽公旦之聖制，既鑄大錢，又作大鐘，單穆公諫而弗聽，泠州鳩對而弗從，遂迷不反，周德以衰，良史記焉，以爲永鑒。然今之小人，好説秦、漢之奢靡以盪聖心，求取亡國不度之器，勞役費損，以傷德政，非所以興禮樂之和，保神明之休也。」是日，帝幸上方，隆與卞蘭從。帝以隆表授蘭，使難隆曰：「興衰在政，樂何爲也？化之不明，豈鐘之罪？」隆曰：「夫禮樂者，爲治之大本也。故簫韶九成，鳳皇來儀，雷鼓六變，天神以降，政是以平，刑是以錯，和之至也。新聲發響，商辛以隕，大鐘既鑄，周景以弊，存亡之機，恆由斯作，安在廢興之不階也？君舉必書，古之道也，作而不法，何以示後？聖王樂聞其闕，故有箴規之道；忠臣願竭其節，故有匪躬之義也。」帝稱善。

《三國志》卷二五《魏書・高堂隆傳》 是歲，有星孛于大辰。隆上疏曰：「凡帝王徙都立邑，皆先定天地社稷之位，敬恭以奉之。將營宫室，則宗廟爲先，廄庫爲次，居室爲後。今圜丘、方澤、南北郊、明堂、社稷，神位未定，宗廟之制又未如禮，而崇飾居室，士民失業。外人咸云宫人之用，與興戎軍國之費，所盡略齊。民不堪命，皆有怨怒。《書》曰『天聰明自我民聰明，天明畏自我民明威』，輿人作頌，則嚮以五福，民怒吁嗟，則威以六極，言天之賞罰，隨民言，順民心也。是以臨政務在安民爲先，然後稽古之化，格于上下，自古及今，未嘗不然也。夫采椽卑宫，唐、虞、大禹之所以垂皇風也；玉臺瓊室，夏癸、商辛之所以犯昊天也。今之宫室，實違禮度，乃更建立九龍，華飾過前。天彗章灼，始起於房心，犯帝坐而干紫微，此乃皇天子愛陛下，是以發教戒之象，始卒皆於尊位，殷勤鄭重，欲必覺寤陛下；斯乃慈父懇切之訓，宜崇孝子祗聳之禮，以率先天下，以昭示後昆，不宜有忽，以重天怒。」

時軍國多事，用法深重。隆上疏曰：「夫拓跡垂統，必俟聖明，輔世匡治，亦須良佐，用能庶績其凝而品物康乂也。夫移風易俗，宣明道化，使四表同風，回首面内，德教光熙，九服慕義，固非俗吏之所能也。今有司務糾刑書，不本大道，是以刑用而不措，俗弊而不敦。宜崇禮樂，班敘明堂，修三雍、大射、養老，營建郊廟，尊儒士，舉逸民，表章制度，改正朔，易服色，布愷悌，尚儉素，然後備禮封禪，歸功天地，使雅頌之聲盈于六合，緝熙之化混于後嗣。斯蓋至治之美事，不朽之貴業也。然九域之内，可揖讓而治，尚何憂哉！不正其本而救其末，譬猶棼絲，非政理也。可命羣公卿士通儒，造具其事，以爲典式。」隆又以爲改正朔，易服色，殊徽號，異器械，自古帝王所以神明其政，變民耳目，故三春稱王，明三統也。於是敷演舊章，奏而改焉。帝從其議，改青龍五年春三月爲景初元年孟夏四月，服色尚黄，犧牲用白，從地正也。

遷光禄勳。帝愈增崇宫殿，彫飾觀閣，鑿太行之石英，采穀城之文石，起景陽山於芳林之園，建昭陽殿於太極之北，鑄作黄龍鳳皇奇偉之獸，飾金墉、陵雲臺、陵霄闕。百役繁興，作者萬數，公卿以下至于學生，莫不展力，帝乃躬自掘土以率之。

《三國志》卷四七《吴書・孫權傳》注引 《江表傳》載權詔曰：「建業宫乃朕從京來所作將軍府寺耳，材柱率細，皆以腐朽，常恐損壞。今未復西，可徙武昌宫材瓦，更繕治之。」有司奏言曰：「武昌宫已二十八歲，恐不堪用，宜下所在通更伐致。」權曰：「大禹以卑宫爲美，今軍事未已，所在多賦，若更通伐，妨損農桑。徙武昌材瓦，自可用也。」

《晉書》卷九〇《良吏・魯芝傳》 曹真出督關右，又參大司馬軍事。真薨，宣帝代焉，乃引芝參驃騎軍事，轉天水太守。郡鄰于蜀，數被侵掠，户口減削，寇盗充斥，芝傾心鎮衛，更造城市，數年間舊境悉復。遷廣平太守。天水夷夏慕德，老幼赴闕獻書，乞留芝。魏明帝許焉，仍策書嘉歎，勉以黄霸之美，加討寇將軍。

《晉書》卷一《宣帝紀》 是時大修宫室，加之以軍旅，百姓饑弊。帝將即戎，乃諫曰：「昔周公營洛邑，蕭何造未央，今宫室未備，臣之責也。然自河以北，百姓困窮，外内有役，勢不並興，宜假絶内務，以救時急。」

《晉書》卷三《武帝紀》 秋七月辛巳，營太廟，致荆山之木，采華山之石；鑄銅柱十二，塗以黄金，鏤以百物，綴以明珠。

《晉書》卷一〇五《石勒載記下》 從事中郎劉奥坐營建德殿井木斜縮，斬于殿中。

《晉書》卷一〇六《石季龍載記上》 季龍荒游廢政，多所營繕，使邃省可尚書奏事，選牧守，祀郊廟；惟征伐刑斷乃親覽之。觀雀臺崩，殺典匠少府任汪。復使修之，倍於常度。

劉義慶《世説新語》卷中《方正》 太極殿始成，徐廣《晉紀》曰：「孝武寧康二年，尚書令王彪之等啓改作新宫。太元三年二月，内外軍六千人始營築，至七月而成。太極殿高八丈，長二十七丈，廣十丈。尚書謝萬監視，賜爵關内侯。大匠毛安之，關中侯。」王子敬時爲謝公長史，謝送版，使王題之。王有不平色，語信云：「可擲箸門外。」謝后見王曰：「題之上殿何若？昔魏朝韋誕諸人，亦自爲也。」王曰：「魏阼所以不長。」謝以爲名言。宋明帝《文章志》曰：「太元中，新宫成，議者欲屈王獻之題榜，以爲萬代寶。謝安與王語次，因及魏時起陵雲閣忘題榜，乃使韋仲將縣梯上題之。比下，鬚髮盡白，裁余氣息。還語子弟云：『宜絶楷法！』安欲以此風動其意。王解其旨，正色曰：『此奇事。韋仲將魏朝大臣，寧可使其若此？有以知魏德之不長。』安知其心，乃不復逼之。」

《宋書》卷三〇《五行志一》 晉武帝太康五年五月，宣帝廟地陷梁折。八年正月，太廟殿又陷，改作廟，築基及泉。其年九月，遂更營新廟，遠致名材，雜以銅柱。陳勰爲匠，作者六萬人。十年四月，乃成。

《宋書》卷五四《孔靈符傳》 靈符家本豐，産業甚廣，又於永興立墅，周回三十三里，水陸地二百六十五頃，含帶二山，又有果園九處。

《宋書》卷六七《謝靈運傳》 靈運父祖並葬始寧縣，并有故宅及墅，遂移籍會稽，修營别業，傍山帶江，盡幽居之美。與隱士王弘之、孔淳之等縱放爲娱，有終焉之志。每有一詩至都邑，貴賤莫不競寫，宿昔之間，士庶皆徧，遠近欽慕，名動京師。作《山居賦》并自注，以言其事。曰：

古巢居穴處曰巖棲，棟宇居山曰山居，在林野曰丘園，在郊郭曰城傍，四者不同，可以理推。言心也，黄屋實不殊於汾陽。即事也，山居良有異乎市廛。抱疾就閑，順從性情，敢率所樂，而以作賦。揚子雲云：「詩人之賦麗以則。」文體宜兼，以成其美。今所賦既非京都宫觀遊獵聲色之盛，而敘山野草木水石穀稼之事，才乏昔人，心放俗外，詠於文則可勉而就之，求麗，邈以遠矣。覽者廢張、左之艷辭，尋臺、皓之深意，去飾取素，儻值其心耳。意實言表，而書不盡，遺迹索意，託之有賞。其辭曰：

謝子卧疾山頂，覽古人遺書，與其意合，悠然而笑曰：夫道可重，故物爲輕；理宜存，故事斯忘。古今不能革，質文咸其常。合宫非縉雲之館，衢室豈放勛之堂。邁深心於鼎湖，送高情於汾陽。嗟文成之却粒，願追松以遠遊。嘉陶朱之鼓棹，迺語種以免憂。判身名之有辨，權榮素其無留。孰如牽犬之路既寡，聽鶴之塗何由哉。理以相得爲適，古人遺書，與其意合，所以爲笑。孫權亦謂周瑜「公瑾與孤意合」。夫能重道則輕物，存理則忘事，古今質文可謂不同，而此處不異。縉雲、放勛不以天居爲所樂，故合宫、衢室，皆非淹留，鼎湖、汾陽，乃是所居。□文成、張良，却粒棄人間事，從赤松子遊。陶朱、范蠡，臨去之際，亦語文種云云。謂二賢既權榮素，故身名有判也。牽犬，李斯之歎。聽鶴，陸機領成都衆大敗後，云「思聞華亭鶴唳，不可復得」。

若夫巢穴以風露貽患，則《大壯》以棟宇袪弊；宫室以瑶琁致美，則白賁以丘園殊世。惟上託於巖壑，幸兼善而罔滯。雖非市朝而寒暑均也，雖是築構而飾朴兩逝。《易》云，上古穴居野處，後世聖人易之以宫室，上棟下宇，以蔽風雨，蓋取諸《大壯》。琁堂自是素，故曰白賁最是上爻也。此堂世異矣。謂巖壑道深於丘園，而不爲巢穴，斯免□□得寒暑之適，雖是築構，無妨非朝市云云。

昔仲長願言，流水高山；應璩作書，邙阜洛川。勢有偏側，地闕周員。銅陵之奥，卓氏充釽摫之端；金谷之麗，石子致音徽之觀。徒形域之薈蔚，惜事異於栖盤。至若鳳、叢二臺，雲夢、青丘，漳渠、淇園，橘林、長洲，雖千乘之珍苑，孰嘉遁之所遊。且山川之未備，亦何議於兼求。仲長子云：「欲使居有良田廣宅，在高山流川之畔。溝池自環，竹木周布，場圃在前，果園在後。」應璩與程文信書云：「故求道田，在關之西，南臨洛水，北據邙山，託崇岫以爲宅，因茂林以爲蔭。」謂二家山居，不得周員之美。揚雄《蜀都賦》云：「銅陵衍。」卓王孫採山鑄銅，故《漢書·貨殖傳》云：「卓氏之臨卭，公擅山川。」揚雄《方言》：「梁、益之間裁木爲器曰釽，裂帛爲衣曰摫。」金谷，石季倫之别廬，在河南界，有山川林木池沼水碓。其鎮下邳時，過遊賦詩，一代盛集。謂二地雖珍麗，然制作非栖盤之意也。鳳臺，秦穆公時秦女所居，以致簫史。叢臺，趙之崇館。張衡謂趙築叢臺於前，楚建章華於後。楚之雲夢，大中□居《長飲賦》：楚靈王遊雲夢之中，息於荆臺之上。前方淮之水，左洞庭之波，右顧彭蠡之濤，南望巫山之阿，遂造章華之臺。亦見諸史。淮南青丘，齊之海外，皆獵所。司馬相如云：「秋田乎青丘，傍徨乎海外。」漳渠，史起爲魏文侯所起，溉水之所。淇園，衛之竹園，在淇水之澳，《詩》人所載。橘林，蜀之園林，揚子雲《蜀都賦》亦云橘林。左太沖謂户有橘柚之園。長洲，吴之苑囿，左亦謂長洲之茂苑，因江海洲渚以爲苑囿□。□□□□□□□□故□表此園之珍静。千乘讌嬉之所，非幽人憩止之鄉，且山川亦不能兼茂，隨地勢所遇耳。

覽明達之撫運，乘機緘而理默。指歲暮而歸休，詠宏徽於刊勒。狹三閭之喪江，矜望諸之去國。選自然之神麗，盡高棲之意得。余祖車騎建大功淮、肥，江左得免横流之禍。後及太傅既薨，遠圖已輟，於是便求解駕東歸，以避君側之亂。廢興隱顯，當是賢達之心，故選神麗之所，以申高棲之意。經始山川，實基於此。

仰前哲之遺訓，俯性情之所便。奉微軀以宴息，保自事以乘閑。愧班生之夙悟，慚尚子之晚研。年與疾而偕來，志乘拙而俱旋。謝平生於知遊，棲清曠於山川。謂經始此山，遺訓於後也。性情各有所便，山居是其宜也。《易》云：「向晦入宴息。」莊周云：「自事其心。」此二是其所處。班嗣本不染世，故曰夙悟；尚平未能去累，故曰晚研。想遲二人，更以年衰疾至。志寡求拙曰乘，并可山居。曰與知遊别，故曰謝平生；就山川，故曰棲清曠。

其居也，左湖右江，往渚還汀。面山背阜，東阻西傾。抱含吸吐，款跨紆縈。緜聯邪亘，側直齊平。枚乘曰：「左江右湖，其樂無有。」此吴客説楚公手之詞。當謂江都之野，彼雖有江湖而乏山巖，此憶江湖左右與之同，而山嶽形勢，池城所無也。往渚還汀，謂四面有水；面山背阜，亦謂東西有山，便是四水之裏也。抱含吸吐，謂中央復有川。款跨紆縈，謂邊背相連帶。迂回處謂之邪亘；平正處謂之側直。

近東則上田、下湖，西谿、南谷，石埭、石滂，閔硎、黄竹。決飛泉於百仞，森高薄於千麓。寫長源於遠江，派深毖於近瀆。上田在下湖之水口，名爲田口。下湖在田之下下處，並有名山川。西谿、南谷分流，谷鄣水畎入田口。西谿水出始寧縣西谷鄣，是近山之最高峯者，西溪便是□之背。入西谿之裏，得石埭，以石爲阻，故謂爲埭。石滂在西谿之東，從縣南入九里，兩面峻峭數十丈，水自上飛下。比至外谿，封燈十數里，皆飛流迅激，左右巖壁緑竹。閔硎，在石滂之東谿，逹迤下注良田。黄竹與其連，南界莆中也。

近南則會以雙流，縈以三洲。表裏回游，離合山川。崿崩飛於東峭，槃傍薄於西阡。拂青林而激波，揮白沙而生漣。雙流，謂剡江及小江，此二水同會於山南，便合流注下。三洲在二水之口，排沙積岸，成此洲漲。表裏離合，是其貌狀也。崿者謂回江岑，在其山居之南界，有石跳出，將崩江中，行者莫不駭慄。槃者是縣故治之所，在江之□□用槃石竟渚，並帶青林而連白沙也。

近西則楊、賓接峯，唐皇連縱。室、壁帶谿，曾、孤臨江。竹緣浦以被緑，石照澗而映紅。月隱山而成陰，木鳴柯以起風。楊中、元賓，並小江之近處，與山相接也。唐皇便從北出。室，石室，在小江口南岸。壁，小江北岸。並在楊中之下。壁高四十丈，色赤，故曰照澗而映紅。曾山之西，孤山之南，王子所經始，並臨江，皆被以緑竹。山高月隱，便謂爲陰；鳥集柯鳴，便謂爲風也。

近北則二巫結湖，兩晉通沼。横、石判盡，休、周分表。引修隄之逶迆，吐泉流之浩漾。山磯下而回澤，瀨石上而開道。大小巫湖，中隔一山。外晉周回，在圻西北。邊浦出江，並是美處。義熙中，王穆之居大巫湖，經始處所猶在。兩晉皆長溪，外晉出山之後四五里許，裏晉亦隔一山，出新埭。横山，野舍之北面。常石，野舍之西北。巫湖舊唐，故曰修隄。長谿甚遠，故曰泉流。常石磯□□□□故曰山磯下而回澤。裏晉漫石數里，水從上過，故曰瀨石上而開道。休山東北，周里山在休之南，並是北邊。

遠東則天台、桐柏，方石、太平，二韭、四明，五奥、三菁。表神異於緯牒，驗感應於慶靈。淩石橋之莓苔，越楢谿之紆縈。天台、桐柏，七縣餘地，南帶海。二韭、四明、五奥，皆相連接，奇地所無，高於五嶽，便是海中三山之流。韭以菜爲名。四明、方石，四面自然開窗也。五奥者，曇濟道人、蔡氏、郗氏、謝氏、陳氏各有一奥，皆相掎角，並是奇地。三菁，太平之北。太平，天台之始。方石，直上萬丈，下有長谿，亦是縉雲之流云。此諸山並見圖緯，神仙所居。往來要徑石橋，過楢谿，人跡之艱，不復過此也。

遠南則松箴、棲雞，唐嵫、漫石。崪、嵊對嶺，㟪、孟分隔。入極浦而邅回，迷不知其所適。上嶔崎而蒙籠，下深沈而澆激。棲雞，在保口之上，别浦入其中，周回甚深，四山之裏。松箴在棲雞之上，緣江。唐嵫入太平水路，上有瀑布數百丈。漫石在唐嵫下，郗景興經始精舍，亦是名山之流。崪、嵊與分界，去山八十里，故曰遠南。前嶺鳥道，正當五十里高，左右所無，就下地形高，乃當不稱。遠望崑山甚奇，謂白爍尖者最高，下有良田，王敬弘經始精舍。曇濟道人住孟山，名曰孟埭，芋薯之嘐田。清溪秀竹，迴開巨石，有趣之極。此中多諸浦澗，傍依茂林，迷不知所通，嶔崎深沈，處處皆然，不但一處。

遠西則下闕。

遠北則長江永歸，巨海延納。崐漲緬曠，島嶼緺沓。山縱橫以布護，水迴沈而縈浥。信荒極之綿眇，究風波之睽合。江從山北流，窮上虞界，謂之三江口，便是大海。老子謂海爲百谷王，以其善處下也。海人謂孤山爲崐。薄洲有山，謂之島嶼，即洲也。漲者，沙始起將欲成嶼，縱橫無常，於一處迴沈相縈擾也。大荒東極，故爲荒極。風波不恒，爲睽合也。

徒觀其南術之□□□□□□□□□岸測深，相渚知淺。洪濤滿則曾石没，清瀾減則沈沙顯。及風興濤作，水勢奔壯。于歲春秋，在月朔望。湯湯驚波，滔滔駭浪。電激雷崩，飛流灑漾。凌絶壁而起岑，横中流而連薄。始迅轉而騰天，終倒底而見壑。此楚貳心醉於吴客，河靈懷慚於海若。南術是其臨江舊宅，門前對江，三轉曾山，路窮四江，對岸西面常石。此二山之間，西南角岸孤山，此二山皆是狹處，故曰生嶮。勇門以南上便大閬，故曰成衍。岸高測深，渚下知淺也。江中有孤石沈沙，隨水增減，春秋朔望，是其盛時。故枚乘云，楚太子有疾，吴客問之，舉秋濤之美，得以瘳病。太子，國之儲貳，故曰楚貳。河靈，河伯居河，所謂河靈。懼於海若，事見莊周《秋水篇》。

爾其舊居，曩宅今園，枌槿尚援，基井具存。曲術周乎前後，直陌矗其東西。豈伊臨谿而傍沼，迺抱阜而帶山。考封域之靈異，實茲境之最然。葺駢梁於巖麓，棲孤棟於江源。敞南户以對遠嶺，闢東窗以矚近田。田連岡而盈疇，嶺枕水而通阡。葺室在宅裏山之東麓。東窗矚田，兼見江山之美。三間故謂之駢梁。門前一棟，枕巘上，存江之嶺，南對江上遠嶺。比二館屬望，殆無優劣也。

阡陌縱横，塍埒交經。道渠引流，脉散溝并。蔚蔚豐秫，苾苾香秔。送夏蚤秀，迎秋晚成。兼有陵陸，麻麥粟菽。候時覘節，遞藝遞熟。供粒食與漿飲，謝工商與衡牧。生何待於多資，理取足於滿腹。許由云：「偃鼠飲河，不過滿腹。」謂人生食足，則歡有餘，何待多須邪。工商衡牧，似多須者，若少私寡欲，充命則足。但非田無以立耳。

自園之田，自田之湖。泛濫川上，緬邈水區。濬潭澗而窈窕，除菰洲之紆餘。毖温泉於春流，馳寒波而秋徂。風生浪於蘭渚，日倒景於椒塗。飛漸榭於中沚，取水月之歡娱。旦延陰而物清，夕棲芬而氣敷。顧情交之永絶，覬雲客之暫如。此皆湖中之美，但患言不盡意，萬不寫一耳。諸澗出源入湖，故曰濬潭澗。澗長是以窈窕。除菰以作洲，言所以紆餘也。

水草則萍藻薀荥，雚蒲芹蓀，蒹菰蘋蘩，蕝荇菱蓮。雖備物之偕美，獨扶渠之華鮮。播緑葉之鬱茂，含紅敷之繽翻。怨清香之難留，矜盛容之易闌。必充給而後搴，豈蕙草之空殘。卷《敂弦》之逸曲，感《江南》之哀歎。秦箏倡而溯游往，《唐上》奏而舊愛還。搴出《離騷》。《敂弦》是《采菱歌》。《江南》是《相和曲》，云江南采蓮。秦箏倡《蒹茄篇》，《唐上》奏《蒲生》詩，皆感物致賦。魚藻蘋蘩荇亦有詩人之詠，不復具叙。

《本草》所載，山澤不一。雷、桐是别，和、緩是悉。參核六根，五華九實。二冬並稱而殊性，三建異形而同出。水香送秋而擢蒨，林蘭近雪而揚猗。卷柏萬代而不殞，伏苓千歲而方知。映紅葩於緑蔕，茂素蕤於紫枝。既住年而增靈，亦驅妖而斥疵。《本草》所出藥處，於今不復依，隨土所生耳。此境出藥甚多，雷公、桐君，古之采藥。醫緩，古之良工，故曰别悉。參核者，雙核桃杏人也。六根者，苟七根、五茄根、葛根、野葛根、□□根也。五華者，堇華、芫華、樬華、菊華、旋覆華也。九實者，連前實、槐實、柏實、兔絲實、女貞實、蛇牀實、蔓荆實、蓼實、□□也。二冬者，天門、麥門冬。三建者，附子、天雄、烏頭。水香，蘭草。林蘭，支子。卷柏、伏苓，並皆仙物。凡此衆藥，事悉見於《神農》。

其竹則二箭殊葉，四苦齊味。水石别谷，巨細各彙。既修竦而便娟，亦蕭森而蓊蔚。露夕沾而悽陰，風朝振而清氣。捎玄雲以拂杪，臨碧潭而挺翠。蔑上林與淇澳，驗東南之所遺。企山陽之游踐，遲鸞鷖之棲託。憶崑園之悲調，慨伶倫之哀籥。衛女行而思歸詠，楚客放而防露作。二箭，一者苦箭，大葉；一者笄箭，細葉。四苦，青苦、白苦、紫苦、黄苦。水竹，依水生，甚細密，吴中以爲宅援。石竹，本科叢大，以充屋榱，巨者竿挺之屬，細者無箐之流也。修竦、便娟、蕭森、蓊蔚，皆竹貌也。上林，關中之禁苑，淇澳，衛地之竹園，方此皆不如。東南會稽之竹箭，咋此地最富焉。山陽，竹林之游；鸞鷖，棲食之所。崑山之竹任爲笛，黄帝時，伶倫斬其厚均者吹之，爲黄鍾之宫。衛女思歸，作《竹竿》之詩，楚人放逐，東方朔感江潭而作《七諫》。

其木則松柏檀櫟，□□桐榆。檿柘穀楝，楸梓檉樗。剛柔性異，貞脆質殊。卑高沃堉，各隨所如。榦合抱以隱岑，杪千仞而排虚。淩岡上而喬竦，蔭澗下而扶疏。沿長谷以傾柯，攢積石以插衢。華映水而增光，氣結風而回敷。當嚴勁而葱倩，承和煦而芬腴。送墜葉於秋晏，遲含萼於春初。皆木之類，選其美者載之。山脊曰岡。岡上澗下，長谷積石，各隨其方。《離騷》云：「青春受謝，白日昭只。」《詩》云「萼不韓韓」也。

植物既載，動類亦繁。飛泳騁透，胡可根源。觀貌相音，備列山川。寒燠順節，隨宜匪敦。草、木、竹，植物。魚、鳥、獸，動物。獸有數種，有騰者，有走者。走者騁，騰者透。謂種類既繁，不可根源，但觀其貌狀，相其音聲，則知山川之好。興節隨宜，自然之數，非可敦戒也。

魚則鰻鱧鮒鱮，鱒鯇鰱鯿，魴鮪魦鱖，鱛鯉鯔鱣。輯采雜色，錦爛雲鮮。唼藻戲浪，汎苻流淵。或鼓鰓而湍躍，或掉尾而波旋。鱸鮆乘時以入浦，鱤鮅沿瀨以出泉。鰻音優。鱧音禮。鮒音附。鱮音敘。鱒音寸衮反。鯇音晥。鰱音連。鯿音毖仙反。魴音房。鮪音痏。魦音沙。鱖音居綴反。鱛音上羊反。鯔音比之反。鱣音竹佱反。皆《說文》、《字林》音。《詩》云：「錦衾有爛。」故云錦爛。鱸鮆一時魚。鱤音感。鮅音迅。皆出谿中石上，恒以爲翫。

鳥則鵾鴻鶂鵠，鶖鷺鴇鶬。雞鵲繡質，鷮鸐綬章。晨鳧朝集，時鷮山梁。海鳥違風，朔禽避涼。荑生歸北，霜降客南。接響雲漢，侶宿江潭。聆清哇以下聽，載王子而上參。薄回涉以弁翰，映明壑而自耽。鵾音昆。鴻音洪。鶂音溢。《左傳》云：「六鶂退飛」，字如此。鵠音下竺反。鶖音秋。鷺音路。鴇音保。鶬音相。唐公之馬，與此鳥色同，故謂爲鶬，音相。鷄鵲鷮鸐，見張茂先《博物志》。鸐音翟，亦雉之美者，此四鳥並美采質。鳧音符，野鴨也，常待晨而飛。鷮音已消反，長尾雉也。《論語》云：「山梁雌雉，時哉時哉。」海鳥爰居，臧文仲不知其鳥，以爲神也。事見《左傳》。朔禽，雁也，寒月轉往衡陽。《禮記》，霜始降，雁來賓。歲莫云，雁北向。政是陽初生時，荑生歸北，霜降客南。山雞映水自翫其羽儀者。

山上則猨猑貍獾，犴獌猰猛。山下則熊羆豺虎，羱鹿麕麖。擲飛枝於窮崖，踔空絕於深硎。蹲谷底而長嘯，攀木杪而哀鳴。猨音袁。猑音魂。貍音力之反。獾音火丸反。犴音五懸反。獌音曼，似貛而長，狼之屬，一曰貙。猰音安黠反。猛音弋生反，貍之黃黑者，一曰似㺄。豺音在皆反。羱音元，野羊大角。麕音鬼珉反。麖音京，能踔擲。虎長嘯，猨哀鳴，鳴聲可翫。

緡綸不投，罝羅不披。磻弋靡用，蹄筌誰施。鑑虎狼之有仁，傷遂欲之無崖。顧弱齡而涉道，悟好生之咸宜。率所由以及物，諒不遠之在斯。撫鷗鯈而悅豫，杜機心於林池。八種皆是魚獵之具。自少不殺，至乎白首，故在山中，而此歡永廢。莊周云，虎狼仁獸，豈不父子相親。世云虎狼暴虐者，政以其如禽獸，而人物不自悟其毒害，而言虎狼可疾之甚，苟其遂欲，豈復崖限。自弱齡奉法，故得免殺生之事。苟此悟萬物好生之理。《易》云：「不遠復，無祇悔。」庶乘此得以入道。莊周云，海人有機心，鷗鳥舞而不下。今無害彼之心，各說豫於林池也。

敬承聖誥，恭窺前經。山野昭曠，聚落羶腥。故大慈之弘誓，拯羣物之淪傾。豈寓地而空言，必有貸以善成。欽鹿野之華苑，羨靈鷲之名山。企堅固之貞林，希菴羅之芳園。雖綷容之緬邈，謂哀音之恒存。建招提於幽峯，冀振錫之息肩。庶鐙王之贈席，想香積之惠餐。事在微而思通，理匪絕而可温。賈誼《弔屈》云：「恭承嘉惠。」敬承，亦此之流。聚落是墟邑，謂歌哭諍訟，有諸諠譁，不及山野爲僧居止也。經教欲令在山中，皆有成文。老子云：「善貸且善成。」此道惠物也。鹿苑，說《四真諦》處。靈鷲山，說《般若法華》處。堅固林，說泥洹處。菴羅園，說不思議處。今旁林藝園制苑，仿佛在昔，依然託想，雖綷容緬邈，哀音若存也。招提，謂僧不能常住者，可持作坐處也。所謂息肩。鐙王、香積，事出《維摩經》。《論語》云：「温故知新。」理既不絕，更宜復温，則可待爲己之日用也。

爰初經略，杖策孤征。入澗水涉，登嶺山行。陵頂不息，窮泉不停。櫛風沐雨，犯露乘星。研其淺思，罄其短規。非龜非筮，擇良選奇。翦榛開逕，尋石覓屋。四山周回，雙流逶迤。面南嶺，建經臺；倚北阜，築講堂。傍危峯，立禪室；臨浚流，列僧房。對百年之高木，納萬代之芬芳。抱終古之泉源，美膏液之清長。謝麗塔於郊郭，殊世間於城傍。欣見素以抱樸，果甘露於道場。云初經略，躬自履行，備諸苦辛也。罄其淺短，無假於龜筮，貧者既不以麗爲美，所以即安茅茨而已。是以謝郊郭而殊城傍。然清虛寂漠，實是得道之所也。

苦節之僧，明發懷抱。事紹人徒，心通世表。是遊是憩，倚石構草。寒暑有移，至業莫矯。觀三世以其夢，撫六度以取道。乘恬知以寂泊，含和理之窈窕。指東山以冥期，實西方之潛兆。雖一日以千載，猶恨相遇之不早。謂曇隆、法流二法師也。二公辭恩愛，棄妻子，輕舉入山，外緣都絕，魚肉不入口，糞掃必在體，物見之絕歎，而法師處之夷然。詩人西發不勝造道者，其亦如此。往石門瀑布中路高棲之游，昔告離之始，期生東山，沒存西方。相遇之欣，實以一日爲千載，猶慨恨不早。

賤物重己，棄世希靈。駭彼促年，愛是長生。冀浮丘之誘接，望安期之招迎。甘松桂之苦味，夷皮褐以頹形。羨蟬蛻之匪日，撫雲蜺其若驚。陵名山而屢憩，過巖室而披情。雖未階於至道，且緬絕於世纓。指松菌而興言，良未齊於殤彭。此一章敘仙學者雖未及佛道之高，然出於世表矣。浮丘公是王子喬師，安期先生是馬明生師，二事出《列仙傳》。《洞真經》云：「今學仙者亦明師以自發悟，故不辭苦味頹形也。」莊周云：「和以天倪。」倪者，崖也。數經歷名山，遇余巖室，披露其情性，且獲長生。方之松菌殤彭，邈然有間也。

山作水役，不以一牧。資待各徒，隨節競逐。陟嶺刊木，除榛伐竹。抽笋自篁，擿箬于谷。楊勝所拮，秋冬薀獲。野有蔓草，獵涉蘡薁。亦醞山清，介爾景福。苦以术成，甘以擣熟。慕椹高林，剥芨巖椒。掘蒨陽崖，擿𣚛陰標。晝見搴茅，宵見索綯。芰菰翦蒲，以薦以芰。既坭既埏，品收不一。其灰其炭，咸各有律。六月採蜜，八月樸栗。備物爲繁，略載靡悉。此一章謂是山作及水役採拾諸事也。然漁獵之事皆不載。楊，楊桃也。山間謂之木子。藴音覆，字出《字林》。《詩》人云：「六月食鬱及薁。」獵涉字出《爾雅》。术，术酒，味苦。擣，擣酒，味甘，並至美，兼以療病。擣治癰核，术治痰冷。椹音甚，味似菰菜而勝，刊木而作之，謂之慕。芨音及，採以爲紙。蒨音倩，採以爲渫。擗音拗，採以爲飲。採蜜樸栗，各隨其月也。

若迺南北兩居，水通陸阻。觀風瞻雲，方知厥所。兩居謂南北兩處，各有居止。峯嶇阻絶，水道通耳。觀風瞻雲，然後方知其處所。南山則夾渠二田，周嶺三苑。九泉别澗，五谷異巘。羣峯參差出其間，連岫複陸成其坂。衆流溉灌以環近，諸堤擁抑以接遠。遠堤兼陌，近流開湍。淩阜泛波，水往步還。還回往匝，枉渚員巒。呈美表趣，胡可勝單。抗北頂以葺館，瞰南峯以啓軒。羅曾崖於户裏，列鏡瀾於窗前。因丹霞以赬楣，附碧雲以翠椽。視奔星之俯馳，顧□□之未牽。鵾鴻翻翥而莫及，何但鷰雀之翩翾。氿泉傍出，潺湲於東檐；桀壁對跱，硿礲於西霤。修竹葳蕤以翳薈，灌木森沈以蒙茂。蘿曼延以攀援，花芬薰而媚秀。日月投光於柯間，風露披清於嵔岫。夏涼寒燠，隨時取適。階基回互，橑櫺乘隔。此焉卜寢，翫水弄石。邇即回眺，終歲罔斁。傷美物之遂化，怨浮齡之如借。眇遁逸於人羣，長寄心於雲霓。南山是開創卜居之處也。從江樓步路，跨越山嶺，綿亘田野，或升或降，當三里許。塗路所經見也，則喬木茂竹，緣畛彌阜，横波疎石，側道飛流，以爲寓目之美觀。及至所居之處，自西山開道，迄于東山，二里有餘。南悉連嶺疊鄣，青翠相接，雲煙霄路，殆無倪際。從逕入谷，凡有三口。方壁西南石門世□南□池東南，皆别載其事。緣路初入，行於竹逕，半路闊，以竹渠澗。既入東南傍山渠，展轉幽奇，異處同美。路北東西路，因山爲鄣。正北狹處，踐湖爲池。南山相對，皆有崖巖。東北枕壑，下則清川如鏡，傾柯盤石，被隩映渚。西巖帶林，去潭可二十丈許，葺基構宇，在巖林之中，水衛石階，開窗對山，仰眺曾峯，俯鏡濬壑。去巖半嶺，復有一樓。迴望周眺，既得遠趣，還顧西館，望對窗户。緣崖下者，密竹蒙逕，從北直南，悉是竹園。東西百丈，南北百五十五丈。北倚近峯，南眺遠嶺，四山周回，溪澗交過，水石林竹之美，巖岫隈曲之好，備盡之矣。刊翦開築，此焉居處，細趣密翫，非可具記，故較言大勢耳。越山列其表側傍緬□□爲異觀也。

因以小湖，鄰於其隈。衆流所湊，萬泉所回。氿濫異形，首毖終肥。别有山水，路邈緬歸。氿濫、肥毖，皆是泉名，事見於《詩》。云此萬泉所湊，各有形勢。

求歸其路，迺界北山。棧道傾虧，蹬閣連卷。復有水逕，繚繞回圓。瀰瀰平湖，泓泓澄淵。孤岸竦秀，長洲芊綿。既瞻既眺，曠矣悠然。及其二川合流，異源同口。赴隘入險，俱會山首。瀨排沙以積丘，峯倚渚以起阜。石傾瀾而捎巖，木映波而結藪。逕南漘以横前，轉北崖而掩後。隱叢灌故悉晨暮，託星宿以知左右。往反經過，自非巖澗，便是水逕，洲島相對，皆有趣也。

山川澗石，州岸草木。既標異於前章，亦列同於後牘。山匪砠而是岵，川有清而無濁。石傍林而插巖，泉協澗而下谷。淵轉渚而散芳，岸靡沙而映竹。草迎冬而結葩，樹凌霜而振緑。向陽則在寒而納煦，面陰則當暑而含雪。連岡則積嶺以隱嶙，舉峯則羣竦以巀嶭。浮泉飛流以寫空，沈波潛溢於洞穴。凡此皆異所而咸善，殊節而俱悦。土山載石曰砠。山有林曰岵。此章謂山川衆美，亦不必有，故總敘其最。居山之後事，亦皆有尋求也。

春秋有待，朝夕須資。既耕以飯，亦桑貿衣。藝菜當肴，採藥救頽。自外何事，順性靡違。法音晨聽，放生夕歸。研書賞理，敷文奏懷。凡厥意謂，揚較以揮。且列于言，誡特此推。謂寒待綿纊，暑待絺綌，朝夕飡飲，設此諸業以待之。藥以療疾，又在其外，事之相推，自不得不然。至於聽講放生，研書敷文，皆其所好。韓非有《揚較》，班固亦云「揚較古今」，其義一也。左思曰：「爲左右揚較而陳之。」

北山二園，南山三苑。百果備列，乍近乍遠。羅行布株，迎早候晚。猗蔚溪澗，森疎崖巘。杏壇、㮈園，橘林、栗圃。桃李多品，黎棗殊所。枇杷林檎，帶谷映渚。椹梅流芬於回巒，椑柿被實於長浦。莊周云：「漁父見孔子杏壇之上。」《維摩詰經》㮈樹園。揚雄《蜀都賦》云橘林。左太沖亦云：「户有橘柚之園。」桃李所殖甚多，棗梨事出北河、濟之間，淮、潁諸處，故云殊所也。

畦町所藝，含蘂藉芳，蓼蕺葼薺，葑菲蘇薑。緑葵眷節以懷露，白薤感時而負霜。寒葱摽倩以陵陰，春藿吐苕以近陽。葑菲見《詩・柏舟》中。管子曰：「北伐山戎，得寒葱。」東闕云，寒葱涎園。灌蔬自供，不待外求者也。

弱質難恒，頽齡易喪。撫鬢生悲，視顔自傷。承清府之有術，冀在衰之可壯。尋名山之奇藥，越靈波而憩轅。採石上之地黄，摘竹下之天門。摭曾嶺之細辛，拔幽澗之溪蓀。訪鍾乳於洞穴，訊丹陽於紅泉。此皆住年之藥，即近山之所出，有采拾，欲以消病也。

安居二時，冬夏三月。遠僧有來，近衆無闕。法鼓朗響，頌偈清發。散華霏蕤，流香飛越。析曠劫之微言，説像法之遺旨。乘此心之一豪，濟彼生之萬理。啓善趣於南倡，歸清暢於北机。非獨愜於予情，諒僉感於君子。山中兮清寂，羣紛兮自絶。周聽兮匪多，得理兮俱悦。寒風兮搔屑，面陽兮常熱。炎光兮隆熾，對陰兮霜雪。愒曾臺兮陟雲根，坐澗下兮越風穴。在茲城而諧賞，傳古今之不滅。衆僧冬夏二時坐，謂之安居，輒九十日。衆遠近聚萃，法鼓、頌偈、華、香四種，是齋講之事。析説是齋講之議。乘此之心，可濟彼之生。南倡者都講，北机者法師。山中静寂，實是講説之處。兼有林木，可隨寒暑，恒得清和，以爲適也。

好生之篤，以我而觀。懼命之盡，吝景之歡。分一往之仁心，拔萬族之險難。招驚魂於殆化，收危形於將闌。漾水性於江流，吸雲物於天端。覩騰翰之頑頡，視鼓鰓之往還。馳騁者儻能狂愈，猜害者或可理攀。云物皆好生，但以我而觀，便可知彼之情。吝景懼命，是好生事也。能放生者，但有一往之仁心，便可拔萬族之險難。水性雲物，各尋其生。老子云「馳騁田獵，令人心發狂」。猜害者恒以忍害爲心，見放生之理，或可得悟也。

哲人不存，懷抱誰質。糟粕猶在，啓縢剖袠。見柱下之經二，覩濠上之篇七。承未散之全樸，救已頹於道術。嗟夫！六藝以宣聖教，九流以判賢徒。國史以載前紀，家傳以申世模。篇章以陳美刺，論難以覈有無。兵技醫日，龜筴筮夢之法，風角冢宅，算數律曆之書。或平生之所流覽，並於今而棄諸。驗前識之喪道，抱一德而不渝。莊周云「輪扁語齊桓公，公之所讀書，聖人之糟粕」。縢者，《金縢》之流也。柱下，老子。濠上，莊子。二、七，是篇數也。云此二書，最有理，過此以往，皆是聖人之教，獨往者所棄。

伊昔齠齔，實愛斯文。援紙握管，會性通神。詩以言志，賦以敷陳。箴銘誄頌，咸各有倫。爰暨山棲，彌歷年紀。幸多暇日，自求諸己。研精静慮，貞觀厥美。懷秋成章，含笑奏理。謂少好文章，及山棲以來，别緣既闌，尋慮文詠，以盡暇日之適。便可得通神會性，以永終朝。

若迺乘攝持之告，評養達之篇。畏絶迹之不遠，懼行地之多艱。均上皇之自昔，忌下衰之在旃。投吾心於高人，落賓名於聖賢。廣滅景於崆峒，許遁音於箕山。愚假駒以表谷，涓隱巖以搴芳。□□□□□□□□□□□□□□□萊庇蒙以織畚。皓棲商而頤志，卿寢茂而敷詞。□□□□□□，鄭别谷而永逝。梁去霸而之會，□□□□□。高居唐而胥宇，臺依崖而穴墀。咸自得以窮年，眇貞思於所遺。老子云「善攝生者」。莊子云，謂之不善持生。又云，養生有無崖，達生者不務生之所無柰何。絶迹，上皇，下衰，賓名，義亦皆出莊周。廣成子在崆峒之上，黄帝之師也。許由隱於箕山，堯以天下讓而不取。愚公居于駒阜，齊桓公逐鹿入山，見之。涓子隱於宕山，好餌朮，告伯陽《琴心》三篇。庚桑楚得老子之道，居㟪壘之山。楚狂接輿，楚王聞其賢，使使者聘之，於是遂游諸名山，在蜀峨眉山上。徐無鬼巖棲，魏侯勞之，問：「先生苦山林矣，乃肯見寡人。」無鬼問：「君絀嗜欲，屏好惡，則耳目察矣。」常采芋栗。老萊子耕於蒙山之陽，著書十五篇，言道家之事，織畚爲業。四皓避秦亂，入商洛深山，漢祖召不能出。司馬長卿高才，而處世不樂預公卿大事，〔病免，家居茂陵。鄭子真耕隱谷口，大將軍王鳳禮聘不屈，〕遂與弟子别於山阿，終身不反。梁伯鸞隱霸陵山中，耕織以自娱，後復入會稽山。臺孝威居武安山下，依崖爲土室，采藥自給。高文通居西唐山，從容自娱也。

暨其窈窕幽深，寂漠虚遠。事與情乖，理與形反。既耳目之靡端，豈足跡之所踐。蘊終古於三季，俟通明於五眼。權近慮以停筆，抑淺知而絶簡。謂此既非人跡所求，更待三明五通，然後可踐履耳。故停筆絶簡，不復多云，冀夫賞音悟夫此皆也。

《宋書》卷八二《周朗傳》 故凡厥庶民，制度日侈，商販之室，飾等王侯，傭賣之身，製均妃后。凡一袖之大，足斷爲兩，一裾之長，可分爲二，見車馬不辨貴賤，視冠服不知尊卑。尚方今造一物，小民明已睥睨。宫中朝制一衣，庶家晚已裁學。侈麗之原，實先宫閫。又妃主所賜，不限高卑，自今以去，宜爲節目。金魄翠玉，錦繡縠羅，奇色異章，小民既不得服，在上亦不得賜。若工人復造奇伎淫器，則皆焚之，而重其罪。

《宋書》卷九七《夷蠻傳》 佛道自後漢明帝，法始東流，自此以來，其教稍廣，自帝王至於民庶，莫不歸心，經誥充積，訓義深遠，别爲一家之學焉。元嘉十二年，丹陽尹蕭摹之奏曰：「佛化被于中國，已歷四代，形像塔寺，所在千數，進可以繫心，退足以招勸。而自頃以來，情敬浮末，不以精誠爲至，更以奢競爲重。舊宇頹弛，曾莫之修，而各務造新，以相姱尚。甲第顯宅，於茲殆盡，材竹銅綵，糜損無極，無關神祇，有纍人事。建中越制，宜加裁檢，不爲之防，流遁未息。請自今以後，有欲鑄銅像者，悉詣臺自聞；興造塔寺精舍，皆先詣在所二千石通辭，郡依事列言本州，須許報，然後就功。其有輒造寺舍者，皆依不承用詔書律，銅宅林苑，悉没入官。」詔可。又沙汰沙門，罷道者數百人。

《南齊書》卷二三《王儉傳》 上壞宋明帝紫極殿，以材柱起宣陽門。儉與褚淵及叔父僧虔連名上表諫曰：「臣聞德者身之基，儉者德之輿。春臺將立，晉卿秉議，北宫肇構，漢臣盡規。彼二君者，或列國常侯，或守文中主，尚使諫諍在義即悦，況陛下聖哲應期，臣等職司隆重，敢藉前誥，竊乃有心。陛下登庸宰物，節省之教既昭，龍袞珽極，簡約之訓彌遠。乾華外構，采椽不斲，紫極故材，爲宣陽門，臣等未譬也。夫移心疾於股肱，非良醫之美；畏影迹而馳鶩，豈静處之方？且又三農在日，千畛咸事，輟望歲之勤，興土木之役，非所以宣昭大猷，光示遐邇。若以門居宮南，重陽所屬，年月稍久，漸就淪胥，自可隨宜脩理而合度，改作之煩，於是乎息。所啓謬合，請付外施行。」上手詔酬納。宋世外六門設竹籬，是年初，有發白虎樽者，言「白門三重門，竹籬穿不完」。上感其言，改立都墻。《南史》本《紀》。

朱銘盤《南朝齊會要·方域·苑囿》 武帝永明元年正月，作新林婁湖苑。

五年十月初，起新林苑。本《紀》。

太子風韻甚和，而性頗奢麗。宮内殿堂，皆雕飾精綺，過於上宮。開拓玄圃園，與臺城北塹等。其中樓觀塔宇，多聚奇石，妙極山水。慮上宮望見，乃傍門列修竹，内施高鄣，造游墻數百間，施諸機巧，宜須鄣蔽，須臾成立，若應毀撤，應手遷徙。以晋明帝爲太子時立西池，乃啓世祖引前例，求東田起小苑，上許之。永明中，二宫兵力全實，太子使宮中將吏更番役築，宮城苑巷，制度之盛，觀者傾京師。上性雖嚴，多布耳目，太子所爲，無敢啓者。後上幸豫章王宅，還過太子東田，見其彌亘華遠，壯麗極目，於是大怒，收監作主帥，太子懼，皆藏匿之，由是見責。《文惠太子傳》。

太子詹事徐孝嗣從武帝幸方山。上曰：「朕經始此山之南，復爲離宮之所。故應有邁靈丘。」靈丘山湖，新林苑也。孝嗣答曰：「繞黄山，款牛首，乃盛漢之事。今江南未曠，民亦勞止，願陛下少更留神。」上竟無所修立。本《傳》。

文惠太子立樓館於鍾山下，號曰「東田」，太子屢游幸之。《南史·鬱林紀》。

玄武湖。《武紀》。下同。

芳林園。

東宮玄圃園。《南史·武紀》。

明帝建武元年十一月甲戌，詔省新林苑。《本紀》。下同。

二年十月癸卯，詔罷東田，毁興光樓。

明帝寢疾，巫覡云「後湖水頭經過宮内，致帝有疾」。帝乃自至太官行水溝，左右啓：「太官若無此水則不立。」帝決意塞之，欲南引淮流，會崩，事寢。

東昏侯永元三年夏，於閲武堂起芳樂苑。本《紀》、《巴陵王昭胄傳》。

華林園華池。《祥瑞志》。

又《宮　宮門》 高帝建元二年，上壞宋明帝紫極殿，以材柱起宣陽門。左僕射王儉與褚淵及叔父僧虔連名上表諫。上手詔酬納。《儉傳》。

尚書令王儉嘗問度支尚書陸澄曰：「崇禮門有鼓而未嘗鳴，其義安在？」答曰：「江左草創，崇禮闥皆是茅茨，故設鼓，有火則叩以集衆，相傳至今。」《南史·澄傳》。

武帝永明元年正月，於青溪立宮，號曰「舊宮」。《南史》本《紀》、《鬱林紀》。

明帝即位，文安王皇后出居鄱陽王故第，爲宣德宮。本《傳》。

建武元年，改華林鳳莊門爲望賢門。《始安貞王傳》。

建康宮。《南史·高紀》。

建康縣青溪宮。《武紀》。

外宮。《和紀》。

宣德宮。《禮志》二。

宣華門。《禮志》一，所以改承明門爲北掖門，以榜有「之」字，與「承」並。東宮承華門亦改爲宣華門云。

北掖門。同上。

端門。《南史·鬱林紀》。

雲龍門。《鬱林紀》、《南史·東昏紀》、《江斅傳》。

萬春門。《東昏紀》。下同。

南掖門。

徽明門。

西掖門。並見《南史》、《南齊書·臨汝侯坦之傳》。

東掖門。

鳳莊門。

望賢門。《始安王遥光傳》。

崇禮門。《南史·王敬則傳》。

富陽門。《劉善明傳》。

又《殿》 太極前殿。《高紀》。

臨光殿。同上。

舊顯陽，昭陽二殿，太后、皇后所居也。永明中無太后、皇后，羊貴嬪居昭陽殿西，范貴妃居昭陽殿東，寵姬荀昭華居鳳華柏殿。宮内御所居壽昌畫殿南閣，置白鷺鼓吹二部，乾光殿東西頭，置鍾磬兩廂：皆宴樂處也。《武裴后傳》。

太極殿。《武紀》。

延昌殿。《武紀》、《竟陵王子良傳》。

東宫崇正殿。《南史・文惠太子傳》。

永明十一年七月戊寅，大漸。詔：「内殿鳳華、壽昌、耀靈三處，是吾所治製，慎勿壞去。顯陽殿玉像諸佛及供養，具如别牒，可盡心禮拜供養之。」本《紀》。

鬱林王以武帝曜靈殿處皇后家屬。《何妃傳》。

鬱林王毁武帝招婉殿，乞閹人徐龍駒爲齋。本《紀》。

壽昌殿。《鬱林紀》。

内殿。《鬱林紀》。又《梁書・王珍國傳》。

延德殿。《鬱林紀》。

東宫崇政殿。同上。

崇明殿。《梁書》《王僧孺傳》。

正福殿。《明紀》。

東昏永元二年七月甲辰夜，宫内火，唯東閤内明帝舊殿數區及太極以南得存，餘皆蕩盡。三年，殿内火。其後出游，火又燒璿儀、曜靈等十餘殿及柏寢。北至華林，西至秘閣，三千餘間皆盡。於是大起諸殿，芳樂、芳德、仙華、大興、含德、清曜、安壽等殿，又别爲潘妃起神仙、永壽、玉壽三殿。《南史》本《紀》。

延明殿。同上。

乾和殿。《東昏紀》、《五行志》。

殿西序。《東昏紀》。

華光殿。《南史・東昏紀》。

含德殿。《南史・東昏紀》。又《梁書・張稷傳》，坐含德殿前西鍾下。

西殿。《茹法亮傳》，二少帝並居西殿。

璿明殿。《王智深傳》、《祥瑞志》。

含章殿。《南史・茹法亮傳》。

太極殿西室。《南史・張融傳》。

華林園華光殿。《南史・臨汝侯坦之傳》。

壽昌殿。同上。

延昌殿。《竟陵王子良傳》。又《茹法亮傳》，爲武帝陰室。

嘉祐《南史》作福。殿。《蕭穎胄傳》，和帝以荆州柏齋爲嘉祐殿。

太陽殿。《荀伯玉傳》。

太昌靈和殿。《南史・張緒傳》。

樂遊殿。《五行志》。

安昌殿。同上。

崇光殿宣德殿。《南史・王儉傳》，世子鎮石頭城，仍以爲世子宫，儉曰：「魯有靈光殿，漢之前例也。聽事爲崇光殿，外齋爲宣德殿。」

又《樓》 武帝興光樓上施青漆，世人謂之「青樓」。《南史・東昏紀》。

西鍾樓。《鬱林紀》。

景陽樓。《南史・東昏紀》、又《蕭景先傳》。

北掖樓。《崔慧景傳》。

華林園景雲樓。《祥瑞志》。

又《觀》 總明觀。《武紀》。

又《齋》 中齋。《南史・茹法亮傳》，延昌殿武帝中齋。

東齋。《茹法亮傳》。《五行志》，明帝所住殿也。明帝即位住東齋。

西齋。《五行志》。

玄圃茅齋。《周顒傳》。

又《室》 暴室。《南史・豫章王嶷傳》。

太極殿西室。《南史・張融傳》。

又《寺》 武帝使潘敞造禪靈寺。《吕文度傳》。

武帝立禪靈寺於都下，當世以爲壯觀。《南史・海陵紀》。

明帝即位，領軍長史、諮議參軍張欣泰上書陳便宜二十條，其一條言宜毁廢塔寺。帝並優詔報答。本《傳》。

明帝起禪靈寺。《謝瀹傳》。

蔣山定林寺。《南史・東昏紀》。

建康蓮華寺。《王玄邈傳》。

集善寺。《豫章王嶷傳》。

招提寺。《褚澄傳》。

竹林寺。《和紀》。

禪靈寺。《南史・東昏侯》。下同。

莊嚴寺。

外國寺。

法輪寺。《崔慧景傳》、《梁書・何點傳》。

湘宮寺。《始安王遙光傳》、《蕭坦之傳》。
南澗寺。《荀伯玉傳》。
安樂寺。《薛淵傳》。
永業寺。《宗測傳》。
定林寺。《明僧紹傳》。
吴中石佛寺。《梁書・何點傳》。
若邪山雲門寺。《梁書・何胤傳》。
淮陰縣建業寺。《祥瑞志》。
山陰恆山保林寺。《五行志》。
靈和寺。《南史・釋寶誌傳》。

又《街》 西街。《鬱林紀》。

又《關》 義陽關。《蕭景先傳》。

又《津梁》 青溪中橋。《曹虎傳》。
清溪大橋。《始安王遙光傳》。
揚烈橋。《劉瓛傳》。
比陽深橋。《戴僧静傳》。
青溪檀橋。《劉瓛傳》。
皁莢橋。《梁書・曹景宗傳》。

又《御道》 武帝每幸豫章王嶷第清除，不復屏人。本《傳》。
東昏侯陳顯達事平後，漸出遊走，所經道路，屏逐居民，從萬春門由東宫以東至於郊外，數十百里，皆空家盡室。巷陌懸幔爲高障，置仗人防守，謂之「屏除」。本《紀》。

又《亭》 征虜亭。《王敬則傳》。
青州南石頭亭。《魏虜傳》。
潺亭。《梁書・劉季連傳》。

《陳書》卷二《高祖紀下》 初，侯景之平也，火焚太極殿，承聖中議欲營之，獨闕一柱，至是有樟木大十八圍，長四丈五尺，流泊陶家後渚，監軍鄒子度以聞。詔中書令沈衆兼起部尚書，少府卿蔡儔兼將作大匠，起太極殿。

《魏書》卷二《太祖紀》 〔天興四年〕夏四月辛卯，罷鄴行臺。詔有司明揚隱逸。五月，起紫極殿、玄武樓、涼風觀、石池、鹿苑臺。

〔天賜三年〕 秋七月，太尉穆崇薨。八月甲辰，行幸犲山宫，遂至青牛山。丙辰，西登武要北原，觀九十九泉，造石亭，遂之石漠。

《魏書》卷四上《太祖紀》 〔始光二年三月〕庚申，營故東宫爲萬壽宫，起永安、安樂二殿，臨望觀、九華堂。初造新字千餘。

《魏書》卷七上《高祖紀上》 〔太和五年〕夏四月己亥，行幸方山。建永固石室於山上，立碑於石室之庭，又銘太皇太后終制于金册，又起鑒玄殿。

《魏書》卷一二《孝静紀》 〔天平二年八月〕甲午，發衆七萬六千人營新宫。

《魏書》卷一三《文成文明皇后傳》 高祖乃詔有司營建壽陵於方山，又起永固石室，將終爲清廟焉。太和五年起作，八年而成，刊石立碑，頌太后功德。

【略】

十四年，崩於太和殿，時年四十九。其日，有雄雉集于太華殿。高祖酌飲不入口五日，毁慕過禮。謚曰文明太皇太后。葬于永固陵，日中而反，虞於鑒玄殿。詔曰：「尊旨從儉，不申罔極之痛；稱情允禮，仰損儉訓之德。進退思惟，倍用崩感。又山陵之節，亦有成命，内則方丈，外裁揜坎，脱於孝子之心有所不盡者，室中可二丈，墳不得過三十餘步。今以山陵萬世所仰，復廣爲六十步。辜負遺旨，益以痛絶。其幽房大小，棺槨質約，不設明器。至於素帳、縵茵、瓷瓦之物，亦皆不置。此則遵先志，從册令，俱奉遺事。而有從有違，未達者或以致怪。梓宫之裏，玄堂之内，聖靈所憑，是以一一奉遵，仰昭儉德。其餘外事，有所不從，以盡痛慕之情。其宣示遠近，著告羣司，上明儉誨之善，下彰違命之失。」及卒哭，孝文服衰，近臣從服，三司已下外臣衰服者，變服就練，七品已下盡除即吉。設祔祭於太和殿，公卿已下始親公事。高祖毁瘠，絶酒肉，不内御者三年。

初，高祖孝於太后，乃於永固陵東北里餘，豫營壽宫，有終焉瞻望之志。及遷洛陽，乃自表瀍西以爲山園之所，而方山虚宫至今猶存，號曰「萬年堂」云。

《魏書》卷一九中《任城王傳》 靈太后鋭於繕興，在京師則起永寧、太上公等佛寺，功費不少，外州各造五級佛圖。又數爲一切齋會，施物動至萬計。百姓疲於土木之功，金銀之價爲之踊上，削奪百官事力，費損庫藏，兼曲賚左右，日有數千。

《魏書》卷一九下《城陽王傳》 鸞愛樂佛道，修持五戒，不飲酒食肉，積歲長齋。繕起佛寺，勸率百姓，共爲土木之勞，公私費擾，頗爲民患。

《魏書》卷四一《源賀傳》 轉爲起部郎。明堂、辟雍並未建就，子恭上書曰：「臣聞辟臺望氣，軌物之德既高；方堂布政，範世之道斯遠。是以書契之重，理冠於造化；推尊之美，事絶於生民。至如郊天饗帝，蓋以對越上靈；宗祀配天，是用酬膺下土。大孝莫之能加，嚴父以玆爲大，乃皇王之休業，有國之盛典。竊惟皇魏居震統極，總宙馭宇，革制土中，垂式無外。自北徂南，同卜維於洛食；定鼎遷民，均氣候於寒暑。高祖所以始基，世宗於是恢構。按功成作樂，治定制禮，乃訪遺文，修廢典，建明堂，立學校，興一代之茂矩，標千載之英規。永平之中，始創雉構，基趾草昧，迄無成功。故尚書令、任城王臣澄按故司空臣沖所造明堂樣，并連表詔答、兩京模式，奏求營起。緣期發旨，即加葺繕。侍中、領軍臣叉，總勤作官，宜贊授令。自玆厥後，方配兵人，或給一千，或與數百，進退節縮，曾無定準，欲望速了，理在難克。若使專役此功，長得營造，委成責辦，容有就期。但所給之夫，本自寡少，諸處競借，動即千計。雖有繕作之名，終無就功之實。爽塏荒茫，淹積年載，結架崇構，指就無兆。仍令肆胄之禮，掩仰而不進；養老之儀，寂寥而不返。構厦止於尺土，爲山頓於一匱，良可惜歟！愚謂召民經始，必有子來之歌；興造勿亟，將致不日之美。況本兵不多，兼之牽役，廢此與彼，循環無極。便是輟創禮之重，資不急之費，廢經國之功，供寺館之役，求之遠圖，不亦闕矣？今諸寺大作，稍以粗舉，并可徹減，專事經綜，嚴勒工匠，務令克成。使祖宗有薦配之期，蒼生睹禮樂之富。」書奏，從之。

《魏書》卷六〇《韓麒麟傳》 太和初，舉秀才，對策甲科，除著作佐郎。車駕南討，兼中書侍郎。即定遷都，顯宗上書：『【略】其二曰：自古聖帝必以儉約爲美，亂主必以奢侈貽患。仰惟先朝，皆卑宫室而致力於經略，故能基宇開廣，業祚隆泰。今洛陽基址，魏明帝所營，取譏前代。伏願陛下損之又損。頃來北都富室，競以第宅相尚，今因遷徙，宜申禁約，令貴賤有檢，無得踰制。端廣衢路，通利溝渠，使寺署有别，四民異居，永垂百世不刊之範，則天下幸甚矣。

三曰：竊聞輿駕還洛陽，輕將數千騎。臣甚爲陛下不取也。夫千金之子，猶坐不垂堂，況萬乘之尊，富有四海乎？警蹕於闈闥之内者，豈以爲儀容而已，蓋以戒不虞也。清道而後行，尚恐銜蹶之或失，況履涉山河，而不加三思哉！此愚臣之所以悚息，伏願少垂省察。』

《魏書》卷七九《張熠傳》 天平初，遷鄴草創，右僕射高隆之、吏部尚書元世儁奏曰：「南京宫殿，毁撤送都，連筏竟河，首尾大至，自非賢明一人，專委受納，則恐材木耗損，有闕經構。熠清貞素著，有稱一時，臣等輒舉爲大將。」詔從之。熠勤於其事。尋轉營構左都將。興和初，衛大將軍。宫殿成，以本將軍除東徐州刺史。

《魏書》卷九五《鐵弗劉虎傳》 初，屈子性奢，好治宫室。城高十仞，基厚三十步，上廣十步，宫牆五仞，其堅可以礪刀斧。臺榭高大，飛閣相連，皆彫鏤圖畫，被以綺繡，飾以丹青，窮極文采。

《魏書》卷一一四《釋老志》 四方沙門，多亡匿獲免，在京邑者，亦蒙全濟。金銀寶像及諸經論，大得秘藏。

《魏書》卷一一四《釋老志》 今制諸州郡縣，於衆居之所，各聽建佛圖一區，任其財用，不制會限。其好樂道法，欲爲沙門，不問長幼，出於良家，性行素篤，無諸嫌穢，鄉里所明者，聽其出家。率大州五十，小州四十人，其郡遥遠臺者十人。各當局分，皆足以化惡就善，播揚道教也。」天下承風，朝不及夕，往時所毁圖寺，仍還修矣。佛像經論，皆復得顯。【略】

和平初，師賢卒。曇曜代之，更名沙門統。初曇曜以復佛法之明年，自中山被命赴京，值帝出，見于路，御馬前銜曜衣，時以爲馬識善人。帝後奉以師禮。曇曜白帝，於京城西武州塞，鑿山石壁，開窟五所，鐫建佛像各一。高者七十尺，次六十尺，彫飾奇偉，冠於一世。曇曜奏：平齊户及諸民，有能歲輸穀六十斛入僧曹者，即爲「僧祇户」，粟爲「僧祇粟」，至於儉歲，賑給飢民。又請民犯重罪及官奴以爲「佛圖户」，以供諸寺掃洒，歲兼營田輸粟。高宗並許之。於是僧祇户、粟及寺户，徧於州鎮矣。曇曜又與天竺沙門常那邪舍等，譯出新經十四部。又有沙門道進、僧超、法存等，並有名於時，演唱諸異。

顯祖即位，敦信尤深，覽諸經論，好老莊。每引諸沙門及能談玄之士，與論理要。初，高宗太安末，劉駿於丹陽中興寺設齋。有一沙門，容止獨秀，舉衆往目，皆莫識焉。沙門惠璩起問之，答名惠明。又問所住，答云，從天安寺來。語訖，忽然不見。駿君臣以爲靈感，改中興爲天安寺。是後七年而帝踐祚，號天安元年。是年，劉彧徐州刺史薛安都始以城地來降。明年，盡有淮北之地。其歲，高祖誕載。於時起永寧寺，構七級佛圖，高三百餘尺，基架博敞，爲天下第一。又於天宫寺，造釋迦立像。高四十三尺，用赤金十萬斤，黄金六百斤。皇興中，又構三級石佛圖。榱棟楣楹，上下重結，大小皆石，高十丈。鎮固巧密，爲京華壯觀。【略】

承明元年八月，高祖於永寧寺，設太法供，度良家男女爲僧尼者百有餘人，帝爲剃髮，施以僧服，令修道戒，資福於顯祖。是月，又詔起建明寺。太和元年二月，幸永寧寺設齋，赦死罪囚。三月，又幸永寧寺設會，行道聽講，命中、祕二省與僧徒討論佛義，施僧衣服、寶器有差。又於方山太祖營壘之處，建思遠寺。自興光至此，京城内寺新舊且百所，僧尼二千餘人，四方諸寺六千四百七十八，僧尼七萬七千二百五十八人。四年春，詔以鷹師爲報德寺。九年秋，有司奏，上谷郡比丘尼惠香，在北山松樹下死，屍形不壞。爾來三年，士女觀者有千百。於時人皆異之。十年冬，有司又奏：「前被敕以勒籍之初，愚民僥倖，假稱入道，以避輸課，其無籍僧尼罷遣還俗。重被旨，所檢僧尼，寺主、維那當寺隱審。其有道行精勤者，聽仍在道；爲行凡粗者，有籍無籍，悉罷歸齊民。今依旨簡遣，其諸州還俗者，僧尼合一千三百二十七人。」奏可。十六年詔：「四月八日、七月十五日，聽大州度一百人爲僧尼，中州五十人，下州二十人，以爲常準，著於令。」十七年，詔立《僧制》四十七條。十九年四月，帝幸徐州白塔寺。顧謂諸王及侍官曰：「此寺近有名僧嵩法師，受《成實論》於羅什，在此流通。後授淵法師，淵法師授登、紀二法師。朕每玩《成實論》，可以釋人染情，故至此寺焉。」時沙門道登，雅有義業，爲高祖眷賞，恒侍講論。曾於禁内與帝夜談，同見一鬼。二十年卒，高祖甚悼惜之，詔施帛一千匹。又設一切僧齋，并命京城七日行道。又詔：「朕師登法師奄至徂背，痛怛摧慟，不能已已。比藥治慎喪，未容即赴，便準師義，哭諸門外。」緇素榮之。又有西域沙門名跋陀，有道業，深爲高祖所敬信。詔於少室山陰，立少林寺而居之，公給衣供。二十一年五月，詔曰：「羅什法師可謂神出五才，志入四行者也。今常住寺，猶有遺地，欽悦修蹤，情深遐遠，可於舊堂所，爲建三級浮圖。又見逼昏虐，爲道殄軀，既暫同俗禮，應有子胤，可推訪以聞，當加敘接。」【略】

景明初，世宗詔大長秋卿白整準代京靈巖寺石窟，於洛南伊闕山，爲高祖、文昭皇太后營石窟二所。初建之始，窟頂去地三百一十尺。至正始二年中，始出斬山二十三丈。至大長秋卿王質，謂斬山太高，費功難就，奏求下移就平，去地一百尺，南北一百四十尺。永平中，中尹劉騰奏爲世宗復造石窟一，凡爲三所。從景明元年至正光四年六月已前，用功八十萬二千三百六十六。肅宗熙平中，於城内太社西，起永寧寺。靈太后親率百僚，表基立刹。佛圖九層，高四十餘丈，其諸費用，不可勝計。景明寺佛圖，亦其亞也。至於官私寺塔，其數甚衆。

《魏書》卷九八《蕭衍傳》 初，衍崇信佛道，於建業起同泰寺，又於故宅立光宅寺，於鍾山立大愛敬寺，兼營長干二寺，皆窮工極巧，殫竭財力，百姓苦之。曾設齋會，自以身施同泰寺爲奴，其朝臣三表不許，於是内外百官共斂珍寶而贖之。衍每禮佛，捨其法服，著乾陀袈裟。令其王侯子弟皆受佛誡，有事佛精苦者，輒加以菩薩之號。其臣下奏表上書亦稱衍爲皇帝菩薩。衍所部刺史郡守初至官者，皆責其上禮獻物，多者便云稱職，所貢微少，言爲弱惰。故其牧守，在官皆競事聚斂，劫剥細民，以自封殖，多妓妾、粱肉、金綺。百姓怨苦，咸不聊生。

《魏書》一〇八之一《禮志一》 四月，經始明堂，改營太廟。詔曰：「祖有功，宗有德，自非功德厚者，不得擅祖宗之名，居二祧之廟。仰惟先朝舊事，舛駁不同，難以取準。今將述遵先志，具詳禮典，宜制祖宗之號，定將來之法。烈祖有創基之功，世祖有開拓之德，宜爲祖宗，百世不遷。而遠祖平文功未多於昭成，然廟號爲太祖；道武建業之勳，高於平文，廟號爲烈祖。比功校德，以爲未允。朕今奉尊道武爲太祖，與顯祖爲二祧，餘者以次而遷。平文既遷，廟唯有六，始今七廟，一則無主。唯當朕躬此事，亦臣子所難言。夫生必有終，人之常理。朕以不德，忝承洪緒，若宗廟之靈，獲全首領以没于地，爲昭穆之次，心願畢矣。必不可豫，設可垂之文，示後必令遷之。」司空公、長樂王穆亮等奏言：「升平之會，事在於今。推功考德，實如明旨。但七廟之祀，備行日久，無宜闕一，虚有所待。臣等愚謂，依先尊祀，可垂文示後。理衷如此，不敢不言。」詔曰「理或如此。比有間隙，當爲文相示」。

《周書》卷七《宣帝紀》 於是發山東諸州兵，增一月功爲四十五日役，起洛陽宫。常役四萬人，以迄于晏駕。并移相州六府於洛陽，稱東京六府。【略】所居宫殿，唯帳皆飾以金玉珠寶，光華炫燿，極麗窮奢。

《周書》卷三〇《竇熾傳》 宣政元年，兼雍州牧。及宣帝營建東京，以熾爲京洛營作大監。宫苑制度，皆取決焉。大象初，改食樂陵縣，邑户如舊。隋文帝輔政，停洛陽宫作，熾請入朝。屬尉遲迥舉兵，熾乃移入金墉城，簡練關中軍士得數百人，與洛州刺史、平涼公元亨同心固守，仍權行洛州鎮事。相州平，熾方入朝。

《周書》卷三一《韋孝寬傳》 汾州之北，離石以南，悉是生胡，抄掠居人，阻斷河路。孝寬深患之。而地入於齊，無方誅剪。欲當其要處，置一大城。乃於河西徵役徒十萬，甲士百人，遣開府姚岳監築之。岳色懼，以兵少爲難。孝寬曰：「計成此城，十日即畢。既去晉州四百餘里，一日創手，二日僞境始知；設令晉州徵兵，二日方集；謀議之間，自稽三日；計其軍行，二日不到。我之城隍，足得辦矣。」乃令築之。齊人果至南首，疑有大軍，乃停留不進。其夜，又令汾水以南，傍介山、稷山諸村，所在縱火。齊人謂是軍營，遂收兵自固。版築克就，卒如其言。

《周書》卷三七《寇儁傳》 時靈太后臨朝，減食禄官十分之一，造永寧佛寺，令儁典之。資費巨萬，主吏不能欺隱。寺成，又極壯麗。靈太后嘉之，除左軍將軍。

《周書》卷四五《儒林・盧光傳》 光性崇佛道，至誠信敬。嘗從太祖狩於檀臺山。時獵圍既合，太祖遥指山上謂羣公等曰：「公等有所見不？」咸曰：「無所見。」光獨曰：「見一桑門。」太祖曰：「是也。」即解圍而還。令光於桑門立處造浮圖，掘基一丈，得瓦鉢、錫杖各一。太祖稱歎，因立寺焉。及爲京兆，而郡舍先是數有妖怪，前後郡將無敢居者。光曰：「吉凶由人，妖不妄作。」遂入居之。未幾，光所乘馬忽升廳事，登牀南首而立；又食器無故自破。光並不以介懷。其精誠守正如此。

《隋書》卷三《煬帝紀上》 〔大業三年五月〕戊午，發河北十餘郡丁男鑿太行山，達于并州，以通馳道。

《隋書》卷三《煬帝紀上》 〔大業〕四年春正月乙巳，詔發河北諸郡男女百餘萬開永濟渠，引沁水南達于河，北通涿郡。

《南史》卷三七《沈慶之傳》 慶之居清明門外，有宅四所，室宇甚麗。又有園舍在婁湖，慶之一夜攜子孫徙居之，以宅還官，悉移親戚中表於婁湖，列門同閈焉。廣開田園之業，每指地語人曰：「錢盡在此。」中興身享大國，家素富厚，産業累萬金，奴僮千計。再獻錢千萬，穀萬斛，以始興封優近，求改封南海郡，不許。妓妾十數人，並美容工藝。慶之優游無事，盡意歡愉，自非朝賀不出門。每從游幸及校獵，據鞍陵厲，不異少壯。太子妃上孝武金鏤匕筯及杅杓，上以賜慶之曰：「觴酌之賜，宜以大夫爲先也。」

《北史》卷一《魏紀一》 〔天賜三年〕六月，發八部五百里內男丁築灅南宮，門闕高十餘丈；引溝穿池，廣苑囿；規立外城方二十里，分置市里，經途洞達。三十日罷。

《北史》卷八《齊紀下》 承武成之奢麗，以爲帝王當然。乃更增益宮苑，造偃武修文臺，其嬪嬙諸院中，起鏡殿、寶殿、瑇瑁殿，丹青彫刻，妙極當時。又於晉陽起十二院，壯麗逾於鄴下。所愛不恒，數毁而又復。夜則以火照作，寒則以湯爲泥。百工困窮，無時休息。鑿晉陽西山爲大佛像，一夜燃油萬盆，光照宮內。又爲胡昭儀起大慈寺，未成，改爲穆皇后大寶林寺。窮極工巧，運石填泉，勞費億計，人牛死者，不可勝紀。御馬則藉以氊罽，食物有十餘種，將合牝牡，則設青廬，具牢饌而親觀之。狗則飼以粱肉。馬及鷹犬，乃有儀同、郡君之號。故有赤彪儀同、逍遥郡君、陵霄郡君。高思好書所謂駮龍、逍遥者也。犬於馬上設褥以抱之。鬬雞亦號開府。犬馬雞鷹，多食縣幹。鷹之入養者，稍割犬肉以飼之，至數日乃死。

《北史》卷一八《魏澄傳》 時太后鋭於興繕，在京師則起永寧、太上公等佛寺，工費不少，外州各造五級佛圖。又數爲一切齋會，施物動至萬計。百姓疲於土木之功，金銀之價爲之踊上。削奪百官禄力，費損庫藏。兼曲賚左右，日有數千。澄上表極言得失。雖卒不從，常優答禮之。政無大小，皆引參預。澄亦盡心匡輔，事有不便於人者，必於諫諍，殷勤不已，內外咸敬憚之。

《北史》卷二七《寇儁傳》 時靈太后臨朝，減食禄官十分之一，造永寧佛寺，令儁典之。資費巨萬，主吏不能欺隱。寺成，又極壯麗。靈太后嘉之，除左軍將軍。

《北史》卷四一《楊素傳》 尋令素監營仁壽宮，素遂夷山堙谷，督役嚴急，作者多死，宮側時聞鬼哭。及宮成，上令高熲前視，奏稱頗傷綺麗，大損人丁。帝不悦。素懼，即於北門啓獨孤皇后曰：「帝王法有離宮别館，今天下太平，造一宮何足損費。」后以此理諭上，上乃解。於是賜錢百萬，錦絹三千段。

《北史》卷九六《附國傳》 附國王字宜繒。其國南北八百里，東西千五百里。無城柵，近川谷，傍山險。俗好復讎，故壘石爲礫，以避其患。其礫高至十餘丈，下至五六丈，每級以木隔之，基方三四步，礫上方二三步，狀似浮圖。於下級開小門，從內上通，夜必關閉，以防賊盜。國有重罪者，罰牛。人皆輕捷，便擊劍。漆皮爲牟甲，弓長六尺，竹爲箭。

《舊唐書》卷一二《德宗紀上》 〔建中二年〕三月庚申朔，築汴州城。初，大曆中李正己有淄、青、齊、海、登、萊、沂、密、德、棣、曹、濮、徐、兗、鄆十五州之地，李寶臣有恒、定、易、趙、深、冀、滄七州之地，田承嗣有魏、博、相、衛、洺、貝、澶七州之地，梁崇義有襄、鄧、均、房、復、郢六州之地，各聚兵數萬。始因叛亂得位，雖朝廷寵待加恩，心猶疑貳，皆連衡盤結以自固。朝廷增一城，浚一池，便飛語有辭，而諸盜完城繕甲，略無寧日。至是田悦初稟命，劉文喜殄除，羣兇震懼。又奏計者還，都無賜與，既歸，皆搆怨言。先是汴州以城隘不容衆，請廣之。至是築城，正己、田悦移兵於境爲備，故詔分汴、宋、滑爲三節度，移京西防秋兵九萬二千人以鎮關東。又於郾城置溵州。

《舊唐書》卷一三《德宗紀下》〔貞元十四年〕夏四月乙丑，以左諫議大夫、平章事崔損爲修奉八陵使。先是昭陵寢殿爲火所焚，至是獻、昭、乾、定、泰五陵各造屋三百八十間，橋、元、建三陵據闕補造。

《舊唐書》卷一四《憲宗紀上》〔元和二年〕六月丁巳朔，始置百官待漏院於建福門外。故事，建福、望仙等門，昏而閉，五更而啓，與諸坊門同時。至德中有吐蕃囚自金吾仗亡命，因敕晚開門，宰相待漏於太僕寺車坊。至是始令有司據班品置院。戊午，鳳翔節度使張敬則卒。乙丑，五坊色役户及中書門下兩省納課陪厨户及捉錢人，並歸府縣色役。己巳，停舒、廬、滁、和四州團練使額。癸酉，東都莊宅使織造户，並委府縣收管。乙亥，停潤州丹陽軍額。丙子，左神策軍新築夾城，置玄化門晨耀樓。

《舊唐書》卷一五《憲宗紀下》〔元和五年〕夏四月戊子朔。癸巳，敕天下州府民户，每田一畝，種桑二樹，長吏逐年檢計以聞。辛亥，鹽鐵使王播奏元和六年賣鹽鐵，除峽内井鹽外，計收六百八十五萬九千二百貫。

《舊唐書》卷一七上《敬宗紀》〔寶曆元年閏七月甲申〕詔度支進銅三千斤、金薄十萬翻，修清思院新殿及昇陽殿圖障。

《舊唐書》卷一八上《武宗紀》〔會昌五年〕秋七月庚子，敕併省天下佛寺。中書門下條疏聞奏：「據令式，諸上州國忌日官吏行香於寺，其上州望各留寺一所，有列聖尊容，便令移於寺内；其下州寺並廢。其上都、東都兩街請留十寺，寺僧十人。」敕曰：「上州合留寺，工作精妙者留之；如破落，亦宜廢毁。其合行香日，官吏宜於道觀。其上都、下都每街留寺兩所，寺留僧三十人。上都左街留慈恩、薦福，右街留西明、莊嚴。」中書又奏：「天下廢寺，銅像、鐘磬委鹽鐵使鑄錢，其鐵像委本州鑄爲農器，金、銀、鍮石等像銷付度支。衣冠士庶之家所有金、銀、銅、鐵之像，敕出後限一月納官，如違，委鹽鐵使依禁銅法處分。其土、木、石等像合留寺内依舊。」又奏：「僧尼不合隸祠部，請隸鴻臚寺。其大秦穆護等祠，釋教既已釐革，邪法不可獨存。其人並勒還俗，遞歸本貫充稅户。如外國人，送還本處收管。」

《舊唐書》卷一九下《僖宗紀》〔光啓三年六月〕丙辰，太常禮院奏：「太廟十一室，并祧廟八室，孝明太后等别廟三室，自車駕再幸山南，並經焚毁，神主失墜。今大駕還京，宜先葺宗廟神主，然後還宮。」遂詔修奉太廟使宰相鄭延昌修奉。是時，宮室未完，國力方困，未暇舉行舊制，延昌請權以少府監大廳爲太廟。太廟凡十一室，二十三間，間十一架，今監五間，請添造成十一間，以備十一室之數。敕曰：「敬依典禮。」

《舊唐書》卷七五《張玄素傳》 臣又嘗見隋室造殿，楹棟宏壯，大木非隨近所有，多從豫章採來。二千人曳一柱，其下施轂，皆以生鐵爲之，若用木輪，便即火出。鐵轂既生，行一二里即有破壞，仍數百人别齎鐵轂以隨之，終日不過進三二十里。略計一柱，已用數十萬功，則餘費又過於此。臣聞阿房成，秦人散；章華就，楚衆離；及乾陽畢功，隋人解體。且以陛下今時功力，何如隋日？役瘡痍之人，襲亡隋之弊，以此言之，恐甚於煬帝。深願陛下思之，無爲由余所笑，則天下幸甚。

《舊唐書》卷八八《韋思謙傳》 臣竊見比者營造寺觀，其數極多，皆務取宏博，競崇瓌麗。大則費耗百十萬，小則尚用三五萬餘，略計都用資財，動至千萬已上。轉運木石，人牛不停，廢人功，害農務，事既非急，時多怨咨。故《書》曰：「不作無益害有益，功乃成；不貴異物賤用物，民乃足。」誠哉此言，非虚談也。且玄旨秘妙，歸於空寂，苟非修心定慧，諸法皆涉有爲。至如土木雕刻等功，唯是殫竭人力，但學相誇壯麗，豈關降伏身心。且凡所興功，皆須掘鑿，蟄蟲在土，種類實多。每日殺傷，動盈萬計，連年如此，損害可知。

王溥《唐會要》卷三〇《弘義宮》 武德五年七月五日，營弘義宮。初，秦王居宮中承乾殿，高祖以秦王有克定天下功，特降殊禮，别建此宮以居之。至九年七月，高祖以弘義宮有山林勝景，雅好之，至貞觀三年四月，乃徙居之，改爲太安宮。六年二月三日，太宗正位于太極殿，監察御史馬周上疏曰：「臣伏見太安宮在城之西，其牆宇門闕之制，方之紫極，尚爲卑小。臣伏以皇太子之宅，猶處城中，太安宮乃至尊所居，更在城外，雖太上皇遊心道素，志存清儉，陛下重違慈旨，愛惜人力，而番夷朝見及四方觀者有不足瞻仰焉。臣願營築雉堞，修起門樓，務從高敞，以稱萬方之望，則大孝昭乎天下矣！」

又《慶善宮》 武德元年十月十八日，以武功舊宅爲武功宮，至六年十二月九日，改武功宮爲慶善宮。太宗誕於此宮。至貞觀六年九月二十九日，太宗幸慶善宮，賦詩。在樂卷。其年，諫議大夫蘇世長侍宴於披香殿，酒酣，奏曰：「此殿隋煬帝所作耶？何雕麗之若此！」高祖謂曰：「卿好諫似直，其心實詐，豈不知此殿是我所造，何須設詭，而疑煬帝乎？」世長曰：「臣實不知，若陛下作此，誠非所宜。臣昔在武功，幸常陪侍，見陛下宅宇，纔蔽風霜，當此之時，亦以爲足。今初有天下，而於隋宮之内，又加雕飾，欲撥其亂，寧可得乎？」

又《太和宮》 武德八年四月二十一日，造太和宮於終南山。貞觀十年廢。至二十一年四月九日，上不豫，公卿上言：「請修廢太和宮，厥地清涼，可以清暑。臣等請徹俸禄，率子弟微加功力，不日而就。」手詔曰：「比者風虚頗積，爲弊至深，況復炎景蒸時，温風鏗節，沈痾屬此，理所不堪，久欲追涼，恐成勞擾，今卿等有請，即相機行。」於是遣將作大匠閻立德於順陽王第取材瓦以建之。包山爲苑，自裁木至於設幄，九日而畢功，因改爲翠微宮。正門北開，謂之雲霞門，視朝殿名翠微殿，寢名含風殿，并爲皇太子搆別宮，正門西開，名金華門，殿名喜安殿。

又《洛陽宮》 武德四年十二月七日，使行臺僕射屈突通焚乾元殿應天門紫微觀，以其太奢。至貞觀三年，太宗將修洛陽宮，民部尚書戴胄諫曰：「關中河外，近置軍團，富室强丁，並從戎旅，重以九成作役，餘丁向盡。去京二千里内，先配司農、將作，假有遺餘，勢何足紀。亂離甫弭，户口單弱，一人就役，舉家便廢。入軍者督其戎仗，從役者責其糇糧，盡室經營，多不能濟。以臣愚慮，恐致怨嗟。今丁既役盡，賦調不減，費用不止，帑藏空虚，且洛陽宮殿，足蔽風雨，數年功畢，亦謂非晚，若頓修營，恐傷勞擾。」上嘉之，因謂侍臣曰：「戴胄於我，無骨肉之親，但以忠直勵行，情深體國，事有機要，無不上聞。」至四年六月二十二日，發卒又修洛陽宮，給事中張玄素諫曰：「陛下承百王之末，屬凋弊之餘，必欲節以禮制，陛下宜以身爲先。東都未有幸期，即令補葺，豈民人之所望也？陛下初平東都之始，層樓廣殿，皆令撤毁，天下翕然，同心欣仰。豈有初則惡其侈靡，今乃襲其雕麗？臣每承德音，未即巡幸，此則事不急之務，成虚費之勞，國無兼年之積，何用兩都之好？臣聞阿房成，秦人散；章華就，楚衆離。又乾元畢功，隋人解體。以陛下今時功力，何如隋日？役瘡痍之人，襲亡隋之弊，恐甚於煬帝。深願陛下思之，無爲由余所笑，則天下幸甚。」上大悦，謂房玄齡曰：「洛陽土中，朝貢道均，朕故修營，意在便於百姓。今玄素上表，實亦可依，後必事理須行，露坐亦復何苦！所有作役，宜即停之。」

顯慶元年，勑司農少卿田仁汪，因舊殿餘址，修乾元殿，高一百二十尺，東西三百四十五尺，南北一百七十六尺。至麟德二年二月十二日，所司奏乾元殿成，其應天門先亦焚之，及是造成，號爲則天門。神龍元年三月十一日，避則天后號，改爲應天門。唐隆元年七月，避中宗號，改爲神龍門。開元初，又爲應天門。天寶二年十二月四日，又改爲乾元門。

垂拱四年二月十日，拆乾元殿，於其地造明堂。至開元二十七年九月十日，於明堂舊址造乾元殿。

上元二年，高宗將還西京，乃謂司農少卿韋機曰：「兩都是朕東西之宅也。見在宮館，隋代所造，歲序既淹，漸將頽頓，欲修殊費財力，爲之奈何？」機奏曰：「臣曹司舊式，差丁採木，皆有雇直。今户奴採斫，足支十年，所納丁庸，及蒲荷之直，在庫見貯四十萬貫，用之市材造瓦，不勞百姓，三載必成矣。」上大悦，乃召機攝東都將作、少府兩司事，使漸營之。於是機始造宿羽、高山等宮。其後，上遊於洛水之北，乘高臨下，有登眺之美，乃勑韋機造一高館，及成臨幸，即令列岸修廊，連亘一里，又于澗曲疏建陰殿。機得古銅器，如盆而淺，中有蹙起雙鯉之狀，魚間有四篆字：「長宜子孫。」即今之上陽宮也。至儀鳳四年，車駕入洛，乃移御之。尚書左僕射劉仁軌謂侍御史狄仁傑曰：「古之陂池臺榭，皆在深宮重城之内，不欲外人見之，恐傷百姓之心也。韋機之作，列岸修廊，在於闉堞之外，萬方朝謁，無不覩之，此豈致君堯、舜之意哉？」韋機聞之曰：「天下有道，百司各奉其職。輔弼之臣，則思獻替之事；府藏之臣，行詔守官而已。吾不敢越分也。」

又《大明宮》 貞觀八年十月，營永安宮，至九年正月，改名大明宮，以備太上皇清暑。公卿百僚，爭以私財助役。至龍朔二年，高宗染風痺，以宮内湫溼，乃修舊大明宮，改名蓬萊宮，北據高原，南望爽塏。六月七日，制蓬萊宮諸門、殿、亭等名。至三年二月二日，税延、雍、同、岐、豳、華、寧、鄜、坊、涇、虢、絳、晉、蒲、慶等十五州率口錢，修蓬萊宮。二十五，減京官一月俸，助修蓬萊宮。四月二十二日，移仗就蓬萊宮新作含元殿，二十五日，始御紫宸殿聽政，百僚奉賀，新宮成也。初，遣司稼少卿梁孝仁監造，悉於庭院列白楊樹。左騎衛大將軍契苾何力入宮中縱觀，孝仁指白楊曰：「此木易長，不過二三年，宮中可得蔭映。」何力不答，但誦古詩曰：「白楊多悲風，蕭蕭愁殺人。」意謂此特冢墓木也。孝仁遽令伐去之，更植桐柏，謂人曰：「禮失，求之于野，固不虛也。」東臺侍郎張文瓘諫曰：「人力不可不惜，百姓不可不養，養之逸則富以康，使之勞則怨以叛。秦皇、漢武，廣事四夷，多造宮室，致使士崩瓦解，户口減半。臣聞制治於未亂，保邦於未危，人罔常懷，懷于有仁。陛下不制之于未亂之前，安能救之于既危之後？百姓不堪其弊，必搆禍難。殷鑒不遠，近在隋朝，臣願稍安撫之，無使生怨。」上深納其言。

永隆二年正月十日，王公已下，以太子初立，獻食，勑于宣政殿會百官及命婦。太常博士袁利貞上疏曰：「伏以恩旨，于宣政殿上兼設命婦坐位，奏九部伎及散樂，並從宣政門入。臣以爲前殿正寢，非命婦宴會之處；象闕路門，非倡優進御之所。望請命婦會于別殿，九部伎從東門入，散樂一色，伏望停省。若于三殿別所，自可備極恩私。」上從之，改向麟德殿。至開元十六年五月六日，唐昌公主出降，有司進儀注，于紫宸殿行五禮。右補闕施敬本、左拾遺張烜、右拾遺李銳等連名上疏曰：「竊以紫宸殿者，漢之前殿，周之路寢，陛下所以負黼扆，正黄屋，饗萬國，朝諸侯，人臣致敬之所，猶元極可見，不可得而升也。昔周女出降于齊，而以魯侯爲主，但有外館之法，而無路寢之事。今欲紫宸殿會禮，即當臣下攝行，馬入于庭，醴升于牖。主人授几，逡巡紫座之間；賓使就筵，登降赤墀之地。又據主人辭稱吾子有事，至于寡人之室，言詞僭越，事理乖張，既黷威靈，深虧典制。其問名納采等，並請權于別所。」上納其書，移于光順門外，設次行禮。

咸亨元年三月四日，改蓬萊宮爲含元殿。

長安元年十一月，又改爲大明宮。十二月一日，改含元殿爲大明殿。

神龍元年二月，復改爲含元殿。

上元二年七月，延英殿當御坐生玉芝，一莖三花，親制《玉靈芝詩》三章，章八句，曰：「玉殿肅肅，靈芝煌煌。重英發秀，連葉分房。宗廟之福，垂其耿光。原闕二句。」「元氣産芝，明神合德。紫微間彩，白犇呈色。載啓瑞圖，庶符皇極。天心有眷，王道惟則。」「幸生芳本，當我宸旒。效此靈質，寶玉獻猷。神惟不愛，道亦無求。端拱思維，永荷天休。」

建中元年九月，將作監言，請修内廊，是歲孟冬，爲魁罡，不利修作，太史請卜佗時，上曰：「啓塞從時，詭妄之書，勿信。」乃命修之。

貞元三年十二月，初作玄英門觀于大明宮北垣。

又《玉華宮》 貞觀二十一年七月十三日，刱造玉華宮于坊州宜君縣之鳳凰谷，正門曰南風門，殿名玉華殿。皇太子所居南風門東，正門曰嘉禮門，殿名暉和殿。正殿瓦覆，餘皆葺之以茅，意在清涼，務從儉約。至永徽二年九月三日，廢玉華宮，以爲佛寺，苑内舊是百姓田，並還本主。至二十二年四月二十四日，太宗以新造離宮，務從卑儉，終費人力，謂侍臣曰：「唐堯茅茨不翦，以爲儉德，不知堯之時，無瓦爲蓋；桀、紂之爲，若於無瓦之晨，爲茅茨者，未爲儉德。不翦之言，蓋書史粉飾之耳。昔宮室之廣，人役之勞，切以此再思，不能無愧。」其月，徐充容上表曰：「妾聞爲政之本，貴在無爲。竊見土木之工，不可兼遂，北闕初見，南營翠微，曾未逾時，玉華復興。因山藉水，非無架築之勞；損之又損，頗有工力之費。終以茅茨示約，猶興木石疲民；假使和僦取人，不無煩擾之弊。是以卑宮菲食，聖王之所安；金屋瑶臺，驕主之所麗。故有道之君，以逸逸人；無道之君，以樂樂身。願陛下使之以時，則力不竭矣；用而息之，則人斯悦矣。」

二十二年四月，太宗御製《玉華宮銘》，詔令皇太子已下並和。

又《九成宮》 永徽二年九月八日，改九成宮爲萬年宮。至乾封二年二月十日，改爲九成宮。三年四月，將作大匠閻立德造新殿成，移御之日，謂侍臣曰：「朕性不宜熱，所司頻奏，請造此殿；既作之後，深懼人勞。今既暑熱，朕在屋下，尚有流汗，匠工暴露，事亦可愍；所以不令精妙者，意祇避炎暑耳。」長孫無忌曰：「聖心每以恤民爲念，天德如此，臣等不勝幸甚。」

五年三月，幸萬年宮。上謂太尉無忌曰：「此宮非直涼冷宜人，且去京不遠，朕離此十年，屋宇無多損壞。昨者不易一椽一瓦，便已可安，不知公等得安堵否？曹司廨署周足否？」乃親制《萬年宮銘》并序，七百餘字，羣臣請刊石，建于永光門。詔從之。

又《奉天宮》 永淳元年七月，造奉天宮於嵩山之南，仍置嵩陽縣。監察御史李善感諫曰：「自古帝皇，莫不以登封告成爲盛事。天皇以封泰山，告太平，致羣瑞，則與三皇、五帝比隆矣。但數年以來，菽粟不稔，百姓餓死，道路相望，兼之四夷交侵，日有徵發。天皇恭默思譴，方便營造宮室，勞役不已，天下聞之，莫不失望。臣聞不矜細行，終累大德。臣忝任御史，是國家耳目，竊以此爲憂。」上雖優容之，竟不納。其時承平已久，諫諍殆絶，善感既進諫書，時人甚稱美之。

弘道元年十二月，遺詔廢之。

文明元年二月，改爲嵩陽觀。

又《三陽宮》興泰宮附 聖曆三年十一月二十八日，造三陽宮于嵩陽縣。

久視元年七月三日，左補闕張説以車駕在三陽宮，不時還都，上疏曰：「陛下屯萬乘，幸離宮，暑退涼歸，未降還旨。愚臣固陋，恐非良策，請爲陛下陳其不可。三陽宮去洛城一百六十里，有伊水之隔，嶒坂之峻。過夏涉秋，水潦方積，道壞山險，不通轉運。河廣無梁，咫尺千里，扈從兵馬，日費資給，連雨彌旬，恐難周濟。陛下太倉武庫，並在都邑，紅粟利器，蘊若山丘，奈何去宗廟之上都，安山谷之僻處？是猶倒持劍戟，示人鐏柄。夫禍變之生，在人所忽。故曰，安樂必誡，無行所悔。今國家北有胡寇覰邊，南有夷獠騷徼；關西小旱，耕稼是憂；安東近平，輸漕方始。臣願陛下及時旋軫，天下羣生，莫不幸甚。」

長安四年正月二十二日，毁三陽宮，取其材木，造興泰宮於壽安縣之萬安山。左拾遺盧藏用上表諫曰：「臣愚雖不達時變，竊嘗讀書，見古帝王之迹衆矣。臣聞土階三尺，茅茨不翦，采椽不斲者，唐堯之德也。卑宫室，菲飲食，盡力乎溝洫者，大禹之行也。惜中人十家之產，而罷露臺之制者，漢文之明也。並能垂名無窮，爲帝皇之烈，豈不以克念徇物，博施濟衆，以臻於仁恕哉！今陛下崇臺邃宇，離宫別館，亦已多矣。更窮人之力，以事土木，臣恐議者以爲陛下不愛人，務奉己也。左右近臣，多以順意爲忠，朝廷具僚，皆以犯忤爲患，至令陛下不知百姓失業，百姓亦不知左右傷陛下之仁也。小臣固陋，不識忌諱，敢冒死上聞，乞下臣此章，與執政者議其可否。」

又《興慶宮》 開元二年七月二十九日，以興慶里舊邸爲興慶宮。初，上在藩邸，與宋王等同居于興慶里，時人號曰「五王子宅」。至景龍末，宅內有龍池湧出，日以浸廣，望氣者云有天子氣。中宗數行其地，命泛舟，以駞象踏氣以厭之，至是爲宮焉。後于西南置樓，西面題曰：「花萼相輝之樓」；南面題曰：「勤政務本之樓」。至二十五年，玄宗謂諸王曰：「我自奉先帝宮室，不敢有加，時時補葺，已愧于勞人矣。惟興慶創制，乃朝廷百辟卿士以吾舊邸，因欲修建，不免羣卿考室之詞，以俟庶民子來之請，亦所以表休徵之地。新作南樓，本欲察甿俗，採風謠，以防壅塞，是亦古闢四門達四聰之意，時有作樂宴慰，不徒然也。又因大哥讓朱邸，以成『花萼』『相輝』之美，歷觀自古聖帝明王，有所興作，欲以助教化也。我所冀者，式崇敦睦，漸漬薄俗，令人知信厚爾。」至十六年正月三日，始移仗于興慶宮聽政。二十四年六月，廣花萼樓，築夾城至芙蓉園。十二月三日，毁東市東北角，道政坊西北角，以廣花萼樓前。

天寶十載四月二十一日，興慶宮造交泰殿成。

元和十四年三月，詔左右軍各以官健二千人修勤政樓。

大和三年十月，勅修南內天同殿十三間，及勤政樓、明光樓。

大中五年，詔修明儀樓。

又《華清宮》 開元十一年十月五日，置温泉宮於驪山。至天寶六載十月三日，改温泉宮爲華清宮。至天寶九載九月，幸温泉宮，改驪山爲會昌山。至十載，又改爲昭應山，仍于秦坑儒之處立祠，以祀遭難諸儒。

天寶元年十月，造長生殿，名爲集靈臺，以祀神。

六載十二月，發馮翊、華陰等郡丁夫，築會昌羅城于温陽，置百司。

七載十二月二日，玄元皇帝降于朝元閣，改爲降聖閣。八載四月，新作觀風樓。

又《諸宮》 武德七年五月十七日，造仁智宮于宜州宜君縣。

貞觀二年八月，上每日視于西宮，公卿奏以宮中卑溼，請立一閣。上曰：「若遂來請，糜費良多；昔漢文帝將起露臺，而惜中人十家之產。朕德不逮乎漢帝，而所費過之，豈爲人父母之道哉？」竟不許。十一年正月十四日，新作飛山宮。七月二十日，廢明德宮及飛山宮之園囿，以分給遭水之家。

十四年八月五日，營襄城宮。初，太宗將幸洛陽，遣將作大匠閻立德訪可清暑之地，以建離宮，遂于汝州西山，前臨汝水，傍通廣城澤，以置宮焉。役工一百九十萬，雜費稱是。至十五年三月七日，幸襄城宮。及至，暑熱甚，又多毒虺，太宗大怒，九日，免立德官，而罷其宮，分賜百姓。

顯慶五年四月八日，於東都苑內造八關涼宮。五月二十二日，改爲合璧宮。

儀鳳三年正月七日，于藍田縣新作涼宮，宜名萬全宮。弘道元年十二月七日，遺詔廢之。

儀鳳四年五月十九日，造紫桂宮于澠池縣西。至永淳元年四月十三日，改芳桂宮。弘道元年，遺詔廢之。

長安二年六月，于雍州永安縣置涼宮，以永安爲名，仍令特進武三思充使營造。

景龍元年十月，勅宮殿門、皇城門、京城門、禁苑門，左右內外各給交魚符一合，巡魚符一合；左廂給開門魚一合，右廂給閉門魚一合；左符付監門掌，交番巡察，每夜并非時開閉，則用之。

開元十一年正月十四日，改潞州舊宅爲飛龍宮。

又《雜記》 武德三年七月八日，勅隋代離宮、別館、遊憩所並廢。九年六月，改東宮弘禮、嘉福等門爲重光、宣明門。

長安二年正月十七日，太子左庶子王方慶上言，請準舊制，改東宫殿及各門與皇太子名同者，上疏曰：「謹按史籍所載，人臣與人主言及上表，未有稱皇太子名者，當爲太子皇儲，其名尊重，不敢指斥，所以不言。西晉僕射山濤啓事，稱皇太子而不言名。濤中朝名士，必詳典籍，故不稱名，應有憑準。朝官尚猶如此，宫臣諱則不疑。今東宫殿及門名皆有觸犯，臨事論啓，迴避甚難。孝敬皇帝爲太子時，改弘教門爲崇教門；沛王爲皇太子時，改崇賢館爲崇文館；皆避名諱，以尊禮典。此則成例，足爲規模。」上從之。

神龍元年十一月二十五日，有司奏以宫殿名與沛王諱同者，悉改焉。遂改昭慶殿、章德殿、昭賢侯廟。

三年八月二十一日，改玄武樓爲神武制勝樓。

開元二十六年正月六日，修望春宫。至十月，兩京路行宫各造殿宇及屋千間。

貞元四年十月二十五日，户部侍郎班宏奉勅修延喜門，築夾城。五年正月十九日，宏又修玄武樓。

十二年八月六日，户部尚書裴延齡奉勅修望仙樓。至十三日，令又築望仙樓東夾城。其年十二月，度支郎中、兼御史中丞、副知度支蘇弁奉勅改造三殿前會慶亭。

十三年九月，上謂户部侍郎、制度支裴延齡曰：「朕以浴堂院、殿一栿損壞，欲换之而未能。」裴延齡曰：「陛下自有本分錢物，用之不竭。」上驚曰：「本分錢物何也？」對曰：「準《禮經》，天下賦税三分，一分充乾豆，一分充賓客，一分充君之庖廚。乾豆者，供宗廟也，亦不能分財物；至于諸國蕃客及迴紇馬價，皆極簡儉；庖廚之餘，其數尚多，陛下本分也。用修數十殿亦不合疑，何況一栿邪？」上頷之而已。又奏：「近于同州檢得一谷，材木可數千條，皆長七八丈。」上曰：「人言天寶中，側近求覓長五六十尺者尚無，今何近處忽有此木？」延齡曰：「生自關輔，蓋爲聖君，豈前時合得有也！」其姦佞如此。

十四年三月三日，造會慶亭于麟德殿前。

元和二年六月，詔左神策軍，新築夾城，置玄化門晨輝樓。

三年十月，勅修南内宫牆舍，共一千六百間。

五年十一月，上謂宰臣曰：「朕以禁中舊殿，歲久傾危，欲漸修葺。緣國用未足，每務簡儉，至於車服食飲，亦畏奢侈，不知竟可營造否？」權德輿對曰：「仲尼謂大禹卑宫室，菲飲食，惡衣服，爲無間。漢文帝欲起露臺，以百金中人十家之産，吾奉先帝宫室，常恐羞之，何以臺爲？遂止。是以文帝之代，四海庶富，俗知禮讓。今陛下至誠恭儉，有過前王，當爲天下幸甚。」

六年五月，詔毁興安門南竹亭。

十二年四月，詔右神策軍以衆二千築夾城，自雲韶門過芳林門，西至修德里，以通於興福佛寺。其年閏五月，新造蓬萊池周廊四百間。

十三年二月，詔六軍使創修麟德殿之右廊。是月，浚龍首池，起承暉殿，雕飾綺焕，徙植佛寺之花木以充焉。

十五年二月，詔於西廊内開便門，以通宰臣自閤中赴延英路。七月，新作永安殿及寶慶殿，修日華門，通乾門并朝堂廊舍。八月，發神策六軍三千人浚魚藻池。十月，發右神策兵各千人，於門下省東少陽院前築牆，及造樓觀。

長慶元年五月，禁中造百尺樓。時帑藏未實，内外多事，土木之工屢興，物議喧然。

寶曆元年五月，神策軍於苑内古長安城中修漢未央宫，掘地獲白玉一，長六尺。其年九月，勅長春宫莊宅，宜令内莊宅使營建。

大和元年四月，詔毁昇陽殿東放鴨亭，望仙門側看樓十間，並敬宗所造也。

二年八月，勅修安福樓及南殿院屋宇一百八十八間；又修兩儀殿及甘露殿，共一百七十二間。

九年七月，勅修紫雲樓於芙蓉北垣。九月，内出新造紫雲樓彩霞亭額，左軍中尉仇士良以鼓吹迎於銀臺門。時上好詩，每吟杜甫《曲江行》云：「江頭宫殿鎖千門，細柳新蒲爲誰緑。」乃知天寶已前，曲江四面皆有行宫臺殿，思復昇平故事，故爲樓殿壯之。

會昌元年三月，勅造靈符應聖院。五年正月，造仙臺。其年六月，修望仙樓及廊舍，共五百三十九間。

大中元年二月，勅修百福殿院八十間。其年七月，勅親親樓號雍和殿，别造屋宇廊舍七百間。二年正月，勅修右銀臺門樓屋宇，及南面城牆至叡武樓。

天祐二年四月勅：「自今年五月一日後，常朝出入，取東上閤門，或遇奉慰，即開西上閤門，永爲定制。」其年五月四日，勅改東都延喜門爲宣仁門、重明門爲興教門、長樂門爲光政門、光範門爲應天門、乾化門爲乾元門、宣政門爲敷政門、宣政殿爲貞觀殿、日華門爲左延福門、月華門爲右延福門、萬壽門爲萬春門、積慶門爲興善門，含章門爲膺福門，含清門爲延義門，金鑾門爲千秋門，延和門爲章善門，以保寧殿爲文思殿。其見在門名與西京門同名，並宜改復洛京舊門名。

吴兢《貞觀政要》卷四《規諫太子》 貞觀十四年，太子詹事于志寧，以太子承乾廣造宫室，奢侈過度，耽好聲樂，上書諫曰：

臣聞克儉節用，實弘道之源；崇侈恣情，乃敗德之本。是以凌雲槩日，戎人於是致譏；峻宇雕墻，《夏書》以之作誡。昔趙盾匡晉，吕望師周，或勸之以節財，或諫之以厚斂。莫不盡忠以佐國，竭誠以奉君，欲使茂實播於無窮，英聲被乎物聽。咸著簡策，用爲美談。且今所居東宫，隋日營建，覩之者尚譏其侈，見之者猶歎甚華。何容於此中更有修造，財帛日費，土木不停，窮斤斧之工，極磨礱之妙？且丁匠官奴入内，比者曾無復監。此等或兄犯國章，或弟罹王法，往來御苑，出入禁闈，鉗鑿緣其身，槌杵在其手。監門本防非慮，宿衛以備不虞，直長既自不知，千牛又復不見。爪牙在外，厮役在内，所司何以自安，臣下豈容無懼？【略】

臣自驅馳宫闕，已積歲時，犬馬尚解識恩，木石猶能知感，臣所有管見，敢不盡言。如鑒以丹誠，則臣有生路；若責其忤旨，則臣是罪人。但悦意取容，臧孫方以疾疢；犯顔逆耳，《春秋》比之藥石。伏願停工巧之作，罷久役之人，絶鄭、衛之音，斥羣小之輩。則三善允備，萬國作貞矣。

慧立，彦悰《大慈恩寺三藏法師傳》卷一〇 顯慶三年正月，駕自東都還西京，法師亦隨還。

秋七月，敕法師徙居西明寺。寺以元年秋八月戊子十九日造。時有敕曰，以延康坊濮王故宅爲皇太子分造觀、寺各一，命法師案行其處。還奏地窄不容兩所，於是總用營寺，其觀改就普寧坊。仍先造寺，以其年夏六月營造功畢。其寺面三百五十步，周圍數里。左右通衢，腹背廛落。青槐列其外，淥水亘其間，(亹亹)〔亹亹〕耽耽，都邑仁祠此爲最也。而廊殿樓臺，飛驚接漢，金鋪藻棟，眩目暉霞。凡有十院，屋四千餘間。莊嚴之盛，雖梁之同泰，魏之永寧，所不能及也。

敕先委所司簡大德五十人、侍者各一人，後更令詮試業行童子一百五十人擬度。至其月十三日，於寺建齋度僧，命法師看度。至秋七月十四日，迎僧入寺，其威儀、幢蓋、音樂等一如入慈恩及迎碑之則。敕遣西明寺給法師上房一口，新度沙彌十人充弟子。帝以法師先朝所重，嗣位之後禮敬逾隆，中使朝臣問慰無絶，嚫施綿帛、綾錦前後萬餘段，沙服、衲、袈裟等數百事，法師受已，皆爲國造塔及營經像，給施貧窮並外國婆羅門客等，隨得隨散，無所貯蓄。發願造十俱胝像，百萬爲十俱胝，並造成矣。

劉肅《大唐新語》卷三《公直》 安樂公主恃寵，奏請昆明池以爲湯沐。中宗曰：「自前代已來不以與人。不可。」安樂於是大役人夫，掘其側爲池，名曰定昆池。池成，中宗、韋庶人皆往宴焉，令公卿已下咸賦詩。黄門侍郎李日知詩曰：「但願暫思居者逸，無使時傳作者勞。」後睿宗登位，謂日知曰：「朕當時亦不敢言，非卿忠正，何能如此。」俄拜侍中。

劉肅《大唐新語》卷六《舉賢》 封德彝在隋，見重於楊素，素乃以從妹妻之。隋文帝令素造仁智宫，引德彝爲土工監。宫成，文帝大怒曰：「楊素竭百姓之力，雕飾離宫，爲吾結怨於天下！」素惶恐，慮得罪。德彝曰：「公勿憂，待皇后至，必有恩賞。」明日，果召素，良久方入對，獨孤皇后勞之曰：「大用意，知吾夫妻年老，無以娱心，盛飾此宫室，豈非孝順。」賞賚甚厚。

馬總《意林》卷五《物理論十六卷》 始皇冢令匠人作機弩，有人穿者，即射之。以人魚膏作燭。【略】

始皇遠游並海，而不免平臺之變。及葬驪山，尋見發掘。

今有鉛錫之鋌，雖歐冶百煉，猶不如瓦刀。有駑駘之馬，雖造父駕之，終不及飛兔、絶景，質鈍故也。土不可作鐵，而可以作瓦。【略】

指南車見《周官》，亦見《鬼谷子》。先生作給事中，與高堂隆、秦朗争指南車。二子云：「古無此車，記虚言耳。」先生曰：「争虚空言，不如試之效也。」言于明帝，明帝詔使作之，車乃成。

翻車先生居在京師，城内有地作園，而患無水可溉，乃作翻車，令童兒轉之，其功百倍。【略】

構大厦者，先擇匠而後簡材；治國家者，先擇佐而後定民。

人之學，如渴而飲河海。大飲則大盈，小飲則小盈；大觀則大見，小觀則小見。

金以利用，錢以輕流。此二物饑不可食。

鄭處誨《明皇雜録》卷下 玄宗幸華清宫，新廣湯池，制作宏麗。安禄山於范陽，以白玉石爲魚龍鳧雁，仍爲石梁及石蓮花以獻，雕鐫巧妙，殆非人工。上大悦，命陳於湯中，又以石梁横亘湯上，而蓮花纔出於水際。上因幸華清宫，至其所，解衣將入，而魚龍鳧雁皆若奮鱗舉翼，狀欲飛動。上甚恐，遽命撤去，其蓮花至今猶存。又嘗於宮中置長湯屋數十間，環迴甃以文石，爲銀鏤漆船及白香木船，置於其中，至於楫櫓，皆飾以珠玉。又於湯中壘瑟瑟及丁香爲山，以狀瀛洲、方丈。上將幸華清宮，貴妃姊妹競車服，爲一犢車，飾以金翠，間以珠玉，一車之費，不下數十萬貫。既而重甚，牛不能引，因復上聞，請各乘馬。於是競購名馬，以黄金爲銜轆，組繡爲障泥，共會於國忠宅，將同入禁中。炳炳照灼，觀者如堵。自國忠宅至於城東南隅，僕御車馬，紛紜其間。國忠方與客坐於門下，指而謂客曰：「某家起於細微，因緣椒房之親，以至於是。吾今未知税駕之所，念終不能致令名，要當取樂於富貴耳。」由是驕奢僭侈之態紛然，而昧處滿持盈之道矣。太平公主玉葉冠，虢國夫人夜光枕，楊國忠鎖子帳，皆稀代之寶，不能計其直。

楊貴妃姊虢國夫人，恩寵一時，大治宅第。棟宇之華盛，舉無與比。所居韋嗣立舊宅，韋氏諸子方午偃息於堂廡間。忽見婦人衣黄羅帔衫，降自步輦，有侍婢數十人，笑語自若，謂韋氏諸子曰：「聞此宅欲賣，其價幾何？」韋氏降階曰：「先人舊廬，所未忍舍。」語未畢，有工數百人，發東西廂，撤其瓦木。韋氏諸子乃率家童，絜其琴書，委於路中。而授韋氏隙地十數畝，其宅一無所酬。虢國中堂既成，召匠圬墁，授二百萬償其值，而復以金盞瑟瑟三斗爲賞。後復歸韋氏，曾有暴風拔樹，委其堂上，已而視之，略無所傷。既撤瓦以觀之，皆乘以木瓦，其制作精緻，皆此類也。虢國每入禁中，常乘驄馬，使小黄門御。紫驄之俊健，黄門之端秀，皆冠絕一時。

樂史《楊太真外傳》卷上 〔天寶〕二載，加釗御史大夫，權京兆尹，賜名國忠。封大姨爲韓國夫人，三姨爲虢國夫人，八姨爲秦國夫人。同日拜命，皆月給錢十萬，爲脂粉之資。然虢國不施粧粉，自衒美艷，常素面朝天。當時杜甫有詩云：「虢國夫人承主恩，平明上馬入宮門，却嫌脂粉涴顔色，淡掃蛾眉朝至尊。」又賜虢國照夜璣，秦國七葉冠，國忠鎖子帳，蓋希代之珍，其恩寵如此。銛授銀青光禄大夫鴻臚卿，將列棨戟，特授上柱國，一日三詔。與國忠五家於宣陽里，甲第洞開，僭擬宮掖，車馬僕從，照耀京邑，遞相誇尚。每造一堂，費逾千萬計，見制度宏壯於己者，則毁之復造。土木之工，不捨晝夜。上賜御食，及外方進獻，皆頒賜五宅。開元已來，豪貴榮盛，未之比也。上起動必與貴妃同行，將乘馬，則力士執轡授鞭。宮中掌貴妃刺繡織錦七百人，雕鏤器物又數百人，供生日及時節慶。續命楊益往嶺南，長吏日求新奇以進奉。嶺南節度張九章，廣陵長史王翼，以端午進貴妃珍玩衣服，異於他郡，九章加銀青光禄大夫，翼擢爲户部侍郎。

王讜著、周勛初校證《唐語林校證》卷一《德行》 宣宗嘗出内府錢帛建報聖寺，大爲堂殿，金碧圬墁之麗，近所未有。堂曰「介福之堂」，憲宗御像在焉。堂之北曰虔思殿，上休憩所也。每由複道至寺。凡進薦於介福者，雖甚微細，必手自題緘。

歐陽修《新五代史》卷六三《前蜀世家·王衍》 〔乾德〕五年，起上清宮，塑王子晉像，尊以爲聖祖至道玉宸皇帝，又塑建及衍像，侍立於其左右；又於正殿塑玄元皇帝及唐諸帝，備法駕而朝之。

《宋史》卷九八《禮志一》 元祐册后，政和冠皇子，元符創景靈西宮，崇寧親祀方澤，作明堂，立九廟，鑄九鼎，祀熒惑，大觀受八寶，大祀皆前期十日而戒。凡此蓋治平以前所未嘗行者。

王闢之《澠水燕談録·事誌》 秀州祥符院僧智和蓄一古琴，瑟瑟微碧，文細，石爲軫，制作精巧，音韻清越。中刊李陽冰篆三十九字，其略云：「南溟夷島産木名伽陀羅，文横如銀屑，其堅如石，遂用作此臨岳。」沈括《筆談》、朱長文《琴史》著此琴，即唐相汧公李勉所製響泉也。響泉之名，見《李勉傳》。元祐末，和死，州狀其事，以其琴匣送尚書禮部，符太常帳管，好事者時時鼓之。

錢塘沈振蓄一琴，名冰清，腹有晉陵子銘云：「卓哉斯器，樂惟至正。音清韻古，月澄風勁。三餘神爽，泛絶機静。雪夜敲冰，霜天擊磬。陰陽潛感，否臧前鏡。人其審之，豈獨知政。」書「大曆三年三月三日上底，蜀郡雷氏斲。」鳳沼内書「貞元十一年七月八日再脩。士雄記。」聲極清實。山荘陳聖與名知琴，少在錢塘，從振借琴彈，酷愛之。後三十年，聖與官太常，會振姪述鬻冰清，索百千不售。未幾，述卒，其妻得二十千，鬻於僧清道，轉落于太一道士楊英。久之，聖與以五十千購得，極珍祕之。或以晉陵子，杜牧之道號。篆法類李義山筆，亦莫可辯，又不知士雄何人也。

袁褧《楓窗小牘》卷上 舊京工伎固多奇妙，即烹煮槃案，亦復擅名。如王樓梅花包子、曹婆肉餅、薛家羊飯、梅家鵝鴨、曹家從食、徐家瓠羹、鄭家油餅、王家乳酪、段家爊物、不逢巴子南食之類，皆聲稱於時。若南遷湖上，魚羹宋五嫂、羊肉李七兒、奶房王家、血肚羹宋小巴之類，皆當行不數者。

樓鑰《北行日録》卷上 （乾道五年十二月）二日癸未。晴，風。車行八十里，虹縣早頓。城門不容車，乘馬入驛。市井多在城外，驛之西有古寺，大屋二層，瓦以琉璃，柱以石，聞其上多米元章諸公遺刻。三年前於寺中待使客。飯後乘馬行八十里，宿靈壁，行數里，汴水斷流，人家獨處者皆燒拆去。聞北人新法：路傍居民盡令移就鄰保，恐藏姦盜，違者焚其居。有一鹿起草間，截馬前。西去兩岸皆奇石，近靈壁東岸尤多，皆宣政花石綱所遺也。虞姬墓在西岸荒草中，横安二石板，相去尺餘。隆興間，我得泗虹，以此墓爲界。縣外山上有叢祠，漢高帝廟也。淮北荒凉特甚，靈壁兩岸人家多瓦屋，亦有小城，始成縣。道有粉壁云：淮南京都轉運帖，理會買撲坊場。遞鋪皆築小塢，四角插皁旗，遇賀正人使先排兩馬南去。金法：金牌走八騎，銀牌三，木牌二，皆鋪馬也。木牌最急，日行七百里，軍期則用之。

三日甲申。晴。車行六十里，静安鎮早頓。又六十里，宿宿州。自離泗州循汴而行，至此河益堙塞，幾與岸平，車馬皆由其中，亦有作屋其上。州城新築，雉堞甚整。聞是五月下旬上畔指揮重修，限四旬畢工，費一出於民。城中人物頗繁庶，麪每斤二百一十，粟穀每斗百二十，粟米倍之。陌以六十。大寺數所，皆承平時物。酒樓二所甚偉，其一跨街，榜曰「清平」，護以葦席。市肆列觀無禁，老者或以手加額而拜。有倒卧脚引、書鋪般販、官局湯藥、蔡五經家餅子風藥。去州二里許，二郎廟前有下馬亭，即李顯忠斬李福、李保之地。驛舍鄰郡治，顯忠駐軍於此。破城之初，每兵止犒以三鐶，士卒憤惋。及逃歸，創殘之士不能自力，悉碎於敵手，爲數坑埋之。中庭有井，自投者尤多。負郭縣曰符離，項羽破漢軍於靈壁東，睢水爲之不流，即此縣界。

《金史》卷五《海陵紀》 （正隆六年）至營南京宫殿，運一木之費至二千萬，牽一車之力至五百人。宫殿之飾，徧傅黄金而後間以五采，金屑飛空如落雪。一殿之費以億萬計，成而復毁，務極華麗。其南征造戰艦江上，毁民廬舍以爲材，煑死人膏以爲油，殫民力如馬牛，費財用如土苴，空國以圖人國，遂至於敗。

《金史》卷一〇《章宗紀二》 （明昌六年）夏四月癸亥，勅有司，以增修曲阜宣聖廟工畢，賜衍聖公以下三獻法服及登歌樂一部，仍遣太常舊工往教孔氏子弟，以備祭禮。

《金史》卷二四《地理志上》 邊堡，大定二十一年三月，世宗以東北路招討司十九堡在泰州之境，及臨潢路舊設二十四堡障參差不齊，遣大理司直蒲察張家奴等往視其處置。於是東北自達里帶石堡子至鶴五河地分，臨潢路自鶴五河堡子至撒里乃，皆取直列置堡戍。評事移剌敏言：「東北及臨潢所置，土瘠樵絶，當令所徙之民姑逐水草以居，分遣丁壯營畢，開壕塹以備邊。」上令無水草地官爲建屋，及臨潢路諸堡皆以放良人戍守。省議：「臨潢路二十四堡，堡置戶三十，共爲七百二十，若營建畢，官給一歲之食。」上以年飢權寢，姑令開壕爲備。四月，遣吏部郎中奚胡失海經畫壕塹，旋爲沙雪堙塞，不足爲禦。乃言：「可築二百五十堡，堡日用工三百，計一月可畢，糧亦足備，可爲邊防久計。泰州九堡、臨潢五堡之地斥鹵，官可爲屋外，自撒里乃以西十九堡，舊戍軍舍少，可令大鹽濼官木三萬餘，與直東堡近嶺求木，每家官爲構室一椽以處之。」

《元史》卷一七《世祖紀十四》 （至元二十九年七月）壬申，建社稷和義門内，壇各方五丈，高五尺，白石爲主，飾以五方色土。壇南植松一株，北墉瘞坎壝垣，悉倣古制，别爲齋廬，門廡三十三楹。

佚名《大元海運記》卷上 （至元）二十二年二月，以濟州運糧船數闕，命三省續造三千艘。參政不魯迷失海牙等奏：自江南每歲運糧一百萬石，從海道來者十萬石，阿八赤樂實二人新挑河道運者六十萬石，濟州奧魯赤所挑河道運者三十萬石。今闊闊你敦等言濟州河道缺少船隻，臣等議令三省造船三千艘，准奏。是年七月，支運糧梢水口糧，省准户部呈，利津海道萬户，府自江淮省，起遣到新附梢水二千名，合照運糧梢水例，每名月支粳米四斗，行下濟州漕運司放支。

《明太宗實録》卷一百十四 （永樂九年三月庚辰），温州府民言：「本府歲輸白礬數千斤赴京，阻隔山路，負運實艱，乞附載海運舟輸京爲便。」上問工部臣曰：「礬欲何用？」對曰：「以染色布。」上曰：「特染布耳，而勞民于數千里之外，可罷其歲征。自今製布衣，不必染色。」

《明仁宗實録》卷四 （永樂二十二年九月壬午），上諭工部臣曰：「古者土賦隨地所産，不强其所無。比年如册漆、石青之數，所司更不究物産之地，一槩下郡縣〔徵〕之，郡縣逼迫，小民鳩斂金幣詣京師博易輸納，而商販之徒，乘時射利，物價騰踴數十倍。加有不肖官吏夤緣爲奸，計民所費，朝廷得其千百之十一，其餘悉肥下人。今宜切戒此弊，凡合用之物，必於出之地計直市之。若仍蹈故習，一槩科派以毒民者，必誅不宥。」

《明宣宗實録》卷二 （洪熙元年六月乙卯），上諭少保户部尚書夏原吉等曰：「各處軍民，艱難已甚。凡諸衙門先有坐派、造辦紵絲、紗羅、氁段、香貨、銀硃、金箔及果品、海味等物，即遣人馳驛往諭：已辦完在官者，令原差監辦官管運回京；未辦者悉停罷。如歲額，不在此例。有仍前科擾於民者，必罪不赦。」

《明宣宗實録》卷二十二 〔宣德元年十月乙亥〕，行在户部言：「比者鈔法阻滯，朝廷屢嚴禁約，至今未見流通，蓋由所出者多，所入者少。請自今，凡官員軍民人等，赦後倒死、虧欠馬、駝等畜，俱令納鈔。馬每匹三十貫，駝八十貫，騾二千貫，驢、牛每頭一千貫，猪、羊每隻三百貫，鵝八十貫，雞、鴨各三十貫。赦後至洪熙元年終，各處所欠魚鰾等物，魚鰾每斤二十五貫，魚油十貫，茶五貫，翎毛每百根十貫，牛皮一張三百貫，羊皮以下每一張一百五十貫，蘆柴每束二十五貫。贓罰金銀諸物，金每兩八千貫，銀二千貫，銅、錫每斤各二百貫，鐵五十貫，鉛一百貫，紵絲、羅每匹各二千五百貫，綾二千貫，紬一千貫，官絹五百貫，小絹二百五十貫，官綿布二百貫，小綿布一百五十貫，三梭布四百貫，大苧布一百五十貫，小苧布一百貫，福生布、洗白夏布各二百貫，高麗布一千貫。其有不盡載者，各加時價五倍折鈔。内外商税門攤等項，俱依前例。監察御史、按察司官嚴督比較，如或怠惰，致令有司作弊，一體究問。今後若官吏軍民人等犯笞杖罪，每一十贖鈔一千貫，軍官還職，文官應降罷者依律降罷，吏改撥，軍民人等着役寧家。」上曰：「此亦一時權宜耳，俟鈔法稍通，别議。」

《明宣宗實録》卷二十五 〔宣德二年二月戊子〕，行在工部奏：「南京時有修葺，所少竹木，請令湖廣都司、布政司各用軍民二千人採用。」從之。

《明宣宗實録》卷二十六 〔宣德二年三月丁酉〕，湖廣布政司奏：「去年旱澇相仍，民多艱食。今行在工部採辦竹木等料，不免勞費，乞賜停止。」上以示尚書吴中，中詣量減。上曰：「民窮如此，爾必欲困之，何也？其悉止之。」

《明宣宗實録》卷九十一 〔宣德七年六月戊子〕直隸蘇州府知府况鍾言：「近奉詔書：『官民田地有荒蕪者召人佃種，官田準民田起科；無人種者，勘實，除豁租額。』臣勘得崑山等縣民以死、徙、從軍除籍者三萬三千四百七十二户。所遺官田，召人佃種，應準民田科者二千九百八十二頃，其間應減秋糧一十四萬九千五百一十石。已嘗申達户部，未奉處分。況官田有没入海者，糧額尚在，乞皆如詔書除豁。」又言：「本府所屬長洲等七縣，舊有民三十六萬餘户，秋糧二百七十七萬九千餘石；其中民糧止一十五萬三千一百七十餘石，官糧二百六十二萬五千九百三十餘石。官田每畝科糧不等，自五斗至三石。洪武間徵各縣民有民糧者出馬二百餘匹，役於濠梁等驛，又出丁船役於水驛及遞運所。永樂間北方民饑，徵本府民有民糧者出馬二百四十餘匹，役於銅城等驛，約至三年，仍令土民代還。比因有民糧者不足，又以有官糧者補之。至今三十餘年，未曾更代，民實困若。」又言：「工部近徵闊三梭布八百疋。浙江布政司凡十有一府，民糧二百六十餘萬，所出不過百疋，蘇州一府獨七百疋。其餘徵科不均，往往類此。乞繼今凡有科徵，或以民糧、或以户口爲度，庶幾多寡適均，公務易集，人民可甦。」又言：「各都司、布政司及直隸衛、府、州、縣倉，歲收税糧，出給通關，付納户齎繳户部查理，至爲詳謹。而有亡賴之徒，私賄倉官、斗級，包收攬納，虚出通關，甚至僞造印信。事覺，犯者雖寘刑辟，而税糧已爲侵欺，不免重徵，實爲民患。乞繼今各處倉廒收糧，亦如各部行移勘合編寫字號底薄，一樣三本，一存於部，一付各處府州，一同編過勘合通關紙發該倉掌印官相沿收掌。凡所納糧，不拘多寡，截日填給通關，不許(先)〔洗〕；改或差錯，則明白圈注，用印鈐蓋，以付納户收領，回縣繳送，府州比對硃墨、字號相同，然後轉繳該部。如此則税糧易清，姦弊頓革。」悉從之。

《明宣宗實録》卷九十一 〔宣德七年六月戊子〕，直隸保定府易州、奏州民，舊牧官羊五千二百餘羫，歲賦毛如羊之數。比年，羊死已四千，存者止千二百，而官猶如舊徵毛。今州民逃故者多，且連歲不登，民皆乏食。伏乞停徵，俾得安存命。悉免之。

《明英宗實録》卷九 〔宣德十年九月〕癸未，勑行在工部曰：「洪武、永樂間，各處府、縣歲貢綵段，工部驗中，方送内庫，且無賄囑及包攬之弊，故皆精密鮮明，足稱朝廷賞賚，亦不虚費百姓財力。近年以來，徒見糜費民財而段匹多不堪用。此皆有司通同工匠侵盗易换，且聽人包攬解納；及至京，該部該庫官吏人等又從而求取賄賂，一得其利，遂不辨美惡，悉送内庫。此積年之弊也。今特命司禮監取洪武、永樂間紵絲、紗、羅、綾、絹之類，與爾工部及各布政司府、縣，務以此爲式成造。其起送至京，令監察御史同爾工部官辨驗，仍委司禮監官參視。敢有漫不知省，仍蹈前弊者，通治以重罪不宥。爾工部其榜諭各處，使咸知之。」

《明英宗實録》卷四十二 〔正統三年五月〕壬子，巡按福建監察御史周銓奏：「比者浙江温處二府青田等縣無賴之民，潛至福建福安縣地方，聚衆數千，采取銀鑛，私置兵器，出入山林，劫掠民財。臣與福建三司雖屢揭榜禁約，委官緝捕，然散而復聚，爲患不已。乞勑浙江三司委官諧福安等縣，會同本處官員招撫各人復業。或有恃頑不服者，即於附近衛所量調官軍擒捕，庶息民患。」從之。

《明英宗實録》卷四十三 〔正統三年六月〕庚午，陝西布政司言：「本司歲造駝、羊毯段，其絲絨皆出民間。今甘肅、寧夏等處征禦達賊軍需，又令民供給。乞停毯段，俟邊境寧息，仍舊成造。」從之。

《明英宗實録》卷四十九 〔正統三年十二月〕乙丑，上諭行在都察院臣曰：「比因開辦銀課擾民，已皆停罷，封閉各處坑火，禁人煎採。近聞浙江、福建等處有等頑猾軍民，不遵法度，往往聚衆偷開坑穴，私煎銀礦，以致互相争奪，殺傷人命。爾都察院即揭榜禁約。今後犯者，即令該管官司拏問具奏，將犯人處以極刑，家遷化外。如有不服追究者，即調軍勦捕。」

《明英宗實録》卷一百二十九 〔正統十年五月己亥〕，四川會川衛前所舍人陳武奏：「指揮李淳朋合勢豪，聚集軍囚、夷獠一千餘人，于密勒山銀場宮開官洞，取礦煎銀，私立主事、行事、掌事并千百長名色，持兵放銃，嘯聚山林，漸成耗叛。」奏下户部，請移文四川三司勘實逮治。從之。

《明英宗實録》卷一百四十七 〔正統十一年十一月〕庚午，命直隸蘇、松及浙江杭州等府織金綵花、素各色紵絲紗、羅、綾、紬、錦九千匹。

《明英宗實録》卷二百九十 〔天順二年四月壬戌〕，命中官於浙江、福建、雲南三布政司鬧辦銀課。浙江歲辦銀二萬一千二百五十兩，福建一萬五千一百二十兩，雲南五萬二千三百八十兩。從太監福安奏也。

《明英宗實録》卷三百三十五 〔天順五年十二月〕庚午，勑鎮守浙江右少監盧永等曰：「得奏，宣平等縣俞高山坑，多有賊徒聚衆强採銀礦。但此等本皆編民，必因衣食所窘，故致此。若遽勦殺，恐傷仁化。爾其與鎮守巡按三司官會議，出榜撫諭，令其退散，各安生業。果有艱窘之甚者，有司量加賑卹。如或兇頑不聽撫諭，仍前結聚强採，然後設法擒勦。務在地方寧静，人民安妥。」

《明英宗實録》卷三百三十九 〔天順六年四月丁亥〕，命直隸蘇、松及浙江等處仍增織紵絲紗、羅一萬匹。初，天順元年令織三萬四千七百匹，以詔減一萬。至是復徵之。

《明英宗實録》卷二百四十八 〔景泰五年十二月〕壬辰，鎮守處州浙江都指揮王瑛奏：「處州銀場利害有二：曰歲辦，曰鬧辦。歲辦者，洪武中原額本府每歲一次送納不及三千兩，於民有利而無害；鬧辦者，永樂、宣德中漸增，差官四季徵納。如本府青田縣，今新分設景寧縣，洪武中歲辦不及一千兩，今鬧辦至一萬四千三百餘兩，民深被其害矣。臣嘗思之，開採銀場，固非善政。但防禦有方，則貧民得所而不爲盜賊。若不開採，則貧民不免聚集爲盜賊。乞照洪武中歲辦例開採。」事下户部，言：「洪武歲辦額太輕，若如所擬，誠恐趨利之徒得以肆爲强暴，争奪之風復起，官府難於控制。請移文浙江鎮守并布按二司等官，仍如鬧辦額數煎辦，果有多餘不及之數，明白具奏定奪。」從之。

《明憲宗實録》卷八十二 〔成化六年八月〕癸丑，詔曰：「朕以眇躬，君臨海宇，惟上天付畀之重，祖宗創守之艱，常懷惕勵，罔敢怠遑。所冀民物康阜，協于至治，而志勤道遠，厥效未彰。比者災沴荐臻，畿甸尤甚，三時不雨，一雨連旬，旱澇相仍，民食缺乏。循省厥咎，在予一人，百姓何辜，罹兹艱厄？興言及此，良用測然。夫篤近舉遠者古之規，視遠猶邇者朕之志；爰推憂勤之念，普施寬恤之仁。所有合行事宜，條例于後：一内外衙門見監問罪囚，除真犯死罪不宥外，其餘徒罪以上降等發落，杖罪以下，悉皆寬宥。有已發做工運磚運灰納米等項未完者，悉皆宥免。内有貪淫官吏監生知印承差臟證明白者，發回原籍爲民。一成化六年，順天等八府并各處奏報災傷，曾經官司踏勘明白者，該徵稅糧、子粒、馬草，悉與除豁；其有薄收者，照依分數減免。一各處軍民有先年拖欠稅糧、馬草、子粒、户口食鹽鈔錠，并派買厨料果品等物，順天等八府，自成化五年十二月以前，俱免追徵；其南北直隸并各布政司，自成化四年十二月以前，悉皆蠲免。【略】一南北直隸、山東、河南等布政司被災州縣，有拖欠内外衙門坐派、採買松木、長柴、椵木、楊木、榆槐、雜木椽子、窯柴、葛稭、蘆葦、蒲草、荆條、糠麩、麥穩、稻皮、土硝、蕘末、墨煤、麻觔、牛觔、金箔、銀硃、二硃、白綿羊毛、白硝羊皮、紅真黄牛皮、白匃驢皮、前截藍靛、紅黄熟銅、生漆、香油、片腦、三枝條、西碌硼砂、石大等青燒造罈餅、紅土、青土、薰皮草、歲〔辦〕皮翎、採捕野味、白山羊角、黑鉛、紅花、黄蠟、生銅、貓竹、水牛底皮、鹿皮等料，自成化四年十二月以前未徵者，盡行停免；已徵在官者，仍令解納，不許因而侵剋。一各處起解糧草等項中途有遇水火盜賊，曾經所在官司告勘明白申達到部者，悉免追倍。敢有乘機作弊侵欺入己者，事發治以重罪。一順天等八府、山東、河南等處被災軍民，有承佃住種各王府、各公主府及内外官員之家田地莊園，拖欠租米，自成化五年十二月以前并今年見有災傷無收去處，免追。一成化六年，分各處户口食鹽糧鈔，盡數蠲免。有已徵在官者，准作下年之數。以後只徵鈔貫，不許折收銀米等物。一成化六年七月初一日以前，各處失班人匠，并免罰工，止當正班。及内外衙門皂隸、馬夫有在逃曠役者，並免補役，不許一槩勾擾。一長蘆鹽運司被災場分，今年該徵鹽課，即與驗實除豁。【略】一凡民間利有當興，弊有當革，及一切便民之事，許所司具實開奏，毋有容隱。於戲朕體　上天好生之德，用嘉惠于吾民。爾中外大小臣僚，尚體朕恤民之意，務求臻于實效。故兹詔示，咸使聞之。」

《明憲宗實録》卷八十六　〔成化六年十二月〕辛酉，停免順天、河間、真定、保定四府成化五年、六年歲輸皮張、木植、石青等料。

《明憲宗實録》卷一百二十　〔成化九年九月癸丑〕户部言：「比者，内承運庫太監林繡奏：『本庫自永樂年間至今，收貯各項金七十二萬七千四百餘兩，銀二千七十六萬四百餘兩。累因賞賜，金盡無餘，惟餘銀二百四十萬四千九百餘兩。』今欲册封及後賞給，俱合儲金備用。但天下屢奏災傷，既無官錢支買，税糧折納。且湖廣金場，以課少而閉；雲南折銀，以民窮而止。今宜行令浙江、福建、雲南鎮守、巡撫、三司等官，於閘辦銀課内，浙江折金三百兩，福建二百兩，雲南五百兩。仍以浙江等處折糧銀改折，浙江金四百兩，松江、常州俱一百五十兩，蘇州三百兩。其雲南所逋歲辦差發金銀及各處贓罰金，盡數差解，以應急用。」疏上。詔令所擬折納，各倍其數，仍於産金地斟酌取之。

《明孝宗實録》卷三十九　〔弘治三年六月〕丙申，南京工部奏：「應天府直隸太平、鎮江二府所屬蘆州柴課，宜仍照見行額數解辦拆色銀兩并本色蘆柴。其餘直隸安慶、池州、揚州、廬州、江西九江等府并和州，隔江遥遠，自弘治二年以後年分，本色蘆柴，每束亦連脚耗徵銀四分；并清出數外聽補坍江等項洲地銀一同解部，以備各窑燒造之用。」事下工部，覆奏，從之。

《明孝宗實録》卷二十三　〔弘治四年七月〕庚寅，巡撫湖廣副都御史謝綬陳五事：「一停紙劄以蘇民困。謂近奉旨造各色紙二百六十萬張及轉運之費，用銀七萬五千餘兩。雖解納以五次爲期，而非其所産，悉從各省買辦。切見湖廣每歲供應之數，無慮七萬餘兩。各王府修造祭祀，歲無休息；及海舡(上)〔工〕料，又不止萬兩；此皆出於常計之外。況災傷流移，盜賊時發，而倉庫庫藏，在在缺乏。宜〔將〕各年來解之數，暫且停免，庶民苦可蘇。【略】命下其奏于所司。

《明孝宗實録》卷六十一　〔弘治五年三月〕丙子，吏科都給事中張九功言：「邇者，工部兩奉旨將新製各色綵粧絨氈畫圖下陝西鎮巡三司并甘肅鎮巡等官織造，今陝西諸司動支帑銀，收買物料，往南京轉雇巧匠，科買湖絲，又於城中創造織房。臣竊惟　陛下此舉有五不可：方今民力窮困，一不可也；炎異數見，二不可也；邊事相仍，三不可也；既設織房，流弊於後，四不可也；四方倣效，奢靡成風，五不可也。乞追回前命，以光聖德。」得旨：「絨氈近已令減半織造矣，其下所司知之。」

《明孝宗實録》卷六十四　〔弘治五年六月〕甲辰，四川按察司知事王勉奏：「天下歲辦白糧、木植、顔料、皮張、紙札、布絹之類甚多，民困於轉輸而内府或有餘，京城亦可以買辦。乞令内府及光禄寺等衙門，供應之物，除白糧外，其餘悉暫停解，惟收其直，庶公私兩利。」從之。

《明孝宗實録》卷六十四　〔弘治五年六月〕辛亥，户科給事中叢蘭奏：「臣奉命光禄寺監收。近者，本寺支給官錢，造辦　皇壇器皿。皇壇之説，臣不知其何爲者？或謂爲禁中建齋醮設，是乃成化末年，妖僧繼曉、姦吏李孜省，以邪術誤我　陛下之明，已寘二人於法。而凡僧道之流齋醮之事，一皆罷斥，何近日又有此舉？恐釁端一開，末流無所不至。乞仍舊停止。」時　上未有造辦皇壇器皿之命。得旨：「令光禄寺查奏，并具支給工價之數以聞。」光禄寺卿胡恭等上其數，且言：「本寺器皿，近以欽安殿修齋急用，盡數輳補，恐後有齋事，無以供應，故造辦以備。」上曰：「既爲預備供應，别無皇壇之説，蘭何因而起？」令自陳狀蘭復奏：「光禄寺支給官錢時，印信領狀及白頭手本，俱開預備内府皇壇之用，是以臣言及之。」并以領狀手本進。上曰：「領狀手本已明白，不當又加内府字，姑宥之。」時胡恭及大官署署正張慶等，亦各具疏請罪，謂：「成化中有旨，乾清宫建黄壇修齋，今誤以黄爲皇。」上曰：「胡恭等假以認罪，妄引遠年黄壇之説，分解皇壇字樣，與前奏不同，展轉支吾，法當執問。姑宥其罪，胡恭等罰俸一月，張慶等三月。」

《明孝宗實録》卷七十六　〔弘治六年閏五月庚申〕通政使司右通政毛倫言：「各處上納皮張、顔料及各色錢糧，必於該收衙門通賂賄始得進納；額外之費，視常數率至再倍；以致小民受累，國課常通。乞嚴加禁約，以祛姦弊。」工部覆奏：「請聽監收科道官劾奏及被害之人自行陳告，庶幾前弊可革。」從之。

《明孝宗實録》卷一百三　〔弘治八年八月〕丁丑，太子太保兵部尚書馬文升奏：「比來各處災異迭見，皆賦重役繁，小民嗟怨所感。且什一而税，古之常制，今日田畝，付税四五。近來宗藩位多，武職太濫，邊務方設，小民之糧，盡撥京邊上納。每糧一石，少則用銀八九錢，多則一兩一二錢；豐年用糧八九石方得易銀一兩，歉年則借取富室，加倍償還。往年京師倉庫錢糧易於上納，近年使用之錢，遇於所納之數。至若絲、綿花絨、闊布、大絹一切物料，交納尤難。非經攬頭，小民不敢上納。所以在京米糧雖賦，價值日增。每一布政司，該徵銀百萬餘兩，而備用馬價、擡柴夫役、京班及諸司官柴薪、兵隷、驛遞馬驢、船隻，又該銀數十萬兩。其他買辦顔料、織造段疋、供用之物，不在數中。江南兑運京倉并各衙門糧米，運至京師者，每正糧一石，亦該二石之上，甚至三四石者。桑棗盡鬻而絲絹不免，田畝盡賣而税糧猶存，賦重民困，未有甚於此時者也。好逸惡勞，人之常情。今天下之民，河南者，因黄河遷徙不常，歲起夫五六萬，每夫道里費須銀一二兩，逐年挑塞以爲常。近因修築決河，又起河南、山東夫不下二十萬。江南蘇、松等府挑濬海道，亦起夫二十萬。南北直隷、河南、山東沿河沿江燒造官甎及湖廣前後修吉、興、岐、雍四王府，用夫匠役不下五十餘萬。江西前後修益、壽二王府，山東青州修衡王府，二布政司，又該用夫數十萬。先後用銀，豈止數百萬兩。今兩廣用兵，民之供運餽餉者不知幾何。山、陝之民，供給各邊糧餉，終歲勞苦尤甚。及僉派天下各王府校尉、厨役、齋郎、禮生，每當一名，必至傾家蕩産。即今在京各項工程亦衆，操軍連歲少休，及在外諸司官私造作者亦多。裏河一帶直抵南京，近因三次親王之國，接應夫役不下數十餘萬。役繁民困，未有甚於近歲者也。此等事情，關係甚大。乞通行各處守臣，思朝廷委托之重，體
皇上恤民之仁，邊倉糧價，斟酌定奪，比前量減銀數。而各邊管糧官亦不可多收。及下所屬，凡遇分派税糧，將京邊糧料，先儘上户，次及中户起運，下户人等，俱作存留。其徵收之時亦須酌量緩急，次第催納，不許嚴刑峻法，逼民逃竄，一錢不許擅科，一夫不許擅役。仍乞勑湖廣、江西先次修造王府官，作急完備，不許遷延。并諭今次差去湖廣、江西、山東修蓋王府官，相度各府城池，若是城俠人密，不必拘北方王府周圍丈尺。如修築已就，將原起人夫或分班做工，或踈放一半。仍查内外節年修蓋派出料物，若工程已完未曾送納者，准作後來應用，不必再派。如此，民雖不能盡遂休養，亦可少蘇困敝。更乞節財用，省造作以培植邦本，崇正學，抑邪術以端澄聖心，庶幾天意可回，災異可弭，而國家萬萬年無疆基業，實在於是。」疏入，命所司看詳以聞。

《明孝宗實録》卷一百十七 〔弘治九年九月壬子〕，工部尚書徐貫等言：「江西、湖廣抄造紙劄，係内府供用之數，固不可缺。但湖廣累年蓋造王府未完，災傷未蘇，民困已極。未到紙劄尚一百五十六萬張，合用銀四萬五千餘兩。若復一併催督，恐小民重困，意外之虞，不可不慮。且江西紙劄已經起解，亦足以應目前之用。其湖廣未到者，欲暫停止，待工完及年豐之日，責令完解。」得旨：「不必停止，仍陸續解納。」

《明孝宗實録》卷一百二十 〔弘治九年十二月〕乙未，工部會官議覆管理山廠本部右侍郎彭禮所奏謂：「山廠之設，專爲供應光禄寺、惜薪司等衙門支用。宣德、正統初年以前，凡別有造作，俱未嘗坐派。是後雖有坐派，數亦不多，民亦可以支持。近年工科浩繁，如蓋造萬安、萬春兩宮庫（房及太倉厫座、皇親第宅之類，併于一時；又瑠璃黑窑甎瓦，俱未嘗坐派；是後雖有坐派，數亦不多，民力可以支持近年工程浩繁如蓋造壽安萬春兩宮庫房及太倉厫庫皇親第宅之類併于一時又瑠璃黑窑磚瓦俱）用木柴，以是額外添派共四千二百七十七萬餘斤。將來所派，復無紀極。若不量爲處置，非惟人力不堪，亦且山木有限。臣等竊思，若再添人夫，則各處地方艱難，民不聊生；若欲召商上納，則工部銀兩有限。日用造作無窮，今後凡有造作，乞勑該監量爲減省。中間有不可已者，必一處工完，然後再興一處。其派辦柴炭，宜依原議，從實估計，不許多派。凡燒造甎瓦，若瑠璃則純用木柴；若黑窑則雜柴七分，木柴三分亦可，以稍省柴薪之費。又原派各處修造柴炭，若工程已完者，依先年題准事例，俱各停免，不必再行追擾。凡遇派去本廠柴炭，一年之内，但有過一千五百萬之外，工部另行斟酌，奏請定奪。倒馬、紫荆、居庸、密雲、山海等關，并順天、永平、真定、保定等府，可栽種樹木之處，宜行巡撫、巡按、巡關等官嚴督所屬，于次年三月以裏栽植雜樹。每年春，于空閑處所逐一補栽，不得虚應故事。二三年後，就令閲實邊關官點視，亦可以備緩急之用。」議上，從之。

《明孝宗實録》卷一百四十七 〔弘治十二年二月己亥〕工部覆奏：「南京吏部尚書倪岳等所言五事：其曰併省重複者。謂：南京内府庫藏，每年二季計料修理，多借公營私。又南京織造，事前差去二内臣，幹集有餘。近添差太監鄭山提督誠爲勞擾。請如所奏，凡庫藏或一二年，或三五年，遇有損壞，臨時具奏修理。其添差太監鄭山乞賜革罷。其曰減造軍器者。謂：近奉有成例，凡天下軍器，歲令減半成造，但未行之兩京。今南京兵仗局成造盔甲之類，積至四百五十餘萬件，頗足應用。請行南京兵工二部，將戊字庫原收軍器，委官盤驗，有敝壞

者，逐漸修理，待修完日，照例減半成造。其曰裁抑侵尅者。謂：南京龍江關大勝港抽分局，設有御史主事監督。不知何時，添差内臣。請照在京抽分例，專委御史主事，取回内臣。不然亦宜禁其計籌索取，生事害人。其曰減省差遣者。謂：内府針工、巾帽二局，每年奏差内臣四員，往南京取用虎皮等料，所至勞擾。請免差在京内臣，令守備太監督令南京二局，依時造辦，選差内臣起運至京。其曰量停造作者。謂：内府各監局所需生漆、肥皂等物，火罩等器，象牙、鵓鴿、頭硝、彈弓等料，費用不貲。請令各監局斟酌計處，或停止，或減免。今後遇有取用，務經本部轉行南京工部，不許徑自派辦。其南京監局多破物料及留難解户指要財物，請行南京内外守備官嚴加禁約。」上曰：「織造抽分并取用物料，内官俱仍舊未動，餘如議。」

《明孝宗實録》卷一百五十三　〔弘治十二年八月乙卯〕，工部覆奏：「監察御史張綸言，乞將畿内坐派物料量派各處，及罷不急工作。夫畿内之民，固當愛惜；但在外州縣出辦亦不爲少。已派者要難更性，待後凡有派辦，另爲斟酌處置。況工作不息，派辦不止。内府各該衙門年例成造，雖有常規，而數目漸加，近年愈甚。雖本部多方經畫，終是不敷。乞行内外衙門，凡有得已工程，不許奏請興造；及幸例合用木植、顔料，大要以分數爲（卒）〔率〕，畿内府分，比之在外，量爲從輕，庶畿得遂安養之業。」上曰：「畿内之地百姓，尤宜優恤。凡百物料，准如議，從輕坐派。」

《明孝宗實録》卷一百五十八　〔弘治十三年正月丁卯〕，工部尚書徐貫等言：「近歲織造改様，紵絲、紗、羅等數至萬計。工未就緒，今又令蘇、杭等府織各色花様一千五百餘疋。每疋價銀有多至四五十兩者。奇巧過多，費用不貲。皇上敬天勤民，崇尚儉朴，必無此事。蓋由司其事者，先意開導，以爲希寵之地，而不恤百姓之艱難，奢靡之害政故也。況近年以來，上天示戒不一，此正皇上側身修行，子惠困窮之時，豈宜復有此舉？伏望斷自　宸衷，不惑羣議。凡前項織造，一切停免，天下幸甚。」不允。

《明孝宗實録》卷二百　〔弘治十六年六月乙巳〕，刑部主事劉喬言五事：「一謂浙江各府，徭役、軍需，皆計丁田派徵，而官員之家，率得優免，遂致奸僞者多詭寄勢家，而徵科重累小民。乞定優免之額，京官及方面官，三品以上者優免若干；七品以上者優免若干；八品以下者優免若干；其餘丁田，悉照民間均派。一謂松江等府官布，始徵有里胥之優，輸官有加耗之科，到京又有該庫使用之費，動盈幾千百兩。僉一解户，或破一二十家，及上庫之後，貯久多壞，祗爲攬頭等人騙局之（賢）〔資〕。乞准京官折俸例，令照類徵價，解部收候給散，則一疋之價，或可得粗布二疋，公私兩便。【略】」命下其奏於所司。

《明武宗實録》卷十一　〔正德元年三月〕丁未，南京東安門皇墻脊瓦并大報恩寺塔，以雷震而損。守備太監傅容等，既修葺皇墻，乃奏欲并修寺塔。工部議：「根本重地，雷震禁垣，其災非他所可比。天心示戒，祖宗之靈恐亦弗寧。若復修理寺塔，興土木之工，勞軍民之力，非所以答天戒也。願已之。」上是其言，詔：「南京災變非常朕心祗懼其令守備等官，同加修省，以回天意。」

《明世宗實録》卷十六　〔嘉靖元年七月甲寅〕，詔御用監歲徵物料如弘治例。先是，工部議上弘治以前例：「歲坐浙江金箔二千貼。河南水膠二千五百斤，黑鉛五百斤。山東椵木五百丈，檀木二十根。山西大甘鍋三千箇。廣東白圓藤五百斤。陝西明羊角二百角，羊毛五百斤。蘇州府白長節猫竹三百根。大名府細銅絲三百斤，礬紅土五百斤。河間府瀛沙三千斤，土硝四百斤。永平府灤州榜紙三千張，爐甘石萬斤。順天府青甘土五百斤，水和炭三十萬斤，工部石灰五萬斤。易州山廠木柴炭各二十萬斤。視正德中，十省八九。已而，該監奏派復有花梨木、花楸木等物，係奉欽依裁省之數，部臣覆申前議釐革。」上從之。

《明世宗實録》卷一百　〔嘉靖八年四月〕己卯，户部尚書梁材等初奉旨會議天下歲用錢糧，至是以條列以進。一議王府禄米。言：「邇來宗支繁衍，而歲供每稱不給，是不可不慮也。爲今之計有三：曰申嚴妾媵之限。使不得濫收過額，以防他日詐冒之端。曰收複官税。凡山場、湖陂、税課、河泊之類，惟洪武、永樂以前欽賜者仍與爲業，其餘奏討者俱查復入官，以補禄糧之缺。曰處曠閒之役。言王府旗校、軍匠諸役，無出外征操之苦，其所得月糧多寡不同，宜量爲裁節，月支三斗者如故，自五斗至一石者，俱令本折半給。」一議軍官俸糧。言：「國初官有定員，糧有定額。今則傳乞陞授，日漸加多，俸糧不給。今救弊之法有三：曰清屯田。宜申令管屯御史及僉事諸臣，選委廉正指揮，督率旗軍，盡力開墾，毋因循故事，毋自爲占種，毋妄報災傷。曰嚴比試。凡武官襲替，毋論新舊，俱令比試。一試二試不中者食半俸，三試不中者謫戍。行考選于世襲之中，庶無冒濫廪禄之弊。曰定法令。軍官有因事住俸者，至事完之日，方許復支。其停支月日，毋得朦朧補給。其犯罪宜降革者，即爲降革，免其立功，毋令立功滿日，冒復原職。至于罷軟老疾帶俸閒住者，原支本色俸米，宜減其半，改與折色。」一議裁冗食。「凡文武衙門傳陞、乞陞大小官員，宜量爲裁革。存留者給半俸。凡匠官老疾及藝業不精者，宜令閒住。其藝精見役者，亦與半俸。至于軍民匠役，自原額之外，凡嘉靖元年以後投充者盡革之。各衛軍士亦宜汰老弱，揀精壯，立爲城守定制，餘者遣歸屯田。」一議節冗費。「邇者内承運庫採辦金寶、香蠟之費，光禄寺大官供給，冒濫溢于舊額之外者，不下數十萬，非可久之道也。宜勅所司查明，可罷者罷之。省一分，國有一分之益，寬一分，民受一分之賜。」一議處逋欠。「邇來司、府、州、縣催徵錢糧，率于起運者，留心督促，以估才名，而存留者，漫不爲意。故王府禄糧，官軍俸給，空乏爲多。今宜申明條例，凡起解存留錢糧及屯田子粒，越限不能徵完者，撫按奏聞，降罰有差，則人知所警而逋欠者寡矣。惟上裁查。」得旨：「軍官降革立功及帶俸閒住支半俸例，仍再議以聞。餘悉如擬。」于是户部復會官議，言：「宗室本色禄米，扈從文武羣臣本色俸糧，當國家財用豐盈之時亦已裁節。内府供事與各衙門工匠、官員，皆有朝夕服役之勞，亦僅支半俸。軍職閒住者，既無着伍差操之勤，又無軍政管事之責，在内享優游之樂，在邊免鋒鏑之患，乃與服勞執役官員同支全俸，非宜。臣等以爲宜如前擬，支半俸便。」得旨：「命如舊支全俸。第令兵部嚴舉比試犯堂冒保冒襲事例，以清濫費。」

《明世宗實録》卷二百三十五　〔嘉靖十九年三月戊戌〕户科右給事中朱憲章等請暫罷西内工。謂：「慈慶宮經始於十六年，爲工八百餘萬，實費四十二萬有奇。一號等三殿經始於十七年，爲工三百餘萬，實費十五萬有奇。皇穹宇經始於十八年，爲工二百餘萬，實費十萬有奇。物料運價之數不與焉。尚未就緒，若重興西苑、仁壽宮二工，恐愈煩難，乞暫止。」疏入，上曰：「祖宗建言官爲耳目，各工屢歲不完，不聞一言，西宮所費幾何，輒行瀆擾，姑不究。」

《明世宗實録》卷三百五十一　〔嘉靖二十八年八月己亥〕是時，邊供繁費，加以土木禱祀之役，月無虛日，帑藏匱竭。司農百計生財，甚至變賣寺田，收贖軍罪，猶不能給。乃遣部使者括逋賦，百姓嗸嗸，海内騷動，給事中張秉壺以爲言。户部覆議：「天下財賦，每年實徵起存之例，夏税秋糧、馬草、屯田地租、食鹽錢鈔、税課、鹽課、門攤之類，各有定數。成化以前，各邊寧謐，百費省約，一歲出入，沛然有餘。今則不然，京通倉糧，歲入三百七十萬石。嘉靖十年以前，每歲軍匠支米二百八十萬石，廩中常有八九年之積。十年以後，歲支加至五百三十七萬石。抵今所儲，僅餘四年。太倉銀庫，歲入二百萬兩。先年各邊額用：主兵年例銀四十一萬餘兩，各衛所折糧銀二十三萬餘兩，職官布絹銀一十一萬餘兩，軍士布花銀十萬餘兩，京營馬料銀一十二萬餘兩，倉場糧草銀三十五萬餘兩，一年大約所出一百三十三萬，常餘六十七萬。嘉靖八年以前，内庫積有四百餘萬，外庫積有一百餘萬。近歲來，除進用、修邊、給賞、賑災諸項外，每年各邊加募軍銀五十九萬餘兩，防秋、擺邊、設伏客兵銀一百一十餘萬兩，補歲用不敷監銀二十四萬餘兩，馬料銀一十八萬餘兩，商鋪料價銀二十餘萬兩，倉場糧草銀五萬餘兩，一年大約所出三百四十七萬。視之歲入，常多一百四十七萬。及今不爲之所，年復一年，將至不可措手矣。且今生財之道既極，計惟節用。請勑中外諸臣，就職論事，專意清理，務求節財助邊，訏謀實事。仍令兩京户部并工部、太僕、光禄及直隸各省司、府、衛、所，以及遼、薊、宣大、陝西諸邊，每歲終，將一年出納錢穀，修成會計録，於内分爲四目：一曰歲徵，如府庫、監局、倉場額派錢糧幾何。一曰歲收，如收過本年、先年額徵錢糧，完久幾何。一曰歲支，如本年用過各項錢糧，於歲派額數增減相當幾何。一曰歲儲，如本年支剩存積錢糧幾何，務令簡明，進呈　御覽，以爲通融樽節之計。至於各處積欠京儲，蘇、松、江浙，多至六百餘萬。本部近遣司屬督徵，業已年餘，完解甚寡。而姦頑煽惑，訛謗百端。宜如該科議取回，移文撫按諸臣，專責各府、縣正官督理，勒限完解。仍以催科勤慢，爲舉劾殿最。其起解錢糧，悉令當官驗記完足，僉役解發，按季報部，用革攬頭侵冒等弊。」得旨允行。

《明世宗實録》卷三百五十六　〔嘉靖二十九年正月〕甲午，户部會計去年歲用，爲録以獻。因言：「太倉每歲額入銀二百一十二萬五千三百五十五兩。去歲，合節年解欠及括取開納事例等銀，共入銀三百九十五萬七千一百一十六兩，視歲額加嬴矣。及計一歲之出，及至四百一十二萬二千七百二十七兩，視歲徵增一倍。京通倉糧，歲運三百七十萬石。先年常有八年之蓄，本年官軍、工匠月糧，歲支二百八十餘萬，京通蓄積僅餘五年。蓋因連年戍邊、募軍諸費，不次增添，而内外請乞，紛紜罔知節縮，故財計詘乏一至于此。請行在京各衙門并各督撫巡按管官，將今年一切財用通融均節，庶幾漸復國初十分餘三之舊。」疏入，報聞。

《明世宗實録》卷四百十四　〔嘉靖三十三年九月乙卯〕户部言：「本部歲入夏税秋糧、馬草、絲絹、布疋、户口食鹽、關税鹽課等項，除存留及起運邊腹外，額該漕運京通倉米四百萬石，解京庫銀二百萬兩有奇。一應京邊用度，胥此仰給。中間有因時增設，而遂沿爲常例者，如各邊修邊銀，自庚子歲節發且八十餘萬，客兵銀自庚戌後每歲增二百餘萬之類是也。有逐年加添，而遂倍于常額者，如京營馬匹草料，歲支料草本折各二十餘萬，各邊年例外，募軍、調發等銀歲加共一百餘萬之類是也。有因循日久，糜費而不可省者，錦衣衛官軍月支米至四萬石；光禄太常厨役月支米至六千石；神樂觀樂舞生、各監局匠役月支米七百餘石；各衛官軍歲支米至三百一十二萬餘石。其間冗員當併，冗食當汰之類是也。有侵冒日甚牽制而不可禁者，光禄歲派供用外，每歲用銀數十萬，各邊修守，每年據前用數無慮數百萬。其間統領收支之人，不無陽出陰藏，移寡入多。與夫一切調掣非時，分布無法，冒濫不實之類是也。以是四者，歲出倍於所入。本部不得已，乃題取贓罰，推廣事例，以苟且取給。今搜括盡矣，解納微矣，不惟額外銀兩歲難據以爲常；即如前項額糧四百萬石，額銀二百萬兩，近該蘇、松、浙江、河南、陝西等處，各以災傷奏留蠲免，則漕糧起運不但止於改折，其數必至於虧欠。銀兩收貯不但止於短少，其勢必至於匱竭。今三十三年，京、通倉米不滿一千萬石，僅供二年支費。太倉見貯庫銀，不滿三四十萬兩，而應發各鎮年例，尚欠七十八萬兩，各項商價尚欠二十八萬餘兩。而光禄借補供應軍士冬衣布花猶在其外，國用窘急，未有甚於此時者也。夫計近日之費，固已慮濟用之難，若逆將來之費，而圖善後之策，則尤有可寒心者。蓋往者海內安寧，時歲豐登；邊陲無久戍之兵，郡縣無流徙之民；倉廩克盈，閭閻殷富；本部得以籍往時之積，窮搜括之計，資外以供內，借有以濟無，猶之可也。今太倉乏數年之蓄，而耗蠹者日倍於前；内帑缺見年之用，而仰給者日伺於後。加以兵戈迭見，水旱頻仍。輸運不前，而且欲乞免以圖存；搜括不繼，而且欲請討以助費。則漕糧求四百萬之數，銀庫求二百餘萬之銀，固已難集。而京師百萬生靈之衆何所倚恃？各邊主客兵四百餘萬之資，何所給發？各寺、庫數十萬兩之費，何所惜辦？欲加派於民，而民力已困；欲借用於官，而官帑已虚；又將何施而可哉！臣等以凡庸司國計，值此財用殫竭之時，莫知握算縱横之畫。故願 陛下傳訪廷臣而集衆思焉，俾各述所見，各攄所懷，於臣等所列增設、加添、因循、侵冒四者，詳議，其汰存節縮之，宜而裁擇之。庶羣策畢陳，而經制之長利可舉矣。」疏入，報可。

《明世宗實録》卷四百五十六 〔嘉靖三十七年二月丁亥〕，貴州撫按官高翀等奏上本省採木經費之數，當用銀一百三十八萬餘兩，費鉅役繁，非一省所能獨辦。乞行兩廣、江西、雲南、陝西諸省通融出銀助之。工部覆：「各省俱多災傷，難以加〔派〕。諸將廣東、雲南、江西、山西原派鹽課大工銀督發應用。仍留本省文武官應獻助俸銀，撫按、司、道、府官應解贓罰并事例，悉聽撫按官動支。此外別有權宜良策，令多方計處以聞。」上從部議。

《明世宗實録》卷四百五十 〔嘉靖三十七年二月〕辛卯，以江西歲辦工料不足，詔：「以本省三十六年起運南京倉糧三十六萬六千石，每石折銀八錢。内伍錢給軍，三錢補抵料價。不爲例。」從巡撫都御史馬森奏也。

《明世宗實録》卷四百五十六 〔嘉靖三十七年二月癸巳〕詔：「工部移文各採木催料官，令安静行事，所過河夫，以木到之日調發，不得拘集日久，有妨農事。」時大工趣辦甚急，民不堪命，其并、河諸州縣尤苦之。給事中魏元吉上疏言狀，因請：「嚴差官騷擾之禁，各處催料御史，完至二分以上者，具奏還京。」上嘉納其言，因有是命。

《明穆宗實録》卷五 〔隆慶元年二月戊申〕，户部奏定内府各監局歲派錢糧。供用庫白熟粳米五萬石，芝麻七千三百五十石，菉豆一千二百石，葉茶三萬五千斤，芽茶四萬五千九百斤。酒醋麵局小麥五千九百石，白熟糯米七千五百石，黄豆二千五百石，黑豆一千三百五十石，菉豆三百二十五石。内官監白熟細粳米一千二百石，白熟粳米九千石。光禄寺小麥三萬二千石，豌豆一百五十石，白熟粳米五萬三千石，白熟糯米一萬四千石，細粟米五萬七千五百石，赤豆五百五十石，黄豆一千六百石，菉豆八千石，青菉豆三百石，白豆六石，蕎秫五千三百五二石，芝麻六千石。惜薪司白熟糯米一十五石一斗，棗一萬五千五百七十斤。司苑局黑豆一千九百五十石。御馬倉大麥三千五百石，豌豆三千五百石，菉豆五千七百石，馬草四十四萬束。甲字庫銀硃三萬一千七百五十斤，貳硃二萬二千九百五十斤，靛花青四千四十斤，黄丹五千八百斤，烏梅四萬一千八百斤，紫草二千三百斤，明礬二萬五千斤，碌礬七千八百斤，藤黄二千九百斤，光粉一萬七千斤，黑鉛二萬四千斤，槐花一萬斤，水膠一萬斤，紅花一萬斤，藍靛二千斤。丁字庫黄熟銅二萬九千三百斤，紅熟銅二萬三千斤，黄蠟二萬四千六百斤，主漆八萬四千二百八十斤，桐油九萬七千三百七十斤，錫八萬三千七百斤，牛筋三千九百四十斤。因言：「内官一切供應，大率嘉靖初年與弘治年間數目畧同。自靖嘉二十年以後，徵派漸增，視正額加倍。臣等仰體皇上敦崇儉約至意，酌往準今，悉從裁減。乞勑監寺、衙門，永爲遵守，不得擅議增派，本部亦不許曲意奉行。」得旨：「各項錢糧，依擬減派。各該撫按官，其嚴察有司，毋容混徵，有員朝廷德意。」

《明穆宗實録》卷四十三 〔隆慶四年三月〕甲申，尚衣監太監崔敏傳旨，令南京加造段疋數至十餘萬。工科都給事中龍光執奏：「今江南各處大水道殣相望，即歲辦猶恐不前，若復重以額外加擾，民何以堪？」於是工部覆言：「加徵不如趣正供之爲易，新派不如責舊逋之爲速。宜命所司亟查原造之數，立限催徵，庶公用不乏，民困亦紓。」上頗然之，乃詔：「于加派數中，惟供御用者別造三分之一，其他悉以准歲造之額。」

《明穆宗實録》卷四十三 〔隆慶四年三月戊子〕直隸巡按御史楊家相條上理財未盡事宜：一清額賦。言：「國家財計，本自有餘，惟當加意查覈。如漕糧船價之通負者，輕齎銀兩之乾没者，官軍月糧之虛糜者，屯田馬政利應興者，蘆課房鈔税應榷者，誠一一擇人理之，則國家數十萬之需，可不加賦而足。」一開水田。言：「京東、河南、山東諸省，地可種稻者，宜令有司修治堤堰，以興水田之利；浙直海洋、福建玉環諸山，中多沃壤，亦宜召種徵租，以充國賦。」一通錢法。言：「凡錢宜以大明通寶爲文，毋紀年號，則錢不雜。內自兩京，外及諸省，皆得開局鑄錢，則錢自多。民有罪者，俱令輸銅，則工費省。凡俸禄、賦税，一切以錢爲用，則經用周。」部覆：「錢法已有成議，其清額賦二事，宜如所言。」詔允行之。

《明穆宗實録》卷四十八 〔隆慶四年八月甲寅〕南京兵科給事中李崧疏言：「南京織染局續添機張，增募臣役，皆已奉 詔革去。而太監劉安等輒以上供所亟，奏請復之。今南畿水旱相仍，民困日甚，又額外加派，將何以堪？且祖宗舊制，額設機三百張，軍民匠三千名，不爲不多。今不論司局之非人，而妄爲機匠之不足，廢舊章，損 聖德，安之罪不可逭也。惟陛下恤民窮，遵祖制，自今工畯之日，諸所增加，悉行停止；而治安之罪，以儆欺弊。工部尚書朱衡題覆不明，請加罰治之。」上以崧等瀆擾，又抵毁大臣，詰責之。衡亦上疏自劾罷。上慰留不允。

《明穆宗實録》卷六十六 〔隆慶六年二月辛亥〕詔遣内臣往蘇杭織造龍袍、翟服、絨錦、鸞帶。都給事中陳行健、御史侯居良疏請停止。上不允。于是工部言：「蘇、杭自倭患之後，瘡痍未起。加以水旱流移，府庫虛竭。而織造之費甚鉅，勢必加派，民困難支，請大加減免，或去其半。至于差官，尤宜慎重，擇忠謹之人，安静行事，庶地方不擾而民獲更生。」上可其奏，令會同該局，擇最要者先行造進，所遣官，務宜安静，毋得擾民。

《明神宗實録》 萬曆元年十二月壬申，倉場侍郎郭朝賓奏：「太倉一歲收放總數，自隆慶六年十二月至萬曆元年十一月，舊管金四百六十五兩，銀四百三十八萬五千八百七十七兩五錢一分零。正銀三百九十萬二千四百五十四兩四錢五分九釐，附餘銀四十八萬三千四百二十三兩五分四釐，銅錢一千六百四十萬六千四百九十文。新收正銀二百八十一萬九千一百五十三兩六錢六分二釐，銅錢二百六十七萬七千九百四十五文。開除正銀二百八十三萬七千一百四兩二錢七分八釐，銅錢二百七十八萬六千四百六十六文。實在金四百六十五兩，銀四百三十六萬七千九百二十六兩八錢九分七釐。正銀三百八十八萬四千五百三兩八錢四分二釐，附餘銀四十八萬三千四百二十三兩五分四釐，銅錢一千六百三十萬三千七百七十五文。其他金銀首飾，珍珠寶石，嘉隆金背，古雜，雲南低錢之類不計焉。」

《明神宗實録》卷二十三 〔萬曆二年三月己卯〕户部題：「萬曆二年分行各省直歲辦甲丁二庫物料。甲字庫：銀硃三萬五千斤，烏梅四萬斤，靛花青二萬一千斤，黄丹四萬二千斤，碌礬一萬五千斤，紫草一十四百斤，明礬四萬二百斤，光粉一萬五千斤，黑鉛二萬一千斤，水膠八萬斤，槐花七萬斤，藍靛三萬一千斤，五梧子三千五百斤。丁半庫：生漆十一萬斤，桐油九萬八千斤，黄熟銅三萬三千斤，紅熟銅二萬五千斤，黄蠟二萬斤，錫二萬斤，牛筋四千斤，黄牛皮一千張，生銅一萬斤」，從之。

《明神宗實録》卷四十六 〔萬曆四年正月丙午〕總督倉場户部左侍郎畢鏘言：「太倉舊有老庫、外庫之名。老庫扃鑰惟謹，外庫以便支放。查嘉靖二十三年老庫銀除動支八十八萬九千兩外尚貯銀一百一十三萬六千四百八十兩，至隆慶三年查兑，則僅貯銀一百萬八千七百六十九兩矣。夫國家財賦，歲入固有定額，或值災務，不得不減。歲出亦有常數，或值兵荒，不得不增。惟府藏預儲，而後匪頒無匱。今以萬曆三年舊貯新收，合而計之，共得銀七百三萬四千二百八十七兩六錢有奇。宜將老庫增銀一百萬兩，編號封貯。積之數載，外庫漸贏，老庫益實，此億萬年無疆之利也。但外庫止剩三百九十餘萬，而各邊主客兵年例、修城、賞賚及京官折俸、商人料價、官軍布花等費，皆取給其中。乃各鈔關輪年徵摺本色，少銀十五六萬兩，停止開納事例又復減三十餘萬兩，須痛加節省，庶無後之咎。」上是之。

《明神宗實録》卷七十七 〔萬曆六年七月丁巳〕，刑部覆應天撫按胡執禮等題稱：「婺源縣民程任卿，藉稱絲絹加派不堪，要欲分派休、婺、祁、黟、績五縣鼓煽，生員汪時等十五名，聚黨脅迫官吏，逼求申豁，幾於作亂。程任卿允宜擬斬，其餘或擁衆抗官，或乘機罔利，各擬編遣，行枷示如律。」得旨：「各犯聚衆毆官，敢行稱亂。程任卿、汪時着監候處決，餘依擬發遣發落。」於是該撫按官會議：「以絲絹復歸歙縣，則舊制不變，五縣之民既各輸服；以歲辦均派六縣，則政體公平，歙縣之民亦無偏累。今後將徽州府人丁絲絹折價六千一百四十五兩三錢，復歸歙縣。其歙縣均平歲辦等項算多銀二千五百兩，仍令歙縣納五百三十兩，餘者休、婺、祁、黟、績五縣攤之。」報可。

《明神宗實録》卷九十三 〔萬曆七年十一月丁巳〕，輔臣張居正等題：「工科都給事中王道成等請酌減織造段疋。臣等看得歲造段疋，原有定額。祖宗朝計一歲所造，供費有餘。至嘉靖年間，賞賚無時，間以缺乏，增織非可爲常例也。萬曆三年，該庫已稱缺乏，歲造外，添至九萬有餘。時以大婚，賞賜浩繁，該部不得已，遵旨設處。各地方庫藏，搜括已盡。經今四年，方得織完，而添織之旨又下。計開七萬三千疋，所費須銀四五十萬。索之庫藏，則庫藏已竭；加派小民，則民力已疲。今歲南直隸、浙江一帶水災，頃蒙特恩蠲賑，又取回織造太監，罷民稍得安生，乃又重復加派，非聖慈所以愛養元元，培植邦本意也。該庫偶因三衛夷人賞賜段疋缺少虎豹一樣服色，及北虜俺答款貢，賞賚歲增，故請添織。至于上供御用等項，則近年南京太監許坤、蘇杭太監孫隆織進者已自足用，不必又取辦于歲造矣。惟復俯從科臣之言，一槩減半織造。其支費銀兩，勑下户工二部酌處，免復加派小民。」奉旨：「東南地方既有災傷，段疋准減半織造。其支費銀兩，着户工二部措處，毋得加派小民。」

《明神宗實録》卷一百二十七 〔萬曆十年八月丁酉〕諭内閣傳示取太倉銀二十萬兩，光禄寺銀十萬兩充賞。户部言：「舊例，歲徵金花銀一百萬兩，續增買辦銀二十萬兩，每年共一百二十萬兩，皆供皇上賜賞之用。但近年金花拖欠數多，已借過備邊銀一百餘萬兩尚未補還。今年二月欽奉蠲免帶徵等項本色絹布一百四十二萬七千二百餘疋，本色顔料、蠟、茶三十三萬七千一百六十餘斤，起存本折各項銀一百三萬六千六百餘兩，本色糧米六十五萬五千二百餘石，馬草一百七十七萬九千一百三十餘束，未入考成拖欠錢糧約計本折尚有二百餘萬兩，伏望節省。」報聞。

《明神宗實録》卷一百四十四 〔萬曆十一年十二月〕甲子，户部尚書王遴等言：「太倉銀庫歲入銀三百六十七萬六千一百有奇，歲出銀四百二十二萬四千七百有奇。萬曆十一年分，奉詔蠲免并災傷、織造議留共銀一百七十六萬一千有奇，俱該太倉抵補，歲入視歲出共少銀二百三十萬一千有奇。況歲入未必能如數完解，歲出則毫末不容減少。今太倉存積，除老庫外，僅三百餘兩，不足當二年抵補之資矣。國家歲運漕糧四百萬石，今京、通二倉實在糧共一千八百一十八萬五千四百石有奇，每年軍匠在官人等實支本色米二百二十萬石。銀少糧多，臣等擬改折一百五十萬石，暫行三年，此計之兩得者也。」上曰：「漕糧改折了，一時要米，怎能得到？」大學士申時行等復言：「近年京倉積米，足支八九年，愈多則愈浥爛。且議折三分之一，固非全折，但欲暫行三年，則爲期太遠，本色太虧，宜暫准一年，以濟目前之急。」上從閣擬。

《明神宗實録》卷一百七十二 〔萬曆十四年三月戊午〕宣府督撫官鄭雒等奏：「該鎮西東二路邊墻、城堡修工人役應用鹽糧，向來軍壯止給銀一分，東路五釐。除民壯炤舊一分，各營修工軍夫東路鹽糧五釐，當比炤西路一分。全鎮一分，當比炤宣大每軍日給食米銀一分，鹽菜銀五釐。且本鎮自處不敢請帑銀客餉通計該銀八萬四千八兩三錢，將節年支剩修邊等銀一萬七千三百三十一兩零，民屯支剩二分，解部濟邊銀四萬六千三百六十五兩零，内除繁峙縣建城支銀七千八十六兩九錢零，止有銀三萬九千二百七十八兩零。盡數專聽修邊城應用，尚少銀二萬三千四百三十八兩零。逐年措處，不誤臨期支用。」部覆謂全鎮軍夫糧鹽不同，其間必有深意，輒欲議增，似屬未妥。若節年民屯支剩銀原係題准解部濟邊之數，與支剩修邊等銀，莫非帑銀也？而以爲不請及帑銀可乎？宜行二道將酌形勢之緩急，以爲先後，稽城堡之修圮，以釐支費支剩，民屯銀取之該鎮甚便且易，然則此二項者，脱無支剩支，將何以處之耶？劑量出入，一同節縮，以求盡同事共濟之義也。」奉旨：「前有旨，各部事體相關，都要會議奏請。這邊工已該兵部覆准，今一事兩行，豈成政體？民屯支剩銀兩著炤數動支，内工程有不係緊要者，督撫官酌量裁減。」

《明神宗實録》卷一百八十四 〔萬曆十五年三月癸卯〕户部題：「國家財賦，歲輸太倉銀三百七十餘萬兩，外供九邊兵馬芻餉之需，内備京師官軍俸糧之用。計入計出僅僅相當。萬曆六年，歲增買辦銀二十萬兩，歲增一歲。去年賑蠲停抵各項，總計不下二百餘萬兩。歲出浮於歲入，以至帑藏匱竭。近據管庫主事劉兑揭報，除老庫、窖房外，止餘銀九萬兩。前項歲增買辦銀二十萬兩，先該本部及科臣疏請停取。奉旨：『俟數年之後，積貯稍充，即行停止，仍復舊額。』今自萬曆六年至十四年，除舊額歲進金花銀二百萬兩外，計共添進買辦銀一百八十萬兩。正值民窮財匱，今歲買辦銀兩春季已先進五萬兩，尚該銀十五萬兩。夫此十五萬兩，自宮闈節之甚易，自炎民斂之甚難。乞軫念時艱，將前銀暫賜免取，候來歲照例按季忝進。」有旨：「內用缺乏，且照舊行。」

《明神宗實録》卷二百七　〔萬曆十七年正月甲寅〕工部覆：「潞王疏言：河南衛輝府城外，議蓋蓆殿一所，工費浩大，今仰體皇上節財愛民之心奏免。因念儀衛等司官員未有房舍，欲以蓆殿之費量爲添蓋。查《會典》，前項廨宇，原未開載。奏內舉　景王舊例，合移文湖廣備查，酌議覆請。至於王辭　陵啓行，照例紅門內沙河通州搭蓋蓆殿，張家灣搭蓋茶棚。張家灣以往經歷地方，數被水旱，措辦不前。竊思　親王臨境，官員禮當朝見，交界蓆殿一座，誠不可已。查得通州、湯陰各有蓆殿，順天、河南撫按各官就彼行禮。惟通州抵德州、臨清、大名等處，合行直隸、山東撫按會議，交界處所，或合搭，或各搭；不係交界地方，一槩停止。若氍毹、綵絹宜量減，以昭王之令德。」報可。

《明神宗實録》卷二百一十八　〔萬曆十七年十二月庚寅〕户部言：「萬曆十七年正月起至十二月初十日止，除舊管外，歲入太倉銀三百二十七萬有奇，歲出太倉銀三百四十六萬有奇，計歲出之數，浮于歲入。今太倉見在外庫銀止三十一萬有奇。查得萬曆十八年上半年應發年例，除遼東鎮已經題發，寧夏、固原二鎮上半年扣足應發之數，餘候下半年補足外，其宣府、大同、山西、蘇州、永平、密雲、昌平、易州、井陘、甘肅几十鎮年例歲額并補延綏一鎮又少，共該銀一百三十一萬有奇，皆係緊急軍需。今因連歲災傷，蠲停數多，各省應解錢糧又多拖欠，以致外庫不敷。查得原貯外窖、房銀四百萬兩餘，十六、十七年動支過一百七十五萬有奇，見在銀二百二十四萬有奇。原備京邊緊急支用，似應動支一百六萬有奇，并外庫見在銀動支二十五萬兩，湊足一百三十一萬有奇，炤依各邊鎮應發數目差官解運。其下半年年例銀兩，待各督撫等官奏到之日，通將各鎮收過各項銀兩、穀石，與上年節省錢糧酌量扣抵，另行議發。」允之。

《明神宗實録》卷二百六十三　〔萬曆二十一年八月乙巳〕總督倉場户部右侍郎褚鈇題：「例該進金花銀十萬兩，買辦銀五萬兩，金花銀各省直並無解到，已借進客房銀十五萬兩矣。此銀每年一百萬兩，係從來內供之數，誠不容已。買辦銀二十萬兩，令甲原未開載，始於萬曆六年，一時取用，遂沿爲例。計今一十五年，進過銀三百萬兩，節經前任督臣奏請，奉有候積貯充日停取之旨；今又數年，竟未停止。太倉銀庫揭報，六月、七月收銀二十五萬三百餘兩，放銀六十萬七千四百餘兩；除老庫外，實在銀止一十七萬八千一百餘兩。是帑藏之匱，未有甚於此時也。買辦銀兩，尚可年復一年，因循而不止乎。」不允。

《明神宗實録》卷二百九十九　〔萬曆二十四年七月丁卯〕工科署科事給事中楊應文奏：「府軍前衛副千户官仲春等開礦有害無利，乞行停止。户科給事程紹亦交章議罷。內稱嘉靖二十五年七月，內奉旨差官開採礦硐，自本年十月起，至三十六年十二月止，委用官四十餘員，防守兵一千一百八十名，每名廩食并合用器具鉛炭總計費銀三萬餘，往來夫馬之勞供應之擾又數千計。及考礦之所出，纔有二萬八千五百有奇。所得不足以償所費。蒙　皇祖洞察，特下禁採之令。其事竟廢，言甚切至。」不報。

《明神宗實録》卷三百三十一　〔萬曆二十七年二月戊辰〕工科都給事中韓學信等言：「殿工典禮方殷，一切帶造傳辦。乞報罷以惜物力。又言：自開採徵税以來，皆以助工濟用爲名，乃內府之傳宣，有增無減，而外地之征輸，有入無出，竊意陛下有此積聚，不用之於宮殿，不用之於　諸皇子，將焉用之？」不報。

《明神宗實録》卷三百三十一　〔萬曆二十七年二月戊辰〕工部覆：「四川撫按題稱三殿木料，二運之木，業已採就。在未奉旨停折之先工費錢糧，不可名狀，乞俯念蜀民之苦，重棄已集之材，自三號而下，估炤先年事例，通融折算。仍乞頭派役夫，以恤民力。」上命：「已採集者，姑許折算，以後務責令依式採進，不得仍前籍口，以誤工作。其派役民夫，聽便宜行。」

《明神宗實録》卷三百四十四　〔萬曆二十八年二月〕庚辰，金吾左衛百户吴鎮奏抽太平、安慶、廬州、淮揚、常鎮等處商貨船税。奉旨：「南直沿江一帶往來船隻遺税，每年可得銀八萬兩，有裨國用。着暨禄不妨原務帶管，督率原奏官員吴鎮，爲首土民錢文明，前去會撫按徵收解進，不許侵越(欽)〔鈔〕關疆界，重疊徵收，困累商民。載入廬州等府勑內。」鎮又條議五事：一定疆界；一定舡料則例；一抽與販客米；一抽木板枋柴炭；一抽歲改段絹布疋。上命遵前旨行，給錢文明官帶。

《明神宗實録》卷三百四十四　〔萬曆二十八年二月癸巳〕工部奏請：「先修舊庫，其餘添蓋接續舉行，庶錢糧稍易措置。」奉旨：「清河閣東舊庫及膳房修補添蓋，係緊用處所，難以停止，不許糜費遲延。其翔鳳樓基工程，少俟有次第接續蓋造。監察科道皇城巡視官兼管不必另差。」

《明神宗實録》卷三百四十九　〔萬曆二十八年七月己酉〕山西道御史李時華等上言：「向有礦税以來，中〔發〕〔使〕徼發　聖怒，今日奉旨拏一知府，明日又拿一推官，拏知州，拿知縣，甚至〔卿〕〔鄉〕官、舉人、〔王〕〔生〕員、百姓，無往而非逮繫之人。在中使以爲不激皇上之怒，不足以恐嚇諸人；在皇上少爲不從中使之言，不足以厚集其利；是皇上明示百官，〔次〕〔以〕曲順中涓之心，而滋百姓之怨毒也。乞將先後逮繫之官，勑下法司分別議處。新扭解廣東吴立鴻、勞養魁，雲南蔡如川、甘學書，陝西王志正等，俱令該撫按會同查勘，倘係持正招尤、强項取侮，不妨明白昭雪。至于大貪極惡如中書程守訓者，累經參劾，贓私數十萬，且自謂　天子門生，假稱詔旨，搜求寶玩，如此姦貪，罪止奪俸，何以服彼逮諸人之心，雪江南江北千百里生靈之忿。」疏入，留中。

《明神宗實録》卷三百五十五　〔萬曆二十九年正月〕是月，天津税監馬堂進銀内庫：新增鹽課銀凡六千五百餘兩，租税銀六萬五千餘兩，助琉璃橋工銀五百兩，無礙官銀四千五百餘兩，節省銀二千兩。四川税監丘乘雲進銀内庫：額外茶税銀四百五十兩，鹽引銀三千八十兩，礦金四十四兩，礦銀五百三十五兩，又銀一萬五千兩，漏税一百五十兩。通灣監税張燁進銀内庫：税銀八百七十五兩，牧馬子粒等銀二萬四千三十餘兩，長蘆鹽税銀二千六百兩。

《明神宗實録》卷三百五十六　〔萬曆二十九年二月〕是月，湖廣税鹽陳奉進金銀内庫：金銀樣砂一百一十斤，礦金一十二兩五錢，礦銀三千兩，水晶二十餘觔，掘獲銅錢一千一百三十三文，公費餘剩銀一百二十五兩，罪贖銀一百五十兩。

《明神宗實録》卷三百五十八　〔萬曆二十九年四月壬辰〕户部尚書陳蕖奏陳三事。畧言：【略】自中使咆哮吞噬無厭，礦利些微，創爲包礦買砂，名色頭會箕斂，則礦非地之遺利也；商税抽于此，仍榷于彼，密如魚鱗，慘於搶奪，税商之餘羡也。征百解一，殺人如麻，豈獨陳鳳一人？何怪河流斷絶，赤地如焚，愈禱而愈不應也。臣請身爲犧牲，以謝百姓。」不報。

《明神宗實録》卷三百五十八　〔萬曆二十九年四月壬午〕是月，真保開礦指揮張懋忠進銀内庫礦銀三千三百兩。山東税監陳增進銀内庫税銀二萬五千兩，金剛鑽二顆。山西税監張忠進銀内庫六千九百兩。廣東珠監李鳳進銀内庫一萬二千兩。時鳳聽姦民首告，擅拏平民，新會縣民哨聚千餘，珠賊横行海上。江西税湖口太監李道進銀内庫一萬四千兩。廣東税監李敬進銀内庫船税等銀一萬八百七十兩，年例等銀三千餘兩，鹽税等銀一萬四千餘兩。雲南税鹽楊榮進銀内庫寶珠等及銀一萬五千二百兩；參知府周鋒侵匿寶石，下法司提問。陝西礦監趙欽進銀内庫銀一百七十兩，礦金四百三十九兩。

《明神宗實録》卷三百五十八　〔萬曆二十九年四月癸未〕督理雲南礦税尚膳監太監楊榮進銀一萬五千二百四十餘兩，金二十兩，樣銀一百六十餘兩，又進紅寶石一百一十三塊，青寶石一十七塊命内庫查收。仍會同撫按嚴追侵隱課羡，店户黄存等不許推諉遲誤。奉　聖旨傳諭内府各項缺人數多着照例收用净身男子三千人又奉旨添收一千五百名其不選進男子遵旨。

《明神宗實録》卷三百五十九　〔萬曆二十九年五月丙寅〕浙江礦監劉忠進銀内庫：煤價銀四百三十三兩，石青三百三十四斤。山西礦監張忠進銀内庫：鹽銀凡一萬二千兩，礦銀一萬三千九百六十七兩。

《明神宗實録》卷三百六十　〔萬曆二十九年六月乙未〕是月，山東税監陳增進銀内庫：銀一萬八千四百餘兩，馬二十四匹，騾一頭。儀真税監暨禄進銀内庫：鉛料銀二千九百餘兩，遺税銀一萬七千餘兩，又税銀三萬五千餘兩，贓罰銀一千九百二十六兩，又遺税銀五千九百三十八兩。河南礦務指揮楊宗吾進銀内庫：廪餼銀六百兩，礦銀六千一百四十二兩。山東税監陳增進銀内庫：礦金一百五十四兩，銀一萬二千八百六十兩，贓銀七千三百六十兩，額外鹽税銀三千五十二兩，漏税紗羅四百一十一疋。廣東税鹽李敬進銀内庫：珍珠一千八百五十八兩有奇，贓贖銀二千兩，犒工銀五百兩，礦金一百九十九兩，礦銀三千兩，珍珠變價銀三千一百五十三兩。廣西税鹽沈永壽進銀内庫：罰贖銀五百五十兩，税銀三千兩，古窑銀二百五兩，〔礦〕銀三百二十六兩，丹砂八兩三錢。

《明神宗實録》卷三百六十　〔萬曆二十九年六月乙未〕新築大内乾德殿臺高八丈一尺，廣十七丈。御史林道楠董其工。三十年四月，道楠上言：「宰臣不與聞，司空不奉旨，天語僅喞于內侍，考卜惟憑臺官，禁中何地，不宜有此高臺，白虎軒昂，堪輿最以爲忌。矧三殿　兩宮，高不過一十二丈，今臺高八丈一尺，加以殿宇又復數丈，其勢反出宮殿之上。屈指興工，將及一年，日役夫匠二千餘人，班軍二千餘人，內外管工諸臣，朝暮督率不遑，起居僅高一丈三尺耳，以八丈一尺總數計之，雖再加以三年，尚未可就緒也。而蓋造數殿宇之工，又不知經幾月日？木石磚瓦畚插締搆等費，非二百萬金不可。皇上不問有無，止責諸管工內臣，內臣無計措辦，必索諸工部之庫藏。工之竣也，其何日之有？」不報。

《明神宗實録》卷三百六十　〔萬曆二十九年六月〕河南礦務指揮楊宗吾，進銀內庫麖皴銀六百兩，礦銀六千一百四十二兩。

《明神宗實録》卷三百六十一　〔萬曆二十九年七月〕是月，天津稅監馬堂進銀內庫：稅銀五萬三千兩，省費銀二百兩，節省銀八百八十兩，鹽務銀六千五百二十六兩。兩淮鹽稅魯保進銀內庫：稅銀一萬六千九百三十九兩，引價銀五萬六千兩，補解銀七百五十兩，輸獻吳時修等銀九萬兩。山西礦鹽張忠進銀內庫：礦銀一萬八千兩，鹽價銀一萬三千兩，無礙銀六萬九千七百兩。四川稅監丘乘雲進銀內庫：礦銀一萬六千五十餘兩，金四十五兩，額外稅銀七千七百兩，贖罪銀三百二十兩，節省餘銀一千兩。

《明神宗實録》卷三百六十五　〔萬曆二十九年十一月〕遼東稅監高淮進銀內庫：樣銀二百兩，達馬二十一匹，又馬十四匹。湖廣守備太監杜茂進銀內庫：稅銀二萬四千四百兩，船料五千兩，積餘銀三萬一千五百兩，買辦方物銀一萬三千兩。山西礦監張忠進銀五庫：礦銀一萬五百三十九兩。江西稅監潘相進金銀內庫：礦銀六百一十兩，金二兩四分，稅銀三萬七千五百兩。

《明神宗實録》卷三百六十六　〔萬曆二十九年十二月〕是月，薊永開礦太監王虎進金銀內庫：銀三千一百兩，金十兩。户部奏進慈慶（廣本慶下有等字）宮子粒銀二萬七千八十七兩，乾清等宮子粒銀二萬四千五百兩。

《明神宗實録》卷三百六十八　〔萬曆三十年二月己卯〕上有疾，召諭輔臣罷礦稅，釋逮繫，補用科道，復建言諸臣職。是日巳時，上急召輔臣及部院等官至仁德門，獨召輔臣一貫，入啓祥宮後殿西煖閣。【略】上曰：「沈先生來，朕恙甚虛煩，享國亦永，何憾？佳兒佳婦，今付與先生，先生輔佐他做箇好皇帝，有事還諫正他講學勤政。礦稅事，朕因三殿兩宮未完，權宜採取，今宜傳諭及各處織造、燒造俱停止。鎮撫司及刑部前項罪人都着釋放還職，建言的得罪諸臣俱復原職，行取科道俱准補用，朕見先生這一面，捨先生去也。」

《明神宗實録》卷三百六十八　〔萬曆三十年二月〕辛卯，重諭內閣：「朝廷開徵礦稅等項，因兩宮三殿未建，帑藏空虛，權宜採用。非已有諭，但傳聞未定。卿可傳示該部院即行文與各處欽差內官并撫按等官，都着照舊遵行。待三殿落成，題請停止。如有抗阻者，一體治罪。」

《明神宗實録》卷三百六十八　〔萬曆三十年二月〕癸未，諭內閣：「朕前眩暈，召卿面諭之事，且礦稅等項，因兩宮三殿未完，帑藏空虛，權宜採用。見今國用不敷，難以停止，還着照舊行。待三殿落成，該部題請停止。其餘卿再酌量當行者擬（旨）來。」大學士沈一貫回奏：「今聖體初安，正宜倍加崇攝，凝承天禧，安得以區區外物而妨內養！臣願皇上且勿以此事展轉于懷，寧心澹神，保身保民，幸甚。容臣三思再奏，其事在不疑者，如推補行取科道，起用建言詿誤諸臣、釋放礦稅建言詿誤犯人，謹擬　聖諭三道，惟即允發，預慰中外懸望。」上報聞。

《明神宗實録》卷三百六十九　〔萬曆三十年閏二月甲午〕保定巡撫汪應蛟疏言：「自榷採以來，家怨人愁，已非一日。彼其思亂而未即逞，徒以報罷有期，姑隱忍以待。今報罷矣，而又不果，竊恐人心惶惑，所在摇動。萬一草澤嘯聚，揭竿而四起，雖有良平之智，不能爲謀。皇上即弗重詔令，奈何以金甌爲戲乎？」詔：「礦稅已有屢旨，權（旨）（宜）採取，自有停止之日，不必瀆奏，宜靜聽處分。地方事各用管理。」礦稅之不果停也，各省直巡撫劉四科、楊時寧、安文璧、黃克纘等，巡按趙標、黃吉士等前後交章爲地方請命。得旨間如前或不報。

《明神宗實録》卷三百七十四　〔萬曆三十年七月庚申〕工部尚書姚繼可疏言：「臣部頻年以來册立、册封、大工、河工多方那借，正額尚缺七八十萬，今又值福王婚禮，叢集一時，爲費不貲。實在庫貯止一百零二兩，臣與司屬正切憂惶。茲值年絨銀兩，臣部不能如期解發，尚冀户部三萬，或可先發接濟。乃户部又稱邊餉窘急，亦在那借。兩部勢窮力詘，于時爲甚。及查已解絨服等物充斥內庫，積久易蛀，不無可惜。陝西累年土堉民貧，已搜處二十萬兩，今若再行搜括，民不堪命，釀禍無窮。請將已織在官者解進，其餘未織者停止。（俊）（俟）河工告竣，婚禮俱完，物力少充，再行織解，庶兩部錢糧或得少甦，而關陝疲命可暫息肩矣。」得旨：「上供難缺，已裁減歲定四千疋。爾户工二部帑藏空虛，姑准織進三千疋，以示寬省民力。爾各部亦須仰體德意，講求財計而以待急用。」

《明神宗實録》卷三百八十　〔萬曆三十一年正月丁卯〕江西稅監潘相，安信泰和縣民段永壽言本縣娀姥山嶺産石膏，歲採可收萬擔，奏請開之。南贛撫臣李汝華言：「石山開採，鑿傷郡縣來龍，于人文民命所捐實多。且每擔價值五六分，所利幾何，而招集亡命，爲憂方大。」不報。

《明神宗實録》卷三百八十一〔萬曆三十一年二月〕庚寅，户科都給事中姚文蔚等上言：「欲濟國用，不可不講求理財，欲求理財，不可不先罷礦税。願亟下明詔，撤回中使，盡罷礦税諸役，使民懽呼更生，稍得甦息。然後徐命大司農修舉廢墜，督責逋負，民力少舒，民心大順，自將樂輸而不怨，孰敢復言發内帑者。伏惟采納施行。」不報。

《明神宗實録》卷三百八十六〔萬曆三十一年七月癸亥〕，保定巡撫孫瑋將易州、阜平等十一州縣計派包陪礦銀一千七百兩分上下半年解進，併請撤回在礦人役。上曰：「礦税權宜開採，朕心仁愛，自有停止之日。奏内酌議派包銀兩，准令有司解送該監類進應用，以示朝廷寬恤畿輔地方德意。」

《明神宗實録》卷三百九十〔萬曆三十一年十一月癸酉〕湖廣守備太監杜茂進礦税船糧銀二萬八千九百餘兩，又進買辦方物銀一萬二千兩以助大工。上命收進。

《明神宗實録》卷三百九十〔萬曆三十一年十一月甲子〕福建礦税務太監高寀，以奉旨差官過海勘明機易不出金銀，因參姦民張嶷與百户閻應隆妄奏。詔以張嶷虚誑，着内官高寀，會同撫按等官，差官拏解來京，與同百户閻應隆一併究問。

《明神宗實録》卷三百九十八〔萬曆三十二年七月戊午〕次輔沈鯉言：「自礦税興而中使遍天下，中使出而四方無籍之徒簉爲牙爪耳目者，或分布鄉村、城市，或把持關津渡口，或武斷于商賈湊泊；所在樹黄旗，揭聖旨，都輿從，張氣燄，吮人之血，吸人之髓，孤人之子，寡人之妻，内監亦不能盡知也。前方征，後復榷；既征榷，復告訐。或誣爲斷絶皇槓，或誣爲容隱罪人，或以爲曾發古塚而得奇珍，或以爲曾開古窖而致鉅富，或云某宅有礦壞其宅，或云某墓有礦掘其墓，在在不聊其生，人人莫必其命。故總天下之財十計之，皇上得十之二，内監得十之三，羣小得十之五。利分入于衆手，怨總歸于一人，民安得不窮，心安得不離！民心離散，其勢必反。臣三十年前備員講帷，曾進講外本内末、悖入悖出之理，皇上未嘗不虚己以聽，今豈遽忘之耶？」三輔朱賡疏，語亦懇切，俱留中。

《明神宗實録》卷四百一十六〔萬曆三十三年十二月壬子〕湖廣巡撫梁雲龍以　顯續修配殿明樓等項工程共二十四處，該銀一十一萬七千四百有奇。議將工部營繕、都水、屯田三司料銀，自三十四年起量留三年，得銀七萬三千有奇，其餘四萬四千有奇另行設處。下工部覆議：「以庫藏久匱，煩費滋多，今該省別議設處或萬不得已，准將三司料銀係三十一二兩年拖欠未解者，量留支用，三十三年以後，照常徵解。」旨是。

《明神宗實録》卷四百一十六〔萬曆三十三年十二月壬子〕山東巡撫黄克纘言：「税監馬堂每年抽取各項税銀不下二十五六萬兩，而一歲所進才七萬八千兩耳。約計七年之内，所隱匿税銀一百三十餘萬，乞量追其半，以濟河工之費。」不報。

《明神宗實録》卷四百一十六〔萬曆三十三年十二月〕壬寅諭户工二部：「朕以頻年天象示警，心常兢惕，責己省愆，不遑寧處。昨覽該部再疏題請矗建殿門，以完鉅典。因思物力難支，何時就緒，連日熟計。見今河工城工一時并舉，工程浩大，錢糧數多，内外帑藏俱匱，民窮財盡，困于徵輸。致使正供錢糧及無所出，京邊之費一時多乏。朕甚惻然！已遣内官監經管内官，查理通灣見貯木植。回奏且大工浩費不貲。其開礦抽税，原爲濟助大工，不忍加派小民採徵天地自然之利。今開礦年久，各差内外官俱奏出砂微細，朕念得不償費，都着停免，若有見在礦銀就着礦差内外官員一併解進馳驛回京，原衙門應役凡有礦洞，悉令各該地方官封閉培築，不許私自擅開，務完地脉靈氣。其各省直税課，俱看本處有司照舊徵解税監一半并土産解進内庫，以濟進賜供應之用；一半解送該部，以助各項工費之資，有餘以濟京邊之用。其各處奏帶員役，止着押解催儹錢糧，行文差用。不許私設關津，指稱委官，容令地方棍徒肆行攘奪，致民生不安商旅不行，反虧國家正課。撫按官還同該監不時訪拏治罪，明顯朕仰體上天仁愛，祖宗鑒臨，敬畏修省實政；昭示朝廷權宜濟助大工，愛民固本德意。待大工稍可措辦便奏請通行停免爾部槩行各省直内外官遵行毋忽。」

《明神宗實録》卷四百一十六〔萬曆三十三年十二月丁未〕内官監太監陳永壽，恭進秋冬二季煤課銀兩。上曰：「昨已有旨，停礦調税，念畿輔煤窑，係小民日用營生，除官窑煤炸照舊内監開取供用，其餘民窑税課，盡行停免。以昭朝廷優恤根本地方德意。」

《明神宗實録》卷四百一十七〔萬曆三十四年正月〕乙未，罷徵甘肅延、綏二鎮鹽引税銀。真、保、薊、永開礦太監王虎奏繳開採進過金銀數目，自萬曆二十四年閏八月至三十二年正月，共金五百五十七兩零，銀九萬二千六百四十二兩零，石青一百一十九斤。然計歷年開礦所費工價物料亦至十餘萬，得不償久也。

《明神宗實録》卷四百一十八　〔萬曆三十四年二月丙午〕山東巡撫黄克纘言：「往者民苦税監，非税監之爲害，乃其牙爪羽翼之流毒慘也。今已革税監委官，復用有司之委官，是百步五十步之間耳。臣議不用委官，止用行首。量行户之大小，或二三人，或三四人，使司其事。蓋以商賈而偵察商賈，計甚便也。臨清鈔關舊額三大行止納銀三萬五千兩有奇，雜貨小行一萬有奇，牙店出入包納二萬有奇，而又有民船二八税銀與底載稍搭寺類所謂過税，本處土宜貨物亦各量税，所謂十税。通計各税共足六萬八千兩。及孝順方物之費，實難及額。今議量載八千兩。山東六郡，惟臨清、德州、濟寧三處路通商賈，其餘皆轉販瑣細、趕集趁市者耳。往者陳增六萬之數，以威劫取盈，如無商賈而税之集場，集場不足而税之負擔，負擔不足而税之酒腐、飯店，下至車履、木杓，一切鄙微，無不税及，民力何堪！合行量減三千四百兩。而魚臺寺四州縣，河決渰没，民爲魚鱉，合盡除本額一千六百兩。至于河道税額一萬兩，原于東昌、張秋、濟寧抽取。查臨清至東昌僅百里，東昌至張秋僅九十里，張秋至濟寧僅二百里，層關疊徵，不亦甚乎！此項合盡行蠲革。總而計之，臨清關徵銀六萬兩，六郡包税五萬五十兩，并泰山香客加增銀三千兩，蒲臺鹽税銀三千兩，合山東一省共税銀十二萬一千兩。各分一半，以六萬五百兩徑解工部，六萬五百兩與二税使解進。每百兩外加銀十五兩九錢五分四釐，以三兩二錢爲加重，係傾入錠内之數；以十二兩作公費，係解監置買孝順方物之用；其餘七錢五分四釐，係傾銷大耗及解官盤纏鞘木等用。實加銀九千六百十一兩一錢七分，共計十三萬有奇。此亦未可爲輕而易辦也，特以天恩難以過徵，得減爲幸耳。乞炤議允行。」從之。

《明神宗實録》卷四百一十九　〔萬曆三十四年三月〕是月，儀真太監暨禄進徐州税銀一萬一百兩，山東礦税并折金方物銀五萬一千二百餘兩，積餘引課七千五百兩，五府帶徵税銀三萬兩，船料等銀一萬七千五百兩，公費銀三千六百兩。蘇松税監劉成進税課銀二萬一千兩。遼東税監高淮進人參一百三十五斤。江西税監潘相進税銀三萬七千五百兩。天津税監馬堂進長蘆額外增課三萬兩，内銀六千五百七十八兩，額税一萬三千兩。河南税監胡濱進礦金二十八兩，銀四千七百八兩。

《明神宗實録》卷四百一十九　〔萬曆三十四年三月丁亥〕倉場總督游應乾言：「帑庾盈縮，關國運盛衰。今外庫隨到隨發，略無存留；而老庫除十八萬九千之外，又毫無餘積。其詘如此，蓋年例四百萬之人，祇足供四百萬之出。頻年國家多事，寧、鮮、倭、播、大工、典禮，總計已過千萬。至於買辦一節，二十餘年進過五百餘萬，以致百年老庫，漸至空虚。别項貯藏，盡行那借。而四百萬之錢糧，有不能不以本代折者。兼之工役煩興，災傷改折，賑貸河工，於是太倉之粟，不足二年之用矣。今爲救弊，止云樽節。顧臣等經年節省，不過錙銖，乃　皇上一事開銷，動至鉅萬。即不敢望盡發大内之藏，但當以軍國大計責之。司農供用諸條，取足内帑。至一百萬之金花，固云歲額；而二十萬之買辦，斷合從蠲。不然，年復一年，國非其國，愚臣并坐不言之罪，亦何益哉。」不報。

《明神宗實録》卷四百二十二　〔萬曆三十四年六月丙寅〕河南太監胡濱進税銀三萬五千八百餘兩，礦銀四千八十一兩，金十五兩。廣西税監沈永壽進税銀八千九百六十兩，礦銀三百八十兩。

《明神宗實録》卷四百三十一　〔萬曆三十五年三月甲申〕户部計天下歲欠金花、絹布。蘇、松兩府自萬曆十四年至二十五年所欠金花四十八萬有奇，自二十一年至三十四年布疋之欠共三百一萬餘疋。江西金花三十三年欠踰六分，三十四年金花布疋各欠全分；絲絹自二十一年至三十四年欠八萬二千餘疋。湖廣稱是。而蘇州一府，欠至十四萬三千餘疋。浙省所欠，亦踰三萬。户部疏言：「常供歲額負欠甚多，動數十萬。不知此數十萬作何下落？云見徵在庫，何爲徵而不解？云别項借支，何爲借而不補？去歲題准銀到三日不送，責在部司；文到三月不解，責在省直。赫赫王言，棄寘如昨。豈盡姦民抗翫以至於此？災祲之減，搜括之窮，誠亦有之。日者兩奉恩詔，俱有蠲免，民已歡舞，仰頌皇仁。乃詔墨未乾，旋爲反汗。一旦誅求，誰能堪此？與其敝唇腐舌，取盈于必絀之數，無益而徒勞；孰若損虚就實，庶幾于易辦之常，力少而有濟。議將二十八年以前，姑行蠲免；特申飭二十九年以後，盡數解完。如此則部臣得以催督，有司無辭推避，亦救時裕國之權宜也。」

《明神宗實録》卷五百二　〔萬曆四十年閏十一月丁亥〕户科給事中官應震奏：「昨見户部一本，爲婚禮錢糧，懇賜裁酌。又見御用監爲婚禮加添，有旨着户部再行酌處，職不覺恣嗟太息。念太倉庫銀四百萬餘，屬邊餉者三百八十九萬有奇。頃九邊共欠至二百九十三萬六百兩，太倉之匱可知也。良繇民日求減，邊日求增，朝廷之上那借溷淆而莫可究詰。今方隅內困極矣，京師困商，秦困羊羢，晉困紬，三吳困織造，豫章困磁，滇、粵困金珠，楚、蜀、黔困木。加以貂璫之吮吸，暵潦之不時，勢必至于逋欠。皇上何不拓免徵、斂米稅之心，盡罷諸稅，使民得畢力於正供乎。而且令有司講備荒之政，莫若考之《周禮》及舊臣呂坤所著兩利倉、鄉會倉、自救倉諸法，著實舉行。夫平是既多方以閘民自有之利，而歲祲又有以恤之，以是殿最邑令，責成郡守，猶有積逋難完者，臣不信也。嘗考國初額餉，成、弘間纔五十餘萬，嘉靖初亦不過六十萬。莊皇帝踐祚，乃定經制，尚止二百二十六萬零。奈何延至今日，虜已通款，費及滋多？即如宣鎮，見在軍溢舊額三千八百餘，焉六千七百餘，各將家丁額支糧一石五斗，今且支至二石；各軍布花額有全支半支，今且一槩全支。即宣鎮而餘鎮可知也。遼、瀋、開、鐵間，新爲增兵，雖有發納班價銀、絶軍糧銀、兩淮加帶鹽引銀三項，然僅足供十年之用，十年而後，恐垂涎及太倉矣。即遼鎮而餘鎮可知也。則請申明年例之義。蓋自邊警倉皇，輒議增置，遂以一切權變之計，襲爲故常。命曰年例，此甚魚謂。宜令邊疆無事，兵若餉，皆有定額。一旦緩急增添，名爲權宜，不名經制，不得槩以年例請。連其事已兵休，兵收餉止，經制之復其在斯乎？那移出納，有監守自盜之條，況在國儲，借之一字，豈可以訓？年來冏寺、光禄之借，猶曰邊餉向供也。至如甲丙二庫綿布花羢，歲從內藏出給，軍士非冬且索及太倉矣。瑞王婚費，進訖九萬，仍欲加添。又其甚者，趙世卿光年刻書一册，內開不時進辦無正額銀，五年內共進過一百八十三萬八千八百三十七兩。今又二年，不知何似？夫御用自有御用銀兩，職考《會典》，如內府庫所掌，最大者金花銀。國初解南京供進，各邊或有緩急，間亦取足其中。正統元年始，自南京改解內庫，嗣後多爲御用。味各邊緩急二語，知內庫不專爲內，兼以濟邊。是內庫之可散而外甚明也。太倉銀兩，嘉靖二十二年題准，今後各處京運錢糧，應解內府者，一併催解貯庫，悉備各邊應用，不許別項那移。又議准，今後各運司餘鹽銀，解送太倉貯庫，專備各邊客兵糧草，不許分毫別用。夫太倉原以備邊，味不許那用二語，是外庫之不可斂而內甚明也。願皇上渙發明綸，分別內外庫之界，毋令中官混索，動及餉額。其他木衡之料價，冏寺之馬價，光禄之上供，亦各還各項，不相侵假。倘有混索，職等得以原旨封還；計臣依阿解進，職等得以白簡從事。如是則太倉還其太倉，而餉何不足之與有？伏惟勑下户部同九列大臣從長會議，永貽經久。不然在皇上惟知有太倉，在臣子惟思發內帑；合上下而言，皇上之意主盈，臣子之意主縮；合文武將吏而言，司兵之意主加，司餉之意主減；合內外小大臣工而言，內臣之目擊邊事者主催科，外臣之目擊民疑者主撫字；臣主相持，軍民相左，外內小大相持，職不知所終也。」

《明神宗實録》卷五百五十 〔萬曆四十四年十月辛丑〕户科給事中商周祚等〔言：〕「自年來礦稅繁興，民窮財盡，正賦日逋，加以雨暘不時，水旱頻仍。議蠲議停，頓損邊儲二百餘萬，而太倉遂缺十之五六矣。度支歲入不過四百萬，每每出浮于入，業已難支。自萬曆初年，歲取二十萬以備供奉，總計幾三十年約支銀六百萬。又征倭、征播，先後支老庫者幾千萬。至册立、封、婚一切典禮，例取給于承運者，又皆括之外帑，更不下數百萬，而太倉遂耗十之七八矣。臣等妄意榷稅以來，進奉無算，捐大內百分之一，足以救九邊萬分之危。而明旨屢稱內庫空虛，殊不可解。乞皇上簡御前所積，慨發數百萬金以抵缺額。在昔年以額外之徵，致虧惟正之賦；而今即借額外之賜，以抵正賦之窮。皇上豈有愛焉。」不報。

《明神宗實録》卷五百七十一 〔萬曆四十六年六月戊寅〕户部尚書李汝華言：「太倉歲入，僅三百八十九萬，歲出，邊餉三百八十一萬，一應庫局內外等用又約四十萬，出悖于入。以內供言之，萬曆六年進過 大工、鋪宮、各庫、監、局錢糧共八十七萬六千三百七十五兩，二十七至三十年共進過册立、分封、冠婚典禮各錢糧共二百五十五萬七千二百四十七兩，幾盡一歲之入以償之。往年婚禮不過十萬，潞王用止九萬；至 福王婚禮進過四十餘萬。聖母兩上徽號，前後共四十七萬有餘。開遐所費香蠟等項，又約二十二萬。長公主婚禮，用至十三萬五千兩，七公主婚禮，共折解十萬餘。今 瑞王婚禮，又用過十萬餘。其金花歲增買辦銀二十萬兩，自萬曆六年至三十三年止，約進五百餘萬矣。以邊餉言之，九邊十三鎮，隆慶間每歲共止二百三十九萬有奇，今增至見額銀共三百八十一萬九千二十九兩餘。而又蘇州府題借本部米草布折等銀共十五萬二千五百餘兩，松江府借米草布折等銀共五萬三千九百餘兩。浙江龍袍，歷年借支本部京邊銀共二十九萬六千七百六十兩，蘇松織造借三十餘兩，陝西羊羢，每運本部協助銀二萬二千五百兩，何借支之多也。而又湖廣司道贓罰、南稅等銀，原係濟邊正項，歷年共留七萬八千二百九十餘兩爲採木用。山東四十三年，江西四十四年，俱以災荒題留稅銀并撫按贓罰共九萬二千餘兩，又四十五年題留四千兩。廣東四十四年題留本羊贓罰并監稅二千八百兩。其四川稅契，則以留充陝西協餉矣。何題留之多也。而又有歸税監者，則南直税契銀每年三萬，山東魚課商税契銀八百餘兩，泰安香税二萬兩，南贛關税二萬兩。自二十七年監，四十二年臣部題留前銀，奉旨户、工各一年。然而又有縮于上部者。查三十七年以來，節年織造，河上并府第共借去臣部一百五十餘萬。乃各省直所欠京邊，自三十二三年起至今，不下六百萬。此太倉所以匱極而邊餉拖欠數多也。無已，則有改折十庫物料。今查丁、甲二庫實在顔料共六百四十六萬一千五十八斤，克積腐耗，曷若改折一年，九百萬金錢可立致也。一改折弓箭絃條。照嘉靖年例通行改折，發附近府州縣，委官如式成造，可省虛糜錢糧萬餘兩。一議留各關折買錢鈔。臨清等處商税，庫備百官軍士賞鈔。近來給鈔數百貫，不值數十文錢。暫議折收銀兩解部，事定之後照例徵收，更于芻粟有籍。若崇文門寶和店銀不過二萬，何難捐天府之粒米，果萬軍之枵腹，并謝其名于貸取也。其他御馬監、勇士營馬匹糧草，宜裁，慎用庫買辦宜節，各衛軍丁占役包糧宜革，錦衣衛月糧之增宜清，皆在今日所當熟究，伏望聖明立賜舉行。」

《明神宗實録》卷五百八十四 〔萬曆四十七年七月甲午〕督餉户部侍郎李長庚奏：「職查會計録每歲本折所入通計一千四百六十一萬，入内府者六百萬餘，入太倉者除本色外，折色四百萬餘。其内府之六百萬，如金花子粒而外，餘皆絲綿，絹疋、蠟、茶、顔料之用。其節年所收，陳積紅朽，何裨於用？若以應解内府本色，改折一年，發之外庫，來歲仍解内庫。是在内庫支舊節新，不過通融於一歲之入，而在外庫改本爲折，亦可足用於數百萬之支。在皇上一轉移間也。推之如陝西之羊羢，江南之織造等項，稍停一年，何損上方之委積。伏乞俞允，以濟急需。」得旨：「金花子粒銀兩，係 祖宗舊例，内供正額及在京武職軍官俸糧之需，所費不貲，時不可缺，如何擅欲借留？着該部照舊如數解進應用。其織造等項，俱屬急用，不必稍停改折。今准將各省張煒、馬堂、胡濱、丘乘雲、潘相所徵收分進内助 大工。税銀及先年税監丘乘、雲、潘相等所奏湖口、廣西已徵在官，未經解監貯庫銀兩數多，着各該監速差委的當官員清查，與本年一年之銀，都嚴催一併暫解户部，接濟遼餉募兵之用，不得仍前借口賑濟。」

《明熹宗實録》卷十四 〔天啓元年九月癸丑〕工部尚書王佐等疏言：「蘇、杭織造袍段，先朝一行之，旋即停罷。未有如萬曆四年迄今四十餘年，竟無休息者。此項錢糧，部無額縞，但取之各省額解四司料價、段價、匠班、麻鐵等銀，今欽傳袍段，都水司計無所出，再爲設處，寧有天降地出之金錢哉？惟四十六年補造袍段，尚有未完，或可抵充御用之急，然非再減前額，不能爲無米之炊。或皇祖織造甚多，儻服篋笥之所藏，尤睹紹庭之大孝。」得旨：「袍段樣製不同，新造急需服用。該部仍遵前旨，作速議處，無得推諉。」

《明熹宗實録》卷十四 〔天啓元年九月丁卯〕署户部事左侍郎臧爾勸題：「遼左用兵，算至三十萬。計歲用新餉，非一千數百萬不可。除錢鹽事例專疏外，謹輯廷議十款：一金花錢糧，年約一百一萬餘兩，國初原備各邊緩急。正統間，始自南京取歸内庫；成化間，宫中止用一半；嘉靖間，與同三宫子粒改解太倉濟邊；此 祖宗故事可考者。請半解内庫，半充遼餉，事平仍舊解進。一十庫本色請改折。承運庫之絲絹，供用庫之蠟、茶，甲字庫之三梭布、苧布，丁字庫之漆、蠟，歲可折銀二十三萬八千有奇。一增關税。原額三十三萬五千五百餘兩。今定崇文門、臨清關各八萬四千兩，滸墅、九江、北新關各八萬兩，河西務四萬兩，與淮安五萬二千兩，揚州二萬兩，共五十萬。以二十萬解太倉，助舊餉；以三十萬解新庫，充遼餉。一京、省舊税，俟各撫按查解外，典鋪酌分三等，上三十金，中二十金，下十金，解部。遼平日止。一查税契。分五等，上者五千，下者三百，以十年計額，該五千者，歲解五百，餘倣此。一查屯田、草場、蘆課。照弘治間差給事御史清查南京、四川屯田例。一查各運司庫内存剩、侵没、耗羨等銀不下二百萬。一諸藩捐助，貧富不同，惟同一親王，而歲禄多一萬四百石，少或八百石。請八千石以上，比照嘉靖年間事例，聽其奏辭，其六千石以上免之。郡王能辭禄捐資者旌奬。一各勳戚捐助。前沐昌祚助遼餉二萬兩，神宗留入内庫。宜冷川、湖、雲、貴各土官、土婦輸助，二萬兩以上勑奬或給誥命有差。一議各撫按、左布政、府、州、縣捐助。」得旨：「金花及十庫供用庫、寶和店錢糧，俱係上供，不得輒議。榷税已停，何又議復。餘再議妥確具奏。」

《明熹宗實録》卷三十 〔天啓三年正月庚子〕工部尚書姚思仁疏陳六事：「一曰山陵。慶陵規制同于昭陵。昭陵當嘉靖年間刱建，幾成後復費至一百五十萬。今慶陵帑銀僅七十萬耳，臣等當萬分節省，豈容分毫冒破。以故，從來並無預支。但木石灰土已經會收，匠作夫役已經役過，當早爲給發。而留工庫銀未解者，大工帑銀未發者，事例開納未行者，外解催促未來者，當速處給。二曰軍需。自東事發難以來，臣部神器、火藥、槍刀、車輛等項，解出者不下數百萬。今内庫已竭矣。户部所分加派銀兩一年止二十萬，而奸胥奸商之眈眈虎視者，蓋環四面也。會議欲禁預支，誠爲有見。但其中有不得不預支者，如藤竹買于浙江，熟鐵買于福建，焰硝買于山東，生鐵買于山西。遠者數千里，近者數百里。空文徒手，必不能應。惟于關領銀兩，聽巡視科道與臣部司查程途遠近，立爲期限。違者追比，甚者參送。三曰錢糧。工部額編省直銀兩皆有頭項。即使依期起解，分毫無欠，而不時之傳奉，無名之支取尚不能應。今採木者題留，織造者題留，建府者、軍興者題留，甚則有留至十餘年。不留之數，亦拖欠不解。遇内廷供億年例公費，令臣等束手無策，甚非長算，宜行禁止。四曰工作。自大工肇舉，百作俱動。但每日止開，用工匠幾百名，用夫役幾百名，積至月餘，按名關領。至于工匠所造何物，夫役所運何工，並不開載，無憑稽查。從萬曆三十二年至今，不知糜費錢糧幾十萬矣。今計，此後各工報用匠若干名，須開造成何物；報用夫若干名，須開搬運何料。如不細開，不准關領。五曰修理。歷查部規，凡修壇壝以奉郊社；修太學以備臨幸；修翰林院以養人材；修營房以貯軍興。凡係大典，皆有舊例。其他應修應造，則差官估計，工完報堂，以領錢糧。自臣任事，見估計者多則數萬，少則數千。近者松林閘之役估費六千餘兩，臣親往勘，問建閘爲何？則云積水。問廢閘何時？則云已數十年。臣以爲此役不急可即已之。是以一舉足而省費六千餘金，他皆類是。今後凡有修造，須堂官親估，方准興工。六曰卹典。國家優禮臣下，身後皆有卹典，大臣三品以上葬費不過三百餘兩，惟是内臣、勛臣、戚臣俱焰祭壇以爲厚薄，少則數千，多則數萬。往年庫有積金，不妨加厚；今日帑藏一空，豈能取盈。故臣等于大璫杜茂冉登等減數千爲三百，戚畹如王鉞等減萬五千爲五百。荷蒙皇上俞允，一年内可省金數萬。但恐人情易循，禮法難執，乞 天語叮嚀，著爲定例。」上報可。

《明熹宗實録》卷三十 〔天啓三年正月辛丑〕織造太監李實疏稱：「歲改奉旨歸監，而機户皆姦滕接踵：又以有司移文不行屬體，請旨申飭。」章下工部，工部尚書姚思仁覆言：「今日皇上所與内外臣工共守者，《大明會典》一書耳。《會典》所載，歲改段疋，織造專屬司府正官，印驗專屬巡按御史。此祖宗之定制。一變於魯保之紛更，再變于李實之攘利。撫臣争之不得，按臣争之不得，本部本科争之不得，而國體民情終是不便，均此段疋也。屬于有司則物料精好，運解如期；屬于内監則粗惡不堪，運解缺額。蓋錢糧經一衙門領給，則有一番扣尅；段疋經一衙門印驗，則有一番使費。況織造龍袍，皆在官食糧，織專局世役之官匠織造。歲改皆閭閻編户，府州縣召募之民機。有司畏撫按之綜覈銀兩，盡行給發；機户有利，接跡而來。内監挾朝廷之威權，銀兩不免減削；機户無利，掉臂而去。使内監亦如有司之盡給，何故畏避不前？使内監不利錢糧之浸漁，何爲争執不已？至于李實引孫隆之例，欲以屬禮責之有司。孫隆待府縣正官，皆以賓禮。惟織造通判，始行屬禮；然猶周旋委曲，不敢妄自尊大。以故孫隆之自處愈謙愈抑，而有司之相待愈謹愈恭。内外協和，官民悦服。今李實乃爲其名下長隨司房等役所撥置，參誦商、參機户、參驛遞、參有司，廣行朘削，萬民嗟怨。蘇、杭等府，皆朝廷錢糧之淵藪。邇因賦重役煩，以致民窮財盡，訛言屢興，人心思亂。即使多方撫綏，尚恐變生意外；若再加激變，一旦挺而走險，禍可勝言哉！」得旨：「織造額解不前，全由地方原無專任。歲改歸監，以便責成。仍尊前旨行，不必煩聒。」

《明熹宗實録》卷八十一 〔天啓七年二月己亥〕工部開報搜括捐俸等項銀兩收存放貯數目：天啓六年分通共收過各項助工銀二百二十萬二千三百七十六兩三錢三分有零，金二百一十三兩，又天啓五年分庫内存貯銀二萬三千四百三十二兩八錢五分有零，又借用南京解進銀二十一萬兩，三項總計銀二百四十三萬五千八百九兩一錢九分有零。内除本年給發過見工三山各窑廠、鋪商、夫匠役料工價銀共二百四十一萬七千八百七十六兩二錢五分有零，見存貯在庫銀一萬七千九百三十二兩九錢三分有零，金如前數。外有南京太監劉文曜、胡良輔及光禄寺解進銀五十六萬二千兩，内除見工借用銀二十一萬兩，又工部借用冬衣銀五萬兩，見貯在庫銀三十萬二千兩。查明銷算。報聞。

《明熹宗實録》卷八十一 〔天啓七年二月癸卯〕工部估計修理蘆溝橋硎岸共該實用銀一十一萬六千三百五十九兩五錢。因庫藏罄乏，特請多方設處。得旨：「令該部給銀五萬兩，其有不敷的，内府湊處接濟。務期早完，以利萬方攸往。」

朱權《原始秘書》卷九《飲饍食用門》 食熟。《古史考》曰：古初之人，未有火化，飲血茹毛。有聖人以火德王造作，鑽燧出火教人熟食，號曰燧人。禮含文嘉曰：燧人始鑽木以取火，炮生爲熟也。《拾遺記》曰：太昊變茹腥之食。高氏小史燧人氏時，茹生人多病，乃鑽燧取火，化生爲熟。

申時行《明會典》卷三七《户部二十四・課程六・金銀諸課》 國家所取諸課，皆因各處土産。若金有常例，礬鐵水銀銅錫有常額。至于銀礦珠池間或差官暫取，隨即封閉看守。至今日令更嚴云。

凡金銀課：永樂十三年，差御史及郎中等官至湖廣、貴州二布政司提督，委官于辰州、銅仁等處金銀場，採辦金銀課。十九年，差御史監生人等，閘辦福建、浙江銀課。宣德七年奏准：福建、浙江等處解納歲辦銀課，每年各處會合，止解二次，各輪委官一員護送。正統三年，令罷閘辦銀課，封閉各處坑穴，其福建、浙江等處軍民私煎銀礦者，正犯處以極刑，家口遷化外。如有逃遁不服追問者，量調附近官軍勦捕。五年，令浙江、福建按察司，各委堂上官一員，提督銀坑。若有聚衆偷穵者，調軍捕獲。首賊梟首示衆，爲從及誘引通同有實跡者，連當房家小發雲南邊衛充軍。九年奏准：浙江、福建二布政司，各添設參議一員，專理巡礦，禁約偷採。令開福建、浙江有礦銀場，採辦銀課。十年，令浙江都司，添設都指揮僉事一員，專管銀場。又令差御史等官於福建、浙江新舊坑場，提督煎辦銀課，歲終差官解京。如各場額數不敷，許于別坑有礦處煎補。或又不敷，具奏處置，不許派民包納。又令浙江、福建提督銀場官吏及諸坑首匠作，有稱課不及額掊斂民財及侵盜官銀者，皆治罪如律。該徒流者，浙江發福建；福建發浙江擺站。雜犯死罪者，浙江發福建；福建發浙江沿海邊衛充軍。景泰元年，令罷採辦浙江、福建等處銀課。取回閘辦官，令都布按三司巡礦官，提調各該府縣護守坑場。天順二年，仍令開雲南、福建、浙江銀礦，各差内使一員，辦事官一員，照舊煎辦，令各鎮守太監提督。四年奏准：雲南都、布、按三司及衛所府州縣，凡雜犯死罪并徒流罪囚審無力者，俱發新興等場充礦夫，採辦銀課。令差辦事官於四川會川衛密勒山銀場，閘辦銀課，二年更代。五年，令雲南、福建、浙江閘辦銀課，止于本坑採礦煎辦。若礦脉微細，煎辦不及額數者，具實奏聞區處，不許科補。七年詔：封閉各處坑場，停止煎辦銀課，取回内外官員。成化元年奏准：凡偷掘銀礦，不問軍民舍餘旗校人等，依律問罪，仍枷號三箇月發落。三年，命浙江、福建二處仍各差内官一員，提督採辦銀課。四川、雲南二處令鎮守内官提督採辦。又令封閉四川密勒山銀場。四年，復開密勒山銀場。六年令：偷掘銀礦，初犯，照舊例枷號發落，仍發遼東衛分充軍。其有資紛衣糧器具及走報事情者，照初犯例。八年令：福建、浙江有犯偷礦者，浙江發福建；福建發浙江沿海邊衛充軍。九年奏准：各處山場有新生礦脉者，徒各鎮巡三司等官勘實開採，以補附近坑場陪納之數。十七年，令各處銀場，礦脉微細採辦不及者，量減銀課。十九年，添設雲南布政司參議一員，同按察司僉事管理銀課。二十年詔：各處閘辦銀課地方，民力不堪者，量爲減免。弘治二年，復令封閉四川密勒山銀場。五年詔：浙江、福建等處歲辦銀課，累民陪納，所司踏勘明白，量爲除豁減免。仍將礦穴填塞，以弭弊端。令取回浙江、福建添設巡礦官員。十三年奏准：盜掘銀礦等項礦沙，但係山洞捉獲，曾經持杖拒捕者，不論人之多寡，礦之輕重，及聚衆至三十人以上，分礦至三十斤以上者，俱不分初犯再犯，問發邊衛充軍。若不及數，又不拒捕，初犯枷號三箇月發落，再犯免其枷號亦發邊衛充軍。其私家收藏道路背負者，止理見獲，照常發落。不許巡捕人員，逼令展轉攀指，違者參究治罪。十五年，令雲南每年該徵差發銀八千八百九兩五分，定爲常例。自弘治十六年爲始，每年折買金一千兩，足色二分，九成色三分，八成色五分。與每年額辦金六十六兩六錢七分，并餘剩銀兩一同解部，轉送承運庫交納。正德三年，令宜陽縣趙保山喚鄉窪洞口、永寧縣秋樹坡等洞口、盧氏縣高觜兒等洞口、嵩縣馬槽山等洞口俱照舊封閉。六年議准：雲南銀場九處，自正德七年以後俱各封閉，銀課免辦。十年奏准：雲南銀場積年礦頭作弊，攪亂礦場者，照打攪倉場事例，杖罪以下于本場枷號一箇月發落，徒罪以上與再犯杖罪以下，屬軍衛者，發邊衛，屬有司者，發附近，俱永遠充軍。職官有犯，奏請處治。十五年，令雲南銀礦新興場并新開處所一體封閉，以後不許妄開。嘉靖七年題准：雲南年例金一千兩，遵照原行勘合，將每年該徵差發銀，照依時估，兩平收買。真正成色金，每十兩爲一錠，于上鏨鑿官匠姓名，差委有職役人員，并每年額辦金六十兩六錢七分，與餘剩銀兩。及有贜罰金，各照原收成色，每二十兩爲一錠，一同解部。年例金額辦金并餘剩銀兩，轉送該庫，贜罰金送太倉。各上納。管解金兩人員，給與長夫三名，起關應付廪給馬匹扛夫護兵。不許沿襲舊弊，加派大户。其到京進納各門并該管等官，敢有刁蹬留難需索分例者，俱聽本解指實陳奏。九年議准：蘭州等隘口，凡有渡黄河出境入境之人，或賫有礦砂及燒成銀兩并穵礦器具者，不分人之多寡，礦之輕重及初犯再犯或持杖拒捕者，俱照腹裏盜礦事例，問發邊衛充軍。若把隘官兵縱放者，官，問調邊衛；軍，問罪枷號發落。受財者仍計贜坐罪。各守備官，不行嚴謹隄備，聽撫按官參究治罪。又題准：雲南年例金一千兩并耗金十兩，自嘉靖九年爲始，每年於該徵差發銀内動支六千六十兩，收買解進。以後年分，永爲定規。十九年，令四川建昌衛麻合村落娶迭迭二廠并會川衛密勒山礦場，俱照舊封閉。又令：陝西、甘州等處，大黄山等礦洞，俱照舊封閉。四十五年，令浙江雲霧山場等處，嚴加封閉，不許勢豪規利啓釁。隆慶二年，令浙、直、江西各處礦山通行查出，立石刻諭嚴禁。仍將各關隘各經過處所設兵防守，及三省礦防圖説，刊刻成書，分發各處遵守。

凡銅鐵課：成化五年奏准：四川地方軍民偷採白銅者，爲首枷號一箇月，依律問罪。官軍原管事者帶俸，原帶俸者守哨。十七年，令封閉雲南路南州銅場，免徵銅課，其私販銅貨出境，本身處死，全家發煙瘴地面充軍。二十年令：雲南寧州等處軍民客商有偷採銅礦私煎及潛行販賣出境者，照路南州例究治。正德十四年奏准：廣東鐵税置廠一所于省城外，就令廣東鹽課提舉司，正提舉專管鹽課，副提舉專管鐵課。凡一切事宜，聽巡鹽御史總理。其惠州、潮州、揭陽縣三處及雷瓊等處行鐵地方，但有走税、夾帶、漏報等項姦弊，俱照鹽法事例施行。

凡水銀課：景泰三年奏准：蠲除貴州思印江長官司原額水銀課，其婺川縣板坑水銀場局水銀如舊。弘治十八年，裁革板坑水銀場局大使等官，待後該徵之時，行本縣掌印官帶管。

凡礬課：洪武三年，令廬州府黄墩崑山及安慶府桐城縣，歲辦礬課二十二萬七百斤。每三斤爲一引，官給工本錢一百五十文。私煎者，論如私鹽法。河南礬課，鈔一千五百七十貫，陝西一千一百六十貫一百一十文，山西六百六十六貫。

凡珠池課：洪武三十五年，差内官于廣東布政司起取蜑户採珠，蜑户給與口糧。天順八年，差内使一員，看守平江珠池。成化九年，令看守廉州府楊梅等池奉御兼管永安池。二十年，差内官一員，看守雷州府樂民珠池。二十三年，差太監一員，看守永安所楊梅珠池。令取回廣東新添守珠池内官。弘治七年，差太監一員，看守廣東廉州府楊梅、青鶯、平江三處珠池，兼巡捕廉瓊二府并帶管永安珠池。後尋取回。

比照盜礦事例，不分初犯再犯，軍發雲南邊衛分，民并舍餘發廣西衛分，各充軍。若不及數又不拒捕，初犯枷號二箇月發落，再犯免其枷號，亦發廣西衛分各充軍。如係附海居民，止是用手拾蚌取珠，所得不多者，免其枷號，照常發落。職官有犯，奏請定奪。

凡雜課：嘉靖九年議准：各撫按官轉行司府州縣等官，凡山澤之利，除禁例并係民已業外，其餘備查某處已經納税，某處空閒，内某處堪聽民採取，某處堪入官備賑，務在官民兩便。二十五年議准：楚府先年占管民房，曾經撫按委官勘斷給主者，不許聽從下人撥置，捏情争占。各民承管房基，仍照例起科。如金沙洲一帶每間每歲徵銀一錢，在漢口者減半徵税。俱解本布政司，以備各王府欠缺禄糧墳房料作之數。二十六年題准：陝西巡按御史，將甘肅鎮守太監副總兵遺下磨課課程、地畝餘銀、園圃課程銀稽查明白，通融分發各衛收掌公用。置立循環簿，倒換查考。其原派店户流民酒屠油鋪等行銀兩，俱停革。二十七年，令各王府奏討山場税課等地，并楚府魚課税課、蘆洲店房俱還官，徵租備邊，查數奏報。

又《權量》

洪武元年，令兵馬司并管市司，二日一次較勘街市斛斗秤尺，并依時估定其物價。在外府州各城門兵馬，一體兼領市司。二年，令凡斛斗秤尺，司農司照依中書省原降鐵斗、鐵升較定則樣製造。發直隸府州及呈中書省轉發行省，依樣製造。較勘相同，發下所屬府州。各府正官提調依法製造，較勘付與各州縣倉庫收支行用。其牙行市鋪之家，須要赴官印烙。鄉村人民所用斛斗秤尺與官降相同，許令行使。二十六年定：凡天下官民人等行使斛斗秤尺，已有一定法則，頒行各司府州縣收掌。務要如式成造，較勘相同，印烙給降民間行使。其在京倉庫等處合用斛斗秤尺等項，本部較勘印烙發行。宣德七年，令重鑄鐵斛，每倉發與一隻，永爲法則，較勘行使。正統元年，令各布政司府州縣倉分，歲收糧五十萬石及折收倉庫歲收布絹等物十萬疋以上者，工部各給鐵斛一張，銅尺、木尺各一把。景泰二年，令工部成造等秤、天平各四十副，頒給户部及在外收支衙門掌管用使。其所屬衙門許依式成造應用。成化五年，以新舊鐵斛大小不一，仍令工部照依洪武年間鐵斛式樣重新鑄造，發江南、江北、山東、河南兑糧去處。令各處兑糧官員，依式置造木斛，送漕運衙門較勘印烙給發交兑，以爲永久定規。十五年，令鑄鐵斛頒給江西、湖廣二布政司及各兑糧水次并支糧倉分，較造木斛印烙收用。其鐵斛仍識以：「成化十五年奏准鑄成，永爲法則」十三字，及監鑄官員匠作姓名于上。又令京城内外并順天府所屬地方，凡諸色貨物行人依式置造平等斛斗秤尺天平等件，赴官較勘印烙，方許行使。違者，如律治罪。兩隣知情扶同隱匿互相借用者，事發，一體究治。正德元年議准：工部行寶源局如法製造好銅法子一樣三十二副。每副大小二十箇，俱鏨：「正德元年寶源局造」字號，送部印封，發浙江等布政司及各運司并南直隸府州，各依式樣支給官錢，一體改造，頒降用使。九年議准：吏部揀選諳曉書算吏役四名，填註户部陝西清吏司，支科二名專管坐撥糧斛註銷青册，金科二名專管鹽法。後役滿之日，將文卷簿籍交代明白，方許更替。嘉靖二年議准：京、通二倉合用糧斛，坐糧員外郎將鐵鑄樣斛，較勘修改相同火印烙記發倉，仍前二張送漕運衙門收貯。以後新斛，俱依鐵斛并較定斛樣成造。八年，令順天府將官較秤斛印烙，給送監收科道官各一副。凡解户到部，即領票關給秤斛，預先秤量包封。候進納報完，監局各衙門會同照樣較收，以革姦弊。又令工部寶源局，如式鑄造大小銅法子，給發内外各衙門。二十七年題准：行各倉場，照依原降鐵斛置造斛斗，仍置官秤較量平準，一併送巡撫及管糧郎中主事烙記發用。如有私造斛秤，通商作弊，各該管通判不行覺察，一體究罪。其宣府一鎮往時收用市斛，放用倉斛，合行查革。以後收入放出，俱以倉斛爲準。

又《時估》

物貨價直高下不一，官司與民貿易，隨時估計，已具諸司職掌。今以内外買辦物料備列于後，而贜罰時估則見刑部。光禄寺買辦厨料，見本寺職掌之下。

洪武二年，合凡内外軍民官司並不得指以和雇和買，擾害于民。如果官司缺用之物，照依時值對物，兩平收買或客商到來中買物貨，並仰隨即給價。如或減駁價值及不即給價者，從監察御史按察司體察或赴上司陳告犯人以不應治罪。又定時估，仰府州縣行屬，務要每月初旬取勘諸物時估，逐一覆實，依時開報，毋致高擡少估，虧官損民。上司收買一應物料，仰本府州縣照依按月時估，兩平收買，隨即給價，毋致虧損于民及縱令吏胥里甲鋪户人等因而剋落作弊。二十六年定：凡民間市肆買賣一應貨物價值，須從州縣親民衙門，按月從實申報合干上司。遇有買辦軍需等項，以憑照價收買。宣德八年，令各處買辦諸色物料，聽差殷實大户齎價于出産地方收買供用。九年，令應天府買辦物料，于都税司支鈔給主。正統二年，令買辦物料，該部委官一員，會同府縣委官，拘集該行鋪户，估計時價，關出官錢，仍委御史一員，會同給與鋪行收買送納。三年，令買辦賞賜達官器皿，及鄉試會試合用紙劄等物，并遇有買辦之類，皆估計價鈔數目，照舊具奏，限一月内赴庫領散，不許過違。如官司暫用凳卓器皿，係買辦者，用畢送工部廠寄收，以待再用。八年，令朝廷所用物件免有司買辦，查出産地方于存留糧内折收解京。沿途官司應付船隻脚力。南直隸府并山東者，送北京該衙門收。福建、廣東、浙江、湖廣、江西、四川者，送南京該衙門收，歲終具奏。九年，令歲用果品厨料，照舊支領官錢派置，不許于存留糧内折徵。又令：凡遇造作等項急用物料，止於官庫關用。有不敷者，方許具奏，先給官價派買。景泰六年，令京城内不係常久開張鋪面及小本出攤提買等項買賣，俱免買辦。嘉靖三十一年議准：自本年爲始，每半年一次，將供用等庫并各倉場，一應合用物料糧草等項，山東、河南二道管糧官員查訪。

郭尚友《繕部紀略・咨》 工部尚書劉　爲旌敘賢勞司官以昭激勸事。先是本部覆奉欽依修建瑞王邸第，該内監估計，率循舊規。及查往牒，遡自福王而上，凡係府工，輒費至二十餘萬，蓋乾没於中涓、浮濫於各作所從來矣！乃管繕司郎中郭尚友，洞矚情弊，極力節裁，一木一石，必爲籌算；一匠一夫，必嚴稽覈。曾未數月，工已告成。本部會同巡視科道，公同閲視，規模壯麗，視他府有加，計用過錢糧不過二萬，較昔福府實省一十八萬有奇。本部不勝忻慰，業於十月廿七日具疏報竣矣。緣係繕修親王府第，雖節省極多，例不便特請敘陞，然賢勞如此，則不可不爲優異者也。除監督司官聶心湯矯九高同心共濟，另行咨敘紀録外，及查郭郎中在司，其任勞任怨，克殫厥職，有不寧惟是者，如停止山臺兩廠傳造御覽物件，則歲省二萬餘金；議用三門中道舊石，免行採運，則省費十萬餘金；建竪角樓圍廊等處，則省費三萬餘金，阻抑内監傳取修理壽皇殿物料價值，則省費五萬餘金；清楚兩窑工作，則歲省一萬餘金，停止河路顧運磚料，則歲省水脚一萬五千餘金；裁兩廠安裝内宫鰲山燈架匠工；則歲省一千五百餘金；修理都重城，則省費二萬餘金；修理直房等工，則省費一萬餘金；臨清磚不行加派，則歲省一萬餘金。其他停一切不急之工，祛百務浮淫之蠹，隨事節裁，有難枚舉。總之，本官才力氣魄，既足以斥内監無厭之求；而廉潔公正，又足以服内監不泯之心。故有一分支用，必有一分工程，積弊盡釐，漏巵盡塞，一時庫積銀兩多至百有餘萬，足備異日門殿之需，真從來絶無僅有之事也。看得本官品格操持素定，文章經濟兼長；勤勞久著於釐工，節省更徵於裕國。公評騰譽，卓績罕儔，況資俸已深，推擢宜茂，相應咨敘，爲此合咨貴部，煩爲查照，即行破格加陞，以示旌酬，庶司屬咸知勸勉，賢勞益加感奮矣。

《清世祖實録》卷九 〔順治元年十月甲子〕，直省額解工部四司料銀，匠價銀，磚料銀，綠麻銀，車價銀，葦夫銀，葦課銀，漁課銀，野味銀，翎毛銀，活鹿銀，大鹿銀，小鹿銀，羊皮銀，弓箭撒袋折銀，扣剩水脚銀，牛角牛觔銀，鵞翎銀，天鵞銀，民夫銀，地租銀，匠班銀，缸罈銀，燋炭銀，麻鐵銀，班竹銀，白猪鬃銀，閘夫銀，梔子銀，藍靛銀，河夫銀，椿草子粒銀，狀元袍服銀，衣糧銀，砍柴夫銀，搬運木柴銀，擡柴夫銀，蘆課等折色銀；盔甲，腰刀，弓箭弦條，胖襖，褲，鞋，狐、麂、兔、狸皮，山羊毛課；鐵，黄櫨，椰，桑，胭脂，花梨，南棗，紫榆，杉條等木，椵木、桐木板枋，冰窖物料，葛楷，蘆蓆，蒲草，榜紙，磁罈，槐花，烏梅，梔子，筆管，芒箒，竹掃箒，蓆草，粗細銅絲，鐵線，鍍白銅絲，鐵條，鍼條，碌子，青花緜，松香，光葉書籍紙，嚴漆，罩漆，桐油，毛，筀、紫、水斑等竹，實心竹，棕毛，白圓藤，翠毛，石磨，川二珠，生漆，沙葉，廣膠，焰硝，螺殼等本色錢糧，自順治元年五月初一日以前逋欠在民者，盡予蠲免，以甦民困。自五月初一日以後，仍照見行事例，分別蠲免。

《清世祖實録》卷八 〔順治元年九月己亥〕建堂子於玉河橋東。享殿三間，有圍廊，闊五丈三尺五寸，深三丈三尺，簷柱高一丈二尺六寸。八角亭一座，圍二丈六尺五寸，簷柱一丈七寸。收貯舊饗神房二間，闊一丈七尺，深一丈五尺五寸，簷柱高一丈。殿門一間，闊一丈三尺五寸，深一丈五尺，簷柱高一丈一尺二寸。祭神八角亭一座，圍二丈二尺，簷柱高九尺四寸。大門三間，闊四丈，深二丈，簷柱高一丈八寸。圍牆外神厨房三間，闊三丈五尺，深二丈，簷柱高一丈。

《清世祖實録》卷十六 〔順治二年五月〕乾清宮成。乾清宮連廊長八丈六尺八寸，寬連廊四丈二尺六寸，山柱高三丈三尺。兩傍大房二座，每座連廊五間，長五丈四尺，寬連廊三丈六尺，山柱高二丈三尺九寸。兩傍房二座，每座連廊五間，長連廊五丈一尺，寬三丈六尺，山柱高二丈三尺六寸。四角小殿一座，每面三間寬三丈，四面皆同，高二丈五尺。兩傍長房二座，每座十二間，長十四丈四尺，寬三丈二尺，山柱高二丈四尺四寸。後長房二十五間，長二十七丈五尺，寬二丈五尺，山柱高二丈一尺六寸。小樓五座，每座長一丈五寸，寬一丈二尺四寸。乾清宮門一座五間，長八丈二尺，寬連廊四丈三尺，山柱高三丈一尺。

《清聖祖實録》卷二百一 〔康熙三十九年十月〕辛酉，先是，上以皇太后六袠聖壽，命皇四子胤禛整備進獻禮物。至是，恭進佛三尊，御製萬壽無疆賦圍屏一架，御製萬壽如意太平花一枝，御製龜鶴遐齡花一對，珊瑚進貢一千四百四十分，自鳴鐘一架，壽山石羣仙拱壽一堂，千秋洋鏡一架，百花洋鏡一架，東珠、珊瑚、金珀、御風石等念珠一九，皮裘一九，雨緞一九，哆囉呢一九，璧機緞一九，沉香一九，白檀一九，絳香一九，雲香一九，通天犀、珍珠、漢玉、瑪瑙、雕漆、官窑等古玩九九，宋、元、明畫册卷九九，攢香九九，大號手帕九九，小號手帕九九，金九九，銀九九，緞九九，連鞍馬六匹。并令膳房數米一萬粒，作萬國玉粒飯，及肴饌果品等物進獻。

《清世宗實録》卷五十七 〔雍正五年己未〕諭内閣：「前織造等衙門，貢獻物件，所進御用繡線黄龍袍，曾至九件之多。又燈幃之上，有加以綵繡爲飾者，朕心深爲不悦，即降旨誡諭。近因端陽令節，外間所進香囊、宫扇中有裝飾華麗、雕刻精工者，此皆開風俗奢侈之端，朕所深惡而不取也。向來外省諸臣，凡有進獻方物，朕每頒賜諸王内外大臣。如黄龍繡緞之類，既不可以頒賜，不過收貯於宫中耳。其餘華燦之物，在朕用之，心中尚覺不安，若賜諸王大臣，在伊等亦覺非分，豈非費於無益之地乎。況朕素性，實不喜華靡。一切器具，惟以雅潔適用爲貴。此朕撙節愛惜之心，本出自然，並非勉强，數十年如一日者。凡外臣進獻，惟應量加工價，少異於市肆之物，即可見恭敬之忱，何必過於工巧。人情喜新好異，無所底止，見一美麗式樣，初則競相慕倣，後必出奇鬭勝，此雕文纂組，古人所以斥爲奇衺，豈可導使爲之而不防其漸乎。蓋治天下之道，莫要於厚風俗，而厚風俗之道，必當崇儉而去奢，若諸臣以奢爲尚，又何以訓民儉乎。朕觀四民之業，士之外，農爲最貴。凡士工商賈，皆賴食於農。以故農爲天下之本務，而工賈皆其末也。今若於器用服玩，争尚華巧，必將多用工匠，市肆中多一工作之人，則田畝中少一耕稼之人。且愚民見工匠之利多於力田，必羣趨而爲工，羣趨爲工，則物之製造者必多，物多，則售賣不易，必致壅滯而價賤。是逐末之人多，不但有害於農，而並有害於工也。小民舍輕利而趨重利，故逐末易而務本難，茍遽然繩之以法，必非其情之所願。而勢有所難行，惟在平日留心勸導，使民知本業之爲貴，崇尚樸實，不爲華巧。如此日積月累遂成風俗。雖不必使爲工者盡歸於農。然可免爲農者相率而趨於工矣。至於士人所業，在乎讀書明理，以爲世用，故居四民之首。然父兄之教子弟，亦當觀其才質如何，若果穎悟恂謹，可望有成，則當使之就學而爲士。若愚濁中下之資，讀書難通，即當早令改業，使盡力於南畝。誠恐讀書不成，而又粗識數字，曠廢閒遊，必致非分妄爲，越禮犯法，是浮慕讀書之名，而不得其道，其傷農而害本者，爲尤甚也。朕深揆人情物理之源，知奢儉一端，關係民生風俗者至大，故欲中外臣民，黜奢賤末，專力於本，人人自厚其生，自正其德，則天下共享太平之樂矣。朕自身體力行，爲天下先，諸王内外大臣，文武官弁與鄉紳富户，當深體朕心，欽遵朕諭期共勉之。」

《清世宗實録》卷六十七 〔雍正六年三月〕丁丑，諭工部：「闕里文廟工程，關係重大，著山東巡撫塞楞額，督催辦理。務期工程堅固，尅期告竣，不得惜費省工，躭延時日。報竣之後，朕尚欲親詣展禮，或遣王大臣前往恭代，並查勘工程。將此速行塞楞額，遵旨奉行。」

《清世宗實録》卷一百四十四 〔乾隆六年六月己亥〕工部議覆：甘肅巡撫元展成疏言：「寧夏府城垣衙署倉廒監獄廟宇等項，地震倒塌，請一併建造。查寧夏府城，計週二千七百五十四丈。照舊址分設六門，水簸箕六十二道，大城樓、甕城樓各六座，角樓四座，舖樓二十四座，城外河橋六座。寧夏道，寧夏府，理事同知，水利同知，夏、朔二縣，寧夏府教授、訓導，夏朔二縣教諭，寧夏府經歷，夏、朔二縣典史，衙署各一所。寧夏鎮、前營遊擊、左營遊擊、右營遊擊、城守營都司、守備，衙署各一所。

文廟、關帝廟、城隍廟各一座，鼓樓、魁星閣、牘樓、演武廳各一座，六城門軍房六處，夏、朔二縣倉廒、監獄各一所。」應如所請，於部撥寧夏工程銀内動支興建。從之。

《清高宗實録》卷一百七十八 〔乾隆七年十一月〕辛酉，和碩莊親王允祿等奏：「太和殿皇上陞座，所設中和韶樂，祗有笙四、簫二、笛二，殿廷高敞，惟聞鐘鼓之聲。查『明會典』所載樂器，笙十六、簫十二、笛十二，較多數倍。雖損益隨宜，不必舉前代爲例，但金革二音，獨出衆樂之上，餘並不揚。應請笙用八、簫用四、笛用四，庶幾克諧。歌工二名，亦似太少，請增爲四名。並請宫内應用中和韶樂之處，一體添設。其樂器或交與造辦處，或交與工部成造，即發與律呂正義館，校正音律。現今尚未成造之前，内外互相借用添足。」得旨：「依議。樂器著律呂正義館成造。」

《清高宗實録》卷七百五十一 〔乾隆三十年十二月丁巳〕諭曰：「方觀承奏『籌辦城工』一摺，内稱『界連驛路之懷安等縣土城，現在勘估改建磚城。其餘偏僻小邑，仍就土城黏補修葺，工費較省』等語。所奏尚未愁辦理城工之本意。前因各省應修城垣，費繁工鉅，特發庫帑五百萬兩，分撥各省，一律興修。祗期於衛民有益，雖多費亦所不較。況頻歲年穀順成，庫藏極爲充裕。因思天下之財，止有此數，庫中所積者多，則民間所存者少。用是動撥官帑，俾得流通，而城工亦賴以完整，此朕本意也。且國家一應工作，料物皆按值購辦，食用亦計日給資，閭閻不但無力役之煩，而無業窮民，並得藉力作以餬口，實寓以工贍民之意，是一舉而數善咸備。更無庸較量工費，意存節省。至土城改建磚城，雖現在爲費署多，其實壯觀瞻而資鞏固，且省不時修葺之勞，視土城尤爲經久。即出於原估五百餘萬兩之外，正亦何妨，朕惟期有益於民，豈計所費之多寡乎。但承辦之地方官，能實用實銷，不致浮開糜費，則工程自然堅固。而夫役工料等事，皆實發價值，絲毫不科派里下，庶於民生實有利賴。前已降旨令各督撫遴委大員分辦經理以專責成。如各省或有土城應改建磚城者，并著一體確估覈奏。該督撫等，務飭督辦各員實心查察。設致不肖有司，冒銷侵蝕，草率了事，及藉端擾累者，若經發覺，則該督撫不得辭重咎。著將此通行傳諭知之。」

《清高宗實録》卷八百七 〔乾隆三十三年四月丁卯〕又諭：「據阿里衮奏稱『從前金川兵，鑄造九節大銅礮，甚屬得力，此項礮分節易駝，即遇狹窄處所，亦可攜行。現咨阿爾泰，選挑從前造礮匠役，派監造官一同前往』等語。但金川用兵以來，業經二十餘年，從前造礮匠役，尚難必其有無。著傳諭阿爾泰，四川如有從前礮匠，即照阿里衮所奏，將匠役、監造官一併遣往。如無舊時匠役，及現在照式能造者，阿爾泰速行奏聞。將京内有善鑄造者派往，併傳諭阿里衮知之。」

《清高宗實録》卷九百九 〔乾隆三十七年五月〕，陝甘總督文綬奏：「前督臣明山奏明『陝甘軍械，除本屬完整，與尚可修理者仍留備用外，其炸裂廢壞之物，銷毀變價。』荷蒙俞允在案。今查估變册開『熟鐵鎗刀等項，每觔估銀數分，生鐵礮位，每觔估銀數釐。』緣此等非民間所用之物，故所值無多。但鎗礮刀刃等物，雖皆破爛，而本質可用。以之製造鎗礮，較荒鐵千觔，僅煉成净鐵百餘觔，工料浩繁。現在陝西撫臣勒爾謹，擬請製造鳥鎗一千桿，查甘省所存鳥鎗，亦屬無多，亦請添造一千桿，以備應用。與其採買荒鐵，不若由各營拆取，稱明觔兩，解送西安、蘭州二處，製造鳥鎗，實與戎行有益。」得旨：「嘉獎。」

《清高宗實録》卷一千一百十二 〔乾隆四十五年八月丁未〕諭軍機大臣等：「據勒爾謹奏『本年哈薩克售賣牲畜，較往年倍多。現在庫貯各色綢緞，雖尚有八千餘匹，而哈薩克最喜之荆花絹所存無幾，應趕辦荆花絹二千匹，以資應用。請敕下江寧、蘇州、杭州織造，即爲織辦解送，以便轉解備用』等語。著傳諭穆騰額、全德、四德，即照勒爾謹單開所需絹匹，如式分辦，務使質地厚實，顏色鮮明，不得稍有麤糙輕減，致滋挑駁。并著遴委妥員，小心護解，毋致稍有黴污。所有勒爾謹原摺清單一併鈔寄。」

《清高宗實録》卷一千一百二十六 〔乾隆四十六年三月癸未〕武備院奏：「庫貯成造梅針箭，前因存貯十萬五百枝，其未擰翎簳十萬枝，奏准『停其黏擰』。惟匠夫閑曠日久，技藝恐致生疎，仍應接續打造。查箭匠四十二名，向例每日造一百十枝，現存箭尚多，酌令每日接辦四十二枝，務使分外堅韌。至現辦數目較減，其每月由領侍衛内大臣派員查辦一次之例，應併請旨更定。」得旨：「所有庫中原貯已經成做梅針箭十萬五百枝，著撥五萬枝分裝木匣，交西寧存貯安福艚艙内。如安福艫不能全貯，即分裝翔鳳艇艙内。所有艙底原裝載之物，即按箭枝木匣分兩減去。並著西寧妥辦其庫貯未擰翎簳箭十萬枝，著即黏擰五萬枝，抵補撥貯安福艫之數。再將所貯箭頭，配造箭桿五萬枝，以補足原貯未擰翎簳十萬枝之數。其查驗箭枝，著於每歲四月十月各奏派一次。」

《清高宗實録》卷一千三百十三〔乾隆五十三年九月丙戌〕又諭：「昨據户、工二部管理錢法衙門具奏『寶泉、寶源二局，自乾隆四十九年查辦錢砂銅觔後，陸續挑出不堪鼓鑄低銅，共一百四十餘萬觔』等語。特命軍機大臣帶同滇省道員賀長庚眼同煎鑄。並詢，據該監督等稱『向例每礶用銅、鉛、錫共二十七觔，鑄錢四十枝，每枝錢四十四文，共應得錢一串七百六十文。今將挑出低銅，照例配用，寶泉局僅鑄得整錢一百五十四文，寶源局僅鑄得整錢二百四十文。就兩局現在情形而論，其未成錢文之低銅，幾至十之八九，何至折耗如許之多，因思京中鑪頭匠役，鼓鑄錢文，從中舞弊，勢所不免，即監督等亦恐未能盡燭其情僞。但户、工二局自五十年後，挑出低銅積至一百四十餘萬之多，若遽行着落賠補，在鑪頭匠役等必以爲銅色低潮，而辦銅之員又以爲弊在鑄局，且委員運到銅觔，如果不堪鼓鑄，原准隨時駁回，勢必彼此互相推諉，不足以折服其心。著傳諭富綱、譚尚忠，即派委經理廠務錢局之道府二員，帶領本省熟習鑄錢匠役四名，馳驛來京，赴户工二局，眼同鼓鑄。如所鑄錢文較本局多至幾倍，是京中鑪頭等鑄錢積慣舞弊，即當重治其罪。若該省匠役所鑄錢數，亦與京中相仿，則是該省銅色本低，歷來辦銅之員不能辭咎。而運銅至京交收時該侍郎監督等並不驗明是否足色，濫行收兑，亦有應得之咎。自當著落分别賠補，以示懲儆，而昭平允。其道府帶銅匠即著速奏。將此由五百里諭令知之。」尋奏：「臣等即遴選熟悉廠務迤東道恩慶、永昌府知府宣世濤二員，帶鑄匠四名并添帶煎匠二名，剋日馳驛起程。」得旨：「知道了。此一試，兩處之弊皆明白矣。」

《清高宗實録》卷一千三百五十〔乾隆五十五年三月乙未〕，山東巡撫覺羅長麟奏：「酌議修理城工章程。一、外省地方購運物料，及何處尚有舊基，何處必應拆建，情形不同，部員未經目覩，地方各員又未通曉部例，每至往返駁查。此次應修城工，應請派部員詳勘，指定做法，俾承辦官如式修築，工完即照估報銷。一、各城工僅以本任州縣承辦，或該員於保固限内别遇事故，則追賠補修未免延滯。應將錢糧在一萬兩以内者，以本任承辦。在一萬兩以外者，派附近州縣一二員協辦，以該管道府監察，如有偷減草率，揭參治罪，徇隱一體參革，仍令賠修。並由臣衙門將承辦協辦監察各職名造册，送部備查。一、修竣驗收後，本任承辦州縣應加意黏護，接任之員亦不時修葺。仍責成藩司，分年確查，如有損壞不報，並將接任查參。一、請領錢糧等事，由該州縣徑報藩司，呈明臣衙門批准後，即令司道等公同當堂發給。如有吏役、家人需索等弊，稟明究治。無弊，即令該州縣出具切實承領印結，由臣衙門彙送工部存案。一、所需工料，承修官按部價公平買雇，由臣衙門出示，俾閭閻共見共聞，絲毫無擾。倘行户居奇昂價，挾制把持，亦即令各員通詳究辦。」得旨：「此次城工，即著該撫自行秉公確估，實力稽察，以期工歸實用，毋任浮冒，致負委任。」

《清高宗實録》卷一千三百四〔乾隆五十三年五月癸亥〕諭軍機大臣等：「前因東省撥船竟不可少，已諭令湖南、江西兩省，造撥船二百隻，送至東省安設應用。本日據巡漕御史和琳奏『衛河古淺之處較多，其自臨清以至德州，水程四百餘里，撥船二百隻，不敷應用。從前造送直隷撥船，每隻裝米三百石，喫水三尺餘寸，仍不能遄行。此次新造撥船，請較定制節減寬長，以二百隻工料，匀造三百隻，每船可裝二百石以外，縴挽既覺輕便，工價有減無增』等語。所奏甚好。撥船爲遇淺起剥而設，期於迅速遄行，原以輕便爲貴。且據和琳奏節減寬長，以二百隻之費，改造三百隻，工價仍屬相仿，是費不增而應用寬裕，自應如所奏辦理。著傳諭何裕城、浦霖，即照從前所辦撥船丈尺，酌量收小匀造。一面估計具奏，一面即動項辦理。每省各造一百五十隻，於冬底春初，送至東省安設。其工料一切，仍遵前旨，著落長麟賠繳。」

《清高宗實録》卷一千三百五十一〔乾隆五十五年三月壬寅〕又諭：「據保寧奏稱：『伊犁各營兵丁所用角弓，年深漸壞，該處購買維艱，請交陝西巡撫，製造一萬一千餘張，陸續解交備用。又庫存箭枝亦多朽壞，並請暫動公項，於内地購買箭翎、桃皮等物，令兵丁製造』等語。所奏殊屬未妥，伊犁乃極邊要地，駐防兵丁一應器械皆當堅利。至弓箭，尤爲我朝利器，兵丁等皆宜自行製造。且京城及東三省、内外蒙古扎薩克，所用弓箭，俱係本處自行備辦，從未聞有他處代造者。我滿洲舊習，以弓馬爲要務，所用向皆自製，保寧寧不知耶？且伊犁、滿洲、索倫、錫伯、厄魯特等所用弓箭，又將誰爲代製？若如所奏，久之兵丁不惟不能自製，並騎射亦生疎矣。伊犁各營及綠旗兵丁內，自有能造弓箭者，即使無多，儘可多派數人，令其學習。且箭翎、桃皮等物，皆口外所出，伊犁購之甚易，筋角、膠鰾等類，伊犁每年既捕魚鹿，亦應敷用，何待內地辦解乎。現在所需弓箭，著暫由內地辦解一半，其餘著保寧於各營及綠旗兵丁內，擇其能造弓箭者數人，令教習兵丁製補，不惟省內地代辦之繁，而兵丁等亦不失舊業，轉相傳習，尤於公務有益。保寧仍著傳旨申飭。」

《清高宗實録》卷一千三百五十六 〔乾隆五十五年六月庚申〕又諭曰：「姚棻奏『修理斗姥閣工竣』一摺内稱：『前撫臣何裕城奏明斗姥閣工程，須用石柱接墊，以防蟻濕。現據上饒縣採辦石柱二十四根，每根長一丈二尺五寸，四面各寬一尺三寸』等語。龍虎山上清宮之斗姥閣，經何裕城奏請動帑興修，當經允行。上年正月，該撫進京陛見朕，因斗姥閣既被嵐氣薰蒸，樑柱多爲蟻蛀，諭令修建時於木柱下酌用石墩，以防蟻濕，至高亦不過三四尺，乃何裕城飭屬採買長至一丈二尺五寸，竟係統用石柱成造，以致糜費工料帑銀，實屬錯謬。何裕城著傳旨申飭。』看來該撫如此遇事糊塗，於一切地方公務毫不留心經理，則昨日朕所聞阮光平入江西境後每日除舟車夫馬宴賚外，供應一項至用四千兩之多，亦必係何裕城不諳事宜，受屬員之愚，踵事增華，以爲地方官浮冒開銷地步，並著何裕城據實迅速覆奏。該撫愆尤叢集，錯誤之處不一而足，慎勿再有隱飾迴護，自取重戾也。」

《清高宗實録》卷一千四百五十八 〔乾隆五十九年八月戊辰〕又諭：「近來蘇、揚等處呈進貢物，多有雕空器皿，如玉盤、玉椀、玉鑪等件，殊屬無謂。試思盤、椀俱係盛貯水物之器，鑪鼎亦須貯灰，方可燃爇。今皆行鏤空，又有何用。此皆係該處奸猾匠人，造作此等無用之物，以爲新巧，希圖厚價獲利。而無識之徒，往往爲其所愚，輒用重貲購買，或用價租賃呈進。朕於此等物件，從不賞收，即使擲回，而奸商已得厚利，伊等總未喻此意。甚至回疆亦傚尤相習成風，致使完整玉料，俱成廢棄。至搬指所以鈎弦闓體，若搬指套，近亦俱用玉成做，甚屬無謂。搬指套原以便於佩帶，今以玉爲之，更覺累重無當，殊爲可惜。著傳諭揚州、蘇州鹽政、織造等，此後務須嚴行飭禁，不准此等奸匠仍行刻鏤成做。並出示曉諭，令其一體知悉，以杜奇衺而歸純樸。所有回疆呈進雕空椀蓋一個，並著發交閱看。」

《清宣宗實録》卷一百十七 〔道光七年五月壬辰〕諭内閣：「那彥成奏『剥船限滿例應排造』一摺。直隸北運河商捐剥船一千五百隻，已届十年限滿，自應照例排造。著准其循照成案，交江西巡撫，湖廣督撫一體派員購料造辦，分四限解交直隸。内初限船四百隻，著於本年造齊，務於道光八年四五月間解到。其二限船四百隻，三限船四百隻，四限船三百隻，均照初限排造，於道光九、十、十一等年解到，以濟剥運。所有應需船價並運脚，共銀四十一萬一千五百三十一兩，仍著照案先在江廣二省藩庫籌款辦理，作正開銷。至直隸應交款項，除動用節年道庫積存油艙銀五萬三千九百六十四兩零，尚不敷銀三十五萬七千五百六十六兩零。著照歷届章程，自道光七年起，分作十年，每年捐銀三萬五千七百五十六兩零，按江廣等省動用開銷銀數，解交部庫歸款。惟現在商捐銀兩，須俟十年捐足，並著先行借動運庫城工銀二十六萬兩，同天津道庫積存油艙暨各商現年捐交銀兩，自道光七年起，分作四年，於每年十二月間，由鹽運使解赴部庫交納。俟商捐銀兩按限交足，仍歸原借城工銀款。至舊撥船一千五百隻，本係商捐，著交商自行變價。該部知道。」

《清宣宗實録》卷一百二十二 〔道光七年七月辛酉〕又諭：「康紹鏞奏『成造直隸撥船』一摺。直隸北運河商捐撥船，湖南省應分造三百五十隻。此項船隻，係撥運各省新漕，如分四限解交，恐不能及時濟用，著准其併作兩起造運。先將初、二兩限，作爲頭起船二百隻，趕緊造齊，於本年冬底解運。三、四兩限，作爲二起船一百五十隻，接續造竣，於明年春夏間解交。所需船價，除將標皮尾梢變抵外，實需銀八萬一千七百七十四兩零，著照例扣留平銀，報部查覈。其直隸原估運費銀一萬四千餘兩，不敷支用，著准其查照成案，按程計算報銷。如遇守風守水等事耽延，取具地方官印結，一體入册造報。此項工料運費銀兩，現在不敷，均著於留備項下動支應用。其頭舵、水手口糧米石，著照案動碾武陵縣倉穀，帶往散放，按照時價買補。所需脚價並著於留備項下開支，事竣分別造册報銷。該撫即飭承辦之員，認真監造，務使工堅料實，如有偷減草率，即行嚴參罰賠。」

《清宣宗實録》卷二百六十五 〔道光十五年四月癸卯〕又諭：「盧坤等奏『查勘虎門海口礮臺，籌議增建修改，添鑄礮位，分別興辦』一摺。廣東沿海各處礮臺，前降旨，著盧坤於查閲營伍時，親往查勘，並將營務海防各事宜，會同關天培籌議整飭。兹據該督等奏稱：『遵赴虎門一帶，逐加查勘，並於潮汐長落時演試礮位。請添鑄六千斤以上大礮四十位，酌派各臺應用。並將南山礮臺前面餘地，添築石基，建設月臺，移置礮位。橫檔背面山麓及對岸蘆灣山脚，各添建礮臺一座。其沙角、大角兩處爲瞭望報信之臺。其南山礮臺起至大虎礮臺分作三段，遇有應行防堵之時，一聞信礮，即將較準上、中、下三路礮位，齊發轟擊。』所議周妥之至，著照所請辦理。其添鑄六千斤大礮二十位，八千斤大礮二十位，准其募雇工匠承造，責限保固。除舊礮折抵外，實共應給價銀一萬四千八百兩，並增建礮臺，修理牆垛，鑄造礮子約共需銀五萬二千兩有奇，均准令粵海關商人捐辦，先於司庫雜款內陸續動支，給領興工。仍俟收繳捐項，按分三年解還歸款。惟設守固宜扼要，防禦尤貴得人，平日操練有方，則臨時施放自能得力。該督等總當諄飭派委各員，將各礮臺聯絡轟擊之法，教導水師弁兵，務須練習精熟，方能得力，震懾羣夷也。又另片奏『請於省城東十五里中流沙地方建設礮臺，以爲省城保障』等語。所辦甚好，著俟虎門海口礮臺工竣後即行興辦。所估需工料銀七千兩零，亦准衆商一律捐辦。此案工程均係商捐商辦，著免其造册報銷。」

《清宣宗實録》卷四百九 〔道光二十八年三月〕丁亥，諭内閣：「户部錢法堂奏：『請飭催銅鉛船隻』等語。銅鉛爲鼓鑄攸關，斷不容遲延貽誤。所有已入湖北境之雲南解員丙午年正運三起、四起，加運二起，已入四川境之丁未年正運一起、二起，已出四川境之貴州解員戊申年上運一起、二起，下運一起，已在四川重慶開行之下運二起，均著沿途各督撫迅即派委幹員，會同經過地方文武員弁，無分晝夜，迅即迎提催趲，早抵清江。責成漕運河道各總督，飭令跟隨首進糧船，相機插檔行走，俾資迅速。其已報起程尚未開行之雲南解員馮祖繩，已報接運盤兑尚未開行之湖北接運員韓印海兩運，著雲貴四川湖廣各督撫，嚴飭該委員等迅即兑交開行，毋令稍事耽延。儻運員藉詞延宕，地方官不實力催趲，著即指名嚴參，毋稍瞻徇。」

《清宣宗實録》卷四百六十五 〔道光二十九年三月〕甲午，諭内閣：「户部錢法堂奏：『請飭催銅鉛各運』等語。所有雲南已報自漢開行之丁未年三起馮祖繩，已出四川境之正運四起楊爲翰，加運一起曹學儉，已入四川境之加運二起余居寬，戊申年正運三起管謝鐸，自瀘開行之正運一起吴開陽，正運二起王觀潮，貴州已入安徽境之己酉年上運一起胡霖澍，已入四川境之上運二起壽元渭，下運一起崇璟，已出四川境之下運二起桂隆，均未據報行抵何處。若再任意逗留，勢必貽誤鼓鑄。著沿途各督撫，將在境銅鉛船隻，迅速派員，會同經過地方文武員弁，無分晝夜，迎提催趲，總於禦黄壩未啓以前，全數趲抵清江。過壩後，責成漕運河道各總督，飭令插檔行走，俾資迅速。至未經咨報開行之雲南戊申年正運四起，加運一起，加運二起，著雲貴總督、雲南巡撫，嚴飭廠運各員，迅速開兑開行，毋稍延誤。儻該運員藉詞延宕，地方官催趲不力，即著該督撫指名嚴參，以肅運務而濟要需。」

《清宣宗實録》卷四百六十七 〔道光二十九年閏四月〕甲戌，江西九江關監督士魁奏：「製造圓琢磁器名目件數。」得旨：「勾除者十六項，自本年永停燒造。此册發往九江關監督衙門，作爲交代。從前按節令按花文之鄙例，再不能除。些些小事，尚然如是，可恨可惡之至。總之有用之物，不嫌其多，繁文世俗，必當力屏，初不在數十種磁器也。」

《清文宗實録》卷三十三 〔咸豐元年五月丙申〕，諭軍機大臣等：「張亮基奏：『滇省銅務現辦情形』一摺。據稱：『近年礦少質劣，礌硐愈深，窩路愈遠，且附近炭山，砍伐殆盡，工費益繁，以致額銅不能依期到店。往往停脚待運，廠員店員均極疲累，廠店交疲，則運員之遲逾，銅質之低潮，皆所難免。』所奏自係目前實在情形，惟地不愛寶，亦賴人力相機籌辦，該撫現已遴選妥員設法攻採。麗江、東川，所管各廠，或據報獲礦，或覓得子廠，較上年漸有起色。現在京局鼓鑄，需銅孔亟，著吴文鎔到任後，會同張亮基，督率藩臬兩司，嚴飭廠店各員，認真經理，務於循守舊章之中，寓力求整頓之意，即使量爲變通，亦應斟酌盡善，慎勿輕議紛更。總之廠員須善蹤引苗，嚴督砂丁，不得聽其以硐老山空，一報塞責。而店員之承運遲滯，運員之沿途逗遛，甚至恣意偷竊，捏報遭風，均應節節嚴防，以杜積弊，庶期於銅務漸有裨益。諒吴文鎔等，必能勉力籌辦，不待諄諄告誡爲也。將此諭令知之。」

《清文宗實録》卷一百十五 〔咸豐三年十二月癸未〕又諭：「穆騰額等奏：『班禪額爾德尼涅槃後，修理金塔寺工程，將及完竣』等語。班禪額爾德尼，係後藏呼圖克圖喇嘛之總師長喇嘛，深通經藝，興揚黄教。今伊徒衆將金塔寺修理妥協，於十一月二十五日，將舍利奉入於金塔，實爲吉祥之事，朕心甚爲快悦。著賞給白哈達一幅，念珠一串，以副朕懷想有功之至意。」

《清文宗實録》卷二百二十 〔咸豐七年二月〕辛亥，諭内閣：「載容等奏：『隆恩殿開工，應移請神牌』一摺。本年四月後，慕東陵隆恩殿，開工修飾。孝静康慈皇后神牌，暫行供奉東配殿中間暖閣内。和妃神牌，即移請在東配殿左間暖閣供奉。所有應設神龕等件，著照所議敬謹辦理，所需錢糧准其仍在廣恩庫另款長蘆項下發給，歸入年例彙奏，免其報部覈銷。」

《清穆宗實録》卷九　〔咸豐十一年十一月丁亥〕又諭：「前經降旨將熱河山莊一切未完工程即行停止。當即諭令春佑將該處山莊修葺各處工程，原估幾處需項幾何所需銀兩，該承辦之員已領若干，未領若干，現在工程已未修竣處所，共計若干，所用銀兩，作何銷算之處，嚴行查詢總管毓泰等悉數呈報。茲據春佑奏稱：熱河修理各工，原估需銀三十萬二千七百餘兩。惟文津閣一處，曾經奏派司員勘估，此外各工，均未派員監修覈算，僅憑商人自行開單呈准。現在原估未修處所尚多，而領過銀兩已至二十六萬四千餘兩，自應由承辦各員查明追繳。著派總管内務府大臣綿森前往熱河，會同春佑督飭總管毓泰等覈實銷算。儻毓泰等稍涉支飾，即行嚴參重懲，商人劉元魁現已拏交刑部，著總管内務府大臣會同該部嚴行提訊。」

《清穆宗實録》卷三十八　〔同治元年八月〕壬申，諭内閣：「恭親王等奏：『請飭催各省欠解工程餉銀』一摺。定陵工程餉需，各該省共欠解至一百八十三萬兩之多。文宗顯皇帝軫念時艱，以籌解軍需爲急務，不忍再以工程欠餉，嚴切催追。惟現在梓宫尚未奉安，亦由陵工未能告竣。若各省再不迅速報解，必有停工待餉之虞。關繫至爲緊要，著各該省督撫監督等，將此項欠解工程餉銀趕緊如數起解，毋再遷延貽誤。以重工需。」

《清穆宗實録》卷一百二十八　〔同治四年正月〕辛酉，諭内閣：「基溥奏：『准内務府來文西陵承辦事務衙門，咨查陵寢應修歲修工程，應歸何處恭辦，援案請旨』一摺。據稱昌西陵工竣已十有餘年，現在地面甎塊油飾，間有酥鹼爆裂情形，亟應隨時黏修。或令原承修之員修理，或遵照道光二十五年慕陵歲修工程成案，就近交承辦衙門經理。請旨遵行」各等語。昌西陵工程自告成至今既經十有餘年，著准其遵照慕陵成案，交西陵承辦事務衙門就近管理。所有此次應修工程，即著該衙門派員敬謹勘估，擇吉興工。嗣後每届歲修，並著一律承辦。其歲修工料銀兩，查照慕陵成案支銷，以專責成。」

《清穆宗實録》卷一百三十　〔同治四年二月丁丑〕諭内閣：「工部奏：『請派大臣修理盛京太廟正殿等處工程』一摺。另片奏：『請將昭陵圍城牆等工，一併妥協修理』等語。著派單懋謙、志和，會同盛京將軍工部，敬謹修理，以重要工。」

《清穆宗實録》卷一百七十一　〔同治五年三月乙丑〕諭軍機大臣等：「恒祺、明慶奏：『火藥局硝斤短絀，請旨嚴催』一摺。京師火藥局製造火藥應用硝斤，部庫久無存儲，現在局内輪碾空閒，停工待料。轉瞬大雨時行，曬晾難於乾透，趕辦不及，關繫非輕。各省應解硝斤，疊經工部奏催，迄無一批解到，殊屬延玩。即著劉長佑、閻敬銘、吴昌壽，遵照前次工部奏催限期，趕緊按批埽數解京，毋得稽延拖欠，致干咎戾。其上年火藥局奏請飭令直隸於例解之外，採辦硝數十萬斤，迄今僅據解到五萬斤，亦屬遲延，並著劉長佑迅速籌解。將此由五百里各諭令知之。」

《清穆宗實録》卷一百八十二　〔同治五年八月丙申〕諭内閣：「麟慶等奏：『會勘避暑山莊文津閣要工，將估需工料銀兩數目，開單呈覽』一摺。此項銀兩，著户部按照單開數目籌撥，交麟慶等，於明歲春融後，照估興修。」

《清穆宗實録》卷一百八十三　〔同治五年八月丙辰〕塞外地方苦寒，成禄帶兵出關。擬於涼甘安肅各屬趕辦無面長皮襖統一萬件，所需價值准其作正開銷等語，著楊岳斌即照成禄所請飭屬妥速辦理，將此由六百里各諭令知之。

《清穆宗實録》卷一百八十七　〔同治五年十月癸丑〕，諭軍機大臣等：「崇厚奏：『直隸分設六軍，應辦礮位等項，由津設局製造，請飭督臣籌款撥用』一摺。直隸練兵需用火器，前經總理各國事務衙門奏准：『在津設局，於關稅項下作正開銷。』茲據崇厚奏稱：『選匠購料，仿照外洋成式製造，統計礮位礮車一切，共需銀六萬九千餘兩。天津關奉撥京協各款，爲數浩繁，萬難籌措。請飭直隸督臣由長蘆運司在於鹽課項下籌撥應用』等語，自係實情。即著崇厚督同天津道專設局廠，遴派妥員，認真趕辦。所需經費，即由劉長佑於鹽課項下隨時籌撥，責成天津道覈實報銷。務期工堅料實，不准草率浮冒。原摺著鈔給劉長佑閲看。」

《清穆宗實録》卷一百九十五　〔同治六年正月〕癸酉，以湖南修理南嶽廟工程完竣，頒扁額曰：「銓德鈞物。」

《清穆宗實録》卷二百九　〔同治六年十二月戊子〕諭内閣：「奕梁等奏：『遵修莊順皇貴妃寢券工程』一摺。莊順皇貴妃寢券，内有滲漏處所，奕梁等擬將月臺甎石，先行拆卸，察看彌補，再將月臺酌換新甎，妥爲安砌。即著督飭承修各員，趕緊修整，務臻妥協。現在物料昂貴，運價亦增，並著照所請，由户部先行撥給銀二千兩，以資備辦。將來銷算時，准照例價十成實銀發放，以重要工。嗣後不得援以爲例。」

《清穆宗實録》卷二百三十五 〔同治七年六月辛亥〕諭軍機大臣等：「户部奏：『籌辦銅斤，請催各督撫認真辦運』一摺。京師自滇銅停運，鼓鑄不能如額。曾經户部奏令四川省派員在瀘州一帶，設局採買滇銅，由湖北轉運天津。並議准林鴻年所奏雲南東川所屬各廠，每年額辦京銅三百六十萬斤，運赴川楚變價。迄今日久，並未據該省督撫覆奏，實屬遲誤。著崇實、吴棠、劉嶽昭、岑毓英、宋延春，各將該省招商開廠設局收買等事宜，迅於三月内妥議章程具奏。由部指撥有著之款解往，分起辦運，不得如前因循，以重圜法。瀘州存積滇銅，湖北省應如何分局收買，及施宜等處銅礦能否開採，著郭柏蔭、何璟，迅飭妥議，奏明辦理。至紅銅條銅，足資鼓鑄。應如何體察華洋商販情形，隨時變通設法採買之處，著曾國藩、英桂、馬新貽、瑞麟、丁日昌、李瀚章、李福泰，趕緊籌辦，不准空言塞責。原摺著鈔給閲看。將此由五百里諭知曾國藩、崇實、英桂、吴棠、馬新貽、瑞麟、劉嶽昭、郭柏蔭、李福泰、丁日昌、李瀚章、岑毓英，並傳諭宋延春、何璟知之。」

《清穆宗實録》卷二百三十五 〔同治七年六月辛酉〕諭軍機大臣等：「工部奏：『請飭催各省欠解硝斤』一摺。直隸等省欠解硝斤，爲數甚鉅。經工部屢次催解，該督撫置若罔聞，殊屬延玩。所有直隸河南山東承辦硝斤各員，著吏部查取職名，先行交部議處。現在軍務未平，硝斤需用甚多，而工部火藥局不敷支放。所有直隸欠解凈硝五十七萬九千五百餘斤，河南欠解凈硝五十六萬九千九百餘斤，山東欠解凈硝五十六萬斤。著官文、李鶴年、丁寶楨，迅即埽數起解，毋得再有遲誤。儻如前玩忽，延不報解，必將該督撫等從重懲處。將此各諭令知之。」

《清穆宗實録》卷二百四十 〔同治七年八月丙辰〕「李鴻章另片奏：『曲阜孔廟宜及時修葺。請飭兩江湖廣總督各籌銀二萬兩，彙解山東，並由山東巡撫在本省籌銀二萬兩，派員興修』等語。即著曾國藩、郭柏蔭，於該省撤軍就緒後，各速籌銀二萬兩，解赴東省。並著丁寶楨在該省籌銀二萬兩，遴派妥員，謹將大成殿九間檐宇及坍毁各工，擇要興修，以昭誠敬。將此由五百里各諭令知之。」

《清穆宗實録》卷二百五十二 〔同治八年二月〕壬子，諭内閣：「單懋謙奏：『承修盛京鳳凰樓工程，請派員勘明應行採辦木植，以備興修』一摺。著派阜保、胡家玉，敬謹查勘應用木植大小尺寸，開單奏交盛京將軍，遴員照式採辦。並著該將軍等隨時查勘，俟木植採齊，即行奏請興修。」

《清穆宗實録》卷二百五十五 〔同治八年己巳三月戊子〕直隸總督曾國藩等奏：「代造兩湖剥船，已成一百六十隻。請欽派大臣驗收。」得旨：「著派毛昶熙、衍秀，就近驗收。」

《清穆宗實録》卷二百八十 〔同治九年四月戊戌〕諭軍機大臣等：「忠誠奏：『傳派大婚典禮應用各項緞匹等件，工程繁要，請籌撥銀兩』一摺。據稱：『辦理糚蟒各緞，添設機張，需用工匠，種種需費較鉅。至緞氈地繡毯等件所需工料，現亦一律招工備辦。惟需款甚急，請飭速撥銀兩』等語。著馬新貽先將各款緞匹需用工料銀十二萬兩，如數撥交該織造，以備工需。其繡緞各件，先儘五萬六千兩撥解織辦。至紗地簾幔，以及裝盛箱隻護解川費等款，即著緩至明春，再行找解。該織造於此項銀兩收到後，仍須覈實撙節，迅速辦理，不得稍涉虚糜。將此諭知馬新貽並傳諭忠誠知之。」

《清穆宗實録》卷三百二十五 〔同治十年十二月〕乙丑，諭内閣：「阜保、黄倬奏：『承修武英殿工程，請旨辦理』一摺。武英殿前後殿座工程，亟應趕緊興修。著欽天監於本年立春前，選擇開工吉期，由阜保等次第督修。應需工價銀兩，著仍照户部、工部所議章程發給。」

《清穆宗實録》卷三百三十一 〔同治十一年四月〕己未，諭軍機大臣等：「李鴻章奏：『奉辦緞紬等件，需款過鉅，請酌量減辦』一摺。據稱：『長蘆奉派活計，前經咨照各織造分辦。統計江寧、蘇州、杭州三處，共需銀五十餘萬兩。除湖北等省協撥外，尚需銀四十二萬餘兩。直隸災祲之區，實難如數籌撥，請將原派長蘆各件，先行照單減辦一半』等語。自係實在情形，著照所請，所有長蘆應辦緞紬等件，准其照單減辦一半。即著李鴻章將應撥款項迅速分解各該織造，以便趕辦，務於七月内一律辦齊解京，毋稍延緩。其餘一半緞紬，俟款項稍充，再行分別籌辦。將此諭令知之。」

《清穆宗實録》卷三百三十二 〔同治十一年四月〕癸酉諭軍機大臣等：「穆騰阿等奏：『請添造駐防軍裝』一摺。江寧駐防軍裝，日久損壞，且與原設額數所缺甚多。現在官兵計有一千六百餘員名，需用軍裝，亟應趕緊添造，以備操防之用。著何璟、恩錫查照京口成案，先行籌撥庫平銀八千兩，解交穆騰阿等撙節覈辦。即著穆騰阿、富陞，飭令協領德興等覈實監工，速爲製造，務期工堅料實。一俟辦齊，即將各器械數目咨部查覈，毋稍浮濫。將此諭知穆騰阿、何璟、富陞，並傳諭恩錫知之。」

《清穆宗實録》卷三百六十九〔同治十三年七月己巳〕又諭：「前降旨諭令總管內務府大臣，將圓明園工程擇要興修，原以備兩宮皇太后燕憩，用資頤養而遂孝思。本年開工後朕曾親往閲看數次，見工程浩大，非剋期所能蕆功。現在物力艱難，經費支絀，軍務未盡平定，各省時有偏災。朕仰體慈懷，甚不欲以土木之工重勞民辦，所有圓明園一切工程，均著即行停止，俟將來邊境乂安庫款充裕，再行興修。因念三海近來宮掖殿宇完固，量加修理工作不至過繁，著該管大臣查勘三海地方，酌度情形，將如何修葺之處，奏請辦理。將此通諭中外知之。」

《清德宗實録》卷七〔光緒元年四月癸酉〕諭內閣：「朕欽奉慈安端裕康慶皇太后、慈禧端佑康頤皇太后懿旨，惠陵現在擇吉興工，除神路及石像生毋庸修建外，其餘均照定陵規制。前經降旨派醇親王奕譞、魁齡、榮禄、翁同龢承修，所有一切事宜，著派恭親王奕訢，總司稽查。」又諭：「朕欽奉慈安端裕康慶皇太后、慈禧端佑康頤皇太后懿旨，所有普祥峪菩陀峪萬年吉地工程，及惠陵工程，需用木植，著免納工關税課，他處不得援以爲例。」又諭：「朕欽奉慈安端裕康慶皇太后、慈禧端佑康頤皇太后懿旨，所有石券一座，著照太妃園寢修建，並添設石臺五供。其甎券三座，羅圈牆二道，著仍遵前旨辦理。圖三件併發。」

《清德宗實録》卷十七〔光緒元年九月甲午〕諭軍機大臣等：「管理户部三庫事務英桂等奏：『請飭江蘇迅解飛金』一摺。江蘇應解飛金，久未起運。現在穆宗毅皇帝、孝哲毅皇后，神牌升祔奉先殿，應製神龕寶座寶椅等項，需用飛金，不能稍緩。著吴元炳即將欠解紅黄飛金，先行辦解一二批，派委妥員，趕緊運京。其餘欠解金塊，亦即陸續分批起解，以供要需，毋任委員等任意遲誤，致干咎戾。將此諭令知之。」

《清德宗實録》卷二十一〔光緒元年十一月〕壬寅，諭軍機大臣等：「户部奏：『續撥惠陵工程銀兩』一摺。據稱：『光緒二年惠陵工程應需銀兩，擬撥山東地丁銀七萬兩，河南地丁銀七萬兩，江西地丁銀七萬兩，浙江地丁銀七萬兩，江蘇釐金銀七萬兩，安徽釐金銀七萬兩，廣東釐金銀七萬兩，兩淮鹽釐銀七萬兩，四川鹽釐津貼銀七萬兩，粤海關六成洋税銀七萬兩，鎮江關六成洋税銀五萬兩，天津關六成洋税銀五萬兩，共銀八十萬兩，請飭各省關照數撥解』等語。工程要需，自應趕緊籌撥。著各該督撫監督等，按照户部指撥各款銀兩，限來年二月起，迅速派員分批陸續徑解惠陵工程處交納。並限來年十月以前，如數解清，毋稍延誤。嗣後每年應需銀兩，仍著户部屆時照案籌撥，統俟此項工程估需銀兩分年撥齊後，再行奏明停止。將此由五百里諭知李鴻章、沈葆楨、劉坤一、吴棠、張兆棟、吴元炳、裕禄、劉秉璋、楊昌濬、李慶翱、丁寶楨，並傳諭李文敏、劉齊銜、文銛知之。」

《清德宗實録》卷八十二〔光緒四年十一月〕丙寅，諭內閣：「工部奏：『請旨催解樱毛』一摺。工部恭備壇廟常朝樱毯，以及各處咨取樱毯，並明年三月穆宗毅皇帝、孝哲毅皇后梓宮永遠奉安山陵。需用樱毯，爲數甚多，兩江欠解樱毛十五萬斤，久未解到。著該督嚴飭委員迅速起解，限於明年正月內一律解交應用。另片奏：『請催解飛金』等語。該部恭辦改飾太廟神龕案椅等項，需用飛金。江蘇欠解紅金三千二百塊，迭經部嚴催，仍未解齊，殊屬延緩。著該督撫嚴飭承辦之員，即將欠解金塊，勒限星速解部。此次所需樱毛、金塊，典禮攸關，極爲緊要，不得稍有遲延。致有貽誤。」

《清德宗實録》卷一百七十七〔光緒十年正月壬辰〕督辦船政大臣何如璋奏：「承造南洋快船兩號，安上龍骨。第五號鐵脅輪船，製已及半。雖工程不易，而經費較省。」報聞。

《清德宗實録》卷一百七十八〔光緒十年癸酉〕又諭：「林肇元奏：『奉文採辦黑鉛四十萬斤，經部指撥湖南鉛本銀一萬五千兩，江西鉛本銀二萬兩，浙江鉛本銀五千兩。業已籌墊工本，委員赴滇採買，先辦黑鉛二十萬斤。現在廠價，與部定價值，大相懸殊。請飭部議，並催解撥款』等語。該省辦運黑鉛，採買價值，應否准照時價開支，著户部覈議具奏。並著潘霨、劉秉璋、潘鼎新、龐際雲，將前撥鉛本銀兩，趕緊如數解黔，以資採運。將此諭知户部，並諭知潘霨、劉秉璋、潘鼎新，傳諭龐際雲知之。」

《清德宗實録》卷二百四十〔光緒十三年三月癸巳〕諭軍機大臣等：「户部奏遵議張之洞奏：『廣東購辦機器試鑄制錢銀元』，並『擬令督辦礦務大臣兼理瀘州鑄錢事宜』各一摺，現議規復制錢，必應廣籌鼓鑄，變通辦理，以輔京局之不足。張之洞擬於廣東購用機器製造制錢，自係因地制宜之策，惟創辦之始，應將工本一切確切估計，方免將來掣肘。該督摺內始稱價本及火耗等項，與鑄成所值銀數不致虧折，又有目前粤鑄兼用中外銅鉛虧折過鉅等語，究竟鑄錢一千，所值銀數有無虧折，仍著詳細覈算，據實覆奏。至所稱兼鑄銀元一節，事關創始，尚須詳慎籌畫，未便率爾興辦，著聽候諭旨遵行。該督摺內所稱弛禁商人，酌議挪借究係何項商人，並著明晰具奏。礦務與錢法互相表裏，雲南之銅，貴州之鉛，向來解京，必須經過四川瀘州，是瀘州設局鼓鑄，最爲相宜。唐炯於四川情形素熟，前已派令督辦雲南礦務，即可兼籌瀘州敲鑄事宜。著將礦務迅速籌畫，實心經理。銅斤一項，務期於解京外兼備川省鼓鑄之用。瀘州設局各事，應如何先行籌議，並著專摺具奏。需用銅鉛等項，如何採辦，著劉秉璋、岑毓英、卞寶第、譚鈞培、潘霨與唐炯隨時會商，悉心規畫。唐炯係棄瑕録用之員，必應激發天良，盡心竭力，爲國家裕此利源。該督撫等均當體念時艱，通力合作，以副朝廷整頓圜法之至意。户部摺著分别鈔給張之洞、劉秉璋、唐炯閲看。將此由四百里諭知張之洞、劉秉璋、岑毓英、卞寶第、譚鈞培、潘霨，並傳諭唐炯知之。」

《清德宗實録》卷二百四十一〔光緒十三年四月戊午〕閩浙總督楊昌濬等奏：「閩省建廠修製魚雷，釐定名額薪工，請予飭部立案。」下部知之。

《清德宗實録》卷二百四十一〔光緒十三年四月〕壬戌，湖廣總督裕禄等奏：「鄂省現擬開辦鼓鑄章程：一、遵照欽奉懿旨，每文鑄重庫平一錢，以銅鉛各五成，配合匀鑄。一、贏餘錢文，留備日後銅鉛漲價支用。一、由司庫撥錢五萬千文，發商生息，彌補銅斤折耗。一、採辦外洋銅鉛價值，照閩省科算。一、局用月定銀二百兩。一、鑄出新錢，發商易銀，藉資民用。」下部知之。

《清德宗實録》卷二百八十九〔光緒十六年九月壬午〕諭内閣：「御史吴兆泰奏：『請節省頤和園工程』一摺。頤和園殿座，即係從前大報恩延壽寺，爲高宗純皇帝侍奉孝聖憲皇后三次祝嘏之所，殿宇一切，均係舊有工程。朕仰維慈禧端佑康頤昭豫莊誠壽恭欽獻皇太后垂簾聽政，二十餘年，宵旰憂勤，不遑暇逸，朕親裁大政，自應倍隆頤養，以冀稍盡孝思，是以將原有工程，量加修葺，恭備慈輿臨幸，藉資養性怡神。並擬於大慶之年，敬踵乾隆年間成憲，躬率羣臣。同伸祝悃，此朕區區尊養微忱。庶幾仰報萬一，並非創興土木，自侈遊觀。」

《清德宗實録》卷二百九十三〔光緒十七年正月〕丁亥，欽奉慈禧端佑康頤昭豫莊誠壽恭欽獻皇太后懿旨，建立醇賢親王廟工程，著派福錕、李鴻藻查估承修。醇賢親王祠工程，著派熙敬、許應騤查估承修。

《清德宗實録》卷二百九十四〔光緒十七年二月庚戌〕總理海軍事務衙門奏：「頤和園工程用款，擬由海防捐輸項下挪墊。」從之。

龔煒《巢林筆談》卷二《官商賊串合詐坑貧民》 某棧火，包房無恙也。某與邑之某某等所謂六賊者謀，以包物潛運于郡典，城門爲之夜開，遂誑報包火。時某尹新莅崑，同新邑趙侯往勘，包與棧相距甚遠，而尹不察也。趙侯以典既隸崑，不欲顯斥同官，有「雷神巧，火神更巧」之諷，尹亦若爲弗聞也者；竟准其報，且議所以償之者甚微。月朔行香，士民譁于學宫者，不下數千人。尹慙甚，即揭倍償朱示于典門，衆乃散。尹反，即改其前令，其有理論于典者，輒以嚴法繩之。無何，有房主以包房賃券呈上官，請按驗其處，上官始悉其詐。委員覆勘，又有從中力庇者，奸不得發。崑故貧邑，民間衣飾半在質庫，一没入，則冬無綿、夏無帳者比比，更有借人質物，索償不得，致無計自裁者。嗟乎，奸商饕利，固不足論，司牧者亦復忍爲之耶？其後六賊相繼遭事或病死，尹亦以贓敗，而某典之在郡城者，復大火，燒其所積珍寶無算云。

永瑢等《四庫全書總目提要》 《墨譜法式》三卷，宋李孝美撰。孝美字伯揚，自署趙郡人，仕履未詳。前有紹聖乙亥馬涓序及李元膺序，與《通考》所載合。然二序皆稱《墨譜》，而《通考》則題曰「墨苑」，與序互異。案書中出灰磨試二條，注曰：出《墨苑》，則《墨苑》别爲一書。《通考》誤也。此本題曰《墨譜法式》，與《通考》又别。書分三卷，上卷曰圖，中卷曰式，下卷曰法，則法式乃其中之子目，安得復爲總名？且既曰「墨譜」，又曰「法式」，文意重疊，尤乖體例，殆後人妄改。今姑據原名書之以存其舊。上卷凡采松、造窑、發火、取煤、和製、入灰、出灰、磨試八圖，圖各有説。今惟采松、造窑有圖説，餘皆有説而佚其圖。中卷凡祖氏、奚庭珪、李超、李珪、李承晏、李文用、李惟慶、陳贇、張遇、盛氏、柴珣、宣道、宣德、猛州貢墨、順州貢墨及無名氏十五家之式，亦各繪面圖漫圖，惟以奚庭珪、李庭珪分爲二人，且謂奚不如李，遠甚，與南唐書奚庭珪賜姓爲李之説大異，未詳何據。其目列盛氏在柴珣前，而圖則盛在柴後，傳寫誤也。下卷凡牛皮膠、鹿角膠、魚膠、减膠、冀公墨、仲將墨、庭珪墨、古墨、沚烜、敘藥、品膠十一法。而牛皮膠有二法，庭珪墨有二法，古墨有三法，油烟墨有六法，實二十法。其持論皆剖析毫芒，具有精理。自明以來，油烟盛行，松煙之製久絶。孝美所論，雖今人不能用，然古法古式藉以得傳，亦博物者所當知也。

《雍正朝内閣六科史書・户科・雲南總督仍管雲南巡撫事楊名時題報覆核修理省會城垣及軍裝局房用過銀兩本》 雲貴總督仍管雲南巡撫事臣楊名時謹題爲題明事。該臣看得修理省會城垣及軍裝局房應用物料匠工，實需銀二千二百八十一兩六錢零，已據陞任布政使李衞核詳請，以白井沙滷餘銀内動給與修，經臣具題，接准部咨，檄司轉行欽遵具領具修、去後，今據署布政司事按察使江芑詳，據昆明縣稱，修理城垣、局房銀兩，確估原無浮冒，今已工竣造册轉請核銷具題前來。臣覆核無異，除册送部外，相應具題。伏乞勅部核覆施行，謹題請旨。雍正三年十二月二十一日題。四年二月十四日奉旨：該部察核具奏。

「國立」故宫博物院《宫中檔雍正朝奏摺》第十七輯尹繼善《奏報整修營房與兵器摺》 臣尹繼善謹奏爲奏聞事。竊照分汛撥兵防守稽察，所以靖地方而安行旅，最爲緊要。欲使寔力巡防，必先安頓得所，江南營房墩臺，久不整理，有坍塌無存寄居寺廟者，有風雨不蔽難以棲身者。臣隨處留心，極力整頓，細訪各屬，原有此項經費，或按地畝捐資，或照烟户應役，其中官辦民辦各不相同。沿海地方營汛較多，間有歸於官辦者，從前每年一州縣統筭竟有收至二三千兩，近年以來如太倉、鎮洋、寶山等州縣屢經裁革，止剩千有餘兩，一切修理橋梁河道雜項費用，俱在其内，通州、如皋等州縣，已盡行裁革，其餘民辦州縣，按營汛坐落圖分，每年共出銀四五兩或七八兩，俱係現年里甲承管，官不經手此項銀兩。官辦者因無查考，往往吏役朋侵，民辦者里甲與兵丁分用，每年修理不過些微點綴，有名無寔，亦有並無常費地方，遇各營催脩之時，或官員捐資稍爲塗飾，或里民備料量加葺補更爲廢弛。臣思向無常費之處既難責之於官，斷難派之於民。臣查明歷年罰贖銀兩酌量設法辦理外，若向有此費相沿已久均輸濟用者，所出不過螘毫，里甲自值者十年止輪一次，習以爲常，毫無苦累，乃旁觀者指爲私派，沽名者即行禁革，以至官民俱不經管，欲動正項又所費不貲，每年應需修理亦難爲繼，只得彼此因循，甚非經理之道。臣通身計議，無者並不加增革者，固不再復有者亦不裁革，但不許徒存空名，必使盡歸寔用。已令將官辦民辦寔在數目開報，官辦之處，每年據寔料估造册報臣衙門，脩理之時，委員查核，民辦之處，仍歸民管，雖官不經手，而令其經心派委佐貳監脩，不許侵分中飽，庶無累官民，有裨公事。至於官塘、驛路更宜壯軍容而肅汛守，臣已另定式樣，重新建造，即有常費之處，而里地所出無幾，不能濟事，查臣衙門向有鹽規，除歸公二萬兩外，尚有未經歸公五千餘兩，臣到任以來，從未支取，但此項衆商已出交於商總，徒然不收，終歸中飽，臣已牌行運司催提司庫，爲脩理營房并標兵器械等項公事之用，仍將用過數目逐一奏明。現在各處營房坍塌者從新蓋造，卑隘者改爲寬大，低窪者移處高阜，瞭臺烟墩一例增築，牌樓旗幟收拾整齊，務使兵丁安身得所，寔力嚴防，夜張燈火，聲勢接應。已經告竣者十之三四，其餘次第料理。再查州縣設立民壯，原爲巡緝，地方向來正額缺少，或任老弱充當，且無軍裝器械，何以資巡緝而重防守，臣飭令州縣挑選精壯，足額置備軍裝器械，責成廳員就近稽查巡道，不時驗看，於無事之時，令城守營弁隨帶操演，再得數月，可以漸次整頓。臣謹一并繕摺奏聞。謹奏。

雍正捌年玖月貳拾柒日。

「國立」故宫博物院《宫中檔雍正朝奏摺》第十一輯署天津總兵張家口副將張三讓《奏報修築天津城垣摺》 署理天津總兵官印務張家口副將臣張三讓奏爲奏聞事。竊臣查天津城垣東、北貳面，已經鹽臣鄭禪保奏明竣工在案。今西、南兩門城樓業經修成，南面墻垣修起肆伍分不等，西面墻垣修起未及壹分，西南角樓未經修葢，於本月初拾日因天寒冰凍恐不堅固，暫行停工，除飭令商人安岐預辦物料，俟來歲春和興工修築外，所有修竣城樓及暫停工程緣由，理合繕摺奏聞。謹奏。

雍正陸年拾月拾貳日。

「國立」故宫博物院《宫中檔雍正朝奏摺》第十二輯河東總督田文鏡《奏報查勘曲阜孔廟工程摺》 河東總督臣田文鏡謹奏爲查勘東省廟工情形敬陳末議仰祈睿鑒事。竊惟重道崇儒者，聖王之大典，趨事赴功者，臣分之當爲。我皇上道符泗水，德配凡山，是以優崇至聖，無事不周，追封則榮其五代，稱諱則避其嫌名，皆曠古之隆恩，熙朝之盛舉也。乃以聖廟偶災，發帑興修，大小臣工更當黽勉從事，早爲告竣，仰副聖懷。不意遷延歲月，經久無成，臣恭膺簡命，總督河東，仰體我皇上尊崇宣聖之至意，巍焕宫牆之曠典，豈可任其遲延，虚費國帑。即嚴飭山東布政司查明此工係何年月日興修，領過錢糧若干，買過物料若干，做過工程若干，逐一清查具報。去後兹據布政使司布政使費金吾於雍正陸年玖月貳拾柒日詳覆前來呈稱，曲阜縣聖廟於雍正貳年陸月初玖日告災，前任巡撫陳世倌於柒月拾貳日遵旨，會同刑部侍郎馬臘估計興修，共估銀壹拾玖萬肆千捌百柒拾柒兩伍錢零，造册奏聞後，奉巡撫核減壹成，實估銀壹拾柒萬伍千叁百捌拾玖兩捌錢零。於雍正叁年正月内領帑採買木植，捌月内始開土興工。迄今共領過錢糧前後通筭，除參革鈕國璽採買木植虧空銀貳萬柒千叁百捌拾陸兩柒錢零於參案内著追外，實領過錢糧銀壹拾壹萬貳千捌百肆拾陸兩伍錢零。至所辦物料工程分數，有貳叁成、肆伍成、陸柒成等語詳覆到臣。又據兖州府金以成送到廟工估計物料印册内開，原估後核減去壹成，實估銀壹拾柒萬伍千捌拾玖兩捌錢零，兹又核減去壹萬肆千捌百兩玖錢柒分零，實估銀壹拾陸萬伍百捌拾捌兩捌錢肆分零，請俟辦完後查明造册報銷等因到臣。臣因奉旨赴東會審黄炳余甸一案，未得親詣查勘，隨檄飭山東布政司移會濟東道細加查勘去後，及臣會審事竣，由登、萊查視海疆已畢，遂親詣闕里瞻謁聖廟，并率領監督承修各官逐加查驗查勘，得大成殿、寢殿尚未建立。大成門、金聲玉振門、御碑亭兩側門亦未興工。兩廡該造捌拾捌間，内叁拾肆間尚未建立，其已建之兩廡伍拾肆間，並已建之啓聖殿伍間，金絲堂伍間，俱未調脊蓋瓦，亦未鋪砌磚石，周圍墻垣尚未圬墁，其木料之丈尺寬厚，遵照原估，半不相符，其兩廡前簷金柱比原估低玖寸。至但臣細查東西兩廡，原估自臺基上面至脊頂高貳丈肆尺，今後簷柱尺寸相符，惟前簷柱比原估低玖寸，因原估將前簷柱俱開壹丈壹尺伍寸，而前簷柱尚須加柱頂鼓鏡柱頭升斗等物，是以改用壹丈陸寸方合脊高貳丈肆尺之房式，是原估將前簷柱誤高玖寸之故也。此固無庸置議，其餘未建之木植有庇材而未就繩墨者，有雕刻而未極精細者，所用之磚料多未琢磨光潤，所用之石料多未鏨鑿花文，所用之琉璃瓦霜雪之後又間有折裂者，種種草率，難以枚舉。臣即面行申飭，一應已建未建工程，照依原估丈尺，其中稍有不符，即飭更換。至磚瓦木石已經辦成者，務期精工，未經辦成者，速令採買，俱各遵照去後，臣回至濟寧州會審朱徽一案，將廟工情形一一告知署撫臣岳濬，據云回省便道即行親看，再爲嚴催等語。但臣查開土興工已經肆載有餘，計其錢糧則在拾餘萬之外，考其工程則在貳叁分之間，論其採辦則備一缺十，實無應手之物料，觀其匠作則此去彼來，亦無鳩集之技能，在督催者既因循而苟且，在承修者亦玩愒而遷延，錢糧則愈用愈繁，工程則愈久愈弛。而且原派之員既有陞遷降調之殊，則新委之員又多推諉延挨之弊，如此相沿，臣恐遲至叁肆伍年，亦難即覩巍峩之象，輪奐之觀也。至若概行參處，則參不勝參，若一概掣回，另委人員，則經手之官反脱然事外，既無以示懲，接受之官必轉相傚尤，亦無以示勸，此其不可者一也。但查各州縣承修承辦各官，實有錢糧刑名之責，其州縣之離工所，亦有壹百里以至貳叁百里不等，若令其終歲在工，則地方何人代理，若令其身任地方，則廟工何人興修，既有倉庫城池之緊要，又有往來跋涉之殷遥，在州縣之勤敏者不免顧此而失彼，在州縣之怠惰者反得偷安而規避，此又其不可者一也。臣愚以爲，人有勤惰，貴考其成，法有勸懲，先專其責。仰請皇上應否將在工人員，有督催經手之責，有承修承辦之任，不能上緊辦理以致遲延者，如兖州府知府金以成，萊州府同知張文炳，青州府同知張文瑞，兖州府通判黄家炳，濟寧州知州高令樹，泰安州知州王一夔，東平州知州王敷賁，滕縣知縣馬兆英，嶧縣知縣崔弘烈，汶上縣知縣于斐，鄒縣知縣張曰璉，滋陽縣知縣王澍，東阿縣知縣何一蜚等員，除何一蜚經臣以才具平庸題參外，其現任各官俱令其暫爲離任，勒限修造，俟廟工告成之日再還原任。其餘佐貳雜職等官，如曲阜縣教諭孫坦，四氏學教授楊浩，益都縣訓導祝士毅，四氏學録孔衍淖，萊州府經歷魯藻，兖州府經歷賈賢，平原縣縣丞武璜，鉅野縣縣丞丁士秀，鄒縣界河驛驛丞關遜等，俱係協修微員，免其離任，飭令其在工効力，俟廟工告成之後准其回署。至在工監督之大員，相應仍飭濟東道張體仁、登萊青道李英監督各官，勒限修造，倘有怠玩虚工冒帑之員，該道即行揭報撫臣特疏題參，如該道不實力督催，仍前廢弛，臣同山東署撫臣岳濬會疏題參。但臣又查登萊青道駐劄萊州，去工本遠，而李英又現在經臣題請調補南汝道，倘蒙俞允准其調補，應將一概工程，專交濟東道張體仁就近督理實爲妥便。再曲阜縣知縣孔毓琚身係世職，不便離任，但彼爲聖裔，更宜身先倡率，竭力督成，庶幾仰答皇上優崇孔氏之天恩，以爲祖宗光寵，若仍前怠玩，該道亦應揭報撫臣一併題參，統候皇上勅部嚴加議處。再臣更有請者，修建廟工，諸務繁劇，非多集賢員不能辦理，且現有離任，則署理各篆亦皆乏人，仰請皇上於候選候補知府同知通判州縣人員内，揀選身家殷實者貳拾員發往山東，擇其中通曉工務者，令其在工効力，俟廟工告成之日奏請皇上勅部從優議敘，留在東省，遇缺即行題補。其所遺知府一缺，同知二缺，通判一缺，直隸州二缺，知州一缺，知縣五缺，擇其中熟諳吏治者暫行試用署理，每年養廉酌給一半，俟廟工告成，在工各官復還原任之後亦留在東省，遇缺另行題補。其餘每年一半養廉，仍給離任各官併効力人員，以爲飯食之用。如此則在工人員得專心畢力，以贖其從前怠玩之罪，而効力人員亦必鼓舞奮興，以冀其將來議敘之條，況有該道之查催督撫之參處。而臣與署撫臣岳濬俱各另委賢員時加稽察，所有用過錢糧做過工程，令其五日一報，以備查考，則勤惰自分，勸懲有道，將見聖廟告成有日，而國帑不至濫費，欽工不至久悮矣。再置辦物料現在需用銀兩，其鈕國璽虧空銀貳萬柒千叁百捌拾陸兩柒錢零，若俟追還後採辦，未免濡遲，應否先動司庫銀兩照數支給，嚴飭承追督催各官，勒限嚴追賠還司庫。若經久不行完報，臣查雍正陸年肆月内部覆鈕國璽虧空一案，奉有諭旨：陳世倌濫用劣員，鈕國璽以致侵蝕錢糧，而採買木植不堪應用，貽悮之罪，實不可逭，鈕國璽侵蝕銀兩，勒限嚴追，如力不能完，俱著落陳世倌名下賠補還項，欽此。欽遵在案，應俟鈕國璽追變家産之外力不能完，即著落陳世倌賠完以免懸項。臣又總查得此工自前撫陳世倌起，經前撫塞楞額布政司自前任布蘭泰起，經前任張保、岳濬監督之道員自前任登萊青道徐德俶起，經前任濟東道牟錝元俱係歷來督催之上司，遲延之咎，均所難辭，似宜一體示懲，以爲不實力督催者戒。臣現在勘得聖廟中未被災之聖蹟殿、奎文閣、櫺星門、詩禮堂、啓聖寢殿、神庖正房、東西掖門、齋宿正房等處，不免猶有剥落殘缺，將來大工完竣，新舊間錯，非所以肅觀瞻也，臣請稍加葺理，尤爲全美，我皇上興建大工，既用壹貳拾萬之帑金，區區小費原所不惜，然此項錢糧既在原估之外，又非另行建造大工可比，仰請皇上應否將此項修理，即著歷來督催不力之撫司道分認估修，以懲其不能督催之咎。雖前蒙皇上於錢以塏奏請捐修孔廟案内降有諭旨，動支正項錢糧，不必再令臣工捐修，欽遵在案。但捐修者臣子之私情，勸懲者國家之大法，亦以見廟工遲延之咎一體示懲，仍先自大員而後及小吏也。臣仰體皇上尊師重道起見，不揣愚陋，不避嫌怨，冒昧具奏，是否允協，仰乞聖明訓示，可否具題，統候睿裁。所有微臣在東查勘廟工情形敬謹備陳，伏乞皇上睿鑒施行，爲此謹奏。

雍正己酉年貳月拾壹日河東總督臣田文鏡。

「國立」故宫博物院《宫中檔雍正朝奏摺》第十六輯督理青州滿營工務御史偏武《奏報青州滿營工程開工摺》 督理山東青州府滿營工務監察御史臣偏武等謹奏爲奏聞事。竊臣武内府微員，荷蒙聖恩，命臣監督青州營工事務，業同天津都統臣拉錫相度地形，酌量建造式様先行列名具奏，隨即移會撫臣岳濬酌派人員分途辦理，一面咨請藩庫銀兩採辦物料，亦經臣武另摺奏明在案。四月初三日通政使臣趙之垣奉旨來工。伏思我皇上念切海疆，恤兵衛民，臣等於陛辭之日復蒙聖訓諄諄，一應工程務期永遠堅固，所需物料着即動用地方錢糧從公給發，俾下民均沾實惠。應用木料當於南北採買，不得擅動民間一草一木。臣等仰遵訓旨，自到工以來，悉心商酌，竭盡愚忱，務求永遠堅固。現在詳細估計，商同地方各官召募工匠，多立窑廠製造磚瓦灰石等項，凡給發價值，動支銀兩之處，臣等不時嚴查委辦之員，毋得尅扣短少，務使小民均沾實惠。至應用木植，遴委多員賫銀前往天津等處採買，不動民間一草一木，仍將聖主弘慈廣行宣播，山左士民無不歡呼鼓舞，感戴隆恩。至五月初七日接准撫臣岳濬移咨，臣武等前奏已經議政王大臣議覆，奉旨，依議。欽遵在案。又接准都統臣接錫咨稱，一切木料業經奏准，交與巡鹽御史臣鄭禪寶採買，令臣等委員於利津縣地方查收，運至工所，洵爲妥便。五月二十四日候補道員臣陳豫朋自閩到青，臣等又公同商酌督率工匠，親詣滿營處所，將城池官署兵房即按原奏圖式徹量丈尺，分劃界地，謹擇於六月初六日動土開工，酌度高下，估計刨墊，建築城垣，待木植陸續到日即可漸次修造。緣六月初十日以後陰雨連綿，遂致旋作旋停，及二十三、四、五、六等日，晝夜霪雨，尤難施工，迄今仍復時晴時雨，俟天氣爽霽，地土稍乾，即可核算土方，統入估計繪圖，恭呈御覽，誠恐上廑宸衷，爲此謹具奏聞。

雍正八年七月十五日。

「國立」故宫博物院《宫中檔雍正朝奏摺》第十八輯蘭州巡撫許容《奏報重建部莽格隆兩寺工料費摺》 蘭州巡撫臣許容謹奏爲奏聞請旨事。竊照奉旨重建郭莽格隆兩寺，令臣等會同欽差副都統索琳、奉天府府丞吕文樱辦理。臣接奉部文，即行署布政司趙挺元欽遵轉飭預備。嗣索琳、吕文樱過蘭，臣面同商酌，將西寧縣衛原估兩寺工料册，查交帶往再行確估，又復檄飭西寧道府悉心料理。并寄信在寧辦理軍需布政使諸穆圖，將伊前在裏塘監修寺廟大勢規模告知索琳、吕文樱，俾令胷有成式，庶幾勘估得宜。後據西寧道請發採買工料、雇覓匠夫銀兩并請派管工人員前來，臣俱一面行令趙挺元查議辦理，一面知會索琳、吕文樱察核，已在司庫兩次撥發銀二萬兩，委解西寧道查收備用，并准索琳、吕文樱知會，已就近先委西寧府經歷黄恩榮、平戎驛驛丞諸正己管理，令臣再行添員協修，臣復委効力候選知縣馬世熺、効力監生沈廷璟前往，業已擇吉五月十六日興工。臣現在會同索琳、吕文樱繪圖會疏進呈御覽，并飭地方官恪遵廷議，敬謹修舉，務期無妨農業，無礙軍需，錢糧不致浮糜，梵宇建造堅固，以仰副我皇上振興黄教，撫綏番彝之至意。再據西寧道楊匯以兩寺工程有需時日，詳請欽差索琳、吕文樱并管工人員日用薪水應照何例支給，臣行據趙挺元詳稱，建修寺廟向無成例，可否照寧夏渠工之例，欽差大人每月給銀五十兩，在工官員每月給銀四兩，臣查西寧喫食物價較昂寧夏，索琳、吕文樱每月每員五十兩可以足用，而管工人員月給四兩尚屬不敷，酌議索琳、吕文樱每月各給銀五十兩，管工之黄恩榮等四員每月各給銀六兩。再查司庫無項可動，或令統於寺工銀内隨案報銷，可否出自皇上天恩，臣未敢擅便，理合一併繕摺具奏。伏候聖裁指示。爲此謹奏。

雍正九年五月二十日。

「國立」故宫博物院《宫中檔雍正朝奏摺》第十八輯尹繼善《奏報估修各地城垣并核發佐雜人員養廉銀兩摺》 臣尹繼善謹奏，竊惟海疆地方關係緊要，各處城垣殘缺甚多。臣仰遵聖訓，於地方諸事極力整頓，不敢怠緩。所有官塘、驛路、營房、墩汛俱漸次就理，而城垣更爲緊要，何敢玩忽因循。雖松江、昭文、常熟、吴江、無錫等處現於罰贖項内陸續粘補，而力量有限，無濟於事，若不及早圖維，將來傾圮日多，愈難脩理。但所需工費頗爲浩繁，江省耗羨銀每年額數雖有三十七萬餘兩，不能按年全完，新舊統收約計三十餘萬兩，除支給各官養廉之外，辦理公事寔屬不敷。再江省事繁佐雜，微員奔走供職一年，俸銀不足餬口，亦須酌量籌畫，而公用不足，無項可支，是以從前未經議及。查有兩淮鹽規引費每年十萬餘兩，係從前交送各官之項，後經題明歸公，交運司催收部議，於歲底造册報部聽候撥解在案，臣仰懇聖恩，將此項銀兩按綱撥解藩庫存貯公用，其應脩城垣雖工程重大，不能一時並舉，容臣悉心籌畫，酌分緩急，先沿海而後衝要，以次及於内地，一年約費二三萬兩，分委文武妥員料估監脩，稽查督辦，責之於臣，數年之内可以陸續脩整。再查通省佐雜共四百餘員，以每人數十兩，約計共需養廉銀三萬餘兩，如蒙恩俞允，俟臣通身核算，分别酌給。其餘銀兩存備緊要公用，仍於年終將脩過城垣，給過養廉，辦過公事，詳悉造册報部，則海疆城郭焕然一新，佐雜各官不至枵腹，而地方公銀寬裕，事易辦理，叨沐皇仁於無既矣。爲此繕摺，恭請仰祈睿鑒，謹奏。

雍正玖年肆月初玖日。

「國立」故宫博物院《宫中檔雍正朝奏摺》第十八輯廣東總督郝玉麟《奏報添建瓊州營房摺》 廣東總督革職留任臣郝玉麟謹奏爲瓊州邊海要區應請添建營房以肅軍威事。竊臣才識淺短，蒙聖恩畀以海疆重任，夙夜籌畫，務期有益地方，有裨營伍，以冀少副職任。廣東地逼大洋，瓊州一府孤懸海外最爲緊要。瓊鎮左右二營額兵一千六百餘名，除分防各汛外駐城兵一千二百餘名。鎮攝海疆自宜兵威整肅，臣查現今應駐兵内，在城居住者止七百餘名，餘皆散處村莊，離城二三里至十餘里不等，因此等兵丁各有家口房業，久住鄉間城内並無片瓦寸椽可容棲止，每遇較閲合操，必須預日示期方能齊集。今總兵官李順設立紅旗管隊預爲傳唤，亦據稱呼應紆迴，甚屬不便。臣查向日召募既未謀及兵丁居址與營伍便宜，衆兵鄉居已久，城中實無房屋或不免戀土重遷，而歷來將領明知傳唤費力，又各因循舊轍，惟恐資費浩大不能代爲籌謀。臣愚竊思瓊州海嶼安區，黎岐接密建鎮設營原以壯軍威而資備禦，必聚廬聯伍舉足依營，庶呼應得靈，防守有賴，豈容任其散處，即兵丁移動維艱，亦須規畫調劑，使兵無遷移之苦，軍有屯集之威，方於營伍有益。臣再四思維，該鎮兵丁除現在駐防之七百名外，其在鄉居住者不過五百餘名，瓊州木植磚石採辦亦易，若擇取城中隙地蓋造營房，按計名糧授以棲止住房，既定遷移無難，兵丁舊有居業原可就近照看，不致棄失。臣仰體皇上慎重海疆，撫卹兵丁至意，不揣冒昧，懇請動支正項，建造營房，俾鄉居之兵盡移入城駐劄，將來隨時合操，既畢集以資演習，偶有調遣亦羣聚以効先驅，呼吸相通，臂指得力，似可綢繆久遠並於營制合宜。臣現經密劄瓊州鎮李順密行查明鄉居之兵實有若干，需房若干，倘邀聖恩俞允，容臣逐一確查核實，并估計工料確數，另行具疏題請。其各處沿海營汛臣現在細查，如應料理者臣即行料理，如應奏聞者臣再行具奏。茲將添建瓊州營房緣由先行繕摺，專差家人劉開漢齎捧恭奏。伏候皇上訓示遵行。臣玉麟謹奏。

雍正九年六月十二日具。

「國立」故宫博物院《宫中檔雍正朝奏摺》第十八輯山東巡撫岳濬《奏報動支公用銀兩修墩臺營房摺》 山東巡撫臣岳濬謹奏爲遵旨議覆仰請聖鑒事。雍正玖年正月初玖日，准原協理撫臣劉於義移送摺稿内開，查利津縣牡蠣海口内貳拾里臺子關，爲商販要通，請修建墩臺壹座，營房拾間，撥馬兵肆名，步兵陸名，携眷防守，瞭望海船之出入，稽查私販之往來。又於雙井地方添設墩臺壹座，營房陸間，馬兵貳名，步兵肆名，以衛鹽灘而杜奸販，所需修建之費，即於司庫公項動支。墩臺營房俱照河標式樣修造，馬步各兵應令鎮臣於簡僻州縣酌量改調等語，經原署撫臣王國棟協理，撫臣劉於義具摺上奏。欽奉硃批：與田文鏡、岳濬再行商酌，若意見同，具題請旨。欽此。隨行布政使轉飭查議。去後。今據署布政使孫蘭芬，據署濱州知州毛世瑨、武定營中軍守備張大經會勘，得臺子關原有舊土墩壹個，向有步兵拾名，因臺子關地勢低窪，長有積水，各兵俱移駐丁河防守，所存舊墩，僅餘基址，未便修建。今查有丁河之東莊，離牡蠣口叁拾伍里，又逼近大清河，應請於此莊設建墩臺壹座，營房拾間，將原守丁河步兵分駐陸名，再另撥馬兵肆名，均令携眷在墩巡防，以之稽查海船，緝拏梟販，均爲有益。又雙井迤北有流溝莊，在利津縣正北柒拾里，迤東俱係豐國鎮鹽灘，西北則係濱州、霑化、利津叁處交界，向屬私鹽出没之地，請於此莊設建墩臺壹座，營房拾間，即移丁河撥，剩步兵肆名，再撥馬兵肆名，步兵貳名，各令携眷在墩巡防，庶於查緝私鹽倍加嚴密。其添派各兵，即於海豐縣伍里堡撥馬兵壹名，陽信縣商家橋撥馬兵壹名，霑化縣流鐘口撥馬兵壹名，青城縣接官亭撥馬兵壹名，樂陵縣桑家莊撥馬兵壹名，勾章寨撥馬兵壹名，利津縣郭家莊撥馬兵壹名，濱州宣家舖撥馬兵壹名，其步兵貳名亦於武定營派撥，毋庸別營抽調其丁。河東莊並流溝莊，每處應建墩臺壹座，營房拾間，馬棚叁間，俱遵照市價確估，每墩臺營房壹處，佑銀壹百玖拾壹兩貳錢玖分捌釐，貳處共估銀叁百捌拾貳兩伍錢玖分陸釐等情，當據布政司造册呈詳到臣，臣與督臣田文鏡復加商核，意見相同，自應繕疏題覆，但查前項守墩兵丁俱在本營調派，並非於別營抽撥，未曾更易營制，其修建墩臺營房動支公用銀兩，東省行有成例，應俟蒙恩允准之日支給興修，將估册咨送户部查核，似可無庸具題。爲此，恭摺覆旨，伏祈皇上聖鑒，批示遵行。臣謹奏。

雍正玖年柒月貳拾壹日具。

「國立」故宫博物院《宫中檔雍正朝奏摺》第十九輯浙江總督李衛《奏報整修天台山紫陽樓事摺》 浙江總督管巡撫事駐劄杭州臣李衛謹奏爲遵旨覆奏事。竊臣欽奉諭旨查訪天台山張紫陽真人及葛仙翁道場仙蹟，因恐差去之員未能領畧詳視確切，糧道未倫瀚，素知繪畫山水，亦能細心，隨委令借以查勘金清港閘水利工程爲題，順道密往察看。據覆，先至天台山，後到府城，考之郡邑舊志及赤城一統諸志，俱載紫陽真人爲張用誠，字平叔，乃台之臨海籍。惟天台山志則載張伯端，字平叔，天台人，遇仙之後改名用誠，號紫陽，與諸志稍異。但今府城中尚有紫陽樓，傳爲真人故居，久已改建元壇廟，另起樓於左側爲仙像以祀。又因真人曾著悟真篇，故府治之北有悟真橋，并有悟真坊，在於城北，皆其遺蹟。至相傳洗浴遁去之處，在臨海縣西北六十里百步溪，今百步嶺之半山僅存祠屋三間，供有真人石像，題詩碑記。其在天台惟桐柏宫有真人於此棲真修煉之蹟，餘無所傳，則紫陽真人確爲臨海人無疑也。至仙翁葛玄，字孝先，志載入赤城山學道得仙，爲太極左仙翁，宋政和中封冲應真人。其遺蹟之見於志乘者，華頂山有丹井茶圃，桐柏山天台觀有仙翁飛白書觀之鐘樓，下有丹井，法輪院有降真臺福聖觀，東北有丹霞小洞。又天台縣西九十里有蘆峰，舊傳仙翁植蘆於此，以上各蹟徒有記載，而世遠事湮，已皆蕪没。惟縣志所載福聖觀，即桐柏宫改建，唐景雲二年，并有睿宗爲司馬承正置觀勅内稱，天台山廢桐柏宫一所，自吴赤烏二年葛仙翁以來，至國初壇宇十餘所，縣人毁壞，宜仍置觀。令州縣於天台山中辟封内四十里，爲禽獸草木長生之福庭，禁斷採捕者等語，則桐柏觀既爲葛仙翁之首創道場，又爲張紫陽真人仙踪棲真之所，誠相合爲一事者矣。此觀興於唐而盛於宋，昔人記載殿宇之繁，基址之廣，賜産之多，他處無與爲比。宣和中有道士王靈寶，自宫中請有伯夷、叔齊二石像歸觀，鐫製奇古，内空外潤，建九天僕射祠以居之，後改爲清風祠。明初燬於火後，復興建，天啓間魏忠賢羽黨張天郁謀此地爲風水，先令家奴充爲道士凌虐侣伴悉皆星散，又借搜括之名將賜田二千餘畝官賣歸公，古碑燬壞，只存宋時乾道一碑，土埋復出者，現在清風祠。正殿之基，已爲其子張若英佔葬作墳，惟清聖二石像尚在。此仙翁真人道場，消磨廢墜之所由。至今只有道士范青雲一人苦守於此，其符籙歸於何處，則俱不得而知矣。臣思紫陽真人顯蹟神奇，葛仙翁歷著靈異，皇上聖心既有願力，此即兩仙運會重興之期。誠如聖諭宜爲整理振興，以誌千古之盛。所有台州府城之紫陽樓，當復舊觀，元壇廟應爲移建，悟真橋坊俱宜興修，其百步嶺半之祠，據稱地勢窄峻，供石像處僅瓦屋三小間，懸於山腰不能開拓，應於山下平曠之所擇地起建，庶肅觀瞻。至桐柏觀既爲兩仙道場，勝蹟之所會萃，其地基址廣闊，現有鱗册可據，止須闢治草萊清理從前豪强佔葬殿基墳田，重整宗風，可稱大觀。其規制大小，款式若何之處，恭請聖明欽定，庶可遵循再爲估計工料請旨。至督工辦理之處，該道未倫瀚願往効力承辦。又前奉硃諭：向來知天台僧院亦甚多，可有大叢林有名望寺院否，欽此。遵查，天台向稱洞天福地，從前寺院共有七十二處，迨後日漸頹廢。今除茅庵小寺，向非仙佛道場，并古來文人墨士偶爾留題駐足者無庸議及外，其古刹之最大而著名者，則有萬年、高明二寺，尚屬完整。易葺天柱、天姥、天封三寺次之，若國清、善興、護國、大慈拜經臺等寺，皆年久圮損，須得大加整頓，雖山中局面舊日形勢止須堅固樸實，不用峻宇崇墉無事丹雘藻繪，所費尚不甚鉅，但所奉諭旨，僅令查其名目，未敢即請修整，相應一并附摺陳明，恭候聖鑒。欽遵謹奏。

雍正九年十月二十二日。

「國立」故宫博物院《宫中檔雍正朝奏摺》第二〇輯雲南巡撫張允隨《奏報昭通東川城垣工竣摺》 雲南巡撫臣張允隨謹奏爲奏報昭東城垣工竣事。竊照郡縣建設城垣，所以捍衛地方，生聚民人而新闢苗疆尤屬緊要。臣查昭通城垣，前據昭通文武各官議於二木那地方建造磚城一座，估需銀四萬一百四十九兩零，又據東川府詳稱，舊存土城頹圮，不足以資保障，經陞任督臣鄂爾泰與臣批令估建石城，嗣據該府估報，石城一座共需銀三萬二百五十四兩零，經臣先後題明并節次行催上緊如式堅固建造去後，茲據東川府知府崔乃鏞、昭通府知府徐德裕報稱，城工俱經告竣，官吏軍民無不歡慶等語，除委員確勘是否堅固，有無浮冒，以及據報節省銀兩取具册結到日另行題銷外，所有昭通東川城垣工竣緣由，理合附摺奏聞，伏乞皇上睿鑒。爲此謹奏。

雍正十年十月二十一日。

「國立」故宫博物院《宫中檔雍正朝奏摺》第二〇輯山東巡撫陳世倌《奏報監修孔廟工程告竣摺》 原任山東巡撫臣陳世倌謹奏爲恭報微臣監修工程告竣事。欽惟我皇上以繼天首出之聖主，契生民未有之先師，心源相接，先後同揆曠典，隆恩有加無已，前者特發帑金修建文廟，天章禮器照耀古今，茲復發帑修理孔林，尤爲從古未聞之異數。臣庸愚昏闇，愆咎多端，仰蒙皇上矜愚宥過之深仁，天地含容之至德，既命臣趨事廟庭，復命臣監修林工。臣何人，斯疊蒙恩旨，得於聖人之門稍効奔走之力，感激天恩，倍深悚惕。隨暨濟東道臣張體仁，會同衍聖公臣孔廣棨，董率在工官原任泰安州知州王一夔、州同宋世榮、原任嶧縣知縣崔洪烈、曲阜縣知縣孔毓琚、教職孔毓宗、孔衍泮、執事官孔興捷、孔毓琦、孔衍樸等欽遵辦理，會同撫臣岳濬詳慎核估，共需工料銀貳萬陸千貳拾捌兩貳錢捌分有零，業經撫臣具題在案。臣等遵照欽天監所選吉期，於上年七月十五日丑時興工，次第敬謹修葺，今於七月初四日修理全完。臣等謹奉聖諭務期崇閎堅固，光垂永久之旨，夙夜凛遵，罔敢疎畧，於正殿則添用黄瓦鑲砌各脊，於墻垣則悉以磚石甃砌。向時西北兩面未築垣墉，以致車馬往來竟成衢路，今接築圍墻陸百柒拾餘丈。其東西排墻貳百壹拾餘丈，向皆土築，易致坍卸，今並甃以磚石。正殿前後土阜，遇雨淋塌，今並以磚石甃砌臺基。其各門及思堂，向時結構卑隔，埿以紅土，今則增築臺基，悉加丹雘。其餘橋梁水門以及牌坊堞城等工，一一修葺堅緻。以上各工並皆凛遵訓旨，加謹修理，崇閎堅固，以垂久遠，遠近觀者無不歡呼感激，仰頌我皇上崇儒重道，恩禮隆盛，寔度越百王，超軼萬古。今現將用過原估銀兩，以及平餘節省等項繕造細册，仍由濟東道詳送撫臣查核題銷，其完工日期亦咨撫臣岳濬具題，其應行典禮統聽部臣查議，所有修理各工緣由，臣謹恭摺奏聞。再有請者，臣等備稽史册所載歷代帝王，從未有發內府之朱提修先師之林園者。前修建文廟工程，現交衍聖公孔廣棨修輯全書，今新修工程，所有欽奉諭旨以及頒發錢糧等項，應請敕部一并交與衍聖公孔廣棨彙輯全書進呈御覽，恭請欽定書名，垂宗萬世，以昭我皇上尊禮先師亘古莫並之盛典。至臣違覲天顏於今七載犬馬戀主之悦日深日切祇因未奉恩旨不敢即離工次，伏乞聖慈憐憫，容臣匍匐到京叩謝天恩，臣曷勝望闕瞻依之至。臣謹奏。

雍正拾年柒月初肆日。

「國立」故宫博物院《宫中檔雍正朝奏摺》第二一輯兩江總督魏廷珍《奏報修建蘇松等地坍倒城垣摺》 兵部尚書總督漕運署理兩江總督臣魏廷珍謹奏，臣查蘇松等屬上年柒月内風潮之後，沿江沿海州縣營房、墩臺、城垣等項，多有坍卸之處，隨經前署督臣尹繼善一面繕摺奏明，一面檄行通查，酌量動項興修在案。今據蘇州布政使白鍾山詳稱，常熟、昭文、華亭、奉賢、婁縣、金山、上海、南匯、青浦、福泉、江陰、靖江、太倉、鎮洋、嘉定、寶山、崇明、通州、如皋等拾玖州縣，分委各員，協同地方官悉心查看，其營房墩臺爲兵丁棲止瞭望巡防之所，海疆要地，脩理不容刻緩。今於拾玖州縣中，除福泉縣工程無多，已經該知縣捐修。又崇明、嘉定貳縣，估勘尚未報到外，其現在拾陸州縣，其估銀柒千餘兩，此亦不須動正項地丁錢糧。查各州縣現有從前捐修營房墩臺以濟軍工銀兩提解應用。又查藩庫内有雍正玖年於無礙於國無礙於民案内查出不充餉鹽規兩，准運司歲解藩庫銀柒千叁百捌拾兩内動支修整。又查上海、南匯、靖江、太倉、嘉定、寶山、崇明等柒州縣，城垣坍卸，逼近海濱，修理亦難稍緩，但工程甚繁，一時難以畢舉。今酌於被水最重而坍卸最甚者，於柒州縣中先將上海、南匯、太倉、崇明并太倉同城之鎮洋等伍州縣先行興修，共估銀柒千伍百餘兩，其銀亦不須動地丁正項錢糧。查司庫中現有奏留公用所收鹽商壬子綱匣費銀伍萬兩内，酌動修造，且當此青黄不接之際，小民藉此工作，亦可出力餬口等因前來。臣以所詳營房墩臺海濱城垣實屬緊要，一面先將最要者動工興修，一面再令駁核，確實數目造册另行具報，合先繕摺奏聞。伏祈聖鑒，謹奏。

雍正拾壹年三月貳拾肆日。

《雍正朝内閣六科史書·户科·廣東總督鄂彌達題請撥給清遠縣屬各處添設汛防兵丁建造營房需用工料銀兩本》 廣東總督加四級紀録五次駐劄肇慶府臣鄂彌達謹題爲遵旨議奏事：「該臣看得右翼鎮轄屬地方，崇山峻嶺，額兵不敷，應再添兵撥防清遠等各要汛。經前督臣郝玉麟等議覆廣東省營汛事宜于馬步戰之宜酌改步守條内聲明具奏，准部覆允移行遵照去後。茲據布政使司布政使甘汝來詳稱，行據署廣州府事理猺同知龐嶼轉，據清遠縣知縣夏崇謹詳稱，縣屬之駱坑地方最爲險隘，應添設一汛，安兵三十名。又龍窟、横石二處，俱屬要隘，應各添設一汛，每汛安兵二十名。先經會勘，業准營員照數派撥防守，應建營房等項估計共需工料銀四百三十三兩零八分五釐六毫，並無浮冒，應請具題在于雍正癸丑年地丁錢糧銀内動支，俟部覆到日，照數領回建造，工完造册報銷等由，連繳需用工料册前來。臣覆核無異，除册送部查核外，理合據詳題撥給建造，以資汛防。臣謹合詞具題。伏乞皇上睿鑒，勅部核覆施行。謹會題請旨。」雍正十年十月十六日題。十一月二十七日奉旨：「該部議奏。」

《雍正朝内閣六科史書・户科・湖南巡撫趙弘恩題報雍正十年舉行鄉試修理貢院並備辦什物用過銀數本》 駐劄長沙府城巡撫湖南等處地方提督軍務兼理糧餉都察院右副都御史加二級降二級從寬晉任臣趙弘恩謹題爲科舉事：「該臣看得雍正十年舉行壬子册鄉試，修理貢院並備辦供應什物牌坊等經費，先據該司將雍正八、九、十三年湖南科舉，共寔徵銀二千六百三十六兩五錢九分零，尚不敷銀二千五百五十兩，先後詳經咨准部撥，隨檄行司動支。兹據駐劄長沙府城湖南布政使張燦詳稱，通共用過銀五千一百一十二兩七錢四分零，除寔徵外，止動支部撥雍正九、十兩年地丁等銀二千四百七十六兩一錢四分零，尚節省銀七十三兩八錢五分零仍留，請撥原欵，等情造册詳齎前來，臣覆核無異。除册送部外，相應據詳題銷，謹題請旨。」雍正十一年三月二十一日題。四月十四日奉旨：「該部察核具奏。」

《雍正朝内閣六科史書・户科・漕運總督魏廷珍題報江安糧道康熙六十一年歲造漕船所需料價銀數造册送部本》 兵部尚書兼都察院右副都御史總督淮揚等處地方提督漕運海防軍務兼理糧餉帶前任降三級降一級降二級留任紀録二次臣魏廷珍謹題爲考核事：「該臣看得清江廠盧鳳等衛，康熙六十一年分歲造漕船，據署江安糧道王恕詳稱，船政衙門裁併山東江安兩糧道管理查，該年歲造漕船一百三十二隻，内除山東漕船十一隻應聽山東糧道造報考核外，其江安所屬漕船一百二十一隻，料價錢糧舊管銀五千六兩四錢零，新收銀四萬一千八十兩二錢零，每船料物人工并所丞陳懷素俸工，共開除銀二萬五千二百九十四兩六錢零，存銀二萬七百九十二兩零，造册請題前來。除册送部外，相應具題，伏乞皇上睿鑒，勅部核覆施行。謹題請旨。」雍正十二年二月二十七日題。三月十五日奉旨：「該部察核具奏。」

尹會一《健餘奏議》卷二《河南上疏一・議禁酒麴疏》 都察院左僉都御史署理河南巡撫臣尹會一謹奏爲欽奉上諭事。竊臣接准户部咨開，乾隆二年六月十三日，總理事務王大臣奉上諭：禁止燒鍋一事，朕從前降有諭旨。因孫嘉淦條奏，復降諭旨，令王大臣九卿集議。續經兩議具奏，朕又降旨，令其確議。今思禁止燒鍋，乃關係民生日用之事，該省督撫大臣，所當悉心籌畫者，著將朕屢次所降諭旨及孫嘉淦所奏，與王大臣九卿等所議，悉行抄録，交直隸、山東、河南、山西、陝西等省督撫，各抒所見陳奏，不必會同商酌。欽此。欽遵。該臣看得養民在於足食，足食在於愛惜百穀而裕蓋藏之原我皇上軫念民依，重農貴粟，燒鍋一事，上廑宸衷，屢頒諭旨，令王大臣九卿確議，又命北五省督撫各抒所見，仰見大聖人好問好察執兩用中。伏讀前後綸音，所以爲民生日用計者，至深且切，是必禁之而廣裕積儲，行之而旋見實效，始可仰副聖主愛民之心，惠民之政。若因之而轉失小民自然之利，徒滋紛擾之端，則又非我皇上特申禁令，以期有利無弊之至意也。夫行法宜因乎地，而立禁先清其源臣謹就豫省地方詳加體察，爲我皇上陳之。臣查燒酒所需，高糧爲多。而中州所植高糧爲盛，蓋因地土平衍，蓄洩無備，雨水稍多，即虞淹浸。惟高糧質粗而稈長，較他穀爲耐水，故種植者廣。其稈名曰秫稭，民間編籬、葺屋、織席、炊薪，莫不取給于此，而黄河兩岸，堤長工險，歲搶二脩，必需秫稭埽鑲，所用更不可勝計。獨是高糧之爲物，易朽而難於久貯，因用以造酒，資其利以濟日用之需，相沿既久，習以爲常，而大開燒鍋，興販射利者甚少，民間取用，惟明流居多，其色類于燒酒，其味稍淡，亦用高糧作成。大概飲燒酒者十之二三，飲明流者十之七八，此酒家常率能自造，隨處俱可零沽，幾於比户皆然。使禁燒酒而不禁明流，則造酒者仍衆，若禁燒酒而并禁明流，則犯禁者愈多，此臣所以再四籌畫，仰體天心，順民之情，因民之利，而不敢遽請嚴禁者也。惟是造酒必需麴糵，踹麴必用二麥，豫省産糧惟二麥爲最廣，而耗費麥糧者莫如踹麴爲最甚。凡直隸、山、陝等省需用酒麴，類皆取資於豫，故每年二麥登場後，富商巨賈在于水陸馬頭，有名鎮集，廣收麥石，開坊踹麴，耗麥奚啻數千萬石。臣於到任後，業將禁止踹麴緣由，恭摺奏明。夫麥乃五穀之精良，非若高糧之質粗而易朽，豫省之民尤每食必需，耗一分之麥糧，則損一分之民食，若省一分之踹麴，即裕一分之積貯。是禁麴既以節二麥之費，更以清造酒之源。臣請嗣後除民間零星製麴自用者免其逐户查禁外，其有開張作坊，廣收多踹，囤積販賣者，請旨勅部，嚴行定例治罪，并將失察縱容之地方官定以處分。凡關津隘口，嚴加稽察，如有車載船裝，牲畜馱運，盈千纍百，販往各省者，即行查拿究治。庶幾麥糧歲有餘積，儲蓄日饒而踹麴不行，則燒鍋亦可漸減矣。他如查禁之難，滋擾之弊，以及棗柿等類之均可燒酒，諸臣業經陳奏，不敢贅瀆，臣謹就豫省情形，遵旨議奏，是否有當，伏乞聖鑒。謹奏。乾隆二年七月十七日奉硃批，原議之王大臣議奏。欽此。

社會調查所《清代題本・採辦織造及各項工程》（上殘）二月十五日，准户部咨開，湖廣清吏司案呈，雍正九年正月二十日，内閣抄出奉上諭：朕聞洞庭一湖，綿亘八百餘里，自岳州出湖，以君山爲標準，一望杳渺，横無涯際。而舵桿洲居西湖之中，去湖之四岸，或百餘里，或二百餘里，舟行至此，倘遇風濤陡作，無地停泊，亦無從拯救，多有傾覆之患，昔人曾經創議，若於此處建築石臺，則狂風巨浪之中商船有灣泊之所，實有裨益，祇以水中立基，工用浩繁，事不果行。朕以勤求民瘼爲心，凡内外遠近地方疏濬修建工程可以利濟羣生者，無不樂爲興舉，況商賈行旅之往來，可以避風波之險而登衽席之安，尤事之所當舉行者。查營田水利捐納項内有平餘銀二十萬兩，着將此項銀兩解送楚省交與總督邁柱，令邁柱會同巡撫趙弘恩，遴選督能之員相度估計，悉心經理，建築石臺，以爲舟船避風停泊之所，務期修造堅固，以垂永久，毋得草率塞責。特諭，欽此。相應欽遵諭旨，將營田水利捐納平餘銀二十萬兩，即委本部筆帖式席琳，協同營田水利府工部侍郎王廷揚所委筆帖式伊爾泰，解赴湖廣總督衙門交收，仍令該督會同湖南巡撫，遴選賢員，欽遵奉行，并將收到銀兩日期報部可也。爲此合咨前去，欽遵施行等因，咨院行司移道。准此隨經兩院前赴舵桿洲會同相度洲形，酌定臺基，題委本道總理，會同楊藩司估計工料銀數，繪具圖册詳題。嗣奉牌檄於雍正九年十月十二日准工部咨，前事都水清吏司案呈，工科抄出湖北總督邁柱題前事等因，雍正九年六月二十五日題，七月十五日奉旨：該部議奏，圖併發，欽此。欽遵於本月十六日抄出到部，該臣等議得湖北總督邁柱疏稱，洞庭舵桿洲居西湖之中，舟行至此倘遇風濤陡作，無地停泊，亦無從拯救，荷蒙聖恩發銀一十萬兩解送楚省，命臣會同撫臣趙弘恩，遴選賢能之員，相度估計，悉心經理，建築石臺，以爲舟船避風停泊之所。臣當欽遵，會同撫臣前往相度洲形，建築石臺全係平空安基立脚，冬春水涸方可動工，夏秋水長即須停工，俟做出水面二丈後，一遇水長始可做工，各項工匠人夫須紮木筏搭篷居住，炊爨督工，官役須造船隻居住，以便往來。（下殘）

社會調查所《清代題本・採辦織造及各項工程》 乾隆十四年七月十五日巡撫貴州兼理湖北以東等處地方提督軍務加節制通省兵馬銜都察院右副都御史駐劄貴陽府臣愛必達謹題爲酌議黔粤等事。據貴州布政使恒文、貴西道朱琰會詳稱，乾隆十三年十一月初七日，奉巡撫貴州愛都院牌開，乾隆十三年十一月初二日，准工部咨營繕司案呈工科抄出本部等部題前事内開，該臣等會查得貴州巡撫愛必達疏稱，永豐州修建城垣文廟等項用過工料銀兩一案，前准部駁查，經調任督臣張廣泗據詳題銷，接准部咨，將所用物料匠工並未分晰處所飭查，另造妥册題銷，其置買民用地基給過價銀有無浮多，另行取結送部等因，檄司轉飭查明遵照去後。今據布政使恒文詳，據署永豐州事晉安縣知縣李學峻申稱，遵照部駁，俱各分晰造報。至奉查置買民田一十六畝，仍未分晰田畝等次，每畝概給銀一十五兩，有無浮多，並稱按亭征收田地，若干畝數爲一亭之處。查永豐州通共六十八亭，半其間有水田五六十畝，乾田陸地七八十畝爲一亭者，亦有水田二三十畝，乾田陸地百餘畝爲一亭者，田地多寡不一。概以每亭征收地丁銀五十兩四錢一分八釐二毫一絲，秋米一十九石九斗五升一合，原未區别科則，亦未定田分亭。前任知州王允浩價買民田一十六畝，俱係附郭膏腴水田，每畝概給銀一十五兩，實係照依時價，並無浮多，其所買地基二十五畝，每畝價銀四兩，共銀一百兩，亦係按照時價給發，並無浮冒等情，出具切實印結造册，由司核算無錯，詳請題銷等情，臣覆核無異，除册結送部外，臣謹會同雲貴總督臣張允隨合詞具題等因前來。查永豐州修建城垣文廟等項，先據該撫將用過銀二萬七千五百二兩零節次造册題銷，經工部會同户部議覆，以册造所用物料匠工，並未逐款分晰，議令另造妥册題銷。其置買民田地基，若干畝數爲一亭亦未聲明，應令查明分晰報部，給過地價銀兩并令另行取具切實印結送部查核在案。今雖據該撫另行造册具題，但查册開成砌牆垣臺座等項用磚用石處所，仍有未開明各長寬厚丈尺之處，所用板片等項，仍不開明長寬丈尺，匠工仍多籠統造報，均難查核，事關錢糧，不便遽准，相應將所用物料匠工並未分晰各處所逐一開單，行令該撫轉飭，詳細查明，逐一分晰，另造妥册題銷。其置買民田一十六畝，每畝給價銀一十五兩，既據該撫愛必達查明，係按亭征收，原未區别科則，亦未定田分亭價，買民田一十六畝俱係附郭膏腴水田，每畝概給銀一十五兩，實係照依時價並無浮多等語，應令該撫取具承辦官並無浮冒印結，該司道府加結送部查核。至買地基二十五畝，每畝給價銀四兩之處，雖據該撫取具承辦官並無浮冒印結送部核銷，但並未遵例取具司道府印結送部，户部未便遽准，應仍令該撫愛必達取具該司道府印結送部，再行核銷。再查乾隆五年六月内工部奏請，嗣後各省工程報銷，如有駁查，即照依駁款，按限詳細補造，倘逾限不覆以及駁查再三不行據實造報者，該督撫查明情弊，指名題參，並將不行詳查督催之該管司道各員附參，交部分別議處等因奏准通行在案。查此項工程今已駁查三次，未便任其照舊籠統造報，應并令該撫轉飭作速造具妥册題銷，如仍不據實分晰造報以及逾限不覆，即照工部原奏查參可也。乾隆十三年九月十一日題，本月十三日奉旨：依議，欽此。相應移咨前去，遵照施行。【略】今據布政使恒文、貴西道朱琰會詳，據南籠府知府許錫昌詳，據署永豐州知州嚴在昌遵照部單指駁各款，將成砌牆垣臺座地基用磚用石處所開明各長寬厚丈尺，用板處所開明各長寬丈尺，門扇開明厚薄尺寸，所用匠工逐一分晰開造。并稱修理神龕匾額等項，乃係精細工作，油漆貼金更加零星做法，難以折見方尺，計用工料已於册内各前件項下，將應油應漆之處用工用料銀兩細數據實開報，另造清册，取具承修官置買田地並無浮冒印結，該府加結，由司道核明加結，詳請題銷等情前來，臣覆查無異，除册結送部外，臣謹會同雲貴總督臣張允隨合詞具題，伏乞皇上睿鑒，勅部核覆施行。再查此案於乾隆十三年十一月初二日准咨起，除封印日期不計外，扣至乾隆十四年四月初一日限滿，前據該司道於本年四月十七日據册詳題，因册内尚有浮錯之處駁飭另造，今於六月二十四日詳到，計逾限兩日零二十三日，合併陳明。爲此具本，謹題請旨。

硃批：該部察核具奏。

社會調查所《清代題本・採辦織造及各項工程》 乾隆五十九年六月二十日内閣下工部乾隆五十九年六月十六日經筵講官署工部尚書吏部尚書鑲黄旗漢軍都統臣金簡等題(上略)乾隆五十九年二月二十一日題，四月初六日奉旨：該部察核具奏，欽此欽遵。於本日抄出到部。該臣等查得直隸總督梁肯堂疏稱，朝陽縣修理三座塔税務衙署，經臣題准部覆，准其辦理，行令於題銷案内詳細查辦等因，當經轉飭遵照去後。兹據布政使鄭製錦呈稱，據朝陽縣承准三座塔税員檄發銀一千一百五十三兩一錢八分三釐五毫，又承准八溝税員檄發銀三千三百一十兩四分七釐五毫，於五十六年三月初八日開工，於六月初三日修理完竣，造册取結，由承德府委員建昌縣驗收結轉到司。因查册造買辦松木脚價等項並未删減，復經屢次駁飭，兹據朝陽縣遵照指飭大加删減，并於簽册内逐一分晰登覆，另造妥册圖結送轉，查册造共請銷銀四千四百七兩一分，應請准其報銷。查此項修署銀兩，原領過三座塔并八溝二處税銀共四千四百六十三兩二錢三分一釐，除報銷外計溢領銀五十六兩二錢二分一釐，請俟奉部准銷之日，在於承辦官名下照數着追歸還原款。所有送到銷册圖結呈送題銷等因，臣覆核無異，除册結送部外，理合具題等因前來。查直隸朝陽縣動用三座塔并八溝税銀修建三座塔税務衙署，先據該督將應需工料銀四千四百六十三兩二錢三分一釐造册題報興修，經臣部會同理藩院題明，准其辦理，并將册造未協之處，行令於題銷案内詳細查造，以便核辦在案。今據該督疏稱，修理工竣，轉飭删減銀五十六兩二錢二分一釐，將實用過工料銀四千四百七兩一分造册題銷。臣部查修建大小工程一切用工用料，理應按照原估造報，今報銷册内所開木植根數并每根長徑寬厚丈尺，以及磚瓦灰斤雜料匠夫等項數目，與原估册逐款核對，數目多寡，大相懸殊，殊屬不實，臣部難以核准，應令該督轉飭查照原估，逐一更正。仍遵照前次指駁，將所開木價并運脚銀兩，照依准銷成案，據實删減，另造妥册具題到日再行核辦。再查定例各省報銷錢糧册籍繁多，一時不能確核者，即於限内咨明扣展，如有遲延或咎在上司或係所屬遲延，均照事件遲延，分別議處等因，通行遵辦在案。今前項修建税務衙署房屋，係乾隆五十六年六月修建，該督自應轉飭遵照例限，趕造册結題銷，即謂屢次駁飭，亦何致遲延二年有餘，且又未將一時不能確核之處，於限内咨明扣展，其造報遲延及督催不力各職名，應令該督查明咨送吏部議處可也。臣等未敢擅便，謹題請旨。

硃批：依議。

社會調查所《清代題本・採辦織造及各項工程》 同治八年二月二十三日御批。

同治八年二月初十日兩江總督臣馬新貽奏爲疊次傳辦要件工價銀兩酌議分款籌解恭摺仰祈聖鑒事。竊查江寧織造奉派傳辦之件，一爲大婚需用活計，前任織造春年估計需銀八萬餘兩，移交織造廣順織辦，一爲萬壽節端陽年節需用緙繡等項，由織造廣順估計需銀九萬二千兩以上，兩項共需銀十七萬二千餘兩。又准淮安關監督連明咨稱，承辦三節各色衣料等，估計需銀八萬七千餘兩，並經户部議覆請旨，敕下臣酌籌款項奏明撥解等因，合之江寧織造應撥之款，共銀二十六萬有奇，爲數甚鉅，一時實難兼籌，必應酌分緩急，次第籌辦。三者之中自以大婚活計爲尤重，此項需銀八萬餘兩，前任調任督臣曾國藩，飭派藩、運兩司各半分籌，業經解過四萬兩，其餘四萬兩由臣飭催，趕緊籌解，不敢稍延。其江寧織造奉派緙繡等項估銀九萬二千兩，現在龍江、西新兩關俱未開設，該織造無款可籌，亦由臣飭派藩、運兩司，照案分認，陸續籌撥。至淮安關監督承辦之項，同係三節要件，如果司庫寬裕，亦應酌籌撥解，何敢稍存推諉，無如藩、運兩庫，近因撥款繁多，支絀萬狀，前項應解織造兩款銀兩，業須設法騰挪，搜羅殆盡，再四躊躇，別無可撥之款。查淮安關收數雖少，該監督摺内所稱，軍餉等項目前已可停減，似應以有著之款，爲派辦之需，可否敕下該監督，先就關税收數酌量趕辦。仍懇天恩寬以時日，俾得從容集事，如臣處款項稍裕，再當與該監督公同商議，量力籌解，以濟要需。所有傳辦工價銀兩酌議籌撥緣由，謹會同江蘇撫臣丁日昌恭摺具陳。

軍機大臣奉旨：欽此。

社會調查所《清代題本・採辦織造及各項工程》 光緒十五年四月十二日硃批

光緒十五年　月　日經筵講官工部尚書臣宗室崑岡等奏爲會勘要工業將做法清册造齊并約計錢糧數目恭摺仰祈聖鑒事。竊臣等奉命勘估太和門等處工程，先將分別修建情形及高下丈尺規制繪具圖説，於光緒十五年三月初一日具奏，初二日奉旨：知道了，著該衙門迅速勘估具奏，圖併發，欽此。臣等復督飭司員親往履勘。伏思此項工程，最要首先木植，次則石料甎瓦，其銅鐵活計暨油飾需用一切物料，均須逐件勾稽。查木植一項，舊制惟太和門座取材楠木，餘皆黄松木爲之，楠木産自湖南、四川等省，邇來大者罕有，採辦既難，運解亦需時日，擬請凡柁檁金柱需用大木之處，一律改用黄松，角梁斗科擬用柏木，菱花窗屉寶瓶均用椵雕飾整齊，取其木質堅實而例價亦不甚昂。石料惟柱石材料較大，若逐一換新，須動地脚，從新夯築，需費更多，轉不如舊基之堅固，擬將舊石剗平另加石礎，則購材便而成做亦易。欄板堦條等石，舊存完好者計可揀選三成，統以七成添新修砌。甎塊共分三項，海墁金甎已由工部行文江蘇省令其趕緊運解，所有墻垣露明處所，擬用湯泉燒造城甎，質地較爲堅緻，餘參用停城甎亦能經久。至門釘獸環簷網各項銅活，向由造辦處製造，近年天壇中正殿工程，係奏明由承修大臣飭商購辦較爲簡易，擬請援照成案辦理。以上各節，臣等會商辦法，意見相同，當飭遵照内廷工程則例，詳細造具做法清册，現在做法册業已造齊，應將錢糧數目覈實估計，除油飾需用顔料等項由户部行取，杉木由工部木倉行取，琉璃瓦料由工部飭窑燒造均劃除不計外，約共需銀二十萬餘兩。現值庫款艱難之時，應力求樽節，惟有嚴飭在事司員將物料夫工悉心覆覈，不准稍有浮冒，遵照雍正年間九卿議定物料價值則例，趕緊詳造錢糧細册，庶一木一石纖微皆有根據。臣等此次奏明錢糧，係據做法清册總計大數，其奇零細數，容俟錢糧册造齊，由臣等督令司員逐款核對後再行奏聞。所有臣等會勘要工造具做法清册并約計錢糧數目緣由，理合恭摺具陳，伏乞皇上聖鑒，訓示遵行。謹奏請旨。

社會調查所《清代題本・採辦織造及各項工程》 光緒十五年五月十三日硃批

光緒十五年四月十九日江南織造奴才莊山奏爲奏銷辦解婚典需用彩綢及樂部袍料等項活計動用料工及裝盛銀兩數目恭摺具奏仰祈聖鑒事。竊奴才查接管卷内承注工部照會奏派大婚禮需用彩綢，分派江寧織造織辦一萬一千三百匹，又奉樂部來文派辦石青雲緞大蟒緞袍料十三件，石青雲緞圓金壽字袍料六十九件，紅緞百花袍一百四十六件并裏綢束帶等項，先後行令迅速辦解前來，當經按照部定絲價估計價值，呈由禮儀處核復照辦。旋奉禮儀處奏准，將三織造承辦彩綢等項活計，即在外用解京二百萬兩，由户部就近撥給。奴才遵即咨明兩江督臣曾國荃，轉飭兩淮運司福裕照數籌撥，計彩綢款内動用料物工價銀四萬七千四百九十五兩六錢三分，樂部袍料款内動用銀八千四百四十五兩二錢七分六毫。除造具細數清册呈送禮儀處核銷并報部查核外，敬謹繕簡明黄册恭呈御覽，理合繕摺具奏，伏乞皇上聖鑒，謹奏。

硃批：該衙門知道，册併發，欽此。

社會調查所《清代題本・採辦織造及各項工程》 光緒二十三年六月初八日硃批

光緒二十三年六月初八日慶親王奕劻等片。再奴才等恭查善陀峪萬年吉地工程應修之寶城方城明樓大殿各工需錢糧數目，前經勘估王大臣，按照做法覈算净估需工料銀五十九萬七千六十七兩六錢五分九釐。奴才等曾於上年九月十八日恭摺奏明，此項錢糧擬援照成案請旨，飭下户部指撥專款，經解工程處以濟要工，並聲明東西向殿宇工程所需錢糧，俟勘估王大臣覈明確數，再由奴才等奏明咨部辦理各等因，奉旨：依議，欽此欽遵。咨行户部去後，嗣據户部咨稱，奏撥萬年吉地工程銀兩一摺内稱，應需工程銀兩，係屬要需，若在各省關指撥，深恐未能剋期解到，擬由部庫存款項下如數籌撥銀五十九萬餘兩，並旨籌銀四十萬兩以足一百萬兩之數，存儲候撥等因，於光緒二十二年十一月初二日具奏，奉旨：依議，欽此。知照到工各在案。今勘估王大臣將繕勘應修東西間殿宇等工净估需工料銀十三萬二百三十三兩一分七釐，奏奉俞允，恭録鈔奏知照前來，擬請即户部另籌款内動撥，仍按照奴才等前奏以原庫平隨時支領，伏候命下，即於奴才等知照户部欽遵辦理。謹附片具陳，伏乞聖鑒，謹奏。

日硃批

社會調查所《清代題本・採辦織造及各項工程》　光緒二十五年九月十五日硃批

光緒二十五年九月十五日經筵講官工部尚書臣松溎等奏爲請旨遵辦仰祈聖鑒事。竊查例載，凡京外一切大小工程，均應先行分別奏咨立案，隨即造具估册，將一切工料做法，逐條詳細報部，俟覆准後再行興工辦理。茲准胡燏棻造報鐵路銷册，始則並未立案，亦無圖說，現因更替有人，方行奏報，事雖創始，難以例拘，惟既無例案可循，又無估册可據，臣部礙難核銷，相應據實奏聞請旨，飭交總理各國事務衙門辦理，抑或特簡大員親往履勘奏明核銷，以期款不虚縻而昭核實。可否之處，伏乞皇太后皇上聖鑒，訓示遵行，謹奏請旨。

社會調查所《清代題本・採辦織造及各項工程》　光緒二十八年九月二十三日硃批

光緒二十八年　月　日臣張百熙奏謹將社稷壇并午門庫房等工，用過錢糧數目繕單，恭呈御覽。

計開：

拜殿一座計五間，拘抿頭停，補墁地面，補安裝修并油飾，共合工料寔銀一千六百七十二兩五錢二分。

戟殿一座計五間，頭停揸補，補墁地面，歸安石料，補安裝修并油飾，共合工料寔銀一千五百五十兩。

拜台北木踏跺一分，釘補油飾，共合工料寔銀五十一兩一錢二分。

櫺星門四座，添做栅欄門四合，共合工料寔銀一百八十三兩。週圍四色墻四段，凑長七十二丈八尺，剔補磚塊，抽換瓦料，齊理須彌座，共合工料寔銀二百六兩六錢。

籩豆庫一座計五間，頭停夾隴，添補琉璃，補墁地面，歸安石料，釘補裝修，庫門添做門閂并油飾，共合工料寔銀一百五十三兩二錢。

祭器庫一座計五間，揸補頭停，添補琉璃，補墁地面，歸安石料，釘補裝修，添做門扇、門閂油飾共合工料寔銀一百八十二兩九錢。

西廂房一座計二間，揸補頭停，補安裝修，共合工料寔銀十五兩九錢。

南山茶房一間，揸補頭停，補安裝修，共合工料寔銀七兩六錢四分。

南天門一座計一間，頭停夾隴，添補琉璃，補墁地面，補安門釘、獸面、套筩、海窩，添做護洞板、護門板并油飾共合工料寔銀二百兩三錢。

北天門一座計三間，頭停夾隴，添補琉璃，補墁地面，補安門釘、獸面、套筩、海窩，添做護洞板、護門板并油飾，共合工料寔銀五百七十七兩八錢。

東西天門二座各一門，頭停夾隴，添補琉璃，補墁地面，補安門釘、獸面、套筩、海窩，添做護洞板、護門板并油飾，共合工料寔銀二百三十一兩一錢。

打牲亭一座各顯三間，頭停夾隴，添補琉璃，補墁地面，歸安石料，剔補坎墻磚塊，添做隔扇坎窗并油飾，共合工料寔銀一百四十二兩七錢。

退牲房一間，補宽頭停，添安博縫板，補安裝修，找墁地面并飾，共合工料寔銀七十一兩三錢六分。

打牲亭街門一座，揭宽頭停，歸安大脊，剔補下肩，抹飾墻身，補墁地面，釘補門扇、門閂并油飾，共合工料寔銀一百三十一兩。

南天門外東西值班房二座各三間，揸補頭停，補安内外簷，裝修門扇并油飾，共合工料寔銀九十九兩三錢八分。

印宅内院東西廂房六間，内一間補蓋，五間揸補頭停，補安裝修，剔補下肩，補墁地面，補砌卡墻，添做門口、門扇、屏門，共合工料寔銀二百七十六兩二錢九分。

前院西廂房一座三間，揸補頭停，補裝修，補墁地面，補砌院墻揭宽門樓，釘補門扇并油飾，共合工料寔銀一百七十四兩六錢。

關帝廟一座後殿一間，隨山門院墻揸補頭停，補安裝修，補塑神像，成做屏門、山門、栅欄，補砌院墻并油飾，共合工料寔銀一百九十兩九錢九分。

社稷門内遣官東西房二座各三間，揸補頭停，補安裝修，補墁地面并油飾，共合工料寔銀一百六十九兩一錢。

西北角河沿隨墻門一座，成做門口、門扇并油飾，共合工料寔銀十九兩九錢。

北堆撥房一座二間補蓋，前坡、後坡夾隴，添安裝修，補墁地面并油飾，共合工料寔銀一百二十一兩四錢。

東堆撥一間，坍塌無存補蓋，共合工料寔銀八十二兩。

後河宇墻一段長九丈補砌，共合工料寔銀三十一兩。

沙拉門一座，揸補頭停，剔補下肩，補墁地面，添做門閂、門坎并油飾，共合工料寔銀一百五十五兩四錢。
午門大樓前東庫房，齊理前坡，共合工料寔銀八百八十一兩一錢。
西庫房齊理前坡，共合工料寔銀一千五百七十一兩七錢。
天安門東北角樑添換，共合工料寔銀八百四十四兩。
以上通共合工料寔銀九千九百八十五兩。

社會調查所《清代題本・採辦織造及各項工程》 光緒二十八年九月二十三日硃批

光緒二十八年九月二十三日張百熙奏謹將禁城皇城各垣牆門座朱車房等處工程，開具做法錢糧清單，恭呈御覽。

計開：

東華門外前鋒南房一座三間補蓋，共合工料實銀三百七十三兩零一分。
東耳房一門拆修，共合工料實銀五十一兩二錢。
護軍北房三間添安裝修、補砌牆垣共合工料實銀一百零九兩七錢一分。
東耳房一間補蓋，共合工料實銀五十一兩二錢。
南北檔房二座六間，添安裝修，共合工料實銀一百三十一兩六錢五分。
三旗南北木板房二座，添安裝修，共合工料實銀四十三兩八錢八分。
東華門外順城往北第一座三間黏修，共合工料實銀二十兩零四錢八分。
第二座二間，前坡夾隴，後坡揭宂，共合工料實銀五十八兩五錢一分。
第三座二間揭宂，前檐夾隴，釘補裝修，共合工料實銀二十九兩二錢六分。
第四座二間，添安門扇，共合工料實銀七兩三錢二分。
第五座二間夾隴，添安裝修，共合工料實銀四十三兩八錢八分。
第六座二間夾隴，添安裝修，共合工料實銀四十三兩八錢八分。
第七座三間添安裝修，隔斷補砌坎牆，共合工料實銀六十九兩四錢八分。
神武門外東檔房一座三間黏修，共合工料實銀五十一兩二錢。
西檔房一座三間黏修，共合工料實銀二十一兩九錢五分。
東木板房一座黏修，共合工料實銀二十一兩九錢五分。
西木板房一座黏修，共合工料實銀十八兩二錢八分。
東華門外往南第一座二間黏修，共合工料實銀二十九兩二錢八分。
第二座三間黏修，共合工料實銀十八兩二錢八分。
第三座五間，揭宂二間，夾隴三間，共合工料實銀九十五兩零九分。
西闕門外往北第一座五間補蓋，共合工料實銀六百二十一兩六錢九分。
第二座三間補蓋，共合工料實銀三百七十三兩零二分。
後檐大牆一段五丈補砌，共合工料實一百零九兩七錢二分。
第三座二間黏修，共合工料實銀二十九兩二錢六分。
北山掐牆一段補砌，共合工料實銀二十六兩三錢三分。
西華門外南北木板房二座黏修，共合工料實銀四十七兩五錢四分。
南北檔房二座六間黏修，共合工料實銀五十四兩八錢六分。
右翼前鋒五旗護軍房二座各三間黏修，共合工料實銀四十七兩五錢四分。
耳房二座二間黏修，共合工料實銀十四兩六錢三分。
順城往北第一座二間黏修，共合工料實銀十四兩六錢三分。
第二座二間黏修，共合工料實銀十八兩二錢九分。
第三座二間黏修，共合工料實銀十八兩二錢九分。
第四座二間黏修，共合工料實銀二十三兩四錢一分。
第五座二間黏修，共合工料實銀二十一兩九錢五分。
第六座二間黏修，共合工料實銀十八兩二錢九分。
第七座三間黏修，共合工料實銀二十二兩九錢二分。
東長安門外南北值班房二座各三間補蓋，共合工料實銀七百四十六兩。
西長安門外南北值班房二座各三間，補砌牆垣，添安裝修，共合工料實銀二百一十九兩五錢。
正陽門內甕城堆撥二座各二間補蓋，共合工料實銀三百七十三兩六錢四分。
東華門大樓一座揭宂，挑換木植，釘補裝修，添換瓦廳，補安走獸、仙人，油飾見新，共合工料實銀二千三百一十兩。
斗匾一方，油飾見新，共合工料實銀三十五兩。
南面石欄板、柱子添補齊整，共合工料實銀三十六兩五錢。
前面城垛口長十五丈四尺，𡑒閃拆砌，共合工料實銀二百三十八兩。
後面城上宇牆共長二十二丈四尺，擇砌補宂扣脊瓦共合工料實銀一百六十四兩。
前後面城台共長三十三丈六尺，剔砌擇砌，滿抹紅灰，共合工料實銀五百八十四兩。

券洞三座，添補琉璃掛檐，共合工料實銀一百九十三兩。

中洞門扇補釘門釘、獸面並護洞板，油飾見新，共合工料實銀七十四兩三錢。

二次洞門扇補釘門釘、獸面並護洞板，共合工料實銀五十八兩六錢。

三洞内券洞牆補安石料，滿抹見新，共合工料實銀三百九十六兩。

南北馬道扶手牆共長四十一丈，牆身剔砌補砌扣脊瓦共合工料實銀一百三十四兩。

南北馬道門樓二座，拆修頭停，添換過木門框，共合工料實銀六十八兩二錢。

南北桶子柵欄門添換木植，釘補歸安，滿油飾見新，共合工料實銀九十一兩。

南北河宇牆二段各長十六丈七尺，補砌石料添新，共合工料實銀二百三十三兩。

東面柵欄門三座，添換木植，釘補歸安，油飾見新，共合工料實銀八十四兩六錢。

中座兩邊招當柵欄二段撥正，挑換木植，油飾見新，共合工料實銀三十四兩。

二次座柵欄門二座撥正，挑換木植，油飾見新，共合工料實銀七十五兩六錢。

兩邊掐當柵欄八棠撥正，挑換木植，油飾見新，共合工料實銀五十三兩二錢。

琉璃三座門一座，添補琉璃瓦料，找補石料，抹飾見新，共合工料實銀一百九十八兩。

三座門南面寬牆一段長六丈，補宂脊瓦料，共合工料實銀九十八兩五錢。

東安門一座揭宂，檐頭挑換椽望，添補琉璃瓦料，共合工料實銀一千五百五十四兩。

前後檐柱四根，釘補包鑲整齊，共合工料實銀二十九兩。

前後山檐牆並内裏隔斷牆，剔補下肩甎塊，抹飾牆身，共合工料實銀一百七十四兩。

前後次稍間直櫺窗八槽，補釘歸安齊整，共合工料實銀三十五兩。

南二縫走馬板一槽，添安正齊，共合工料實銀三十二兩。

南北前後鑽山門四座，添換門扇、檻框，釘補歸安，順色油飾，共合工料實銀八十四兩。

次稍間内前後木板棚四座，挑墁地面共合工料實銀二百三十八兩。

明間二次間門扇六扇補安，門釘獸面，添安門閂、檻框，順色油飾，共合工料實銀一百二十四兩。

二次間石下檻二根，挑換石料，共合工料實二十二兩。

明間前後檐踐蹽挑墁踐蹽添換石料，共合工料實銀五十八兩六錢。

西華門大樓一座，頭停拔草，夾隴補安琉璃瓦料，共合工料實銀四百七十一兩。

前面城垛口城台，抹飾刷漿見新，共合工料實銀二百二十二兩。

北次券洞掛檐添新，共合工料實銀二十五兩。

券洞内添換門閂，共合工料實銀十五兩。

南北桶子柵欄門二座，無存添新，共合工料實銀一百三十五兩。

西面柵欄門三座，添換新料，釘補油飾見新，共合工料實銀五十七兩六錢。

二次座柵欄門二座，添換新料，釘補油飾見新，共合工料實銀三十二兩六錢。

兩邊掐當柵欄十二座，釘補歸安，缺欠添新，共合工料實銀四十六兩。

南北河宇牆二段，各長十六丈七尺，補砌牆身，添換几頂石料，共合工料實銀一百一十二兩。

神武門外倉桶柵欄門二座，掐當柵欄四槽，均無存添新，共合工料實銀一百五十八兩四錢。

西安門一座，補宂頭停，夾隴挑換椽望、琉璃瓦料，共合工料實銀五百五十四兩。

前後山檐牆補砌，牆身剔砌，下肩抹飾，共合工料實銀八十三兩二錢。

四次稍間直櫺窗八槽，添補釘安齊整油飾，共合工料實銀四十三兩。

南北二縫走馬板二槽，添換新料，釘補歸安，共合工料實銀三十一兩。

南北順山鑽山門四座，釘補門心，添安門龍、檻框、門鈸，油飾，共合工料實銀六十七兩一錢。

次稍間前後木板棚四座無存，照舊補修，共合工料實銀一百五十一兩。

次稍間內裏地面無存補墁，共合工料實銀六十三兩。

明間並兩次間添換下檻門閂釘補門扇共合工料實銀四十五兩。

明三間內下檻海墁，蹉躁挑墁，歸安添換石料，共合工料實銀一百七十八兩。

西琉璃門三座，補宽頭停，添換過木，剔補甎塊，歸安石料，釘補門扇，添安門閂、下檻、門釘，共合工料實銀八百五十兩。

南北牆並掐牆共長三百四十六丈八尺，頭停補宽，拔草夾隴，共合工料實銀一千一百三十兩。

栅欄一座釘補檻框，挑換石料，添安栅欄、門閂，共合工料實銀八十兩。

東琉璃門三座，頭停添宽琉璃瓦料，剔補甎塊，挑換石料，添換門扇，添安門閂、下檻並海窩套筒，共合工料實銀五百八十兩。

南北牆並掐牆共長三百四十八丈五尺，頭停補宽琉璃，添換栅欄、門檻框，添安海窩套桶，共合工料實銀二千四百五十兩。

東西牆南面外皮共長三百二十丈，抹飾牆身，剔補下肩，共合工料實銀一千四百一十兩。

西長安門外灰廠石板房、地安門迤西皇牆豁口二段補砌，共合工料實銀一千一百五十二兩。

東安門迤南皇牆豁口一段補砌，共合工料實銀三百四十九兩。

御河橋迤北皇牆豁口一段補砌，共合工料實銀三百五十一兩。

翠花胡同口皇牆豁口一段補砌，共合工料實銀六百七十兩。

宣武門迤西太平湖城牆傷損一處補砌，共合工料實銀三百三十四兩。

社稷壇添做攩衆木一全分，共合工料實銀一百一十五兩。

禁城門座並正陽門永定門踏跺木二十二分添新，共合工料實銀八百八十兩。

天壇西面外圍牆共長一百九十二丈七尺，頭停拔草齊理，共合工料實銀三百一十九兩六錢二分。

北天門迤南起至南天門止牆身共長一百二十二丈，內六十三丈七尺大脊坍塌補砌，五十八丈三尺頭停拔草齊理，共合工料實銀四百三十兩零九錢。

南天門迤南起至西南角止牆身共長一百三十丈五尺內三段湊長二十一丈，頭停木植無存添新，補宽頭停，內二丈三尺大脊坍塌補砌，內一百七丈二尺頭停瓦片無存，檐木椽望間有脫落暫朽，頭停補宽，添換木植，共合工料實銀一千六百一十八兩三錢。

南北天門二座計六間，添安護洞板六分，抹飾刷漿見新，共合工料實銀二百八十兩。

南北天門外堆撥四座計八間，前檐裝修無存，照舊添安，共合工料實銀六十一兩五錢。

北天門迤南角門一座，釘補門扇檻框，共合工料實銀八兩四錢八分。

先農壇東面圍牆共長四百四十六丈，頭停拔草齊理，共合工料實銀五百九十一兩六錢七分。

南北天門二座計六間，添安護洞板六分，抹飾刷漿見新，共合工料實銀二百八十兩。

北天門外堆撥二座計四間，裝修無存添補，共合工料實銀二十九兩三錢五分。

北天門迤南角門一座，釘補門扇檻框，共合工料實銀八兩六錢六分。

南天門外堆撥二座計四間均坍塌，照舊新建，共合工料實銀三百八十九兩五錢。

正陽牌樓一座，上下架油飾，頭停齊理，共合工料實銀二百八十四兩一錢七分。

前門內東門廳後院補牆一段，長三十五丈，共合工料實銀一百九十七兩八錢五分。

又東門廳由黏修改補蓋，加發工料實錢四百兩。

天橋一座，除添新石，其餘占斧見新，共合工料實銀四百二十五兩。

永定門大樓一座五間，添安格扇並迎風板、博脊板，添做瓶式欄杆，補安擎檐柱。西次間稍間補釘椽望，上背宽瓦，其餘夾隴捉節補安獸頭、獅馬，牆垣抹飾刷漿，三層檐一掛落大木斗科，裝修油飾見新。箭樓內窗板無存，補安頭停，抽換瓦片，補安角脊，山檐牆見新，補釘門扇。箭樓東西山城垛口坍塌各長三丈五尺，箭樓後宇牆欠扣脊瓦長六丈，往東拐北坍塌長七丈，箭樓後往西坍塌長四丈，大樓北面欠扣脊瓦長十五丈，往東坍塌長六丈，均補砌添扣脊瓦。共合工料實銀二千一百九十九兩六錢三分。

東點廳一座五間，大木撥正，揭宽頭停，補砌山檐牆，補墁地面，添安裝修油飾，共合工料實銀四百七十一兩二錢五分。

西點廳一座五間，頭停揸補，夾隴拘抿，調砌大脊，添安裝修油飾，共合工料實銀二百四十一兩。

東西馬道柵欄二座，頭停補宼拘抿牆垣酥城剔補坍塌補砌俱抹飾見新，添安柵欄門二合，共合工料實銀七十五兩。

甕城內東西兵房二座各二間，大木撥正，揭宼頭停，補安裝修，共合工料實銀一百兩。

門外東兵房一座二間揸補，夾隴拘抿，共合工料實銀九兩三錢七分。

西關帝廟一座三間揸補，夾隴油飾，前檐裝修，共合工料實銀十二兩五錢。

閘軍房二間，頭停不齊，揸補見新，共合工料實銀十八兩七錢五分。

大樓箭樓二座，內外門洞門扇劈裂釘補，油飾見新，共合工料實銀三十七兩五錢。

城門內外並甕城城牆，添補抹飾，提漿見新，共合工料實銀五百九十七兩五錢。

門前橋一座兩邊宇牆，坍塌不齊，補砌抹飾，刷漿見新，共合工料實銀十二兩五錢。

主位經由道路户部街路西皇牆一段，長一百六十三丈五尺黏修，又拐角皇牆一段，長四十三丈五尺黏修，共合工料實銀一千一百一十兩零六錢五分五釐二毫。

火倉門二座，釘補門扇，共合工料實銀九兩三錢三分。

皇牆往北一段，長十八丈五尺黏修，御河橋拐角皇牆一段，長六十七丈五尺黏修，共合工料實銀四百九十四兩九錢四分。

東安門內大橋南北進深牆二段，各長十六丈，補宼頭停，共合工料實銀一千一百零八兩一錢四分。

玄天觀廟牆，添補抹飾，橋下南北堆二座黏修，共合工料實銀九兩八錢九分八釐八毫。

沙灘三座，門添柵欄四扇油飾，共合工料實銀九十八兩九錢八分八釐。

沙灘北大牆一段，長五十五丈，拐北三丈黏修，共合工料實銀五百七十三兩七錢八分。

東西甎門二座，添安柵欄四扇油飾，共合工料實銀三十四兩六錢四分。

神武門城台抹飾，城門三座油飾，共合工料實銀二百二十三兩六錢四分。

御河泊岸宇牆補砌二十丈，共合工料實銀三百二十一兩一錢四分。

掐牆一丈黏修，共合工料實銀四兩九錢五分。

神武門西井一座黏修，鴛鴦橋宇牆長三十九丈黏修，共合工料實銀九兩八錢九分八釐。

以上通共合工料實銀三萬七千五百五十二兩。

社會調查所《清代題本·採辦織造及各項工程》 光緒二十八年九月二十三日硃批

光緒二十八年九月二十三日臣張百熙奏爲謹將已完各工用過錢糧數目遵旨開單奏銷恭摺仰祈聖鑒事。竊臣等前以恭修京城蹕路暨此次估修各工，並大高殿堂子及地安門等工錢糧，與尋常例修工程不同，於上年十月十五日附片懇請開單奏銷，免其造册，以節煩文而歸簡易。即於是月二十一日奉硃批：依議，欽此。欽遵在案。伏查臣等自受命承修蹕路以來，謹遵諭旨，破除積習，裁去一切陋規，所有應行取户部、工部、內務府各項物料，均歸廠商採買，按照市價核寔承辦，不准絲毫浮冒，並令各廠商密封投遞，臣等擇其估價最廉者，復嚴加删減再行分派認修，兼飭各廠商出具結保固甘結，以期工堅料寔，款不虛糜。計自二十七年七月初四日開工起，蹕路工程用錢糧銀十二萬九千五百五十四兩三錢，又太廟工程用過錢糧銀五千四百三十一兩九錢，又社稷壇並午門庫房工程用過錢糧銀九千九百八十五兩，又正陽門綵架工程用過錢糧銀二千三百兩，又內外城門扇及官廳堆撥工程用過錢糧銀五萬三千二百一十兩，又禁城皇城各牆垣門座朱車等工程用過錢糧銀三萬七千五百五十二兩，又各壇圍牆缺口北上門等處工程用過錢糧銀七千七百三十二兩，又硝磺庫工程用過錢糧銀二千九百兩，又大高殿工程用過錢糧銀六萬一千六百五十兩，(又)以上九項統共用過銀三十一萬三百一十五兩二錢。臣等查此次承修各要工事繁費鉅，經臣等督飭司員核寔經理，所開款目逐加覆核，委係寔用寔銷，並無絲毫浮冒。至各壇堂子地安門等處工程，俟一律完竣後再行奏報，合併聲明。謹將先後已完各工用過錢糧數目，繕具清單，恭呈御覽，伏候命下，臣等即將做法清單咨送工部，錢糧數目咨送户部。所有臣等遵旨奏銷緣由，理合恭摺具奏，伏乞皇太后皇上聖鑒訓示，謹奏。

社會調查所《清代題本·採辦織造及各項工程》 光緒二十八年九月二十三日硃批

光緒二十八年九月二十二日臣張百熙奏謹將蹕路經由等處各樓座房間牆垣拆修黏修各工，開具做法錢糧清單，恭呈御覽。

計開：

午門大樓一座九間，揭宽挑換椽望，添補琉璃瓦料，共合工料寔銀四千三百六十六兩四錢六分。

東西鐘鼓樓二座，擦補夾隴，共合工料寔銀一千五百六十三兩一錢三分。

午門城臺並兩邊城臺券洞補安門釘、獸面、石欄、板柱子添新油飾，共合工料寔銀四千一百七兩三錢。

東南角樓一座，揭宽挑換椽望，補砌牆身抹飾，共合工料寔銀一千二百二兩六錢八分。

左掖門一座，油飾門扇檻框，共合工料寔銀五十六兩六錢。

右掖門一座，添換過木琉璃，掛簷油飾，共合工料寔銀九十九兩。

朱車房二座六間，添安裝修，補砌坎牆，共合工料寔銀一百四十九兩。

東值房一座，添安格扇，補砌後簷牆抹飾，共合工料寔銀一百五兩二錢七分。

西值房一座，添安格扇風門，補墁地面，共合工料寔銀一百七十八兩七錢。

東闕門一座五間，頭停夾隴補釘門釘、獸面並油飾，共合工料寔銀八百四十二兩四錢六分。

西闕門一座五間，補墁蹉蹓海墁，添安門閂、門檻，補安門釘、獸面油飾，共合工料寔銀二千一百七十九兩二錢四分。

東西二面南北掐牆六段補宽，頭停抹飾牆身，共合工料寔銀十八兩七錢二分。

東吏科廊房一座四十七間，頭停夾隴補砌牆身，歸安壓面，挑墁地面，添安格扇、柵欄油飾共合工料寔銀五千六百四兩九錢五分。

西兵科廊房一座四十三間，頭停夾隴補砌後簷牆，拆去坎牆，補墁地面，添安柵欄、格扇並油飾共合工料寔銀三千七百二十三兩九錢三分。

神厨門一座五間，頭停夾隴齊理簷頭，添安柵欄、門釘、獸面油飾，共合工料寔銀四百九十六兩五錢七分。

社左門一座五間，添安柵欄，二槽修補，一槽油飾，共合工料寔銀五百三十四兩三錢六分。

東西二面南北掐牆四段，頭停添補琉璃，牆身抹飾，共合工料寔銀十兩五錢二分。

東西馬道南北掐牆扶手牆四段補砌牆身、補宽，頭停添換琉璃脊甎瓦料，共合工料寔銀一百三十五兩八錢八分。

西馬道補墁蹉蹓一段，共合工料寔銀四百一十三兩三錢。

東西木板房二座四間，東一座補蓋，西一座拆修，共合工料寔銀二百二十兩五錢三分。

端門城臺券洞臺上補砌宇牆，補宽，牆頂添安石檻、門上帽釘補做油飾，共合工料寔銀二千六百九十四兩七錢八分。

端門大樓一座九間，添安裝修石料，補宽，頭停琉璃添安匾額銅字，共合工料寔銀四千零一十八兩九錢九分。

朱車房二座六間，擦補頭停，補安裝修檻框，補砌坎牆，歸安臺幫照舊油飾，共合工料寔銀三百四兩九錢六分。

太廟街門一座，添安柵欄、下檻門釘、獸面油飾見新，共合工料寔銀二百九十二兩二錢二分。

社稷壇街門一座，添安柵欄、下檻、門釘、獸面、海窩、套桶油飾見新，共合工料寔銀七百五十一兩八分。

街門兩邊掐牆四段，補宽抹飾見新，共合工料寔銀十兩八錢一分。

東西馬道南北掐牆、扶手牆，頭停添補瓦料，牆身剔補甎塊，共合工料寔銀五十四兩三錢七分。

東西木板房二座六間，東一座補修，西一座拆修，添換大植共合工料寔銀二百二十兩五錢三分。

天安門城臺並臺上宇牆剔補，牆身抹飾紅灰，陡匾添補漢字，共合工料寔銀五千八百八十六兩三錢八分。

天安門大樓一座九間，頭停補調，博脊補宽琉璃瓦料，添安裝修石料柱木包鑲，添安檻框門油飾，剔補牆身抹飾，共合工料寔銀七千三百八十二兩三錢。

朱車房二座六間，頭停夾隴齊理，簷頭添補瓦片，歸安石料補砌，牆身抹飾，添安裝修油飾，共合工料寔銀二百二十七兩二錢九分。

門外兩邊大牆二段，補宽頭停添換瓦料，剔砌牆身抹飾，共合工料寔銀八百兩零六錢七分。

御河宇牆四段，補砌牆身，共合工料寔銀一千五百零七兩六錢九分。

金水橋石活歸安欄板、石柱缺欠添新，共合工料寔銀五百八十四兩三錢五分。

東長安門一座三間，添安石檻、門閂、門釘、獸面、海窩、套桶、門扇，拆卸換軸油飾，共合工料寔銀一千四百零七兩七錢。

兩邊掐牆二段，滿抹飾紅灰，共合工料寔銀一百四十九兩六錢一分。

西長安門一座三間，添安石檻、門閂、門釘、獸面、海窩、套桶、門扇，拆卸換軸油飾，共合工料寔銀一千零四十兩零八分。

兩邊掐牆二段，滿抹飾紅灰，共合工料寔銀一百四十九兩六錢二分。

東九卿朝房共二十四間，揭宂夾隴，抹飾牆身見新，共合工料寔銀二千六百零六兩八分。

西九卿朝房九間，隔牆十三段，大牆一段，內拆修四間，挑換木植，椽望、格扇添新油飾，牆身補砌抹飾，共合工料寔銀二千三百九十九兩九錢七分。

木倉共一百一十間，分別補修，揭宂檐頭，齊理夾隴，添換木植、甎塊、瓦料，共合工料寔銀三萬一千七百一十兩三錢九分。

東九卿朝房東頭大牆一段補砌，共合工料寔銀四百一十三兩二錢五分。

火倉共一百一十間，頭停夾隴揭宂，檐頭挑換椽望，抹飾彩畫裝修，共合工料寔銀五千一百零六兩七錢五分。

大清門內外朱車房四座計十二間，補蓋共合工料寔銀二千零四十八兩一錢五分。

大清門一座五間，頭停補宂拘抿，齊理檐頭，抹飾牆身，添安石檻、門閂、門扇、門釘、獸面，拆卸換軸油飾，共合工料寔銀一千零八十八兩零一分。

門外攢衆木二十一架添安，共合工料寔銀二百一十六兩八錢一分。

兩旁大牆二段，牆身剔補抹飾，頭停補宂琉璃，共合工料寔銀四百三十三兩六錢二分。

棋盤街四面石柵欄一百二十排，添安石料，抽換舊料見新，共合工料寔銀三千四百八十六兩二錢九分。

東偏吉官廳一座十間補蓋，共合工料寔銀三千零二十二兩六錢。

西偏吉官廳一座十間，頭停夾隴，牆身抹飾，添砌坎牆，木料裝修，補墁地面，共合工料寔銀八百五十四兩五錢七分。

門內東西門廳二座十間補蓋，共合工料寔銀六千七百一十九兩四錢。

東西馬道柵欄二座添安，共合工料寔銀一百一十一兩六錢三分。

甕城上宇牆湊長九十六丈，補砌拆砌，共合工料寔銀一千二百六十二兩零九分。

東西閘樓二座，頭停門窗添安樓門窗户，順色油飾，共合工料寔銀一千二百零一兩七錢八分。

大樓前箭樓二座拆運，共合工價寔銀三千五百七十二兩二錢五分。

甕城垛口補砌共合工料，寔銀一千二百二十四兩八錢八分。

城內洞門扇，門閂拆做整齊油飾，共合工料寔銀二百七十九兩九錢二分。

正陽門洞內抹飾，門扇添新油飾，共合工料寔銀一千三百一十九兩五錢九分。

外門洞石路補墁，內外洞將軍石二箇補築，共合工料寔銀七百一十六兩三錢五分。

東西閘樓門洞門扇釘補，添安門閂，共合工料寔銀二百零七兩四錢。

西閘樓外官廳一座三間補蓋，共合工料寔銀七百三十兩五錢七分。

東閘樓外官廳一座三間，頭停夾隴添安裝修，山檐牆抹飾，共合工料寔銀一百三兩二錢。

前門外石橋三座，添補欄板、石柱，歸安見新共合工料寔銀二千九十七兩一錢五分。

正陽牌樓添做匾額，補換戧木油飾共合工料寔銀一百一十七兩八錢一分。

正陽門外兩旁渣土二塊運開，共合工價寔銀四百七十一兩二錢四分。

菩薩廟一座，頭停裝修神像，牆垣分別情形添補整齊見新，共合工料寔銀八百三十四兩四錢九分。

關帝廟一座，頭停裝修，牆垣分別情形添補整齊，補塑神像共合工料寔銀一千八十三兩九錢七分。

天安門內東西廊房四座計四十四間，頭停夾隴見新，共合工料寔銀六百二十二兩五分。

以上共核工料寔銀十二萬九千五百五十四兩三錢。

社會調查所《清代題本·採辦織造及各項工程》 光緒二十八年九月二十三日硃批

光緒二十八年九月二十三日臣張百熙臣桂春臣景灃等奏謹將大高殿等處工程，開具做法錢糧清單，恭呈御覽。

計開：

大高殿：

三面牌樓三座，黏修油飾見新，共合工料寔銀一千二百二十六兩。

南面牌樓兩邊面寬墻二道，各長六丈八尺三寸，高六尺黏修，共合工料寔銀三百二十三兩四錢六分。

東西牌樓兩邊進深墻四道，共長十六丈六尺，高六尺黏修，共合工料寔銀三百七十五兩三錢。

東西樣亭二座黏修，補安裝修石欄板，共合工料寔銀三千一百七十六兩。

琉璃門前甬路八道挑墁，共合工料寔銀四百六十八兩七錢。

頭道琉璃門三座黏修，共合工料寔銀九百八十三兩一錢七分。

頭道琉璃門内甬路六道挑墁，共合工料寔銀二十三兩八錢五分。

二道琉璃門三座黏修，共合工料寔銀一千零九十四兩五錢六分。

樹池十六座歸安，共合工料寔銀一百十一兩一錢四分。

二道門旁看面墻四段共長十一丈二尺六寸黏修添補抹飾，共合工料寔銀一百兩零一錢二分八釐。

高玄門一座三間黏修補安裝修，共合工料寔銀一千四百三十八兩一錢。

東西值房二座各七間黏修添安裝修，共合工料寔銀四百九十八兩九錢七分。

高玄門旁看面墻二道，共長十三丈，通高一丈，隨角門二座黏修，共合工料寔銀一百三十兩零七錢五分。

東西進深墻二道，共長十四丈，隨角門二座黏修，共合工料寔銀一百十五兩九錢八分。

高玄門前甬路五道，共長十七丈二尺挑墁，共合工料寔銀五十五兩零七分。

兩旁磚井二眼黏修，共合工料寔銀一百六十六兩八錢八分。

高玄門内旂杆二根添新，共合工料寔銀一千二百四十五兩四錢二分。

鐘鼓樓二座黏修，添補地面，共合工料寔銀五百八十六兩五錢八分。

東西配殿二座各五間黏修，補安格扇、枚扇，共合工料寔銀二千一百二十七兩七錢二分。

大高玄殿一座五間黏修，補安裝修，共合工料寔銀五千七百四十六兩五錢九分六釐。

殿前甬路海墁補墁，共合工料寔銀三百五十四兩六錢二分。

東西配殿二座各九間黏修，補安裝修，共合工料寔銀三千七百五十兩零六錢二分八釐。

九天雷祖殿一座五間補瓦頭停，共合工料寔銀三萬一千九百四十六兩五錢五分六釐。

殿前甬路挑墁，共合工料寔銀七十四兩二錢六分。

乾元閣乾貞宇重簷一座黏修，補安裝修欄板，共合工料寔銀三千一百二十八兩一錢六分。

乾元閣前甬路海墁挑墁，共合工料寔銀四百六十九兩七錢六分七釐。

週圍大墻共長一百七十八丈，通高二丈二尺二寸黏修添補抹砌，共合工料寔銀一千五百零一兩九錢二分五釐。

週圍暗溝共長一百七十二丈添補溝幫，共合工料寔銀二百六十二兩八錢三分。

東角門曲尺影壁一座添新，共合工料寔銀一百六十六兩八分八釐。

以上共覈工料寔銀六萬一千六百五十兩。

社會調查所《清代題本・採辦織造及各項工程》 光緒二十八年九月二十三日硃批

光緒二十八年九月二十三日臣張百熙臣桂春臣景灃等奏謹將正陽門内外城台支搭綵架，開具錢糧清單，恭呈御覽。

計開：

内城台支搭綵架一座五間，外城台南面支搭綵架一座五間，外城台北面支搭綵架一座三間。

以上計賃用架木、綵紬、布疋，並支搭拆卸各匠夫役工價，通共合寔銀二千三百兩。

社會調查所《清代題本・採辦織造及各項工程》 光緒二十八年九月二十三日硃批

光緒二十八年　月　日張百熙奏謹將各壇園牆缺口北上門等處工程，開具做法錢糧清單，恭呈御覽。

計開：

天壇外圍牆自西南迆東牆頂長三丈補宼，共合工料銀三百八十二兩八錢四分。

又東北面起第一段長三丈補砌，共合工料銀三百二十五兩七錢七分。

第二段長五丈五尺補砌，共合工料銀七百三十四兩二錢五分。

第三段損壞一處見方五尺補砌，共合工料銀五十七兩一錢四分。

先農壇外圍牆西北角坍塌一段補砌，共合工料銀二百零一兩九錢五分。

西面往南坍塌一段補砌，共合工料銀一百十五兩四錢。

又往南一段補砌，共合工料銀二百四十八兩三錢五分。

南面涵洞一座歸安石料，共合工料銀一百四十四兩三錢。

東華門外北偏吉廳北房一座五間，東西廂房二座各二間，關帝廟一間黏修，共合工料銀二百五十兩。

端門、天安門、大清門踏跺木六分添新，共合工料銀二百四十兩。

太廟後琉璃門迆南東西牆一段補砌，東華門外順城往南由第一堆撥起至激桶房止院牆北角補砌，共合工料銀三百二十兩。

續修主位經由北上門一座黏修油飾門扇，共合工料銀三百二十八兩三錢。

北上門内東西蹉踏二段，各長二丈七尺挑墁，共合工料銀二十七兩三錢四分。

丹陛二塊各長一丈八尺挑墁，共合工料銀十六兩四錢一分。

小蹉踏二塊各長一丈八尺挑墁，共合工料銀十六兩四錢一分。

正丹陛二塊各長二丈七尺挑墁，共合工料銀四十五兩九錢三分。

東西小柵欄四段添新油飾，共合工料銀八十七兩五錢五分。

兩邊掐牆各二段，各長二尺五寸添補抹飾，共合工料銀十兩零九錢四分。

兩邊看面牆各二段，各長一丈六尺添補抹飾，共合工料銀三百二十八兩三錢。

八字牆二段添補抹飾，共合工料銀五兩四錢七分。

東西柵欄門二座各三間添新油飾，共合工料銀八百七十五兩三錢。

隨三座門看面牆四段，各長一丈六尺添補抹飾，共合工料銀一百零九兩三錢。

官學後簷補砌枋墊，共計五十九間共合工料銀三百十四兩。

官學後簷牆刷漿一百間，共合工料銀五百三十五兩。

官學補蓋七間，揭宼後坡一間，補砌大脊一間，共合工料銀一千二百零三兩四錢四分。

風雲神廟院牆添補抹飾，共合工料銀五十四兩六錢二分。

堆子三座計五間黏修，共合工料銀五十四兩六錢二分。

武備院牆添補抹飾，共合工料銀五十四兩六錢二分。

武備院臨街房九間黏修，共合工料銀三十二兩四錢五分。

棋盤街石柵欄内東西木板房二座各一間添新，共合工料銀一百二十七兩零二分。

西點廳後院牆長三十五丈補砌，共合工料銀四十四兩四錢八分。

正陽橋東西便橋護橋板二道添新，共合工料銀一百六十六兩八錢。

值票木板房二座各一間添新，共合工料銀一百四十六兩八錢。

東激桶房一座三間黏修，共合工料銀三十三兩五錢。

西激桶房一座三間補蓋，共合工料銀九十三兩四錢。

以上通共合工料銀七千七百三十二兩。

社會調查所《清代題本・採辦織造及各項工程》 光緒二十八年九月二十三日硃批

光緒二十八年　月　日臣張百熙奏謹將硝磺庫工程，開具做法錢糧清單，恭呈御覽。

計開：

硝磺庫一座計二十一間補宼，頭停添換椽木，剔補山、簷墻，添安庫門二合，立門四根，添安裝修，其餘油飾，共合工料寔銀六百四十九兩九錢。

庫前大門一座照舊添蓋，共合工料寔銀三百三十九兩五錢。

庫房週圍補砌大墻共湊長一百十三丈五尺，共合工料寔銀一千三百四十一兩。

看守房一間照舊添蓋，共合工料寔銀二百四十二兩五錢。

北看守房一間照舊拆蓋，共合工料寔銀一百二十六兩一錢。

官廳一座三間照舊修補，共合工料寔銀八十四兩。

官廳週圍院墻湊長十六丈六尺，隨門口二座均補砌，共合工料寔銀一百一十七兩。

以上共合工料寔銀二千九百兩。

社會調查所《清代題本·採辦織造及各項工程》 光緒二十八年九月二十三日硃批

光緒二十八年　月　日張百熙奏謹將九城官廳、堆撥、栅欄、門樓、門扇、石匾等工錢糧數目，繕單，恭呈御覽。

計開：

東直門内，廂黄旗漢軍固山官廳一座抅連搭六間，揸補抅抿，補安裝修；兩邊平台耳房二座抅連搭四間，揸補頭停，補砌山牆，添安裝修油飾；兩邊院墻二段湊長五丈，添安門口、門扇、屏門，板墻釘補，墻身抹餙見新油飾；共合工料實銀一百十九兩。

小藥王廟，廂黄旗漢軍前廳一座三間，揸補頭停，補砌山墻、坎墻，補安裝修油飾；週圍院墻三段，湊長十二丈，補砌六丈，其餘抹餙，隨廳堆撥一座、抅連搭二間拆修，添安裝修油飾；共合工料實銀一百十九兩。

後海，廂黄旗漢軍後廳一座三間補蓋，添安裝修油餙，週圍院墻湊長十一丈補砌；屏門一座添新；隨廳堆撥一間，揸補頭停，補砌坎墻，添安裝修油飾；共合工料實銀三百四十九兩一錢。

雍和宫前路東，廂黄旗蒙古官廳一座抅連搭三間，揸補頭停，補砌山、簷墻，添安裝修，共合工料實銀三百八十六兩。

雍和宫後中心台，馬道東西栅欄二座，補宼頭停，添安門口、門框、栅欄門並油餙；隨馬道堆撥二座各三間，坍塌無存，照舊補蓋；共合工料實銀六百八十九兩一錢。

安定門内西廳一座北五間，揸補三間，拆修二間，添安内外簷，裝修並油餙；後院墻一段，湊長五丈五尺，補砌；東西馬道栅欄二座，揸補頭停，添安下枕油餙；東西門廳二座，揸補頭停，添安裝修油餙；共合工料實銀四百三十九兩二錢三分。

安定門閘樓一座，釘補門釘、門扇、鐵葉，剔補券臉磚塊，共合工料實銀一百三十九兩二錢三分。

甕城内，踏跺房二間，揸補頭停，補安裝修油餙；章京值班房一間，揸補頭停，補砌山、簷、坎墻，添安裝修油餙；共合工料實銀八十七兩七錢七分。

閘樓外南官廳一座三間，揸補頭停，補安裝修油餙；内門洞兩邊平水墻補砌；共合工料實銀二百九十一兩。

安定門西中心台，東馬道栅欄門一座無存，照舊補蓋；堆撥一座三間補蓋；共合工料實銀四百十七兩。

安定門内路西，廂黄旗滿洲頭甲官廳一座三間，揸補頭停，補砌山、簷墻，補安裝修油餙；隨廳堆撥二間揭宼；共合工料實銀一百九兩。

交道口迤西，廂黄旗滿洲協尉官廳一座抅連搭六間，揸補頭停，補安門口屏門；西挎院西房一座三間，揸補頭停，添安裝修；共合工料實銀一百十二兩三錢。

鼓樓迤東，廂黄旗滿洲二甲官廳一座抅連搭二間，拆修添安裝修；後廳一座三間揭宼撥正；後院北方二間揸補，添安裝修；共合工料實銀四百八十二兩八錢六分。

帽兒胡同西口外路東，廂黄旗滿洲三甲官廳一座抅連搭七間，揸補頭停，補安裝修；後院灰棚一間揸補；南邊院墻一段，長二丈五尺補砌；共合工料實銀一百二十兩七錢六分。

大興縣西口外路西，廂黄旗滿洲五甲官廳一座三間抱厦一間，補宼頭停，添安裝修，共合工料實銀一百七十二兩。

梁家灣，廂黄旗滿洲四甲官廳一座抅連搭四間揸補，添安裝修油餙；隨廳堆撥一間揸補；週圍院墻二段湊長六丈，補砌墻頂，抹飾墻身，添做屏門；共合工料實銀七十八兩三錢二分。

白廟而邊路西，廂黄旗蒙古官廳一座三間抱厦一間，揸補頭停，補安裝修；週圍沿墻二段，找補墻身，添安栅欄門；隨廳堆撥一間揸補；共合工料實銀四十三兩八錢六分九釐。

廣渠門内，南門樓一座五間揭宼，添換椽望，補安裝修油餙，共合工料實銀五十七兩六錢四分。

北門廳一座五間補蓋；南北馬道栅欄門二座，揸補頭停，添安栅欄門扶手，墻三段補砌；共合工料實銀一千四百二十九兩五錢。

更房一間補蓋，共合工料實銀九十七兩二錢。

裡門洞兩邊平水墻，剔補磚塊，共合工料實銀一百三十七兩二錢三分。

甕圈内更房一座二間，照舊補蓋；外洞兩邊平水墻，剔補墻身；共合工料實銀一百九十四兩四錢。

門外官廳一座三間補蓋，共合工料實銀八百六十七兩七錢。

東便門內，東門官廳一座三間，揸補頭停，抽換柱子，添安裝修，共合工料實銀二百二十八兩七錢二分。

西門廳一座三間補蓋，共合工料實銀五百十四兩六錢二分。

東西堆撥二座四間補蓋，共合工料實銀三百十一兩三錢。

西馬道柵欄門一座，補宼頭停，添安柵欄，共合工料實銀四十五兩七錢四分。

甕城內，更房一間補蓋，共合工料實銀一百三兩。

門外官廳一座三間抱厦一間補蓋，共合工料實銀七百七十三兩。

差事房一座二間補蓋，共合工料實銀二百二十八兩七錢二分。

外門洞門扇添補一扇，補砌卷臉平水墻；內洞北面門頭剔補磚塊，添安石匾；平水墻二段補砌，閃墻二段補砌；共合工料實銀八百四十六兩二分六釐。

景山後迤東，厢黄工官廳一座三間補蓋，屏門一槽添新，共合工料實銀七百七十六兩五錢。

景山東路北，厢黄工官廳一座三間補蓋，厢房一間揸補；隨廳堆撥一座二間補蓋；共合工料實銀一百九十四兩四錢。

北長街北口，皇城內固山廳一座七間補蓋；木柵欄角門二座添新，兩邊拐灣柵欄湊長八丈二尺添新；共合工料實銀一千三百八十二兩三錢。

景山後，正黄工官廳一座四間，揸補頭停，補安裝修並油餙；花瓦屏門一座補蓋；共合工料實銀一百九十五兩。

西安門內，厢紅工官廳一座三間補蓋；花瓦屏門一座補蓋，共合工料實銀七百九十兩。

鴛鴦橋，堆撥一座三間補蓋，共合工料實銀一百六十五兩。

西直門甕城內，堆撥二座四間補蓋，共合工料實銀三百九十二兩。

秀才胡同中心台，南馬道柵欄補安柵欄；堆撥二間補蓋；共合工料實銀二百八兩二錢。

西直門北角樓，馬道柵欄門樓二座補蓋，堆撥二座補蓋，共合工料實銀六百四十六兩六錢二分。

大同井中心台，東西馬道柵欄門樓二座補蓋，堆撥一座二間補蓋，共合工料實銀三百六十九兩八錢。

德勝門甕城內街道房一間拘抿，東西馬道柵欄門樓二座補蓋，共合工料實銀二百八十六兩。

甘石橋，厢藍旗滿洲固山廳一座三間補蓋，兩邊木角門二座補蓋，共合工料實銀七百六十兩。

厢藍旗滿洲頭甲廳一座三間，抱厦一間，揭宼頭停，兩邊拐灣柵欄添新，共合工料實銀一百八十九兩。

羊肉胡同中間，厢藍旗滿洲二甲廳一座三間，抱厦一間，揸補頭停，共合工料實銀四百二十九兩。

臨清宮東口，厢藍旗滿洲三甲官廳一座三間，抱厦一間，補做裝修，共合工料實銀一百三十九兩一錢。

缸瓦市，厢藍旗滿洲四甲官廳一座，抱厦一間，補安裝修油餙，共合工料實銀九十二兩。

西長安牌樓，厢藍旗漢軍西廳一座三間，補砌坎墻並添安裝修，東西四間，補安裝修，共合工料實銀二百十二兩。

西長安門外，厢藍旗漢軍東廳一座三間拆蓋，添安裝修兵房二間，揸補頭停，共合工料實銀二百九十兩。

正藍工官廳一座六間，頭停拘抿，添安裝修並油餙；東瓦房四間拆砌，後簷墻抹餙；共合工料實銀二百二十八兩七錢二分。

瓜市路西，官廳一座三間，頭停夾隴，補安裝修油餙，堆撥一座二間補蓋，共合工料實銀二百六十三兩。

蒜市口路北，官廳一座三間，揸補頭停，堆撥一座一間，頭停夾隴，補安裝修，共合工料實銀四十五兩七錢四分。

花兒市西口，官廳一座三間，抱厦一間補蓋，堆撥一座二間，頭停拘抿夾隴，共合工料實銀八百二十三兩三錢。

崇文門外路西，官廳一座三間，抱厦一間，頭停夾隴，補安裝修，堆撥一座二間拆修，共合工料實銀一百七十一兩五錢。

米市胡同，官廳一座三間，揸補頭停，添安裝修油餙，堆撥一座二間，頭停拘抿，找補裝修，共合工料實銀一百十四兩三錢三分。

菜市口路北，官廳一座三間，頭停揸補，找補裝修，東挎院三間頭停夾隴補砌山墻，堆撥一座二間，頭停拘抿，補安裝修，共合工料實銀一百七十一兩五錢。

王子墳路西，官廳一座三間，頭停夾隴，拆砌山墻，添安裝修，東耳房一間揸補頭停補安裝修，共合工料實銀一百七十一兩五錢。

宣武門外路東，官廳一座三間，頭停夾隴，補安裝修，堆撥一座三間，揸補頭停，補安裝修油飾；隨官廳南稍間一間，頭停夾隴，補安裝修；共合工料實銀三十四兩三錢。

琉璃廠東門，官廳一座三間，抱厦一間，揸補頭停，拆砌山墻，堆撥一座一間，頭停夾隴，補安裝修，共合工料實銀二十二兩八錢七分。

正陽牌樓，東西官廳各一座三間，抱厦一間，拘抿頭停，東西激桶房各一座補蓋，共合工料實銀二百五兩八錢四分。

東珠市路東，官廳一座三間，抱厦一間，頭停夾隴，添安裝修，隨官廳堆撥二間拆修，前後簷補安裝修；西珠市路西，官廳一座三間，抱厦一間，頭停拘抿，補安裝修油飾，隨官廳堆撥二間頭停夾隴，找補裝修；共合工料實銀二百五兩八錢四分。

天橋，西官廳一座抹飾墻垣，東官廳一座牆垣找補抹飾，共合工料實銀十七兩一錢五分。

廂紅旗滿洲固山廳海巡房四間，補安裝修，庫房三間，補砌坎墻裝修，共合工料實銀一百七十一兩五錢四分。

廂紅旗滿洲頭甲廳一座五間，拘抿頭停，補安裝修油飾；木角門二座補蓋，井字欄杆六堂拆修換新；共合工料實銀七十四兩三錢三分。

廂紅旗滿洲二甲廳一座三間，抱厦一間，揸補頭停，補安裝修油飾，共合工料實銀一百六十兩一錢。

廂紅旗滿洲三甲廳一座一間，抱厦一間，揸補頭停，補安裝修油飾；西兵房二間，揸補頭停，補安裝修油飾；共合工料實銀五十一兩四錢六分二釐。

廂紅旗滿洲四甲廳一座，揸補頭停，補安裝修油飾，共合工料實銀三十四兩三錢。

廂紅旗滿洲五甲廳一座四間，頭停揸補，添安裝修油飾，共合工料實銀九十一兩四錢八分。

廂紅旗蒙古七甲廳一座三間，拆修換柱，補安裝修油飾，共合工料實銀五百十四兩六錢二分。

廂紅旗漢軍西廳一座三間，抱厦一間，揭宼頭停，補砌墻垣，補安裝修油飾，共合工料實銀一百七十一兩五錢四分。

西皮市南口，廂紅旗漢軍東廳拘連搭二間，坍塌無存，照舊補蓋，南方一間補蓋，共合工料實銀五百七十一兩八錢。

當街廟，正黃旗漢軍南廳一座，揭宼頭停，補砌墻垣，添安裝修，添安柵欄油飾，共合工料實銀二百七十九兩八錢四分。

紅橋，正黃旗蒙古七甲喇官廳一座六間，揸補頭停，補安裝修，添安柵欄油飾，共合工料實銀一百五十三兩二錢。

新街口，正黃旗漢軍北廳一座，頭停拘抿，補安裝修油飾，共合工料實銀七十二兩四分。

德勝橋，正黃旗滿洲二甲喇官廳一座三間，前抱厦一間，後虎尾一間，北檔房二間，拘抿頭停，補安裝修油飾，共合工料實銀三十六兩六錢。

李廣橋，正黃旗滿洲三甲喇官廳一座三間，前抱厦一間，揸補頭，停補安裝修油飾，共合工料實銀五十七兩一錢八分。

果子市路南，正黃旗滿洲頭甲喇官廳一座三間，抱厦一間，揸補頭停，補安裝修油飾，共合工料實銀六十八兩六錢。

鼓樓西灣，正黃旗五甲喇官廳一座三間，前抱厦一間，後虎尾一間，拘抿頭停，補安裝修油飾，共合工料實銀一百三十七兩二錢三分。

東三條東口外路北，正藍旗滿洲固山廳一座八間補蓋，共合工料實銀一千四百二十二兩三錢二分。

舉場東門路東，正藍旗頭甲官廳一座四間補蓋，共合工料實銀八百三十九兩。

褃背胡同黃土大院路南，正藍旗二甲官廳一座四間補蓋，共合工料實銀八百三十九兩。

棲鳳樓中間火神廟路東，正藍旗五甲官廳一座四間補蓋，共合工料實銀八百三十九兩。

蘇州胡同中間井大院路南，正藍旗四甲官廳一座四間補蓋，共合工料實銀八百三十九兩。

正藍旗蒙古固山廳一座五間、抱厦一間補蓋，共合工料實銀一千四百二十二兩二錢。

砲廠路東，正藍旗蒙古六甲官廳一座四間補蓋，共合工料實銀八百三十九兩。

溝沿路北，正藍旗蒙古七甲廳一座四間補蓋，共合工料實銀八百三十九兩。

大甜水井溝沿路東，正藍旗漢軍固山廳一座共計八間補蓋，共合工料實銀一千四百二十二兩三錢二分。

霞公府東口外路西，正藍旗漢軍東廳一座四間補蓋，共合工料實銀八百三十九兩。

户部街路西，正藍旗漢軍西廳一座四間補蓋，共合工料實銀八百三十九兩。

宣武門，東西門廳二座計十間補蓋，東西馬道柵欄二座補蓋，偏吉廳一座三間拆修，東西卡墻柵欄門二座補蓋；内外門洞門扇釘補門扇，添安門閂；甕城堆子一座一間補蓋；共合工料實銀一千九百三十四兩四錢五分二釐。

西便門，東西門廳二座計六間揭宽頭停，補安裝修油飾；東西馬道門樓補蓋，堆撥二座計二間補蓋；共合工料實銀二百一十九兩。

廣安門，南北門廳二座計十間夾隴頭停，補安裝修，兵房二座二間補蓋；南北馬道柵欄門樓二座補蓋，城上堆撥二座計二間補蓋，門洞兵房一間揭宽；北廳後老爺殿三間，揭宽頭停，補安裝修；共合工料實銀八百五十七兩九錢一分。

右安門，東西門廳二座計十間拆修，補安裝修；門洞内堆子一間補蓋，東西馬道扶手墻補砌；大門西面門扇添新，城上堆子二座，揭宽頭停，補安裝修；共合工料實銀二千一百四十三兩七錢二分。

化石橋，堆子二座計六間拆修，東西馬道柵欄門樓二座補蓋，共合工料實銀七百九十九兩六錢三分八釐。

清涼菴，東西馬道柵欄二座補蓋，堆子一座三間揭宽，共合工料實銀三百五十九兩九錢。

正白旗滿洲固山廳一座三間，抱厦三間，檔房一間油飾，共合工料實銀三十四兩三錢一分。

正白旗滿洲頭甲官廳一座三間，抱厦三間，打牮撥正，添安裝修油飾，共合工料實銀五十七兩一錢八分。

正白旗滿洲二甲官廳一座三間，抱厦一間，揸補頭停，補安裝修油飾，共合工料實銀八十一兩。

正白旗滿洲三甲官廳一座三間，抱厦一間，揸補頭停，補安裝修油飾，共合工料實銀五十七兩一錢八分。

正白旗滿洲四甲廳一座三間，抱厦一間，頭停夾隴，補安裝修油飾，共合工料實銀一百三十七兩二錢。

正白旗滿洲五甲官廳一座三間，抱厦一間，揭宽頭停，添安裝修油飾，共合工料實銀六十八兩七錢。

正白旗蒙古固山廳一座三間，抱厦一間，揸補頭停，補安裝修油飾，共合工料實銀四十兩一錢。

正白旗蒙古六甲官廳一座三間，抱厦一間，揸補頭停，添安裝修油飾，共合工料實銀四十兩一錢。

正白旗蒙古七甲官廳一座三間，揸補頭停，補安裝修油飾，共合工料實銀八十一兩。

正白旗漢軍固山廳一座三間，抱厦三間，揸補頭停，補安裝修油飾，共合工料實銀八十一兩。

正白旗漢軍前廳一座三間，抱厦一間揭宽，共合工料實銀四十五兩七錢四分。

正白旗漢軍後廳一座三間，抱厦一間，揭宽找補，共合工料實銀二百八十五兩九錢。

正藍旗滿洲頭甲官廳一座三間，抱厦一間，拘抿頭停，添安裝修油飾，共合工料實銀一百三十七兩二錢三分。

正藍旗滿洲五甲官廳一座三間、前抱厦一間補蓋，共合工料實銀一百三十七兩二錢三分。

正藍旗蒙古六甲官廳一座三間、前抱厦一間補蓋，共合工料實銀一百三十七兩二錢三分。

正藍旗漢軍西官廳一座三間、前抱厦一間補蓋，共合工料實銀一百三十七兩二錢三分。

廂白旗滿洲固山廳一座三間、抱厦一間、後院正房三間油飾，共合工料實銀四十五兩七錢四分。

廂白旗滿洲頭甲官廳一座三間、前抱厦一間補蓋，共合工料實銀一百一十四兩三錢六分。

廂白旗滿洲二甲官廳一座三間，前抱厦一間，揭宽頭停，添安裝修油飾，共合工料實銀四十五兩七錢四分。

廂白旗滿洲三甲官廳一座三間，前抱厦三間，拘抿頭停，補安裝修油餙，共合工料實銀五十七兩一錢八分。

廂白旗滿洲四甲官廳一座三間，前抱厦一間，揭宼頭停，添安裝修油餙，共合工料實銀二百五兩八錢四分。

廂白旗滿洲五甲官廳一座三間，前抱厦一間揭宼，共合工料實銀二百二十八兩七錢二分。

廂白旗蒙古固山廳一座計三間，前抱厦三間拘抿，共合工料實銀一百六十兩一錢。

廂白旗蒙古六甲官廳一座三間，抱厦一間，揭宼頭停，挑換椽望，添安裝修油餙，共合工料實銀九十一兩五錢。

廂白旗蒙古七甲官廳一座三間，抱厦一間，添安裝修，共合工料實銀二百四十六兩二錢。

廂白旗漢軍固山廳一座三間，抱厦一間，揭宼頭停，添安裝修油餙，共合工料實銀四百六十一兩。

廂白旗漢軍東廳一座三間，抱夏一間，揭宼頭停，添安裝修油餙，共合工料實銀一百七十一兩五錢。

廂白旗漢軍西廳一座三間，抱厦一間，揭宼頭停，補安裝修油餙，共合工料實銀四百五十七兩四錢四分。

皇城内，正白工固山廳一座計三間，抱厦一間，後院正房三間，拘抿頭停，共合工料實銀三百六十六兩六錢五分八釐。

正白工官廳一座計三間、抱厦一間補蓋，共合工料實銀七百四十三兩三錢四分。

廂白工官廳一座三間，抱厦一間，拘抿頭停，共合工料實銀六十七兩六錢一分。

西四牌樓西拐角，正紅旗滿洲固山廳大樓一座上下簷八間，揸補頭停，添安裝修油餙，共合工料實銀二百七十九兩六錢一分。

西四牌樓西南角，正紅旗滿洲頭甲官廳一座三間，抱厦一間，花瓦屏門一座補蓋，共合工料實銀七百四十三兩三錢四分。

帝王廟西邊路北，正紅旗滿洲二甲官廳一座三間、抱厦一間，花瓦屏門一座補蓋，共合工料實銀七百四十三兩三錢四分。

小街南口，正紅旗滿洲三甲官廳一座三間，抱厦一間揭宼頭停，添做柵欄門二座，共合工料實銀三百四十三兩八分。

西四牌樓雙棋杆關帝廟北邊路西，正紅旗滿洲四甲廳一座三間、抱厦一間補蓋，隨添做柵欄門二座，共合工料實銀七百四十三兩三錢四分。

小街中間魚眼胡同東口，正紅旗滿洲五甲官廳一座四間、抱厦一間補修，共合工料實銀五百七十一兩八錢。

宫門口，正紅旗蒙古六甲官廳一座計五間，揸補頭停，補安裝修，共合工料實銀七百四十三兩四錢。

阜成門内大街路南，正紅旗蒙古七甲官廳一座三間、抱厦一間、角門二座補蓋，共合工料實銀五百七十一兩八錢。

西四牌樓東拐角，正紅旗漢軍南廳大樓一座上下簷八間補蓋，共合工料實銀三百九十一兩八錢。

太平倉，正紅旗漢軍北廳一座三間、抱厦一間、木角門二座補蓋，共合工料實銀二百五兩八錢四分。

阜成門内，南北掐墻二段長五丈補砌，隨添柵欄門二座，南北官廳二座各五間揭宼，南馬道補砌門樓一座，堆子一間拘抿，共合工料實銀一千二百五十七兩九錢六分。

鐵佛寺中心台，北馬道柵欄門樓一座揭宼頭停，補安裝修油餙，堆子一座三間拆修，南馬道柵欄門一座揭宼，堆子一座三間補蓋，共合工料實銀三百一十三兩三錢。

觀火台，北馬道栅欄門樓一座拘抿，堆子一座二間揭宼頭停，添換木植，裝修油餙，南馬道柵欄門樓一座補蓋，堆子一座二間補蓋，共合工料實銀三百八十八兩八錢二分。

太平湖角樓，北馬道柵欄門樓一座找補，瓦料添新，柵欄門堆子一座二間補蓋，東馬道柵欄門樓一座補蓋，堆子一座二間補蓋，共合工料實銀三百一十五兩四錢八分一釐。

罈子胡同中心台，東西馬道柵欄門樓二座補蓋，堆子一座二間補蓋，共合工料實銀二百六十三兩。

以上通共合工料實銀五萬三千二百一十一兩。

社會調查所《清代題本・採辦織造及各項工程》 光緒二十八年九月二十

三日硃批

光緒二十八年　　月　　日張百熙奏謹將太廟等處工程，開具做法錢糧清單，恭呈御覽。

計開：

太廟重簷前殿一座顯十一間黏修，補安裝修，共合工料實銀二百四十五兩四錢一分。

殿内明間罩壁牆並東西次間後簷牆黏修，共合工料實銀十兩一錢五分五釐。

東廡一座十五間黏修，共合工料實銀五十兩七錢七分五釐。

西廡一座十五間黏修，共合工料實銀六十五兩六錢七分。

北掐一段長三丈黏修，添補抹飾，共合工料實銀十三兩伍錢四分。

大戟門一座三間黏修，共合工料實銀五十七兩五錢五分。

東井亭一座黏修，補安栅欄，共合工料實銀十七兩二錢七分。

東小戟門一座黏修，共合工料實銀四十兩六錢二分。

西面大牆一段長一丈，添補抹飾，共合工料實銀四兩零六分二釐。

甎門三座黏修，共合工料實銀二百二十四兩八錢。

甎門東西門二合，添新油飾，神厨門一座三間黏修，共合工料實銀一百十八兩一錢四分。

鷺鷥院門一座，添新油飾，東掐牆門一座，添新油飾，北掐子門一座，添新油飾，外圍東牆一段，南北長十三丈，添補抹飾，共合工料實銀六十九兩四錢。

運料門迤北卡牆一段，長三丈五尺補砌，共合工料實銀六十一兩。

鷺鷥院兩旁面寬牆三丈，添補抹飾，共合工料實銀十兩一錢五分。

東掐牆兩旁面寬牆共長五丈，添補抹飾，共合工料實銀十三兩六錢。

更房一間黏修，共合工料實銀二十一兩。

後甎門三座黏修，補安護洞板，共合工料實銀一百七十二兩六錢。

東西面寬牆共長五十三丈，添補抹飾，共合工料實銀三十五兩九錢。

西栅欄門三座黏修，共合工料實銀二十九兩一錢一分。

兩旁大牆二段，共長五丈，添補抹飾，共合工料實銀四兩七錢四分。

後河西更房五間黏修，共合工料實銀一百二十五兩一錢。

後河宇牆長一百三丈，高三尺二寸，黏修添補、扣脊瓦，共合工料實銀二百四十六兩四錢三分。

後河幫一段長二丈，補砌大料石，共合工料實銀二百六十六兩。

後河東更房五間黏修，共合工料實銀一百三十二兩七錢。

南掐牆一段十一丈，添補抹飾，共合工料實銀十七兩二錢三分。

更道橋二座黏修，共合工料實銀四十七兩四錢。

井亭一座黏修，添補栅欄，共合工料實銀五十七兩五錢五分。

打牲亭大門一座黏修，共合工料實銀九兩一錢四分。

打牲亭一座黏修，補安裝修，共合工料實銀一百零九兩六錢七分。

空羊大案二塊添新，空猪天案二塊添新，共合工料實銀三十九兩八錢。

空牲踏跺五座添新，共合工料實銀五十兩七錢七分。

退牲亭一座三間黏修，共合工料實銀二百六十二兩六錢。

後抱厦三間黏修，共合工料實銀二百五十五兩九錢。

圈猪院南北門二座添新油飾，共合工料實銀十五兩四錢。

南挎院掐牆二段共長六丈添補抹飾，共合工料實銀十三兩五錢四分。

南北掐牆一段，長一丈二尺高五尺添補抹飾，共合工料實銀一百二十四兩五錢。

北掐子牆門一座添新油飾，共合工料實銀十五兩六錢。

劈柴庫大門一座黏修，共合工料實銀二兩一錢六分。

庫内欠門一扇添新油飾，共合工料實銀九兩六錢一分。

週圍羣牆共長二十六丈添補抹飾，共合工料實銀一百九十三兩六錢。

龍王廟一座計一間，揭宼頭停，添塑神像，共合工料實銀一百二十二兩九錢。

院牆二段共長五丈補砌，共合工料實銀二十三兩七錢。

大門一座添新油飾，官房大門欠門二扇添新油飾，北房明間隔扇一槽添新，共合工料實銀三十五兩八錢。

内簷明間西縫欠隔扇一槽、東縫欠合頁門一合添新，共合工料實銀四十三兩八錢。

炭几庫一間黏修，共合工料實銀二十三兩四錢。

南房三間黏修，共合工料實銀二十九兩六錢五分。

東房三間黏修，共合工料實銀十兩七錢。

樂部公所欠門一合，添新油飾，共合工料實銀四兩五錢。
北房三間黏修，共合工料實銀二十一兩二錢五分。
東房二間黏修，共合工料實銀兩三錢。
掌印公所北房三間黏修，共合工料實銀七十六兩五錢。
南房二間黏修，共合工料實銀三兩九錢二分。
西所房一座黏修，共合工料實銀三兩二錢五分。
北房四間黏修，共合工料實銀四十二兩五錢。
南廚房四間黏修，南倒座二間黏修，共合工料實銀四十五兩五錢六分。
西房一所黏修，共合工料實銀四兩四錢。
北房四間黏修，西房一間黏修，南房四間黏修，共合工料實銀一百二十一兩八錢。
東所欠街門一合，添新油飾，共合工料實銀四兩四錢。
北房一座四間黏修，共合工料實銀四十六兩三錢。
官房欠門一合，添新油飾，共合工料實銀四兩四錢。
北房二間西房一間黏修，共合工料實銀二十一兩三錢二分。
南灰棚一間黏修，共合工料實銀五兩零七分。
北房三間黏修，共合工料實銀三十五兩五錢。
南房一間黏修，共合工料實銀十二兩一錢八分。
南房二間黏修，共合工料實銀四十九兩七錢。
東所房欠門一合，添新油飾，共合工料實銀三兩二錢五分。
北房五間南房四間、東房三間黏修，共合工料實銀二百三十三兩五錢。
東北所欠門一合，添新油飾，共合工料實銀三兩二錢五分。
北灰棚三間黏修，共合工料實銀二十一兩三錢。
太廟街門一座五間黏修，共合工料實銀四兩二錢。
護洞板三分添新，共合工料實銀三十一兩八錢二分。
踏跺三分添新，共合工料實銀四十二兩二錢。
攪衆木計三角十二個、攪木二十四根添新，共合工料實銀一百五十一兩。
端門城台東面馬道上坍塌牆一段添補抹飾，共合工料實銀四百五十兩三錢八分八釐。
東九卿房添安隔扇十槽，共合工料實銀四百兩。

以上通共合工料實銀五千四百三十一兩九錢。

鄂爾泰等《欽定中樞政考》卷三二《營造》 各省駐防兵房隨時自行修理 乾隆五十七年十月內奉上諭：前據梁肯堂奏請修雄縣駐防兵房一摺，恐係從前承修之員，未能堅固如式，當經降旨飭查。茲據該督覆奏：「此項兵房，均係康熙十二年建蓋，乾隆二十六年續修，今已坍塌𧯛壞，其續修工程，自不及初建之堅固如式。前經防守尉阿爾景阿，移會委員驗看屬實，所有估需銀一千八百兩零，請先在司庫動撥趕修。其二十六年動用之項，著落前任雄縣知縣李畯家屬名下照數追賠。」等語。駐防兵丁官爲建蓋房屋，俾資棲止，免其自行租賃，已屬格外恩施，該兵丁等，即當視同己業，加意愛護，或遇有水火之災，人力無從防護。如從前荊州滿營被沖，及本年熱河隄工一帶猝被山水者，原不惜帑金，爲之另行建葺，若不過每歲風雨飄搖，稍有滲漏殘損，該兵丁自應隨時粘補，免致欹傾，豈得視爲傳舍，任其年久塌壞，迨難以棲止？又請官爲辦理，似此屢圮屢修，帑項虛糜，伊於何底況，即如京城滿兵，惟健鋭火器二營，并八旗之新舊營房，及圓明園之八旗營房，俱係官爲建蓋，此乃特恩。其餘八旗親軍、護軍、馬甲、步甲等，俱無官給房屋，伊等亦止藉錢糧各行租賃，並未見其露處，是各省駐防得有官房居住，較之八旗兵丁已屬從優，何得不知愛護，致令塌壞，率請官修。除雄縣兵房，即照該督所奏，著落前任知縣李畯家屬名下如數追賠外，防守尉阿爾景阿，平時不能留心查察，一任兵丁等將房屋殘損，且不報所管大臣即行文地方官，甚屬乖張，著罰俸三年，以示懲儆。嗣後京中各營，及各省駐防，如該營原有生息銀兩可以動用者，所居房屋實在年久欹傾，尚可准其各自動項修葺，若並無存公銀兩之營分，不得擅動官項率請興修，以歸覈實。梁肯堂所辦差錯，著該部察議，摺併發。欽此。

內務府編、文璧等纂《總管內務府續纂現行則例·頤和園》 歲修事宜：嘉慶十八年六月，總理工程事務大臣奏准，各工保固年限，凡一切房間拆蓋者，應照新工例，保固十年。揭瓦頭停挑牮撥正者，保固六年；夾隴黏修者，保固三年。所有牆垣，連灰土刨砌者，保固十年；不動灰土者，保固六年。黏補找砌者，保固三年。所有牌樓、牌坊、木橋，拆換大木者，保固十年；不動大木，挑換木植者，保固六年；黏修者，保固三年。所有油畫滿斮地仗者，保固十年；找補地仗者，保固六年；不動地仗者，保固三年。修理大料石泊岸，連地脚拆修者，保固十年；拆換石料，不動地脚者，保固六年；黏修者，保固三年。堆砌山石泊岸，連地脚拆堆者，保固十年；拆堆山石，不動地脚者，保固六年；拘抿油灰排橀者，保固三年。成砌甎泊岸，連地脚拆修者，保固十年；拆砌甎塊，不動地脚者，保固六年；找補拘抿者，保固三年。築打灰土各項活計，甎海墁甬路，月臺下地脚灰土，保固十年，海墁甬路隄面均係露明活計，新築修者，保固六年，找補築打者，保固三年。修建橋座、涵洞、閘壩等項活計，新建並連地脚拆修者，保固十年；拆修不動地脚者，石料亦保固十年；拆換大木橋樁者保固十年，五年後，准其黏修，挑換承重橋樁板片者，保固六年；黏修者，保固三年。修理旗杆、嗎呢杆、柵欄、攩衆木，係露明經雨活計，均保固六年。各項船隻新造者，保固十年；六年後准其換底拆排換底者，保固六年。木架、天棚，新工保固五年。新開挖大小河道，及添建藥闌，均保固五年。河道清挖淤淺修，做荊笆泊岸新工，保固三年。光緒二十一年二月，海軍衙門奏准，已修齊各殿座，統交管理頤和園大臣驗收。此後歲修工程，亦須預爲籌畫，每年各省土藥税釐，撥歸頤和園，作爲歲修專款。嗣經户部奉宸苑兩次奏准，每年由部勻撥銀十五萬兩，作爲頤和園歲修等項工程之用，於年終彙總奏銷。宣統元年正月，呈准本園每年應領歲修銀十五萬兩，現在皇太后、皇上，一時未能駐蹕，此項歲修銀兩，自應暫行酌量撤減銀十萬兩，每年仍領銀五萬兩，以便辦理歲修各工之用。複經度支部核准，仍按現放章程，每年由正月至十月，每月分領銀五千兩，每年共領歲修銀五萬兩。

步軍統領衙門《金吾事例・章程》卷四　八旗滿蒙漢額設軍器數目：

弓四百零八張，箭四千零八十支，撒袋四百零八副，長槍二千九百四十四桿，鈎槍七百二十七桿，腰刀四千二十一把。

内外十六門額設軍器數目：

弓三百二十張，十六門，各二十張。箭三千二百支，十六門，各二百枝。撒袋三百二十副，十六門，各二十副。腰刀三百二十把，十六門，各二十把。長槍三百二十桿，十六門，各二十桿。鈎槍一百六十桿，十六門，各十桿。鳥槍一百八十桿，內九門，各二十桿。

東西安門地安門額設軍器數目：

弓六十張，箭六百支，撒袋六十副，腰刀六十把，長槍六十桿，鈎槍三十桿。

正陽門東西費延吉廳額設軍器數目：

弓二十張，箭二百支，撒袋二十副，長槍二十桿，腰刀二十把。

《〔同治〕祁門縣志》卷六《輿地志六・城池》　太平之世，夜户不閉，何有於城？況祁邑崇山四塞，險固天成，築斯鑿斯，殊爲過計。然自唐迄今，流寇屢犯，甲寅乙卯，粵賊内訌，斗大山城，數經隳突，莒人恃陋，豈遠慮歟！志城池。

唐建縣，始城，不可考。

宋城周五里二百四十七步，門有四，東曰迎仙、南曰朝京、西曰望雲、北曰通黟。

元城仍宋書。

明初，城圮惟門存東、南，仍宋名，西、北更曰寶林、曰福廣。城内市形，因唐舊，田字列街，之字導水，井布七星，一在縣治前，一在近民坊，一在尉司前，一在直街，一在慶安祠前，一在迎仙門，一在横街。橋畫八卦。一在縣治前，一在尉司前，一在明善坊，一在依緣坊，一在市心，一在慈愛坊，一在朱紫巷，一在學宫前。始建者皆因陰陽家旨爲之，後以居民錯處多有改造，形勢移易。嘉靖丙寅，流寇竊發，知府何東序檄知縣桂天祥築城，循石山嶺跨龍岡，繞朴墅並溪而上，至荷嘉塢與石出會，逶迤千六十丈，自山累高二丈，水城加高一丈，地城加高二尺。厚視高縮七尺。門大小有九，邑人汪應鳳因方名門書額。東曰祈春，西曰寶成，南曰文昌，北曰鍾秀，東偏曰上元，門外有三解元坊，舊名曰三元，知縣余士奇更名曰上元門。五門上俱崇樓。西北爲阜安門，又西偏爲水門，礙石通行者。北折稍東爲潤澤門，下爲迎暉門，二門並小樓又正西及東南各爲水洞一。西有溝水入會城中諸渠向東南出。環城四面，西北依山，東南傍水，垣列垛口一千九百二十。鍾秀至潤澤二百六十丈，潤澤至迎暉八十丈，迎暉至祈春一百五丈，祈春至上元百丈，上元至文昌一百六丈文，昌至寶成二百九丈，寶成至阜安三百九十丈，阜安至鍾秀三百九十丈。度遠近設窩鋪，便守者宿。

《〔同治〕祁門縣志》卷六《輿地志・城池・邑人鄭維誠新建祁門縣城記畧》

祁門在萬山中，素稱樂土。嘉靖乙丑，撫按周公、按院朱公，以浙礦賊擾婺源，按徽州府屬，縣建議修築城垣。適巽川桂侯，始來任祁門，講求民瘼，思喚咻之，若不欲役民者。既而賊盜猖獗，歙休寧戒嚴，而祁門亦皇皇矣。侯曰：設險，所以安民也，即爲民而勞，吾何辭焉。於是謀諸大夫士及諸耆老，庶民既協力相地，宜計丈數高低厚薄，自朝至於日昃，不遑安處。於是富者輸財，能者董役，健者効力，不數月而工成。子聞而嘆曰：好逸怨勞者人之情。有司賦民奉國，鞭笞累縶之弗能得。而今也，不俟督責而赴納者源源焉，蓋不欲勞民者，侯之初心也，不得已而勞之，侯固欲重民之逸而輕其勞也，先民之憂而後其樂也。易曰：悦以使民，民忘其勞。可以觀侯之政矣。爰紀其初終於石以志思，云：城週千八十丈有奇，東南臨河，西北因山，高低厚薄，隨地勢而盈縮之。共命門也，東曰祈春，西曰寶成，南曰文昌，北曰鍾秀。門各有樓，樓之扁曰青谷函諢，曰紫壇凝靄，曰閶瀾飛練，曰石壁聯雲。茲城之大概也。計具費數萬金，始事於丙寅六月，畢工於十月。侯名天祥，字子興，江西臨川人，中乙丑進士，巽川其別號也。治祁門有惠愛，其利害所興革，多可書者。嘉靖四十五年丙寅歲仲冬至日。

《澳門憲報中文資料輯録(一八五〇——一九一一)·一九〇五年四月二十九日(第十七號)》 啓者：本堂前定於西本月二十四日，將本堂向議事亭前街市之寫字房建造騎樓之工程出投。今因是日未有投成，特再定於西五月初一日即華三月二十七日禮拜一下午三點鐘，在本堂再將騎樓工程出投，招人承造。誰取價至相宜者，准予承辦。所有出投章程與前無異及圖式均存本堂寫字房。除安息日外，每日十點至三點鐘，任人到看。特此通知。乙巳年三月二十一日。仁慈堂值理謹啓。

《澳門憲報中文資料輯録(一八五〇——一九一一)·一九〇五年五月六日(第十八號)》 大西洋澳門工程公所工務司馬爲出投事。

茲定於西五月十三日即華四月初十日一點鐘在本公所將下列各工程出投，招人承辦。計開：修整馬房，拆卸大廟之天臺從新建復；修整總督署內之廚房及冷巷；修整山頂醫院藥房之地，用紅毛坭小修整醫院之屋；修整火水廠；修整燒灰爐皇家空地之圍牆及圍牆裏便之屋；大砲臺整通水渠一條；修整望廈砲臺之路；修整南灣海邊沿岸石堤；修整海邊堤岸，自媽閣船廠起至白眼塘前地止，又自白眼塘前地起至喇文(Laman)船廠止。以上工程，凡來投者，先交暗票後明喊，以取價至相宜者准予承辦。投得之後，即交擔保，照投價每百元以五元算。所有章程現存本公所。除安息日外，每日十點至三點鐘任人到看。爲此通知。乙巳年三月廿二日。

《澳門憲報中文資料輯録(一八五〇——一九一一)·一九〇九年八月初八日(第三十二號)》 大西洋澳門工程公所工務司美爲招投事。

茲定於西本月廿一日，即華七月初六日在本公所寫字房，將下列工程名喊出投，招人承接。凡欲來投者，除曾經在本公所當過工程者，必須有憑據呈出，表明其確係在行之人，方准投接。所有出投工程及做工章程，除安息日外，每日二點至四點可以任到本寫字房閱看。爲此通知。計開工程列左。修整摩魯廠兵房，估價二百零八元爲底。修整氹仔砲臺兵總住房及下房，估價二百九十元爲底。修整氹仔政務署，估價以二百一十八元爲底。修整氹仔兵房，估價一百九十七元爲底。修整路環兵房，估價六十五元爲底。修整過路灣兵總住房，估價一百三十七元爲底。修整武備局，估價一百零三元爲底。修整山頂武醫院油搽灰水，估價三百廿七元爲底。修整書信館亭，估價一百卅一元爲底。山頂醫院新建水泵之屋，估價五百七十九元爲底。修整加司欄玻樓公司，估價一百七十八元爲底。修整大砲臺內下房，估價四百八十八元爲底。修整板樟堂、德律風館、救火局，估價六百六十二元爲底。在氹仔雞頸新建電報房，估價二百九十元爲底。在夜沙灣新建電報房，估價二百一十九元爲底。己酉年六月二十五日。

《澳門憲報中文資料輯録(一八五〇——一九一一)·一九一〇年八月二十七日(第三十五號)》 大西洋澳門工程公所代工務司李爲招投事。

茲定於西本月初十日，即華八月初七日兩點鐘在本公所寫字樓，招人承接下列各工程。凡來投者，除曾經在本公所當過工程者，必須有憑據表明實係在行之人，方准來投。其接工章程，除安息日外，每日兩點至四點鐘，任來本寫字樓閱看。爲此通知。計開工程：拆卸大廟內聖體殿屋頂圓拱，重新復建，限價銀至高四百五十六元。關閘兵房，用紅毛坭較鐵沙蓋瓦面，限價至高銀三百五十三元。修整康公廟前兵房，限價至高一百四十元。嘉羅斯第一船廠，做工房窗口鐵枝，限價至高八十元。在氹仔山上掘築平地三段，爲演槍打靶所用，限價至高一百七十五元。建復氹仔至石洲新橋，限價至高六百四十一元。庚戌年七月十九日。

陳康祺《郎潛紀聞初筆》卷二《俄羅斯踞雅克薩城》 俄羅斯人來邊境者，國初呼爲羅刹。康熙二十四年，踞雅克薩城，上命副都統公彭春往討。師薄雅克薩，遣人以書諭降，不從，軍其城南，集戰船於城東，城下三面積柴，爲焚城狀。城中大驚，其酋額里克舍窮蹙乞降，乃宣恩諭宥其罪。額里克舍引六百餘人稽顙謝，即徙去。時彭春奏：陸行自興安嶺以往，林木叢雜，途逕窄隘，冬雪之時，沙結冰堅，夏雨泥深淤阻，惟輕裝可行。水程自雅克薩還至愛鍕城，於黑龍江順流行舟，僅須半月，兩岸可縴挽。若逆流行舟，須三月，較陸倍期，而於運糧礮爲便。時嘗建木城於黑龍江呼瑪爾，調兵千五百往駐，造舟運礮。又選福建投誠善用藤牌兵四百人助勦。當此泰山壓卵，北海澆熒，蠢兹島夷，一鼓可下。且使懾彼降人，命爲鄉導，即犁庭掃穴何難。而我聖祖猶宣諭諸將，謂中國兵馬精强，器械堅利，羅刹勢不能敵，歸誠時勿殺一人，俾還故土。祖宗朝義征仁育，懷柔遠裔至此。他日出使虜廷者，稱述舊典，或猶足壯我威稜，感動異類也。詳見國史彭春傳，時務所關，特録於此。

《蘇州商會檔案叢編》第一輯《張履謙等報告收回經綸兩廠致農工商部呈光緒三十四年八月》 三品銜户部郎中張履謙、候選運同吴本善、鹽運司銜分部郎中王立鰲、二品封職吴韶生、三品封職葉榮呈。爲禀明收回蘇經、蘇綸兩廠情形，并先行墊款補發股息，續開股東會公訂自辦章程，謹陳緣由，環懇鈞鑒事。

竊經、綸兩廠交接稽遲，業將預繳公款，磋商新機價值，先行禀明在案。七月初四日，瑞藩司邀集費商及周紳廷弼、農工商務局蘇道品仁、陳令其壽，商會會員王紳同愈暨職等再三磋議，并承瑞藩司折中理勸，始議定租商自添新機機價及租商添蓋廠房，歸老股承受，照農工商務局所開漕平銀六萬二千五百五十三兩五錢九分五釐，折作九成，漕平銀五萬六千二百九十四兩二錢三分五釐五毫，由老股接廠三個月後以現銀一期付清，并由周紳廷弼及職等先期出具殷實錢莊期票，解由藩司衙門，轉給租商具領，以清糾葛。兩造均無異言，即在藩署書立字據。職等與周紳廷弼及費租商簽名畫押訖，瑞藩司及蘇道品仁、陳令其壽、王紳同愈亦在字據簽名畫押，以作中證。此初四日在藩署將新機價值磋商定議立據之情形也。

至積穀、水利兩項公款，職等遵照原案，於四月二十六日費租商退租之日起算，按季撥繳，由經、綸兩廠與藩司衙門核明原案銀數、年限，先行訂立草合同，亦由職等會同周紳廷弼與瑞藩司、蘇道品仁、陳令其壽、王紳同愈簽名畫押。其接收後辦法，亦即擇要酌擬，如應行照繳之學堂經費、落地捐等款，并聲明續添股分不得攙入外國人資本，另具清摺，由瑞藩司核准，與積穀、水利草合同一律簽名畫押。此公款早經職等照原案擔任，接辦辦法與職等光緒三十二年原禀相符，同時訂立字據之情形也。

新機糾葛既已公同解決，公款辦法亦經議妥，即承瑞藩司會同農工商務局詳准督撫憲，由老股定期接廠改章呈辦。瑞藩司并備文照會周紳廷弼，於七月二十五日赴廠接收，一面派委農工商務局員陳令其壽、張令可均，將經、綸兩廠點交。職等於是日會同商會總理尤紳先甲等到廠公同接洽。

此經、綸兩廠官商交接之情形也。職等伏查兩廠機器、房屋，疊經祝商包辦、費商租辦，失修過甚，此次交接，復又躭延數月，更加霉銹，一經公司履勘，勢非大加修理，不能開工，即使擇要趕修，而開工日期亦難預定，此老股明既受損、暗又受虧之實在情形也。

職等又查股息一項，計自租商於四月二十六日退租，農工商務局於七月二十五日交出，其間一季股息已至落空，當與周紳廷弼會商籌墊銀兩，先期登報，將一季息銀在廠中補行發給。并定期八月十三日在廠中開股東會，以便參酌商律，妥擬自辦章程，公同決議，再行呈報鈞部查核。

兩廠歷奉鈞批，收回自辦，此次仰賴維持，始有收回之日。所有收回經、綸兩廠情形及墊發股息、開會訂章各緣由，理合臚陳鈞鑒，伏乞垂察。謹呈。

《大清新法令》卷二《外交·合同·正太鐵路行車合同》 中國鐵路總公司督辦大臣盛係奉國家特派華俄銀行總辦佛威郎係秉承該銀行全權訂定各款如下：

第一款 中國鐵路總公司奉中國國家允准委派華俄銀行由華俄銀行妥派人員將正定府至太原府鐵路代爲調度經理行車生利。此鐵路係中國鐵路總公司於光緒二十八年九月十二日即西曆一千九百二年十月十三號欽奉上諭承辦，其諭旨已恭録附於借款合同之内。

第二款 華俄銀行俟每段路工完成，由中國鐵路總公司督辦大臣驗收後，陸續將各段之路經理行車事宜，每段已成之路當預先備齊所有行車應需車輛并種種工器家具以及日常周轉之資本，華俄銀行或遵照本合同第一款選派之人代爲布置各事、招雇人員，并於此等人員有撤革或遣散之權。其薪水若干當預先開單知照總公司督辦大臣再行核定，并定購行車養路修路應用之物，又按照承辦鐵路條款以定載運客貨價值并收各項進款支發行車應用經費。并中國鐵路總公司因山西鐵路公費，以上種種行車事宜當預先由華俄銀行或其所派之工程人員，禀商總公司督辦大臣酌奪而後行。中國鐵路總公司有稽查出入款項極大之權，并委派監督收支核算審繹各人員，會同各洋員辦理以行上項所云稽查之事權，此監督并各委員薪費應在山西路局開支而監督應會簽所有支發各項憑單。按照借款合同所訂，凡行車人員無論何國之人，如有品行不端不遵約束并侮慢地方官長，中國鐵路總公司可以飭令斥革。

所有應用中國人員應由中國鐵路總公司督辦大臣所派監督代選派定送交總工程司委用。

每段已成路工辦理行車之後，凡有添購車輛機器或改良推廣軌道車站工程應用之款，均應在山西路局開支。至修養路工應行購定物件當設法先儘中國工廠礦局承辦，盛督辦所管轄之工廠礦局更得享較外國工廠礦局盡先承辦之利益，其價值章程應按照外國所辦運到中國者核計。

第三款　遇有軍務無論外侮內亂，此鐵路須先盡載運中國兵丁餉械及軍營用物，然後方及商家。此項載運車價應行減半并專聽總公司督辦大臣命令，凡與中國國家有損之物件皆不得用此鐵路。凡中國政府或地方官長緊要差事，應由車務處與總公司督辦大臣所派之監督妥商辦理。至應發各項免收車價之票，亦應由該監督會同簽字。

第四款　在行車所得實在餘利之內除行車各項開銷外，華俄銀行提款若干以備半年至少三個月前應付中國國家所借之四千萬佛郎克利息本銀之用。

此項提款須至本借款全數清還後，方行停止。每月所提之款即交華俄銀行或該行所指派之公司，由該行或該公司將交來之款善爲兑換金錢以備付利還本之用。

倘所交此項提款已足換金備付利息本銀，華俄銀行即在盈余項下提出十成之一作爲公積以備小修大修借保行車，一無阻礙。其所餘之款，即由華俄銀行統交中國鐵路總公司。

本借款如按下列之款清還，則華俄銀行或其經理之人即當將全路以及機器車輛一切完全妥善照常行駛，點交中國鐵路總公司督辦大臣所派之監督。

第五款　本行車合同自簽押之日起以三十年爲期。

惟期限已屆而四千萬佛郎克之借款尚未全數清還，自應再行展緩。全數借款一日未清，則期限須接連展緩。如未到限滿之前借款即已清還，則本行車合同即於借款全數清還之日銷廢。

第六款　在華俄銀行代辦行車期內，中國鐵路總公司准將正太鐵路所得餘利於每年公同結帳之時提十成之二以酬華俄銀行，此餘利係指除攤還各借款利息本銀應需之款以外而言。

第七款　中國國家或中國鐵路總公司與華俄銀行有争執情事，仍按照借款合同第二十六款辦理。

第八款　設遇行車進款不敷開銷，中國鐵路總公司自應籌款彌補，俾得照常行車。但此彌補之款應作爲中國鐵路總公司暫墊，一俟行車進款除經費外得有贏餘，即當清還中國鐵路總公司。

第九款　凡華俄銀行所需行車及修養路工之一切料物如從外國運來，當免其完納關税釐金。

第十款　本合同照繕兩分：一存中國鐵路總公司；一存華俄銀行。遇有疑惑或歧異之處，當以法文爲憑借資剖解。

本合同應由合例之人請中國國家核准。既蒙核准即由中國外務部備文照會俄國駐京大臣，或事在必需或由此駐京大臣咨請中國外務部照會曾經照會之他國駐京大臣。

正太鐵路行車合同附件

照譯估計山西鐵路每基羅迷達工程用費節略：

公費　在工總管并監工各員薪水又歐洲來華各洋員川資以及測勘經費二萬佛郎克。

購地　地價并堅插界石費一千九百六十七佛郎克。

土方　開山工程：第一等每立方尺價一十六生丁；第二等每立方尺價八十生丁；第三等每立方尺價二佛郎克五十生丁。

填土工程　每立方尺價二十生丁；人力運土每立方尺價二十生丁；小車運土每立方尺價三十生丁約一萬六千零一十六佛郎克。

保護土方工程　挖土砌基用三合土或灰外面工程石墻等六千零九十佛郎克。

橋樑　一、尋常工程　挖土砌基各項石基并各項圍墻六千五百四十五佛郎克。二、重大工程　各項橋樑一萬三千八百五十二佛郎克。

地下工程　計八千五百八十佛郎克。

留道　土工并軌間鋪墊木頭共九十三佛郎克。

石子　軌内堆墊石子四千零四十四佛郎克。

鐵道并附件　大軌路、避車軌路、換車分路、各軌路標記、鐵道高低彎曲石條、停車木樁、養路器具、車輛轉輪鐵盤三法尺五寸、轉輪盤十三法尺、秤貨機、起重機、號杆、電杆、電綫等三萬六千一百三十八佛郎克。

車站廠屋　頭二、三等搭客廳、停車亭、駐足所、厠所、月臺、貨棧、車輛車頭寄屯處各項家具、電報機器、圍墻柵欄、裝煤月臺以及住屋公事房等九千七百一十佛郎克。

車輛　車輛機廠共三萬零九百十八佛郎克。

初次勘路經費并備用款五千佛郎克。

以上共一十五萬八千九百五十三佛郎克作爲一十五萬九千佛郎克算，以二百五十基羅迷達乘之應需三千九百八十萬佛郎克，舉成數全路約需四千萬佛郎克。

附外務部議覆晉撫岑奏請亟辦柳太鐵路摺正太合同附録一

光緒二十八年五月十八日山西巡撫岑春煊奏柳太鐵路亟宜興辦改訂合同，尚須詳細一摺，奉硃批：外務部會同路礦大臣議奏，片并發。欽此。由軍機處鈔交到部。查原奏内稱，前撫臣胡聘之於盧漢干路既開，推原湖廣督臣張之洞用晉鐵之奏議，開太原枝路以接正定干路，由商務局借洋款興造，當經奏交總署核訂合同。奉旨飭由晉省商務局紳與俄商璞科第畫押，准借道勝銀行二千五百萬佛郎克約合華銀六百八十萬兩興修，由正定柳林堡至太原鐵路，中因拳教之變暫行停輟。現璞科第擬將二十四年奏訂柳太合同改照盧漢合同底稿呈請核訂，當飭司道等妥議，以璞科第擬改合同與盧漢柳太兩合同多有未符，事關重大，實未敢草率定擬。惟鐵路要政義無緩置，璞科第又催促開辦，亦未便稍事稽延。應請飭下外務部路礦大臣及督辦盧漢鐵路大臣盛宣懷就原訂柳太合同盧漢合同，參照此次呈改合同何條可行何條可廢，商明璞科第另訂合同，行知晉省，俾得迅速興辦。另片又稱：該俄商既擬將合同照盧漢改訂，則其篤信盧漢之約可知，柳太本盧漢枝路，如飭令盛宣懷督辦，則事歸一律補救必多，各等語。臣等正在核議間，適璞科第到署催訂合同，當將晉撫所奏各節切實與商，璞科第願將此段鐵路作爲盧漢分支由道勝滬行總辦，就近與督辦盧漢鐵路大臣面議。即經臣部函達盛宣懷核辦去後，現據盛宣懷以正太鐵路歸併盧漢係屬正辦，已與滬行總辦晤商等情電覆前來。臣等竊維晉省土産饒沃，尤以煤鐵爲大宗，只因關山厄塞，運道多艱，若修鐵路以便轉輸，於大局實有裨益。按照原訂合同該路起於正定府之柳林堡，其發軔始基即在盧漢車站相近之處，自應作爲盧漢分支，俾得聯絡一氣，庶將來西北土貨貫注東南，不但晉省商民坐致懋遷之利，即盧漢干路兼取轉運之資，撥之地勢商情均爲利便，相應請旨飭下盛宣懷，按照盧漢鐵路辦法與俄商妥訂詳細合同奏明辦理。謹奏。光緒二十八年八月初六日奉硃批：依議。欽此。

附盛大臣奏借款興造正太鐵路另訂合同摺正太合同附録二

光緒二十八年八月十六日承准外務部咨開，會議山西巡撫奏柳太鐵路歸併盧漢總公司辦理另訂詳細合同一摺，奉硃批：依議。欽此。抄録原奏，咨行到臣，并先准函抄山西撫臣岑春煊。原奏摺片暨原訂改訂各合同寄送酌核前來，臣詳加覆核，此段鐵路發軔於正定府柳林堡附近盧漢車站，由干分枝，本甚利便，俄商璞科第先與山西商務局紳訂定合同，延擱未辦，改照盧漢辦法另擬條款赴部催訂。撫臣部臣以晉路必辦，時異勢殊，奏奉諭旨飭臣詳細另訂，則凡條目之操縱損益應以按照盧漢干路辦法爲斷，既奉歸併總公司，應收權利須與干路貫注一氣，詳細新約簽定，原訂合同即宜作廢，庶鈐束專一，不致兩歧。臣奉命以後，俄商璞科第亦電囑華俄道勝銀行駐滬總辦就臣商辦。沉思熟慮，磋議再三，訂定合同二十八款，又行車合同十款，計直隸正定府至山西太原府應修支路約五百華里，内分兩大段落：第一節由正定至平定州屬之平潭地方；第二節即由平潭至太原；全路工程三年告竣。訂借法金四千萬佛郎克照現在市價約合華銀一千三百萬兩上下，九扣交付，周年五釐起息，即以該路進款作保。查借款總數較原議爲多經與再三駁論，據該銀行聲稱覆勘道路艱難，工費照原估加增且路工未成之先息銀須在本銀内支付，若不從寬借備，恐至中途停輟，并據開送約估經費清單前來，當於第十八款載明工竣借款尚有餘剩，則所剩之款應繳還中國國家。第十九款載明購料用款細款每三個月造送總公司查核，路工應需各款所派總辦大員會同總工程司簽字憑單給發，似此認真鈎勒，當可杜絶虚浮。至出售借款小票第十年起，分二十年匀還，造路期内就本付息，路成以後逐年給息還本，悉由進款提付。期限屆滿，款未全清，訂明展緩。以借款清訖爲止，期限未滿，中國别有大宗公款，足償本息，立時銷廢合同。行車進款由我自收，期内遴聘造路洋員須由督辦大臣核准，華員於營造駕駛確能稱職亦可隨時指交委用。機件材料先儘中國公廠承辦，即向外洋訂購亦須比詰價值。凡遇調兵運械賑饑等事，照核定車價減半給發，劃先載運。借款清還以後，全路機器車輛一切完全妥善，點交總公司照常行駛。以上各節於用人行事權限務極嚴明，間與盧漢合同字句有削繁就簡之處，則緣總公司先經請有部款，正太支路則專借借款。雖移步而換形，仍同條而共貫，斟審數四，無可再商，理合先繕具清單，恭呈御覽，俟奉旨批准，再行簽印，飭由該銀行選訂總工程司并會商山西撫臣遴派大員，會同興辦。至將來買地鳩工彈壓地方一切事宜，應照山西撫臣原奏，當由晉省任之，以期妥善。除將該銀行所呈地圖并約估工程價單一併咨呈外務部查核外。謹奏。光緒二十八年九月初二日奉硃批：外務部覆議具奏，單二件并發。欽此。

附外務部核議正太合同摺正太合同附録三

光緒二十八年九月初二日准軍機處抄交督辦鐵路大臣盛宣懷奏，正定太原借款興造鐵路另訂詳細合同一摺，奉硃批：外務部核議具奏，單二件并發，欽此。臣等查直隸正定府至山西太原府鐵路與盧漢幹路相聯一氣，擬請作爲盧漢分支。經臣部於本年八月初六日議復山西巡撫摺内，奏請飭下盛宣懷按照盧漢鐵路辦法與華俄銀行另訂詳細合同，奉旨允准在案。現據盛宣懷奏稱此段鐵路約五百華里，全路工程三年告竣。現與華俄銀行駐滬總辦熟商計借法金四千萬佛郎克，照現在市價約合華銀一千三百萬兩上下，九扣交付，周年五釐起息，定合同二十八款又行車合同十款繕具清單，恭呈御覽，俟奉旨批准，再行簽印。飭由該銀行選訂總工程司并會商山西撫臣遴派大員會同興辦等因，并將該銀行所呈地圖暨約估工程價單咨送前來。臣等詳加復核證以盧漢鐵路合同，其還本付利用人購器一切辦法，悉屬相符。至訂借四千萬佛郎克較多，於山西商務局原訂合同二千五百萬佛郎克之數，經盛宣懷與該銀行再三駁辦，當據工程師覆勘，實因該處關山艱阻，工費加增，且路工未成之先，息款須在本銀内支付，不得不從寬籌備，以竟全工。臣等參考地圖并查核估價清單，其所稱工艱費鉅自係實在情形。將來全路告竣如有餘款，仍繳還中國國家。其路工應需各款由總公司按期查核，合同内均經載明，似此認真鈎稽，自無虚冒。其餘各款盧漢鐵路因已行之無弊，應請准如所議辦理。如蒙俞允，即由臣部咨行盛宣懷與華俄銀行總辦公司簽押，并由山西撫臣派員經理地方事宜，以期妥速興辦。謹奏。光緒二十八年九月十二日奉硃批：依議。欽此。

《大清新法令》卷二《外交・合同・中法郵政局會訂互寄包裹暫行章程光緒三十年九月十三日》 查此項章程系按光緒二十六年正月初四日，中法國郵政局所訂互寄章程第八條之成案，續行訂立合同，將各條開列於後：

第一條 包裹之斤重

一 凡注明值價之包裹，抑或未經注價者，每重可至法斤十基羅，惟往來中國未通輪船火車之處，每重不得逾三基羅，此三基羅之限嗣後，仍可由中法兩局彼此商定展添。

第二條 包裹之尺寸

一 現定之包裹章程，其全體之長短不得逾法尺一邁當，半其體之大小不得逾五十五立方希笛邁當，惟其重若至三基羅，或由三至五基羅者，則其體之大小不得逾二十五立方笛希邁當，其全體之長短不得逾六十桑第邁當。如包裹内爲雨傘棍子地圖繪畫等類，其長可至法尺一邁當，寬厚不得逾二十桑第邁當，以上尺寸之限，嗣後仍可由中法兩局彼此商定展添。

第三條 互交包裹

一 互交包裹之處所除嗣後另由中法兩局指訂外現係在於中國境内設有中法郵局之地方，彼此互相交换。

第四條 轉寄包裹

一 華局將包裹交法局由中國寄往法國與法國屬上暨外洋各國，法局准將此包裹妥用法國郵船運寄。

一 法局將各項包裹交華局傳至中國各境華局，准將此項包裹按各種郵寄之法妥爲運寄。

第五條 包裹資例

一 彼此發寄包裹應各按自定之資費税則科算應完之數。所有包裹之郵費應於寄送之前先行交納，其投遞之費係由收件人照給。又，寄往中國未通輪船火車之處，其内地資費亦由收件人另給數目係由華核定。再法國在華所設之法局往來寄送包裹，各項資費不得較華局減輕。

第六條 傳寄運費

一 傳寄運費中國郵政應付法國郵政者係按下開資目辦理：一寄往法國之包裹每重至法斤五基羅納費三佛郎克一角五分，由五至十基羅納費四佛郎克八角。二寄往阿基利亞或喀西喀者其應加之費每重至五基羅加費一佛郎克之五角，由五至十基羅加費一佛郎克之八角五分。三寄往法國屬土及外洋各國之包裹，其費均應按法國所定之甲單核算，以符聯郵分章第一款之章程。

一 法國郵政遇由中國郵政代將包裹以自用郵寄之法運寄者，其運費係按下開資目辦理：一重至五基羅之包裹，若水路寄送不逾五百海里，或旱路寄送不逾一千基羅邁當者，其每包之費係一佛郎克之二角五分。若水路自五百至一千海里或旱路自一千至二千基羅邁當者，其每包之費係一佛郎克之五角。如水路已逾一千海里或旱路已逾二千基羅邁當者，其每包之費係一佛郎克整。二由五至十基羅之包裹，若水路寄送不逾五百海里，或旱路寄送不逾一千基羅邁當者，其每包之費係一佛郎克之四角。若水路自五百至一千海里或旱路自一千至二千基羅邁當者，其每包之費係一佛郎克之七角五分。如水路已逾一千海里或旱路已逾二千基羅邁當者，其每包之費係一佛郎克之五角。

第七條　注明值價之包裹

一　代寄運費之外原寄局應由所收之保險費内分給承寄之局暨他國分擔交寄責成之各局，其保險之定費即係每值三百佛郎克。旱路寄送應抽一佛郎克之五分，水路寄送應抽一佛郎克之一角。至寄往喀西喀或阿基利亞之包裹，其應付法局之保險費計每值三百佛郎克抽收一佛郎克之三角五分。

第八條　回執

一　寄包裹人如欲領取收包回執應先納費一佛郎克之二角五分。倘寄後探詢該包之下落而未經納有回執費者，則仍應照一佛郎克之二角五分如數補付。此項回執之費全歸原寄局收存。

第九條　投遞及海關之辦法

一　包裹投交接收之國如欲向接收之人索取投遞及海關各費亦無不可，惟此費每包不得逾一佛郎克之二角五分。

第十條　注銷關税

一　凡包裹遇有轉寄或撤回原國者如在寄發之時納有關税，此税即可注銷。

第十一條　責成賠抵

一　除一切人力難施之事或寄包人不遵章程或有疏誤，抑或包裹自生别故等情，郵政局不認責成外，其餘包裹交寄倘有遺失損壞者郵政局均可賠抵。惟其應索賠款之人或係原寄包人或係收包者爲係代索之人方可到局聲問。至於賠抵之數如係未注值價之包裹每重五基羅不得逾法銀二十五佛郎克，由五至十基羅不得逾四十佛郎克。倘係注明值價之包裹自應照所注之價辦理。又，凡包裹遺失倘責成確在郵局則原包所黏票費及所納查訪之費，均可繳還寄包之人，惟其保險之費仍歸郵局存用。

一　賠抵之款係歸原寄局照付，惟若查明遺失損壞之事確在他局轄内者則應由他局照數償還。

一　某局收包之時若未當面聲言而該包後有遺失損壞等事，如某局未有已投收包人或轉交他局之收據，則賠抵責成即歸某局認承。

一　原寄局遇有應行賠抵之事即須力期迅賠，其限不得逾一年之久。倘應賠之責成係在他局者。該局應將原寄局所賠之款迅行償還。如有應受責成之局照章接到通知至一年尚未賠抵了結者，則原寄局即准代其自出，應賠之數一面仍責該局照數償還。倘證明責在某局而該局堅不認賠以致多延時日，則該局即不但應賠包價并應將愆期查尋之花費一律付償。

一　遞禀索取賠款之事係自交寄之日起以一年爲期，逾期不認賠抵。

一　凡包裹於彼此交換之時遺失損壞以致莫辨責在何國地面者，兩局即應分認賠償。

一　凡郵政包裹一交到應收之手兩局即不再行認賠。

第十二條　交寄之局所

一　中法兩局應行指明係在何局何地互交包裹并備清單彼此照知。

第十三條　禁止之章

一　除貨色價目之單或他項露寄之紙專論包内之件者，其餘信件之類無論封口露寄但使寄包人與收包人可以互通音問。即不准封入包裹夾寄又凡轟爆引火之物或中途易涉危險之物或按國律關章及他項例禁不准進口者，均不得裝置包裹之内。又，凡金銀銅錢及他項珍寶等類必須預行注明值價。以上各章倘有違背即將該包繳回原寄之局。至兩國按章所禁之物各局應繕清單互相交換。

第十四條　停辦之章

一　凡遇格外不得已之情勢兩局暫將此章所訂之事或酌停或全停均無不可，惟須立發函件或電信報明彼局得知。

第十五條　籌備施行

一　中法郵局應將詳細情事及各項辦法自行備定以便實行，此項章程又彼此應將間接寄送之國名繕列清單互相交換。又，法國郵局格外擔承准將與鐵路輪船等公司交涉之事或互換包裹之事一體歸其辦理以便實行此項章程。若鐵路輪船等公司與華局有交涉之事亦係由法國代該公司辦理。

第十六條　章外另條

一　遇有此章未經提及之事若其意果不相背，則仍照各本國政法暨聯郵總分等章辦理。

第十七條　定約限期

一　以上所訂各條應俟兩局商妥約期開辦循以爲常。如後有隨時删改之處亦可另行會商，惟有廢辦之意務須先六個月彼此知照。

光緒三十年九月十三日在北京畫押

《大清新法令》卷二《外交·合同·中英郵政局會訂互寄郵件暫行章程光緒三十年十一月》　第一條　互寄郵件

一　中國香港郵局（所稱香港郵局包括在通商口岸租界内所設之英局而已）彼此互交郵件，無論平常掛號或總包或零件，所有往來中國外國及中國境内等地方，彼此均須按照現在自用之法或以後删改之法，迅速寄遞無異。

一　凡彼此交遞之事如遇設有中英郵局地方，即在該處投寄，如遇無英局之處，若往來長江一帶及上海迤北各口，均在上海一處交遞，若上海迤南各口與香港往來者，應在何處交遞可由兩局另行指定，但所有交遞處所若按郵務有須增設者彼此議妥即另行訂添。

第二條　轉寄郵件

一　凡英局若將總包及散寄各郵件交到華局自應照數收入。無論寄至中國境内及他國者亦須按照自用之法迅速寄遞無異。

一　凡華局將總包及散寄各郵件交到英局自應照數收入。無論寄至中國境内及他國者亦須按照自用之法迅速寄遞無異。

一　局中一切經費均須自行籌備，至往來代寄郵件之運費詳見後開第五條之内可照其數支取。

第三條　交遞辦法

一　凡有交遞總包及散寄各郵件，自應送至郵政處所或另行指定之處，并須向各局特派管理郵件者面交，不得歧誤。

一　凡寄遞總包及散寄各郵件，必須隨有路單兩張以便各局留以爲憑，其所隨之路單，係照聯郵章程第二十款開列郵件若干之數。

一　彼局交來各郵件，收到之員核對路單，并未當面指駁，是送信人之責成已畢，嗣後設有舛錯，惟該收局是問。

第四條　郵票及投寄費

一　中英郵局各制有其局自用之郵票，彼此互相識認。凡此國各局發出之各項郵件往至彼國俱可代爲寄帶并由立有局所各處按處送投，但有原國郵票滿費即不另行索費。

一　中英郵局任便自定資費，惟英國在華各局所定票價不得較中國稍減。至華局發出之郵件寄往已入郵會各國應照聯郵章程資費黏票兩面所定資費必須彼此照知。

另條　凡遇外洋發來之信件，一由英局零散交寄華局即准代爲寄至所有已設華局之處，或爲按名遞投。倘照聯郵資例黏有滿費郵票，即不另行索費，若遇香港之信件亦准一律代爲寄投，但其資費應按香港特例辦理。惟遇重大郵件如新聞紙印刷物包裹等類如寄至輪船火車未通之處，仍應照中國境内資例，由收件人另行納費後方准投交。

一　寄遞郵件遇内地未設郵局之處，可由民局代送，寄帶之費歸收件人付給，如有錯誤與官局無涉。

一　凡每處設有中英郵局者彼此按户投件均係各局自行管理，惟英局亦可照常托華局代投其資費須另付給。

第五條　傳寄運費

一　中英郵局彼此交寄總包及零件之運費須另付給，此項往來傳寄運費即照以下兩類開列之數分別辦理。

一　中國境内及附近各國沿海各口岸如往來寄送不過一千五百海里之遥，及中途并未換原乘公司輪船，運費數目即按所開兩類核算：

第一類　旱路由火車運送或海路由輪船運送不過三百海里之遥，其信件及明信片兩項每重二斤（即法斤一基羅）索運費法銀二佛郎克，其餘各種郵件每重二斤索運費法銀一佛郎克之二角五分。

旱路由郵差運送或海路由輪船運送已過三百海里，其信件及明信片兩項每重二斤索運費法銀五佛郎克，其餘各種郵件每重二斤索運費法銀一佛郎克之五十分。

第二類　中國境外遞寄以上未敘之各等郵件運費數目列後：海路旱路兩項往來運費，每重二斤需費若干，均按聯郵章程第四條所載之數目完納。

華局交英局之總包及散寄各郵件該件上所貼中國郵票，認與英局郵件視同一律，無論轉寄英國或英國所屬或入郵會各國即應寄帶無殊。其運費照聯郵章程數目，由英局暫行代辦，嗣華局每年按期付還。

以下四類須各辦明：

一　傳寄郵件如運費已計在海路之内，雖中途換行火車亦不能另行計費。
一　長江沿海運寄各費應歸海路費類核計。
一　由外洋寄來各件始到口岸之時，或由英局交華局傳至内地或由華局交英局傳至内地者，一概無需運費。
一　聯郵章程第四條所載之減數免數各章亦應照例扣除。

第六條　兵船總包

一　凡英局將總包交華局轉寄至無論何國之兵船，或無論何國之兵船將總包交華局轉寄至英局者，此項總包亦按照上條開列之數核計，運費係歸原寄或收到之英局支發。

第七條　運費造册

一　各局運費每年核算一次以清賬目，照聯郵章程於年中五月或十一月視此月二十八天内，經過郵件運費若干，即憑之以推全年之數。

第八條　包裹類

一　彼此互交包裹匯寄銀抄保險要函各等項若何辦法，可於此項章程試行後另行商酌。

第九條　責成賠抵

一　凡挂號郵件及總包等項倘有遺失，若原寄局無投送他局之憑證，該局即應自認賠抵，其賠抵多寡係案散寄之挂號郵件或總包之挂號郵件核計，并照聯郵章程第八條所載不得有違。
一　凡包裹損壞遺失均有賠抵損壞者視其輕重幾許，遺失者視其值價若干。惟賠抵平常包裹不得逾法銀二十五佛郎克，保險者不得逾法銀一千佛郎克。
一　凡認賠遺失損壞之責成不出郵局所管之界或遇颶風沉船兵亂寇盜及一切人力難施之事一概不認責成。

第十條　各局郵務辦法

一　凡各局每遇更改郵務辦法，如中英郵局及他國相涉之局應行與聞，即須彼此知照。

第十一條　允遵郵會

一　華局雖尚未入郵會，允依聯郵章程辦理，是以中英郵局辦理郵政事宜，或按照現定之法或以聯郵章程爲准。

第十二條　定約限期

一　以上所訂各條亟宜迅速次第舉辦，如後有隨時删改之處亦可另行會商。惟有廢辦之意務須先六個月彼此知照。

以上各章係於光緒三十年十一月初六日二十三日在香港北京彼此畫押互相交付以照信守。

《大清新法令》卷二《外交·合同·中德郵政局議訂互寄郵件暫行章程 光緒三十一年十一月外務部咨北洋》　第一條　互交郵件

一　中德國郵政局彼此互交郵件，無論平常挂號或總包或零件，所有往來中國外國及中國境内等地方，彼此均須按照現在自用運寄之法，或以後增添之法，迅速寄遞無異。
一　彼此交遞之處所，係在通商口岸所設之中德郵局，現在中國郵局另認以下各處作爲交遞需用之所，即係北京使館界内已設之德局一處，係照他國郵局一律辦理。又濟南及濰縣商埠界外各有已設之德國郵局一處，惟濰縣係照另議暫行認辦。其德國郵局亦認青島已設之華局一處作爲交遞需用之所，并經言明認借山東一帶沿路火車運送郵袋，均與德國無干。

第二條　轉寄郵件

一　凡德局若將總包及散寄各郵件交到華局，自應照數收入，無論寄至中國境内及他國者，亦須按照自用最速之法寄遞無異。
一　凡華局將總包及散寄各郵件交到德局，自應照數收入，無論寄至中國境内及他國者，亦須按照自用最速之法寄遞無異。
一　凡由青島投寄内地之郵件除往濟南濰縣外，均係交由華局散寄代遞，其由内地投寄青島者則交德局按户送投。
一　局中一切經費均須自行籌備。至往來代寄郵件之運費，詳見後開第五條之内可照其數支取。

第三條　交遞郵件

一　凡有交遞總包及散寄各郵件，自應送至郵政處所或會議另詣交遞之所，并須局特派管理郵件者面交，不得歧誤。
一　凡有寄遞決包及散寄各郵件，必須隨有路單兩張以便各局留以爲憑，其所隨之路單係照職郵章程第三十款開列郵件若干之數。
一　彼局交來各郵件，收到之員核對路單并未當面指駁，是送信人之責成已畢。嗣後設有舛錯，如他局無可問之證，即惟該收局或轉寄局是問。

第四條　郵票及投寄費

一　中德郵局各制有局自用之郵票彼此互相識認。凡此國各局發出之各項郵件往至彼國，俱可代爲寄帶，并由立有局所各處按處送投，但有原國郵票或其通川票之滿費即不另行索費。

一　中國郵局任便自定資費惟德國在華各局所定票價，不得較中國稍減，至華局發出之郵件寄往已人郵會各國應照聯郵章程資費黏票兩面，所定資費必須彼此照知。

另條

凡遇外洋發來之郵件，照聯郵資例黏有滿費郵票，或青島發來之郵件，照德國在中國互寄之資例黏有滿費郵票者，一由德局按散件交到華局。若係寄往汽機開通處所，即可一律運送，并可投遞不另索資。惟信及明信片外，其餘郵件如寄至汽機未通處所，仍應照中國寄費清單另納境内資費。

一　寄遞郵件遇内地未設郵局之處可由民局代送，寄帶之費歸收件人付給，如有錯誤與官局無涉。

一　凡每處設有中德郵局者彼此按户投件均係各局自行管理，惟德局亦可照常托華局代投，其資費須另付給。

第五條　傳寄運費

一　中德郵局彼此交寄總包及零件之運費須另付給，此項往來傳寄運費即照以下兩類開列之數分别辦理。

第一類　中國境内及附近各國沿海各口岸，如往來寄送不過一千五百海里之遥及中途并未换原乘公司輪船，運費數目即按所開兩項核算凡往來中國及外洋之件均包在内：一旱路由火車運送或海路由輪船運送不過三百海里之遥，其信片及明信片兩項每重二斤即法斤一基羅，索運費法銀二佛郎克，其餘各種郵件每重二斤即法斤一基羅，索費法銀一佛郎克之二角五分；二旱路由郵差運送或海路由輪船運送已過三百海里，其信件及明信片兩項每重二斤即法斤一基羅索運費法銀五佛郎克，其餘各種郵件每重二斤即法斤一基羅，索運費一佛郎克之五十分。

第二類　中國境外遞寄以上未敘之各等郵件運費數目列後專屬往來外洋之件均包在内：一旱路海路兩項往來運費每重二斤即法斤一基羅，需費若干，均按聯郵章程第四條載之數目完納此項數目内有若干斤兩何項郵件亦可照會訂之法核計；二華局交德局之總包及散寄各郵件該件上所貼中國郵票認與德局郵件視同一律，無論轉寄德國或德國所屬或入郵會各國即應寄帶無殊。其運費照聯郵章程數目由德局暫行代辦，嗣華局每年按期付還。

以下四款須各辦明：

一　傳寄郵件如運費已計在海路之内雖中途换行，火車亦不能另行計費；

一　長江沿海運寄各費應照海路費類核計；

一　由外洋寄來各件始到口岸之時，或由德局按散件交華局傳至内地或由華局按散件交德局傳至内地者，一概無需運費；

一　郵聯章程第四條所載之減數免數各章亦應照例扣除。

一　彼此所用傳遞郵件之法如另用他國傳寄，其運費須與他國會議另行計算。

第六條　兵船總包

一　凡有德局將總包交華局轉寄至無論何國之兵船，或無論何國之兵船將總包交華局轉寄至德局，此項總包亦按照上條開列之數，核計運費係歸原寄，或收到之德局支發。

第七條　運費造册

一　各局運費每年核算一次以清帳目，照聯郵章程於年中五月或十一月，視此月二十八天内經過郵件運費若干，即憑之以推全年之數。

第八條　包裹類

一　彼此互交包裹匯寄銀鈔保險要函各等件若何辦法，於此條章程試行後另行商酌，亦無不可。惟中國仍願暫行試辦其章程兩款如下：

一　由入郵會各國寄到各等包裹即如平常保險及注明值價等類，如經德局交來即可代爲投送，惟此項包裹先須由收件人完納華局郵費；

一　寄往入郵會各國之各等包裹即如平常保險及注明值價等類，華局可交德局代寄，惟此項包裹應由寄件人完納華局郵費。

一　往來青島互交之包裹暨互交裝成總包之包裹，亦可暫行交遞投送，惟嗣後仍須另行妥立章程。

第九條　責成賠抵

一　凡挂號郵件及總包等項，倘有遺失，若原寄局無投送他局之憑證，該局即應自認賠抵。其賠抵多寡係按散寄之挂號郵件或總包之挂號郵件核計并照聯郵章程第八款及分章第二十三條所載，不得有違。

一　包裹損壞遺失均有賠抵損壞者，視其輕重幾許；遺失者視其值價若干。惟賠抵平常包裹不得逾法銀二十五佛郎克，保險者不得逾法銀一千佛郎克。

一　凡認賠遺失損壞之責成，不出郵局所管之界，或遇颶風沉船兵亂寇盜及一切人力難施之事，一概不認責成。

第十條　各局郵務辦法

一　凡各局每遇更改郵務辦法，如中德郵局及他國相涉之局，應行與聞，即須彼此知照。

第十一條　允遵郵會

一　華局雖尚未入郵會，允認遵照聯郵總分各章辦理一切，是以中德郵局遇有互辦事宜，應按此項合同及聯郵章程視爲矩矱。

第十二條　定約期限

一　以上所訂各條亟宜迅速次第舉辦，如後有隨時刪改之處，亦可另行會商，惟有廢辦之意，務須先六個月彼此知照。

光緒三十一年九月二十七日在北京畫押

《大清新法令》卷六《稅務大臣咨凡有洋商購運開礦炸藥由領事先期知照關道照案辦理札飭各關道遵照文宣統元年五月》　宣統元年五月初六日，據江海關道詳稱：「接英國駐滬總領事霍必蘭來函，怡和行運津炸藥、引火綫已經通融驗放出口，然不可不預先籌及將來再有延誤之事，請將此等炸藥、引火綫驗放出口之詳細辦法，專函示覆，以便轉致各英商何以可免再行躭誤以及將來若有躭延其責任應由何人負荷。」等因。當以上年三月初八日奉札：「此後英商如運開礦炸藥，可由該商先期將擬運數目若干，報由津關，轉行知照滬關，預爲准備。但此項換船單據，隨到隨給，以昭妥速而免遲延。」等因。本可遵辦。惟本年正月十五日奉蘇撫憲轉行陸軍部咨，嗣後購買開礦等項炸藥，每次即先電部核准再行知照稅務處飭關驗放。等因。亦出自稅務處議定。咨部通咨各省照辦，核與前札辦法不同，即經商准代理稅務司勞達爾函覆，由電稟奉總稅務司電開凡有關礦用炸藥等項，必須經陸軍部核准知照後，方能驗放。等因。現在英領之詰問，想蘇撫憲轉行陸軍部之咨文未經知照駐京各使之故，請爲轉詳核辦，前來理合。照録蘇撫憲原札：「詳請核咨外務部照會駐京各國公使，轉飭各洋商承辦開礦炸藥等項，須請各省先期電咨陸軍部核准，知照稅務處飭關驗放，以符新章而歸一律，伏候批示。」等因。前來本處查炸藥係危險品物，是以開礦購運者亦應照軍火進口例，電由陸軍部核准後，知照本處飭關驗放，原所以昭慎重而便稽查。至上年三月間，本處所訂英商開礦炸藥由津關轉行滬關預備換船單據辦法，係專指給單轉船而言，與陸軍部通行各省一案并非前後所定辦法不同。英商所運開礦炸藥，係由津進口應由津先期請部核准，故滬關但憑津關知照便可准其換船，嗣後凡有洋商開礦需用之炸藥，一經領事先期知照該關道，即速遵照陸軍部通行辦法辦理此事，爲保護治安而設係屬内政，與外交無涉，似不必咨請外務部照會駐京各使，以免周折。惟各關道稟請督撫電咨陸軍部，務從速辦理，毋得稍延，以免借口。除分別咨札外，相應咨行貴大臣查照飭遵可也。

農安縣署《農安縣丁未報告書・詳覆督撫憲徐朱改良監獄文》　竊卑職於光緒三十三年六月初三日案，蒙憲飭改良監獄，並開辦罪犯習藝所，限一月內擬定辦法，繪具圖説，召籌經費等因。奉此，卑職查刑事制度曰刑法，曰裁判，曰執行。刑法者，製定對於犯罪者之法律也；裁判者，公堂之判決也；執行者，監獄内之拘禁及懲罰也。惟刑法、裁判爲法理之空言，實行機關仍在監獄。監獄不改良，即法律完密，裁判公平，人民仍不能受其影響。故東西洋亟亟焉，投巨款開協會，求獄制之完全，變昔之殘酷主義，而爲感化主義者，良有以也。茲值我憲帥，下車伊始，即通飭各屬，改良獄政，謀法權之恢復，握内治之樞紐屬，在下僚同深欽服。卑職忝司下邑，雖治獄之無才，有應盡之職務，敢不力求改良，廓除積弊，上副我憲帥哀矜生命，尊重人權之至意，誠以獄政之良否，國之文野繫焉。民人之犯罪，由於社會制度之不完全。犯罪者固當懲處，社會亦應分擔責任。如何使犯法者日見減少，又如何使犯法者悔過自新，凡此實質上之執行，法理上之研究，直未可稍涉延忽者也。卑縣原有南北監房六間，禁卒室兩間，女監一間，院落窄小，監房湫隘，年久失修，風雨堪虞。且冬則嚴風凜冽，夏則穢氣薰蒸。欲事改良更新爲急，初非略加修葺所可見效。此建築制度宜更改一也。東西洋獄官均有專門學術，且奉給頗優，其下又有書記、醫官、教誨師、看守長各種之組織，故事無曠廢，各盡所長。而我國監獄之黑闇，殆爲近世各國所無，一任禁卒獄吏之專擅其間而不過問。此用人之宜選擇，管理法之宜更改二也。監房改良，務合衛生，便管理，則建築費之宜籌，養獄官之廉隅，禁獄卒之貪婪，添醫師以保囚犯之健康，設誨師工師以增長囚犯之智能，添看守兵以維持獄内之風紀，自非優加津貼，不足掃除弊端，此俸給費宜籌，令囚犯温飽得宜，則囚衣囚食尚須加增。查日本罪犯，每名全年給洋八十餘元，而卑縣囚犯費祇三十餘元，尚不及其半，此經常費之宜籌，凡此各項用款，當分别設法增加三也。卑職擬將舊有監房撤去，並將南北獄墻放寬數丈，内蓋丁字式男監一座，内分十二間。監房之南，蓋工廠兩間，教誨室附焉。工廠之南，蓋浴所、炊所各一間。更於監房之北蓋，養病室兩間。又物置室一間，並於監房之東，蓋看守兵住室兩間。男監之北，另蓋女監兩間，出入各有表門，以示區别。共擬蓋大小房屋二十三間，添監墻二十七丈，統需工料中錢一萬五千吊之譜，須費頗巨，實無專款並閒款可提，惟獄政關係至要，豈可以款難籌措，稍涉延緩。祇有先其所急，變通辦理，將養濟院經費項下，尚有積年餘賸錢五千六百餘吊，擬郎提錢五千吊，又有前任移交舊存罰款九百吊，卑職此次稟明廟道姜教成報効興學錢二千吊，亦擬一併添入，以上統計中錢七千九百吊，所短尚鉅。而查中外獄費，大半歸國庫支給，似難籌及地方。惟有仰懇憲恩，俯念籌款艱難，發給中錢五千吊，以資補助。其餘不敷錢二千一百吊，由卑職設法另籌，以圓速告厥成。所有營造方法，半參倣東洋監獄制度，以合保健之必要，而便於嚴峻之管理。第一般罪犯，均得適當之住所，而若無統一之規律以維持之，何以保持獄内之公安秩序。監獄則之釐訂尚焉。卑職現參以日本監獄，及津保習藝所施行法規，按以本地情形而切實可行者，共訂成監獄則十一章，曰總則及要義、曰職員及職權、曰監房之設置、曰教誨及作業、曰工錢及賞罰、曰假出獄及保釋、曰衛生及死亡、曰貸與及給與、曰獄舍構造及配置、曰職規及賞罰、曰施行細則，而獄規立矣，監房備矣。而執行法規，不得其人，則空有形式，其結果可知。則慎選獄官，尤爲改良監獄根本之圖也。其罪犯習藝所，已經前署卑縣王丞炳文，於舊有監房北區空址内蓋成房屋五間，已飭令各罪犯，先就打繩、織帶兩藝入手，取其易銷於本地故也。規模窄小，固當設法擴充，惟目下改良監獄，籌款已屬不易，實無餘力，同時並舉，祇可俟新監獄落成後，籌有的款另蓋。再此後之經常費，如添發囚犯之衣食，加增獄官看守兵之薪餉，購備習藝之原料，所費均屬不貲，一時似難預算，容俟新監獄落成，試辦數月，察看情形後，或由地方籌給，或請憲帥發給，當另文詳請飭遵。所有卑職遵擬監獄改良各緣由，是否可行，理合肅稟，恭候示遵。敬請鈞安，伏乞垂鑒，卑職謹稟。奉督撫憲批：稟悉。查閲獄圖，位置尚屬合宜。監房取丁字形，尤徵意匠。惟每間住五人，止設一户一窗，難通空氣，應於檐際增開氣孔，北地苦寒，應否敷設地板酌量爲之。獄則規仿日本編輯，頗具苦心。惟創擬章程，事體綦重，非可一蹴遽底完全。統核各章，尚多罅漏，自宜兮條臚舉，核擬增修。查獄則内有應補行建築者，如第五章第四條，設有時監房人滿，則特别卧室，似宜另建。第七條之閣室，第七章第三條之特别病室，亦均有待興築，有應酌核試辦者。如第六章之假出獄及保釋金，有應增入者。如獄官人等薪水工食，有應在前表明以爲張本者。如第五章第二條，自假出獄時由典獄支付工錢等語，應先將所積工錢，由典獄如何代爲存儲，明揭於前。第七條，懲罰内有減其菜飯三分之一、二分之一等語，應先將每人午日飯菜數目酌中定制，明揭於前，有應酌減者。如第六章第三條，被告應釋者，必覓保証六人之多。第七章第六條，死犯應埋者，必待停棺二年以後，均多窒礙，應量爲變通。至於後面既附表簿册式，則獄則内應敘明某事用某簿，方爲明晰。查施行細則内，監犯初入，典獄登簿一次，看守長檢查登簿一次，獄醫試驗登簿一次，均未揭明用後附某式，則表簿格式，與施行規則兩不相屬，且獄醫檢查等簿，及賞牌領受狀，均應後附格式。考工勤惰表，宜將考工登簿等語加入規則，方見周帀。若夫東瀛法製，能師其意，無須沿其文句名詞，否則繁冗夾雜，兩所不免。如第二章第五條有兼講粗淺工藝之學理及事實一語，不如改爲並講明其學理事實。第九章第二條，有均分别適宜於監獄營造制度一語，不如改爲均令適合獄制。其物置室之，應改爲雜物室。差入飯食，應改爲送入飲食。建坪窄小，應改爲地基窄小。更無論已亟應隅反改歸一律。本部堂院勤求治理，不厭精詳，願集衆思，共圖成績，仰提法司會同吉林道，迅速核議明確，以便通飭遵行。至該縣建築工費共需中錢一萬五千吊，是否核實，由司核辦。所請發給中錢五千吊，候飭餉捐局，由一五經費項下，撥給該縣核實支銷，工竣造報。仍督飭工匠，按圖建築，勿任草率偷減。並將開工日期報查，此繳。圖册存。

農安縣署《農安縣丁未報告書·上督撫憲除朱監獄工程報竣稟》 敬稟者，竊卑縣修改監獄，前經稟，奉憲批，准撥給中錢五千吊，飭照圖興造，並由卑職將開工日期，分别稟報各在案。查卑縣監獄，自八月二十五日興土以來，瓦木工匠竭力經營，按法修造。卑職嚴加督飭，不稍疎懈。由開工日起，至九月二十五日，全工一律告竣。修成週圍獄墻四十四丈六尺，高一丈九尺，照原議加長十七丈六尺，增高二尺。又修成男女監房及各種雜室大小三十二間，較原禀添修七間。各室内墻染灰泥，滿鋪磚地，門窗均上鉛油，外鑲鐵柱，並於壁上各開氣孔，以通空氣。至男女各監内之衣架、痰甬、面架、掛鈎，教誨室内之黑板、講壇，雜物室、習藝室浴堂内之各種木架欄杆，及各監房外之囚犯名牌十字，夾道内之公共路燈，均一律安置全備，以便應用。即各房往來相通之道，滿鋪磚地，其便所浴室等處，均修暗溝，以昭潔浄而備洩水，此卑縣監獄建造之實情也。原禀修獄墻二十七丈，監房二十五間，約計中錢一萬五千吊左右。兹獄墻監房，分别添造，原籌之款，勢必不敷，且當時並未籌足一萬五千吊之數，但以要政所關，不得不力任其難。一面在商鋪移借墊用，一面想法另籌，奈至再思維，此項費用既不便攤派商民，又無閒款可提，惟有廣勸紳商及慈善家量力捐輸而已，始則均未明改良監獄之宗旨，幾無一人應者，嗣由卑職告以監獄改良，文野攸關，東西洋善士，遇此等要政，無分慷慨解囊，捐助鉅款。此次新監獄落成後，管理待遇，悉用感化主義，於農安社會前途，幸福非淺。公款支絀，豈能事事仰給於官，凡爾商紳，均當實力圖維，以成此舉，言之再三，費盡唇舌，並由卑職勉力捐廉中錢六百吊以爲之倡，至九月下旬間始，先後據縣屬糧户鄭天陞、王廷，各捐中錢二千吊，職員張中閣、巡警學生劉鴻鈞、大户鄭聲、王國林，各捐中錢一千吊，共計捐中錢七千六百吊，均如數撥歸監獄工程處，分别還歸。各鋪並隨時購備物料，除鄭天陞、王廷捐資較鉅，卑職給予匾額外，其餘各户，亦經分别酌給奬勵，以昭激勸。此卑職續籌監獄建築費，及擬分别奬勵之情形也。卑職監房告竣，即據監工委員補用府經歷署監獄巡檢趙桂馨，造具收支四柱清册，具詳前來，計開支工料中錢一萬九千八百八十吊零二百二十文，續添裝修中錢八百九十九吊六百六十文，兩項共統用中錢一萬九千九百六十五吊八百八十文。卑職細加覆核，均係實用實銷，並無絲毫浮冒。至所有購辦大宗物料及木瓦包工款目，均經卑職督同該署巡檢當經言明，不由書吏舞弄其間，一掃從前剋扣虚報之弊。此卑縣監獄開工之際，天氣日寒，款甚短絀，深慮封凍以前不能完工，經卑職督同工員匠人等加工興造，不稍延擱，幸開工後天氣和晴，泥水亦未凝凍，復經各商民先後集款捐助，故時僅一月，竟畢全工。其建築方法，則悉仿新制，工料兩項，亦尚堅固，似足垂久遠而資實用。此皆出自憲臺撥給巨款，指示周詳，並監工員匠勇於從公，有以至此。除由卑職將瓦木兩工量予犒賞以示鼓舞外，至補用府經歷署巡檢趙桂馨，經理工程，尚稱妥速，不無微勞足録，惟有籲懇憲台恩施，逾格給予記名，儘先拔補一次，爲辦事勤奮者勸。是否可行，伏候憲裁。所有卑縣修改監獄工竣日期，造送收支清册，並請監工委員補用府經歷署巡檢趙桂馨記名儘先拔補各緣由，除分逕禀外，理合肅禀，恭候憲臺察核示遵。再獄中一切體則，卑職悉除仿圖規畫，兹於工竣後，復行拍照，呈請委員覈驗，以昭核實。至所籌監獄建築費除開工外，尚餘中錢四百三十四吊一百二十文，歸入添置鋪墊項下開支，另案報銷，合併聲明。

奉批：據禀已悉。該縣籌修監獄，事不逾月，功即告成。核閲用款，尚無浮冒。鳩工庀材，勸捐款項等事，煞費經營，候即派員前往驗收。至監工委員補用府經歷署巡檢趙桂馨作事妥速，應准如請給予記名儘先酌署一次，以示奬勵，候飭吉林道註册飭知。繳。圖册照片存。

《澳門憲報・中文資料輯録（一八五〇——一九一一）・一八七九年七月十九日（第二十九號）》 大西洋欽命駐紮中國、日本、暹羅全權大臣、内閣上卿、佩帶頭等金星暨異等寶星、大西洋地理會博士、吧嗪吖爾咕子爵、澳門、地捫總督施爲示諭事。

照得風颶災患甚烈，如同治十三年風災加以火災爲患，乃災上加禍，不可不提防也。是以出示曉諭，炒茶局、煙局、糖局、煮玻璃局、鑄銅鐵等局、染料局、熱氣局、打鐵局及各項在澳門開局有用火爐者，該局主凡聞船政廳放風颶號炮，應即將局内爐火消滅，以免存火，致招火災。如有不遵照本告示，仍容爐火者，必要罰銀。其罰銀之法，係照所違地方官章程之例施罰，另如有因此致人受虧，俱爲不遵滅火之人是問，將其本身並其物業賠補填償。該華政衙門差役、議事亭差役及巡街之巡捕兵丁，俱應細查有遵此告示否？如查出有不遵者，即叫證人在前立寫案券爲憑，以憑辦理。各宜知照毋違。特示。己卯年五月二十三日示。

《澳門憲報中文資料輯録（一八五〇——一九一一）・一八九五年八月二十四日（第三十四號）》 澳門議事公局書吏盧爲奉公局命通知事。定於西本月廿八日，即華七月初九日禮拜兩點鐘，在本局當列紳案前，將修整十六女童義學工夫暗票出投，招人承做。如有者，可將何項工夫、應價銀若干、係用何，概行列明，用信筒封固，誰取價最爲相佳工美者得。如欲知其詳細，除安息日外，每日自十點鐘至三點鐘，可到本局寫字房看視。今特譯出華文刊頒憲報，並粘在常貼告示之處，俾衆咸知。乙未年七月初三日。

《澳門憲報中文資料輯録(一八五〇——一九一一)·一八九八年二月二十六日(第九號)》 大西洋欽命澳門正督理國課官巴爲曉諭事。照得前會將和隆園空地一段出投，招人承批。因彼時未經成投，是以再定於西紀本年三月初五日，即華本月十三日一點鐘在本署大堂，仍將該地再行出投。兹將章程開列於左：

一、該地共有兩千兩百七十八未度路，五十八先得未度路。四方其四至：北向西墳馬路，南向約翰·巴地時打街，東向斐利剌亞·美打街，西向和隆街。

二、若該地一人不能全行承批，本官可以有權將該地分段出投。

三、其批價每年每一個四方未度路以三仙爲底，誰出價高於該價低者得，至於批期係由簽立契據之日起計。

四、誰投得該地，應按每四方未度路另繳納銀五毫，作補國家修整地基及各項工程之費，其交納該銀之收單，須録於批契内存據。

五、該地祇准建造兩層樓屋宇及局廠鋪户。

六、既經投得之後，准限該承批者於兩個月内，將如何建造鋪屋之内外格式繪圖承請工程公所查閱。

七、以上款所定之繪呈之建造各圖形，一經工程公所察奪批准，除有意外之事外，限一個月内即要興工。

八、除以上所定各款：其餘均按照批地之例一律辦理，特此論悉。戊戌年二月初三日。

《澳門憲報中文資料輯録(一八五〇——一九一一)·一九〇一年十月二十六日(第四十三號)》 大西洋澳門船政廳糧餉公會書記卑爲招人承修事。

兹本廳有小火輪船一隻，名代巴。現欲修理，是以特定於西本年十一月十一日，即華十月初一日十二點鐘，在本廳暗票出投，招人承修。凡有願承修者，須將修理總價寫明，或將木匠工夫並整理機器各價分列明晰，至何時竣工亦要聲明，均用信簡封固，交到本廳糧餉總辦查收。該票准限收至出投日十二點鐘止截。若該船有須駛出澳外修理之件，其費用亦由該承修人支給。此船現灣在附近媽閣炮臺船廠。所有遞來各票，均當衆開投，誰取價廉而合宜者，方可承修。但或棄或取，本公會有權自定，俾有益於國課也。所有該船詳細章程，現列在本廳，除安息日外，每日十點鏑至三點鐘，均可到看。特此通知。辛丑年九月初四日。

《澳門憲報中文資料輯録(一八五〇——一九一一)·一九〇二年八月初九日(第三十二號)》 大西洋澳門督理工務司兼管理議事公局工程事務農爲通知事。

兹定於西九月初八日，即華八月初七日十二點鐘，在本公局寫字房，將板樟廟街市内起造鋪屋兩墩之工程出投，招人承辦。如有欲承辦此工程者，要先有壓票銀五百四十三元二毫五仙交出，方得開聲喊價。該出投章程及起造章程存在本公局寫字房，除安息日外，每日自十點鐘至三點鐘，任人到看。特此佈聞。壬寅年七月初三日。大西洋澳門督理工務司兼管理議事公局工程事務農爲通知事。

兹定於西九月初八日，即華八月初七日十二點鐘，在本公局寫字房，將板樟廟街市起造擺賣什物亭四座之工程出投，招人承辦。如有欲承辦此工程者，要先有壓票銀四百二十五元二毫五仙交出，方得開聲喊價。該出投章程及起造章程存在本公局寫字房，除安息日外，每日自十點鐘至三點鐘，任人到看。特此佈聞。壬寅年七月初三日。

《澳門憲報中文資料輯録(一八五〇——一九一一)·一九〇四年六月十八日(第二十五號)》 大西洋澳門署理工程公所工務司麻爲通知事。

兹照承接外省各項工程及供辦各等材料之章程第十款，將本澳板樟廟街市鋪屋各工程，招人承接建造。所有建造該街市鋪屋圖形及章程等件，現存本公所内、議事公局之分局内，准自出告白之日起，每日自早九點鐘至下午四點鐘，均可到看。兹於定西本年七月十九日，即華六月初七日十二點鐘，在議事公司内出投。凡欲投者，須先交出壓票銀五百一十元，方可來投。特此通知。甲辰年五月初三日。

《清代稿鈔本》第四九册《廣東諮議局籌辦處第二次報告書·本建諮議局工程條告十四則》 計開

(一) 各匠店分承建造諮議局，必須工堅料實，出具切結保固，五年内無倒坍等事。倘偷工減料不能堅實，以至限内倒坍，該匠店當照式賠修。届時如有避匿遠颺或改换店名，意圖規避，定行飭縣拘拏本人及本人之子到案，飭令賠修，仍令依限出具切結，方能了事。其或遇意外之災以致倒塌者，自與該匠店無涉。

(二) 粤中工程每有原承之家轉批別店包造，以致展轉剋扣工程不堪再問，此次諮議局工程，必須聲明原承匠店自行建造，不得轉批別店，蹈以大包小惡習，倘經查出，即將該匠店從重議罰究辦。

（三）每次運到各項物料，須就近報明監工員司呈驗各項式樣係屬相符，眼同搬運到工查記數目登簿，以便領取銀兩領。銀後如用各項物料，亦須報明監工登簿領用，不得無故任意搬動。

（四）木料以北江杉木爲主，册内均須聲明。如有雜江臃腫不中繩墨以及多節彎曲細小不堪之木，一概不准攙用，倘經查確，定行議罰，勿得異言。

（五）一切木料搬運到工，須由監工員司眼同鋸刨，不得在別處配成運來。違者除將來料退回，並酌議罰，其窗格、門扇、横楣、通氣條、簷牙等項不在此限。

（六）册開各項物料，如有遺漏或須更改，該匠目儘可先行補開陳明。倘應用物料失於補開及章程内已開之料，該匠目自己漏開，日後均不得藉口稱册内並無此料，不允承辦。總以遵照原定章程建造，不以該匠之册爲憑，請增價值。先此聲明，以免後議。

（七）册開磚、瓦、木、石、石灰及各項物料，均有尺寸式樣成色可核，估本亦有時價可稽，該匠不得任意浮開。譬如石開二丈，日後丈量衹有一丈五尺，當扣五尺所值銀兩。倘照册多用數尺，亦當按用多之料照補，俾昭平允。倘尺寸、式樣、成色與册不符，定行剔出另换，如有意圖蒙混，定行重罰。

（八）所釘椿木長短粗細未釘之先，須先告知在工員司會同量過，方准開釘。設所定之椿原議計長四尺，如臨時因地脚鬆浮改爲六尺，則照加二尺所值銀兩；如定六尺，因地脚堅實改爲四尺，照扣二尺所值銀兩。惟須量驗後各登簿據比對，免後争論。

（九）釘椿後凡安蓋石胚或抖蓋洋水泥與三合土時，須就近請監工員司復點一次，共椿若干條，如數符合，用簿登記，然後蓋填。如並未告知，逕行蓋填，則將所釘椿數罰扣，以警玩忽，該匠無得異言。

（十）册開海座寬深丈尺均係包皮。至桁數，則照内度。所有應用各料尺寸，均照册開之數交足，一切辦法，必須按照册開依造。其由本局改易者，臨時酌量增減。

（十一）每次領款，由工程所繕具領紙，交該匠自赴本局請領。每百兩照章扣部飯銀六兩。考察工程之遲速及物料之多寡酌撥。銀數發給後，即由工程所牌示頭門以昭核實。至各匠目領到工料銀兩之後，即須交付鋪店發給散工。如有將所領工料銀兩勒不交給，倘經鋪店工人禀揭，經本局查明屬實，定當酌量懲辦。

（十二）承造之匠必須常在工次督率照料，不得遠離致誤要公，違者加重議罰。倘因購料等事往來，必須豫告日期。

（十三）估定價值除照章每百兩核扣部飯銀六兩外，餘並無絲毫扣費。該匠目如有在本局及工程所員司行賄，希冀建造草率者，一經查出，罰銀五百兩充公。情重者，送縣究辦。本局及工程所員司，亦不得向其索賄。如員司有因需索不遂，故意挑剔，准該匠目等指名禀揭，決不姑寬，各宜懷遵。

（十四）該匠店等承造諮議局工程所以必須分區包辦者原爲速成起見。茲定限八月十五日一律完工。油飾裝修在内各匠店，務宜依限趕造，不得逾限，違者定行酌量議罰。再石工向來疲玩，此次如敢故違，定行從重處罰。至各段工程，如有兩家交接地方，均須彼此會商，辦理完善。不得互相推諉，違者一併處罰。

藝文

《墨子》卷一四《備蛾傅》 禽子再拜再拜曰：敢問適人强梁，遂以傅城，後上先斷，以爲法程，斬城爲基，掘下爲室，前上不止，後射既疾，爲之柰何？子墨子曰：子問蛾傅之守耶？蛾傅者將之忿者也，守爲行臨射之，技機藉之，擢之，太氾迫之，燒荅覆之，沙石雨之，然則蛾傅之攻敗矣。

備蛾傅爲縣脾，以木板厚二寸，前後三尺，旁廣五尺，高五尺而折爲下磨車，輪徑尺六寸，令一人操二丈四矛，刃其兩端，居縣脾中，以鐵鏁敷縣二脾上衡，爲之機，令有力四人下上之，勿離。施縣脾，大數二十步一，攻隊所在，六步一。

爲纍荅，廣、從各丈二尺，以木爲上衡，以大麻索編之，染其索塗中，爲鐵鏁，鉤其兩端之縣；客則蛾傅城，燒荅以覆之，連筳、抄大皆救之。以車兩走，軸間廣大，以圉犯之，融其兩端以束輪，徧徧塗其上，室中以榆若蒸，以棘爲旁，命曰火捽，一曰傳湯，以當隊。客則乘隊，燒傳湯斬維而下之，令勇士隨而擊之，以爲勇士前行，城上輒塞壞城。

城下足爲下鋭鑱杙，長五尺，大圍半以上，皆剡其末，爲五行，行間廣三尺，貍三尺，犬牙樹之。爲連殳，長五尺，大十尺。梃長二尺，大六寸，索長二尺。椎，柄長六尺，首長尺五寸；斧，柄長六尺，刃必利，皆萃其一後。答廣丈二尺，□□丈六尺，垂前衡四寸，兩端接尺相覆，勿令魚鱗三，著其後衡中央，大繩一，長二丈六尺。答樓不會者以牒塞，數暴乾，答爲格，令風上下。堞惡疑壞者，先埋木十尺，一枚一；即壞，斱植，以押盧薄於木，盧薄長八尺，廣七寸，徑一尺，數施一擊而下之，爲上下釫而斱之。經一鉤、木樓、羅石。縣答植內，毋植外。杵格，貍四尺，高者十尺，木長短相雜，兑其上而外內厚塗之。爲前行。行棧縣答。隅爲樓，樓必再重。土，五步一，毋下二十畾。爵穴，十尺一，下堞三尺，廣其外。轉熥城上樓及散與池革盆，若傅，攻卒擊其後，緩失治。車革火。

凡殺蛾傅而攻者之法，置薄城外，去城十尺，薄厚十尺。伐薄之法，大小盡本斷之，以十尺爲斷，離而深貍堅築之，毋使可拔。二十步一殺，有鬲，厚十尺；殺有兩門，門廣五尺，薄門板梯貍之，勿築，令易拔。城上希薄門而置楬。縣火，四尺一椓，五步一竈，竈門有爐炭，令敵人盡入，熏火燒門，縣火次之，出載而立，其廣終隊，兩載之間一火，皆立而待，鼓音而然火，即俱發之，敵人辟火而復攻，縣火復下，敵人甚病。敵引師而去，則令吾死士左右出穴門擊潰師，令賁士、主將皆聽城鼓之音而出，又聽城鼓之音而入，因素出兵將施伏，夜半而城上四面鼓噪，敵人必或，破軍殺將。以白衣爲服，以號相得。

《墨子》卷一四《備城門》 子墨子曰：我城池修，守器具，樵、粟足，上下相親，又得四鄰諸侯之救，此所以持也。

凡守圍城之法：城厚以高。壕池深以廣。樓撕脩。守備繕利。薪食足以支三月以上。人衆以選。吏民和。大臣有功勞於上者多。主信以義，萬民樂之無窮。不然，父母墳墓在焉。不然，山林草澤之饒足利。不然，地形之難攻而易守也。不然，則有深怨於適而有大功於上。不然，則賞明可信而罰嚴足畏也。此十四者具，則民亦不宜上矣，然後城可守。十四者無一，則雖善者不能守矣。且守者雖善(而君不用之)，則猶若不可以守也。若君用之守者，又必能乎守者；不能而君用之，則猶若不可以守也。然則守者必善而君尊用之，然後可以守也。

故凡守城之法，備城門爲縣門沈機，長二丈，廣八尺，爲之兩相如；門扇數令相接三寸，施土扇上，無過二寸。塹中深丈五，廣比扇，塹長以力爲度，塹之末爲之縣，可容一人所。客至，諸門户皆令鑿而慕孔之，各爲二慕，一鑿而繫繩，長四尺。

救熏火：爲烟矢射火城門上，鑿扇上爲杙，塗之，持水麻斗、革盆救之。門扇薄植皆鑿半寸(一寸)，一涿弋，弋長二寸，見一寸，相去七寸，厚塗之以備火。城門上所鑿以救門火者，各一垂水，容三石以上，小大相雜。

門植關必環錮，以錮金若鐵鍱之。門關再重，鍱之以鐵，必堅。梳關，關二尺，梳關一莧，封以守印，時令人行貌封及視關入桓淺深。門者皆無得挾斧、斤、鑿、鋸、椎。

城上二步一渠，渠立程，長丈三尺，冠長十尺，辟長六尺。二步一荅，荅廣九尺，表十二尺。二步置連挺，長斧、長椎各一物；槍二十枚，周置二步中。二步一木弩，必射五十步以上。及多爲矢，即毋竹箭，以楛、趙榶榆可。益求齊鐵矢，播以射衝及櫳樅。二步積石，石重中鈞以上者五百枚。毋石以亢，疾犂、壁皆可善方。二步積苣，大一圍，長丈，二十枚。五步一罌，盛水。有奚蠡，奚蠡大容一斗。五步積狗屍五百枚；狗屍長三尺，喪以茅，兑其端，堅約弋。十步積摶，大二圍以上，長八尺者二十枚。

二十五步一竈，竈有鐵鐕容石以上者一，戒以爲湯，及持沙，毋下千石。三十步置坐候樓，樓出於堞四尺，廣三尺，廣四尺，板周三面密傅之，夏蓋其上。五十步一藉車，藉車必爲鐵纂。五十步一井屏，周垣之，高八尺。五十步一方，方尚必爲關籥守之。五十步積薪，毋下三百石，善蒙塗，毋令外火能傷也。百步一櫳樅，起地高五丈；三層，下廣前面八尺，後十三尺，其上稱議衰殺之。百步一木樓，樓廣前面九尺，高七尺，樓物居坫，出城十二尺。百步一井，井十甕，以木爲繫連。水器容四斗到六斗者百。百步一積雜秆，大二圍以上者五十枚。百步爲櫓，櫓廣四尺，高八尺。爲衝術。百步爲幽贖，廣三尺高四尺者十。二百步一立樓，城中廣二丈五尺，長二丈，出樞五尺。

城上廣三步到四步，乃可以爲使鬭。俾倪廣三尺，高二尺五寸。陛高二尺五寸，廣、長各三尺，遠廣各六尺。城上四隅童異，高五尺四尉舍焉。

城上七尺一渠，長丈五尺，貍三尺，去堞五寸；夫長丈二尺，臂長六尺。半植一鑿內，後長五寸。夫兩鑿，渠夫前端下堞四寸而適。貍渠、鑿坎，覆以瓦，冬日以馬夫塞，皆待命，若以瓦爲坎。城上五十步一表，長丈，棄水者操表摇之。五十步一厠，與下同圂。之厠者不得操。城上三十步一藉車，當隊者不用。城上五十步一道陛，高二尺五寸，長十步。城上五十步一樓扤勇，樓扤勇必重。土樓百步一，外門發樓，左右渠之。爲樓加藉幕，棧上出之以救外。城上皆毋得有室，若他可依匿者盡除去之。城下州道內百步一積薪，毋下三千石以上，善塗之。

城上十人一什長，屬一吏士。百步一亭，垣高丈四尺，厚四尺，爲閨門兩扇，令各可以自閉。亭一尉，尉必取有重厚忠信可任事者。

二舍共一井爨，灰、康、粃、秠、馬矢皆謹收藏之。城上之備：渠譫、藉車、行棧、行樓、到、頡皐、連梃、長斧、長椎、長茲、距、飛衝、縣□、批屈樓。五步一堞，下爲爵穴，三尺而一。爲薪，皐二圍，長四尺半，必有絜。瓦石重二斤以上，上城上。沙五十步一積，竈置鐵鐕焉，與沙同處。木大二圍，長丈二尺以上，善耿其本，名曰長從，五十步三十。木橋長三丈，毋下五十。復使卒急爲壘壁，以瓦蓋復之。用瓦木罌盛水，且用之，容十斗以上者五十步而十，五斗者十步而二。甒、築，七尺一，築有銻。居屬，五步一。壘五。長斧，柄長八尺。十步一長鎌，柄長八尺。十步一鬬。長椎，柄長六尺，頭長尺，兑其兩端，三步一。

城四面四隅皆爲高磿𢶀，使重室子居其上候適，視其能狀與其進退、左右所移處；失候斬。

適人爲穴而來，我亟使穴師選士，迎而穴之，爲之具內弩以應之。

葛洪《抱朴子內篇》卷一四《勤求》　抱朴子曰「天地之大德曰生」；「生，好物者也。」是以道家之所至秘而重者，莫過乎長生之方也。故血盟乃傳，傳非其人，戒在天罰。先師不敢以輕行授人，須人求之至勤者，猶當揀選至精者乃教之，況乎不好不求，求之不篤者，安可炫其沽以告之哉？其受命不應仙者，雖日見仙人成羣在世，猶必謂彼自異種人，天下別有此物，或呼爲鬼魅之變化，或云偶值於自然，豈有肯謂修爲之所得哉？苟心所不信，雖令赤松、王喬言提其耳，亦當同以爲妖訛。然時頗有識信者，復患於不能勤求明師。夫曉至要得真道者，誠自甚稀，非倉卒可值也。然知之者，但當少耳，亦未嘗絶於世也。由求之者不廣不篤，有仙命者，要自當與之相值也。然求而不得者有矣，未有不求而得者也。世間自有奸僞圖錢之子，而竊道士之號者，不可勝數也。然此等復不謂挺無所知也，皆復粗開頭角，或妄沽名，加之以伏邪飾僞，而好事之徒，不識其真僞者，徒多之進問，自取誑惑，而拘制之，不令得行，廣尋奇士異人，而告之曰：道盡於此矣。以誤於有志者之不少，可嘆可恚也！或聞有曉消五雲、飛八石、轉九丹、冶黄白、水瓊瑶、化朱碧、凝霜雪於神爐、采靈芝於嵩嶽者，則多而毁之曰：此法獨有赤松、王喬知之，今世之人而云知之者，皆虛妄耳。則淺見之家，不覺此言有詐僞而作，便息遠求之意。悲夫，可爲慨嘆者也！凌晷飆飛，暫少忽老，迅速之甚，喻之無物。百年之壽，三萬餘日耳。幼弱則未有所知，衰邁則歡樂并廢，童蒙昏耄，除數十年，而險隘憂病，相尋代有，居世之年，略消其半，計定得百年者，喜笑平和，則不過五六十年，咄嗟滅盡，哀憂昏耄，六七千日耳，顧眄已盡矣，況於全百年者，萬未有一乎？諦而念之，亦無以笑彼夏蟲朝菌也。蓋不知道者之所至悲矣。里語有之：「人在世間，日失一日，如牽牛羊以詣屠所，每進一步，而去死轉近。」此譬雖醜，而實理也。達人所以不愁死者，非不欲求，亦固不知所以免死之術，而空白焦慮，無益於事。故云樂天知命，故不憂耳，非不欲久生也。姬公請代武王，仲尼曳杖悲懷，是知聖人亦不樂速死矣。俗人見莊周有大夢之喻，因復竟共張齊死生之論。蓋詭道强達，陽作違抑之言，皆仲尼所爲破律應煞者也。今察諸有此談者，被疾病則遽針灸，冒危險則甚畏死。然末俗通弊，不崇真信，背典誥而治子書，若不吐反理之巧辨者，則謂之樸野，非老莊之學。故無骨殖而取偶俗之徒，遂流漂於不然之説，而不能自返也。老子以長生久視爲業，而莊周貴於摇尾涂中，不爲被網之龜，被繡之牛，餓而求粟於河侯，以此知其不能齊死生也。晚學不能考校虛實，偏據一句，不亦謬乎？且夫深入九泉之下，長夜罔極，始爲螻蟻之糧，終與塵壤合體，令人怛然心熱，不覺咄嗟。其若心有求生之志，何可不棄置不急之事，以修玄妙之業哉！其不信則已矣。其信之者，復患於俗情之不蕩盡，而不能專以養生爲意，而營世務之餘暇而爲之，所以或有爲之者，恒病晚而多不成也。凡人之所汲汲者，勢利嗜欲也。苟我身之不全，雖高官重權，金玉成山，妍艷萬計，非我有也。是以上士先營長生之事，長生定可以任意。若未升玄去世，可且地仙人間。若彭祖老子，止人中數百歲，不失人理之歡，然後徐徐登遐，亦盛事也。

然決須好師，師不足奉，亦無由成也。昔漢太后從夏侯勝受《尚書》，賜勝黄金百斤，他物不可勝數，及勝死，又賜勝家錢二百萬，爲勝素服一百日。成帝在東宫時，從張禹受《論語》。及即尊位，賜禹爵關內侯，食邑千户，拜光禄大夫，賜黄金百斤。又遷丞相，進爵安昌侯。年老乞骸骨，賜安車駟馬，黄金百斤，錢數萬。及禹疾，天子自臨省之，親拜禹牀下。章帝在東宫時，從桓榮以受《孝經》。及帝即位，以榮爲太常上卿。天子幸榮第，令榮東面坐，設几仗。會百官及榮門生生徒數百人，帝親自持業講説。賜榮爵關內侯，食邑五千户。及榮病，天子幸其家，入巷下車，抱卷而趨，如弟子之禮。及榮薨，天子爲榮素服。凡此諸君，非能攻城野戰，折衝拓境，懸旌效節，祈連方，轉元功，騁鋭絶域也。徒以一經之業，宣傳章句，而見尊重。巍巍如此！此但能説死人之餘言耳，帝王之貴，猶自卑降以敬事之，世間或有欲試修長生之道者，而不肯謙下於堪師者，直爾蹴迮，從求至要，寧可得乎！夫學者之恭遜驅走，何益於師之分寸乎？然不爾，則是彼心不盡；彼心不盡，則令人告之不力；告之不力，則秘訣何可悉得邪？不得已當以浮淺示之，豈足以成不死之功哉？亦有人皮膚好喜，而信道之誠，不根心神，有所索欲，陽爲曲恭，累日之間，怠慢已出。若值明智之師，且欲詳觀來者變態，試以淹久，故不告之，以測其志。則若此之人，情僞行露，亦終不得而教之，教之亦不得盡言吐實，言不了則爲之無益也。陳安世者，年十三歲，蓋灌叔本之客子耳，先得仙道。叔本年七十皓首，朝夕拜安世曰：「道尊德貴，先得道者則爲師矣，吾不敢倦執弟子之禮也」。由是安世告之要方，遂復仙去矣。夫人生先受精神於天地，後禀氣血於父母，然不得明師，告之以度世之道，則無由免死，鑿石有餘焰，年命已凋頹矣。由此論之，明師之恩，誠爲過於天地，重於父母多矣，可不崇之乎？可不求之乎？

酈道元《水經注》卷三《河水》　又南離石縣西。【略】赫連龍升七年，於是水之北，黑水之南，遣將作大匠梁公叱干阿利改築大城，名曰統萬城。蒸土加功。雉堞雖久，崇墉若新。

酈道元《水經注》卷一〇《濁漳水》　石氏於文昌故殿處，造東、西太武二殿於濟北穀城之山，採文石爲基，一基下五百武直宿衛。屈柱趺瓦，悉鑄銅爲之，金漆圖飾焉。又徙長安、洛陽銅人，置諸宫前，以華國也。城之西北有三臺，皆因城爲之基，巍然崇舉，其高若山，建安十五年魏武所起，平坦略盡。《春秋古地》云：葵丘，地名，今鄴西三臺是也。謂臺已平，或更有見，意所未詳。中曰銅雀臺，高十丈，有屋百一間，臺成，命諸子登之，并使爲賦。陳思王下筆成章，美捷當時。亦魏武望奉常王叔治之處也，昔嚴才與其屬攻掖門，脩聞變，車馬未至，便將官屬步至宫門，太祖在銅雀臺望見之曰：彼來者必王叔治也。相國鍾繇曰：舊京城有變，九卿各居其府，卿何來也？脩曰：食其禄，焉避其難，居府雖舊，非赴難之義。時人以爲美談矣。石虎更增二丈，立一屋，連棟接榱，彌覆其上，盤回隔之，名曰命子窟。又於屋上起五層樓，高十五丈，去地二十七丈，又作銅雀於樓巔，舒翼若飛。南則金虎臺，高八丈，有屋百九間。北曰冰井臺，亦高八丈，有屋百四十五間，上有冰室，室有數井，井深十五丈，藏冰及石墨焉。石墨可書，又燃之難盡，亦謂之石炭。又有粟窖及鹽窖，以備不虞。今窖上猶有石銘存焉。左思《魏都賦》曰：三臺列峙而峥嶸者也。城有七門，南曰鳳陽門，中曰中陽門，次曰廣陽門，東曰建春門，北曰廣德門，次曰厩門，西曰金明門，一曰白門。鳳陽門三臺洞開，高三十五丈，石氏作層觀架其上，置銅鳳，頭高一丈六尺。東城上，石氏立東明觀，觀上加金博山，謂之「鏘天」。北城上有齊斗樓，超出羣榭，孤高特立。其城東西七里，南北五里，飾表以磚，百步一樓，凡諸宫殿、門臺、隅雉，皆加觀榭。層甍反宇，飛檐拂雲，圖以丹青，色以輕素。當其全盛之時，去鄴六七十里，遠望苕亭，巍若仙居。魏因漢祚，復都洛陽，以譙爲先人本國，許昌爲漢之所居，長安爲西京之遺迹，鄴爲王業之本基，故號五都也。今相州刺史及魏郡治。漳水自西門豹祠北逕趙閲馬臺西，基高五丈，列觀其上，石虎每講武於其下，升觀以望之。

酈道元《水經注》卷一三《灅水》　羊水又東注於如渾水，亂流逕方山南，嶺上有文明太皇太后陵，陵之東北有高祖陵。二陵之南有永固堂，堂之四周隅雉，列榭階欄檻及扉户，梁壁，椽瓦，悉文石也。檐前四柱，採洛陽之八風谷黑石爲之，雕鏤隱起，以金銀間雲矩，有若錦焉。堂之内外，四側結兩石趺，張青石屏風，以文石爲緣，并隱起忠孝之容，題刻貞順之名。廟前鐫石爲碑獸，碑石至佳，左右列柏，四周迷禽暗日。院外西側，有思遠靈圖，圖之西有齋堂，南門表二石闕，闕下斬山，累結御路，下望靈泉宫池，皎若圓鏡矣。如渾水又南至靈泉池，枝津東南注池，池東西百步，南北二百步。池渚舊名白楊泉，泉上有白楊樹，因以名焉，其猶長楊、五柞之流稱矣。南面舊京，北背方嶺，左右山原，亭觀繡峙，方湖反景，若三山之倒水下。【略】

魏天興二年，遷都於此，太和十六年，破安昌諸殿，造太極殿東、西堂及朝堂，夾建象魏，乾元、中陽、端門、東、西二掖門，雲龍、神虎、中華諸門，皆飾以觀閣。東堂東接太和殿，殿之東階下有一碑，太和中立，石是洛陽八風谷之緇石也。太和殿之東北，接紫宫寺，南對承賢門，門南即皇信堂，堂之四周，圖古聖、忠臣、烈士之容，刊題其側，是辯章郎彭城張僧達、樂安蔣少游筆。堂南對白臺，臺甚高廣，臺基四周列壁，閣道自内而升，國之圖篆秘籍，悉積其下。臺西即朱明閣，直侍之官，出入所由也。其水夾御路，南流逕蓬臺西，魏神瑞三年，又建白樓，樓甚高竦，加觀榭於其上，表裏飾以石粉，皜曜建素，赭白綺分，故世謂之白樓也。後置大鼓於其上，晨昏伐以千椎，爲城裏諸門啓閉之候，謂之戒晨鼓也。又南逕皇舅寺西，是太師昌黎王馮晉國所造，有五層浮圖，其神圖像皆合青石爲之，加以金、銀、火齊，衆彩之上，煒煒有精光。又南逕永寧七級浮圖西，其制甚妙，工在寡雙。

鄺道元《水經注》卷一四《鮑丘水》 鮑丘水又東，巨梁水注之，水出土垠縣北陳宮山，西南流逕觀鷄山，謂之觀鷄水。水東有觀鷄寺，寺內起大堂，甚高廣，可容千僧，下悉結石爲之，上加塗塈，基內疏通，枝經脉散，基側室外，四出爨火，炎勢內流，一堂盡溫。蓋以此土寒嚴，霜氣肅猛，出家沙門，率皆貧薄，施主慮闕道業，故崇斯構，是以志道者多栖托焉。

鄺道元《水經注》卷一六《穀水》 穀水又東逕金墉城北，魏明帝於洛陽城西北角築之，謂之金墉城。起層樓於東北隅，《晉宮閣名》曰：金墉有崇天堂，即此。地上架木爲榭，故白樓矣。皇居創徙，宮極未就，止蹕於此。構宵榭於故臺，所謂臺以停停也。南曰乾光門，夾建兩觀，觀下列朱桁於塹，以爲御路。東曰含春門，北有退門，城上西面列觀，五十步一睥睨，屋臺置一鐘以和漏鼓，西北連廡函蔭，墉比廣榭。炎夏之日，高視常以避暑。爲緑水池一所，在金墉者也。穀水逕洛陽小城北，因阿舊城，憑結金墉，故向城也。永嘉之亂，結以爲壘，號洛陽壘，故《洛陽記》曰：陵雲臺西有金市，金市北對洛陽壘者也。又東歷大夏門下，故夏門也。陸機《與弟書》云：門有三層，高百尺，魏明帝造，門內東側，際城有魏明帝所起景陽山，餘基尚存。孫盛《魏春秋》曰：景初元年，明帝愈崇宮殿雕飾觀閣，取白石英及紫石英及五色大石於太行穀城之山，起景陽山於芳林園，樹松竹草木，捕禽獸以充其中。於時百役繁興，帝躬自掘土，率羣臣三公已下，莫不展力。山之東，舊有九江，陸機《洛陽記》曰：九江直作圓水。水中作圓壇三破之，夾水得相逕通。《東京賦》曰：濯龍芳林，九谷八溪，芙蓉覆水，秋蘭被涯。今也，山則塊阜獨立。江無復仿佛矣。穀水又東，枝分南入華林園，歷疏圃南，圃中有古玉井，井悉以珉玉爲之，以緇石爲口，工作精密，猶不變古，璨焉如新。又逕瑶華宮南，歷景陽山北，山有都亭，堂上結方湖，湖中起御坐石也。御坐前建蓬萊山，曲池接筵，飛沼拂席，南面射侯，夾席武峙，背山堂上，則石路崎嶇，岩嶂峻險，雲臺風觀，纓巒帶阜，游觀者升降阿閣，出入虹陛，望之狀鳧没鸞舉矣。其中引水飛皋，傾瀾瀑布，或枉渚聲溜，潺潺不斷，竹柏蔭於層石，繡薄叢於泉側，微飇暫拂，則芳溢於六空，實爲神居矣。其水東注天淵池，池中有魏文帝九華臺，殿基悉是洛中故碑累之，今造釣臺於其上。池南直魏文帝茅茨堂，前有《茅茨碑》，是黄初中所立也。其水自天淵池東出華林園，逕聽訟觀南，故平望觀也。

【略】

穀水又南逕白馬寺東，昔漢明帝夢見大人，金色，項佩白光。以問羣臣，或對曰：西方有神名曰佛，形如陛下所夢，得無是乎？於是發使天竺，寫致經像，始以榆欓盛經，白馬負圖，表之中夏。故以白馬爲寺名。此榆欓後移在城內愍懷太子浮圖中，近世復遷此寺，然金光流照，法輪東轉，創自此矣。穀水又南逕平樂觀東，李尤《平樂觀賦》曰：乃設平樂之顯觀，章秘偉之奇珍。華嶠《後漢書》曰：靈帝於平樂觀下起大壇，上建十二重，五采華蓋高十丈。壇東北爲小壇，復建九重，華蓋高九丈，列奇兵騎士數萬人，天子住大蓋下。禮畢，天子躬擐甲，稱無上將軍，行陣三匝而還，設秘戲以示遠人。故《東京賦》曰：其西則有平樂都場，示遠之觀，龍雀蟠蜿，天馬半漢。應劭曰：飛廉神禽，能致風氣，古人以良金鑄其象。明帝永平五年，長安迎取飛廉并銅馬，置上西門外平樂觀。今於上西門外無他基觀。惟西明門外獨有此臺，巍然廣秀，疑即平樂觀也。又言皇女稚殤，埋於臺側，故復名之曰皇女臺。晉灼曰：飛廉，鹿身頭如雀有角，而蛇尾豹文。董卓銷爲金用，銅馬徙於建始殿東階下，胡軍喪亂，此象遂淪。

鄺道元《水經注》卷一九《渭水》 池水北逕鄗京東，秦阿房宮西，《史記》曰：秦始皇三十五年，以咸陽人多，先王之宮小，乃作朝宮於渭南，亦曰阿城也。始皇先作前殿阿房，可坐萬人，下可建五丈旗，周馳爲閣道，自殿直抵南山。表山巔爲闕，爲複道自阿房度渭，屬之咸陽，象天極，閣道絶漢抵營室也。《關中記》曰：阿房殿在長安西南二十里，殿東西千步，南北三百步，庭中受十萬人。其水又屈而逕其北，東北流注堨水陂。陂水北出，逕漢武帝建章宮東，於鳳闕南，東注泬水。泬水又北逕鳳闕東，《三輔黄圖》曰：建章宮，漢武帝造，周二十餘里，千門萬户。其東鳳闕，高七丈五尺，俗言貞女樓，非也。《漢武帝故事》云：闕高二十丈。《關中記》曰：建章宮圓闕，臨北道，有金鳳在闕上，高丈餘，故號鳳闕也。故繁欽《建章鳳闕賦》曰：秦、漢規模，廓然毁泯，惟建章、鳳闕，巋然獨存，雖非象魏之制，亦一代之巨觀也。泬水又北，分爲二水：一水東北流，一水北逕神明臺東，《傅子宮室》曰：上於建章中作神明臺、井榦樓，咸高五十餘丈，皆作懸閣，輦道相屬焉。《三輔黄圖》曰：神明臺在建章宮中，上有九室，今人謂之九子臺，即實非也。泬水又逕漸臺東，《漢武帝故事》曰：建章宮北有太液池，池中有漸臺三十丈。漸，浸也，爲池水所漸，一説星名也。南有「璧門」三層，高三十餘丈，中殿十二間，階陛咸以玉爲之，鑄銅鳳五丈，飾以黄金，樓屋上椽首，薄以玉璧。因曰璧玉門也。泬水又北流注渭，亦謂是水爲潏水也。故呂忱曰：潏水出杜陵縣。《漢書音義》曰：潏，水聲，而非水也。亦曰高都水。前漢之末，王氏五侯大治池宅，引泬水入長安城。故百姓歌之曰：五侯初起，曲陽最怒，壞決高都，竟連五杜，土山、漸臺，像西白虎。即是水也。

王莽地皇元年，博徵天下工匠，壞撤西苑、建章諸宫館十餘所，取材瓦以起九廟，算及吏民，以義入錢穀，助成九廟。廟殿皆重屋，太初祖廟，東西南北各四十丈，高十七丈，餘廟半之，爲銅薄櫨，飾以金銀雕文，窮極百工之巧，褫高增下，功費數百巨萬，卒死者萬數。

渭水右逕新豐縣故城北，東與魚池水會，水出麗山東北，本導源北流，後秦始皇葬於山北，水過而曲行，東注北轉，始皇造陵，取土其地，汙深水積成池，謂之魚池也。在秦皇陵東北五里，周圍四里，池水西北流，逕始皇冢北。秦始皇大興厚葬，營建冢壙於麗戎之山，一名藍田，其陰多金，其陽多玉，始皇貪其美名，因而葬焉。斬山鑿石，下錮三泉，以銅爲椁，旁行周回三十餘里，上畫天文星宿之象，下以水銀爲四瀆、百川、五嶽、九州，具地理之勢。宫觀百官，奇器珍寶，充滿其中。令匠作機弩，有所穿近，輒射之。以人魚膏爲燈燭，取其不滅者久之。后宫無子者，皆使殉葬甚衆。墳高五丈，周回五里餘，作者七十萬人，積年方成。而周章百萬之師，已至其下，乃使章邯領作者以御難，弗能禁。項羽入關，發之，以三十萬人三十日運物不能窮。關東盜賊，銷椁取銅，牧人尋羊燒之，火延九十日不能滅。

渭水又東逕長安城北，漢惠帝元年築，六年成，即咸陽也。秦離宫無城，故城之，王莽更名常安。十二門：東出北頭第一門，本名宣平門，王莽更名春王門正月亭，一曰東都門，其郭門亦曰東都門，即逢萌掛冠處也。第二門，本名清明門，一曰凱門，王莽更名宣德門布恩亭，內有藉田倉，亦曰藉田門。第三門，本名霸城門，王莽更名仁壽門無疆亭，民見門色青，又名青城門，或曰青綺門，亦曰青門。門外舊出好瓜，昔廣陵人邵平爲秦東陵侯，秦破，爲布衣，種瓜此門，瓜美，故世謂之東陵瓜，是以阮籍《咏懷詩》云：昔聞東陵瓜，近在青門外，連畛拒阡陌，子母相鉤帶。指謂此門也。南出東頭第一門，本名覆盎門，王莽更名永清門長茂亭。其南有下杜城，應劭曰：故杜陵之下聚落也，故曰下杜門，又曰端門，北對長樂宫。第二門，本名安門，亦曰鼎路門，王莽更名光禮門顯樂亭，北對武庫。第三門，本名平門，又曰便門。王莽更各信平門誠正亭，一曰西安門，北對未央宫。西出南頭第一門，本名章門，王莽更名萬秋門億年亭，亦曰光華門也。第二門，本名直門，王莽更名直道門端路亭，故龍樓門也。張晏曰：門樓有銅龍，《三輔黄圖》曰：長安西出第二門，即此門也。第三門，本名西城門，亦曰雍門，王莽更名章義門著義亭，其水北入有函里，民名曰函里門，亦曰突門。北出西頭第一門，本名横門，王莽更名霸都門左幽亭，如淳曰：音光，故曰光門。其外郭有都門，有棘門，徐廣曰：棘門在渭北。孟康曰：在長安北，秦時宫門也。如淳曰：《三輔黄圖》曰棘門在横門外，按《漢書》，徐厲軍於此備匈奴，又有通門、亥門也。第二門，本名厨門，又曰朝門，王莽更名建子門廣世亭，一曰高門。蘇林曰：高門，長安城北門也，其内有長安厨官在東，故名曰厨門也。如淳曰：今名廣門也。第三門，本名杜門，亦曰利城門，王莽更名進和門臨水亭，其外有客舍，故民曰客舍門，又曰洛門也。凡此諸門，皆通逵九達，三途洞開，隱以金椎，周以林木，左出右入，爲往來之徑，行者升降，有上下之别。漢成帝之爲太子，元帝嘗急召之，太子出龍樓門不敢絶馳道，西至直城門方乃得度。上怪遲，問其故，以狀對，上悦，乃著令令太子得絶馳道也。渭水東合昆明故渠，渠上承昆明池東口，東逕河池陂北，亦曰女觀陂。又東合泬水，亦曰漕渠。又東逕長安縣南，東逕明堂南，舊引水爲辟雍處，在鼎路門東南七里，其制上圓下方，九宫十二堂，四向五室，堂北三百步有靈臺，是漢平帝元始四年立。渠南有漢故圜丘，成帝建始二年，罷雍五畤，始祀皇天上帝於長安南郊。應劭曰：天郊在長安南，即此也。故渠之北有白亭博望苑，漢武帝爲太子立，使通賓客，從所好也。太子巫蠱事發，斫杜門東出，史良娣死，葬於苑北，宣帝以爲戾園，以倡優千人樂思後園廟，故亦曰千鄉。故渠又東而北屈逕青門外，與泬水枝渠會。渠上承泬水於章門西，飛渠引水入城，東爲倉池，池在未央宫西，池中有漸臺。漢兵起，王莽死於此臺。又東逕未央宫北，高祖在關東，令蕭何成未央宫，何斬龍首山而營之。山長六十餘里，頭臨渭水，尾達樊川，頭高二十丈，尾漸下，高五、六丈，土色赤而堅，云昔有黑龍從南山出飲渭水，其行道因山成迹，山即基，闕不假築，高出長安城。北有玄武闕，即北闕也。東有蒼龍闕，闕内有閶闔、止車諸門。未央殿東有宣室、玉堂、麒麟、含章、白虎、鳳皇、朱雀、鵷鸞、昭陽諸殿，天禄、石渠、麒麟三閣。未央宫北，即桂宫也。周十餘里，内有明光殿、走狗臺、柏梁臺，舊乘複道，用相逕通。故張衡《西京賦》曰：鈎陳之外，閣道穹隆，屬長樂與明光。

酈道元《水經注》卷二三《獲水》 獲水自净净溝東逕阿育王寺北，或言楚王英所造,非所詳也。蓋遵育王之遺法,因以名焉。與安陂水合,水上承安陂餘波,北逕阿育王寺,側水上有梁,謂之玄注橋,水旁有石墓,宿經開發,石作工奇,殊爲壯構,而不知誰冢,疑即澄之所謂淩冢也。

酈道元《水經注》卷二五《泗水》 魏黄初元年,文帝令郡國修起孔子舊廟,置百石吏卒,廟有夫子像,列二弟子,執卷立侍,穆穆有詢仰之容。漢、魏以來,廟列七碑,二碑無字,栝柏猶茂。廟之西北二里,有顔母廟,廟像猶嚴,有修栝五株。孔廟東南五百步,有雙石闕,即靈光之南闕,北百餘步即靈光殿基,東西二十四丈,南北十二丈,高丈餘,東西廊廡别舍,中間方七百餘步,闕之東北有浴池,方四十許步,池中有釣臺,方十步,臺之基岸,悉石也,遺基尚整。故王延壽賦曰:周行數里,仰不見日者也。是漢景帝程姬子魯恭王之所造也。殿之東南,即泮宫也,在高門直北道西,宫中有臺,高八十尺,臺南水東西百步,南北六十步,臺西水南北四百步,東西六十步,臺池咸結石爲之,《詩》所謂思樂泮水也。

酈道元《水經注》卷二六《沭水》 又東南過莒縣東,《地理志》曰:莒子之國,盈姓也,少昊后。《列女傳》曰:齊人杞梁殖襲莒戰死,其妻將赴之,道逢齊莊公,公將吊之。杞梁妻曰:如殖死有罪,君何辱命焉;如殖無罪,有先人之敝廬在,下妾不敢與郊吊。公旋車吊諸室,妻乃哭於城下,七日而城崩。故《琴操》云:殖死,妻援琴作歌曰:樂莫樂兮新相知,悲莫悲兮生别離。哀感皇天,城爲之墮。即是城也。其城三重,并悉崇峻,惟南開一門,内城方十二里,郭周四十許里。《尸子》曰:莒君好鬼巫而國亡。無知之難,小白奔焉。樂毅攻齊,守險全國。秦始皇縣之,漢興以爲城陽國,封朱虚侯章,治莒,王莽之莒陵也。光武合城陽國爲琅邪國,以封皇子京,雅好宫室,窮極伎巧,壁帶飾以金銀。明帝時,京不安莒,移治開陽矣。沭水又南,袁公水東出清山遵坤維而注沭。沭水又南,潯水注之,水出於巨公之山,西南流,舊堨以溉田,東西二十里,南北十五里。潯水又西南流入沭。沭水又南與葛陂水會,水發三柱山,西南流逕闞士城南,世謂之闞陽城。

酈道元《水經注》卷三一《滍水》 水南有漢中常侍長樂太僕吉成侯州苞冢,冢前有碑,基西枕岡城,開四門,門有兩石獸,墳傾墓毁,碑獸淪移,人有掘出一獸,猶全不破,甚高壯,頭去地減一丈許,作制甚工,左膊上刻作「辟邪」字,門表壍上起石橋,歷時不毁。其碑云:六帝四后,是諮是諏。蓋仕自安帝,没於桓后。於時閹閹擅權,五侯暴世,割剥公私,以事生死,夫封者表有德,碑者頌有功,自非此徒。何用許爲?石至千春,不若速朽,苞墓萬古,祇彰誚辱。嗚呼,愚亦甚矣。

酈道元《水經注》卷三二《肥水》 肥水左瀆又西逕石橋門北,亦曰草市門,外有石梁渡北洲,洲上有西昌寺,寺三面阻水,佛堂設三像,真容妙相,相服精煒,是蕭武帝所立也。寺西,即船官坊,蒼兕都水,是營是作。湖北對八公山,山無樹木,惟童阜耳。山上有淮南王劉安廟,劉安是漢高帝之孫,厲王長子也,折節下士,篤好儒學,養方術之徒數十人,皆爲俊異焉,多神仙秘法鴻寶之道。忽有八公,皆鬚眉皓素,詣門希見,門者曰:吾王好長生,今先生無住衰之術,未敢相聞。八公咸變成童,王甚敬之。八士并能煉金化丹,出入無間,乃與安登山埋金於地,白日升天,余藥在器,鷄犬舐之者,俱得上升。其所升之處,踐石皆陷,人馬迹存焉,故山即以八公爲目。余登其上,人馬之迹無聞矣,惟廟像存焉。廟中圖安及八士像,皆坐牀帳如平生,被服纖麗,咸羽扇裙帔,巾壺枕物,一如常居。廟前有碑,齊永明十年所建也。山有隱室石井,即崔琰所謂:余下壽春,登北嶺淮南之道室,八公石井在焉。亦云:左吴與王春、傅生等尋安,同詣玄洲還爲著記,號曰《八公記》,都不列其鷄犬升空之事矣,按《漢書》,安反伏誅,葛洪明其得道,事備《抱樸子》及《神仙傳》。

酈道元《水經注》卷三四《江水二》 縣東北數十里有屈原舊田宅,雖畦堰縻漫,猶保屈田之稱也。縣北一百六十里有屈原故宅,累石爲室基,名其地曰樂平里,宅之東北六十里有女嬃廟,擣衣石猶存。故《宜都記》曰:秭歸蓋楚子熊繹之始國,而屈原之鄉里也。原田宅於今具存,指謂此也。

酈道元《水經注》卷三六《温水》 應劭《地理風俗記》曰:日南,故秦象郡。漢武帝元鼎六年開日南郡,治西卷縣。《林邑記》曰:城去林邑,步道四百餘里。《交州外域記》曰:從日南郡南,去到林邑國,四百餘里。准逕相符,然則城故西卷縣也。《地理志》曰:水入海,有竹可爲杖。王莽更之曰日南亭。《林邑記》曰:其城治二水之間,三方際山,南北瞰水,東西澗浦,流湊城下,城西折十角,周圍六里一百七十步,東西度六百五十步,磚城二丈,上起磚墻一丈,開方隙孔。磚上倚板,板上五重層閣,閣上架屋,屋上架樓,樓高者七八丈,下者五六丈。城開十三門,凡宫殿南向屋宇二千一百餘間。市居周繞,阻峭地險,故林邑兵器戰具,悉在區粟。多城壘,自林邑王范胡達始,秦餘徙民,染同夷化,日南舊風,變易俱盡。巢棲樹宿,負郭接山,榛棘蒲薄,騰林拂雲,幽煙冥緬,非生人所安。區粟建八尺表，日影度南八寸，自此影以南在日之南，故以名郡。望北辰星，落在天際。日在北，故開北户以向日。此其大較也。范泰《古今善言》曰：日南張重，舉計入洛，正旦大會，明帝問：日南郡北向視日邪？重曰：今郡有雲中、金城者，不必皆有其實，日亦俱出於東耳。至於風氣暄暖，日影仰當，官民居止隨情，面向東西南北，回背無定，人性凶悍，果於戰斗，便山習水，不閑平地。古人云：五嶺者，天地以隔内外，況綿途於海表，顧九嶺而彌邈，非復行路之逕阻，信幽荒之冥域者矣。壽泠水自城南，東與盧容水合，東注郎究，究水所積，下潭爲湖，謂之郎湖。浦口有秦時象郡，墟域猶存。自湖南望，外通壽泠，從郎湖入四會浦。元嘉二十年，以林邑頑凶，歷代難化，恃遠負衆，慢威背德，北寶既臻，南金闕貢，乃命偏將與龍驤將軍交州刺史檀和之陳兵日南，修文服遠。二十三年，揚旍從四會浦口入郎湖。軍次區粟，進逼圍城，以飛梯雲橋，懸樓登壘，鉦鼓大作，虎士電怒，風烈火揚，城摧衆陷。斬區粟王范扶龍首，十五以上，坑截無赦，樓閣雨血，填屍成觀。自四會南入，得盧容浦口。晉太康三年，省日南郡屬國都尉，以其所統盧容縣置日南郡及象林縣之故治。《晉書地道記》曰：郡去盧容浦口二百里，故秦象郡象林縣治也。永和五年，征西桓温遣督護滕畯率交、廣兵伐范文於舊日南之盧容縣，爲文所敗，即是處也。退次九真，更治兵。文被創死，子佛代立。七年，畯與交州刺史楊平復進軍壽泠浦，入頓郎湖，討佛於日南故治，佛蟻聚，連壘五十餘里，畯、平破之，佛逃竄川藪，遣大帥面縛，請罪軍門，遣武士陳延勞佛，與盟而還。康泰《扶南記》曰：從林邑至日南盧容浦口可二百餘里，從口南發往扶南諸國，常從此口出也。故《林邑記》曰：盡紘滄之徼遠，極流服之無外。地濱滄海，衆國氾逕。鬱水南通壽泠，即一浦也。浦二咸交趾郡南都官塞浦。《林邑記》曰：浦通銅鼓、外越、安定、黄岡心口，蓋藉度銅鼓，即駱越也。有銅鼓，因得其名。馬援取其鼓以鑄銅馬，至鑿口，馬援所鑿，内通九真、浦陽。《晉書地道記》，九德郡有浦陽縣。《交州記》曰，鑿南塘者，九真路之所經也，去州五百里，建武十九年，馬援所開。《林邑記》曰：外越、紀粟、望都、紀粟出浦陽。渡便州，至典由，渡故縣，至咸驩。咸驩屬九真，咸驩已南，麞麂滿岡，鳴咆命疇，警嘯聒野，孔雀飛翔，蔽日籠山。渡治口，至九德。按《晉書地道記》有九德縣。《交州外域記》曰：九德縣屬九真郡，在郡之南，與日南接。蠻盧轝居其地，死，子寶綱代，孫黨，服從吴化，定爲九德郡，又爲隸之。《林邑記》曰：九德，九夷所極，故以名郡。郡名所置，周越裳氏之夷國。《周禮》，九夷遠極越裳。白雉、象牙，重九譯而來。自九德通類口，水源從西北遠荒，逕寧州界來也。九德浦内逕越裳究、九德究、南陵究。按《晉書地道記》，九德郡有南陵縣，晉置也。竺枝《扶南記》，山溪瀨中謂之究。《地理志》曰：郡有小水五十二，并行大川，皆究之謂也。《林邑記》曰：義熙九年，交趾太守杜慧度造九真水口，與林邑王范胡達戰，擒斬胡達二子，虜獲百餘人，胡達遁。五月，慧度自九真水歷都粟浦，復襲九真，長圍跨山，重栅斷浦，驅象前鋒，接刃城下，連日交戰，殺傷乃退。《地理志》曰：九真郡，漢武帝元鼎六年開，治胥浦縣，王莽更之曰驩成也。《晉書地道記》曰：九真郡有松原縣，《林邑記》曰：松原以西，鳥獸馴良，不知畏弓，寡婦孤居，散發至老，南移之嶺，崒不逾仞，倉庚懷春於其北，翡翠熙景乎其南。雖嚶歡接響，城隔殊非，獨步難游，俗姓涂分故也。自南陵究出於南界蠻，進得横山，太和三年，范文侵交州，於横山分界，度比景廟，由門浦至古戰灣。吴赤烏十一年，魏正始九年，交州與林邑於灣大戰，初失區粟也。渡盧容縣，日南郡之屬縣也。自盧容縣至無變，越烽火至比景縣，日中頭上，景當身下，與景爲比。如淳曰：故以比景名縣。闞駰曰：比，讀蔭庇之庇。景在己下，言爲身所庇也。《林邑記》曰：渡比景至朱吾。朱吾縣浦，今之封界，朱吾以南，有文狼人，野居無室宅，依樹止宿，食生魚肉，採香爲業，與人交市，若上皇之民矣。縣南有文狼究，下流逕通。《晉書地道記》曰：朱吾縣屬日南郡，去郡二百里，此縣民，漢時不堪二千石長吏，調求引屈都乾爲國。《林邑記》曰：屈都，夷也。朱吾浦内通無勞湖，無勞究水通壽泠浦。元嘉元年，交州刺史阮彌之征林邑，陽邁出婚不在，奮威將軍阮謙之領七千人，先襲區粟，已過四會，未入壽泠，三日三夜無頓止處，凝海直岸，遇風大敗。陽邁携婚，郡部伍三百許船來相救援，謙之遭風，余數船艦，夜於壽泠浦里相遇，暗中大戰，謙之手射陽邁柂工，船敗縱横，崑崙單舸，接得陽邁。謙之以風溺之餘，制勝理難，自此還渡壽泠，至温公浦。升平三年，温放之征范佛於灣分界陰陽圻，入新羅灣，至焉下，一名阿賁浦，入彭龍灣隱避風波，即林邑之海渚。元嘉二十三年，交州刺史檀和之破區粟已，飛旍蓋海，將指典冲，於彭龍灣上鬼塔，與林邑大戰，還渡典冲、林邑入浦，令軍大進，持重故也。浦西，即林邑都也，治典冲，去海岸四十里，處荒流之徼表，國越裳之疆南，秦、漢象郡之象林縣也。東濱滄海，西際徐狼，南接扶南，北連九德。後去象林、林邑之號，建國起自漢末，初平之亂，人懷異心，象林功曹姓區，有子名逵，攻其縣殺令，自號爲王，值世亂離，林邑遂立，後乃襲代傳位子孫，三國鼎争，未有所附。吴有交土，與之鄰接，進侵壽泠以爲疆界。自區逵以後，國無文史，失其纂代，世數難詳，宗胤滅絶，無復種裔。外孫范熊代立，人情樂推。後熊死，子逸立，有范文，日南西卷縣夷帥范椎奴也。文爲奴時，山澗牧羊，於澗水中得兩鯉魚，隱藏挾歸，規欲私食。郎知檢求，文大慚懼，起托云：將礪石還，非爲魚也。郎至魚所，見是兩石，信之而去，文始異之。石有鐵文，入山中就石冶鐵，鍛作兩刀，舉刃向鄣，因祝曰：鯉魚變化，冶石成刀，斫石鄣破者是有神靈，文當得此，爲國君王；斫不入者，是刀無神靈。進斫石鄣，如龍淵、干將之斬蘆藁，由是人情漸附。今斫石尚在，魚刀猶存，傳國子孫，如斬蛇之劒也。椎嘗使文遠行商賈，北到上國，多所聞見。以晉愍帝建興中，南至林邑，教王范逸製造城池，繕治戎甲，經始廓略。王愛信之，使爲將帥，能得衆心。文讒王諸子，或徙或奔，王乃獨立，成帝咸和六年死，無胤嗣。文迎王子於外國，海行取水，置毒椰子中，飲而殺之，遂脅國人，自立爲王。取前王妻妾置高樓上，有從己者，取而納之；不從己者，絶其飲食而死。《江東舊事》云：范文本揚州人，少被掠爲奴，賣墮交州，年十五六，遇罪當得杖，畏怖因逃，隨林邑賈人渡海遠去，没入於王，大被幸愛。經十餘年，王死，文害王二子，詐殺侯將，自立爲王，威加諸國。或夷椎蠻語，口食鼻飲，或雕面鏤身，狼䑋裸種。漢、魏流赭，咸爲其用。建元二年，攻日南、九德、九真，百姓奔迸，千里無煙，乃還林邑。林邑西去廣州二千五百里，城西南角，高山長嶺，連接天障，嶺北接澗，大源淮水出郍郍遠界，三重長洲，隱山繞西，衛北回東，其嶺南開澗；小源淮水出松根界上山壑流，隱山繞南，曲街回東，合淮流以注典冲。其城西南際山，東北瞰水，重塹流浦，周繞城下，東南塹外，因傍薄城，東西橫長，南北縱狹，北邊西端，回折曲入。城周圍八里一百步，磚城二丈，上起磚墻一丈，開方隙孔，磚上倚板，板上層閣，閣上架屋，屋上構樓，高者六七丈，下者四五丈，飛觀鴟尾，迎風拂雲，緣山瞰水，騫翦嵬嶤，但製造壯拙。稽古夷俗，城開四門：東爲前門，當兩淮渚濱，於曲路有古碑，夷書銘贊前王胡達之德。西門當兩重塹，北回上山，山西，即淮流也。南門度兩重塹，對温公壘。升平二年，交州刺史温放之殺交趾太守杜寶、别駕阮朗，遂徵林邑，水陸累戰，佛保城自守，重求請服，聽之。今林邑東城南五里有温公二壘是也。北門濱淮，路斷不通。城内小城，周圍三百二十步，合堂瓦殿，南壁不開，兩頭長屋，脊出南北，南擬背日。西區城内，石山順淮面陽，開東向殿，飛檐鴟尾，青瑣丹墀，榱題桷椽，多諸古法。閣殿上柱，高城丈餘五，牛屎爲埿，墻壁青光回度，曲掖綺牖，紫窗椒房，嬪媵無别，宫觀、路寢、永巷，共在殿上，臨踞東軒，徑與下語，子弟臣侍，皆不得上。屋有五十餘區，連甍接棟，檐宇相承。神祠鬼塔，小大八廟，層臺重榭，狀似佛刹。郭無市里，邑寡人居，海岸蕭條，非生民所處，而首渠以永安，養國十世，豈久存哉。

庾信《庾子山集》卷一《賦・鏡賦》 天河漸没，日輪將起。燕噪吴王，烏驚御史。玉花簟上，金蓮帳裏。始摺屏風，新開户扇。朝光晃眼，早風吹面。臨桁下而牽衫，就箱邊而著釧。宿鬟尚卷，殘粧已薄。無復唇珠，纔餘眉蕚。靨上星稀，黄中月落。鏡臺銀帶，本出魏宫。能横却月，巧挂迴風。龍垂匣外，鳳倚花中。鏡乃照膽照心，難逢難值。鏤五色之盤龍，刻千年之古字。山雞看而獨舞，海鳥見而孤鳴。臨水則池中月出，照日則壁上菱生。暫設粧奩，還抽鏡屜。競學生情，争憐今世。鬢齊故略，眉平猶剃。飛花塼子，次第須安。朱開錦蹹，黛蘸油檀。脂和甲煎，澤漬香蘭。量髻鬢之長短，度安花之相去。懸媚子於搔頭，拭釵梁於粉絮。梳頭新罷照著衣，還從粧處取將歸。暫看弦繫，懸知纈縵。衫正身長，裙斜假襻。真成箇鏡特相宜，不能片時藏匣裏，暫出園中也自隨。

庾信《庾子山集》卷三《詩・奉和同泰寺浮屠》 岧岧凌太清，照殿比東京。長影臨雙闕，高層出九城。栱積行雲礙，幡摇度鳥驚。鳳飛如始泊，蓮合似初生。輪重對月滿，鐸韻擬鸞聲。畫水流全住，圖雲色半輕。一作行。露晚盤猶滴，珠朝火更明。雖連博望苑，還接銀沙城。天香下桂殿，仙梵入伊笙。庶聞八解樂，方遣六塵情。

又《詩・同會河陽公新造山池聊得寓目》 橫階仍鑿澗，對户即連峰。暗石疑藏虎，盤根似卧龍。沙州聚亂荻，洞口礙横松。引泉恒數派，開巖即十重。北閣聞吹管，南鄰聽擊鐘。菊寒花正合，杯香酒絶濃。由來魏公子，今日始相逢。

又《詩・登州中新閣》 跨虚凌倒景，連雲拒少陽。璇極龍鱗上，雕甍鵬翅張。千尋文杏照，十里木蘭香。開窗對高掌，平坐望河梁。歌響聞長樂，鐘聲徹建章。賦用王延壽，書須韋仲將。龍來隨畫壁，鳳起逐吹簫。石作芙蓉影，池如明鏡光。花梁反披葉，蓮井倒垂房。徒然思燕賀，無以預鵾翔。

又《詩・北園射堂新成》 軒臺聊可習，仙的不難登。轉箭初調筈，横弓先望堋。驚心一雁落，連臂兩猿騰。直知王濟巧，誰覺魏舒能。空心不死樹，無葉未枯藤。擇賢方知此，傳卮喜得朋。

庾信《庾子山集》卷一二《銘・刀銘三首》 風伯吹爐，雨一作雲。師煉冶。

鐵焰朝流，金精夜下。價重十城，名高千馬。

千金穎合，百鍊鋒成。光連斗氣，燄動山精。身文水動，刃古珠生。斗精遥降，山靈下從。水文千曲，蛇鱗百重。燕砥斂刃，蜀水開鋒。氣生分影，環成屈龍。

孟浩然《孟浩然詩集箋注》外編《登龍興寺閣》　閣道乘空出，披軒遠日開。逶迤見江勢，客至屢縈迴。兹郡何填委，遥山復幾哉。蒼蒼皆草木，處處盡樓臺。驟雨一陽散，行舟四海來。鳥歸餘興滿，周覽更徘徊。

王維《王右丞集箋注》卷一《登樓歌》　聊上君兮高樓，飛甍鱗次兮在下。俯十二兮通衢。綠槐參差兮車馬。卻瞻兮龍首。前眺兮宜春。王畿鬱兮千里。山河壯兮咸秦。舍人下兮青宫。據胡牀兮書空。執戟疲於下位。老夫好隱兮牆東。亦幸有張伯英草聖兮龍騰虬躍。擺長雲兮捩回風。琥珀酒兮彫胡飯。君不御兮日將晚。秋風兮吹衣。夕鳥兮争返。孤砧發兮東城。林薄暮兮蟬聲遠。時不可兮再得。君何爲兮偃蹇。

岑參《岑參集校注》卷一《登千福寺楚金禪師法華院多寶塔》　多寶滅已久，蓮華付吾師。寶塔淩太虚，忽如湧出時。數年功不成，一志堅自持。明主親夢見，世人今始知。千家獻黄金，萬匠磨琉璃。既空秦山木，亦罄天府貲。焚香如雲屯，幡蓋珊珊垂。窸窣神繞護，衆魔不敢窺。作禮覩靈境，焚香方證疑。庶割區中緣，脱身恒在兹。

韓愈《韓昌黎全集》卷四《外集·記宜城驛》　此驛置在古宜城内。驛東北有井，傳是昭王井，有靈異，至今人莫汲。驛前水傳是白起堰西山下澗，灌此城壞，楚人多死流城東陂，臭聞遠近，因號其陂臭陂。有蛟害人，漁者避之。井東北數十步，有楚昭王廟，有舊時高木萬株，多不得其名。歷代莫敢翦伐，尤多古松大竹，于太傅，帥襄陽。遷宜城縣，并改造南境數驛，材木取足此林。舊廟屋極宏盛，今惟草屋一區。然問左側人，尚云：每歲十月，民相率聚祭。其前廟後小城，蓋王居也。其内處偏高，廣員八九十畝，號殿城，當是王朝内之所也。多甎可爲書硯。自小城内地，今皆屬甄氏，甄氏於小城北立墅以居。甄氏有節行，其子逢以學行爲助教。元和十四年二月二日題。

李翱《李翱集》卷一七《雜著·泗州開元寺鐘銘并序》　維泗州開元寺遭罹水火漂焚之餘，僧澄觀與其徒僧若干，復舊室居，作大鐘。貞元十五年，厥功成，於是隴西李翱書辭以紀之：

八月，梓人功既休，戊寅，大鐘成。先時厥初，罹於天災，波沉火燔，既浮爲薪，既飛爲塵。澄觀之功，恢復其居，革舊而新，環墉如陵，臺殿斯嚴，乃三其門，俾後勿逾，其徒不嘩，咸服其勤，有加於初。屋室既同，乃范乃熔，乃作大鐘，乃懸於樓，以鼓其時，以警淮夷。非雷非霆，鏗號其聲，淮夷其驚。上天下地，弗震弗墜。大音無斁，千僧戮力。願昭其績，乃銘於石。

又《舒州新堂銘》　先時寢壞，有隘其廬，乃作斯堂，高嚴旟旟。六楹四楹，裝重架虛，欒拱不設，檐飛袪袪，麗不越度，儉而有餘；左立嘉亭，繚以環除，延延其深，肆肆其紓。吏事既退，齊心以居，思民之病，擇弊而鉏，弗逸弗墜，謹終猶初。大旱之後，鄰邑成墟，獨我州氓，樂哉胥胥，鬼神所福，事匪在予。丞相以言，乃下征書，復官於朝，以解前疽。刻銘於斯，永示羣舒。

又《江州南湖堤銘并序》　長慶二年十二月，江州刺史李君浚之截南陂築堤三千五百尺，高若干尺，廣若干尺，以通四鄉之路，畜水爲湖，人得其贏。正月既畢事，舒州刺史李翱歌以記之，辭曰：

天地作物，功或不周，賢人相之，智與神侔。漭漭南陂，冬乾夏滮，九江漲潮，潛潛逆流。東南百步，城市所由，水積既深，大波其飇。亦有舟航，覆溺之憂，擔乘疊路，車軔其舟。童嬰涕墮，老婦號愁，歷古逮兹，孰爲氓籌？浚之之來，養民如身，乃築長堤，拒江之瀕。厚其錢傭，以飽餓人，南北東西，百里斗臻。莫不用力，千鎚響振，謼歡相勵，不督而勤。堤既成止，岡聯突起，堅若石城，障爲潴水。蒲莞茭芡，鴻鵠鱧鯉，唯其所取，或食或祀。長堤坦坦，植之楊槐，架豁飛圯，以便去來。除險作利，非賢不能，歌示江人，式悦汝懷。

又《趙州石橋銘》　九津九星横河中，天下有道津梁通，石穹隆兮與天終。

温庭筠《温飛卿詩集》卷一《雍臺歌》　太子池南樓百尺，入。窗新樹疎簾隔。黄金鋪首晝鉤陳，羽葆亭童拂交戟。盤紆闌楯臨高臺，帳殿臨流鸞扇開。早雁驚鳴細波起，映花鹵簿龍飛回。

温庭筠《温飛卿詩集》卷六《過華清宫二十二韻》　憶昔開元日，承平事勝遊。貴妃專寵幸，天子富春秋。月白霓裳殿，風乾羯鼓樓。鬭雞花蔽膝，騎馬玉搔頭。繡轂千門伎，金鞍萬户侯。薄雲欹雀扇，輕雪犯貂裘。過客聞《韶濩》，居人識冕旒。氣和春不覺，烟暖霽難收。澀浪和瓊甃，晴陽上彩斿。卷衣輕鬢嬾，窺鏡澹蛾羞。屏掩芙蓉帳，簾褰玳瑁鉤。重瞳分渭曲，纖手指神州。御案迷萱草，天袍妒石榴。深巖藏浴鳳，鮮隰媚潛虬。不料邯鄲蝨，俄成即墨牛。劍鋒揮太皞，旗旆拂蚩尤。内嬖陪行在，孤臣預坐籌。瑶簪遺翡翠，霜仗駐驊騮。豔笑雙飛斷，香魂一哭休。早梅悲蜀道，高樹隔昭邱。朱閣重霄近，蒼厓萬古愁。至今湯殿水，嗚咽縣前流。

董誥《全唐文》卷二九六吕令問《雲中古城賦》 正北曰并，有唐作京，密近戎狄，張皇甲兵。尹也總居守之任，將也當節制之名，故卒乘輯睦，而王都肅清。於是斷武詛，按亭燧，電轉前旌，風飄横吹，楊葉箭的，蓮花劍騎，下代郡而出雁門，抵平城而入胡地。挾纊稱暖，投醪必醉，則知撫之者誠難，用之者不易。

是時陰閉羣山，寒凋衆木，川平塞迥，冰飲霜宿。慷慨乎大荒，倘佯乎游目，區脱潜遁，屠耆懾逐。訴古城之謂何？傳魏家之所築。伊昔晉京板蕩，海懸沸騰，不有所命，將何以興？王師赫怒，爰整其旅，霧集云屯，龍驤鳳舉，棄萬里之沙漠，傍五原之風土，肇爲此都，實惟太祖。

夫其規典章，辨封疆，池桑乾之水，苑秦城之墻，百堵齊矗，九衢相望，歌臺舞榭，月殿雲堂。開儒士於璧沼，貯美人於玉房。翕習沸渭，熒熒煌煌。取威定霸，於是乎在；施令作法，罔或不臧。武破六州之内，文宅三川之陽：何其壯也！

既而年代倏忽，市朝遷徙。干戈鼙鼓之雄，綺羅絲竹之美，孰不煙散雨絶，沙埋灰委？樹名歡而詎存？鳥稱樂而俱死。危堞既覆，高墉復夷，寥落殘徑，依稀舊墀，榛棘蔓而未合，苔蘚紛乎相滋。伏熊斗虀，騰麏聚麋，常鳴悍鶩，乍嘯愁鴟：不可勝紀，但令人悲。胡風起兮馬嘶急，漢月生兮雁飛入。可憐久戍人，懷歸空佇立。

有客志遠才雄，秉義由衷，負詩書禮樂之用，藴蕭曹魏邴之風。虜庭高枕，河源鑿空，霜犯鬢而先白，塵染顔而少紅。三爲都護，五掌元戎，益封而廣國，事利而業崇。獨見凌雲而作賦，誰言坐樹而論功者哉？

董誥《全唐文》卷三三三王諲《柱礎賦》 稽古太初，穴處巢居。則大壯之垂象，上棟下宇，成其室廬。迨於中葉，僭奢違道。木衣綈綉，土被文藻；列蟠螭於欄檻，拖長虹於欂櫨。謂桂柱之不堅，施柱礎以倖其壽考；相萬祀而一人，階天地而相保。其始也，征士尚方，聚徒岩畔；經回溪之紆鬱，梯嵯峨於天半。披林離之修蘿，刮莓苔之爛漫；曜雲霞之彩駁，嘉錦章之輝焕。圖嵌空，設妙算。或攻或鑿，叫嘯相贊；磓山成雷，擊石火散。初仿佛而縷析，忽砰礴以冰泮。五丁力殫，九牛流汗；自彼幽藪，登庸華觀。乃命王爾操繩，公輸削墨；規上成範，方下爲則。錯坎缺之參差，開青熒之古色。入紅壁，對朱扉。廊回月皎，殿廣星稀；隨風起潤，逐日呈輝。扣逶迤之環佩，拂回旋之舞衣。及夫荏苒時移，峥嶸歲久；堂惟荆棘，塵埋户牖。嗟建章之火流，何金石之可守？礎則不易，人將誰壽？礎兮礎兮全堅固，曾見深宫幾人故？

夫礎之爲德，既堅且貞；華而尚素，晦而尚清。象君子之待問，扣之則鳴；誠在位之有式，居必底平。平則可久，久則不傾。無靳固而守樸，非昭章而眩明。庶夫人之鋭意，覽兹物而箴誡。

董誥《全唐文》卷五九七歐陽詹《曲江池記》 水不注川者，在藪澤則曰陂、曰湖，在苑囿則爲池、爲沼。苑之沼，囿之池，力埏而成則多，天然而有則寡。兹池者，其天然歟？循原北峙，回岡旁轉，圓環四匝，中成坳坎，窐窌港洞，生泉噏源。東西三里而遥，南北三里而近。當天邑别卜，繚垣未繞，乃空山之濼，曠野之湫。然黄河作其左塹，清渭爲其後洫，褒斜右走，太一前横。崇山浚川，鈎結盤護，不南不北，湛然中渟。西北有地，平坦彌望，五六十里而無窐坳，紫蓋凝而不散，黄旗鬱以常在，實陶鈞之至，造化之功。沙汰一氣之辰，財成六合之日，既以磽确，外爲寰宇，敞無垠堮，以居億兆，又選英精，内爲區域，束以襟帶，用宅君長。若人斯生，支體具矣，有心以系其神焉；若堂斯考，廊廡設矣，有室以處其尊焉，彼如紫蓋黄旗之氣，豈陶鈞造化者用宅君長英精之所耶？

夫物苟相表裏，制必同象，泄夫外則廓以靈海，導夫内則融乎此湫。歷代帝王，未得而有，豈降巢宅土之後，聯縣千百之代，建卜都邑，不欲合夫天意而居乎？將天意尚伺其根深蒂固，可與終畢者而命處之。故泗於有隋，兆我皇唐之在孕，逮其季主，營之以須焉。揆北辰以正方，度南端而制極。墉隍劃趾，勾陳定位，地回帝室，湫成厥池。既由我署，才成伊去。真主巍巍，龍盤虎踞。爰自中而軌物，取諸象以正名。字曰曲江，儀形也。觀夫妙用在人，豐功及物。則總天府之津液，疏皇居之埶隘，潢污入其洞澈，銷涎滌以下澄，污盧隨其佳氣，蕩鬱攸而上滅，萬户無重腿之患，千門就爽塏之致。其流惡含和，厚生蠲疾，有如此者。皎皛如練，清明若空。俯睇冲融，得渭北之飛雁；斜窺澹濘，見終南之片石。珍木周庇，奇華中縟，重樓天矯以縈映，危榭巉岩以輝燭。芬芳蔭滲，滉瀁電誕，凝煙吐靄，泛羽游鱗。斐鬱鬱以閑麗，謐徽徽而清肅。其涵虚抱景，氣象澄鮮，有如此者。

皇皇后辟，振振都人，遇佳辰於令月，就妙賞乎勝趣。九重繡轂，翼六龍而畢降；千門錦帳，同五侯而偕至。泛菊則因高乎斷岸，祓禊則就潔乎芳沚。戲舟載酒，或在中流。清芬入襟，沉昏以滌；寒光炫目，貞白以生。絲竹駢羅，緹綺交錯，五色結章於下地，八音成文於上空。砰輷沸渭，神仙奏鈞天於赤水；酡藹敷俞，天人曳雲霓於元都。其洗慮延歡，俾入怡懌，有如此者。至若嬉游以節，宴賞有經，則纖埃不動，微波以寧，熒熒渟渟，瑞見祥形。其或淫湎以情，泛覽無斁，則飄風暴振，洪濤噴射，崩騰駱驛，妖生禍覿，其栖神育靈，與善懲惡，有如此者。

小子幸因受遣，觀光上國，身不佞而自棄，日無名以多暇，詢奇覽物，得之於斯。矚太始之元造，訪前踪於碩老。天生地成之理，識之於性情；物儀人事之端，徵之於耳目。大流惡含和，厚生蠲疾，則去陰之慝，輔陽之德也。涵虛抱景，氣象澄鮮，則藻飾神州，芳榮帝宇也。洗慮延歡，俾人怡悦，則致民樂土，而安其志也。栖神育靈，與善懲惡，則俗知所勸，而重其教也。號惟天邑，非可謬創，一山一水，拳石草樹，皆有所謂。兹池者，其謂之雄焉。意有我皇唐，須有此地以居之；有此地，須有此池以毗之；佑至仁之亭毒，贊無言之化育。至矣哉！以其廣狹而方於大，則小矣；以其淵洞而諭夫深，則淺矣。而有功如彼，有德若此，代之君子，蓋有知之而不述，令民無得而稱焉。輒粗陳其旨，刊諸岸石，庶元元荷日用之力也。

董誥《全唐文》卷六一九陸參《長城賦》 干城絶，長城列。秦民竭，秦君滅。嗚呼悲夫！可得而説。原夫恣無道，戮無辜。帝語其眹，亡秦者胡。不可知也，疑是匈奴。於是先蒙恬，次扶蘇。帥兵伍，役刑徒。千里萬里，雨驟而雲趨。入胡之鄉，刦胡之王。北胡之黨，削胡之疆。然後自於洮至於遼，江漢湯湯。將池焉而共浚，太山巍巍；將城焉而共高，欲限華夷，決安危。一世萬世，有中原而稱大帝。

想其初也，闢遐荒，窮下土。極九泉而深，望九霄而樹。千夫力殫，目不暇睹。有力如虎，亦不暇努。咫尺之間，或什而伍。離妻瞠瞠，亦不暇數。人氣氤氳，成一方之雲；灑汗瀟瀟，成半空之雨。駕肩而趨，踵步而履。紛紛嚚嚚，如日中之市。國不得而寧，役不得而停。伊朝繼夕，自昏達明。時若炎風熾烈，川原盡竭。枯肌外焚，内火中竭。是民咿咿，憂秦未拔。至若苦雪初霽，陰風雨霜。凍髭折鬢，冰寒夜腸。是民惶惶，憂秦未亡。民之既酷，載僵載僕。饑兮不粟，寒兮不服。病不暇休，蟣不暇沐。基人之骸，壓人之肉。少者不遑，老者不復。秦民嗚嗚，向城而哭。邊雲夜明，列雲鋒也。白日晝黑，揚塵沙也。築之登登，約之閣閣。遠而聽也，如長空散雹，蟄蟄而征，沓沓而營。遠而望也，如大江流萍。其呼號也，怒風訇訇。其鞭樸也，血流縱横。地祇業業，終朝忽讋。星辰悠悠，畏相其接。而況於夷狄，而況於臣妾。其運輸也，巷無居人，田無稼民。牛首濈濈，大車轔轔。輪不暇徙，蹄不暇奔。其傷財也，極民之賦，虐民之賂，糊口而供，赤立而赴。餓殍塞路，亦不我顧。其民呶呶，面天而訴。將以宏其基，恢其堵，盡韓齊之土；固其壁，崇其飾，竭億兆之力。太華方城，乃一拳之石。

既而岌嶫峥嶸，向秦而横。如山之成，如雲之平。繚繞無際，亘如長鯨。竪亥汲汲，步不可及；掩映天漢，勢不可算。邱陵峨峨，不及其半。影人沙磧，勢侵西域。殘陽不來，未昏而夕。其堅如金，其峻如林。崇高不可以目辨，遠大不可以數尋。鳥飛不前，其歸翩翩。雲不得施，其陰綿綿。風不得馳，其聲喧喧。下視關塞，蝸牛蟬聯。回顧宫闕，狀如微煙。胡人駢連，望之巍然。如登青天，如臨深淵。不敢久視，梟趨而旋。

嗟乎！城即高大，民惟艱難。聞之者攘臂而切齒，睹之者涕泣而長嘆。夫如是，刑不得不暴，政不得不煩。國不得不亂，民不得不殘。謂其城可以固宗社，謂其暴可以定人寰。奈何敵不在遠，憂不在胡。城未畢也，而秦已無。殊不知棄秦者身，寇秦者臣；喪秦者嗣，敵秦者民，而怨秦者鬼神，此可憂也。而秦弗憂，徒欲竭生民，壘胡塵。萬里而涂炭，十年而苦辛。然且喪其民，亡厥身，非城也？去仁義，積土石，非城也？是曰禍之門，是曰滅之根，安得而爲防？安得而稱長？！

嗚呼！謂險之可恃，城之可保，則右彭蠡，左洞庭，不爲堯之徵；面伊闕，背羊腸，不爲湯之亡。是以處堯之宫，行堯之風，雖無是城也，不可得而亂，不可得而攻；用秦之威，布秦之非，雖有是城也，如藩垣之微，如閫閾之卑，無以防其患，扞其師。不然者，秦無得而殃，城無得而荒。本以爲御，而反以爲亡者哉。

董誥《全唐文》卷七六四裴素《重修漢未央宫記》 皇帝嗣位之年，衆靈悦附，日月所照，莫不砥屬。是以遠夷慕義，琛贐鼎來。用文明以爲理，洞風露之所啓。草木暢茂，山川景清，擊壤鼓腹，莫識由乎帝力矣。嘗因勝日，聖思閑遠。倦大厦之講習，想鮮原之游衍。乃命法駕，備宫馭。細草迎輦，神飆引衣。超然肆行，造適自得。視往昔之遺館，獲漢京之餘址。遡風光以遐矚，眇思古以論都。襟靈洋洋，周視若感者久之。於是召左護軍中尉志宏指示之曰：「此漢遺宫也。其金馬石渠，神池龍闕，往往而在。朕常以古事況今，亦欲順考古道，訓齊天下也。至是遐歷，怳然深念。且欲存列漢事，悠揚古風耳。昔人有思其人，猶愛其樹。況悦其風，登其址乎？吾欲崇其頹基，建斯餘構。勿使華麗，爰舉舊規而已。庶得認其風烟，時有以凝神於此也。」於是命工度材，審曲面勢，裁成法度，以就斯宫。

攢櫨拱，密玉石。碧瓦龍錯，層軒鳥跂。崇墉粉静，璇題月照。舒廊四注以雲委，隆臺分據而山屹。蟠虬蜿蜒，鱗動梠桷；蹲獸却騁，姿雄欄檻。宏衺乎豁達，跨臨乎涇渭。緑竹凝遠，繁松藹深；奇樹流光，丹墀墀繞。於是辟戲馬之廣場，開遠目之閑館。天地景新，山川勢重。回太華之秀氣，列終南之翠屏。九嵕巇嶭而固護，八水分流以縈帶。而又揚太液之波，繚周帝之垣。原隰成文，丹素含華。翼樓杳以分張，雄虹直而中峙。神機一發，廓若懸寓。祥煙瑞彩，鬱鬱葱葱。瞻回途以下濟，撫旋璣而高視。見秦川風物，漢原邐迤。感前王興廢，知稼穡艱難。吾君用此鏡是非，闡思慮，豈獨資耳目，縱游玩也？凡殿宇成構，總三百四十九間，工徒役指萬計。武夫奮力，將校呈規。然而材匪藻棁，涂惟儉静。經之營之，不日而成也。

按漢史，高祖初定天下，悦卜洛之邑，爲天地之中，有周室遺風，將都之。婁敬諫曰：「陛下取天下，與周室異，不可居也。夫洛陽四戰之地，豈若秦川天府之國，山河形勝，真百二之勢乎。」高祖是日駕如長安。其後七年，北擊韓王信，相國蕭何居守而營未央宫。因龍首山，作前後殿，建觀闕街道，周回七十里，臺殿四十所。帝還見之，怒曰：「何治宫室之過度也！」何曰：「天子以四海爲家，非壯麗無以重威德。」帝悦而就居焉。

自漢元年乙未歲至聖唐會昌元年之辛酉，凡一千四十有七年矣。其傾頹毁圮，悠然邈然，竟無有存之者。我後緬慕古昔之興時，即其舊而新是圖，築摧基而繩修木。不侈不約，巍然嶷然。時以通覽無方，周視有截，則有若志宏奉聖君之旨也。志宏姓魚氏，代宗皇帝之功臣朝恩之孫也。以績效而封國公，由忠義而位上將。自總右廣，貞心冠古。陛下龍升大寶，光啓帝運。左右同德，東西一心。變生人之耳目，焕大明之徽懿。武力忠壯，元機天啓。式是萬旅，吾唐有人。由是委以腹心，寄之環列。上曰：「忠爲令德，有若士良、志宏，爲吾左右矣。」

明年，上親見祖考，郊天神。雪灑川原，塵清城闕。陽和風扇，緑野煙澹。是月也，三辰承初，以表無事。上乃顧新宫，回玉輦，列騎雲動，彩仗天旋。乃出金風，由是乎造於未央。俯仰周視，肅威神而煌煌，游焉息焉，容與悦懌。晴山屏開以四繞，故城巋然而隱嶙。鮮風美景，薰然入座。上從容言曰：「吾今建是殿，且錫之以嘉名。其殿曰通光，其東曰詔芳亭，其西曰凝思亭，乃立臯門曰端門，其應門題曰未央宫。所以志大臣之忠力，且不忘吾好古也。」乃命侍臣曰：「爾爲我記之，刻以貞石，傳示乎不朽。」臣素任當承旨，不敢固讓，惶恐拜舞而文之。時會昌元祀濡大澤之明月也。謹記。

《敦煌社會經濟文獻真蹟釋録》第一輯《唐光啟三年五月十日文坊巷社肆拾貳家枬修私佛塔記》　維大唐光啟叁年丁未歲次五月拾日，文坊巷社肆拾貳家，枬修私佛塔者。奉爲當今　帝主聖壽清平，次及我　尚書永作河湟之主，社衆願見平安。先亡息苦，一切有靈，惣霑斯福；次願城隍萬姓永故(固)，社稷清平，菜畫畢功已後，子孫男生，不違先人，須與修營。今緣蒼生轉轉作福，謹抄肆拾貳人名目具録如後：社官樊寧子　社長已上都計肆拾貳人，建造佛塔。右件社人初從下厶十(日)至畢功，當時兢兢在爲佛道之心，修治私塔菜畫，爲及本郡，兼四方邊鎮永故(固)千年。

《敦煌社會經濟文獻真蹟釋録》第一輯《金山國時期修文坊巷社再緝上祖蘭若，標畫兩廊大聖功德讃并序》　修文坊巷社再緝上祖蘭若，標畫兩廊大聖功德讃并序。蓋聞渡生定死，須要法船；火宅之車，唯憑惠智。大不過於陽名陰兔之精，聖不過於佛長。尊修十善之名，水絶五濁之惡。累世廣劫，乃可生於彼方。巍巍光相，三十二分；蕩蕩金容，八十種好。化成金地，濾品便生；樹景樓臺，聞鍾應現。厥有修文坊巷社燉煌耆壽王忠信、都勾當伎(技)術院學郎李文進知社衆等計卌捌人，抽減各己之財，造斯功德。專心念善，精持不二之言；探賾桑門，每嘆苦空之義。牙相諫謂，都無適寐之憩。今綴緝上祖蘭若，敬繪兩廓大聖，兼以鎢鏝惣畢，奉我爲拓西金山王永作西垂之主。大覇禋興，降壽彭祖之載同堯舜之年，八難迴生佛因，五濁飜成寶池，仙人駕鶴，降瑞炁(氣)於階庭。風不鳴條，雨不破塊。順三農以潔汙，表稼穡以禎祥。長□日不昧，一同　皇王。次願社内先亡烤妣，勿落三塗，往生安樂之國。次爲見存合邑義合家等共陟仙階，高(後缺)

陳述輯校《全遼文》卷四《王正·重修范陽白帶山雲居寺碑》　東北方之美者，有若燕山。燕山之殊勝者，有若雲居寺。寺之東一里有高峯，峯之上千餘步有九室，室之内，有經四百二十萬言。梵文泉興，巖穴鱗次。嘉木蔭翳於萬壑，磴道曲盤於半空。擬西方密藏之山，則鷲峯龍窟；鎮東漢祕文之宅，則天禄石渠。本自静琬高僧始厥謀，歷道暹迨智苑諸公成其事，原夫静琬之來也。以人物有否泰，像教有廢興。傳如來心，成衆生性者，莫大於經。勒靈篇儆來劫者，莫堅於石。石經之義遠矣哉！藏千萬法，垂五百年。曾拔宅而此經存，海飛塵而此經在。粼粼白石，寧懼始皇之焚，岌岌碧巖，不畏會昌之毁。致此雲居之寺，多以石經爲名。佛宇經廚，僧坊鐘閣，材惟杞梓，砌則琳珉，古檜星羅，流水環遶，璇提相望，門闥洞開。其中琢玉泥金，後素作繪，般爾之心匠。僧凱之筆精。皎皎然，煌煌然，逞巧計工。焉知幾萬。度材揆室，何啻數千。故太行之山，兹寺爲中。若以東西五臺爲眉目，孤亭六聘爲手足，弘業盤山爲股肱，則佛法大體，念兹在兹矣。風俗以四月八日共慶佛生，凡水之濱山之下，不遠百里，僅有萬家，預饋供糧，號爲義食。是時也，香車寶馬，藻野縟川，靈木神草，艶赫芊緜。從平地至於絶巔，雜沓駕肩，自天子達於庶人，歸依福田。維摩互設於香積，焉將通戒於米山。面丹□者，熙熙怡怡，謂□闍於斯；俯清流者，意奪神駭，謂殑伽無礙。醵施者，不以食會而由法會；巡禮者，不爲食來而由法來。觀其感於心，外於身，所燃指續燈者，所錬頂代香者，所墮巖捨命者，所積火焚軀者，道俗之間，歲有數輩。噫！佛之下生，人即如是。先是庚子年，寺主謙諷和尚爲門徒之時，會僕自皇后臺操觚之暇，被褐來遊，論難數宵，以道相得。和尚與僕約曰：夫人入仕，則竭忠以事君，均賦以利國，平徵以肅民；出家則莊嚴以奉佛，博施以待衆，齋戒以律身。盡此六者，可謂神矣！可謂神矣！自兹以别，迨今十五年矣，復與和尚會於此寺，僕以職悴於瀛，掌記於武定，廉察於奉聖，陟在憲台，遷在諫署，佐兹邦計有日矣。和尚則歷綱維典寺事，見風雨之壞者，及兵火之殘者，請以經金遂有次序。以壇物畢萃於十方，故建庫堂一座，五間六架。以庖人可供於四衆，故建廚房一座，五間五架。以我佛方轉於法輪，故建轉輪佛殿一座，五間六架。以待賓不可以無位，次建暖廳一座，五間五架。又化助前燕主侍中蘭陵公建講堂一座，五間七架。又化助公主建碑樓一座，五間六架。并諸腰座，建飯廊二十三間四架。次又建東庫四間五架，次建梵網經廊房八間四架，次蓋後門屋四座。餘有捨短從長，加朱施粉，周而復始，不可殫論。於戲！小人入仕之風，不足畏也。和尚出家之理，亦以至矣。乙丑歲，天順皇帶御宇之十五載，丞相秦王統燕之四年，泰階平格擇明，八風草偃，四海鏡清。魑魅魍魎，即其鬼以不神；鳳凰麒麟，亦背僞以歸真。一金之施，期功德以絶倫；一介之士，欲風聲之不泯。和尚慶此得時，懇求作記，僕以静琬漂木涌泉之異，在唐臨冥報記，諸公舉續刊助之日，在太原智邈碑。燕國土風之狀，在室尚父昉文，更或潤詞，終成誕説。今之所紀，但以謙諷等同德經營，協力唱和。結一千人之社，合一千人之心。春不妨耕，秋不廢穫。立其信，道其教。無貧富後先，無貴賤老少。施有定例，納有常期。貯於庫司，補兹寺缺。維那之最者，有若前涿牧天水公珣。當舉六條，甚敬三寶。次則三傳隴西疑住披法服，亦篤佛乘。説無緣爲有緣，化惡果爲善果。和尚則生生世世，應報宿緣，施者則子子孫孫，共酬前願。故寺不壞於平地，經不墜於東峯。古者，廬嶽蓮花，尚存芳躅；近者，恆山鐵塔，亦録前身。夫如是，有客稽首靈巖。載爲銘曰：

佛滅法兮□□堪哀，鑿空刊石兮静琬有才。仙衣拂兮盡不盡，劫火焚兮灰不灰。山河未壞兮幾人見，乾坤相軋兮知誰開。龍神護兮有道則見，天人歸兮求福不回。經五百年千仞上，夫何有於歲月，和尚曰善哉善哉。敬佩斯語，敢告將來。

陳述輯校《全遼文》卷五《劉成·重修獨樂寺觀音閣碑》 故尚父秦王、請談真大師入獨樂寺，修觀音閣。以統和二年冬十月再建，上下兩級，東西五間，南北八架，大閣一所。重塑十一面觀世音菩薩像。

陳述輯校《全遼文》卷七《薊州沽漁山寺碑銘》 粵若三無數劫歷修持，新新作佛；千百億身化沉淪，登登入滅。由去聖之尚遠，惟餘蔭以□緜。追金人之符夢，示白馬以北因。來自西方，流通東土。精藍互建，秘典代崇者焉。遘我國家之業開雄盛，運啓熙隆。宏拓土疆，亘恢寓緜。尚武州境隣都府里幸山坊，丏塔古藍，比連遠近；要津義甃，望接縱横。沽漁山院者，自統和紀曆二十有八載，苾蒭釋義訕創建也。峰巒峭拔，岫峴嶮巇。豺踞虎伏，煙霾霧翳。荆榛繁萃，毒蠆不通。林麓聳稠，鷙雄難越。茅茨之剪何託，蕪穢之治靡依。師乃顧此神明之隩，揆乎爽塏之基。以慈悲力，化清信心。山東山西，將相之冑；非鹿非麋，不畋之客。雲屯至止，雷動鳩工。繩墨雨紛，斧斤星閃。沸宣不日，簷廡悉成。巍峩前殿，釋像百寶莊嚴；掩映後堂，慈氏壁千金縷細。南峯突兀，蹬道凌雲，上建無垢浄光塔，聳餘百尺，飛級數層。疑多寶佛涌見虚空，訝阿育王建於葱嶺。內藏則實我當院之衆，自運斧斤時建立也。經律論三學之內典，皆悉備矣。方室團菴，稠連四合；坐禪行道，不捨六時。上堂下化，永止寄安。常不下三五十衆。久矣！邇後采亭村創建起下院，成辦得殿堂佛事圓滿。燕山村亦起建到下院，成辦及少許佛事。亶利根植福之庭，誠善氏致供之所。常爲歸敬，久利含靈。逮至重熙紀號十有七歲，悦乃繼父兄之良果，搆院舍之善隣，輟功勤於甸浹，捨緡鏹於萬千，特建六門陁羅尼幢一座。霜鋒剡翠，健筆摛文。衆鬼神威力加持，諸佛法慈悲護念。塵沾影覆，揔得生天；水浴風飃，皆能滅罪。利養無闕，瞻仰有歸。難弭清芬，因徵斐述。其銘曰：

巍巍碧嶠，幽燕之隩。居多名釋，行菩薩道。岌岌雲岩，翳是精藍。宿殖檀那，常近禮瞻。寶幢高廣，金鈴振響。陁羅密言，咸歸敬仰。親仁田氏，院之基蔕。萬祀千齡，良緣勿替。

陳述輯校《全遼文》卷八《王鼎・慧峯寺供塔記》　噫！惟佛法身，本離名相，然其應物，無不現形。故我釋迦文爲度娑婆界，當其出現，則轉彼法輪。至於涅槃，乃留其舍利，逕根歸本，其力無窮。若有衆生，能興供養，所獲利樂，詎可思惟。云誰奉之，屬在能者，則我邑主法師實其人也。法師諱從傑，燕京崇孝寺左街僧録通文理大師之門人也。心知如幻，志樂非家。自從學揮塵以來，有傳戒度人之願。本之實際地，長體無座；推之方便門，亦存有相。故隨緣靡定，應用無方。所至之間，便作佛事。先是此地有磚塔一所，上下十七簷，高伍二百尺，久虧妙供，空負孤標。大安五年己巳歲，師攜瓶錫，屆是香林。因瞻窣覩之靈儀，知具如來之遺體。生希有難遭之想，從昔未聞；如無上最勝之容，於今復出。欲興大供，遂召多人。德不孤而鄰者自孚，唱彌高而和之亦廣。如風偃草，如蟻慕羶。或貢乎繒蓋幢幡，或備其香華燈燭。或高聲讚唄，或盡禮歸依。想應再動於魔宫，不止重輝於沙界。即於其年二月望，就其□特建圓寂道場，用酬庇廕。明年設會，衆亦復然。追慕感傷，信入隨喜。惟茲會也，非其有福德有善緣者，弗可遭逢成就而已。故師與檀那，交相慶賴，咸願刻石，永爲定式。於每年春仲白月滿時，恒建如是道場，以備如是供養。庶生生世世，承佛廕以彌堅；子子孫孫，固道心而相繼。際夫刼盡，直至因圓。仍以衆名列於碑後，用昭不朽，式示將來云爾。

維大安七年歲次辛未三月庚申朔十七日丙子坤時建。

陳述輯校《全遼文》卷九《安次縣祠坍里寺院内起建堂殿并内藏碑記》　伏聞混沌判則天地别，天地别則人民生。人民生則君后出，君后出則佛法興矣。自漢明帝創建白馬寺已還，迄至於今，法宇不絶也。我國家尊居萬乘，道貫百王。恆崇三寶之心，大究二宗之理。處處而敕興佛事，方方而宣創精藍，蓋圓於來果也。尚一人而如是，胡□姓以非然。劉惟極。宋守行、劉惟昇、李知新等，户貫燕京析津府安次縣長壽鄉，西南隅一小墅也，名曰祠坍里。田園靡廣，人物非稠。其間雖有祇園，惟存舊址。前有古殿一坐，然用柱石，全乏樑棟。枓架而成，豈非聖耶。後有寬閑之地，内乏立像之堂。惟極等遂誘多人，同集上善，各賫净賄，共結良因。玖於當院特建東西堂二坐，正位殿三間，於大安五祀春三月啓土。而莫不鳩工運巧，命梓度材。若男若女，同助緣於此日；或貧或富，皆畢力於當時。厥後棟樑雷動，栱桷星攢。幼年壯年，日日不停於鎒錘；大匠小匠，時時無罷於斧斤。是以從微至著，自下升高，日往月來，堂殿方成。遠而視者，如雲住空；近而瞻者，從地湧出。聲聞於外，咸興供養之誠；樂在其中，盡得歸依之所。喜成大事，未稱卑懷。更於殿内，復建内藏一所。再擢大匠，碎剪良材。鵰鎪尺寸之形，壘砌百千之樣。亭臺掩映，然分齷齪之儀；樓閣高低，盡顯巍峨之勢。内置千帙之教，後留萬載之名。雖爲此地之功夫，應是他方之世界。修新功德，當獲切利之奢華；補故因緣，得證梵天之快樂。今則徵求礎匠。磨琢燕珉。遂建碑二停。一則壯觀茄藍。一則摽鐫姓氏。願垂之而不朽也。從生生世世，承佛蔭以彌堅；子子孫孫，繼道心而不朽云爾。銘曰：

世遇平泰，因君統綏。禾稼頻實，由君德施。君子蕩蕩，衆人熙熙。佛法隆盛，興修正時。朝野慕善，特□堂殿，壯顔園祇。内修寶藏，中分像儀。余等辦集，因果求祈。功効既就，姓名欲垂，鐫琢玩石，刻録前事，負以金龜。濱海縱涸，我之不移。泰岳雖□，我之不隳。悠也久也，天地同期。

陳述輯校《全遼文》卷一〇《涿州雲居寺供塔燈邑記》　昔我釋迦氏出世也，聲教被於大千之界。垂方便門，饒益衆生，天上天下，世出世間，罔不受賜。滅度之後，迨今二千餘載，惟窣堵波以真舍利，俾見聞之種，能殖梵福，永出迷津，遄臻覺岸，其大抵也。自炎漢而下，迄於我朝，城邑繁富之地，山林爽塏之所，鮮不建於塔廟，興於佛像。欲令居人，率奉常享，實古今之大務也。涿州雲居寺迺神州之鉅刹也。佛事嚴飾，僧徒駢羅，輪焉奂焉，鬱爲道場，爰降聖迹，興于是處。昔有高僧，從西土來之於此地，遂開左臂，取出舍利二粒，洎釋迦如來之頂骨也。傳授數人，櫝而藏之，積有年矣。厥後有百法上人，得而祕之，外無知者。臨逝之日，方付與衆，接響傳聲，達於四方。遂使遠近瞻禮，高低仰慕。如輻湊轂，不可勝數。其間靈異，曷可殫言。是時有寺僧文密，與衆謀議，化錢三萬餘緡，建塔一坐，甓塼以成。中設睟容，下葬舍利。上下六簷，高低二百餘尺，以爲禮供之所。是以燈邑高文用等，與衆誓志，每歲上元，各揆己財，廣設燈燭，環於塔上，三夜不息，從昔至今，殆無闕焉。而後有供塔邑僧義咸等，於佛誕之辰，爐香盤食，以供其所。花菓並陳，螺梵交響。若緇若素，無不響應。郁郁紛紛，若斯之盛也。然而爲善雖異，於治亦同。蓋從人之所欲，固無定矣。噫！末法之代，去聖逾遠。沙門則道眼昏昧，檀越則信心寡薄，往往陷於饕餮之者衆矣。苟非舍利因緣，暨我曹循循善誘之力，其孰能與於此乎？所願邑衆等，承是勝緣，俾資遐福，世世生生，恒躋聖處。今具録姓名於碑陰，傳之無窮，永垂不朽。以俟來哲，見而還矣。

維乾統十年歲次庚寅九月丙寅朔七日壬申辛時建。

陳述輯校《全遼文》卷一一《志才・永樂村感應舍利石塔記》 舍利者，如來之身骨也。若真實證性，安有乎形骸，或方便化生，示留乎身骨，過去諸佛，例皆如是。我釋迦牟尼，示見滅度，遺留舍利育王建塔，以福人天。真身力持令三寶住世者，迺舍利功德神用而已矣。夫爾後戒壇講説，讀誦焚香，禮供書寫，曾獲舍利，或降净地，或落餅盤，或聯筆鋒，或流口内，或雕木像。依法闍維，亦獲舍利，此感應所致，記傳備載。至於令代，往往有之。或諸佛之誘化，或人心之出生，不可得知。如此殊勝，孰敢思議者。與永樂村贏鈸邑靳信等，宿懷善種，同奉佛乘，於大安三年二月望日，建圓寂道場三晝夜，以草爲骨，紙爲肉，彩爲膚，造釋迦涅盤卧像一軀，具儀荼毗。火滅後，獲舍利千餘粒。尋欲起塔，奈外緣未備。至大安六年，當村念佛邑衆張辛等，於本村僧院建甎塔一坐，三層，高五丈餘，葬訖舍利。後輩螺鈸邑衆韓師嚴等，欲繼前風，以垂後善。天慶九年二月十五日，亦興圓寂道場七晝夜，依前造像。至二十一日，亦具儀荼毗。火及之處，以取净殺血，於煙焰中，見於□□舉衆皆覩，灰燼内又獲舍利五十餘粒。奇哉！衆生之心，與佛心不隔。如來之體，與萬物無殊。村衆人酈祥、張善、石世永、董師言、張從讓、酈文常等，買石請匠，亦於本村僧院建石塔一坐。八角，十三層，高二丈餘，妙絶今古。至天慶十年三月三十日，葬舍利，四月三日樹立。噫！唐吏部韓愈，不信釋老，常□毁除，表論佛骨，怒言曰：穢指東漢已還，君王由信佛而壽促。彼韓公五十七而薨，豈是信於佛乎。且韓公唯宗乎儒邪，鄙釋之盛邪，用心之僻邪，昧佛之□邪？余不之知也。孔子答商太宰嚭曰：西方有聖者焉，不治而亂，不言而自信，不化而自行，蕩蕩乎人無能名焉。韓公豈不知見斯言乎！後代儒士，聞韓公之言，不達韓公之意，其間亦有訾謗者，類乎鸚鵡習乎人言也。余雖爲釋子，三教存心，凡行其道，必須融會。近有啄門者，以文見託，遂塞彼請，乃直書數百字。

時天慶十年四月三日刻石作記。

郭茂倩《樂府詩集》卷二《郊廟歌辭二・謝莊〈送神歌〉》 藴禮容，餘樂度。靈方留，景欲暮。開九重，肅五達。鳳參差，龍已沐。雲既動，河既梁。萬里照，四空香。神之車，歸清都。琁庭寂，玉殿虚。睿化凝，孝風熾。顧靈心，結皇思。

郭茂倩《樂府詩集》卷四《郊廟歌辭・庾信〈周祀圜丘歌・昭夏〉》 圓玉已奠，蒼幣斯陳。瑞形成象，璧氣含春。禮從天數，智總圓神。爲祈爲祀，至敬咸遵。

又《登歌》 歲之祥，國之陽。蒼靈敬，翠雲長。象爲飾，龍爲章。乘長日，壞蟄户。（烈）〔列〕雲漢，迎風雨。（六）〔大〕呂歌，《雲門舞》。省滌濯，奠牲牷。鬱金酒，鳳皇樽。迴天睠，顧中原。

許翰《襄陵文集》卷五《奏疏・因時立政疏》 謹攷諸經傳，神降而明出，則其數爲二，其象爲火。火象在天，經星一，緯星一，所謂熒惑，緯星也；東方之心，南方之咮，經星也。熒惑遲疾、逆順、伏見之不常，故不可以紀時。若心與咮，則有定次，有常時，是以帝王取節焉。然《堯典》所謂「日永，星火，以正仲夏。」《豳》詩所謂「七月流火，九月授衣。」凡稱火者，皆心星也。昔蓋自陶唐以來，以心爲火政之君矣，何則？均是火也，而心爲大辰，是以咮爲鶉火。心爲大火，大火之所以爲大者，天以心爲明堂故也。昔陶唐氏之火正閼伯居商丘，祀大火，故辰爲商星。而我宋以珍光醇耀，天畀地德，受命主之，則明堂之政不可不謹於此。

大火以三月昏見於辰，以九月伏於戌，先王之火政視焉。鄭以三月作火鑄刑器，而士文伯知其將災。周之三月，今正月也。大火未出而人作之，則與天拂，是以火出而災報之。然則所謂出内火者，謂大陶冶非常火也。又火之變於天地之間，能革物氣以日新，其在《易》象〔曰〕：「木上有火，鼎。」鼎者，取新之卦也。明堂之頌曰：「我將我享，維羊維牛，維天其右之。」牛羊之享，蓋鼎實也。是故明堂與鼎相因而成象，相待而成禮，相須而爲國，審矣。鼎象「木上有火」，是以先王四時以木變火焉，而時各有〔所〕宜木。所謂榆柳，木之木也；棗杏，火之木也；桑柘，土之木也；柞楢，金之木也；槐檀，水之木也。火之變各以其時，則物之新皆得天地之正氣，而人食飲焉，此疾癘之所以不作也。昔晉之遷，有持洛陽火渡江者，云世世傳之，其火不滅。火色變青，至唐氣不復熱，則知火之新舊，氣性必異，審矣。此火不可不變之驗也。師曠侍食於晉平公，曰：「飯，勞薪所炊。」平公使人視之，果車輞也。則是木實變火之氣性，火實變物之臭味，亦審矣。此木不可不擇所宜之效也。

伏願明詔有司，四時必倣古法，各變其所宜木以爲國火，而傳之臣庶。若國有大陶冶，則皆作於三月建辰之後，而止於建戌，以奉大辰之政，而協景炎之運，輔成明堂調鼎之治。天下幸甚。

薛景石《梓人遺制・五明坐車子・敘事》 《易・繫辭》云，黄帝服牛乘馬，引重致遠，蓋取諸《隨》。《釋名》曰，黄帝造舟車，故曰軒轅氏。《世本》云，奚仲造車，謂廣其制度耳。《周禮・春官》，巾車掌公車之政令，服車五乘，孤乘夏篆，卿乘夏縵，大夫乘墨車，士乘棧車，庶人乘役車。挽拱《周禮・冬官・考工記》云，國有六職，百工與居一焉。或坐而論道，謂之王公。天子諸侯作而行之，謂之士大夫。審曲面勢，以飭五材，以辨民器，謂之百工。通四方之珍異以資之，謂之商旅。飭力以長地財，謂之農夫。治絲麻以成之謂之婦功。知者創物，巧者述之，守之世，謂之工。百工之事，皆聖人之作也。爍金以爲刃，凝土以爲器，作車以行陸，作舟以行水，此皆聖人之所作也。天有時，地有氣，材有美，工有巧，合此四者，然後可以爲良。凡攻木之工七，攻金之工六，攻皮之工五，設色之工五，刮摩之工五，搏埴之工二，攻木之工，輪、輿、弓、廬、匠、車、梓。有虞氏上陶，夏后氏上匠，殷人上梓，周人上輿。故一器而工聚焉者，車爲多。車有六等之數，皆兵車也。凡察車之道，必自載於地者始也，是故察車自輪始。凡察車之道，欲其樸屬而微至。不樸屬，無以完久也。不微至，無以爲戚速也。輪已崇，則人不能登也。輪已庳，則於馬終古登阤也。故兵車之輪六尺有六寸，田車之輪六尺有三寸，乘車之輪六尺有六寸。六尺有六寸之輪，軹崇三尺有三寸也，加軫與轐焉，四尺也，人長八尺，登下以爲節。故車有輪，有輿，有輈，各設其人。

輪人爲輪，斬三材必以其時。三才既具，巧者和之。轂也者，以爲利轉也，輻也者，以爲直指也。牙也者，以爲固抱也。輪敝，三材不失職，謂之完。

輪人爲蓋，上欲尊而宇欲卑，則吐水疾而霤遠。蓋已崇則難爲門也，蓋已庳是蔽目也，是故蓋崇十尺。良蓋弗冒弗紘，殷畝而馳，不隊，謂之國工。

輿人爲車，圜者中規，方者中矩，立者中縣，衡者中水，直者如生焉，繼者如附焉。

凡居材，大與小無并，大倚小則摧，引之則絶。棧車欲弇，飾車欲侈。

輈人爲輈，輈有三度，軸有三理。國馬之輈，深四尺有七寸。田馬之輈，深四尺，駑馬之輈，深三尺三寸。軸有三理，一者以爲媺也，二者以爲久也，三者以爲利也，是故輈欲頎典。

輈深則折。淺則負，輈注則利，准則久，和其安。行數千里，馬不契需，終歲御，衣衽不敝，此惟輈之和也。軫之方也，以象地也，蓋之圜也，以象天也，輪輻三十，以象日月也，蓋弓二十有八，以象星也。

周遷《輿服雜事》曰，五輅兩箱之後，皆用玳瑁鵾翅。

石崇《奴券》曰，作車以大良，白槐之輻，茱萸之輞。

後梁甄玄成《車賦》云，鑄金磨玉之麗，凝土剡木之奇，體衆術而特妙，未若作車而載馳爾。其車也，名稱合於星辰，員方象乎天地。夏言以庸之服。周曰聚馬之器。制度不以陋移，規矩不以飾異，古今貴其同軌，華夷獲其兼利。

後漢李尤《小車銘》云，圜蓋象天，方輿則地，輪法陰陽，動不相離。

車之制自上古有之，其制多品，今之農所用者即役車耳。其官寮所乘者即俗云五明車，又云駝車，以其用駝載之，故云駝車，亦奚車之遺也。

又《用材》 造坐車子之制，先以脚圓徑之高爲祖，然後可視梯檻，長廣得所，脚高三尺至六尺，每一尺脚，三尺梯，有餘寸，積而爲法。

車頭長九寸至一尺五寸，徑七寸至一尺二寸。

輻長隨脚之高徑，廣一寸五分至二寸六分，厚一寸至一寸六分。

造輞法，取圓徑之半爲祖，便見輞長短。如是十四輻造者，七分去一，每得六分，上却加三分。十六輻造者，四分去一分，每得三分，却加一分八釐。十八輻造者，三分去一，每加前同。如是勾三輞造者，料材便是輞之長，名爲六料子輞。牙頭各加在外。

輞厚一寸，則廣一寸五分，謂之四六輞。減其廣，加其厚，隨此加減。

梯檻取前項脚圓徑之高，隨脚高一尺，轅梯共長三尺有餘寸，安軸處廣三寸半至六寸。山口厚一寸五分至二寸二分，山口外前梢於鵝項，後梢於尾梶，積而爲法。

義梶二條或四條，長隨梯檻廣之外徑，廣二寸至一分，厚寸五分至一寸九分，上平地出心綫壓白破梶，夾卯攛向外。子梶二條或四條，隨大義梶之長廣，與前大義梘同厚一寸至一寸二分，兩邊各斜破混向下，上壓白，各開口嵌散水檽，檽子兩頭鑿入大義梘之內。底版梘四條至六條，長隨義梘，廣一寸六分至二寸，厚一寸至一寸一分。後露明尾梘長隨梯之內，方廣一寸二分至一寸六分，從心梢向兩頭，六瓣破棍。底版長隨兩頭裏義梘，廣隨兩梯之內，厚五分至六分。

耳版隨梯檻之外兩壁梘，上廣三寸至五寸，厚六分至一寸，前加廣與後頭方停，或梢五分八分。

樓子地栿木，隨梯檻大小用之，材方廣一寸八分至二寸二分，厚則減廣之厚，長隨前後子義梘之外，廣則與耳版兩邊上同齊，或減五分向裏至六分，兩下破瓣壓邊綫。橫梘夾卯攛向外。

立柱一十二條至一十八條，徑方廣一寸至一寸二分，圓棍梢向上。前頭兩角立柱，高三尺五寸至四尺二寸。後頭兩角立柱，比前角立柱每高一尺，則減低二寸有餘。心內立柱加高謂之䡅蓋柱。

平子格，長隨地栿木之長，廣隨兩頭橫之外，材廣一寸八分至二寸，厚八分至一寸二分，兩下通棍。

荷葉橫桿子，徑方廣一寸至一寸二分。

順脊桿子五條，隨樓子前後之長，徑方廣與荷葉桿子同。

瀝水版隨兩邊桿子，之長廣二寸二分四分，厚五分。荷葉瀝水版，隨荷葉橫桿子之長，徑廣厚隨瀝水版同。

水版，長廣隨立柱平格下用之版，厚四分至五分，四周各入池槽下鑿入地栿木之內，上下方一尺。

箭桿木，後□格上下呂透圓混，徑廣五分。

護泥隨車脚圓徑之外，離二寸二分至一寸五分，廣七寸至八寸。下順者地栿木，兩頭橫者靴頭木，徑方廣一寸六分至二寸。地栿木上下立者月版梘，梘之外月版，版前露明者月圈木，月圈上橫梘木，梘上羅圈版鑿入靴頭木之內，羅圈版上兩邊各壓圈楞枝條木。

托木梘二條，長隨梯檻橫之外，上坐護泥靴頭木，外同集徑，廣一寸八分至二寸四分，厚八分至一寸二分。

車軸長六尺五寸至七尺五寸，方廣四寸至四寸八分。

呆木三條，高隨前後轅之平，圓徑一寸至一寸二分。

義桿二條，是柱樓子前虛檐，圓徑一寸至一寸四分。

後圈義子，長廣隨樓子後兩角立柱之廣，高一尺二寸至一尺四寸。

辟惡圈於樓子門前用之，下是地栿木，上是立椿子，內用水版，四周各入池槽，上安口圈木，長隨前月版，廣隨樓子前兩角立柱，高一尺二寸至一尺三寸。

結頭一個，長隨前轅鵝項鉤之長，廣二寸至二寸五分。

凡坐車子制度內，脚高一尺，則樓子門立柱外向前虛檐引出八寸五分至一尺。其後檐隨脊桿子之長，如脊桿子長一尺，則向後檐立柱外引出一寸至一寸二分，增一尺更加減則亦如之。兩壁檐減後檐之一半。

其車子有數等，或是平圈，或是靠背葦子平頂樓子上攢荷亭子，大小不同，隨此加減。

又《功限》 坐車子一輛，脚樓子梯檻護泥雜物等相合完備皆全，高三尺脚者四十功，高四尺者五十四功，五尺者八十七功。

朱德潤《集古考圖序》 自黃帝氏液金作鑑，夏后氏以名山之金鑄九鼎，防魑魅以知神姦，至商周廣爲禮樂之器，於是文物大備。若兑之戈，和之弓，垂之竹矢，皆載諸傳記，是皆聖人創制於前，而歷世繼作於後。攷《周禮》：攻金之工，玉人之玉，皆專心至精，琱縷巧妙，非後人所可及者。蓋其用心專一，致思無雜，故鐘鼎尊彝，刻文銘功，珮環璂琫，象物備用，是皆聖人之徒也。僕自弱冠遊燕京諸王公家，及祕府所藏，悉得瞻覽，以見古人備物制器之妙，而後世得以仿佛其儀範，豈非文治之大助乎！故因暇日圖其所見，與好事者共之。至正元年夏五十日朱德潤圖序。

《〔嘉靖〕寧夏新志》卷八《文苑志·曹璉〈西夏形勝賦〉》 緊夏州之大郡，實陝右之名邦。當三邊之戸鑰，鬪千里之封疆。廓岡阜而爲垣，浚川澤而爲湟，角黿鼉而爲道，臥蝃蝀而爲梁。帶河渠之重阻，奠屯戍之基張，墾良田之萬頃，撑喬木之千章。鹽池滉漾漬其隈，菊井馥郁馨其傍。桑梓相接，棟宇相望。若率土而論其邊陲，則非列郡之所擬方也。今焉載瞻其四維也：漢隴蟠其西，晉洛梗其東，北跨沙漠之險，南吞巴蜀之雄。山奔突而若馳，水旋繞如環雍，曠遐郊其坦夷，聳孤城之崇隆。內則敞街衢兮輻輳，紛輿馬兮交通；外則經溝塍兮刻鏤，畇原隰兮腴豐。任土作貢而域雍兮，星分井鬼；罷侯置守而隸靈兮，民雜漢戎。出河朔山川之外，臨蕃落境界之中。青窺華嶽之隱隱，翠挹岷峨之重重，遥躋西嶺之屹屹，近俯東湖之溶溶。營興廣武，坊旌效忠；壩濱積石，關邇臨潼。橋橫通濟兮，接賓之館連棟；園開麗景兮，望春之樓凌空。澹清潭兮天光雲影，翠秀色兮綠水芙蓉。赫連春曉兮，日烘桃李；靈武秋高兮，風墜梧桐。殘陽夕照荒垌兮，落花啼鳥；飛瀑晴懸峭壁兮，玉澗垂虹。轆轤咿軋兮，影落蘆溝之夜月；漁歌欸乃兮，響窮古渡之秋風。於是高臺日上，長塔煙浮。晴虹之影乍弄，蒲牢之聲初收，大河之水未波，蠡山之雲不流。藹華實之蔽野，漫黍稷之盈疇。石闕雪積兮，銀鋪曲徑；漢渠春漲兮，練拖平丘。騏驥如雲兮，花馬之池；鱒鯽盈肆兮，應理之州。平虜城兮執訊獲醜，鳴沙州兮落雁浮鷗。城傾黑水兮，頹雉殘堞；津問黃沙兮，短櫂輕舟。神渼湮兮，猶存博望之迹；石峽鑿兮，尚傳大禹之游。高冢巍峨兮，元昊之魂已冷；古剎煨燼兮，文殊之象常留。表賀獻俘而忠貫日月兮，唐將之精靈耿耿；書抗僞號而名重丘山兮，宋賢之遺韵悠悠。此名天下，播海陬，而爲西夏之勝概，可與江南之匹儔者。然猶未也，若乃則考其四時也；春則杏塢桃蹊，霞鮮霧靄；秋則鶴汀鳧渚，月朗風微；夏則蓮濯碧沼之金波，嬌如太液池邊之姬媵；冬則柏傲賀蘭之晴雪，癯若首陽山下之夷齊。與夫觀鷹鶻之雄度，則凛凛乎周家之尚父也；睹芝蘭之葱蒨，則燁燁乎謝庭之子侄也。對松竹之森立，則梃梃乎汲黯之剛直也；玩鷗鷺之瑩潔，則皎皎乎楊震之清白也。以至芳林鶯語，柳樹蟬聲，鏗鏗鏘鏘，又有若回琴點瑟之立夫孔楹也。此皆玩耳目，娱心志，而爲西夏之美觀，不減江南之佳致者也！

是使騷人墨客，碩士英賢，尋幽覽勝，游樂流連。於以羅珍饌，列綺筵，飛羽觴，奏管弦，品題詞藻，繡句錦篇，觥籌交錯，屢舞仙仙。撫乾坤之玦玌，掃犬彘之腥膻。詢古今於老故，稽成敗於遺編。方其王命南仲，往城於方，此何時乎？追漢郭璜，繕城置驛，浚渠溉田，省費億計，蓋一盛也。「整居焦獲，侵鎬及方」，此何時乎？迨唐李聽，興什舉廢，復田省餉，人賴其利，又一盛也。嗟夫，時有盛衰，治有隆替，天道循環，斯亦何泥？

方今聖主，啓運應符。丕建人極，重熙皇圖。混車書於六合，覃恩威於九區。登斯民於懷葛，躋斯世於唐虞。矧茲夏州，超軼往古，詩禮彬彬，衣冠楚楚。建學立師，修文偃武，尚陶匏，貴簪組，祛異端，御狎侮。抑工商之浮華，敦士農之寒苦。烽燧息煙，閭閻安堵。白叟黄童，謳歌鼓舞。熊羆奮勇於陣行，玁狁潜形於巢所。弓矢藏於服韔，干戈載於庫府。而况蔭土封者，惟德惟義，遠超樂善之東平；握將柄者，有嚴有翼，端繼爲憲之吉甫。予也一介之書生，敢擬韓、范之參伍，聊泚筆而紀行，識者幸忽誚其狂魯。

袁宗道《白蘇齋類集》卷一四《極樂寺紀遊》　高梁橋水，從西山深澗中來，道此入玉河。白練千匹，微風行水上，若羅紋紙。堤在水中，兩波相夾。綠楊四行，樹古葉繁，一樹之蔭，可覆數席，垂綫長丈餘。岸北佛廬道院甚衆，朱門紺殿亘數十里。對面遠樹，高下攢簇，間以水田。西山如螺髻，出於林水之間。極樂寺去橋可三里，路徑亦佳，馬行綠陰中，若張蓋。殿前剔牙松數株，松身鮮翠嫩黄，班剝若大魚鱗，大可七八圍許。暇日曾與黄思立諸公游此。予弟中郎云：「此地小似錢塘蘇堤。」思立亦以爲然。予因嘆西湖勝境，入夢已久，何日挂進賢冠，作六橋下客子，了此山水一段情障乎？是日分韵，各賦一詩而別。

《〔天啟〕滇志》卷二〇《藝文志第十一之三侯琎〈新築騰冲司城記〉》　仰惟皇上，纘承列聖，嗣登寶位，四夷八荒，莫不梯山航海，稽顙稱臣，述職納貢。《書》曰：「萬邦黎獻，共惟帝臣。」《易》曰：「聖人作而萬物睹。」正兹時也。

越五載，麓川酋長思任偵邊守緩馭，遂肆倔强，戢脅犬豕，侵軼疆埸，厷爛氓夷。雲南守臣以聞，上乃敕廷臣曰：「夷狄禽獸，不可以中國道理處，自古但羈縻而已。」復申命守臣：「謹封域，戒斥堠，嚴備守，需招徠，俾賊去逆效順，轉禍爲福，仍守彼土，庶全草木命。」實皇上好生之德同天生之涵育，不忍加兵蠻夷者，誠以兵凶戰危，一壓境壤，脅從罔追，殃及無辜也。蠢兹思任，負固恃險，執迷頑梗，愈作跳梁，蟻聚蜂屯，乃捅我南甸，乃突我干崖，乃犯我騰冲，叛釁弗庭。適守帥猝以事聞，上軫念邊民悉吾赤子，遘賊荼毒，匪加兵殛之，得以猖獗，獷悍不可附也。不得已出師，命兵部尚書王驥行便宜事總督戎務，定西伯蔣貴充總兵，簡偏裨，統虎賁、羽林、驍騎，各鎮士馬十有五萬徂征之。分路并進，窮搗賊巢；設奇制變，鼓噪齊鳴；士氣賈勇，左右夾攻；斬殺賊孽，噍類無遺。賊既敗衄，惟子思機狼狽夜潜，遁匿孟養。時正統辛酉十有二月十三日也。凱旋獻捷，朝廷嘉之，凡同征將士，升賚有差。

迨壬戌七月，上以麓賊平，諗無西顧矣，但雲南遐荒，去京萬里，百蠻雜處，叛服不常，自昔雖有武臣鎮臨，特乏文臣以佐耳，乃敕兵部左侍郎侯琎、刑部右侍郎楊寧迭更參贊戎務，用靖邊夷。時兵部尚書靖遠伯王公復總軍旅，仍行便宜事節制雲南諸司，偕前總兵都督沐昂，同琎洎雲南方面官僉謂：「騰冲去鎮二十有二程，山川限隔，險厄懸絶，夷獠環處，甲於西陲，實諸夷出入要害地。舊有千户兵防禦，力不支，爲賊竊襲。今復其地，苟非鎮静，曷克懾遠夷、固疆圉、垂永久哉？」乃請於上，可其奏，改立騰冲軍民指揮使司，調都指揮李升控守以兵。

乙丑十月，秋官楊公代琎參戎務，奉敕偕總兵鎮守官黔國公沐斌等，帥雲南將士萬五千城築故址，乃覈度地理民數，教士卒築方城，周匝七里三分。匪峨匪博，容民居也；前昂後偃，因形勝也；可規可萬，便守戍也。

丙寅十月，璡再奉敕，統兵五千，用砌城垣。然兵燹草創，磚料艱就，乃與都指揮李升教將士鑿石城西。山距七里，去墜盈尺，得石堅美。用工寡，成就多，殆非人力强作，實天道保民默造耳。第匠作未備，工促三月，甕劵四門，臺高二丈五尺，洞闊丈四尺，高丈六尺，邃七尺，廣十二丈，與城稱。

越明年丁卯，總兵官黔國沐公斌、鎮守左監丞郝寧、參將都督僉事方瑛，偕璡奉敕，統兵萬五千駐操騰冲，振揚威武；復調木邦、緬甸、干崖、隴川、芒市、灣甸、鎮康夷兵涉金沙江，進孟養，令伐賊子。時率領士卒雲南都司指揮李升、李友、李福、楊浚，司詔給足軍餉，布政司左布政賈銓，按察司副使鄭顒，僉事張清因邇暇日，復督將士修城垣，鑿伊域，畇屯田。

斯役也，總帥諸公綜其事，方面諸官董其務，將士工師力其役，值天日冬霽，瘴候頓弭，人心協和，樂趨事工，罔覺倦苦。建城門樓四座，高四丈有奇，廣六丈四尺，重檐三滴，三間轉五，亘三十八楹。劘用材木，楩楠豫章，悉域此三十里，皆矗直精微。城墉四面連雉，高二丈五尺；復劚西山右石包城。經營是歲甲辰月己酉日，落成戊辰年甲寅月甲午日。然而樓櫓芩麗，悚蠻狄之觀瞻；城池高深，保軍民之無虞。誠足壯封疆士旅之氣，劘夷丑窺覘之心矣。

既而，賊子就擒，邊氛靖息，民庶安堵，班師振旅，留兵戍守，將告厥功。咸謂予宜述大概始末，命工鏤石，以紀歲月云。

《〔天啟〕滇志》卷二〇《藝文志第十一之三張志淳〈新建尋甸府城記〉》　嘉靖十二年春，尋甸府城成，雲南巡撫都御史顧公、巡按御史楊公，命布政使胡君、范君具幣，以按察僉事劉君狀，遣使走千里授志淳，俾記諸石。

按狀，城在舊治之西，逾一澗，內築以土，外甃以甓，漸殺與土准。以丈計周五百三十有奇，尺計崇一十有九，厚二十有五，下砯石厚五之一。開四門，南曰朝宗，北曰拱辰，東曰啓明，西曰寶成。凡并門及睥睨、馬面、墩臺皆甃，令甓如城。凡甃，皆先拱土，乃椓木，木堅乃納石，石實乃沈灰以沃，俾久不陷。東南二門，猶地卑而沮洳，工力數倍於西北，又開三隊以泄水而注之池，池即澗水爲之也。城內通衢四，縱一橫三，皆達城下，前一衢，置府所與學中，因舊衢以通於西北二門；後一衢，列行臺與守巡之署，而倉廩、城隍廟皆在焉。軍士之屋三百四十楹，徙雲南前衛指揮四人、千户五人、百户十人、土軍二百四十人，撮官軍舍，余共四千四十有奇。官皆授地宅，軍皆授室屋於城內，屯田之軍受田如制。民間田以舊治地易之，不足則益以官田，又不足則償之以官價，俾各有居業。

府舊在雲南東北幾二百里，外接四川，內鄰武定、霑益諸夷。宋無紀，元仁德遺址在今城之東五里，其遷於舊治莫考，厥時領爲美、歸厚二縣。我朝洪武中，廢縣改今名，以安氏世襲知府統之。成化丙申，革置。癸卯，築土爲垣。嘉靖丁亥，安氏裔孫銓作亂入之，遂劘嵩明，鈸楊林，齙木密，膊馬龍，構武定，鳳朝文直逼雲南，爇西門市舍，雲南大震。戊子三月，征兵四集，始殲之。時按察使徐君集議，謂築城復縣，立千户所，以兵守之，總兵黔國沐公洎前巡撫藩臬皆是之。

乃遣按察副使歐陽君往相度，歸，言：舊治隘，不可城；亂後民多死徙，不可縣，唯築城置所於舊治之左何見村爲宜。遂以疏聞，報可。

是戊子十月也。將事事，尋民胥怨，謂村地苦磽狹，又鑿井不泉，害將以生，乃羣訴於巡撫者都御史胡公。公云：「此大事也，可拂民乎？」遽命覆議，而民情牢不可破。公即以憂歸，自是寢不復議者幾三年矣。

辛卯五月，巡撫都御史顧公至，聞之，亟命按察僉事劉公從尋父兄子弟往質之，皆實。再引示所擇今地，皆懌。又別遣參議朱公往覘之，益符。遂以歸報。則又有持異說以摇之者，公乃率提學僉事王君、都指揮樊泰及六衛指揮往，則尋父兄子弟已數百人迎伏道左，曰：「今生我矣！」乃陟山降原，遍歷舊地與何見村與新所議地，皆曰：「惟兹可以永生生矣。」遂以改地之狀及增漢軍、監土軍、設吏目，備官守洎前疏所遺者悉以聞，行征軍民會役，命左布政使高君慮財用，計徒庸，輸餱糧。用僉事劉君議，合千户所於城北坎位，則俾知府劉秉仁率寮屬告始事於城隍廟，用牛一、羊一、豕一。

二月，役者至，則以指揮王章同知府領提調，陳仲武領東門，胡紹領南門，周瑀領西門，張略領北門，蘇綱領中城，皆佐以千百户二人，給以廩餼，嚴以勸戒，申以賞罰，示以哀次。乃斬木於海尾，甸沙，伐石於石灣、麥冲，陶土而埴，煅石而灰，峙楨干，鳩編管，架廬舍，引泉以陶，浚河以運。於是，築之畚者、蔂者、鍤者、捄者、舂者、甃之拱者、椓者、鑿者、圬者、納石實者、沈灰而沃者，繕之斧者、斤者、執尋引而審面曲直者、冶者、墁者、黝者、堊者，取材之肩者、負者、舁者、駢牛而車曳者、筏而浮舟而挽者，執雜役而奔走者，持旌旆而巡視者，罔不力，而主地之官復聯以什伍之法，均以老稚之宜，定以作息之節。是故六月土城成，九月四門立。時久旱饑而始有年，役者請獲稻未返，適御史楊公至，下令趣之，民趨歸如流，城樓并作，公私咸備。前所命都指揮金章、馮立，各率所統畢至。

越癸巳二月，甓城訖工。是故，金湯言言，兵衛嚴嚴，物類堪堪，民心忓忓，婦女惧惧，老稚訢訢，夷狄睢睢，士庶修修。大山長谷離逖之氓，趨觀仰嘆者，粥粥而馮馮矣。計役日二千人，歷一年又一月，共人八十萬，米一萬二千石，羨余四千兩。逮茲惟顧公始之、中之、終之，亦惟左布政使范君，按察使君，參政祝君、謝君，副使初君輩先後殫心膂力，故期年之間而地爲改觀，人爲更新，夷爲讋服，治爲興起，郡爲增重，而氣化人事交孚以升也。

狀之所具如此，志淳第撮其概以書，而於其敘功績之詳、謀猷之遠、經畫之細，悦以使民、忠以爲國之懿，尚弗克盡也。獨念成化丁酉志淳試場屋，策問尋甸之亂，莫可誰何。朝廷創設巡撫，選極名臣而隆其任，亂本始拔。今未五十年，而産禍滋大。顧如此，無亦是務乎？夫恃斯城者怵，忽斯役者慆，遠斯土者盤，夷斯民者荒，均非所以久之也。鑒往而懼，承今而惕，心爲民之心而不渝於久，此則諸公所同願，尋民所同仰，亦天人所同歸矣。高朗顯融，令聞長世，奚翅光照於茲石！

宋應星《天工開物・序》 天覆地載，物數號萬，而事亦因之。曲成而不遺，豈人力也哉？事物而既萬矣，必待口授目成而後識之，其與幾何？萬事萬物之中，其無益生人與有益者，各載其半；世有聰明博物者，稠人推焉。乃棗梨之花未賞，而臆度「楚萍」；釜鬵之範鮮經，而侈談「莒鼎」；畫工好圖鬼魅而惡犬馬，即鄭僑、晉華豈足爲烈哉？

幸生聖明極盛之世，滇南車馬，縱貫遼陽；嶺徼宦商，横游薊北。爲方萬里中，何事何物不可見見聞聞！若爲士而生東晉之初、南宋之季，其視燕、秦、晉、豫方物，已成夷産；從互市而得裘帽，何殊肅慎之矢也？且夫王孫帝子，生長深宮，御厨玉粒正香，而欲觀耒耜；尚宫錦衣方剪，而想象機絲。當斯時也，披圖一觀，如獲重寶矣。

年來著書一種，名曰《天工開物》。傷哉貧也！欲購奇考證，而乏洛下之資；欲招致同人，商略贋真，而缺陳思之館。隨其孤陋見聞，藏諸方寸而寫之，豈有當哉？

吾友涂伯聚先生，誠意動天，心靈格物。凡古今一言之嘉，寸長可取，必勤勤懇懇而契合焉。昨歲《畫音歸正》，由先生而授梓；茲有後命，復取此卷而繼起爲之，其亦夙緣之所召哉？

卷分前後，乃「貴五穀而賤金玉」之義。《觀象》、《樂律》二卷，其道太精，自揣非吾事，捌臨梓刪去。丐大業文人，棄擲案頭，此書與功名進取，毫不相關也。

時崇禎丁丑孟夏月，奉新宋應星書於家食之問堂。

計成《園冶・興造論》 世之興造，專主鳩匠，獨不聞「三分匠，七分主人」之諺乎？非主人也，能主之人也。古公輸巧，陸雲精藝，其人豈執斧斤者哉？若匠惟雕鏤是巧，排架是精，一樑一柱，定不可移，俗以「無竅之人」呼之，其確也。

故凡造作，必先相地立基，然後定其間進，量其廣狹，隨曲合方，是在主者，能妙於得體合宜，未可拘率。假如基地偏缺，鄰嵌何必欲求其齊，其屋架何必拘三五間，爲進多少？半間一廣，自然雅稱，斯所謂「主人之七分」也。

第園築之，主猶須什九，而用匠什一，何也？園林巧於「因」、「借」，精在「體」、「宜」，愈非匠作可爲，亦非主人所能自主者，須得求人，當要節用。「因」者：隨基勢之高下，體形之端正，礙木刪椏，泉流石注，互相借資；宜亭斯亭，宜榭斯榭，不妨偏徑，頓置婉轉，斯謂「精而合宜」者也。「借」者：園雖别内外，得景則無拘遠近，晴巒聳秀，紺宇凌空，極目所至，俗則屏之，嘉則收之，不分町疃，盡爲烟景，斯所謂「巧而得體」者也。體、宜、因、借，匪得其人，兼之惜費，則前工并棄，即有後起之輸、雲，何傳於世？

予亦恐浸失其源，聊繪式於後，爲好事者公焉。

又《園説》 凡結園林，無分村郭，地偏爲勝，開林擇剪蓬蒿；景到隨機，在澗共修蘭芷。徑緣三益，業擬千秋，圍墻隱約於蘿間，架屋蜿蜒於木末。山樓憑遠，縱目皆然；竹塢尋幽，醉心即是。軒楹高爽，窗户虚鄰；納千傾之汪洋，收四時之爛漫。梧陰匝地，槐蔭當庭；插柳沿堤，栽梅繞屋。結茅竹里，浚一派之長源；障錦山屏，列千尋之聳翠。雖由人作，宛自天開。刹宇隱環窗，仿佛片圖小李；岩巒堆劈石，參差半壁大痴。

蕭寺可以卜鄰，梵音到耳；遠峰偏宜借景，秀色堪餐。紫氣青霞，鶴聲送來枕上；白蘋紅蓼，鷗盟同結磯邊。看山上個籃輿，問水拖條櫪杖；斜飛堞雉，横跨長虹；不羨摩詰輞川，何數季倫金谷。

一灣僅於消夏，百畝豈爲藏春，養鹿堪游，種魚可捕。涼亭浮白，冰調竹樹風生；暖閣偎紅，雪煮爐鐺濤沸。渴吻消盡，煩頓開除。夜雨芭蕉，似雜鮫人之泣淚；曉風楊柳，若翻蠻女之纖腰。移風當窗，分梨爲院；溶溶月色，瑟瑟風聲；靜擾一榻琴書，動涵半輪秋水，清氣覺來幾席，凡塵頓遠襟懷；窗牖無拘，隨宜合用；欄杆信畫，因境而成。制式新番，裁除舊套；大觀不足，小築允宜。

鍾惺《隱秀軒集》卷二〇《梅花墅記》 出江行三吴，不復知有江。入舟，舍舟其象大抵皆園也。烏乎園？園於水。水之上下左右，高者爲臺，深者爲室，虚者爲亭，曲者爲廊，横者爲渡，竪者爲石，動植者爲花鳥，往來者爲游人，無非園者。然則人何必各有其園也？身處園中，不知其爲園，園之中，各有園，而後知其爲園，此人情也。予游三吴，無日不行園中，園中之園，未暇遍問也。於梁溪，則鄒氏之惠山；於姑蘇，則徐氏之拙政、范氏之天平、趙氏之寒山，所謂人各有其園者也。然不盡園於水，園於水而稍異於三吴之水者，則友人許玄佑之梅花墅也。

玄佑家甫里，爲唐陸龜蒙故居，行吴淞江而後達其地。三吴之水，而不知有江，江之名復見於此，是以其爲水稍異。子以萬曆己未冬，與林茂之游此，許爲《記》，諾諾至今爲天啓辛酉。予目嘗有一梅花墅，而其中思理往復曲折，或不盡憶，如畫竹者，雖有成竹於胸中，不能枝枝節節而數之也，然予有《游梅花墅》詩，讀予詩，而梅花墅又在予目。

大要三吴之水，至甫里始暢，墅外數武，反不見水，水反在户以内，蓋别爲暗竇，引水入園。開扉，坦步過杞菊齋，盤蹬躋映閣。「映」者，許玉斧小字也，取以名閣。登閣所見，不盡爲水，然亭之所跨，廊之所往，橋之所踞，石所卧立，垂楊修竹之所冒映，則皆水也。故予詩曰：「閉門一寒流，舉手成山水。」迹映閣所上磴，回視峰巒巖岫，皆墅西所辇致石也。從閣上綴目新眺，見廊周於水，墻周於廊，又若有閣亭亭處墻外者。林木荇藻，竟川含緑，染人衣裾，如可承攬，然不可得即至也。但覺鈎連映帶，隱露斷續，不可思議，故予詩曰：「動止入户分，傾返有妙理。」乃降自閣，足縮如循褰渡，曾不漸裳，則浣香洞門見焉。洞窮得石梁，梁跨小池，又穿小酉洞，憇招爽亭。苔石嚙波，曰「錦淙灘」。指修廊中隔水外者，竹樹表裏之，流響交光，分風争日，往往可即，而倉卒莫定其處，姑以「廊」標之，予詩所謂「修廊界竹樹，聲光變遠邇」者是也。折而北，有亭三角，曰「在澗」，潤氣上流，作秋冬想，予欲易其名曰「寒吹」。由此行峭蒨中，忽著亭，曰「轉翠」，尋梁契集，映閣乃在其下。見立石甚異，拜而贈之以名，曰「靈舉」，向所見廊周於水者，方自此始，陳眉公榜曰「流影廊」。沿緑朱欄，得碧落亭。南折數十武，爲庵，奉維摩居士，廊之半也。又四五十武，爲漾月梁，梁有亭，可候月，風澤有淪，魚鳥空游，冲照鑒物。渡梁入得閒堂，堂在墅中最麗。檻外石臺，可坐百人，留歌娱客之地也。堂西北，結竟觀居奉佛。自映閣至得閒堂，由幽邃得弘敞，自堂至觀，由弘敞得清寂，固其所也。觀臨水，得浮紅渡。渡北爲樓以藏書。稍入，爲鶴籞，爲蝶寢，君子攸寧，非幕中人或不得至矣。得閒堂之東流，有亭，曰「滌硯」。爲門於墻如穴，以達墻外之閣，閣曰「湛華」。映閣之名，故當映此，正不必以玉斧爲重，向所見亭之不可得即至者是也。墻以内所歷諸勝，自此而分，若不得不暫委之。

别開一境，升眺清遠，閣以外，林竹則煙霜助潔，花實則雲霞亂彩，池沼則星月含清，嚴晨肅月，不輟暄妍。予詩云：「從來看園居，秋冬難爲美，能不廢暄萋，春秋復何似。」雖復一時游覽，四時之氣，以心維目想備之，欲易其名曰「貞萋」。然其意渟泓明瑟，得秋差多，故以滴秋庵終之，亦以秋該四序也。

鐘子曰：「三吴之水皆爲園，人習於城市村墟，忘其爲園，玄佑之園皆水，人習於亭閣廊榭，忘其爲水，水乎？園乎？難以告人。閑者静於觀取，慧者靈於部署，達者精於承受，待其人而已」。故予詩曰：「何以見君閑，一橋一亭裏。閑亦有才識，位置非偶爾！」

褚人穫《堅瓠己集》卷一《錢神論》 《楊升庵集》：晉惠帝之時，賄賂公行，魯褒所爲作《錢神論》也。余觀類文，同時綦母民、成公綏皆有《錢神論》各一篇。民之論略曰：「黄金爲父，白銀爲母。鉛爲長男，錫爲少婦。庚辛分土，諸國皆有，長沙越嶲，僕之所守。伊我初生，周末時也。景王伊世，大儔兹也。貪人見我，如病得醫，饑享太牢，未足爲飴。」綏之論略曰：「路中紛紛，行人悠悠。載馳載驅，惟錢是求。朱衣素帶，當涂之士，執我之手，門常如市。」諺曰：「錢無耳，鬼可使。」豈虚也哉。幽求子云：「可以使鬼者，錢也；可以使人者，權也。」蓋亦同時之語。

袁中郎《讀錢神論》詩：「閑來偶讀《錢神論》，始識人情今益古。古時孔方比阿兄，今日阿兄勝阿父。」李密庵先生詩云：「孔方久已諧公論，孟姑新號自蒙古。舜跖而今總混名，子輿得時跨尼父。」

顧元慶《檐曝偶談》云：魯褒《錢神論》，世多以爲然，鄙者至以兄呼之，殊可令人羞。若事錢如事兄，其於父子兄弟、君臣朋友，幾何不相戕賊矣。稽其爲用，直人役耳。不問艱險污穢、清濁是非，轉化奸回，善如人意，蓋奴僕之超絶者也。古人以不言爲高，太多爲臭，君子不敢喻而天下日夜羣趨之而不止，若復彰以兄名，其害將不勝言。名曰孔奴，於理爲當。

或問伍蓉庵云：「錢神亦有不靈時否？」蓉庵曰：「錢神是淫昏之鬼，遇貪邪則靈，遇廉正則死。死則不靈。」

張金吾《金文最》卷二八王若虛《行堂縣重修學記》 庠序之設尚矣，蓋非獨王者之事也。在昔良守令下車之始，未嘗不以此爲先務，而史册從而著之，以爲美談，豈非所謂治民而爲教化之本原者，皆莫大乎此歟？國家自承平以來，文治蝟興，下至僻邑，莫不有廟學以爲教，其於崇儒重道，不可謂不至。而所在有司或不能推其意，往往安於苟簡，而恬不聞焉，則亦名在而實亡。蓋有鞠於蔬圃而殘於推排矣，尚何望其興起人心而爲勸哉？於此有能奮然以名教爲己任，力爲樹建，振頹弊於一朝，是亦古良吏之用心，而有功於吾道者，其亦難得而可貴也。真定之屬縣，乃爲行唐，號富庶，學者視他邑爲多。進士、經童得名聲而取科第者，班班有人，而學舍之狹陋舊矣。大安己巳，張君達夫爲主簿之半年，思完葺而謀諸縣士之好事者，衆以爲吾黨之美也，皆應曰：「然，吾所願欲。」則相與悉力而赴之，物不足而辦，役不習而勤，殆□二旬□功以訖。爲屋總三十間，而創建者三之一焉。於是缺者全，敗者堅，漫滅者鮮，講習之堂，棲息之舍，庖厨車廡，以至井亭碑樓，莫不畢具。廟貌肅然，禮器整潔。杏壇槐市，次第可觀。門墉崇峻，咸克稱副。然後焕然爲一方之麗，而學者益感激自奮然以發憤於其間。公退輒復躬親訓迪而獎勵之，其用心亦已勤矣。嗚呼，以其邑富庶多，而又有張君焉爲之倡，人才何患其不成，風俗何患其不厚？他日一變而爲鄒魯之鄉，或未可知。則是役也，豈徒爲觀美以夸末俗哉？諸生彭延年等，嘉張君能知爲政之所先，而行之遇也，來請予記。既義不獲辭，且其誠有當書者，乃爲識其大略云。張君寧晉人，諱國綱，其政事焯焯可紀，非特此一節而已也耶。

李斗《揚州畫舫録》卷一七《工段營造録》 造屋者先平地盤，平地盤又先于畫屋樣，尺幅中畫出闊狹淺深高低尺寸，搭簽註明，謂之圖說。又以紙裱使厚，按式做紙屋樣，令工匠依格放線，謂之燙樣。工匠守成法，中立一方表，下作十字，拱頭蹄脚，上横過一方，分作三分，開水池。中表安二線垂下，將小石墜正中心，水池中立水鴨子三個，所以定木端正。壓尺十字，以平正四方也。

平基惟土作是任，土作有大小夯碣，灰土黄土素土之分。以虚土折實土，夯築以把論。先用大碣排底，將灰土拌勻下槽，頭夯充開海窩，每窩打夯頭，築銀錠，餘隨充溝。充剁大小梗，取平。落水壓渣子，起平夯，打高夯，取平。旋滿築拐眼落水，起高夯，高碣，至頂步平串碣，此夯築法也。夯築填墊房屋地面，海墁素土，每槽用夯五把，雁别翅四夯頭，築打取平，落水撒渣子。復築打後，起高碣一遍，頂步平串碣一遍，此平基法也。平基之始，即今俗所謂動土日。陳希夷玉鑰中，最忌犯土皇方，若刨槽壓槽，另法有差。其房身遊廊，諸柏木丁橋樁土樁，皆謂地丁。及刨夫壯夫，工用有制。苦柵木牆，竹籬，柳藥欄，刨溝子，每四丈用壯夫一名。

古老亭郵立木以文其端，名曰華表，即今牌樓也。大木做法，謂之三檁垂花門法。在中柱以面闊加四定長，面闊十之一見方。所月中柱、邊柱、垂蓮柱、脊額枋、棋枋、坐斗枋、正心簷脊枋、懸山桁條、簷脊檩木、蔬葉抱頭樑、穿插枋、簷額枋、簷椽、飛簷椽、連簷、瓦口、裏口、椽椀、博縫板、兩山博縫頭、抱鼓石上壺瓶牙子、兩山穿插枋下雲拱雀替、三伏雲子、拱子、十八斗、廂穿插擋用假雀替墊拱板、廂象眼用角背及象眼板、簷脊檩，柱頭科大斗，及斗科諸件，見方折數。

碑亭方圓互用，大木有四角攢尖。方亭做法：用簷柱、箍頭簷枋、四角花樑頭、桁條、抹角樑、四角交金墩、金枋、金桁、雷公柱、仔角樑、老角樑、戧枕頭木、簷椽、翼角翹椽、飛簷椽、翹飛椽、腦椽、大小連簷、瓦口、閘檔横望諸板。六柱圓亭做法：進深以面闊加倍定，面闊以進深減半定，用簷柱、圓柱、花樑頭、圓桁條、扒梁、井口扒梁、交金墩、金枋、金桁、由戧、雷公柱、六面簷椽、飛簷椽、腦椽、大小連簷、瓦口、閘檔望墊諸板。四柱八柱同科。

大木做法：以面闊進深寬厚高長見方，以斗口尺寸分數爲準，如九檁單簷廡殿園廊翹昂做法。用簷柱、金柱、大小額枋、平板枋、挑尖樑、隨樑枋、挑簷桁枋、正心桁、裏外兩拽枋、兩機枋、井口枋、老簷桁、天花樑、枋板、七架樑、柁橔、上下金枋、順扒樑、四角交金墩、五架樑、士金瓜柱、角背、交金瓜柱、三架樑、脊瓜柱、脊角背、脊枋桁、扶脊木、仔角樑、老角樑、上下花架由戧、脊由戧、兩枕頭木、簷椽、上下花架椽、腦椽、飛簷椽、翼角翹椽、翹飛椽、椽仔、閘檔板、連簷、瓦口、裏口翹飛翼角，並墊望諸板。九檁歇山轉角前後廊單翹單昂做法，與廡殿同。多採步金枋、交金戧、兩山出梢、啞叭花架、腦椽、榻脚木、單架柱子、山花博望板諸件，次之七檁有轉角。六檁有前出廊轉角兩做法。七檁轉角房，見方以兩邊房之進深，得轉角之面闊進深，柱高徑寸，與兩邊房屋同。如簷柱、假簷柱、裏金柱、斜雙步樑、斜合頭枋、金瓜柱、斜單步樑、斜三架樑、脊瓜柱、脊角背、簷枋、裏外金檁、脊檁、仔角樑、老角樑、花架由戧、脊由戧、裏掖角、花架由戧、角樑、腦椽、簷椽、仔角樑、枕頭木、簷椽、花架椽、腦飛簷椽、翼角椽、翹飛椽、連簷瓦口、裏口、閘檔板、椽椀，並望墊諸板，見方尺寸有差。六檁前出簷轉角，與七檁轉角同法。如斜抱樑、斜穿插枋、遞角樑、隨樑枋，另科見方。自此以下，硬山懸山做法。按柱高加三出簷，一丈以外，如將面闊進深，柱高改放寬敞高矮，均照法尺寸加算。其耳房配房羣廊諸房，照正房配合高寬。次之有九檁八檁七檁六檁五檁四檁及五檁川堂之法。九檁做法，柱檁枋桁與六七檁轉角法同，多抱頭樑、懸山桁、帽兒樑、貼樑、單枝條、連二枝條諸件，八檁多頂瓜柱、月樑、機枋條子、頂椽諸件，七檁多山柱，單雙步樑諸件，六檁多合頭枋、後簷封護簷椽諸件。五檁同四檁，即爲四架樑。五檁川堂，即用三五架樑法，增象眼板并脊。餘同科。至於小式大木，則有七檁六檁五檁四檁之分，與前法同，而無飛簷。

上簷七檁三滴水歇山正樓下簷斗口單昂做法，明間例以城門洞寬定面闊，次稍間以斗科攢數定面闊，以城牆頂寬收一廊定進深，此樓制之例也。做法用下簷柱、裏外金柱、下簷大額枋、平板枋、正斜採步樑、穿插枋、隨樑承椽、仔角樑、老角樑、正心桁枋、挑簷桁枋、簷椽、飛簷椽、翼角翹椽、翹飛椽、翹飛翼角、裏口、連簷、瓦口、椽椀、枕頭木、順望閘檔板諸件。次之平臺品字斗科做法，平臺海墁下桐柱，即平臺簷柱，法與下簷同。多掛落枋、沿邊木、滴珠板門枋、承重、楞木、樓板諸件。次之中覆簷斗口重昂斗科做法，與下簷同。多擎簷柱、貼樑、海墁元花、四角頂柱。衣之覆簷與中覆簷同，多桐柱、七五三架樑、上下金柁墩、脊瓜柱、金脊桁枋、後尾壓科枋、兩山出稍啞叭花架、腦椽、扶脊木、榻脚木、單架柱子、山花博縫板諸牛〔件〕又重簷七檁歇山轉角樓臺四層做法，簷面闊進深，以斗科攢數而定，用下簷柱、前簷金柱、山柱、轉角房山柱、下中二層承重。轉角斜承重、下層間枋、中上層間枋、上中下三層楞木、上層挑簷承重樑、斜挑簷承重、樓板三層、兩山四角挑簷，採步樑、正心桁枋、挑簷桁枋、坐斗枋、採斗枋、仔角樑、老角樑、枕頭木、承椽枋、簷椽、飛簷椽、翼角翹椽、翹飛椽、横望板、裏口、閘檔板、連簷、瓦口、椽椀、週圍榻脚木。其上簷單翹單昂斗科做法，用桐柱、大額枋、平枋板、正斜三五七架隨樑枋、兩山由額枋、扒樑、採步金枋、遞角樑、上下金花柁墩、四角瓜柱、脊瓜柱、正心桁枋、挑簷桁枋、拽枋、後尾壓科枋、轉角諸桁枋、裏掖角、外面假桁條、枕頭木、四面脊由戧諸件。前接簷一檁轉角雨搭做法，以正樓面闊與廡坐平分定進深，用桐柱、簷桁枋、墊板、靠背走馬板、正斜穿插枋、裏角樑、簷椽、博縫山花板諸件。雨搭前接簷三檁轉角廡坐做法。用簷柱、大額枋、正斜承重，正斜五三架遞角樑，柁墩、脊瓜柱、金脊桁枋、坐斗枋、採斗板、正心桁、挑簷桁枋、仔角老角裏角諸椽、飛簷同。七檁歇山箭樓四層做法，以斗科攢數，定面闊進深，所用與角樓同。五檁歇山轉角閘樓做法，明間以門洞之寬定面闊。稍間以明間面闊十之七，定面闊，以甕城牆之頂寬折半定進深，用上下簷柱、承重枋、楞木、樓板、墜千金棧轉柱、轉杆、兩旁承重枋、上簷順扒樑、採步金枋、四角交金墩、三五架樑、金瓜脊瓜諸柱、簷枋桁、墊板、金脊桁、兩山代梁頭、四角花梁頭、仔角老角諸樑、枕頭木及飛簷全。五檁硬山閘樓做法，與歇山閘樓同。

折料法則，柱以淨徑加荒，淨長加小頭荒，至不足之徑，分瓣刋攢，以瓣數加荒。十二辦以外，加寬荒。一丈內以櫢木加荒，一丈外用圓木。以本身高厚湊高，均分一半。用七五歸，及七歸，得徑寸。刋楞長蓋，另法加荒。如柁樑、採步金角樑、由戧、平板枋、承重間枋、承椽枋、瓜柱、柁墩、斗盤、代樑、大小額枋、金脊簷枋、天花隨樑、博脊壓科、正心枋、機枋、挑簷枋、採樑枋、採斗板、由額墊板、金脊檐墊板、天花墊板、井口板、桁條、帽兒樑、扶脊木、榻脚木、襯頭木、角背、雀替、雲拱、替木、草架柱子、圓方椽、飛羅鍋連簷瓦口諸椽、椽椀、椽中板機枋條、燕尾枋、貼樑支條、穿帶、沿邊木、脊椿、順望横望諸板、山花博縫、過木、樓板、榻板、滴珠諸板、上下檻、連楹、托泥、替椿、抱框、風檻、搯柱、間柱、各邊挺、抹頭、穿帶、轉軸、拴杖、巡杖、横拴之屬皆是也。如絛環、簾瓏諸板、槅扇、檻窗、横披、簾架、支窗、頂格、横直檽子、穿條、琵琶柱、連二楹、單楹、拴斗、荷葉櫢、插關、門禍壺、銀錠扣、門簪、門枕、幞頭、皷子、引條之屬，均用櫢木。其門心、餘塞、走馬、棋枋、隔斷、裝板、壁板、山花、象眼、間板諸件，與順望同科。若菱花槅心，用椵木。大抵圓徑木，概加長荒五寸，櫢木五尺內加長荒一寸，一丈內加長荒二寸，其楠柏椵杉檜檀諸木不與焉。魚膠見方，折料有差。

斗科做法，有平身科、柱頭科、角科，及內裏棋盤板上安裝品字科、隔架科之分。算斗科上升斗拱翹諸件，長短高厚尺寸，以平身科迎面安翹昂斗口寬尺寸篇度，有頭等寸至十一等才之别。頭等六寸以下，降一等減五分。凡桁椀及頭二昂、螞蚱頭、撐頭木、斗科分檔，各爲法乘之。所算名件，如大斗、單重翹、正心瓜拱、萬拱、頭二昂、螞蚱頭、撐頭木、單材瓜拱、萬拱、厢拱、把臂厢拱、十八斗、三才、槽升、挑尖樑頭、斜頭二翹、搭角正頭二翹、搭角鬧頭二翹、斜角頭二昂、裏連頭、貼斜翹昂升斗、蓋斗板、斗槽板、斜蓋板、寶瓶、挑金溜金平身斗科、蔴葉雲母、三福雲、秤桿、夔龍尾、伏運捎、菊花頭、荷葉、雀替之屬，安裝有法，以層數分件數。其斗口單昂、斗口重昂、單翹單昂、單翹重昂、重翹單昂、重翹重昂、裏挑金、一斗二升交蔴葉、三滴水品字、內裏品字科、隔架科，其法有差。至斗口單昂、平身科、柱頭科、角科、斗口，自一寸名件尺寸起，至六寸止。凡十有一條，升一等，增五分，用料則按斗口之數以文檄。

自喻皓造《木經》，丁緩、李菊遂爲殿中無雙。後世得其法，揣長楔大，理木有僝，削木有斤，平木有鏟，析木有鋸，並膠有摶，釘木有檻，㯫括蒸矯，以制其拘，凡不得入者利其拴，不得合者利其榫，造千廡萬廈于斗室之中，不溢禾芒蛛網於層樓之上，估計最尊，謂之料估先。衣之大木匠，而鋸工、雕工、斗科工、安裝菱花匠隨之，皆工部住坐僱覓之輩。大木匠見方折工，舉榫眼、榫窌、椽椀、下槽頭、圓平面、開口、交口、舊料、鏟砍、油皮、刓補、刮鏫諸活計以折算，鋸工二八加鋸，以面數加飛頭見方折算，及四號拉扯，有葫蘆、人字、丁字、十字、一字、拐字平面、並河、三四五岔之制，並舊料鋸解截鋸諸活計。雕工司山花、博縫、雀替、雲拱之屬。斗科匠以斗口尺寸折算，加草架擺驗諸活計，安裝匠司斗科裝修諸活計。歷代室宮，各有其制。本朝工部釐定營建製造之法，刊定則例，供奉內廷。而圓明園工程又按現行則例，較之部司之例爲詳。至於朝廟宮室名物典章，攷古則見之焦里堂循羣經宮室圖，證今則見之吴太初長元宸垣識略，可坐而定也。

木植見方之法，每一尺在松檄三十斤、桅杉二十斤、紫檀七十斤、花梨五十九斤、楠二十八斤、黄楊五十六斤、槐三十六斤八兩、檀四十五斤、鐵梨七十斤、楠柏三十四斤、北柏三十六斤八兩、椴三十斤、楊柳二十五斤、桐皮槁以根計，入山伐木，忌犯穿山日。宜定成開明星黄道月德，入場忌堆黄殺方，起工架馬，分新宅舊宅，坐宮移宮，日宜黄道天成月空天月德。

搭材匠，木瓦油漆裱畫諸作之所必需者也。殿宇房座竪立大木架子，皆折方給工，所用架木、撬棍、紮縛繩、壯夫，以架見方有差。打戧撥直桁條徑一尺外者，掛天秤，有坐簷、齊簷、哂盤、脚手、平臺諸架子。搭戧橋。凡重覆簷上簷，折卸簷步椽望、頭停錠、椽望，找補大木，拆宧頭停。找補連簷瓦口、舊琉璃、頭停錠、天花板、支條、貼樑，安裝斗科。堆雲步、高峯、高泊岸、舊布瓦，歇山挑山廡殿諸房，座下樁樁，房身樁，竪棋杆，皆用之。砌高式牆，以五尺至八尺爲一攛，八尺至一丈三尺爲二攛，以此遞增。牌樓、大門、琉璃大式門座，安上重大過木。調脊、宧瓦、石角樑、斗科、石料、井欄、衙衕、拴挂天秤，諸作搭架子，皆以見方折工料。一秤用秤頭繩一，秤紐繩一，秤尾繩一，澁索繩一。凡大料重至千斤用二秤，千五百斤用三秤。千五百斤以外，日上料四件。二千以外，日上料三件。三千以外，日上料二件。四千以外，日上料一件。拏桿以上吻獸九樣琉璃曲脊，及不拆頭停，搬罾、挑垈，撥正歸安榫木，抽換柱木，打戧頂柱。其貫架、吻架、菱角、券洞、碣盤諸架子，各見方有差。隨油漆、裱畫、作脚手架子亦同科。油畫遮陽縫蓆，用竹竿大蓆連二繩，折料以見方論，偏廈遮陽棚。牆脊、仰塵、吊箔、鋪地，皆用蓆。棚座頭停蓆牆，見方按層折料，以十五層爲率。凡此皆搭材匠之職，而折卸工用有差。如綁夾杆圈蓆，落井桶，掌罐掏泥水，則用杉槁、丈蓆、紮縛繩、井繩、榆木滑車，職在井工，拉罐用壯夫。

營舍之工，黄河以北，稱爲泥水匠。大江以南，稱爲瓦匠。瓦匠貌不潔，皮皸膚瘃，不爲燥濕寒暑變色，緣高如都盧國人，搜述索偶，與木匠同售其術。瓦之器，唯鈣而已。

宧瓦，以面闊得隴數。頭號筒板瓦，口寬八寸。二號筒板瓦，口寬七寸。三號筒板瓦，口寬六寸。十樣筒板瓦，口寬三寸八分。以寬定隴，以進深出簷加舉得長。安瓪加瓺，壓七露三，以得露明，俗謂陰陽瓦。每坡每隴除滴水花邊分位，頭號筒瓦長一尺一寸，二號筒瓦長九寸五分，三號筒瓦長七寸五分，十樣筒瓦長四寸五分。每隴每坡，除勾頭分位，以得其數。瓦垂簷際，瓪瓺有霤，上曰簷牙，下曰滴水，古謂瓦頭長，毋相忘，長年益壽諸瓦頭是也。古者刻龍形於椽頭，水注龍口，其下置承霤器，一名重霤，即今勾漏。其在後簷牆出水者，即古匽豬彪池之屬，今謂天溝。至苫、山黄、草苫、蓆箔、葦子、㰚片、樺皮，折料各有差。至瓦色，則王府用緑瓦，餘平房用硃漆筒瓦，貝勒用硃漆筒瓦，貝子用硃漆板瓦，工部常制有差。

墁地，以進深面闊，折見方丈。除牆基、柱頂、檻墊石、堦條石、加兩出簷、馬尾、礓䃰，以明間面闊定寬。以臺基高加二定長，踏垛背後，隨踏垛長寬，以臺基高折半，除踏垛石一分定高。墊囊以進深分路，有七路十二路十八路二十五路三十二路之別。砌堦沿、月臺、甬道、臺基、踏垛、礓䃰，及用石做細做糙鑿做花獸，皆以見方折料。宧石片板、魚鱗石、虎皮石、冰纹石、墁石子、石望板、盆景樹、池山，皆以丈見方尺。虎皮石摺丁當一方，用白灰千五百斤，打並縫一方厚一尺者，用油灰五十斤，鐵絲四斤。厚二尺五寸者，用白灰千五百斤，其糙砌折並縫，工用有差。

大脊，以通面闊定長，除吻獸寬尺寸各一分爲净長，用板瓦取平，苫背沙滚子磚襯平，瓦條、混磚、斗板脊筒瓦。層數，背餡灌漿有差。吻座用圭角一、蔴葉頭一、天混一、天盤一、吻一、劍靶一、背獸一。其混磚斗板兩頭中間，則花草磚、統花磚、龍鳳諸類，無定制。垂脊以坡之長分三分，上二分爲垂脊，所用瓦條、混磚、停泥、通脊板，層數有差。扣脊筒瓦一層，方磚鑿獸座，垂獸一，獸角二，下一分爲岔脊，用瓦條混磚各一層。上安獅馬式五件七件，圭角一，捎風頭一。清水脊，長隨面闊加山牆外出，板瓦苫背，瓦條二層，混磚一層，扣脊筒瓦一層。每頭鼻子一，盤子一，攛頭二，勾頭二，琉璃脊有二樣三樣四樣五樣六樣七樣八樣九樣。脊料瓦料，料以件計，件以折工。工在筒羅、勾頭、夾隴、提節、分隴、花邊，屬之瓦匠。剔鑿順色，屬之窯匠。白灰、青灰、紅土、蔴刀、江米、白礬，折料有差。布通脊，以頭二三號爲例，花脊牆頂擺筒板瓦。又花脊清水脊製法，各有分科。

牆脚根曰掐砌攔，上柱頂石下柱曰碼磉墩。牆有山牆、簷牆、檻牆、隔斷牆。諸成砌之别。成砌有磚砌、石砌、上坯砌，及羣域另砌上身之分。磚砌始于發券，發券以平水墻券口，加折歸除，得頭券磚塊之數。五券五伏，次分純灰插泥二種。及透骨灰抹飾，泥底灰面抹飾，插灰泥抹飾，搆抿諸類。碎磚碎石做法有差，歇山、硬山、山墻、碼單磉墩、碼連二磉墩，以柱頂石定長見方。攔上按進深面闊定長，地皮以下埋頭，以九檩深一尺，按檩遞減。臺以堦條石定長，硬山羣肩，以進深定長，柱徑定厚，上身隨羣肩。山尖隨山柱，懸山山墻伍花成造，以布架定高，柱徑定厚。砌懸山山花象眼，以步架定寬，瓜柱定高。兩山折一山。前後簷墻，以面闊定長，簷柱定高。以柱徑厚出三之二，封護加平水檩徑椽徑各一分，望一寸。凡用磚，皆除柱徑、柁枋、門窗檻框、榻板木料，及角柱、壓磚板、挑檐石，各分位核之，以順水立墻肩分位。襯脚取平，隨墻長短，而高隨墁地磚分位。其次扇面墻、檻墻、隔斷墻、廊墻各有差，如大中小三才墀頭。隨出簷收線磚，混磚、嚚盤頭戧簷、連檐、雀兒臺層數。尺寸定長，隨簷柱加平水檩徑一分。除停泥滚子磚、砍做線磚、乾擺混磚、嚚磚、盤頭戧檐層數尺寸定高外，加連簷厚一分半，以做戧簷斜長入榫，分位有差。排山勾滴，以進深加舉定長，按瓦料之號，分隴得個數，抹飾以長高見方丈。白灰、青白灰、泥底灰、插灰泥、紅黄泥、提漿、鏟舊剔去拘抿、灰道灰梗描刷。折料工用又有差。

砍磚匠，瓦匠中之一類也。金磚以二尺、尺七爲度，方磚以二尺、尺七、尺四、尺二爲度。新舊樣城磚長一尺三寸五分，寬六寸五分，厚三寸二分。臨清城磚同。停泥滚子磚、沙滚子磚，長八寸，寬四寸，厚二寸。停泥斧刃磚，與停泥滚子同。沙斧刃磚，與沙滚子同。砍磚工作，在砍磨城角轉頭、捎白、截頭、夾肋、剔漿、齊口、挂落、券臉，及車網、立柱、畫柱、垂柱、圭角、角雲、獸座、照頭、搽花、龍頭、鼻盤、桁條、耳子、素寶頂、雲拱頭、花墊板、脊瓜柱、花垂柱、花氣眼、花雀替、博縫頭、古老錢、馬蹄磉、三岔頭、花捎扒頭、花通脊板、牡丹花頭、額枋、四面披、小博縫、松竹梅、花草、須彌座花柱、圓椽達望板、窗户素線磚、垂花門立柱、箍頭枋、方椽、飛簷椽、連檐、裏口、線枋花心轉頭花香草雲、垂脊板、如意頭、象鼻頭、天盤、西洋墻、寶塔、寶瓶諸活計。鑿花匠，又砍磚匠之一類也。鑿花工作在檻墻下，花磚、花龍鳳、分心雲頭岔角、梅花窗、海棠花窗、草花圓窗、線枋磚花窗、雲子草、八角雲各色。又三十三號物背獸、劍靶、吻座、垂獸、獸座、戧獸、仙人走獸。而剎磨、鏟磨、磨平、見方、計工，仍職在瓦匠，所謂水磨也。湖上水磨墻地文磚，亞次規矩者，爲藻井紋，横斜者爲象眼紋，八方者爲八卦紋，半斧者爲魚鱗紋，參差者爲冰裂紋，一爲肺碎紋，上嵌梅花，謂之冰片梅。

琉璃瓦九樣什料，自二樣始。二樣吻，每隻計十三件，高一丈五尺，重七千三百斤，爲劍靶背獸、吻座、獸頭連座、仙人、走獸、赤脚黄道、大羣色、垂脊、攛頭、捎扒、大連磚、套獸、吻匣、博通脊、滿面黄、合角獸、合角劍靶、羣色條、鈎子、滴水、筒瓦、板瓦、正當溝、斜常溝、壓帶條、平口條諸件。三樣吻，每隻計十一件，高九尺二寸，重五千八百斤，什料同。四樣吻，每隻高八尺，重四千三百斤，什料同。五樣吻，每隻五尺三寸，尾寬八寸五分，重六百斤，多戧獸、戧脊、三連磚、挂尖托泥。六樣吻，每隻三塊，通高三尺三寸，重三百二十斤，多獅馬。七樣吻，每隻高二尺四寸五分，長二尺七寸，寬七寸五分，重一百三十斤，多羅鍋、列角盤、魚鱗摺腰。八樣吻，每隻重一百二十斤，什料同。九樣吻，每隻高一尺九寸，長一尺五寸，寬四寸五分，重七十斤，多滿山紅、掛落磚、隨山半混、羅鍋半混、羊蹄筒瓦板瓦、雙羊蹄筒瓦板瓦，此九樣什料也。至迎吻于琉璃窯，迎祭于大清正陽諸門，典制綦重，載在工部。

糙尺七、尺四、尺二方磚，出細減一寸，糙新城磚。出細減九斤十二兩，糙停泥磚沙磚。出細減一斤，頭號二號三號四號十號筒羅勾頭滴水板瓦斤數有差。定磉日忌正四廢天賊建破，拆屋用除日，蓋屋用成開日，泥屋用平成日，開渠用開平日，砌地與動土同。

石有漢白玉、青玉、青砂、花班、豆渣、虎皮諸類。拽運以旱船。計打荒、做糙、做細、占斧、扁光、攏滾子、叫號、灌漿，石匠壯夫並用。捧請座子入正位，壯夫至三百人，石匠職在做糙，謂之落坯工。出細則冲打、箍槽、打摺、鑽取、掏眼、打眼、打邊、遲頭、榫卯、起線、出線、剔鑿、扁光、掏空當、細撕、洒砂子、帶磨光、對縫、灌漿、拘抿、舊石閃裂歸瓏、拴架、鑲條、合角、落梓口、開旋螺紋諸役。石以長高寬厚見方論工。檻墊石以面闊除柱頂定寬，堦條石以出簷柱頂除回水定厚，硬山加堆頭金邊。連好頭石，懸山加挑山硬山兩山條石，與堦條同。斗板石，按露明處以臺基高除石條厚定寬，土襯石按露明處以斗板厚加金邊定寬，踏垜石以面闊除垂帶一分寬，按臺基分級數。燕窩石以石面闊加垂帶金邊定長，平頭土襯石以斗板土襯金邊外皮。至燕窩裏皮定寬，象眼石以斗板外皮燕窩裏皮定長，垂帶石以踏垜級數加舉定長。如意石與燕窩同。角柱石以簷寬三之一除壓磚板定長，以簷柱徑定寬，折半定厚。金山角柱石以柱徑定寬，本身寬折半定厚。琵琶角柱石以金山角柱收二寸定寬，硬山壓磚板出廊，加墀頭退一分定長。裏外腰線石，按山牆除前後壓磚板分位定長，內裏羣肩下平頭土襯石，按進深出廊，除柱頭分位定長。挑簷石以出廊加墀頭稍定長，壓磚石收一寸定寬，埋頭柱脚石按臺基高除堦條厚定長，堦條寬見方。分心石以出廊定長，金柱頂見方一分半定寬。垂花門中間滾墩石，以進深收分一尺定長，門口高三之一定高，方柱一尺加十之六定寬。門枕石以門下檻十之七定高，本身加二寸定寬，兩頭寬加下檻厚一分定長。折料灌漿，用白灰、白礬、江米，粘補鋅藥用黃蠟、芸香、木炭、白布，補石配藥較鋅藥滑石麪，石縫拘抿，白灰桐油，見方斤重長短有差。須彌座則做圭角、奶子、唇子、拘空當、卷雲落持腮、梟兒、束腰瑪瑙金剛柱子、椀花結帶、捲金卧蠶、水池荷葉溝、菱花窗。柱頂週圍做蓮瓣、巴達馬、香草雲花卉、行龍、麒麟、夔龍、八寶、搭袱子、滾墩開壺牙子、立鼓腔、掐鼓釘、鼓兒、門枕諸役。龜獸座三採疊落、山峯、剔撕汪洋海水、壽帶。花盆座法與須彌同。如意雲、萬字迴紋錦、四面壽帶、細撕筋紋、西番蓮、蓮子、花心、玲瓏欄杆、石榴頭、壽帶、拘空當諸役。蓮花盆座，法與須彌同。剔山林花草宫燈出細，則如柘榴頭、伏蓮頭、净瓶頭、蘇葉頭、珠子、蓮瓣、荷葉、西番蓮。龍分氣雲陽龍，掐鱗爪、撕鬃髮腿、虎肚、火肚、鼓肚黄戧刺、海水江牙、村山撕水、玲瓏口岔分齒舌、做鬚眉、鏨扁、畫八掛龜背錦襯脊梁骨尾巴。獅子分頭臉身腿牙胯、繡帶、鈴鐺、旋螺紋、滚鑿繡球出鑿崽子。西洋踏脚、琴腿、起口線、龍胎、鳳服、鳳毛、做管子、新雲八寶、摔帶子、象眼、落盤子、地伏頭、古子滾胖、雲子寶瓶、楞裏禪杖、龍鳳花卉、仰覆蓮、通瓦隴溝、券臉石番草摔帶子、六角、八角、花石角梁繩出頭獸、戲水獸面、橋翅柱子、前出角、後八角、抱鼓、雲頭、素線、橋面仰天、落色蓮開打壺瓶牙口子、幌頭鼓子、馬蹄磉石、古老錢耳子、水溝、千斤石做鈎頭、披水、銀錠橋瓦楞起線諸役，其法亦見方爲科。

湖上地少屋多，遂有裏角之法。角，古之所謂榮也。東榮西榮，北榮南榮。皆見之禮及司馬相如上林賦，宇不反則簷不飛，反宇法子反唇。飛簷法于飛鳥，反宇難于楣，飛簷難于椽，楣若衫袖之卷者則反。椽若梳櫛之斜者則飛，其間增桴重棼，不一其法，皆見之斗科做法平身科、柱頭科、角科三等。屋多則角衆。地少則角犄。于是以法裏之，縱横迴旋，正當面，顧背面，度四面。邱中舉維精展，結隅利稜鋒，柧造計秒忽。至增一角多，減一角少。此裏角之法也。葉夢得判案有云，東家屋被西家蓋。子細思量無利害。此語可與裏角法參之。然薛野鶴嘗曰，住屋須三分水二分竹一分屋。顧東橋嘗曰，多栽樹少置屋。二説又可爲裏角者進一解也。

頂爲浮圖，其名本金制。一品鐵用銀浮圖，二三品用紅浮圖，四五品用青浮圖之屬。今湖上亭塔頂多鎏金，次則磚頂磁頂。景德鎮祕色窯得一朱砂窯變，價值千金。近恆以花瓶倒安于上，其法稱便。

裝修作司安裝門槅之事，槅以飛簷椽頭下皮，與槅扇掛空檻上皮齊。下安槅扇，下檻掛空檻分位。上安横披并替椿分位，掛空一名中檻，一名上檻。替椿一名上檻，安裝槅扇，以廊内穿插枋下皮，與掛空檻下皮齊。次稍間安裝檻窗，上替椿横披掛空檻，俱與明間齊。上抹頭與槅上抹頭齊，下抹頭與槅羣板上抹頭齊，餘係風檻榻板檻墻分位。所用名物，有上檻、抱框、腰枋、槢柱、邊挺、抹頭、轉軸、拴杆、支杆、槅心、平櫺、櫺子、方眼、支窗、推窗、方窗、圓光、十樣、直櫺、横穿、横披、替椿、簾架、荷葉、拴斗、銀錠、扣架心、螞蟻腰，及絛環、滴珠、簾籠、揭板、羣板諸件。軍楹、連二楹有差。凡楠柏木槅扇，以用碧紗廚罩腿大框爲上線，以捲珠爲上混面，凹面有門尖、花心、玲瓏之制。槅心有實替、夾紗之分。花頭有卧蠶、夔龍、流雲、壽字、萬字、工字、岔角、雲團、四合雲、漢連環、玉玦、如意、方勝、疊落、蝴蝶、梅花、水仙、海棠、牡丹、石榴、香草、巧葉、西番蓮、吉祥草諸式。工兼雕匠、水磨燙蠟匠、鑲嵌匠三作。至菱花槅心之法，三交燈球六椀菱花，三交六椀嵌橄欖菱花，丈葉菱花，又三交滿天星六椀菱花，古老錢菱花，又雙交四椀菱花諸式，則屬之菱花匠，實替一曰糊透，夾紗一曰夾堂。

古者在墻爲牖，在屋爲窗。《六書正義》云，通竅爲囧，狀如方井倒垂，繪以花卉，根上葉下，反植倒披。穴中綴燈，如珠窋窕而出，謂之天窗。《太山記》云，從穴中置天窗是也。今之蓬壺影、俯鑒室，均用其法。古者牖穿壁孔，兩旁植槺，以三寸爲度。今則有柱有枋，中起棋盤線、劍脊線、擴線、闕花牙、三灣勒水、出色線、雙線、起雙鈎，極陰陽榫之變。有方圓圭角之式，中實槅扇，大曰疏，小曰窗，相並曰方軒。槅心花樣，如方眼、卍字、亞字、冰裂紋、金樓絲、金線釣蝦蟆之屬。一窗兩截，上繫梁棟間爲馬釣窗，疏欞爲太師窗。門制上楣下閾，左右爲根，雙曰闔，單曰扇。有上中下三户門，及州縣寺觀庶人房門之別，開門自外正大門而入次二重，宜屈曲，步數宜單。每步四尺五寸，自屋簷滴水處起，量至立門處止。門尺有曲尺、八字尺二法。單扇棋盤門，大邊以門訣之吉尺寸定長，抹頭、門心板、穿帶、插間梁、拴桿、檻框、餘塞板腰枋、門枕、連檻、横拴、門簪、走馬板、引條諸件隨之。古者外門内户。文選注，大門爲門，中門爲闥。《説文》云，半門曰户。玉篇云，一屏曰户。諸説異解同趣。門有制，户無制。今之園亭，皆有大門，均仿古制。至園内房櫳厢个，巷厩藩溷，皆有耳門，不免間作奇巧，如圓圭、六角、八角、如意、方勝、一封書之類，是皆古之所謂户也。曲尺長一尺四寸四分，八字尺長八寸。每寸堆曲尺一寸八分，皆謂門尺，長亦維均。八字：財、病、離、義、官、刦、害、本也。曲尺十分爲寸。一白、二黑、三碧、四緑、五黄、六白、七赤、八白、九紫、一白也。又古裝門路用九天元女尺，其長九寸有奇，匠者繩墨，三白九紫。工作大用日時尺寸，上合天星，是爲壓白之法。

建造橋梁，有木橋做法。以寬長丈尺橋孔數目，折料計工。尺五椿木，連入土長二丈七尺，一木一椿。二尺管木長一丈二尺，一木二根，尺六橋面。楞木長一丈五尺，簽錠椿木，安裝管頭楞木，用八六寸扒頭釘，斤兩有差。鋪墁橋面，磚以寬長丈尺，除引條分位，横鋪立墁。鋪墁先用土墊平，折方有差。盤礅打瓣，搭脚手，用蔴斤兩，及木匠剷砍椿尖，做出鏨鑿管頭，鋪錠面木橋板，闆磚引條，安裝欄干，定間柱戧柱。瓦匠鋪墁，日記夫油漆匠，油飾闆磚引條，露明欄干，間柱戧柱。桐油、陀僧、定紅斤兩，熬油打雜各有差。裹頭雁翅，亦以寬長折料，計工石礅，跳板借用不估。此木橋做法也。石橋做法。以金門由身雁翅寬高，折料計工。雁翅迎水，頂底牽長，下分水頂底。用石陡砌，每里計長九十六丈四尺。底石下鋪錠梅花椿，安頓底石。每丈用椿二十段，尺五木一木三椿。迎面排椿，尺四木一木二椿，砌面石每丈油灰二斤，裹石每丈灌漿石灰一百斤，米汁有差。扛抬上住每丈壯夫二名。此石橋做法也。石岸做法，與雁翅同科。若堤壩工程，築堤先牽頂，寬底寬高長丈尺用土見方，底寬以入水丈尺，除水深丈尺折方，寬有築寬幫寬，高有築高幫高，幫寬幫高，謂之幫築。在旁幫築，謂之幫戧。平面加高，謂之普面。水深用柴鋪墊，謂之二面防風，以備積築。柴以束計，謂之正柴。用料以土方數目折束，搬柴厢柴。夫工有差，取土以道路遠近折料，謂之新土。隔河取土，及湖中撈挖用船運送，均于土方加料築壩。以面底寬長丈尺中心填土見方，壩長于水面，每丈用排椿七，撕木一，蘆笆二，縴纜一。工完銷土，屬之日記夫。

雕鑾匠之職，在角梁頭、博縫頭、順梁額枋箍頭、挑尖梁頭、花梁頭、角雲、拱番草素線雀替、角背、絛環、拖泥、牙子、四季花門簪、荷葉枕檄、净瓶頭、蓮瓣芙蓉垂頭、柱連楹疙瘩楹雕做、荷葉簾架檄、大小山花結帶、蔴葉梁頭、羣板滿雕夔龍鳳博古花卉、起如意線、三伏雲、素線響雲板、菱花梅花錢眼、起線護炕琴腿、圈臉番草雲、槅扇搘、眼象鼻拴、玲瓏雲板連籠板、琵琶柱子、荷葉、壺瓶牙子、支杆荷葉、採斗板、伏蓮頭、燕尾、摺柱，並斗口各科，工用有差。水磨燙蠟乾磨諸匠，與雕鑾互用，皆屬之楠木作。凡楠木匠一百，加安裝匠十，鋸匠二十，做舊裝修。另折方以計工。燙蠟物料，用黄蠟、蚓草、白布、黑炭、桃仁、松仁有差。此外包鑲匠，別楠、柏、紫檀、海梅、花梨、鐵梨、黄楊，木植以折見方計工。鏇匠職在鼓心、圓珠籠、滑子、净瓶、大垂頭、仰覆蓮、西番蓮頭、束腰連珠、鏇牙、粗牙諸役。水磨蒨色匠職在象牙净瓶、闌杆、柱子、凹面玲瓏夔龍書格、牙子、如意、畫別諸役。雕匠有假湘妃竹藥欄做法，楠柏木挖做竹子式，挂簷板上貼半圓竹式，竹式有如意雲、圓光、連環套、萬字團諸名。攢竹匠職在刮黄、刮節、去青、去網成開。做榫窌有十三合頭九合頭五合頭攢做之分，膠以縫計，錠鉸匠職在鐵箍拉扯、大鐵葉、角梁、由戧、寶瓶椿釘、刅錠枋梁、鈎搭、雙爪鈾鎖提捎、挺鈎、鑽三四寸釘椽眼連簷、博縫、山花、過木、沿邊木、諸鍋簽錠、斗科升耳包昂嘴、門葉錠、門泡釘、門鈸、門橋、鐵葉、雨點釘、梭葉、鐽鈒、雙卓拐角葉、雙人字葉、看葉、獸面帶仰月千年釣、壽山福海、釘鈎、菱花釘、風鈴、吻鍋、簷網、剪葉、天花釘、大小黄木條銅鐵絲網，掛網剪碗口，以尺寸折料，以料數折工。

琉璃轉盤鼓兒影壁，高六尺三寸五分，寬三尺六寸，用柱子二，間柱二，抹頭二，腰根二，夾堂餘腮板四面絛環羣板二，裏口框一。四抹轉盤大框，高三尺五寸七分，寬二尺八寸，羣板絛環，採間柱餘腮絛環，雕凹面香草夔龍，有鑲嵌素鑲並鑲門桶之別。夾層落堂如意瓶式，高五尺二寸，寬二尺三寸，二面貼落金邊，中嵌夔龍團草，扇抹頭，推門槅扇拴杆，琵琶柱子，欄干，起線雕艾葉，浄瓶頭，連珠束腰，西番蓮柱頭四，托泥，地伏，琴頭，捎子，踢脚，隱板，欄干心，牀上筆管欄干皆備。飛罩有落地明，連三飛罩，連十五飛罩，單飛罩諸做法。碧紗厨柱子，與影壁同。槅心用夾紗做法，皆屬之楠木作。

覆橑，今之木頂格也。《夢溪筆談》云，古藻井即綺井。又曰覆海。今謂之鬥八。吴人謂罳頂，蓋後至壞前至檐，左右至兩圬，上合羣羣板，下横經緯，中如方罫，所以使屋不呈材也。木頂槅週圍有貼梁，邊抹，檽子，木釣掛，一檽六空，横直兩頭，進深面闊有常制。上畫水草，説者謂厭火祥，莖皆倒垂殖，其華下向反披，古謂井幹。天台野人存論云，仰卧室中觀藻井，得古井田法，謂此。

銅料做法，門釘九路七路五路之分。鍏鈒獸面，每件帶仰月，千年釣，門鈒帶鈕頭圈子。包門葉有正面鍏鈒，大蟒龍，背面流雲做法，壽山福海，鈎搭釘釣，門槅同科。槅扇有雲龍鍏鈒雙拐角葉，雙人字葉，看葉諸式。看葉帶鈎花鈕頭圈子，若雲頭梭葉，素梭葉，則宜單用。其他菱花釘，小泡釘，殿角風鈴，瑠琉吻，合角吻，瑠璃獸，八樣銅瓦帽，大小黄米條，銅絲網。物料重輕有差。

亮鐵槽活，什件爲大二門鈸，雲頭裏葉拴環，搭鈕榻板雲頭，合扇支窗雲頭，葵花齊頭諸合扇，板門摘卸合扇，墻窗仔邊合扇，槅扇屏門檻窗鵞拐軸鵞項，碧紗廚鵞項，檻斗海窩拴斗，起邊凹面鵞項，簾架掐子，回頭鈎子，絲瓜鈎子，西洋鈎子，八寶環，八字雲頭葉，支窗雲頭，齊頭裏葉，有無樓子，西洋撥浪，各色挺鈎捎子，各色直子鈎邊，釕鈎，摺疊釕鈎，各色鈎搭，過河鈎搭，圓捎子，紗帽捎子，掃黄捎子索子，大小冒釘，單雙撥浪，各色挺鈎，鶴嘴挺鈎，壽山福海，人字面葉，大小抱柱葉子，萬字式箍，雙雲頭面葉，鈕頭鈎牌，雲頭角葉，大樣掐判門圈子，一二三寸圈子，五寸靶圈諸件，折價給工有差。

油漆匠三蔴二布七灰糙油墊光油硃紅油飾做法，計十五道。蓋捉灰，捉蔴，通灰，通蔴，苧布，通灰，通蔴，苧布，通灰，中灰，細灰，拔漿灰，糙油，墊光油，遍光油，十五道也。用料爲桐油，線蔴，苧布，紅土，南片紅土，銀硃，香油，見方折料。次之二蔴一布七灰糙油墊光油硃紅油飾，又次之二蔴五灰，一蔴四灰，三道灰二道灰諸做法。其他各色油飾做法，如硃紅，紫硃廣花諸磚色，定粉，廣花，煙子，大碌，瓜皮碌，銀硃黄丹，紅土烟子，定粉土粉，靛球定粉磚色，柿黄，三碌，鵞黄，松花緑，金黄，米色，杏黄，香色，月白諸色。次之，油飾紅色瓦料鑽糙滿油各一次。及天大青刷膠，柿黄油飾，洋青刷膠，花梨木色，楠木色，烟子刷膠，紅土刷膠諸法，所用料爲烟子，南烟子，廣靛花，定粉，大碌，三碌，彩黄，黄丹，土粉，靛球，梔子，槐子，青粉，淘丹，土子，水膠，天大青，洋青，蘇木，黑礬諸物，桐油加白灰，白麵，土子，陀僧，黄丹，白絲，絲棉，油飾菱花加牛尾。其煎油木柴另法有準，挑水，劈柴，燒火，捶蔴，篩礙磚灰，諸壯夫給工有差。斗科使灰用油，及頭停打滿地面磚鑽夾生油，舊料鑿砍，另法折工。若竹蓆，葦蓆，刷柿黄，罩白，及搓清紅黑油，又粉油上洒玉石砂子，又滿糊高麗紙。搓油燙蠟金砂各磚，窗户紙上噴油，工料同科。

畫作以墨金爲主，諸色輔之。次論地仗，方心，線路，岔口，箍頭諸花色。墨有金琢烟琢細雅五墨之用，金有大小點之用。地仗方心瀝粉，及各色花樣之用。線路岔口箍頭貼金，及諸彩色，隨其花式所宜稱。花式以蘇式彩畫爲上。蘇式有聚錦，花錦，博古，雲秋木，壽山福海，五福慶壽，福如東海，錦上添花，百蝠流雲，年年如意，福緣善慶，福禄綿綿，羣仙捧壽，花草方心，春光明媚，地搭錦袱，海墁天花聚會諸式。其餘則西番草，三寶珠，三退暈，石碾玉，流雲仙鶴，海墁葡萄，冰裂梅，百蝶梅，夔龍宋錦，畫意錦，垛鮮花卉，流雲飛蝠，袱子喳筆草，拉木紋，壽字團，古色螭虎，活盒子，爐瓶三色，歲歲青，瓶靈芝，茶花團，寶石草，黄金龍，正面龍，升澤龍，圓光，六字正言，雲鶴，寶仙，金蓮水草，天花，鮮花，龍眼，寶珠，金井玉欄干，萬字，梔子花，十瓣蓮花，柿子花，菱杵，寶祥花，金扇面，江洋海水諸式。惟貼金五爪龍，則親王用之，仍不許雕刻龍首，降一等用金彩四爪龍。貝勒貝子以下則貼各樣花草，平民不許貼金。用料則水膠，廣膠，白礬，桐油，白麵，土子麵，夏布，苧布，白絲，絲棉，山西絹，潮腦，陀僧，牛尾，香油，白煎油，貼金油，磚灰，木明，鷄蛋，松香，硼砂，酸梅，梔子，黄丹，土黄，油黄，籐黄，赭石，雄黄，石黄，黄滑石，彩黄，廣靛花，青粉，瀝青，梅花青，南梅花青，天大二青。乾大碌，石大二三碌，浄大碌，鍋巴碌，松花石碌，硃砂，紅標硃，黄標硃，川二硃，銀硃片，紅土，蘇木，胭脂，紅花，香墨，烟子，南烟子，土粉，定粉，水銀，明光漆，黠生漆，生熟黑漆，西生漆，黄嚴生漆，退光漆，籠罩漆，漆硃，連四退光漆，血漆，見方紅黄金，魚子金，紅黄泥金諸料物。

六典中裝潢匠，今之裱作也。隔井天花，海墁天花，今之裱背頂槅也。裱做在托夾堂，裱面層，糊頭層底，錠鉸匠壓錠，托裱紙，纏就楷。紮架子諸法，其糊飾梁柱，裝修木壁板墻槅扇次之。紙有棉榜、頭二三號高麗、西紙、山西絹、棉方白二方欒、竹紙料連四、清水、連四毛邊、連四抄紙、錦紙、蠟花、呈文、宮青、西青、皂青、方稿、裱料、銀箋、蠟花、宮箋、瓁紅、硃砂箋、小青、倭子、京文、桑皮諸紙。所用白麵、白礬、苧布、秫稭、雨點釘、線蔴、耗紙、包鑲、出線、鏇花、對花、壓條，工用有差。紗絹綾錦畫片，以見方折工料。此所謂采飾纖縟，褭以藻繡，文以朱緑者也。近今有組織竹篾爲頂蓬者，民間物耳。

花架有一面夾堂之分，方罫象眼諸式。蓋以圍護花樹之用，諸園皆有之，多種寶相薔薇月季之屬，謂之架花。架以見方計工，料用杉稿、楊柳木條、薰竹竿、黄竹竿、荊笆、籀竹片、花竹片、櫻繩，花樹價值有常，保固有限。保三年者，千松、小馬尾松、大小刺松、羅漢松、小柏樹、青楊、垂柳、觀音柳、山川柳、柿樹、栗樹、核桃樹、軟棗樹、桑樹、梧桐樹、秋樹、槐樹、紅白櫻桃樹、接甜棗樹、蘋菓樹、檳子樹、李子樹、千葉李、沙菓子樹、莎羅樹、石榴樹、小白菓樹、梨子樹、紅梨花、玉梨花、錦堂梨、香水梨、珍珠花、山裏紅、紫丁香、白丁香、紅丁香、紅白丁香、百日紅、棣棠花、文宮菓、山桃、白碧桃、紅碧桃、波斯桃、粉碧桃、鴛鴦桃、千葉杏、大小山杏、接杏樹、大玫瑰、馬英花、蘭枝花、白梅花、紅梅花、黄刺梅花、佛梅花、採春花、紅黄壽帶、藤花、紫荊花、明開夜合花、十姊妹、扒山虎、山葡萄、芭蕉、貼根海棠、硃砂海棠、垂絲海棠、龍爪花、白玉棠花、菠子、長春花、金銀花、沙白芍藥、楊妃芍藥、粉紅芍藥、千葉蓮芍藥、大紅芍藥、菠利諸種。保二年者，西府海棠。不保年者，大柏樹、大羅漢松、頭二號馬尾松、大白菓樹、小山裏紅、小玫瑰、榛子菓、歐子菓諸種。京師以車載論，城内每一車給價二錢。出城十里内，加給一錢，十里外每里加給二分。如人夫抬運，照人數給工。湖上樹木，多自堡城來者，無水通舟，故僅照人數給工之例。

匾有龍頭素線二種，四圍邊抹，中嵌心字板，邊抹雕做三採過橋，流雲拱身宋龍，深以三寸爲止，謂之龍匾。素線者爲斗字匾，龍匾供奉御書，其各園斗字匾，則概係以亭臺齋閣之名。

廳事猶殿也，漢晉爲聽，六朝加廠爲廳。《老學菴筆記》云：路寢，今之正廳，治官處之廳多廠，今謂廠廳。靈光賦云：三間兩表，即今廳之有四榮者，如五間則兩稍間設槅子或飛罩，今謂明三暗五。宋排當云：三間五廈。輟耕録云：三間兩夾皆是也。湖上廳事，署名不一。一曰福字廳，本朝元旦朝賀。自王公以下至三品京堂官止，例得恭邀頒賜福字。各官敬裝匾，供奉中堂，以爲奕世光寵。南巡時各工皆賞福字，如辛未，則與石刻坐秋詩水嬉賦仝賞之類。工商敬裝龍匾，恭摹于心字板上。擇園中廳事未經署名者懸之，謂之福字廳。如皆已有名，則添造廳事。或去舊匾换福字，如冶春詩社之秋思山房，荷蒲薰風之清華堂之屬，皆是今之福字廳。其次有大廳、二廳、照廳、東廳、西廳、退廳、女廳，以字名如一字廳、工字廳、之字廳、丁字廳、十字廳。以木名如楠木廳、柏木廳、杪欏廳、水磨廳。以花名如梅花廳、荷花廳、桂花廳、牡丹廳、芍藥廳。若玉蘭以房名，藤花以榭名，各從其類。六面庋板爲板廳，四面不安窗槅爲涼廳、四廳環合爲四面廳，貫進爲連二廳及連三連四連五廳，柱檁木徑取方爲方廳，無金柱亦曰方廳，四面添廊子飛椽攢角爲蝴蝶廳，仿十一檁桃山倉房抱廈法爲抱廈廳，枸木椽脊爲捲廳，連二捲爲兩捲廳，連三捲爲三捲廳，樓上下無中柱者，謂之樓上廳、樓下廳，由後簷入拖架爲倒坐廳。

正寢曰堂，堂奥爲室，古稱一房二内，即今住房兩房一堂屋是也。今之堂屋，古謂之房。今之房，古謂之内，湖上園亭皆有之，以備游人退處。廳事無中柱，住室有中柱。三楹居多，五楹則藏東西兩稍間于房中，謂之套房。即古密室、複室、連房、閨房之屬。又巖穴爲室潛通山亭，謂之洞房，各園多有此室。江氏之蓬壺影、徐氏之水竹居最著。又今屋四週者謂之四合頭，對霤爲對照，三面連廡謂之三間兩厢，不連廡謂之老人頭。凡此又子舍、丙舍、四柱屋、兩徘徊、兩廈屋、東西霤之屬。其二面連廡者，謂之曲尺房。

正構皆謂閣，旁構爲閣道，加飛椽攢角爲飛閣，露處爲飛道，露處有階爲磴道，磴道曲折紆徐者爲頻頓，是皆閣之制也。湖上閣以錦鏡閣爲最，閣道以篠園爲最，飛閣、飛道、磴道、步頓，以東園爲最。

兩邊起土爲臺，可以外望者爲陽榭，今曰月臺曬臺。《晉塵》曰：登臨恣望，縱目披襟，臺不可少，依山倚巘，竹頂木末，方快千里之目。湖上熙春臺，爲江南臺制第一傑作。

樓與閣大同小異，梯式創于黄帝，今曲梯析磴，極窈窕深邃，非持火莫能登，謂之螺螄轉。京師柏林寺大悲閣，最稱詭制。湖上以平樓第三層梯效之，崇屋敧前爲榭，蓋樓臺中之斜者，即錦泉花嶼中藤花榭之屬。

行旅宿會之所館曰亭，重屋無梯，聳檻四植，如溪亭、河亭、山亭、石亭之屬。其式備四方、六八角、十字脊，及方勝圓頂諸式。亭制以《金鼇退食筆記》九梁十八柱爲天下第一，湖上多亭，皆稱麗矚。

古者肅齊不齊曰齋，黄岡石刻東坡墨蹟一帖，有思無邪齋。《晉麈》曰：齋宜大雅，窗欞朗明，庭苑清幽，門無輪蹄，徑有花鳥。

浮桴在内，虚簷在外，陽馬引出，欄如束腰，謂之廊。板上甃磚，謂之響廊。隨勢曲折，謂之遊廊。愈折愈曲，謂之曲廊。不曲者修廊，相向者對廊，通往來者走廊，容徘徊者步廊，入竹爲竹廊，近水爲水廊。花間偶出數尖，池北時來一角，或依懸厓，故作危檻，或跨紅板，下可通舟，遞迢于樓臺亭榭之間。而輕好過之，廊貴有欄，廊之有欄，如美人服半臂，腰爲之細。其上置板爲飛來椅，亦名美人靠，其中廣者爲軒。禁扁編云：窗前在廊爲軒。

大屋中施小屋，小屋上架小樓，謂之仙樓。江園工匠，有做小房子絕藝。

古者依水爲屋，謂之船房。凡三間屋靠山開門，概以船房名之，全椒金絜齋渠詩云：啓闔竟穿蔣詡徑，入室還住張融舟，謂此。

陳設以寶座屏風爲首務，玻璃圍屏用四抹心子板、腰圍魚門洞鑲嵌凹面口線、海棠式雙如意魚門洞鑲嵌凹面口線諸做法。通景圍屏，用縧環牙子上陰陽疊落雕玲瓏寶仙花諸做法。畫片玻璃圍屏，用大框、碎框、壁子、梓框、二畫片、魚門洞、心子板、玻璃轉盤、方窗諸做法。三屏風，連三須彌座，上下方色連巴達馬、束腰線枋，中峯雁翅四抹大框，内鑲大理石落堂板一分，替板一分，背板梓框，上下縧環，二面雕漢文夔龍搭腦立牙諸做法。插屏門高六尺一寸，寬三尺一寸六分，内榻檯木二，二面雕凹面漢文夔龍，柱子二，托棖一，鎖砌棖一，背後閘檔板一，二抹大框一，簷牙一。跕牙二諸做法，四抹玻璃門高五尺三寸三分，壁板一，縧環一，一面採臺雕凹面漢文夔龍捧壽諸做法。頭號寶座，面闊四尺有奇，進深三尺有奇，高一尺六寸有奇，三方靠背束腰、托腮方肚、蓬牙象鼻、捲珠灣腿、周圍托泥、扶手雲頭諸做法。平面脚踏，與座等。漢文腿、束腰托泥俱備，二號矮寶座，面闊三尺六寸。進深二尺八寸六分，高七寸。上下方金蓮、巴達馬、束腰，杉口、梓口、地平排捎、地平牀面，包鑲中篇暖板諸做法。次之燈綵鋪墊，燈以掛計。錫燈有洋燈、三面、四面、六面、鏡插、滿堂紅、高燈之屬。建珠燈有山水、花卉、禽獸、人物、字畫之屬。琉璃燈有四方、八方、冬瓜、葧薺、皮球之屬。玻璃燈有方架、滚子、大洋、小洋、五色、吹片之屬。其餘各色洋綢、堆花耿絹，畫各舊稿。各色紗堆花、白雲紗、銀條紗、刮絨堆花、紅金線、泥金紗羅。上覆朱纓，角垂風帶者，謂之宫燈。竹架上蒙紬綢者，謂之膝褲腿。蔑絲無影，謂之氣殺風，置鐵竹長柄懸之者，謂之鵞頸項，綵子用五色綾，紮蛛網罘罳，以爲簷飾。

結彩屬之官樂部，里中呼爲吹鼓手，是業有二：一曰鼓手，一曰蘇唱。有棚有坊，民間冠婚諸事，鼓手之價，蘇唱半之，蘇唱顔色半伺鼓手爲喜怒，其族居城内蘇唱街。

鋪地用棕氈，以胡椒眼爲工，四圍用押定布竹片，上覆五色花氈，氈以黄色長毛氆氇爲上，紫絨次之，藍白毛絨爲下，鑲嵌有緞邊綾邊布邊之分。門簾棹櫈椅炕諸套同例。炕有炕几、炕墊、炕枕、帽架、唾盂、搭脚諸什物。椅有圈椅、靠背、太師、鬼子諸式。櫈有圓、方、三六八角、海棠花及連櫈春櫈諸式。

民間廳事置長几，上列二物。如銅磁器及玻璃鏡、大理石插牌，兩旁亦多置長几，謂之靠山擺。今各園長几，多置三物，如京式，屏間懸古人畫。小室中用天香小几，畫案書架，小几有方、圓、三角、六角、八角、曲尺、如意、海棠花諸式。畫案長者不過三尺，書架下櫝上空，多置隔間。几上多古硯，玉尺、玉如意、古人字畫、卷子、聚頭扇、古骨朵、剔紅蔗葮、蒸餅、河西三撞兩撞漆合。磁水盂，極盡窯色，體質豐厚。靈壁、太湖諸硯山，珊瑚筆格，宋蠟箋。書籍皆宋元精槧本，舊抄秘種，及毛抄錢抄。隔間多雜以銅磁漢玉古器，其白玉本于闐玉河所産。于闐有烏、白、緑三河，所産之玉，如河之色，最勝于獅子王，爲古玉關以西地。《游宦紀聞》及《于闐行程》記載之甚詳。今入版圖，其玉遂爲方物，賈人用生牛皮束縛，人夫馬騾，運至内地，以斤兩輕重爲换頭。蘇州玉工用寶砂金剛鑽造辦仙佛人物禽獸，爐瓶盤盂，備極博古圖諸式。其碎者則鑲嵌屏風掛屏插牌，謂之玉活計。最貴者大白件，次者爲禮貨，最下者謂之老兒貨。他如雉尾扇，自鳴鐘、螺蚼器，銀纍絲，銅龜鶴，日圭，嘉量，屏風幹匜、天然木几座、大小方圓古鏡，異石奇峯，湖湘文竹、天然木拄杖。宣銅爐大者爲宫奩，皆炭色紅，胡桃紋，鷓鴣色，光彩陸離。上品香頂撞、玉如意，凡此皆陳設也。

張之洞《張文襄公全集》卷二六《秦漢·擬設織布局摺光緒十五年八月初六日》

竊自中外通商以來，中國之財溢於外洋者，洋藥而外。莫如洋布洋紗。洋紗縷細且長，織成布幅，廣闊較之土布一匹可抵數匹之用。紡紗、染紗、軋花、提花，悉用機器，一夫可抵百夫之力，工省價廉，銷售日廣。考之通商貿易册，布毛布三項，年盛一年，不惟衣土布者漸稀，即織土布者亦買洋紗充用，光緒十四年，銷銀將及五千萬兩。查洋藥一項，中國向有絲茶兩宗足以相抵，近則日本、印度、意大里等國起而爭利，偏植茶桑，所出幾與中國相埒，華貨因之滯銷，是絲茶本爲中國獨擅之利，今已成爲共分之利。棉布本爲中國自有之利，自有洋布洋紗，反爲外洋獨擅之利。耕織交病，民生日蹙，再過十年，何堪設想。今既不能禁其不來，惟有購備機器，紡花織布，自擴其工商之利，以保利權。第近年以來，中國殷商大賈屢有議及此者，徒以資本難集，心志不齊，迄今尚無成效。臣督同善後局司道詳籌熟商，擬在廣東省城開設織布官局，官爲商倡，先行籌款墊辦，以應急需，俟辦有規模，再陸續招集商股。當即電致出使英國大臣、新授廣東巡撫劉瑞芬，考究機器價值及建廠設局辦法。又查洋製之布，式樣衆多，難以偏效，現擇中國最爲通行之布樣七種：曰原色扣布一種，曰原色布上、次二種，曰白色布上、次二種，曰斜紋布一種，曰提花色布一種，各取布樣，附同棉花，寄交英廠，以便照配織機，依式仿製。嗣接劉瑞芬電，稱寄到棉花，經英廠考驗能織原色扣布、斜紋布及原色次等布三種，若織上等細布，須參美國棉花各半，紡成細紗，方能合用。臣查中國附近長江各省均產棉花，以江南通州所產者爲最佳，其次爲嘉定南翔之花，又次爲浙江寧波及江南松江府屬之花，雖非出自粵產，然由上海運粵，價脚甚廉，且其利均在中國。惟各花僅能成布三種，若欲織成上項七種，必須少參洋花。查英法各國棉花必購之印度與美國，皆非本土所產，然織布紡紗獲利固已不貲。今中國自有之棉花，已能成布三種，統計成布七種，不過參用洋花十分之三，而工價較之外洋既賤，成布即可出售，又省往返運費，其獲利自當勝於洋人。現計中國織布商局，僅有上海一處，經營十餘年尚未就緒，若粵省開設官局，營運有效，再能推廣於沿江各省，悉變洋布爲土布，工作之利日開，則漏卮之害日減。且洋布本非中國所有，雖用機器以代人工，並非奪力作小民之利，本務長策，無踰於此。已於本年七月內訂購布機一千張。照配紡紗、染紗、軋花、提花各項機器，及汽爐、鍋爐、水管、汽管、機軸等件。共需價英金八萬四千八百三十二鎊，外加運脚保險以鎊，價折合共需銀四十餘萬兩。機器分五次運粵，十三箇月在輪墩交清，計來年秋冬之間，可一律運到。出布長短，視紗縷粗細爲定。照每匹二十六鎊至三十二鎊者合算，每機日可出布一匹。建造廠屋占地縱横約八十丈，除地基外工料約需銀十萬餘兩。廣東省城民居稠密，無可設局之地，擬在河南購買填築，約需銀數萬兩。華洋工匠薪工煤火等費，現未開局，尚難預計，應俟機器運到，廠屋落成，次第開工，再將各項工費織辦銷售情形詳晰奏聞，以備考核，且備他省仿照開辦。

硃批：該衙門議奏。欽此。

吴趼人《二十年目睹之怪現狀》第九四回《圖恢復冒當河工差　巧逢迎壟斷銀元局》　諸事辦妥，假期已滿，上院銷假。撫臺便和他説：「上頭准了，這件事要仰仗老兄的了。兄弟的意思，要連工程建造的事，都煩了老兄。」苟才道：「這一着且慢一慢，先要到上海定了機器，看了機器樣子，量了尺寸，纔可以造房子呢。」撫臺見他樣樣在行，越覺歡喜，又説了兩句啃慰的話，苟才便辭了回家。到下晚時，院上已送了一個札子來，原來是委他到上海辦機器的。苟才便連忙上院謝委辭行，乘輪到了上海，先找着了童佐閶，和他説知辦機器一事。童佐閶在上海已經差不多兩年了，一切情形，都甚熟悉，便帶苟才到洋行裏去，商量了兩天，妥妥當當的定了一分機器，訂好了合同，交付過定銀。他上條陳時，原是看定了一片官地，可以作爲基址的。此番他來時，又叫人把那片地皮量了尺寸四至，草草畫了一個圖帶來的，又托佐閶找一個工程師，按着地勢打了一個廠房圖樣。凡以上種種，無非是童佐閶教他的，他那裏懂得許多。事情已畢，還不到二十天功夫，他便忙着趕回安慶，給死老婆開吊。一面和童佐閶商定，一力在撫臺跟前保舉他，叫他一得信就要趕來。童佐閶自然答應。

苟才回到安慶之後，上院銷差，順便請了五天假，因爲後天便是他老婆五七開吊之期。到了那天，却也熱鬧異常，便是撫院也親臨吊奠，當由家丁慌忙擋駕。忙過了一天，次日便出殯，出殯之後，又謝了一天客，方纔停當，上院銷差。順便就保舉了童佐閶，説他熟悉機器工藝，又深通化學。撫臺就答應了將來用他，先叫他來見。苟才又呈上那張廠房圖。撫臺看過道：「這可是老兄自己畫的？」苟才道：「不，職道不過草創了個大概，這回奉差到上海，請外國工程師畫的。」撫臺道：「有了這個，工程可以動手了罷？」苟才道：「是。」撫臺送過客之後，跟着就是一個督辦銀元局房屋工程的札子下來。苟才一面打電報給童佐閶，叫他即日動身前來，撫院立等傳見。不多幾天，佐閶到了，苟才便和他一同上轅，撫院也都一齊請見，無非問了幾句機器製造的話，便下來了。

從此苟才專仗了佐閶做綫索，自己不過當個傀儡，一面招募水木匠前來估價，起造房屋，有應該包工做的，有應該點工造的。又揀幾個平素肯巴結他的佐貳，禀請下來，派做了甚麽木料處、磚料處、灰料處的委員，便連他自己公館裏一班不識字、没出息、永遠薦不出事情的窮親戚都有了事了，甚麽督工司事、監工司事、某處司事、某處司事，胡亂裝些名目，一個個都支領起薪水來了。

誰知他當日畫那片地圖時，畫擰了一筆，稍爲畫開了二三分。那個打樣的工程師，是照他的地勢打的，此時按圖布置起來，却少了一個犄角，約莫有四尺多長，是個三角式。雖然照面積算起來，不到十方尺的地皮，然而那邊却是人家的一座祠堂，若把那房子挪過點來，這邊又没出路。承造的工匠，便來請示。苟才也無法可想，只得和佐闇商量。佐闇自去看過，又把這圖樣再三審度，也無法可想，道：「爲今之計，只有再畫清楚地圖，再叫人打樣的了。」苟才道：「已經動了工了，那裏來得及。」佐闇道：「不然，就把他那房子買了下來。」苟才一想，這個法子還可以使得，便親自去拜懷寧縣，告知要買那祠堂的緣故，請他傳了地保來查明祠主，給價買他的。

懷寧縣見是省里第一個紅人委的，如何敢不答應，便傳了地保，叫了那業主來，説明要買他祠堂的話。那業主不肯道：「我這個是七八代的祠堂，如何賣得！」縣主道：「你看築起鐵路來，墳墓也要遷讓呢，何況祠堂！這個銀元局是奏明開辦的，是朝廷的工程。此刻要買你的，是和你客氣辦法。不啊，就硬拆了你的，你往那裏告去！」那業主慌道：「這不是我一個人的事，這是合族的祠堂，就是賣，也要和我族人父老商量妥了，才賣得啊！」懷寧縣道：「那麽，限你明天回話，下去罷。」那人回去，只好驚動了族人父老商量。他以官勢壓來，無可抵抗，只得賣了，含淚到祠堂裏請出神主。至於業主到底得了多少價，那是著書的無從查考，不能造他謠言的。不過這筆錢苟才是不能報銷的，不知他在那一項上的中飽提出來彌補的就是了。

從此之後，直到廠房落成，機器運到，他便一連當了兩年銀元局總辦。直到第三個年頭，却出了欽差查辦的事。正是：

追風莫漫夸良驥，失火須防困躍龍。

鮑康《觀古閣泉説・序》　《泉譜》始見《隋・經籍志》，顧烜《錢譜》、《錢圖》、封演《續錢譜》、張台《錢録》、姚元澤《錢譜》、陶岳《貨泉録》、金光襲《錢寶録》、李孝美《歷代泉譜》、錢氏《錢譜》、杜鎬《鑄錢故事》、羅泌《錢幣考》、董逌《錢譜》、于公甫《錢譜》，皆不傳。傳者洪遵《泉志》而已，近李竹朋丈著《古泉匯》至爲詳備。國朝爲《泉譜》之學無多，於此者，其素所相與商榷者，則惟鮑丈臆園先生，先生自束髮以來，蓄泉最富，耽玩四十餘年，故於源流正變，真僞美惡，辨別精嚴，當世無其比也。蔭嘗勸其著一書以傳世，力請再三，先生乃先舉所見所聞，以及耆舊風流交游韻事，録成《泉説》二卷，而以題詠附焉。其中遺事逸聞，實足資後人之考訂，非泛然論古之作也，當與戴文節《古泉叢話》、劉方伯《論泉絶句》鼎足而三矣。若蔡氏《癖談》、盛氏《泉史》、張氏《錢志新編》，詎能望其項背哉！同治癸酉五月，吴縣潘祖蔭謹序。

鄭珍《輪輿私箋》鄭知同《輪輿圖序》　家大人以丁巳歲閲夏秋成此《輪輿箋》，其時脱稿一紙，輒舉以示知同讀之。同苦昧算術，亦未首末通，詳多不得解，僅識其形製大略而已。今年春夏，逐日課録大人經説小學諸稿副本，以備兵燹。兹編録竟，爰周詳布算頗盡厥指。稿中偶有度數尺寸渺筆誤者，並已是正無譌。竊以鄭注之精微，自賈疏以來不得正解，遂如墮雲霧，説者日益支蔓。得此箋而鄭義瞭若指掌，更不患其制不明。然語繁數複，猶易眩惑心目，如再得圖以實之，使讀者案圖以求其説，似尤簡易省力。遂不自揣爲蛇足，繪輪輿諸圖，敢敬坿之編末，亦取便己嘗披讀焉。辛酉七月既望，男知同敬書。

李宏齡《山西票商成敗記》三《各埠票號回信》　敬覆者，公函領明，統件亦悉。

擬設三晉銀行一層，足見法良意美，連致老號四信，可謂苦口良言，非兄等高明素著，不能有此遠大之謀。弟等即時會議，無不欽佩之至。但兄等既能導其先路，弟等敢不步其後塵，是以如命，公函致晉信底呈閲。

至兄等所擬規模，固屬甚善。惟招集洋股，微嫌不宜。夫銀行以三晉爲名，招外股而不甚相符。況洋人素習商戰，非我等所能抗衡。試看粤鐵路，晉礦務，豈非前車之鑒也。兄等因公下問，弟等敢不陳其所知。誕妄之愆，祈諒，是幸！此復。恭請升安。并候列位均吉。

志成信記　中興和記
蔚長厚　天成亨
大德通　存義公
大德玉記　協同慶
駐漢口匯業分號
蔚盛長　新泰厚
世義信　百川通記
長盛川記　合盛元記
大德恒記　大盛川記
蔚泰厚　三晉源記
寶豐隆記　協成乾記

蔚豐厚記　日昇昌記

己酉新正二十六日由漢申

公啓者，現在風氣大開，銀行林立，各處設立甚多，首推漢口爲最。我幫等隱受其害，洵有不堪枚舉者矣。若不改弦易轍，將有不堪立足之勢。處此時局，非設立銀行不可。

夫銀行之設，豈易言哉。我晉風向稱泥古，瞻前者有人，顧後者有人，而恐股難結〔集〕兼慮後害者亦莫不有人。豈知通力不難合作，衆志即可成城。以晉省而設立銀行，真有不待外求而自得者矣。晚等爰集合幫商議，居然衆論僉同。況銀行一設，顯有三善，歷爲臺等詳呈之：

漢地銀行十數餘家，鈔票普通者户部、匯豐、官錢局數家而已。我幫信孚中外歷有年所，銀行設而鈔票一出，其數應不在該等之下，長年僅以七釐行息，所獲甚屬不菲。非敢云憑空取利，僅可謂本大利長，此銀行可設之一善也。

再以放帳而論，我幫之耳目雖靈，究竟有不周之處。而銀行有押款之例，其策可稱萬金，值億者僅押數萬，值萬者只押幾千，倘有意外之變，公本可保不失。有備無患之舉，實我幫所不及，此設立銀行之二善也。

晉省銀行一設，堪爲銀行中之巨擘，利權不至外泄，存款亦易招徠。幸而票行不廢，銀〔行〕、票行即可共得其美利；不幸票行失業，尚有銀行一綫生機，無票行之害，有銀行之益。固晉省之基，保利權之實，此銀行不得不設之三善也。

其餘盡善盡美之處，誠非楮墨所能罄。惟望有心世道者，心領而神會焉。

至我幫等提倡結〔集〕股，并結〔集〕華股，不結〔集〕洋股，以及各種事宜，諒臺等自有權衡，非晚等所敢妄言者也。

逢此商戰之秋，銀行爲第一要務，此乃大局所關，想别莊早應有此條呈。《毛詩》云：「先民有言，詢於芻蕘。」晚等爲公起見，諒臺等應不以此爲河漢也。如以其言爲可采，嗣後自當續呈管見，以補此函之不逮。晚等幸甚！各號幸甚！即晉省人民無不幸甚！

特此恭請升安。順候春喜，統希鑒照不備。

此信一樣三封，谷、祁、平各寄一封，祈會商爲荷。

照抄漢寄過祁太平公信底稿

己酉新正二十六日

京都票號諸位鄉臺大人閣下：

敬覆者，月之初四日，大德恒忽接京中祁太平票幫由郵局寄來公函，内統前致老號信四件，前後所云各情，均已敬悉，請勿錦念。

照目下之時局，我幫倡立銀行，實爲當今急務，一則可保我三晉命脉，再則以厚我票號根基。前此户部堂憲，商於我幫，而我等力却未允。彼時即大失機會，既已一誤不可再誤；失之於前，亦不難補之於後。臺等熱心公益，保我匯業，凡有血性者，莫不玉成。弟等何敢自外生成，不盡綿薄。

然而，銀行巨業也，非廣集股東，不足鋪張揚勵，與各銀行并駕馳驅。若招集外省股東，不獨利權外溢，殊失臺等保全我等利權之初心。若盡集我晉股，奈風氣未開，雖楚南翁婆心苦口到處善誘，我等首爲提倡，亦恐難踴躍從事，此股東之所以難也。然又有一説，我等所立銀行商立也，非官立也。非集官股不能奪已失之利權，挽將注之波瀾。今大清銀行基礎雖立，剥雜不充。若不值此創立，遷延歲月，失此機會，後雖悔之，其何能及。

閲臺等所致老號之信，確中竅要，祈竭力張辦，勿懈乃心，弟等不勝企望之至。

特此布覆。敬請臺安，并賀新禧！

營口祁太平幫公啓

於己酉正月二十日自營申

今統去照抄寄過老號公信底一件請閲爲荷。

祁太平票號諸位鄉臺大人閣下：

冒襄《宣爐歌注》張潮《小引》　物之佳者，或以人名，或以地名，或以代名，名雖不同，其爲物之佳則一也。如時之壺、哥之窑、張之爐、顧之綉，皆以人名者也；如并州之剪、蒙山之茶、歙州之硯、湖州之筆，皆以地名者也；至于商彝、周鼎、秦璽、漢碑，則以代名者矣。夫以一物之微，而致煩一代之名，名之及其久也，代已亡而物尤不朽，豈物以代重耶！抑代以物傳耶！有明三百年間，物之佳者，不可勝數，而宣爐一種，則誠前無所師，後莫能繼，豈非宇宙間一絶妙骨董乎！所恨贗鼎紛陳，不可勝詰，非巨眼莫能辨之，良由愛之者多，則其值益貴，值益貴，則贗者日繁，甚且一爐剖而爲二，半真半僞，若兩截人物，噫，抑何巧也！予博稽載籍，如《博古圖》、《古玉圖》、《泉志》、《硯譜》、《墨譜》之屬，莫不各有其書，唯宣爐獨無譜，雖其妙處實不可以譜傳，然鐘鼎尊彝之屬，其陸離葱翠，寧獨可以繪畫畢之乎哉！冒辟疆先生作宣爐歌，以贈方坦菴先生，而特自爲注，予甚愛之,較之酈之于《水經》,裴之于《三國志》,誠可鼎足而立也夫。心齋張潮譔。

昌襄《宣爐歌注》宣爐最妙在色,假色外炫,真色内融,從黯淡中發奇光古今人品文章判斷略盡。正如好女子肌膚,柔膩可掐。爇火久,燦爛善變,久不着火,即納之汙泥中拭去如故。曹谿禪假者雖火養數十年,脱則枯槁矣。

宣廟時傳内佛殿火,金銀銅像渾而液。又云寶藏焚,金銀珠寶與銅,俱結命鑄爐。

宣廟詢鑄工,銅幾煉始精?工對以六火則殊光寶色現,上命煉十二火條之,復用赤火鎔條于鋼鐵篩格上,取其極清、先滴下者爲爐,存格上者製他器。爐式不規,規三代鼎鬲,多取宋瓷爐式倣之。可想十年垂拱。

宣爐以百摺彝、乳足、花邊、魚鰍、蜒蚰諸耳,薰冠、象鼻、石榴足,橘囊、香奩、花素、方圓鼎爲最,索耳、分襠判官耳、角端、象鬲、雞脚、扁番環、六稜、四方、直脚、漏空、桶、竹節、法盞等樣爲下。

宣爐倣宋燒斑,初年沿永樂爐製,中年謂其掩爐本質用番滷浸擦薰洗易爲茶蠟,末年愈顯本色,着色更淡。至文,真詩。後人評宣爐五等色,栗殼、茄皮、棠梨、褐色,而藏經紙色爲第一。金鎏腹下爲湧祥雲,金鎏口下爲覆祥雲。雞皮色、覆手色,火氣久而成也。

嘉靖後之學道,近之施家,皆北鑄。北鑄間用宣銅器成鑄,銅非清液,又小冶寒儉無精采,且施不如學道矣。南鑄以蔡家勝甘家,蔡之魚耳,可方學道。

真宣爐本色之厄有二,嘉隆前尚燒斑,有取本色真者重燒,有過求本色之露。如末年,淡色取本色,真爐磨治一新。甚有歲一再磨景泰成化之獅頭彝爐等,後人僞易鑿宣款,以重其價。宣爐又有呈樣無款,最真妙者,後人得之以無款,恐俗眼生疑,取宣别器有款者鑿嵌,畢竟痕跡難泯,皆真宣爐之厄也!凡事只爲周旋,俗人,壞了。

懺閣乃毘陵鄒臣虎先生供吴道子觀音真蹟處,每與先生閣前鑒賞宣爐,自天雞圓鼎外,凡六、七種,余有别記。余最妙一二,統散失于甲申、乙酉。

杜茶〔村〕曰:昔澄江友人周伯高,嘗著《壺茗二系》,以明時洞岕茗之所繇來、淵原、支派甚悉,余爲之序,以爲要緊必傳之書,獨恨宣爐無紀耳。今得巢民此歌及註,正與三系可以合行,爲吾鄉真切受用中本紀列傳,其功不小,惜乎周著今不見有傳者,當徐徐物色之,然其行文,出入《世説》、《水經》、《三國志》三註筆意,故遠不逮□。

附宣銅爐歌爲方坦菴先生賦

龍眠先生鬚髩皤,兩朝鼎貴稱鳴珂;絲綸世掌遺播棄,邗江賣字書擘窠。生平嗜古入骨髓,玩好不惜三婆娑;有爐光怪真異絶,肌膩肉好神清和。窑邊蚰耳藏經色,黄雲隱躍窮琱磨。窪隆豐殺中規矩,紅榴甘黛紛雷蝌;我時捧視驚未有,精光迸出呼奈何。恭聞此爐始宣廟,製器尚象勤搜羅;宫閨風雅厭奇巧,爐煹精妙無偏頗。或云:流烏一夜鎔寶藏,首陽銅枯汁流酡。或云:煉銅十二取清液,式倣官瓷非鬲犧;彝乳花邊稱最上,魚蚰諸耳無相過。博山睡鴨真俗醜,宋燒江製咸差訛;工倕撥蠟昭千古,香篝火煖浮金波。宜香宜火宜几席,本色受用,淺人説不出。寧惟鑒賞堪吟哦;百金重購擬和璧,旃檀函貯文犀馱。後來北鑄并南鑄,道南施蔡皆么魔;亂真火色終枯槁,磨治雕鑿蛟龍呵。徹底眼力。平生真賞惟懺閣,同我最好沈江河;撫今追昔再三歎,憐汝不異諸銅駝。一爐非小關一代,列聖德澤相漸摩;我今爲公作此歌,萬事一往何其多。包括深廣。歌成乞公書大字,明日且換山陰鵞。

杜茶村曰:一部宣爐掌故,以韻語行之,如少陵題馬諸歌,隻字不虚下也。詩格尤絶,似昌黎《石鼓歌》。

昌襄《宣爐歌注・跋》

宣德距崇禎纔二百餘年耳!其時宣爐真者已極貴重,若再二百餘年,不益更難得耶!夫爐之爲物,苟不煅于火,固宜流落人間,不當少于前也。第不知當年鎔鑄之數,亦可得而考歟?巢民先生鑒賞,自當不謬,問其家所珍藏者亦俱散失,不亦深可慨哉!心齋居士題。

雜録

劉徽《九章筭術》卷五《商功》 今有城,下廣四丈,上廣二丈,高五丈,袤一百二十六丈五尺。問:積幾何?

答曰:一百八十九萬七千五百尺。

今有垣,下廣三尺,上廣二尺,高一丈二尺,袤二十二丈五尺八寸。問:積幾何?

答曰:六千七百七十四尺。

今有堤,下廣二丈,上廣八尺,高四尺,袤一十二丈七尺。問:積幾何?

答曰：七千一百一十二尺。

冬程人功四百四十四尺。問：用徒幾何？

答曰：一十六人一百一十一分人之二。

術曰：並上下廣而半之【略】

今有圓亭，下周三丈，上周二丈，高一丈。問：積幾何？

答曰：五百二十七尺九分尺之七。於徽術，當積五百四尺四百七十一分尺之一百一十六也。按密率，爲積五百三尺三十三分尺之二十六。

術曰：上、下周相乘，又各自乘，并之，以高乘之，三十六而一。此術周三徑一之義，合以三除上下周，各爲上下徑，以相乘；又各自乘，并以高乘之，三而一，爲方亭之積。假令三約上下周，俱不盡，還通之，即各爲上下徑。令上下徑相乘，又各自乘，并以高乘之，爲三方亭之積分。此合分母分相乘得九，爲法除之。又三而一，得方亭之積。亦猶方冪中求圓積。乃令圓率三乘之，方率四而一，得圓亭之積。前求方亭之積，乃以三而一，今求圓亭之積，亦合三乘之。二母既同，故相准折。惟以方冪四，乘分母九，得三十六，而連除之。

佚名《漢武故事》 上於長安作蜚廉觀，於甘泉作延壽觀，高二十丈。又築通天臺於甘泉，去地百餘丈，望雲雨悉在其下。春至泰山，還作道山宮，以爲高靈館。又起建章宮爲千門萬户，其東鳳闕，高二十丈，其西唐中，廣數十里，其北太液池，池中有漸臺，高三十丈。池中又作三山，以象蓬萊、方丈、瀛洲，刻金石爲魚龍禽獸之屬，其南方有玉堂璧門大鳥之屬，玉堂基與未央前殿等去地十二丈，階陛咸以玉爲之。鑄銅鳳皇，高五丈，飾以黄金棲屋上。又作神明臺井幹樓，高五十餘丈，皆作懸閣輦道相屬焉。其後又爲酒池肉林，聚天下四方奇異鳥獸於其中，鳥獸能言能歌舞或奇形異態，不可稱載。其旁别造奇華殿，四海夷狄器服珍寶充之，琉璃珠玉火浣布切玉刀，不可稱數。巨象大雀，師子駿馬，充塞苑厩，自古已來所未見者必備。又起明光宮，發燕趙美女二千人充之。率取年十五已上二十已下，滿四十者出嫁，掖庭令總其籍，時有死出者補之。凡諸宮美人，可有七八千。建章、未央、長樂三宮，皆輦道相屬，懸棟飛閣，不由徑路。常從行郡國，載之後車。與上同輦者十六人，員數恒使滿；皆自然美麗，不假粉白黛黑。侍衣軒者亦如之。上能三日不食，不能一時無婦人；善行導養術，故體常壯悦。其有孕者，拜爵爲容華，充侍衣之屬。

王嘉《拾遺記》卷九《晉時事》 石虎於太極殿前起樓，高四十丈，結珠爲簾，垂五色玉珮，風至鏗鏘，和鳴清雅。盛夏之時，登高樓以望四極，奏金石絲竹之樂，以日繼夜。於樓下開馬埒射場，周回四百步，皆文石丹沙及彩畫於埒旁。聚金玉錢貝之寶，以賞百戲之人。四廂置錦幔，屋柱皆隱起爲龍鳳百獸之形，雕斫衆寶，以飾楹柱，夜往往有光明。集諸羌互於樓上。時亢旱，春雜寶異香爲屑，使數百人於樓上吹散之，名曰「芳塵」。臺上有銅龍，腹容數百斛酒，使胡人於樓上嗽酒，風至望之如露，名曰「粘雨臺」，用以灑塵。樓上戲笑之聲，音震空中。又爲四時浴室，用鍮石珷玞爲堤岸，或以琥珀爲瓶杓。夏則引渠水以爲池，池中皆以紗縠爲囊，盛百雜香，漬於水中。嚴冰之時，作銅屈龍數千枚，各重數十斤，燒如火色，投於水中，則池水恒温，名曰「燋龍温池」。引鳳文錦步障縈蔽浴所，共宮人寵嬖者解媟服宴戲，彌於日夜，名曰「清嬉浴室」。浴罷，泄水於宮外。水流之所，名「温香渠」。渠外之人，争來汲取，得升合以歸，其家人莫不怡悦。至石氏破滅，燋龍猶在鄴城，池今夷塞矣。

劉義慶《世説新語》卷下《巧藝》 陵雲臺樓觀精巧，先稱平衆木輕重，然後造構，乃無錙銖相負揭。臺雖高峻，常隨風摇動。而終無傾倒之理。魏明帝登臺，懼其勢危，别以大材扶持之，樓即穨壞。論者謂輕重力偏故也。《洛陽宮殿簿》曰：「陵雲臺上壁方十三丈，高九尺。樓方四丈，高五丈。棟去地十三丈五尺七寸五分也。」

《南齊書》卷五八《東南夷傳》 高麗俗服窮袴，冠折風一梁，謂之幘。知讀《五經》。使人在京師，中書郎王融戲之曰：「服之不衷，身之災也。頭上定是何物？」答曰：「此即古弁之遺像也。」

劉義慶《幽明録》卷六《鳳頭入漳》 鄴城鳳陽門五層樓，去地二十丈，長四十丈，廣二十丈，安金鳳皇二頭於其上。石季龍將衰，一頭飛入漳河，清朗見在水底；一頭今猶存。

慧立《大慈恩寺三藏法師傳》卷七 〔貞觀二十二年〕秋九月己卯，詔曰：「昔隋季失御，天下分崩，四海塗炭，八埏鼎沸。朕屬當戡亂，躬履兵鋒，亟犯風霜，宿於馬上。比加藥餌猶未痊除，近日已來方就平復，豈非福善所感而致此休徵耶？京城及天下諸州寺宜各度五人，弘福寺宜度五十人。」計海内寺三千七百一十六所，計度僧尼一萬八千五百餘人。未此以前，天下寺廟遭隋季凋殘，緇僧將絶，蒙兹一度，並成徒衆。美哉君子所以重正言也。

康駢《劇談録》卷下《李相國宅》 朱崖李相國德裕宅，在安邑坊東南隅，桑道茂謂爲玉碗。舍宇不甚宏侈，而制度奇巧，其間怪石古松，儼若圖畫。在文宗武宗朝，方秉相權，威勢與恩澤無比。每好搜掇殊異，朝野歸附者多求寶玩獻之。嘗因暇日休浣，邀同列宰相及朝士宴語。時畏景赫曦，咸有郁蒸之病。軒蓋候門，已及亭午，縉紳名士，交扇不暇，將期憩息於清涼之所。既而延入小齋，不甚高敞，四壁施設，皆古書名畫，而炎爍之患未已。及列坐開樽，煩暑都盡。良久，覺清飆爽氣，凜若高秋。備設酒肴，及昏而罷。出户則火雲烈日，熇然焦灼。有好事者求親信問之，云：「此日唯以金盆貯水，漬白龍皮，置於座末。」龍皮有新羅僧得自海中，雲海旁有居者得之於魚扈，其初以爲鱗介之屬，曾有老人見而識之。僧知相國好奇，因以金帛贖之而獻。又暖金帶、辟塵簪，皆希代之寶。及南遷，悉爲惡溪沉溺。使崑崙没水求之，在鰐魚穴，不能取。平泉莊去洛城三十里，卉木臺榭，若造仙府。有虚檻，前引泉水，縈回穿鑿，像巴峽、洞庭、十二峰、九派迄於海門江山景物之狀。竹間行徑有平石，以手摩之，皆隱隱見雲霞、龍鳳、草樹之形。有巨魚脅骨一條，長二丈五尺，其上刻云：「會昌六年海州送到。」莊東南隅即征士韋楚老拾遺别墅，楚老風韵高致，雅好山水。相國居廊廟日，以白衣累擢諫署，後歸平泉，造門訪之，楚老避於山谷。相國題詩云：昔日征黄詔，余慚在鳳池。今來招隱士，恨不見瓊枝。又新昌北街牛相國宅，即玄宗朝將作監康䛒舊第，桑道茂謂之金杯，俱出良相者也。

又《老君廟畫》 東都北邙山，有玄元觀，南有老君廟，臺殿高敞，下瞰伊洛，神仙泥塑之像，皆開元中楊惠之所製，奇巧精嚴，見者增敬。壁有吴道玄畫五聖真容及老子化胡經事，丹青絶妙，古今無比。杜工部題詩云：「配極玄都閟，憑高禁籞長。守祧嚴具禮，掌節鎮非常。碧瓦初寒外，金莖一氣旁。山河扶繡户，日月近雕梁。仙李蟠根大，猗蘭奕叶光。世家遺舊史，道德付今王。畫手看前輩，吴生遠擅場。森羅移地軸，妙絶動宫墻。五聖聯龍衮，千官列雁行。冕旒俱秀髮，旌旆盡飛揚。翠柏深留景，紅梨迥得霜。風筝吹玉柱，露井凍銀牀。身退卑周室，經傳拱漢皇。谷神如不死，養拙更何鄉。」愛敬寺復有雉尾病龍，莫知畫者誰氏。繪事奇巧，皆入神之迹。雉尾在東廡觀音院，天王部從中緋衣神人抱野雉一隻，逼而觀之，勢若飛動。政平坊安國觀，明皇朝玉真公主所建，門樓高九十尺，而柱端無栱枓。殿南有精思院，琢玉爲天尊老君之像。叶法善、羅公遠、張果先生並圖之於壁。院南池沼引御渠水注之，壘石像蓬萊、方丈、瀛州三山。女冠多上陽退宫嬪御，其東與國學相接。咸通中，有書生云：「每清風朗月，即聞山池之内步虚笙磬之音。」盧尚書有詩云：「夕照紗窗起暗塵，青松繞殿不知春。君看白首誦經者，半是宫中歌舞人。」

蘇鶚《杜陽雜編》卷下 宣宗製《泰邊陲曲》，其詞曰：「海岱晏咸通。」及上垂拱，而年號咸通焉。上仁孝之道出於天性，鄭太后厭代而蔬素悲咽，同士人之禮，公卿奉慰者無不動容，以至酸鼻。

咸通九年，同昌公主出降，宅於廣化里，賜錢五百萬貫，仍罄内庫寶貨以實其宅。至於房櫳户牖，無不以珍異飾之。又以金銀爲井欄藥臼食樻水槽釜鐺盆瓮之屬，仍鏤金爲笊籬箕筐。製水精火齊琉璃玳瑁等牀，悉楮以金龜銀鳌。又琢五色玉器爲什合，百寶爲圓案。又賜金麥銀米共數斛，此皆太宗廟條支國所獻也。堂中設連珠之帳，却寒之簾，犀簟牙席，龍罽鳳褥。連珠帳，續真珠爲之也。却寒簾，類玳瑁班，有紫色，雲却寒之鳥骨所爲也，未知出自何國。又有鷓鴣枕、翡翠匣、神絲繡被。其枕以七寶合成，爲鷓鴣之狀。翡翠匣，積毛羽飾之。神絲繡被，繡三千鴛鴦，仍間以奇花異叶，其精巧華麗絶比。其上綴以靈粟之珠，珠如粟粒，五色輝煥。又帶蠲忿犀、如意玉，其犀圓如彈丸，入土不朽爛，帶之令人蠲忿怒。如意玉類桃實，上有七孔，云通明之象也。又有瑟瑟幕、紋布巾、火蠶綿、九玉釵。其幕色如瑟瑟，闊三丈，長一百尺，輕明虚薄，無以爲比。向空張之，則疏朗之紋如碧絲之貫真珠，雖大雨暴降不能濕溺，云以鮫人瑞香膏傅之故也。紋布巾即手巾也，潔白如雪，光軟特異，拭水不濡，用之彌年不生垢膩。二物稱得之鬼谷國。火蠶綿雲出炎洲，絮衣一襲用一兩，稍過度則熇蒸之氣不可近也。九玉釵上刻九鸞，皆九色，上有字曰「玉兒」。工巧妙麗，殆非人工所製。有金陵得之者，以獻，公主酬之甚厚。一日晝寢，夢絳衣奴授語云：「南齊潘淑妃取九鸞釵。」及覺，具以夢中之言言於左右。洎公主薨，其釵亦亡其處。韋氏異其事，遂以實話於門人。或有云：玉兒即潘妃小字也。逮諸珍異不可具載。自兩漢至皇唐，公主出降之盛，未之有也。公主乘七寶步輦，四面綴五色香囊，囊中貯辟寒香、辟邪香、瑞麟香、金鳳香。此香異國所獻也，仍雜以龍腦金屑。刻鏤水精、馬腦、辟塵犀爲龍鳳花，其上仍絡以真珠玳瑁，又金絲爲流蘇，雕輕玉爲浮動。每一出游，則芬馥滿路，晶熒照灼，觀者眩惑其目。是時中貴人買酒於廣化旗亭，忽相謂曰：「坐來香氣何太異也？」同席曰：「豈非龍腦耶？」曰：「非也。余幼給事於嬪御宫，故常聞此，未知今日由何而致。」因顧問當壚者，遂云公主步輦夫以錦衣换酒於此也。中貴人共視之，益嘆其異。上每賜御饌湯物，而道路之使相屬。其饌有靈消炙、紅虬脯，其酒有凝露漿、桂花醑，其茶則緑華紫英之號。靈消炙，一羊之肉取之四兩，雖經暑毒終不見敗。紅虬脯，非虬也，但佇於盤中則健如虬。紅絲高一尺，以箸抑之無數分。撤則復其故。迨諸品味人莫能識，而公主家饜飫如裏中糠秕。一日大會韋氏之族於廣化里。玉饌俱列，暑氣將甚，公主命取澄水帛，以水蘸之，挂於南軒，良久，滿座皆思挾纊。澄水帛長八九尺，似布而細，明薄可鑒，云其中有龍涎，故能消暑毒也。韋氏諸家好爲葉子戲，夜則公主以紅琉璃盤盛夜光珠，令僧祁捧立堂中，而光明如晝焉。公主始有疾，召術士米賓爲燈法，乃以香蠟燭遺之。米氏之鄰人覺香氣異常，或詣門詰其故，賓具以事對。其燭方二寸，上被五色文，卷而爇之，竟夕不盡，郁烈之氣可聞於百步。餘烟出其上，即成樓閣臺殿之狀，或云蠟中有蜃脂故也。公主疾既甚，醫者欲難其藥餌，奏云得紅蜜白猿膏，食之可愈。上令訪內庫，得紅蜜數石，本兜離國所貢也。白猿脂數瓮，本南海所獻也。《山海經》曰：南方有山，中多白猿。雖日加餌，一無其驗，而公主薨。上哀痛之，自製挽歌詞，令百官繼和。及庭祭日，百司與內官皆用金玉飾車輿服玩以焚於韋氏之庭，家人爭取其灰以擇金寶。及葬於東郊，上與淑妃御延興門，出內庫金玉駝馬鳳凰麒麟各高數尺，以爲威儀。其衣服玩具悉與生人無異。一物已上皆至一百二十舁，刻木爲樓閣宮殿龍鳳花木人畜之象者不可勝計。以絳羅多繡絡金銀瑟瑟爲帳幕者亦各千隊。結爲幢節傘蓋，彌街翳日。旌旗珂佩兵士鹵簿率加等。以賜紫尼及女道士爲侍從引翼，焚升霄降靈之香，擊歸天紫金之磬。繁華輝煥，殆二十餘里。上賜酒一百斛，餅餤三十駱駝，各徑闊二尺，飼役夫也。京城士庶，罷市奔看，汗流相屬，惟恕居後。及靈車過延興門，上與淑妃慟哭，中外聞者無不傷泣。同日葬乳母，上又作祭乳母文，詞理悲切，人多傳寫。是後上晨夕惴心挂想。李可及進《嘆百年》曲，聲詞怨感，聽之莫不淚下。又教數千人作嘆百年隊，取內庫珍寶雕成首飾。畫八百匹官絁作魚龍波浪文，以爲地衣。每一舞而珠翠滿地。可及官歷大將軍，賞賜盈萬，甚無狀。左軍容使西門季玄素鯁直，乃謂可及曰：「爾恣巧媚以惑天子，滅族無日矣。」可及恃寵，亦無改作。可及善轉喉舌，對至尊弄媚眼，作頭腦，連聲作詞，唱新聲曲，須臾即百數方休。時京城不調少年相效謂之拍彈。去聲。一日，可及乞假爲子娶婦。上曰：「即令送酒米以助汝嘉禮。」可及至舍，見一中使監二銀榼，各高二尺餘，宣賜。可及始謂之酒，及封啓，皆實中也。上賜可及金麒麟高數尺，可及取官車載歸私第。西門季玄曰：「今日受賜，更用官車，他日破家，亦須輦還內府，不道受賞，徒勞牛足。」後可及坐流嶺南，其舊賜珍玩悉皆進納。君子謂西門有先見之明。

上敬天竺教，十二年冬，制二高座賜新安國寺。一爲講座，一曰唱經座，各高二丈。斫沉檀爲骨，以漆塗之，鏤金銀爲龍鳳花木之形，遍覆其上。又置小方座，前陳經案，次設香盆，四隅立金穎伽，高三丈，磴道欄檻無不悉具，前繡錦襜褥，精巧奇絕，冠於一時。即設萬人齋，敕大德僧撤首爲講論。上創修安國寺，臺殿廊宇制度宏麗。就中三間華飾秘邃，天下稱之爲最，工人以夜繼日而成之。上親幸賞勞，觀者如堵。降誕日於宮中結彩爲寺，賜升朝官已下錦袍，李可及嘗教數百人作四方菩薩蠻隊。

十四年春，詔大德僧數十輩於鳳翔法門寺迎佛骨。百官上疏諫，有言憲宗故事者。上曰：「但生得見，殁而無恨也。」遂以金銀爲寶刹，以珠玉爲寶帳香舁，仍用孔雀氄毛飾其寶刹，小者高一丈，大者二丈。刻香檀爲飛簾花檻瓦木階砌之類，其上遍以金銀覆之。舁一刹則用夫數百。其寶帳香舁不可勝紀。工巧輝煌，與日爭麗。又悉珊瑚、馬腦、真珠、瑟瑟綴爲幡幢，計用珍寶不啻百斛。其剪彩爲幡爲傘，約以萬隊。四月八日，佛骨入長安，自開遠門安福樓，夾道佛聲振地，士女瞻禮，僧徒道從。上御安福寺親自頂禮，泣下沾臆。即召兩街供奉僧賜金帛各有差。而京師耆老元和迎真體者，悉賜銀碗錦彩。長安豪家競飾車服，駕肩彌路，四方挈老扶幼來觀者，莫不蔬素以待恩福。時有軍卒斷左臂於佛前，以手執之，一步一禮，血流滿地。至於肘行膝步，嚙指截髮，不可算數。又有僧以艾覆頂上，謂之煉頂。火發痛作，即掉其首呼叫。坊市少年擒之不令動摇，而痛不可忍，乃號哭卧於道上。頭頂焦爛，舉止蒼迫，凡見者無不大哂焉。上迎佛骨入內道場，即設金花帳、溫清牀，龍鱗之席，鳳毛之褥，焚玉髓之香，薦瓊膏之乳，皆九年訶陵國所貢獻也。初迎佛骨，有詔令京城及畿甸於路旁壘土爲香刹。或高一二丈，迨八九尺，悉以金翠飾之。京城之內約及萬數。是妖言香刹摇動，有佛光慶雲現路衢，説者迭相爲異。又坊市豪家相爲無遮齋大會，通衢間結彩爲樓閣臺殿，或水銀以爲池，金玉以爲樹。競聚僧徒，廣設佛像，吹螺擊鈸，燈燭相繼。又令小兒玉帶金額白腳呵唱於其間，恣爲嬉戲。又結錦繡爲小車輿以載歌舞。如是充於輦轂之下，而延壽裏推爲繁華之最。是歲秋七月，天子晏駕，識者以爲物極爲妖。公主薨而上崩，同昌之號明矣。

杜光庭《録異記》卷六《洞》 繁陽山麻姑洞，即二十四化之第一陽平之別名也。在繁水之陽，因以爲名。《本際經》云「天師張道陵所游，太上説經之處」，在成都府新都縣南。渡江十五里，衆山連接，孤峰特起」是也。神武皇帝潛龍之時，光化二年己未五月四日丙申，山土摧落，洞門自開。縣吏時康鄉、所由楊靖、道士張守真等以事申府，云自洞門開後，每日有百姓往來者。府差縣典楊澤、畫工任從與張守真同往檢覆，畫圖申上，稱：把燈燭入洞看檢，其第一門對北高二尺，闊三尺五寸。入至第二門，約五尺已來，第二洞門方一尺六寸，入內並是黑處，長一丈二尺，闊六尺。有石窟兩處，在東畔。並西南有洞門兩路。南畔一路，圓闊一尺六寸，入內長一丈二尺，闊一丈，高四尺。南畔有石窟三處，西畔兩路入內通繞門，圓闊一丈七尺，內各闊五尺、高六尺已來。門相去一丈，門屋一所，高五尺，闊四尺。從內往來，有刻科栱瓴瓦，約山作石日月，兼作日字月字。隔子房一所，闊二尺五寸，高一尺五寸，刻科栱瓴瓦。石竈一所，高一尺，闊一尺五寸，門闊五寸。石窟三處，各闊七尺。又西入洞門，圓闊一尺七寸，彎曲入向南門，屋一所，高六尺，闊四尺，從內來往，有石科栱瓴瓦。又有竈模兩所，共一牀，高一尺，闊二尺三寸。門闊八尺，有石科栱。西北角又有一門，方一尺六寸，內方二丈已來。南畔、西畔、北畔各窟一所。南角又有一洞，圓闊一尺六寸已來，將燈燭近前，有黑氣出，燈火即滅，更入不得。其洞連接繁陽本山，相去三里已來。其山據諸鄉帳生張贇等狀稱：繁陽是古迹山，每准敕祭祀，其洞亦是元有，往往閉塞。元和中南康王韋皋莅蜀，洞忽開，時人咸云：洞門開，即年豐物賤。尋又閉塞。至是復開，其後果遠近豐稔。其洞本名麻姑洞，山側有麻姑宅基，蓋修道之所也。

開州後倚盛山，東枕清江，溯江而北三十餘里，至温湯井。井有湯泉。北山上麟德年因雷雨震霹，山腳摧裂，洞門自開。當門有石鐘，自然成形，如數千斤鐘大，懸身去地二尺許，外像鐘而中實，扣之無聲。門兩壁有石如金剛力士之形者數人。鐘旁有小徑，高六尺已來，有二三丈稍闊，有石碑，巨黿負之，自然而成，但無文字而已。碑側有巨屏，上與鼎相連，下有一穴，側身可入，一二尺許，自是廣闊。中有路徑，平坦與常無異。路之左右滴乳爲石，羅列衆形，龍麟鸞鶴，頹雲巍山，如林如柱，似動似躍，乍飛乍顧，千形萬態，不可殫紀。僅一里許，傍聳蓮臺，周回數步，高三四丈，層綴重疊，皆可攀躋。旋生乳石，如臂、如指者，以燭照之，通透瑩徹，隨折脆斷。及出洞門外，得風皆爲白石矣。自臺側三四十步，步有蓮花，羅布於地。旁有甘泉，水色温白。游洞者烹茗於此。前有横溪，湍波甚急，其聲喧汹，流出洞外。溪上有橋長二三丈，闊一丈許，非石非土，功甚宏壯。過橋得黄土坡，高四五丈，道徑險滑，行者累息，方至其頂。坡上有巨堂，四壁平静，中高數丈，壁上皆有游山之人題記年月處。堂之極處曲角有一穴，高四五尺，廣三四尺，去下丈餘，躋攀莫及。相傳云，昔有游人攀緣而入，累月之後，出於巫山洞中，自後無復敢入者。

劉敬叔《異苑》卷七　晉隆安中，顏從嘗起新屋，夜夢人語云：「君何壞吾塚？」明日牀前亟掘之，遂見一棺。從便爲設祭，云：「今當移好處，別作小塚。」明朝一人詣門求通，姓朱名護，列坐乃言：「我居四十年，昨蒙厚貺，相感何如，今是吉日，便可出棺矣。僕巾箱中有金鏡，願以相助。」遂於棺頭巾箱中，取金鏡三枚贈從，忽然不見。

劉敬叔《異苑》卷九　扶南國治生皆用黄金，僦船東西遠近僱一斤。時有不至所屆，欲減金數，舡主便作幻誑，使船底砥折。狀欲淪滯海中，進退不動，衆人惶怖，還請賽，船合如初。

劉敬叔《異苑》卷一〇　魏徐邈字景山，爲尚書郎時，禁酒而邈私飲，至於沈醉。從事趙達問以曹事，邈曰：「中聖人。」達白太祖，太祖甚怒渡遼，鮮于輔進曰：「醉客謂清酒爲聖人，濁酒爲賢人。邈性修慎，偶醉言耳。」由是得免。後文帝幸許昌，見邈問曰：「頗復中聖人否？」對曰：「昔子反斃于穀陽，御叔罰于飲酒，臣嗜同二子，不能自懲，時復中之。」帝大笑，顧左右曰：「名不虛立。」

歐陽修《歸田録》卷一　臘茶出一作盛於劍、建，草茶盛於兩浙，兩浙之品，日注爲第一。自景祐已後，洪州雙井白芽漸盛，近歲製作尤精，囊以紅紗，不過一二兩，以常茶十數斤養之，用辟暑濕之氣，其品遠出日注上，遂爲草茶第一。

歐陽修《歸田録》卷二　茶之品，莫貴於龍、鳳，謂之團茶，凡八餅重一斤。慶曆中蔡君謨爲福建路轉運使，始造小片龍茶以進，其品絶精，一作精絶謂之小團，凡二十餅重一斤，其價直金二兩。然金可有而茶不可得，每因南郊致齋，中書、樞密院各賜一餅，四人分之。宫人往往縷一作覆金花於其上，蓋其貴重如此。

【略】

京師食店賣酸饌者，皆大出牌牓於通衢，而俚俗昧於字法，轉酸從食，饌從舀。有滑稽子謂人曰：「彼家所賣餕舀，音俊叨不知爲何物也。」飲食四方異宜，而名號亦隨時俗言語不同，至或傳者轉失其本。湯餅，唐人謂之「不托」，今俗謂之餺飥矣。晉束皙《餅賦》，有饅頭、薄持、起溲、牢九之號，惟饅頭至今名存，而起溲、牢九皆莫曉爲何物，薄持，荀氏又謂之薄夜，亦莫知何物也。

沈括《夢溪筆談》卷二四《雜志一》　鄜延境内有石油，舊説「高奴縣出脂水」，即此也。生於水際，沙石與泉水相雜，惘惘而出，土人以雉裒之，乃採入缶中。頗似淳漆，然之如麻，但烟甚濃，所沾幄幕皆黑。余疑其烟可用，試掃其煤以爲墨，黑光如漆，松墨不及也，遂大爲之，其識文爲「延川石液」者是也。此物後必大行於世，自予始爲之。蓋石油至多，生於地中無窮，不若松木有時而竭。今齊魯間松林盡矣，漸至太行、京西、江南松山大半皆童矣。造煤人蓋未知石烟之利也。石炭烟亦大，墨人衣。余戲爲《延州》詩云：「二郎山下雪紛紛，旋卓穹廬學塞人。化盡素衣冬未老，石烟多似洛陽塵。」

王闢之《澠水燕談録》卷八《事誌》 長安故都，多古碑石。景祐初，莊獻太后遣中使建塔城中，時姜遵知永興，盡力於塔，悉取碑碣以爲塔材，漢、唐公卿墓石，十亡八九。楊大年《談苑》敘五行德、金石厄事。宋有國百餘年，長安碑刻再厄矣，惜哉！惜哉！

葉珪廷《海録碎事》卷五《衣冠服用部・車門・鑾輅》 唐武德初，著令天子鑾輅玉金象革水五等，屬車十乘：指南車，記里鼓車，白鷺車，鸞旗車，辟惡車，皮軒車，耕根車，安車，四望羊車。貞觀元年十一月，始加黄鉞車，豹尾車，通爲十二乘，以爲儀仗之用。

倪思《經鉏堂雜誌》卷一《孝廟聖德・九事》 近璫奏：當脩重華宫，舊例須關朝廷出錢，下臨安轉運司應副。壽皇云：「我在南内，豈不知朝廷無錢，臨安轉運司亦窘？向來高宗緣德壽宫闕錢，所以朝廷極力應副。今我與嗣君是一家事，此間並無用錢處，所積甚多。只用宫中錢脩，不必關聞南内。」遂以重華庫錢計料翻蓋，更不官差一匠及一夫。

岳珂《桯史》卷一《晉盆杅》 余居負山，在湓城之中。先君未卜築時，嘗爲戎帥皇甫斌宅，斌歸于袁，虚其室。山有堅土，凡市之塗塈版築，咸得而畚致之。無孰何者，遂罄其半，獨餘一面壁立。余家既來，始厲其禁，而山已不支。慶元元年五月，大雨隤其巔，古冢出焉。初僅數甓流下，其上有刻如瑞草，旁著字曰：「晉永寧元年五月造。」又有匠者姓名曰張某，下有文如押字。隸或得之以獻，莫知所從來。居數日而山隤，塈周半墮，骨髮棺槨，皆無存矣。兩旁列瓦盌二十餘，左壁有一燈，尚熒熒，取之即滅。猶有油如膏，見風凝結不可抉。盌中有甘蔗節，它皆已化。有小甆缾，如硯滴，竅其背爲蝦蟇形，製甚樸。足下有一瓦盆，如藝器。有銅帶數銙，髹合，餘者一片傅木，如鐵。有半鏡。一銅盆絶類今洗羅，殊無古制度，中有雙魚，盆底有四鐶附著，不測其所以用。一銅杅，穴底，與市井庖人汁器同制。每甓著年月姓名，如先獲者，環塈皆是。碣曰：「晉征虜將軍墓」，余既哀而揜之，既數日復雨，山無址，竟埋焉。余考《晉書》，永寧蓋惠帝年號，距今九百餘載。是時蓋未有城郭，征虜之名，漢雖有之，在晉以此官顯者，不著於史，又無名氏可見。甓範必有字，古人作事，如此不苟。押字之制，世以爲起於唐韋陟五朵雲，而不知晉已有之。余固疑其似而非，又不可强識，亦可異也。凡物皆腐，而燈燭尚明，驪山人魚之説，固容有之。蕭統《文選・吊冥漠君文》，亦有蔗，意其殺核之所重云。陶器以再隤皆碎裂，餘或爲親識間持去。盆杅僅在，而余侍親如閩，留於家。丙辰歲，詔禁挾銅者。州家大索以輸嚴之神泉監，家人懼，杅復偕送官，獨盆偶櫝它所，今乃巋然存。其出其毁，要必有時，亦重可嘆也。因志於此，以俟博識。

楊億《楊文公談苑・喻浩造塔》 錢鏐曰：「釋迦真身舍利塔，見於明州鄞縣，即阿育王所造八萬四千，而此震旦得十九之一也。」鏐造南塔以奉安，俶在國，天火屢作，延燒此塔，一僧奮身穿烈焰，登第三級，持之而下，衣裳膚體多被燒灼。太平興國初，俶獻其地，太宗命取塔禁中，度開寶寺西北隅地，造浮圖十一級，下作天宫，以葬舍利。葬日，上肩舁微行，自安置之，有白光由塔一角而出。上雨涕，其外都人萬衆皆洒泣，燃指焚香於臂掌者無數。内侍數十人，願出家掃洒塔下，悉度爲僧。上謂近臣曰：「我曩世嘗親佛座，但未通宿命，不能了了見之耳。」初造塔，得浙東匠人喻浩，浩不食葷茹，性絶巧，先作塔式以獻。每建一級，外設帷帘，但聞椎鑿之聲，凡一月而一級成。其有梁柱齟齬未安者，浩周旋視之，持搥撞擊數十，即皆牢整。自云此可七百年無傾動。人或問其北面稍高，浩曰：「京城多北風，而此數十步，乃五丈河，潤氣津浹，經一百年，則北隅微墊，而塔正矣。」塔成，而浩求度爲僧，數月死，世頗疑其異。（《類苑》卷四十三）

劉祁《歸潛志》卷七 興定初，朮虎高琪爲相，建議南京城(分)〔方〕八十里，極大，難守。於内再築子城，周方四十里，壞民屋舍甚衆。工役大興，河南之民皆以爲苦。又使朝官監役，分督方面，少不前，輒杖之。及北兵入河南，朝議守子城，或云，一失外城，則子城非我有，遂止，守外城。外城故宋所築，土脈甚堅，北兵攻之，旬餘不能拔，而新築子城竟無用也嗟乎！愚人之慮何如哉？使天下郡邑懼失，縱然獨保一子城，何以國也？然子城初起時，於地中得一石碣，上有詩云：「瑞雲靈氣鎖城東，他日還應與北同。歲月遷移人事變，却來此地再興功。」亦有數云。其字書類宋人，迄今猶在相國寺。【略】

南京(司)〔同〕樂園，故宋龍德宫，徽宗所修。其間樓觀花石甚盛，每春三月花發，及五六月荷花開，官縱百姓觀，雖未嘗再增葺，然景物如舊。正大末，北兵入河南，京城作防守計，官盡毀之。其樓亭材大者，則爲樓櫓用；其湖石，皆鑿爲砲矣。迄今皆廢區壞址，荒蕪所存者，獨熙春一閣耳。蓋其閣皆杪木壁飾，上下無土泥，雖欲毀之，不能。世豈復有此良匠也！

岳珂《桯史》卷一四《泗州塔院》 余至泗，親至僧伽塔下。中爲大殿，兩旁皆荆榛瓦礫之區，塔院在東廂。無塔而有院，後以土石甃洞作兩門，中爲巖穴，設五百應真像，大小不等，或塑，或刻，皆左其衽。余以先妣素敬釋氏，奉其一於笈中以歸。殿上有十六柱，其大皆尺有半，八觚，色黯淡如暈錦，正今和州土碼碯也。和之産，紹興間始剖山得之，不知中原何時已有此。前六條特異，皆晶明如纏絲，承梁者二，高皆丈有六尺，其左者色正紅透，時暑日方出，隱柱而觀，燁然晃明，天下奇物也。泗人爲余言，唐時張刺史建殿，而高麗有僧以六柱至，航海入淮。一龜趺露立，云舊有碑載其事，今不存，莫詰信否。塔有影，前輩傳記雜書之。余至之明日，適見於城中民家，亟往觀焉，信然。泗固無塔，而影儼然在地，殊不可曉。或謂影之見爲不祥，泗尋蕩棄，豈其應歟？殿柱，聞郭倪欲載以還維揚，今不知何在。

孔齊《至正直記》卷三《衣服尚儉》 先人衣服惟尚綢絹、木棉，若毳衣、紵絲、綾羅不過各一二件而已。白綢襖一着三十年，舊而不污。平生惜物如此。至於片紙亦謹藏之，一文亦未嘗施於無用處。布衣、素履、磁器、木箸與常人同。或譏之太簡，先人曰：「吾昔者甚貧，今日頗富，始終皆是吾也。豈可以此爲憂樂而有異哉！」蓋隨遇而安，無預於己，故無適而不自得也，知者鮮矣。

葉盛《水東日記》卷一六《銅鼓》 南海神廟中銅鼓二，黄寇毀其一，今存者一，徑□尺□寸，圍□尺□寸，高□尺□寸，面圓不甚厚，邊突起狀蟾蜍者六，邊地仍出口外寸許，以次層細如腰束，然下復大與面等，面與四圍皆細波紋，中心高起寸許，圓圍□寸，徑□寸□分，蓋控擊處也。或曰二廣銅鼓皆馬伏波時作，南海天妃廟舊亦有之，廣西蠻夷土官最多，若雲南、貴州，則武侯作，今夷酋寶蓄之以集衆云。

李詡《戒庵老人漫筆》卷一《梁棟注油》 工部修太廟，梁棟皆豎立於廠，每根頭鑿一竅，以滾桐油注之，遂水且牢。

余繼登《典故紀聞》卷一三 英宗在南宮，悦其幽静，既復位，數幸焉。因增置殿宇，其正殿曰「龍德」，左右曰「崇仁」、曰「廣智」，其門南曰「丹鳳」，東曰「蒼龍」。正殿之後，鑿石爲橋，橋南北表以牌樓，曰「飛虹」、曰「戴鰲」，左右有亭，曰「天光」、曰「雲影」。其後疊石爲山，曰「秀巖」，山上正中爲圓殿，曰「乾運」。其東西有亭，曰「凌雲」、曰「御風」，其後殿曰「永明」，門曰「佳麗」。又其後爲圓殿一，引水環之，曰「環碧」，其門曰「静芳」、曰「瑞光」，别有館，曰「嘉樂」、曰「昭融」，有閣跨河，曰「澄輝」。皆極華麗。至是俱成，後又雜植四方所貢奇花異木於其中，每春暖花開，命中貴陪内閣儒臣賞宴。

余繼登《典故紀聞》卷一七 内閣規制舊甚狹隘，嘉靖十六年，世宗命工匠相度，乃與大學士李時等議，以文淵閣中一間恭設御座，旁四間各相間隔，而開户於南，以爲閣臣辦事之所。閣東誥敕房内，裝爲小樓，以貯書籍。閣西制敕房南面隙地，添造捲棚三間，以容各官書辦。而閣制益備矣。

朱國禎《湧幢小品》卷四《都城》 國初有「高築墻，廣聚糧，緩稱王」之言，一以爲朱升，一以爲陳碧峰，其説不一。然太祖初得和陽，即分地甃城，此時謀臣尚未合，隱士尚未搜也。既都金陵舊城，西北控大江，東盡白下門外，距鍾山頗闊遠。而舊内在城中，因元南臺爲之宫，稍庳隘。上乃命劉基等卜地，作新宫於鍾山之陽，在舊城東白下門之外二里許，增築新城。東北盡鍾山之趾，延亘周回，凡五十餘里，規制雄壯，盡據山川之勝焉。既下北平，大將軍展築其城，取徑直東西長一千八百九十丈，文皇因受封焉。既即位，定爲北京。六年北巡，稱行在。方平南交，展出塞，且營宫殿，牀闥有所改作也。

又《都墻》 六朝時，建業都城外，僅竹籬。齊高帝時，有盜發白虎樽者，王儉言：「白門三重門，竹籬穿不完。」上感其言，改立都墻。儉又諫止，上曰：「吾欲後世無以加。」所謂外羅城也。我朝改作，凡十三門，周二百餘里，包鍾山、孝陵其中。北京惟貼城，内外爲女墻，高不及三丈。嘉靖末年虜患，作南城，如重城之制而稍庳。要之，都墻不可已也。

又《羅城分工》 南京外羅城，舊俱工部修理。成化九年奏準，自馴象門起八門，屬本府修；滄波門起，屬工部修。焦猗園云：太祖築京城，原工部與本府共工，後府築已竣，尚有餘資，建石橋於江東門，曰「賽工橋」，蓋賽工部也。後人誤以沈萬三秀媳婦所築，遂曰「賽公」，可笑。然則成化題準分修，倘亦有舊例可據耶？

又《宫殿》 南京宫殿，作於吴元年，先十二月甲子日興工，所司進圖，悉去雕琢奇麗者。門曰奉天，三殿曰奉天、曰華蓋、曰謹身；兩宫曰乾清、坤寧；

四門曰午門、曰東華、西華、玄武。大略已定，登極前一月御新宫以即位，祭告上帝。十年改作大内午門，添兩觀，中三門，東西爲左、右掖門。奉天門之左右爲東、西角門。奉天殿之左右曰中左、中右。兩廡之間，左文樓，右武樓。奉天門外兩廡，曰左順、右順，及文華、武英二殿。至二十五年，改建大内金水橋，又建端門、承天門樓各五間，及長安東、西二門。而西宫則上燕居之所也。

太祖集諸地師數萬人，卜築大内，填燕尾湖爲之。雖決於劉基，實上内斷，基不敢盡言也。二十五年後知其誤，乃爲文祭光禄寺竈神云：「朕經營天下數十年，事事按古有緒，惟宫城前昂中窪，形勢不稱。本欲遷都，今朕年老，精力已倦。又天下新定，不欲勞民。且廢興有數，只得聽天。惟愿鑒朕此心，福其子孫。」云云。此真大聖人心腸，故文皇北都享國長久。

文皇初封於燕，以元故宫爲府，即今之西苑也。靖難後，就其地亦建奉天諸殿。十五年，改建大内於東，去舊宫可一里，悉如南京之制，而弘敞過之，即今之三殿，正朝大内也。此得地脉盡處，前挹九河，後拱萬山，正中表宅，水隨龍下，自辛而庚，環注皇城，繞巽而出，又五十里合於潞河。餘過西華門，馬足恰恰有聲，俯視，見石骨黑，南北可數十丈，此真龍過脉處。出西直門高梁橋一帶望之，隱隱隆隆可七十里，天造地設。至我明始開天壽山，又足以配帝王萬萬世之傳，寧有極哉！

既遷大内東華門之外，逼近民居，喧囂之聲，至徹禁御，未暇經理。又殿成即遇災，以奉天門爲常朝之所，故諸宫闕及各衙門皆未備。至宣德七年，始加恢擴，移東華門於河之東，遷民居於西之隙地。正統初，木植已積三十萬餘，他物稱是。五年三月興工，六年九月，三殿、兩宫皆成。十一月朔，御殿頒詔大赦，次日復御殿頒曆。又次日，文武羣臣上表致賀，而兩都規制始大備矣。

永樂十八年，三殿工畢，上召漏刻博士胡奫卜之。布算訖，跪曰：「明年某月某日午時當毁。」上大怒，因之，至期，獄卒報以午過無火，胡服毒死。則午正三刻也，殿果焚，上甚惜之。今查三殿之火，在永樂十九年四月初八庚子日。

嘉靖三十六年四月十三日丙申，奉天等殿門災。是日申刻，雷雨大作，戌刻火光驟起，由正殿延燒至午門，樓廊俱盡，次日辰刻始息。越十餘日，上諭以永樂殿災，尚有門代，今滿區一空，禁地可乎？殿庭無不復之理，當仰承仁愛，毋實直爲忠。於是禮工二部言：「正朝重地，亟宜修復。但事體重大，工費浩煩，容臣等會同勘議。」上曰：「當先作朝門並午樓爲是，殿堂即隨次爲之。」明年七月，大朝門等工成；四十一年九月，三殿成，時上性嚴急，諸臣竭力從事，隨宜參酌，須彌座缺壞者補之，柱小者束之，短者梁之，始得集事。既成，工部請額，諭曰「朝殿」，太祖名之，成祖因之，今祇仍祖定。惟「天」字當出「奉」字上，敬天作基可也。於是部臣謂當爲横匾，天字居中，兩旁稍下相對。上復以爲不雅，取《洪範》字義，改奉天殿曰皇極殿，門曰皇極門，華蓋殿爲中極，謹身殿爲建極，仍直匾順書。文樓曰文昭閣，武樓曰武成閣，左順門曰會極，右順門曰歸極，東角門曰弘政，西角門曰宣治。又改乾清右小閣曰道心，旁左門曰仁蕩，右曰義平。

太祖以奉天名殿，此自來所無。其名之正，亦自來所不及。方幸汴梁，即築奉天台，今在藩司治後，蓋太祖心與天合，故念念在兹不敢忘。世宗既改大禮，恚羣臣力争，遂改郊改廟，一切變易從新，並改殿名，大臣隨聲附和，舉朝皆震懾不敢言。穆廟立，應詔陳言者，每每有復殿名一款，時亦不從。今劫灰已久，未暇議及，日後工完，聖明深念祖德，仍奉天之舊可也。

兩宫之災，則正德九年與萬曆二十□年各一次，旋即葺復。而今新宫尤偉，蓋工部以殿材移用故也。若在世廟時，亦必易名矣。

又《南内》 南城在大内東南，英皇自虜歸，居之。其中翔鳳等殿石欄干，景皇帝方建隆福寺，命内官悉取去爲用。又聽奸人言，伐四圍樹木。英皇甚不樂，既復辟，悉下内官陳謹等四十五人於獄，令鎖項修補完備，各降其職。尋增置各殿，三年十一月告成。正殿曰龍德，南門曰丹鳳。殿後鑿石爲橋，其後疊石爲山，曰秀巖。山頂正中爲圓殿，曰乾運。又其後爲圓殿，引水環之，左右列以亭館，雜植奇花異木其中。春暖花開，命中貴陪内閣儒臣宴賞。世廟中復臨幸，餘備史官。丁酉八月游其中，得悉勝概。石橋通體皆盤雲龍，勢躍躍欲動。東爲離宫者五，大門西向，中門及殿皆南向。每宫殿後一小池，跨以橋。池之前後爲石壇者四，植以栝松。最後一殿，供佛甚奇古。左右圍廊與後殿相接，其制一律，想仿大内式爲之。太祖欽定，所謂「盡去雕鏤存樸素」者。

又《運木》 故事，諸省運木，先於張家灣出水拽運，以次入神木廠。既完，始取批回，動經歲月，間有水溢漂失，坐累死亡者。工部主事王梃奏：「即水次設廠，竹木至，驗入，即與解官批回，公私便之。」梃，象山人，嘉靖壬辰進士，官至參政，清約，工詩文，負氣，有宦聲，亦奇士也。

又《府縣城池》 太祖與張士誠相持，得常州、長興，皆殺城之半，以便守御。湖州亦如之，惟江陰城，元初皆毁，後鄉民相率爲土城，因瓮磚石，加女墻守之。

慶陽府土城七里三十步，因高阜斬削而成，東高一十丈三尺，西一十二丈，南門無城。成化初，參政朱英增築，記曰：城之惟堅，池隍以完，深以如泉，高焉如山。所謂削山爲城，因河爲池，張良臣所據以叛，易守而難攻者也。

凡城皆有濠在外，惟蘇州則内外有濠，而城之形爲亞字形，最難攻。以太祖神威，中山王合諸大將，用兵二十餘萬，圍之十月而後下，匪直士誠之善守也。

杭州城拓於張士誠，計九千八百五十三堞。萬曆四十年間，每堞議用魚脊石版一片覆之，該銀一千七百兩有奇，此法盡可通行。

西寧衛城高五丈，厚如之蓋，李軏所築。凉州衛高四丈九尺，洪武中指揮濮英增高三尺，厚六丈。城西二十里有獸文石，其一高五丈，長一丈三尺，周圍三丈三尺，上有牛形，二分鹿形，一分虎頭。餘石有狼形、羊形、鹿形者，凡五。

過無錫縣，見其城焕然一新，内白外藍，皆以石灰塗藻，宛若世家蕭墻一般。每丈約費銀二兩，計城可三四千丈，聞皆取辦於甲裏者。夫修城，役軍不役民，制也，違制而動，又無益事實，其義何居。乃知秦二世欲漆其城，殊不足怪。或以余言爲過，曉曰：看兩京曾用此否？其人終不以爲然。未幾，湮頹如故。

又《城門》《輿地志》：句踐應門之上有大鼓，名之爲雷鼓，以威於龍也。《寰宇記》：吴作蛇門，作蛇象而龍角。《漢書・王尊傳》：母持布鼓過雷門。注：雷門，會稽城門也，有大鼓，越擊此鼓，聲聞洛陽。《湘洲記》：前陵山有大石鼓，雲昔神鶴飛入會稽雷門中，鼓因大鳴。《十道志》：「雷門上有大鼓，闊二丈八尺，聲聞百里。孫恩之亂，軍人砍破，有雙鶴飛出，後不鳴。」《晉書》亦載之。舊門去城百餘步，後改爲五雲門。

城門之名，自古有之。今天下名城數千，各自立名。然惟蘇州閶門及齊、葑、婁、盤、蛇與杭之錢塘最著，即兒童能言之。南則聚寶，北則哈答、任城乃元之舊名，而哈答改名崇文，任城改宣武，今皆稱舊不稱新，蓋業在人口角中，不能易耳。其有非城門而著，曰薊門、劍門、夔門、荆門、吴門、彭門、雁門。古號而最雅相傳者，春明門。

土司皆不許立城。

又《權奇築城》績溪胡大司空松，號承庵，先爲嘉興推官，署印平湖。適倭寇至，議城，公夜入幕府曰：「民難與慮始，請縛某居軍前御倭，百姓受某恩，必相急，乃可舉事。」從之。民大震，各任版築，不閲月城成。權奇之妙乃爾。然非素得民心，即殺十署事官，民何急焉。同時有滁州胡柏泉，亦名松，官太宰。

又《樓閣臺》樓閣大觀，無如南昌之滕王閣，武昌之黄鶴樓，岳州之岳陽樓。三樓皆西向，而岳陽尤偉。

真定府有陽和樓，雨雪不沾灑四面，隨風若避，故以名。

楚稱三户久矣，乃漢渤海郡亦有三户縣，即今之長蘆地方也。其地亦有岳陽樓，蓋取東嶽以名，因地僻，故不著。

四川達州有六相樓，則唐李嶠、李適之、韓滉、劉晏、元稹、宋張商英也。或刺史，或司馬，或主簿，皆以貶官至。

稻孫樓在廬州太安門上，米芾秋日登樓燕集，見田禾可愛，問諸老農，曰：「稻孫也。」稻已獲得，雨復抽穗。芾喜，因名其樓。

紫閣，山名，在咸陽御宿州南山中，杜詩「紫閣行雲入渼陂」是也。山中有寺，山上多丹青樹，其葉紅紫，亦曰華蓋樹，寺有閣。

書雲臺在曲阜南溪之上，《左傳・僖公五年》日南至，公既視朔，遂登臺以望而書。亦曰泮宫臺。《水經注》曰：靈光殿東南，即泮宫也，在高門直北道西宫中，有臺高八十尺，《詩》所謂「思樂泮水」是也。《東游記》云：臺有水，自西南而來，深丈餘，而無源。

余居後二十丈有范莊池，廣十畝，水甚清，大旱不涸。池東南可里許，有陶墩，大水環之。又東十里，有蠡宅，相傳范蠡養魚種竹處。泗水縣陶山後爲薛河，河中有釣魚臺，高一丈五尺，代經大水，不爲損，土人云是范蠡養魚處。廟基爲范蠡宅，其山下河邊平澤爲范蠡湖。蠡三致千金，遷徙不定，故嘉興南門亦有范蠡湖，産五色螺，每年易一色。

又《堂》堂名多矣，惟彰德府有密作堂，最奇。在華林園，堂周圍二十四架，以大船浮之於水，爲激輪於堂，層層各異。下層刻木爲七人，相對列坐，一人彈琵琶，一人擊胡鼓，一人彈箜篌，一人掐箏，一人振銅鈸，一人拍板，一人弄盤，並衣之以錦繡。其節會進退俯仰，莫不中規。中層作佛堂三間，佛事精麗。又作木僧七人，各長三尺，衣以繪彩。堂西南角一僧手執香奩，東南角一僧手執香爐而立，餘五僧遶佛左轉行道。每至西南角，則執香奩僧以手拈香授行道僧，僧舒手受香。復行至東南角，則執香爐僧舒手授香於行道僧，僧乃舒手置香於爐中，遂至佛前作禮。禮畢，整衣而行，周而復始，與人無異。上層亦作佛堂，旁立菩薩及侍衛力士。佛坐帳上刻作飛仙，循環右轉。又刻畫紫雲飛騰，相映左轉，往來交錯，終日不絶。並黄門侍郎博陵崔士順所製，奇巧機妙，自古未有。

朱國禎《誦幢小品》卷一九《大社取士》洪武四年五月，立大社廟於中都，命工部取五方之土築之。應天、河南進黄土，浙江、福建、廣東、西進赤土，江西、湖廣、陝西進白土，山東進青土，北平進黑土。天下郡縣計三百餘處，每土百斤爲率，仍取之名山高爽之地。世傳張士誠築王府基，取三興土爲之，嘉興、長興、宜興。與此相似。然張以便身，太祖以事神。築基之土必多，太祖以百斤爲限，此興亡所由異也。

又《堯廟規制》 帝堯廟在平陽府汾水西，後徙於東南。唐顯慶中，徙府城南，有地七百畝，屋四百間。中爲文思殿，前爲賓穆門，左祀老子，右祀楚霸王，後祀玉皇，總曰光澤宫。正統中，左布政石璞、郡守萬觀，以左右二祠不合經典，撤去之。左祀舜，右祀禹。易玉皇閣爲執中閣，顔堯殿曰廣運，門曰俊德，協和，舜殿曰重華，門曰玄德，禹殿曰文命，門曰祇德。增屋五十二，廊六十八，合爲三聖廟。已更執中閣爲殿，而於堯殿前爲閣，顔曰光天，最爲雄麗。於是規制大備，冠於西垂。然前人祀老子，猶曰孔子嘗問禮，西人流沙，不甚悖也。至霸王入秦，坑卒縱火，一猛悍武夫，而與老子分東西，且上配帝堯，不已甚乎！石公之改，正足洗千古之陋。方議興工，一夕大風拔木，積廡下，皆棟梁材也，人咸神之。

又《孔廟》 兩京孔廟，各見志書中。萬曆二十八年，始易以琉璃，從司業傅新德之奏也。曲阜廟創於魯哀公十七年，漢、魏、唐、宋，代有修飾。至金皇統、大定間，制乃大備。元凡三修。本朝洪武初，改建國學於鷄鳴山下，即六代樂游苑，故亦戰場也。分爲二，東則小教場，西則學基。學舍隙地種菜，佐飲食之用。五年，文廟成，上視學釋菜。七年，詔司府州縣衛學，通祀孔子，衍聖公賜誥，如一品法。頒大成樂器於天下，舞用八佾。永樂十四年，撤其舊而新之。以後累朝登極，遣官致祭。成化中，加籩豆十二重，建正殿，恢爲九間，樓閣門廡皆廓其制。弘治十二年，廟災，學士李杰祭告，發帑金十五萬，守臣重修。十七年，告成，大學士李東陽致祭。庚子春，余得恭謁，檐下皆盤龍雲花石柱，壯麗精緻，目所未見。入廟，清肅莊嚴，遠非佛宫可擬。相傳費至三十萬。萬曆己卯，撫臣趙賢重修。甲午，撫按鄭汝璧、連標等，復開瓮城重門，以闢神路。

張岱《陶庵夢憶》卷八《巘花閣》 巘花閣在筠芝亭松峽下，層崖古木，高出林皋，秋有紅葉。坡下支壑回渦，石踦棱棱，與水相距。閣不檻不牖，地不樓不臺，意政不盡也。

五雪叔歸自廣陵，一肚皮園亭，於此小試。臺之、亭之、廊之、棧道之，照面樓之側，又堂之、閣之、梅花纏折旋之，未免傷板、傷實、傷排擠，意反局蹐，若石窟書硯。隔水看山、看閣、看石麓、看松，峽上松廬山面目，反於山外得之。五雪叔屬余作對，余曰：「身在襄陽袖石裏，家來輞口扇圖中。」言其小處。

楊一清《楊一清集・密諭録》卷一《學論・論明堂奏對》 臣某謹題。

前日伏蒙聖諭曰：「昨聞講《大學衍義》中論漢明帝《學篇》，内云：『三雍解曰，一曰明堂，二曰靈臺，三曰辟雍。』朕觀史内歷代皆有明堂，未審我祖宗朝即明堂也。欽此。」

臣按：明堂之制，始於黄帝拜祀上帝於明堂。唐、虞之五府，夏之世室，殷之重屋，多主祀上帝而言，周人則謂之明堂。乃王者所居，以出政事之所。《禮記明堂位篇》曰：「昔者周公朝諸侯於明堂之(上)〔位〕，天子負斧依南鄉〔而〕立。」又曰：「明堂也者，明諸侯之尊卑也。」天子時巡狩四方，亦皆有明堂以朝諸侯。孟子對齊宣王曰：「夫明堂者，王者之堂也。王欲行王政，則勿毁之矣。」蓋指泰山明堂而言。其規法井田，隨四時方向坐，以朝諸侯，施政令。南曰明堂，北曰玄堂，東曰青陽，西曰總章，兩旁二室，爲左箇、右箇，總謂之明堂，虚其中爲太廟太室。《月令》所載，孟春之月，天子居青陽左箇；仲春，居青陽太廟；季春，居青陽右箇。孟夏之月，居明堂左箇；仲夏，居明堂太廟；季夏，居明堂右箇。孟秋之月，居總章左箇；仲秋，居總章太廟；季秋，居總章右箇。孟冬之月，居玄堂左箇；仲冬，居玄堂太廟；季冬，居玄堂右箇。每季十八日，居太廟太室，皆順時出治之意。然曰「宗祀文王於〔明〕堂，以配上帝」，則大祀以祖宗配焉，亦在其中矣，故謂之太廟。

臣聞之先儒云：王者，向明而治。古之堂，今之殿也。《孝經》以爲宗祀之所，《孟子》以爲王政之堂，則是人君之路寢，猶後大廟會之正殿也。王者見羣臣，覲諸侯，頒朔布政，皆於是焉。而又用之宗祀者，以季秋享帝而奉文王配焉。不可於七廟中而獨舉大禮於一廟，故迎主置之明堂以配帝也。曰明堂，曰辟雍，曰靈臺，雜見於《孝經》、《孟子》、《詩》與《禮記》。其制作之詳不可考，然其大要，明堂以享祀施政，靈臺以望氣占候，辟雍以養士勸學，其理一也。

西漢明堂之論甚多，而皆主於享祀。東漢明堂之論靈臺而未用事，至明帝，初祀五帝於明堂，以光武配，乃班時令，勅羣后，遂升靈臺，望元氣，羣僚、藩輔、宗室子孫、衆郡奉計，九夷八蠻皆有陪位，乃頒養老之令；辟雍，命諸生講説經書，古今侈爲美談。然爲之君者，本無躬行心得之學，而其所行又無發政施仁之實，概乎不足論也。魏、晉以下，至於唐、宋，皆有祀明堂，登靈臺，望雲物之文，紛紛不一。至宋仁宗以明堂爲王者布政之宫，詔以常朝大慶爲明堂揭，御篆「明堂」二字，合祀天地於此。其後因之，而略有異同。然儒生多泥古而不通，朝廷每因陋而就簡，論説雖多，何補於治？至我朝太祖皇帝革因循之習，爲畫一之規，合祭天地於南郊，以祖宗配焉。内則有太廟以奉時祀。皇上又建世廟以崇先德，至精至備。

臣切謂，明堂即今之奉天殿也，靈臺即今之司天臺也，辟雍即今之國子監也。享祀施政，望氣養士，皆有成法，規模宏遠，卓冠古今。所謂明堂者雖不可不考，而亦何所用哉！承下詢，謹述其概以對。

允禮《工程做法》卷七 内庭畫作工料開列於後：

計開：

枋樑大水彩畫金琢墨，每丈用：水膠貳兩，白礬貳錢，青粉叁兩，土粉貳兩，定粉壹兩陸錢，廣靛花貳兩，天大青叁兩，石大碌叁兩，油黄壹兩，籐黄貳錢，黄丹壹兩，銀硃壹兩，胭脂壹片，紅金伍帖，黄金伍帖，貼金油壹兩陸錢，畫匠叁工。

彩畫合細伍墨、金龍方心，每丈用：水膠貳兩，白礬貳錢，青粉叁兩，土粉貳兩，定粉壹兩叁錢，廣靛花壹兩伍錢，油黄伍錢，大碌貳兩，天大青壹兩陸錢，梅花青陸錢，鍋巴碌陸錢，黄丹貳錢，銀硃貳錢，胭脂半片，籐黄陸分，烟子壹錢，紅金叁帖，黄金叁貼，貼金油捌錢，畫匠貳工。

彩畫金琢墨盤香伍墨、金龍方心，每丈用：水膠貳兩，白礬貳錢，土粉貳兩，青粉叁兩，定粉壹兩叁錢，廣靛花貳兩，油黄捌錢，大碌貳兩，鍋巴碌陸錢，天大青壹兩陸錢，梅花青陸錢，黄丹壹兩，銀硃壹兩，胭脂壹片，紅金肆帖，黄金肆帖，貼金油壹兩貳錢，畫匠貳工伍分。

彩畫金琢墨、叁寶珠吉祥草龍方心，每丈用：水膠貳兩，白礬貳錢，青粉叁兩，土粉貳兩，定粉壹兩叁錢，廣靛花壹兩伍錢，油黄伍錢，大碌貳兩，天大青壹兩貳錢，梅花青陸錢，鍋巴碌陸錢，黄丹貳錢，銀硃陸錢，籐黄陸分，胭脂半片，烟子壹錢，紅金叁帖，黄金叁帖，貼金油捌錢，畫匠貳工。

彩畫烟琢墨、吉祥草寶石碗靈芝、瀝粉貼金不哨青，每丈用：水膠貳兩，白礬貳錢，青粉叁兩，土粉陸錢，定粉壹兩，廣靛花壹兩伍錢，大碌貳兩，黄丹貳錢，銀硃壹兩，烟子壹錢，紅金肆張，黄金肆張，貼金油壹錢貳分，畫匠壹工貳分伍釐。

彩畫金琢墨、吉祥草瀝粉叁寶珠、草葉貼金，每丈用：水膠貳兩，白礬貳錢，青粉叁兩，土粉壹兩，定粉壹兩叁錢，廣靛花貳兩，大碌叁兩，鍋巴碌陸錢，黄丹貳錢。銀硃陸錢，天大青壹兩貳錢，梅花清陸錢、油黄貳錢五分，籐黄肆分，胭脂貳分，煙子壹錢，紅金壹帖伍張，黄金壹帖伍張，貼金油肆錢捌分，畫匠壹工伍分。【略】

内務府編《總管内務府續纂現行則例·南苑》 歲修工程：

嘉慶二十二年十月，總管内務府大臣蘇楞額、常福面奉諭旨：嗣後三山、暢春園等處應領銀兩，著由圓明園支領。如圓明園銀兩不敷支發，著奏明，由廣儲司所存銀兩内撥給，圓明園再行發給。支領奉宸苑、南苑等處應領銀兩，著由廣儲司造辦處支領。欽此。

褚人穫《堅瓠壬集》卷一《市語》 《委巷叢談》：杭人三百六十行各有市語，不相通用，倉猝聆之，多不能解。又有四平市語：一爲憶多嬌，二爲耳邊風，三爲散秋香，四爲思鄉馬，五爲誤佳期，六爲柳摇金，七爲砌花臺，八爲霸陵橋，九爲救情郎，十爲舍利子。小爲消黎花，大爲朵朵雲，老爲落梅風。然義意全無，徒亂觀聽，不若吾鄉市語有文理也。一爲旦底，二爲斷工，三爲横川，四爲側目，五爲齾丑，六爲撒大，七爲毛根。一作皂腳。八爲入開，九爲未丸，十爲田心。

褚人穫《堅瓠餘集》卷二《鐵柱宫》 成化初，我郡韓襄毅雍總督兩廣軍務，道經江西南昌府，入鐵柱宫謁許真君。方下拜，真君塑像忽爾墮地。旁觀疑爲不祥，韓公亦驚異，乃語像曰：「殺賊勝當爲真君鑄銅像。」後至廣東，獲賊奏功，像遂易焉。至今真君像乃銅範者。考南昌鐵柱宫，晉許真君鎮蛟之所。鐵柱在池水中，徑尺餘，水退可見。昔有人携燈池上，水遂沸騰，急滅燈乃已。蓋真君與蛟誓：鐵柱開花釋之。蛟見火將謂柱開花也。至今池上不敢燃燈。

又《量書尺》 王丹麓墻東草堂中置量書尺，式仿木工六尺，笴以烏木爲之，金錯爲字，每歲積四方投贈詩文及諸雜編於除夕量之，准以六尺上下，如七尺外爲贏，五尺内爲絀。遂安毛會侯有《量書尺記》，同里吴吴山有《量書尺銘》。

李斗《揚州畫舫録》卷一一《虹橋録》下 風箏盛於清明，其聲在弓，其力在尾；大者方丈，尾長有至二三丈者。式多長方，呼爲板門，餘以螃蟹、蜈蚣、蝴蝶、蜻蜓、福字、壽字爲多。次之陳妙常、僧尼會、老駝少、楚霸王及歡天喜地、天下太平之屬，巧極人工。晚或繫燈於尾，多至連三連五。近日新製洋燈，取象風箏而不用綫。其法用綿紙無瑕穴者，長尺四寸，闊尺二寸，搓之滅性，綴其端如轂，削竹篾作環如紙大，以紙附之，中交午繫兩銅絲，交處置極薄銅片，周圍上喬作墻，中鋪苧麻，麻用膏粱酒浸熟者，上鋪黄白蠟、流磺、潮腦、狼糞，以火燃之，令有力者四人持其紙之向上無箴環者，爇藥而升，不縱自上，大如經星，終夜乃落。

王慶雲《石渠餘紀》卷三《紀會計》　又案乾隆閒經費及本省留備供支之外，凡京外各庫之撥用，有可得其略者，如直隸城工，則十六年撥山東、山西、河南秏羨二十五萬；三十年撥安徽三十萬；四十六年撥廣儲司四十萬。如河工，則十八年豫省工，撥浙江藩庫百萬；二十三年南河工，撥糧道庫二十三萬；三十六年北河工，撥部庫五十萬；四十一年撥部庫貯河道庫三十萬；四十四年豫省黄河漫口，撥部庫及鹽課五百六十萬；四十七八年豫省添築新隄，開挖引河，撥部庫及內庫七百萬。合之司庫所出，蓋千餘萬。見四十八年諭旨。又免民閒新舊攤徵加價一千三十餘萬。時又以山東運河隄牐，撥部庫五十萬；又隄埝之工百餘萬。

又《營造》　凡造屋必先看方向之利不利，擇吉既定，然後運土平基。基既平，當酌量該造屋幾間、堂幾進、巷幾條、廊廡幾處，然後定石腳，以夯石深、石腳平爲主。基址既平，方知丈尺方圓，而始畫屋樣，要使尺幅中繪出闊狹淺深，高低尺寸。貼簽注明，謂之圖説。然圖説者僅居一面，難於領略，而又必以紙骨按畫，仿製屋幾間，堂幾進，巷幾條，廊廡幾處，謂之燙樣。蘇、杭、揚人皆能爲之，或燙樣不合意，再爲商改，然後令工依樣放綫，該用若干丈尺，若干高低，一目了然，始能斷木料，動工作，則省許多經營，許多心力，許多錢財。余每見鄉村富户，胸無成竹，不知造屋次序，但擇日起工，一憑工匠隨意建造，非高即低，非闊即狹。或主人之意不適，而又重拆，或工匠之見不定，而又添改，爲主人者竟無一定主見。種種周章，比比皆是。至屋未成而囊錢已罄，或屋既造而木料尚多，此皆不畫圖、不燙樣之過也。

屋既成矣，必用裝修，而門窗槅扇最忌雕花。古者在墻爲牖，在屋爲窗，不過渾邊净素而已，如此做法，最爲堅固。試看宋、元人圖畫宫室，並無有人物、龍鳳、花卉、翎毛諸花樣者。又吾鄉造屋，大廳前必有門樓，磚上雕刻人馬戲文，玲瓏剔透，尤爲可笑。此皆主人無成見，聽憑工匠所爲，而受其愚耳。

造屋之工，當以揚州爲第一，如作文之有變换，無雷同，雖數間小築，必使門窗軒豁，曲折得宜，此蘇、杭工匠斷斷不能也。蓋廳堂要整齊如臺閣氣象，書房密室要參錯如園亭布置，兼而有之，方稱妙手。今蘇、杭庸工，皆不知此義，惟將磚瓦木料搭成空架子，千篇一律，既不明相題立局，亦不知隨方逐圓，但以塗汏作生涯，雕花爲能事，雖經主人指示，日日叫呼，而工匠自有一種老筆主意，總不能得心應手者也。

裝修非難，位置爲難，各有才情，各有天分，其中款奥，雖無憲法，總要看主人之心思，工匠之巧妙，不必拘於一格也。修改舊屋，如改學生課藝，要將自己之心思而貫入彼之詞句，俾得完善成篇，略無痕迹，較造新屋者似易而實難。然亦要看學生之筆下何如，有改得出，有改不出。如僅茅屋三間，粱圬棟折，雖有善手，吾未如之何也已矣。汪春田觀察有《重葺文園》詩云：「换却花籬補石欄，改園更比改詩難。果能字字吟來穩，小有亭臺亦耐看。」

錢泳《履園叢話》卷一二《藝能·刻碑》　自漢、魏、六朝、唐、宋、元、明以來，碑板不下千萬種，其書丹之人，有大家書，有名家書，亦有並不以書名而隨手屬筆者。總視刻人之優劣，以分書之高下，雖姿態如虞、褚，嚴勁如歐、顔，若刻手平常，遂成惡札。至如《唐騎都尉李文墓志》，其結體用筆，全與《磚塔銘》相似，王虚舟云必是敬客一手書，而刻手惡劣，較《磚塔銘》竟有天壤之隔。又《西平王李晟碑》，是裴晉公撰文，在柳誠懸當日書碑時，自然極力用意之作，乃如市儈村夫之筆，與《玄秘塔》截然兩途，真不可解也。唐人碑版如此類者甚多，其實皆刻手優劣之故。

大凡刻手優劣，如作書作畫，全仗天分。天分高則姿態橫溢，如劉雨若之刻《快雪堂帖》，管一虬之刻《洛神十三行》是也。文氏《停雲館帖》，章簡甫所刻也。然惟刻晉、唐小楷一卷最爲得筆，其餘皆俗工所爲，了無意趣。

書法一道，一代有一代之名人，而刻碑者亦一時有一時之能手，需其人與書碑者日相往來，看其用筆，如爲人寫照，必親見其人而後能肖其面目、精神，方稱能事，所謂下真迹一等也。世所傳兩晉、六朝、唐、宋碑刻，其面目尚有存者，至於各種法帖，大率皆由拓本、贋本轉轉模勒，不特對照寫照，且不知其所寫何人，又烏能辨其面目、精神耶？吾故曰藏帖不如看碑，與其臨帖之假精神，不如看碑之真面目。

刻手不可不知書法，又不可工於書法。假如其人能書，自然胸有成見，則恐其將他人之筆法，改成自己之面貌；如其人不能書，胸無成見，則又恐其依樣胡蘆，形同木偶，是與石工木匠雕刻花紋何異哉？

刻行楷書似難而實易，刻篆隸書似易而實難。蓋刻人自幼先從行楷入手，未有先刻篆隸者，猶童蒙學書，自然先習行楷，行楷工深，再進篆隸。今人刻行楷尚不精，況篆隸乎？

錢泳《履園叢話》卷二《閱古・秦漢瓦當》 瓦當者，宋李好文《長安圖志》謂之瓦頭，蓋屋瓦皆仰，當兩仰瓦之際，爲半規之瓦以覆之，俗謂筒瓦是也。云當者，以瓦文中有「蘭池宮當」、「宗正官當」、「宜富貴當」、「八風壽存當」，是秦漢時本名。《説文解字》云：「當，田相值也。」《韓非子・外儲説》：「玉卮無當。」《史記・司馬相如傳》：「華榱璧當。」司馬彪曰：「以璧爲瓦之當也。」《西都賦》：「裁金璧以飾當。」注家謂當即底也，故謂之瓦當。

按瓦當之文，歐、趙、洪氏俱不載，蓋當時人猶未之見。逮元祐六年，寶鷄縣民權氏浚池，得古瓦，文曰「羽陽千歲」，其事載王辟之《澠水燕談録》。又黄伯思《東觀餘論》亦載有「益延壽」三字瓦。自是而後，闃無聞焉。國朝康熙間，侯官林佶人得有「長生未央」瓦，一時名士俱有詩，見於王阮亭、朱竹垞集中。乾隆初年，浙人有朱楓者，以其子官關中，又得瓦當之有文者三十餘種，因作《秦漢瓦圖記》。至四十八、九年間，鎮洋畢秋帆先生爲陝西巡撫，嘗著《關中金石記》，採瓦當文字十餘種入記中。幕府諸客，如張舍人塤、宋孝廉葆醇、趙文學魏、錢別駕坫、俞太學肇修所獲瓦當最多。後青浦王蘭泉先生爲陝西廉訪，亦獲廿餘種。而海内通博之士依兩公以游者，歲不乏人，亦往往獲瓦以去。時陽曲申大令兆定正候補長安，亦深好古篆籀之文，見諸君所得有異文奇字者，皆爲雙鈎，用舊磚摹仿，較之原本毫髮無遺，故特備於諸君，而歙縣程彝齋敦爲作《秦漢瓦當文字》一卷。逮畢、王二公相繼遷擢，諸君亦皆星散，近亦不可多得。蓋物之顯晦有時，誠有莫知其然而然者。今就程彝齋、申大令兩家所拓本録之，較畢公之《關中金石記》、王公之《金石萃編》爲尤備焉。

［十二字瓦］文曰「維天降靈，延元萬年，天下康寧」十二字。此宋芝山、趙晉齋得於長安市中者，諸君斷爲秦瓦。

［蘭池宮當］此瓦晉齋得之咸陽。考《漢書・地理志》，渭城有蘭池宮。又《史記・始皇本紀》：「始皇微行咸陽，與武士夜出，逢盜蘭池。」《正義》引《括地志》：「蘭池陂即古之蘭池，在咸陽縣界。」據此，則始皇因池以爲宮，又即以名宮也。

［衛］此瓦晉齋、獻之皆有之，俱得自漢城。《長安志》云：「又有作『楚』字者。秦作六國宮室，用其國號以別之也。」彝齋謂《漢・百官表》有衛尉，掌宮門衛屯兵。當爲衛尉寺並宮内周垣下區廬瓦也。

［長樂未央］張、宋、趙、錢諸君俱有之，皆得自漢城。《漢書・高帝紀》：五年後九月，關中治長樂宮。《史記・高祖本紀》：七年，長樂宮成。八年，蕭丞相作未央宮。九年，未央宮成。據此，則長樂、未央本兩宮，此瓦文合而一之，亦取吉祥語意配合成文耳，未必某宮即用某字瓦也。

［長生未央］此瓦最多，諸君俱有之，皆出於漢城。蓋亦未央宮瓦，亦取「長生」二字配合成文也。

［長生無極］此瓦亦出漢城，當是未央、長樂宮瓦也。

［與天無極］此瓦當與「長生無極」同意，頌禱之辭也。

［億年無疆］此俞太學得於長安市上，不知所施。或謂王莽妻陵瓦，非也。考秦、漢宮殿以年壽命名者甚多，率取頌禱之辭耳。

［延年益壽］此瓦趙、錢、俞、申諸君俱有之，亦得於長安市上。當是甘泉宮益壽觀瓦。

［延壽萬歲］此瓦俞太學所得。當亦萬歲殿或延壽觀瓦也。

［千秋萬歲］此瓦亦諸君所有，出於漢城者。《長安志》引《三輔黄圖》，謂未央宮有萬歲殿，此即其殿瓦歟？

［長毋相忘］此張舍人所得，亦出自漢城，不知何宮所施。案《長安志》引漢宮殿名，有相思殿者，不知所在。此疑爲后宮所用也。

［永受嘉福］此瓦四字俱是蟲篆，蓋漢人有此篆法也。俞太學得於長安肆中，引《董賢傳》爲「椒風嘉祥」，或又引《揚雄傳》爲「迎風嘉祥」。細審之，實是「永受嘉福」四字耳。

［永奉無疆］此瓦錢、俞、申三君俱有之，皆得於漢城。錢別駕定爲漢太廟上所施。

［便］此瓦惟一「便」字，作陰文。申大令得於長安市，引《漢書・武帝紀》：六年四月，高園便殿火。小顔曰：「凡言便殿、便室、便坐者，皆非正大之處，所以就便安也。」據此，則爲便殿所施。

［飛廉］此瓦作飛廉形，俞太學得於漢城。考《史記・孝武本紀》：公孫卿曰：「仙人好樓居。」於是上令長安作飛廉觀。當是飛廉觀瓦也。

［朱鳥］此瓦作朱鳥形，錢別駕得於漢城。案張平子《西京賦》李善注引《漢宮闕名》有朱鳥殿；又《長安志》未央宮有朱雀殿，一名朱鳥殿。此其所施也。

［玄武］此瓦作玄武形，上蟠一蛇，趙文學得於漢城，引《史記・高祖本紀》：

八年，蕭丞相營作未央宮，立東闕、北闕。注云：「東有蒼龍闕，北有玄武闕。」即玄武闕瓦也。

[鳳]此瓦作鳳形，俞太學從漢城仙女樓下得之。考《漢書·武帝紀》及《郊祀志》，建章宮有鳳闕，此其瓦也。

[萬物咸成]此瓦申大令得於長安市肆。考《三輔黄圖》云：「后宮在西，秋之象也。秋主信，故以長秋、長信爲名。」今云「萬物咸成」者，當是長秋殿瓦。

[上林]此瓦錢、申、俞三君皆有之。案《史記·始皇本紀》、《漢書·揚雄傳》及《東方朔傳》俱有上林苑，此上林門署衛垣之瓦也。

[鹿甲天下]此瓦上有二鹿形，下「甲天下」三字左行書，乃俞太學於淳化友人處索得者，不知其所由來，或謂天鹿閣瓦，非也。案《長安志》引《關中記》，上林苑中有二十二觀，有衆鹿觀，「甲天下」者，言其多也，豈即衆鹿觀瓦耶？

[三鳥]此瓦有三鳥形，俞太學得於長安道上。《長安志》二十二觀中有三雀觀，此其觀瓦也。

[黄山]此瓦惟「黄山」二字，俞太學得自興平。《漢書·地理志》槐里有黄山宮，孝惠二年起。《長安志》云：「漢黄山宮在興平縣西南十里。」其爲黄山宮瓦無疑。

[宗正官當]此瓦申大令得於漢城。案《漢書·高帝紀》：七年二月，置宗正官，以序九族。《百官表》云：「宗正，秦官，掌親屬。」《史記·文帝紀》注《正義》曰：「漢置九卿，七曰宗正。」此瓦當是宗正官瓦也。

[都司空瓦]此瓦趙文學得於漢城。案《漢書·百官表》，宗正屬官有都司空。如淳曰：「律，司空主水及罪人。」

[右空]此趙文學得之長安市中。案《漢書·百官表》：「少府，秦官，掌山海池澤之稅，以給供養。」屬官有左右司空。據此，當是右司空瓦。

[上林農官]此瓦錢別駕得於長安市中。據《史記·平準書》：「水衡、少府、大農、太僕各置農官。」則上林之有農官，當自此始。此即農官治事處之瓦也。

[宜富貴當]此瓦亦取吉祥語意。中有二小字，或説「金」旁作「刃」，爲「劉」字，非也。余嘗見古鏡上有小印曰「千金」，細審之，實是「千金」二字。

[高安萬世]此錢別駕得自漢城。別駕據《漢書·佞幸傳》，董賢封高安侯，上爲起大第北闕下，重殿洞門，窮極技巧。此即其殿瓦耶？

[大]此瓦俞太學得之漢城，不知所施。

[有萬憙]錢別駕於漢城得一殘瓦，惟「萬憙」二字。後申大令在長安市亦獲瓦半片，惟一「有」字。合而觀之，上下文藻相合，實「有萬憙」三字耳。漢碑「憙」、「喜」二字通用。

[八風壽存當]此瓦程彝齋得之漢城長樂鐘室舊址南百步埃塵之間。因考《漢書·郊祀志》：王莽二年「興神仙事，以方士蘇樂言，起八風臺於宮中。臺成萬金，作樂其上。」此當是八風臺瓦也。

[[illegible]]此瓦嘉定錢既勤所得，上下左右作四神形，甚奇古。阮雲臺先生定爲「豐」字瓦。

[仁義自成]此瓦程彝齋所得，不知所施。

[虎]此瓦作虎形，虎口前有一「申」字，不知何義。或曰此真白虎觀瓦也。

右秦、漢瓦當三十六種，其中有重文者，異文者，殘闕者，共記所見一百二十餘塊，較諸家著録爲多。

奕賡《東華録綴言》卷六　乾隆十三年上欽定《禮器考圖著範》，凡天、地、廟、社、日、月、神祇、農、蠶各壇，奠菜之祭一切爵、尊、簠、簋、籩、豆、祭鉶篚俎，爲匏，爲陶，爲竹木，爲銅，各隨方色，用將裸獻，着皇朝禮器圖式。

乾隆二十四年江西臨江府得古鎛鐘以獻，上考古定名貯之韻古堂，命樂部仿鎛鐘十二，以和闐玉琢特磬十二，以儷鎛鐘。

乾隆三十四年上丁日，上詣太學釋奠，先一日命出内府所藏周范鼎、尊、卣、罍、壺、簠、簋、觚、爵、洗各一，陳設大成殿前，以備禮器。

褚人穫《堅瓠丙集》卷三《延和閣》　高駢起延和閣於大廳之西，凡七間，高八丈，皆飾以珠玉，綺窗繡户，殆非人工。每旦焚香香列異宅，以祈王母之降。及畢師鐸亂，人有登之者，於藻井垂蓮之上，見二十八字云：「延和高閣上千雲，小語猶傳太乙聞。燒盡降真無一事，開門迎得畢將軍。」人以爲詩謡。

法式善《陶廬雜録》卷五　徐可先《佩韋編》云：莆田一寺建大塔，工費鉅萬，或告陳正仲曰，當此荒歲，興無益土木，公盍白郡禁之。正仲笑曰：寺僧能自爲塔乎？莫非傭此邦人也。斂於富豪，散於窶輩，是小民藉此得食而贏得一塔也。當此荒歲，惟恐僧之不爲耳。

范文正公在杭時，子弟以公有退志，請治園第爲逸老地。公曰：年踰六十，來日有幾，乃謀第圃，何時而居乎？吾患位高難退，不患退無居也。西都士大夫園林相望，爲主人者，莫得常遊，而誰獨障吾遊者，豈有諸己而後爲樂耶。

奕賡《寄楮備談》 高宗在潛邸刻《樂善堂集》，前有莊親王、果親王、貝勒允禧、皇五子宏晝、平郡王福彭、大學士鄂爾泰、張廷玉及朱軾、蔣廷錫、福敏、蔡世遠、邵基、胡煦、顧成天諸人之序。至乾隆元年重鐫，後有諸臣跋語。至二十三年，又命大學士蔣廷錫、尚書劉統勳等刪訂重鐫，命名《樂善堂定本》。凡廷臣有《樂善堂初刻》者俱恭交貯庫。仁宗在潛邸有《味餘書室集》。今上皇帝在潛邸有《養正書屋集》。

每年終，乾清宫陛下設立萬壽燈，杆長數丈，雕以盤龍，及四槍杆亦楝樑材也，立時需用數百人。上爲雕龍燈罩，綴以流蘇。燈之大小，難以數計，誠大觀也。上元以後，全卸貯庫，閏一立一收，例銷工費銀五千兩。設立時又有掛燈錢，較之常錢加工加料，其色純黄，俗以黄錢呼之，内廷諸王大臣皆蒙賜焉。數年來掛燈錢免鑄，有好事者持錢于市，每一枚輒换常錢十數，亦有觚不觚之嘆也。

乾隆十六年巡幸江南，起復已革大學士陳世倌，仍令入閣辦事。至二十二年南巡，起復休致大學士史貽直，仍令入閣辦事。時大學士並未缺額，故命黄廷桂仍以大學士兼陝甘總督，蓋多補一人也。

親郡王謚字例在封號之下，國初惟肅親王謚武曰武肅親王，則謚在號上矣。德豫親王後改謚通，曰豫通親王。

乾隆二十三年，以原任大學士高斌治河有功，與靳輔、齊蘇勒、稽曾筠一同致祭，列入祀典。

孫在豐，湖州人，官侍講學士時扈從聖祖仁皇帝南苑行圍，會有鹿逸出，聖祖以御用弓矢賜在豐令射之，一矢而得。聖祖大笑曰：「孫在豐真文武才也」。後考試武進士，又令在豐較射，連中數箭，聖祖顧謂近臣曰：「是固前射鹿者」。一時傳爲佳話。

郎廷佐，滿洲人，爲江西巡撫，兼理陶政。彼時御用磁器多其監造，即今之郎窑也。又有年窑，爲巡撫年希堯所造，皆佳器也。近之市儈所持者真贋各半。

本朝軍械，火器最利。其大者有武成永固大將軍砲，重七千斤，紅衣砲重五千斤，神威大將軍重三千八百斤，神威無敵大將軍重三千斤，神威將軍重四百斤，神功將軍重一千斤，衝天砲重三百斤。又有九節十成銅砲，鐵心銅砲，得勝銅砲，發熕鐵砲，子母砲，嚴威砲，奇砲，龍砲，臺灣砲，行宫信砲，抬砲，回砲，迅武大神砲，宣武大神砲，綏武大神砲，耀武大神砲，成武大神砲，定武大神砲，常勝威遠砲。又有御製金龍砲，長五尺八寸，重三百斤，食藥八兩，子重一斤。御製制勝將軍銅砲長五尺，重五百斤，食藥一斤半，子重三斤。御製威遠將軍砲，又有渾銅砲。

御製鎗有自來火鎗，禽鎗，小禽鎗，虎神鎗，舊神鎗，花準鎗，大準鎗，奇準鎗，準正神鎗，純正神鎗，連中鎗，應手鎗，威赫鎗，威捷鎗。此外又有舊神花鎗，素鐵大交鎗，金口交鎗，素口花交鎗，八稜花口鎗，仿神花大交鎗，仿神花鎗，摺花交鎗，花口小交鎗，蒙古花大交鎗，蒙古花小交鎗，回部花套鎗，新回部花套鎗，大線鎗，小線鎗，舊神花線鎗，麗花線鎗，秀花線鎗，輕鋭花線鎗，輕捷花線鎗，輕便花線鎗，輕花線鎗，落禽花線鎗，神海青花線鎗，賽海青花線鎗，雁神花線鎗，梟神花線鎗，鶻神花線鎗，連墜花線鎗，勝鴉鶻花線鎗，山鷄花線鎗，孤頂花線鎗，水扎子花線鎗，樹鷄神花奇鎗，花線鎗，花線奇鎗，兵丁鳥鎗。盛京新鑄鞏定將軍。

旗營之武具有佩刀，虎槍健鋭雲梯刀，健鋭營長槍，健鋭營鞭，健鋭營順刀，前鋒營鐮，前鋒營斧，護軍營長槍、籐牌、劚刀，籐牌兵挑刀，漢軍連枷棒鹿角。

緑營武具有偃月刀，撲刀，斬馬刀，長刃大刀，寬刃大刀，雙手帶刀，背刀，片刀，虎牙刀，窩刀，船尾刀，割刀，繚風刀，長槍，火燄槍，鈎鐮槍，雙鈎鐮槍，虎牙槍，蛇鐮槍，雁翎槍，十字鐮槍，火鐮槍，梨花槍，手槍，釘槍，茅戟，雙鐧，雙鎚，馬叉，鳳翅欓，五齒欓，月牙鈀，通天鈀，長柄斧，雙斧，雙鉞，三鬚鈎，鐵挽梨頭鏢，鐵斗鏢，棒，虎頭棒，盾，虎頭牌，燕尾牌，挨牌，圓木牌，籐牌，牌刀，戰被滾被。

圖録

呂震《宣德彝器圖譜》卷一 宣德三年三月初一日，臣震恭奉聖諭，命臣部，開治鼓鑄，上用鼎彝諸器，共計三千三百六十五件。照《博古》、《考古》諸書鼎彝，并内庫所藏柴、汝、官、哥、均、定各窑器皿款式典雅者，遂件照式依限鑄來。該用金、銀、銅、鉛、藥料多寡，明白着實開載具奏，毋得冒濫虚費，容隱作奸，察出治罪。欽此。臣震等欽此欽遵，謹與各司官臣估計大小鼎彝諸器共計三千三百六十五件，該用金、銀、銅、鉛、藥料等件俱細加勘實，不敢虚費隱冒，致干天譴。謹具黄册開載明白，進呈御覽，伏冀聖裁。臣震等不勝惶悸之至。

進呈

黄册

計開：

赤金八百兩，白銀三千六百兩，暹邏國生礦洋銅三萬九千六百斤，倭源白水鉛一萬七千斤，倭源黑水鉛八千斤，日本國紅銅一千斤，賀蘭國花洋錫八百斤，賀蘭國鋼鐵一萬二千斤，天方國番硇砂三百六十斤，三佛齊國紫硃石三百斤，渤泥國紫礦三百斤，渤泥國臙脂石二百斤，琉球國安瀾砂二百斤，金絲礬二百斤，晉礬二百斤，鴨嘴膽礬二百四十斤，黃明礬一百二十斤，白明礬三百斤，寒水石二百斤，出山水銀一千八百斤，辰州府硃砂三十六斤，梅花片石青三十斤，石緑三十斤，銅緑三十斤，古墨二十斤，黃丹五十斤，文蛤五十斤，硼砂三十斤，方解石二十斤，自然銅一百二十斤，白蠟一百三十斤，黃蠟八百斤，瓜竭二十斤，無名異二十斤，赤石脂二十斤，雲南黑白棋子二萬箇，雲南料石一千五百斤，出山煤炭十萬八千斤，湖廣大櫟炭十萬八千斤，松木柴十二萬斤，蘆葦柴三萬斤，楊木桴炭六百斤，光砂一千二百斤，鑄冶爐十座，食灶四座，共該皇磚四萬口。石灰二十石，黃砂三十石，磨光寶砂二石，大毛桱竹三百莖，鐵梨木一十六根，大杉木一百二十根，大風箱二十具，大小陽城礶二萬箇，大小鐵烊銅礶一百二十箇，爐冶鼓鑄局提督本部主事二員，爐冶鼓鑄局大使二員，鼓鑄局匠人六十四人，鼓鑄局風箱夫二十四人，鼓鑄局火夫二十人，鼓鑄局水夫一十人，磨光匠十六人。

臣震等誠惶誠恐，稽首頓首。臣等遵旨謹奏，所列應用金、銀、銅、鉛、藥料什物大小，官匠諸項，俱已估計明白，真實無虚，謹于宣德三年三月初十日恭詣乾清宫具本隨册上達天聽，倘蒙，俞允，乞命司禮監臣到部，眼同勘校虚實，以便具本恭詣内外庫及各管署領取應用諸物，并乞頒降鼎彝款式，以便依限鑄成上進，伏祈，賜垂睿覽，無任榮遇之至，宣德三年三月初十日。

呂震《宣德彝器圖譜》卷三　太子少師工部尚書臣呂震奉敕編次工部一本，爲恭領鑄冶物料事。宣德三年五月初一日，蒙聖恩俞允，裁減鑄冶應用材料。理合具題，差官恭詣内庫并外庫及各管署領取在册物料，謹具差官姓名上達，天聰應否，伏候聖裁，臣震等恭誠待命之至。

計開差官四員：

工部營繕司主事臣王益、都水司主事臣張貴誠、鑄冶局大使臣張貴、鑄冶局副使臣許百禄。

今撥營繕司主事臣王益，賫摺本恭詣内豐積庫領赤金百四十兩，白銀二千八百八十兩。主事臣王益，又賫摺本恭詣。内節慎庫領取暹邏國洋銅三萬一千六百八十斤，倭源白水鉛一萬二千六百斤，涹源黑水鉛六千四百斤，日本國紅銅八百斤，賀蘭國花洋錫六百四十斤，鋼鐵九十六百斤。

今撥都水司主事臣張貴誠，賫摺本恭詣外豐積庫領取天方國番硇砂二百八十八斤，三佛齊國紫硃石二百四十斤，渤泥國紫礦二百四十斤，渤泥國臙脂石一百六十斤，琉球國安瀾砂一百六十斤。

主事臣張貴誠，又賫摺本恭詣外戊字顔料庫領取辰州府硃砂三十斤，梅花片石青二十四斤，石緑二十四斤，銅緑二十四斤，古墨十六斤，黃丹四十斤，白蠟一百零四斤，黃蠟六百四十斤。

主事臣張貴誠，賫移會赴太醫院領取金絲礬一百六十斤，晉礬一百六十斤，鴨嘴膽礬一百九十二斤，黃明礬九十六斤，白明礬二百四十斤，寒水石一百六十斤，出山水銀一千四百四十斤，文蛤四十斤，硼砂二十四斤，方解石十六斤，自然銅九十六斤，瓜竭十六斤，無名異十六斤，赤石脂十六斤。

今撥鑄冶局大使臣張貴，賫移會赴司禮監領取雲南黑白棋子一萬六千箇，雲南料石一千二百斤。

鑄冶局大使臣張貴誠，又賫移會赴司禮監惜薪司領取出山煤炭八萬六千四百斤，湖廣大櫟炭八萬六千四百斤，松木柴九萬六千斤，蘆葦柴二萬四千斤。

今撥鑄冶局副使臣許百禄，賫移會赴皇木廠領取大毛桱竹三百莖，鐵梨木十六根，大杉木一百二十根。

鑄冶局副使臣許百禄，又賫移會赴皇磚廠領取皇磚三萬二千枚，石灰二十石，黃砂三十石，磨光砂二石，陽城礶二萬箇，烊銅鐵礶一百二十箇。

以上各項金銀藥料撥酌遣官領取，爲此謹具摺本奏聞，伏候，聖裁，謹疏。

宣德三年五月十六日奉聖旨云：知道了。

工部一本爲恭進呈宣德彝器圖譜，仰祈天鑒事。

宣德三年六月初三日，謹將應鑄鼎彝，遵奉聖旨開列：郊壇、宗廟、内廷所在安置名目款式敷色畫圖呈進御覽，應否，伏候聖裁。謹將鼎彝應鑄清册，隨本上聞，恩賜俞允，臣等不勝榮遇之至，謹疏。

應鑄鼎彝圖譜清册，計開：

大金猊爐，乾清宫紫宸殿一座。

中金狻爐，乾清宮紫宸殿東西二暖閣各一座。

倣周夔龍雷雲鼎：乾清宮睿思殿一座，乾清宮睿思殿東西二暖閣各一座。

金狻爐圖

大金狻爐，照元朝姜鑄流金款式，高三尺六寸，重一百二十斤，用八鍊洋銅鑄成。周身蠟茶色，純金流裹，實用赤金十六兩、白銀八兩，爲絲片周身商嵌，下乘沉香木八角須彌座。

中金狻爐，照元朝姜鑄流金。中號金狻爐款式，高二尺四寸，重六十四斤，用八鍊洋銅鑄成，周身蠟茶色，純金流裹，實用赤金八兩、白銀六兩，爲絲片商嵌，沉香木八角須彌座。

爐底篆隸四字曰「宣德年製」。周身駱色，其文皆用金勾，細文銀勾。

倣周夔龍雲雷鼎，照博古圖，原鼎樣款式，高八寸八分，耳高二寸二分，闊一寸八分，深五寸三分，口徑七寸九分，腹徑八寸七分，重十三斤五兩，無銘，爐底篆文「宣德」二字。用十二鍊精銅鑄成，倣古青絲硃斑色，金絲商嵌，白玉九龍頂，沉香蓋座，周身緑色，硃斑帶淡監色斑，周身金勾，細文銀勾，此二閣中鼎也。

又　卷四　仿古周文王鼎，乾清宮瑶華殿一座，乾清宮瑶華殿東西兩暖閣各一座。聖旨：加鑄三十座。內藏儲內豐積庫二十座，分賜東宮王府三座、周王府二座、秦王府二座、晉王府一座、漢王府一座、曲阜衍聖公府一座。

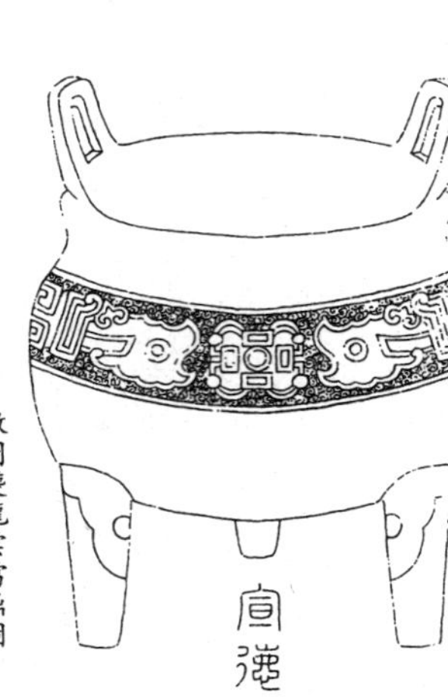

倣周夔龍雲雷鼎圖

倣古周子父舉鼎，乾清宮隆安殿一座。

倣古周素蟠虬鼎，乾清宮隆安殿東香閣一座。聖旨加鑄二十座，藏貯　內庫。

倣古周文王鼎圖

倣古周豐鼎，乾清宮隆安殿西香閣一座，聖旨加鑄三十座，藏貯內庫。

右倣古周文王鼎，照原鼎款式，高六寸四分，耳高二寸四分，寬二寸二分長九寸八分，闊五寸八分，足高六寸四分，重十一斤四兩，銘八字曰：「魯公作周文王尊彝。」用十二鍊精銅鑄成，周身倣古青緑硃斑色，金銀絲片商嵌，羊脂白玉九龍頂，沉香蓋座。

加鑄者，周身綠色，金勾夾銀，四足墨勾金銀點，周身硃斑。賜各王府者，係白玉頂，沉香蓋座。

右倣周子父舉鼎，照原鼎款式，高九寸四分，耳高一寸八分，闊一寸二分，深

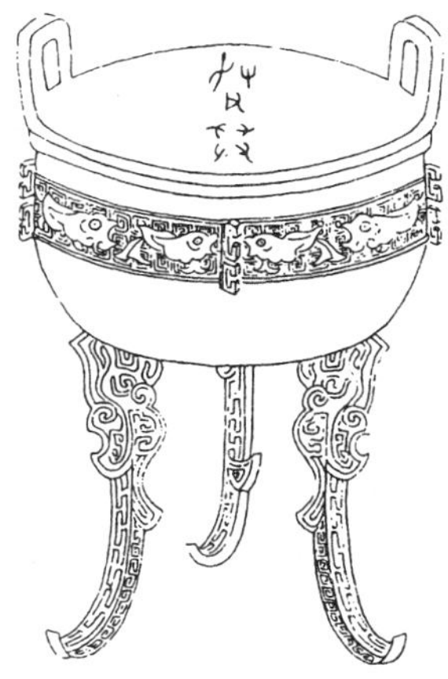

周子父舉鼎圖

四寸一分，口徑七寸二分，腹徑六寸五分，重六斤十三兩。銘三字曰「子父舉」。用十二鍊精銅鑄成，倣古青緑硃斑色，金銀絲片商嵌，羊脂白玉九龍頂，沉香蓋座，周身緑色，金勾夾銀，四足墨勾金銀點。

右倣古周素蟠虬鼎，照原鼎款式，高一尺二寸九分，耳高八分闊三寸五分，口徑一尺一寸四分，腹徑一尺一寸六分，重十六斤八兩，用十二鍊精銅鑄成，本身褐色，不施金彩。

加鑄者，本身深杏黄色，墨勾花文。

右仿古周豐鼎，照原鼎款式，高三寸二分，耳高八分，深一寸九分，口徑長三寸五分，闊二寸七分，腹徑三寸九分，闊三寸一分，重一斤二兩。四足銘六字：「豐用作玖將鼎彝。」下銘一字曰：「宣。」本身蠟茶色，金流耳脛，用十二鍊精銅鑄成。

加鑄者，周身紅黄色，本文皆金勾，口內黑勾一道。

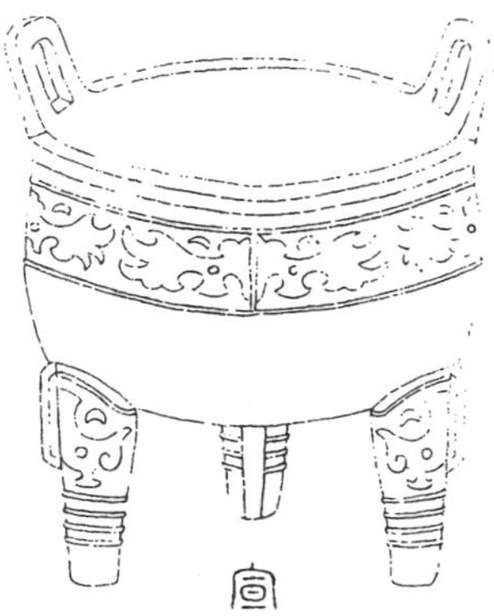

倣古周素蟠虬鼎圖

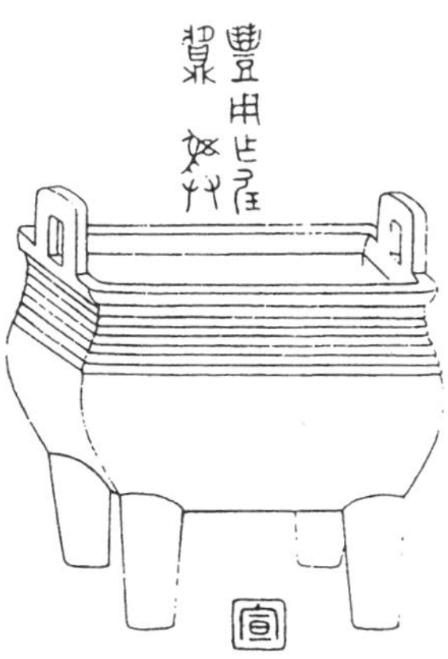

倣古周豐鼎圖

吕震《宣德彝器圖譜》卷二〇　工部一本爲彝器鑄冶告成，進呈聖覽恭謝天恩事。臣震蒙皇上特達之知，猥承禁近，職寵司空，以樗櫟之庸才，膺喉舌之重任，糜捐頂踵，難報隆恩。我皇上法祖敬天，聿脩聖德，與唐堯並體，虞舜比肩。海晏河清，年登歲稔，宗社奠安，黔首康定，萬國咸賓，四夷臣伏。越裳馴雉，來集禁廷，弱水神鶼歸翔，靈沼日月照臨，罔不遵化。爰有暹邏之國，祥占星象，仰企中華，歷涉鯨波，朝瞻鳳闕，鼓舞膜拜，喜覲天顔，知我皇上重德輕財，不寶珠玉，謹貢良銅百億，以供禹后鑄鼎之需。蒙敕臣工簿稽典禮，築鑪笵冶，揀料與工，深賴皇帝陛下如天之福。山岳効靈，風雲增色，鼎彝諸器，指日告成，謹詹陽月望日，長至良辰，聖壽與日月增長，皇圖同乾坤永固。臣震會同禮部太常寺司禮監諸臣向闕，恭賀皇帝陛下萬壽無疆。蒙敕臣等呈進鑄成彝器，臣隨即協同禮部太常寺司禮監到臣衙門，恭誠按驗，逐件精詳，並皆完好無訛。謹將彝器具册，工詣乾清宮，拜表上達天聽，伏冀聖恩垂録，赦宥耑愚，臣等誠惶誠恐，稽首頓首謹疏。

宣德三年十一月　日疏。

宣德三年十一月二十日，司禮監太監臣張斌，賫出聖旨一道，臣等叩首叩首跪聽宣讀奉天承運，皇帝詔曰：朕自御極以來，兢兢自脩，不崇外飾，惟以法祖敬天爲務，深荷天地宗廟之靈，海宇清安，山川寧謐，遠夷慕化，重譯而至者三十餘國，爰有暹邏剌迦滿靄者，獻琛闕下，特貢良銅，厥號風磨，色同陽邁，詢之臣下，堪鑄鼎彝。朕念郊壇、宗廟、内廷所在，陳設鼎彝，式範猥鄙，略無雅致。故勅爾工部，博求古製，定式鑄成。昨覽所進諸器，深合古法，大洽朕懷。卿等勤勞可嘉，合膺褒獎，特賜白金文綺，并升俸三級。其外各所應補鑄簠簋壺尊俎豆諸器，可仿古式造進，告成之日，着司禮監等官到部按驗，不必寫圖煩瀆。欽此。

宣德三年十一月　日敕。

工部一本爲欽奉上諭事。臣吕震等於本月二十日，接到司禮監太監張斌賫到聖諭一道，蒙恩頒賜白金文綺，并升俸三級，已經詣闕恭謝天恩訖外承　頒諭：補鑄簠、簋、壺尊俎豆諸器，倣古式範鑄造，不必寫圖，煩瀆天聽，告成之日，着司禮監臣到部按驗，欽此。遵謹將應該補鑄諸器，具列清册，理合具題，伏冀聖恩垂照，臣等無任榮遇之至。

宣德三年十一月　日謹疏。

計開補鑄諸品名目如左：

太廟、郊壇諸器名品數目同。

大金猊鑪九座，高三尺六寸，重一百二十斤。赤金流裹，白銀絲片商嵌。

中金猊鑪三十座，高二尺四寸，重六十四斤，金銀流裹商嵌。

小金猊鑪一百二十座，高一尺二寸，重八斤金，銀流裹商嵌。

九龍啣荷波斯檠跪大燭臺九座，高重同大金猊鑪。

又中燭臺三十六座，高重同中金猊鑪。

又小燭臺一百二十座，高重同小金猊鑪。

大鳳環瓶九對，高三尺六寸，重六十斤，金銀絲片商嵌。

中鳳環瓶三十六對，高二尺四寸，重十八斤，金銀絲片商嵌。

小鳳環瓶一百二十對，高一尺二寸，重八斤，金銀絲片商嵌。

大螭環瓶二百對，枚餙同上。

中螭環瓶一百對，同。

小螭環瓶一百對，同。

大夔龍饕餮商尊九對，赤金流裹，白銀商嵌，珠寶枚餙。

中夔龍饕餮商尊三十六對，同。

小夔龍饕餮商尊一百二十對，同。

大雲雷圓簠三十座，赤金流裹，每座十六斤。

中雲雷圓簠六十座，同。

小雲雷圓簠二百座，同。

大雲雷虬龍方簋三十座，赤金流裹，重十六斤。

中雲雷虬龍方簋六十座，同。

小雲雷虬龍方簋二百座，同。

大連珠交虬高足豆三百座，赤金流裹，每座十六斤。

中連珠交虬高足豆三百座，同。

小連珠交虬高足豆三百座，同。

商金六龍大奠爵三十六對，

又中奠爵三百對，

又小奠爵三百對，

商金六龍大奠斚三十六對，

又中奠斚三百對，

又小奠斚三百對，

商金大號九龍衢花洗三十六面，

又中號九龍衢花洗二百面，

又小號九龍衢花洗二百面，

商金雲雷紋四足舟大冰鑑三百六十座，太廟、内府二項。

又中冰鑑二百座，内府用。

又小冰鑑二百座，内府用。

天盤口三熊足大燎盆二百座，太廟、郊壇、内府三項。

又中燎盆三百座，内府用。

又小燎盆三百座，内府用。

篆帶大編鐘三百六十枚，太廟、郊壇用。

又中編鐘四百九十枚，

又小編鐘六百四十枚，

交螭連珠長柄鐸一百具，

交螭連珠手鐸三百二十具，

交螭連珠短柄鐸二百具，

大銅鼓三百面，

中銅鼓三百面，

小銅鼓三百面，

雲雷鯨魚大懸磬三十六座，

又中懸磬二百四十座，

又小懸磬二百六十座，

拍鈸大、中、小三號，每號各三百具，

大中小鳴金鑼共一千面，

大號子母雙獅拜毡鎮四十座，每座重一百二十斤，流金。

中號子母雙獅拜毡鎮一百座，每座重六十斤，流金。

小號子母雙獅拜𣰆鎮一百座，每座重二十四斤，流金。
小號獨獅簾墜一千二百件，內府用，流金。
大中小三號伏獅地照六百座，內府用，流金。
日表座鎮三具，太廟、郊壇、內府，每具重三百斤。
鸞刀三十六具，
血承盆三十六兩，
班劍三十六口，流金，朱色犀皮鞘。
門戟三十六對，流金，朱漆柄。
黄鉞三十六對，流金，朱漆柄。
金瓜三十六對，流金，朱漆柄。
響節三十六對，流金，朱漆柄。
警蹕一對，流金，朱漆泥，銀柄，錦囊。
鳴静鞭二十四對，流金。
骨朵三十六對，流金，朱漆柄。

以上大小鼎、彝、簠、簋諸器，通計一萬五千餘種。除已經鑄過鼎彝之外，應補鑄者，悉照永樂十三年禮部題請鑄造祭器品目款式，列册具題上聽，應否伏候聖裁。謹疏。

宣德三年十二月初一日，奉聖旨：該部知道，照册施行。

呂震《宣德彝器圖譜・後序》 正統二年四月，余蒙恩榮擢禮曹職司，祠祭奉敕省視祭儀，因得閲視黄册所載諸器。時司禮太監張公以恙在告後居私第，與余邸寓相隣，每蒙過顧，得蒙聞先帝禮文制度，因出宣德彝器圖譜相眎，余得以寓目觀其制作，不禁駭心眩目。蓋宣廟臨御之日，當成祖文皇帝攘平夷虜之餘烈，國富年登，宣威沙漠，外夷慕化而至者三十餘國，有暹邏國厥産良銅，色過兼金，響逾韻磬，詢之臣下堪鑄鼎彝，因命禮臣鑒式笵冶，指日告成，應與商鼎周彝共垂不朽。當鑄冶之日，宣廟親垂天問，下詢臣工鎔鍊何法，臣工奏對以「凡銅若經四鍊，則現珠光寶色；若斯洋銅者，形色非常，三鍊足矣。」

宣廟聖諭：以十二鍊爲率。故宣爐之價，與金玉同珍，非人間可得而有。蓋張公當鑄冶之日，奉敕實督董斯事，所以最得其詳云。時景泰二年秋九月初吉，武陵于謙記。

允禮《工程做法》卷一《玖檁廡殿大木》 玖檁單簷廡殿週圍廊單翹重昂斗科斗口貳寸伍分大木做法開後：

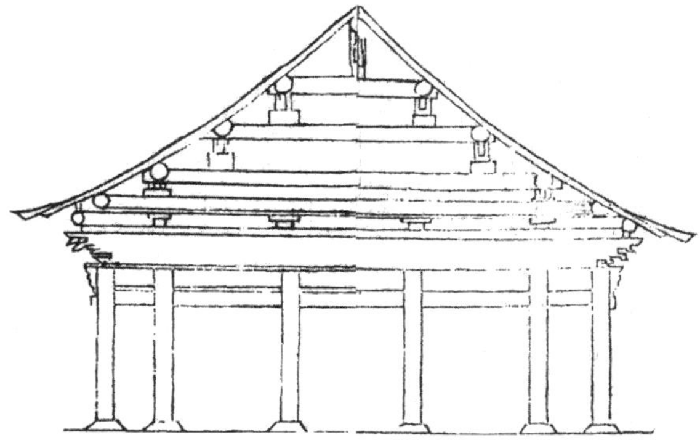
玖檁廡殿大木圖式

計開：

凡面闊進深，以斗科攢數而定，每攢以口數拾壹分定寬。每斗口壹寸，隨身加壹尺壹寸，爲拾壹分。如斗口貳寸伍分，以科中分算，得斗科每攢寬貳尺柒寸伍分。如面闊用平身斗科陸攢，加兩邊柱頭科各半攢，共斗科柒攢，得面闊壹丈玖尺貳寸伍分。如次間收分壹攢，得面闊壹丈陸尺伍寸。稍間同或再收壹攢，臨期酌定。如廊內用平身斗科壹攢，兩邊柱頭科各半攢，共斗科貳攢，得廊子面闊伍尺伍寸。如進深每山分間，各用平身斗科叁攢，兩邊柱頭科各半攢，共斗科肆攢，明間次間各得面闊壹丈壹尺。再加前後廊各深伍尺伍寸，得通進深肆丈肆尺。

凡簷柱，以斗口柒拾分定高。每斗口壹寸。隨身加柒尺，爲柒拾分。如斗口貳寸伍分，得簷柱連平板枋斗科通高壹丈柒尺伍寸。內除平板枋斗科之高，即得簷柱浄高尺寸。如平板枋高伍寸，斗科高貳尺捌寸，得簷柱浄高壹丈肆尺貳寸。每柱徑壹尺，再加上下榫各長叁寸，如柱徑壹尺伍寸，得榫長各肆寸伍分。以斗口陸分定徑寸，每斗口壹寸，隨身加陸寸，爲陸分。如斗口貳寸伍分，得簷柱徑壹尺伍寸，兩山簷柱做法同。

凡金柱，以出廊并正心桁中至挑簷桁中之拽架尺寸加舉定高。如廊深伍尺伍寸，正心桁中至挑簷桁中叁拽架每斗口叁分爲壹拽架，得柒寸伍分。叁拽架得貳尺貳寸伍分，連廊共深柒尺柒寸伍分，按伍舉加之，得高叁尺捌寸柒分。并簷柱連斗科之通高壹丈柒尺伍寸，得金柱高貳丈壹尺叁寸柒分。每柱徑壹尺再加上下榫各長叁寸，如柱徑壹尺柒寸，得上下榫各長伍寸壹分，兩山并肆角金柱加平水壹分高壹尺，再加桁條徑參分之壹作桁椀，如桁條徑壹尺，得桁椀高叁寸叁分，以簷柱徑加貳寸定徑寸，如柱徑壹尺伍寸，得金柱徑壹尺柒寸。

凡小額枋，以面闊定長。如面闊壹丈玖尺貳寸伍分，兩頭共除柱徑壹分壹尺伍寸，得淨面闊壹又柒尺柒寸伍分，即長壹丈柒尺柒寸伍分，外加兩頭入榫分位各按簷柱徑肆分之壹，如柱徑壹尺伍寸，得榫長各叁寸柒分伍釐，其廊子小額枋壹頭加柱徑半分，又照本身之高加半分，得出榫分位。如本身高壹尺，得出榫長伍寸壹頭除柱徑半分，外加八榫分位，亦按柱徑肆分之壹，以斗口肆分定高，如斗口貳寸伍分，得小額枋高壹尺，以本身高收貳寸定厚，得厚捌寸。兩山小額枋做法同。【略】

凡由額墊板，以面闊定長。如面闊壹丈玖尺貳寸伍分，兩頭共除柱徑壹分壹尺伍寸，得淨面闊壹丈柒尺柒寸伍分。即長壹丈柒尺柒寸伍分，外加兩頭入榫分位各按柱徑拾分之貳，如柱徑壹尺伍寸，得榫長各叁寸，以斗口貳分定高，壹分定厚，如斗口貳寸伍分，得由額墊板高伍寸，厚貳寸伍分。兩山由額墊板做法同。

凡大額枋，長與小額枋同，其廊子大額枋壹頭加柱徑壹分，得霸王拳分位，壹頭除柱徑半分，外加入榫分位按柱徑肆分之壹，以斗口陸分定高。如斗口貳寸伍分，得大額枋高壹尺伍寸。以本身高收貳寸定厚，得厚壹尺叁寸。兩山大額枋做法同。

凡平板枋，以面闊定長。如面闊壹丈玖尺貳寸伍分，即長壹丈玖尺貳寸伍分。每寬壹尺外加扣榫長叁寸，如平板枋寬柒寸伍分，得扣榫長貳寸貳分。其廊子平板枋壹頭加柱徑壹分得搭交出頭分位，如柱徑壹尺伍寸，得出頭長壹尺伍寸。以斗口叁分定寬，貳分定高。如斗口貳寸伍分，得平板枋寬柒寸伍分高伍寸兩山平板枋做法同。

凡桃尖樑，以廊子進深并正心桁中至挑簷桁中定長。如廊深伍尺伍寸，正心桁中至挑簷桁中長貳尺貳寸伍分，共長柒尺柒寸伍分，又加貳拽架尺寸長壹尺伍寸，得桃尖樑通長玖尺貳寸伍分。外加金柱徑半分，又加出榫照隨樑枋之高半分，如隨樑枋高壹尺，得出榫長伍寸，以拽架加舉定高，如單翹重昂得叁拽架深貳尺貳寸伍分，按伍舉加之，得高壹尺壹寸貳分。又加螞蚱頭撐頭木各高伍寸，得桃尖樑高貳尺壹寸貳分。螞蚱頭撐頭木。詳載斗科做法。以斗口陸分定厚，如斗口貳寸伍分，得桃尖樑厚壹尺伍寸。以斗口肆分定桃尖樑頭之厚，得厚壹尺。兩山桃尖樑做法同。

凡桃尖，隨樑枋以出廊定長。如出廊深伍尺伍寸，即長伍尺伍寸，外壹頭加簷柱徑半分，壹頭加金柱徑半分。又兩頭出榫照本身之高加半分，如本身高壹尺，得出榫各長伍寸，高厚與小額枋同。兩山桃尖隨樑枋做法同。

允禮《工程做法》卷二《玖檩歇山轉角大木》 玖檩歇山轉角前後廊單翹單昂斗科斗口叁寸大木做法開後：

計開：

凡面闊進深，以斗科攢數定，每攢以口數拾壹分定寬。每斗口壹寸，隨身加壹尺壹寸，爲拾壹分。如斗口叁寸，以科中分算，得斗科每攢寬叁尺叁寸。如面闊用平身斗科肆攢，加兩邊柱頭科各半攢，共斗科伍攢，得面闊壹丈陸尺伍寸。如次間收分壹攢，得面闊壹丈叁尺貳寸，稍間同。或再收壹攢，臨期酌定。如進深用平身斗科捌攢，加兩邊柱頭科各半攢，共斗科玖攢并之，得進深貳丈玖尺柒寸。如廊内用平身斗科壹攢，加兩邊柱頭科各半攢，共斗科貳攢并之。得前後廊各進深陸尺陸寸加之，得通進深肆文貳尺玖寸。

凡簷柱，以斗口柒拾分除平板枋斗科高分位定高。每斗口壹寸，隨身加柒尺，爲柒拾分。如斗口叁寸，得簷柱連平板枋斗科通高貳丈壹尺，内除平板枋高陸寸，斗科高貳尺柒寸陸分，得簷柱淨高壹丈柒尺陸寸肆分。外每柱徑壹尺加上下榫各長叁寸，如柱徑壹尺捌寸，得榫長各伍寸肆分。以斗口陸分定徑寸；每斗口壹寸，隨身加陸寸，爲陸分。如斗口叁寸，得簷柱徑壹尺捌寸。兩山簷柱做法同。

凡金柱，以出廊并正心桁中至挑簷桁中貳拽架尺寸用加舉定高。如廊深陸尺陸寸，正心桁中至挑簷桁中貳拽架壹尺捌寸，每拽架以斗口叁分爲壹拽架，得玖寸。共深捌尺肆寸，按伍舉加之，得高肆尺貳寸，并簷柱平板枋斗科通高貳丈壹尺，得金柱高貳丈伍尺貳寸。外每柱徑壹尺加上下榫各長叁寸，如柱徑貳尺，得榫長各陸寸。以簷柱徑加貳寸定徑寸，如簷柱徑壹尺捌寸，得金柱徑貳尺。

凡小額枋，以面闊定長。如面闊壹丈陸尺伍寸，兩頭共除柱徑壹分壹尺捌寸，得淨面闊壹丈肆尺柒寸。即長壹丈肆尺柒寸，外加兩頭入榫分位各按柱徑肆分之壹，如柱徑壹尺捌寸，得榫長各肆寸伍分，其廊子小額枋壹頭加柱徑半分，又照本身高加半分得出榫分位。如本身高壹尺貳寸，得出榫長陸寸，壹頭除柱徑半分，外加入榫分位亦按柱徑肆分之壹，以斗口肆分定高。如斗口叁寸得小額枋高壹尺貳寸，以本身高收貳寸定厚，得厚壹尺。兩山小額枋做法同。

凡由額墊板，以面闊定長。如面闊壹丈陸尺伍寸，兩頭共除柱徑壹分壹尺捌寸，得淨面闊壹丈肆尺柒寸。即長壹丈肆尺柒寸，外加兩頭入榫分位各按柱徑拾分之貳。如柱徑壹尺捌寸，得榫長各叁寸陸分。以斗口貳分定高，壹分定厚，如斗口叁寸，得由額墊板高陸寸，厚叁寸。兩山由額墊板做法同。

凡大額枋之長，俱與小額枋同。其廊子大額枋壹頭加簷柱徑壹分，得霸王拳分位。壹頭除柱徑半分，外加入榫分位按柱徑肆分之壹以斗口陸分定高，如斗口叁寸，得大額枋高壹尺捌寸。以本身高收貳寸定厚，得大額枋厚壹尺陸寸。兩山大額枋做法同。

凡平板枋以面闊定長。如面闊壹丈陸尺伍寸，即長壹丈陸尺伍寸，外每寬壹尺加扣榫長叁寸，如平板枋寬玖寸，得扣榫長貳寸柒分，其廊子平板枋壹頭加柱徑壹分，得交角出頭分位。如柱徑壹尺捌寸，得出頭長壹尺捌寸。以斗口叁分定寬，貳分定高，如斗口叁寸，得平板枋寬玖寸，高陸寸。兩山平板枋做法同。

凡桃尖樑以廊子進深並正心桁中至挑簷桁中定長。如廊深陸尺陸寸，正心桁中至挑簷桁中長壹尺捌寸，共長捌尺肆寸。又加貳拽架尺寸長壹尺捌寸，得桃尖樑通長壹丈貳寸。外加金柱徑半分，又出榫照隨樑枋高半分，如隨樑枋高壹尺貳寸，得出榫長陸寸。以拽架加舉定高，如單翹單昂得貳拽架深壹尺捌寸，按伍，舉加之，得高玖寸。又加螞蚱頭、攪頭木各高陸寸，得桃尖樑高貳尺壹寸。螞蚱頭、撐頭木，詳載斗科做法。以斗口陸分定厚，如斗口叁寸，得桃尖樑厚壹尺捌寸。以斗口肆分定桃尖樑頭之厚，得厚壹尺貳寸。

凡桃尖隨樑枋以出廊定長。如出廊深陸尺陸寸，即長陸尺陸寸。外壹頭加簷柱徑半分，壹頭加金柱徑半分，又兩頭出榫照本身高加半分。如本身高壹尺貳寸，得出榫各長陸寸。高厚與小額枋同。

凡順桃尖樑以稍間面闊並正心桁中至挑簷桁中定長。如稍間面闊壹丈叁尺貳寸，正心桁中至挑簷桁中長壹尺捌寸，共長壹丈伍尺，又加貳拽架尺寸，得順桃尖樑通長壹丈陸尺捌寸。外加金柱徑半分，又出榫照順隨樑枋高半分，如順隨樑枋高壹尺貳寸，得出榫長陸寸。高厚與桃尖樑做法同。

凡順隨樑枋以稍間面闊定長。如稍間面闊壹丈叁尺貳寸，即長壹丈叁尺貳寸。外壹頭加簷柱徑半分，壹頭加金柱徑半分，又兩頭出榫照本身高加半分，如本身高壹尺貳寸，得出榫各長陸寸，高厚與小額枋同。

中華大典·工業典

綜合工業分典　引用書目

説　明

一、本書目，係本分典所使用的全部書籍。選書主要依據《中華大典》通用書目，另據本分典内容的實際情況，有相當部分書籍超出通用書目所列文獻，特别是近年來整理出版的有關資料。
二、各書著録順序依次爲：書名，作者，作者時代，出版社、出版時間、版本。
三、各書著録儘量選用通行善本、新整理本或較有影響的版本，儘量吸收現有研究成果。
四、本書目按書名的第一字筆劃排序。第一字筆劃數相同者，則按照筆劃「横、竪、撇、點、折」排序。如書名中第一字相同，則視第二字的筆劃數及「横、竪、撇、點、折」順序，餘類推。

書名	作者	時代	版本
二劃			
二十年目睹之怪現狀	吴趼人	清	中華書局二〇一三年版
十六國春秋	崔鴻	北魏	臺灣商務印書館一九八三年文淵閣《四庫全書》影印本
丁文誠公遺集	丁寶楨	清	文海出版社一九六六年版
（弘治）八閩通志	黄仲昭等	明	臺灣學生書局一九八六年版
人海記	查慎行	清	北京古籍出版社一九八一年版
入唐求法巡禮行記	圓仁	日	上海古籍出版社一九八六年顧承甫、何泉達點校本
九卿議定物料價值	邁柱等	清	海南出版社二〇〇〇年《故宫珍本叢刊》本
九章算術	李淳風等注	唐	上海古籍出版社二〇〇九年版
九朝編年備要	陳均	宋	臺灣商務印書館一九八三年文淵閣《四庫全書》影印本
三劃			
三才圖會	王圻	明	齊魯書社一九九五年《四庫全書存目叢書》本

三台文獻録	李時漸	明	北京圖書館出版社二〇〇〇年《北京圖書館古籍珍本叢刊》本
三國志	陳壽	晉	中華書局一九五九年版
三國會要	錢儀吉	清	上海古籍出版社二〇〇六年版
于湖居士文集	張孝祥	宋	上海古籍出版社一九八〇年版
工部廠庫須知	何士晉	明	上海古籍出版社二〇〇五年《續修四庫全書》本
工部簡明做法册	工部	清	清刻本
工程做法	允禮	清	海南出版社二〇〇〇年《故宫珍本叢刊》本
大元海運記	佚名	元	上海古籍出版社二〇〇五年《續修四庫全書》本
大金國志	宇文懋昭	宋	中華書局一九八六年崔文印校證本
大唐新語	劉肅	唐	中華書局一九八四年版
大清刪除新律例	刑部	清	清光緒上海書局刊本
大清律集解附例	剛林等	清	黑龍江人民出版社二〇〇〇年楊一凡、田濤主編《中國珍稀法律典籍續編》本
大清會典	允祹等	清	臺灣商務印書館一九八三年文淵閣《四庫全書》影印本
大清新法令	上海商務印書館編譯所		商務印書館二〇一一年版
大慈恩寺三藏法師傳	慧立、彦悰	唐	中華書局一九八三年點校本
大學			中華書局二〇一三年版
大學衍義補	丘濬	明	臺灣商務印書館一九八三年文淵閣《四庫全書》影印本
(同治)上海縣志	應寶時等修、俞樾等纂	清	清同治十年刻本
上諭旗務議覆	永禄等	清	天津古籍出版社一九九一年版
小窗自紀	吴從先	明	中華書局二〇一三年版
山西票商成敗記	李宏齡	清	山西人民出版社一九八九年黄鑑暉校注本
山居新語	楊瑀	元	上海古籍出版社二〇〇七年版

山堂肆考	彭大翼	明	臺灣商務印書館一九八三年文淵閣《四庫全書》影印本
己庚編	祁韻士	清	上海書店一九九四年《叢書集成續編》本
四劃			
王右丞集	王維	唐	上海古籍出版社一九八四年趙殿成箋注本
王陽明全集	王守仁	明	上海古籍出版社二〇一一年版
天一閣藏明抄本天聖令校證	天一閣博物館、中國社科院歷史所天聖令整理課題組		中華書局二〇〇六年版
天工開物	宋應星	明	中國社會出版社二〇〇四年版
天下郡國利病書	顧炎武	清	《四部叢刊》本
〔嘉靖〕天長縣志	王心	明	明嘉靖刻本
天府廣記	孫承澤	清	北京古籍出版社一九八二年版
天津商會檔案彙編（1903—1911）	天津市檔案館、天津社會科學院歷史研究所、天津市工商業聯合會		天津人民出版社一九八九年版
天咫偶聞	震鈞	清	北京古籍出版社一九八二年版
元史	宋濂等	明	中華書局一九七六年點校本
元史紀事本末	陳邦瞻	明	中華書局一九七九年版
元史新編	魏源	清	清光緒三十一年邵陽魏氏慎微堂刻本
廿二史劄記	趙翼	清	商務印書館一九三七年版
五代會要	王溥	宋	中華書局一九九八年標點本
五雜組	謝肇淛	明	上海古籍出版社二〇〇五年標點本
太平御覽	李昉等	宋	中華書局一九六〇年影印本
少室山房筆叢	胡應麟	明	上海書店二〇〇一年版
日用俗字	蒲松齡	清	學林出版社一九九八年《蒲松齡全集》本
中吳紀聞	龔明之		上海古籍出版社二〇〇七年版
中國早期博覽會資料彙	全國圖書館文獻縮微複製中心		全國圖書館文獻複製中心二〇〇三年版
中國近代兵器工業檔案史料	中國第一歷史檔案館、兵器工業總公司等		兵器工業出版社一九九三年版
中國珍稀法律典籍續編	楊一凡、田濤主編		黑龍江人民出版社二〇〇二年版

中國鐵路借款合同全集	王景春等編		北京日報民國五年版
中庸			台灣商務印書館一九八三年文淵閣《四庫全書》影印本
水東日記	葉盛	明	中華書局一九八〇年魏中平點校本
水經注	酈道元	北魏	巴蜀書社一九八五年版
午亭文編	陳廷敬	清	臺灣商務印書館一九八三年文淵閣《四庫全書》影印本
六必酒經	楊萬樹	清	上海古籍出版社二〇〇五年《續修四庫全書》本
六韜			中華書局二〇〇七年版
文忠集	歐陽修	北宋	臺灣商務印書館一九八三年文淵閣《四庫全書》影印本
文獻通考	馬端臨	元	中華書局一九八六年版
方輿勝覽	祝穆、祝洙	宋	中華書局二〇〇三年版
户部海運新案	户部	清	海南出版社二〇〇一年《故宮珍本叢刊》本
孔子家語			中華書局二〇一一年版
五劃			
玉壺清話	文瑩	宋	上海古籍出版社二〇〇七年版
世説新語	劉義慶	南朝宋	上海古籍出版社二〇〇〇年版
古今事文類聚	祝穆	宋	臺灣商務印書館一九八三年文淵閣《四庫全書》影印本
古今注	崔豹	晉	上海古籍出版社二〇〇〇年版
古文觀止	吴楚材、吴調侯選編	清	中華書局二〇一三年版
左傳			臺灣商務印書館一九八三年文淵閣《四庫全書》影印本
左傳器物宫室	王雲五		商務印書館民國二十五年版
石泉書屋類稿	李佐賢	清	清同治十年刻本
石渠餘紀	王慶雲	清	北京古籍出版社一九八五年版

平定準噶爾方略	清	傅恒等	海南出版社二〇〇一年《故宮珍本叢刊》本
北史	唐	李延壽	中華書局一九七四年版
北行日録	宋	樓鑰	大象出版社二〇一三年《全宋筆記》本
北洋公牘類纂	清	甘厚慈	清光緒三十三年鉛印本
北窗炙輠録	宋	施德操	上海古籍出版社二〇〇七年版
申報		《申報》編委會	上海書店一九八四年影印本
史記	西漢	司馬遷	中華書局一九五九年點校本
四知堂文集	清	楊錫紱	清嘉慶十一年楊有涵等刻本
四庫全書總目提要	清	永瑢、紀昀主編	中華書局一九六五年影印本
四書章句集注	宋	朱熹	中華書局一九八三年版
白居易集	唐	白居易	上海古籍出版社一九八八年朱金城箋注本
白蘇齋類集	明	袁宗道	上海古籍出版社二〇〇七年錢伯城點校本
〔道光〕印江縣志	清	鄭士範	清道光十七年刻本

六劃

考工記			上海古籍出版社一九九三年版
考工記圖	清	戴震	商務印書館一九五五年版
老學庵筆記	宋	陸游	上海古籍出版社二〇〇七年版
西北文集	清	畢振姬	清康熙抄本
西京雜記	晉	佚名	中華書局一九八五年程毅中點校本
西漢會要	宋	徐天麟	上海人民出版社一九七七年版
在園雜志	清	劉廷璣	上海古籍出版社二〇〇七年吳法源校點本
夷堅志	宋	洪邁	上海古籍出版社二〇〇五年《續修四庫全書》本
至正直記	元	孔齊	上海古籍出版社二〇〇七年版
光緒朝東華録	清	朱壽朋	臺北大通書局有限公司等一九九五年版
光緒朝東華續録	清	朱壽朋	臺北大通書局有限公司等一九九五年版

光緒朝硃批奏摺	中國第一歷史檔案館編		中華書局一九九六年版
吐魯番出土文書(第三册)	國家文物局古文獻研究室、新疆維吾爾自治區博物館、武漢大學歷史系編		文物出版社一九八一年至一九八七年版
吐魯番出土文書(第七册)	國家文物局古文獻研究室、新疆維吾爾自治區博物館、武漢大學歷史系編		文物出版社一九八一年至一九八七年版
吐魯番出土文書(第八册)	國家文物局古文獻研究室、新疆維吾爾自治區博物館、武漢大學歷史系編		文物出版社一九八一年至一九八七年版
吐魯番出土文書(第一〇册)	國家文物局古文獻研究室、新疆維吾爾自治區博物館、武漢大學歷史系編		文物出版社一九八一年至一九八七年版
曲洧舊聞	朱弁	宋	上海古籍出版社二〇〇七年版
吕氏春秋	吕不韋等	秦	上海古籍出版社二〇一四年徐小蠻標點本
竹葉亭雜記	姚元之	清	上海古籍出版社二〇〇七年曹光甫校點本
全唐文	董誥等	清	中華書局一九八三年影印本
全唐詩	彭定求等	清	中華書局二〇〇三年版
全遼文	陳述輯校		中華書局一九八二年版
合例判慶雲集	周夢熊	清	清雍正七年大盛堂刻本
交易須知	佚名	清	山西省晉商文化基金會編
州縣提綱	陳襄	宋	商務印書館民國二十五年《叢書集成初編》本
江蘇省明清以來碑刻資料選集	江蘇省博物館		三聯書店一九五九年版
守城録	陳規、湯璹	宋	商務印書館民國二十五年《叢書集成初編》本
(同治)祁門縣志	周溶、汪韻珊等	清	成文出版社有限公司印行《中國地方志集成》一九九〇年版
羽扇譜	張燕昌	清	臺灣新文豐出版公司一九八九年《叢書集成續編》本

七劃

戒庵老人漫筆	李詡	明	中華書局一九八二年魏連科點校本

孝經			中華書局二〇一二年版
杜陽雜編	蘇鶚	唐	上海古籍出版社二〇〇〇年版
李文忠公奏稿	李鴻章	清	上海古籍出版社二〇〇五年《續修四庫全書》本
李白集	李白	唐	上海古籍出版社一九八〇年瞿蜕園、朱金城校注本
李秉衡集	李秉衡	清	齊魯書社一九九三年版
李煦奏摺	故宮博物院明清檔案部		中華書局一九七六年版
李翱集	李翱	唐	甘肅人民出版社一九九二年郝潤華點校本
李鴻章傳	梁啟超	清	中華書局二〇一三年版
酉陽雜俎	段成式	唐	中華書局一九八一年方南生點校本
酉陽雜俎續集	段成式	唐	中華書局一九八一年方南生點校本
吳越備史補遺	范坰、林禹	宋	臺灣商務印書館一九八三年文淵閣《四庫全書》影印本
見聞續筆	齊學裘	清	清光緒二年天空海潤之居刻本
岑參集	岑參	唐	上海古籍出版社二〇〇四年陳鐵民、侯忠義校注本
兵部處分則例	博麟等	清	清道光刻本
沈氏宣爐小志	佚名	清	國家圖書館出版社二〇一四年《喜詠軒叢書》影印本
宋大詔令集	佚名	宋	中華書局一九六二年版
宋中興兩朝聖政	留正	宋	清嘉慶《宛委別藏》本
宋史	脱脱等	元	中華書局一九八五年版
宋史新編	柯維騏	明	齊魯書社一九九五年《四庫全書存目叢書》本
宋刑統	竇儀等	宋	中華書局一九八四年版
宋書	沈約	南北朝	中華書局一九七四年版
宋朝事實	李攸	宋	臺灣商務印書館一九八三年文淵閣《四庫全書》影印本

宋朝事實類苑	江少虞	宋	上海古籍出版社一九八一年版
宋會要輯稿	徐松輯	清	中華書局一九五七年影印本
邵氏聞見後録	邵伯温	宋	上海古籍出版社二〇〇七年版
邵氏聞見録	邵伯温	宋	上海古籍出版社二〇〇七年版

八劃

武經總要前集	曾公亮等	宋	臺灣商務印書館一九八三年文淵閣《四庫全書》影印本
青海志	康敷鎔	清	清鈔本
青箱雜記	吴處厚	宋	上海古籍出版社二〇〇七年版
抱朴子内篇	葛洪	晉	貴州人民出版社一九九五年版
〔道光〕直隸霍州志	崔允昭等	清	清道光六年刻本
林文忠公政書	林則徐	清	清光緒三山林氏刻《林文忠公遺集》本
析津志輯佚	熊夢祥	元	北京古籍出版社一九八三年版
松窗夢語	張瀚	明	中華書局一九八五年版
東坡養生集	蘇東坡	宋	中華書局二〇一一年版
東華録	王先謙	清	上海古籍出版社二〇〇八年版
東華録綴言	奕賡	清	北京出版社一九九四年《佳夢軒叢書》本
東華續録	王先謙	清	上海古籍出版社二〇〇八年版
東溟文集	姚瑩	清	上海古籍出版社二〇〇五年《續修四庫全書本》
東漢會要	徐天麟	宋	上海古籍出版社一九七八年版
東齋記事	范鎮	宋	中華書局一九八〇年版
東觀漢記	劉珍	漢	臺灣商務印書館一九八三年文淵閣《四庫全書》本
事物紀原	高承	宋	商務印書館民國二十五年《叢書集成初編》本
兩浙訂正鹺規	楊鶴撰，胡繼升等補	明	北京圖書館出版社二〇〇七年《北京圖書館古籍珍本叢刊》本
尚書			中華書局二〇一三年版

明太宗實録　　臺灣「中央研究院」歷史語言研究所校印本

明太祖實録　　臺灣「中央研究院」歷史語言研究所校印本

明文在　　清　薛熙　　江蘇書局光緒十五年刻本

明世宗實録　　臺灣「中央研究院」歷史語言研究所校印本

明史　　清　張廷玉等　　中華書局一九七四年點校本

明夷待訪録　　明　黄宗羲　　中華書局二〇一一年版

明孝宗實録　　臺灣「中央研究院」歷史語言研究所校印本

明武宗實録　　臺灣「中央研究院」歷史語言研究所校印本

明英宗實録　　臺灣「中央研究院」歷史語言研究所校印本

明皇雜録　　唐　鄭處誨　　上海古籍出版社一九八五年丁如明輯校《開元天寶遺事十種》本

明宣宗實録　　臺灣「中央研究院」歷史語言研究所校印本

明宮史　　明　吕毖　　北京古籍出版社一九八〇年版

明神宗實録　　臺灣「中央研究院」歷史語言研究所校印本

明紀編遺　　清　葉珍　　北京出版社二〇〇五年《四庫禁毀書叢刊補編》本

明書　　清　傅維鱗　　齊魯書社一九九五年《四庫全書存目叢書》本

明會典　　明　申時行等　　中華書局一九八九年版

明經世文編　　明　陳子龍等　　中華書局一九六二年影印本

明穆宗實録　　臺灣「中央研究院」歷史語言研究所校印本

明憲宗實録			臺灣「中央研究院」歷史語言研究所校印本
易言	鄭觀應	清	中華書局二〇一三年夏東元編《鄭觀應集》本
典故紀聞	余繼登撰	明	中華書局一九八一年顧思點校本
牧令書輯要	丁日昌	清	清同治八年刻本
物原	羅欣	明	商務印書館民國二十五年《叢書集成初編》本
金文最	張金吾	清	中華書局一九九九年版
金史	脱脱等	元	中華書局一九七五年標點本
金吾事例	步軍統領衙門	清	海南出版社二〇〇〇年《故宫珍本叢刊》本
金虜圖經	張棣	宋	中華書局一九八六年崔文印校證本
金鰲退食筆記	高士奇	清	北京古籍出版社一九八〇年版
周書	令狐德棻等	唐	中華書局一九七一年版
周禮			中華書局一九八〇年影印《十三經注疏》本
周禮正義	孫詒讓	清	中華書局一九八七年版
周禮注疏	賈公彦	唐	台灣商務印書館一九八三年文淵閣《四庫全書》影印本
京師坊巷志稿	朱一新	清	北京出版社一九六二年版
夜航船	張岱	明	上海古籍出版社二〇〇二年《續修四庫全書》影印本
〔嘉靖〕河間府志	郜相	明	上海書店出版社一九八一年《天一閣藏明代方志選刊》本
泊宅編	方勺	宋	上海古籍出版社二〇〇七年版
定盦全集	龔自珍	清	清光緒二十三年萬本書堂刻本
宛陵集	梅堯臣	宋	《四部叢刊》本
郎潛紀聞二筆	陳康祺	清	清光緒刻本
郎潛紀聞初筆	陳康祺	清	中華書局一九八四年版

〔景定〕建康志	宋	周應合	台灣商務印書館一九八三年文淵閣《四庫全書》影印本
建康實録	唐	許嵩	中華書局一九八六年張忱石點校本
孟子			中華書局二〇一三年版
孟浩然詩集	唐	孟浩然	上海古籍出版社二〇〇〇年佟培基箋注本
姑蘇志	明	王鏊	台灣商務印書館一九八三年文淵閣《四庫全書》影印本

九劃

契丹國志	宋	葉隆禮	上海古籍出版社一九八五年版
春明退朝録	宋	宋敏求	上海古籍出版社二〇〇七年版
春渚紀聞	北宋	何薳	上海古籍出版社二〇〇七年版
政治官報			臺灣「國立中央圖書館」一九八一年影印本
括地志輯校	唐	李泰等	中華書局一九八〇年賀次君輯校本
括談	清	奕賡	北京出版社一九九四年雷大受點校本
拾遺記	前秦	王嘉	上海古籍出版社二〇〇〇年版
茶餘客話	清	阮葵生	上海古籍出版社二〇〇七年李保民校點本
荀子集解	清	王先謙	中華書局一九八八年沈嘯寰、王星賢點校本
南史	唐	李延壽等	中華書局一九七五年校點本
南村輟耕録	元	陶宗儀	上海古籍出版社二〇〇七年版
南朝宋會要	清	朱銘盤	上海古籍出版社二〇〇六年版
南朝梁會要	清	朱銘盤	上海古籍出版社二〇〇六年版
南朝齊會要	清	朱銘盤	上海古籍出版社二〇〇六年版
南遊日記	清	鄭觀應	中華書局二〇一三年版
〔光緒〕南匯縣志	清	金福曾等修、張文虎等纂	清光緒五年刻本
南齊書	梁	蕭子顯	中華書局一九七二年校點本
柳河東集	唐	柳宗元	上海古籍出版社二〇〇八年版

柳宗元集	柳宗元	唐	中華書局一九七九年版
柳南續筆	王應奎	清	上海古籍出版社二〇〇七年以柔校點本
昭明文選	蕭統	南朝	中華書局一九七七年版
思復堂文集	邵廷采	清	浙江古籍出版社二〇一〇年祝鴻傑點校本
幽明録	劉義慶	南朝宋	上海古籍出版社二〇〇〇年版
重明節館伴語録	倪思	宋	大象出版社二〇一三年版
重修兩浙鹽法志	延豐等	清	上海古籍出版社二〇〇二年《續修四庫全書》本
重修宣和博古圖	王黻	宋	廣陵書社二〇一〇年版
皇宋十朝綱要	李埴	宋	上海古籍出版社二〇〇五年《續修四庫全書》本
皇宋通鑑長編紀事本末	楊仲良	宋	上海古籍出版社二〇〇五年《續修四庫全書》本
皇明世法録	陳仁錫	明	北京出版社二〇〇五年《四庫禁毁書叢刊補編》本
皇明名臣經濟録	黄訓	明	文海出版社一九八四年版
皇明祖訓	朱元璋	明	黄山書社一九九五年版
皇朝經世文統編	邵之棠	清	清光緒二十七年寶善齋石印本
皇朝類苑	江少虞	宋	臺灣文海出版社一九八一年版
〔乾隆〕皇輿西域圖志	傅恒等	清	臺灣商務印書館一九八三年文淵閣《四庫全書》影印本
鬼谷子	鬼谷子	戰國	中華書局二〇〇七年版
後山談叢	陳師道	宋	上海古籍出版社二〇〇七年版
後漢書	范曄	南朝	中華書局一九六五年校點本版
度支奏議	畢自嚴	明	明崇禎刻本
帝京歲時紀勝	潘榮陞	清	北京古籍出版社一九八一年版
施注蘇詩	蘇軾	宋	臺灣商務印書館一九八三年文淵閣《四庫全書》影印本
宣德彝器圖譜	呂震	明	浙江人民美術出版社二〇一三年版

宣爐歌注	冒襄	清	上海古籍出版社一九九〇年《昭代叢書》影印本
宮中檔雍正朝奏摺（第九輯）	臺灣「故宮博物院」		臺北「故宮博物院」一九七八年版
宮中檔雍正朝奏摺（第一〇輯）	臺灣「故宮博物院」		臺北「故宮博物院」一九七八年版
宮中檔雍正朝奏摺（第一一輯）	臺灣「故宮博物院」		臺北「故宮博物院」一九七八年版
宮中檔雍正朝奏摺（第一四輯）	臺灣「故宮博物院」		臺北「故宮博物院」一九七八年版
宮中檔雍正朝奏摺（第一五輯）	臺灣「故宮博物院」		臺北「故宮博物院」一九七八年版
宮中檔雍正朝奏摺（第一九輯）	臺灣「故宮博物院」		臺北「故宮博物院」一九七八年版
客座贅語	顧起元	明	中華書局一九八七年版
軍政事例	霍□輯	明	北京圖書館古籍珍本叢刊據明嘉靖刻本影印本
祖訓録	朱元璋	明	上海古籍出版社二〇〇〇年版
神異經	東方朔	漢	黄山書社一九九五年版
十劃			
華夷風土志	胡文煥	明	廣陵書社二〇〇三年《中國風土志叢刊》本
華陽國志	常璩	晉	巴蜀書社一九八四年劉琳校注本
桐橋倚棹録	顧禄	清	中華書局二〇〇八年王稼句點校本
格致鏡原	陳元龍	清	商務印書館一九七二年影印本
酌中志	劉若愚	明	上海古籍出版社二〇〇五年陽羨慕生校點本
原始秘書	朱權	明	齊魯書社一九九五年《四庫全書存目叢書》本
晉書	房玄齡等	唐	中華書局一九七四年校點本
晏子春秋	晏嬰	春秋	中華書局二〇〇七年版
晏元獻公類要	晏殊	宋	齊魯書社一九九五年《四庫全書存目叢書》本
健餘奏議	尹會一	清	北京出版社二〇〇五年《四庫禁毀書叢刊補編》本
〔乾隆〕皋蘭縣志	吴鼎新	清	乾隆四十三年刻本

〔同治〕郫縣志	陳慶熙等	清	清同治九年刻本
徐光啟集	徐光啟	明	中華書局二〇一四年版
唐大和上東征傳	真人元開	日	中華書局一九七九年任向榮校注本
唐六典	李林甫等	唐	中華書局一九九二年陳仲夫點校本
唐國史補	李肇	唐	上海古籍出版社一九五七年版
唐會要	王溥	宋	上海古籍出版社二〇〇六年點校本
唐摭言	王定保	五代	上海古籍出版社二〇〇〇年版
唐語林	王讜	宋	中華書局一九八七年周勛初校證本
唐鑑	范祖禹	宋	上海古籍出版社一九八四年版
涑水記聞	司馬光	宋	中華書局一九八九年版
海録碎事	葉廷珪	宋	上海辭書出版社一九八九年影印本
浪跡三談	梁章鉅	清	上海古籍出版社二〇〇七年吳蒙校點本
浪跡叢談	梁章鉅	清	上海古籍出版社二〇〇七年吳吳蒙校點本
容齋三筆	洪邁	宋	中華書局二〇〇六年孔凡禮點校本
容齋續筆	洪邁	宋	中華書局二〇〇六年孔凡禮點校本
陳伯玉集	陳子昂	唐	《四部叢刊》本
陳亮集	陳亮	宋	中華書局一九七四年版
陳書	姚思廉	唐	中華書局一九七二年校點本
陳寶箴集	陳寶箴	清	中華書局二〇〇五年版
《孫子兵法》新注	中國人民解放軍軍事科學院戰爭理論研究部《孫子》注釋小組		中華書局二〇〇五年版
陶庵夢憶	張岱	明	中華書局二〇一二年版
陶廬雜録	法式善	清	中華書局一九五九年涂雨公點校本
能改齋漫録	吳曾	宋	上海古籍出版社一九六〇年版
十一劃			
琉球國志略	周煌	清	台灣新文豐出版公司一九八五年《叢書集成新編》本
黃氏日鈔	黃震	宋	清乾隆間覆元刻本

菽園雜記	明	陸容	上海古籍出版社二〇〇五年李健莉校點本
萍洲可談	宋	朱彧	上海古籍出版社二〇〇七年版
〔乾隆〕梧州府志	清	史鳴皐	清同治十二年刊本
桯史	宋	岳珂	上海古籍出版社二〇〇七年版
梓人遺製	元	薛景石	《永樂大典》本
梓人遺製圖説	元	薛景石	山東畫報出版社二〇〇六年鄭巨欣校注本
救時揭要	清	鄭觀應	中華書局二〇一三年版
堅瓠己集	清	褚人獲	上海古籍出版社二〇〇七年李夢生校點本
堅瓠戊集	清	褚人獲	上海古籍出版社二〇〇七年李夢生校點本
堅瓠庚集	清	褚人獲	上海古籍出版社二〇〇七年李夢生校點本
堅瓠秘集	清	褚人獲	上海古籍出版社二〇〇七年李夢生校點本
堅瓠廣集	清	褚人獲	上海古籍出版社二〇〇七年李夢生校點本
堅瓠餘集	清	褚人獲	上海古籍出版社二〇〇七年李夢生校點本
堅瓠續集	清	褚人獲	上海古籍出版社二〇〇七年李夢生校點本
盛世危言	清	鄭觀應	中州古籍出版社一九九八年版
〔乾隆〕盛京通志	清	吕耀曾、王河修、魏樞等	清乾隆元年刻本
異苑	南朝宋	劉敬叔	中華書局一九九六年版
異域志	元	周致中	臺灣新興書局一九八四年版
國朝先正事略	清	李元度	清同治刻本
國朝典彙	明	徐學聚	臺灣學生書局一九六五年版
國朝宫史	清	鄂爾泰、張廷玉等	北京古籍出版社一九八七年版

國朝詩人徵略	張維屏	清	清道光十年刻本
國語			上海古籍出版社一九七八年版
國憲家猷	王可大	明	齊魯書社一九九五年《四庫全書存目叢書》本
逸周書集訓校釋	朱右曾	清	臺北世界書局股份有限公司二〇〇九年版
逸周書彙校集注	黃懷信等		上海古籍出版社二〇〇七年版
庾子山集	庾信	南北朝	《四部叢刊》本
康南海自編年譜	康有爲	清	中華書局一九九二年版
康輶紀行	姚瑩	清	清同治刻本
鹿洲初集	藍鼎元	清	臺灣商務印書館一九八三年文淵閣《四庫全書》影印本
商務官報		清	臺北「故宮博物院」一九八二年影印本
清太宗實録			中華書局一九八六年影印本
清文宗實録			中華書局一九八六年影印本
清末川滇邊務檔案史料	四川省民族研究所等		中華書局一九八九年版
清代吉林檔案史料選編	(工業)吉林檔案館		國家清史編纂委員會《檔案叢刊》本
清代匠作則例彙編	王世襄		中國書店二〇〇八年版
清代檔案史料叢編	中國第一歷史檔案館		中華書局一九八四年版
清代題本·採辦織造及各項工程	社會調查所		中國社會科學院經濟研究所圖書館藏
清波雜誌	周煇	宋	中華書局一九七九年劉永翔校注本
清高宗實録			中華書局一九八六年影印本
清朝文獻通考	嵇璜等	清	臺灣商務印書館一九八三年文淵閣《四庫全書》影印本
清朝續文獻通考	劉錦藻	清	商務印書館一九五五年版
清聖祖實録			中華書局一九八六年影印本
清嘉録	顧禄	清	中華書局二〇〇八年來新夏點校本
清實録			中華書局一九八六年影印本
清德宗實録			中華書局一九八六年影印本
淮南子	劉安等	西漢	中華書局二〇〇九年版

梁書	唐	姚思廉等	中華書局一九七三年校點本
梁谿漫志	宋	費袞	上海古籍出版社二〇〇七年版
梁谿漫記	宋	費袞	上海古籍出版社一九八五年點校本
寄楮備談	清	奕賡	北京出版社一九九四年雷大受點校本
張之洞全集	清	張之洞	武漢出版社二〇〇八年版
張文襄公全集	清	張之洞	中國書店一九九九年版
隋書	唐	魏徵等	中華書局一九七三年版
陽羨茗壺系	明	周高起	中華書局二〇一二年版
鄉園憶舊録	清	王培荀	齊魯書社一九八三年蒲澤點校本
十二劃			
揚州畫舫録	清	李斗	中華書局一九六〇年汪北平、涂雨公點校本
博物志	晉	張華	上海古籍出版社二〇〇〇年版
博物典彙	明	黄道周	海南出版社二〇〇〇年《故宫珍本叢刊》本
博物要覽	明	谷泰	上海古籍出版社二〇〇五年《續修四庫全書》本
〔光緒〕彭縣志	清	張龍甲	江蘇古籍出版社一九九〇年《中國地方誌集成》本
揮麈餘話	宋	王明清	上海古籍出版社二〇〇七年版
萬曆野獲編	明	沈德符	上海古籍出版社二〇〇五年楊萬里校點本
萬曆疏鈔	明	吴亮	北京出版社二〇〇五年《四庫禁毁書叢刊補編》本
萬曆會計録	明	張學顔	北京圖書館出版社二〇〇〇年《北京圖書館古籍珍本叢刊》本
朝市叢載	清	李虹若	北京古籍出版社一九九五年楊華點校本
朝野僉載	唐	張鷟	中華書局一九七九年版
雲麓漫鈔	宋	趙彦衛	大象出版社二〇一三年版
最近揚子江之大勢	日	國府犀東	上海廣智書局清光緒二十八年鉛印本

開天傳信記	鄭綮	唐	上海古籍出版社二〇〇〇年版
景文集	宋祁	宋	清乾隆間刻《武英殿聚珍版叢書》本
景德鎮陶録	藍浦、鄭廷桂	清	上海神州國光社民國十七年影印本
黑龍江外記	西清	清	臺灣新文豐出版公司一九八五年《叢書集成新編》本
傣庵野鈔	蔡士順	明	北京出版社二〇〇五年《四庫禁毀書叢刊補編》本
御製大誥	朱元璋	明	黄山書社一九九五年版
御製大誥三編	朱元璋	明	黄山書社一九九五年版
御製大誥續編	朱元璋	明	黄山書社一九九五年版
御製文集	朱元璋	明	黄山書社一九九五年版
欽定八旗則例	鄂爾泰等	清	黑龍江人民出版社二〇〇二年楊一凡、田濤主編《中國珍稀法律典籍續編》本
欽定工部則例	曹振鏞等	清	海南出版社二〇〇〇年《故宫珍本叢刊》本
欽定工部續增則例	曹振鏞等	清	海南出版社二〇〇〇年《故宫珍本叢刊》本
欽定大清會典事例	崑岡等	清	上海古籍出版社二〇〇五年《續修四庫全書》本
欽定中樞政考	明亮、納蘇泰等	清	海南出版社二〇〇〇年《故宫珍本叢刊》本
欽定户部軍需則例	阿桂等	清	海南出版社二〇〇〇年《故宫珍本叢刊》本
欽定户部鼓鑄則例	傅恒等	清	海南出版社二〇〇〇年《故宫珍本叢刊》本
欽定宫中現行則例	内務府	清	黑龍江人民出版社二〇〇二年《中國珍稀法律典籍續編》本
欽定軍器則例	阿桂等	清	海南出版社二〇〇〇年《故宫珍本叢刊》本

欽定福建省外海戰船則例　　　上海古籍出版社二〇〇五年《續修四庫全書》本
欽定總管內務府現行則例　　　海南出版社二〇〇〇年版
勝飲編　清　郎廷極　中華書局一九九一年版
詒美堂集　明　祝以豳　明天啓刻本
敦煌社會經濟文獻真跡釋録（第一輯）　唐耕耦、陸宏基　書目文獻出版社一九八六年版
敦煌社會經濟文獻真跡釋録（第二輯）　唐耕耦、陸宏基　全國圖書館文獻縮微複製中心一九九〇年版
敦煌社會經濟文獻真跡釋録（第三輯）　唐耕耦、陸宏基　全國圖書館文獻縮微複製中心一九九〇年版
敦煌社會經濟文獻真跡釋録（第四輯）　唐耕耦、陸宏基　全國圖書館文獻縮微複製中心一九九〇年版
敦煌社會經濟文獻真跡釋録（第五輯）　唐耕耦、陸宏基　全國圖書館文獻縮微複製中心一九九〇年版
曾文正公奏議　清　曾國藩　株式會社博文印書館一九四五年版
道德經　春秋　老子　中華書局二〇一三年版
曾國藩全集　清　曾國藩　岳麓書社二〇一一年版
曾鞏集　宋　曾鞏　中華書局一九八四年版
湖海新聞夷堅續志　金　佚名　中華書局一九八六年版
湯子遺書　清　湯斌　臺灣商務印書館一九八三年文淵閣《四庫全書》影印本
温飛卿詩集　唐　温庭筠　上海古籍出版社一九九八年曾益等箋注、王國安標點本
游宦紀聞　宋　張世南　中華書局一九八一年張茂鵬點校本
湧幢小品　明　朱國禎　上海古籍出版社二〇〇五年王根林校點本
（同治）富順縣志　清　羅廷權　清同治十一年刻本
寓圃雜記　明　王錡　中華書局一九八四年版

十三劃

夢溪筆談　宋　沈括　文物出版社一九七五年版

夢粱録	吴自牧	南宋	浙江人民出版社一九八四年版
楊一清集	楊一清	明	中華書局二〇〇一年唐景坤、謝玉傑點校本
楊太真外傳	樂史	宋	上海古籍出版社一九八五年丁如明校注本
楊文公談苑	楊億	宋	上海古籍出版社二〇〇七年版
楓窗小牘	袁褧	宋	上海古籍出版社二〇〇七年版
虞初新志	張潮	清	上海古籍出版社二〇〇七年王根林校點本
園冶	計成	明	重慶出版社二〇〇九年版
農安縣丁未報告書	農安縣署	清	吉林官書局清光緒戊申年刊印
農桑易知録	鄭之僑	清	廣東人民出版社二〇一〇年李龍潛、陳忠烈點校本
農學報	(清光緒二十三年至光緒三十一年)農學會	清	
蜀中廣記	曹學佺	明	臺灣商務印書館一九八三年文淵閣《四庫全書》影印本
筠廊二筆	宋犖	清	上海古籍出版社二〇〇七年蔣文仙校點本
筠廊偶筆	宋犖	清	上海古籍出版社二〇〇七年蔣文仙校點本
資暇集	李匡文	唐	中華書局一九六五年版
新序	劉向	西漢	臺灣商務印書館一九八三年文淵閣《四庫全書》本
新唐書	歐陽修、宋祁等	宋	中華書局一九七五年校點本
新語	陸賈	漢	中華書局一九八六年王利器校注本
意林	馬總	唐	上海大東書局民國二十四年影印本
雍正朝内閣六科史書・六科	中國第一歷史檔案館		廣西師大出版社二〇〇七年版
雍正朝内閣六科史書・户科	中國第一歷史檔案館		廣西師大出版社二〇〇七年版
煨柮閒談	奕賡	清	北京出版社一九九四年雷大受點校本

〔天啟〕滇志	劉文徵	明	雲南教育出版社一九九一年版
福州駐防志	新柱等	清	海南出版社二〇〇〇年《故宮珍本叢刊》本
群物奇制	周履靖	明	臺灣新文豐出版公司一九八五年《叢書集成新編》本
群書類編故事	王罃	明	海南出版社二〇〇〇年《故宮珍本叢刊》本
裝潢志	周嘉胄	清	上海古籍出版社一九九〇年《昭代叢書》影印本
經鉏堂雜志	倪思	宋	大象出版社二〇一三年版
十四劃			
嘉慶重修一統志	穆彰阿	清	《四部叢刊續編》本
嘉興府圖記	趙瀛等	明	明嘉靖戊申年刻本
臺海使槎録	黄叔璥	清	上海商務印書館一九三六年《叢書集成初編》本
閩稟底稿　滇稟底稿	佚名	清	臺灣學生書局一九八六年版
製火藥法	傅蘭雅	英	江南製造總局一八七〇年刊本
稱謂録	梁章鉅	清	福建人民出版社二〇〇三年版
管子	管仲	春秋	商務印書館一九三一年版
管見所及	奕賡	清	北京出版社一九九四年雷大受點校本
銅政便覽	佚名	清	湖南科學技術出版社二〇一三年魏明孔、魏正孔點校本
説文解字	許慎	漢	上海古籍出版社一九九一年版
説文解字段注	段玉裁	清	成都古籍書店一九八一年版
説苑	劉向	西漢	中華書局二〇〇九年版
廣成集	杜光庭	唐	中華書局二〇一一年董恩林點校本
廣志繹	王士性	清	清康熙十五年刻本
廣東碑刻集	譚棣華、曹騰騑等		廣東高等教育出版社二〇〇一年版
廣東諮議局第一次臨時會報告書	廣東諮議局		廣東人民出版社二〇〇八年版
廣東諮議局第一期會議速記録	廣東諮議局		廣東人民出版社二〇〇八年版

廣東諮議局第二次常年會議報告書	廣東諮議局		廣東人民出版社二〇〇八年版
廣東憲政籌備處報告書	廣東憲政籌備處		廣東人民出版社二〇〇八年版
齊民要術	賈思勰	南北朝	上海古籍出版社二〇〇六年繆啟愉、繆桂龍譯注本
齊東野語	周密	宋	中華書局一九八三年張茂鵬點校本
漢武故事	佚名	漢	上海古籍出版社二〇〇〇年版
漢書	班固	漢	中華書局一九六二年校點本
漕船志	席書、朱家相	明	臺灣「國立中央」圖書館一九八一年版
漕運則例纂	楊錫紱	清	海南出版社二〇〇〇年《故宮珍本叢刊》本
漫遊隨録圖記	王韜	清	光緒十六年點石齋書局石印本
賓退録	趙與時	宋	上海古籍出版社一九八三年齊治平校點本
〔嘉靖〕寧夏新志	胡汝礪、管律等	明	寧夏人民出版社一九八二年版
綸扉奏章	葉向高	明	北京出版社二〇〇五年《四庫禁毀書叢刊補編》本
十五劃			
樊山集	樊增祥	清	清光緒十九年渭南縣署刻本
輪輿私箋	鄭珍	清	上海古籍出版社二〇〇二年《續修四庫全書》本
遼史	脱脱等	元	中華書局一九七四年校點本
劇談録	康駢	唐	上海古籍出版社二〇〇〇年版
墨子	墨翟	戰國	中華書局二〇〇七年版
墨子校注	吴毓江		中華書局二〇〇六年版
墨史	陸友	元	商務印書館民國二十五年《叢書集成初編》本
墨法集要	沈繼孫	明	浙江人民美術出版社二〇一三年版
墨莊漫録	張邦基	宋	上海古籍出版社二〇〇七年版
墨餘録	毛祥麟	清	上海古籍出版社一九八五年畢萬忱點校本

墨譜法式	李孝美	宋	浙江人民美術出版社二〇一三年版
儀禮經傳通解	朱熹	宋	臺灣商務印書館一九八三年文淵閣《四庫全書》影印本
樂府詩集	郭茂倩	宋	中華書局一九七九年版
劉子	劉晝	南北朝	中華書局《新編諸子集成》本
諸司職掌			臺灣「國立中央」圖書館一九八九年影印明代刊本
諸蕃志	趙汝适	宋	中華書局二〇〇〇年王博文校釋本
論古雜識	吴大澂	清	商務印書館民國二十五年《叢書集成初編》本
慶元條法事類	謝深甫等	宋	清光緒影宋刊本
《澳門憲報》中文數據輯録1850—1911	湯開建、吴志良		澳門基金會二〇〇二年版
履園叢話	錢泳	清	中華書局一九七九年張偉點校本
十六劃			
燕翼詒謀録	王栐	宋	上海古籍出版社二〇〇七年版
歷代宅京記	顧炎武	明	中華書局一九八四年版
戰國策	劉向	漢	上海古籍出版社一九七八年校點本
嘯亭雜録	昭槤	清	中華書局一九八〇年何英芳點校本
嘯亭續録	昭槤	清	上海古籍出版社二〇〇七年冬青校點本
錢通	胡我琨	明	臺灣商務印書館一九八三年文淵閣《四庫全書》影印本
錢穀挈要	佚名	清	臺灣學生書局一九八六年版
錢譜	董逌	明	清光緒馮氏刻《翠琅玕館叢書》本
錫良遺稿·奏稿	錫良	清	中華書局一九五九年版
録異記	杜光庭	五代	上海古籍出版社二〇〇〇年版
〔道光〕歙縣志	勞逢源	清	清道光八年刻本
鮑明遠集	鮑照	南北朝	臺灣商務印書館一九八三年文淵閣《四庫全書》影印本
獨異志	李亢	唐	上海古籍出版社二〇〇〇年版
獨醒雜志	曾敏行	宋	上海古籍出版社二〇〇七年版

麈史	王得臣	宋	上海古籍出版社二〇〇七年版
龍川略志	蘇轍	宋	中華書局一九八二年俞宗憲點校本
龍江船廠志	李昭祥	明	江蘇古籍出版社一九九九年王亮功點校本
龍雲集	劉弇	宋	臺灣商務印書館一九八三年文淵閣《四庫全書》影印本
營造録	李斗	清	中國建築工業出版社二〇一〇年版
澠水燕談録	王闢之	宋	中華書局一九八一年版
潞公文集	文彦博	宋	臺灣商務印書館一九八三年文淵閣《四庫全書》影印本
憲章録	薛應旂	明	鳳凰出版社二〇一四年展龍等校注本
憲章類編	勞堪	明	北京圖書館出版社二〇〇〇年《北京圖書館古籍珍本叢刊》本
隱秀軒集	鍾惺	明	上海古籍出版社一九九二年版
十七劃			
環遊地球新録	李圭	清	嶽麓書社一九八五年版
戴東原集	戴震	清	上海古籍出版社二〇〇九年版
舊京遺事	史玄	明	北京古籍出版社一九八六年版
舊唐書	劉昫等	後晉	中華書局一九七五年點校本
韓非子	韓非	戰國	中華書局二〇一三年版
韓昌黎全集	韓愈	唐	中國書店一九九一年版
韓愈全集	韓愈	唐	四川大學出版社一九九六年屈守元、常思春校注本
〔咸淳〕臨安志	潛説友	宋	臺灣商務印書館一九八三年文淵閣《四庫全書》影印本
嶺外代答	周去非	宋	中華書局一九九九年楊武泉校注本
魏書	魏收等	北齊	中華書局一九七四年點校本
魏鄭公諫録	王方慶	唐	臺灣商務印書館一九八三年文淵閣《四庫全書》影印本

輿地紀勝	宋	王象之	上海古籍出版社二〇〇五年《續修四庫全書》本
襄陵文集	宋	許翰	河北大學出版社二〇一四年劉雲軍點校本
應州志	明	田蕙等	山西省應縣縣志辦公室一九八四年尚庸身等點校本
〔道光〕濟南府志	清	王贈芳、王鎮修，成瓘、冷烜纂	清道光二十年刻本
禮記			中華書局二〇一二年版
禮書通故	清	黄以周	中華書局二〇〇七年版
總管内務府續纂現行則例	清	内務府編、文璧等纂	海南出版社二〇〇〇年《故宫珍本叢刊》本

十八劃

〔正德〕瓊臺志	明	唐胄	上海書店出版社一九八一年《天一閣藏明代方志選刊》本
雙槐歲鈔	明	黄瑜	上海古籍出版社二〇〇五年王嵐校點本
歸田瑣記	清	梁章鉅	上海古籍出版社二〇一二年陽羨生校點本
歸田録	宋	歐陽修	中華書局一九八一年版
歸潛志	金	劉祁	中華書局一九八三年崔文印點校本
雞肋編	宋	莊綽	上海古籍出版社二〇〇七年版
繕部紀略	明	郭尚友	上海古籍出版社二〇〇二年《續修四庫全書》本

十九劃

蘇氏演義	唐	蘇鶚	臺灣商務印書館一九八三年文淵閣《四庫全書》影印本
〔同治〕蘇州府志	清	馮桂芬	清光緒九年刊本
蘇州府纂修識略	明	楊循吉	齊魯書社一九九五年《四庫全書存目叢書》本

蘇州商會檔案叢編（第一輯）	華中師範大學歷史研究所、蘇州市檔案館		華中師範大學出版社一九九一年版
識小編	周賓所	明	上海書店一九九四年影印本
二十劃			
蘭雪堂古事苑定本	鄧志謨	清	海南出版社二〇〇〇年《故宫珍本叢刊》本
籌洋芻議	薛福成	清	清光緒刻本
寶坻政書	王好善、劉邦謨等	明	北京圖書館出版社二〇〇〇年《北京圖書館古籍珍本叢刊》本
寶泉新牘	陳于廷輯	明	北京圖書館出版社二〇〇〇年《北京圖書館古籍珍本叢刊》本
二十一劃			
鐵崖逸編	楊維楨	元	浙江古籍出版社二〇一〇年鄒志方點校本
鐵崖詠詩	楊維楨	元	浙江古籍出版社二〇一〇年鄒志方點校本
鐵崖樂府	楊維楨	元	浙江古籍出版社二〇一〇年鄒志方點校本
鐵崖樂府補編	楊維楨	元	浙江古籍出版社二〇一〇年鄒志方點校本
鐵圍山叢談	蔡絛	宋	中華書局一九八三年版
蠡勺編	淩揚藻	清	上海古籍出版社二〇〇二年《續修四庫全書》本
續文獻通考	王圻	明	齊魯書社一九九七年版
續通典	嵇璜等	清	臺灣商務印書館一九八三年文淵閣《四庫全書》影印本
續資治通鑑長編	李燾	宋	中華書局一九七九年版
續黔書	張澍	清	新文豐出版社二〇〇八年版

二十二劃

聽雨樓隨筆　清　王培荀　清道光二十五年刻本

二十四劃

觀古閣泉説　清　鮑康　清同治十二年刻本

鹽鐵論　漢　桓寬　中華書局一九九二年王利器校注本

《中華大典》辦公室

主　　任：于永湛

副 主 任：伍　傑　姜學中

編　　審：趙含坤　崔望雲　馮寶志　宋志英　谷笑鵬

裝幀設計：章耀達

上海市《中華大典·工業典》工作小組

組　長：王興康

組　員：吕　健　郭子建　占旭東　張旭東

《中華大典·工業典》編輯部

負 責 人：吕　健

工作人員：占旭東　吕瑞鋒　徐樂帥　王　珺　陳麗娟　張旭東

《綜合分典》責任編輯

史良昭　郭子建　鄭明寶

馬　顥　章　行　曹明綱

占旭東　吴旭民

圖書在版編目(CIP)數據

中華大典·工業典·綜合分典／《中華大典》工作委員會,《中華大典》編纂委員會編. —上海：上海古籍出版社，2016.10
ISBN 978-7-5325-7942-6

Ⅰ.①中… Ⅱ.①中… ②中… Ⅲ.①百科全書—中國②工業史—中國 Ⅳ.①Z227②F429

中國版本圖書館 CIP 數據核字(2016)第 018422 號

ISBN 978-7-5325-7942-6

中華大典·工業典·綜合分典(全二册)

編纂：《中華大典》工作委員會
《中華大典》編纂委員會
出版：上海世紀出版股份有限公司
上海古籍出版社
(上海瑞金二路二七二號 郵政編碼 二〇〇〇二〇)
(1)網址：www.guji.com.cn
(2)E-mail：guji1@guji.com.cn
(3)易文網網址：www.ewen.co
印刷：中華商務聯合印刷有限公司
發行：上海世紀出版股份有限公司發行中心
上海古籍出版社
開本：七八七×一〇九二毫米 十六開
印張：一一四·七五 字數：三五二〇千字
二〇一六年十月第一版 二〇一六年十月第一次印刷

ISBN 978-7-5325-7942-6/K·2148
定價：八八〇圓